INCLUS : Profitez dès maintenant du supplément en ligne de votre Mémento

Sur tablette ou smartphone :
Téléchargez l'application «iMemento» sur l'Apple Store (iPhone & iPad) ou sur Google Play (Androïd)

Sur votre ordinateur :
RDV sur abonnes.efl.fr

W0201654

Vos avantages :

> Un contenu actualisé à chaque connexion.
> Des fonctionnalités pratiques : moteur de recherche, copier-coller, marque-page, notes, favoris...

?

COMMENT ÇA MARCHE

Vous disposez déjà de votre login et mot de passe ?

Votre login et votre mot de passe restent identiques.

Si vous avez perdu vos codes d'accès, vous pouvez contacter notre Service Relation Clients au 01 83 10 10 10 (du lundi au vendredi, de 9h à 18h).

Vous n'avez pas d'identifiant ?

Rendez-vous sur :
www.efl.fr/activation

Et utilisez le code personnel d'activation ci-dessous :

1782129CREK

MSC26

Cet ouvrage a été réalisé
par la **Rédaction des Éditions Francis Lefebvre** avec :

Anne Charvériat
Avocat honoraire
Pour les chapitres Actions, Comptes sociaux, Fusions, scissions et apports partiels d'actifs, Sanctions civiles des irrégularités

Marc-Étienne Sébire
Avocat associé, Responsable Marchés de Capitaux
CMS Francis Lefebvre Avocats
Pour les chapitres Obligations et Valeurs mobilières donnant accès au capital ou donnant droit à l'attribution de titres de créances

Bruno Dondero
Professeur à l'École de droit de la Sorbonne (Université Paris I)
Avocat associé CMS Francis Lefebvre Avocats
Pour le chapitre Groupes de sociétés

François Gilbert
Docteur en droit
Avocat counsel CMS Francis Lefebvre Avocats
Pour le chapitre Valeurs mobilières (règles générales)

et le concours de :

Barthélemy Mercadal
Agrégé des facultés de droit

ÉDITIONS FRANCIS LEFEBVRE
Tour Lefebvre Dalloz, 10 place des Vosges CS 80357, 92072 Paris La Défense Cedex

ISBN 978-2-36893-737-2

MÉMENTO
FRANCIS LEFEBVRE

PRATIQUE

SOCIÉTÉS COMMERCIALES

26

À jour au 1er août 2025

Lefebvre Dalloz

LA RÉDACTION DES ÉDITIONS FRANCIS LEFEBVRE

Responsabilité éditoriale

Gaëlle Leduc

Rédacteurs

Quentin Abel
Laurane Bustros
Clotilde Challe
Marie-Béatrice Chicha
Valérie Darbon
Pauline Fleury
Benjamin Joret
Gaël Lesage
Sylvie Loyer
Marie-Anne Massiot
Valentine Oblin
Laure Paudrat
Marie Ponsot
Chystel Quiney
Claire Ribreau
Vanessa Vélin
Arnaud Wurtz

Présentation et mode d'emploi du Mémento

À chaque étape de la vie d'une société, il faut tenir compte de **règles juridiques** nombreuses, mouvantes et parfois complexes. Le Mémento Sociétés commerciales expose l'ensemble de ces règles, tout en mettant en perspective les **aspects civils, fiscaux, sociaux et comptables.**

L'ouvrage permet aux entreprises et à leurs conseils de réaliser en toute sécurité les opérations concernant une société commerciale. Il se fonde sur l'analyse de milliers de sources référencées et comporte de **multiples prises de position** sur les questions pratiques non tranchées par les tribunaux.

Le Mémento fait une large place aux **exemples** d'application. Il comporte de nombreux **modèles** proposés à titre indicatif, qui constituent une aide précieuse à la rédaction et doivent être adaptés à chaque situation particulière. Une liste des modèles figure n° 99900.

La consultation du Mémento est facilitée par :

– des **sommaires** placés en tête de chaque chapitre, ainsi qu'un **plan général** très détaillé et une **table alphabétique** figurant respectivement en début et en fin d'ouvrage ;

– l'emploi de **paragraphes numérotés** auxquels renvoient la table alphabétique et le plan général (la numérotation est discontinue, de manière à faciliter l'intégration de mesures nouvelles ou la création de nouveaux développements) ;

– un système de **mots-repères** en caractères gras.

Plus qu'un ouvrage, un service ! À jour au 1er août 2025, ce Mémento est assorti d'une **version numérique** (pour web, tablette, mobile) mise à jour en continu. Muni de votre code d'accès (directement transmis par e-mail ou après activation de ce code sur le site www.efl.fr), il vous suffit de télécharger l'application « iMémento » sur votre tablette/mobile ou de vous rendre sur https://abonnes.efl.fr/.

Plan général

Les chiffres renvoient aux paragraphes.

PARTIE 2

Les associés et les organes de gestion

TITRE I

Les associés

CHAPITRE 1

Qualité d'associé

CHAPITRE 2

Consentement des associés

CHAPITRE 3

Droits et obligations des associés

TITRE II

Les organes de gestion

CHAPITRE 1

Détermination des organes de gestion

CHAPITRE 2

Choix des membres des organes de gestion

CHAPITRE 3

Cumul d'un contrat de travail et d'un mandat social

CHAPITRE 4

Cessation des fonctions des dirigeants

CHAPITRE 5

Publicité des nominations et cessations de fonctions des dirigeants

PARTIE 5

Règles propres à chaque type de société

TITRE I

Les sociétés en nom collectif et en commandite simple

CHAPITRE 3

Le contrôle de la gestion sociale par les commissaires aux comptes

CHAPITRE 4

Les groupes de sociétés

CHAPITRE 5

Les fusions, scissions et apports partiels d'actifs

PARTIE 8

Sociétés et groupements particuliers

Principales abréviations

ACPR Autorité de contrôle prudentiel et de résolution

Afti Association française des professionnels des titres

AMF Autorité des marchés financiers

AN Journal officiel, Débats parlementaires, Assemblée nationale

ANC Autorité des normes comptables

Ansa Association nationale des sociétés par actions

art. A xx art. A xx du Code de commerce

art. D xx art. D xx du Code de commerce

art. L xx art. L xx du Code de commerce

art. R xx art. R xx du Code de commerce

Balo Bulletin des annonces légales obligatoires

Bodacc Bulletin officiel des annonces civiles et commerciales

BRDA Bulletin rapide de droit des affaires Francis Lefebvre

Bull. civ. Bulletin des arrêts de la Cour de cassation (chambres civiles)

Bull. crim. Bulletin des arrêts de la Cour de cassation (chambre criminelle)

Bull. RCS Bulletin du registre du commerce et des sociétés

CA Cour d'appel

Cass. Cour de cassation (ass. plén. : assemblée plénière ; civ. : chambre civile ; com. : chambre commerciale ; crim. : chambre criminelle ; req. : chambre des requêtes ; soc. : chambre sociale)

C. ass. Code des assurances

C. civ. Code civil

C. étrangers Code de l'entrée et du séjour des étrangers

C. exécution Code des procédures civiles d'exécution

C. mon. fin. Code monétaire et financier

C. pén. Code pénal

C. trav. Code du travail

CCRCS Comité de coordination du registre du commerce et des sociétés

CE Conseil d'État

CGFP Code général de la fonction publique

CGI Code général des impôts

CGPPP Code général de la propriété des personnes publiques

CJCE ou CJUE Cour de justice des Communautés européennes ou de l'Union européenne

CMF Conseil des marchés financiers

CNCC Compagnie nationale des commissaires aux comptes

COB Commission des opérations de bourse

Cons. const. Conseil constitutionnel

CPC Code de procédure civile

CPP Code de procédure pénale

CSE Comité social et économique

CSS Code de la sécurité sociale

D. Recueil Dalloz

DACG Direction des affaires criminelles et des grâces

D. aff. Dalloz Affaires

DPEF Déclaration de performance extra-financière

EEE Espace économique européen

Efrag European financial reporting advisory group

EIP Entité d'intérêt public

Esma European Securities and Markets Authority (Autorité européenne des marchés financiers)

EURL Entreprise unipersonnelle à responsabilité limitée

Gaz. Pal. Gazette du Palais

GIE Groupement d'intérêt économique

H2A Haute Autorité de l'audit

H3C Haut Conseil du commissariat aux comptes

IFA Institut français des administrateurs

Inpi Institut national de la propriété industrielle

J.-Cl. Stés Jurisclasseur des sociétés

JCP Jurisclasseur périodique ou Semaine juridique

JO Journal officiel

JOCE ou JOUE Journal officiel des Communautés européennes ou de l'Union européenne

JO déb. AN Débats parlementaires, Assemblée nationale

JO déb. Sén. Débats parlementaires, Sénat

J. soc. Journal des sociétés

LPF Livre des procédures fiscales

M€ Million(s) d'euros

Md€ Milliard(s) d'euros

OTI Organisme tiers indépendant chargé de certifier les informations de durabilité

PA Les Petites Affiches

Pacs Pacte civil de solidarité

PCG Plan comptable général

PEE Plan d'épargne d'entreprise

RCS Registre du commerce et des sociétés

Réf. Référé

Rép. Réponse ministérielle

Rev. jur. com. Revue de jurisprudence commerciale

Rev. sociétés Revue des sociétés

RTD com. Revue trimestrielle de droit commercial

RJDA Revue de jurisprudence de droit des affaires Francis Lefebvre

RJS Revue de jurisprudence sociale Francis Lefebvre

RJF Revue de jurisprudence fiscale Francis Lefebvre

RNE Registre national des entreprises

S. Recueil Sirey

SA Société anonyme

SARL Société à responsabilité limitée

SAS Société par actions simplifiée

Sasu Société par actions simplifiée unipersonnelle

SCA Société en commandite par actions

SCS Société en commandite simple

SE Société européenne

Sén. Journal officiel, Débats parlementaires, Sénat

SMN Système multilatéral de négociation

SMNO Système multilatéral de négociation organisé

SNC Société en nom collectif

TGI Tribunal de grande instance

T. civ. Tribunal civil

T. com. Tribunal de commerce

T. corr. Tribunal correctionnel

TJ Tribunal judiciaire

UE Union européenne

QU'EST-CE QU'UNE SOCIÉTÉ COMMERCIALE ?

SOMMAIRE

LA SOCIÉTÉ : UNE NOTION À DOUBLE SENS

Le mot « société » désigne à la fois un acte et une structure juridiques. 1

La société est instituée par deux ou plusieurs personnes qui conviennent par un contrat d'affecter à une entreprise commune des biens ou leur industrie en vue de partager le bénéfice ou de profiter de l'économie qui pourra en résulter. Elle peut être instituée, dans les cas prévus par la loi, par l'acte de volonté d'une seule personne (C. civ. art. 1832, al. 1 et 2).

La société a donc pour fondement un **acte juridique** constitutif qui peut être conventionnel ou unilatéral. 2

Les parties au **contrat de société** peuvent décider délibérément d'en rester à ce stade en convenant de ne pas immatriculer la société au RCS ; le contrat est alors qualifié de « société en participation ». Elles peuvent aussi, sans en avoir pleinement conscience, se comporter comme des associés et l'accord de volontés qui en résulte caractérise alors une « société créée de fait ».

Si l'**acte** juridique initial est **unilatéral,** il obéit, en tant que de raison, pour sa validité et ses effets, aux règles qui gouvernent les contrats (C. civ. art. 1100-1). Cet acte peut donc recevoir la qualification de société. Celle-ci est alors soumise aux règles de la société en formation, lorsque ces règles sont compatibles avec la présence d'un associé unique. En revanche, contrairement aux parties au contrat de société, l'auteur de l'acte unilatéral de société est tenu d'immatriculer celle-ci puisque l'EURL comme la Sasu, seules sociétés commerciales *unipersonnelles* prévues par la loi, sont soumises à immatriculation.

Lorsque le ou les fondateurs décident d'immatriculer la société au RCS, cette formalité donne naissance à une **personne morale** investie de la capacité juridique que le langage courant désigne sous le terme « société ». L'acte juridique initial, conventionnel ou unilatéral, déposé à cette occasion au greffe du tribunal de commerce, devient « les statuts » de la société. Celle-ci fonctionne alors par application des règles légales et statutaires qui lui sont applicables. 3

Il est parfois affirmé que la société est une « institution » (CA Paris 26-3-1966 : RTD com. 1966 p. 349 obs. R. Houin ; CA Reims 24-4-1989 : BRDA 18/89 p. 20), cette expression ne tendant qu'à exprimer que la société est une **structure juridique** organisée, soumise à l'ordre public de la loi.

A. Différentes catégories de sociétés

1. SOCIÉTÉS À VOCATION GÉNÉRALE ET SOCIÉTÉS PARTICULIÈRES

SOCIÉTÉS À VOCATION GÉNÉRALE

10 Les sociétés à vocation générale se divisent en deux catégories : les sociétés dotées de la personnalité morale et les sociétés sans personnalité morale.

12 **Sociétés dotées de la personnalité morale** Les **sociétés civiles** (C. civ. art. 1845 s.) ne peuvent effectuer que des opérations civiles. Les associés sont personnellement et indéfiniment responsables des dettes sociales proportionnellement à leurs apports, mais sans solidarité entre eux.

Cette forme de société connaît de larges applications, notamment dans le domaine de la construction immobilière (société civile de construction, société civile d'attribution, etc.), de la gestion patrimoniale (société civile immobilière, société civile de portefeuille), de l'agriculture (société civile d'exploitation agricole, groupement agricole d'exploitation en commun, groupement foncier agricole, etc.) et des professions libérales (société civile professionnelle, société civile de moyens, etc.).

13 Les **sociétés commerciales** comprennent :

– la **société en nom collectif** (SNC), dans laquelle les associés ont tous la qualité de commerçant et répondent indéfiniment et solidairement des dettes sociales ;

– la **société en commandite simple** (SCS) groupant, d'une part, un ou plusieurs commandités ayant la qualité de commerçant et répondant indéfiniment et solidairement des dettes sociales, d'autre part, un ou plusieurs commanditaires non commerçants dont la contribution au passif social est limitée au montant de leurs apports à la société ;

– la **société à responsabilité limitée** (SARL) dont les associés – ou l'associé unique – n'ont pas la qualité de commerçant et ne sont responsables qu'à concurrence de leurs apports ;

– la **société anonyme** (SA) dans laquelle les associés (non commerçants) détiennent des titres négociables, appelés actions, ne supportent les dettes sociales qu'à concurrence de leurs apports et dont l'organisation est très réglementée ;

– la **société en commandite par actions** (SCA), dont le capital est divisé en actions et qui regroupe, d'une part, un ou plusieurs commandités ayant la qualité de commerçant et répondant indéfiniment et solidairement des dettes sociales, d'autre part, des commanditaires non commerçants et tenus au passif seulement dans la mesure de leurs apports ;

– la **société par actions simplifiée** (SAS), dont le capital est divisé en actions et dont les associés – ou l'associé unique – ne sont responsables qu'à concurrence de leurs apports et dont l'organisation est librement fixée par les associés.

14 **Sociétés sans personnalité morale** Les sociétés en participation et les sociétés créées de fait n'ont pas la personnalité morale.

La **société en participation** est celle que les associés sont convenus de ne pas immatriculer au RCS et de ne pas soumettre à publicité. Elle est dite « occulte » lorsque les associés ne la révèlent pas aux tiers et « ostensible » dans le cas contraire.

La **société créée de fait,** aussi appelée « société de fait », est celle qu'engendre le comportement de certaines personnes qui apparaissent comme de véritables associés.

SOCIÉTÉS PARTICULIÈRES

15 Les sociétés particulières sont réservées à des situations déterminées. Elles sont très diverses ; on peut néanmoins les classer approximativement en fonction des particularités de leur statut juridique ou de leur objet.

16 **Sociétés particularisées par leur statut juridique** Il s'agit notamment des sociétés suivantes :

– Les **sociétés coopératives.** Elles sont constituées entre ceux-là mêmes qui ont besoin du produit ou du service fourni par l'entreprise ; les membres de la société sont à la fois des associés et des coopérateurs, en ce sens qu'ils s'engagent à être les fournisseurs (coopérative de vente), les clients (coopérative de consommation) ou les salariés (coopérative de production) de la société ; les bénéfices ne sont pas répartis en proportion des apports, mais ristournés au prorata des opérations traitées ou du travail fourni.

– Les **sociétés à capital variable.** Leur capital est susceptible d'augmenter ou de diminuer constamment par l'effet soit de nouveaux versements effectués par les associés anciens ou nouveaux, soit de reprises d'apport consécutives à des retraits d'associés.
– Les **sociétés à mission.** Il s'agit de sociétés commerciales dotées d'une raison d'être et dont les statuts précisent un ou plusieurs objectifs sociaux et environnementaux que la société se donne pour mission de poursuivre dans le cadre de son activité.
– Les **sociétés à participation ouvrière.** Dans ces sociétés, de forme anonyme, les salariés ont droit, en plus de leur salaire fixe, à une fraction des bénéfices et prennent part, dans une certaine mesure, à la direction de la société.
– Les **sociétés d'économie mixte locales.** Ces sociétés, de forme anonyme, sont constituées entre une ou plusieurs collectivités locales (communes, départements, régions ou leurs groupements) et des personnes privées ainsi que, éventuellement, d'autres personnes publiques, pour réaliser des opérations d'aménagement ou de construction, pour exploiter des services publics à caractère industriel ou commercial, ou pour exercer toute autre activité d'intérêt général. Les collectivités locales et leurs groupements doivent détenir plus de la moitié du capital et plus de la moitié des voix dans les organes délibérants.
– Les **sociétés du secteur public.** Il s'agit pour l'essentiel de SA ou de SAS dont le capital appartient exclusivement ou en majorité, directement ou indirectement, à l'État.
– Les **sociétés de type européen.** Leur principale caractéristique est d'être dépourvues de nationalité. Il s'agit de la société européenne (SE) et de la société coopérative européenne.

Sociétés particularisées par leur activité Ces sociétés, qui sont soumises sur tel ou tel point à des obligations spéciales, sont très nombreuses et variées. On peut néanmoins les regrouper par secteurs d'activité. On rencontre ainsi : 17
– dans le secteur du **crédit** : les sociétés exploitant des établissements de crédit, les sociétés de financement, les sociétés financières, les sociétés de crédit foncier, etc. ;
– dans le secteur **immobilier** : les sociétés de construction, les sociétés d'habitation à loyer modéré, les sociétés immobilières d'investissement, les sociétés immobilières de gestion, etc. ;
– dans le secteur de l'**assurance** : les sociétés d'assurance, capitalistes, mutuelles ou à forme mutuelle ;
– dans le secteur de l'**agriculture** : les sociétés d'intérêt collectif agricole, les sociétés d'aménagement foncier et d'établissement rural (Safer), etc. ;
– dans le secteur des **professions libérales** : les sociétés civiles professionnelles, les sociétés d'exercice libéral, les sociétés pluriprofessionnelles d'exercice, etc. ;
– dans des **secteurs divers** : les sociétés de développement régional, les sociétés de pharmacie, les sociétés d'investissement à capital variable, les sociétés de mines, les sociétés de presse, les sociétés agréées pour le financement des télécommunications, les sociétés financières d'innovation, les sociétés de capital-risque, les prestataires de services d'investissement, les sociétés à objet sportif, etc.

> **Précisions** Les professions libérales sont, pour la plupart, réglementées. L'ordonnance 2023-77 du 8 février 2023 relative à l'**exercice en société des professions libérales réglementées** regroupe ces professions en trois familles (Ord. 2023-77 art. 2) :
> – la famille des **professions de santé,** qui réunit les professions médicales (médecin, chirurgien-dentiste et sage-femme), les autres professions de santé (notamment, pharmacien, infirmier, ambulancier, masseur-kinésithérapeute, pédicure-podologue, orthophoniste, opticien-lunetier, diététicien) et les biologistes médicaux ;
> – la famille des **professions juridiques ou judiciaires,** qui réunit les administrateurs et mandataires judiciaires, les avocats, les avocats aux Conseils, les commissaires de justice, les greffiers des tribunaux de commerce et les notaires (Décret 2023-1165 du 9-11-2023 art. 1) ;
> – la famille des « **professions techniques et du cadre de vie** », qui réunit les autres professions libérales réglementées (notamment, experts-comptables, commissaires aux comptes, architectes, géomètres experts).

2. SOCIÉTÉS DE PERSONNES ET SOCIÉTÉS DE CAPITAUX

On qualifie de **sociétés de personnes** les sociétés dans lesquelles les associés se groupent en considération de leur personnalité (« intuitu personae »). Dans ces sociétés, les associés doivent agréer tout nouvel associé – le cédant étant tenu de demeurer dans la société en cas de refus d'agrément de l'acquéreur – et décider si un événement affectant la personne de l'un d'eux (le décès notamment) s'oppose ou non à ce que la société continue son activité. Ces caractéristiques de la société de personnes ne sont aujourd'hui pleinement consacrées que dans les SNC et les SCS. 19

Les **sociétés de capitaux** (SA et SCA) sont des sociétés dont le régime n'est pas fondé sur la personnalité des associés. Ceux-ci ne se connaissent pas forcément et peuvent, sauf dérogation, céder librement leurs actions.

20 **Entre les sociétés de personnes et les sociétés de capitaux** se trouvent les SARL dont les traits caractéristiques sont empruntés tantôt aux unes, tantôt aux autres. Il en est de même des SAS, dans lesquelles l'intuitus personae entre associés est le plus souvent déterminant. Au point de vue fiscal, les SARL et les SAS sont assujetties à l'impôt sur les sociétés, comme les SA, ce qui conduit souvent à les assimiler à celles-ci et, partant, à les englober dans les sociétés de capitaux.

› Précisions La **distinction entre sociétés de personnes et sociétés de capitaux** s'estompe quelque peu en pratique sous l'influence conjuguée de deux mouvements opposés. Dans les sociétés de personnes, la considération de la personne est parfois **atténuée** par des dispositions statutaires : il peut être prévu, par exemple, que le décès d'un associé n'emportera pas dissolution de la société et que celle-ci pourra continuer avec les héritiers. Dans les sociétés de capitaux, en sens inverse, la considération de la personne peut être contractuellement renforcée, notamment par l'exigence de l'agrément de l'acquéreur des actions ou les clauses d'un pacte d'actionnaires.

Mais de telles mesures n'effacent pas la distinction. La considération de la personne des associés, règle de principe dans les sociétés de personnes et non dans les sociétés de capitaux, est toujours plus forte dans les premières que dans les secondes. Ainsi, dans les sociétés de personnes, la cession des parts sociales ne peut être autorisée qu'à l'unanimité des associés, alors que, dans les sociétés de capitaux, l'associé cédant peut toujours quitter la société, même si l'agrément de l'acquéreur est refusé, en contraignant les associés ou la société à racheter sa participation.

3. CATÉGORIES DE SOCIÉTÉS COMMERCIALES EN FONCTION DE LEUR TAILLE

25 Plusieurs dispositions du **Code de commerce** définissent des catégories d'entreprises en fonction de leur taille, selon des **critères** de seuils de chiffre d'affaires net, de total de bilan et de nombre de salariés, auxquels sont notamment attachées des obligations en matière de rapports annuels (n° 26), de présentation et publication des comptes annuels (n°s 76017 s.) et de désignation d'un commissaire aux comptes (n°s 77511 s.). Ces seuils ont été rehaussés par le décret 2024-152 du 28 février 2024.

› Précisions Des **textes autres** que ceux du Code de commerce définissent des catégories d'entreprises, répondant à des **critères différents.**

Tel est le cas de la recommandation européenne 2003/361 du 6 mai 2003, à laquelle font référence l'article L 225-197-1, al. 2, qui prévoit des plafonds d'attribution gratuite d'actions, et l'article L 225-21-1, al. 1 permettant aux administrateurs de SA d'en devenir salarié seulement dans les PME.

Citons aussi la loi 2008-776 du 4 août 2008, qui prévoit des catégories d'entreprises pour les besoins de l'analyse statistique (Loi 2008-776 art. 51 et Décret 2008-1354 du 18-12-2008 art. 3), sur lesquelles s'appuie la réglementation des prêts interentreprises (C. mon. fin. art. L 511-6, 3 bis et R 511-2-1-1 s.).

CATÉGORIES D'ENTREPRISES EN MATIÈRE DE RAPPORTS ANNUELS

26 Les articles L 230-1 et D 230-1 (modifié par décret 2024-152 du 28-2-2024) prévoient des définitions d'entreprises, auxquelles sont attachées diverses obligations de rapports annuels (obligation de préparer des informations de durabilité, notamment).

Il résulte de la combinaison de ces textes qu'est qualifiée de :

– **micro-entreprise** la société qui ne dépasse pas deux des trois seuils suivants : total du bilan : 450 000 € ; chiffre d'affaires net : 900 000 € ; nombre moyen de salariés employés au cours de l'exercice : 10 ;

– **petite entreprise** la société qui, sans être une micro-entreprise, ne dépasse pas deux des trois seuils suivants : total du bilan : 7,5 M€ ; chiffre d'affaires net : 15 M€ ; nombre moyen de salariés employés au cours de l'exercice : 50 ;

– ***moyenne entreprise*** *la société qui*, sans être une micro-entreprise ou une petite entreprise, ne dépasse pas deux des trois seuils suivants : total du bilan : 25 M€ ; chiffre d'affaires net : 50 M€ ; nombre moyen de salariés employés au cours de l'exercice : 250 ;

– **grande entreprise** la société qui dépasse deux des trois seuils suivants : total du bilan : 25 M€ ; chiffre d'affaires net : 50 M€ ; nombre moyen de salariés employés au cours de l'exercice : 250.

Sauf disposition contraire, ces seuils sont réputés franchis (à notre avis, à la hausse ou à la baisse) « à la date de clôture de deux exercices consécutifs » sur la base des derniers comptes annuels arrêtés (art. D 230-1, al. 8).

Les dispositions du décret 2024-152 rehaussant les seuils sont entrées en vigueur le 1er mars 2024 (Décret 2024-152 art. 4, al. 1) ; « ces mêmes dispositions s'appliquent aux comptes et rapports afférents aux exercices ouverts à compter du 1er janvier 2024 » (Décret 2024-152 art. 4, al. 2).

APPRÉCIATION DES SEUILS DÉFINISSANT LES CATÉGORIES D'ENTREPRISES

Les seuils définissant les catégories d'entreprises prévues par le Code de commerce s'apprécient de la façon suivante (art. D 230-1, al. 5 s. et D 123-200, al. 5 s.) : 28

– le **total du bilan** est égal à la somme des montants nets des éléments d'actif ;

– le **montant net du chiffre d'affaires** est égal au montant des ventes de produits et services liés à l'activité courante, diminué des réductions sur ventes, de la TVA et des taxes assimilées ;

– le **nombre moyen de salariés** correspond (sauf disposition contraire dans le cas de l'art. D 123-200) à la moyenne du nombre de personnes employées au cours de chacun des mois de l'année civile précédente ou sur le dernier exercice comptable lorsque celui-ci ne correspond pas à l'année civile précédente (CSS art. L 130-1, I et R 130-1 ; sur le calcul de l'effectif mensuel permettant de déterminer cette moyenne, voir Mémento Social nos 31570 s.).

B. Société et autres groupements

DISTINCTION ENTRE LA SOCIÉTÉ ET L'ASSOCIATION LOI DE 1901

L'association est la convention par laquelle deux ou plusieurs personnes mettent en commun d'une façon permanente leurs connaissances ou leur activité dans un but autre que de partager des bénéfices (Loi du 1-7-1901 art. 1). 30

Le rapprochement de cette définition et de celle des sociétés figurant à l'article 1832 du Code civil (no 1) conduit, à notre avis, aux solutions suivantes :

a. Lorsque le groupement a pour but de **partager les bénéfices** pouvant résulter de l'action commune, il doit revêtir obligatoirement la forme d'une société.

Une association qui distribuerait des bénéfices à ses membres pourrait être considérée comme une société créée de fait.

b. Lorsque le groupement est constitué dans un **but** purement **désintéressé,** exclusif de toute recherche d'un avantage matériel quel qu'il soit (profit ou économie), les fondateurs ne pourront utiliser d'autre forme juridique que celle de l'association régie par la loi de 1901 (cas, par exemple, des groupements philosophiques, philanthropiques, culturels ou cultuels). 31

En pratique, on assimile couramment la notion de « but désintéressé » à celle de « but non lucratif » bien qu'étymologiquement la première écarte la recherche de tout avantage d'ordre patrimonial alors que la seconde exclut seulement la recherche d'un profit.

Un groupement constitué sous la forme d'une société et qui ne rechercherait ni le partage d'un bénéfice, ni la réalisation d'une économie serait susceptible d'être **requalifié.**

Dans le cas des groupements qui font bénéficier leurs membres d'un avantage patrimonial (cas, par exemple, de groupements offrant une utilisation à frais réduits d'équipements informatiques mis à la disposition de leurs membres), comme souvent lorsqu'il y a lieu de distinguer deux activités, c'est le but principal recherché par les membres du groupement qui déterminera la qualification à donner à celui-ci. Si la réalisation d'économies n'est qu'un élément accessoire dans l'esprit des parties, le groupement sera qualifié d'« association » régie par la loi de 1901. Si, au contraire, elle est prédominante, les fondateurs auront le choix entre la société et l'association (*no 32*).

L'appréciation de l'intention des parties sera largement commandée, nous semble-t-il, par la recherche d'une éventuelle fraude à la loi sur les associations : par exemple, constitution d'une société pour bénéficier de la pleine capacité juridique reconnue à celle-ci, alors que l'avantage patrimonial obtenu par les membres du groupement est secondaire par rapport à l'activité désintéressée de celui-ci.

c. Si le groupement a uniquement pour but de permettre à ses membres de **réaliser des économies,** par exemple d'obtenir un service à meilleur prix qu'aux conditions habituelles du commerce, la société ou l'association pourront, à notre avis, être utilisées indifféremment. En effet, seul le partage d'un bénéfice est interdit à l'association et non, comme on 32 le dit couramment, l'exercice d'une activité lucrative génératrice de bénéfices. Une association peut donc être valablement constituée lorsqu'elle a pour but de faire réaliser des économies à ses membres (Cass. ch. réunies 11-3-1914 : D. 1914 p. 257 note L. Sarrut) et, sur ce point, elle est une formule juridique concurrente de la société.

Toutefois, en pareil cas, la société sera souvent préférée à l'association pour les raisons suivantes :

– d'une part, la société jouit d'une pleine capacité juridique alors que l'association ne peut posséder et administrer que les cotisations de ses membres et les immeubles strictement nécessaires à l'accomplissement du but qu'elle poursuit (Loi de 1901 art. 6) ;

– d'autre part, en cas de dissolution, les membres de l'association peuvent seulement reprendre leurs apports ; ils n'ont aucun droit sur l'actif restant, lequel est généralement dévolu à une autre association poursuivant le même but que l'association dissoute (Décret du 16-8-1901 art. 15).

DISTINCTION ENTRE LA SOCIÉTÉ ET LE GROUPEMENT D'INTÉRÊT ÉCONOMIQUE

35 Comme le GIE, la société peut être constituée dans le seul but de faire profiter ses membres des économies résultant de son action.

Mais il existe une différence fondamentale entre la société et le GIE : celui-ci doit être un prolongement de l'activité économique de ses membres (art. L 251-1), ce qui limite nécessairement l'étendue de son objet, alors que la société peut avoir un objet extrêmement large et, au besoin, sans rapport avec l'activité de ses membres.

Sur les intérêts que le GIE peut présenter par rapport à la société, voir nº 96520.

C. Cadre législatif et réglementaire des sociétés commerciales

DISPOSITIONS DU CODE DE COMMERCE APPLICABLES AUX SOCIÉTÉS

50 La législation sur les sociétés commerciales figure dans la partie législative du Code de commerce.

51 Le Livre II de la **partie législative** du Code de commerce, qui traite « des sociétés commerciales et des groupements d'intérêt économique », comporte cinq titres.

Le Titre Ier (art. L 210-1 à L 210-12) contient quelques dispositions générales applicables à toutes les formes de sociétés commerciales.

Le Titre II (art. L 221-1 à L 22-10-78) comporte les dispositions spécifiques à chaque forme de sociétés commerciales (SNC, SCS, SARL, SA, y compris SA à participation ouvrière, SCA, SAS, SE) et aux valeurs mobilières émises par les sociétés par actions, ainsi que les dispositions propres aux sociétés dont les titres sont admis aux négociations sur un marché réglementé ou sur un SMN.

Le Titre III (art. L 231-1 à L 23-12-1) traite des dispositions communes aux diverses sociétés commerciales.

Le Titre IV (art. L 241-2 à L 249-1) concerne les dispositions pénales.

Le Titre V (art. L 251-1 à L 253-1) comporte les dispositions applicables aux GIE et aux groupements européens d'intérêt économique.

La législation des sociétés est complétée par les dispositions du Livre VI du Code de commerce consacré aux difficultés des entreprises (art. L 610-1 à L 696-1) et celles du Titre II du Livre VIII du même Code (art. L 820-1 à L 822-43) relatives aux commissaires aux comptes, aux OTI et aux auditeurs des informations de durabilité.

52 La partie législative du Code de commerce est complétée par une **partie réglementaire** qui comporte des décrets pris en Conseil d'État (art. R) et des décrets simples (art. D) et une ***partie « arrêtés »***. *Leur structure est la même que celle de la partie législative* (nº 51).

55 **Répartition entre la loi et le règlement** Selon l'article 34 de la Constitution, la loi « détermine les principes fondamentaux », notamment à propos du « régime de la propriété, des droits réels et des obligations civiles et commerciales ». Le droit des sociétés entrant dans cette catégorie, la partie législative du Code de commerce dispose seulement

sur les règles fondamentales, toutes les autres dispositions étant de la compétence du règlement et figurent dans la partie réglementaire du Code de commerce. Ce partage des compétences appelle plusieurs observations.

1. La répartition des dispositions entre la loi et le décret n'est **pas intangible.** La loi peut contenir des dispositions qui ont, par nature, un caractère réglementaire au regard de l'article 37, al. 1 de la Constitution (Cons. const. 30-7-1982 : JO du 31-7-1982 p. 2470). Ces dispositions peuvent cependant être modifiées par décret pris après avis du Conseil d'État, si le Conseil constitutionnel, saisi par le Gouvernement, reconnaît qu'elles relèvent du pouvoir réglementaire (Constitution art. 37, al. 2). 56

2. Il n'est pas toujours facile de déterminer si l'on se trouve ou non en présence de « principes fondamentaux » ressortissant à la seule **compétence législative.** En matière de sociétés, le Conseil constitutionnel a précisé que relèvent de la compétence législative la création d'un type particulier de société et l'interdiction faite à un actionnaire (en l'occurrence une personne morale de droit public) de céder ses actions (Cons. const. 14-10-1960 nº 60-9 : D. 1961 p. 109 note L. Hamon). De même, la détermination des conditions dans lesquelles est assurée la représentation d'une personne privée pour l'exercice de ses droits patrimoniaux met en cause un principe fondamental du droit de propriété et des obligations civiles et commerciales relevant du domaine de la loi ; dès lors, il n'appartient pas au législateur de conférer purement et simplement au Gouvernement le pouvoir discrétionnaire d'assigner des représentants à des actionnaires privés (Cons. const. 19-7-1983 et 20-7-1983 : Gaz. Pal. 1983 L p. 585). 57

Relèvent en revanche de la **compétence réglementaire** :

– les dispositions d'une ordonnance qui mettent à la charge des sociétés « cotées » des obligations de publier divers documents destinés à l'information des actionnaires, peu important que la violation de ces obligations soit sanctionnée par des peines correctionnelles ; en effet, la loi est compétente seulement pour la fixation des peines correctionnelles, mais non pour la détermination du contenu de l'incrimination qui relève du décret si les dispositions définissant l'infraction ne mettent pas en cause les principes fondamentaux (Cons. const. 2-7-1965 nº 65-35 : D. 1967 p. 445 note L. Hamon) ;

– une disposition qui précise seulement le lieu où doit être accomplie par une société la formalité du dépôt d'actes ou de pièces car elle ne met pas en cause la garantie que constitue, pour les associés comme pour les tiers, la publicité des sociétés (Cons. const. 13-9-1979 nº 79-110 : Rec. p. 49) ;

– la fixation des modalités de mise en œuvre des procédures d'offre publique (Cons. const. 28-7-1989 nº 89-260 : Rec. p. 71).

3. Le partage des compétences entre la loi et le décret risque parfois d'entraîner de fâcheuses **distorsions entre** les dispositions de la **loi et** celles du **décret** relatives à une même question. Si la conciliation des textes est impossible, force doit rester à la loi, car donner au décret le pas sur la loi reviendrait à abroger implicitement cette dernière. Or, quoique la disposition légale relève en réalité du pouvoir réglementaire, elle ne peut pas être modifiée ou abrogée sans que le Conseil constitutionnel ait reconnu, au préalable, son caractère réglementaire (Constitution art. 37, al. 2). 58

Champ d'application territorial du Code de commerce Les dispositions du **Livre II** du Code de commerce concernant les sociétés commerciales sont applicables, sans restriction, en France métropolitaine et dans les départements et régions d'outre-mer (Guadeloupe, Guyane, Martinique, Mayotte, La Réunion), sous réserve de quelques adaptations particulières à Mayotte mentionnées au Titre II du Livre IX du Code de commerce. 60

Il en est de même dans les collectivités d'outre-mer, à l'exception, d'une part, des dispositions concernant les groupements européens d'intérêt économique (art. L 252-1 à L 252-12), d'autre part, pour les collectivités autres que la Polynésie française, de celles concernant la société européenne (art. L 225-245-1, L 229-1 à L 229-15 et L 244-5) et sous réserve de quelques adaptations particulières mentionnées au Livre IX du Code de commerce.

La loi française est applicable aux « sociétés dont le **siège social** est situé en territoire français » (art. L 210-3, al. 1). 61

Si le juge français est saisi pour déterminer le lieu du siège d'une société, sauf conventions internationales définissant le siège social, il fait application de la loi française en tant que « loi du for », laquelle est la loi compétente pour fixer les qualifications (sur cette question, voir Mémento Droit commercial nº 74606).

> Précisions Pour les sociétés ayant leur siège dans les **départements** et **régions** d'outre-mer et les **collectivités d'outre-mer,** il y a lieu de tenir compte des dispositions particulières adaptant la législation française à ces territoires (n° 60).

DISPOSITIONS DU CODE CIVIL APPLICABLES AUX SOCIÉTÉS

63 **Droit commun des sociétés** Les **articles 1832 à 1844-17** du Code civil relatifs aux dispositions générales communes à toutes les sociétés sont applicables aux sociétés commerciales. Cependant, celles-ci ne sont soumises à ces dispositions qu'en l'absence de textes particuliers les concernant et ayant le même objet (C. civ. art. 1834). Ces dispositions générales sont complétées par les articles 1 à 29 du décret 78-704 du 3 juillet 1978 relatifs à l'application de la loi du 4 janvier 1978.

64 **Droit commun des contrats** S'applique également aux sociétés commerciales le droit commun des contrats, refondu par l'ordonnance 2016-131 du 10 février 2016 portant réforme du droit des contrats, du régime général et de la preuve des obligations, ratifiée par la loi 2018-287 du 20 avril 2018 (Titres III à IV bis du Livre III du Code civil). Les dispositions actuelles sont applicables, selon les cas, aux contrats conclus depuis le 1er octobre 2016 ou, pour certaines de celles qui ont été aménagées par la loi de ratification, le 1er octobre 2018.

Parmi ces dispositions, nombreuses sont celles qui pourraient être jugées applicables en droit des sociétés. Certes, peu de mesures mises en place sont impératives. Mais, les dispositions supplétives s'appliquent, à l'insu des associés, s'il n'existe pas de convention contraire, dans les statuts notamment. Il est donc important de déterminer quelles règles sont susceptibles d'infiltrer le droit des sociétés. À cette fin, nous proposons ci-dessous une méthode d'interprétation. Les principales dispositions nous paraissant applicables en matière de sociétés commerciales sont en outre signalées au fil des développements.

65 La **clé de répartition** entre le champ d'application du droit des sociétés et celui du droit des contrats repose sur l'article 1105 du Code civil aux termes duquel :

« Les contrats, qu'ils aient ou non une dénomination propre, sont soumis à des règles générales, qui sont l'objet du présent sous-titre ["Le contrat"].

« Les règles particulières à certains contrats sont établies dans les dispositions propres à chacun d'eux.

« Les règles générales s'appliquent sous réserve de ces règles particulières. »

C'est de la portée donnée au dernier alinéa de cet article que dépend l'application combinée du Code civil et du droit des sociétés.

Le rapport au Président de la République accompagnant l'ordonnance 2016-131 du 10 février 2016 précise que cet alinéa « introduit une nouveauté importante et attendue des praticiens, puisqu'il rappelle que les règles générales s'appliquent sous réserve des règles spéciales. Ainsi, les règles générales posées par l'ordonnance seront notamment écartées lorsqu'il sera impossible de les appliquer simultanément avec certaines règles prévues par le Code civil pour régir les contrats spéciaux, ou celles résultant d'autres codes tels que le Code de commerce ou le Code de la consommation ».

66 Il convient à notre avis de distinguer **trois situations** :

– Le droit des sociétés est muet sur une question qui fait l'objet de dispositions dans le Code civil : ce sont alors ces dernières qui s'appliquent (cas, par exemple, des vices du consentement et de la promesse de société).

– Le droit des sociétés a organisé un corps de règles sur un sujet qu'il traite de manière exhaustive : il déroge alors au Code civil.

– Le droit des sociétés traite partiellement un sujet, par exemple en ne visant que certaines formes sociales ou en étant muet sur certains aspects qui, eux, sont abordés par le Code civil.

67 Pour trancher le **cas où le droit des sociétés traite partiellement le sujet,** deux positions *peuvent être soutenues :*

– soit l'on considère, comme semble le dire le rapport au Président de la République, que le droit commun des contrats a vocation à s'appliquer partout où le droit des sociétés a laissé un vide ;

– soit l'on considère que le droit commun n'a pas vocation à s'appliquer là où il existe une réglementation en droit des sociétés, le silence du législateur sur certains points devant être interprété comme une volonté délibérée de ne pas imposer de règles et de laisser, le cas échéant, place à la liberté contractuelle. Selon nous, c'est cette dernière position qu'il convient de retenir.

AUTRES TEXTES APPLICABLES AUX SOCIÉTÉS

Textes français Outre le Code de commerce et le Code civil, s'appliquent aussi aux sociétés commerciales les dispositions du **Code monétaire et financier** relatives aux valeurs mobilières et à l'organisation des marchés financiers. **70**

D'autres textes, auxquels renvoient le Code de commerce et le Code monétaire et financier, sont également applicables aux sociétés dont les titres sont admis aux négociations sur un marché réglementé ou sur un SMN (tels Euronext Growth et Euronext Access). Tel est le cas du **règlement général de l'AMF** et des **codes de gouvernement d'entreprise** élaborés par les organisations représentatives des entreprises (par exemple, le Code de gouvernance Afep-Medef ou le Code de gouvernance Middlenext). **71**

Textes européens Afin d'assurer la liberté d'établissement dans les différents pays de l'UE, l'article 50, 2-g du traité sur le fonctionnement de l'UE prévoit de coordonner « dans la mesure nécessaire et en vue de les rendre équivalentes » les garanties qui sont exigées des sociétés dans les États membres « pour protéger les intérêts tant des associés que des tiers ». Le Conseil de l'UE est ainsi habilité à prendre des directives, c'est-à-dire, selon l'article 288, al. 3 du Traité, des actes qui lient « tout État membre destinataire quant au résultat à atteindre, tout en laissant aux instances nationales la compétence quant à la forme et aux moyens ». **75**

Depuis 1968, de nombreuses directives ont été adoptées, modifiées puis codifiées par d'autres directives. **76**
Sont actuellement en vigueur notamment les directives :
– 2017/1132 du 14 juin 2017 concernant la **constitution,** le **fonctionnement,** les **fusions** et **scissions,** la **publicité,** la validité des **engagements sociaux,** le maintien et les modifications du **capital,** l'acquisition des propres actions et les cas de **nullité** des sociétés de capitaux, qui a codifié les directives 82/891, 89/666, 2005/56, 2009/101, 2011/35 et 2012/30 et qui a été modifiée depuis à plusieurs reprises ;
– 2013/34 du 26 juin 2013 concernant la structure et le **contenu des comptes annuels et du rapport de gestion,** les **modes d'évaluation** ainsi que la **publicité de ces documents** et les **comptes consolidés** dans les sociétés par actions et les SARL, modifiée par la directive déléguée 2023/2775 ;
– 2009/102 du 16 septembre 2009 concernant les **SARL unipersonnelles** ;
– 2006/43 du 17 mai 2006 concernant le **contrôle légal des comptes annuels,** modifiée par la directive 2014/56 ;
– 2004/25 du 21 avril 2004 concernant la protection des intérêts des actionnaires et des tiers en cas **d'offres publiques d'achat ou d'échange** ;
– 2022/2381 du 23 novembre 2022 relative à un **meilleur équilibre hommes/femmes dans les conseils** ;
– 2022/2464 du 14 décembre 2022 concernant la publication d'informations en matière de **durabilité** des entreprises (CSRD) ;
– 2024/1760 du 13 juin 2024 sur le **devoir de vigilance** des entreprises en matière de durabilité (CS3D), qui doit être transposée d'ici le 26 juillet 2027.

Par ailleurs, diverses mesures ont été prises en vue d'harmoniser les réglementations applicables au sein de l'UE en ce qui concerne les **valeurs mobilières,** à savoir : **78**
– directive 2001/34 du 28 mai 2001 concernant l'admission de valeurs mobilières à la cote officielle et l'information à publier sur ces valeurs ;
– directive 2004/109 du 15 décembre 2004 concernant la transparence de l'information sur les émetteurs dont les valeurs sont admises à la négociation sur un marché réglementé ;
– directive 2007/36 du 11 juillet 2007 concernant l'exercice de certains droits des actionnaires de sociétés cotées ;
– règlement 596/2014 du 16 avril 2014 et directive 2014/57 du 16 avril 2014 sur les abus de marché ;
– directive 2017/828 du 17 mai 2017 modifiant la directive 2007/36 en vue de promouvoir l'engagement à long terme des actionnaires ;
– règlement 2017/1129 du 14 juin 2017 concernant le prospectus à publier en cas d'offre au public de valeurs mobilières ou en vue de l'admission de valeurs mobilières à la négociation sur un marché réglementé.

D. Conditions de validité du contrat de société

1. CONDITIONS DE VALIDITÉ DE DROIT COMMUN

86 Le contrat de société est soumis, comme tout contrat, aux **trois conditions** de validité suivantes : consentement des parties – c'est-à-dire des futurs associés – à l'acte (nos 6500 s.), capacité juridique des mêmes personnes (nos 300 s.), contenu licite et certain (C. civ. art. 1128).

Ces conditions sont transposables au cas où la constitution de la société résulte d'un acte unilatéral de volonté (cas des SARL et SAS unipersonnelles) car les règles gouvernant les contrats s'appliquent, autant que de raison, aux actes unilatéraux (C. civ. art. 1100-1).

87 L'exigence d'un objet certain et d'une cause licite, qui conditionnait la validité des contrats avant la réforme du droit des obligations opérée par l'ordonnance 2016-131 du 10 février 2016, a été remplacée dans le Code civil par celle d'un « **contenu licite et certain** ». Le « contenu » du contrat est précisé par les articles 1162 à 1171 du Code civil. Il n'en résulte pas, à notre avis, un changement de fond sur ce qu'impliquaient les conditions précédentes d'objet et de cause.

En effet, la notion d'**objet** se retrouve parmi plusieurs articles : l'article 1163, al. 1 et 2 qui prévoit que l'obligation a pour objet une prestation présente et future et que celle-ci doit être déterminée ou déterminable ; l'article 1170 selon lequel toute clause qui prive de sa substance l'obligation essentielle du débiteur est réputée non écrite.

De même, deux articles sauvegardent le rôle essentiel de la **cause** : l'article 1169 dont il résulte que, dans les contrats à titre onéreux, la prestation doit avoir, au moment de la formation du contrat, une contrepartie ni illusoire ni dérisoire ; l'article 1162 selon lequel le contrat ne peut pas déroger à l'ordre public par son but, que ce dernier ait été connu ou non par toutes les parties.

89 Un contrat de SNC ou de SCS conclu **avant le 1er octobre 2025** et dont le contenu n'est pas licite et certain est nul (C. civ. art. 1178, al. 1 ; art. L 235-1, al. 1). En revanche, un contrat de SARL ou de société par actions ne saurait être annulé pour cette raison (no 89134).

La nullité d'une société constituée **à compter du 1er octobre 2025,** quelle que soit sa forme, n'est plus encourue pour violation des lois qui régissent la nullité des contrats, ni pour quelque cause de nullité des contrats en général (cf. C. civ. art. 1844-10, al. 1 modifié, à compter du 1-10-2025, par ord. 2025-229 du 12-3-2025 ; Ord. 2025-229 art. 70).

2. CONDITIONS DE VALIDITÉ PROPRES AU CONTRAT DE SOCIÉTÉ

100 Le contrat de société doit satisfaire à **trois conditions** qui sont appréciées en la personne de chacun des associés :
– la réalisation d'apports (voir nos 1900 s.) ;
– la participation aux résultats de l'exploitation ;
– la volonté de s'associer (affectio societatis).

a. Participation des associés aux résultats de l'exploitation

105 Il résulte de l'article 1832 du Code civil que la société peut être constituée soit pour partager les **bénéfices** provenant de l'action commune, soit pour tirer profit des **économies** qu'elle procure ; mais il faut aussi que les associés contribuent aux **pertes,** cette contribution étant la contrepartie indispensable de leur vocation aux bénéfices ou aux économies.

RECHERCHE D'UN AVANTAGE MATÉRIEL À PARTAGER

106 **Notion de bénéfice** À notre avis, le bénéfice s'entend exclusivement d'un enrichissement pécuniaire.

› Précisions Sous le régime antérieur à la réforme du Code civil opérée par la loi du 4 janvier 1978, la société était le contrat par lequel plusieurs personnes conviennent de « mettre quelque chose en commun, dans la vue de partager le bénéfice qui pourra en résulter ». Or, la notion de bénéfice avait été interprétée restrictivement depuis qu'un arrêt célèbre des chambres réunies de la Cour de cassation l'avait limitée à tout gain pécuniaire ou matériel « qui ajoute à la fortune des associés » (Cass. ch. réunies 11-3-1914 : D. 1914 p. 257 note L. Sarrut). Dès lors, tous les groupements constitués pour permettre à leurs membres de réaliser des économies ou leur éviter des dépenses ne pouvaient pas, en principe, revêtir la forme de société, et l'association ou le GIE étaient alors fréquemment employés.

Cette **conception restrictive de la notion de bénéfice** avait nécessité l'intervention du législateur soit pour qualifier de « sociétés » certains groupements ayant pour but l'obtention d'un service à moindre coût (sociétés coopératives, sociétés de construction, sociétés d'intérêt collectif agricole, etc.), soit pour créer de toutes pièces une structure juridique nouvelle, le GIE, permettant aux entreprises de se réunir au sein d'un organisme doté de la personnalité morale bien qu'il ne soit pas constitué dans le but essentiel de réaliser des bénéfices et qui était, avec l'association, fréquemment employé lorsque les « associés » n'avaient pour but que de réaliser des économies.

En juxtaposant les deux termes « bénéfice » et « économie » dans l'article 1832 du Code civil, le législateur semble s'être rallié à la conception la plus restrictive du bénéfice (enrichissement en argent) mais, au demeurant, la plus répandue.

Économie Les sociétés sont valablement constituées même si elles ont pour unique objet de permettre à leurs membres d'éviter des dépenses, à l'exclusion de toute recherche d'un gain positif : achats de matériel ou de marchandises à moindres frais ; comptoirs d'achat ou de vente ; action publicitaire commune ; services communs divers, etc. **110**

Comme nous l'avons vu (n° 106), les « groupements de dépenses » peuvent revêtir aussi bien la forme d'une société que celle d'un GIE ou même celle d'une association régie par la loi de 1901.

b. Vocation des associés aux bénéfices et contribution aux pertes

VOCATION DES ASSOCIÉS AUX BÉNÉFICES SOCIAUX

Les bénéfices réalisés sont appelés à être répartis entre les associés. Cette répartition est aussi indispensable à l'existence d'une société que la recherche des bénéfices (C. civ. art. 1832). **115**

La collectivité des associés est appelée chaque année à statuer sur la part des bénéfices de l'exercice écoulé qui sera mise en distribution (art. L 232-12). Cependant, elle peut décider de ne pas distribuer immédiatement les bénéfices, mais de les affecter à des comptes de réserves (voir n°s 76280 s.) ou de les laisser en report à nouveau (n° 76320).

Sur l'interdiction des clauses privant un associé de tout droit aux bénéfices, voir n°s 7020 s.

CONTRIBUTION DES ASSOCIÉS AUX PERTES SOCIALES

Chaque associé doit contribuer aux pertes (C. civ. art. 1832). **120**

La « contribution aux pertes » est la quote-part qui incombe normalement à chaque associé dans le montant des pertes sociales.

Il ne faut pas la confondre avec l'obligation qui pèse sur lui, dans certaines sociétés, à l'égard des créanciers sociaux (« obligation aux dettes »). Un associé en nom, par exemple, peut être tenu de désintéresser les créanciers sociaux au-delà de la part fixée dans la loi ou les statuts pour sa contribution aux pertes. Dans ce cas, il jouit d'un recours contre ses coassociés pour récupérer les sommes versées aux créanciers en sus de sa part.

En pratique, la contribution aux pertes ne concerne que les rapports des associés entre eux ou avec la société alors que l'obligation aux dettes concerne les rapports des associés avec les tiers (Cass. 3e civ. 6-7-1994 n° 1343 : RJDA 12/94 n° 1310 ; CA Lyon 24-11-2005 n° 04-3880 : RJDA 7/06 n° 778).

Sur la limitation de la contribution aux pertes au montant des apports dans certaines sociétés et l'interdiction des clauses exonérant un associé de toute contribution aux pertes, voir n°s 7000 s.

c. *Affectio societatis*

DÉFINITION DE L'AFFECTIO SOCIETATIS

Bien que l'article 1832 du Code civil ne comporte aucune mention formelle de cet élément constitutif, la qualification de « contrat de société » au sens de ce texte est subordonnée à l'existence, unanimement admise, d'une condition de nature psychologique : l'affectio societatis. Selon une jurisprudence établie, celle-ci se définit comme la **volonté de chaque associé de collaborer** effectivement à l'exploitation du fonds **dans un intérêt commun et sur un pied d'égalité** avec les autres associés (Cass. com. 3-6-1986 : Bull. civ. IV n° 116 ; Cass. com. 3-3-2021 n° 19-10.693 F-D : RJDA 7/21 n° 474). **130**

> **Précisions** L'affectio societatis ne doit pas être confondu avec les **motivations** des intéressés : des personnes peuvent avoir une volonté commune de s'associer tout en ayant des raisons différentes de le faire (en ce sens, Cass. com. 10-2-1998 nº 464 : RJDA 6/98 nº 717).

APPRÉCIATION DE L'AFFECTIO SOCIETATIS

131 L'affectio societatis doit exister à la date de la **conclusion du contrat de société** (CA Paris 25-4-1984 : Bull. Joly 1984 p. 1004) et doit durer aussi longtemps que la société (TGI Paris 14-3-1973 : Gaz. Pal. 1973 II p. 913). Il n'y a pas d'affectio societatis entre des parties qui ne s'entendent pas sur l'objet de la société à constituer (Cass. com. 3-3-2021 nº 19-10.693 F-D : RJDA 7/21 nº 474). En revanche, peu importe qu'un associé n'ait pas libéré l'apport qu'il a promis à la société (CA Paris 10-3-2004 nº 02-11747 : RJDA 8-9/04 nº 1002).

L'affectio societatis n'est pas une condition requise de l'acquéreur lors d'une **cession de droits sociaux** (Cass. com. 11-6-2013 nº 12-22.296 : RJDA 10/13 nº 805) ou de l'époux commun en biens revendiquant la qualité d'associé sur le fondement de l'article 1832-2 du Code civil (Cass. com. 21-9-2022 nº 19-26.203 FS-B : RJDA 12/22 nº 686).

En réalité, c'est le plus souvent pour apprécier l'existence d'un **contrat de société qui n'a pas donné lieu à l'immatriculation** au RCS que la présence de l'affectio societatis est vérifiée (cf. Cass. com. 3-6-1986 : Bull. civ. IV nº 116 : identification d'une société en participation ; Cass. com. 3-3-2021, précité : nullité d'une promesse de constitution de société ; CA Paris 25-4-1984 : Bull. Joly 1984 p. 1004 : dissolution amiable d'une société non immatriculée ; CA Paris 16-3-1988 : Bull. Joly 1988 p. 498 et CA Paris 6-4-1999 : Bull. Joly 1999 p. 1168 note B. Saintourens : refus de reconnaître l'existence d'une société créée de fait).

132 Lorsque le **contrat de la société a donné lieu à immatriculation,** l'affectio societatis a perdu sa qualité d'élément constitutif de la société, car son absence au moment de la conclusion du contrat ou sa disparition après l'immatriculation n'entraîne pas l'annulation de la société immatriculée, comme ce devrait être le cas dès lors qu'il est constaté que l'un des éléments constitutifs de la société fait défaut.

En effet, l'examen de la jurisprudence ne révèle, à notre connaissance, aucune décision ayant prononcé la nullité d'une société immatriculée pour défaut d'affectio societatis. Cette constatation ressort déjà de la jurisprudence précitée (nº 131) et se trouve confirmée par les décisions suivantes qui ont ou qui pourraient avoir un rapport avec l'affectio societatis. Ainsi :

– si la perte de l'affectio societatis consécutive à la mésintelligence entre associés est retenue, c'est pour justifier la dissolution de la société et non son annulation (nºs 86130 s.) ;

– si la société fictive est nulle (Cass. com. 22-6-1999 nº 1285 : RJDA 10/99 nº 1077), ce n'est pas pour défaut d'affectio societatis, mais parce qu'une série d'indices distincts de l'affectio societatis prouve qu'elle n'est qu'une façade (Cass. com. 22-6-1999 nº 1285 précité ; CA Rennes 15-1-1997 : DMF 1997.584 note Corbier) ;

– le défaut d'affectio societatis d'un associé a été constaté pour annuler l'acquisition frauduleuse des titres d'une société par cet associé (Cass. com. 25-4-2006 nº 498 : RJDA 11/06 nº 1147).

La nullité d'une société constituée **à compter du 1er octobre 2025,** quelle que soit sa forme, n'est plus encourue pour défaut d'affectio societatis (cf. C. civ. art. 1844-10, al. 1 modifié, à compter du 1-10-2025, par ord. 2025-229 du 12-3-2025 ; Ord. 2025-229 art. 70).

AFFECTIO SOCIETATIS DANS LES SOCIÉTÉS UNIPERSONNELLES

135 Compte tenu de l'existence d'un associé unique, il n'y a pas, dans les sociétés unipersonnelles, d'« affectio societatis » au sens habituel de cette notion qui a été conçue en fonction d'une pluralité d'associés. Mais, lorsqu'il crée une EURL ou une Sasu, l'associé unique doit prendre conscience de la nécessité pour lui d'adopter un nouveau comportement dans la gestion de son entreprise. Il doit avoir la volonté de se comporter comme un « associé », c'est-à-dire, ici, comme le membre d'une personne morale, en respectant l'objet social de celle-ci dans sa gestion quotidienne et en veillant à éviter toute confusion entre les biens qui composent le patrimoine social et ses biens personnels.

Cette exigence est la conséquence du principe de spécialité qui conditionne l'existence de toute personne morale. Ainsi, la société unipersonnelle dont l'objet est d'exploiter les biens qui lui sont affectés ne saurait être « instituée » en tant que société si cette affectation n'était pas réalisée. La condition sera certes remplie, à l'origine, par les apports (pour autant qu'ils ne soient pas fictifs, cf. CA Rouen 16-12-1999 : RJDA 5/00 nº 552) et sera consacrée par l'immatriculation au RCS. Mais elle ne demeurera satisfaite, en cours de vie sociale, qu'autant que l'associé unique prendra soin de faire agir la société et se gardera, surtout s'il est gérant ou président, de laisser croire aux tiers qu'il agit lui-même en son propre nom et pour son propre compte, sous peine de voir l'EURL ou la Sasu jugée fictive et de se retrouver entrepreneur individuel.

E. Une personne morale commerçante

PRINCIPE

150 Le caractère commercial d'une société est déterminé par la forme ou l'objet de celle-ci (art. L 210-1, al. 1).

SOCIÉTÉS COMMERCIALES PAR LA FORME

151 Une société est nécessairement commerciale, même si son activité est civile, lorsqu'elle a la forme de SNC, de SCS ou de SCA, de SARL, de SA, de SAS ou de SE (art. L 210-1, al. 2).

Toute société qui se transforme et adopte l'une de ces formes devient immédiatement commerciale (voir, pour la transformation d'une société civile en SARL, TGI Seine 31-5-1966 : Rev. trim. com. 1967 p. 515).

SOCIÉTÉS COMMERCIALES PAR L'OBJET

155 Une société ne revêtant pas l'une des formes énumérées ci-dessus, par exemple une société civile ou une société en participation, peut être commerciale par son objet, entendu comme son activité sociale.

Constituent des **activités commerciales,** notamment (art. L 110-1) :

– tout achat de biens meubles pour les revendre, soit en nature, soit après les avoir travaillés et mis en œuvre ;
– toute entreprise de location de meubles ;
– toute entreprise de manufacture, de commission, de transport par terre ou par eau ;
– toute entreprise de fournitures, d'agence, de bureaux d'affaires, d'établissements de ventes à l'encan, de spectacles publics ;
– toutes opérations de change, banque et courtage, toutes activités d'émission et de gestion de monnaie électronique et tous services de paiement ;
– tout achat de biens immeubles aux fins de les revendre, à moins que l'acquéreur n'ait agi en vue d'édifier un ou plusieurs bâtiments et de les vendre en bloc ou par locaux ;
– toutes opérations d'intermédiaire pour l'achat, la souscription ou la vente d'immeubles, de fonds de commerce, d'actions ou parts de sociétés immobilières.

Il en est de même d'une exploitation de mines (C. minier art. L 131-3) ou de la pêche maritime professionnelle (C. rur. art. L 931-1).

Constituent des **activités civiles,** notamment :

– l'exploitation de carrières, ardoisières, sablières, marais salants, sauf si l'extraction des produits cesse d'être l'objet principal de la société ;
– l'exploitation de sources d'eaux thermales ;
– l'exploitation d'un établissement d'éducation et d'enseignement ;
– la publication d'ouvrages scientifiques ou littéraires par leurs auteurs ;
– l'exercice d'une activité libérale : architectes, avocats, dentistes, experts, géomètres, médecins, etc.

> **Précisions** En application de l'article L 110-1, les sociétés qui se livrent à une activité de **marchand de biens** sont commerciales. En revanche, l'activité de **constructeur-promoteur** conserve un caractère civil.
> Pour des détails sur ces actes, voir Mémento Droit commercial n°s 113 s.

158 **Société civile exerçant une activité commerciale** L'exercice d'une activité commerciale importante par une société civile immatriculée entraîne, **pour cette activité,** l'apparition d'une **société** commerciale « **créée de fait** » soumise, par renvoi de l'article 1873 du Code civil, au régime juridique des sociétés en participation (CA Rouen 22-11-1995 : JCP E 1997 II n° 992 note Arrighi).

Les **associés** – *dès lors qu'ils ont agi en cette qualité au vu et au su des tiers* – peuvent être tenus indéfiniment et solidairement des dettes nées de cette activité à l'égard de ceux-ci (C. civ. art. 1873 et 1872-1, al. 2), chaque associé s'exposant même à subir personnellement une procédure collective si sa qualité de commerçant est démontrée par l'exercice d'une activité commerciale habituelle ou s'il est établi que l'associé a exploité l'entreprise commerciale objet de la société (Cass. com. 27-4-1993 : RJDA 10/93 n° 833).

> **Précisions a.** L'exercice d'une activité commerciale par une société civile ne peut pas donner naissance à une **personne morale** commerciale. En effet, la capacité des personnes morales est limitée par les règles applicables à chacune d'entre elles (C. civ. art. 1145, al. 2). Une société immatriculée en tant que société civile n'acquiert donc la personnalité juridique que

pour l'accomplissement d'actes civils. Le simple changement d'objet dans les faits, résultant d'un changement d'activité ou de l'exercice d'une activité commerciale nouvelle, ne peut pas constituer une transformation régulière de la société civile en société commerciale, une telle transformation supposant l'accomplissement de diverses formalités pour que la personnalité morale subsiste. À notre avis, deux sociétés coexistent dans ce cas : la société civile immatriculée, dont l'objet – civil – subsiste malgré l'exercice de l'activité commerciale, et la société commerciale créée de fait, dépourvue de personnalité morale, qui sert de cadre à cette activité.

b. Les **actes de commerce** accomplis, au titre d'une activité commerciale, **par une société civile** n'engagent pas cette société puisqu'ils excèdent son objet (C. civ. art. 1849, al. 1), de sorte que les associés ne peuvent pas exiger d'un créancier la poursuite préalable de celle-ci pour des dettes contractées dans le cadre de leur activité commerciale (Cass. com. 31-5-1988 : Bull. civ. IV n° 187).

CONSÉQUENCES DE LA COMMERCIALITÉ D'UNE SOCIÉTÉ

165 **Règles commerciales** La société commerciale est soumise aux mêmes **obligations** et bénéficie des mêmes **droits** que les commerçants personnes physiques. Elle peut faire l'objet d'une procédure collective, relève de la compétence du tribunal de commerce, peut jouir de la propriété commerciale, est soumise aux règles de publicité du RCS, participe par l'intermédiaire de ses représentants aux élections aux tribunaux de commerce et aux chambres de commerce et d'industrie territoriales, etc.

C'est à la **date** de son immatriculation que la société acquiert la qualité de commerçant. Sur les conséquences de cette règle sur la clause attributive de compétence territoriale contenue dans un acte signé au nom d'une société en formation, voir n° 4250.

166 **Régime des actes faits par la société** Les actes faits par la société, même civils par nature, sont à son égard des **actes de commerce** s'ils ont été conclus pour les besoins de son activité et entrent dans l'objet social.

Par exemple, sont réputés commerciaux les baux d'immeubles passés dans l'intérêt de l'activité sociale (Cass. com. 14-2-1956 : JCP 1956 II n° 9375 ; Cass. com. 19-11-1956 : Gaz. Pal. 1957 I p. 203), les dettes, même civiles, contractées à l'occasion de cette activité, les actes faits par une société immobilière ayant la forme de SA.

De même, nonobstant la nature civile du mandat unissant un agent général à une compagnie d'assurance, le litige qui les oppose relève de la compétence des tribunaux de commerce dès lors que cet agent général exerce son activité sous la forme d'une SARL (Cass. com. 10-3-1998 : RJDA 8-9/98 n° 992).

De même encore, une vente peut être prouvée par tous moyens à l'égard d'une société commerciale, sauf si la société justifie que cet acte est étranger à son commerce (Cass. com. 10-3-2004 n° 478 : RJDA 8-9/04 n° 994).

Le caractère commercial attribué aux baux d'immeubles en raison de la forme commerciale de la société locataire ne confère pas nécessairement à cette société le bénéfice du **statut des baux commerciaux** (droit au renouvellement ou, à défaut, obtention d'une indemnité d'éviction), lequel suppose l'exploitation effective d'un fonds de commerce dans les lieux loués (Cass. 3e civ. 5-3-1971 : Bull. civ. III n° 168 ; voir aussi CA Paris 10-11-1988 : Rev. Loyers 1989 p. 215).

C'est la date de l'immatriculation de la société qui détermine l'application du statut des baux commerciaux : le locataire commercial ne peut bénéficier du renouvellement de son bail que s'il est immatriculé au RCS à la date de délivrance du congé (Cass. 3e civ. 2-7-1985 n° 84-11.373 : Bull. civ. III n° 105 ; Cass. 3e civ. 14-4-2016 n° 15-14.275 FS-D : RJDA 7/16 n° 515) ou de la demande de renouvellement (Cass. 3e civ. 25-10-1983 : JCP G 1985 II n° 20371 ; Cass. 3e civ. 18-5-2005 n° 04-11.985 FS-PB : RJDA 8-9/05 n° 940), ainsi qu'à la date d'effet du congé (Cass. 3e civ. 20-3-1991 n° 89-20.349 : RJDA 5/91 n° 386). En conséquence, une société en formation immatriculée au RCS le lendemain de la date de délivrance du congé ne peut pas pallier son défaut d'immatriculation en faisant valoir qu'à cette date, elle était immatriculée à l'Urssaf et au fichier Siret (CA Paris 8-9-2010 n° 08/24467 : RJDA 4/11 n° 287).

167 Selon une jurisprudence bien établie, les actes de constitution ou de transmission de **droits réels immobiliers,** autres que ceux visés à l'article L 110-1, 2° (achat de biens immeubles en vue de les revendre), sont des actes civils même s'ils sont accessoires à l'objet social (cf. Cass. 3e civ. 14-6-1989 : Bull. civ. III n° 141).

F. Quel type de société choisir ?

UN CHOIX DÉLICAT

Le choix et l'adaptation d'une structure juridique constituent un exercice difficile, tant les paramètres qui entrent en ligne de compte sont nombreux (coût de création et d'évolution de la structure choisie, risques encourus, nécessité ou non de s'associer, statut fiscal et social des dirigeants, dépendance à l'égard des banquiers, clients ou fournisseurs, conditions de transmission, etc.). 180

Nous présentons ci-après, sous forme de tableaux, les principales caractéristiques des différentes structures.

COMPARAISON ENTRE ENTREPRISE INDIVIDUELLE ET SOCIÉTÉ UNIPERSONNELLE

Les **commerçants, artisans** et **prestataires de services** peuvent exercer leur activité, seuls, sous l'une des formes suivantes : **entreprise individuelle** (EI), soumise à un statut unique reposant sur la séparation des patrimoines professionnel et personnel de l'entrepreneur, EURL ou Sasu. Pour les deux dernières, qui sont des **sociétés** (SARL ou SAS) **à un seul associé,** on a considéré dans les tableaux ci-dessous que l'associé unique est l'exploitant et qu'il exerce lui-même la gérance ou la présidence (selon le cas) de la société. 185

186

Principaux avantages et inconvénients		
EI	**EURL**	**Sasu**
	Avantages	
Simplicité de constitution et formalisme réduit Responsabilité financière de l'entrepreneur limitée au patrimoine professionnel (biens, droits, obligations et sûretés utiles à son ou à ses activités professionnelles indépendantes) (art. L 526-22, al. 3 et 5 et R 526-26, I) Faculté pour l'entrepreneur d'apporter à une société l'intégralité de son patrimoine professionnel par transfert universel (n°s 2230 s.)	Responsabilité financière de l'associé limitée aux apports faits à la société	Responsabilité financière de l'associé limitée aux apports faits à la société
	Possibilité d'ouvrir le capital ou de céder les parts de la société à un ou plusieurs nouveaux associés	Possibilité d'ouvrir le capital ou de céder les actions de la société à un ou plusieurs nouveaux associés Affiliation du président au régime général de la sécurité sociale et taxation de sa rémunération comme un salaire
	Inconvénients	
Patrimoine professionnel unique même en cas d'activités professionnelles multiples (art. L 526-22, al. 3), de sorte qu'une concurrence peut s'exercer entre créanciers d'activités professionnelles distinctes *Droit de gage de l'administration* fiscale et des organismes de sécurité sociale s'exerçant sur les patrimoines professionnel et personnel dans certaines situations (art. L 526-24) Faculté pour un créancier professionnel de demander à l'entrepreneur de renoncer à la séparation de ses patrimoines pour un engagement spécifique (art. L 526-25)	Coût de constitution (280 € environ pour la seule publicité) et formalisme : publication dans un support d'annonces légales en plus des inscriptions au RCS et au RNE, déclaration des bénéficiaires effectifs, tenue d'un registre des décisions d'associé, dépôt des comptes annuels, etc.	

187

Statut de l'exploitant et de son conjoint (ou partenaire pacsé ou concubin)		
EI	EURL	Sasu
Imposition des rémunérations de l'exploitant		
Rémunération non imposée en tant que telle (car incluse dans le résultat imposable de l'entreprise), sauf option pour l'IS si l'exploitant est imposé selon un régime réel (en optant pour l'assimilation à une EURL), auquel cas elle est déduite du résultat imposable de l'entreprise et imposée comme un salaire selon le régime de l'article 62 du CGI (CGI art. 1655 sexies, 1), les bénéfices non réinvestis dans l'entreprise étant traités comme des dividendes	Rémunération des fonctions de gérant et dividendes en principe non imposés en tant que tels (car inclus dans le résultat imposable de la société) Par exception, en cas d'option pour l'IS, la rémunération est déduite du résultat imposable de la société et imposée comme un salaire selon le régime de l'article 62 du CGI et les dividendes sont imposés comme revenus mobiliers	Rémunération des fonctions de président : imposée en principe comme un salaire Dividendes : imposés en principe comme des revenus mobiliers Par exception, en cas d'option pour le régime fiscal des sociétés de personnes, la rémunération et les dividendes ne sont pas imposés en tant que tels (car inclus dans le résultat imposable de la société)
Cotisations et contributions sociales sur les rémunérations de l'exploitant		
Cotisations et contributions sociales des travailleurs indépendants assises sur le résultat de l'entreprise (en cas d'option pour l'IS, les cotisations sont dues sur les rémunérations que se verse l'entrepreneur individuel ; la part versée sous forme de dividendes est exclue de ce revenu, sauf pour sa fraction excédant 10 % du montant du bénéfice net imposable de l'exercice précédant leur distribution)	Cotisations et contributions sociales des travailleurs indépendants assises sur le résultat de l'entreprise, sauf option pour l'IS En cas d'option pour l'IS, les cotisations et contributions sociales des travailleurs indépendants ne sont dues que sur la rémunération versée à l'associé unique et, le cas échéant, sur la part des dividendes excédant 10 % du capital social, des primes d'émission et des sommes versées en compte courant	Rémunération des fonctions de président : assujettie aux cotisations de sécurité sociale et de retraite complémentaire des salariés et aux contributions sociales sur les salaires Dividendes : non assujettis à cotisations ; contributions sociales dues selon les règles applicables aux produits de placement
Régime de sécurité sociale applicable à l'exploitant		
Travailleurs indépendants (affiliation à la sécurité sociale pour les indépendants)		Régime des salariés (affiliation au régime général pour l'assurance maladie, les allocations familiales et la retraite) Par exception, aucun régime de protection sociale si les fonctions de président ne sont pas rémunérées
Participation du conjoint (ou du partenaire pacsé ou du concubin) à l'entreprise (option ouverte par les art. L 121-4 et L 121-8)		
En tant que conjoint collaborateur par choix pour une durée maximale de cinq ans (n°s 30102 s.) En tant que salarié par choix ou après avoir exercé son activité en tant que conjoint collaborateur pendant cinq ans, ou encore à défaut de déclaration par l'entrepreneur du statut choisi par son conjoint et de l'activité professionnelle régulière de ce dernier *dans l'entreprise* (n°s 30102 s.)	En tant que conjoint collaborateur par choix pour une durée maximale de cinq ans (n°s 30102 s.) En tant que salarié par choix ou après avoir exercé son activité en tant que conjoint collaborateur pendant cinq ans, ou encore à défaut de déclaration par le gérant du statut choisi par son conjoint et de l'activité professionnelle régulière de ce dernier dans la société (n°s 30102 s.) Possibilité d'être associé (n°s 490 s. et 520), auquel cas la société n'est plus unipersonnelle	En tant que salarié Possibilité d'être associé (n°s 490 s. et 520), auquel cas la société n'est plus unipersonnelle

Statut de l'exploitant et de son conjoint (ou partenaire pacsé ou concubin)		
EI	EURL	Sasu
Sort de l'exploitant en cas de liquidation judiciaire de l'entreprise		
Mise en liquidation judiciaire selon le cas, des patrimoines professionnel et personnel ou du seul patrimoine professionnel sous réserve notamment qu'il ne soit pas confondu avec le patrimoine personnel (art. L 681-2, L 641-1, I-al. 1 et, sur renvoi, art. L 621-2, al. 3)	Possibilité d'étendre la procédure à l'associé ou au dirigeant en cas de fictivité de la société ou de confusion de patrimoines (art. L 621-2 sur renvoi de l'art. L 641-1, I-al. 1 ; n°s 91300 et 91440)	
Risque de condamnation de l'entrepreneur à combler le passif en cas de faute de gestion (art. L 651-1 à L 651-4)	Risque de condamnation du dirigeant à combler le passif en cas de faute de gestion (art. L 651-1 s. ; n°s 91460 s.)	
Risque de condamnation de l'entrepreneur à la faillite personnelle ou à une interdiction de gérer (art. L 653-1 s.)	Risque de condamnation du dirigeant à la faillite personnelle ou à une interdiction de gérer (art. L 653-1 s. ; n°s 91730 s.)	

188

Constitution de l'entreprise		
EI	EURL	Sasu
Capital minimal		
Aucun	Aucun (art. L 223-2 et L 227-1, al. 3 ; n°s 35613 et 60120)	
Évaluation des biens apportés à l'entreprise		
	Évaluation au vu du rapport d'un commissaire aux apports sauf : – si aucun apport n'a une valeur supérieure à 30 000 € et si la valeur totale de l'ensemble des biens n'excède pas la moitié du capital social (art. L 223-9 et D 223-6-1 ; n° 35615) ; – ou si le bien apporté figurait au bilan du dernier exercice de l'activité professionnelle exercée par l'apporteur en son nom propre, y compris sous la forme d'une EIRL (art. L 223-9 ; n° 35615)	Évaluation au vu du rapport d'un commissaire aux apports sauf : – pour certains titres cotés (notamment, actions) évalués à leur prix de marché ou pour les autres biens ayant déjà fait l'objet d'un rapport au cours des 6 derniers mois (art. L 225-8-1, I ; n° 37916) ; – ou si aucun apport n'a une valeur supérieure à 30 000 € et si la valeur totale de l'ensemble des biens n'excède pas la moitié du capital social (art. L 227-1 et D 227-3 ; n° 60130) ; – ou pour les éléments figurant au bilan du dernier exercice de l'activité professionnelle que la personne physique apporteur exerçait en son nom propre avant la constitution de la société, y compris sous la forme d'une EIRL (art. L 227-1 ; n° 61007)
Libération des fonds et biens apportés		
	Apports en nature : immédiate Apports en numéraire : possibilité de ne verser qu'une partie des fonds à la constitution de la société (20 % pour l'EURL ; 50 % pour la Sasu), le versement du solde devant intervenir dans les 5 ans (art. L 223-7 et L 225-3 ; n°s 30150 et 60130)	

Constitution de l'entreprise		
EI	**EURL**	**Sasu**
	Apport d'un bien de communauté	
	Information du conjoint, qui peut revendiquer la qualité d'associé pour la moitié des parts représentatives de l'apport (C. civ. art. 1832-2 ; nos 6065 s.) : dans ce cas, la société n'est plus unipersonnelle	
	Consentement du conjoint nécessaire dans certains cas (notamment, apport d'immeuble ou de fonds de commerce : C. civ. art. 1424 ; nº 474)	
	Formalités à accomplir avant la demande d'immatriculation de la société	
Aucune	Établissement des statuts écrits (C. civ. art. 1835 ; nos 1620 s.) En cas d'apport d'immeuble, publication de l'apport au service chargé de la publicité foncière (Décret 55-22 du 4-1-1955 art. 28, 1º ; nos 2142 s.) Insertion dans un support d'annonces légales (art. R 210-3 ; nos 3060 s.)	

189

Fonctionnement de l'entreprise		
EI	**EURL**	**Sasu**
	Pouvoir de gestion	
Accomplissement par le seul entrepreneur de tout acte de gestion	Pouvoir du dirigeant (gérant ou président) d'agir en toute circonstance au nom de la société sous réserve des décisions relevant de l'associé unique (art. L 223-18 et L 227-6)	
	Consignation des décisions	
Aucune consignation nécessaire	Consignation des décisions de l'associé unique dans un registre spécial (art. L 223-31 et L 227-9 ; nos 31330 s. et 60360 ; nos 35821 et 61150)	
	Ouverture d'un compte bancaire séparé	
Non, sauf entrepreneur commerçant (art. L 123-24) ou micro-entreprises (CSS art. L 613-10)	Oui (pour ne pas confondre le patrimoine de l'associé avec celui de la société : nº 35802)	
	Rapport de gestion	
Aucun	Établissement obligatoire, sauf si la société est une micro ou une petite entreprise (art. L 232-1, IV modifié par loi 2025-391 du 30-4-2025, et art. L 230-1, 1º et 2º et D 230-1, 1º et 2º ; nos 35823 s. et 61160 s. ; sur le cas des micro ou des petites entreprises dont les statuts prévoient l'établissement du rapport, voir nº 48188)	
	Comptes annuels	
Établissement obligatoire pour les entrepreneurs commerçants (art. L 123-12), sauf pour ceux relevant du « micro-BIC » (art. L 123-28), dont le chiffre d'affaires HT n'excède pas un certain montant qui varie selon la nature de l'activité exercée (CGI art. 50-0 : Mémento Fiscal nos 11190 s.)	Établissement obligatoire (art. L 123-12) Approbation par l'associé unique dans les six mois de la clôture de l'exercice (art. L 223-31 et L 227-9 ; nos 35823 et 61160) Dépôt au greffe du tribunal de commerce dans le mois suivant l'approbation ou dans les 2 mois si le dépôt est effectué par voie électronique (art. L 232-22 et L 232-23 ; nos 35824 et 61160)	
	Désignation d'un commissaire aux comptes	
Non	Oui, sous certaines conditions (voir nos 77511 s.)	

Fonctionnement de l'entreprise		
EI	**EURL**	**Sasu**
Paiement des créanciers de l'entreprise		
Sauf exceptions (en cas de sûretés conventionnelles consenties par l'entrepreneur sur un élément de son patrimoine personnel autre que son habitation principale, ou en cas de renonciation à la limitation du gage d'un créancier professionnel), paiement sur le seul patrimoine professionnel des créanciers dont les droits sont nés à l'occasion de l'activité professionnelle (art. L 526-22, al. 5)	Paiement sur les biens de la société	
Imposition du résultat		
Résultat soumis à l'IR (catégorie des BIC : CGI art. 1er A) sauf option pour l'IS en optant pour l'assimilation à une EURL (CGI art. 1655 sexies, 1 ; Décret 2022-933 du 27-6-2022)	Comme l'EI (CGI art. 8, 4° : nº 35503)	IS (CGI art.1655 quinquies ; nº 60030), sauf option pour le régime fiscal des sociétés de personnes (CGI art. 8, 6º), auquel cas l'associé unique est imposable à l'IR sur le résultat de la société dans la catégorie des BIC

190

Transmission de l'entreprise		
EI	**EURL**	**Sasu**
En cas de décès de l'exploitant		
Réunion des patrimoines professionnel et personnel (art. L 526-22, al. 9) ; transmission de l'entreprise aux héritiers avec les autres biens de l'entrepreneur selon le droit commun des successions	Parts ou actions de l'associé transmises aux héritiers avec les autres biens de l'entrepreneur (nºs 36050 et 68750)	
Attribution préférentielle de l'entreprise au conjoint ou à l'un des héritiers possible (C. civ. art. 831)	Attribution préférentielle des parts ou actions au conjoint ou à l'un des héritiers possible (C. civ. art. 831 ; nºs 34560 s. et 68751) Continuation de la société avec un nouveau dirigeant	
Cession, donation ou apport à une société		
Cession, donation ou apport en société possible de l'intégralité du patrimoine professionnel, sans liquidation de celui-ci (art. L 526-27, al. 1), les dettes de cotisations et contributions sociales étant exclues du transfert (art. D 526-32 et, sur renvoi, art. L 526-22, al. 6)	Cession ou donation soumise au consentement du conjoint si les parts sont des biens communs (C. civ. art. 1424 ; nºs 16570 s.)	Cession ou donation libre, même si les actions sont des biens communs
	En cas de cession ou donation de tout ou partie des parts à plusieurs acquéreurs ou en cas de cession ou donation d'une partie d'entre elles à un seul acquéreur, la société n'est plus unipersonnelle	En cas de cession ou donation de tout ou partie des actions à plusieurs acquéreurs ou en cas de cession ou donation d'une partie d'entre elles à un seul acquéreur, la société n'est plus unipersonnelle

Transmission de l'entreprise		
EI	**EURL**	**Sasu**
Formalisme de la cession, de la donation ou de l'apport en société[1]		
En cas de cession, donation ou apport en société de l'intégralité du patrimoine professionnel, publication d'un avis au Bodacc ou d'une annonce dans un support d'annonces légales dans le département dans lequel est exercée l'activité professionnelle, accompagné d'un état descriptif des biens, droits, obligations ou sûretés composant le patrimoine professionnel (art. D 526-30)	Dépôt de l'acte au siège social contre remise d'une attestation du dépôt (art. L 221-14, al. 1 sur renvoi de l'art. L 223-17 ; nº 34414) Dépôt des statuts modifiés au greffe du tribunal de commerce (art. L 221-14, al. 2 sur renvoi de l'art. L 223-17 ; nº 34415)	Établissement d'un ordre de mouvement des actions cédées ou données et inscription de celles-ci au nom de l'acquéreur (nº 62520)
Déclaration de radiation du RCS et/ou du RNE (art. R 123-51 et R 123-240)		

1. Une fois l'acte constatant celle-ci dressé (obligatoirement devant notaire pour la donation : C. civ. art. 931) et enregistré auprès du service des impôts.

CARACTÉRISTIQUES DES PRINCIPALES FORMES DE SOCIÉTÉ

200 Avant d'étudier plus en détail le régime de chaque forme de société, nous en récapitulons les principales caractéristiques dans les tableaux suivants afin de donner une première approche des avantages et inconvénients liés à chacune d'elles.

Une présentation plus détaillée de l'intérêt des différentes sociétés figure dans les développements consacrés à chacune d'elles.

205

Associés				
SARL	**SA**	**SAS**	**SNC**	**SCS/SCA**
Nombre				
Entre 1 et 100 (art. L 223-1 et L 223-3 ; nos 30130 s.)	À partir de 2 (art. L 225-1), sauf cas particulier[1]	À partir de 1 (art. L 227-1 ; nº 60093)	Au moins 2 (cf. C. civ. art. 1832 ; nº 21130)	SCS : au moins 2 (cf. C. civ. art. 1832 ; nº 26130) SCA : au moins 4 (art. L 226-1 ; nº 55610)
Présence du conjoint, du partenaire pacsé ou du concubin				
Possible (nos 450 s.)				
Présence de mineurs				
Possible (nº 320)			En principe interdite[2]	En principe interdite parmi les commandités[2]
Libération des fonds				
Possibilité de libération partielle[3]			En fonction des statuts ou sur appel de la gérance (nº 21161)	SCS : comme une SNC SCA : comme une SA
Évaluation des apports en nature				
Au vu du rapport d'un commissaire aux apports (art. L 223-9 et L 225-8 ; nos 30161 et 37911), sauf exceptions[4]			Libre	SCS : libre SCA : comme une SA
Apport d'un bien de communauté				
Comme une SNC	En principe libre[5]		Selon le cas, information du conjoint, qui peut revendiquer la qualité d'associé (C. civ. art. 1832-2 ; nos 6065 s.), ou accord de celui-ci[5]	SCS : comme une SNC SCA : en principe libre[5]

Associés				
SARL	SA	SAS	SNC	SCS/SCA
Apport en industrie				
Possible (art. L 223-7 ; n° 30180)	Interdit (art. L 225-3 ; n° 37560)	Possible (art. L 227-1 ; n° 60130)	Possible (n° 2400)	Interdit pour les commanditaires (art. L 222-1 ; n° 2400)
Exclusion de la société				
Possible si les statuts en prévoient les conditions (art. L 227-16 pour les SAS : nos 60730 s. ; pour les autres sociétés : nos 8100 s.) ou si le capital est variable (art. L 231-6)				
Responsabilité indéfinie des dettes sociales				
Non (nos 34090, 60650 et 68040)			Oui (art. L 221-1 ; nos 24080 s.)	Seulement pour les commandités (art. L 222-1 ; n° 28010)

1. Au moins 7 si les titres de la société sont admis aux négociations sur un marché réglementé ou sur un SMN (art. L 22-10-2) : n° 37540.
2. Sauf cas particulier du mineur émancipé autorisé par le juge à être commerçant (art. L 121-2) : n° 310.
3. Possibilité de ne verser qu'une partie des fonds à la constitution de la société (20 % pour la SARL ; 50 % pour les sociétés par actions), le versement du solde devant intervenir dans les 5 ans (art. L 223-7 et L 225-3) : nos 30150 et 67911 s.
4. En cas de constitution d'une SARL ou d'une SAS et en cas d'augmentation de capital d'une SARL, pas de rapport obligatoire si aucun apport n'a une valeur supérieure à 30 000 € et si la valeur totale de l'ensemble des biens n'excède pas la moitié du capital social (art. L 223-9, L 223-33, al. 1 et D 223-6-1 pour les SARL ; art. L 227-1 et D 227-3 pour les SAS) : nos 30161 et 32970 ; dans les sociétés par actions, pas de rapport pour certains titres « cotés » (notamment, actions) évalués à leur prix de marché ou pour les autres biens ayant déjà fait l'objet d'un rapport au cours des 6 derniers mois (art. L 225-8-1, I) : nos 37916 s.
5. Consentement du conjoint nécessaire quel que soit le type de société pour certains apports, notamment immeuble ou fonds de commerce (C. civ. art. 1424) : n° 474.

206

Capital social				
SARL	SA	SAS	SNC	SCS/SCA
Minimum				
Aucun (art. L 223-2 ; n° 30140)	37 000 € (art. L 224-2 ; n° 37550)	Aucun (n° 60120)	Aucun (n° 21140)	SCS : aucun (n° 26140) SCA : 37 000 € (art. L 224-2 ; n° 55620)
Variabilité				
Possible (art. L 231-1 ; n° 30141)	Interdite (art. L 231-1), sauf exceptions[1]	Possible (art. L 231-1 ; nos 55620 et 60165 s.)		

1. Variabilité admise pour les coopératives (art. L 231-1) et les Sicav (C. mon. fin. art. L 214-7-3 et L 214-24-32) : n° 37552.

207

Dirigeants[1]				
SARL	SA	SAS	SNC	SCS/SCA
Obligation d'être associé				
Non (art. L 223-18 ; n° 31010)	Non (art. L 225-51-1 et L 225-59 ; nos 42501 et 43570)	Non (art. L 227-5 ; n° 60334)	Non (art. L 221-3 ; n° 22000)	Non (art. L 222-2 et L 226-1, al. 2 ; n° 27000 pour la SCS et n° 56500 pour la SCA)
Limite d'âge				
Non, sauf si les statuts en prévoient une (n° 31051)	En principe, 65 ans[2]	Non, sauf si les statuts en prévoient une		SCS : non, sauf si les statuts en prévoient une SCA : en principe, 65 ans[2]
Désignation d'une personne morale				
Interdite (art. L 223-18 ; n° 31020)	Interdite (art. L 225-47, L 225-51-1, L 225-53 et L 225-59 ; nos 40510, 42501, 42642 et 43571)	Possible (art. L 227-7 ; n° 60330)	Possible (art. L 221-3 ; n° 22000)	Possible (art. L 222-2 et L 226-1, al. 2 ; n° 27001 pour la SCS et n° 56501 pour la SCA)

207 (suite)

Dirigeants[1]				
SARL	SA	SAS	SNC	SCS/SCA
Contrat de travail				
Possible pour les gérants non majoritaires (n° 31060)	Possible (nos 42520, 42670 et 43575)	Possible pour les dirigeants non majoritaires (n° 60332)	Interdit au gérant associé (n° 22030)	Interdit au gérant commandité[3]
Taxation des rémunérations				
Comme un salaire (n° 31566 pour la SARL ; nos 40590, 42570 et 43920 pour la SA ; n° 60380 pour la SAS), sauf cas particulier[4]			Non taxées en tant que telles (car incluses dans le résultat imposable de la société) Par exception, imposition comme salaire en cas d'option pour l'IS ou si le gérant n'est pas associé (nos 22450 s.)	SCS : comme une SNC SCA : comme un salaire (n° 56780)
Régime de sécurité sociale				
Régime des salariés pour le gérant non majoritaire rémunéré ; sécurité sociale pour les indépendants pour le gérant majoritaire (CSS art. L 311-3, 11° et L 611-1, 1° ; nos 31580 s.)	Régime des salariés ; par exception, aucun régime de protection sociale si le mandat social n'est pas rémunéré (CSS art. L 311-3, 12° et 23° ; nos 40595, 42570, 43930 et 60390)		Gérant associé : travailleur indépendant (CSS art. L 611-1, 1° ; n° 22461 pour la SCS et n° 56781 pour la SCA) Gérant non associé : régime des salariés ; par exception, aucun régime de protection sociale si les fonctions de gérant ne sont pas rémunérées (cf. CSS art. L 311-2 ; n° 22460 pour la SCS et n° 56781 pour la SCA)	
Conditions de révocation[5]				
À la majorité prévue pour l'adoption des décisions ordinaires, sauf majorité plus forte prévue par les statuts (art. L 223-25 ; n° 31153)	Président du conseil d'administration ou directeur général : par le conseil (art. L 225-47 et L 225-55 ; nos 40542 et 42532) Membres du directoire : par l'assemblée générale ordinaire ou, si les statuts le prévoient, par le conseil de surveillance (art. L 225-61 ; n° 43681)	Dans les conditions prévues par les statuts (art. L 227-5 ; nos 60352 s.)	Gérant associé statutaire ou d'une société dont tous les associés sont gérants : à l'unanimité des autres associés (art. L 221-12, al. 1 ; nos 22132 et 22134) Autres cas : dans les conditions prévues par les statuts[6]	SCS : comme une SNC SCA : dans les conditions prévues par les statuts (art. L 226-2 ; n° 56620)

1. Selon le cas : gérant, président, directeur général (délégué ou non), membre du directoire.
2. Sauf limite différente prévue par les statuts (art. L 225-48, L 225-54, L 225-60 et L 226-3 ; nos 40512, 42503, 42644 et 43579 pour la SA ; n° 56530 pour la SCA).
3. En l'absence de subordination du gérant à la société (n° 11570).
4. Pour les EURL n'ayant pas opté pour l'IS et pour les SARL et les SAS ayant opté pour le régime fiscal des sociétés de personnes, la rémunération n'est pas taxée en tant que telle (car incluse dans le résultat imposable de la société).
5. Octroi de dommages-intérêts au gérant de SNC, de SCS et de SARL ainsi qu'au directeur général et au membre du directoire en l'absence de juste motif de révocation (art. L 221-12, al. 4, L 222-2, L 223-25, L 225-55 et L 225-61 ; nos 12490 s.).
6. À défaut de clause statutaire, par décision unanime des autres associés (pour un gérant associé non statutaire : n° 22136) ou prise à la majorité (pour un gérant non associé : n° 22137) (art. L 221-12, al. 2 et 3).

208

Fonctionnement				
SARL	**SA**	**SAS**	**SNC**	**SCS/SCA**
Souplesse d'organisation				
Assez large	Très faible	Très large	Large	
Organes de direction, de gestion ou de surveillance				
Un ou plusieurs gérants (art. L 223-18 ; nº 31000)	Conseil d'administration et directeur général[1] ou directoire et conseil de surveillance (art. L 225-17 s. et L 225-57 s. ; nº 37140)	Un président ; autres dirigeants possibles, au choix des associés (ex. : directeurs généraux) (nos 60310 s.)	Un ou plusieurs gérants (art. L 221-3 ; nº 22000)	Un ou plusieurs gérants (comme dans les SNC : art. L 222-2 et L 226-1, al. 2 ; nº 27000 pour les SCS et nº 55512 pour les SCA) et, dans les SCA, conseil de surveillance (art. L 226-4 ; nº 57150)
Approbation annuelle des comptes par les associés (ou l'associé unique)				
Dans les 6 mois de la clôture de l'exercice (art. L 223-26 et L 225-100 ; nº 32855 pour les SARL et nos 48110 s. pour les SA)		Dans le délai fixé par les statuts (art. L 227-9) et avant l'expiration du délai butoir pour le paiement des dividendes (dans les 9 mois de la clôture de l'exercice : art. L 232-13, al. 2 ; nº 60530)	Dans les 6 mois de la clôture de l'exercice (art. L 221-7 pour les SNC et, pour les SCS, sur renvoi de l'art. L 222-2 ; pour les SCA, art. L 221-7 et L 225-100 sur renvoi des art. L 222-2 et L 226-1, al. 2 ; nº 23030 pour les SCS et 57520 pour les SCA)	
Imposition du résultat				
SARL : IS (CGI art. 206, 1), sauf option pour le régime des sociétés de personnes[2] EURL dont l'associé est une personne physique : impôt sur le revenu (catégorie des BIC ; CGI art. 8, 4º), sauf option pour l'IS (CGI art. 206, 3)	IS (CGI art. 206, 1 et 1655 quinquies), sauf option pour le régime des sociétés de personnes[2]		IR auquel chaque associé est soumis pour la part du résultat correspondant à ses droits dans la société (catégorie des BIC ; CGI art. 8), sauf option pour l'IS (CGI art. 206, 3)	SCS : IS pour la part du résultat correspondant aux droits des commanditaires ; IR pour la part correspondant aux droits des commandités (CGI art. 8), sauf option pour l'IS (CGI art. 206, 3) SCA : IS (CGI art. 206, 1)

1. Si le président du conseil n'exerce pas la direction générale (nº 42500). En outre, possibilité de prévoir un ou plusieurs directeurs généraux délégués (art. L 225-53 ; nos 42640 s.).
2. Option temporaire pour les sociétés non cotées créées depuis moins de 5 ans (CGI art. 239 bis AB) ; option permanente possible pour les SARL de famille (CGI art. 239 bis AA).

209

Contrôle de la gestion				
SARL	SA	SAS	SNC	SCS/SCA
Conseil de surveillance				
S'il est prévu par les statuts	Si la SA est à directoire (art. L 225-57 s. ; nº 37140)	S'il est prévu par les statuts		SCS : s'il est prévu par les statuts SCA : oui (art. L 226-4 ; nº 57150)
Conventions passées par un dirigeant ou associé avec la société				
Contrôle par les organes sociaux (nºs 31910 s. pour les SARL, nºs 52550 s. pour les SA et nºs 60431 s. pour les SAS) ou, pour les EURL et les Sasu, par l'associé unique[1] Interdiction de certaines conventions[2]			Aucun contrôle	SCS : comme une SNC SCA : contrôle par les organes sociaux (art. L 226-10 ; nº 57000) ou interdiction[2]
Commissaire aux comptes				
Obligatoire pour les sociétés importantes (art. L 221-9, L 223-35, L 225-118 et L 227-9-1 ; art. D 221-5 pour les SNC et les SCS et, sur renvoi des art. D 223-27, D 225-164-1 et D 227-1, pour les SARL et les sociétés par actions ; art. L 821-43, D 821-171 et D 821-172 ; nºs 77511 s.)				

1. Pour les conventions conclues entre une EURL et son associé ou entre une Sasu et son dirigeant, son associé unique ou, s'il s'agit d'une société associée, la société la contrôlant, mention de la convention sur le registre des décisions (art. L 223-19 et L 227-10 ; nº 36020 pour les EURL et nº 61140 pour les Sasu).
2. Interdiction pour la société de prêter des fonds ou de consentir un découvert en compte à certaines personnes (mandataires sociaux et dirigeants personnes physiques ; associés de SARL ; conjoint, ascendants et descendants de ces personnes) ou à toute personne interposée et interdiction de garantir leurs engagements (art. L 223-21, L 225-43, L 225-91, L 226-10 et L 227-12 ; nºs 32020 s. pour les SARL, nºs 52510 s. pour les SA, nº 57000 pour les SCA et nº 60438 pour les SAS).

210

Cession (ou donation) des parts sociales ou actions				
SARL	SA	SAS	SNC	SCS/SCA
Agrément de l'acquéreur (sans objet dans les EURL et les Sasu)				
Tiers : agrément obligatoire (art. L 223-14 ; nºs 34430 s.) Coassocié, ascendant, descendant ou conjoint : si les statuts le prévoient (art. L 223-13 et L 223-16 ; nºs 34460 et 34471 s.)	Si les actions ne sont pas admises aux négociations sur un marché réglementé, possibilité de prévoir une clause d'agrément (art. L 228-23 ; nºs 68465 s.) dont le jeu est limité[1]	Si les statuts le prévoient (art. L 227-14 ; nº 60700)	Obligatoire (art. L 221-13 ; nºs 24430 s.)	SCS : obligatoire (art. L 222-8, I), sauf dérogation statutaire pour les parts des commanditaires[2] SCA : comme une SA
Formalisme[3]				
Dépôt de l'acte au siège social contre remise d'une attestation du dépôt (art. L 221-14, al. 1 sur renvoi de l'art. L 223-17 ; nº 34414) Publication des statuts modifiés au RCS et au RNE (art. L 221-14, al. 2 sur renvoi de l'art. L 223-17 ; nº 34415)	Établissement d'un ordre de mouvement des actions cédées ou données et inscription de celles-ci au nom de l'acquéreur (nº 62520)		Comme une SARL	SCS : comme une SARL SCA : comme une SA ou une SAS

1. Clause en principe inapplicable aux cessions à un conjoint, un ascendant ou un descendant (art. L 228-23, al. 3 ; nº 68491).
2. Les statuts peuvent stipuler que les parts des associés commanditaires sont librement cessibles entre associés (art. L 222-8, II ; nº 28121).
3. Une fois l'acte constatant la cession ou la donation dressé (obligatoirement devant notaire pour la donation : C. civ. art. 931) et enregistré auprès du service des impôts.

PARTIE 1

Création d'une société

CHAPITRE 1

QUI PEUT PARTICIPER À UNE SOCIÉTÉ ?

SOMMAIRE

EN BREF *La possibilité pour une personne de participer à une société dépend de sa capacité de contracter.* 300

Pour déterminer la capacité requise pour entrer dans une société, on doit, dans le silence de la loi sur les sociétés commerciales, se référer aux règles du droit commun.

Par ailleurs, le droit de participer à une société peut être restreint dans certains cas (mariage, profession réglementée, etc.).

A. Participation de mineurs ou majeurs protégés à une société

1. PARTICIPATION D'UN MINEUR À UNE SOCIÉTÉ

a. Participation d'un mineur émancipé à une société

Un mineur émancipé (l'émancipation est possible à partir de l'âge de 16 ans ; C. civ. art. 413-2, al. 1) ne peut pas être **associé** dans une **SNC,** ou associé **commandité** dans une SCS ou une SCA, sauf s'il a été autorisé à exercer le commerce par le juge des tutelles au moment de l'émancipation ou par le président du tribunal judiciaire après l'émancipation, l'autorisation de ses parents étant insuffisante. En effet, ces associés ont la qualité de commerçant et le mineur émancipé ne peut pas avoir cette qualité sans autorisation du juge (art. L 121-2 et C. civ. art. 413-8). 310

Un mineur émancipé peut librement être membre de sociétés dans lesquelles les **associés** n'ont **pas** la qualité de **commerçant,** puisqu'il a la même capacité qu'un majeur pour tous les actes de la vie civile (C. civ. art. 413-6, al. 1) ; il peut donc être associé de SA, de SARL, de SAS ou associé commanditaire dans une SCS ou une SCA. 315

› Précisions a. Bien que la souscription d'actions soit qualifiée d'acte de commerce (CA Paris 31-1-1908 : D. 1909 II p. 257 note Levillain), ce qui vaut aussi par analogie de solution pour la souscription de parts sociales de SARL, cet **acte de commerce isolé** peut être accompli par un mineur émancipé puisqu'il ne lui confère pas la qualité de commerçant, laquelle suppose l'accomplissement d'actes de commerce à titre habituel.

b. Sur le cas du mineur émancipé sous **habilitation familiale** ou sous **mandat de protection future,** voir n°s 392 s.

b. Participation d'un mineur non émancipé à une société

320 Un mineur non émancipé ne peut pas être **associé** d'une **SNC ou commandité** dans une SCS ou une SCA, car ces associés ont la qualité de commerçant.

Si aucun texte n'interdit aux **mineurs non émancipés** d'être commerçants, ces mineurs ne peuvent pas avoir cette qualité. En effet, un mineur non émancipé ne peut agir que par représentation (C. civ. art. 388-1-1 pour les mineurs sous administration légale et art. 408, al. 1 pour les mineurs sous tutelle) et les articles 387-2, 3° et 509, 3° du Code civil interdisent respectivement à l'administrateur légal d'un mineur sous administration légale et au tuteur d'exercer le commerce au nom de la personne protégée.

321 En revanche, un mineur non émancipé peut être membre de sociétés dans lesquelles les **associés** n'ont **pas** la qualité de **commerçant** (associé de SARL, de SA, de SAS ou associé commanditaire dans une SCS ou une SCA). Cependant, même dans ces sociétés, il n'agit pas personnellement car la souscription de parts ou d'actions ne constitue pas un acte courant autorisé par la loi ou l'usage, même s'il a été conclu à des conditions normales (cf. C. civ. art. 1148). Les parts sociales ou actions sont souscrites en son nom par son **représentant légal** : administrateur légal si le mineur est sous le régime de l'administration légale, tuteur s'il est sous tutelle.

Les pouvoirs du représentant légal ne sont pas illimités. Des règles particulières destinées à protéger le patrimoine des mineurs prévoient certaines **autorisations préalables** pour que le tuteur ou l'administrateur légal puisse disposer des biens du mineur. Une distinction doit être faite selon qu'il s'agit d'apports en numéraire ou d'apports en nature.

> **Précisions** **a.** Si l'autorité parentale est exercée en commun par les deux **parents,** chacun d'eux est administrateur légal. Dans les autres cas, l'administration légale appartient à celui des parents qui exerce l'autorité parentale (C. civ. art. 382). Lorsque les deux parents exercent l'administration légale, chacun d'eux est réputé, à l'égard des tiers, avoir reçu de l'autre le pouvoir de faire seul les **actes d'administration** portant sur les biens du mineur (C. civ. art. 382-1, al. 1). Bien qu'aucun texte ne le précise expressément, le parent exerçant seul l'administration légale peut accomplir seul les actes d'administration.
> **b.** Le tuteur a seul qualité pour solliciter les **autorisations du juge** (ou du conseil de famille s'il en a été constitué un) pour les actes qu'il ne peut pas accomplir seul (Cass. 1e civ. 19-3-2014 n° 13-12.016 : RJDA 6/14 n° 501).

APPORTS EN NUMÉRAIRE PAR UN MINEUR NON ÉMANCIPÉ

322 Les règles applicables diffèrent selon que le mineur est soumis au régime de la tutelle ou à celui de l'administration légale.

1. Mineur sous tutelle. À notre avis, le tuteur ne peut faire apport des capitaux du mineur qu'avec l'autorisation du conseil de famille, sauf si cet apport n'a que de faibles conséquences sur le contenu ou la valeur du patrimoine du mineur, sur les prérogatives de celui-ci ou sur son mode de vie (C. civ. art. 504 et 505 ; Décret 2008-1484 du 22-12-2008 art. 2 et ann. 2, colonne 2-II). Si le montant des capitaux à apporter n'excède pas 50 000 €, l'autorisation du juge peut suppléer celle du conseil de famille (C. civ. art. 502 ; Décret 2008-1484 art. 4).

2. Mineur sous administration légale. Lorsque les parents sont tous les deux administrateurs légaux, ils doivent agir en commun pour effectuer l'apport en numéraire au nom du mineur (cf. C. civ. art. 382, 382-1 et 387-1 ; Décret 2008-1484 art. 2 et ann. 2, colonne 2-II). En cas de désaccord entre eux, l'apport doit être autorisé par le juge (C. civ. art. 387). Si l'apport n'a que de faibles conséquences sur le contenu ou la valeur du patrimoine du mineur, sur les prérogatives de celui-ci ou sur son mode de vie, il peut être effectué par l'un des parents agissant seul (art. 382-1 ; Décret 2008-1484 art. 2 et ann. 2, colonne 2-II). Lorsque le parent exerce seul l'autorité parentale, il peut agir seul, sans autorisation préalable du juge (cf. art. 382 ; Décret 2008-1484 ann. 2, colonne 2-II).

> **Précisions** Lorsque le **juge** est amené à se prononcer sur un acte grave accompli au nom du mineur, il peut, s'il l'estime indispensable à la sauvegarde des intérêts du mineur, décider que l'**apport en numéraire** doit être soumis à son **autorisation préalable** ; pour prendre sa décision, le juge doit prendre en considération la composition ou la valeur du patrimoine, l'âge du mineur ou sa situation familiale (C. civ. art. 387-3, al. 1). L'autorisation préalable du juge peut être également requise par les parents ou l'un d'eux, le ministère public ou tout tiers ayant connaissance d'actes ou omissions qui compromettent manifestement et substantiellement les intérêts patrimoniaux du mineur ou d'une situation de nature à porter un préjudice grave à ceux-ci (art. 387-3, al. 2).

APPORTS EN NATURE PAR UN MINEUR NON ÉMANCIPÉ

323 **Apport d'immeubles ou de fonds de commerce** Des dispositions très protectrices des intérêts du mineur imposent des formalités particulières en cas d'apport en société d'immeubles ou de fonds de commerce lui appartenant.

Lorsque le **mineur** est **sous tutelle,** le tuteur doit obtenir l'autorisation du conseil de famille ou, à défaut, du juge des tutelles, qui ne peut être donnée qu'après la réalisation d'une mesure d'instruction exécutée par un technicien ou le recueil de l'avis d'au moins deux professionnels qualifiés (C. civ. art. 505, al. 4 ; Décret 2008-1484 du 22-12-2008 art. 2 et ann. 1, colonne 2-I et II). Si la valeur des biens à apporter n'excède pas 50 000 €, l'autorisation du juge des tutelles peut suppléer celle du conseil de famille (C. civ. art. 502, al. 2 ; Décret 2008-1484 art. 4).

Lorsque le **mineur** est **sous administration légale,** l'apport doit toujours être autorisé par le juge des tutelles (C. civ. art. 387-1, 2°).

> Précisions **a.** Les administrateurs légaux doivent demander l'**autorisation** avant la réalisation de l'acte. L'autorisation donnée après ne vaut pas confirmation de l'opération et l'acte peut être annulé (Cass. 1e civ. 7-11-2006 n° 04-15.799 : Bull. civ. I n° 460, rendu sous l'empire de dispositions antérieures à l'ord. 2015-1288 du 15-10-2015 mais à notre avis toujours applicable).

b. La loi n'exige pas expressément que le juge des tutelles se prononce après **rapport d'un expert.** Mais, bien souvent, le juge a recours à cette expertise à titre d'information avant de donner (ou de refuser) son autorisation.

Apport d'instruments financiers ! Si les instruments financiers (actions, obligations, etc. ; C. mon. fin. art. L 211-1) ne sont pas admis aux négociations sur un marché réglementé, leur apport au nom d'un mineur sous **tutelle** est soumis aux mêmes formalités protectrices que celles exposées n° 323 pour l'apport d'un immeuble ou d'un fonds de commerce (C. civ. art. 505, al. 4 ; Décret 2008-1484 du 22-12-2008 art. 2 et ann. 1, colonne 2-II). Si les instruments financiers sont admis aux négociations sur un tel marché, leur apport doit être effectué par le tuteur après autorisation du conseil de famille ou, à défaut, du juge ; le tuteur peut néanmoins agir seul lorsque l'apport n'a que de faibles conséquences sur le contenu ou la valeur du patrimoine du mineur, sur les prérogatives de celui-ci ou sur son mode de vie (C. civ. art. 504 et 505 ; Décret 2008-1484 art. 2 et ann. 2, colonne 2-II). 324

Que les instruments financiers soient ou non admis aux négociations sur un marché réglementé, leur apport effectué au nom d'un mineur sous **administration légale** nécessite l'autorisation préalable du juge des tutelles, s'il engage le patrimoine du mineur pour le présent ou pour l'avenir par une modification importante de son contenu, une dépréciation significative de sa valeur en capital ou une altération durable des prérogatives du mineur (C. civ. art. 387-1, al. 9). À défaut, les deux parents agissant en commun ou le parent exerçant seul l'autorité parentale peuvent effectuer l'apport (cf. C. civ. art. 382, 382-1 et 387-1).

Apport d'autres biens Lorsque le mineur est sous **tutelle,** l'apport de biens autres que ceux visés n°s 323 s. (objets précieux, parts sociales, biens meubles d'usage courant, etc.) est effectué par le **tuteur** après autorisation du conseil de famille ou, à défaut, du juge ; le tuteur peut néanmoins agir seul lorsque l'apport n'a que de faibles conséquences sur le contenu ou la valeur du patrimoine du mineur, sur les prérogatives de celui-ci ou sur son mode de vie (C. civ. art. 504 et 505 ; Décret 2008-1484 du 22-12-2008 art. 2 et ann. 2, colonne 2-II). 325

En cas d'**administration légale,** lorsque les parents sont tous les deux administrateurs légaux, ils doivent consentir ensemble à l'apport, sauf si cet apport n'a que de faibles conséquences sur le contenu ou la valeur du patrimoine du mineur, sur les prérogatives de celui-ci ou sur son mode de vie (cf. C. civ. art. 382, 382-1 et 387-1 ; Décret 2008-1484 art. 2 et ann. 2, colonne 2-II). À défaut d'accord entre les parents, l'apport doit être autorisé par le juge (C. civ. art. 387). Lorsque le parent exerce seul l'autorité parentale, il peut effectuer l'apport sans autorisation préalable du juge (cf. C. civ. art. 382, 382-1 et 387-1 ; Décret 2008-1484 art. 2 et ann. 2, colonne 2-II).

> Précisions Lorsque le juge est amené à se prononcer sur un acte grave accompli au nom du mineur, il peut, s'il l'estime indispensable à la sauvegarde des intérêts du mineur, décider que l'**apport de certains biens appartenant au mineur** doit être soumis à son **autorisation préalable** ; pour prendre sa décision, le juge doit prendre en considération la composition ou la valeur du patrimoine, l'âge du mineur ou sa situation familiale (C. civ. art. 387-3, al. 1). L'autorisation préalable du juge peut être également requise par les parents ou l'un d'eux, le ministère public ou tout tiers ayant connaissance d'actes ou omissions qui compromettent manifestement et substantiellement les intérêts patrimoniaux du mineur ou d'une situation de nature à porter un préjudice grave à ceux-ci (C. civ. art. 387-3, al. 2).

Apport de biens indivis Lorsque les biens à apporter sont indivis entre le mineur et d'autres personnes, il se peut que les **parts sociales ou les actions** attribuées en contrepartie de l'apport **demeurent indivises entre les apporteurs.** Dans ce cas, l'apport requiert le consentement de tous les coïndivisaires (n° 2005), le consentement du mineur devant être obtenu dans les conditions exposées n°s 323 s. en fonction de la nature du bien indivis 326 apporté. Les parts ainsi attribuées seront soumises au régime des parts sociales ou actions indivises (nº 6010).

Si, à l'inverse, il est procédé à l'occasion de l'apport au **partage de l'indivision,** il faut faire application des dispositions réglant le partage des biens appartenant en partie à des mineurs. Ainsi, en présence d'un mineur sous administration légale, le partage doit être effectué et l'état liquidatif approuvé par le parent exerçant seul l'autorité parentale ou par les deux parents agissant en commun lorsque ceux-ci sont tous les deux administrateurs légaux (cf. C. civ. art. 382, 382-1 et 387-1 ; Décret 2008-1484 du 22-12-2008 art. 2 et ann. 1, colonne 2-V). Un administrateur ad hoc peut néanmoins être nommé par le juge pour conclure ce partage en cas d'opposition entre les intérêts du mineur et ceux de son parent exerçant seul l'autorité parentale ou de ses parents tous deux administrateurs légaux (C. civ. art. 383, al. 1). Si les intérêts d'un seul des deux parents administrateurs légaux sont en opposition avec ceux du mineur, le juge peut autoriser l'autre parent à représenter le mineur (art. 383, al. 2).

En présence d'un mineur sous tutelle, le tuteur peut conclure seul le partage, sauf s'il existe une opposition d'intérêts entre lui et le mineur : le partage doit alors être autorisé par le conseil de famille ou, à défaut, par le juge ; dans tous les cas, l'état liquidatif doit être approuvé par le conseil de famille ou, à défaut, par le juge (C. civ. art. 507, al. 1 et 2).

2. PARTICIPATION D'UN MAJEUR PROTÉGÉ À UNE SOCIÉTÉ

MAJEUR ATTEINT DE TROUBLE MENTAL

360 L'apport d'un bien en société par un majeur encourt la **nullité** s'il est établi (en pratique, par le majeur ou ses héritiers) que, au moment où il a été conclu, le majeur était atteint d'un trouble mental (C. civ. art. 1129 et 414-1 ; pour plus de détails, voir Mémento Droit commercial nos 1103 s.) ; or, sauf démence manifeste et notoire, cette preuve n'est pas facile à rapporter.

L'**action en nullité** doit être engagée dans un délai de cinq ans à compter du jour où le majeur a connu ou aurait dû connaître les faits lui permettant d'agir (C. civ. art. 414-2, dernier al. et 2224), c'est-à-dire à compter du jour de l'acte. Toutefois, cette prescription peut être suspendue en cas d'impossibilité pour le majeur d'agir (art. 2234). Par exemple, un majeur qui venait d'être mis sous tutelle a pu demander la nullité d'un acte qu'il avait conclu 13 ans avant dès lors que, selon les conclusions d'un médecin, il était atteint d'un trouble mental à la date de conclusion de cet acte et jusqu'à la date de son placement sous tutelle (Cass. 1e civ. 1-7-2009 nº 08-13.518 : RJDA 10/09 nº 810, à propos de la conclusion d'un bail mais transposable à l'apport en société).

Du vivant du majeur, cette action n'appartient qu'à lui (C. civ. art. 414-2, al. 1). Après son décès, ses héritiers peuvent poursuivre l'action en nullité si elle a été engagée avant (Cass. 1e civ. 14-6-1977 : Bull. civ. I nº 272, rendu sur le fondement de l'ancien art. 504 du Code civil mais transposable au régime actuel). Si elle ne l'a pas été, l'action des héritiers n'est recevable que dans les trois cas suivants (C. civ. art. 414-2, al. 2 à 5) :

– l'acte porte en lui-même la preuve d'un trouble mental ;
– l'acte a été fait dans un temps où son auteur était placé sous sauvegarde de justice ;
– une action a été introduite avant le décès du majeur afin de faire ouvrir une tutelle, une curatelle, une habilitation familiale ou effet a été donné au mandat de protection future.

ATTENTION

Lorsque c'est l'**héritier du majeur** qui exerce l'action en nullité pour insanité d'esprit, il agit en tant qu'ayant droit du majeur, si bien que la **prescription** de son **action** est suspendue dans les mêmes conditions que pour le majeur (Cass. 1e civ. 13-12-2023 nº 18-25.557 FS-B : RJDA 4/24 nº 206).

MAJEUR SOUS SAUVEGARDE DE JUSTICE

370 **Sociétés dont les associés sont commerçants** Aucun texte n'interdit au majeur sous sauvegarde de justice d'être commerçant. Toutefois, les **sociétés** dans lesquelles les associés ont la qualité de commerçant (SNC, SCS et SCA pour les commandités) sont **dissoutes** si un jugement arrêtant une mesure d'incapacité est devenu définitif à l'égard d'un associé ; les statuts ou une décision unanime des autres associés peuvent toutefois **écarter** la **dissolution** en excluant l'associé de la société et en l'indemnisant de la valeur de ses droits sociaux, laquelle, à défaut d'accord entre les parties, est déterminée par un expert conformément à l'article 1843-4 du Code civil (art. L 221-16 pour les SNC et L 222-11 pour les SCS et les SCA).

375 **Sociétés dont les associés ne sont pas commerçants** Le majeur sous sauvegarde de justice conserve en principe l'exercice de ses droits. Il ne peut cependant faire aucun des actes pour lesquels un mandataire a été désigné en justice (C. civ. art. 435, al. 1) ;

sous cette réserve, il peut donc entrer seul dans toute société dont les associés n'ont pas la qualité de commerçant (SARL, SA, SAS ou SCS et SCA concernant les commanditaires). Néanmoins, la loi reconnaît au majeur sous sauvegarde de justice la faculté de demander la **rescision pour lésion,** traditionnellement assimilée à une action en nullité relative, ou la **réduction pour excès** des actes qu'il a passés (art. 435, al. 2).

Pour apprécier la lésion, les tribunaux prennent en compte l'utilité ou l'inutilité de l'opération, l'importance ou la consistance du patrimoine de la personne protégée et la bonne ou mauvaise foi de ceux qui ont traité avec elle (art. 435, al. 2). Cette règle peut s'avérer utile en pratique lorsqu'il y a rupture d'égalité entre les associés, notamment lorsqu'un associé prend à sa charge une très grosse part de perte, consent des avantages particuliers à d'autres associés ou encore accepte une évaluation des apports en nature défavorable à ses intérêts.

Par ailleurs, un majeur sous sauvegarde de justice (ou ses héritiers) peut toujours demander l'**annulation** de l'apport dans les conditions exposées n° 360 s'il prouve qu'il n'était pas sain d'esprit au moment du contrat (art. 435, al. 2).

Le cocontractant capable du majeur peut faire **obstacle à l'action** en nullité ou en rescision engagée contre lui en établissant que l'apport était utile au majeur et exempt de lésion ou qu'il a profité à celui-ci ; en outre, il peut opposer à l'action en nullité la confirmation de l'apport par le majeur devenu ou redevenu capable (C. civ. art. 1151).

MAJEUR SOUS CURATELLE

Sociétés dont les associés sont commerçants Le majeur sous curatelle ne peut pas entrer dans une société dont les associés sont commerçants (SNC, SCS ou SCA pour les commandités) pour la raison exposée n° 370. 378

Sociétés dont les associés ne sont pas commerçants Le majeur sous curatelle a besoin de l'assistance de son curateur pour faire un acte, qui, sous le régime de la tutelle, requiert une autorisation du juge ou du conseil de famille (C. civ. art. 467, al. 1). 380

Il s'ensuit que le majeur sous curatelle doit être assisté par son curateur lorsqu'il apporte à toute société dont les associés ne sont pas commerçants (SARL, SA, SAS ou SCS et SCA pour les commanditaires) un **immeuble, un fonds de commerce ou des instruments financiers** non admis aux négociations sur un marché réglementé.

Il doit aussi être assisté par son curateur pour les apports de tous **autres biens,** y compris des capitaux. Par exception, il peut agir seul si ces apports n'ont que de faibles conséquences sur le contenu ou la valeur de son patrimoine, sur ses prérogatives ou sur son mode de vie. Dans ce dernier cas, les apports peuvent être rescindés pour lésion ou en réduction pour excès dans les mêmes conditions que l'apport effectué par un majeur sous sauvegarde de justice (C. civ. art. 465, 1° ; n° 375).

> **› Précisions** À l'ouverture de la curatelle ou postérieurement, une **décision de justice** peut énumérer certains actes que la personne en curatelle pourra faire seule ou, à l'inverse, ajouter d'autres actes à ceux pour lesquels il lui faudra l'assistance du curateur (C. civ. art. 471). La simple existence d'une curatelle ne rend donc pas définitivement compte de la capacité de celui qui en est l'objet.

Opposabilité de la mesure de curatelle Le **jugement portant ouverture, modification ou mainlevée de la curatelle** n'est opposable aux tiers que deux mois après que la mention en a été portée en marge de l'acte de naissance de l'intéressé selon les modalités prévues par le Code de procédure civile (C. civ. art. 444, al. 1). Toutefois, même en l'absence de cette mention, il est opposable aux tiers qui en ont personnellement connaissance (art. 444, al. 2). 382

> **CONSEIL**
> Pour **connaître la capacité d'un majeur sous curatelle,** il est recommandé aux tiers de se reporter aux registres de l'état civil. Les tiers ne doivent pas se fier au répertoire civil tenu aux greffes des tribunaux judiciaires car l'enregistrement sur ce répertoire n'est pas systématique (Loi 89-18 du 13-1-1989 art. 75, relatif aux tribunaux de grande instance mais transposable). Ils ne doivent pas non plus se fier au RCS ou au RNE, la mention de l'incapacité n'étant pas une mention requise sur ces registres (cf. respectivement art. R 123-54, 1° et R 123-253).

MAJEUR SOUS TUTELLE

Le **majeur** sous tutelle ne peut pas être associé d'une SNC ou associé commandité dans une SCS ou une SCA, associés ayant la qualité de **commerçant,** car il ne peut pas être commerçant même par représentation de son tuteur (C. civ. art. 509, 3°). 390

Les textes du Code civil applicables aux majeurs sous tutelle sont les mêmes que ceux applicables aux mineurs sous tutelle. Dès lors, tout ce qui a été dit à propos de la **participation** d'un mineur non émancipé sous tutelle **à une société pour laquelle la capacité de faire le commerce n'est pas requise** peut être ici transposé (nos 321 s.). Signalons toutefois que les fonctions du juge des tutelles pour les majeurs sont exercées par le juge du contentieux de la protection (C. org. jud. art. L 213-4-2).

Les conditions d'**opposabilité** aux tiers de l'**ouverture,** la modification ou la mainlevée de la **tutelle** sont identiques à celles prévues en matière de curatelle (n° 382).

MAJEUR SOUS HABILITATION FAMILIALE

392 Le **majeur,** ou le **mineur émancipé,** qui est dans l'impossibilité de pourvoir seul à ses intérêts en raison d'une altération, médicalement constatée, soit de ses facultés mentales, soit de ses facultés corporelles de nature à empêcher l'expression de sa volonté, peut être placé sous habilitation familiale (C. civ. art. 494-1, al. 1).

Les personnes pouvant être habilitées sont les ascendants du majeur (ou du mineur émancipé), ses descendants, frères et sœurs ou, à moins que la communauté de vie n'ait cessé entre eux, son conjoint, son partenaire de Pacs ou son concubin (art. 494-1, al. 1). La personne habilitée peut avoir pour mission de représenter le majeur (ou le mineur émancipé) ou de l'assister dans les conditions de la curatelle (même art.).

Les apports en société peuvent entrer dans le **champ d'application de l'habilitation** accordée (C. civ. art. 494-6, al. 2, 504 et 505 ; Décret 2008-1484 art. 1 et 2, ann. 1, colonne 2-I et ann. 2, colonne 2-II). Dans ce cas, il convient de distinguer entre l'apport fait à une société dont les associés sont commerçants et l'apport fait à une société dont les associés ne le sont pas.

395 **Sociétés dont les associés sont commerçants** La **personne habilitée en représentation** ne peut pas accomplir les actes qui sont interdits à un tuteur (Cass. 1e civ. avis 20-10-2022 n° 22-70.011 B : RJDA 3/23 n° 134). Le majeur sous tutelle ne pouvant pas être commerçant même par représentation (C. civ. art. 509, 3°), le majeur sous habilitation par représentation ne le peut pas non plus et ne peut donc pas être associé de SNC ni associé commandité de SCS ou de SCA.

En cas d'**habilitation par assistance,** le majeur ne peut pas non plus entrer dans l'une de ces sociétés pour la raison exposée n° 370.

396 **Sociétés dont les associés ne sont pas commerçants** Lorsque la **personne habilitée** a pour **mission** de représenter le majeur (ou le mineur émancipé), c'est elle qui doit apporter en société les biens de toute nature (apport en numéraire ou en nature) au nom du majeur ; lorsque la personne habilitée a pour mission d'assister le majeur, l'apport par ce dernier s'effectue dans les mêmes conditions que pour le majeur sous curatelle (C. civ. art. 494-1, al. 1 et, sur renvoi, art. 467 ; voir n° 380).

397 Lorsque la personne habilitée est investie d'une mission de représentation, le **majeur** (ou le mineur émancipé) **sous habilitation** perd la **capacité** d'accomplir les actes faisant l'objet de l'habilitation (C. civ. art. 494-8, al. 1). Il ne peut donc pas effectuer seul un apport en société si un tel acte relève de l'habilitation (même art.). À défaut, l'acte d'apport est nul de plein droit, sans qu'il soit nécessaire de justifier d'un préjudice (art. 494-9, al. 1).

Lorsque la personne habilitée est investie d'une mission d'assistance, l'apport accompli par le majeur (ou le mineur émancipé) agissant seul alors qu'il nécessitait une assistance ne peut être annulé que s'il est établi que le majeur a subi un préjudice (art. 494-9, al. 2).

MAJEUR SOUS MANDAT DE PROTECTION FUTURE

400 Tout majeur (ou mineur émancipé) ne faisant pas l'objet d'une mesure de tutelle peut charger une personne, par un mandat de protection future, de le représenter, pour le cas où il ne pourrait plus pourvoir seul à ses intérêts en raison de l'altération médicalement constatée de ses facultés mentales ou corporelles (C. civ. art. 477, al. 1 et, sur renvoi, art. 425). Lorsque le *mandat prend effet,* le mandataire peut souscrire des parts sociales ou des actions au nom du mandant dans les conditions suivantes.

401 **Sociétés dont les associés sont commerçants** Le majeur dont le mandat de protection future a pris effet ne peut pas entrer dans une société dont les associés sont commerçants (SNC, SCS ou SCA pour les commandités) pour la raison exposée n° 370.

Sociétés dont les associés ne sont pas commerçants Si le **mandat** est donné par acte **sous signature privée,** le mandataire ne peut effectuer que les actes qu'un tuteur peut faire sans autorisation (C. civ. art. 493, al. 1 ; nos 320 s.). En conséquence, il ne peut pas apporter en société au nom du mandant un immeuble, un fonds de commerce ou des instruments financiers non admis aux négociations sur un marché réglementé. L'apport de tout autre bien lui est également interdit, sauf si cet apport n'a que de faibles conséquences sur le contenu ou la valeur du patrimoine du mandant, sur les prérogatives de celui-ci ou sur son mode de vie, et à condition que cet apport ne donne pas la qualité de commerçant au mandant. 402

Si le **mandat** est conclu **par acte notarié,** le mandataire peut effectuer tous les actes patrimoniaux que le tuteur peut faire seul ou avec une autorisation (C. civ. art. 490, al. 1). Il peut donc apporter en société des biens de toute nature au nom du majeur (apport en numéraire, en nature).

La **mise en exécution du mandat** de protection future ne fait pas perdre au **mandant** sa **capacité** juridique. Celui-ci peut donc effectuer seul un apport en société, mais cet acte peut être **annulé pour lésion ou réduit en cas d'excès.** Les tribunaux doivent prendre notamment en considération l'utilité ou l'inutilité de l'opération, l'importance ou la consistance du patrimoine du mandant et la bonne ou la mauvaise foi de ceux avec qui il a contracté. Cette action appartient au mandant et, après son décès, à ses héritiers (C. civ. art. 488). Un tel apport peut également être **annulé pour trouble mental** dans les conditions de droit commun de l'article 414-1 du Code civil (no 360), sachant que, même si les conditions de l'action en nullité sont réunies, les juges peuvent ne prononcer que la réduction (art. 488, al. 1). Les héritiers du mandant peuvent exercer l'action en nullité pour trouble mental après son décès (C. civ. art. 414-2, al. 2-3°). 403

B. Participation d'un couple à une société

1. PARTICIPATION D'ÉPOUX À UNE SOCIÉTÉ

En principe, chaque époux peut librement devenir membre d'une société en faisant apport des biens dont son régime matrimonial lui permet de disposer. Cependant, un obstacle peut être mis à l'exercice de ce droit. En effet, si l'un des **époux manque gravement à ses devoirs** et met ainsi en péril les intérêts de la famille, le juge aux affaires familiales peut prescrire toutes les mesures urgentes que requièrent ces intérêts (C. civ. art. 220-1). Un époux pourrait ainsi, sur la demande de son conjoint, se voir privé du droit de faire apport de certains biens à la société. Cette disposition ne saurait être employée par l'époux non associé pour s'immiscer dans le fonctionnement d'une société. 450

ILLUSTRATIONS

Une femme, simple salariée d'une société dont le mari était président-directeur général, n'a pu obtenir qu'il soit interdit à son mari de faire, sans son consentement, des retraits sur les comptes de la société (TGI Annecy réf. 13-5-1966 : Gaz. Pal. 1966 II p. 87).

Toutefois, dans un cas où, « subjugué par une jeune maîtresse », un mari avait entrepris de dilapider à son profit les biens de la communauté, il a été jugé que l'épouse était fondée à s'inquiéter de son action au sein de la SA dont il était le président et dans laquelle la communauté possédait d'importants intérêts ; elle a donc obtenu que soient temporairement immatriculées à son propre nom 35 des 71 actions de la communauté précédemment inscrites au nom de son mari (TGI Digne réf. 30-6-1972 : Gaz. Pal. 1972 II p. 676).

Sur le statut du **conjoint du gérant d'une EURL ou** d'une **SARL familiale** travaillant dans la *société, voir nos 30102 s.*

Une personne mariée qui a choisi de porter usuellement le nom de son conjoint peut ne figurer dans les statuts et dans les documents soumis à publicité que sous son **nom de famille,** c'est-à-dire celui qui figure dans son acte de naissance. 451

En effet, seul le nom de famille est imposé pour désigner une personne physique (Loi du 6 fructidor an II art. 1er). Il ne pourrait être fait obligation à un époux d'user du nom de son conjoint que si des dispositions législatives spéciales l'imposaient, ce qui n'est pas le cas en droit des sociétés (Rép. Vuibert : AN 9-2-1987 no 13354, à propos du nom d'usage de l'épouse avant la loi 2013-404 du 17-5-2013 mais transposable).

Sur la capacité d'un époux de **nationalité étrangère,** voir no 650. 452

a. Apport en société par l'un des époux

RÈGLES COMMUNES À TOUS LES ÉPOUX

460 **Apport des droits par lesquels est assuré le logement de la famille** Quel que soit le régime matrimonial, un époux ne peut pas, sans l'**accord de l'autre,** faire apport des « droits par lesquels est assuré le logement de la famille » (droit de propriété, droit au bail, parts ou actions donnant vocation à la jouissance ou à la propriété du logement, etc.) et du mobilier dont il est garni (C. civ. art. 215, al. 3).

462 L'**époux qui n'a pas consenti** à l'acte peut en demander l'annulation dans le délai d'un an à compter du jour où il a eu connaissance de l'acte, sans pouvoir agir plus d'un an après la dissolution du régime matrimonial (C. civ. art. 215, al. 3).

Il doit avoir un **intérêt actuel à agir** ; tel n'est pas le cas de l'époux qui agit en annulation de l'acte par lequel son conjoint a disposé seul du logement familial plus d'un an après avoir quitté le logement familial (Cass. 1e civ. 3-3-2010 no 08-13.500 : RJDA 6/10 no 611).

464 **Apport d'un bien meuble détenu individuellement par un époux** Afin d'assurer la sécurité des tiers qui traitent avec l'un des époux, l'article 222 du Code civil édicte une règle, applicable quel que soit le régime adopté, selon laquelle, « si l'un des époux se présente seul pour faire un acte d'administration, de jouissance ou de disposition sur un bien meuble qu'il détient individuellement, il est réputé, à l'égard des tiers de bonne foi, avoir le pouvoir de faire seul cet acte ». Ces dispositions appellent les remarques suivantes.

a. L'article 222 établit une **présomption** absolue à l'égard des tiers, qui n'ont donc pas à rechercher si l'époux avec lequel ils contractent a effectivement le pouvoir de disposer du bien qui fait l'objet de la convention.

b. La règle ne concerne que les opérations portant sur des **biens meubles** autres que le mobilier garnissant le logement de la famille, les objets qui, par leur nature, sont présumés être la propriété de l'autre conjoint (instruments de travail, vêtements, etc. : C. civ. art. 1404) (C. civ. art. 222, al. 2) et les biens dont l'aliénation suppose le consentement des deux époux, tels que les droits sociaux non négociables (no 474). En dehors de ces exceptions, la règle s'applique, en principe, à tous les biens meubles corporels ou incorporels.

c. L'époux doit détenir « individuellement » le bien dont il veut disposer, ce qui exclut tous les cas où la **possession** est équivoque, c'est-à-dire ceux où l'époux n'apparaît pas comme seul propriétaire. Cette exigence limite la portée de l'article 222 du Code civil.

d. Les **tiers** doivent être **de bonne foi** : tel ne serait pas le cas si le tiers connaissait le régime matrimonial des époux et savait que le conjoint avec lequel il traite n'avait pas le pouvoir de disposer du bien considéré (par exemple, parce que l'autre époux l'a prévenu qu'il s'opposait à l'opération).

APPORT PAR DES ÉPOUX MARIÉS SOUS UN RÉGIME DE COMMUNAUTÉ

470 **Apports en nature** Lorsque les époux sont mariés sous un régime de communauté de biens, chacun d'eux peut faire apport librement de ses **biens propres** : voir no 6050.

473 S'il s'agit d'un **bien faisant partie de la communauté** et nécessaire à l'exercice de l'activité professionnelle d'un époux, seul ce dernier peut en faire apport à une société (C. civ. art. 1421, al. 2).

Tout autre bien commun peut être librement apporté par l'un ou l'autre des époux. En effet, chacun des époux a le pouvoir de disposer des biens communs et les actes qu'il accomplit sans fraude sur ces biens sont opposables à son conjoint (art. 1421, al. 1).

474 Toutefois, cette liberté n'est pas sans limites.

Ainsi, en cas d'apport de biens de communauté à une société dont les parts ne sont pas négociables (donc seulement à une SNC, une SCS ou une SARL), l'apporteur doit en informer son **conjoint** et justifier de cette **information** dans l'acte d'apport (nos 6065 s.).

Par ailleurs, dans les cas suivants, le **consentement du conjoint** est requis, quelle que soit la forme de la société :

– *apport d'un immeuble*, d'un fonds de commerce, d'une exploitation (agricole ou artisanale, par exemple), de droits sociaux non négociables (parts de sociétés civiles ou de SARL notamment) ou de meubles corporels dont l'aliénation est soumise à publicité (yachts, avions, mais non les automobiles) (C. civ. art. 1424) ;

– apport d'un bien quelconque lorsque le contrat de mariage contient une clause d'administration conjointe (C. civ. art. 1503) ;

– apport par une personne dont l'entreprise relève du secteur des métiers et de l'artisanat ou un commerçant d'éléments du fonds de commerce ou de l'exploitation artisanale qui, par leur importance ou leur nature, sont nécessaires à l'exploitation de l'entreprise, le consentement du conjoint n'étant toutefois requis que si ce dernier participe à l'activité professionnelle de l'apporteur en qualité de conjoint collaborateur, associé ou salarié (art. L 121-5).

L'apporteur peut être autorisé par décision de justice à passer seul l'acte si son **conjoint** « est **hors d'état de manifester sa volonté** ou si son **refus** n'est **pas justifié** par l'intérêt de la famille » (C. civ. art. 217, al. 1).

Si l'un des **époux a outrepassé ses pouvoirs sur les biens communs,** l'autre, à moins qu'il n'ait ratifié l'acte, peut en demander l'annulation (C. civ. art. 1427, al. 1). La nullité peut être invoquée même si le cocontractant a été de bonne foi (Cass. 1e civ. 6-2-1979 : Bull. civ. I no 43) et elle produit ses effets non seulement à l'égard du conjoint, mais aussi dans les rapports entre l'époux ayant passé l'acte et l'autre contractant (Cass. civ. 17-6-1981 : JCP 1982 II no 19809 obs. J. Patarin ; Cass. civ. 28-3-1984 : JCP 1985 II no 20430 note Henry). **475**

Le conjoint doit intenter son action dans les deux années suivant le jour où il a eu connaissance de l'acte et jamais plus de deux ans après la dissolution de la communauté (art. 1427, al. 2).

Apports en numéraire et en industrie L'apport des gains et salaires par l'époux qui les perçoit est admis sous réserve qu'il se soit acquitté des charges du mariage (C. civ. art. 223). L'apport de capitaux propres ou de revenus de biens propres par un époux est également possible (C. civ. art. 1428). En revanche, le pouvoir exclusif de chaque époux sur ses salaires et revenus de biens propres cesse lorsque les revenus en cause sont économisés, c'est-à-dire à partir du moment où ils sont perçus ou confondus avec d'autres fonds communs (par exemple, lorsqu'ils sont placés sur un compte d'épargne). **476**

L'apport en industrie est admis dans certaines formes sociales (no 2400).

APPORT PAR DES ÉPOUX MARIÉS SOUS LE RÉGIME DE LA SÉPARATION OU DE LA PARTICIPATION AUX ACQUÊTS

Dans les régimes de la séparation de biens ou de la participation aux acquêts, chacun des époux restant propriétaire de ses biens personnels est libre d'en disposer et, partant, d'en faire apport en société. Sont visés les apports en nature et les apports en numéraire (gains et salaires), sous réserve que l'époux apporteur se soit acquitté des charges du mariage (C. civ. art. 223). Chacun des époux peut également faire apport de son activité personnelle (connaissances techniques, services, etc.), dès lors qu'il est effectué dans un type de société où l'apport en industrie est autorisé (no 2400). **480**

b. Société entre époux

Deux époux peuvent, **seuls ou avec des tiers,** être associés dans une société même s'ils ne souscrivent ou n'achètent des parts sociales qu'avec des biens communs (C. civ. art. 1832-1, al. 1). Certes, dans sa rédaction issue de la loi 82-596 du 10 juillet 1982, ce texte ne fait malencontreusement référence qu'aux termes « parts sociales », mais il ne fait pas de doute – les travaux parlementaires relatifs à la loi de 1982 le prouvent – que le législateur n'a pas voulu exclure les sociétés par actions du champ d'application des dispositions et que les termes « parts sociales » visent tous les droits sociaux, qu'il s'agisse de parts ou d'actions. À noter d'ailleurs que, dans la même loi, lorsque le législateur a voulu écarter les sociétés par actions du bénéfice d'une mesure nouvelle, il a réservé celle-ci aux « sociétés dont les parts ne sont pas négociables » (cf. C. civ. art. 1832-2). **490**

Les **avantages et libéralités** résultant du contrat de société entre époux ne peuvent pas être annulés au motif qu'ils constituent des donations déguisées lorsque les conditions de ce contrat ont été réglées par acte notarié (C. civ. art. 1832-1, al. 2). **492**

Sauf dans certains cas particuliers prévus par les articles 953 à 958 du Code civil, les donations entre époux consenties depuis le 1er janvier 2005 sont irrévocables (C. civ. art. 1096, al. 2). En revanche, les donations consenties avant cette date demeurent révocables à tout moment (Loi 2006-728 du 23-6-2006 art. 47, III). Si un époux révoque la donation d'un bien à son conjoint qui en a fait apport à une société, le conjoint perd la propriété de son apport. Si cette révocation est rétroactive, le conjoint a fait un apport fictif et n'a jamais été associé. Il en résulte deux causes de nullité : associé unique, sauf EURL ou Sasu, et apport fictif (nos 89137 s.). Si la révocation n'est pas rétroactive, le donataire cesse d'être associé à compter de la révocation et la nullité est encourue pour absence d'au moins deux associés (nos 89137 s.).

494 Le **conjoint du gérant d'une EURL ou** d'une **SARL familiale** qui exerce une activité professionnelle dans cette société doit opter pour le statut de conjoint collaborateur, de conjoint salarié ou de conjoint associé (n°s 30102 s.).

2. PARTICIPATION DE PARTENAIRES D'UN PACS À UNE SOCIÉTÉ

DROIT D'UN PARTENAIRE D'UN PACS À ENTRER DANS UNE SOCIÉTÉ

520 Le Pacs est un contrat conclu par deux personnes physiques majeures non mariées, de sexe différent ou de même sexe, pour organiser leur vie commune. Il est régi par les dispositions des articles 515-1 à 515-7-1 du Code civil, qui ne contiennent aucune règle particulière aux sociétés.

Le fait qu'une personne soit partenaire d'un Pacs ne restreint pas sa capacité à devenir associé. Des personnes pacsées peuvent donc, seules ou avec des tiers, être associées dans une société commerciale.

Le **partenaire du gérant d'une EURL ou** d'une **SARL familiale** qui exerce une activité professionnelle au sein de la société doit opter pour le statut de « conjoint » collaborateur, de « conjoint » salarié ou de « conjoint » associé (n°s 30102 s.).

APPORT EN SOCIÉTÉ PAR UN PARTENAIRE D'UN PACS

530 **Pacs conclu depuis le 1er janvier 2007** Sauf stipulation contraire de la convention, les partenaires qui concluent un Pacs sont automatiquement soumis à un régime de **séparation des biens** : chacun reste propriétaire de ses biens personnels et est libre d'exercer sur eux tous actes d'administration, de jouissance et de libre disposition ; si les biens détenus individuellement sont des meubles, chaque partenaire est réputé à l'égard des tiers de bonne foi avoir le pouvoir de faire seul ces actes (C. civ. art. 515-5, al. 1 et 3). Il s'ensuit que les parts sociales reçues en rémunération d'un apport réalisé par un partenaire n'appartiennent qu'à lui seul.

Chaque partenaire peut prouver par tous moyens qu'il a la propriété d'un bien. Mais s'il n'y parvient pas, le bien est réputé appartenir indivisément pour moitié aux deux (art. 515-5, al. 2).

Les partenaires peuvent choisir dans leur convention (ou dans une convention modificative) d'écarter le régime de la séparation des patrimoines pour soumettre leurs biens au régime de l'**indivision** : les biens qu'ils acquièrent ensemble ou séparément à compter de l'enregistrement du Pacs sont alors réputés indivis pour moitié ; si l'un des partenaires finance plus de la moitié d'un bien, il ne peut pas demander à l'autre de lui rembourser l'excédent (C. civ. art. 515-5-1). Les parts sociales reçues en rémunération d'un apport réalisé par un partenaire sont donc, à notre avis, indivises pour moitié. Elles demeurent néanmoins la propriété exclusive de l'apporteur lorsque celui-ci a réalisé un apport en numéraire avec des fonds qui lui appartenaient avant l'enregistrement de la convention initiale (ou de la convention modificative par laquelle les partenaires ont adopté le régime de l'indivision) ou reçus par donation ou succession pendant le Pacs, à condition qu'une déclaration d'emploi des deniers soit effectuée dans l'acte d'acquisition ; à défaut, les parts sociales sont indivises par moitié, mais celui qui a investi ses fonds propres dispose d'une créance contre son partenaire (voir C. civ. art. 515-5-2).

Sur les conséquences de l'apport d'un bien indivis sans l'accord du partenaire, voir n° 531.

Pour les titres indivis, chaque partenaire est gérant de l'indivision, sauf clause contraire du Pacs, et exerce les mêmes pouvoirs qu'un époux sur les biens communs (C. civ. art. 515-5-3 et, sur renvoi, art. 1873-6, al. 2). Pour administrer leurs droits indivis, les partenaires peuvent conclure, pour la durée du Pacs, une convention d'indivision dans les conditions fixées aux articles 1873-1 à 1873-15 du Code civil (art. 515-5-3, al. 2 et 3).

531 **Pacs conclu avant le 1er janvier 2007** Si les partenaires n'ont pas opté pour le régime actuel exposé n° 530, le Pacs conclu avant le 1er janvier 2007 est soumis au régime de l'**indivision** issu de la loi du 15 novembre 1999.

Un partenaire peut librement apporter en société un bien lui appartenant personnellement (bien lui appartenant avant la conclusion du Pacs, bien reçu après par donation ou héritage). En revanche, en vertu de l'article 815-3, al. 7 du Code civil, il doit obtenir l'accord de l'autre partenaire pour apporter un bien indivis. À défaut, l'apport serait inopposable à ce dernier (Cass. 1e civ. 15-6-1994 : Bull. civ. I n° 212), mais seulement pour la part correspondant à ses droits dans l'indivision (Cass. 1e civ. 5-4-2005 : RJDA 4/06 n° 475). En effet, le partenaire ne peut pas invoquer la nullité de l'apport pour violation des formalités concernant son droit de préemption (C. civ. art. 815-16), ce droit ne jouant pas en cas d'apport en société (n° 2005).

Quelle que soit l'origine du bien apporté, il résulte de l'ancien article 515-5, al. 2 du Code civil que, sauf convention contraire, les parts sociales ou les actions reçues en rémunération sont présumées indivises pour moitié, que l'apport ait été réalisé par les deux partenaires ou, à notre avis, par un seul d'entre eux. 532

Cette présomption d'indivision ne peut céder que devant la production d'un acte d'acquisition ou d'un acte de souscription écartant ce régime (voir Cons. const. 9-11-1999 n° 99-419 DC : RJDA 1/00 n° 29).

Pour l'écarter, les partenaires doivent stipuler dans chaque acte de souscription de parts sociales ou d'actions que celles-ci resteront la propriété exclusive de l'un ou l'autre des partenaires, qu'elles seront indivises dans une quotité autre que de moitié ou encore qu'il sera fait application du régime conventionnel d'indivision prévu aux articles 1873-1 s. du Code civil (sur ce régime, voir Mémento Droit commercial nos 30200 s.). En revanche, ils ne peuvent pas le faire de manière anticipée par une clause spécifique du Pacs ou ultérieurement par la preuve que l'apport réalisé par le partenaire est supérieur à la moitié du prix du bien.

3. PARTICIPATION DE CONCUBINS À UNE SOCIÉTÉ

Le fait qu'une personne vive en concubinage ne restreint pas sa capacité à devenir associé. Des personnes en concubinage peuvent donc, seules ou avec des tiers, être associées dans une société commerciale. 540

Le **concubin du gérant d'une EURL ou** d'une **SARL familiale** qui exerce une activité professionnelle au sein de la société doit opter pour le statut de « conjoint » collaborateur, de « conjoint » salarié ou de « conjoint » associé (nos 30102 s.).

C. Participation à une société de membres d'une profession réglementée

Le législateur a interdit l'exercice des activités commerciales aux membres de certaines professions afin d'assurer leur indépendance et leur respectabilité et de les mettre à l'abri des conflits d'intérêts que peuvent faire naître leurs activités. 580

La portée de ces interdictions dépend de leur formulation, laquelle varie selon les professions. La diversité des situations est telle que seule l'analyse approfondie des textes applicables à chaque profession réglementée permet de déterminer si les personnes exerçant cette profession peuvent devenir associées en nom ou commanditées. Les personnes concernées doivent s'adresser aux autorités professionnelles, au ministère de l'économie (Direction générale des entreprises) ou au ministère dont relève l'activité en cause pour obtenir ces renseignements.

D. Participation à une société de personnes morales

PARTICIPATION À UNE SOCIÉTÉ DE PERSONNES MORALES DE DROIT PRIVÉ

Les personnes morales de droit privé qui ont la capacité juridique peuvent souscrire des parts sociales ou des actions de sociétés. Cette règle s'applique dans les conditions suivantes. 610

Les **sociétés,** quelles qu'elles soient, *civiles ou commerciales* (à l'exception de la société en participation et de la société créée de fait, qui n'ont pas de personnalité morale), peuvent participer à la constitution d'une autre société. Il faut toutefois observer qu'une société civile ne peut pas être associée en nom puisqu'elle prendrait ainsi la qualité de commerçant ; par ailleurs, si l'entrée en société aboutit à des participations réciproques entre une société par actions et une autre société ou entre sociétés par actions, des règles spéciales doivent être respectées (nos 79260 s.). Quant aux **GIE,** ils ne peuvent prendre des participations dans des sociétés que si ces opérations contribuent à faciliter ou à développer l'activité économique de leurs membres (cf. art. L 251-1, al. 2). Tel n'est pas le cas si le GIE doit servir de support à une concentration des entreprises membres.

611 Les **syndicats** peuvent valablement prendre part à la constitution d'une société. Encore faut-il que cette prise de participation serve l'intérêt collectif de leur profession (cf. C. trav. art. L 2131-1 ; TGI Le Mans réf. 21-12-1982 : Gaz. Pal. 1983 som. p. 217).

Les **associations déclarées** conformément à la loi du 1er juillet 1901 et les **fondations d'utilité publique** peuvent devenir associées de toutes sociétés commerciales dès lors que ces prises de participation sont compatibles avec leur objet. Elles ne peuvent toutefois pas être associées en nom car elles prendraient alors la qualité de commerçant. Les **associations non déclarées,** dépourvues de la capacité juridique et de tout patrimoine propre, ne peuvent pas intervenir dans la constitution d'une société.

PARTICIPATION À UNE SOCIÉTÉ DE PERSONNES MORALES DE DROIT PUBLIC

620 L'**État** peut, sans aucun doute, souscrire des parts ou actions. Il peut aussi devenir associé par acquisition de parts sociales ou actions, soit à titre onéreux ou gratuit, soit à titre de rémunération de certains avantages consentis par lui à la société en cause.

La **région** peut participer au capital :

– de sociétés de capital-investissement, de sociétés de financement interrégionales ou propres à chaque région, ainsi que de sociétés d'économie mixte et de sociétés ayant pour objet l'accélération du transfert de technologies (CGCT art. L 4211-1, 8°) ;

– de sociétés commerciales pour la mise en œuvre du schéma régional de développement économique, d'innovation et d'internationalisation et seulement dans certaines limites (art. L 4211-1, 8° bis et R 4211-1 s.) ;

– d'une SA ou d'une SAS dont l'objet est la production d'énergies renouvelables ou d'hydrogène renouvelable ou bas carbone par des installations situées sur son territoire, l'acquisition de ces actions pouvant être réalisée au travers d'une prise de participation au capital de sociétés commerciales ayant pour seul objet de détenir les actions de ces SA ou SAS (art. L 4211-1, 14°) ;

– d'un établissement de crédit ou d'une société de financement revêtant la forme de SA et ayant pour objet exclusif de garantir les concours financiers accordés à des entreprises privées, dès lors qu'une ou plusieurs sociétés commerciales, dont au moins un établissement de crédit ou une société de financement, participent également au capital de cet établissement de crédit ou de cette société de financement (CGCT art. L 4253-3) ;

– de SA créées par un établissement public d'enseignement supérieur pour contribuer à la gestion et à la valorisation du patrimoine de ce dernier, dès lors que ces SA interviennent sur son territoire et que la région détient au moins une compétence en lien avec leur objet social (C. éduc. art. L 762-6).

Sauf autorisation accordée par décret en Conseil d'État, les **communes** et les **départements** ne peuvent prendre aucune participation dans le capital de sociétés commerciales autres que les sociétés d'économie mixte locales (CGCT art. L 2253-1, al. 1 et L 3231-6). Par dérogation à ces dispositions, une commune et ses groupements ou un département peuvent participer au capital :

– d'une SA ou d'une SAS dont l'objet est la production d'énergies renouvelables ou d'hydrogène renouvelable ou bas carbone par des installations situées sur son territoire ou sur des territoires limitrophes (art. L 2253-1, al. 3 et L 3231-6). L'acquisition de ces actions peut être réalisée au travers d'une prise de participation au capital de sociétés commerciales ayant pour seul objet de détenir les actions des SA ou SAS visées ci-avant (art. L 2253-1, al. 3 et L 3231-6) ;

– de SA créées par un établissement public d'enseignement supérieur comme exposé ci-avant pour la région (C. éduc. art. L 762-6).

Par ailleurs, une commune peut participer au capital d'un établissement de crédit ou d'une société de financement revêtant la forme de SA et ayant pour objet exclusif de garantir les concours financiers accordés à des entreprises privées sous les conditions exposées ci-avant pour la région (CGCT art. L 2253-7).

Les **établissements publics** peuvent participer à la constitution d'une société si l'activité de celle-ci est compatible avec leur objet. Il convient donc, pour savoir s'ils sont susceptibles de faire partie d'une société commerciale, d'analyser les statuts de cette dernière.

À peine de nullité, toute prise de participation directe d'une **société d'économie mixte locale** (SEML) dans le capital d'une autre société requiert l'accord préalable exprès des collectivités territoriales ou de leurs groupements actionnaires disposant d'un siège au conseil d'administration ou de surveillance de la SEML (CGCT art. L 1524-5, al. 15). Pour leur part, les **sociétés d'économie mixte à opération unique** ne peuvent pas prendre de participation dans les sociétés commerciales (CGCT art. L 1541-1, II).

E. Participation d'étrangers à une société

CAPACITÉ DES ÉTRANGERS

Personne physique étrangère La capacité d'un étranger personne physique dépend de sa **loi** nationale et non pas de la loi française. Ainsi, pour apprécier si une personne de nationalité anglaise peut faire partie d'une société soumise au droit français, c'est dans la loi anglaise qu'il faut rechercher si des incapacités s'opposent à son entrée dans la société. Toutefois, l'incapacité résultant de la loi nationale de l'étranger n'est pas opposable à celui qui l'a ignorée et qui a contracté sans légèreté et sans imprudence (Cass. req. 16-1-1861 : DP 1861 I p. 193 note Massé, arrêt de principe). 650

En revanche, c'est la loi nationale de la société, donc la loi française pour les sociétés françaises, qui détermine, quel que soit le pays où les titres sont détenus, les conditions dans lesquelles s'acquiert, se conserve ou se perd la qualité d'associé (Cass. 1e civ. 17-10-1972 nº 70-13.817 : Rev. sociétés 1974 p. 124 note Bismuth).

› **Précisions** **a.** Si l'**étranger** est **marié,** sa capacité s'apprécie en fonction de la loi régissant son régime matrimonial, c'est-à-dire, dans la plupart des cas, celle de l'État sur le territoire duquel les époux établissent leur première résidence habituelle après leur mariage (Convention de La Haye du 14-3-1978 art. 4, al. 1 ; Cass. 1e civ. 2-12-1997 nº 1870 : Bull. civ. I nº 338).

b. Si l'étranger doit devenir **associé en nom ou commandité,** il lui faut, outre l'aptitude reconnue par sa loi nationale, satisfaire aux conditions requises par la loi française pour l'exercice du commerce en France (absence d'interdictions ou d'incompatibilités, titre de séjour éventuellement, etc.).

Personne morale étrangère La capacité d'une personne morale étrangère dépend également de sa loi nationale, c'est-à-dire de la loi du lieu de son siège social. 651

EXERCICE D'UNE ACTIVITÉ COMMERCIALE OU RÉGLEMENTÉE PAR UN ÉTRANGER

Aucun étranger ne peut, en principe, exercer une activité commerciale en France s'il n'a pas, au préalable, obtenu un **titre de séjour** : voir nos 92680 s. 660

Par ailleurs, un étranger qui envisage d'exercer en France une **activité relevant d'un secteur économique réglementé** est soumis aux conditions particulières (autorisation administrative, diplômes, etc.) requises pour ces activités. La consultation du site bpifrance-creation.fr/entrepreneur/activites-reglementees permet de savoir si une activité est soumise à un statut légal particulier et, dans l'affirmative, d'en connaître le régime.

F. Participation à une société de personnes soumises à une procédure collective

CONTRAINTES LIÉES AUX PROCÉDURES COLLECTIVES

Les procédures collectives – sauvegarde, redressement et liquidation judiciaires – peuvent **limiter** la **possibilité,** pour les personnes qui y sont soumises, de participer à la constitution d'une société et **de faire un apport** à celle-ci. Par ailleurs, même fait avant l'ouverture de la procédure, l'apport est susceptible d'être remis en cause. 710

APPORT ANTÉRIEUR À L'OUVERTURE DE LA PROCÉDURE COLLECTIVE

Entre la date de cessation des paiements et le jugement ouvrant le **redressement ou** la **liquidation judiciaire,** le débiteur – encore maître de ses biens et de ses droits – peut en principe participer à la constitution de toute société. Cependant, les apports effectués pendant cette période, *dite « suspecte », voire dans* les mois la précédant, encourent la nullité. Les apports effectués avant la mise sous **sauvegarde** de l'apporteur échappent aux nullités exposées ci-dessous. 720

› **Précisions** **a.** L'**action en nullité** est exercée par l'administrateur, le mandataire judiciaire (ou le liquidateur en cas de liquidation judiciaire ; Cass. com. 1-4-2014 nº 13-14.086 : RJDA 8-9/14 nº 711), le commissaire à l'exécution du plan ou le ministère public (art. L 632-4). Elle n'est ouverte ni à l'apporteur (cf. Cass. com. 2-12-2014 nº 13-24.308 F-PB : RJDA 3/15 nº 205) ni à ses créanciers (Cass. com. 6-5-1997 nº 94-16.133 : RJDA 8-9/97 nº 1121).

b. Le mandataire ou le liquidateur judiciaire, qui représente l'intérêt collectif des créanciers (art. L 622-20 et L 641-4), a qualité pour exercer l'**action paulienne** contre un apport frauduleux ayant eu pour effet de soustraire un bien du patrimoine de l'apporteur soumis à la procédure collective et de réduire ainsi le gage commun des créanciers de celui-ci (Cass. com. 8-3-2023 nº 21-18.829 F-B : RJDA 6/23 nº 331).

La protection et la reconstitution du gage commun des créanciers relevant du monopole du mandataire ou du liquidateur (Cass. com. 2-6-2015 n° 13-24.714 FS-PBRI : RJDA 10/15 n° 678 ; Cass. com. 14-6-2017 n° 15-26.953 F-PBI : RJDA 1/18 n° 43), l'arrêt de 2023 précité met, à notre avis, un terme à la jurisprudence qui autorisait un créancier à exercer individuellement l'action paulienne nonobstant la procédure collective (Cass. com. 8-10-1996 n° 93-14.068 P : RJDA 1/97 n° 94 ; Cass. com. 2-11-2005 n° 04-16.232 FS-PB : Bull. civ. IV n° 214).

721 **Apports nuls de plein droit** Les apports effectués par le débiteur pendant la période suspecte sont nuls de plein droit lorsqu'ils déguisent une libéralité et, partant, doivent être considérés comme des actes **à titre gratuit,** ou encore lorsqu'ils sont conclus à des conditions **lésionnaires** pour l'apporteur, par exemple lorsque la valeur de l'apport excède notablement celle des parts ou actions remises en contrepartie de cet apport (cf. art. L 632-1, I et L 641-14, al. 1).

ILLUSTRATIONS

A été annulé l'apport en nature fait par des époux communs en biens à une société constituée entre eux et leurs enfants dès lors que l'un des époux, mis ensuite en liquidation judiciaire, n'avait pas reçu de droits sociaux proportionnels à son apport, quatre des six associés disposant des mêmes droits que lui pour un apport en numéraire 2 700 fois inférieur au sien (Cass. com. 3-5-2011 n° 10-17.011 : RJDA 8-9/11 n° 722, à propos d'un apport à une SCI mais transposable).

722 **Apports pouvant être annulés** L'apport en société peut être annulé par le tribunal :
– s'il a été fait dans les six mois précédant la date de cessation des paiements de l'apporteur et s'il déguise une libéralité et doit être considéré comme un **acte à titre gratuit** (art. L 632-1, II et L 641-14, al. 1) ;
– s'il a été fait après la date de cessation des paiements de l'apporteur alors que les autres **associés** avaient **connaissance de la cessation des paiements** de ce dernier (cf. art. L 632-2 et L 641-14, al. 1).

La nullité prévue ci-dessus est facultative ; le tribunal dispose donc d'un pouvoir d'appréciation pour la prononcer ou, au contraire, l'écarter.

> Précisions **a.** La nullité ne peut être prononcée que si les associés ont eu personnellement **connaissance de la cessation des paiements** (cf. Cass. com. 19-11-2013 n° 12-25.925 : RJDA 3/14 n° 255) ; il ne suffit pas que celle-ci ait été de notoriété publique (CA Colmar 21-10-1930 : Gaz. Pal. 1931 I p. 140).

b. À notre avis, la connaissance de l'état de cessation des paiements doit avoir existé au jour de la signature des statuts, car c'est à cette **date** que le contrat de société est conclu et que naît l'obligation d'apport. La connaissance de l'état de cessation des paiements entre la date de signature des statuts et celle de l'immatriculation de la société au RCS n'a pas à être prise en considération. D'une façon générale, les mesures de publicité, auxquelles s'apparente l'immatriculation, sont sans effet sur l'existence de l'acte ; par exemple, pour déterminer si une hypothèque relève de la période suspecte, il faut prendre en considération la date de sa constitution et non celle de son inscription (Cass. com. 25-10-1994 n° 91-14.539 : RJDA 3/95 n° 358 ; Cass. com. 18-2-2003 n° 99-19.249 : RJDA 7/03 n° 746). De même, la date à laquelle intervient le transfert de propriété des apports à la société est indifférente.

723 **Effets de la nullité** La nullité des apports effectués en période suspecte entraîne la **réintégration du bien** apporté dans le patrimoine de l'apporteur (cf. art. L 632-4 et L 641-14). Lorsque l'apport concerné porte sur un bien commun à des époux, l'apport est nul en son entier même si un seul des époux fait l'objet d'une procédure collective (Cass. com. 3-5-2011 n° 10-17.011 : RJDA 8-9/11 n° 722).

Dans toutes les sociétés, la nullité peut entraîner la **dissolution** anticipée de la société pour justes motifs en raison du non-respect de ses engagements par un associé (C. civ. art. 1844-7, 5° ; n°s 86130 s.).

Si l'**apport** était **déterminant pour les autres associés,** son annulation peut-elle emporter la nullité de la société elle-même ? Pour répondre à cette question, il convient de distinguer selon que la société a été constituée avant ou à compter du 1er octobre 2025, date d'entrée en vigueur de l'ordonnance 2025-229 du 12 mars 2025 portant réforme du régime des nullités en droit des sociétés (Ord. 2025-229 art. 70) :
– si la société a été constituée avant le 1er octobre 2025 et est une SNC ou une SCS, le caractère déterminant de l'apport pour les autres associés emporte nullité de la société car le défaut de consentement des associés est une cause de nullité de la société (n° 89132) ; en revanche, même si l'apport était déterminant pour les autres associés, la nullité de l'apport est *sans effet sur la validité* d'une société par actions ou d'une SARL (n°s 89134 s.) ;
– si la société a été constituée à compter du 1er octobre 2025, sa nullité, quelle que soit sa forme, n'est pas encourue, l'article 1844-10 du Code civil modifié par l'ordonnance 2025-229 ayant supprimé la référence aux « causes de nullité des contrats en général ».

APPORT DURANT LA SAUVEGARDE OU LE REDRESSEMENT JUDICIAIRE

À compter du jour du jugement ouvrant une procédure de sauvegarde ou de redressement judiciaire, le débiteur ne peut faire d'apport en société qu'avec l'**autorisation du juge-commissaire.** En effet, les actes de disposition étrangers à la gestion courante doivent être autorisés par ce dernier (art. L 622-7, II et L 631-14). Or, l'apport en société ne peut pas être considéré comme un acte de gestion courante puisqu'il réalise une aliénation modifiant le statut juridique des biens composant le patrimoine du débiteur. 730

L'annulation de l'apport non autorisé peut être demandée par tout intéressé et par le ministère public, dans un délai de trois ans à compter de la date de l'apport (en pratique la date à laquelle les statuts ont été signés) ou, s'il était soumis à publicité (cas, par exemple, d'un apport d'immeuble, de brevet ou de marque), à compter de la date de cette publicité (art. L 622-7, III).

APPORT DURANT LA LIQUIDATION JUDICIAIRE

Une personne physique ou morale mise en liquidation judiciaire ne peut faire aucun apport en société puisque, à partir de la date du jugement ouvrant cette procédure et jusqu'à la clôture de celle-ci, elle est dessaisie de la gestion de son patrimoine et que ses droits et actions sont exercés par le liquidateur judiciaire (art. L 641-9, I). L'apport fait en violation de ce dessaisissement est inopposable à la procédure collective, y compris aux créanciers (Cass. com. 9-1-2001 n° 96-20.161 FS-P : RJDA 5/01 n° 615). 740

APPORTEUR FRAPPÉ DE FAILLITE PERSONNELLE

La faillite personnelle interdit à celui qui en est frappé d'exercer toute activité commerciale et de contrôler toute personne morale (art. L 653-2). Il ne peut donc pas être associé en nom dans une SNC ou une société en commandite, ni prendre une participation majoritaire dans une autre société. 750

CHAPITRE 2

CONSTITUTION D'UNE SOCIÉTÉ

SOMMAIRE

ÉTAPES DE LA CONSTITUTION D'UNE SOCIÉTÉ

Un intervalle de temps plus ou moins long sépare le moment où certaines personnes, appelées « les fondateurs », ont l'idée de constituer une société et la date à laquelle ont été effectuées toutes les formalités requises pour que cette société puisse fonctionner. 800

Cette période, pendant laquelle la société est en formation, peut schématiquement être divisée en **deux étapes** :

– au cours de la première, qui commence par les pourparlers et s'achève par la signature des statuts (ou la tenue de l'assemblée constitutive s'il s'agit de constituer une SA avec offre de ses actions au public – autre que les offres exclues, mentionnées n° 38450), les **fondateurs,** après avoir déterminé les caractéristiques de la société, préparent le contrat de société, c'est-à-dire les statuts, et effectuent toutes les démarches et formalités préalables à sa signature (ou à la tenue de l'assemblée constitutive) ; parallèlement, ils accomplissent les actes les plus urgents nécessaires à la mise en route de l'exploitation sociale (bail des locaux, éventuellement obtention des autorisations administratives, etc.) ;

– au cours de la seconde étape sont accomplies les diverses formalités nécessaires pour que naisse la société en tant que personne morale et qu'elle soit connue des tiers (notamment **immatriculation au RCS**).

Les développements qui suivent sont consacrés aux règles générales de constitution des sociétés. Les **règles propres à chaque type de société** sont précisées dans les développements qui leur sont consacrés.

Principales opérations à accomplir afin de constituer une société 801

Afin d'orienter au mieux les fondateurs dans leur démarche de création d'entreprise, nous présentons ci-après, dans l'ordre chronologique, la liste des principales opérations à accomplir jusqu'à la naissance de la société :

– détermination des principales **caractéristiques de la société** (nos 850 s.) et, le cas échéant, conclusion d'une **promesse** de société liant les fondateurs (nos 1550 s.) ;

– le cas échéant, recherche d'**investisseurs** intéressés par une prise de participation dans le capital social et/ou recherche d'un **financement** auprès d'une banque ;

– en cas d'apport en nature, éventuelle désignation d'un **commissaire aux apports** (voir nos 30161 s. pour les SARL, n° 35615 pour les EURL, nos 37911 s. pour les SA, n° 60130 pour les SAS et n° 61007 pour les Sasu) ;

– recherche à l'Inpi sur la **dénomination envisagée** (nos 1015 s.) ;

– rédaction d'un **projet de statuts** reprenant les caractéristiques de la société (n° 1615) ;

– accomplissement des **actes destinés à préparer le commencement de l'activité** (notamment conclusion du bail ou acquisition des locaux d'activité, sauf s'il est envisagé d'installer le siège social au domicile du futur représentant légal de la société : nos 1340 s. ; achat de matériel ; ouverture d'un compte bancaire au nom de la société : n° 2670 ; demande des autorisations administratives nécessaires à l'exercice de l'activité projetée si celle-ci est soumise à une réglementation particulière : n° 897), l'accomplissement de ces actes marquant le début de la période de formation de la société (nos 2553 s.) ;

– libération totale ou partielle des **apports** (voir n° 21161 pour les SNC, n° 26161 pour les SCS, n° 30190 pour les SARL et nos 37890 s. pour les sociétés par actions) ;

– établissement (nos 1620 s.) et signature (nos 1690 s.) des **statuts,** auxquels est annexé, le cas échéant, un état des actes accomplis pour le compte de la société en vue de leur reprise par celle-ci (nos 2700 s.) ;

– désignation d'un **mandataire** chargé de passer un ou plusieurs actes déterminés pour le compte de la société (nos 2715 s.) s'il n'en a pas été désigné un dans les statuts ;

– insertion d'un avis dans un **support d'annonces légales** (nos 3060 s.) ;

– demande d'**immatriculation** de la société (nos 3100 s.) et déclaration de ses **bénéficiaires effectifs** (*nos 3350 s.*).

RÔLE DES FONDATEURS D'UNE SOCIÉTÉ

Avant la signature des statuts (ou la tenue de l'assemblée constitutive s'il s'agit de constituer une SA avec offre de ses actions au public – autre que les offres exclues, mentionnées n° 38450), des pourparlers, démarches et formalités sont nécessaires, qui sont l'œuvre des fondateurs, dont la qualité « suppose un intérêt personnel et une volonté autonome de **participer à la constitution de la personne morale** et à la vie sociale ultérieure » (CA Paris 24-9-1991 : Bull. Joly 1992 p. 516 note Barbièri). 805

› **Précisions** La loi n'impartit une mission aux fondateurs qu'en cas de constitution de SA avec offre au public (art. L 225-2 s.). On ne saurait en déduire, à notre avis, qu'il n'y a pas de fondateurs dans les autres cas. Toute constitution de société suppose l'accomplissement de formalités qui sont nécessairement prises en charge par certaines personnes. C'est si vrai que la loi elle-même, si elle ne précise pas leur rôle, retient leur responsabilité pour irrégularité dans la constitution de **toute société quelle que soit sa forme** (art. L 210-8). Certains auteurs estiment même que tous les signataires des statuts d'une SNC ou d'une SARL sont des fondateurs (Y. Guyon, Droit des affaires, 9e éd., no 132 ; J. Hémard, F. Terré et P. Mabilat, La réforme des sociétés commerciales, p. 16 et 34).

SECTION 1

CARACTÉRISTIQUES DE LA SOCIÉTÉ

I. OBJET SOCIAL

DÉFINITION ET IMPORTANCE DE L'OBJET SOCIAL

850 En l'absence de définition légale, il est admis que l'objet de la société ou « objet social » est le type d'activité que la société se propose d'exercer pour obtenir les résultats escomptés : fabrication et vente de tel ou tel produit, négoce, prestations de services, etc.

La détermination de l'objet est la caractéristique fondamentale dont dépendent toutes les autres, notamment l'importance des capitaux à mettre en œuvre et la localisation du ou des lieux d'exploitation.

Par ailleurs, si l'activité envisagée est réglementée, les fondateurs doivent veiller au respect de cette réglementation, ce qui peut, d'une part, nécessiter des démarches auprès des groupements professionnels dont relève cette activité ou des autorités administratives compétentes et, d'autre part, imposer le choix d'une forme sociale déterminée.

DISTINCTION ENTRE OBJET SOCIAL ET D'AUTRES NOTIONS

855 L'objet social ne doit pas être confondu avec l'**objet du contrat de société,** défini comme la mise en commun par les associés de leurs biens ou de leur industrie en vue de partager le bénéfice ou de profiter de l'économie qui pourra en résulter (C. civ. art. 1832, al. 1).

L'objet social ne doit pas non plus être confondu avec l'**intérêt social,** qui correspond au bénéfice que la société retire d'un acte passé en son nom. Ainsi, un acte de gestion est considéré comme conforme à l'objet social lorsqu'il concourt à la réalisation de cet objet, tandis que la conformité d'un acte à l'intérêt social s'apprécie en fonction du bénéfice qu'en retire la société (no 13210).

A. Détermination de l'objet social

MENTION STATUTAIRE DE L'OBJET SOCIAL

860 L'objet social est déterminé par la description faite dans les statuts de l'activité exercée par la société (C. civ. art. 1835). En principe, les fondateurs sont libres de définir comme ils l'entendent le champ de cette activité sous réserve de respecter certaines règles sur la formulation et les caractéristiques de l'objet social.

INTÉRÊTS LIÉS À LA DÉTERMINATION DE L'OBJET SOCIAL

861 C'est à partir de l'objet social que s'apprécient :
– l'étendue des **pouvoirs** des dirigeants à l'égard des tiers (nos 13300 s.) ;
– la nécessité d'une **modification statutaire** en cas de changement d'activité ;
– la mise en œuvre de la **responsabilité pénale** de la société, celle-ci ne pouvant pas être engagée si l'acte reproché à la société dépasse son objet (nos 4657 s.) ;
– l'application des règles propres aux sociétés soumises à un **statut particulier** en raison de la nature de leur activité (no 866).

En outre, la réalisation ou l'extinction de l'objet entraîne la **dissolution** de la société (C. civ. art. 1844-7, 2o).

FORMULATION DE L'OBJET SOCIAL

Dans toute société, la détermination de l'objet doit être suffisamment explicite ; une formule vague concernant « toutes opérations commerciales, industrielles ou financières », sans autre précision, serait insuffisante. Il est recommandé de préciser au moins le **type de commerce ou d'industrie** qu'entend exploiter la société : fabrication ou vente de telle ou telle catégorie de produits (métallurgiques, chimiques, alimentaires, par exemple), fourniture de telles ou telles prestations de services. 865

Cette indication du champ d'activité de la société peut valablement rester approximative chaque fois qu'il est impossible de donner une énumération complète des opérations envisagées. En outre, l'adaptation des structures qui caractérise l'économie contemporaine et qui implique le regroupement, la diversification ou la transplantation géographique des activités rend plus nécessaire que jamais une formulation souple et extensible de l'objet social. C'est la raison pour laquelle, après avoir déterminé dans les statuts le type d'activité exercée par la société, les associés étendent généralement l'objet social à « la réalisation de toutes opérations se rattachant directement ou indirectement à cette activité ».

Il convient d'apporter une **attention particulière** à la formulation de l'objet social. Ainsi, dans un cas où les statuts d'une société définissaient l'objet, de façon trop précise, comme « l'acquisition et l'exploitation d'un fonds de commerce de vente de type supermarché [...] à l'exclusion de tout autre. Et plus généralement, toutes opérations financières, civiles et commerciales se rattachant à l'objet sus-indiqué », il a été jugé que la cessation définitive de l'exploitation d'un fonds de commerce alimentaire par la société avait entraîné l'extinction de l'objet social, ce qui impliquait la dissolution de cette société (Cass. com. 30-3-2016 nº 14-13.729 : RJDA 6/16 nº 443).

Les formules trop vagues et les définitions imprécises, sources d'incertitudes et surtout de risques financiers dans les SNC et les SCS, sont à écarter ; il s'agit d'éviter que leur gérant, dont les actes doivent, pour engager valablement la société, être conformes à l'objet social (art. L 221-5, al. 1), ne souscrive trop facilement des engagements au nom de cette dernière et n'expose exagérément les associés en nom, responsables indéfiniment et solidairement des dettes sociales, au risque de devoir payer celles-ci en cas d'insolvabilité de la société.

Dans certaines **sociétés** spécialement **réglementées,** l'objet doit être strictement défini, car il est le fondement du statut particulier réservé à ces sociétés ou à leurs associés. 866

EXEMPLE

Les Sofica doivent avoir pour activité exclusive le financement en capital d'œuvres cinématographiques ou audiovisuelles agréées (CGI art. 238 bis HE) ; les Sofipêche doivent avoir pour objet exclusif l'achat en copropriété de navires de pêche neufs (CGI art. 238 bis HP) ; les sociétés mixtes d'intérêt agricole ne peuvent avoir pour objet que la transformation ou la commercialisation de produits agricoles (C. rur. art. L 541-1), etc.

B. Caractéristiques de l'objet social

POSSIBILITÉ DE L'OBJET SOCIAL

L'objet social doit être possible. Cette règle, évidente par elle-même, n'appelle guère d'explication du point de vue pratique. Nous nous bornerons à signaler que, lorsque l'une des **activités** pour lesquelles la société a été créée vient à ne **plus** être **possible,** la société n'est pas dissoute du moment que ses statuts prévoient d'autres activités réalisables (nº 86031). 890

LICÉITÉ DE L'OBJET SOCIAL

Toute société doit avoir un objet licite (C. civ. art. 1833). 895

*La licéité de l'objet se détermine à partir de l'***activité réellement exercée** par la société et non pas à partir de celle indiquée dans les statuts, les juges pouvant fonder leur conviction sur l'ensemble des éléments qui leur sont fournis, alors même que certains des faits allégués constitueraient des infractions n'ayant pas donné lieu à des poursuites pénales (CA Lyon 13-6-1960 : JCP G 1961 II nº 12103 note Boitard).

Activités illicites D'une façon générale, est illicite toute activité contraire à l'**ordre public** et aux **bonnes mœurs** (C. civ. art. 6) : contrebande, exploitation de maisons de tolérance ou de maisons de jeu (sous réserve des lois particulières sur les cercles et casinos, les courses et les loteries), activités ayant pour but l'entrave au libre exercice du commerce et de 896 l'industrie, commercialisation non autorisée de produits pharmaceutiques (Cass. com. 27-5-2015 n° 14-17.035 : RJDA 8-9/15 n° 563), etc.

En revanche, des tiers ne peuvent pas faire interdire à une société l'exercice d'une **activité** commerciale sous prétexte que celle-ci ne figure pas dans son objet social et qu'elle n'a **pas** été **déclarée au RCS,** dès lors, d'une part, que cette activité n'est ni soumise à autorisation préalable, ni interdite, ni contraire à l'ordre public et aux bonnes mœurs et, d'autre part, que le non-respect des formalités prescrites pour les mentions au RCS n'a aucune incidence sur le caractère licite ou non d'une activité commerciale (Cass. com. 18-7-1989 : Bull. civ. IV n° 236).

› **Précisions** L'**atteinte à l'ordre public** est appréciée par le juge au cas par cas. Le seul fait qu'une disposition soit pénalement sanctionnée ne suffit pas pour en déduire qu'elle est d'ordre public (pour une application, Cass. com. 17-12-2009 n° 08-12.344 : RJDA 8-9/10 n° 853).

897 **Activités réglementées** Certaines activités ne peuvent être exercées par des sociétés que sous certaines conditions. À défaut, leur exercice peut être déclaré illicite (pour un exemple, Cass. 1e civ. 27-5-2015 n° 14-17.035 : RJDA 8-9/15 n° 563).

La **liste** de ces activités et des règles particulières auxquelles elles sont soumises est extrêmement longue et sortirait du cadre de cette étude.

Les fondateurs peuvent consulter le site www.bpifrance-creation.fr/entrepreneur/activites-reglementees pour savoir si telle activité est soumise à un statut légal particulier et, dans l'affirmative, pour en connaître le régime.

C. Sanctions des irrégularités relatives à l'objet social

SANCTIONS RELATIVES À L'OBJET STATUTAIRE

910 Les sociétés constituées **avant le 1er octobre 2025** dont l'objet social est illicite encourent la nullité (nos 89131 s.).

Pour les sociétés constituées **à compter du 1er octobre 2025,** la nullité n'est plus encourue (cf. C. civ. art. 1844-10, al. 1 modifié, à compter du 1-10-2025, par ord. 2025-229 du 12-3-2025 ; Ord. 2025-229 art. 70), mais la clause statutaire comportant cet objet illicite est réputée non écrite (art. 1844-10, al. 2 modifié par ord. 2025-229). Il en résulte une disparition de l'objet social, cause de dissolution de la société (C. civ. art. 1844-7, 2° ; nos 86025 s.).

Par ailleurs, une action en **régularisation** est possible si l'objet n'a pas été mentionné dans les statuts ou a été mal indiqué (nos 89800 s.).

SANCTIONS RELATIVES À L'ACTIVITÉ EXERCÉE

915 **Sociétés constituées avant le 1er octobre 2025** Lorsqu'il s'avère qu'une **SNC ou** une **SCS** constituée avant le 1er octobre 2025 exerce une activité illicite, cette société peut être annulée (C. civ. art. 1162).

ILLUSTRATIONS

Les tribunaux ont annulé (solutions rendues à propos d'autres formes de société mais transposables) :
— une société dont les statuts proprement dits paraissaient lui donner une activité licite, alors qu'ils étaient complétés par un « règlement intérieur » dont les clauses faisaient apparaître l'objet véritable et illicite de la société, en l'espèce la création d'un monopole faussant le libre jeu de la concurrence (CA Toulouse 3-4-1941 : JCP G 1942 II n° 1954) ;
— une société qui apparaissait, selon les statuts, comme une société de portefeuille mais qui, en réalité, recouvrait un pacte de majorité et avait « pour objet et pour effet de porter atteinte au libre exercice du droit de vote dans les assemblées générales » (CA Paris 21-11-1951 : J. soc. 1955 p. 5).

916 Les **SARL et** les **sociétés par actions** sont régies par la directive UE 2017/1132 du 14 juin 2017 sur les sociétés. En cas d'action en nullité en raison du caractère illicite de leur objet, la Cour de justice a jugé qu'il convient de ne tenir compte que de l'objet décrit dans les statuts (CJCE 13-11-1990 : RJDA 1/91 n° 80) et non pas des motifs ou des mobiles qui ont conduit les fondateurs à créer la société. Ainsi, une SARL constituée avant le 1er octobre 2025 en *vue d'opérations de chantage* mais ayant un objet statutaire licite ne peut pas être annulée (Cass. com. 10-11-2015 n° 14-18.179 : RJDA 2/16 n° 125).

La décision de la Cour de justice est fondée sur une interprétation stricte de la directive qui vise à réduire le plus possible les cas de nullité de sociétés. À la lettre, elle permet le maintien de l'exercice d'une activité illicite sous couvert d'un objet licite.

Il n'en résulte pas pour autant que la société peut poursuivre son activité illicite sans conséquences néfastes pour elle ou ses dirigeants. En effet :
– la société peut être condamnée pénalement si cette activité est constitutive d'une infraction et encourt la suspension de son activité, voire sa dissolution (nº 4705) ;
– ses dirigeants, notamment son représentant légal, peuvent eux aussi être sanctionnés pénalement ;
– la société ne peut pas invoquer à l'encontre des tiers de bonne foi l'illicéité des actes contraires à son objet pour se soustraire à ses engagements (nº 13321).

Sociétés constituées à compter du 1er octobre 2025 Une société constituée à compter du 1er octobre 2025, quelle que soit sa forme, ne peut pas être annulée pour activité illicite (cf. C. civ. art. 1844-10, al. 1 modifié, à compter du 1-10-2025, par ord. 2025-229 du 12-3-2025 ; Ord. 2025-229 art. 70). Cependant, l'exercice d'une activité illicite peut entraîner des sanctions pénales ou la mise en cause de la responsabilité de la société à l'égard des tiers : voir nº 916. **917**

II. RAISON D'ÊTRE DE LA SOCIÉTÉ

DÉFINITION ET CARACTÉRISTIQUES DE LA RAISON D'ÊTRE

Les statuts de toute société peuvent préciser une raison d'être, « constituée des **principes dont la société se dote** et pour le respect desquels elle entend affecter des moyens dans la réalisation de son activité » (C. civ. art. 1835). Comme l'indique le texte, la stipulation d'une raison d'être dans les statuts est **facultative** : aucune société n'est tenue d'en être dotée, sauf si elle envisage de faire état de la qualité de « société à mission ». **918**
Les principes qui constituent la raison d'être se distinguent de l'**objet social** en ce qu'ils ne recouvrent pas la nature de l'activité de la société. Il s'agit plutôt d'une « ambition » que les associés se proposent de poursuivre dans le cadre de leur entreprise. Ces principes diffèrent aussi de l'**intérêt social,** qui implique que les décisions de gestion doivent être utiles ou profitables à la société.

La raison d'être « vise à rapprocher les chefs d'entreprise et les entreprises avec leur environnement de long terme », la société n'étant plus seulement guidée par une « raison d'avoir », mais également par cette raison d'être, « forme de doute existentiel fécond permettant de l'orienter vers une recherche du long terme » (Exposé des motifs du projet de loi 2019-486 ayant modifié l'art. 1835 précité).
Il en ressort que la raison d'être est l'affirmation des **valeurs** que la société entend promouvoir dans l'accomplissement de son objet (A. Viandier, La raison d'être d'une société : BRDA 10/19 inf. 30 nº 28).

STIPULATION D'UNE RAISON D'ÊTRE

La **clause** prévoyant la raison d'être peut être **formulée** de façon synthétique (par exemple, « agir ensemble pour une croissance responsable et un développement durable ») ou être plus détaillée, par l'énoncé de lignes directrices. **919**
La prise en compte d'une raison d'être visant la croissance responsable ou le développement durable n'est **pas neutre juridiquement** : par exemple, de tels principes sont incompatibles avec la fermeture d'un site industriel pour le délocaliser dans un pays dont les coûts de production sont moindres, la recherche de la seule rentabilité ne constituant alors pas « l'ADN » de la société.

La clause peut être **insérée dans les statuts** (C. civ. art. 1835), ce qui oblige alors les associés à l'adopter aux conditions de majorité prévues pour les décisions extraordinaires. Mais rien n'interdit de stipuler cette clause dans un **acte extérieur** aux statuts, tel un pacte d'actionnaires, ou de la formuler dans une résolution d'assemblée générale ne modifiant pas les statuts, auquel cas cette résolution peut être adoptée aux conditions de majorité prévues pour les décisions ordinaires. **920**

SANCTIONS DE LA MÉCONNAISSANCE DE LA RAISON D'ÊTRE

La méconnaissance par un **dirigeant** de la clause statutaire sur la raison d'être constituerait une violation des statuts de nature à engager sa **responsabilité** à l'égard de la société et des associés. En revanche, cette responsabilité ne serait pas engagée en cas de prise d'une décision de gestion incompatible avec une raison d'être ne figurant pas dans les statuts. **921**
À notre avis, que la raison d'être figure ou non dans les statuts, sa méconnaissance pourrait constituer un juste motif de **révocation** du dirigeant.

CONSEIL

Le manquement à la raison d'être sera d'autant plus difficile à établir que celle-ci se résumera à une déclaration de bonnes intentions formulée en **termes incitatifs** et de préférence au futur (par exemple : « la société s'efforcera de... » ou encore « l'action de la société tend à... »). On ne saurait trop conseiller d'éviter les formules de principe contraignantes ou impératives. De même, la stipulation d'objectifs chiffrés dans la clause sur la raison d'être est déconseillée car elle augmente le risque de mise en cause des dirigeants (dans le même sens, A. Viandier, La raison d'être d'une société : BRDA 10/19 inf. 30 n° 53). Au contraire, il est recommandé d'assortir la raison d'être de **réserves** ou d'exceptions pour en atténuer la portée (par exemple : « dans la mesure où l'environnement concurrentiel le permet » ou encore « sauf en cas de dégradation de la situation économique ou sanitaire »).

922 Si une **société « cotée »** réalise une opération financière (augmentation de capital, émission obligataire, etc.) en la présentant comme destinée à contribuer à sa raison d'être alors que le but poursuivi est sans rapport avec celle-ci, elle pourrait être sanctionnée par l'AMF pour manquement à la bonne information du marché (dans le même sens, I. Urbain-Parléani, La raison d'être des sociétés dans le projet de loi Pacte du 19 juin 2018 : Rev. sociétés 2018 p. 629 n° 31).

923

La société à mission

Soucieux de favoriser l'émergence d'un **capitalisme responsable** non centré sur la recherche du seul profit, le législateur a consacré, aux articles L 210-10 à L 210-12, la notion de société « à mission ».

Une société commerciale, quelle que soit sa forme, peut faire publiquement état de sa qualité de société à mission si elle remplit les **conditions** suivantes : ses statuts précisent une raison d'être, au sens de l'article 1835 du Code civil ; ils précisent aussi un ou plusieurs objectifs sociaux et environnementaux que la société se donne pour mission de poursuivre, ainsi que les modalités du suivi de l'exécution de cette mission ; la réalisation de ces objectifs doit faire l'objet d'une vérification par un organisme tiers indépendant ; la société doit déclarer sa qualité de société à mission au greffier du tribunal de commerce (art. L 210-10).

Un **comité de mission,** distinct des organes sociaux et devant comporter au moins un salarié de la société, est chargé exclusivement du suivi de l'exécution de la mission et doit présenter chaque année à l'assemblée d'approbation des comptes un rapport joint au rapport de gestion (art. L 210-10, 3°).

Dans les sociétés employant moins de 50 salariés permanents au cours de l'exercice et dont les statuts précisent une raison d'être et des objectifs à poursuivre, les statuts peuvent prévoir qu'un « **référent de mission** » se substitue au comité de mission. Ce référent peut être un salarié de la société, à condition que son contrat de travail corresponde à un emploi effectif (art. L 210-12).

L'**organisme tiers indépendant,** chargé de vérifier, au moins tous les deux ans, l'exécution des objectifs poursuivis par la société, est désigné par l'organe de gestion de la société pour une durée initiale qui ne peut pas excéder six exercices (sauf clause contraire des statuts), cette désignation étant renouvelable dans la limite de douze exercices. Il est soumis aux mêmes incompatibilités que les commissaires aux comptes (art. R 210-21, I et II).

Pour mener à bien sa mission, il peut avoir accès à l'ensemble des documents détenus par la société utiles à la formation de son avis et il doit procéder à toute vérification utile (art. R 210-21, III) : notamment, consultation du comité ou du référent de mission sur l'exécution des objectifs ; consultation de l'organe de gestion sur la manière dont la société exécute ceux-ci (art. A 210-1).

L'avis de l'organisme doit être joint au rapport du comité de mission (art. L 210-10, 4°) et publié sur le site internet de la société, où il doit demeurer accessible pendant au moins cinq ans (art. R 210-21, IV).

Si l'une des conditions énoncées à l'article L 210-10 n'est pas respectée ou si l'avis de l'organisme tiers indépendant conclut qu'un ou plusieurs des objectifs poursuivis par la société ne sont pas respectés, le ministère public ou toute personne intéressée peut saisir le président du tribunal de commerce statuant en référé aux fins d'**enjoindre,** le cas échéant **sous astreinte,** au représentant légal de la société de supprimer la mention « société à mission » de tous les actes, documents ou supports électroniques émanant de la société (art. L 210-11).

III. FORME DE LA SOCIÉTÉ

925 Les fondateurs doivent arrêter la forme juridique la mieux appropriée au but de la société en tenant compte des avantages et inconvénients des différentes possibilités offertes par la législation. Dans certains cas, la **liberté du choix** sera restreinte : par exemple, si les capitaux à investir et le nombre des futurs associés doivent être importants, ils seront conduits le plus souvent à adopter la forme de SA ; de même, tel ou tel type de société leur sera interdit ou, au contraire, imposé en raison de l'activité envisagée ; de même encore, des considérations fiscales pourront déterminer le choix d'une société soumise au régime des sociétés de capitaux ou inversement d'une société non soumise à ce régime ; enfin, le souci de limiter la responsabilité des associés au montant de leur mise pourra conduire à écarter la forme de SNC au profit d'une société par actions ou d'une SARL.

Pour une récapitulation des principales caractéristiques des différentes formes de société, voir nos 200 s.

IV. DURÉE DE LA SOCIÉTÉ

OBLIGATION DE FIXER LA DURÉE DE LA SOCIÉTÉ

La durée de la société ne peut en aucun cas excéder 99 ans (art. L 210-2). Cette **durée maximale** peut être valablement retenue quelle que soit la forme de la société. **950**

La durée doit être déterminée dans les **statuts** (art. L 210-2).

Si les statuts comportent une clause prévoyant une **durée** initiale **supérieure** à 99 ans, cette clause est réputée non écrite (C. civ. art. 1844-10, al. 2 modifié, à compter du 1-10-2025, par ord. 2025-229 du 12-3-2025 ; Ord. 2025-229 art. 70).

Si les **statuts** n'ont **pas fixé la durée** de la société, tout intéressé peut agir en régularisation pour la faire préciser (art. L 210-7, al. 2). S'agissant d'une modification statutaire, cette durée doit alors être fixée selon les règles propres à chaque société.

Au cas où personne n'agirait en régularisation, on devrait considérer que la société est constituée pour 99 ans, sauf lorsqu'elle a pour objet la réalisation d'une affaire de durée limitée (une opération de construction immobilière, par exemple), auquel cas la société est contractée pour le temps que doit durer cette affaire.

MODALITÉS DE FIXATION DE LA DURÉE DE LA SOCIÉTÉ

La durée peut être déterminée dans les statuts par l'indication d'un **nombre d'années** chiffré (30, 50, 99 ans, par exemple) ou celle d'une **date précise** à laquelle la société prendra fin (le 31 décembre 2030, par exemple). **955**

Il est également possible de déterminer la durée autrement, par exemple **en fonction de l'objet** de la société **ou d'un événement** dont la date ne peut pas être fixée lors de la création de celle-ci. Ont ainsi été jugées valables des clauses stipulant qu'une société était constituée « pour la durée de la guerre » (T. com. Seine 24-11-1916 : J. soc. 1917 p. 218).

Mais la durée n'est pas « déterminée » :

– lorsque le terme fixé est hypothétique, ce qui est le cas d'une société constituée pour l'exploitation d'une forêt aménagée en 20 coupes susceptibles de se renouveler périodiquement pendant un temps indéfini (CA Lyon 13-1-1943 : DC 1944 p. 34 note Pic) ;

– lorsque le terme fixé est trop lointain, ce qui est le cas d'une société créée pour l'exploitation d'une mine qui peut durer plusieurs siècles (Cass. civ. 1-6-1859 : S. 1861 I p. 113).

> **Précisions** Ces solutions, retenues sous l'empire des textes anciens, paraissent encore valables aujourd'hui. À la lettre de l'article L 210-2, la loi exige une **durée « déterminée »,** mais non une durée « chiffrée ». On est donc en droit, semble-t-il, d'interpréter le terme « déterminée » comme dans les autres cas où la loi l'emploie, notamment dans l'article 1591 du Code civil relatif au prix de la vente (prix qui peut, sans être chiffré, résulter d'éléments définis au contrat, pourvu que ceux-ci ne dépendent pas de la volonté des parties).

DÉCOMPTE DE LA DURÉE DE LA SOCIÉTÉ

La durée de la société court du **jour de l'immatriculation** de celle-ci au RCS (art. R 210-2, al. 1). **960**

En raison du principe de la non-rétroactivité des lois, cette règle ne s'applique pas, à notre avis, aux **sociétés constituées avant le 1er avril 1967,** date d'entrée en vigueur de la réforme des sociétés commerciales. La durée de ces sociétés doit être calculée à partir de la date fixée dans les statuts (en ce sens, CA Paris 22-2-2018 no 16/25208 : RJDA 5/18 no 423), qui correspond en général à la date de signature des statuts.

CLAUSE DE DISSOLUTION ANTICIPÉE DE LA SOCIÉTÉ

Rien ne paraît s'opposer à ce que les statuts prévoient une durée de 99 ans avec faculté pour chaque associé de demander la **dissolution de la société à l'expiration d'une période déterminée** (par exemple, cinq ans) par application de l'article 1210, al. 2 du Code civil. **965**

À noter que les statuts peuvent écarter la dissolution demandée par l'un des associés, au moyen du rachat par les autres associés ou par des tiers des parts de l'associé qui désire se retirer de la société (voir nº 86150).

Sur la faculté de prévoir une clause de prorogation, voir nº 20802.

V. DÉSIGNATION DE LA SOCIÉTÉ

NOM DE LA SOCIÉTÉ

1000 **Dénomination sociale** Comme les personnes physiques, les sociétés ont un nom qui est leur « dénomination sociale ».

La dénomination sociale doit être **mentionnée** dans les statuts (art. L 210-2). Elle doit être accompagnée ou **suivie immédiatement** de l'indication de la forme de la société concernée.

1001 La dénomination sociale revêt le plus souvent l'une des trois formes suivantes :

a. Dénomination tirée de l'objet de l'entreprise : la dénomination sociale peut constituer un rappel de l'activité de l'entreprise (par exemple, Tréfileries du Nord, Conserveries de l'Ouest, Compagnie des eaux).

b. Dénomination comportant un nom de personne : l'incorporation à la dénomination sociale du nom d'un ou de plusieurs associés est valable (art. L 221-2 pour les SNC, L 222-3 pour les SCS, L 223-1 pour les SARL et L 224-1 pour les sociétés par actions, interdisant d'incorporer le nom des associés commanditaires dans les SCA) ; dès lors, les appellations suivantes sont régulières : Transports Lambert, Dupont Sanitaire, Établissement Frémont, Maison Renaud, etc.

A même été jugée licite la dénomination d'une SARL comportant le nom d'un associé suivi des mots « et associés » dès lors que, suivie immédiatement des mots « société à responsabilité limitée » et de l'énonciation du capital social, cette dénomination ne risquait pas d'être confondue avec une société dont les associés seraient indéfiniment responsables du passif social (CA Paris 30-9-1999 : RJDA 3/00 nº 289). Cette solution est à notre avis transposable aux sociétés par actions.

c. Dénomination de fantaisie : la dénomination sociale peut également être purement fantaisiste (Airmelec, Infragel, Electrostar, etc.) ; à cet égard, les associés disposent d'une grande liberté quant au choix de la dénomination, sauf à prendre les précautions nécessaires pour éviter des confusions.

1002 De nombreuses sociétés, surtout celles dont la dénomination sociale est longue, utilisent un **sigle.** Ce sigle, qui peut être utilisé séparément de la dénomination sociale développée, est équivalent à cette dernière. Il bénéficie de la même protection qu'elle et doit faire l'objet des mêmes formalités de publicité, à savoir une mention dans l'avis de constitution de la société ainsi qu'au RCS (art. R 123-53 et R 210-4), même s'il n'est pas mentionné dans les statuts (Avis CCRCS 03-65 : Bull. RCS 25/2004 p. 15).

Ainsi jugé que devaient bénéficier de la protection attachée à la dénomination sociale :

– le sigle « SAQAB », utilisé par la « Société anonyme du Quercy pour l'alimentation du bétail », que le public risquait de confondre avec le sigle « SACAB » utilisé douze ans plus tard par une société concurrente (dénommée « Société anonyme corrézienne d'aliments du bétail »), ces deux sigles ayant la même consonance (Cass. com. 28-1-1980 : Bull. civ. IV nº 40) ;

– le sigle « CEEPRA », utilisé par le « Cabinet européen d'enquêtes et de prévoyance de risques d'assurances », compte tenu de l'antériorité dont celui-ci bénéficiait sous ce sigle par rapport à la « Société d'analyses et de prévention des risques d'assurances », qui utilisait le sigle « SAPRA » (Cass. com. 16-7-1991 nº 1107 : RJDA 11/91 nº 922).

1003 **Logo** Les associés peuvent créer un logo à partir de la dénomination sociale en représentant graphiquement, par exemple, les éléments qui la composent ou les lettres de son sigle d'une façon particulière (agencement original des caractères, insertion de motifs visuels, etc.). Il est alors recommandé de déposer le logo à titre de **marque** pour protéger cette représentation graphique contre les imitations.

1004 **Enseigne** L'enseigne ne se rapporte qu'à l'identification du **fonds de commerce.** Elle peut changer sans que le nom de la société soit modifié et réciproquement (CA Paris 21-3-1921 : D. 1923 II p. 125).

Toutefois, lorsque l'enseigne est constituée par le nom d'un associé qui a consenti à l'emploi de son nom pour le temps qu'il serait associé, la société ne peut plus se servir de ce nom du jour où l'associé cesse d'en faire partie (sauf convention contraire) ; l'action en suppression peut être exercée tant par les héritiers de l'associé que par les cessionnaires ou propriétaires de ce nom (CA Aix-en-Provence 20-12-1949 : D. 1950 p. 220).

A. Choix de la dénomination sociale

POINTS D'ATTENTION

Les associés peuvent librement choisir la dénomination de leur société sous réserve qu'elle respecte l'ordre public ou les bonnes mœurs et plus particulièrement les lois et règlements qui régissent les dénominations sociales (Avis CCRCS 2013-021 du 23-5-2013) desquels il résulte notamment l'interdiction d'y intégrer certains **mots ou signes faisant l'objet de dispositions spécifiques.** 1015

Ils doivent en outre s'assurer qu'ils ne portent pas atteinte aux **droits que les tiers pourraient avoir** sur cette dénomination à quelque titre que ce soit (droits résultant notamment d'une marque, d'un nom commercial ou de domaine, d'une création littéraire, d'une dénomination sociale antérieure ou encore d'un nom patronymique). À ce titre, une **recherche** au RCS et à l'Inpi est recommandée afin de déterminer si la dénomination envisagée fait ou non déjà l'objet d'un droit privatif. Néanmoins, le simple fait que des recherches ne révèlent pas l'existence de droits antérieurs sur une appellation pourtant déjà utilisée ou déposée par un tiers n'exonère pas la société de sa **responsabilité** à l'égard de celui-ci pour concurrence déloyale si elle choisit cette appellation comme dénomination sociale (CA Paris 9-2-2000 : PIBD 2000 n° 700 III p. 326).

TERMES RÉGLEMENTÉS UTILISÉS DANS UNE DÉNOMINATION SOCIALE

L'utilisation de certaines appellations évoquant une **activité réglementée** ou un statut particulier est interdite aux sociétés ne réunissant pas les conditions législatives ou réglementaires requises pour en bénéficier ; tel est par exemple le cas des appellations suivantes : établissement de crédit, banque, entreprise d'investissement, société financière, société de capital-risque, société d'expertise comptable, société d'architecture, etc. 1020

De même, sont interdites sous peine d'amende l'utilisation du terme « **fondation** » pour tout groupement n'ayant pas le statut de fondation reconnue d'utilité publique et l'utilisation de l'appellation « fondation d'entreprise » pour tout groupement n'ayant pas le statut de fondation d'entreprise (Loi 87-571 du 23-7-1987 art. 20).

En outre, il est interdit d'utiliser le **mot** « **solde** » ou ses dérivés (notamment « solderie ») dans les dénominations sociales (art. L 310-3, II).

En revanche, rien n'interdit à une société française du secteur privé, même à capitaux étrangers, d'utiliser le **terme** « **national** » dans sa dénomination sociale (Rép. Vial-Massat : AN 21-3-1983 n° 27275).

Une société exerçant une profession réglementée ne peut pas adopter une dénomination dont les termes sont contraires aux **règles déontologiques.** Ainsi, le règlement de la profession d'avocat (RIN) interdit à un avocat d'utiliser une dénomination évoquant de façon générique le titre d'avocat ou un titre pouvant prêter à confusion, un domaine du droit, une spécialisation ou activité de cet avocat (RIN art. 10.6). Mais les dispositions de cet article n'interdisent pas à une société d'avocats de mentionner dans sa dénomination ses domaines de spécialité ou d'activité, dès lors que cette dénomination n'est pas de nature à prêter à confusion dans l'esprit du public et satisfait ainsi à l'objectif d'empêcher la société de *s'approprier, directement ou indirectement*, un domaine du droit ou un domaine d'activité que se partage la profession au détriment des autres avocats (CE 28-4-2017 n° 400832 : D. 2018 p. 90 note T. Wickers). Par ailleurs, une société d'avocats a été admise à incorporer à sa dénomination la mention « flash avocat » car ces termes se référaient à une marque déposée par un associé pour désigner une application pour smartphone permettant aux clients d'adresser rapidement des documents à l'avocat (CA Paris 22-9-2016 n° 15/24259 : RJDA 1/17 n° 17).

SIGNES PARTICULIERS UTILISÉS DANS UNE DÉNOMINATION SOCIALE

Outre les caractères alphanumériques (chiffres et lettres), il est possible d'incorporer à la dénomination sociale le **signe** @, dit « arobase » (Avis CCRCS 00-27 : Bull. RCS 9-10/2000 p. 29 ; 1025

Rép. Gonnot : AN 29-4-2008 nº 5940), voire un **slash** ou un **astérisque** (CA Paris 16-2-2001 : RJDA 6/01 nº 688 ; en sens contraire, Avis CCRCS 2013-021 du 23-5-2013).

En revanche, la dénomination ne peut pas comprendre le **symbole €** (CA Amiens 9-9-2004 nº 04-290 : RJDA 8-9/05 nº 980 ; dans le même sens, Rép. Gonnot précitée) ou le **symbole #** (Avis CCRCS 2013-021 précité). Il n'est pas non plus possible d'utiliser une dénomination ambiguë quant à la signification des éléments qui la composent. Ainsi, une société ne peut pas valablement être immatriculée sous la **dénomination « X^3 »,** qu'elle souhaite être lue « 10 puissance trois », car ces signes sont susceptibles d'interprétations différentes de la part des tiers (Avis CCRCS 02-33 : Bull. RCS 20/2002 p. 11).

DÉNOMINATION SOCIALE IDENTIQUE OU SIMILAIRE À UNE MARQUE

1030 La marque de produits ou de services est un signe servant à distinguer les produits ou services d'une personne physique ou morale de ceux d'autres personnes physiques ou morales (CPI art. L 711-1).

Une société ne peut pas **faire usage** dans la vie des affaires **comme dénomination sociale** ou comme partie d'une dénomination sociale (CPI art. L 713-2 et L 713-3-1) :

– d'un signe identique à la marque d'un tiers et utilisé pour des produits ou des services identiques à ceux pour lesquels la marque est enregistrée ;

– d'un signe identique ou similaire à la marque d'un tiers et utilisé pour des produits ou des services identiques ou similaires à ceux pour lesquels la marque est enregistrée, s'il existe, dans l'esprit du public, un risque de confusion incluant le risque d'association du signe avec la marque.

Encore faut-il que cette utilisation porte atteinte aux fonctions de la marque, c'est-à-dire que l'utilisateur appose sa dénomination sur les produits qu'il commercialise ou utilise celle-ci de façon à créer un lien avec ses produits (CJCE 11-9-2007 aff. 17/06 : RJDA 12/07 nº 1294).

Ajoutons que le titulaire d'une **marque** jouissant d'une **renommée,** c'est-à-dire connue d'un large public et qui exerce un pouvoir d'attraction propre indépendant des produits ou services qu'elle désigne, peut interdire à une société l'usage dans la vie des affaires comme dénomination sociale ou comme partie d'une dénomination sociale d'un signe identique ou similaire à cette marque pour désigner des produits ou des services identiques, similaires ou non similaires à ceux pour lesquels la marque est enregistrée, dès lors que, sans juste motif, la société tire, par cet usage, indûment profit du caractère distinctif ou de la renommée de la marque, ou leur porte préjudice (CPI art. L 713-3 et L 713-3-1).

Sur l'utilisation dans la dénomination d'un **nom patronymique** correspondant à une marque déposée par un tiers, voir nº 1041.

DÉNOMINATION SOCIALE COMPORTANT UN PATRONYME (NOM DE FAMILLE)

1040 La dénomination ne peut pas comporter le **nom** patronymique **d'un tiers** si cet usage est générateur de confusion, ce qui n'est pas le cas lorsque le nom est répandu ou banal (Cass. 1e civ. 19-12-1967 : Bull. civ. I nº 372). Jugé, par exemple, que la dénomination « Monsieur de Neuville », adoptée par une société dont le gérant portait le nom « Neuville », était source de confusion avec un tiers appelé Henri de Neuville, lui-même dirigeant d'une société dont le siège était situé à proximité de l'établissement principal de la société Monsieur de Neuville (CA Paris 19-4-1974 : D. 1974 p. 495 note R. Lindon). De même, une société de construction venant aux droits d'une entreprise que Gustave Eiffel avait dirigée puis quittée ne peut pas utiliser dans sa dénomination le patronyme Eiffel sans avoir obtenu l'autorisation de l'ensemble des héritiers de l'ingénieur (CA Bordeaux 16-5-2011 nº 10/00889 : RJDA 11/11 nº 916).

La dénomination choisie ne peut pas non plus correspondre à un **pseudonyme** sous lequel un tiers bénéficie d'une notoriété suffisante, sauf si celui-ci a donné son autorisation à la société (CA Paris 11-9-1996 : PIBD 1997 nº 623 III p. 10). Pour qu'un pseudonyme soit protégé, il n'est pas nécessaire que son titulaire ait acquis sous celui-ci une notoriété dépassant le milieu où il exerce son activité (Cass. 1e civ. 19-2-1975 : Bull. civ. I nº 73).

La société peut, en principe, régulièrement utiliser comme dénomination sociale le **nom** patronymique d'un **associé,** même si ce nom correspond à celui d'un concurrent ou d'une autre société, sous réserve, d'une part, que l'associé n'ait pas apporté son nom à l'autre société et, d'autre part, qu'aucune confusion ne soit possible (Cass. com. 2-6-1992 : RJDA 8-9/92 nº 825 ; CA Versailles 15-2-2007 nº 05-9709 : RJDA 6/07 nº 614). Ainsi, une personne ayant apporté son fonds de commerce à une société dont la dénomination comporte son nom patronymique ne peut pas valablement donner par la suite ce même nom à une seconde société exerçant une activité concurrente (Cass. com. 26-1-1993 : RJDA 8-9/93 nº 697). Pour éviter tout risque de confusion, l'associé cédant doit prendre les mesures nécessaires permettant de

différencier la dénomination de la société qu'il crée de celle de la société qu'il quitte. À cet égard, l'adjonction du prénom d'un associé et du nom de son épouse n'a pas été jugée suffisante pour éliminer tout risque de confusion (CA Dijon 28-2-2002 n° 00-85 : RJDA 3/03 n° 261).
Ajoutons que l'usage du patronyme d'un associé dans la dénomination est proscrit lorsque celui-ci n'est en réalité qu'un prête-nom (TGI Paris 18-12-1987 : D. 1988 p. 383 note Burst).

Patronyme déposé à titre de marque Une marque ne permet pas à son titulaire d'interdire à un tiers l'usage, dans la **vie des affaires,** conformément aux usages loyaux du commerce, de son nom de famille lorsque ce tiers est une **personne physique** (CPI art. L 713-6). Il en résulte qu'un associé personne physique dont le nom de famille correspond à une marque existante peut dénommer la société avec ce nom dès lors que l'utilisation qui en est faite est **conforme aux usages loyaux du commerce.** Il en est ainsi, à notre avis, si cet associé s'implique dans la gestion de la société qui porte son nom. 1041

› Précisions Selon l'article L 713-6, **avant** sa modification par **l'ordonnance 2019-1169 du 13 novembre 2019,** l'enregistrement d'une marque ne faisait pas obstacle à l'utilisation du même signe ou d'un signe similaire comme dénomination sociale lorsque cette utilisation était le fait d'un tiers de bonne foi employant son nom patronymique. La jurisprudence considérait qu'un associé utilisant son patronyme dans la dénomination sociale était de bonne foi lorsqu'il exerçait de réelles fonctions de direction au sein de la société. Tel n'a pas été le cas d'un associé détenant seulement 10 % des parts sociales et n'exerçant aucune fonction de responsabilité au sein de la société, dont une autre personne assurait seule la gérance (CA Paris 11-10-1995 : PIBD 1996 n° 606 III p. 122).
Encore faut-il que cette utilisation du nom patronymique ne crée pas de risque de confusion. Ainsi, il a été jugé que le titulaire de la marque « Revillon » ne pouvait pas valablement interdire à une société dénommée « Carol Revillon » l'emploi de cette marque dans sa dénomination dès lors que sa fondatrice, qui portait le nom « Revillon », dirigeait personnellement la société et qu'en faisant précéder ce nom du prénom « Carol » et en choisissant un graphisme différent de celui de la marque, elle avait évité de créer une confusion dans l'esprit de la clientèle sur l'origine des produits fabriqués par la société et sur celle des produits couverts par la marque (Cass. com. 12-11-1992 n° 1690 : RJDA 4/93 n° 320). Jugé en revanche que, si le caractère notoire d'une marque antérieure « Poilâne » n'était pas nécessairement exclusif de la bonne foi invoquée par la société dénommée « Julien Poilâne », comme son dirigeant, l'adjonction d'un prénom ne pouvait suffire à exclure tout risque de confusion. En effet, les produits fabriqués et commercialisés par la société étaient identiques ou similaires à ceux pour lesquels la marque avait été enregistrée et il ressortait de la comparaison des signes, pris dans leur globalité, notamment que le patronyme « Poilâne » avait un caractère dominant dans la dénomination contestée (Cass. com. 17-3-2021 n° 18-26.388 F-D : RJDA 7/21 n° 530). Cette **jurisprudence** nous paraît **transposable au régime actuel.**

« Détachement » du patronyme En cas de **retrait de l'associé** dont le nom patronymique a été inclus dans la dénomination sociale, celui-ci ne peut pas, sauf convention contraire, exiger que la dénomination soit modifiée car ce patronyme est devenu, en raison de son insertion dans les statuts, un signe distinctif qui s'est détaché de la personne physique qui le porte pour s'appliquer à la personne morale et constituer un objet de propriété incorporelle (Cass. com. 12-3-1985 : JCP G 1985 II n° 20400 note Bonet ; Cass. com. 13-6-1995 n° 1273 : RJDA 11/95 n° 1242). Il en va ainsi même si le patronyme figure dans la dénomination d'une société unipersonnelle, telle une EURL (Cass. com. 12-6-2007 n° 06-12.244 : RJDA 10/07 n° 967). 1042

La société peut alors déposer le nom comme marque (Cass. com. 27-2-1990 : Bull. civ. IV n° 58). Encore faut-il que le dépôt ne porte pas atteinte à ce nom (CPI art. L 711-3, I-8°).

Cette atteinte est caractérisée en cas de risque de confusion avec la marque, c'est-à-dire lorsque le **nom** est notoirement **connu** sur l'ensemble du territoire national : dans ce cas, la société qui exerce une activité dans le même domaine que l'associé ne peut pas déposer le nom à titre de marque pour désigner les mêmes produits ou services, sauf accord de l'associé ou renonciation expresse ou tacite à ses droits patrimoniaux (Cass. com. 24-6-2008 n° 07-10.756 : RJDA 10/08 n° 1025).

ILLUSTRATIONS

À l'occasion de la cession du contrôle d'une société dont la dénomination comportait leur nom patronymique, les cédants avaient autorisé la société à utiliser librement ce nom « à des fins commerciales ou industrielles [...], sans autres limites que celles prévues par les lois en vigueur ». Les cédants ne peuvent pas s'opposer au dépôt de cette dénomination à titre de marque pour désigner des produits ou services en rapport avec l'activité de cuisiniste de la société, peu important que cette opération particulière n'ait pas été expressément visée dans l'acte de cession : le libre usage industriel et commercial du nom englobe un tel dépôt ; les cédants n'établissaient pas

> que le dépôt de la marque aurait porté atteinte à leurs droits dès lors que leur nom n'est pas notoirement connu et que sa relative et locale notoriété ne résulte que de l'activité de la société, si bien qu'il n'existe aucun risque de confusion entre elle et les cédants (CA Rennes 23-3-2010 nº 09-1645 : RJDA 10/10 nº 954).

Réciproquement, le dirigeant d'une société dont la dénomination comporte son nom ne peut pas valablement déposer celui-ci à titre de marque si, en raison de la notoriété acquise avec le temps, ce nom a conservé un pouvoir distinctif propre (Cass. com. 13-6-1995 précité).
Le principe du détachement du nom patronymique peut être écarté par une **clause restreignant l'usage** de celui-ci : par exemple, interdiction de l'utiliser comme nom commercial ou de le déposer comme marque.

B. Protection de la dénomination sociale

1. CONDITIONS DE LA PROTECTION DE LA DÉNOMINATION SOCIALE

ANTÉRIORITÉ DES DROITS SUR LA DÉNOMINATION SOCIALE

1100 La propriété d'une dénomination sociale étant acquise par le **premier usage,** toute société qui, la première, a utilisé une dénomination peut interdire aux tiers de l'employer.

> ILLUSTRATIONS
>
> Une société dénommée « Les Américains », qui avait géré un café portant le nom de « Bar des Américains », a pu opposer l'antériorité de sa dénomination à une SCI dénommée « Résidence Les Américains », qui avait fait construire des locaux commerciaux à la place de l'immeuble où se trouvait ce café, dès lors que la société « Les Américains » justifiait de ses droits sur cette dénomination depuis 1880 (Cass. com. 31-1-1977 : Bull. civ. IV nº 32).
>
> À l'inverse, une société dénommée « Boole » ne peut pas interdire à une société dénommée « Boole et Babbage » l'usage de cette dénomination, dont l'inscription au RCS est pourtant postérieure à l'immatriculation de la société « Boole », car la société « Boole et Babbage » utilisait déjà cette dénomination comme nom commercial avant l'immatriculation de la société « Boole » (Cass. com. 18-6-1996 nº 1176 : RJDA 12/96 nº 1477).
>
> Jugé de même que, les droits d'auteur du fondateur d'une société sur la dénomination sociale étant nés avant la constitution de la société, celle-ci ne peut pas opposer un droit sur sa dénomination à la marque déposée par le fondateur après la constitution (Cass. com. 4-7-2006 nº 875 : RJDA 3/07 nº 297).

L'usage d'une dénomination ne permet de se prévaloir d'un droit sur celle-ci qu'à la condition qu'il ait acquis un **caractère public** (Cass. com. 24-11-1992 nº 1762 : RJDA 3/93 nº 219).

CARACTÈRE ORIGINAL OU DISTINCTIF DE LA DÉNOMINATION SOCIALE

1105 Il n'est pas nécessaire que la dénomination présente un caractère original ou distinctif pour être protégée contre une usurpation, ce caractère étant seulement un critère d'appréciation de la faute et du risque de confusion entre la société et le tiers usurpateur (Cass. com. 10-5-2006 nº 588 : RJDA 10/06 nº 1024 ; Cass. com. 7-7-2021 nº 19-16.028 F-D : RJDA 11/21 nº 741).

DÉNOMINATION SOCIALE ET RISQUE DE CONFUSION

1110 La société est protégée contre l'utilisation de sa dénomination par un tiers si cette utilisation entraîne un risque de confusion entre la société et le tiers.
Un tel risque existe :
– d'une part, si le tiers emploie, notamment à titre de dénomination sociale, de marque, de nom commercial ou d'enseigne, une **appellation identique ou quasi identique** à la dénomination de la société ;
– d'autre part, si le tiers exerce son activité sous cette appellation dans la **zone géographique** où la société est connue du public.
Ainsi, il n'y a pas de risque de confusion entre deux dénominations sociales dans des cas où les sociétés concernées sont éloignées géographiquement et où leur notoriété ne dépasse *pas leur zone d'implantation* (Cass. com. 29-6-1999 ; RJDA 11/99 nº 1211 ; CA Paris 13-3-1991 : RJDA 6/91 nº 496).
Le risque de confusion s'apprécie en tenant compte des dénominations utilisées dans le cadre de l'activité et non de celles inscrites, le cas échéant, sur le tableau d'un **ordre professionnel** par l'une des sociétés (Cass. com. 24-6-2014 nº 12-20.705 : RJDA 10/14 nº 766).

Par ailleurs, pour apprécier l'existence d'un risque de confusion entre une dénomination sociale et une marque postérieure déposée par un tiers, les juges retiennent notamment comme critère, outre le degré de ressemblance entre les deux signes, le degré de **similitude entre les produits** ou services commercialisés par la société et ceux désignés par la marque (par exemple, Cass. com. 16-5-1995 n° 1041 : RJDA 11/95 n° 1305 ; Cass. com. 9-10-2007 n° 06-14.300 : RJDA 2/08 n° 202 ; Cass. com. 14-4-2021 n° 18-21.695 F-D : RJDA 8-9/21 n° 611, qui précise que les produits ou services à prendre en compte sont ceux désignés par l'enregistrement de la marque). Peu importent les conditions d'exploitation de la marque et l'activité de son titulaire (Cass. com. 14-4-2021 précité ; CA Paris 14-5-2009 n° 07/21678 : RJDA 11/09 n° 960).

ILLUSTRATIONS

Il n'existe aucune similitude entre l'activité d'une agence de communication spécialisée dans le « marketing olfactif » et des capteurs ou diffuseurs d'odeurs qu'un opérateur téléphonique a désignés par une marque ressemblant à la dénomination de l'agence (CA Paris 14-5-2009 précité).

De même, il n'y a pas de similitude entre une entreprise de travaux « acrobatiques » (installation d'équipements en hauteur) et une marque désignant des activités de loisirs telles que l'escalade ou le canyoning (Cass. com. 25-1-2017 n° 15-20.151 F-D : RJDA 5/17 n° 335).

Ressemblance des appellations Deux appellations sont identiques ou quasi identiques lorsqu'elles comportent des **termes** suffisamment **proches phonétiquement ou visuellement.** 1111

ILLUSTRATIONS

Sont **identiques ou quasi identiques** :

– la dénomination « Mayday travail temporaire », adoptée par une société ayant pour objet le placement de personnel intérimaire dans le domaine du graphisme informatique, et la marque « Mayday » désignant les produits et services d'une société d'assistance et de formation des utilisateurs de matériel informatique (CA Paris 19-6-1996 : RJDA 11/96 n° 1334) ;

– les dénominations « CRTI » et « RTI Voyages », adoptées par des sociétés organisant des voyages et des loisirs, dès lors que les trois lettres « RTI », dépourvues de signification propre, constituent l'élément attractif de ces dénominations (CA Paris 9-2-2000 : PIBD 2000 n° 700 III p. 326) ;

– les dénominations « Time to Planet » adoptée par une société exerçant une activité de conseil en innovation responsable et développement durable et « Time for the Planet » pour une société ayant pour activité la lutte contre le réchauffement climatique dès lors que seules les conjonctions de coordination (« for the » au lieu de « to ») ont été modifiées alors qu'allaient être ciblés les mêmes profils pour des intérêts semblables (CA Lyon réf. 15-12-2021 n° 21/02667 : RJDA 7/22 n° 451).

En revanche, sont **suffisamment différentes** les appellations suivantes :

– la dénomination « Château d'Yquem », adoptée par une société civile pour désigner soit le vin produit par celle-ci, soit le château lui-même, soit le vignoble, et la marque « La Lettre de Bernard Yquem », déposée pour désigner des produits en papier et en carton, des articles pour reliures, photographies, articles de papeterie et de dessin (Cass. com. 16-5-1995 n° 1041 : RJDA 11/95 n° 1305) ;

– la dénomination « L'Oréal » et les marques « Floréal » et « Floréel », lesquelles ne peuvent susciter aucun rapprochement avec cette dénomination de la part d'un consommateur d'attention moyenne (CA Paris 27-1-1999 : PIBD 1999 n° 673 III p. 200) ;

– la dénomination « Régional intérim » et le nom commercial « Gerinter, l'intérim régional », compte tenu de l'adjonction et de la mise en valeur graphique de l'appellation « Gerinter » (Cass. com. 16-9-2014 n° 13-19.572 : RJDA 12/14 n° 903).

Appréciation du risque au regard des activités exercées Généralement, les tribunaux recherchent si la société et le tiers ayant usurpé la dénomination de celle-ci se font concurrence et limitent la protection à ce seul cas. Le risque de confusion est en effet d'autant plus important que la société et le tiers usurpateur exercent une **activité identique.** Il en est de même en cas d'exercice d'**activités similaires,** c'est-à-dire d'activités qui se recoupent (Cass. com. 12-5-2004 n° 746 : RJDA 10/04 n° 1119) et s'adressent à la même clientèle (CA Versailles 9-2-2006 n° 05-1361 : RJDA 7/06 n° 776). 1112

ILLUSTRATIONS

Exercent des activités similaires :

– deux sociétés dont la première fournit des prestations de services aux particuliers et aux entreprises dans le domaine de la santé et plus particulièrement du stress, alors que la seconde se consacre plus généralement à la formation professionnelle des adultes et au conseil en gestion des ressources humaines, dès lors que cette dernière offre également à sa clientèle des sessions de formation sur la gestion du stress et la maîtrise du temps (CA Paris 2-2-2000 : RJDA 5/00 n° 536) ;

– deux sociétés de services informatiques dont la première commercialise des lecteurs de codes-barres tandis que la seconde s'est spécialisée dans les logiciels de gestion et de paye pour les PME (CA Versailles 9-2-2006 précité).

En revanche, tel n'est pas le cas :
– d'une société d'administration de biens ayant pour objet connexe la maîtrise d'œuvre et d'une société exerçant à titre principal la profession d'architecte (CA Versailles 15-2-2007 n° 05-9709 : RJDA 6/07 n° 614) ;
– d'une société commercialisant des déguisements et d'un fabricant de jouets vendant des poupées (Cass. com. 10-7-2012 n° 08-12.010 : RJDA 12/12 n° 1111).

Néanmoins, toute société est en droit de faire protéger sa dénomination contre des imitations de nature à lui porter préjudice, et ce, même si la personne qui en est l'auteur ne lui fait pas du tout concurrence. Dans un tel cas en effet, l'usurpation de la dénomination sociale peut causer un dommage même si aucun **détournement de clientèle** n'est à craindre car, outre les **erreurs de transmissions postales** (Cass. com. 31-1-1977 : Bull. civ. IV n° 32), la société peut légitimement redouter que la similitude de dénomination provoque, dans l'esprit du public, la **croyance** erronée qu'elle appartient au **même groupe** que le tiers usurpateur (CA Paris 18-9-1991 : BRDA 4/92 p. 17) ou que celui-ci lui est lié par une **communauté d'intérêts.**

› Précisions Une société exerçant une activité de restauration sous une dénomination peut interdire à une SCI, dont l'**objet social** (l'édification d'un ensemble immobilier) est pourtant **différent,** d'utiliser cette dénomination car la SCI a annoncé dans une publicité la création de commerces de restauration et d'alimentation (Cass. com. 31-1-1977 précité). En revanche, la société dénommée « La Tour d'Argent », qui exploite le restaurant parisien du même nom, ne peut pas reprocher à une SCI dénommée « Cauchoise Tour d'Argent » l'usage de cette dénomination dès lors que ces sociétés exercent des activités très différentes et que la SCI n'a pas adopté sa dénomination dans le but de profiter de la réputation de la société La Tour d'Argent, mais a été constituée pour acquérir trois studios situés à Rouen, à proximité de l'impasse de la Tour d'Argent (CA Paris 5-6-1998 : RJDA 12/98 n° 1436).

2. MISE EN ŒUVRE DE LA PROTECTION DE LA DÉNOMINATION SOCIALE

1120 La société peut faire cesser le préjudice résultant d'une atteinte à sa dénomination en demandant, dans le cadre d'une **action en concurrence déloyale,** l'octroi de dommages-intérêts ainsi que l'interdiction d'utiliser cette dénomination. À cette occasion, les juges peuvent, en fonction de l'importance de l'atteinte, ordonner au tiers usurpateur soit d'abandonner totalement l'usage de la dénomination litigieuse, soit d'y apporter quelques modifications en ajoutant, par exemple, un correctif destiné à éviter tout risque de confusion (CA Paris 5-10-1989 : BRDA 4/90 p. 18).

La société peut également, auprès du directeur général de l'Inpi, former une **opposition** à l'encontre d'une demande d'enregistrement d'une **marque** par un tiers, dans les deux mois suivant la publication de cette demande s'il existe un risque de confusion dans l'esprit du public (CPI art. L 712-4, 3°).

La société peut en outre, après l'enregistrement d'une marque par un tiers, demander la **nullité** de cet enregistrement, dès lors qu'il y a un risque de confusion dans l'esprit du public (CPI art. L 711-3, I-3° et L 714-3), et ce, même si la marque enregistrée par le tiers est constituée d'une dénomination sociale plus ancienne que celle qu'elle utilise (Cass. com. 10-1-2024 n° 22-21.716 F-B : RJDA 5/24 n° 315, rendu sous l'empire des dispositions antérieures à la réforme du droit des marques issue de l'ord. 2019-1169 du 13-11-2019 mais à notre avis transposable). L'appréciation du risque de confusion doit tenir compte notamment de la renommée de la dénomination sociale antérieure (Cass. com. 7-7-2021 n° 19-16.028 F-D : RJDA 11/21 n° 741). La dénomination sociale ne bénéficie cependant d'une protection que pour les activités effectivement exercées par la société et non pour celles énumérées dans ses statuts (Cass. com. 10-7-2012 n° 08-12.010 : RJDA 12/12 n° 1111).

Toutefois, la société qui a **toléré** pendant cinq ans consécutifs l'usage d'une marque postérieure, en connaissance de cet usage, n'est plus recevable à en demander la nullité, pour les produits ou les services pour lesquels l'usage de la marque a été toléré, à moins que l'enregistrement de celle-ci ait été demandé de mauvaise foi (CPI art. L 716-2-8).

Par ailleurs, lorsqu'un ***tiers dénigre la société*** en utilisant sa dénomination pour jeter le discrédit sur son activité, la société peut lui en demander réparation. Jugé à cet égard que l'usage du mot « décathlon » dans son acception usuelle pour désigner un site internet dont le contenu brocarde la pratique de cette activité ne constitue pas un dénigrement de la société qui utilise ce mot dans sa dénomination (Cass. com. 20-2-2007 n° 05-10.319 : RJDA 5/07 n° 570).

› Précisions **a.** L'enregistrement d'une **marque de l'UE** déposée auprès de l'Office de l'UE pour la propriété intellectuelle peut être annulé pour atteinte à des droits acquis sur la dénomination d'une société française en application des règles de droit interne dès lors que la dénomination n'a pas une portée seulement locale (cf. Règl. UE 2017/1001 du 14-6-2017 art. 60, 1-c et, sur renvoi, art. 8, 4). Cette atteinte est exclue si, au moment du dépôt de la demande d'enregistrement de la marque postérieure, il existe un lien entre le déposant de la marque et la société (CJUE 23-4-2020 aff. 736/18 : RJDA 12/20 nº 668). La dénomination ne bénéficiant d'une protection que pour les activités effectivement exercées par la société (Cass. com. 10-7-2012 précité), la nullité de la marque de l'UE est admise pour les seuls produits et services que la société commercialise. Pour déterminer l'étendue des activités de la société, il y a lieu de prendre en compte non seulement la nature des produits et services en cause, mais aussi leur destination, leur utilisation, la clientèle concernée ainsi que leur mode de diffusion (CJUE 5-4-2017 aff. 598/14 : RJDA 7/17 nº 514).

b. Si la dénomination sociale a été **déposée comme marque** par la société, celle-ci peut, à certaines conditions, exercer les actions destinées à protéger ce titre, et notamment l'action en contrefaçon (CPI art. L 716-4 ; pour une illustration en matière de référencement sur internet, Cass. com. 18-10-2023 nº 20-20.055 F-B : RJDA 2/24 nº 134). La société peut aussi agir en concurrence déloyale si elle établit des faits distincts de ceux constituant la contrefaçon (Cass. com. 15-6-2010 nº 08-18.279 : RJDA 4/11 nº 363). Cela peut être le cas si elle se prévaut d'un même acte matériel, dès lors qu'il porte atteinte à des droits de nature différente (Cass. com. 26-3-2025 nº 23-13.589 FS-B : RJDA 8-9/25 nº 472), ainsi que pourraient selon nous être considérés les droits sur une marque et ceux relatifs à une dénomination sociale.

VI. CAPITAL SOCIAL

Les fondateurs déterminent le **montant** des capitaux à investir dans la société et, s'il y a lieu, recherchent les personnes susceptibles d'être intéressées par une prise de participation ou un placement de capitaux. Dans la plupart des cas, même pour des sociétés importantes, les futurs associés sont, au départ, peu nombreux afin de faciliter les opérations de constitution de la société. 1150

En outre, sauf pour les SA et les SCA, la loi autorise la constitution de société avec un capital minimal symbolique. Toutefois, les fondateurs doivent s'assurer que le montant des capitaux investis est suffisant pour l'activité envisagée.

Un capital faible risque d'entraîner, les premières années d'activité, l'obligation de **reconstituer les capitaux propres** de la société suivant la procédure applicable quand ceux-ci sont devenus inférieurs à la moitié du capital social (art. L 223-42, al. 1 pour la SARL et art. L 225-248, al. 1 pour la SA et, sur renvoi des art. L 226-1, al. 2 et L 227-1, al. 3, pour la SCA et la SAS).

› Précisions L'**insuffisance des apports** consentis à une société lors de sa constitution est imputable aux fondateurs. Elle ne constitue pas une faute de gestion susceptible d'engager la responsabilité du dirigeant (Cass. com. 10-3-2015 nº 12-15.505 : RJDA 6/15 nº 452).

VII. LIEU D'ACTIVITÉ DE LA SOCIÉTÉ

CHOIX DU LIEU D'ACTIVITÉ DE LA SOCIÉTÉ

La décision d'exercer l'activité de la société dans tel ou tel lieu doit être prise en tenant compte de certains paramètres. Notamment, les fondateurs peuvent choisir de s'implanter dans certaines régions en raison des avantages particuliers qui peuvent être obtenus au titre des mesures d'**aide à l'expansion** régionale ou locale (allégements fiscaux, par exemple dans les zones franches urbaines, etc.). 1200

Par ailleurs, les fondateurs vont être confrontés à plusieurs problèmes liés au choix des locaux d'activité. Outre les aspects techniques (situation des locaux, dimensions, agencements, etc.) et juridiques (conclusion du contrat d'achat ou de bail), ils auront à se préoccuper, le cas échéant, de **problèmes administratifs.** Notamment : 1201

1. La construction ou l'extension, en région parisienne, de locaux d'une certaine superficie est, sauf exceptions, soumise à l'agrément préalable du préfet de la région Île-de-France (C. urb. art. L 510-1 et R 510-1 s.).

2. La création ou l'extension de magasins de commerce de détail d'une surface de vente supérieure à 1 000 m² est soumise à l'agrément préalable de la commission départementale d'aménagement commercial (art. L 752-1).

3. En région Île-de-France, la construction, la reconstruction ou l'agrandissement des locaux à usage de bureaux, des locaux commerciaux et des locaux de stockage entraînent le paiement d'une taxe, sauf lorsque les bureaux font partie d'un local à usage d'habitation (C. urb. art. L 520-1 s. et R 520-1 s.). En région Île-de-France et dans les départements des Bouches-du-Rhône, du Var et des Alpes-Maritimes, le simple usage de tels locaux donne également lieu au paiement d'une taxe annuelle par leurs propriétaires (CGI art. 231 ter et 231 quater).

4. Dans certaines communes, le changement d'usage des locaux à usage d'habitation peut être soumis, sur décision du conseil municipal, à l'autorisation préalable du maire (CCH art. L 631-7 modifié par loi 2024-1039 du 19-11-2024, art. L 631-7-1 et Décret 2013-392 du 10-5-2013).

En outre, le maire peut autoriser l'exercice d'une activité professionnelle, y compris commerciale, dans une partie de l'habitation principale du demandeur pourvu qu'elle n'engendre ni nuisance ni danger pour le voisinage et qu'elle ne conduise à aucun désordre pour le bâti (art. L 631-7-2). Une telle autorisation ne peut toutefois pas être accordée dans une partie d'un logement HLM pour l'exercice d'une activité commerciale (art. L 631-7-5, I).

En tout état de cause, aucune autorisation n'est exigée pour l'exercice d'une activité professionnelle, y compris commerciale, dans une partie d'un local à usage d'habitation dès lors qu'aucune stipulation du bail ou du règlement de copropriété ne s'y oppose, que l'activité considérée n'est exercée que par le ou les occupants ayant leur résidence principale dans ce local et que cette activité ne conduit à y recevoir ni clientèle ni marchandises. Cette disposition est applicable aux représentants légaux des personnes morales (art. L 631-7-3).

Enfin, l'exercice d'une activité professionnelle, y compris commerciale, est également possible sans autorisation dans une partie d'un local d'habitation situé en rez-de-chaussée pourvu que les conditions suivantes soient remplies (art. L 631-7-4) :

– comme dans le cas visé à l'article L 631-7-3, aucune stipulation du bail ou du règlement de copropriété ne doit s'y opposer et l'activité ne doit être exercée que par le ou les occupants ayant leur résidence principale dans le local ;

– l'activité ne doit engendrer ni nuisance ni danger pour le voisinage et ne doit conduire à aucun désordre pour le bâti ; sous cette réserve, il est possible de recevoir de la clientèle.

Par dérogation, l'autorisation du maire reste nécessaire pour l'exercice d'une activité dans une partie d'un logement HLM situé en rez-de-chaussée (art. L 631-7-5, I).

SUCCURSALES DE LA SOCIÉTÉ

1230 Pour faciliter leurs relations avec les tiers, les sociétés ouvrent souvent, sur le territoire national ou à l'étranger, des établissements permanents appelés « succursales » ou « agences ».

La loi contient des prescriptions relatives à ces établissements (notamment aux articles L 141-18 et L 142-2, al. 4 sur la vente et le nantissement du fonds de commerce) mais n'en donne aucune **définition.** Seuls les textes réglementaires imposant l'immatriculation des établissements secondaires au RCS et au RNE les définissent comme « tout établissement permanent, distinct du siège social ou de l'établissement principal et dirigé par la personne tenue à l'immatriculation, un préposé ou une personne ayant le pouvoir de lier des rapports juridiques avec les tiers » (art. R 123-40 et R 123-263, dernier al.). Il en ressort que la succursale suppose un établissement autonome et durable, une direction dotée d'une certaine liberté de gestion et des relations avec des tiers (dans ce sens, CA Bordeaux 16-5-1923 : J. soc. 1924 p. 280 ; CA Riom 25-7-1931 : Gaz. Pal. 1931 II p. 454 ; CA Agen 22-7-1935 : Gaz. Pal. 1935 II p. 695). Cette définition s'applique à tout établissement permanent, distinct de l'établissement principal, même s'il n'est exploité que pour une durée limitée. Tel est le cas d'un magasin ouvert au public pendant quelques mois (Cass. crim. 28-3-2017 n° 16-81.944 F-PB : RJDA 8-9/17 n° 549). Cette analyse va dans le sens de la solution retenue par le CCRCS, selon laquelle le caractère permanent se rapporte à l'établissement envisagé dans sa réalité physique, dont la fixité s'oppose aux simples étals des commerçants non sédentaires, et non à la durée de son exploitation. Le *CCRCS en a déduit* que, outre les boutiques « éphémères » (exploitées pour une durée variable : une journée, une semaine, un mois ou plus), les bureaux de vente provisoires installés à proximité d'un chantier pour assurer la commercialisation d'un immeuble en construction constituent des établissements secondaires qui doivent être inscrits au RCS (Avis CCRCS 2015-027 et 2015-028 du 27-11-2015).

Les trois éléments caractéristiques de la succursale sont repris par la jurisprudence européenne pour l'application des règles de compétence judiciaire et d'exécution des décisions en matière civile et commerciale. Selon celle-ci, la notion de succursale ou d'agence implique un centre d'opérations qui se manifeste d'une façon durable vers l'extérieur comme le prolongement d'une maison mère, pourvu d'une direction et matériellement équipé de façon à pouvoir négocier des affaires avec des tiers, de façon telle que ceux-ci, tout en sachant qu'un lien de droit éventuel s'établira avec la maison mère dont le siège est à l'étranger, sont dispensés de s'adresser directement à celle-ci et peuvent conclure des affaires au centre d'opérations qui en constitue le prolongement (CJCE 22-11-1978 : Rec. 2183 ; CJCE 6-4-1995 : RJDA 8-9/95 nº 1062). Une définition plus souple a été retenue pour l'application des règles européennes sur la protection des données personnelles traitées par une personne responsable d'un établissement situé dans l'UE (autrefois Dir. 95/46 du 24-10-1995 ; désormais Règl. 2016/679 du 27-4-2016, dit « RGPD ») : un établissement au sens de ce texte suppose seulement l'exercice effectif d'une activité au moyen d'une installation stable ; en cas d'exploitation d'un site internet, la présence d'un seul représentant peut suffire (CJUE 1-10-2015 aff. 230/14 : RJDA 12/15 nº 826).

Quelle que soit l'autonomie dont elle jouit, la succursale n'a en aucun cas un **patrimoine** propre, car elle n'a pas de personnalité autonome, distincte de celle de la société elle-même (Cass. 1e civ. 20-2-1979 : JCP 1979 II nº 19147 concl. Gulphe ; CA Dijon 23-4-2004 nº 03-548 : RJDA 11/04 nº 1228). 1235

Toutefois, l'activité de la **succursale française d'une société étrangère** peut donner lieu à l'ouverture en France d'une procédure collective contre la société et il a été jugé que la succursale a une existence autonome au regard des créanciers d'une société soumise à une procédure collective dans différents États (CA Paris 15-6-1994 : Clunet 1994.1011 note Jacquemont ; sur le régime applicable aux sociétés dont le centre des intérêts principaux est situé sur le territoire d'un État membre de l'UE, hors Danemark, voir Règl. UE 2015/848 du 20-5-2015 relatif aux procédures d'insolvabilité). 1236

En application du principe de liberté d'établissement au sein de l'UE, les autorités d'un État membre ne sauraient refuser l'**immatriculation** de la **succursale d'une société constituée dans un autre État** membre dans lequel elle a son siège social mais n'y exerce aucune activité, quand bien même cette société n'aurait été constituée à l'étranger qu'afin d'échapper aux règles concernant le montant minimal et la libération du capital de l'État dans lequel elle entend exercer son activité (CJCE 9-3-1999 : RJDA 7/99 nº 786). 1237

En outre, lorsqu'une société constituée dans un État membre exerce exclusivement ou presque exclusivement ses activités dans un autre État membre où elle a établi une succursale, ce dernier porte atteinte à la liberté d'établissement en la soumettant à des obligations prévues par sa législation pour la constitution des sociétés (nécessité d'un capital minimal, par exemple) ; en effet, une telle société ne saurait être privée du droit d'invoquer cette liberté sauf à établir au cas par cas l'existence d'un abus (CJCE 30-9-2003 aff. 167/01 : RJDA 1/04 nº 50).

VIII. SIÈGE SOCIAL

DÉFINITION DU SIÈGE SOCIAL

Le siège social est le **lieu** où se trouve la direction effective de la société (CA Paris 28-10-1992 : RJDA 2/93 nº 113), en pratique celui où fonctionnent les organes de direction et les principaux services administratifs. Il ne correspond pas nécessairement au lieu d'exploitation (CA Paris 17-10-1980 : JCP G 1981 IV p. 374 ; CA Paris 28-9-1982 : BRDA 24/82 p. 17). 1300

Toutes les sociétés doivent avoir un siège social, comme les personnes physiques un domicile. L'immatriculation de la société au RCS ne peut être obtenue que si cette société prouve qu'elle a la **jouissance des locaux** dans lesquels son siège est installé (nº 3220).

Le siège social doit avoir une réalité physique. Il en résulte qu'une **boîte postale** ne peut pas être considérée comme un lieu où il est possible d'installer une société (CA Paris 5-12-2007 nº 06-19223 : RJDA 4/08 nº 408).

PUBLICITÉ DU SIÈGE SOCIAL

Le siège social doit être mentionné dans les statuts (art. L 210-2) ainsi que sur les papiers d'affaires (factures, notes de commande, etc.) et le site internet de la société (art. R 123-237). 1302

A. Choix du siège social

LIBERTÉ DE CHOIX DU SIÈGE SOCIAL

1310 **En principe,** les associés fixent librement le siège de la société. **Toutefois,** le choix du siège social peut se trouver limité par les dispositions administratives réglementant la construction, l'extension et le changement d'utilisation ou d'utilisateur de locaux à usage industriel, commercial ou professionnel (sur toutes ces questions, voir n°s 1200 s.).

IMPORTANCE DU CHOIX DU SIÈGE SOCIAL

1320 Le choix du siège social commande, pour une large part, le statut juridique de la société. C'est à partir du siège social que se déterminent notamment :
– la **nationalité** de la société et la loi applicable à celle-ci, la loi française étant applicable aux sociétés dont le siège social est situé en territoire français (n° 1420) ;
– les **tribunaux compétents** pour connaître des litiges concernant la société (nos 4240 s.) ou pour ouvrir une procédure collective à l'encontre de la société (n° 90970) ;
– le lieu où doivent être accomplies les **formalités** légales de publicité, où doivent être déposés certains documents destinés à l'information des associés et où sont conservés les procès-verbaux de consultation des associés.

1. DOMICILIATION COLLECTIVE DE LA SOCIÉTÉ

1330 Le plus souvent, le siège social est fixé dans des locaux d'activité dont la société a la jouissance privative en tant que propriétaire, locataire ou sous-locataire.
Mais le siège social peut aussi être installé dans des **locaux occupés en commun** par d'autres entreprises (art. L 123-11, al. 2). Tel est le cas des filiales dont le siège social est situé dans les locaux de la société mère (ou inversement), des sociétés « hébergées » provisoirement par d'autres entreprises ou encore des sociétés qui font appel aux services d'une « entreprise de domiciliation ».

CONDITIONS DE LA DOMICILIATION COLLECTIVE D'UNE SOCIÉTÉ

1331 La domiciliation collective est licite, mais elle doit faire l'objet d'un **contrat de domiciliation** entre chaque entreprise domiciliée et le propriétaire ou le titulaire du bail des locaux (appelé « domiciliataire »), sauf lorsqu'une société et ses filiales installent leur siège dans un local dont l'une a la jouissance (art. R 123-167 et R 123-170).
Ce contrat – qui doit être mentionné au RCS et au RNE avec l'indication de l'identité de l'entreprise domiciliataire, c'est-à-dire son nom ou sa dénomination sociale et les références de son immatriculation principale (art. R 123-169 et R 123-252, 4°) – doit être établi par écrit dans les conditions fixées par l'article R 123-168. Ces conditions sont notamment les suivantes :
– **durée** d'au moins trois mois renouvelable par tacite reconduction ;
– **obligation pour le domiciliataire** de mettre à la disposition de la société domiciliée des locaux dotés d'une pièce propre à assurer la confidentialité nécessaire au fonctionnement des organes de gestion et permettant une réunion régulière de ces organes, les locaux devant en outre permettre la tenue, la conservation et la consultation des livres, registres et documents prescrits par les lois et règlements ;
– **obligation pour la société** d'utiliser les locaux mis à sa disposition et d'informer le domiciliataire de toute modification concernant son activité et de tout changement relatif à sa forme juridique, à son objet et à ses représentants légaux (changement de représentant ou changement de domicile d'un représentant).
Lorsque la société domiciliée n'a pas pris connaissance de son **courrier** depuis trois mois, elle s'expose à ce que le greffier, informé de cette négligence par le domiciliataire, fasse mention de sa cessation d'activité au RCS et au RNE (art. R 123-125, al. 2 et L 123-37).

> **Précisions a.** Une entreprise de domiciliation ne respecte pas les **conditions** de l'article R 123-168 relatives aux **locaux** mis à disposition dès lors qu'elle domicilie 58 sociétés dans des locaux ne comportant qu'une seule pièce de 40 m^2 *environ, au sein de laquelle est aménagé* un petit espace garni de mobilier de bureau (CA Paris 25-10-2002 n° 02-7384 : RJDA 5/03 n° 493). En revanche, les juges ont admis l'exercice de l'activité de domiciliation dans un bureau de 38 m^2 dès lors qu'il n'était pas démontré que l'entreprise de domiciliation ne disposait pas dans ce bureau d'installations permettant la réunion régulière des organes de direction, d'administration ou de surveillance des sociétés domiciliées (CA Paris 31-1-2003 n° 02-7385 : RJDA 7/03 n° 723).
> **b.** L'activité de domiciliataire, soumise à l'obtention d'un **agrément administratif,** ne peut pas être exercée dans un local à usage d'habitation ou à usage mixte professionnel (art. L 123-11-2 s.).
> **c.** Lorsque le domiciliataire est locataire des locaux où il héberge la société, la domiciliation

nécessite l'**accord préalable du bailleur,** faute de quoi le domiciliataire s'expose à la résiliation de son bail et à son expulsion (CA Paris 8-1-1993 : Bull. Joly 1993 p. 474 note Reboul).

d. L'article R 123-169-1 punit d'une **amende** de 1 500 € les domiciliataires qui ne respectent pas l'ensemble des obligations mises à leur charge ainsi que ceux qui ne s'assurent pas que les sociétés domiciliées respectent leurs propres obligations.

2. DOMICILIATION DE LA SOCIÉTÉ DANS UN LOCAL D'HABITATION

Le **représentant légal** de la société est autorisé à installer de façon permanente le siège social dans son logement sauf dispositions législatives ou stipulations contractuelles contraires (art. L 123-11-1, al. 1). En présence de telles dispositions (voir notamment n° 1201) ou stipulations (par exemple, clause d'un bail, d'un règlement de copropriété ou d'un cahier des charges de lotissement), le représentant légal peut également installer le siège social à son domicile mais seulement à titre provisoire (art. L 123-11-1, al. 2). 1340

Selon l'Ansa, dans le cas d'un **groupe de sociétés,** la filiale présidée par sa société mère peut installer son siège social au domicile du représentant légal personne physique de la société mère si cette dernière y est elle-même domiciliée (Communication Ansa, comité juridique n° 24-004 du 7-2-2024).

La domiciliation n'a pas pour **effet** ni ne permet de changer la destination du local ou de permettre au locataire de bénéficier de la réglementation des baux commerciaux (art. L 123-11-1, al. 5). Elle n'est admise que pour permettre au représentant légal d'assurer à son domicile les tâches administratives liées à la gestion sociale (réponse au courrier ou aux appels téléphoniques, tenue de la comptabilité, etc.) et non pour y implanter une activité de fabrication ou pour y recevoir la clientèle (CA Paris 15-3-2002 n° 00-14235 : RJDA 12/02 n° 1273). 1341

Pour justifier que la société a la jouissance privative d'une partie du logement, il suffit au représentant légal de fournir comme **pièces justificatives** une convention de mise à disposition, par laquelle il consent gratuitement à ce que la société occupe une partie de ce local, ainsi qu'un document établi à son nom lui permettant de justifier la jouissance de son domicile (par exemple, facture de téléphone ou d'électricité, quittance de loyer ou copie du bail) (Avis CCRCS 00-59 : Bull. RCS 14-15/2001 p. 49).

DOMICILIATION PERMANENTE DE LA SOCIÉTÉ DANS UN LOGEMENT

La domiciliation permanente est possible à **condition** qu'aucune règle légale ou contractuelle ne s'y oppose (art. L 123-11-1, al. 1) : par exemple, lorsque les restrictions de l'article L 631-7 du Code de la construction et de l'habitation ne s'appliquent pas au logement en cause ou, dans le cas contraire, lorsque le gérant bénéficie d'une autorisation ou d'une dérogation à ces restrictions (n° 1201). Rien n'interdit que le siège social soit transféré dans le logement du représentant légal, même après l'immatriculation de la société (transfert d'un siège social initialement installé dans des locaux d'activité ou transfert du siège d'un domicile à un autre à la suite d'un déménagement). 1345

Lorsque, en cas d'installation permanente du siège social au domicile du représentant légal, cette domiciliation nécessite l'obtention d'une autorisation préfectorale ou d'un agrément, il y a lieu de fournir la **pièce justificative** correspondante à l'appui de la demande d'immatriculation (Avis CCRCS 04-22 et 03-56 : Bull. RCS 28-29/2005 p. 17).

DOMICILIATION PROVISOIRE DE LA SOCIÉTÉ DANS UN LOGEMENT

Ce mode de domiciliation, qui peut être mis en œuvre tant lors de la constitution de la société qu'en cours de vie sociale, est soumis aux **conditions** suivantes (art. L 123-11-1, al. 2 à 4) : 1350

1. *Lorsque le représentant légal* est copropriétaire ou locataire, son intention d'installer la société à son domicile doit être notifiée par écrit au syndicat de copropriété, au bailleur des locaux ou au représentant de l'ensemble immobilier.

Cette **notification** doit intervenir préalablement au dépôt de la demande d'immatriculation de la société ou d'inscription modificative au RCS (mais il n'est pas nécessaire d'en fournir une copie lors de ce dépôt).

2. La **durée** de la domiciliation ne peut ni excéder cinq ans à compter de la création de la société (c'est-à-dire son immatriculation), ni dépasser le terme légal, contractuel ou judiciaire de l'occupation des locaux au cas où cette occupation devrait prendre fin dans moins de cinq ans. 1351

ATTENTION

Ce délai ne saurait courir avant la date de l'immatriculation puisque, jusqu'à cette date, la société n'a pas de personnalité morale et ne peut donc pas avoir de siège social. Ce **point de départ** est applicable même en cas de domiciliation décidée en cours de vie sociale. Il en résulte que le transfert du siège au domicile du représentant légal n'est plus possible cinq ans après la création de la société. Par exemple, lorsqu'une société immatriculée depuis trois ans a toujours été domiciliée dans le logement de son représentant légal, ce dernier, s'il emménage dans un nouveau logement où l'installation d'une société est interdite, ne pourra domicilier la société à cette nouvelle adresse que pendant deux ans ; si la société a plus de cinq ans d'existence, sa domiciliation provisoire au domicile du représentant légal sera impossible.

Avant l'**expiration de la période** de domiciliation, la société doit transférer son siège social dans de nouveaux locaux dont elle doit avoir la jouissance. Elle doit, sous peine de radiation d'office, communiquer au greffier du tribunal de commerce les éléments justifiant son changement de situation. Même radiée d'office après l'expiration de cette durée, la société peut démontrer au greffier qu'elle a régularisé sa situation et lui demander de rapporter sa radiation (art. R 123-138).

Selon le ministère de la justice, le bénéfice de la domiciliation n'est admis que pendant cinq ans. Le représentant légal ne dispose d'aucun recours pour **maintenir le siège** à son domicile **au-delà de ce délai** s'il s'aperçoit par la suite qu'aucune disposition législative ou contractuelle ne l'interdit (Rép. Fouché : Sén. 30-4-2009 n° 6003). Cette position nous paraît contraire à l'article L 123-11-1, qui pose le principe de la domiciliation permanente et qui présente la domiciliation provisoire comme une exception applicable seulement en présence de « dispositions législatives ou stipulations contractuelles contraires » à ce principe. Comme toute restriction à la liberté d'entreprendre, cette exception doit être interprétée strictement et le représentant légal doit pouvoir revenir sur son option s'il se rend compte que la société peut rester domiciliée chez lui en permanence.

B. Siège social fictif

CRITÈRES DE FICTIVITÉ DU SIÈGE SOCIAL

1360 Le **siège social indiqué dans les statuts** est fictif lorsqu'il ne correspond pas au lieu où les fonctions de direction de la société sont effectivement exercées de manière stable.

ILLUSTRATIONS

A été considéré comme **fictif** le siège statutaire corse d'une société ne disposant d'aucun bureau ni infrastructure justifiant l'exercice d'une activité réelle en Corse, alors que son gérant exerçait à titre personnel une activité dans une autre région et que ses créanciers étaient domiciliés dans cette région (Cass. com. 5-1-1999 n° 23 : RJDA 4/99 n° 440). Jugé de même que le siège réel d'une société gabonaise n'était pas situé au Gabon, comme l'indiquaient ses statuts, mais en France dès lors qu'elle y avait un établissement immatriculé au RCS, que son président résidait à Paris et que les détournements de fonds dont elle avait été victime avaient été décidés dans les locaux français de sa société mère (Cass. crim. 31-1-2007 n° 02-85.089 : RJDA 11/07 n° 1118).

En revanche, le fait pour une société d'avoir installé son siège statutaire dans un centre de domiciliation est **insuffisant à établir le caractère fictif** de ce siège dès lors que l'entreprise de domiciliation a mis à la disposition de la société un bureau où s'est tenue l'assemblée générale annuelle de la société et que celle-ci a donné mandat à l'entreprise de domiciliation de recevoir en son nom toute notification ou assignation en justice (CA Paris 7-3-2001 : RJDA 7/01 n° 830).

Les tribunaux ont un pouvoir souverain pour déterminer le siège social réel (Cass. com. 12-12-1972 : Bull. civ. IV n° 331). À cet effet, outre les éléments principaux indiqués plus haut (lieu d'exercice des fonctions de direction), ils peuvent retenir tous autres **indices** susceptibles de révéler le lieu où la société a fixé son principal établissement : lieu où sont passés les principaux contrats, où sont ouverts les comptes bancaires, où sont tenues les assemblées, où se trouve centralisée la comptabilité, etc. (Cass. 2e civ. 24-4-1981 : JCP G 1981 IV p. 238 ; CA Paris 9-11-1994 : RJDA 2/95 n° 148).

Lorsque la **société** est **étrangère,** le juge apprécie la réalité de son siège au regard de la loi dont elle relève (Cass. com. 21-10-2014 n° 13-11.805 : RJDA 2/15 n° 105), c'est-à-dire la loi du pays où elle a son siège statutaire.

CONSÉQUENCES DE LA FICTIVITÉ DU SIÈGE SOCIAL

1365 Lorsque la fictivité du siège est établie, les **tiers** ont une option : ils peuvent choisir entre le siège statutaire et le siège réel (art. L 210-3, al. 2). Ils peuvent ainsi agir en justice contre la société en l'assignant soit devant le tribunal du siège statutaire, soit devant celui du siège réel (Cass. com. 23-2-1993 nº 337 : RJDA 7/93 nº 618).

La **société,** quant à elle, ne peut pas opposer aux tiers le siège statutaire si celui-ci est fictif. Elle ne peut pas davantage leur opposer le siège réel s'ils entendent s'en tenir au siège statutaire, car cela reviendrait à les priver du droit de se prévaloir du siège statutaire que leur reconnaît la loi.

Toutefois, ces règles doivent être écartées en cas d'ouverture d'une **procédure collective** à l'encontre de la société, cette procédure devant toujours être conduite devant le tribunal du siège social réel, sauf exception (nos 90970 s.).

> **Précisions** Le dirigeant d'une **société étrangère** dont le siège statutaire est fictif peut être poursuivi par les juges français pour un abus de biens commis au détriment de la société s'il est établi que le siège réel de celle-ci est situé en France (Cass. crim. 31-1-2007 nº 02-85.089 : RJDA 11/07 nº 1118).

IX. NATIONALITÉ DE LA SOCIÉTÉ

EXISTENCE DE LA NATIONALITÉ D'UNE SOCIÉTÉ

En principe, toutes les sociétés sont juridiquement rattachées à un État. Pour exprimer ce **lien** entre une société et un État donné, les tribunaux, de même que le législateur (art. L 223-30, al. 1 et L 225-97), invoquent sans réticence la « nationalité » des sociétés ; ainsi les sociétés rattachées à l'État français, allemand, italien, etc., sont-elles dites sociétés françaises, allemandes, italiennes, etc. 1400

L'expression ne doit cependant pas faire illusion. La notion de nationalité n'a pas la même **portée** pour une société que pour une personne physique. La nationalité d'une société n'est pas en effet une et indivisible : une société peut, par exemple, être dite « française » parce que la loi définissant le statut juridique auquel elle est soumise est la loi française, et être néanmoins qualifiée d'étrangère au regard d'une autre loi française qui lui refuse la jouissance de certains droits spécialement réservés aux Français et aux ressortissants des États membres de l'UE. On ne doit donc jamais perdre de vue, à propos de la nationalité des sociétés, que ce concept est empreint d'une certaine relativité (voir T. confl. 23-11-1959 : D. 1960 p. 223 note Savatier), ce qui peut d'ailleurs conduire à des confusions fâcheuses.

En **principe,** toutes les sociétés ont une nationalité. 1401

Font **exception** à ce principe la **SE et** les **sociétés internationales** dont les statuts sont établis par un traité entre plusieurs États et dont le régime dépend exclusivement de ces statuts et non des lois des États signataires.

> **Précisions** Il est d'usage dans la langue des affaires de parler de **sociétés « multinationales »,** mais ces épithètes n'ont qu'une signification économique : elles veulent traduire qu'une société a un rayonnement économique qui s'étend sur plusieurs pays. Elles ne signifient pas pour autant que ces sociétés sont « citoyennes du monde ». En réalité, une société de dimension internationale a une nationalité déterminée, généralement celle de l'État où son siège est installé.

RÔLE DE LA NATIONALITÉ D'UNE SOCIÉTÉ

Le rattachement d'une société à un État donné permet de déterminer : 1402

– la **loi applicable** à la société en vue de définir son statut juridique, c'est-à-dire les règles de constitution, de fonctionnement et de dissolution auxquelles cette société doit être soumise (il s'agit de dire, par exemple, si la société doit obéir à la loi française ou à une loi étrangère) ;

– l'aptitude de la société à jouir des **droits attachés aux nationaux** de cet État (il s'agit de dire, par exemple, si cette société peut bénéficier d'une concession de services publics français ou obtenir un marché de fabrication d'armement, ou bénéficier d'un traité conclu par la France) ;

– quel État peut exercer la **protection diplomatique.**

> **Précisions** Une société française peut se prévaloir de l'article 14 du Code civil qui permet à tout Français de faire juger ses **différends avec un étranger** par un tribunal français (CA Paris 30-1-1991 : D. 1993 som. p. 380), étant observé que cette disposition ne peut pas être opposée aux personnes domiciliées dans un État membre de l'UE (Règl. UE 1215/2012 du 12-12-2012 art. 5).

PRINCIPES DE DÉTERMINATION DE LA NATIONALITÉ D'UNE SOCIÉTÉ

1410 La détermination de la nationalité n'obéit pas à des règles uniformes énonçant un **critère** général. La nationalité ne peut être déterminée qu'au regard « des dispositions législatives ou réglementaires dont l'application ou la non-application à la société intéressée dépend du point de savoir si celle-ci est ou n'est pas française » (T. confl. 23-11-1959 : D. 1960 p. 223 note Savatier).

En conséquence, le critère de la nationalité change selon qu'il s'agit de déterminer la loi applicable ou la jouissance des droits.

LOI APPLICABLE À LA SOCIÉTÉ

1420 Le régime juridique d'une société est en principe celui de la loi du lieu du siège social (Cass. ass. plén. 21-12-1990 : Bull. civ. nº 12). Le Code de commerce se rallie catégoriquement à cette conception pour l'application de la loi française puisqu'il précise que les sociétés dont le **siège social** est situé en territoire français sont soumises à la loi française (art. L 210-3, al. 1), y compris bien entendu la loi fiscale. Une société est donc considérée comme française pour la détermination de la loi qui lui est applicable lorsqu'elle a son siège réel sur le territoire de la République française, c'est-à-dire la France métropolitaine, les départements, régions et collectivités d'outre-mer.

Dans la plupart des autres pays, la règle est identique : la société dont le siège social se situe sur le territoire d'un État déterminé est soumise à la loi de cet État. En revanche, au Royaume-Uni, en Irlande, en Finlande, aux Pays-Bas et en Suède notamment, le système applicable est celui de « l'incorporation » : les sociétés sont soumises à la loi du pays dans lequel elles ont été constituées et immatriculées (« incorporées »), pays où est situé leur **siège statutaire,** même si leur siège réel se trouve dans un autre pays.

1421 Le **régime juridique d'une société** couvre les règles relatives au contrat de société et à la personne morale (acquisition de la personnalité morale, fonctionnement, dissolution et liquidation de la société). Relèvent ainsi de la loi nationale d'une société :
– la réalité de son siège social et sa fictivité (Cass. com. 21-10-2014 nº 13-11.805 : RJDA 2/15 nº 105) ;
– les conditions d'acquisition, de conservation et de perte de la qualité d'associé, quel que soit le pays où les titres de la société sont détenus (Cass. 1e civ. 17-10-1972 : Rev. sociétés 1974 p. 127 note Bismuth) ;
– l'appréciation des pouvoirs de ses dirigeants (Cass. com. 21-12-1987 : JCP G 1988 II nº 21113 concl. Montanier ; Cass. com. 9-3-1993 : RJDA 7/93 nº 617 ; Cass. 1e civ. 8-12-1998 : RJDA 4/99 nº 415).

ILLUSTRATIONS

La possibilité pour le président d'une société suisse de consentir une hypothèque sur des immeubles situés en France et appartenant à cette société ou de donner mandat pour le faire doit être appréciée en fonction de la loi suisse et des statuts de cette société (Cass. com. 19-5-1992 : RJDA 12/92 nº 1133).

De même, doit être annulée une assignation devant les tribunaux français délivrée à un tiers par une société luxembourgeoise qui ne justifiait pas de la régularité de la délégation de pouvoirs de son représentant au regard de la loi luxembourgeoise (CA Versailles 11-4-1996 : Bull. Joly 1996 p. 705).

Notons qu'est contraire à la liberté d'établissement la loi d'un État membre prévoyant qu'elle s'applique de manière générale aux actes de gestion d'une société qui y a son centre d'activité mais dont le siège statutaire est situé dans un autre État membre (CJUE 25-4-2024 aff. 276/22 : RJDA 1/25 nº 64).

JOUISSANCE PAR LA SOCIÉTÉ DES DROITS DES NATIONAUX FRANÇAIS

1430 Pour savoir si une société peut bénéficier des droits réservés aux nationaux français, il convient de distinguer plusieurs hypothèses.

1431 **Solutions légales** Plusieurs lois et décrets, qui réservent à des nationaux français certains droits, définissent en fonction du critère dit « du **contrôle** » les conditions dans lesquelles les sociétés commerciales sont considérées comme françaises. Ce critère consiste à déterminer la nationalité de la société en fonction de celle des associés ou des dirigeants ou encore en fonction de l'origine des capitaux ; parfois, le législateur combine ces différents éléments selon l'opportunité.

Il en est ainsi notamment pour les sociétés ayant les activités suivantes :
– entreprises de transport aérien (C. transports art. R 6412-6) ;
– entreprises de presse (Loi 86-897 du 1-8-1986 art. 7, al. 2) ;
– entreprises de fabrication ou de commercialisation d'armes et munitions (Code de la sécurité intérieure art. R 313-29, I).

Toutefois, les restrictions qui résultent de ces textes ne s'appliquent pas aux **sociétés relevant d'un État membre de l'UE,** sauf lorsqu'elles exercent certaines activités « protégées » (production et commerce d'armes et de matériel de guerre, activités relevant de l'autorité publique ou soumises à un monopole d'État). En effet, hormis le cas de ces activités, les sociétés constituées en conformité de la législation d'un État membre et qui ont leur siège statutaire, leur administration centrale ou leur principal établissement à l'intérieur de l'UE sont assimilées aux ressortissants des États membres et, comme eux, bénéficient de la liberté d'établissement au sein de l'UE (TFUE art. 49 s.).

Lorsque les **éléments** pris en considération au titre du critère du « contrôle » **changent,** la société peut perdre le bénéfice des droits réservés aux sociétés françaises, notamment celui de poursuivre son activité si celle-ci est réglementée. 1432

Solutions jurisprudentielles Le plus souvent, les tribunaux retiennent le critère du **siège social** pour déterminer si une société peut ou non bénéficier d'un droit réservé aux Français lorsque aucune disposition législative ou réglementaire ne vise le cas qui leur est soumis. Ainsi jugé notamment en matière fiscale (Cass. ass. plén. 21-12-1990 : Bull. civ. n° 12 ; Cass. com. 20-10-1953 : JCP G 1954 II n° 7898 note Freyria ; CE 22-2-1960 : JCP G 1960 II n° 11790 note Aymond) et pour l'application de la convention franco-guinéenne sur l'indemnisation des sociétés françaises nationalisées en Guinée (CE 16-10-1992 : JCP G 1992 IV p. 3017). 1435

Cependant, ils ont eu parfois recours au critère du **contrôle,** notamment pour résoudre certaines questions liées à l'état de guerre.

ILLUSTRATIONS

Les tribunaux ont eu recours au critère du contrôle pour :

– dire si une société devait ou non être soumise à une mesure de séquestre (Cass. 1e civ. 21-11-1956 : RTD com. 1957 p. 220) ;

– savoir si une société tombait sous le coup de l'interdiction de commercer avec l'ennemi (Cass. com. 19-7-1954 : JCP G 1954 II n° 8322) ;

– déterminer le droit d'une société au bénéfice des dommages de guerre (Cass. civ. 25-7-1933 : DP 1936 I p. 121 note Silz).

SECTION 2

POURPARLERS ET PROMESSE DE SOCIÉTÉ

A. Pourparlers

LIBERTÉ DE NÉGOCIER

L'initiative, le déroulement et la rupture des négociations sont libres mais doivent impérativement satisfaire aux exigences de la **bonne foi** (C. civ. art. 1112, al. 1). 1500

Tout manquement à l'obligation de négocier de bonne foi, notamment la **rupture** abusive de **négociations** alors qu'elles sont très **avancées ou sur le point d'aboutir,** peut engager la responsabilité extracontractuelle de son auteur (C. civ. art. 1240). 1501

ILLUSTRATIONS

Est abusive la rupture d'un projet d'association intervenue entre deux architectes ayant collaboré *pendant plus d'un an,* jusqu'à ce que l'un d'eux décide de ne pas donner suite au projet, alors que les négociations étaient très avancées, que l'auteur de la rupture avait présenté l'autre architecte aux tiers comme son associé et qu'il n'avait aucun manquement professionnel à lui reprocher (Cass. com. 11-7-2000 n° 97-18.275 : RJDA 1/01 n° 26).

En revanche, n'a **pas** été jugée **abusive** une rupture de pourparlers intervenant à un moment où de nombreux obstacles restaient à franchir avant de parvenir à un accord définitif et où les parties en étaient encore à évaluer les risques et les chances du contrat envisagé (Cass. com. 12-1-1999 n° 96-14.604 : RJDA 4/99 n° 371).

De même, la rupture unilatérale des relations établies en vue de la création d'une société n'est pas fautive dès lors qu'elle est le résultat inéluctable du désaccord mutuel des parties sur les conditions de la société envisagée (Cass. com. 18-12-1990 n° 89-15.838 D : RJDA 4/91 n° 301).

De même encore, la dénonciation d'un protocole d'accord prévoyant la constitution d'une société n'est pas abusive lorsque cet accord était conditionnel, qu'aucun terme n'était prévu pour la réalisation de la condition et que la rupture avait été précédée d'un préavis raisonnable (CA Paris 5-5-2000 n° 1998-17974 : RJDA 11/00 n° 955).

1502 La **réparation du préjudice** résultant du manquement à l'obligation de négocier de bonne foi ne peut pas avoir pour objet de compenser la perte des avantages attendus du contrat non conclu, ni la perte de chance d'obtenir ces avantages (C. civ. art. 1112, al. 2 ; Cass. com. 26-11-2003 n° 00-10.243 : RJDA 5/04 n° 511 ; Cass. 3e civ. 19-9-2012 n° 11-10.532 : RJDA 1/13 n° 14).

DEVOIR D'INFORMATION PRÉCONTRACTUEL

1503 Celle des **parties qui connaît une information** dont l'importance est déterminante pour le consentement de l'autre doit l'en informer dès lors que, légitimement, cette dernière ignore cette information ou fait confiance à son cocontractant (C. civ. art. 1112-1, al. 1). Ce devoir d'information est d'**ordre public,** les participants aux négociations ne pouvant ni le limiter ni l'exclure (art. 1112-1, al. 5). Il ne se confond pas avec l'obligation de bonne foi pesant sur les négociateurs (nos 1500 s.). C'est à celui qui prétend qu'une information lui était due qu'il incombe de prouver que l'autre partie la lui devait, à charge pour cette autre partie de prouver qu'elle l'a fournie (art. 1112-1, al. 4).

L'obligation d'information ne porte pas sur l'évaluation des apports (art. 1112-1, al. 2). Ont une importance déterminante, et doivent être communiquées, les **informations** qui ont un lien direct et nécessaire avec le contenu du contrat ou la qualité des parties (art. 1112-1, al. 3).

1504 Le **manquement** au devoir d'information engage la responsabilité extracontractuelle de son auteur ; il ne peut entraîner l'annulation du contrat de société que s'il est constitutif d'une erreur ou d'un dol comme exposé nos 6570 s. (C. civ. art. 1112-1, al. 6) et à condition que le contrat ait été conclu avant le 1er octobre 2025, pour les raisons exposées n° 6605.

OBLIGATION DE CONFIDENTIALITÉ

1505 Engage sa responsabilité dans les conditions du droit commun celui qui utilise ou divulgue sans autorisation une **information confidentielle obtenue à l'occasion des négociations** (C. civ. art. 1112-2 ; Cass. com. 3-10-1978 n° 77-10.915 : Bull. civ. IV n° 208) ou une information protégée par le **secret des affaires** (information qui n'est pas généralement connue ou aisément accessible, revêt une valeur commerciale et fait l'objet de mesures de protection raisonnables) (art. L 151-1 s. et R 152-1 s.).

B. Promesse de société

UTILITÉ DE LA PROMESSE DE SOCIÉTÉ

1550 Il peut arriver que les fondateurs, ne pouvant ou ne voulant pas constituer immédiatement la société, souhaitent néanmoins concrétiser leur accord par une promesse de société.

La promesse est utile lorsqu'il est impossible de réaliser immédiatement la société dont on vient d'arrêter le projet (par exemple, dans l'attente de l'achat d'un fonds de commerce dont l'apport en société est envisagé, de l'obtention d'un agrément professionnel, etc.) et qu'on veut se prémunir contre tout changement d'attitude de la part de certains fondateurs. Fréquemment, les sociétés qui passent des accords de coopération concluent des promesses en vue de la constitution de filiales communes.

NATURE DE LA PROMESSE DE SOCIÉTÉ

1555 La promesse de société n'est pas le **contrat de société** lui-même, car il n'y a pas encore consentement à la constitution immédiate de la société ; elle ne constitue qu'une étape dans le processus de formation de la société définitive.

Mais la promesse de société est plus qu'un simple **projet** traçant les lignes d'une future société (CA Lyon 14-11-1950 : Journ. sociétés 1952 p. 36). Ce projet, à la différence de la promesse, n'engendre pas, en effet, une véritable obligation de constituer la société.

ILLUSTRATIONS

Constitue une promesse de société et non pas la manifestation de simples pourparlers l'accord des parties sur les éléments essentiels du contrat de société : notamment, forme de la future société, objet, importance et nature des apports respectifs de chaque associé, nom des dirigeants (Cass. com. 28-4-1987 : Bull. civ. IV n° 104 ; Cass. com. 27-11-2024 n° 23-15.361 F-D : RJDA 6/25 n° 315).

En revanche, constitue un simple projet d'association l'acte par lequel deux parties sont convenues « de s'associer à part égale dans une affaire de déménagement » et de définir par un contrat ultérieur « les dispositions entre associés » (Cass. 1e civ. 16-2-1977 : Rev. sociétés 1977 p. 681 note Y. Guyon). De même, les déplacements des principaux collaborateurs de deux entreprises et l'établissement de documents non signés ne sauraient constituer la preuve de l'existence d'un accord entre ces entreprises sur la création d'une société ; dès lors, chacune d'elles peut conduire des négociations parallèles avec d'autres entreprises sauf engagement de sa part le lui interdisant comme la signature d'un protocole de confidentialité et d'exclusivité pendant toute la durée des pourparlers (CA Versailles 5-3-1992 : Bull. Joly 1992 p. 636 note J. Schmidt).

FORME ET CONTENU DE LA PROMESSE DE SOCIÉTÉ

Il est prudent de constater la promesse de société par un **écrit** afin que les engagements des futurs associés soient nettement précisés. Cet acte doit indiquer les **éléments essentiels du futur contrat** de société (au minimum la forme de la société à créer, sa durée, son objet, le montant des apports et la répartition des droits sociaux). Ainsi jugé qu'il n'y a pas promesse de société susceptible d'exécution lorsque la convention est muette au sujet des apports à effectuer (Cass. req. 15-12-1920 : Journ. sociétés 1921 p. 317). 1560

EFFETS DE LA PROMESSE DE SOCIÉTÉ

La promesse de société crée à la charge de ceux qui s'engagent une obligation dont l'exécution en nature est impossible (C. civ. art. 1221), dès lors que cette exécution suppose une contrainte personnelle sur le débiteur en l'obligeant à collaborer. L'**inexécution** se résoudra en dommages-intérêts tendant à la réparation du préjudice résultant pour le ou les bénéficiaires du défaut de constitution de la société (Cass. 1e civ. 3-6-2003 n° 735 : RJDA 12/03 n° 1177 ; CA Paris 13-11-1998 : RJDA 3/99 n° 291). 1565

En principe, le dommage comprend la perte et le manque à gagner, comme le fait pour le futur dirigeant de perdre la chance d'exercer ses fonctions au sein de la société (CA Paris 13-11-1998 précité) ou, pour le fondateur, la privation des bénéfices qu'il escomptait (CA Paris 12-11-1982 : Bull. inf. C. cass. 1982 n° 40). Cependant, la détermination du manque à gagner se heurte à la règle de la réparation du seul préjudice direct (C. civ. art. 1231-3), qui conduit à exclure l'indemnisation des conséquences trop lointaines. Pour éviter des difficultés à ce sujet, il est recommandé de prévoir dans la promesse de société une pénalité en cas d'inexécution de cette promesse, étant observé que le juge peut modérer ou augmenter la peine prévue si elle est manifestement excessive ou dérisoire (art. 1231-5).

Inversement, il peut être stipulé une **faculté de rétractation** au profit du ou des participants ; ceux-ci ne seront alors redevables d'aucune indemnité sauf, bien entendu, si l'inexécution a un caractère dolosif. 1566

› Précisions Lorsqu'une promesse de société est assortie d'une clause de « **non-réalisation sans indemnité** de part ni d'autre », chacune des parties peut librement ne pas donner suite au projet de société. Dès lors, les partenaires doivent faire preuve d'une extrême prudence et ne pas prendre d'engagements prématurés avec des tiers (Cass. 1e civ. 5-11-1996 n° 1798 : RJDA 2/97 n° 164).

SECTION 3

STATUTS DE LA SOCIÉTÉ

DÉFINITION DES STATUTS D'UNE SOCIÉTÉ

Les statuts désignent l'**acte** qui matérialise le contrat de société et qui en précise les caractéristiques ainsi que les règles de fonctionnement. 1600

PROJET DE STATUTS DE LA SOCIÉTÉ

Bien que la loi ne l'exige pas, sauf dans certains cas de constitution de SA avec offre au public (art. L 225-2, al. 1 et L 225-11-2), il est **opportun** d'établir un projet de statuts destiné aux futurs associés. En effet, on voit mal ceux-ci remettre les fonds représentatifs de leurs apports en numéraire sans connaître les clauses essentielles du futur pacte social. D'où la nécessité pratique d'établir un tel projet, voire, dans certains cas, un contrat valant promesse de société avant de recueillir les fonds. 1615

A. Établissement des statuts de la société

FORME DES STATUTS DE LA SOCIÉTÉ

1620 Les statuts doivent être établis par **écrit** (C. civ. art. 1835), lequel peut être sous signature privée ou notarié. **À défaut** d'écrit, on se trouverait en présence d'une « société créée de fait ».

En principe, s'il est établi sous signature privée, cet écrit n'a plus à être enregistré, l'article 635 du Code général des impôts ne le prévoyant pas. Sur les questions que soulève cette **dispense d'enregistrement,** voir M. Suquet-Cozic, Les actes de formation des sociétés sont dispensés d'enregistrement… ou presque : BRDA 20/15 inf. 21 n°s 5 s.

1621 **Statuts notariés** L'intervention d'un notaire est obligatoire lorsque les statuts constatent l'**apport d'un immeuble,** d'un droit au bail sur un immeuble d'une durée supérieure à 12 ans et, d'une manière générale, chaque fois qu'il y a matière à publicité foncière (Décret 55-22 du 4-1-1955 art. 4, al. 1 et 28, 1° et C. civ. art. 710-1, al. 1).

1622 L'intervention d'un notaire est à conseiller lorsque des **héritiers** participent à la constitution de la société. En effet, si l'acte constate un avantage au profit des futurs héritiers, cet avantage n'aura pas à être rapporté lors de l'ouverture de la succession (C. civ. art. 854). Toutefois, ce rapport n'est pas dû, même lorsque les statuts ont été rédigés par acte sous signature privée, s'il est établi que cet avantage constitue la juste rétribution du concours apporté par celui-ci à l'administration des affaires sociales et du risque couru par ses capitaux (Cass. req. 17-8-1864 : DP 1865 I p. 304 ; CA Douai 13-1-1932 : DH 1932 som. p. 40).

Sur l'intérêt d'établir les statuts par acte notarié en cas de constitution d'une société entre **époux,** voir n° 492.

CONTENU DES STATUTS DE LA SOCIÉTÉ

1630 L'article L 210-2 **impose** que soient indiqués dans les statuts de **toute société** la forme, la durée, la dénomination, le siège, l'objet et le montant du capital de celle-ci.

En outre, lorsque des statuts sous signature privée sont déposés au rang des minutes d'un notaire, ils doivent indiquer le nom et la résidence de ce notaire (art. R 123-103, 1°).

Pour **certaines sociétés** (SA et SARL notamment), des mentions complémentaires, que nous précisons à l'occasion de l'examen des conditions particulières intéressant chaque type de société, doivent être portées dans les statuts.

À notre avis, les **autres mentions prescrites** par l'article 1835 du Code civil (apport de chaque associé et modalités de fonctionnement de la société) n'ont pas à figurer obligatoirement dans les statuts des sociétés commerciales. L'article L 210-2 déroge, en effet, aux dispositions de l'article 1835 puisqu'il détermine, comme lui, le contenu obligatoire des statuts ; il constitue ainsi, conformément à l'article 1834 du Code civil, la règle spéciale écartant la disposition générale normalement applicable à toutes les sociétés. La non-application de l'article 1835 aux sociétés commerciales nous paraît d'ailleurs confirmée par l'existence, dans le Code de commerce, de dispositions particulières exigeant des mentions spéciales dans les statuts des SA et des SARL, dont certaines traitent précisément des apports.

Par ailleurs, en présence de **parts** ou d'**actions démembrées,** aucun texte n'impose d'indiquer ce démembrement dans les statuts, ni le nom de l'usufruitier ou du nu-propriétaire.

Si les statuts ne contiennent pas toutes les énonciations exigées par la loi et les règlements, une action en **régularisation** (n°s 89800 s.) et une action en **responsabilité** (n°s 89830 s.) peuvent être introduites par tout intéressé.

> **Précisions** **a.** La non-application de l'article 1835 ne concerne que les mentions obligatoires prévues par ce texte et non pas la **raison d'être** de la société, qui, aux termes du même texte, « peut » être précisée dans les statuts ; cette mention peut donc figurer dans les statuts de toute société, même commerciale.
> **b.** L'autorité en charge du RCS doit faire droit à la demande d'effacement des données à caractère personnel non requises par le droit européen ou le droit national figurant dans des statuts publiés dans ce registre au titre du **droit à l'effacement** prévu par l'article 17 du règlement UE 2016/679 du 27 avril 2016, dit « RGPD » (CJUE 4-10-2024 aff. 200/23 : BRDA 21/24 inf. 16).

1631 **Procuration** Il est opportun qu'une clause donne pouvoir à l'un des fondateurs ou associés de signer l'avis de constitution de la société dans un support d'annonces légales et d'accomplir les autres **formalités** nécessaires à l'immatriculation de la société. Le pouvoir de signer l'avis de constitution ne s'impose cependant pas lorsque les statuts sont notariés ou déposés au rang des minutes d'un notaire car l'avis est alors signé par celui-ci (art. R 210-3, al. 2).

L'accomplissement des actes destinés à préparer le commencement de l'activité peut nécessiter la désignation d'un mandataire chargé de passer un ou plusieurs de ces **actes pour le compte de la société.** Sur le régime de ce mandat, voir n°s 2715 s.

STATUTS DE SOCIÉTÉ SIMPLIFIÉS OU DÉVELOPPÉS ?

Une question se pose à tout rédacteur d'actes de société. Faut-il établir des statuts développés donnant une vue aussi complète que possible du régime auquel est soumise la société ou se borner à un texte simplifié contenant les mentions indispensables et renvoyant, pour le surplus, aux dispositions législatives et réglementaires ? Pour notre part, nous pensons que la **formule** « statuts simplifiés » est **préférable.** 1640

En effet, le Code de commerce réglementant de façon très détaillée les conditions de fonctionnement des sociétés commerciales, il paraît inutile d'en reproduire les dispositions – qui, pour la plupart, revêtent un caractère impératif –, d'autant plus que celles-ci peuvent faire l'objet de remaniements. L'expérience montre que la rédaction de statuts « longs » oblige à les modifier régulièrement pour tenir compte des multiples changements législatifs et réglementaires (voir n°s 1775 s.). Or, toute modification des statuts nécessite la réunion d'une assemblée générale extraordinaire et entraîne, de ce fait, des frais qui peuvent être élevés s'il s'agit d'une société importante.

L'adoption de statuts simplifiés permet d'échapper à ces inconvénients. Toutefois, l'établissement de statuts simplifiés n'est à conseiller que pour les formes de **sociétés dont le fonctionnement est minutieusement réglementé** par la loi (SA ou SARL). En revanche, s'il s'agit de formes sociales plus souples, et tout particulièrement s'il s'agit d'une SAS, les rédacteurs des statuts doivent préciser avec soin l'étendue des pouvoirs respectifs des différents organes de la société et les modalités selon lesquelles ces pouvoirs sont exercés.

CONSEIL

La **reproduction des dispositions légales ou réglementaires dans les statuts** est à proscrire pour éviter qu'elle ne soit considérée comme manifestant la volonté des parties de faire application du contenu de ces dispositions peu important leur modification ou leur abrogation (n° 1780). Si les associés souhaitent opérer un simple rappel des textes pour information sans faire entrer leur contenu dans le champ contractuel, ils doivent l'indiquer expressément.

PRÉAMBULE DES STATUTS DE LA SOCIÉTÉ

Les fondateurs conviennent parfois de faire précéder les statuts de leur société d'un préambule dans lequel ils rappellent leur identité, les raisons pour lesquelles la société a été constituée et les principes généraux d'organisation qui doivent la régir. Ce préambule ne constitue alors, comme pour tout autre contrat, qu'un « exposé des motifs » sans **valeur contraignante** auquel il est, tout au plus, possible de se référer pour résoudre les équivoques ou les lacunes des statuts. Toutefois, il est un cas où, à notre avis, le préambule a la même force juridique que les statuts eux-mêmes : lorsque les principes généraux qu'il comporte sont constitutifs d'obligations ou assortis de certaines interdictions à la charge des associés (par exemple, interdiction pour les associés de détenir une participation majoritaire dans le capital social). C'est seulement si les associés décident, en cours de vie sociale, de supprimer ces obligations ou interdictions que les principes généraux perdent toute valeur contraignante (CA Versailles 8-7-1993 : RJDA 11/93 n° 910 et, sur pourvoi, Cass. com. 13-2-1996 n° 314 : RJDA 6/96 n° 795) et retrouvent leur « vocation indicative ». 1650

B. Actes complétant les statuts de la société

ANNEXES AUX STATUTS DE LA SOCIÉTÉ

En cas de constitution avec apports en nature d'une SARL ou d'une SA (à moins que cette dernière soit constituée avec une offre au public autre qu'une offre réservée à des investisseurs qualifiés ou à un cercle restreint d'investisseurs, une offre qui relève du financement participatif, une offre portant sur des titres dont la valeur nominale unitaire s'élève au moins à 100 000 €, ou adressée à des investisseurs qui acquièrent ces titres pour un montant total d'au moins 100 000 € par investisseur et par offre distincte, ou dont le montant total calculé sur une période de 12 mois est inférieur à 8 M€, seuil qui devrait être porté à 12 M€ à compter du 5-6-2026 : cf. Règl. UE 2017/1129 du 14-6-2017 art. 3, 2 modifié et 3, 2 bis créé par Règl. UE 2024/2809 du 23-9-2024 et Règl. UE 2024/2809 art. 4, 3), le **rapport du commissaire aux apports,** s'il en a été désigné un, doit être annexé aux statuts (art. L 223-9 et L 225-14). De même, il convient d'annexer l'**état des actes accomplis pour le compte de la société** en formation que les associés acceptent de faire reprendre par celle-ci (n°s 2700 s.). 1670

RÈGLEMENT INTÉRIEUR DE LA SOCIÉTÉ

1680 Les **statuts** peuvent être **complétés** par un acte annexe, couramment appelé « règlement intérieur ».

Ce règlement est valable pourvu qu'il ne contienne aucune disposition contraire à l'ordre public (général ou propre à la législation des sociétés).

Il ne doit pas non plus être contraire aux statuts car ces derniers sont la loi des associés et ne peuvent être modifiés que dans les formes impérativement fixées.

En l'absence de précision dans les statuts, rien ne s'oppose à ce que le règlement soit adopté à la majorité simple des voix et des parts sociales (CA Paris 30-11-1993 : JCP E 1994 II n° 575 note Th. Bonneau).

> **Précisions** **a.** Dans la **SA,** l'adoption d'un règlement intérieur peut s'avérer utile (elle s'impose même dans les sociétés « cotées » se référant au Code de gouvernance Afep-Medef ou au Code de gouvernance Middlenext) notamment pour préciser les modalités de fonctionnement du conseil d'administration (n° 40502).
> **b.** La pratique du règlement intérieur est fréquente dans les sociétés au sein desquelles les **associés exercent une activité** (notamment, sociétés civiles professionnelles, sociétés agricoles, sociétés de moyens) ou profitent des prestations de services que la société fait assumer pour leur compte (par exemple, entretien d'un port de plaisance). Mais le règlement intérieur peut aussi servir tout simplement à expliciter telle ou telle clause des statuts pour en préciser les modalités de mise en œuvre.
> **c.** Il a été jugé que les stipulations d'un **règlement intérieur contraires aux statuts** constituent en elles-mêmes une violation de ces statuts et que leur nullité, qui peut être demandée par tout intéressé, n'entraîne pas pour autant la nullité de la société elle-même (Cass. com. 2-6-1987 n° 86-10.108 P : Rev. sociétés 1988 p. 223 note Mestre ; Cass. 2e civ. 5-6-1996 : RJDA 2/97 n° 225). Si le règlement intérieur est adopté à compter du 1er octobre 2025, la nullité n'est plus encourue, à moins qu'il concerne une SAS dont les statuts prévoient une telle sanction (C. civ. art. 1844-10, al. 4 modifié par ord. 2025-229 du 12-3-2025 ; art. L 227-20-1 issu de ord. 2025-229 ; Ord. 2025-229 art. 70).

1681 **Opposabilité** Le règlement intérieur s'impose aux **associés** dans la mesure où il a été édicté dans des conditions qui le leur rendent opposable, ce qui est le cas lorsqu'il a été adopté par l'assemblée générale ordinaire ou par les dirigeants sociaux dans la limite de leurs pouvoirs. Mais dans ce dernier cas, il ne peut contenir que des mesures concernant le régime des actes de gestion, car les dirigeants n'ont de pouvoirs qu'au regard de ces actes. En outre, toute clause d'un règlement mettant à la charge des associés une obligation incompatible avec les statuts leur est inopposable (Cass. com. 1-3-2011 n° 10-13.795 : RJDA 5/11 n° 422).

C. Signature des statuts de la société

OBJET DE LA SIGNATURE DES STATUTS DE LA SOCIÉTÉ

1690 La signature des statuts manifeste le **consentement** des associés à la création de la société. Ce principe ne s'applique cependant pas dans le cas (très rare en pratique) d'une constitution de société par actions avec offre au public (autre que celles réservées à des investisseurs qualifiés ou à un cercle restreint d'investisseurs, celles qui relèvent du financement participatif, celles portant sur des titres dont la valeur nominale unitaire s'élève au moins à 100 000 €, ou adressée à des investisseurs qui acquièrent ces titres pour un montant total d'au moins 100 000 € par investisseur et par offre distincte, et celles dont le montant total calculé sur une période de 12 mois est inférieur à 8 M€, seuil qui devrait être porté à 12 M€ à compter du 5-6-2026 : cf. Règl. UE 2017/1129 du 14-6-2017 art. 3, 2 modifié et 3, 2 bis créé par Règl. UE 2024/2809 du 23-9-2024 et Règl. UE 2024/2809 art. 4, 3), dont les associés ne signent pas les statuts : leur adhésion à la société résulte de la signature d'un bulletin de souscription.

La signature des statuts est suffisante. Il n'est pas nécessaire de la faire précéder de la mention « lu et approuvé » (Cass. 1e civ. 27-1-1993 : RJDA 4/93 n° 367) et peu importe que les statuts n'aient pas été paraphés par le signataire (en ce sens, CA Aix-en-Provence 10-10-2024 n° 20/11231 : RJDA 6/25 n° 318).

1. SIGNATAIRE DES STATUTS DE LA SOCIÉTÉ

1700 En principe, c'est l'**associé** lui-même qui signe l'acte constitutif de la société. Néanmoins, la loi autorise l'intervention d'un **mandataire** dans les SARL (art. L 223-6) et dans les sociétés par actions (art. L 225-15). Malgré le mutisme de la loi, la même solution doit être admise dans les sociétés de personnes, car la liberté de contracter est de principe (C. civ. art. 1102).

En l'absence de dispositions légales ou réglementaires contraires, le mandataire peut être librement choisi parmi les associés ou en dehors d'eux.

MANDAT DE SIGNER LES STATUTS DE LA SOCIÉTÉ

Le mandat de signer les statuts doit être « spécial », c'est-à-dire qu'il doit être **limité** à la constitution de la société, soit parce que la loi le prescrit (notamment art. L 223-6 et L 225-15 pour les SARL et les sociétés par actions), soit, à défaut, parce que la conclusion d'un contrat de société constitue un acte de disposition en raison des apports (cf. C. civ. art. 1155, al. 1 et 1988). Bien que les textes ne donnent aucune précision sur le contenu de ce pouvoir, nous pensons qu'il faut y porter les indications essentielles relatives à la société (forme, dénomination, objet, siège, durée, apports, répartition du capital, identité des dirigeants le cas échéant). **1710**

MODÈLE

Procuration donnée en vue de la signature des statuts

Je soussigné(*e*)...,

Demeurant...,

Donne tout pouvoir à... (*nom du mandataire*), demeurant..., à l'effet de participer en mon nom à la constitution d'une société... (*forme de la société*) constituée pour... ans à compter de son immatriculation et ayant pour objet...

La dénomination de cette société sera... et son siège sera fixé... (*adresse du siège*). Elle sera constituée avec un capital de... €, divisé en... parts sociales/actions réparties comme suit entre les différents associés :

– ...

– ...

– ...

À cet effet, tout pouvoir est donné à... (*nom du mandataire*) en vue de signer les statuts de cette société (*le cas échéant, le mandat peut ajouter : « et désigner son premier gérant/président/ses premiers administrateurs » selon le cas*).

La présente procuration est consentie pour une durée de... mois à compter de sa date de signature, étant précisé que le mandant peut y mettre fin à tout moment.

Fait à..., le..., en deux exemplaires.

(*signatures du mandant et du mandataire*)

Forme du mandat Lorsque les statuts sont notariés pour satisfaire aux exigences de la publicité foncière (nº 1621), la procuration peut néanmoins être établie par acte **sous signature privée.** Il en est de même si les associés ont recours au notaire pour de simples raisons de convenance. **1711**

Il a été jugé, en effet, que le mandat donné pour la conclusion d'un acte authentique ne doit lui-même revêtir la forme notariée que si la solennité de l'acte est exigée dans l'intérêt des contractants (Cass. 1e civ. 11-2-1997 : RJDA 5/97 nº 641) et non pas lorsqu'elle a seulement pour objet l'accomplissement de formalités de publicité (CA Paris 26-5-1964 : JCP 1964 II nº 13888 note Bulté).

En revanche, si les statuts sont établis par acte notarié pour tenir compte de la présence d'héritiers à l'acte de société (nº 1622), la procuration doit, à notre avis, être établie elle aussi en la **forme authentique.** Dans cette hypothèse, la forme authentique modifie la portée de l'engagement des intéressés puisque l'acte de société n'est pas alors réputé constituer une libéralité au profit de l'héritier. Il importe donc que les parties soient averties de cette conséquence par le notaire dès le moment où elles donnent leur procuration.

2. EFFETS DE LA SIGNATURE DES STATUTS

DATE DE CONSTITUTION DE LA SOCIÉTÉ

Le contrat de société est conclu au jour de la signature des statuts, qui marque l'**échange des consentements** entre les associés. À compter de cette date, la société est constituée (nº 2503). **1720**

C'est donc à cette date qu'il convient de se placer pour apprécier si les conditions requises pour la validité du contrat de société sont remplies (CA Paris 25-4-1984 : Bull. Joly 1984 p. 1004).

CONSTITUTION DE LA SOCIÉTÉ SOUS CONDITION

1721 La société est constituée sous condition lorsque, au moment de la signature des statuts, les associés subordonnent cette constitution à un **événement futur et incertain.**

Il ne semble pas que la règle prévoyant l'acquisition de la personnalité morale de la société au jour de son immatriculation au RCS fasse échec à la possibilité de prévoir une condition. La condition affecte l'existence même du contrat de société, l'engagement des associés. L'attribution de la personnalité morale à la société est une autre question.

Les parties peuvent déterminer la condition dont dépend la société sous réserve, d'une part, qu'il ne s'agisse pas d'une condition qui dépende uniquement de la volonté de l'une des parties, et, d'autre part, que la condition ne porte pas sur un élément essentiel du contrat (consentement, contenu licite et certain, etc.).

La condition peut être suspensive ou résolutoire.

1722 Lorsque la **condition** est **suspensive,** la création de la société dépend de la réalisation de la condition.

Dans ce cas, les associés arrêtent définitivement les statuts de la société et leurs engagements respectifs, mais subordonnent la constitution à un événement futur et incertain tel que, par exemple, l'obtention d'une autorisation administrative, la conclusion d'un marché ou encore la publication d'un texte législatif ou réglementaire. Les **formalités de publicité,** y compris l'immatriculation de la société au RCS, ne doivent être accomplies qu'après la réalisation de la condition.

Si une condition suspensive a été prévue dans les statuts d'une SARL ou d'une société par actions, l'absence de réalisation de la condition ouvre, semble-t-il, aux apporteurs en numéraire le droit de demander la restitution de leurs apports dans le délai de six mois mentionné n°s 30153 (pour les SARL), 38390 et 38590 (pour les SA, ce délai s'appliquant aux autres sociétés par actions). La procédure de constitution doit alors être recommencée.

Les articles L 223-8 et L 225-11, qui permettent à l'associé d'une SARL ou d'une SA d'exiger la restitution des fonds qu'il a versés si la société n'est pas constituée dans les délais qu'ils fixent, ne font aucune distinction entre les causes du défaut de constitution de la société. À notre avis, ils tendent à protéger les apporteurs contre les exigences excessives des fondateurs et doivent être considérés comme d'ordre public, ce qui exclut la validité de la clause statutaire qui allongerait ces délais.

1723 Lorsque la **condition** est **résolutoire,** la société est définitivement constituée dès la signature des statuts et l'on peut entreprendre immédiatement les formalités de publicité, y compris l'immatriculation au RCS. Si la condition se réalise, la société disparaît rétroactivement dans les rapports entre associés, à moins que ceux-ci ne soient convenus qu'elle disparaîtra seulement à la date de réalisation de la condition (C. civ. art. 1304-7). En revanche, les actes passés par la société avec les tiers restent valables.

> **Précisions** À l'égard des **tiers,** la réalisation de la condition résolutoire ne peut opérer que comme une dissolution de la société. Aucune clause statutaire ne peut, en effet, faire obstacle à ce que la société soit engagée pour tout acte accompli en son nom et entrant dans l'objet social.

CONSTITUTION DE LA SOCIÉTÉ À TERME

1724 Les associés ont la possibilité de convenir que la société dont ils ont signé les statuts ne sera constituée qu'à l'expiration d'un certain **délai** ou qu'à compter de la survenance d'un **événement futur dont la réalisation est certaine.** En pratique, les constitutions de sociétés à terme sont exceptionnelles. Pour les raisons déjà évoquées ci-dessus à propos de la constitution sous condition suspensive (n° 1722), il ne semble pas que le terme convenu puisse excéder six mois en cas de constitution d'une SARL ou d'une société par actions.

> **Précisions** Lorsque le terme prévu consiste en un événement futur, la réalisation de celui-ci doit être certaine. En effet, un **événement incertain** non seulement dans sa date, mais aussi dans sa réalisation est une condition et non un terme (Cass. 1e civ. 13-4-1999 : RJDA 7/99 n° 759 ; Cass. 1e civ. 13-7-2004 n° 1232 : RJDA 11/04 n° 1186).

REPRISE DES ACTES PASSÉS POUR LE COMPTE DE LA SOCIÉTÉ EN FORMATION

1730 Si des actes ont été passés pour le compte de la société avant la signature des statuts, cette signature emporte reprise automatique de ces actes une fois la société immatriculée si la **procédure** exposée n°s 2700 s. a été suivie.

3. FORCE OBLIGATOIRE DES STATUTS DE LA SOCIÉTÉ

FORCE OBLIGATOIRE DES STATUTS À L'ÉGARD DES ASSOCIÉS

Les **associés** étant parties au contrat de société, les statuts s'imposent à eux par application du droit commun des contrats (C. civ. art. 1103). 1750

Il en va ainsi tant pour les associés ayant signé les statuts lors de la constitution de la société que pour ceux ayant acquis des parts ou actions à la suite d'une cession de titres ou d'une augmentation de capital postérieure. En effet, chaque associé est censé avoir pris connaissance des statuts dont il a accepté toutes les clauses, même celles qui s'y ajoutent après son entrée dans la société (CA Paris 11-5-1999 : RJDA 10/99 n° 1079). Pour l'associé ayant acquis des parts ou actions, cette solution est confortée par la présence fréquente, dans les actes de cession de parts ou d'actions, de stipulations selon lesquelles l'acquéreur doit se conformer aux clauses et conditions des statuts dont le cédant déclare lui avoir remis une copie à l'occasion de la cession.

Possibilité pour les associés de déroger aux statuts Les associés peuvent-ils déroger à une clause des statuts par la conclusion d'un acte extrastatutaire postérieur, tel un pacte d'actionnaires, ou par une décision prise à l'unanimité ? La Cour de cassation l'a admis à propos de SARL, dans des cas où les associés avaient consenti à l'acte extrastatutaire à l'unanimité (Cass. com. 5-10-2004 n° 01-03.496 F-D ; Cass. com. 12-5-2015 n° 14-13.744 F-D : RJDA 8-9/15 n° 578 et, dans la même affaire, Cass. com. 29-1-2020 n° 18-15.179 F-D : Rev. sociétés 2020 p. 289 note S. Schiller ; voir aussi Cass. com. 18-3-2020 n° 18-17.010 F-D : RJDA 6/20 n° 314). Elle semble l'avoir admis aussi à propos d'une SNC (Cass. com. 11-10-2023 n° 22-10.646 F-D : RJDA 2/24 n° 109). 1755

En revanche, la Cour de cassation exclut qu'un acte extrastatutaire ou une décision des associés – aurait-elle été prise à l'unanimité – dérogent aux clauses statutaires d'une SAS fixant les conditions dans lesquelles la société est dirigée, notamment les modalités de révocation de ses dirigeants : un acte extrastatutaire ou une décision des associés peuvent seulement compléter les statuts (Cass. com. 12-10-2022 n° 21-15.382 F-B : RJDA 1/23 n° 35 ; Cass. com. 9-7-2025 n° 24-10.428 FS-B). L'article L 227-5 réserve en effet aux statuts le soin de fixer les conditions dans lesquelles une SAS est dirigée, et la Cour de cassation avait précisé que seuls les statuts peuvent fixer ces conditions (Cass. com. 25-1-2017 n° 14-28.792 FS-PBRI : RJDA 4/17 n° 261).

> **› Précisions** La **portée de la solution** selon laquelle un acte extrastatutaire peut compléter les statuts de SAS mais non les contredire a divisé la doctrine, sans qu'un courant majoritaire se dégage (notamment, F. Danos et Th. Bortoli : BRDA 23/22 inf. 20 ; J. Moury : RTD com. 2023 p. 165 ; A. Reygrobellet : Rev. sociétés 2023 p. 92 ; J.-Ch. Pagnucco : JCP E 2023 chron. n° 1085 ; A. Lecourt : RTD com. 2023 p. 156 ; J.-B. Barbièri : D. 2022 p. 2086 ; J.-F. Hamelin : Dr. sociétés 2022 comm. n° 134 ; J. Delvallée : Actes pratiques mai-juin 2023 n° 18). La solution vaut-elle pour les seules clauses des statuts de SAS organisant la direction de la société ou pour l'ensemble des statuts ? Vaut-elle aussi pour les autres formes sociales ? Tant que ces questions ne seront pas tranchées par la Cour de cassation, une modification des statuts est la solution à privilégier.

FORCE OBLIGATOIRE DES STATUTS À L'ÉGARD DES DIRIGEANTS

Les clauses statutaires organisant le fonctionnement de la société s'imposent aux dirigeants : étant des organes de la personne morale investis d'un mandat social et non des tiers par rapport à elle, ils doivent nécessairement en suivre les règles de fonctionnement définies par les associés. Tel est notamment le cas lorsque les statuts comportent des clauses de limitation de pouvoirs (Cass. com. 4-11-2008 n° 07-18.622 : RJDA 1/09 n° 43). Les dirigeants enfreignant ces règles engagent d'ailleurs leur responsabilité à l'égard de la société ou des associés (n° 13951). 1765

À l'inverse, une clause imposant au dirigeant une obligation étrangère à l'exercice de ses fonctions ne lui est applicable que s'il a la qualité d'associé ou, à défaut, s'il a expressément accepté cette clause ; tel est le cas pour une clause de non-concurrence (n° 12771).

FORCE OBLIGATOIRE DES STATUTS À L'ÉGARD DES TIERS

En application du droit commun des contrats, les statuts sont inopposables aux tiers (cf. C. civ. art. 1199 ; pour une illustration, Cass. com. 11-3-2014 n° 12-24.901 : RJDA 6/14 n° 532) ; la loi le précise expressément s'agissant des clauses statutaires de limitation de pouvoirs (notamment art. L 223-18, al. 6 pour la SARL), clauses dont les tiers peuvent se prévaloir dans certains cas (n° 13480). 1770

FORCE OBLIGATOIRE DES STATUTS ET ÉVOLUTIONS LÉGISLATIVES

Nouvelles possibilités offertes par la loi La loi évolue parfois pour offrir de nouvelles possibilités qui n'étaient pas ouvertes au moment où les statuts ont été rédigés. Il peut alors être opportun de modifier les statuts pour prendre en compte ces évolutions. 1775

En cas de litige sur l'interprétation d'une clause devenue ambiguë compte tenu d'une évolution législative, il appartient au juge de rechercher l'intention des rédacteurs des statuts à la date d'adoption de la clause (Cass. com. 15-3-2023 n° 21-15.393 F-D : RJDA 7/23 n° 380).

ILLUSTRATIONS

Dans un cas où des statuts de SA, qui prévoyaient que toute cession d'actions devait faire l'objet d'un agrément « sauf dispense de la loi », avaient été rédigés à une époque où la loi n'autorisait pas encore les clauses d'agrément en cas de cession entre actionnaires, le juge doit rechercher si, prenant en compte l'impossibilité légale alors en vigueur, les rédacteurs de la clause avaient entendu prévoir un tel agrément pour les seules cessions à des tiers ou, au contraire, soumettre le périmètre de la clause à toute modification légale ultérieure (Cass. com. 15-3-2023 précité et, sur renvoi, CA Paris 3-1-2025 n° 23/07757 : RJDA 6/25 n° 325, ayant écarté l'application de la clause entre actionnaires).

1780 **Clause reproduisant une obligation légale abrogée ou « assouplie »**

Les statuts reproduisent fréquemment des dispositions légales ou réglementaires mettant certaines obligations à la charge de la société. Quel sort réserver à ces clauses statutaires lorsque les textes reproduits sont modifiés dans un sens moins rigoureux pour la société, voire purement et simplement abrogés : doivent-elles être considérées comme maintenues ou non ?

Cette question se pose, par exemple, pour les statuts des petites entreprises imposant l'établissement d'un rapport de gestion ou, dans les SA et les SCA, la nomination d'un commissaire aux comptes alors que la loi les en dispense désormais.

Il pourrait être soutenu, en faveur de la péremption de telles clauses, que, s'agissant du simple rappel de dispositions exposant, pour information, tel ou tel aspect du régime juridique de la société, les parties n'ont pas entendu faire de ces clauses une source d'obligations, de sorte qu'elles ne sont jamais entrées dans le champ contractuel. Tel est à notre avis le cas si les statuts prévoient expressément que ces clauses sont un simple **rappel** des **dispositions légales.**

À **défaut** d'une telle **mention,** nous pensons que les clauses doivent être lues comme imposant à la société des obligations plus rigoureuses que celles prévues par la loi nouvelle : lorsque celle-ci permet seulement de se dispenser d'une obligation, une telle dispense n'est qu'une facilité à laquelle la société peut (ou non) avoir recours et non une règle d'ordre public ; ces clauses continuent donc de s'appliquer aussi longtemps que les statuts n'ont pas été modifiés (dans le même sens, Communication Ansa, comité juridique n° 25-003 du 8-1-2025, à propos de la dispense de décision collective en cas de fusion simplifiée de SAS).

Ainsi, lorsque les statuts reproduisent des dispositions légales ou réglementaires, il est recommandé de s'interroger régulièrement sur la nécessité de les mettre à jour pour prendre en compte les évolutions de ces textes.

> **Précisions** On ne peut pas soutenir que les **clauses** sont devenues **caduques** par le seul effet de la loi : la caducité suppose en effet que des circonstances rendent impossible l'exécution d'une obligation, ce qui n'est pas le cas dans les exemples précités (ce serait seulement le cas si un texte nouveau abrogeait toute référence au rapport de gestion dans le Code de commerce ou encore supprimait le commissariat aux comptes).

SECTION 4 APPORTS

DÉFINITION DES APPORTS

1900 Les apports sont constitués par les **biens** (somme d'argent, valeurs mobilières, immeuble, fonds de commerce, etc.) dont les associés transfèrent la propriété ou la jouissance à la *société et en contrepartie* desquels ils reçoivent des parts ou des actions. Dans certains types de société (notamment la SARL et la SAS), un associé peut aussi apporter son **industrie,** c'est-à-dire mettre à la disposition de la société ses connaissances, son travail ou ses services ; les apports en industrie font l'objet d'un régime particulier car ils ne sont pas représentatifs d'une fraction du capital social.

Il n'y a véritablement « apport » que si l'associé reçoit, en **rémunération** des biens qu'il transmet à la société, des parts sociales ou des actions soumises aux aléas de la société. 1902

Il arrive souvent, en cas d'apport de **fonds de commerce** par exemple, que l'associé transmette à la société un ensemble composé d'éléments d'actif (clientèle, matériel, stock, etc.) et d'un passif (dettes envers les fournisseurs notamment). Dans ce cas, l'apport véritable, rémunéré par des actions ou des parts sociales, correspond à la valeur nette (actif moins passif) de l'ensemble. Mais, si on décompose l'opération, on constate que l'actif est transmis :

– en partie à titre d'apport pur et simple (à concurrence de la valeur nette) ;

– et le surplus à titre de vente, la transmission de propriété étant faite moyennant un prix consistant dans la **reprise d'une dette.** On dit couramment que cette seconde transmission constitue un apport « à titre onéreux » et l'opération dans son ensemble est généralement qualifiée d'apport « mixte ».

Un **entrepreneur individuel** peut apporter à une société l'ensemble de son **patrimoine professionnel,** dans le cadre d'un transfert universel (art. L 526-27 s. et D 526-30 s.) ; dans ce cas, tant l'actif que le passif qui composent ce patrimoine sont transmis (n°s 2230 s.).

› Précisions **a.** Constitue une vente et non un apport en société la convention par laquelle une personne a **transmis son fonds de commerce** à une société moyennant la prise en charge par celle-ci des sommes dont elle était redevable envers une banque (Cass. com. 6-12-1982 : Bull. Joly 1983 p. 100).

b. L'acte d'apport est un **acte constitutif de société** que l'associé signe en son nom et pour son propre compte, et non un acte accompli au nom d'une société en formation ; il ne peut donc pas faire l'objet d'une reprise, une fois cette société immatriculée (CAA Nancy 21-12-2023 n° 22NC03166 : RJDA 6/24 n° 339).

c. Sur la **rémunération** d'un apport **par des valeurs mobilières donnant accès au capital,** voir n° 51020.

NÉCESSITÉ DES APPORTS

Chacun des associés doit obligatoirement avoir fait un apport (C. civ. art. 1832). Cette règle ne souffre aucune exception. Elle vaut pour **toute société,** y compris pour les sociétés unipersonnelles (EURL et Sasu), les sociétés en participation et les sociétés créées de fait. 1905

Il n'est pas nécessaire que les apports des associés soient d'égale **importance** ou de même **nature** ; un associé peut lui-même apporter des biens différents (immeuble, fonds de commerce et numéraire, par exemple). 1907

Le moyen par lequel l'**associé** est **devenu propriétaire** du bien qu'il apporte est également sans influence sur la validité de l'apport. Ainsi, peu importe les modalités de financement d'un apport (Cass. com. 20-9-2016 n° 14-28.107 F-D : RJDA 12/16 n° 861), lequel peut avoir été réalisé avec des fonds provenant d'un emprunt, à la condition toutefois que cet emprunt soit réel et ne soit pas simulé (Cass. crim. 28-5-1979 : Bull. crim. n° 186). Ce bien peut aussi provenir d'une libéralité (voir toutefois le cas où, un associé ayant apporté un bien que lui a donné son conjoint, celui-ci révoque la donation : n° 492).

RESTITUTION DES APPORTS

Les apports doivent être restitués aux **associés** si, finalement, ceux-ci **renoncent** à leur projet de **société** ou si celle-ci n'est pas immatriculée (n° 2620). 1910

Sur la reprise d'apport à l'occasion des opérations de **liquidation** et de partage, voir n° 87753.

A. Différents apports d'un bien

1. APPORTS EN NUMÉRAIRE

DÉFINITION DE L'APPORT EN NUMÉRAIRE

On entend par « apport en numéraire » tout apport de somme d'**argent.** 1920

› Précisions On dit généralement que l'apporteur en espèces « souscrit » une part sociale ou une action. En réalité, le mot peut être employé pour n'importe quel apport car tout apporteur s'engage par sa signature à remettre quelque chose à la société. D'ailleurs, la loi l'entend bien ainsi : l'article L 223-7 emploie le mot « **souscription** » pour désigner les apports aussi bien en nature qu'en espèces.

LIBÉRATION DE L'APPORT EN NUMÉRAIRE

1925 Le versement du montant de l'apport en numéraire est organisé librement par les **statuts** dans les SNC, les SCS et les sociétés en participation. Il est, au contraire, soigneusement **réglementé** dans les SARL et les sociétés par actions (n°s 30151 et 37990).

Sur la libération de l'apport lorsque la société fait l'objet d'une **procédure collective,** voir n°s 91305 s.

DÉFAUT DE VERSEMENT DES FONDS CORRESPONDANT AUX APPORTS EN NUMÉRAIRE

1928 L'apporteur qui n'a pas versé à l'échéance prévue la somme promise doit, de plein droit, les **intérêts** de cette somme (C. civ. art. 1843-3, al. 5) au taux légal ou au taux fixé dans les statuts si celui-ci est différent du taux légal. Si la société est dissoute, ces intérêts continuent à courir même après la dissolution et jusqu'au jour de la liquidation (Cass. civ. 28-6-1904 : J. soc. 1906 p. 56). Ils se prescrivent par cinq ans (C. civ. art. 2224).

L'apporteur défaillant peut être condamné à des **dommages-intérêts** si la société a subi un préjudice par suite du défaut de libération (art. 1843-3, al. 5).

Enfin, dans les **sociétés par actions,** les articles L 228-27 s. et R 228-24 s. prévoient des sanctions à l'encontre des actionnaires qui n'auraient pas libéré leurs actions aux époques fixées par le conseil d'administration ou le directoire dans les SA, le gérant dans les SCA ou encore le président ou les dirigeants désignés à cet effet dans les SAS, sanctions qui peuvent aller jusqu'à la mise en vente des actions non libérées (n°s 67960 s.).

> **› Précisions** Lorsqu'une société fait l'objet d'un plan de sauvegarde ou de redressement judiciaire, le **commissaire à l'exécution du plan,** qui ne représente pas le débiteur, ne peut pas se substituer aux organes légaux de la société pour **exiger qu'un associé libère ses apports** (Cass. com. 12-10-2004 n° 1480 : RJDA 2/05 n° 136).

RÉGIME FISCAL DES APPORTS EN NUMÉRAIRE

1931 Lorsqu'ils figurent dans un acte présenté à l'enregistrement ou une déclaration, les apports en numéraire réalisés lors de la constitution d'une société sont enregistrés gratuitement (CGI art. 810, I ; Mémento Fiscal n° 66860).

COMPTES COURANTS D'ASSOCIÉS

1935 Il arrive souvent en pratique, notamment pour permettre à la société de faire face à des besoins de trésorerie momentanés, que les associés, au lieu de faire des apports complémentaires, consentent à la société des **avances** ou des prêts soit en versant des fonds dans la caisse sociale, soit en laissant à la disposition de la société des sommes qu'ils renoncent temporairement à percevoir (rémunérations, dividendes, etc.). Alors que les véritables apports ont leur contrepartie au bilan dans le compte « Capital », ces avances ou prêts sont enregistrés en comptabilité sous un compte de passif réel nommé « Associés-Comptes courants ».

En l'absence de stipulation d'**intérêts** conventionnels, les avances en compte courant sont présumées avoir été effectuées à titre gratuit (Cass. 1e civ. 26-11-1991 n° 90-17.169 : Bull. civ. I n° 335).

En s'engageant à l'égard d'une banque à « combler les déficits de trésorerie de la société » par des apports en compte courant, les associés ne souscrivent pas une obligation de payer ; l'acte constatant cet engagement n'a donc pas à comporter la mention de la **somme due en lettres et en chiffres,** prescrite par l'article 1376 du Code civil (Cass. com. 25-10-2011 n° 10-25.607 : RJDA 2/12 n° 207).

Le versement d'une somme sur le compte bancaire d'une société en application d'une clause d'un acte de cession de ses titres stipulant que le cédant s'engage à remettre une somme en compte courant ne suffit pas à prouver l'**existence d'une avance en compte courant d'associé,** dès lors que l'accord des parties sur une telle avance ne ressort pas explicitement de la clause ou des échanges entre les parties, pas plus que des documents comptables et fiscaux de la société postérieurs à la vente (Cass. com. 3-3-2021 n° 19-11.535 F-D : RJDA 8-9/21 n° 573).

> **ATTENTION**
> *Dans les **sociétés d'exercice libéral** (SEL)* exerçant une profession de santé, des conditions spécifiques sont prévues pour limiter le montant des sommes susceptibles d'être mises à la disposition de la société, au titre des comptes courants d'associés (Ord. 2023-77 du 8-2-2023 art. 73 remplaçant l'art. 14 de la loi 90-1258 du 31-12-1990 ; Décret 92-704 du 31-12-1990 art. 1 dont les dispositions prises en application de la loi 90-1258 restent en vigueur au 1-8-2025, date de mise à jour des présents développements, faute de publication du décret d'application de l'ordonnance 2023-77).

L'associé qui consent à la société une avance en compte courant adjoint à cette **qualité** celle **de créancier** de la société au titre des sommes figurant à ce compte. Si la société devait faire l'objet d'une procédure collective, l'associé pourrait déclarer sa créance et, théoriquement du moins, se faire rembourser comme les autres créanciers. 1936

En application de la réglementation du **monopole des établissements de crédit**, une société (autre qu'un établissement de crédit) ne peut pas en principe recevoir à titre habituel des fonds remboursables du public (C. mon. fin. art. L 511-5, al. 2). La violation de cette interdiction est punie de trois ans d'emprisonnement et de 375 000 € d'amende (C. mon. fin. art. L 571-3, al. 1). 1937

Par **dérogation** à cette règle, la société peut recevoir des avances en compte courant des personnes suivantes (C. mon. fin. art. L 312-2) :

– ses associés ou actionnaires ;

– ses gérants, administrateurs, membres du directoire ou du conseil de surveillance, directeurs généraux et directeurs généraux délégués (de SA comme de SAS : cf. Rapp. Sén. n° 254 t. 1 relatif à la loi 2019-486 du 22-5-2019) et présidents de SAS ;

– son personnel, quelle que soit la forme de la société, mais seulement dans la limite de 10 % de ses capitaux propres.

Les conditions de la dérogation s'apprécient au jour de la réalisation de l'avance en compte courant, de sorte que si l'associé ou le dirigeant perd ultérieurement cette qualité, le bénéfice de la dérogation demeure acquis.

Une société peut aussi, sans porter atteinte au monopole des établissements de crédit, procéder à des opérations de trésorerie avec des sociétés faisant partie du même groupe qu'elle (n°s 80700 s.).

De même, échappe au monopole des établissements de crédit, sous réserve de respecter certaines conditions, le prêt consenti à une entreprise par une société qui entretient des liens économiques avec elle et dont les comptes sont certifiés par un commissaire aux comptes (C. mon. fin. art. L 511-6, 3 bis et R 511-2-1-1 s. ; sur ces prêts, voir n° 52635).

Lorsqu'un associé salarié a placé certains **salaires en compte courant** ou ne les a pas réclamés à la société et que celle-ci fait ensuite l'objet d'une procédure collective, la question se pose de savoir si ces sommes conservent la nature de salaire et bénéficient à ce titre de la garantie de l'AGS. 1939

En principe, l'inscription d'une créance de salaires en compte courant d'associé ne suffit pas, en elle-même, à entraîner une novation de la créance salariale en créance de prêt, sauf si les parties ont exprimé l'intention d'opérer sans équivoque une novation (Cass. soc. 1-10-2003 n° 2046 : RJS 12/03 n° 1399) ; de même, le silence prolongé de l'associé ne suffit pas à manifester une volonté d'éteindre l'obligation qui le lie à l'autre partie pour lui substituer une obligation nouvelle (Cass. soc. 29-6-1995 n° 3008 : RJS 10/95 n° 1025 ; Cass. soc. 31-3-2004 n° 723 : RJS 6/04 n° 768). Il appartient au juge du fond de déterminer la volonté des parties de modifier la nature de la créance. Une telle volonté a été établie concernant un actionnaire salarié, compte tenu de l'importance des sommes dues et de l'étroite imbrication des intérêts de l'intéressé et de la société (Cass. soc. 22-6-1993 n° 2544 : RJS 8-9/93 n° 873, 1e esp. ; CA Chambéry 2-12-2003 n° 01-1869 : RJDA 11/04 n° 1217).

Remboursement des comptes courants d'associés Fréquemment, les conditions de remboursement des avances consenties en compte courant sont précisées dans les statuts ou dans une convention passée entre l'associé prêteur et la société. À défaut de clause statutaire (antérieure au dépôt des fonds) ou de convention contraire, l'associé peut en principe demander à tout **moment** le remboursement du solde créditeur de son compte courant (Cass. com. 24-6-1997 n° 95-20.056 P : RJDA 11/97 n° 1349 ; Cass. com. 20-10-2021 n° 20-15.736 F-D : RJDA 2/22 n° 103 ; voir aussi Cass. 3e civ. 3-2-1999 n° 97-10.399 PB : RJDA 8-9/99 n° 936, à propos d'une société civile mais transposable). La société ne peut pas lui opposer une compensation entre ce solde et des pertes sociales non constatées (CA Paris 19-9-2007 n° 07-3177 : RJDA 2/08 n° 135, à propos d'une société civile mais transposable). Elle ne peut pas invoquer les règles du prêt de consommation pour demander au juge de fixer une date de remboursement ultérieure en fonction des circonstances (C. civ. art. 1900 ; Cass. com. 10-5-2011 n° 10-18.749 : RJDA 7/11 n° 628) ou limiter le remboursement à la somme que peut supporter sa trésorerie, dès lors qu'aucune clause n'autorise cette limitation (Cass. com. 8-12-2009 n° 08-16.418 : RJDA 3/10 n° 246). Un associé ne saurait pas non plus se voir opposer le fait qu'il ne s'est pas manifesté lors de la liquidation amiable de la société, cette inaction ne caractérisant pas sa volonté de renoncer à sa créance (Cass. com. 4-2-2014 n° 13-11.094 : RJDA 4/14 n° 336). 1945

ATTENTION

Dans les **sociétés d'exercice libéral** (SEL) exerçant une profession de santé, le retrait des sommes mises à la disposition de la société au titre des comptes courants d'associés est soumis à des conditions spécifiques fixées par décret et un délai de préavis est prévu (Ord. 2023-77 du 8-2-2023 art. 73 remplaçant l'art. 14 de la loi 90-1258 du 31-12-1990 ; Décret 92-704 du 31-12-1990 art. 1 dont les dispositions prises en application de la loi 90-1258 restent en vigueur au 1-8-2025, date de mise à jour des présents développements, faute de publication du décret d'application de l'ordonnance 2023-77).

1946 Une clause des statuts peut valablement soumettre le remboursement du compte à certaines **conditions,** pourvu que celles-ci ne fassent pas dépendre exclusivement le remboursement d'une décision de la société débitrice.

ILLUSTRATIONS

Sont valables les clauses qui soumettent le remboursement :
– à la condition que la trésorerie de la société le permette (Cass. com. 9-10-2007 n° 06-19.060 : RJDA 1/08 n° 41) ;
– à la reconstitution des fonds propres à un certain niveau (CA Paris 12-12-2007 n° 05-15941 : RJDA 5/08 n° 526) ;
– à la condition que l'actif disponible soit supérieur au passif exigible (le montant du compte devant être pris en compte pour déterminer le passif exigible : Cass. com. 31-1-2017 n° 15-14.734 F-D : RJDA 5/17 n° 337).

La clause qui soumet la détermination des modalités de remboursement du compte à une décision des associés ne permet pas à l'un d'eux de demander en justice le remboursement de son compte sans consultation des autres associés (CA Paris 18-6-2015 n° 14/16133 : RJDA 12/15 n° 827).

Un soin particulier doit être apporté à la rédaction de la clause afin que celle-ci soit en adéquation avec le but recherché. Ainsi jugé que la clause par laquelle la société s'engage à rembourser immédiatement le compte courant d'un associé en cas de cession du fonds de commerce qu'elle exploite n'interdit pas à cet associé d'en demander le remboursement à tout moment (CA Paris 26-2-2015 n° 14-16934 : RJDA 6/15 n° 421).

Le blocage des sommes déposées en compte courant entraînant une augmentation des engagements des associés (n° 7230), une telle décision ne peut être prise qu'avec l'accord de chacun d'entre eux (art. L 223-30, al. 5 et L 225-96, al. 1 ; C. civ. art. 1836, al. 2).

1947 La validité de principe du remboursement immédiat du compte courant n'exclut pas que l'associé puisse être tenu pour fautif lorsque sa **demande de remboursement** est **faite abusivement.**

ILLUSTRATIONS

Les actionnaires majoritaires et administrateurs d'une société commettent une faute en se faisant rembourser leurs comptes courants alors qu'ils savaient que la créance d'un tiers n'avait pas été prise en compte lors de la liquidation de la société. Ils ont donc été condamnés à payer personnellement cette créance (CA Paris 12-2-1999 : RJDA 11/99 n° 1212).

Constitue un abus du crédit de la société pénalement punissable le fait par un président-directeur général de faire payer par sa société des dettes lui incombant personnellement, même si le montant de ces dettes est largement inférieur aux sommes figurant au crédit de son compte courant, dès lors que, par ce moyen, il a contribué à consommer la ruine de la société (Cass. com. 10-11-1964 : D. 1965 p. 43).

En outre, dans un cas où un compte avait été ouvert au nom d'époux associés d'une société constituée pour acquérir une résidence secondaire, l'associé gérant a été reconnu fautif à l'égard de la société pour avoir prélevé les fonds de ce compte afin d'acquérir en propre un bien immobilier (Cass. com. 1-7-2008 n° 07-16.215 : RJDA 11/08 n° 1123, à propos d'une société civile mais transposable).

Au contraire, n'ont pas commis de faute les associés gérants d'une société qui ont réglé des dépenses personnelles au moyen de chèques émis par la société, leur compte courant d'associé étant débité des mêmes montants, aucun paiement préférentiel au détriment des créanciers n'étant caractérisé et le remboursement du compte n'ayant pas entraîné la cessation des paiements de la société intervenue un an après le dernier paiement (CA Paris 1-2-2022 n° 19/22749 : RJDA 5/22 n° 275).

1948 La créance de remboursement d'un compte courant d'associé est soumise à une **prescription** de cinq ans (art. L 110-4, I). Celle-ci court à compter du jour de la demande en paiement du solde de ce compte (Cass. com. 18-10-2017 n° 15-21.906 F-D : RJDA 3/18 n° 234 écartant, dans un cas où des dividendes avaient été payés par inscription en compte courant, les dates de distribution et d'inscription en compte comme point de départ du délai de prescription ; Cass. com. 27-5-2021 n° 19-18.983 F-D : RJDA 8-9/21 n° 572 écartant comme point de départ la date de cession de ses parts sociales par un associé).

> Précisions Le **délai** de prescription peut être **interrompu** par une reconnaissance de dettes de la société envers l'associé titulaire du compte (C. civ. art. 2240). Tel est le cas lorsque le rapport d'un gérant de SARL sur les conventions réglementées indique que l'associé est titulaire d'un compte d'un certain montant (CA Paris 2-7-2019 nº 16/21648 : RJDA 11/19 nº 693).

Remboursement par une société en difficulté. En principe, la société ne peut pas opposer une situation financière difficile à la demande de remboursement d'un compte courant (CA Versailles 2-4-1999 nº 96-8453 : RJDA 7/99 nº 788 ; CA Paris 24-2-2015 nº 13/20394 : RJDA 5/15 nº 343 ; CA Aix-en-Provence 6-7-2017 nº 15/05231 : RJDA 11/17 nº 720), ni limiter le remboursement au montant que peut supporter sa trésorerie (Cass. com. 8-12-2009 nº 08-16.418 F-D : RJDA 3/10 nº 246). Elle peut néanmoins obtenir du juge des **délais de paiement,** limités à deux ans, sur le fondement du droit commun (C. civ. art. 1343-5 ; pour des illustrations, CA Montpellier 16-12-2008 nº 07-7912 : Dr. sociétés 2009 comm. nº 87, accordant un échelonnement sur deux ans ; CA Paris 24-2-2015 précité, imposant un remboursement partiel immédiat et un report de paiement d'un an pour le solde). 1949

Toutefois, le remboursement d'un compte courant intervenu entre la date de cessation des paiements et la mise en redressement ou liquidation judiciaire de la société (**période** dite « **suspecte** ») peut être annulé si, au moment de cette opération, l'associé avait connaissance de l'état de cessation des paiements (art. L 632-2 et L 641-14). L'annulation suppose une connaissance personnelle de la cessation des paiements. Celle-ci ne peut pas être déduite du seul fait que le bénéficiaire du remboursement a la qualité d'associé (CA Paris 17-9-1999 : RJDA 12/99 nº 1362) ou de dirigeant de la société (Cass. com. 19-11-2013 nº 12-25.925 : RJDA 3/14 nº 255).

Après **ouverture de la procédure collective,** y compris s'il s'agit d'une sauvegarde, la société ne peut plus procéder au remboursement sous peine d'annulation de celui-ci et l'associé doit, comme tout créancier, déclarer sa créance entre les mains du mandataire ou du liquidateur judiciaire (art. L 622-7, L 622-24, L 631-14 et L 641-3). Sur la question de savoir si l'associé peut invoquer après l'ouverture de la procédure collective la compensation du solde créditeur de son compte courant avec une créance de la société sur lui, voir nos 91307 (fraction non libérée du capital) et 91323 (augmentation de capital prévue par le projet de plan).

ATTENTION

Le **dirigeant** qui a remboursé un compte courant d'associé avant que la société ne fasse l'objet d'un redressement ou d'une liquidation judiciaire peut, dans certaines circonstances, être **passible de sanctions.**

Ainsi, le remboursement ne doit pas constituer un paiement préférentiel au détriment des autres créanciers de la société (Cass. com. 24-5-2018 nº 17-10.119 F-D : RJDA 8-9/18 nº 665) sous peine d'exposer le dirigeant à une **action en comblement du passif social pour faute de gestion.** Tel a été le cas lorsque le dirigeant a procédé au remboursement alors qu'il savait inéluctable la déclaration de cessation des paiements de la société et qu'il connaissait le risque que cette dernière doive une somme d'argent à un tiers dans le cadre d'un contentieux (Cass. com. 24-5-2018 précité). Le simple fait que les comptes bancaires de la société étaient créditeurs d'une somme supérieure au montant du remboursement au moment où il a été effectué ne suffit pas pour exclure la faute du dirigeant (Cass. com. 20-10-2021 nº 20-11.095 F-D : RJDA 2/22 nº 102).

Le remboursement d'un compte courant d'associé constitue le paiement d'une dette de la société ; il ne peut donc pas être qualifié de détournement d'actif justifiant le prononcé d'une **faillite personnelle ou** d'une **interdiction de gérer** contre le dirigeant (Cass. com. 20-10-2021 nº 20-15.736 F-D : RJDA 2/22 nº 103). Le dirigeant s'expose néanmoins aux sanctions précitées si le remboursement est intervenu après la date de cessation des paiements de la société et au détriment des autres créanciers (art. L 653-5, 4º et L 653-8 ; Cass. com. 20-10-2021 nº 20-15.736 précité).

Le dirigeant peut-il être déclaré coupable de **banqueroute** pour détournement d'actif social ? Dans un arrêt de 1997, la Cour de cassation a confirmé la condamnation pour banqueroute d'un dirigeant qui avait remboursé les comptes courants créditeurs de certains associés membres de sa famille alors que la société était en état de cessation des paiements (Cass. crim. 27-11-1997 *nº 96-85.520 D : RJDA 3/98 nº 323, Rev. sociétés 1998 p. 596 note A. Bouloc*) mais, en l'espèce, le pourvoi ne contestait pas directement la qualification de détournement d'actif donnée à ce remboursement par les juges du fond. Cette qualification a aussi été retenue dans un autre arrêt (Cass. crim. 11-5-1995 nº 94-83.515 P : Bull. crim. nº 172) mais, dans cette affaire, le dirigeant ne s'était pas contenté de rembourser des comptes courants d'associés : il avait, en fraude des droits des créanciers sociaux, vendu les fonds de commerce de la société à des sociétés dirigées par des membres de sa famille et avait employé le produit de la vente à payer les dettes de la société, dont il s'était porté caution solidaire et à rembourser son compte courant et celui de son fils. Au vu de cette jurisprudence et de celle plus récente de la chambre commerciale de la Cour de cassation (Cass. com. 20-10-2021 nº 20-15.736 précité), rien ne permet d'affirmer que le seul remboursement d'un compte courant expose le dirigeant à la banqueroute pour détournement d'actif.

1951 **Ayant droit au remboursement.** C'est à celui qui a avancé les fonds de demander à la société le remboursement des sommes inscrites sur son compte courant. Lorsqu'il est **marié** sous le régime de la communauté, il a seul qualité pour présenter cette demande ; son conjoint ne le peut pas, peu important que la somme provenant du remboursement doive figurer à l'actif de la communauté (Cass. 1e civ. 9-2-2011 nº 09-68.659 : RJDA 5/11 nº 423).

En cas de **cession des parts** de l'associé prêteur, la cession n'entraîne pas automatiquement le transfert du compte à l'acquéreur, ni sa clôture (nº 17142), de sorte que le cédant est fondé à demander le remboursement des fonds détenus à son nom à tout moment après la cession (Cass. com. 27-5-2021 nº 19-18.983 F-D : RJDA 8-9/21 nº 572 ; CA Versailles 25-9-2007 nº 06-6222 : RJDA 2/08 nº 149). De même, la **donation des parts** n'emporte pas, sauf clause contraire, transfert du compte courant de l'associé donateur au bénéficiaire de la donation. Par suite, seuls l'associé ou, à son décès, ses héritiers ont un droit sur les sommes inscrites en compte (Cass. 3e civ. 18-11-2009 nº 08-18.740 : RJDA 5/10 nº 514).

Lorsqu'un **associé** est **en liquidation judiciaire,** il ne peut pas demander le remboursement des sommes inscrites sur son compte courant car cette action, qui tend au recouvrement de la créance dont il dispose contre la société, ne peut être exercée que par le liquidateur judiciaire (Cass. com. 23-9-2014 nº 12-29.262 : RJDA 12/14 nº 925).

1955 **Régime fiscal des intérêts** Les intérêts versés sur les sommes déposées en compte courant ne sont fiscalement déductibles des bénéfices sociaux que si le capital social a été intégralement libéré et si le taux d'intérêt servi ne dépasse pas la moyenne annuelle des taux effectifs moyens pratiqués par les établissements de crédit pour des prêts à taux variables aux entreprises d'une durée initiale supérieure à deux ans (Mémento Fiscal nº 8830).

La déduction des intérêts servis par des sociétés passibles de l'impôt sur les sociétés à des entreprises liées, directement ou indirectement, au sens de l'article 39, 12 du CGI (nº 81511), est limitée au taux défini ci-dessus ou au taux du marché s'il est supérieur.

En outre, un dispositif admettant la déduction des charges financières nettes dans la limite d'un plafond déterminé en fonction du résultat avant impôts, intérêts, dépréciations et amortissements (Ebitda fiscal), de l'appartenance ou non à un groupe consolidé et de la situation éventuelle de sous-capitalisation s'applique à toutes les sociétés soumises à l'impôt sur les sociétés (CGI art. 212 bis et, pour les groupes intégrés, art. 223 B bis : Mémento Fiscal nºs 35830 s. et 40495 s.).

Par ailleurs, un mécanisme de lutte contre les dispositifs hybrides susceptibles de produire des effets fiscaux asymétriques dans des situations transnationales s'applique (Mémento Fiscal nºs 35815 s.).

Qu'ils soient déductibles ou non des résultats de la société versante, les intérêts des comptes courants d'associés perçus par une entreprise sont compris dans les bénéfices professionnels et imposés, en tant que tels, soit à l'impôt sur le revenu, soit à l'impôt sur les sociétés.

Lorsqu'ils sont perçus par une personne physique, les intérêts sont, sauf exception, soumis à un prélèvement forfaitaire non libératoire (PFNL) de 12,8 % imputable sur l'impôt sur le revenu calculé par application du prélèvement forfaitaire unique (PFU) au taux de 12,8 % ou sur option globale du contribuable au barème progressif. Les intérêts sont également soumis aux prélèvements sociaux à un taux global de 17,2 % (Mémento Fiscal nºs 24980 s.).

2. APPORTS EN NATURE

DÉFINITION DE L'APPORT EN NATURE

1970 On désigne sous le nom d'apport en nature tout apport d'un **bien autre qu'une somme d'argent.** Tout bien meuble (corporel ou incorporel) ou immeuble susceptible d'une évaluation pécuniaire et dont la propriété ou la jouissance sont transférables peut être apporté en société. Toutefois, on ne peut apporter à une société commerciale qu'un bien pouvant être exploité commercialement.

a. Étendue des droits apportés

APPORT EN PROPRIÉTÉ

1975 Le régime de l'apport en société est déterminé par des **dispositions spéciales** (C. civ. art. 1843-1 et 1843-3) ainsi que par certaines règles du **droit commun de la vente** dans la mesure où l'apport entraîne un transfert de propriété.

L'**apport** en propriété est **réalisé** (art. 1843-3, al. 2) :
– par le transfert à la société de la propriété des biens apportés ;
– et par la mise de ces biens à la disposition effective de la société.

Pour que ces conditions soient remplies, l'apporteur doit s'engager à transférer le bien à la société. Cet engagement est pris par **écrit** soit dans les statuts, soit dans un acte distinct (l'acte d'apport) que l'apporteur signe en même temps que les statuts et qui est annexé à ceux-ci. La clause de libération de l'apport doit préciser la nature et la valeur du bien apporté, ainsi que, pour les clauses figurant dans un acte distinct, les caractéristiques essentielles de la société à laquelle l'apport est consenti.

> **Précisions** En l'absence de précisions légales sur les modalités de la **mise à disposition** des biens apportés, celle-ci doit, par analogie avec l'obligation de délivrance en cas de vente, être effectuée conformément aux articles 1604 s. du Code civil.

Transfert du droit de propriété La **société** (à l'exception de la société en participation qui n'a pas la personnalité morale) devient **propriétaire** du bien apporté ; les associés n'en sont pas copropriétaires. En échange de son bien, l'apporteur reçoit des droits sociaux, de caractère mobilier (n° 4064). **1980**

La propriété de la chose est transférée avec les droits qui accompagnent cette chose en tant qu'**accessoires** et s'identifient à elle : par exemple, l'action en garantie décennale est transférée avec l'immeuble apporté (Cass. 3e civ. 23-3-1968 : D. 1970 p. 663 note Ph. Jestaz).

Date du transfert de propriété. Le transfert de propriété des biens représentatifs des apports n'intervient qu'au jour où la société se trouve immatriculée au RCS puisque c'est seulement à cette date qu'elle acquiert la personnalité morale et peut donc disposer d'un patrimoine propre. Jusqu'à l'**immatriculation,** le bien apporté reste dans le patrimoine de l'apporteur. **1982**

L'apporteur est néanmoins lié par son engagement d'apport. Il est dans la même situation qu'un vendeur qui n'a pas encore délivré la chose vendue : il doit donc assurer la conservation des biens apportés (C. civ. art. 1614, al. 1) et supporter seul les risques de leur disparition par cas fortuit (n° 1990) ; il doit s'abstenir de tout acte susceptible de faire obstacle au transfert de propriété de ces biens à la société sous peine de dommages-intérêts (C. civ. art. 1611) et tenir compte à la société, du jour de la conclusion du contrat, de tous les fruits de la chose apportée (art. 1614, al. 2).

Le transfert de propriété peut être retardé à une date postérieure à celle de l'immatriculation et fixée dans les statuts, sauf lorsque la loi exige une libération immédiate des apports en nature comme c'est le cas pour les SARL et les sociétés par actions.

> **Précisions** On ne saurait, à notre avis, considérer que la propriété privative de chaque associé sur ses apports est transférée à une **indivision** qui se formerait entre les associés du fait de la conclusion du contrat de société et qui durerait jusqu'à l'immatriculation.
> À propos des sociétés en participation dépourvues de la personnalité morale, l'article 1872 du Code civil dispose que, sauf convention contraire, chaque associé reste propriétaire des biens qu'il met à la disposition de la société, confirmant ainsi une solution maintes fois retenue par les tribunaux (Cass. com. 15-5-1973 : Rev. sociétés 1973 p. 693 note B. Bouloc ; CA Paris 22-12-1933 : DH 1934 p. 137).
> Au surplus, l'intention des associés, lors de la conclusion du contrat de société, n'est pas de faire naître entre eux une indivision, même limitée à la période de formation de la société. Leurs apports sont destinés à la société personne morale et non aux autres associés. Or, cette intention des associés doit être prise en considération. En effet, jusqu'à l'immatriculation, les rapports entre les associés sont régis par le droit des contrats (C. civ. art. 1842, al. 2) ; il est donc justifié d'appliquer au contrat de société les règles relatives à l'interprétation des contrats en général (C. civ. art. 1188, al. 1) qui prescrivent de rechercher quelle a été la commune intention des parties.

Publicité du transfert de propriété. Pour certains biens (immeubles, fonds de commerce, etc.), le **transfert** de propriété n'est **opposable** aux tiers qu'après accomplissement de certaines formalités de publicité (nos 2075 s.). **1984**

Cette publicité peut être effectuée dès la signature des statuts et avant que la société soit immatriculée. Dans ce cas, elle n'est faite que sous la condition de cette immatriculation. Mais, à compter de celle-ci, les effets de la formalité, notamment l'opposabilité aux tiers du transfert de propriété, rétroagissent à la date de son accomplissement (C. civ. art. 1843-1).

Il en résulte par exemple que, en cas d'apport d'un **immeuble** publié avant qu'un créancier de l'apporteur n'inscrive une **hypothèque** sur cet immeuble, l'immatriculation de la société fait « rétroagir l'apport » à la date de sa publicité, ce qui rend l'inscription inefficace (CA Agen 20-2-2008 n° 07-1130 : RJDA 3/09 n° 219).

1990 **Transfert des risques** Le transfert des risques suit le transfert de la propriété. Il en résulte que, sauf dans le cas où le transfert de propriété serait retardé, la société supporte seule les **conséquences de la perte ou de la détérioration** des biens apportés à partir du jour où elle est immatriculée au RCS, sans que cette perte ou cette détérioration ait un effet quelconque pour l'apporteur, qui conserve tous les droits qui lui ont été attribués.

En revanche, tant que la société n'est pas immatriculée, l'apporteur supporte seul les risques de disparition des biens qu'il a apportés, même si cette disparition intervient après la signature des statuts (C. civ. art. 1196).

Les autres associés peuvent alors provoquer la résolution du contrat de société (C. civ. art. 1217).

Si les associés renoncent à provoquer la résolution du contrat, ils sont censés prendre à leur charge les risques de la perte de l'apport et accepter que l'apporteur demeure associé.

1993 **Garanties dues par l'apporteur** L'apporteur est tenu de garantir la société dans les mêmes **conditions** qu'un vendeur à l'égard de son acheteur (C. civ. art. 1843-3, al. 3).

1994 **Garantie en cas d'éviction.** L'apporteur doit garantir la société contre toute éviction, c'est-à-dire contre tout fait ou acte empêchant la possession paisible du bien apporté (C. civ. art. 1625 s.).

L'éviction peut être le **fait d'un tiers.** Tel est le cas lorsqu'un associé a apporté un bien ne lui appartenant pas ou ne lui appartenant plus : par exemple, apport d'un fonds de commerce par une personne qui n'en était plus propriétaire (T. com. Lyon 3-2-1949 : J. soc. 1949 p. 277).

L'éviction peut aussi être le **fait de l'apporteur** lui-même. Il en est ainsi lorsqu'il :
– se livre à une activité concurrente ou à des actes dépréciant la valeur du fonds de commerce apporté, par exemple en créant un autre fonds de commerce par le truchement d'un prête-nom ;
– viole une clause de non-rétablissement prévue dans l'acte d'apport, dans la mesure où cette clause est conforme aux conditions de droit commun des engagements de non-concurrence (nos 17840 s.) ;
– laisse persister l'irrégularité de la situation locative résultant de l'exploitation du fonds de commerce apporté dans des locaux d'habitation (Cass. com. 7-12-1970 : Bull. civ. IV no 335) ;
– ne déclare pas les servitudes ou autres charges dont l'immeuble apporté est grevé, ou affirme l'existence de servitudes actives ou de droits réels dont la société ne peut pas profiter ;
– ne livre pas toute la contenance de l'immeuble apporté promise dans l'apport ; la société est alors en droit d'exiger celle qui a été prévue si elle a été évaluée à tant le mètre carré (C. civ. art. 1617) ; si l'évaluation a été faite de toute autre façon, l'apporteur n'est obligé à garantie que s'il y a une différence de plus du vingtième entre la contenance stipulée et la contenance réelle (C. civ. art. 1619).

La garantie due par l'apporteur peut être augmentée ou diminuée selon l'accord des parties au contrat de société, qui peuvent même convenir que l'apporteur ne sera soumis à aucune garantie (C. civ. art. 1627). Mais, en aucun cas, l'apporteur ne peut échapper à la garantie de ses actes personnels (C. civ. art. 1628).

1995 **Garantie des vices cachés.** Lorsque les vices cachés rendent le **bien** apporté **impropre à l'usage** auquel il était destiné ou diminuent considérablement cet usage (C. civ. art. 1641), les associés peuvent demander en justice la résolution de l'apport (cf. C. civ. art. 1644) et des dommages-intérêts compensatoires si l'apporteur connaissait les vices de la chose (cf. C. civ. art. 1645).

Les parties peuvent aménager conventionnellement la garantie des vices cachés en stipulant par exemple que l'apporteur ne sera pas tenu de garantir les vices dont il ignorait l'existence (C. civ. art. 1643).

1997 **Conséquences pour la société.** Dans les **SARL** et les **sociétés par actions,** l'éviction de la société, de même que la résolution de l'apport pour vices cachés, n'est pas une cause de nullité de la société (nos 89133 s. et 89145). Celle-ci peut donc continuer.

Dans les **SNC** et les **SCS** constituées avant le 1er octobre 2025, l'éviction de la société, de même que la résolution de l'apport pour vices cachés, est une cause de nullité de la société dès lors que l'apport présentait pour les associés une importance telle qu'en son absence ils n'auraient pas contracté, par exemple dans le cas où cet apport était indispensable à la réalisation de l'objet social (no 89132) ; si la société est constituée à compter du 1er octobre 2025, la nullité ne peut pas être prononcée pour ce motif (C. civ. art. 1844-10, al. 1 modifié, à compter du 1-10-2025, par ord. 2025-229 du 12-3-2025 ; Ord. 2025-229 art. 70).

Absence de protection de l'apporteur Quelles que soient les similitudes existant entre la vente et l'apport en société, notamment quant au transfert de propriété, les deux opérations ne sont pas identiques ; il existe entre elles une différence essentielle : alors que dans la vente le vendeur a droit à un prix, l'associé ne peut prétendre, en contrepartie de son apport, qu'à des droits sociaux soumis aux aléas de la société (pour un rappel de la distinction entre la vente et l'apport en société, voir Cass. com. 9-3-2022 nº 20-14.773 F-D : RJDA 6/22 nº 342). 2000

Il en résulte que, contrairement au vendeur, l'apporteur ne bénéficie pas :
– du **privilège du vendeur** ;
– du droit de **rétention** ;
– du droit de faire annuler un apport d'immeuble pour **lésion** de plus des sept douzièmes, même s'il s'agit d'un apport mixte (Cass. req. 12-6-1945 : J. soc. 1946 p. 228).

Apports de biens indivis ou de droits sur des biens indivis Un indivisaire ne peut apporter un bien indivis à la société que si les autres **indivisaires** consentent à cet apport (C. civ. art. 815-3). Tout apport réalisé sans le **consentement** de ces derniers leur est inopposable, mais seulement pour la part de leurs droits dans l'indivision (Cass. 1e civ. 5-4-2005 nº 665 : RJDA 4/06 nº 475). Sur la **qualité d'associé** des indivisaires ayant consenti à l'apport d'un bien indivis, voir nº 6010. 2005

Le **droit de préemption** dont bénéficient les indivisaires en cas de cession par l'un d'entre eux de ses droits sur les biens indivis (C. civ. art. 815-14) ne s'applique pas à l'apport en société, faute pour eux d'être en mesure de fournir le même avantage à l'apporteur, à savoir l'attribution de droits sociaux et non le paiement d'un prix (CA Paris 11-9-1997 : Rép. Defrénois 1998 p. 119 note Ph. Malaurie).

APPORT EN JOUISSANCE

L'apport en jouissance est la **mise d'un bien à la disposition de la société** pour un temps déterminé sans transfert au profit de celle-ci du droit de propriété ; la société peut user librement de ce bien, mais l'apporteur en reste propriétaire. L'intérêt de cette formule pour l'apporteur tient au fait que celui-ci a l'assurance de récupérer son bien à la disparition de la société : ce bien ne sera pas compris dans le partage et sera soustrait à l'action des créanciers sociaux puisqu'il ne fait pas partie en propriété du patrimoine social. 2010

L'apport en jouissance peut porter sur tous les biens susceptibles d'un apport en propriété (immeuble, fonds de commerce, matériel, etc.).

S'il porte sur des **choses fongibles** (par exemple, des valeurs mobilières ou une somme d'argent) ou sur tous autres biens normalement appelés à être renouvelés pendant la durée de la société (par exemple, des marchandises), celle-ci devient propriétaire des biens apportés, à charge pour elle, à l'expiration de la période convenue, d'en rendre une pareille quantité, qualité et valeur (C. civ. art. 1843-3, al. 4).

Lorsque les parties n'ont pas **clairement indiqué dans les statuts** si l'apport était en propriété ou en jouissance, les tribunaux doivent, pour le déterminer, apprécier les circonstances de l'espèce, notamment les valeurs données aux différents apports et l'importance respective des droits attribués à chaque associé dans les bénéfices (CA Nancy 6-12-1932 : J. soc. 1933 p. 558).

Durée de l'apport en jouissance La société peut user du bien apporté en jouissance pendant un délai librement convenu (généralement la durée effective de la société). 2013

En cas d'apport en jouissance « pour la **durée de la société** » et de dissolution anticipée de ladite société, l'apporteur reprend, avant tout partage, les biens qu'il n'avait mis en commun que pour la jouissance (CA Aix-en-Provence 31-5-1951 : JCP 1952 II nº 6792 note D. Bastian). En revanche, si l'apport a été fait pour une **durée déterminée** et si la dissolution intervient avant l'expiration de cette durée, le droit de jouissance fait partie de l'actif social à liquider ou à partager.

La **décision prorogeant la durée** d'une société à laquelle les associés ont consenti un apport en jouissance pour cette durée doit être adoptée à l'unanimité car, en imposant le maintien de l'apport au-delà du terme initial, cette décision augmente les engagements des associés (Cass. com. 20-12-2017 nº 16-19.283 F-D : RJDA 4/18 nº 321, pour une société en participation mais transposable aux sociétés dotées de la personnalité morale).

Réalisation de l'apport en jouissance Malgré son caractère successif, l'apport en jouissance doit être considéré comme libéré intégralement dès que l'apporteur a mis le **bien** concerné **à la disposition de la société.** Un tel apport est donc possible dans toutes les formes de sociétés, même dans les sociétés par actions et les SARL pour lesquelles la loi 2016 exige une libération intégrale des apports dès la constitution ou l'augmentation du capital de la société (en ce sens, CA Aix-en-Provence 31-5-1951 : JCP 1952 II nº 6792 note D. Bastian).

En vertu de l'article 1843-3, al. 2 du Code civil, les apports en nature sont réalisés par le transfert des droits correspondants et par la mise à la disposition effective des biens. Il s'ensuit que l'apport en jouissance est réalisé dès que l'apporteur a mis la société en mesure de jouir paisiblement du bien apporté.

Certes, l'apporteur doit procurer cette jouissance paisible à la société pendant toute la durée convenue dans l'acte d'apport puisqu'il est tenu envers la société comme un bailleur envers son locataire (art. 1843-3, al. 4), mais cette exigence concerne la garantie de l'apport, non sa libération.

2018 L'apport en jouissance n'est pas soumis aux formalités de **publicité** requises pour l'apport en propriété de certains biens ; toutefois, il est prudent de publier au service chargé de la publicité foncière l'apport en jouissance d'un immeuble pour une durée supérieure à 12 ans comme le prévoit, en matière de bail, l'article 28, 1º-b du décret 55-22 du 4 janvier 1955.

2020 L'apporteur en jouissance doit **garantir la société** dans les mêmes conditions qu'un bailleur envers son preneur (C. civ. art. 1843-3, al. 4). En conséquence, il doit procurer à la société une jouissance paisible du bien apporté (C. civ. art. 1719, 3º).

2023 **Perte du bien apporté en jouissance** Les risques de perte ou de détérioration du bien apporté en jouissance restent à la **charge de l'apporteur.** Il en est autrement lorsque l'apport porte sur des **choses fongibles** (marchandises, valeurs mobilières, etc.). Dans ce cas, la société peut disposer des biens apportés en jouissance, à charge pour elle, à l'expiration de la période convenue, d'en restituer une quantité, une qualité et une valeur égales (C. civ. art. 1843-3, al. 4) ; l'apport entraînant ainsi transfert de propriété, l'apporteur est tenu de la même obligation que s'il y avait eu apport en propriété (art. 1843-3, al. 3 sur renvoi de l'al. 4).

La perte du bien apporté en jouissance n'est pas une cause automatique de **dissolution** de la société. Elle peut néanmoins provoquer cette dissolution s'il résulte de cette perte une extinction de l'objet social (C. civ. art. 1844-7, 2º). C'est pourquoi il est recommandé de prévoir dans les statuts que l'apporteur est tenu de faire assurer le bien ou de le reconstituer au plus vite.

2026 **Apport en jouissance d'un fonds de commerce** L'apport en jouissance d'un fonds de commerce entraînant une situation comparable à celle d'une **location-gérance** (« gérance libre »), les dispositions des articles L 144-1 s. doivent être respectées car l'article L 144-10 soumet aux règles prévues pour les contrats de location-gérance « toute autre convention comportant des clauses analogues » (en ce sens, à propos de l'ancienne loi du 20-3-1956 désormais codifiée, Cass. com. 6-11-1962 : Bull. civ. III nº 440).

En revanche, du point de vue des obligations réciproques des parties, l'apport en jouissance ne saurait être assimilé à une location-gérance ; notamment, il ne peut pas créer pour la société bénéficiaire une obligation d'exploiter le fonds dont l'inobservation entraînerait une restitution du fonds à l'apporteur (Cass. com. 3-12-1991 : RJDA 1/92 nº 41).

APPORT D'UN USUFRUIT

2035 À la différence de l'apport en jouissance, l'apport d'un usufruit entraîne transfert en pleine propriété à la société d'un droit réel dont se dépouille l'apporteur.

L'apport peut porter sur un **usufruit existant.** Dans ce cas, la société ne bénéficiera des droits de l'usufruitier que jusqu'au décès de celui-ci, puisque l'usufruit s'éteint à la mort de l'usufruitier (C. civ. art. 617), ou jusqu'au terme prévu lors de la constitution du droit d'usufruit, et ce, dans la limite de 30 ans, la loi imposant cette limite lorsque l'usufruit « n'est pas accordé à des particuliers » (C. civ. art. 619).

Il peut arriver aussi que l'usufruit apporté résulte d'un **démembrement** de propriété opéré **au moment de la constitution de la société** ou de l'augmentation de son capital, l'apporteur transférant à la société l'usufruit d'un bien dont il conserve la nue-propriété ; dans ce cas, comme dans le précédent, l'usufruit ne peut pas excéder 30 ans (art. 619) ni la durée de vie de l'usufruitier (art. 617).

L'apport d'un usufruit est soumis aux mêmes règles que l'apport en propriété (en ce qui concerne la transmission du droit, la garantie et les risques, voir nºs 1975 s.).

L'apport d'un usufruit à durée fixe est soumis à un régime fiscal particulier (Mémento Fiscal nºs 4780 s.).

ÉVALUATION INCORRECTE DES APPORTS

La **surévaluation** d'apport consiste à donner à un apport réel une valeur exagérée. Elle n'est pas, sauf cas de dol ou de fraude, une cause de nullité de cet apport (à compter du 1-10-2025, C. civ. art. 1844-10-1, al. 1 issu de ord. 2025-229 du 12-3-2025 et, sur renvoi, art. 1844-10, al. 3 modifié par ord. 2025-229 ; Ord. 2025-229 art. 70 ; auparavant, T. com. Paris 24-6-1974 : Rev. jur. com. 1977 p. 157). Elle est simplement susceptible d'engager la responsabilité de l'apporteur (en ce sens, Cass. com. 28-6-2005 n° 03-13.112 FS-PBRI : RJDA 10/05 n° 1107 ; Cass. com. 26-4-2017 n° 15-28.091 F-D : RJDA 8-9/17 n° 550). 2040

La surévaluation ne constitue pas une décision de gestion ; elle n'autorise donc pas le juge à condamner un dirigeant ayant apporté un bien surévalué à combler le passif social (CA Grenoble 2-2-2012 n° 10/04268 : RJDA 6/12 n° 611).

Dans les SARL et les sociétés par actions, le risque de surévaluation est limité puisque, en principe, les associés ne peuvent fixer la valeur des apports en nature qu'au vu d'un rapport établi par un commissaire aux apports (nos 30161 s. et 37911 s.).

Lorsque les apports ont été surévalués, il est possible de corriger ultérieurement cette surévaluation par une réduction du capital social (Cass. req. 9-2-1903 : D. 1905. I p. 265 note Thaller). Toutefois, hormis le cas où l'apporteur accepterait de supporter seul les conséquences de la réduction de capital, celle-ci doit être imputée sur toutes les parts ou actions ; la surévaluation est, en effet, opposable à tous les associés (sauf, là encore, dol ou fraude) puisque ceux-ci ont accepté la valeur retenue pour les apports lors de la constitution de la société (CA Paris 15-3-1890 : Rev. sociétés 1890 p. 295).

S'il était avéré qu'un apport a été **sous-évalué,** la possibilité de l'évaluer à sa valeur réelle nécessiterait l'accord de tous les associés car elle serait de nature à entraîner une modification de la répartition des droits sociaux au détriment des associés autres que l'apporteur. 2042

> **Précisions** Au **plan fiscal,** si les opérations d'apport sont, en principe, sans influence sur la détermination du bénéfice imposable, tel n'est toutefois pas le cas lorsque la valeur d'apport des immobilisations, comptabilisée par l'entreprise bénéficiaire de l'apport, a été volontairement minorée par les parties pour dissimuler une libéralité faite par l'apporteur à l'entreprise bénéficiaire. Dans une telle hypothèse, l'administration est fondée à corriger la valeur d'origine des immobilisations apportées à l'entreprise pour y substituer leur valeur vénale, augmentant ainsi l'actif net de l'entreprise dans la mesure de l'apport effectué à titre gratuit. Elle doit toutefois apporter la preuve d'une telle libéralité, c'est-à-dire établir l'existence, d'une part, d'un écart significatif entre le prix d'acquisition de l'immobilisation et sa valeur vénale et, d'autre part, de l'intention, pour le cédant, d'octroyer et, pour la société bénéficiaire, de recevoir une libéralité du fait des conditions de vente, cette intention étant présumée lorsque les parties sont en relation d'intérêts (CE plén. 9-5-2018 n° 387071 : RJF 7/18 n° 726). Le contexte dans lequel l'opération d'apport s'est déroulée peut être pris en compte pour apprécier l'existence d'une contrepartie de nature à justifier l'écart significatif entre le prix convenu et la valeur vénale des titres apportés et ainsi faire échec à la libéralité retenue par l'administration (CE 21-10-2020 n° 434512 : RJF 1/21 n° 12).

b. Apport d'un fonds de commerce

L'apport en société d'un fonds de commerce est soumis à un **régime spécial** qui résulte de la nature toute particulière de ce bien. 2050

ÉTENDUE DE L'APPORT DU FONDS DE COMMERCE

Le fonds de commerce est constitué par la **réunion d'éléments** divers : 2053
– d'une part, les éléments incorporels : enseigne, nom commercial, droit au bail, clientèle et achalandage, droits de propriété industrielle le cas échéant ;
– d'autre part, les éléments corporels : marchandises, matériel et mobilier.

Il n'est pas indispensable que tous ces éléments soient apportés pour qu'il y ait « apport du fonds de commerce ». En principe, il faut au moins que figurent dans cet apport la **clientèle** ainsi que tout élément qui conditionne cette clientèle (par exemple, le droit au bail si la situation du local est déterminante pour conserver la clientèle). Néanmoins, les tribunaux considèrent parfois qu'il y a apport de fonds de commerce même si la clientèle n'est pas expressément incluse dans l'apport lorsque les conditions dans lesquelles l'opération a été réalisée permettent d'induire que cette clientèle a été transférée à la société (Cass. com. 3-11-1970 : Bull. Joly 1971 p. 646 ; CA Amiens 13-5-1976 : Bull. Joly 1977 p. 333).

Ne sont **transmis** automatiquement avec le fonds de commerce ni les dettes, ni les **créances du commerçant,** ni les **contrats conclus avec des tiers** sauf exception prévue par la loi (contrat de travail ou d'assurance, par exemple). Il s'ensuit que la transmission de ces éléments ne peut intervenir que si l'acte d'apport les a mentionnés (Cass. com. 25-10-2023 n° 21-20.156 F-B : RJDA 2/24 n° 87 ; CA Paris 14-6-1993 : Dr. sociétés 1994 n° 4) et si les formalités d'apport propres à ces éléments ont été respectées.

2055 **Contrats de travail** L'apport en société entraîne **reprise** par la société de tous les contrats de travail en cours au jour de l'apport (cf. C. trav. art. L 1224-1). En outre, la société doit supporter tous les engagements que l'apporteur avait pris envers ses salariés avant l'apport ; mais, sauf convention contraire, elle peut demander à l'apporteur le remboursement des sommes versées en exécution de cette obligation (art. L 1224-2).

TRANSFERT DE PROPRIÉTÉ DU FONDS DE COMMERCE APPORTÉ

2060 Le transfert de propriété du fonds de commerce apporté ne peut être réalisé qu'**au jour de l'immatriculation** de la société au RCS puisque, avant cette date, la société n'a pas la personnalité morale.

Cependant, il ne saurait être question de cesser toute activité en attendant l'accomplissement des formalités requises pour cette immatriculation. Le fonds de commerce continuera donc à être exploité par l'apporteur sous sa responsabilité et pour le compte de la société. Si des **engagements** ont été souscrits, ceux-ci pourront être **repris par la société** selon l'une des procédures indiquées n°s 2690 s. (pour un exemple où, malgré le non-respect de la procédure, un marché de travaux passé pour le compte d'une société a été réputé repris par cette société – et la personne qui avait conclu ce marché dégagée de toute obligation à l'égard du cocontractant – dès lors qu'il était précisé dans les statuts de la société que celle-ci continuerait les traités, marchés ou accords passés pour l'exploitation du fonds apporté et que l'opération litigieuse avait été comptabilisée dans les écritures sociales, voir Cass. com. 10-10-1984 : Rev. sociétés 1985 p. 821 note J.-J. Burst).

La transmission de certains biens incorporels n'est opposable aux tiers qu'après accomplissement de formalités particulières. Tel est le cas notamment pour les **brevets** d'invention (n° 2155), les **marques** (n° 2160), le droit au **bail** (n°s 2120 s.).

PROTECTION DE LA SOCIÉTÉ BÉNÉFICIAIRE DU FONDS DE COMMERCE APPORTÉ

2070 Pour éviter toute surprise sur la valeur du fonds, l'apporteur et le représentant qualifié de la société (au moment de la constitution, ce sera un fondateur agissant pour le compte de la société) doivent **viser** un **document présentant les chiffres d'affaires mensuels** réalisés entre la clôture du dernier exercice et le mois précédant celui de l'apport (art. L 141-2, al. 1).

L'apporteur est tenu, en outre, de **mettre à la disposition** de la société tous les **livres comptables** qu'il a tenus durant les trois exercices précédant celui de l'apport, et ce, pendant trois ans à compter du jour où la société est entrée en jouissance du fonds (art. L 141-2, al. 2).

INSCRIPTION MODIFICATIVE AU RCS

2075 L'apporteur doit mentionner au RCS la transmission de son fonds de commerce (art. R 123-45 si l'apporteur est une personne physique et R 123-66 s'il s'agit d'une personne morale).

FORMALITÉS PROTÉGEANT LES CRÉANCIERS DE L'APPORTEUR DU FONDS DE COMMERCE

2076 En cas d'apport du fonds de commerce à une société autre qu'une EURL ou une Sasu (cf. art. L 141-21, al. 1), les formalités suivantes permettent d'assurer la protection des créanciers.

2078 **Publication de l'apport du fonds de commerce** Dans les **15 jours à compter de l'apport** du fonds de commerce (art. L 141-12 et L 141-21), c'est-à-dire à compter de la signature du contrat de société (ou de l'assemblée constitutive dans les SA constituées avec offre de leurs actions au public autre que les offres exclues, mentionnées n° 38450), doivent être accomplies :

1. Une insertion dans un **support d'annonces légales** dans le département dans lequel le fonds est exploité (art. L 141-12 et L 141-21).

L'insertion doit contenir les indications suivantes (art. L 141-21 et R 141-1, al. 2) :

– *date de l'acte ;*

– indications concernant l'enregistrement de l'acte (date, volume et numéro de la perception et indication du bureau où a eu lieu cette opération) ;

– nom, prénoms, domicile de l'apporteur s'il s'agit d'une personne physique, dénomination ou raison sociale et adresse du siège social s'il s'agit d'une personne morale ;

– dénomination ou raison sociale et adresse du siège de la société bénéficiaire de l'apport ;

– nature et siège du fonds ;
– évaluation ayant servi de base à la perception des droits d'enregistrement ;
– délai d'opposition pour les créanciers (dix jours après la dernière publication) ;
– mention du greffe du tribunal de commerce du lieu de situation du fonds où les créanciers de l'apporteur doivent faire la déclaration de leurs créances (nº 2081) ;
– en cas d'apport mixte, élection de domicile dans le ressort du tribunal où se trouve le fonds apporté (nº 2091).

ATTENTION

Si le fonds apporté comprend des **succursales ou établissements** situés sur le territoire français, la publication doit également être faite dans un support d'annonces légales du lieu du siège de ces succursales ou établissements (art. L 141-18). La publication doit alors comporter l'indication du greffe du tribunal de commerce du lieu de la succursale où les créanciers de l'apporteur pour la succursale concernée devront faire la déclaration de leurs créances et, en cas d'apport mixte, l'élection de domicile dans le ressort du tribunal où se trouve la succursale concernée.

2. Une **insertion au Bodacc** requise du greffier par la société dans les trois jours de l'insertion dans le support d'annonces légales (art. L 141-12, L 141-21 et R 123-212, al. 1).
Cette insertion doit contenir les mentions requises à l'article R 123-211.

› Précisions **a.** Lorsque l'**apport** est **conclu par acte sous signature privée,** les insertions dans le support d'annonces légales et au Bodacc doivent, à peine de nullité de la publication, être précédées de l'enregistrement de l'apport (art. L 141-13 et L 141-21). Si l'enregistrement doit en principe intervenir dans le mois de l'apport (nº 2205), il résulte de la combinaison de ces obligations que le respect du délai de publication dans le support d'annonces légales et au Bodacc impose en pratique d'enregistrer l'apport dans les 15 jours de l'acte.
b. Lorsque la **publication au Bodacc** est requise **en même temps que** celle de l'**avis relatif à l'immatriculation** de la société au RCS (ou à une inscription modificative liée à l'apport du fonds), un avis unique est publié, qui comprend l'ensemble des indications que contiennent les avis qu'il remplace (art. R 123-212, al. 2).
c. En cas d'**apport portant uniquement sur une succursale,** l'insertion dans le support d'annonces légales doit mentionner, à notre avis, à la fois le greffe du lieu de situation de l'établissement principal et celui du lieu de situation de la succursale (cf. art. L 141-21, al. 2 et R 141-1-1, al. 2). **Si** cet apport est en outre un **apport mixte,** doit aussi être mentionnée dans cette insertion l'élection de domicile à la fois dans le ressort du tribunal du lieu de situation de l'établissement principal et dans celui du lieu de situation de la succursale (art. R 141-1-1, al. 2).

Défaut de publication. À défaut de publication, ou si la publication ne contient pas toutes les mentions requises, le transfert de propriété du fonds de commerce à la société est valable, mais les créanciers peuvent déclarer leurs créances et, en cas d'apport mixte, faire opposition sur le prix correspondant aux apports à titre onéreux s'ils le jugent opportun (nº 2091) aussi longtemps qu'une publicité régulière n'a pas été faite. **2080**

› Précisions Jugé, à propos d'une vente de fonds de commerce, mais la solution est transposable en cas d'apport en société, qu'en l'**absence d'indication du délai** de dix jours réservé aux créanciers pour faire opposition dans l'insertion dans un support d'annonces légales, l'**opposition** d'un des créanciers au paiement du prix ne peut être déclarée irrecevable du seul fait qu'elle est **formée hors de ce délai** (Cass. com. 16-1-1996 : RJDA 4/96 nº 489).

Révélation des créances

Dans les **dix jours** de l'insertion au Bodacc (nº 2078), tout créancier de l'apporteur ne bénéficiant pas d'une inscription de privilège sur le fonds de commerce doit faire connaître au greffe du tribunal de commerce sa qualité de créancier et le montant des sommes qui lui sont dues (cf. art. L 141-22). Le greffe du tribunal de commerce compétent est celui du lieu où le propriétaire du fonds est immatriculé à titre principal au RCS (art. L 141-6, sur renvoi de l'art. L 141-22, et art. R 521-5). **2081**

Peu importe que la créance soit affectée d'un terme, d'une condition ou qu'elle soit seulement éventuelle ; peu importe également qu'il s'agisse d'une créance civile ou d'une créance commerciale. De même, les créanciers inscrits qui disposent déjà d'un droit de suite sur le fonds ont intérêt à faire connaître leurs créances s'ils veulent également s'assurer de la solidarité de la société pour le paiement de ces créances (T. com. Lyon 29-7-1914 : D. 1920 II p. 71).

En cas de **créance indéterminée,** le créancier doit évaluer celle-ci. Il ne lui est pas nécessaire de préciser que la créance est assortie de modalités (terme ou condition), ni de mentionner la cause de cette créance (Cass. com. 14-10-1958 : Gaz. Pal. 1958 II p. 297), ni de fournir de justification (CA Paris 25-2-1926 : J. soc. 1926 p. 485).

2083 La **révélation** de la créance faite **avant** l'ouverture du **délai** est valable et n'a pas à être renouvelée (CA Orléans 29-6-1954 : Gaz. Pal. 1955 I p. 12 et, sur pourvoi, Cass. com. 14-10-1958 : Bull. civ. III nº 346).

Par ailleurs, le **délai** ne **court** que si la publication est régulière ; notamment, la publicité de la constitution de la société ne saurait remplacer celle prévue pour l'apport d'un fonds de commerce (Cass. com. 11-2-1969 : Bull. civ. IV nº 58).

2085 En l'**absence de révélation** régulière, les créanciers non inscrits perdent tout recours contre la société (CA Orléans 26-11-1970 : RTD com. 1971 p. 984). Rien ne peut suppléer l'absence de révélation : ni une saisie ni une opposition lorsqu'il s'agit d'un apport pur et simple (T. com. Marseille 21-6-1926 : J. soc. 1928 p. 592) ; cette opposition est cependant valable s'il s'agit d'un apport à titre onéreux ou mixte.

Toutefois, les créanciers conservent leur recours contre la société en cas de prise en charge par celle-ci du passif de l'apporteur. Il en serait de même s'il était démontré que la société a admis la créance du créancier négligent (CA Paris 10-7-1935 : DH 1935 p. 532).

En toute hypothèse, l'apporteur reste débiteur principal. Dès lors, les créanciers qui ne pourraient faire valoir leurs droits à l'encontre de la société peuvent saisir les droits sociaux attribués à l'apporteur, et même contester la validité de l'apport par la voie de l'action paulienne (nºs 2315 s.).

L'apport d'un fonds de commerce à une société, même accompagné d'une cession expresse des dettes contractées pour son exploitation, n'a pas pour effet de décharger l'apporteur de ces dettes (Cass. com. 27-1-1998 : RJDA 6/98 nº 718). En effet, l'apporteur n'est libéré que si le créancier y consent expressément (C. civ. art. 1327-2).

2087 La **révélation** de la créance n'équivaut pas à une demande de remboursement et ne rend pas la créance exigible (CA Lyon 16-12-1923 : DP 1924 II p. 110). Elle peut avoir deux **conséquences** (art. L 141-22, al. 2) : elle ouvre la voie à une action en nullité de l'apport ou, à défaut, la société se trouve engagée solidairement avec l'apporteur au paiement des créanciers de celui-ci.

ATTENTION

Selon l'article L 141-22, al. 2, la révélation de créances permet aux associés de demander la **nullité « de la société ou de l'apport ».** Toutefois, la nullité de la société ne peut pas être prononcée en vertu de ce texte (art. L 235-1 remplacé, à compter du 1-10-2025, par C. civ. art. 1844-10, al. 1 modifié par ord. 2025-229 du 12-3-2025 ; Ord. 2025-229 art. 70) ; celui-ci ne peut donc motiver que la nullité de l'apport, à condition toutefois, si l'apport a été effectué à compter du 1er octobre 2025, que le juge considère que l'article L 141-22, al. 2 est une disposition impérative de droit des sociétés (C. civ. art. 1844-10-1, al. 1 issu de ord. 2025-229 et, sur renvoi, art. 1844-10, al. 3 modifié par ord. 2025-229).

2089 La **demande en nullité de l'apport** doit être formée dans les 15 jours suivant l'expiration du délai de révélation des créances mentionné nº 2081 (art. L 141-22, al. 2). Elle peut être engagée par un ou plusieurs associés, mais non par l'apporteur (T. com. Seine 19-4-1937 : Gaz. Pal. 1937 II p. 53). Le tribunal jouit d'un pouvoir souverain d'appréciation pour admettre ou refuser la nullité.

Si la nullité est admise :

– les créanciers de la société n'ont aucun droit sur le fonds de commerce qui demeure le gage exclusif des créanciers de l'apporteur ;

– la société n'est pas nulle, sauf si l'apport du fonds de commerce a joué un rôle déterminant dans la constitution et si la société a été constituée avant le 1er octobre 2025 et n'est ni une SARL ni une société par actions (nºs 89134 s. et 89145).

Si la nullité est rejetée ou si aucune demande en nullité n'a été présentée dans le délai, la société est tenue solidairement avec l'apporteur du paiement des créanciers qui ont fait la révélation. Aucune clause des statuts ou de l'acte d'apport ne peut restreindre cette obligation pour la société de régler le passif déclaré, quitte pour elle à se retourner ensuite contre l'apporteur.

2091 En cas d'**apport mixte,** la fraction de l'apport non rémunérée par les droits sociaux s'analyse en une vente. Dès lors, les créanciers de l'apporteur peuvent faire opposition sur le prix correspondant à cette vente (art. L 141-14) ; ils peuvent également, à titre de seconde garantie, révéler leur créance comme en cas d'apport pur et simple afin de bénéficier de la solidarité de la société.

› Précisions La faculté d'opposition des créanciers impose selon nous de mentionner dans l'insertion dans le support d'annonces légales l'**élection de domicile** dans le ressort du tribunal où se trouve le fonds apporté. En effet, s'il a pu être jugé que cette élection n'était pas nécessaire en cas d'apport mixte (CA Orléans 29-6-1954 : Gaz. Pal. 1955 I p. 12), la prudence recommande toutefois de faire figurer cette mention tant que la Cour de cassation ne se sera pas prononcée, dès lors que les créanciers peuvent faire opposition aussi longtemps qu'une publicité régulière n'aura pas été faite.

Sur le lieu de l'élection de domicile en cas d'apport portant uniquement sur une succursale, voir nº 2078.

Transfert du fonds par fusion, scission ou apport partiel d'actifs Sur l'application des articles L 141-21 et L 141-22 en cas de fusion, de scission ou d'apport partiel d'actifs soumis au régime des scissions, voir nº 83840. 2095

DROIT DE PRÉEMPTION SUR LE FONDS DE COMMERCE APPORTÉ

Les communes ayant délimité un périmètre de sauvegarde du commerce et de l'artisanat de proximité ou leurs délégataires (cf. C. urb. art. L 214-1-1) peuvent exercer un droit de préemption sur les « **aliénations à titre onéreux de fonds artisanaux, de fonds de commerce ou de baux commerciaux** » situés dans ce périmètre, de même que les aliénations à titre onéreux de **terrains** portant ou destinés à porter des commerces d'une surface de vente comprise entre 300 et 1 000 m^2 (C. urb. art. L 214-1, al. 1 et 2). La loi visant expressément les « aliénations à titre onéreux » (ce qui recouvre aussi bien les ventes que les autres modes de transfert isolé de la propriété, tels les apports en société ou les échanges), le droit de préemption s'applique aux apports en société de tels fonds et terrains. 2100

L'apport doit être précédé d'une **déclaration** faite par l'apporteur à la commune et qui doit préciser l'évaluation de l'apport, l'activité de la société bénéficiaire de l'apport, le nombre de salariés de l'apporteur, la nature de leur contrat de travail et les conditions de l'opération ; lorsque le fonds de commerce comporte un droit au bail, la déclaration doit également comporter des indications sur ce bail, lequel doit être joint à la déclaration (cf. art. L 214-1, al. 3). Cette déclaration doit être établie conformément au formulaire Cerfa nº 13644*02 (ex-13644*01 ; cf. art. A 214-1) disponible sur le site entreprendre.service-public.fr. À défaut de déclaration, l'apport effectué avant le 1er octobre 2025 est nul (art. L 214-1, al. 3) ; effectué à compter de cette date, il n'encourt la nullité que si le juge estime que l'article L 214-1, al. 3 est une disposition impérative de droit des sociétés (C. civ. art. 1844-10-1, al. 1 issu de ord. 2025-229 du 12-3-2025 et, sur renvoi, art. 1844-10, al. 3 modifié par ord. 2025-229 ; Ord. 2025-229 art. 70).

Le silence du titulaire du droit de préemption pendant deux mois à compter de la réception de la déclaration vaut **renonciation à l'exercice du droit** de préemption (art. L 214-1, al. 4).

ATTENTION

Lorsque le fonds apporté entre dans le périmètre d'une **grande opération d'urbanisme,** au sens de l'article L 312-3 du Code de l'urbanisme, le droit de préemption est exercé par la collectivité territoriale ou l'établissement public cocontractant, ou leur délégataire (art. L 214-1-1, al. 3).

c. Règles particulières aux autres apports en nature

APPORT D'UN FONDS ARTISANAL

L'apport en société d'un fonds artisanal, comme sa vente et son nantissement, n'est pas soumis au régime spécial des apports de fonds de commerce (Cass. com. 29-10-1963 : Gaz. Pal. 1964 I p. 141 qui affirme que les créanciers du vendeur d'un fonds artisanal ne bénéficient pas des protections dont jouissent les créanciers du vendeur d'un fonds de commerce), à l'exception des règles relatives au droit de préemption (nº 2100). En principe, il n'y a donc pas lieu de procéder aux **formalités** de publication et de déclaration des créances prévues pour les fonds de commerce. 2112

Cependant, pour que ces règles soient applicables, il faut être sûr qu'il s'agit d'un fonds artisanal. Cette certitude n'étant pas toujours facile à acquérir, il est prudent, dans les cas *douteux*, de procéder aux formalités prescrites pour l'apport des fonds de commerce.

APPORT D'UN CONTRAT

Généralités L'apport d'un contrat est assimilé à une cession (Cass. com. 8-3-1949 : D. 1949 p. 332 ; Cass. 3e civ. 2-2-1977 : Bull. civ. III nº 58 ; CA Toulouse 11-3-2020 nº 18/02010 : RJDA 7/20 nº 370 à propos de baux). Le **régime général de la cession de contrat et de son opposabilité** (C. civ. art. 1216 s.) coexiste avec le régime d'opposabilité des cessions de droits incorporels (C. civ. art. 1689 et 1690). Toutefois, les règles générales du Code civil ne s'appliquent que sous réserve de règles particulières à tel ou tel contrat (C. civ. art. 1105), c'est-à-dire quand ces règles générales ne sont pas incompatibles avec des règles particulières, ce qui est le cas, notamment, du bail commercial ou du contrat d'édition. 2113

2114 **Accord du cocontractant à l'apport du contrat** Le cocontractant « apporté » doit donner son accord à l'apport du contrat (C. civ. art. 1216, al. 1 ; Cass. com. 31-1-2012 nº 10-27.603 F-D : RJDA 5/12 nº 492). Cet accord n'est pas une condition de validité de l'apport sauf si la loi ou une clause contractuelle en dispose autrement ou si le contrat a été conclu en considération de la personne de l'apporteur. En dehors de ces hypothèses, l'apport d'un contrat réalisé sans l'accord du cocontractant apporté demeure valable entre l'apporteur et la société mais il ne lui est cependant opposable qu'après l'accomplissement des formalités exposées nºs 2117 s.

2115 **Forme de l'apport d'un contrat** L'apport d'un contrat doit être conclu entre l'apporteur et la société par **écrit** (C. civ. art. 1216, al. 3). À défaut, l'apport effectué avant le 1er octobre 2025 est nul (art. 1216, al. 3) ; effectué à compter de cette date, il n'encourt la nullité que si le juge estime que l'article 1216, al. 3 est une disposition impérative de droit des sociétés (C. civ. art. 1844-10-1, al. 1 issu de ord. 2025-229 du 12-3-2025 et, sur renvoi, art. 1844-10, al. 3 modifié par ord. 2025-229 ; Ord. 2025-229 art. 70).

2117 **Opposabilité de l'apport d'un contrat** Si le cocontractant a donné son **accord par avance,** l'apport du contrat lui est rendu opposable dès qu'il lui a été notifié ou qu'il en a pris acte (C. civ. art. 1216, al. 2). En l'absence de précisions dans le Code civil, il est recommandé de notifier l'apport par lettre recommandée AR ou de constater la prise d'acte du cocontractant apporté par écrit.

Lorsque le cocontractant « apporté » donne son **accord au moment de l'apport,** les textes ne prévoient aucun formalisme : son accord suffit à lui rendre l'apport opposable même s'il est plus prudent de le constater dans l'acte d'apport.

Les formalités de l'article 1690 du Code civil (signification de l'apport par acte extrajudiciaire au contractant apporté ou acceptation par lui dans un acte authentique) sont toutefois applicables lorsque les parties l'ont prévu dans l'acte d'apport ou dans le contrat apporté. En effet, l'article 1216, al. 2 n'est pas d'ordre public ; cette disposition ne crée qu'une faculté pouvant être écartée par une clause contraire.

2118 À notre avis, les formalités d'opposabilité de l'article 1690 du Code civil prévalent également quand l'**apport n'est pas soumis à l'accord du cocontractant** apporté en vertu d'un texte spécial, car l'article 1216, al. 2 du Code civil ne nous semble alors pas applicable en ce qu'il suppose précisément l'accord du cocontractant apporté.

APPORT D'UN CONTRAT DE BAIL

2120 La validité de l'apport du droit au bail à une société est fonction de la **nature du fonds** loué.

2123 **Apport d'un bail rural** Le bail rural ne peut être apporté qu'à une société civile d'exploitation agricole ou à un groupement de propriétaires ou d'exploitants (cf. C. rur. art. L 411-38). Par conséquent, l'apport fait à une société commerciale est nul (en ce sens, Cass. com. 23-4-1976 : Rev. sociétés 1977 p. 70 note Y. Guyon).

2126 **Apport d'un bail à construction** L'article L 251-3, al. 3 du Code de la construction et de l'habitation permet au preneur d'un bail à construction de céder tout ou partie de ses droits ou d'en faire apport à une société. Cette disposition étant d'ordre public (CCH art. L 251-8), aucune clause du bail – notamment celle prévoyant l'obligation de faire concourir le bailleur à l'acte de cession ou d'apport – ne peut, selon le ministre de la justice, **limiter la faculté d'apport** (Rép. Larche : Sén. 22-9-1983 nº 12832).

Afin d'être **opposable** au bailleur, l'apport doit, à notre avis, lui être signifié par acte extrajudiciaire ou être accepté par lui dans un acte authentique (cf. C. civ. art. 1690).

> **Précisions** Les **formalités d'opposabilité allégées** prévues par l'article 1216, al. 2 du Code civil (nºs 2117 s.) ne nous semblent pas applicables car elles supposent que le bailleur a donné son accord à l'apport, ce que l'article L 251-3, al. 3 interdit en matière de bail à construction.

2130 **Apport d'un bail commercial** **Clauses restrictives de cession.** L'**apport** d'un droit au bail **isolé** est licite, sauf si une clause du bail l'interdit totalement ou partiellement (C. civ. *art. 1717). En revanche, lorsque le* ***droit*** au bail est **apporté en même temps que les autres éléments du fonds** de commerce de l'apporteur, aucune clause du bail ne peut valablement interdire l'apport (art. L 145-16, al. 1).

Cependant, les clauses restrictives du droit de céder le bail – et, par assimilation, de l'apporter – sont valables, notamment la clause subordonnant la cession à l'agrément du bailleur, celle prévoyant un droit de préemption au profit de celui-ci en cas de vente ou d'apport du fonds de commerce, celle subordonnant la cession à la rédaction d'un acte authentique auquel le bailleur doit être appelé, ou encore celle subordonnant la cession à la condition que le cédant demeure garant, solidairement avec l'acquéreur, de l'exécution du contrat, en particulier du paiement des loyers.

ILLUSTRATIONS

Est licite la clause d'un bail imposant au locataire d'obtenir, avant la cession de son fonds de commerce, l'accord préalable et écrit du bailleur ; en cas de refus injustifié de celui-ci, il appartient au locataire d'obtenir l'autorisation par décision de justice (Cass. civ. 19-3-1974 : Gaz. Pal. 1974 I som. p. 132 ; voir aussi CA Versailles 20-2-1992 : RJDA 6/92 n° 563).

En revanche, n'est pas valable la clause n'autorisant la cession à un successeur dans le commerce qu'à la condition que ce successeur soit une personne physique et excluant toute cession au profit d'une société (Cass. civ. 29-2-1972 : Gaz. Pal. 1972 I p. 460).

Il est donc très important, en cas d'apport d'un droit au bail, d'observer les stipulations contenues dans le contrat de bail : leur méconnaissance peut entraîner la résolution ou le refus de renouvellement du bail.

Ces clauses particulières doivent être respectées dès la conclusion du contrat de société et sans attendre l'immatriculation au RCS (Cass. 3e civ. 8-5-1979 : Bull. civ. III n° 101). 2133

En particulier, lorsque la cession suppose la rédaction d'un acte authentique auquel le bailleur doit être appelé, il est nécessaire que ce dernier concoure à l'acte d'apport lui-même ; il ne suffirait pas que l'apporteur le convoque ultérieurement devant un notaire pour réitérer le transfert du bail par un acte distinct (Cass. com. 18-3-1963 : Bull. civ. III n° 156 ; voir aussi Cass. 3e civ. 1-4-1998 : RJDA 6/98 n° 690).

Sur le régime particulier applicable en cas de **fusion,** de **scission** ou d'**apport partiel d'actifs,** voir nos 84040 s.

Formalité d'opposabilité de l'apport du bail. En cas d'**apport d'un bail isolé,** les formalités sont celles du régime de droit commun (nos 2117 s.). 2135

Lorsque le bail est apporté **avec le fonds de commerce** du locataire, le formalisme allégé de l'article 1216, al. 2 du Code civil régissant la cession de contrat de droit commun n'est pas applicable car la règle particulière selon laquelle le bailleur ne peut pas interdire au locataire d'apporter le bail avec son fonds de commerce (art. L 145-16, al. 1) neutralise l'article 1216 qui suppose l'accord du cocontractant « apporté ». En conséquence, seul l'accomplissement des formalités prévues à l'article 1690 du Code civil (signification de l'apport par acte extrajudiciaire au bailleur ou acceptation de l'apport par celui-ci dans un acte authentique) permet de rendre l'apport opposable au bailleur.

En tout état de cause, les formalités d'opposabilité doivent être régulièrement accomplies avant la **date** d'effet du congé délivré par le bailleur au locataire initial ; à défaut, l'apport est inopposable au bailleur (Cass. 3e civ. 9-11-2011 n° 10-20.971 : RJDA 2/12 n° 162, pour un bail rural mais transposable à un bail commercial). Si l'apport est inopposable au bailleur, la société bénéficiaire peut être qualifiée d'occupant sans droit ni titre et être par conséquent expulsée des locaux (CA Paris 27-2-1992 : RJDA 6/92 n° 588).

> **Précisions** L'apport d'un bail peut être déclaré opposable au **bailleur** malgré l'inaccomplissement des formalités si celui-ci a **renoncé** de façon expresse et non équivoque **à se prévaloir du défaut d'accomplissement des formalités** ; tel est le cas du bailleur qui a poursuivi l'apporteur et la société bénéficiaire en paiement de loyers et qui, en outre, a déclaré sa créance à la liquidation judiciaire de la société sans contester la qualité de locataire de celle-ci (CA Toulouse 11-3-2020 n° 18/02010 : RJDA 7/20 n° 370).

Autres formalités. À notre avis, l'assimilation de l'apport du bail à une cession implique d'établir, lors de la prise de possession des locaux par la société, un **état des lieux** contradictoirement et amiablement avec le bailleur ou, à défaut, par un huissier ou commissaire de justice (art. L 145-40-1). 2136

L'apport du bail est soumis à la **procédure de préemption** des communes si les locaux loués sont situés dans un périmètre de sauvegarde du commerce et de l'artisanat de proximité (n° 2100).

Jouissance restant à courir. La durée de la jouissance restant à courir revêt une grande importance quant à l'efficacité de l'**apport** d'un droit au bail lorsque cet élément est apporté isolément, c'est-à-dire **indépendamment d'un fonds de commerce.** Dans ce cas, en effet, il faut que la durée restante soit de trois années au moins pour que la société puisse prétendre au renouvellement du bail à l'expiration de celui-ci (art. L 145-8, al. 2) ou, en cas de refus de renouvellement, au versement d'une indemnité d'éviction. 2137

ILLUSTRATIONS

Ne peut pas bénéficier du droit au renouvellement du bail une société qui, moins de trois ans auparavant, avait acquis un droit au bail sans acquérir simultanément le fonds de commerce du cédant (Cass. 3e civ. 6-10-1981 : Bull. civ. III n° 148). Au cas d'espèce, le fait que le bailleur soit intervenu à l'acte de cession et qu'il ait autorisé, contre rémunération, l'exercice d'un nouveau commerce n'emportait pas nécessairement l'engagement de consentir au renouvellement du bail.

En revanche, si l'**apport** du droit au bail se trouve **inclus** dans celui d'un fonds de commerce, la durée du bail restant à courir est sans importance puisque la société pourra, lors de la demande de renouvellement, se prévaloir de la durée d'exploitation de l'apporteur et l'ajouter à la sienne pour justifier que le fonds de commerce a bien fait l'objet d'une exploitation effective pendant les trois années qui ont précédé la date d'expiration du bail.

APPORT D'UN CONTRAT D'ÉDITION

2140 Un contrat d'édition ne peut être apporté en société par un éditeur, indépendamment de son fonds de commerce, qu'après avoir obtenu l'**autorisation de l'auteur** (CPI art. L 132-16, al. 1). À défaut, l'apport effectué avant le 1er octobre 2025 est nul (art. L 132-16, al. 1) ; effectué à compter de cette date, il n'encourt la nullité que si le juge estime que l'article L 132-16, al. 1 est une disposition impérative de droit des sociétés (C. civ. art. 1844-10-1, al. 1 issu de ord. 2025-229 du 12-3-2025 et, sur renvoi, art. 1844-10, al. 3 modifié par ord. 2025-229 ; Ord. 2025-229 art. 70). Seul l'auteur peut agir en nullité ; il doit agir dans les cinq ans qui suivent la découverte de l'apport si celui-ci est antérieur au 1er octobre 2025 (Cass. 1e civ. 30-1-2007 n° 05-19.352 : RJDA 5/07 n° 573), et dans les deux ans de l'apport si celui-ci est effectué à compter de cette date (C. civ. art. 1844-14 modifié, à compter du 1-10-2025, par ord. 2025-229).

En cas d'apport isolé d'un contrat d'édition, les formalités d'**opposabilité** sont celles prévues par le droit commun (nos 2117 s.). En revanche, le formalisme allégé de l'article 1216, al. 2 du Code civil n'est pas applicable quand le contrat d'édition est apporté avec le fonds de commerce de l'éditeur car la règle particulière selon laquelle l'apport n'est pas soumis à l'accord de l'auteur (art. L 132-16, al. 1) neutralise l'article 1216 qui suppose l'accord du cocontractant « apporté ». En conséquence, seul l'accomplissement des formalités prévues à l'article 1690 du Code civil (signification de l'apport par acte extrajudiciaire à l'auteur ou acceptation de l'apport par celui-ci dans un acte authentique) permet de rendre l'apport opposable à l'auteur.

APPORT D'UN IMMEUBLE

2142 L'apport d'un immeuble en société doit faire l'objet d'une **publication** au service chargé de la publicité foncière du lieu de situation de l'immeuble. Il en est ainsi même si la société est constituée entre les seuls copropriétaires indivis de l'immeuble apporté.

Cette publication peut être faite avant l'immatriculation de la société au RCS et sous la condition que celle-ci intervienne. Lorsque la société a obtenu son immatriculation, les effets de la publication rétroagissent à la date à laquelle celle-ci a été accomplie (C. civ. art. 1843-1). Il en résulte par exemple qu'en cas d'apport d'un immeuble publié avant qu'un créancier de l'apporteur n'inscrive une hypothèque sur cet immeuble, l'immatriculation de la société fait « rétroagir l'apport » à la date de sa publicité, ce qui rend l'inscription inefficace (CA Agen 20-2-2008 n° 07-1130 : RJDA 3/09 n° 219).

La société peut opposer aux tiers son droit de propriété sur l'immeuble dès que la publication est effectuée, sauf lorsque l'inscription a été prise pour faire échec aux droits d'un acquéreur antérieur qui n'a pas encore publié son acquisition (Cass. civ. 10-5-1949 : JCP 1949 II n° 4972 note Becqué ; Cass. 3e civ. 5-2-1970 : Bull. civ. III n° 93).

L'omission de la publication peut entraîner la responsabilité des dirigeants sociaux (T. civ. Valenciennes 26-6-1952 : S. 1953 II p. 49) et du notaire.

2144 Pour pouvoir être publié, l'**acte d'apport** doit avoir été passé en la **forme** authentique (Décret 55-22 du 4-1-1955 art. 4, al. 1 et art. 28, 1° et C. civ. art. 710-1, al. 1). Si l'apport est mentionné dans les statuts, ce qui est fréquent pour les apports réalisés au moment de la constitution de la société, les statuts doivent donc être notariés.

Toutefois, la forme authentique n'est pas obligatoire pour pouvoir publier les **procès-verbaux des assemblées** générales qui, par exemple lors d'une augmentation de capital, précèdent ou suivent l'acte d'apport : il suffit que ces procès-verbaux soient annexés à un acte qui en constate le dépôt au rang des minutes d'un notaire (Décret 55-22 art. 4, al. 2 et art. 710-1, al. 2).

Le **droit de préemption** dont bénéficie le **locataire** d'un appartement ne s'applique pas lorsque cet appartement fait l'objet d'un apport en société, la contrepartie de l'opération étant non pas la perception d'un prix, mais l'obtention de droits sociaux que le locataire ne serait pas en mesure d'offrir (Cass. ch. réunies 3-7-1957 : JCP G 1957 II n° 10104). **2146**

L'apport en société peut faire l'objet d'un droit de préemption : **2148**
– lorsque l'immeuble est situé dans une zone d'aménagement différé (**ZAD**), dans un périmètre provisoire de ZAD ou dans le territoire d'une commune titulaire d'un **droit de préemption urbain** ou encore dans un **espace naturel « sensible »** (pour plus de précisions, voir Mémento Urbanisme-Construction n°s 31900 s.) ;
– lorsque l'immeuble est un terrain situé dans un **périmètre de sauvegarde du commerce** et de l'artisanat de proximité dès lors que ce terrain porte ou est destiné à porter des commerces d'une surface de vente comprise entre 300 et 1 000 m^2 (n° 2100) ;
– l'immeuble est situé dans une zone exposée au recul du trait de côte (C. urb. art. L 219-1 s. et art. R 219-1 s. modifiés par décret 2024-638 du 27-6-2024 et Décret 2022-750 du 29-4-2022 modifié par décret 2024-531 du 10-6-2024). Pour plus de précisions, voir Mémento Urbanisme – Construction n°s 34690 s.

APPORT DE BREVETS D'INVENTION

La transmission d'un brevet ou d'une licence de brevet par voie d'apport doit être constatée par **écrit** (CPI art. L 613-8, al. 5). En conséquence, les statuts de la société en formation ou l'acte d'apport doivent mentionner le brevet ou la licence apportés. À défaut, l'apport effectué avant le 1er octobre 2025 est nul (art. L 613-8, al. 5) ; effectué à compter de cette date, il n'encourt la nullité que si le juge estime que l'article L 613-8, al. 5 est une disposition impérative de droit des sociétés (C. civ. art. 1844-10-1, al. 1 issu de ord. 2025-229 du 12-3-2025 et, sur renvoi, art. 1844-10, al. 3 modifié par ord. 2025-229 ; Ord. 2025-229 art. 70). **2155**
En outre, à peine d'inopposabilité aux tiers, l'apport doit faire l'objet d'une demande d'inscription sur le **registre national des brevets** tenu par l'Inpi (CPI art. L 613-9). La demande doit être accompagnée d'une copie ou d'un extrait de l'acte constatant l'apport ainsi que de la justification du paiement de la redevance (CPI art. R 613-55).

APPORT DE MARQUES

L'apport en société d'une marque de fabrique, de commerce ou de service doit être constaté par **écrit** (CPI art. L 714-1, al. 7). À défaut, l'apport effectué avant le 1er octobre 2025 est nul (art. L 714-1, al. 7) ; effectué à compter de cette date, il n'encourt la nullité que si le juge estime que l'article L 714-1, al. 7 est une disposition impérative de droit des sociétés (C. civ. art. 1844-10-1, al. 1 issu de ord. 2025-229 du 12-3-2025 et, sur renvoi, art. 1844-10, al. 3 modifié par ord. 2025-229 ; Ord. 2025-229 art. 70). Il en est de même de l'apport d'une concession de licence de marque (Cass. civ. 10-3-1993 : JCP E 1994 II p. 140 note Pillebout, à propos d'une cession de marque, mais transposable). **2160**
Sous peine d'inopposabilité aux tiers, cet apport doit également être mentionné sur le **registre national des marques** (art. L 714-7, al. 1) tenu par l'Inpi. La demande d'inscription doit être accompagnée d'une copie ou d'un extrait de l'acte constatant l'apport ainsi que de la justification du paiement de la redevance (CPI art. R 714-4).

APPORT DE DESSINS ET MODÈLES

L'apport à une société des droits attachés à un dessin ou à un modèle déposé doit être mentionné sur le **registre national des dessins et modèles** tenu par l'Inpi, faute de quoi il est inopposable aux tiers (CPI art. L 513-3). Il doit donc être constaté par écrit. **2165**
La demande d'inscription doit être accompagnée d'une copie ou d'un extrait de l'acte constatant l'apport ainsi que de la justification du paiement de la redevance (art. R 512-15).

APPORT DE CRÉANCES

L'apport d'une créance est un apport en nature. **2170**
Trois règles spéciales sont à signaler à propos des apports de créances.
1. Validité. L'apport de créance doit être conclu par écrit (C. civ. art. 1322). À défaut, l'apport effectué avant le 1er octobre 2025 est nul (art. 1322) ; effectué à compter de cette date, il n'encourt la nullité que si le juge estime que l'article 1322 est une disposition impérative de droit des sociétés (C. civ. art. 1844-10-1, al. 1 issu de ord. 2025-229 du 12-3-2025 et, sur renvoi, art. 1844-10, al. 3 modifié par ord. 2025-229 ; Ord. 2025-229 art. 70).
Le consentement du débiteur n'est pas requis sauf si la créance a été stipulée incessible (C. civ. art. 1321, al. 4).

2. Opposabilité. L'apport de créance n'est opposable au débiteur cédé, s'il n'y a déjà consenti, que s'il lui a été notifié ou s'il en a pris acte (C. civ. art. 1324, al. 1). Il est opposable aux tiers à la date de l'acte dont la preuve incombe, en cas de contestation, à la société qui peut la rapporter par tous moyens (C. civ. art. 1323).

Si la créance est constatée dans un titre négociable, il faut suivre les règles propres à ces titres : endossement pour les titres à ordre, transfert pour les titres nominatifs, remise de la main à la main pour les titres au porteur.

3. Garantie. L'apporteur ne garantit que l'existence de la créance, sauf s'il s'engage à garantir la solvabilité du débiteur (C. civ. art. 1326). Toutefois, cette règle ne joue pas s'il y a eu remise d'une créance sur un tiers pour libérer un apport en numéraire : dans ce cas, l'apporteur doit verser l'intégralité de la somme promise en apport, même celle dont le recouvrement n'a pas été possible (Cass. civ. 7-11-1899 : D. 1900 I p. 369).

APPORT DE DROITS SOCIAUX

2175 L'apport de **parts** de SNC, de SCS ou de SARL doit être signifié à la société ou accepté par elle dans un acte authentique, ces formalités pouvant être remplacées par le dépôt au siège social d'un original de l'acte d'apport (C. civ. art. 1690 ; art. L 221-14, al. 1 pour les SNC et, sur renvoi des art. L 222-2 et L 223-17, pour les SCS et les SARL). Il n'est opposable aux tiers qu'après accomplissement de ces formalités et, en outre, après publication des statuts modifiés au RCS (art. L 221-14, al. 2).

S'il s'agit d'**actions** de SA, de SCA ou de SAS, l'apport se fait par virement du compte de l'apporteur à celui de la société bénéficiaire de l'apport, dans les livres de la société émettrice s'il s'agit de titres nominatifs ou dans ceux d'un intermédiaire habilité si les titres sont au porteur. Si les actions apportées sont inscrites dans une blockchain, l'apport est réalisé par modification de l'inscription dans la blockchain pour mettre les actions au nom de la société bénéficiaire des apports.

2177 Les dispositions législatives ou statutaires imposant l'**agrément** des associés en cas de cession de parts ou d'actions sont applicables en cas d'apport en société (Cass. com. 21-1-1970 : JCP 1970 II n° 16541 note B. Oppetit). Par exemple, l'apport de parts d'une SARL doit être autorisé par la majorité des associés représentant au moins la moitié des parts sociales, sauf majorité plus forte prévue par les statuts, si la société bénéficiaire des apports n'est pas déjà associée (art. L 223-14). De même, l'apport d'actions est soumis à l'agrément du conseil d'administration lorsque les statuts subordonnent les cessions à un tel agrément (Cass. com. 21-1-1970 précité), les clauses statutaires d'agrément s'appliquant aux cessions d'actions « à quelque titre que ce soit » (art. L 228-23). Toutefois, l'agrément est écarté lorsque l'apport des droits sociaux est effectué au titre d'une fusion ou d'une scission (n° 83267).

Par ailleurs, la convention par laquelle les associés se consentent un **droit de préemption** mutuel « en cas de cession » de leurs parts ou actions ne s'applique pas à un apport de titres en société (Cass. com. 15-12-2009 n° 08-21.037 : RJDA 4/10 n° 377 ; pour plus de détails sur cette décision et sur l'interprétation des clauses de préemption, voir n°s 69167 s.). En revanche, l'apport de droits sociaux peut, dans certains cas, donner lieu à l'exercice d'un droit de préemption en application de réglementations particulières, par exemple en vertu du droit de l'urbanisme (Mémento Urbanisme-Construction n°s 31900 s.).

APPORTS DIVERS

2187 L'apport d'**œuvres cinématographiques ou audiovisuelles** comme leur cession doivent être inscrits sur le registre public du cinéma et de l'audiovisuel tenu au Centre national du cinéma et de l'image animée. À défaut, l'apport est inopposable aux tiers (C. cinéma art. L 123-1).

En cas d'apport de **navires** et par analogie avec la vente de ces biens, il faut constater la mutation par écrit (C. transports art. L 5114-1) et la mentionner sur un fichier tenu par les services du préfet, ou du ministère chargé de la mer dans le cas de navires immatriculés au registre international français, pour rendre l'apport opposable aux tiers (art. R 5114-4 s.). À défaut d'écrit, l'apport effectué avant le 1er octobre 2025 est nul (art. L 5114-1) ; effectué à compter de cette date, il n'encourt la nullité que si le juge estime que l'article L 5114-1 est une *disposition impérative de droit des sociétés* (C. civ. art. 1844-10-1, al. 1 issu de ord. 2025-229 du 12-3-2025 et, sur renvoi, art. 1844-10, al. 3 modifié par ord. 2025-229 ; Ord. 2025-229 art. 70).

L'apport des **bateaux** de marchandises **fluviaux** dont le port en lourd est égal ou supérieur à 20 tonnes ou de tout autre bateau dont le déplacement est égal ou supérieur à 10 m^3 doit faire l'objet d'un contrat écrit (C. transports art. L 4121-1). Ce contrat doit être inscrit sur un registre tenu au greffe du tribunal de commerce du lieu où le propriétaire du navire est immatriculé à titre principal au RCS afin de rendre l'apport opposable aux tiers (art. R 521-5 et C. transports art. L 4121-2). En outre, l'apport doit être mentionné sur un registre spécial d'immatriculation (C. transports art. L 4111-1 et L 4111-7) tenu par le ministre chargé des transports (C. transports art. L 4111-4 et R 4111-1).

L'apport d'**aéronefs** doit être constaté par écrit et inscrit sur le registre français d'immatriculation des aéronefs pour être opposable aux tiers (C. transports art. L 6121-2, al. 1). Ce registre est tenu, sous l'autorité du ministre chargé de l'aviation civile, par un fonctionnaire qu'il a nommé (C. transports art. D 6111-4).

d. Régime fiscal des apports en nature

Le régime fiscal des apports en nature doit être examiné sous deux aspects : 2195
– droits d'enregistrement exigibles ;
– imposition des bénéfices et plus-values réalisés par l'apporteur.

DROITS D'ENREGISTREMENT

Apports « purs et simples » **1.** Lorsqu'ils figurent dans un acte présenté à l'enregis- 2197
trement ou une déclaration, les apports rémunérés uniquement par des droits sociaux exposés aux risques de l'entreprise autres que ceux visés ci-dessous (point 2.) sont enregistrés gratuitement.

2. Les apports d'immeubles ou de droits immobiliers, de fonds de commerce, de clientèles, de droits à un bail ou à une promesse de bail à une personne morale passible de l'impôt sur les sociétés (SA, SCA, SAS, SARL ou même SNC ayant opté) par une personne (physique ou morale) non soumise à cet impôt sont soumis à un droit spécial de mutation. Pour les fonds de commerce et biens assimilés, ce droit de mutation est perçu au taux global de 3 % sur la fraction comprise entre 23 000 et 200 000 € et de 5 % au-delà, la fraction jusqu'à 23 000 € étant non imposable. Pour les immeubles et droits immobiliers, le droit exigible est fixé à 5 % (5,60 % s'il s'agit de bureaux, de locaux commerciaux ou de stockage situés en Île-de-France).

Toutefois, ces apports sont enregistrés gratuitement si l'apporteur s'engage à conserver les actions ou parts remises en contrepartie de l'apport pendant trois ans. Pour les immeubles et droits immobiliers, l'enregistrement gratuit est en outre subordonné à la condition qu'ils soient compris dans l'apport de l'ensemble des éléments d'actif immobilisé affectés à l'exercice d'une activité professionnelle (Mémento Fiscal n° 66870).

En cas de non-respect de l'engagement de conservation des titres, le droit de mutation est immédiatement exigible, sans possibilité de fractionnement.

Par ailleurs, les biens qui ont bénéficié de l'enregistrement gratuit seront soumis :
– au droit de vente s'ils sont attribués lors du partage social à un associé autre que l'apporteur ;
– au droit spécial de mutation visé ci-dessus s'ils sont apportés à une autre société passible de l'impôt sur les sociétés, sauf si la société apporteuse s'engage à conserver pendant trois ans les titres reçus en contrepartie de son apport.

Les apports de biens meubles ou immeubles passibles de la TVA sont enregistrés gratuitement.

Apports « à titre onéreux » Il s'agit des apports rémunérés par un équivalent sous- 2199
trait aux risques sociaux : espèces, prise en charge par la société d'un passif incombant à l'apporteur, etc. Dans cette hypothèse, c'est le droit de mutation afférent à la nature des biens apportés qui est exigible. À titre d'exemple, le droit applicable en cas d'apport à titre onéreux d'un droit à un bail ou d'un fonds de commerce est perçu au taux global de 3 % sur la fraction comprise entre 23 000 et 200 000 €, et de 5 % au-delà, la fraction jusqu'à 23 000 € étant non imposable (Mémento Fiscal n° 65520).

S'agissant des apports d'immeubles ou de droits immobiliers, une taxation spécifique est prévue au taux de 5 % (5,60 % s'il s'agit de bureaux, de locaux commerciaux ou de stockage situés en Île-de-France) (Mémento Fiscal n° 66900).

Apports « mixtes » Il s'agit des apports rémunérés pour partie par l'attribution de 2201
parts sociales ou d'actions et pour le surplus par la remise à l'apporteur d'une somme d'argent ou, ce qui est plus fréquent, par la prise en charge d'un passif lui incombant. Dans ce cas :
– le droit d'apport pur et simple (ou l'enregistrement gratuit) est applicable sur la fraction des biens dont l'apport est rémunéré par l'attribution de droits sociaux ;
– le droit de mutation est exigible sur la fraction des biens apportés à titre onéreux.

Les parties sont libres de désigner, parmi les biens apportés, ceux qui constituent un apport pur et simple et ceux qui représentent un apport à titre onéreux.

Toutefois, en cas d'apport par une personne physique de l'ensemble des éléments d'actif immobilisé affectés à l'exercice de son activité, l'apport à titre onéreux résultant de la prise en charge par la société du passif incombant à l'apporteur peut, sous certaines conditions et notamment l'engagement par l'apporteur de conserver pendant trois ans les titres reçus en contrepartie de son apport, être enregistré gratuitement (voir Mémento Fiscal n° 66940).

2203 **Régimes spéciaux** Sur les régimes de faveur applicables dans certains cas (constitution de sociétés immobilières de copropriété « transparentes », apports à des sociétés immobilières d'investissement, etc.), voir Mémento Fiscal nos 67190 s.

Sur le régime applicable à l'apport à une société de capitaux d'un ensemble d'éléments formant une ou plusieurs branches complètes et autonomes d'activité, voir Mémento Fiscal nos 39235 s.

2205 **Délai d'enregistrement** Les actes constatant la formation des sociétés ne sont en principe pas soumis à la formalité de l'enregistrement. Cependant, lorsqu'ils sont rédigés par un notaire ou lorsqu'ils constatent des apports immobiliers ou de fonds de commerce, ces actes doivent être enregistrés dans le délai d'un mois à compter de leur date (BOI-ENR-AVS-10-10-10 n° 130).

Les actes constatant l'augmentation du capital d'une société – autre que par apports en numéraire ou par incorporation de bénéfices, réserves ou provisions – sont soumis à l'obligation d'enregistrement dans le délai d'un mois à compter de leur date (CGI art. 635, 1-5°). Tout enregistrement tardif donne lieu à un intérêt de retard de 0,20 % par mois et à une majoration de 10 % (Mémento Fiscal nos 80075 s.).

IMPOSITION DES PLUS-VALUES RÉALISÉES PAR L'APPORTEUR

2210 Au regard des impôts directs, l'apport à une société d'un bien ou d'un ensemble de biens est assimilé à une cession, même si cet apport est effectué à titre pur et simple.

Le régime d'imposition des plus-values réalisées à l'occasion de la cession (donc de l'apport) de biens et droits de toute nature conduit à distinguer :

– d'une part, les plus-values réalisées par les particuliers ;
– d'autre part, celles résultant de l'apport d'un actif « professionnel ».

2212 **Plus-values réalisées par un particulier** La plus-value réalisée à l'occasion de l'apport en société d'un **immeuble** est en principe immédiatement soumise à l'impôt sur le revenu au taux proportionnel de 19 % (auquel s'ajoutent les prélèvements sociaux, soit un taux global de 36,2 %). La plus-value imposable est déterminée après application, le cas échéant, d'un abattement pour durée de détention (Mémento Fiscal nos 32000 s.). Une taxe frappe par ailleurs les plus-values immobilières supérieures à 50 000 €, à l'exclusion de celles portant sur des terrains à bâtir (Mémento Fiscal nos 32710 s.).

2213 La plus-value réalisée lors de l'apport de **parts ou d'actions** relève du régime d'imposition des plus-values de cession de valeurs mobilières. Ces plus-values sont soumises de plein droit à un prélèvement forfaitaire unique (PFU) de 12,8 %, ou sur option globale du contribuable au barème progressif de l'impôt sur le revenu (n° 68432). La plus-value d'échange bénéficie toutefois **automatiquement** d'un **sursis d'imposition** lorsque l'apport est fait à une société soumise à l'impôt sur les sociétés non contrôlée par l'apporteur (CGI art. 150-0 B). Dans le cadre du sursis, l'imposition de la plus-value n'intervient qu'au moment de la cession des titres reçus en échange, le gain réalisé étant alors calculé à partir du prix ou de la valeur d'acquisition d'origine des titres apportés (Mémento Fiscal n° 33300). Lorsque l'apport est fait à une société contrôlée par l'apporteur, la plus-value d'échange fait l'objet d'un report d'imposition de plein droit (CGI art. 150-0 B ter). La plus-value d'apport est alors calculée et déclarée lors de sa réalisation mais n'est effectivement imposée qu'au titre de l'année au cours de laquelle intervient un des événements mettant fin au report (cession des titres reçus en échange ; cession des titres apportés à la société bénéficiaire moins de trois ans après l'apport sauf si cette société prend l'engagement de réinvestir, dans un délai de deux ans à compter de la cession, au moins 60 % du produit de la cession dans une activité économique ; transfert du domicile fiscal de l'apporteur hors de France) selon les règles en vigueur au titre de l'année de sa réalisation (Mémento Fiscal nos 33310 s.).

En cas d'échange ou d'apport avec **soulte,** le sursis ou report d'imposition est subordonné à la condition que le montant de la soulte n'excède pas 10 % de la valeur nominale des titres reçus, la plus-value étant toutefois imposée à hauteur de cette soulte l'année de l'échange ou de l'apport.

La plus-value d'apport de **biens meubles autres** que des parts ou actions est en principe soumise à l'impôt sur le revenu et aux prélèvements sociaux au taux global de 36,2 %. Le montant de la plus-value est réduit d'un abattement de 5 % par année de détention au-delà de la deuxième. Les cas d'imposition sont toutefois rares en pratique, compte tenu des nombreuses exonérations (Mémento Fiscal nos 32740 s.). 2214

Des régimes spéciaux sont par ailleurs applicables en cas d'apport de brevets (Mémento Fiscal no 13805) ou d'une créance de complément de prix avant qu'elle soit exigible (Mémento Fiscal no 33142).

Plus-values réalisées en cas d'apport d'un élément d'actif professionnel 2215

Les plus-values issues de l'apport en société d'un élément d'actif professionnel sont susceptibles de bénéficier de plusieurs régimes de faveur. Lorsqu'aucun d'entre eux ne peut s'appliquer, la plus-value est imposable dans les conditions de droit commun qui varient selon que l'apporteur relève de l'impôt sur le revenu ou de l'impôt sur les sociétés.

En ce qui concerne le régime spécial des apports partiels d'actif, voir nos 84410 s.

Pour plus de détails sur le régime d'imposition des plus-values professionnelles, voir Mémento Fiscal nos 17500 s.

En cas **d'apport en société d'une entreprise individuelle ou d'une branche complète d'activité,** l'apporteur peut se placer sous un régime de report d'imposition des plus-values d'apport, quels que soient le montant de ses recettes professionnelles et la valeur des éléments transmis, sur simple option exercée conjointement avec la société bénéficiaire dans l'acte d'apport (CGI art. 151 octies). L'imposition des plus-values sur les **biens non amortissables** est alors reportée à la date de la cession, du rachat ou de l'annulation des droits sociaux reçus en rémunération de l'apport ou à la date de la cession de ces immobilisations par la société si elle est antérieure, sous réserve que l'apporteur établisse chaque année un état spécial destiné à assurer le suivi de ces plus-values. Sauf option pour l'imposition immédiate de l'apporteur au taux réduit de la plus-value nette à long terme globale (pour compenser des éventuels déficits, par exemple), les plus-values sur les **biens amortissables** ne sont pas imposées à son nom. Elles sont réintégrées dans les bénéfices de la société bénéficiaire de l'apport par parts égales sur une période de cinq ans pour les biens mobiliers et, en principe, sur 15 ans pour les biens immobiliers (Mémento Fiscal nos 19710 s.). 2217

En cas d'apport d'un immeuble affecté à l'exploitation, la plus-value à long terme qui donne lieu à l'étalement s'entend du solde de la plus-value après application de l'abattement de 10 % par année de détention au-delà de la cinquième prévu à l'article 151 septies B du CGI (Mémento Fiscal no 18095).

À noter toutefois, les immeubles affectés à l'exploitation peuvent être exclus de l'apport, à condition d'être mis à la disposition de la société dans le cadre d'un bail d'une durée minimale de neuf ans.

Les plus-values réalisées à l'occasion de la **transmission d'une entreprise individuelle ou d'une branche complète d'activité** peuvent être **exonérées** totalement ou partiellement sous réserve que la **valeur des éléments transmis n'excède pas 1 M€** et que l'activité ait été exercée pendant au moins cinq ans (CGI art. 238 quindecies). 2219

Est assimilée à une branche complète d'activité l'intégralité des droits ou des parts détenus par un contribuable qui exerce son activité professionnelle dans le cadre d'une société de personnes dans les conditions prévues à l'article 151 nonies du CGI.

La transmission d'une activité qui fait l'objet d'un contrat de location-gérance peut bénéficier de la mesure sous réserve que l'activité ait été exercée au moins cinq ans au moment de la mise en location. La transmission doit être réalisée au profit du locataire ou, dans le respect du contrat, de toute autre personne, sous réserve que cette transmission porte sur l'intégralité des éléments concourant à l'exploitation de l'activité qui a fait l'objet du contrat de location-gérance.

L'exonération concerne toutes les plus-values, à l'exception des plus-values immobilières. Elle s'applique aux apports réalisés par une entreprise relevant de l'impôt sur le revenu et par certaines PME soumises à l'impôt sur les sociétés.

Signalons cependant que l'application de ce dispositif est exclue lorsque le cédant, à la date de la cession et pendant les trois années suivantes, exerce un contrôle sur l'entreprise cessionnaire, en raison des liens de participation ou des fonctions exercées (Mémento Fiscal n°s 19650 s.).

2221 En cas d'apport en société d'une entreprise individuelle lors d'un **départ en retraite,** les plus-values réalisées peuvent être exonérées lorsqu'un délai n'excédant pas 24 mois s'écoule entre l'apport, l'entrée en jouissance des droits à la retraite de l'apporteur et sa cessation de toute fonction. Toutefois, lorsque le cédant a fait valoir ses droits à la retraite entre le 1er janvier 2019 et le 31 décembre 2021 et que ce départ en retraite a précédé la cession, le délai est porté à trois ans. L'administration retient des modalités de décompte de ces deux délais favorables aux entreprises (BOI-BIC-PVMV-40-20-20-30 nos 1 et 20 ; CGI art. 151 septies A ; Mémento Fiscal nos 19890 s.).

2223 Les plus-values réalisées par les **petites entreprises** soumises à l'impôt sur le revenu lors de l'apport d'un bien à une société peuvent être **exonérées** en tout ou partie à condition que l'activité ait été exercée à titre professionnel pendant au moins cinq ans et que le bien apporté ne soit pas un terrain à bâtir ou un bien assimilé (CGI art. 151 septies). Le régime est réservé aux plus-values réalisées dans le cadre de l'exercice d'une activité professionnelle, ce qui implique la participation personnelle, directe et continue à l'accomplissement des actes nécessaires à son exploitation.

Le montant de l'avantage fiscal accordé varie selon le montant des recettes professionnelles de l'apporteur :

– apporteur dont les recettes professionnelles n'excèdent pas 250 000 € (activités d'achat-revente ou de fourniture de logement, à l'exception des locations meublées) ou 90 000 € (autres activités non agricoles). En ce cas, les plus-values sont exonérées d'impôt pour leur montant total, quelle que soit la valeur de l'apport ;

– apporteur dont les recettes professionnelles excèdent les seuils susvisés sans dépasser respectivement 350 000 et 126 000 €. Les plus-values sont imposées à raison d'une fraction de leur montant, qui s'accroît linéairement de 0 à 100 % lorsque les recettes atteignent la limite supérieure (Mémento Fiscal nos 18200 s.).

2225 Un report d'imposition peut s'appliquer aux plus-values réalisées en cas d'**apport en société de titres inscrits à l'actif** d'une entreprise individuelle qui sont nécessaires à l'exercice de son activité (CGI art. 151 octies B ; Mémento Fiscal nos 18410 s.). Il en est de même lorsque l'associé d'une société soumise au régime fiscal des sociétés de personnes qui exerce son activité en son sein apporte la totalité de ses parts à une autre société (CGI art. 151 nonies, IV bis ; Mémento Fiscal no 37722).

3. TRANSFERT UNIVERSEL DU PATRIMOINE PROFESSIONNEL D'UN ENTREPRENEUR INDIVIDUEL

CONTEXTE DU TRANSFERT UNIVERSEL DU PATRIMOINE PROFESSIONNEL

2230 Tout entrepreneur individuel est de plein droit titulaire de deux patrimoines distincts : un patrimoine professionnel et un patrimoine personnel. Le patrimoine professionnel est constitué des biens, droits, obligations et sûretés qui sont utiles à l'activité ou aux activités professionnelles indépendantes de l'entrepreneur ; le patrimoine personnel est constitué des éléments non compris dans le patrimoine professionnel (art. L 526-22, al. 3).

> **Précisions** **a.** Est entrepreneur individuel toute **personne physique** qui exerce en son nom propre une ou plusieurs activités professionnelles indépendantes (art. L 526-22, al. 1).
b. Sont **inclus dans le patrimoine professionnel** de l'entrepreneur individuel les éléments qui, par nature, par destination ou en fonction de leur objet, servent à l'activité, tels que, sans que cette liste soit exhaustive, le fonds de commerce, avec tous ses éléments corporels ou incorporels (marchandise, matériel, droits de propriété intellectuelle, nom commercial, enseigne, etc.), les immeubles servant à l'activité, les données relatives aux clients ou encore les fonds de caisse, toute somme en numéraire conservée sur le lieu d'exercice de l'activité professionnelle, les sommes inscrites aux comptes bancaires dédiés à cette activité, ainsi que les sommes destinées à pourvoir aux dépenses courantes relatives à cette même activité (art. R 526-26).

FACULTÉ D'APPORTER SON PATRIMOINE PROFESSIONNEL

2232 L'entrepreneur individuel peut effectuer un **transfert universel de son patrimoine professionnel** par voie d'apport à une société, emportant transfert de l'actif et du passif constituant ce patrimoine (art. L 526-27, al. 1 et 2).

Ce transfert est une faculté offerte à l'entrepreneur individuel, qui s'exerce sans préjudice des autres modes de transmission de **certains éléments composant ce patrimoine, pris individuellement.** Dans ce dernier cas, l'opération est soumise aux règles de droit commun des apports en société et, le cas échéant, à celles du ou des éléments transférés (art. L 526-27, al. 1). Par exemple, un commerçant propriétaire des murs où s'exerce l'activité peut décider de n'apporter que son fonds de commerce. Seul le régime exposé n°s 2050 s. s'applique alors et non les articles L 526-27 s.

a. Conditions de l'apport du patrimoine professionnel

TEXTES APPLICABLES AU TRANSFERT UNIVERSEL DU PATRIMOINE PROFESSIONNEL

Le transfert universel du patrimoine professionnel obéit au **régime spécifique** édicté par les articles L 526-27 s. et D 526-30 s. **2235**

En outre, l'article L 526-27, al. 3 prévoit que « sous réserve de la présente section » (celle relative au transfert universel), les dispositions légales relatives à l'apport en société de biens de toute nature sont applicables et qu'il en est de même des dispositions légales relatives à la cession de créances, de dettes et de contrats.

Pour une partie de la doctrine, il résulte de cet alinéa que le **régime de droit commun** des apports en société est applicable au transfert universel du patrimoine professionnel (notamment B. Dondero, Place à l'entrepreneur individuel à deux patrimoines (EI2P) ! : Rev. sociétés 2022 p. 199 ; N. Jullian, La transmission du patrimoine de l'entrepreneur, de nouvelles opérations au service des entrepreneurs individuels : JCP E 2022 nº 117 ; R. Mortier, Le nouveau patrimoine professionnel de l'entrepreneur individuel : Dr. sociétés 2022 étude nº 6 ; M. Buchberger, Le nouveau statut de l'entrepreneur individuel : une avancée en trompe-l'œil : Rev. sociétés 2024 p. 7).

D'autres auteurs en font une **interprétation** différente, considérant qu'il se rapporte à la seule hypothèse du transfert non intégral d'un ou plusieurs éléments du patrimoine professionnel, pris isolément, prévu par l'article L 526-27, al. 1, l'expression « sous réserve de la présente section » ayant précisément pour objet d'exclure le transfert universel (J.-P. Matteï et M. Menjucq, Le transfert du patrimoine professionnel de l'entrepreneur individuel : BRDA 10/22 inf. 24). Selon ces auteurs, les règles de droit commun sont écartées en raison du caractère universel du transfert.

Il résulte des travaux parlementaires sur la loi 2022-172 du 14 février 2022 que le Sénat était favorable à la première interprétation (Rapp. Sén. nº 54). Toutefois, la seconde interprétation a le mérite de donner plus de cohérence au régime de transfert universel. Ce transfert, qui porte sur une universalité de biens, droits et obligations dont chaque élément ne constitue qu'un élément parmi d'autres, semble en effet difficilement compatible avec les règles de droit commun applicables aux cessions de biens, contrats, créances et dettes isolés (notamment, nécessité de l'accord du cocontractant ou du créancier cédé : C. civ. art. 1216 et 1327). Reste que l'ambiguïté du texte est source d'insécurité juridique et l'on ne peut que formuler l'espoir d'une modification de celui-ci pour éclaircir la situation.

> **Précisions** Selon un auteur, le législateur « a cru pouvoir concilier **deux logiques** – celle du transfert universel et celle des transferts ut singuli – pourtant incompatibles, pour ne pas dire inconciliables. Si le transfert est universel, il n'aurait pas dû être traité par ailleurs comme une addition de transferts ut singuli, [...] sauf [...] à rendre le régime du transfert incohérent voire impraticable » (R. Mortier précité).

CONDITIONS SPÉCIFIQUES AU TRANSFERT UNIVERSEL DE PATRIMOINE PROFESSIONNEL

Étendue du patrimoine transféré Le transfert universel du patrimoine professionnel de l'entrepreneur individuel emporte **transfert des droits, biens, obligations et sûretés** dont celui-ci est constitué (art. L 526-27, al. 2). **2240**

Le transfert par voie d'apport ne peut porter que sur l'**intégralité** du patrimoine professionnel, qui ne peut pas être scindé (art. L 526-30, 1º). Il en résulte que la scission du patrimoine professionnel est impossible dans le cadre du transfert universel, même si l'activité de l'entrepreneur contient plusieurs branches. Il en résulte aussi que l'entrepreneur individuel doit apporter l'ensemble des **éléments d'actif et de passif** composant ce patrimoine, contrairement au cas où il apporte seulement son fonds de commerce, celui-ci n'étant, en principe, constitué que d'actifs.

À ce transfert universel, il n'est prévu qu'une **exception** pour les dettes de cotisations et contributions sociales nées à l'occasion de l'exercice professionnel de l'apporteur, celles-ci ne pouvant pas faire l'objet du transfert (art. D 526-32).

Cette condition de transfert intégral du patrimoine est exigée « à peine de nullité du transfert prévu à l'article L 526-27 » (art. L 526-30, al. 1). À notre avis, est visée l'annulation de l'universalité du transfert, et non celle de l'acte d'apport. À défaut de porter sur l'intégralité du patrimoine professionnel, le transfert par voie d'apport n'est plus soumis au régime du transfert universel prévu aux articles L 526-27 s. et devient un simple apport en nature (ou une somme d'apports en nature), comme en cas de transfert d'un ou plusieurs éléments du patrimoine. La nullité du ou des acte(s) d'apport est alors régie par les règles exposées nos 1970 s. selon la nature du ou des biens apportés. Toutefois, compte tenu de l'ambiguïté de l'article L 526-27 (no 2235), cette question reste en suspens tant qu'elle n'aura pas été tranchée par les tribunaux.

2242 Lorsque le patrimoine professionnel de l'entrepreneur individuel comprend un **bail commercial,** est réputée non écrite toute clause tendant à lui interdire de le céder – et, par assimilation, de l'apporter – au bénéficiaire du transfert de ce patrimoine (art. L 145-16).

Toutefois, à notre avis, les clauses restrictives du droit de céder le bail – et de l'apporter – sont valables, à l'exception de la clause prévoyant un droit de préemption au profit du bailleur en cas de vente ou d'apport du fonds de commerce par le locataire, entrepreneur individuel.

2244 Dans le cas où l'**entrepreneur** individuel cédant s'est **obligé contractuellement à ne pas transférer** un élément de son patrimoine professionnel à titre universel, l'inexécution de cette obligation engage sa responsabilité sur l'ensemble de ses biens, sans emporter la nullité du transfert (art. L 526-27, al. 4).

2246 **Faillite ou interdiction frappant l'apporteur** L'apporteur ne doit pas avoir fait l'objet d'une **faillite personnelle** ou d'une condamnation définitive à une **peine d'interdiction** d'exercer une fonction publique ou une activité professionnelle ou d'une interdiction de diriger, gérer, administrer ou contrôler une entreprise (art. L 526-30, 3o).

Cette condition est exigée à peine de nullité du transfert. Sur l'interprétation de cette sanction, voir no 2240.

2248 **Solvabilité de la société bénéficiaire** En cas d'**apport à une société nouvellement créée,** l'**actif disponible** du patrimoine professionnel apporté doit permettre de faire face au **passif exigible** sur ce même patrimoine (art. L 526-30, 2o).

Cette condition, requise pour éviter que la société bénéficiaire ne se trouve de facto en situation de cessation de paiements, est exigée à peine de nullité du transfert. Sur l'interprétation de cette sanction, voir no 2240.

2250 **Recours à un commissaire aux apports** Lorsque le patrimoine professionnel apporté contient des biens constitutifs d'un **apport en nature,** il doit être fait recours à un commissaire aux apports, sauf, en cas d'apport à une **SARL** ou à une **société par actions nouvellement créée,** si ce recours est facultatif en application des articles L 223-9, L 225-8-1 ou L 227-1 (art. L 526-31). Sur les conditions d'application de ces articles, voir nos 30161, 37916 s. et 60130.

Bien que la loi ne le précise pas, l'intervention du commissaire aux apports doit, à notre avis, être réalisée selon la procédure applicable à la forme de société concernée (nos 30161 s. et 37912 s.).

2252 **Exclusion de certains droits** Sont expressément exclus du transfert universel du patrimoine professionnel de l'entrepreneur individuel les droits (art. L 526-29, 1o et 2o) :
– de préemption dont bénéficient les **indivisaires** en cas de cession par l'un d'entre eux de ses droits sur les biens indivis (C. civ. art. 815-14) ;
– de retrait litigieux du cédé en cas de **cession de créance** (C. civ. art. 1699).

b. Formalisme de l'apport du patrimoine professionnel

2255 Le transfert universel du patrimoine professionnel n'est soumis par la loi à aucun formalisme particulier. Il ne fait toutefois pas de doute que les parties ont intérêt à établir un contrat **écrit** pour cette opération. Il est utile d'y faire figurer la liste des biens, contrats, créances, dettes et sûretés faisant partie du patrimoine professionnel, dans l'acte ou en annexe.

L'acte authentique est dans certains cas obligatoire, notamment lorsque le patrimoine professionnel comporte un immeuble d'exploitation (Décret 55-22 du 4-1-1955 art. 4, al. 1 et 28, 1o et C. civ. art. 710-1, al. 1).

c. Opposabilité de l'apport du patrimoine professionnel

FORMALITÉS PARTICULIÈRES À L'APPORT DE CERTAINS BIENS

La question de savoir si certaines formalités spécifiques à l'apport de certains biens, notamment celles relatives aux **cessions de contrats** (nos 2113 s.), de **créances** (no 2170) et de **dettes,** sont applicables au transfert universel du patrimoine professionnel de l'entrepreneur individuel dépend de l'interprétation que l'on retient de l'article L 526-27, al. 3 (no 2235). 2260

Il en est de même du **droit de préemption** des communes lorsque le patrimoine professionnel comprend un immeuble (no 2148) ou un fonds de commerce (no 2100) susceptible d'y être soumis en raison de sa situation.

Le transfert de propriété de certains biens doit être mentionné dans un **registre dédié** : par exemple, pour les immeubles, le fichier immobilier tenu par le service chargé de la publicité foncière (no 2142) ou, pour les droits de propriété intellectuelle, les registres nationaux des marques (no 2160), des dessins et modèles (no 2165) ou des brevets tenus par l'Inpi (no 2155). 2262

PUBLICITÉ DU TRANSFERT UNIVERSEL DE PATRIMOINE PROFESSIONNEL

Le transfert de propriété du patrimoine professionnel de l'entrepreneur individuel n'est **opposable** aux tiers qu'à compter de sa publicité (art. L 526-27, al. 5). 2264

Pour ce faire, l'apporteur doit publier, au plus tard un mois après la réalisation du transfert, un avis au **Bodacc** ou une annonce dans un support d'annonces légales dans le département où il exerce son activité professionnelle (art. D 526-30, I-al. 1). Cet avis ou annonce doit comporter les indications suivantes (art. D 526-30, I-al. 2) :

– s'agissant de l'apporteur, les nom de naissance, nom d'usage, prénoms, le cas échéant, nom commercial ou professionnel, l'activité ou les activités professionnelles exercées ainsi que le code APE affecté à celle(s)-ci, l'adresse de l'établissement principal ou, à défaut d'établissement, l'adresse du local d'habitation où l'entreprise est fixée et le numéro Siren ;

– s'agissant du bénéficiaire de l'apport, les mêmes mentions ainsi que, le cas échéant, la raison sociale ou la dénomination sociale suivie du sigle, de la forme, de l'adresse du siège et du montant du capital.

L'avis ou l'annonce doit être accompagné d'un **état descriptif** des biens, droits, obligations ou sûretés composant le patrimoine professionnel, tel qu'il résulte du **dernier exercice comptable clos actualisé** à la date du transfert, ou si ce dernier n'est pas soumis à des obligations comptables, à la date qui résulte de l'accord des parties (art. D 526-30, II-al. 1).

L'état descriptif **doit indiquer** (art. A 526-7) :

– la valeur globale de l'actif ;

– la liste des sûretés dont bénéficie l'entrepreneur individuel et les montants des créances garanties par elles ;

– la valeur globale du passif ;

– la liste des biens du patrimoine professionnel grevés d'une sûreté et, pour chacun des biens concernés, la nature de la sûreté et le montant de la créance garantie.

Les règles relatives à l'**enregistrement** et à la **publicité** de la **vente de fonds de commerce** (art. L 141-12, L 141-13, L 141-17 et L 141-18) ne s'appliquent pas au transfert universel du patrimoine professionnel d'un entrepreneur individuel, toute clause contraire étant réputée non écrite (art. L 526-29, 3o). 2266

PROTECTION DES CRÉANCIERS DE L'APPORTEUR DU PATRIMOINE PROFESSIONNEL

Faculté d'opposition au transfert du patrimoine professionnel Les créanciers de l'entrepreneur individuel dont la créance est née avant la publicité du transfert de propriété *peuvent former opposition* au transfert du patrimoine professionnel (art. L 526-28, al. 1). Ils doivent alors saisir le tribunal compétent selon les règles de droit commun, dans le mois suivant la publication du transfert au Bodacc ou dans un support d'annonces légales (art. D 526-31 ; sur cette publication, voir no 2264). 2268

Compte tenu de ces règles spécifiques, celles relatives à l'opposition en cas de **vente de fonds de commerce** (art. L 141-14 à L 141-16, L 141-19 et L 141-20) ne s'appliquent pas, toute clause contraire étant réputée non écrite (art. L 526-29, 3o).

Conséquences de l'opposition au transfert du patrimoine professionnel 2270
L'opposition formée par un créancier n'a pas pour **effet** d'interdire le transfert du patrimoine professionnel (art. L 526-28, al. 2).

La **décision de justice statuant sur l'opposition** peut soit rejeter celle-ci, soit ordonner le remboursement des créances ou la constitution de garanties, quand la société bénéficiaire en offre et à condition qu'elles soient jugées suffisantes. Si la décision de justice lui ordonne le remboursement des créances, l'apporteur est tenu de remplir son engagement sur tous ses biens mobiliers et immobiliers, présents et à venir, sauf insaisissabilité de sa résidence principale (art. L 526-28, al. 3 et 4).

d. Régime fiscal de l'apport du patrimoine professionnel

2275 **Entreprise n'ayant pas opté pour son assimilation à une EURL ou à une EARL** Lorsque l'entrepreneur individuel n'a pas opté pour l'assimilation de son entreprise à une EURL ou à une EARL, la transmission de son patrimoine professionnel par voie d'apport relève du régime de droit commun. Les **plus-values** issues de l'apport en société sont susceptibles de bénéficier de plusieurs régimes de faveur exposés nos 2217 à 2223.

Quant aux **droits d'enregistrement** exigibles sur l'apport en société, ce sont également les règles de droit commun qui ont vocation à s'appliquer (nos 2197 s.).

2277 **Entreprise ayant opté pour son assimilation à une EURL ou à une EARL**
Si l'entrepreneur a opté pour l'assimilation de son entreprise à une EURL ou à une EARL ce qui entraîne son assujettissement à l'impôt sur les sociétés (et qu'il n'a pas renoncé à son option pour l'impôt sur les sociétés), la transmission du patrimoine professionnel par voie d'apport est réputée porter sur les parts de l'entreprise assimilée à une EURL (en ce sens, BOI-BIC-CHAMP-70-10 n° 600 en cas de cession de l'entreprise). La **plus-value** dégagée devrait donc, à notre avis, être imposée au nom de l'exploitant selon les règles des plus-values de cession de parts sociales prévues aux articles 150-0 A s. du CGI.

En matière de **droits d'enregistrement,** l'apport en société d'une telle entreprise individuelle est assimilé à une cession de droits sociaux (CGI art. 726, I bis) et est, par suite, taxé au taux de 3 % (5 % si l'entreprise individuelle a une activité à prépondérance immobilière). Pour que le régime de droit commun des cessions de droits sociaux s'applique, il faut toutefois que l'apport porte sur la totalité de l'entreprise individuelle (en ce sens, BOI-ENR-DMTOM-40-10-20 n° 40).

> **Précisions** Selon le rapport de l'Assemblée nationale présenté dans le cadre des travaux parlementaires sur la loi de finances pour 2023, dont sont issues les dispositions de l'article 726, I bis du CGI, le droit de vente est **assis** sur le prix, net des emprunts contractés, de l'entreprise au moment de l'apport (Rapport AN n° 604 vol. I). Logiquement, la valeur des immeubles et des droits sociaux affectés à l'entreprise individuelle et la valeur des créances (et des dettes) issues de l'exploitation devraient être incluses dans l'assiette de ce droit.
> Dès lors que l'entreprise considérée ne répond pas à la qualification de personne morale à prépondérance immobilière, l'apport de l'entreprise individuelle bénéficie de l'**abattement** de 23 000 € visé n° 24415 (en ce sens, BOI-ENR-DMTOM-40-10-20 n° 40).

B. Règles communes aux apports d'un bien

1. RÉMUNÉRATION DES APPORTS

2280 Les apports doivent être rémunérés par des droits sociaux exposés aux risques de l'entreprise (**parts** sociales **ou actions**). Ces droits sociaux naissent lors de l'immatriculation de la société et non à la signature des statuts (Cass. 1e civ. 17-1-2024 n° 22-11.303 F-B : RJDA 5/24 n° 282).

La rémunération des apports suppose une **évaluation préalable** tant des biens apportés s'il s'agit d'apports en nature que des droits sociaux attribués en contrepartie de ces biens. Dans les SARL et les sociétés par actions, l'évaluation des apports en nature est soumise à une procédure spéciale (intervention d'un commissaire aux apports : nos 30161 et 37912 s.).

Indépendamment de ces droits sociaux, des **avantages particuliers** (droits prioritaires dans les bénéfices, par exemple) peuvent être accordés aux apporteurs.

2. APPORTS FICTIFS

2282 L'apport doit être effectif, c'est-à-dire de nature à procurer à la société un bien représentant une **valeur** certaine et dont la propriété, l'usufruit ou la nue-propriété peuvent être apportés.

Doivent être considérés comme **fictifs** :

– l'apport d'un bien sous condition dont la réalisation dépend de la seule volonté du débiteur (Cass. 1e civ. 18-6-1974 : Bull. civ. I n° 198, ayant retenu qu'équivalait à un apport fictif celui qui devait être versé dans la caisse sociale sur appel de fonds du conseil d'administration, alors qu'il apparaissait que l'apporteur s'était réservé, par des manœuvres frauduleuses, la majorité au sein du conseil afin d'être en mesure de décider lui-même s'il convenait de demander ou non le versement des apports) ;

– l'apport d'un bien sans valeur pécuniaire (par exemple, un brevet nul ou périmé) ;

– l'apport d'un bien grevé d'un passif supérieur à la valeur de ce bien, par exemple apport d'un immeuble hypothéqué dont la vente par les créanciers de l'apporteur a fait apparaître que sa valeur était très inférieure à la valeur d'apport (CA Douai 6-8-1903 : D. 1907 II p. 377), apport d'un droit au bail déclaré net de tout passif mais faisant partie d'un fonds de commerce donné en nantissement pour garantir une créance atteignant presque le triple de la valeur de l'apport (T. com. Honfleur 20-11-1970 : JCP 1971 II nº 16628 obs. Rousseau) ;

– l'apport d'un bien ne pouvant pas être transmis à la société. Par exemple, apports de prétendues concessions dont la société n'a jamais pu bénéficier (T. com. Seine 9-12-1903 : J. soc. 1904 p. 222) ;

– l'apport d'un bien par une personne qui n'en est pas ou qui n'en est plus propriétaire. Cependant, toutes les fois que la société peut conserver le bien apporté, l'apport reste valable même s'il est fait par une personne qui n'est pas propriétaire ; tel est le cas si le bien est un meuble dont la société a été mise de bonne foi en possession (C. civ. art. 2276) ou si la société a pu profiter du bien apporté sans être troublée par le véritable propriétaire (Cass. com. 15-1-1973 : Bull. civ. IV nº 23) ou encore, si c'est un immeuble dont la société, de bonne foi, a fait publier l'apport au service chargé de la publicité foncière avant le tiers acquéreur.

En revanche, n'est **pas fictif** l'apport réalisé avec des fonds avancés par l'associé majoritaire (CA Paris 23-5-2003 nº 02-14421 : RJDA 1/04 nº 54) pour autant, bien évidemment, que l'avance de fonds ne soit pas simulée. 2286

De même, le fait pour une femme mariée d'avoir libéré son apport en numéraire par la remise à la société d'un chèque tiré par son mari n'implique pas que cet apport soit fictif, la femme ayant pu bénéficier d'un don manuel de la part du mari (Cass. civ. 23-5-1977 : D. 1978 p. 89 note M. Jeantin).

APPRÉCIATION DE LA FICTIVITÉ D'UN APPORT

Pour déterminer si un apport est ou non fictif, il faut se placer au **moment** de la constitution de la société (Cass. com. 18-6-1974 : Bull. civ. IV nº 199), c'est-à-dire, à notre avis, au jour de la signature des statuts (nº 1720) ou de l'augmentation du capital constatant l'apport. Dès lors, la perte de valeur postérieure à l'apport ne doit pas être prise en considération. Ainsi, ne sont pas entachés de fictivité : 2288

– l'apport de brevets d'invention, même si leur exploitation n'a pas donné les résultats espérés, dès lors que ces brevets ont été apportés sans autre garantie que leur existence matérielle et que des expériences paraissant concluantes avaient été faites, avant la constitution de la société, devant les futurs actionnaires (T. com. Seine 2-5-1910 : J. soc. 1911 p. 227) ;

– l'apport d'actions d'une société qui sont devenues sans valeur à la suite de pertes importantes subies par celle-ci (CA Paris 26-7-1887 : D. 1888 II p. 145).

En cas de litige, c'est à l'apporteur qu'il incombe de faire la **preuve** de la réalité de son apport (Cass. 3e civ. 1-7-1971 : Bull. civ. III nº 438). 2290

Il ne faut pas confondre la fictivité d'un apport avec la **surévaluation** d'apport (nº 2040) **ou** la **simulation de l'apport** (nº 1907). 2292

CONSÉQUENCES DE LA FICTIVITÉ D'UN APPORT

Un apport fictif est **nul** (cf. C. civ. art. 1169 et, à compter du 1-10-2025, C. civ. art. 1844-10-1, al. 1 issu de ord. 2025-229 du 12-3-2025 et, sur renvoi, art. 1844-10, al. 3 modifié par ord. 2025-229 ; Ord. 2025-229 art. 70). 2293

Lorsqu'un tel **apport** a été effectué **avant le 1er octobre 2025,** il est censé n'avoir jamais existé, de sorte les prestations exécutées par la société et l'apporteur donnent lieu à restitution dans les conditions prévues aux articles 1352 s. du Code civil (cf. C. civ. art. 1178, al. 2 et 3). Sur le régime de la nullité des apports effectués **à compter du 1er octobre 2025**, voir nº 89574. En outre, lorsque la **société** a été **constituée avant le 1er octobre 2025**, la nullité d'un apport peut entraîner celle de la société s'il était déterminant pour l'engagement des autres associés ou si tous les autres associés sont de mauvaise foi, la société étant alors le plus souvent une société fictive (nos 4030 s.). Toutefois, cette solution ne vaut que pour les SNC ou les SCS : même si l'apport était déterminant pour les autres associés, sa nullité serait sans effet sur la validité d'une société par actions ou d'une SARL (nos 89133 s.) ; la fictivité de l'apport pourrait néanmoins constituer un juste motif de dissolution de la société pour non-respect de ses engagements par un associé (C. civ. art. 1844-7, 5°).

En aucun cas la fictivité d'un apport n'est une cause de nullité de la société lorsqu'elle a été **constituée à compter du 1er octobre 2025** (n° 89145) (art. 1844-10, al. 1 modifié par ord. 2025-229).

3. OBLIGATION DE L'APPORTEUR

ÉTENDUE DE L'OBLIGATION DE L'APPORTEUR

2294 L'apporteur est tenu de libérer son apport, c'est-à-dire de **remettre** à la société **les biens** qu'il a promis d'apporter (C. civ. art. 1843-3, al. 1). Cette obligation subsiste même après la dissolution de la société (Cass. req. 7-12-1936 : Gaz. Pal. 1937 I p. 159) et même après l'ouverture d'une procédure collective à l'encontre de celle-ci (Cass. req. 2-9-1940 : JCP 1940 II n° 1548).

Sauf application des règles particulières aux SARL ou aux sociétés par actions (nos 30190 et 67910 s.), la **libération** de l'apport peut être **retardée.** L'apporteur est néanmoins associé dès la conclusion du contrat, avant même le terme fixé pour la libération de son apport (T. civ. Cholet 24-3-1954 : JCP 1954 II n° 8279).

ILLUSTRATIONS

Le seul fait qu'une société ait été constituée entre trois personnes dont deux n'ayant jamais libéré leur apport ne suffit pas à rendre cette société unipersonnelle (CA Paris 10-3-2004 n° 02-11747 : RJDA 8-9/04 n° 1002).

INEXÉCUTION DE L'OBLIGATION DE L'APPORTEUR

2295 Avant l'immatriculation, l'apporteur qui n'exécute pas volontairement son obligation d'apport peut y être **contraint** sur décision de justice à la demande de ses coassociés. Après l'immatriculation, seuls la société et les créanciers sociaux (par la voie de l'action oblique) peuvent l'y contraindre.

2297 L'inexécution par un associé de son obligation d'apport peut être une cause de **nullité de la société** si celle-ci a été constituée avant le 1er octobre 2025 et sauf s'il s'agit d'une SARL ou d'une société par actions (nos 89137 s. et 89145).

4. DROITS DES CRÉANCIERS DE L'APPORTEUR

2310 L'apport d'un bien en société peut nuire aux créanciers de l'apporteur car il entraîne une diminution de leur gage : la propriété du bien apporté passant à la société, le patrimoine de l'apporteur s'appauvrit. Pour prémunir les créanciers contre ce risque, des mesures spéciales de protection ont été édictées lorsque l'apport porte sur un fonds de commerce (nos 2076 s.) ou sur le patrimoine professionnel d'un entrepreneur individuel (nos 2268 s.). En dehors de ces hypothèses particulières, les créanciers disposent, outre l'action paulienne (n° 2315), des moyens du droit commun suivants.

1. Réintégration de l'apport dans le patrimoine de l'apporteur par la voie de l'action oblique. Lorsque l'apporteur a la possibilité de recouvrer son bien en invoquant, selon le cas, la nullité de la société ou de l'apport ou la dissolution de la société et qu'il s'abstient d'agir, les créanciers peuvent exercer eux-mêmes l'action en ses lieu et place (C. civ. art. 1341-1).

2. Annulation de l'apport après cessation des paiements de l'apporteur. Lorsque l'apport est intervenu durant la période suspecte, il peut être annulé dans les cas mentionnés nos 720 s.

3. Déclaration de fictivité de l'apport. Les créanciers de l'apporteur peuvent établir que l'apport est purement apparent ou fictif (nos 2282 s.).

4. Purge des hypothèques. Si le bien apporté est un immeuble, la société peut, après publication du transfert (n° 2142), recourir à la procédure de purge de manière à libérer l'immeuble des hypothèques qui le grèvent ; elle offre alors aux créanciers hypothécaires une somme correspondant à la valeur d'apport de l'immeuble, mais ces créanciers ont le droit, sous réserve de respecter certaines conditions, de requérir la mise aux enchères publiques dudit immeuble (C. civ. art. 2464 s.). La valeur de l'apport est réduite d'autant : l'apporteur reçoit donc seulement les parts à due concurrence de la valeur subsistante ou rien s'il ne reste rien ; l'apport devient alors un achat pour la société.

EXERCICE DE L'ACTION PAULIENNE PAR LES CRÉANCIERS DE L'APPORTEUR

2315 Lorsqu'une personne fait apport de son bien uniquement dans le dessein de le soustraire aux poursuites de ses créanciers, ceux-ci peuvent, par la voie de l'action dite « paulienne »

(C. civ. art. 1341-2), attaquer l'**apport** afin qu'il leur soit déclaré **inopposable.** Les créanciers peuvent alors soit saisir directement le bien apporté entre les mains de la société, soit obtenir réparation du préjudice que l'apport aurait pu leur causer.

Sur leur faculté d'agir en cas de procédure collective de l'apporteur, voir nº 720.

Conditions de l'action paulienne L'action des créanciers est soumise aux conditions suivantes. 2320

a. L'apport doit entraîner un **appauvrissement du débiteur** et/ou une **diminution du droit de gage des créanciers** (cf. notamment, Cass. com. 3-12-2002 nº 2022 : RJDA 5/03 nº 495 ; Cass. com. 29-5-2024 nº 22-20.308 F-B : RJDA 10/24 nº 526).

ILLUSTRATIONS

Ont ainsi été jugés inopposables au créancier pour fraude paulienne :

– l'apport d'un fonds de commerce et d'autres actifs qui prive la société apporteuse d'une source de revenu et ampute le droit de gage de ses créanciers sur les immobilisations et l'actif circulant du fonds, alors que la participation minoritaire reçue en contrepartie n'offre pas les mêmes garanties de recouvrement (CA Paris 7-1-2020 nº 17/09864 : RJDA 6/20 nº 309, à propos d'un apport partiel d'actifs, mais applicable à tous les apports) ;

– le simple apport d'immeubles, l'opération aboutissant à remplacer, dans le patrimoine du débiteur, des immeubles qui, pris individuellement, trouveraient facilement acquéreur, par des parts sociales difficilement négociables, dont le prix de vente n'atteindrait pas la valeur desdits immeubles (Cass. 1e civ. 27-2-1973 nº 71-14.693 : Bull. civ. I nº 70 ; Cass. com. 3-12-2002 précité ; Cass. 3e civ. 9-2-2010 nº 09-10.639 : RJDA 7/10 nº 782) ;

– l'apport d'un immeuble en contrepartie de parts sociales d'une valeur équivalente, compte tenu de la difficulté de négocier ces parts et du risque d'inscription d'hypothèques sur l'immeuble du chef de la société bénéficiaire de l'apport (Cass. com. 29-5-2024 précité).

b. Il faut qu'il y ait **fraude,** c'est-à-dire que l'apporteur doit avoir eu, au moment de l'apport, connaissance du préjudice qu'il causait par cet acte à son créancier (Cass. com. 25-3-1991 : RJDA 11/91 nº 885 ; Cass. 1e civ. 14-1-1992 : RJDA 4/92 nº 378 ; Cass. 1e civ. 14-2-1995 : Bull. civ. I nº 79). Mais il n'est pas nécessaire de prouver en outre que l'apporteur a agi dans l'intention de nuire à son créancier (Cass. civ. 13-3-1973 : JCP 1974 II 17782 note Ghestin ; Cass. 1e civ. 17-10-1979 : Bull. civ. I nº 249 ; Cass. 1e civ. 4-11-1983 : Bull. civ. I nº 254). 2322

Pour que la fraude soit établie, il faut également démontrer que les **autres associés** de la société avaient connaissance de la fraude (C. civ. art. 1341-2 ; en ce sens notamment, Cass. 1e civ. 14-1-2003 nº 42 : RJDA 6/03 nº 635). Cet article précise en effet, s'agissant d'un acte à titre onéreux, que le créancier doit établir la connaissance de la fraude par le « tiers cocontractant » du débiteur, en l'occurrence, les autres signataires du contrat de société par lequel le débiteur apporte le bien litigieux.

ILLUSTRATIONS

La fraude est établie lorsque l'apport est effectué pour :

– soustraire un immeuble à la poursuite de créanciers qui avaient engagé une action en saisie immobilière (Cass. req. 14-4-1930 : J. soc. 1931 p. 408) ;

– diminuer l'efficacité d'une hypothèque dont bénéficie le créancier sur l'immeuble (Cass. 3e civ. 12-10-2005 nº 1064 : RJDA 3/06 nº 329) ;

– organiser l'insolvabilité apparente de l'apporteur ; celle-ci devant alors être démontrée non seulement au jour où l'action est exercée, mais aussi à la date de l'apport (Cass. 1e civ. 4-11-2010 nº 09-69.108 : RJDA 2/11 nº 180).

Un contribuable faisant l'objet d'un contrôle fiscal commet également une fraude paulienne à l'égard de l'administration fiscale lorsque, alerté par les observations du vérificateur, il apporte ses biens immobiliers à une société en ayant conscience du redressement fiscal qui s'annonce (Cass. com. 12-10-2010 nº 09-16.754 : RJDA 1/11 nº 40).

En revanche, l'atteinte frauduleuse aux droits du créancier n'est pas caractérisée lorsque l'opération d'apport est réalisée dans des conditions lui permettant d'exercer normalement son droit de gage général sur le patrimoine de la société bénéficiaire, sans que les chances de paiement des créances soient compromises ou leur recouvrement rendu plus difficile du fait de l'opération (CA Douai 16-9-2021 nº 19/00866 : RJDA 3/22 nº 143, à propos d'un apport partiel d'actifs, mais applicable à tous les apports).

c. Seuls les créanciers dont la **créance** est **née antérieurement à l'apport** peuvent, en principe, intenter l'action paulienne. Il suffit que la créance soit certaine en son principe avant la réalisation de l'apport litigieux (Cass. com. 12-10-2010 nº 09-16.754 : RJDA 1/11 nº 40), peu important qu'elle ne soit pas encore liquide (Cass. 1e civ. 13-4-1988 : Bull. civ. I nº 91 ; Cass. 1e civ. 5-7-2005 nº 1105 : RJDA 2/06 nº 188). 2324

L'action paulienne est également recevable quand les faits qui ont donné naissance au droit de créance sont **postérieurs à l'acte attaqué,** si la fraude a été précisément organisée à l'effet de frustrer le futur créancier (Cass. req. 15-11-1939 : D. H. 1940.40 ; Cass. 3e civ. 27-6-1972 : Bull. civ. III no 420 ; Cass. civ. 17-1-1984 : D. 1984 p. 437 note Malaurie ; Cass. 1e civ. 14-1-2003 no 00-15.275 F-D : RJDA 6/03 no 635).

2330 **Prescription de l'action paulienne** L'action paulienne se prescrit par cinq ans à compter du jour où le créancier a connu ou aurait dû connaître l'existence de l'acte frauduleux (C. civ. art. 2224).

2335 **Conséquences de l'action paulienne** Lorsque le caractère frauduleux de l'apport a été prouvé, il en résulte les conséquences suivantes.

Les **créanciers poursuivants** et les créanciers qui se joignent à l'action échappent aux effets de l'apport opéré en fraude de leurs droits et peuvent, par décision de justice et dans la limite de leurs droits, en faire saisir l'objet entre les mains de la société (Cass. 1e civ. 30-5-2006 no 900 : RJDA 1/07 no 96 ; Cass. 1e civ. 12-7-2006 no 04-20.161 F-D) si tous les associés sont de mauvaise foi et si la société est encore en possession de ce bien ; si certains associés seulement sont de mauvaise foi ou si le bien a été aliéné par la société, les créanciers ont droit à des dommages-intérêts dans la mesure du préjudice subi. Mais les créanciers personnels de l'apporteur qui sont demeurés étrangers à l'instance n'ont aucun droit sur le bien saisi ou sur les dommages-intérêts (Cass. com. 22-5-1978 : Bull. civ. IV no 139).

Les **créanciers sociaux** ne peuvent pas exercer leurs droits sur le bien saisi même s'ils sont de bonne foi. En effet, ces créanciers n'ont pour gage que le patrimoine de la société (C. civ. art. 2285). Ils doivent subir, comme elle, les conséquences de la fraude. Ils ne peuvent pas soutenir que, la société ayant été régulièrement constituée, l'inopposabilité de l'apport aux créanciers personnels de l'apporteur est sans effet à leur égard ; la fraude fait exception à toutes les règles.

L'inopposabilité de l'apport aux créanciers de l'apporteur rend celui-ci fictif (no 2282) puisque le bien apporté peut être saisi entre les mains de la **société.** Sur les conséquences de la fictivité d'un apport, voir no 2293.

Conformément aux principes généraux de la responsabilité, les **coassociés** de l'apporteur peuvent être condamnés à des dommages-intérêts s'ils ont été complices de la fraude organisée au préjudice de ses créanciers.

5. DROITS DES AYANTS CAUSE DE L'APPORTEUR

2350 L'apport en société peut être fait en **fraude** des droits dont dispose une tierce personne sur le bien apporté. Plusieurs situations peuvent être distinguées.

APPORT DE LA CHOSE D'AUTRUI

2353 L'apport d'un bien appartenant à autrui constitue une fraude et est **inopposable** à cette personne. Ainsi, est inopposable à l'acheteur d'un immeuble l'apport de ce bien par le vendeur à une société constituée avec l'un de ses créanciers en vue de lui céder la totalité des parts sociales pour éteindre sa dette (Cass. 3e civ. 5-2-1970 : Bull. civ. III no 93).

L'inopposabilité peut justifier l'exercice de mesures conservatoires. Ainsi jugé qu'une épouse en instance de divorce pouvait valablement demander en justice l'inventaire des biens contenus dans le coffre-fort d'une société constituée par son mari avec son fils afin de s'assurer que les biens entreposés n'appartenaient pas à la communauté (CA Lyon 2-3-1953 : D. 1953 p. 360).

La personne lésée doit établir que l'apporteur avait conscience de violer ses droits et peut prouver la fraude par tous moyens.

Elle peut se prévaloir de l'inopposabilité même à l'égard d'un sous-acquéreur de bonne foi (Cass. civ. 10-5-1949 : JCP G 1949 II no 4972 note Becqué).

Cette inopposabilité ne profite qu'à elle et non à d'autres tiers, tels les créanciers de l'apporteur qui disposent de la possibilité d'exercer l'action paulienne (nos 2315 s.).

2355 L'apport de la chose d'autrui constitue un **apport fictif** (no 2282). Sur les conséquences de la fictivité d'un apport, voir no 2293.

Les **coassociés de l'apporteur** peuvent être condamnés à des dommages-intérêts envers la victime de la fraude s'ils en ont été complices.

APPORT EN VIOLATION D'UN PACTE DE PRÉFÉRENCE

Un pacte de préférence est une convention par laquelle le propriétaire d'un bien s'engage envers une personne (le bénéficiaire du pacte) à lui proposer d'**acquérir** ce bien **par priorité** avant de le céder à quelqu'un d'autre (C. civ. art. 1123, al. 1). L'apport d'un bien en société n'est effectué en violation d'un tel pacte que si le propriétaire du bien s'est expressément interdit de transférer celui-ci à un tiers à quelque titre que ce soit, y compris à l'occasion d'un apport. 2360

Les pactes de préférence entraînant une restriction au droit de propriété (droit de disposer du bien), ils sont interprétés strictement et leur violation n'est avérée qu'en cas de transfert du bien consécutif à une opération qu'ils visent explicitement (pour des cas où l'apport n'a pas entraîné la violation du pacte, la préférence ayant été seulement prévue en cas de cession, voir Cass. com. 15-12-2009 nº 08-21.037 : RJDA 4/10 nº 377 ; Cass. 3ᵉ civ. 15-1-2014 nº 12-35.106 : RJDA 5/14 nº 411).

En cas de violation d'un pacte de préférence, l'**apport** peut être **annulé** si le bénéficiaire du pacte démontre que les parties au contrat de société avaient connaissance de l'existence de ce pacte et de l'intention du bénéficiaire de s'en prévaloir (C. civ. art. 1123, al. 2 et, à compter du 1-10-2025, C. civ. art. 1844-10-1, al. 1 issu de ord. 2025-229 du 12-3-2025 et, sur renvoi, art. 1844-10, al. 3 modifié par ord. 2025-229 ; Ord. 2025-229 art. 70 ; Cass. 3ᵉ civ. 26-10-1982 : Bull. civ. III nº 208 et Cass. 3ᵉ civ. 24-6-1998 nº 1106 : RJDA 10/98 nº 1090, en matière de vente immobilière mais transposables à un apport en société). Si la preuve de la première condition est généralement facile à établir, celle de la seconde condition est plus difficile à rapporter. 2362

Les conséquences de la nullité de l'apport sont les mêmes que celles exposées nº 2293 en cas d'apport fictif.

Le bénéficiaire du pacte qui a apporté la preuve de ces conditions est en droit d'obtenir sa **substitution** à la société (C. civ. art. 1123, al. 2 ; Cass. ch. mixte 26-5-2006 nº 240 : RJDA 8-9/06 nº 883, chron. P. Chauvin p. 796 et Cass. 3ᵉ civ. 31-1-2007 nº 05-21.071 : RJDA 6/07 nº 597, en matière de vente immobilière mais transposables à un apport en société). Il appartient donc au juge qui annule l'apport réalisé en violation d'un pacte de préférence d'ordonner la substitution si elle lui est demandée et de constater la vente au profit du bénéficiaire du pacte moyennant un prix correspondant à la valeur de l'apport.

Si l'une des conditions posées pour bénéficier de la substitution n'est pas remplie, la violation du pacte ne peut être sanctionnée que par l'octroi de **dommages-intérêts** (art. 1123, al. 2 ; Cass. 3ᵉ civ. 31-1-2007 précité).

> **› Précisions** La violation d'un pacte de préférence peut constituer un trouble manifestement illicite autorisant le juge des référés à prescrire les **mesures conservatoires** s'imposant pour le faire cesser (CPC art. 873, al. 1). Un tel trouble a justifié l'interdiction faite à un apporteur de réaliser tout acte de disposition sur les parts ou actions reçues en rémunération de l'apport ; l'apporteur a aussi été condamné à faire notifier une offre de cession au bénéficiaire du pacte (CA Paris 14-2-2012 nº 11/14683 : RJDA 6/12 nº 600).

Prévention de la violation d'un pacte de préférence Les futurs coassociés de l'apporteur peuvent demander par écrit au tiers bénéficiaire d'un pacte de préférence de **confirmer,** dans un délai raisonnable, l'existence du pacte et son intention de s'en prévaloir en mentionnant qu'à défaut de réponse dans le délai imparti, le bénéficiaire ne pourra plus solliciter sa substitution à la société ou la nullité de l'apport (C. civ. art. 1123, al. 3 et 4). 2366

APPORT EN VIOLATION D'UNE PROMESSE DE VENTE

L'apporteur ne peut pas apporter un bien qu'il a promis de vendre à un tiers. En effet, la révocation de la promesse de vente pendant le délai d'option n'empêche pas la **conclusion de la vente promise** si le bénéficiaire de la promesse lève l'option ; en outre, l'apport réalisé en violation de cette promesse peut être **annulé** si les futurs coassociés de l'apporteur ont eu connaissance de la promesse (C. civ. art. 1124, al. 2 et 3, et, à compter du 1-10-2025, art. 1844-10-1, al. 1 issu de ord. 2025-229 du 12-3-2025 et, sur renvoi, art. 1844-10, al. 3 modifié par ord. 2025-229 ; Ord. 2025-229 art. 70). Les conséquences de la nullité de l'apport sont les mêmes que celles exposées nº 2293 en cas d'apport fictif. 2370

> **› Précisions** Pour la Cour de cassation, ne peut pas être révoquée, sauf clause contraire, la **promesse conclue avant le 1ᵉʳ octobre 2016,** date d'entrée en vigueur de l'article 1124, peu important que la révocation intervienne avant l'ouverture du délai d'option offert au bénéficiaire (Cass. com. 15-3-2023 nº 21-20.399 FS-B : RJDA 7/23 nº 363) ou pendant ce délai (Cass. 3ᵉ civ. 23-6-2021 nº 20-17.554 FS-B : RJDA 11/21 nº 708 ; Cass. 3ᵉ civ. 20-10-2021 nº 20-18.514 FS-B : RJDA 2/22 nº 70).

C. Apports en industrie

DÉFINITION DE L'APPORT EN INDUSTRIE

2400 Il y a apport en industrie lorsqu'un associé met à la disposition de la société ses **connaissances techniques,** son **travail** ou ses **services.**

Les apports en industrie sont possibles dans tous les **types de société** commerciale, sauf dans les SA (art. L 225-3, al. 4) et dans les SCS ou les SCA s'ils proviennent des associés commanditaires (art. L 222-1, al. 2).

Les apports en industrie doivent être mentionnés dans les **statuts.** À défaut, ils sont considérés comme inexistants (Cass. com. 14-12-2004 n° 1830 : RJDA 4/05 n° 383).

CONSEIL

Il est recommandé de préciser les **modalités des apports** en industrie dans les statuts : définition et durée des prestations à fournir par l'apporteur, étendue de l'obligation de non-concurrence mise à sa charge, droits conférés à l'apporteur dans le partage des bénéfices et de l'actif net, etc.

RÉMUNÉRATION DE L'APPORT EN INDUSTRIE

2405 N'étant pas susceptible d'une réalisation forcée au profit des créanciers, l'apport en industrie ne peut pas être un élément constitutif du capital social. L'apporteur en industrie ne peut donc pas être rémunéré par des titres représentant une fraction du capital ; néanmoins, les parts (ou, dans les SAS, les actions) reçues en contrepartie de l'apport donnent droit au **partage des bénéfices** et de l'actif net (C. civ. art. 1843-2, al. 2). La part de l'apporteur en industrie dans les bénéfices et sa contribution aux pertes est égale à celle de l'associé qui a le moins apporté, sauf clause contraire des statuts (C. civ. art. 1844-1, al. 1). En outre, ces parts ou actions donnent le droit de participer aux décisions collectives et de voter (en ce sens, Rép. Frédéric-Dupont : AN 25-7-1983 n° 30968).

OBLIGATIONS DE L'APPORTEUR EN INDUSTRIE

2410 L'apporteur en industrie doit rendre à la société les **services promis** et lui verser tous les **gains** qu'il pourrait réaliser par l'activité faisant l'objet de son apport (C. civ. art. 1843-3, al. 6).

ATTENTION

Ne constituent pas un tel gain les indemnités journalières perçues par l'associé au titre d'un contrat de prévoyance en raison d'un arrêt maladie ; elles n'ont donc pas à être reversées à la société, sauf convention contraire (Cass. 1e civ. 15-11-2023 n° 21-25.505 F-D : RJDA 4/24 n° 215).

L'apporteur ne peut pas exercer une **activité concurrente** de celle qu'il a promise à la société ; cela ne lui interdit pas cependant d'exercer une activité complètement étrangère à l'objet de la société, par exemple l'exploitation d'un brevet d'invention relatif à une autre branche d'industrie, à condition que cette activité extérieure lui laisse un temps suffisant pour se consacrer aux affaires sociales ou que le contrat de société ne lui en fasse pas défense.

L'apporteur doit exercer son activité généralement pendant la **durée** de la société, mais il est possible de prévoir une période moindre.

Si, pour une raison quelconque, l'apporteur ne peut continuer son activité, son **apport** est **caduc** : ses droits envers la société sont alors liquidés dans les conditions fixées par les statuts. Il a été jugé que si la société est dissoute avant le terme statutaire, les droits de l'apporteur dans les bénéfices et sa contribution aux pertes sont réduits proportionnellement à la durée pendant laquelle l'apport devait continuer à être effectué (CA Colmar 16-7-1863 et, sur pourvoi, Cass. civ. 14-6-1865 : D. 1866 I p. 132).

SECTION 5 SOCIÉTÉ EN FORMATION

A. Notion de société en formation

SOCIÉTÉ EN FORMATION : CONTRAT OU PERSONNE MORALE ?

2500 La plupart des difficultés que l'on rencontre lorsqu'il s'agit de déterminer le régime juridique de la société en formation tiennent à l'ambivalence du terme « société » dans notre vocabulaire juridique, ce terme étant employé indifféremment pour désigner deux situations distinctes : celle créée, d'abord, par l'acte constitutif de la société et celle créée, ensuite, après un certain délai, par l'acquisition de la personnalité morale le jour de l'immatriculation, qui confère à la société une vie juridique autonome.

Lorsqu'il est question d'une société en formation, le législateur ne prend en considération que la création d'une **société-personne morale.** L'article 1843 du Code civil vise en effet expressément « la société en formation avant l'immatriculation ».

De même, la différence de rédaction entre les deux alinéas de l'article 1842 (emploi du terme « société » dans le premier et des termes « contrat de société » dans le second) montre que, par « société », il faut entendre la personne morale, non le contrat.

Cette interprétation rejoint d'ailleurs l'**intention des associés.** Dans la grande majorité des cas, ils constituent une société pour créer un être moral nouveau si bien que, dans leur esprit, la société n'est définitivement formée que le jour où existe la personnalité morale. 2503

Il n'empêche que, prise dans son sens de « contrat de société », la « société » est « constituée » dès la signature des statuts (ou la tenue de l'assemblée générale constitutive s'il s'agit d'une société par actions constituée avec offre au public autre que les offres exclues, mentionnées n° 38450) bien qu'elle n'ait pas la personnalité morale (dans le même sens, Cass. com. 27-11-2024 n° 23-21.822 F-D : RJDA 4/25 n° 208).

› Précisions L'absence de personnalité morale n'interdit pas de considérer que la société est bien **constituée avant l'immatriculation.** On peut faire valoir en ce sens divers arguments. Ainsi, l'article R 210-1 est nettement en faveur d'une telle conception puisqu'il précise que la demande d'immatriculation au RCS est présentée « après accomplissement des formalités de constitution de la société ». Dans le même sens, on peut également invoquer l'article R 22-10-13, qui dispose qu'une SA constituée avec offre au public (autre que les offres exclues, mentionnées n° 38450) est réputée n'avoir pas été constituée dans les six mois du premier dépôt de fonds (et les actionnaires peuvent alors demander la restitution de leurs souscriptions) lorsque l'assemblée constitutive n'a pas été tenue dans ce délai ; c'est donc que la société est constituée dès la réunion de l'assemblée constitutive.

DISTINCTION ENTRE SOCIÉTÉ EN FORMATION ET SOCIÉTÉ DE FAIT

La société en formation doit être distinguée de la société de fait. Elle n'a d'existence qu'en vue de l'acquisition de la personnalité morale tandis que la société de fait existe à partir du seul accord contractuel des associés, sans aucune recherche de la personnalité morale. 2510

Intérêt de la distinction La distinction entre société en formation et société de fait présente un intérêt pratique considérable. 2513

En effet, selon les articles 1843 du Code civil et L 210-6, les personnes qui ont agi au nom d'une **société en formation** avant l'immatriculation sont personnellement tenues des obligations nées des actes ainsi accomplis (sauf reprise par la société après que celle-ci aura été régulièrement immatriculée). Mais ces actes ne lient aucunement les personnes qui n'y ont pas participé et cette règle vaut, en particulier, pour les associés : ceux-ci n'ont pas à supporter les conséquences des engagements auxquels ils sont restés étrangers (n° 2840).

En revanche, si l'existence d'une **société de fait** est établie, les engagements pris par certains associés pour le compte de la société obligent personnellement et solidairement tous les autres, même s'ils n'ont pas participé à l'acte (Cass. com. 26-5-2009 n° 08-13.891 : RJDA 10/09 n° 846 ; CA Paris 22-12-1983 : Rev. sociétés 1984 p. 745 note Sortais ; CA Paris 11-3-2009 n° 06-20507 : RJDA 8-9/09 n° 742). En effet, les personnes qui ont agi « en qualité d'associés au vu et au su des tiers » sont engagées solidairement à l'égard de ces derniers (C. civ. art. 1872-1, al. 2 applicable aux sociétés de fait sur renvoi de l'art. 1873). Il suffit donc, pour qu'une personne ait la qualité d'**associé de fait,** qu'elle ait eu à l'égard des tiers un comportement révélateur de cette qualité ; *peu importe qu'elle n'ait pas participé* aux actes pour lesquels elle est poursuivie.

Appréciation de la distinction La distinction entre la société en formation et la société de fait n'est pas aisée car elle ne peut résulter que d'une appréciation des circonstances propres à chaque espèce. Il est cependant un élément caractéristique de l'existence d'une société de fait : c'est l'**exercice** « de manière durable et importante » **de l'activité sociale** (Cass. com. 9-11-1987 : Bull. civ. IV n° 236 ; Cass. com. 17-5-1989 : Bull. civ. IV n° 151 ; Cass. com. 4-12-2001 : RJDA 3/02 n° 257). Par suite, la société reste en formation lorsque les actes passés pour son compte sont occasionnels et n'ont d'autre but que de **préparer le commencement de l'exploitation** : il en est ainsi en cas de souscription d'un ou de plusieurs prêts (Cass. com. 7-4-1992 : RJDA 10/92 n° 913), d'achat de matériel, de conclusion d'un bail, etc. ; de même, la société reste en formation lorsque les actes passés 2517 pour son compte ont pour but de sauvegarder la valeur des apports en nature qui lui ont été faits. C'est aussi le cas lorsque les associés ont commencé d'exercer l'activité sociale à condition que leur action revête un caractère limité tant dans son importance que dans sa durée.

ILLUSTRATIONS

La souscription d'un emprunt dépasse l'accomplissement des simples actes nécessaires à la constitution d'une société en formation dès lors que cette société a pour objet l'acquisition des parts d'une autre société et que l'emprunt est destiné à financer cette acquisition (Cass. com. 26-5-2009 n° 08-13.891 : RJDA 10/09 n° 846).

En revanche, la signature d'un contrat de cession de bail est un acte préparatoire d'une société en formation, nécessaire à l'établissement du siège social. Le fait que cette cession soit intervenue un an avant la constitution de la société ne saurait, en l'absence d'autres éléments, permettre de prétendre à l'existence d'une société de fait, les critères d'une telle société s'appréciant globalement et pas seulement en raison de la durée de la situation en cause (CA Paris 13-5-1997 : RJDA 1/98 n° 51).

La distinction entre société en formation et société de fait peut être également appréciée en fonction de l'**intention des parties,** les juges déduisant alors l'existence d'une société en formation de l'intention des associés d'immatriculer prochainement la société (CA Bordeaux 14-5-1990 : Rev. sociétés 1990 p. 591 note P. Le Cannu).

2520 En tout état de cause, l'appartenance à une société en formation ou à une société de fait doit être appréciée au cas par cas, en la **personne de chaque associé.** Elle dépend du comportement de chacun d'eux, de sorte qu'un associé peut être réputé avoir agi au nom de la société en formation alors que les autres seront considérés comme ayant eu un comportement d'associés.

Mais les deux situations sont exclusives l'une de l'autre : pour un même associé, la société ne peut pas être **à la fois** une **société en formation** et une **société de fait.** En effet, estiment les juges, on ne peut pas sans contradiction déclarer que les associés ont agi au nom d'une société en formation et les tenir pour membres d'une société de fait ; « dans la première hypothèse, la société n'existe pas encore alors que, dans la seconde, bien qu'étant juridiquement irrégulière, elle a une existence réelle [...]. Il ne peut y avoir coexistence de ces deux situations, la société de fait ayant dépassé le stade de la formation pour atteindre à l'existence et la société en formation n'étant qu'une société future » (CA Rouen 5-7-1974, inédit et, sur pourvoi, Cass. com. 23-5-1977 : Bull. civ. IV n° 150).

2523 En revanche, **société en formation et société de fait** peuvent **se succéder.** À partir du moment où les associés, passant outre à l'absence d'immatriculation, font fonctionner leur société, ils abandonnent le régime de la société en formation pour passer sous celui de la société de fait.

ILLUSTRATIONS

Est devenue une société créée de fait la société qui n'a jamais été immatriculée et qui a édité deux numéros d'un magazine en qualité d'éditeur (CA Paris 11-3-2009 n° 06-20507 : RJDA 8-9/09 n° 742).

La situation inverse, quoique beaucoup plus rare, peut aussi se rencontrer : des associés de fait peuvent, à tout moment, décider d'immatriculer leur société. En théorie, on peut donc imaginer qu'une société en formation fasse suite à une société de fait. Mais, en pratique, comme il est peu vraisemblable que les associés de fait cesseront toute activité lors de la période de régularisation, ils conserveront leur qualité jusqu'à l'immatriculation, de telle sorte qu'à aucun moment ils ne pourront être soumis au régime juridique de la société en formation.

Ajoutons d'ailleurs que la création de la nouvelle société implique une liquidation des droits de chacun des associés dans la société de fait (sur cette question, voir n°s 95600 s.).

> **Précisions** Une personne non associée qui a agi au nom d'une société en formation ayant dégénéré en société de fait est, conformément à l'article L 210-6, **tenue personnellement** des actes qu'elle a accomplis, mais non de ceux passés par les associés si aucun élément ne démontre qu'elle a acquis la qualité d'associé de fait (CA Paris 18-6-1982, inédit).

B. Période de formation de la société

2550 La période de formation prend **fin** au moment où, étant immatriculée, la société acquiert la personnalité morale. La date d'expiration de cette période peut même être fixée avec exactitude : c'est celle qui figure sur l'extrait d'immatriculation remis à la société par le greffier une fois celle-ci immatriculée.

Exceptionnellement, la société cesse aussi d'être en formation lorsque les associés commencent l'exploitation malgré l'absence d'immatriculation ; la société devient alors une société de fait (nº 2523).

La détermination du **point de départ** de la période de formation est plus délicate. L'ouverture de cette période ne peut être déterminée qu'au vu des circonstances de chaque espèce (démarches auprès des administrations, pourparlers, consultations de conseils, recherche de capitaux, etc.). 2553

ILLUSTRATIONS

La période de formation d'une société a été considérée comme ouverte compte tenu des indices suivants : correspondance entre les fondateurs tendant à la création de cette société, annonces dans la presse de l'activité envisagée, ouverture d'un compte, rédaction d'un projet de règlement intérieur (CA Rouen 5-7-1974, inédit). Il a été jugé de même pour une société dont l'objet était d'organiser des spectacles de ski acrobatique, compte tenu des **démarches** accomplies par les fondateurs pour commencer l'activité sociale : déplacements dans des stations de sports d'hiver et ouverture de comptes bancaires au nom de la société (CA Paris 26-4-1984 : BRDA 13/84 p. 8).

L'existence d'une société en formation a même été reconnue à partir de simples pourparlers (Cass. com. 23-5-1977 : Bull. civ. IV nº 150).

Pour l'**administration fiscale,** « la simple intention de constituer une société et même l'engagement à cet effet de pourparlers entre les futurs associés ne suffisent pas à établir que le processus de formation soit entamé. Il faut encore qu'ait été accompli un acte opposable aux tiers et, partant, inhérent à la procédure de constitution établie par les dispositions législatives et réglementaires » (BOI-ENR-AVS-10-40 nº 120). À notre avis, les solutions retenues par l'administration fiscale sur le fondement de ce principe (nºˢ 2875 s.), si elles ont le mérite de la simplicité, sont cependant entachées d'un certain arbitraire et nous ne pensons pas qu'elles doivent être transposées sur le plan juridique. 2556

Ainsi, l'existence d'une société en formation a été reconnue à partir de simples pourparlers ou d'actes préparant l'activité sociale (nº 2553), même si, dans un arrêt isolé, la cour d'appel de Paris a estimé qu'une SARL n'avait été en formation qu'à compter du jour de la signature de ses statuts car il n'était pas justifié par la production d'un acte opposable aux tiers (tel le dépôt des fonds représentant les apports) que la période de formation avait commencé avant cette date (CA Paris 3-6-1981 : BRDA 19/81 p. 8).

› Précisions Il ne nous paraît pas exact de lier, comme le soutient l'administration fiscale, l'**ouverture de la période de formation** au premier acte « inhérent à la procédure de constitution établie par les dispositions législatives et réglementaires ». Il se peut qu'avant cet acte d'autres aient été passés qui n'ont pas de rapport avec la procédure de constitution et qui, pourtant, prouvent l'existence d'une société en formation.

Par ailleurs, n'est-il pas artificiel de dire qu'une SNC n'est en formation qu'à partir de la signature des statuts alors que, pour une SARL, c'est la date du dépôt des fonds qu'il faut prendre en considération ? Un exemple suffit à montrer le caractère arbitraire d'une telle interprétation : si le bail des locaux destinés à la future société est conclu entre la date de ce dépôt et le jour de la signature des statuts, il se trouve en dehors de la période de formation s'il s'agit d'une SNC et en dedans s'il s'agit d'une SARL. Or, dans les deux cas, la situation est identique : c'est précisément la conclusion du bail qui prouve que la société est déjà en formation.

C. Rapports entre les associés de la société en formation

RÉGIME APPLICABLE

Après la signature des statuts, il n'existe qu'un **contrat de société** ; tant que l'immatriculation n'est pas obtenue, la « société-personne morale » ne peut pas naître. À ce stade, le régime applicable à la société en formation, et en particulier aux rapports entre les associés, ne peut alors être que celui résultant du contrat de société et, pour un complément éventuellement nécessaire, du droit commun des contrats (cf. C. civ. art. 1842, al. 2). 2580

Cependant, toutes les **clauses** du contrat de société ne sont pas, à notre avis, immédiatement **applicables** à la société en formation. En effet, le contrat de société est d'abord un accord de volonté sur une activité à entreprendre en commun, des apports, un partage des bénéfices (ou des économies) et des pertes. Mais c'est aussi un accord pour faire naître une personne morale et fixer les règles indispensables à son existence et à son fonctionnement. 2583

Ces dernières, prévues dans les statuts, n'ont de sens que si la société est immatriculée et ne s'appliquent donc pas à la société en formation.

Il en résulte, à notre avis, les conséquences exposées nos 2590 s.

> **Précisions** Les sociétés visées à l'article L 210-1 (SA, SAS, SARL, SNC, etc.) ne se conçoivent que dans la mesure où elles jouissent de la personnalité morale puisque les sociétés sans personnalité morale ne peuvent être que des sociétés en participation ou des sociétés créées de fait (C. civ. art. 1871 et 1873). On ne saurait donc appliquer les règles prévues pour le fonctionnement d'une SA ou d'une SARL par exemple, alors que la société n'est pas encore dotée de la personnalité morale, car cela aboutirait à traiter cette SA ou cette SARL en formation comme une société en participation alors que rien ne prouve que les associés aient eu une telle intention. Dès lors, les clauses statutaires concernant la personne morale ne peuvent recevoir application qu'autant que cette personne, à laquelle elles sont destinées et qui les justifie, existe.
> Cela est si vrai qu'il a fallu, dans les SA, un **texte spécial** (art. R 225-26) pour habiliter « les personnes désignées pour être administrateurs » (et non pas le conseil d'administration) à nommer le président du conseil d'administration et, le cas échéant, le directeur général et les directeurs généraux délégués.

APPRÉCIATION DE LA RÉGULARITÉ DU CONTRAT DE SOCIÉTÉ

2590 Les conditions de validité du pacte social et l'existence des éléments constitutifs du contrat de société (consentement et capacité des associés, objet social, apports, etc.) s'apprécient à la **date** de la signature de ce pacte, c'est-à-dire au jour de la signature des statuts (pour l'appréciation de l'intention de s'associer, voir CA Paris 25-4-1984 : Bull. Joly 1984 p. 1004 ; voir aussi Cass. 1e civ. 24-10-1978 no 77-13.884 : Bull. civ. I no 318).

Il faut, par exemple, appliquer la loi en vigueur au jour de la constitution pour déterminer si la société a été régulièrement formée : une loi modifiant les conditions de formation qui entrerait en vigueur entre le jour de la constitution et celui de l'immatriculation ne serait pas applicable ; de même, c'est au jour de la constitution qu'il faut se placer pour juger si l'on n'est pas en présence d'apports fictifs (no 2288).

DÉCISIONS COLLECTIVES PENDANT LA PÉRIODE DE FORMATION

2595 Toutes les décisions à prendre avant l'acquisition de la personnalité morale sont soumises au droit commun des contrats et constituent, en quelque sorte, des « **avenants** » au contrat de société.

Il en résulte qu'une **modification des statuts** avant l'immatriculation (qu'il s'agisse d'un changement du futur siège social, d'une extension de l'objet social, d'un changement de dénomination, d'une modification dans la composition des organes d'administration, de surveillance ou de contrôle, etc.) de même que le retrait d'un associé sont subordonnés à l'accord unanime des associés. Il ne pourrait en être autrement (décisions prises à la majorité) que si le pacte social, en vertu du principe de la liberté contractuelle, prévoyait la possibilité d'une modification des statuts avant l'immatriculation et en fixait les conditions de réalisation.

2598 Les actes modifiant les statuts avant l'immatriculation de la société au RCS sont, à notre avis, soumis aux mêmes formalités de **publicité** que les statuts eux-mêmes (no 3180) puisqu'ils deviennent partie intégrante de ceux-ci.

DROITS SOCIAUX ET FORMATION DE LA SOCIÉTÉ

2605 Ce n'est qu'à partir de l'immatriculation que les associés deviennent titulaires des droits mobiliers incorporels représentés par les **actions ou parts sociales** mentionnées dans les statuts, ces droits ne pouvant naître qu'après l'apparition de la personne morale à l'existence de laquelle ils sont liés.

2608 En conséquence, lorsqu'un **associé entend se retirer** de la société avant l'immatriculation de celle-ci, l'opération s'analyse en une cession de ses droits dans le contrat de société et non pas en une cession de parts sociales ou d'actions (dans le même sens, Cass. com. 26-2-2008 *nos 06-17.981 et 06-17.982* : RJDA 6/08 no 671 ; CA Paris 6-7-1978 : BRDA 22/78 p. 15). Elle est donc soumise à l'accord de tous les associés et non pas aux règles prévues par les statuts.

Outre les formalités de publicité afférentes aux modifications des statuts (no 2598), la cession par un associé de ses droits avant l'immatriculation de la société n'est opposable aux tiers que si, conformément à l'article 1690 du Code civil, elle a été signifiée par exploit d'huissier ou de commissaire de justice aux autres associés ou acceptée par eux dans un acte notarié.

ENTRÉE EN FONCTIONS DES DIRIGEANTS

Les personnes désignées pour exercer les **fonctions de dirigeants** sociaux n'acquièrent cette qualité qu'après l'immatriculation de la société (Cass. com. 9-4-1991 : RJDA 7/91 n° 595) et non pendant la période de formation. Les dispositions législatives ou réglementaires et les clauses statutaires concernant ces dirigeants (durée des fonctions, pouvoirs, responsabilité, etc.) ne leur sont donc applicables qu'à partir de la **date** de cette immatriculation. 2615

ILLUSTRATIONS

Il a été jugé que :
– la désignation d'une personne en qualité de président du conseil d'administration d'une société ne peut prendre effet qu'à la date de l'immatriculation de celle-ci, de sorte que l'intéressé ne peut, en cette qualité, avoir engagé la société par des actes passés antérieurement à cette immatriculation (Cass. com. 9-4-1991 précité) ;
– avant l'immatriculation, l'associé désigné comme gérant ne peut pas se prévaloir de cette qualité au regard des tiers et ne saurait donc être inscrit à la sécurité sociale (CA Nancy 13-12-1983 : Bull. Joly 1984 p. 817) ;
– un président désigné, démissionnaire de ses fonctions avant l'immatriculation, ne peut pas être condamné à combler le passif social pour des faits antérieurs à l'immatriculation (Cass. com. 10-5-1984 : Rev. sociétés 1984 p. 835 note A. Honorat) ;
– un gérant désigné, démissionnaire de ses fonctions avant l'immatriculation d'une société mise ultérieurement en liquidation des biens, ne peut pas être frappé de l'interdiction de gérer et d'administrer une personne morale (CA Paris 4-1-1990 : BRDA 6/90 p. 20).

Jugé toutefois qu'en l'absence de toute disposition législative contraire, la date à partir de laquelle commence à courir la durée des fonctions d'administrateur doit être fixée au jour où celui-ci a accepté ses fonctions, cette acceptation pouvant résulter de la signature des statuts (CA Paris 4-12-1997 : Bull. Joly 1998 p. 236 note P. Le Cannu ; CA Paris 29-6-2001 n° 01-30113 : RJDA 1/02 n° 58 ; sur cette question, voir aussi n° 39694).

RÉSOLUTION DU CONTRAT DE SOCIÉTÉ

Si les associés ne désirent pas poursuivre la réalisation de leur projet de société ou s'ils ne peuvent pas obtenir l'immatriculation de celle-ci au RCS, ils peuvent mettre fin à leur contrat. Conformément à l'article 1193 du Code civil, cette décision doit être prise à l'**unanimité.** À défaut, la résolution du contrat de société doit être demandée en justice. 2620

Les apports des associés doivent alors leur être restitués (sur cette restitution dans la SARL, voir n° 30153 et, dans les sociétés par actions, voir n° 38390).

ATTENTION

Les fondateurs qui ne seraient pas en mesure de restituer leurs apports aux associés parce qu'ils auraient disposé des fonds à d'autres fins qu'à la libération des apports, même dans l'intérêt de la société en formation, s'exposeraient à des sanctions pénales pour abus de confiance.

Tout **associé mettant fin unilatéralement au contrat** de société engage sa responsabilité à l'égard de son ou ses coassociés. Tel a été le cas d'un associé qui, quelques jours après la signature des statuts, avait exigé une modification de la répartition des parts sociales et était ainsi revenu unilatéralement sur ses engagements ; cet associé ayant mis fin sans juste motif au contrat de société, il devait réparation à son coassocié du préjudice subi par celui-ci du fait de la rupture (CA Paris 6-11-1980 : BRDA 2/81 p. 18).

NULLITÉ DU CONTRAT DE SOCIÉTÉ

La société en formation peut être annulée pour les causes exposées n°s 89120 s. Il convient en effet d'appliquer les règles propres aux sociétés (en ce sens, Cass. com. 27-11-2024 n° 23-21.822 F-D : RJDA 4/25 n° 208). 2625

Il s'ensuit notamment que l'**action en nullité** d'une société en formation est soumise à une prescription abrégée : voir n°s 89460 s. (Cass. com. 27-11-2024 précité).

PROCÉDURE COLLECTIVE D'UN ASSOCIÉ DE LA SOCIÉTÉ EN FORMATION

Le contrat de société peut prévoir que tout associé faisant l'objet d'une procédure collective avant l'immatriculation de la société sera exclu. En effet, le contrat de société n'est pas un **contrat en cours** au sens des dispositions du Code de commerce (art. L 622-13, I-al. 1, L 631-14, al. 1 et L 641-11-1, I-al. 1) prévoyant qu'un contrat en cours lors de l'ouverture d'une procédure collective à l'encontre d'un des contractants ne peut pas être résolu du seul fait de l'ouverture de la procédure (Cass. com. 10-7-2007 n° 06-11.680 FS-PB : RJDA 1/08 n° 52). 2630

D. Actes passés pour le compte de la société

GÉNÉRALITÉS

2660 Avant l'immatriculation de la société, il peut être nécessaire de passer certains actes dans l'intérêt de celle-ci : par exemple, conclusion d'un bail, signature d'une promesse d'achat, engagement à l'égard d'un organisme administratif, etc. Ces actes ne peuvent en principe pas **engager la société** puisque celle-ci n'existe pas encore (n° 4008).

2663 Le sort de ces actes est réglé par l'article L 210-6, aux termes duquel « les **personnes qui ont agi au nom d'une société en formation** avant qu'elle ait acquis la jouissance de la personnalité morale sont tenues solidairement et indéfiniment des actes ainsi accomplis, à moins que la **société,** après avoir été régulièrement constituée et immatriculée, ne **reprenne les engagements** souscrits. Ces engagements sont alors réputés avoir été souscrits dès l'origine par la société ».

À s'en tenir au texte de la loi, les personnes ayant agi pour le compte de la société en formation devraient donc attendre l'immatriculation de la société avant de savoir si leurs actes seront ou non entérinés par les associés et si la société se substituera ou non à eux pour l'exécution de leurs engagements. Cependant, les dispositions réglementaires du Code de commerce et celles du décret 78-704 du 3 juillet 1978 permettent sous certaines conditions la reprise anticipée de ces engagements dès la signature des statuts (ou lors de l'assemblée constitutive s'il s'agit d'une société par actions constituée avec offre au public autre que les offres exclues, mentionnées n° 38450) (n°s 2700 s.).

Indépendamment de cette procédure, il peut arriver, par application des règles du droit commun de la **substitution de cocontractant,** que la volonté de substituer la société au contractant initial dans l'exécution d'un contrat conclu avec un tiers soit déduite de la conclusion d'un avenant entre la société immatriculée et ce tiers (pour des exemples, Cass. com. 24-6-2014 n° 13-18.317 : RJDA 10/14 n° 764 ; Cass. com. 21-3-2018 n° 15-29.377 F-D : RJDA 6/18 n° 499) ou de l'application d'une clause de substitution prévue dans le contrat initial (Cass. com. 15-1-2020 n° 17-28.127 F-D : RJDA 4/20 n° 212). Une telle substitution ne produit ses effets qu'à compter de sa date, cependant que la reprise produit des effets rétroagissant à la date où l'engagement initial a été souscrit.

OUVERTURE D'UN COMPTE BANCAIRE AU NOM DE LA SOCIÉTÉ EN FORMATION

2670 Il est admis qu'un compte bancaire peut être ouvert au nom d'une société en formation à la demande des fondateurs afin d'opérer les dépôts et retraits correspondant aux opérations effectuées pour le compte de la société. Ce **compte fonctionne** alors sous la **signature** des fondateurs (Cass. com. 25-3-2003 n° 531 : RJDA 11/03 n° 1108), qui sont personnellement responsables du paiement des chèques qu'ils ont émis (n° 2800).

La société n'ayant pas d'existence juridique, il appartient à la banque qui ouvre le compte de **vérifier** l'identité et le domicile de chacun des fondateurs (Cass. com. 24-3-1992 n° 576 : RJDA 7/92 n° 721 ; Cass. com. 25-3-2003 précité).

1. CONDITIONS DE REPRISE DES ACTES PAR LA SOCIÉTÉ

NATURE DE L'ACTE

2675 L'article L 210-6 concerne uniquement les **engagements contractuels** pris pour le compte de la société en formation. Il ne s'applique donc ni aux **fautes extracontractuelles,** dont les conséquences restent à la charge de leurs auteurs sans que ces derniers puissent s'en décharger sur la société (CA Paris 24-2-1977 : D. 1978 p. 32 note Bousquet), ni aux **demandes d'autorisations administratives,** qui ne génèrent aucune obligation pour la société (Cass. 3e civ. 5-11-2014 n° 13-10.888 : RJDA 2/15 n° 95, à propos d'un Gaec en formation mais transposable), ni aux **apports** à la société, qui sont des actes constitutifs, signés par les associés en leur nom et pour leur propre compte (CAA Nancy 21-12-2023 n° 22NC03166 : RJDA 6/24 n° 339).

L'**adjudication** d'un bien immobilier fait partie des actes qui peuvent être repris par la société, une telle reprise ayant pour effet de valider l'enchère portée pour le compte de la société à l'occasion de la procédure d'adjudication (Cass. 2e civ. 19-12-2002 n° 1256 : RJDA 2/04 *n° 162 ; Cass. 2e civ. 10-9-2009 n°* 08-15.882 : RJDA 1/10 n° 28).

MENTIONS À INDIQUER DANS L'ACTE

2680 Peuvent être repris les actes passés **au nom** ou **pour le compte de la société en formation.** Il a longtemps été exigé que l'acte le mentionne **expressément** (Cass. com. 18-12-1990 n° 89-14.210 P : RJDA 3/91 n° 210 ; Cass. com. 21-2-2012 n° 10-27.630 F-PB : RJDA 5/12 n° 499 ; Cass. com. 11-6-2013 n° 11-27.356 F-D : RJDA 10/13 n° 796). La Cour de cassation a toutefois abandonné ce formalisme rigoureux. Elle admet désormais que l'acte puisse faire l'objet d'une reprise en l'**absence d'une telle mention** s'il est établi, au regard de l'ensemble des circonstances tant intrinsèques à l'acte qu'extrinsèques, que la commune intention des parties était de le conclure pour le compte de la société (Cass. com. 29-11-2023 n°s 22-12.865 FS-BR, 22-18.295 FS-BR et 22-21.623 FS-BR : RJDA 2/24 n° 97 et avis M. Lecaroz p. 7 ; Cass. 3e civ. 17-10-2024 n° 22-21.616 F-D : RJDA 3/25 n° 138, 2e espèce).

Si l'acte a été directement souscrit par la société, sans que la commune intention des parties soit établie, l'acte est nul pour avoir été conclu par une partie dépourvue d'existence juridique (n° 4008). En revanche, s'il a été souscrit par un des fondateurs de la société sans que les parties aient envisagé la possibilité d'une reprise, il est valide mais reste à la charge de celui qui l'a passé, même si l'une des procédures de reprise a été suivie par la suite (Cass. com. 23-1-2007 n° 05-17.715 : RJDA 5/07 n° 481, 1e esp.).

CONSEIL

Il est recommandé de continuer à mentionner expressément dans l'acte qu'il est conclu « au nom » ou « pour le compte » de la société en formation afin d'éviter tout contentieux laissant la validité de sa future reprise à l'appréciation des juges du fond.

Par ailleurs, s'il faut pouvoir **identifier la société** à naître, la validité de l'acte passé pour son compte n'implique pas que la société effectivement immatriculée revête toutes les caractéristiques éventuellement mentionnées dans l'acte litigieux (forme sociale, associés et dénomination, notamment), sauf les cas de dol ou de fraude (Cass. com. 29-11-2023 n° 22-12.865 FS-BR : RJDA 2/24 n° 97, 1e esp. et avis M. Lecaroz p. 7 ; Cass. com. 28-5-2025 n° 24-13.370 F-D : BRDA 15-16/25 inf. 4). **2683**
Il pourrait, par exemple, y avoir fraude ou dol si une SNC avait été annoncée dans l'acte mais qu'une SARL est finalement immatriculée – compte tenu de la responsabilité indéfinie et solidaire des associés de la première et non de la seconde – ou si, en présence d'une SNC, celle-ci n'est pas formée entre les associés mentionnés dans l'acte, mais par des associés présentant de moindres garanties financières.

2. PROCÉDURES DE REPRISE DES ACTES

PRINCIPE

La reprise d'un acte passé pour le compte d'une société en formation suppose de suivre l'une des procédures de reprise prévues par les textes et dont l'objet est d'assurer l'information des associés sur la teneur et les conséquences des engagements mis à la charge de la société. Elle ne peut pas résulter du seul accord des parties de substituer la société au signataire de l'acte (Cass. com. 18-6-2025 n° 24-14.311 F-B : BRDA 14/25 inf. 2). De même, la clause d'un contrat stipulant que l'immatriculation de la société emportera reprise automatique du contrat par elle est inefficace dès lors qu'aucune des procédures de reprise n'a été respectée (Cass. 3e civ. 15-10-2015 n° 13-24.355 : RJDA 2/16 n° 111 ; Cass. 3e civ. 23-5-2019 n° 17-31.463 F-D : RJDA 8-9/19 n° 558). **2690**

a. Reprise des actes par la signature des statuts

Lorsque des actes sont passés avant la signature des statuts, celle-ci emporte reprise automatique de ces actes une fois la société immatriculée à condition qu'un **état** indiquant l'engagement qui résulte de chacun de ces **actes** pour la société soit présenté aux associés avant la signature des statuts et soit annexé à ceux-ci (art. R 210-5, al. 1 et 2 et R 210-6, al. 1 et 2 pour les SARL et les sociétés par actions ; Décret 78-704 du 3-7-1978 art. 6, al. 1 et 2 pour les SNC et les SCS). **2700**
Dans les sociétés par actions constituées avec offre au public (autre que les offres exclues, mentionnées n° 38450), cet état doit être présenté aux associés lors de l'assemblée constitutive appelée à se prononcer sur la reprise des actes (art. R 210-7).

Pour qu'un acte soit repris, encore faut-il qu'il soit expressément visé par l'état annexé aux statuts. Tel n'est pas le cas d'un engagement de paiement des honoraires d'une société de conseil ayant assisté une société dans sa constitution lorsque l'état indique seulement au titre des engagements repris un « engagement de frais et honoraires de conseil et du coût des formalités (publicité, greffe) en vue de la constitution de la société » sans indiquer précisément le contrat conclu avec la société de conseil (Cass. com. 13-7-2010 n° 09-68.142 : RJDA 11/10 n° 1075).

L'existence d'une clause des statuts précisant que la signature de ceux-ci « emportera reprise des engagements qui seront réputés avoir été souscrits dès l'origine » par la société ne peut pas pallier l'absence d'état des actes annexé aux statuts (Cass. com. 13-3-2001 n° 538 : RJDA 11/01 n° 1109). En revanche, la mention des actes directement dans les statuts suffit à emporter leur reprise (Cass. 3e civ. 13-7-2011 n° 10-18.640 : RJDA 11/11 n° 913).

Pour prouver que l'état des actes passés pour le compte de la société a bien été annexé aux statuts signés par les associés, il doit être annexé aux statuts déposés au greffe du tribunal (CA Versailles 12-12-2005 n° 04-6239 : RJDA 8-9/06 n° 902, 2e esp.).

LIBERTÉ DE REPRISE DES ACTES PASSÉS POUR LA SOCIÉTÉ

2705 Contrairement à l'article L 210-6, les articles R 210-5 et R 210-6, comme l'article 6 du décret 78-704 du 3 juillet 1978, ne laissent, semble-t-il, aucun **choix aux associés** pour décider si la société reprendra ou non les engagements figurant dans l'état annexé aux statuts. En effet, la signature des statuts entraîne automatiquement reprise des engagements.

Pour autant, rien n'interdit aux associés de conclure le contrat de société tout en refusant de faire reprendre par la future société les actes accomplis avant cette signature : il leur suffit alors, s'ils en sont d'accord, de ne pas annexer l'état de ces actes aux statuts, les articles R 210-5 et R 210-6 et l'article 6 du décret 78-704 ne les obligeant pas à prendre parti sur le sujet dès la signature des statuts. Ces actes seront alors soumis à l'approbation de la société après l'immatriculation de celle-ci (nos 2745 s.) conformément à l'article L 210-6. Mais il est bien évident que les personnes ayant souscrit les engagements ont intérêt à ne pas **attendre** cette **immatriculation** pour savoir quel sera le sort de leurs engagements. Mieux vaut pour elles profiter de la signature des statuts pour être fixées sur ce point.

› Précisions **a.** Les articles R 210-5 et R 210-6 et l'article 6 du décret 78-704 ont seulement pour but de **faciliter la reprise** des actes en anticipant la décision des associés que l'article L 210-6 place, en principe, après l'immatriculation de la société. Ils ne sauraient priver les associés de la possibilité de statuer sur cette reprise selon la procédure fixée par la loi.
b. En cas de constitution d'une société par actions avec **offre au public** (autre que les offres exclues, mentionnées n° 38450), le problème évoqué ci-dessus ne peut pas se poser : l'assemblée constitutive doit décider si la société reprendra ou non les engagements souscrits (art. R 210-7).

b. Mandat de passer des actes pour la société

2715 Les associés de **SNC**, de **SCS** et de **SARL** peuvent, dans les statuts ou par acte séparé, donner mandat à l'un ou plusieurs d'entre eux, ou au gérant non associé, de prendre des engagements pour le compte de la société. Sous réserve qu'ils soient déterminés et que les modalités en soient précisées par le mandat, l'immatriculation de la société emportera reprise de ces engagements par la société (Décret 78-704 art. 6, al. 3 pour les SNC ou les SCS ; art. R 210-5, al. 3 pour les SARL).

ATTENTION

Le mandat ne peut être donné qu'à un associé ou à un gérant non associé. Lorsque le **mandataire** signe l'acte en sa qualité de **gérant,** la reprise ne sera pas valable s'il est **également associé** ; dans un tel cas en effet, le mandataire ne peut passer l'acte qu'en sa qualité d'associé et non pas en celle de gérant (Cass. 3e civ. 13-3-1996 n° 527 : RJDA 10/96 n° 1196).

Les associés ou actionnaires de **sociétés par actions** peuvent donner mandat dans les mêmes conditions étant précisé que :

– dans les sociétés par actions constituées avec offre au public (autre que les offres exclues, mentionnées n° 38450), le mandat peut seulement être donné à un membre du conseil d'administration ou de surveillance (art. R 210-7, al. 4) ;

– dans les autres sociétés par actions, le mandat ne peut être donné qu'à un actionnaire (art. R 210-6, al. 3).

2718 Ce procédé ne vaut que pour les **actes passés entre la signature des statuts et l'immatriculation** de la société ; il n'engage pas la société s'il est utilisé pour des actes passés avant la signature des statuts (CA Versailles 19-5-2000 : RJDA 11/00 n° 984 ; voir toutefois Cass. com. 1-7-2008 n° 07-10.676 : RJDA 10/08 n° 1024).

Le mandat peut être établi après la conclusion de l'engagement (Cass. com. 14-1-2003 n° 00-12.557 : Bull. Joly 2003 p. 431 ; Cass. com. 1-7-2008 précité).

Lorsque le mandat n'est pas donné dans les statuts, il doit résulter d'un **acte séparé.** À défaut de mandat, la reprise n'est pas valable, même si tous les associés ont concouru à la conclusion de l'engagement souscrit pour le compte de la société (Cass. com. 6-12-2005 n° 1602 : RJDA 3/06 n° 267, 1e esp. ; Cass. com. 23-5-2006 n° 665 : RJDA 8-9/06 n° 902, 1e esp.).

CARACTÉRISTIQUES DU MANDAT DE PASSER DES ACTES POUR LA SOCIÉTÉ

2725 Pour que la procédure de reprise puisse s'appliquer, les **engagements** doivent être **déterminés** et leurs modalités précisées dans le mandat.

ILLUSTRATIONS

Est inefficace un mandat général et indéterminé (Cass. com. 21-7-1987 : Bull. civ. IV n° 209), tel celui habilitant un associé à passer « les actes et engagements entrant dans l'objet statutaire et conformes à l'intérêt social » (Cass. com. 24-3-1998 n° 798 : RJDA 8-9/98 n° 984) ou à signer les « baux nécessaires à l'exploitation » (Cass. com. 14-11-2006 n° 1225 : RJDA 4/07 n° 354). Jugé, en revanche, que confère mandat d'agir au nom de la société en formation la clause statutaire donnant au gérant le pouvoir d'acquérir dans l'intérêt de la société « et vu l'urgence » un fonds de commerce mis en vente judiciaire (Cass. com. 17-7-2001 n° 1444 : BRDA 18/01 inf. 1) ou celle chargeant un fondateur d'effectuer « toutes démarches nécessaires pour l'obtention de tous emprunts » (Cass. 3e civ. 12-11-2015 n° 14-21.227 : RJDA 3/16 n° 192).

En l'absence de mandat spécial, il convient d'attendre l'immatriculation de la société pour faire approuver par les associés les engagements pris (nos 2745 s.) ; faute d'approbation, tous les associés ayant donné mandat seront responsables solidairement avec leur mandataire des engagements pris par ce dernier au nom de la société (n° 2830).

EXÉCUTION DU MANDAT DE PASSER DES ACTES POUR LA SOCIÉTÉ

Si le **mandataire respecte les termes du mandat,** il est libéré à l'égard des tiers, à moins qu'il ne se soit personnellement obligé envers eux. Il reste responsable de ses fautes d'exécution à l'égard de ses mandants (C. civ. art. 1991 s.). 2730

Si, au contraire, le **mandataire ne respecte pas les termes du mandat,** la société n'est pas tenue des engagements pris pour son compte. Il en est notamment ainsi lorsque, ayant seulement reçu mandat d'accomplir les formalités de publicité légale, le dirigeant a souscrit une reconnaissance de dette (Cass. com. 22-7-1986 : BRDA 17/86 p. 7) ou une convention d'assistance juridique et comptable (CA Lyon 8-12-1988 : Bull. Joly 1989 p. 173). De même, n'engage pas la société l'emprunt bancaire souscrit par un gérant ayant reçu mandat de procéder à « l'ouverture de tous comptes bancaires ou postal pour le compte de la société » (CA Caen 16-3-1989 : BRDA 2/90 p. 18).

> **Précisions** Les cocontractants du mandataire ne sauraient, en ce cas, invoquer le **mandat apparent,** sauf erreur « commune et invincible » dont l'existence est difficile à imaginer ; en effet, dès l'instant où une personne prétend agir au nom d'une société en formation, les tiers doivent se montrer extrêmement prudents et demander à cette personne de justifier de ses pouvoirs. La société ne pourrait être tenue que de l'enrichissement qu'elle retirerait éventuellement de l'acte irrégulièrement conclu.

Prévention des conflits d'intérêts En matière de représentation des personnes physiques, un mandataire ne peut, dans un même acte, ni agir pour le compte d'une autre partie que le mandant, ni contracter pour son propre compte à peine de nullité de l'acte, à moins que la loi ou le mandant ne l'y ait autorisé ou que l'acte accompli ait été ratifié par le mandant (C. civ. art. 1161). Par ailleurs, l'interdiction pour le mandataire d'agir pour le compte de plusieurs parties ne s'applique qu'en cas de conflit d'intérêts entre elles (art. précité). 2731

CONSEIL

L'existence d'une autorisation au sens de l'article 1161 ne pouvant, à notre avis, être déduite du caractère spécial du mandat (n° 2725), il est recommandé aux associés de prévoir explicitement dans le mandat la possibilité pour le mandataire d'accomplir les actes indiqués, y compris dans les cas où il agira pour le compte de plusieurs parties ou pour son propre compte. À défaut, les associés pourront toujours ratifier l'acte ultérieurement.

c. Reprise des actes par décision des associés

Si les associés n'ont pas adopté une des solutions indiquées nos 2700 s. pour reprendre les actes passés pour le compte de la société (signature des statuts auxquels est annexé un état *des actes accomplis* ; mandat de conclure un ou plusieurs actes déterminés), ils peuvent encore décider cette reprise **après l'immatriculation de la société** (Cass. com. 12-2-1974 : Rev. sociétés 1974 p. 493 note J. Hémard ; Cass. com. 10-10-1984 : Rev. sociétés 1985 p. 821 note Burst). Tel a été le cas d'une décision ratifiant expressément « les engagements antérieurs depuis la constitution de la société » (CA Paris 18-2-1982 : BRDA 13/82 p. 9). 2745

La décision doit être prise, sauf clause contraire des statuts, à la **majorité** des associés (Décret 78-704 du 3-7-1978 art. 6, al. 4). À notre avis, la « clause contraire des statuts » visée par ce texte permet aux associés de prévoir une majorité qualifiée ou même l'unanimité pour décider la reprise mais ne saurait les autoriser à donner aux dirigeants sociaux le pouvoir de prendre seuls cette décision. L'article 6 a en effet pour objectif essentiel de réserver aux associés le droit de décider la reprise. Par ailleurs, une clause statutaire habilitant les dirigeants sociaux à décider la reprise comporterait un mandat général qui rendrait pratiquement inutile l'obligation d'un mandat spécial prescrite par les articles R 210-5, al. 3, R 210-6, al. 3, R 210-7, al. 4 et par l'article 6, al. 3 du décret 78-704 (nº 2725).

La décision doit être prise collectivement (dans le cadre d'une assemblée générale notamment) une fois la société immatriculée.

L'**associé unique d'une EURL** peut décider la reprise au lieu et place de l'assemblée des associés mais la reprise doit alors résulter d'un acte exprès répertorié dans le registre prévu à cet effet (Cass. com. 31-5-2005 nº 838 : RJDA 11/05 nº 1219).

REPRISE IMPLICITE DES ACTES PASSÉS POUR LA SOCIÉTÉ

2750 La ratification doit résulter d'une décision spéciale des associés. Il ne saurait y avoir de reprise implicite (Cass. com. 20-1-1987 nº 85-15.568 : Bull. civ. IV nº 28 ; Cass. com. 12-7-2004 nº 1174 : RJDA 1/05 nº 34 ; Cass. 3e civ. 30-3-2023 nº 21-25.920 F-D : RJDA 7/23 nº 372).

ILLUSTRATIONS

Ne valent pas reprise :

– l'**approbation des comptes** du premier exercice social après l'immatriculation de la société (Cass. 1e civ. 2-10-2002 nº 1405 : RJDA 1/03 nº 56, 1e esp.) ;

– l'**exécution de l'engagement** par la société (Cass. com. 1-4-2003 nº 99-12.443 : RJDA 7/03 nº 721 ; Cass. com. 23-5-2006 nº 03-15.486 : RJDA 8-9/06 nº 902, 1e esp. ; Cass. com. 13-12-2011 nº 11-10.699 : RJDA 4/12 nº 402) ;

– en cas de **cession d'une créance** sur la société avant son immatriculation, l'**acceptation** de cette **cession par plusieurs fondateurs** (Cass. com. 9-10-2007 nº 06-16.483 : RJDA 2/08 nº 130) ;

– le fait pour la société de **se présenter comme le preneur d'un bail à l'occasion** d'une transaction et de plusieurs **instances judiciaires** relatives à l'exécution de ce bail (Cass. com. 20-2-2019 nº 17-14.242 F-D : RJDA 7/19 nº 498).

REPRISE ABUSIVE DES ACTES PASSÉS POUR LA SOCIÉTÉ

2755 Pour être valable, la décision de reprise ne doit pas être abusive. Ainsi, dans un cas où le « gérant » d'une société en formation avait ouvert et fait fonctionner un compte courant bancaire au nom de cette société, il a été jugé qu'était nulle à l'égard de la banque la reprise de cet engagement effectuée dans les conditions suivantes : la société avait été immatriculée **plus de deux ans** après l'ouverture du compte ; la reprise avait été décidée en **assemblée** quelques jours après cette immatriculation alors que, comme le précisait le procès-verbal de cette assemblée, la banque avait formé une action en paiement contre les associés. Ces opérations n'avaient donc eu en fait d'autre but que de faire échapper le « gérant » à ses obligations en en transférant la charge sur la société alors que celle-ci était insolvable (CA Paris 22-11-1988 : BRDA 6/89 p. 17).

À l'inverse, le caractère frauduleux d'une décision reprenant un emprunt accepté pour le compte d'une société avant son immatriculation par l'associé majoritaire n'a pas été établi dès lors que la société avait reconnu la dette dès l'origine en la comptabilisant dans son bilan, à une époque où l'associé en cause n'était pas gérant, et que l'**assemblée** appelée à se prononcer sur la reprise de l'emprunt, initialement prévue pour se tenir six mois plus tôt, avait été **différée** en raison du retard dans l'établissement des comptes ayant suivi la gérance de cet associé (Cass. com. 2-7-1996 nº 1259 : RJDA 10/96 nº 1197).

3. PREUVE DE LA REPRISE DES ACTES PASSÉS POUR LA SOCIÉTÉ

2775 La **charge de la preuve** de la reprise des actes passés pour le compte d'une société en formation pèse sur celui qui l'invoque (Cass. soc. 18-12-1979 : Bull. civ. V nº 1013 ; Cass. com. 21-7-1987 : Bull. civ. IV nº 209).

4. EFFETS DE LA REPRISE DES ACTES PASSÉS POUR LA SOCIÉTÉ

2790 Lorsque la société a régulièrement repris les engagements souscrits pour son compte, les **fondateurs** ayant passé ces actes sont **libérés** à l'égard du cocontractant, sauf s'ils se sont engagés personnellement à garantir l'exécution de ces actes (CA Paris 5-4-1991, inédit).

En présence d'un mandat de passer un acte pour le compte de la société, la reprise libère toutes les personnes ayant concouru à cet acte, quand bien même le mandat n'aurait été donné qu'à une seule d'entre elles (Cass. com. 13-12-2005 n° 1649 : RJDA 3/06 n° 267, 2e esp.).

En outre, les actes sont censés avoir été souscrits dès l'origine par la société (art. L 210-6), dès lors qu'ils ont été effectivement conclus avant l'immatriculation de la société (Cass. com. 21-9-2004 n° 1246 : RJDA 2/05 n° 133). Ainsi, en cas de reprise de l'acquisition d'un fonds de commerce comprenant un bail commercial, cette acquisition est réputée conclue dès l'origine par la société, qui peut donc bénéficier du bail dès la date où elle est intervenue (Cass. 3e civ. 2-2-2005 n° 132 : RJDA 5/05 n° 509), même lorsque le bailleur a délivré un congé avant l'immatriculation de la société (Cass. 3e civ. 7-12-2011 n° 10-26.726 : RJDA 3/12 n° 290). De même, la reprise d'une vente de lots de copropriété par une société qui a agi en réduction du prix de vente de ces lots lui confère depuis le jour de cette vente la qualité de propriétaire nécessaire pour exercer cette action, peu important la date à laquelle est intervenue la reprise (Cass. 3e civ. 7-4-2016 n° 15-10.881 : RJDA 11/16 n° 782).

> **Précisions** Lorsque la reprise porte sur l'**acquisition d'un immeuble,** il n'est pas nécessaire de publier l'acte de reprise au service chargé de la publicité foncière pour le rendre opposable aux tiers (Cass. 3e civ. 9-7-2003 n° 902 : RJDA 1/04 n° 43, à propos d'une société civile immobilière mais transposable). En effet, l'acte de reprise est déclaratif et non constitutif de droits.

GARANTIES ATTACHÉES AUX ACTES PASSÉS POUR LA SOCIÉTÉ

La reprise par la société des engagements pris pour son compte entraîne corrélativement **validation** des garanties qui auraient pu être données par des tiers pour l'exécution de ces engagements. 2795

ILLUSTRATIONS

A été déclaré valable le **cautionnement** d'un prêt consenti à une société en formation (Cass. 1re civ. 3-12-1980 : Bull. civ. I n° 314 ; CA Paris 3-10-1986 : BRDA 23/86 p. 7).

De même, a été validée l'inscription d'un **nantissement** sur matériel avec indication du numéro RCS du fondateur ayant contracté le prêt garanti par ce nantissement, sans qu'il soit nécessaire de procéder à une nouvelle publication après immatriculation de la société (Cass. com. 29-5-1980 : Bull. civ. IV n° 221).

LIMITES À LA REPRISE DES ACTES PASSÉS POUR LA SOCIÉTÉ

Même si les associés ont régulièrement décidé la reprise des actes passés par le fondateur, celui-ci reste personnellement responsable du **paiement des chèques** émis par lui pour le compte de la société en formation (CA Paris 24-3-1988 : D. 1988 p. 556 note Martin). En effet, le « tireur » d'un chèque est personnellement garant du paiement de celui-ci à l'égard des porteurs successifs, même lorsque le chèque a été émis pour le compte d'autrui (C. mon. fin. art. L 131-4, al. 2). 2800

Cette règle ne vaut que pour les chèques. Ainsi, le fondateur d'une société n'est pas tenu personnellement au paiement d'une **lettre de change** qu'il a acceptée au moment où la société était en formation dès lors, d'une part, que l'intéressé n'a pas été désigné sur la lettre en qualité de tiré et, d'autre part, que la société a repris les engagements souscrits par son fondateur (Cass. com. 15-6-1993 : RJDA 11/93 n° 901).

5. DÉFAUT DE REPRISE DES ACTES PASSÉS POUR LA SOCIÉTÉ

Si la société n'a pas repris les actes accomplis pour son compte pendant la période de formation, ces actes restent **à la charge des personnes** qui les ont conclus (Cass. com. 26-4-1988 : Bull. civ. IV n° 142 ; Cass. com. 11-1-2005 n° 50 : RJDA 4/05 n° 380) ou qui ont donné mandat de les passer (*Cass. com. 3-4-1973 : Rev. sociétés 1974 p. 90 ; CA Paris 27-6-1978 :* Bull. Joly 1978 p. 763), cette solution s'appliquant également en cas de reprise irrégulière. Si le fondateur qui a souscrit l'emprunt au nom de la société en formation et non repris par elle est marié sous le régime de la communauté légale, il n'est, sauf accord de son conjoint, engagé que sur ses biens propres (Cass. 1re civ. 9-7-2014 n° 13-20.356 : RJDA 10/14 n° 763). 2830

Pour éviter que l'acte demeure à la charge des personnes qui l'ont passé, ces dernières peuvent prévoir dans l'acte, avec l'accord de leur cocontractant, qu'elles seront **libérées** de toute obligation à son égard si la société ne reprend pas les engagements souscrits pour son compte. Le cocontractant perd alors la possibilité de demander l'exécution du contrat à l'associé avec qui il a traité.

2833 La personne qui s'est portée **caution** des dettes de la société en formation est libérée par l'absence de reprise de l'engagement garanti puisque la caution ne peut pas être condamnée à garantir une autre personne (l'associé ayant contracté l'engagement) que la société (Cass. 1e civ. 2-10-2002 n° 1405 : RJDA 1/03 n° 56 ; dans le même sens à propos d'une sûreté réelle, Cass. com. 1-4-2014 n° 12-23.501 : RJDA 6/14 n° 524). Il est donc recommandé de prévoir, dans l'acte de cautionnement, qu'en cas de non-reprise la caution sera tenue de garantir la dette de la personne ayant contracté l'engagement (A.-S. Lucas-Puget, La reprise des actes de la société en formation : Defrénois 2012 art. 40629).

PERSONNES NON TENUES DES ENGAGEMENTS SOUSCRITS

2840 Seules sont visées par la loi les personnes « qui ont agi au nom d'une société en formation », de sorte que ne sont pas tenus des actes non repris par la société les associés ayant simplement participé à cette formation en tant que **fondateurs** (Cass. com. 4-5-1981 : D. 1982 p. 482 note J.-J. Daigre ; Cass. com. 25-10-1983 : Rev. sociétés 1984 p. 523 note Sibon ; Cass. com. 15-11-1983 : Bull. civ. IV n° 310), même s'ils ont été désignés comme gérants (CA Paris 11-3-1983 : BRDA 9/83 p. 7).

Ainsi, le simple fait qu'un associé ait cosigné le bail des locaux affectés à l'activité de la société n'implique pas qu'il doive répondre des autres actes accomplis par son coassocié pour le compte de la société (CA Paris 20-5-1988 : BRDA 17/88 p. 12). De même, l'un des fondateurs d'une société ne peut pas être condamné à verser des dommages-intérêts à un architecte au motif qu'il lui a notifié la fin de la mission qui lui avait été confiée pour le compte de la société dès lors qu'il n'est pas établi que ce fondateur a signé ou ratifié au nom de la société le contrat en cause (Cass. 1e civ. 19-11-1996 n° 1873 : RJDA 3/97 n° 359).

Ne sont pas non plus tenues des actes non repris par la société les personnes qui ont procédé à des démarches ou à des pourparlers mais qui n'ont pas signé les actes litigieux, même si leur rôle a été prépondérant pour la réalisation de ces actes (CA Orléans 22-2-1978 : BRDA 10/79 p. 15).

ATTENTION

Si un acte conclu par une **société en formation représentée** par un de ses fondateurs est annulé (voir n° 4008), ce fondateur n'a pas à répondre de cet acte (en ce sens, Cass. com. 18-11-2020 n° 18-23.239 F-D : RJDA 3/21 n° 166 ; Cass. com. 10-2-2021 n° 19-10.006 F-P : RJDA 5/21 n° 312).

2843 Les **acquéreurs de « parts »** d'une société non encore immatriculée ne sauraient davantage être tenus aux dettes contractées par les cédants au nom de la société en formation sous prétexte qu'ils seraient subrogés dans les droits et obligations de ces derniers (Cass. com. 14-1-1992 : RJDA 4/92 n° 349).

EXÉCUTION DE L'ACTE NON REPRIS PAR LA SOCIÉTÉ

2850 Faute d'avoir mis en œuvre l'une des procédures permettant de reprendre une convention conclue pour son compte, une **société** ne peut pas en obtenir l'exécution. Néanmoins, contrairement à ce qui avait été avancé par certains arrêts (notamment, Cass. 3e civ. 5-1-1994 : RJDA 5/94 n° 523 ; CA Paris 22-2-2008 n° 06-3564 : RJDA 6/08 n° 659 ; CA Paris 24-6-2009 n° 09-1705 : RJDA 11/09 n° 958), la mise en échec de son action doit être fondée non sur le défaut de qualité à agir (Cass. 3e civ. 19-10-2022 n° 21-17.780 F-D : RJDA 3/23 n° 145), mais sur l'absence de droit substantiel, tirée, par exemple, de l'effet relatif des conventions (C. civ. art. 1199).

RECOURS CONTRE LA SOCIÉTÉ À DÉFAUT DE REPRISE DES ACTES

2855 Si l'acte non repris par la société a profité à celle-ci, son auteur pourra lui demander une indemnité en invoquant les règles de la **gestion d'affaires** (C. civ. art. 1301-2 ; sur ces règles, voir Mémento Droit commercial nos 10305 s.) mais non sur le fondement de l'**enrichissement injustifié** (C. civ. art. 1303 ; CA Paris 1-10-1982 : BRDA 23/82 p. 11).

6. FISCALITÉ DES ACTES PASSÉS POUR LA SOCIÉTÉ

DROITS D'ENREGISTREMENT

2875 Selon l'administration fiscale, les conventions translatives de propriété ou de jouissance conclues pour le compte d'une société en formation doivent être considérées, au regard des droits d'enregistrement, comme parfaites et réalisées par la personne qui les a passées au nom de la société (BOI-ENR-AVS-10-40 n° 70). Elles sont donc immédiatement assujetties aux droits de mutation. L'article L 210-6 et les articles R 210-5 à R 210-7 ont seulement pour conséquence de supprimer l'exigibilité de toute imposition au titre du transfert ultérieur des droits acquis résultant de la reprise par la société des engagements souscrits en son nom.

Encore faut-il que la **convention** ait été **conclue pendant la période de formation** de la société. À cet égard, l'administration fiscale a fixé de la manière suivante le point de départ de cette période (BOI-ENR-AVS-10-40 nº 120) : **2878**
– sociétés par actions constituées avec offre au public (autre que les offres exclues mentionnées nº 2700) : date du dépôt au greffe du projet de statuts ;
– autres sociétés par actions (pour l'essentiel, celles constituées sans offre au public) et SARL : date du dépôt des fonds ou, en cas d'apports en nature, date de la désignation du commissaire aux apports par les futurs associés ou le président du tribunal de commerce ;
– SNC ou SCS : date de signature des statuts.

Il en résulte que si un acte passé antérieurement à la date ci-dessus déterminée était repris par la société, cet acte pourrait être considéré comme frappé d'une **double mutation** et taxé en conséquence. Tel serait le cas d'un acte passé pour le compte d'une SNC ou d'une SCS avant la signature des statuts. Cette solution administrative devrait, nous semble-t-il, être reconsidérée car il est contradictoire, d'une part, de faciliter la reprise des actes conclus avant la signature des statuts et, d'autre part, de pénaliser, par une double imposition, la conclusion de ces actes. Sur les autres réserves que suscite la position de l'administration, voir nº 2556.

Il faut aussi que l'acte repris contienne tous les éléments nécessaires à l'**identification de la société** intéressée et, bien entendu, qu'il n'opère aucune **novation** par rapport aux dispositions essentielles de la convention intervenue au cours de la période de formation de la société. **2881**

L'exigibilité immédiate des droits de mutation impose aux personnes agissant pour le compte de la société de faire l'**avance** de ces **droits.** Cette charge peut être évitée si la convention est conclue sous une condition suspensive, par exemple celle de la ratification de l'engagement par la société ou encore celle de l'immatriculation de la société au registre du commerce. Dans ce cas, en effet, la **perception** des droits proportionnels est **différée** jusqu'à la réalisation de la condition (BOI-ENR-AVS-10-40 nº 90).

IMPÔT SUR LES SOCIÉTÉS

Au regard des impôts directs, les engagements pris par les associés agissant au nom d'une société en formation sont réputés avoir été souscrits dès l'origine par la société dès lors qu'elle reprend ces engagements après avoir été régulièrement constituée et immatriculée. Toutefois, cette reprise ne peut pas produire d'effet à une date antérieure à l'ouverture de l'**exercice au cours duquel est intervenue l'immatriculation** de la société et celle-ci ne pourrait pas en conséquence être assujettie à l'impôt sur les sociétés au titre des opérations réalisées au cours des exercices précédant celui de son immatriculation. **2885**

Une société ne peut bénéficier du régime mère-fille à raison de dividendes versés par des sociétés dont les titres lui ont été apportés en nature par un associé fondateur dès lors que la société a été immatriculée moins de deux ans avant la cession de ces titres (CAA Nancy 21-12-2023 nº 22NC03166 : RJF 5/24 nº 366).

Les amortissements pratiqués sur un bien dont il n'a pas été prouvé qu'il avait été acquis au nom et pour le compte d'une société en formation ne sont pas admis en déduction (CAA Lyon 5-10-1995 nº 93-1108 : RJF 12/95 nº 1343 ; CE CAPC 30-12-1996 nº 175829 : RJF 2/97 nº 107).

SECTION 6

RESPONSABILITÉ DES FONDATEURS

A. Cas de responsabilité des fondateurs

ACTE DE CONCURRENCE DÉLOYALE COMMIS PAR LES FONDATEURS D'UNE SOCIÉTÉ

Les fondateurs sont personnellement responsables des actes de concurrence déloyale qu'ils ont commis à l'égard de l'entreprise dont ils étaient dirigeants ou salariés et qu'ils ont quittée pour constituer la société. La plupart du temps, l'entreprise leur reproche le fait de constituer une société concurrente ou des agissements fautifs accompagnant la constitution **2930** (débauchage de salariés ou détournement de clientèle). L'utilisation par un fondateur d'une information de cette entreprise protégée par le secret des affaires (information qui n'est pas généralement connue ou aisément accessible, revêt une valeur commerciale et fait l'objet de mesures de protection raisonnables) est aussi susceptible d'engager sa responsabilité (art. L 151-1 s. et R 152-1 s.).

2934 **Création de la société** Un **salarié** est en droit de préparer la constitution d'une société concurrente de son employeur avant même d'avoir donné sa démission, à condition de se garder de toute déloyauté (CA Paris 4-3-1993 : JCP E 1993 pan. n° 768). Dans le cas contraire, il est susceptible de devoir indemniser son employeur pour le préjudice qu'il a causé sur le fondement de la concurrence déloyale ou, devant les juridictions sociales, pour manquement à l'obligation de loyauté incombant à tout salarié pendant la durée du contrat de travail.

ILLUSTRATIONS

Engage sa responsabilité le salarié qui, pendant son préavis, désorganise activement l'entreprise et se sert de la documentation de celle-ci pour prospecter sa clientèle (CA Paris 4-3-1993 précité). Il en va de même du salarié qui, pendant les semaines précédant sa démission, a pris toutes les dispositions nécessaires pour la conception, l'implantation et l'agencement d'un magasin dont l'objet et les fournisseurs étaient identiques à ceux de son employeur et a informé la population de l'ouverture du magasin le lendemain de la fin de son préavis (Cass. soc. 16-5-2007 n° 06-40.062 : BRDA 13/07 inf. 3).

En revanche, ne manque pas à son obligation de loyauté le salarié démissionnaire qui immatricule une société ayant une activité concurrente de celle de son employeur au cours de son préavis si l'exploitation de la nouvelle société ne débute qu'après la fin du préavis (Cass. soc. 23-9-2020 n° 19-15.313 FS-PB : RJDA 3/21 n° 167 ; dans le même sens, Cass. com. 13-3-2001 n° 99-11.178 F-D : RJDA 7/01 n° 824).

Après la rupture du contrat de travail, à défaut de clause de non-concurrence, l'**ancien salarié** est libre de créer une entreprise concurrente (Cass. soc. 20-2-2013 n° 11-25.694 : RJDA 6/13 n° 479), sauf à ce que cette création s'accompagne de faits constitutifs de concurrence déloyale tels que le détournement de documents ou d'informations confidentielles. Si de tels faits sont constatés, la société ex-employeur peut agir en concurrence déloyale contre son ancien salarié ou, si ce dernier dirige la société concurrente, rechercher sa responsabilité personnelle en qualité de dirigeant pour faute séparable de ses fonctions (Cass. com. 7-9-2022 n° 20-20.404 F-D : RJDA 1/23 n° 42).

2935 Le **dirigeant** qui crée une société concurrente s'expose à une action en concurrence déloyale. Ainsi est fautive la création par le gérant démissionnaire d'une société, pendant son préavis, d'une société nouvelle dont l'exploitation a commencé avant l'expiration de ce préavis (Cass. com. 12-2-2002 n° 00-11.602 : RJDA 6/02 n° 708).

En revanche, ne commettent pas un acte de concurrence déloyale :

– l'**ancien dirigeant** d'une société qui crée une société concurrente dès lors qu'au moment de cette création il n'exerçait plus aucune fonction au sein de la première société après avoir été révoqué et évincé à la suite d'une mésentente entre associés et que, même s'il détenait la moitié du capital de celle-ci, son engagement au sein de la société concurrente s'expliquait par le besoin de retrouver une activité professionnelle (Cass. com. 17-1-2006 n° 70 : RJDA 7/06 n° 774) ;

– l'**ancien administrateur** d'une société qui, après avoir démissionné, a pris une participation minoritaire au capital de deux sociétés concurrentes aux côtés d'anciens salariés également démissionnaires (CA Lyon 20-11-1998 : Bull. inf. C. cass. 1999/499 p. 22) ;

– le **gérant** d'une SARL qui a créé une société exerçant une activité concurrente avec l'accord des associés de la SARL (Cass. com. 18-3-2020 n° 18-17.010 F-D : RJDA 6/20 n° 314).

2938 **Débauchage de salariés** Le recrutement massif de salariés d'une entreprise concurrente, libres de tout engagement, n'est pas à lui seul fautif (Cass. com. 5-2-1991 n° 88-16.214 : RJDA 4/91 n° 361, 1e esp. ; Cass. com. 26-9-2006 n° 1051 : RJDA 2/07 n° 207). Par exemple, n'est pas déloyale l'embauche massive de personnel si les départs des salariés sont seulement dus à la **confiance** que ceux-ci portent au fondateur (Cass. com. 30-6-1992 n° 1231 : RJDA 12/92 n° 1189), à leur volonté de **sauvegarder** leur **emploi** compte tenu des difficultés réelles que traverse leur employeur (Cass. com. 22-5-2007 n° 06-13.421 : RJDA 10/07 n° 1028) ou encore à la **dégradation** du **climat social** au sein de l'entreprise (Cass. com. 29-3-2011 n° 10-17.647 : RJDA 6/11 n° 589).

Le recrutement devient fautif lorsqu'il s'accompagne de manœuvres déloyales et entraîne une **désorganisation** de l'entreprise concurrente (Cass. com. 9-3-1999 n° 97-12.009 : RJDA 5/99 n° 620 ; Cass. com. 16-12-2008 n° 07-19.848 : RJDA 4/09 n° 395 ; Cass. com. 8-7-2020 n° 18-17.169 F-D : RJDA 12/20 n° 670), peu important que celle-ci ait reconstitué ses effectifs rapidement (pour un exemple, Cass. com. 23-6-2021 n° 19-21.911 F-D : RJDA 12/21 n° 802).

ILLUSTRATIONS

A été jugée fautive l'embauche simultanée de la totalité des salariés composant l'équipe commerciale d'une société par un nouveau concurrent, à des salaires équivalents à ceux dont ces salariés bénéficiaient auparavant, alors que leur nouvelle mission comportait des tâches plus limitées et que leur départ n'était ni prévisible ni justifié par des modifications dans leurs conditions de travail ; ce débauchage massif avait entraîné une grave désorganisation de la société en la privant de ses chances de résister à l'offensive du nouvel arrivant puisqu'elle s'était trouvée empêchée de prospecter efficacement sa clientèle traditionnelle pour tenter de la fidéliser et d'en développer une nouvelle (Cass. com. 3-6-2008 nº 07-12.437 : RJDA 12/08 nº 1326).

De même, a été sanctionnée l'embauche simultanée de quatre cadres dirigeants parmi les plus expérimentés de deux sociétés d'un même groupe et représentant une fraction notable de l'équipe d'encadrement, compte tenu des circonstances suivantes : ces salariés n'avaient jamais émis de réserves sur leurs conditions de travail ; l'entreprise qu'ils intégraient avait été fondée par un autre ancien salarié du groupe qui a ainsi pu bénéficier de leur savoir-faire ; l'un de ces salariés, directeur général des deux sociétés, avait écourté le préavis de démission des autres et leur avait accordé des primes malgré l'annonce de leur démission et la désorganisation qui résultait de leur départ ; il avait en outre autorisé le transfert de leurs lignes téléphoniques vers leur nouvelle entreprise, créant ainsi une confusion dans l'esprit de la clientèle (Cass. com. 14-4-2015 nº 13-27.093 : RJDA 7/15 nº 536, 1e esp.).

En revanche, n'a pas commis de faute la société qui a embauché deux salariés d'une société concurrente dès lors que la preuve d'échanges avant cette embauche avec les salariés n'est pas rapportée, qu'aucune incitation au départ de ces salariés, qui n'étaient pas liés par une clause de non-concurrence, n'est avérée et que la proposition de rémunération de 5 % plus élevée qui leur avait été faite ne constitue pas un procédé déloyal à l'égard de l'ancien employeur (Cass. com. 18-11-2020 nº 18-19.012 F-D : RJDA 8-9/21 nº 614).

La concurrence déloyale est également caractérisée si le fondateur s'est livré à des **manœuvres** ou à des **pressions** pour débaucher le personnel d'une société concurrente qu'il vient de quitter (Cass. com. 24-2-1998 nº 563 : RJDA 6/98 nº 810). Le fait pour un dirigeant de délier des salariés de leur clause de non-concurrence avant de quitter la société afin de leur permettre de démissionner massivement pour qu'ils rejoignent la société qu'il a créée à la suite de son départ pourrait être fautif (en ce sens, Cass. com. 24-2-1998 précité).

Détournement de clientèle Le démarchage de la clientèle d'un concurrent, même par un ancien salarié de celui-ci, n'est pas en lui-même fautif sauf s'il s'accompagne de procédés déloyaux (Cass. com. 19-3-2013 nº 12-16.936 : RJDA 6/13 nº 561). **2942**

Ainsi, la création, par un dirigeant de société, d'une entreprise concurrente de celle dans laquelle il était employé auparavant et le simple fait d'**aviser la clientèle de son départ et de la création d'une nouvelle société** ne constituent pas des actes de concurrence déloyale dès lors que cette création n'était interdite par aucune clause et que la clientèle était libre de choisir l'entreprise avec laquelle elle voulait travailler (Cass. com. 13-5-1997 nº 1178 : RJDA 12/97 nº 1568).

Ne sont pas non plus fautifs :

– le démarchage de clientèle auquel s'est livré l'ancien président d'une société dès lors qu'il n'est pas établi que l'intéressé avait commencé à **prospecter la clientèle avant la date de cessation de ses fonctions,** qu'il n'était lié à la société par aucune clause de non-concurrence et qu'aucune preuve de dénigrement de la société auprès de la clientèle n'est apportée (Cass. com. 12-1-1976 : JCP G 1976 IV p. 77) ;

– la **conservation** par un ancien salarié, fondateur d'une société concurrente de celle qu'il a quittée, **d'un carnet d'adresses** sur lequel étaient consignés les noms des clients avec lesquels il avait entretenu des relations professionnelles, dès lors que, assurant ses fonctions depuis dix ans, il connaissait à l'évidence les coordonnées des responsables et que, étant apprécié de ces derniers, son départ avait pu entraîner un déplacement spontané de clientèle, lequel s'était effectué sur une période de quatre ans (CA Paris 9-6-1999 : RJDA 10/99 nº 1150 ; dans le même sens, CA Versailles 26-11-2009 nº 08-3261 : RJDA 5/10 nº 570) ;

– la **conservation** par l'ancien associé d'une société d'expertise comptable, qui a créé un cabinet concurrent, **d'une clé USB contenant une partie de la comptabilité des clients** qu'il suivait, dès lors que les données comptables des clients appartenaient à ces derniers et non à la société et que rien n'établissait qu'elles étaient suffisantes pour établir les comptes de fin d'année, ni que leur conservation par l'ancien associé était à l'origine du départ des clients (Cass. com. 2-12-2020 nº 18-23.725 F-D : RJDA 8-9/21 nº 615).

2945 En revanche, le démarchage de la clientèle d'une société par son ancien dirigeant ou salarié est constitutif de concurrence déloyale lorsqu'il s'accompagne :
– du **dénigrement** des produits ou du travail de celle-ci (Cass. com. 9-11-1987 n° 86-10.543 : BRDA 24/87 p. 22) ;
– de l'utilisation systématique des **travaux et** de l'**expérience** de l'ancien employeur ainsi que de la reproduction de ses produits presque à l'identique (Cass. com. 13-2-1990 n° 88-13.828 : BRDA 7/90 p. 7) ;
– du détournement d'un **fichier** clients (Cass. com. 20-10-1998 n° 96-21.859 : RJDA 1/99 n° 109 ; Cass. com. 12-5-2021 n° 19-17.714 F-D : RJDA 10/21 n° 692, précisant qu'il importe peu que le démarchage soit ou non massif et systématique) ou d'une **commande** (Cass. com. 3-5-1979 : Bull. civ. IV n° 137 ; Cass. com. 2-3-1982 : Bull. civ. IV n° 80).

De même, commet une faute envers la société qu'il vient de quitter le dirigeant qui entretient la **confusion** entre cette société et celle qu'il a créée, en utilisant son nom personnel dans les documents publicitaires, alors que celui-ci constituait l'un des éléments de la dénomination de l'ancienne société et que son utilisation n'était pas nécessaire puisque le fondateur n'exploitait pas en son nom personnel (Cass. com. 12-2-2002 n° 387 : RJDA 6/02 n° 708).

2946 L'**utilisation** par des procédés déloyaux **d'informations relatives à la clientèle** d'une société par son ancien salarié dans le but d'attirer une partie de cette clientèle vers une société concurrente qu'il a créée constitue un abus de confiance pénalement sanctionné (Cass. crim. 22-3-2017 n° 15-85.929 F-PB : RJS 6/17 n° 393).

2949 **Prévention de la concurrence déloyale** Lorsqu'un salarié, dont le contrat de travail contenait une clause de non-concurrence, démissionne de ses fonctions pour créer une société exerçant la même activité que son ancien employeur et dont il est à la fois le président et le principal actionnaire, des **mesures conservatoires** peuvent être prises **à l'encontre de la société nouvelle** en vue de prévenir les actes de concurrence déloyale que l'implantation et l'activité de cette société peuvent faire prévoir : interdiction d'exercer son activité dans la même région et pendant le même délai que ceux prévus dans la clause de non-concurrence (Cass. com. 9-5-1990 : BRDA 11/90 p. 9).

FAUTES COMMISES PAR UN FONDATEUR À L'ÉGARD DES AUTRES FONDATEURS

2955 Le fondateur qui, dans son intérêt personnel, a participé à la **création d'une société ayant le même objet et la même dénomination que la société en formation** et qui, de surcroît, a empêché la constitution régulière de cette dernière se rend coupable d'agissements dolosifs à l'égard des autres fondateurs et leur en doit réparation (CA Aix-en-Provence 7-12-1977 : Bull. cour d'Aix 1977/4 p. 60).

Sur la responsabilité des fondateurs en cas de **rupture des négociations** préalables à la constitution de la société, voir n° 1501.

B. Mise en cause de la société du fait des fondateurs

2980 La réparation des agissements fautifs du fondateur peut être mise à la charge de la société qui en a bénéficié.

Ainsi, une **société créée en vue de recueillir les actifs frauduleusement soustraits** à une autre société dont la dissolution avait été décidée au mépris des droits d'un associé doit réparer le préjudice causé à ce dernier (Cass. com. 2-5-1990 : Bull. civ. IV n° 131).

Pareillement, la responsabilité d'une société est engagée par les agissements de son représentant légal qui, du temps où il était salarié d'une entreprise concurrente, a **démarché un client** pour le compte de la société (Cass. com. 4-5-1999 : RJDA 7/99 n° 784) ou par ceux de l'un de ses associés qui, tout en étant salarié d'une société concurrente, a participé à la création et à l'activité de la société, notamment en contactant des **clients et** des **fournisseurs** de son employeur (Cass. com. 2-5-2007 n° 05-16.626 : RJDA 10/07 n° 1029).

2983 La société peut aussi être mise en cause et poursuivie si elle a elle-même commis un acte de concurrence déloyale. Ainsi commet une faute extracontractuelle à l'égard d'un employeur auquel d'anciens salariés sont liés par une **clause de non-concurrence** la société nouvellement créée qui, en **violation** de cette clause, utilise sciemment les services de ces personnes en qualité de cogérants (Cass. com. 5-2-1991 : RJDA 4/91 n° 300 ; dans le même sens, Cass. com. 22-2-2000 n° 471 : RJDA 9-10/00 n° 929). De même, la responsabilité d'une société peut être recherchée si, pour **remporter** certains **marchés** au détriment de l'entreprise dans laquelle son fondateur était précédemment salarié et administrateur, elle a disposé d'informations confidentielles et privilégiées que ce dernier avait recueillies dans le cadre de ses fonctions (Cass. com. 2-5-2007 n° 05-20.709 : RJDA 12/07 n° 1300 ; pour un autre exemple, CA Versailles 25-11-2010 n° 09-6500 : RJDA 8-9/11 n° 747).

ATTENTION

Suffit à constituer un acte de concurrence déloyale la **détention,** par une société créée par d'anciens salariés d'une société concurrente, **d'informations confidentielles** relatives à l'activité de cette dernière, obtenues par ces anciens salariés en cours d'exécution de leurs contrats de travail (Cass. com. 7-12-2022 n° 21-19.860 F-B : RJDA 3/23 n° 170).

Mais une société ne peut être considérée comme responsable d'un **acte de concurrence déloyale** que si elle avait une existence légale au moment où cet acte a été commis (Cass. com. 7-3-1995 : RJDA 5/95 n° 578). Tel n'est pas le cas lorsque le détournement de données commerciales d'une entreprise concurrente est intervenu **avant l'immatriculation** de la société (Cass. com. 17-5-2023 n° 22-16.031 F-B : RJDA 8-9/23 n° 478).

Une société qui supporte intégralement les dommages-intérêts auxquels elle a été condamnée solidairement avec son fondateur pour concurrence déloyale à l'égard de l'ancien employeur de ce dernier, sans exercer l'action récursoire dont elle disposait contre lui à concurrence de la moitié de cette somme, doit être considérée **fiscalement** comme lui ayant distribué un revenu d'un montant équivalent (CAA Paris 16-10-1990 n° 89PA00887 : Bull. Joly 1991 p. 546). **2990**

SECTION 7

PUBLICITÉ DE LA CONSTITUTION DE LA SOCIÉTÉ

FORMALITÉS POSTÉRIEURES À LA SIGNATURE DES STATUTS

Après la signature des statuts, il y a lieu d'accomplir les formalités suivantes, sauf en cas de constitution d'une société en participation (C. civ. art. 1871 ; voir n° 94020) : **3040**

– insertion dans un **support d'annonces légales** (journal ou support de presse en ligne) ;
– immatriculation de la société au **RCS** et au **RNE** par l'intermédiaire du guichet unique électronique des formalités d'entreprises.

Une insertion au **Bodacc** est également requise (sauf pour les EURL et les Sasu dont l'associé unique personne physique assume personnellement la gérance ou la présidence : art. R 123-155, al. 2), mais elle est à la charge du greffier du tribunal.

En cas de constitution d'une société dont les titres ne sont pas admis à la négociation sur un marché réglementé, il y a lieu de déclarer au greffe du tribunal, par l'intermédiaire du guichet unique, l'identité du ou des « **bénéficiaires effectifs** » de la société (nos 3350 s.).

Outre ces formalités, dont le détail est examiné ci-après, il est nécessaire de procéder à des **formalités particulières** pour rendre opposable aux tiers l'apport à la société de certains biens en nature (pour l'apport d'un fonds de commerce, voir nos 2075 s. ; pour l'apport d'un autre bien, tel un droit au bail ou un immeuble, voir nos 2120 s.).

> Précisions **a.** L'insertion dans le support d'annonces légales doit être complétée par une **insertion numérique dans une base de données** centrale (Loi 55-4 du 4-1-1955 art. 1, al. 2). Cette insertion est à la charge de l'éditeur ayant publié l'avis d'annonce légale et non pas à la charge de la société. L'annonce doit être mise en ligne dans les sept jours de sa réception et comprendre l'intégralité des mentions figurant dans le support (Décret 2012-1547 du 28-12-2012 art. 3).

b. En cas de **constitution** d'une société par actions **avec offre au public** (autre que les offres exclues, mentionnées n° 38450), des formalités de publicité spécifiques sont requises avant de recevoir les souscriptions (nos 38480 s.).

DÉLAI DE PUBLICITÉ DE LA CONSTITUTION DE LA SOCIÉTÉ

Aucun délai n'est prescrit pour l'insertion dans un **support d'annonces légales** de l'avis de constitution, pas plus que pour le dépôt du dossier d'immatriculation de la société. **3050**

Néanmoins, le Code de commerce impose de demander l'**immatriculation** « sitôt accomplies les formalités de constitution, publicité comprise » (art. R 123-36, al. 1), ce qui nécessite de présenter la demande une fois les statuts signés et les formalités de parution dans le support accomplies. Une demande d'immatriculation présentée 20 ans après la signature des statuts a ainsi été rejetée comme tardive (CA Paris 24-1-2017 nº 16/15840 : RJDA 5/17 nº 334).

Comme la société n'acquiert la personnalité morale – et n'est donc en état de fonctionner régulièrement – qu'à dater de son immatriculation, il convient d'effectuer cette formalité le plus **rapidement** possible.

DÉFAUT DE PUBLICITÉ DE LA CONSTITUTION DE LA SOCIÉTÉ

3055 Le défaut d'accomplissement (ou l'accomplissement irrégulier) d'une formalité de publicité donne lieu à une action en **régularisation** (nos 89800 s.). En outre, une action en **responsabilité** peut être engagée (nos 89830 s.).

Avant le 1er octobre 2025, à défaut d'accomplissement des formalités de publicité, la **nullité** de la société peut être demandée par tout intéressé s'il s'agit d'une SNC ou d'une SCS (art. L 235-2 abrogé, à compter du 1-10-2025, par ord. 2025-229 du 12-3-2025 ; Ord. 2025-229 art. 63 et 70). À compter de cette date, la nullité de la société ne peut plus être prononcée pour défaut d'accomplissement des formalités de publicité, quelle que soit sa forme (cf. C. civ. art. 1844-10, al. 1 modifié par ord. 2025-229).

A. Avis de constitution dans un support d'annonces légales

CONTENU DE L'AVIS DE CONSTITUTION DE LA SOCIÉTÉ

3060 Conformément à l'article R 210-3, al. 1, un avis doit être inséré dans un support d'annonces légales dans le département du siège social.

Cet avis doit contenir les **mentions** suivantes (art. R 210-4) :

– la dénomination sociale suivie, le cas échéant, de son sigle ;
– la forme de la société ;
– le montant du capital social ;
– l'adresse du siège social ;
– l'objet social, indiqué sommairement ;
– la durée pour laquelle la société a été constituée ;
– les nom, prénom usuel et domicile des associés tenus indéfiniment des dettes sociales ;
– les nom, prénom usuel et domicile des associés ou des tiers ayant, dans la société, la qualité de gérant, administrateur, président du conseil d'administration, directeur général, membre du directoire, membre du conseil de surveillance ou commissaire aux comptes ;
– les nom, prénom usuel et domicile des personnes ayant le pouvoir général d'engager la société envers les tiers ;
– l'indication du greffe du tribunal où la société sera immatriculée au RCS.

3064 **Cas particuliers** S'il s'agit d'une **société par actions,** l'avis doit contenir en outre les indications suivantes (art. R 210-4) :

– les conditions d'admission aux assemblées d'actionnaires et d'exercice du droit de vote, notamment les conditions d'attribution du droit de vote double ;
– le cas échéant, l'existence de clauses relatives à l'agrément des cessionnaires d'actions et la désignation de l'organe social habilité à statuer sur les demandes d'agrément.

Si la **société** est **à capital variable,** l'avis doit en faire mention et indiquer le montant au-dessous duquel le capital ne peut être réduit (art. R 210-4, dernier al.).

SIGNATURE DE L'AVIS DE CONSTITUTION DE LA SOCIÉTÉ

3070 Si les statuts ont été établis par acte notarié ou s'ils ont été déposés au rang des minutes d'un notaire, l'avis d'insertion doit être signé par le **notaire** (art. R 210-3, al. 2).

Dans les autres cas (acte sous signature privée non déposé au rang des minutes d'un notaire), il doit l'être par l'un des **fondateurs** ou des **premiers associés** sous réserve que ce fondateur ou cet associé ait reçu un pouvoir spécial à cet effet (art. R 210-3, al. 2) ; le plus souvent, ce pouvoir est donné à la fin des statuts.

B. Immatriculation de la société au RCS

OBJET ET CONDITIONS DE L'IMMATRICULATION DE LA SOCIÉTÉ AU RCS

Après l'insertion de l'avis de constitution dans un support d'annonces légales, la société doit être immatriculée au RCS. Cette dernière formalité – pour laquelle aucun délai n'est imparti – est capitale car c'est seulement à compter de son immatriculation que la société acquiert la personnalité morale (art. L 210-6, al. 1). **3100**

La société ne peut pas être immatriculée si elle ne remplit pas les conditions nécessaires à l'exercice de son activité et si les formalités prescrites par la législation et la réglementation en vigueur la concernant (signature des statuts et insertion dans un support d'annonces légales) n'ont pas été accomplies (art. L 123-2). **3102**

1. ÉTABLISSEMENT DE LA DEMANDE D'IMMATRICULATION AU RCS

a. Destinataire de la demande d'immatriculation au RCS

La demande d'immatriculation d'une société au RCS doit être déposée, **par voie électronique,** auprès du **guichet unique électronique des formalités d'entreprises** (art. L 123-33, al. 2 et R 123-77), accessible sur le site formalites.entreprises.gouv.fr. Préalablement au dépôt de sa demande, le créateur d'entreprise doit avoir créé un compte auprès du guichet unique. **3130**

FONCTION DU GUICHET UNIQUE ÉLECTRONIQUE DES FORMALITÉS D'ENTREPRISES

Le guichet unique électronique des formalités d'entreprises permet aux entreprises de réaliser en ligne l'ensemble des formalités et procédures nécessaires à l'accès et à l'exercice de leur activité. **3135**

Il s'agit pour l'essentiel des diverses **déclarations administratives** auxquelles elles sont tenues à l'égard de certains organismes (RCS, RNE, service des impôts, Urssaf, Insee, etc.) lors de leur création, de la modification de leur situation ou de la cessation de leur activité (art. R 123-1, I).

En **matière fiscale,** la déclaration d'existence, l'indication du choix des régimes d'imposition, des options et des obligations fiscales retenus par la société à sa création sont effectuées par l'intermédiaire du guichet unique (art. A 123-6, II-1).

Il est également possible d'adresser au guichet unique une demande d'exercice de certaines **activités,** le guichet se chargeant ensuite de transmettre la demande à l'autorité compétente (art. R 123-1, I-2° et II).

b. Modalités de la demande d'immatriculation au RCS

La demande d'immatriculation au RCS prend la forme d'un dossier unique comportant les déclarations que le créateur d'entreprise doit effectuer (art. L 123-33, al. 1). **3140**

Une fois le dossier complété, il est signé au moyen d'une **signature** électronique simple (art. R 123-2 et R 123-5).

La demande peut être présentée et signée par l'un des associés ou fondateurs ayant reçu pouvoir d'accomplir les formalités nécessaires à l'immatriculation (par exemple, en vertu d'une clause statutaire) ; elle peut aussi l'être par un mandataire à qui les associés ont confié *le soin d'effectuer* les formalités d'inscription au RCS (n° 85635).

Le dossier doit comprendre les **éléments** suivants (art. R 123-3) :
– l'ensemble des informations renseignées par le déclarant ;
– les pièces numériques ou numérisées exigibles sauf s'il s'agit de pièces devant être fournies en original et établies sur support papier ;
– le justificatif de règlement des frais d'inscription.

ATTENTION

Les **pièces justificatives** doivent être numérisées au **format** PDF/A ; la compression et la résolution graphique des images doivent permettre une qualité de restitution des caractères garantissant la lisibilité des pièces numérisées (art. A 123-1, 2°).

3141 Le dépôt d'un dossier régulier et complet auprès du guichet unique électronique des formalités d'entreprises vaut déclaration auprès de l'organisme destinataire (art. L 123-33, al. 2).

Le guichet unique doit **accuser réception** de la déclaration en mentionnant les organismes destinataires et autorités compétentes auxquels la déclaration a été adressée par son intermédiaire (art. R 123-6, al. 2). L'accusé de réception ainsi transmis équivaut au récépissé de déclaration d'entreprise qui était auparavant délivré par le greffier ou le centre de formalités des entreprises (art. L 123-9-1 abrogé par loi 2019-486 du 22-5-2019).

Le guichet unique doit également transmettre au déclarant l'accusé de réception électronique du dossier qui lui est adressé par chacun de ces organismes ou autorités (art. R 123-6, al. 3).

Les greffiers des tribunaux de commerce ou des tribunaux judiciaires statuant commercialement sont destinataires des formalités au titre de la tenue des RCS (art. A 123-5, 3°).

Les organismes ou autorités destinataires des déclarations sont seuls compétents pour **contrôler la régularité** ou apprécier la validité de la déclaration (art. R 123-11, al. 2).

Les demandes d'informations et pièces complémentaires se font par l'intermédiaire du guichet unique (art. R 123-6, al. 4).

Celui-ci doit **informer** le déclarant des **décisions prises** par les organismes ou autorités au sujet de la déclaration (art. R 123-6, al. 6).

3142 La déclaration transmise au guichet unique électronique des formalités d'entreprises **interrompt les délais** à l'égard de cet organisme (art. R 123-11, al. 1).

DIFFICULTÉ DE FONCTIONNEMENT DU GUICHET UNIQUE

3143 Lorsque le dépôt du dossier d'immatriculation de la société ne peut pas être réalisé en raison d'une difficulté grave de fonctionnement du guichet unique électronique des formalités d'entreprises (indisponibilité générale du guichet unique ou blocage d'un ou de plusieurs types de déclaration), une **procédure dérogatoire** est prévue : l'Inpi doit mettre à la disposition du déclarant un récépissé daté du jour de sa demande (art. R 123-15 et Arrêté PRMX2434956A du 20-12-2024 art. 1 et 2) ; une fois que le déclarant est informé de la résolution de la difficulté, il dispose d'un délai de 15 jours pour procéder à sa déclaration, accompagnée du récépissé (Arrêté précité art. 2, II) ; la date figurant sur le récépissé est retenue comme date de dépôt de la formalité (Arrêté précité art. 2, III).

c. Contenu de la demande d'immatriculation au RCS

3145 La demande d'immatriculation au RCS doit contenir un certain nombre de mentions concernant la société ainsi que ses associés en nom, ses dirigeants et commissaires aux comptes, son établissement et son activité. Ces **mentions** ont **seules** vocation à figurer au RCS, à l'exclusion de toute autre (CA Paris 21-3-2000 : RJDA 9-10/00 n° 867), qui ne peut en aucun cas être demandée au déclarant (art. A 123-2).

INDICATIONS SUR LA SOCIÉTÉ À IMMATRICULER AU RCS

3150 La demande d'immatriculation au RCS doit comporter les mentions suivantes concernant la société à immatriculer (art. R 123-53 et R 123-56, 1° et 3°) :

– la **dénomination** sociale suivie, le cas échéant, du sigle ;

– la **forme** de la société en précisant, s'il y a lieu, le fait que la société est constituée d'un seul associé et, le cas échéant, l'indication du statut légal particulier auquel la société est soumise ;

– le montant du **capital** social et, si le capital est variable, le montant au-dessous duquel il ne peut être réduit (lors de la demande d'immatriculation d'une société à capital variable, le capital social stipulé dans les statuts et le capital statutaire minimum, dit capital « plancher », doivent être tous deux déclarés : Avis CCRCS 2014-04 du 14-3-2014) ;

– l'adresse du **siège** social et, le cas échéant, l'indication que la société, dont le représentant légal a installé le siège social à son domicile, use de la faculté ouverte par l'article L 123-11-1 (n° 1340) ;

– les **activités** principales de l'entreprise ;

– la **durée** de la société fixée par les statuts ;

– la date de clôture de l'**exercice** social s'il s'agit d'une société tenue de publier ses comptes annuels ;

– pour les sociétés résultant d'une **fusion** ou d'une **scission,** l'indication de la dénomination ou de la raison sociale de toutes les sociétés ayant participé à l'opération, de leur forme, de leur siège social, de leur numéro d'identification et de la mention RCS suivie du nom de la

ville où se trouve le greffe où elles sont immatriculées ; les mêmes indications sont requises pour les sociétés résultant d'une **fusion transfrontalière,** d'une **scission transfrontalière ou** d'un **transfert de siège transfrontalier,** l'opération dont l'immatriculation résulte devant en outre être indiquée ;
– les références des immatriculations secondaires éventuellement souscrites pour les **établissements** situés hors du ressort du tribunal du siège social et, le cas échéant, les références des établissements principaux ou secondaires immatriculés dans un État membre de l'UE ou partie à l'accord sur l'EEE ;
– le cas échéant, l'indication que la société est bénéficiaire d'un **contrat d'appui au projet d'entreprise** pour la création ou la reprise d'une activité économique, auquel cas il y a lieu de mentionner également la dénomination sociale de la personne morale responsable de l'appui, l'adresse de son siège social et, si elle est immatriculée, le lieu d'immatriculation et le numéro unique d'identification ;
– le cas échéant, sa qualité d'entreprise de l'économie sociale et solidaire ou encore sa qualité de société à mission.

En outre, bien que l'article R 123-53, dernier al. indique que la demande d'immatriculation au RCS peut mentionner le nom de domaine du ou des **sites internet** de la société, la transmission de cette information au guichet unique est obligatoire dès lors qu'elle doit figurer au **RNE** (art. R 123-252, 11° ; sur les autres informations complémentaires à fournir en vue de l'immatriculation de la société au RNE, voir n° 3317). Le site internet peut être commercial ou résulter d'obligations légales, ces sites devant être déjà ouverts ou sur le point de l'être (Avis CCRCS 2012-033 des 26-9 et 25-10-2012).

> **Précisions** Chaque site internet ne permet de déclarer qu'un seul nom de domaine ; en cas de réservation de **plusieurs noms de domaine** renvoyant au même site, la société déclare le nom de son choix. La déclaration d'un nom de domaine n'a pas à être accompagnée d'une pièce justificative (Avis CCRCS 2012-033 précité).

INDICATIONS SUR LES ORGANES DE LA SOCIÉTÉ À IMMATRICULER AU RCS

La demande d'immatriculation au RCS doit comporter les mentions suivantes concernant les **dirigeants** et **représentants légaux** de la société : nom, nom d'usage, pseudonyme, prénoms, date et lieu de naissance, domicile personnel et nationalité. Ces informations doivent être mentionnées, selon le cas, pour les gérants, les présidents, les administrateurs, le président du conseil d'administration, les directeurs généraux, les directeurs généraux délégués, les membres du directoire et du conseil de surveillance ainsi que le président de chacun de ces organes (art. R 123-54, 2°). Sur les indications complémentaires à fournir en vue de l'immatriculation de la société au RNE, voir n° 3317. 3155

Seuls les dirigeants ci-dessus doivent et peuvent être mentionnés au RCS. Un directeur ayant le pouvoir de diriger l'établissement d'une société ne peut donc pas être inscrit au RCS (CA Paris 26-3-2002 n° 01-21130 : RJDA 10/02 n° 1031). Un gérant « remplaçant » ou « suppléant » appelé à diriger la société en cas de défaillance du gérant en poste ne peut pas non plus y être inscrit car la désignation d'un tel dirigeant n'est pas autorisée par les textes (Avis CCRCS 2018-002 du 25-4-2018).

Un dirigeant peut obtenir du juge commis à la surveillance du RCS que l'adresse de son domicile personnel soit remplacée par celle du siège social s'il prouve qu'il a été victime de menaces depuis plusieurs années à raison de ses fonctions au sein de la société (CA Paris 23-1-1998 : RJDA 7/98 som. n° 861) ou de tentatives d'extorsion de fonds (CA Paris 21-3-2000 : RJDA 9-10/00 n° 869).

Lorsque les dirigeants sociaux sont des **personnes morales,** la demande d'immatriculation doit indiquer leur dénomination sociale, leur forme juridique, l'adresse de leur siège, le cas échéant leur représentant permanent, ainsi que leur numéro d'identification et la mention RCS suivie du nom de la ville où se trouve le greffe où elles sont immatriculées (art. R 123-54, 3°).

Sur l'inscription au RCS des dirigeants de **SAS,** voir n°s 60336 s.

INDICATIONS SUR LES ASSOCIÉS DE LA SOCIÉTÉ À IMMATRICULER AU RCS

En cas de constitution d'une **SNC** ou d'une **société en commandite,** les nom, nom d'usage, pseudonyme, prénoms, date et lieu de naissance, domicile personnel et nationalité des associés en nom ou des associés commandités doivent être déclarés dans la demande d'immatriculation (art. R 123-54, 1° ; sur les indications complémentaires à fournir en vue de l'immatriculation de la société au RNE, voir n° 3317). 3160

Ces mentions concernent les associés **personnes physiques.** Le texte ne prévoyant pas les mentions à indiquer pour les associés **personnes morales,** il y a lieu de porter, par analogie, les mêmes mentions que pour les dirigeants personnes morales (n° 3155). C'est la solution retenue dans le formulaire de demande d'immatriculation.

En présence de parts sociales indivises, la demande doit comporter les mentions relatives à l'ensemble des **indivisaires** puisque chacun d'eux doit, en sa qualité d'associé, être inscrit au RCS (Avis CCRCS 2012-023 du 30-5-2012).

ATTENTION

Le défaut d'inscription au RCS d'un ou de plusieurs associés en nom fait obstacle à ce que la société puisse déclarer ultérieurement un changement de gérant au registre. En effet, le greffe qui, à l'occasion de l'examen de la déclaration du nouveau gérant, constate que des associés ayant participé à la désignation de celui-ci ne sont pas mentionnés au RCS peut refuser de l'inscrire (Avis CCRCS 2018-013 du 19-12-2018, pour des associés de société civile mais applicable à des associés en nom).

INDICATIONS SUR L'ACTIVITÉ DE LA SOCIÉTÉ À IMMATRICULER AU RCS

3165 La demande d'immatriculation au RCS doit comporter les mentions suivantes concernant l'activité de la société (art. R 123-38 sur renvoi de l'art. R 123-59) :
– la nature de l'activité ou des **activités** exercées, correspondant à la nomenclature des activités définie par décret ;
– l'**adresse** de l'établissement où ces activités sont exercées, la société pouvant demander, pour des raisons de sécurité (notamment en raison des risques particuliers liés à son activité), que cette adresse soit remplacée sur son extrait Kbis par l'adresse du siège social (CA Paris 12-2-2013 nº 12/08903 : RJDA 5/13 nº 412) ;
– la date de **commencement** de l'activité ;
– le **nom** commercial et l'enseigne (la société ne peut déclarer qu'un seul nom commercial et une seule enseigne pour chaque établissement qu'elle exploite : Avis CCRCS 2015-013 du 30-6-2015) ;
– l'indication qu'il s'agit soit de la création d'un **fonds de commerce,** soit de l'acquisition d'un fonds existant, soit d'une modification du régime juridique sous lequel ce fonds était exploité (en cas de reprise d'un fonds, doivent être indiqués les nom, nom d'usage, pseudonyme et prénoms du précédent exploitant et son numéro unique d'identification) ;
– en cas d'achat, de licitation ou de partage du fonds de commerce, le titre et la date du support dans lequel a été publiée l'insertion prescrite par l'article L 141-12 ;
– en cas de propriété indivise des éléments d'exploitation, les nom, nom d'usage, pseudonyme, prénoms et domicile des **indivisaires** (ou, s'il s'agit de personnes morales, leur dénomination sociale et leur adresse) ;
– en cas de **location-gérance,** les nom, nom d'usage, pseudonyme, prénoms et domicile ou dénomination sociale et adresse du loueur du fonds ainsi que les dates du début et du terme de la location-gérance avec, le cas échéant, l'indication que le contrat est renouvelable par tacite reconduction ;
– les nom, nom d'usage, pseudonyme, prénoms, date et lieu de naissance, domicile et nationalité des personnes ayant le **pouvoir** d'engager à titre habituel par leur signature la responsabilité de la société ;
– en cas de **gérance-mandat,** les nom, nom d'usage, prénoms et domicile ou la dénomination sociale et l'adresse du siège social du cocontractant (mandant ou gérant-mandataire) ainsi que son numéro d'identification et la mention RCS suivie du nom de la ville où il est immatriculé, mentions auxquelles il convient d'ajouter les dates du début et du terme du contrat de gérance-mandat avec, le cas échéant, l'indication que le contrat est renouvelable par tacite reconduction.

La demande peut aussi indiquer (ce n'est pas une obligation) le nom de domaine du **site internet** de l'**établissement** (art. R 123-38). En présence de plusieurs établissements, il est possible de déclarer le nom de domaine d'autant de sites qu'il y a d'établissements (Avis CCRCS 2012-033 des 26-9 et 25-10-2012).

AUTRES MENTIONS DE LA DEMANDE D'IMMATRICULATION AU RCS

3170 Doivent être indiqués dans la demande d'immatriculation au RCS, le cas échéant :
– les nom, nom d'usage, pseudonyme, prénoms, date et lieu de naissance, domicile personnel et nationalité des **commissaires aux comptes,** étant précisé que l'adresse professionnelle peut être déclarée en lieu et place du domicile (art. R 123-54, 2º) ; pour les commissaires aux comptes personnes morales, il faut mentionner les mêmes éléments que pour les dirigeants *personnes morales* (art. R 123-54, 3º ; nº 3155) ;
– s'il a opté pour le statut de conjoint collaborateur, la mention du **conjoint ou partenaire pacsé** du gérant associé unique ou majoritaire d'une SARL ou d'une Selarl (art. R 123-55) ou, à notre avis, celle de son concubin collaborateur (application combinée des art. L 121-4, IV, L 121-8 et R 123-55).

> Précisions Sur les **indications complémentaires** qui n'ont pas à figurer dans la demande d'immatriculation au RCS mais qui doivent être **déclarées au guichet** unique électronique des formalités d'entreprises **en vue de l'immatriculation de la société au RNE**, voir n° 3317.

d. Actes joints à la demande d'immatriculation au RCS

En application de l'article R 123-103, il convient de joindre à la demande d'immatriculation au RCS une copie des actes suivants, par l'intermédiaire du guichet unique électronique des formalités d'entreprises (art. R 123-77, al. 1) : 3180

– **statuts** ;

– **actes de nomination** des membres des organes de gestion, d'administration, de direction, de surveillance et de contrôle de la société (gérants, administrateurs, membres du directoire ou du conseil de surveillance, président, directeurs généraux, commissaires aux comptes) lorsque ces personnes n'ont pas été désignées dans les statuts ;

– en cas d'apports en nature dans une société par actions, **rapport du commissaire aux apports** ou, en cas de dispense d'évaluation par un commissaire décidée par les fondateurs, décision des fondateurs et documents relatifs à la description et à l'évaluation de ces apports ;

– en cas d'apports en nature dans une SARL, rapport du commissaire aux apports, sauf exception (n° 30161) ;

– en cas de constitution d'une société par actions, **certificat du dépositaire** des fonds correspondant aux souscriptions avec, en annexe, la liste des souscripteurs mentionnant le nombre d'actions souscrites et les sommes versées par chacun d'eux, et, pour les sociétés constituées avec offre au public (autre que les offres exclues, mentionnées n° 38450), **procès-verbal** de l'assemblée constitutive.

En outre, lorsque la société est bénéficiaire d'un **contrat d'appui au projet d'entreprise** pour la création ou la reprise d'une activité économique, il y a lieu de déposer ce contrat en annexe au RCS (art. R 123-121).

L'énumération ci-dessus est limitative : aucun **autre document** ne peut ni être déposé au greffe à l'initiative du déclarant (CA Paris 21-3-2000 : RJDA 9-10/00 n° 867), ni être demandé à celui-ci (art. A 123-2). 3183

e. Justificatifs à joindre à la demande d'immatriculation au RCS

De **nombreuses pièces** justificatives, énumérées pour l'essentiel à l'annexe III de l'annexe 1-1 du Livre I de la partie « arrêtés » du Code de commerce, doivent être produites à l'appui de la demande d'immatriculation au RCS. Elles concernent la constitution de la société, certains associés, les dirigeants, les commissaires aux comptes, le siège social et l'activité exercée par la société. Aucune autre pièce que celles prévues par cette annexe ne peut être exigée du déclarant (art. A 123-2). 3195

Sur les **dispenses de pièces,** voir n° 3272.

JUSTIFICATIFS LIÉS À LA CONSTITUTION DE LA SOCIÉTÉ

Ces pièces justificatives sont les suivantes : 3200

– attestation de parution dans un **support d'annonces légales** et copie de l'insertion elle-même ;

– en cas de constitution résultant d'une **fusion** ou d'une **scission,** extrait du RCS de chacune des sociétés ayant participé à l'opération, attestation de parution dans un support *d'annonces légales et copie de l'insertion.*

ATTENTION

En application de l'annexe III de l'annexe 1-1 du Livre I de la partie « arrêtés » du Code de commerce, il doit être fourni une **attestation de parution** dans un support d'annonces légales ou une copie de celui-ci et, pour les SNC et les SCS, une **copie de l'insertion.** Il s'ensuit qu'en principe, sauf en cas de constitution d'une SNC ou d'une SCS, l'attestation de parution dans le support est suffisante (Avis CCRCS 99-49 : Bull. RCS 7-8/1999 p. 37). Cependant, le créateur d'entreprise n'a pas d'autre choix que de joindre au dossier d'immatriculation qu'il complète sur le site du guichet unique électronique des formalités d'entreprises à la fois la copie de l'attestation de parution et celle de l'insertion elle-même, quelle que soit la forme sociale qu'il souhaite immatriculer.

JUSTIFICATIFS CONCERNANT LES ASSOCIÉS EN NOM

3205 Les pièces à produire par les associés en nom (associé de **SNC** et associé commandité de **société en commandite**) diffèrent selon que l'associé est une personne physique ou morale.

Tout associé en nom **personne physique** est tenu de produire une copie de sa carte nationale d'identité ou de son passeport en cours de validité ainsi qu'une attestation sur l'honneur établie sur papier libre par laquelle l'intéressé affirme n'avoir été l'objet d'aucune condamnation pénale ni de sanction civile ou administrative de nature à lui interdire l'exercice d'une activité commerciale ; cette attestation doit faire apparaître sa filiation (pour un exemple d'attestation, voir n° 3210). Si l'associé n'est pas un ressortissant de l'EEE, il doit fournir, selon le cas, outre cette attestation, soit une copie de sa carte nationale d'identité ou de son passeport en cours de validité (cas de l'étranger ne résidant pas en France), soit une copie de son titre de séjour ou de sa carte de résident (cas de l'étranger résidant en France).

Les associés **personnes morales** doivent fournir un extrait de leur immatriculation au RCS datant de moins de trois mois ou, si elles ne sont pas immatriculées au RCS, un titre justifiant de leur existence, le cas échéant traduit en langue française.

> **Précisions** Aucune pièce justificative n'est exigée des **associés autres que les associés en nom** (commanditaires, associés de SARL ou actionnaires de société par actions) lorsqu'ils ne sont investis d'aucune fonction de direction, d'administration, de contrôle ou de surveillance dans la société.

JUSTIFICATIFS CONCERNANT LES DIRIGEANTS SOCIAUX

3210 **Personnes physiques** Les représentants légaux de la société, ainsi que les administrateurs et les membres du directoire et du conseil de surveillance doivent, s'ils sont déjà **inscrits au RCS** (à titre personnel ou en qualité de dirigeant d'une autre société), produire un extrait de leur immatriculation datant de moins de trois mois ou de leur carte nationale d'identité ainsi qu'une attestation sur l'honneur établie sur papier libre par laquelle ils affirment n'avoir été l'objet d'aucune condamnation pénale ni de sanction civile ou administrative de nature à leur interdire l'exercice d'une activité commerciale ; cette attestation doit faire apparaître la filiation. Elle peut être établie selon le modèle ci-après.

Les dirigeants **non inscrits au RCS** et les étrangers qui ne sont pas ressortissants de l'EEE doivent produire les mêmes pièces que les associés en nom (voir n° 3205).

MODÈLE

Déclaration sur l'honneur de non-condamnation et de filiation

Je soussigné(*e*)...,
Né(*e*) le...,
De nationalité...,
Demeurant...,
Fils/Fille de M... et Mme...,
Déclare sur l'honneur n'avoir fait l'objet d'aucune condamnation pénale ni d'aucune sanction civile ou administrative de nature à m'interdire de gérer, administrer ou diriger une personne morale ou d'exercer une activité commerciale.
Fait à..., le...

(*signature*)

3214 **Personnes morales** Pour les personnes morales dirigeantes, il faut remettre un extrait de leur **immatriculation** au RCS datant de moins de trois mois ou, pour les personnes morales non immatriculées au RCS, un titre justifiant de leur existence, le cas échéant traduit en langue française ; leur **représentant** permanent doit fournir les mêmes pièces que celles requises des dirigeants personnes physiques ainsi qu'une copie de l'acte conférant à l'intéressé la qualité de représentant permanent.

JUSTIFICATIFS CONCERNANT LE SIÈGE SOCIAL

3220 Il y a lieu de justifier de la **jouissance des locaux** par tous moyens, le greffier ne pouvant *pas exiger la production* d'une pièce déterminée (Avis CCRCS 98-63 : Bull. RCS 5/1999 p. 15). La production d'une pièce justificative originale n'est pas exigée : il peut s'agir d'une simple photocopie d'un titre de propriété, d'un contrat de bail, de quittances de loyer, de factures de gaz, d'électricité ou de téléphone, etc. (Avis CCRCS 99-51 : Bull. RCS 7-8/1999 p. 39 ; Avis CCRCS 2013-003 du 30-1-2013).

Le juge commis à la surveillance du RCS peut, à titre provisoire, dispenser de fournir cette pièce si les circonstances le justifient (art. R 123-84, al. 4), par exemple lorsque le local devant tenir lieu de siège social doit être acheté avec les fonds provenant des apports en numéraire qui ont été déposés sur un compte bloqué.

Lorsque les associés se sont engagés à acquérir ou à prendre un fonds de commerce en location-gérance pour le compte de la société, la justification du siège social dans les locaux où est exploité le fonds peut résulter de la production de la **promesse d'achat ou de prise en location** signée des associés si elle contient l'autorisation d'établir le siège dans ces locaux. À défaut, la réalité du siège peut être justifiée par toute autre pièce, telle une attestation, contenant cette autorisation (Avis CCRCS 2013-008 du 14-2-2013).

Lorsque le siège social est situé dans des locaux occupés en commun par une ou plusieurs entreprises, doit être produite une copie du contrat de **domiciliation** avec certaines indications sur l'entreprise domiciliataire : nom ou dénomination sociale et références de l'immatriculation principale (art. R 123-169) ; références de son agrément préfectoral (Annexe 1-1 de l'art. A 123-45), qui correspondent au numéro de l'arrêté autorisant le domiciliataire à exercer son activité (Avis CCRCS 2013-024 du 4-10-2013). Sur les pièces à fournir en cas de domiciliation de la société dans le logement de son représentant légal, voir nos 1341 et 1345.

JUSTIFICATIFS CONCERNANT L'ACTIVITÉ EXERCÉE PAR LA SOCIÉTÉ

Activité réglementée En cas d'exercice d'une activité réglementée, il y a lieu de fournir, selon le cas, une copie du **diplôme,** du **titre** ou de l'**autorisation** (provisoire ou définitive) permettant à la société d'exercer l'activité en question. 3225

Lorsque la réglementation particulière à une telle activité subordonne la demande d'autorisation à l'immatriculation de la société au RCS, la pièce justificative doit être fournie au greffe du tribunal, par l'intermédiaire du guichet unique électronique des formalités d'entreprises, dans les 15 jours de sa délivrance par l'autorité compétente (art. R 123-96).

> **Précisions** Pour certaines activités, la **demande d'autorisation** peut être présentée directement au **guichet unique,** accompagnée des pièces justificatives requises (art. R 123-3) ; le guichet se charge ensuite de transmettre la demande à l'autorité compétente (art. R 123-1, II).

Fonds de commerce exploité par la société Outre les autorisations administratives, licences ou autres documents exigés pour l'exercice d'une activité réglementée, il convient de produire les pièces suivantes : 3229

– en cas d'**apport ou d'achat du fonds,** copie de l'acte ;
– en cas de **location-gérance ou de gérance-mandat** du fonds, copie du contrat.

Dans tous les cas, il y a lieu de fournir une attestation de parution dans un support d'annonces légales ou une copie de celui-ci.

AUTRES PIÈCES À JOINDRE À LA DEMANDE D'IMMATRICULATION AU RCS

Le cas échéant, il convient de joindre à la demande d'immatriculation au RCS : 3235

– une lettre de chaque **commissaire aux comptes** acceptant sa mission accompagnée d'une attestation d'inscription du commissaire sur la liste si cette inscription n'est pas encore publiée ;
– une déclaration d'activité professionnelle et une déclaration du statut choisi par le **conjoint,** le partenaire pacsé ou le concubin du « chef d'entreprise » – conjoint associé, conjoint salarié ou, dans les SARL (no 30103), conjoint collaborateur – ainsi qu'un justificatif d'identité faisant état du mariage, du Pacs ou du concubinage (cf. annexe 1-1, III no 1.2.7 du Livre I de la partie « arrêtés » du Code de commerce) ; ces déclarations doivent être accompagnées d'une attestation sur l'honneur du conjoint, du partenaire pacsé ou du concubin par laquelle il confirme le choix de son statut, établie selon le modèle fixé par l'arrêté ECOI2122714A du 6 août 2021 (art. R 121-5 ; *une attestation ainsi* qu'une notice explicative sont disponibles sur le site www.entreprises.gouv.fr).

2. EXAMEN DE LA DEMANDE D'IMMATRICULATION AU RCS

CONTRÔLE DE LA DEMANDE D'IMMATRICULATION AU RCS PAR LE GREFFIER

Après que le guichet unique électronique des formalités d'entreprises lui a transmis la demande d'immatriculation de la société au RCS, le greffier du tribunal doit s'assurer de sa **régularité** (art. R 123-94) et vérifier que les énonciations fournies sont conformes aux dispositions législatives et réglementaires et qu'elles correspondent aux pièces justificatives et aux actes déposés (art. R 123-95, al. 1 ; pour un cas où des associés ont obtenu la suppression du RCS de mentions 3255 inscrites par le greffier au vu d'une pièce non conforme avec l'état du dossier, voir CA Versailles 1-7-2014 n° 14/02423 : RJDA 11/14 n° 838). Il appartient également au greffier de vérifier que la constitution de la société (ou la modification des statuts) est conforme aux dispositions législatives et réglementaires qui la régissent (art. R 123-95, al. 2). Il doit aussi vérifier que le représentant légal de la société n'est pas inscrit au fichier national des interdits de gérer (art. R 123-95, al. 3).

En revanche, le greffier n'a pas à vérifier la régularité des droits du déclarant sur le local de l'entreprise ; il doit seulement contrôler la réalité de l'adresse déclarée (Avis CCRCS 04-01 et 03-77 : Bull. RCS 26-27/2004 p. 15).

DÉCISION DU GREFFIER RELATIVE À L'IMMATRICULATION AU RCS

3260 Lorsque le **dossier** est **complet,** le greffier dispose d'un délai d'un jour franc ouvrable après réception de la demande pour procéder à l'immatriculation (art. R 123-97, al. 1).

Lorsque le **dossier** est **incomplet,** il doit, dans ce même délai, réclamer les renseignements ou pièces manquants, lesquels doivent lui être fournis dans les 15 jours de sa demande. À réception de ces renseignements ou pièces, il dispose d'un nouveau délai d'un jour franc ouvrable pour procéder à l'immatriculation de la société (art. R 123-97, al. 2).

À défaut de régularisation ou s'il estime que la demande d'immatriculation n'est pas conforme aux dispositions applicables, le greffier prend une **décision de refus** d'inscription qu'il doit, dans un délai d'un jour franc ouvrable, soit remettre au demandeur contre récépissé, soit adresser à celui-ci par lettre recommandée AR. La décision de refus doit être motivée et préciser que le demandeur a la faculté de contester cette décision en justice (art. R 123-97, al. 3 et 5).

Lorsque la **complexité du dossier** exige un **examen particulier** de celui-ci, le greffier doit aviser le déclarant, dans le même délai d'un jour franc ouvrable et par lettre motivée, que l'inscription sera faite ou que la décision de refus d'inscription sera remise ou notifiée au demandeur dans le délai de cinq jours francs ouvrables après réception de la demande (art. R 123-97, al. 4).

3261 L'information du déclarant et les éventuelles demandes de transmission de renseignements ou de pièces sont réalisées **par l'intermédiaire du guichet unique électronique** des formalités d'entreprises (art. R 123-97, al. 1 à 4).

3262 Une fois la société immatriculée, le greffier délivre un **extrait d'immatriculation** qui porte en tête la date à laquelle celle-ci est intervenue.

3. CONTENTIEUX DE LA DEMANDE D'IMMATRICULATION AU RCS

CONTESTATION DU REFUS D'IMMATRICULER LA SOCIÉTÉ AU RCS

3265 En cas de contestation de la décision du greffier, la **procédure à suivre** diffère selon que cette contestation porte sur la demande d'immatriculation au RCS proprement dite (par exemple, litige sur les mentions à indiquer ou les pièces justificatives à fournir) ou concerne la régularité de la constitution (par exemple, illicéité de l'objet social ou défaut de capacité d'un associé).

CONTENTIEUX LIÉ À LA RÉGULARITÉ DE LA DEMANDE D'IMMATRICULATION AU RCS

3269 Les contestations relatives à la demande d'immatriculation au RCS sont portées, par simple requête du requérant, devant le **juge commis à la surveillance du registre** qui statue par ordonnance (art. R 123-139).

Il n'appartient pas à ce magistrat de juger de l'opportunité de l'immatriculation d'une société dès lors qu'il n'a pas relevé le caractère incomplet du dossier d'immatriculation ou la violation des règles impératives régissant cette forme de société, ou encore la violation d'une règle d'ordre public (CA Douai 8-2-1996 : RJDA 12/96 n° 1476 som.).

Le requérant dispose d'un délai de 15 jours, à compter de la réception de la notification de l'ordonnance, pour faire **appel** de celle-ci devant la cour d'appel (art. R 123-141, al. 1 et *CPC art. 538*).

3272 Si le requérant n'est pas en mesure de produire une **pièce justificative,** il peut demander au juge de l'en **dispenser** soit définitivement, soit provisoirement. Si, à l'expiration du délai fixé par le juge, la pièce en cause n'a pas été produite, l'immatriculation est radiée d'office par le greffier (art. R 123-84, al. 4).

CONTENTIEUX LIÉ À LA RÉGULARITÉ DE LA CONSTITUTION DE LA SOCIÉTÉ AU RCS

Lorsqu'une irrégularité de constitution a entraîné un refus d'immatriculation, les fondateurs et les premiers membres des organes de gestion, d'administration, de direction et de surveillance ou l'un d'entre eux peuvent, dans le délai de 15 jours à compter de la notification du refus, adresser une demande au **président du tribunal de commerce** par lettre recommandée AR. Cette demande doit être motivée et accompagnée de toutes les pièces utiles (art. R 123-143). 3276

Le président (ou le magistrat délégué à cet effet) statue en urgence sur la demande. Toutefois, il a la possibilité de renvoyer cette demande à une audience du tribunal devant lequel le demandeur pourra présenter des observations (art. R 123-144).

En cas de décision de refus d'immatriculation, la « société » peut faire **appel** dans les 15 jours de la notification de cette décision (art. R 123-148, al. 1).

> **Précisions** La « société » n'ayant pas la personnalité morale, il est exclu qu'elle exerce une **action en justice.** L'appel ne peut donc être formé que par les fondateurs et les premiers membres des organes de gestion, d'administration, de direction et de surveillance ou l'un d'entre eux, comme le prévoit l'article R 123-143 pour l'exercice de la demande devant le président du tribunal de commerce.

4. EFFETS DE LA DEMANDE D'IMMATRICULATION AU RCS

NUMÉRO D'IDENTIFICATION DE LA SOCIÉTÉ

Numéro « Siren » Toute demande d'immatriculation auprès du RCS donne lieu à l'**attribution par l'Insee** d'un numéro d'identité unique (art. R 123-224, 1°), appelé numéro « Siren ». Ce numéro d'ordre comporte neuf chiffres sans signification particulière (art. R 123-221, al. 1). Il est notifié à la société par l'intermédiaire du guichet unique électronique des formalités d'entreprises (art. R 123-232, al. 1). 3305

Ce numéro reste attaché à la société même si celle-ci change de dénomination, d'activité ou de siège. Il constitue la seule **donnée intangible** permettant aux tiers d'identifier avec certitude la personne morale avec laquelle ils ont été en relation précédemment sous un autre nom ou une autre forme. En conséquence, lorsqu'une société a le même numéro d'identification qu'une autre, aux droits de laquelle elle déclare venir, ces deux sociétés sont considérées comme une seule et même personne morale, même si elles ont été immatriculées auprès de deux RCS différents (Cass. com. 15-3-2017 n° 15-11.470 F-D : RJDA 6/17 n° 403).

Distinction avec les autres numéros attribués Chaque établissement de la société (usine, agence, etc.) reçoit un numéro à 14 chiffres (numéro **Siret**) dont les neuf premiers correspondent à ceux de la société dont dépend l'établissement (art. R 123-221, al. 2). 3309

En outre, l'activité principale de la société ou de l'établissement fait l'objet d'un numéro de code (**code APE**) qui, en principe, est essentiellement statistique et sans conséquence juridique. Le classement APE ne peut donc pas être retenu pour déterminer si la société peut ou non bénéficier d'une mesure de faveur réservée aux entreprises exerçant une activité déterminée (Décret 2002-1622 du 31-12-2002 art. 4).

Enfin, pour faciliter la manipulation des dossiers, les greffiers des tribunaux de commerce attribuent un **numéro de gestion,** différent du numéro d'identification, à chaque société immatriculée et exigent l'indication de ce numéro dans tous les rapports de ces sociétés avec le greffe. Ce numéro de gestion, parfois appelé « numéro d'ordre », comporte les chiffres de l'année en cours suivis de la lettre B et d'un numéro d'ordre chronologique (art. A 123-29, al. 1).

Publicité du numéro d'identification Toute société inscrite au RCS est tenue d'indiquer sur ses **factures, notes de commandes, tarifs et documents publicitaires,** ainsi que sur toutes **correspondances et récépissés** concernant son activité et signés par elle ou en son nom (art. R 123-237) : 3313

- son numéro d'identification accompagné de la mention RCS et du nom de la ville où se trouve le greffe auprès duquel elle est immatriculée ;
- le lieu de son siège social ;
- le cas échéant, le fait qu'elle est en état de liquidation ;
- le cas échéant, sa qualité de locataire-gérant ou de gérant-mandataire ;
- lorsqu'elle bénéficie d'un contrat d'appui au projet d'entreprise pour la création ou la reprise d'une activité économique, la dénomination sociale de la personne morale responsable de l'appui, le lieu de son siège social, ainsi que son numéro unique d'identification.

Les informations mentionnées aux deux premiers tirets ci-dessus doivent également figurer sur le **site internet** de la société.

Ces obligations, dont le manquement expose le dirigeant à une **amende** de 750 € (C. pén. art. 131-13 sur renvoi de l'art. R 123-237) et/ou la société à une amende de 3 750 € (C. pén. art. 131-41), s'imposent également aux sociétés étrangères ayant un établissement en France (art. R 123-237, 5°).

› Précisions **a.** L'article R 237-1 prescrit également d'indiquer, à compter de la **dissolution** de la société, la mention « société en liquidation » sur tous les actes et documents sociaux destinés aux tiers. Sur la combinaison de ce texte avec l'article R 123-237, voir n° 86512.
b. La **liste des documents** sur lesquels doit figurer le numéro d'identification est limitative. Par suite, cette indication n'est pas exigée sur les enveloppes à en-tête imprimé ou sur les emballages (Rép. Delfosse : AN 26-1-1981 n° 38214). En revanche, elle s'impose, à notre avis, dans les courriers électroniques à caractère juridique (par exemple, courriers comportant des renseignements sur un contrat ou un projet de contrat).

C. Immatriculation de la société au RNE

3315 Les sociétés sont tenues d'être immatriculées au RNE (art. L 123-36, 1°), **registre dématérialisé** tenu par l'Inpi et ayant pour objet de centraliser et de diffuser les informations concernant les entreprises.

L'immatriculation au RNE n'est pas effectuée directement par la société mais **par l'intermédiaire du guichet unique électronique des formalités d'entreprises** (n° 3130), grâce aux données collectées lors de la demande d'immatriculation de celle-ci au RCS (art. L 123-50).

L'Inpi procède à l'inscription des informations au RNE et y annexe les pièces dans le délai d'un jour franc ouvrable après réception de la déclaration ou, pour les informations et pièces soumises à validation, dans le délai d'un jour franc ouvrable après réception de la validation par les autorités compétentes. L'Inpi en informe le déclarant par l'intermédiaire du guichet unique et lui délivre gratuitement, par voie électronique, une attestation d'immatriculation qui indique l'état des inscriptions de la société au RNE à sa date de délivrance (art. R 123-293 et art. A 123-293 s. issus de arrêté du 29-7-2024). Cette attestation fait foi des informations qu'elle contient au moment de sa délivrance jusqu'à preuve contraire (art. A 123-296 issu de arrêté du 29-7-2024).

ATTENTION

Si une société constate une **divergence ou** une **omission** entre les informations et pièces figurant au **RNE et** celles inscrites au **RCS**, elle peut demander à l'Inpi de procéder à la rectification des données la concernant (voir n° 85760).

3317 Certaines **indications complémentaires,** qui n'ont pas à figurer ou qui sont demandées de manière facultative en vue de l'immatriculation de la société au RCS, doivent tout de même être **déclarées au guichet** unique électronique des formalités d'entreprises car elles sont requises **en vue de l'immatriculation de la société au RNE.** C'est le cas :

– des coordonnées téléphoniques et électroniques des associés mentionnés n° 3160 et des dirigeants mentionnés n° 3155 (art. R 123-253, 1° et 2°) ;
– du nom de domaine du site internet de l'entreprise (art. R 123-252, 11°) ;
– du caractère ambulant ou saisonnier des activités exercées et, le cas échéant, de la superficie du ou des magasins (art. R123-259, 5°) ;
– de la qualité d'employeur de l'entreprise et, le cas échéant, de chacun des établissements (art. R123-259, 6°).

› Précisions **a.** Le **RNE s'est substitué aux** répertoires et **registres** d'entreprises **existants,** à l'exception, notamment, du RCS et du répertoire « Sirene », tenu par l'Insee. Le **répertoire des métiers** et le **registre des actifs agricoles** sont ainsi supprimés depuis le 1er janvier 2023. L'inscription à ces registres est remplacée par une immatriculation au RNE (art. L 123-36, 3° et 4°).
b. Une **liste des informations** devant être inscrites **et des dépôts** devant être annexés au RNE figure aux articles R 123-252 s.
c. L'intégralité des informations inscrites et pièces annexées au RNE, à l'exception des documents comptables couverts par une déclaration de confidentialité (nos 76806 s.) et des informations relatives aux bénéficiaires effectifs (nos 3380 s.), est **mise à disposition du public** gratuitement et sous forme électronique ; les informations relatives à l'identité et au domicile des personnes physiques sont néanmoins limitées aux nom, nom d'usage, pseudonyme, prénoms, mois, année de naissance et commune de résidence (art. L 123-52 modifié par loi 2025-391 du 30-4-2025).
d. Depuis le 2 juillet 2025, les sociétés qui ne s'immatriculent pas au RNE sont en principe

passibles d'une **amende administrative** d'un montant de 7 500 €, cette amende pouvant être prononcée par les agents de la concurrence, de la consommation et de la répression des fraudes (art. L 123-38-1 issu de loi 2025-594 du 30-6-2025). Néanmoins, si une société n'est pas immatriculée au RNE, elle n'est en principe pas non plus immatriculée au RCS (voir n° 3315). Elle n'a donc pas la personnalité morale si bien qu'on voit mal comment une amende pourrait lui être infligée.

e. Sur la possibilité pour les **sociétés créées de fait** et les **sociétés en participation** de demander à être inscrites au RNE, voir n° 94020.

D. Avis de constitution au Bodacc

Dans les huit jours qui suivent l'immatriculation de la société, le **greffier du tribunal** de commerce doit faire paraître dans le Bodacc une insertion contenant les **caractéristiques de la société** : notamment les références de l'immatriculation, la dénomination sociale, le montant du capital, l'adresse du siège social et l'identité des dirigeants (art. R 123-157 et R 123-161). L'accomplissement de cette formalité n'est donc pas à la charge de la société. 3340

Toutefois, cette insertion n'est pas requise pour les **EURL** et les **Sasu** dont l'associé unique personne physique assume personnellement la gérance ou la présidence (art. R 123-155, al. 2).

E. Information sur les bénéficiaires effectifs

OBLIGATIONS LIÉES À L'IDENTIFICATION DES BÉNÉFICIAIRES EFFECTIFS

Les personnes morales immatriculées (pour l'essentiel, **sociétés** et GIE) **autres que celles dont les titres sont admis** à la négociation sur un **marché réglementé** doivent obtenir et conserver des informations exactes et actualisées sur leurs « bénéficiaires effectifs » (C. mon. fin. art. L 561-45-1). Ces personnes doivent ensuite les déclarer au RCS par l'intermédiaire du guichet unique électronique des formalités d'entreprises (C. mon. fin. art. L 561-46, al. 1). Ces informations font également l'objet d'une inscription au RNE (n°s 3377 s.). 3350

L'obligation d'identification des bénéficiaires effectifs s'applique même si la société est **contrôlée par une société dont les titres sont admis** à la négociation **sur un marché** réglementé. Certes, cette dernière n'est pas soumise à l'obligation d'identification et il paraît incohérent d'imposer à sa filiale, dont les titres ne sont pas admis sur le marché, le soin d'identifier son actionnaire de référence, surtout lorsque celui-ci en détient le capital ou les droits de vote de façon indirecte, par l'intermédiaire d'une ou plusieurs autres sociétés. Cet argument est toutefois inopérant : l'objectif de la réglementation étant précisément d'identifier la personne physique qui contrôle la société dont les titres ne sont pas sur le marché, y compris au travers d'une société dont les titres y sont admis, la société contrôlée est bien soumise à l'obligation d'identification.

Les personnes morales tenues d'identifier leurs bénéficiaires effectifs doivent **répondre aux demandes d'information** sur ces bénéficiaires émanant des **professionnels assujettis aux obligations de lutte contre le blanchiment** d'argent et le terrorisme (banques, établissements financiers, assureurs, entreprises d'investissement, prestataires de services d'investissement, experts-comptables, commissaires aux comptes, greffiers des tribunaux de commerce, etc.) (C. mon. fin. art. L 561-45-1). 3351

Tout contrevenant s'expose aux sanctions pénales prévues pour le non-dépôt au greffe de la déclaration des bénéficiaires effectifs (n° 3375) (C. mon. fin. art. L 574-5).

Les personnes morales tenues d'identifier leurs bénéficiaires effectifs peuvent leur **demander** *les* ***informations nécessaires*** *à leur identification* ; les bénéficiaires concernés doivent fournir ces informations dans un délai de 30 jours ouvrables à compter de la demande (C. mon. fin. art. L 561-45-2 et R 561-59). 3352

Lorsque ce délai n'est pas respecté ou lorsque les informations fournies par le bénéficiaire effectif sont incomplètes ou erronées, la société ou l'entité peut saisir le président du tribunal statuant en référé aux fins de voir ordonner, au besoin sous astreinte, la transmission de ces informations (art. L 561-45-2, al. 3). Le bénéficiaire effectif qui ne répond pas à la demande (ou qui donne des informations incomplètes ou erronées) s'expose également aux sanctions pénales prévues pour le non-dépôt au greffe de la déclaration des bénéficiaires effectifs (n° 3375) (C. mon. fin. art. L 574-6).

1. DÉTERMINATION DES BÉNÉFICIAIRES EFFECTIFS

DÉFINITION DES BÉNÉFICIAIRES EFFECTIFS

3353 La **notion de bénéficiaire effectif** est définie par la réglementation sur le blanchiment : il s'agit des personnes physiques qui, en dernier lieu, possèdent ou contrôlent la société ou pour le compte de qui une opération ou une activité est réalisée (C. mon. fin. art. L 561-2-2). Sont considérées comme telles les personnes qui soit détiennent, directement ou indirectement, plus de 25 % du capital ou des droits de vote de la société, soit exercent, par tout autre moyen, un pouvoir de contrôle sur la société au sens de l'article L 233-3, I-3° et 4° (C. mon. fin. art. R 561-1, al. 1).

Les personnes exerçant un tel pouvoir sont donc celles qui déterminent en fait, par les droits de vote dont elles disposent, les décisions dans les assemblées générales de la société (art. L 233-3, I-3°), ainsi que les associés disposant du pouvoir de nommer ou de révoquer la majorité des membres des organes d'administration, de direction ou de surveillance de la société (art. L 233-3, I-4°).

› **Précisions** **a.** Pour les greffiers des tribunaux de commerce, les membres d'un **groupe familial majoritaire** (parents et enfants) dont aucun ne détient plus de 25 % du capital sont tous considérés comme bénéficiaires effectifs si, dans les faits, ils déterminent ensemble, en vertu d'un accord exprès ou tacite, les décisions prises en assemblée (RBE : 15 schémas pour identifier les bénéficiaires effectifs dans les sociétés : www.greffe-tc-paris.fr/fiche/rbefichepratiqueschemas). Pour sa part, l'Ansa estime qu'un concert ne peut être présumé qu'entre des parents et leurs enfants mineurs et non entre des parents et leurs enfants majeurs (Communication Ansa, comité juridique n° 18-017 du 4-4-2018). L'ACPR estime quant à elle qu'en l'absence d'accord exprès constitutif d'une action de concert conclu entre les membres du groupe familial, les différentes personnes composant celui-ci sont considérées comme bénéficiaires effectifs si elles détiennent individuellement une part significative du capital même inférieure à 25 % (Lignes directrices ACPR relatives à l'identification, la vérification de l'identité et la connaissance de la clientèle publiées le 16-12-2021).

b. La qualité de bénéficiaire effectif d'un **associé commandité** de SCA dépend de l'importance des pouvoirs que les statuts lui accordent (notamment, en matière de nomination du gérant), des droits de vote dont il dispose et des règles de gouvernance de la société (Communication Ansa, comité juridique n° 19-027 du 9-5-2019, transposable à un commandité de SCS). En l'absence de clause statutaire aménageant les modalités de nomination des gérants, celle-ci nécessite l'accord de chaque associé commandité (art. L 226-2, al. 2), si bien que, à notre avis, chacun d'eux doit être considéré comme bénéficiaire effectif en vertu du pouvoir de contrôle qu'il exerce à ce titre sur la société.

c. À compter du 10 juillet 2027, la notion de bénéficiaire effectif pourra comprendre les personnes physiques détenant plus de 15 % du capital d'une société, si cette **société appartient à une catégorie à risque élevé de blanchiment** (Règl. UE 2024/1624 du 31-5-2024 art. 52).

BÉNÉFICIAIRE DÉTENANT PLUS DE 25 % DU CAPITAL OU DES DROITS DE VOTE

3355 **Détention indirecte du capital ou des droits de vote** La détention indirecte de plus de 25 % du capital ou des droits de vote visée à l'article R 561-1 du Code monétaire et financier n'étant pas précisée par le texte, elle peut être appréciée selon **deux méthodes.**

La première consiste à se référer à la règle prévue à l'article L 233-4 pour la **détermination des participations détenues** indirectement **par une société d'un groupe.** Aux termes de ce texte, toute participation détenue par une société que contrôle une autre société (au sens de l'article L 233-3 : n°s 79013 s.) est considérée comme détenue indirectement par cette dernière. Ce texte peut être appliqué par analogie à une personne physique.

La seconde méthode consiste à effectuer le **produit des participations** détenues par l'intermédiaire d'une ou plusieurs sociétés dans le capital de la société appelée à identifier ses bénéficiaires (critère dit « financier »). Par application de cette méthode, une personne physique associée, par exemple, à hauteur de 40 % dans une société détenant elle-même 70 % du capital d'une autre société est considérée comme bénéficiaire effectif de celle-ci car sa participation au capital de cette société par l'intermédiaire de la première est de 28 % (40 × 70/100).

Dans le silence du texte, le site internet Infogreffe et l'ACPR (Lignes directrices relatives à l'identification, la vérification de l'identité et la connaissance de la clientèle publiées le 16-12-2021) retiennent la seconde méthode dans leurs schémas d'identification des bénéficiaires.

3357 **Parts ou actions détenues en indivision** Lorsque des parts ou actions représentant plus de 25 % du capital ou des droits de vote sont détenues en indivision, **chaque indivisaire** doit à notre avis être déclaré comme bénéficiaire effectif. Certes, les indivisaires ne détiennent que des droits dans l'indivision et aucun d'eux ne peut exercer seul les droits attachés aux parts ou actions (sauf aux fins d'assurer leur conservation : C. civ. art. 815-2, al. 1). On peut néanmoins considérer qu'ils sont indirectement détenteurs du capital par le biais de l'indivision. Il est préférable de compléter la déclaration les concernant d'une mention tenant à leur qualité de membre de l'indivision. En revanche, celle-ci n'ayant pas la personnalité morale, il n'est pas possible, nous semble-t-il, de la déclarer comme bénéficiaire en lieu et place de ses membres.

En cas de **désignation** par les indivisaires **d'un mandataire** investi d'un mandat général d'administration sur les parts ou actions, le mandataire doit aussi être considéré comme bénéficiaire s'il détermine en fait, par les droits de vote dont il dispose, les décisions dans les assemblées de la société (cf. art. L 233-3, I-3° sur renvoi de C. mon. fin. art. R 561-1, al. 1).

Parts ou actions démembrées ou louées Lorsque des parts ou actions représentant plus de 25 % du capital ou des droits de vote sont démembrées entre un **usufruitier** et un **nu-propriétaire,** le nu-propriétaire doit, en tant que détenteur du capital, être déclaré comme bénéficiaire effectif. Mais l'usufruitier doit aussi être considéré comme tel dès lors qu'il exerce les droits de vote concernant certaines décisions dont, au moins, celle relative à l'affectation des résultats (voir nos 7563 s.). Pour l'ACPR, doivent être considérés comme bénéficiaires effectifs l'usufruitier qui jouit de l'usage, directement ou indirectement, de plus de 25 % des droits de vote mais aussi le nu-propriétaire ou l'usufruitier qui, sans détenir plus de 25 % du capital ou des droits de vote, détient une part significative du capital ou des droits de vote qui lui permet d'exercer par tout autre moyen un pouvoir de contrôle, au sens de l'article L 233-3, I-3° et 4° (Lignes directrices ACPR relatives à l'identification, la vérification de l'identité et la connaissance de la clientèle publiées le 16-12-2021). 3358

Les mêmes principes peuvent être suivis en matière de location de parts ou actions pour déterminer si le **bailleur** et le **locataire** doivent être déclarés comme bénéficiaires effectifs (cf. art. L 239-3, al. 2).

DÉTERMINATION DU BÉNÉFICIAIRE EFFECTIF PAR DÉFAUT

Lorsque aucune personne physique n'a pu être identifiée selon les critères ci-dessus (notamment compte tenu de l'opacité de l'actionnariat de la société), le bénéficiaire effectif à déclarer est, par défaut, le **représentant légal** de la société : gérant de SNC, de société en commandite ou de SARL ; directeur général de SA à conseil d'administration ; directeur général unique ou président du directoire de SA à directoire ; président et, le cas échéant, directeur général de SAS (C. mon. fin. art. R 561-1, al. 2 s.). Les directeurs généraux délégués sont exclus de cette liste, limitative, fixée par le texte. 3360

Si l'un des dirigeants ci-dessus est une **personne morale,** le bénéficiaire effectif est la ou les personnes physiques qui représentent légalement cette personne morale (art. R 561-1, dernier al.).

À la lettre de l'article R 561-1, al. 2, la désignation du dirigeant comme bénéficiaire par défaut n'est autorisée que si « la personne mentionnée à l'article L 561-2 » du Code monétaire et financier (le professionnel participant à la lutte contre le blanchiment) n'a pas de soupçon de blanchiment de capitaux à l'encontre de son « client ». Cette **condition,** qui concerne les déclarations de soupçon des professionnels à l'égard de leurs clients, ne nous paraît pas applicable à la déclaration des dirigeants sociaux au registre des bénéficiaires effectifs.

Cette position n'est pas partagée par le site internet Infogreffe, selon lequel cette désignation « doit rester exceptionnelle et n'intervenir qu'après avoir épuisé tous les moyens possibles pour déterminer le ou les bénéficiaires effectifs » (Notice Infogreffe du document relatif aux bénéficiaires).

> **Précisions** Lorsqu'une société a pour représentant légal une personne morale dont le dirigeant personne physique a délégué son pouvoir de représentation à une autre personne physique portant en pratique le titre de « **représentant permanent** », seul le dirigeant peut être déclaré *bénéficiaire effectif par défaut, non le représentant* permanent (Communication Ansa, comité juridique n° 18-042 du 5-9-2018).

2. DÉCLARATION DES BÉNÉFICIAIRES EFFECTIFS À DÉPOSER

CONTENU DE LA DÉCLARATION DES BÉNÉFICIAIRES EFFECTIFS

La déclaration des bénéficiaires effectifs doit contenir (C. mon. fin. art. R 561-56) : 3362

– la dénomination, la forme juridique, l'adresse du siège et le numéro unique d'identification de la **société** complété par la mention RCS suivie du nom de la ville où se trouve le greffe auprès duquel elle est immatriculée ;

– l'identité (nom, nom d'usage, pseudonyme, prénoms), les date et lieu de naissance, la nationalité et l'adresse personnelle des **bénéficiaires** ;
– la nature et les modalités du **contrôle exercé sur la société,** ainsi que l'étendue de ce contrôle et la date à laquelle les intéressés sont devenus bénéficiaires effectifs de la société.

L'« étendue du contrôle » requise par l'article R 561-56 implique à notre avis l'obligation de déclarer le pourcentage exact de capital ou de droits de vote détenus par un bénéficiaire dont la participation excède 25 % et non la seule mention que la participation excède ce seuil (déjà en ce sens, avant que l'article R 561-56 ne vise l'étendue du contrôle, CA Lyon 12-9-2019 n° 19/02040 : RJDA 2/20 n° 77 ; T. com. Bobigny ord. 18-5-2018 n° 2018S07031 : RJDA 11/18 n° 832). C'est d'ailleurs le pourcentage exact que le guichet unique électronique des formalités d'entreprises impose au créateur d'entreprise d'indiquer dans sa déclaration.

> **Précisions** Les **sociétés en cours de constitution** n'ayant pas la personnalité morale, elles n'ont pas d'organe qui les représente légalement. Le document les concernant peut alors, à notre avis, être utilement daté et signé par la personne (associé ou tiers) à qui les associés ont donné mandat d'accomplir les formalités d'immatriculation de la société. Par hypothèse, le numéro d'identification de la société (attribué à la suite de l'immatriculation) n'a pas à y être indiqué et la date à laquelle les bénéficiaires effectifs ont acquis cette qualité ne peut être que celle à laquelle la société a été constituée, à savoir la date de signature des statuts.

MODALITÉS DE DÉPÔT DE LA DÉCLARATION DES BÉNÉFICIAIRES EFFECTIFS

3363 Les sociétés en cours de constitution doivent, **lors de la demande d'immatriculation,** déposer au greffe du tribunal la déclaration identifiant leurs bénéficiaires, par l'intermédiaire du guichet unique électronique des formalités d'entreprises (C. mon. fin. art. R 561-55).

MISE À JOUR DE LA DÉCLARATION DES BÉNÉFICIAIRES EFFECTIFS

3365 Une **nouvelle déclaration** doit être déposée **dans les 30 jours** de tout fait ou acte rendant nécessaire la rectification ou le complément des informations mentionnées dans la déclaration précédente (C. mon. fin. art. R 561-55). Tel est le cas pour indiquer le numéro d'identification de la société une fois celle-ci immatriculée.

> **Précisions** À compter du 10 juillet 2027, les sociétés devront déclarer toute modification des informations sur leurs bénéficiaires effectifs sans retard injustifié et, au plus tard, **dans les 28 jours** calendaires suivant la modification. Elles devront également vérifier régulièrement qu'elles détiennent des informations à jour, cette **vérification** devant, au moins, être effectuée chaque année dans le cadre d'un processus autonome ou d'autres processus périodiques, tels que la présentation des comptes annuels (Règl. UE 2024/1624 du 31-5-2024 art. 63 et 90).

DÉFAUT DE DÉPÔT DE LA DÉCLARATION DES BÉNÉFICIAIRES EFFECTIFS

3370 **Sanctions civiles** Le **président du tribunal** de commerce, d'office ou sur requête du procureur de la République ou de toute personne justifiant y avoir intérêt, peut soit **enjoindre,** au besoin sous astreinte, à une société qui n'y aurait pas procédé de déclarer ses bénéficiaires effectifs ou de rectifier une déclaration inexacte ou incomplète, soit désigner un **mandataire** chargé d'accomplir cette formalité (C. mon. fin. art. L 561-48).

En cas d'**inexécution de l'injonction,** le greffier constate le non-dépôt du document et le président du tribunal statue sur les mesures à prendre ; il procède, s'il y a lieu, à la liquidation de l'astreinte (C. mon. fin. art. R 561-63, II). En outre, le greffier avise le procureur de la République de cette inexécution et peut, depuis le 15 juin 2025, procéder à la radiation d'office du RCS de la société, dans un délai de trois mois à compter de la notification de la décision d'injonction (art. L 561-48, al. 1 modifié par loi 2025-532 du 13-6-2025).

3372 Depuis le 15 juin 2025, lorsque le **greffier** du tribunal de commerce constate qu'une société n'a pas déclaré au RCS ou mis en conformité les informations relatives aux bénéficiaires effectifs à l'expiration d'un délai de trois mois à compter d'une **mise en demeure** de la société par lettre recommandée AR adressée à son siège social, il peut procéder à sa radiation d'office du RCS (C. mon. fin. art. L 561-47, al. 3 modifié par loi 2025-532 du 13-6-2025).

3375 **Sanctions pénales** Le fait de ne pas déclarer les informations relatives aux bénéficiaires effectifs ou de déclarer des informations inexactes ou incomplètes est puni de six mois d'**emprisonnement** et de 7 500 € d'**amende** (C. mon. fin. art. L 574-5). Les personnes à qui cette **infraction** peut être **imputée** sont, à notre avis, la société elle-même (car l'obligation de dépôt est à sa charge) et le représentant légal, qui accomplit les formalités de publicité « sous [sa] responsabilité » (art. R 210-18, al. 1). En cas de constitution de la société, la personne chargée d'accomplir les formalités d'immatriculation (associé ou tiers) peut être poursuivie.

Les **personnes physiques** déclarées coupables de ce délit encourent également la peine d'interdiction de gérer prévue par l'article 131-27 du Code pénal (nº 11182) et la peine de privation partielle des droits civils et civiques prévue par l'article 131-26, 2º du Code pénal (C. mon. fin. art. L 574-5, al. 2). Les **personnes morales** déclarées pénalement responsables encourent, outre une amende de 37 500 €, les peines mentionnées nºs 4705 s. (sauf l'interdiction d'exercer une activité et la confiscation de la « chose » qui a servi à commettre l'infraction ou qui en est le produit) (art. L 574-5, al. 3).

INSCRIPTION AU RNE DES INFORMATIONS SUR LES BÉNÉFICIAIRES EFFECTIFS

Les informations relatives aux bénéficiaires effectifs sont inscrites au **RNE** (nº 3315), par l'intermédiaire du guichet unique électronique des formalités d'entreprises (art. L 123-37, 4º, L 123-50 et R 123-259, 4º). **3377**

3. COMMUNICATION DES INFORMATIONS SUR LES BÉNÉFICIAIRES EFFECTIFS

ACCÈS À TOUTES LES INFORMATIONS SUR LES BÉNÉFICIAIRES EFFECTIFS

Ont accès gratuitement à l'intégralité des informations sur les bénéficiaires effectifs déclarées au RCS (C. mon. fin. art. L 561-46 modifié par loi 2025-391 du 30-4-2025 et art. R 561-57 et R 561-58) : **3380**
– la **société** ayant déposé la déclaration, pour les seules informations déclarées ;
– les **personnes physiques,** pour les seules informations des sociétés dont elles ont été déclarées les bénéficiaires effectifs ;
– les **professionnels** assujettis aux obligations de **lutte contre le blanchiment** d'argent et le financement du terrorisme ayant établi une déclaration à cet effet, qu'ils soient français ou qu'ils soient établis dans un autre État membre de l'UE ;
– certaines **autorités** (notamment, magistrats de l'ordre judiciaire, agents des douanes ou de l'administration des finances publiques, enquêteurs de l'AMF, Office européen de lutte antifraude, Cour des comptes).

L'accès des autorités visées ci-dessus doit intervenir sans restriction et de manière immédiate et directe (art. L 561-46, 3º modifié par loi 2025-391).

ACCÈS À CERTAINES INFORMATIONS SUR LES BÉNÉFICIAIRES EFFECTIFS

Ont accès à un nombre limité d'informations sur les bénéficiaires effectifs les **personnes justifiant d'un intérêt légitime** pour la prévention ou la lutte contre le blanchiment de capitaux, ses infractions sous-jacentes ou le financement du terrorisme (C. mon. fin. art. L 561-46-2, I-al. 1 issu de loi 2025-391 du 30-4-2025). **3382**

Les **informations** auxquelles ont accès les personnes justifiant d'un intérêt légitime sont les suivantes (C. mon. fin. art. L 561-46-2, I-al. 1 issu de loi 2025-391 du 30-4-2025) : **3384**
– nom, nom d'usage, pseudonyme, prénoms, mois et année de naissance, État de résidence et nationalité des bénéficiaires effectifs ;
– nature et étendue des intérêts effectifs détenus dans la société par le bénéficiaire effectif ;
– à compter d'une date qui sera fixée par un décret non paru à la date de mise à jour des présents développements et au plus tard le 10 juillet 2026, la chaîne de propriété et les données historiques.

ATTENTION

La chaîne de propriété d'un bénéficiaire effectif, c'est-à-dire les éventuels différents niveaux de propriété entre la société déclarante et le bénéficiaire effectif, ne fait pas partie des informations qu'une société est tenue de communiquer dans le cadre de sa déclaration des bénéficiaires effectifs (C. mon. fin. art. R 561-56 ; nº 3362). En intégrant la chaîne de propriété parmi les données accessibles, l'objectif du législateur est d'imposer la déclaration de cette information par les sociétés (Amendement AN nº 191), ce qui nécessite la publication d'un décret.

Certaines personnes sont **présumées justifier d'un intérêt légitime** (C. mon. fin. art. L 561-46-2, I-al. 1 issu de loi 2025-391 du 30-4-2025), notamment : **3386**
– les journalistes, les organismes à but non lucratif et les chercheurs universitaires qui ont un lien, même indirect, avec la prévention ou avec la lutte contre la corruption, le blanchiment de capitaux ou le financement du terrorisme ;

3386 (suite) – les personnes susceptibles d'être en relation d'affaires avec une société ;
– les membres du Parlement.

Pour accéder aux informations relatives aux bénéficiaires effectifs, la personne justifiant d'un intérêt légitime doit en demander l'accès à l'Inpi ou au greffier du tribunal de commerce dans le ressort duquel la société est immatriculée, lequel doit vérifier l'existence de cet intérêt légitime et statuer sur cette demande (art. L 561-46-2, I-al. 16 issu de loi 2025-391).

› Précisions a. Un bénéficiaire effectif peut, sous certaines limites, par requête adressée à l'Inpi ou au greffier compétent, se faire **communiquer l'identité des personnes** justifiant d'un intérêt légitime qui ont consulté les informations le concernant (art. L 561-46-2, III-al. 2 à 4 issu de loi 2025-391).
b. Un **recours** peut être formé contre la décision du greffier rejetant la demande d'accès aux informations sur les bénéficiaires effectifs devant le président du tribunal de commerce ou le juge commis à la surveillance du RCS (art. L 123-6 modifié par loi 2025-391).

CHAPITRE 3

LA SOCIÉTÉ PERSONNE MORALE

SOMMAIRE

EN BREF *L'immatriculation de la société au RCS donne à celle-ci la personnalité morale. À partir de cet instant, le contrat de société n'est plus un simple acte juridique : la société existe en tant que personne juridique ; elle est individualisée par sa dénomination sociale, son siège social, sa nationalité ; elle jouit de la capacité juridique et, partant, se distingue de la personne des associés qui se sont groupés pour lui donner naissance. La capacité juridique donne à la société, d'une part, la capacité de jouir de certains droits – elle peut ainsi posséder des biens, conclure des contrats et exercer une action en justice – et, d'autre part, une capacité d'exercice de ces droits par l'intermédiaire de ses organes de gestion ; en contrepartie, sa responsabilité peut être engagée par les actes de ses organes ou représentants.* 4000

SECTION 1

PERSONNALITÉ MORALE DE LA SOCIÉTÉ

A. Naissance de la personnalité morale

DATE D'ACQUISITION DE LA PERSONNALITÉ MORALE DE LA SOCIÉTÉ

Les sociétés jouissent de la personnalité morale au jour de leur **immatriculation au RCS** (art. L 210-6, al. 1). L'acquisition de la personnalité morale n'est pas conditionnée à l'attribution d'un numéro Siren (Cass. com. 29-11-2023 n°s 22-16.463 F-B et 22-21.421 F-D : RJDA 2/24 n° 96). 4005

À notre avis, les parties au contrat de société ne peuvent pas fixer la naissance de la personnalité morale à une date postérieure au jour de l'immatriculation, ni subordonner l'acquisition de la personnalité morale à une condition suspensive.

EXISTENCE DE LA SOCIÉTÉ NON ENCORE IMMATRICULÉE

4007 Jusqu'à l'immatriculation, la société n'a pas d'existence juridique en tant que personne. Les tribunaux judiciaires en ont déduit qu'une **action en justice** formée par une société non immatriculée est irrecevable (Cass. com. 7-6-1994 n° 1347 : Bull. Joly 1994 p. 1225 note C. Prieto).

La chambre commerciale de la Cour de cassation estime que l'irrégularité d'une action en justice intentée par ou contre une société en formation ne peut pas être couverte (Cass. com. 30-11-1999 n° 1928 : RJDA 4/00 n° 415 ; Cass. com. 20-6-2006 n° 821 : RJDA 10/06 n° 1023, chron. D. Gibirila p. 915). À l'inverse, la troisième chambre civile a admis qu'une telle irrégularité est couverte par l'immatriculation de la société dès lors que cette immatriculation intervient avant que le juge statue et entraîne la reprise de l'acte litigieux passé pour le compte de la société pendant sa période de formation (Cass. 3e civ. 9-10-1996 n° 1589 : RJDA 1/97 n° 54).

4008 En principe, une société non immatriculée n'a pas la **capacité de contracter** (Cass. 3e civ. 28-10-1992 n° 1444 : Bull. Joly 1993 p. 85 note P. Le Cannu). La Cour de cassation juge néanmoins que les actes souscrits par une société en formation et repris par elle dans les conditions exposées nos 2690 s. sont valides s'il est établi que la commune intention des parties était qu'ils soient conclus pour son compte (Cass. com. 29-11-2023 nos 22-12.865 FS-BR, 22-18.295 FS-BR et 22-21.623 FS-BR : RJDA 2/24 n° 97 et avis M. Lecaroz p. 7 ; Cass. 3e civ. 17-10-2024 n° 22-21.616 F-D : RJDA 3/25 n° 138, 2e espèce).

À défaut, l'acte conclu par une société non immatriculée est frappé de nullité absolue (Cass. com. 13-12-2005 n° 1654 : RJDA 3/06 n° 266 ; Cass. com. 21-2-2012 n° 10-27.630 F-PB : RJDA 5/12 n° 499 ; Cass. com. 19-1-2022 n° 20-13.719 F-D : RJDA 5/22 n° 272), insusceptible de confirmation ou de ratification (Cass. 3e civ. 5-10-2011 n° 09-70.571 : RJDA 1/12 n° 52 ; Cass. com. 10-6-2020 n° 18-16.441 F-D : RJDA 10/20 n° 496) et pouvant être invoquée par tout intéressé (Cass. com. 21-2-2012 précité).

4009 L'existence d'une société non immatriculée constituée pour y exercer une activité professionnelle ne fait pas obstacle à la mise en **redressement ou liquidation judiciaire** de la personne physique qui exerçait jusque-là cette activité à titre individuel, peu important le caractère personnel des dettes invoquées (Cass. com. 17-6-2020 n° 19-10.464 F-PB : RJDA 11/20 n° 577).

4010 **Personnalité « embryonnaire »** À l'inverse des tribunaux judiciaires, les **tribunaux administratifs** reconnaissent à la société en formation une personnalité « embryonnaire », anticipant l'acquisition de sa capacité juridique. Le Conseil d'État a ainsi admis :

– qu'une telle société peut introduire devant les tribunaux administratifs un **référé-suspension** contre une décision administrative dès lors que les premiers actes de création de la société (notamment signature des statuts) sont intervenus (CE 23-1-2006 n° 284788 : RJDA 12/06 n° 1221) ;

– qu'une **décision ministérielle** autorisant la création de locaux d'activité peut intervenir au profit d'une société dont les statuts ont été signés et présentés à l'enregistrement (CE 13-5-1992 n° 89858 : RJDA 8-9/92 n° 823) ;

– qu'une société en formation peut répondre à un **appel d'offres** en vue de l'attribution d'un marché public, sous réserve que les conditions exigées par le règlement de consultation puissent être vérifiées au niveau des associés (CE 28-7-2004 n° 230115 : RJDA 6/05 n° 697).

SITUATION DE LA SOCIÉTÉ JAMAIS IMMATRICULÉE

4013 Le défaut d'immatriculation n'entraîne pas la nullité de la société (Cass. com. 4-5-1981 : Bull. civ. IV n° 203) mais prive celle-ci de la personnalité morale (cf. art. L 210-6, al. 1). En pareil cas, les associés décident le plus souvent de mettre fin au contrat (n° 2620).

4014 Les **actes passés pour le compte de la société** non immatriculée restent à la charge des **personnes qui les ont conclus** (CA Paris 22-3-1983 : BRDA 10/83 p. 15 ; CA Paris 15-4-1983 : BRDA 12/83 p. 16 ; CA Paris 30-1-1997 : RJDA 4/97 n° 512).

ILLUSTRATIONS

Un prêt contracté pour le compte d'une société qui n'a jamais été immatriculée n'engage que celui qui a conclu le prêt ; en conséquence, la personne qui s'est portée caution du remboursement de ce prêt n'est pas tenue d'exécuter le cautionnement car elle s'est engagée à ne garantir que la dette de la société et non celle d'une autre personne (Cass. com. 16-6-2004 n° 949 : RJDA 1/05 n° 33).

En revanche, une clause attributive de compétence territoriale contenue dans un acte signé au nom d'une société en formation qui n'a jamais été immatriculée ne peut pas s'imposer au signataire de l'acte s'il n'a pas la qualité de commerçant (Cass. com. 8-11-1994 : RJDA 2/95 n° 149) car une telle clause, qui donne compétence au tribunal d'une ville déterminée en cas de litige, n'est valable qu'entre commerçants (CPC art. 48).

Ces actes restent également à la charge de ceux qui, le cas échéant, ont **donné mandat de les passer** (Cass. com. 13-12-1976 : Bull. civ. IV n° 322 ; Cass. com. 11-6-1981 : D. 1981 IR p. 517), auquel cas l'existence du mandat doit être caractérisée (Cass. com. 1-4-1974 n° 72-13.790 P : Rev. sociétés 1975 p. 62 note Guilberteau).

Pour éviter de tels inconvénients, il est **conseillé** à ces personnes d'insérer dans les actes qu'elles passent avec les tiers une clause prévoyant la résolution de plein droit du contrat au cas où la société ne serait pas immatriculée avant l'expiration d'un délai déterminé.

Lorsqu'elles ne sont pas en mesure de remplir leurs engagements, les personnes qui ont agi pour le compte d'une société en formation sont susceptibles de faire l'objet d'une procédure collective : voir n° 90830. **4015**

En tout état de cause, la **responsabilité personnelle** des associés peut se trouver engagée même s'ils n'ont pas participé à l'acte et même s'ils n'ont pas donné mandat de passer cet acte dès lors que la société non immatriculée est devenue une **société de fait** (n°s 2510 s.).

B. Capacité de la personne morale

La capacité des **personnes morales** est limitée par les **règles applicables à chacune d'entre elles** (C. civ. art. 1145, al. 2). En matière de sociétés commerciales, ce principe général s'applique par exemple à la limitation de capacité des sociétés à objet particulier ou à celle des sociétés en liquidation. **4018**

C. Autonomie de la personne morale

La société est capable de passer des contrats en son nom par l'intermédiaire de ses représentants légaux et elle est considérée comme un **tiers** par rapport aux associés pour l'application des conventions auxquelles ils sont parties. Il en est ainsi même lorsqu'un associé détient la majorité ou la quasi-totalité du capital social (Cass. com. 8-10-2013 n° 12-25.787 : RJDA 1/14 n° 35). **4025**

La personne morale reste inchangée en cas de cession de la totalité des parts ou actions de la société ou de changement de ses dirigeants ; en conséquence, sauf stipulation particulière du contrat, le changement de contrôle de la société ne permet pas de rompre le contrat conclu intuitu personae avec elle (Cass. com. 29-1-2013 n° 11-23.676 : RJDA 5/13 n° 410), ou n'emporte pas cession du contrat requérant l'accord préalable du cocontractant (Cass. com. 15-5-2024 n° 22-20.747 FS-B : RJDA 8-9/24 n° 452).

Sur l'autonomie du patrimoine de la personne morale, voir n°s 4060 s.

Sur la capacité de la personne morale, voir n° 4018.

Sur l'autonomie de la personnalité morale dans les **groupes de sociétés,** voir n°s 79040 s. et 81100 s. **4026**

D. Abus de la personnalité morale : la société fictive

CAS DE SOCIÉTÉS FICTIVES

Une société est fictive lorsque les personnes qui apparaissent comme des associés ne présentent pas les caractéristiques de la qualité d'associé, généralement parce que leur volonté de se comporter en associés (affectio societatis) n'est pas établie. **4030**

Une société peut être fictive en cas d'**abus de la personnalité morale,** c'est-à-dire lorsqu'elle a en réalité pour objet de masquer les agissements de ses associés. Tel est le cas :

– d'un ancien exploitant individuel d'un fonds de commerce ayant confié l'exploitation à une société exclusivement animée par lui (Cass. com. 4-6-2002 n° 1059 : RJDA 2/03 n° 138 ; Cass. com. 15-10-2013 n° 12-24.389 : RJDA 2/14 n° 112) ;

– d'une société dont aucune assemblée n'a été convoquée, dont l'associé majoritaire n'a jamais rempli ses fonctions de gérant et qui n'a été créée que pour organiser l'insolvabilité de ce dernier (Cass. com. 9-6-2009 n° 07-20.937 : RJDA 10/09 n° 845, à propos d'une société civile mais transposable) ;

– d'une société de travaux de bâtiment créée et gérée par un architecte qui en a fixé le siège à l'adresse de son cabinet, se rémunère en prélevant plus de la moitié du chiffre d'affaires de la société et dont les coassociés n'ont pas d'affectio societatis (Cass. com. 4-10-2011 nº 09-16.293 : RJDA 1/12 nº 53) ;
– d'une société de vente de « mobile homes » qui a permis à ses deux associés d'encaisser les fonds de clients, par des procédés frauduleux, en refusant d'exécuter des engagements de garantie contractés au travers de cette société et en faisant obstacle à toute poursuite de la part des clients en décidant la dissolution anticipée de la société (Cass. com. 12-6-2012 nº 11-20.482 : RJDA 10/12 nº 855).

4032 En revanche, ne sont **pas** de nature à donner un **caractère fictif** à une société :
– la seule existence de liens familiaux entre les associés (Cass. com. 21-12-1982 : BRDA 12/83 p. 21) ;
– la constatation qu'une personne physique est devenue seule propriétaire de l'ensemble des parts sociales (Cass. com. 15-2-2005 nº 235 : RJDA 6/05 nº 727) ;
– l'identité de siège social et des dirigeants communs à une SARL et à une SCI (Cass. com. 25-6-1996 : RJDA 12/96 nº 1481) ;
– le fait qu'une SARL dont l'objet était l'achat et la revente de biens immobiliers n'a procédé depuis sa création qu'à l'acquisition d'un seul immeuble qu'elle n'a jamais exploité commercialement (Cass. com. 11-3-2008 nº 06-19.968 : RJDA 6/08 nº 661) ;
– l'absence de vie sociale (défaut de comptabilité et d'assemblée) dès lors que la société a été régulièrement constituée (en l'espèce, une SCI créée par un agriculteur, mais la solution est transposable à une société commerciale), que l'objet social a été réalisé (achat d'un corps de ferme appartenant à l'agriculteur et mis à disposition de celui-ci) et que le gérant (l'agriculteur) s'est acquitté des taxes foncières de la société (Cass. com. 15-11-2017 nº 16-20.193 F-D : RJDA 2/18 nº 142).

4033 Une société peut également être fictive en cas de **simulation,** soit parce que le contrat de société dissimule un autre contrat (nºs 6510 s.), soit parce que la société ne comporte que des prête-noms (pour un exemple, Cass. 3e civ. 22-6-1976 : D. 1977 p. 619 note Diener ; sur les conditions de validité de la pratique du prête-nom, voir nºs 6160 s.).

DÉNONCIATION DE LA FICTIVITÉ D'UNE SOCIÉTÉ

4035 L'action en dénonciation de fictivité tend à établir que l'apparence n'est pas conforme à la réalité. Elle permet donc à ceux qui invoquent la fictivité d'une société, le plus souvent des tiers, d'écarter l'écran de la personnalité morale pour faire valoir leurs droits (par exemple, recouvrer une créance, saisir un bien ou rendre une sûreté inopposable).

Le caractère fictif d'une société peut être **dénoncé par** toute personne y ayant intérêt ; même l'auteur de la fictivité peut s'en prévaloir (Cass. 3e civ. 22-6-1976 nº 74-10.119 : D. 1977 p. 619 note Diener).

Une **société étrangère** ne peut être jugée fictive qu'en application de la loi dont elle relève (Cass. com. 21-10-2014 nº 13-11.805 : RJDA 2/15 nº 105), c'est-à-dire celle du pays où est fixé son siège.

4036 Lorsque la fictivité est invoquée par un tiers, la **preuve** peut en être rapportée par tous moyens (Cass. com. 21-3-1977 nº 76-11.423 : Bull. civ. IV nº 90). Il en est de même lorsque la fictivité dissimule une fraude (Cass. req. 9-12-1913 : DP 1919.1.29) ou une atteinte à des règles d'ordre public (Cass. 1e civ. 21-7-1980 : Bull. civ. I nº 232), ou encore lorsqu'elle est opposée à un associé ayant la qualité de commerçant (art. L 110-3). L'ouverture d'une procédure collective à l'égard d'une société n'a pas pour effet d'interdire à un tiers de faire établir le caractère fictif ou frauduleux de cette société (Cass. com. 3-6-2008 nº 07-11.697 : RJDA 11/08 nº 1151).

Dans les autres cas, elle doit être prouvée par écrit car elle remet en cause l'acte de société (C. civ. art. 1359 ; CA Aix-en-Provence 19-6-1979 : Bull. cour d'Aix 1979/3 p. 20). Toutefois, certaines décisions tiennent pour principe que la preuve de la fictivité d'une société se fait par tous moyens (CA Rouen 6-6-1973 : Rev. sociétés 1974 p. 740 note J.-P. Sortais ; CA Paris 23-12-1975 : Gaz. Pal. 1976 I p. 361).

4038 L'**action en dénonciation de fictivité se prescrit** par cinq ans à compter du jour où celui qui agit a connu ou aurait dû connaître le caractère fictif de la société (C. civ. art. 2224).

4040 Lorsque la fictivité d'une SNC ou d'une SCS constituée avant le 1er octobre 2025 est établie, *cette société est **nulle*** (Cass. com. 16-6-1992 nº 1144 : RJDA 1/93 nº 27 ; Cass. com. 22-6-1999 nº 1285 : RJDA 10/99 nº 1077). Pour les SNC ou SCS constituées à compter de cette date, la nullité de la société n'est plus encourue (cf. C. civ. art. 1844-10, al. 1 modifié par ord. 2025-229 du 12-3-2025 ; Ord. 2025-229 art. 70), sauf en cas de fraude (nº 89152). Sur le délai de prescription applicable dans ce cas, voir nº 89453.

Lorsque la **société** fictive a été **annulée,** elle disparaît seulement pour l'avenir (Cass. com. 22-6-1999 n° 1285 : RJDA 10/99 n° 1077) ; pour le passé, elle est traitée comme une société dissoute à l'égard de tout ayant droit de bonne foi (n° 89570).

S'il s'agit d'une SARL ou d'une société par actions, la nullité n'est pas applicable (n°s 89133 s. et 89145).

Par ailleurs, les personnes qui acceptent, par complaisance, de participer à la constitution d'une société fictive permettant au fondateur de poursuivre des activités pour lesquelles il se trouve déjà en difficulté à titre personnel engagent leur **responsabilité extracontractuelle** à l'égard des créanciers de cette société (Cass. com. 20-6-1984 : BRDA 21/84 p. 9). 4042

SANCTIONS PÉNALES EN CAS DE SOCIÉTÉ FICTIVE

La création d'une société de façade peut constituer la manœuvre caractérisant le délit d'**escroquerie** (Cass. crim. 3-7-1975 : Bull. crim. n° 179 ; Cass. crim. 14-3-1979 : Bull. crim. n° 106 ; Cass. crim. 21-10-1991 : RJDA 12/91 n° 1025 ; dans le même sens, à propos d'un GIE, Cass. crim. 9-6-1980 : Bull. crim. n° 180). 4046

De même, la constitution d'une société fictive en vue de frauder la TVA (sociétés dites « taxi ») peut exposer ses fondateurs à des poursuites pénales pour **fraude fiscale,** escroquerie ou abus de biens sociaux (par exemple, Cass. crim. 25-1-1967 : Bull. crim. n° 39 ; Cass. crim. 4-11-2004 n° 04-81.211 : Dr. sociétés 2005 comm. n° 101 note R. Salomon).

SECTION 2 DROITS DE LA SOCIÉTÉ

A. Droits patrimoniaux de la société

AUTONOMIE DU PATRIMOINE SOCIAL

Les sociétés peuvent, comme les personnes physiques, être titulaires de droits réels (droit de propriété et ses démembrements) et être sujets actifs ou passifs de droits personnels (droits de créance et dettes). 4060

La société dispose ainsi d'un patrimoine (ou « actif social ») qui lui est propre et qui comprend tous les droits et obligations de la société, notamment ceux qui résultent de l'exercice de la vie sociale. Le patrimoine social ne doit pas être confondu avec le « capital social » qui ne représente que le montant des apports faits par les associés lors de la constitution de la société ou en cours de vie sociale à l'occasion d'augmentations du capital ; il ne se confond pas non plus avec le patrimoine de chaque associé. De cette autonomie du patrimoine résultent les conséquences suivantes.

1. Le patrimoine social est le **gage** des créanciers de la société et non pas celui des créanciers personnels des associés. Ainsi, le créancier personnel des associés ne saurait obtenir la vente forcée du fonds de commerce de la société quand bien même ses débiteurs détiendraient la totalité des parts de celle-ci (Cass. com. 2-5-1983 : BRDA 18/83 p. 19). 4062

Les créanciers personnels d'un associé peuvent néanmoins saisir entre les mains de la société les droits sociaux appartenant à leur débiteur et toute somme dont la société serait redevable envers celui-ci (au titre d'une distribution de dividendes ou pour toute autre cause).

2. Il ne peut pas y avoir **compensation** entre les dettes sociales et les dettes personnelles d'un associé. Ainsi, un associé ne saurait refuser de payer l'un de ses créanciers personnels au motif que ce dernier est lui-même débiteur envers la société d'une somme au moins égale à sa propre dette.

Par ailleurs, l'acquéreur de toutes les parts d'une société, qui devient l'associé unique de celle-ci, ne peut pas demander la compensation entre le solde du prix d'achat des parts sociales qu'il doit encore à l'un des anciens associés et le solde débiteur du compte courant de cet associé dans la société (CA Paris 20-10-1995 : RJDA 4/96 som. n° 502).

3. Si la société est en difficulté, elle peut faire l'objet d'une **procédure collective.** Cette procédure n'est pas étendue aux associés, sauf confusion de patrimoines.

4. Les **associés** ne sont pas directement propriétaires des biens de la société (contrairement à la situation des membres d'une indivision) et n'ont aucun droit sur l'actif social. Ils sont seulement titulaires de **droits sociaux,** appelés selon les cas « parts sociales » (SNC, SCS, SARL) ou 4064

« actions » (SA, SCA, SAS, SE). Ces droits comportent des attributs pécuniaires (droit aux bénéfices et au boni de liquidation, droit au remboursement du capital) et des attributs de participation à la vie sociale (droits de participer aux décisions collectives, d'information, de contrôle de la gestion). Ces droits sociaux ont toujours une nature mobilière même si la société possède des immeubles.

> **Précisions** On est tenté juridiquement d'analyser le rapport qui unit l'associé à la société en un **droit de créance.** Cette qualification n'est exacte que pour les droits aux bénéfices et au boni de liquidation qui se présentent effectivement comme des droits de créance de l'associé. Mais elle ne rend pas compte de toutes les autres prérogatives et obligations qui résultent de la qualité d'associé. C'est pourquoi on voit volontiers aujourd'hui dans la part sociale ou l'action un droit de propriété incorporel à l'instar, par exemple, du droit d'auteur qui renferme le droit pécuniaire et le droit moral.

LIMITES DE L'AUTONOMIE DU PATRIMOINE SOCIAL

4067 La dissociation du patrimoine de la société de celui de chacun des associés n'est pas un principe absolu. De tout temps, on a sanctionné les **abus** de la personnalité morale.

L'utilisation abusive de la personnalité morale est constatée fréquemment en cas de **procédure collective** ouverte à l'encontre de la société, cette procédure pouvant être étendue aux associés s'il est établi que ceux-ci ont confondu leur patrimoine avec celui de la société ou que celle-ci est en réalité une société fictive.

Elle l'est aussi en cas d'utilisation de la personnalité morale d'une société par ses fondateurs afin d'échapper à leurs créanciers, ce qui peut, en tant que **fraude paulienne,** être sanctionné par l'inopposabilité de l'acte frauduleux au créancier poursuivant (C. civ. art. 1341-2). Tel est le cas lorsque des époux, cautions des dettes d'une société, apportent un immeuble à une autre société, la saisie des parts de cette seconde société n'apportant pas autant de garanties pour le créancier que celle de l'immeuble et l'existence de dettes sociales diminuant la valeur de ces parts (Cass. com. 3-12-2002 n° 99-18.580 : RJDA 5/03 n° 495).

La personnalité morale cède aussi devant les exigences des **règlements successoraux.**

ILLUSTRATIONS

Sur le droit reconnu à un héritier réservataire de faire dresser inventaire de biens sociaux, voir CA Colmar 29-5-1964 : RTD com. 1965 p. 618 obs. Rodière ; sur les documents à communiquer par les sociétés en vue de la liquidation et du partage d'une succession constituée de participations majoritaires dans un certain nombre de SA imbriquées les unes dans les autres, voir Cass. com. 10-2-1969 : D. 1969 p. 526 ; sur l'application des sanctions du recel successoral (C. civ. art. 778) à l'héritier, associé d'une société civile, qui a dissimulé à ses cohéritiers que cette société avait reçu des fonds du défunt sous le couvert d'une SA dont celui-ci était l'actionnaire majoritaire, voir CA Rouen 6-4-1982 : Gaz. Pal. 1983 som. p. 47 ; sur la possibilité de faire apprécier par un expert si un héritier, à qui des actions ont été remises par donation et qui est tenu de les « rapporter » à la masse successorale partageable, a porté atteinte à la valeur de ces actions en raison des votes qu'il a émis lors des assemblées générales de la société émettrice desdites actions, voir CA Paris 22-2-1982 : JCP 1983 II n° 19964 note Gobin. En revanche, sur l'absence de rapport à la succession d'un bien vendu en viager à une société détenue par un successible direct, voir Cass. 1e civ. 30-9-2009 n° 08-17.411 : Bull. civ. I n° 199.

Enfin, en **matière pénale,** la saisie de biens appartenant à la société peut être ordonnée à titre de peine complémentaire en cas de délits punis d'une peine d'emprisonnement de plus d'un an commis par ses associés lorsque ces biens sont l'objet ou le produit de l'infraction (cf. C. pén. art. 131-21, al. 1 et 2). A ainsi été ordonnée la saisie d'un immeuble appartenant à une SARL dont les deux associés avaient été poursuivis pour exercice illégal de la profession d'agent immobilier, abus de biens sociaux et banqueroute (Cass. crim. 4-9-2012 n° 11-87.143 : RJDA 2/13 n° 118).

B. Droits de la personnalité de la société

DROITS RECONNUS AUX PERSONNES MORALES

4090 Après avoir longtemps été refusée aux personnes morales, la jouissance de certains droits, dits « de la personnalité », qui protègent l'individualité des personnes, leur est désormais reconnue.

Une personne morale a droit à la protection de son **nom,** de son **domicile,** de ses **correspondances** et de sa **réputation** (Cass. 1e civ. 17-3-2016 no 15-14.072 : RJDA 6/16 no 439). 4095

Ainsi, les tribunaux ont jugé qu'elle peut :

– défendre son **honneur** contre toute atteinte à sa réputation par une action en diffamation (Cass. crim. 12-10-1976 : Bull. crim. no 287 ; Cass. com. 6-11-1979 : D. 1980.IR.416 obs. Larroumet) ou par une action en dénonciation calomnieuse (Cass. crim. 22-6-1999 : RJDA 11/99 no 1210) ;

– faire respecter son **image** contre une utilisation abusive (TGI Évreux réf. 5-3-1985, inédit, qui condamne une reproduction photographique des installations d'une société) ;

– porter plainte pour violation de **domicile** à l'encontre d'une personne qui a pénétré par escalade dans son établissement, lequel était clos par un mur d'enceinte et gardé en permanence (Cass. crim. 23-5-1995 : Bull. crim. no 524) ;

– obtenir réparation d'un **préjudice moral** : atteinte à son crédit dans la région où elle exerce son activité par suite des agissements frauduleux de son gérant (Cass. crim. 14-10-1985 : BRDA 23/85 p. 9) ; atteinte à l'image de sa marque dans l'opinion publique en raison de l'utilisation de ses produits, des vêtements au cas d'espèce, avec marque apparente dans un film pornographique (Cass. com. 6-3-1979 : D. 1980.IR.416 obs. Larroumet) ; atteinte à son image financière portée par une banque d'affaires qui a donné de fausses informations sur son niveau d'endettement (CA Paris 30-6-2006 no 04-6308 : RJDA 12/06 no 1222) ; mise en délibéré exagérément longue d'un contentieux en matière fiscale (CE 25-1-2006 no 284013 : RJDA 8-9/06 no 978) ; actes de concurrence déloyale à son encontre (Cass. com. 15-5-2012 no 11-10.278 : RJDA 8-9/12 no 769) ; révocation brusque et vexatoire de ses fonctions de dirigeant d'une autre société (Cass. com. 30-3-2022 no 19-25.794 F-D : RJDA 7/22 no 405). Mais elle ne peut se prévaloir du stress qu'elle a subi du fait d'un redressement fiscal pour demander à son expert-comptable réparation de son préjudice moral (Cass. com. 27-1-2021 no 18-16.784 F-D : RJDA 7/21 no 487, 2e esp.).

Les tribunaux ont jugé aussi qu'une société pouvait être elle-même victime d'une violence constitutive d'un **vice de son consentement** lorsque cette violence s'est exercée sur ses dirigeants (Cass. soc. 8-11-1984 : Bull. civ. V no 423).

ILLUSTRATIONS

N'est pas fondée la plainte en **diffamation** déposée par une grande société à la suite d'un article polémique diffusé sur internet et portant sur son activité dans certains pays étrangers car l'article s'inscrit dans le cadre d'un débat sur le rôle des multinationales et repose sur des faits suffisants (Cass. crim. 7-5-2018 no 17-82.663 F-PB : BRDA 12/18 inf. 5).

De son côté, le législateur a accordé aux personnes morales un **droit de réponse** à la radio ou à la télévision lorsqu'une atteinte a été portée à leur honneur ou à leur réputation (Loi 82-652 du 29-7-1982 art. 6 et Décret 87-246 du 6-4-1987). 4100

De même, les articles L 113-2 et L 113-5 du Code de la propriété intellectuelle reconnaissent à une personne morale la possibilité d'être investie, dès l'origine, des droits de l'auteur dans le cas où une œuvre collective, créée à son initiative, est divulguée sous son nom. Une société investie des droits d'**auteur** sur une œuvre collective peut donc se prévaloir des prérogatives du droit moral (Cass. 1e civ. 22-3-2012 no 11-10.132 : RJDA 10/12 no 906). Toutefois, la qualité d'auteur appartient au créateur de l'œuvre et seule une personne physique peut faire œuvre créatrice. Il s'ensuit qu'une personne morale ne peut pas avoir la qualité d'auteur (Cass. 1e civ. 15-1-2015 no 13-23.566 : RJDA 10/15 no 718).

Une personne morale peut être victime d'une **discrimination** (de nature raciale, ethnique, religieuse, en représailles contre un lanceur d'alerte, etc.) lorsque celle-ci concerne certains de ses membres (cf. C. pén. art. 225-1).

DROITS NON RECONNUS AUX PERSONNES MORALES

Les sociétés ne peuvent pas invoquer les droits qui sont de l'essence des personnes physiques. Ainsi, le droit à l'**habitat** (cf. Loi 89-462 du 6-7-1989) n'est pas un droit fondamental pour les personnes morales (CA Paris 29-10-1992 : D. 1993.IR.8). 4103

Pour la Cour de cassation, une personne morale ne peut pas non plus se prévaloir d'une atteinte à la **vie privée** (Cass. 1e civ. 17-3-2016 no 15-14.072 : RJDA 6/16 no 439 ; en sens contraire, CE 17-4-2013 no 344924 ; CE 7-10-2022 no 443826 : RJDA 3/23 no 178).

Si une personne morale est victime d'un délit, elle ne peut pas demander à être indemnisée par le **fonds de garantie des victimes** d'infraction (Cass. 2e civ. 30-5-2007 no 06-13.098 : Bull. civ. II no 138).

› **Précisions** L'**associé en nom,** personnellement et solidairement responsable des dettes sociales (associé d'une SNC et associé commandité d'une société en commandite), fût-il victime par ricochet, ne peut pas non plus bénéficier du fonds de garantie dès lors que la société, victime directe de l'infraction, est exclue du dispositif (Cass. 2e civ. 7-10-2010 no 09-13.659 : RJDA 1/11 no 53).

C. Actions en justice par ou contre une société

1. DROIT D'UNE SOCIÉTÉ D'AGIR EN JUSTICE

4200 La société a la capacité d'agir en justice tant en **demande** qu'en **défense.** Il suffit, comme pour tout plaideur, qu'elle justifie d'un **intérêt à agir** et de sa **qualité.** Pour apprécier ces conditions, on fait application des règles du droit commun.

Ces règles ne soulèvent pas de difficultés particulières lorsque la société agit devant les juridictions civiles, commerciales ou administratives. L'intérêt à agir est entendu largement : il a été jugé, par exemple, qu'une société peut agir contre une décision prise par les associés fondateurs affectant l'égalité entre associés (CA Paris 1-2-1965 : D. 1965 p. 564). Cependant, la société n'a pas qualité pour agir si le préjudice a été subi personnellement par chacun des associés (Cass. civ. 7-3-1972 : Bull. civ. III nº 157).

4202 Lorsque la société entend se constituer **partie civile** devant une juridiction pénale, les tribunaux apprécient très strictement l'intérêt personnel, actuel et direct que la société peut avoir à agir devant une telle juridiction. Ainsi a-t-il été jugé que, faute de préjudice direct, une société ne peut pas se porter partie civile en raison de la séquestration de ses dirigeants (Cass. crim. 12-3-1985 : Bull. crim. nº 107), ni en raison de l'atteinte que porte à son image une pratique de dopage par un coureur cycliste qu'elle sponsorise (Cass. crim. 29-9-2009 nº 09-81.159 : Bull. crim. nº 160).

Toute société qui se constitue partie civile devant le juge d'instruction ou qui fait citer une personne devant le tribunal correctionnel doit, à peine d'irrecevabilité de sa demande, produire son bilan et son compte de résultat (CPP art. 85, al. 4 et 392-1, al. 2).

En cas de constitution de partie civile abusive, une amende civile d'un montant maximal de 15 000 € peut être prononcée contre la société (CPP art. 177-2) ou contre son représentant légal si la mauvaise foi de celui-ci est établie (CPP art. 177-3).

RÈGLES GÉNÉRALES SUR LA RÉSOLUTION AMIABLE DES LITIGES

4205 La liberté d'agir en justice peut être restreinte par une **clause** de conciliation ou de médiation ou par une clause d'arbitrage prévue dans un **contrat.** Cette clause peut être prévue dans les statuts de la société (nos 4206 s.).

Par ailleurs, pour certains litiges portés devant le tribunal judiciaire, les **parties** sont **tenues** de tenter une conciliation, une médiation ou une procédure participative **avant de saisir le juge** (CPC art. 750-1) ; l'acte introductif d'instance doit alors, sous peine de nullité, indiquer les diligences entreprises en vue de la résolution amiable du litige ou la justification de la dispense d'une telle tentative (CPC art. 54, 5º).

Les personnes qu'un différend oppose peuvent, **en dehors ou au cours d'une instance** devant le tribunal judiciaire ou le tribunal de commerce, tenter de le résoudre de façon amiable avec l'aide d'un juge, d'un conciliateur de justice, d'un médiateur ou, dans le cadre d'une procédure participative, de leurs avocats (CPC art. 1528 et 1528-1 issus du décret 2025-660 du 18-7-2025 applicables à compter du 1-9-2025). Sauf accord contraire des parties ou exceptions, tout ce qui est dit, écrit ou fait au cours d'une conciliation (menée par le juge ou un conciliateur de justice, tiers bénévole) ou d'une médiation (menée par un médiateur, tiers en principe rémunéré) est confidentiel (CPC art. 1528-3 issu du décret 2025-660). Le recours à un mode amiable conventionnel de règlement des différends ne fait pas obstacle à ce que soit ordonnée par le juge une mesure d'instruction ou une mesure provisoire ou conservatoire (CPC art. 1537 issu du décret 2025-660).

Lorsque la conciliation est menée par le juge, il peut, d'office après avoir recueilli l'avis des parties ou à la demande de l'une d'elles, les convoquer à une **audience de règlement amiable,** tenue par un juge qui ne siège pas dans la formation de jugement (CPC art. 1532 s. issus du décret 2025-660), lequel les accompagnera dans la recherche d'un accord.

Par ailleurs, le juge saisi peut, à tout moment de l'instance, y compris en référé, lorsqu'il estime qu'une résolution amiable du litige est possible, **enjoindre** aux parties de rencontrer un conciliateur ou un médiateur qu'il désigne, dans un délai qu'il détermine (Loi 95-125 du *8-2-1995 art. 22-1 ; CPC* art. 1533, al. 1 issu du décret 2025-660). Cette décision du juge peut d'ores et déjà ordonner une conciliation ou une médiation en subordonnant la mesure au recueil du consentement des parties par le conciliateur de justice ou le médiateur (art. 1533, al. 3 issu du décret 2025-660). La partie qui, sans motif légitime, ne défère pas à l'injonction peut être condamnée au paiement d'une amende civile d'un maximum de 10 000 € (art. 1533-3 issu du décret 2025-660).

Le juge saisi d'un litige peut aussi, avec l'accord des parties, désigner un conciliateur ou **ordonner** une médiation, en tout état de la procédure, y compris en référé (Loi 95-125 art. 22 ; CPC art. 1534 issu du décret 2025-660).

Enfin, pour faciliter l'aboutissement d'un accord entre elles, les parties peuvent, avec l'assistance de leurs avocats, conclure une **convention de procédure participative** par laquelle elles s'engagent à œuvrer conjointement et de bonne foi à la résolution amiable de leur différend ou à la mise en état de leur litige (C. civ. art. 2062 ; CPC art. 1538 s. issus du décret 2025-660). Tant qu'elle est en cours, la convention conclue avant la saisine du juge rend irrecevable tout recours à celui-ci, sauf en cas d'inexécution de la convention par l'une des parties (C. civ. art. 2065, al. 1). En cas d'urgence, la convention ne fait pas obstacle à une demande de mesures provisoires ou conservatoires (C. civ. art. 2065, al. 2).

> Précisions Pour les instances introduites à compter du 1er septembre 2025 (Décret 2025-660 art. 26), devant le tribunal de commerce et le tribunal judiciaire, l'**instruction conventionnelle de l'affaire** (qui bénéficie d'un audiencement prioritaire) devient le principe et l'instruction judiciaire l'exception (CPC art. 127 issu du décret 2025-660). Les parties sont donc incitées à convenir librement des modalités de l'instruction de leur affaire par le biais d'une instruction conventionnelle simplifiée (CPC art. 129 à 129-3 issus du décret 2025-660) ou d'une procédure participative aux fins de mise en état (CPC art. 130 à 130-7 issus du décret 2025-660).

INCIDENCE DES CLAUSES STATUTAIRES DE RÉSOLUTION DES LITIGES

Clause statutaire de conciliation ou de médiation Les statuts peuvent prévoir qu'en cas de litige les parties s'efforceront de s'entendre amiablement seules ou sous les auspices d'un médiateur choisi d'un commun accord, avant de soumettre leur litige à un juge étatique ou arbitral. 4206

Le **défaut de mise en œuvre** d'une telle clause constitue une fin de non-recevoir qui s'impose au juge si les parties l'invoquent (Cass. ch. mixte 14-2-2003 n° 00-19.423 : RJDA 5/03 n° 556) ; l'action engagée en violation de la clause est donc irrecevable, étant précisé que la mise en œuvre de la conciliation suspend, jusqu'à son issue, le délai pour agir en justice (Cass. ch. mixte 14-2-2003 précité) et que toute régularisation après l'introduction de l'instance est impossible (Cass. ch. mixte 12-12-2014 n° 13-19.684 : RJDA 3/15 n° 226 ; Cass. 3e civ. 6-10-2016 n° 15-17.989 : RJDA 1/17 n° 53). Une société ne peut donc pas poursuivre en justice l'un de ses associés sans avoir mis en œuvre la procédure de conciliation préalable prévue par les statuts (Cass. com. 15-6-2010 n° 09-16.323 : RJDA 11/10 n° 1118).

En l'absence de stipulation expresse en ce sens, la clause ne peut pas faire obstacle à l'accomplissement d'une **mesure d'exécution forcée** (Cass. 2e civ. 22-6-2017 n° 16-11.975 FS-PB : RJDA 11/17 n° 770 ; en sens contraire, Cass. 1e civ. 1-10-2014 n° 13-17.920 : RJDA 1/15 n° 58 jugeant que la clause s'impose au juge quelle que soit la nature de l'instance).

Pour plus de précisions sur les procédures de conciliation et de médiation, voir Mémento Droit commercial nos 70013 s.

Clause statutaire d'arbitrage Les statuts prévoient fréquemment que, en cas de litige survenant entre la société et l'un de ses associés, ou entre les associés eux-mêmes, à propos des « affaires sociales », ce litige sera obligatoirement porté devant des arbitres. Une telle clause est **valable** dans toutes les sociétés commerciales (art. L 721-3, al. 5) à la **condition** qu'elle soit adoptée par des associés ayant le pouvoir de compromettre et qu'elle ne porte pas sur les matières intéressant l'ordre public (C. civ. art. 2060). 4210

En cas de **contradiction entre deux clauses** des statuts d'une société, l'une disant que les litiges seront soumis aux tribunaux compétents et l'autre à une procédure d'arbitrage, la clause spéciale prévoyant l'arbitrage doit s'appliquer (CA Paris 25-2-2016 n° 15/17043 : RJDA 6/16 n° 494).

Si la clause est insérée dans les statuts **en cours de vie sociale** par décision collective, elle est ***opposable** à tous les associés, peu important* qu'ils aient émis un vote défavorable ; dans un litige l'opposant à la société, l'associé qui conteste l'application de la clause à laquelle il n'a pas consenti (effet relatif des contrats) doit porter sa contestation devant l'arbitre auquel il appartiendra de statuer sur sa propre compétence (CA Douai 28-4-2010 n° 09-8863 : RJDA 4/11 n° 369).

Les clauses concernées soumettent fréquemment à l'arbitrage, avec quelques variantes mineures, « toutes les contestations qui pourraient s'élever pendant la durée de la société ou sa liquidation, entre les associés et la société, ou entre les dirigeants et la société, ou encore entre les associés eux-mêmes, relativement aux **affaires sociales** ». La notion d'« affaires sociales » étant floue, les tribunaux ont été amenés à préciser le champ d'application de ces clauses. Il a ainsi été jugé qu'une telle clause ne vise que les litiges ayant trait au fonctionnement des organes de décision et d'exécution de la société et exclut ceux portant sur les contrats conclus entre les actionnaires et des tiers (Cass. 1e civ. 19-12-2012 nº 11-27.199 : RJDA 5/13 nº 466). Elle ne vise pas non plus un litige né entre associés à l'occasion de la cession entre eux de parts de la société (CA Paris 2-7-2020 nº 19/21120 : RJDA 11/20 nº 609). En revanche, elle s'applique à une action en responsabilité engagée par les associés contre le dirigeant de la société (CA Paris 7-10-2014 nº 14/0856 : RJDA 12/14 nº 951).

4212 C'est la convention d'arbitrage qui désigne, le cas échéant par référence à un règlement d'arbitrage, le ou les **arbitres,** ou prévoit les modalités de leur **désignation.** À défaut, est mise en place la procédure de désignation prévue aux articles 1451 à 1454 du Code de procédure civile (CPC art. 1444).

Les parties peuvent convenir d'un commun accord, au moment où le litige est né, de **renoncer à la clause** d'arbitrage (Cass. 1e civ. 17-6-1975 nº 74-13.160 : Bull. civ. I nº 196 ; Cass. 1e civ. 7-6-2006 nº 952 : RJDA 1/07 nº 113).

4215 Si une action est engagée devant le tribunal au **mépris de la clause compromissoire,** l'exception d'incompétence doit être invoquée au début du procès (« in limine litis ») (CPC art. 74).

L'existence d'une convention d'arbitrage ne fait pas obstacle, tant que le tribunal arbitral n'est pas constitué, à ce qu'une partie saisisse une juridiction pour obtenir une mesure d'instruction ou une mesure provisoire ou conservatoire (CPC art. 1449, al. 1).

Pour plus de précisions sur le régime de l'arbitrage (CPC art. 1442 à 1527), voir Mémento Droit commercial nºs 70600 s.

4217 Les **parties qui n'ont pas conclu de clause d'arbitrage** peuvent soumettre leur litige à l'arbitrage, même au cours d'une instance déjà engagée devant une juridiction (CPC art. 1446).

2. COMPÉTENCE POUR CONNAÎTRE DES ACTIONS IMPLIQUANT UNE SOCIÉTÉ

a. Litiges entre la société ou ses associés et les tiers

COMPÉTENCE D'ATTRIBUTION DU TRIBUNAL

4230 Il s'agit de déterminer le type de juridiction – civile ou commerciale, notamment – compétent pour connaître d'un litige donné. Lorsque, dans un litige, une société ou des associés sont impliqués, la compétence est fixée conformément aux règles du droit commun. Le **tribunal de commerce** est ainsi compétent pour connaître des contestations relatives (art. L 721-3) :

– aux sociétés commerciales ;

– aux engagements entre commerçants, entre artisans, entre établissements de crédit, entre sociétés de financement ou entre eux ;

– aux actes de commerce entre toutes personnes.

Sur la compétence de principe des tribunaux de commerce en matière de cession de parts ou d'actions, voir nº 16090.

Sur le tribunal compétent pour connaître des actions relatives au devoir de vigilance des sociétés de grande taille, voir nºs 48229 s.

› **Précisions** **a.** Depuis le 1er janvier 2025, certains tribunaux de commerce sont devenus des « **tribunaux des activités économiques** » à titre expérimental et pour quatre ans : nº 90500.

b. Les tribunaux civils sont seuls compétents pour statuer sur des actions en justice impliquant, comme demandeur ou comme défendeur, une société constituée conformément à l'ordonnance 2023-77 du 8 février 2023 relative à l'exercice en société des **professions libérales** ou des contestations survenant entre des associés d'une telle société (art. L 721-5, al. 1). Les statuts peuvent néanmoins prévoir de soumettre à des arbitres les *contestations qui surviendraient entre* les associés (art. L 721-5, al. 2). Ces dispositions s'appliquent aux sociétés d'exercice libéral (SEL) mais non aux sociétés commerciales de droit commun constituées pour l'exercice d'une profession libérale réglementée (Cass. com. 16-11-2004 nº 01-03.304 FS-PBI : Rev. sociétés p. 389 note J.-P. Sortais ; Cass. com. 28-5-2025 nº 24-14.148 F-B : BRDA 14/25 inf. 3), réserve faite, à notre avis, des sociétés de droit commun constituées pour l'exercice d'une profession libérale juridique ou judiciaire. S'agissant de ces dernières, qui sont soumises au régime des SEL (art. L 811-7, al. 2 et L 812-5, al. 2 pour les administrateurs et mandataires de justice, Ord. du 10-9-1817 art. 3-2, al. 2 pour les avocats aux Conseils, Loi 71-1130 du 31-12-1971 art. 8, I-al. 2 pour les avocats, Ord. 45-2590 du 2-11-1945 art. 1 bis, al. 2 pour les notaires, Ord. 2016-728 du 2-6-2016 art. 5, al. 2 pour les commissaires de justice, les huissiers de justice et les commissaires-priseurs judiciaires), on peut penser qu'elles doivent être « constituées conformément à l'ordonnance 2023-77 du 8 février 2023 » et donc soumises à l'article L 721-5, mais il serait souhaitable que la Cour de cassation confirme cette analyse.

Étendue de la compétence du tribunal de commerce Le tribunal de commerce est, en application de l'article L 721-3, notamment compétent pour statuer sur l'action en **nullité** de la **société** et sur l'action en **responsabilité** contre la **société et ses dirigeants** pour des fautes contractuelles ou extracontractuelles. 4232

La Cour de cassation interprète de manière large la notion de contestation relative aux sociétés commerciales lorsque la faute est commise par un dirigeant, qu'il soit de droit ou de fait, commerçant ou non, dès lors que cette **faute se rattache par un lien direct à la gestion** de la société (Cass. com. 27-10-2009 nº 08-20.384 FS-PBIR : RJDA 1/10 nº 51).

ILLUSTRATIONS

Relèvent de la compétence du tribunal de commerce l'action engagée contre :
– un **gérant de SARL** par un cocontractant de la société en réparation des manquements que le gérant aurait commis à l'occasion de l'exécution du contrat, l'action contre un dirigeant relevant de cette compétence dès lors que les faits qu'on lui reproche se rattachent par un lien direct à la gestion sociale (Cass. com. 14-11-2018 nº 16-26.115 F-PBI : RJDA 5/19 nº 344) ;
– un gérant de SARL, pris **tant en son nom personnel qu'ès qualités,** fondée sur le quasi-délit de concurrence déloyale qu'il aurait commis dans l'exercice de ses fonctions de représentant de la société (Cass. com. 7-4-1967 : D. 1968 p. 61 note J. Calais-Auloy) ;
– une **SA et son président** en vue d'obtenir réparation des conséquences d'une opération de restructuration du capital (CA Versailles 7-6-2007 nº 05/9460 : RJDA 11/07 nº 1115) ;
– un **prétendu dirigeant de fait** d'une société dès lors que les faits allégués contre lui se rattachent par un lien direct à la gestion sociale, peu important que cette personne n'ait **ni la qualité de commerçant, ni celle de dirigeant de droit** de la société (Cass. com. 27-10-2009 précité), la question de savoir si la direction de fait est réelle ou non relevant du bien-fondé de l'action et non de la compétence de la juridiction saisie (Cass. com. 30-3-2022 nº 20-11.776 F-B : RJDA 6/22 nº 345) ;
– un créateur de bijoux, dirigeant de la société seule distributrice de ses créations, par un concurrent lui reprochant de s'inspirer de ses propres créations : même si **la responsabilité de l'intéressé n'a pas été recherchée en sa qualité de dirigeant,** les faits de concurrence déloyale qui lui sont reprochés se rattachent par un lien direct à la gestion de cette société (Cass. com. 18-12-2019 nº 18-17.364 F-D : RJDA 3/20 nº 189).

Relève aussi de cette compétence le litige entre **associés** portant sur l'exécution d'une convention conclue entre la société, exploitante d'un site internet, et ses associés prévoyant l'attribution à l'un d'eux, grâce à l'exercice d'un bon de souscription, d'un nombre d'actions supplémentaires en fonction du nombre de pages vues sur le site (Cass. com. 14-2-2006 nº 215 : RJDA 7/06 nº 793).

Le tribunal de commerce est également compétent pour connaître d'un litige relatif à la désignation, par les **salariés actionnaires,** d'un candidat à l'élection de leur **représentant au conseil** d'administration ou de surveillance d'une SA (art. L 225-23, L 225-71, L 22-10-4 et L 22-10-22), ce litige étant relatif à une société commerciale (Cass. com. 18-3-2020 nº 17-24.039 FS-PB : RJDA 8-9/20 nº 435, à propos d'une SA à conseil d'administration mais transposable). Les contestations concernant l'élection des **représentants des salariés** au conseil d'administration ou de surveillance relèvent quant à elles du tribunal judiciaire (art. L 225-28, al. 9 et L 225-80).

Sur le tribunal compétent en matière d'octroi d'options de souscription ou d'achat d'actions à un salarié, voir nº 69532.

Contestations entre commerçants et non-commerçants Il peut être **dérogé** à la **compétence exclusive** du tribunal de commerce pour connaître des contestations relatives aux sociétés commerciales (art. L 721-3, 2º) dans l'hypothèse où le demandeur est un non-commerçant, auquel cas ce dernier dispose d'une **option de compétence** lui permettant d'agir devant le tribunal civil ou le tribunal de commerce (Cass. com. 18-11-2020 nº 19-19.463 FS-PB : RJDA 2/21 nº 101 ; Cass. com. 15-12-2021 nº 21-11.882 FS-B : RJDA 2/22 nº 121 ; Cass. com. 20-12-2023 nº 22-11.185 F-B : RJDA 4/24 nº 224). Cette solution ne vaut toutefois que si le demandeur non commerçant est une personne extérieure au pacte social et n'appartenant *pas aux organes de la société* (Cass. com. 20-12-2023 précité ; Cass. com. 28-5-2025 nº 24-14.148 F-B : BRDA 14/25 inf. 3). 4236

La **clause attributive de compétence** au tribunal de commerce figurant dans un contrat mixte, c'est-à-dire commercial pour l'une des parties et civil pour l'autre, est inopposable au défendeur non commerçant (Cass. com. 10-6-1997 : RJDA 11/97 nº 1435). Pour plus de précisions, voir Mémento Droit commercial nº 72003.

› Précisions La compétence du tribunal s'apprécie au jour de l'assignation. Aussi, en cas de **transformation** d'une SARL en société civile, une clause attributive de compétence figurant dans un contrat passé par cette société n'est pas applicable lorsque l'assignation a été faite après la transformation.

COMPÉTENCE TERRITORIALE DU TRIBUNAL

4240 **Compétence du tribunal du domicile du défendeur** Conformément au droit commun, le tribunal territorialement compétent est celui du domicile du défendeur (CPC art. 42, al. 1). Si la société est défenderesse, le litige doit être porté devant le tribunal du lieu où elle est établie (CPC art. 43), étant entendu que les tiers peuvent se prévaloir du siège statutaire ou, si celui-ci est fictif, du siège réel (art. L 210-3, al. 2).

Si un transfert de siège social a été réalisé peu avant la date d'une assignation, c'est le juge du nouveau siège qui doit être saisi dès lors que ce transfert a été effectué dans des conditions apparemment régulières et qu'il n'est manifestement pas fictif ou frauduleux (CA Paris 30-11-1965 : D. 1966 p. 242).

4245 **Exceptions** Le principe selon lequel le tribunal territorialement compétent est celui du domicile du défendeur comporte plusieurs exceptions.

a. Il existe un bloc de compétence du tribunal de commerce du siège social pour tout ce qui concerne le **fonctionnement de la société et les relations entre les organes de celle-ci.** Ainsi, il a été jugé que seul le tribunal du lieu du siège social était compétent pour une action en relèvement des fonctions d'un commissaire aux comptes et non le tribunal du domicile de ce commissaire (CA Paris 26-5-1993 : Bull. CNCC 1994.276 obs. Ph. Merle ; CA Versailles 1-2-1996 : Bull. Joly 1996 p. 382 note J.-F. Barbièri et, sur pourvoi, Cass. com. 24-3-1998 : RJDA 6/98 n° 735).

Cette règle de compétence propre aux sociétés n'est toutefois pas d'ordre public et les parties au procès peuvent lui préférer la règle énoncée à l'article 46 du Code de procédure civile en matière contractuelle (n° 4252).

b. Lorsque la société a des **succursales,** il est possible de l'assigner devant le tribunal du lieu de l'une de ses succursales. Pour cela il faut que :

– la société dispose d'un établissement constituant un élément important, organisé et stable de son activité, dirigé par une personne ayant qualité pour représenter la société à l'égard des tiers et agir en son nom (n° 1230) ;

– le litige se réfère à des opérations passées dans la succursale avec les agents de celle-ci ou résulte d'une faute dommageable commise dans l'aire géographique de son activité (Cass. 2e civ. 6-4-2006 n° 540 : RJDA 8-9/06 n° 903 ; Cass. com. 26-5-2004 n° 820 : RJDA 11/04 n° 1285 ; CA Paris 16-2-1994 : RJDA 8-9/94 n° 927) ; en revanche, tout ce qui concerne les intérêts généraux de la société (fonctionnement, dissolution) relève du tribunal du siège social (Cass. civ. 25-3-1954 : Bull. civ. II n° 132).

ILLUSTRATIONS

Ne constitue pas une succursale l'établissement ayant à sa tête un directeur qui n'a aucune responsabilité dans le recrutement et l'administration du personnel, la gestion financière et commerciale de la succursale et dont les interventions sont limitées à celles d'un intermédiaire d'exécution (Cass. soc. 10-2-1971 n° 69-40.594 : Bull. civ. V n° 99).

Il en est de même de l'agence locale d'une caisse de retraite où ne sont implantés que des services administratifs sans pouvoir de direction (TGI Chartres 20-1-1983 : BRDA 20/83 p. 18).

4247 **c.** Si le **siège** est **à l'étranger,** le demandeur français peut assigner la société devant un tribunal français (C. civ. art. 14).

Toutefois, cette **règle** est **écartée** lorsque le défendeur est domicilié sur le territoire d'un État membre de l'UE. Dans ce cas en effet, sauf exceptions (voir Mémento Droit commercial nos 72112 s.), le défendeur, quelle que soit sa nationalité, doit être attrait devant les tribunaux de l'État dans lequel est situé son domicile (Règl. UE 1215/2012 du 12-12-2012 art. 4).

À cet égard, les sociétés et les personnes morales sont domiciliées là où est situé leur siège statutaire, leur administration centrale ou leur principal établissement (Règl. UE 1215/2012 art. 63). Le fait qu'une société canadienne dispose d'un établissement immatriculé en France ne permet pas d'établir que son principal établissement est situé dans ce pays (Cass. 1e civ. 22-2-2017 n° 16-12.408 FS-PBI : RJDA 5/17 n° 385).

À noter qu'en matière de validité, nullité ou dissolution de sociétés, ou de validité des décisions de leurs organes, sont seuls compétents les tribunaux de l'État où est situé leur siège social (Règl. UE 1215/2012 art. 24, 2).

4250 ***d.*** *Si l'acte qui fonde l'action* contre la société contient une **clause d'attribution de compétence,** cette clause doit être appliquée pour autant qu'elle satisfasse aux conditions requises par l'article 48 du Code de procédure civile.

Cet article répute non écrite toute clause qui, directement ou indirectement, déroge aux règles de compétence territoriale fixées par la loi « à moins qu'elle n'ait été convenue entre des personnes ayant toutes contracté en qualité de commerçant et qu'elle n'ait été spécifiée de façon très apparente dans l'engagement de la partie à qui elle est opposée ».

Ainsi, la clause attributive de compétence contenue dans un acte signé au nom d'une **société en formation** ne peut s'imposer ni à la société qui, n'ayant pas été immatriculée, n'a pas la personnalité morale, ni au signataire de l'acte si celui-ci n'a pas la qualité de commerçant (Cass. com. 8-11-1994 n° 93-14.509 P : RJDA 2/95 n° 149).

De même, la clause attributive de compétence territoriale figurant dans l'acte par lequel le **président** d'une SA, **actionnaire** principal de celle-ci, s'est porté **caution** du remboursement des dettes de la société envers une autre société commerciale doit être réputée non écrite, faute d'avoir été convenue entre personnes ayant toutes deux contracté en qualité de commerçant. En effet, le caractère commercial du cautionnement n'est pas de nature à conférer à son souscripteur la qualité de commerçant ; il justifie seulement la compétence des juridictions commerciales (CA Paris 20-1-1998 : RJDA 6/98 n° 818).

Sur les conditions de validité des clauses attributives de compétence au sein de l'**UE,** voir Mémento Droit commercial nos 72148 s.

e. Autres cas. En cas de **pluralité de défendeurs,** le demandeur peut saisir le tribunal du domicile de l'un d'eux (CPC art. 42, al. 2). Ainsi, une action tendant à engager la responsabilité d'une société et à faire garantir la condamnation par son dirigeant peut être introduite devant le tribunal judiciaire du lieu où habite ce dirigeant plutôt que d'être engagée devant le tribunal de commerce du lieu du siège social (CA Paris 26-9-2017 n° 17/07910 : RJDA 1/18 n° 25, à propos du tribunal de grande instance mais transposable). 4252

En **matière réelle immobilière,** le tribunal du lieu de situation de l'immeuble est seul compétent (CPC art. 44).

En **matière contractuelle,** le demandeur a le choix entre le tribunal du domicile du défendeur et celui du lieu de la livraison effective de la chose ou du lieu de l'exécution de la prestation de services (CPC art. 46). La société peut ainsi agir contre son dirigeant devant le tribunal du lieu du siège social si le dirigeant y exécute son mandat social, peu important qu'il ait été chargé de l'exploitation d'un établissement secondaire situé dans le ressort d'un autre tribunal (Cass. com. 11-1-2017 n° 15-17.929 F-D : RJDA 4/17 n° 248).

En **matière extracontractuelle,** le demandeur a le choix entre le tribunal du domicile du défendeur, celui du lieu du fait dommageable ou celui dans le ressort duquel le dommage a été subi (CPC art. 46).

ILLUSTRATIONS

Le lieu du préjudice résultant pour une société d'un acte de concurrence déloyale est celui du siège de cette société (CA Reims 20-2-1989 : Jurisp. Champagne-Ardenne 1989/90 n° 719).

Il est possible de poursuivre en France une société étrangère qui s'est livrée sur notre territoire à des pratiques anticoncurrentielles illicites (CA Paris 15-9-1993 : D. 1993.IR.225).

En application du règlement UE 1215/2012 du 12 décembre 2012 (art. 7, 2) qui, comme l'article 46 du Code de procédure civile, admet la compétence du juge du lieu où le dommage s'est matérialisé, une société qui a subi une atteinte à sa réputation sur internet au sein de l'UE peut demander la rectification des données publiées, la suppression des commentaires qui les accompagnent et la réparation de l'intégralité de son préjudice devant les juridictions de l'État membre dans lequel se trouve le centre de ses intérêts, c'est-à-dire l'État dans lequel elle a son siège social ou celui où elle exerce la majeure partie de ses activités (CJUE 17-10-2017 aff. 194/16 : RJDA 2/18 n° 204).

Le tribunal territorialement compétent pour connaître de l'action en responsabilité extracontractuelle d'une société contre son commissaire aux comptes peut être celui du siège de cette société, en tant que *lieu où le dommage a été subi* (Cass. com. 10-2-2021 n° 18-26.704 F-P : RJDA 5/21 n° 322).

En matière d'**assurances,** le tribunal compétent est celui du domicile de l'assuré, sauf en matière d'immeubles ou de meubles par nature, auxquels cas c'est le tribunal de la situation des objets assurés qui est compétent ; en outre, s'il s'agit d'assurance contre les accidents, l'assuré peut assigner son assureur devant le tribunal du lieu où s'est produit le fait dommageable (C. ass. art. R 114-1).

En cas d'utilisation de la procédure d'**injonction de payer,** la demande doit être présentée obligatoirement devant le juge du domicile du débiteur (celui du siège social si ce débiteur est une personne morale) (CPC art. 1406, al. 2).

b. Litiges n'impliquant que la société, les associés ou les dirigeants

COMPÉTENCE D'ATTRIBUTION DU TRIBUNAL

4270 Le tribunal de commerce dispose d'une **compétence exclusive** pour connaître « des contestations relatives aux sociétés commerciales » (art. L 721-3, 2° ; Cass. com. 20-12-2023 n° 22-11.185 F-B : RJDA 4/24 n° 224). La règle vaut également pour la détermination de la compétence du président du tribunal de commerce statuant en référé (CPC art. 872).

Le litige opposant le dirigeant, un autre mandataire social ou l'associé d'une société commerciale à cette société ou à un autre de ses associés ou de ses mandataires sociaux et portant sur une contestation relative à la société relève de cette compétence exclusive, même si le demandeur n'a pas la qualité de commerçant (Cass. com. 20-12-2023 précité).

Ainsi, relèvent de la compétence du tribunal de commerce les actions tendant à l'application des statuts, notamment celles relatives à la libération des apports en numéraire ou aux apports en nature, l'action en restitution contre les associés, l'action en responsabilité contre les dirigeants, les actions relatives à la communication des documents sociaux, l'action tendant à la condamnation d'une société au paiement d'une somme représentant la part du demandeur dans les bénéfices mis en distribution par ladite société ; il en est de même des actions tendant à l'annulation de la société ou à sa dissolution, et de celles concernant la liquidation et le partage.

De même, si l'octroi par une société de stock-options à l'un de ses salariés constitue un accessoire du contrat de travail qui, en cas de litige, relève du conseil de prud'hommes, les différends pouvant s'élever par la suite entre la société et le salarié devenu actionnaire, indépendamment des conditions d'acquisition de ses actions, relèvent de la compétence du tribunal de commerce (Cass. soc. 16-9-2008 n° 07-20.444 : RJDA 12/08 n° 1277). En revanche, la demande de dommages-intérêts d'un ancien salarié actionnaire en réparation du préjudice causé par les conditions particulières de cession de ses actions, liées à son licenciement et résultant de la mise en œuvre d'un pacte d'actionnaires, constitue un différend né à l'occasion du contrat de travail et relève de la compétence du conseil de prud'hommes (Cass. soc. 9-7-2008 n° 06-45.800 F-P : RJDA 12/08 n° 1261). Il en va de même de l'action en responsabilité introduite par une société à l'encontre d'un ancien salarié associé pour violation de la clause de non-concurrence prévue, en cas de perte de qualité de salarié et d'associé, par un pacte d'associés souscrit par l'intéressé (Cass. com. 1-6-2023 n° 21-25.430 F-D : RJDA 11/23 n° 589).

COMPÉTENCE TERRITORIALE DU TRIBUNAL

4280 Les litiges qui opposent les associés et la société ou les associés entre eux sont soumis aux règles de compétence territoriale de **droit commun** (n° 4240).

Toutefois, il semble que le tribunal de commerce dans le ressort duquel est situé le **siège social** doive être considéré comme le juge naturel des litiges concernant le **fonctionnement des organes sociaux** (gérance, administration, assemblée, contrôle). C'est du moins ce qui a été jugé à propos d'une action en relèvement judiciaire des fonctions d'un commissaire aux comptes (n° 4245).

4283 Les **clauses attributives de compétence** incluses dans les statuts ne sont pleinement efficaces que dans les SNC. Elles ne peuvent recevoir application dans les autres sociétés que si tous les associés les ont acceptées « en qualité de commerçant » (cf. CPC art. 48).

ILLUSTRATIONS

La clause attributive de compétence figurant dans les statuts d'une SARL n'est pas opposable au gérant et à son épouse dans le litige né à l'occasion de la cession de leurs parts sociales à un tiers, ni l'un ni l'autre n'ayant, en vendant ses parts, agi « en qualité de commerçant » (CA Versailles 25-3-1999 : RJDA 6/99 n° 746). Dans cette affaire, la cour d'appel de Versailles avait de surcroît relevé qu'un tel litige ne concernait pas les contestations entre les associés « relatives aux affaires sociales » visées par la clause. La cour d'appel de Fort-de-France s'est prononcée en sens inverse en jugeant qu'un litige relatif au défaut d'agrément de l'acquéreur de parts sociales constituait par nature une contestation relative aux affaires sociales (CA Fort-de-France 25-6-2010 n° 10/00110 : RJDA 12/11 n° 1034).

3. PROCÉDURE APPLICABLE AUX LITIGES IMPLIQUANT UNE SOCIÉTÉ

a. Exploits d'huissier ou de commissaire de justice

Les actes des huissiers ou commissaires de justice, encore appelés « exploits », comprennent, d'une part, les « **actes judiciaires** », qui sont relatifs à une instance (acte introductif d'instance ou signification d'une décision de justice), et, d'autre part, les « actes extrajudiciaires », qui sont sans rapport avec une instance. La loi sur les sociétés commerciales prévoit très souvent l'emploi des **actes extrajudiciaires** ; généralement, il s'agit de donner à une personne l'injonction de faire ou de ne pas faire quelque chose ; l'acte est alors appelé « sommation ». 4310

Sont aussi des actes extrajudiciaires les actes d'huissier ou de commissaire de justice dressant procès-verbal, par exemple, d'une assemblée générale ou d'une réunion de conseil d'administration, ou encore ceux signifiant à une société une cession de droits sociaux.

L'acte d'huissier ou de commissaire de justice doit contenir toutes les indications nécessaires pour **identifier** sans équivoque **la société** requérante ou celle à laquelle il est signifié.

ASSIGNATION PAR UNE SOCIÉTÉ

À peine de nullité, les assignations doivent, si le demandeur est une personne morale, mentionner notamment la forme, la dénomination et le siège de celle-ci ainsi que l'organe qui la représente légalement (CPC art. 54 et 648). Il n'est pas nécessaire de mentionner le nom du représentant légal de la société (Cass. 2e civ. 1-10-2009 n° 08-19.399 : RJDA 1/10 n° 29). Il en va de même en cas de citation directe à la requête d'une personne morale partie civile (CPP art. 551, al. 4 ; Cass. crim. 23-6-2006 n° 04-86.541 : RJDA 1/07 n° 47, rendu avant la modification de l'article 551 du CPP par la loi 2008-644 du 1-7-2008 mais transposable). 4315

Les irrégularités de forme n'entraînent la nullité de l'assignation que si elles causent un grief à la partie adverse (CPC art. 114, al. 2).

ILLUSTRATIONS

Constituent des vices de forme :

– la mention du nom commercial d'une société au lieu et place de sa dénomination sociale (Cass. 2e civ. 11-12-2008 n° 07-18.511 : RJDA 4/09 n° 338) ;

– la mention d'un numéro erroné d'immatriculation au RCS, alors que la société est exactement désignée sous ses forme, dénomination et siège sociaux (Cass. 2e civ. 6-12-2012 n° 11-19.814 : RJDA 3/13 n° 234).

Sur les autres conséquences du défaut de désignation, dans les actes de procédure, de l'organe représentant la société, voir n° 4355.

SIGNIFICATION À UNE SOCIÉTÉ

À peine de nullité, un acte d'huissier ou de commissaire de justice signifié à une société doit **mentionner** la dénomination, le siège social de celle-ci ainsi que l'organe qui la représente légalement (CPC art. 648). Il n'est en revanche pas nécessaire de mentionner le nom du représentant légal de la société (Cass. 3e civ. 16-5-1998 : RJDA 8-9/98 n° 983). Les erreurs affectant ces mentions constituent des vices de forme qui n'entraînent la nullité que si elles ont causé un grief à la société (Cass. 3e civ. 26-11-2008 n° 07-18.634 FS-PB : RJDA 3/09 n° 217). 4320

Un acte destiné à une **société dissoute** doit être signifié au liquidateur ou à l'un des liquidateurs en fonction (Cass. 2e civ. 17-5-1983 n° 81-14.262 : Bull. civ. II n° 112). Il en résulte qu'une signification faite à un liquidateur dont les pouvoirs sont expirés est irrégulière, cette irrégularité constituant un vice de fond (Cass. 2e civ. 20-3-1985 n° 83-17.305 : Bull. civ. II n° 71). Lorsque les opérations de liquidation ont pris fin et que le liquidateur a été déchargé de son mandat, la société ne peut être assignée qu'après désignation en justice d'un mandataire ad hoc pour la représenter (Cass. com. 31-5-1988 n° 86-14.888 : Bull. civ. IV n° 186). Si la signification à la personne du liquidateur s'avère impossible, l'acte peut être délivré à son domicile (Cass. 1e civ. 16-6-1987 n° 85-12.515 : Bull. civ. I n° 199).

La signification à une personne morale se fait au **lieu de son établissement** ; à défaut d'un tel lieu, elle est faite en la personne de l'un de ses membres habilité à la recevoir (CPC art. 690). 4322

Le lieu d'établissement est en principe celui du siège social de la société, le fait que celui-ci ne corresponde pas au lieu d'exploitation de l'activité sociale étant sans incidence (Cass. 2e civ. 12-9-2024 n° 22-13.949 F-B : RJDA 1/25 n° 20). La signification n'en est pas moins valable si elle a été faite à l'adresse d'un établissement secondaire inscrit au RCS (Cass. 2e civ. 13-11-1996 : RJDA 3/97 no 356) ou d'un établissement de la société où le litige a pris naissance (Cass. 2e civ. 7-11-2002 no 01-02.308 : RJDA 7/03 no 773 ; Cass. 1e civ. 12-10-2016 no 15-14.896 F-PB : RJDA 1/17 no 16).

Lorsque le lieu d'établissement est connu (principalement lorsque le siège social est mentionné au RCS), l'huissier ou le commissaire de justice n'est pas tenu de rechercher l'adresse du représentant légal de la société pour lui signifier l'acte (Cass. 2e civ. 20-11-1991 : RJDA 1/92 no 116), ni de rechercher la société à une autre adresse (CA Paris 27-2-2002 no 01-19428 : RJDA 11/02 no 1146), peu important qu'il n'y ait trouvé personne représentant la personne morale ou habilitée à cet effet, ni personne acceptant de prendre copie de cet acte au siège social (Cass. 3e civ. 3-2-2010 no 09-11.389 FS-PB : Bull. civ. III no 32). En revanche, l'huissier qui a précisé dans le procès-verbal de recherches infructueuses que la société n'avait plus d'activité et de lieu d'établissement ne peut pas se borner à mentionner l'identité et le domicile de son représentant légal sans autre diligence en vue de lui signifier l'acte (Cass. 2e civ. 14-10-2004 no 1585 : RJDA 1/05 no 35).

Par ailleurs, lorsque l'acte est signifié au lieu de son établissement, la signature de l'avis de réception de l'acte est réputée être celle du représentant légal ou de la personne habilitée à recevoir les notifications (Cass. 3e civ. 2-2-1994 no 92-70.325 : Bull. civ. III no 16 ; voir aussi Cass. 2e civ. 22-1-1997 : RJDA 4/97 no 511 et CA Paris 5-9-2013 no 12/14087 : RJDA 12/13 no 1011). Il n'y a pas lieu de vérifier si l'avis de réception a été signé par une personne habilitée à recevoir l'acte (Cass. com. 13-10-2015 no 14-18.855 F-D : RJDA 1/16 no 26).

La signification faite en un lieu autre est inopérante (Cass. 2e civ. 28-2-1996 : RJDA 7/96 no 923 ; Cass. 2e civ. 10-7-2008 no 07-10.524).

Ce n'est qu'en l'**absence d'établissement** de la société que l'acte pourra lui être signifié en la personne de l'un de ses membres habilité à la recevoir (Cass. 2e civ. 4-2-2021 no 19-25.271 F-D : RJDA 8-9/21 no 567 ; Cass. 2e civ. 15-4-2021 no 20-10.844 F-P : RJDA 8-9/21 no 626 ; Cass. 2e civ. 2-3-2023 no 21.19-904 F-B : RJDA 6/23 no 312 ; voir cependant Cass. com. 8-11-2016 no 14-27.223 F-D : RJDA 2/17 no 81 ayant retenu la validité d'une assignation contre une société signifiée à l'adresse de sa filiale et remise à une personne qui s'était déclarée habilitée à la recevoir).

> **Précisions** Lorsque l'**original de l'acte** signifié à la société mentionne que cet acte a été remis à une personne habilitée, alors que la **copie** remise à la société ne le mentionne pas, ce défaut rend la signification irrégulière car la copie de l'acte tient lieu d'original pour la partie à laquelle elle est remise (Cass. 2e civ. 6-12-2018 no 17-26.852 F-PB : RJDA 4/19 no 311).

SIGNIFICATION À L'ÉTRANGER

4325 Sur les règles applicables au sein de l'UE pour la signification et la notification à l'étranger des actes judiciaires et extrajudiciaires en matière civile et commerciale, voir Règl. UE 2020/1784 du 25-11-2020.

Le règlement est applicable lorsqu'un acte doit être transmis d'un État membre à l'autre ; il n'y a donc pas lieu de l'appliquer en cas de signification délivrée en France au représentant légal d'une société étrangère (Cass. com. 20-11-2012 no 11-17.653 : RJDA 2/13 no 183, à propos du règlement 1393/2007 du 13-11-2007 mais transposable au règlement 2020/1784 qui le remplace).

b. Ordonnances sur requête

4335 Les ordonnances sur requête sont des décisions rendues par le président du tribunal judiciaire ou du tribunal de commerce statuant sur des **demandes unilatérales** ne contenant pas assignation d'un adversaire (CPC art. 493 s.) : par exemple, demandes gracieuses de nomination d'un commissaire aux apports (art. R 223-6, al. 2 et R 22-10-7, al. 2) ou de prolongation du délai de six mois imparti pour la tenue des assemblées ordinaires annuelles (art. R 225-64).

En dehors des cas prévus par la loi, le président du tribunal de commerce peut, comme celui du tribunal judiciaire, ordonner sur requête toutes **mesures urgentes** lorsque les circonstances exigent qu'elles ne soient pas prises contradictoirement (CPC art. 875 et 845).

Le juge doit vérifier l'existence de ces circonstances (Cass. com. 26-1-1999 : RJDA 4/99 no 430, à propos de la désignation d'un huissier pour prendre copie des procès-verbaux des délibérations du conseil de surveillance ; Cass. com. 25-3-2014 no 13-16.089 : RJDA 7/14 no 630, à propos de la désignation d'un mandataire ad hoc chargé de convoquer une assemblée d'associés de SAS). En leur absence, il convient d'agir par la voie du référé ou, si un texte le prévoit, selon la procédure accélérée au fond.

ILLUSTRATIONS

La désignation sur requête d'un mandataire ad hoc chargé d'encaisser les loyers d'une société a été admise dès lors que la société n'avait plus d'activité depuis plus de 40 ans, qu'elle avait été radiée d'office du RCS et que ses derniers dirigeants étaient décédés (Cass. 3e civ. 17-9-2020 no 19-14.163 F-D : RJDA 1/21 no 21).

Sauf disposition légale contraire, le **juge** territorialement **compétent** pour rendre une ordonnance sur requête est le président de la juridiction saisie au fond ou celui du tribunal du lieu où la mesure demandée doit être exécutée (Cass. 2e civ. 18-11-1992 : RJDA 1/93 n° 41).

À peine de nullité, une requête contentieuse doit, si le demandeur est une personne morale, mentionner notamment la forme, la dénomination et le siège de celle-ci ainsi que l'organe qui la représente légalement (CPC art. 54). Aucune condition de **forme** n'est imposée pour la rédaction **de la requête** elle-même. Elle doit cependant être motivée et comporter l'indication précise des pièces invoquées (CPC art. 494). Généralement, on la dispose matériellement de telle sorte que le président puisse prendre sa décision « au pied » de la demande.

S'il n'est pas fait droit à la requête, le requérant peut faire **appel** dans les 15 jours de la décision. S'il y est fait droit, tout intéressé peut (sans observer de formes particulières, semble-t-il) faire valoir son point de vue auprès du juge (CPC art. 496).

Une **copie** de toute ordonnance rendue sur requête en vertu d'une disposition du Code de commerce doit être déposée par le greffier au dossier de la société, en annexe au RCS (art. R 210-19). La société doit par ailleurs déposer en annexe au RNE, par l'intermédiaire du guichet unique électronique des formalités d'entreprises (art. L 123-50), la copie certifiée de cette ordonnance (art. R 123-266, 7°).

c. Procédure accélérée au fond et référé

Le président du tribunal de commerce peut être appelé à statuer selon la **procédure accélérée au fond** à propos d'une question exigeant une solution rapide. Il rend dans ce cas des jugements, au terme d'une procédure **contradictoire** (ce qui la distingue de la requête) très simple et expéditive : par exemple, désignation d'un expert chargé de fixer la valeur des droits sociaux (C. civ. art. 1843-4) ; nomination d'un commissaire aux comptes dans les SNC et les SARL, à la demande d'un associé (art. D 221-5, al. 3 et D 223-27) ; relèvement des fonctions du commissaire aux comptes (art. R 821-176, al. 1) ; contestation du refus d'inscription à l'ordre du jour de l'assemblée générale d'une SA ou d'une SCA de points ou de projets de résolution présentés par les actionnaires (art. L 225-105, al. 2 modifié par loi 2024-537 du 13-6-2024). 4345

ATTENTION

La Cour de cassation a exclu la possibilité de suivre la voie du référé lorsqu'un texte prévoit le recours à la procédure accélérée au fond (Cass. 1e civ. 9-4-2014 n° 12-35.270 F-PB : RJDA 7/14 n° 635 et Cass. com. 18-9-2024 n° 23-13.510 F-D : RJDA 2/25 n° 86, à propos de la désignation d'un expert sur le fondement de l'art. 1843-4 ; Cass. 3e civ. 28-5-2025 n° 23-20.769 FS-B : RJDA 8-9/25 n° 447, à propos de la désignation d'un mandataire chargé de provoquer une décision collective dans une société civile).

Dans d'autres cas est prévue l'intervention du président du tribunal de commerce statuant **en référé,** qui est aussi une procédure contradictoire et rapide : par exemple, désignation de l'expert chargé de présenter un rapport sur une ou plusieurs opérations de gestion (art. R 223-30 et R 225-163) ; nomination du mandataire chargé de convoquer une assemblée générale d'actionnaires (art. R 225-65), désignation en justice du commissaire aux comptes (art. D 821-174). Il a été jugé que la compétence spéciale ainsi attribuée au président se suffit à elle-même, sans qu'il soit nécessaire que les **conditions générales de la procédure de référé** (urgence et absence de contestation sérieuse) soient réunies (CA Reims 17-7-1975 : D. 1976 p. 218 note Guyon ; dans le même sens, CA Rouen 17-3-1970 : D. 1971 p. 177 ; en sens contraire, CA Paris 5-1-1978 : Rev. sociétés 1978 p. 742 note Guilberteau). Jugé aussi que la désignation en référé, à la demande d'un actionnaire de SA, d'un mandataire chargé de convoquer une assemblée générale (art. L 225-103, II-2°) n'est subordonnée ni au fonctionnement anormal de la société, ni à la menace d'un péril imminent ou d'un trouble manifestement illicite, mais seulement à la démonstration de sa conformité à l'intérêt social (Cass. com. 13-1-2021 n° 18-24.853 F-P : RJDA 5/21 n° 314).

Comme pour les ordonnances sur requête, une **copie des ordonnances** en référé rendues en vertu d'une disposition du Code de commerce doit être déposée par le greffier au dossier *de la société, en annexe au RCS* (*art. R 210-19*). La société doit par ailleurs déposer en annexe au RNE, par l'intermédiaire du guichet unique électronique des formalités d'entreprises (art. L 123-50), la copie certifiée de cette ordonnance (art. R 123-266, 7°). Une telle mesure de publicité n'est pas prévue pour les jugements rendus sur procédure accélérée au fond.

En dehors des cas prévus par le Code de commerce, le juge des référés peut, s'il y a **urgence,** ordonner, conformément au droit commun, toutes les mesures qui ne se heurtent à aucune contestation sérieuse ou que justifie l'existence d'un différend (CPC art. 872).

Il peut aussi, même en présence d'une contestation sérieuse, prescrire « les mesures conservatoires ou de remise en état qui s'imposent, soit pour prévenir un dommage imminent, soit pour faire cesser un trouble manifestement illicite » (CPC art. 873, al. 1). Le juge des référés peut ainsi reporter l'assemblée générale d'une société pour prévenir un dommage imminent et suspendre les effets d'une assemblée qui s'est déjà tenue mais il ne peut pas l'annuler, même en cas de trouble manifestement illicite (Cass. com. 13-1-2021 n° 18-25.713 F-P : RJDA 4/21 n° 239).

Il peut enfin, dans les cas où l'existence d'une obligation n'est pas contestable, en ordonner l'exécution (CPC art. 873, al. 2).

d. Représentation de la société en justice

4355 La société est représentée en justice par ses **représentants légaux,** sauf lorsque :
– ces derniers agissent en leur nom personnel, ce qui est le cas, par exemple, s'il est indiqué **dans l'assignation** faite au nom d'une société que l'action est engagée par « M. X, gérant de la société Y » et non par « la société Y représentée par son gérant » (Cass. 3e civ. 15-10-1974 : Bull. civ. III n° 359 ; Cass. 2e civ. 10-7-2003 n° 1062 : RJDA 1/04 n° 44, 3e esp. ; Cass. com. 6-1-2015 n° 12-26.545 : RJDA 3/15 n° 184) ; à l'inverse, la délivrance d'une assignation à une personne physique prise en sa qualité de représentant légal d'une société permet d'assigner valablement celle-ci (Cass. com. 17-2-2015 n° 13-26.478 : RJDA 5/15 n° 401), y compris lorsque l'intéressé a été dénommé par erreur « ancien gérant de la société » dans l'assignation (Cass. com. 10-7-2019 n° 18-18.733 F-D : RJDA 11/19 n° 691) ;
– la preuve de leur collusion frauduleuse avec l'adversaire de la société est rapportée (Cass. civ. 17-11-1971 : Bull. civ. II n° 316) ;
– ils sont frappés d'une interdiction de gérer (Cass. com. 27-1-1998 : RJDA 6/98 n° 778).

Le **changement de représentant légal** en cours d'instance est sans importance du moment que le remplaçant a qualité pour agir au nom de la société (Cass. com. 26-7-1948 : JCP 1948 II n° 4473 note Lescot), et ce, même si sa nomination n'a pas été publiée (Cass. com. 10-7-2012 n° 11-21.395 : RJDA 1/13 n° 35).

› Précisions a. Un **acte de procédure** au nom d'une SA (en l'espèce, une déclaration d'appel) mentionnant que la procédure est engagée par la société « agissant poursuites et diligences de son président du conseil d'administration », alors qu'il s'agit d'une SA à directoire et conseil de surveillance, est valable dès lors que la contestation ne porte que sur la **dénomination du représentant légal** et non pas sur ses pouvoirs (Cass. 1e civ. 5-10-1999 : RJDA 4/00 n° 420). En tout état de cause, le défaut de désignation dans un acte de procédure de l'organe représentant légalement la société (CPC art. 648) ne peut entraîner la nullité de cet acte que si celui qui s'en prévaut justifie d'un préjudice (Cass. ch. mixte 22-2-2002 n° 206 : RJDA 8-9/02 n° 965).

b. Lorsqu'un PDG de SA a donné **procuration** à un tiers (au cas d'espèce, le directeur juridique de la société) pour exercer une action contentieuse au nom de la société, cette procuration devient sans valeur en cas de **transformation de la société**, les pouvoirs du PDG ne pouvant se prolonger après la transformation (Cass. crim. 3-1-1986 : Rev. sociétés 1986 p. 221).

c. La nullité d'un **commandement de payer** délivré au locataire de locaux commerciaux au nom d'un dirigeant social décédé, qui ne pouvait pas représenter la société propriétaire des locaux, n'est pas couverte par l'assignation signifiée de façon régulière au nom du nouveau dirigeant et prive donc d'effet la clause résolutoire insérée au bail (Cass. 2e civ. 25-3-1992 n° 517 P : RJDA 8-9/92 n° 808 ; Cass. 2e civ. 21-3-2013 n° 12-17.107 F-PB : RJDA 6/13 n° 509).

INTERVENTION DES ASSOCIÉS DANS UNE PROCÉDURE

4357 Un **associé** ne peut pas agir en justice au nom de la société (Cass. com. 6-12-1977 : Rev. sociétés 1979 p. 373 note D. Schmidt ; CA Paris 14-5-1991 : Bull. Joly 1991 p. 728), sauf pour :
– l'exercice de l'**action sociale** qui tend à réparer le préjudice causé à la société par la faute de ses dirigeants (nos 14072 s. et 14130) ; l'associé ne peut donc exercer l'action sociale qu'à l'encontre des dirigeants et non contre un tiers (Cass. com. 19-3-2013 n° 12-14.213 : RJDA 6/13 n° 513 ; Cass. com. 11-10-2023 n° 22-10.271 F-B : RJDA 1/24 n° 25) ;
– **toute action** pour laquelle il a régulièrement reçu un pouvoir spécial du représentant légal d'agir avant que le juge ne statue même si, s'agissant d'exercer une voie de recours, le pouvoir est postérieur à l'expiration des délais de recours (Cass. 2e civ. 21-3-2013 n° 12-13.381 : RJDA 6/13 n° 620).

Il ne peut pas non plus agir par la voie dite de la **tierce opposition** contre une décision de justice qui concerne la société mais à laquelle il n'a pas été lui-même partie puisque, dans les rapports entre la société et les tiers, le représentant légal représente les associés (Cass. 3e civ. 20-2-2002 n° 361 : RJDA 10/02 n° 1042 ; Cass. com. 23-5-2006 n° 666 : RJDA 10/06 n° 1032).

Néanmoins, l'associé peut former tierce opposition s'il invoque une fraude à ses droits ou un moyen qui lui est propre (CPC art. 583, al. 2). Le recours est ainsi ouvert :
– contre une décision ouvrant une procédure collective à l'égard d'une société dont il est indéfiniment responsable des dettes (Cass. com. 19-12-2006 n° 1498 : RJDA 5/07 n° 533, à propos d'une société civile mais transposable) ;

– contre une décision condamnant en paiement une société dont il est indéfiniment responsable des dettes, dès lors qu'il est lui-même poursuivi en paiement et qu'il invoque des moyens qu'il est seul à pouvoir faire valoir, et non seulement des moyens que la société n'a pas soutenus (Cass. 2e civ. 12-9-2024 no 22-12.337 F-B : RJDA 12/24 no 659, 1e espèce, à propos d'une société civile mais à notre avis transposable) ;
– contre le jugement arrêtant un plan de redressement judiciaire de la société portant atteinte à sa qualité d'associé et à son droit préférentiel de souscription (Cass. com. 31-3-2021 no 19-14.839 F-P : RJDA 6/21 no 389) ou à ses droits de vote (Cass. com. 8-2-2023 no 21-14.189 F-B : RJDA 5/23 no 255) ;
– lorsqu'une collusion frauduleuse entre le représentant légal de la société et la partie adverse est établie (Cass. 2e civ. 17-11-1971 : Bull. civ. II no 316) ;
– contre la décision ayant annulé la délibération de la société l'ayant agréé comme associé (Cass. com. 11-5-2023 no 21-17.899 FS-B : RJDA 10/23 no 523).

Par ailleurs, un **associé** peut **agir en son nom propre** en réparation d'un préjudice personnel mais il doit alors établir que ce préjudice est distinct de celui subi par la société (no 7963).

LIMITATIONS DU POUVOIR DU REPRÉSENTANT LÉGAL D'AGIR EN JUSTICE

S'il existe des **clauses statutaires** limitant le pouvoir du représentant légal d'agir en justice au nom de la société, l'inobservation de ces dispositions constitue un vice de fond affectant la validité de la procédure (cf. CPC art. 117, al. 2). 4359

> **Précisions** La règle de l'inopposabilité aux **tiers** des clauses limitant les pouvoirs du dirigeant n'interdit pas aux tiers de **se prévaloir** de ces **clauses** pour justifier du défaut de pouvoir de ce dirigeant à figurer dans un procès comme représentant de la société (Cass. 2e civ. 23-10-1985 : Rev. sociétés 1986 p. 409 note B. Bouloc ; Cass. soc. 11-6-1997 : RJDA 10/97 no 1222 ; Cass. com. 14-2-2018 no 16-21.077 F-D : RJDA 5/18 no 425), y compris devant le juge administratif (CE 20-10-2021 no 448563 : RJDA 3/22 no 155).
> En revanche, les tiers ne peuvent pas invoquer, sur le fondement des statuts, l'irrégularité de la nomination du représentant de la société pour contester sa qualité à agir en justice (Cass. com. 26-2-2008 no 07-15.416 : RJDA 6/08 no 660 ; Cass. com. 26-1-2016 no 14-18.615 F-D : RJDA 4/16 no 287).

DÉLÉGATION DU POUVOIR D'AGIR EN JUSTICE

Sauf clause contraire des statuts, le représentant légal peut donner à un tiers une **délégation spéciale** de pouvoir en vue d'exercer, au nom de la société, une action en justice déterminée (Cass. 2e civ. 22-10-1997 : RJDA 1/98 no 49, à propos d'une SARL mais transposable aux autres formes de sociétés) ; la collectivité des associés ne dispose pas de ce pouvoir (Cass. com. 22-10-2013 no 12-24.658 : RJDA 2/14 no 114). 4361

La délégation peut porter sur le pouvoir de déclarer les créances de la société (nos 4370 s.).

e. Modes de preuve et moyens de défense de la société

Seul le représentant légal est habilité à prêter **serment** au nom de la société. Encore faut-il, d'une part, qu'il ait personnellement participé aux faits sur lesquels porte le serment ou qu'il en ait eu au moins une connaissance personnelle (CA Colmar 10-10-1969 : JCP 1970 II no 16169 note J. A.) et, d'autre part, qu'il soit encore en fonctions au moment où il prête serment (Cass. com. 10-2-1987 : Bull. civ. IV no 41 ; Cass. 2e civ. 6-5-1999 : Rev. sociétés 1999 p. 343 note Y. Guyon). 4363

L'**aveu** par l'associé d'une société acheteuse d'un immeuble du non-paiement du prix d'acquisition n'est pas opposable à cette société et ne peut faire foi contre les énonciations de l'acte de vente notarié qui mentionne ce paiement « hors la vue et la comptabilité du notaire » (CA Rouen 9-10-1991, inédit).

Dans une action en justice dirigée contre la société, le représentant ne peut faire valoir que des moyens de défense appartenant à la société ; il ne peut opposer des **exceptions** qui lui seraient **personnelles** (CA Limoges 27-10-1950 : JCP 1951 II no 6239 note D. B.).

f. Déclaration des créances

OPTIONS OUVERTES AU CRÉANCIER POUR DÉCLARER SA CRÉANCE

La déclaration des créances de la société sur un débiteur faisant l'objet d'une procédure collective peut valablement être faite par le **représentant légal** de la société créancière (no 10030) **ou** par tout **préposé ou mandataire** de son choix (art. L 622-24, al. 2). La déclaration des créances équivaut à une demande en justice. 4370

L'organe représentant légalement la société a, dès sa nomination, le pouvoir de déclarer les créances et il importe peu que sa **nomination** n'ait été **publiée au RCS** qu'à une date postérieure à la déclaration (Cass. com. 12-7-2004 nº 1200 : RJDA 2/05 nº 168, 2e esp.). De même, la déclaration des créances effectuée par le représentant de la personne morale dirigeante d'une société est régulière, même si la désignation de cette personne morale n'a pas encore été publiée au RCS (Cass. com. 24-4-2007 nº 06-11.875 : RJDA 7/07 nº 751).

DÉCLARATION DES CRÉANCES PAR UN PRÉPOSÉ

4373 La déclaration des créances peut être effectuée par tout préposé de la société créancière titulaire d'une délégation de pouvoirs lui permettant d'accomplir un tel acte, sans que ce pouvoir soit soumis aux **règles applicables** au mandat de représentation en justice dont un tiers peut être investi (Cass. com. 14-2-1995 nº 342 : RJDA 6/95 nº 765, 1e esp.).

La **délégation** ne doit pas obligatoirement **prévoir** expressément la faculté de déclarer les créances ; le pouvoir de représenter la société en justice est suffisant (Cass. com. 9-6-1998 : RJDA 12/98 nº 1387, 2e esp.). Elle n'a pas non plus à préciser la nature de la procédure collective à laquelle le préposé peut déclarer (Cass. com. 14-1-2014 nº 12-29.749 : RJDA 5/14 nº 456). En revanche, la délégation permettant au préposé d'accomplir les actes ordinaires de gestion courante d'une société ne l'autorise pas à procéder à une déclaration des créances (Cass. com. 31-5-2011 nº 10-21.205 : RJDA 8-9/11 nº 721 ; Cass. com. 4-3-2014 nº 12-29.580 : RJDA 6/14 nº 548).

La **délégation** de pouvoirs doit être **antérieure** à la déclaration des créances (Cass. com. 25-3-1997 nº 755 : RD bancaire et bourse 1997 p. 126 obs. Campana et Calendini ; Cass. com. 7-12-1999 : RJDA 3/00 nº 311).

La **preuve** de son existence peut être rapportée après le délai de déclaration des créances, jusqu'à ce que le juge statue sur l'admission de la créance (Cass. com. 14-2-1995 précité ; Cass. com. 11-6-2003 nº 977 : RJDA 12/03 nº 1206 ; Cass. com. 22-3-2017 nº 15-27.761 F-D : RJDA 7/17 nº 476). Elle peut être établie à l'aide de documents ayant ou non acquis date certaine (Cass. com. 23-11-1999 nº 97-12.209 : RJDA 2/00 nº 210 ; Cass. com. 8-11-2011 nº 10-23.336 : RJDA 2/12 nº 182 ; Cass. com. 22-3-2017 précité) ou résulter d'une attestation établie postérieurement au délai de déclaration des créances (Cass. com. 23-6-1998 nº 1332 : RJDA 12/98 nº 1387, 4e esp. ; Cass. com. 31-5-2011 nº 10-21.205 précité ; Cass. com. 3-11-2015 nº 14-11.020 : RJDA 3/16 nº 213). Cette attestation peut valablement émaner du représentant légal actuel qui n'était pas en fonctions à la date de la délégation ou de la déclaration des créances (Cass. com. 13-11-2001 nº 99-13.664) ou de l'ancien représentant légal en fonctions à cette date (Cass. com. 8-11-2011 précité). En revanche, la preuve de la délégation ne peut pas être déduite des fonctions occupées par le déclarant (Cass. com. 4-7-2000 nº 1513 : RJDA 1/01 nº 48, 1e esp.).

> Précisions **a.** Le directeur général d'une **SA** peut valablement déléguer à un salarié le pouvoir de déclarer des créances sans que la délibération du conseil d'administration qui le désigne ait besoin de le préciser (Cass. com. 10-2-2009 nº 07-21.216 : RJDA 5/09 nº 449 ; Cass. com. 15-10-2013 nº 12-24.881 : RJDA 2/14 nº 144). Le conseil d'administration a lui aussi le pouvoir de nommer un préposé de la société pour déclarer les créances (Cass. com. 28-9-2004 nº 1420 : RJDA 2/05 nº 167 ; Cass. com. 15-4-2008 nº 07-10.535 : RJDA 7/08 nº 829). Il en est de même du directoire dans les SA à directoire et conseil de surveillance (Cass. com. 22-1-2008 nº 06-20.379 : RJDA 4/08 nº 438).
Dans les **SAS,** le conseil d'administration institué par les statuts a aussi le pouvoir de nommer un tel préposé (Cass. com. 21-6-2011 nº 10-20.878 : RJDA 10/11 nº 823).
b. La **réponse à une contestation** portant sur une créance peut être fournie par tout préposé et pas seulement par le préposé titulaire d'une délégation régulière du pouvoir de déclarer les créances car elle ne constitue pas une demande en justice et n'obéit pas au formalisme de la déclaration de créance (Cass. com. 16-9-2008 nº 07-17.273 : RJDA 12/08 nº 1293).

4375 **Subdélégation de pouvoirs** Le délégataire peut subdéléguer dans l'exercice de ses pouvoirs un autre préposé de la société mais seulement à **condition** que cette faculté ait été prévue dans la délégation (Cass. com. 14-2-1995 : RJDA 6/95 nº 765 ; Cass. com. 28-1-2004 nº 218 : RJDA 6/04 nº 733 ; Cass. com. 26-3-2013 nº 12-12.326 : RJDA 6/13 nº 536). En cas de délégations successives, les juges vérifient la validité de la « **chaîne de pouvoirs** » pour apprécier celle d'une déclaration de créance.

La cessation des fonctions du subdélégant est sans incidence sur la validité de la chaîne de pouvoirs (Cass. com. 8-7-2008 nº 07-13.868 : RJDA 11/08 nº 1155).

ILLUSTRATIONS

Est irrégulière la déclaration de créance d'une banque, effectuée par un préposé de celle-ci en vertu d'un pouvoir que lui avait subdélégué le directeur des affaires juridiques, car la délégation principale de pouvoirs dont bénéficiait ce directeur avait été annulée par la banque dans un acte qui avait reporté les effets de l'annulation à une date antérieure à la déclaration des créances par le préposé (Cass. com. 5-2-2008 nº 06-21.879 : RJDA 5/08 nº 551).

Lorsque le caractère ininterrompu de la chaîne des délégations de pouvoirs allant du directeur général de la banque jusqu'au préposé déclarant est établi, la déclaration de créance est régulière du fait de l'identification certaine du déclarant, peu important le changement de fonctions de ce dernier intervenu après l'octroi de la délégation (Cass. com. 11-5-2010 nº 09-13.080 : RJDA 8-9/10 nº 867).

En revanche, lorsqu'une banque justifie bien d'une chaîne ininterrompue de délégations du pouvoir de déclarer ses créances allant du directeur général jusqu'au directeur du pôle service clients, mais que le contenu de la délégation de pouvoirs du préposé ne lui permettait pas de déclarer les créances de celle-ci, l'attestation du nouveau directeur du pôle service clients – lui-même titulaire du pouvoir de déclarer les créances avec faculté de subdélégation – indiquant que le préposé disposait à la date de la déclaration de créance du pouvoir d'effectuer de telles déclarations est inopérante car elle émane d'un tiers à la chaîne de délégations de pouvoirs (Cass. com. 21-9-2010 nº 09-16.118 : RJDA 12/10 nº 1173).

Preuve de l'identité du déclarant Lorsque l'identité du signataire de la déclaration de créance est contestée, il appartient à la société créancière de prouver que le signataire était bien le titulaire de la délégation de pouvoirs (Cass. com. 17-6-1997 : RJDA 11/97 nº 1405). Le juge, saisi d'une **contestation** portant **sur l'identité du signataire,** doit vérifier l'existence au profit de celui-ci de la délégation de pouvoirs l'habilitant à déclarer les créances (Cass. com. 27-10-1998 nº 1601 : RJDA 12/98 nº 1387). 4377

La preuve de l'identité du déclarant peut être faite, même en l'absence de signature de la déclaration, par tous moyens, jusqu'au jour où le juge statue (Cass. com. 21-11-2006 nºs 1285 et 1288 : RJDA 4/07 nº 383, 1re et 2e esp. ; Cass. com. 20-9-2017 nº 16-20.176 F-D : RJDA 1/18 nº 47).

Cette liberté de la preuve vaut non seulement en l'absence de toute signature mais aussi en cas de signature « scannée ou préimprimée » ou de signature illisible.

La preuve de l'identité de l'auteur de la déclaration peut être rapportée au moyen d'une attestation faite par le préposé titulaire de la délégation de pouvoirs (Cass. com. 21-11-2006 nº 1288 précité) ou peut résulter d'une présomption (Cass. com. 21-11-2006 nº 1285 précité) : ainsi, le juge du fond peut tirer la preuve de l'identité du déclarant du rapprochement entre la mention dactylographiée du nom figurant sur la déclaration et la fonction occupée par l'auteur présumé de cette déclaration.

Loi applicable à la déclaration des créances Lorsque la procédure collective d'une société française a été ouverte en France, c'est la **loi française** qui régit les conditions de validité d'une déclaration de créance produite par le préposé d'une société relevant d'un autre pays de l'UE (Cass. com. 15-12-2009 nº 08-14.949 : RJDA 5/10 nº 542 ; Cass. com. 22-6-2010 nº 09-65.481 : RJDA 12/10 nº 1172). 4382

En revanche, la question de savoir si l'auteur de la délégation initiale est un organe habilité à représenter la société est tranchée au regard de la **loi de l'État où la société a son siège** (Cass. com. 15-12-2009 précité).

Sur la **représentation des sociétés étrangères** en France, voir nº 92515.

DÉCLARATION DES CRÉANCES PAR UN TIERS NON AVOCAT

Le pouvoir de déclarer les créances peut être donné à un tiers autre qu'un avocat. Ce tiers doit alors justifier d'un **pouvoir spécial** mentionnant la procédure collective dans laquelle la déclaration doit intervenir (Cass. com. 1-2-2000 : RJDA 3/00 nº 310 ; Cass. com. 5-10-2022 nº 21-14.226 F-D : RJDA 1/23 nº 43). 4385

ILLUSTRATIONS

Le **président** du conseil d'administration d'une **société mère** doit être muni d'un pouvoir spécial pour déclarer valablement les créances d'une filiale dans une procédure collective déterminée (Cass. com. 26-11-2002 nº 1930 : RJDA 4/03 nº 408).

Une **personne morale** qui constitue le **service juridique** et contentieux **d'un groupe** de banques ne peut pas être tenue pour le « préposé » d'un créancier et autorisée à déclarer une créance munie d'une simple délégation de pouvoirs (Cass. com. 5-11-2003 nº 1492 : RJDA 3/04 nº 341).

Lorsque la déclaration de la créance d'une SA au passif d'une société en redressement judiciaire a été faite par une personne exerçant les fonctions de « **responsable contentieux** à l'unité contentieuse régionale de Paris », structure commune à la SA et à une autre société du **même groupe,** cette personne n'a pas besoin d'un pouvoir spécial, puisqu'elle est le préposé de deux **coemployeurs** et est investie d'une délégation régulière l'autorisant à effectuer des déclarations de créances pour la SA (Cass. com. 17-11-2009 nº 07-21.257 : RJDA 5/10 nº 543).

Lorsque le tiers est une personne morale, il peut ensuite **subdéléguer son pouvoir** à l'un de ses préposés, sans qu'il soit exigé que la subdélégation revête un caractère spécial (Cass. com. 30-1-2007 nº 05-17.141 FS-PB : RJDA 8-9/07 nº 867).

4386 Le pouvoir spécial doit être donné par **écrit,** avant l'expiration du délai de déclaration des créances. En cas de contestation, il peut en être **justifié jusqu'au jour** où le juge statue (Cass. ass. plén. 4-2-2011 nº 09-14.619 : RJDA 6/11 nº 557).

DÉCLARATION DES CRÉANCES PAR UN AVOCAT

4388 Le créancier peut donner mandat à un avocat de procéder à la déclaration des créances. L'avocat peut effectuer cette déclaration sans avoir à justifier d'un pouvoir spécial **écrit** (art. R 662-1 et, sur renvoi, CPC art. 416, al. 1 et 853, al. 5). Il ne peut pas **subdéléguer le pouvoir** d'effectuer la déclaration à l'un de ses préposés, par exemple à sa secrétaire (Cass. com. 17-2-2009 nº 08-13.728 : RJDA 8-9/09 nº 764).

Si le créancier a donné mandat à une société d'avocats, l'un quelconque des **avocats associés** peut valablement procéder à la déclaration des créances sans avoir à justifier d'un mandat à cet effet (Cass. com. 31-5-2011 nº 10-11.723 : RJDA 10/11 nº 830). Cette dispense de mandat s'applique aussi au **collaborateur de l'avocat** du créancier, s'il a lui-même la qualité d'avocat (Cass. com. 25-10-2011 nº 10-24.658 : RJDA 1/12 nº 72).

RATIFICATION DE LA DÉCLARATION FAITE PAR UN PRÉPOSÉ OU UN MANDATAIRE

4390 La société créancière peut ratifier la déclaration de créance irrégulièrement faite en son nom jusqu'à ce que le juge statue sur l'admission de la créance (art. L 622-24, al. 2). Aucune **forme** particulière n'étant prévue pour la ratification, la société peut donc implicitement effectuer celle-ci en demandant l'admission de sa créance au passif de la procédure collective, dès sa comparution en première instance devant le juge-commissaire (Cass. com. 19-4-2023 nº 21-20.183 F-D : RJDA 7/23 nº 391) ou en concluant à cette admission devant la cour d'appel (Cass. com. 10-3-2021 nº 19-22.385 FS-P : RJDA 6/21 nº 413 ; Cass. com. 29-9-2021 nº 20-12.291 F-B : RJDA 1/22 nº 28 ; Cass. com. 23-3-2022 nº 20-19.274 F-D : RJDA 7/22 nº 416).

4. CALCUL DES DÉLAIS INTÉRESSANT UNE SOCIÉTÉ

4410 De nombreuses **formalités** relatives au fonctionnement des sociétés commerciales doivent être accomplies dans un délai déterminé : convocation des assemblées générales, communication de documents aux associés ou aux commissaires aux comptes, exercice d'un droit préférentiel de souscription, libération des actions, etc.

FIXATION DES RÈGLES DE CALCUL

4420 Aucune disposition légale ou réglementaire ne fixe le régime applicable à la computation des délais autres que ceux de procédure. Les **statuts** peuvent donc librement prévoir des règles de calcul pour les différentes formalités concernant le fonctionnement de la société.

À défaut de précision dans les statuts, il y a lieu d'appliquer les règles prévues pour les délais de procédure civile fixées par les articles 640 à 642 du Code de procédure civile (nos 4430 s.). Il en a ainsi été fait application pour le calcul du délai de convocation des associés en assemblée générale (Cass. ch. mixte 16-12-2005 nº 236 : RJDA 3/06 nº 297 ; Cass. com. 11-1-2005 nº 51 : RJDA 5/05 nº 554).

Les dispositions des articles 640 à 642 sont applicables aux délais dans lesquels les inscriptions et autres **formalités de publicité** doivent être opérées (CPC art. 642-1).

CALCUL DES DÉLAIS DE PROCÉDURE

4430 Lorsqu'un acte (ou une formalité) doit être accompli avant l'expiration d'un délai, celui-ci a pour origine la date de l'acte, de l'événement, de la décision ou de la notification qui le fait courir (CPC art. 640).

S'il s'agit d'un **délai exprimé en jours,** le premier jour du délai (« dies a quo ») ne compte pas alors que le dernier jour (« dies ad quem ») compte (CPC art. 641, al. 1). Ainsi, pour le calcul du délai de 15 jours de **convocation à une assemblée,** le jour d'envoi de la convocation n'est pas compté alors que le jour de la tenue de l'assemblée l'est (Cass. com. 11-1-2005 nº 51 : RJDA 5/05 nº 554). Par exemple, une assemblée prévue pour le 20 mai doit être convoquée le 5 mai au plus tard.

ATTENTION
Même si elle est adressée par La Poste, la convocation aux assemblées n'est pas une notification par voie postale pour laquelle il est tenu compte de la date de réception par celui à qui est faite la notification (n° 4434).

Si le **délai** est **exprimé en mois ou en années,** il se calcule de quantième à quantième sans tenir compte du nombre de jours compris dans un mois ou une année (CPC art. 641, al. 2).

Si un délai expire normalement un samedi, un dimanche ou un jour férié ou chômé, il est prorogé jusqu'au premier **jour ouvrable** suivant (CPC art. 642). **4432**

Il n'y a pas lieu d'appliquer les dispositions de l'article 642 du Code de procédure civile pour les **décomptes à rebours** car la prorogation du délai « jusqu'au premier jour ouvrable suivant » aboutit à une réduction du délai fixé par la loi (Cass. 2e civ. 14-2-1990 : Bull. civ. II n° 32).

Aux termes de l'article 668 du Code de procédure civile, « la date de la **notification par voie postale** est, à l'égard de celui qui y procède, celle de l'expédition, et, à l'égard de celui à qui elle est faite, la date de la réception de la lettre ». **4434**

Si les statuts font obligation à un associé de notifier une décision à la société par lettre recommandée en respectant un délai de préavis, seule la date d'envoi de la lettre doit être prise en compte pour apprécier si le délai a été respecté (Cass. com. 9-7-2002 n° 1419 : RJDA 1/03 n° 6).

5. PRESCRIPTION CIVILE DES ACTIONS EN JUSTICE

La loi prévoit souvent en matière de sociétés commerciales que les actions se prescrivent par trois ans. **4460**

À défaut de précision, ce sont les règles de **prescription de droit commun** qui s'appliquent. Sont ainsi fixés à cinq ans :

– le délai de la **prescription** dite **commerciale,** c'est-à-dire des actions entre commerçants ou entre commerçants et non-commerçants (art. L 110-4, I) ;

– les délais de prescription des autres **actions civiles** et, notamment, des actions en responsabilité contractuelle et extracontractuelle (C. civ. art. 2224).

Le **point de départ** de ces délais se situe au jour où le titulaire du droit a connu ou aurait dû connaître les faits lui permettant d'exercer son droit (C. civ. art. 2224).

SECTION 3 RESPONSABILITÉ DE LA SOCIÉTÉ

A. Responsabilité civile de la société

RESPONSABILITÉ DU FAIT DES ORGANES DE LA SOCIÉTÉ

Les actes fautifs des organes de la société agissant dans l'**exercice de leurs fonctions** entraînent la responsabilité civile de cette dernière (Cass. com. 3-6-2008 n° 07-12.017 F-PB : RJDA 11/08 n° 1131). **4520**

Les fautes peuvent avoir été commises par les **représentants légaux** de la société (Cass. com. 4-5-1999 : RJDA 7/99 n° 784 ; Cass. com. 3-6-2008 précité).

Selon ces décisions, les représentants légaux étant des organes de la société, les fautes qu'ils commettent dans l'exercice de leurs fonctions constituent des fautes de la société elle-même, qui peut être poursuivie en vertu de l'article 1240 du Code civil. Il s'ensuit qu'un tiers qui engage une action en responsabilité extracontractuelle contre une société n'a pas à démontrer l'existence d'une faute personnelle de celle-ci, distincte de celle commise par son représentant légal, et ayant causé le préjudice dont il sollicite réparation.

Les fautes peuvent aussi être le fait de tout **autre organe social,** dès lors que les agissements invoqués sont imputables à une personne agissant dans le cadre de ses fonctions.

ILLUSTRATIONS

A été jugée recevable une action en responsabilité exercée par un actionnaire à l'encontre d'une SA en raison d'un défaut de réponse à une question écrite lors d'une assemblée imputable au directeur juridique de cette société (CA Paris 19-12-2013 nº 12/22644 : RJDA 4/14 nº 352). De même, l'ancien président du directoire d'une SA a obtenu la condamnation de la société car sa rémunération variable n'avait pas été versée pour les premiers mois de l'année où il avait été révoqué, faute pour le membre du conseil de surveillance chargé de négocier ses objectifs d'avoir pris le temps de le rencontrer (CA Paris 26-5-2016 nº 14/20147 : RJDA 11/16 nº 798).

Par ailleurs, la société peut être condamnée solidairement avec ses dirigeants au paiement des **amendes** prononcées contre ces derniers pour les infractions aux dispositions légales relatives à la **liberté des prix et de la concurrence** qu'ils auraient commises (art. L 490-1).

RESPONSABILITÉ DU FAIT DES PRÉPOSÉS DE LA SOCIÉTÉ

4530 Conformément à l'article 1242, al. 5 du Code civil, la société répond des fautes commises par ses préposés, salariés notamment, dans l'**exercice de leurs fonctions.**

Une société ne peut cependant pas être déclarée responsable civilement des dommages causés par l'un de ses préposés lorsque celui-ci a agi hors des fonctions auxquelles il est employé, sans autorisation et à des fins étrangères à ses attributions (Cass. ass. plén. 15-11-1985 : JCP 1986 II nº 20568 note G. Viney ; Cass. crim. 8-11-1993 et 24-1-1994 : RJDA 3/94 nº 375 ; Cass. 2e civ. 12-5-2011 nº 10-20.590 : Bull. civ. II nº 110).

Mais la société ne peut pas s'exonérer de sa responsabilité si la victime démontre qu'elle était fondée à croire que le préposé agissait dans l'exercice de ses fonctions (Cass. 2e civ. 29-5-1996 : RJDA 8-9/96 nº 1145).

La société peut aussi être poursuivie, en tant que civilement responsable de ses préposés, pour le recouvrement des **amendes** (pénales, civiles et administratives) et des autres **condamnations pécuniaires** prononcées à l'encontre des préposés (Décret 2012-1246 du 7-11-2012 art. 109, al. 1).

Quant au préposé, il n'engage sa **responsabilité personnelle** à l'égard des tiers que s'il agit hors des limites de la mission qui lui a été impartie (Cass. ass. plén. 25-2-2000 : RJDA 5/00 nº 614 et chron. J.-P. Dorly p. 395) ou s'il a été condamné pénalement pour avoir intentionnellement commis, fût-ce sur ordre de son employeur, une infraction ayant causé un préjudice aux tiers (Cass. ass. plén. 14-12-2001 nº 487 : RJDA 3/02 nº 330).

B. Responsabilité pénale de la société

PRINCIPE

4590 Les personnes morales sont responsables pénalement des **infractions commises pour leur compte** par leurs organes ou représentants (C. pén. art. 121-2).

1. CHAMP D'APPLICATION DE LA RESPONSABILITÉ PÉNALE

SOCIÉTÉS PUNISSABLES

4592 **Sociétés dotées de la personnalité morale** Les sociétés ne sont pénalement responsables que si elles sont dotées de la personnalité morale, ce qui exclut les **sociétés créées de fait et** les **sociétés en participation** puisque celles-ci ne jouissent jamais de la personnalité morale.

Pour la même raison, il convient, à notre avis, d'écarter les **sociétés en formation** pour les infractions commises par ceux agissant en leur nom avant leur immatriculation au RCS.

Certes, après son immatriculation, la société peut – et, souvent, doit – reprendre les actes qui ont été accomplis en son nom. Mais ces actes ne sont pas conformes aux dispositions de l'article 121-2, al. 1 du Code pénal selon lesquelles la responsabilité des personnes morales n'est engagée que si l'acte générateur de l'infraction a été accompli par « leurs *organes ou représentants* ». *En effet*, les personnes qui passent des actes au nom d'une société en formation avant l'immatriculation de celle-ci ne deviennent, le cas échéant, ses organes qu'après l'immatriculation. Elles ne peuvent pas avoir été ses représentants puisqu'une personne qui n'a pas d'existence juridique ne peut pas être représentée ; la reprise par la société immatriculée des actes accomplis par ceux qui ont agi en son nom est d'ailleurs le résultat d'un mécanisme reposant sur des formalités fixées par la loi et non un effet de la représentation, et ce mécanisme dérogatoire au droit commun, qui n'est prévu que pour les conséquences civiles de ces actes, ne saurait être transposé, dans le silence de la loi pénale, à la commission des infractions.

Il reste néanmoins que la délibération de reprise adoptée par l'assemblée des associés après l'immatriculation (donc par un organe) pourrait, le cas échéant, constituer par elle-même une infraction (par exemple, un recel).

Toute infraction commise pendant le temps où la société jouit de la personnalité morale peut lui être imputée. 4595

Peu importe que la **société** soit ultérieurement **annulée** puisque la nullité – pour autant qu'elle puisse encore être prononcée – ne rétroagit pas et que tous les actes accomplis avant sa proclamation définitive obligent la société (voir n° 89570).

Il en est de même de la dissolution : comme celle-ci laisse subsister la personne morale pour les besoins de la liquidation, l'**infraction commise après la dissolution** pour atteindre cet objectif pourra donc être reprochée à la société.

Le fait que, comme le prévoit l'article 133-1, al. 1 du Code pénal, la dissolution empêche ou arrête l'exécution de la peine n'exclut pas que la culpabilité de la société soit établie et que la condamnation pénale consécutive soit prononcée. Un intérêt évident subsiste en effet : l'établissement de la responsabilité pénale de la société peut contribuer à exclure celle des représentants légaux qui auront pu faire reconnaître qu'ils avaient agi pour le compte de la société (n° 4655) ; si la loi juge opportun d'arrêter la peine, il ne saurait en résulter que la personne physique qui a agi pour le compte de la société doit être, en contrepartie, systématiquement condamnée.

Mais cette solution est sans conséquence pour la société en liquidation puisqu'elle n'est tenue au paiement de l'amende prononcée qu'autant que celle-ci était due au jour de la dissolution, ce qui suppose donc que la société ait déjà été condamnée par une décision passée en force de chose jugée au jour de sa dissolution. Les décisions pénales sont en effet constitutives des sanctions qu'elles prononcent et non pas déclaratives (c'est-à-dire censées constater l'existence d'une peine née en même temps que l'infraction).

Sur la responsabilité pénale de la société en cas de **fusion,** voir n° 83814.

Sociétés étrangères La responsabilité pénale d'une société dont le siège est situé à l'étranger peut être retenue dès lors que cette société a commis une **infraction sur le territoire français** et qu'au regard de la loi française elle jouit de la personnalité morale. 4598

La loi pénale française est, en effet, applicable aux infractions commises sur le territoire de la République et il suffit, pour qu'il en soit ainsi, qu'un des faits constitutifs de l'infraction ait eu lieu sur ce territoire (C. pén. art. 113-2). Dès l'instant où un tel élément est constaté, la loi pénale a vocation à régir la situation créée par les agissements ; à ce titre, elle est donc habilitée à qualifier l'existence ou non de la personnalité morale de la société tenue pour auteur. Cette solution est de surcroît conforme à la règle selon laquelle la qualification se fait toujours en appliquant la loi du juge saisi (règle dite « de la qualification selon la loi du for »). Les juges français peuvent donc reconnaître qu'une société a, au regard de la loi française, la **personnalité morale,** même si la législation du pays d'origine ne lui attribue pas cette personnalité.

Par ailleurs, il n'y a pas lieu de s'interroger sur la « nationalité » de la société puisqu'il suffit de constater l'existence de sa personnalité morale et l'accomplissement d'un seul élément constitutif de l'infraction sur le territoire français pour lui appliquer une sanction pénale.

INFRACTIONS PUNISSABLES

Toute infraction peut engager la responsabilité pénale des personnes morales, sauf en *matière de presse* (Loi du 29-7-1881 art. 43-1) et de communication audiovisuelle (Loi 82-652 du 29-7-1982 art. 93-4). Ces exceptions concernent principalement les délits de provocation, de diffamation ou d'injures publiques. 4605

2. IMPUTATION DES INFRACTIONS

a. Imputation des infractions à la société

La responsabilité pénale des sociétés ne peut être recherchée que si l'infraction visée par la loi ou le règlement a été commise « pour leur compte, par leurs organes ou représentants » (C. pén. art. 121-2, al. 1). 4630

La société est donc pénalement responsable à deux **conditions cumulatives** (Cass. crim. 11-4-2012 nº 10-86.974 : RJDA 8-9/12 nº 770) :
– l'infraction a été commise par ses « organes » ou ses « représentants » ;
– et elle a été commise « pour son compte ».

INFRACTION COMMISE PAR LES ORGANES OU LES REPRÉSENTANTS DE LA SOCIÉTÉ

4635 Constituent des **organes de la société** les personnes ou les instances collégiales qui ont le pouvoir de prendre des décisions au nom de celle-ci et sont désignées par la loi : conseil d'administration ou directoire, président du conseil d'administration, directeurs généraux, conseil de surveillance, président, assemblée générale, administrateur provisoire, etc.

Il a aussi été jugé que constituait un organe de la société son comité exécutif, désigné par les statuts et centre de décision, dans lequel siégeaient notamment le PDG, le vice-président et les directeurs généraux délégués de la société (Cass. crim. 14-3-2018 nº 16-82.117 FS-PB : RJDA 8-9/18 nº 641) ou encore, dans un groupe de sociétés, un comité des risques, organe de la société mère composé de dirigeants du groupe, dont la mission le conduisait à valider, pour le compte de ce groupe, le recours à des paiements illicites (Cass. crim. 16-6-2021 nº 20-83.098 F-P : RJDA 8-9/21 nº 568).

En revanche, les personnes ou instances collégiales investies d'une mission uniquement en vertu de dispositions statutaires ne sont pas des organes lorsque leurs fonctions sont honorifiques ou gracieuses (par exemple, les censeurs dans la SA ou le conseil de surveillance dans la SARL).

4637 Est « **représentant** » toute personne qui a reçu une délégation de pouvoirs du représentant légal de la société – ou une subdélégation des pouvoirs – et qui est pourvue de la compétence, de l'autorité et des moyens nécessaires à l'exécution de sa mission (Cass. crim. 26-6-2001 nº 4700 : RJDA 1/02 nº 42 ; Cass. crim. 25-3-2014 nº 13-80.376 : RJDA 7/14 nº 626), qu'elle soit salariée de la société (Cass. crim. 9-11-1999 : RJDA 3/00 nº 267 ; Cass. crim. 30-5-2000 : Bull crim. nº 206) ou non (Cass. crim. 14-12-1999 : RJDA 4/00 nº 419 ; Cass. crim. 13-10-2009 nº 09-80.857 : RJDA 2/10 nº 146).

Ainsi, une société utilisant des travailleurs intérimaires peut être poursuivie pour homicide involontaire sur l'un d'eux en raison de manquements en matière d'hygiène et de sécurité commis par le titulaire d'une délégation de pouvoirs qui n'est pas salarié de la société mais d'une autre société avec laquelle la première a constitué un groupement d'entreprises pour l'attribution d'un marché (Cass. crim. 23-11-2010 nº 09-85.115 : RJDA 3/11 nº 242).

De la même façon, est pénalement responsable pour recours aux services d'une personne exerçant un travail dissimulé une société du secteur du bâtiment dont un salarié a reçu du PDG délégation de vérifier que les sous-traitants de celle-ci étaient en situation régulière et qui n'a pas effectué cette vérification (Cass. crim. 25-4-2017 nº 15-87.590 F-D : RJDA 10/17 nº 626).

Une délégation de pouvoirs formelle n'est pas nécessaire (Cass. crim. 17-10-2017 nº 16-87.249 F-PB : RJDA 2/18 nº 125 ; Cass. crim. 16-6-2021 nº 20-83.098 F-P : RJDA 8-9/21 nº 568). Il peut résulter des circonstances que ceux qui ont commis les agissements incriminés étaient en fait investis d'une mission de représentation de la société (Cass. crim. 11-12-2012 nº 11-87.421 F-PB : RJS 4/13 nº 338, 1e esp.). Ainsi, des salariés d'une filiale ayant commis un délit pour le compte de la société mère engagent sa responsabilité pénale dès lors que, en raison de l'organisation du groupe, ils étaient les représentants de fait de cette société, peu important l'absence de lien juridique et de délégation de pouvoirs à leur profit (Cass. crim. 16-6-2021 précité). En revanche, le seul fait qu'un salarié d'une société soit chef d'équipe sur un chantier et ait donné un ordre ayant conduit un travailleur intérimaire à se blesser ne permet pas de constater l'existence d'un statut ou d'attributions propres à en faire le représentant de la société poursuivie du délit de blessures involontaires (Cass. crim. 29-6-2021 nº 20-86.562 F-D : RJDA 11/21 nº 717).

4638 Le **dirigeant de fait** est aussi un « représentant » de la société au sens de l'article 121-2 du Code pénal (Cass. crim. 13-4-2010 nº 09-86.429 F-D : Dr. social 2010 p. 854 obs. F. Duquesne).

De même, l'**associé d'une société étrangère** du bâtiment a été considéré comme son représentant pour avoir joué un rôle déterminant dans la conduite de ses activités sur le territoire français (gestion administrative et suivi des chantiers) (Cass. crim. 11-7-2017 nº 16-86.092 F-D : RJDA 1/18 nº 26).

4640 Les juges ne peuvent pas retenir la responsabilité pénale d'une personne morale sans rechercher par quel organe ou par quelle personne physique représentant celle-ci l'infraction a été commise (Cass. crim. 1-4-2014 nº 12-86.501 F-PBI : RJDA 7/14 nº 627 ; Cass. crim. 7-6-2017 nº 15-87.214 FS-PB : RJDA 12/17 nº 803, 1e esp. ; Cass. crim. 21-6-2022 nº 20-86.857 FS-B : RJDA 10/22 nº 562, selon lequel l'organe ou le représentant est suffisamment identifié lorsqu'il est relevé que l'infraction a été commise par la personne morale présidente de la société ; il n'est donc pas nécessaire d'identifier la personne physique qui représente la personne morale présidente). Mais ils peuvent désigner « par défaut » le dirigeant de droit de la personne morale comme étant le représentant ayant commis l'infraction pour son compte lorsque cette dernière a empêché délibérément l'identification du véritable auteur de l'infraction et que le dirigeant n'a pas consenti de délégation de pouvoirs (Cass. crim. 17-10-2023 nº 22-84.021 F-B : RJDA 2/24 nº 98).

L'organe ou le représentant concerné ne peut être qu'une personne en fonction au sein de la société à l'époque des faits et non une personne entrée en fonction après (Cass. crim. 11-7-2017 nº 16-83.415 F-D : RJDA 12/17 nº 803, 2ᵉ esp. ; Cass. crim. 17-10-2017 nº 16-87.249 F-PB : RJDA 2/18 nº 125).

Rôle de l'organe ou du représentant Comme il est de règle, l'infraction ne peut être « commise » ou « réalisée » que si ses éléments constitutifs – les **agissements matériels** visés par l'incrimination et l'**intention de les accomplir** – sont réunis. Puisque, par essence même, la personne morale ne peut d'elle-même ni agir matériellement ni manifester une volonté, les agissements doivent être l'œuvre de l'organe ou du représentant et la volonté consciente ou l'intention délibérée de commettre ces actes doit être constatée chez cet organe ou ce représentant (Cass. crim. 2-12-1997 nº 96-85.484 PF : RJDA 3/98 nº 289 et JCP G 1998 II nº 10023 rapport F. Desportes ; Cass. crim. 24-5-2000 nº 99-83.414 PF : RJDA 12/00 nº 1095 ; Cass. crim. 20-1-2021 nº 19-87.795 F-D : RJDA 4/21 nº 236). 4642

Si cette constatation est indispensable pour retenir qu'une infraction est susceptible d'engager la responsabilité de la société, il n'en résulte cependant, à ce stade :

– ni que cette responsabilité existe d'ores et déjà, car l'infraction n'est alors que commise ; elle n'est pas encore imputée à qui que ce soit ; elle ne sera mise à la charge de la société que s'il est ultérieurement établi que l'organe ou le représentant l'a commise « pour le compte » de cette société (nºˢ 4655 s.) ;

– ni que l'organe ou le représentant qui l'a commise est lui-même responsable (il ne devient le responsable ou « l'auteur » de l'infraction que si elle peut lui être imputée : nºˢ 4670 s.), ni, à l'inverse, que sa non-culpabilité entraîne celle de la personne morale (Cass. crim. 8-9-2004 nº 5030 : RJDA 10/05 nº 1105, 1ᵉ esp.).

La responsabilité pénale de la personne morale n'exige pas l'accomplissement de **faits distincts** de ceux reprochés à ses organes ou représentants ; elle est engagée dès lors que ceux-ci ont commis, en tant qu'auteurs, les éléments matériel et moral de l'infraction, pour le compte de la personne morale (Cass. crim. 26-6-2001 nº 4700 : RJDA 1/02 nº 42). 4645

INFRACTION COMMISE POUR LE COMPTE DE LA SOCIÉTÉ

La formule « pour leur compte » (des personnes morales) est incluse dans l'article 121-2, al. 1 du Code pénal sans aucune précision. Compte tenu de la généralité de cette formule, tout acte susceptible de présenter un **intérêt, pécuniaire ou autre,** direct ou indirect, peut être considéré comme accompli pour le compte de la personne morale. 4655

Pour que la société soit responsable, il faut que l'**infraction** puisse être **rattachée à sa personne.** Tel n'est pas le cas lorsque l'infraction : 4657

– a été commise sous le voile de la personnalité morale de la société dès lors que cet usage constitue un abus de la personnalité, l'organe ou le représentant ayant voulu, en réalité, se procurer un avantage personnel ;

– est en dehors des fonctions de l'organe ou du représentant qui l'a perpétrée car une telle infraction est détachable des fonctions organiques ou de la mission de représentation. Dans ce dernier cas, la faute pénale est personnelle à l'organe ou au représentant. La détermination de cette faute peut être conduite à partir des solutions exposées pour celle de la faute civile personnelle des dirigeants sociaux (nºˢ 14300 s.).

ILLUSTRATIONS

Dans un cas où une société avait été poursuivie pour travail dissimulé, il a été jugé que le seul fait de relever que son responsable marketing avait contribué à la mise en place de cette fraude et à son fonctionnement ne suffisait pas à établir que le délit avait été commis pour le compte de la société (Cass. crim. 13-5-2014 nº 13-81.240 : RJS 7/14 nº 606). En effet, un tel constat ne livrait rien du sens de ces actes par rapport aux intérêts de la société (A. Cœuret et F. Duquesne, Responsabilité pénale des personnes morales : encore des interrogations ! : RJS 10/14 p. 547).

La société doit être tenue pour responsable même lorsque son organe ou son représentant a **délégué** ses **pouvoirs** à un préposé ; en effet, l'infraction commise lui est alors imputable dès lors que le délégataire peut être lui-même considéré comme son représentant. À cet égard, voir Cass. crim. 1-12-1998 : RJDA 2/99 nº 177, qui place sur le même pied le président de la société et son délégataire en matière de sécurité. 4661

4663 **Infraction commise au volant d'un véhicule de société**

Redevable de l'amende

Le **représentant légal** de la société est redevable pécuniairement de l'amende encourue pour certaines infractions routières (excès de vitesse, non-respect de l'arrêt imposé par la signalisation, etc.) commises avec un véhicule dont le certificat d'immatriculation est établi au nom de la société, sauf cas de force majeure ou indications permettant d'identifier l'auteur véritable de l'infraction (C. route art. L 121-3, al. 3 et R 121-6). L'amende encourue dans ce cas par le représentant légal ne peut pas excéder le montant maximal applicable aux personnes physiques (Cass. crim. 12-5-2010 n° 10-80.031 : RJDA 10/10 n° 953).

Si le **véhicule** est **loué** par une société, la responsabilité pécuniaire s'applique au représentant légal de la société locataire, même si le certificat d'immatriculation est établi au nom du loueur du véhicule (Cass. crim. 15-10-2019 n° 18-86.644 FS-PBI : RJDA 1/20 n° 19).

Déclaration du conducteur du véhicule

Lorsque l'**infraction** au Code de la route a été **constatée par contrôle automatique** (par exemple, excès de vitesse), le représentant légal doit communiquer aux autorités, dans un délai de 45 jours à compter de l'envoi ou de la remise de l'avis de contravention, l'identité et l'adresse du conducteur du véhicule, le fait d'y contrevenir étant puni d'une amende (C. route art. L 121-6).

Le procès-verbal constatant l'infraction de non-déclaration doit préciser la date d'envoi de l'avis et non seulement sa date d'édition (Cass. crim. 9-11-2021 n° 20-85.020 FS-PB : RJS 2/22 n° 119). En l'absence de mention de la date d'envoi dans le procès-verbal, il a toutefois été admis que le juge détermine celle-ci à partir d'un autre document (Cass. crim. 7-2-2023 n° 22-83.986 F-B : RJDA 5/23 n° 256).

Si le véhicule était loué, l'obligation de déclaration du conducteur pèse également sur le loueur, qui peut alors, pour échapper à l'amende, indiquer l'**identité de la société locataire** (cf. Cass. crim. 1-9-2020 n° 19-85.465 FS-PBI : RJDA 2/21 n° 91).

La **déclaration du conducteur** doit être faite dans les formes prévues par le Code de la route (art. A 121-2 et A 121-3 : envoi de la déclaration par lettre recommandée AR ou établissement d'une déclaration dématérialisée sur le site www.antai.gouv.fr), y compris lorsque le conducteur est le dirigeant lui-même (Cass. crim. 15-1-2019 n° 18-82.380 FS-PB : RJDA 4/19 n° 261 ; Circ. CRIM/2019-01/E1 du 29-1-2019). Certains dirigeants ne se conforment pas à cette obligation, pensant que l'avis de contravention initiale leur a été adressé en qualité de conducteur et non en qualité de représentant légal de la société. Dans la mesure où ils invoquent de bonne foi une confusion sur le destinataire de l'avis de contravention, l'infraction de non-déclaration peut faire l'objet d'un classement sans suite au motif que l'infraction n'est pas suffisamment caractérisée (Circ. précitée).

Les **poursuites pénales** pour non-déclaration du conducteur aux autorités peuvent être engagées aussi bien contre le représentant légal que contre la société (Cass. crim. 11-12-2018 n° 18-82.628 FS-PB : RJDA 3/19 n° 192, 1e esp.). Mais encore faut-il qu'ils aient été destinataires de l'avis de contravention (Cass. crim. 4-5-2021 n° 20-83.566 F-D : RJDA 11/21 n° 719).

En cas de poursuites engagées contre le représentant, il appartient au juge de vérifier si celui-ci a satisfait à l'obligation de désigner le conducteur du véhicule ; en revanche, il importe peu que l'avis de contravention pour non-désignation du conducteur ait été libellé au nom de la seule société (Cass. crim. 11-12-2018 n° 18-82.820 FS-PB : RJDA 3/19 n° 192, 2e esp.).

b. Imputation des infractions au représentant légal

4670 Aux termes de l'article 121-2, al. 3 du Code pénal, la responsabilité pénale des personnes morales n'exclut pas celle des personnes physiques auteurs ou complices des mêmes faits. L'article 121-2, al. 3 n'établit donc pas à proprement parler un **cumul de la responsabilité** pénale de la société et de celle de son représentant légal.

Si telle avait été l'intention du législateur, il aurait précisé que la personne physique qui a agi pour le compte de la société est, de ce seul fait, pénalement responsable avec la société.

4673 Lorsque des poursuites sont engagées contre une personne morale et, pour des mêmes faits ou des faits connexes, contre son représentant légal, celui-ci peut saisir par requête le président du tribunal judiciaire aux fins de **désignation d'un mandataire de justice** pour représenter la personne morale (CPP art. 706-43, al. 1). Cette demande étant facultative, la désignation d'un mandataire ne constitue pas un préalable à la mise en examen de la personne morale (Cass. crim. 15-2-2005 n° 1049 : RJDA 8-9/05 n° 978).

INFRACTIONS NON INTENTIONNELLES

4680 En cas de réalisation d'un délit non intentionnel (imprudence, négligence, manquement à une obligation de sécurité : cf. C. pén. art. 121-3, al. 3) ou d'une contravention non intentionnelle (C. pén. art. R 610-2, R 622-1, R 625-2 et R 625-3), les **personnes physiques** qui n'ont pas causé directement le dommage, mais qui ont créé ou contribué à créer la situation qui a permis la réalisation du dommage ou qui n'ont pas pris les mesures permettant de l'éviter, ne sont responsables pénalement que s'il est établi qu'elles ont soit violé de façon manifestement délibérée une obligation particulière de prudence ou de sécurité prévue par la loi ou le règlement, soit commis une faute caractérisée et qui exposait autrui à un risque d'une particulière gravité qu'elles ne pouvaient ignorer (C. pén. art. 121-3, al. 4).

Cette absence de faute pénale ne fait pas obstacle à l'exercice d'une action devant les juridictions civiles (CPP art. 4-1).

Mais, même si aucune infraction n'est établie à l'encontre d'une personne physique, la faute commise par celle-ci peut entraîner la responsabilité pénale de la **personne morale** (Cass. crim. 24-10-2000 : RJDA 3/01 n° 316 ; Cass. crim. 2-10-2012 n° 11-85.032 : RJDA 3/13 n° 236 ; Cass. crim. 4-9-2018 n° 17-82.633 F-D : RJDA 2/19 n° 90). Encore faut-il que l'obligation de prudence ou de sécurité prétendument violée par la personne morale soit caractérisée et qu'il soit établi que cette violation résulte de l'abstention de l'un des organes ou représentants de la personne morale et a été commise pour le compte de celle-ci (Cass. crim. 2-9-2014 n° 13-83.956 : RJS 11/14 n° 784).

Pour un exemple de condamnation d'une société et de son directeur technique ayant commis des imprudences à l'origine d'un accident du travail, voir Cass. crim. 12-12-2006 n° 06-80.240 : RJDA 7/07 n° 726.

Lorsqu'ils constatent la matérialité d'une infraction non intentionnelle susceptible d'être imputée à une société, il appartient aux juges d'identifier celui des organes ou représentants de cette société dont la faute est à l'origine du dommage ; il en va ainsi du représentant légal qui omet de veiller lui-même à la mise en œuvre des règles visant à assurer la **sécurité des travailleurs,** à moins que ne soit apportée la preuve qu'il a délégué ses pouvoirs à un préposé (Cass. crim. 31-10-2017 n° 16-83.683 FS-PB : RJDA 2/18 n° 126 ; Cass. crim. 11-2-2025 n° 24-82.664 F-D : RJDA 6/25 n° 316).

En conséquence, lorsque les juges démontrent qu'un manquement aux règles d'hygiène et de sécurité est à l'origine de l'accident, la responsabilité pénale de la société employeur risque d'être retenue dans la plupart des cas :
– soit le dirigeant a délégué ses pouvoirs en la matière et la responsabilité de la société sera engagée par la personne du délégataire, déclaré représentant de celle-ci ;
– soit le dirigeant n'a pas délégué ses pouvoirs et la société sera jugée responsable en raison de la présomption de responsabilité du chef d'entreprise qui pèse sur son représentant légal.

3. SANCTIONS DES INFRACTIONS

PEINES ENCOURUES PAR LA SOCIÉTÉ

Amende L'amende fait partie des peines pour crime, délit ou contravention applicables à une personne morale (C. pén. art. 131-37, 1° pour les crimes et délits et 131-40 pour les contraventions). 4700
Son **taux maximal** est fixé au quintuple de celui prévu pour les personnes physiques par le texte qui réprime l'infraction (C. pén. art. 131-38, al. 1 pour les délits et 131-41 pour les contraventions).

EXEMPLE

L'article 313-1 du Code pénal prévoyant une amende de 375 000 € pour escroquerie simple, les sociétés reconnues coupables de ce délit sont passibles d'une amende pouvant aller jusqu'à 1,875 M€.

Lorsqu'il s'agit d'un crime pour lequel aucune peine d'amende n'est prévue à l'encontre des personnes physiques, l'amende maximale encourue par les personnes morales est de 1 M€ (C. pén. art. 131-38, al. 2).

Le juge peut prononcer une **amende d'un montant inférieur** à celle qui est encourue, en tenant compte des ressources et des charges de l'auteur de l'infraction. Il peut aussi **majorer l'amende,** dans la limite de 10 % de son montant, pour financer l'aide aux victimes, en fonction des circonstances de l'infraction, de la personnalité de son auteur ainsi que de la situation matérielle, familiale et sociale de celui-ci (C. pén. art. 132-20 et CPP art. 707-6).

> **Précisions** **a.** Les peines applicables en cas de **récidive** sont fixées par les articles 132-12 et suivants du Code pénal.
b. Pour toutes les **contraventions de la 5e classe,** la peine d'amende peut être remplacée par une ou plusieurs des peines suivantes : interdiction, pour une durée d'un an au plus, soit d'émettre des chèques autres que ceux qui permettent le retrait de fonds par le tireur auprès du tiré ou autres que ceux qui sont certifiés, soit d'utiliser des cartes de paiement ; confiscation de la chose qui a servi ou était destinée à commettre l'infraction ou de la chose qui en est le produit (C. pén. art. 131-42).
c. Les personnes morales mises en cause pour certaines infractions d'atteinte à la probité

(corruption notamment), pour le délit de blanchiment de fraude fiscale ou pour des délits prévus par le Code de l'environnement peuvent conclure avec le procureur de la République une **convention judiciaire d'intérêt public.** Le montant de l'amende transactionnelle est fixé de manière proportionnée aux avantages tirés des manquements constatés, dans la limite de 30 % du chiffre d'affaires moyen annuel calculé sur les trois derniers chiffres d'affaires annuels connus à la date du constat de ces manquements (voir CPP art. 41-1-2, 41-1-3 et R 15-33-60-1 s.).

4705 **Autres peines** Lorsque la loi le prévoit, un **crime** ou un **délit** commis par une personne morale peut aussi être sanctionné par l'une ou plusieurs des peines suivantes (C. pén. art. 131-37, 2° et 131-39) :

– la dissolution, lorsque la société a été créée pour commettre l'infraction en cause ; il en est de même si elle a été détournée de son objet pour commettre un crime ou un délit puni, en ce qui concerne les personnes physiques, d'une peine d'emprisonnement supérieure à trois ans (cas, par exemple, de l'abus de confiance aggravé : C. pén. art. 314-2) ;
– l'interdiction, à titre définitif ou pour une durée de cinq ans au plus, d'exercer directement ou indirectement une ou plusieurs activités professionnelles ou sociales ;
– le placement, pour une durée de cinq ans au plus, sous surveillance judiciaire ;
– la fermeture définitive ou pour une durée de cinq ans au plus du ou des établissements de l'entreprise ayant servi à commettre l'infraction ;
– l'exclusion des marchés publics à titre définitif ou pour une durée de cinq ans au plus ;
– l'interdiction, à titre définitif ou pour une durée de cinq ans au plus, de procéder à une offre au public de titres financiers (autre qu'une offre réservée à des investisseurs qualifiés ou à un cercle restreint d'investisseurs ou qu'une offre relevant du financement participatif : cf. C. mon. fin. art. L 411-4) ou de faire admettre ses titres financiers aux négociations sur un marché réglementé ;
– l'interdiction, pour une durée de cinq ans au plus, d'émettre des chèques, autres que ceux qui permettent le retrait de fonds ou qui sont certifiés, ou d'utiliser des cartes de paiement ;
– la confiscation de la chose qui a servi ou qui était destinée à commettre l'infraction ou celle de la chose qui en est le produit (C. pén. art. 131-21) ;
– la confiscation de l'animal ayant été utilisé pour commettre l'infraction ou à l'encontre duquel l'infraction a été commise ;
– l'interdiction, à titre définitif ou pour une durée de cinq ans au plus, de détenir un animal ;
– l'affichage de la décision prononcée ou la diffusion de celle-ci soit par la presse écrite, soit par tout moyen de communication au public par voie électronique ;
– l'interdiction, pour une durée de cinq ans au plus, de percevoir toute aide publique attribuée par l'État, les collectivités territoriales, leurs établissements ou leurs groupements ainsi que toute aide financière versée par une personne privée chargée d'une mission de service public.

Certaines de ces peines peuvent être appliquées en cas de **contravention** (voir C. pén. art. 131-43 et 131-44).

ILLUSTRATIONS

Le **placement judiciaire** a été jugé inapplicable à une société ayant réorganisé ses activités en n'exploitant plus le site où elle a commis un délit de destruction involontaire par explosion ou incendie ; en effet, la société n'exerçait plus l'activité à l'occasion de laquelle l'infraction avait été commise (CA Aix-en-Provence 17-12-2003 n° 03-2089 : RJDA 8-9/05 n° 979).

Pour un exemple de **fermeture définitive** de l'entreprise à la suite d'infractions à la loi sur les jeux de hasard et de faux et usage de faux, voir CA Toulouse 26-11-1998 : PA 1999 n° 132 p. 17 note C. Ducouloux-Favard.

4707 Lorsque la loi le prévoit, un **délit** peut être sanctionné par l'obligation pour une personne morale de se soumettre, sous le contrôle de l'Agence française anticorruption, pour une durée maximale de cinq ans, à un **programme de mise en conformité** destiné à s'assurer de l'existence et de la mise en œuvre en son sein de certaines mesures **anticorruption** (C. pén. art. 131-37, 2° et 131-39-2, I).

Lorsque le tribunal prononce cette peine, les frais occasionnés par le recours par l'Agence française anticorruption à des experts ou à des personnes ou autorités qualifiées pour l'assister dans la réalisation d'analyses juridiques, financières, fiscales et comptables sont supportés par la personne morale condamnée, sans que le montant de ces frais ne puisse excéder le montant de l'amende encourue pour le délit au titre duquel cette peine est prononcée (C. pén. art. 131-39-2, III).

Sur les mesures et procédures anticorruption visées par ce texte, voir n° 80100.

Pour un **délit** ou une **contravention de 5e classe,** les personnes morales encourent également une peine de **sanction-réparation** (C. pén. art. 131-37, al. 4 pour les délits et 131-40, 3° pour les contraventions). En effet, la juridiction peut prononcer, **à la place ou en même temps que l'amende** encourue, une obligation pour la personne condamnée d'**indemniser la victime,** dans le délai et selon les modalités fixés par cette juridiction. Dans ce cas, elle fixe en outre le montant maximum de l'amende, qui ne peut excéder ni 75 000 € ni l'amende encourue par la personne morale pour le délit considéré (7 500 € pour les contraventions), dont le juge de l'application des peines pourra ordonner la mise à exécution en tout ou partie si la personne morale ne respecte pas son obligation de réparation (C. pén. art. 131-39-1 pour les délits et 131-44-1 pour les contraventions). 4709

> **Précisions** Avec l'accord de la victime et du prévenu, la **réparation** peut être exécutée **en nature.** Elle peut alors consister dans la remise en état d'un bien endommagé à l'occasion de la réalisation de l'infraction ; cette remise en état doit être réalisée par la personne condamnée elle-même ou par un professionnel qu'elle doit choisir et rémunérer (C. pén. art. 131-8-1, al. 3).

CASIER JUDICIAIRE DE LA SOCIÉTÉ

Inscription des condamnations Les condamnations pénales prononcées contre les sociétés sont inscrites sur le casier judiciaire des personnes morales dans les **conditions** fixées par l'article 768-1 du Code de procédure pénale. 4715

Les **décisions modificatives** concernant ces condamnations (telles que dispenses de peines, grâces, commutations ou réductions de peines ou encore réhabilitations) doivent être mentionnées sur les fiches du casier judiciaire. En outre, certaines fiches, notamment celles relatives à des condamnations effacées par une amnistie, doivent être retirées de ce casier (CPP art. 769, sur renvoi de l'art. 769-1).

> **Précisions** Le **casier** des personnes morales est **géré** par le casier judiciaire national automatisé. Après contrôle de l'identité des sociétés au moyen du répertoire national des entreprises et des établissements, il **reçoit** (CPP art. 768-1) :
> – les condamnations prononcées pour crime, délit ou contravention de la 5e classe par toute juridiction répressive ;
> – les condamnations pour contraventions des quatre premières classes dès lors que sera prise à l'encontre de la société, à titre principal ou complémentaire, une mesure d'interdiction, de déchéance, d'incapacité ou une mesure restrictive de droits ;
> – les déclarations de culpabilité assorties d'une dispense de peine ou d'un ajournement, avec ou sans injonction, du prononcé de la peine ;
> – les condamnations prononcées par les juridictions étrangères qui auront fait l'objet d'un avis aux autorités françaises ;
> – les amendes forfaitaires pour délits ou contraventions de la 5e classe ayant fait l'objet d'un paiement ou à l'expiration d'un délai de 30 jours suivant l'envoi à la société de l'avis l'invitant à payer l'amende forfaitaire majorée ;
> – les compositions pénales dont l'exécution a été constatée par le procureur de la République.

Accès au casier judiciaire Il existe deux types de bulletins de casier judiciaire dont le contenu varie selon la qualité de leurs destinataires. 4718

Le **bulletin n° 1** contient l'ensemble des fiches du casier et ne peut être délivré qu'aux autorités judiciaires nationales ; toutefois, il peut aussi être adressé aux autorités judiciaires étrangères lorsqu'il existe un accord de réciprocité (CPP art. 774 et 774-1).

Le **bulletin n° 2** ne contient qu'un relevé partiel des fiches du casier. En ce qui concerne les personnes morales, n'y figurent pas (CPP art. 775-1 A) : 4720

– les condamnations dont la mention sur l'extrait de casier a été expressément exclue par le tribunal qui les a prononcées ;
– les condamnations prononcées pour contravention de police et les condamnations à des peines d'amende d'un montant inférieur à 30 000 € ;
– les condamnations assorties du bénéfice du sursis lorsqu'elles doivent être considérées comme non avenues ;
– *les déclarations de culpabilité* assorties d'une dispense de peine ou d'un ajournement, avec ou sans injonction, du prononcé de la peine ;
– les condamnations prononcées par les juridictions étrangères ;
– les amendes forfaitaires pour délits ou contraventions de la 5e classe ayant fait l'objet d'un paiement ou à l'expiration d'un délai de 30 jours suivant l'envoi à la société de l'avis l'invitant à payer l'amende forfaitaire majorée ;
– les compositions pénales dont l'exécution aura été constatée par le procureur de la République.

Le tribunal qui prononce une condamnation peut aussi exclure expressément la mention de celle-ci au bulletin n° 2 du casier judiciaire soit dans le jugement de condamnation, soit par

4720 (suite) jugement rendu postérieurement sur la requête du condamné (art. 775-1, al. 1). Cette exclusion emporte relèvement de toutes les interdictions, déchéances ou incapacités de quelque nature qu'elles soient résultant de cette condamnation (art. 775-1, al. 2).

Le bulletin n° 2 du casier judiciaire des personnes morales ne peut être délivré qu'aux personnes suivantes (art. 776-1) :

– les préfets, administrations de l'État et collectivités locales saisis de propositions ou de soumissions pour des adjudications de travaux ou de marchés publics ;

– les administrations chargées de l'assainissement des professions agricoles, commerciales, industrielles ou artisanales ;

– les présidents des tribunaux de commerce en cas de redressement ou de liquidation judiciaire, ainsi que les juges commis à la surveillance du RCS à l'occasion des demandes d'inscription audit registre ;

– l'AMF en ce qui concerne les personnes morales demandant l'admission de leurs titres financiers aux négociations sur un marché réglementé ;

– les autorités compétentes désignées par arrêté du ministre de la justice, lorsque celles-ci reçoivent, en application d'une convention internationale ou d'un acte pris sur le fondement du traité sur le fonctionnement de l'UE, une demande de communication des sanctions pénales ou disciplinaires prononcées à l'encontre d'une personne morale, de la part d'une autorité compétente étrangère (autorité d'un autre État partie à ladite convention, d'un État membre de l'UE ou d'un État partie à l'accord sur l'EEE) chargée d'appliquer des mesures restreignant l'exercice d'une activité, fondées, dans cet État, sur l'existence de sanctions pénales ou disciplinaires prononcées à l'encontre de la personne morale.

Le représentant légal de la personne morale peut obtenir, sur demande adressée au procureur de la République auprès du tribunal judiciaire du siège de la personne morale, communication du relevé intégral des mentions du casier judiciaire concernant celle-ci, mais il ne peut s'en faire délivrer aucune copie (CPP art. 777-2).

PARTIE 2

Les associés et les organes de gestion

TITRE I

Les associés

CHAPITRE 1

QUALITÉ D'ASSOCIÉ

SOMMAIRE

PRINCIPE

En principe, a seule la qualité d'associé la personne qui réunit en elle-même les éléments caractéristiques du contrat de société, c'est-à-dire qui a fait un apport, qui participe aux bénéfices (ou aux économies) et aux pertes, et qui a eu la volonté de s'associer (affectio societatis). **6000**

Toute personne qui, aux termes des statuts, a souscrit des parts sociales et effectué l'apport correspondant a la qualité d'associé, peu important les conditions de financement de cet apport (Cass. com. 20-9-2016 nº 14-28.107 F-D : RJDA 12/16 nº 861). Tel est le cas lorsqu'un apport en numéraire a été libéré par un autre associé (Cass. com. 20-9-2016 précité). En revanche, la qualité d'associé a été déniée à une personne qui, bien qu'ayant suscité la constitution de la société en aidant les fondateurs à réunir le capital et à ouvrir un compte bancaire, puis consenti un prêt à la société, n'avait fait aucun apport et n'était pas considérée comme un associé par les fondateurs (CA Paris 16-4-1985 : BRDA 12/85 p. 18).

Dans certaines circonstances, examinées ci-après, la détermination de cette qualité peut soulever des difficultés.

› Précisions **a.** La **définition** de la qualité d'**associé** trouve, à notre avis, un fondement dans la rédaction de l'article 1832 du Code civil. Le terme « associés » employé dans l'alinéa 3 de ce texte pour désigner les personnes devant répondre des pertes sociales ne peut, en effet, concerner que les « deux ou plusieurs personnes » qui, selon l'alinéa premier du même article, conviennent de mettre en commun des apports en vue de partager le bénéfice ou de profiter de l'économie qui pourra en résulter.

b. Sur l'adaptation de la notion d'**affectio societatis** lorsque la **société** est **unipersonnelle,** voir nº 135.

A. Qualité d'associé des indivisaires

Si les **parts sociales ou actions** attribuées en rémunération de l'apport d'un bien indivis sont elles-mêmes **indivises** ou si l'indivision survient en cours de société (par exemple, à la suite du décès d'un associé), *la qualité d'associé doit* être reconnue à chacun des indivisaires (Cass. com. 21-1-2014 nº 13-10.151 : RJDA 5/14 nº 443 ; Cass. com. 7-7-2020 nº 18-19.330 F-D : RJDA 11/20 nº 571 ; Cass. com. 30-8-2023 nº 22-10.018 F-D : RJDA 12/23 nº 656). Pendant la durée de l'indivision, l'exercice des droits attachés à cette qualité « demeure limité en vertu des règles propres au régime des indivisions » (Cass. 1e civ. 6-2-1980 : Rev. sociétés 1980 p. 521 note A. Viandier ; dans le même sens, CA Paris 15-2-1990 : D. 1990 IR p. 74). **6010**

De même, si les **parts sociales ou actions** attribuées en rémunération de cet apport sont **partagées entre les indivisaires** au prorata de leurs droits dans l'indivision, chaque indivisaire acquiert personnellement la qualité d'associé.

B. Qualité d'associé d'un couple

1. QUALITÉ D'ASSOCIÉ DES PARTENAIRES D'UN PACS

PACS CONCLU DEPUIS LE 1ER JANVIER 2007

6020 Lorsque deux personnes sont liées par un Pacs, seul le partenaire apporteur a en principe la qualité d'associé puisque c'est à lui que sont attribuées les parts sociales. Mais lorsque les partenaires choisissent dans la convention de Pacs (ou dans une convention modificative) de soumettre leurs biens au régime de l'indivision (C. civ. art. 515-5-1), ils sont tous deux associés, sauf si l'un d'eux a réalisé un apport en numéraire avec des fonds lui appartenant avant l'enregistrement de la convention de Pacs (ou de la convention modificative) ou reçus par donation ou succession pendant le Pacs et a effectué une déclaration d'emploi des fonds dans l'acte d'acquisition (C. civ. art. 515-5-2).

PACS CONCLU AVANT LE 1ER JANVIER 2007

6025 Si le Pacs a été conclu avant le 1er janvier 2007 et si les partenaires n'ont pas opté pour le régime actuel exposé nº 6020, les parts sociales attribuées en **rémunération de l'apport d'un bien personnel** de l'un des partenaires sont présumées indivises par moitié, à moins qu'il n'en ait été disposé autrement dans l'acte de souscription (C. civ. ex-art. 515-5, al. 2).

Il convient alors de distinguer deux situations :

1. L'apporteur avise ses futurs coassociés de l'existence du Pacs et informe dans le même temps son partenaire de son intention de réaliser l'apport. Dans ce cas, si ce dernier accepte d'entrer dans la société par la voie de l'indivision, rien ne s'oppose à ce que la qualité d'associé lui soit attribuée dès lors que tel est son souhait et que les autres fondateurs sont d'accord ;

2. L'apporteur ne tient pas son partenaire informé de l'apport qu'il entend réaliser. Dans ce cas, le partenaire n'acquiert pas, selon nous, automatiquement la qualité d'associé et ne peut pas non plus la revendiquer. En effet, dès lors que l'intéressé n'a pas consenti à l'apport, on ne peut pas considérer qu'il a effectué celui-ci ; or, avoir fait apport est une condition essentielle pour être associé (C. civ. art. 1832). On peut raisonnablement penser que les droits indivis des partenaires s'exerceront alors uniquement sur la valeur des titres et que la qualité d'associé reviendra exclusivement à celui des deux partenaires qui aura réalisé l'apport (distinction du « titre » et de la « finance ») (dans le même sens, H. Hovasse : Dr. sociétés juin 2000 p. 3).

CONSEIL

Pour **éviter toutes contestations ultérieures,** les fondateurs ont intérêt à envisager dans les statuts l'hypothèse de l'existence d'un Pacs et à faire préciser leurs intentions aux deux partenaires. Ils peuvent s'inspirer de la procédure prévue pour les époux communs en biens (nos 6065 s.).

6026 Lorsque les parts sociales sont attribuées en **rémunération de l'apport d'un bien appartenant en indivision aux partenaires,** ces parts sont également présumées indivises par moitié, à moins qu'il n'en ait été disposé autrement dans l'acte de souscription (C. civ. art. 515-5, al. 2 ancien).

Si le partenaire de l'apporteur a consenti à l'apport, chaque partenaire acquiert à notre avis la qualité d'associé (nº 6010).

Si le partenaire n'a pas consenti à l'apport, celui-ci lui est inopposable (Cass. 1e civ. 15-6-1994 : Bull. civ. I nº 212) pour la part correspondant à ses droits (Cass. 1e civ. 5-4-2005 : RJDA 4/06 nº 475). Dans ce cas, bien que les parts attribuées en rémunération de l'apport soient elles-mêmes indivises, le partenaire qui n'a pas consenti à l'apport n'acquiert pas, selon nous, automatiquement la qualité d'associé, et ce, pour les mêmes raisons que celles évoquées à propos de l'apport d'un bien personnel.

CAS PARTICULIERS

6027 L'octroi de la qualité d'associé à chacun des membres du Pacs fait difficulté lorsque la **société exerce une activité réglementée** et que l'accès à la qualité d'associé est subordonné à la détention d'un titre professionnel. Il y a lieu de distinguer entre le « titre » et la « finance », comme il est fait en matière de communauté (nº 6085), afin de ne faire entrer dans la masse indivise que la valeur des droits sociaux et réserver la qualité d'associé à celui qui remplit les conditions de la réglementation.

Enfin, lorsque l'acquisition de **parts sociales ou d'actions** est soumise à **agrément,** l'acquéreur doit, le cas échéant, révéler l'existence du Pacs pour que son partenaire soit soumis à la procédure d'agrément.

2. QUALITÉ D'ASSOCIÉ DES ÉPOUX

a. Qualité d'associé des époux séparés de biens ou soumis au régime de la participation aux acquêts

Lorsque les époux sont mariés sous un régime de séparation de biens ou de participation aux acquêts, chacun d'eux, étant libre de disposer de ses **biens personnels,** peut en faire apport à une société (ou les employer à l'achat de droits sociaux) et acquérir ainsi la qualité d'associé, sous réserve qu'il remplisse les autres conditions requises (participation aux bénéfices et aux pertes, affectio societatis, voir n° 6000). 6040

Si l'un des époux souscrit ou acquiert des droits sociaux pour son compte avec les **deniers** personnels **de son conjoint,** il en devient seul propriétaire (Cass. com. 2-12-2020 n° 18-15.288 F-D : RJDA 2/21 n° 136). Il a alors seul la qualité d'associé.

b. Qualité d'associé des époux communs en biens

ACHAT PAR UN ÉPOUX DE DROITS SOCIAUX AVEC SES BIENS PROPRES

En cas de communauté de biens, chacun des époux peut souscrire ou acheter des droits sociaux, parts ou actions, au moyen de ses biens propres, c'est-à-dire, pour l'essentiel, des biens dont il était propriétaire au jour de la célébration du mariage ou qu'il a acquis pendant le mariage par succession, donation ou legs, ou à la suite d'un emploi ou d'un remploi. L'époux acquiert ainsi la qualité d'associé, sous réserve qu'il remplisse les autres conditions requises (participation aux bénéfices et aux pertes, affectio societatis, voir n° 6000). 6050

En cas de **droits sociaux attribués à un époux en contrepartie de l'apport d'un bien propre,** ces droits sociaux demeurent des biens propres, sans qu'il y ait lieu de faire une déclaration de remploi (application du mécanisme de la subrogation réelle : C. civ. art. 1406 ; Cass. 1e civ. 10-7-1996 n° 94-17.471 : Bull. civ. I n° 314 pour les parts sociales ; Cass. 1e civ. 27-5-2010 n° 09-11.894 : RJDA 10/10 n° 955 pour les actions). En revanche, lorsque les **droits sociaux ont été achetés ou souscrits en emploi ou en remploi de fonds propres,** ils ne sont propres que si l'époux concerné a pris soin de déclarer, dans l'acte d'acquisition, que l'achat a été fait à l'aide de deniers propres ou issus de l'aliénation d'un bien propre (Cass. 1e civ. 8-10-2014 n° 13-21.879 : RJDA 1/15 n° 16 ; Cass. 1e civ. 8-10-2014 n° 13-24.546 : RJDA 4/15 n° 272). À défaut, l'emploi ou le remploi est inopposable aux tiers et il n'aura d'effet dans les rapports entre les époux que si ces derniers en sont d'accord (C. civ. art. 1434).

ACHAT PAR LES DEUX ÉPOUX DE DROITS SOCIAUX AVEC DES BIENS COMMUNS

Lorsque l'entrée dans la société – qu'elle résulte d'un apport ou d'un achat de droits sociaux – est réalisée conjointement par les deux époux au moyen de biens communs, chacun d'eux a la qualité d'associé (Cass. com. 15-5-2012 n° 11-13.240 : RJDA 12/12 n° 1071), sous réserve, le cas échéant, d'avoir été agréé. 6052

ACHAT PAR UN SEUL ÉPOUX D'ACTIONS AVEC DES BIENS COMMUNS

Dans les sociétés par actions, si l'apport ou l'achat d'actions a été réalisé au moyen de biens communs par un seul des époux, c'est à celui-ci que doit être reconnue la qualité d'associé. 6060

ACHAT PAR UN SEUL ÉPOUX DE PARTS SOCIALES AVEC DES BIENS COMMUNS

Revendication de la qualité d'associé par le conjoint Dans les sociétés autres que les sociétés par actions, si l'apport ou l'achat de parts a été réalisé au moyen de biens communs par un seul des époux, la qualité d'associé n'appartient qu'à lui (C. civ. art. 1832-2, al. 2) ; *il participe donc seul à la vie sociale.* 6065

Toutefois, son conjoint bénéficie d'un droit de revendication de la qualité d'associé pour la moitié des parts souscrites ou acquises. Pour permettre l'exercice de ce droit, la loi impose que le **conjoint** de l'époux qui envisage de procéder à l'opération en soit **averti** et qu'il soit justifié de cette information dans l'acte d'apport ou d'achat (C. civ. art. 1832-2, al. 1). Elle n'exige qu'un simple **avis au conjoint.** Il n'est donc pas nécessaire d'obtenir une autorisation de sa part, sauf en cas d'apport de biens visés à l'article 1424 du Code civil (immeubles, fonds de commerce, droits sociaux non négociables, etc.).

Dans tous les cas, la communauté ne recueille que la valeur des parts (Cass. com. 15-5-2012 n° 11-13.240 : RJDA 12/12 n° 1071 ; Cass. 1e civ. 12-6-2014 n° 13-16.309 : RJDA 10/14 n° 755).

MODÈLE

Lettre d'avertissement au conjoint de l'associé commun en biens

Lettre recommandée AR

En application des dispositions de l'article 1832-2, al. 1 du Code civil, nous vous informons que..., votre conjoint, a l'intention de faire les apports suivants à une société dont les caractéristiques sont décrites ci-après.

En cas d'apport en numéraire :

– une somme en numéraire de... € dépendant de votre communauté qui serait rémunérée par l'attribution à votre conjoint de... parts sociales de... € chacune.

En cas d'apport en nature :

– des biens suivants dépendant de votre communauté qui seraient rémunérés par l'attribution à votre conjoint de... parts sociales de... € chacune : (*Description et évaluation des biens apportés*).

Il s'agira d'une société à responsabilité limitée constituée pour... ans à compter de son immatriculation et ayant pour objet...

La dénomination de cette société sera... et son siège sera fixé à... Elle sera constituée avec un capital de... €, divisé en... parts sociales réparties comme suit entre les différents associés :

– ...

– ...

La gérance de la société serait confiée à...

Vous avez la faculté de revendiquer la qualité d'associé pour la moitié des parts sociales souscrites par votre conjoint. Nous vous serions donc obligés de nous faire savoir si vous entendez ou non revendiquer cette qualité dès à présent. Dans ce cas, nous vous demandons de bien vouloir nous notifier votre intention par lettre recommandée AR avant le... Dans la négative, vous conserveriez la faculté d'exercer ultérieurement cette option aux conditions de majorité prévues par les statuts en vigueur à la date de la demande.

S'il s'agit d'un apport en nature nécessitant le consentement du conjoint :

Indépendamment de votre décision quant à la revendication ou non de la qualité d'associé, vous aurez à consentir expressément à l'apport ci-dessus, conformément aux dispositions prévues par l'article 1424 du Code civil.

6066 Le **défaut d'information** du conjoint entraîne, sauf ratification par ce dernier, la nullité de l'apport ou de l'achat. Mais le conjoint ne peut exercer son action en nullité que pendant deux ans à partir du jour où il a eu connaissance de l'acte et au maximum dans les deux années qui suivent la dissolution de la communauté (C. civ. art. 1427 sur renvoi de l'art. 1832-2, al. 1). Il ne peut pas échapper à ce délai en invoquant l'action spécifique prévue à l'article 1421 du Code civil pour sanctionner les actes frauduleux (Cass. 1e civ. 23-3-2011 nº 09-66.512 : RJDA 6/11 nº 535). Pour un exemple d'annulation d'un achat de parts de SARL et d'une souscription à une augmentation de capital effectués au moyen de biens communs au motif que la preuve de l'avertissement du conjoint n'était pas rapportée, voir CA Versailles 14-10-1999 : RJDA 2/00 nº 163.

L'article 1832-2, al. 1 prévoit également la nullité de l'apport ou de l'achat en cas de défaut de mention, dans l'acte d'apport ou d'achat, de l'avis donné au conjoint. Cette cause de nullité se confond souvent avec celle du défaut d'information. Prise isolément, elle trouve rarement à s'appliquer si la preuve est faite que le conjoint a été effectivement averti. Dans ce cas, en effet, le conjoint n'a pas d'intérêt à agir car la cause de nullité qu'il invoque ne lui a pas porté préjudice (cf. CPC art. 114, al. 2 ; voir aussi CA Paris 30-4-1981 : Bull. Joly 1981 p. 525).

6067 Pour **exercer** son droit de **revendication,** le conjoint doit notifier à la société son intention d'être personnellement associé (C. civ. art. 1832-2, al. 3). La **forme** de cette notification peut être fixée librement par les statuts. À défaut, nous préconisons la notification par lettre recommandée AR ou remise au siège de la société contre récépissé (pour un modèle de lettre, voir nº 6081).

L'**affectio societatis** du conjoint n'est pas une condition requise pour la revendication (Cass. com. 21-9-2022 nº 19-26.203 FS-B : RJDA 12/22 nº 686).

Les articles 223 et 1421, al. 2 du Code civil reconnaissent à chaque époux le droit d'exercer seul une profession et, dans ce cas, le pouvoir d'accomplir seul les actes de disposition nécessaires à celle-ci (autres que ceux énumérés par l'article 1424 du Code civil ; Cass. 1e civ. 28-2-1995 : Bull. civ. I nº 104). Ces mesures traduisent la primauté accordée par ces textes à l'autonomie professionnelle de chaque époux de sorte que, à notre avis, la faculté de revendiquer la qualité d'associé peut être refusée au conjoint lorsque l'époux souscripteur ou acquéreur exerce une **profession séparée** et que les parts sociales sont **nécessaires à l'exercice de sa profession.** Sans se prononcer sur le fond, la Cour de cassation a jugé que les articles 223 et 1421, al. 2 ayant pour seul objet de protéger les intérêts de l'époux exerçant une profession séparée, la société dont cet époux est associé n'est pas recevable à se prévaloir de l'atteinte que la revendication par le conjoint de la qualité d'associé serait susceptible de porter au droit d'exercer une telle profession (Cass. com. 21-9-2022 précité).

> Précisions **a.** La présomption de communauté résultant de l'article 1402 du Code civil dispense l'époux revendiquant de fournir la **preuve** que l'**apport** a été **réalisé grâce à des biens communs** : c'est aux tiers (les autres associés) qui refusent de reconnaître au revendiquant la qualité d'associé qu'il appartient de prouver que la souscription ou l'acquisition a été réalisée au moyen de biens propres (Cass. 1e civ. 11-6-1996 : RJDA 1/97 n° 55 ; CA Orléans 3-7-2008 n° 07-2945 : RJDA 4/09 n° 340).

b. L'**époux commun** en biens d'un associé d'une société civile ne peut pas être condamné solidairement avec celui-ci au **paiement des dettes sociales** du seul fait que les parts souscrites pendant le mariage sont des biens communs s'il n'a pas lui-même revendiqué la qualité d'associé (Cass. 3e civ. 20-2-2002 n° 354 : RJDA 5/02 n° 501, solution transposable aux associés de SNC et aux associés commandités de SCS).

c. Il a été jugé que le gérant d'une entreprise générale de bâtiment constituée sous forme de SARL ne pouvait pas **s'opposer à la revendication** par son épouse de la qualité d'associé en faisant valoir que les parts qu'il détenait étaient le support nécessaire de la **profession** qu'il exerçait dans la société, car il ne visait que sa qualité de gérant, qualité dont il ne serait pas privé puisque son épouse disposait seulement de 9 % du capital (CA Orléans 3-7-2008 précité).

Revendication lors de l'apport ou de l'acquisition Si le conjoint revendique la qualité d'associé lors de l'apport ou de l'acquisition, la moitié des parts lui est attribuée (C. civ. art. 1832-2, al. 3). Il n'est pas soumis à **agrément** : l'acceptation ou l'agrément donné à l'apporteur ou à l'acquéreur vaut automatiquement pour son conjoint (même art.). Les associés ne peuvent donc pas agréer l'un des époux et refuser l'autre : ils doivent les agréer l'un et l'autre ou les écarter tous les deux. 6069

Revendication après l'apport ou l'acquisition Le **droit de revendication peut être exercé jusqu'à** la dissolution de la communauté (C. civ. art. 1832-2, al. 4). À cet égard, il a été jugé que, en cas de divorce, la revendication est possible même au cours de la procédure et jusqu'à ce que le jugement de divorce soit passé en force de chose jugée (Cass. com. 18-11-1997 : RJDA 6/98 n° 719, rendu sous le régime antérieur à la loi du 26-5-2004 portant réforme de la procédure de divorce mais transposable au régime actuel). La qualité d'associé peut donc valablement être revendiquée après la date à laquelle le divorce a pris effet entre les époux en ce qui concerne leurs biens (date du dépôt de la convention de divorce au rang des minutes d'un notaire ou de l'homologation judiciaire de la convention pour les divorces par consentement mutuel ; date de la demande en divorce pour les autres divorces : C. civ. art. 262-1 et 229-1) (Cass. com. 14-5-2013 n° 12-18.103 : RJDA 8-9/13 n° 715). 6070

Agrément du conjoint. Hors le cas particulier de la SNC (n° 6073), si le conjoint exerce son droit de revendication après la réalisation de l'apport ou de l'achat, deux situations doivent être distinguées : 6071

– si une **clause statutaire** impose l'agrément du conjoint qui revendique, celui-ci est soumis à l'agrément des autres associés ; son époux est alors exclu du vote et ses parts ne sont pas prises en compte pour le calcul du quorum et de la majorité (C. civ. art. 1832-2, al. 3) ; si le conjoint n'est pas agréé, l'époux apporteur ou acquéreur a seul la qualité d'associé pour la totalité des parts sociales ;

– si les statuts ne comportent **pas de clause** d'agrément visant spécialement cette situation, le conjoint devient de droit associé dès que la société a reçu la notification de sa revendication puisqu'il n'est soumis à l'agrément que si une clause le prévoit (CA Paris 18-2-2020 n° 17/08258 : RJDA 6/20 n° 307, solution qui concorde avec la règle selon laquelle l'acceptation ou l'agrément donné à l'apporteur ou à l'acquéreur vaut automatiquement pour son conjoint lorsque celui-ci revendique la qualité d'associé au moment de l'apport ou de l'acquisition : C. civ. art. 1832-2, al. 3).

ATTENTION

La revendication de la qualité d'associé par le conjoint ne constituant pas une cession, les **dispositions** légales et statutaires **relatives à l'agrément des tiers** étrangers à la société **en cas de cession** de parts sociales ne sont pas applicables. En conséquence, si les associés veulent se réserver la possibilité de ne pas agréer le conjoint, il faut qu'ils insèrent dans leurs statuts une clause à cet effet (cf. JO déb. Sén. 12-5-1982 p. 1953). En l'absence de précision complémentaire de la loi sur le **régime de cet agrément,** les statuts peuvent en fixer librement les conditions (forme de la demande, délai de réponse, majorité requise, etc.). Ils peuvent aussi se référer purement et simplement aux règles applicables en cas de cession entre vifs.

6073 Dans un cas où aucune clause d'agrément spécifique n'était prévue, la Cour de cassation a jugé que, même si elle ne constitue pas une cession, la revendication du conjoint d'un associé de **SNC** après la réalisation de l'apport ou de l'achat est subordonnée au consentement des autres associés (Cass. com. 18-11-2020 nº 18-21.797 FS-PBR : RJDA 2/21 nº 102 ; sur cette solution, voir aussi R. Mortier, La revendication de la qualité d'associé en nom se heurte à l'agrément légal : Dr. sociétés 2021 comm. nº 3). La Cour a estimé que le caractère indéfini et solidaire de l'obligation des associés de SNC aux dettes sociales justifiait une application combinée de l'article L 221-13, qui impose un agrément de tous les associés en cas de cession de parts de SNC, et de l'article 1832-2 du Code civil, relatif à l'absence de participation de l'époux associé au vote de l'agrément de son conjoint.

6077 **Revendication de parts souscrites ou acquises avant le 15 juillet 1982**
Si les parts sociales ont été souscrites ou acquises au moyen de biens de communauté avant le 15 juillet 1982, date d'entrée en vigueur de la loi du 10 juillet 1982, le conjoint de l'apporteur ou de l'acquéreur pourra revendiquer la qualité d'associé, quelle que soit la date à laquelle la souscription ou l'acquisition est intervenue (étant une prérogative légale, l'exercice de ce droit est imprescriptible : Mémento Droit commercial nº 71715) ; mais il ne pourra se faire attribuer la moitié des parts communes inscrites au nom de son époux (ou de son épouse) que s'il a été agréé par les autres associés dans les mêmes conditions que celles régissant, à la date de cette entrée en vigueur, la transmission des parts d'un associé à son conjoint (Loi 82-596 du 10-7-1982 art. 20).

6079 **Renonciation à la qualité d'associé** Le conjoint dûment informé peut renoncer à revendiquer la qualité d'associé. Cette renonciation peut être tacite dès lors que les circonstances établissent, de façon non équivoque, la volonté du conjoint de renoncer (Cass. com. 21-9-2022 nº 19-26.203 FS-B : RJDA 12/22 nº 686 ; Cass. com. 12-3-2025 nº 23-22.372 F-B : BRDA 7/25 inf. 1).

La renonciation du conjoint est définitive et ne peut pas faire l'objet d'une rétractation ultérieure (CA Paris 16-10-1990 : Bull. Joly 1991 p. 90 et, sur pourvoi, Cass. com. 12-1-1993 nº 33 : RJDA 2/93 nº 119 ; Cass. com. 19-6-2024 nº 22-15.851 FS-B : RJDA 10/24 nº 527). Toutefois, l'unanimité des associés peut, à sa demande, lui reconnaître cette qualité (Cass. com. 19-6-2024 précité).

6081 MODÈLE

Notification à une SARL du conjoint de l'apporteur commun en biens

Lettre recommandée AR

Par lettre recommandée AR du..., vous m'avez fait part de l'intention de mon conjoint... d'apporter à une SARL... :

En cas d'apport en numéraire :

– une somme en numéraire de... € dépendant de notre communauté.

En cas d'apport en nature :

– les biens suivants dépendant de notre communauté : (*Description et évaluation des biens apportés*).

Si le conjoint revendique la qualité d'associé :

Par la présente, je vous notifie, en application de l'article 1832-2 du Code civil, mon intention de devenir personnellement associé pour la moitié des parts qui seront souscrites par mon conjoint. J'interviendrai donc lors de la signature des statuts en qualité d'associé.

Si le conjoint renonce à la qualité d'associé :

Par la présente, je vous notifie ma décision de renoncer définitivement à la revendication de la qualité d'associé et reconnaître cette qualité à mon conjoint.

Si le conjoint se réserve une possibilité de revendication ultérieure de la qualité d'associé :

Par la présente, je vous notifie ma décision de ne pas revendiquer la qualité d'associé lors de la constitution de la société mais je me réserve la faculté de revendiquer ultérieurement cette qualité (*s'il existe une clause statutaire à cet effet* : « sous réserve de l'agrément des autres associés »).

Si le consentement du conjoint est requis en cas d'apport en nature :

En tout état de cause, je déclare donner mon consentement à l'apport en nature effectué par mon conjoint.

QUALITÉ D'ASSOCIÉ EN CAS DE DISSOLUTION DE LA COMMUNAUTÉ

Dans les **sociétés par actions,** que les actions aient été souscrites ou achetées par un ou les deux époux, les actions tombent en communauté (C. civ. art. 1401 ; pour une application dans un cas où l'acquisition n'avait été faite que par un seul des époux, Cass. 1e civ. 3-7-1979 nº 78-12.196 : Bull. civ. I nº 198). En cas de décès, elles sont transmises à ses héritiers dans les conditions exposées nos 68750 s. et, en cas de liquidation du régime matrimonial, les actions peuvent être attribuées au conjoint (nº 68770). 6083

Dans les **sociétés autres que les sociétés par actions,** lorsque les deux époux sont associés et que l'un d'eux décède, la qualité d'associé attachée aux parts sociales dépendant de la communauté n'entre pas dans l'indivision postcommunautaire, qui ne recueille que la valeur des parts ; en conséquence, le conjoint survivant associé peut transmettre ou céder son titre sans l'accord de ses coïndivisaires (Cass. 1e civ. 12-6-2014 nº 13-16.309 : RJDA 10/14 nº 755). 6085

En cas de décès du conjoint non associé, l'indivision successorale porte seulement sur la valeur des parts sociales, de sorte que les indivisaires n'ont aucun droit de participer à la vie sociale et notamment n'ont pas à être convoqués aux assemblées de la société (Cass. 1e civ. 9-7-1991 : Bull. Joly 1991 p. 1030, à propos de parts d'un Gaec mais transposable).

En cas de dissolution de la communauté, le conjoint non associé peut obtenir que les revenus des parts sociales perçus par l'époux en sa qualité d'associé pendant l'indivision postcommunautaire soient inclus dans la masse à partager (Cass. 1e civ. 10-2-1998 nº 96-16.735 : Bull. civ. I nº 47 et Cass. 1e civ. 28-3-2018 nº 17-16.198 F-PB : RJDA 7/18 nº 575, à propos de parts de société civile professionnelle mais transposables). Au moment du partage, seul l'époux associé peut se voir attribuer les parts sociales (Cass. 1e civ. 4-7-2012 nº 11-13.384 : RJDA 10/12 nº 857), sauf application éventuelle de l'article L 223-13 (nos 34530 s.).

C. Qualité d'associé du nu-propriétaire et de l'usufruitier de droits sociaux

Le **nu-propriétaire** de parts sociales ou d'actions de société a la qualité d'associé. La qualité de propriétaire des droits sociaux confère en effet celle d'associé ; or la loi accorde la qualité de propriétaire des biens faisant l'objet d'un usufruit au seul nu-propriétaire, à l'exclusion de l'usufruitier (C. civ. art. 578). Les tribunaux ont d'ailleurs explicitement reconnu à plusieurs reprises la qualité d'associé du nu-propriétaire (Cass. com. 4-1-1994 nº 31 P : RJDA 5/94 nº 526 ; Cass. com. avis 1-12-2021 nº 20-15.164 FS-D : RJDA 2/22 nº 79 ; Cass. 3e civ. 16-2-2022 nº 20-15.164 FS-B : RJDA 5/22 nº 273 ; Cass. com. 30-11-2022 nº 20-18.884 FS-B : RJF 2/23 nº 160). 6100

La question de savoir si l'**usufruitier** a la qualité d'associé n'est pas réglée par la loi. Mais elle est tranchée par la Cour de cassation qui considère qu'en vertu de l'article 578 du Code civil, l'usufruitier ne peut pas se voir reconnaître la qualité d'associé, qui n'appartient qu'au nu-propriétaire (Cass. com. avis 1-12-2021 nº 20-15.164 FS-D : RJDA 2/22 nº 79 ; Cass. 3e civ. 16-2-2022 nº 20-15.164 FS-B : RJDA 5/22 nº 273 ; Cass. com. 30-11-2022 nº 20-18.884 FS-B : RJF 2/23 nº 160, qui précise que la cession de l'usufruit de droits sociaux, n'emportant pas mutation de propriété, échappe au droit proportionnel d'enregistrement ; voir aussi R. Mortier, La Cour de cassation tranche enfin : l'usufruitier n'est pas associé : BRDA 2/22 inf. 29). 6102

Il en résulte, à notre avis, les **conséquences** suivantes. 6105

a. L'usufruitier ne peut pas être gérant d'une société si les statuts exigent la qualité d'associé pour exercer cette fonction, ni administrateur ou membre du conseil de surveillance d'une SA si les statuts imposent à ceux-ci d'être propriétaires d'un certain nombre d'actions.

b. Pour le calcul de la majorité par tête dans les SARL, on ne tient compte que du ou des *nus-propriétaires.*

EXEMPLE

Si certaines parts d'une SARL sont démembrées entre trois nus-propriétaires et un seul usufruitier, la majorité par tête se calculera en tenant compte des trois nus-propriétaires et en faisant abstraction de la personne de l'usufruitier.

c. Dans le cas où toutes les parts ou actions d'une société autre qu'une SARL ou une SAS viendraient à être réunies sur la tête d'un même nu-propriétaire et quel que soit le nombre des usufruitiers, la société devrait être considérée comme ne comprenant qu'un seul associé et, par conséquent, pourrait être dissoute dans les conditions déterminées à l'article 1844-5, al. 1 du Code civil.

d. Le nu-propriétaire a qualité pour solliciter toute mesure de nature à assurer la conservation et la protection de ses intérêts (CA Paris 22-1-1971 : D. 1971 p. 517 note Y. Guyon) : par exemple, demande de nomination d'un commissaire aux comptes dans une SARL (cf. art. L 223-35), récusation des commissaires aux comptes (cf. art. L 821-49), demande de désignation d'un expert (cf. art. L 223-37, L 225-231 et L 22-10-68).

e. Le nu-propriétaire est seul tenu aux obligations qui incombent, en vertu de la loi ou des statuts, à l'associé. Ainsi, c'est lui et non l'usufruitier qui, dans les SNC, répond solidairement et indéfiniment des dettes sociales.

f. L'accord du nu-propriétaire est requis pour toutes les décisions susceptibles de porter atteinte au pacte social : décisions requérant l'unanimité des associés (par exemple, transformation en SAS ou en SNC) ou décisions augmentant les engagements du nu-propriétaire.

Certes, les statuts peuvent valablement attribuer le droit de vote au seul usufruitier (nº 7567), mais cette clause ne prive pas, à notre avis, le nu-propriétaire de son droit à exprimer son consentement sur les décisions qui requièrent l'unanimité. En effet, bien que l'article 1844, al. 4 du Code civil autorisant la modification de la répartition légale des droits de vote entre le nu-propriétaire et l'usufruitier ne comporte aucune limite expresse à la liberté des intéressés, ce serait porter atteinte au pacte social auquel seul le nu-propriétaire est partie que de permettre à l'usufruitier de décider de lui-même de la mesure susceptible de rompre l'accord convenu entre les associés.

CONSEIL

Afin d'écarter tout litige sur la portée d'une convention conférant tous les droits de vote à l'usufruitier, il est recommandé de réserver explicitement au nu-propriétaire le droit de voter personnellement chaque fois que la loi exige un vote unanime.

g. Seul le nu-propriétaire, à qui est reconnue la qualité d'associé, doit être déclaré dans une demande d'immatriculation de société au RCS (en ce sens, Avis CCRCS 05-27 : Bull. RCS 30-32/2005 p. 35).

6108 Même dépourvu de la qualité d'associé, l'**usufruitier** exerce, conformément aux dispositions statutaires ou légales, certaines des **prérogatives** attachées à cette qualité : droit de vote pour les décisions concernant l'affectation des bénéfices pour les sociétés autres que les SA et SCA (C. civ. art. 1844, al. 3), droit de vote dans les assemblées ordinaires de SA et SCA (art. L 225-110, al. 1 sur renvoi, pour la SCA, de l'art. L 226-1, al. 2), droit de participer aux décisions collectives (C. civ. art. 1844, al. 1) ou encore droit de provoquer une délibération sur une question susceptible d'avoir une incidence directe sur son droit de jouissance des parts ou actions (Cass. com. avis 1-12-2021 nº 20-15.164 FS-D : RJDA 2/22 nº 79 et Cass. 3e civ. 16-2-2022 nº 20-15.164 FS-B : RJDA 5/22 nº 273, en matière de société civile mais à notre avis transposables). L'usufruitier peut aussi, même si les statuts l'interdisent, demander l'annulation de toute décision collective des associés ou actionnaires susceptible d'avoir une telle incidence (Cass. 3e civ. 11-7-2024 nº 23-10.013 FS-B : RJDA 11/24 nº 592, en matière de société civile mais transposable).

D. Qualité d'associé de l'acquéreur de droits sociaux

6120 En cas de cession d'**actions,** la loi prévoit que le transfert de propriété des actions résulte de l'inscription au compte de l'acheteur ou à son nom dans une blockchain. Il en résulte que la cession devient opposable à tous de ce seul fait (nº 62536).

En cas de cession de **parts sociales,** le transfert de propriété s'opère dès la conclusion de la cession, sauf clause prévoyant une condition suspensive ou un report de la date du transfert de propriété, alors que la cession n'est opposable à la société et aux tiers qu'après l'accomplissement de certaines formalités (pour des précisions sur la date du transfert de propriété des droits sociaux, voir nos 17110 s.).

La question se pose alors de savoir à quel moment l'acquéreur de parts sociales devient associé. Est-il seulement propriétaire des parts à compter de la cession et ne devient-il associé qu'à compter de l'accomplissement des formalités, ou bien devient-il associé en même temps qu'il acquiert la propriété des parts, cette qualité demeurant inopposable à la société et aux tiers aussi longtemps que les formalités n'ont pas été accomplies ?

Dès la conclusion de la cession, l'acquéreur satisfait aux conditions nécessaires pour avoir la qualité d'associé :

– en achetant les parts sociales, il a réalisé un apport ;
– il a vocation aux bénéfices et à contribuer aux pertes de la société.

Aussi longtemps que les formalités n'ont pas été réalisées, il ne peut toutefois se prévaloir d'aucun droit à l'égard de la société ou des tiers au titre de sa qualité d'associé.

En revanche, la **société** qui a connu et accepté la cession de façon certaine et non équivoque ne peut pas se prévaloir de l'inopposabilité de la cession (Cass. 1e civ. 19-1-1970 no 68-11.697 : Bull. civ. I no 19 et Cass. 1e civ. 19-9-2007 no 06-11.814 : RJDA 12/07 no 1244, à propos d'une société civile professionnelle mais transposables). Tel est le cas :

– lorsque le gérant de la société a convoqué les associés, y compris l'acquéreur des parts, à une assemblée générale extraordinaire au cours de laquelle les statuts ont été modifiés pour tenir compte de la cession et où le nouvel associé a été nommé aux fonctions de gérant (Cass. com. 3-5-2000 no 97-19.182 : RJDA 11/00 no 991) ;

– dès lors qu'a été remis à l'acquéreur, par le seul autre associé de la société, le procès-verbal de l'assemblée générale ayant autorisé la cession et agréé l'intéressé (Cass. 1e civ. 19-9-2007 précité) ;

– lorsqu'un créancier de l'acquéreur a signifié à la société un nantissement consenti à son profit sur les parts cédées (cf. Cass. com. 18-10-2011 no 10-21.800 : RJDA 1/12 no 59).

› Précisions **a.** L'**affectio societatis** n'est pas une condition requise pour la formation d'un acte de cession de droits sociaux (Cass. com. 11-6-2013 no 12-22.296 : RJDA 10/13 no 805). Quand bien même cette condition serait-elle exigée pour obtenir la qualité d'associé, elle est satisfaite puisque l'acquéreur a reçu l'agrément des autres associés.

b. Dans le cas d'une **cession sans accomplissement des formalités d'opposabilité à la société,** il n'y a pas d'objection à ce qu'une personne ait la qualité d'associé sans disposer du libre exercice des droits attachés à cette qualité. Par exemple, en cas de droits sociaux indivis, la qualité d'associé est reconnue à chaque indivisaire bien que l'exercice des prérogatives liées à cette qualité demeure limité (no 6010). De surcroît, le fait de ne reconnaître la qualité d'associé à l'acquéreur qu'à compter de l'accomplissement des formalités reviendrait à conférer à celles-ci un effet juridique qui n'est pas le leur : elles visent à protéger la société et les tiers contre des demandes formulées par une personne qui leur était jusqu'alors inconnue et non à créer des droits au profit de cette personne.

E. Qualité d'associé du locataire de droits sociaux

Il ne nous semble pas que l'on puisse reconnaître au locataire de parts sociales ou d'actions la qualité d'associé. En effet, il résulte de l'article 1832 du Code civil que c'est la personne qui a la qualité de partie au contrat de société qui a la qualité d'associé (cf. al. 1 et 3). Si l'on peut admettre que le locataire a l'affectio societatis (surtout s'il est un repreneur potentiel), force est de constater qu'il ne contribue pas aux pertes et qu'il est étranger aux apports, alors que les apports et la participation aux bénéfices et aux pertes sont des éléments indispensables au contrat de société et, partant, à la qualité d'associé (cf. art. 1832, al. 1). D'une part, dans la mesure où le bailleur supporte seul les moins-values éventuelles, le locataire ne contribue pas, à notre avis, aux pertes de la société. D'autre part, le versement du loyer ne peut pas être assimilé à un apport car le loyer revient au bailleur et non à la société. 6130

Il en résulte les mêmes conséquences pour le locataire que celles présentées no 6105 à propos de l'usufruitier.

Néanmoins, même dépourvu de la qualité d'associé, le locataire a le droit de participer à toutes les décisions collectives, même s'il n'est pas titulaire du droit de vote pour les délibérations concernées (cf. C. civ. art. 1844, al. 3, par application de l'art. L 239-3, al. 2 qui considère le locataire comme l'usufruitier).

ATTENTION

La qualité d'associé est reconnue au professionnel salarié ou au collaborateur libéral exerçant au sein d'une société d'exercice libéral (SEL), lorsqu'il devient locataire de parts ou d'actions de celle-ci (Ord. 2023-77 du 8-2-2023 art. 72 pour les professions de santé, art. 82 pour les professions juridiques ou judiciaires, art. 88 pour les professions techniques). Cette qualité est également reconnue au locataire exerçant une **profession libérale** juridique ou judiciaire au sein d'une SARL, SAS, SA et SCA de droit commun (art. L 811-7, al. 2 et L 812-5, al. 2 pour les administrateurs et mandataires de justice ; Ord. du 10-9-1817 art. 3-2, al. 2 pour les avocats aux Conseils ; Loi 71-1130 du 31-12-1971 art. 8, I-al. 2 pour les avocats ; Ord. 45-2590 du 2-11-1945 art. 1 bis, al. 2 pour les notaires ; Ord. 2016-728 du 2-6-2016 art. 5, al. 2 et 25, IV-6o pour les commissaires de justice, les huissiers de justice et les commissaires-priseurs judiciaires).

F. Qualité d'associé du croupier

VALIDITÉ DE LA CONVENTION DE CROUPIER

6140 Un associé peut, sans le consentement de ses coassociés, convenir avec un tiers (le croupier) de partager les bénéfices et les pertes résultant de sa participation dans la société. Cette convention revêt le plus souvent la forme d'une **société en participation occulte.**

Bien que le Code civil ne la prévoie plus, la convention de croupier est licite (CA Paris 19-2-1979 : Rev. sociétés 1980 p. 284 note D. Randoux).

Pour qu'il y ait convention de croupier, il faut un **partage des bénéfices et des pertes** (Cass. 1e civ. 20-7-1964 : Bull. civ. I no 403). Tel n'est pas le cas lorsque la convention assure au croupier « en tout état de cause un revenu moyen de 10 % l'an » (TGI Aix 9-11-1972 : Gaz. Pal. 1973 II p. 532).

Pour un exemple d'obligation prise par les signataires d'une convention de croupier portant sur des parts détenues dans une SNC de répondre, au prorata de leurs droits dans la participation, des dettes de la SNC, voir CA Paris 4-4-1997 : RJDA 7/97 no 907 som. et, sur pourvoi, Cass. com. 15-12-1998 no 2026 : RJDA 6/99 no 673.

EFFETS DE LA CONVENTION DE CROUPIER À L'ÉGARD DE LA SOCIÉTÉ

6145 La convention de croupier est sans effet à l'égard de la société. Le croupier n'a aucun rapport direct avec celle-ci et ne peut exercer aucune des prérogatives attachées à la **qualité d'associé** : notamment, il ne participe pas aux assemblées, ne dispose d'aucun pouvoir de contrôle sur la gestion et ne profite pas directement des distributions de bénéfices. À l'extinction de la convention, le croupier n'a pas non plus vocation à obtenir le transfert des parts ou actions à son profit, sauf clause contraire de la convention (Cass. com. 30-11-2022 no 21-15.182 F-D : RJDA 4/23 no 197).

À l'égard de la société, le croupier n'est tenu à aucune des obligations incombant aux associés (libération des apports, contribution au paiement des dettes sociales, etc.).

Quant à la société, elle doit tenir pour associé celui qui a conclu la convention de croupier et non pas le croupier.

Toutefois, la convention de croupier ne doit pas être utilisée pour tourner les dispositions légales ou statutaires concernant l'entrée dans la société de nouveaux associés. Ainsi, une convention de croupier portant sur la majorité des parts d'une SNC peut, en raison des droits consentis au croupier (qui dictait à son partenaire, associé gérant de la SNC, la conduite qu'il devait tenir pour la gestion de cette société), aboutir à une **cession** déguisée de ces **parts,** laquelle serait nulle faute d'avoir été autorisée par les autres associés (CA Paris 19-2-1979 et T. com. Paris 12-3-1979 : Rev. sociétés 1980 p. 284 note D. Randoux).

> **Précisions** Selon la cour d'appel de Paris (arrêt du 19-2-1979 précité), si l'associé d'une SNC peut convenir avec un tiers de partager avec lui les produits financiers de ses parts sociales, il doit conserver l'exercice de ses autres **prérogatives d'associé** en ce qui concerne tant les résolutions à prendre au cours des assemblées que le contrôle de la gestion sociale.

G. Qualité d'associé du prête-nom

6160 On appelle « prête-nom » la personne qui entre au capital d'une société mais en agissant en réalité pour le compte d'une autre personne soucieuse, pour des raisons diverses, de ne pas révéler l'intérêt qu'elle porte à cette société. Le prête-nom est l'associé apparent, le véritable associé étant celui pour le compte de qui il agit.

La Cour de cassation a jugé que le **contrat de société signé par un prête-nom** est, **en principe, valable** (Cass. com. 30-1-1961 : JCP 1962 II no 12527 note Le Galcher Baron), ce qui peut surprendre puisque le prête-nom, n'ayant pas la volonté de participer à la société, ne peut être considéré comme un associé. Mais la Cour a estimé que c'est la personne dissimulée derrière le prête-nom qui doit réunir les conditions exigées pour la validité de toute société (à compter du 1er octobre 2025, capacité des associés).

La Cour de cassation a jugé aussi que l'acquisition de parts sociales par prête-nom ne constitue pas en elle-même une cause de nullité de la cession (Cass. com. 26-3-1996 no 675 : RJDA 8-9/96 no 1054).

Le **véritable propriétaire** de droits sociaux peut en obtenir la **restitution** s'il établit la qualité de prête-nom de leur porteur.

ILLUSTRATIONS

Jugé que les conventions passées entre une société et trois personnes physiques en vue de financer la construction d'immeubles constituaient des prêts faits à la société sous la forme de souscription pour son compte au capital de cinq sociétés civiles dans lesquelles les prêteurs servaient en réalité de prête-noms et que les sociétés civiles avaient donc pour véritable associé la société à laquelle devaient être restituées les parts sociales détenues par ces prête-noms (Cass. 1e civ. 6-12-1972 : Bull. civ. I n° 280). Jugé aussi que l'associé dont la part dans le capital a été en réalité libérée par son fils et qui a admis dans un mail que celui-ci était le véritable propriétaire des titres est tenu de les lui restituer (CA Paris 9-4-2013 n° 11/09425 : RJDA 7/13 n° 622).

La validité « de principe » du recours à un prête-nom n'empêche pas que, dans la plupart des cas où elle est employée en fait, la participation d'un prête-nom à la création d'une société est **dépourvue de valeur ou répréhensible.** Ainsi : 6162

– la participation du prête-nom n'est pas valable si elle a pour but de frauder la loi (CA Paris 1-12-1951 : JCP 1952 II n° 6661 : fraude à la législation sur les pharmacies ; T. com. Seine 3-1-1951 : JCP 1952 II n° 6846 : fraude à la législation des changes) ;

– le nombre minimum d'associés doit être déterminé, non pas en fonction des prête-noms, mais des personnes pour qui ils agissent ; est donc irrégulière une SA constituée entre deux personnes dont l'une n'est que le prête-nom de l'autre (en ce sens, Cass. com. 17-1-1955 : Bull. civ. III n° 25) ;

– la convention de prête-nom est pénalement sanctionnée dans les sociétés éditrices de presse (Loi 86-897 du 1-8-1986 art. 12).

En tout état de cause, le **prête-nom** peut être tenu d'exécuter les **obligations** auxquelles il s'est engagé. Ainsi, un prête-nom qui avait souscrit des actions d'une SA mise par la suite en liquidation des biens a été tenu de verser la fraction non libérée de ces actions entre les mains du syndic, la convention de prête-nom étant inopposable à ce dernier (C. civ. art. 1201 ; ex-art. 1321) (CA Nancy 25-11-1988 : BRDA 18/89 p. 19 ; voir aussi CA Versailles 27-9-1990 : Bull. Joly 1990 p. 1033).

Sur l'**interdiction** pour une **société par actions** de souscrire ou de **prendre en gage ses propres actions** soit directement, soit par l'intermédiaire d'un prête-nom, voir nos 68830 s.

CHAPITRE 2 CONSENTEMENT DES ASSOCIÉS

SOMMAIRE

A. Existence du consentement des associés

1. VOLONTÉ DES ASSOCIÉS DE S'ENGAGER

6500 Pour qu'il y ait contrat de société, il faut que les parties aient eu la volonté de s'engager. Ce n'est pas le cas si elles ne sont qu'en pourparlers en vue de constituer une société ou si elles ont conclu une promesse de société.

2. VOLONTÉ CONSCIENTE DES ASSOCIÉS

6505 La volonté de s'associer doit être consciente ; il faut que celui qui l'exprime possède le discernement nécessaire pour comprendre et pour vouloir. Cette aptitude, qui est souverainement appréciée par les tribunaux, manque généralement aux personnes atteintes de troubles mentaux. Si une telle personne ne bénéficiant d'aucune mesure de protection venait à donner son consentement à un contrat de société, il pourrait en obtenir, dans certains cas, la nullité (nº 360).

3. SIMULATION DE LA VOLONTÉ DES ASSOCIÉS

6510 La volonté est simulée lorsqu'elle donne naissance à un acte juridique apparent qui recouvre un acte caché (appelé « contre-lettre ») conclu entre les mêmes personnes et correspondant à la volonté réelle des contractants (cf. C. civ. art. 1201).

Le terme « simulation » peut s'appliquer soit à la simulation conventionnelle, soit au prête-nom (Cass. 1e civ. 11-2-1976 nº 74-13.003 : Bull. civ. I nº 64). Nous n'examinons ci-dessous que la simulation conventionnelle. Sur les conditions de validité de la pratique du prête-nom, voir nos 6160 s.

FORME DE LA SIMULATION

6515 La volonté de s'associer peut être dissimulée derrière un autre contrat ; la société est alors l'objet même de la simulation, elle est l'acte caché ou dissimulé. Le contrat de société peut aussi être mis en avant pour masquer la convention réelle ; dans ce cas, la société est l'instrument de la simulation, elle est l'acte apparent.

Le premier cas est extrêmement rare en pratique, car si l'on veut **dissimuler une société,** on dispose de la société en participation occulte. On peut cependant citer :
– une société dissimulée sous un contrat de travail, la véritable intention des parties étant de conclure un contrat de société alors interdit aux architectes (Cass. soc. 11-1-1968 : D. 1968 p. 499) ;
– une société dissimulée sous un syndicat professionnel, lequel, loin de poursuivre un but de défense professionnelle des hôteliers, était destiné à faciliter les opérations commerciales de ses membres et le partage des bénéfices réalisés grâce à des directions régionales obtenant l'exclusivité d'une région déterminée (T. com. Nice 16-6-1954 : Gaz. Pal. 1954 II p. 369).

Les cas où la **société dissimule un autre contrat** sont moins exceptionnels. Il en est ainsi dans les cas suivants :
– dissimulation d'un contrat de prêt, généralement pour échapper à la répression de l'usure (Cass. 1e civ. 6-12-1972 : Bull. civ. I n° 280 ; Cass. com. 12-12-1978 : Bull. civ. IV n° 306) ;
– dissimulation d'un contrat de travail, par exemple pour permettre l'exercice en France d'une activité rétribuée à un étranger qui n'avait pas obtenu les autorisations administratives nécessaires (Cass. civ. 13-2-1946 : S. 1946 I p. 124) ;
– dissimulation d'un contrat de vente, par exemple pour permettre aux parties de réaliser une vente d'immeuble (ou de fonds de commerce) sous la forme d'une cession de droits sociaux moins lourdement imposée (Cass. req. 19-4-1932 : DP 1932 I p. 125 ; CA Rouen 6-6-1973 : Rev. sociétés 1974 p. 740 note J.-P. Sortais) ;
– dissimulation d'une donation, généralement pour échapper aux règles protégeant la réserve héréditaire (Cass. civ. 11-4-1927 : DP 1929 I p. 25 ; CA Aix-en-Provence 7-4-1970 : Rev. sociétés 1971 p. 576 note D. Schmidt) ou en vue de mettre un élément patrimonial à l'abri des poursuites de créanciers (Cass. 3e civ. 18-12-2007 n° 06-21.897 : RJDA 4/08 n° 367 ; Cass. 1e civ. 17-2-2011 n° 10-10.664 : RJDA 5/11 n° 378).

CONSÉQUENCES DE LA SIMULATION ENTRE LES PARTIES

Lorsque l'**acte secret** est **valable,** c'est lui, et non l'acte apparent, qui régit en principe les relations entre les parties (C. civ. art. 1201). 6520

L'acte secret n'est valable que s'il constate une convention licite en elle-même (Cass. 1e civ. 22-10-1975 : Bull. civ. I n° 288). Notamment, une donation déguisée sous une société est nulle, comme contraire à la règle « donner et retenir ne vaut », si le prétendu donateur entendait garder la jouissance et la libre disposition du bien prétendument donné (CA Aix-en-Provence 7-4-1970 : JCP 1970 II n° 16466).

Si l'**acte secret** est **nul,** l'acte apparent est seul à produire effet dans la mesure où il satisfait aux conditions de validité qui lui sont propres. Toutefois, si l'acte secret et l'acte apparent sont les éléments constitutifs de la fraude, les **deux actes** sont **nuls** (Cass. com. 13-10-1969 : Bull. civ. IV n° 289 annulant à la fois la décision des associés de dissoudre la société, acte apparent destiné à bénéficier d'une législation particulière, et leur accord de demeurer associés, acte occulte).

Pour établir l'existence de l'acte secret, les parties disposent de l'action en déclaration de simulation. La **preuve** de la simulation est libre contre un commerçant (Cass. com. 17-11-1966 : Bull. civ. III n° 436). Contre un non-commerçant, elle suppose un écrit ou un commencement de preuve par écrit susceptible d'être complété par des témoignages et présomptions, sauf en cas de fraude (Cass. 1e civ. 13-12-1968 : Bull. civ. I n° 275 ; Cass. 1e civ. 17-12-2009 n° 08-13.276 : RJDA 3/10 n° 227) ou de mise en échec d'une disposition d'ordre public (CA Paris 17-1-1978 : Gaz. Pal. 1978 II som. p. 388). 6522

ILLUSTRATIONS

Le commencement de preuve par écrit d'une vente dissimulée sous le couvert d'une société créée entre acheteur et vendeur est suffisamment constitué par des actes (promesse de vente de parts sociales et cession de parts en blanc) concomitants à la constitution de la société (Cass. com. 10-6-1953 : JCP 1954 II n° 7908 note D. Bastian).

L'acte secret valable et prouvé obéit aux règles qui lui sont propres. Ainsi : 6524
– lorsque l'acte secret est une société, la société produit ses effets entre les parties, mais seulement comme une société en participation, car l'immatriculation au RCS n'a pas été demandée ;
– lorsque l'acte secret est une vente, on applique les règles de la vente ; par exemple, une vente d'immeuble dissimulée sous un contrat de société peut être annulée pour lésion de plus des 7/12es, conformément aux dispositions de l'article 1674 du Code civil (Cass. com. 10-6-1953 : JCP 1954 II n° 7908 note D. Bastian ; Cass. civ. 26-5-1954 : JCP 1954 II n° 8377) ;
– *lorsque l'acte secret* est un contrat de travail, ce sont les règles du contrat de travail qui reçoivent application (pour un exemple de renvoi devant le conseil de prud'hommes d'un contentieux opposant des gérants de SARL exploitant des hôtels à un franchiseur, voir CA Paris 7-6-2001 n° 00-39465 : RJDA 1/02 n° 41 ; pour un autre exemple, voir CA Paris 26-2-1981 : Gaz. Pal. 1981 p. 669) ; le contrat de travail serait nul si, par exemple, il portait atteinte à une règle d'ordre public (Cass. civ. 13-2-1946 : S. 1946 I p. 124 ; CA Paris 26-2-1981 : Gaz. Pal. 1981 II p. 669 note APS) ;
– lorsque l'acte secret est une donation, il est fait application des règles concernant les libéralités, notamment la réduction des donations entamant la réserve (CA Paris 14-2-1946 : JCP 1946 II n° 3036) et le rapport de ces donations à la masse partageable au moment du décès du donateur si le bénéficiaire est un successible (sauf dispense de rapport résultant de la rédaction de l'acte de société en la forme notariée, n° 1622).

ILLUSTRATIONS

Jugé que l'attribution d'actions d'apport à l'épouse de l'inventeur réel des brevets apportés constituait une **donation déguisée** et que la donataire devait rapporter ces actions à la masse successorale de son mari (TGI Paris 4-11-1970 : Bull. Joly 1971 p. 585).

CONSÉQUENCES DE LA SIMULATION À L'ÉGARD DES TIERS

6530 L'acte secret n'est pas opposable aux tiers, qui peuvent néanmoins s'en prévaloir (C. civ. art. 1201 ; Cass. 1e civ. 19-6-1984 nº 83-12.396 : Bull. civ. I nº 205 ; Cass. 1e civ. 17-9-2003 nº 01-12.925 : RJDA 3/04 nº 268). L'option ainsi ouverte aux tiers est indivisible : ils doivent s'en tenir à l'acte apparent ou à l'acte secret, sans pouvoir prétendre obtenir le bénéfice de certains effets de l'un et de certains effets de l'autre.

6532 Les tiers peuvent invoquer la réalité et **faire prévaloir l'acte secret.** Pour établir la situation réelle, les tiers disposent de l'action en déclaration de simulation. Celle-ci leur est largement ouverte ; en principe, il n'est pas nécessaire que l'acte simulé porte préjudice au demandeur. Ainsi, la fraude aux droits du créancier n'est pas une condition de l'action en déclaration de simulation (Cass. 3e civ. 4-6-2003 nº 694 : RJDA 10/03 nº 913 ; Cass. 1e civ. 17-9-2003 nº 1088 : RJDA 3/04 nº 268). En outre, il n'est pas nécessaire que le droit invoqué par le tiers soit né antérieurement à l'acte simulé (Cass. civ. 11-4-1927 : Gaz. Pal. 1927 II p. 163 ; Cass. 1e civ. 17-9-2003 précité).

Les tiers peuvent faire la preuve de la simulation par tous moyens (Cass. com. 21-3-1977 : Bull. civ. IV nº 90 ; Cass. 1e civ. 25-3-1981 : Bull. civ. I nº 105), même à l'encontre d'un acte authentique (Cass. com. 12-11-1974 : Bull. civ. IV nº 286 ; Cass. 1e civ. 4-3-1981 : Bull. civ. I nº 79).

En application du principe de l'autorité relative de la chose jugée, la situation réelle mise au jour ne profite qu'à celui qui a obtenu le jugement.

Les tiers sont non seulement tous ceux n'ayant aucun rapport juridique avec les parties contractantes, mais aussi les créanciers des parties à l'accord secret (CA Paris 2-6-1980 : Gaz. Pal. 1980 som. p. 482). Toutefois, ces derniers ne doivent pas agir par la voie de l'action oblique (C. civ. art. 1341-1) car ils exercent alors les droits et actions de leur débiteur et la contre-lettre leur devient opposable (Cass. 1e civ. 12-10-1982 : Bull. civ. I nº 284).

6534 Les tiers peuvent avoir intérêt à **invoquer l'acte apparent.** Tel est le cas lorsque le contrat de société dissimule une vente immobilière. Le tiers acquéreur des parts sociales, s'il est de bonne foi, peut obtenir le maintien de la société et échapper à la rescision de la vente pour lésion (Cass. com. 10-6-1953 : JCP 1954 II nº 7908 note D. Bastian). Mais il ne peut pas se prévaloir de l'acte apparent s'il a sciemment participé à la simulation (Cass. 3e civ. 8-7-1992 : Bull. civ. III nº 246).

6536 Si les **tiers** sont **opposés sur le parti à prendre,** préférence doit, à notre avis, être donnée à celui qui se prévaut de l'apparence.

ILLUSTRATIONS

A été rejetée la demande d'expulsion dirigée par l'adjudicataire d'un immeuble contre un locataire verbal de cet immeuble, alors que le bail avait été consenti par une société déclarée fictive (Cass. soc. 14-12-1944 : S. 1946 I p.105 note Plaisant).

Dans une autre affaire qui opposait l'acquéreur de bonne foi d'un immeuble apporté à une société fictive et un tiers devenu propriétaire du même immeuble à la suite d'une promesse de vente que lui avait consentie l'apporteur, la Cour de cassation a considéré que le caractère à la fois frauduleux et fictif de l'apport et de la constitution de la société avait entraîné la disparition de tous les droits réels concédés sur l'immeuble et ne pouvait pas rendre propriétaire de l'immeuble, au regard des tiers, un sous-acquéreur de bonne foi (Cass. civ. 10-5-1949 : JCP 1949 II nº 4972 note E. Becqué).

Il faut aussi reconnaître la préférence aux créanciers sociaux qui demandent le maintien de la société sur les créanciers personnels des associés souhaitant s'en tenir à l'acte caché pour saisir à leur profit les biens apparemment apportés.

> **Précisions** Bien que la jurisprudence ne se soit pas prononcée sur ce point, cette solution ne saurait faire de doute. Certes, avant la loi de 1966, certains auteurs (J. Escarra, E. Escarra et J. Rault, Les *sociétés commerciales t. 1 nº 151) se sont* prononcés en faveur de l'application aux sociétés apparentes de la solution jurisprudentielle valable pour les sociétés nulles selon laquelle les **créanciers** personnels ont la **préférence** car, par l'effet de la nullité, l'autonomie du patrimoine social disparaissait (Cass. civ. 7-8-1893 : D. 1894 I p. 102). Cet argument ne saurait aujourd'hui être retenu : l'annulation de la société apparente n'entraîne plus disparition de l'autonomie du patrimoine de la société puisque celle-ci est liquidée comme une société dissoute (art. L 235-10 remplacé, à compter du 1-10-2025, par C. civ. art. 1844-15, al. 2 et 3 modifiés par ord. 2025-229 du 12-3-2025 ; Ord. 2025-229 art. 70).

Prescription de l'action en déclaration de simulation L'action en déclaration de simulation se prescrit par cinq ans à compter du jour où celui qui agit a connu ou aurait dû connaître l'acte secret ou la situation réelle des associés (C. civ. art. 2224). 6540

Sanction de la simulation Lorsque l'action en déclaration de simulation a fait apparaître qu'une société constituée avant le 1er octobre 2025 était simulée, cette société peut, s'il s'agit d'une SNC ou d'une SCS, être annulée, mais elle ne le peut plus si elle a été constituée après cette date, sauf fraude (nº 4040). 6545

CAS PARTICULIER DE L'ADMINISTRATION FISCALE

Parmi les tiers intéressés à la véritable qualification des actes juridiques figure l'administration fiscale. La procédure d'abus de droit lui permet d'écarter, comme ne lui étant pas opposables, les actes constitutifs d'un abus de droit afin d'en restituer le véritable caractère. Sont visés les actes ayant un caractère fictif (abus de droit par simulation), ainsi que les actes qui, recherchant le bénéfice d'une application littérale des textes ou de décisions à l'encontre des objectifs poursuivis par leurs auteurs, n'ont pu être inspirés par aucun autre motif que celui d'éluder ou d'atténuer les charges fiscales que l'intéressé, si ces actes n'avaient pas été passés ou réalisés, aurait normalement supportées, eu égard à sa situation ou à ses activités réelles (abus de droit par fraude à la loi) (LPF art. L 64). Les actes constitutifs d'une fraude à la loi peuvent également être écartés par l'administration sur le terrain de la fraude à la loi, au motif de leur but principalement fiscal (LPF art. L 64 A). La procédure d'abus de droit est susceptible de s'appliquer à tous les impôts ; selon l'administration, toutefois, la procédure dite « de mini-abus de droit » visée à l'article L 64 A ne concerne pas l'impôt sur les sociétés pour lequel s'applique la clause générale anti-abus prévue à l'article 205 A du CGI (BOI-CF-IOR-30-20 nº 20) (Mémento Fiscal nos 79185 s.). 6550

En outre, en matière d'enregistrement, l'administration a, comme les autres « tiers », le droit de choisir entre l'acte apparent et la convention secrète (voir nos 6530 s.).

B. Intégrité du consentement des associés

1. VICE DU CONSENTEMENT SUBI AVANT LE 1ER OCTOBRE 2025

Lorsque le consentement d'un associé a été vicié par dol, erreur ou violence avant le 1er octobre 2025, le contrat de société est susceptible d'être annulé (art. L 235-1, al. 1), sauf s'il est le fondement d'une SARL ou d'une société par actions (nos 89131 s.). 6570

En pratique, les cas de vice du consentement se rencontrent assez rarement.

ERREUR COMMISE PAR UN ASSOCIÉ

Erreur sur les qualités essentielles convenues du contrat de société 6580

L'erreur sur les qualités essentielles convenues du contrat de société peut porter sur :

– l'appréciation de la qualité d'un apport, cas, par exemple, où un bien apporté ne permet pas de réaliser le but poursuivi ; toutefois, l'erreur sur l'estimation donnée à un apport n'est pas prise en considération (cf. C. civ. art. 1136 ; Cass. req. 12-6-1945 : JCP 1946 II nº 3203 ; CA Aix-en-Provence 9-2-1949 : JCP 1949 II nº 5068 ; CA Paris 23-5-1958 : D. 1959 som. p. 31) ;

– l'appréciation des possibilités de fonctionnement et des chances de réussite de la société à créer ; ainsi, une promesse de société conclue pour « continuer purement et simplement les affaires traitées par la société ancienne » a été annulée en raison de l'impossibilité pour la société ancienne, compte tenu de prescriptions administratives particulières, de transférer ses activités à la société nouvelle dans les conditions prévues à l'accord (Cass. com. 8-3-1965 : Bull. civ. III nº 173) ;

– la nature du contrat conclu ; par exemple, une partie croit s'engager dans une société et l'autre dans un prêt ou un contrat de travail avec participation aux bénéfices.

> **Précisions** L'article 1132 du Code civil issu de l'ordonnance 2016-131 du 10 février 2016 (applicable aux contrats de société conclus depuis le 1er octobre 2016) exige que l'erreur porte sur les qualités essentielles de la prestation due ou sur celle du cocontractant alors que l'ancien article 1110 du même Code exigeait que l'erreur porte sur la substance même du contrat de société. La définition actuelle de l'erreur est plus large, de sorte que les **solutions rendues sous l'empire de l'ancien article 1110** sont transposables au nouveau régime.

6582 **Erreur sur la personne** L'erreur sur les qualités essentielles du cocontractant n'est une cause de nullité du contrat de société que dans les contrats conclus en considération de la personne (cf. C. civ. art. 1134). Cette erreur consiste en une fausse appréciation des qualités essentielles de l'associé (honorabilité, moralité, compétence, etc.). Elle n'est une cause de nullité que dans les sociétés où la personnalité de chaque associé et la confiance qu'il inspire sont des éléments importants dont tiennent compte les autres associés. Elle peut ainsi être invoquée notamment dans les SNC, les SCS et les sociétés en participation.

VIOLENCE SUBIE PAR UN ASSOCIÉ

6590 Il y a violence lorsqu'une personne s'engage à devenir associé sous la pression d'une contrainte, exercée par l'autre partie ou un tiers, lui inspirant la crainte d'exposer sa personne, sa fortune ou celles de ses proches à un mal considérable (C. civ. art. 1140 et 1142 ; pour une illustration relative à la participation à une société de fait, voir Cass. com. 4-6-1973 : Bull. civ. IV n° 193). Il en est de même lorsqu'une partie abuse de l'état de dépendance – notamment économique – dans lequel se trouve l'autre partie à son égard afin d'obtenir de celle-ci l'engagement de devenir associé qu'elle n'aurait pas pris en l'absence d'une telle contrainte et d'en tirer un avantage excessif (C. civ. art. 1143 ; Cass. com. 11-1-2005 n° 73 : RJDA 5/05 n° 562).

DOL SUBI PAR UN ASSOCIÉ

6600 Le dol suppose qu'une partie au contrat a usé d'une **manœuvre** ou de mensonges pour induire une personne en erreur et la déterminer ainsi à faire partie d'une société ; le dol est également constitué par le silence qu'une partie au contrat a gardé intentionnellement sur une information dont elle savait le caractère déterminant pour l'autre partie (C. civ. art. 1137).

ILLUSTRATIONS

Le dol d'un apporteur en nature à une société a été retenu dans le cas où il avait sciemment majoré la valeur de son apport, ce qui avait amené les souscripteurs au capital de la société à approuver cet apport (CA Lyon 14-6-1895 : J. soc. 1895.498).

Ces agissements doivent avoir été tels que, sans eux, la victime n'aurait pas contracté ou aurait contracté à des conditions substantiellement différentes (C. civ. art. 1130, al. 1 ; Cass. com. 30-3-2016 n° 14-11.684 : RJDA 6/16 n° 418 pour le dol incident sans lequel la victime aurait conclu à des conditions plus favorables). Les tribunaux apprécient le caractère déterminant du dol de manière concrète, en tenant compte notamment de la personnalité de la victime, de sa condition sociale, de son expérience des affaires, de la nature de ses rapports avec l'auteur du dol et des circonstances dans lesquelles elle a donné son consentement (C. civ. art. 1130, al. 2 ; pour un exemple, où l'âge de l'intéressé a été pris en considération, voir CA Colmar 30-1-1970 : D. 1970 p. 297 note Alfandari).

Le plus souvent, le dol émane d'un autre signataire du contrat de société ; toutefois, il peut émaner d'une personne liée à lui (n° 16440).

6603 La victime d'un dol peut demander l'**annulation** du contrat de société (sous les réserves exposées n°s 89131 s.). Sur le droit d'invoquer la nullité pour dol à l'encontre des tiers, voir n° 89560.

Elle peut aussi mettre en cause la **responsabilité extracontractuelle** de l'auteur du dol (C. civ. art. 1240) et lui réclamer des dommages-intérêts, à condition d'établir que le dol est bien à l'origine du préjudice qu'elle invoque.

ILLUSTRATIONS

Dans un cas où le **silence dolosif** de l'un de ses coassociés avait déterminé un investisseur à s'associer et à conclure un pacte, en exécution duquel il s'était engagé à verser des sommes en compte courant, il a été jugé que l'investisseur pouvait obtenir réparation du préjudice résultant de son apport et des versements en compte courant, même si ces derniers étaient intervenus après la constitution de la société (Cass. com. 23-5-2006 n° 670 : RJDA 11/06 n° 1140).

2. VICE DU CONSENTEMENT SUBI À COMPTER DU 1ER OCTOBRE 2025

6605 À compter du 1er octobre 2025 (Ord. 2025-229 du 12-3-2025 art. 70), la nullité du **contrat de société** ne peut résulter que de l'incapacité de tous les fondateurs ou de la violation des dispositions fixant un nombre minimal de deux associés (C. civ. art. 1844-10, al. 1 modifié par ord. 2025-229). Le contrat de société ne peut donc plus être annulé pour cause de vice de consentement des associés. En revanche, l'apport effectué par un associé dont le consentement a été vicié (erreur, dol ou violence) est nul (C. civ. art. 1131).

CHAPITRE 3

DROITS ET OBLIGATIONS DES ASSOCIÉS

SOMMAIRE

SECTION 1

PARTAGE DES BÉNÉFICES ET DES PERTES

PARTICIPATION DES ASSOCIÉS AUX BÉNÉFICES ET AUX PERTES

La vocation des associés aux bénéfices réalisés par la société, dont la contrepartie est la participation aux pertes de celle-ci, est un élément essentiel du contrat de société (cf. C. civ. art. 1832). 7000

La part des associés dans les bénéfices et les pertes est presque toujours prévue dans les statuts. Dans la quasi-totalité des cas, cette part est **proportionnelle à l'apport** effectué par chaque associé. C'est en quelque sorte la solution naturelle, d'ailleurs retenue par la loi dans le silence des statuts, puisque l'article 1844-1, al. 1 du Code civil prévoit que si les associés n'ont pas prévu dans les statuts les modalités de répartition des bénéfices et des pertes, cette répartition est effectuée proportionnellement aux apports, l'apporteur en industrie *ayant droit à la même part que l'associé* qui a effectué l'apport le plus modique en nature ou en numéraire.

La **vocation** des associés **aux bénéfices,** qui s'exprime essentiellement par la distribution de dividendes (n°s 76400 s.), est protégée par la loi : celle-ci prohibe les clauses statutaires privant les associés de cette distribution (n°s 7020 s.).

Dans les SARL (art. L 223-1, al. 1), SA (art. L 225-1), SAS (art. L 227-1, al. 1) et les sociétés en commandite pour les associés commanditaires (art. L 222-1, al. 2 et L 226-1, al. 1), la part d'un associé dans la **contribution aux pertes** est limitée au montant de son apport. Dans les SNC et les sociétés en commandite pour les associés commandités, la contribution des associés aux pertes est illimitée (cf. C. civ. art. 1832, al. 3).

INTERDICTION DES CLAUSES LÉONINES

7020 Il est interdit d'attribuer à un ou plusieurs associés la totalité des bénéfices ou des pertes, ou de priver un associé de toute part dans les bénéfices ; de même, est interdite l'exonération d'un associé de toute contribution aux pertes (C. civ. art. 1844-1, al. 2).

Ces clauses, dites « léonines », sont réputées non écrites (art. 1844-1, al. 2).

Seule est prohibée la clause relative à la répartition des bénéfices et des pertes entre les associés (Cass. com. 20-5-1986 : Bull. civ. IV n° 95 ; Cass. com. 10-1-1989 : JCP 1989 II n° 21256 note A. Viandier ; Cass. com. 12-3-1996 : RJDA 8-9/96 n° 1064), que cette clause soit statutaire ou non (CA Paris 12-3-2004 n° 02-13772 : RJDA 11/04 n° 1216).

ILLUSTRATIONS

Constitue une clause léonine la convention extrastatutaire par laquelle un associé abandonne tous ses droits dans les bénéfices en contrepartie d'une redevance mensuelle forfaitaire, cette clause ayant pour effet de lui assurer la certitude d'un profit quand bien même la société générerait des pertes qui seraient entièrement à la charge de l'autre associé (Cass. com. 18-10-1994 : RJDA 12/94 n° 1292 ; dans le même sens, CA Montpellier 10-11-1992 : Dr. sociétés 1993 n° 113 obs. Th. Bonneau).

7025 Les **promesses de vente ou d'achat de droits sociaux à prix plancher** ne sont pas concernées par l'interdiction des clauses léonines, dès lors qu'elles ont pour seul **objet** d'assurer, moyennant un prix librement convenu et dans des conditions assurant l'équilibre des conventions conclues entre les parties, une **transmission de droits sociaux,** même si ces conventions sont conclues entre associés (Cass. com. 19-10-1999 n° 1683 : RJDA 3/00 n° 268 ; Cass. com. 22-2-2005 n° 259 : RJDA 6/05 n° 701 ; Cass. com. 3-3-2009 n° 08-12.359 : RJDA 5/09 n° 434).

ILLUSTRATIONS

Ne sont **pas léonins** :

– les conventions de portage résultant de promesses croisées de vente et de rachat d'actions (Cass. com. 24-5-1994 n° 1258 : RJDA 10/94 n° 1034 ; Cass. com. 22-2-2005 n° 259 F-D : RJDA 6/05 n° 701) ou d'une promesse unilatérale d'achat (CA Paris 7-2-2013 n° 11/05209 : RJDA 6/13 n° 512) ;

– l'engagement des principaux associés d'une société de racheter pour un prix minimal (au moins le montant des sommes investies majoré d'un intérêt annuel déterminé) les titres acquis par un investisseur s'il en faisait la demande avant une certaine date, assurant à celui-ci, qui était avant tout un bailleur de fonds, le remboursement de l'investissement auquel il n'aurait pas consenti sans cette condition déterminante (Cass. com. 16-11-2004 n° 1643 : RJDA 3/05 n° 260 ; dans le même sens, Cass. com. 3-3-2009 n° 08-12.359 : RJDA 5/09 n° 434 ; pour une solution identique dans un cas où la promesse bénéficiait à de nouveaux actionnaires majoritaires en capital qui avaient cependant accepté de rester minoritaires en droits de vote, voir Cass. com. 19-10-1999 n° 1683 : RJDA 3/00 n° 268) ;

– la clause de sortie prioritaire par laquelle des actionnaires s'étaient engagés à racheter les titres d'un investisseur moyennant un prix convenu au cas où, dans des situations ne dépendant pas de son fait, les fondateurs se désengageraient de la société (CA Paris 3-7-2012 n° 11/08630 : RJDA 12/12 n° 1072) ;

– la promesse de rachat consentie à un dirigeant en cas de cessation de ses fonctions (Cass. com. 12-3-1996 n° 537 : RJDA 8-9/96 n° 1064), ni celle portant sur le solde des actions encore détenues par un actionnaire après une précédente cession de contrôle (Cass. com. 19-5-1998 n° 1068 : RJDA 8-9/98 n° 986) ;

– l'acte par lequel une société (A) s'est engagée, en cas de défaillance d'une autre société (B), dans le remboursement des prêts bancaires qui lui ont été consentis pour l'achat d'actions d'une société (C), à racheter ces actions à un prix minimal fixé de manière à désintéresser la banque ; cet acte s'analyse en effet comme un engagement de garantie de remboursement de l'emprunt souscrit par la société B, dont la promesse d'achat des actions n'est qu'une modalité d'exécution, et non pas comme un contrat attribuant à un associé la totalité du profit procuré par la société ou l'exonérant des pertes (CA Paris 20-11-1998 : RJDA 5/99 n° 556) ;

– la convention par laquelle des actionnaires s'étaient engagés, à l'occasion d'une augmentation de capital, à racheter, pour un prix égal au prix de souscription augmenté d'un intérêt, les actions qu'un autre actionnaire de la société avait souscrites, si celui-ci en faisait la demande, trois ans après, au cours d'une période prédéfinie de 15 jours ; en effet, le bénéficiaire de la promesse, qui ne pouvait lever l'option qu'à l'expiration d'un certain délai et pendant un temps limité, restait, en dehors de cette période, soumis au risque de disparition ou de dépréciation des actions (Cass. com. 22-2-2005 n° 279 : RJDA 6/05 n° 702).

7030 La prohibition des clauses léonines ne concerne pas non plus les garanties contre toute participation aux pertes qu'un associé ou un tiers pourrait consentir à un autre associé, notamment sous la forme d'une promesse de **restitution d'apport** (Cass. 1e civ. 29-10-1990 : Bull. Joly 1990 p. 1052 note P. Le Cannu).

Elle ne s'oppose pas non plus à ce qu'un associé **renonce** expressément en assemblée à son droit de participer à la répartition des **bénéfices** de l'**exercice écoulé** (Cass. com. 13-2-1996 : RJDA 6/96 n° 788), cette renonciation ne pouvant pas être tacite (Cass. com. 26-5-2004 n° 03-11.471 F-D : RJDA 10/04 n° 1120). De même, n'est pas léonine la décision adoptée en assemblée, à l'unanimité des associés, d'affecter à l'un d'eux la totalité des **pertes** constatées à la clôture de l'exercice (CE 18-10-2022 n° 462497 : RJDA 1/23 n° 26 ; sur cette question, voir aussi A. Couret, Retour sur la notion de clause léonine : BRDA 23/22 inf. 19).

Notons enfin que la prohibition des clauses léonines ne s'applique pas si la **convention** intervient **après la dissolution** de la société (Cass. com. 12-11-1962 : Bull. civ. III n° 442 ; CA Paris 5-12-1983 : D. 1984 som. p. 52).

CLAUSES DE RÉPARTITION INÉGALE DES BÉNÉFICES ET DES PERTES

Les associés ont toute liberté pour choisir une base de répartition des bénéfices et des pertes autre que proportionnelle à l'apport effectué par chaque associé. Sont seulement interdites les clauses « léonines » qui privent un ou plusieurs associés de tout droit aux bénéfices ou les exonèrent de toute contribution aux pertes (nos 7020 s.). Excepté ces clauses, il est possible de prévoir dans les **statuts,** par **exemple** : **7040**

– un partage égal des bénéfices et des pertes malgré une inégalité des apports ou, inversement, un partage inégal des bénéfices et des pertes malgré une égalité des apports (Cass. civ. 27-3-1861 : DP 1861 I p. 161 ; Cass. req. 25-6-1902 : DP 1902 I p. 395) ;

– l'application d'une double clé de répartition des bénéfices fondée, d'une part, sur le nombre des actions détenues par les associés et, d'autre part, sur le chiffre d'affaires apporté par chacun d'eux (CE 26-2-2001 : RJDA 7/01 n° 771) ;

– la subordination du droit d'un associé à la réalisation d'un bénéfice minimum (Cass. req. 9-7-1885 : D. 1886 I p. 301) pourvu que cette condition soit aléatoire et indépendante de la volonté des associés ;

– le droit, pour certains associés, à un premier dividende privilégié qui, dans les sociétés par actions, peut notamment être rattaché aux actions de préférence (sur les droits pécuniaires particuliers susceptibles d'être rattachés aux actions de préférence, voir aussi n° 67792) ;

– l'attribution à l'un ou plusieurs des associés d'une somme forfaitaire annuelle, au besoin reportable sur l'exercice suivant en l'absence de bénéfices ou si les bénéfices de l'exercice clos n'en permettent pas le paiement ;

– la suppression, pour l'associé gérant, du droit aux bénéfices si les dépenses excèdent une somme déterminée (Cass. req. 16-11-1858 : D. 1859 I p. 39) ;

– un abattement sur les bénéfices revenant aux associés âgés au titre de leurs parts d'industrie (en ce sens, Cass. 1e civ. 12-1-2017 n° 15-12.546 FS-D : RJDA 6/17 n° 404, rendu pour une société civile de notaires mais transposable à une société commerciale à laquelle les associés consentent un apport en industrie) ;

– la limitation de la contribution aux pertes d'un associé au montant de ses apports (Cass. req. 5-12-1887 : DP 1888 I p. 430) ou à un montant déterminé (Cass. 1e civ. 16-10-1990 : Bull. Joly 1990 p. 1029 note P. Le Cannu), cette clause ne présentant d'intérêt que dans les SNC, les sociétés en participation, ou les sociétés en commandite en ce qui concerne les commandités ;

– le droit pour un associé de demander la dissolution de la société si les bénéfices réalisés n'atteignent pas un certain montant (Cass. com. 23-3-1954 : JCP 1954 II n° 8184).

Encore faut-il que ces clauses statutaires, qui créent une inégalité entre les associés, soient adoptées à l'unanimité (n° 7120).

SECTION 2 ÉGALITÉ ENTRE ASSOCIÉS

FONDEMENT JURIDIQUE DE L'ÉGALITÉ ENTRE ASSOCIÉS

*La **loi** ne pose pas de principe général* d'égalité entre les associés. **7100**

L'article 1833, al. 1 du Code civil dispose seulement que toute société doit être constituée dans « l'intérêt commun » des associés. Si l'on considère que la rupture d'égalité entre les associés constitue une atteinte à leur intérêt commun, on peut admettre que, faute d'être énoncé expressément, le principe d'égalité des associés trouve sa justification dans cette disposition du Code civil.

Le Code de commerce y fait également allusion en définissant la mission des commissaires aux comptes auxquels il commande de s'assurer du respect de l'égalité entre les associés ou actionnaires (art. L 821-56). Il impose aussi le respect de ce principe dans diverses opérations. Ainsi précise-t-il qu'une réduction de capital ne peut en aucun cas porter atteinte à l'égalité des associés (art. L 223-34, al. 1 pour les SARL et L 225-204, al. 1 pour les SA) et que ce principe doit aussi être respecté en cas de rachat d'actions de préférence rachetables (art. L 228-12, III-5°). C'est également en vertu de ce principe, sans le viser expressément, que le Code de commerce prescrit certaines mesures telles que, en cas d'augmentation du capital d'une SA, le respect de la procédure des avantages particuliers (art. L 225-147) ou des mesures de protection des actionnaires en place si la suppression du droit préférentiel de souscription est envisagée (art. L 225-138, I).

Par ailleurs, les **tribunaux** se réfèrent parfois au principe d'égalité des associés. Ainsi l'affectio societatis est-elle définie comme la volonté de chaque associé de collaborer effectivement à l'exploitation du fonds dans un intérêt commun et « sur un pied d'égalité » avec les autres associés (Cass. com. 3-6-1986 : Bull. civ. IV n° 116 ; Cass. com. 10-2-1998 n° 95-21.906 P : RJDA 6/98 n° 717 ; Cass. com. 3-3-2021 n° 19-10.693 F-D : RJDA 7/21 n° 474).

PORTÉE DE L'ÉGALITÉ ENTRE ASSOCIÉS

7110 La règle de l'égalité entre les associés vise à faire respecter une égalité entre tous les **associés d'une même catégorie** (par exemple, entre les titulaires d'une même catégorie d'actions de préférence) et non la totalité des associés de la société.

7120 Il arrive qu'une **atteinte** à l'égalité entre les associés soit **voulue par la loi.** Par exemple, dans les sociétés dont les actions sont admises aux négociations sur un marché réglementé, un droit de vote double est attaché aux actions nominatives inscrites au nom d'un même titulaire depuis au moins deux ans (art. L 22-10-46). Mais, comme nous venons de l'évoquer, l'égalité entre les actionnaires récompensés de leur fidélité par ce droit de vote double doit être respectée : le droit de vote double ne peut pas être réservé à certains d'entre eux.

Une atteinte à l'égalité peut-elle être valablement **décidée par les associés** ? La réponse est, à notre avis, affirmative si l'atteinte a été acceptée par chacun des associés auxquels un sacrifice est demandé soit au moment où l'opération est envisagée, soit en y ayant consenti tacitement lors de leur entrée dans la société (cas, par exemple, d'une SAS dont les statuts accorderaient un droit de vote multiple à certains associés). En effet, le principe d'égalité entre les associés tend seulement à éviter que l'un d'eux ne soit désavantagé par rapport aux autres ; il ne s'agit là que d'une mesure de protection personnelle de chaque associé à laquelle celui-ci peut renoncer parce qu'il est de principe que l'on peut toujours renoncer à une protection légale lorsqu'elle concerne exclusivement des intérêts privés. Encore faut-il que la renonciation soit librement et expressément consentie, et qu'elle soit intervenue au moment où l'opération est envisagée. On peut d'ailleurs observer qu'à propos d'une autre règle protectrice des associés, celle de l'interdiction d'augmenter leurs engagements, est seulement exclue la possibilité pour les associés majoritaires d'imposer aux minoritaires une augmentation de leurs engagements ; il n'est pas interdit aux associés de décider cette augmentation de leurs engagements pourvu que ce soit à l'unanimité (n°s 7200 s.).

SECTION 3

AUGMENTATION DES ENGAGEMENTS DES ASSOCIÉS

NÉCESSITÉ DE L'ACCORD DES ASSOCIÉS POUR AUGMENTER LEURS ENGAGEMENTS

7200 En aucun cas, les engagements d'un associé ne peuvent être augmentés sans le consentement de celui-ci (C. civ. art. 1836, al. 2).

Ce **principe** est repris, sous une forme différente, par le Code de commerce, qui dispose que *la majorité des associés d'une SARL* ne peut pas obliger un associé à augmenter son engagement social (art. L 223-30, al. 5) et qu'une assemblée générale extraordinaire de SA ne peut en aucun cas augmenter les engagements des actionnaires (art. L 225-96, al. 1).

La décision d'augmenter les engagements des associés nécessite donc l'accord de tous les associés (Cass. com. 26-3-1996 n° 93-21.250 : RJDA 8-9/96 n° 1066).

En cas de **démembrement** des parts ou actions, la décision d'augmenter les engagements des associés nécessite l'accord du nu-propriétaire puisque c'est lui qui a la qualité d'associé (voir nº 6100). Pour la même raison (voir nº 6130), la décision requiert, en cas de location des parts sociales ou des actions, l'accord du bailleur. 7205

L'augmentation des engagements des associés sans leur consentement unanime est une règle d'ordre public sanctionnée par une **nullité** absolue qui peut être demandée par tout associé, y compris par celui qui a voté en faveur de la résolution litigieuse (Cass. com. 13-11-2003 nº 00-20.646 : RJDA 5/04 nº 583, à propos d'une société civile mais transposable). 7210

Lorsque l'augmentation des engagements résulte d'une modification des statuts, seule la délibération adoptant cette modification est susceptible de faire l'objet d'une action en nullité ; l'associé qui conteste la **clause** ainsi modifiée ne peut pas soutenir que cette clause est **réputée non écrite** en application de l'article 1844-10, al. 2 du Code civil (Cass. com. 3-4-2007 nº 06-10.834 F-PB : RJDA 7/07 nº 733, à propos d'une société civile mais transposable).

NOTION D'AUGMENTATION DES ENGAGEMENTS DES ASSOCIÉS

La notion d'augmentation des engagements des associés n'est pas définie par la loi mais se trouve précisée par un arrêt de la Cour de cassation sur lequel s'est fait un accord pratiquement unanime. Selon cette décision (Cass. civ. 9-2-1937 : DP 1937 I p. 73 note A. Besson), les engagements des associés ne sont augmentés que « si les dispositions prises par l'assemblée générale entraînent une **aggravation de la dette** contractée par eux envers la société ou envers les tiers ». 7220

L'augmentation des engagements suppose que l'associé est obligé de verser à la société une somme supérieure à celle qu'il s'était engagé à fournir, ou d'effectuer une prestation à laquelle il n'avait pas consenti. Le législateur a voulu interdire à la majorité d'accroître les charges pécuniaires que chacun des associés avait librement acceptées en entrant dans la société.

Il en résulte en principe que les **décisions qui diminuent les droits** des associés ne constituent pas une augmentation des engagements de ces derniers (diminution de leurs droits dans la répartition des bénéfices, restriction à la libre cessibilité des actions, conversion obligatoire des actions au porteur en actions nominatives, etc.).

Mais on peut s'interroger sur le maintien de cette restriction car la Cour de cassation semble avoir admis l'extension de la prohibition de l'augmentation des engagements des associés sans leur accord aux atteintes à la liberté du commerce et du travail des associés (nº 7240) et donc à la réduction de leurs droits.

La solution est d'autant plus incertaine qu'il a été jugé qu'une décision sociale de nature à priver les associés de leur intérêt à participer à la société ne constitue pas, en elle-même, une augmentation de leurs engagements ; l'assemblée générale extraordinaire d'une SA peut donc valablement modifier les statuts de la société en vue de transférer ses activités d'animation d'un réseau mutualiste et de centrale d'achat à l'une de ses filiales, peu important que cette décision fasse perdre à un associé le bénéfice des conditions commerciales du réseau (Cass. com. 26-10-2010 nº 09-71.404 FS-PBI : RJDA 1/11 nº 54).

Augmentation des engagements à caractère financier : illustrations 7230

Il a été jugé que **constituent une augmentation des engagements** des associés :

– le blocage des sommes déposées par eux en compte courant (Cass. com. 24-6-1997 nº 95-20.056 : RJDA 11/97 nº 1349 ; CA Paris 5-5-1995 : JCP E 1995 pan. p. 817 ; CA Versailles 20-9-1996 nº 96-1415 : RJDA 1/97 nº 67, à propos d'une société civile mais transposable) ;

– le remboursement par les actionnaires minoritaires à proportion de leur part dans le capital social des apports en compte courant versés par l'actionnaire majoritaire, de sa propre initiative, afin d'apurer les dettes de la SA en liquidation (Cass. com. 19-10-1999 nº 97-16.903 : RJDA 2/00 nº 165) ;

– un appel de fonds non prévu par les statuts rendu nécessaire pour le financement d'un projet immobilier de la société (Cass. com. 10-7-2012 nº 11-14.267 : RJDA 11/12 nº 961, à propos d'une société civile mais transposable) ;

– un engagement collectif de garantir le passif de la société à l'occasion d'une cession de parts (Cass. 1e civ. 5-11-1996 nº 94-19.529 : RJDA 1/97 nº 59), puisque les associés sont alors tenus de dettes dont ils n'auraient pas répondu en l'absence de cet engagement ;

– une décision prorogeant la durée d'une société en participation à laquelle les associés avaient apporté la jouissance de lots de copropriété d'un hôtel pour cette durée, car elle imposait le maintien de cet apport au-delà du terme initial et les obligeait à participer aux charges générées par l'exploitation de l'hôtel en dehors des limites de temps prévues par les statuts (Cass. com. 20-12-2017 nº 16-19.283 F-D : RJDA 4/18 nº 321, à notre avis transposable à la prorogation de la durée d'une société dotée de la personnalité morale à qui les associés ont apporté la jouissance d'un bien pour une durée déterminée égale à celle de la société).

En revanche, ne s'analyse **pas** en une **augmentation des engagements** des autres associés le remboursement d'un compte courant qui, sauf convention ou clause statutaire (antérieure au dépôt des fonds) contraire, est remboursable à tout moment sur demande de l'associé (Cass. 3e civ. 3-5-2018 n° 16-16.558 F-D : RJDA 7/18 n° 577).

7240 **Augmentation des engagements non financiers** La plupart des décisions concernant la notion d'augmentation des engagements des associés retiennent l'existence d'un accroissement de charges pécuniaires pour ces derniers. Cependant, il semble que cette notion soit susceptible d'être appliquée à certains engagements autres que financiers. La Cour de cassation l'a en effet appliquée à une obligation « de ne pas faire » en jugeant qu'une clause de non-concurrence en cas de retrait de la société « par l'atteinte qu'elle porte à la liberté du travail et du commerce augmente les engagements des actionnaires » et ne peut donc être insérée dans les statuts qu'à l'unanimité (Cass. com. 26-3-1996 n° 93-21.250 : RJDA 8-9/96 n° 1066). Cependant, cette décision a été rendue dans un contexte particulier car il s'agissait d'une société d'expertise comptable ; on ne saurait donc en déduire qu'elle s'applique à tous les engagements non financiers, notamment à ceux qui ne portent pas atteinte à des libertés fondamentales comparables à la liberté du travail.

Une solution identique à celle de la Cour de cassation a été retenue par la cour d'appel de Lyon à propos également d'une clause de non-concurrence en cas de retrait de la société introduite, en cours de vie sociale, dans le règlement intérieur d'une SA coopérative (CA Lyon 20-11-1998 : Bull. inf. C. cass. 1999/499 p. 22). La cour d'appel de Paris a jugé dans le même sens, à propos d'une clause des statuts prévoyant l'obligation pour les associés de céder leurs parts en cas de faits graves, notamment actes de concurrence déloyale, dénigrement, actions malveillantes répétées contre la société ou condamnation pénale (CA Paris 27-3-2001 n° 00/12023 : RJDA 10/01 n° 973) ou à propos de l'ajout dans les statuts de quatre nouveaux cas d'exclusion d'un associé, dont certains réduisent la liberté du commerce et de l'industrie (CA Paris 17-2-2015 n° 14/00358 : RJDA 5/15 n° 341).

7250 **Augmentation des engagements en application des statuts** L'article 1836 du Code civil ne règle que les conditions auxquelles doivent satisfaire les décisions modifiant les statuts et non celles relatives aux décisions prises conformément à ceux-ci (Cass. 1e civ. 8-11-1988 n° 87-10.514 : Bull. civ. I n° 313 ; Cass. 1e civ. 13-1-1998 n° 95-13.696 : RJDA 3/98 n° 291 ; Cass. com. 9-6-2004 n° 01-12.887 : RJDA 10/04 n° 1123). Il n'y a pas augmentation des engagements des associés lorsque les **obligations** imposées à ces derniers sont la simple **conséquence d'une disposition statutaire** (Cass. com. 9-6-2004 précité). C'est le cas des clauses statutaires de certaines sociétés immobilières prévoyant l'obligation pour les associés de participer aux dépenses d'investissement décidées par l'assemblée générale (Cass. 1e civ. 8-11-1988 précité).

De même, jugé que ne constitue pas une augmentation des engagements des associés la décision prise par le conseil d'administration d'une centrale d'achat d'exiger de ses associés une caution bancaire en garantie du paiement de leurs dettes à l'égard de la société (Cass. 1e civ. 13-1-1998 précité).

SECTION 4 PARTICIPATION DES ASSOCIÉS À LA VIE SOCIALE

A. Droit d'information des associés

DROIT DE COMMUNICATION DES ASSOCIÉS

7400 Dans chaque type de société commerciale, l'associé dispose du droit de se faire communiquer différents documents sur la gestion des affaires sociales et sur la vie sociale en général. Ce droit de communication s'exerce :

– soit à l'occasion de la réunion d'une assemblée (droit de communication « **préalable** ») ; voir nos 23031 s. pour la SNC, n° 27141 pour la SCS, nos 32400 s. pour la SARL, n° 35823 pour l'EURL, nos 46450 s. pour la SA et nos 58000 et 58070 pour la SCA ;

– soit en dehors de toute réunion (droit de communication « **permanent** ») ; voir n° 24012 pour la SNC, n° 28020 pour la SCS, n°s 34005 s. pour la SARL, n° 36000 pour l'EURL, n°s 46650 s. pour la SA et n°s 58001 et 58070 pour la SCA.

Le droit d'information de l'associé tel qu'il est défini par le Code de commerce revêt un caractère limitatif. Lorsque la loi n'autorise pas l'associé à se faire communiquer tous les documents sociaux (cas des SA, SARL et SCA pour ce qui concerne les commanditaires), il reste cependant à celui-ci la possibilité de demander, lors des assemblées, toutes explications complémentaires qu'il jugerait opportunes dans la mesure, toutefois, où ces explications sont compatibles avec le secret des affaires.

Dans la SAS et la Sasu, les modalités d'information des associés ou de l'associé unique doivent être précisées dans les statuts : voir n°s 60621 s.

ATTENTION

Les **associés** sont censés **suivre d'eux-mêmes la vie de la société** en exerçant leur droit de communication. Ils ne peuvent donc pas se contenter d'attendre que les informations relatives à la vie sociale soient portées à leur connaissance. Le simple défaut d'information d'un associé sur une opération de gestion n'est d'ailleurs pas synonyme de dissimulation de cette opération. Ainsi, l'absence de communication d'une convention réglementée ne suffit pas à établir que celle-ci aurait été dissimulée aux associés et, partant, ne permet pas de retarder le point de départ de la prescription de l'action en nullité de la convention au jour où celle-ci a été révélée aux associés (cf. Cass. com. 8-2-2011 n° 10-11.896 FS-PBRI : RJDA 4/11 n° 324 ; dans le même sens, à propos du défaut de convocation d'un associé à une assemblée générale, Cass. com. 26-9-2018 n° 16-13.917 F-D : RJDA 1/19 n° 18).

Dans la SA et la SCA, le droit de communication des actionnaires peut être exercé par chacun des **copropriétaires indivis** d'actions (art. L 225-118 sur renvoi, pour la SCA, de l'art. L 226-1, al. 2). **7405**

Il en est de même dans les autres formes de sociétés commerciales (SARL, SAS, SNC, SCS et SCA concernant les associés commandités), l'article 1844, al. 2 du Code civil, qui prévoit la représentation des indivisaires par un mandataire unique, ne les privant pas d'un tel droit (Cass. 3e civ. 27-6-2019 n° 18-17.662 FS-PBI : RJDA 10/19 n° 639, à propos d'une société civile mais transposable).

DROIT DES ASSOCIÉS DE POSER DES QUESTIONS ÉCRITES

Questions écrites sur la gestion sociale Le droit d'information des associés peut s'exercer sous la forme de questions écrites. Ce droit appartient à tout associé, quelle que soit la part de capital dont il dispose dans la société. Le droit de poser des questions écrites est mis en œuvre selon **deux procédures** différentes : **7420**

– le droit de poser des questions écrites avant la réunion d'une assemblée est ouvert aux associés de **SARL** (art. L 223-26, al. 3 ; n° 32404) et aux actionnaires de **SA** et de **SCA** (art. L 225-108, al. 3 pour la SA et, sur renvoi de l'art. L 226-1, al. 2, pour la SCA ; n° 47608) ;

– le droit de poser des questions écrites deux fois par an sur la gestion sociale est ouvert aux associés non gérants de **SNC** (art. L 221-8 ; n° 24015), aux associés commandités non gérants de **SCA** (art. L 221-8 sur renvoi de l'art. L 226-1, al. 2 ; n° 58001) et aux associés commandités non gérants et associés commanditaires de **SCS** (art. L 221-8, sur renvoi de l'art. L 222-1, et art. L 222-7 ; n°s 28010 s.).

Dans la **SAS,** le législateur n'a prévu aucun droit pour les associés de poser des questions écrites sur la gestion sociale, que ce soit avant une décision collective (l'article L 225-108 qui prévoit ce droit dans la SA n'étant pas applicable à la SAS en vertu de l'article L 227-1, al. 3) ou en cours d'année. Néanmoins, rien n'interdit que les statuts prévoient cette faculté.

Droit d'alerte des associés Tout associé non gérant de SARL et un ou plusieurs *actionnaires* de société par actions représentant au moins **5 % du capital** social peuvent, deux fois par exercice, poser par écrit des questions au dirigeant sur tout fait de nature à compromettre la continuité de l'exploitation (n°s 90530 s.). **7430**

DROIT DES ASSOCIÉS DE DEMANDER UNE EXPERTISE DE GESTION

Un ou plusieurs associés – dès lors qu'ils représentent une **fraction du capital** social d'au moins 10 % dans la SARL ou de 5 % dans les sociétés par actions – peuvent demander en justice la désignation d'un expert chargé de présenter un rapport sur une ou plusieurs opérations de gestion (sur ces questions, voir n°s 32180 s. et 53000 s.). **7440**

B. Droit des associés de participer aux décisions collectives

1. DROIT INTANGIBLE DE PARTICIPER AUX DÉCISIONS COLLECTIVES

7500 Tout associé a le droit de participer aux décisions collectives ou aux assemblées générales (C. civ. art. 1844, al. 1, applicable à toutes les sociétés en vertu de l'art. 1834 du Code civil et repris par art. L 223-28, al. 1 pour la SARL, et art. L 225-113 pour la SA et, sur renvoi de l'art. L 226-1, al. 2, pour la SCA), soit personnellement, soit en se faisant représenter par un mandataire (lorsque cette faculté de représentation est autorisée).

L'article 1844, al. 1 du Code civil est d'**ordre public** (C. civ. art. 1844, al. 4 a contrario). Toute disposition contraire d'une clause statutaire est réputée non écrite (C. civ. art. 1844-10, al. 2 ; art. L 223-28, al. 5 pour la SARL ; art. L 225-113 pour la SA et, sur renvoi de l'art. L 226-1, al. 2, pour la SCA), mais pas la clause dans son intégralité (Cass. com. 29-5-2024 n° 22-13.158 FS-B : RJDA 8-9/24 n° 468 ; est donc abandonnée la jurisprudence qui déclarait la clause non écrite en son entier : Cass. com. 9-7-2013 n° 11-27.235 : RJDA 10/13 n° 813, 1e esp. et cet abandon ne semble pas remis en cause par l'ord. 2025-229 du 12-3-2025 réformant le régime des nullités à compter du 1-10-2025). Il résulte aussi du caractère impératif de l'article 1844, al. 1 qu'un associé ne peut pas renoncer à l'avance à son droit de participer aux assemblées.
Cependant, le droit de participer aux décisions collectives peut être restreint par l'effet de la loi, par exemple, dans les sociétés par actions, en cas d'actions non libérées des versements exigibles (art. L 228-29, al. 1).

7503 L'associé n'a pas l'obligation de participer aux décisions collectives (pour une illustration, CA Paris 15-12-1983 inédit). Sauf abus, il dispose en ce domaine d'une **entière liberté**.

7513 Le fait d'empêcher un associé de participer à une assemblée engage la **responsabilité** civile des dirigeants et peut entraîner la **nullité** de cette assemblée. Une assemblée a ainsi été annulée dans un cas où des minoritaires avaient été, par des moyens frauduleux, empêchés d'y assister (Cass. com. 6-7-1983 : Bull. civ. IV n° 206).

7518 Dans la SA et la SCA, la participation aux assemblées est protégée par des **sanctions pénales.** Le fait d'empêcher un actionnaire de participer à une assemblée est en effet puni d'un emprisonnement de deux ans et d'une amende de 9 000 € (art. L 242-9, 1° sur renvoi, pour la SCA, de l'art. L 243-1).

À notre avis, le délit peut être constitué dans le cas où, sciemment, la société n'a pas convoqué un actionnaire à l'assemblée et où celui-ci, n'en ayant donc pas eu connaissance, n'a pas pu y participer. Tel pourrait être le cas d'une société qui convoquerait à une assemblée tous ses actionnaires sauf l'un d'eux, avec lequel elle serait en conflit. Le défaut de convocation serait alors, selon nous, un acte d'entrave ou une manœuvre frauduleuse caractérisant l'élément matériel de l'infraction.

› **Précisions** **a.** Concernant le droit pour tout actionnaire de **SA et SCA** de participer aux décisions collectives, l'article L 225-113 ne vise expressément que les assemblées générales extraordinaires mais il est unanimement admis que, par application de l'article 1844 du Code civil, le principe vaut pour les assemblées générales ordinaires de ces sociétés.
b. Pour une application des sanctions pénales à un président qui avait empêché un **mandataire désigné en justice** à l'effet de représenter des copropriétaires indivis d'actions à une assemblée de participer et de voter à cette assemblée, voir Cass. crim. 3-10-1975 : Rev. sociétés 1976 p. 518 note B. Bouloc.
c. Sur la participation d'un **majeur protégé** à une assemblée générale, voir nos 46880 s.

PARTICIPATION D'UN NON-ASSOCIÉ AUX DÉCISIONS COLLECTIVES

7520 La participation d'un non-associé aux décisions collectives d'une société constitue une cause de **nullité** des assemblées générales au cours desquelles ces décisions ont été prises (Cass. com. 11-10-2023 n° 21-24.646 FS-B : RJDA 1/24 n° 37 ; Cass. 1e civ. 24-4-2024 n° 22-24.667 FS-B : RJDA 8-9/24 n° 470). L'article 1844-15-1 du Code civil issu de l'ordonnance 2025-229 du 12 mars 2025 ne nous semble pas empêcher cette nullité : voir n° 89580.

2. DISTINCTION ENTRE DROIT DES ASSOCIÉS DE PARTICIPER AUX DÉCISIONS ET DROIT DE VOTER

La Cour de cassation a opéré une distinction entre la participation aux décisions collectives et le vote en reconnaissant le caractère intangible du droit pour l'associé de participer aux décisions collectives exprimé par l'article 1844, al. 1 du Code civil. 7533

En raison de son **caractère général,** le droit de participer aux décisions collectives bénéficie, à notre avis, à tout associé qui se trouve privé de droit de vote par le jeu d'une limitation légale ou conventionnelle, à condition que cette limitation ne vise pas aussi le droit de participer aux assemblées : tel est le cas, notamment, du nu-propriétaire (nº 7569), de l'indivisaire (nº 7551) ou du titulaire d'actions de préférence sans droit de vote.

On observera que la distinction entre participation et vote figure dans certaines dispositions du Code de commerce sur les sociétés commerciales. Ainsi, le défaut de libération des actions des versements exigibles entraîne non seulement la suspension du droit de vote mais aussi celle de l'admission aux assemblées (art. L 228-29, al. 1).

Le droit de participer aux assemblées même sans voix délibérative présente, à notre avis, plusieurs **intérêts.** Ce droit emporte celui d'être convoqué en bonne et due forme et de recevoir l'information préalable à la tenue de l'assemblée. 7535

Surtout, même s'il ne peut pas voter, l'associé qui participe à l'assemblée a le droit de s'exprimer. Il peut ainsi, notamment, prendre part à la discussion préalable à l'adoption des résolutions ou, dans les SA, les SCA et les SARL, intervenir dans les débats sur les points inscrits à l'ordre du jour à la demande d'actionnaires ou d'associés, poser des questions, être consulté par le président de séance, etc. En faisant entendre son opinion, il pourra éventuellement infléchir le sens des décisions adoptées par les votants.

3. PARTICIPATION AUX DÉCISIONS DES TITULAIRES DE TITRES FAISANT L'OBJET DE DROITS CONCURRENTS

PARTS OU ACTIONS INDIVISES

Désignation et pouvoirs du mandataire En cas d'indivision, les copropriétaires de droits sociaux indivis ne peuvent pas exercer individuellement le droit de vote attaché à ces droits : ils **doivent se faire représenter** par un mandataire unique, choisi parmi eux ou en dehors d'eux, chargé de voter en leur nom (C. civ. art. 1844, al. 2 pour la SARL, la SNC, la SCS et la SAS ; art. L 225-110, al. 2 pour la SA et sur renvoi de l'art. L 226-1, al. 2 pour la SCA). 7545

Dans les SARL, les SNC, les SCS et les SAS, les statuts peuvent **déroger** à cette règle (C. civ. art. 1844, al. 4) et exiger, par exemple, que le mandataire soit pris parmi les indivisaires ou, s'il est étranger à l'indivision, qu'il soit choisi parmi les associés. En revanche, aucun aménagement statutaire de l'article L 225-110, al. 2 n'est possible dans les SA et les SCA.

Les pouvoirs du mandataire doivent être déterminés conformément aux règles propres au régime de l'indivision (Cass. civ. 6-2-1980 : Rev. sociétés 1980 p. 521 note A. Viandier). Celles-ci sont fixées par les articles 815 s. du Code civil. 7547

Les indivisaires peuvent donner un **mandat général d'administration des biens indivis,** à l'un ou plusieurs d'entre eux ou à un tiers, à la majorité d'au moins deux tiers des droits indivis (C. civ. art. 815-3, al. 3). Ce mandataire peut, à notre avis, les représenter aux assemblées ordinaires ou extraordinaires sans avoir à justifier d'une habilitation spéciale. En cas de pluralité de mandataires, un seul d'entre eux peut représenter les indivisaires aux assemblées (C. civ. art. 1844, al. 2 ; art. L 225-110, al. 2).

Si l'ordre du jour de l'assemblée ne relève pas de l'exploitation normale des biens indivis (*cf. C. civ. art. 815-3, al. 7, par exemple, dans les sociétés par actions, en cas de conversion d'actions de préférence en actions ordinaires*) ou contient des résolutions conduisant à un acte de disposition (réduction de capital, dissolution de la société, fusion ou scission, etc.), les indivisaires doivent désigner à l'unanimité un mandataire spécial pour cette assemblée. En effet, le consentement de tous les indivisaires est requis pour effectuer ces actes (même art.) ; or l'exercice du droit de vote constitue, selon l'ordre du jour et les résolutions prises par l'assemblée, un acte d'administration ou de disposition (Cass. com. 16-11-2004 nº 1622 : RJDA 8-9/05 nº 1053).

En l'absence de désignation d'un mandataire général, les indivisaires doivent désigner un **mandataire chargé de les représenter aux assemblées** en vertu de la législation sur les sociétés. À notre avis, ils peuvent désigner un mandataire unique pour toutes les assemblées.

Ils peuvent aussi décider, lors de chaque convocation à une assemblée, de désigner un mandataire pour cette assemblée. Dans les deux cas, la désignation du mandataire est soumise aux mêmes conditions que celles énoncées ci-dessus.

> **Précisions** **a.** Les dispositions des articles 1832 à 1844-17 du Code civil sont applicables à toutes les sociétés s'il n'en est autrement disposé par la loi pour chaque type particulier de société (C. civ. art. 1834). Or, à la différence des SA et des SCA, **aucune règle propre aux SARL, SNC, SCS ou SAS** ne fixe les modalités d'exercice du droit de vote lorsque les parts sociales (ou les actions de la SAS) sont indivises. L'article 1844 du Code civil est donc applicable aux SARL, aux SNC, aux SCS et aux SAS.
> **b.** S'il est pris **en dehors des indivisaires** et compte tenu de l'intuitus personae qui domine les rapports des associés entre eux dans les **SNC,** le mandataire unique doit, nous semble-t-il, être choisi parmi les associés.

7549 **Désaccord entre les indivisaires** En cas de **désaccord** entre les indivisaires **sur la désignation du représentant,** celui-ci est nommé par le président du tribunal de commerce à la demande du copropriétaire le plus diligent (C. civ. art. 1844, al. 2 et Décret 78-704 du 3-7-1978 art. 17 pour la SARL, la SNC, la SCS et la SAS ; art. L 225-110, al. 2 et R 225-87 pour la SA et sur renvoi de l'art. L 226-1, al. 2 pour la SCA). Cette règle est d'ordre public : le juge ne peut donc pas refuser de désigner un mandataire dès lors qu'il existe un désaccord entre indivisaires, même si l'un des indivisaires est investi d'un mandat général d'administration (Cass. 1e civ. 15-12-2010 n° 09-10.140 : RJDA 2/11 n° 153, solution rendue sur le fondement de l'art. 1844, al. 2 du Code civil, mais applicable à toutes les sociétés commerciales en raison de l'identité de rédaction entre ce texte et l'art. L 225-110, al. 2).

Le président du tribunal de commerce doit statuer en référé et non sur requête (Cass. com. 29-5-2024 n° 22-22.292 F-B : RJDA 11/24 n° 595 pour les SARL, SNC, SCS et SAS ; art. R 225-87 pour les SA, sur renvoi de l'art. L 226-1, al. 2, pour les SCA), car chacun des indivisaires doit être en mesure de faire valoir son point de vue. La demande ne peut être présentée que par les indivisaires ; la société n'a pas qualité pour agir (Cass. com. 15-11-1976 n° 75-13.730 : Rev. sociétés 1977 p. 272 note Y. Guyon).

Il y a désaccord, à notre avis, en cas de refus par la majorité des indivisaires de désigner un mandataire. Dans ce cas, l'indivisaire qui conteste la décision de la majorité peut valablement demander en justice la désignation de ce mandataire. En effet, l'article 815-3, al. 3 du Code civil ne crée que la faculté de choisir un mandataire à la majorité des deux tiers ; il ne donne pas pouvoir à cette majorité de décider ou non de la représentation des indivisaires à l'assemblée.

Le juge peut désigner le mandataire parmi les indivisaires ou en dehors d'eux, la désignation d'un indivisaire devant répondre à l'intérêt de l'indivision (Cass. com. 10-7-2012 n° 11-21.789 : RJDA 11/12 n° 974). Ainsi, un désaccord très important entre les indivisaires justifie la désignation d'un tiers à l'indivision et à la société malgré une clause statutaire imposant que le mandataire soit choisi parmi les indivisaires ou les autres associés (CA Paris 7-1-2009 n° 08/14713 : RJDA 5/09 n° 442).

7551 Le mandataire désigné en justice doit, avant de voter, recueillir l'avis des indivisaires sur le **sens du vote à émettre** mais il n'est pas lié par cet avis ; il doit agir en fonction du seul intérêt de l'indivision (CA Versailles 31-3-2022 n° 21/05568 : RJDA 11/22 n° 637, à propos d'une société civile mais transposable).

Le mandataire judiciaire est toutefois tenu d'un devoir de **neutralité** entre les indivisaires ; il lui est aussi recommandé de rencontrer les indivisaires avant la première assemblée afin de leur exposer le sens de sa mission (CA Versailles 31-3-2022 précité).

Bien que la loi n'ait rien prévu à cet égard, il nous semble que, s'il en est saisi par les indivisaires, le juge des référés peut donner au mandataire qu'il désigne des directives soit pour voter dans un sens déterminé, soit pour s'abstenir, en tenant compte des intérêts de la société et de ceux des indivisaires. Le juge des référés tient alors ses pouvoirs de l'article 872 du Code de procédure civile qui lui permet, dès lors qu'il y a urgence – et ce sera le plus souvent le cas en raison de la proximité de la date de l'assemblée –, d'ordonner toutes les mesures conservatoires que justifie l'existence d'un différend.

> **Précisions** **a.** La cour d'appel de Versailles ne semble pas avoir limité la liberté du mandataire judiciaire de choisir le sens à donner au vote selon le **type de résolutions** sur lesquelles il peut être appelé à voter, alors que le régime propre à l'indivision prévoit que le consentement de tous les indivisaires est requis pour effectuer les actes de disposition et ceux qui ne relèvent pas de l'exploitation normale des biens indivis (n° 7547). Pour certains auteurs, il semble logique que le mandataire judiciaire dispose de la plénitude des pouvoirs quel que soit l'objet de la décision car sa désignation matérialise l'absence d'unanimité (en ce sens, B. Saintourens, Droit de vote attaché aux parts sociales ou actions indivises, Lexbase Hebdo éd. affaires 3-2-2011).
> **b.** Les indivisaires qui reprochent au mandataire un manquement à ses obligations peuvent engager sa **responsabilité civile** par une action au fond (CA Versailles 31-3-2022 précité).

Absence de désignation d'un mandataire En l'absence de désignation d'un mandataire, un indivisaire reçoit un **mandat tacite** de représentation s'il agit au vu et au su des autres indivisaires et sans opposition de leur part (cf. C. civ. art. 815-3, dernier al. ; pour un exemple, CA Paris 27-3-2001 n° 00-12023 : Bull. Joly 2002 p. 89 note H. Le Nabasque). 7553

Le mandat tacite ne peut couvrir que les actes d'administration (C. civ. art. 815-3, dernier al.). Si l'ordre du jour de l'assemblée générale comporte des projets de résolution assimilés à des actes de disposition, les indivisaires doivent expressément désigner un mandataire.

À défaut de désignation amiable ou judiciaire du représentant des indivisaires lors de l'assemblée générale, ces derniers sont **privés du droit de vote** attaché aux titres indivis. Aucun texte ne prévoit cette sanction, mais elle résulte du principe d'indivisibilité des droits sociaux à l'égard de la société émettrice. L'indivisibilité des actions est affirmée par l'article L 228-5 applicable à toutes les sociétés par actions. Malgré l'absence d'affirmation légale en ce sens à propos des parts sociales, ce principe est généralement inscrit dans les statuts des SARL, des SNC et des SCS. Sur les conséquences de cette absence de désignation quant au calcul du quorum dans les SA, voir n° 47551.

Participation des indivisaires à l'assemblée Ayant la qualité d'associé, les indivisaires peuvent participer à l'assemblée (Cass. com. 21-1-2014 n° 13-10.151 F-PB : RJDA 5/14 n° 443 ; Cass. com. 30-8-2023 n° 22-10.018 F-D : RJDA 12/23 n° 656), c'est-à-dire être présents lors de l'assemblée et, le cas échéant, prendre part aux débats, même si un mandataire commun a été désigné pour représenter l'indivision (Cass. com. 21-1-2014 précité). 7555

Décisions nécessitant l'unanimité des associés Lorsque la loi requiert une décision unanime des associés, le consentement de chaque indivisaire doit à notre avis être recueilli. En effet, chaque indivisaire a la qualité d'associé (n° 6010) et nous estimons que l'unanimité n'est pas un mode particulier de prise de décision collective mais l'expression d'un consentement relevant du droit des contrats, ce qui exclut l'application des articles 1844, al. 2 du Code civil et L 225-110. 7560

PARTS OU ACTIONS GREVÉES D'USUFRUIT

Lorsque les **parts de SNC, de SCS, de SARL ou** les **actions de SAS** sont grevées d'usufruit, le **droit de vote** appartient au nu-propriétaire, sauf pour les décisions concernant l'affectation des bénéfices, où il est réservé à l'usufruitier (C. civ. art. 1844, al. 3). Les statuts peuvent toutefois organiser de manière différente la répartition du droit de vote entre l'usufruitier et le nu-propriétaire (C. civ. art. 1844, al. 4) : par exemple, en transposant les règles de l'article L 225-110, al. 1 concernant les SA, droit de vote à l'usufruitier pour les décisions collectives ordinaires et au nu-propriétaire pour les décisions collectives entraînant modification des statuts. En revanche, les statuts ne peuvent pas priver l'usufruitier du droit de voter l'affectation des bénéfices de sorte qu'est nulle la clause conférant au nu-propriétaire le droit de vote pour toutes les décisions collectives (Cass. com. 31-3-2004 n° 03-16.694 FS-PB : RJDA 6/04 n° 711 et chron. A. Viandier : RJDA 8-9/04 p. 859). 7563

Pour les décisions autres que l'affectation des bénéfices, le nu-propriétaire et l'usufruitier peuvent convenir que le droit de vote sera exercé par ce dernier, les statuts ne pouvant pas interdire ou limiter cette convention (C. civ. art. 1844, al. 3 et 4).

ATTENTION

À notre avis, une clause des statuts qui confère le droit de vote à l'usufruitier pour toutes les décisions collectives ne dispense pas de soumettre à l'accord du nu-propriétaire les décisions nécessitant l'unanimité des associés (n° 6105).

Dans les SNC dont les statuts ne prévoient pas de règle dérogeant à l'exigence d'unanimité des associés pour les décisions excédant les pouvoirs des gérants (cf. art. L 221-6), les décisions d'affectation des bénéfices doivent à notre avis recueillir l'accord à la fois du nu-propriétaire, qui a la *qualité d'associé, et* de l'usufruitier, qui ne peut pas être privé du droit de voter l'affectation des bénéfices.

Dans les **SARL,** les **SNC** et les **SCS,** qu'il y ait ou non une clause statutaire réglant les conditions d'exercice du droit de vote entre l'usufruitier et le nu-propriétaire, la participation de l'usufruitier aux décisions collectives est subordonnée, à notre avis, à son **agrément** par les autres associés. Compte tenu de l'intuitus personae qui domine les rapports entre associés, on ne saurait en effet permettre à l'usufruitier de prendre part à la vie sociale sans avoir été accepté par les autres associés. 7565

Cet agrément est soumis aux mêmes conditions que celles prévues pour l'agrément d'un nouvel associé, c'est-à-dire conformément aux règles applicables aux cessions entre vifs ou aux transmissions par décès selon que l'usufruit est d'origine conventionnelle ou successorale.

À **défaut d'agrément,** le nu-propriétaire exerce toutes les prérogatives attachées aux parts, quitte à restituer à l'usufruitier les dividendes qu'il aurait perçus.

Au cas où le vote du nu-propriétaire aurait été déterminant dans la décision des associés de ne pas procéder à une distribution des bénéfices, l'usufruitier pourrait demander au nu-propriétaire réparation du préjudice que la décision de non-distribution lui cause s'il établit que ce vote était abusif comme inspiré non par l'intérêt social, mais par l'unique dessein de lui nuire (application de C. civ. art. 599).

7567 Dans les **SA** et les **SCA,** le **droit de vote** attaché aux actions appartient (art. L 225-110, al. 1 sur renvoi, pour la SCA, de l'art. L 226-1, al. 2) :
– à l'usufruitier dans les assemblées ordinaires ;
– au nu-propriétaire dans les assemblées extraordinaires ainsi que, à notre avis, dans les assemblées spéciales.

Toutefois, cette disposition ne revêt pas un caractère impératif. Les statuts peuvent y déroger, soit en prévoyant une répartition différente du droit de vote entre l'usufruitier et le nu-propriétaire (par exemple, attribution du droit de vote au nu-propriétaire pour toutes les décisions autres que celles concernant l'affectation des bénéfices ou attribution du droit de vote à l'usufruitier pour toutes les assemblées), soit en laissant aux intéressés le soin de procéder eux-mêmes à cette répartition sous réserve d'en informer la société dans un délai et selon des formes déterminées. En revanche, les statuts ne peuvent pas priver l'usufruitier du droit de voter l'affectation des bénéfices, de sorte qu'est nulle la clause conférant au nu-propriétaire le droit de vote pour toutes les décisions collectives (nº 7563).

7569 Le nu-propriétaire et l'usufruitier ont le **droit de participer** aux décisions collectives, sans que les statuts puissent y déroger (C. civ. art. 1844, al. 3 et 4), et ce, quel que soit le titulaire du droit de vote.

En cas d'utilisation d'un mode de prise de décision autre qu'une assemblée, le nu-propriétaire et l'usufruitier doivent être informés de la consultation et de son objet.

PARTS OU ACTIONS DONNÉES EN LOCATION

7575 Sur cette question, voir nº 20041.

PARTS OU ACTIONS SAISIES

7580 Lorsque les parts ou actions sont frappées de saisie et tant que leur vente forcée n'est pas intervenue, le débiteur reste associé, la saisie entraînant seulement l'indisponibilité des droits pécuniaires attachés aux parts ou actions (cf. C. exécution art. R 232-8, al. 1) ; c'est donc lui qui doit participer et voter aux assemblées.

PARTS OU ACTIONS DONNÉES EN NANTISSEMENT

7590 Lorsque les parts ou actions sont données en nantissement, et tant que cette garantie n'est pas réalisée, le débiteur reste associé et exerce seul les prérogatives attachées aux parts ou actions nanties : il dispose donc du droit de participer aux décisions collectives et de voter.

Pour les actions, le Code de commerce précise expressément que, en cas de nantissement, le droit de vote est exercé par leur propriétaire (art. L 225-110, al. 3). Pendant toute la durée du nantissement, les actions, qu'elles soient nominatives ou au porteur, restent inscrites au nom de leur titulaire, si bien que le débiteur peut exercer son droit de vote sans qu'il soit nécessaire pour le créancier nanti d'accomplir une quelconque formalité.

PARTS OU ACTIONS LITIGIEUSES

7600 En principe, lorsque la propriété de parts ou d'actions est litigieuse, le droit d'accès à l'assemblée appartient au **propriétaire apparent,** c'est-à-dire celui au nom de qui les parts sociales apparaissent dans les statuts ou au nom de qui les actions sont inscrites. En effet, la société ne peut pas se faire juge du litige.

Cependant, la présence à l'assemblée de ce propriétaire apparent peut être la cause de *graves difficultés au cas où une décision* de justice ultérieure reconnaîtrait à un tiers la propriété réelle des droits sociaux. Si tel était le cas, l'assemblée pourrait être annulée au motif qu'un associé ou actionnaire (le propriétaire réel) aurait été exclu des délibérations, même si les parts ou actions n'étaient pas nécessaires pour réunir le quorum et la majorité (cf. C. civ. art. 1844, al. 1 ; Cass. com. 31-10-1956 : JCP 1957 II nº 9889).

Si la société est avertie du litige et que le risque est caractérisé, il est préférable d'**ajourner l'assemblée.**

En pratique, la controverse est fréquemment réglée soit par la mise sous séquestre des parts ou actions (nº 7610), soit par une action devant le juge des référés.

› Précisions **a.** Il a été jugé qu'en cas d'incertitude sur la propriété d'un paquet d'actions il y avait lieu d'**interdire** au détenteur apparent de ces actions **de voter** aux assemblées générales **jusqu'à la solution du litige,** afin d'éviter que ne soient créées des situations préjudiciables, peut-être irréversibles, au cas où il serait statué que ce détenteur n'est pas le propriétaire réel des actions (TGI Nancy 27-11-1982 : Rev. sociétés 1984 p. 100 note M. Guilberteau).

b. Selon la cour d'appel d'Aix-en-Provence (arrêt du 30-5-1980 : Bull. cour d'Aix 1980/2 p. 41), le juge des référés peut désigner un **mandataire ad hoc** chargé de voter aux diverses assemblées de la société avec des actions litigieuses représentant plus de la moitié du capital, dès lors que la solution du litige sur la propriété des actions risque de n'intervenir qu'après plusieurs années et qu'on ne peut ajourner indéfiniment les assemblées et supprimer ainsi toute vie sociale.

PARTS OU ACTIONS SOUS SÉQUESTRE

Les parts ou actions litigieuses sont parfois mises sous la garde d'un mandataire de justice habituellement appelé « séquestre » ou encore, selon certaines décisions de justice, « administrateur provisoire » (C. civ. art. 1961). **7610**

L'exercice du droit de participer aux décisions collectives et de voter attaché aux droits sociaux séquestrés dépend de la décision de justice qui fixe la mission du séquestre.

Le plus souvent, le séquestre se voit **refuser le droit de vote** (Cass. com. 16-10-1990 : BRDA 3/91 p. 8 ; CA Versailles 9-3-1990 : Bull. Joly 1990 p. 519 ; CA Paris 18-4-1961 : JCP 1962 II nº 12748 ; CA Montpellier 4-10-1990 : Bull. Joly 1992 p. 777 note A. Couret ; CA Paris 18-9-1992 : Dr. sociétés 1993 nº 4), qui est alors neutralisé jusqu'à ce que le litige au fond soit résolu.

Toutefois, **ce droit peut** lui **être accordé** lorsqu'il y a lieu de préserver d'un péril imminent le bon fonctionnement ou les intérêts de la société (cf. Cass. com. 15-2-1983 : Rev. sociétés 1984 p. 97) ou d'éviter la création d'une situation irréversible (Cass. com. 15-2-1983 : Rev. sociétés 1983 p. 593 note M. Guilberteau).

Il peut aussi arriver que la décision judiciaire impose au séquestre de s'abstenir de participer au **vote de certaines résolutions,** par exemple celles dont l'adoption pourrait créer une situation irréversible pour un associé (CA Angers 2-7-2013 nº 13/00237 : RJDA 12/13 nº 1020).

ILLUSTRATIONS

A été accordé à un administrateur provisoire chargé de gérer des parts litigieuses le pouvoir de prendre les décisions nécessaires au cours des assemblées générales jusqu'à l'issue d'une procédure pénale en cours (CA Paris 8-7-1980 : Bull. Joly 1980 p. 450).

Dans un cas où le séquestre avait été désigné « à l'effet d'administrer et de détenir les actions », il a été jugé qu'une telle mission lui permettait de voter aux assemblées ordinaires mais non aux assemblées extraordinaires (CA Reims 16-11-1982 : Rev. jur. com. 1983 p. 90 note Lévy).

C. Droit des associés de voter

1. VOTER, UNE PRÉROGATIVE ESSENTIELLE DE L'ASSOCIÉ

Outre le droit de participer aux décisions collectives ou aux assemblées, l'associé a celui d'y voter. Les textes n'affirment expressément comme droit intangible que celui de participer aux assemblées et non celui de voter. La doctrine reconnaît toutefois unanimement le droit de vote comme une prérogative essentielle de l'associé et la Cour de cassation a consacré ce principe en retenant qu'un associé ne peut pas, à défaut de disposition légale le prévoyant, se voir statutairement privé de son droit de vote (Cass. com. 23-10-2007 nº 06-16.537 : RJDA 1/08 nº 50 et rapport B. Petit p. 9, à propos d'une SAS mais transposable). **7670**

Sauf exceptions prévues par la loi (notamment, mandat de représentation, gestion collective de titres, actionnaire non résident), **seuls les associés ou les actionnaires** jouissent du droit de vote. **7672**

En pratique, le droit de vote fait toutefois l'objet de **nombreuses restrictions,** notamment dans la **SA** : suspensions ou suppressions légales (conventions réglementées, apports en nature, autocontrôle, offres publiques, etc.), aménagements ou suppressions statutaires autorisés par la loi (actions de préférence sans droit de vote, etc.), pactes d'actionnaires. **7674**

7676 Le droit de vote s'applique, sauf disposition légale contraire (conventions réglementées notamment), alors même qu'un associé directement concerné par la décision de la collectivité des associés se trouve en situation de **conflit d'intérêts** (voir Cass. civ. 29-7-1924 : J. soc. 1928 p. 468 ; sur le cas de l'actionnaire amené à voter sur son exclusion, voir Cass. com. 23-10-2007 n° 06-16.537 FS-PBRI : RJDA 1/08 n° 50 et rapport B. Petit p. 9 ; sur la possibilité pour un administrateur de participer au vote de la résolution concernant la fixation de sa rémunération, voir Rép. Cornet : AN 2-10-1974 n° 11461).

› Précisions a. Sur l'exercice du droit de vote lorsque les parts ou actions font l'objet de **droits concurrents**, voir n°s 7545 s.
b. Dans les SA, l'**abrogation,** par la loi 2003-706 du 1er août 2003, des **sanctions pénales** encourues par les personnes se présentant faussement comme propriétaires d'actions pour participer à une assemblée d'actionnaires ne remet pas en cause le principe selon lequel seuls les actionnaires jouissent du droit de vote.

2. LIBERTÉ DE L'ASSOCIÉ D'EXERCER SON DROIT DE VOTE

7690 L'associé est, en principe, libre d'exercer son droit de vote. Il s'agit d'un droit subjectif qu'il exerce d'abord en considération de son propre intérêt. Il en résulte plusieurs **conséquences** : d'une part, l'associé n'a aucune obligation de participer aux assemblées et dispose d'une faculté d'abstention (CA Paris 15-12-1983, inédit ; pour un exemple d'exclusion d'un associé pour défaut de participation répétée aux assemblées générales dans une société dont les statuts prévoyaient une telle mesure, voir Cass. com. 14-10-2020 n° 18-19.181 F-D : RJDA 2/21 n° 93) ; d'autre part, y participant, il exerce son droit de vote sans avoir à justifier son choix (CA Bordeaux 7-12-1989 : Bull. Joly 1990 p. 284 note critique D. Bompoint).

Cependant, les excès auxquels pourrait conduire la liberté de vote reconnue aux associés sont sanctionnés par les tribunaux en application de la théorie de l'abus de droit (n°s 7790 s.).

3. INCESSIBILITÉ DU DROIT DE VOTE

7720 Le droit de vote étant reconnu comme une prérogative essentielle de l'associé (n°s 7670 s.), l'associé ne peut pas y renoncer. Il a été jugé que le droit de vote, droit « d'administration » de la société, est indissociable des droits pécuniaires conférés par les parts et qu'une cession d'usufruit portant sur des parts de SARL, conclue pour un prix symbolique (1 F) avec stipulation que tous les avantages financiers attachés auxdites parts resteraient au cédant, devait être annulée dès lors qu'elle déguisait une **cession de droit de vote** (CA Paris 17-11-1965 : Gaz. Pal. 1966 I p. 231). A aussi été annulée une cession d'actions qui prévoyait un **mandat irrévocable de vote** donné par l'acquéreur au cédant jusqu'au décès de celui-ci (Cass. com. 17-6-1974 : Gaz. Pal. 1975 p. 127).

7725 Partant du principe que le droit de vote a une valeur et constatant qu'aucun texte ne l'interdit explicitement, certains auteurs militent pour une **reconnaissance** par le législateur **de la cessibilité** du droit de vote (notamment, P. Ledoux : Le droit de vote des actionnaires, LGDJ 2002 n°s 443 s.). La possibilité d'émettre des actions de préférence privées du droit de vote (n°s 67781 s.) marquerait le point de départ d'une évolution devant conduire à la cessibilité du droit de vote (P. Ledoux, La nature de la préférence : Bull. Joly 2004 p. 1219 n° 29).

4. CONVENTIONS DE VOTE

DÉFINITION ET INTÉRÊT DES CONVENTIONS DE VOTE

7740 Par les conventions de vote, les associés ou certains d'entre eux s'engagent à **voter dans un sens déterminé ou** à **ne pas participer au vote.**

Souvent incluses dans un pacte d'actionnaires (voir n° 69120), les conventions de vote peuvent concerner toutes les décisions collectives mais, le plus souvent, elles sont limitées à certaines d'entre elles : choix des dirigeants, agrément de nouveaux actionnaires, politique d'investissement, affectation des résultats, etc.

Les conventions de vote ont longtemps fait l'objet de critiques au motif que le droit de vote doit être exercé librement et qu'aucune entrave ne doit être apportée statutairement ou contractuellement à ce principe. Reconnues par la jurisprudence et, implicitement, par le législateur, ces conventions permettent la stabilité nécessaire à la poursuite d'objectifs complexes et de longue durée.

> **Précisions** La loi prend acte des **conventions** de vote et les tient, au moins implicitement, pour **licites.** Ainsi, les dispositions de l'article L 233-3, aux termes desquelles une société est considérée comme en contrôlant une autre notamment lorsqu'elle dispose seule de la majorité des droits de vote dans cette société en vertu d'un accord conclu avec d'autres actionnaires, entraînent implicitement la reconnaissance de la validité des conventions de vote. Il en est de même de l'article L 233-10 selon lequel sont considérées comme agissant de concert notamment les personnes qui ont conclu un accord en vue d'exercer des droits de vote pour mettre en œuvre une politique commune vis-à-vis de la société ou pour obtenir le contrôle de celle-ci.

CONDITIONS DE VALIDITÉ DES CONVENTIONS DE VOTE

Les conventions de vote sont valables si elles reposent sur un engagement éclairé des associés signataires et sont destinées à l'établissement d'une politique stable et durable ; il faut aussi, comme nous le verrons ci-dessous, qu'elles respectent l'ordre public et qu'elles ne soient pas contraires à l'intérêt social (CA Paris 4-12-2012 n° 11/15313 : RJDA 4/13 n° 331). 7743

L'engagement pris dans la convention doit respecter l'**ordre public** et les bonnes mœurs (application de C. civ. art. 6). Seraient ainsi illicites : 7746
– une convention emportant cession du droit de vote ou atteinte au principe de libre révocabilité des dirigeants sociaux (CA Paris 4-12-2012 n° 11/15313 : RJDA 4/13 n° 331) ;
– un engagement de vote qui aurait pour seule contrepartie le versement d'une rétribution sous quelque forme que ce soit. Le trafic de voix est d'ailleurs sanctionné pénalement : le fait de se faire accorder, garantir ou promettre des avantages pour voter dans un certain sens ou pour ne pas participer au vote, ainsi que le fait d'accorder, garantir ou promettre ces avantages, sont punis d'un emprisonnement de deux ans et d'une amende de 9 000 € (art. L 242-9, 3°).

Les conventions de vote ne doivent pas conduire à des votes contraires à l'**intérêt social** (CA Paris 4-12-2012 n° 11/15313 : RJDA 4/13 n° 331). Un vote contraire à l'intérêt social et motivé par la volonté de nuire à l'une des parties à la convention constitue en effet un abus du droit de vote, lequel est interdit par une règle d'ordre public dont aucune convention ne peut s'affranchir. 7752

Il se peut qu'une convention de vote licite à l'origine s'avère abusive en cours d'exécution du contrat. Toute partie peut alors valablement invoquer l'exception d'abus de droit de vote pour refuser de l'exécuter.

ILLUSTRATIONS

Un engagement de vote en faveur d'une augmentation de capital doit être tenu pour licite dès lors qu'il est limité à l'opération concernée, qu'il est conforme à l'intérêt social et qu'il est exempt de toute idée de fraude (CA Paris 30-6-1995 n° 93-27606 : JCP E 1996 n° 795 note J.-J. Daigre).

Durée des conventions de vote Conformément au droit commun des contrats, les conventions de vote ne peuvent pas être conclues pour une durée illimitée ou considérée comme telle. De telles conventions aboutissent à un **engagement perpétuel** prohibé auquel chaque partie peut mettre fin à tout moment en respectant un délai contractuel ou raisonnable (C. civ. art. 1210 et 1211). 7755

Les conventions dont la **durée** est **indéterminée** sont licites ; il peut y être mis fin unilatéralement dans les mêmes conditions que les engagements perpétuels (art. 1211 précité ; CA Paris 4-12-2012 n° 11/15313 : RJDA 4/13 n° 331).

Mais, dans les deux cas, elles ne remplissent pas l'office attendu puisque toute partie peut s'en retirer à son gré.

EFFETS DES CONVENTIONS DE VOTE

Les conventions de vote n'engagent que les personnes qui les ont conclues (C. civ. art. 1199). Elles ne sont pas **opposables** aux tiers, spécialement à la société émettrice. 7762

La **violation** par l'associé défaillant d'une convention de vote peut-elle donner lieu à l'**exécution forcée** de cette convention ? 7764

Si la convention de vote a été conclue depuis le 1er octobre 2016 (date d'entrée en vigueur de l'ordonnance 2016-131 du 10 février 2016 réformant le droit des obligations), les associés signataires pourraient en obtenir l'exécution forcée en invoquant l'article 1221 du Code civil, selon lequel le créancier d'une obligation peut, sous certaines conditions, en poursuivre l'obligation en nature. Toutefois, tant que la jurisprudence ne sera pas fixée, on ne peut pas affirmer que les tribunaux imposeront à un associé le sens de son vote ou prendront une décision valant vote de la délibération qui aurait dû être adoptée.

› Précisions **Jusqu'à** la réforme du droit des obligations par **l'ordonnance 2016-131,** la violation d'une convention de vote n'a donné lieu qu'à des mesures autres que la condamnation de l'associé récalcitrant à voter conformément aux engagements qu'il avait pris dans le cadre de la convention. Notamment, dans une affaire où un actionnaire avait refusé d'exécuter son engagement de voter en faveur d'une augmentation de capital et d'y souscrire, la cour d'appel de Paris a considéré que même en matière d'obligation de faire, le créancier a le droit de réclamer l'exécution en nature chaque fois que cette exécution est possible. Elle a ordonné la convocation d'une nouvelle assemblée générale extraordinaire et condamné sous astreinte l'actionnaire défaillant à souscrire à l'augmentation de capital prévue par la convention, mais elle ne l'a pas condamné à voter cette augmentation (CA Paris 30-6-1995 n° 93-27606 : JCP E 1996 n° 795 note J.-J. Daigre). Ainsi que l'a relevé le professeur J.-J. Daigre, il manquait un maillon nécessaire à la mise en œuvre de la condamnation prononcée par la cour d'appel : en obligeant l'actionnaire récalcitrant à souscrire à l'augmentation de capital, la cour ne l'empêchait pas de s'opposer par son vote à l'augmentation et si l'augmentation de capital n'était pas votée, aucune souscription n'était possible et la condamnation sous astreinte ne pouvait pas être appliquée. Dans une autre affaire, la cour d'appel de Paris a écarté la demande en référé d'exécution forcée d'une convention de vote figurant dans un pacte d'associés prévoyant la nomination au comité de surveillance d'une SAS de deux candidats représentant l'associé minoritaire. Elle a jugé que si la tenue d'une nouvelle assemblée générale pouvait être ordonnée par le juge des référés, il avait excédé ses pouvoirs en ordonnant la révocation des deux membres choisis par le seul majoritaire car cette mesure revenait à prononcer l'annulation de deux résolutions. Après avoir constaté que le pacte aurait dû être exécuté, la cour a prononcé la désignation d'un mandataire, sur le fondement de l'article 873, al. 1 du Code de procédure civile, afin qu'il assiste aux réunions du comité avec mission d'en faire un compte rendu au minoritaire (CA Paris 8-11-2011 n° 11/16066 : RJDA 3/12 n° 303, Bull. Joly 2012 p. 209 note A. Couret et B. Dondero).

5. ABUS PAR LES ASSOCIÉS DE LEUR DROIT DE VOTE

7790 Le droit de vote ne peut pas être exercé de façon discrétionnaire et les tribunaux tempèrent la liberté de vote par l'application de la notion d'abus de droit.

ABUS DE MAJORITÉ

7792 Il y a abus de majorité lorsque la décision adoptée par le ou les associés majoritaires est contraire à l'intérêt social et a été prise dans l'unique dessein de favoriser les membres de la majorité au détriment des autres associés (Cass. com. 18-4-1961 n° 59-11.394 : Bull. civ. III n° 175 ; Cass. com. 30-5-1980 n° 78-13.836 : Bull. civ. IV n° 223 ; Cass. com. 24-1-1995 n° 93-13.273 : RJDA 4/95 n° 439 et, dans la même affaire, Cass. com. 30-11-2004 n° 01-16.581 : RJDA 3/05 n° 263).

Ces deux critères sont cumulatifs (Cass. 3e civ. 18-6-1997 : RJDA 11/97 n° 1360, à propos d'une société civile mais transposable aux sociétés commerciales ; Cass. com. 10-6-2020 n° 18-15.614 F-D : RJDA 10/20 n° 499).

ATTENTION

Une décision prise à l'unanimité ne peut pas être constitutive d'un abus de majorité (Cass. com. 8-11-2023 n° 22-13.851 F-B : RJDA 2/24 n° 101 ; l'unanimité s'entend ici, à notre avis, de la totalité des associés de la société et non des seuls associés présents ou représentés à l'assemblée ou ayant participé à la consultation : Cass. 3e civ. 5-1-2022 n° 20-17.428 FS-B : RJDA 4/22 n° 205, à propos d'une société civile mais transposable). On peut comprendre de la décision de 2023 que la condition de l'abus de majorité tenant au désavantage pour les minoritaires n'est pas remplie s'ils ont tous accepté le sacrifice de leurs intérêts lors du vote de la résolution (dans le même sens, C. Barillon, note sous Cass. com. 8-11-2023 précité : Bull. Joly janvier 2024 p. 5 ; pour une opinion critique, B. Dondero, note sous l'arrêt précité : JCP E 2023 n° 1372). Signalons qu'une cour d'appel avait déjà jugé que l'associé minoritaire ayant voté en faveur d'une délibération n'est pas fondé à soutenir qu'elle constitue un abus de majorité (CA Rouen 19-5-2022 n° 20/03002 : Bull. Joly octobre 2022 p. 22 note E. Guégan). En l'espèce, la résolution litigieuse avait elle aussi été prise à l'unanimité mais la cour d'appel n'avait pas limité la solution à cette situation.

7793 L'abus de majorité, s'il est constaté, entraîne généralement la **nullité** de la décision prise. Les minoritaires peuvent aussi obtenir des **dommages-intérêts** en réparation du préjudice que la décision litigieuse a pu leur causer.

› Précisions **a.** La **nullité** pour abus de majorité est une nullité relative **susceptible de confirmation** (Cass. 3e civ. 11-7-2024 n° 23-10.013 FS-P : RJDA 11/24 n° 592).
b. L'**action** en **responsabilité** formée **contre un établissement public,** associé majoritaire, relève de la compétence des tribunaux judiciaires (T. confl. 3-7-2000 n° 3206 : RJDA 2/01 n° 178).

7794 ***Exercice de l'action en nullité*** La nullité d'une délibération pour abus de majorité est une nullité relative qui peut être demandée tant par les **associés minoritaires** que par les **représentants légaux** de la société (Cass. 3e civ. 11-7-2024 n° 23-10.013 FS-P : RJDA 11/24 n° 592).

L'**associé ayant voté en faveur** de la résolution litigieuse est-il **recevable** à en demander la nullité ? Plusieurs décisions, rendues à propos d'actions en nullité fondées sur d'autres motifs qu'un abus de majorité, ont répondu par l'affirmative, au motif que l'associé n'était pas dépourvu d'intérêt à agir du seul fait qu'il avait voté en faveur de la résolution (Cass. 3e civ. 19-7-2000 no 98-17.258 FS-PB : RJDA 12/00 no 1122 ; Cass. com. 13-11-2000 no 00-20.646 FS-P : RJDA 5/04 no 560). Une cour d'appel a repris cette solution à propos d'une action en dommages-intérêts pour abus de majorité (CA Lyon 14-5-2009 no 08-4126 : RJDA 5/10 no 518). À notre avis, la recevabilité de l'action n'est pas remise en cause par la décision de la Cour de cassation écartant, par principe, l'existence d'un abus de majorité en cas de décision prise à l'unanimité (Cass. com. 8-11-2023 no 22-13.851 F-B : RJDA 2/24 no 101) : en effet, cette décision se prononce sur le bien-fondé de l'action et non sur sa recevabilité. On peut toutefois s'interroger sur l'utilité d'être recevable à agir, en cas de décision unanime, si l'action ne peut pas prospérer.

En revanche, l'**associé** qui peut être considéré comme **ayant confirmé la décision litigieuse** n'est pas recevable à demander la nullité pour abus de majorité (Cass. 3e civ. 11-7-2024 précité).

ILLUSTRATIONS

Ne peut pas demander l'annulation d'une décision d'augmentation du capital l'associé qui a, par la suite, voté en faveur de résolutions ayant approuvé les nouveaux statuts et comptes courants d'associés tenant compte de l'augmentation et encaissé une avance sur la prime d'émission (Cass. 3e civ. 11-7-2024 précité).

Les associés qui entendent demander l'annulation d'une décision pour abus de majorité doivent donc éviter tout comportement pouvant être considéré comme une confirmation tacite ; ils doivent notamment être vigilants lorsqu'ils sont appelés à se prononcer sur de nouvelles résolutions tenant compte de la décision qu'ils contestent.

Signalons que, si l'associé qui a confirmé une décision ne peut plus en invoquer la nullité, les tiers conservent leur droit d'agir (cf. C. civ. art. 1182). Il nous semble que le dirigeant social pourrait alors lui-même intenter l'action en nullité.

Lorsque l'associé minoritaire ne demande que l'**annulation** de la décision, il **peut agir contre la seule société**, sans mettre en cause les associés auteurs de l'abus (Cass. com. 9-7-2025 no 23-23.484 F-B : BRDA 15-16/25 inf. 2). 7795

À l'inverse, l'**action en dommages-intérêts** doit être dirigée non pas contre la société, mais contre les **associés majoritaires** car seuls ces derniers ont commis la faute qui ouvre droit à réparation (Cass. com. 6-6-1990 : Bull. civ. IV no 171 ; CA Rouen 19-5-2022 no 20/03002 : RJDA 12/22 no 691). Les majoritaires auteurs de l'abus ne peuvent pas être mis hors de cause au motif qu'ils ont ultérieurement cédé leurs droits sociaux à un tiers (CA Versailles 1-2-2001 no 00-2591 : RJDA 6/01 no 693).

L'associé minoritaire qui demande non seulement la **nullité mais aussi des dommages-intérêts** doit donc mettre en cause à la fois la société et les associés auteurs de l'abus.

Illustrations de l'abus de majorité Un abus de majorité peut être commis à l'occasion de toute décision ordinaire ou extraordinaire. Nous présentons ci-dessous une sélection de décisions de justice exposées par objet des décisions collectives, en précisant si oui ou non l'abus a été retenu. 7800

Décisions concernant les organes de gestion
Fixation de **rémunérations** exagérées pour les dirigeants de la société (CA Grenoble 6-5-1964 : Gaz. Pal. 1964 II p. 208) : **oui.**
Octroi aux dirigeants d'une prime correspondant à plusieurs fois le montant des bénéfices sociaux alors que ceux-ci avaient été mis en réserve pendant plusieurs exercices sans politique d'investissement corrélative (Cass. com. 1-7-2003 no 1077 : RJDA 11/03 no 1074) : **oui.**
Augmentation importante de la rémunération du dirigeant, qui assurait, outre ses fonctions, diverses responsabilités commerciales, comptables et de ressources humaines, cette augmentation ayant suivi celle du chiffre d'affaires (CA Lyon 17-2-2022 no 18/07114 : RJDA 8-9/22 no 485) : **non.**
Hausse rétroactive de la rémunération du gérant et attribution d'une prime à celui-ci sans accroissement *de sa charge de travail*, dans une société dont le chiffre d'affaires avait augmenté pendant cette période (Cass. com. 14-10-2020 no 18-24.732 F-D : RJDA 2/21 no 95) : **non.**
Révocation d'un administrateur, principal animateur d'une SA, décidée par l'actionnaire majoritaire récemment révoqué de ses fonctions de président-directeur général, dans le seul but de continuer à exercer la direction de fait et de nuire notamment audit administrateur, son conjoint (CA Paris 2-7-2002 no 01-19901 : RJDA 1/03 no 35) : **oui.**
Révocation de deux sœurs directrices générales déléguées et associées minoritaires d'une SAS familiale, dès lors que l'intérêt social ne peut pas être déterminé par le seul intérêt familial, qu'elles n'assuraient pas la direction opérationnelle quotidienne de la société et que la famille ne s'accordait plus sur la gouvernance et le développement de l'entreprise (CA Paris 19-6-2015 no 14/19462 : RJDA 10/15 no 664) : **non.**

7800 (suite)

Décisions concernant l'affectation des bénéfices
Mise en réserve des bénéfices pendant plusieurs années nécessaire à l'obtention par la société d'un prêt bancaire finançant un important projet puis au maintien de sa capacité de remboursement du prêt (Cass. com. 4-11-2020 n° 18-20.409 F-D : RJDA 3/21 n° 170) : **non.**
Mise en réserve des bénéfices d'une SARL ne pouvant pas être tenue pour une mesure de prudence dans un contexte économique difficile si le faible montant des bénéfices est le résultat de l'augmentation de sa rémunération par le gérant majoritaire (Cass. com. 20-2-2019 n° 17-12.050 F-D : RJDA 7/19 n° 503) : **oui.**
Affectation des bénéfices au report à nouveau pendant quatre exercices ayant permis à la SA de reconstituer sa trésorerie, cette affectation ne s'étant pas accompagnée d'une augmentation anormale des rémunérations perçues par les majoritaires (CA Versailles 29-4-2004 n° 02-803 : RJDA 12/04 n° 1328) : **non.**
Répartition inégalitaire des bénéfices votée par les associés, dès lors que la quote-part des associés majoritaires a diminué au profit des minoritaires et que cette répartition n'est pas contraire à l'intérêt social (Cass. 3e civ. 18-4-2019 n° 18-11.881 F-D : RJDA 7/19 n° 502) : **non.**
Décisions concernant les associés
Modification statutaire restreignant **la liberté de cession des actions** dans l'unique dessein de faire échec aux droits de cession de l'actionnaire minoritaire (Cass. com. 20-2-1957 : Bull. civ. III n° 67) : **oui.**
Exclusion d'un associé pour un motif prévu par les statuts, dès lors qu'il n'est pas établi que cette exclusion était destinée à priver ce dernier d'un droit de préemption portant sur les parts de l'associé majoritaire que l'associé exclu n'avait par ailleurs aucun intérêt à exercer (Cass. com. 14-10-2020 n° 18-19.181 F-D : RJDA 2/21 n° 93) : **non.**
Décisions engageant l'actif social
Apport par une SA de la participation majoritaire qu'elle détenait dans une filiale à une SCA créée à cet effet, dont l'associé commandité et gérant statutaire était l'actionnaire majoritaire de la SA, de sorte que cette opération lui assurait une complète liberté de manœuvre en limitant les pouvoirs d'intervention du minoritaire et avait fait de la société mère une coquille vide (Cass. com. 24-1-1995 : RJDA 4/95 n° 439 et, dans la même affaire, Cass. com. 30-11-2004 n° 1720 : RJDA 3/05 n° 263) : **oui.**
Cession de la totalité **des actifs sociaux** (droits au bail, matériel informatique, meubles de bureau) à des tiers, cette cession étant nécessaire compte tenu de la situation financière critique de la SARL (Cass. com. 28-4-2004 n° 695 : RJDA 8-9/04 n° 982) : **non.**
Cession par les associés majoritaires d'une SCI à une nouvelle société qu'ils avaient créée d'un terrain et de l'immeuble constituant le principal actif de la SCI à un prix très inférieur à sa valeur réelle (Cass. com. 24-5-2016 n° 14-28.121 : RJDA 8-9/16 n° 620) : **oui.**
Location-gérance consentie par une SA à une autre société constituée par les actionnaires majoritaires de la première, cette opération ayant pour but de permettre au groupe majoritaire de transférer l'actif social à la société locataire créée manifestement pour la circonstance (Cass. com. 8-1-1973 : Bull. civ. IV n° 13) : **oui.**
Décisions de fusion ou de transformation
Apport-fusion aboutissant à l'exclusion d'un actionnaire qui ne rapportait pas la preuve que la fusion, réalisée dans un souci de restructuration, était contraire à l'intérêt social, ni même qu'elle avait été réalisée dans le seul souci de l'évincer (CA Rouen 6-7-2004 n° 02-3307 : RJDA 2/05 n° 146) : **non.**
Transformation d'une SA en SCS motivée essentiellement par les avantages fiscaux que pouvait en retirer le principal actionnaire de la société (T. com. Paris 29-6-1981 : Gaz. Pal. 1981 p. 687) : **oui.**
Décisions créant une dette sociale
Prise en charge par une société de la totalité du passif de sa filiale, cette décision ayant été prise au mépris des intérêts de la société et uniquement pour couvrir la gestion d'un actionnaire, gérant de la filiale, appartenant au groupe majoritaire (Cass. com. 29-5-1972 : Bull. civ. IV n° 164) : **oui.**
Indemnité d'éviction versée par une société A à une société B constituée par les associés de la société A pour louer ces locaux, alors que la société A aurait pu récupérer les locaux sans verser d'indemnité par le jeu d'une clause résolutoire (la société B ne payant pas son loyer) et que cette indemnité avait permis aux associés majoritaires de la société B de se rembourser les avances en compte courant faites à celle-ci, sans que l'associé minoritaire n'ait eu sa part (Cass. 1e civ. 21-1-1981 : Bull. Joly 1981 p. 228) : **oui.**

Opérations sur le capital
Augmentation de capital ne visant pas à diluer la participation de l'associé minoritaire puisque celui-ci aurait pu y souscrire (Cass. com. 18-3-2020 n° 17-27.150 F-D : RJDA 8-9/20 n° 429) : **non.**
Augmentation de capital réalisée essentiellement par incorporation des comptes courants des associés majoritaires ayant fait chuter la participation de l'associé minoritaire mais qui permettait de diminuer le passif exigible de la SAS à due concurrence, améliorant ainsi ses capacités de financement (CA Paris 3-2-2011 n° 10/01051 : RJDA 10/11 n° 815) : **non.**
Emprunt obligataire convertible en actions susceptible d'entraîner une augmentation de capital, souscrit par deux fonds d'investissement, dès lors qu'il s'agissait des associés les plus à même de pourvoir aux besoins urgents et récurrents de trésorerie de la société et d'assumer les risques (CA Paris 10-11-2015 n° 14/23492 : RJDA 4/16 n° 290) : **non.**
Réduction de capital d'une SA par rachat d'actions assortie d'un changement de contrôle au profit d'une société détenue par le président-directeur général de la SA (CA Paris 21-3-2000 n° 98-10480 : Bull. Joly 2000 p. 960 note P. Le Cannu) : **non.**
Réduction du capital à zéro suivie d'une augmentation de capital rendues nécessaires par les difficultés financières de la SARL, conformes à l'intérêt social et n'ayant pas pour but d'évincer les deux associés fondateurs minoritaires (CA Paris 26-11-2013 n° 12/18725 : RJDA 3/14 n° 242 et, sur pourvoi, Cass. com. 31-3-2015 n° 14-11.735 : RJDA 6/15 n° 423) : **non.**
Décisions de dissolution
Dissolution anticipée décidée par l'associé majoritaire sans motif sérieux, empêchant par là même toute possibilité d'exécution de sa promesse de rachat des parts de l'associé minoritaire (CA Paris 10-11-2009 n° 08/14708 : RJDA 2/10 n° 151 et, sur pourvoi, Cass. com. 8-2-2011 n° 10-11.788 : RJDA 5/11 n° 427) : **oui.**
Dissolution anticipée d'une SARL sous-traitante décidée par l'associé majoritaire donneur d'ordre à la suite de la perte d'un client qui représentait 85 % de l'activité de la SARL, d'une mésentente entre les associés et de la perte de l'affectio societatis (Cass. com. 7-3-2018 n° 16-10.727 F-D : RJDA 5/18 n° 427) : **non.**
Autres décisions
Orientation de l'activité de la société vers des opérations de courtage par le dirigeant majoritaire, et ce, au profit essentiellement d'une autre société dans laquelle il était également majoritaire (CA Paris 4-2-1980, inédit) : **oui.**
Autorisation de cautionnement hypothécaire pour garantir un prêt consenti à l'associé majoritaire (Cass. 3e civ. 25-3-1998 : RJDA 6/98 n° 722) : **oui.**
Transfert de l'activité d'une SARL dans de nouveaux locaux construits en crédit-bail par le groupe majoritaire et loués par ce dernier à la société, dès lors que celle-ci n'avait pas souffert financièrement de l'opération (Cass. com. 4-10-1994 : RJDA 12/94 n° 1296) : **non.**

ABUS DE MINORITÉ

Définition de l'abus de minorité Le vote constitue un abus de minorité lorsque l'associé minoritaire a adopté une attitude contraire à l'intérêt général de la société en interdisant une opération essentielle pour celle-ci, dans l'unique dessein de favoriser ses intérêts, au détriment des autres associés (Cass. com. 15-7-1992 : RJDA 8-9/92 n° 826 ; Cass. com. 5-5-1998 : RJDA 7/98 n° 862 ; Cass. com. 13-3-2024 n° 22-13.764 FS-B : RJDA 7/24 n° 395). 7830

Le refus d'un associé minoritaire de modifier l'objet social peut être contraire à l'intérêt général de la société (Cass. com. 13-3-2024 précité).

Le seul fait qu'un associé ait eu des **raisons personnelles** de s'opposer au vote d'une délibération ne suffit pas à caractériser l'existence d'un abus de minorité, dès lors que son attitude est également justifiée par des motifs légitimes puisés dans l'intérêt de la société (CA Paris 23-11-2001 n° 01-3506 : RJDA 7/02 n° 768). 7831

ILLUSTRATIONS

Le fait de refuser un coup d'accordéon en raison du caractère onéreux de l'opération peut se justifier au regard de la conception qu'a l'intéressé d'une gestion saine de la société, qui exclut pour lui la survie de celle-ci à tout prix, et du fait que l'opération envisagée ne lui paraît pas à même de régler définitivement les problèmes récurrents de la société (CA Montpellier 18-6-2002 n° 01-2547 : RJDA 8-9/04 n° 981).

Le refus d'un associé minoritaire de voter en faveur d'une **décision**, même **essentielle pour la société**, ne suffit pas non plus à caractériser l'existence d'un abus : encore faut-il démontrer que ce refus était fondé sur l'unique dessein de favoriser ses propres intérêts au détriment des autres associés (Cass. com. 4-12-2012 nº 11-25.408 : RJDA 3/13 nº 237 ; Cass. com. 9-6-2021 nº 19-17.161 F-D : RJDA 10/21 nº 664).

Enfin, un **associé ne disposant pas** à lui seul **de la minorité de blocage** ne peut pas se rendre coupable d'un abus de minorité alors, d'une part, que ce n'est que par l'adjonction du vote négatif d'un autre associé (non mis en cause) que l'augmentation de capital a été rejetée et, d'autre part, qu'une collusion frauduleuse entre les deux associés n'était pas établie (CA Bordeaux 7-12-1989 : Bull. Joly 1990 p. 284 note D. Bompoint).

7833 **Réparation de l'abus de minorité** La réparation de l'abus de minorité peut, conformément au droit commun de la responsabilité civile, consister en l'allocation de **dommages-intérêts.**

Par ailleurs, le juge peut désigner un **mandataire** aux fins de représenter les associés minoritaires défaillants à une nouvelle assemblée et voter en leur nom dans le sens des décisions conformes à l'intérêt social mais ne portant pas atteinte à l'intérêt légitime des minoritaires (Cass. com. 9-3-1993 : RJDA 4/93 nº 323 ; pour des applications, Cass. com. 5-5-1998 : RJDA 7/98 nº 862 ; CA Saint-Denis 19-9-2008 nº 07-2027 : RJDA 7/09 nº 646). En revanche, le juge ne peut pas fixer le sens du vote du mandataire qu'il désigne (Cass. 3e civ. 16-12-2009 nº 09-10.209 : RJDA 3/10 nº 247 ; Cass. com. 4-2-2014 nº 12-29.348 : RJDA 5/14 nº 438).

7837 Les **juges** ne peuvent pas non plus se substituer aux organes sociaux légalement compétents et décider que leur **jugement** vaudra **adoption de la résolution litigieuse** (Cass. com. 9-3-1993 : RJDA 4/93 nº 323 ; Cass. com. 31-3-2009 nº 08-11.860 : RJDA 6/09 nº 548).

Ils ne peuvent donc pas non plus considérer qu'avait été dûment adoptée la délibération ayant passé outre :

– à l'abstention de l'associé minoritaire, et qui, de ce fait, n'avait pas été prise à la majorité requise par la loi (Cass. com. 15-7-1992 : RJDA 8-9/92 nº 826 ; dans le même sens, CA Paris 23-11-2001 nº 01-3506 : RJDA 7/02 nº 768) ;

– au refus de l'associé, en tant qu'indivisaire, de participer à la désignation d'un représentant de l'indivision à l'assemblée et qui, ainsi, avait été prise à une majorité inférieure à celle requise par les statuts (Cass. 3e civ. 21-12-2017 nº 15-25.627 FS-PBI : RJDA 4/18 nº 327).

› **Précisions a.** En cas de désignation par le juge d'un mandataire aux fins de représenter les associés minoritaires défaillants à une nouvelle assemblée, l'associé représenté a le droit d'obtenir **communication des documents** échangés entre le mandataire désigné et la société sans que celui-ci puisse lui opposer le secret professionnel (Cass. com. 18-11-2014 nº 13-19.767 : RJDA 2/15 nº 100).

b. La solution de la Cour de cassation selon laquelle les juges ne peuvent pas décider que leur **jugement vaudra adoption de la résolution** a pu rencontrer une certaine **résistance.** Ainsi, la cour d'appel de Paris a jugé que « s'il n'appartient pas au juge de se substituer aux organes sociaux pour décider des options fondamentales d'une société, il lui incombe après avoir caractérisé un abus de prendre la mesure propre à y remédier en conformité avec l'intérêt social qui doit prévaloir sur les intérêts contradictoires des groupes d'actionnaires ». Par suite, en présence de minoritaires déterminés à s'opposer à une augmentation de capital vitale pour la société, la réparation la plus adéquate d'un tel abus est la validation par le tribunal de cette augmentation de capital (CA Paris 25-5-1993 : RJDA 8-9/93 nº 703). À noter également que la cour d'appel de Toulouse, statuant sur renvoi après cassation opérée par l'arrêt du 9 mars 1993 précité, a jugé que, le minoritaire ne s'opposant plus à la validation judiciaire de la résolution prévoyant l'augmentation du capital et cette augmentation de capital étant conforme à l'intérêt social, il y avait lieu de porter au rang des procès-verbaux d'assemblées générales de la société l'arrêt valant adoption de la résolution critiquée (CA Toulouse 13-3-1995 : Bull. Joly 1995 p. 401 note P. Le Cannu).

7845 **Illustrations de l'abus de minorité** Nous présentons ci-dessous une sélection de décisions de justice rendues en matière d'abus de minorité, exposées par objet des décisions collectives, en précisant si oui ou non l'abus a été retenu.

Augmentation de capital
Refus d'un actionnaire de voter une augmentation de capital indispensable à la survie de la SA dans le seul but d'entraver le fonctionnement de celle-ci et pour des considérations purement personnelles, l'intéressé souhaitant la disparition de la société à la fois pour se venger d'avoir été évincé du conseil d'administration et pour favoriser les intérêts qu'il possédait dans une société concurrente (Cass. com. 5-5-1998 : RJDA 7/98 nº 862) : **oui.**
Refus d'un associé minoritaire de voter une augmentation de capital dès lors que la survie de la société n'était pas menacée et qu'une solution alternative existait pour assurer une trésorerie (Cass. 3e civ. 5-7-2018 nº 17-19.975 F-D : RJDA 11/18 nº 837) : **non.**

Décisions de transfert du siège social
Refus de voter le transfert du siège social, lequel n'était pas nécessaire à la survie de la SARL mais s'inscrivait dans le plan de développement de l'activité (CA Paris 2-4-2003 n° 03-4065 : RJDA 3/04 n° 310) : **non.**
Refus de voter le transfert du siège social qui, en réalité, avait déjà eu lieu alors que ce refus n'était motivé que par des demandes d'explications sur les conditions de la résolution du bail des locaux de l'ancien siège, explications qui avaient déjà été fournies, ce refus rendant le siège social fictif puisque fixé en un lieu où ne se déroulait plus la vie de la SARL, ce qui était de nature à mettre celle-ci dans une situation de péril imminent (CA Saint-Denis 19-9-2008 n° 07-2027 : RJDA 7/09 n° 646) : **oui.**
Décisions de transformation ou de fusion
Minoritaire qui n'a pas participé à une assemblée générale extraordinaire devant statuer sur la **transformation** d'une SA en SAS, décision requérant l'accord unanime des actionnaires, dès lors que, notamment, le choix d'un actionnaire très minoritaire de ne pas participer à une telle assemblée ne peut pas être qualifié de fautif, que l'affirmation d'un intérêt social à la transformation ne peut pas être constitutive d'un abus de minorité de la part d'un actionnaire qui ne se prononce pas, que la société soutient qu'il appartenait au minoritaire d'assumer son devoir d'actionnaire mais ne précise pas quelle aurait été la conséquence d'un vote négatif de l'intéressé qui avait exprimé son désaccord sur les résolutions proposées (CA Versailles 24-2-2005 n° 03-7294 : RJDA 6/05 n° 719) : **non.**
Vote défavorable d'un associé minoritaire à un **projet de fusion-absorption** qui n'était pas essentiel pour la SA et aurait entraîné sa disparition (CA Paris 4-12-2007 n° 06-12554 : RJDA 4/08 n° 422) : **non.**
Modification de l'objet social
Refus d'un associé minoritaire de voter une modification de l'objet social, alors que cette modification était nécessaire à la survie de la SARL puisque son objet était limité à l'exercice d'une activité au sein d'un réseau de commercialisation qu'elle venait de quitter et que l'associé minoritaire, société filiale de la société à la tête dudit réseau, n'avait pas agi dans son intérêt d'associé mais dans celui de sa société mère (Cass. com. 19-3-2013 n° 12-16.910 : RJDA 7/13 n° 628) : **oui.**
Dans une société dont l'objet était limité à l'exercice d'une activité sous une seule enseigne en vertu d'un contrat de franchise, refus d'un associé minoritaire de voter la modification de l'objet social pourtant nécessaire à la survie de la société après dénonciation de ce contrat par les gérants, une telle dénonciation échappant à la compétence de ces derniers (Cass. com. 13-3-2024 n° 22-13.764 FS-B : RJDA 7/24 n° 395) : **non.**
Autres décisions
Refus répété d'un associé égalitaire d'**affecter les bénéfices en réserve** alors que la SARL avait un large besoin d'autofinancement et que la distribution de dividendes réclamée par l'intéressé aurait fait perdre à la société son crédit auprès des banques à un moment où elle devait emprunter pour réhabiliter son site industriel (Cass. com. 16-6-1998 n° 1275 : RJDA 10/98 n° 1114) : **oui.**
Refus d'un associé égalitaire de **distribuer une partie des bénéfices d'un exercice** motivé par l'augmentation du besoin en fonds de roulement de la société et par la nécessité de financer des travaux imposés par le franchiseur alors qu'il ressort de l'examen des données comptables que l'hypothèse d'une mise en réserve destinée à prémunir la société contre un retournement de conjoncture n'était pas crédible et que les exigences de travaux du franchiseur n'étaient pas établies (CA Aix-en-Provence 27-2-2014 n° 13/06189 : RJDA 10/14 n° 767) : **oui.**
Refus d'un associé égalitaire de SARL d'augmenter la **rémunération du dirigeant** (Cass. com. 31-3-2009 n° 08-11.860 : RJDA 6/09 n° 548) : **non.**
Refus d'un associé minoritaire de voter la **prorogation d'une société**, dès lors qu'il était de l'intérêt de cette dernière d'être prorogée et que le refus du minoritaire était motivé uniquement par un intérêt spéculatif fondé sur la dissolution escomptée de la société (Cass. 3ᵉ civ. 7-12-2023 n° 22-18.665 FS-B : RJDA 3/24 n° 159) : **oui.**

ABUS D'ÉGALITÉ

Constitue un abus d'égalité le fait, pour un associé à parts égales, d'empêcher par son vote négatif une opération essentielle pour la société, dans l'unique dessein de favoriser ses propres intérêts au détriment de l'autre associé (Cass. com. 21-6-2023 n° 21-23.298 F-B : RJDA 10/23 n° 524). La circonstance que les deux associés aient entendu soumettre l'ensemble de leurs décisions à la règle de l'unanimité est impropre à exclure l'existence d'un tel abus (Cass. com. 21-6-2023 précité). L'abus d'égalité n'est qu'une variante de l'abus de minorité, soumise au même régime que celui-ci. Pour des illustrations concernant l'abus d'égalité, voir n° 7845. 7848

SECTION 5 RESPONSABILITÉ DES ASSOCIÉS

RESPONSABILITÉ CIVILE EXTRACONTRACTUELLE DES ASSOCIÉS

7850 **Faute détachable** Si l'associé cause un **préjudice à un tiers** (notamment un cocontractant de la société) par l'exercice fautif d'un de ses droits, il s'expose à devoir réparer ce préjudice. Sa responsabilité n'est engagée qu'en cas de faute détachable de la qualité d'associé, c'est-à-dire en cas de faute intentionnelle d'une particulière gravité incompatible avec l'exercice normal des prérogatives attachées à la qualité d'associé (Cass. com. 18-2-2014 nº 12-29.752 FS-PB : RJDA 7/14 nº 628 ; Cass. com. 6-11-2024 nº 23-10.772 F-D : RJDA 3/25 nº 139).

Une telle faute n'a pas été considérée comme caractérisée dans un cas où un associé avait voté en faveur d'une décision aboutissant à la violation d'un engagement souscrit par la société (Cass. com. 18-2-2014 précité). Le critère de la faute détachable a aussi été appliqué en dehors de l'exercice du droit de vote : jugé que l'associé commun à deux sociétés parties à une opération de promotion immobilière déficitaire n'engageait pas sa responsabilité vis-à-vis des acquéreurs des lots du simple fait d'avoir agi avec une légèreté fautive en usant de sa notoriété personnelle pour faire la publicité du projet (Cass. com. 6-11-2024 précité ; pour une critique de cette solution, voir Th. Duchesne, Faute détachable de l'associé… ou l'art d'aller à contresens : D. 2025 p. 135).

Les associés peuvent aussi engager leur responsabilité personnelle **à l'égard d'un dirigeant** dont ils ont voté la révocation s'il est prouvé que leur vote a été dicté par la malveillance ou l'intention de nuire (nº 12560). Là encore, c'est la faute intentionnelle d'une particulière gravité, détachable de la qualité d'associé, qui est retenue contre les associés.

7853 **Autres cas de responsabilité** Hormis le cas où ils ont commis une faute détachable, les associés peuvent engager leur responsabilité dans les cas suivants :
– exercice abusif du droit de vote (nºs 7790 s.) ;
– dissolution frauduleuse de la société (nº 86200) ;
– dénigrement d'un dirigeant à l'occasion d'une assemblée (nºs 47635 s.) ou en dehors de celle-ci.

La responsabilité d'un associé pourrait également être recherchée en cas de surévaluation d'un apport en nature (en ce sens, Cass. com. 28-6-2005 nº 03-13.112 FS-PBRI : RJDA 10/05 nº 1107 ; Cass. com. 26-4-2017 nº 15-28.091 F-D : RJDA 8-9/17 nº 550) ou en cas de sous-évaluation de la société bénéficiaire d'un tel apport en vue d'attribuer à l'apporteur un plus grand nombre d'actions en fraude des droits d'un minoritaire dont la participation serait indûment diluée, et ce, sans que ce dernier ait à démontrer que l'apport n'est pas justifié par l'intérêt social (Cass. com. 30-9-2020 nº 18-22.076 F-PB : RJDA 1/21 nº 23).

> **Précisions** **a.** N'engage pas sa responsabilité l'associé minoritaire d'une importante société qui a **critiqué** dans les médias la **gestion** de celle-ci ; en effet, l'associé n'a pas outrepassé sa **liberté d'expression,** garantie par l'article 10 de la convention européenne des droits de l'Homme car le débat sur les activités des grandes sociétés commerciales relève de l'intérêt général et appelle un niveau élevé de protection de la liberté d'expression ; en outre, les critiques de l'associé n'étaient ni dénuées de fondement factuel ni injurieuses (CEDH 30-6-2020 nº 21768/12 : RJDA 11/20 nº 568).
> **b.** Dans les sociétés d'exercice libéral, les associés répondent sur l'ensemble de leur patrimoine des actes professionnels qu'ils accomplissent, la société étant solidairement responsable (Ord. *2023-77 du 8-2-2023 art. 43). La même* **responsabilité civile professionnelle** pèse sur les associés de SARL, SAS, SA et SCA de droit commun constituées pour l'exercice d'une **profession libérale** juridique ou judiciaire en vertu de la loi (art. L 811-7, al. 2 et L 812-5, al. 2 pour les administrateurs et mandataires judiciaires, Ord. du 10-9-1817 art. 3-2, al. 2 pour les avocats aux Conseils, Loi 71-1130 du 31-12-1971 art. 8, I-al. 2 pour les avocats, Ord. 45-2590 du 2-11-1945 art. 1 bis, al. 2 pour les notaires et Ord. 2016-728 du 2-6-2016 art. 5, al. 2 et 25, IV-6º pour les commissaires de justice, les huissiers de justice et les commissaires-priseurs judiciaires). Dans les sociétés titulaires d'un mandat de commissaire aux comptes, le commissaire aux comptes agissant en qualité d'associé ou dirigeant répond lui aussi personnellement des actes qu'il accomplit au nom de cette société quelle qu'en soit la forme (Cass. com. 23-3-2010 nº 09-10.791 FS-PBRI : RJDA 7/10 nº 759).

RESPONSABILITÉ PÉNALE DES ASSOCIÉS

7860 La responsabilité pénale des associés ou actionnaires peut être engagée en cas de surévaluation frauduleuse d'un apport en nature lors de la constitution de la société ou lors d'une

augmentation de capital (art. L 241-3, 1° pour les SARL ; art. L 242-2, 4° pour les SA et sur renvoi des art. L 243-1 et L 244-1 pour les SCA et les SAS).
Sur le trafic de voix, voir n° 7746.

SECTION 6
DROIT DES ASSOCIÉS D'AGIR EN JUSTICE

L'associé ou actionnaire peut exercer toutes actions en justice pour la défense de ses **droits personnels** à l'encontre des organes sociaux ou même contre la société (action en nullité ou en responsabilité). **7960**
En principe, il ne lui appartient pas de se substituer aux représentants légaux pour agir en justice **au nom de la société** (n° 4357) ; mais, dans les SARL et les sociétés par actions, il peut mettre en cause la responsabilité des dirigeants (« action sociale ut singuli » ; voir n°s 14072 s.).

Un associé ou actionnaire ne peut exercer une **action en responsabilité extracontractuelle contre un tiers** que s'il est en mesure de prouver qu'il a subi un préjudice personnel distinct de celui de la société (Cass. com. 8-2-2011 n° 09-17.034 : RJDA 5/11 n° 421 ; Cass. com. 30-5-2018 n° 17-10.393 F-D : RJDA 12/18 n° 909). De même, un associé qui a conclu un contrat avec la société et un tiers ne peut agir en **responsabilité contractuelle** contre ce dernier qu'en justifiant d'un préjudice personnel (Cass. com. 4-11-2021 n° 19-12.342 FS-B : RJDA 2/22 n° 80). **7963**
Est un préjudice personnel celui qui ne peut pas être effacé par la réparation du préjudice social (Cass. com. 4-11-2021 précité). Tel n'est pas le cas du préjudice résultant de la perte de valeur des titres consécutive à l'amoindrissement du patrimoine social (Cass. com. 8-10-2013 n° 12-18.252 F-D : RJDA 1/14 n° 37 ; Cass. com. 26-4-2017 n° 15-20.054 F-D : RJDA 7/17 n° 461).

ILLUSTRATIONS

Dans un cas où les associés imputaient à un cocontractant de leur société la responsabilité de la mauvaise situation financière de celle-ci, le préjudice subi par ces associés du fait de l'abandon de leurs créances sur la société et de la perte de leur apport en capital résulte de la dépréciation des titres qu'ils détenaient ; ce préjudice étant nécessairement absorbé par celui de la société, il n'en était pas distinct et n'était pas personnel aux associés qui ne sont pas recevables à en demander réparation (Cass. com. 8-10-2013 précité).

De même, dans un cas où une société s'était retirée d'un groupe, est irrecevable l'action en responsabilité intentée contre cette société par les actionnaires d'une autre société du groupe ayant été mise en liquidation judiciaire, qui lui imputaient la défaillance de leur société ; en effet, les associés ne justifiaient pas avoir subi un préjudice personnel et distinct de celui causé à leur société, la perte de valeur de leurs titres ne caractérisant pas un tel préjudice (Cass. com. 26-4-2017 précité).

Un associé ne peut engager une action en responsabilité extracontractuelle contre les assureurs d'une société qui avait été mise en liquidation judiciaire à la suite de la destruction totale de ses installations par un incendie, l'indemnisation du sinistre ayant été différée en raison d'un contentieux. En effet, le patrimoine de l'associé se compose pour partie des parts sociales dont il est propriétaire, mais ces parts représentent le capital de la société, qui est une personne morale distincte ; dès lors, si la faute d'un tiers porte atteinte au capital social, le préjudice est subi par la société, qui seule peut en demander l'indemnisation (CA Paris 20-10-1998 : RJDA 2/99 n° 175).

En revanche, la surévaluation des apports faits par un associé, qui se traduit par une majoration infondée de sa participation au capital social, cause de ce fait aux autres associés un préjudice qui n'est pas le corollaire de celui que subit la société et dont ceux-ci sont recevables à demander réparation à l'encontre de l'associé apporteur (Cass. com. 28-6-2005 n° 03-13.112 FS-PBRI : RJDA 10/05 n° 1107 ; Cass. com. 26-4-2017 n° 15-28.091 F-D : RJDA 8-9/17 n° 550) et du commissaire aux apports (Cass. com. 28-6-2005 précité). De même, se prévaut d'un préjudice personnel distinct de celui d'une SA l'actionnaire qui, après avoir acheté des actions d'un autre actionnaire, lui reproche des agissements antérieurs à la cession portant préjudice à la SA et ayant eu une incidence sur la valeur des actions, de telle sorte qu'il a payé un prix trop élevé ; en effet, l'actionnaire agit alors en qualité d'acquéreur des actions (Cass. 1re civ. 27-9-2023 n° 22-15.146 F-D : RJDA 1/24 n° 67).

SECTION 7

EXCLUSION D'UN ASSOCIÉ

DROIT DES ASSOCIÉS DE RESTER DANS LA SOCIÉTÉ

8070 En principe, tout associé a le droit de rester dans la société et ne peut ni en être exclu ni être contraint de céder ses parts ou actions contre son gré. Un associé peut toutefois être évincé sur le fondement d'une disposition légale ou statutaire.

EXCEPTIONS LÉGALES AU DROIT DE RESTER DANS LA SOCIÉTÉ

8080 Certaines dispositions légales écartent expressément le droit de rester dans la société dans les **sociétés par actions** lorsqu'elles prévoient la possibilité de faire mettre en vente les titres des associés ou actionnaires ayant manqué à leurs obligations : par exemple, défaut de libération des actions (art. L 228-27, al. 2) ; défaut de « conversion » de titres au porteur en titres nominatifs (C. mon. fin. art. L 212-3, III) ; défaut de présentation des titres à l'échange en cas de fusion, réduction de capital, etc. (art. L 228-6).

En cas de **redressement judiciaire,** le tribunal peut ordonner la cession des actions ou parts d'un ou plusieurs dirigeants sociaux lorsque la survie de la société le requiert (nos 91430 s.) ou en cas de faillite personnelle des intéressés (no 91870). Pour les procédures de redressement judiciaire de certaines sociétés, cette cession forcée peut aussi être prononcée à l'encontre des associés ou actionnaires qui s'opposent à une augmentation de capital prévue par le plan de redressement (nos 91330 s.).

Dans les SNC et les SCS, le rachat des parts sociales d'un associé peut également être ordonné par un tribunal afin d'éviter l'annulation d'une société constituée avant le 1er octobre 2025 pour **vice du consentement** ou **incapacité** de celui-ci (art. L 235-6, al. 2 abrogé, à compter du 1-10-2025, par ord. 2025-229 du 12-3-2025 ; Ord. 2025-229 art. 63 et 70 ; nos 89463 s.).

Dans les sociétés dont les actions sont ou ont été admises aux négociations sur un marché réglementé ou sur Euronext Growth, le groupe majoritaire peut, à l'issue d'une **offre publique,** imposer aux minoritaires le rachat de leurs actions, dès lors qu'elles ne représentent pas plus de 10 % du capital et des droits de vote (nos 66070 s.).

Dans les sociétés dont les actions sont admises aux négociations sur un marché réglementé, les **actions de préférence** peuvent être rachetées à l'initiative exclusive de la société (art. L 228-12, III-4o).

8085 La loi sur les **sociétés d'exercice libéral** prévoit des cas de rachat forcé des parts ou actions, par exemple en cas de dépassement du délai de cinq ans laissé aux ayants droit d'un associé décédé pour les céder ou du délai de dix ans dont dispose un associé personne physique ayant cessé toute activité professionnelle pour céder ses droits sociaux, s'il a exercé son activité au sein de la société (Ord. 2023-77 du 8-2-2023 art. 51). La loi permet également aux décrets propres à chaque profession de prévoir des cas d'exclusion des associés (Ord. 2023-77 art. 45, al. 3). La plupart des décrets pris en application de la loi 90-1258 du 31 décembre 1990, aujourd'hui abrogée, et de l'ordonnance 2023-77 (à l'exception de ceux concernant les architectes, les experts-comptables et les géomètres experts) ont fait usage de cette possibilité légale (par exemple, CSP art. R 4113-16 : médecins, chirurgiens-dentistes, sages-femmes ; CSP art. R 4381-16 : auxiliaires médicaux ; Décret 2024-872 du 14-8-2024 art. 115 : avocats ; Décret 2024-873 du 14-8-2024 art. 137 : notaires).

Les dispositions applicables aux sociétés d'exercice libéral sont en outre applicables aux SARL, SAS, SA et SCA de droit commun constituées pour l'exercice d'une **profession libérale juridique ou judiciaire** (art. L 811-7, al. 2 et L 812-5, al. 2 pour les administrateurs et mandataires judiciaires, Ord. du 10-9-1817 art. 3-2, al. 2 pour les avocats aux Conseils, Loi 71-1130 du 31-12-1971 art. 8, I-al. 2 pour les avocats, Ord. 45-2590 du 2-11-1945 art. 1 bis, al. 2 pour les notaires et Ord. 2016-728 du 2-6-2016 art. 5, al. 2 pour les commissaires de justice).

CLAUSES STATUTAIRES D'EXCLUSION D'UN ASSOCIÉ

8100 Les statuts peuvent autoriser le rachat forcé des titres d'un associé. Cette clause n'est valable que si elle figure dans les **statuts d'origine** ou si elle y a été introduite en cours de vie sociale par **décision unanime** des associés (CA Paris 27-3-2001 : RJDA 10/01 no 973 ; CA Grenoble 16-9-2010 no 10-62 : RJDA 6/11 no 536 ; dans le même sens pour l'ajout d'un cas d'exclusion à une clause déjà existante,

CA Paris 17-2-2015 nº 14/00358 : RJDA 5/15 nº 341). Sur l'adoption et la modification des clauses statutaires d'exclusion dans la SAS, voir nº 60681.

La clause d'exclusion ou de rachat forcé n'est pas contraire à l'essence même du contrat de société, lequel peut valablement prévoir, dans l'intérêt social, que les associés renoncent à leur droit de le demeurer si les conditions du rachat sont suffisamment déterminées ou déterminables pour éviter tout risque d'exclusion arbitraire (CA Grenoble 16-9-2010 précité). En effet, la société est considérée comme fondée sur un contrat qui donne naissance à une personne morale et dont le fonctionnement est soumis au respect de l'ordre public. Or ce dernier s'oppose à ce qu'un contractant subisse une décision que son cocontractant pourrait lui imposer arbitrairement en vertu du contrat, car tout contrat – et, partant, toute obligation – doit avoir un « **contenu certain** » (C. civ. art. 1128). Il faut donc, pour que la clause de rachat forcé soit valable, que les conditions de sa mise en jeu soient déterminées dans les statuts ou déterminables à partir des dispositions de ceux-ci.

La clause de rachat forcé est d'ailleurs parfois expressément **autorisée par la loi,** par **8105**
exemple :
– dans la SAS (nºs 60710 s.) ;
– dans la société à capital variable (nº 60180) ;
– dans la SE (nº 99650) ;
– pour les actions de préférence (nºs 67840 s.) ;
– afin d'éviter la dissolution d'une SNC en cas de liquidation judiciaire, d'interdiction ou d'incapacité d'un associé (nº 25502).

Elle est aussi admise, en ce qui concerne les SA, par l'article 79, 1 de la directive UE 2017/1132 du 14 juin 2017, qui prévoit l'obligation de respecter certaines mesures de protection des actionnaires en cas de réduction de capital par retrait forcé d'actions :
– celui-ci doit être prescrit ou autorisé par les statuts avant la souscription des actions qui font l'objet du retrait ;
– si le retrait forcé est seulement autorisé par les statuts, il doit être décidé par l'assemblée générale à moins que les actionnaires concernés ne l'aient approuvé unanimement ;
– enfin, si les conditions et les modalités du retrait forcé n'ont pas été prévues dans les statuts, elles doivent être fixées par l'assemblée qui statue sur ce retrait.

La clause de rachat forcé doit fixer avec précision les **conditions** de l'exclusion (motifs, **8110**
organe compétent, procédure à suivre).

Pour le Conseil constitutionnel, la décision d'exclusion doit reposer sur un motif stipulé par les statuts, conforme à l'intérêt social et à l'ordre public (Cons. const. 9-12-2022 nº 2022-1029 QPC : RJDA 2/23 nº 93, à propos des SAS mais transposable).

Les motifs permettant de mettre en œuvre la procédure peuvent être nombreux et variés, surtout dans les sociétés où domine l'« intuitu personae ». Rien ne s'oppose à ce que l'exclusion puisse être prononcée même en l'absence de faute de l'intéressé. Les motifs peuvent notamment correspondre à la disparition des conditions particulières requises pour l'admission dans la société (par exemple, exercer telle ou telle activité professionnelle, fabriquer une gamme de produits déterminés, présenter une certaine surface financière, être associé d'une société déterminée, être salarié de la société, etc.).

ILLUSTRATIONS

A pu valablement être exclu sur le fondement d'une clause statutaire l'associé qui a entravé le fonctionnement de la société jusqu'à mettre son existence en péril (CA Paris 29-6-2017 nº 16/14653 : RJDA 11/17 nº 731), qui n'a participé à aucune assemblée générale depuis plusieurs années (Cass. com. 14-10-2020 nº 18-19.181 F-D : RJDA 2/21 nº 93) ou qui a été mis en redressement judiciaire (Cass. com. 8-3-2005 nº 374 : RJDA 7/05 nº 827).

La Cour de cassation a admis la validité d'une clause d'exclusion pour justes motifs d'une société à capital variable qui ne précisait pas les motifs d'exclusion (Cass. com. 9-11-2022 nº 21-10.540 FS-B : RJDA 1/23 nº 37). La même solution vaudrait-elle dans une société à capital fixe ? Il faudra attendre une autre décision de la Cour de cassation pour en avoir confirmation.

Il est également possible de prévoir dans les statuts une clause permettant d'écarter la disso- **8115**
lution de la société pour mésentente entre les associés par le rachat des parts ou actions de l'associé demandeur (nº 86139).

Il en est de même, nous semble-t-il, des clauses prévoyant la cession forcée des parts ou actions détenues par une société au cas où celle-ci passerait sous le contrôle d'un tiers qui ne serait pas agréé par les autres associés (cf. Cass. com. 13-12-1994 : RJDA 3/95 n° 292 ; CA Rouen 8-2-1974 : Rev. sociétés 1974 p. 507 note R. Rodière ; CA Paris 22-9-1995 : Bull. Joly 1995 p. 1068 note J.-C. Hallouin à propos d'un GIE, clause d'ailleurs autorisée pour la SAS par l'article L 227-17).

8120 La décision d'exclusion ne peut être prise qu'à la suite d'une procédure prévue par les statuts (Cons. const. 9-12-2022 n° 2022-1029 QPC : RJDA 2/23 n° 93, à propos des SAS mais transposable). Si les statuts subordonnent la mesure à une décision collective, ils ne peuvent pas priver l'associé dont l'exclusion est envisagée de son **droit de participer à cette décision et de voter** sur la proposition ; en effet, il résulte de l'article 1844 du Code civil que tout associé a le droit de participer aux décisions collectives et de voter et que les statuts ne peuvent déroger à ces dispositions que dans les cas prévus par la loi (Cass. com. 23-10-2007 n° 06-16.537 : RJDA 1/08 n° 50 et rapport B. Petit p. 9 ; voir aussi Cass. com. 21-4-2022 n° 20-20.619 F-D : RJDA 8-9/22 n° 478).

8122 Si les statuts ne permettent pas de déterminer le **prix de rachat,** celui-ci doit, en cas de contestation, être fixé par un expert (cf. C. civ. art. 1843-4, II-al. 1 ; sur cette question, voir n°s 16790 s.). Dans le silence des statuts sur la **date** à laquelle les titres doivent être évalués, ce prix doit être fixé par l'expert à la date la plus proche du rachat et non à la date de l'exclusion de l'associé (Cass. com. 16-9-2014 n° 13-17.807 : RJDA 1/15 n° 30 ; Cons. const. 16-9-2016 n° 2016-563 QPC : RJDA 12/16 n° 876).

8125 **Contrôle du juge** L'associé exclu peut saisir les tribunaux pour faire constater que les griefs ayant motivé le rachat de ses droits n'étaient pas fondés. Quelle que soit la forme sociale, les tribunaux sont compétents pour apprécier la réalité des motifs d'exclusion et leur gravité, et vérifier que l'**exclusion** n'est pas **abusive** (cf. Cass. civ. 8-11-1976 : Rev. sociétés 1977 p. 285 note C. Atias ; Cass. com. 21-10-1997 n° 95-13.891 P : RJDA 1/98 n° 67 ; Cass. com. 14-11-2018 n° 16-24.532 F-D : RJDA 12/19 n° 753), étant précisé que l'abus de droit ne se limite pas à l'intention de nuire (Cass. com. 14-11-2018 précité).

ILLUSTRATIONS

Est abusive la décision d'une assemblée générale d'exclure un associé alors que l'assemblée avait été convoquée pour prendre acte de la démission de l'intéressé, cette décision étant motivée par la volonté de résister aux prétentions financières de celui-ci (Cass. 1e civ. 3-2-2021 n° 16-19.691 FS-P : RJDA 5/21 n° 316 à propos d'une Selas d'avocats).

En revanche, n'est pas abusive l'exclusion d'un associé dans un cas où les statuts de la société prévoient une telle mesure « en cas de désintérêt se manifestant par une absence répétée aux assemblées générales », dès lors que cet associé a été absent des assemblées des quatre dernières années, son éloignement du lieu de tenue des assemblées et l'existence d'un conflit entre les associés en cours de médiation ne permettant pas de légitimer ces absences (Cass. com. 14-10-2020 n° 18-19.181 F-D : RJDA 2/21 n° 93).

8126 La décision prise abusivement par une assemblée générale d'exclure un associé affecte par elle-même la régularité des délibérations et en justifie l'**annulation** (Cass. 1e civ. 3-2-2021 n° 16-19.691 FS-P : RJDA 5/21 n° 316). L'associé exclu peut aussi agir en **réparation du préjudice** résultant de son exclusion, même s'il ne demande pas l'annulation de la décision (Cass. com. 9-11-2022 n° 20-16.454 F-D : RJDA 2/23 n° 96, à propos d'une société coopérative artisanale mais transposable).

› Précisions **a.** L'exclusion d'un associé en violation des **droits de la défense** peut donner lieu à des dommages-intérêts. En revanche, l'associé qui a été exclu sans avoir pu s'expliquer ne peut pas obtenir la nullité de la décision d'exclusion pour violation des droits de la défense (Cass. com. 13-7-2010 n° 09-16.156 : RJDA 1/11 n° 58 ; Cass. com. 17-3-2015 n° 14-12.407 F-D : RJDA 6/15 n° 425). En effet, la nullité des actes ou délibérations des organes d'une société ne peut résulter que de la violation d'une disposition impérative du droit des sociétés ou des lois qui régissent les contrats (art. L 235-1 remplacé, à compter du 1-10-2025, par C. civ. art. 1844-10, al. 3 modifié par ord. 2025-229 du 12-3-2025 ; Ord. 2025-229 art. 70), lesquels n'incluent pas le respect des droits de la défense.

b. L'associé ne peut pas imposer la **présence d'un avocat** à ses côtés lors de la réunion de l'assemblée prononçant son exclusion, celle-ci n'étant pas un organisme juridictionnel (Cass. com. 10-5-2006 n° 609 : RJDA 10/06 n° 1028).

c. Lorsque la clause statutaire prévoit qu'un associé pourra être exclu en cas de survenance d'un **fait objectif insusceptible d'appréciation** comme la perte d'une qualité requise pour être associé, le juge intervient pour vérifier que la mesure a été décidée en conformité avec les prévisions des parties (pour un exemple d'éviction pour perte de la qualité de salarié, voir Cass. com. 20-3-2012 n° 11-10.855 F-PB : RJDA 6/12 n° 603).

SECTION 8

DROIT DES ASSOCIÉS DE SE RETIRER DE LA SOCIÉTÉ

Tout associé de **société à capital variable** a le droit de se retirer de celle-ci lorsqu'il le juge convenable (art. L 231-6, al. 1 ; nos 60177 s.). 8140

Dans la **SNC,** l'associé gérant statutaire révoqué peut décider de se retirer de la société (art. L 221-12, al. 1).

Les statuts des **sociétés d'exercice libéral** peuvent prévoir les modalités d'un droit de retrait pour les associés en l'absence de disposition dans les lois et règlement particuliers à chaque profession (Ord. 2023-77 du 8-2-2023 art. 57, étant précisé qu'aucun décret d'application de l'ordonnance 2023-77 paru au 1-8-2025 n'a prévu de modalité de retrait). Il en va de même dans les SARL, SAS, SA et SCA de droit commun constituées pour l'exercice d'une profession juridique ou judiciaire (art. L 811-7, al. 2 et L 812-5, al. 2 pour les administrateurs et mandataires judiciaires, Ord. du 10-9-1817 art. 3-2, al. 2 pour les avocats aux Conseils, Loi 71-1130 du 31-12-1971 art. 8, I-al. 2 pour les avocats, Ord. 45-2590 du 2-11-1945 art. 1 bis, al. 2 pour les notaires et Ord. 2016-728 du 2-6-2016 art. 5, al. 2 pour les commissaires de justice).

Dans les **autres situations** et à défaut de disposition légale l'autorisant, un associé ne peut pas se retirer unilatéralement de la société ni obtenir qu'une décision de justice autorise son retrait, peu important le contenu des statuts (Cass. 1e civ. 12-12-2018 n° 17-12.467 FS-PB : RJDA 3/19 n° 205, rendu pour une Selarl d'avocats avant l'ordonnance 2023-77 mais transposable), sans que cela porte atteinte au droit de propriété ou au principe d'égalité devant la loi protégés par la Constitution (Cass. com. QPC 13-3-2024 n° 23-20.199 F-P : RJDA 7/24 n° 402).

La solution rendue par la Cour de cassation en 2018, énoncée en des termes très généraux, s'applique à notre avis y compris dans la **SAS,** malgré la liberté contractuelle qui caractérise cette forme de société, aucune disposition légale n'y autorisant le retrait d'un associé (dans le même sens, à propos d'une Selas, A. Reygrobellet, note sous Cass. 1e civ. 12-12-2018 précité : Bull. Joly février 2019 p. 26).

Dans les SARL et les sociétés par actions dont les statuts prévoient une clause d'agrément, les associés (ou actionnaires) ne sont cependant pas prisonniers de leurs titres car ils bénéficient du rachat de ceux-ci s'ils proposent un acquéreur qui n'est pas agréé (art. L 223-14, al. 3 pour les SARL ; art. L 228-24, al. 2 pour les sociétés par actions). Sur cette question, voir nos 34439 s. pour la SARL et nos 60702 et 68526 s. pour les sociétés par actions.

En outre, les clauses statutaires prévoyant que les associés ou actionnaires s'engagent mutuellement à racheter les parts de l'associé souhaitant sortir de la société, fréquentes dans les statuts ou les pactes extrastatutaires, restent à notre avis valables.

› Précisions **a.** Dans les sociétés par actions dont les actions ne sont pas admises sur un marché réglementé, la loi autorise les statuts à prévoir que les **actions de préférence** émises depuis le 24 mai 2019 pourront être rachetées à l'initiative du détenteur de celles-ci, à condition que le principe et les conditions du rachat soient précisés dans les statuts avant la souscription de ces actions (art. L 228-12, III-4° ; sur cette question, voir nos 67840 s.).

b. Sur la faculté de retrait des actionnaires **minoritaires d'une société dont les actions sont ou ont été admises aux négociations sur un marché réglementé ou sur un SMNO** lorsque les majoritaires viennent à détenir plus de 90 % du capital ou des droits de vote, voir nos 65973 s.

c. Sur le cas particulier du droit de retrait des associés opposants à une opération de **fusion transfrontalière,** voir nos 84665 et 84709.

TITRE II

Les organes de gestion

CHAPITRE 1

DÉTERMINATION DES ORGANES DE GESTION

SOMMAIRE

NOTION DE MANDAT SOCIAL

L'exercice des droits dont jouit la société suppose une volonté qui se charge de les mettre en œuvre. La société, entité abstraite, est donc nécessairement représentée par des personnes qui constituent ses organes de gestion. L'exercice des fonctions des organes de gestion est communément désigné par l'expression « mandat social » (pour un exemple, CA Versailles 5-4-1991 : Bull. Joly 1991 p. 847 selon lequel « la désignation aux fonctions de directeur général constitue un mandat social »). Cette formule ne doit pas cependant être prise au pied de la lettre : elle n'est qu'une appellation descriptive qui n'emporte pas d'elle-même la qualification juridique du **contrat de mandat** au sens des articles 1984 s. du Code civil. 10000

En effet, le **pouvoir de représentation** de la société que détiennent les dirigeants sociaux est **d'origine légale** ; les dispositions précitées du Code civil n'ont donc pas vocation à régir les rapports entre la société et son dirigeant (Cass. com. 18-9-2019 nº 16-26.962 F-PB : RJDA 12/19 nº 754).

› **Précisions** **a.** Le dirigeant n'est pas le **mandataire de la société** car celle-ci, entité abstraite, n'a pas de volonté propre constituant celle du mandant qui charge un mandataire de son choix d'une mission qu'il détermine ; elle n'a que celle qu'expriment en son nom ses représentants, c'est-à-dire ses prétendus mandataires. Relevons toutefois que, dans une décision publiée mais restée isolée, la Cour de cassation a considéré le dirigeant comme le mandataire de la société pour l'application de l'article 1993 du Code civil, qui impose au mandataire de rendre compte de sa gestion au mandant ; la Cour en a déduit la recevabilité de l'action par laquelle un liquidateur judiciaire d'une société réclamait au dirigeant de celle-ci, sur le fondement de l'obligation de rendre compte du mandataire, une somme versée par un client de la société et que le dirigeant avait conservée (Cass. com. 15-11-2016 nº 15-16.070 F-PB : RJDA 2/17 nº 105).

b. Le dirigeant n'est pas non plus le **mandataire des associés** car ses actes n'engagent pas directement ceux-ci mais la société. Cette solution est toutefois écartée lorsque la société n'a pas la personnalité morale, de sorte que le gérant d'une société en participation est bien le mandataire des associés (pour un exemple, Cass. com. 6-5-2008 nº 07-12.251 : RJDA 8-9/08 nº 927).

Incidence de la notion de mandat social sur la situation du dirigeant 10011

La société n'ayant pas de volonté propre, distincte de celle de ses dirigeants, elle ne peut *pas donner* à ces derniers d'ordres qui les placeraient sous sa **subordination.**

Il s'ensuit que :

– la rémunération des dirigeants n'est pas soumise aux règles relatives aux salaires versés en vertu d'un contrat de travail ; elle n'est donc pas garantie par le privilège des salariés (CA Colmar 13-6-1975 : D. 1975 som. p. 120 ; CA Paris 23-2-1978 : BRDA 20/78 p. 18) et elle n'est pas protégée par les dispositions du Code du travail relatives à l'insaisissabilité des salaires (Cass. soc. 11-3-1982 : Bull. civ. V nº 169) ;

– en cas de cessation de leurs fonctions, ils ne peuvent pas invoquer le bénéfice des dispositions du Code du travail réservées aux salariés (délai-congé, indemnité en cas de licenciement non fondé sur une cause réelle et sérieuse, etc.) ;

– leurs fautes n'entraînent pas application à la société des règles du Code civil (C. civ. art. 1242, al. 5) sur la responsabilité des commettants pour les fautes commises par leurs préposés (Cass. crim. 28-5-1980 : Bull. crim. n° 160 ; Cass. crim. 20-5-2003 n° 2669 : RJDA 12/03 n° 1181).

L'existence d'un lien de subordination peut toutefois être relevée dans un groupe de sociétés, non pas entre une société et le dirigeant qui en est le mandataire, mais entre une société mère et un salarié dont le contrat de travail a pour objet d'exercer des fonctions de dirigeant dans une filiale (nos 80330 s.).

10012 Les termes « mandat social » signifient donc simplement que les dirigeants sociaux exercent une mission pour le compte de la société au nom de laquelle ils sont habilités à agir par les associés qui les nomment.

Cette situation est comparable à celle des titulaires de « **mandats électifs** » qui exercent des pouvoirs définis par la loi et pour lesquels les électeurs les désignent. Mais cette comparaison ne vaut qu'à titre d'idée générale, d'explication de principe, car, en réalité, les fonctions des dirigeants sociaux ne se laissent pas aisément ramener à une catégorie juridique déterminée et les tribunaux se décident au cas par cas en fonction de la finalité des dispositions dont il leur est demandé de faire application aux dirigeants sociaux : affiliation à la sécurité sociale, application du droit du travail, régime fiscal des rémunérations, conséquences de leurs délits ou quasi-délits, etc.

A. Dirigeants de droit de la société

DÉTERMINATION DES DIRIGEANTS PAR TYPE DE SOCIÉTÉ

10020 Dans les **SNC**, les **SCS** ou les **SCA** et dans les **SARL**, la gestion de la société est confiée à une ou plusieurs personnes appelées « gérants ».

Les **SA de type classique** sont administrées par un organe collégial appelé « conseil d'administration », lequel désigne un président, obligatoirement administrateur, et un directeur général assisté éventuellement d'un ou de plusieurs directeurs généraux délégués, étant observé qu'une même personne peut cumuler les fonctions de président du conseil d'administration et celles de directeur général.

Dans les **SA de type dualiste,** le fonctionnement de la société est assuré par un « directoire », qui peut comprendre deux catégories de personnes :
– celles qui sont habilitées à représenter la société dans ses rapports avec les tiers, c'est-à-dire le président du directoire et les directeurs généraux ;
– les autres membres du directoire qui ne disposent pas de ce pouvoir de représentation.

Toutefois, si le capital social est inférieur à 150 000 €, les fonctions du directoire peuvent n'être exercées que par une seule personne, qui prend alors le titre de directeur général unique.

Dans les **SAS,** les statuts déterminent librement les organes de gestion sous réserve de prévoir la désignation d'un président.

REPRÉSENTANTS LÉGAUX DE LA SOCIÉTÉ

10030 Les représentants légaux de la société sont toutes les personnes ayant légalement le **pouvoir d'engager** celle-ci à l'égard des tiers, à savoir :
– les gérants dans les SNC, les sociétés en commandite ou les SARL (art. L 221-5, L 222-2, L 223-18 et L 226-7) ;
– dans les SA de type classique, le directeur général (art. L 225-56, I) (ou le président du conseil d'administration, lorsqu'il exerce la direction générale) et, à notre avis, les directeurs généraux délégués (Cass. ass. plén. 18-11-1994 : RJDA 12/94 n° 1308 concl. Jéol ; solution rendue à propos des anciens « directeurs généraux » de SA, mais valant, pensons-nous, pour les directeurs généraux délégués actuels puisqu'ils disposent, à l'égard des tiers, des mêmes pouvoirs que le directeur général : art. L 225-56, II) ;
– le président du directoire et les directeurs généraux (ou le directeur général unique) dans les SA ayant adopté le système dualiste d'administration (art. L 225-66) ;
– *dans les SAS, le président (art. L 227-6)* ainsi que les directeurs généraux et les directeurs généraux délégués auxquels les statuts ont conféré ce pouvoir (Cass. ch. mixte 19-11-2010 nos 10-10.095 et 10-30.215 : RJDA 1/11 n° 56, 1e et 2e esp. ; Cass. soc. 23-11-2011 n° 11-10.100 : RJDA 3/12 n° 305, 3e esp.) ;
– les liquidateurs si la société est dissoute et en cours de liquidation (art. L 237-24).

En revanche, n'ont le pouvoir de représenter la société, notamment en justice, ni les administrateurs de SA individuellement (Cass. com. 3-10-2006 nº 1115 : RJDA 1/07 nº 63), ni le conseil d'administration collégialement (Cass. com. 3-10-2006 nº 1098 : RJDA 2/07 nº 170).

La notion de « représentant légal » ne concerne que les organes de représentation de la société ; elle ne saurait être étendue aux personnes auxquelles les associés ou les dirigeants sociaux ont conféré le **pouvoir d'accomplir un acte déterminé** pour le compte de la société (Rép. Collette : AN 15-3-1969 nº 3809 ; Rép. Lebas : AN 2-12-1970 nº 14051). 10031

Le représentant légal n'est pas tenu de **répondre des engagements** qu'il a souscrits au nom et pour le compte de la société auprès des tiers (Cass. com. 3-4-2007 nº 05-20.271 : RJDA 7/07 nº 730). 10032

Même s'il est **mis personnellement en liquidation judiciaire,** le représentant légal conserve le pouvoir de représenter la société à l'égard des tiers (Cass. 3e civ. 19-12-2007 nº 06-18.811 : RJDA 7/08 nº 800). 10033

B. Dirigeant de fait de la société

Lorsque des personnes, agissant seules ou en groupe (Cass. com. 12-7-2005 nº 1238 : RJDA 2/06 nº 169), assument en fait la gestion d'une société sous le couvert ou au lieu et place de ses représentants légaux, elles s'exposent, en cas d'infraction aux dispositions légales concernant les sociétés commerciales, aux mêmes **sanctions** pénales que les dirigeants de droit (art. L 241-9, L 244-4, L 246-2 et L 245-16). 10100

Par ailleurs, elles peuvent être tenues de contribuer au passif social en cas de liquidation judiciaire de la société ; la faillite personnelle et l'interdiction de gérer ainsi que les peines attachées à la banqueroute leur sont également applicables (nos 91460 s.).

En revanche, les règles particulières concernant la mise en cause de la **responsabilité extracontractuelle** des dirigeants de SARL ou de sociétés par actions ne leur sont pas applicables (Cass. com. 21-3-1995 nº 615 : RJDA 7/95 nº 858 et Cass. com. 29-3-2017 nº 16-10.016 F-D : RJDA 7/17 nº 460, à propos de l'action sociale ; Cass. com. 30-3-2010 nº 08-17.841 : RJDA 7/10 nº 760 et Cass. com. 12-4-2016 nº 14-12.894 : RJDA 7/16 nº 546, en matière de prescription triennale). En conséquence, leur responsabilité extracontractuelle est déterminée conformément au droit commun (C. civ. art. 1240), quelle que soit la forme juridique de la société dans laquelle elles exercent leur activité ; elle peut être recherchée soit par les représentants légaux, soit par l'intermédiaire d'un mandataire ad hoc dont un associé peut demander la désignation en justice (Cass. com. QPC 13-7-2016 nº 16-10.016 F-D : RJDA 11/16 nº 783 ; Cass. com. 29-3-2017 précité).

> **Précisions** **a.** La direction de fait d'une société constitue une activité illicite susceptible d'engendrer des responsabilités mais non de **créer des droits** au profit de l'intéressé : ainsi, a été rejetée la demande en paiement de rémunérations présentée par l'associé d'une SARL qui soutenait qu'il avait fait fonction de gérant au lieu et place du gérant de droit (CA Paris 19-1-1984 : BRDA 7/84 p. 7). De même, un dirigeant de fait ne peut pas se prévaloir des dispositions accordant aux dirigeants de droit le pouvoir d'engager la société à l'égard des tiers (Cass. com. 29-9-2015 nº 13-28.501 : RJDA 1/16 nº 28).
> **b.** Si elle constitue une activité irrégulière, la direction de fait d'une société n'est pas en elle-même constitutive d'une **infraction** pénalement sanctionnée et n'a donc pas à être révélée au procureur de la République par les commissaires aux comptes (Bull. CNCC décembre 2002 p. 596).
> **c.** L'article L 223-22 prévoyant qu'une décision de l'assemblée ne peut avoir pour effet d'éteindre l'action sociale n'est pas applicable au dirigeant de fait ; doit donc être rejetée l'action en responsabilité formée par une SARL et ses associés contre l'ancien gérant de droit devenu gérant de fait, pour faute commise après sa démission, dès lors que l'**assemblée,** statuant à l'unanimité, lui a **donné quitus** et a **renoncé à tout recours** contre lui (Cass. com. 14-2-2018 nº 15-24.146 F-D : RJDA 6/18 nº 512).

C. Représentation de la société par un mandataire apparent

Une société peut être engagée par toute **personne,** même **non habilitée** régulièrement, si les tiers avec qui cette personne a traité ont légitimement cru que celle-ci disposait des pouvoirs nécessaires (C. civ. art. 1156, al. 1 ; Cass. com. 7-1-1992 : RJDA 3/92 nº 229 ; Cass. com. 6-11-2012 nº 11-23.424 : RJDA 2/13 nº 113). Mais il faut que les circonstances (usages commerciaux, documents présentés, profession du mandataire, relations des parties, etc.), auxquelles la société n'est pas totalement 10150 étrangère, autorisent les tiers à ne pas vérifier les limites exactes de ces pouvoirs (Cass. com. 9-3-1999 n° 96-13.782 : RJDA 4/99 n° 464 ; Cass. com. 29-6-2022 n° 20-16.035 F-D : RJDA 11/22 n° 632).

Pour des exemples où le mandat apparent n'a pas été reconnu aux motifs que les circonstances entourant la conclusion de l'acte litigieux étaient de nature à éveiller les soupçons du tiers sur la réalité des pouvoirs du mandataire apparent et que, dès lors, le tiers aurait dû procéder à une vérification de ces pouvoirs, voir Cass. 3e civ. 15-6-2011 n° 10-21.085 : RJDA 11/11 n° 908 ; Cass. com. 23-9-2014 n° 13-21.352 : RJDA 12/14 n° 911 ; Cass. com. 6-10-2015 n° 14-13.812 : RJDA 1/16 n° 21.

10151 Cette solution a perdu la plus grande partie de son **intérêt pratique** depuis que les dirigeants sociaux disposent des pouvoirs les plus étendus pour engager la société à l'égard des tiers, et ce, même s'ils ont été irrégulièrement nommés (art. L 210-9, al. 1). Mais elle conserve son utilité pour les actes accomplis :

– par les préposés de la société (cf. Cass. com. 9-3-1999 n° 550 : RJDA 11/99 n° 1218 ; Cass. com. 19-11-2002 n° 1882 : RJDA 3/03 n° 259 ; Cass. com. 9-3-2022 n° 19-25.704 F-D : RJDA 6/22 n° 335) ;

– ou par toute personne se présentant comme le mandataire de la société (Cass. com. 13-5-1974 : Bull. civ. IV n° 156, à propos d'un gérant de fait ; Cass. com. 23-9-2014 n° 13-21.352 : RJDA 12/14 n° 911, à propos d'un administrateur de SA ; Cass. 3e civ. 19-3-2020 n° 19-11.771 F-D : RJDA 7/20 n° 365, à propos d'un associé, rendu pour une société civile mais transposable ; Cass. soc. 15-6-1999 : RJDA 11/99 n° 1202, à propos d'un associé chargé de l'exploitation de l'entreprise ; Cass. 3e civ. 23-6-2009 n° 08-18.983 : RJDA 11/09 n° 953, à propos d'un avocat, fils du gérant de la société, rendu pour une société civile mais transposable).

En revanche, l'existence d'un mandat apparent n'est pas retenue en ce qui concerne les actes passés par un **ancien dirigeant de la société** dès lors que la cessation des fonctions de celui-ci a été régulièrement publiée avant la conclusion de ces actes (Cass. com. 4-5-1993 n° 781 : RJDA 12/93 n° 1039).

D. Représentation de la société par un administrateur judiciaire ou un mandataire ad hoc

1. ADMINISTRATEUR JUDICIAIRE

DÉFINITION DE L'ADMINISTRATION JUDICIAIRE

10200 L'administrateur judiciaire – ou encore, selon la terminologie courante, l'**administrateur provisoire** – est un mandataire désigné en justice et chargé, en cas de difficultés graves empêchant le fonctionnement normal de la société, d'assurer momentanément la gestion des affaires sociales.

CIRCONSTANCES JUSTIFIANT L'ADMINISTRATION JUDICIAIRE

10210 La nomination d'un administrateur provisoire constitue une mesure exceptionnelle destinée à remédier à une situation de **crise** aiguë rendant impossible le **fonctionnement normal de la société** et menaçant celle-ci d'un **péril imminent** (jurisprudence constante ; notamment, Cass. 3e civ. 21-11-2000 : RJDA 3/01 n° 321 ; Cass. com. 6-2-2007 n° 05-19.008 : RJDA 7/07 n° 732 ; Cass. soc. 23-10-2012 n° 11-24.609 : RJDA 1/13 n° 36).

En pratique, les tribunaux nomment un administrateur provisoire lorsque la gestion d'une société est entravée, soit du fait des organes d'administration et de direction, soit du fait des associés, ou des deux à la fois. L'**entrave** doit être de nature telle qu'elle empêche réellement le fonctionnement régulier de la société et compromet les intérêts sociaux. La désignation de l'administrateur suppose aussi qu'un redressement des affaires sociales puisse être escompté, faute de quoi la seule issue serait la dissolution judiciaire de la société.

10215 **Illustrations** Un **administrateur** provisoire a été **nommé** dans les cas suivants :

– conflit grave entre deux groupes d'actionnaires mettant en péril les intérêts sociaux (Cass. com. 25-9-2007 n° 06-20.320 : RJDA 2/08 n° 140) ou rendant impossible la tenue des assemblées générales (Cass. com. 23-3-1971 : Bull. civ. IV n° 90) ;

– désaccord entre les dirigeants d'une société holding sur des décisions qu'ils devaient prendre conjointement en vertu des statuts, ce qui avait entraîné une paralysie de la société et l'interruption des flux financiers entre celle-ci et ses filiales (Cass. com. 8-11-2016 n° 14-21.481 F-D : RJDA 2/17 n° 85) ;

– désaccord entre les associés empêchant la réalisation de l'objet social et position antagoniste des deux gérants égalitaires rendant impossible la gestion de la société (Cass. 3e civ. 1-12-2009 nº 08-19.719 : RJDA 6/10 nº 625 som.) ;
– conflit ancien et durable entre associés rendant inenvisageable, dans une société dépourvue de gérant, la désignation à l'unanimité d'un nouveau gérant (CA Paris 6-8-2019 nº 18/22544 : RJDA 12/19 nº 765) ;
– obstruction systématique du gérant associé empêchant son coassocié d'accéder à toute information relative à la société et alimentant ses soupçons sur de possibles détournements de biens sociaux (Cass. 3e civ. 5-12-2024 nº 23-15.487 F-D : RJDA 3/25 nº 140) ;
– existence de deux conseils d'administration et de deux présidents (Cass. com. 5-11-1971 : Bull. civ. IV nº 261) ;
– nouveau dirigeant d'une société qui en a délaissé la gestion, a annoncé une augmentation de capital au bénéfice d'une entreprise tierce sans informer le comité social et économique et en violation d'une transaction portant sur la prise de contrôle de la société et a procédé à des transferts de fonds suspects (CA Paris 15-10-2021 nº 20/07190 : RJDA 5/22 nº 277).

Mais la **désignation** d'un administrateur provisoire a été **refusée** :
– pour une société ayant deux associés égalitaires dès lors qu'aucune issue au conflit les opposant n'était possible compte tenu du partage des voix inhérent à la division du capital (CA Versailles 8-10-2008 nº 08-5065 : RJDA 3/09 nº 223) ;
– en cas de contestation sur la propriété de la majorité des parts sociales, faute que soit établie une menace de péril imminent pour la société (Cass. com. 21-2-2012 nº 11-18.608 : RJDA 6/12 nº 594) ;
– dans une société dont l'essentiel des parts est privé du droit de vote depuis le décès des associés majoritaires et dans laquelle la vente d'un actif a été approuvée par les autres associés représentant le reliquat – infime – du capital (Cass. 3e civ. 30-6-2015 nº 13-25.685 : RJDA 11/15 nº 747) ;
– dans une société fonctionnant sans difficulté malgré l'absence de gérant de droit (Cass. 3e civ. 16-11-2017 nº 16-23.685 F-D : RJDA 3/18 nº 235) ;
– pour les trois sociétés d'un groupe accusant leur dirigeant commun de faits de violence et de harcèlement dès lors que ces faits n'étaient pas établis, qu'aucun péril imminent n'était invoqué à l'égard de la holding, que l'une des filiales avait vu son chiffre d'affaires progresser et l'autre son redressement judiciaire poursuivi, excluant l'existence d'un péril imminent (CA Paris 18-5-2022 nº 21/17188 : RJDA 1/23 nº 34).

Cas de la demande de désignation par un associé minoritaire Alors même que les organes de gestion fonctionnent régulièrement, la nomination d'un administrateur provisoire peut être demandée par des associés minoritaires qui contestent la politique suivie par les majoritaires. En général, les tribunaux hésitent à admettre de telles demandes. Ils n'acceptent de désigner un administrateur provisoire que si des faits précis laissent craindre une **paralysie prochaine de la société.** 10220

ILLUSTRATIONS

Il y a lieu de **nommer un administrateur provisoire** lorsqu'une mésentente entre associés rend le fonctionnement de la société anormal et que l'annulation prévisible de la nomination des dirigeants sociaux risque d'entraîner de graves conséquences pour la société (Cass. com. 17-1-1989 nº 87-10.966 : Bull. civ. IV nº 28), ou encore lorsque les faits reprochés au dirigeant sont de nature à porter un préjudice irrémédiable à l'intérêt social et qu'ils induisent une suspicion qui bloque l'administration de la société (Cass. com. 17-10-1989 nº 87-19.369 : Bull. civ. IV nº 250).

En revanche, des actes de concurrence déloyale qu'un associé minoritaire reproche au gérant d'avoir commis au préjudice de la société **ne justifient pas la nomination** d'un administrateur provisoire (Cass. com. 29-9-2015 nº 14-11.491 : RJDA 1/16 nº 29). Cette nomination n'est pas non plus admise lorsque le conflit a pour fondement la contestation de la politique sociale par un associé (CA Paris 20-3-2002 : RJDA 7/02 nº 767, 2e esp.), les difficultés économiques et financières rencontrées par la société (CA Paris 3-4-1998 : RJDA 8-9/98 nº 88 ; CA Paris 4-12-2002 : RJDA 6/03 nº 592) ou la mésentente grave entre les associés (Cass. com. 7-1-2004 nº 22 : RJDA 5/04 nº 559 ; Cass. com. 6-2-2007 nº 05-19.008 : RJDA 7/07 nº 732 ; CA Paris 5-5-2009 nº 08-20436 : RJDA 12/09 nº 1086).

PROCÉDURE DE NOMINATION DE L'ADMINISTRATEUR JUDICIAIRE

Toute **personne** justifiant d'un intérêt légitime, tendant à préserver l'intérêt de la société (Cass. com. 22-1-2025 nº 22-20.526 FS-B : RJDA 4/25 nº 206), est **recevable à demander** en justice **la nomination** d'un administrateur provisoire car cette action n'est pas une action attitrée (CA Paris 15-10-2021 nº 20/07190 : RJDA 5/22 nº 277). 10250

Ainsi, la demande de nomination peut être présentée en justice par les organes sociaux ou les associés (CA Paris 1-6-2007 nº 07-5278 : RJDA 3/08 nº 278), le comité social et économique ou des investisseurs ayant vocation à devenir actionnaires majoritaires (CA Paris 15-10-2021 précité). Il a également été jugé que l'épouse et les filles d'un président placé sous sauvegarde de justice pouvaient, même sans être associées de la société, demander la nomination d'un administrateur provisoire (CA Lyon 1-4-1971 : D. 1971 som. p. 169).

Un nu-propriétaire indivis de droits sociaux peut agir seul en vue de cette nomination (Cass. 3e civ. 17-1-2019 no 17-26.695 FS-PBI : RJDA 4/19 no 258).

En revanche, le liquidateur judiciaire du dirigeant d'une société ne peut pas demander la nomination d'un administrateur provisoire au prétexte que le dirigeant est soumis à une procédure de liquidation judiciaire (Cass. com. 27-11-2001 no 1962 : RJDA 8-9/02 no 916). De même, un créancier de la société ne le peut pas (Cass. com. 7-5-2025 no 23-20.471 FS-B : RJDA 7/25 no 372).

ATTENTION

Dans cette dernière affaire, la Cour de cassation s'est placée non pas sur le terrain de l'intérêt à agir, mais sur celui de la **qualité pour agir.** Les créanciers sont donc automatiquement disqualifiés, sans pouvoir soutenir qu'ils ont agi dans l'intérêt social. On peut se demander si cette solution ne s'étendra pas à d'autres demandeurs, qui pourraient à l'avenir se voir dénier la qualité pour agir en nomination d'un administrateur provisoire. La question se pose par exemple pour le comité social et économique, ou encore pour les investisseurs ayant vocation à devenir actionnaires majoritaires, à qui la jurisprudence reconnaît pour le moment un intérêt à agir.

10255 La procédure peut prendre la **forme** d'une **action** principale. Le plus souvent, il s'agit d'une action en référé. En effet, le juge des référés peut, s'il y a urgence, ordonner « toutes les mesures qui ne se heurtent à aucune contestation sérieuse ou que justifie l'existence d'un différend » (CPC art. 872). La demande de nomination de l'administrateur provisoire est irrecevable si la **société** n'a pas été **mise en cause** (Cass. 2e civ. 25-3-1992 : RJDA 5/92 no 458 ; Cass. com. 3-11-2004 no 01-01.855 : RJDA 7/05 no 811). Les associés n'ont en revanche pas à être appelés (Cass. com. 20-12-2023 nos 21-18.746 F-B et 21-18.831 F-D : RJDA 3/24 no 169, à propos d'une demande de désignation d'un mandataire ad hoc pour une société civile mais transposable à la demande de nomination d'un administrateur provisoire). La nomination peut aussi être demandée sur requête non contradictoire lorsqu'il s'agit de limiter les effets préjudiciables des agissements du dirigeant sur la société (CA Paris 15-10-2021 no 20/07190 : RJDA 5/22 no 277).

Le dirigeant de la société peut valablement, en sa qualité de représentant légal, exercer un **recours** en justice **contre la décision** de nomination d'un administrateur provisoire (Cass. com. 7-1-2004 no 22 : RJDA 5/04 no 559).

10260 L'**administrateur** provisoire doit être **choisi** sur la liste des administrateurs judiciaires établie en application des articles L 811-2 s.

Toutefois, les tribunaux peuvent désigner comme administrateurs judiciaires des personnes physiques ayant une expérience ou une qualification particulière même si elles ne sont pas inscrites sur cette liste (cf. art. L 811-2, al. 2).

10265 **Publicité de la nomination** Toute nomination d'une personne chargée de gérer et d'administrer une société devant être publiée au RCS, il est indispensable, pour que l'administrateur provisoire puisse engager valablement la société, que la décision le nommant et retirant aux organes de la société leurs pouvoirs soit inscrite à ce registre.

POUVOIRS DE L'ADMINISTRATEUR JUDICIAIRE

10280 L'ordonnance qui nomme l'administrateur provisoire fixe ses pouvoirs (cf. Cass. com. 23-3-1971 : Bull. civ. IV no 90 ; Cass. com. 5-11-1971 : Bull. civ. IV no 261 ; CA Versailles 1-10-1998 : RJDA 12/98 no 1364). Ceux-ci dépendent de la nature et de l'étendue de sa mission.

L'administrateur peut notamment être chargé d'un **mandat général de gestion** de la société, auquel cas il a seul qualité pour la représenter, notamment en justice (Cass. 3e civ. 3-9-2018 no 17-14.758 F-D : RJDA 11/18 no 836 ; déjà en ce sens, Cass. 2e civ. 13-11-2014 no 13-17.426 F-D). Le dirigeant en place se trouve alors dessaisi de ses pouvoirs (cf. C. civ. art. 1159 ; Cass. 2e civ. 17-7-1976 : Bull. civ. II no 251 ; Cass. com. 7-11-2006 no 1192 : RJDA 4/07 no 360) et le dirigeant qui serait désigné alors que l'administrateur est en fonctions n'a pas le pouvoir de représenter la société (Cass. soc. 22-6-2011 no 09-70.517 : RJDA 11/11 no 918).

Un administrateur investi d'une mission générale de gestion peut seulement accomplir des actes conservatoires et d'administration (C. civ. art. 1155, al. 1 ; Cass. 3e civ. 3-5-2007 no 05-18.486 : *RJDA 10/07 no 942*).

ILLUSTRATIONS

Un administrateur provisoire chargé d'administrer et de gérer une société immobilière et de réviser les situations locatives en prenant toutes décisions utiles à la société ne peut pas autoriser le renouvellement d'un bail commercial consenti par la société (Cass. 3e civ. 3-5-2007 précité).

> Lorsque l'administrateur provisoire d'une SA a été chargé de gérer la société et de convoquer dès que possible une assemblée des actionnaires pour nommer des administrateurs, il n'a pas le pouvoir de se substituer au conseil d'administration pour se prononcer sur l'agrément prévu par les statuts en cas de cession d'actions à des tiers étrangers à la société (Cass. com. 27-10-1969 : Bull. civ. IV n° 314).

Le juge qui confie à l'administrateur un mandat général de gestion peut le charger de déterminer si la société est en état de cessation des paiements et, si tel est le cas, de déclarer celle-ci (CA Lyon 28-5-2019 n° 18/06902 : RJDA 10/19 n° 633).

Il peut l'autoriser en outre à passer des **actes de disposition** si cette mesure est conforme à l'intérêt social. Il peut, par exemple, donner à l'administrateur le pouvoir de vendre certains actifs de la société pour assainir la situation financière de celle-ci (Cass. com. 8-11-2016 n° 14-21.481 F-D : RJDA 2/17 n° 85).

Sur le pouvoir de l'administrateur provisoire de convoquer les actionnaires en assemblée générale, voir n° 46060.

S'il lui apparaît nécessaire de **faire modifier les pouvoirs initiaux,** par exemple en raison d'un prolongement anormal de ses fonctions, l'administrateur provisoire peut s'adresser à l'autorité qui l'a nommé (T. com. Seine 22-3-1949 : JCP 1949 II n° 4980 note D. B.) ; il en est de même s'il a un doute sur l'étendue de ses pouvoirs.

RÉMUNÉRATION DE L'ADMINISTRATEUR JUDICIAIRE

La rémunération de l'administrateur provisoire est fixée par le juge (art. R 814-27). Elle incombe, en principe, à la société. Toutefois, elle peut être **mise à la charge** de l'associé responsable de la nomination de l'administrateur (Cass. com. 12-1-1970 n° 67-11.816 : Bull. civ. IV n° 11 ; CA Nancy 8-3-2007 n° 07-520 : RJDA 12/07 n° 1238). 10290

> **› Précisions** En cas de **rétractation de l'ordonnance** sur requête **ayant nommé l'administrateur provisoire,** ce dernier a droit à une rémunération pour les diligences accomplies, qui est à la charge de la société et non de l'associé ayant demandé la désignation de l'administrateur (Cass. com. 24-1-2024 n° 22-11.768 F-B : RJDA 5/24 n° 286).

RESPONSABILITÉ DE L'ADMINISTRATEUR JUDICIAIRE

L'administrateur provisoire assume la gestion de la société sous sa responsabilité. Sa **responsabilité civile** est engagée, par **exemple,** s'il contracte au nom de la société des obligations excédant les possibilités de celle-ci (CA Paris 28-1-1966 : D. 1966 p. 439 ; voir aussi CA Paris 20-11-1984 : BRDA 4/85 p. 20). De même, l'administrateur provisoire d'une société a été tenu pour personnellement responsable du préjudice causé à un sous-traitant à qui il avait donné l'espérance, après une étude insuffisante de la situation de la société, que les travaux sous-traités seraient réglés (Cass. com. 16-12-1975 : D. 1976 IR p. 90). De même encore, l'administrateur provisoire qui, au mépris d'une clause expresse d'un prêt, a négligé de souscrire une assurance incendie couvrant les biens nantis au profit du prêteur a été condamné, à la suite de l'incendie de l'établissement, à rembourser les sommes restant dues au prêteur (CA Colmar 23-11-1990 : Dr. sociétés 1991 n° 426). 10300

En revanche, un administrateur n'a pas été tenu pour responsable du défaut de paiement de commandes qu'il avait passées au nom d'une société déjà en difficulté, dès lors qu'il avait procédé à toutes les diligences nécessaires pour connaître la situation financière de cette société et qu'il avait établi des comptes provisoires qui ne laissaient pas prévoir l'imminence d'un dépôt de bilan (Cass. com. 26-1-1981 : Rev. sociétés 1981 p. 606 note J.-L. Sibon).

Se rend **complice** du délit d'**abus de biens sociaux** l'administrateur provisoire qui a donné des instructions ayant permis à un dirigeant de percevoir un salaire sans contrepartie effective au profit de la société versante (cf. Cass. crim. 19-6-1997 n° 96-83.274 : Bull. crim. n° 250). 10302

CESSATION DES FONCTIONS DE L'ADMINISTRATEUR JUDICIAIRE

Seule une décision judiciaire peut mettre fin à la mission d'un **administrateur** provisoire **nommé sans limitation de durée** ; tant que cette décision n'est pas intervenue, il demeure en fonctions et représente valablement la société même si les organes sociaux ont été régulièrement mis en place (Cass. com. 22-12-1981 : BRDA 6/82 p. 19 ; Cass. soc. 22-6-2011 n° 09-70.517 : RJDA 11/11 n° 918). 10320

Le maintien en fonctions de l'administrateur ne se justifie plus dès lors que les nouveaux organes sociaux ont été mis en place, quand bien même des dissentiments existeraient encore entre des associés, du moment que ces dissentiments n'entravent pas le fonctionnement de la société (CA Paris 7-7-1981 : BRDA 19/81 p. 8 et, sur pourvoi, Cass. civ. 17-11-1982 : Gaz. Pal. 1983 pan. p. 119 ; voir aussi Cass. com. 26-2-1985 : Bull. civ. IV n° 77).

Lorsque l'administrateur provisoire a été désigné pour une **durée déterminée,** le juge ne peut ordonner la prolongation de sa mission que si la société est menacée d'un péril imminent, même s'il n'a pas achevé la mission pour laquelle il a été désigné (Cass. 2e civ. 18-10-2018 no 17-20.195 F-D : RJDA 2/19 no 92).

2. MANDATAIRE AD HOC

RÔLE DU MANDATAIRE AD HOC

10350 Au lieu de désigner un administrateur chargé de gérer la société, le juge peut désigner seulement un mandataire ad hoc, c'est-à-dire un mandataire ayant pour seule mission d'effectuer une **opération ponctuelle** et limitée : par exemple, représentation d'un actionnaire à une assemblée, contrôle de la gestion, convocation d'une assemblée générale, contrôle de l'établissement de la feuille de présence. La loi le prévoit dans le cadre de la prévention des difficultés des entreprises (art. L 611-3) et le mandataire est alors généralement nommé en vue de négocier des délais de paiement avec les principaux créanciers.

10352 **Contrôle de la gestion** Il arrive qu'après avoir écarté la nomination d'un administrateur provisoire au motif que les conditions requises ne sont pas remplies, les tribunaux, sous couvert de mesures conservatoires, interdisent aux dirigeants sociaux pendant un délai déterminé tout acte de caractère irréversible et désignent un mandataire de justice, parfois appelé contrôleur de gestion, ayant pouvoir d'assister à toutes les assemblées et à toutes les réunions du conseil d'administration avec mission de relever tout manquement à cette interdiction (CA Paris 24-1-1986 : Bull. Joly 1986 p. 389, à propos d'une contestation sur la nomination d'une personne comme président d'une entreprise de presse).

ILLUSTRATIONS

La désignation d'un contrôleur a été admise dans les cas suivants :
– litige sur la propriété d'actions susceptible d'entraîner un changement de majorité (CA Paris 24-9-1986 : BRDA 3/87 p. 9 et, sur pourvoi, Cass. com. 7-6-1988 : Bull. Joly 1988 p. 581) ;
– cession d'actions litigieuse dès lors que l'une des parties était le principal dirigeant de la société (CA Paris 19-10-1988 : Bull. Joly 1989 p. 79) ;
– conflit entre deux groupes d'associés qui risquait de nuire à l'image de marque de la société (CA Paris 12-10-1989 : Bull. Joly 1989 p. 965) ;
– conflit entre deux groupes d'associés qui n'était cependant pas d'une gravité telle qu'il justifierait le dessaisissement du gérant (CA Paris 27-10-1999 : Bull. Joly 2000 p. 336 note B. Saintourens).

10353 **Mission de conciliation** Parfois, le juge confie au mandataire qu'il désigne la mission de **rechercher une solution aux conflits** qui subsistent entre les associés (Cass. com. 19-4-2005 no 643 : RJDA 10/05 no 1109 ; CA Paris 12-10-1989 : Bull. Joly 1989 p. 965 ; CA Paris 7-6-1990 : Bull. Joly 1990 p. 760 note P. Le Cannu).

CONDITIONS DE DÉSIGNATION DU MANDATAIRE AD HOC

10355 Le juge peut désigner un mandataire ad hoc même s'il n'existe pas de circonstances rendant impossible le fonctionnement normal de la société (Cass. 1e civ. 17-10-2012 no 11-23.153 : RJDA 2/13 no 123 ; Cass. 3e civ. 21-6-2018 no 17-13.212 FS-PBI : RJDA 10/18 no 730 ; Cass. com. 21-9-2022 no 20-21.416 F-B : RJDA 12/22 no 690), ce qui suppose que le mandataire n'ait pas reçu un mandat général de gestion ni le mandat d'accomplir un acte de gestion au nom de la société (Cass. 1e civ. 17-10-2012 précité). La demande de désignation doit être conforme à l'intérêt social (Cass. com. 15-12-2021 no 20-12.307 FS-B : RJDA 2/22 no 94 ; Cass. com. 8-11-2023 no 22-22.713 F-D : RJDA 3/24 no 161).

CONSÉQUENCES DE LA DÉSIGNATION D'UN MANDATAIRE AD HOC

10360 La désignation d'un mandataire ad hoc n'a pas pour effet de dessaisir le **dirigeant** de ses **pouvoirs,** de sorte que celui-ci a seul qualité pour engager la société (Cass. com. 15-3-2017 no 15-12.742 F-PB : RJDA 6/17 no 405).

CHAPITRE 2

CHOIX DES MEMBRES DES ORGANES DE GESTION

SOMMAIRE

EN BREF *Le choix des membres des organes de gestion de la société dépend de ce qui est prévu* 11100
dans les statuts, qui peuvent imposer des conditions particulières pour l'accès aux fonctions de dirigeant (par exemple, l'obligation d'être associé, ou un âge minimal ou maximal).

Sous cette réserve, le choix des membres des organes de gestion est en principe libre. Néanmoins, il existe des conditions spécifiques à certaines formes sociales, examinées à l'occasion de l'étude de chaque type de société. En outre, un certain nombre de règles de capacité, d'interdictions et d'incompatibilités viennent restreindre cette liberté.

RÉCAPITULATIF DES ORGANES DE GESTION SELON LA FORME SOCIALE

Pour mémoire, sont récapitulées dans le tableau ci-dessous, selon la forme sociale choisie, 11101
d'une part, la faculté de désigner ou non comme **dirigeant** une **personne morale** et, d'autre part, les **règles légales** relatives aux éventuelles limites d'**âge** applicables aux dirigeants personnes physiques et aux représentants permanents des dirigeants personnes morales.

Les numéros figurant dans ce tableau renvoient aux paragraphes où sont développées ces règles pour chaque type de société.

Forme sociale	Organe de gestion	Possibilité de désigner une personne morale	Limite d'âge
SNC	Gérant	Oui (nº 22000)	Non
SCS	Gérant	Oui (nº 27001)	Non
SARL	Gérant	Non (nº 31020)	Non (nº 31051)
SA	Administrateur	Oui (nºs 39790 s.)	En cas de silence des statuts, 70 ans au plus pour les 2/3 d'entre eux (nºs 39300 s.)
	Président du conseil d'administration	Non (nº 40510)	En cas de silence des statuts, 65 ans (nº 40512)
	Directeur général	Non (nº 42501)	En cas de silence des statuts, 65 ans (nº 42503)
	Directeur général délégué	Non (nº 42642)	En cas de silence des statuts, 65 ans (nº 42644)
	Membre du directoire ou directeur général unique	Non (nº 43571)	En cas de silence des statuts, 65 ans (nº 43579)
	Membre du conseil de surveillance	Oui (nº 44570)	En cas de silence des statuts, 70 ans maximum pour les 2/3 d'entre eux (nº 44330)

Forme sociale	Organe de gestion	Possibilité de désigner une personne morale	Limite d'âge
SCA	Gérant	Oui (nº 56501)	En cas de silence des statuts, 65 ans (nº 56530)
	Membre du conseil de surveillance	Oui (nº 57171)	En cas de silence des statuts, 70 ans maximum pour les 2/3 d'entre eux (nº 57171)
SAS	Président	Oui (nº 60330)	Non, sauf disposition des statuts (nº 60334)
	Autre dirigeant	Oui (nº 60330)	Non, sauf disposition des statuts (nº 60334)

A. Capacité d'un mineur ou d'un majeur protégé d'être mandataire social

CAPACITÉ D'UN MINEUR ÉMANCIPÉ D'ÊTRE MANDATAIRE SOCIAL

11110 Un mineur émancipé a la même capacité civile qu'un majeur (C. civ. art. 413-6, al. 1). Toutefois, il ne peut être commerçant que s'il y a été autorisé par le juge des tutelles au moment de l'émancipation ou par le président du tribunal judiciaire après l'émancipation (art. L 121-2 et C. civ. art. 413-8). En conséquence, sans cette autorisation, un mineur émancipé ne peut exercer que les **fonctions** suivantes qui ne lui **attribuent pas la qualité de commerçant** :
– gérant d'une SARL ;
– gérant d'une SNC, dès lors qu'il n'est pas associé de cette société, tout associé de SNC ayant la qualité de commerçant (art. L 221-1) ;
– gérant d'une société en commandite, à condition toutefois qu'il ne soit pas associé de la société, car, en principe, les associés commandités ont la qualité de commerçant et la gérance ne saurait être confiée à un associé commanditaire (art. L 222-1 et L 222-6 pour les SCS et L 226-1 pour les SCA) ;
– administrateur, président du conseil d'administration, directeur général ou directeur général délégué ou encore membre du directoire, président du directoire, membre du conseil de surveillance ou président du conseil de surveillance d'une SA ;
– président ou dirigeant de SAS.

CAPACITÉ D'UN MINEUR NON ÉMANCIPÉ D'ÊTRE MANDATAIRE SOCIAL

11111 Le mineur non émancipé ne peut, à notre avis, assumer aucune fonction de gestion, d'administration ou de direction d'une **société pluripersonnelle** (dans le même sens, à propos de la nomination d'un mineur non émancipé aux fonctions d'administrateur de SA, voir Rép. Valbrun : AN 21-12-1977 nº 40253).

ATTENTION

On admet généralement la possibilité pour le mineur non émancipé d'être dirigeant social au motif qu'un mineur peut être un **mandataire** (C. civ. art. 1990). Mais cette solution, qui s'appuie sur une qualification juridique douteuse (nº 10000), conduit aussi à des résultats inopportuns. Ainsi, selon l'article 1990, le mandant n'a d'action contre le mineur non émancipé choisi comme mandataire que « d'après les règles générales relatives aux obligations des mineurs ». Il s'ensuit que la responsabilité d'un mineur ne pourra pas être recherchée aussi largement que celle d'un majeur : le mineur n'est tenu que dans la mesure de son enrichissement (C. civ. art. 1352-4). Cette restriction est, en outre, en contradiction formelle avec les dispositions concernant les SA qui interdisent toute mesure tendant à mettre un administrateur ou un directeur général à l'abri d'une action en responsabilité (art. L 225-253, al. 2).

Un mineur non émancipé peut participer à la gestion d'une **société unipersonnelle** dans les conditions exposées nºs 35612 et 35801 (EURL) et nºs 61006 et 61135 (Sasu).

CAPACITÉ D'UN MAJEUR PROTÉGÉ D'ÊTRE MANDATAIRE SOCIAL

11112 Aucun texte n'**interdit** de nommer en qualité de dirigeant social un majeur atteint d'une incapacité (majeur sous sauvegarde de justice, sous curatelle, sous tutelle, sous habilitation familiale ou dont le mandat de protection future a pris effet). Une telle nomination est néanmoins dépourvue de tout effet juridique ou inopportune pour les raisons exposées nºs 12440 s.

B. Faculté pour une personne en couple d'être mandataire social

Chacun des **époux** peut, quel que soit son régime matrimonial, être dirigeant sans en demander l'autorisation à l'autre. Par ailleurs, les époux peuvent être tous deux **dirigeants de la même société** (cogérants, membres du même conseil d'administration, du même directoire ou du même conseil de surveillance, l'un pouvant être membre du conseil d'administration et l'autre directeur général, etc.), même s'ils en sont les seuls associés (C. civ. art. 1832-1, al. 1). 11140

Il en est de même pour les **partenaires d'un Pacs** et, a fortiori, pour les **concubins.**

C. Interdiction de gérer une société

PRINCIPE

Le juge peut interdire aux **personnes physiques** faisant l'objet de certaines condamnations, notamment pénales, d'exercer des fonctions de direction au sein d'une société commerciale. 11170
Sur le prononcé d'une interdiction d'exercer une activité professionnelle ou sociale à l'encontre d'une **personne morale** faisant l'objet d'une condamnation pénale, voir nº 4705.

INTERDICTION DE GÉRER À TITRE DE PEINE COMPLÉMENTAIRE

Les personnes physiques coupables des **infractions au droit des sociétés** prévues aux articles L 241-2 à L 248-1 (abus de biens sociaux, présentation de comptes infidèles, défaut d'établissement des comptes annuels ou de présentation de ceux-ci à l'assemblée, etc.) encourent à titre de peine complémentaire l'interdiction soit d'exercer l'**activité professionnelle dans l'exercice ou à l'occasion de l'exercice de laquelle l'infraction a été commise,** soit d'exercer une profession commerciale ou industrielle, de diriger, d'administrer, de **gérer** ou de contrôler à un titre quelconque, directement ou indirectement, pour leur propre compte ou pour le compte d'autrui, une société commerciale. Ces interdictions d'exercice peuvent être prononcées cumulativement pour la même infraction (art. L 249-1). 11180

Outre certains crimes, de nombreux **délits autres que ceux du droit des sociétés** peuvent être sanctionnés à titre de peine complémentaire par des interdictions d'exercer une activité professionnelle ou de gérer une société commerciale. On peut citer, par exemple, des délits de droit commun comme le vol (C. pén. art. 311-14, 2°), l'escroquerie (art. 313-7, 2°), l'abus de confiance (art. 314-10, 2°) ; l'abstention ou la fausse information sur les bénéficiaires effectifs (C. mon. fin. art. L 574-5, al. 2) ; la plupart des délits en matière fiscale (CGI art. 1750, 1°) ; le travail dissimulé (C. trav. art. L 8224-3, 1°) et des délits du droit de la consommation comme les pratiques commerciales trompeuses (C. consom. art. L 132-3). Comme l'article L 249-1, les textes qui punissent ces délits prévoient l'interdiction d'exercer l'activité professionnelle dans l'exercice ou à l'occasion de l'exercice de laquelle l'infraction a été commise (à l'exception de l'article 1750, 1° du CGI) et l'interdiction d'exercer une profession commerciale et de gérer une société commerciale, ces interdictions pouvant être prononcées cumulativement pour la même infraction.

Deux sortes d'interdictions aux périmètres différents peuvent donc empêcher une personne d'être nommée dirigeant de société (ou de continuer à gérer une société) : interdiction d'exercer l'activité professionnelle en lien avec l'infraction, d'une part, et interdiction d'exercer une profession commerciale ou industrielle et de gérer une société commerciale, d'autre part.

EXEMPLE

Un dirigeant d'une société n'ayant pas publié de comptes sociaux qui est condamné, à titre de *peine complémentaire,* à la seule interdiction d'exercer l'activité professionnelle dans l'exercice de laquelle l'infraction a été commise ne pourra plus gérer cette société mais pourra en gérer d'autres. S'il est condamné à l'interdiction de gérer « une société commerciale », il ne pourra plus gérer ni la société dans laquelle l'infraction a été commise, ni toute autre société commerciale.

Comme toutes les peines complémentaires, ces interdictions ne peuvent s'appliquer que si elles ont été expressément **prononcées** par le juge (C. pén. art. 132-17). 11181

L'interdiction d'exercer une activité professionnelle peut être soit définitive, soit temporaire, auquel cas sa **durée** ne peut pas excéder cinq ans (C. pén. art. 131-27, al. 1). 11182

L'interdiction d'exercer une profession commerciale ou industrielle, de diriger, d'administrer, de gérer ou de contrôler à un titre quelconque, directement ou indirectement, pour son propre compte ou pour le compte d'autrui, une entreprise commerciale ou industrielle ou une société commerciale est soit définitive, soit temporaire ; dans ce dernier cas, elle ne peut pas excéder une durée de 15 ans (art. 131-27, al. 2).

11183 Toute **violation de l'interdiction** d'exercer une activité professionnelle est punie de deux ans d'emprisonnement et de 30 000 € d'amende (C. pén. art. 434-40).

Toute violation de l'interdiction d'exercer une profession commerciale ou industrielle, de diriger, d'administrer, de gérer ou de contrôler à un titre quelconque, directement ou indirectement, pour son propre compte ou pour le compte d'autrui, une entreprise commerciale ou industrielle ou une société commerciale est punie de deux ans d'emprisonnement et de 375 000 € d'amende (art. 434-40-1).

> **Précisions** Ces **sanctions pénales** sont, à notre avis, les **seules applicables** : l'interdiction ne constitue pas une incapacité et la signature donnée malgré elle engage valablement la société (CA Paris 24-11-1972 : Banque 1973 p. 722). Il a toutefois été jugé que le dirigeant frappé d'une interdiction n'a pas qualité pour représenter la société en justice (Cass. com. 27-1-1998 nº 318 : RJDA 6/98 nº 778).

INTERDICTION DE GÉRER À TITRE DE PEINE ALTERNATIVE

11185 Lorsqu'un délit est puni d'une **peine complémentaire** d'interdiction d'exercer une activité professionnelle ou d'interdiction de gérer (nos 11180 s.), la juridiction peut ne prononcer **à titre de peine principale** que la peine complémentaire encourue (C. pén. art. 131-11).

Lorsqu'un **délit** (quel qu'il soit) est **puni** d'une peine **d'emprisonnement,** le tribunal peut prononcer, à la place de l'emprisonnement, l'interdiction, pour une **durée** de cinq ans au plus (art. 131-6, 11° et 15°) :

– d'exercer une activité professionnelle dès lors que les facilités que procure cette activité ont été sciemment utilisées pour préparer ou commettre l'infraction ;

– d'exercer une profession commerciale ou industrielle, de diriger, d'administrer, de gérer ou de contrôler à un titre quelconque, directement ou indirectement, pour son propre compte ou pour le compte d'autrui, une entreprise commerciale ou industrielle ou une société commerciale.

Les peines ci-dessus peuvent également être prononcées, à la place de l'amende, pour les **délits** qui sont **punis** seulement **d'une peine d'amende** (art. 131-7).

INTERDICTION DE GÉRER EN CAS DE PROCÉDURE COLLECTIVE DE LA SOCIÉTÉ

11190 L'article L 653-2 fait interdiction de diriger, gérer, administrer ou contrôler directement ou indirectement une entreprise commerciale ou artisanale ou une personne morale ayant une activité économique à toute personne dont la **faillite personnelle** a été prononcée.

Le tribunal peut aussi, à la place de la faillite personnelle, prononcer contre les dirigeants sociaux l'interdiction de diriger, gérer, administrer ou contrôler, directement ou indirectement, soit toute entreprise commerciale, artisanale et toute personne morale, soit seulement une ou plusieurs de celles-ci (art. L 653-8).

FICHIER NATIONAL DES INTERDITS DE GÉRER

11195 Un fichier national automatisé des interdits de gérer est tenu par le Conseil national des **greffiers des tribunaux de commerce** dans les conditions fixées par les articles L 128-1 à L 128-5 et R 128-1 à R 128-10.

Y sont **inscrites** les faillites personnelles et les autres mesures d'interdiction de diriger, de gérer, d'administrer ou de contrôler, directement ou indirectement, une entreprise commerciale, industrielle ou artisanale, une exploitation agricole, une entreprise ayant toute autre activité indépendante ou une personne morale, prononcées à titre de sanction civile ou commerciale ou à titre de peine et résultant des décisions juridictionnelles passées en force de chose jugée.

La **consultation** du fichier n'est pas publique. Elle est réservée aux greffiers des tribunaux de commerce et à certains autres professionnels, pour les besoins de leur mission.

Aucune **interconnexion** ne peut être effectuée entre ce fichier et tout autre fichier ou traitement de données à caractère personnel détenu par une personne quelconque ou par un service de l'État ne dépendant pas du ministère de la justice.

En cas de relèvement de la mesure d'interdiction, d'arrivée de son terme ou d'amnistie, la mesure est **radiée** du fichier et ne peut plus être communiquée.

› Précisions Les mesures d'interdiction de gérer qui frappent des non-commerçants, ce qui est le cas de la plupart des dirigeants de sociétés, ne sont pas inscrites au **RCS,** hors le cas où elles sont prononcées dans le cadre de la procédure collective d'une société. Elles sont mentionnées au **casier judiciaire,** auquel les greffes des tribunaux de commerce n'ont pas accès. Le fichier centralisé des interdits de gérer a pour but de lutter contre les fraudes et de favoriser l'exécution des mesures d'interdiction de gérer prononcées par les juridictions judiciaires. Il permet de simplifier la procédure de contrôle des immatriculations (Rapport AN n° 3787 relatif à la loi 2012-387 du 22-3-2012 p. 281).

D. Fonctions incompatibles avec un mandat social

PRINCIPES COMMUNS AUX INCOMPATIBILITÉS

L'exercice de certaines professions ou de certains mandats est incompatible avec les fonctions de gérant, administrateur, directeur ou président de sociétés commerciales. **11220**

Les infractions aux incompatibilités résultant de règles déontologiques propres à certaines professions ne sont assorties que de **sanctions** disciplinaires. Elles n'entraînent pas l'annulation des actes accomplis par la personne irrégulièrement nommée (C. civ. art. 1844-15-1 issu de ord. 2025-229 du 12-3-2025 et Ord. 2025-229 art. 70 pour les actes accomplis à compter du 1-10-2025 ; avant cette date, Cass. crim. 22-4-1977 : Bull. crim. n° 127 à propos d'actes passés par un avocat irrégulièrement nommé président de SA).

AVOCATS

L'exercice de la profession d'avocat est incompatible avec toute fonction de gérant d'une **SARL,** de membre du directoire ou de directeur général (ce qui vise également le directeur général délégué, compte tenu de l'analogie avec les fonctions de directeur général) d'une **SA,** à moins que celles-ci n'aient pour objet la **gestion d'intérêts familiaux ou l'exercice de la profession d'avocat** (Décret 2023-552 du 30-6-2023 art. 22). Cette incompatibilité n'est pas contraire au droit européen (Cass. 1e civ. 14-5-2009 n° 08-13.422 : RJDA 8-9/09 n° 746). **11230**

ILLUSTRATIONS

Un avocat, dirigeant d'une SA détenant une participation dans une société civile immobilière, ne peut pas utilement faire valoir que la SA, constituée avec de proches parents, a pour objet la gestion d'intérêts familiaux dès lors qu'elle est titulaire d'une fraction seulement du capital de la société civile, majoritairement détenu par des étrangers à la famille (Cass. 1e civ. 6-12-2007 n° 05-18.795 : RJDA 4/08 n° 411). De même, un avocat ne peut pas être gérant d'une société dont l'objet est de prendre une participation dans une société commerciale car cette opération répond à une finalité entrepreneuriale qui excède la gestion d'intérêts familiaux (Cass. 1e civ. 14-5-2009 précité).

À cette liste, il convient à notre avis d'ajouter les fonctions de gérant des **autres sociétés commerciales** (SNC ou société en commandite), ainsi que les fonctions de direction d'une SAS (président, directeur général ou autre), car l'objectif de la réglementation est de préserver l'indépendance de l'avocat en exercice.

L'interdiction pour un avocat français d'exercer les fonctions ci-dessus est applicable aux fonctions similaires exercées au sein de **sociétés étrangères** de même forme (Cass. 1e civ. 6-12-2007 n° 05-18.795 : RJDA 4/08 n° 411).

› Précisions **a.** Les avocats peuvent exercer la fonction de **président du conseil d'administration** d'une SA mais, ne pouvant pas exercer celle de directeur général, ils ne peuvent pas être président-directeur général.

b. Un avocat ne peut remplir les fonctions d'**administrateur** ou de **membre du conseil de surveillance** d'une société commerciale que s'il justifie d'une ancienneté de sept années d'exercice, sauf dispense d'une partie de cette durée par le Conseil de l'Ordre (Loi 71-1130 du 31-12-1971 art. 6, al. 2 ; Décret 2023-552 art. 23 s.).

COMMISSAIRES AUX COMPTES

Les commissaires aux comptes peuvent être gérants, présidents, administrateurs, directeurs généraux, membres du directoire ou du conseil de surveillance de sociétés, à condition de ne pas exercer, directement ou par personne interposée, une activité commerciale qui leur est interdite (art. L 821-27), et de respecter les incompatibilités destinées à préserver leur indépendance prévues par le Code de commerce et leur Code de déontologie (nos 77577 s.). **11240**

OTI ET AUDITEURS DES INFORMATIONS DE DURABILITÉ

Les OTI et les auditeurs des informations de durabilité peuvent être gérants, présidents, administrateurs, directeurs généraux, membres du directoire ou du conseil de surveillance **11245** de sociétés, à condition de respecter, les incompatibilités destinées à préserver leur indépendance prévues par le Code de commerce et, dans l'exercice de la mission de certification des informations de durabilité, par le Code de déontologie des commissaires aux comptes (n°s 77010 s.).

EXPERTS-COMPTABLES

11250 Les experts-comptables peuvent exercer des fonctions de direction ou d'administration (administrateur, directeur général, directeur général délégué, membre du directoire, gérant ou président) dans une société commerciale dès lors que ce mandat n'est pas de nature à porter atteinte à leur indépendance, mais sous le contrôle du conseil régional de l'ordre dont ils relèvent et dans les conditions fixées par le règlement intérieur de l'ordre des experts-comptables (Ord. 45-2138 du 19-9-1945 art. 22, al. 6).

FONCTIONNAIRES

11260 Il est fait **interdiction** à tout fonctionnaire de participer aux organes de direction de sociétés à but lucratif (CGFP art. L 123-1, 2°). La violation de cette interdiction donne lieu au reversement des sommes indûment perçues par le fonctionnaire, par voie de retenue sur son traitement (CGFP art. L 123-9).

Par **dérogation,** cette interdiction ne s'applique pas :
– aux dirigeants d'entreprises recrutés par une administration, ceux-ci pouvant continuer à exercer leur activité privée pour une durée d'un an, renouvelable une fois (CGFP art. L 123-4) ;
– aux fonctionnaires travaillant à temps partiel dont le temps de travail est inférieur ou égal à 70 % de la durée légale du travail (CGFP art. L 123-5) ;
– aux fonctionnaires représentant l'État administrateur ou nommés administrateurs sur proposition de l'État dans les sociétés à participation publique (cf. Ord. 2014-948 du 20-8-2014).

Dans les deux premiers cas, les fonctionnaires ou futurs fonctionnaires doivent **déclarer** à l'autorité dont ils relèvent ou relèveront leur projet de cumul d'activités (CGFP art. L 123-6) selon des modalités fixées par les articles R 123-5 et R 123-6 du Code général de la fonction publique issus du décret 2024-1038 du 6 novembre 2024.

En outre, un fonctionnaire qui occupe un emploi à temps complet peut, à sa demande, être autorisé par l'autorité hiérarchique dont il relève à accomplir un service à temps partiel pour **créer ou reprendre une entreprise** et à exercer, à ce titre, une activité privée lucrative. L'**autorisation** d'accomplir un service à temps partiel, qui ne peut être inférieur au mi-temps, est accordée, sous réserve des nécessités de la continuité et du fonctionnement du service et compte tenu des possibilités d'aménagement de l'organisation du travail, pour une durée maximale de deux ans, renouvelable pour une durée d'un an, à compter de la création ou de la reprise de cette entreprise. Une nouvelle autorisation d'accomplir un service à temps partiel pour créer ou reprendre une entreprise ne peut être accordée moins de trois ans après la fin d'un service à temps partiel pour la création ou la reprise d'une entreprise (CGFP art. L 123-8). Les modalités de l'autorisation sont précisées par l'article L 123-8 précité et l'article R 123-14 du Code général de la fonction publique issu du décret 2024-1038.

Signalons aussi que les fonctionnaires des services publics, entreprises publiques et établissements publics de recherche peuvent, après autorisation, participer à titre personnel, en qualité d'associés ou de dirigeants, à la création d'une entreprise ayant pour objet d'assurer, en exécution d'un contrat conclu avec une personne publique, une entreprise publique ou une personne morale mandatée par celle-ci, la **valorisation des travaux de recherche** et d'enseignement qu'ils ont réalisés ou non dans l'exercice de leurs fonctions (C. recherche art. L 531-1 ; sur les modalités de cette autorisation, voir C. recherche art. R 531-1 s.).

11261 Par ailleurs, à peine de sanctions pénales (trois ans d'emprisonnement et 200 000 € d'amende, montant pouvant être porté au double du produit tiré de l'infraction), un **ancien fonctionnaire** ne peut pas, avant l'expiration d'un délai de trois ans à compter de la cessation de ses fonctions, prendre ou recevoir « une participation par travail, conseil ou capitaux » (ce qui vise donc notamment l'exercice de fonctions de direction ou d'administration) dans des entreprises dont il assumait la surveillance ou le contrôle (C. pén. art. 432-13).

› Précisions En dehors de ce cas, l'exercice d'une activité privée par un fonctionnaire ayant cessé temporairement ou définitivement ses fonctions est soumis à l'**autorisation** de l'autorité dont relève ce fonctionnaire et, le cas échéant, à l'examen de la Haute Autorité pour la transparence de la vie publique selon des modalités fixées par les articles R 124-27 à R 124-39 du Code général de la fonction publique issus du décret 2024-1038 du 6 novembre 2024.

NOTAIRES

En **principe,** il est interdit aux notaires de s'immiscer, soit directement, soit indirectement, soit par personnes interposées, dans l'administration d'une société ou entreprise de commerce ou d'industrie (Décret 45-0117 du 19-12-1945 art. 13). L'interdiction vise toute société commerciale par la forme, quel que soit son objet (Cass. 1e civ. 22-1-2014 nº 12-35.304 : RJDA 5/14 nº 449), à l'exception de celle dans le cadre de laquelle il exerce sa profession (cf. Ord. 45-2590 du 2-11-1945 art. 1 bis). 11270

Par **dérogation** à ces dispositions, un notaire peut être administrateur ou membre du conseil de surveillance d'une société par actions ; dans ce cas, il ne peut pas recevoir les actes de cette société (Décret 45-0117 art. 13-1). Cette dérogation doit toutefois être interprétée restrictivement ; elle ne s'étend pas aux fonctions de président d'un conseil d'administration (Cass. com. 10-10-1995 nº 1647 : RJDA 1/96 nº 75).

ENTREPRISES D'INVESTISSEMENT

Les membres d'une entreprise d'investissement ayant reçu le pouvoir de signer pour le compte de celle-ci ne peuvent exercer des fonctions d'administration, de gestion ou de direction dans un établissement de crédit, une société de financement, une autre entreprise d'investissement ou une société commerciale qu'avec l'autorisation de la direction générale de leur établissement (C. mon. fin. art. R 533-18-4). 11280

MEMBRES DU GOUVERNEMENT, DU PARLEMENT OU DE L'EXÉCUTIF LOCAL

Députés et sénateurs Dans les **entreprises nationales et les établissements publics nationaux,** les députés et sénateurs ne peuvent pas exercer les fonctions de président, de directeur général, de directeur général adjoint (désormais directeur général délégué) non plus que toute fonction permanente de conseil auprès de ces entreprises ou établissements (C. élect. art. LO 145, I-al. 1 et LO 297). 11290

Ils ne peuvent pas non plus exercer les fonctions de membre du conseil d'administration de ces entreprises ou établissements, sauf s'ils y sont désignés en cette qualité (art. LO 145, I-al. 2 et LO 297).

Les députés et sénateurs ne peuvent pas non plus exercer les fonctions de chef d'entreprise, de président du conseil d'administration, de président ou de membre du directoire, de président du conseil de surveillance, d'administrateur délégué, de directeur général, de directeur général délégué ou de gérant dans les sociétés suivantes (C. élect. art. LO 146 et LO 297) : 11291

1. **sociétés,** entreprises ou établissements jouissant, sous forme de garantie d'intérêts, de subventions ou, sous une forme équivalente, d'**avantages assurés** par l'État ou **par une collectivité publique,** sauf dans le cas où ces avantages découlent de l'application automatique d'une législation générale ou d'une réglementation générale ;

2. sociétés ayant principalement un objet financier et **dont les titres financiers sont offerts au public ou admis aux négociations sur un marché réglementé** ;

3. sociétés ou entreprises dont l'**activité** consiste dans l'exécution de travaux, la prestation de fournitures ou de services destinés spécifiquement à l'État, **une collectivité** ou un établissement public, ou une entreprise nationale ou un État étranger ou devant faire l'objet d'une autorisation discrétionnaire de leur part ;

4. sociétés ou entreprises à but lucratif dont l'objet est l'achat ou la vente de terrains destinés à des constructions, quelle que soit leur nature, ou qui exercent une activité de **promotion immobilière** ou, à titre habituel, de construction d'immeubles en vue de leur vente ;

5. sociétés dont plus de la moitié du **capital** est **constituée par des participations** de sociétés, entreprises ou établissements visés aux 1. à 4. ;

6. sociétés et organismes exerçant un **contrôle effectif** sur une société, une entreprise ou un établissement mentionné aux 1. à 4. ;

7. sociétés d'**économie mixte** ;

8. sociétés, entreprises ou organismes dont l'activité consiste principalement à fournir des ***prestations de conseil*** *aux sociétés, entreprises, établissements ou organismes mentionnés* aux 1. à 7.

Les dispositions qui précèdent sont applicables à toute personne qui, directement ou par personne interposée, exerce en fait la direction de l'un des établissements, sociétés ou entreprises ci-dessus visés.

Enfin, les députés et sénateurs ne peuvent pas, en cours de mandat, accepter une fonction de membre du conseil d'administration ou de surveillance d'une société visée nº 11291 (C. élect. art. LO 147 et LO 297). Cette interdiction s'applique même lorsque les fonctions doivent être exercées dans des sociétés, entreprises ou établissements à l'activité desquels le parlementaire participait avant son élection. 11292

11293 **Membres du Gouvernement** Les fonctions de membre du Gouvernement sont incompatibles avec l'exercice de toute activité professionnelle (Constitution art. 23), ce qui exclut la possibilité pour un ministre ou un secrétaire d'État d'être président, administrateur, directeur général, directeur général délégué, membre du directoire ou gérant d'une société.

Par ailleurs, la compatibilité de l'exercice d'une activité rémunérée au sein d'un organisme ou d'une entreprise exerçant son activité dans un secteur concurrentiel suivant les règles du droit privé avec des fonctions gouvernementales exercées au cours des trois années précédant le début de cette activité est contrôlée par la Haute Autorité de la transparence de la vie publique (Loi 2013-907 du 11-10-2013 art. 20, I-4°).

11294 **Personne exerçant des fonctions exécutives locales** La compatibilité de l'exercice d'une activité libérale ou d'une activité rémunérée au sein d'un organisme ou d'une entreprise exerçant son activité dans un secteur concurrentiel suivant les règles du droit privé, avec des fonctions exécutives locales (président de conseil régional, président de conseil départemental, maire d'une commune de plus de 20 000 habitants, etc.) exercées au cours des trois années précédant le début de cette activité, est contrôlée par la Haute Autorité de la transparence de la vie publique (Loi 2013-907 du 11-10-2013 art. 20, I-4°).

E. Dirigeants étrangers

11320 Pour pouvoir être désignées aux **fonctions** de gérant, administrateur, président du conseil d'administration, président du directoire, directeur général, directeur général unique, directeur général délégué, membre du conseil de surveillance ou président, les personnes de nationalité étrangère autres que les ressortissants européens doivent être titulaires d'un titre de séjour si elles établissent leur résidence en France (nos 92680 s.).

Par ailleurs, certaines **activités** (par exemple, fabrication ou commercialisation de matériels de guerre : C. sécurité intérieure art. R 313-29, I-2°) sont réservées aux sociétés dont les dirigeants ont la nationalité française ou celle d'un État membre de l'UE ou encore celle d'un autre État partie à l'accord sur l'EEE.

F. Dirigeants d'une société exerçant une activité réglementée

11350 L'exercice par la société de certaines activités réglementées entraîne pour les **dirigeants** l'**obligation de remplir** diverses **conditions particulières** prévues par des textes spécifiques dont nous citons quelques **exemples** ci-après.

1. Société d'expertise comptable et société de participations d'expertise comptable (Ord. 45-2138 du 19-9-1945 art. 7, I-4° et II).

2. Société ayant pour objet la fabrication ou la distribution en gros de produits pharmaceutiques (CSP art. L 5124-2, al. 1).

3. Officine de pharmacie (CSP art. L 5125-11, al. 4).

4. Société d'architecture (Loi 77-2 du 3-1-1977 art. 13, 5°).

5. Société d'exercice libéral ayant pour objet l'exercice d'une profession de santé (Ord. 2023-77 du 8-2-2023 art. 58, 59, 61 et 62).

6. Société de géomètres experts (Loi 46-942 du 7-5-1946 art. 6-2, 4°).

7. Société d'exercice libéral de profession juridique ou judiciaire (avocat, notaire, huissier, commissaire-priseur, commissaire de justice, administrateur ou mandataire judiciaire) (Ord. 2023-77 du 8-2-2023 art. 58, 59, 61, 62, 81 et 83).

› Précisions Depuis le 1er juillet 2022, les professions d'huissier de justice et de commissaire-priseur judiciaire ont fusionné au sein de la **profession de commissaire de justice** régie par l'ordonnance 2016-728 du 2 juin 2016. L'ordonnance prévoit un régime transitoire permettant aux professionnels ne remplissant pas les conditions de formation à cette nouvelle profession de conserver leur titre d'huissier de justice ou de commissaire-priseur jusqu'au 1er juillet 2026, date à laquelle ceux qui n'auront pas suivi cette formation devront cesser d'exercer, mais les sociétés titulaires de leurs offices sont toutefois régies par l'ordonnance 2016-728 (Ord. 2016-728 art. 25, IV-4° et V).

G. Cumul de mandats sociaux

Aucun texte général n'interdit ou ne réglemente le cumul de mandats dans les **SNC,** les **SARL,** les **sociétés en commandite** et les **SAS.** Le dirigeant d'une telle société peut donc, en principe, librement cumuler son mandat avec d'autres exercés dans ces types de sociétés (en ce sens, à propos d'un gérant de SNC, Cass. req. 4-12-1854 : D. 1855 I p. 22). Un gérant de SARL ou un président de SAS peut ainsi gérer autant de SARL ou de SNC qu'il le désire, de même qu'il peut être membre de plusieurs conseils de surveillance de SCA. Toutefois, le dirigeant doit veiller à ne pas accepter un trop grand nombre de mandats car il doit toujours être en mesure d'assumer ses fonctions de façon effective. 11400

Les **statuts** peuvent cependant **refuser** un tel **cumul.** Il faut admettre qu'il en est ainsi lorsqu'ils prévoient, ce qui est une clause usuelle, que le dirigeant doit tout son temps à la société.

Sans être totalement interdite, cette faculté connaît des limites dans les **SA,** où le cumul de mandats est réglementé par la loi (n°s 37200 s.) dans le but de permettre aux dirigeants de consacrer le plus de temps possible à l'exercice de leurs fonctions. 11401

À noter que le Code monétaire et financier prévoit des limitations particulières au cumul des fonctions de direction des **établissements de crédit,** des **sociétés de financement** et des **entreprises d'investissement** revêtant une importance significative en raison de leur taille, de leur organisation interne ainsi que de la nature, de l'échelle et de la complexité de leurs activités (C. mon. fin. art. L 511-52, L 511-54, L 533-26, L 533-28, R 511-17, I et R 533-18, I). 11402

CHAPITRE 3

CUMUL D'UN CONTRAT DE TRAVAIL ET D'UN MANDAT SOCIAL

SOMMAIRE

SECTION 1

CONDITIONS DE VALIDITÉ DU CUMUL

RÉGIME DU CUMUL D'UN CONTRAT DE TRAVAIL ET D'UN MANDAT SOCIAL

11500 Sauf dans certains cas prévus par la loi, notamment en ce qui concerne les administrateurs des SA de grande taille (nos 39219 s.), le cumul des fonctions de dirigeant social avec un contrat de travail dans la même société est possible mais il est soumis à certaines conditions.

Le cumul d'un mandat social et d'un contrat de travail n'est ainsi valable que si ce dernier correspond à un **emploi effectif.** Cette règle n'est expressément prévue par la loi qu'en ce qui concerne les administrateurs de SA mais elle est retenue par les tribunaux dans tous les autres cas de cumul. Elle a pour objet de garantir le caractère réel et sérieux du contrat de travail et d'éviter que celui-ci n'ait été conclu en vue de détourner les dispositions légales relatives à la révocation des dirigeants sociaux.

L'exigence d'un emploi effectif suppose que soient réunies les conditions suivantes, que nous examinons ci-après : exercice de fonctions techniques distinctes de celles exercées dans le cadre du mandat et donnant lieu à une rémunération distincte, existence d'un lien de subordination vis-à-vis de la société et absence de fraude à la loi.

À ces conditions communes à tous les cas de cumuls s'ajoutent des conditions qui varient selon la forme de la société et qui seront donc précisées à l'occasion de l'étude de chaque *type de société.*

11501 Il est fréquent, dans les **groupes de sociétés,** qu'un mandat social dans une filiale soit exercé en vertu d'un contrat de travail avec la société mère.

Dans ce cas, le mandat étant l'objet même du contrat de travail, l'existence de celui-ci n'est pas subordonnée à la justification de l'exercice d'une fonction technique précise, distincte du mandat social. Seuls subsistent l'exigence d'un lien de subordination entre l'intéressé et les dirigeants de la société mère, le versement d'une rémunération par cette dernière et aussi le fait que les parties ont bien entendu faire du mandat social l'objet du contrat de travail (voir n°s 80330 s.).

Les **dirigeants de fait** étant assimilables aux dirigeants de droit, rien ne s'oppose a priori à ce qu'ils exercent des fonctions techniques salariées en même temps que leur mandat de fait dès lors que les conditions générales du cumul sont remplies (Cass. com. 10-3-1981 : Bull. civ. IV n° 129). Il s'ensuit que le cumul n'a pas été retenu lorsque l'intéressé a cessé d'exercer des fonctions techniques et d'être subordonné à la société compte tenu des pouvoirs dont il est investi (Cass. soc. 9-5-2006 n° 1173 : RJDA 8-9/06 n° 905). 11503

CONTRAT DE TRAVAIL ET MANDAT SOCIAL DANS LES SOCIÉTÉS « COTÉES »

Le **Code de gouvernance Afep-Medef** recommande aux dirigeants des **sociétés dont les titres financiers sont admis aux négociations sur un marché réglementé** de mettre fin au contrat de travail qui les lie à la société par rupture conventionnelle ou par démission, compte tenu du niveau élevé des rémunérations des mandataires sociaux dans ce type de sociétés, incompatible avec le cumul des avantages du contrat de travail. Cette recommandation vise les président, président-directeur général, directeur général dans les SA à conseil d'administration, le président du directoire, le directeur général unique dans les SA à directoire et conseil de surveillance, les gérants dans les SCA (Code de gouvernance Afep-Medef art. 23.1 et 23.2 ; sur cette question, voir aussi Guide d'application du Code Afep-Medef de mars 2024 p. 18 s.). 11505

Le **Code de gouvernance Middlenext** est moins restrictif : il recommande que le conseil d'administration ou de surveillance apprécie, dans le respect de la réglementation, l'opportunité d'autoriser ou non le cumul du contrat de travail avec un mandat social de président, président-directeur général, directeur général dans les SA à conseil d'administration, de président du directoire dans les SA à directoire et conseil de surveillance et de gérant dans les SCA et que le rapport sur le gouvernement d'entreprise en expose les raisons de façon circonstanciée (Code de gouvernance Middlenext rec. 18).

› Précisions **a.** Pour l'AMF, une société respecte le Code de gouvernance Middlenext lorsqu'elle justifie le maintien du contrat de travail d'un dirigeant au regard de son **ancienneté** en tant que salarié au sein de la société et de sa **situation personnelle.** À cet égard, la simple mention générale de l'ancienneté et de la situation personnelle n'est pas suffisante ; la société doit apporter en outre des explications circonstanciées sur la situation personnelle du dirigeant concerné (mention du nombre d'années d'ancienneté et des avantages attachés au contrat de travail). Enfin, le motif de « fonctions distinctes effectives caractérisées par un réel lien de subordination » ne justifie que de la légalité du maintien du contrat de travail du dirigeant mais non de son opportunité et n'est donc pas suffisant (Recommandation AMF 2013-20 du 18-11-2013 p. 68).

b. Sur le champ d'**application** et la force contraignante des **Codes** de gouvernance Afep-Medef et Middlenext, voir n°s 48272 s.

A. Fonctions techniques salariées distinctes des fonctions de direction

L'exercice de fonctions techniques distinctes est une condition impérative du cumul entre contrat de travail et mandat social. Elle **suppose l'existence** de fonctions délimitées et nécessitant une technicité particulière, permettant de les distinguer des attributions relevant du mandat social (fonctions de direction ou d'administration). 11510

ATTENTION

En aucun cas, la remise de bulletins de paie et l'approbation de l'assemblée des actionnaires sur *la rémunération*, l'affiliation et le versement de cotisations sociales au régime des salariés ne sont des **éléments déterminants** ; la qualité de salarié doit s'apprécier non pas sur de tels critères mais en examinant les fonctions réellement exercées (CA Versailles 17-1-1992, inédit).

Pour les mandataires sociaux investis d'un pouvoir de direction (gérant, directeur général, directeur général délégué, membre du directoire, etc.), l'exigence de fonctions techniques distinctes ne fait pas obstacle à la reconnaissance d'un **contrat de travail au titre de fonctions de direction (directeur commercial, technique, administratif ou financier),** lorsqu'elles sont précisément définies dans le contrat de travail, à condition qu'elles nécessitent une technicité particulière et qu'elles soient exercées dans un lien de subordination. Mais dans les entreprises commerciales dont l'objet est l'achat et la vente sans fabrication, les fonctions de directeur commercial se confondent avec le mandat social (CA Versailles 13-12-1985, inédit). 11511

11512 L'existence de fonctions techniques distinctes est plus difficilement admise dans les **sociétés de petite dimension,** où la séparation entre la direction générale incombant au mandataire social et la direction technique confiée à un salarié est souvent artificielle, ce qui exclut le plus souvent la possibilité d'un cumul des deux fonctions (Cass. soc. 21-7-1981 : Bull. civ. V n° 722 ; Cass. soc. 21-10-1998 n° 4098 : RJDA 1/99 n° 46).

Il en va de même lorsque ces fonctions entrent directement dans l'**objet social.** Ainsi, dans une société menant des travaux d'une grande technicité, il n'est pas concevable que le président du directoire soit dépourvu de toute qualification en la matière, de sorte qu'il ne peut pas justifier d'une réelle distinction entre ses fonctions de mandataire social et ses fonctions salariées (CA Bordeaux 9-10-1992 : RJDA 6/93 n° 505).

Mais le fait qu'il s'agisse d'une petite structure n'est pas de nature, à lui seul, à exclure le maintien de la qualité de salarié.

ILLUSTRATIONS

Le cumul a été admis dans le cas d'un journaliste salarié qui, après sa nomination comme gérant, avait conservé des fonctions techniques consistant dans la conception visuelle et rédactionnelle des supports de communication de la société (CA Paris 20-1-2005 n° 03/38122 : RJS 10/05 n° 1063) ou dans le cas de l'unique employée d'une société qui, après sa désignation aux fonctions de gérante, avait continué d'occuper son emploi de vendeuse (Cass. soc. 14-5-1998 n° 2121 : Bull. civ. V n° 252).

B. Rémunération des fonctions salariées distincte de celle du mandat social

11540 En principe, les fonctions techniques doivent faire l'objet d'une rémunération distincte de celle du mandat social (Cass. soc. 6-7-1981 : Bull. Joly 1981 p. 741 ; Cass. soc. 19-11-1986 n° 2832 : Bull. Joly 1987 p. 32). Le versement d'une rémunération distincte n'est toutefois qu'un **indice** en faveur du cumul. Encore faut-il que l'intéressé exerce effectivement des fonctions techniques distinctes de son mandat social (Cass. soc. 1-12-1993 n° 3869 : RJDA 2/94 n° 160 ; Cass. soc. 11-7-1995 n° 3234 : RJDA 10/95 n° 1096).

L'existence d'une rémunération distincte ne signifie pas que le dirigeant doit recevoir une **double rémunération** correspondant, d'une part, à son mandat social, d'autre part, à ses fonctions salariées. Mais, en cas de rémunération unique, celle-ci doit être versée en contrepartie de son activité salariée (Cass. soc. 31-3-1982 : Bull. civ. V n° 239 ; Cass. soc. 17-2-1983 : Bull. Joly 1983 p. 381 ; Cass. soc. 27-4-1984 : Bull. Joly 1984 p. 1104). En effet, alors que le mandat social peut être gratuit, il ne peut y avoir contrat de travail que si la prestation fournie est rémunérée.

La rémunération doit être normale pour les fonctions exercées. Une **rémunération excessive (ou dérisoire)** pourrait faire douter de la réalité du contrat de travail (Cass. com. 12-7-1983 : Bull. civ. IV n° 218 ; CA Paris 31-5-1991 : Bull. Joly 1991 p. 296).

Le fait pour un salarié devenu mandataire social de continuer à percevoir la même rémunération ne permet pas à lui seul d'en déduire le maintien de son contrat de travail (Cass. soc. 4-11-1988 n° 3853 : RJS 1/89 n° 107), mais cela peut constituer un indice en faveur du cumul, à condition que l'exercice de fonctions techniques distinctes et l'état de subordination soient aussi démontrés (CA Paris 14-9-2021 n° 19/02034 : RJDA 2/22 n° 82).

C. État de subordination du dirigeant salarié envers la société

11570 L'intéressé doit, dans l'exercice de ses fonctions techniques, être placé dans un état de subordination à l'égard de la société, c'est-à-dire sous l'autorité et le contrôle de celle-ci.

Il ne doit donc pas disposer, en sa qualité de mandataire, des **pouvoirs** les plus étendus, ni jouir d'une entière indépendance dans ses activités (Cass. soc. 14-3-1979 : Bull. civ. V n° 234 ; Cass. soc. 5-7-1989 n° 2814 : RJS 8-9/89 n° 729 ; Cass. soc. 10-12-2014 n° 13-12.522 : RJDA 4/15 n° 273).

ILLUSTRATIONS

Le cumul a été refusé au gérant de SARL ayant le **monopole des connaissances techniques** (Cass. soc. 17-1-1989 n° 155 : RJS 3/89 n° 281 ; Cass. soc. 11-7-1995 n° 3234 : RJDA 10/95 n° 1096), au gérant qui ne rendait compte à personne de son activité et qui n'était **soumis à aucun pouvoir**

disciplinaire (Cass. soc. 22-9-2011 n° 10-18.327 : RJDA 6/12 n° 593, 2e esp.) ou encore au fondateur d'une SA, membre du directoire, dont la **participation dans le capital** lui permettait de s'opposer à toute décision de la direction de la SA (Cass. soc. 22-9-2011 n° 10-30.516 : RJDA 6/12 n° 593, 1e esp.).

Les **instructions,** les **lettres de service ou de mission** peuvent contribuer à établir un lien 11571
de subordination. Il en va de même de l'obligation pour le président d'une SA de consulter le conseil d'administration dans l'exercice de ses fonctions techniques (Cass. soc. 6-11-1991 n° 3907 : RJS 12/91 n° 1377). L'existence d'un lien de subordination peut aussi se déduire des directives données par l'associé unique d'une Sasu au salarié devenu membre du directoire, tant dans le domaine technique commercial que dans celui de la gestion de la société et dans celui intéressant plus spécifiquement le mandat social (CA Paris 14-9-2021 n° 19/02034 : RJDA 2/22 n° 82).

En revanche, elle ne saurait résulter des seules **directives de l'assemblée** des associés **ou** du **conseil d'administration** qui ne concernent que l'activité de mandataire et non celle de salarié (Cass. soc. 19-11-1986 n° 2832, inédit), ni du contrôle opéré par le conseil de surveillance sur les membres du directoire (Cass. soc. 4-2-1988 : Bull. civ. V n° 92).

D. Absence de fraude à la loi par la conclusion du contrat de travail

Le contrat de travail ne doit pas avoir été conclu dans le seul but de frauder la loi. Sont en 11600
conséquence illicites les contrats visant à détourner la règle de la libre **révocabilité des dirigeants** en garantissant à l'intéressé la permanence de l'emploi (Cass. soc. 23-6-1988 n° 2408, inédit). Il en est de même de ceux assurant au mandataire social un statut injustifié de salarié, comme nous l'avons vu précédemment (nos 11510 s.).

L'**appréciation** du caractère fictif ou non du contrat de travail relève du pouvoir souverain des juges. Ces derniers ne sont liés ni par la qualification donnée par les parties à leur convention, ni par une délibération du conseil d'administration ou de l'assemblée des associés mentionnant l'existence d'un contrat de travail (en ce sens, Cass. soc. 31-3-1981 : Bull. civ. V n° 285).

ILLUSTRATIONS

N'est pas fictif le contrat de travail du gérant minoritaire et directeur commercial d'une SARL, filiale d'une société. En effet, malgré sa désignation comme mandataire social de la filiale, son activité était celle d'un directeur commercial assurant la représentation des produits de la SARL, ainsi que l'avait décidé la société mère, et il exerçait son activité sous la dépendance de celle-ci (Cass. soc. 10-2-2010 n° 09-40.383 : RJDA 5/10 n° 515).

SECTION 2 PREUVE DU CUMUL

En **principe,** conformément au droit commun, c'est à celui qui se prévaut de l'existence du 11680
contrat de travail qu'il appartient d'en apporter la preuve (Cass. soc. 30-10-2001 n° 4459 : RJDA 4/02 n° 385 ; CA Paris 14-9-2021 n° 19/02034 : RJDA 2/22 n° 82). Le mandataire social doit donc démontrer l'exercice d'un emploi effectif caractérisé par l'existence de fonctions techniques distinctes de son mandat, un lien de subordination et une rémunération spécifique.

Toutefois, en présence d'un **contrat de travail apparent,** la charge de la preuve est renversée : il incombe à celui qui conteste le contrat d'en prouver le caractère fictif (Cass. soc. 25-10-1990 n° 3960 : RJS 12/90 n° 942 ; Cass. soc. 18-3-2009 n° 07-45.682 : RJDA 6/09 n° 544 ; CA Versailles 20-5-2014 n° 13/02743 : RJDA 8-9/14 n° 696). À noter que si celui qui prétend avoir été salarié exerçait un mandat social avant de devenir salarié, la production d'un écrit ne suffit pas à créer l'apparence d'un contrat de travail (Cass. soc. 27-2-2013 n° 11-21.354 : RJDA 5/13 n° 414 à propos d'un contrat de travail écrit ; Cass. soc. 10-6-2008 n° 07-42.165 : RJS 10/08 n° 1045 s'agissant de bulletins de salaire et d'une lettre de licenciement).

SECTION 3 CONSÉQUENCES DU CUMUL

DOUBLE QUALITÉ DE MANDATAIRE SOCIAL ET DE SALARIÉ

11740 En cas de cumul du mandat social et d'un contrat de travail, le dirigeant a la double qualité. D'une part, il est **mandataire social** et, en tant que tel, exerce au nom de la société, sans être lié à celle-ci par un lien de subordination, la mission pour laquelle il a été nommé. D'autre part, au titre de son contrat de travail, le dirigeant social est soumis à tous égards au statut des **salariés** et bénéficie des règles protectrices énoncées par le Code du travail et les conventions ou accords collectifs de travail applicables dans l'entreprise. Tous les droits et obligations qui en résultent doivent être respectés, excepté en matière de durée du travail si les fonctions salariées sont celles d'un cadre dirigeant au sens de l'article L 3111-2 du Code du travail. En matière de droit des sociétés, la procédure des **conventions réglementées** s'applique aux contrats de travail conclus ou modifiés pendant l'exercice du mandat social.

Les **litiges** nés du contrat de travail doivent être portés devant la juridiction prud'homale (CA Paris 27-5-1992 : Bull. Joly 1992 p. 944).

A. Exécution du contrat de travail du dirigeant

RÉMUNÉRATION VERSÉE AU DIRIGEANT AU TITRE DU CONTRAT DE TRAVAIL

11750 La rémunération a la nature d'un **salaire** au sens du droit du travail. Elle doit être conforme à la législation sur le Smic et, le cas échéant, aux minima prévus par les conventions ou accords collectifs applicables à l'entreprise. Chaque versement doit s'accompagner de la délivrance d'un bulletin de paie comportant les mentions obligatoires.

La société ne peut pas opposer au salarié une compensation entre les rémunérations qu'elle lui doit et les sommes dont elle est créancière à son égard (CA Aix-en-Provence 21-3-1961 : D. 1961 p. 519).

En cas de **procédure collective** ouverte à l'encontre de la société, les salaires impayés du dirigeant doivent être inscrits par le mandataire judiciaire dans le relevé des créances salariales après vérification par le représentant des salariés (art. L 625-2) et peuvent être pris en charge par l'association pour la garantie des salaires ou AGS, à condition que la réalité du contrat de travail soit reconnue par France Travail (C. trav. art. L 3253-6 s.).

Quant au **montant** de la rémunération, un dirigeant ne peut pas, même au titre de son contrat de travail, s'appliquer, sans l'accord des associés, les majorations de salaires ou autres avantages qu'il consent à l'ensemble du personnel (pour un gérant de SARL, CA Paris 3-3-1976 : Rev. sociétés 1977 p. 465 note Schmidt). Une augmentation de salaire importante et exceptionnelle peut, d'autre part, constituer une opération relevant de la procédure des conventions réglementées (Cass. soc. 5-11-1982 : Bull. Joly 1983 p. 172). En ce qui concerne les administrateurs et membres du conseil de surveillance représentant les salariés, la loi prévoit que leur rémunération en tant que salariés ne peut pas être réduite du fait de l'exercice de leur mandat (art. L 225-31 et L 225-80).

Le salaire est soumis à l'**impôt sur le revenu** dans la catégorie des traitements et salaires et aux **cotisations,** à la CSG et à la CRDS sur revenus d'activité du régime général de sécurité sociale des salariés et à la contribution au dialogue social, ainsi qu'aux cotisations de retraite complémentaire du régime Agirc-Arrco et, à condition que l'existence du contrat de travail soit reconnue par France Travail, aux cotisations d'assurance chômage. La possibilité pour les dirigeants de bénéficier de l'assurance chômage du régime Unédic au titre d'un contrat de travail cumulé avec le mandat social est abordée dans les développements propres à chaque type de société.

ACCÈS DU DIRIGEANT À L'ÉPARGNE SALARIALE

11760 *En principe*, les dirigeants doivent être titulaires d'un contrat de travail pour bénéficier des dispositifs d'épargne salariale en place dans la société. Par exception, toutefois, dans les sociétés employant au moins un salarié et moins de 250 salariés, le dirigeant non titulaire d'un contrat de travail peut bénéficier de l'intéressement si l'accord d'intéressement le prévoit (C. trav. art. L 3312-3), participer aux plans d'épargne salariale et aux plans d'épargne retraite collectifs d'entreprise (C. trav. art. L 3332-2, al. 2) et, à condition que l'accord de participation le prévoie, bénéficier de la participation aux résultats de l'entreprise en cas d'adoption d'une formule de calcul dérogatoire, ce droit s'exerçant alors sur la seule part de la réserve excédant le montant qui résulterait de la formule de droit commun (C. trav. art. L 3324-2). Il peut également bénéficier de la participation lorsque la société en fait une application volontaire (C. trav. art. L 3323-6). En cas d'application volontaire de la participation avec une formule de calcul dérogatoire, le dirigeant bénéficie intégralement de la participation, dérogatoire ou non, s'il figure parmi les bénéficiaires (Circ. DGT 2009/13 du 19-5-2009 nº 29).

CONGÉS PAYÉS DU DIRIGEANT SALARIÉ

11770 Lorsqu'ils sont titulaires d'un contrat de travail, les mandataires sociaux bénéficient, comme les autres salariés de l'entreprise, de la législation du Code du travail sur les congés payés. L'**indemnité** de congé payé doit être **calculée** sur la base des seules rémunérations se rapportant au contrat de travail à l'exclusion de celles attachées au mandat social, ce dernier n'ouvrant pas droit au bénéfice de la législation sur les congés payés (Cass. soc. 20-10-1976 nº 75-40.690 : Bull. civ. V nº 503).

ACCÈS DU DIRIGEANT AUX MANDATS DE REPRÉSENTATION DU PERSONNEL

11780 Le cumul de son mandat social avec un contrat de travail n'interdit pas au dirigeant de participer aux **élections** des membres du **comité social et économique** (CSE) mais il n'est pas éligible à ces fonctions (cf. C. trav. art. L 2314-19). Il ne peut pas non plus être désigné en tant que **délégué syndical** ou **représentant syndical** au CSE d'entreprise ou d'établissement (Cass. soc. 12-7-2006 nº 05-60.300 : RJS 11/06 nº 1200), ni en tant que représentant de section syndicale (Cass. soc. 15-10-2015 nº 14-25.680 F-D : RJS 1/16 nº 42).

Les dirigeants cumulant un contrat de travail avec leur mandat social sont en revanche, en tant que salariés, pris en compte dans l'**effectif** pour l'application de la législation sur les institutions représentatives du personnel (Cass. soc. 26-9-2002 nº 01-60.670 : RJS 12/02 nº 1411). Leur rémunération entre dans la base de calcul des **dotations au CSE** des entreprises d'au moins 50 salariés, y compris celle du mandat social lorsqu'elle est soumise aux cotisations de sécurité sociale du régime général des salariés (C. trav. art. L 2312-83 pour les activités sociales et culturelles et art. L 2315-61 pour la subvention de fonctionnement).

MODIFICATION DU CONTRAT DE TRAVAIL DU DIRIGEANT SALARIÉ

11790 Le contrat de travail peut être modifié : promotion du salarié dans la hiérarchie de l'entreprise, augmentation de sa rémunération, versement d'une allocation en cas de retraite au même titre que le reste du personnel, etc., étant observé que, dans les sociétés par actions (nº 39217) et les SARL (nº 31061), ces modifications sont soumises à la procédure de contrôle des conventions réglementées.

> **Précisions** Le mandat de directeur général d'une SA étant à la disposition du conseil d'administration sur proposition de son président, le **refus** du conseil d'administration **de désigner un salarié comme directeur général** n'est pas constitutif d'une modification de son contrat de travail, peu important que ce mandat social lui aurait été promis lors de son embauche (Cass. soc. 28-9-2005 nº 03-46.070 : RJDA 2/06 nº 141).

MODIFICATION DE LA SITUATION JURIDIQUE DE L'EMPLOYEUR

11800 En cas de **cession d'entreprise** ou d'opération similaire, le régime de transfert du contrat de travail au nouvel employeur (C. trav. art. L 1224-1) est applicable au contrat de travail du dirigeant (Cass. soc. 13-11-2001 nº 99-43.016 : RJS 1/02 nº 25).

B. Cessation du contrat de travail du dirigeant

11830 La cessation du contrat de travail et celle du mandat social obéissent chacune à des **règles propres.** Il s'ensuit que la cessation du contrat de travail, que ce soit à l'initiative de l'employeur ou du salarié, ne met pas fin au mandat social, sauf cas des administrateurs ou membres du conseil de surveillance représentant les salariés (art. L 225-32 et L 225-80) et de ceux représentant les salariés actionnaires (art. L 225-23, L 225-71, L 22-10-5 et L 22-10-22). Il en résulte que le mandataire social qui démissionne de ses fonctions salariales reste tenu, en cette qualité, à une obligation de loyauté à l'égard de la société (pour un manquement à cette obligation, voir Cass. com. 20-3-2024 nº 23-14.824 F-D : RJDA 7/24 nº 398).

Si la société souhaite **rompre les liens** qui l'unissent au « mandataire-salarié », alors même que les contenus du contrat de travail et du mandat social seraient confondus, elle doit donc procéder : d'une part, à la révocation du mandat social dans les formes prévues par le droit des sociétés ; d'autre part, à la rupture du contrat de travail dans le respect des règles prévues par le Code du travail et les conventions collectives (pour un cas cependant où il a été jugé que valait cessation du mandat de gérant une démission ne visant expressément que le contrat de travail mais qui était accompagnée par la restitution, au jour de sa prise d'effet, du véhicule et du téléphone portable confiés pour l'exercice du mandat social, voir Cass. com. 29-1-2013 n° 11-28.263 : RJDA 4/13 n° 322).

11831 Le **licenciement** d'un salarié dirigeant est souvent complémentaire de la révocation de son mandat social. En effet, malgré l'autonomie de principe du contrat de travail par rapport au mandat social, il arrive fréquemment que les faits ayant motivé la révocation du mandat social conduisent également la société à prononcer le licenciement de l'intéressé.

L'intéressé bénéficie en l'occurrence de tous les **droits** reconnus aux **salariés** : délai-congé, indemnité de licenciement, le cas échéant indemnité pour licenciement non fondé sur une cause réelle et sérieuse, etc.

Les **motifs de licenciement** doivent se fonder sur des manquements aux obligations du contrat de travail et non sur des éléments tirés de la seule qualité de mandataire social ou d'associé (Cass. soc. 4-2-1993 n° 91-41.913 : RJS 5/93 n° 559 ; Cass. soc. 7-7-2009 n° 07-44.659 : RJDA 11/09 n° 962). Mais il peut arriver que les manquements ayant conduit à la révocation du mandat soient également invoqués pour le licenciement du salarié lorsqu'ils sont suffisamment précis et que leur interférence sur le contrat de travail est établie. Dans cette situation, le licenciement peut être valablement prononcé pour les fautes ayant motivé la révocation du mandat social, celle-ci n'ayant pas la nature d'une sanction disciplinaire (Cass. soc. 7-4-1993 n° 91-42.914 : RJS 6/93 n° 673). Il en va de même lorsque l'intéressé a délibérément entretenu la confusion entre des actes accomplis en qualité de mandataire et ceux effectués en tant que salarié (Cass. soc. 15-12-2010 n° 09-71.288 : RJS 2/11 n° 182).

ILLUSTRATIONS

Les critiques adressées au président-directeur général par un administrateur salarié ne sauraient justifier la résolution du contrat de travail de celui-ci dès lors qu'elles ont été formulées sans esprit de malveillance et que l'intéressé a agi exclusivement comme administrateur pour la défense des intérêts sociaux (Cass. soc. 16-10-1975 : Bull. civ. V n° 465 ; Cass. soc. 14-6-1979 : Rev. sociétés 1980 p. 87 note P. Le Cannu).

En revanche, le fait pour un salarié mandataire social d'avoir utilisé à des fins personnelles le secrétariat de son employeur et celui d'une filiale et confondu la trésorerie de cette filiale avec celle d'une autre société dans laquelle il avait des intérêts ou avec la sienne propre peut justifier à la fois la révocation de son mandat social et de son contrat de travail (Cass. soc. 7-4-1993 précité).

Il en est de même du comportement brutal et méprisant du gérant, de nature à porter gravement atteinte au bon fonctionnement interne de la société et contraire à l'intérêt social puisqu'il donnait une mauvaise image de l'entreprise à ses partenaires extérieurs : l'argument de l'autonomie du mandat social et du contrat de travail est inopérant en raison de la nature des faits reprochés, qui irriguaient de manière identique l'ensemble des fonctions de l'intéressé (CA Paris 4-6-2024 n° 22/07491 : RJDA 3/25 n° 146).

On trouvera d'autres illustrations de cette nécessaire distinction à propos des salariés de sociétés mères exerçant des mandats sociaux dans les filiales (n°s 80320 s.).

11833 Au titre de son contrat de travail, le dirigeant social peut participer au régime d'**assurance chômage** (Mémento Social n°s 28645 s.).

CONSEIL

France Travail se montrant généralement réticent à admettre l'existence d'un contrat de travail dans le cas des mandataires sociaux, il peut être utile d'obtenir confirmation qu'ils seront bien couverts en cas de perte de leur emploi, sachant que le versement de cotisations d'assurance chômage sans observations de France Travail ne vaut pas reconnaissance tacite d'un droit aux prestations. À cet effet, deux procédures sont prévues.

a. La **société** peut demander, dans le cadre d'une procédure de rescrit, à France Travail de se prononcer de manière explicite sur l'assujettissement d'un de ses mandataires sociaux à l'assurance chômage. La décision vaut seulement pour le mandataire visé par la demande. Elle est opposable *à l'avenir à l'employeur*, à France Travail et à l'Urssaf tant que la situation de fait ou la législation applicable n'ont pas été modifiées (C. trav. art. L 5312-12-2). Si France Travail entend modifier sa réponse pour l'avenir en raison d'un changement de la situation de fait ou de l'analyse de cette dernière, il doit notifier sa décision à l'employeur. Cette modification prend effet à la date du changement de la situation de fait ou, s'agissant d'un changement d'analyse de cette situation, à la date de sa notification (C. trav. art. R 5312-5-2).

b. Les **dirigeants** d'entreprise désirant connaître leur situation au moment de leur demande d'allocations peuvent s'informer auprès de France Travail qui doit donner un avis engageant sa responsabilité (Fiche thématique Unédic février 2020).

c. Les **questionnaires** destinés aux sociétés et aux dirigeants peuvent être téléchargés sur le site www.francetravail.fr.

d. En cas d'avis négatif, le **remboursement des cotisations** versées à tort au cours des trois dernières années peut être obtenu (Dir. Unédic 36 du 31-7-2002).

C. Effet de la cessation du mandat social sur le contrat de travail du dirigeant

La fin du mandat social pour une cause quelconque (révocation ou démission notamment) n'entraîne pas la **rupture** du contrat de travail et les motifs de licenciement doivent se fonder sur des manquements propres à l'exécution du contrat de travail (sur la distinction entre fautes commises comme salarié et en tant que mandataire social, voir n° 11831). **11860**

La révocation du mandat n'emporte pas non plus **modification du contrat de travail** (Cass. soc. 14-6-2000 n° 97-45.852 : RJDA 12/00 n° 1098).

SECTION 4 SORT DU CONTRAT DE TRAVAIL EN CAS DE NON-CUMUL

EN BREF *Lorsque les conditions du cumul des fonctions salariées avec celles de mandataire ne sont pas remplies, le contrat de travail peut être, selon les cas, suspendu pendant l'exercice du mandat, rompu ou annulé. La suspension et la cessation se produisent dans les cas où le cumul n'est pas interdit par la loi. La nullité sanctionne le contrat de travail conclu de façon illicite.* **11940**

A. Suspension pendant le mandat social

Sauf convention contraire, le **contrat** de travail d'un salarié devenu dirigeant social, qui ne peut être maintenu en raison de la disparition du lien de subordination, est suspendu pendant le temps d'exercice du mandat social (Cass. soc. 12-11-2008 n° 07-44.636 : RJDA 3/09 n° 222). Cette suspension intervient de plein droit même en l'absence de convention la prévoyant expressément (Cass. soc. 12-12-1990 : RJDA 3/91 n° 213 ; Cass. soc. 19-3-1991 : RJDA 7/91 n° 598). **11950**

Le contrat de travail **reprend son cours** après la cessation du mandat (Cass. soc. 14-6-2005 n° 1371 : RJDA 11/05 n° 1222 ; Cass. soc. 17-6-2015 n° 14-10.230 : RJS 10/15 n° 681) et il importe peu que les nouvelles fonctions soient différentes de celles exercées auparavant (Cass. soc. 21-6-1994 : RJDA 12/94 n° 1293 ; Cass. soc. 9-6-1999 : RJDA 10/99 n° 1080 ; Cass. soc. 8-10-2003 n° 2150 : RJDA 2/04 n° 165).

Même pendant la période de suspension du contrat de travail, le salarié reste tenu aux obligations liées à son appartenance à l'entreprise, notamment à l'**obligation de loyauté.** Il peut donc être licencié pour des faits antérieurs à la cessation de ses mandats sociaux et à la réactivation de son contrat de travail (Cass. soc. 16-5-2018 n° 16-22.655 F-D : RJDA 10/18 n° 728).

L'**ancienneté** acquise avant la suspension doit être ajoutée à celle obtenue depuis la reprise des fonctions salariées pour le calcul de l'indemnité de licenciement (Cass. soc. 11-3-1992 : Bull. civ. V n° 172), même si, entre-temps, l'entreprise a été cédée (Cass. soc. 30-10-2001 n° 4477 : RJDA 3/02 n° 260). La **période d'essai** en cours lors de la nomination aux fonctions de mandataire social reprend à la révocation du mandat (Cass. soc. 24-4-2013 n° 12-11.825 : RJDA 7/13 n° 625).

ATTENTION

La reprise des relations salariales oblige la société à **fournir du travail** à l'ancien mandataire sur la base du contrat de travail suspendu par le mandat, sauf si l'intéressé manifeste clairement son intention de démissionner de ce contrat de travail (Cass. soc. 23-1-2008 n° 07-40.082). Ne satisfait pas à cette obligation la société qui propose un contrat de travail à durée déterminée à l'ancien mandataire social titulaire d'un contrat de travail à durée indéterminée (CA Paris 26-9-2003 nº 02-31988 : RJDA 6/04 nº 709). **À défaut,** elle doit mettre en œuvre la procédure de **licenciement** (CA Paris 27-2-1992 : Bull. Joly 1992 p. 509 note P. Le Cannu ; dans le même sens, CA Versailles 27-3-1992 : Bull. Joly 1992 p. 929 ; Cass. soc. 30-11-1999 nº 4614 : RJDA 3/00 nº 272), à peine d'être condamnée par la juridiction prud'homale à verser les sommes dues pour licenciement sans cause réelle et sérieuse (Cass. soc. 9-6-1999 : RJDA 10/99 nº 1080 ; Cass. soc. 26-4-2000 : RJDA 7-8/00 nº 769).

La circonstance que le salarié dont le contrat de travail a été suspendu pendant la durée de son mandat social ne se soit pas tenu à la disposition de la société après la fin du mandat causée par la liquidation judiciaire de la société et ait entre-temps créé une autre société ne suffit pas à écarter la reprise des effets de son contrat de travail (Cass. soc. 13-12-2023 nº 22-10.126 F-D : RJDA 5/24 nº 285).

B. Cessation du contrat de travail

11980 Même lorsque les règles de droit permettent le cumul des fonctions de salarié et de mandataire social, les parties peuvent décider de mettre fin au contrat de travail et de faire ainsi échec à la suspension automatique de ce contrat. La cessation du contrat de travail peut donc résulter :

– d'une **convention** des parties (notamment, Cass. soc. 26-4-2000 nº 1801 : RJDA 7-8/00 nº 769) ;
– de la **démission** du salarié (Cass. soc. 11-6-1997 nº 2556 : Bull. civ. V nº 218), à condition qu'elle résulte d'une volonté claire et non équivoque (Cass. soc. 11-1-2012 nº 10-17.558 : RJDA 4/12 nº 404) ;
– du **licenciement** du salarié (Cass. soc. 7-11-1995 nº 92-44.498 D) ;
– de la **novation** du contrat (cf. Cass. soc. 11-5-1999 nº 2402 D : RJDA 8-9/99 nº 935 ; Cass. soc. 8-10-2003 nº 2150 F-P : RJDA 2/04 nº 165 ; Cass. soc. 9-5-2012 nº 11-23.299 F-D : RJDA 10/12 nº 860).

La novation ne se présume pas. Elle doit résulter d'une intention claire du salarié et de l'employeur (Cass. soc. 12-2-2025 nº 23-11-369 F-D : RJDA 7/25 nº 371). Mais il peut résulter des circonstances de fait que, lors de sa nomination aux fonctions de mandataire social, l'intéressé a renoncé à son contrat de travail (Cass. soc. 3-3-1976 : Bull. civ. V nº 130 ; Cass. soc. 15-3-1983 : Rev. sociétés 1983 p. 353 note Y. Chartier ; CA Lyon 25-9-1972 : Bull. Joly 1973 p. 211). Cela étant, la cessation par le salarié de l'exercice de fonctions techniques distinctes du mandat social et sa désignation dans les statuts de la société comme président pour une durée indéterminée ne suffisent pas à démontrer l'intention novatoire (Cass. soc. 12-2-2025 précité).

Jugé par ailleurs que la clause insérée dans le contrat de travail de l'intéressé aux termes de laquelle « son contrat de travail se poursuivra jusqu'à sa nomination en qualité de directeur général » ne vaut pas, de la part du **salarié,** engagement à **renoncer** par avance **à cette qualité** (CA Paris 13-2-2003 nº 00-32511 : RJDA 11/03 nº 1071).

11981 C'est à celui qui soutient qu'il a été mis fin au contrat de travail par la nomination du salarié à des fonctions de mandataire social d'en apporter la **preuve** (Cass. soc. 21-3-1990 : Bull. civ. V nº 135 ; Cass. soc. 12-11-2008 nº 07-44.636 : RJDA 3/09 nº 222 ; Cass. soc. 18-3-2009 nº 07-45.682 : RJDA 6/09 nº 544).

C. Nullité du contrat de travail

12010 La nullité sanctionne le contrat de travail consenti à un mandataire social en violation des règles du droit des sociétés. Il peut s'agir de la nullité du contrat de travail conclu avec un **administrateur en fonctions** dans une « grosse » SA (nºs 39220 s.), avec les mandataires sociaux en violation des conditions de forme applicables aux **conventions réglementées** ou de la nullité des **contrats de travail fictifs** conclus dans le seul but de tourner une disposition de loi, soit pendant le mandat social, soit après le mandat.

La nullité du contrat de travail entraîne en principe la **restitution des salaires** perçus au titre de ce contrat et celle des **indemnités** perçues au titre de sa rupture (pour un exemple à propos d'un administrateur de SA ayant conclu un contrat de travail pendant son mandat, voir Cass. soc. 2-2-2006 nº 04-46.058 : RJS 4/06 nº 499).

En cas de nullité du contrat de travail, la société peut réclamer à l'Urssaf le remboursement de la part patronale des **cotisations d'assurance chômage** perçues par cet organisme au titre du contrat.

› Précisions **a.** A été déclarée inapplicable, en cas de nullité d'un contrat de travail, la clause de ce contrat par laquelle la société s'était engagée à **racheter au salarié,** sauf faute grave de sa part, la totalité de ses **actions,** à un prix convenu à l'avance, en cas de licenciement (Cass. com. 7-3-1989 nº 373 : Bull. civ. IV nº 80).

b. Un **contrat** de travail illégalement conclu **avec un administrateur** en fonctions n'est pas **rétroactivement validé** par la démission du mandat d'administrateur. Il n'est possible que de le rétablir pour l'avenir au moyen d'un accord en ce sens intervenu après la cessation du mandat d'administrateur (n° 12090).

SECTION 5 CONTRAT DE TRAVAIL SUCCÉDANT À UN MANDAT SOCIAL

Rien n'interdit à un ancien mandataire social de conclure un contrat de travail avec la société dans laquelle il a exercé son mandat, après expiration de celui-ci. Il peut s'agir aussi bien d'un contrat nouveau que du renouvellement d'un contrat antérieur frappé de nullité pour incompatibilité avec la qualité de mandataire social, cette cause de nullité ayant disparu avec la **cessation du mandat.** 12090

Le contrat de travail frappé de nullité pour avoir été conclu avec un mandataire social en fonctions peut être rétabli, mais seulement pour l'avenir, au moyen d'un accord en ce sens intervenu après la cessation du mandat social (Cass. soc. 25-6-1996 n° 94-19.992 : RJDA 11/96 n° 1349 ; Cass. soc. 21-3-2002 n° 00-40.189 : RJDA 8-9/02 n° 902), ce qui exclut tout **effet rétroactif** sur la période d'exercice de ce mandat (Cass. com. 26-1-1999 n° 97-10.018 : RJDA 5/99 n° 565).

Le contrat de travail est alors valable dès sa conclusion, même si la **cessation des fonctions** du mandataire social n'a **pas été publiée** (Cass. soc. 27-10-1999 n° 97-42.994 : RJDA 9-10/00 n° 880 ; Cass. soc. 26-6-2008 n° 06-18.056 : RJDA 11/08 n° 1124).

ATTENTION

La **promesse d'embauche** faite par le président du conseil d'administration d'une SA à son directeur général en exercice et acceptée par celui-ci constitue une **convention réglementée** qui peut être annulée si elle entraîne des conséquences dommageables pour la société (Cass. soc. 12-6-2012 n° 11-10.135 : RJS 8-9/12 n° 744).

Le **caractère effectif** du contrat de travail s'apprécie, comme pour tout autre salarié, en fonction de l'existence d'une **prestation de travail,** d'un **lien de subordination** et d'une **rémunération** (Cass. soc. 2-10-2001 n° 99-14.369 : RJDA 3/02 n° 259, 2e esp.). L'autorité détenue antérieurement par le mandataire social et les relations qui s'étaient en conséquence instaurées avec les collaborateurs de la société (salariés et autres mandataires sociaux) peuvent, même si elles ne sont pas maintenues à l'identique dans le cadre de la relation salariale, dénaturer la relation de subordination juridique qui doit normalement prévaloir entre un salarié et son employeur. 12095

ILLUSTRATIONS

L'existence d'un lien de subordination entre une société et son ancien gérant et, partant, d'un contrat de travail au profit de ce dernier est établie lorsque l'ancien gérant est tenu de transmettre chaque semaine au nouveau gérant son planning d'activité de directeur commercial, ses fichiers et ses notes de frais (Cass. soc. 12-7-2007 n° 06-43.414 : RJDA 1/08 n° 42).

Les juges vérifient aussi que le contrat de travail n'a pas pour effet de faire échec à la **libre révocation du mandat** social, notamment en présence d'une convention passée entre la société et le mandataire par laquelle la société s'engage à consentir à celui-ci un contrat de travail ou à le réintégrer à l'intérieur du groupe en cas de cessation du mandat (en ce sens, Cass. com. 6-12-1983 : Bull. civ. IV n° 338 ; Cass. com. 3-5-1995 n° 93-17.776 : RJDA 10/95 n° 1113). Ils apprécient également si la conclusion du contrat de travail ne constitue pas une **fraude à la loi** visant à éluder l'interdiction de conclure un contrat de travail avec un administrateur en fonctions. 12098

ILLUSTRATIONS

La conclusion d'un contrat de travail avec l'ancien directeur général et administrateur juste après que celui-ci a, le même jour, démissionné de son mandat social ne constitue pas une fraude à la loi lorsque cette démission a été acceptée sans réserve par l'assemblée générale ordinaire des actionnaires préalablement informée qu'un contrat de directeur d'usine serait consenti à l'intéressé

(CA Paris 16-9-1986 n° 84-37011). Solution inverse pour un dirigeant qui, en exécution d'une convention conclue avec les acquéreurs à l'occasion de la cession de la majorité des actions qu'il détenait dans la société, dont il était administrateur, a démissionné de ce mandat pour être aussitôt engagé comme salarié, puis à nouveau nommé administrateur : cette convention n'était destinée qu'à contourner l'interdiction d'engager un administrateur comme salarié (Cass. soc. 18-5-2005 n° 03-41.799 : RJDA 11/05 n° 1243).

12105 Le contrat de travail conclu ou renouvelé après l'expiration du mandat social est à **durée indéterminée,** dès lors qu'il n'a pas été conclu par écrit, même si le précédent contrat, atteint de nullité car conclu avec un administrateur en fonctions, était à durée déterminée (Cass. soc. 21-2-2006 n° 04-41.272 : RJDA 10/06 n° 1044). Il peut contenir une **clause de reprise d'ancienneté.** Il peut prévoir notamment que l'ancienneté du salarié signataire remonte à son entrée en fonctions au poste de dirigeant (Cass. soc. 10-2-1993 n° 90-44.893 : RJDA 6/93 n° 506), y compris la période pendant laquelle l'intéressé a été lié à la société par un contrat de travail dont la nullité est établie (Cass. soc. 21-3-2002 n° 00-40.189 : RJDA 8-9/02 n° 902).

CHAPITRE 4

CESSATION DES FONCTIONS DES DIRIGEANTS

SOMMAIRE

SECTION 1

CAS DE CESSATION DES FONCTIONS DES DIRIGEANTS

A. Arrivée du terme des fonctions de dirigeant

VARIÉTÉ DE SITUATIONS

À l'arrivée du terme prévu pour l'exercice de ses fonctions, le dirigeant doit cesser celles-ci sans qu'il soit nécessaire de lui signifier un congé ou de respecter un préavis. L'arrivée du terme dépend de la **durée pour laquelle le dirigeant a été désigné,** durée qui varie selon le type de société et la nature des fonctions exercées. C'est pourquoi les spécificités concernant la durée des fonctions et leur renouvellement sont présentées dans les développements consacrés à chaque type de société. 12400

POURSUITE DES FONCTIONS DE DIRIGEANT MALGRÉ L'ARRIVÉE DU TERME

Le dirigeant qui, malgré l'arrivée du terme, continue de gérer la société ne peut pas se prévaloir d'un *renouvellement* de ses *fonctions* par tacite reconduction (Cass. com. 17-3-2021 nº 19-14.525 FS-P : RJDA 6/21 nº 391 ; Cass. com. 27-11-2024 nº 22-24.631 F-D : RJDA 2/25 nº 92, à propos d'un gérant de société civile mais transposable). Il devient alors un **dirigeant de fait** dont les actes engagent certes la société à l'égard des tiers (en l'absence de publicité portant à la connaissance de ces derniers la cessation du mandat) mais qui, à l'égard des associés et de la société, ne saurait se prévaloir des garanties dont bénéficie le dirigeant de droit. Notamment, ce dirigeant de fait ne saurait prétendre que lui sont applicables les dispositions statutaires prévoyant une indemnisation en cas de révocation du dirigeant sans motif grave (Cass. com. 17-3-2021 précité). 12410

B. Empêchement personnel du dirigeant

EMPÊCHEMENT DU DIRIGEANT PERSONNE PHYSIQUE

12440 Bien entendu, le **décès** du dirigeant met fin à ses fonctions.

En outre, les pouvoirs du représentant légal cessent lorsque celui-ci est mis en **faillite personnelle,** frappé d'**interdiction de gérer** ou, dans les sociétés autres que les SARL et les SA, atteint d'une **incapacité** (mise sous sauvegarde de justice, curatelle, tutelle, habilitation familiale ou prise d'effet d'un mandat de protection future) (C. civ. art. 1160 et 1146). Cette cessation des pouvoirs du représentant intervient de plein droit et met fin à sa qualité de représentant légal. En cas de survenance de ces mêmes événements, les dirigeants qui ne sont pas représentants légaux (membres du conseil de surveillance de SCA, membres des organes collégiaux de SAS, etc.) doivent démissionner et leur refus constituerait, à notre avis, un juste motif de révocation.

Signalons aussi qu'un dirigeant frappé d'une mesure d'interdiction ou de déchéance s'expose à des sanctions pénales s'il ne démissionne pas (nos 11182 et 91890).

CONSEIL

Il est recommandé d'insérer dans les statuts une clause aux termes de laquelle les dirigeants qui ne sont pas représentants légaux sont déclarés démissionnaires d'office en cas de perte de leur pleine capacité juridique (en ce sens, H. Hovasse, Un majeur en curatelle peut être président du conseil d'administration d'une société anonyme ! : Dr. sociétés 2009 no 12 repère 11).

La même obligation de démission pèse sur tous les dirigeants, qu'ils soient représentants légaux ou non, en cas d'exercice d'une **profession incompatible** avec les fonctions de dirigeant ou de survenance de tout événement (**maladie** notamment) empêchant le dirigeant d'assumer ses fonctions de manière durable.

› Précisions **a.** Le droit au **respect de la vie privée** du dirigeant ne fait pas obstacle à ce que des pièces relatives à son état de santé (certificats médicaux, ordonnances) soient produites au cours d'un procès pour déterminer s'il est en état d'exercer ses fonctions dès lors que ces pièces sont nécessaires à la défense des intérêts de la société et de ses associés (Cass. com. 15-5-2007 no 06-10.606 : RJDA 10/07 no 968).

b. À la différence de ce qu'il a fait pour les SARL et les SA (no 12442), le législateur ne s'est pas saisi, dans le Code de commerce, de la question de l'**incapacité des dirigeants de SAS, de SNC ou de société en commandite** et l'article 1160 du Code civil s'applique donc à ces derniers (cf. C. civ. art. 1105).

12442 **Cas du dirigeant de SARL ou de SA atteint d'une incapacité** Lorsque le gérant unique d'une **SARL** est mis sous tutelle, le commissaire aux comptes chargé d'un audit classique des comptes ou tout associé peut convoquer l'assemblée des associés à seule fin de le révoquer, le cas échéant, et de désigner un ou plusieurs gérants (art. L 223-27, al. 8 et L 821-57, al. 2 dispensant le commissaire aux comptes chargé d'un audit allégé de convoquer l'assemblée). Par ailleurs, les dirigeants de **SA** placés sous tutelle sont réputés démissionnaires d'office (art. L 225-19, al. 5, L 225-48, al. 4, L 225-54, al. 4, L 225-60, al. 4 et L 225-70, al. 5) ; cette démission n'entraîne pas la nullité des délibérations auxquelles ces dirigeants ont pris part (art. L 225-19, al. 6, L 225-48, al. 5, L 225-54, al. 5, L 225-60, al. 5 et L 225-70, al. 6 avant le 1-10-2025 ; C. civ. art. 1844-15-1 issu de ord. 2025-229 du 12-3-2025, à compter de cette date ; Ord. 2025-229 art. 70). Le législateur s'est ainsi emparé, dans le Code de commerce, de la question des incapacités du dirigeant de SARL et de SA, même s'il n'a réglementé que la tutelle et non les autres mesures d'incapacité dont le dirigeant peut faire l'objet (sauvegarde de justice, curatelle, habilitation familiale ou mise en œuvre du mandat de protection future), de sorte que, en vertu de l'article 1105 du Code civil, l'article 1160 dudit Code, aux termes duquel les pouvoirs du représentant légal cessent lorsque celui-ci est atteint d'une incapacité, ne s'applique pas dans ces sociétés (nos 65 s.). Si le dirigeant d'une SARL ou d'une SA est atteint de l'une de ces autres mesures d'incapacité, il doit démissionner et son refus constituerait, à notre avis, un juste motif de révocation.

EMPÊCHEMENT DU DIRIGEANT PERSONNE MORALE

12450 La **dissolution** de la personne morale, par exemple à la suite d'une fusion ou d'une scission, constitue également un empêchement « personnel » de nature à entraîner la cessation de ses fonctions de dirigeant.

C. Révocation des dirigeants

1. PRINCIPE DE LIBERTÉ DE RÉVOCATION DES DIRIGEANTS

La révocation des dirigeants de société est libre, sous réserve d'en respecter les **conditions et modalités,** lesquelles diffèrent selon le type de société et sont présentées dans les chapitres consacrés à chaque type de société. Ce principe de libre révocation est d'ordre public. 12480

Ainsi, toute disposition contraire à la libre révocation du président du conseil d'administration est **réputée non écrite** (art. L 225-47, al. 3 ; Cass. com. 3-5-1995 : RJDA 10/95 n° 1113).

La sanction est la nullité pour les dispositions contraires à la libre révocation des administrateurs (Cass. com. 14-5-2013 n° 11-22.845 : RJDA 11/13 n° 899), des membres du conseil de surveillance, comme pour celle des directeurs généraux (Cass. soc. 30-3-1999 n° 1503 : RJDA 10/99 n° 1094), des directeurs généraux délégués, des membres du directoire de SA, des gérants de SARL (Cass. com. 2-6-1987 n° 85-16.467 : Bull. civ. IV n° 131 ; Cass. com. 6-11-2012 n° 11-20.582 : RJDA 2/13 n° 135), de SNC ou de SCS pour lesquels ces dispositions sont transposables. En revanche, ne sont pas concernés les gérants de SCA (n°s 56620 s.) et les dirigeants de SAS (n°s 60352 s.) dont les conditions de révocation sont déterminées par les statuts.

Le principe de libre révocation étant le même pour tous ces dirigeants, les décisions de justice déclarant des conventions contraires à la libre révocation sont transposables d'une société à l'autre.

Le principe s'applique à la convention conclue avec le dirigeant aussi bien par la société (Cass. com. 14-6-2005 n° 905 : RJDA 11/05 n° 1237 ; Cass. com. 15-11-2011 n° 09-10.893 : RJDA 2/12 n° 174) que par les associés (Cass. com. 2-6-1992 n° 90-17.873 : RJDA 11/92 n° 1034 ; Cass. com. 4-6-1996 n° 1069 : RJDA 2/97 n° 224). En revanche, pourrait être valable une promesse souscrite par un tiers n'ayant pas de pouvoir de révocation (CA Versailles 1-12-1988 : Bull. Joly 1989 p. 172).

Il importe d'établir, dans chaque cas particulier, en quoi la convention peut influer sur la décision de révocation (Cass. com. 12-3-1996 : RJDA 8-9/96 n° 1064).

Constituent des conventions contraires à la libre révocation celles prévoyant : 12483

– la subordination de la révocation à l'attribution d'un **contrat de travail** dans la société (CA Rouen 25-11-1993 : RJDA 3/94 n° 290) ;

– à l'occasion d'un changement de majorité, le maintien du président dans ses fonctions ou le bénéfice d'un emploi salarié au sein de la société jusqu'à l'âge de 65 ans (Cass. com. 3-5-1995 : RJDA 10/95 n° 1113) ;

– l'engagement de **racheter les actions** du dirigeant à une valeur très élevée (CA Versailles 11-7-1991 : RJDA 12/91 n° 1040 ; dans le même sens, CA Paris 28-3-1995 : RJDA 6/95 n° 726) ;

– en cas de cession de droits sociaux, la **promesse** faite par un actionnaire devenu majoritaire **de nommer dirigeant** la personne qui lui a permis de prendre le contrôle de la société sans possibilité de le révoquer ultérieurement (Cass. com. 17-5-1971 : Bull. civ. IV n° 132) ou lui garantissant son maintien en fonctions jusqu'à une date déterminée, à moins de lui verser une indemnité pouvant avoir des conséquences financières importantes pour cet actionnaire majoritaire (Cass. com. 2-6-1992 n° 960 : RJDA 11/92 n° 1034) ;

– la clause d'un **pacte d'actionnaires** selon laquelle la révocation d'un administrateur doit être préalablement autorisée par le conseil d'administration, cette clause ayant pour effet de limiter le droit de l'assemblée générale des actionnaires de révoquer à tout moment un administrateur (Cass. com. 14-5-2013 n° 11-22.845 : RJDA 11/13 n° 899) ou celle prévoyant de choisir les administrateurs à parité entre deux groupes d'actionnaires, le représentant du premier groupe étant président du conseil d'administration, celui du second groupe directeur général (Cass. com. 26-4-2017 n° 15-12.888 F-D : RJDA 7/17 n° 463) ;

– le versement au dirigeant d'une **indemnité** dont le montant est dissuasif au regard de la situation financière de la société (Cass. com. 14-6-2005 n° 905 : RJDA 11/05 n° 1237 ; Cass. com. *6-11-2012 n° 11-20.582 : RJDA 2/13 n° 135).*

Le principe de liberté de révocation rencontre deux **limites** : pour beaucoup de dirigeants, la révocation sans juste motif donne lieu à dommages-intérêts, étant précisé que, même pour ces dirigeants, le principe de libre révocabilité doit être respecté (Cass. com. 17-3-2021 n° 19-10.350 F-D : RJDA 6/21 n° 390), et, dans tous les cas, elle ne doit pas être abusive. 12485

> **Précisions** La Cour de justice de l'UE a estimé que la révocation d'un membre d'un comité de direction pour cause de **grossesse** ne peut concerner que les femmes et constitue, dès lors, une discrimination directe fondée sur le sexe, contraire à la directive 76/207 relative à l'égalité de traitement entre hommes et femmes et au principe de l'égalité entre femmes et hommes consacré à l'article 23 de la Charte des droits fondamentaux de l'UE (CJUE 11-11-2010 aff. 232/09 : RJDA 6/11 n° 550).

2. RÉVOCATION DU DIRIGEANT SANS JUSTE MOTIF

12490 Lorsque la révocation de certains dirigeants est décidée sans juste motif, elle peut donner lieu à dommages-intérêts : tel est le cas pour le **gérant** de SNC (art. L 221-12, al. 4), de SCS (art. L 222-2) et de SARL (art. L 223-25, al. 1) ; il en est de même pour le **directeur général** de SA (sauf si la direction générale est exercée par le président du conseil d'administration : art. L 225-55, al. 1), les **directeurs généraux délégués** (art. L 225-55, al. 1) et les **membres du directoire** (art. L 225-61, al. 1).

Toutefois, les **statuts** peuvent, à notre avis, **déroger** à cette règle en prévoyant que le dirigeant révoqué sans juste motif ne pourra en aucun cas réclamer de dommages-intérêts à la société. En effet, les articles L 221-12, L 223-25, L 225-55 et L 225-61 précités n'ont pas une tournure impérative : les dommages-intérêts y sont présentés, non comme une conséquence inéluctable de l'absence d'un juste motif, mais comme une faculté lorsqu'aucun juste motif n'est constaté. La Cour de cassation a d'ailleurs admis en matière de société civile que l'article 1851 du Code civil, dont la rédaction est presque identique à celle des articles précités du Code de commerce, autorise les statuts à refuser toute indemnité au dirigeant révoqué (Cass. 3e civ. 6-1-1999 no 22 : RJDA 8-9/99 no 950).

Il ne nous paraît pas interdit de prévoir, à l'inverse, que le dirigeant pourra réclamer des dommages-intérêts dans tous les cas de révocation (donc même en cas de juste motif). Précisons que si le montant de l'indemnité due à ce titre est déjà prévu, celui-ci ne doit pas être de nature à dissuader l'organe compétent de prononcer la révocation (nos 12480 s.).

12495 La révocation sans juste motif des **administrateurs** (art. L 225-18, al. 2) et du **président du conseil d'administration** (art. L 225-47, al. 3) d'une SA classique ou des **membres du conseil de surveillance** d'une SA à directoire (art. L 225-75, al. 2) n'ouvre pas droit à indemnité. Il en est de même pour la révocation du **président du directoire** de SA pris en cette seule qualité (CA Paris 26-5-2016 no 14/20147 : RJDA 11/16 no 798). Le motif de la révocation doit cependant leur être communiqué au titre de l'obligation de loyauté dans l'exercice du droit de révocation : voir nos 12553 s.

Les **gérants de SCA** et les **dirigeants de SAS** peuvent être révoqués sans qu'il y ait lieu de fournir un juste motif, sauf stipulation contraire des statuts (ceux-ci fixant librement les conditions de révocation de ces dirigeants : nos 56620 et 60352 s.).

> **Précisions** Le Code de commerce dispose que les administrateurs, le président du conseil d'administration et les membres du conseil de surveillance sont **révocables « à tout moment »**. Pendant longtemps, la révocation « à tout moment » a été considérée comme synonyme de révocation « ad nutum » (littéralement : « d'un signe de tête »), ce qui signifiait, selon une jurisprudence aujourd'hui en grande partie révolue, que la révocation pouvait intervenir à tout moment, sans préavis, sans précision de motifs ni indemnité (Cass. com. 21-6-1988 no 86-19.166 : Bull. civ. IV no 214 ; Cass. com. 9-10-1990 no 89-15.245 : RJDA 1/91 no 31). Cette assimilation était devenue inexacte depuis la loi 2001-420 du 15 mai 2001 qui, en modifiant l'article L 225-55, al. 1, a introduit la possibilité pour le directeur général d'être indemnisé en cas de révocation sans juste motif tout en laissant posé le principe de sa révocation « à tout moment » (en ce sens, Cass. com. 26-11-2013 no 12-25.004 : RJDA 3/14 no 244).
> La possibilité d'une révocation « à tout moment » nous semble aujourd'hui seulement signifier que l'organe qui décide de la révocation peut y procéder même si celle-ci ne figure pas à l'ordre du jour.
> Quant à l'**expression « révocation ad nutum »,** elle ne devrait plus être utilisée que pour qualifier la situation des dirigeants qui n'ont pas droit à des indemnités en cas de révocation sans juste motif. En effet, l'absence totale de préavis et de précision de motifs n'est plus compatible avec l'obligation de loyauté dans l'exercice du droit de révocation.

a. Appréciation du juste motif de révocation du dirigeant

12500 Le juste motif de révocation peut résulter d'une **faute** commise par le dirigeant : il doit alors s'agir d'une faute de gestion et non pas d'une faute extérieure aux fonctions du dirigeant (CA Reims 23-4-1979 : JCP G 1980 II no 19410 note Y. Guyon).

Le juste motif se définit également en fonction des conséquences que le comportement du dirigeant peut avoir pour la société. Ainsi, l'attitude du dirigeant, même si elle n'est pas fautive, constitue un juste motif de révocation lorsqu'elle est de nature à compromettre l'**intérêt social** ou le **fonctionnement** de la société (Cass. com. 4-5-1999 no 854 : RJDA 7/99 no 792 ; Cass. com. 6-11-2012 no 11-20.582 : RJDA 2/13 no 135 ; Cass. com. 4-2-2014 no 13-10.778 : RJDA 6/14 no 538). Par exemple, la révocation peut être justifiée par le désir des associés d'orienter la gestion sociale dans un sens auquel s'oppose le dirigeant.

RÉVOCATION POUR MAUVAISE GESTION DE LA SOCIÉTÉ

La mauvaise gestion constitue un juste motif car elle entraîne le plus souvent des conséquences néfastes pour la société. Tel est le cas : 12501

– de la **gestion ruineuse** d'un gérant accompagnée de spéculations chimériques sur la possibilité d'un prompt redressement de la société (Cass. com. 17-12-1974 : Rev. sociétés 1975 p. 463 note J. H.) ;

– d'**achats massifs de marchandises** dont l'utilité n'était pas démontrée et qui ont mis la société en difficulté financière (CA Paris 23-4-1992 : RJDA 8-9/92 n° 837) ;

– d'une décision inadaptée d'augmenter les tarifs de vente suivie presque aussitôt de décisions contradictoires (Cass. com. 5-7-2017 n° 15-22-936 F-D : RJDA 11/17 n° 721) ;

– de la décision prise par un dirigeant, malgré l'opposition des associés, de faire procéder à un **audit de la société** qui ne s'imposait pas, car la situation financière et comptable de celle-ci était saine, et dont le coût avait absorbé presque intégralement les bénéfices de l'exercice (Cass. com. 15-2-1994 n° 434 : RJDA 5/94 n° 540, 2e esp.) ;

– de l'absence de mise en place par un dirigeant d'un **système de contrôle** de la régularité des factures portant sur les opérations les plus importantes qui aurait permis de détecter les détournements d'un montant d'environ 2,5 M€ commis par un salarié (Cass. com. 9-2-2022 n° 20-14.476 F-D : RJDA 5/22 n° 284).

En revanche, la révocation n'est pas justifiée :

– lorsqu'elle a été motivée par des **pertes** non imputables au dirigeant (Cass. com. 22-10-2002 n° 1670 : RJDA 1/03 n° 37) ;

– lorsque les associés se sont bornés à invoquer des griefs insuffisants et imprécis (CA Paris 27-1-1983 : BRDA 13/83 p. 9) ou une absence artificielle d'**atteinte des objectifs** (CA Paris 15-4-2010 n° 08/24496 : RJDA 10/10 n° 956) ;

– lorsque l'assemblée générale a donné **quitus** au dirigeant de sa gestion (CA Paris 27-1-1983 précité ; CA Paris 26-11-1999 : RJDA 3/00 n° 290).

RÉVOCATION POUR MANQUEMENT À UNE OBLIGATION LÉGALE OU STATUTAIRE

Constituent par exemple un juste motif le refus persistant du dirigeant de se soumettre aux dispositions légales et statutaires concernant l'**approbation** annuelle **des comptes** et le **droit de communication des associés** (CA Paris 28-10-1980 : Bull. Joly 1980 p. 608 ; CA Paris 17-9-2013 n° 12/12567 : RJDA 1/14 n° 47), l'absence de justification par le cogérant d'une SARL exploitant une agence immobilière qu'il remplit bien les **conditions d'aptitude professionnelle** requises par la loi pour la délivrance de la carte professionnelle nécessaire à l'exercice d'une telle fonction (CA Paris 30-10-2007 n° 06/14260 : RJDA 3/08 n° 296) ou la **méconnaissance** des dispositions légales relatives à la **protection d'une salariée** enceinte (Cass. com. 15-1-2020 n° 18-12.009 F-D : RJDA 4/20 n° 220). 12502

RÉVOCATION POUR DÉSACCORD AVEC LES ASSOCIÉS

Révocation justifiée La **divergence de vues** entre les associés majoritaires et le dirigeant sur la politique à mener justifie la révocation de celui-ci même s'il n'a commis aucune faute (Cass. com. 4-2-2014 n° 13-10.778 : RJDA 6/14 n° 538), dès lors que cette divergence est de nature à compromettre le fonctionnement de la société. Tel est notamment le cas d'une divergence sur les mesures à prendre pour redresser la situation de la société (CA Paris 17-1-2003 n° 02-3317 : RJDA 6/03 n° 606 ; CA Paris 22-9-2015 n° 12-17403 : RJDA 12/15 n° 839), d'une attitude systématique d'opposition du dirigeant à la nouvelle stratégie commerciale de la société (CA Paris 20-2-2007 n° 05/23812 : RJDA 11/07 n° 1120) ou d'une mésentente sur la fixation de la rémunération des associés minoritaires qui entraîne des pertes pour la société (CA Paris 17-9-2013 n° 12/12567 : RJDA 1/14 n° 47). 12503

Il en va de même lorsque la divergence de vues se double d'une **perte de confiance** des associés dans la personne du dirigeant : a par exemple été considérée comme justifiée la révocation d'un gérant qui avait créé une société susceptible de concurrencer celle qu'il dirigeait sans en informer les associés et qui avait refusé d'effectuer un investissement que ceux-ci estimaient indispensable à l'activité de l'entreprise (CA Rouen 16-10-1997 : RJDA 6/98 n° 737).

Pour constituer un juste motif de révocation, la perte de confiance doit reposer sur des éléments objectifs (CA Paris 27-10-2015 n° 14/14699 : RJDA 4/16 n° 296). Tel est le cas de la perte de confiance des associés résultant de la transgression par le dirigeant de leurs instructions concernant le maniement des fonds sociaux et la gestion des comptes bancaires (CA Paris 24-10-2003 n° 02-4024 : RJDA 2/04 n° 178), de même que celle résultant de l'inobservation des instructions formelles, précises et réitérées de l'associé majoritaire de la société en laissant un tiers prendre le contrôle d'une filiale (CA Lyon 27-5-2004 n° 02-6151 : RJDA 7/05 n° 829), ou de la dissimulation par le dirigeant de sa qualité d'associé de la société qui a loué des locaux commerciaux à la société qu'il dirige (CA Paris 5-3-2009 n° 08-8682 : RJDA 6/09 n° 558).

12504 **Révocation non justifiée** La divergence de vues avec les associés ne constitue un juste motif de révocation que si elle est fondée elle aussi sur des éléments objectifs. La révocation n'est pas justifiée lorsqu'elle repose seulement sur la **volonté arbitraire** des associés : par exemple, en cas de changement de majorité, désir des nouveaux associés de nommer un gérant de leur choix (Cass. com. 29-5-1972 : Rev. sociétés 1973 p. 487 note J. H.) ou volonté de mettre fin coûte que coûte aux fonctions du dirigeant (Cass. com. 23-6-1975 : Bull. civ. IV n° 177 ; CA Rouen 16-12-2004 n° 04-746 : RJDA 1/06 n° 36).

La révocation n'est pas non plus justifiée :
– lorsqu'elle est motivée par des **divergences** d'appréciation qui n'ont qu'une importance **secondaire** et qui auraient pu être surmontées à l'amiable (Cass. com. 30-5-1980 : Bull. civ. IV n° 224) ;
– lorsqu'elle est étrangère à l'intérêt social et motivée par le refus de l'intéressé d'acquérir la société au prix que demandait l'autre cogérant-associé (CA Paris 26-11-2009 n° 08/13676 : RJDA 4/10 n° 395) ;
– lorsqu'elle est décidée en raison des prises de position du dirigeant à l'encontre de certains associés destinées à préserver les intérêts de la société contre les dérives de ceux-ci prises dans un but personnel (Cass. com. 9-11-2010 n° 09-71.284 : RJDA 2/11 n° 160).
– lorsqu'elle est fondée sur l'action en justice engagée par le dirigeant contre la société (Cass. com. 21-6-2023 n° 21-21.875 F-B : RJDA 11/23 n° 593).

De même, le fait pour un membre du directoire de **s'abstenir de voter** en faveur d'une résolution proposée à l'assemblée générale ne constitue pas un juste motif de révocation dès lors que ce vote ne met pas en cause la gestion des affaires sociales (CA Paris 20-11-1980 : Rev. sociétés 1981 p. 583 note P. Le Cannu et, sur pourvoi, Cass. com. 7-6-1983 : Bull. civ. IV n° 168, s'agissant d'un vote sur la nomination des membres du conseil de surveillance).

RÉVOCATION POUR MÉSENTENTE AVEC LES AUTRES DIRIGEANTS

12505 La mésentente entre dirigeants (par exemple, entre cogérants ou membres du directoire) peut justifier la révocation de l'un d'eux même en l'**absence de faute** de gestion de sa part, y compris si cette mésentente ne lui est pas imputable (Cass. com. 19-12-2006 n° 1503 : RJDA 5/07 n° 506), et quels qu'en soient les motifs réels ou supposés (Cass. com. 26-4-2017 n° 15-12.560 F-D : RJDA 7/17 n° 471).

Il faut néanmoins établir que le maintien de l'intéressé compromet l'**intérêt social** ou le fonctionnement de la société (Cass. com. 4-5-1999 n° 854 : RJDA 7/99 n° 792 ; Cass. com. 7-1-2014 n° 13-11.866 : RJDA 4/14 n° 350 ; Cass. com. 10-2-2015 n° 13-27.967 : RJDA 7/15 n° 505).

RÉVOCATION LIÉE À LA CESSATION D'AUTRES FONCTIONS EXERCÉES PAR LE DIRIGEANT

12506 Lorsqu'un dirigeant exerce par ailleurs des **fonctions salariées** au sein de la société ou du groupe ou qu'il **dirige une seconde société** liée à la première, la seule cessation de ces autres fonctions ne suffit pas à motiver la cessation du mandat social, de même que les faits invoqués pour mettre un terme à ces fonctions ne constituent pas nécessairement un juste motif de révocation. Ainsi :
– la **révocation** d'un gérant intervenue légitimement dans la société mère est insuffisante pour justifier la révocation du même gérant dans une filiale (CA Reims 10-11-1975, 2e esp. : Rev. sociétés 1976 p. 314 note J. G.) ;
– le **licenciement** en tant que salarié de la société mère ne peut pas constituer un juste motif de révocation d'un gérant de filiales (CA Versailles 25-1-2007 n° 06-440 : RJDA 5/07 n° 502) ;
– la **faute grave** justifiant le licenciement de ses fonctions salariées ne constitue pas un juste motif de révocation d'un membre du directoire (Cass. com. 20-6-2006 n° 809 : RJDA 12/06 n° 1237).

Cependant, lorsqu'il existe un lien inextricable entre les différentes fonctions du dirigeant, la cessation des unes peut justifier la cessation des autres. Par exemple, la révocation d'un dirigeant de filiale à la suite de la résolution de son contrat de travail avec la société mère est fondée sur un juste motif lorsque le mandat social, pour lequel aucune rémunération n'est prévue, se situe dans la **même logique de management** que le contrat de travail de l'intéressé avec la société mère, qu'il en est le complément et que les relations entre le dirigeant salarié et les sociétés du groupe sont devenues conflictuelles (Cass. com. 12-6-2007 n° 06-13.900 : RJDA 12/07 n° 1242). De même, lorsque la réalisation de l'**objet social** et le **fonctionnement** d'une société sont intrinsèquement **liés à l'intervention d'une autre société,** de sorte que la désignation d'un dirigeant commun se justifie pleinement, la révocation de l'intéressé dans la seconde société peut justifier sa révocation dans la première (CA Paris 4-6-2024 n° 22/07491 : RJDA 3/25 n° 146).

AUTRES MOTIFS DE RÉVOCATION

Constituent de justes motifs de révocation : 12510
– le **défaut de réalisation** par un président du directoire **des objectifs** de développement de l'activité sociale qui lui ont été assignés au moment de sa prise de fonctions et sa responsabilité dans la naissance d'un **litige avec l'administration** des douanes, lequel a mis en jeu les finances et la réputation de la société (CA Paris 5-3-1999 : RJDA 7/99 nº 795) ;
– la décision d'un gérant de s'attribuer sans autorisation des **remboursements** mensuels **de frais** de déplacement et un acompte sur l'**intéressement** ainsi que le fait de ne pas avoir respecté les **instructions de l'expert-comptable** et d'avoir manqué de diligence pour **payer les fournisseurs** (CA Dijon 4-4-2003 nº 01-1925 : RJDA 12/03 nº 1192) ;
– l'inaptitude d'un dirigeant à exercer ses fonctions pour **dépression nerveuse** grave et prolongée (CA Paris 5-3-2004 nº 02-10745 : RJDA 11/04 nº 1226) ;
– le **refus** obstiné d'un dirigeant **de renoncer à une prime d'intéressement** excessivement avantageuse pour lui, au risque de devenir préjudiciable à la société (CA Paris 26-3-2004 nº 03-3881 : RJDA 8-9/05 nº 999) ;
– les conclusions d'un **rapport d'audit** préconisant, dans l'intérêt de la société, de nouvelles modalités d'organisation interne de celle-ci à la suite des nouvelles orientations décidées par les associés (CA Paris 20-5-2010 nº 09-13840 : RJDA 11/10 nº 1088) ;
– le fait, pour un directeur général délégué d'une SA, de dénigrer le directeur général dans plusieurs e-mails adressés aux actionnaires, au risque de le discréditer aux yeux de ces derniers et de le placer en porte-à-faux vis-à-vis d'eux (CA Paris 22-1-2019 nº 17/04102 : RJDA 5/19 nº 347).

b. Indemnisation du dirigeant révoqué sans juste motif

En cas de révocation sans juste motif, le **montant des dommages-intérêts** doit être fixé en fonction du **préjudice** subi par le dirigeant révoqué. Le dirigeant ne peut prétendre à des dommages-intérêts que s'il exerce réellement ses fonctions, ce qui n'est pas le cas d'un gérant de façade (CA Aix-en-Provence 12-7-1979 : Bull. cour d'Aix 1979/3 p. 68). Le préjudice n'est pas nécessairement égal à la perte de la rémunération qui aurait dû être versée au dirigeant entre la date de sa révocation et celle de l'expiration normale de ses fonctions (Cass. com. 22-11-1977 : Rev. sociétés 1978 p. 483 note Y. Guyon). Ainsi, un dirigeant qui retrouve un poste après sa révocation, même moins rémunéré, ne peut pas prétendre, pour absence de juste motif de révocation, à des dommages-intérêts équivalant à la rémunération qui aurait dû lui être versée s'il avait été maintenu en fonctions (CA Paris 26-11-2004 nº 03-20791 : RJDA 6/05 nº 721). 12520

Les **statuts** (ou toute autre convention souscrite par un associé) peuvent déterminer le montant de l'indemnité à verser au dirigeant en cas de révocation. Mais cette stipulation serait nulle s'il était prouvé que, par son montant, l'indemnité est de nature à dissuader l'organe compétent de prononcer la révocation (nºs 12480 s.). En outre, cette clause ne peut pas être qualifiée de pénalité, faute de sanctionner l'inexécution d'une obligation à la charge de la société, et elle ne peut donc pas être modifiée par le juge (Cass. com. 11-3-2014 nº 13-10.188 : RJDA 7/14 nº 629).

Les sommes versées à titre de dommages-intérêts aux mandataires sociaux soumis au régime des salariés au regard des cotisations de sécurité sociale et de l'impôt sont exonérées, dans la limite d'un plafond : 12521
– d'**impôt** sur le revenu (voir Mémento Fiscal nº 21670) ;
– et des **cotisations sociales,** de la CSG et de la CRDS ; par exception, elles sont intégralement assujetties si elles excèdent cinq fois le montant annuel du plafond de sécurité sociale (voir Mémento Social nº 22890).

La fraction de l'indemnité versée à une personne qui exerçait à la fois des fonctions salariées et de mandataire social, visant à réparer la rupture de son contrat de travail sans cause réelle et sérieuse, est intégralement exonérée d'impôt sur le revenu (CE 22-5-2017 nº 395440 : RJF 8-9/17 nº 800).

3. RÉVOCATION ABUSIVE DU DIRIGEANT

Le dirigeant victime d'une révocation abusive peut, y compris s'il s'agit d'une personne morale dirigeante (Cass. com. 30-3-2022 nº 19-25.794 F-D : RJDA 7/22 nº 405), réclamer des **dommages-intérêts** à la société et, dans certains cas (nº 12560), aux associés. 12550

La révocation est abusive lorsqu'elle est accompagnée de circonstances portant atteinte à la réputation ou à l'honneur du dirigeant ou lorsqu'elle est décidée brutalement, sans respecter l'obligation de loyauté dans l'exercice du droit de révocation (Cass. com. 14-5-2013 nº 11-22.845 : RJDA 11/13 nº 899 ; Cass. com. 25-11-2014 nº 13-21.460 F-D : RJDA 3/15 nº 189).

Seules les **circonstances entourant la révocation** permettent d'en apprécier le caractère abusif ; il n'y a donc pas lieu de tenir compte des griefs formulés contre l'intéressé pour déterminer si l'abus est établi (Cass. com. 26-11-1996 nº 1738 : RJDA 2/97 nº 222 ; CA Chambéry 8-2-2022 nº 19/02215 : RJDA 10/22 nº 564).

a. Appréciation de l'abus dans l'exercice du droit de révocation

RÉVOCATION DANS DES CIRCONSTANCES VEXATOIRES OU INJURIEUSES

12551 L'**atteinte à la réputation ou à l'honorabilité** du dirigeant révoqué résulte le plus souvent de la publicité malveillante ayant accompagné la révocation ou de circonstances laissant supposer que l'intéressé a commis des fautes graves.

ILLUSTRATIONS

Constituent des circonstances vexatoires ou injurieuses :
– le fait de demander au dirigeant de remettre les clés de l'entreprise dès la fin de l'assemblée l'ayant révoqué (Cass. com. 9-11-2010 nº 09-71.284 : RJDA 2/11 nº 160 ; pour un autre exemple, Cass. com. 1-2-1994 nº 265 : RJDA 5/94 nº 540, 1e esp.) ;
– le fait de supprimer les outils de travail du dirigeant, dès la révocation de son seul mandat de président-directeur général d'une des sociétés du groupe, ce qui l'a privé de la possibilité d'exercer dans les mêmes locaux ses autres mandats sociaux dont il était toujours investi (Cass. com. 15-5-2012 nº 11-15.497 : RJDA 8-9/12 nº 772) ;
– le fait que, avant que la décision ne soit prise par l'organe compétent, la société ait informé le personnel ou une partie de celui-ci de cette révocation et que l'intéressé ait été privé immédiatement de toute fonction (CA Paris 13-10-2000 : RJDA 1/01 nº 31 ; CA Paris 23-6-2015 nº 14-16892 : RJDA 12/15 nº 830) ;
– le dépôt du procès-verbal de la décision de révocation in extenso, et donc sa publication au RCS, mentionnant que la révocation du président était prononcée pour faute grave (CA Paris 30-4-2014 nº 13/12230 : RJDA 11/14 nº 839) ;
– la suspension provisoire des fonctions du dirigeant avec effet immédiat, dans l'attente de sa révocation, non prévue par la loi ou les statuts, d'autant qu'elle était motivée par un risque de dénigrement avec les salariés et la clientèle de la société, alors qu'aucune difficulté de cet ordre n'avait été relevée précédemment (CA Reims 14-6-2022 nº 20/01366 : RJDA 2/23 nº 91) ;
– le fait de publier, le jour même de la convocation du dirigeant à l'assemblée des associés ayant pour objet sa révocation, une offre d'emploi sur le poste qu'il occupe, ce qui laisse présumer, de surcroît publiquement, la décision qui sera prise (CA Poitiers 25-4-2023 nº 22/00108 : RJDA 1/24 nº 27) ;
– le fait d'adresser un courriel aux associés, quelques heures après la décision de révocation du dirigeant, indiquant qu'il n'a pas respecté l'engagement pris de remettre ses effets professionnels dans la journée et que l'état de ceux-ci nécessite d'être vérifié (CA Versailles 10-12-2024 nº 21/05807 : BRDA 11/25 inf. 5).

12552 En revanche, ne constituent **pas** des **circonstances vexatoires** :
– un échange de propos désagréables au cours de l'assemblée ayant révoqué le dirigeant dès lors que ces propos n'ont pas dégénéré en dispute et qu'aucune publicité externe ne leur a donné un caractère diffamatoire (CA Rennes 25-2-1972 : JCP G 1972 II nº 17220) ;
– la communication de la société sur la révocation de son dirigeant, rendue nécessaire par la nature de ses activités et sa notoriété (CA Paris 5-3-2009 nº 08-8682 : RJDA 6/09 nº 558) ;
– le fait de supprimer son accès au serveur et à son adresse électronique, de couper sa ligne téléphonique, de lui demander de restituer immédiatement les clés de son véhicule et de libérer son logement de fonction dans un délai d'un mois (Cass. com. 24-5-2017 nº 15-21.633 F-D : RJDA 8-9/17 nº 552).

MANQUEMENT À L'OBLIGATION DE LOYAUTÉ À L'OCCASION DE LA RÉVOCATION

12553 La révocation revêt un caractère abusif lorsqu'elle a été décidée brutalement sans respecter l'obligation de loyauté dans l'exercice du droit de révocation, c'est-à-dire sans que le **dirigeant,** avant que la révocation ne soit décidée, ait eu **connaissance des motifs** de sa révocation (Cass. com. 14-5-2013 nº 11-22.845 FS-PB : RJDA 11/13 nº 899) et ait été mis **en mesure de présenter ses observations** (Cass. com. 24-2-1998 nº 564 : RJDA 6/98 nº 740, 1e esp. ; Cass. com. 22-11-2016 nº 15-14.911 F-D : RJDA 2/17 nº 84). Il en va ainsi même si la révocation est motivée par une faute grave (Cass. com. 26-4-1994 nº 92-15.884 P : RJDA 8-9/94 nº 937 ; Cass. com. 11-10-2023 nº 22-12.361 F-D : RJDA 1/24 nº 28) ou un juste motif (Cass. com. 25-11-2014 nº 13-21.460 : RJDA 3/15 nº 189) et même si le dirigeant est révocable à tout moment (Cass. com. 14-5-2013 précité).

Il est nécessaire que le dirigeant ait eu le temps de préparer sa défense, mais le délai accordé peut être très court. Ainsi, la révocation d'un dirigeant décidée par une assemblée convoquée le matin pour l'après-midi n'a pas été jugée abusive, dès lors que le délai dont le dirigeant avait bénéficié pour assurer sa défense avait été suffisant et qu'il avait connaissance des faits qui lui étaient reprochés (Cass. com. 6-11-2012 n° 11-20.582 F-PB : RJDA 2/13 n° 135 ; dans le même sens, Cass. com. 10-2-2015 n° 13-27.967 F-D : RJDA 7/15 n° 505).

Le dirigeant ne peut pas imposer la **présence d'un avocat** à ses côtés (Cass. com. 10-5-2006 n° 609 : RJDA 10/06 n° 1028).

Le fait qu'un dirigeant ait **signé le procès-verbal** de l'organe qui l'a révoqué ne lui interdit pas de contester ultérieurement la procédure de révocation (CA Versailles 4-10-2001 n° 98-5192 : RJDA 2/02 n° 166, en matière de signature du compte rendu du conseil d'administration par un directeur général).

Éléments caractérisant ou non un abus de révocation : illustrations 12554

L'**abus** est **caractérisé** lorsque :

– la **désignation du nouveau dirigeant** est intervenue **avant la révocation** du dirigeant en place, ce qui montre que celle-ci a été en réalité préalablement décidée sans que l'intéressé ait été invité à s'expliquer ou à se justifier (CA Rouen 16-12-2004 n° 04-746 : RJDA 1/06 n° 36) ;

– un **directeur général** n'a **pas été informé,** même de manière informelle, **avant la tenue du conseil** d'administration l'ayant révoqué, que la question de cette révocation pourrait être débattue (CA Versailles 4-10-2001 n° 98-5192 : RJDA 2/02 n° 166 ; CA Paris 9-3-2010 n° 08/23637 : RJDA 10/10 n° 970) ;

– l'**ordre du jour de l'assemblée** ayant révoqué un gérant de SARL a comporté seulement la mention du litige l'opposant aux autres gérants sans envisager expressément sa révocation et que d'autres griefs lui ont été reprochés au cours de l'assemblée, ce qui ne lui a pas permis de préparer ses moyens de défense avant l'assemblée (CA Paris 10-10-2006 n° 05/17037 : RJDA 2/07 n° 168).

Mais la **révocation** n'est **pas abusive** lorsque : 12555

– le dirigeant s'est lui-même exclu de tout débat en ne se rendant pas à l'assemblée générale appelée à décider de sa révocation (CA Paris 30-10-2007 n° 06/14260 : RJDA 3/08 n° 296 ; Cass. com. 10-7-2012 n° 11-23.280 : RJDA 11/12 n° 964) ;

– le dirigeant a été averti en temps utile des reproches formulés au soutien de la proposition de révocation présentée à l'assemblée générale, ce dont il résulte que la société a fait le nécessaire pour lui permettre de présenter ses observations avant la décision de révocation, même si l'intéressé, en arrêt maladie lors de l'assemblée qui a décidé sa révocation, n'a pas pu se faire entendre (Cass. com. 15-5-2007 n° 05-19.464 : RJDA 11/07 n° 1102) ;

– la question n'avait pas été mise à l'**ordre du jour** de l'assemblée qui l'a prononcée, s'agissant d'un administrateur, dès lors que l'assemblée a fait l'objet de nombreuses suspensions de séance à la demande de l'intéressé qui a ainsi été mis en mesure de présenter ses observations (CA Paris 31-5-2011 n° 10/16540 : RJDA 10/11 n° 806, 1e esp.) ou, s'agissant d'un gérant de SARL, dès lors que les questions inscrites à l'ordre du jour étaient susceptibles de déboucher sur une révocation (Cass. com. 14-10-2020 n° 18-12.183 F-D : RJDA 1/21 n° 29) ;

– le président a **quitté l'assemblée** sans donner de procuration avant que la question de sa révocation ne soit abordée (CA Toulouse 22-1-2008 n° 07-1632 : RJDA 11/08 n° 1141 ; en sens contraire, CA Paris 17-1-2003 n° 02-3317 : RJDA 6/03 n° 606) ;

– un directeur général délégué d'une SAS a été révoqué au cours d'une assemblée générale à laquelle il n'avait pas été convoqué, dès lors que, **préalablement** à la décision de révocation, il **avait fait connaître** au président **ses points de désaccord** et posé des conditions à la continuation de ses fonctions (Cass. com. 10-7-2012 n° 11-19.563 : RJDA 12/12 n° 1075) ;

– un gérant d'une SCA n'a pas été informé des motifs de sa révocation avant l'entretien auquel il a été convoqué, dès lors qu'il a eu connaissance de ces motifs pendant son entretien, qu'il a pu s'expliquer à leur sujet et a donc été mis en mesure de présenter ses observations (Cass. com. 23-10-2019 n° 17-27.659 F-D : RJDA 1/20 n° 18).

RESPONSABILITÉ DES ASSOCIÉS POUR RÉVOCATION ABUSIVE

En principe, les dommages-intérêts sont mis à la charge de la société. Toutefois, s'il est établi 12560
qu'un ou plusieurs associés ont commis une **faute personnelle** à l'encontre du dirigeant révoqué, ils peuvent être condamnés, conformément au droit commun (C. civ. art. 1240), à verser des dommages-intérêts à l'intéressé soit seuls (Cass. com. 13-3-2001 n° 548 : RJDA 8-9/01 n° 872), soit solidairement avec la société (Cass. com. 1-2-1994 n° 265 : RJDA 5/94 n° 540, 1e esp. ; Cass. com. 12-2-2013 n° 11-23.610 : RJDA 6/13 n° 516).

Par exemple, la responsabilité d'un actionnaire majoritaire a été retenue pour avoir provoqué intempestivement la révocation d'un administrateur au mépris d'une convention qu'il avait passée avec lui (Cass. com. 19-12-1983 : Rev. sociétés 1985 p. 105).

Jugé en revanche que les associés ne commettent pas de faute en révoquant le dirigeant, même si la révocation intervient dans des conditions de forme irrégulières, dès lors qu'elle n'a pas été décidée dans l'**intention de nuire** à l'intéressé (Cass. com. 22-11-2005 nº 1483 : RJDA 4/06 nº 412 ; Cass. com. 14-5-2013 nº 11-22.845 : RJDA 11/13 nº 859).

De même, l'associé majoritaire qui a révoqué un dirigeant avant le terme de son mandat et a pu ainsi racheter ses actions en application d'une promesse d'achat n'a pas commis de faute car il n'a fait qu'exercer librement le droit de révocation qu'il tenait des statuts (Cass. com. 8-11-2016 nº 14-29.770 F-D : RJDA 2/17 nº 83).

b. Indemnisation du dirigeant révoqué abusivement

12570 Les dommages-intérêts alloués au dirigeant en cas de révocation abusive sont destinés à réparer le préjudice subi par celui-ci non pas du fait de la perte de ses fonctions mais du fait des **circonstances qui ont entouré la révocation** (CA Paris 24-10-2013 nº 12/15029 : RJDA 3/14 nº 227 et, sur pourvoi, Cass. com. 3-3-2015 nº 14-12.036 : RJDA 7/15 nº 494).

N'ont pas à être prises en compte dans l'évaluation du préjudice subi par le dirigeant révoqué la perte d'une chance de conserver ses fonctions pendant plusieurs années (Cass. com. 13-11-2003 nº 1519 : RJDA 3/04 nº 308) ou les répercussions de la révocation sur la situation personnelle de l'intéressé notamment au regard de ses revenus (Cass. com. 15-5-2007 nº 05-19.464 : RJDA 11/07 nº 1102).

Les juges accordent généralement des indemnités notamment en réparation du **préjudice moral** subi par les dirigeants qui ont été privés du droit de présenter leurs observations avant leur révocation (CA Paris 17-1-2003 nº 02-3317 : RJDA 6/03 nº 606 ; Cass. com. 29-3-2011 nº 10-17.667 : RJDA 6/11 nº 538). Une cour d'appel a également réparé le préjudice matériel causé au dirigeant et a fixé les dommages-intérêts en tenant compte de la durée des fonctions, de la rémunération et de l'âge de l'intéressé (CA Paris 15-4-2010 nº 08/24496 : RJDA 10/10 nº 956).

Le préjudice doit être apprécié concrètement au regard des éléments en cause et ne peut donc pas être réparé par une **allocation forfaitaire** (Cass. com. 23-10-2007 nº 06-16.264 : RJDA 2/08 nº 138).

12571 Les sommes versées à titre de dommages-intérêts aux mandataires sociaux soumis au régime des salariés au regard des cotisations de sécurité sociale et de l'impôt sont exonérées, dans la limite d'un plafond :
– d'**impôt** sur le revenu (voir Mémento Fiscal nº 21670) ;
– et des **cotisations sociales,** de la CSG et de la CRDS ; par exception, elles y sont intégralement assujetties si elles excèdent cinq fois le montant annuel du plafond de sécurité sociale (voir Mémento Social nº 22890).

D. Démission du dirigeant

LIBERTÉ DE DÉMISSIONNER DU DIRIGEANT

12620 Aucune disposition légale expresse ne visant la démission des dirigeants, les tribunaux ont fixé le régime de la démission par référence aux règles applicables en matière de révocation. La cour d'appel de Paris a ainsi jugé que la libre révocation des dirigeants de SA ou de SARL a pour corollaire le droit pour ceux-ci de mettre fin unilatéralement à leurs fonctions à condition que cette démission intervienne sans faute (CA Paris 12-5-1993 : RJDA 3/94 nº 289). En effet, aucun texte ne limite la **faculté** reconnue à un dirigeant de mettre fin à ses fonctions à tout moment (Cass. soc. 6-5-1982 : Rev. sociétés 1982 p. 523 note P. Le Cannu).

Par ailleurs, dans certains cas d'empêchement personnel, le dirigeant est dans l'**obligation** de démissionner (nº 12440).

MODALITÉS DE LA DÉMISSION DU DIRIGEANT

12630 La démission doit résulter d'un **acte positif** de la part de l'intéressé. Elle doit être donnée de façon expresse, c'est-à-dire non équivoque. Il ne peut donc pas y avoir de démission « de fait » ni de démission tacite. Par exemple, le fait qu'un administrateur n'exerce plus ses fonctions depuis un certain temps ne permet pas de le considérer comme démissionnaire (Cass. com. 13-3-1979 : Rev. sociétés 1979 p. 828 note Ph. Merle). Il a toutefois été jugé que le mandat social d'un gérant de SARL, également salarié, avait cessé à la date de prise d'effet de sa démission de ses seules fonctions salariées, dès lors que la société contrôlant la SARL, à laquelle avait été envoyée la lettre de démission du contrat de travail, ne pouvait pas se méprendre sur les intentions du gérant et que le jour de la prise d'effet de sa démission, celui-ci avait restitué le véhicule de fonction, l'ordinateur et le téléphone portable qui lui avaient été confiés pour l'exercice de son mandat social (Cass. com. 29-1-2013 n° 11-28.263 : RJDA 4/13 n° 322).

Lorsque les statuts sont muets sur la **forme** que doit prendre la démission, celle-ci peut être donnée soit verbalement, soit par écrit, mais la forme écrite est bien sûr à privilégier pour des raisons de preuve. L'envoi d'une lettre recommandée AR est d'ailleurs préférable à l'envoi d'une lettre simple car elle permet de prouver que la société a été régulièrement informée de la démission.

MODÈLE

Lettre de démission d'un dirigeant social

Lettre recommandée AR
Objet : Démission
Madame/Monsieur,
Je vous fais part de ma décision de démissionner de mes fonctions de... (*selon le cas : gérant, directeur général, président, etc.*) de la société... pour convenances personnelles.
Cette démission prend effet le...
Pour vous permettre de procéder à mon remplacement, je convoque un conseil d'administration le... à.../au siège social.
(*ou bien, selon le cas*)
Toutes les dispositions seront prises pour convoquer une assemblée générale aux fins de nomination d'un nouveau gérant.
Je vous prie d'agréer, Madame/Monsieur, mes salutations distinguées.
(*Signature*)

Si les statuts ne déterminent pas les **personnes ou l'organe** de la société **à qui la démission doit être notifiée,** le dirigeant doit à notre avis communiquer sa décision au représentant légal (ou à l'un des représentants légaux) de la société ou, lorsque c'est l'unique représentant légal de la société qui démissionne : 12631
– au conseil d'administration (ou au directoire et au conseil de surveillance) dans les SA ;
– au conseil de surveillance et aux associés commandités dans les SCA ;
– à tous les associés dans les autres types de sociétés.

ENCADREMENT STATUTAIRE DE LA DÉMISSION DU DIRIGEANT

Les statuts peuvent déterminer les conditions d'exercice du droit de démissionner sous réserve que ces contraintes n'aient pas pour effet de priver le dirigeant de ce droit. Rien ne s'oppose par exemple à ce que les statuts imposent au dirigeant démissionnaire de respecter un délai de **préavis** raisonnable, de **motiver** sa **décision** ou d'**organiser les suites de** sa **démission** pour assurer la continuité de la gestion de la société (convocation de l'organe chargé de désigner son successeur, poursuite des fonctions jusqu'à cette désignation, etc.). 12640

Le dirigeant qui ne respecte pas ces conditions statutaires engage sa responsabilité envers la société (n° 12680).

DÉMISSION FORCÉE DU DIRIGEANT

Lorsque la démission n'est pas donnée librement, son auteur peut en contester la **validité** en démontrant que sa volonté n'a pas été libre et éclairée (Cass. com. 22-2-2005 n° 269 : RJDA 7/05 n° 815). 12650

En outre, une telle démission doit être considérée comme une **révocation déguisée** et peut donner lieu à des dommages-intérêts si elle est intervenue de façon abusive ou pour détourner les règles légales sur les conditions de révocation. Ont ainsi été considérées comme des révocations abusives la démission donnée par un dirigeant à la suite des **pressions** conjuguées exercées par les associés, l'intéressé n'ayant pas exprimé une volonté réfléchie et consciente au moment de sa décision (Cass. com. 30-5-1980 : Rev. sociétés 1980 p. 734 note Ph. Merle), et celle donnée par un dirigeant qu'un autre dirigeant, après avoir tenté de le faire révoquer, avait écarté des responsabilités liées à ses fonctions (CA Paris 18-6-2015 n° 14/21779 : RJDA 10/15 n° 661).

Une révocation déguisée peut aussi ouvrir droit à des indemnités en réparation du préjudice moral causé au dirigeant. Tel a été le cas d'un président de SA qui avait été contraint de démissionner alors qu'il ne le voulait pas et qu'il **attendait d'être révoqué** en raison de divergences de vues avec l'actionnaire majoritaire, le conseil d'administration n'ayant pas pris ses responsabilités en ne le révoquant pas (CA Paris 8-12-2005 n° 04-20149 : RJDA 5/06 n° 537).

En revanche, un dirigeant qui a exprimé sa volonté de démissionner de manière claire et non équivoque ne peut pas prétendre avoir été victime d'une révocation abusive déguisée dès lors que les associés ont, au cours d'une assemblée générale, exercé de façon normale leur **droit de critique et de contrôle** sur le fonctionnement de la société (Cass. com. 12-2-2002 n° 387 : RJDA 6/02 n° 708). De même, le dirigeant dont la démission a été acceptée par l'assemblée générale des associés ne peut pas prétendre, pour la retirer, avoir pris sa décision de manière irréfléchie sous la pression, dès lors que, postérieurement, il a pris part à trois assemblées d'associés dont l'ordre du jour comportait la désignation d'un dirigeant et qu'une ordonnance du juge des référés, constatant l'absence de dirigeant de droit, a désigné un mandataire de justice chargé de réunir une assemblée pour pourvoir à son remplacement sans faire l'objet d'aucun recours (Cass. com. 7-4-2009 n° 07-14.626 : RJDA 11/09 n° 966). Enfin, un dirigeant qui a informé l'actionnaire de son départ par courrier ne peut pas prétendre avoir été révoqué sans démontrer avoir été contraint de quitter son poste par le comportement de ce dernier (CA Paris 22-3-2016 n° 15/05273 : RJDA 6/16 n° 441).

DÉMISSION EN BLANC DU DIRIGEANT

12660 Il est parfois demandé au dirigeant, lors de sa désignation, de signer une lettre de démission en blanc, c'est-à-dire **non datée.** Ce procédé permet de se séparer du dirigeant à n'importe quel moment sans avoir à le révoquer : il suffit alors au détenteur de la lettre de la compléter en ajoutant la date souhaitée. Un tel procédé constitue en fait une révocation (Cass. com. 5-1-1973 : JCP G 1973 II n° 17407 note Rousseau) et sa **validité** appelle de sérieuses réserves car il contourne les règles légales sur les conditions de révocation.

DÉMISSION FAUTIVE DU DIRIGEANT

12670 La démission est fautive lorsqu'elle est donnée de manière intempestive, à contretemps ou avec l'intention de nuire (CA Versailles 11-6-1998 : RJDA 11/98 n° 1244). Lorsque le **dirigeant abuse** ainsi **de son droit** de démissionner, il peut être condamné à réparer le préjudice causé à la société du fait de sa démission. Jugé par exemple qu'avait commis une faute un dirigeant de SA ayant démissionné sans avoir établi un rapport demandé par le conseil d'administration sur l'utilité d'un matériel commandé dès lors que ce rapport était indispensable pour le calcul des prix de revient (Cass. com. 7-11-1977 : Bull. civ. IV n° 251).

12671 **Absence de démission fautive : illustrations** N'ont pas été considérées comme fautives :

– la démission donnée par le gérant d'une SARL sans respecter le délai de **préavis statutaire** dès lors que ce gérant a en réalité été évincé de la direction de la société par un gérant de fait (CA Aix-en-Provence 1-3-1990 : Dr. sociétés 1991 n° 382) ;

– la démission, même préjudiciable à la société, d'un dirigeant en désaccord sur un point important de la gestion financière de la société dès lors que cette démission est intervenue dans un **délai raisonnable** (CA Paris 12-5-1993 : RJDA 3/94 n° 289).

EFFICACITÉ DE LA DÉMISSION DU DIRIGEANT

12680 La démission d'un dirigeant produit ses effets dès qu'elle a été **portée à la connaissance de la société,** sauf dérogation statutaire ou conventionnelle (Cass. com. 22-2-2005 n° 269 : RJDA 7/05 n° 815 ; Cass. soc. 1-2-2011 n° 10-20.953 : RJDA 4/11 n° 310 ; Cass. com. 20-9-2017 n° 15-28.262 F-D : RJDA 1/18 n° 28). Les parties peuvent ainsi prévoir de lier la date d'effet de la démission avec la fin d'un **préavis** imposé au dirigeant (Cass. com. 20-9-2017 précité).

La démission ne nécessite aucune **acceptation** de la part de la société et ne peut faire l'objet d'aucune **rétractation,** son auteur pouvant seulement en contester la validité en démontrant que sa volonté n'a pas été libre et éclairée (Cass. com. 22-2-2005 précité ; CA Paris 13-2-2009 n° 08/15747 : RJDA 6/09 n° 547). Il en résulte que l'annulation d'une assemblée générale au cours de laquelle une démission a été donnée n'entraîne pas l'annulation de cette démission (Cass. com. 8-6-2017 n° 14-29.618 F-D : RJDA 8-9/17 n° 553).

La méconnaissance d'une obligation de respecter un préavis peut seulement ouvrir droit à des **dommages-intérêts** (Cass. soc. 1-2-2011 précité, à propos d'une obligation statutaire ; Cass. com. 20-9-2017 précité, à propos d'une obligation conventionnelle).

> **Précisions** La démission n'est opposable à la société que si elle lui a été notifiée (n° 12631). À partir de cette **notification,** qui lui permet de croire légitimement au caractère définitif de la décision du dirigeant, la société est en droit de se prévaloir de cette décision. Le dirigeant ne peut donc plus revenir dessus, sauf accord de la société. Il peut néanmoins en contester la validité en démontrant que sa démission n'a pas été donnée librement (n° 12650).

Démission d'un gérant statutaire En cas de démission d'un gérant statutaire de SARL, de SNC ou de société en commandite, la **mention de son nom dans les statuts** devient caduque. L'efficacité d'une telle démission n'est donc pas subordonnée à la nécessité de modifier les statuts afin d'en supprimer le nom de l'intéressé. 12681

› **Précisions** Il a néanmoins été soutenu qu'une telle démission constituait une modification statutaire, laquelle ne pouvait pas résulter d'une décision unilatérale du gérant démissionnaire et ne pouvait être définitive qu'une fois le nom de celui-ci supprimé des statuts par une **décision des associés** prise aux conditions de majorité requises pour la modification des statuts. Cette opinion ne nous paraît pas justifiée ; en effet, l'efficacité de la démission doit, comme celle de la révocation (nos 22134 et 31156), s'apprécier indépendamment des incidences qu'elle peut avoir sur la lettre des statuts.

E. Modification dans la situation de la société

Certaines modifications dans la situation de la société **entraînent la cessation des fonctions** de ses dirigeants : 12700

– la transformation de la société (no 20735) ;

– la dissolution de la société (no 86860) ;

– le changement de mode de gouvernance de la société, tels, au sein d'une SA, la réunion des fonctions de directeur général et de président de conseil d'administration entre les mains de ce dernier (no 42531) ou le passage d'une formule dualiste à une formule moniste (no 43683).

Les dirigeants sociaux en fonctions lors de l'ouverture d'une procédure collective à l'encontre de la société le demeurent mais le tribunal peut subordonner l'adoption d'un plan de redressement au remplacement d'un dirigeant (no 91380).

SECTION 2

CONSÉQUENCES DE LA CESSATION DES FONCTIONS DES DIRIGEANTS

a. Obligation de loyauté et de restitution du dirigeant

Si l'ancien dirigeant n'a pas souscrit de clause de non-concurrence, il peut exercer la même activité que la société, à condition toutefois de s'abstenir de tout acte de **concurrence déloyale** à l'égard de celle-ci (nos 2930 s.). L'ancien dirigeant doit également s'abstenir d'utiliser une information de la société protégée par le **secret des affaires** (information qui n'est pas généralement connue ou aisément accessible, revêt une valeur commerciale et fait l'objet de mesures de protection raisonnables), sous peine de voir sa responsabilité civile engagée (art. L 151-1 s. et R 152-1 s.). 12760

Le dirigeant doit restituer, dès la fin de son mandat, le **logement de fonction** que la société avait mis à sa disposition (Cass. 1e civ. 4-10-1983 : Bull. civ. I no 217 ; CA Paris 3-10-2013 no 12/18860 : RJDA 3/14 no 245, cassé partiellement sur un autre point par Cass. com. 10-2-2015 no 13-27.967 : RJDA 7/15 no 505). 12762

Il doit également transmettre à son successeur l'ensemble des **documents sociaux** nécessaires à l'administration de la société (Cass. com. 6-5-1991 : Dr. sociétés 1991 no 337).

b. Obligation de non-concurrence du dirigeant

L'ancien dirigeant doit respecter, le cas échéant, la clause de non-concurrence qu'il a souscrite au profit de la société à **condition** que cette clause ne soit pas disproportionnée par rapport à l'objet du contrat (Cass. com. 30-3-2022 no 19-25.794 F-D : RJDA 7/22 no 405), notamment en l'empêchant de continuer à exercer une activité conforme à sa qualification et à ses connaissances (Cass. com. 16-12-1997 no 2559 : RJDA 4/98 no 386 ; Cass. com. 21-9-2004 no 1272 : RJDA 2/05 no 97), et qu'elle soit limitée dans le temps et dans l'espace (Cass. com. 11-3-2014 no 12-12.074 : RJDA 6/14 no 537 ; Cass. com. 30-3-2022 précité). 12770

CLAUSE STATUTAIRE DE NON-CONCURRENCE DU DIRIGEANT

12771 Lorsqu'une clause de non-concurrence figure dans les statuts d'une société, cette clause n'est opposable qu'au **dirigeant associé** puisque les statuts ne produisent pas d'effets à l'égard des tiers non associés (C. civ. art. 1199). Ainsi, une clause de non-concurrence incluse dans les statuts n'est pas opposable à un gérant non associé nommé en cours de vie sociale s'il n'est pas démontré que le gérant a expressément accepté cette clause (Cass. com. 12-12-1996 nº 1681 : RJDA 2/97 nº 209 ; Cass. com. 10-7-2012 nº 11-20.268 : RJDA 12/12 nº 1076).

En cours de vie sociale, la **clause** ne peut être **insérée dans les statuts** qu'à l'unanimité des associés car elle constitue une augmentation de leurs engagements (nº 7240).

PORTÉE DE LA CLAUSE DE NON-CONCURRENCE DU DIRIGEANT

12772 Sauf convention contraire, la portée d'une obligation de non-concurrence doit s'apprécier par rapport à l'**activité réelle de la société** que quitte le dirigeant et non par rapport à son objet défini dans les statuts ou aux indications fournies par l'extrait Kbis du RCS (Cass. soc. 18-12-1997 nº 4996 : RJS 2/98 nº 169 ; Cass. soc. 14-10-1998 nº 3937 : RJS 11/98 nº 1362).

12773 En pratique, la clause de non-concurrence prévoit généralement que le dirigeant qui cesse ses fonctions s'interdit de concurrencer la société soit directement, soit indirectement. L'**interdiction de concurrencer indirectement la société,** c'est-à-dire par personne interposée, entraîne l'interdiction pour le dirigeant :

– de participer à une entreprise concurrente (quelle qu'en soit la forme) en apportant, personnellement (à titre bénévole ou en tant que salarié) ou par l'intermédiaire d'une personne morale, son concours à la création ou au fonctionnement de cette entreprise ;

– de diriger une société concurrente (ou une personne morale qui la contrôle), voire d'en devenir simplement l'associé si l'intéressé y dispose d'une influence notable.

Il est **conseillé** de prévoir ce type de précisions au moment de la **rédaction de la clause** afin d'éviter tout problème d'interprétation de la notion de concurrence « indirecte ».

MODÈLE

Clause de non-concurrence à la charge d'un dirigeant non salarié

À la cessation de ses fonctions, le... (*selon le cas : gérant, directeur général, président, etc.*) s'interdit de participer, directement ou indirectement, à quelque titre et sous quelque forme que ce soit, à des activités de même nature que celles exploitées ou développées par la société...

À cette fin, il s'engage notamment :

– à n'exercer aucune fonction de gestion, de direction, d'administration ou de surveillance au sein d'une entreprise exploitant ou développant de telles activités ;

– à n'acquérir, prendre ou détenir aucune participation supérieure ou égale à... % dans le capital d'une telle société ;

– à ne pas démarcher les clients de la société... et à ne pas débaucher ses salariés.

L'interdiction ci-dessus s'applique sur le territoire de... pendant les... ans qui suivent la cessation des fonctions du... (*dirigeant concerné*).

Elle s'applique à tout acte effectué directement ou indirectement, personnellement ou par personne interposée, pour le compte du... (*dirigeant concerné*) ou celui d'un tiers.

INDEMNISATION DU DIRIGEANT PRÉVUE PAR LA CLAUSE DE NON-CONCURRENCE

12774 Lorsqu'elle est assortie du versement d'une indemnité au profit du dirigeant, la clause de non-concurrence est soumise à la réglementation des conventions réglementées (voir notamment, pour les SA « cotées », nºs 53060 s.).

Dans un tel cas, conformément au droit commun des contrats (C. civ. art. 1193), ni la **société** ni le **dirigeant** ne peuvent, sauf convention contraire, **se soustraire à leurs engagements,** même en renonçant à la contrepartie dont ils bénéficient, s'il est établi que la clause a été conclue dans l'intérêt des deux parties.

ATTENTION

Dans les relations entre un employeur et ses salariés, une clause de non-concurrence n'est valable que si elle comporte l'obligation pour l'employeur de verser au salarié une **contrepartie financière** (Cass. soc. 10-7-2002 nºs 2723 à 2725 : RJS 10/02 nº 1119). Cette condition ne vaut pas pour les clauses de non-concurrence conclues avec un dirigeant, à moins qu'il ne soit également salarié de la société (Cass. com. 15-3-2011 nº 10-13.824 : RJDA 6/11 nº 549, à propos d'un associé salarié et, à notre avis, transposable au dirigeant salarié).

VIOLATION DE LA CLAUSE DE NON-CONCURRENCE PAR LE DIRIGEANT

L'ancien dirigeant qui viole une obligation contractuelle de non-concurrence s'expose à verser des dommages-intérêts en réparation du préjudice subi par la société et à se voir interdire, éventuellement sous astreinte, la poursuite de son activité. En outre, si une indemnité compensatoire lui a été versée, il doit en rembourser le montant à la société. Il ne peut alors pas prétendre, pour échapper à cette obligation, que l'indemnité se confond avec la rémunération du travail qu'il a fourni (Cass. com. 21-9-2004 nº 1272 : RJDA 2/05 nº 97). 12775

c. Exercice par le dirigeant d'une activité au sein de la société

Le dirigeant qui n'exerce plus son mandat social conserve le bénéfice, le cas échéant, de son **contrat de travail,** lequel obéit à ses propres causes d'extinction (principe d'application générale expressément prévu par la loi pour les membres du directoire révoqués, l'article L 225-61, al. 2 énonçant que cette révocation n'a pas pour effet de résilier le contrat de travail éventuellement conclu avec l'intéressé). 12790

Ainsi, une faute commise en qualité de gérant (par exemple, prélèvements excessifs sur la trésorerie de la société) ne saurait à elle seule justifier le licenciement de l'intéressé dès lors qu'aucun reproche ne peut lui être fait en ce qui concerne son activité salariée (Cass. soc. 2-7-1992 : Bull. Joly 1992 p. 1099 note P. Le Cannu).

Un dirigeant ayant cessé ses fonctions peut aussi conclure un contrat de travail avec la société et en fixer les modalités. Ainsi, un ancien dirigeant peut valablement, après avoir démissionné, être engagé en qualité de directeur commercial afin d'assurer la transition à l'occasion de la reprise de l'entreprise par un nouvel associé (Cass. soc. 12-7-2007 nº 06-43.414 : RJDA 1/08 nº 42) ou en qualité de directeur technique avec une ancienneté remontant à son entrée dans l'entreprise (Cass. soc. 10-2-1993 nº 489 : RJDA 6/93 nº 506), y compris la période pendant laquelle l'intéressé était lié à la société par un contrat de travail dont la nullité est établie (Cass. soc. 21-3-2002 nº 1097 : RJDA 8-9/02 nº 902).

L'ancien dirigeant peut aussi faire bénéficier la société de son expérience sans en être salarié, mais seulement en contrepartie de divers **avantages en nature.** Une société qui accorde de tels avantages matériels à un ancien dirigeant (mise à disposition d'une secrétaire, d'un bureau, d'un véhicule et/ou d'un chauffeur) en contrepartie de l'assistance et de l'expérience que celui-ci continue à lui apporter peut valablement les supprimer par la suite en raison de la perte de confiance envers ce dirigeant (Cass. com. 14-12-2004 nº 1835 : RJDA 4/05 nº 406). 12791

d. Autres conséquences de la cessation des fonctions du dirigeant

Lorsqu'une convention prévoit que le dirigeant aura droit à sa **rémunération** en cas de révocation, sauf faute de gestion, la rémunération est due dès lors que la révocation est expressément motivée par une perte de confiance, même si l'intéressé a en réalité commis des fautes de gestion (CA Paris 26-1-2006 nº 05-1905 : RJDA 12/06 nº 1236). De même, dès lors que l'acte d'engagement d'un dirigeant exclut toute rémunération en cas de révocation pour carence de capacité de direction, négligence ou fraude, la rémunération est due après sa révocation intervenue pour perte de confiance (CA Paris 17-9-2013 nº 12/11615 : RJDA 1/14 nº 44). 12800

Il convient donc d'être attentif aux conditions de mise en œuvre d'une clause aménageant les conséquences financières de la révocation. Si le motif donné au moment de la révocation n'entre pas dans les prévisions contractuelles, la clause ne peut tout simplement pas jouer.

Le dirigeant qui s'est porté caution des dettes que la société viendrait à contracter continue d'être tenu des dettes nées après la cessation de ses fonctions, à moins qu'il n'ait stipulé que le **cautionnement** était lié à l'exercice de ses fonctions (nº 15037). 12801

Le sort des **contrats conclus intuitu personae** par la société peut être affecté en cas de changement d'un ou de *plusieurs dirigeants sociaux.* Par exemple, le maintien du contrat peut être subordonné à l'agrément par le cocontractant de ce changement (Cass. com. 28-10-1986 : BRDA 22/86 p. 20 pour un contrat de concession ; Cass. com. 29-6-2022 nºs 20-11.952 F-B et 20-13.228 F-B : RJDA 11/22 nº 625 pour un contrat d'agence commerciale). L'exigibilité anticipée d'un prêt consenti à la société peut aussi être prévue lors d'un tel changement (CA Paris 23-9-1997 : RJDA 3/98 nº 298).

Lorsqu'une **société continue de faire apparaître un ancien dirigeant sur** tout ou partie de **ses documents** (par exemple, des procès-verbaux d'assemblée), l'intéressé peut la faire condamner sous astreinte à indiquer le caractère erroné de sa qualité de dirigeant sur les documents portant cette mention (CA Paris 15-3-2002 nº 00-6560 : RJDA 8-9/02 nº 894). 12802

CHAPITRE 5

PUBLICITÉ DES NOMINATIONS ET CESSATIONS DE FONCTIONS DES DIRIGEANTS

SOMMAIRE

a. Formalités liées aux nominations et cessations de fonctions

13000 La nomination des gérants, administrateurs, directeurs généraux, directeurs généraux délégués, membres du directoire ou du conseil de surveillance et présidents (cf. art. R 210-4, 8° et 9°) doit, tout comme la cessation de leurs fonctions, faire l'objet des mesures de publicité suivantes :

– insertion dans un **support d'annonces légales** du lieu du siège social (art. R 210-9) ; cette insertion n'est pas nécessaire en cas de nomination ou de cessation des fonctions de président de conseil de surveillance car cette fonction n'est pas visée à l'article R 210-4 auquel il faut se reporter ;

– inscription modificative au **RCS** (art. R 123-66) et au **RNE** par l'intermédiaire du guichet unique électronique des formalités d'entreprises (art. R 123-253 sur renvoi de l'art. R 123-263, al. 1), étant précisé que la demande doit être accompagnée des pièces justificatives concernant le nouveau dirigeant (n° 3210) ;

– insertion au **Bodacc** par les soins du greffier du tribunal de commerce (art. R 123-159 et R 123-161).

ATTENTION

Lorsque les statuts d'une SARL, SNC ou société en commandite prévoient que celle-ci est dirigée par plusieurs gérants dont l'un est appelé à prendre ses fonctions non pas au jour de l'immatriculation mais à une date postérieure, la nomination de ce dernier n'a pas à être publiée à l'occasion des formalités d'immatriculation ; elle ne doit l'être qu'au jour de la prise effective des fonctions, date à laquelle l'intéressé acquiert la qualité de gérant (Avis CCRCS 2012-010 du 23-3-2012).

Pour plus de détails sur ces diverses formalités, voir n°s 85500 s.

b. Publicité d'une nomination de dirigeant irrégulière

13010 Ni la **société** ni les **tiers** ne peuvent, pour **se soustraire à leurs engagements,** se prévaloir d'une irrégularité dans la nomination des personnes chargées de gérer, d'administrer ou de diriger la société si cette nomination a été régulièrement publiée (art. L 210-9, al. 1). La Cour de cassation a jugé que la société peut toutefois contester les contrats conclus en son nom *par son dirigeant,* dont la nomination irrégulière a été publiée, en cas de **collusion frauduleuse** entre celui-ci et le tiers cocontractant (Cass. 3e civ. 26-10-2023 n° 21-17.937 FS-B : RJDA 3/24 n° 160, à propos d'une société civile après avis de la chambre commerciale). Cette solution vaut à notre avis pour les SNC et les SCS. Son application aux SARL et aux sociétés par actions est plus incertaine : en exigeant une collusion frauduleuse, elle semble incompatible avec la directive 2017/1132 du 14 juin 2017, dont ces sociétés relèvent. L'article 8 de la directive prévoit en effet qu'il suffit que le tiers ait eu connaissance de l'irrégularité d'une nomination publiée pour qu'elle puisse lui être opposée.

En l'**absence de collusion frauduleuse,** la société peut seulement demander en justice l'annulation de la nomination, cette annulation ne remettant toutefois pas en cause les engagements pris au nom de la société avant son prononcé par le juge.

> **Précisions** La **falsification** d'une signature apposée sur le **procès-verbal d'une assemblée portant nomination** d'un dirigeant n'a pas pour effet de la rendre inexistante, de sorte que la publication de cette nomination interdit à la société de se prévaloir de cette irrégularité pour demander la nullité d'un contrat conclu par le dirigeant (Cass. 3e civ. 26-10-2023 précité).

c. Opposabilité aux tiers des changements de dirigeant

Les nominations et cessations de fonctions des personnes chargées de gérer, d'administrer ou de diriger une société ne sont opposables aux tiers par cette société qu'après l'**accomplissement régulier des formalités** de publicité (art. L 210-9, al. 2) à moins que la société n'établisse que les tiers avaient personnellement connaissance des changements intervenus (art. L 123-9, al. 3). 13020

ILLUSTRATIONS

La nomination du président d'une SA, même non publiée, a été déclarée opposable au cocontractant de la société car celui-ci ne pouvait pas sérieusement prétendre n'avoir pas eu personnellement connaissance de cette nomination ; en effet, son personnel avait travaillé dans les locaux de la SA et la presse s'était largement fait l'écho du changement de dirigeant (CA Paris 15-9-1995 : Bull. Joly 1996 p. 50 note P. Le Cannu).

En principe, les nominations et cessations de fonctions sont opposables aux tiers une fois publiées au **RCS** (art. L 123-9, al. 1). Toutefois, lorsque ces changements interviennent dans certaines sociétés, leur opposabilité aux tiers est reportée après leur publication au **Bodacc** si ceux-ci prouvent avoir été dans l'impossibilité d'avoir eu connaissance de ces changements (n° 85820). 13021

OPPOSABILITÉ DE LA CESSATION DES FONCTIONS DU DIRIGEANT

Les **tiers** ayant contracté avec un dirigeant dont la cessation des fonctions a été publiée ne peuvent pas se prévaloir de la qualité de mandataire apparent de ce dirigeant pour **exiger de la société qu'elle exécute le contrat** : les actes passés avec les tiers par un tel dirigeant n'engagent donc pas la société (Cass. com. 4-5-1993 n° 91-14.616 P : RJDA 12/93 n° 1039). 13022

À notre avis, les **tiers** ne peuvent pas non plus opposer à la société la publication de la cessation des fonctions du dirigeant avec qui ils ont contracté pour **se soustraire à leurs engagements.** Ils ne sauraient ainsi prétendre qu'au moment où le dirigeant contractait avec eux, il n'était plus habilité à représenter la société. En effet, cette irrégularité ne nuit pas au tiers cocontractant dès lors que la société accepte d'exécuter ses obligations. Elle ne porte éventuellement préjudice qu'à cette dernière, qui peut donc, seule, s'en prévaloir.

d. Nominations et cessations de fonctions non publiées

Les nominations et cessations de fonctions non publiées au RCS sont en principe inopposables aux tiers (art. L 123-9, al. 1). Cette **inopposabilité** n'intéresse que les relations de la société avec les tiers. Dans les rapports internes, et sauf convention contraire des parties, ces nominations ou cessations de fonctions sont opposables dès la date à laquelle elles sont intervenues. Ainsi, en cas de démission, seule compte la date à laquelle celle-ci a été notifiée à la société. 13030

ILLUSTRATIONS

L'administrateur d'une société n'étant pas un tiers par rapport à celle-ci, sa démission est opposable à la société à compter du jour où elle a été donnée, quelle que soit la date à laquelle cette démission a été publiée (*Cass. soc. 27-10-1999 n° 3912 : RJDA 9-10/00 n° 880*).

L'opposabilité d'une démission à la date de sa notification à la société vaut également à l'égard du repreneur des actifs de la société, même si la cession des actifs intervient bien après la démission (Cass. soc. 12-10-2005 n° 2149 : RJDA 5/07 n° 504).

EFFET DU DÉFAUT DE PUBLICITÉ D'UN CHANGEMENT DE DIRIGEANT

Effet sur la responsabilité des dirigeants Les règles relatives à l'inopposabilité aux tiers des nominations ou cessations de fonctions non publiées ne concernent que les engagements de la société à l'égard des tiers. Elles n'ont aucune incidence sur l'appréciation de la responsabilité personnelle des dirigeants. 13031

Pour que celle-ci soit engagée, il faut et il suffit que le dirigeant ait effectivement exercé les fonctions au titre desquelles un acte ou un comportement lui est reproché, peu important qu'il n'apparaisse pas (ou qu'il apparaisse encore) comme dirigeant aux yeux des tiers. Ainsi, le **défaut de publicité de la désignation** d'un dirigeant ne peut pas avoir pour effet de soustraire celui-ci aux responsabilités attachées aux fonctions qu'il a acceptées et exercées (Cass. com. 8-7-2003 n° 1226 : RJDA 1/04 n° 76), y compris en matière pénale (Cass. crim. 9-3-1966 : Bull. crim. n° 91).

La même règle s'applique en cas de **défaut de publicité de la cessation des fonctions** : la responsabilité du dirigeant ne peut être recherchée pour des faits postérieurs à la cessation de fonctions que s'il a continué d'exercer celles-ci (par exemple, Cass. crim. 9-9-2020 n° 19-81.118 F-D : RJDA 11/20 n° 570 ; pour des applications en matière de comblement de passif, voir n° 91490 ; pour des applications en matière de faillite personnelle et d'interdiction de gérer, voir n° 91750).

En matière fiscale, le défaut de publication de la cessation des fonctions du dirigeant d'une société n'interdit pas à ce dernier d'opposer à l'administration fiscale qu'il ne saurait être tenu solidairement des impositions dues par la société (LPF art. L 267) dès lors qu'il n'était plus en fonctions pendant la période concernée (Cass. com. 17-1-1989 : Bull. civ. IV n° 26 ; Cass. com. 2-12-2020 n° 18-21.597 F-D : RJDA 3/21 n° 169). Il appartient à l'administration fiscale qui entend engager la responsabilité du dirigeant de démontrer que celui-ci est resté dirigeant de fait après la cessation de ses fonctions (Cass. com. 2-12-2020 précité).

13032 **Effet sur la validité d'une action en justice** Le défaut de publicité de la nomination d'un dirigeant n'a aucune incidence sur son **pouvoir de représenter la société en justice,** cette question étant étrangère au régime des relations entre la société et les tiers. En conséquence, le nouveau dirigeant est habilité à représenter la société en justice dès le jour de sa nomination, peu important que celle-ci n'ait pas encore été publiée au RCS (Cass. com. 10-7-2012 n° 11-21.395 : RJDA 1/13 n° 35).

Il en résulte notamment qu'une déclaration de créance de la société, qui équivaut à une demande en justice, est valable dès lors qu'elle est faite par le représentant légal après sa nomination, que celle-ci ait ou non été publiée (Cass. com. 12-7-2004 n° 1200 : RJDA 2/05 n° 168, 2e esp.).

Inversement, le défaut de publicité de la cessation des fonctions du dirigeant est sans effet sur la perte de son pouvoir de représentation. Un dirigeant révoqué ou démissionnaire perd donc ce pouvoir immédiatement, peu important que sa révocation ou sa démission n'ait pas encore été publiée (Cass. com. 12-5-2015 n° 14-12.483 : RJDA 10/15 n° 662).

CONNAISSANCE PAR LES TIERS DES CHANGEMENTS DE DIRIGEANT NON PUBLIÉS

13033 Les tiers peuvent toujours se prévaloir des actes ou faits même non publiés dont ils ont connaissance (art. L 123-9, al. 1 et 2). Par exemple, dans un cas où un nouveau gérant avait, avant que sa nomination ne soit publiée, informé la banque qui tenait le compte de la société que celui-ci ne fonctionnait désormais que sous sa seule signature, la société ne peut pas reprocher à la banque d'avoir déclaré plusieurs incidents de paiement pour défaut de provision de chèques signés par ce gérant alors que la nomination de ce dernier n'avait pas été publiée : la banque, qui avait été informée de la nomination du nouveau gérant, n'avait commis aucune **faute** (T. com. Paris 22-3-1994 : Dr. sociétés 1994 n° 132 obs. Th. Bonneau).

CHAPITRE 6

POUVOIRS DES ORGANES DE GESTION

SOMMAIRE

ÉTENDUE DES POUVOIRS DES ORGANES DE GESTION

Les organes de gestion détiennent des pouvoirs plus ou moins importants selon le type de société dans laquelle ils exercent leurs fonctions. L'étendue de ces pouvoirs est examinée à l'occasion de l'étude de chaque type de société. **Dans tous les cas,** les organes de gestion ont le pouvoir d'assurer le bon fonctionnement de la société ainsi que, pour ceux d'entre eux ayant la qualité de représentant légal, le pouvoir d'engager la société à l'égard des tiers, même en présence de clauses statutaires limitant ce pouvoir. 13200

Quelle que soit l'étendue des pouvoirs dont la loi ou les statuts les ont investis, les organes de gestion doivent exercer ceux-ci dans l'**intérêt de la société** et dans la limite de l'**objet social,** faute de quoi leur responsabilité pourrait être engagée à l'égard de la société. Notons toutefois qu'à l'égard des tiers le représentant légal d'une SARL ou d'une société par actions peut engager la société même par des actes ne relevant pas de l'objet social (n° 13321).

L'étendue des pouvoirs des dirigeants de **sociétés étrangères** doit, même pour les actes passés en France, être appréciée en fonction de la loi nationale de cette société et non pas de la loi française (n° 92515).

SECTION 1

CONDITIONS D'EXERCICE DES POUVOIRS DES ORGANES DE GESTION

PRISE EN COMPTE DE L'INTÉRÊT SOCIAL ET DES ENJEUX SOCIAUX ET ENVIRONNEMENTAUX

13210 La société doit être gérée « dans son intérêt social, en prenant en considération les enjeux sociaux et environnementaux de son activité » (C. civ. art. 1833, al. 2). Les notions d'intérêt social et d'enjeux sociaux et environnementaux de l'activité de la société ne sont définies ni par le Code civil ni par le Code de commerce qui y fait référence (cf. art. L 225-35, al. 1 et L 225-64, al. 1, à propos de l'étendue des pouvoirs du conseil d'administration et du directoire des SA).

13211 Dans l'esprit des promoteurs de la loi 2019-486 du 22 mai 2019 qui a introduit cette notion dans le Code civil, la consécration de l'**intérêt social** entérine au niveau législatif un aspect fondamental de la gestion des sociétés : « le fait que celles-ci ne sont pas gérées dans l'intérêt de personnes particulières, mais dans leur intérêt autonome et dans la poursuite des fins qui leur sont propres » (Exposé des motifs du projet de loi). Cette opinion rejoint celle que nous soutenions déjà avant cette loi, selon laquelle une décision est conforme à l'intérêt social lorsqu'elle est utile ou profitable à la société. La conformité d'une décision à cet intérêt dépend donc de son **opportunité** pour la société. La jurisprudence rendue en la matière avant la loi 2019-486 nous paraît toujours d'actualité.

ILLUSTRATIONS

Jugé que constituait un abus des biens d'une société et reposait donc sur une cause illicite (désormais un but contraire à l'ordre public) la cession par son gérant associé d'un contrat de crédit-bail portant sur des locaux qu'elle occupait, consentie à une autre société que le gérant venait de constituer avec son coassocié, laquelle avait loué peu de temps après les locaux à la société cédante ; en effet, les avantages conférés par le bail (souplesse du titre d'occupation et possibilité de s'en dégager) étaient manifestement très inférieurs à ceux procurés par la poursuite du crédit-bail (détention moins coûteuse et perspective d'achat des locaux à bas prix assurée) (Cass. com. 13-12-2005 n° 1646 : RJDA 3/06 n° 273).

De même, un cautionnement hypothécaire consenti par une filiale en garantie du remboursement d'un prêt bancaire accordé à la société mère a été considéré comme contraire à l'intérêt de la filiale car cette sûreté a eu pour effet de la priver de ressources éventuelles sans contrepartie, en grevant lourdement son patrimoine immobilier (Cass. com. 13-11-2007 n° 06-15.826 : RJDA 2/08 n° 137, 2e esp.).

Jugé en revanche que, si les dirigeants d'une société doivent s'abstenir en toutes circonstances d'exercer leurs prérogatives à des fins purement personnelles, il ne peut a priori pas être posé en principe que la cession des actions d'autocontrôle de la société que les dirigeants envisagent de réaliser portera atteinte à l'intérêt social, l'appréciation d'une atteinte éventuelle à cet intérêt, qui ne se confond pas avec celui de quelques actionnaires, dépendant des conditions, notamment financières, dans lesquelles la cession doit intervenir (CA Paris 15-3-2000 n° 00-4127 : Bull. Joly 2000 p. 625 note A. Couret).

Par ailleurs, des travaux de forage payés par une société en vue d'alimenter en eau le jardin et la piscine de son gérant n'ont pas été jugés contraires à l'intérêt social car ils ont aussi permis d'alimenter en eau la société, voisine du gérant (Cass. com. 9-6-2009 n° 08-15.270 : RJDA 11/09 n° 928).

13212 Les **enjeux sociaux et environnementaux** de l'activité sociale ne sont pas non plus définis par la loi, qui prévoit leur prise en compte dans l'appréciation de l'intérêt social. La mesure des enjeux sociaux et environnementaux dans la prise de décision oblige le dirigeant à s'interroger sur ces enjeux et à les « considérer avec attention » (Exposé des motifs du projet de loi 2019-486 du 22-5-2019). Cette prise en compte doit être adaptée à chaque société, notamment en fonction de sa taille et de son activité. On peut penser, par exemple, que l'impact sur l'environnement de « l'empreinte carbone » générée par l'activité d'une société industrielle constitue un enjeu environnemental pour celle-ci.

13215 L'inobservation de l'article 1833, al. 2 du Code civil n'est pas sanctionnée par la **nullité** de la société (C. civ. art. 1844-10, al. 1). Elle n'est pas non plus une cause de nullité des actes ou délibérations des organes de la société antérieurs au 1er octobre 2025 et ne modifiant pas les statuts (art. L 235-1, al. 2 abrogé, à compter du 1-10-2025, par ord. 2025-229 du 12-3-2025 ; Ord. 2025-229 art. 70). Cependant, la société pourrait, à notre avis, obtenir l'annulation d'un acte contraire à l'intérêt social s'il repose sur un but contraire à l'ordre public (cf. art. L 235-1, al. 2 et C. civ. art. 1162). À compter du 1er octobre 2025, la violation de l'article 1833, al. 2 n'est pas une cause de nullité des décisions sociales sauf, à notre avis, si la décision repose sur un but contraire à l'ordre public (C. civ. art. 1844-10, al. 3 modifié par ord. 2025-229 et art. 1162 ; Ord. 2025-229 art. 70).

La **responsabilité** d'un dirigeant ayant accompli un acte contraire à l'intérêt social peut être engagée à l'égard de la société pour faute de gestion (pour des exemples de faute de gestion, voir nos 13952 s.).

La méconnaissance des enjeux sociaux et environnementaux de l'activité de la société peut aussi entraîner la mise en cause du dirigeant. En l'absence de disposition prévoyant un régime spécifique de responsabilité sur ce point, l'action en responsabilité répond aux conditions de responsabilité prévues par le droit commun des sociétés (existence d'une faute, d'un préjudice et d'un lien de causalité entre les deux). La seule constatation d'un dommage social ou environnemental ne suffit donc pas à mettre en jeu la responsabilité d'un dirigeant s'il n'est pas établi que ce dommage résulte de sa méconnaissance fautive d'un tel enjeu.

La société peut demander au dirigeant de lui **rembourser** les **dépenses** faites par celui-ci au moyen de fonds sociaux qu'elle estime **non justifiées.** Le dirigeant ne peut s'opposer à cette demande qu'en apportant la preuve que ces dépenses ont été engagées dans l'intérêt social (Cass. com. 25-6-2013 no 12-21.206 : RJDA 10/13 no 802 ; Cass. com. 23-1-2019 no 17-22.579 F-D : RJDA 4/19 no 271).

› Précisions Le **comité d'éthique du Medef recommande** aux entreprises de mettre en place des règles internes destinées à identifier, prévenir et gérer les **conflits d'intérêts** de nature à remettre en cause l'indépendance et l'objectivité de leurs dirigeants ; tel est le cas lorsqu'un intérêt significatif (affectif, familial, financier, politique, etc.) étranger à l'entreprise est susceptible d'interférer dans la prise de décision du dirigeant. Les mesures préconisées consistent (Guide du Medef « Prévenir et gérer les conflits d'intérêts dans votre entreprise ») :
– à organiser une réflexion en interne ;
– à identifier les conflits potentiels (existence de liens entre le dirigeant et un concurrent, un fournisseur ou un client ; promotion d'un collaborateur appartenant à la famille du dirigeant ; offre de cadeau ou de voyage de la part d'un fournisseur, etc.) ;
– à être transparent en informant chaque année les associés et/ou les organes d'administration ou de surveillance de l'existence d'un intérêt potentiellement conflictuel ;
– à prévoir les mesures visant à prévenir les conflits (demande d'autorisation, interdiction de participer à telle décision, etc.) ;
– à mettre en place les structures nécessaires au contrôle et à la sanction du non-respect de ces mesures.

Le **Code de gouvernance Afep-Medef** (art. 21) **et le Code de gouvernance Middlenext** (rec. 2 et 9) formulent aussi un certain nombre de recommandations en matière de gestion des conflits d'intérêts des membres du conseil d'administration ou de surveillance. Sur le champ d'application et le caractère contraignant de ces Codes, voir nos 48272 s.

Sûreté personnelle donnée par la société Une sûreté accordée par une société de personnes (cas des **SNC et SCS**) en garantie des dettes d'un associé ou d'un tiers est nulle si, étant de nature à compromettre l'existence même de la société, elle est contraire à l'intérêt social ; il en est ainsi même dans le cas où un tel acte entre dans l'objet social (Cass. com. 23-9-2014 no 13-17.347 : RJDA 12/14 no 914). L'existence de la société est menacée lorsque, par exemple, la sûreté porte sur le seul actif social car elle expose la société à perdre cet actif en cas de mise en œuvre de la garantie. Une telle sûreté est néanmoins valable si elle présente une contrepartie, notamment en raison de l'appartenance de la société à un groupe. La société peut ainsi valablement affecter le seul bien qu'elle possède au remboursement des dettes du groupe, ce qui permet d'en assurer la sauvegarde (Cass. com. 10-2-2015 no 14-11.760 : RJDA 5/15 no 360). 13217

Le seul fait que le cautionnement ne présente pas d'avantage pour la société ne suffit pas à caractériser la contrariété de cet engagement à son intérêt (CA Versailles 23-7-2020 no 19/03828 : RJDA 5/21 no 325).

Dans les **SARL** et les **sociétés par actions,** la sûreté peut, à l'inverse de ce qui est prévu pour les SNC et les SCS, être valablement consentie même si elle est dépourvue de contrepartie et si elle expose la société à réaliser son seul actif (no 13322).

INTÉRÊT SOCIAL ET INTÉRÊT DES ASSOCIÉS

L'intérêt social ne se confond pas nécessairement avec l'intérêt commun des associés auquel doit répondre la création de la société (C. civ. art. 1833, al. 1) et qui suppose que tous les associés soient traités sur un pied d'égalité (A. Constantin, L'intérêt social, quel intérêt : Études offertes à Barthélemy 13220

Mercadal Éd. Francis Lefebvre 2002 p. 317 spécialement n° 25). Les dirigeants doivent donc prendre soin d'agir dans l'intérêt de la société sans rompre l'**égalité entre les associés** (pour un exemple, Cass. com. 18-6-2002 n° 1211 : RJDA 10/02 n° 1038). Pour autant, ils n'ont pas à privilégier l'intérêt de ces derniers par rapport à celui de la société (CA Paris 5-4-2002 n° 00-4851 : RJDA 3/03 n° 270, où des dirigeants ayant fait céder par la société ses propres actions à un tiers sans les avoir proposées aux actionnaires n'ont pas été considérés comme fautifs car, s'il est vrai que ceux-ci auraient trouvé un intérêt à ce que les titres leur soient offerts, il s'agissait d'un intérêt certain à court terme, moins certain à moyen terme, qui n'était pas supérieur aux intérêts de la société).

13230 **Recours à un prestataire extérieur lié au dirigeant**

Il peut arriver que la société confie à une **entreprise de services animée par** son **dirigeant** le soin de réaliser certaines prestations moyennant le versement d'une rémunération. La validité d'un tel contrat de prestations n'est pas discutable, sauf s'il fait **double emploi avec les fonctions du dirigeant.** Le contrat peut dans ce cas être annulé à la demande de la société pour défaut de contrepartie (C. civ. art. 1169). Tel est le cas des missions suivantes confiées au prestataire :

– l'action commerciale, la gestion industrielle, la gestion des ressources humaines, la gestion administrative et financière et la stratégie générale (Cass. com. 14-9-2010 n° 09-16.084 F-D : RJDA 12/10 n° 1162) ;

– la création et le développement de filiales à l'étranger, la participation à des salons professionnels, la définition des stratégies de vente dans différents pays et la recherche de nouveaux clients à l'étranger (Cass. com. 23-10-2012 n° 11-23.376 F-P : RJDA 2/13 n° 122) ;

– le conseil en matière de management, de stratégie de développement et de croissance externe, de comptabilité et de gestion (CA Paris 4-7-2013 n° 11/06318 : RJDA 11/13 n° 897) ;

– la coordination financière du groupe et de ses filiales, la mise en place des ressources humaines et la mutualisation des équipes du groupe, l'encadrement humain et autres opérations d'intermédiation, le management des entreprises, le conseil juridique pour les dossiers de droit du travail, le développement commercial, la mutualisation des achats, l'encadrement des risques socioprofessionnels, le transfert de savoir faire et de compétence métiers, la mutualisation des moyens logistiques, la cohésion marketing, l'activité d'animation et la veille technologique (CA Paris 24-11-2024 n° 22/18075).

En revanche, a été considérée comme distincte des fonctions non rémunérées de président d'une SAS la mission confiée par son associé unique à l'entreprise animée par le président et consistant à conseiller l'associé sur le suivi de l'activité de la SAS en vue de sa cession, le suivi portant sur la gestion et le développement de cette activité, la définition des stratégies, les relations avec les clients, les axes de développement du chiffre d'affaires, la gestion de ses usines et l'adaptation des actifs industriels et des moyens de production (Cass. com. 12-12-2018 n° 16-15.217 F-D : RJDA 3/19 n° 191).

SECTION 2

POUVOIR D'ENGAGER LA SOCIÉTÉ À L'ÉGARD DES TIERS

ACTES ENGAGEANT LA SOCIÉTÉ À L'ÉGARD DES TIERS

13280 Tout acte qui ne relève pas de la compétence réservée par la loi aux associés (tel un acte entraînant une modification des statuts) engage valablement la société à l'égard des tiers à condition qu'il ait été accompli **au nom de la société.** Sous réserve des dérogations prévues pour les SARL et les sociétés par actions (n° 13321), il faut aussi que l'acte entre dans l'**objet social.**

En outre, **dans les SA,** les cautions, avals et garanties consentis par le représentant légal pour garantir les engagements des tiers doivent avoir été autorisés par le conseil d'administration ou de surveillance ; à défaut, ils sont inopposables à la société (n°s 40905 s.).

En dehors du cas particulier où la société est engagée par un mandataire apparent, un **acte** ne peut être valablement **passé** en son nom que **par son représentant** légal ou une personne investie d'une délégation de pouvoirs. À défaut, l'acte est nul mais, cette nullité étant relative, seule la société peut s'en prévaloir et non les tiers (Cass. 1e civ. 12-11-2015 n° 14-23.340 : RJDA 2/16 n° 115). Toutefois, la société ne peut pas l'invoquer lorsqu'elle y a renoncé dans les conditions prévues à l'article 1182 du Code civil, c'est-à-dire en confirmant la convention expressément ou en l'exécutant volontairement et sans ambiguïté. Il en est de même en cas de résiliation de la convention dès lors que la société a ratifié tacitement la décision de résiliation (Cass. com. 17-1-2018 nº 16-22.285 F-D : RJDA 4/18 nº 325).

ILLUSTRATIONS

Jugé qu'une société était engagée par une convention de fourniture signée par son futur gérant dès lors qu'à la date de prise d'effet de celle-ci, il avait la qualité de représentant légal et l'avait exécutée pendant plus d'un mois, réceptionnant les livraisons et acceptant les factures et un prêt octroyé par le fournisseur ; cette exécution volontaire à une époque où la convention pouvait être ratifiée ou confirmée valait en effet reconnaissance des obligations qui en résultaient (Cass. com. 8-1-2002 nº 31 : RJDA 5/02 nº 504).

Incidence du Code civil Le Code civil prévoit un **régime général de représentation du cocontractant** (C. civ. art. 1153 s.). En vertu de ce régime, général car applicable aussi bien à la représentation légale, judiciaire ou conventionnelle, le représentant n'est « fondé à agir que dans la limite des pouvoirs qui lui ont été conférés » (art. 1153). 13283

Les dispositions de ce régime qui encadrent les pouvoirs du représentant ont-elles vocation à régir les conditions d'engagement de la société par son représentant légal ?

Nous pensons que non. En effet, les règles générales du Code civil s'appliquent sous réserve des règles particulières propres aux contrats spéciaux (C. civ. art. 1105, al. 3), tel le contrat de société. Or, les pouvoirs de représentation des dirigeants sociaux sont exhaustivement définis par le **droit des sociétés,** qui **déroge sur ce point** au droit commun des contrats et en exclut totalement l'application (nºs 64 s.).

Ainsi, aux termes de l'article 1155, al. 1 du Code civil, « lorsque le pouvoir du représentant est défini en termes généraux, il ne couvre que les actes conservatoires et d'administration ». Les règles de fonctionnement de la SNC ou de la SCS prévoient que le gérant ne peut engager celle-ci que par les actes entrant dans l'objet social (nº 13323). Les représentants légaux des autres sociétés (SARL et sociétés par actions) sont investis des pouvoirs les plus étendus pour agir en toute circonstance au nom de la société et ont même le pouvoir d'engager la société par les actes qui ne relèvent pas de l'objet social, sauf à prouver que le tiers savait que l'acte dépassait cet objet ou qu'il ne pouvait pas l'ignorer compte tenu des circonstances (nº 13321). Par leur étendue (engager la société par les actes entrant dans l'objet social ; être investi des pouvoirs les plus étendus pour agir en toute circonstance au nom de la société), ces pouvoirs sont conçus en des termes très généraux. Il n'en résulte pas pour autant que les pouvoirs des dirigeants doivent être limités aux seuls actes conservatoires et d'administration, comme le prescrit l'article 1155, ce qui interdirait aux dirigeants de conclure un acte de disposition (vente, constitution d'hypothèque, etc.) au nom de la société. En effet, le droit des sociétés envisage toute la question des pouvoirs du représentant légal de la société et lui seul doit donc être appliqué.

Sur l'application aux représentants légaux de la règle générale prévoyant que « les pouvoirs du représentant cessent s'il est atteint d'une incapacité ou frappé d'une interdiction » (C. civ. art. 1160), voir nºs 12440 s. 13285

ACTES DE SOCIÉTÉ ILLICITES

Le dirigeant ne peut pas conclure d'actes illicites au nom de la société. Outre les cas d'illicéité signalés sur l'activité de la société (nº 896), on citera, à titre d'exemple, l'interdiction faite aux sociétés de participer au financement de **campagnes électorales** ou de **partis politiques** en consentant des dons sous quelque forme que ce soit ou en fournissant des biens ou des services directement ou indirectement à des prix inférieurs à ceux habituellement pratiqués (C. élect. art. L 52-8, al. 2 ; Loi 88-227 du 11-3-1988 art. 11-4, al. 3). 13290

Notons aussi l'interdiction faite aux SARL de garantir une **émission de valeurs mobilières,** sauf si celle-ci est faite par une société de développement régional ou s'il s'agit d'une émission d'obligations bénéficiant de la garantie subsidiaire de l'État (art. L 223-11, al. 4).

VENTE D'UN LOGEMENT DE SOCIÉTÉ OCCUPÉ PAR UN ÉPOUX

Lorsqu'une société est propriétaire d'un logement qu'occupent des **époux associés** ou l'un d'eux, l'**occupant** ne peut **s'opposer à la vente du bien** en application de l'article 215, al. 3 du Code civil, qui interdit à un époux de disposer seul des droits par lesquels est assuré le logement de la famille, que si l'occupant a été autorisé à habiter le logement en vertu d'un droit d'associé ou d'une décision collective (Cass. 1e civ. 11-3-1986 nº 84-12.489 : Bull. civ. I nº 62 ; Cass. 1e civ. 14-3-2018 nº 17-16.482 F-PB : RJDA 2/19 nº 100, pour une société civile mais transposable). 13295

A. Actes entrant dans l'objet social

NATURE DES ACTES ENTRANT DANS L'OBJET SOCIAL

13300 Les représentants légaux engagent valablement la société par tous les actes se rattachant à l'objet social, c'est-à-dire ceux qui en **facilitent la réalisation,** quelles que soient la nature et l'importance de ces actes.

Il en résulte, en principe, que la société n'est pas engagée par un acte excédant l'objet social et qu'un tel acte peut être annulé. La loi déroge à ce principe dans les SARL et les sociétés par actions, dont le représentant légal peut aussi engager la société par des actes ne relevant pas de l'objet social : voir nos 13321 s.

Entrent dans l'objet social les **actes de gestion courante** nécessaires à la poursuite de l'activité : achat et vente de marchandises ; renouvellement du matériel ; engagement, licenciement et fixation de la rémunération du personnel ; souscription et résiliation de polices d'assurance ; ouverture et fonctionnement des comptes bancaires ; paiement des sommes dues par la société ; actions en justice ; signature d'un compromis ; etc.

Tel est également le cas des **opérations plus importantes** se rattachant à cet objet (par exemple, achat et vente d'immeuble, création de succursale, prise de participation dans d'autres sociétés, constitution de filiale, octroi de garantie tel un cautionnement, etc.).

ILLUSTRATIONS

La promesse de cession des parts qu'une SA gérant un supermarché détenait dans le capital d'une société civile propriétaire des murs du supermarché a été jugée conforme à l'objet de la SA qui consistait dans le commerce de détail et la participation directe ou indirecte dans toute entreprise se rattachant à cet objet. En effet, cette opération portait bien sur une participation de la SA (Cass. com. 8-10-2013 nº 12-25.192 : RJDA 1/14 nº 38).

La conclusion de telles opérations n'est valable que si elle n'entraîne pas une modification de l'objet social car celle-ci relève en principe non pas de la compétence du dirigeant, mais de celle des associés (nos 13350 s.). Les représentants légaux peuvent ainsi vendre (ou apporter à une autre société), mettre en location-gérance ou donner en nantissement le fonds de commerce de la société, celui-ci serait-il unique, pourvu que l'exploitation de ce fonds ne soit pas la seule activité prévue par l'objet social. Dans le cas contraire en effet, l'acte entraînerait une modification de cet objet.

13301 **Gestion financière de la société** Le **placement des capitaux disponibles** de la société, même sur un marché spéculatif, relève des pouvoirs de gestion financière du représentant légal, lequel peut les exercer quel que soit l'objet social (Cass. com. 7-4-1998 nº 923 : RJDA 2/99 nº 183 ; Cass. com. 12-12-2006 nº 1392 : RJDA 4/07 nº 358, 2e esp.). Il en est de même des acquisitions par la société d'**effets de commerce** (pour autant qu'elles ne soient pas effectuées habituellement, au mépris du monopole bancaire), qui sont opposables aux tiers indépendamment de toute référence à l'objet social (Cass. com. 1-10-1996 nº 1332 : RJDA 1/97 nº 88).

ACTES ENGAGEANT UNE SARL OU UNE SOCIÉTÉ PAR ACTIONS

13321 Dans les rapports avec les tiers, les SARL et les sociétés par actions sont engagées même par les actes des dirigeants sociaux **qui ne relèvent pas de l'objet social,** sauf si elles prouvent que le tiers savait que l'acte dépassait cet objet ou qu'il ne pouvait l'ignorer compte tenu des circonstances, étant précisé que la seule publication des statuts ne suffit pas à constituer cette preuve (art. L 223-18, al. 5, L 225-56, I, L 225-64, al. 2, L 226-7, al. 2 et L 227-6, al. 2).

ILLUSTRATIONS

Une SA dont le président avait consenti un cautionnement n'entrant pas dans l'objet social a été condamnée au paiement des sommes garanties car le bénéficiaire du cautionnement avait toute raison de croire à la régularité de cet acte, qui avait été autorisé par le conseil d'administration (Cass. com. 18-6-1980 : Bull. civ. IV nº 264).

Une SARL dispensant des prestations d'assistance en informatique a aussi été condamnée à régler des cours de pilotage d'avions commandés en son nom par son gérant car il n'était pas établi que l'école de pilotage savait que ces cours n'entraient pas dans l'objet social (CA Paris 15-6-1995 : Bull. Joly 1995 p. 984 note A. Couret).

Une SAS qui s'était portée caution des dettes fiscales d'un tiers envers la Direction générale des impôts n'a pas pu échapper à son engagement en faisant valoir que celle-ci, en exigeant la remise du procès-verbal de l'assemblée générale de la SAS autorisant son président à l'engager, avait connaissance de la contrariété du cautionnement à l'objet social car la preuve de cette connaissance ne pouvait pas résulter du seul fait que l'administration avait exigé ce document (Cass. com. 19-9-2018 nº 17-17.600 F-D : RJDA 2/19 nº 96).

À l'inverse, une banque ayant escompté une lettre de change acceptée par le dirigeant d'une société n'a pas été admise à déclarer sa créance au passif de cette société, mise en liquidation judiciaire, car elle savait que le contrat auquel cette traite se rapportait dépassait l'objet social (Cass. com. 25-6-1985 : Rev. sociétés 1985 p. 829 note J.-J. Daigre).

Il résulte des articles L 223-18, L 225-56, L 225-64, L 226-7 et L 227-6, qui doivent être mis en œuvre à la lumière de la directive européenne sur les sociétés commerciales (prévoyant aussi que la société est engagée par son représentant légal même pour les actes ne relevant pas de l'objet social : Dir. 2017/1132 du 14-6-2017 art. 9), que la **contrariété à l'intérêt social** – distincte de la violation de l'objet – d'un engagement souscrit par le représentant légal ne constitue pas, par elle-même, une cause de nullité de l'engagement (Cass. com. 12-5-2015 nº 13-28.504 F-PB : RJDA 10/15 nº 674 ; Cass. com. 19-9-2018 nº 17-17.600 F-D : RJDA 2/19 nº 96). Une sûreté consentie par la société en garantie des dettes d'un associé ou d'un tiers est donc valable même si elle est dépourvue de contrepartie et si elle expose la société à réaliser son seul actif (Cass. com. 12-5-2015 précité). 13322

ACTES ENGAGEANT UNE SNC OU UNE SCS

La société n'est engagée que par les actes du gérant qui entrent dans l'objet social (art. L 221-5 pour les SNC et, sur renvoi de l'art. L 222-2, pour les SCS). 13323

ILLUSTRATIONS

Une SNC n'est pas engagée par le nantissement qu'elle a consenti sur son fonds de commerce en garantie des engagements contractés par un associé pour financer l'acquisition de ses parts sociales dès lors que, cette dette ne correspondant pas à une dette sociale mais à une dette personnelle d'un associé, le nantissement litigieux ne constituait pas un acte entrant dans l'objet social (Cass. com. 26-1-1993 : RJDA 5/93 nº 409).

L'article L 221-5, en ce qu'il apporte un élément de sécurité juridique aux actes conclus entre la société et les tiers, est d'**ordre public.**

Sûreté en garantie de la dette d'un associé ou d'un tiers Pour être valable, une **sûreté donnée par la société** en garantie des dettes d'un associé ou d'un tiers doit, comme tout autre acte, entrer dans l'objet social. À défaut, la sûreté est néanmoins valable si elle a été consentie à l'unanimité des associés ou bien en considération d'une communauté d'intérêts avec l'associé ou le tiers garanti (notamment Cass. 1e civ. 8-11-2007 nº 04-17.893 : RJDA 2/08 nº 137, 1e esp. ; Cass. com. 8-11-2011 nº 10-24.438 : RJDA 2/12 nº 165). 13325

ILLUSTRATIONS

A été validé le cautionnement des engagements d'une SA par une SNC en raison de l'existence d'une communauté d'intérêts entre les deux sociétés, celles-ci ayant le même siège social et les mêmes dirigeants et la SA exerçant son activité sur les terrains acquis par la SNC (Cass. com. 6-6-2001 nº 1138 : RJDA 12/01 nº 1219).

En outre, la sûreté ne doit pas compromettre l'existence même de la société (nº 13217).

Une sûreté donnée en garantie des dettes d'un associé ou d'un tiers sans remplir ces conditions est nulle de **nullité absolue** (Cass. 1e civ. 18-10-2017 nº 16-17.184 FS-PB : RJDA 2/18 nº 137, pour une société civile mais applicable à une SNC ou une SCS). Il en résulte que toute personne justifiant d'un intérêt (et pas seulement celle dont la règle méconnue protège les intérêts) peut demander l'annulation de la sûreté et, contrairement à ce qui est prévu pour une nullité relative, la nullité ne peut pas être couverte par la confirmation de l'acte de sûreté (C. civ. art. 1180).

B. Actes relevant de la compétence des associés

En **principe,** les dirigeants ne peuvent pas valablement accomplir d'actes entraînant une **modification des statuts.** 13350

ILLUSTRATIONS

Échappent à la compétence des dirigeants :

– la vente du fonds de commerce d'une société si cette vente implique une modification de l'objet social, donc des statuts, pour laquelle la loi attribue expressément compétence aux associés (Cass. com. 18-10-1994 nº 1925 : RJDA 2/95 nº 161 ; Cass. com. 31-1-2012 nº 10-15.489 : RJDA 5/12 nº 508) ;

– dans une société ayant pour objet l'exploitation d'un supermarché à une adresse déterminée sous l'enseigne exclusive d'un groupe de distribution, la dénonciation des contrats de franchise et d'approvisionnement liant la société au groupe de distribution, qui conduit à la nécessité de modifier l'objet social (Cass. com. 13-3-2024 nº 22-13.764 FS-B : RJDA 7/24 nº 395) ;
– la vente d'un hebdomadaire publié par une société de presse dont le titre correspond à la dénomination sociale, dès lors qu'une telle vente implique nécessairement une modification statutaire (Cass. com. 12-1-1988 : Rev. sociétés 1988 p. 263 note Y. Chaput).

À l'inverse, relèvent de la compétence des dirigeants :
– la cession du droit au bail des locaux où est exploité le fonds de commerce d'une société, dès lors que, aux termes des statuts, la société pouvait exercer son activité en tout autre lieu (Cass. com. 13-11-1957 : D. 1958 p. 269 ; la solution eût certainement été différente si l'objet statutaire avait été limité à l'exploitation du fonds situé dans les locaux concernés) ;
– la vente du seul bien immobilier de la société, où était exploité le fonds de commerce de celle-ci, car cette exploitation ne constituait qu'une partie de l'objet social, « particulièrement vaste » (CA Paris 21-11-1990 : Bull. Joly 1991 p. 61) ;
– la vente du fonds de commerce exploité par la société, dès lors que cette vente n'entraîne pas l'extinction de l'objet social qui n'impose pas d'exploiter un fonds à une adresse déterminée (Cass. com. 13-3-2024 nº 22-19.987 F-D : RJDA 7/24 nº 395 ; dans le même sens, Cass. com. 29-1-1979 nº 77-11.302 : Bull. civ. IV nº 35).

Signalons que certains juges du fond ont annulé la vente, par des dirigeants de sociétés **holdings,** de **participations** constituant l'actif essentiel de la société sans relever que cette vente avait « épuisé » l'objet social (CA Grenoble 31-5-1983 : Rev. jur. com. 1983.379 note J. Mestre et T. com. Paris 28-6-1982 : Rev. jur. com. 1983.99 note J. Mestre). À notre avis, ces décisions limitent de façon trop restrictive les pouvoirs des dirigeants en matière de cession de droits sociaux consentie au nom de la société.

13351 Par **dérogation** à la règle ci-dessus interdisant aux dirigeants de modifier seuls les statuts :
– dans les **SARL** et les **SA,** le siège social peut, sous certaines conditions, être transféré selon le cas par le gérant (nºs 31280 s.) ou le conseil d'administration (nºs 40900 s.) ou de surveillance (nº 44832) alors qu'un tel transfert nécessite une modification statutaire ;
– dans les **SAS,** le président (ou un autre dirigeant) peut décider seul de modifier la plupart des clauses statutaires (notamment celles relatives à l'objet, la dénomination ou le siège de la société) à condition que les statuts lui réservent expressément ce pouvoir (nº 60491).

C. Actes passés au nom de la société

ACTE DU DIRIGEANT CONCLU EN CETTE QUALITÉ

13380 Pour que la société soit engagée par un acte du dirigeant, il faut que l'acte ait été conclu au nom de celle-ci.

Il en est ainsi lorsque le dirigeant social fait suivre sa signature de son nom et de sa qualité dans la société (pour un exemple, Cass. com. 12-10-1976 : Bull. civ. IV nº 257). À défaut de **mention de** cette **qualité,** il appartient à celui qui se prévaut de l'acte d'apporter la preuve que le dirigeant a manifesté la volonté d'agir au nom de la société (Cass. com. 22-2-2005 nº 270 : RJDA 6/05 nº 703 ; Cass. com. 7-7-2020 nº 18-19.292 F-D : RJDA 11/20 nº 569 ; Cass. com. 11-10-2023 nº 22-12.946 F-D : RJDA 4/24 nº 218), cette preuve pouvant résulter de circonstances de fait, par exemple d'un commencement d'exécution par la société ou d'une ratification par les associés.

› Précisions a. L'acte est valable si la **société** a la **capacité juridique** de le conclure, peu important que son représentant légal n'ait pas cette capacité. Ce dernier peut ainsi passer au nom de la société un acte qui lui serait personnellement interdit.

b. Le **dirigeant social** qui a donné son **aval sur un effet de commerce** sans indiquer la qualité en laquelle il intervient est seul engagé par cet *aval sans qu'il y ait lieu de rechercher s'il a agi en* qualité de mandataire social (Cass. com. 6-10-1998 nº 1491 : RJDA 12/98 nº 1409, à propos d'une lettre de change ; Cass. com. 15-2-2023 nº 21-22.990 F-D : RJDA 5/23 nº 273, à propos d'un billet à ordre). Mais s'il a apposé sa signature dans la partie de l'effet de commerce réservée au souscripteur et dans celle réservée à l'avaliste, à chaque fois sur le cachet de la société, il n'est pas personnellement engagé comme avaliste (Cass. com. 23-10-2024 nº 22-22.215 FS-B : RJDA 1/25 nº 39). La rigueur de ces solutions se justifie par les exigences formelles du droit cambiaire.

c. Le **signataire** d'un contrat **déclarant agir tant en son nom personnel qu'au nom de la société** dont il est associé n'a pas besoin de signer deux fois le contrat pour être engagé à titre personnel à l'égard du cocontractant (Cass. com. 9-5-2018 nº 16-28.157 F-PB : RJDA 8-9/18 nº 642).

DÉTOURNEMENT DE POUVOIR DU DIRIGEANT SOCIAL

En principe, tout acte accompli au nom de la société est opposable à cette dernière, qui est donc engagée même si l'**opération** a été **passée** par un dirigeant **à des fins personnelles** : par exemple, emprunt contracté au nom de la société avec utilisation des fonds au profit du dirigeant. Dans un tel cas, la société ne peut que mettre en cause la responsabilité civile et pénale (pour abus de biens sociaux) du dirigeant fautif. 13390

Cependant, elle peut se dégager si elle prouve que le tiers avait connaissance du préjudice subi par elle et du caractère abusif et frauduleux des engagements souscrits en son nom (Cass. com. 9-10-1961 : Bull. civ. III n° 348) car la fraude fait exception à toutes les règles.

Par ailleurs, il a été jugé que la renonciation à un droit dont bénéficiait une société est inopposable à celle-ci dès lors qu'elle a été frauduleusement consentie par son président au profit d'une entreprise dans laquelle il était directement intéressé (Cass. 3e civ. 19-2-1986 : RTD civ. 1987.761 obs. Mestre).

SECTION 3 LIMITATION DES POUVOIRS DES ORGANES DE GESTION

LIMITATION STATUTAIRE DES POUVOIRS DE GESTION

Les **statuts** peuvent restreindre les pouvoirs des organes de gestion. Dans les **sociétés par actions,** cette limitation ne doit pas être telle que le pouvoir de gestion soit pratiquement inexistant. Ainsi, un directeur général de SA a un pouvoir autonome qui ne peut pas être réduit au-dessous d'un certain seuil, au point qu'il ne dispose plus du pouvoir de gérer (Cass. com. 11-6-1965 : Bull. civ. III n° 361). À notre avis, cette solution, propre aux SA, n'est pas transposable dans les **SNC**, les **SCS** et les **SARL,** où la liberté des associés de limiter les pouvoirs des gérants nous paraît sans limites, même si le caractère organique de ces sociétés est plus affirmé qu'auparavant. 13470

Les statuts doivent déterminer les conditions auxquelles est subordonnée la possibilité de passer les actes compris dans la limitation : le plus souvent, ils prévoient une autorisation préalable des associés ou de leurs représentants (conseil d'administration ou de surveillance) statuant à une majorité déterminée.

MODÈLE

Clause de limitation de pouvoirs

Dans les rapports entre associés, le... (*préciser le dirigeant concerné : selon le cas, gérant, directeur général, président, etc.*) doit être autorisé par (*ou selon le cas : consulter pour avis*) le... (*préciser l'organe social concerné : assemblée des associés statuant aux conditions de majorité prévues pour l'adoption des décisions ordinaires, conseil d'administration ou de surveillance, etc.*) avant d'accomplir l'un des actes suivants :

... (*à préciser : par exemple, cession d'actif ou de telle catégorie d'actif d'un montant supérieur à ... € ; prise de participation d'un montant supérieur à ... € ; prise d'hypothèque sur un immeuble de la société, etc.*).

Autorisation de consentir une sûreté réelle Si les statuts subordonnent l'octroi d'une hypothèque ou de toute autre sûreté réelle à l'autorisation préalable d'un organe de la société (conseil d'administration ou de surveillance, assemblée des associés, etc.), cette autorisation peut être donnée sous signature privée (C. civ. art. 2326) par dérogation à la règle selon laquelle la procuration donnée à l'effet de consentir une hypothèque (ou d'en donner mainlevée) doit résulter d'un acte passé devant notaire. 13473

RÉGIME DES CLAUSES DE LIMITATION DES POUVOIRS DE GESTION

Les dirigeants doivent respecter les **clauses statutaires** limitant leurs pouvoirs même si, par ailleurs, les statuts leur confèrent « les pouvoirs les plus étendus pour agir au nom de la société » (Cass. 1e civ. 19-11-1991 n° 1517 : RJDA 8-9/92 n° 827). À défaut, les associés peuvent demander aux dirigeants ayant excédé leurs pouvoirs réparation du préjudice subi de ce fait 13475 par la société ; ils peuvent aussi les révoquer et prétendre que la méconnaissance des statuts constitue un juste motif privant les représentants légaux de tout droit à dommages-intérêts.

La violation de la clause limitative est sans **effet à l'égard des tiers** quand bien même ceux-ci auraient eu connaissance de cette clause (Cass. com. 2-6-1992 n° 969 : RJDA 8-9/92 n° 836, pour une SARL mais applicable aux autres sociétés commerciales).

La solution est différente lorsque la clause figure non pas dans les statuts, mais dans les **conditions particulières d'un contrat** : la limitation de pouvoirs résultant de cette clause constitue une condition de validité de l'engagement souscrit par la société. Tel a été le cas d'une clause d'un prêt bancaire garanti par le cautionnement d'une SARL qui imposait à celle-ci de transmettre à la banque la délibération des associés autorisant le cautionnement. La SARL pouvait se prévaloir du non-respect de cette condition pour demander l'annulation du cautionnement (Cass. com. 8-3-2017 n° 15-19.787 F-D : RJDA 6/17 n° 429).

13480 Les **tiers** peuvent se prévaloir des statuts pour justifier du **défaut de pouvoir d'un dirigeant à figurer dans un procès** comme le représentant de la société (Cass. 2e civ. 23-10-1985 : Rev. sociétés 1986 p. 409 note Bouloc ; Cass. com. 14-2-2018 n° 16-21.077 F-D : RJDA 5/18 n° 425), y compris devant le juge administratif (CE 20-10-2021 n° 448563 : RJDA 3/22 n° 155). Ils peuvent aussi se prévaloir des statuts pour invoquer le **dépassement de pouvoir du représentant légal** de la société (Cass. 3e civ. 14-6-2018 n° 16-28.672 F-PB : RJDA 11/18 n° 834, pour une société civile mais applicable aux sociétés commerciales).

ILLUSTRATIONS

Un **salarié licencié** par une société peut demander que le licenciement soit jugé sans cause réelle et sérieuse en se prévalant de l'inobservation d'une clause statutaire soumettant les licenciements à l'autorisation préalable des associés (Cass. soc. 15-2-2012 n° 10-27.685 : RJDA 5/12 n° 501).

Un tiers à qui la société a donné un **bien en location** peut invoquer la violation d'une clause statutaire limitant le pouvoir du dirigeant de résilier les baux pour faire annuler le congé que celui-ci lui a adressé (Cass. 3e civ. 14-6-2018 précité).

Compte tenu de la généralité des termes dans lesquels il est énoncé, le principe selon lequel les tiers peuvent se prévaloir des statuts pour invoquer un dépassement de pouvoir s'applique-t-il à tous les cas de dépassement ?

Nous ne le pensons pas. Les arrêts ayant admis cette possibilité ont été rendus dans des cas où le dépassement avait causé un préjudice au tiers. Ce principe ne saurait jouer, à notre avis, pour **permettre à un cocontractant de se délier de ses obligations** à l'égard de la société. Celui-ci ne pourrait donc pas tirer argument du dépassement de pouvoir du dirigeant pour faire annuler le contrat conclu avec la société en violation des statuts. Cette opinion ne nous paraît pas être remise en cause par l'article 1200, al. 2 du Code civil, aux termes duquel les tiers à un contrat peuvent s'en prévaloir (le texte précisant à titre d'exemple qu'il en va ainsi « notamment pour apporter la preuve d'un fait »).

SECTION 4 DÉLÉGATION DES POUVOIRS DES ORGANES DE GESTION

RÈGLES GÉNÉRALES DE LA DÉLÉGATION DE POUVOIRS

13530 Les représentants légaux de toute société peuvent déléguer à une ou plusieurs autres personnes de leur choix (appelées « délégataires » ou « **fondés de pouvoirs** ») le pouvoir d'accomplir, au nom de la société, certains actes déterminés, tels que ceux relevant de la direction technique, administrative, comptable ou financière.

Les délégations de pouvoirs sont consenties sous la **responsabilité du dirigeant,** qui répond, *à l'égard de la société*, des fautes qu'il commet à cette occasion : mauvais choix du délégataire, erreurs dans la détermination de ses attributions, défaut de surveillance, etc. (pour un exemple, Cass. com. 6-2-1962 : Bull. civ. III n° 80).

Lorsque la délégation répond à certaines conditions, elle permet au dirigeant d'être exonéré de sa responsabilité pénale (nos 13640 s.).

› Précisions **a.** Les **directeurs généraux délégués de SA classiques** peuvent, à notre avis, consentir des délégations de pouvoirs. En effet, la loi 2001-420 du 15 mai 2001 a transféré aux directeurs généraux délégués les pouvoirs auparavant dévolus aux directeurs généraux. Avant cette loi, les tribunaux avaient admis que les directeurs généraux avaient, à l'égard des tiers, les mêmes pouvoirs que le président-directeur général du conseil d'administration, notamment le pouvoir de représenter la société en justice et de déléguer ce pouvoir (Cass. com. 9-5-1995 nº 968 : RJDA 8-9/95 nº 995).

b. Aussi large soit-elle, une **délégation de pouvoirs consentie** par le président-directeur général **à un administrateur directeur salarié** ne peut pas avoir pour **effet** de conférer à l'intéressé la qualité de directeur général délégué (CA Paris 1-2-2012 nº 10/19173 : RJDA 7/12 nº 687).

c. Dans les **SARL**, le gérant est le représentant légal de la société (art. L 223-18, al. 5) et aucun pouvoir exprès en la matière n'est dévolu aux associés. La cour d'appel de Paris a néanmoins jugé que l'**assemblée générale** des associés, « instance délibérante par essence » de la société, est compétente pour donner un mandat de représentation de celle-ci à l'un des associés non gérant pour une opération déterminée (CA Paris 1-10-2008 nº 07-8940 : RJDA 8-9/09 nº 756). Cette décision est critiquable car l'article L 223-18, al. 5 prévoit que le gérant engage la société à l'égard des tiers en toute circonstance. La loi n'ayant dévolu aucun pouvoir à l'assemblée pour représenter la société à l'égard des tiers, celle-ci ne peut pas déléguer un pouvoir qu'elle n'a pas. Admettre en faveur des associés un pouvoir de représentation parallèle à celui du gérant est en outre source de grande insécurité juridique.

DISTINCTION ENTRE DÉLÉGATION DE POUVOIRS ET DÉLÉGATION DE SIGNATURE

Il convient de distinguer les délégations de signature des délégations de pouvoirs. Dans le premier cas, le représentant légal se borne à charger une personne de signer pour son compte et en son lieu et place tel ou tel acte relevant de ses pouvoirs. Cette personne apparaît alors comme le **mandataire d'un individu** et non comme le représentant de la société. 13540

Il en va différemment pour la délégation de pouvoirs, par laquelle le représentant légal confie, au nom et pour le compte de la société, à une personne qu'il investit d'une fonction déterminée (direction administrative, direction technique, direction d'une usine ou d'une succursale, etc.) le soin de **représenter la société** dans les limites de ses attributions.

Il en résulte que les délégations de pouvoirs subsistent en cas de cessation des fonctions du délégant (nº 13600) ou en cas de transformation de la société (nº 13610) alors qu'en présence d'une simple délégation de signature, de tels événements mettent fin au mandat.

PREUVE DE LA DÉLÉGATION DE POUVOIRS

La preuve de la délégation peut être rapportée par tous **moyens.** Dans la pratique, de nombreuses délégations résultent d'un écrit, bien que ce formalisme ne soit pas exigé par la loi. Cet écrit doit alors être dépourvu d'ambiguïté. 13542

A. Conditions d'efficacité de la délégation de pouvoirs

QUALITÉ DU DÉLÉGATAIRE

Les tribunaux retiennent l'efficacité de la délégation consentie à un délégataire qui a la qualité de préposé sous l'autorité hiérarchique du délégant, et donc en pratique un **salarié de la société.** 13550

En fonction des pouvoirs qui font l'objet de la délégation et des réglementations en cause, les tribunaux retiennent également l'efficacité de délégations consenties à des personnes qui n'ont pas la qualité de salarié de la société elle-même, notamment dans le cadre des **groupes** de sociétés. Tel est le cas, en particulier, en matière de licenciement. Il est admis qu'un salarié de la société mère puisse recevoir délégation d'un dirigeant d'une filiale. Par *exemple, un directeur du personnel* engagé par une société mère pour exercer ses fonctions au sein de cette société et de ses filiales peut valablement recevoir mandat de procéder au licenciement d'un salarié d'une filiale (Cass. soc. 19-1-2005 nº 123 : RJDA 5/05 nº 560). De même, le directeur financier d'une société mère peut licencier un salarié d'une filiale dès lors qu'il est titulaire d'une délégation de pouvoirs en matière de gestion du personnel établie par le dirigeant de la filiale (Cass. soc. 30-6-2015 nº 13-28.146 : RJDA 12/15 nº 834). Il n'est alors pas nécessaire que la délégation de pouvoirs soit donnée par écrit (Cass. soc. 19-1-2005 précité).

LIMITATION DES POUVOIRS DÉLÉGUÉS

Les **statuts** peuvent interdire la délégation. Ils peuvent aussi en fixer les conditions : qualité et statut du délégataire, nature des pouvoirs délégués, nécessité d'établir un écrit, obligation 13551 de demander une autorisation préalable des associés ou des organes d'administration, durée de la délégation, etc. Le délégant doit se conformer aux clauses statutaires.

En tout état de cause, il ne peut pas valablement consentir une délégation dont l'**étendue** aurait pour effet d'annihiler ses pouvoirs ou tout au moins de les neutraliser (Cass. com. 11-6-1965 : Bull. civ. III nº 361, à propos d'un président de SA mais à notre avis transposable à tout dirigeant social).

13552 Le délégataire engage la société par les actes qu'il conclut avec les tiers à condition que ces actes entrent dans le cadre de la délégation qui lui a été consentie. Toutefois, en pratique, les limitations de pouvoirs auxquelles il peut être soumis sont inopposables aux tiers, qui peuvent invoquer à l'encontre de la société le défaut de publicité de ces limitations (Cass. com. 24-1-1989 nº 87-12.785 : Bull. Joly 1989 p. 264) ou l'existence d'un mandat apparent.

SUBDÉLÉGATION DE POUVOIRS

13553 La délégation peut émaner du représentant légal ou de toute autre personne à qui ce représentant (ou l'un de ses délégataires) a délégué ses pouvoirs. En effet, aucune règle n'interdit à un délégataire de déléguer à son tour tout ou partie des pouvoirs dont il a été investi par son propre délégant, du moment que celui-ci n'a pas interdit une telle subdélégation. La question de savoir si, pour être **valable,** la subdélégation doit avoir été autorisée par le dirigeant n'a été tranchée qu'en matière d'infraction aux règles de sécurité du travail (nº 13670).

La cessation des fonctions du délégataire ne remet pas en cause l'efficacité des subdélégations qu'il a consenties à des salariés de la société (nº 13600).

Sur les conditions de la subdélégation du pouvoir de déclarer les créances, voir nº 4375.

Sur les conditions de la subdélégation du pouvoir de donner des garanties au nom d'une SA, voir nº 40918.

DÉLÉGATION DU POUVOIR D'AGIR EN JUSTICE

13560 En principe, le représentant légal peut déléguer le pouvoir d'agir en justice au nom de la société. La délégation est valable même si elle n'est pas délimitée géographiquement (Cass. com. 13-9-2017 nº 15-26.666 F-D : RJDA 12/17 nº 806).

Plus spécialement, le représentant légal peut déléguer le pouvoir de déclarer les créances de la société en cas de procédure collective d'un débiteur. Sur les conditions de validité d'une telle délégation, voir nºs 4370 s.

B. Durée de la délégation de pouvoirs

RÈGLES GÉNÉRALES RELATIVES À LA DURÉE DE LA DÉLÉGATION

13590 La délégation de pouvoirs doit être **temporaire** (Cass. com. 22-12-1975 : Bull. civ. IV nº 314). Pour autant, il n'est pas nécessaire que sa durée soit déterminée (Cass. com. 17-1-2012 nº 10-24.811 : RJDA 4/12 nº 405). En cas de délégation consentie pour une durée indéterminée, le délégant peut retirer celle-ci à tout moment. Lorsqu'une délégation consentie à un salarié apparaît comme un élément substantiel du contrat de travail, son **retrait** constitue une modification d'un élément substantiel du contrat de nature à entraîner la rupture de celui-ci (Cass. soc. 22-7-1986 nº 2184 : BRDA 17/86 p. 9).

DURÉE DE LA DÉLÉGATION EN CAS DE CESSATION DES FONCTIONS DU DÉLÉGANT

13600 Les **délégations** de pouvoirs **subsistent** même lorsque le délégant vient à cesser ses fonctions pour quelque cause que ce soit : décès, démission ou révocation. En effet, la délégation est consentie par le représentant légal au nom et pour le compte de la société et non en son nom personnel ; dès lors, peu importent les événements entraînant la cessation des fonctions du délégant : la société reste engagée par la délégation tant que celle-ci n'a pas été révoquée par le nouveau représentant légal (Cass. com. 4-2-1997 nº 286 : RJDA 6/97 nº 780 ; Cass. com. 15-3-2005 nº 414 : RJDA 7/05 nº 814 ; CA Paris 25-1-2018 nº 17/01883 : RJDA 4/18 nº 326).

› **Précisions** **a.** Dans les **SA** ayant choisi de dissocier les fonctions de président et de directeur général et de confier à ce dernier la qualité de représentant légal, les délégations consenties par le président avant la **dissociation des fonctions** subsistent (CA Paris 31-3-2006 nº 05-11953 : RJDA 8-9/06 nº 906).

b. La **subdélégation consentie par un salarié** subsiste après la cessation de ses fonctions (Cass. com. 8-7-2008 nº 07-13.868 : RJDA 11/08 nº 1155).

c. Le **successeur du délégant** n'a pas à renouveler les délégations précédemment consenties (en pratique, afin d'éviter toute contestation, de nombreuses sociétés préfèrent toutefois renouveler les délégations lors des changements de dirigeants).

DURÉE DE LA DÉLÉGATION EN CAS DE TRANSFORMATION DE LA SOCIÉTÉ

La transformation de la société n'entraîne pas création d'une personne morale nouvelle (art. L 210-6). Il en résulte qu'en principe les délégations consenties avant cette opération continuent à produire leurs effets après puisqu'elles ont été données au nom d'une personne qui n'a pas disparu par l'effet du changement de forme. 13610

Par dérogation à ce principe, les délégations deviennent caduques et doivent donc être renouvelées lorsque la transformation entraîne un **changement** dans la **structure interne** de la société car, du fait de l'apparition d'un nouvel organe de direction, les pouvoirs de l'ancien organe n'ont pas pu se perpétuer. Une délégation consentie par un président de conseil d'administration de SA a ainsi été jugée sans valeur après la transformation de celle-ci en SNC (Cass. crim. 3-1-1986 : D. 1987 p. 84 note B. Bouloc).

DURÉE DE LA DÉLÉGATION EN CAS D'ABSORPTION DE LA SOCIÉTÉ

Malgré le principe de transmission universelle du patrimoine attaché à la fusion-absorption, la **survie des délégations** de pouvoirs accordées avant l'opération dépend des circonstances. Ainsi, un salarié auquel une délégation de pouvoirs avait été accordée pour la durée de sa responsabilité au sein de la société avait été condamné pour prêt illicite de main-d'œuvre sur le fondement de cette délégation. Cette décision a été cassée car les juges du fond n'avaient pas recherché si la fusion, qui avait donné lieu à la création d'une société distincte de la précédente et à un changement de dirigeant, n'avait pas eu pour effet d'entraîner la caducité de la délégation (Cass. crim. 20-7-2011 nº 10-87.348 : RJDA 12/11 nº 1035). 13620

La prudence recommande donc à la société absorbante de renouveler les délégations de pouvoirs accordées aux salariés de la société absorbée qui conservent leur poste dans la nouvelle structure.

C. Exonération de responsabilité du dirigeant en cas de délégation de pouvoirs

1. EXONÉRATION DE RESPONSABILITÉ PÉNALE DU DIRIGEANT

CONDITIONS D'EXONÉRATION DE RESPONSABILITÉ LIÉES AU DÉLÉGANT

En dehors des cas où la loi en dispose autrement, le dirigeant qui n'a pas personnellement pris part à la réalisation d'une infraction peut être exonéré de sa responsabilité pénale s'il rapporte la preuve qu'il a délégué ses pouvoirs à une personne pourvue de la compétence, de l'autorité et des moyens nécessaires (Cass. crim. 11-3-1993 nºs 91-80.598, 91-80.958, 90-84.931 et 92-80.773 : RJDA 5/93 nº 470 ; Cass. crim. 3-5-1995 nº 2147 : RJDA 7/95 nº 862 ; Cass. crim. 19-9-2007 nº 06-85.899 : RJDA 2/08 nº 167). Dans ce cas, c'est le délégataire qui sera tenu pour **responsable des faits répréhensibles.** 13640

Une telle délégation permet d'exonérer le dirigeant de sa responsabilité pour les infractions commises qui relèvent du **domaine de compétence délégué.** Il peut s'agir, selon les cas, d'infractions :

– à la réglementation du travail (hygiène et sécurité sur le lieu de travail, durée du travail, embauche illégale de travailleurs étrangers, etc.) ;

– au droit des affaires (notamment publicité trompeuse, revente à perte, ententes, délit d'initié, contrefaçon) ;

– à la législation fiscale (essentiellement le délit de fraude fiscale) ou douanière.

La responsabilité du dirigeant est donc engagée pour les infractions ne relevant pas de la délégation. Par exemple, le gérant d'une société de travaux publics poursuivi pour infraction *aux règles de sécurité* des travailleurs n'est pas exonéré de sa responsabilité par une délégation concernant la signalisation des chantiers, étrangère aux questions de sécurité (Cass. crim. 8-9-2015 nº 14-83.053 : RJDA 12/15 nº 829).

Il importe que le délégant se réserve la **preuve** qu'il a bien délégué ses pouvoirs, et ce, avant la réalisation de l'infraction. Cette preuve peut aussi bien résulter d'un écrit spécifique (pour l'établir, on pourra s'inspirer du modèle de délégation proposé nº 13750) que du contrat de travail du délégataire ou des fonctions qu'il exerce (nº 13661).

Pour être exonéré de sa responsabilité, le **dirigeant** ne doit pas avoir **personnellement pris part à la réalisation de l'infraction** (Cass. crim. 20-5-2003 nº 2669 : RJDA 12/03 nº 1181 ; Cass. crim. 15-3-2016 nº 14-85.078 : RJDA 7/16 nº 537). Ainsi, une délégation de pouvoirs invoquée par le dirigeant d'un 13641 supermarché poursuivi pour publicité comparative illicite a été jugée sans effet car, compte tenu de l'importance commerciale de l'opération, celle-ci relevait des prérogatives attachées à la qualité de dirigeant, si bien que l'intéressé était impliqué personnellement (Cass. crim. 4-3-2008 nº 07-83.628 : RJDA 7/08 nº 860). De même, le dirigeant qui a donné une délégation de pouvoirs au directeur des relations sociales ne peut pas échapper à sa condamnation pour délit d'entrave, dès lors qu'il a présidé les réunions du comité d'entreprise et a sciemment omis de consulter celui-ci sur le projet de déménagement (Cass. crim. 15-3-2016 précité ; la solution serait à notre avis la même s'il avait présidé les réunions du comité social et économique).

CONDITIONS D'EXONÉRATION DE RESPONSABILITÉ LIÉES AU DÉLÉGATAIRE

13650 La délégation doit avoir été donnée à un **salarié de la société** et non à un tiers. Par exemple, les juges ont estimé qu'un dirigeant, à qui il incombe personnellement de veiller au respect par la société de ses obligations fiscales et comptables, ne peut pas s'exonérer de sa responsabilité pour fraude fiscale et omission d'écritures comptables en faisant valoir qu'il a délégué ses pouvoirs à un cabinet d'experts-comptables (Cass. crim. 24-9-1998 nº 5302 : RJDA 1/99 nº 48).

Toutefois, dans un **groupe de sociétés,** le dirigeant de la société dominante peut s'exonérer de sa responsabilité en matière d'hygiène et de sécurité en déléguant ses pouvoirs dans ce domaine pour l'ensemble des sociétés du groupe à un salarié d'une filiale placé sous son autorité hiérarchique (Cass. crim. 26-5-1994 nºs 93-83.180 et 93-82.213 : RJDA 1/95 nº 28, 1e et 2e esp.). De même, le dirigeant d'une filiale peut se prévaloir d'une délégation consentie en matière d'hygiène et de sécurité, non pas à l'un de ses salariés, mais à un salarié d'une autre société du groupe par le président de la société dominante de ce groupe (Cass. crim. 7-2-1995 nº 94-81.832 : RJS 6/95 nº 657).

Le délégataire devant être pourvu de la **compétence,** de l'**autorité** et des **moyens nécessaires** pour exercer effectivement les pouvoirs délégués, il doit disposer de l'indépendance nécessaire pour prendre seul les décisions relatives à l'exploitation (Cass. crim. 29-5-1990 nº 89-84.177 : RJS 8-9/90 nº 677) et posséder des connaissances techniques suffisantes. Par conséquent, même si, en théorie, tout salarié, quelle que soit sa position hiérarchique, peut être investi par l'employeur d'une délégation de pouvoirs s'il satisfait aux conditions tenant à la personne du délégataire, en pratique, les délégations sont le plus souvent confiées au personnel d'encadrement.

ILLUSTRATIONS

Le dirigeant d'une société poursuivi pour homicide et blessure involontaires ne peut pas se prévaloir d'une **délégation de ses pouvoirs au chef de chantier,** alors qu'il venait de l'embaucher et qu'il ignorait s'il disposait de la compétence nécessaire (Cass. crim. 2-9-2008 nº 08-80.408 : RJDA 3/09 nº 221 ; dans le même sens, Cass. crim. 14-5-2013 nº 12-81.847 : RJDA 10/13 nº 801). De même, un dirigeant n'est pas exonéré de sa responsabilité pénale par une **délégation de pouvoirs** en matière de sécurité donnée à un **préposé jeune** (21 ans) et inexpérimenté (Cass. crim. 8-12-2009 nº 09-82.183 : RJDA 4/10 nº 367).

La délégation ne peut pas être accordée à une personne frappée d'une mesure d'**interdiction de gérer** (Cass. crim. 13-6-2012 nº 11-85.280 : RJDA 5/13 nº 415 ; Cass. crim. 22-8-2018 nº 17-83.966 F-D : RJDA 2/19 nº 91).

CONDITIONS D'EXONÉRATION DE RESPONSABILITÉ LIÉES À LA DÉLÉGATION

13660 La **délégation** doit en principe avoir été **consentie par le dirigeant** lui-même. Par exemple, un président de SA ne peut pas s'exonérer de sa responsabilité en invoquant une délibération du conseil d'administration nommant un directeur général délégué même si cette délibération confère au directeur général délégué des pouvoirs identiques à ceux du président (Cass. crim. 17-10-2000 nº 6095 : RJDA 5/01 nº 596, rendu avant la loi 2001-420 du 15-5-2001 à propos de la nomination d'un directeur général, mais transposable sous l'empire des textes actuels à la nomination d'un directeur général délégué).

Par exception à cette règle, la Cour de cassation admet qu'un dirigeant de filiale puisse se prévaloir d'une délégation que le président de la société dominante du groupe dont fait partie la filiale a consentie à un salarié d'une autre société de ce groupe (Cass. crim. 7-2-1995 nº 94-81.832 : RJS 6/95 nº 657).

La **délégation** doit avoir été **acceptée** par la personne à qui elle est consentie, faute de quoi elle n'a aucune valeur (Cass. crim. 23-5-2007 nº 06-87.590 : RJDA 3/08 nº 276).

13661 *La* ***délégation*** *doit être* **certaine et exempte de toute ambiguïté** : un document non intitulé et rédigé en termes trop généraux ne peut pas exonérer un dirigeant de sa responsabilité (Cass. crim. 2-2-1993 nº 92-80.672 : RJDA 12/93 nº 1036).

La délégation peut résulter du contrat de travail du délégataire ou des fonctions qu'il exerce pourvu qu'il n'y ait ni incertitude ni ambiguïté sur l'existence de cette délégation.

ILLUSTRATIONS

Un dirigeant poursuivi pour fraude fiscale ne peut pas se prévaloir d'une délégation de pouvoirs donnée au directeur financier « pour **effectuer toutes les démarches** afférentes à la gestion de l'entreprise dans les domaines suivants : **comptable, fiscal, social et juridique** » dès lors que son champ d'application était très limité puisqu'elle ne concernait que l'accomplissement d'actes de relations, de discussions et de recherches d'informations, voire de conseils (Cass. crim. 23-5-2007 n° 06-87.590 : RJDA 3/08 n° 276).

Le dirigeant d'une entreprise de gros œuvre qui n'avait pas délégué la direction d'un chantier à un salarié ne peut pas non plus s'exonérer de sa responsabilité à la suite d'un accident de travail survenu sur ce chantier en faisant valoir qu'il était hospitalisé au moment des faits et qu'une **délégation** de responsabilité avait été accordée « **de fait** » aux cadres de l'entreprise (Cass. crim. 7-6-2006 n° 3301 : RJDA 10/06 n° 1027).

Un **directeur** salarié investi des pouvoirs inhérents à ses fonctions dans le cadre de son **contrat de travail** a été considéré comme ayant reçu de la société une délégation générale en matière technique et commerciale, de sorte qu'il pouvait être poursuivi à la place des dirigeants sociaux pour les infractions qu'il avait commises (Cass. crim. 4-3-2003 n° 1328 : RJDA 7/03 n° 726, en matière de fraude alimentaire ; Cass. crim. 19-9-2007 n° 06-85.899 : RJDA 2/08 n° 167, en matière de fausses déclarations douanières).

À l'inverse, une mission générale de surveillance et d'organisation des mesures de sécurité des chantiers, précisée dans le contrat d'engagement d'un directeur de travaux, ne peut, à défaut d'instructions plus précises, constituer une délégation efficace (Cass. crim. 28-1-1975 : Bull. crim. n° 32). De même, le dirigeant d'une société exploitant un supermarché ne peut pas éluder sa responsabilité en invoquant une délégation de pouvoirs consentie au directeur du magasin en matière d'hygiène pour la protection des consommateurs dans la mesure où l'imprécision du contrat de travail de ce dernier ne permettait pas de retenir l'existence d'une telle délégation (Cass. crim. 22-5-2002 n° 3066 : RJDA 10/02 n° 1032). Un dirigeant de société poursuivi pour des délits de blessures involontaires ne peut pas se prévaloir d'une délégation de pouvoirs donnée au directeur industriel en matière d'hygiène et de sécurité à défaut d'indication dans le contrat de travail de ce dernier, alors que ce directeur ne disposait en outre d'aucune autonomie pour la conception de la sécurité de l'établissement (Cass. crim. 16-9-2008 n° 07-86.213 : RJDA 1/09 n° 27).

CAS PARTICULIERS DES CODÉLÉGATIONS ET SUBDÉLÉGATIONS DE POUVOIRS

Le dirigeant ne peut pas se prévaloir d'une **délégation** de pouvoirs **consentie à plusieurs** 13670 **personnes** pour l'exécution d'un même travail, un tel cumul étant de nature à restreindre l'autorité et à entraver les initiatives des prétendus délégataires (Cass. crim. 19-3-1996 n° 1467 : RJDA 7/96 n° 928 ; Cass. crim. 12-12-2006 n° 7654 : RJS 4/07 n° 463).

En revanche, les subdélégations de pouvoirs sont efficaces pourvu qu'elles soient régulièrement consenties et que les subdélégataires soient pourvus de la compétence, de l'autorité et des moyens propres à l'accomplissement de leur mission (Cass. crim. 30-10-1996 n° 4682 : RJDA 3/97 n° 361) ; dans cet arrêt, il a même été jugé que l'autorisation du dirigeant n'est pas nécessaire pour la **validité de la subdélégation** ; toutefois, cette solution n'a été affirmée qu'en matière d'infraction aux règles de sécurité du travail et il n'est pas certain que la validité d'une subdélégation tacite soit admise dans d'autres domaines.

2. EXONÉRATION DE RESPONSABILITÉ FISCALE DU DIRIGEANT

Lorsqu'un dirigeant a rendu impossible le recouvrement des impôts dus par la société, ce 13700 qui l'expose à devoir en payer personnellement le montant (nos 14790 s.), l'intéressé peut échapper à ce paiement s'il prouve avoir délégué ses pouvoirs. Une telle **délégation** doit porter sur l'**ensemble des pouvoirs** du dirigeant (BOI-REC-SOLID-10-10-20 n° 210) et doit être effective (Cass. com. 19-11-1991 n° 1433 D : RJF 2/92 n° 260).

Il en résulte, à notre avis, qu'une **délégation limitée** à l'application de la réglementation fiscale ne suffirait pas à exonérer le dirigeant de sa responsabilité fiscale.

En tout état de cause, pour qu'une délégation de pouvoirs soit efficace, il faut que le dirigeant qui l'a consentie s'abstienne d'**intervenir dans les affaires fiscales de la société,** par exemple en signant lui-même les déclarations d'impôt établies au nom de celle-ci.

ILLUSTRATIONS

Un dirigeant ayant délégué à son directeur administratif et financier le pouvoir de s'assurer du respect des obligations fiscales de la société et d'en signer les déclarations d'impôt ne pouvait pas se prévaloir de cette délégation pour les motifs suivants : il avait négocié personnellement les délais de paiement de la dette fiscale de la société et il avait suivi tous les stades des procédures de vérification et de redressement dont avait fait l'objet la société ; la simple délégation de signature des pièces comptables ou des déclarations fiscales ne l'exonérait pas de ses obligations inhérentes à son pouvoir de contrôle et de surveillance ; le directeur administratif et financier de la société restait placé sous son autorité directe (Cass. com. 26-6-2007 nº 06-15.867 F-PB : RJF 11/07 nº 1335).

Le gérant d'une SARL faisant partie d'un groupe ne peut pas s'exonérer de sa responsabilité fiscale en invoquant avoir délégué ses attributions à la holding du groupe par une convention de prestations dans les domaines comptable, financier, administratif et informatique car cette convention ne comportait pas expressément de délégation de pouvoirs. En outre, le gérant était intervenu personnellement en matière fiscale, notamment pour déclarer le changement de compte bancaire de la société en vue du règlement de la TVA (CA Rouen 28-6-2018 nº 17/02275 : RJDA 11/18 nº 833).

Si une délégation dépouillant le dirigeant de l'ensemble de ses pouvoirs est efficace sur le plan fiscal, elle est, on le rappelle, sans effet sur le **plan civil** (nº 13551).

D. Modèle de délégation de pouvoirs

13750 Le modèle proposé ci-après n'est pas destiné à être reproduit tel quel. Il ne constitue qu'une **aide à la rédaction** d'une délégation de pouvoirs, qui doit être adaptée à la situation particulière de chaque société.

MODÈLE

Délégation de pouvoirs

Entre les soussignés :

– [*identité du délégant*], pris en sa qualité de [*mentionner cette qualité : gérant, président, directeur général, etc.*] de la société [*dénomination sociale*], [*forme juridique de la société*] au capital de [*montant du capital*], ayant son siège [*adresse du siège*], immatriculée au registre du commerce et des sociétés sous le numéro [*indiquer le numéro Siren*] RCS [*ville*], ci-après dénommé « le délégant » et,

– [*identité du délégataire*], exerçant au sein de la société [*dénomination sociale*] les fonctions salariées de [*indiquer la nature des fonctions*], ci-après dénommé(e) « le délégataire »,

Il a été convenu ce qui suit :

1. Le délégant confie de manière effective au délégataire le pouvoir de veiller au nom de la société [*dénomination sociale*] à l'observation de la réglementation applicable au sein de celle-ci dans les domaines énumérés ci-après. Le délégataire déclare en toute connaissance de cause accepter expressément cette mission et être informé que sa responsabilité pénale peut être engagée en cas de faute de sa part dans l'accomplissement de cette mission.

Le délégataire est investi de toute l'autorité et de tous les moyens nécessaires à l'accomplissement de sa mission et dispose des compétences techniques et professionnelles requises pour veiller efficacement au respect de la réglementation dans les matières qui lui sont déléguées. Il devra tenir le délégant régulièrement informé de la façon dont il exécute sa mission, des difficultés rencontrées ou des moyens qui lui feraient défaut à l'occasion de cette exécution.

A – Hygiène et sécurité du travail

2. Le délégataire assure au nom de la société [*dénomination sociale*] :

– le respect des conditions d'hygiène et de sécurité tant sur les lieux de travail qu'au cours des déplacements du personnel ;

– la mise en place des mesures de protection collectives et individuelles des salariés.

B – Gestion du personnel

3. Le délégataire assure au nom de la société [*dénomination sociale*] le recrutement du personnel ainsi que le suivi de la gestion du personnel tant sur le plan administratif que disciplinaire. Il est seul compétent pour prononcer des sanctions disciplinaires et engager des procédures de licenciement au nom de la société.

[*S'il existe une représentation du personnel, ajouter la clause suivante.*]

4. Le délégant attire l'attention du délégataire sur les conditions particulières d'emploi des représentants du personnel.

L'ensemble des salariés bénéficie d'un statut spécifique défini par des dispositions du Code du travail que le délégataire déclare connaître. L'inobservation de ces règles constitue un délit d'entrave faisant l'objet de sanctions pénales. Le délégataire devra veiller à ce que de telles infractions ne se produisent pas dans les différents services de la société [*dénomination sociale*].

C – Règles encadrant l'activité de la société

5. Le délégataire est chargé de veiller au nom de la société [*dénomination sociale*] au respect de la réglementation dans les domaines suivants : [*lister ces matières en fonction de l'activité de la société et de la qualification du délégataire : par exemple, réglementation des prix et de la facturation, règles du Code de la consommation sur la publicité trompeuse, droit de la propriété intellectuelle, etc.*].

13750 (suite)

D – Subdélégation

6. [*Si la subdélégation n'est pas souhaitée, insérer la clause suivante.*]

Le délégataire ne peut en aucun cas déléguer à quiconque les pouvoirs qui lui sont conférés par les présentes.

[*Si la subdélégation est souhaitée, insérer la clause suivante.*]

Le délégataire peut, sous sa responsabilité, déléguer les pouvoirs qui lui sont conférés par les présentes à un salarié relevant de son autorité qu'il devra choisir en raison de ses connaissances et aptitudes en matière de [*domaine à préciser*], de sa position hiérarchique, de son autorité sur le personnel et des moyens dont il dispose pour assurer le respect des obligations précitées.

[*Si une « sous-subdélégation » n'est pas souhaitée, ajouter l'alinéa suivant.*] Ce salarié ne pourra en aucun cas déléguer tout ou partie des pouvoirs qui lui auront été conférés.

Le délégataire devra communiquer au délégant l'identité et les fonctions de ce salarié dans les plus brefs délais ainsi qu'une copie de la délégation de pouvoirs qui lui aura été conférée.

E – Durée de la délégation [*en cas de délégation consentie pour une durée déterminée*]

7. La présente délégation est consentie pour une durée de [*à déterminer*] à compter de son acceptation par le délégataire. Le délégant peut toutefois y mettre fin à tout moment, sans que cela puisse constituer une modification du contrat de travail du délégataire.

CHAPITRE 7

RESPONSABILITÉ DES DIRIGEANTS

SOMMAIRE

TYPES DE RESPONSABILITÉ

13900 Les dirigeants peuvent engager leur **responsabilité civile,** à l'égard de la société ou des associés, essentiellement à raison des fautes qu'ils commettent dans la gestion de la société. Ils peuvent également être poursuivis pour d'autres motifs, telles la violation des dispositions légales ou réglementaires ou la violation des statuts. À l'égard des tiers, la responsabilité des dirigeants ne peut être engagée que s'ils ont commis une faute séparable de leurs fonctions et qui leur soit imputable personnellement. Les dirigeants peuvent également être condamnés lorsqu'ils ont rendu impossible le recouvrement d'impôts dus par la société ou en cas d'infractions à la législation de sécurité sociale.

Les règles concernant la **responsabilité pénale** des dirigeants sont présentées à l'occasion de l'étude de chaque type de société.

Les **sanctions civiles et pénales** encourues par les dirigeants **en cas de procédure collective** ouverte à l'encontre de la société sont exposées dans les développements consacrés aux entreprises en difficulté.

DÉFAUT DE PUBLICITÉ DE LA NOMINATION OU DE LA CESSATION DES FONCTIONS DU DIRIGEANT

13910 L'inaccomplissement des formalités de publicité de la nomination ou de la cessation des fonctions du dirigeant n'a aucune **incidence** sur l'appréciation de sa responsabilité (nº 13031).

DIRIGEANT PERSONNE MORALE

13920 Le représentant permanent d'une personne morale **administrateur** ou **membre du conseil de surveillance** d'une SA, ainsi que les dirigeants d'une personne morale nommée **gérant** de SNC, de SCS ou de SCA ou **dirigeant de SAS** encourent la même responsabilité que s'ils étaient dirigeants en leur nom propre, sans préjudice de la responsabilité solidaire de la personne morale qu'ils dirigent (art. L 225-20, al. 1, L 225-76, al. 1, L 221-3, al. 2, L 222-2, L 226-1, al. 2 et L 227-7).

FRAIS DE JUSTICE DU DIRIGEANT POURSUIVI EN RESPONSABILITÉ

Les dirigeants contre lesquels sont exercées des actions en responsabilité à titre personnel ne peuvent pas faire **supporter par la société** les frais de justice inhérents à ces actions ; il a été jugé, en effet, qu'un tel procédé constitue un abus de biens sociaux (CA Amiens 11-7-1962 : Gaz. Pal. 1963 p. 438). 13930

SECTION 1

RESPONSABILITÉ CIVILE DES DIRIGEANTS

RÉGIMES DE RESPONSABILITÉ CIVILE DES DIRIGEANTS

Le droit des sociétés organise un régime spécifique de responsabilité civile des dirigeants (art. L 223-22 s., L 225-251 s. et L 22-10-73). 13940

Sont soumises à des règles particulières :

– la responsabilité des dirigeants pour **annulation de la société** (nos 89590 s.) ;

– la responsabilité pour **irrégularité des statuts** ou des modifications statutaires (nos 89830 s.) ;

– l'action engagée alors que la société fait l'objet d'une **procédure collective** (nos 91460 s.).

A. Responsabilité civile des dirigeants envers la société ou les associés

1. CAS DE RESPONSABILITÉ CIVILE DES DIRIGEANTS

La responsabilité des dirigeants à l'égard de la société ou des associés est essentiellement engagée à raison des fautes commises dans la gestion de la société. Le législateur n'ayant pas posé de principes généraux concernant le soin et la compétence que les dirigeants doivent apporter à la gestion sociale, ce sont les tribunaux qui, au cas par cas, ont défini les caractéristiques de la **faute de gestion** (nos 13952 s.). L'éventail des fautes reprochées aux dirigeants est très vaste, ce qui conduit un nombre croissant d'entre eux à souscrire une **assurance responsabilité** civile (nos 14460 s.). 13950

Hormis les cas de faute de gestion, les dirigeants peuvent également engager leur responsabilité pour avoir **enfreint des dispositions légales ou réglementaires** (par exemple, omission ou accomplissement irrégulier d'une formalité prescrite en cas de constitution de la société ou en cours de vie sociale, refus de communication de documents sociaux à un associé, distribution de dividendes fictifs) ou pour avoir **violé les statuts** ; il en est notamment ainsi en cas de manquement par un administrateur à l'obligation statutaire de détenir un certain nombre d'actions ou en cas de violation d'une clause limitant les pouvoirs des dirigeants : par exemple, limitation aux affaires courantes ne présentant aucun caractère exceptionnel (CA Paris 4-2-2000 : RJDA 6/00 n° 674) ou interdiction d'engager la société au-delà d'une certaine somme sans y avoir été autorisé par une décision des associés (CA Paris 21-2-2003 : Dr. sociétés 2004 comm. n° 5). 13951

FAUTES DE GESTION DES DIRIGEANTS

La **nature des fautes** retenues à l'encontre des dirigeants est variable, allant de la simple négligence ou imprudence aux manœuvres frauduleuses caractérisées. Les tribunaux n'exigent pas un acte positif. La faute est souvent constituée par la passivité ou l'incurie des dirigeants : le fait, par exemple, pour un administrateur de SA de ne pas dénoncer des agissements frauduleux commis par le directeur général ou le président du conseil d'administration peut constituer une faute de gestion. La responsabilité du dirigeant peut être engagée même en l'absence d'intention de nuire à la société ou aux tiers. Toute faute peut ainsi entraîner la responsabilité du dirigeant, peu important que ses conséquences soient minimes ou graves. La société ou l'associé invoquant une faute de gestion doit 13952 démontrer concrètement en quoi le comportement du dirigeant est contraire à l'**intérêt social** ou aux **enjeux sociaux et environnementaux** de l'activité de la société (sur ces notions, voir nos 13210 s.).

Sur le cas particulier des fautes engageant la responsabilité des **membres du conseil de surveillance** des SA et des SCA, voir nos 45040 et 57250.

13953 **Manquement du dirigeant à l'obligation de loyauté** Le dirigeant est tenu en cette qualité à une obligation de loyauté et de fidélité qui lui interdit d'exercer une **activité concurrente pour le compte d'une autre société** dont il est également dirigeant (Cass. com. 15-11-2011 no 10-15.049 : RJDA 2/12 no 164), sauf accord unanime des associés (Cass. com. 18-3-2020 no 18-17.010 F-D : RJDA 6/20 no 314).

Manque à son devoir de loyauté le dirigeant qui laisse les associés dans l'ignorance de l'**acquisition pour son compte personnel de l'immeuble dans lequel la société exerce son activité,** en sachant que les autres associés projetaient de l'acquérir ensemble (Cass. com. 18-12-2012 no 11-24.305 : RJDA 3/13 no 243), ou encore le président du directoire et salarié d'une SA qui, lors de la démission de ses fonctions salariales, omet d'informer les organes de direction de la **faculté** pour la SA **de renoncer à une clause de non-concurrence** insérée dans son contrat de travail (Cass. com. 20-3-2024 no 23-14.824 F-D : RJDA 7/24 no 398).

Commet des actes déloyaux contraires aux intérêts de la SA et de son principal actionnaire le directeur général qui fait part aux cadres de ses **doutes sur les perspectives du groupe** et sur la viabilité de son modèle économique et qui communique avec des investisseurs potentiels en dissimulant des informations et en **tentant de créer un antagonisme** entre la SA et l'actionnaire, risquant d'empêcher le refinancement de la dette (Cass. com. 5-7-2016 no 14-23.904 : RJDA 11/16 no 785).

Manque à son obligation de loyauté l'administrateur d'une société de réassurance qui, de manière occulte, cherche à **s'opposer au rapprochement de la société** avec un autre réassureur en communiquant à une compagnie d'assurance dont il est le président des informations relatives à ce rapprochement afin de favoriser le projet de prise de contrôle de la société par la compagnie (T. com. Paris 10-11-2020 no 2019036759 : RJDA 3/21 no 177).

Par ailleurs, le devoir de loyauté auquel l'administrateur d'une **société mère** est tenu à l'égard de celle-ci l'oblige, lorsqu'une décision est votée par le conseil d'administration de cette société, à **voter dans le même sens au sein** du conseil d'administration **de la filiale,** sauf lorsque cette décision est contraire à l'intérêt de cette filiale (Cass. com. 22-5-2019 no 17-13.565 FS-PBR : RJDA 8-9/19 no 562, à propos d'une SAS mais transposable à tout mandataire social appartenant aux organes collégiaux d'une société mère et de sa filiale).

13954 **Négligence ou défaut de surveillance** Relèvent d'une passivité fautive :
– le fait de ne **pas avoir souscrit d'assurance** pour les dommages causés à des tiers par l'utilisation d'un véhicule de la société (T. com. Seine 8-1-1952 : D. 1952 p. 192) ;
– le fait pour un cogérant d'avoir **laissé les fonds sociaux sans surveillance** à la disposition de l'autre cogérant, chargé de la gestion financière, lequel les a détournés au profit de sa propre entreprise, la répartition des fonctions entre les deux gérants ne dispensant pas l'intéressé de surveiller la situation de la société (Cass. com. 9-12-1957 : Bull. civ. III no 338) ;
– le **défaut de surveillance d'un directeur** à qui a été donnée une délégation de pouvoirs et le fait de n'avoir pas pris les mesures s'imposant le jour où les agissements répréhensibles de ce directeur ont été révélés (Cass. com. 6-2-1962 : Bull. civ. III no 80) ;
– le fait pour un dirigeant de s'être **abstenu** de prendre des mesures pour **faire cesser les irrégularités** dans la facturation aux clients sur lesquelles il avait été alerté, dont l'existence pouvait être aisément constatée et qui exposaient la société à des sanctions fiscales (CA Paris 14-1-2020 no 17/20212 : RJDA 5/20 no 273).

13955 **Défaut de consultation des associés par le dirigeant** Ce comportement constitue en principe une faute de gestion. Tel est le cas :
– du dirigeant qui a provoqué la dissolution de la société par son **obstination à gérer** celle-ci **seul et sans contrôle,** notamment en refusant de convoquer une assemblée générale pendant plusieurs années et en fixant de son propre chef sa rémunération (Cass. com. 12-3-1974 : Gaz. Pal. 1974 p. 662) ;
– du gérant associé d'une société exploitant une clinique qui a décidé soudainement et secrètement le **transfert des activités** de la clinique **sans concertation** préalable avec les autres associés et au mépris de leurs intérêts (Cass. com. 3-4-1979 : Bull. civ. IV no 127) ;

– du gérant de SARL qui n'a pas saisi l'assemblée des associés du **problème résultant de la similitude de dénomination** de la SARL avec une autre société, cette négligence ayant entraîné la condamnation de la SARL à des dommages-intérêts pour concurrence déloyale (CA Paris 21-3-1984) ;
– du gérant de SARL qui n'a **pas soumis** à l'approbation de l'assemblée le contrat de location consenti par une SCI dont il était l'associé unique alors que ce contrat constituait une **convention réglementée** (CA Paris 28-7-2016 n° 15/04260 : RJDA 12/16 n° 874).

Mauvais résultats de gestion Les mauvais résultats ne sont condamnables que s'ils s'accompagnent d'un **désintérêt du dirigeant pour les affaires sociales.** Ainsi, a commis une faute le dirigeant d'une société en difficulté qui n'a fait aucun effort sérieux pour redresser la situation et, malgré l'important déficit de la société, n'a pas convoqué une assemblée générale pour informer les associés de la gravité de la situation et leur demander de prendre une décision couvrant sa responsabilité (Cass. com. 5-6-1961 : Bull. civ. III n° 254). En revanche, n'est pas condamnable le simple fait de **ne pas avoir réalisé le chiffre d'affaires** que le dirigeant s'est fixé lors de sa prise de fonctions (CA Paris 21-3-1984). La **création d'un déficit** de plus de 45 000 € n'a pas été non plus jugée fautive dès lors qu'il n'était pas établi que les marges pratiquées par la société étaient insuffisantes au regard des usages de la profession (CA Paris 22-6-2001 n° 00-21262 : RTD com. 2001 p. 908 obs. C. Champaud et D. Danet). 13956
De même, l'insuffisance des résultats d'une **SARL qui n'avait qu'une année d'existence** avant que les relations entre les associés se dégradent n'a pas été jugée suffisante pour caractériser un manque d'intérêt du gérant pour la SARL depuis l'origine (CA Paris 2-7-2019 n° 16/18255 : RJDA 11/19 n° 695).

Politique commerciale ou financière contestable Une politique commerciale ou financière contestable n'est fautive que si elle est apparue contraire à l'intérêt social à l'époque où elle a été mise en œuvre. Tel n'est pas le cas : 13957
– de la **constitution de réserves** placées à un taux de rentabilité jugé insuffisant dès lors que ces réserves ont été placées en bons de caisse servant un intérêt annuel de 7 %, ce qui n'apparaît pas dérisoire, et que les excédents de trésorerie ne sont pas de nature à causer un préjudice à la société mais lui permettent au contraire d'envisager à tout moment des investissements importants (CA Paris 17-11-1981) ;
– de la **location d'un véhicule** par la société, alors que l'utilisation du camion dont celle-ci est propriétaire nécessiterait l'embauche d'un chauffeur, de nature à peser plus gravement sur les finances sociales (CA Paris 21-3-1984, 3e ch. A) ;
– du **transfert du siège** social au siège d'une autre société ayant le même gérant et de la **cession de la clientèle** à cette société dès lors que ces mesures de restructuration sont en rapport avec la gravité de la situation économique et financière de la société et ont été prises en concertation avec les associés (CA Grenoble 19-5-2011 n° 09/00327 : RJDA 10/11 n° 817).
De même, ne sont pas fautifs le **choix de conserver des activités** diversifiées, même **déficitaires,** dès lors qu'il s'agit d'un choix stratégique dont la mise en œuvre n'a pas démontré qu'il a été manifestement malheureux ni contraire aux intérêts de la société (Cass. com. 21-9-2004 n° 1243 : RJDA 1/05 n° 47) ou la poursuite d'une activité déficitaire dès lors qu'une autre activité de la société la compense, rien n'interdisant à une société de chercher à équilibrer une activité par une autre (Cass. com. 22-9-2021 n° 19-18.936 F-D : RJDA 12/21 n° 780).

Rémunération abusive du dirigeant Pour que le caractère abusif des rémunérations versées aux dirigeants soit retenu, il faut prouver qu'elles **dépassent ce qui est justement dû** pour rétribuer chacun des intéressés compte tenu des fonctions qu'il occupe ; il ne suffit pas d'affirmer que la multiplicité des fonctions exercées par les dirigeants rend leur exercice concrètement impossible et prive ainsi de véritable contrepartie les rémunérations importantes octroyées à ceux-ci (*Cass. com. 21-9-2004* n° 1243 : RJDA 1/05 n° 47). En revanche, un dirigeant a été reconnu fautif d'avoir perçu des salaires excessifs dès lors que l'activité de la société se dégradait et que le salaire annuel de l'intéressé apparaissait disproportionné par rapport aux tâches réduites qui lui incombaient (CA Paris 17-11-1981 ; dans le même sens, CA Paris 27-10-2015 n° 14/14699 : RJDA 4/16 n° 296). 13958

Concentration des pouvoirs de direction La concentration des pouvoirs de direction d'une société entre les mains d'associés majoritaires, **membres d'une même famille,** ne constitue pas en elle-même une faute de gestion ; le mode de gestion visant à favoriser un groupe d'associés majoritaires, qu'il soit familial ou de toute autre nature, n'est 13959 fautif que dans la mesure où il contrarie les intérêts de la société et lèse ceux des associés minoritaires (CA Paris 3-5-2002 n° 00-17603 : RJDA 3/03 n° 270 et, sur pourvoi, Cass. com. 21-9-2004 n° 1243 : RJDA 1/05 n° 47).

13960 **Engagements contractuels au nom de la société** La responsabilité d'un dirigeant a été par exemple retenue pour avoir **conclu un bail** dans des conditions préjudiciables à la société (Cass. com. 8-6-1963 : Bull. civ. III n° 283). Il en a été de même pour un dirigeant propriétaire d'un fonds de commerce donné en **location-gérance** à la société qui, par peur d'être révoqué, avait **résolu ce contrat,** lequel permettait seul à la société d'exercer son activité (Cass. com. 20-1-1987 n° 66 : BRDA 5/87 p. 8).

13961 **Autres fautes de gestion** Constituent des fautes de gestion :
– le fait d'avoir **différé le remboursement de sommes** dont la société s'était reconnue débitrice (Cass. com. 12-1-1993 n° 3 : RJDA 10/93 n° 800) ;
– le fait de **passer outre aux instructions** formelles, précises et réitérées **de l'associé majoritaire** de la société en laissant un tiers prendre le contrôle d'une filiale à l'occasion d'une augmentation de capital (CA Lyon 27-5-2004 n° 02-6151 : RJDA 7/05 n° 829).

2. ÉTENDUE DE LA RESPONSABILITÉ CIVILE DES DIRIGEANTS

13990 Les dirigeants sont responsables individuellement ou solidairement, selon le cas.

RESPONSABILITÉ INDIVIDUELLE DES DIRIGEANTS

14000 La responsabilité est individuelle soit lorsque la faute est commise par un **dirigeant unique,** soit, en cas de **pluralité de dirigeants,** lorsqu'elle peut être imputée à un dirigeant déterminé et à lui seul, les autres étant étrangers à cette faute. Dans ce cas, c'est le dirigeant concerné qui est redevable de l'ensemble des dommages-intérêts.

RESPONSABILITÉ SOLIDAIRE DES DIRIGEANTS

14010 **Cas de responsabilité** La responsabilité est « solidaire » lorsque la faute est commune à plusieurs dirigeants.

Tel est le cas des fautes commises par les **administrateurs** et les **membres du directoire** des SA, auxquels il faut assimiler les **membres des organes collégiaux de gestion ou d'administration de SAS** (n° 60322) ; en effet, ces fautes sont le plus souvent communes ou collectives en raison du caractère collégial de l'organe. Toutefois, chaque membre peut écarter sa responsabilité en établissant notamment qu'il s'est opposé à la décision du conseil ou du directoire (n° 14020). En outre, une faute commune à plusieurs **membres du conseil de surveillance** ne crée pas d'obligation solidaire à leur charge, ces derniers ne répondant que de leurs fautes personnelles (art. L 225-257, al. 1 pour les SA et L 226-13, al. 2 pour les SCA).

Dans les sociétés comportant plusieurs **gérants,** la pluralité de gérants ne crée pas un organe collégial, de sorte que la responsabilité d'un cogérant n'est solidairement engagée que s'il participe à la faute en qualité de coauteur.

14011 **Conséquences de la solidarité** La solidarité a pour conséquence d'obliger chaque dirigeant à payer l'intégralité du **montant de la réparation** à la victime. Pour autant, cette règle n'interdit pas au tribunal de déterminer la part contributive de chaque dirigeant dans la réparation du dommage (art. L 223-22, al. 2 et L 225-251, al. 2 applicables aux dirigeants de SARL et de sociétés par actions, mais transposables aux autres catégories de dirigeants ; pour des exemples, CA Limoges 17-1-2013 n° 11/01356 : RJDA 8-9/13 n° 727 ; CA Paris 17-2-2015 n° 10/04697 : RJDA 5/15 n° 353). Il faut toutefois réserver le cas où les faits forment un ensemble indivisible interdisant de déterminer la part que chacun des administrateurs a prise dans les actes dommageables (Cass. req. 11-12-1929 : Gaz. Pal. 1930 p. 300).

Le dirigeant qui a désintéressé la victime peut se retourner contre les autres dirigeants pour leur demander leur contribution telle qu'elle résulte du jugement de condamnation solidaire *ou, à défaut, telle qu'elle ressort* d'une répartition « par tête ».

En outre, conformément au droit commun de la solidarité :
– la **prescription** interrompue à l'égard d'un seul dirigeant l'est à l'égard de tous ;
– l'**appel** interjeté par l'un vaut pour les autres ;
– l'appel formé par la victime contre l'un la dispense de mettre les autres en cause.

ATTENTION

Dans les sociétés comportant plusieurs gérants, le demandeur peut n'engager la responsabilité que d'un des coresponsables car la **pluralité de gérants** n'empêche pas d'**agir** en responsabilité **contre un seul** (Cass. com. 25-1-2023 nº 21-15.772 F-B : RJDA 4/23 nº 200). Le gérant poursuivi ne peut donc pas échapper aux poursuites en faisant valoir que l'action doit être dirigée contre tous les gérants ; il lui appartient, le cas échéant, d'assigner ses cogérants en intervention forcée sur le fondement de l'article 331, al. 2 du Code de procédure civile, afin que ceux-ci soient condamnés, s'il y a lieu, à contribuer à la dette.

EXONÉRATION DE RESPONSABILITÉ CIVILE DES DIRIGEANTS

Opposition d'un dirigeant Le **conseil d'administration** ou le **directoire** des SA étant un organe collectif, tous ses membres sont en principe responsables en cas de décision fautive prise par cet organe. Toutefois, chaque membre peut écarter sa responsabilité en établissant qu'il s'est comporté en administrateur ou membre du directoire prudent et diligent, notamment en s'opposant à la décision prise par l'organe collégial (Cass. com. 30-3-2010 nº 08-17.841 : RJDA 7/10 nº 760). Les protestations de l'intéressé doivent alors être explicites et consignées au procès-verbal, le simple fait de voter contre n'étant pas suffisant. Dans les cas graves, la protestation doit prendre la forme d'une démission. En outre, la responsabilité d'un administrateur ou d'un membre du directoire peut être écartée lorsqu'il n'a pas, pour un motif valable, assisté à la réunion du conseil ou du directoire au cours de laquelle la décision critiquable a été adoptée ; encore faut-il qu'à son retour l'intéressé n'ait pas ratifié cette décision. 14020

Par ailleurs, l'opposition d'un **cogérant** de SARL, de SNC ou de société en commandite à une décision d'un autre cogérant permet, si elle est nettement affirmée, de dégager la responsabilité de son auteur lorsque la décision litigieuse est constitutive d'une faute.

Faute des associés ou d'un tiers La responsabilité d'un dirigeant notoirement inexpérimenté peut n'être que partielle si les associés ont eux-mêmes commis une faute en le désignant pour lui confier des tâches difficiles. De même, l'intervention fautive d'un tiers dans le cours des affaires sociales peut atténuer le montant de la condamnation mise à la charge du dirigeant. 14021

Administrateurs de complaisance Un administrateur de SA est tenu à une surveillance et à un contrôle sérieux de l'administration de la société et il ne peut pas s'exonérer de la responsabilité encourue à ce titre en invoquant la présence au conseil d'administration d'administrateurs de complaisance dévoués au président (Cass. com. 25-3-1997 nº 734 : RJDA 7/97 nº 966). De même, le fait qu'un administrateur ait accepté ces fonctions pour « rendre service » au président ne saurait justifier sa passivité et l'exonérer de sa responsabilité (Cass. com. 31-1-1995 nº 210 : RJDA 7/95 nº 902). 14022

3. ACTION SOCIALE EN RESPONSABILITÉ CONTRE LES DIRIGEANTS

Lorsque la **faute** d'un dirigeant **cause un préjudice à la société,** l'action en réparation de ce préjudice (dite « action sociale ») peut être engagée par la société elle-même, par l'intermédiaire de ses représentants légaux, ou par un associé (exercice de l'action sociale « ut singuli »). 14050

PRÉJUDICE SUBI PAR LA SOCIÉTÉ

La responsabilité des dirigeants n'est engagée à l'égard de la société que si celle-ci a subi un préjudice (CA Paris 14-9-2023 nº 22/10230 : RJDA 1/24 nº 35, condition non remplie en l'espèce malgré de nombreux manquements à la loi et aux statuts). Ce préjudice ne peut pas être simplement éventuel (*CA Paris 3-12-2009 nº 08/23716 : RJDA 6/10 nº 638,* à propos d'un risque fiscal ; CA Paris 17-9-2013 nº 12/11615 : RJDA 1/14 nº 44, à propos d'un risque financier). Il faut en outre qu'il existe un lien de causalité entre la faute du dirigeant et le préjudice (Cass. 3e civ. 5-7-2018 nº 17-19.811 F-D : RJDA 12/18 nº 920 ; CA Paris 4-11-2021 nº 20/14433 : RJDA 3/22 nº 151). 14060

La **preuve** du préjudice causé par la faute du dirigeant incombe à la société (CA Paris 22-6-2001 nº 00/21262 : RTD com. 2001 p. 908 obs. C. Champaud et D. Danet ; CA Paris 4-11-2021 précité).

La **réparation** du préjudice doit être intégrale (Cass. crim. 28-1-2004 nº 779 : RJDA 6/04 nº 764 ; Cass. com. 12-5-2015 nº 13-28.059 : RJDA 11/15 nº 753), de sorte que le dirigeant doit réparer le préjudice financier qu'il a causé à la société même si celle-ci a bénéficié ultérieurement d'un assainissement de sa situation par un repreneur (Cass. crim. 28-1-2004 précité).

a. Action sociale contre les dirigeants de SARL et de sociétés par actions

14070 L'action en responsabilité est soumise aux règles prévues par le Code de commerce lorsqu'elle vise les **dirigeants de droit** suivants, qu'ils soient ou non en fonctions au jour où l'action est engagée :

– gérant de SARL (art. L 223-22, al. 1) ;
– administrateurs, directeur général (art. L 225-251, al. 1) et membres du directoire de SA (art. L 225-251, al. 1 sur renvoi de l'art. L 225-256, al. 1) ;
– gérant de SCA (art. L 225-251, al. 1 sur renvoi de l'art. L 226-12, al. 2) ;
– dirigeants de SAS (art. L 225-251, al. 1 sur renvoi de l'art. L 227-8) ;
– dirigeants de SE (Règl. 2157/2001 du 8-10-2001 art. 51).

L'**ancien dirigeant** demeure responsable des fautes qu'il a commises durant l'exercice de ses fonctions même si, étant associé, il a par la suite cédé la totalité des titres qu'il détenait dans le capital de la société (Cass. com. 11-10-1988 : Bull. Joly 1988 p. 925 note P. Le Cannu).

Faute de disposition expresse en ce sens, la responsabilité du **directeur général délégué** non administrateur n'est pas régie par le Code de commerce (sur le régime de responsabilité de ce dirigeant, voir nº 14120).

› Précisions **a.** Sur le régime de la responsabilité :
– de l'ancien dirigeant de droit devenu **dirigeant de fait,** voir nº 10100 ;
– des membres du **conseil de surveillance** de SA ou de SCA, voir nºs 45040 s.

b. Pour la chambre criminelle de la Cour de cassation, l'action sociale en responsabilité exercée par un associé (action « ut singuli ») peut être dirigée contre les **complices et receleurs** d'un délit commis par le dirigeant dès lors qu'il existe un fait fautif imputable à celui-ci auquel se rattachent les délits de complicité et de recel (Cass. crim. 6-11-2019 nº 17-87.150 F-D : RJDA 2/20 nº 83).

c. La possibilité de mettre à la charge d'un dirigeant les conséquences préjudiciables à la société des **conventions réglementées** non approuvées (art. L 223-19, al. 4 pour la SARL, art. L 225-41, al. 2 et art. L 225-89, al. 2 pour la SA et, sur renvoi de l'art. L 226-10, pour la SCA et art. L 227-10, al. 3 pour la SAS) n'interdit pas d'exercer contre lui une action en responsabilité civile pour faute de gestion, que ces conventions aient ou non été approuvées (Cass. com. 18-12-2024 nº 22-21.487 F-B : RJDA 4/25 nº 212, à propos d'une SARL mais transposable).

EXERCICE DE L'ACTION SOCIALE CONTRE LES DIRIGEANTS DE SARL ET DE SOCIÉTÉS PAR ACTIONS

14071 En principe, l'action sociale doit être exercée par les **représentants légaux** de la société (en cas de liquidation de la société, il s'agit du liquidateur). L'action est généralement engagée par de nouveaux dirigeants contre les anciens. Elle peut être exercée par un nouveau dirigeant même s'il a participé aux agissements fautifs de l'ancien (Cass. com. 7-12-1982 : Bull. civ. IV nº 403 ; Cass. com. 3-3-2004 nº 426 : RJDA 7/04 nº 845).

14072 **Exercice de l'action sociale par un associé ou actionnaire** La loi autorise l'exercice de l'action sociale par un associé ou un actionnaire agissant individuellement, quelle que soit la fraction du capital qu'il représente (**action sociale « ut singuli »**). Cette action a pour **objet** d'obtenir la réparation de l'entier préjudice que les dirigeants ont causé à la société à laquelle, le cas échéant, les dommages-intérêts sont alloués (art. L 223-22, al. 3 et L 225-252). Elle ne peut pas être intentée pour faire annuler un acte passé par un dirigeant (CA Paris 28-5-2009 nº 08/12691 : RJDA 12/09 nº 1084).

Les frais de procédure restent à la charge de l'associé ou de l'actionnaire ayant exercé l'action.

L'action sociale « ut singuli » confère aux associés un **droit propre** d'agir en réparation du préjudice subi par la société (notamment Cass. com. 14-12-2004 nº 1860 : RJDA 4/05 nº 384 ; Cass. crim. 16-12-2009 nº 08-88.305 : RJDA 5/10 nº 512 ; Cass. com. 7-5-2025 nº 23-15.931 F-B : BRDA 12/25 inf. 1). Elle peut donc être exercée lorsque les représentants légaux s'abstiennent de mettre en œuvre l'action sociale « ut universi », mais aussi, le cas échéant, antérieurement (pour un exemple, Cass. com. 27-9-2017 nº 15-28.835 F-D : RJDA 2/18 nº 127), concomitamment (Cass. com. 7-5-2025 précité) *ou postérieurement à l'exercice de cette action* (Cass. crim. 16-12-2009 précité).

Le tribunal ne peut statuer sur l'action « ut singuli » que si la **société** a été **mise en cause** par l'intermédiaire de ses représentants légaux (art. R 223-32, al. 1 et R 225-170, al. 1). Ne vaut pas une telle mise en cause la citation à comparaître délivrée au dirigeant en exercice de la société, en qualité de prévenu dans une instance pénale (Cass. crim. 13-9-2006 nº 4962 : RJDA 1/07 nº 61).

L'obligation de mettre en cause la société s'impose même lorsque l'action sociale est exercée devant la juridiction pénale (Cass. crim. 18-10-1978 nº 77-92.742 : Bull. crim. nº 282), mais seulement devant la juridiction de jugement et non devant la juridiction d'instruction (Cass. com. 3-10-2007 nº 06-87.849 : RJDA 1/08 nº 40).

Le tribunal peut désigner un **mandataire ad hoc** pour représenter la société dans l'instance lorsqu'il existe un conflit d'intérêts entre celle-ci et ses représentants légaux (art. R 223-32, al. 2 et R 225-170, al. 2). Pour la Cour de cassation, en présence d'un tel conflit, ce qui est le cas lorsque le dirigeant poursuivi est le représentant légal en exercice, un mandataire ad hoc doit toujours être désigné par le juge, le cas échéant d'office à défaut de demande formulée par l'associé ou le représentant légal (Cass. com. 9-11-2022 nº 20-19.077 F-B : RJDA 2/23 nº 78). En revanche, un mandataire ad hoc ne peut pas être nommé pour représenter les intérêts d'une société dans le cadre d'une mesure d'expertise préventive, alors qu'aucune action sociale en responsabilité n'est encore engagée contre le dirigeant (CA Douai 6-7-2017 nº 17/00527 : RJDA 1/18 nº 35).

La recevabilité de l'action sociale est subordonnée à la **qualité d'associé** de celui qui l'exerce. **14073**
Cette condition doit être satisfaite au moment de la demande introductive d'instance (Cass. com. 26-1-1970 nº 67-14.787 : Bull. civ. IV nº 30 ; Cass. com. 18-6-2025 nº 22-16.781 F-B : BRDA 14/25 inf. 4). La **perte ultérieure de la qualité d'associé** est sans incidence sur la poursuite de l'action (Cass. com. 18-6-2025 précité).

Les **associés d'une société mère** ne peuvent pas engager la responsabilité des dirigeants de la filiale dont ils ne sont pas associés (Cass. com. 13-3-2019 nº 17-22.128 F-D : RJDA 6/19 nº 425).

L'action sociale est aussi refusée à l'**actionnaire** qui, par ailleurs **administrateur** de la société, n'a fait aucune observation au moment où sont intervenus les agissements qu'il dénonce (CA Paris 11-5-1982 : Gaz. Pal. 1982 som. p. 319).

En revanche, un associé ou un actionnaire peut exercer l'action sociale même si, par ailleurs, il demande la réparation de son **préjudice personnel** dans le cadre d'une action individuelle (Cass. crim. 3-11-1980 : Bull. Joly 1980 p. 698).

Les associés ou les actionnaires peuvent exercer les **voies de recours** au nom de la société **14074**
(Cass. crim. 12-12-2000 nº 97-83.470 FS-PF : RJDA 5/01 nº 597 ; Cass. crim. 29-1-2020 nº 19-80.924 F-D : RJDA 8-9/20 nº 428). Ainsi, il a été jugé qu'un actionnaire exerçant l'action sociale pouvait valablement faire appel d'un jugement qui avait partiellement écarté la responsabilité d'un administrateur à l'égard de la société, bien que celle-ci, qui avait agi en première instance par l'intermédiaire de son représentant légal pour demander réparation du même préjudice, n'ait pas fait appel de ce jugement (Cass. crim. 12-12-2000 précité).

Le fait qu'un **associé** ou un actionnaire qui a exercé l'action sociale **se désiste de** toutes **ses** **14075**
instances et renonce au bénéfice du jugement ayant condamné le dirigeant n'est pas de nature à empêcher d'autres actionnaires de poursuivre l'action (CA Versailles 29-3-1978 : Rev. sociétés 1978 p. 711 note D. Schmidt). Jugé également que la **conclusion d'une transaction** entre la société et les héritiers d'un dirigeant décédé n'est pas de nature à faire obstacle à la poursuite de l'action sociale par certains actionnaires à raison de faits commis par le dirigeant avant son décès (CA Paris 14-5-1982 : BRDA 17/82 p. 11).

L'action « ut singuli », réservée par la loi aux associés ou aux actionnaires en vue de la répa- **14076**
ration du préjudice subi par la société, échappe, en cas de **procédure de sauvegarde ou de redressement judiciaire de la société,** au monopole du commissaire à l'exécution du plan qui n'a qualité pour agir qu'au nom et dans l'intérêt collectif des créanciers (Cass. com. 12-11-2020 nº 19-11.972 FS-PB : RJDA 2/21 nº 94). Sur le sort de l'action ut singuli engagée par les associés avant la mise en **liquidation judiciaire de la société,** voir nº 91462.

S'agissant d'un droit propre des associés ou des actionnaires, ceux-ci ne peuvent pas demander en référé la désignation d'un **mandataire ad hoc** chargé d'exercer une telle action (Cass. com. 14-12-2004 nº 1860 : RJDA 4/05 nº 384).

En prolongement de l'action sociale, *ils peuvent en revanche* solliciter une **mesure conservatoire** sur les biens du dirigeant poursuivi, à condition de le faire au nom de la société (Cass. 2e civ. 14-9-2006 nº 05-16.266 : RJDA 11/07 nº 1099). Ils peuvent aussi, pour le compte de la société, demander au juge de l'exécution d'assortir d'une **astreinte** la décision exécutoire ayant accueilli leur action sociale (Cass. com. 7-7-2009 nº 08-15.835 : RJDA 11/09 nº 974).

Exercice de l'action sociale par un groupe d'associés ou d'actionnaires **14077**

Les associés ou les actionnaires peuvent se grouper pour exercer l'action sociale en chargeant un ou plusieurs d'entre eux de les représenter, ce qui leur permet de partager les frais de procédure.

Pour pouvoir se grouper, les demandeurs doivent représenter au moins 10 % du capital dans les SARL et 5 % du capital dans les sociétés par actions (art. R 223-31, al. 1 et R 225-169, al. 1), étant toutefois précisé que, dans les sociétés par actions dont le capital est supérieur à 750 000 €, la **fraction du capital** dont les actionnaires doivent justifier est calculée en fonction d'un pourcentage dégressif, conformément au barème suivant (art. R 225-169, al. 2) :
– 4 % pour les 750 000 premiers euros ;
– 2,5 % pour la tranche de capital comprise entre 750 000 € et 7,5 M€ ;
– 1 % pour la tranche de capital comprise entre 7,5 et 15 M€ ;
– 0,50 % pour le surplus du capital.

EXEMPLE

a. Si le capital de la société est de 700 000 €, les actionnaires qui désireraient exercer ensemble l'action sociale devraient représenter une fraction du capital au moins égale à 35 000 € (700 000 × 5 %).

b. Si le capital est de 10 M€, le calcul s'effectuera de la manière suivante :
– 750 000 € × 4 % = 30 000 € ;
– 6,75 M€ × 2,5 % = 168 750 € ;
– 2,5 M€ × 1 % = 25 000 €.
La participation minimale requise sera donc de 223 750 €.

14078 La recevabilité de l'action est subordonnée à la **mise en cause de la société** par l'intermédiaire de ses représentants légaux (n° 14072).

14079 Le **mandataire commun** des associés ou des actionnaires qui se sont regroupés pour exercer l'action sociale doit être choisi parmi les demandeurs et il doit être désigné à l'unanimité ; aucune clause des statuts ne saurait limiter la liberté de choix, le régime des actions en responsabilité étant d'ordre public.
Lorsque des associés ou des actionnaires ont créé un **groupement de défense** (le plus souvent sous la forme d'une association), ce groupement ne peut exercer l'action sociale que s'il est composé d'actionnaires détenant au moins la fraction requise du capital (T. com. Saint-Affrique 12-7-1974 : Rev. jur. com. 1974 p. 287 note Y. Chartier). En outre, le groupement doit lui-même détenir des parts ou actions de la société car les articles R 223-31 et R 225-169 prévoient que le ou les mandataires doivent être choisis parmi les associés ou les actionnaires demandeurs.

14080 Le **retrait en cours d'instance** d'un ou de plusieurs des demandeurs, soit qu'ils aient perdu leur qualité d'associé, soit qu'ils se soient ultérieurement désistés, est sans effet sur la poursuite de l'instance (art. R 223-31, al. 2 et R 225-169, dernier al.).

14081 **Exercice de l'action sociale par une association d'actionnaires** Dans les **sociétés dont les actions sont admises aux négociations sur un marché réglementé,** l'action sociale peut être exercée par une association d'actionnaires destinée à représenter les intérêts de ces derniers dans la société (nos 63280 s.).

14082 **Exercice de l'action sociale contre un dirigeant personne morale** L'action en responsabilité contre un **administrateur** personne morale n'est recevable que si le représentant permanent de celle-ci est conjointement mis en cause (CA Paris 15-2-1990 : Bull. Joly 1990 p. 523).

14083 **Libre exercice de l'action sociale** Est réputée non écrite toute **clause statutaire** ayant pour effet de subordonner l'exercice de l'action sociale à l'avis préalable ou à l'autorisation de l'assemblée générale, ou qui comporterait par avance renonciation à l'exercice de cette action (art. L 223-22, al. 4 et L 225-253, al. 1).

> **Précisions** La **relaxe du dirigeant poursuivi pénalement** pour certains agissements n'interdit pas à la société de demander qu'il soit condamné à réparer civilement le préjudice causé à la société par ces agissements (Cass. com. 9-11-1993 n° 1705 : RJDA 2/94 n° 161).

EXTINCTION DE L'ACTION SOCIALE CONTRE LES DIRIGEANTS DE SARL ET DE SOCIÉTÉS PAR ACTIONS

14090 *Aucune **décision de l'assemblée** ne peut avoir pour effet d'éteindre l'action sociale* (art. L 223-22, al. 5 et L 225-253, al. 2 ; pour une illustration, Cass. com. 8-3-2016 n° 14-16.621 : RJDA 6/16 n° 440). Sont donc sans effet à cet égard le quitus donné aux dirigeants par l'assemblée (CA Rouen 12-1-1973 : D. 1973 som. p. 28) ou l'approbation d'une convention réglementée (Cass. com. 18-12-2024 n° 22-21.487 F-B : RJDA 4/25 n° 212, à propos d'une SARL mais transposable aux sociétés par actions).

Bien que le texte ne le précise pas expressément, on ne saurait pas plus permettre au **conseil d'administration,** au **directoire** ou au **conseil de surveillance** d'adopter une décision mettant fin à l'action sociale.

Prescription de l'action sociale L'action en responsabilité se prescrit par trois ans à compter du fait dommageable ou, s'il a été dissimulé, de sa révélation, étant toutefois précisé que s'il s'agit d'un crime, l'action se prescrit par dix ans (art. L 223-23 et L 225-254). 14091

ATTENTION

La prescription triennale ne s'applique pas à l'action en responsabilité engagée contre un **dirigeant de fait** (Cass. com. 30-3-2010 n° 08-17.841 : RJDA 7/10 n° 760 ; Cass. com. 12-4-2016 n° 14-12.894 : RJDA 7/16 n° 546), lequel relève du droit commun de la responsabilité extracontractuelle (C. civ. art. 1240).

Le **point de départ** du délai de prescription correspond à la période où le fait dommageable a pu être constaté, sans qu'il y ait lieu de tenir compte de l'époque où a été perçue l'étendue réelle des conséquences de ce fait (Cass. com. 23-10-1990 n° 1196 : RJDA 1/91 n° 30). 14092

Lorsque la responsabilité des dirigeants est recherchée par le biais d'une **action récursoire** en garantie formée par la société, le point de départ se situe au jour où la société a elle-même été assignée (Cass. com. 6-5-2014 n° 13-17.632 : RJDA 8-9/14 n° 704 ; CA Paris 17-2-2015 n° 10/04697 : RJDA 5/15 n° 353). Si la société agit en garantie de pénalités fiscales qu'elle a dû acquitter à la suite d'un redressement, le point de départ de l'action en responsabilité contre le dirigeant correspond à la date du redressement (CA Paris 14-1-2020 n° 17/20212 : RJDA 5/20 n° 273).

ILLUSTRATIONS

Ont été déclarées prescrites :

– l'action engagée contre d'anciens administrateurs ayant reçu de la société des rémunérations indues réintégrées par la suite dans les bénéfices sociaux à l'occasion d'un redressement fiscal car, si ce redressement était intervenu moins de trois ans avant l'exercice de l'action, les rémunérations avaient été perçues par les intéressés plus de trois ans avant ; or, c'était la privation des sommes litigieuses à l'époque de leur perception qui constituait le fait dommageable pour la société (Cass. com. 2-5-1983 : Bull. civ. IV n° 128) ;

– l'action exercée par une société contre son ancien dirigeant après qu'elle a été condamnée à indemniser un salarié pour non-paiement d'heures supplémentaires, car la prescription avait commencé à courir au jour de la réception de la lettre recommandée adressée plus de trois ans auparavant à la société par le salarié demandant paiement des heures et révélant les agissements de l'ancien dirigeant et non à compter de la condamnation de la société qui n'était que la conséquence des faits dommageables reprochés à ce dirigeant (CA Versailles 30-9-2010 n° 09-4525 : RJDA 3/11 n° 252).

Le point de départ de la prescription de l'action en responsabilité contre un dirigeant ne peut être reporté qu'en cas de **dissimulation de la faute** commise par celui-ci et non en cas de dissimulation des conséquences dommageables résultant de cette faute, qu'elles soient comptables, financières, économiques ou morales (CA Paris 5-7-2001 : RJDA 12/01 n° 1222 et, sur pourvoi, Cass. com. 28-4-2004 n° 01-15.375 ; Cass. com. 20-2-2007 n° 03-12.088 : RJDA 11/07 n° 1116). La dissimulation doit être intentionnelle (Cass. com. 13-6-2018 n° 16-26.323 F-D : RJDA 10/18 n° 741 ; Cass. com. 24-1-2024 n° 22-13.230 F-D : RJDA 7/24 n° 399). En cas de dissimulation d'une décision fautive prise par le conseil d'administration ou le directoire d'une SA, la volonté de dissimulation de chaque administrateur ou membre du directoire est établie dès lors qu'il ne s'est pas opposé personnellement à cette décision (Cass. com. 30-3-2010 n° 08-17.841 : RJDA 7/10 n° 760). 14093

La prescription de l'action en responsabilité contre un gérant de SARL pour la conclusion d'un contrat de travail avec un associé n'a pas pu courir à la date de ce contrat dès lors que le rapport de gestion indiquait qu'aucune convention réglementée n'avait été conclue avec la société (Cass. com. 30-5-2018 n° 16-21.022 FS-PB : RJDA 10/18 n° 731).

En revanche, l'action est prescrite si le fait dommageable commis plus de trois ans auparavant n'a pas été dissimulé. *Il en a été ainsi dans le cas suivant* : les actionnaires **demandeurs** avaient été tenus **informés** du déroulement de l'opération litigieuse lors de multiples conseils d'administration et de deux assemblées générales et les éléments dont ils avaient fait état au soutien de leur demande d'expertise révélaient qu'ils connaissaient déjà la situation de la société et qu'ils disposaient avant la remise du rapport de l'expert d'éléments d'information sur la gestion du dirigeant (Cass. com. 25-3-2003 n° 559 : RJDA 8-9/03 n° 843).

Un associé ne peut pas utilement invoquer la dissimulation d'une opération qui a été annoncée dans un rapport soumis à une assemblée à laquelle il avait été convoqué (Cass. com. 1-6-2010 n° 09-15.322 : RJDA 10/10 n° 965 ; dans le même sens, CA Paris 19-3-2013 n° 12/00020 : RJDA 7/13 n° 633).

De même, dans un cas où un salarié bénéficiaire d'options d'achat d'actions de la société qui l'employait n'avait pas pu lever ces options en raison de l'attribution des actions qui lui étaient réservées aux administrateurs de la société par une délibération du conseil d'administration, l'action en responsabilité qu'il avait engagée contre ces derniers dix ans plus tard, après la fixation par une décision de justice du montant de sa créance à l'égard de la société, a été déclarée prescrite car, s'il n'avait pas eu connaissance de la **délibération** du conseil d'administration, qui constituait le fait dommageable, à l'époque où elle avait été adoptée, celle-ci était **mentionnée dans un rapport d'expertise** déposé depuis plus de trois ans et dont le salarié avait été destinataire (Cass. com. 31-1-2006 n° 111 : RJDA 7/06 n° 795).

b. Action sociale contre les gérants de sociétés de personnes et directeurs généraux délégués

14120 On pourrait penser que l'action en responsabilité engagée contre les dirigeants de droit non visés par le Code de commerce (gérants de **SNC,** de **SCS** et directeurs généraux délégués non administrateurs de **SA**) est fondée sur le droit commun de la responsabilité contractuelle puisque ces dirigeants sont considérés comme ayant commis une faute dans l'exécution du contrat de société.

Or, une décision de la cour d'appel de Versailles a admis au contraire que la société peut seulement agir contre un tel dirigeant sur le fondement du droit commun de la responsabilité extracontractuelle (CA Versailles 7-9-2006 n° 05-2470 : RJDA 8-9/07 n° 859).

EXERCICE DE L'ACTION SOCIALE CONTRE LES GÉRANTS DE SOCIÉTÉS DE PERSONNES ET DIRECTEURS GÉNÉRAUX DÉLÉGUÉS

14130 L'action sociale peut être exercée non seulement par le **représentant légal** de la société (par exemple, le nouveau gérant contre l'ancien), mais aussi par un ou plusieurs **associés,** qui sont alors habilités à poursuivre la réparation du préjudice subi par la société (action sociale « ut singuli ») ; en cas de condamnation, les dommages-intérêts doivent être alloués à celle-ci (C. civ. art. 1843-5, al. 1) et non pas aux demandeurs.

Bien qu'aucun texte ne le prévoie expressément, l'action ut singuli engagée sur le fondement de l'article 1843-5 du Code civil ne nous paraît recevable que si la société a été mise en cause par l'intermédiaire de ses représentants légaux. Par ailleurs, les développements exposés n°s 14073 à 14076 nous semblent également applicables à l'exercice de cette action.

14131 Les dispositions du Code civil sur l'action ut singuli ne prévoient pas la **possibilité pour les associés ou actionnaires de se grouper** afin d'exercer en commun cette action. Il s'ensuit que si plusieurs associés envisagent de poursuivre un gérant ou un directeur général délégué en responsabilité pour la même faute, ils doivent agir séparément.

14132 **Libre exercice de l'action sociale** Est réputée non écrite toute **clause statutaire** ayant pour effet de subordonner l'exercice de l'action sociale à l'avis préalable ou à l'autorisation de l'assemblée des associés ou qui comporterait par avance renonciation à l'exercice de cette action (C. civ. art. 1843-5, al. 2).

EXTINCTION DE L'ACTION SOCIALE CONTRE LES GÉRANTS DE SOCIÉTÉS DE PERSONNES ET DIRECTEURS GÉNÉRAUX DÉLÉGUÉS

14140 Aucune **décision de l'assemblée** ne peut avoir pour effet d'éteindre l'action sociale (C. civ. art. 1843-5, al. 3). Le quitus donné aux dirigeants par l'assemblée est donc sans effet à cet égard (Cass. 3e civ. 27-5-2021 n° 19-16.716 FS-P : RJDA 8-9/21 n° 571, à propos d'une SCI mais transposable).

14141 **Prescription de l'action sociale** Aucune disposition légale n'étend aux gérants de SNC, de SCS et aux directeurs généraux délégués de SA le délai triennal de prescription prévu par les articles L 223-23 et L 225-254. C'est donc la prescription **quinquennale** de droit commun qui s'applique (CA Rennes 28-6-2022 n° 20/02742 : RJDA 1/23 n° 33), le point de départ du délai étant fixé au jour où celui qui agit a connu ou aurait dû connaître la faute du dirigeant (C. civ. art. 2224).

4. ACTION INDIVIDUELLE EN RESPONSABILITÉ CONTRE LES DIRIGEANTS

14190 Tout **associé** ou actionnaire peut engager une action en réparation du **préjudice** qu'il a **subi personnellement** du fait d'un dirigeant de la société (C. civ. art. 1843-5, al. 1 et art. L 223-22, al. 3 et L 225-252). Cette action (dite « action individuelle ») n'est recevable que si le préjudice subi par l'associé ou l'actionnaire est **distinct** de celui éventuellement subi par la société. En revanche, l'associé ou l'actionnaire qui agit n'a pas à établir une **faute du dirigeant** détachable de ses fonctions (Cass. com. 9-3-2010 n° 08-21.547 : RJDA 6/10 n° 637 ; sur la définition de la faute détachable, voir n°s 14300 s. ; sur la possibilité d'agir en réparation d'un préjudice résultant d'une convention réglementée, voir n° 14070, précision c).

L'action individuelle ayant pour objet la réparation d'un préjudice personnel, il s'ensuit que, contrairement au régime applicable à l'action sociale : **14191**
– l'**associé** ou l'actionnaire peut l'exercer même après avoir **cédé ses titres** ;
– les **dommages-intérêts** éventuels reviennent intégralement au demandeur et non à la société.

PRÉJUDICE PROPRE À L'ASSOCIÉ OU À L'ACTIONNAIRE

Il a été jugé qu'un associé ou actionnaire pouvait exercer une action en réparation d'un préjudice personnel à l'encontre d'un dirigeant social : **14200**
– lorsqu'il a été systématiquement **tenu à l'écart des assemblées** générales (CA Montpellier 17-12-1930 : DP 1933 II p. 45) ;
– lorsqu'il a personnellement **engagé des frais pour faire nommer un expert** judiciaire afin d'établir les fautes de gestion du gérant, bien que cette nomination ait été utile à la société (CA Paris 10-7-1991 : RJDA 12/91 n° 1035) ;
– lorsque, l'imposition du résultat de la société ayant lieu directement entre ses mains, il a subi un **préjudice financier** (paiement des pénalités et intérêts de retard) **et moral** (nécessité de trouver rapidement une solution de financement) lié à un **redressement fiscal** imputable à l'incurie du dirigeant (Cass. 3e civ. 12-5-2021 n° 19-13.942 FS-P : RJDA 2/22 n° 81, à propos d'une société civile de construction-vente mais transposable à toutes les sociétés soumises au régime fiscal des sociétés de personnes) ;
– lorsque son **compte courant** a fait l'objet de **débits injustifiés** de nature à remettre en cause la régularité de ce compte alors qu'il établit des déclarations fiscales sur cette base et que les difficultés financières de la société causées par les manquements du dirigeant l'affectent directement en sa qualité de **caution solidaire de la société** (Cass. com. 27-5-2021 n° 19-17.568 F-D : RJDA 8-9/21 n° 570) ;
– lorsqu'il a été **incité à investir** dans les titres émis par la société et à les conserver en raison de fausses informations diffusées par les dirigeants, d'une rétention d'information et de la présentation de comptes inexacts (Cass. com. 9-3-2010 n° 08-21.547 : RJDA 6/10 n° 637 ; CA Limoges 17-1-2013 n° 11/01356 : RJDA 8-9/13 n° 727 ; dans le même sens, CA Paris 20-1-2022 n° 20/04801 : RJDA 8-9/22 n° 486) ;
– lorsqu'un dirigeant a présenté des comptes inexacts afin d'**empêcher la distribution** de dividendes (Cass. req. 29-10-1934 : DH 1934 p. 538) **ou détourné les dividendes** qui lui étaient destinés (CA Paris 2-5-1935 : Gaz. Pal. 1935 p. 113) ;
– lorsqu'un administrateur a intentionnellement induit en erreur un actionnaire minoritaire sur les causes et les **conditions de rachat de ses actions** dans le but de l'évincer de la société (Cass. com. 8-11-2005 n° 1380 : RJDA 3/06 n° 271).

En revanche, est irrecevable l'action engagée par un associé ou un actionnaire contre les dirigeants sociaux dès lors qu'il invoque la **perte de valeur de ses titres,** préjudice qui n'est que le corollaire du dommage causé à la société et n'a aucun caractère personnel (Cass. com. 1-4-1997 n° 879 : RJDA 5/97 n° 659, 2e esp. ; Cass. com. 15-1-2002 n° 66 : RJDA 6/02 n° 650 ; Cass. com. 21-10-2008 n° 07-17.832 : RJDA 6/09 n° 543). Ainsi, l'amoindrissement du patrimoine social ne peut pas constituer un préjudice propre dont l'associé ou l'actionnaire peut demander réparation au dirigeant (Cass. com. 21-9-2004 n° 1241 : RJDA 12/04 n° 1326 ; Cass. com. 12-6-2012 n° 11-14.724 : RJDA 10/12 n° 859). **14201**

Un associé ne peut pas demander réparation de la perte de valeur de ses titres, quelle que soit la cause de ce préjudice : par exemple, ruine de la société organisée volontairement par le gérant (Cass. com. 19-4-2005 n° 641 : RJDA 7/05 n° 813) ou réduction délibérée de l'activité de la société au profit d'une société tierce (Cass. com. 4-7-2006 n° 879 : RJDA 11/06 n° 1141).

EXERCICE DE L'ACTION INDIVIDUELLE CONTRE LES DIRIGEANTS

Lorsque plusieurs **actionnaires** de SA, de SCA ou de SAS souffrent directement et individuellement d'un préjudice provenant de mêmes faits, ils **peuvent se grouper** pour charger l'un ou plusieurs d'entre eux d'agir en leur nom devant les juridictions civiles, sous réserve que les conditions suivantes soient respectées (art. R 225-167) : **14210**
– le mandat de représentation doit être écrit et mentionner expressément qu'il donne au mandataire le pouvoir d'accomplir au nom du mandant tous les actes de procédure et, s'il y a lieu, le pouvoir d'exercer les voies de recours (appel, pourvoi en cassation, etc.) ;

– la demande en justice doit indiquer les nom, prénoms et adresse de chacun des mandants ainsi que le nombre d'actions qu'ils détiennent et le montant de l'indemnité réclamée pour chacun d'eux.

Les actes de procédure et de notification sont alors réputés valablement accomplis à l'égard du ou des mandataires sans qu'il soit nécessaire de les notifier également aux autres actionnaires demandeurs (art. R 225-168).

14211 L'article R 225-167 n'autorise expressément les actionnaires à se grouper pour exercer l'action en réparation de leur préjudice individuel que si cette action est dirigée contre les administrateurs, le directeur général ou les membres du directoire. Cette possibilité est également ouverte pour les actions dirigées contre les autres dirigeants qui sont responsables dans les mêmes conditions que les administrateurs (gérant de SCA : art. L 226-1, al. 2 ; dirigeants de SAS : art. L 227-8).

En revanche, elle est exclue pour les actions dirigées contre des membres du conseil de surveillance (n° 45042) ou des directeurs généraux délégués non administrateurs.

EXTINCTION DE L'ACTION INDIVIDUELLE CONTRE LES DIRIGEANTS

14220 Aucune **décision de l'assemblée** ne peut avoir pour effet d'éteindre l'action (art. L 223-22, al. 5 et L 225-253, al. 2), qu'elle consiste en un **quitus** donné aux dirigeants (Cass. 3e civ. 4-11-1976 : Bull. civ. III n° 381, à propos d'une société civile mais transposable) ou en l'**approbation** d'une **convention réglementée** (Cass. com. 18-12-2024 n° 22-21.487 F-B : RJDA 4/25 n° 212, à propos d'une SARL mais transposable aux sociétés par actions).

14221 **Prescription de l'action individuelle** Lorsque l'action est exercée contre l'un des dirigeants visés par le **Code de commerce** (n° 14070), elle est fondée, selon le cas, sur l'article L 223-22 ou L 225-252, de sorte qu'elle est soumise à la prescription triennale prévue par ce Code (n° 14091 ; CA Agen 2-10-2006 n° 05-1090 : RJDA 8-9/07 n° 857). Dans le cas contraire, elle est soumise au délai de prescription de cinq ans prévu par l'article 2224 du **Code civil.**

> **› Précisions** En application de l'article 2236 du Code civil aux termes duquel la prescription ne court pas ou est suspendue entre **époux,** la prescription ne court pas tant que l'associé demandeur et le dirigeant poursuivi sont mariés (Cass. com. 31-3-2021 n° 18-26.396 F-D : RJDA 7/21 n° 481, à propos de la prescription triennale de l'action individuelle mais transposable). La même règle s'applique aux partenaires liés par un **Pacs** (C. civ. art. 2236).

B. Responsabilité civile des dirigeants à l'égard des tiers

1. CAS DE RESPONSABILITÉ DES DIRIGEANTS À L'ÉGARD DES TIERS

14300 À l'égard des tiers, la responsabilité des dirigeants ne peut être engagée que s'ils ont commis une faute séparable de leurs fonctions et qui leur soit imputable personnellement (notamment, Cass. com. 27-1-1998 n° 313 : RJDA 5/98 n° 610 ; Cass. com. 20-5-2003 n° 851 : RJDA 8-9/03 n° 842 concl. R. Viricelle p. 717). Il en est ainsi lorsque le dirigeant commet **intentionnellement** une **faute d'une particulière gravité** incompatible avec l'exercice normal des fonctions sociales (Cass. com. 20-5-2003 précité ; Cass. com. 7-7-2004 n° 1158 : RJDA 11/04 n° 1223).

La responsabilité personnelle du dirigeant peut être retenue même s'il n'a pas excédé les limites de ses attributions (Cass. com. 10-2-2009 n° 07-20.445 : RJDA 5/09 n° 445 ; Cass. com. 18-6-2013 n° 12-17.195 : RJDA 12/13 n° 1022).

À défaut d'établir l'existence d'une telle faute, le tiers ne peut obtenir réparation de son préjudice qu'en agissant en responsabilité contre la société.

FAUTE SÉPARABLE DES FONCTIONS DE GESTION

14310 Ont **commis une faute** séparable de leurs fonctions :

– le dirigeant qui a volontairement trompé un fournisseur sur la solvabilité de la société (Cass. com. 20-5-2003 n° 851 : RJDA 8-9/03 n° 842 concl. R. Viricelle p. 717) ;

– les gérants d'une société exploitant une station-service en location-gérance qui se sont approprié le fonds de commerce du loueur (Cass. com. 8-2-2005 n° 187 : RJDA 5/05 n° 575) ;

– le dirigeant qui s'est livré à des manœuvres et réticences dolosives pour céder le fonds artisanal de la société (Cass. com. 4-11-2020 n° 18-19.747 F-D : RJDA 2/21 n° 97) ;
– le dirigeant qui s'est abstenu de payer la prime d'assurance d'un véhicule de la société et a laissé un salarié utiliser ce véhicule sans l'en informer (Cass. com. 4-7-2006 n° 865 : RJDA 2/07 n° 166, 1e esp., responsabilité à l'égard du salarié) ;
– le dirigeant qui, ayant connaissance d'un litige à venir entre la société et un tiers, a effectué des prélèvements par anticipation sur les bénéfices afin de faire échapper cette somme au gage des créanciers (Cass. com. 6-11-2007 n° 05-13.402 : RJDA 2/08 n° 157) ;
– le dirigeant qui a maintenu du matériel vendu par la société dans l'inventaire du stock, empêchant ainsi l'acquéreur d'en obtenir la délivrance auprès du cessionnaire des parts de la société (Cass. com. 17-12-2013 n° 12-25.638 : RJDA 3/14 n° 236) ;
– le dirigeant qui n'a pas restitué le véhicule loué par la société et l'a détourné en le vendant au repreneur de la société (Cass. com. 15-3-2017 n° 15-22.889 F-D : RJDA 8-9/17 n° 557) ;
– le dirigeant commun à une société mère et à sa filiale qui s'est abstenu de déclarer au passif de la première la créance de la seconde (Cass. com. 27-5-2014 n° 12-28.657 : RJDA 8-9/14 n° 703) ou le dirigeant commun à deux sociétés qui a décidé de vendre l'immeuble de l'une à l'autre à un prix qu'il savait largement surévalué (Cass. com. 14-11-2023 n° 21-19.146 F-B : RJDA 3/24 n° 168) ;
– le dirigeant qui a engagé au nom de la société de nombreux recours contre des projets immobiliers, alors que ces recours étaient étrangers à l'objet et à l'intérêt social (Cass. com. 10-11-2015 n° 14-18.179 : RJDA 2/16 n° 125) ;
– le dirigeant fondateur d'une société concurrente de celle dont il était antérieurement salarié qui a détourné des informations confidentielles relatives à l'activité de son ancien employeur au profit de sa nouvelle société (Cass. com. 7-9-2022 n° 20-20.404 F-D : RJDA 1/23 n° 42).

En revanche, n'ont **pas** commis de **faute séparable** de leurs fonctions : 14311
– le gérant qui a laissé entendre, dans une circulaire adressée à ses créanciers, que malgré les difficultés financières de la société, une banque, à qui il avait demandé l'octroi d'un prêt, allait se prononcer favorablement (Cass. com. 25-1-2005 n° 139 : RJDA 5/05 n° 584) ;
– le dirigeant d'une société qui a pris au nom de celle-ci l'engagement de garantir le paiement des dettes d'une filiale sans révéler au bénéficiaire de la garantie la situation économique précaire de la société garante (Cass. com. 20-6-2006 n° 808 : RJDA 2/07 n° 166, 2e esp.) ;
– le gérant qui, à l'occasion d'une cession de parts de la société, n'a pas informé l'acquéreur des parts de l'existence d'un nantissement grevant celles-ci (Cass. com. 29-3-2011 n° 10-11.027 : RJDA 10/11 n° 818) ;
– le président d'une SA qui a consenti un cautionnement sans autorisation du conseil d'administration (Cass. com. 9-6-2004 n° 903 : RJDA 8-9/04 n° 1003) ;
– le dirigeant d'une entreprise de travaux qui a commis des manquements aux règles de l'art d'une gravité certaine mais dont le caractère intentionnel n'est pas démontré (Cass. com. 31-1-2012 n° 11-14.154 : RJDA 4/12 n° 412) ;
– le dirigeant qui s'est abstenu de répondre à une demande d'information émanant d'un organisme public, la passivité ne constituant pas une telle faute (Cass. com. 5-7-2017 n° 15-22.707 F-D : RJDA 1/18 n° 33, à propos d'un gérant de société civile mais transposable).

Infraction pénale constitutive d'une faute séparable Une **infraction** pénale **intentionnelle** est comme telle séparable des fonctions sociales du dirigeant (Cass. com. 28-9-2010 n° 09-66.255 FS-PBRI : RJDA 1/11 n° 51 et Rapport C. cass. 2010 p. 381 ; Cass. com. 18-9-2019 n° 16-26.962 F-PB : RJDA 12/19 n° 754). En conséquence, un délit tel que la non-souscription des assurances construction obligatoires constitue une faute détachable (Cass. com. 28-9-2010 précité ; Cass. 3e civ. 10-3-2016 n° 14-15.326 FS-PB : RJDA 6/16 n° 451 ; Cass. 3e civ. 7-6-2018 n° 16-27.680 FS-PBI : RJDA 10/18 n° 739). 14312

L'infraction pénale intentionnelle est un acte personnel du dirigeant dont il doit assumer les conséquences sans possibilité de se retourner contre la société, même si l'acte fautif a été commis dans le cadre de ses fonctions (Cass. com. 18-9-2019 précité).
À la différence de la chambre commerciale, *la chambre criminelle* de la Cour de cassation considère qu'une action civile peut être valablement exercée contre un dirigeant sans qu'il soit nécessaire d'établir qu'il a commis une faute séparable (Cass. crim. 5-4-2018 n° 16-87.669 FP-PB : RJDA 5/18 n° 426, 1e esp., concl. R. Salomon p. 451).

> **Précisions** En principe, il n'y a pas de **crime** ou de **délit** sans intention de le commettre (C. pén. art. 121-3, al. 1). Toutefois, si la loi le prévoit, certains délits dits « non intentionnels » peuvent être commis par simple imprudence, négligence ou manquement à une obligation de prudence ou de sécurité (C. pén. art. 121-3, al. 2). Les **contraventions** sont quant à elles le plus souvent non intentionnelles. Ainsi, la seule constatation d'un manquement du dirigeant aux obligations de dépôt des comptes sociaux (contravention sanctionnée par l'art. 131-13, 5°

du Code pénal, sur renvoi de l'art. R 247-3) ne suffit pas à caractériser la faute séparable du dirigeant (Cass. com. 3-5-2018 n° 16-23.627 F-D : RJDA 7/18 n° 583). Sur ce point également, la chambre criminelle de la Cour de cassation, à la différence de la chambre commerciale, considère que les dirigeants engagent leur responsabilité civile à l'égard des tiers pour toutes les infractions dont ils se sont personnellement rendus coupables, quand bien même elles ont été commises dans le cadre de leurs fonctions de dirigeant et ne constituent que des contraventions (Cass. crim. 20-5-2003 n° 02-84.307 : RJDA 12/03 n° 1181 ; Cass. crim. 7-9-2004 n° 03-86.292 : RJDA 2/05 n° 141 ; Cass. crim. 5-4-2018 nos 16-87.669 et 16-83.984 FP-PB : RJDA 5/18 n° 426).

2. ÉTENDUE DE LA RESPONSABILITÉ DES DIRIGEANTS À L'ÉGARD DES TIERS

14340 La responsabilité des dirigeants à l'égard des tiers est **individuelle ou solidaire,** selon le cas (nos 13990 s.).

3. ACTION EN RESPONSABILITÉ ENGAGÉE PAR UN TIERS CONTRE UN DIRIGEANT

ACTION EN RESPONSABILITÉ ENGAGÉE PAR UN TIERS CONTRE UN DIRIGEANT DE SARL OU DE SOCIÉTÉ PAR ACTIONS

14370 **Fondement de l'action en responsabilité** Les articles L 223-22 et L 225-251 prévoient que les dirigeants qu'ils visent, expressément ou sur renvoi d'un autre texte (n° 14070), sont responsables envers les tiers, individuellement ou solidairement, des fautes qu'ils commettent.

L'action engagée par un tiers contre ces dirigeants doit donc être fondée sur ces textes. Néanmoins, la question se pose de savoir si, au lieu d'engager l'action en invoquant ces dispositions, le tiers peut l'exercer sur le fondement du droit commun de la responsabilité extracontractuelle (C. civ. art. 1240). Aucune décision n'apporte de réponse de principe à cette question ; jusqu'à présent, lorsque les pourvois qui lui sont soumis font référence au Code civil, la Cour de cassation se borne à y substituer dans ses visas les dispositions spéciales du droit des sociétés commerciales (notamment, Cass. com. 27-1-1998 n° 313 : RJDA 5/98 n° 610 ; Cass. com. 28-4-1998 n° 961 : RJDA 7/98 n° 874).

À notre avis, seules ces dernières peuvent être invoquées. En effet, la jurisprudence introduisant la notion de faute séparable a pour objet de soumettre la responsabilité civile des dirigeants visés par les articles L 223-22 ou L 225-251 à un régime homogène : ainsi, que ce soit à l'égard de la société ou à l'égard des tiers, cette action est soumise au même délai de **prescription** de trois ans (n° 14371). Si l'action engagée par les tiers avait pour fondement la responsabilité extracontractuelle, elle se prescrirait par cinq ans (C. civ. art. 2224) ; laisser à la victime la liberté de choisir entre les deux actions lui permettrait d'agir sur le fondement du droit commun lorsque l'action est prescrite sur le fondement du Code de commerce, ce qui ne serait pas cohérent.

14371 **Prescription de l'action en responsabilité** La prescription triennale prévue aux articles L 223-23 et L 225-254 s'applique aux actions engagées par les tiers contre les dirigeants visés par le Code de commerce. En effet, cette prescription s'applique aussi bien à de telles actions qu'aux actions sociales (Cass. com. 23-10-1990 n° 1196 : RJDA 1/91 n° 30 ; Cass. 1e civ. 9-2-2012 n° 09-69.594 : RJDA 7/12 n° 681 ; Cass. com. 24-1-2024 n° 22-13.230 F-D : RJDA 7/24 n° 399).

ACTION EN RESPONSABILITÉ ENGAGÉE PAR UN TIERS CONTRE UN GÉRANT DE SOCIÉTÉ DE PERSONNES OU UN DIRECTEUR GÉNÉRAL DÉLÉGUÉ

14380 **Fondement de l'action en responsabilité** En l'absence de **texte spécial,** l'action en responsabilité des tiers contre les dirigeants non visés par le Code de commerce (gérant de SNC, de SCS et directeurs généraux délégués non administrateurs de SA) pour faute séparable est admise, à notre avis, sur le fondement du **droit commun** de la responsabilité *civile extracontractuelle* (C. civ. art. 1240).

14381 **Prescription de l'action en responsabilité** Cette action se prescrit par cinq ans à compter du jour où le tiers a connu ou aurait dû avoir connaissance de la faute du dirigeant (C. civ. art. 2224).

C. Assurance responsabilité civile des dirigeants

EN BREF *Les contrats d'assurance responsabilité civile des dirigeants (RCMS ou, selon la terminologie anglo-saxonne, D&O) ont pour objet de garantir ces derniers contre les conséquences financières des actions en responsabilité civile engagées contre eux au titre de leur gestion professionnelle.* 14460

1. DIRIGEANTS ASSURÉS

DIRIGEANTS DE DROIT ASSURÉS

Les contrats d'assurance responsabilité civile couvrent généralement tous les dirigeants de droit ou de fait, **personnes physiques** (sans les désigner nommément), y compris ceux qui sont peu exposés au risque de voir engager leur responsabilité, tels les membres du conseil de surveillance. Sont également couverts les représentants permanents des personnes morales dirigeantes de la société souscriptrice. 14470

Les **personnes morales** sont généralement exclues de la protection, mais certains contrats couvrent la responsabilité de la société en tant que dirigeant de l'une de ses filiales ou, lorsque la législation nationale l'autorise, le remboursement des condamnations que la personne morale assumerait en lieu et place de ses dirigeants au titre de leur responsabilité.

Les contrats étendent généralement la garantie aux **dirigeants des filiales** ou sous-filiales de la société souscriptrice, y compris celles qui sont acquises ou créées pendant la période de validité du contrat. Selon les contrats, sont considérées comme filiales soit les sociétés dont la société souscriptrice détient directement ou indirectement la majorité des droits de vote dans les assemblées, soit celles dans lesquelles elle dispose du droit de nommer ou révoquer la majorité des membres des organes de gestion ou d'administration. 14471

Peu importe la date de nomination du dirigeant : sont couverts tous les **dirigeants en activité** au jour de la souscription du contrat, ceux qui sont désignés au cours de sa période de validité (**nouveaux dirigeants**), ainsi que ceux dont le **mandat** vient à **expiration** en cours de contrat pour les actes accomplis pendant l'exercice de leur mandat. 14472

AUTRES BÉNÉFICIAIRES QUE LES DIRIGEANTS DE DROIT

Sont garantis : 14480
– les membres des comités d'études ;
– les liquidateurs amiables ;
– les conjoint, héritiers, ayants cause et représentants légaux d'un dirigeant pour le cas où ils seraient poursuivis au titre de la responsabilité de celui-ci à la suite de son décès ou de son incapacité.

2. OBJET DU CONTRAT D'ASSURANCE

RISQUES COUVERTS PAR LE CONTRAT D'ASSURANCE

Les contrats d'assurance couvrent les conséquences financières des actions en responsabilité civile intentées contre les dirigeants. L'action en responsabilité peut résulter de tout manquement aux obligations légales, réglementaires ou statutaires. Il s'agit pour l'essentiel des actions engagées pour **faute de gestion.** Les dirigeants sont garantis en cas de condamnation au comblement du passif social si le contrat ne l'exclut pas (Cass. com. 10-3-2021 n° 19-12.825 F-P : RJDA 6/21 n° 418). Certains contrats couvrent, de manière plus large, tout « **fait dommageable** allégué ». 14510

Le contrat vise à protéger le patrimoine personnel du dirigeant. En principe, il ne garantit pas la **responsabilité de la société** lorsque celle-ci est mise en cause en raison d'une faute de l'un de ses dirigeants ou préposés, ce risque étant couvert par le contrat responsabilité civile générale de l'entreprise.

La garantie couvre principalement trois ***catégories de frais*** :
– les dommages-intérêts mis à la charge des dirigeants, peu important que ces dommages-intérêts soient dus à la suite d'une décision d'un tribunal, d'une sentence arbitrale ou d'une transaction ;
– les frais de défense civile, administrative et pénale (honoraires d'avocats, frais d'huissier ou de commissaire de justice, d'enquête, d'arbitrage, d'expertise, etc.) qui, selon les contrats, font l'objet d'un paiement direct par l'assureur ou seulement d'un remboursement à l'assuré ;
– les frais liés à la constitution d'une caution pénale.

Certains contrats couvrent aussi les frais annexes, tels que la reconstitution d'image et l'assistance psychologique du dirigeant et de sa famille.

› Précisions **a.** Une assurance couvrant les fautes du **dirigeant** commises dans l'exercice de ses fonctions doit jouer même si celui-ci est **condamné à titre personnel,** et pas seulement en qualité de dirigeant, à réparer les dommages résultant de telles fautes (Cass. 2e civ. 1-6-2011 nº 10-18.143 : RJDA 10/11 nº 819).

b. S'agissant des **frais de défense pénale,** les contrats stipulent que ces frais seront remboursés par le dirigeant dans l'hypothèse d'une condamnation pénale, laquelle est inassurable, les frais de défense suivant le même sort. Il en va de même pour les frais liés à la constitution d'une **caution pénale.**

EXCLUSIONS DE GARANTIE PRÉVUES PAR LE CONTRAT D'ASSURANCE

14520 Les contrats d'assurance prévoient diverses exclusions qui sont plus ou moins négociables entre l'assureur et le souscripteur. Mais nombreuses sont celles imposées par la **loi.** Il est utile de savoir que la garantie est notamment exclue dans les cas suivants :
– faute intentionnelle ou dolosive de l'assuré (C. ass. art. L 113-1, al. 2) ;
– faute séparable de ses fonctions de gestion, c'est-à-dire la faute d'une particulière gravité incompatible avec l'exercice normal des fonctions sociales ;
– fautes commises par le dirigeant dans le cadre de la vie privée, lesquelles sont couvertes par les contrats d'assurance responsabilité civile individuelle ou « chef de famille » ;
– dommages corporels ou matériels causés aux tiers (normalement couverts par le contrat d'assurance responsabilité civile générale de l'entreprise), y compris ceux résultant d'une atteinte à l'environnement ;
– amendes et pénalités de toute nature (pénales, fiscales, civiles, administratives ou douanières) ;
– réclamations fondées sur la recherche d'un profit ou d'une rémunération auxquels l'assuré n'a pas légalement droit (par exemple, la réparation d'un préjudice lié à un abus de biens sociaux ou à une convention interdite passée entre le dirigeant et la société) sous réserve, dans certains contrats, de rachat de certaines garanties, pour couvrir notamment les sanctions administratives, mais la question de l'assurabilité de ces sanctions – indépendamment de toute clause d'exclusion – reste ouverte ;
– conséquences pécuniaires des injonctions de faire ou de ne pas faire non destinées à réparer un préjudice ;
– conséquences de conflits sociaux (néanmoins susceptibles d'être couvertes par un contrat d'assurance spécifique « employer's liability ») ou d'engagement de caution.

› Précisions La **faute intentionnelle** se **définit** comme la faute commise volontairement et avec l'intention de causer le dommage tel qu'il est survenu (par exemple, intention de nuire à la victime ou d'obtenir un profit indu). La faute dolosive lui a été longtemps assimilée, mais elle a aujourd'hui des contours plus flous : elle serait caractérisée par une prise de risque volontaire et non par l'intention de créer un dommage.
Par exemple, est exclue la prise en charge d'amendes pénales infligées à un dirigeant déclaré coupable de diffusion d'informations fausses visant à agir sur le cours des titres sur un marché réglementé avec l'intention de s'enrichir ou d'enrichir la société (Cass. 2e civ. 14-6-2012 nº 11-17.367 : RJDA 6/13 nº 503).

PORTÉE DE LA GARANTIE

14530 Selon les contrats, la **responsabilité du dirigeant à l'égard de la société** souscriptrice (action sociale exercée par d'autres dirigeants ou par les associés) est couverte ou non. On peut comprendre la réticence de certaines compagnies d'assurance à admettre qu'une société souscrive un contrat pour le compte de ses dirigeants couvrant le risque d'une action en responsabilité qui pourrait être engagée par la souscriptrice elle-même.

14531 En revanche, tous les contrats couvrent les **actions** en responsabilité **engagées par les associés** pour obtenir réparation d'un **dommage** qu'ils ont **subi personnellement.** En pratique, le risque est faible pour le dirigeant car cette responsabilité est strictement encadrée : les associés ne peuvent obtenir réparation que d'un préjudice qui leur est personnel et donc distinct de celui de la société (nos 14190 s.).

3. SOUSCRIPTION ET RENOUVELLEMENT DU CONTRAT D'ASSURANCE

14560 Dans la pratique, c'est la **société** qui **souscrit** le contrat **pour le compte de** ses **dirigeants** *et jamais directement* ces derniers. Le souscripteur peut être une autre société que celle dans laquelle les dirigeants assurés exercent leurs fonctions (par exemple, une société mère souscrivant pour le compte des dirigeants de ses filiales).

Les assureurs exigent que la société souscriptrice ait quelques **années d'existence** et un **total de bilan** minimal (de l'ordre de 10 000 €).

INFORMATION DE L'ASSUREUR ET DE L'ASSURÉ

Afin de permettre à l'assureur d'apprécier l'étendue des risques et d'élaborer une proposition de contrat, la société doit remplir un **questionnaire** précisant notamment les éléments suivants : forme sociale, date de création de la société, nature et étendue géographique des activités exercées, composition de l'actionnariat (public ou privé, investisseurs en bourse ou familial, français ou étranger), liste des filiales, etc. À ce questionnaire, l'assureur demande habituellement de joindre divers **documents sociaux** (bilans et comptes de résultat, rapports de gestion et, s'il en existe, des commissaires aux comptes, etc.). 14570

Avant la conclusion du contrat, l'assureur doit remettre à l'assuré divers documents d'information, notamment un exemplaire du **projet de contrat** et de ses pièces annexes ou une **notice** d'information sur le contrat décrivant précisément les garanties assorties des exclusions ainsi que les obligations de l'assuré (C. ass. art. L 112-2, al. 2).

FORMALITÉS INTERNES À LA SOCIÉTÉ SOUSCRIPTRICE

Par prudence, si la société est une SARL ou une société par actions, il est recommandé de soumettre la souscription du contrat à la **procédure des conventions réglementées** afin d'éviter que sa validité ne soit mise en cause ultérieurement par un associé minoritaire. En effet, bien que le contrat soit souscrit par la société avec une compagnie d'assurance et non avec le dirigeant, on ne peut pas exclure que les tribunaux considèrent qu'il s'agit d'un accord conclu par personne interposée (en ce sens, A. Constantin, De quelques aspects de l'assurance de responsabilité civile des dirigeants sociaux : RJDA 7/03 p. 595 nos 32 s. ; en sens contraire, Communication Ansa, comité juridique no 04-005 du 1-10-2003). 14580

La transparence à l'égard des associés est d'autant plus recommandée que l'on peut se demander si le fait de faire supporter par la société le coût d'une assurance destinée à protéger ses dirigeants ne serait pas constitutif d'un **abus de biens sociaux.** À notre connaissance, la question n'a jamais été tranchée par les tribunaux. Il ne faut cependant pas surestimer ce risque, d'autant que plusieurs arguments militent en faveur d'une exclusion de l'application du délit d'abus de biens sociaux dans un tel cas (A. Constantin, De quelques aspects de l'assurance de responsabilité civile des dirigeants sociaux : RJDA 7/03 p. 595 nos 25 s.) : 14581

– au moment de la souscription du contrat d'assurance, l'intérêt personnel du dirigeant, qui s'apprécie au moment où l'acte litigieux est accompli, est très incertain ;
– le contrat vise l'ensemble des dirigeants de la société, si bien que l'intérêt personnel d'un seul d'entre eux à sa souscription est difficilement démontrable ;
– l'atteinte à l'intérêt social n'est pas évidente, la société pouvant être bénéficiaire de l'assurance en cas de faute commise par le dirigeant à son égard.

RENOUVELLEMENT DU CONTRAT D'ASSURANCE

Le contrat est généralement souscrit pour une durée d'un an par tacite reconduction. Toutefois, avant le renouvellement du contrat, la société est généralement tenue de transmettre à l'assureur un nouveau questionnaire et ses derniers documents sociaux (no 14570). Au vu de ces documents, l'assureur décide des conditions de renouvellement. 14590

4. APPLICATION DE LA GARANTIE

APPLICATION DE LA GARANTIE DANS LE TEMPS

La garantie est habituellement déclenchée en raison non pas du fait dommageable, mais des **réclamations** adressées à l'assuré ou à l'assureur. En conséquence, la garantie couvre non pas les fautes commises entre la date de prise d'effet et la date d'expiration du contrat, mais les réclamations des tiers adressées à l'assuré ou à l'assureur pendant cette période, peu important que la **faute** ait été **commise avant ou pendant la période de validité du contrat.** Encore *faut-il, pour que la garantie couvre* les faits dommageables antérieurs à la souscription du contrat, que le dirigeant n'en ait pas eu connaissance lors de la souscription, la charge de la preuve de cette connaissance (le « passé connu ») incombant à l'assureur. C'est pourquoi les contrats excluent de la garantie les réclamations dont, préalablement à leur date de prise d'effet, l'assuré avait connaissance de l'existence, de l'imminence ou du caractère probable. 14620

La garantie reste acquise à l'assuré pour toute réclamation introduite pendant une période minimale de cinq ans à compter de la **résiliation** ou de l'**expiration du contrat** dès lors que le fait dommageable est antérieur à la date de résiliation ou d'expiration (« garantie subséquente ») (C. ass. art. L 124-5, al. 4 et 5). En pratique, les contrats retiennent la durée minimale fixée par la loi. 14621

Ainsi, en cas de changement d'assureur, c'est en principe le nouvel assureur qui garantit les réclamations survenant au temps du nouveau contrat, sauf en cas de « passé connu » : dans ce cas, c'est la « garantie subséquente » du précédent assureur qui s'applique.

APPLICATION DE LA GARANTIE DANS L'ESPACE

14630 La garantie est adaptée en fonction de l'activité nationale ou internationale de la société. Selon les contrats, elle peut couvrir soit les réclamations présentées dans le ressort des juridictions du territoire français, soit les réclamations présentées dans le monde entier, y compris l'Amérique du Nord (mais, dans ce dernier cas, avec exclusion des « punitive damages »).

5. MONTANT DE LA GARANTIE

14660 Les conditions particulières du contrat fixent le montant de garantie, c'est-à-dire l'**engagement global** maximal de l'assureur **pour l'ensemble des sinistres** garantis résultant des réclamations introduites pendant la période d'assurance. Ce montant s'épuise donc au fur et à mesure des règlements de sinistres pendant ladite période. Il s'apprécie au regard du chiffre d'affaires de la société. À titre indicatif, le montant de la garantie s'échelonne entre 1 et 10 M€ pour les PME-PMI. Pour les entreprises de grande taille, la garantie est généralement plafonnée à 150 M€.

Précisons par ailleurs que les conditions particulières du contrat prévoient rarement une **franchise** (sauf pour les États-Unis).

6. PRIME D'ASSURANCE

14690 La **prime varie** en fonction du montant de la garantie et des résultats de la société au cours des derniers exercices. Il est bien évident que moins le risque d'action en responsabilité pour faute de gestion est fort, plus la prime est faible.

PUBLICITÉ DE LA PRIME D'ASSURANCE

14700 À notre avis, les primes versées par la société ne constituent pas un « avantage » devant figurer dans le **rapport sur le gouvernement d'entreprise** de certaines SA et SCA (nos 53085 et 53110), peu important que ces primes soient regardées comme un supplément de rémunération en matière fiscale. En effet, l'assurance profite à l'ensemble des dirigeants de la société, alors que la loi n'impose de mentionner dans le rapport que les avantages versés « à chaque mandataire social » (en ce sens, Communication Ansa, comité juridique n° 04-005 du 1-10-2003).

RÉGIME FISCAL DE LA PRIME D'ASSURANCE

14710 **Régime fiscal de la prime d'assurance applicable à la société** Les primes acquittées par la société sont regardées comme un supplément de rémunération. Elles sont donc **déductibles** lorsque la société est soumise à l'impôt sur les sociétés, à la condition que la rémunération globale du dirigeant corresponde à un travail effectif et ne présente pas un caractère excessif par rapport à l'importance du service rendu. À défaut, la fraction exagérée de la rémunération globale doit être réintégrée dans les bénéfices imposables de la société et imposée entre les mains de son bénéficiaire dans la catégorie des revenus de capitaux mobiliers.

14711 **Régime fiscal de la prime d'assurance applicable au dirigeant** Pour les **dirigeants relevant du régime des salariés** (gérants non associés de SNC, gérants de SARL et de SCA, président du conseil d'administration, directeur général et membres du directoire des SA, dirigeants de SAS), la prise en charge par la société des primes afférentes à un contrat couvrant uniquement des risques inhérents à l'activité professionnelle devrait s'analyser comme le versement d'une indemnité représentative de frais susceptible d'être exonérée d'impôt sur le revenu en application de l'article 81, 1° du CGI (BOI-RSA-CHAMP-20-30-50 n° 70).

Une doctrine moins favorable a toutefois été exprimée devant le comité de la mission d'organisation administrative (MOA) dans l'hypothèse où le contrat a été souscrit par le dirigeant et où les primes ont été payées ou remboursées par la société pour garantir les risques résultant de condamnations non pénales auxquelles le dirigeant est exposé à titre professionnel. Il a été indiqué que la prise en charge des primes par la société s'analyse comme un avantage en argent imposable dans les conditions de droit commun, étant précisé que la somme correspondante peut être admise en **déduction de la rémunération imposable** du dirigeant, en cas d'option pour la déduction des frais réels, si la garantie ne couvre que des actes accomplis dans l'exercice de ses fonctions (Comité MOA 15-3-2001). Cette doctrine n'a cependant pas été reprise dans la documentation administrative la plus récente.

SECTION 2

RESPONSABILITÉ FISCALE DES DIRIGEANTS

PRINCIPE

Tous les dirigeants de droit ou de fait, salariés ou non, qui, par des manœuvres frauduleuses ou par l'**inobservation grave et répétée** des obligations fiscales, ont rendu impossible le recouvrement d'impositions quelconques et des pénalités dues par leur société peuvent être déclarés solidairement responsables du **paiement** de ces **impositions** et pénalités (LPF art. L 267). 14790

CAS DE RESPONSABILITÉ FISCALE DU DIRIGEANT

La responsabilité d'un dirigeant peut être engagée s'il a retardé le dépôt de bilan en maintenant la **société** en **survie artificielle** et en accumulant le passif fiscal de la société (Cass. com. 5-11-2002 nº 00-20.331 F-D : RJF 2/03 nº 230). Il en est notamment ainsi lorsqu'un dirigeant dépose avec retard les déclarations de TVA de la société sans effectuer les paiements correspondants alors que la TVA a été facturée aux clients (Cass. com. 26-2-2002 nº 98-21.744 F-D : RJF 7/02 nº 859), ou s'abstient de façon répétée de procéder à ces déclarations et aux paiements correspondants (Cass. com. 8-11-2016 nº 15-16.707 F-D : RJF 2/17 nº 179). Le fait que la TVA facturée n'ait pas été collectée au moment du dépôt des déclarations est toutefois susceptible d'atténuer la gravité du manquement (Cass. com. 4-7-2006 nº 04-15.521 F-PB : RJF 11/06 nº 1464). 14800

Par ailleurs, le **non-respect d'obligations comptables** et l'**absence de déclaration d'une seule cession** ne peuvent pas être regardés comme une inobservation répétée des obligations fiscales (Cass. com. 19-11-2002 nº 99-15.491 F-D : RJF 3/03 nº 374).

> **Précisions** Le dirigeant n'est pas responsable du non-paiement d'une créance de TVA devenue exigible au jour du jugement ouvrant le **redressement judiciaire** de la société, lequel emporte de plein droit **interdiction de payer toute créance née avant** ce jugement (Cass. com. 24-11-2021 nº 18-25.864 F-D : RJF 3/22 nº 308).

CONDITIONS DE MISE EN JEU DE LA RESPONSABILITÉ FISCALE DU DIRIGEANT

L'application de l'article L 267 du LPF est subordonnée à l'exercice de la **direction effective de la société.** Un dirigeant peut ainsi s'exonérer de sa responsabilité s'il démontre que la gestion de la société était assurée en fait par un autre associé (Cass. com. 3-10-1989 : Bull. civ. IV nº 243), s'il a délégué de façon effective ses pouvoirs (nº 13700) ou s'il établit que les dettes fiscales sont postérieures à la cessation effective de ses fonctions même si sa démission est intervenue postérieurement (Cass. com. 8-1-1991 : RJDA 3/91 nº 214). Il en va de même du dirigeant dessaisi de ses pouvoirs sur le patrimoine de la société par la mise en liquidation judiciaire de celle-ci (Cass. com. 24-11-2021 nº 18-25.864 F-D : RJF 3/22 nº 308). 14810

Il faut aussi que le comptable public ait épuisé en vain tous les **moyens de poursuite** mis à sa disposition pour obtenir en temps utile le paiement des impôts dus par la société (Cass. com. 22-5-1991 nº 89-19.675 P : RJF 8-9/91 nº 1168 ; Cass. com. 1-2-1994 nº 297 D : RJDA 10/94 nº 1027 ; Cass. com. 10-7-2007 nº 06-11.131 F-D : RJF 12/07 nº 1495).

Les dispositions de l'article L 267 du LPF sont applicables sans qu'il soit nécessaire d'établir la **mauvaise foi** ou des agissements intentionnels du dirigeant poursuivi (Cass. com. 7-12-1993 nº 1953 D : RJF 3/94 nº 345 ; Cass. com. 15-2-1994 nº 445 D : RJDA 10/94 nº 1028 ; Cass. com. 24-6-2020 nº 17-12.497 F-D : RJF 11/20 nº 958).

CUMUL D'ACTIONS EN RESPONSABILITÉ CONTRE LE DIRIGEANT

La responsabilité fiscale des dirigeants peut être engagée même si les intéressés font par ailleurs l'objet d'une ***action en comblement de passif*** (Cass. com. 9-12-1997 nº 2483 P : RJDA 1/98 nº 87 concl. Piniot) et même si un jugement de clôture de la **liquidation judiciaire** pour insuffisance d'actif a été prononcé (Cass. com. 30-5-2000 nº 1213 FS-P : RJDA 12/00 nº 1144). 14820

MONTANT DE LA CONDAMNATION DU DIRIGEANT

Le juge qui estime que les conditions d'application de l'article L 267 du LPF sont remplies pour la totalité de la somme restant due par la société ne dispose pas du pouvoir de **limiter le montant** de la condamnation à prononcer (Cass. com. 11-1-2005 nº 02-16.597 F-PB : RJF 5/05 nº 497). La responsabilité fiscale du dirigeant ne vise que les impositions et les pénalités dues par la société, à l'exclusion des intérêts au taux légal (Cass. com. 27-11-2024 nº 23-18.572 F-B : RJF 2/25 nº 160). 14830

SECTION 3

INFRACTIONS À LA LÉGISLATION DE SÉCURITÉ SOCIALE

NON-RESPONSABILITÉ DE PRINCIPE DU DIRIGEANT

14850 En cas de non-paiement par la société des cotisations et contributions sociales dues pour l'emploi de ses salariés, la question se pose de savoir si son ou ses dirigeants peuvent être tenus sur leurs biens propres des **dettes de cotisations** et s'ils peuvent être personnellement condamnés aux **sanctions pénales** encourues de ce fait.

La réponse apportée à cette question par la jurisprudence est que, sauf grave faute de gestion ou engagement en tant que caution solidaire, le dirigeant n'est pas personnellement tenu, sur ses biens propres, de régler la dette de cotisations et de majorations de retard de la société (Cass. crim. 15-3-1973 n° 72-90.424 : Bull. crim. n° 136 ; Cass. crim. 4-5-1982 n° 81-93.809 : Bull. crim. n° 113).

Il s'ensuit que seule la société doit répondre de ces infractions.

LIMITES DE LA NON-RESPONSABILITÉ DU DIRIGEANT

14860 L'immunité du dirigeant n'est pas sans limites :

– un dirigeant peut être condamné personnellement à des dommages-intérêts pour le **préjudice, distinct** de celui déjà réparé par les majorations de retard, occasionné à l'Urssaf par le non-paiement à bonne date des cotisations dues (Cass. crim. 24-5-1977 : Bull. crim. n° 187), tels les frais occasionnés par l'ouverture d'un dossier contentieux (Cass. crim. 22-11-1988 n°s 86-95.426 et 86-95.427 : RJS 3/89 n° 283) ; l'existence et l'étendue d'un tel préjudice sont souverainement appréciées par les juges du fond (arrêts du 22-11-1988 précités) ;

– les sociétés n'ayant pas la personnalité morale avant leur immatriculation au RCS, les associés des **sociétés en cours de constitution** sont personnellement et solidairement responsables des cotisations dues sur les salaires versés par la société jusqu'à cette immatriculation ; ainsi jugé à propos de cotisations dues à une Urssaf (Cass. soc. 18-12-1979 n° 78-11.259 : Bull. civ. V n° 1013), mais la solution vaut aussi pour les autres organismes sociaux ;

– lorsqu'un dirigeant de droit ou de fait d'une société ayant fait l'objet d'une verbalisation pour **travail dissimulé** est responsable des manœuvres frauduleuses ou de l'inobservation grave et répétée des obligations sociales qui ont rendu impossible le recouvrement des cotisations, contributions et sanctions pécuniaires dues par la société, ce dirigeant peut être déclaré solidairement responsable du paiement de ces cotisations, contributions et sanctions pécuniaires par le président du tribunal judiciaire du lieu du siège social, sur assignation du dirigeant par l'organisme social créancier (CSS art. L 243-3-2).

Il ressort de ce qui précède que les dirigeants peuvent, dans certaines situations, voir leurs responsabilités civile et pénale engagées lorsque la société ne satisfait pas à ses obligations en matière de cotisations et contributions sociales. Pour s'en prémunir, il leur est loisible de **déléguer** leurs pouvoirs à un préposé, sous réserve d'en aviser les organismes de recouvrement (Cass. crim. 13-1-1972 n°s 70-90.649 et 70-90.650 : Bull. crim. n° 23).

La responsabilité de l'**ancien dirigeant** subsiste pour les périodes postérieures au terme de son mandat social aussi longtemps que le changement de dirigeant n'a pas été régulièrement publié, dès lors que l'intéressé a conservé en fait et en droit ses prérogatives de dirigeant de la société (Cass. crim. 9-9-2020 n° 19-81-118 F-D : RJDA 11/20 n° 570).

Les infractions commises dans le domaine des cotisations sociales sont également susceptibles d'engager la responsabilité de la société sur le fondement de la **responsabilité pénale des personnes morales** : voir n°s 4590 s.

CHAPITRE 8

CAUTIONNEMENT DES DETTES SOCIALES

SOMMAIRE

EXIGENCE DE GARANTIES

L'obligation des sociétés les plus nombreuses (SARL et sociétés par actions) au paiement de leurs dettes étant limitée au montant de leur patrimoine, les banques qui leur font crédit exigent bien souvent des garanties de leurs **dirigeants** (gérants, présidents, directeurs généraux, administrateurs). **15000**

Outre le nantissement de titres, la garantie la plus couramment utilisée à l'heure actuelle est le cautionnement ainsi qu'en attestent les nombreuses décisions de justice réglant les conflits entre créanciers et dirigeants cautions. Ne sont exposées ci-dessous que les règles concernant les **cautions personnes physiques.**

ATTENTION

Des **garanties** sont aussi **demandées aux associés.** Les règles ci-après exposées concernant les dirigeants leur sont transposables, sous quelques nuances qui sont mentionnées.

Seules les règles que la qualité de dirigeant (ou d'associé) est susceptible d'influencer sont présentées dans les développements qui suivent. Sur le **régime général du cautionnement,** voir Mémento Droit commercial nos 55009 s.

RÉFORME DU DROIT DU CAUTIONNEMENT

Les règles applicables au cautionnement ont été modifiées par la réforme des sûretés issue de l'ordonnance 2021-1192 du 15 septembre 2021. Les nouvelles dispositions s'appliquent seulement aux **cautionnements conclus depuis le 1er janvier 2022** (Ord. précitée art. 37, I-al. 1). Les **cautionnements conclus avant** cette date restent soumis à la loi ancienne, y compris « pour leurs effets légaux et pour les dispositions d'ordre public » ; il est toutefois dérogé à ce principe, y compris en matière de cautionnement réel, pour les dispositions relatives à l'information de la caution (Ord. art. 37, II et III). **15002**

A. Conclusion du cautionnement des dettes sociales

CARACTÈRE COMMERCIAL DU CAUTIONNEMENT DES DETTES SOCIALES

Cautionnement *souscrit depuis* le 1er janvier 2022 Le cautionnement consenti depuis le 1er janvier 2022 (sur cette date, voir no 15002) par un dirigeant ou un associé pour garantir les dettes d'une société commerciale est commercial car, entre toutes personnes, le cautionnement de dettes commerciales est un acte de commerce (art. L 110-1, 11o). **15010**

Cautionnement souscrit avant le 1er janvier 2022 Bien que le dirigeant personne physique, ès qualités, ne soit pas commerçant, le cautionnement qu'il a donné (ou qu'un associé a donné) avant le 1er janvier 2022 constitue un acte commercial lorsque le dirigeant (ou l'associé) avait un **intérêt patrimonial** à l'opération garantie (par exemple, l'octroi d'un prêt à la société) ; cette condition est nécessaire et suffisante. L'existence de **15012**

l'intérêt patrimonial de la caution est largement admise par la jurisprudence dominante, du moins en ce qui concerne les **dirigeants sociaux** et les **associés qui participent à la gestion** de la société (pour des dirigeants du seul fait de cette qualité, Cass. com. 15-10-1991 : RJDA 1/92 n° 74 ; Cass. com. 29-1-1991 : RJDA 4/91 n° 330 ; pour des associés participant à la gestion, Cass. com. 4-6-1973 : Bull. civ. IV n° 191 ; Cass. com. 21-2-2006 n° 235 : RJDA 6/06 n° 701).

En revanche, la qualité d'**associé non dirigeant** n'établit pas à elle seule l'intérêt personnel de la caution dans les affaires sociales (Cass. com. 10-2-1971 : Bull. civ. IV n° 41 ; Cass. com. 11-1-1994 : Bull. civ. IV n° 16 ; CA Paris 20-1-1999 : RJDA 5/99 n° 602). De même, le fait que deux **époux** soient **communs en biens** ne suffit pas pour considérer que l'un des époux a un intérêt personnel dans un prêt consenti à une société contrôlée et animée par son conjoint (CA Paris 1-12-1999 : RJDA 3/00 n° 338 ; voir aussi Cass. 1e civ. 9-12-1992 : Bull. civ. I n° 306 ; Cass. com. 5-10-1993 : Bull. civ. IV n° 310).

ILLUSTRATIONS

L'existence d'un intérêt personnel d'une caution associé non dirigeant a été retenue dans les cas suivants :

– associé d'une SARL familiale qui détenait avec son épouse la moitié du capital social, le reste étant détenu par des membres de sa famille, et dont les revenus provenaient de l'activité de la société (Cass. com. 7-4-2004 n° 651 : RJDA 8-9/04 n° 1040) ;

– associés d'une société qui s'étaient tous portés caution du remboursement d'un prêt consenti par une banque à leur société pour l'acquisition d'un fonds de commerce, la cour ayant considéré que l'intérêt patrimonial de chacun des associés résultait de ce qu'ils avaient constitué la société en vue de réaliser une opération qui leur permettrait d'améliorer leur situation personnelle, après avoir souligné que les intéressés avaient, lors de leur engagement, peu de revenus et aucun patrimoine immobilier et sans relever qu'ils exerçaient leur activité professionnelle au profit de la société (CA Rouen 7-10-1999 : RJDA 9-10/00 n° 912).

15015 **Effets du caractère commercial du cautionnement** Lorsque le cautionnement donné par le dirigeant (ou un associé) est un acte commercial, notamment :

– la caution peut être poursuivie devant le **tribunal** de commerce (Cass. com. 26-1-1982 : Bull. civ. IV n° 27 ; Cass. com. 16-3-1993 : RJDA 7/93 n° 643 ; Cass. com. 21-2-2006 n° 235 : RJDA 6/06 n° 701) ;

– le contrat de cautionnement peut prévoir une **clause d'arbitrage** pour renvoyer tout litige devant un tribunal arbitral, mais, si le cautionnement n'a pas été souscrit dans le cadre de l'activité professionnelle de la caution, la clause ne peut pas être opposée à celle-ci (art. L 721-3, al. 5).

La présomption de **solidarité** attachée à un acte commercial – qui permet au créancier de réclamer le paiement indifféremment à la caution ou à la société – n'est pas applicable lorsque la caution est une personne physique ; celle-ci doit expressément renoncer, quelle que soit la date du cautionnement, à ce que le créancier poursuive d'abord la société (n°s 15020 s.).

CONDITIONS DE FORME DU CAUTIONNEMENT

15020 **Cautionnement souscrit depuis le 1er janvier 2022** Le dirigeant personne physique qui se porte caution depuis le 1er janvier 2022 (sur cette date, voir n° 15002) doit, à peine de nullité de son engagement, apposer lui-même la **mention** qu'il s'engage en qualité de caution à payer au créancier ce que lui doit le débiteur en cas de défaillance de celui-ci, dans la limite d'un montant en principal et accessoires exprimé en toutes lettres et en chiffres ; en cas de différence, le cautionnement vaut pour la somme écrite en toutes lettres (C. civ. art. 2297). Si le dirigeant est privé des bénéfices de discussion ou de division (cautionnement solidaire entre la caution et le débiteur et/ou entre les différentes cautions), il reconnaît dans cette mention ne pas pouvoir exiger du créancier qu'il poursuive d'abord le débiteur ou qu'il divise ses poursuites entre les cautions ; à défaut, le dirigeant conserve le droit de se prévaloir de ces bénéfices (art. précité).

Ces mentions, requises que le créancier bénéficiaire du cautionnement soit ou non un professionnel, ne sont pas sacramentelles : l'article 2297 en fixe le contenu et non leur formulation ; en cas de contestation, il incombe au juge d'apprécier si la mention est suffisante pour assurer l'information de la caution.

Comme sous le régime antérieur, les mentions sont exclues si le cautionnement est donné par acte authentique passé devant notaire (C. civ. art. 1369, al. 3) ou par acte sous signature privée contresigné par avocat (art. 1374, al. 3). À notre avis, est aussi transposable la jurisprudence interdisant au dirigeant d'invoquer la nullité de son engagement s'il a volontairement fait apposer la mention par un tiers (n° 15022).

› Précisions Lorsque l'**acte constate à la fois le prêt consenti à la société et l'engagement de caution** du dirigeant et que le dirigeant intervient donc en double qualité de représentant de la société et de caution, une double signature ne s'impose pas (Cass. com. 8-10-2003 nº 1387 : RJDA 3/04 nº 363 ; Cass. com. 21-9-2010 nº 09-15.773 : RJDA 2/11 nº 182). Mais il doit avoir signé l'acte en ces deux qualités ; s'il ne l'a signé qu'en qualité de dirigeant, il n'est pas engagé à titre personnel par le cautionnement (Cass. com. 12-10-2022 nº 21-19.253 F-D : RJDA 2/23 nº 107).

Cautionnement souscrit avant le 1er janvier 2022 Lorsque le dirigeant **personne physique** s'est porté caution par acte sous signature privée envers un **créancier professionnel** avant le 1er janvier 2022, son engagement doit, à peine de nullité, comporter la **mention manuscrite** suivante, placée avant la signature : « En me portant caution de X, dans la limite de la somme de… couvrant le paiement du principal, des intérêts et, le cas échéant, des pénalités ou intérêts de retard et pour la durée de…, je m'engage à rembourser au prêteur les sommes dues sur mes revenus et sur mes biens si X n'y satisfait pas lui-même » (C. consom. ex-art. L 331-1 et L 343-1). Par ailleurs, si le cautionnement est **solidaire,** la caution doit avoir porté la mention manuscrite suivante, là encore avant la signature : « En renonçant au bénéfice de discussion défini à l'article 2298 du Code civil et en m'obligeant solidairement avec X, je m'engage à rembourser le créancier sans pouvoir exiger qu'il poursuive préalablement X » (C. consom. ex-art. L 331-2 et L 343-2) ; à défaut, le cautionnement est simple (Cass. com. 8-3-2011 nº 10-10.699 : RJDA 5/11 nº 466 ; Cass. 1e civ. 16-10-2013 nº 12-17.858 : RJDA 2/14 nº 168). 15022

Ces mentions, applicables au cautionnement des dettes d'une société souscrit par son dirigeant (Cass. com. 10-1-2012 nº 10-26.630 : RJDA 4/12 nº 433 ; Cass. 1e civ. 8-3-2012 nº 09-12.246 : RJDA 7/12 nº 716), ne sont pas requises en cas de cautionnement consenti par acte authentique passé devant notaire (C. civ. art. 1369, al. 3) ou par acte sous signature privée contresigné par avocat (art. 1374, al. 3).

La Cour de cassation a toujours fait une application stricte de ces exigences ; par exemple, a été annulé le cautionnement où la société débitrice était désignée comme le « bénéficiaire du crédit » et non par sa dénomination sociale, même si la caution en était le dirigeant (Cass. com. 12-11-2020 nº 19-15.893 F-D : RJDA 7/21 nº 519), celui indiquant une durée insuffisamment précise (Cass. com. 13-12-2017 nº 15-24.294 FS-PBI : RJDA 2/18 nº 179 ; Cass. com. 29-11-2023 nº 22-17.913 F-B : RJDA 4/24 nº 243) ou celui prévoyant que la caution s'engageait sur ses revenus ou ses biens, et non sur ses revenus et ses biens (Cass. com. 5-4-2023 nº 21-20.905 FS-B : RJDA 10/23 nº 546). Ont toutefois été admis certains **aménagements mineurs** aux mentions requises à condition que le sens et la portée de ces mentions ne soient pas altérés pour la caution (Cass. 1e civ. 10-4-2013 nº 12-18.544 : RJDA 2/14 nº 169 ; Cass. com. 24-5-2018 nº 17-11.144 F-D : RJDA 8-9/18 nº 678). Ainsi, ont été jugés valables :

– le cautionnement dont la mention manuscrite relative à la durée de l'engagement précisait que la garantie était donnée « jusqu'au paiement effectif de toutes les sommes dues » (Cass. com. 15-11-2017 nº 16-10.504 F-PBI : RJDA 2/18 nº 177) ;
– l'ajout d'une mention selon laquelle le cautionnement bénéficiait à toute personne substituée au créancier en cas de fusion ou de scission, cet ajout étant compréhensible par la caution (Cass. com. 27-1-2015 nº 13-24.778 : RJDA 5/15 nº 386) ;
– l'ajout des mots « commissions, frais et accessoires » dans la mention manuscrite, qui ne faisaient que préciser la nature des sommes couvertes par le cautionnement (Cass. com. 21-4-2022 nº 20-23.300 F-B : RJDA 7/22 nº 437).

De même, certaines omissions ont été considérées comme limitant la portée du cautionnement sans en affecter la validité :

– l'omission des termes « mes biens » qui limite le gage du créancier aux revenus de la caution (Cass. com. 1-10-2013 nº 12-20.278 : RJDA 2/14 nº 169) ;
– l'omission du mot « intérêts » qui limite le cautionnement au principal de la dette (Cass. com. 4-11-2014 nº 13-24.706 : RJDA 2/15 nº 144).

› Précisions **a.** Le dirigeant ne peut pas invoquer la nullité de son engagement lorsqu'il a *commis une **fraude** dans* la rédaction des mentions légales prescrites ; tel est le cas s'il les a sciemment fait reproduire par sa secrétaire au lieu d'y procéder lui-même, afin de faire échec à une demande en paiement (Cass. com. 5-5-2021 nº 19-21.468 F-P : RJDA 8-9/21 nº 604).

b. Lorsqu'un cautionnement est établi en **double exemplaire** et que la mention manuscrite n'est pas conforme à la loi sur l'un mais l'est sur l'autre, le cautionnement est valable (Cass. com. 2-6-2021 nº 20-10.690 FS-P : RJDA 11/21 nº 736).

c. La nullité d'un cautionnement n'est pas encourue du fait de la **contradiction** entre une **mention dactylographiée et une mention manuscrite,** lorsque aucun manquement au formalisme légal relatif aux mentions manuscrites n'affecte l'acte de cautionnement (Cass. com. 25-1-2023 nº 21-17.589 F-B : RJDA 10/23 nº 545).

d. L'**absence de date** sur l'acte de cautionnement n'empêche pas la caution de comprendre la portée de son engagement et n'entraîne pas l'annulation de celui-ci (Cass. com. 15-2-2023 nº 21-18.644 F-D : RJDA 8-9/23 nº 459).

CONSENTEMENT DE LA CAUTION

15025 Le cautionnement est valable dès lors qu'il est conforme aux règles de droit commun.

Ainsi, le consentement du dirigeant ou de l'associé à garantir les dettes sociales ne doit pas avoir été donné à la suite d'une erreur, d'un dol ou d'une violence (C. civ. art. 1130). À défaut, l'intéressé peut demander l'annulation de son engagement (art. 1131).

L'**erreur** de la caution sur la solvabilité du débiteur ne permet l'annulation du cautionnement que si la caution a fait de ce point une condition déterminante de son engagement et qu'elle ignorait la situation réelle du débiteur lorsqu'elle s'est engagée (Cass. com. 19-5-2015 nº 14-10.860 : RJDA 10/15 nº 705).

Mais le plus souvent, la caution invoque le **dol** de l'établissement de crédit, lui reprochant de lui avoir caché la situation financière compromise de la société garantie. Sauf circonstances exceptionnelles, le dol est écarté lorsque la caution est le dirigeant de la société (Cass. com. 19-10-1999 : RJDA 12/99 nº 1381) ou un associé qui, compte tenu de son rôle dans la société, était en mesure de connaître la situation de celle-ci (Cass. com. 1-4-2003 nº 587 : RJDA 10/03 nº 1012, associé fondateur ; Cass. com. 19-4-2005 nº 634 : RJDA 8-9/05 nº 1040, associé détenant la moitié du capital).

ILLUSTRATIONS

Le dol a été retenu dans les cas suivants :

– cautionnement consenti par un associé en garantie d'un prêt accordé à la société par une banque en vue d'apurer le découvert du compte courant sans en informer l'emprunteur et la caution (Cass. com. 26-5-1992 nº 913 : RJDA 10/92 nº 943) ;

– banque ayant omis d'informer la caution nouvellement dirigeante qu'à la date du cautionnement elle était déjà créancière de la société garantie (Cass. com. 28-5-2002 nº 1004 : Bull. Joly 2002 p. 1039) ;

– cautionnement donné par le dirigeant en garantie d'un prêt octroyé à la société par une banque pour acquérir une autre société, la banque n'ayant pas révélé à la caution la situation obérée de la société, dont l'achat était projeté, alors qu'elle en avait connaissance (Cass. com. 10-7-2012 nº 11-21.966 : RJDA 1/13 nº 66).

Pour l'appréciation de la **violence,** voir Cass. com. 28-5-1991 : Bull. civ. IV nº 180 retenant que l'épouse du dirigeant n'avait accepté de signer un cautionnement que « sous l'empire d'une violence morale » ; Cass. com. 28-1-2014 nº 13-10.292 : Gaz. Pal. 20-3-2014 som. p. 19 note Albiges ; CA Paris 25-10-2013 nº 13/13273 : RJDA 3/14 nº 270 et CA Orléans 5-3-2020 nº 18/02276 : RJDA 8-9/20 nº 454 écartant l'existence d'une dépendance économique pesant sur le dirigeant ; Cass. com. 25-1-2023 nº 21-19.351 F-D : RJDA 6/23 nº 297 écartant l'existence d'une contrainte contre le dirigeant faute de preuve que la banque créancière aurait menacé de rompre ses relations avec la société débitrice.

Par ailleurs, tout bénéficiaire d'un cautionnement, comme toute partie à un contrat, doit, à peine de nullité et de dommages-intérêts, **informer la caution** de ce qu'il sait et qui serait susceptible d'inciter la caution à ne pas s'engager (C. civ. art. 1112-1 ; voir Mémento Droit commercial nºˢ 11834 s.). Il doit cette information même à l'égard d'une caution avertie, dès lors que celle-ci ignorerait légitimement l'information déterminante de son consentement.

> **Précisions** Le cautionnement ne saurait être annulé au motif qu'il constitue entre le débiteur (la société dont les dettes sont garanties) et la caution une **convention soumise à autorisation préalable du conseil d'administration** (nºˢ 52500 s.) car le débiteur est un tiers au cautionnement (CA Paris 4-5-1993 : Bull. Joly 1993 p. 861).

ÉTENDUE DU CAUTIONNEMENT DES DETTES SOCIALES

15027 La caution doit veiller à ce que les **dettes** qu'elle garantit soient clairement **identifiables.** Elle doit notamment préciser leur nature et la période au cours de laquelle elles ont pris naissance.

Il a été jugé à cet égard que :

– le cautionnement portant sur les dettes d'une société ne saurait être étendu aux filiales de cette société quand bien même celles-ci auraient fait l'objet d'une procédure collective commune (Cass. com. 25-11-1997 : RJDA 3/98 nº 336) ;

– *le cautionnement des* « sommes dues » par la société ne couvrait pas les dettes nées après la date de l'acte de cautionnement (Cass. com. 11-5-1993 : RJDA 11/93 nº 941), mais qu'il pouvait couvrir les dettes nées avant (Cass. com. 11-2-2014 nº 13-10.408 : RJDA 5/14 nº 477) ;

– le cautionnement de toutes sommes que la société pourrait devoir à une banque ne garantissait pas les dettes délictuelles (Cass. com. 26-6-2001 nº 1283 : RJDA 12/01 nº 1258) ;

– le cautionnement de toutes les obligations dont la société pourrait être tenue vis-à-vis d'une banque, à quelque titre que ce soit et quelle que soit la date à laquelle elles sont nées, s'étend à la mobilisation de créances professionnelles (Cass. com. 29-4-2003 n° 697 : RJDA 11/03 n° 1125) ;
– le cautionnement de toutes les dettes d'une société envers un créancier s'étend aux dettes d'une société ensuite absorbée par celle-ci envers le même créancier (Cass. com. 28-2-2018 n° 16-18.692 : RJDA 5/18 n° 428) ;
– le cautionnement de toutes les obligations d'une société auprès d'une banque s'étend à celles résultant d'une convention de compte courant souscrite après l'engagement de la caution dès lors que la banque ne l'en a pas déchargée (Cass. com. 27-11-2024 n° 23-19.560 F-D : RJDA 3/25 n° 158).

> **Précisions** Le **cautionnement des obligations futures** d'une société est valable dès lors qu'elles sont déterminées ou déterminables (C. civ. art. 2292 ; Cass. com. 3-11-2015 n° 14-26.051 : RJDA 2/16 n° 147).

B. Mise en œuvre du cautionnement des dettes sociales

DEMANDE DE PAIEMENT À LA CAUTION

Sauf stipulation contraire, le créancier peut demander paiement à la caution le jour où la dette principale est exigible. Dès lors que le dirigeant social a pris un engagement solidaire, il est tenu de payer sans pouvoir demander au créancier de poursuivre au préalable le débiteur (règle dite « d'absence de bénéfice de discussion »). 15030

Les **héritiers** du dirigeant sont tenus de plein droit du cautionnement (cf. C. civ. art. 2317, al. 1) s'ils ont accepté la succession. Mais ils ne sont tenus que des dettes nées avant le décès (art. 2317, al. 1 ; Cass. com. 13-1-1987 n° 84-14.146 : Bull. civ. IV n° 9) même si elles ne sont pas exigibles à cette date (Cass. 1e civ. 10-6-1997 : RJDA 11/97 n° 1381). Toute clause contraire est réputée non écrite si le cautionnement a été souscrit depuis le 1er janvier 2022 (art. 2317, al. 2 ; sur cette date, voir n° 15002), ou nulle, car constitutive d'un pacte sur succession future prohibé (Cass. com. 13-1-1987 précité), si le cautionnement est antérieur à cette date.

Fraude du dirigeant Le dirigeant ou l'associé ne saurait tenter de **soustraire ses biens aux poursuites** du créancier en les donnant à ses enfants, car une telle donation peut être déclarée inopposable pour fraude, dite « fraude paulienne » (C. civ. art. 1341-2 ; Mémento Droit commercial nos 54000 s.). Ainsi a été jugée inopposable au créancier la fraude consistant pour un dirigeant à faire donation à ses enfants des immeubles qui constituaient l'essentiel de son patrimoine quelques mois après s'être porté caution solidaire des engagements de sa société envers ce créancier (Cass. 1e civ. 17-6-1986 : Bull. civ. I n° 169 ; CA Versailles 26-3-1987 : BRDA 22/87 p. 19) ou en connaissant les difficultés financières de la société, la donation étant intervenue après une alerte déclenchée par le commissaire aux comptes et la désignation d'un mandataire ad hoc chargé de négocier le passif (Cass. 1e civ. 30-4-2014 n° 13-17.058 F-D : RJDA 12/14 n° 938). 15032

Constitue également une fraude à l'égard du créancier la réalisation par la caution d'une série d'opérations successives de fusion, pour des raisons de pure convenance personnelle et en vue de s'exonérer de ses obligations, de telles opérations devant être déclarées inopposables au créancier (Cass. com. 10-10-1995 : RJDA 12/95 n° 1371). De même, est frauduleuse la vente d'un immeuble à une société civile dont la caution devient associée qui lui permet de remplacer le bien par des fonds plus difficiles à appréhender (Cass. 3e civ. 9-2-2010 n° 09-10.639 : RJDA 7/10 n° 782), ou la donation par une caution à ses enfants de l'usufruit des droits sociaux qu'elle détient dans deux sociétés, quand bien même aucun dividende n'a été effectivement distribué, dès lors que ces droits, non dénués de valeur, peuvent donner lieu à une distribution de dividendes futurs (Cass. 1e civ. 30-4-2025 n° 22-20.929 F-D : BRDA 12/25 inf. 4, à propos d'un associé de SCI, mais transposable).

BIENS ENGAGÉS PAR LA CAUTION

Un **époux commun en biens** engage, par son cautionnement, ses biens propres et ses revenus. Mais il engage également les biens communs, dès lors que son conjoint a consenti expressément au cautionnement en application de l'article 1415 du Code civil (Cass. 1e civ. 8-3-2005 n° 475 : RJDA 8-9/05 n° 1041 ; Cass. 1e civ. 1-12-2010 n° 09-15.669 : RJDA 2/11 n° 184 ; Cass. com. 22-2-2017 n° 15-14.915 F-PB : RJDA 5/17 n° 370). 15035

Les biens communs sont également engagés lorsque les époux se sont portés caution de la même dette dans un acte unique dans les mêmes termes (Cass. 1e civ. 13-10-1999 nº 96-19.126 PB : RJDA 11/99 nº 1249 ; Cass. com. 5-2-2013 nº 11-18.644 F-PB : RJDA 5/13 nº 451), mais pas si chaque époux s'est engagé par acte séparé sans le consentement de l'autre (Cass. 1e civ. 15-5-2002 nº 00-13.527 FP-PBRI : RJDA 11/02 nº 1193 ; Cass. 1e civ. 13-6-2019 nº 18-13.524 F-D : RJDA 12/19 nº 785).

MOYENS DE DÉFENSE DE LA CAUTION

15037 **Extinction du cautionnement** Le dirigeant social peut échapper au paiement en établissant que la **dette** de la société est **éteinte** (C. civ. art. 2313, al. 2).

En revanche, il ne peut invoquer ni la **transformation de la société,** sauf mention expresse contraire (nº 20745), ni la perte de la qualité d'associé ou la **cessation** de ses **fonctions** de dirigeant, sauf si cette qualité a été un motif déterminant de l'engagement (Cass. com. 15-10-2002 nº 1647 : RJDA 2/03 nº 190 ; Cass. com. 14-10-2008 nº 07-16.947 : RJDA 2/09 nº 103 ; CA Versailles 8-3-2022 nº 21/02534 : RJDA 6/22 nº 337).

ILLUSTRATIONS

Le cautionnement donné, pour une durée indéterminée, à certains fournisseurs d'une société, par un associé gérant « eu égard à ses intérêts commerciaux dans la société » n'est pas devenu caduc du fait de sa démission et de la cession de ses parts, dès lors que l'acte ne prévoyait pas que l'engagement ne porterait que sur les dettes nées pendant l'exercice des fonctions de gérant (Cass. com. 8-1-2002 nº 45 : Bull. Joly 2002 p. 482 note P. Scholer ; pour une solution contraire, CA Versailles 9-10-1997 : RJDA 1/98 nº 114).

Par ailleurs, la **banque** n'est pas **tenue d'informer** l'associé qui cède ses parts sur la persistance du cautionnement à la suite de la cession (Cass. com. 29-1-2002 nº 273 : RJDA 6/02 nº 693), ni d'avertir l'ancien gérant de la souscription d'un nouveau prêt par la société (Cass. com. 8-1-2008 nº 05-13.735 : RJDA 5/08 nº 573) ou de l'absorption par la société d'une autre société endettée envers le même créancier (Cass. com. 28-2-2018 nº 16-18.692 F-PBI : RJDA 5/18 nº 428).

Sur le sort du cautionnement en cas de **fusion** de la société, voir nº 83831.

15040 Le dirigeant qui a consenti depuis le 1er janvier 2022 (sur cette date, voir nº 15002) un cautionnement des dettes futures de la société pour une durée indéterminée peut y mettre fin à tout moment, sous réserve de respecter le délai de préavis contractuellement prévu ou, à défaut, un délai raisonnable ; mais il reste tenu des dettes nées avant la **révocation de son engagement,** sauf clause contraire (C. civ. art. 2315 et 2316).

Pour les cautionnements omnibus (sans détermination d'objet ni de durée) souscrits avant la date précitée, la caution doit encore au créancier, même en cas de révocation, la garantie de toutes les obligations à durée déterminée convenues avant la résiliation de son cautionnement, même si l'exécution de ces obligations doit se poursuivre, en vertu des stipulations contractuelles, après la date de cette résiliation (Cass. com. 11-5-1993 : RJDA 11/93 nº 940 ; Cass. com. 1-4-2008 nº 07-11.003 F-D : RJDA 6/08 nº 712).

S'agissant d'un **cautionnement à durée déterminée,** l'expiration de celui-ci met fin à l'obligation de couverture de la caution mais elle est sans incidence sur son obligation de règlement ; la caution reste tenue des dettes nées avant cette date ; le créancier peut poursuivre la caution lorsque ces dettes deviennent exigibles, sauf clause contraire limitant dans le temps son droit de poursuite (Cass. com. 1-6-2023 nº 21-23.850 F-B : RJDA 10/23 nº 541 ; Cass. com. 29-5-2024 nº 22-24.267 F-B : RJDA 10/24 nº 553 ; Cass. com. 29-5-2024 nº 22-21.041 F-B : RJDA 10/24 nº 552). En cas de cautionnement d'un compte courant bancaire consenti pour une durée limitée, la caution peut déduire du montant qu'elle doit des remises postérieures à l'expiration de son engagement (Cass. com. 22-2-2017 nº 14-28.302 F-D : RJDA 6/17 nº 430).

15045 **Cautionnement disproportionné** **Cautionnement souscrit depuis le 1er janvier 2022.** Si le cautionnement souscrit par une personne physique envers un créancier professionnel depuis le 1er janvier 2022 (sur cette date, voir nº 15002) était, lors de sa conclusion, manifestement **disproportionné** aux revenus et au patrimoine de la caution, il est **réduit** au montant à hauteur duquel elle pouvait s'engager à cette date (C. civ. art. 2300).

À notre avis, est ici transposable la jurisprudence antérieure (nº 15047) en ce qu'elle autorise *le dirigeant caution personne physique* à invoquer la disproportion de son engagement et en ce qui concerne la preuve et les critères d'appréciation de cette disproportion.

Mais, contrairement au régime précédent, le créancier ne perd pas la possibilité de se prévaloir du cautionnement disproportionné dont le montant est toutefois réduit, même si la caution est revenue à meilleure fortune lorsque le créancier lui réclame le paiement.

Cautionnement souscrit avant le 1er janvier 2022. Lorsqu'une personne physique s'est portée caution à l'égard d'un créancier professionnel avant le 1er janvier 2022, ce dernier ne peut pas se prévaloir du cautionnement s'il était, lors de sa conclusion, manifestement **disproportionné aux biens et revenus de la caution,** à moins que le patrimoine de celle-ci, au moment où la garantie est appelée, ne lui permette de faire face à son obligation (C. consom. ex-art. L 332-1, applicable aux cautionnements souscrits depuis le 7-8-2003 : Cass. ch. mixte 22-9-2006 n° 05-13.517 : RJDA 6/07 n° 658). Cette disposition bénéficie au dirigeant personne physique (Cass. com. 22-6-2010 n° 09-67.814 : RJDA 11/10 n° 1106). 15047

La **caution peut invoquer à tout moment** la disproportion comme défense au fond (Cass. 1e civ. 31-1-2018 n° 16-24.092 FS-PB : RJDA 7/18 n° 603) ou pour s'opposer à une mesure d'exécution forcée engagée par le créancier (Cass. com. 8-4-2021 n° 19-12.741 F-P : RJDA 8-9/21 n° 603).

La **disproportion** manifeste, que la caution doit **prouver** (Cass. com. 30-8-2023 n° 21-20.222 F-B : RJDA 11/23 n° 613), s'apprécie au regard des capacités financières et de l'endettement global de la caution à la date de souscription du cautionnement. Sont notamment pris en compte :

– les parts sociales et le compte courant d'associé qu'elle détient au sein de la société cautionnée (Cass. com. 26-1-2016 n° 13-28.378 : RJDA 5/16 n° 395 ; Cass. com. 24-11-2021 n° 20-11.848 F-D : RJDA 2/22 n° 111), l'évaluation des parts tenant compte du passif social (Cass. com. 7-10-2020 n° 19-13.135 F-D : RJDA 1/21 n° 51), les **biens** communs, même si le cautionnement est consenti par un seul conjoint (Cass. com. 15-11-2017 n° 16-10.504 F-PBI : RJDA 2/18 n° 177 ; Cass. com. 6-6-2018 n° 16-26.182 FS-PBI : RJDA 8-9/18 n° 680), la quote-part dans les biens indivis d'un époux séparé en biens (Cass. 1e civ. 19-1-2022 n° 20-20.467 FS-B : RJDA 4/22 n° 223), les revenus réguliers perçus par la caution même provenant de la société débitrice (Cass. com. 5-9-2018 n° 16-25.185 FS-PB : RJDA 11/18 n° 869) – mais pas les revenus escomptés de l'opération garantie (Cass. 1e civ. 3-6-2015 n° 14-13.126 : RJDA 8-9/15 n° 602 ; Cass. com. 10-7-2024 n° 22-21.663 F-D : RJDA 12/24 n° 670) –, les biens immobiliers de la caution, même si la garantie Oséo (devenue Bpifrance) dont bénéficie le créancier interdit la prise d'hypothèque sur ces biens (Cass. com. 18-1-2017 n° 15-12.723 F-PB : RJDA 5/17 n° 369 ; CA Versailles 1-3-2022 n° 21/03130 : RJDA 7/22 n° 436) ;

– l'**endettement** résultant des prêts en cours ou d'une prestation compensatoire (Cass. com. 8-3-2017 n° 15-20.792 F-D : RJDA 7/17 n° 500), les autres cautionnements précédemment souscrits par la caution (Cass. com. 12-3-2013 n° 11-29.030 : RJDA 7/13 n° 663 ; Cass. 1e civ. 15-1-2015 n° 13-23.489 : RJDA 4/15 n° 306 ; Cass. com. 11-3-2020 n° 18-25.390 F-PB : RJDA 7/20 n° 392), même s'ils ont été déclarés disproportionnés (Cass. com. 29-9-2015 n° 13-24.568 : RJDA 2/16 n° 148), mais il n'est pas tenu compte des cautionnements souscrits après le cautionnement contesté (Cass. com. 9-5-2018 n° 16-26.926 F-D : RJDA 8-9/18 n° 681).

ATTENTION

En l'absence d'anomalies apparentes, le créancier professionnel n'est pas tenu de vérifier l'exactitude des **biens et revenus déclarés par la caution** au moment où elle s'engage (Cass. com. 14-12-2010 n° 09-69.807 : RJDA 4/11 n° 348 ; Cass. com. 24-1-2018 n° 16-15.118 F-D : RJDA 4/18 n° 361 ; Cass. com. 18-12-2024 n° 23-14.402 F-D : RJDA 3/25 n° 163). La caution n'est pas admise à prouver, devant le juge, que sa situation financière était en réalité moins favorable que celle qu'elle a déclarée (cf. Cass. com. 20-4-2017 n° 15-16.184 F-D : RJDA 10/17 n° 664 ; Cass. com. 8-3-2017 n° 15-20.236 F-D : RJDA 7/17 n° 502) sauf dans les cas suivants : la déclaration de son patrimoine comportait une anomalie apparente (Cass. com. 20-9-2017 n° 16-11.057 F-D : RJDA 1/18 n° 68 ; Cass. com. 4-11-2021 n° 19-18.142 F-D : RJDA 3/22 n° 170) ; le créancier connaissait (ou ne pouvait pas ignorer) l'existence d'autres charges pesant sur la caution que celles déclarées sur la fiche de renseignements (Cass. com. 27-5-2014 n° 13-17.287 F-D ; Cass. com. 8-1-2020 n° 18-19.528 F-D : RJDA 4/20 n° 243) ; la déclaration était très antérieure au cautionnement et le créancier avait omis d'en demander l'actualisation (Cass. com. 17-5-2017 n° 15-19.018 : RJDA 11/17 n° 761 ; Cass. com. 29-9-2021 n° 20-14.660 F-D : RJDA 6/22 n° 366 ; sur le pouvoir du juge de procéder à cette actualisation, voir Cass. com. 30-8-2023 précité) ; la fiche patrimoniale n'était pas signée par la caution (Cass. com. 29-9-2021 précité) ou avait été signée après la conclusion du cautionnement (Cass. com. 13-3-2024 n° 22-19.900 F-B : RJDA 7/24 n° 421).

La caution peut se prévaloir d'**engagements antérieurs non déclarés** au créancier dès lors que ce dernier ne l'a pas invitée à établir une déclaration (Cass. com. 4-4-2024 n° 22-21.880 F-B : RJDA 10/24 n° 555).

Si le **cautionnement** n'est **pas disproportionné lors de sa conclusion,** le créancier peut poursuivre la caution sans être tenu de prouver que son patrimoine lui permet de faire face à son obligation au moment où elle est appelée (Cass. com. 21-10-2020 n° 18-25.205 F-PB : RJDA 2/21 n° 125).

Le créancier peut cependant se prévaloir d'un cautionnement disproportionné si, au **moment** où il en demande l'**exécution,** le patrimoine de la caution permet à celle-ci de faire face à son obligation ; la **capacité** de la caution **à faire face au cautionnement** (le « retour à meilleure fortune »), dont la preuve incombe au créancier (Cass. com. 1-3-2016 n° 14-16.402 : RJDA 5/16 n° 396 ; Cass. 1e civ. 25-3-2020 n° 19-15.163 F-D : RJDA 8-9/20 n° 456), s'apprécie à la date de l'assignation de la caution (Cass. com. 9-7-2019 n° 17-31.346 F-D : RJDA 11/19 n° 711 ; Cass. 1e civ. 12-3-2025 n° 23-15.199 F-D : RJDA 6/25 n° 337 ; voir toutefois Cass. com. 1-3-2016 précité, écartant cette date en cas de plan de sauvegarde de la société débitrice) et au regard de son endettement global, y compris celui résultant d'autres cautionnements (Cass. com. 17-10-2018 n° 17-21.857 FS-PBI : RJDA 2/19 n° 134). La caution ne peut pas, avant d'avoir été appelée, agir à titre principal pour que le créancier soit déchu du droit de se prévaloir d'un cautionnement qui était manifestement disproportionné au moment où il a été consenti (Cass. com. 18-12-2024 n° 22-13.721 FS-B : RJDA 3/25 n° 161).

Si le **cautionnement** était **disproportionné** lors de sa conclusion et qu'il ne peut **pas** être **honoré** lorsqu'il est appelé, la caution est déchargée de son engagement en totalité et non pas seulement à hauteur de la disproportion (Cass. com. 22-6-2010 n° 09-67.814 : RJDA 11/10 n° 1106 ; Cass. com. 28-3-2018 n° 16-25.651 F-D : RJDA 7/18 n° 604). Cette décharge joue tant à l'égard du créancier que des autres cautions, de sorte qu'en cas de pluralité de cautions, celle qui a payé n'a pas de recours contre celle dont l'engagement était disproportionné (Cass. ch. mixte 27-2-2015 n° 13-13.709 : RJDA 5/15 n° 385 ; Cass. 1e civ. 26-9-2018 n° 17-17.903 FS-PB : RJDA 12/18 n° 944 ; Cass. 1e civ. 28-9-2022 n° 21-14.673 F-B : RJDA 12/22 n° 715).

> **Précisions** **a.** La caution peut engager une **action en responsabilité contre le créancier** lui ayant fait souscrire un engagement disproportionné, dans les cinq ans de la mise en demeure adressée par celui-ci (Cass. 1e civ. 5-1-2022 n° 20-17.325 FS-B : RJDA 5/22 n° 306 ; Cass. com. 18-12-2024 n° 22-13.721 précité).
>
> **b.** Pour des **appréciations de la disproportion,** voir notamment Cass. com. 13-2-2019 n° 17-23.186 F-D : RJDA 6/19 n° 460 ; CA Lyon 4-10-2012 nos 11/02320 et 11/04403 : RJDA 3/13 n° 259, 2e et 3e esp. ; CA Versailles 10-3-2020 n° 19/01224 : RJDA 7/20 n° 391.

15050 **Manquement du créancier au devoir de mise en garde** Le créancier professionnel auquel une personne physique donne son cautionnement **depuis le 1er janvier 2022** (sur cette date, voir n° 15002) est tenu de la mettre en garde lorsque l'**engagement du débiteur principal** est **inadapté aux capacités financières** de ce dernier ; à défaut, le créancier est déchu de son droit contre la caution à hauteur du préjudice subi par celle-ci (C. civ. art. 2299). L'inadaptation du cautionnement aux capacités financières de la caution, non visée ici, permet à celle-ci d'invoquer la disproportion de son engagement (n° 15045).

S'agissant des cautionnements consentis **avant** cette date, la jurisprudence faisait peser sur les établissements de crédit (et assimilés, telle une société de crédit-bail) qui réclamaient un cautionnement l'obligation de mettre en garde la caution si l'engagement de celle-ci était, lors de sa conclusion, inadapté à ses capacités financières et s'il existait un risque d'endettement né de l'opération garantie, risque qui résultait de l'inadaptation de celle-ci aux capacités financières de l'emprunteur ou du crédit-preneur (notamment, Cass. com. 9-10-2019 n° 18-12.813 F-D : RJDA 1/20 n° 47 ; Cass. com. 5-5-2021 n° 19-21.468 F-P : RJDA 8-9/21 n° 604). L'établissement était tenu d'une telle obligation envers la caution profane (arrêts précités) et, exceptionnellement, envers une caution avertie si l'établissement détenait des informations que la caution ignorait sur les revenus de l'emprunteur garanti, son patrimoine et ses facultés de remboursement prévisibles en l'état du succès escompté de l'opération (Cass. com. 20-9-2005 n° 03-19.732 F-PB : RJDA 1/06 n° 65 ; Cass. com. 20-4-2017 n° 15-16.184 F-D : RJDA 10/17 n° 664). Le caractère averti d'une caution ne pouvait pas se déduire de sa seule qualité de dirigeant et associé de la société débitrice principale (Cass. com. 22-3-2016 n° 14-20.216 : RJDA 6/16 n° 472) ; la qualification de caution avertie était écartée lorsque la caution était dépourvue d'expérience ou n'était pas réellement impliquée dans la gestion (Cass. com. 31-1-2012 n° 10-24.694 : RJDA 11/12 n° 999).

> **Précisions** **a.** Pour les cautionnements antérieurs au 1er janvier 2022, le créancier qui manquait à son devoir de mise en garde engageait sa **responsabilité contractuelle** à l'égard de la caution (notamment, Cass. com. 20-10-2009 n° 08-20.274 FS-PB : RJDA 1/10 n° 68 ; Cass. com. 12-7-2017 n° 16-10.793 F-PBI : RJDA 11/17 n° 751 ; Cass. com. 8-9-2021 n° 19-20.497 F-D : RJDA 2/22 n° 105), qui pouvait alors demander la compensation entre les sommes dues au créancier et les dommages-intérêts auxquels il était condamné. Le délai de prescription de cinq ans pour l'action en responsabilité courrait du jour où la caution avait su, notamment par la mise en demeure qui lui avait été adressée, que les obligations résultant de son engagement allaient être mises à exécution du fait de la défaillance du débiteur principal (Cass. com. 1-7-2020 n° 18-24.339 F-D : RJDA 2/21 n° 123). Si le cautionnement est postérieur à la date précitée, le créancier défaillant encourt une **déchéance** de son droit à invoquer le cautionnement. À notre avis, cette déchéance constitue une défense au fond qui échappe à la prescription, comme cela a été admis pour la déchéance du droit aux intérêts pour manquement à l'obligation d'informer annuellement la caution (cf. Cass. com. 6-6-2018 n° 17-10.103 FS-PBI : RJDA 10/18 n° 770 ; Cass. com. 4-11-2021 n° 20-14.571 F-D : RJDA 2/22 n° 110).
>
> **b.** La caution n'étant pas le dispensateur du prêt qu'elle garantit, elle n'est elle-même tenue

d'aucun devoir de mise en garde à l'égard de l'éventuelle **sous-caution** sur le risque d'endettement de l'emprunteur né de l'octroi du prêt (Cass. com. 2-4-2025 n° 23-22.311 F-B : RJDA 7/25 n° 387, à propos d'un sous-cautionnement conclu avant le 1-1-2022 mais transposable au nouveau régime).

Perte des sûretés bénéficiant au créancier Le dirigeant caution poursuivi en paiement peut demander à être déchargé lorsque la subrogation aux droits du créancier ne peut plus, par la faute de ce créancier, s'opérer en faveur de la caution ; toute clause contraire est réputée non écrite (C. civ. art. 2314, al. 1 et 2). Ainsi peut être déchargée la **caution** qui **a perdu le bénéfice d'une sûreté** (par exemple, hypothèque, nantissement de fonds de commerce, droit de rétention, privilège du bailleur) ou d'une action résolutoire dont elle aurait pu profiter. La caution doit prouver la **faute du créancier** ; ce peut être une faute positive (mainlevée d'une hypothèque) ou une simple négligence (omission de faire inscrire une sûreté ou de renouveler l'inscription). La décharge est limitée à la perte subie par la caution (art. 2314, al. 1 ; Cass. com. 12-10-2010 n° 09-11.588 F-D : RJDA 3/11 n° 265). La caution n'est pas déchargée si le créancier prouve que la perte de subrogation ne lui est pas exclusivement imputable ou que la caution n'a subi aucun préjudice. La décharge n'implique pas que le préjudice subi par la caution soit égal aux sommes qui lui sont réclamées (Cass. com. 11-5-2023 n° 21-20.470 F-D : RJDA 10/23 n° 543). 15052

ATTENTION

La caution qui s'est engagée depuis le 1er janvier 2022 (sur cette date, voir n° 15002) ne peut pas reprocher au créancier son choix du mode de réalisation d'une sûreté (art. 2314, al. 3), alors qu'elle le peut si son engagement est antérieur à cette date (Cass. com. 3-12-2003 n° 01-14.761 F-D : RJDA 5/04 n° 626).

OBLIGATION DU CRÉANCIER D'INFORMER LA CAUTION

Information annuelle sur l'évolution de la dette garantie **Depuis le 1er janvier 2022,** y compris pour les cautionnements en cours (voir n° 15002), le créancier professionnel est tenu, avant le 31 mars de chaque année et à ses frais, de faire connaître au dirigeant, caution personne physique (C. civ. art. 2302) : 15055

– le montant du principal de la dette, des intérêts et autres accessoires restant dus au 31 décembre de l'année précédente au titre de l'obligation garantie ;

– le terme de son engagement ou, si celui-ci est à durée indéterminée, la faculté de le résilier à tout moment et les conditions dans lesquelles cette faculté peut être exercée.

Cette information se substitue à celles auparavant organisées par les ex-articles 2293 du Code civil, L 313-22 du Code monétaire et financier, L 333-2 et L 343-6 du Code de la consommation, qui ont été abrogés par l'ordonnance 2021-1192 du 15 septembre 2021.

L'obligation d'information perdure jusqu'à l'extinction de la dette (Cass. com. 16-11-2010 n° 09-71.935 : RJDA 4/11 n° 372). Le créancier professionnel doit donc continuer à informer chaque année la caution, même après la défaillance du débiteur principal et après avoir informé la caution de celle-ci (Cass. 2e civ. 30-4-2025 n° 22-22.033 F-B : RJDA 7/25 n° 391).

En cas de **manquement,** le créancier est déchu de la garantie des intérêts et pénalités échus depuis la date de la précédente information et jusqu'à celle de la communication de la nouvelle information ; dans les rapports entre le créancier et la caution, les paiements effectués par le débiteur pendant cette période sont imputés prioritairement sur le principal de la dette (art. 2302). Nonobstant cette déchéance, la caution reste tenue – conformément au droit commun (C. civ. art. 1231-6) – des intérêts au taux légal à compter de la mise en demeure de payer qui lui a été délivrée (Cass. 1e civ. 12-3-2002 n° 99-10.278 F-PB : RJDA 7/02 n° 809 ; Cass. com. 20-4-2017 n° 15-16.785 F-D : RJDA 8-9/17 n° 586).

ATTENTION

La **déchéance du droit aux intérêts** encourue en cas de manquement du créancier à son obligation d'information annuelle de la caution ne **profite** qu'à cette dernière et pas au débiteur principal (Cass. com. 21-4-2022 n° 20-19.654 F-D : RJDA 8-9/22 n° 511, rendu sous l'empire du droit antérieur mais transposable).

Information sur les incidents de paiement **Depuis le 1er janvier 2022,** y compris pour les cautionnements en cours (voir n° 15002), le créancier professionnel est tenu d'informer toute caution personne physique de la défaillance du débiteur principal dès le premier **incident** de paiement **non régularisé dans le mois de l'exigibilité** de ce paiement, à peine de déchéance de la garantie des intérêts et pénalités échus entre la date de cet incident et celle à laquelle elle en a été informée ; dans les rapports entre le créancier et la caution, 15058 les paiements effectués par le débiteur pendant cette période sont imputés prioritairement sur le principal de la dette (C. civ. art. 2303).

Cette information se substitue à celles auparavant organisées par les ex-articles L 333-1 et L 343-5 du Code de la consommation et 47, II-al. 3 de la loi 94-126 du 11 février 1994, qui ont été abrogés par l'ordonnance 2021-1192 du 15 septembre 2021.

15060 **Information de la sous-caution** Lorsque le dirigeant qui s'est porté caution des dettes sociales est lui-même garanti par un cautionnement consenti par une personne physique, il est tenu de communiquer à ses frais à la sous-caution les informations qu'il a reçues sur l'évolution de la dette garantie et les éventuels incidents de paiement (n°s 15055 s.), dans le mois qui en suit la réception (C. civ. art. 2304). Cette obligation s'applique depuis le 1er janvier 2022 quelle que soit la date de souscription du cautionnement ou du sous-cautionnement (voir n° 15002).

CONSÉQUENCES FISCALES DU PAIEMENT PAR LA CAUTION

15062 Les dirigeants sociaux peuvent déduire de leurs traitements et **salaires imposables** les sommes qu'ils ont versées aux créanciers de leur société en exécution d'un engagement de caution, à condition notamment que leur engagement ne soit pas disproportionné par rapport à leur rémunération (CE 22-12-1989 n° 56905 : RJF 2/90 n° 105 ; CE 19-1-1998 n° 159885 : RJF 3/98 n° 268) ; voir Mémento Fiscal n°s 23760 s. Cette condition est remplie si le montant de l'engagement n'excède pas le triple de la rémunération annuelle.

INSOLVABILITÉ DE LA CAUTION

15065 Le dirigeant personne physique qui est dans l'impossibilité de faire face à l'engagement de cautionner une dette de la société qu'il dirige peut demander à bénéficier d'une procédure de traitement de sa situation de surendettement (C. consom. art. L 711-1, al. 3 ; Cass. 2e civ. 27-9-2012 n° 11-23.285 : BRDA 20/12 inf. 16). Dans le cadre de cette procédure, les sommes dues au titre du cautionnement peuvent faire l'objet d'un **report** ou d'un rééchelonnement (C. consom. art. L 733-1), d'un **effacement** partiel (art. L 733-4) ou d'un effacement total en cas d'ouverture d'une procédure de rétablissement personnel sans liquidation judiciaire (art. L 741-2) ou de clôture d'une procédure de rétablissement personnel avec liquidation judiciaire (art. L 742-22).

C. « Cautionnement » réel des dettes sociales

15070 L'acte par lequel le dirigeant ou un associé donne un de ses biens en garantie des dettes sociales, souvent appelé « cautionnement réel », ne constitue pas un **cautionnement** au sens de l'article 2288 du Code civil, car il n'engage pas le garant à payer personnellement la dette de la société en cas de défaillance de celle-ci. Il s'agit d'une **sûreté réelle** permettant au créancier d'appréhender le bien donné en garantie si la société ne paye pas (Cass. ch. mixte 2-12-2005 n° 235 : RJDA 2/06 n° 197 ; Cass. 3e civ. 12-4-2018 n° 17-17.542 FS-PBI : RJDA 6/18 n° 534 ; Cass. com. 5-4-2023 n° 21-18.531 FS-B : RJDA 10/23 n° 547).

Depuis le 1er janvier 2022 (sur cette date, voir n° 15002), la caution réelle, personne physique, bénéficie toutefois partiellement du régime du cautionnement personnel ; elle peut notamment invoquer (C. civ. art. 2325, al. 2) :

– le devoir de mise en garde du créancier (n° 15050) alors qu'elle ne le pouvait pas avant cette date (Cass. com. 24-3-2009 n° 08-13.034 FS-PBI : RJDA 6/10 n° 679 ; Cass. com. 13-1-2015 n° 13-16.727 F-D : RJDA 5/15 n° 375) ;

– son droit à l'information (n°s 15055 à 15060), ce qui lui était refusé jusqu'à cette date (Cass. 1e civ. 7-2-2006 n° 02-16.010 FS-PB : RJDA 7/06 n° 835) ;

– la perte de subrogation par la faute du créancier (n° 15052), décharge qui lui était refusée avant cette date (Cass. 3e civ. 12-4-2018 n° 17-17.542 FS-PBI : RJDA 6/18 n° 534).

Mais le dirigeant ou l'associé qui se porte caution réelle n'est pas tenu à notre avis d'apposer sur son engagement la mention exposée n° 15022 (cf. Cass. 1e civ. 22-9-2016 n° 15-20.664 F-D écartant *avant la réforme* l'exigence de la mention de l'ex-art. L 341-2 du Code de la consommation). En outre, ayant souscrit un *engagement nécessairement limité* au bien affecté à la garantie (C. civ. art. 2325), il ne peut pas invoquer la disproportion de son engagement pour en demander la réduction en application de l'article 2300 du Code civil vers lequel l'article 2325 ne comporte aucun renvoi.

Par ailleurs, rappelons qu'un dirigeant ou un associé marié sous un régime de communauté ne peut pas affecter un bien commun en garantie de la dette d'un tiers sans le consentement de son conjoint (C. civ. art. 1422, al. 2). **15070** (suite)

> **Précisions** La sûreté consentie est soumise à un **régime distinct** selon qu'elle porte sur un immeuble (hypothèque ; voir Mémento Droit commercial nos 56200 s.), sur un autre bien corporel (gage ; voir Mémento Droit commercial nos 57003 s.) ou sur un bien incorporel (nantissement). Le nantissement de parts sociales est exposé nos 34620 s. et celui des actions et autres valeurs mobilières nos 62610 s.

PARTIE 3

Opérations sur les parts ou actions

CHAPITRE 1

CESSION DE PARTS OU D'ACTIONS

SOMMAIRE

EN BREF *Indépendamment des règles propres aux cessions de parts (notamment, celles relatives à l'agrément de l'acquéreur) et aux cessions d'actions, toutes les cessions de droits sociaux (parts ou actions) obéissent à des règles générales, qui sont celles du droit commun des contrats (notamment, celles régissant la formation des contrats) et du contrat de vente (notamment, en matière de garantie).* 16000

SECTION 1

GÉNÉRALITÉS

A. Nature de la cession de parts ou actions

NATURE CIVILE OU COMMERCIALE DE LA CESSION DE PARTS OU ACTIONS

L'achat ou la cession de droits sociaux, acte de nature civile (notamment, Cass. com. 24-11-1992 nº 1776 : RJDA 2/93 nº 124 ; CA Paris 29-5-2008 nº 07/20819 : RJDA 12/08 nº 1271), revêt un caractère commercial dans les cas exposés nºs 16013 s. 16010

16011 **Enjeux de la distinction** La **preuve** d'une cession de nature civile doit être apportée suivant les règles du Code civil (écrit ou commencement de preuve par écrit assorti de témoignages ou présomptions), alors que ces règles ne sont pas applicables à la cession commerciale (Cass. com. 11-3-2003 nº 457 : RJDA 6/03 nº 599).

16012 La cession civile n'entraîne pas **solidarité** entre les cédants ou entre les acquéreurs en leur qualité de débiteurs d'une obligation, sauf stipulation expresse en ce sens. En revanche, lorsque la cession a un caractère commercial, les cédants ou les acquéreurs sont tenus solidairement des obligations contractées lors de la cession, peu important le nombre de parts ou d'actions qu'ils ont personnellement cédées ou acquises (cf. Cass. com. 30-8-2023 nº 22-10.466 F-B : RJDA 11/23 nº 585). Par exemple, les cédants sont tenus solidairement de garantir l'acquéreur (Cass. com. 28-11-2006 nº 05-14.827 : RJDA 5/07 nº 489) ou de lui restituer une partie du prix en application d'une clause de révision de prix (Cass. com. 30-8-2023 précité), tandis que les acquéreurs sont solidairement tenus de payer le prix de vente au cédant (Cass. com. 16-1-1990 : Bull. Joly 1990 p. 272 note Streiff ; Cass. com. 22-3-2005 nº 01-16.331 : RJDA 8-9/05 nº 987). Néanmoins, les intéressés peuvent écarter expressément dans l'acte de cession cette présomption de solidarité (Cass. com. 30-8-2023 précité), ce que les associés très minoritaires, qui cèdent leur participation dans le cadre d'une cession globale emportant changement de contrôle de la société, ont tout intérêt à exiger.

ATTENTION

Ces principes ne valent que pour la solidarité entre débiteurs (solidarité dite « passive ») ; lorsque les acquéreurs ou les cédants sont pris en leur qualité de créanciers d'une obligation (par exemple, les premiers au titre d'une garantie ; les seconds pour le paiement du prix), ce sont les règles de la **solidarité** dite « **active** » qui s'appliquent, exigeant une stipulation expresse de solidarité (nº 17874).

La nature civile ou commerciale de la cession n'a pas d'incidence sur la détermination du **tribunal compétent** pour statuer en cas de litige (nº 16090).

16013 **Cession de nature commerciale** La cession de parts sociales ou d'actions d'une société commerciale revêt un caractère commercial si elle a pour objet et pour effet d'assurer à l'acquéreur le **contrôle** de la société (Cass. com. 24-11-1992 nº 1775 P : RJDA 2/93 nº 124 ; Cass. 1e civ. 22-10-2014 nº 13-11.568 : RJDA 3/15 nº 227 ; Cass. com. 30-8-2023 nº 22-10.466 F-B : RJDA 11/23 nº 585), au sens de l'article L 233-3 (Cass. com. 24-11-1992 précité). La cession peut donc être commerciale même si les parties n'ont pas la qualité de commerçant (Cass. com. 28-11-2006 nº 05-14.827 : RJDA 5/07 nº 489 ; Cass. com. 30-8-2023 précité).

16014 Le **transfert de contrôle s'apprécie** au regard de l'acquéreur (Cass. com. 30-8-2023 nº 22-10.466 F-B : RJDA 11/23 nº 585).

La **cession de plus de la moitié du capital** d'une société par plusieurs associés est commerciale si elle est consentie au profit d'un seul acquéreur. Elle l'est aussi lorsqu'il y a plusieurs acquéreurs agissant ensemble.

ILLUSTRATIONS

Il y a cession de contrôle lorsque la totalité des 500 parts d'une SARL est cédée dans un seul acte à des époux, l'un en ayant acquis 416 et l'autre 84 (CA Paris 17-10-2001 nº 00-21085 : RJDA 4/02 nº 392).

En revanche, il n'y a pas cession de contrôle lorsque des associés cèdent, par actes séparés, 25 et 50 % des parts d'une SARL à deux personnes physiques n'ayant aucun lien de parenté (CA Versailles 17-9-1998 : RJDA 3/99 som. nº 297).

La cession est commerciale même si le **contrôle** est **acquis indirectement,** par exemple lorsque l'achat est réalisé par deux sociétés dont l'une est sous le contrôle de l'autre.

16015 Dans le même esprit, la **cession d'une participation minoritaire** prend un caractère commercial lorsqu'elle s'inscrit **dans le cadre d'une opération globale** destinée à permettre à l'acquéreur de prendre le contrôle de la société.

ILLUSTRATIONS

Revêt un caractère commercial la cession de 25 % des parts d'une SARL dès lors qu'elle a été conclue sous la condition que le cessionnaire acquière auprès d'autres associés la moitié des parts sociales et que, le même jour, ces derniers se sont engagés à lui céder leurs parts (CA Paris *22-9-1999 : RJDA 12/99 nº* 1339).

Le bénéficiaire d'une promesse de cession de l'intégralité du capital d'une société qui, à la suite d'une substitution partielle d'un tiers dans ses droits, était devenu acquéreur d'une seule action a néanmoins participé à une cession de contrôle dès lors que la première échéance du prix de cession avait été payée concomitamment à la signature des ordres de virement de la totalité des actions (Cass. com. 22-3-2005 nº 516 : RJDA 8-9/05 nº 987).

En outre, la cession est un acte de commerce dans les cas suivants : 16016
– lorsqu'elle intervient **entre** deux **sociétés commerciales,** car un acte civil par nature accompli par un commerçant pour les besoins de son commerce est commercial par accessoire (Cass. com. 18-3-1974 : Gaz. Pal. 1974 I som. p. 134) ;
– lorsqu'elle est accessoire à des opérations commerciales, ce qui est le cas lorsqu'un non-commerçant acquiert des **parts de SNC** car c'est un acte accessoire à l'acquisition de la qualité de commerçant.

CESSION DE PARTS OU ACTIONS INTERNATIONALE

Le contrat de cession est international lorsque ses éléments constitutifs et ses modalités de conclusion et d'exécution (parties, monnaie de paiement, lieu, langue, conditions de négociation, etc.) présentent des **liens avec un ou plusieurs États étrangers** ou encore si le contrat met en jeu les intérêts du commerce international. Le fait que la société dont les parts ou actions sont cédées soit elle-même soumise au droit français n'exclut pas la qualification de contrat international pour la cession, car cette soumission entraîne seulement application du droit français au fonctionnement de la société en tant que personne morale et non pas aux rapports contractuels entre cédant et acquéreur. 16030

Pour tout ce qui a trait à leurs **droits et obligations,** les **parties** à la cession peuvent librement fixer le régime qu'elles souhaitent, sous la seule réserve de ne pas enfreindre une règle d'ordre public international français. Ainsi, l'indexation du prix du contrat de cession international est libre. Si les cocontractants n'ont pas choisi la **loi applicable,** le contrat est régi par la loi du pays dans lequel la partie qui doit fournir la prestation caractéristique (à notre avis, le cédant) a sa résidence habituelle (Règl. UE 593/2008 du 17-6-2008, dit « Rome I », art. 4, 2).

Lorsque les parties à la cession appartiennent à différents États membres de l'UE, la compétence pour connaître d'une **action en responsabilité** contractuelle est déterminée par le lieu où l'obligation qui sert de base à la demande principale a été ou doit être exécutée (Règl. UE 1215/2012 du 12-12-2012, dit « Bruxelles I bis », art. 7, 1). 16032

B. Contentieux de la cession de parts ou actions

TRIBUNAL COMPÉTENT

Les litiges nés à l'occasion d'une cession de parts ou d'actions d'une société commerciale relèvent de la compétence du tribunal de commerce, par application de l'article L 721-3, 2°, qui lui attribue compétence pour les « contestations relatives aux sociétés commerciales » (Cass. com. 10-7-2007 n° 06-16.548 : RJDA 12/07 n° 1245), même si la cession est de nature civile (Cass. com. 6-1-2021 n° 19-10.238 F-D : RJDA 7/21 n° 478). 16090

ILLUSTRATIONS

Relèvent du tribunal de commerce :
– la demande d'**annulation d'une cession** de parts de SARL, peu important que les parties à la cession ne soient pas des commerçants et que la cession soit de nature civile (Cass. com. 6-1-2021 n° 19-10.238 F-D : RJDA 7/21 n° 478) ;
– le litige opposant les parties à une cession d'actions sur la question de savoir si, dans l'acte, le cédant s'était également engagé à céder le solde créditeur de son **compte courant** (Cass. com. 12-2-2008 n° 07-14.912 : RJDA 5/08 n° 533) ;
– le différend opposant non les parties, mais les **dirigeants** de la société dont les titres ont été cédés au cédant, auquel ils reprochaient de ne pas avoir respecté la **clause de non-concurrence** figurant dans l'acte de cession (Cass. com. 10-7-2007 précité) ;
– dans un cas où l'acte de cession prévoyait la conclusion d'un **contrat de travail** entre les cédants et la société dont ils cédaient les titres et mettait à la charge des cédants une **clause de non-concurrence** *donnant lieu à une contrepartie* financière en cas de licenciement, le litige relatif à cette clause dès lors que les cédants l'avaient souscrite en qualité d'associés et que le litige ne les opposait pas à leur employeur mais à l'acquéreur des titres (Cass. soc. 26-1-2016 n° 14-17.942 : RJDA 5/16 n° 411).

La compétence du tribunal de commerce n'est pas exclusive. Ainsi, la partie non commerçante dispose d'une option lui permettant de saisir le tribunal judiciaire (Cass. com. 31-3-2021 n° 19-17.900 F-D : RJDA 7/21 n° 534).

ARBITRAGE

Une clause d'**arbitrage** (ou clause compromissoire) peut être valablement insérée dans l'acte de cession de titres **international** ou dans un document annexe. Il en est de même pour les 16100 cessions de titres en droit **interne.** En effet, l'article L 721-3, al. 5 prévoit la faculté pour les parties de convenir, au moment où elles contractent, de soumettre à l'arbitrage les « contestations relatives aux sociétés commerciales » et la Cour de cassation assimile à ces litiges ceux nés à l'occasion d'une cession de titres d'une société commerciale, que la cession soit ou non de nature commerciale (nº 16090).

SECTION 2

CONCLUSION DE LA CESSION DE PARTS OU ACTIONS

A. Négociations préalables à la cession

OBLIGATION DE BONNE FOI DES NÉGOCIATEURS

16300 L'initiative, le déroulement et la rupture des **négociations** précontractuelles sont **libres sous réserve** de satisfaire aux exigences de la **bonne foi** (C. civ. art. 1112). Ainsi, est répréhensible le fait d'engager des pourparlers sans intention de contracter, ou de les poursuivre alors que l'on n'a plus cette intention (Cass. com. 18-6-2002 nº 99-16.488 : RJDA 11/02 nº 1111).

L'obligation de bonne foi est d'**ordre public** (art. 1112 et 1104) ; les négociateurs ne peuvent donc pas l'écarter contractuellement.

DEVOIR D'INFORMATION À LA CHARGE DES NÉGOCIATEURS

16304 Celle des **parties qui connaît une information** dont l'importance est déterminante pour le consentement de l'autre doit l'en informer dès lors que, légitimement, cette dernière ignore cette information ou fait confiance à son cocontractant (C. civ. art. 1112-1, al. 1). Ce devoir d'information pèse tant sur l'associé souhaitant céder ses titres que sur le candidat à l'achat. Il est d'**ordre public,** les participants aux négociations ne pouvant ni l'exclure ni le limiter (art. 1112-1, al. 5).

Cette obligation d'information ne porte pas sur l'estimation de la valeur des droits sociaux (art. 1112-1, al. 2).

Ont une importance déterminante, et doivent donc être communiquées, les **informations** qui ont un lien direct et nécessaire avec le contenu du contrat ou la qualité des parties (art. 1112-1, al. 3 ; pour des exemples d'appréciation du caractère déterminant d'une information, voir CA Versailles 4-11-2021 nº 20/02387 : RJDA 3/22 nº 130 ; CA Paris 14-9-2023 nº 21/22491 : RJDA 2/24 nº 107).

Le **manquement** au devoir d'information engage la responsabilité extracontractuelle de son auteur ; il ne peut entraîner l'annulation de la cession que s'il est constitutif d'un vice du consentement comme exposé nºˢ 16375 s. (art. 1112-1, al. 6).

› Précisions **a.** Sur l'obligation particulière d'information pesant sur le **dirigeant** qui acquiert les titres des associés ou qui intervient comme intermédiaire dans le reclassement de leur participation, voir nº 16465.

b. Il incombe à celui qui prétend qu'une information lui était due de **prouver** que l'autre partie la lui devait, à charge pour cette autre partie de prouver qu'elle l'a fournie (art. 1112-1, al. 4).

CONFIDENTIALITÉ DES NÉGOCIATIONS

16306 Celui qui utilise ou divulgue sans autorisation une **information confidentielle obtenue à l'occasion des négociations** engage sa responsabilité dans les conditions du droit commun (C. civ. art. 1112-2). Il en est de même en cas d'utilisation ou divulgation sans autorisation d'une information protégée par le **secret des affaires** (information qui n'est pas généralement connue ou aisément accessible, revêt une valeur commerciale et fait l'objet de mesures de protection raisonnables) (art. L 151-1 s. et R 152-1 s.).

Cette responsabilité est extracontractuelle, à moins que les négociateurs ne se soient liés par une clause de confidentialité.

ENCADREMENT CONTRACTUEL DES NÉGOCIATIONS

16308 Lorsque la cession porte sur une participation majoritaire au sein d'une société, les négociations sont souvent encadrées contractuellement, par exemple au moyen d'une **lettre d'intention** (appelée aussi « lettre d'intérêt ») ou d'un **contrat de pourparlers.**

Peuvent être prévues les modalités matérielles de la négociation (lieu, intervention d'un tiers, date limite ou autre), la réalisation d'études ou d'audits préalables, la rédaction d'écrits constatant des accords partiels, la charge des frais, les modalités de rupture des négociations. Le contrat de pourparlers peut comporter une clause de confidentialité ou d'exclusivité. Mais il ne peut pas déroger aux obligations de bonne foi et d'information exposées ci-dessus.

Outre le fait qu'il constitue un cadre juridique pour les négociations, le contrat présente l'**avantage** pour le cédant de dissuader les personnes qui ne sont pas sérieusement intéressées par l'opération.

RUPTURE DES NÉGOCIATIONS

Chacun est **libre** de ne pas contracter (C. civ. art. 1102, al. 1). La rupture des négociations précontractuelles est donc libre sous les **limites** suivantes : 16310
– la rupture doit être faite de bonne foi (cf. C. civ. art. 1112) ;
– si les négociations ont été encadrées contractuellement, la rupture doit intervenir selon les modalités convenues.

Existence d'une rupture des négociations Il faut que les négociations soient encore en cours, ce qui n'est pas le cas si le contrat est formé par l'acceptation d'une offre ; à défaut, ce ne sont pas les négociations qui sont rompues mais le contrat. 16311

ILLUSTRATIONS

La **cession** n'est **pas** définitivement **conclue** dès lors que la lettre d'intention, signée par les participants aux négociations et rédigée au conditionnel, ne contient ni une offre précise et ferme ni une acceptation claire portant sur les éléments essentiels du contrat mais révèle que la signature d'un pacte d'actionnaires et d'une convention de garantie de passif et d'actif, non encore intervenue, était un élément essentiel à la conclusion de la cession (CA Paris 8-12-2009 n° 08/21540 : RJDA 7/10 n° 747).

Ne fait pas une offre ferme d'acheter les parts d'une société celui qui adresse un courrier aux associés prévoyant un audit de la société et précisant que, à l'issue de cet audit et en l'absence d'événement significatif défavorable, il serait en mesure de confirmer une offre ferme sans condition suspensive (Cass. com. 25-9-2012 n° 11-23.319 : RJDA 1/13 n° 24).

Existence d'une rupture abusive L'auteur de la rupture des négociations engage sa **responsabilité** extracontractuelle lorsque la rupture intervient brutalement et sans motif légitime alors que les pourparlers sont à un stade avancé (CA Versailles 18-3-2004 n° 03-2369 : RJDA 12/04 n° 1332 ; CA Paris 8-12-2009 n° 08/21540 : RJDA 7/10 n° 747) et que l'autre partenaire peut légitimement croire à l'issue favorable des négociations. L'absence d'intention de nuire n'est pas exonératoire (Cass. com. 11-7-2000 n° 97-18.275 : RJDA 1/01 n° 26). 16312

La responsabilité de la rupture incombe souvent au partenaire qui a matériellement mis fin aux négociations mais elle peut aussi être imputée à l'autre si son comportement est à l'origine de la rupture.

Illustrations. A été retenue la **responsabilité pour rupture abusive** : 16313
– des actionnaires qui ont mis fin aux négociations après des mois et l'élaboration d'un projet d'accord aplanissant toutes les difficultés et qui ont conduit des **négociations parallèles** avec un tiers (Cass. com. 26-11-2003 n° 1662 : RJDA 5/04 n° 511 ; dans le même sens, Cass. com. 18-1-2011 n° 09-14.617 : RJDA 5/11 n° 430) ;
– de la société qui a **rompu** les **négociations** de rachat d'une branche d'activité d'une entreprise **après** la **mise en redressement judiciaire** de cette dernière, alors qu'elle connaissait bien avant la situation désespérée de l'entreprise, lui faisant perdre ainsi une chance de trouver un repreneur (Cass. com. 18-6-2002 n° 1193 : RJDA 11/02 n° 1111) ;
– de la société qui, lors de la négociation du rachat des actifs d'une autre société, a **unilatéralement modifié le projet de cession,** le jour de la signature de l'acte de cession, sans motif ni explication préalable, alors que les négociations étaient engagées depuis plusieurs mois avec sérieux et que les projets de cession avaient été rédigés par ses propres conseils (Cass. com. 22-3-2017 n° 15-14.875 F-D : RJDA 6/17 n° 409).

En revanche, n'a pas été jugé abusif le fait pour un associé de rompre les pourparlers concernant la cession de ses titres après avoir exprimé son **accord de principe** mais **sous réserve** de recevoir un élément nécessaire au calcul d'un complément de prix non négligeable (CA Paris 29-11-2018 n° 15/14661 : RJDA 4/19 n° 262).

16314 **Réparation par son auteur de la rupture abusive des pourparlers** La victime de la rupture des pourparlers peut obtenir de son auteur des dommages-intérêts en réparation de son **préjudice** direct.

Sauf clause contraire du contrat organisant les négociations (CA Paris 8-12-2009 nº 08/21540 : RJDA 7/10 nº 747), elle peut être indemnisée pour les **frais occasionnés par la négociation** et les études préalables qu'elle a effectuées (Cass. com. 26-11-2003 nº 1662 : RJDA 5/04 nº 511 ; Cass. com. 1-3-2011 nº 10-12.268 : RJDA 6/11 nº 494) ainsi que, le cas échéant, d'une atteinte à son image ou à sa réputation (CA Versailles 10-9-2009 nº 08-4982 : RJDA 2/10 nº 111 ; CA Paris 8-12-2009 précité).

Ne peut en revanche pas être indemnisée la **perte des avantages attendus du contrat** non conclu, ni la perte d'une chance d'obtenir ces avantages (C. civ. art. 1112, al. 2), telle la perte de chance de réaliser une économie fiscale (CA Versailles 3-3-2005 nº 03-8008 : RJDA 12/05 nº 1356).

Toutefois, la **perte d'une chance de trouver un autre repreneur** ou d'acheter une autre société peut être indemnisée (Cass. com. 18-6-2002 nº 99-16.488 : RJDA 11/02 nº 1111), à la condition de prouver que cette chance existait, compte tenu par exemple de l'existence d'une offre concurrente ou de négociations engagées avec un tiers (CA Rennes 29-4-1992 nº 297-92 : Bull. Joly 1993 p. 463 note J.-J. Daigre ; CA Versailles 3-3-2005 précité).

16315 **Responsabilité du tiers ayant conclu le contrat envisagé** Lorsque l'auteur de la rupture conclut en définitive le contrat envisagé avec un **tiers,** ce dernier n'engage sa responsabilité qu'en cas d'intention de nuire ou de manœuvres frauduleuses. En effet, hormis ces hypothèses, le simple fait de **contracter,** même **en connaissance de cause,** avec une personne ayant engagé des pourparlers avec une autre personne ne constitue pas, en lui-même, une faute (Cass. com. 26-11-2003 nº 1662 : RJDA 5/04 nº 511).

RESPECT D'UN DROIT DE PRÉFÉRENCE

16320 Lorsque l'associé qui désire céder ses parts ou ses actions a consenti un droit de préférence **ou de préemption** à un autre associé ou à un tiers, il doit lui permettre d'exercer ce droit dans les conditions fixées à cet égard dans leur accord particulier, dans les statuts (nos 68590 s.), ou dans le pacte d'actionnaires auquel il est partie (nos 69165 s.).

B. Consentement des parties à la cession de parts ou actions

CONSENTEMENT LIBRE ET ÉCLAIRÉ DES PARTIES À LA CESSION

16375 Le consentement des parties à la cession doit être **exempt de vice,** ce qui suppose qu'il soit donné en connaissance de cause et librement. Tel n'est pas le cas si l'acquéreur ou le cédant a consenti à la cession à la suite d'une erreur, d'un dol ou d'une violence sans lesquels il aurait refusé de conclure ou aurait conclu à des conditions substantiellement différentes (C. civ. art. 1130). Le **caractère déterminant du vice** du consentement s'apprécie au regard des personnes concernées et des circonstances dans lesquelles elles ont donné leur consentement (art. 1130 précité).

Contrairement au consentement, l'existence de l'**affectio societatis** n'est pas une condition requise pour la formation d'une cession de droits sociaux (Cass. com. 11-6-2013 nº 12-22.296 : RJDA 10/13 nº 805).

1. ERREUR DES PARTIES À LA CESSION

ERREUR SUR LES QUALITÉS DES DROITS SOCIAUX

16380 Est une cause de nullité de la cession l'erreur de droit ou de fait commise par l'une des parties à la cession sur les **qualités essentielles** des parts sociales ou actions telles qu'elles ont été expressément ou tacitement **convenues** par les parties et en considération desquelles ces dernières ont conclu la cession (C. civ. art. 1132 et 1133, al. 1).

Sous l'empire de l'ancien article 1110 du Code civil en vertu duquel l'erreur devait porter *sur la substance même* des parts ou des actions, il a été jugé que la cession est annulable lorsque l'acquéreur a commis une **erreur sur la viabilité de la société,** c'est-à-dire lorsqu'il ignorait, à la date de la cession, que la société n'était plus en mesure de poursuivre l'activité économique constituant son objet (Cass. com. 7-2-1995 nº 315 : RJDA 5/95 nº 584 ; Cass. com.

18-2-1997 nº 362 : RJDA 7/97 nº 911 ; Cass. com. 29-10-2003 nº 1428 : RJDA 7/04 nº 828), en raison notamment de la disparition d'un actif essentiel à son activité.

À notre avis, ces solutions sont transposables au régime actuel : les qualités substantielles ainsi définies doivent être tenues pour tacitement convenues comme étant essentielles, à moins que les termes de l'acte de cession permettent d'en écarter le caractère essentiel pour les parties. En application des articles actuels du Code civil, un tribunal a jugé que la réputation et la viabilité de la société constituent des qualités essentielles (T. com. Paris 5-4-2024 nº 2021037638 : RJDA 1/25 nº 1).

CONSEIL

Les parties étant libres d'ériger en qualité essentielle **toute caractéristique de la société** dont les titres sont cédés (absence de cessation des paiements, chiffre d'affaires minimal, présence d'un actif déterminé, etc.), l'acquéreur a tout intérêt à exiger l'insertion d'une mention expresse en ce sens dans l'acte de cession.

Le seul fait que la société soit en état de **cessation des paiements** – c'est-à-dire dans l'impossibilité de faire face au passif exigible avec son actif disponible – à la date de la cession ne suffit pas à établir que la société n'est pas viable (en ce sens, Cass. com. 2-5-2007 nº 05-21.295 et 05-21.436 : RJDA 4/08 nº 420 ; CA Paris 19-3-1999 : RJDA 6/99 nº 679, 1e esp.). Il convient en outre d'établir que la poursuite de son activité est impossible ou illusoire. Tel est le cas si la société est mise en liquidation judiciaire peu après la cession (Cass. com. 21-10-1997 nº 2154 : RJDA 1/98 nº 61 ; Cass. com. 28-2-2006 nº 285 : RJDA 10/06 nº 1036).

Exceptions **Même lorsque l'erreur** sur une qualité essentielle des droits sociaux **est caractérisée,** la nullité de la cession est écartée si : 16385

– l'erreur n'a pas été déterminante du consentement de la partie qui l'invoque (C. civ. art. 1130) ;

– cette partie a accepté un aléa sur cette qualité (art. 1133, al. 3) ;

– l'erreur commise est inexcusable (art. 1132).

ILLUSTRATIONS

L'acquéreur de parts d'une société en état de cessation des paiements et mise en redressement judiciaire 40 jours après la cession ne peut pas obtenir l'annulation de la cession dès lors qu'il connaissait la situation financière obérée de la société (Cass. com. 13-3-2019 nº 17-19.501 F-D : RJDA 12/19 nº 731).

En revanche, la cession des parts d'une SARL survenue dix mois avant qu'elle ne soit mise en liquidation judiciaire a été annulée dès lors que la réduction du prix de cession de 25 % acceptée par l'acquéreur démontrait l'intention de celui-ci d'acheter une société certes en difficulté mais pas dans une situation irrémédiablement compromise (Cass. com. 28-2-2006 nº 01-14.951 F-D : RJDA 10/06 nº 1036).

ERREUR SUR LA VALEUR DES DROITS SOCIAUX

Ne peut pas obtenir l'annulation de la cession la partie qui a commis une simple erreur sur la valeur des parts sociales ou des actions, c'est-à-dire qui, **sans se tromper sur une qualité essentielle des titres,** en a seulement fait une appréciation économique inexacte (C. civ. art. 1136). 16390

› Précisions Dans un contrat synallagmatique, l'absence d'équivalence (aussi appelée **lésion**) des prestations échangées n'est pas une cause de nullité sauf exception prévue par la loi (C. civ. art. 1168). Pour emporter l'annulation, l'erreur sur la valeur doit donc résulter d'une erreur sur une qualité essentielle des titres cédés.

AUTRES ERREURS

L'erreur commise par une des parties sur les **qualités essentielles de l'autre partie** n'est une cause de nullité que si la cession a été conclue en considération de cette personne (cession conclue intuitu personae) (C. civ. art. 1134). Cette erreur doit en outre être déterminante et excusable (art. 1130 et 1132). 16400

L'erreur sur les **motifs** qui, étrangers aux qualités essentielles des droits sociaux, ont pu inciter l'une des parties à contracter ne peut pas entraîner l'annulation de la cession, sauf si ce motif a été érigé expressément en condition de la cession ou de l'acquisition (C. civ. art. 1135).

2. DOL SUBI PAR UNE PARTIE À LA CESSION

CARACTÉRISTIQUES DU DOL

16430 **Comportements visés** Est une cause d'annulation de la cession le dol commis par l'une des parties, c'est-à-dire les **manœuvres** frauduleuses et mensonges auxquels elle a eu recours pour déterminer l'autre partie à s'engager ou le **silence** qu'elle a gardé intentionnellement sur une information dont elle savait le caractère déterminant pour l'autre partie (C. civ. art. 1137).

Toutefois, ne constitue pas un dol le fait pour une partie de **ne pas révéler** à son cocontractant son estimation de la **valeur** de la prestation (art. 1137, al. 3), ici des titres cédés. Mais il y a dol si le cédant dissimule à l'acquéreur une information qui a une influence sur la valeur des droits sociaux (par exemple, sur l'existence ou la consistance d'un actif social).

> Précisions Le cédant qui induit l'acquéreur en erreur par des manœuvres frauduleuses (présentation de bilans falsifiés) peut aussi se rendre coupable du délit d'**escroquerie** (Cass. crim. 16-3-1970 : Bull. crim. n° 107 ; Cass. crim. 18-1-1988 : Bull. crim. n° 22). La relaxe du cédant du chef d'escroquerie à la suite de la présentation de comptes sociaux inexacts n'interdit pas à l'acquéreur de le poursuivre pour dol (Cass. com. 14-6-2016 n° 14-24.843 F-D : RJDA 12/16 n° 844).

16431 **Caractère intentionnel du dol** L'intention de **tromper** doit être caractérisée pour demander tant l'annulation de la cession qu'une simple indemnisation (Cass. com. 28-6-2005 n° 03-16.794 : RJDA 12/05 n° 1314 ; Cass. com. 11-5-2017 n° 15-25.301 F-D : RJDA 10/17 n° 633 ; Cass. com. 21-4-2022 n° 20-12.846 F-D : RJDA 10/22 n° 546), mais pas l'intention de **nuire.** Ainsi, la présentation d'une comptabilité non conforme n'est pas dolosive lorsque les irrégularités résultent d'une pratique ancienne et constante dans la société, sans lien avec la cession des droits sociaux, et ne traduisent donc pas la volonté du cédant de cacher la véritable situation de la société (CA Orléans 4-10-2012 n° 12/1341 : RJDA 1/13 n° 5).

> Précisions Si la **preuve** du dol, y compris de son caractère intentionnel, incombe à la partie qui prétend que son consentement a ainsi été vicié, les juges déduisent parfois l'intention de tromper du fait que le cédant ne pouvait pas ignorer l'importance pour l'acquéreur des informations falsifiées ou dissimulées (Cass. com. 13-11-2003 n° 99-21.522 F-D : RJDA 11/04 n° 1220, dissimulation de l'assignation d'un créancier en vue de la mise en redressement judiciaire de la société ; Cass. com. 9-1-2019 n° 17-28.725 F-D : RJDA 4/19 n° 263, non-révélation par le cédant que la clientèle de la société dépendait de sa compagnie, apporteuse d'affaires au travers d'une entreprise tierce).

16432 **Erreur causée par le dol** Pour être sanctionné, le dol doit avoir provoqué une **erreur ayant déterminé** la victime à donner son **consentement,** c'est-à-dire sans laquelle la victime n'aurait pas conclu la cession ou l'aurait conclue à des conditions substantiellement différentes (C. civ. art. 1130).

ILLUSTRATIONS

Il n'y a **pas dol** lorsque :

– l'erreur provoquée est minime (Cass. com. 23-6-2004 n° 1016 : RJDA 11/04 n° 1219, surfacturations reprochées au cédant d'un montant insuffisant pour tromper l'acquéreur) ;

– la victime du dol connaissait la situation difficile de la société avant la cession (Cass. com. 2-5-2007 n° 05-21.295 F-D : RJDA 4/08 n° 420), notamment compte tenu de la modicité du prix de cession (Cass. com. 18-12-2007 n° 06-16.950 : RJDA 7/08 n° 751) ;

– l'actif de la société comprend des valeurs mobilières attrayantes, de sorte que la dissimulation du résultat négatif est moins importante pour l'acquéreur qu'il ne le prétend (Cass. com. 20-1-2015 n° 13-24.195 : RJDA 5/15 n° 348) ;

– l'acquéreur, spécialisé dans la reprise de sociétés ou dans le conseil en gestion et en investissement, était à même d'apprécier la pertinence des documents comptables transmis avant la cession et de demander d'autres informations (CA Paris 18-5-2010 n° 09-638 : RJDA 11/10 n° 1081 ; CA Paris 21-6-2011 n° 10/06181 : RJDA 5/12 n° 505).

16433 À la différence de l'erreur exposée n°s 16380 s. (l'intéressé s'est trompé sans avoir été trompé), l'**erreur** provoquée par le dol (C. civ. art. 1139) :

– *est toujours* ***excusable,*** de sorte que, même en cas de simple réticence dolosive du cédant, il ne peut pas être reproché à l'acquéreur d'avoir négligé de s'informer sur la société avant la cession (Cass. com. 18-9-2024 n° 23-10.183 F-B : RJDA 1/25 n° 2) ;

– permet l'annulation de la cession même si elle ne porte pas sur les **qualités essentielles** des parts ou des actions mais sur leur valeur ou sur un simple motif de la cession.

AUTEUR DU DOL

16440 Le plus souvent, le dol est directement imputable au **cocontractant** de la victime. Il est aussi constitué, et permet l'annulation de la cession, s'il émane du représentant (légal, conventionnel ou judiciaire), du gérant d'affaires, du préposé ou du porte-fort du contractant ou encore s'il émane d'un tiers de connivence (C. civ. art. 1138).

En dehors de ces cas, le dol d'un **tiers au contrat** est sans effet sur la validité de la cession, sauf si l'erreur que ce dol a provoquée porte sur une qualité essentielle des droits sociaux (cf. Cass. com. 19-4-2023 nº 22-11.097 F-D : RJDA 8-9/23 nº 420 ; CA Paris 24-5-2011 nº 10/13447 : RJDA 5/12 nº 504 rendus sous l'empire des anciens textes exigeant une erreur sur la substance des titres mais transposables sur le principe au régime actuel). La nullité est alors prononcée pour erreur et non pour dol (C. civ. art. 1132 ; nº 16380).

> **Précisions** Une **société** n'est **responsable du dol commis par son représentant** légal qu'autant que ce dernier a participé en tant que tel à l'acte de cession et non en son nom personnel (Cass. com. 23-11-1993 nº 1819 : Bull. civ. IV nº 421 ; Cass. com. 18-6-2002 nº 1196 : RJDA 12/02 nº 1223, à propos de la vente d'un fonds de commerce mais transposable).

ILLUSTRATIONS DE COMPORTEMENT CONSTITUTIF DE DOL

16450 Le **dol du cédant** peut consister à présenter à l'acquéreur une comptabilité inexacte (Cass. com. 3-11-2004 nº 1539 : RJDA 3/05 nº 269, 1e esp. ; Cass. com. 26-5-2009 nº 08-15.980 : RJDA 8-9/09 nº 749) ou incomplète (Cass. com. 17-6-2003 nº 987 : RJDA 11/03 nº 1078 ; CA Amiens 28-1-2003 nº 01-4279 : RJDA 11/03 nº 1078) afin de masquer la situation réelle de la société (CA Orléans 4-10-2012 nº 12/1341 : RJDA 1/13 nº 5).

De même, le dol du cédant a été retenu dans le cas où il avait dissimulé :

– un passif fiscal dont le montant compromettait la survie de la société (Cass. com. 12-10-1993 nº 1487 : RJDA 12/93 nº 1042) ou correspondait aux deux tiers du prix de cession (CA Paris 24-3-2011 nº 10/06918 : RJDA 3/12 nº 297) ;

– la consistance réelle des actifs sociaux en taisant la résiliation des contrats de crédit-bail portant sur du matériel indispensable à l'activité de la société (Cass. com. 8-7-2003 nº 1252 : RJDA 1/04 nº 51) ou la résiliation d'un contrat de franchise (CA Paris 3-12-2009 nº 08/16768 : RJDA 7/10 nº 749) ;

– le fait que l'activité de la société n'était pas autorisée par le bail des locaux où elle était installée (CA Paris 3-2-1998 : RJDA 5/98 nº 601) ;

– l'existence d'une instance en cours (Cass. com. 15-7-1992 : Dr. sociétés 1992 nº 210 ; CA Versailles 2-2-2007 nº 05-1149 : RJDA 3/08 nº 280 : action en réparation de malfaçons engagée contre la société) ;

– la pollution d'un site d'exploitation de la société, même si aucune mesure administrative n'avait encore été prise (CA Lyon 10-4-2003 nº 01-6915 : RJDA 7/04 nº 831) ;

– l'état de cessation des paiements de la société (Cass. com. 17-6-2003 nº 987 : RJDA 11/03 nº 1078, 1e esp.) ;

– le risque de perte d'un client représentant une part importante du chiffre d'affaires de la société (CA Lyon 3-4-2003 nº 02-6347 : RJDA 7/05 nº 821 ; CA Paris 17-6-2008 nº 07-9557 : RJDA 12/08 nº 1268) ou le projet d'implantation d'un concurrent à proximité (CA Rouen 7-4-2005 nº 03-4059 : RJDA 8-9/05 nº 985) ;

– après avoir conclu un contrat de travail à durée indéterminée avec la société, son intention de n'y rester que quelques mois alors qu'il savait que ce délai était trop court pour assurer le transfert du savoir-faire attendu par l'acquéreur (Cass. com. 12-2-2013 nº 11-22.641 : RJDA 6/13 nº 520).

Dirigeant acquéreur ou intermédiaire pour le reclassement de la participation des associés 16465

Existence d'une obligation d'information

Indépendamment du droit des contrats, les tribunaux font peser sur le dirigeant une obligation de **loyauté envers les associés** *qui donne naissance* à une obligation d'information lorsqu'il se porte acquéreur des titres des associés ou intervient comme intermédiaire pour le reclassement de leur participation (notamment, Cass. com. 27-2-1996 nº 94-11.241 P : RJDA 6/96 nº 794 ; Cass. com. 12-5-2004 nº 00-15.618 FS-P : RJDA 8-9/04 nº 989 ; Cass. com. 12-4-2016 nº 14-19.200 F-D : RJDA 7/16 nº 539). En revanche, il n'a pas d'obligation d'information s'il n'intervient pas à la cession ; mais un manquement à la loyauté pourrait être retenu en cas de collusion avec l'acquéreur (Cass. com. 11-10-2005 nº 04-14.188 F-D : Bull. Joly 2006 p. 632 note T. Massart).

À notre avis, cette jurisprudence spécifique, qui trouve sa source dans les fonctions que la loi confère aux dirigeants (B. Petit, L'évolution du devoir de loyauté en droit des sociétés : RJDA 4/15 p. 243), n'a pas été remise en cause par l'introduction dans le Code civil par l'ordonnance 2016-131 du 10 février 2016 d'un **devoir général d'information précontractuelle** (C. civ. art. 1112-1 ; nº 16304)

– que les associés peuvent aussi invoquer lorsque le dirigeant acquiert leur participation –, ni par le fait que la réticence dolosive est exclue en cas de **dissimulation de la valeur** des titres (C. civ. art. 1137, al. 3 ; n° 16430).

Étendue de l'obligation d'information

Le dirigeant qui achète des titres des associés ou qui intervient comme intermédiaire pour le reclassement de leur participation est tenu de révéler aux associés cédants toute **information de nature à influer sur** leur **consentement** (Cass. com. 27-2-1996 précité ; Cass. com. 12-3-2013 n° 12-11.970 F-D : RJDA 7/13 n° 634), mais seulement dans la mesure où il s'agit d'informations qu'il peut seul connaître (Cass. com. 12-4-2016 précité).

Le dirigeant doit ainsi informer les associés cédants de l'existence de **négociations parallèles** avec un tiers en vue du rachat des titres (Cass. com. 12-5-2004 précité), quel que soit leur état d'avancement (Cass. com. 10-7-2018 n° 16-27.868 F-D : RJDA 11/18 n° 841). Il doit aussi communiquer les conditions de ce rachat, y compris le prix (Cass. 1e civ. 25-3-2010 n° 08-13.060 F-D : RJDA 8-9/10 n° 852), même s'il est tenu par une clause de confidentialité envers le tiers (Cass. com. 12-3-2013 précité). Jugé qu'il en était ainsi à l'égard d'associés, administrateur ou directeur salarié, qui ignoraient le projet de rachat global mené par le président du conseil d'administration (Cass. com. 11-7-2006 n° 05-12.024 F-D : RJDA 11/06 n° 1146).

A manqué à son devoir de loyauté le dirigeant bénéficiaire d'une promesse de cession d'actions qui n'a pas informé l'actionnaire promettant de la **décision d'introduire la société en bourse** (CA Paris 4-7-2003 n° 01-3919 : RJDA 3/04 n° 315).

Sanction en cas de manquement

Le manquement du dirigeant à son obligation d'information à l'égard des associés cédants est parfois assimilé à une **réticence dolosive** (Cass. com. 27-2-1996 précité ; Cass. 1e civ. 25-3-2010 précité). Si celle-ci a été déterminante du consentement des associés cédants, elle leur permet de demander l'annulation de la cession (C. civ. art. 1130, 1131 et 1137, al. 2). En pratique, seuls des dommages-intérêts sont généralement demandés sur le fondement de la **responsabilité extracontractuelle de droit commun** (C. civ. art. 1240). Dans ce cas, la preuve d'une intention frauduleuse du dirigeant n'est pas exigée : la simple omission, le simple fait de taire un élément déterminant caractérise le manquement à l'obligation de loyauté (Cass. com. 18-12-2012 n° 11-24.305 F-PB : RJDA 3/13 n° 243 ; Cass. com. 12-3-2013 précité).

3. VIOLENCE SUBIE PAR UNE PARTIE À LA CESSION

16490 La violence exercée sur l'une des parties à la cession est une cause de nullité de celle-ci (C. civ. art. 1130 et 1131).

Il y a violence viciant le consentement d'une partie lorsque celle-ci s'engage sous la pression d'une **contrainte,** exercée **par l'autre partie ou un tiers,** lui faisant craindre d'exposer sa personne ou sa fortune ou celle de ses proches à un mal considérable et présent (C. civ. art. 1140).

La **menace de poursuites judiciaires** n'est constitutive de violence que si elle est détournée de son but ou si elle est invoquée ou exercée pour obtenir un avantage manifestement excessif (art. 1141). Tel est le cas lorsqu'elle est invoquée de façon illégitime, n'ayant aucune chance de succès (Cass. 1e civ. 4-2-2015 n° 14-10.920 : RDC 2015 p. 445 obs. Savaux). Ainsi, le dirigeant d'une société, qui a cédé ses actions au principal créancier social, ne peut pas soutenir que son consentement lui a été extorqué dès lors que, si la crainte que ce créancier demande l'ouverture d'une procédure collective à l'encontre de la société a influé sur sa décision, le créancier n'a exercé aucune pression, ayant au contraire consenti des délais de paiement à la société (CA Paris 26-9-1989 : Bull. Joly 1989 p. 963).

Commet également une violence la partie qui **abuse de l'état de dépendance** – notamment économique – dans lequel se trouve l'autre partie afin d'obtenir de celle-ci un engagement qu'elle n'aurait pas souscrit en l'absence d'une telle contrainte et d'en tirer un avantage manifestement excessif (art. 1143). La partie qui invoque cet abus doit être sous la dépendance de la partie à laquelle elle l'impute (art. 1143) et non, à la lettre du texte, sous celle d'un tiers.

ILLUSTRATIONS

Une clause de révision de prix imposée par l'acquéreur juste avant la signature de l'acte de cession *n'est pas annulable pour violence, même si le* cédant est en situation de dépendance vis-à-vis de l'acquéreur pour avoir, à la demande de celui-ci, déjà acquis les parts d'un associé minoritaire pour les rétrocéder, licencier des salariés et fermer un établissement dès lors que le cédant a conservé la faculté de ne pas déférer à cette nouvelle exigence de l'acquéreur puisqu'il a négocié avec celui-ci, le jour même de la cession, le contenu de cette clause et l'ajout d'un complément de prix en sa faveur (Cass. com. 10-7-2024 n° 22-21.947 FS-B : RJDA 12/24 n° 646).

4. SANCTIONS DU VICE DU CONSENTEMENT D'UNE PARTIE À LA CESSION

ANNULATION DE LA CESSION

Le vice affectant le consentement de l'une des parties est une cause de **nullité relative** de la cession (C. civ. art. 1131). En conséquence, seule la partie dont le consentement a été vicié peut agir en nullité (C. civ. art. 1181) et elle peut renoncer à la nullité par une exécution volontaire de son engagement irrégulier, en connaissance du vice l'affectant (Cass. com. 21-4-2022 n° 20-16.295 F-D : RJDA 8-9/22 n° 459). 16550

Les parties peuvent constater la nullité de la cession sans intervention d'un juge (n° 17500).

> **Précisions** **a.** La **prescription de l'action** en nullité est de cinq ans (C. civ. art. 2224 ; art. L 110-4), à compter de la découverte de l'erreur ou du dol ou du jour où la violence a cessé (C. civ. art. 1144) mais l'action ne peut pas être engagée plus de 20 ans après la conclusion de la cession (C. civ. art. 2232, al. 1).
> **b.** Les **conséquences de l'annulation** sont exposées n°s 17505 s.

DOMMAGES-INTÉRÊTS

La partie dont le consentement a été vicié par **dol ou violence** peut demander, outre l'annulation de la cession, des dommages-intérêts à la condition que l'annulation et les remises réciproques qui en résultent ne réparent pas intégralement le préjudice qu'elle a subi (Cass. com. 12-7-2011 n° 10-19.297 : RJDA 11/11 n° 922). Elle peut aussi se borner à réclamer des dommages-intérêts (Cass. 1e civ. 4-2-1975 n° 72-13.217 : Bull. civ. I n° 43 ; Cass. com. 5-12-2000 n° 96-18.392 : RJDA 3/01 n° 323). 16552

> **Précisions** **a.** Si l'acquéreur ne demande pas l'annulation de la cession en raison du dol, son **préjudice** réparable correspond uniquement à la perte d'une chance d'avoir pu contracter à des conditions plus avantageuses (Cass. com. 10-7-2012 n° 11-21.954 FS-PB : RJDA 11/12 n° 932 ; Cass. com. 5-6-2019 n° 16-10.391 F-D : RJDA 10/19 n° 605).
> **b.** Lorsque **plusieurs associés cèdent leurs titres** dans un acte unique de cession, le **dol commis par l'un d'eux** entraîne la nullité de la cession dans sa totalité, mais seul l'auteur du dol peut être condamné à indemniser l'acquéreur du préjudice subi (Cass. com. 12-7-2005 n° 1077 : RJDA 11/05 n° 1228). Il en est de même en cas de violence imputable à un seul des cédants.

INCIDENCE DES GARANTIES CONVENTIONNELLES SUR LA SANCTION

La présence, comme l'absence, d'une garantie contractuelle consentie par le cédant à l'acquéreur (garantie de passif ou d'actif, clause de révision de prix, clause de non-concurrence, notamment) ne prive pas ce dernier de ses recours légaux au titre des vices du consentement (n° 17860). 16555

C. Capacité des parties à la cession de parts ou actions

1. CAPACITÉ DES ÉPOUX COMMUNS EN BIENS

CESSION DE PARTS SOCIALES PAR UN ÉPOUX COMMUN EN BIENS

Les époux ne peuvent, l'un sans l'autre, ni aliéner les **droits sociaux** non négociables (parts de SARL, SNC et SCS) **dépendant de la communauté,** ni percevoir les capitaux provenant de la cession (C. civ. art. 1424). Il en résulte qu'un époux titulaire de tels droits sociaux ne peut pas les céder sans le **consentement de son conjoint,** même si celui-ci n'a pas revendiqué la qualité d'associé lors de l'achat ou de la souscription des parts (Cass. 1e civ. 9-11-2011 n° 10-12.123 : RJDA 2/12 n° 142). 16570

Le consentement du conjoint peut être exprès ou tacite (Cass. 1e civ. 1-2-2017 n° 16-11.599 FS-PB : Bull. civ. I n° 36). Pour autant, le conjoint qui a donné son consentement n'est pas de ce fait covendeur. Il ne l'est que s'il est partie à l'acte de cession.

> **Précisions** **a.** La présence des deux époux à la **signature du contrat** n'est pas obligatoire et le consentement du conjoint peut être donné aussi bien avant la conclusion du contrat (Cass. 1e civ. 29-6-1983 : Bull. civ. I n° 192, à propos d'une donation mais transposable par identité des textes applicables) qu'après celle-ci (Cass. 1e civ. 17-3-1987 : Bull. civ. I n° 95).
> **b.** Les dispositions de l'article 1424 du Code civil sont applicables également aux **promesses de cession** (CA Paris 28-6-1994 : Bull. Joly 1994 p. 1230 note G. Lesguillier) et aux **cessions en blanc** (CA Paris 4-11-1993 : Bull. Joly 1994 p. 95 note B. Saintourens).

c. L'époux cédant peut être **autorisé par** décision de **justice** à passer seul l'acte de cession si son conjoint est « hors d'état de manifester sa volonté ou si son refus n'est pas justifié par l'intérêt de la famille » (C. civ. art. 217, al. 1).

d. Chaque époux peut librement céder les parts sociales qui constituent ses **biens propres** (C. civ. art. 225 et 1428).

16571 **Dépassement de pouvoirs par un époux** L'**époux** qui **cède des parts sociales** dépendant de la communauté **sans le consentement** de son **conjoint** outrepasse ses pouvoirs. Ce dernier peut ratifier l'acte ; à défaut, il peut en demander la nullité (C. civ. art. 1427), même si la cession était nécessaire à la poursuite de l'activité professionnelle de l'époux cédant (Cass. 1e civ. 28-2-1995 : Bull. civ. I nº 104).

L'**action en nullité** est réservée au conjoint victime du dépassement de pouvoir et elle ne peut être engagée ni par l'époux qui a cédé les parts sans le consentement de l'autre (Cass. 1e civ. 20-1-1998 : BRDA 6/98 p. 4), ni par le tiers acquéreur (Cass. 3e civ. 8-1-1992 nº 90-11.921 : Bull. civ. III nº 8). Elle se transmet néanmoins, au décès de l'époux victime, à ses héritiers à condition qu'ils n'agissent pas en qualité d'acquéreurs des titres litigieux afin d'échapper au paiement du prix (Cass. 1e civ. 4-7-2007 nº 04-10.494 : RJDA 11/07 nº 1103).

La **nullité** de la cession est **opposable** même à un acquéreur de bonne foi (Cass. 1e civ. 6-2-1979 : Bull. civ. I nº 43).

16572 Le **paiement** irrégulier **fait à un seul des époux** communs en biens peut être annulé en application de l'article 1427 du Code civil et doit normalement aboutir à une restitution des fonds et à un nouveau paiement en présence des deux époux. Mais si l'époux qui a reçu les fonds les a entre-temps dilapidés, son conjoint est en droit de réclamer un second paiement à l'acquéreur, à moins que celui-ci ne prouve que le premier paiement a bénéficié à la communauté (Cass. 1e civ. 30-10-2006 nº 03-20.589 : RJDA 5/07 nº 488).

ACHAT DE PARTS SOCIALES PAR UN ÉPOUX COMMUN EN BIENS

16573 Lorsqu'un époux acquiert seul des parts sociales **au moyen de biens de communauté,** il doit, à peine de nullité, en avertir son conjoint et justifier de cette information dans l'acte d'achat (C. civ. art. 1832-2, al. 1) ; cette information permettra au conjoint de revendiquer, s'il le désire, la qualité d'associé dans les conditions exposées nos 6065 s.

16574 En cas d'acquisition de parts **au moyen de fonds** qu'un époux détient en **propre** ou provenant de la vente d'un bien propre, ces parts ne sont elles-mêmes **propres** que si cet époux a pris soin d'insérer dans l'acte d'acquisition la déclaration d'emploi ou de remploi prévue par l'article 1434 du Code civil (Cass. 1e civ. 8-10-2014 nº 13-21.879 : RJDA 1/15 nº 16). À défaut, l'emploi ou le remploi est inopposable aux tiers et il n'aura d'effet dans les rapports entre les époux que si ces derniers en sont d'accord (C. civ. art. 1434).

CESSION OU ACHAT D'ACTIONS PAR UN ÉPOUX COMMUN EN BIENS

16575 Chaque époux peut acquérir seul des actions au moyen de **biens de la communauté** ou céder seul des actions constituant de tels biens (cf. C. civ. art. 1421, al. 1), sauf à répondre, le cas échéant, d'une fraude dans l'exercice de ce droit (Cass. 1e civ. 27-5-2010 nº 09-11.894 : RJDA 10/10 nº 955). Ces achats ou cessions ne sont pas soumis aux règles d'intervention (nº 16570) ou d'information (nº 16573) du conjoint (cf. C. civ. art. 1424 et 1832-2).

Concernant les **biens propres** d'un époux, les règles énoncées nos 16570 et 16574 à propos des parts sociales constituant des biens propres sont transposables par identité de textes.

2. CAPACITÉ DU PARTENAIRE PACSÉ

PACS CONCLU DEPUIS LE 1ER JANVIER 2007

16576 Sauf s'ils ont opté pour le régime de l'indivision, les partenaires liés par un Pacs sont automatiquement soumis à un régime de **séparation des biens.** Les actions ou parts sociales acquises par un partenaire, avant ou durant le Pacs, sont sa propriété personnelle et il peut les céder librement (C. civ. art. 515-5). Le partenaire détenant individuellement des parts sociales ou des actions est réputé avoir le pouvoir de les céder seul, à l'égard des tiers de bonne foi (art. précité).

En cas d'**option pour l'indivision** dans la convention initiale (ou dans une convention modificative), les droits sociaux acquis à compter de l'enregistrement de cette convention sont réputés indivis par moitié, même s'ils ont été acquis par un seul des partenaires, sauf si ce dernier les a achetés avec des fonds lui appartenant avant l'enregistrement ou avec des fonds reçus par donation ou succession et a effectué une déclaration de remploi des fonds dans l'acte d'acquisition (C. civ. art. 515-5-1 et 515-5-2).

Pour les droits sociaux indivis, chaque partenaire est gérant de l'indivision, sauf convention contraire du Pacs, et exerce les mêmes pouvoirs qu'un époux sur les biens communs (C. civ. art. 515-5-3 et, sur renvoi, art. 1873-6, al. 2). Il peut donc céder les droits sociaux seul s'il s'agit d'actions, avec le consentement de l'autre partenaire s'il s'agit de parts sociales (nos 16570 s.).

› Précisions **a.** Les parts sociales ou actions souscrites ou acquises **avant le Pacs** n'entrent pas dans l'indivision et sont cédées librement par leur propriétaire.

b. Pour administrer leurs droits indivis, les partenaires peuvent conclure, pour la durée du Pacs, une **convention d'indivision** (art. 515-5-3, al. 2 et 3).

PACS CONCLU AVANT LE 1ER JANVIER 2007

16577 Si le Pacs a été conclu avant le 1er janvier 2007 et si les partenaires n'ont pas opté pour le régime actuel exposé no 16576, il convient de distinguer selon que les actions ou les parts sociales ont été acquises avant ou pendant la durée du Pacs. Sauf convention contraire, les **droits** sociaux **acquis après la conclusion** du Pacs sont présumés indivis pour moitié même si l'acte d'acquisition n'a été effectué que par un seul des partenaires (C. civ. art. 515-5, al. 2 ancien). La cession de ces droits est alors soumise aux règles applicables aux parts soumises au régime de l'indivision légale (no 16590). Les droits sociaux acquis **avant la conclusion** du Pacs sont exclus de l'indivision et le partenaire propriétaire peut donc librement les céder.

3. CESSION DE PARTS OU ACTIONS INDIVISES

16590 La cession de parts ou actions indivises requiert en principe le **consentement** de tous les **coïndivisaires** (C. civ. art. 815-3, al. 7).

Toutefois, un ou plusieurs indivisaires, titulaires d'au moins les deux tiers des droits indivis, peuvent :

– céder les parts ou actions indivises pour payer les dettes et charges de l'indivision, mais la cession est inopposable aux autres indivisaires s'ils n'en ont pas été informés (art. 815-3, al. 4 et 6) ;

– demander au tribunal l'autorisation de céder des parts ou actions indivises à condition qu'elles ne soient pas grevées d'un usufruit et que l'un des indivisaires ne soit pas absent ou, par suite d'éloignement, hors d'état de manifester sa volonté (C. civ. art. 815-5-1, al. 1).

Enfin, en cas de refus de l'un des indivisaires de céder les droits sociaux indivis, les autres peuvent être autorisés par décision de justice à passer outre si ce refus met en péril l'intérêt commun des coïndivisaires (C. civ. art. 815-5, al. 1). Tel est le cas du refus de l'un d'eux de céder ses droits sociaux à un tiers alors que seule cette décision permet de préserver l'avenir de la société, celle-ci ne pouvant pas assumer financièrement la mise en conformité de son usine aux normes d'hygiène exigées par les pouvoirs publics sous peine de suppression de l'autorisation de commercialisation des produits (CA Lyon 23-5-1990 : Bull. Joly 1990 p. 662).

› Précisions **a.** La procédure d'**autorisation judiciaire** de cession prévue par l'article 815-5-1 est assez lourde. Les indivisaires titulaires d'au moins deux tiers des droits indivis doivent exprimer devant un notaire, à cette majorité, leur intention de céder les titres indivis. Dans le mois qui suit, le notaire doit faire signifier cette intention aux autres indivisaires. Si l'un ou plusieurs d'entre eux s'opposent à la cession ou ne se manifestent pas dans un délai de trois mois à compter de la signification, le notaire doit le constater par procès-verbal et le tribunal peut autoriser la cession si elle ne porte pas une atteinte excessive aux droits des autres indivisaires. Cette aliénation s'effectue aux enchères, par licitation. La cession effectuée dans les conditions fixées par le tribunal est opposable à l'indivisaire dont le consentement a fait défaut, sauf si l'intention d'aliéner le bien ne lui avait pas été signifiée régulièrement (art. 815-5-1, al. 2 à 7).

b. La **cession** par un indivisaire de ses **droits sur les parts** ou actions **indivises** est libre, ses coïndivisaires disposant, en cas de cession à un tiers à l'indivision, d'un droit de préemption (cf. C. civ. art. 815-14).

4. CESSION DES TITRES D'UNE SOCIÉTÉ EN PROCÉDURE COLLECTIVE

16600 La mise en redressement judiciaire de la société a des conséquences sur la cessibilité de la **participation** que les **dirigeants** détiennent dans le capital social (nos 91410 s.). Le tribunal qui a ouvert la procédure peut aussi enjoindre aux dirigeants de céder leurs parts ou actions ou ordonner la cession forcée desdites parts ou actions (nos 91432 et 91870 s.). De même, la cession forcée de la participation détenue par les **associés** peut être ordonnée dans certains cas (no 91340).

Les **droits sociaux détenus par la société** elle-même peuvent être cédés, en cas de sauvegarde ou de redressement judiciaire, sur l'autorisation du juge-commissaire si la cession ne relève pas de la gestion courante (nº 91143) et, en cas de liquidation judiciaire, par le seul liquidateur judiciaire (nº 91211).

5. INTERVENTION D'UN PRÊTE-NOM À LA CESSION

16610 L'acquisition de droits sociaux par prête-nom ne constitue pas en elle-même une cause de nullité de la cession (Cass. com. 26-3-1996 nº 675 : RJDA 8-9/96 nº 1054). Encore faut-il que l'intervention du prête-nom ne résulte pas d'une collusion frauduleuse avec le véritable acquéreur en vue notamment de se soustraire aux dispositions légales ou statutaires relatives à l'agrément des nouveaux associés ou de faire échec aux clauses d'un pacte d'actionnaires.

D. Objet de la cession de parts ou actions

CESSION DE LA MAJORITÉ DES DROITS SOCIAUX

16670 La cession de tout ou partie des parts ou actions d'une société n'est pas assimilable à la **vente des actifs sociaux,** quand bien même la société n'aurait qu'un seul actif ; la cession de droits sociaux ne constitue donc ni une vente de fonds de commerce (Cass. com. 13-2-1990 nº 88-10.661 : Bull. civ. IV nº 42 ; Cass. 1e civ. 6-12-1994 : RJDA 2/95 nº 158 ; Cass. com. 11-3-2014 nº 12-24.901 : RJDA 6/14 nº 532), ni une vente d'immeuble (Cass. 1e civ. 27-11-2008 nº 06-16.688 : RJDA 4/09 nº 349), ni une cession de bail commercial (Cass. 3e civ. 22-6-1988 nº 86-19.366 : Bull. civ. III nº 114 ; Cass. com. 3-6-2014 nº 13-21.345 : RJDA 7/15 nº 485).

Il en résulte notamment que la cession de droits sociaux est soumise à des droits d'enregistrement et à un régime des plus-values de cession distincts de ceux applicables à la vente de chacun des actifs sociaux.

ATTENTION

Le **contrat** peut être **requalifié** si la société dont les titres sont cédés est fictive (Cass. com. 3-6-2014 nº 13-21.345 F-D : RJDA 7/15 nº 385 ; voir néanmoins, admettant plus généralement la requalification en cas de fraude, Cass. 3e civ. 10-7-2002 nº 00-20.708 : RJDA 11/02 nº 1120).

CESSION DES PARTS OU ACTIONS D'AUTRUI

16680 En cas de vente par une personne de parts ou d'actions ne lui appartenant pas (vente de la chose d'autrui), la cession est nulle (C. civ. art. 1599). Il s'agit d'une nullité relative, même en cas de cumul avec un défaut de pouvoir du représentant du cédant (Cass. 3e civ. 6-10-2004 nº 965 : RJDA 12/04 nº 1330). Elle ne peut donc être invoquée que par l'acquéreur et non par le véritable propriétaire (C. civ. art. 1599 ; Cass. 3e civ. 8-12-1999 nº 1844 : RJDA 3/00 nº 254), ce dernier disposant d'une action en revendication pour faire valoir ses droits (Cass. com. 15-10-2013 nº 12-19.756 : RJDA 2/14 nº 92). L'action en nullité peut être engagée dans un délai de cinq ans (C. civ. art. 2224 ; art. L 110-4).

MODIFICATION OU DISPARITION DE LA SOCIÉTÉ DONT LES TITRES SONT CÉDÉS

16690 Lorsque la **société** dont il a acquis les droits sociaux fait l'objet d'une **procédure collective,** l'acquéreur ne peut pas obtenir l'annulation de la cession pour absence de contrepartie ou disparition des droits sociaux cédés (C. civ. art. 1128, 3º et 1601) et échapper ainsi au paiement du prix. En effet, même si les droits sociaux ont ainsi perdu toute valeur, ils existaient encore à la date de formation du contrat (CA Versailles 13-11-2003 nº 01-8374 : RJDA 8-9/04 nº 990 ; CA Versailles 19-1-2006 nº 05-414 : RJDA 5/06 nº 541) ou à celle à laquelle l'acquéreur a été mis en demeure de payer (Cass. com. 16-11-2004 nº 1640 : RJDA 4/05 nº 393). Le transfert de propriété ayant eu lieu, sauf clause contraire, à la date de conclusion de la cession, c'est sur l'acquéreur que pèse la charge des risques.

CONSEIL

Les actions fondées sur l'erreur ou sur les vices cachés étant également soumises à des conditions *drastiques (nºs 16390 s. et 17320 s.),* l'acquéreur a intérêt à demander l'insertion dans l'**acte de cession** d'une garantie de passif (nºs 17855 s.) ou d'une clause faisant entrer dans le champ contractuel certaines caractéristiques de la société dont le maintien est déterminant de son engagement d'achat, telle celle par laquelle le cédant garantit que, jusqu'au transfert des droits sociaux acquis, la société émettrice n'est pas en état de cessation des paiements (CA Colmar 1-6-2004 nº 02-3135 : RJDA 5/06 nº 541).

Est nulle toute cession de parts ou d'actions d'une **société ayant disparu par l'effet d'une opération de fusion par absorption** (Cass. com. 26-5-2009 nº 08-12.691 : RJDA 8-9/09 nº 750). En effet, à compter de la prise d'effet de la fusion, la société absorbée est dissoute et les parts ou actions composant son capital social n'existent plus, les associés de la société absorbée recevant en échange des parts ou actions de la société absorbante selon une parité définie par le traité de fusion (art. L 236-1 et L 236-3). 16691

E. Prix de la cession de parts ou actions

CONSISTANCE DU PRIX DE CESSION

Les parties peuvent exprimer le prix sous forme d'une **somme d'argent** ou d'une **autre contrepartie.** Est ainsi valable la cession de la quasi-totalité des actions d'une SA moyennant la prise en charge du passif social sans limitation ni recours (CA Bordeaux 11-7-1986 : Rev. sociétés 1986 p. 593 note P. Le Cannu ; voir aussi CA Paris 9-9-1997 nº 95-19641 : Bull. Joly 1998 p. 20 note J.-P. Dom), ou la clause mettant à la charge de l'acquéreur les dommages-intérêts auxquels le cédant pourrait être condamné pour les fautes qu'il aurait commises dans l'accomplissement de son mandat social (Cass. com. 18-2-1980 : Bull. civ. IV nº 86). Le paiement du prix sous forme de salaires n'est pas recommandé (nº 16801). 16750

Sur l'intégration au prix de cession des **bénéfices** réalisés par la société à la date de la cession et répartis conventionnellement par les parties, voir nº 76454.

> **Précisions** Une cession d'actions a été annulée pour **absence d'accord** des parties **sur la contrepartie** dès lors que le cédant avait cédé ses actions en pensant recevoir le prix de vente, alors que l'acquéreur proposait non de le régler personnellement, mais de le compenser avec une dette du cédant à l'égard de la société (Cass. com. 11-1-2005 nº 80 : RJDA 5/05 nº 494, annulant la cession pour défaut de cause mais transposable au régime issu de ord. 2016-131 du 10-2-2016).

DÉTERMINATION DU PRIX DE CESSION

Le prix doit être déterminé (C. civ. art. 1591) ou déterminable. 16760

Lorsque la **cession** porte sur les titres **de plusieurs sociétés,** la ventilation du prix entre les titres de chacune n'est pas requise pour la validité de l'opération sauf si les parties en ont fait une condition déterminante de leur engagement (Cass. com. 8-4-2008 nº 06-18.042 : RJDA 12/08 nº 1270, chron. R. Salomon p. 1175).

> **ATTENTION**
> L'absence de ventilation du prix est à éviter en raison des incertitudes qu'elle génère sur le plan fiscal : difficulté de déterminer le montant et le régime d'imposition des plus-values de cession dues par le cédant et, pour l'acquéreur, problème de calcul des droits d'enregistrement dont le régime varie selon la nature des titres cédés.

Appréciation du caractère déterminable du prix Le **prix** de cession des droits sociaux est **indéterminé** – et la cession est nulle – **lorsque** les parties ont retenu, pour la fixation de celui-ci, des éléments dont la mise en œuvre se révèle ultérieurement impossible (Cass. com. 5-5-1970 : Bull. civ. IV nº 147 ; Cass. com. 13-1-1971 : Bull. civ. IV nº 13) ou des éléments qui dépendent de la volonté de l'une des parties ou de la réalisation d'accords ultérieurs (Cass. 1e civ. 12-11-1974 : Bull. civ. I nº 301 ; Cass. com. 25-9-2012 nº 11-23.319 : RJDA 1/13 nº 24 ; Cass. com. 21-9-2022 nº 20-16.994 F-B : RJDA 1/23 nº 31). 16761

Prix déterminable : illustrations. Le prix a été tenu pour déterminé ou déterminable dans les cas suivants : 16762

– une cession de parts consentie à l'épouse du gérant moyennant une somme fixe payable comptant et le versement d'une **rente viagère annuelle indexée** sur les variations du chiffre d'affaires de la société, la prospérité d'une entreprise ne dépendant pas uniquement de la diligence de celui qui l'anime mais aussi de la conjoncture économique (CA Paris 28-1-1982 : BRDA 11/82 p. 8) ;

– une cession dont le prix devait résulter, pour une part, d'un éventuel **boni d'inventaire** constaté dans le bilan de clôture de l'exercice de cession (CA Paris 26-9-1989 : Bull. Joly 1989 p. 963) ;

– une convention de cession d'actions qui prévoyait un prix de 100 F par action auquel devait s'ajouter une somme de 58 F payable soit à la clôture de l'exercice suivant la cession si l'exploitation était alors équilibrée, soit, dans la négative, à la clôture de l'exercice qui permettrait de constater le retour à l'équilibre dès lors que la réalisation de la condition mise

au versement du **complément de prix** ne dépendait pas de la volonté exclusive de l'acquéreur (CA Paris 8-6-1990 : BRDA 2/91 p. 19) ;
– une cession d'actions d'une société en redressement judiciaire dont le **prix** était stipulé **égal au passif privilégié** de celle-ci, dès lors que, le détail et le total devant être communiqués par l'administrateur judiciaire à l'issue de la vérification des créances, le prix était fixé en fonction d'éléments indépendants de la volonté des parties (Cass. com. 7-12-1976 : Bull. civ. IV nº 311) ;
– une promesse de cession d'actions stipulant que le prix serait **fonction du montant des capitaux propres** de la société sur la base du dernier bilan arrêté à la date de la levée d'option (Cass. com. 3-2-2015 nº 13-26.078 : RJDA 5/15 nº 350) ;
– lorsque les parties à une promesse de cession s'en sont remises pour la **fixation** du prix à un **expert** ayant les pouvoirs prévus par l'article 1843-4 du Code civil ; il s'ensuit que, la détermination du prix ne nécessitant pas un nouvel accord de leur part, la cession est parfaite dès la levée de l'option (Cass. com. 30-11-2004 nº 1742 : RJDA 3/05 nº 270 ; dans le même sens, CA Paris 27-10-2015 nº 14/14101 : RJDA 3/16 nº 199).

16763 **Prix indéterminable : illustrations.** Le prix de la cession n'est pas déterminé :
– lorsque ses modalités de fixation renvoient aux **résultats financiers et comptables** de la société sans indication de la **date** de référence (Cass. com. 25-9-2012 nº 11-23.319 : RJDA 1/13 nº 24) ou à un bilan comptable établi contradictoirement à une date ultérieure, la fixation du prix impliquant alors un nouvel accord de volonté des parties (Cass. com. 6-11-2012 nº 11-26.582 : RJDA 3/13 nº 240), à moins qu'elles n'aient prévu la désignation, en cas de désaccord, d'un expert chargé d'arrêter l'estimation définitive (Cass. com. 14-12-1999 : RJDA 4/00 nº 425 ; CA Paris 23-5-1986 : Bull. Joly 1986 p. 948) ;
– lorsqu'un actionnaire, également salarié de la société, a cédé ses actions à d'autres actionnaires après son licenciement pour une **somme incluant,** sans les distinguer du prix, le montant de diverses **indemnités** que lui devait la société (Cass. com. 5-4-2005 nº 566 : RJDA 2/06 nº 143) ;
– pour la cession d'un bloc d'actions, si un **prix** n'est fixé **que pour une fraction** d'entre elles, à moins que la cession ne soit divisible (Cass. com. 9-10-2012 nº 11-14.498 : RJDA 2/13 nº 133) ;
– lorsqu'une promesse de cession plafonne le prix de cession dans certaines hypothèses (ici, en cas de rachat des titres d'un associé licencié) dès lors que le prix auquel s'applique ce plafond n'est pas lui-même déterminable (Cass. com. 21-9-2022 nº 20-16.994 F-B : RJDA 1/23 nº 31).

16765 **Conséquences de l'absence de détermination du prix** La cession dont le prix n'est ni déterminé ni déterminable est nulle. Tendant à la protection des seuls intérêts privés du cédant, la **nullité** sanctionnant un prix indéterminé – ou dérisoire – est **relative** (Cass. 1e civ. 29-9-2004 nº 03-10.766 : Bull. civ. I nº 216 ; Cass. 3e civ. 24-10-2012 nº 11-21.980 : RJDA 2/13 nº 100 ; Cass. com. 22-3-2016 nº 14-14.218 : RJDA 5/16 nº 359).

En conséquence, l'**action en nullité** est réservée au cédant (cf. C. civ. art. 1181). Elle ne peut pas être engagée par la société dont les titres ont été cédés. L'action se prescrit par cinq ans (C. civ. art. 2224 ; art. L 110-4), à compter du jour où le cédant a connu ou aurait dû connaître l'absence de prix ou son caractère dérisoire (C. civ. art. 2224 et 2227).

Les **parties** peuvent d'un commun accord **constater l'annulation** du contrat, sans intervention du juge (nº 17500).

> **Précisions** En principe, un **contrat** atteint de nullité relative peut être **confirmé** par la partie protégée par la nullité (C. civ. art. 1181, al. 2). À notre avis, cette faculté n'est pas ouverte au cédant lorsque l'indétermination du prix tient au fait que ce dernier n'existe pas ou n'est pas calculable en l'état de l'acte de cession car il ne s'agirait pas de confirmer le contrat mais de le compléter. En revanche, rien n'interdit au cédant de confirmer un prix dont l'acte de cession laisse la détermination au seul acquéreur ou qui est d'un montant dérisoire.
> Pour les mêmes raisons, cette distinction s'applique, selon nous, à la faculté ouverte à l'acquéreur de demander par écrit au cédant soit de confirmer le contrat, soit d'agir en nullité dans un délai de six mois à peine de forclusion (C. civ. art. 1183). Cette faculté est en outre subordonnée à la disparition de la cause de nullité (même art.).

MONTANT DU PRIX DE CESSION

16770 **Prix de cession inférieur à la valeur réelle** La cession de droits sociaux consentie à un prix inférieur à leur valeur réelle n'est pas nulle (C. civ. art. 1168). Mais elle l'est si le prix convenu lors de la conclusion de la cession est **dérisoire** (C. civ. art. 1169). L'action en nullité s'exerce alors dans les mêmes conditions qu'en cas d'absence de détermination du prix (Cass. com. 22-3-2016 nº 14-14.218 : RJDA 5/16 nº 359 ; nº 16765).

Le **prix fixé à la valeur nominale** des droits sociaux n'est pas nécessairement dérisoire (CA Paris 12-3-2009 nº 08-9471 : RJDA 7/09 nº 648).

Le **prix symbolique** ne constitue pas un prix dérisoire dès lors que les droits sociaux ont été déclarés sans valeur par le tiers chargé de déterminer le prix de cession (Cass. com. 3-1-1985 : Bull. civ. IV nº 8) ou que la cession est assortie de contreparties suffisantes à la charge de l'acquéreur, telle la prise en charge d'un passif social (Cass. com. 15-1-2013 nº 11-12.495 : RJDA 5/13 nº 420 ; Cass. com. 10-10-2018 nº 17-12.564 F-D : RJDA 1/19 nº 20), ou encore que la cession est intégrée dans une opération globale formant un tout indivisible et procurant au cédant un avantage réel (Cass. com. 17-11-2009 nº 09-11.824 : RJDA 2/10 nº 152 ; CA Paris 28-6-2011 nº 10/22840 : RJDA 3/12 nº 298).

> Précisions **a.** La nullité a été écartée pour une **cession** de titres au tiers de leur valeur **s'inscrivant dans** le cadre d'une **succession,** cette cession trouvant sa contrepartie dans l'immédiate liquidité qu'elle procurait au cédant désireux d'assurer son avenir financier après le décès de sa mère (CA Paris 21-2-2012 nº 10/24934 : RJDA 12/12 nº 1081).

b. Une cession de parts consentie par une personne à son conjoint ou à l'un de ses héritiers présomptifs moyennant un prix très inférieur à la valeur réelle des parts peut constituer une **donation indirecte** qui est rapportable à la succession du cédant ou, si elle porte atteinte à la part réservée aux héritiers, réductible (C. civ. art. 843 s. et 920 s.). Sur le plan fiscal, elle est soumise aux droits de donation (Mémento Fiscal nºs 69040 s.).

c. En matière d'**impôts directs,** l'administration fiscale est en droit d'estimer que la différence entre la valeur réelle des titres et leur prix d'acquisition inscrit au bilan de l'acquéreur traduit, en l'absence de toute autre contrepartie, l'octroi d'une **libéralité** qui doit être imposée entre les mains de l'acquéreur comme un revenu distribué (CE 6-6-1984 nº 35415 : RJF 8-9/84 nº 940). Dans le cas où le cédant est une personne morale passible de l'impôt sur les sociétés, la libéralité peut être qualifiée de distribution occulte au sens de l'article 111, c du CGI. La substitution par l'administration de la valeur vénale au prix d'acquisition conduit à réintégrer dans le résultat de l'acquéreur la libéralité, constitutive d'un acte anormal de gestion, consentie par le cédant (CE 5-1-2005 nº 254556 : RJF 3/05 nº 213). Pour ce dernier, lorsque la cession relève d'une gestion anormale, le rehaussement de la plus-value est réintégré dans les résultats ordinaires imposables (Mémento Fiscal nº 17815).

Prix de cession supérieur à la valeur réelle Le caractère excessif, voire exorbitant, du prix n'est pas en soi une cause de **nullité de la cession** (C. civ. art. 1168). Il ne permet pas à lui seul d'invoquer une erreur viciant le consentement (nº 16390) ou un vice caché (nº 17320). Toutefois, l'acquéreur qui a accepté de conclure à un prix excessif à la suite d'un dol ou d'une violence peut agir dans les conditions exposées nºs 16430 s. **16771**

En dehors de ces hypothèses, la **révision du prix** peut être obtenue sur le fondement de l'article 1195 du Code civil organisant la révision du contrat pour imprévision. Elle ne le sera qu'exceptionnellement car il faut que l'exécution de la cession soit différée et les conditions de mise en œuvre de la procédure de révision instituée par ce texte sont très strictes : il faut qu'il y ait eu un « changement de circonstances imprévisible » lors de la conclusion du contrat et que ce changement rende l'exécution de la cession « excessivement » onéreuse.

> Précisions **a.** La **procédure de révision** organisée par l'article 1195 comporte trois étapes : tentative de renégociation entre les parties ; en cas d'échec, accord des parties sur la résolution ou pour demander au juge l'adaptation du contrat ; enfin, en l'absence d'accord, révision du contrat par le juge à la demande d'une partie.

b. Fiscalement, la cession par un actionnaire à sa société de parts ou d'actions d'une autre société à un prix excessif par rapport à leur valeur réelle entraîne l'imposition de l'excédent du prix comme un bénéfice distribué (CE 28-2-2001 nº 199295 : RJF 5/01 nº 620). Une telle opération reste par elle-même sans incidence sur le résultat imposable de la société acheteuse ; mais cette dernière ne pourra pas pratiquer de provision pour dépréciation en franchise d'impôt à raison de la fraction excessive du prix (CE 27-4-2001 nº 212680 : RJF 7/01 nº 905).

Prix de cession minimal Les parties peuvent, lors d'une **promesse de cession** ou d'achat, convenir d'un prix *définitif, quelle que soit la date prévue* pour la levée de l'option. Elles peuvent aussi fixer un prix minimal de cession. Sauf exception, une telle clause ne tombe pas sous le coup de la prohibition des **clauses léonines** (nºs 7020 s.) mais elle crée un risque d'indétermination du prix lorsque les éléments de référence retenus pour la fixation de ce plancher nécessitent un nouvel accord des parties (nºs 16761 s.). **16772**

L'acte par lequel un actionnaire d'une SA promet d'acheter les actions qu'un investisseur institutionnel a souscrites lors d'une augmentation de capital, à un prix égal au prix de souscription majoré d'un intérêt, n'est pas nul pour violation de l'interdiction des **clauses d'intérêts fixes** prévue par l'article L 232-15 (nº 76412), ces dispositions s'appliquant seulement dans les relations entre les associés et la société (Cass. com. 27-9-2005 nº 1165 : RJDA 7/06 nº 777).

INDEXATION DU PRIX DE CESSION

16780 Le prix de cession peut être indexé. À moins que la cession ne soit internationale (nº 16030), l'indice choisi doit être en relation directe avec l'objet de la convention ou avec l'activité de l'une des parties et il ne doit être fondé ni sur le Smic, ni sur le niveau général des prix ou des salaires (C. mon. fin. art. L 112-2, al. 1).

› Précisions **a.** Retenant une **interprétation large** de ces dispositions, des juges ont admis que le prix de cession des parts d'une société dont l'actif était essentiellement constitué par un immeuble pouvait valablement être indexé sur l'indice du coût de la construction (Cass. 3e civ. 16-7-1974 nº 73-11.275 : D. 1974 p. 681 note Ph. Malaurie). Jugé également qu'était licite l'indexation d'un prix de cession d'actions sur la valeur du point de retraite des cadres fixée par la caisse de prévoyance dont le cédant touchait une retraite (Cass. 1e civ. 6-10-1982 : Bull. civ. I nº 276).

b. Sur l'incidence de l'indexation en cas de mise en œuvre d'une **clause de révision de prix,** voir nº 17878.

FIXATION DU PRIX DE CESSION PAR UN TIERS

16790 Les parties peuvent convenir que le prix de cession des droits sociaux sera fixé par un tiers. Elles ont alors le **choix** entre l'**expertise** du droit commun de la vente (C. civ. art. 1592) et celle spécifique au droit des sociétés (C. civ. art. 1843-4).

Toutefois, l'expertise prévue par l'article 1843-4 est **obligatoire** lorsqu'il existe une contestation sur le prix et que (art. 1843-4) :

– soit la loi renvoie à ce texte pour fixer les conditions de prix de la cession ou du rachat des droits sociaux par la société ; ainsi en est-il en cas de refus d'agrément de l'acquéreur des droits sociaux (art. L 223-14, al. 3, L 227-18, al. 1 et L 228-24, al. 2) ou de l'héritier d'un associé décédé (art. L 221-15, al. 6 et L 223-13, al. 5) ;

– soit les statuts prévoient la cession des droits sociaux ou leur rachat par la société sans que leur valeur soit déterminée ou déterminable.

En visant expressément les seules cessions prévues par la loi ou par les statuts, l'article 1843-4 exclut l'application de plein droit de l'expertise pour les autres cessions ou rachats, y compris ceux organisés par un pacte d'actionnaires.

Rien n'interdit aux parties à ces autres cessions de faire une **application volontaire** de ce texte. Les parties se soumettent alors, à notre avis, à l'intégralité du dispositif sans pouvoir l'aménager, même si elles n'y ont fait qu'un renvoi partiel (par exemple, aux seules modalités de désignation de l'expert). En effet, le régime de l'article 1843-4 est d'ordre public (Cass. 1e civ. 25-11-2003 nº 00-22.089 : RJDA 5/04 nº 568 ; Cass. com. 16-2-2010 nº 09-11.668 : RJDA 5/10 nº 523 ; Cass. com. 14-2-2018 nº 16-24.790 F-D : RJDA 5/18 nº 433). Or, en cas d'application conventionnelle d'un régime d'ordre public, ce régime s'impose en intégralité même si le renvoi est partiel (cf. Cass. com. 4-2-1992 nº 90-15.668 : RJDA 5/92 nº 425 ; Cass. 1e civ. 9-12-1997 nº 96-04.172 : RJDA 4/98 nº 491 ; Cass. 1e civ. 23-3-1999 nº 97-11.525 : RJDA 5/99 nº 597, 1e esp.). Les parties qui mêleraient, par exemple, les dispositifs des articles 1592 et 1843-4 du Code civil s'exposeraient donc à une application complète du second.

› Précisions **a.** En **cas de renvoi légal à l'article 1843-4,** la présence d'une clause statutaire ou conventionnelle de détermination du prix des titres ne fait pas obstacle à l'expertise mais, l'expert étant tenu d'appliquer cette clause (nº 16795), l'intérêt pratique du recours à l'expertise est réduit.

b. Lorsque la **cession** est **organisée par les statuts,** le recours à l'expert s'impose, tant en l'absence de clause statutaire de détermination du prix qu'en présence d'une clause ne permettant pas d'aboutir à un prix déterminable (pour des exemples, voir nº 16763). Il résulte des termes de l'article 1843-4 que, dans les autres cas, la voie de l'expertise est fermée.

16791 **Choix du tiers** La personne désignée par les parties, mandataire commun de celles-ci, doit avoir véritablement la qualité de tiers, c'est-à-dire qu'elle ne doit **pas** être **sous la dépendance de l'une des parties** (Cass. 1e civ. 2-12-1997 : RJDA 4/98 nº 403). Toutefois, une telle dépendance, qu'elle résulte de liens familiaux, professionnels ou de relations d'affaires, n'est pas en soi répréhensible : le tiers désigné ne peut être écarté qu'en raison de relations personnelles *entretenues* avec l'une des parties de nature à faire naître un doute légitime et *actuel sur son impartialité* (Cass. com. 5-10-2004 nº 02-21.545 : RJDA 12/04 nº 1307 ; CA Paris 29-5-2008 nº 07-506 : RJDA 1/09 nº 32) ou s'il a dissimulé l'existence de ces relations à l'autre partie, ne lui permettant pas ainsi d'exprimer son choix en toute connaissance de cause (Cass. 1e civ. 2-12-1997 précité).

Désignation du tiers Si les **parties** sont en **désaccord sur la désignation** du tiers chargé de fixer le prix, le régime diffère selon le texte applicable : 16792
– sous l'empire de l'article 1592 du Code civil, la cession est nulle pour indétermination du prix, à moins que les parties n'aient expressément autorisé le juge à se substituer à elles pour désigner un expert (Cass. civ. 25-4-1952 : D. 1952 p. 635 ; Cass. com. 23-1-1990 nº 88-11.644 : Bull. Joly 1990 p. 275 nº 76) ;
– le tiers prévu par l'article 1843-4 du Code civil est désigné par jugement du président du tribunal de commerce statuant selon la procédure accélérée au fond, et sans recours possible (C. civ. art. 1843-4, I-al. 1 et II-al. 1 ; Décret 78-704 du 3-7-1978 art. 17).

› Précisions **a.** Le président du **tribunal** est seul compétent pour désigner l'expert (Cass. com. 30-11-2004 nºs 03-15.278 et 03-13.756 : RJDA 3/05 nº 270), ce qui exclut toute désignation par le tribunal en sa forme collégiale (Cass. 3e civ. 28-3-2012 nº 10-26.531 : RJDA 7/12 nº 691), le juge des référés (Cass. 1re civ. 9-4-2014 nº 12-35.270 : RJDA 7/14 nº 635 ; Cass. com. 18-9-2024 nº 23-13.510 F-D : RJDA 2/25 nº 86) ou la cour d'appel qui retient une erreur grossière de l'expert dans l'évaluation des droits sociaux (CA Nîmes 17-5-2023 nº 21/02058 : RJDA 1/24 nº 31).
b. Le **jugement** du président du tribunal **refusant,** pour quelque cause que ce soit, **la désignation** d'un expert peut faire l'objet d'un **appel**-réformation (Cass. com. 25-5-2022 nº 20-14.352 FS-BR : RJDA 8-9/22 nº 483). Si elle infirme le jugement, la cour d'appel peut alors désigner l'expert (même arrêt).
À l'inverse, le **jugement désignant** un expert est insusceptible de **recours,** à moins que le magistrat n'ait commis un **excès de pouvoir** (Cass. com. 25-5-2022 nº 20-18.307 F-B : RJDA 8-9/22 nº 484). Par exemple, il commet un excès s'il tranche une contestation portant sur la détermination des statuts ou de la convention liant les parties que l'expert est tenu d'appliquer (Cass. com. 7-7-2021 nº 19-23.699 FS-B : RJDA 10/21 nº 666), ou s'il statue en référé au lieu de statuer en la forme des référés pour désigner l'expert (Cass. com. 15-2-2023 nº 21-18.548 F-D : RJDA 5/23 nº 259).

Incidence sur la date de conclusion de la cession Lorsque les parties conviennent que le prix de cession sera fixé par un tiers dans les conditions de l'article 1843-4 ou de l'article 1592 du Code civil, le **prix** est **déterminable**, même s'il n'est pas encore déterminé, et la cession est parfaite dès sa conclusion ou, en cas de promesse unilatérale de cession ou d'achat, dès la levée de l'option (Cass. com. 30-11-2004 nº 03-13.756 FS-PBIR : RJDA 3/05 nº 270 pour l'art. 1843-4 ; Cass. com. 28-5-2025 nº 24-13.902 F-D : BRDA 14/25 inf. 5 pour l'art. 1592). 16793
La cession n'est pas pour autant à l'abri d'une **indétermination** du prix si le tiers ne procède pas à l'estimation ou si celle-ci est écartée pour erreur grossière.

Évaluation des titres par l'expert Dans le cadre de l'article 1592 du Code civil, les parties peuvent donner des indications précises sur la **méthode d'évaluation** des droits sociaux et sur les éléments à prendre en compte ; le tiers doit respecter ces prescriptions. Mais en l'absence de consignes particulières dans son ordre de mission, le tiers dispose d'un large pouvoir d'appréciation pour évaluer le prix (notamment, Cass. 1re civ. 25-1-2005 nº 139 : RJDA 5/05 nº 565 ; Cass. com. 19-4-2005 nº 663 : RJDA 8-9/05 nº 986 ; CA Paris 17-9-2004 nº 04-1049 : RJDA 5/05 nº 564). 16795

L'expert de l'article 1843-4 est tenu d'appliquer les règles et modalités d'évaluation figurant dans les statuts ou dans toute convention liant les parties (tel un pacte extrastatutaire), lorsque son intervention est prévue par la loi (C. civ. art. 1843-4, I-al. 2). Pour la cession ou le rachat organisé par les statuts, l'expert – qui ne peut intervenir qu'en l'absence de clause statutaire permettant de déterminer le prix (nº 16790) – doit lui aussi respecter les règles et modalités prévues par toute convention liant les parties (art. 1843-4, II-al. 2). Si la convention des parties est ambiguë, l'expert peut retenir différentes évaluations correspondant aux interprétations de la convention, à charge pour le juge, après avoir recherché l'intention des parties, d'appliquer l'évaluation correspondante, laquelle s'impose alors à lui (Cass. com. 17-1-2024 nº 22-15.897 F-B : RJDA 4/24 nº 220 ; Cass. com. 7-5-2025 nº 23-24.041 F-B : RJDA 8-9/25 nº 441).
À notre avis, à défaut de clause statutaire ou conventionnelle permettant de fixer le prix, l'expert procède à l'évaluation selon les critères qu'il juge opportuns.

› Précisions Pour la chambre commerciale de la Cour de cassation, en l'absence de règles de valorisation des droits sociaux, le juge des référés peut enjoindre à une partie de communiquer toute pièce nécessaire à l'exécution de la mission de l'expert désigné sur le fondement de l'article 1843-4 pour fixer la valeur de ces droits (Cass. com. 27-11-2024 nº 23-17.536 F-B : RJDA 3/25 nº 143). Toutefois, la deuxième chambre civile écarte la compétence du juge des référés au profit de celle du juge qui a désigné l'expert ou du juge chargé du contrôle de l'exécution de cette mesure, lorsque ce dernier est confronté à des **difficultés d'exécution de sa mission** (Cass. 2e civ. 3-10-2024 nº 22-15.788 F-B : RJDA 3/25 nº 144).

16796 **Portée de l'évaluation.** Sauf en cas de dol ou de violence (Cass. com. 6-6-1950 : Bull. civ. II n° 205 ; Cass. com. 12-11-1962 : Bull. civ. III n° 444) ou d'**erreur** grossière (Cass. com. 9-4-1991 n° 616 : RJDA 7/91 n° 561), la décision du tiers expert de l'article 1592 comme de l'article 1843-4 du Code civil s'impose aux parties et au juge (Cass. com. 12-6-2007 n° 05-20.290 : RJDA 10/07 n° 974). Le juge ne peut donc pas adopter seulement en partie les conclusions du rapport établi par le tiers (CA Nîmes 17-5-2023 n° 21/02058 : RJDA 1/24 n° 31).

› **Précisions** **a.** L'**erreur grossière** du tiers est très rarement retenue par les tribunaux (pour des exemples d'appréciation, Cass. 1e civ. 25-11-2003 n° 00-22.089 : RJDA 5/04 n° 568 ; Cass. com. 3-5-2012 n° 11-12.717 : RJDA 2/13 n° 129 ; Cass. com. 9-11-2022 n° 20-20.830 F-B : RJDA 2/23 n° 95). L'expert de l'article 1843-4, tenu de faire application des clauses de détermination du prix (n° 16795), commettrait une erreur grossière en effectuant l'évaluation selon d'autres modalités.

b. La **responsabilité du tiers** peut être engagée en cas de sous-évaluation fautive du prix, même s'il n'a pas commis d'erreur grossière (Cass. com. 4-2-2004 n° 278 : RJDA 6/04 n° 688 ; CA Versailles 27-9-2005 n° 04-2244 : RJDA 2/06 n° 123 et, sur pourvoi, Cass. com. 6-2-2007 n° 05-21.271 : RJDA 5/07 n° 490).

PAIEMENT DU PRIX DE CESSION

16800 La remise d'un **chèque** en règlement d'un achat de parts ou d'actions ne libère le débiteur que si le chèque est payé (cf. C. mon. fin. art. L 131-67 ; Cass. com. 17-4-2019 n° 17-13.595 : RJDA 7/19 n° 527). À défaut, la résolution judiciaire de la cession (C. civ. art. 1217) ne peut être obtenue que si la preuve du paiement du chèque ne peut pas être établie (Cass. 1e civ. 23-5-1979 : D. 1979 IR p. 504).

En cas de **virement,** le paiement est réalisé dès réception des fonds par le banquier du cédant, même s'ils ne sont pas encore inscrits au crédit du compte du cédant (Cass. com. 3-2-2009 n° 06-21.184 : RJDA 7/09 n° 667 ; voir toutefois Cass. 1e civ. 23-6-1993 n° 933 : RJDA 2/94 n° 192 retenant la date d'inscription au compte du bénéficiaire du virement).

ATTENTION

Un **ordre de mouvement** des titres cédés adressé par le cédant à la société émettrice ne fait pas preuve de la volonté de celui-ci de considérer l'acquéreur comme libéré du paiement (Cass. com. 12-2-2008 n° 06-18.414 : RJDA 10/08 n° 1035).

16801 Le paiement du prix de cession est parfois réalisé, en tout ou partie, sous la forme de **versements au titre d'un** prétendu **contrat de travail** au profit du cédant.

Ce procédé critiquable, car il aboutit à faire supporter par la société des engagements incombant à l'acquéreur, expose ce dernier à des poursuites pour abus de biens sociaux si la société débitrice est une société par actions ou une SARL dans laquelle il occupe des fonctions de direction (cf. art. L 241-3 et L 242-6).

Quant au cédant, il s'expose à ce que la société interrompe les versements au motif qu'ils ne correspondent pas à des fonctions réellement exercées. Pour obtenir de l'acquéreur le paiement des sommes lui restant dues, le cédant devra alors établir que les versements effectués par la société constituaient en réalité un paiement déguisé du prix de cession (Cass. soc. 21-1-1981 : Bull. civ. V n° 52 ; Cass. com. 8-2-1982 : Bull. Joly 1982 p. 676 ; Cass. 2e civ. 21-6-1995 : Bull. Joly 1995 p. 1053 note N. Rontchevsky).

Enfin, du point de vue fiscal, les versements effectués par la société au cédant sans contrepartie pour elle peuvent être considérés comme une distribution déguisée de bénéfices.

16802 **Répartition du prix** Lorsque les parts ou actions sont grevées d'usufruit et qu'il est procédé à la **vente simultanée de la nue-propriété et de l'usufruit,** le prix se répartit entre l'usufruitier et le nu-propriétaire selon la valeur respective de leurs droits (C. civ. art. 621, al. 1). Sauf accord entre les intéressés, la **valeur de l'usufruit** doit être déterminée en tenant compte de l'âge de l'usufruitier et du revenu net qu'il pouvait espérer obtenir des titres vendus sans qu'il soit obligatoire de se référer au barème de l'article 669 du CGI qui ne s'applique qu'en matière fiscale (Cass. 1e civ. 25-2-1997 : RJDA 8-9/97 n° 1099). En ce qui concerne le **régime fiscal** de la plus-value de cession, voir Mémento Fiscal n° 33155.

Au lieu de se répartir le prix, le nu-propriétaire et l'usufruitier peuvent convenir de reporter l'usufruit sur le prix de cession (art. 621, al. 1). L'usufruit prend alors la nature d'un **quasi-usufruit** (C. civ. art. 587) : la totalité du prix de cession est attribuée à l'usufruitier, à charge pour lui, en fin d'usufruit, de restituer au nu-propriétaire les biens acquis en remploi ou leur valeur estimée à la date de la restitution.

16803 En cas de **pluralité de cédants,** il n'est pas nécessaire que la part revenant à chacun d'eux soit fixée dans l'acte de cession (Cass. 3e civ. 19-3-1986 : Bull. civ. III n° 36 ; CA Paris 23-9-1988 : BRDA 23/88 p. 8).

Défaut de paiement du prix Si l'acquéreur ne paye pas le prix de cession des parts sociales ou des actions, le cédant peut à son choix demander en justice la **condamnation** de l'acquéreur **au paiement ou** la **résolution** de la cession (nos 17150 s.). 16804

Le cédant peut aussi obtenir, même en l'absence de mise en demeure, le versement d'**intérêts** au taux légal sur la somme restant due (C. civ. art. 1652 ; Cass. com. 5-10-1999 n° 1443 : RJDA 1/00 n° 34 ; Cass. com. 5-12-2000 n° 2054 : RJDA 3/01 n° 327). En effet, dès lors que les dividendes versés aux associés ou actionnaires « participent de la nature des fruits » (Cass. com. 5-10-1999 et 5-12-2000 précités ; Cass. com. 28-11-2006 n° 04-17.486 : RJDA 2/07 n° 152), les actions ou parts sociales doivent être considérées comme des biens frugifères et, par suite, ils relèvent des dispositions de l'article 1652 du Code civil.

Lorsque le prix est payable par fractions selon un échéancier, le **non-paiement d'une échéance** n'emporte pas la déchéance du délai de paiement consenti à l'acquéreur, sauf clause contraire de l'acte de cession : le cédant ne peut exiger que le règlement de l'échéance échue et non le paiement anticipé de tout ou partie des autres échéances (CA Paris 10-3-2009 n° 07/21931 : RJDA 7/09 n° 675).

Si l'acte de cession a prévu la déchéance du terme en cas de défaillance de l'acquéreur et s'il y a plusieurs cédants, l'un d'eux peut agir seul en paiement de la part du solde du prix lui revenant (CA Paris 27-1-2015 n° 14/07875 : RJDA 5/15 n° 352).

> **Précisions** Le **taux de l'intérêt légal** varie selon que le cédant est ou non une personne physique n'agissant pas pour des besoins professionnels (C. mon. fin. art. L 313-2). N'agit pas pour des besoins professionnels la personne physique qui a cédé des parts lui appartenant dans le capital d'une société commerciale dont elle est le gérant (Cass. com. 9-3-2022 n° 20-11.845 F-B : RJDA 7/22 n° 430).

PARTAGE DES PLUS-VALUES DE CESSION DE TITRES AVEC LES SALARIÉS

Lorsque la société est soumise à l'impôt sur les sociétés et exerce une activité commerciale, 16810
industrielle, artisanale, libérale, agricole ou financière, l'associé qui cède des titres de la société peut partager avec les salariés de celle-ci une partie de la plus-value de cession (art. L 23-11-1 à L 23-11-4).

La signature du contrat de partage est soumise à la condition de l'existence préalable d'un **PEE** dans la société dont les titres sont cédés et, lorsque l'engagement bénéficie à des salariés de sociétés que celle-ci contrôle ou qui est contrôlée par elle (n° 16813), dans chacune de ces sociétés (art. L 23-11-2, al. 2).

Objet du contrat de partage Un contrat est conclu entre l'**associé** et la société, par 16811
lequel celui-ci s'engage, vis-à-vis de l'ensemble des salariés de la société, à partager avec eux une partie de la plus-value de cession de ses titres au jour où il en cédera tout ou partie (art. L 23-11-1, al. 1). Pour sa part, la **société** s'engage à transférer aux salariés le montant des sommes résultant de l'engagement dont elle déduira les charges fiscales et sociales liées au transfert (art. L 23-11-2).

Le contrat définit les **conditions et modalités de la répartition** entre les salariés des sommes 16812
résultant de l'engagement, notamment (art. L 23-11-2, al. 3 s.) :

– la période pour laquelle il est conclu, d'une durée minimale de cinq ans ;
– son champ d'application ;
– les modalités de calcul des sommes versées aux salariés, qui tiennent compte de l'évolution de la valeur des titres cédés entre le jour de leur acquisition et celui de leur cession ; ces sommes ne peuvent pas excéder 10 % du montant de la plus-value (ce montant incluant, le cas échéant, les compléments de prix afférents à la cession) ;
– les conditions d'information des salariés ;
– les procédures convenues pour régler les différends qui peuvent surgir dans l'application de l'accord ;
– la durée minimale séparant la date de la conclusion du contrat de la date de la cession des titres, qui ne peut pas être inférieure à trois ans.

Bénéficiaires du contrat de partage Le contrat de partage des plus-values doit 16813
prévoir une condition d'**ancienneté** dans la société pendant la période couverte par l'accord de partage, ancienneté qui ne peut être ni inférieure à trois mois, ni supérieure à deux ans (art. L 23-11-3, dernier al. et, sur renvoi, C. trav. art. L 3342-1).

Tous les salariés de la société qui remplissent cette condition d'ancienneté sont bénéficiaires de l'engagement. En outre, lorsque la société contrôle une ou plusieurs sociétés ou lorsqu'elle est contrôlée par une ou plusieurs de ces sociétés, l'engagement concerne l'**ensemble des salariés** de ces sociétés (art. L 23-11-1, dernier al.).

16814 Le contrat de partage rend bénéficiaires l'ensemble des **salariés présents** dans la ou les sociétés concernées pendant tout ou partie de la période comprise entre la date de sa signature et la date de la cession des titres dès lors qu'ils sont **adhérents au PEE** au jour de cette cession (art. L 23-11-3, al. 1).

16815 **Effets du contrat de partage** L'engagement de partage ne crée pas de solidarité entre le signataire du contrat de partage et la société. Il ne crée pas non plus d'obligations pour les associés, directs ou indirects, qui ne sont pas parties à l'engagement (art. L 23-11-1, al. 3).

16816 Après la cession, l'associé **verse à la société** le montant convenu dans un délai d'un mois à compter de la date de la cession ou, le cas échéant, à compter de la date de perception d'un complément de prix afférent à cette cession. Ce montant est insaisissable et incessible (art. L 23-11-4, al. 1).

La société ayant reçu la somme la **répartit** entre les salariés concernés conformément au contrat et la verse sur leur PEE (art. L 23-11-4, al. 2). Le contrat de partage peut prévoir une répartition uniforme, proportionnelle à la durée de présence dans la société au cours de la période écoulée entre la signature du contrat et la cession des titres ou proportionnelle aux salaires, ces critères pouvant être retenus conjointement (art. L 23-11-3, al. 5 ; C. trav. art. D 3332-8-2). Les sommes réparties ne peuvent excéder 30 % du plafond annuel de la sécurité sociale (art. L 23-11-3, al. 6). Elles ne sont pas prises en compte pour l'appréciation du plafond d'abondement de l'employeur (C. trav. art. L 3332-11).

16817 La répartition et l'attribution aux bénéficiaires doivent avoir lieu dans les 90 jours de la réception du versement. Le dépassement de ce **délai** est sanctionné par la majoration des versements dus à chaque bénéficiaire au taux d'intérêt légal à compter de la date de ce dépassement ; cette majoration reste à la charge de la société (art. L 23-11-4, al. 3).

> Précisions Le versement de la société au PEE est soumis au même **régime fiscal et social** que l'abondement de l'employeur, dans la limite de 30 % du plafond annuel de la sécurité sociale (C. trav. art. L 3332-11). L'excédent éventuel, versé directement aux bénéficiaires par la société, est traité comme un salaire au regard des cotisations et contributions sociales et de l'impôt sur le revenu (CGI art. 80 sexdecies, 2° et C. trav. art. L 3332-11).
En contrepartie de l'engagement, le cédant n'est pas soumis à l'impôt sur le revenu sur la part des plus-values rétrocédées aux salariés (CGI art. 150-0 A, III-7). Lorsque les titres font partie des éléments de l'actif immobilisé d'une entreprise, dont la cession relève à ce titre du régime des plus-values professionnelles, le montant de la plus-value professionnelle est minoré du montant résultant de l'engagement de partage (CGI art. 39 duodecies, 11). Les versements faits par le cédant à l'entreprise ne donnent ouverture à aucun droit de mutation à titre gratuit (CGI art. 797 A). Sur cette question, voir Mémento Fiscal n° 88690, précision c.

F. Cession de parts ou actions sous condition

QUALIFICATION DE LA CONDITION

16860 Comme tout contrat, la cession de parts ou d'actions peut être assortie de conditions particulières. Ainsi, les parties peuvent valablement subordonner la réalisation de la cession à un événement futur et incertain (**condition suspensive**) ou, très rarement en pratique, convenir que la cession sera rétroactivement résolue en cas de survenance – ou de non-survenance, selon le libellé de la clause – d'un événement futur et incertain (**condition résolutoire**).

Par **exemple,** il peut être convenu que la cession ne sera définitive qu'après :
– l'établissement par des experts désignés d'un commun accord d'un rapport d'audit confirmant les chiffres retenus dans le bilan ou la situation comptable ayant servi de base à la détermination du prix de cession, ce qui est fréquent dans les cessions de contrôle ;
– l'obtention d'une autorisation administrative (cas notamment de l'autorisation du ministre de l'économie pour certains investissements étrangers dans des « secteurs sensibles » : nos 92545 s.) ;
– l'obtention par les acquéreurs d'un prêt d'un montant déterminé ;
– la transformation de la société (par exemple, transformation de la SARL en SA : Cass. com. 9-2-1999 n° 387 : RJDA 4/99 n° 377) et l'accomplissement de la publicité afférente à celle-ci (Cass. com. 1-7-2003 n° 1081 : RJDA 3/04 n° 316) ou encore l'intervention d'une fusion ou d'une augmentation de capital (Cass. 1e civ. 13-7-2004 : RJDA 11/04 n° 1186).

De même, il peut être prévu que la cession sera résolue en cas de survenance dans un délai déterminé d'un événement modifiant l'environnement économique de la société ou le marché dans lequel elle opère.

> **Précisions** Il y a **condition** lorsque l'événement déclencheur est incertain dans sa date et dans sa réalisation ; ainsi la fusion et l'augmentation de capital (et par analogie la transformation) sont des événements incertains tant dans leur date que dans leur réalisation dans la mesure où elles dépendent de facteurs extérieurs aux parties, notamment la décision de la collectivité des associés qui ne se confond pas avec la personne des associés. En revanche, si seule la date de l'événement est incertaine, il s'agit d'un **terme** qui ne retarde pas la conclusion de la cession mais seulement son exécution (Cass. 1e civ. 13-7-2004 précité ; Cass. com. 20-9-2011 n° 10-17.555 : RJDA 1/12 n° 3).

CONDITIONS DE VALIDITÉ DE LA CONDITION

Sans entrer dans le détail des règles applicables aux conditions suspensives ou résolutoires (C. civ. art. 1304 s.), nous rappelons brièvement quelques principes. 16870

La condition doit être **licite,** l'obligation sous condition illicite étant nulle (art. 1304-1).

La réalisation de la condition ne doit **pas** être **potestative,** c'est-à-dire dépendre de la volonté discrétionnaire de celui qui s'oblige (art. 1304-2).

ILLUSTRATIONS

Dans un cas où l'acte prévoyait une cession d'actions en deux fois, est **nulle** la clause interdisant au cédant, en cas de non-paiement du prix, d'exiger de l'acquéreur l'acquisition du second bloc d'actions car elle permet à l'acquéreur, à son gré, de payer ou non le prix et laisse ainsi à sa seule discrétion la réalisation effective de la cession (CA Paris 29-9-2005 n° 04-14379 : RJDA 2/06 n° 96).

En revanche, est **valable** la clause d'une promesse de cession prévoyant que le prix de cession sera arrêté après audit réalisé par le commissaire aux comptes du bénéficiaire et laissant la faculté au promettant de ne pas céder si le prix est inférieur à une certaine somme, moyennant le remboursement des frais d'audit ; en effet, le résultat de l'audit dépend des résultats de la société arrêtés suivant des règles comptables s'imposant au commissaire aux comptes et non de la seule volonté du bénéficiaire ; le promettant conserve la faculté, édictée à son seul bénéfice, de céder ou de ne pas céder si le prix est inférieur à la somme convenue (CA Paris 28-6-2002 n° 00-20293 : RJDA 2/03 n° 141). De même, est valable la promesse irrévocable d'un dirigeant de céder ses actions à la société s'il était révoqué pour faute grave, l'existence de cette faute pouvant être contestée en justice et ne dépendant pas de la seule volonté de la société, tenue de justifier du manquement allégué au regard d'éléments objectifs et vérifiables (Cass. com. 11-3-2014 n° 12-12.074 : RJDA 6/14 n° 537 ; dans le même sens, à propos de l'engagement d'un associé minoritaire de céder ses actions au majoritaire en cas de révocation de son mandat pour justes motifs, Cass. com. 22-9-2021 n° 19-23.958 F-D : RJDA 12/21 n° 776).

À notre avis, lorsque le cédant ou l'acquéreur est une SA et que les dirigeants de celle-ci subordonnent l'opération à l'**approbation du conseil d'administration,** la partie qui se réserve cette approbation ne soumet pas pour autant la cession à sa volonté arbitraire ; elle donne seulement un consentement par étape, celui-ci n'étant définitivement exprimé qu'après l'approbation du conseil. Dès lors que l'autre partie accepte cette condition, elle renonce à invoquer la règle selon laquelle les dirigeants sociaux engagent définitivement la société.

RÉALISATION DE LA CONDITION

Caractérisation de la réalisation de la condition La condition se réalise par la **survenance de l'événement convenu** par les parties. Celles-ci doivent donc veiller à formuler avec précision la condition qu'elles souhaitent. Par exemple, la condition suspensive de transformation d'une SARL en SA et d'accomplissement des formalités de publicité avant une certaine date a été jugée réalisée dès lors que les formalités avaient été faites dans le délai prévu, le texte de l'annonce ayant été reçu par le support d'annonces la veille de la *date butoir, même si la publication avait eu lieu postérieurement* (Cass. com. 1-7-2003 n° 1081 : RJDA 3/04 n° 316). 16880

La **condition** est également **réputée** de plein droit **accomplie** lorsque le débiteur en a empêché la réalisation (condition suspensive) ou en a provoqué l'accomplissement (condition résolutoire) (C. civ. art. 1304-3).

ILLUSTRATIONS

Lorsque la cession est conclue sous la condition suspensive de l'obtention d'un prêt par l'acquéreur, cette condition est réputée réalisée lorsque l'acquéreur n'a pas sollicité un prêt conforme aux caractéristiques convenues dans l'acte de cession (Cass. 3e civ. 20-11-2013 n° 12-29.021 FS-PBI : RJDA 2/14 n° 93, en matière de vente immobilière mais transposable).

> Dans un cas où les actionnaires majoritaires avaient cédé leurs actions sous la condition de l'achat préalable par eux des actions détenues par les minoritaires, la condition a été déclarée accomplie dès lors que l'achat de titres des minoritaires avait échoué en raison du prix trop faible proposé par les majoritaires (Cass. com. 28-4-2009 n° 08-13.044 : RJDA 12/09 n° 1090).

16885 **Effets de la réalisation de la condition** Sauf clause contraire, la **réalisation de la condition suspensive** n'a pas d'effet rétroactif et la cession ne devient donc parfaite qu'à la date de réalisation de la condition (C. civ. art. 1304-6).

La réalisation de la **condition résolutoire** éteint rétroactivement la cession (C. civ. art. 1304-7, al. 1). Néanmoins, les parties peuvent valablement prévoir que la condition résolutoire n'aura pas d'effet rétroactif (art. 1304-7, al. 2) ; la réalisation de la condition permet alors à l'acquéreur d'obtenir le remboursement du prix de cession sans avoir à restituer les bénéfices distribués par la société depuis la cession ; une telle condition assure la sécurité juridique de la cession (Cass. com. 6-2-2019 n° 16-21.090 F-D : RJDA 5/19 n° 338).

Si la **condition** suspensive **ne se réalise pas,** la cession est réputée n'avoir jamais existé (art. 1304-6). En cas de défaillance de la condition résolutoire, la cession est considérée comme n'ayant jamais été conclue sous condition.

G. Promesse de cession de parts ou actions

INTÉRÊT ET QUALIFICATION DE LA PROMESSE DE CESSION

16950 Il arrive fréquemment que, pour des raisons diverses (nécessité d'un audit de la société émettrice, obligation de solliciter une autorisation administrative pour l'investissement ou pour l'exercice de l'activité, recherche de capitaux, etc.), les parties décident de différer la réalisation définitive de la cession mais conviennent néanmoins de conclure un accord préparatoire sous la forme d'une **promesse unilatérale de vente ou d'achat.** La promesse unilatérale est le contrat par lequel une partie, le promettant, accorde à l'autre, le bénéficiaire, le droit d'opter pour la conclusion d'un contrat dont les éléments essentiels sont déterminés, et pour la formation duquel ne manque que le consentement du bénéficiaire (C. civ. art. 1124, al. 1).

Doit aussi être considérée comme une promesse la **clause** d'offre alternative, dite **« buy or sell »,** aux termes de laquelle un associé s'engage à l'égard de l'autre, au reçu d'une proposition de vente de sa part, soit à lui acheter ses parts, soit à lui vendre les siennes au prix proposé (voir n° 69178).

En revanche, l'acte par lequel une personne s'engage à procurer des parts sociales à une autre constitue, non pas une promesse de vente, mais une **convention de « porte-fort ».**

16951 **Promesses croisées d'achat et de cession** Souvent les parties conviennent simultanément de se consentir des promesses croisées d'achat et de vente. Mais l'opération n'est pas sans **risque** pour les parties qui souhaitent rester au stade précontractuel. En effet, l'échange d'une promesse unilatérale d'achat et d'une promesse unilatérale de vente ne réalise-t-il pas une promesse synallagmatique de vente **valant vente** définitive, en application de l'article 1589 du Code civil prévoyant que la promesse de vente vaut vente, lorsqu'il y a consentement réciproque des parties sur la chose et le prix ?

En 2005, la Cour de cassation a répondu par l'affirmative dans le cas où les promesses réciproques de vente et d'achat avaient le même objet et étaient stipulées dans les mêmes termes (Cass. com. 22-11-2005 n° 04-12.183 F-PB : RJDA 4/06 n° 396, Rapport et Avis de Mme Betch et M. Main p. 339 ; déjà en ce sens, Cass. com. 16-1-1990 n° 88-16.265 D : JCP G 1991 II n° 21748 note Hannoun). En revanche, a-t-elle estimé, des promesses unilatérales croisées ayant le même objet mais n'ayant pas été stipulées dans les mêmes conditions demeurent des promesses unilatérales (Cass. 3e civ. 26-6-2002 n° 1127 : Defrénois 2002 art. 37607 p. 1261 note E. Savaux).

Toutefois, la Cour de cassation a ultérieurement jugé que des promesses croisées d'achat et de vente ayant le même objet et stipulées dans les mêmes termes étaient synallagmatiques, mais que la vente s'était formée lorsque l'un des bénéficiaires avait levé l'option (Cass. com. 27-9-2017 n° 16-13.112 F-D : RJDA 2/18 n° 133). Dans cette affaire, chaque promesse comportait une option explicite de conclure pour le bénéficiaire et, bien que réciproques, les promesses ne valaient pas vente. En revanche, dans l'affaire jugée en 2005, les promesses étaient rédigées dans des termes manifestant des engagements réciproques et fermes d'achat et de vente « au plus tard » à une date donnée, mais elles ne comportaient pas à proprement parler d'option ; la vente pouvait être considérée comme formée par l'échange des promesses.

Si la qualification de promesse synallagmatique valant vente est retenue, chacune des parties peut en demander l'exécution forcée sous réserve, le cas échéant, de la réalisation des conditions suspensives prévues. 16955

Pour **éviter la formation de la cession** dès l'échange des promesses, les parties peuvent expressément prévoir que la cession ne sera conclue que si chacune d'elles a levé l'option dans le délai convenu ou encore que la cession sera formée seulement lors de la signature ultérieure d'un acte notarié (« réitération » de la vente ; notamment Cass. com. 25-9-2012 nº 11-24.524 : RJDA 1/13 nº 23), en précisant que le dépassement de la date butoir convenue emporte caducité de l'engagement (Cass. com. 23-10-2012 nº 11-24.349 : RJDA 2/13 nº 126).

› Précisions **a.** Les **dérogations** à la règle selon laquelle la promesse synallagmatique de vente vaut vente sont **valables** car il ne s'agit pas d'une règle d'ordre public (Cass. 3e civ. 10-5-2005 nº 568 : RJDA 10/05 nº 1087).

b. Ne suffit pas à retarder la formation du contrat de cession le seul fait de **subordonner le transfert de propriété** des titres à la signature d'un acte notarié de cession (cf. Cass. 3e civ. 20-12-1994 nº 92-20.878 : RJDA 4/95 nº 419 et Cass. 3e civ. 28-5-1997 nº 95-20.098 : RJDA 8-9/97 nº 1022, en matière de vente immobilière mais transposables à la cession de droits sociaux).

CONDITIONS DE VALIDITÉ DE LA PROMESSE DE CESSION

Les **promesses unilatérales de vente ou d'achat** sont soumises aux conditions de validité de tous les contrats. 16960

Les droits sociaux objets de la promesse doivent être déterminés ou déterminables.

Les parties doivent veiller à ce que le **nombre des droits sociaux** faisant l'objet de la promesse soit déterminé ou déterminable en fonction d'éléments ne dépendant pas de la volonté du promettant. Elles doivent notamment prévoir les conséquences des **modifications du capital** pouvant intervenir pendant la durée de la promesse.

ILLUSTRATIONS

Il a été jugé que :

– une promesse d'achat d'actions moyennant un prix déterminé ne pouvait plus être exécutée dès lors qu'une partie de ces actions avait été annulée à la suite d'une réduction du capital (Cass. com. 19-12-1989 : BRDA 17/90 p. 11) ;

– l'évaluation forfaitaire du prix unitaire des actions qui devaient, le cas échéant, être remises en paiement de la garantie de passif demeurait valable après la réduction du capital et la diminution du nombre des actions (Cass. com. 8-1-1991 : Bull. Joly 1991 p. 299 note A. Couret) ;

– l'engagement contracté par une société, après avoir vendu au président de sa filiale 15 % des actions de celle-ci, de lui racheter ses actions au cas où il cesserait ses fonctions portait sur l'ensemble des actions détenues par l'intéressé au moment de sa démission, y compris celles souscrites lors d'une augmentation de capital, et non pas seulement sur celles qui lui avaient été cédées à l'origine (CA Paris 23-10-1990 : Bull. Joly 1991 p. 295) ;

– pour calculer le prix unitaire des actions cédées, devaient être prises en compte les actions créées à la suite d'une augmentation de capital survenue avant la levée de l'option dès lors que les parties avaient retenu la date de cette dernière pour la valorisation des titres cédés (CA Paris 18-3-2010 nº 09-3861 : RJDA 1/11 nº 48).

Le **prix** de cession indiqué dans la promesse doit être déterminé ou déterminable (nos 16760 s.) et ne pas être dérisoire (nº 16770). La vileté du prix doit être appréciée à la date de la promesse unilatérale et non à celle de la levée de l'option (cf. Cass. 3e civ. 21-11-2024 nº 21-12.661 FS-B : RJDA 3/25 nº 129, à propos d'une vente immobilière mais, à notre avis, transposable à une cession de droits sociaux). 16962

La promesse peut aussi confier la fixation du prix à un tiers (nos 16790 s.).

CONSEIL

Lorsque le tiers n'est pas désigné dans la promesse, les parties doivent prendre soin d'indiquer la personne compétente pour procéder à cette désignation au cas où elles ne parviendraient pas à s'entendre.

ACCEPTATION DE LA PROMESSE DE CESSION

La promesse est un contrat comportant un engagement unilatéral de la part du promettant (C. civ. art. 1124, al. 1), cédant ou acquéreur, qui ne devient parfaite que si elle a été acceptée par le bénéficiaire (C. civ. art. 1101). 16970

Jusqu'à cette acceptation, il n'existe qu'une offre de promesse. Une telle offre peut être rétractée avant d'être parvenue à son destinataire (C. civ. art. 1115) ; si elle lui est parvenue, elle ne peut pas être rétractée avant l'expiration du délai fixé par son auteur ou, à défaut, d'un délai raisonnable (C. civ. art. 1117, al. 1). Cette offre devient caduque au décès de son auteur, sauf mention contraire, ainsi qu'au décès du destinataire (art. 1117, al. 2).

16971 L'**acceptation** de la promesse lie le promettant et confère irrévocablement au bénéficiaire le droit de décider, avant l'expiration du délai convenu entre les parties, s'il lèvera ou non l'option qui lui a été consentie.

ATTENTION

Il convient de ne pas confondre l'acceptation de la **promesse et** l'acceptation de la **vente.** Dans le premier cas, seul le promettant est lié, le bénéficiaire, quant à lui, restant libre d'acquérir ou non les parts. Au contraire, l'acceptation de la vente, qui correspond à la « levée d'option », rend le contrat de vente parfait et engage les deux parties (nº 16990).

La **rétractation** de la promesse **avant l'expiration du délai d'option** n'empêche pas la formation de la cession (C. civ. art. 1124, al. 2). Le bénéficiaire de la promesse peut donc lever l'option malgré la rétractation et demander l'exécution forcée de la cession.

Si le promettant a déjà cédé les parts ou actions à un tiers, cette cession est annulable (nº 16975).

16972 Si **aucun délai** n'a été **prévu pour la levée de l'option,** le promettant peut se rétracter après avoir mis le bénéficiaire en demeure de prendre parti dans un délai raisonnable (cf. C. civ. art. 1211).

VENTE DES TITRES EN VIOLATION DE LA PROMESSE

16975 Si le promettant cède ses parts ou ses actions à un tiers en violation de la promesse unilatérale de vente, le bénéficiaire peut demander l'annulation de cette cession à condition d'établir que le tiers connaissait l'existence de la promesse (C. civ. art. 1124, al. 3).

Lorsque la cession consentie au tiers ne peut pas être remise en cause, le bénéficiaire de la promesse peut réclamer des dommages-intérêts au promettant sur le terrain de la responsabilité contractuelle.

EXERCICE DE L'OPTION PAR LE BÉNÉFICIAIRE DE LA PROMESSE DE CESSION

16980 **Modalités d'exercice de l'option** Les conditions dans lesquelles l'option pourra être exercée sont librement fixées par les parties. À défaut de précision sur sa **forme,** la levée de l'option peut être verbale (Cass. 3e civ. 19-12-2012 nº 08-14.225 : RJDA 3/13 nº 207).

16981 La promesse peut être assortie d'un **terme ou** d'une **condition** (nº 16860), le bénéficiaire ne pouvant alors exercer son option qu'à l'expiration d'un délai déterminé ou après survenance d'un événement déterminé.

Cet événement peut être, par exemple, la fourniture de certains documents, l'obtention d'une autorisation administrative, l'augmentation ou la réduction du capital social ou encore la constatation, à l'expiration d'un délai déterminé, d'un résultat net cumulé inférieur à une certaine somme (CA Paris 17-4-1996 : RJDA 10/96 nº 1203).

Ce peut être également le décès du promettant. En effet, ne constituent pas des pactes sur succession future interdits (C. civ. art. 722), mais des promesses post mortem licites, les promesses unilatérales de vente dont la réalisation ne peut être demandée qu'après le décès du promettant, sous réserve que (Cass. 1e civ. 8-7-1986 : Bull. civ. I nº 202 ; Cass. 1e civ. 5-5-1986 : JCP G 1987 II nº 20851 note Barret) :

– l'engagement du promettant soit **immédiat** et irrévocable, toute aliénation des parts ou des actions lui étant désormais interdite ;

– le droit reconnu au bénéficiaire soit certain et non pas simplement éventuel, dès l'octroi de la promesse.

Lorsque la **promesse** est consentie pour une **durée indéterminée,** elle ne devient, à notre avis, caduque qu'à l'expiration du délai de prescription de droit commun de cinq ans prévu par l'article 2224 du Code civil, sauf si les parties ont fixé un délai raisonnable pour la levée de l'option (pour une illustration de commune intention des parties, Cass. com. 27-1-2021 nº 18-22.492 F-D : RJDA 6/21 nº 375). Le promettant peut néanmoins se libérer de la promesse soit après avoir mis en demeure le bénéficiaire d'accepter ou de refuser de conclure le contrat dans un délai déterminé, soit en prouvant la renonciation du bénéficiaire à se prévaloir de la promesse (Cass. civ. 4-4-1949 : D. 1949 p. 316 ; Cass. 3e civ. 24-4-1970 nº 68-10.536 : Bull. civ. III nº 279 ; pour une renonciation, Cass. com. 26-1-1993 nº 91-12.606 D : RTD civ. 1994 p. 587 obs. J. Mestre).

Indemnité d'immobilisation due au promettant Les promesses de vente contiennent parfois une clause prévoyant l'obligation pour le bénéficiaire de verser au promettant une indemnité dès leur conclusion, indemnité demeurant acquise au promettant si le bénéficiaire ne lève pas son option. Cette clause, appelée à tort « clause de dédit », est licite. En effet, l'indemnité versée par le bénéficiaire en cas de renonciation à l'achat a pour **contrepartie** l'immobilisation de ses droits sociaux par le promettant et l'interdiction d'en disposer pendant toute la période d'option. Elle correspond, en quelque sorte, au prix de cette option et ne constitue pas une pénalité susceptible de réduction en application de l'article 1231-5 du Code civil. 16983

Si le **montant** de l'indemnité est d'une importance telle que le bénéficiaire est pratiquement obligé d'acheter, la promesse doit être considérée comme constituant en réalité une vente. Tel est le cas si le « dédit » correspond au tiers du prix convenu (Cass. com. 20-11-1962 : Bull. civ. IV n° 470). En revanche, ont été considérées comme normales des indemnités fixées à 5 % (CA Paris 13-1-1989 : Dr. sociétés 1989 n° 142) ou à un peu plus de 15 % du prix de cession (Cass. com. 9-11-1971 : JCP G 1972 II n° 16962).

> **Précisions** **a.** L'indemnité est due même en l'**absence** de tout **préjudice** subi par le **promettant** (Cass. 1e civ. 5-12-1995 : RJDA 4/96 n° 477 ; Cass. com. 2-4-1996 : D. 1996 IR p. 114 ; CA Paris 7-5-1997 : RJDA 10/97 n° 1181), mais seulement si la non-réalisation de la promesse est imputable au bénéficiaire (Cass. 3e civ. 15-12-2010 n° 09-15.211 : RJDA 4/11 n° 297).
> **b.** L'**indemnité** d'immobilisation peut être **remplacée** par une garantie autonome, consentie le plus souvent par une banque, afin d'éviter au bénéficiaire de la promesse une immobilisation de fonds.

Refus d'exécution de la promesse après la levée de l'option La levée de son option par le bénéficiaire rend la **cession parfaite,** sous réserve de l'existence de conditions suspensives. 16990

Sauf le cas où il s'est réservé le droit de revenir sur sa promesse moyennant le versement d'un dédit, le promettant qui refuse de concrétiser la cession peut être condamné en justice à l'**exécution forcée** de ses engagements sous astreinte. Bien mieux, le bénéficiaire peut aussi obtenir en justice une décision valant titre (Cass. 3e civ. 16-6-2009 n° 08-14.901 : RJDA 12/09 n° 1057 ; CA Versailles 19-1-2006 n° 05-414 : RJDA 5/06 n° 541).

Le bénéficiaire peut, à l'inverse, opter pour la **résolution** de la cession et réclamer au promettant des dommages-intérêts pour le préjudice subi (C. civ. art. 1217, al. 5 et 7). Pour un exemple d'indemnisation tenant compte de la différence entre la perte d'une chance raisonnable pour l'acquéreur de recevoir une distribution des bénéfices pendant cinq ans et celle de percevoir le produit du placement du prix d'acquisition pendant la même période, voir CA Paris 12-11-1980 : Bull. Joly 1982 p. 959.

SUBSTITUTION D'UN TIERS DANS LA PROMESSE DE CESSION

Il arrive fréquemment que la promesse contienne une clause permettant au bénéficiaire de se substituer toute personne, physique ou morale, de son choix. 16992

Cette clause s'analyse, à notre avis, en une **cession de contrat.** Celle-ci est définie comme l'opération par laquelle un contractant, le cédant (en l'espèce le bénéficiaire de la promesse) cède sa qualité de partie au contrat à un tiers, le cessionnaire, avec l'accord de son cocontractant, le cédé (le promettant) (C. civ. art. 1216, al. 1). Lorsque l'accord du promettant est ainsi donné dans la promesse, le contrat entre le cédant et le cessionnaire doit lui être notifié ou il doit en prendre acte pour que la cession de la promesse produise effet (art. 1216, al. 2). Pour que cette faculté de substitution soit valable, la promesse doit être constatée par écrit (cf. art. 1216, al. 3, prévoyant que *« la cession doit être constatée par écrit, à peine de nullité »*).

SECTION 3

RÉALISATION ET EFFETS DE LA CESSION DE PARTS OU ACTIONS

FORMALITÉS LIÉES À LA CESSION

17100 Les formalités à réaliser sont précisées lors de l'examen des règles applicables à chaque type de société. Schématiquement, les cessions de **parts sociales** doivent être constatées par un acte et faire l'objet de formalités destinées à les rendre opposables à la société et aux tiers. Les cessions d'**actions** sont réalisées par virement de compte à compte ou par modification de l'inscription dans une blockchain.

On peut s'inspirer de l'**exemple** présenté n° 34412 pour établir un **acte de cession** de parts sociales.

TRANSFERT DE PROPRIÉTÉ DES PARTS OU ACTIONS CÉDÉES

17110 Dans les **rapports entre les parties,** les cessions de **parts sociales** sont soumises aux règles du droit commun de la vente : sauf convention contraire, le transfert de propriété s'effectue dès l'accord des parties « sur la chose et sur le prix », même si le prix n'a pas encore été payé et l'acquéreur mis en possession des parts (C. civ. art. 1583). Ainsi, une cession de parts sociales constatée dans un acte ne comportant pas l'indication du nom de l'acquéreur (cession « en blanc ») est valable dès lors que l'acte indique le nombre et la nature des parts cédées ainsi que le prix de cession (CA Paris 7-2-2003 n° 99/21460 : RJDA 7/03 n° 728).

L'accord des parties sur les parts et sur leur prix n'a pas besoin d'être finalisé dans un acte unique ; il peut résulter d'un échange de courriers non équivoques entre les parties ou leurs mandataires respectifs (Cass. com. 10-3-1992 n° 481 : RJDA 7/92 n° 710 ; CA Paris 17-9-2004 n° 03-1599 : RJDA 3/05 n° 268).

En cas de promesse unilatérale d'achat de parts sociales, la propriété des parts est transférée dès l'instant où le vendeur a levé l'option aux conditions de la promesse (CA Paris 17-6-1987 : BRDA 22/87 p. 18), là encore peu important que la possession effective de ces droits et le paiement du prix aient été différés (CA Versailles 19-1-2006 n° 05-414 : RJDA 5/06 n° 541). Une clause peut néanmoins reporter le transfert de propriété à la date du règlement du prix (n° 17125).

Toutefois, la cession ne devient opposable à la **société** émettrice et aux **tiers** qu'après la réalisation de formalités exposées n° 24412 pour les SNC, n° 28120 pour les SCS et n° 34413 pour les SARL.

Sur la détermination du moment où l'**acquéreur** devient **associé,** voir n° 6120.

17111 Lorsque la cession porte sur des **actions** admises aux opérations d'un dépositaire central ou livrées dans un système de règlement et de livraison d'instruments financiers (C. mon. fin. art. L 330-1), le transfert de propriété s'effectue à la date et dans les conditions exposées n°s 62530 s.

Pour les autres actions, le transfert de propriété résulte de l'inscription des actions au compte de l'acheteur ou à son nom dans une blockchain, dans les conditions exposées n° 62536.

CHARGE DU RISQUE DE PERTE DES PARTS OU ACTIONS CÉDÉES

17120 Conformément au droit commun de la vente, les risques sont à la charge du cédant **jusqu'au transfert de propriété.**

Ainsi, lorsque les parts sont cédées avec clause de réserve de propriété jusqu'au complet paiement du prix et qu'elles ont perdu toute valeur à la suite de la mise en liquidation des biens (désormais la liquidation judiciaire) de la société après la cession, le cédant doit supporter cette perte ; en conséquence, il ne peut plus obtenir le paiement du prix convenu et doit *même restituer les acomptes qu'il* a reçus (Cass. com. 11-6-1985 : Bull. civ. IV n° 190).

Toutefois, le cédant a droit au paiement du prix de cession si la perte de valeur des parts ou actions cédées est imputable à l'acquéreur. Tel est le cas lorsque celui-ci, en sa qualité de majoritaire, a géré seul la société pendant quatre ans et a provoqué par sa mauvaise gestion cette perte de valeur (CA Rouen 15-1-1992 : RJDA 11/92 n° 1031).

Par ailleurs, il est permis au cédant, nonobstant une clause de réserve de propriété, de stipuler que les risques des biens vendus incomberont à l'acquéreur jusqu'au paiement du prix (CA Versailles 18-5-1995 : RJDA 8-9/95 som. n° 964).

À compter du transfert de propriété, les risques sont à la charge de l'acquéreur ; il est donc tenu de payer le prix même si les parts ou actions cédées ont perdu toute leur valeur dès lors que cette perte de valeur ne résulte pas d'une faute du cédant (Cass. com. 7-12-1993 : RJDA 4/94 n° 417). 17121

CESSION AVEC RÉSERVE DE PROPRIÉTÉ

Les parties peuvent convenir, à titre de **garantie,** que le transfert de propriété n'interviendra qu'après complet paiement du prix (C. civ. art. 2367). Bien entendu, cette possibilité n'est pas envisageable pour les titres admis aux négociations sur un marché réglementé compte tenu des règles de marché applicables. 17125

Cette clause a pour **conséquence** de suspendre le transfert de propriété (art. précité) mais elle ne diffère pas la date de conclusion de la cession (Cass. com. 24-9-2002 n° 1473 : RJDA 6/03 n° 602 ; CA Versailles 13-11-2003 n° 01-8374 : RJDA 8-9/04 n° 990 ; CA Paris 14-1-2005 n° 04-5504 : RJDA 5/05 n° 567). L'acquéreur n'exercera les droits correspondant à la qualité d'associé qu'une fois le prix convenu entièrement payé. Corrélativement, sauf convention contraire, les risques sont à la charge du cédant (n° 17120). Néanmoins, l'acquéreur est tenu, par une obligation de moyen, d'assurer la conservation des droits transmis (cf. Cass. com. 26-5-2010 n° 09-66.344 : RJDA 10/10 n° 939).

OBLIGATION DU CÉDANT DE DÉLIVRER LES PARTS OU ACTIONS

En application du droit commun de la vente, le cédant de droits sociaux est tenu de délivrer ceux-ci à l'acquéreur (C. civ. art. 1603 et 1604), sous peine de résolution de la cession (C. civ. art. 1610). En matière de droits sociaux, cette obligation suppose que le cédant mette l'acquéreur en mesure de faire reconnaître sa qualité d'associé et d'exercer les droits afférents. 17130

Ainsi, en cas de **cession de parts sociales,** le cédant manque à son obligation de délivrance si aucun écrit signé par les parties et constatant la cession n'a été établi, l'acquéreur ne pouvant alors procéder à aucune des formalités nécessaires pour rendre la cession opposable à la société (Cass. com. 7-4-2009 n° 08-15.593 : RJDA 8-9/09 n° 754).

Lorsque l'obligation de délivrer les **actions** s'exécute par la signature d'un ordre de mouvement, le cédant manque à son obligation de délivrance en ne signant pas l'ordre (cf. Cass. com. 24-5-2011 n° 10-12.163 : RJDA 10/11 n° 813, rendu sous l'empire de l'ancienne rédaction de l'article L 228-1 mais qui conserve à notre avis son intérêt sur ce point).

RÉPARTITION DES DROITS PÉCUNIAIRES LIÉS AUX TITRES CÉDÉS

Sauf convention contraire des parties, l'acquéreur a droit à l'intégralité des **dividendes** dont la mise en distribution est décidée après la date de la cession, même s'ils se rapportent à un exercice clos avant cette date (n° 76454). Sur le sort des droits financiers détachés de titres acquis sur un marché réglementé ou un SMN, voir n° 62533. 17140

ATTENTION

Lorsque les parties ont **rétroactivement fixé la date d'entrée en jouissance** de l'acquéreur au premier jour de l'exercice au cours duquel les actions ont été cédées, l'acquéreur a droit non seulement aux dividendes afférents à l'exercice en cours mais également à ceux relatifs à l'exercice précédent si l'assemblée générale décide leur distribution après la date d'entrée en jouissance des titres (CA Paris 13-3-2012 n° 10/16731 : RJDA 11/12 n° 971).

Le cédant ne peut pas obtenir de la société sa **part dans les réserves** constituées pendant *qu'il était associé (CA Rouen 23-5-2002* n° 00-4548 : RJDA 11/02 n° 1148 ; T. com. Seine 7-5-1954 : D. 1954 p. 468). Ces droits dans les réserves sont transmis à l'acquéreur et le cédant en reçoit la contrepartie dans le prix de cession.

Quant aux **pertes,** sauf convention contraire, l'acquéreur ne peut pas exiger du cédant qu'il contribue à l'apurement de celles qui sont antérieures à la cession (Cass. com. 31-3-2004 n° 599 : RJDA 7/04 n° 833).

DÉBITEUR DE LA FRACTION NON LIBÉRÉE DES TITRES CÉDÉS

La détermination du débiteur de l'obligation de payer la fraction non libérée des droits cédés est exposée n° 34081 pour les parts sociales et nos 67941 s. pour les actions. 17141

SORT DU COMPTE COURANT DU CÉDANT

17142 La cession de droits sociaux n'entraîne pas **cession** du solde créditeur du compte courant du cédant dans la société, sauf **clause expresse** en ce sens (Cass. com. 11-1-2017 nº 15-14.064 F-D : RJDA 3/17 nº 178 ; Cass. com. 27-5-2021 nº 19-18.983 F-D : RJDA 8-9/21 nº 572 ; CA Paris 17-3-2015 nº 14/05024 : RJDA 6/15 nº 422). Elle n'entraîne pas non plus clôture du compte courant (Cass. com. 27-5-2021 précité).

Le transfert du compte courant doit ressortir clairement des termes de la clause. Tel n'est pas le cas de la stipulation prévoyant que « l'acquéreur est subrogé dans les droits et actions résultant de la possession des parts cédées » (Cass. com. 30-11-2004 nº 1719 : RJDA 3/05 nº 262) ou de celle par laquelle le cédant s'engage à abandonner sa créance en compte courant « jusqu'à parvenir à un équilibre entre les postes d'actif et de passif ayant servi au calcul de la valeur patrimoniale de la société » (Cass. com. 11-1-2017 précité).

ATTENTION

Sauf stipulation créant un lien d'**interdépendance entre la cession des droits sociaux et la cession du compte courant,** le cédant ne peut pas utilement invoquer le défaut de remboursement de son compte pour obtenir la résolution de la cession des droits sociaux (Cass. com. 12-2-2025 nº 23-17.483 F-B : RJDA 5/25 nº 263).

La **cession** du solde créditeur du compte courant s'analyse en une cession de créance (cf. C. civ. art. 1321). Elle est **opposable** à la société si elle lui a été notifiée ou si la société en a pris acte (art. 1324). Elle est opposable aux tiers (par exemple, aux créanciers du cédant ou de l'acquéreur) à la date de l'acte (art. 1323, al. 2).

MODÈLE

Clause de transfert de compte courant d'associé

Il résulte de l'arrêté de compte de la société..., établi ce jour, que le compte courant du cédant dans les livres de la société présente un solde créditeur de... €.
Le cédant cède cette créance sur la société au cessionnaire qui accepte, sans autre garantie que celle de l'existence de la créance cédée et de la solvabilité actuelle de la société.
Le montant de la créance a été payé comptant par le cessionnaire au cédant par virement bancaire. Le cédant reconnaît ce paiement et en donne quittance au cessionnaire.
Le cessionnaire dispose à compter de ce jour de la créance ainsi cédée. À cet effet, le cédant subroge le cessionnaire dans tous les droits et actions résultant de sa qualité de créancier.
Est intervenu M..., en sa qualité de représentant légal de la société..., à l'effet de déclarer que la société a pris acte de la cession conformément aux dispositions de l'article 1324 du Code civil et de dispenser d'en opérer signification à la société.

SORT DES CAUTIONNEMENTS DONNÉS PAR LE CÉDANT

17145 Même s'il a quitté la société, le cédant reste tenu, sauf convention contraire, des engagements qu'il a contractés avant la cession et, notamment, des cautionnements qu'il a accordés à des tiers **pour garantir le paiement des dettes de sa société** (Cass. com. 15-10-2002 nº 89-19.122 : RJDA 2/03 nº 190 ; CA Versailles 8-3-2022 nº 21/02534 : RJDA 6/22 nº 337).

CONSEIL

Le cédant qui a consenti un **cautionnement sans limitation de durée** a intérêt à le dénoncer au moment de son départ de la société ; à défaut, il s'expose à devoir payer au créancier bénéficiaire du cautionnement les dettes de la société à l'égard de celui-ci, même si ces dettes sont nées après la cession (Cass. com. 17-7-1978 : Bull. civ. IV nº 200) et même si l'acquéreur a lui-même souscrit un cautionnement (Cass. com. 29-1-2002 nº 273 : RJDA 6/02 nº 693).

Sur l'efficacité de la clause par laquelle l'**acquéreur s'engage à reprendre le cautionnement** donné par le cédant pour garantir les dettes sociales, voir nº 17950.

INEXÉCUTION DE LA CESSION

17150 En cas d'inexécution par l'une des parties de ses obligations, l'autre peut :
– **refuser d'exécuter** ses propres obligations (C. civ. art. 1219) ;
– demander en justice soit l'**exécution forcée** de la cession, soit sa **résolution** et l'attribution de dommages-intérêts (C. civ. art. 1217).

En cas de demande de résolution du contrat, le juge peut accorder au défaillant un délai pour exécuter ses engagements (C. civ. art. 1228).

En dehors de l'intervention du juge, la résolution de la cession peut résulter d'une **clause résolutoire** insérée dans l'acte de cession. Lorsqu'une telle clause est instituée au seul profit du cédant, celui-ci peut y renoncer (CA Paris 28-7-2020 nº 17/18452 : RJDA 11/20 nº 574) et l'acquéreur ne peut pas réclamer la résolution ni contraindre le cédant à appliquer la clause (CA Orléans 22-8-2019 n° 18/01714 : RJDA 12/19 n° 759).

La volonté de renoncer à la clause résolutoire doit être non équivoque.

ILLUSTRATIONS

Dans un cas où le cédant des actions d'une société mère avait promis à l'acquéreur de lui céder les titres d'une filiale sous la condition résolutoire du paiement du prix des actions de la société mère à une certaine date, manifeste la volonté de renoncer à cette clause le cédant qui recherche après cette date avec l'acquéreur un accord visant à rééchelonner les échéances de paiement du prix (CA Paris 28-7-2020 précité).

La résolution peut également résulter d'une **notification** adressée à la partie défaillante après vaine mise en demeure adressée à celle-ci d'exécuter ses obligations (C. civ. art. 1126).

Que la **résolution** soit le fait d'une clause résolutoire ou d'une notification, la partie défaillante peut la **contester** pour absence d'acquisition de la clause ou pour absence de gravité de l'inexécution ayant donné lieu à la notification.

La **résolution** du contrat met fin à celui-ci (C. civ. art. 1229, al. 1). À notre avis, le régime des **restitutions** auxquelles la résolution peut donner lieu lorsque la cession a déjà reçu un commencement d'exécution est le même que celui exposé n°s 17510 s. en cas d'annulation du contrat (art. 1229, al. 4). **17151**

› Précisions L'article 1229, al. 3 précise que la résolution entraîne la **restitution intégrale** des prestations déjà échangées si celles-ci ne pouvaient trouver leur utilité que par l'exécution complète du contrat résolu mais il écarte la restitution des prestations ayant trouvé leur utilité au fur et à mesure de l'exécution réciproque du contrat. Ainsi, en cas de résolution d'un contrat organisant la cession par fractions d'un bloc de contrôle, la fraction des droits sociaux transférée ou la fraction du prix payée avant la résolution de la cession devrait être restituée, son utilité dépendant de l'exécution complète du contrat, c'est-à-dire du transfert du contrôle de la société, à moins que, dans la volonté des parties, la cession ait été divisible. Sinon, en matière de cession de droits sociaux, on ne voit guère quelles prestations échangées avant la résolution pourraient trouver leur utilité au fur et à mesure de l'exécution réciproque du contrat.

SECTION 4

GARANTIES DUES PAR LE CÉDANT DE PARTS OU ACTIONS

GARANTIE D'ÉVICTION DU FAIT DES TIERS

Le cédant de parts sociales ou d'actions doit garantir l'acquéreur contre toute éviction émanant d'un tiers, sauf clause contraire de l'acte de cession (cf. C. civ. art. 1625 et 1627). Mais il n'est pas tenu à garantie si l'acquéreur pouvait éviter l'éviction ou si celle-ci est imputable à sa faute (Cass. 1e civ. 15-10-1996 n° 94-18.499 : RJDA 2/97 n° 290 ; Cass. 1e civ. 21-3-2000 n° 98-10.828 : RJDA 6/00 n° 642). **17300**

Les **cas d'éviction** du fait des tiers sont assez rares en matière de cession de droits sociaux. Il s'agit généralement de troubles de droit portant atteinte à la possession paisible des droits sociaux : par exemple, l'action d'un tiers revendiquant la propriété des titres ou la suppression par l'administration d'une autorisation nécessaire au fonctionnement de la société (Cass. com. 12-12-1972 n° 71-11.080 : Bull. civ. IV n° 332 relatif à la fermeture administrative de l'hôtel exploité par la société). De même, le conseil d'administration d'une SA n'ayant pas accompli les formalités d'agrément de l'acquéreur de la quasi-totalité des actions de celle-ci, ce qui a entraîné la mise sous séquestre de ces actions et la nomination d'un administrateur provisoire pour gérer la société, l'acquéreur a pu mettre en œuvre la garantie d'éviction : il avait été durablement privé de la jouissance de ses actions et il n'était pas démontré qu'il aurait pu mettre fin à cette éviction ; notamment, il ne pouvait pas lui être reproché de ne pas avoir exercé tous les recours pour faire lever les mesures provisoires dès lors que la procédure collective ouverte à l'encontre de la SA avait rendu ces recours sans objet (CA Paris 24-2-2006 n° 04/22666 : RJDA 4/07 n° 367).

GARANTIE D'ÉVICTION DU FAIT PERSONNEL

17310 **Conditions de mise en œuvre** Le cédant doit garantir l'acquéreur de toute éviction qui lui est personnellement imputable, même si l'acte de cession ne le prévoit pas et sans qu'une clause puisse l'en exonérer (cf. C. civ. art. 1625 et 1628).

La garantie d'éviction du fait personnel entraîne pour le cédant de droits sociaux l'**interdiction de** se rétablir, si ce **rétablissement** est de nature à empêcher l'acquéreur de poursuivre l'activité économique de la société et de réaliser l'objet social (Cass. com. 21-1-1997 n° 94-15.207 PF : RJDA 6/97 n° 783 ; Cass. com. 20-2-2007 n° 04-19.932 : RJDA 7/07 n° 737 ; Cass. com. 16-11-2022 n° 21-13.561 F-D : RJDA 2/23 n° 88).

Rarement admise par les tribunaux, la garantie d'éviction n'apporte qu'une protection limitée contre l'éventuelle concurrence du cédant. L'acquéreur a tout intérêt à faire insérer dans l'acte de cession une clause de non-concurrence (n°s 17840 s.) dont la portée sera plus large.

ILLUSTRATIONS

L'existence d'une **éviction ouvrant droit à garantie** a été **retenue** dès lors que le cédant était resté actionnaire et dirigeant d'une société concurrente de celle dont il avait cédé les parts et qu'il avait vendu à d'anciens clients de cette dernière un volume très important de marchandises lors de la troisième année ayant suivi la cession (CA Lyon 14-11-2002 : JCP E 2004 pan. p. 234).

En revanche, la garantie a été **écartée** lorsque, après avoir cédé toutes les actions d'une société spécialisée dans la fabrication et le commerce d'herbes aromatiques déshydratées, le cédant avait constitué une nouvelle société et conclu des accords commerciaux pour distribuer des herbes aromatiques congelées, ce qui ne caractérisait pas un détournement de la clientèle attachée aux produits fabriqués et vendus par la première société (Cass. com. 21-1-1997 précité). De même, n'est pas tenue de garantir l'acquéreur une société qui, après avoir cédé la totalité des parts sociales qu'elle détenait dans deux de ses filiales et conclu avec chacune d'elles un contrat de sous-distribution des produits dont elle était le représentant exclusif, a résilié l'un des deux contrats. En effet, ce dernier ne représentait qu'un pourcentage réduit du chiffre d'affaires de la filiale concernée et l'autre contrat se poursuivait encore (Cass. com. 9-7-2002 n° 1395 : RJDA 11/02 n° 1152).

L'**interdiction pour le cédant de faire concurrence** à la société en se rétablissant, qui constitue une atteinte à la liberté d'entreprendre et à la liberté du commerce, doit être **proportionnée** aux intérêts légitimes à protéger (Cass. com. 10-11-2021 n° 21-11.975 F-B : RJDA 3/22 n° 148). Le juge saisi doit rechercher concrètement si, au regard de l'activité de la société dont les titres ont été cédés et du marché concerné, l'interdiction de se rétablir se justifie encore au moment où il statue (arrêt précité et Cass. com. 6-11-2024 n° 23-11.008 F-D : RJDA 5/25 n° 269, estimant dans la même affaire que les cédants du contrôle d'une société spécialisée en informatique ont pu valablement se rétablir trois ans après la cession).

La portée de la jurisprudence selon laquelle la garantie d'éviction peut encore être mise en œuvre après l'expiration de la clause de non-concurrence (Cass. com. 14-4-1992 : Bull. civ. IV n° 160 ; Cass. com. 16-1-2001 n° 109 : RJDA 4/01 n° 437 ; Cass. com. 15-12-2009 n° 08-20.522 F-PB : RJDA 4/10 n° 378) est donc réduite ; en pratique, la durée de la garantie d'éviction peut être la même que celle de la clause de non-concurrence qui doit être également proportionnée aux intérêts à protéger (n° 17840).

› **Précisions** **a.** Lorsque le **cédant est une société,** la garantie du fait personnel pèse non seulement sur celle-ci, mais aussi sur son dirigeant ou sur les personnes qu'il pourrait interposer pour échapper à son obligation (Cass. com. 24-5-2005 n° 786 : RJDA 8-9/05 n° 962).

b. L'**action en garantie** doit, à notre avis, être engagée dans le délai de **prescription** de droit commun, c'est-à-dire dans un délai de cinq ans (C. civ. art. 2224 ; art. L 110-4) à compter de la date où l'éviction a été connue ou aurait dû l'être.

17312 **Bénéficiaires** La première chambre civile de la Cour de cassation a jugé que bénéficient de la garantie d'éviction du fait personnel du cédant non seulement l'**acquéreur,** mais aussi la **société dont les droits sociaux sont cédés** (Cass. 1e civ. 24-1-2006 n° 102 : RJDA 8-9/06 n° 912).

Sauf à admettre l'existence d'une stipulation pour autrui implicite (cf. C. civ. art. 1205), la solu*tion est critiquable* : la société est tiers à la cession et ne saurait bénéficier d'une garantie que le Code civil réserve au seul acquéreur. Il n'en va différemment, à notre avis, que si la société est partie à l'acte de cession ou si elle bénéficie d'une stipulation pour autrui en ce sens (CA Versailles 6-10-2005 n° 04-8093 : RJDA 3/06 n° 281). En tout état de cause, la société peut engager la responsabilité extracontractuelle du cédant pour concurrence déloyale.

GARANTIE DES VICES CACHÉS

Conditions de mise en œuvre **Caractéristiques du vice.** Le cédant de parts ou d'actions d'une société commerciale est tenu de la garantie des vices cachés à l'égard de l'acquéreur (cf. C. civ. art. 1641), mais seulement dans la mesure où le vice caché affecte l'**usage** des droits sociaux eux-mêmes et non pas seulement leur **valeur** : le vice doit interdire à la société émettrice d'exercer l'activité économique constituant son objet social (Cass. com. 12-12-1995 nº 2197 : RJDA 3/96 nº 326 ; Cass. com. 4-6-1996 nº 1079 : RJDA 10/96 nº 1204 ; Cass. com. 16-11-2004 nº 1625 : RJDA 5/05 nº 563). Il résulte de la jurisprudence que cette condition est rarement remplie. 17320

ILLUSTRATIONS

L'existence d'une dette, fiscale ou autre, non révélée ne constitue **pas** un **vice caché** (Cass. com. 23-1-1990 : Bull. civ. IV nº 23 ; Cass. com. 4-6-1996 précité). Il en est de même de la non-conformité des locaux aux normes de sécurité dès lors que la société a pu, en engageant des dépenses supplémentaires, continuer à exercer son activité (Cass. com. 12-12-1995 précité). Jugé de même à propos de l'augmentation de certaines cotisations sociales résultant d'un grave accident du travail survenu dans la société avant la cession (CA Versailles 8-10-1998 : RJDA 1/99 nº 50). La révélation d'une perte sociale importante et la mise en redressement judiciaire de la société quatre mois après la cession ne constituent pas un vice caché dès lors que la société a poursuivi son activité et que la cessation des paiements, non caractérisée à la date de la cession, a été favorisée par les choix de gestion des nouveaux dirigeants (Cass. com. 16-11-2004 précité).

Délai pour agir. L'action en garantie doit être engagée dans un délai de deux ans à compter de la découverte du vice (C. civ. art. 1648, al. 1) et dans le délai butoir de 20 ans à compter du jour de la vente (Cass. ch. mixte 21-7-2023 nºs 21-17.789 BR, 21-19.936 BR et 20-10.763 BR : RJDA 11/23 nº 574). 17322

Autres modes de protection La portée limitée de la garantie légale des vices cachés en cas de cession de parts ou d'actions conduit souvent les parties, surtout lorsqu'il s'agit d'une cession de contrôle, à convenir que le cédant garantira tout passif ou diminution d'actif né avant la cession mais apparu après ou toute inexactitude des indications financières, commerciales et juridiques sur la base desquelles la cession est intervenue. Sur ces **clauses** notamment **de garantie de passif,** voir nºs 17855 s. 17325

Même en l'absence d'une telle clause, le cédant peut être condamné, sur le fondement du **dol,** à payer à l'acquéreur une somme équivalant au montant des dettes sociales qu'il a dissimulées au moment de l'établissement du bilan au vu duquel a été calculé le prix de cession (notamment, Cass. com. 3-4-1979 : Rev. sociétés 1980 p. 723 note du Pontavice). Les tribunaux peuvent aussi prononcer l'annulation de la cession (nº 16552).

SECTION 5

ANNULATION DE LA CESSION DE PARTS OU ACTIONS

ANNULATION JUDICIAIRE OU CONVENTIONNELLE DE LA CESSION

La cession de parts sociales ou d'actions est nulle lorsque les conditions requises pour sa validité (notamment consentement, capacité et contenu certain et licite) ne sont pas remplies (C. civ. art. 1178). 17500

La nullité est en principe **prononcée par le juge** mais elle peut aussi être **constatée par les parties** d'un commun accord (art. précité).

CONSEIL

Afin d'éviter toute contestation ultérieure de l'annulation conventionnelle, les parties ont tout intérêt à définir par écrit la cession concernée, la cause de nullité, leur volonté de constater la nullité de la cession et les conséquences de celle-ci.

EFFET DE L'ANNULATION DE LA CESSION : REMISE EN ÉTAT DES PARTIES

Qu'elle soit prononcée par le juge ou constatée par les parties, l'annulation d'une cession de parts ou d'actions entraîne l'**anéantissement rétroactif** de tous les effets que cette cession a produits dans les rapports entre les parties : celle-ci est censée n'avoir jamais existé (C. civ. art. 1178, al. 1). L'annulation emporte donc une obligation de **restitution** pour chacune des parties : restitution du prix par le cédant, restitution des droits sociaux, en nature ou en valeur, par l'acquéreur. 17505

› Précisions Cette obligation de restitution prévue par le Code civil (C. civ. art. 1352 s.) s'applique non seulement en cas d'annulation (art. 1178, al. 3), mais aussi en cas de **résolution** (art. 1229, al. 4) de la vente.

RESTITUTION DU PRIX

17510 Le cédant doit restituer le prix, c'est-à-dire la **somme** qu'il a **reçue** de l'acquéreur (Cass. 1e civ. 19-3-1996 nº 94-12.760 : RJDA 7/96 nº 883 excluant que le cédant puisse obtenir le prix des titres selon leur valeur estimée par expertise). Il doit restituer le prix même si celui-ci a été versé à un tiers en exécution de l'acte de cession (Cass. com. 25-5-2022 nº 19-24.770 F-D : RJDA 10/22 nº 554).

Le cédant doit en outre les **intérêts** au taux légal à compter du paiement s'il a perçu le prix de mauvaise foi (par exemple, cédant auteur d'un dol) ou, dans le cas contraire, à compter de la demande (C. civ. art. 1352-6 et 1352-7).

› Précisions La dette de restitution incombe au cédant qui ne peut pas obtenir d'un **tiers** la **garantie du prix** auquel il n'a plus droit du fait de l'annulation et de la remise du bien et dont la restitution ne constitue donc pas pour lui un préjudice indemnisable (Cass. com. 22-11-2023 nº 22-18.306 F-B : RJDA 3/24 nº 154, à propos de la résolution d'une vente, mais transposable).

RESTITUTION DES DROITS SOCIAUX

17520 **Restitution en nature** L'acquéreur doit restituer les **droits sociaux** en nature, sauf impossibilité (C. civ. art. 1352). Mais il n'est pas tenu de restituer la **fraction du capital qu'ils représentaient** si celle-ci a subi une dilution importante entre la conclusion de la cession et son annulation (CA Paris 5-1-2016 nº 14/21649 : RJDA 4/16 nº 293).

Lorsqu'une cession de parts de **SARL** a été annulée après la **transformation** de cette société **en SA,** la remise, nombre pour nombre, des actions substituées aux parts constitue une restitution en nature valable (CA Besançon 25-2-1982 : Bull. Joly 1983 p. 370).

La restitution a lieu en nature même si la cession a été annulée après la **dissolution de la société** dont les droits sociaux ont été cédés, tant que la clôture de la liquidation n'a pas été publiée (Cass. com. 21-4-2022 nº 20-10.809 FS-B : RJDA 7/22 nº 422, rendu dans un cas de liquidation judiciaire mais transposable, à notre avis, à toutes les causes de dissolution de l'article 1844-7 du Code civil entraînant la liquidation de la société).

17530 **Restitution en valeur** Lorsque la **restitution en nature** des droits sociaux est **impossible,** ce qui peut advenir par exemple s'ils ont été annulés dans le cadre d'une réduction de capital, elle a alors lieu en valeur estimée au jour de la restitution (C. civ. art. 1352).

En cas de **revente des droits sociaux,** l'acquéreur ne doit restituer que le prix de la revente s'il a pris possession des droits de bonne foi ; s'il a reçu les droits sociaux de mauvaise foi, il en doit la valeur au jour de la restitution, à condition que cette valeur soit supérieure au prix de revente (C. civ. art. 1352-2).

17532 **Plus ou moins-value subie par les titres** Lorsque la valeur des parts ou des actions a augmenté entre la date de la cession et celle de la restitution, la **plus-value** revient en totalité au cédant qui n'est tenu de restituer que le prix reçu. L'acquéreur, dépossédé des droits sociaux, ne peut prétendre qu'au remboursement des dépenses nécessaires à la conservation de ces droits et de celles qui en ont augmenté la valeur (C. civ. art. 1352-5). Si le capital social n'était pas entièrement libéré au moment où il a acquis les droits sociaux et s'il a dû répondre à des appels de fonds, il peut ainsi obtenir remboursement de ces appels.

Si la plus-value est due à sa gestion efficace comme dirigeant de la société, l'acheteur n'a aucun droit à en profiter (Cass. com. 29-3-1994 nº 882 : RJDA 10/94 nº 1032).

La **moins-value** subie par les titres est à la charge du cédant sauf si l'acquéreur est de mauvaise foi et si la moins-value a été causée par la faute de ce dernier (C. civ. art. 1352-1). En dehors de ces exceptions, le cédant doit donc restituer le prix perçu même si les parts ou actions qui lui sont restituées ont perdu toute valeur.

SORT DES DIVIDENDES PERÇUS PAR L'ACQUÉREUR

17535 Que la restitution des droits sociaux intervienne en nature ou en valeur, elle inclut les fruits (C. civ. art. 1352-3), ici les dividendes qui ont pu être distribués entre la cession et la restitution. Toutefois, l'acquéreur qui a reçu les dividendes de bonne foi ne les doit qu'à compter du jour de la demande en nullité ; s'il les a perçus de mauvaise foi, il les doit à compter de la date de leur versement (art. 1352-7).

Est de bonne foi l'acquéreur qui n'avait pas connaissance du vice affectant la cession (notamment Cass. com. 5-5-1970 : Bull. civ. IV nº 147 ; Cass. com. 2-2-2016 nº 14-19.278 : RJDA 4/16 nº 294, rendus sur le fondement des articles 549 et 550 du Code civil, mais transposables).

INDEMNISATION DU PRÉJUDICE CAUSÉ PAR L'ANNULATION

Lorsque l'annulation de la cession de droits sociaux cause un préjudice à l'une des parties, celle-ci peut réclamer des dommages-intérêts à l'autre partie sur le terrain de la responsabilité extracontractuelle (C. civ. art. 1178, al. 3) mais seulement si elle est de **bonne foi,** c'est-à-dire si l'annulation n'est pas la conséquence d'une faute qu'elle a commise (Cass. ch. mixte 9-7-2004 nº 02-16.302 : RJDA 2/05 nº 116), et si le **préjudice** subi n'est pas intégralement réparé par les restitutions réciproques consécutives à l'annulation (Cass. com. 9-10-2007 nº 05-22.023 : RJDA 12/07 nº 1243 ; Cass. com. 12-7-2011 nº 10-19.297 : RJDA 11/11 nº 922). 17540

En conséquence, la réparation de la **perte d'une chance** peut être demandée. L'indemnisation n'est alors pas égale à l'avantage qu'aurait procuré cette chance si elle s'était réalisée ; elle est mesurée à la chance perdue (jurisprudence constante). Ainsi, en cas d'annulation d'une cession de droits sociaux « coupon attaché », l'acquéreur ne peut pas réclamer l'intégralité des dividendes versés par la société pour les exercices ayant suivi l'annulation car il n'a subi que la perte d'une chance de percevoir les dividendes escomptés de l'exploitation de la société (Cass. com. 6-9-2011 nº 10-15.525 : RJDA 12/11 nº 1042 à propos d'une résolution pour faute mais transposable à l'annulation de la cession).

SECTION 6 CESSION DU CONTRÔLE D'UNE SOCIÉTÉ

INTÉRÊTS ET RÉGIME DE LA CESSION DE CONTRÔLE

On entend par « prise de contrôle » l'acquisition, directe ou indirecte, d'un nombre d'actions ou de parts d'une société suffisant pour pouvoir la diriger quasi souverainement, orienter ses destinées et gérer son patrimoine. La prise de contrôle est une technique de concentration des entreprises très répandue compte tenu de ses **avantages.** 17700

À la différence des fusions qui entraînent la disparition de la société absorbée, la prise de contrôle laisse subsister l'individualité juridique de chacune des sociétés, ce qui assure une grande souplesse dans l'orientation économique de leurs activités. Autre avantage par rapport aux fusions, du moins en ce qui concerne les sociétés fermées, la prise de contrôle peut être réalisée simplement puisqu'elle consiste en un simple achat de droits sociaux, ce qui permet d'agir avec rapidité et en conservant le secret de l'opération pratiquement jusqu'au dénouement de celle-ci ; au contraire, les fusions (sauf celles soumises à un régime simplifié) nécessitent des formalités nombreuses, complexes et coûteuses.

Mais la prise de contrôle présente certains **dangers** pour la société visée, son personnel et ses associés. La société dont le contrôle est pris par une société concurrente perd son indépendance et fait souvent l'objet de restructurations génératrices de suppressions d'emplois et d'abandons d'activités. Des contestations tenant à ces risques de restructuration peuvent s'élever à l'occasion de la cession.

La prise de contrôle peut aussi constituer un risque pour les associés minoritaires de la société cible de voir s'affaiblir la valeur de leurs actions ou parts sociales. Souvent aussi, les litiges naissent de la mise à l'écart délibérée des petits porteurs qui ou bien sont exclus de la négociation, ou bien sont admis à l'opération de cession mais à un prix inférieur à celui offert aux majoritaires.

La cession de contrôle n'est pas soumise à un **régime** juridique particulier mais aux règles générales de la vente exposées nºs 16300 s. Cependant, les conséquences économiques importantes qu'elle peut avoir ont conduit les pouvoirs publics et les tribunaux à prendre des mesures ponctuelles afin d'éviter certains abus. Nous examinons ci-dessous les plus importantes de ces mesures, en rappelant que, dans de nombreux cas, la prise de contrôle 17701 est réalisée par une société, ce qui entraîne la formation d'un groupe de sociétés avec toutes les contraintes qui en résultent (nos 79700 s.).

Sur la **nature,** civile ou commerciale, de la cession de contrôle et ses conséquences, voir nos 16013 s.

17702 **Le fonds de pérennité**

Les associés d'une société commerciale peuvent apporter leurs parts ou actions à un fonds de pérennité chargé de les gérer dans le **but** de contribuer à la pérennité économique de la société (Loi 2019-486 du 22-5-2019 art. 177 ; Décret 2020-537 du 7-5-2020). Les **parts ou actions** apportées au fonds sont en principe **inaliénables,** si bien que le fonds est l'associé « inamovible » de la société, garantissant ainsi la stabilité de son contrôle.

Le **fonds,** dont la création doit être déclarée en préfecture, est **constitué** par l'apport gratuit et irrévocable des parts ou actions d'une ou de plusieurs sociétés exerçant une activité industrielle, commerciale, artisanale ou agricole. Sur le **plan fiscal,** cet apport est traité comme une opération intercalaire (voir Mémento Fiscal n° 19110) et, sous réserve qu'il soit effectué en pleine propriété, peut bénéficier de l'exonération partielle de droits de mutation à titre gratuit dans les conditions du « pacte Dutreil » (n° 69103). Les **statuts** du fonds, dont toute personne peut prendre connaissance, doivent en déterminer les principales caractéristiques (dénomination, siège, objet, etc.) et les modalités de fonctionnement (notamment les conditions dans lesquelles les fondateurs interviennent dans son fonctionnement). L'**activité** principale du fonds consiste à gérer les parts ou actions apportées, mais il peut aussi réaliser ou financer des œuvres ou des missions d'intérêt général.

Aux côtés du conseil d'administration, en charge de la **gestion du fonds,** prend place un comité de gestion chargé du suivi permanent des sociétés dont le fonds est l'associé.

La régularité du fonctionnement du fonds est soumise à un **contrôle administratif** exercé par une « mission » du Contrôle général économique et financier.

A. Autorisations préalables à la prise de contrôle

AUTORISATION AU TITRE DU CONTRÔLE DES CONCENTRATIONS

17710 Les prises de contrôle des sociétés de grande taille entraînent le plus souvent des concentrations d'entreprises soumises à un contrôle mis en place par la réglementation française (art. L 430-1 à L 430-10) et par le droit européen (Règl. CE 139/2004 du 20-1-2004 ; Règl. exéc. UE 2023/914 du 20-4-2023, modifié par règl. exéc. 2024/2776 du 31-10-2024), qui doivent être respectés sous peine de lourdes sanctions pécuniaires.

AUTORISATION DES INVESTISSEMENTS ÉTRANGERS EN FRANCE

17720 La cession à un étranger ou à un non-résident du contrôle d'une société française exerçant son activité dans un « secteur sensible » est, en principe, subordonnée à l'autorisation du ministre de l'économie (nos 92545 s.), d'où la nécessité de soumettre alors l'opération à la condition suspensive de l'obtention de cette autorisation.

Le défaut d'autorisation entraîne, notamment, la nullité de la cession ainsi que des sanctions administratives et pénales (nos 92555 s.).

CESSION DU CONTRÔLE DE SOCIÉTÉS PARTICULIÈRES

17730 **Sociétés relevant du secteur public** À peine de nullité, les cessions de contrôle entraînant transfert d'une entreprise du secteur public au secteur privé ne peuvent être décidées qu'après avoir été autorisées, selon le cas, par une loi ou un décret ou par le ministre de l'économie (Ord. 2014-948 du 20-8-2014 art. 22 et 30, al. 2).

17740 **Sociétés financières** Dans certains cas, les personnes, agissant seules ou de concert avec d'autres personnes, doivent obtenir une autorisation de l'ACPR avant de prendre ou de céder une participation directe ou indirecte dans un établissement de crédit ou une société de financement (C. mon. fin. art. L 511-12-1 ; Arrêté ECOT1724515A du 4-12-2017 art. 7 s.).

17750 **Entreprises d'assurance** Toute opération permettant à une personne, agissant seule ou de concert avec d'autres personnes, d'acquérir, d'étendre, de diminuer ou de cesser de détenir, directement ou indirectement, une participation dans une entreprise d'assurance (ou de réassurance) doit être notifiée, avant sa réalisation, à l'ACPR si une des conditions suivantes est remplie (C. ass. art. L 322-4 et R 322-11-1) :

– la fraction de droits de vote détenue par cette personne passe au-dessus ou en dessous des seuils de 10 %, de 20 %, du tiers ou de la moitié ;

– l'entreprise devient ou cesse d'être une filiale de cette personne ;

– l'opération permet à cette personne d'exercer une influence notable sur la gestion de cette entreprise.

À défaut, le droit de vote des parts ou actions objet de l'opération peut être suspendu par le juge à la demande de l'ACPR, du procureur de la République ou de tout actionnaire.

B. Engagements du cédant du contrôle

1. ENGAGEMENT DE NON-CONCURRENCE DU CÉDANT

VALIDITÉ DE LA CLAUSE DE NON-CONCURRENCE

Il est fréquent que le cédant du contrôle d'une société s'engage envers l'acquéreur à ne pas exercer une activité concurrente de celle de la société. 17840

Pour être valable, l'engagement de non-concurrence doit répondre aux **conditions** suivantes :

– ne pas être disproportionné par rapport à l'objet du contrat (Cass. com. 4-1-1994 : RJDA 3/94 nº 297 ; Cass. com. 30-3-2022 nº 19-25.794 F-D : RJDA 7/22 nº 405) ou à la protection des intérêts légitimes en cause (Cass. com. 4-12-2007 nº 04-17.449 : RJDA 3/08 nº 281 ; Cass. com. 11-3-2014 nº 12-12.074 : RJDA 6/14 nº 537 ; Cass. com. 23-6-2021 nº 19-24.488 F-D : RJDA 12/21 nº 778), notamment en empêchant le cédant d'exercer toute autre activité (Cass. com. 24-6-1997 : RJDA 12/97 nº 1457) ;

– être limité dans le temps et dans l'espace (Cass. com. 24-11-2009 nº 08-17.650 : RJDA 3/10 nº 208 ; Cass. com. 11-3-2014 précité ; Cass. com. 30-3-2022 précité).

ILLUSTRATIONS

L'engagement du cédant de ne pas concurrencer la société sur toute la France pendant une certaine durée est **disproportionné** dès lors que, ne vendant pas ses produits sur internet, la société ne s'adresse qu'à une clientèle de proximité (Cass. com. 20-9-2016 nº 15-13.263 F-D : RJDA 12/16 nº 845). À l'inverse, est valable la clause, limitée à cinq ans et à un rayon de 20 kilomètres depuis le siège de la société, qui était indispensable à la protection des intérêts légitimes de la société afin d'éviter toute intervention de son ancien gérant dans le même domaine d'activité et auprès de la même clientèle (Cass. com. 6-10-2015 nº 13-27.419 F-D : RJDA 2/16 nº 118).

PORTÉE DE L'INTERDICTION DE NON-CONCURRENCE

Le cédant qui a pris un engagement de non-concurrence est tenu dans les **limites** de cet engagement. 17841

ILLUSTRATIONS

Le cédant qui s'est engagé seulement à ne pas créer et exploiter un fonds de commerce concurrent, y compris à titre d'associé, peut devenir salarié dans une entreprise exerçant la même activité (Cass. com. 21-1-2004 nº 156 : RJDA 5/04 nº 522 ; CA Paris 8-1-2009 nº 07/21656 : RJDA 4/09 nº 307). La clause interdisant d'exercer une activité concurrente auprès des clients d'une société n'interdit pas de constituer une entreprise concurrente mais seulement de contracter avec les clients de la société (CA Paris 25-6-2015 nº 14/20593 : RJDA 10/15 nº 629). La clause interdisant au cédant de s'intéresser pour l'avenir et de manière active à un commerce similaire à celui exploité par la société ne l'empêche pas de conserver la participation qu'il détenait avant la cession dans une société concurrente (*Cass. com. 12-12-2018 nº 17-18.640 F-D : RJDA 3/19 nº 162*).

La violation d'une clause de non-concurrence s'apprécie au regard de l'activité effectivement exercée par le débiteur de l'obligation et non, lorsque celui-ci est une personne morale, de son objet social (Cass. com. 20-9-2011 nº 10-20.664 : RJDA 1/12 nº 5).

On peut s'inspirer du **modèle** figurant nº 12773 pour rédiger la clause de non-concurrence.

TRANSMISSION DE LA CLAUSE DE NON-CONCURRENCE

L'engagement du cédant est transmis à ses **héritiers** dès lors que ceux-ci n'ont pas renoncé à sa succession (Cass. com. 17-5-1971 : Bull. civ. IV nº 133). 17842

La charge de la clause de non-concurrence n'est pas transmise aux **acquéreurs successifs** des droits sociaux. Mais la clause peut être cédée dans les conditions prévues par l'article 1216 du Code civil.

SANCTION DE LA VIOLATION DE LA CLAUSE DE NON-CONCURRENCE

17850 La clause de non-concurrence met généralement à la charge du cédant l'obligation de verser à l'acquéreur une **indemnité** en cas de violation de son engagement. À défaut d'une telle prévision, l'acquéreur peut demander des **dommages-intérêts** en justice (C. civ. art. 1231-1).
En outre, le cédant peut être contraint, sous astreinte, à **cesser** son **activité** et son nouvel employeur à cesser toute relation de travail avec lui (CA Versailles 20-4-1995 : RJDA 1/96 n° 72). La responsabilité du nouvel employeur peut, le cas échéant, être mise en cause par l'acquéreur (n° 2983).

17851 Même si elle n'est pas partie à la clause de non-concurrence, la **société** dont les titres ont été cédés peut en **invoquer la violation** : en effet, la Cour de cassation a jugé qu'un tiers à un contrat peut invoquer, sur le fondement de la responsabilité extracontractuelle, un manquement contractuel dès lors qu'il lui a causé un préjudice (Cass. ass. plén. 13-1-2020 n° 17-19.963 PBRI : RJDA 4/20 n° 198 ; Cass. com. 18-12-2007 n° 05-19.397 : RJDA 3/08 n° 232).

> **› Précisions** Une société dont les droits sociaux ont été cédés justifie d'un **intérêt à agir** contre le cédant dès lors que la clause de non-concurrence qu'il a violée est destinée à protéger non seulement la pérennité de la valeur des droits transmis à l'acquéreur, mais aussi la société des agissements du cédant (Cass. com. 4-12-2007 n° 04-17.449 : RJDA 3/08 n° 281).

2. GARANTIE DU PASSIF PAR LE CÉDANT

PRÉSENTATION DE LA GARANTIE DE PASSIF

17855 Le caractère limité des garanties légales en cas de cession de parts ou d'actions conduit les acquéreurs, surtout lorsque la cession porte sur une fraction importante des droits sociaux, à exiger des **cédants** qu'ils certifient, d'une part, l'exactitude des renseignements fournis sur le patrimoine de la société, les principaux engagements contractés par celle-ci à l'égard des tiers et sa situation au regard des diverses réglementations (détention des permis et autorisations nécessaires, situation environnementale, etc.), d'autre part, l'exactitude du bilan ou de la situation comptable ayant servi de base à la détermination du prix de cession et qu'ils s'engagent à **prendre à leur charge** toutes les dettes qui ne figureraient pas sur ce bilan ou cette situation et qui viendraient à se révéler après la cession. Souvent, la garantie porte non seulement sur le **passif** non révélé mais aussi sur toute **diminution d'actif** qui serait constatée par rapport aux mentions figurant dans les documents financiers ayant servi de base à la cession.
La garantie de passif et la garantie d'actif sont parfois regroupées sous le terme « **garantie de bilan** ». En pratique, le terme « garantie de passif » est utilisé par les praticiens sans distinction entre ces différentes appellations et nous faisons de même par commodité.

17856 **Caractère exprès de la garantie de passif** La garantie doit être expressément prévue dans l'acte de cession ou dans un acte séparé. En effet, elle ne se présume pas et ne peut résulter ni du silence de l'acte ni des **termes ambigus** d'une clause.

> **ILLUSTRATIONS**
>
> Jugé que, même si la clause s'intitulait « garantie du passif », les cédants n'étaient pas tenus d'une telle garantie dès lors que, aux termes de la clause, ils garantissaient seulement « qu'il n'existe aucune autre dette de la société que celles inscrites au bilan » et que, « dans le cas où un passif occulte se révélerait », ils en seraient « avisés par les acheteurs et mis à même de participer aux discussions susceptibles de s'instaurer avec les créanciers » (Cass. com. 23-4-1985 : Bull. Joly 1985 p. 791).
>
> Dans un cas où une clause d'un acte de cession de parts sociales mentionnait que le prix de cession tenait compte de la situation active et passive de la société au 31 décembre 1995, prévoyait l'établissement d'une situation comptable au 30 juin 1996 et ajoutait « le cédant garantit que l'actif net n'engendre pas de passif supérieur à celui existant au 31 décembre 1995 », jugé que le cédant n'avait pas ainsi souscrit une garantie générale de passif en cas de révélation d'un passif non déclaré lors du bilan de 1995 mais qu'il s'était néanmoins obligé à garantir l'acquéreur de la différence entre le passif existant au 30 juin 1996 et celui figurant dans le dernier bilan, même si *les modalités* de mise en œuvre de cette garantie n'étaient pas définies (CA Paris 19-7-2006 n° 02-17978 : RJDA 1/07 n° 55).
>
> Pour un cas où la garantie de passif prévue dans un protocole de cession d'actions mais non reproduite dans l'acte de cession définitif a néanmoins été déclarée applicable, voir CA Paris 2-6-2020 n° 17/18974 : RJDA 10/20 n° 500.

Déclarations de sincérité du cédant Lorsque la garantie est accompagnée de déclarations du cédant concernant la **situation** ou la gestion **de la société,** dont il certifie la véracité, le cédant s'engage à indemniser l'acquéreur ou la société en cas d'inexactitude de l'une d'elles (Cass. com. 2-2-2010 nº 09-11.064 F-PB : RJDA 7/10 nº 751). 17857

ILLUSTRATIONS

Dans le cas d'un cédant ayant garanti qu'il n'existait aucun fait susceptible d'affecter les résultats de la société mais ayant omis de dire que les clients de celle-ci lui étaient envoyés par une entreprise dirigée par sa compagne, cette omission a justifié l'**application de la garantie** (CA Paris 14-6-2017 nº 15/20436 : RJDA 11/17 nº 723 et, sur pourvoi, Cass. com. 9-1-2019 nº 17-28.725 F-D : RJDA 4/19 nº 263).

À l'inverse, un acquéreur à qui le cédant avait déclaré n'avoir omis aucun fait susceptible d'affecter la situation de la société n'a **pas** été admis à se prévaloir de la **garantie** en se fondant sur l'inexactitude des prévisions de vente qui lui avaient été remises car le cédant ne lui avait pas caché d'informations sur ces prévisions (CA Versailles 18-12-2007 nº 06/3300 : RJDA 5/08 nº 531).

Dans une affaire où le cédant s'était engagé à garantir le préjudice résultant de l'inexactitude de ses déclarations ou de l'omission d'informations significatives concernant la société, jugé que l'absence d'indication par le cédant de la perte d'un client qui représentait entre 7 et 18 % du chiffre d'affaires n'ouvrait pas droit à garantie en l'absence de préjudice, cette perte n'ayant pas fait baisser le chiffre d'affaires de la société (Cass. com. 21-3-2018 nº 16-13.867 F-D : RJDA 7/18 nº 580).

EFFETS DE LA GARANTIE DE PASSIF SUR LES RECOURS LÉGAUX DE L'ACQUÉREUR

Ni la présence d'une garantie contractuelle ni son absence n'interdisent à l'acquéreur d'exercer contre le cédant les recours que lui reconnaît la loi, notamment ceux fondés sur les garanties légales ou sur les vices du consentement (Cass. com. 3-11-2004 nº 00-15.725 F-D : RJDA 3/05 nº 269, 1e esp. ; Cass. com. 4-12-2007 nº 06-18.099 : RJDA 4/08 nº 423 ; Cass. com. 3-2-2015 nº 13-12.483 : RJDA 5/15 nº 349). 17860

Ainsi, le cédant des titres d'une société, contre lequel l'acquéreur exerce une action en indemnisation fondée sur le dol qu'il aurait commis, ne peut pas utilement lui opposer la **clause limitative d'indemnisation** contenue dans la garantie du passif accessoire à la cession des titres. En effet, les articles 1240 et 1241 du Code civil sont d'ordre public et les clauses limitant ou écartant la **responsabilité en matière extracontractuelle** sont donc nulles (Cass. 1e civ. 5-7-2017 nº 16-13.407 FS-D : RJDA 11/17 nº 768).

La **garantie d'éviction** du fait personnel du cédant est également d'ordre public, toute clause qui l'élude étant réputée non écrite (C. civ. art. 1628). En revanche, il est possible de déroger à la garantie des **vices cachés** (C. civ. art. 1643 ; sur les conditions de validité des clauses limitatives ou exonératoires, voir Mémento Droit commercial nº 27259) ; la garantie de passif peut le prévoir.

ATTENTION

Les **recours légaux** ne doivent pas être négligés, même si les tribunaux ont posé des restrictions à leur mise en œuvre. Ils peuvent se révéler plus **intéressants** pour l'acquéreur si la garantie contractuelle prévoit un plafond d'indemnisation ou si un événement apparaît après l'extinction de la garantie alors que ces recours sont encore ouverts. Les recours légaux peuvent en outre permettre d'obtenir l'anéantissement de la cession, ce que n'autorise pas la mise en œuvre de la garantie de passif.

FORMALISME DE SOUSCRIPTION DE LA GARANTIE DE PASSIF

Lorsque la garantie de passif **forme un tout avec l'acte de cession** auquel elle s'intègre, elle n'est pas soumise au formalisme de l'article 1376 du Code civil disposant que l'acte sous signature privée par lequel une seule partie s'engage envers une autre à lui payer une somme d'argent doit être constaté dans un titre comportant la mention écrite de la somme en toutes lettres et en chiffres (Cass. com. 26-6-1990 nº 88-14.444 : Bull. civ. IV nº 197 ; Cass. 1e civ. 20-9-2012 nº 11-13.144 : RJDA 1/13 nº 41). 17861

La **garantie** de passif **donnée par une SA** qui cède des actions ou des parts sociales n'a pas *à être préalablement* autorisée par le conseil d'administration ou de surveillance en application des articles L 225-35, al. 4 ou L 225-68, al. 2 (Cass. com. 12-7-2011 nº 10-16.118 : RJDA 10/11 nº 821). En effet, l'autorisation requise par ce texte ne vise que la garantie par la société des engagements d'un tiers ; or en consentant une garantie de passif, la société cédante garantit son propre engagement de cession.

DISTINCTION ENTRE GARANTIE DE PASSIF ET RÉVISION DE PRIX

Les clauses de garantie de passif doivent être distinguées de celles dites « de révision du prix », encore appelées « clauses de **garantie de valeur** », par lesquelles le cédant s'engage à garantir l'acquéreur de la baisse de valeur des parts ou actions cédées du fait de l'apparition d'un passif et/ou de la diminution d'un élément d'actif après la cession. 17862

La distinction entre garantie de passif et clause de révision de prix est délicate à établir et, en cas de litige, le juge recherche la commune intention des parties pour déterminer quel type de clause elles ont entendu stipuler. En vertu d'une jurisprudence majoritaire, constitue une clause de révision de prix celle qui prévoit expressément que sa mise en œuvre a un effet sur le prix (Cass. com. 21-10-1997 nº 95-18.077 : RJDA 5/98 nº 602 ; Cass. com. 18-12-2001 nº 98-17.320 : RJDA 4/02 nº 394 ; CA Paris 27-6-1989 : Bull. Joly 1989 p. 695 note M. Jeantin). Toutefois, dans une décision isolée, la Cour de cassation a retenu cette qualification au motif exclusif que la garantie bénéficiait au seul acquéreur en l'absence de stipulation pour autrui consentie au profit de la société dont les titres étaient cédés (Cass. com. 11-3-2008 nº 06-20.738 : D. 2008 p. 1801 note O. Deshayes ; dans le même sens, CA Paris 14-5-2009 nº 08-8152 : RJDA 12/09 nº 1093).

17863 Les **différences de régime** entre garantie de passif et clause de révision de prix sont importantes. En cas de garantie de passif, le cédant prend en charge l'intégralité du passif nouveau (et/ou de la diminution d'actif), quel qu'en soit le montant, sauf stipulation contraire. À l'inverse, la clause de révision de prix ne l'oblige à garantir la perte de l'actif net qu'à hauteur du prix de cession, sans pouvoir être tenu au-delà de ce prix (Cass. com. 18-12-2001 nº 2193 : RJDA 4/02 nº 394 ; CA Paris 27-6-1989 : Bull. Joly 1989 p. 695 note M. Jeantin). En outre, la clause de révision ne peut jouer qu'au profit de l'acquéreur (Cass. com. 21-10-1997 nº 2156 : RJDA 5/98 nº 602), même s'il n'est plus titulaire des titres cédés au jour de la demande de révision (CA Paris 5-3-2004 nº 97-911 : RJDA 7/05 nº 822 et, sur pourvoi, Cass. com. 3-4-2007 nº 04-15.532 : RJDA 7/07 nº 736 ; Cass. com. 11-3-2008 nº 06-20.738 : RJDA 10/08 nº 1030 ; CA Paris 18-11-2014 nº 13/05012 : RJDA 2/15 nº 106), alors que la clause de garantie de passif peut bénéficier à la société ou à ses créanciers (nº 17871).

ÉTENDUE DE LA GARANTIE DE PASSIF

17864 La clause de garantie doit être rédigée avec soin car c'est uniquement en fonction de son contenu qu'est appréciée l'étendue de l'engagement pris par le cédant. Elle vise généralement tout **passif** occulte (nº 17866) dont la cause ou l'origine est antérieure à la cession (ou à une date déterminée par les parties dans la clause ; nº 17865).

ILLUSTRATIONS

Si la garantie ne couvre que les **augmentations de passif** occulte, elle ne peut pas être mise en œuvre en cas de diminution d'actif (CA Paris 17-11-1983 : Bull. Joly 1984 p. 399 et, sur pourvoi, Cass. com. 14-5-1985 : Bull. Joly 1985 p. 782).

La garantie couvrant les seules **dettes en numéraire** ne peut pas être étendue au coût des travaux de sécurité effectués par l'acquéreur après la cession à la suite d'injonctions administratives adressées avant celle-ci (Cass. com. 7-11-1983 : Bull. Joly 1984 p. 62).

La garantie de toute **augmentation de passif non comptabilisée** ne couvre pas l'écart négatif de capitaux propres résultant d'une perte constatée entre la date d'arrêté du bilan de référence ayant servi à déterminer le prix de cession et la date de transfert de propriété des droits sociaux dès lors que cet écart résulte d'une perte, c'est-à-dire d'une différence négative entre produits et charges constatés au jour du transfert de propriété et non d'une augmentation de passif non comptabilisée révélée ultérieurement, le passif concernant les dettes de la société (CA Poitiers 15-6-2004 nº 02-834 : RJDA 3/05 nº 272).

La garantie stipulée en cas de **baisse de l'actif net en dessous de la valeur figurant au bilan arrêté** ne s'applique pas en cas de baisse en dessous de la valeur figurant dans une situation comptable provisoire (Cass. com. 24-5-2011 nº 10-13.871 : RJDA 10/11 nº 812).

La clause peut aussi préciser les **catégories de dettes concernées** (dette à l'égard du Trésor public, de tel ou tel fournisseur, emprunt bancaire, passif environnemental, etc.).

Concernant l'intérêt d'intégrer dans le champ de la garantie de passif les **risques nés de normes nouvelles** (risque « RGPD », risque lié à la méconnaissance des obligations légales de transparence, de déclaration du bénéficiaire effectif, etc.), voir A. Couret, Intégrer les risques nouveaux dans le champ de la garantie de passif : BRDA 4/21 inf. 31.

MODÈLE

Clause de garantie

Clause favorable à l'acquéreur

Le garant garantit que tout passif non comptabilisé ou non suffisamment provisionné, tout engagement hors bilan non mentionné dans l'annexe aux comptes annuels, ainsi que toute insuffisance d'actif dans les comptes annuels de la société arrêtés au..., ayant une origine antérieure à cette date et qui viendrait à se révéler ultérieurement, seront remboursés au bénéficiaire de la présente garantie.

La valeur de référence à prendre en compte pour l'appréciation de toute augmentation de passif ou engagement hors bilan, de toute diminution ou insuffisance d'actif, de toute dette, charge ou perte susceptible d'entraîner la mise en jeu de la présente garantie est donc celle figurant dans les comptes sociaux arrêtés au...
Cette garantie couvre notamment, et de façon non exclusive, les éventuels passifs fiscaux, sociaux ou commerciaux de la société, et éventuellement le montant des déficits reportables et des amortissements réputés différés à cette date.

Clause favorable au cédant

Le garant garantit que les dettes suivantes non comptabilisées dans les comptes annuels de la société arrêtés au... ayant une origine antérieure à cette date et qui viendraient à se révéler ultérieurement seront remboursées au bénéficiaire de la garantie à hauteur de... % de leur montant :
– ... (*nature ou liste des dettes à préciser : par exemple, dettes fournisseurs, redressements fiscaux non prescrits, etc.*).
La valeur de référence à prendre en compte pour l'appréciation des dettes susceptibles d'entraîner la mise en jeu de la présente garantie est donc celle figurant dans les comptes sociaux arrêtés au...
Le garant ne s'oblige à payer les sommes dues au titre de la présente garantie qu'au-delà d'un montant de... € (*ou, si un plafond est prévu : que dans la limite d'un montant de... €*) toutes dettes confondues.

Passif antérieur Sauf précision contraire dans la garantie de passif, la détermination de l'antériorité du passif garanti s'effectue au regard du **fait générateur** de ce passif, c'est-à-dire en fonction de la date de l'acte ou du fait juridique qui lui a donné naissance et non de sa date d'**exigibilité**. 17865

ILLUSTRATIONS

Ne constituent pas un passif antérieur ouvrant droit à la garantie les **indemnités** versées à un **salarié licencié** après la cession, même si le litige né entre le salarié et l'employeur bien avant celle-ci a rendu ce licenciement inévitable (Cass. com. 31-3-2009 n° 08-12.702 : RJDA 10/09 n° 856). En revanche, elles constituent un passif antérieur dès lors que l'inaptitude du salarié ayant conduit à son licenciement trouve son origine dans un accident antérieur à la cession et que la société est dispensée de l'obligation de reclassement (Cass. com. 6-7-2022 n° 21-11.483 F-D : RJDA 12/22 n° 692), mais pas lorsque, un reclassement étant envisageable, la société a néanmoins estimé, après la cession, qu'elle était dans l'impossibilité de reclasser le salarié (CA Rennes 3-12-2024 n° 23/02376 : RJDA 4/25 n° 209).

L'indemnité due à un salarié en cas de **requalification** d'une succession de contrats d'intérim irréguliers **en un contrat de travail à durée indéterminée** trouve son origine dans la conclusion du premier contrat irrégulier, antérieur à la cession des titres de la société qui l'employait, mais les **indemnités de licenciement** du salarié ont pour fait générateur la cessation de la relation de travail lorsque de nouveaux contrats irréguliers ont été conclus après la cession (Cass. com. 21-9-2022 n° 20-18.965 F-B : RJDA 12/22 n° 693).

Le fait générateur de la **rémunération du dirigeant** est sa nomination à ses fonctions et non la période d'exercice pour laquelle la rémunération est réclamée (Cass. com. 12-7-2011 n° 10-26.125 : RJDA 12/11 n° 1041).

Passif occulte L'**acquéreur** peut-il invoquer la garantie lorsque, le passif ou la dépréciation d'actif incriminés n'apparaissant pas dans les comptes sociaux, il en a eu néanmoins **connaissance** avant la cession et a donc pu prendre cet élément en considération lors de la fixation du prix des titres ? 17866

Il résulte des derniers arrêts rendus par la Cour de cassation que la réponse dépend des termes de la garantie : si celle-ci ne fait pas de distinction selon que l'acquéreur avait ou non connaissance de la cause ou de l'origine de la diminution d'actif ou de l'augmentation du passif, cette connaissance ne lui interdit pas de mettre en œuvre la garantie (Cass. com. 14-12-2010 n° 09-68.868 : RJDA 3/11 n° 246 ; Cass. com. 12-5-2015 n° 14-13.234 : RJDA 8-9/15 n° 571 ; Cass. com. 3-5-2018 n° 16-23.817 F-D : RJDA 8-9/18 n° 646).

CONSEIL

Par précaution, les parties ont intérêt à préciser si elles entendent exclure de la garantie le passif non inscrit au bilan ou non provisionné mais dont l'acquéreur a néanmoins eu connaissance. La même précaution n'est pas inutile dans les déclarations de sincérité portant sur le bilan, même si la seule inexactitude des écritures comptables suffit en principe à engager la responsabilité du cédant.

17867 **Passif pénal** Certaines clauses de **garantie** couvrent les augmentations du passif résultant de **sanctions prononcées à l'encontre de la société** après la cession pour des infractions commises avant celle-ci. Si le bénéficiaire d'une telle garantie est la société, la clause se heurte au principe d'ordre public interdisant de décharger une personne des conséquences de sa responsabilité pénale (principe de la personnalité des peines), ce qui entraînerait la nullité de cette clause ; c'est pourquoi une garantie de « passif pénal » doit, pour être valable, désigner exclusivement et sans ambiguïté l'acquéreur comme bénéficiaire (H. Dubout, Garanties de passif et responsabilité pénale des personnes morales : Bull. Joly 1994 p. 253).

CONSEIL

Pour le cas de condamnation de la société à des amendes, il peut être prévu que le **montant de l'indemnisation** sera égal à celui des amendes. Pour les autres sanctions (fermeture de l'établissement, exclusion des marchés publics, etc.), il nous paraît opportun – compte tenu de la difficulté de trouver des paramètres permettant d'évaluer avec précision les conséquences financières des diverses peines susceptibles d'être infligées à la société – de confier à un tiers le soin de déterminer le montant de l'indemnité. Pour le cas extrême où la sanction retirerait toute valeur à la société, les parties pourraient prévoir la résolution de la cession.

17868 **Garantie des agréments et autorisations administratives** Lorsque la société exerce une activité réglementée, il est prudent d'étendre la garantie à l'existence et à la validité des agréments et autorisations administratives nécessaires à l'exercice de cette activité. La clause par laquelle le cédant n'a garanti que l'existence de ces autorisations ne s'applique pas en cas de modification postérieure du contenu d'une autorisation par l'administration (CA Paris 24-6-2005 nº 03-6240 : RJDA 1/06 nº 32, 3e esp.).

17869 **Passif « environnemental »** La garantie peut couvrir les conséquences de **pollutions** révélées après la cession, mais dont la cause est antérieure.

CONSEIL

Mieux vaut préciser dans la clause les types de dommages que le cédant s'engage à indemniser (décontamination, mise aux normes des installations, réparation des équipements endommagés, dommages causés aux tiers, etc.) et si le montant de la garantie sera diminué du montant des indemnités d'assurance versées à la société (sur cette question, voir E. Fremeaux et F. Coutant, Les cessions de droits sociaux et la protection de l'environnement : Bull. Joly 1994 p. 1061). Il peut aussi être opportun d'aligner la durée de la garantie sur les délais de prescription des actions pouvant être engagées contre la société, par exemple, 10 ans pour les obligations financières liées à la réparation des dommages causés à l'environnement par les installations, travaux, ouvrages et activités régis par le Code de l'environnement (C. envir. art. L 152-1).

BÉNÉFICIAIRES DE LA GARANTIE DE PASSIF

17870 Il est recommandé de désigner les bénéficiaires de la garantie dans la **clause** afin d'éviter toute contestation ultérieure sur leur identité. Rien ne s'oppose toutefois à ce que l'acquéreur se réserve le droit d'indiquer au cédant, si la garantie vient à jouer, à qui (lui-même, la société, les créanciers ou même un tiers, banquier par exemple) les versements devront être faits (Cass. com. 26-2-2013 nº 12-15.216 F-D : JCP E 2013 nº 1519 obs. M. Buchberger).

17871 **Société ou créanciers** Lorsque la clause désigne la société ou les créanciers sociaux comme bénéficiaires, elle s'analyse en une **stipulation pour autrui** (C. civ. art. 1205). Cette stipulation doit être **clairement exprimée** dans l'acte (Cass. com. 8-3-2017 nº 15-19.174 F-D : RJDA 6/17 nº 413).

ILLUSTRATIONS

La garantie n'a pas été clairement stipulée au profit de la société – et bénéficie donc au seul acquéreur – lorsqu'aux termes de l'acte, le cédant « s'engage à indemniser le cessionnaire de toute augmentation de passif ou de toute diminution d'actif par rapport aux comptes de référence » mais aussi à prendre en charge certains coûts supportés par la société (Cass. com. 8-3-2017 nº 15-19.174 F-D : RJDA 6/17 nº 413). En revanche, la stipulation au profit de la société peut résulter de la mention selon laquelle le cédant s'oblige à « reverser dans les caisses sociales » les sommes correspondant à l'appauvrissement net de la société (Cass. com. 7-10-1997 nº 95-18.119 P : RJDA 12/97 nº 1498), cette mention étant dénuée d'ambiguïté.

Les bénéficiaires de la stipulation ont un **droit** propre et direct **à agir** contre le cédant **en exécution de la garantie** : s'il s'agit de la société, la demande portera sur le paiement des sommes correspondant à son appauvrissement et, s'il s'agit d'un créancier, cette demande portera sur le remboursement de sa créance.

En sa qualité de stipulant, l'acquéreur n'est en droit d'agir en exécution de la garantie qu'au profit du bénéficiaire de la stipulation (C. civ. art. 1209). Mais l'acquéreur ne peut pas agir lorsqu'il n'est plus propriétaire des actions ou parts sociales à la suite de la revente de celles-ci (Cass. com. 12-2-2008 nº 06-15.951 : RJDA 10/08 nº 1030 ; CA Paris 27-11-2008 nº 07/19167 : RJDA 3/09 nº 230 ; CA Paris 18-11-2014 nº 13/5012 : RJDA 2/15 nº 106). Il en est de même en cas de saisie car la garantie est attachée aux droits sociaux cédés.

Acquéreur Lorsque la clause désigne expressément et seulement l'acquéreur comme bénéficiaire de la garantie, la société ne peut pas se prévaloir de celle-ci (CA Paris 12-10-2001 nº 99-17970 : RJDA 2/02 nº 159), sauf si une cession, une fusion ou un apport lui a transféré les droits que l'acquéreur tient de la garantie (CA Paris 30-8-2005 nº 04/15624 : RJDA 1/06 nº 32, 1e esp.). 17872
La garantie est un droit personnel de l'acquéreur qui peut l'invoquer même s'il a revendu les droits sociaux qu'il avait acquis (Cass. com. 11-3-2008 nº 06-20.738 : RJDA 10/08 nº 1030 et, sur renvoi, CA Paris 14-5-2009 nº 08/8152 : RJDA 12/09 nº 1093 ; CA Paris 18-11-2014 nº 13/5012 : RJDA 2/15 nº 106) ou si, à la suite de la fusion-absorption de la société cédée, il n'en détient plus aucun (CA Paris 5-3-2004 nº 94/65665 : RJDA 7/05 nº 822 et, sur pourvoi, Cass. com. 3-4-2007 nº 04-15.532 : RJDA 7/07 nº 736).

> **Précisions** **a.** Lorsque l'acquéreur est une **société** qui est par la suite **absorbée** dans le cadre d'une fusion, la garantie est transférée à la société absorbante par l'effet de la transmission universelle du patrimoine même en l'absence de mention de la clause de garantie dans le traité de fusion ; toutefois ce dernier peut exclure la transmission de la garantie (Cass. com. 10-7-2007 nº 05-14.358 : RJDA 1/08 nº 45 ; CA Paris 20-10-2005 nº 04-481 : RJDA 3/06 nº 282). Ces principes sont applicables en cas de scission de la société, cette opération ayant le même effet de transmission universelle de patrimoine.
>
> **b.** Même en l'absence de stipulation dans l'acte de cession initial d'une faculté de transmission de la garantie, l'acquéreur qui revend ses droits sociaux peut céder la créance afférente à la garantie au **sous-acquéreur** (Cass. com. 9-10-2012 nº 11-21.528 : RJDA 3/13 nº 241), sauf si la garantie est stipulée dans un contrat de cession conclu « intuitu personae » (Cass. com. 20-10-2015 nº 14-17.896 : RJDA 1/16 nº 34). La transmission de la garantie à un tiers peut également être écartée par une clause de l'acte initial de cession limitant le bénéfice de la garantie à l'acquéreur initial ou en interdisant expressément toute transmission.

Absence d'indication du bénéficiaire En présence d'une clause de garantie ne comportant pas l'indication du bénéficiaire, la garantie est réputée stipulée au profit de l'acquéreur des droits sociaux (Cass. com. 26-2-2013 nº 12-15.216 F-D : JCP E 2013 nº 1519 obs. M. Buchberger ; Cass. com. 8-3-2017 nº 15-19.174 F-D : RJDA 6/17 nº 413). Seule une stipulation pour autrui fait échec à ce principe (Cass. com. 8-3-2017 précité ; nº 17871). 17873

MISE EN ŒUVRE DE LA GARANTIE DE PASSIF

La clause de garantie précise généralement les modalités de **présentation de la demande** d'indemnisation (par exemple, envoi au cédant d'une lettre recommandée AR). La demande adressée au domicile élu par le cédant dans l'acte de cession est valable, même s'il ne l'a pas réceptionnée faute d'avoir prévenu l'acquéreur de son changement d'adresse (Cass. com. 8-11-2023 nº 21-25.033 F-B : RJDA 3/24 nº 163). 17874

Il est fréquent que la clause limite aussi le **délai** pendant lequel l'acquéreur pourra invoquer la garantie, ce qui conduit à exclure de celle-ci les dettes apparaissant après une date déterminée.

L'acquéreur peut appeler le cédant en garantie même s'il n'a pas encore été condamné pour une des causes garanties (Cass. com. 18-10-2011 nº 10-26.563 : JCP E 2013 nº 1246 obs. F.-G. Trébulle).

Sauf indication contraire de la clause, la garantie peut jouer sans avoir à démontrer que la **baisse d'actif** qu'elle couvre a une **incidence sur la valeur** des parts ou actions cédées (Cass. com. 7-7-2020 nº 18-19.230 F-D : RJDA 11/20 nº 573).

Conformément au droit commun des contrats (C. civ. art. 1104, al. 1), la garantie doit être exécutée, et donc **appelée, de bonne foi.** Par exemple, n'est pas de bonne foi l'acquéreur qui n'a pas tenté de recouvrer les créances pour lesquelles il met en œuvre la garantie (CA Lyon 1-6-2006 nº 04-4930 : RJDA 3/07 nº 267 ; CA Paris 21-11-2006 nº 05-766 : RJDA 6/07 nº 621). En cas d'appel de mauvaise foi, le juge ne peut pas pour autant considérer que la garantie est inexistante car l'usage déloyal d'une prérogative contractuelle ne l'autorise pas à porter atteinte à la substance même des droits et obligations légalement convenus entre les parties (Cass. com. 10-7-2007 nº 06-14.768 : RJDA 11/07 nº 1057 ; CA Paris 24-10-2013 nº 12/14281 : RJDA 2/14 nº 120). Le garant peut néanmoins mettre en cause la responsabilité contractuelle du bénéficiaire afin d'obtenir des dommages-intérêts et la compensation entre ces derniers et les sommes dues en exécution de la garantie.

ATTENTION

En cas de **pluralité d'acquéreurs,** chacun d'eux peut mettre en œuvre la garantie de passif pour la seule fraction du capital qu'il a acquise, sauf clause contraire. En effet, la **solidarité** entre les bénéficiaires de la garantie (solidarité dite « active ») ne se présume pas (C. civ. art. 1310 et 1311), y compris si la cession est de nature commerciale (cf. Cass. com. 26-9-2018 nº 16-28.133 F-PB : RJDA 1/19 nº 21 ; dans le même sens à propos d'autres opérations de nature commerciale, Cass. com. 14-3-2000 nº 97-16.905 D : RJDA 6/00 nº 717 ; Cass. 1e civ. 31-5-1983 nº 82-11.807 : Bull. civ. I nº 16). Pour qu'il y ait solidarité entre les bénéficiaires, la garantie doit indiquer expressément que chacun d'eux peut réclamer et recevoir le paiement de toute la créance, pas seulement qu'ils sont solidaires (Cass. 1e civ. 27-4-2004 nº 02-10.347 FS-PB : RJDA 4/05 nº 448). À défaut de solidarité, l'action en justice de l'un des bénéficiaires tendant à l'exécution de la garantie à son profit n'interrompt pas la prescription à l'égard des autres (Cass. com. 26-9-2018 précité) alors qu'elle l'interrompt en cas de solidarité (art. 1312).

INFORMATION DU GARANT PAR L'ACQUÉREUR

17875 Les clauses de garantie imposent souvent à l'acquéreur d'informer le cédant, dans certaines conditions de forme (généralement par lettre recommandée AR) et de délai, de tout **événement susceptible d'entraîner la mise en jeu de la garantie** afin que le cédant puisse faire valoir ses arguments et participer ainsi à la défense de la société. À défaut de telles stipulations, l'acquéreur peut valablement mettre en œuvre la garantie sans informer au préalable le cédant de l'événement l'ayant déclenchée. Ce faisant, l'acquéreur ne viole pas la règle imposant aux parties d'exécuter les conventions de bonne foi (C. civ. art. 1104, al. 1). Ainsi, à défaut de tout engagement particulier à cet égard, l'acquéreur n'est pas tenu d'aviser le cédant d'un contrôle fiscal en cours pour lui permettre de fournir tous éléments de réponse utiles (Cass. com. 23-11-1993 nº 1817 : Bull. Joly 1994 p. 168 note A. Couret).

Souvent, la clause sanctionne l'**inobservation de l'obligation** d'information (absence ou retard d'exécution) par la déchéance de la garantie. Le juge doit alors la prononcer, même si le cédant n'a pas subi de préjudice du fait du défaut d'information (Cass. com. 15-3-2011 nº 09-13.299 : RJDA 7/11 nº 631), à moins que la clause subordonne la déchéance à la démonstration d'un préjudice (Cass. com. 17-3-2021 nº 19-11.691 F-D : RJDA 6/21 nº 395). Le fait que le cédant a eu connaissance, avant la cession, de l'événement à l'origine de la mise en œuvre de la garantie et l'a dissimulé à l'acquéreur ne le prive pas du bénéfice de la déchéance de la garantie (Cass. com. 15-3-2011 précité) ; l'acquéreur peut toutefois mettre en cause la responsabilité contractuelle du cédant afin d'obtenir des dommages-intérêts.

En l'**absence** de **clause de déchéance,** les juges du fond apprécient souverainement si la déchéance est encourue par l'acquéreur du seul fait de l'inexécution de son obligation (Cass. com. 9-6-2009 nº 08-17.843 : RJDA 8-9/09 nº 752 ; Cass. com. 25-1-2017 nº 15-17.137 F-D : RJDA 4/17 nº 255). Certains juges ne prononcent la déchéance (en tout ou partie) que si le défaut ou le retard d'information a causé un préjudice au cédant, en l'empêchant de participer effectivement à la défense de la société (CA Paris 6-12-2002 nº 01-12401 : RJDA 6/03 nº 603).

ILLUSTRATIONS

Un **cédant** a été **condamné à** fournir sa **garantie** bien que l'acquéreur ne lui ait pas fait part de l'annonce d'un contrôle de l'Urssaf dès lors que, informé de la notification du redressement faisant suite à ce contrôle, le cédant n'avait pas formulé des observations ou des moyens de défense dans le délai de 30 jours prévu à cet effet (CA Rouen 3-4-2008 nº 06-2877 : RJDA 10/08 nº 1031 et, sur pourvoi, Cass. com. 5-5-2009 nº 08-16.381). Un cédant a également été condamné à exécuter sa garantie, alors que l'acquéreur n'avait pas respecté son obligation d'information, car il connaissait les faits permettant à celui-ci de mettre en œuvre la garantie et avait donné son accord sur les sommes réclamées par lui au titre de litiges nés de licenciements antérieurs à la cession (CA Paris 9-4-2013 nº 12/00631 : RJDA 8-9/13 nº 718).

En revanche, la **garantie** a été **écartée** à propos d'un redressement de cotisations sociales (contribution Delalande due en cas de licenciement d'un salarié de plus de 50 ans) dès lors que, non informé du licenciement, le cédant n'avait pas pu faire valoir les cas d'exonération de ladite contribution (CA Paris 28-2-2008 nº 06/19226 : RJDA 6/08 nº 670). Plus rarement, d'autres juges du fond prononcent la déchéance du seul fait de l'inexécution de l'obligation d'information, sans caractériser le préjudice subi (cf. CA Paris 24-10-2000 nº 99/24926 : RJDA 3/01 nº 326, 1e esp. ; CA Paris 24-10-2013 nº 12/14281 : RJDA 2/14 nº 120), ou considèrent que l'inexécution constitue une fin de non-recevoir conventionnelle interdisant toute mise en œuvre de la garantie (CA Paris 17-5-2002 nº 00/20924 : RJDA 4/03 nº 391).

PLURALITÉ DE GARANTS

17876 En principe, lorsque plusieurs cédants ont consenti à garantir le passif, l'acquéreur doit demander à chacun d'eux le versement d'une indemnisation correspondant au nombre de parts ou actions qu'il a cédées.

Toutefois, en cas de cession de contrôle, qui revêt un caractère commercial (nos 16013 s.), la garantie souscrite par plusieurs cédants est affectée de la présomption simple de **solidarité** liant les codébiteurs d'une dette commerciale (Cass. com. 28-4-1987 : Bull. civ. IV n° 103 ; Cass. com. 28-11-2006 n° 05-14.827 : RJDA 5/07 n° 489). Il en résulte que l'acquéreur peut valablement demander à l'un quelconque des cédants le paiement de l'intégralité des sommes dues en exécution de la garantie.

Autre effet de la solidarité : l'interruption de la prescription à l'égard de l'un des débiteurs vaut également pour les autres débiteurs (C. civ. art. 2245). Par suite, dans un cas où la garantie de passif précisait que toute demande d'indemnisation devait être formée dans un délai de trois ans à compter de la date de la cession, jugé que l'action engagée par l'acquéreur au titre de la garantie contre l'un des cédants après l'expiration dudit délai n'est pas prescrite dès lors qu'il avait mis en œuvre la garantie à l'encontre de l'autre cédant dans le délai requis (Cass. com. 28-11-2006 n° 05-14.827 : RJDA 5/07 n° 489).

L'acquéreur peut également demander à l'un des cédants le paiement de l'intégralité des sommes dues s'il prouve que la dette des cédants est indivisible. En effet, chaque débiteur ayant contracté conjointement une **dette indivisible** en est tenu pour le tout, même si l'obligation à l'origine de la dette n'a pas été contractée solidairement (C. civ. art. 1320). A ainsi été considérée comme indivisible l'obligation de garantie souscrite par trois cédants à l'occasion de la cession de l'intégralité des parts d'une société dès lors que, d'une part, l'opération avait été groupée puisqu'il n'y avait pas eu trois actes de cession mais un seul dans lequel les trois cédants avaient déclaré être les seuls porteurs de parts de la société et que, d'autre part, ces derniers s'étaient engagés ensemble à prendre personnellement à leur charge le règlement des dettes qui se révéleraient ultérieurement, de sorte que l'acquéreur n'ait rien à payer aux créanciers sociaux (CA Paris 28-10-1985 : BRDA 24/85 p. 19). 17877

Le cédant qui a payé toutes sommes dues au titre de la garantie dispose de recours en contribution contre les autres cédants (art. 1320).

MONTANT DE LA GARANTIE

Sauf clause contraire de la garantie, le cédant doit garantir la totalité du passif nouveau ou de la baisse d'actif constatée, dans la mesure où ils entrent dans le champ de la garantie. L'indemnité due n'est alors pas proportionnée à la participation cédée (CA Paris 22-1-2004 n° 02-18970 : RJDA 6/04 n° 719) et elle ne saurait être réduite au motif que l'acquéreur a entre-temps revendu une partie des titres (Cass. com. 12-7-2005 n° 04-11.918 F-D : RJDA 11/05 n° 1230). 17878

Mais rien n'interdit de prévoir un **plafond** de garantie : le cédant peut s'engager à ne prendre en charge qu'une partie du passif nouveau (par exemple, les deux tiers) ou s'engager dans la limite d'un montant forfaitaire qui peut, par exemple, correspondre au prix de cession des droits sociaux ou à un pourcentage de celui-ci. Le montant de la garantie peut aussi être limité à la proportion des parts ou actions cédées : ainsi, en cas de cession de la moitié des parts ou actions représentant le capital social, le montant de la garantie sera limité à la moitié du passif ou de la perte d'actif constatée.

Les parties peuvent aussi convenir que n'ouvriront droit à garantie que les demandes supérieures à un certain montant fixé soit par demande, soit globalement, ce qui protège le cédant de la mise en œuvre de la garantie pour des faits mineurs. L'acte peut aussi prévoir que le montant de la **franchise** sera déduit des sommes dues au titre de la garantie.

> **Précisions** En cas de convention prévoyant que le passif social viendrait en **déduction du prix** de cession qui devait être payé suivant des échéances dont le montant était soumis à une indexation, il a été considéré que l'imputation du passif devait être faite sur le prix avant toute indexation (Cass. com. 28-6-1983 : Bull. Joly 1983 p. 843).

CONTRE-GARANTIE DE LA GARANTIE DE PASSIF

Afin de se prémunir contre le **risque d'insolvabilité du cédant** au moment de l'exécution de la garantie de passif, il est fréquent que l'acquéreur réclame une contre-garantie, par exemple un cautionnement ou une garantie autonome consenti par un établissement bancaire, la mise sous séquestre d'une certaine somme par le cédant ou encore une garantie sur les biens du cédant (hypothèque, nantissement, etc.). 17882

Le cédant et l'acquéreur peuvent aussi recourir à une assurance couvrant l'intégralité de la garantie ou seulement certains des risques visés par cette dernière (risques fiscaux, environnementaux ou liés à un contentieux, notamment). Le cédant souscripteur peut ainsi échapper à la constitution d'un séquestre (généralement demandé par la banque garante) et recevoir immédiatement l'intégralité du prix de cession ou encore éluder ou limiter l'engagement hors bilan lié à la garantie. L'acquéreur souscripteur peut, grâce à l'assurance, obtenir une garantie d'un montant plus élevé ou d'une durée plus longue que ce qu'offre le cédant.

RÉGIME FISCAL DE LA GARANTIE DE PASSIF

17885 En cas de mise en œuvre d'une clause de garantie de passif ou de révision de prix, le cédant peut, s'il s'agit d'une personne physique, obtenir la correction de son imposition initiale par voie de dégrèvement sur réclamation présentée au plus tard le 31 décembre de la deuxième année suivant celle au cours de laquelle le reversement du prix revêt un caractère définitif (Mémento Fiscal n° 33145).

En ce qui concerne la situation des entreprises, voir Mémento Fiscal n° 18850, précision a.

3. AUTRES ENGAGEMENTS DU CÉDANT

SOUSCRIPTION PAR LE CÉDANT D'UNE PROMESSE DE PORTE-FORT

17890 Il est fréquent, lors de la cession de tout ou de la majorité des parts ou actions d'une société, que les négociations soient menées par le principal associé qui s'engage auprès du ou des futurs acquéreurs à ce que les autres associés leur cèdent aussi leurs parts ou actions aux conditions convenues.

Cet engagement, appelé « promesse de porte-fort » (C. civ. art. 1204), ne lie pas le **tiers** concerné qui peut **refuser de céder** ses titres (Cass. com. 25-1-1994 n° 221 : RJDA 6/94 n° 618). Dans ce cas, le bénéficiaire de la promesse ne peut pas en imposer l'exécution au promettant. Il ne peut obtenir que des dommages-intérêts (Cass. 1e civ. 7-3-2018 n° 15-21.244 F-PB : RJDA 6/18 n° 486 ; Cass. com. 25-5-2022 n° 20-18.666 F-D : RJDA 10/22 n° 547).

Si le **tiers ratifie** l'engagement pris par le promettant, celui-ci est libéré de sa promesse (art. 1204, al. 2). Le tiers est alors considéré comme partie à la cession à compter de la date de la promesse (art. 1204, al. 3).

› Précisions **a.** La **responsabilité du promettant** est engagée du seul fait que le résultat promis n'a pas été atteint, sans qu'il soit besoin d'établir qu'il a commis une faute (CA Paris 19-6-1998 : Bull. Joly 1998 p. 1152 note A. Couret et, sur pourvoi, Cass. com. 18-12-2001 n° 98-19.524 F-D ; dans le même sens, CA Versailles 19-11-1998 : RJDA 7/99 n° 755).

b. La **ratification** de l'engagement par le tiers peut être **tacite** (Cass. ass. plén. 22-4-2011 n° 09-16.008 : RJDA 8-9/11 n° 676). Jugé ainsi que des actionnaires avaient ratifié la cession de leurs actions dès lors que les fonctions de direction assumées par l'acquéreur et l'indication de son nom sur les feuilles de présence de l'assemblée générale après la cession démontraient que les associés lui avaient bien transféré les titres et les prérogatives qui y sont attachées (arrêt précité).

TUTORAT DU CÉDANT

17892 Après avoir cédé (ou donné) la majorité des parts d'une société commerciale, le cédant peut conclure avec l'acquéreur un contrat de tutorat par lequel il s'engage à **transmettre** à ce dernier son **expérience de chef de l'entreprise** cédée (art. L 129-1 ; Décret 2007-478 du 29-3-2007 art. 1). Ce dispositif n'est pas subordonné au départ en retraite du cédant.

› Précisions Seuls **peuvent être tuteurs** (cf. art. L 129-1 ; Décret 2007-478 art. 1) :
– le gérant majoritaire de SARL et le gérant associé unique d'une EURL ;
– le gérant de SNC ainsi que le gérant commandité de SCS ou de SCA.

À notre avis, ce dispositif est applicable en cas de cession des actions d'une SCA, même si le décret 2007-478 ne vise que les cessions de parts, cette limitation n'apparaissant pas dans l'article L 129-1 qui concerne la cession « d'une entreprise commerciale, artisanale, libérale ou de services ».

C. Engagements de l'acquéreur du contrôle

COMPLÉMENT DE PRIX

17940 Les parties peuvent convenir du paiement par l'acquéreur d'un complément de prix qui sera déterminé au regard des futurs résultats de la société dont les titres sont cédés. Cette **clause** dite « **d'earn out** » est soumise aux règles de détermination du prix exposées n° 16760.

› Précisions **a.** Le **cédant** conserve la possibilité de **contester** les **comptes sociaux** sur la base desquels le complément de prix doit être calculé même si, demeuré actionnaire et président du conseil d'administration après la cession, il a présenté ces comptes au conseil d'administration et à l'assemblée générale où il était minoritaire (CA Versailles 2-10-2012 n° 11/02711 : RJDA 6/13 n° 522).

b. L'**acquéreur** de l'intégralité des actions d'une société a été condamné à indemniser le cédant dès lors qu'il avait **privé** celui-ci de toute **chance de percevoir le complément de prix** convenu en bouleversant, avant la date convenue pour calculer cet éventuel complément, les conditions d'exploitation de la société (répartition de certains clients de la société au sein du groupe auquel appartenait l'acquéreur, modification de la politique commerciale de la société et enfin absorption de celle-ci) (CA Paris 15-9-2011 n° 07/02102 : RJDA 3/12 n° 300).

Régime fiscal En vertu de l'article 150-0 A, I-2 du CGI, le complément de prix perçu par le cédant personne physique en exécution d'une telle clause relève du régime des plus-values sur titres (n° 68432) au titre de l'année au cours de laquelle il est reçu. Lorsqu'il est perçu par une entreprise, il relève du régime des plus-values à long terme (Mémento Fiscal n°s 18400 et 18710 s.) si la plus ou moins-value dégagée lors de la cession initiale des titres concernés relevait également de ce régime. 17941

CONTRE-GARANTIE DES ENGAGEMENTS DU CÉDANT CONSENTIE PAR L'ACQUÉREUR

Lors des cessions de contrôle, l'acquéreur s'oblige fréquemment à **décharger le cédant** (ou un tiers auquel il est lié) de tous les **engagements personnels** que ce dernier a **pris envers les créanciers de la société,** notamment sous forme de cautionnements, et à le garantir de toute condamnation qui serait prononcée contre lui à la demande de ces créanciers. 17950

Lorsque l'acquéreur s'engage « à faire en sorte » que les garanties consenties au profit des créanciers soient levées, cet engagement s'analyse en une obligation de moyens et non de résultat puisque sa réalisation dépend de la volonté des créanciers ; l'acquéreur doit alors accomplir toutes les diligences utiles à la levée des garanties, comme proposer aux créanciers de se substituer au cédant (CA Paris 14-6-2017 n° 15/00827 : RJDA 11/17 n° 726).

CONSEIL

Il est prudent d'indiquer dans l'acte l'identité des créanciers bénéficiaires des garanties et l'étendue des dettes couvertes par celles-ci mais ce n'est pas indispensable lorsque l'engagement reflète sans ambiguïté l'accord de l'acquéreur pour prendre à son compte toutes les garanties données par le cédant (Cass. com. 1-4-1997 : RJDA 8-9/97 n° 1000 ; Cass. com. 10-3-1998 : RJDA 6/98 n° 732 ; Cass. com. 9-1-2001 n° 97-19.791 : RJDA 5/01 n° 638).

Si l'acquéreur est une SA, son représentant légal ne peut contre-garantir au nom de la société les engagements du cédant qu'avec l'autorisation préalable de son conseil d'administration (ou de surveillance), faute de quoi cette contre-garantie est inopposable à la société (art. L 225-35, al. 4 et L 225-68, al. 2 : n°s 40905 s. et 43823). Pour des exemples où, en l'absence de cette autorisation préalable, le cédant n'a pas pu mettre en œuvre la contre-garantie qui lui avait été accordée, voir Cass. com. 13-10-1992 : RJDA 12/92 n° 1141 ; Cass. com. 24-6-2003 n° 01-01.464 : RJDA 11/03 n° 1083. 17951

Par ailleurs, l'engagement par une SA, qui avait acheté à l'un de ses administrateurs les parts d'une société civile, de substituer son cautionnement à celui consenti par le cédant au profit d'un créancier de la société civile ou, le cas échéant, de lui fournir sa contre-garantie ne constitue pas un cautionnement ni un aval prohibés par l'article L 225-43 (n° 52510) (Cass. com. 26-4-2000 : RJDA 11/00 n° 1000).

Lorsque l'acte de cession prévoit une substitution de garantie, le **cédant** n'est pas **libéré** une fois que l'acquéreur a pris une nouvelle garantie (Cass. com. 29-1-2002 : RJDA 6/02 n° 693). Pour qu'il en soit ainsi, le cédant doit solliciter du bénéficiaire de la garantie une décharge de son engagement. 17952

> **Précisions** **a.** Commet une **faute** engageant sa responsabilité la **banque** qui tarde à faire connaître à l'ancien gérant d'une société qu'elle refusait de substituer au cautionnement donné par ce dernier celui consenti par le nouveau gérant (CA Paris 23-1-1998 : RJDA 4/98 n° 513) ou qui ne procède pas à la substitution alors qu'elle s'y est engagée (Cass. com. 31-1-2017 n° 15-17.093 F-D : RJDA 7/17 n° 499).
> Mais n'en commet pas la banque qui omet d'informer le cédant sur la persistance du cautionnement malgré la souscription d'un nouveau cautionnement par l'acquéreur (Cass. com. 29-1-2002 précité).
> **b.** L'engagement général de **reprise** par l'acquéreur de parts sociales des **cautionnements** donnés par le cédant est un engagement unilatéral de payer soumis à l'exigence de la **mention manuscrite** prévue par l'article 1376 du Code civil (Cass. com. 26-6-2019 n° 17-24.592 F-D : RJDA 10/19 n° 655).

MAINTIEN DU CÉDANT AU SEIN DE LA SOCIÉTÉ

Maintien dans les fonctions de direction En cas de cession de contrôle, l'acquéreur s'engage parfois à maintenir le cédant dans ses fonctions de dirigeant pendant un certain temps. Un tel engagement peut être d'une grande **utilité** lorsqu'une partie du prix de cession dépend des résultats futurs de la société (clause d'earn out). Si l'acquéreur ne respecte pas cet engagement et si le cédant n'a pas perçu de complément de prix, l'acquéreur peut être condamné à lui verser des dommages-intérêts pour l'avoir privé d'une chance d'influencer la gestion et de permettre à la société d'améliorer ses résultats (CA Paris 26-9-2003 n° 01-21736 : RJDA 3/04 n° 318). Pour l'acquéreur, le maintien temporaire du cédant au sein de 17960 l'entreprise peut limiter le risque de perte d'un savoir-faire, d'une compétence ou encore d'une notoriété pendant une certaine période.

Toutefois, un tel engagement est d'une **validité** douteuse car il peut faire échec à la libre révocabilité des dirigeants sociaux.

> **Précisions** Dans une espèce concernant le maintien en fonctions d'un membre du directoire, il a été jugé que la **révocation** de l'intéressé **avant le terme convenu** justifiait non seulement l'attribution de dommages-intérêts mais aussi la résolution de la cession (CA Paris 5-4-1990 : BRDA 10/91 p. 15 et, sur pourvoi, Cass. com. 11-2-1992 nº 90-16.588 : BRDA 7/92 p. 7).

17961 **Contrat de travail** Il est assez fréquent que les acquéreurs s'engagent à procurer au cédant un contrat de travail au sein de la société. Un tel engagement est valable lorsque le contrat promis correspond à l'exécution d'un travail effectif. Plusieurs obstacles s'opposent en revanche au paiement du prix de cession sous la forme de versements au titre d'un contrat de travail (nº 16801).

> **Précisions** L'engagement de l'acquéreur de procurer un contrat de travail au cédant s'analyse en une **promesse de porte-fort** que la société est libre de ne pas ratifier, auquel cas le cédant est fondé à agir en réparation contre l'acquéreur (cf. C. civ. art. 1204). Un acquéreur-promettant a aussi été condamné à des dommages-intérêts envers le cédant dans un cas où la société avait bien signé avec lui un contrat de travail mais ne l'avait pas exécuté (Cass. com. 3-11-2004 nº 1558 : RJDA 2/05 nº 149) ou l'avait rompu avant le terme convenu (Cass. 1e civ. 18-4-2000 nº 677 : RJDA 7-8/00 nº 741).

17962 **Autres moyens** Le maintien temporaire du cédant au sein de la société peut aussi être envisagé sous forme de **tutorat** (nº 17892) ou d'un **contrat de prestation de services.**

REMBOURSEMENT DU COMPTE COURANT DU CÉDANT

17970 Lorsque, cas fréquent en pratique, l'acquéreur des parts ou actions s'engage envers le cédant à faire rembourser **par la société** son compte courant d'associé, cet engagement s'analyse comme une promesse de porte-fort. Jugé qu'un tel engagement, s'il est donné sans aucune réserve, comporte une « obligation de résultat » à la charge de celui qui s'est porté fort (cf. Cass. com. 28-5-2013 nº 12-10.879 : RJDA 11/13 nº 875 ; Cass. com. 1-4-2014 nº 13-10.629 : RJDA 7/14 nº 593) et expose celui-ci, lorsque le tiers – en l'espèce la société débitrice – refuse de ratifier, à devoir payer au bénéficiaire de la promesse, à titre de dommages-intérêts, l'équivalent de l'avance en compte courant non remboursée (CA Versailles 19-11-1998 : RJDA 7/99 nº 755).

L'**acquéreur** peut également **s'engager** à rembourser **personnellement** au cédant son compte courant (pour une illustration, Cass. com. 22-3-2005 nº 492 : RJDA 11/05 nº 1229).

D. Autres particularités de la cession de contrôle

1. PROTECTION DES MINORITAIRES

18030 En ce qui concerne les **sociétés fermées,** il n'existe aucune disposition légale ou réglementaire particulière tendant à protéger les intérêts des associés ou actionnaires minoritaires en cas de cession de contrôle. Notamment, lorsqu'une offre de rachat est faite aux majoritaires, ces derniers ne sont pas tenus, sauf convention contraire résultant d'un pacte d'actionnaires, d'en faire profiter les minoritaires dans les mêmes conditions. Toutefois, le dirigeant qui se porte acquéreur des titres détenus par les minoritaires ou qui intervient comme intermédiaire pour le reclassement de leur participation est tenu d'un devoir de loyauté à leur égard (nº 16465).

Dans les **sociétés dont les titres sont admis aux négociations sur un marché réglementé ou sur Euronext Growth,** la protection des minoritaires est assurée par les mesures relatives aux offres publiques (nºs 64760 s.).

2. PROTECTION DES SALARIÉS

INFORMATION PRÉALABLE DES SALARIÉS EN CAS DE CESSION DE CONTRÔLE

18035 Afin de **faciliter la reprise** de la société **par les salariés,** ceux-ci doivent recevoir une information préalable en cas de cession de contrôle (art. L 23-10-1 à L 23-10-12, D 23-10-2 et D 23-10-3).

Le **ministère de l'économie** a mis en ligne sur son site internet un **guide pratique** qui, notamment, détaille les étapes de la procédure et propose des modèles de lettres d'information ou de renonciation (www.economie.gouv.fr/files/2016_guide_pratique_information_salaries_entreprises.pdf).

Champ d'application Sont concernées par ce dispositif les **cessions de parts de SARL ou d'actions** à **condition** (art. L 23-10-1, al. 1 et L 23-10-7, al. 1) : 18036

– que la société ne soit pas tenue d'avoir un comité social et économique (CSE) à attributions élargies (moins de 50 salariés) ou, si elle est tenue d'avoir un tel comité (au moins 50 salariés), qu'elle occupait à la clôture du dernier exercice moins de 250 personnes et que son chiffre d'affaires n'excédait pas 50 M€ ou que son total de bilan n'excédait pas 43 M€ (selon le guide pratique du ministère de l'économie, ces critères cumulatifs s'apprécient au niveau de l'entreprise, indépendamment de son rattachement éventuel à un groupe) ;

– et que la vente porte sur plus de 50 % des parts d'une SARL ou, dans les sociétés par actions, sur des actions ou des valeurs mobilières donnant accès à la majorité du capital social.

› Précisions a. Aux termes de la loi, est aussi visée la vente concernant une société dont le **capital** doit être en tout ou partie **détenu par des personnes devant répondre à certaines conditions** (notamment de qualification professionnelle), mais seulement si au moins un des salariés remplit ces conditions ou si la vente ne porte pas sur la partie du capital soumise à la réglementation et détenue par l'associé répondant aux conditions requises (art. L 23-10-4 et L 23-10-10).

En revanche, en sont **exclues** les ventes de parts de SNC ainsi que de parts ou d'actions de toute société dont le personnel ou le chiffre d'affaires (ou le total de bilan) excède les seuils précités. Le dispositif ne s'applique pas non plus en cas de vente de la participation à un conjoint, à un ascendant ou à un descendant, ni aux sociétés faisant l'objet d'une procédure de conciliation, de sauvegarde, de redressement ou de liquidation judiciaire, ni au cas où, dans les 12 mois qui précèdent la vente, celle-ci a déjà fait l'objet d'une information au titre de l'article 18 de la loi 2014-856 du 31 juillet 2014 imposant aux employeurs une obligation triennale d'information du personnel sur les possibilités de reprise d'une société par les salariés (art. L 23-10-6 et L 23-10-12).

b. Selon le guide pratique du ministère de l'économie, la procédure d'information s'applique même lorsqu'un **droit d'agrément, de préférence ou de préemption** existe sur les titres cédés.

c. Dans les sociétés par actions, une **vente ultraminoritaire entre actionnaires** est, à la lettre du texte, soumise à l'obligation d'information des salariés si elle permet à l'actionnaire acquéreur d'obtenir la majorité du capital. Réfutant cette lecture littérale, le guide du ministère de l'économie précise que la transmission d'un bloc minoritaire à un autre actionnaire lui conférant la majorité du capital ne relève pas de l'obligation d'information des salariés. Lorsqu'il existe des valeurs mobilières donnant accès au capital détenues par d'autres personnes que le cédant, l'Ansa considère que, pour calculer le capital de référence, il est prudent de ne pas tenir compte des émissions potentielles d'actions que peuvent générer ces valeurs, en raison de l'incertitude pesant sur les intentions de ces autres porteurs (Communication Ansa, comité juridique n° 14-062 du 5-11-2014).

d. Selon le guide pratique du ministère de l'économie, les **ventes « intragroupe »,** que ce soit de filiale à filiale ou entre société filiale et société mère, sont soumises au dispositif d'information des salariés quand elles ont lieu en un seul bloc majoritaire. N'y est en revanche pas soumise la vente progressive de blocs minoritaires, notamment par l'exercice d'options d'achat ou de vente.

Par ailleurs, la vente de plus de 50 % des titres d'une société holding qui n'emploie aucun salarié mais dont les filiales ont des salariés n'est pas soumise à l'obligation d'information. En revanche, la vente du même pourcentage des titres d'une société holding employant un seul salarié est soumise à l'obligation.

e. Retenant une interprétation prudente des textes, l'Ansa estime que l'obligation d'information s'applique lorsque la participation majoritaire est détenue en **indivision** ; se fondant sur les travaux parlementaires de la loi ayant introduit ce dispositif, elle estime en effet que les textes doivent être lus de manière large et que la cession par tous les indivisaires doit être considérée comme une cession unique (Communication Ansa, comité juridique n° 24-026 du 5-6-2024).

Procédure d'information Le représentant légal de la société doit informer les salariés de la volonté du propriétaire de la participation de la vendre et de la faculté dont ils disposent de présenter à ce dernier une offre d'achat (art. L 23-10-1, al. 2 et 3 et L 23-10-7, al. 2). La transmission d'aucune autre information et d'aucun document relatif au fonctionnement, à la comptabilité ou à la stratégie de l'entreprise n'est requise. 18037

Délais. L'information doit être transmise aux salariés au moins deux mois avant la date de conclusion du contrat de vente (CE 8-7-2016 n° 386792 : RJDA 11/16 n° 792), la vente ne pouvant intervenir avant l'expiration du délai de deux mois que si chaque salarié a fait connaître au cédant, avant l'expiration de ce délai, sa décision de ne pas présenter d'offre (art. L 23-10-1). 18038

› Précisions **a.** Le **délai de deux mois** imparti aux salariés pour faire une offre d'achat **court** à compter de la notification de son intention de vendre faite aux salariés par le chef d'entreprise ou, si celui-ci n'est pas le propriétaire des titres, de la notification de son intention de vendre faite par le propriétaire au chef d'entreprise, qui doit alors en informer sans délai les salariés et, le cas échéant, transmettre sans délai au propriétaire les offres d'achat présentées par les salariés (art. L 23-10-1).

b. L'article L 23-10-7, al. 2 fait obligation au chef d'entreprise de transmettre l'information aux salariés au plus tard en même temps que l'information-consultation faite au comité d'entreprise en application de l'article L 2323-33 ancien du Code du travail. Ce texte n'a pas été actualisé pour tenir compte du remplacement du comité d'entreprise par le **CSE.** Sur la question de savoir si le CSE des entreprises d'au moins 50 salariés doit être consulté, voir n° 18045.

c. Selon l'Ansa, l'obligation d'information des salariés ne s'applique pas à ceux **nouvellement embauchés** entre la notification du projet de cession et la cession (Communication Ansa, comité juridique n° 23-007 du 1-2-2023).

18039 **Moyens d'information.** L'information des salariés peut être effectuée par tout moyen de nature à rendre certaine la date de sa réception par les intéressés, notamment (art. L 23-10-3, L 23-10-9 et D 23-10-2) :
- au cours d'une réunion d'information des salariés à l'issue de laquelle ils signent un registre de présence ;
- par un affichage ; la date de réception de l'information est celle apposée par le salarié sur un registre accompagnée de sa signature attestant qu'il a pris connaissance de cet affichage ;
- par courrier électronique, à condition que la date de réception puisse être certifiée ;
- par remise en main propre, contre émargement ou récépissé, d'un document écrit mentionnant les informations requises ;
- par lettre recommandée AR ; la date de réception est celle de la première présentation de la lettre ;
- par acte extrajudiciaire.

18040 **Obligation de discrétion des salariés.** Les salariés sont tenus à une obligation de discrétion, dans les mêmes conditions que les membres du comité social et économique (cf. C. trav. art. L 2315-3), sauf à l'égard des personnes dont le concours est nécessaire pour leur permettre de présenter une offre (art. L 23-10-3, al. 3 et L 23-10-9, al. 3). Ces personnes sont aussi soumises à une obligation de confidentialité en ce qui concerne les informations qu'elles reçoivent (art. D 23-10-3).

18041 **Pourparlers.** La loi ne fait pas obligation au cédant d'entrer en pourparlers avec les salariés qui présentent des offres. Il est totalement libre d'y répondre ou pas et son refus n'a pas à être motivé (Guide pratique du ministère de l'économie).

18042 **Sanction du défaut d'information** À défaut d'information, la responsabilité extracontractuelle du vendeur et du chef d'entreprise peut être engagée. Dans ce cas, la juridiction saisie peut, à la demande du ministère public, prononcer une amende civile dont le montant ne peut excéder 2 % du montant de la vente (art. L 23-10-1, al. 6 et L 23-10-7, al. 5).

› Précisions Tout salarié en mesure de démontrer une faute du vendeur ou du chef d'entreprise est susceptible d'agir à l'encontre de ce dernier, sur le fondement des principes de **droit commun** de la responsabilité extracontractuelle. La juridiction compétente est le tribunal judiciaire. Une telle action se prescrit par cinq ans. Le prononcé d'une amende civile et de son montant n'est pas automatique. La décision est laissée à l'appréciation souveraine du juge (Guide pratique du ministère de l'économie).

CONSULTATION DU CSE EN CAS DE CESSION DE CONTRÔLE

18045 Le comité social et économique (CSE) des **entreprises d'au moins 50 salariés** doit être consulté sur les modifications de l'organisation économique et juridique de l'entreprise (C. trav. art. L 2312-8 : n°s 79791 s.). Même si ce texte ne vise pas expressément les prises de participations et même si le champ de la négociation est étendu en ce qui concerne le contenu des consultations, il nous paraît prudent, même en l'absence d'obligation en ce sens dans un accord, de procéder à cette consultation compte tenu de l'importance d'une cession de contrôle dans la vie de la société et de ses effets potentiels sur les salariés.

› Précisions **a.** Le principe selon lequel la consultation doit **précéder la décision** (C. trav. art. L 2312-14) doit être respecté. Si les mesures envisagées impliquent une modification des conditions de travail et d'emploi ou du volume ou de la structure des effectifs (C. trav. art. L 2312-8) ou portent en elles des projets de restructuration et de compression des effectifs (C. trav. art. L 2312-39), la consultation doit également intervenir avant qu'elles ne soient décidées.

b. L'employeur doit transmettre ou mettre à

disposition du CSE des **informations précises et écrites** (C. trav. art. L 2312-15, al. 2). Jugé à cet égard que le directeur général d'une société, par ailleurs candidat à la reprise de cette société, qui avait participé à la réunion du comité concernant ce changement d'actionnaires, a commis le délit d'entrave en refusant de lui communiquer le rapport d'audit réalisé par un cabinet spécialisé à la demande des futurs repreneurs (Cass. crim. 18-11-1997 n° 6015 : RJS 1/98 n° 76 ; solution prise pour le comité d'entreprise, mais selon nous transposable au CSE).

c. Dans les **SA,** l'article L 225-105 fait obligation de communiquer l'avis du comité à l'assemblée des actionnaires appelée à délibérer sur les modifications. Bien que ce texte continue à viser le comité d'entreprise, les actionnaires conservent, selon nous, cette information malgré le remplacement de ce comité par le CSE.

d. Dans les **groupes** de sociétés, il est possible de décider par accord de groupe que la consultation s'effectue à ce niveau (n° 79813).

e. Sur l'information du CSE en cas d'**OPA,** voir n°s 64930 s.

INCIDENCE DE LA CESSION DU CONTRÔLE SUR LES CONTRATS DE TRAVAIL

Une prise de participation dans le capital d'une société, voire une prise de contrôle de celle-ci par un nouvel associé, ne peut suffire, à elle seule, à caractériser le **transfert d'une entité économique** au sens de l'article L 1224-1 du Code du travail et à faire en conséquence du nouvel associé majoritaire l'employeur des salariés au service de cette société (Cass. soc. 19-12-1990 n° 87-44.669 : RJS 3/91 n° 310 ; Cass. soc. 22-1-2002 n° 00-40.787 : RJS 4/02 n° 396 ; Cass. soc. 3-5-2007 n° 05-45.315 : RJS 7/07 n° 815). Il est en effet nécessaire, pour que les contrats de travail soient transférés, que l'opération s'accompagne du transfert au nouvel associé de moyens d'exploitation matériels et humains relevant d'une branche ou d'un secteur d'activité autonome (Cass. soc. 29-10-2002 n° 00-45.166 : RJS 1/03 n° 11 ; dans le même sens, Cass. soc. 3-5-2007 précité). **18046**

La cession des parts d'une société à un nouvel associé n'a aucune **conséquence sur la convention collective** applicable dans la société (Cass. soc. 18-1-2006 n° 03-43.023 : RJS 4/06 n° 479).

CAS PARTICULIER DES SOCIÉTÉS DE PRESSE

Le changement de contrôle d'une société de presse, que celui-ci concerne le capital de la société propriétaire du journal ou celui d'une société détenant directement ou indirectement le contrôle de la société de presse, constitue une cession du journal au sens de l'article L 7112-5 du Code du travail qui permet aux **journalistes** et assimilés de **rompre leur contrat de travail** tout en bénéficiant de l'indemnité prévue en cas de licenciement (Cass. soc. 12-1-1994 n° 90-42.783 et n° 92-41.137 : RJDA 2/94 n° 172, concl. Kessous ; Cass. soc. 10-3-1998 n° 95-43.795 : RJS 4/98 n° 542). **18047**

3. CESSION DU CONTRÔLE D'UNE SOCIÉTÉ DÉTENANT DES TITRES « COTÉS »

Lorsque la cession entraîne un **changement dans le contrôle** de la société (sur la notion de contrôle, voir n° 79013) et que cette société détient directement ou indirectement une participation dans une société par actions dont les titres sont admis aux négociations sur un marché boursier, il convient de rechercher si ce changement de contrôle n'entraîne pas des franchissements de seuil et, par voie de conséquence, l'obligation de procéder à certaines notifications (n°s 64290 s.), voire de déposer une offre publique d'acquisition (n°s 64760 s.). **18050**

4. EFFET DE LA CESSION DE CONTRÔLE SUR LES CONTRATS CONCLUS PAR LA SOCIÉTÉ

Le concept de personnalité morale n'est nullement exclusif de **relations conclues « intuitu personae »,** c'est-à-dire en considération de la personnalité de la société. « La personne des dirigeants, la forme d'organisation, les objectifs sociaux, les alliances, les stratégies et les méthodes de la personne morale peuvent constituer autant d'éléments regardés comme déterminants par ses cocontractants » (CA Paris 25-1-1995 : RJDA 10/95 n° 1103). Un contrat conclu intuitu personae avec la société peut donc valablement : **18060**

– soumettre à l'**agrément** du cocontractant tout changement intervenant dans la composition du capital social (Cass. com. 29-6-2022 n°s 20-11.952 F-B et 20-13.228 F-B : RJDA 11/22 n° 625, estimant que le non-respect de cette obligation par une société, agent commercial, constitue une faute grave justifiant la rupture du contrat par le mandant sans indemnité compensatrice pour la société) ;

– prévoir que le changement de mains d'une fraction du capital ou la modification importante des statuts de la société constituent une cause de **résiliation** du contrat (CA Paris 25-1-1995 précité, cassé par Cass. com. 14-1-1997 n° 97 : RJDA 8-9/97 n° 1006 mais pour un autre motif).

ATTENTION

Le titulaire du droit d'agrément ou de résiliation s'expose au versement de dommages-intérêts si la mise en œuvre de ce droit n'est pas justifiée par des **motifs légitimes** (Cass. com. 5-10-2004 n° 02-17.338 : RJDA 2/05 n° 120), étant précisé que ces motifs peuvent ne pas tenir à la personne du candidat à l'agrément (par exemple, absence de viabilité de la concession ou réorganisation du réseau de distribution).

En l'**absence de clause** de ce type, la cession de la totalité des parts ou actions de la société et l'évolution de ses dirigeants, qui n'entraînent pas de changement de la personne morale, n'emportent pas cession du contrat requérant l'accord préalable du cocontractant (Cass. com. 15-5-2024 n° 22-20.747 FS-B : RJDA 8-9/24 n° 452), et le contrat ne peut pas être rompu par ce dernier avant l'échéance (Cass. com. 29-1-2013 n° 11-23.676 : RJDA 5/13 n° 410).

18062 Lorsque la société dont les droits sociaux sont cédés est **concessionnaire d'un service public,** le changement de contrôle peut avoir lieu sans autorisation préalable de la personne publique (Avis CE 8-6-2000 : RJDA 6/01 n° 678). Mais il peut entraîner la résiliation de la concession par l'autorité concédante (CE 31-7-1996 : RJDA 11/96 n° 1314 ; pour un cas où la cession de contrôle n'a pas été considérée comme justifiant la résiliation, voir CE 4-4-1997 : RJDA 1/98 n° 45).

CHAPITRE 2

SAISIES ET MESURES CONSERVATOIRES

SOMMAIRE

A. Saisie et vente de droits sociaux

CONDITIONS DE LA SAISIE DE DROITS SOCIAUX

Le **créancier** d'un associé peut, s'il est muni d'un **titre exécutoire** constatant une **créance liquide et exigible,** saisir les parts sociales, actions et autres valeurs mobilières que détient son débiteur et les faire vendre (C. exécution art. L 231-1). 19000

Un tempérament à cette règle doit être apporté si la **saisie** porte sur des **droits sociaux frappés d'inaliénabilité.** Lorsque l'inaliénabilité résulte d'un acte publié, tel qu'une clause statutaire ou le jugement d'ouverture d'une procédure collective, la saisie de ces droits est impossible, sous peine de nullité, pendant la durée de l'inaliénabilité car celle-ci entraîne l'insaisissabilité du bien (Cass. 1e civ. 15-6-1994 nº 92-12.139 : Bull. civ. I nº 211). Lorsque l'inaliénabilité est prévue dans un pacte d'actionnaires, qui n'est pas publié, la saisie est en principe possible et la violation du pacte qui en résulte est sanctionnée par la résolution de celui-ci ou des dommages-intérêts (nos 69301 s.) ; elle n'est impossible, à notre avis, par analogie avec la solution retenue pour la violation d'un droit de préférence qui se présente au regard du cocontractant dans les mêmes termes que celle de l'inaliénabilité au regard du saisissant, que si le créancier saisit les droits sociaux alors qu'il avait connaissance, lorsqu'il a contracté, de l'existence du pacte et de l'intention du bénéficiaire de s'en prévaloir : dans ce cas, le bénéficiaire du pacte peut obtenir la nullité de la saisie (nº 69310).

À défaut de disposition légale ou réglementaire contraire, la société émettrice peut, comme tout créancier, procéder à une saisie des parts ou actions qu'elle a émises, en vue de les vendre, lorsqu'elle est créancière de l'un de ses associés.

> **Précisions** **a.** Les **titres exécutoires** sont énumérés limitativement par l'article L 111-3 du Code des procédures civiles d'exécution : décision de justice passée en force de chose jugée, c'est-à-dire non susceptible d'un recours suspensif d'exécution, acte notarié revêtu de la formule exécutoire, titre délivré par un huissier ou un commissaire de justice en cas de non-paiement d'un chèque ou en cas d'homologation de l'accord entre le créancier et le débiteur dans les conditions prévues à l'article L 125-1 du même Code, etc.
> **b.** Une **créance** est **liquide** lorsqu'elle est évaluée en argent ou lorsque le titre qui la constate contient tous les éléments permettant son évaluation (C. exécution art. L 111-6).

MODALITÉS DE LA SAISIE DE DROITS SOCIAUX

Tiers saisi En principe, la saisie est effectuée auprès de la société émettrice (C. exécution art. R 232-1). Toutefois, cette règle fait l'objet d'aménagements lorsque la saisie porte sur des valeurs mobilières. Ainsi : 19010

a. Les valeurs mobilières nominatives dont les comptes sont tenus par un mandataire de la société sont saisies auprès de ce mandataire ; la société émettrice est alors tenue de faire connaître le nom du mandataire à l'huissier ou au commissaire de justice chargé de la saisie (art. R 232-2).

b. Les valeurs mobilières au porteur sont saisies auprès de l'intermédiaire habilité chez qui l'inscription a été prise (art. R 232-3, al. 1).

c. Si le titulaire de valeurs nominatives a chargé un intermédiaire habilité de gérer son compte, la saisie doit être opérée auprès de ce dernier (art. R 232-3, al. 2).

La saisie peut aussi être opérée auprès d'un intermédiaire habilité pour l'ensemble des valeurs mobilières inscrites en compte au nom du débiteur (art. R 232-4).

> Précisions Si les titres de la société sont inscrits dans une **blockchain,** les mêmes limites que celles précitées doivent être appliquées et la saisie doit être effectuée auprès de l'établissement détenteur de la blockchain.

19011 **Acte de saisie** La saisie est réalisée sans qu'il soit nécessaire de procéder à un commandement préalable au débiteur. Elle s'opère par la signification à la société émettrice ou à l'établissement teneur de compte d'un **acte d'huissier ou de commissaire de justice** contenant, à peine de nullité (C. exécution art. R 232-5) :
– les nom et domicile du débiteur ou, s'il s'agit d'une personne morale, sa dénomination et son siège social ;
– l'indication du titre exécutoire en vertu duquel la saisie est pratiquée ;
– le décompte des sommes réclamées en principal, frais et intérêts échus, ainsi que l'indication du taux des intérêts ;
– l'indication que la saisie rend indisponibles les droits pécuniaires attachés à l'intégralité des parts ou valeurs mobilières dont le débiteur est titulaire ;
– la sommation de faire connaître l'existence d'éventuels nantissements ou saisies.

19012 **Dénonciation de la saisie au débiteur** À peine de caducité de la procédure, la saisie doit, dans les huit jours de sa réalisation, être portée à la connaissance du débiteur par acte d'huissier ou de commissaire de justice (C. exécution art. R 232-6, al. 1).

CONSÉQUENCES DE LA SAISIE DE DROITS SOCIAUX

19020 **Indisponibilité des droits saisis** La saisie entraîne l'indisponibilité des **droits pécuniaires** du débiteur saisi (C. exécution art. R 232-8). Cette disposition appelle quelques observations.

a. À notre avis, tout droit qui, par lui-même, entraîne un enrichissement patrimonial de celui qui en est titulaire a un caractère pécuniaire. Tel est le cas du droit aux dividendes (Cass. 2e civ. 21-6-2007 nº 06-13.386 : RJDA 11/07 nº 1150 ; Cass. 2e civ. 21-10-2010 nº 09-69.867 : RJDA 2/11 nº 154 ; décisions rendues dans le cadre de saisies conservatoires mais transposables par application de l'article R 524-3 du Code des procédures civiles d'exécution). Sont également visés le droit aux réserves et au boni de liquidation, mais aussi les droits de souscription, d'attribution, de conversion ou d'échange, qui ne peuvent donc être exercés par le débiteur que s'il en affecte le produit en complément aux biens saisis.

b. L'indisponibilité des valeurs mobilières est constatée par une inscription de la saisie dans le journal général ou sur le registre des mouvements et par un virement des titres saisis à un compte spécial ouvert au nom de leur titulaire mais faisant mention de la saisie. Toutefois, ces formalités ont seulement pour objet de constater dans les livres du teneur de compte (ou dans la blockchain) la restriction dont les titres sont désormais frappés. Leur inobservation est sans conséquence sur la validité de la saisie et l'indisponibilité qui en résulte pour les titres saisis.

c. Il a été jugé que l'indisponibilité qui frappe les droits sociaux faisant l'objet d'une saisie n'interdisait pas pour autant leur cession « dans la mesure où celle-ci ne pourra avoir effet, dans les rapports entre créanciers saisissants, débiteur saisi et tiers porteur, qu'après levée de la saisie » (CA Paris 22-1-1993 : Bull. Joly 1993 p. 587 note P. Le Cannu, à propos d'une saisie-attribution mais transposable à la saisie-vente). Ainsi, une cession de parts ou d'actions saisies ne serait pas nulle mais seulement inopposable aux créanciers saisissants et à la société émettrice.

ATTENTION

En pratique, la cession de droits sociaux indisponibles est quasi impossible car elle risque de tomber sous le coup du **délit de détournement de biens saisis,** puni d'une amende de 375 000 € et de trois ans d'emprisonnement (C. pén. art. 314-6), dès lors que le cédant connaissait l'existence de la saisie le jour où il a conclu la cession (Cass. crim. 24-9-1997 : Dr. pén. 1998 comm. nº 18, à propos de la cession de parts sociales qui faisaient l'objet d'une saisie-attribution mais transposable à la saisie-vente).

Les sommes versées par la société émettrice au titre de ces droits pécuniaires viendront s'ajouter à celles résultant de la vente des titres et seront réparties entre les créanciers.

19021 *Le débiteur continue* à exercer les **droits non pécuniaires** attachés à ses parts sociales ou actions : droit de participer aux assemblées et de prendre part au vote, droit d'obtenir communication des rapports et autres documents sociaux destinés aux associés, droit de demander la nomination d'un expert chargé de présenter un rapport sur une ou plusieurs opérations de gestion, droit d'agréer de nouveaux associés, etc.

L'existence d'une saisie sur des parts sociales ne fait pas obstacle à la nomination d'un **administrateur séquestre** de ces parts à la requête du créancier saisissant dès lors qu'il existe un risque de disparition ou de dépréciation de valeur desdites parts, le débiteur saisi étant, par ailleurs, gérant de la société entre les mains de laquelle la saisie a été faite (Cass. civ. 22-4-1977 : Bull. Joly 1977 p. 633 ; CA Versailles 23-10-1979 : Gaz. Pal. 1980 som. p. 605). Cela évite que le débiteur saisi ne devienne lui-même gardien des parts saisies. 19022

Obligations des tiers Les tiers, quels qu'ils soient et notamment la société émettrice, sont tenus d'apporter leur concours, lorsqu'ils en sont légalement requis, pour faciliter le déroulement de la procédure et ne doivent en aucune manière y faire obstacle ; au cas où ils refuseraient, sans motif légitime, de collaborer, ils pourraient y être contraints au besoin sous astreinte, sans préjudice de dommages-intérêts (C. exécution art. L 123-1, al. 1 et 2). 19025

En outre, le tiers saisi (société émettrice ou établissement teneur de compte) qui fait obstacle à la saisie pourrait être condamné au paiement des causes de la saisie, sauf pour lui à exercer un recours contre le débiteur (art. L 123-1, al. 3). Tel serait le cas, pensons-nous, si la société émettrice ou l'établissement teneur de compte acceptait la cession des droits sociaux à un tiers au mépris de la saisie.

> **Précisions** **a.** À moins d'avoir reçu du juge une injonction en ce sens, le **tiers saisi** n'est **pas tenu d'indiquer au créancier** saisissant l'étendue des droits sociaux dont le débiteur est titulaire (Cass. 2e civ. 8-4-1999 : RJDA 10/99 n° 1126 ; Cass. 2e civ. 17-5-2001 n° 922 : RJDA 5/02 n° 552).
> **b.** Le tiers saisi qui ne défère pas à la sommation de faire connaître l'existence d'éventuels nantissements ou saisies ne s'expose qu'à une condamnation à des **dommages-intérêts** ; il ne saurait être tenu au paiement des causes de la saisie (Cass. 2e civ. 3-5-2001 : RJDA 8-9/01 n° 907).

CONTENTIEUX DE LA SAISIE DE DROITS SOCIAUX

Le débiteur peut, dans le délai d'un mois à compter de la dénonciation (cf. C. exécution art. R 232-6, 2°), **contester la saisie,** par exemple en prouvant qu'il a déjà payé ou qu'il bénéficie d'un délai de paiement, ou encore en établissant que les parts sociales ne lui appartiennent plus. 19030

Les contestations, qu'elles concernent le titre exécutoire ou la procédure de saisie, doivent être portées devant le juge de l'exécution, même si elles sont relatives à des questions de fond (C. org. jud. art. L 213-6, al. 1). Elles doivent, par ailleurs, être dénoncées le même jour ou, au plus tard, le premier jour ouvrable suivant, par lettre recommandée AR, à l'huissier ou au commissaire de justice qui a procédé à la saisie (C. exécution art. R 232-7, al. 1). L'auteur de la contestation en informe le tiers saisi par lettre simple (art. R 232-7, al. 2).

Il ne peut pas être déduit de l'offre de vente amiable présentée par le débiteur saisi (n° 19040) une renonciation par ce dernier à toute contestation ultérieure (CA Paris 14-11-2002 n° 02-5668 : D. 2003 IR p. 468). Le débiteur saisi doit, dans le délai d'un mois, faire son offre amiable et former sa contestation, ne serait-ce qu'à titre conservatoire pour le cas où son offre serait refusée (CA Paris 14-11-2002 précité).

Le débiteur peut obtenir du juge la **mainlevée de la saisie** en consignant une somme suffisante pour désintéresser le créancier saisissant (C. exécution art. R 232-8, al. 2). 19031

En cas de résistance abusive du débiteur, le juge de l'exécution peut le condamner à des dommages-intérêts (art. L 121-3). À l'inverse, le juge peut ordonner la mainlevée de toute mesure inutile ou abusive et condamner le créancier à des dommages-intérêts en cas d'abus de saisie (art. L 121-2).

> **Précisions** Il a été jugé que constitue le délit d'**organisation ou** d'**aggravation frauduleuse d'insolvabilité** (C. pén. art. 314-7) le fait, par une personne dont les 90 parts (sur 100) *détenues dans une société* civile immobilière avaient été saisies, d'augmenter 30 fois le capital par création de 2 900 parts souscrites par son épouse séparée de biens et libérées par voie « d'abandon d'une créance » sur la société, ce qui avait eu pour effet de ramener sa participation dans le capital de la SCI de 90 à 3 % ; les modalités de cette opération, réalisée à une date incertaine et au moyen d'une incorporation de créance fictive, démontraient la volonté de l'intéressé de réduire son patrimoine en transférant à son épouse la presque totalité de ses droits sur l'actif social (Cass. crim. 3-10-1996 n° 95-85.959 : RJDA 1/97 n° 161).

VENTE AMIABLE DES DROITS SOCIAUX SAISIS

Le débiteur dispose d'un **délai** d'un mois à compter de la notification de la saisie qui lui a été faite pour procéder lui-même à la vente des titres ou parts sociales (C. exécution art. R 221-30 sur renvoi de l'art. R 233-5). 19040

S'il s'agit de **valeurs mobilières admises** aux négociations **sur un marché boursier,** il suffit pour lui de donner l'ordre de vendre ces valeurs. Le produit de la vente est conservé par l'intermédiaire habilité chargé de la vente pour être versé au créancier. Si les sommes provenant de la vente suffisent à désintéresser le ou les créanciers saisissants, l'indisponibilité cesse pour le surplus des valeurs mobilières saisies (art. R 233-3).

19041 S'il s'agit de **parts sociales** ou de valeurs mobilières **non admises** aux négociations **sur un marché boursier,** le débiteur doit informer l'huissier ou le commissaire de justice du créancier saisissant des propositions qui lui ont été faites en indiquant notamment le nom et l'adresse de l'acquéreur éventuel, le prix offert et le délai pendant lequel l'acquéreur s'offre à consigner le prix (C. exécution art. R 221-31, al. 1).

L'huissier ou le commissaire de justice doit communiquer ces informations, par lettre recommandée AR, au créancier saisissant et, s'il en existe, aux créanciers opposants, qui disposent d'un délai de 15 jours à compter de la réception de cette lettre pour prendre parti. À défaut de réponse dans ce délai, ils sont réputés avoir accepté la proposition (art. R 221-31, al. 2 et 3). L'accord des créanciers doit être unanime car on ne saurait imposer un prix à un créancier qui s'y oppose ; le refus d'un seul entraîne, à notre avis, la vente forcée des droits sociaux.

Si la vente se réalise, le prix doit être versé, dans le délai convenu avec l'acquéreur, entre les mains de l'huissier ou du commissaire de justice, le transfert de propriété et la délivrance des droits sociaux étant subordonnés à ce paiement. À défaut de paiement du prix dans le délai convenu, il est procédé à la vente forcée des droits sociaux (art. R 221-32).

ATTENTION

Les informations communiquées par l'huissier ou le commissaire de justice (relatives aux propositions d'achat faites au débiteur) doivent également être adressées, par lettre recommandée AR, aux **créanciers titulaires d'une sûreté publiée** qui disposent d'un délai de 15 jours à compter de la réception de cette lettre pour prendre parti sur les propositions de vente amiable ; en l'absence de réponse dans ce délai, ils sont réputés avoir accepté la proposition (C. exécution art. R 221-31, al. 2 et 3). Dans ce même délai, chaque créancier titulaire d'une sûreté publiée doit faire connaître à l'huissier ou au commissaire de justice la nature et le montant de sa créance ; à défaut, il perd le droit de concourir à la distribution des deniers résultant de la vente amiable, sauf à faire valoir ses droits sur un solde éventuel après la répartition (art. R 221-31, al. 4). Sur justification du paiement du prix, l'inscription des sûretés prises sur les parts vendues est radiée (art. R 221-32, al. 3).

19042 Comme pour toute cession, il convient de respecter les dispositions légales ou conventionnelles prévoyant éventuellement un **agrément** de l'acquéreur ou un **droit de préemption** par les autres associés.

VENTE FORCÉE DES DROITS SOCIAUX SAISIS

19050 Il ne peut être procédé à la vente forcée des droits sociaux que sur présentation, par le créancier saisissant, d'un certificat délivré par le greffe ou établi par l'huissier ou le commissaire de justice qui a procédé à la saisie attestant qu'aucune **contestation** n'a été formée dans le mois suivant la dénonciation de la saisie au débiteur ou, le cas échéant, d'un jugement rejetant la contestation soulevée par le débiteur (C. exécution art. R 233-1).

19051 **Modalités de la vente forcée** La vente forcée s'effectue de manière différente selon que les biens saisis sont ou non des valeurs mobilières « cotées ».

1. Valeurs mobilières admises aux négociations sur un marché boursier. La vente est réalisée en bourse par l'intermédiaire habilité (tiers saisi) sur demande du créancier.

Lorsque la saisie porte sur un portefeuille de valeurs mobilières, le débiteur peut indiquer au tiers saisi l'ordre dans lequel il souhaite que ces valeurs soient vendues. Mais il doit le faire avant la vente, faute de quoi aucune contestation de sa part ne sera recevable sur ce point (C. exécution art. R 233-4).

19052 **2. Parts sociales et valeurs mobilières non « cotées ».** Dans ce cas, la vente est faite sous forme d'adjudication (C. exécution art. R 233-5).

Cette vente forcée ne peut intervenir qu'à l'expiration du **délai** d'un mois accordé au débiteur pour procéder à une vente amiable, augmenté, s'il y a lieu, du délai de 15 jours imparti aux créanciers pour donner leur réponse (C. exécution art. R 221-31, al. 5 sur renvoi de l'art. R 233-5).

Le **cahier des charges** établi en vue de la vente doit **comporter,** outre le rappel de la procédure antérieure, les statuts de la société et tout document nécessaire à l'appréciation de la consistance et de la valeur des droits sociaux mis en vente (art. R 233-6, al. 1 à 3).

Il doit aussi faire mention de toutes conventions instituant un agrément ou créant un droit de préférence au profit des associés, par exemple un pacte d'actionnaires, sous peine d'inopposabilité de celles-ci à l'adjudicataire (art. R 233-6, al. 4). Il peut faire mention de **conventions particulières** (pactes d'actionnaires, par exemple) que des associés ont pu passer avec le débiteur leur **donnant un droit de préemption** en cas de cession des parts ou actions faisant l'objet de la convention.

La société doit recevoir une **copie du cahier** des charges et en informer les associés. Ces derniers, comme tout intéressé, disposent d'un délai de deux mois pour formuler, auprès de la personne chargée de la vente, leurs **observations sur le contenu** du cahier des charges (art. R 233-7). À défaut, ils ne peuvent pas en critiquer les clauses et conditions, notamment la clause d'agrément qui y figure (Cass. 3e civ. 14-1-2009 no 07-17.619 : RJDA 11/09 no 972).

Les jour, heure et lieu de la vente doivent faire l'objet d'une **publicité** par voie de presse et, si nécessaire, par voie d'affiches (art. R 233-8, al. 1). Cette communication n'a pas pour conséquence de soumettre l'adjudication de valeurs mobilières à l'obligation de publier le prospectus prévu en cas d'offre au public de titres financiers (CJUE 17-9-2014 aff. 441/12 : RJDA 11/14 no 846).

La société doit aussi être avisée de la date de l'adjudication (art. R 233-8, al. 3).

Lorsqu'il existe des dispositions légales ou statutaires imposant l'**agrément** des autres associés, ces dispositions sont applicables à l'adjudicataire (C. exécution art. R 233-9), sous réserve, pour les dispositions statutaires, d'avoir été mentionnées dans le cahier des charges (art. R 233-6, al. 4). 19053

À notre avis, le débiteur saisi ne peut pas voter contre l'agrément de l'adjudicataire. Il ne saurait en effet s'opposer à l'entrée de ce dernier dans la société puisqu'il lui doit garantie.

Si l'adjudicataire est agréé, il devient associé ; s'il ne l'est pas (et sauf le cas des parts de SNC, no 24440), les associés ou actionnaires doivent acheter ou faire acheter les parts ou actions ayant fait l'objet de l'adjudication.

ATTENTION

Cet **achat** n'a pas à être réalisé au **prix** d'adjudication : en effet, même si le débiteur saisi a consenti à ce prix, son consentement n'emporte pas renonciation à voir fixer la valeur des parts à dire d'expert, dans les conditions de l'article 1843-4 du Code civil, en cas de cession à une autre personne, y compris à un associé, après le refus de la société d'agréer l'adjudicataire (Cass. com. 28-9-2004 no 1360 : RJDA 2/05 no 152).

S'il existe des **conventions particulières** limitant la libre cessibilité des parts ou actions du débiteur saisi (par exemple, droit de préférence ou de préemption au profit de certaines personnes), ces conventions doivent aussi être respectées, si elles ont été mentionnées dans le cahier des charges. Elles sont mises en œuvre selon les modalités prévues pour chacune d'elles (art. R 233-9).

Répartition du prix de vente Le prix de vente résultant de l'adjudication ou de la vente en bourse est réparti entre tous les créanciers saisissants ou opposants qui se sont manifestés avant la vente (C. exécution art. L 233-1) selon la procédure de distribution des deniers (art. R 251-1 s.). Les créanciers qui ont fait précéder d'une saisie conservatoire la saisie qui a conduit à la vente prennent part à la distribution du prix mais les sommes qui leur reviennent sont consignées jusqu'à ce qu'ils aient obtenu un titre exécutoire (art. R 233-2). 19054

À défaut d'accord entre les créanciers sur les modalités de la répartition, la personne chargée de l'adjudication consigne les fonds recueillis et saisit le juge de l'exécution pour trancher le différend (art. R 251-8).

B. Mesures conservatoires portant sur des droits sociaux

SAISIE CONSERVATOIRE DE DROITS SOCIAUX

Autorisation de la saisie Toute personne qui ne dispose pas d'un titre exécutoire mais dont la **créance** « paraît **fondée** en son principe » peut demander, par voie de requête au juge du lieu où demeure son débiteur, l'autorisation de pratiquer une saisie conservatoire des parts sociales ou des valeurs mobilières appartenant à celui-ci. Encore faut-il qu'elle justifie de 19110 circonstances susceptibles de menacer le recouvrement de sa créance (C. exécution art. L 511-1 et R 511-1 s.).

Si aucune procédure au fond n'a été engagée ou n'est en cours et que la créance relève de la compétence de la juridiction commerciale, la requête peut être présentée au président du tribunal de commerce (art. L 511-3). Il ne peut pas être dérogé aux dispositions relatives à la compétence car elles sont d'ordre public (art. R 511-3).

Sous peine de caducité de la mesure conservatoire, le créancier non muni d'un titre exécutoire doit, dans le mois de la saisie, introduire une procédure ou accomplir les formalités nécessaires à l'obtention de ce titre exécutoire (art. L 511-4 et R 511-7).

> **Précisions** Les **personnes munies d'un titre exécutoire** peuvent, elles aussi, pratiquer une saisie conservatoire plutôt qu'une saisie conduisant à la vente. Dans ce cas, elles ne sont pas tenues de solliciter l'autorisation préalable du juge (art. L 511-2). Il en est de même en cas de défaut de paiement d'une lettre de change acceptée, d'un billet à ordre, d'un chèque, d'un loyer resté impayé dès lors qu'il résulte d'un contrat écrit de louage d'immeuble ou des provisions mentionnées à l'article 19-2, al. 1 de la loi 65-557 du 10 juillet 1965 fixant le statut de la copropriété des immeubles bâtis, exigibles ou rendues exigibles dans les conditions prévues au même article (art. L 511-2 modifié par loi 2024-322 du 9-4-2024).

19111 **Modalités de la saisie** La saisie conservatoire doit être exécutée dans un **délai** de trois mois à compter de la date de l'ordonnance du juge l'autorisant. Passé ce délai, cette autorisation est caduque (C. exécution art. R 511-6).

Elle est réalisée, sans commandement préalable au débiteur, par la **signification à la personne morale émettrice** (ou à l'établissement teneur de compte) d'un acte contenant, à peine de nullité : les nom et domicile du débiteur, l'indication de l'autorisation ou du titre en vertu duquel la saisie est pratiquée, le décompte des sommes dues, l'indication que la saisie rend indisponibles les droits pécuniaires attachés à l'intégralité des parts ou valeurs mobilières dont le débiteur est titulaire, la sommation de faire connaître l'existence d'éventuels nantissements ou saisies (art. R 524-1).

Puis, dans les huit jours de cette signification à peine de caducité, elle doit être **portée à la connaissance du débiteur** par exploit d'huissier ou de commissaire de justice (art. R 524-2, al. 1).

> **Précisions** **a.** Une saisie conservatoire peut être pratiquée même si les droits sociaux font déjà l'objet d'une **saisie conservatoire antérieure** émanant d'un autre créancier (art. R 521-1). Il a été jugé, à propos d'une pluralité de saisies conservatoires de créances, que la saisie conservatoire emporte de plein droit consignation des sommes indisponibles et entraîne affectation spéciale avec privilège de l'article 2350 du Code civil (ex-art. 2075-1) au profit du créancier saisissant, si bien que le concours avec des saisies postérieures est écarté pour la portion consignée (CA Poitiers 29-3-2000 : RD bancaire et financier 2000 nº 166).
>
> **b.** Le créancier ayant pratiqué une saisie à titre conservatoire sur des parts ou des valeurs mobilières mises en vente à la suite d'une saisie prend part à la distribution du prix mais les **sommes** qui lui reviennent sont **consignées** jusqu'à ce qu'il ait obtenu un titre exécutoire (art. R 233-2).

19112 **Conséquences de la saisie** La saisie conservatoire entraîne l'**indisponibilité des droits pécuniaires** attachés aux parts ou valeurs mobilières concernées (C. exécution art. R 232-8 sur renvoi de l'art. R 524-3), de sorte que ces droits ne peuvent plus ensuite faire l'objet d'une saisie-attribution pratiquée par un autre créancier (Cass. 2e civ. 21-10-2010 nº 09-69.386 : RJDA 2/11 nº 154). Sur la notion de « droits pécuniaires », voir nº 19020.

Comme en matière de saisie conduisant à la vente, les valeurs mobilières faisant l'objet d'une saisie conservatoire doivent être virées à un compte spécial faisant mention de leur indisponibilité. Si les valeurs mobilières sont inscrites dans une blockchain, la mention de leur indisponibilité doit apparaître dans celle-ci.

Dès qu'il a obtenu un titre exécutoire, le créancier peut faire **convertir** la saisie conservatoire en **saisie-vente** en indiquant dans l'acte de conversion signifié au débiteur que celui-ci peut procéder à la **vente amiable,** dans le délai d'un mois (art. R 524-4, 5º), des valeurs mobilières admises aux négociations sur un marché boursier (art. R 233-3) ou des parts sociales ou valeurs mobilières non admises aux négociations sur un tel marché dans les conditions applicables *à la saisie des biens corporels (art. R 221-30 s.)*, à défaut de quoi il est procédé à la vente forcée (art. R 233-3 s.).

19115 **Contestations de la saisie de droits sociaux** S'il apparaît que les conditions de validité de la saisie conservatoire ne sont pas remplies, le juge peut, même lorsque son autorisation préalable n'était pas requise, en donner à tout moment **mainlevée.** Il peut aussi la remplacer par toute autre mesure (cautionnement d'un tiers proposé par le débiteur, par exemple) propre à sauvegarder les intérêts des parties (C. exécution art. L 512-1 et R 512-1 s.).

Lorsque la mainlevée a été ordonnée, le créancier peut être condamné à réparer le préjudice causé par la mesure conservatoire (art. L 512-2, al. 2), même en l'absence de faute de sa part (Cass. 2e civ. 29-1-2004 nº 01-17.161 : RJDA 5/04 nº 572 ; Cass. com. 25-9-2012 nº 11-22.337 : RJDA 2/13 nº 162). En effet, l'exécution forcée est poursuivie aux risques du créancier (art. L 111-10, al. 2).

ILLUSTRATIONS

Un créancier qui avait fait pratiquer une saisie conservatoire à hauteur de 40 000 € sur les comptes bancaires de son débiteur a été condamné à indemniser ce dernier à hauteur de 3 000 €, en réparation de la gêne financière causée par la privation de cette somme jusqu'à la mainlevée de la saisie (Cass. com. 25-9-2012 précité).

NANTISSEMENT JUDICIAIRE DE DROITS SOCIAUX

Le créancier qui remplit les conditions requises pour obtenir l'octroi d'une mesure conservatoire (saisie conservatoire ou sûreté judiciaire) peut demander au juge que les droits sociaux de son débiteur soient nantis à son profit (C. exécution art. L 511-1 s. et L 531-1). **19120**

Le nantissement judiciaire est une mesure de sûreté judiciaire et non une saisie conservatoire (Cass. 2e civ. 2-12-2010 nº 09-17.495 : RJDA 6/11 nº 544).

Modalités du nantissement judiciaire Le nantissement judiciaire est réalisé par la **signification** d'un acte contenant les mentions suivantes (C. exécution art. R 532-3 pour les parts sociales et R 532-4 pour les valeurs mobilières) : **19121**

– désignation du créancier et du débiteur ;
– indication de l'autorisation ou du titre en vertu duquel le nantissement est requis ;
– indication du capital de la créance et de ses accessoires.

La signification est adressée à la société émettrice, à l'établissement teneur de compte ou à l'établissement détenteur de la blockchain sur laquelle sont inscrites les valeurs mobilières objet de la mesure (nº 19010).

Le nantissement judiciaire grève, en principe, l'ensemble des parts ou valeurs mobilières à moins qu'il ne soit autrement précisé dans l'acte (C. exécution art. R 532-3 pour les parts sociales et R 532-4 pour les valeurs mobilières). Toutefois, lorsque la valeur de ces parts ou valeurs mobilières est manifestement supérieure au montant des sommes garanties, le débiteur peut demander au juge de limiter les effets du nantissement s'il justifie que les droits sociaux restant grevés ont une valeur double du montant de ces sommes (art. R 532-9). **19122**

À peine de caducité de la mesure, le **débiteur** doit être **informé** du nantissement dans les huit jours de la signification de celui-ci par un acte d'huissier ou de commissaire de justice (C. exécution art. R 532-5). Cette publicité provisoire conserve la sûreté pendant trois ans ; elle peut être renouvelée dans la même forme et pour la même durée (art. R 532-7). **19124**

Elle doit être confirmée par une publicité définitive opérée dans les mêmes formes (art. R 533-1 et R 533-3). Cette publicité donne rétroactivement rang au nantissement à la date à laquelle il a été signifié (art. R 533-1).

Elle doit être effectuée dans un délai de deux mois commençant à courir, selon le cas (art. R 533-4) :

– du jour où le titre constatant les droits du créancier est passé en force de chose jugée (c'est-à-dire non susceptible de recours suspensif d'exécution ou, s'il l'est et qu'aucun recours n'a été exercé dans le délai imparti, qui aura force de chose jugée à l'expiration de ce délai ; cf. CPC art. 500) ;
– si la procédure a été mise en œuvre avec un titre exécutoire, du jour de l'expiration du délai d'un mois pendant lequel la mainlevée de la publicité provisoire pouvait être demandée ou, si une demande de mainlevée a été formée, du jour de la décision rejetant cette demande (si le titre n'était exécutoire qu'à titre provisoire, le délai court à compter du jour où le titre constatant les droits du créancier est passé en force de chose jugée) ;
– si le caractère exécutoire du titre est subordonné à une procédure d'exequatur, du jour où la décision qui l'accorde est passée en force de chose jugée.

Le créancier doit, en outre, présenter tout document attestant que les conditions prévues ci-dessus sont remplies.

À défaut de confirmation dans ce délai, la publicité provisoire devient caduque et sa radiation peut être demandée au juge (C. exécution art. R 533-6, al. 1).

C'est seulement après l'accomplissement de la publicité définitive que le créancier nanti peut demander, si cela est nécessaire, l'agrément du nantissement par la société émettrice (art. R 533-3, al. 2). Sur les modalités de cet agrément, voir n°s 34630 et 62680.

19125 **Conséquences du nantissement judiciaire** Contrairement à la saisie conservatoire, les **biens nantis** demeurent **aliénables** (C. exécution art. L 531-2, al. 1).

S'il s'agit de valeurs mobilières inscrites sur un compte tenu et géré par un intermédiaire habilité, le prix de vente peut être utilisé pour acquérir d'autres valeurs, qui sont alors subrogées aux anciennes (art. L 531-2, al. 2).

CHAPITRE 3

LOCATION DE PARTS OU D'ACTIONS

SOMMAIRE

PRÉSENTATION DE LA LOCATION ET DU CRÉDIT-BAIL DE DROITS SOCIAUX

Les **parts de SARL et les actions** des sociétés par actions peuvent faire l'objet d'un contrat de location (art. L 239-1 à L 239-5). Elles peuvent aussi être louées dans le cadre d'un **crédit-bail** ; la location est alors assortie d'une promesse unilatérale de vente moyennant un prix convenu tenant compte, au moins en partie, des versements effectués à titre de loyer (C. mon. fin. art. L 313-7, 4). La promesse peut figurer dans le bail ou dans un document séparé. 20000

Ces **contrats** sont destinés à faciliter la reprise et la transmission des petites entreprises à des personnes physiques disposant de moyens financiers limités.

> **Précisions** **Fiscalement,** en cas de **crédit-bail** de parts ou actions, si la dette à l'égard du locataire est inscrite au bilan, la quote-part des loyers prise en compte pour la fixation du prix de vente n'est pas imposable en cours de contrat mais majore ce prix de vente pour le calcul de la plus-value de cession au terme du contrat (Mémento Fiscal nº 19365).

DISTINCTION ENTRE LA LOCATION ET LE PRÊT DE DROITS SOCIAUX

La location de parts ou actions est un contrat par lequel une personne (le bailleur) s'engage envers une autre personne (le locataire) à la faire jouir de parts ou actions pendant un certain temps et moyennant un certain prix (C. civ. art. 1709). Les deux éléments constitutifs du contrat de louage sont donc la jouissance temporaire de titres sociaux et le paiement corrélatif d'un prix. 20010

Ces éléments permettent de distinguer ce contrat, d'une part, du **prêt à usage** dont la principale caractéristique est d'être gratuit (C. civ. art. 1876) et, d'autre part, du **prêt de consommation** qui transfère à l'emprunteur la propriété de la chose prêtée (C. civ. art. 1893).

A. Règles communes à toute société en matière de location de droits sociaux

MISE EN LOCATION DE DROITS SOCIAUX

Nécessité d'une autorisation statutaire de la location Un associé ou un actionnaire ne peut consentir un contrat de location sur ses parts ou ses actions que si les statuts prévoient que celles-ci « peuvent être données à bail au sens de l'article 1709 du Code civil » (art. L 239-1). Il résulte à notre avis de la référence à cet article que la location ne peut pas être consentie à titre gratuit et que le locataire doit verser un loyer. 20020

Parties à la location L'associé ou l'actionnaire qui consent la location peut être une personne physique ou morale (cf. art. L 239-2, al. 4). En revanche, la location ne peut être consentie qu'à une personne physique (art. L 239-1, al. 1), ce qui constitue l'un des principaux obstacles au développement des locations de titres. 20021

20022 **Droits sociaux exclus de la location** La location ne peut pas porter sur les parts ou actions (art. L 239-1, al. 3 à 6) :
– détenues par des personnes physiques dans le cadre de la gestion de leur patrimoine privé lorsque les produits et plus-values bénéficient d'un régime d'exonération en matière d'impôt sur le revenu (actions inscrites sur un PEA notamment) ;
– inscrites à l'actif d'une société de capital-risque ou d'une société unipersonnelle d'investissement à risque ;
– détenues par un fonds commun de placement à risque, un fonds commun de placement dans l'innovation ou un fonds commun de proximité.

Sur les cas d'exclusion propres aux actions, voir nº 20130.

20023 **Cas des sociétés de professions libérales.** La location ne peut pas non plus porter sur les parts ou actions de sociétés constituées pour l'exercice de professions libérales réglementées ou dont le titre est protégé, sauf si la location est au profit de professionnels salariés ou collaborateurs libéraux exerçant au sein de ces sociétés et, à l'exception des sociétés intervenant dans le domaine de la santé ou exerçant les fonctions d'officier public ou ministériel, de professionnels exerçant la profession constituant l'objet de ces sociétés (art. L 239-1, al. 8 ; Ord. 2023-77 du 8-2-2023 art. 1 ; Ord. 2023-77 art. 72 pour les professions de santé ; Ord. 2023-77 art. 82 pour les professions juridiques ou judiciaires ; Ord. 2023-77 art. 88 pour les professions techniques).

Ces exceptions s'appliquent en outre dans les SARL, SAS, SA et SCA de droit commun constituées pour l'exercice d'une profession libérale juridique ou judiciaire (art. L 811-7, al. 2 et L 812-5, al. 2 pour les administrateurs et mandataires de justice, Ord. du 10-9-1817 art. 3-2, al. 2 pour les avocats aux Conseils, Loi 71-1130 du 31-12-1971 art. 8, I-al. 2 pour les avocats, Ord. 45-2590 du 2-11-1945 art. 1 bis, al. 2 pour les notaires, Ord. 2016-728 du 2-6-2016 art. 5, al. 2 et 25, IV-6º pour les commissaires de justice, les huissiers de justice et les commissaires-priseurs judiciaires).

20024 **Droits sociaux émis par une société en procédure collective** Lorsque la société fait l'objet d'une procédure de sauvegarde ou de redressement judiciaire, la location des actions ou des parts sociales qu'elle a émises ne peut intervenir que dans les conditions fixées par le tribunal ayant ouvert cette procédure (art. L 239-1, dernier al.).

20025 **Conditions du contrat de location** Le contrat de location doit être **écrit.** Il peut être constaté par un acte sous signature privée soumis à la formalité de l'enregistrement ou par un acte authentique (art. L 239-2, al. 1).

L'acte doit comporter les **mentions** obligatoires suivantes (art. R 239-1) :
– la nature, le nombre et l'identification des titres loués ;
– la durée du contrat et du préavis de résiliation ;
– le montant, la périodicité et, le cas échéant, les modalités de révision du loyer ;
– les conditions de répartition du boni de liquidation, dans le respect des règles légales applicables à l'usufruit ;
– si les titres loués sont cessibles par le bailleur en cours de contrat, les modalités de cette cession.

CONSEIL

En cas d'**indexation du montant du loyer,** il est souhaitable que celui-ci soit indexé sur un indice lié à l'activité de la société (application de l'article L 112-2, al. 1 du Code monétaire et financier). Une indexation du loyer (ou un complément de loyer) en fonction des bénéfices de la société est théoriquement possible, mais ne se justifierait pas si l'augmentation des bénéfices était due à l'activité du locataire, notamment dans le cas où ce dernier loue un bloc majoritaire de titres en vue d'une reprise éventuelle.

Les mentions ci-dessus doivent figurer dans le contrat à peine de nullité, à l'exception de celles relatives à la révision du loyer et à la cession des titres, en l'absence desquelles le loyer est réputé fixe et les titres incessibles pendant la durée du contrat (art. R 239-1).

20026 **Évaluation des droits sociaux loués** Les parts ou les actions louées doivent être évaluées, sur la base de **critères** tirés des comptes sociaux, en début et en fin de contrat, ainsi qu'à la fin de chaque exercice comptable pour les locations consenties par une personne morale. L'évaluation est **certifiée** par un commissaire aux comptes (art. L 239-2, al. 4).

ATTENTION

Selon la CNCC, les **sociétés non dotées d'un commissaire aux comptes** ont l'obligation d'en nommer un pour certifier l'évaluation des titres loués, l'article L 239-2, al. 4 prévoyant la certification de l'évaluation par « un » commissaire aux comptes (en ce sens, Bull. CNCC décembre 2009 p. 700 ; CNCC EJ 2022-78 septembre 2023).

Dans les sociétés qui ont opté pour l'audit allégé de leurs comptes, le commissaire aux comptes de la société est dispensé de certifier l'évaluation des parts ou actions louées (art. L 821-57, al. 2) ; mais la certification étant exigée par l'article L 239-2, al. 4, ces sociétés doivent nommer spécialement un commissaire aux comptes pour effectuer la certification. En l'état actuel des textes, on ne peut que leur conseiller de ne pas faire jouer la dispense de l'article L 821-57, al. 2.

La loi ne précise pas **à qui incombe** l'obligation de faire procéder à l'**évaluation** des droits sociaux. Elle ne prévoit pas non plus de sanction en cas de défaut d'évaluation. Il est conseillé de préciser ces points dans le contrat de location.

Agrément du locataire Les dispositions légales ou statutaires prévoyant l'agrément de l'acquéreur de parts ou d'actions sont applicables dans les mêmes conditions au locataire (art. L 239-3, al. 1). En conséquence : 20027
- dans la SARL, la mise en location des parts sociales est soumise à l'agrément des associés dans les conditions légales énoncées à l'article L 223-14 ;
- dans les sociétés par actions, elle est soumise à agrément si les statuts l'ont prévu.

Opposabilité de la location à la société Le contrat de location est rendu opposable à la société dans les formes prévues par l'article 1690 du Code civil, c'est-à-dire au moyen d'une signification par huissier ou commissaire de justice ou d'une acceptation de la société par l'intermédiaire de son représentant légal dans un acte authentique (art. L 239-2, al. 2). 20028

CONSÉQUENCES DE LA MISE EN LOCATION DE DROITS SOCIAUX

Qualité d'associé du locataire Sur la question de savoir si le locataire de droits sociaux a la qualité d'associé, voir nº 6130. 20038

Obligations de la société Par assimilation avec la location de biens corporels, les droits sociaux doivent être délivrés mais l'obligation pèse ici sur la société et non sur le bailleur. En effet, le Code de commerce dispose que la date de **délivrance** des actions ou des parts est celle de la mention de la location et du nom du locataire à côté du nom de l'actionnaire ou de l'associé dans le **registre des titres nominatifs** de la société par actions ou dans les **statuts** de la SARL (art. L 239-2, al. 3). À notre avis, dans les sociétés par actions qui ont opté pour une **blockchain,** la date de délivrance est, faute de précision dans la loi, celle de l'inscription des actions dans cette blockchain. 20040

Tout intéressé peut demander au président du tribunal statuant en référé d'enjoindre sous astreinte au représentant légal de la société par actions ou de la SARL, en cas de signification d'un contrat de bail de parts ou d'actions, de modifier le registre des titres nominatifs ou les statuts et de convoquer l'assemblée des associés à cette fin (art. L 239-5).

À compter de la date de délivrance, la société doit adresser au locataire les **informations** dues aux actionnaires ou associés et prévoir sa **participation et** son **vote aux assemblées** (art. L 239-2, al. 3).

Exercice des droits sur les parts ou actions louées Le droit de **vote** attaché aux titres loués appartient au bailleur dans les assemblées statuant sur les modifications statutaires ou le changement de nationalité de la société et au locataire dans les autres assemblées (art. L 239-3, al. 2). 20041

Cette répartition du droit de vote est à notre avis impérative, la loi n'ayant pas prévu, comme en matière de titres démembrés (nos 7563 s.), la possibilité pour les statuts de déroger à cette règle.

Pour l'exercice des **autres droits** attachés aux actions et parts sociales louées, le bailleur est considéré comme le nu-propriétaire et le locataire comme l'usufruitier (art. L 239-3, al. 2).

Il résulte de l'assimilation avec le démembrement de propriété que le bailleur et le locataire *ont le droit de participer* aux décisions collectives, quel que soit le titulaire du droit de vote et sans que les statuts puissent déroger à cette règle (cf. C. civ. art. 1844, al. 3 et 4), et que le locataire a notamment droit aux dividendes sur les parts ou les actions. Sur la répartition des réserves en cas d'usufruit, voir nº 76296 ; sur celle du boni de liquidation, voir nº 87771.

ATTENTION

La répartition des droits autres que le droit de vote attachés aux titres loués prévue par l'article L 239-3 ne s'applique pas, à notre avis, lorsque le locataire est un professionnel salarié ou un collaborateur libéral exerçant au sein d'une **société d'exercice libéral** ou d'une société de droit commun constituée pour l'exercice d'une profession juridique ou judiciaire car la qualité d'associé est reconnue à ce locataire (nº 6130) qui doit donc se voir reconnaître les mêmes droits que tout associé.

20042 **Effet de la location en droit de la concurrence** Pour l'application du droit de la concurrence (Livre IV du Code de commerce), le bailleur et le locataire sont considérés comme détenteurs des actions ou des parts sociales (art. L 239-3, al. 3).

Cette précision est destinée à éviter qu'il ne soit soutenu par le bailleur qu'il n'a plus la possession des titres et par le locataire qu'il n'en est pas propriétaire pour tenter de réaliser une dilution de leur participation dans le capital de la société et échapper ainsi à une éventuelle sanction au regard de la réglementation des concentrations économiques (Rapport Sén. n° 333 p. 105 relatif à la loi 2005-882 du 2-8-2005).

20043 **Régime fiscal de la location** Quelle que soit la qualité du bailleur, les loyers perçus sont imposables dans la catégorie des bénéfices industriels et commerciaux. Le locataire peut déduire les sommes versées de son revenu imposable. Si cette déduction est opérée dans la catégorie des revenus mobiliers, le déficit constaté, le cas échéant, ne peut pas être imputé sur le revenu global mais uniquement sur les revenus mobiliers des six années suivantes (CGI art. 156, I-8°). Le locataire est réputé avoir la qualité d'associé pour l'application de l'abattement de 40 % sur les revenus distribués en cas d'option globale pour le barème progressif de l'impôt sur le revenu (n° 76542).

Sur le régime applicable à la plus-value de cession ultérieure des actions ou parts sociales, voir Mémento Fiscal n° 18485.

RENOUVELLEMENT DE LA LOCATION DE DROITS SOCIAUX

20050 Le bail est renouvelé « dans les mêmes conditions que la conclusion du bail initial » (art. L 239-4, al. 1).

La loi semble donc imposer un nouveau contrat écrit et paraît exclure la tacite reconduction et la prorogation (en ce sens, Avis AN n° 2422 p. 39 relatif à la loi 2005-882 du 2-8-2005).

NON-RENOUVELLEMENT ET RÉSILIATION DE LA LOCATION DE DROITS SOCIAUX

20060 En cas de non-renouvellement ou de résiliation du contrat de location, la partie la plus diligente fait procéder à la **radiation de la mention** portée dans le registre des titres nominatifs de la société par actions ou dans les statuts de la SARL (art. L 239-4, al. 2). À notre avis, dans les sociétés par actions qui ont choisi d'inscrire leurs actions dans une **blockchain,** il convient de supprimer la mention portée dans celle-ci.

Tout intéressé peut demander au président du tribunal statuant en référé d'enjoindre sous **astreinte** au représentant légal de la société par actions ou de la SARL, en cas d'arrivée à terme d'un contrat de location de parts ou d'actions, de modifier le registre des titres nominatifs (ou, à notre avis, l'inscription dans la blockchain) ou les statuts et de convoquer l'assemblée des associés à cette fin (art. L 239-5).

OPÉRATIONS INTERDITES SUR LES DROITS SOCIAUX LOUÉS

20070 À peine de nullité de l'opération, les actions ou parts louées ne peuvent pas faire l'objet d'une **sous-location ou** d'un **prêt** de titres au sens des articles L 211-22 s. du Code monétaire et financier (art. L 239-1, al. 7).

B. Location de titres de sociétés par actions

20130 Seule est autorisée la location d'**actions nominatives** non **négociables sur un marché réglementé** et non inscrites aux opérations d'un dépositaire central (art. L 239-1, al. 2).

Le même article prévoit en outre que ne peuvent pas faire l'objet d'une location les actions soumises à une obligation de conservation à la suite d'une **attribution gratuite d'actions** ainsi que celles soumises à une période d'indisponibilité dans le cadre des régimes de participation et de PEE.

C. Location de parts de SARL

PARTS DE SARL POUVANT ÊTRE LOUÉES

20190 Seules les parts des SARL soumises à l'impôt sur les sociétés, que ce soit de plein droit ou sur option, peuvent être données en location (art. L 239-1, al. 1 ; sur l'application aux SARL du régime de l'impôt sur les sociétés, voir Mémento Fiscal n° 35665).

INSCRIPTION DE LA LOCATION DE PARTS DE SARL

La mention de la location et du nom du locataire doit figurer dans les **statuts** (art. L 239-2, al. 3), ce qui suppose une **modification** de ceux-ci par une décision des associés. 20200

Le **gérant** peut toutefois inscrire dans les statuts la mention du bail et du nom du locataire à côté du nom de l'associé concerné, sous réserve de la ratification de cette décision par les **associés** statuant à la **majorité de plus de la moitié** des parts sociales ; de la même façon, il peut supprimer cette mention en cas de non-renouvellement ou de résiliation du bail (art. L 223-18, dernier al. et, sur renvoi, art. L 223-29).

PARTIE 4

Modification des caractéristiques de la société

CHAPITRE 1 MODIFICATION DE L'OBJET SOCIAL

CONDITIONS ET EFFET DE LA MODIFICATION DE L'OBJET SOCIAL

La modification totale ou partielle de l'objet social est décidée par les associés dans les conditions prévues pour la **modification des statuts,** lesquelles diffèrent en fonction du type de société constituée. Toutefois, dans la SAS, les statuts peuvent réserver ce pouvoir au président (ou à un autre dirigeant) : voir nº 60491. **20500**

Cette modification, comme toute autre modification statutaire, n'entraîne pas la création d'une **personne morale nouvelle** (C. civ. art. 1844-3), si bien que la société est fondée à se prévaloir des droits nés à son profit avant le changement d'objet (Cass. com. 8-11-2005 nº 1376 : RJDA 3/06 nº 268).

PUBLICITÉ DE LA MODIFICATION DE L'OBJET SOCIAL

La modification de l'objet social doit être publiée dans un **support d'annonces légales** du lieu du siège social car ce changement rend caduque la mention relative à l'objet social figurant dans l'avis de constitution de la société (art. R 210-9). **20505**

La modification ne nécessite pas dans tous les cas une inscription au **RCS** et au **RNE.** En effet, la demande d'immatriculation de la société n'ayant pas à comporter l'objet social, mais seulement les « activités principales » de l'entreprise (art. R 123-53, 6º pour le RCS et art. R 123-252, 5º pour le RNE), il n'y a lieu de faire inscrire la modification de l'objet que si celle-ci entraîne également un **changement des activités principales.** **20506**

Dans ce cas, la demande d'inscription modificative doit être déposée dans les conditions exposées nºs 85625 s.

Dans le **cas contraire,** où la modification n'entraîne pas un changement des activités principales, le procès-verbal de l'assemblée ayant décidé la modification et les nouveaux statuts doivent tout de même être **déposés au greffe,** par l'intermédiaire du guichet unique électronique des formalités d'entreprises, afin d'être annexés au RCS (art. R 123-105). Ces documents font également l'objet d'un dépôt en annexe au RNE (art. R 123-266, 2º).

Une insertion au **Bodacc** n'est requise, à la diligence du greffier du tribunal de commerce (art. R 123-161), que si la modification entraîne un changement des activités exercées par la société (cf. art. R 123-157 sur renvoi de l'art. R 123-159). **20507**

Pour plus de **détails** sur les diverses formalités à effectuer au cours de la vie sociale, voir nºs 85500 s.

RÉGIME FISCAL DU CHANGEMENT D'OBJET SOCIAL

Le changement de l'objet d'une société soumise à l'impôt sur les sociétés n'emporte **cessation d'entreprise** du point de vue fiscal que s'il s'accompagne d'un changement effectif d'activité. **20510**

Le changement d'activité réelle peut notamment résulter de l'adjonction d'une activité entraînant, au titre de l'exercice de sa survenance ou de l'exercice suivant, une augmentation de plus de 50 % soit du chiffre d'affaires, soit de l'effectif moyen du personnel et du montant brut des éléments de l'actif immobilisé par rapport à l'exercice précédent. Il en va de même en cas d'abandon ou de transfert, même partiel, d'une activité entraînant une diminution de plus de 50 % des mêmes éléments. En revanche, ni la mise en location-gérance d'un fonds de commerce, ni l'adjonction d'une activité strictement identique à celle déjà exercée ne constituent un changement d'activité réelle (BOI-IS-CESS-10 nºs 110 et 280).

Lorsque le changement d'activité réelle est indispensable à la poursuite de l'activité à l'origine des déficits et à la pérennité des emplois, la cessation d'entreprise peut être évitée moyennant un agrément ministériel préalable (BOI-IS-CESS-10 nº 480 ; Mémento Fiscal nº 38720).

Pour les sociétés relevant du régime des sociétés de personnes exerçant une activité professionnelle, un changement profond d'activité réelle entraîne également cessation d'entreprise au plan fiscal. Tel est le cas du passage d'une activité de production à une activité de commercialisation du même produit (CE 8-2-1991 nº 75459 : RJF 3/91 nº 270). Voir Mémento Fiscal nº 38725.

20510 (suite) **> Précisions** En l'**absence d'agrément** ministériel, les effets de la cessation d'entreprise d'une société soumise à l'impôt sur les sociétés sont les suivants : impossibilité pour la société de reporter sur les résultats de la nouvelle activité les déficits de l'ancienne exploitation, imposition immédiate des résultats de l'exercice, réintégration des provisions réglementées dans le résultat imposable. À certaines conditions, l'imposition immédiate des bénéfices en sursis d'imposition, des plus-values latentes et des profits latents sur stocks peut être écartée (CGI art. 221, 5 et 221 bis). Pour plus de détails, voir Mémento Fiscal nos 38730 et 38770 s.

CHAPITRE 2

TRANSFERT DU SIÈGE SOCIAL

SOMMAIRE

A. Réalisation du transfert du siège

CONDITIONS DU TRANSFERT DU SIÈGE

La décision de transférer le siège social doit être prise dans les conditions prévues par la loi pour toute modification statutaire. Cependant, la loi permet de déroger à cette règle dans les SARL (n° 31280), les SA (nos 40900 et 44832) et les SAS (n° 60491). **20520**

Lorsque la société transfère son siège à l'étranger, ce transfert entraîne un changement de nationalité qui, en principe, nécessite l'accord unanime des associés (n° 20530).

RÉALITÉ ET PREUVE DU TRANSFERT DU SIÈGE

La décision de transfert du siège doit être suivie d'une réalisation effective ; à défaut, cette décision serait inopérante et le **transfert** réputé **fictif.** **20525**

Pour apprécier le caractère sérieux ou fictif du transfert, les tribunaux recherchent principalement si le lieu d'activité des organes de direction et des services administratifs a été effectivement modifié (Cass. 2e civ. 7-3-1956 : Bull. civ. II n° 166 ; Cass. com. 16-12-1958 : Bull. civ. III n° 438 ; Cass. com. 24-11-1982 : Bull. civ. IV n° 370).

L'**accomplissement des formalités de publicité** du transfert (nos 20555 s.) fait présumer que le transfert a bien eu lieu. Ainsi, la preuve d'un transfert de siège à une date donnée a été considérée comme suffisamment rapportée, en l'absence d'éléments contraires, par les mentions d'un avis d'annonce légale, par celles parues dans des publications de l'Insee et par celles d'un extrait Kbis du RCS (CA Versailles 2-7-2019 n° 18/03160 : RJDA 11/19 n° 692). **20527**

TRANSFERT DU SIÈGE À L'ÉTRANGER

En cas de transfert du siège social de la France vers un pays étranger, la société change de nationalité car elle cesse d'être soumise aux lois françaises. Les associés ne peuvent plus invoquer les dispositions de ces lois qui assurent la protection de leurs droits. Aussi, le transfert du siège à l'étranger ne peut valablement être **décidé,** en principe, qu'à l'unanimité des associés. **20530**

Toutefois, cette règle comporte deux exceptions : la première concerne toutes les sociétés par actions et les SARL, en cas de transfert de siège vers un autre État membre de l'UE dont le projet a été déposé au greffe depuis le 1er juillet 2023 (nos 20535 s.) ; la seconde concerne, sous certaines conditions, les SA et les SCA, en cas de déplacement du siège social hors de l'UE (n° 48520).

Transfert du siège au sein de l'UE Le transfert du siège d'une **société par actions ou** d'une **SARL** de la France vers un autre État membre de l'UE s'analyse en une **transformation transfrontalière,** opération par laquelle une telle société immatriculée en France, sans être dissoute ou liquidée ou mise en liquidation, se transforme en une société de forme juridique relevant du droit d'un autre État membre de l'UE figurant en annexe II de la directive UE 2017/1132 du 14 juin 2017 et transfère au moins son siège statutaire dans cet autre État membre, tout en conservant sa personnalité juridique (art. L 236-50, al. 1). Cette opération suit le régime de la fusion transfrontalière (notamment concernant les contrôles de conformité et de légalité, le droit de retrait des associés opposants, la protection des créanciers, etc. ; sur ce régime, voir nos 84600 s.), sous réserve des règles exposées ci-dessous (art. L 236-50 précité). **20535**

› Précisions **a.** La **SE,** bien qu'étant une société par actions, n'est pas concernée par les mesures relatives à la transformation transfrontalière. Elle obéit, en matière de transfert de siège vers un autre État membre, à un régime propre : voir n°s 99240 s.

b. Les **sociétés de personnes,** tant civiles que commerciales, et les sociétés **dépourvues de personnalité morale** ne sont pas concernées par le dispositif relatif aux opérations transfrontalières. Elles peuvent se transformer en une société de forme juridique relevant du droit d'un autre État membre si cet État prévoit la possibilité pour les sociétés de droit interne de se transformer (CJUE 12-7-2012 aff. 378/10 : RJDA 11/12 n° 966, qui a jugé qu'un État qui autorise les transformations internes ne peut pas, sauf raisons impérieuses d'intérêt général, s'opposer à la transformation transfrontalière d'une société française). À défaut, elles doivent être dissoutes et une nouvelle société doit être constituée dans l'État d'accueil, en respectant les formalités qui y sont applicables.

c. Depuis le 24 avril 2024, le régime de la transformation transfrontalière s'applique aussi lorsqu'une **société** de forme juridique relevant du droit **d'un autre État membre de l'UE se transforme en une société** par actions ou en une SARL **immatriculée en France,** sans être dissoute, liquidée ou mise en liquidation et y transfère au moins son siège statutaire, tout en conservant sa personnalité juridique (art. L 236-50, al. 2 issu de loi 2024-364 du 22-4-2024).

20536 **Réalisation et conséquences juridiques de la transformation transfrontalière.** Le **projet de transformation** doit comporter les mentions suivantes (art. R 236-40) : la forme, la dénomination et le siège de la société transformée dans l'État de départ et dans l'État de destination ; les statuts de la société dans l'État de destination ; le calendrier indicatif envisagé pour la transformation ; les droits accordés aux associés ayant des droits spéciaux et aux porteurs de titres autres que des actions ou des parts représentatifs du capital social ou les mesures proposées à leur égard ; les avantages particuliers attribués aux membres des organes d'administration, de direction, de surveillance ou de contrôle ; les effets probables de la transformation sur l'emploi ; les modalités d'attribution d'une offre de rachat aux associés bénéficiant du droit de retrait ; les garanties offertes aux créanciers, telles que les cautionnements et les gages ; si une mesure d'incitation ou une subvention a été reçue par la société dans l'État membre de départ au cours des cinq dernières années.

L'opération doit être **décidée** par l'assemblée générale dans les conditions requises pour la modification des statuts (art. L 236-52). La compétence pour décider de la transformation ou le pouvoir de la réaliser ne peuvent pas être délégués au conseil d'administration ou au directoire (art. L 236-52, al. 2, qui rend inapplicable l'art. L 236-9, II).

La **date d'effet** de l'opération est fixée par le droit de l'État membre de destination, conformément à ce que prévoit le droit européen (Dir. 2017/1132 du 14-6-2017 art. 86 octodecies).

Concernant les effets de l'opération, il est expressément prévu qu'à compter de la réalisation de la transformation (art. L 236-51) :

– l'ensemble des éléments d'**actif et** de **passif** de la société résultant de la transformation seront ceux de la société à l'origine de la transformation ;

– les **associés** ou actionnaires de la société à l'origine de la transformation continueront d'être associés ou actionnaires de la société résultant de la transformation, à moins qu'ils ne cèdent leurs parts sociales ou actions ;

– les droits et obligations des **contrats de travail** de la société résultant de la transformation existant à la date à laquelle la transformation transfrontalière prend effet sont ceux de la société à l'origine de la transformation.

20538 **Conséquences sociales de la transformation transfrontalière.** Sur le plan social, les opérations de transformation transfrontalière au sein de l'UE, qui englobent notamment les transferts du siège social de sociétés d'un État membre à un autre, donnent lieu aux mêmes dispositions que celles déjà applicables aux fusions transfrontalières au regard de l'obligation de prendre en compte le droit des salariés de participer aux organes d'administration ou de surveillance et, le cas échéant, la nécessité d'instituer un groupe spécial de négociation : voir n°s 84710 s.

20540 **Transfert du siège hors de l'UE** Les modalités et les effets du transfert du siège à l'étranger dépendent du droit applicable dans l'État d'accueil :

– si le droit applicable dans l'État d'accueil accepte que la **société** française **se transforme** en une société soumise à ce droit tout **en conservant sa personnalité morale,** il suffit d'adapter les statuts de la société et de se soumettre aux formalités de publicité exigées dans l'État d'accueil, puis de radier la société du RCS et du RNE en France ;

– si le droit applicable dans l'État d'accueil n'accepte **pas la transformation** de la société française en société soumise à sa loi, il faut alors dissoudre la société en France et constituer une nouvelle société dans l'État d'accueil en respectant les formalités qui y sont applicables.

› Précisions Il peut arriver que la société conserve sa personnalité morale en **application d'une convention** entre la France et l'État d'accueil mais cette situation est très exceptionnelle. A ainsi été conclu le 12 novembre 1959 un traité entre la France et l'Éthiopie lors du transfert de Paris à Addis-Abeba du siège de la Compagnie du chemin de fer franco-éthiopien.

Conséquences fiscales du transfert du siège Le transfert du siège d'une société passible de l'impôt sur les sociétés dans un autre État membre de l'**UE,** en **Islande** ou en **Norvège,** n'entraîne pas, en lui-même de conséquences fiscales. En revanche, lorsque ce transfert, indépendamment de la date à laquelle l'administration en a connaissance, s'accompagne de la cessation totale ou partielle de l'assujettissement de la société à l'IS en France, il entraîne l'imposition immédiate des bénéfices d'exploitation non encore taxés et des provisions devenues sans objet. Lorsque la société poursuit l'exploitation d'une entreprise en France après le transfert de son siège ou de son établissement, il y a seulement lieu de procéder à l'imposition à la date de ce transfert des plus-values en report ou en sursis et des plus-values latentes sur les éléments de l'actif immobilisé transférés en même temps que le siège (CE 29-11-2024 n° 473237 : RJF 2/25 n° 92). Cette imposition peut, au choix de l'entreprise, faire l'objet d'un paiement immédiat ou étalé sur cinq ans. Le bénéfice de l'étalement est subordonné au respect d'obligations déclaratives destinées à permettre le suivi des actifs transférés. 20545

Lorsqu'il est réalisé vers un **État autre** que ceux visés ci-dessus ou par une société soumise à l'impôt sur le revenu, le transfert du siège social emporte les conséquences d'une cessation d'entreprise.

Pour plus de détails, voir Mémento Fiscal n°s 11420 s.

L'article 221, 3 du CGI, qui prévoit que le changement de nationalité d'une société par actions et le transfert de son siège social à l'étranger n'entraînent pas les conséquences de la cessation d'entreprise si le pays d'accueil a signé avec la France une convention spéciale (n° 48520), est actuellement dépourvu de portée pratique, la France n'ayant à notre connaissance signé aucune convention de ce type.

B. Publicité du transfert du siège

OBLIGATION DE PUBLIER LE TRANSFERT DU SIÈGE

Pour être **opposable** aux tiers, le transfert du siège social doit être publié (cf. art. L 123-9, al. 1). 20555

› Précisions L'accomplissement des formalités de transfert par la société n'est requis qu'en cas de déplacement du siège social. En cas de **changement de nom de rue ou de numérotation** décidé par l'autorité administrative, il appartient au greffier du tribunal de commerce, informé par cette autorité, de rectifier d'office les inscriptions portées au RCS pour les sociétés concernées et il n'est pas tenu d'informer ces sociétés de la rectification ainsi faite (art. R 123-126, al. 2). Le greffier doit également en informer l'Inpi aux fins d'inscription au RNE (art. R 123-297, al. 1).

TRANSFERT DU SIÈGE DANS LE RESSORT DU MÊME TRIBUNAL

Le transfert du siège dans le ressort du tribunal de commerce au greffe duquel la société a été immatriculée est soumis aux formalités de publicité suivantes : 20560

– insertion dans un **support d'annonces légales** (art. R 210-9) ;
– inscription modificative au **RCS** et au **RNE** par l'intermédiaire du guichet unique électronique des formalités d'entreprises (art. R 123-66 et art. R 123-252, 4° sur renvoi de l'art. R 123-263) ;
– formalités exposées n° 20584.

Pour plus de détails sur ces diverses formalités, voir n°s 85500 s.

› Précisions a. Le fait d'avoir publié dans un support d'annonces légales la décision de transférer le siège social *ne suffit pas pour rendre le* transfert opposable aux tiers. Ainsi jugé qu'était valable l'**assignation** d'une société **signifiée** à son **ancien siège,** dès l'instant que la mention du transfert au RCS et la publication au Bodacc n'avaient pas encore été effectuées à la date de l'assignation (CA Paris 16-11-1981 : BRDA 4/82 p. 16).

b. La demande d'inscription modificative doit être accompagnée d'une **pièce justifiant la jouissance du local** où est transféré le siège (n° 3220).

c. La société n'a pas à faire de démarche auprès du greffe du lieu des **établissements secondaires** : les formalités d'inscription modificative au RCS du lieu de ces établissements incombent au greffier et non à la société (n° 85673).

TRANSFERT DANS LE RESSORT D'UN AUTRE TRIBUNAL

Le transfert du siège hors du ressort du tribunal de commerce au greffe duquel la société a été immatriculée entraîne des formalités au nouveau et à l'ancien siège exposées n°s 20570 à 20584. 20565

20570 **Insertion dans un support d'annonces légales** L'article R 210-11 précise que l'avis publié dans un support d'annonces légales du **département du nouveau siège** doit :
– mentionner le transfert du siège ;
– reproduire la dénomination sociale suivie, le cas échéant, de son sigle, la forme de la société, l'adresse du siège social ainsi que les nom, prénom usuel et domicile des personnes ayant le pouvoir général d'engager la société envers les tiers ;
– indiquer également le lieu et le numéro d'identification au RCS de l'ancien siège ainsi que le RCS où la société sera immatriculée en raison de son nouveau siège.

En revanche, il n'est pas nécessaire de mentionner l'objet social, la durée de la société ou l'identité des associés tenus des dettes sociales, ces indications ne s'imposant que pour les sociétés non commerciales (Avis CCRCS 2012-007 du 16-2-2012).

En application des dispositions très générales de l'article R 210-9, la publicité du transfert doit, à notre avis, être également effectuée, selon les règles indiquées plus haut, dans un support d'annonces légales du **département de l'ancien siège** (dans le même sens, Rép. Courroy : Sén. 19-6-1971 nº 10410). En effet, dès lors que la mention relative au siège social figurant dans l'insertion effectuée lors de la constitution de la société est devenue caduque en raison du transfert du siège, l'article R 210-9 impose une insertion avec indication de la mention ancienne et de la mention nouvelle. Cette solution permet de suivre la société dans ses diverses modifications, ce qui ne serait pas le cas si, à l'ancien siège, on ne procédait à aucune insertion.

20575 **Inscription modificative** La demande d'inscription modificative au RCS doit être déposée dans les conditions exposées nºˢ 85625 s.

La demande d'inscription modificative doit être accompagnée, outre des pièces habituelles en cas de demande d'inscription modificative au RCS :
– d'une **pièce justifiant la jouissance du local** où est transféré le siège (nº 3220) ;
– d'un **document annexé aux statuts** mentionnant les sièges sociaux antérieurs, les greffes où sont classés les actes constitutifs et modificatifs antérieurs au transfert du siège et l'indication de la date du dernier transfert du siège (art. R 123-110).

Il n'est pas nécessaire de produire un extrait Kbis de la précédente immatriculation ; il appartient au greffier du nouveau siège d'en faire la demande au greffe du siège d'origine. La transmission de l'extrait entre les greffes est faite par voie électronique et sans frais pour la société (art. A 123-46, al. 2).

Le transfert du siège fait également l'objet d'une inscription modificative auprès du RNE (art. R 123-252, 4º sur renvoi de l'art. R 123-263).

20577 La **radiation de la société** au RCS de l'ancien siège n'est pas à la charge de celle-ci. C'est le greffier du tribunal dans le ressort duquel est situé le nouveau siège qui doit notifier l'inscription de la société au guichet unique électronique des formalités d'entreprises mentionné nº 85625 et au greffier du tribunal dans le ressort duquel était situé le précédent siège ; au reçu de cette notification, le greffier de l'ancien siège doit procéder d'office à la radiation (ou à une mention si l'ancien siège devient établissement secondaire) et notifier celle-ci (ou la mention rectificative) à la société par l'intermédiaire du guichet unique et au greffier du tribunal dans le ressort duquel est situé le nouveau siège (art. R 123-73).

En outre, l'inscription modificative devant être effectuée aux RCS des différents **établissements secondaires** est également à la charge des greffiers (nº 85673).

AUTRES FORMALITÉS COMMUNES AU TRANSFERT DU SIÈGE EN FRANCE

20584 Outre les formalités exposées nºˢ 20560 à 20577, le transfert du siège social en France est soumis aux formalités de publicité suivantes :
– insertion au **Bodacc** par les soins du greffier du tribunal de commerce (art. R 123-159 et R 123-161) ;
– inscription modificative, par l'intermédiaire du guichet unique électronique des formalités d'entreprises, au **registre des bénéficiaires effectifs** de la société (C. mon. fin. art. R 561-55).

Pour plus de détails sur ces diverses formalités, voir nºˢ 85700 s.

TRANSFERT DU SIÈGE HORS DE L'UE

20587 En cas de transfert du siège social dans un pays non membre de l'UE, la société doit déposer au guichet unique électronique des formalités d'entreprises le procès-verbal de l'assemblée ayant décidé le transfert et produire un extrait d'immatriculation du **registre « d'accueil »** ou de tout autre acte équivalent (Avis CCRCS 99-01 : Bull. RCS 13/2001 p. 7, applicable, à notre avis, pour les formalités réalisées auprès du guichet unique, même s'il n'existait pas à la date de cet avis).

FORMALITÉS SPÉCIALES LIÉES AU TRANSFERT DU SIÈGE

Outre les formalités de publicité ci-dessus, applicables à toutes les sociétés, il convient également, comme en cas de changement de dénomination, de publier le transfert du siège au service chargé de la publicité foncière du lieu de situation des **immeubles** dont la société est propriétaire et au registre national des brevets ou au registre national des marques si la société possède des **brevets** ou des **marques** (n° 20610). Il y a aussi lieu de faire modifier la carte grise des **véhicules** appartenant à la société (C. route art. R 322-7). 20592

CHAPITRE 3

CHANGEMENT DE DÉNOMINATION SOCIALE

CONDITION ET EFFETS DU CHANGEMENT DE DÉNOMINATION SOCIALE

20600 Le changement de la dénomination sociale ne peut résulter que d'une décision des associés prise dans les **conditions** prévues pour la modification des statuts, lesquelles varient selon chaque type de société.

Cette modification, comme toute autre modification statutaire, n'entraîne pas la création d'une **personne morale nouvelle** (C. civ. art. 1844-3), si bien que la société est fondée à se prévaloir des droits nés à son profit avant le changement de dénomination (Cass. com. 8-11-2005 n° 1376 : RJDA 3/06 n° 268).

PUBLICITÉ DU CHANGEMENT DE DÉNOMINATION SOCIALE

20605 Le changement de dénomination est soumis aux formalités de publicité suivantes :
– insertion dans un **support d'annonces légales** du lieu du siège social (art. R 210-9) ;
– inscription modificative au **RCS** et au **RNE** par l'intermédiaire du guichet unique électronique des formalités d'entreprises (art. R 123-66 et art. R 123-252, 1° sur renvoi de l'art. R 123-263) ;
– insertion au **Bodacc** par les soins du greffier du tribunal de commerce (art. R 123-159 et R 123-161) ;
– inscription modificative, par l'intermédiaire du guichet unique, au **registre des bénéficiaires effectifs** de la société (C. mon. fin. art. R 561-55).

Pour plus de détails sur ces diverses formalités, voir nos 85500 s.

20610 **Formalités spéciales** Si la société est propriétaire d'**immeubles** ou titulaire de droits immobiliers inscrits au service chargé de la publicité foncière et qu'elle a déjà procédé à une formalité de publicité foncière depuis le 1er janvier 1956, le changement de dénomination doit faire l'objet d'une publication au service chargé de la publicité foncière de la situation des immeubles (Décret 55-22 du 4-1-1955 art. 28, 9°). Cette publicité est assurée par le dépôt de deux expéditions, extraits ou copies, certifiés conformes par un officier public ou ministériel ou une autorité administrative, des pièces justifiant le changement de dénomination : par exemple, extrait ou copie de l'inscription modificative au RCS (Décret 55-1350 du 14-10-1955 art. 70), qui peut alors être certifié conforme par le greffier du tribunal (Rép. Caillavet : Sén. 2-4-1982 n° 2525).

Si la société est titulaire de droits sur un **brevet** ou une **marque,** elle doit faire inscrire le changement de dénomination intervenu au registre national des brevets (CPI art. R 613-57) ou au registre national des marques (CPI art. R 714-6) selon le cas, l'un et l'autre étant tenus par l'Inpi.

› **Précisions** L'absence de mention du **changement de dénomination sociale** (ou d'adresse) du titulaire d'une marque n'affecte pas la qualité de propriétaire de celui-ci ; il peut donc continuer à s'en prévaloir à l'égard des tiers (Cass. com. 11-3-2003 n° 479 : RJDA 8-9/03 n° 893 ; en sens contraire, CA Bordeaux 3-10-2011 n° 10/00946 : RJDA 12/11 n° 1032). La même solution s'applique par analogie en matière de brevet ou de dessins et modèles. Les seuls changements dont l'opposabilité est expressément subordonnée à une publicité au registre national des dessins et modèles, à celui des brevets ou à celui des marques sont la transmission et la modification des droits attachés au dessin ou modèle, au brevet ou à la marque (CPI art. L 513-3, al. 1, L 613-9, al. 1 et L 714-7, al. 1). Or, un changement de dénomination sociale (ou d'adresse) ne peut pas être assimilé à une telle transmission ou modification.

CHAPITRE 4

TRANSFORMATION DE LA SOCIÉTÉ

SOMMAIRE

A. Définition de la transformation d'une société

CHANGEMENT DE FORME DE LA SOCIÉTÉ

La transformation d'une société est l'opération consistant à changer sa forme juridique : transformation d'une SARL en SA, d'une SA en SAS, etc. Pour autant, le législateur n'a pas expressément défini ce qu'il fallait entendre par « forme » d'une société, ni énuméré limitativement les diverses formes que peuvent revêtir les sociétés, ce qui soulève quelques **difficultés.** Cependant, il ressort de l'article L 210-1 que les SNC, les SCS, les SARL et les diverses sociétés par actions constituent autant de formes distinctes. De même, la société civile doit être considérée comme une forme particulière. En effet, l'article 1845 du Code civil pose deux conditions pour qu'une société soit civile : avoir un objet civil et ne pas avoir adopté une forme commerciale. La forme civile s'oppose ainsi aux diverses formes commerciales. 20620

En revanche, l'adoption de la variabilité du capital ou du statut de société à mission n'est pas une transformation car elle n'affecte pas la forme de la société. Il en est de même de l'adoption du régime de société d'exercice libéral (SEL) par une société commerciale d'une forme donnée (passage d'une SAS en Selas, d'une SARL en Selarl, d'une SA en Selafa ou d'une SCA en Selca) ou de l'opération inverse, la SEL n'étant pas une forme de société mais seulement un mode d'exercice des professions libérales sous la forme de sociétés de capitaux (Avis CNCC EJ n° 2006-54 : Bull. CNCC juin 2006 p. 374). N'est pas non plus une transformation le passage, dans la SA, du système traditionnel de gestion (conseil d'administration) au régime dualiste (directoire et conseil de surveillance) ou inversement.

Sur la transformation transfrontalière d'une société par actions ou d'une SARL, voir nos 20535 s.

CHANGEMENT DE NATURE DU GROUPEMENT

Une **société** ne peut pas, à notre avis, être **transformée en un autre type de groupement** (par exemple, un GIE ou une association régie par la loi de 1901) sans perdre sa personnalité morale, sauf disposition législative ou réglementaire contraire. 20625

En effet, chaque type de groupement a sa nature juridique propre. Ainsi, la société permet le partage de bénéfices, non l'association. Or, la nature juridique du groupement a été fixée à l'origine par le contrat créateur de ce groupement (contrat de société, contrat d'association, etc.), sur lequel s'est greffée la personnalité morale. Dès lors, passer d'un type de groupement à un autre, ce n'est pas changer la forme de la personne morale, c'est changer la nature juridique du contrat qui la fonde. Ce remplacement du contrat par un autre constitue une « novation » qui entraîne extinction du contrat initial avec tous les éléments qui lui sont attachés. La personne morale qui est conditionnée par le contrat de groupement disparaît donc avec lui.

ILLUSTRATIONS

La personnalité morale d'une association régie par la loi de 1901 ne peut pas se continuer dans celle d'une société commerciale, de sorte que les décisions de justice prises contre la première ne produisent aucun effet à l'égard de la seconde. Par suite, est irrecevable, faute d'intérêt, l'intervention en appel d'une **SARL** qui a **repris l'activité d'une association dissoute** au cours de l'instance (Cass. 1e civ. 22-11-1988 : Bull. Joly 1989 p. 343).

20630 Il s'ensuit les **conséquences** suivantes :

– impossibilité de réaliser la « transformation » par simple **décision des associés,** l'opération devant être décomposée en une dissolution de la société suivie d'une constitution du nouveau groupement selon les formes et conditions prévues par la législation applicable à celui-ci ;

– inopposabilité de la « transformation » aux **créanciers** de la société ;

– **charges fiscales** extrêmement lourdes (imposition des bénéfices de l'exercice en cours et de ceux dont l'imposition avait été différée ainsi que des plus-values réputées réalisées, l'ensemble de ces bénéfices et plus-values étant en outre imposable au titre des revenus distribués ; droits d'enregistrement sur la dissolution de la société et éventuellement droit d'apport sur les biens transmis au nouveau groupement).

20635 **Dérogations** Certaines dispositions législatives autorisent la « **transformation** » d'une société en un type de groupement ne répondant pas aux caractéristiques générales des sociétés. Ainsi, l'article L 251-18 permet à toute société (ou association) dont l'objet correspond à la définition du GIE de se transformer en un tel groupement « sans donner lieu à dissolution ni à création d'un être moral nouveau ». Ce même texte permet également de **transformer un GIE en SNC.**

Par ailleurs, l'**adoption** par une société existante **du statut de coopérative** de production n'entraîne pas création d'une personne morale nouvelle (Loi 78-763 du 19-7-1978 art. 48). Les associés ou actionnaires qui se sont opposés à cette transformation ont un délai de trois mois pour demander à la société le rachat de leurs titres (Loi 78-763 art. 49).

B. Conditions de la transformation de la société

1. RÈGLES GÉNÉRALES

20640 La transformation d'une société est soumise aux **règles prescrites pour la modification des statuts** et, plus spécialement, à celles visant expressément le cas de transformation. Ces règles, qui diffèrent selon le type de société, sont examinées à l'occasion de l'étude particulière à chaque forme de société.

Sur l'impossibilité de décider la **transformation d'une société après sa dissolution,** voir no 86202.

En outre, lorsque la société en voie de transformation comporte un **comité social et économique à attributions élargies** (sociétés d'au moins 50 salariés), cet organe doit être informé et consulté sur la transformation avant que celle-ci ne soit décidée : le chef d'entreprise doit alors indiquer les motifs de cette modification et consulter le comité sur les mesures envisagées à l'égard des salariés lorsque la transformation comporte des conséquences pour eux (C. trav. art. L 2312-8, II-2°).

CONDITIONS DE LA TRANSFORMATION LIÉES À LA NOUVELLE FORME SOCIALE

20645 Outre les règles propres à la transformation proprement dite, il faut toujours **respecter les conditions** requises pour la validité de la société sous sa nouvelle forme (capital, nombre d'associés, etc.).

Ces conditions doivent, à notre avis, être appréciées au moment de la transformation : par exemple, si une SARL veut se transformer en SA, il faut que, à la **date** où cette transformation est décidée, le capital de la SARL soit au moins égal à 37 000 € (capital minimal requis pour les SA : art. L 224-2, al. 1).

2. CONDITIONS DE TRANSFORMATION EN SOCIÉTÉ PAR ACTIONS

DÉSIGNATION D'UN COMMISSAIRE À LA TRANSFORMATION

Lorsqu'une **société n'ayant pas de commissaire aux comptes** se transforme en société par actions, la désignation d'un ou plusieurs commissaires à la transformation chargés d'apprécier la valeur des biens composant l'actif social et les avantages particuliers est obligatoire (art. L 224-3, al. 1). Il en résulte que, en cas de transformation d'une société déjà dotée d'un commissaire aux comptes, la désignation d'un commissaire à la transformation n'est pas obligatoire (Rép. Carayon : AN 5-7-2005 n° 56016). **20650**

Sur la question de savoir si la dispense de désignation d'un commissaire à la transformation emporte dispense d'établissement du rapport sur la valeur des biens composant l'actif social, voir n° 20655.

En cas de désignation obligatoire, le ou les **commissaires** à la transformation doivent être **choisis** parmi les commissaires aux comptes ou parmi les experts inscrits sur l'une des listes établies par les cours et tribunaux (art. R 22-10-7, al. 1, sur renvoi de l'art. R 224-3, al. 1 ; par inadvertance, l'article R 22-10-7, al. 1 n'a pas été modifié pour tenir compte du transfert des dispositions de l'article L 822-1 vers l'article L 821-13 par l'ordonnance 2023-1142 du 6-12-2023). Ces commissaires sont soumis aux mêmes conditions d'**indépendance** que celles prévues à l'article L 821-31 pour les commissaires aux comptes (art. L 224-3, al. 1 ; voir n° 77587).

Le commissaire à la transformation est nommé par **accord** unanime **des associés** (art. L 224-3, al. 1). À défaut d'un tel accord (art. L 224-3, al. 1 ; Rép. Jacquat : AN 4-11-2002 n° 1344), il est désigné par le **président du tribunal** de commerce statuant sur requête du représentant légal de la société (art. R 22-10-7, al. 2, sur renvoi de l'art. R 224-3, al. 1).

MISSION DU COMMISSAIRE À LA TRANSFORMATION

Évaluation des biens composant l'actif social Le ou les **commissaires à la transformation** sont chargés d'apprécier, sous leur responsabilité, la valeur des biens composant l'actif social et les avantages particuliers pouvant exister au profit d'associés ou de tiers (art. L 224-3, al. 1). **20655**

Le **fait qu'une société** se transformant en société par actions **dispose déjà d'un commissaire aux comptes** la dispense de faire évaluer les biens composant son actif (Cass. com. 8-4-2008 n° 06-15.193 : RJDA 7/08 n° 817, sol. impl.).

Avant sa modification par la loi 2016-1691 du 9 décembre 2016, l'article L 224-3, al. 1 précisait que « le commissaire aux comptes de la société peut être nommé commissaire à la transformation ». Le CCRCS en avait déduit que la **dispense de désignation d'un commissaire à la transformation** n'emportait pas **dispense** de l'établissement du **rapport sur la valeur des biens composant l'actif social,** nécessaire à la bonne information des associés sur la réalité de l'actif social, et que le commissaire aux comptes devait établir le rapport qu'aurait établi le commissaire à la transformation s'il en avait été désigné un (Avis CCRCS 2012-038 du 25-10-2012). La suppression de cette précision par la loi 2016-1691 a levé toute incertitude : une société dotée d'un commissaire aux comptes se transformant en société par actions n'a pas à faire évaluer les biens composant son actif social (dans le même sens, CNCC NI.VI juillet 2018 § 2.11).

La **mission** du ou des commissaires donne lieu à l'établissement d'un **rapport** dans lequel ceux-ci rendent compte de leurs diligences. À cette fin, ils s'assurent de l'existence et de la nature des biens composant l'actif et vérifient que la société est bien titulaire des droits correspondants. Ils vérifient également la réalité des éléments de passif et s'assurent qu'il n'existe pas d'élément significatif qui ne serait pas comptabilisé au passif. Ils s'assurent enfin que la valeur des différents éléments d'actif et de passif est déterminée conformément aux principes comptables (CNCC NI.VI juillet 2018 § 2.233). **20657**

Pour l'accomplissement de leur mission, les commissaires à la transformation peuvent se faire assister par un ou plusieurs experts de leur choix. Les honoraires de ces experts sont à la charge de la société (art. R 22-10-7, al. 3, sur renvoi de l'art. R 224-3, al. 1).

En l'absence de disposition légale particulière à cet égard, la **responsabilité des commissaires** à la transformation peut être mise en cause dans les conditions de droit commun : existence d'une faute de leur part génératrice d'un préjudice à l'égard des associés, de la société ou des tiers (pour un cas où la responsabilité du commissaire à la transformation a été retenue, voir Cass. com. 10-12-2013 n° 11-22.188 : RJDA 3/14 n° 249). L'action en responsabilité contre le commissaire à la transformation se prescrit par cinq ans, conformément à l'article 2224 du Code civil, même si ce commissaire a été choisi sur la liste réglementaire des commissaires aux comptes (Cass. com. 4-11-2021 n° 19-25.451 F-D : RJDA 1/22 n° 19 ; Cass. com. 8-11-2023 n° 22-12.978 F-B : RJDA 2/24 n° 105 ; sur la portée de ces décisions, voir n° 78158).

20660 Le rapport doit également attester que le **montant des capitaux propres** est au moins égal à celui du capital social (art. R 224-3, al. 2).

Cette attestation n'est pas une condition de validité de la transformation. En effet, la transformation n'est nulle qu'à défaut d'approbation par les associés de l'évaluation des biens composant l'actif social (art. L 224-3, al. 3 modifié, à compter du 1-10-2025, par ord. 2025-229 du 12-3-2025 qui rend cette nullité facultative ; Ord. 2025-229 art. 70) et non pas lorsqu'ils ont approuvé une évaluation faisant apparaître des capitaux propres inférieurs au capital social (CNCC NI.VI juillet 2018 § 2.44). Les associés peuvent donc passer outre à un rapport des commissaires concluant à un montant de capitaux propres inférieur à celui du capital.

Toutefois, une telle décision n'est pas sans risque : le greffier du tribunal de commerce, tenu de vérifier que la transformation est conforme aux dispositions législatives et réglementaires qui la régissent (art. R 123-95, al. 2), serait, à notre avis, fondé à refuser de l'inscrire au RCS ; en outre, les dirigeants ayant proposé la transformation, voire les associés l'ayant approuvée en cas de comportement abusif de leur part, engageraient leur responsabilité si un associé opposé à la transformation ou un créancier social établissait que cette irrégularité lui a porté préjudice. Il est donc **recommandé** aux associés qui envisagent de transformer une société dont les capitaux propres sont inférieurs au capital social de réduire d'abord le capital social afin de régulariser la situation de la société puis, si le nouveau capital est au moins égal au minimum légal, de procéder à la transformation.

› Précisions Le **montant des capitaux propres** doit être apprécié à la **date** du dernier bilan arrêté avant la transformation. Toutefois, lorsque cette date est trop éloignée de celle de la transformation, il convient d'établir une situation intermédiaire ; en pratique, cette situation intermédiaire s'impose lorsque la transformation intervient au cours du second semestre de l'exercice (Communication Ansa, comité juridique n° 2844-10 du 15-5-1996).

20665 **Communication du rapport du commissaire** Huit jours au moins avant la date de l'**assemblée appelée à statuer sur la transformation,** le rapport doit être :
– tenu, au siège social, à la disposition des associés (art. R 224-3, al. 2) ;
– déposé au greffe du tribunal de commerce (art. R 123-105, al. 3).

En cas de consultation écrite, le rapport doit être joint au texte des résolutions proposées et adressé à chacun des associés (art. R 224-3, al. 2). Il doit aussi être déposé au greffe du tribunal de commerce huit jours au moins avant la date limite prévue pour la réponse des associés (art. R 123-105, al. 3).

Aucune disposition réglementaire ne précise les mesures à prendre en cas de **transformation constatée par un acte** sous signature privée ou notarié. Sans doute conviendrait-il, par analogie avec les règles applicables pour les autres formes de consultation des associés, de déposer au greffe le rapport du commissaire à la transformation huit jours au moins avant la date de signature de l'acte, mais on ne voit pas, en pratique, l'intérêt de ce délai.

Il serait d'ailleurs souhaitable d'alléger les dispositions de l'article R 123-105 et de n'exiger le dépôt du rapport qu'en annexe des documents constatant la transformation.

20670 **Décision des associés** Les associés doivent statuer sur le rapport relatif à l'évaluation des biens composant l'actif social et aux avantages particuliers (art. L 224-3, al. 2). Mais la loi ne précise pas les **conditions de majorité** requises pour cette décision. Elle prévoit seulement que les associés ne peuvent réduire l'évaluation ou les avantages particuliers qu'à l'unanimité. Il faut en déduire, nous semble-t-il, que dans tous les autres cas la décision peut être prise aux conditions prévues pour les décisions ordinaires dès lors qu'elle n'entraîne pas modification des statuts.

À **défaut d'approbation** expresse du rapport par les associés mentionnée au procès-verbal, la transformation décidée avant le 1er octobre 2025 est nulle (art. L 224-3, al. 3). Si la transformation est décidée à compter du 1er octobre 2025, cette nullité devient facultative (art. L 224-3, al. 3 modifié, à compter du 1-10-2025, par ord. 2025-229 du 12-3-2025 ; Ord. 2025-229 art. 70). Si l'approbation des associés a eu lieu, la transformation ne peut pas être annulée même si, du fait des pertes enregistrées, le rapport du commissaire à la transformation atteste que le montant des **capitaux propres** est **inférieur au capital social** (CNCC NI.VI juillet 2018 § 2.44).

En outre, en cas de non-respect de la procédure de vérification, la requête tendant à la transcription au RCS de la transformation doit être rejetée (CA Paris 8-2-2002 : Bull. inf. C. cass. 15-1-2003 n° 67).

> Précisions **a.** Si les associés peuvent, par une **résolution unique,** décider la transformation et approuver le rapport sur l'évaluation des biens et l'octroi des avantages particuliers, l'approbation du rapport doit être expresse et ne peut pas être déduite de l'adoption de la décision de transformation par les associés (Cass. com. 19-6-2024 n° 22-19.624 F-B : RJDA 10/24 n° 536).

b. Les dispositions de l'article L 224-3 relatives au vote des associés, qui sont la reproduction de celles prévues par l'article L 225-8 en cas d'apport en nature lors de la constitution d'une SA avec offre au public (autre que les offres exclues mentionnées n° 38450), s'expliquent difficilement en ce qu'elles exigent l'**accord unanime des associés** pour réduire l'évaluation des biens composant le patrimoine de la société. Ces dispositions ne visent pas un apport en nature mais le patrimoine de la société existant au jour de la transformation. Pourquoi exiger l'accord unanime des associés alors que la réduction de l'évaluation peut être faite chaque année à la majorité simple lors de l'approbation annuelle des comptes ?

Transformation d'une SARL en société par actions En cas de désignation d'un commissaire à la transformation, celui-ci peut être aussi chargé de l'établissement du **rapport sur la situation de la société** imposé en cas de transformation d'une SARL en société de toute autre forme (cf. art. L 223-43, al. 3). Dans ce cas, l'établissement de deux rapports distincts n'est pas nécessaire. Le commissaire peut rendre compte de sa double mission dans un seul rapport (art. L 224-3, al. 1). 20675

3. SANCTIONS DU NON-RESPECT DES CONDITIONS DE TRANSFORMATION

NULLITÉ DE LA TRANSFORMATION IRRÉGULIÈRE

Causes de nullité de la transformation antérieure au 1er octobre 2025 20680

Comme pour toute autre modification des statuts, les irrégularités commises lors de la transformation d'une société intervenue avant le 1er octobre 2025 ne peuvent entraîner la nullité de l'opération que dans les **cas** expressément **prévus par la loi** (art. L 235-1, al. 1). Ainsi, la transformation est nulle dans les cas suivants :

– défaut d'approbation expresse des associés sur l'évaluation des biens composant l'actif social en cas de transformation d'une société qui n'a pas de commissaire aux comptes en société par actions (art. L 224-3, al. 3 ; voir n° 20670) ;

– défaut de rapport d'un commissaire aux comptes sur la situation de la société en cas de transformation d'une SARL (art. L 223-43, al. 3 et 4) ;

– en cas de transformation en SNC ou en société en commandite, présence d'un mineur émancipé non autorisé à être commerçant, d'un mineur non émancipé, d'un majeur sous tutelle ou d'un majeur sous habilitation familiale par représentation parmi les associés en nom ou parmi les associés commandités.

La transformation peut aussi être annulée dans les cas suivants :

– défaut d'accomplissement des formalités de publicité en cas de transformation d'une SNC ou d'une SCS (art. L 235-2 ; n° 23180) ;

– absence de décision collective des associés en cas de transformation d'une SAS (art. L 227-9, al. 2 et 4).

À ces cas de nullité, il convient d'ajouter tous ceux qui peuvent affecter la **validité de la décision de transformation** prise par les associés : violation des règles prescrites à peine de nullité pour la tenue de l'assemblée, vice du consentement, fraude aux droits d'un associé ou d'un tiers, abus de droit.

> Précisions *N'ont* la **capacité** de **faire le commerce** ni les mineurs émancipés, à moins qu'ils n'y aient été autorisés par le juge des tutelles ou par le président du tribunal judiciaire (art. L 121-2 et C. civ. art. 413-8), ni les mineurs non émancipés (n° 320), ni les majeurs sous tutelle (n° 390), ni les majeurs sous habilitation familiale par représentation (n° 395). Les associés de SNC et les associés commandités de société en commandite ayant la qualité de commerçant, la présence de personnes n'ayant pas la capacité de faire le commerce, parmi ces associés, entraînerait violation des règles relatives à l'**incapacité** (violation sanctionnée par la nullité : art. L 235-1, al. 1 ; voir n° 89240).

Ni les textes, ni la jurisprudence n'interdisent aux majeurs sous sauvegarde de justice, sous curatelle, sous habilitation familiale par assistance ou dont le mandat de protection future a pris effet d'exercer le commerce. La transformation d'une société en SNC ou en commandite ne serait donc pas nulle en présence de l'un de ces majeurs parmi les associés en nom ou parmi les associés commandités. Néanmoins, en vertu des articles L 221-16 et L 222-11, les SNC et les SCS et SCA sont dissoutes si un jugement arrêtant une mesure d'incapacité est devenu définitif à l'égard d'un associé en nom ou d'un associé commandité, à moins que leur continuation ne soit prévue par les statuts ou que les autres associés ne la décident à l'unanimité, l'associé frappé d'incapacité étant dans ces deux cas exclu et indemnisé de la valeur de ses droits sociaux. Ainsi, sauf accord des statuts ou des associés, la transformation aboutirait à la dissolution de la société.

20682 **Causes de nullité de la transformation à compter du 1er octobre 2025**

Si la transformation intervient à compter du 1er octobre 2025 (Ord. 2025-229 du 12-3-2025 art. 70), la nullité de l'opération pour défaut d'approbation expresse des associés sur l'évaluation des biens composant l'actif social en cas de transformation d'une société qui n'a pas de commissaire aux comptes en société par actions devient facultative (art. L 224-3, al. 3 modifié par ord. 2025-229). Devient également facultative la nullité pour défaut de rapport d'un commissaire aux comptes sur la situation de la société en cas de transformation d'une SARL (art. L 223-43, al. 3 et 4 modifié par ord. 2025-229 ; sur le maintien de l'obligation d'établir ce rapport, à compter du 1-10-2025, quelle que soit la forme de la société en laquelle se transforme la SARL, voir n° 33100).

Par ailleurs, la nullité de la transformation est susceptible d'être prononcée en cas de violation d'une disposition impérative de droit des sociétés (à l'exception du dernier alinéa de l'article 1833 du Code civil) ou de l'une des causes de nullité des contrats en général (C. civ. art. 1844-10, al. 3 modifié par ord. 2025-229). En particulier, le défaut d'accomplissement des formalités de publicité en cas de transformation d'une SNC ou d'une SCS ne peut entraîner la nullité des décisions sociales que si un juge estime que les dispositions qui prévoient ces formalités sont impératives. De même, si l'article L 227-9 ne prévoit plus expressément la possibilité de demander la nullité de la transformation d'une SAS ne résultant pas d'une décision collective des associés, la sanction est toujours encourue, en vertu de l'article 1844-10, al. 3 du Code civil.

> **Précisions** **a.** Parmi les **causes de nullité des contrats en général,** on peut citer les vices du consentement ou, en cas de transformation en SNC ou en société en commandite, présence d'un mineur émancipé non autorisé à être commerçant, d'un mineur non émancipé, d'un majeur sous tutelle ou d'un majeur sous habilitation familiale par représentation parmi les associés en nom ou parmi les associés commandités (pour la raison exposée n° 20680).
> **b.** En vertu des articles L 221-16 et L 222-11, les SNC et les SCS et SCA sont dissoutes si un jugement arrêtant une **mesure d'incapacité est devenu définitif à l'égard d'un associé en nom ou d'un associé commandité,** à moins que leur continuation ne soit prévue par les statuts ou que les autres associés ne la décident à l'unanimité, l'associé frappé d'incapacité étant dans ces deux cas exclu et indemnisé de la valeur de ses droits sociaux. Ainsi, lorsque la nullité de la transformation en SNC, SCS ou SCA n'a pas été prononcée et sauf accord des statuts ou des associés, la présence d'un majeur sous sauvegarde de justice, sous curatelle, sous tutelle, sous habilitation familiale (par assistance ou par représentation) ou dont le mandat de protection future a pris effet parmi les associés en nom ou les associés commandités aboutirait à la dissolution de la société.

INOPPOSABILITÉ DE LA TRANSFORMATION IRRÉGULIÈRE

20684 La transformation peut être déclarée inopposable à un associé si elle est frauduleuse ou abusive : par exemple, transformation d'une SARL en SA décidée afin de supprimer une clause statutaire de rachat des parts dont se prévalait un associé (CA Paris 18-11-1969 : D. 1970 p. 171 note Y. Guyon).

ACTION EN RESPONSABILITÉ POUR TRANSFORMATION IRRÉGULIÈRE

20685 Qu'elles soient sanctionnées ou non par la nullité, les irrégularités commises à l'occasion d'une transformation peuvent donner lieu à une action en responsabilité **contre les dirigeants** ; il en va notamment ainsi en cas d'omission ou d'accomplissement irrégulier d'une formalité prescrite par la loi et les règlements (nos 89830 s.).

Conformément au droit commun, il faut alors que l'associé ou le tiers lésé par l'irrégularité démontre avoir subi un préjudice.

De même, la responsabilité des **tiers** peut être engagée pour leur participation à l'opération dès lors que cette participation a causé un préjudice. Tel n'a pas été le cas d'une banque qui a acquiescé à la transformation d'une SA en SNC pour permettre à celle-ci de cautionner le *remboursement d'un prêt* consenti par la banque aux dirigeants sociaux : en effet, même si la transformation litigieuse a répondu à l'intérêt de la banque, qui n'aurait pas pu bénéficier du cautionnement sans cette transformation (la loi interdisant aux SA de cautionner les engagements de leurs dirigeants : art. L 225-43 et L 225-91), le comportement de la banque n'a causé aucun préjudice aux dirigeants, bénéficiaires des engagements souscrits à leur profit par la société (Cass. com. 3-12-2002 n° 1983 : RJDA 4/03 n° 394).

PERTE DE LA PERSONNALITÉ MORALE POUR TRANSFORMATION IRRÉGULIÈRE

Les irrégularités pouvant affecter la transformation d'une société ne sauraient entraîner la perte de la personnalité morale de cette société ni la **création d'une personne morale nouvelle** car cette sanction n'est affirmée par aucun texte. Elle ne peut pas non plus être déduite a contrario de l'article L 210-6, al. 1 selon lequel « la transformation régulière d'une société n'entraîne pas la création d'une personne morale nouvelle » : en effet, déduire a contrario de ce texte qu'une transformation irrégulière entraîne création d'une personne morale nouvelle aboutit à faire naître une personnalité morale d'une irrégularité ; or, une telle déduction nous paraît inconcevable tant elle s'oppose aux règles générales de validité des actes juridiques. 20690

C. Publicité de la transformation de la société

La décision de transformation est soumise aux formalités de publicité suivantes : 20700
– insertion dans un **support d'annonces légales** (art. R 210-9) ;
– inscription modificative au **RCS** et au **RNE** par l'intermédiaire du guichet unique électronique des formalités d'entreprises (art. R 123-66 et art. R 123-252, 2° sur renvoi de l'art. R 123-263), la demande devant être accompagnée des pièces justificatives concernant les nouveaux dirigeants (n° 3210) ;
– insertion au **Bodacc** par les soins du greffier du tribunal de commerce (art. R 123-159 et R 123-161) ;
– inscription modificative au **registre des bénéficiaires effectifs** de la société par l'intermédiaire du guichet unique (C. mon. fin. art. R 561-55).
Pour plus de détails sur ces diverses formalités, voir n°s 85500 s.

Outre les formalités de publicité ci-dessus, applicables à tous les cas de transformation, il convient également : 20702
– en cas de **transformation en société par actions** d'une société non dotée d'un commissaire aux comptes (n° 20655), de déposer au greffe du tribunal, par l'intermédiaire du guichet unique électronique des formalités d'entreprises, afin qu'il soit annexé au RCS, le rapport des commissaires chargés d'apprécier la valeur des biens composant l'actif social, ce dépôt devant intervenir huit jours au moins avant la date de l'assemblée appelée à statuer sur la transformation ou, en cas de consultation écrite, huit jours au moins avant la date limite prévue pour la réponse des associés (art. R 123-105, al. 3) ; l'absence de dépôt du rapport ne constitue toutefois pas un motif de refus d'inscription de la transformation au RCS (Avis CCRCS 2016-016 du 15-9-2016) ;
– comme en cas de changement de dénomination sociale, de publier la transformation au service chargé de la publicité foncière du lieu de situation des **immeubles** dont la société est propriétaire et au registre national des brevets ou au registre national des marques si la société possède des **brevets** ou des **marques** (n° 20610).

> **Précisions** **a.** Le rapport des commissaires chargés d'apprécier la valeur des biens composant l'actif social fait également l'objet d'un dépôt en annexe au **RNE** par l'intermédiaire du guichet unique électronique des formalités d'entreprises (art. R 123-266, 2°).
> **b.** La **cession de droits sociaux** intervenue **après** l'assemblée générale ayant décidé la **transformation d'une SARL en SAS mais avant la publication** de cette transformation au RCS est soumise aux **droits d'enregistrements** applicables aux cessions d'actions même si la transformation n'a pas encore été publiée au RCS (Cass. com. 18-12.2024 n° 23-21.435 F-B : RJDA 4/25 n° 211).

D. Effets de la transformation de la société

DATE D'EFFET DE LA TRANSFORMATION

À l'égard de la société, la transformation prend effet à compter du jour où elle a été décidée. Toutefois, elle ne devient **opposable aux tiers** (notamment créanciers, bailleur) qu'après l'achèvement des formalités de publicité énumérées n° 20700. 20710
Selon le ministre de la justice, il n'est pas possible de donner un **effet rétroactif** à une transformation (Rép. Sergheraert : AN 14-12-1979 n° 20385).

EFFETS DE LA TRANSFORMATION À L'ÉGARD DE LA SOCIÉTÉ

20715 La transformation n'entraîne pas création d'un être moral nouveau (art. L 210-6, al. 1), pour autant que la société qui se transforme soit déjà dotée de la personnalité morale (Cass. com. 7-1-2014 n° 11-25.635 : RJDA 4/14 n° 356, à propos d'une société civile mais transposable). Elle constitue une simple **modification des statuts.** C'est donc la même personne qui se poursuit avec son **patrimoine,** ses créances et ses dettes. La transformation n'entraîne aucune interruption dans les opérations de la société. Les **droits et obligations** contractés par celle-ci sous son ancienne forme subsistent donc sous la nouvelle forme. Il en résulte par exemple que :

– l'immeuble appartenant à une société qui s'est transformée régulièrement en une autre forme sociale fait partie du patrimoine de la société transformée (Cass. com. 27-5-2015 n° 13-27.458 : RJDA 8-9/15 n° 567) ;

– la transformation ne remet pas en cause l'antériorité des droits que la société détient sur sa dénomination depuis son immatriculation, de sorte que la société peut opposer cette antériorité à un tiers qui aurait usurpé la dénomination avant la transformation (Cass. com. 6-11-1990 n° 1266 : Bull. Joly 1991 p. 92 note M. Jeantin) ;

– une société ayant déposé des modèles avant d'être transformée a qualité pour agir en contrefaçon de ces modèles après la transformation (CA Paris 2-12-1993 : Gaz. Pal. 1994 som. p. 380) ;

– une société issue d'une transformation a qualité pour agir en paiement de commissions et d'une indemnité de rupture d'un contrat d'agence commerciale qu'elle a conclu avant sa transformation (Cass. com. 30-10-2000 n° 1797 : RJDA 2/01 n° 167).

D'une manière générale, la transformation, même irrégulière, ne prive pas la société de son **droit d'agir en justice** (Cass. com. 18-3-2003 n° 500 : RJDA 6/03 n° 594). Par ailleurs, l'action en justice introduite par une société qui a indiqué par erreur son ancienne forme sociale alors qu'elle était déjà transformée n'est pas nulle pour défaut de capacité à agir en justice (Cass. 2e civ. 8-7-2004 n° 1343 : RJDA 1/05 n° 41). Cette irrégularité constitue un simple vice de forme susceptible de n'entraîner l'annulation de l'assignation que si elle cause un préjudice à la partie adverse (CPC art. 114).

Sur la nécessité, après une transformation en SA (ou en SCA), de **faire autoriser une convention** conclue entre un dirigeant (ou un associé) et la société avant la transformation, voir n° 52630.

20720 **Transformation accompagnée d'autres modifications** La personnalité morale de la société subsiste même si la transformation est accompagnée de **modifications statutaires** qui ne sont pas nécessitées par la forme nouvelle adoptée (Cass. com. 7-3-1984 : Rev. sociétés 1984 p. 804 note M. Jeantin ; Cass. com. 16-10-1984 : Bull. civ. IV n° 263 ; Cass. com. 4-3-1986 : Bull. civ. IV n° 40) : par exemple, changement de dénomination sociale ou transfert de siège.

Les articles 1844-3 du Code civil et L 210-6 n'imposent, en effet, pour le maintien de la personne morale, aucune autre condition que la régularité de la transformation.

En outre, les conditions de création de la personnalité morale conduisent à conclure que les modifications statutaires, si importantes et si diverses soient-elles, ne remettent pas en cause l'existence de la personne morale.

› **Précisions** **a.** Les sociétés jouissent de la personnalité morale à compter de leur immatriculation (C. civ. art. 1842, al. 1 ; art. L 210-6). Pour faire naître la personnalité morale, la loi requiert donc uniquement l'immatriculation d'une « société », c'est-à-dire d'un contrat de société quel qu'il soit.
Ce qui importe, par conséquent, c'est le type du groupement constitué (société, par opposition à d'autres groupements tels qu'association, GIE, syndicat, etc.) et non pas les **traits spécifiques** par lesquels les fondateurs ont personnalisé leur **contrat de société** (forme, capital, durée, objet, etc.). Dans ces conditions, tous les **changements** qui peuvent être apportés à ces traits spécifiques, même s'ils ont pour effet de défigurer la société d'origine, ne peuvent pas entraîner la création d'un être moral nouveau dès l'instant où ils n'altèrent pas la nature juridique du groupement qui demeure une société et qui n'est pas devenu un groupement d'un type différent.
b. Si la transformation de la société est accompagnée d'une **modification** importante de l'**activité sociale,** elle peut être assimilée **fiscalement** à une cessation d'entreprise (n° 20510).

20730 **Documents sociaux** Si la transformation survient en cours d'exercice, il n'y a pas lieu d'arrêter les **comptes** au jour de la transformation, sauf décision contraire des associés. Le bilan et les comptes de l'exercice au cours duquel la transformation est intervenue sont arrêtés et approuvés, et les bénéfices répartis conformément aux modalités prévues par le régime applicable à la société sous sa nouvelle forme. Sur l'établissement du **rapport de gestion,** voir n° 20740.

Les formalités prévues en matière de registre des **procès-verbaux** des assemblées étant identiques quelle que soit la forme de la société, rien ne s'oppose à ce que les procès-verbaux des assemblées de la société sous sa nouvelle forme soient transcrits sur le registre utilisé avant la transformation (Rép. Sergheraert : AN 13-11-1979 n° 19330).

EFFETS DE LA TRANSFORMATION À L'ÉGARD DES DIRIGEANTS SOCIAUX

La décision de transformation met fin aux **fonctions** des organes d'administration ou de surveillance sans que ceux-ci puissent prétendre qu'elle équivaut à leur égard à une révocation abusive leur donnant droit à des dommages-intérêts (CA Paris 2-6-1982 : Gaz. Pal. 1982 som. p. 320 ; CA Paris 22-9-2015 n° 14/12205 : RJDA 12/15 n° 833). 20735

Toutefois, si un dirigeant parvient à démontrer que la transformation a eu pour seul objet de porter atteinte à ses droits en le privant des garanties attachées à ses fonctions antérieures, il pourrait obtenir en justice réparation de son préjudice sous la forme soit de dommages-intérêts (CA Paris 22-9-2015 précité), soit même d'une annulation de la transformation.

ILLUSTRATIONS

N'est pas abusive une décision de transformation ayant entraîné la perte de certains avantages statutairement reconnus au gérant, notamment la garantie que l'un de ses héritiers lui succédera dans ses fonctions (CA Rennes 11-3-1970 : Bull. Joly 1971 p. 231 et, sur pourvoi, Cass. com. 6-6-1972 : Rev. sociétés 1973 p. 310 note B. Bouloc).

De même, la transformation d'une SARL en SA qui a eu pour effet de faire perdre à un associé sa qualité de gérant n'est pas abusive dès lors qu'il n'est pas démontré qu'elle a été effectuée dans ce but, étant de surcroît observé que cet associé a refusé le poste d'administrateur qui lui était offert (Cass. com. 22-5-1973 n° 71-12.731 : Bull. civ. IV n° 180 ; CA Paris 14-1-1983 : BRDA 5/83 p. 8).

Sur le sort d'une **délégation de pouvoirs** consentie avant la transformation de la société, voir n° 13610.

Établissement du rapport de gestion Si la transformation d'une société tenue d'établir un rapport de gestion survient en cours d'exercice, ce rapport est en pratique souvent établi par les **anciens** et les **nouveaux organes d'administration,** chacun pour la période durant laquelle il a exercé ses fonctions, procédé qui ne nous paraît pas interdit (en sens contraire, Communication Ansa, comité juridique n° 2987-7 du 3-6-1998, qui considère que l'établissement du rapport est à la charge des nouveaux dirigeants dès leur désignation, l'obligation pour les dirigeants de rendre compte de leur mission aux associés conduisant les anciens dirigeants à établir un compte rendu de leur gestion dans un document séparé portant sur la période durant laquelle ils ont exercé leurs fonctions). 20740

Maintien des cautionnements en faveur de la société Les cautionnements donnés par les dirigeants auprès des banques pour garantir les engagements de la société sont-ils maintenus après la transformation de celle-ci ? Les tribunaux répondent à cette question par l'affirmative en l'**absence d'indication particulière** des parties **sur le sort du cautionnement** en cas de transformation (Cass. com. 29-3-1994 n° 868 : RJDA 6/94 n° 664 ; Cass. com. 9-12-1997 n° 2475 : RJDA 4/98 n° 517 ; Cass. com. 20-2-2001 n° 370 : RJDA 6/01 n° 695). 20745

Il en est ainsi même si la caution a perdu le contrôle et la direction de la société et même si les **nouveaux dirigeants ont cautionné** les engagements de la société transformée. En effet, on ne peut pas considérer que leur cautionnement s'est **substitué** à celui de l'ancien dirigeant, qui serait devenu caduc, sauf à démontrer que la banque a renoncé de façon non équivoque à ce cautionnement (Cass. com. 3-1-1995 n° 39 : RJDA 4/95 n° 404).

Poursuites pénales En cas de plainte déposée contre un dirigeant pour infraction à la législation sur les sociétés, la saisine du juge d'instruction par le parquet interrompt la **prescription** à l'égard de toutes les infractions commises depuis la création de la société, quelles *que puissent être les modifications intervenues dans la forme juridique de celle-ci* (Cass. crim. 22-10-1970 n° 69-92.616 : Bull. crim. n° 279). 20750

EFFETS DE LA TRANSFORMATION À L'ÉGARD DES ASSOCIÉS

Les nouveaux **droits sociaux** sont réputés créés dès la date de la décision de transformation (CA Paris 11-7-1979 : Bull. Joly 1979 p. 542). Ils sont soumis, dans le patrimoine des associés, au même régime que les droits anciens qu'ils remplacent. 20755

Par exemple, si des parts d'une SNC constituaient des biens propres à un associé, les actions attribuées en échange de ces parts, à la suite de la transformation de la SNC en SA, restent des biens propres (Cass. 1e civ. 27-5-1968 : JCP G 1968 II n° 15662).

De même, en cas de partage d'une communauté comprenant des parts d'une SARL transformée en SA postérieurement à la dissolution de la communauté, il convient de retenir la valeur, au jour du partage, des actions qui se sont substituées à ces parts et non le remplacement des parts par leur valeur au jour de la transformation (Cass. com. 9-7-1974 n° 73-11.450 : Bull. civ. IV n° 224).

Jugé, par ailleurs, qu'en cas d'annulation d'une cession de parts de SARL après que cette société a été transformée en SA, l'acquéreur n'est pas tenu à une restitution en valeur et peut rendre les actions substituées aux parts litigieuses (CA Besançon 25-2-1982 : Bull. Joly 1983 p. 370).

20760 **Obligation aux dettes** En cas de **transformation** d'une **SNC en SARL,** les associés restent tenus solidairement et indéfiniment au paiement de toutes les dettes contractées par la société avant sa transformation (Cass. com. 1-10-1996 n° 1347 : Bull. Joly 1997 p. 37). Il en est de même, à notre avis, en cas de transformation d'une SNC **en société par actions.**

Dans le **cas, inverse du précédent,** de transformation d'une SARL en SNC, les associés deviennent indéfiniment et solidairement responsables de toutes les dettes sociales, même de celles contractées alors que la société se trouvait sous la forme de SARL (Cass. 3e civ. 10-1-1973 : Bull. civ. III n° 44 ; CA Paris 25-5-1993 : RJDA 1/94 n° 44). Il en est de même, à notre avis, en cas de transformation d'une société par actions en SNC.

EFFETS DE LA TRANSFORMATION À L'ÉGARD DES COMMISSAIRES AUX COMPTES

20765 Sur cette question, voir nos 77764 s.

EFFETS DE LA TRANSFORMATION À L'ÉGARD DES CRÉANCIERS

20770 Les créanciers antérieurs à la transformation conservent tous leurs droits à l'égard de la société et des associés. Ainsi, en cas de **transformation d'une SNC en SARL ou en société par actions,** les créanciers de la société peuvent toujours demander paiement des dettes contractées avant la transformation aux anciens associés en nom devenus associés de la SARL ou de la société par actions (n° 20760).

20772 Les **sûretés consenties par la société** avant la transformation ne sont pas remises en cause du fait de la réalisation de celle-ci. Ainsi, les cautionnements donnés par la société sont maintenus sans qu'il soit besoin, en cas de transformation en SA, de les faire autoriser par le conseil d'administration ou de surveillance (CA Aix-en-Provence 21-10-1980 : Rev. sociétés 1982 p. 812 note J.-J. Burst).

Les créanciers conservent également le bénéfice des **sûretés consenties** avant la transformation **en faveur de la société,** sauf clause contraire, expresse ou tacite, de l'acte constitutif de ces sûretés. En cas de litige, il convient donc de rechercher quelle a été la volonté des parties au moment de l'octroi des garanties afin de déterminer si les engagements pris en faveur de la société avant sa transformation doivent ou non être maintenus après cette transformation.

La question se pose surtout à propos des **cautionnements** donnés auprès des banques **par les dirigeants** sociaux pour garantir les engagements de la société. En principe, ces cautionnements sont maintenus (n° 20745), de même que ceux consentis **par les tiers** qui n'ont pas fait du maintien de la société dans sa forme initiale une condition de leur engagement (Cass. 1e civ. 25-5-1992 n° 809 : BRDA 13/92 p. 12).

EFFETS DE LA TRANSFORMATION À L'ÉGARD DU BAILLEUR

20777 La société sous sa nouvelle forme doit exécuter les clauses et conditions du bail des locaux où elle exerce son activité. Sauf clause contraire, la **signification de la transformation au bailleur** n'est pas obligatoire, mais elle est souhaitable pour éviter tout risque de litige.

En principe, la transformation ne constitue pas une violation du bail (Cass. com. 29-5-1961 : Bull. civ. III n° 245). Toutefois, si le bailleur établit qu'il a consenti à louer ses locaux à une SNC en raison des garanties liées à la responsabilité indéfinie des associés, la transformation de cette société en SARL ou en société par actions décidée sans son accord ne lui est pas opposable, à notre avis.

L'**accord du bailleur** serait, à plus forte raison, nécessaire si une clause du bail imposait son intervention en cas de transformation de la société locataire susceptible de diminuer ses garanties.

ILLUSTRATIONS

Le bail consenti à une SCS a été résilié faute pour les dirigeants de celle-ci d'avoir notifié au bailleur, dans le délai prescrit, l'augmentation du capital social, la transformation de la société en SARL, le changement de la dénomination sociale et le remplacement du gérant alors que ce bail prévoyait que toute modification statutaire devait être notifiée au bailleur dans le délai d'un mois sous peine de résiliation du bail (CA Paris 15-3-1991 : RJDA 7/91 n° 576 et, sur pourvoi, Cass. 3e civ. 5-1-1993 n° 91-14.795).

EFFETS DE LA TRANSFORMATION À L'ÉGARD DES SALARIÉS

Les contrats de travail conclus par la société avant sa transformation se poursuivent sans modification. La situation des salariés n'est donc pas affectée par le changement de forme. Il en résulte notamment que la transformation ne remet pas en cause l'**ancienneté** des salariés, que l'on doit calculer en tenant compte de la présence de chacun d'eux dans la société avant la transformation. 20782

RÉGIME FISCAL DE LA TRANSFORMATION

En matière de **droits d'enregistrement,** la transformation de société sans création d'une personne morale nouvelle donne ouverture, en principe, à un simple droit fixe de 125 € (Mémento Fiscal n° 38680). Cependant, lorsque, du fait de cette transformation, une personne morale non soumise à l'impôt sur les sociétés devient passible dudit impôt, un droit spécial de mutation est applicable aux apports purs et simples d'immeubles, de droits immobiliers, de fonds de commerce, de clientèles, de droits à un bail ou de promesses de bail qui auraient été faits à la société depuis le 1er août 1965 par des personnes non soumises à l'impôt sur les sociétés. Il est perçu, pour les immeubles, au taux de 5 % (5,6 % s'il s'agit de bureaux, de locaux commerciaux ou de stockage situés en Île-de-France) et, pour les fonds de commerce et biens assimilés, au taux de 3 % sur la fraction comprise entre 23 000 et 200 000 € et de 5 % sur celle excédant 200 000 €. Il est calculé sur la valeur vénale des biens à la date de la transformation. 20787

Les apports de fonds de commerce et d'immeubles affectés à l'activité professionnelle peuvent toutefois être enregistrés gratuitement si les associés s'engagent à conserver leurs parts ou actions pendant au moins trois ans à compter de la date du changement de régime fiscal (Mémento Fiscal nos 38805 s.).

Sur le plan des **impôts directs,** la transformation de société sans création d'une personne morale nouvelle est considérée comme une cessation d'entreprise lorsque cette transformation provoque un changement de régime fiscal (Mémento Fiscal nos 38770 s.). Tel est le cas d'une SA se transformant en SNC, sauf si, immédiatement après cette transformation, la SNC opte pour son assujettissement à l'impôt sur les sociétés. 20792

CHAPITRE 5 PROROGATION DE LA DURÉE DE LA SOCIÉTÉ

DÉCISION DE PROROGER LA DURÉE DE LA SOCIÉTÉ

20800 **Avant l'arrivée du terme** fixé, les associés peuvent décider la prorogation de la société.

CONSEIL

Il est préférable d'employer le terme de « prorogation » plutôt que celui de « renouvellement » ou de « reconduction ». En effet, ces deux derniers termes impliquent la formation d'un nouveau contrat qui se substitue à celui dont le terme est arrivé à expiration (C. civ. art. 1214 et 1215 ; Cass. 1e civ. 15-11-2005 nº 02-21.366 FS-PB : RJDA 5/06 nº 504), ce qui, en matière de contrat de société, présente l'inconvénient d'entraîner la disparition de la personne morale d'origine et la création d'une personne morale nouvelle. À l'inverse, si les parties conviennent d'une prorogation, elles fixent seulement un nouveau terme au contrat de société.

Selon l'article 1844-6 du Code civil, un an au moins avant la date d'expiration de la société, les associés doivent être consultés à l'effet de statuer sur la prorogation de la société. À défaut, tout associé peut demander au président du tribunal de commerce du lieu du siège social statuant sur simple requête la désignation d'un mandataire de justice chargé de consulter les associés et d'obtenir une décision de leur part sur la prorogation éventuelle de la société (C. civ. art. 1844-6, al. 3 ; sur la faculté pour l'usufruitier de droits sociaux de présenter cette demande, voir R. Mortier, La Cour de cassation tranche enfin : l'usufruitier n'est pas associé ! : BRDA 2/22 inf. 29 nº 24).

La prorogation décidée avant le terme est régulière, peu important que n'ait pas été respectée la clause statutaire organisant les modalités de cette prorogation (Cass. com. 30-6-2015 nº 14-17.649 : RJDA 10/15 nº 659 qui précise en outre que les tiers ne peuvent pas se prévaloir de la clause statutaire).

La prorogation équivaut à une modification des statuts et doit, en conséquence, être décidée selon les règles, notamment de majorité, propres à chaque société (C. civ. art. 1844-6, al. 1). Il a toutefois été jugé, dans un cas où les associés d'une société avaient consenti un apport en jouissance pour la durée de la société, que la décision de prorogation devait être adoptée à l'unanimité car, en imposant le maintien de leur apport au-delà du terme initial, la prorogation constituait une augmentation des engagements des associés (Cass. com. 20-12-2017 nº 16-19.283 F-D : RJDA 4/18 nº 321, pour une société en participation mais transposable).

20801 L'**arrivée du terme** entraîne la dissolution de plein droit de la société (C. civ. art. 1844-7, 1º), laquelle est mentionnée d'office au RCS par le greffier (art. R 123-124, 4º).

Toutefois, si les associés n'ont pas été consultés aux fins de proroger la société avant le terme, tout associé peut, dans un délai d'un an, demander au président du tribunal de commerce statuant sur requête de constater l'intention des associés de proroger la société et d'autoriser, dans un délai de trois mois, la consultation des associés aux fins de régulariser la situation en désignant, le cas échéant, un mandataire de justice chargé de provoquer cette consultation (C. civ. art. 1844-6, al. 4). Lorsque les statuts de la société prévoient que la prorogation peut être décidée à la majorité qu'ils fixent, il suffit au président, pour autoriser la consultation des associés, de constater que ceux représentant au moins cette majorité ont l'intention de proroger la société (Cass. com. 30-8-2023 nº 22-12.084 F-B : RJDA 12/23 nº 655, qui précise aussi que la procédure prévue à l'article 1844-6, al. 4 s'applique quelle que soit la raison pour laquelle les associés n'ont pas été consultés aux fins de proroger la société avant son terme). Si la société est prorogée, les actes conformes à la loi et aux statuts accomplis entre le terme initial et la décision de prorogation sont réputés accomplis régulièrement par la société prorogée (art. 1844-6, al. 4).

En dehors de cette procédure, toute prorogation décidée après le terme est inefficace (Cass. com. 13-9-2017 nº 16-12.479 FS-PB : RJDA 12/17 nº 818, à propos d'un groupement agricole d'exploitation en commun mais transposable), même si elle est assortie d'une clause de rétroactivité (CA Paris 21-10-1994 : Bull. Joly 1995 p. 43 note M. Jeantin) ou décidée à l'unanimité des associés (CA Paris 28-4-2000 nº 00-653 : Bull. Joly 2001 p. 399 note J.-M. Bahans).

> Précisions **a.** Lorsqu'une **décision de prorogation** prise dans des conditions irrégulières est **annulée,** la société est réputée dissoute depuis l'expiration de sa durée initiale si l'annulation intervient après l'arrivée du terme de la société ou si les associés n'ont pas adopté dans des conditions régulières une nouvelle décision de prorogation avant l'arrivée du terme (Cass. com. 23-10-2007 n° 05-19.092 FS-PB : RJDA 2/08 n° 141).

b. La **prorogation** doit être expresse et ne peut pas **résulter** de la **poursuite de l'activité** de la société par ses associés **après le terme** (Cass. com. 13-9-2017 précité) ; admettre le contraire contreviendrait notamment aux règles de publicité applicables en cas de prorogation.

CLAUSE DE PROROGATION DE LA DURÉE DE LA SOCIÉTÉ

Une clause peut-elle prévoir la prorogation automatique de la durée de la société par périodes de même durée que celle initialement prévue, sauf décision contraire des associés ? Une telle stipulation présenterait l'avantage de pallier un oubli des représentants légaux et des associés. **20802**

Bien que, à notre avis, la Cour de cassation n'ait pas définitivement écarté la validité d'une telle clause (en ce sens, B. Dondero, note sous Cass. com. 13-9-2017 n° 16-12.479 FS-PB : JCP G 2017 n° 1259 et, en sens contraire, J.-F. Barbièri : Bull. Joly 2017 p. 594 pour qui cette décision invalide la clause de prorogation automatique), celle-ci nous paraît privée d'efficacité en raison des règles de publicité entourant l'inscription de la prorogation au RCS destinée à la rendre opposable aux tiers.

Ainsi, l'article R 123-66 impose à la société de demander une inscription modificative au RCS dans le mois de tout fait rendant nécessaire la rectification des mentions déclarée dans la demande d'immatriculation de la société, au nombre desquelles figure la durée. Or, en présence d'une clause de prorogation, c'est l'absence d'opposition des associés à la prorogation automatique avant l'expiration de la durée prévue par les statuts qui constitue le « fait générateur » de cette prorogation. D'où un problème pour le représentant légal de la société lié à la difficulté de justifier de cette absence d'opposition auprès du greffe du tribunal de commerce chargé de procéder à l'inscription au RCS.

REFUS DE PROROGER LA DURÉE DE LA SOCIÉTÉ

Si les associés ont refusé la prorogation de la société avant le terme fixé, la société est dissoute de plein droit à l'expiration de sa durée (C. civ. art. 1844-7, 1°). Un tel refus peut constituer, de la part des associés minoritaires ayant voté contre la prorogation, un **abus** de minorité (pour un exemple, TGI Grasse 18-2-2019 n° 17/04872 : RJDA 7/19 n° 499 et, sur pourvoi, Cass. 3e civ. 7-12-2023 n° 22-18.665 FS-B : RJDA 3/24 n° 159). Un tel abus peut donner lieu à l'octroi de dommages-intérêts ou à la désignation en justice d'un mandataire aux fins de voter au lieu et place des associés minoritaires opposants (n° 7833), pourvu, à notre avis, que cette désignation intervienne avant l'expiration de la durée initiale. **20805**

Afin d'éviter la dissolution de la société lorsque des associés disposant de la minorité de blocage refusent la prorogation, le ministre de la justice a suggéré l'insertion dans les statuts d'une **clause** prévoyant l'**obligation pour les associés opposants de céder leurs parts** aux autres associés si ces derniers le demandent (Rép. Bouvier : Sén. 19-9-1985 n° 25195). Aucune disposition n'interdit, en effet, une telle clause, qui relève de la liberté contractuelle. Cette clause peut préciser les modalités de calcul du prix de rachat ; celles-ci s'imposeront à l'expert désigné pour fixer ce prix en cas de contestation (C. civ. art. 1843-4, II-al. 2). À défaut d'une telle précision, l'expert fixera librement la valeur des droits sociaux. Par ailleurs, il est indispensable que la procédure de rachat soit mise en œuvre suffisamment tôt pour qu'avant l'arrivée du terme de la société elle soit achevée et qu'une nouvelle assemblée ait pu décider la prorogation.

Le **refus par le nu-propriétaire** de voter la prorogation de la durée d'une SA contrairement à la volonté de l'usufruitier n'a pas été considéré comme de nature à porter atteinte aux *droits de celui-ci* dès lors que cet usufruit portait sur des actions d'une société qui devait prendre fin à une date déterminée, d'où il s'ensuivait qu'à partir de cette date il ne pourrait s'exercer que selon des modes différents (Cass. 1e civ. 8-3-1988 n° 86-11.144 : Bull. civ. I n° 67). **20807**

EFFETS DE LA PROROGATION DE LA DURÉE DE LA SOCIÉTÉ

À l'occasion de la décision de prorogation, les associés peuvent librement fixer la **nouvelle durée** de la société, sans pouvoir, toutefois, retenir une prolongation supérieure à 99 ans (art. R 210-2, al. 2). La durée de la société peut être prorogée une ou plusieurs fois. **20812**

La possibilité de proroger la durée de la société ne permet pas de qualifier de **perpétuel** le **contrat** de société ni, par suite, l'engagement pris pour la durée de celle-ci par un tiers (Cass. com. 1-6-1999 n° 1133 : RJDA 2/00 n° 160). Celui-ci ne peut donc pas mettre fin à son engagement (cf. C. civ. art. 1210) ou en invoquer la nullité (Cass. com. 1-6-1999 précité, écartant la solution retenue par la jurisprudence antérieure ; Cass. civ. 20-3-1929 : DP 1930.1.13 ; Cass. 1re civ. 7-5-1951 : Bull. civ. I p. 108 ; Cass. soc. 29-5-1954 : Bull. civ. V no 357).

Lorsque la prorogation est décidée, c'est la même personne morale qui continue, la prorogation n'entraînant pas formation d'un **être moral nouveau** (art. L 210-6, al. 1).

PUBLICITÉ DE LA PROROGATION DE LA DURÉE DE LA SOCIÉTÉ

20817 La décision de prorogation est soumise aux formalités de publicité suivantes :
– insertion dans un **support d'annonces légales** (art. R 210-9) ;
– inscription modificative au **RCS** et au **RNE,** par l'intermédiaire du guichet unique électronique des formalités d'entreprises (art. R 123-66 et art. R 123-252, 6° sur renvoi de l'art. R 123-263) ;
– insertion au **Bodacc** par les soins du greffier du tribunal de commerce (art. R 123-159 et R 123-161).
Pour plus de détails sur ces diverses formalités, voir nos 85500 s.

CONSÉQUENCES FISCALES DE LA PROROGATION DE LA DURÉE DE LA SOCIÉTÉ

20822 Les actes portant prorogation de la société sont dispensés d'enregistrement. Lorsqu'ils sont présentés volontairement à l'enregistrement, ils sont enregistrés gratuitement (CGI art. 811, 1°).

PARTIE 5

Règles propres à chaque type de société

TITRE I

Les sociétés en nom collectif et en commandite simple

CHAPITRE 1

LA SOCIÉTÉ EN NOM COLLECTIF

SOMMAIRE

SECTION 1

CONSTITUTION D'UNE SNC

A. *Caractéristiques et intérêt de la SNC*

RÉGLEMENTATION APPLICABLE À LA SNC

Le régime juridique de la société en nom collectif (SNC) est fixé par les articles L 221-1 à L 221-17 et R 221-1 à R 221-10. Comme toute **société commerciale,** la SNC est aussi soumise aux règles générales des articles 1832 à 1844-17 du Code civil (cf. C. civ. art. 1834) et aux dispositions communes à toutes les sociétés commerciales figurant dans le Livre II du Code de commerce (art. L 210-1 à L 210-12 et L 230-1 à L 23-12-1). 21000

CARACTÉRISTIQUES DE LA SNC

21001 La SNC est toujours **commerciale,** quel que soit son objet (art. L 210-1, al. 2).

Toutefois, sur le plan fiscal, une SNC n'est imposable selon le régime des « bénéfices industriels et commerciaux » que si elle exerce une activité commerciale, industrielle, artisanale ou minière. C'est ainsi, par exemple, que les bénéfices d'une SNC exerçant une activité libérale sont imposables suivant le régime des « bénéfices non commerciaux ».

21002 La SNC a la **personnalité morale.**

21003 La SNC est fondée sur l'**intuitus personae,** c'est-à-dire que la personnalité de chaque associé joue un rôle déterminant dans la constitution, le fonctionnement et la dissolution de la société.

21004 Pour un **tableau comparatif** des principales caractéristiques de la SNC et des autres formes de sociétés, voir nos 200 s.

INTÉRÊT DE LA SNC

21020 La SNC convient particulièrement aux entreprises ne groupant qu'un **petit nombre d'associés.**

La SAS peut aussi répondre à cette situation et son fonctionnement est très souple.

La SARL également, mais la SNC est soumise à des règles de constitution et de fonctionnement plus simples que celle-ci.

Les **cessions de parts** sont, dans les SARL, soumises au contrôle des associés ; les cessions d'actions peuvent l'être aussi dans la SAS. Mais, en cas de refus d'agrément de l'acquéreur proposé, les associés doivent racheter ou faire racheter les parts ou actions dont la cession est envisagée. Dès lors, il est souvent difficile d'empêcher que des personnes considérées comme indésirables n'entrent dans la société. Dans la SNC, les cessions, même entre associés, doivent obligatoirement être autorisées à l'unanimité. Ainsi, aucune atteinte ne peut être portée, sans l'accord de tous, à la répartition des parts fixée à l'origine entre les associés. Bien entendu, cet avantage de la SNC a pour contrepartie l'impossibilité où se trouvent les associés de quitter la société contre le gré de leurs coassociés.

21021 Les gérants de SARL sont révocables par décision des associés représentant plus de la moitié des parts sociales. Les **dirigeants** de SAS sont révocables dans les conditions prévues par les statuts. Dans les SNC, au contraire, les gérants associés ne peuvent être révoqués que sur décision unanime des autres associés (des conditions de majorité différentes peuvent néanmoins être prévues si le gérant associé n'est pas désigné dans les statuts).

Il faut encore souligner, entre ces formes de sociétés, une différence fondamentale : le statut des **associés.** Les associés en nom ont tous la qualité de commerçant et répondent solidairement et indéfiniment sur leurs biens personnels des dettes sociales. Les associés de SARL, quant à eux, n'ont pas la qualité de commerçant et ne sont responsables qu'à concurrence du montant de leurs apports. Cette limitation de responsabilité a, sans nul doute, contribué pour une large part au succès de la SARL. Mais elle n'est effective que pour les associés non gérants. Elle est plus théorique que réelle pour les dirigeants. D'abord, en cas de liquidation judiciaire de la SARL, les gérants peuvent être appelés par les tribunaux à contribuer au paiement du passif social sur leurs biens personnels. Ensuite, les créanciers sociaux, notamment les banquiers, exigent très souvent le cautionnement personnel des gérants pour les engagements de la société. Ainsi, tout au moins en ce qui concerne les gérants, les risques encourus sur les biens personnels sont fréquemment les mêmes dans la SARL que dans la SNC. Ces observations sont applicables aux associés de SAS qui, pour l'essentiel, sont soumis au même régime que les associés ou dirigeants de SARL.

21022 Le **régime fiscal** des SNC est pratiquement identique à celui des entreprises individuelles. Chacun des associés est imposable à l'impôt sur le revenu à la clôture de l'exercice sur la part de bénéfices à laquelle il a droit même s'ils ne sont pas distribués. Les SARL, au contraire, sont imposables dans les mêmes conditions que les sociétés de capitaux, c'est-à-dire que l'ensemble de leurs bénéfices supporte l'impôt sur les sociétés, les dividendes distribués aux associés étant soumis au nom de ceux-ci à l'impôt sur le revenu. Précisons toutefois que les SARL de famille exerçant une activité industrielle, commerciale ou artisanale ainsi que les SARL créées depuis moins de cinq ans qui respectent certains seuils peuvent cependant opter pour le régime fiscal des sociétés de personnes (Mémento Fiscal nos 36950 s.).

En outre, tandis que le bénéfice imposable de la SNC s'entend avant déduction des rémunérations des associés travaillant dans l'affaire, celui de la SARL s'entend déduction faite de toutes les rémunérations normales versées en contrepartie d'une activité effective à chacun des associés exerçant dans la société un emploi ou une fonction quelconque.

Compte tenu de ces caractéristiques générales, la SARL est dotée d'un régime fiscal mieux adapté que celui des SNC aux deux grandes catégories de cas suivantes : 21023
– société familiale dont tous les membres sont employés dans l'affaire, surtout depuis que les gérants, même majoritaires, ont le statut fiscal des salariés ;
– entreprise en voie de développement qui a le désir de conserver pour son autofinancement des bénéfices de plus en plus importants.

En revanche, le régime fiscal de la SNC est le mieux adapté au cas des sociétés réalisant des bénéfices peu importants que les associés entendent s'approprier. Par ailleurs, dans les groupes de sociétés, la « translucidité » fiscale de la SNC permet d'obtenir au niveau de la société mère une « consolidation » fiscale des résultats des diverses filiales lorsque ces filiales revêtent la forme de SNC. En tout état de cause, il ne faut pas perdre de vue qu'il est toujours possible à une SNC de se placer volontairement sous le régime des sociétés de capitaux. L'option pour l'impôt sur les sociétés devient irrévocable si la société n'y renonce pas dans un délai de cinq ans (Mémento Fiscal n°s 37575 s.).

B. Conditions de fond de constitution d'une SNC

CONSENTEMENT DES ASSOCIÉS DE SNC

Comme pour toute autre forme de société, le consentement des associés doit être réel et exempt de vice (n°s 6500 s.). 21090

CAPACITÉ DES ASSOCIÉS DE SNC

Les associés de SNC ayant la qualité de commerçant (art. L 221-1, al. 1), nul ne peut faire partie d'une telle société s'il n'a pas la capacité spéciale requise pour faire le commerce. En outre, sans être à proprement parler frappées d'incapacité, certaines personnes, en raison de circonstances particulières (nature de l'activité sociale, qualité d'étranger, condamnation en justice, etc.), ne peuvent pas entrer dans une SNC ou doivent pour cela remplir des conditions spéciales. 21100

Mineurs Le **mineur émancipé** ne peut pas participer à la constitution d'une SNC ou acquérir des parts d'une telle société, sauf s'il a été autorisé à exercer le commerce par le juge des tutelles au moment de l'émancipation ou par le président du tribunal judiciaire après l'émancipation (art. L 121-2 et C. civ. art. 413-8), l'autorisation de ses parents étant insuffisante. 21101

Le **mineur non émancipé** ne peut pas être associé d'une SNC car l'exercice du commerce lui est interdit (n° 320).

Majeurs protégés par la loi Le majeur atteint d'un **trouble mental** mais qui ne bénéficie d'**aucune mesure de protection** légale peut devenir associé de SNC par apport ou par acquisition de droits sociaux. La nullité de cet acte peut cependant être obtenue sous certaines conditions : voir n° 360. 21102

Le majeur sous **tutelle** ne peut pas être commerçant même par représentation de son tuteur (C. civ. art. 509, 3°) et ne peut donc pas entrer dans une SNC. Il en est de même pour le majeur sous habilitation familiale par représentation (n° 395).

En principe, le majeur sous sauvegarde de justice ne peut pas non plus entrer dans une SNC pour les raisons exposées n° 370. Pour les mêmes raisons, un majeur sous curatelle, sous habilitation familiale par assistance ou dont le mandat de protection future a pris effet ne le peut pas non plus.

Époux *Deux époux peuvent, seuls ou* avec des tiers, être associés dans une SNC (C. civ. art. 1832-1, al. 1). 21103

Si un époux apporte un bien commun, il doit en informer son conjoint pour permettre à ce dernier de revendiquer la qualité d'associé (n°s 6065 s.).

Associés étrangers L'exercice en France d'une activité commerciale par des étrangers étant subordonné à l'obtention préalable d'un titre de séjour (n°s 92680 s.), un étranger ne peut – sauf s'il est notamment ressortissant d'un des États membres de l'EEE ou s'il n'établit pas sa résidence en France – devenir associé d'une SNC qu'après avoir obtenu ce titre. À défaut, l'intéressé s'expose à des sanctions pénales (n° 92721). 21104

21105 **Incompatibilités** Les personnes dont la profession est incompatible avec l'exercice d'une activité commerciale ne peuvent pas participer à une SNC. La diversité des situations est telle que seule l'analyse approfondie des textes applicables à chaque profession permet de déterminer si les personnes exerçant cette profession peuvent être associées en nom.

21106 **Interdictions et incapacités professionnelles** Le juge peut interdire à certaines personnes d'exercer toute profession commerciale ; ces personnes ne peuvent donc pas devenir associés d'une SNC. Tel est le cas notamment des personnes condamnées pour les délits punis d'une peine d'emprisonnement (par exemple, C. pén. art. 131-6, 15° et 314-10, 2°).

La violation de cette interdiction est sanctionnée par un emprisonnement de deux ans et une amende de 375 000 € (C. pén. art. 434-40-1).

De même, la loi fait interdiction aux faillis d'exercer tout commerce (art. L 653-2), sauf réhabilitation (art. L 653-11, al. 5).

Cette interdiction peut aussi être prononcée par le tribunal, pour une durée maximale de 15 ans, contre les personnes ayant commis des délits en matière fiscale (CGI art. 1750 et C. pén. art. 131-27, al. 2).

Lorsqu'un associé est frappé, en cours de vie sociale, de l'une de ces interdictions ou incapacités, la société est dissoute, sauf clause contraire des statuts ou décision contraire des associés (n° 25502).

21107 **Associés personnes morales** Les personnes morales peuvent, dans les limites de leur capacité juridique (n° 4018), être associées dans une SNC. Toutefois, cela est pratiquement interdit à une société civile puisque, en devenant associée en nom, cette société civile prendrait la qualité de commerçant. Par ailleurs, les participations croisées entre les SNC et les sociétés par actions sont réglementées (n°s 79265 s.).

21108 **Participation d'un associé à plusieurs SNC** Une même personne, physique ou morale, peut faire partie de plusieurs SNC et engager ainsi sa responsabilité indéfinie dans plusieurs entreprises.

OBJET DE LA SNC

21120 Une SNC est toujours commerciale, quel que soit son objet (art. L 210-1, al. 2).

La rédaction de l'objet social revêt une importance toute particulière : elle conditionne la **compétence des gérants** et constitue l'unique moyen pour les associés, responsables indéfiniment et solidairement des dettes sociales, de se protéger contre certaines décisions abusives que pourraient être tentés de prendre ces gérants. Ces derniers disposent de pouvoirs très étendus (toute limitation statutaire étant inopposable aux tiers), mais seulement pour les actes « entrant dans l'objet social » (art. L 221-5, al. 1). Les associés agiront donc prudemment en rédigeant l'objet social avec soin et en écartant les formules vagues et les définitions imprécises.

Comme pour toute autre forme de société, l'objet doit être **possible et licite** (n°s 890 s.).

Certaines **activités** sont **interdites** aux SNC (par exemple, les assurances), d'autres sont l'objet d'une réglementation exigeant une qualification professionnelle ou des **diplômes** (exemple : exploitation d'une officine de pharmacie), ou encore des **autorisations** administratives (exemple : débit de boissons).

NOMBRE D'ASSOCIÉS DE LA SNC

21130 La SNC ne peut être constituée valablement que si elle comprend au moins deux associés (C. civ. art. 1832). Le non-respect de cette règle peut entraîner la nullité de la société (n°s 89137 s. et 89145).

À la différence des SARL, aucun maximum n'est fixé.

CAPITAL DE LA SNC

21140 La loi ne fixe aucun capital social minimum.

APPORTS À LA SNC

21150 Les apports peuvent être effectués en numéraire, en nature ou en industrie (n°s 1900 s.).

Les apports en industrie – qui ne sont pas susceptibles d'une vente forcée – n'entrent pas dans la composition du capital et ne peuvent donc pas donner lieu à une attribution de parts sociales représentatives d'une fraction de ce capital ; néanmoins, les parts attribuées en contrepartie de l'apport (parts « d'industrie ») donnent droit au partage des bénéfices et de l'actif net (C. civ. art. 1843-2, al. 2). Elles donnent aussi le droit de participer aux décisions collectives et de voter (nos 23020 et 23151).

PARTS DE SNC

Valeur nominale La loi n'exige aucune **valeur** nominale **minimale** des parts sociales. 21160

Il est à conseiller de **numéroter** chacune des parts attribuées aux associés lorsque, parmi ceux-ci, il s'en trouve qui ont fait à la fois des apports en nature et des apports en numéraire. En effet, si l'associé qui a effectué ces apports vient à céder une partie de ses parts dans les trois ans qui suivent l'apport, il lui est possible, grâce à la numérotation des parts, d'établir que la cession porte sur celles non représentatives des apports en nature, et d'éviter ainsi l'exigibilité des droits de mutation à titre onéreux correspondant aux biens apportés (no 24415).

Libération des parts Aucune disposition légale n'impose la libération immédiate ou dans un **délai** déterminé des parts sociales. Les associés peuvent donc librement convenir des modalités de cette libération ; c'est ainsi que les parts représentatives d'apports en numéraire peuvent être libérées, sur appel de la gérance, au fur et à mesure des besoins de la société. 21161

De même, aucune disposition ne s'oppose à la libération des parts par **compensation.** Ainsi, un associé a valablement pu libérer le montant de son apport en numéraire en totalité par compensation avec une créance inscrite à son compte courant correspondant au coût de travaux qu'il avait effectués pour la société (Cass. 3e civ. 28-11-2001 no 1643 : RJDA 4/02 no 399, pour un associé de société civile mais transposable dans les SNC, les SCS et les sociétés en participation).

PARTICIPATION AUX RÉSULTATS DE L'EXPLOITATION DE LA SNC

Comme dans toute société, les associés doivent tous avoir vocation aux bénéfices (ou aux économies) et aux pertes ; mais il est licite de prévoir une répartition non proportionnelle aux apports (voir nos 7000 s.). 21170

AFFECTIO SOCIETATIS DANS LA SNC

Comme dans toute société, les associés d'une SNC doivent être animés par l'affectio societatis (voir nos 130 s.). 21180

DÉNOMINATION DE LA SNC

La SNC doit être désignée par une dénomination sociale, laquelle peut comporter le nom d'un ou plusieurs associés (art. L 221-2) ou être purement fantaisiste (nos 1000 s.). 21190

La dénomination sociale doit être précédée ou suivie immédiatement des mots « société en nom collectif » (art. L 221-2).

En principe, ces mots doivent figurer en toutes lettres. Cependant, l'article R 123-238, 1°, qui impose l'indication de la dénomination sociale sur tous les actes et documents destinés aux tiers (notamment les lettres, factures, annonces et publications diverses), permet de ne faire précéder ou suivre cette dénomination que des lettres « SNC ».

DURÉE DE LA SNC

La SNC ne peut pas être constituée pour une durée supérieure à 99 ans (art. L 210-2). 21200

La durée de la société court du jour de l'immatriculation de celle-ci au RCS (art. R 210-2, al. 1 ; no 960).

C. Forme et publicité de la constitution de la SNC

STATUTS DE LA SNC

Nécessité d'un écrit Les statuts doivent être établis par écrit (C. civ. art. 1835). 21260

L'acte peut être sous signature privée ou notarié. Toutefois, dans certains cas, la forme notariée est préférable ou même obligatoire (nos 1621 s.).

Contenu des statuts Les statuts sont plus ou moins détaillés selon le désir des associés. 21261

Cependant, les **mentions** suivantes sont **obligatoires** (art. L 210-2) :

– la forme juridique adoptée (au cas particulier : société en nom collectif) ;

– la durée ;

– la dénomination sociale ;
– le siège social ;
– l'objet social ;
– le montant du capital social.

À ces mentions obligatoires, il convient, à notre avis, d'ajouter l'identité des associés (nom, prénoms, date de naissance, profession, domicile, nationalité).

Certaines règles prévues par la loi ne revêtent pas un caractère impératif et ne s'appliquent qu'en l'absence de dispositions contraires des statuts. Cette **faculté de déroger** aux prescriptions légales est offerte notamment à propos :
– du choix du ou des gérants ;
– de la fixation des pouvoirs des gérants ;
– du mode de consultation des associés ;
– de la majorité requise pour l'adoption des décisions collectives ;
– des modalités de liquidation de la société.

21262 **Nombre d'exemplaires** Lorsque les **statuts** sont **établis par acte sous signature privée,** il doit être dressé autant d'originaux qu'il est nécessaire pour permettre à la fois le dépôt d'un exemplaire au siège social, l'exécution des diverses formalités requises et la remise d'un exemplaire à chaque associé (art. R 221-1). Le dépôt d'un original des statuts en vue de l'immatriculation de la société n'est pas nécessaire, les statuts pouvant être fournis en copie (art. R 123-77, al. 1). Des originaux supplémentaires doivent être prévus lorsque l'accomplissement de formalités particulières impose le dépôt de tels documents.

21263 **Sanctions des omissions ou irrégularités dans les statuts** Tout intéressé peut agir en régularisation (nos 89800 s.) et en responsabilité (nos 89830 s.) en cas d'omissions ou d'irrégularités dans les statuts.

PUBLICITÉ DE LA CONSTITUTION DE LA SNC

21270 La constitution d'une SNC donne lieu aux formalités, notamment d'immatriculation, exposées nos 3040 s.

21271 **Défaut de publicité** Le défaut d'immatriculation au RCS empêche la société d'acquérir la jouissance de la **personnalité morale** (cf. art. L 210-6, al. 1). Par ailleurs, à défaut d'accomplissement des formalités de publicité, la **nullité** de la société constituée avant le 1er octobre 2025 peut être demandée par tout intéressé, mais une régularisation, même tardive, permet d'échapper à cette nullité (nos 89460 s.) ; de plus, le tribunal saisi de l'action en nullité peut ne pas prononcer cette nullité s'il constate qu'il n'y a eu aucune fraude (art. L 235-2 abrogé, à compter du 1-10-2025, par ord. 2025-229 du 12-3-2025 ; Ord. 2025-229 art. 63 et 70).

Si la société est constituée à compter du 1er octobre 2025, la nullité de la société ne peut plus résulter du défaut d'accomplissement des formalités de publicité (cf. C. civ. art. 1844-10, al. 1 modifié, à compter du 1-10-2025, par ord. 2025-229 ; Ord. 2025-229 art. 70).

SECTION 2

FONCTIONNEMENT DE LA SNC

I. GÉRANCE DE LA SNC

A. Nomination des gérants de SNC

LIBERTÉ DE CHOIX DES GÉRANTS DANS LA SNC

22000 La loi laisse une grande liberté aux associés de la SNC pour la nomination des gérants (art. L 221-3).

C'est ainsi que :
– le gérant peut être désigné soit dans les statuts, soit par un acte ultérieur ;
– il est possible de désigner un ou plusieurs gérants ;
– le gérant peut être associé ou non ;

– une personne morale (ou plusieurs) peut être désignée gérant, étant précisé que les dirigeants de cette personne morale sont soumis aux mêmes conditions et obligations et encourent les mêmes responsabilités civile et pénale que s'ils étaient gérants en leur nom propre, sans préjudice de la responsabilité solidaire de la personne morale qu'ils dirigent (art. L 221-3, al. 2) ; toutefois, ces dirigeants ne sont pas obligés indéfiniment et solidairement au passif social, puisqu'ils ne sont pas eux-mêmes associés.

ATTENTION

La désignation d'un **gérant « remplaçant »** ou « suppléant » appelé à diriger la société en cas de défaillance du gérant en poste n'est pas permise par les textes. L'inscription d'un tel gérant au RCS n'est donc pas possible (Avis CCRCS 2018-002 du 25-4-2018, pour les gérants de SARL mais transposable).

Dans le silence des statuts, tous les associés de la SNC sont gérants (art. L 221-3, al. 1) ; chacun dispose alors de la signature sociale. **22001**

Il en est de même lorsque tous les gérants ont démissionné de leurs fonctions et n'ont pas été remplacés (Cass. com. 24-10-1977 : JCP G 1977 IV p. 310).

En cas de liquidation judiciaire d'une SNC, un associé peut ainsi être mis en faillite personnelle, même s'il n'est jamais intervenu dans la gestion sociale, dès lors qu'il a eu la qualité de gérant de la société dans le silence des statuts (CA Paris 30-6-1989 : BRDA 20/89 p. 20).

CAPACITÉ REQUISE DU GÉRANT DE SNC

Le **gérant,** s'il est **associé,** doit avoir la capacité de faire le commerce (nos 21100 s.). **22010**

Le **gérant non associé** peut être choisi parmi toutes les personnes civilement capables puisque ce gérant n'est pas commerçant : ainsi, un mineur émancipé peut être gérant. En revanche, un mineur non émancipé ne peut pas, à notre avis, être gérant (no 11111). Si elle n'est pas interdite, la nomination à de telles fonctions d'un majeur atteint d'une incapacité (majeur sous sauvegarde de justice, sous tutelle, sous curatelle, sous habilitation familiale ou dont le mandat de protection future a pris effet) est dépourvue de tout effet juridique pour les raisons exposées no 12440.

INCOMPATIBILITÉS ET INTERDICTIONS APPLICABLES AU GÉRANT DE SNC

Sur les incompatibilités et interdictions empêchant l'exercice des fonctions de gérant de SNC, voir nos 11170 s. **22020**

CUMUL DES FONCTIONS DE GÉRANT DE SNC AVEC UN CONTRAT DE TRAVAIL

Aucune disposition légale ou réglementaire n'interdit au gérant d'une SNC de cumuler ses fonctions avec un contrat de travail dès lors que l'intéressé occupe un **emploi effectif,** ce qui suppose l'exercice de fonctions techniques distinctes dans un état de subordination et l'existence d'une rémunération spécifique (voir nos 11500 s.). **22030**

Mais cette solution ne vaut que si le **gérant** n'est pas **associé** puisque, selon la Cour de cassation, cette qualité est incompatible avec celle de salarié (Cass. soc. 14-10-2015 no 14-10.960 : RJDA 1/16 no 40).

MODE DE NOMINATION DU GÉRANT DE SNC

Dans le silence des textes à propos des modalités de nomination des gérants de SNC, les solutions suivantes sont applicables. **22040**

Si les associés ont prévu que le **gérant** doit être **statutaire,** il est nommé dans les conditions requises pour la modification des statuts (unanimité, sauf clause contraire).

Si le **gérant** ne doit **pas** être **statutaire,** les conditions de sa nomination sont fixées dans les statuts : décision des associés prise à l'unanimité ou à la majorité. En cas de silence des statuts, l'unanimité est requise, à notre avis, que le gérant soit associé ou non. En effet, il est de règle dans les SNC que toutes les décisions se prennent à l'unanimité, sauf dispositions spéciales de la loi ou des statuts. Or, en l'occurrence, la loi, si elle permet la révocation du gérant à la majorité, ne prévoit rien de semblable pour sa nomination.

La nomination des gérants, comme la cessation de leurs fonctions, doit être publiée. Sur les modalités de cette **publicité,** voir nos 13000 s.

› **Précisions** **On entend par « gérant statutaire »** celui qui a été désigné dans les statuts à l'origine ou par acte modificatif (Cass. com. 12-7-1955 : JCP 1955 II no 8908). Selon la cour d'appel de Colmar (CA Colmar 7-5-1958 : JCP 1959 II no 11067), pourrait avoir la qualité de gérant statutaire celui qui, « étant associé, n'aurait pas conclu le pacte social sans se voir attribuer la fonction de gérant », même si son nom ne figurait pas dans les statuts.

CUMUL DE MANDATS DE GÉRANT DE SNC

22050 Aucun texte ne l'interdisant, une même personne peut en principe assumer plusieurs gérances (Cass. req. 4-12-1854 : D. 1855 I p. 22). Les statuts peuvent cependant refuser cette faculté ; il faut admettre qu'il en est ainsi lorsqu'ils prévoient, ce qui est une clause usuelle, que le gérant doit tout son temps à la société.

B. Cessation des fonctions du gérant de SNC

ARRIVÉE DU TERME DES FONCTIONS DU GÉRANT DE SNC

22110 La durée des fonctions des gérants est fixée soit dans les statuts, soit dans l'acte constatant leur nomination. En l'absence de précisions sur ce point, les gérants peuvent rester en place tant que dure la société.

EMPÊCHEMENT PERSONNEL DU GÉRANT DE SNC

22120 Les cas d'empêchement personnel sont notamment le décès, la survenance d'une incapacité, l'interdiction de gérer une entreprise, le prononcé de la faillite personnelle et tout événement (maladie, par exemple) empêchant de manière durable le gérant d'assumer ses fonctions. Pour plus de détails, voir n°s 12440 s.

RÉVOCATION DU GÉRANT DE SNC

22130 L'article L 221-12 prévoit des **conditions** de révocation différentes selon que les gérants sont, d'une part, associés ou non et, d'autre part, « statutaires » ou non.

Dans toutes les hypothèses que nous examinons ci-dessous, la révocation est libre et ne doit pas être abusive. Si elle est décidée sans **juste motif,** elle peut, que le gérant soit associé ou non, statutaire ou non, donner lieu à dommages-intérêts (art. L 221-12, al. 4). Pour plus de détails, voir n°s 12480 s.

22131 Si le gérant révoqué est lié à la société par un **contrat de travail,** il conserve le bénéfice de ce contrat (n° 12790) et, notamment, le droit à indemnité en cas de licenciement.

22132 **Révocation du gérant associé** Les trois cas suivants sont à envisager.

1er cas : tous les associés sont gérants. La révocation de l'un d'entre eux ne peut résulter que d'une **décision** unanime des autres associés (art. L 221-12, al. 1).

ATTENTION

Selon la cour d'appel de Paris (voir n° 22136), la révocation du gérant par l'autre associé est impossible lorsque le capital n'est détenu que par deux personnes. Force est alors de recourir à une **procédure judiciaire** (n° 22138).

22133 Cette révocation **entraîne,** en principe, la **dissolution** de la société ; mais la dissolution peut être écartée soit par une clause des statuts, soit par décision unanime des autres associés (art. L 221-12, al. 1). Cette décision doit être prise **avant** celle relative à la révocation du gérant (Cass. com. 26-11-2003 n° 1661 : RJDA 3/04 n° 325). En effet, la possibilité pour les associés, en l'absence de clause statutaire, de maintenir la société malgré la révocation du gérant est une **dérogation** au principe affirmé par l'article L 221-12 selon lequel cette révocation entraîne la dissolution de la société. Or, une société dissoute ne peut plus être rétablie. Donc, permettre aux associés de prendre leur décision après la révocation serait leur donner la possibilité non pas d'écarter la dissolution mais de faire renaître une société déjà dissoute.

À défaut de dissolution, le gérant révoqué peut (ce n'est pas une obligation) décider de se retirer de la société en demandant le **remboursement de ses droits sociaux** ; en cas de contestation, la valeur de ces droits est déterminée par un expert, conformément à l'article 1843-4 du Code civil (art. L 221-12, al. 1 ; sur cette expertise, voir n°s 16790 s.). En l'absence de précision légale, il semble que le retrait, sur sa demande, du gérant révoqué puisse être réalisé **par tous moyens** (cession de parts ou réduction du capital social).

CONSEIL

La loi n'a prévu aucun délai pour l'exercice par le gérant révoqué de cette faculté de retrait. Même si ce n'est pas une obligation (CA Paris 26-3-1999 : RJDA 6/99 n° 687, à propos d'une société civile mais transposable), il est souhaitable que la société **mette en demeure** le gérant révoqué de faire connaître ses intentions dans un **délai raisonnable.**

2e cas : la gérance est exercée par un associé (ou certains associés) désigné(s) dans les statuts. Les règles du premier cas sont encore applicables (art. L 221-12, al. 1), étant observé que la décision de **révocation** d'un gérant doit être prise **par tous les autres associés,** y compris ceux ayant la qualité de gérant. 22134

Comme dans le premier cas, le gérant révoqué peut imposer le **rachat de ses parts** (art. L 221-12, al. 1).

La **révocation** produit son plein **effet** dès la décision des associés. La **mention dans les statuts** du nom du gérant révoqué devient caduque.

On ne saurait prétendre que la révocation n'est définitive qu'après la suppression dans les statuts du nom du gérant révoqué par décision des associés prise aux conditions de majorité requises pour les modifications statutaires. En effet, une telle solution aboutirait – dans le cas où les statuts ne peuvent être modifiés qu'à l'unanimité des associés – à interdire la révocation du gérant par les autres associés comme le prévoit la loi. Il faut donc apprécier la régularité de la révocation indépendamment des incidences que celle-ci peut avoir sur la lettre des statuts. Si cette révocation a été régulièrement décidée, elle prive de toute efficacité et rend caduque la mention du nom du gérant figurant dans les statuts.

> **Précisions** L'alinéa 2 de l'article L 221-12 qui concerne la révocation des gérants non statutaires (voir nº 22136) prévoit une décision prise par les associés « gérants ou non ». On a tiré argument de cette précision pour, a contrario, **exclure les associés gérants du vote** sur la révocation d'un gérant statutaire.
> Cet argument ne saurait être retenu, nous semble-t-il, car il met en échec un principe incontestable d'interprétation des textes selon lequel on ne doit pas faire de distinction là où la loi ne distingue pas. Or, dans l'article L 221-12, al. 1, le pouvoir de révocation est remis aux « autres associés » sans précision mais aussi sans restriction. D'ailleurs, en traitant de la même façon l'hypothèse où tous les associés sont gérants et celle où seulement certains des associés le sont, le législateur a montré qu'il entendait les soumettre au même régime, lequel est nécessairement celui qui reconnaît le droit de vote aux autres gérants puisque leur exclusion rendrait tout vote impossible dans l'hypothèse où tous les associés sont gérants. Au surplus, le droit de vote est un droit fondamental reconnu à chaque associé (C. civ. art. 1844, al. 1) dont il ne peut être privé que par une disposition légale expresse.

3e cas : la gérance est exercée par un associé (ou certains associés) non désigné(s) dans les statuts. Le ou les gérants peuvent être révoqués dans les **conditions** prévues par les statuts (à la majorité, par exemple, même si, dans le silence des statuts, la nomination a été faite à l'unanimité, nº 22040) ou, à défaut, par une décision des autres associés, gérants ou non, prise à l'unanimité (art. L 221-12, al. 2). 22136

Cette révocation n'entraîne ni la **dissolution** de la société ni la **possibilité** pour le gérant révoqué **de se retirer** de la société.

> **Précisions** **a.** En usant du pluriel « les associés » et en employant le terme « unanimité », l'article 18 de la loi du 24 juillet 1966 (devenu art. L 221-12) exclut, selon la cour d'appel de Paris, la possibilité de révocation d'un gérant associé par l'autre associé lorsque le capital n'est détenu que **par deux personnes** (CA Paris 12-9-1995 : RJDA 2/96 nº 238 : l'« unanimité des autres associés » ne peut se concevoir que s'il existe, en dehors du gérant lui-même, au moins deux autres associés ; si tel n'est pas le cas, la solution du litige ne peut être trouvée, dans le silence des statuts, que par la voie judiciaire).
> **b.** Les statuts ne peuvent pas prévoir l'adoption de la décision par une **minorité d'associés** (Cass. ass. plén. 15-11-2024 nº 23-16.670 BR : RJDA 2/25 nº 90).

Révocation du gérant non associé Les gérants non associés peuvent être révoqués dans les conditions prévues aux statuts. 22137

À défaut de clause statutaire, il suffit d'une décision des associés prise à la **majorité** (art. L 221-12, al. 3). À notre avis, cette majorité doit être calculée par tête.

Ces solutions appellent les remarques suivantes.

1. La révocation peut être décidée à la majorité même pour un **gérant non associé désigné *dans les statuts.*** Certes, on a estimé (D. Bastian : JCP 1967 I nº 2121 § 197) que la révocation constitue dans ce cas une modification des statuts exigeant, en principe, l'accord unanime des associés. Pour notre part, nous pensons que les dispositions de l'article L 221-12, al. 3 (décision à la majorité) s'appliquent même aux gérants statutaires non associés. En effet, alors que les alinéas 1 et 2 de l'article L 221-12, relatifs au cas des gérants associés, distinguent selon que ceux-ci sont statutaires ou non, l'alinéa 3 du même article, relatif au gérant non associé, ne fait aucune distinction à cet égard.

La révocation rend caduque la **mention** du nom du gérant **dans les statuts** (nº 22134).

2. En faveur de la **majorité par tête** lorsque les statuts ne se sont pas prononcés, on peut faire valoir que l'obligation indéfinie et solidaire qui pèse sur tous les associés en nom crée entre eux une parité de situation qui justifie leur égalité dans le vote (CA Paris 21-3-1921 : J. soc. 1922.18). Certes, la loi sur les sociétés commerciales retient comme principe que la majorité se calcule en capital ou en parts sociales : dans deux cas seulement (cession de parts de commandite et de SARL), elle exige en plus la majorité par tête. La situation des associés en nom nous paraît cependant suffisamment particulière pour justifier une solution exceptionnelle.

22138 **Révocation judiciaire du gérant (associé ou non)** La révocation des gérants peut être demandée en justice par l'un quelconque des associés, à la condition que celui-ci justifie d'une **cause légitime.**

> **Précisions** Certes, la loi 78-9 du 4 janvier 1978 ayant abrogé l'ancien article 1856 du Code civil, il n'existe plus désormais de **texte** permettant la révocation des gérants de SNC pour cause légitime. Celle-ci est pourtant expressément prévue dans les sociétés civiles (C. civ. art. 1851, al. 2) et les SARL (art. L 223-25, al. 2). La **validité** de cette procédure est néanmoins reconnue par les tribunaux qui considèrent que les fautes d'un gérant constituent une cause légitime de sa révocation judiciaire (Cass. com. 8-2-2005 n° 186 : RJDA 5/05 n° 582, sol. impl. ; CA Paris 6-8-2019 n° 18/22544 : RJDA 12/19 n° 765 ayant retenu qu'il y a lieu à révocation judiciaire pour cause légitime du gérant dont les actes ou la gestion sont de nature à compromettre l'intérêt social ou le fonctionnement de la société, même en l'absence de péril imminent menaçant la société ou de paralysie du fonctionnement de celle-ci). Compte tenu de l'étroite parenté existant entre les sociétés civiles, la SARL et la SNC, on ne voit d'ailleurs aucune raison de priver les associés en nom de la possibilité d'obtenir du tribunal, conformément au droit commun, la protection de leurs intérêts légitimes.

DÉMISSION DU GÉRANT DE SNC

22150 Aucune disposition légale expresse ne vise la démission des gérants. À notre avis, le gérant, statutaire ou non, associé ou non, peut démissionner de ses fonctions. Toutefois, il s'expose à des dommages-intérêts envers la société s'il démissionne sans **juste motif** et si cette démission cause un préjudice à la société. Pour plus de détails, voir n°s 12620 s.

22151 La **démission** produit **effet** dès qu'elle a été notifiée aux autres associés. En conséquence (n°s 12680 s.) :
– elle n'a pas à être acceptée par les associés ;
– elle ne peut pas faire ultérieurement l'objet d'une rétractation de la part du gérant démissionnaire ;
– si le gérant est statutaire, la mention de son nom dans les statuts devient caduque.

22152 Lorsque **tous les gérants ont démissionné** de leurs fonctions et qu'il n'a pas été procédé à leur remplacement, les associés deviennent de plein droit cogérants de la société (Cass. com. 24-10-1977 : JCP 1977 IV p. 310 ; CA Paris 8-10-1999 : RJDA 2/00 n° 176).

CONSÉQUENCES DE LA CESSATION DES FONCTIONS DU GÉRANT DE SNC

22160 **Publicité de la cessation des fonctions** Tout changement de gérant doit être publié (n°s 13000 s.).

22161 **Droits de l'ancien gérant** L'ancien gérant peut obtenir des **dommages-intérêts** s'il a été révoqué sans juste motif ou de manière abusive. Il peut aussi obtenir une indemnité dans les autres hypothèses de cessation de ses fonctions, mais seulement si les statuts l'ont prévue et à la condition qu'il n'ait pas usé de manœuvres frauduleuses pour se faire octroyer cette indemnité. Il peut, en principe, entreprendre une **nouvelle activité,** sauf si une disposition statutaire ou conventionnelle expresse le lui interdit (n°s 12760 s.).

C. Pouvoirs du gérant de SNC

1. POUVOIRS DU GÉRANT DE SNC À L'ÉGARD DES ASSOCIÉS

ORGANISATION STATUTAIRE DES POUVOIRS DU GÉRANT DE SNC

22220 Les associés déterminent librement dans les statuts les pouvoirs des gérants (art. L 221-4, al. 1). Les statuts peuvent ainsi **limiter** les **pouvoirs** du gérant et subordonner à l'autorisation préalable des associés la possibilité pour le gérant de passer tel ou tel acte ou encore d'engager la société au-delà d'une certaine somme (pour un modèle de clause de limitation de pouvoirs, voir n° 13470). Lorsque de telles clauses existent, les statuts déterminent généralement les conditions d'habilitation du gérant à passer ces actes.

Les décisions qui excèdent les pouvoirs reconnus au gérant doivent être prises en principe à l'unanimité des associés (art. L 221-6, al. 1). Pour autant, les associés ne peuvent pas agir au lieu et place du gérant. Par exemple, la représentation en justice d'une SNC étant normalement assurée par le gérant, sous réserve de dispositions statutaires limitant les pouvoirs de celui-ci, la collectivité des associés ne dispose pas du pouvoir de représenter la société en justice ni de déléguer ce pouvoir à un tiers (Cass. com. 22-10-2013 nº 12-24.658 : RJDA 2/14 nº 114).

Si le gérant viole une clause restreignant ses pouvoirs, les associés pourront lui demander réparation du préjudice subi de ce fait ; ils pourront aussi le révoquer et prétendre que la violation des statuts constitue un juste motif le privant de tout droit à dommages-intérêts. Quant aux tiers, ils peuvent se prévaloir des statuts dans certains cas (nº 13480).

POUVOIRS DU GÉRANT DE SNC DANS LE SILENCE DES STATUTS

Si les statuts ne contiennent pas de clause déterminant les pouvoirs du gérant, celui-ci peut accomplir « tous **actes de gestion** dans l'intérêt de la société » (art. L 221-4, al. 1). On s'accorde à considérer que l'acte de gestion est plus large que l'acte d'administration et qu'il peut comprendre des actes de disposition dans la mesure où ceux-ci concernent l'exploitation de l'entreprise. **22230**

En vertu de ce texte, le gérant peut aussi exiger des associés l'exécution de leurs obligations à l'égard de la société (par exemple, libération des apports, restitution d'un bien prêté par la société). Si les associés ne répondent pas aux demandes du gérant, ce dernier peut saisir le juge afin de les y contraindre sans être habilité à cet effet par l'assemblée des associés (par exemple, Cass. 3e civ. 16-1-2020 nº 18-21.394 F-D : RJDA 6/20 nº 315 et CA Versailles 14-1-2000 : RJDA 3/00 nº 271, en matière de société civile mais transposables).

Intérêt de la SNC et objet social Quelle que soit l'étendue des pouvoirs du gérant, ses décisions doivent être conformes à l'intérêt de la société. L'intérêt social doit s'entendre de façon « élargie », c'est-à-dire en prenant en considération les **enjeux sociaux et environnementaux** de l'activité de la société (C. civ. art. 1833). **22240**

La notion d'intérêt de la société est distincte de celle d'objet social retenue pour la validité des actes passés par le gérant avec les tiers : la conformité avec l'objet social est uniquement fonction de la nature de l'acte, tandis que la conformité avec l'intérêt social dépend de l'utilité de l'acte et de son opportunité pour la société, compte tenu, le cas échéant, des enjeux sociaux et environnementaux liés à l'activité sociale (nº 13210). Il s'ensuit qu'un **acte** peut être **profitable à la société tout en dépassant les limites de l'objet social et inversement** qu'un acte, quoique conforme à l'objet social, peut nuire à la société.

Tel est le cas, nous semble-t-il, si l'acte a été effectué dans l'unique dessein de servir ou favoriser les intérêts personnels du gérant au détriment de la société et, par voie de conséquence, des autres associés. Dans un tel cas, les associés obtiendront réparation du préjudice subi. Les associés pourront aussi révoquer le gérant avec un juste motif excluant tout droit à dommages-intérêts. Les associés perdraient toutefois le droit de se plaindre s'ils ratifiaient à l'unanimité l'acte irrégulier du gérant. La limitation de pouvoirs étant prévue dans l'intérêt exclusif des associés, ceux-ci peuvent couvrir sa violation.

Les associés peuvent-ils reprocher au gérant un acte excédant l'objet social mais considéré comme fait dans l'intérêt de la société ? Il ne semble pas qu'un tel acte engage la responsabilité du gérant car, ayant profité à la société, il n'a causé à celle-ci aucun préjudice ouvrant droit à réparation. Ceci étant, même en l'absence de préjudice, cet acte caractérise un manquement au pacte social (la violation de la clause statutaire définissant l'objet de la société) qui constitue un juste motif de révocation du gérant.

RÉPARTITION DES POUVOIRS EN CAS DE PLURALITÉ DE GÉRANTS DE SNC

Si les statuts ont déterminé les pouvoirs des gérants, les clauses relatives à ces pouvoirs sont valables dans les rapports des gérants avec les associés. Les statuts peuvent répartir les tâches des gérants en fonction des compétences de chacun d'eux : direction technique, direction commerciale, etc. C'est là une mesure d'ordre interne qui ne saurait empêcher chaque gérant de faire opposition aux actes d'un autre gérant puisque tous les gérants sont responsables de la gestion. **22251**

Par exception à la règle ci-dessus, les **comptes sociaux** et le rapport de gestion (s'il y a lieu) doivent être établis par tous les gérants (Cass. com. 21-3-1995 nº 93-14.580 P : RJDA 6/95 nº 724). **22252**

En cas de désaccord entre eux, les gérants doivent en faire mention dans le rapport et soumettre aux associés leurs propositions respectives en ce qui concerne le contenu des comptes sociaux afin que, lors de l'assemblée annuelle, les associés puissent se prononcer en connaissance de cause.

22255 **Si les statuts n'ont rien prévu,** les pouvoirs des gérants sont réglés comme suit (art. L 221-4, al. 2) :

a. Chaque gérant peut faire tous les actes de gestion (au sens large : actes d'administration et actes de disposition concernant l'exploitation de l'entreprise) dans l'intérêt de la société.

b. Chaque gérant a le droit de s'opposer à toute opération projetée par un autre gérant avant qu'elle ne soit conclue. Chaque gérant a donc un droit de veto qu'il doit exercer avant la conclusion de l'opération qu'il estime critiquable.

L'opposition peut être faite en une forme quelconque pourvu qu'elle soit nettement affirmée et puisse être prouvée : exploit d'huissier ou de commissaire de justice, simple lettre, déclaration devant témoins.

À notre avis, les statuts peuvent prévoir la faculté pour les associés de lever l'opposition soit à l'unanimité, soit à des conditions de majorité qu'ils déterminent.

Par ailleurs, un gérant engagerait sa responsabilité à l'égard de la société s'il ne s'opposait pas à un acte d'un cogérant contraire à l'intérêt social, dépassant l'objet social ou relevant de la compétence des associés.

Pour des précisions sur le droit pour le gérant de faire opposition, voir n° 31260.

2. POUVOIRS DU GÉRANT DE SNC À L'ÉGARD DES TIERS

ÉTENDUE DES POUVOIRS DU GÉRANT DE SNC

22310 À l'égard des tiers, le gérant « engage la société par les **actes entrant dans l'objet social** » (art. L 221-5, al. 1).

Les **clauses** statutaires **limitant les pouvoirs des gérants** sont inopposables aux tiers (art. L 221-5, al. 3). La sécurité des tiers est donc assurée au détriment des intérêts des associés. Le gérant peut engager la responsabilité solidaire de ces derniers, même par un acte effectué au mépris d'une clause des statuts limitant ses pouvoirs. L'objet social constituant la seule limite aux pouvoirs des gérants, les fondateurs d'une SNC agiront prudemment en évitant dans la rédaction de cet objet les formules imprécises ou trop générales.

Pour plus de détails sur le pouvoir du gérant d'engager la société à l'égard des tiers, voir n°s 13280 s.

ÉTENDUE DES POUVOIRS EN CAS DE PLURALITÉ DE GÉRANTS DE SNC

22320 En cas de pluralité de gérants, ceux-ci peuvent **séparément engager la société** par les actes entrant dans l'objet social. En conséquence, les clauses prévoyant, par exemple, la signature conjointe des gérants pour tous les actes de gestion ou pour certains d'entre eux sont inopposables aux tiers de sorte que, même en cas de violation de leurs dispositions, la société restera engagée à l'égard du tiers cocontractant (Cass. com. 3-12-2002 n° 1980 : RJDA 4/03 n° 397, à propos d'une SARL mais transposable).

Même si un gérant s'oppose aux actes d'un autre gérant, cette **opposition** est sans effet à l'égard des tiers, à moins qu'il ne soit établi qu'ils en ont eu connaissance (art. L 221-5, al. 2).

3. DÉLÉGATION DE POUVOIRS DU GÉRANT DE SNC

22380 Sauf clause contraire des statuts, le gérant peut déléguer à d'autres personnes le pouvoir d'accomplir **certains actes** déterminés dans les conditions de droit commun.

4. CONTRÔLE DE LA GESTION DE LA SNC

COMMISSAIRE AUX COMPTES DANS LA SNC

22390 Certaines SNC doivent désigner un ou plusieurs **commissaires aux comptes** chargés de certifier leurs comptes. Les règles concernant la nomination et la cessation des fonctions des commissaires aux comptes, les conditions d'exercice de leur profession, la mise en jeu de leur responsabilité et leur rémunération, qui, pour nombre d'entre elles, sont communes à l'ensemble des sociétés commerciales, sont exposées n°s 77500 s.

CONVENTIONS CONCLUES ENTRE LA SNC ET SON GÉRANT

22395 Le Code de commerce ne prévoit aucune procédure de contrôle des conventions conclues entre le gérant d'une SNC et celle-ci.

D. Rémunération du gérant de SNC

DÉTERMINATION DE LA RÉMUNÉRATION DU GÉRANT DE SNC

Aucune disposition légale ne prévoit les modalités de fixation de la rémunération des gérants. Les **statuts** peuvent donc soit préciser le mode de calcul de cette rémunération (rémunération fixe, proportionnelle aux bénéfices ou au chiffre d'affaires, ou mixte), soit en laisser le soin à une décision collective des associés prise à la majorité qu'ils déterminent. 22440

Pour plus de précisions sur les modalités de fixation de la rémunération des gérants, voir les développements concernant les SARL exposés nos 31530 s.

RÉGIME FISCAL DE LA RÉMUNÉRATION DU GÉRANT DE SNC

Gérant non associé Les rémunérations versées au gérant personne physique non associé sont soumises au régime des traitements et salaires. 22450

Gérant associé Les rémunérations versées au gérant associé personne physique sont rattachées à la part des bénéfices sociaux lui revenant en sa qualité d'associé et soumises à l'impôt sur le revenu, selon les règles propres à la catégorie de bénéfices ou de revenus dont relève l'activité de la société (bénéfices industriels et commerciaux, bénéfices des professions non commerciales, bénéfices agricoles ou revenus fonciers). Ces règles ne sont pas applicables lorsque la société a opté pour le régime des sociétés de capitaux (dans ce cas, voir Mémento Fiscal n° 23650). 22451

Gérant personne morale Si le gérant est une personne morale, la rémunération versée au titre de ses fonctions de gérant constitue un élément de son bénéfice imposable selon le régime fiscal applicable à cette personne morale (impôt sur les sociétés s'il s'agit d'une société de capitaux). 22452

RÉGIME « SOCIAL » DU GÉRANT DE SNC

Gérant non associé Le gérant non associé rémunéré est assujetti au régime général de la **sécurité sociale** des salariés en application de l'article L 311-2 du Code de la sécurité sociale s'il exerce ses fonctions dans un lien de subordination à l'égard de la société (par exemple, en raison de la limitation de ses pouvoirs dans ses rapports internes avec les associés), ce qui entraîne également son assujettissement au régime de **retraite complémentaire** légalement obligatoire des salariés (régime unique Agirc-Arrco). 22460

Le gérant non associé et non rémunéré ne relève d'aucun régime obligatoire de la sécurité sociale, mais peut bénéficier, s'il n'en dispose pas à un autre titre, d'une couverture maladie au moyen de la protection universelle maladie s'il réside en France (Mémento Social n° 50120).

Le gérant non associé ne bénéficie de l'**épargne salariale** que dans les conditions exposées n° 11760.

Le gérant non associé relève de l'**assurance chômage** de l'Unédic s'il cumule un contrat de travail avec son mandat social. Dans le cas contraire, ou si la réalité de son contrat de travail n'est pas reconnue par France Travail, il peut bénéficier de l'allocation des travailleurs indépendants (ATI) visée à l'article L 5424-25 du Code du travail en cas de liquidation judiciaire de la société ou en cas de redressement judiciaire, lorsque l'adoption du plan de redressement est subordonnée par le tribunal au remplacement du dirigeant. Ce droit est également ouvert en cas de déclaration de cessation totale et définitive d'activité lorsqu'un tiers de confiance (expert-comptable ou personne habilitée d'un établissement du réseau consulaire) atteste que cette activité n'est pas économiquement viable, selon les critères définis à l'article R 5424-72-2 du Code du travail (Mémento Social n° 81630). Il lui est également possible de compléter cette garantie en s'assurant volontairement contre ce risque soit auprès d'un organisme professionnel, la Garantie sociale des chefs et dirigeants d'entreprise (GSC) ou l'Association pour la protection des patrons indépendants (APPI), soit auprès d'une société d'assurance couvrant ce type de risque.

CONSEIL

France Travail se montrant généralement réticent à admettre l'existence d'un contrat de travail dans le cas des mandataires sociaux, il peut être utile d'obtenir confirmation qu'ils seront bien couverts en cas de perte de leur emploi, sachant que le versement de cotisations d'assurance chômage sans observations de France Travail ne vaut pas reconnaissance tacite d'un droit aux prestations. À cet effet, deux procédures sont prévues.

a. La **société** peut demander, dans le cadre d'une procédure de rescrit, à France Travail de se prononcer de manière explicite sur l'assujettissement d'un de ses mandataires sociaux à l'assurance chômage. La décision vaut seulement pour le mandataire visé par la demande. Elle est opposable à l'avenir à l'employeur, à France Travail et à l'Urssaf tant que la situation de fait ou la législation applicable n'ont pas été modifiées (C. trav. art. L 5312-12-2). Si France Travail entend modifier sa réponse pour l'avenir en raison d'un changement de la situation de fait ou de l'analyse de cette dernière, il doit notifier sa décision à l'employeur. Cette modification prend effet à la date du changement de la situation de fait ou, s'agissant d'un changement d'analyse de cette situation, à la date de sa notification (C. trav. art. R 5312-5-2).

b. Les **dirigeants** d'entreprise désirant connaître leur situation au moment de leur demande d'allocations peuvent s'informer auprès de France Travail, qui doit donner un avis engageant sa responsabilité (Fiche thématique Unédic février 2020). Cette demande est formulée par le dirigeant lui-même.

c. Les **questionnaires** destinés aux sociétés et aux dirigeants peuvent être téléchargés sur le site www.francetravail.fr.

d. En cas d'avis négatif, le **remboursement des cotisations** versées à tort au cours des trois dernières années peut être obtenu (Dir. Unédic 36 du 31-7-2002).

22461 **Gérant associé** Dans ce cas, comme tous les associés, le gérant est un commerçant. Il relève à ce titre de la **sécurité sociale** pour les indépendants (cf. CSS art. L 611-1, 1°).

Le gérant associé est exclu de l'**assurance chômage** de l'Unédic, mais il peut bénéficier de l'allocation des travailleurs indépendants (ATI) visée à l'article L 5424-25 du Code du travail dans les mêmes conditions que le gérant non associé (n° 22460). Il lui est également possible de compléter cette garantie en s'assurant volontairement contre le risque de perte d'emploi subie en souscrivant à cet effet un contrat d'assurance de groupe (dit « Madelin ») ou un plan d'épargne retraite individuel à cotisations fiscalement déductibles dans la limite d'un plafond (Mémento Fiscal n°s 8680 s.). Il peut bénéficier de l'**épargne salariale** dans les conditions exposées n° 11760.

E. Responsabilité du gérant de SNC

1. RESPONSABILITÉ CIVILE DU GÉRANT DE SNC

RESPONSABILITÉ DU GÉRANT DE SNC À L'ÉGARD DES TIERS

22520 Le gérant qui, **dans l'exercice de ses fonctions,** cause un dommage à un tiers engage en principe sa société. Toutefois, le gérant est seul responsable s'il a commis une **faute séparable de ses fonctions** qui lui soit imputable personnellement (n°s 14300 s.).

RESPONSABILITÉ DU GÉRANT À L'ÉGARD DE LA SNC OU DES ASSOCIÉS

22530 **Causes de responsabilité du gérant** D'une façon générale, le gérant engage sa responsabilité dans les cas suivants : violation des statuts, excès de pouvoirs, méconnaissance des dispositions légales et réglementaires, faute de gestion, etc. Pour plus de détails, voir n°s 13950 s.

22531 **Action en responsabilité contre le gérant** Chaque associé ayant subi un préjudice personnel peut, par l'**action** dite **individuelle,** agir en responsabilité contre les gérants (n°s 14190 s.).

L'action en réparation du préjudice subi par la société en raison de fautes commises par ses gérants, dite **action sociale,** obéit aux règles fixées par l'article 1843-5 du Code civil (n°s 14120 s.). Ces dispositions, qui visent aussi l'action individuelle, sont applicables aux SNC puisque aucune règle propre à ces sociétés ne fixe des conditions particulières à la mise en œuvre de l'action sociale (cf. C. civ. art. 1834).

22532 **Étendue de la responsabilité du gérant** La **responsabilité** du gérant peut n'être que **partielle** si les associés ont eux-mêmes commis une faute, par exemple en confiant des fonctions difficiles à un gérant notoirement inexpérimenté.

En cas de **pluralité de gérants,** chacun répond de ses propres fautes. Il en est de même si les tâches sont divisées entre les gérants. Toutefois, si les gérants ont commis une faute en commun ou si les statuts les obligent à agir en commun, chacun peut être poursuivi pour le tout (n° 14011).

Si une **personne morale** est **gérante,** ses dirigeants encourent la même responsabilité civile que s'ils étaient gérants en leur nom propre, cela sans préjudice de la responsabilité solidaire de la personne morale qu'ils dirigent (art. L 221-3, al. 2).

RESPONSABILITÉ DU GÉRANT EN CAS DE PROCÉDURE COLLECTIVE DE LA SNC

En cas d'ouverture d'une procédure collective à l'encontre de la société, les gérants peuvent être tenus de supporter le passif social et être soumis à certaines interdictions et déchéances. Sur toutes ces questions, voir n°s 91370 s. **22540**

2. RESPONSABILITÉ PÉNALE DU GÉRANT DE SNC

Le gérant de SNC est pénalement responsable en vertu soit du **droit commun,** soit de quelques dispositions du **droit des sociétés.** **22600**
Ainsi, il peut être pénalement condamné dans les cas suivants :
– abus de confiance (C. pén. art. 314-1 s.), par exemple lorsqu'il fait prendre en charge des dépenses personnelles par la SNC (Cass. crim. 10-4-2002 n° 01-81.282 : RJDA 2/03 n° 148 ; Cass. crim. 25-11-2015 n° 14-83.611 : RJDA 3/16 n° 203) ;
– escroquerie (C. pén. art. 313-1 s.) ;
– dans les sociétés tenues d'avoir un commissaire aux comptes, défaut de désignation ou défaut de convocation de celui-ci à toute assemblée générale (art. L 821-6, 1°) ; dans les sociétés dotées d'un commissaire aux comptes chargé de certifier les comptes, entrave à l'exercice de sa mission (art. L 821-6, 3° modifié par loi 2025-391 du 30-4-2025) ; sur le champ d'application de ce texte, voir n° 77654 ;
– infraction à la réglementation des participations réciproques (art. L 247-3).
En revanche, les délits prévus pour les administrateurs de SA et les gérants de SARL ne peuvent pas lui être imputés (par exemple, pour l'abus de biens sociaux, voir Cass. crim. 3-10-1963 : Gaz. Pal. 1964 I p. 126).

Si une **personne morale** est **gérante,** ses dirigeants encourent la même responsabilité pénale que s'ils étaient gérants en leur nom propre (art. L 221-3, al. 2). **22601**

3. RESPONSABILITÉ FISCALE DU GÉRANT DE SNC

Comme tous les dirigeants de droit ou de fait, salariés ou non, le gérant peut être condamné personnellement au paiement des impositions et pénalités dues par la société lorsque, par des manœuvres frauduleuses ou par l'**inobservation** grave et répétée des **obligations fiscales,** il a rendu impossible le recouvrement de ces impositions et pénalités (LPF art. L 267 ; n°s 14790 s.). **22660**

II. DÉCISIONS COLLECTIVES DES ASSOCIÉS DE SNC

A. Mode de consultation des associés de SNC

1. ASSEMBLÉES DES ASSOCIÉS DE SNC

La réunion d'une **assemblée** est **obligatoire** dans trois cas (sans que les statuts puissent déroger à cette obligation) : **23000**
– pour l'approbation annuelle des comptes (art. L 221-7, al. 1) ;
– lorsque la réunion a été demandée par l'un des associés (art. L 221-6, al. 2) ; aucune forme particulière n'est imposée pour cette demande qui peut donc être présentée verbalement aux gérants ou, mieux, par lettre recommandée ou par huissier ou commissaire de justice ;
– pour l'approbation d'une modification des statuts prévue par le projet de plan de sauvegarde ou de redressement de la société si les classes de parties affectées ne sont pas constituées pour statuer sur ce projet (art. L 626-3, al. 1, L 627-3, al. 3 et L 631-19, I ; n°s 91315 s.).

Les **commissaires aux comptes,** s'il en existe, doivent être convoqués à toutes les assemblées des associés, sous peine de sanctions pénales (art. L 821-6, 1° et L 821-65).

Dans une large mesure, il appartient aux **statuts** de fixer les modalités de réunion de l'assemblée, la loi n'ayant pas défini le fonctionnement de celle-ci.

a. Convocation de l'assemblée des associés de SNC

DROIT DE CONVOQUER L'ASSEMBLÉE DE SNC

23010 Les statuts déterminent qui a le droit de convoquer l'assemblée. À défaut, ce droit appartient au gérant. Toutefois, chaque associé peut obtenir la réunion d'une assemblée (art. L 221-6, al. 2) ; ce droit paraît même d'ordre public : les statuts ne sauraient donc le supprimer.

› **Précisions** Dépourvu de la qualité d'associé, l'**usufruitier** peut toutefois provoquer une délibération des associés sur une question susceptible d'avoir une incidence sur son droit de jouissance des parts sociales (Cass. com. avis 1-12-2021 n° 20-15.164 FS-D : RJDA 2/22 n° 79 et Cass. 3e civ. 16-2-2022 n° 20-15.164 FS-B : RJDA 5/22 n° 273, en matière de société civile mais, à notre avis, transposables).

FORMES DE LA CONVOCATION À L'ASSEMBLÉE DE SNC

23011 Les statuts doivent fixer les formes de la convocation des **associés.**

Il est préférable d'user de la lettre recommandée pour avoir une preuve de la convocation. En effet, en cas de demande d'annulation d'une assemblée par un associé qui prétend ne pas avoir été convoqué par le gérant, la société doit pouvoir prouver que l'intéressé a bien été convoqué (Cass. com. 10-11-2009 n° 05-15.809 : RJDA 2/10 n° 150, à propos d'une SA mais transposable ; Cass. com. 10-2-2021 n° 18-23.398 F-D : RJDA 6/21 n° 150, à propos d'une SARL mais transposable).

Il appartient aux associés de signaler leurs changements d'adresse à la société (Cass. 3e civ. 25-6-2020 n° 18-26.717 F-D : RJDA 1/21 n° 22, à propos d'une société civile mais transposable).

ILLUSTRATIONS

La convocation envoyée en recommandé AR et revenue avec la mention « n'habite plus à l'adresse indiquée » est régulière dès lors que l'envoi a été fait à l'adresse indiquée par l'associé dans ses courriers à la société avant et après cette convocation (Cass. com. 29-10-2003 n° 1426 : RJDA 3/04 n° 309).

De même, est régulière la convocation envoyée à la dernière adresse connue de l'associé, identique à celle indiquée sur les extraits Kbis de la société, même si cette convocation est revenue avec la mention « destinataire inconnu à l'adresse indiquée » (Cass. 3e civ. 25-6-2020 précité).

À notre avis, il est possible de recourir à une simple convocation verbale des associés à la condition que tous les associés soient présents ou représentés à l'assemblée. Mais cela ne supprime pas l'obligation de respecter les dispositions relatives au droit de communication (nos 23031 s.).

Les **commissaires aux comptes,** s'il en existe, doivent être convoqués par lettre recommandée AR au plus tard lors de la convocation des associés (art. D 821-185, al. 3 ; sur la convocation par lettre ordinaire ou courrier électronique, voir n° 32329).

DÉLAI DE CONVOCATION À L'ASSEMBLÉE DE SNC

23012 Le Code de commerce ne prévoit pas de délai pour convoquer les associés à une assemblée. S'il s'agit de l'assemblée annuelle, la convocation doit être adressée au plus tard 15 jours avant la réunion pour permettre l'exercice du droit de communication (nos 23031 s.). Si les statuts prévoient un délai, ce dernier doit être respecté.

Pour toute convocation envoyée dans un délai court ou sans délai, les gérants devront s'assurer que tous les associés peuvent participer à l'assemblée (cf. C. civ. art. 1844, al. 1).

ILLUSTRATIONS

Dans un cas où les statuts prévoyaient la possibilité de convoquer l'assemblée dans l'heure, une décision collective a été annulée dès lors que la convocation avait été envoyée par courrier électronique à 7 heures 20 pour une réunion devant se tenir le même jour à 9 heures, et que l'un des associés, qui habitait à 80 km, n'avait pas pu matériellement y participer (CA Paris 26-5-2016 n° 15/04241 : RJDA 10/16 n° 693, à propos d'une SAS mais transposable).

Dans la pratique, les statuts qui prévoient ce genre de convocation la réservent généralement au cas où tous les associés sont présents ou représentés, ou au cas où tous les associés ont donné leur accord écrit (y compris par courrier électronique).

CONTENU DE LA CONVOCATION À L'ASSEMBLÉE DE SNC

La convocation doit indiquer le lieu, la date et l'ordre du jour de la réunion : la loi ne le dit pas, mais c'est là une règle de droit commun en matière de convocation d'assemblée. 23013

b. Dépôt de points ou de projets de résolution par les associés

Le Code de commerce ne prévoit pas le droit pour les associés de SNC de demander l'inscription de points ou de projets de résolution à l'ordre du jour des assemblées. Toutefois, rien n'interdit aux statuts d'instaurer cette faculté selon des modalités qu'ils fixent. 23015

c. Vote par correspondance préalable à l'assemblée des associés de SNC

Les associés ne peuvent voter par correspondance à une assemblée (en envoyant un formulaire de vote par anticipation) que si les **statuts** le prévoient (Cass. com. 11-10-2023 nº 22-10.646 F-D : RJDA 2/24 nº 109). Ces derniers doivent fixer les modalités applicables à ce vote ; celles prévues pour les consultations écrites (nº 23090) ne sont applicables au vote par correspondance que si les statuts le précisent (Cass. com. 11-10-2023 précité). 23018

d. Tenue de l'assemblée des associés de SNC

COMPOSITION DE L'ASSEMBLÉE DE SNC

Tous les **associés** ont le droit de participer aux décisions collectives (C. civ. art. 1844, al. 1, applicable aux SNC en vertu de l'art. 1834 du même Code). Ce droit est d'ordre public ; aucune disposition statutaire ou conventionnelle ne peut l'écarter ni en subordonner l'exercice à une condition particulière. Il a même été jugé qu'un associé peut se prévaloir du défaut de convocation d'un **autre associé** à une assemblée pour demander l'annulation de cette assemblée (Cass. 3e civ. 21-10-1998 : RJDA 12/98 nº 1371 ; Cass. com. 8-2-2005 nº 183 : RJDA 6/05 nº 724) ; toutefois, l'action en nullité n'est pas recevable lorsque tous les associés étaient présents ou représentés à l'assemblée (Cass. com. 8-2-2005 précité). 23020

Les **titulaires de parts d'industrie** ont, comme tout associé, le droit de participer aux décisions collectives.

Les associés **personnes morales** sont valablement représentés aux assemblées par leur représentant légal ou par toute autre personne agissant sur délégation de pouvoir de celui-ci. Les observations faites à propos de la représentation des personnes morales dans les assemblées d'actionnaires (nos 46890 s.) sont valables également pour les assemblées de porteurs de parts de SNC.

À notre avis, les associés ne peuvent se faire représenter par un **mandataire** que si les statuts le permettent. En outre, même dans ce cas, le mandat ne peut, sauf clause contraire des statuts, être donné qu'à un autre associé. En effet, l'intuitus personae qui domine la SNC s'oppose, en principe, à ce qu'un associé se substitue un tiers pour l'exercice de son droit de vote. Mais, comme il ne s'agit pas là d'une règle d'ordre public, les statuts peuvent y déroger et autoriser la représentation par mandataire lors des assemblées générales.

Les **commissaires aux comptes,** s'il en existe, doivent être convoqués à toutes les assemblées des associés, sous peine de sanctions pénales (art. L 821-6, 1° et L 821-65).

Sur la participation de **non-associés** aux assemblées, voir nº 7520.

DÉROULÉ DE L'ASSEMBLÉE DE SNC

Les statuts peuvent préciser les modalités de la réunion. À défaut, le gérant devra, en principe, conduire les débats en respectant l'ordre du jour. Cependant, une question ne figurant pas à l'ordre du jour pourra être évoquée, à notre avis, si tous les associés sont présents et y consentent. Cette solution est certes contraire aux règles générales gouvernant l'ordre du jour selon lesquelles les débats doivent être limités aux questions inscrites à cet ordre du jour, mais elle est conforme à la souplesse qui préside au fonctionnement des SNC, d'autant plus qu'en l'occurrence aucun intérêt particulier ne risque d'être lésé. 23021

e. Assemblée ordinaire annuelle des associés de SNC

L'assemblée appelée à **statuer sur les comptes** de l'exercice écoulé doit être réunie dans le **délai** de six mois à compter de la clôture dudit exercice (art. L 221-7, al. 1), toute clause contraire étant réputée non écrite (art. L 221-7, al. 3). 23030

Contrairement à ce qui est prévu pour les SA, aucune disposition légale n'impose de soumettre les **comptes consolidés** d'une SNC à l'approbation des associés.

DROIT DE COMMUNICATION DES ASSOCIÉS DE SNC

23031 Préalablement à chaque assemblée annuelle, les associés ont le droit d'obtenir communication des **documents** suivants concernant l'exercice écoulé (art. L 221-7, al. 1 et 2) :
- rapport de gestion (sauf dispense d'établissement de ce rapport : voir nº 23035) ;
- inventaire ;
- comptes annuels (bilan, compte de résultat et annexe) ;
- texte des résolutions proposées ;
- rapport du commissaire aux comptes, s'il en existe ;
- le cas échéant, comptes consolidés et rapport sur la gestion du groupe s'il ne figure pas dans le même document que le rapport de gestion.

Ces documents, à l'exception de l'inventaire, doivent être adressés aux associés par le gérant 15 jours au moins avant l'assemblée annuelle (art. R 221-7). Si la société a des filiales ou des participations, des mesures spéciales d'information doivent être observées (nºs 79730 s.).

L'inventaire doit, pendant les 15 jours qui précèdent l'assemblée, être tenu à la disposition des associés au siège social, où ceux-ci peuvent en prendre copie (art. R 221-7, al. 2).

Toute **clause statutaire** contraire à ces dispositions est réputée non écrite (art. L 221-7, al. 3).

Les dispositions relatives au droit de communication des documents concernant l'exercice écoulé (art. L 221-7) ne sont pas applicables lorsque **tous les associés** sont **gérants** (art. R 221-7, al. 3).

23032 **Rapport de gestion** **Obligation d'établir un rapport de gestion.** À la clôture de chaque exercice, les gérants doivent établir un rapport de gestion (art. L 232-1, I et II), dont le contenu a évolué depuis le 1er janvier 2025.

Le gérant est toutefois dispensé d'établir un rapport de gestion si la société répond à la définition des micro-entreprises ou des petites entreprises, dans les mêmes conditions que dans la SA (voir nºs 48186 s.).

23033 **Contenu du rapport.** Le rapport de gestion de **toute SNC** doit comporter les mentions exposées nº 48189 à propos des SA.

Le rapport doit aussi indiquer le montant des dividendes versés au titre des trois exercices précédents (CGI art. 243 bis) dans les mêmes conditions que ce qui est exposé pour les SA (nº 48218).

Par ailleurs, des indications complémentaires doivent, le cas échéant, être portées dans le rapport de gestion :
- prise de participation significative ou prise de contrôle (nºs 79731 s.) ;
- activité des filiales et des sociétés contrôlées (nº 79734) ;
- suppression des participations croisées (nº 79735) ;
- le cas échéant, injonctions ou sanctions pécuniaires pour des pratiques anticoncurrentielles prononcées par l'Autorité de la concurrence et dont cette dernière a prescrit, à titre de mesure complémentaire, l'insertion dans le rapport annuel des dirigeants sociaux (art. L 464-2, I-al. 10).

Dans les **SNC dont les comptes annuels sont certifiés par un commissaire aux comptes,** le rapport de gestion doit comporter :
- le montant des prêts à moins de trois ans consentis par la société, à titre accessoire à son activité principale, à des micro-entreprises, à des PME ou à des entreprises de taille intermédiaire (au sens de l'article 3 du décret 2008-1354 du 18-12-2008) avec lesquelles elle entretient des liens économiques le justifiant (C. mon. fin. art. L 511-6, 3 bis-al. 2, R 511-2-1-1 et R 511-2-1-2) ;
- des informations sur les délais de paiement des fournisseurs et des clients de la société (art. L 441-14 et D 441-6 ; voir nº 48219).

23035 Si **la totalité des parts** de la SNC est **détenue par** des **sociétés par actions,** des **SARL** ou des sociétés de droit étranger ayant une forme juridique comparable, le rapport de gestion doit inclure, dans les mêmes conditions que les SA :
- les mentions énumérées nº 48190 (art. L 232-1, II-4º à 7º, sur renvoi de l'art. L 221-7, al. 4) ;
- les informations présentées nº 48200, lorsque ces SNC exploitent une installation classée « Seveso seuil haut » ;
- des informations sur leurs ressources incorporelles essentielles (nº 48202), lorsque ces SNC sont des grandes entreprises au sens de l'article L 230-1.

› Précisions **a.** Si elle est une grande entreprise au sens de l'article L 230-1, une telle SNC devra en outre faire figurer des **informations de durabilité** dans son rapport de gestion. Seront concernés les rapports portant sur les exercices ouverts à compter du 1er janvier 2027, au lieu du 1er janvier 2025 initialement prévu (premier rapport en 2028) (art. L 221-7, al. 4 et L 232-6-3 ; Ord. 2023-1142 du 6-12-2023 art. 33, II modifié par loi 2025-391 du 30-4-2025) : voir nºs 76900 s.

b. À la lettre de l'article L 221-7, al. 4, une SNC entièrement détenue par des sociétés par actions, des SARL ou des sociétés de droit étranger d'une forme juridique comparable et « relevant du Chapitre X » du Titre II du Livre II du Code de commerce (Des sociétés dont les titres sont admis aux négociations sur un marché réglementé ou sur un SMN) doit en outre intégrer dans son rapport un certain nombre de **mentions complémentaires** prévues par les articles L 22-10-35 et L 22-10-36. Il s'agit là, selon nous, d'une inadvertance du rédacteur de l'ordonnance 2020-1142 du 16 septembre 2020 qui a introduit ces articles : ces derniers ne s'appliquent qu'aux **sociétés dont les titres sont admis aux négociations sur un marché réglementé,** ce qui ne peut pas être le cas d'une SNC.

c. Sur la **disparition de la déclaration de performance extra-financière** (DPEF) à compter du rapport de gestion établi en 2026 sur l'exercice 2025, voir n°s 48205 s.

Sanctions du droit de communication des associés L'inobservation des dispositions relatives au droit de communication des associés (n° 23031) peut entraîner l'**annulation** de l'assemblée (art. L 221-7, al. 2). 23037

Par ailleurs, les associés peuvent demander au président du tribunal statuant en référé soit d'enjoindre aux gérants, sous **astreinte,** de leur communiquer les documents auxquels ils ont droit en vue de la tenue des assemblées (n° 23031), soit de désigner un mandataire qui sera chargé de procéder à cette communication (art. L 238-1, al. 1 et 2).

> **Précisions** **a.** La **procédure d'injonction de faire** ne permet aux associés d'obtenir communication que des documents énumérés à l'article L 238-1 (Cass. com. 23-6-2009 n° 08-14.117 : RJDA 10/09 n° 863).
b. S'il est fait droit à la demande du ou des associés, l'**astreinte et les frais de procédure** sont à la charge des gérants mis en cause (art. L 238-1, al. 3).
c. Le **tribunal compétent** est le tribunal de commerce du lieu du siège social.

2. CONSULTATION DES ASSOCIÉS DE SNC EN DEHORS DES ASSEMBLÉES

CONSULTATION ÉCRITE DES ASSOCIÉS DE SNC

En dehors des cas où la réunion d'une assemblée est obligatoire (n° 23000), les statuts peuvent prévoir une consultation écrite des associés (art. L 221-6, al. 2). 23090

Les **modalités** de la consultation écrite (modalités d'information des associés et de vote, délai de réponse des associés, possibilité de recourir à la voie électronique, etc.) doivent être définies dans les statuts (art. L 221-6, al. 2 modifié par loi 2024-537 du 13-6-2024).

Le **gérant** a seul **qualité** pour procéder à une consultation écrite. Les autres associés ont seulement le droit de demander la convocation d'une assemblée (art. L 221-6, al. 2).

Si le gérant utilise cette faculté, chaque **associé** doit **recevoir le texte** des résolutions à prendre, expressément formulées, et émettre par écrit un **vote** qui doit s'exprimer par oui ou non (un vote ne peut pas être dubitatif). Compte tenu du droit pour tout associé de participer aux décisions collectives (C. civ. art. 1844, al. 1), l'associé qui ne peut pas voter (par exemple, en cas de privation du droit de vote au profit d'un usufruitier) doit, à notre avis, être informé de la consultation et de son objet.

Les **commissaires aux comptes,** s'il en existe, doivent à notre avis être avisés des consultations écrites au plus tard en même temps que les associés.

ACTE CONSTATANT LE CONSENTEMENT DE TOUS LES ASSOCIÉS DE SNC

Malgré le silence du Code de commerce, les décisions collectives – autres que l'approbation annuelle des comptes – peuvent, nous semble-t-il, être prises par un **acte, sous signature privée ou notarié,** signé par tous les associés et constatant leur consentement unanime. 23100

La plus grande souplesse doit, en effet, présider au fonctionnement des SNC qui groupent des associés devant veiller de très près, en raison de leur responsabilité indéfinie et solidaire, au fonctionnement de la société.

ILLUSTRATIONS

L'autorisation des associés à un cautionnement donné par la société en dehors de l'objet social peut résulter du fait que ces associés ont eux-mêmes signé ce cautionnement (Cass. 3e civ. 25-9-2002 n° 1311 : RJDA 1/03 n° 39, à propos d'une société civile en vertu de l'art. 1854 du Code civil mais, à notre avis, transposable).

Une modification des statuts peut résulter d'une pratique de répartition inégalitaire des bénéfices suivie tout au long de la vie sociale par les associés et ratifiée a posteriori par les actes de dissolution et de liquidation de la société dans lesquels les associés renvoyaient, expressément et sans réserves, aux modalités de répartition des bénéfices antérieurement réalisés par la société (Cass. 1e civ. 2-3-2004 no 344 : RJDA 7/04 no 851, à propos d'une société civile en vertu des art. 1853 et 1854 du Code civil mais, à notre avis, transposable).

Le consentement des associés peut, à notre avis, être recueilli par **voie électronique** (cf. C. civ. art. 1174 s.). Pour établir l'acte, on peut s'inspirer du modèle présenté no 32725.

B. Régime des décisions collectives des associés de SNC

1. VOTE DES DÉCISIONS COLLECTIVES DANS LA SNC

MAJORITÉ REQUISE POUR L'ADOPTION DES DÉCISIONS COLLECTIVES

23150 Certaines décisions doivent **obligatoirement** être prises à l'**unanimité** des associés, c'est-à-dire par tous les associés et non par les seuls associés présents ou représentés à l'assemblée ou ayant participé à la consultation (Cass. 3e civ. 5-1-2022 no 20-17.428 FS-B : RJDA 4/22 no 205, à propos d'une société civile mais transposable). Ce sont notamment celles relatives :
– aux cessions de parts (no 24430) ;
– à la transformation de la société en SAS (no 23246) ;
– à l'absorption de la société par une SAS (no 60580).

D'autres décisions doivent obligatoirement être prises à l'unanimité des associés à l'exception de celui d'entre eux que la loi prive du droit de voter. Doivent ainsi être adoptées à l'**unanimité des autres associés** les décisions relatives à :
– la révocation d'un gérant associé lorsque tous les associés sont gérants ou lorsque le gérant associé révoqué était désigné dans les statuts (nos 22132 s.) ;
– la continuation de la société malgré la révocation de ce gérant (no 22133) ;
– la continuation de la société malgré la « faillite », l'interdiction d'exercer une profession commerciale ou l'incapacité frappant l'un des associés (no 25502).

Dans tous les **autres cas,** l'unanimité n'est requise qu'en l'absence de clauses particulières des statuts (art. L 221-6, al. 1). L'unanimité s'impose même si l'absence de clause statutaire particulière résulte manifestement d'un oubli (CA Paris 29-10-2009 no 08-18972 : RJDA 4/10 no 399, à propos d'une société civile mais transposable).

Sur les conséquences de ces règles en présence de parts démembrées, voir no 7563.

23151 Les statuts peuvent librement fixer les règles de majorité applicables aux décisions des associés (art. L 221-6, al. 1). Cette majorité peut varier selon la gravité des décisions à prendre ; elle peut également être calculée soit en nombre d'associés, soit en capital, soit en nombre et en capital.

Les conditions de majorité doivent être fixées avec précision dans les statuts. À défaut, elles sont susceptibles d'être interprétées par le juge.

ILLUSTRATIONS

La clause selon laquelle les décisions doivent être prises « par des associés représentant plus de la moitié du capital social » prête à confusion car elle ne permet pas de savoir si les décisions peuvent ou non être prises par un seul associé dès l'instant qu'il détient plus de la moitié du capital (cf. Cass. com. 26-4-1971 : Bull. civ. IV no 105 admettant que les juges en aient souverainement déduit qu'un seul associé pût prendre la décision). Dans l'affirmative, mieux vaut indiquer expressément que les décisions sont valablement prises « par un ou plusieurs associés représentant plus de la moitié du capital social ».

La clause selon laquelle les décisions extraordinaires doivent être adoptées « par la majorité en nombre des associés présents ou représentés, représentant au moins les trois quarts du capital social », a été interprétée, dans un cas, comme posant le principe d'une double majorité, à savoir *la majorité des votants et celle* des trois quarts du capital social (CA Angers 22-3-2011 no 10/00265 : RJDA 11/11 no 933) et, dans un autre, comme instituant, d'une part, un quorum (au moins les trois quarts du capital social devaient être présents ou représentés à l'assemblée) et, d'autre part, la majorité en nombre des associés présents ou représentés (Cass. com. 12-10-2022 no 21-15.407 F-D : RJDA 1/23 no 36). Ces solutions, rendues à propos de groupements fonciers agricoles, sont transposables.

La clause statutaire intitulée « Décisions collectives » indiquant que les associés se réunissent en assemblée générale et ajoutant que « toutes les décisions autres, en particulier celles ayant pour effet de modifier les statuts, sont prises à la majorité des associés représentant les deux tiers du capital social, au cours d'assemblées générales qualifiées d'extraordinaires » ne prévoit pas que certaines décisions collectives pourraient être prises à une majorité simple, de sorte que les décisions collectives doivent être adoptées à l'unanimité, sous la seule réserve des décisions modificatives des statuts auxquelles s'applique la majorité prévue par la clause (CA Orléans 16-11-2006 nº 06-62 : RJDA 4/07 nº 378, à propos d'une société civile mais transposable).

Lorsque les statuts prévoient que leur modification est valablement adoptée à une majorité déterminée, sauf pour certaines décisions qui requièrent l'unanimité (en l'espèce, le changement d'objet), la suppression de cette règle de l'unanimité ne peut, elle-même, être décidée qu'à l'unanimité (Cass. com. 3-5-1995 : RJDA 8-9/95 nº 997, à propos d'un GIE mais transposable aux SNC par analogie des règles applicables).

S'il existe des **parts d'industrie,** les statuts doivent préciser les conditions dans lesquelles les titulaires de ces parts exercent leur droit de vote.

Sur les règles particulières applicables aux modifications statutaires intervenant **après l'adoption d'un plan de sauvegarde ou de redressement judiciaire,** voir nº 91323.

› Précisions Les statuts ne peuvent pas prévoir l'**adoption des décisions** par une **minorité d'associés**. En effet, une décision collective d'associés ne peut être tenue pour adoptée que si elle rassemble en sa faveur le plus grand nombre de voix ; toute autre règle conduirait à considérer que la collectivité des associés peut adopter, lors d'un même scrutin, deux décisions contraires (Cass. ass. plén. 15-11-2024 nº 23-16.670 BR : RJDA 2/25 nº 90).

Augmentation des engagements des associés Comme dans toutes les autres formes de sociétés, aucune décision augmentant les engagements d'un associé ne peut être prise sans le consentement de celui-ci (C. civ. art. 1836, al. 2). 23152

A priori, cette règle pourrait paraître sans **portée pratique** dans les SNC en raison de l'obligation indéfinie et solidaire des associés au paiement des dettes sociales. Une telle déduction doit cependant être écartée car la notion d'obligation aux dettes et celle d'augmentation des engagements des associés ne doivent pas être confondues. En effet, la première concerne les rapports des associés avec les créanciers sociaux alors que la seconde concerne les rapports des associés entre eux. Le fait que les associés soient tenus au paiement des dettes sociales envers les créanciers de la société ne permet pas pour autant aux dirigeants sociaux ou à la majorité d'imposer à un associé de procéder, fût-ce pour payer une dette sociale, à un versement qu'il n'aurait pas accepté.

ILLUSTRATIONS

Doit être adoptée à l'unanimité la résolution par laquelle la société s'engage à racheter ou faire racheter les parts d'un associé que celui-ci avait reçues en contrepartie de son apport à la société des titres d'une autre société ; en effet, l'apport du bénéficiaire de l'engagement de rachat étant subordonné à cet engagement, les associés peuvent être appelés à supporter les conséquences de l'augmentation de capital résultant de l'apport, même si celui-ci était initialement sans incidence sur eux (Cass. com. 13-11-2003 nº 00-20.646 : RJDA 5/04 nº 583, à propos d'une société civile mais transposable aux associés de SNC qui sont, eux aussi, tenus indéfiniment des dettes sociales).

Pour plus de détails sur la notion d'augmentation des engagements des associés, voir nºs 7200 s.

VOTE PAR CORRESPONDANCE PRÉALABLE À UNE ASSEMBLÉE DE SNC

Sur cette question, voir nº 23018. 23153

EFFET DES DÉCISIONS COLLECTIVES DES ASSOCIÉS DE SNC

Les décisions régulièrement prises s'imposent à tous les associés, même dissidents (pour une illustration, CA Douai 28-4-2010 nº 09-8863 : RJDA 4/11 nº 369) ; les tiers ne peuvent pas les attaquer, sauf par la voie de l'action paulienne (C. civ. art. 1341-2). Les associés entrés dans la société postérieurement à une décision sont tenus de la respecter comme s'ils l'avaient eux-mêmes votée. 23154

Les associés ne peuvent revenir sur une décision régulièrement prise et l'annuler ou la modifier qu'à la condition de ne pas remettre en question les droits acquis par certains d'entre eux ou par les tiers : voir nº 47882.

2. PROCÈS-VERBAUX DES DÉCISIONS COLLECTIVES DE SNC

NÉCESSITÉ D'UN PROCÈS-VERBAL DES DÉCISIONS COLLECTIVES DE SNC

23155 Toute délibération des associés doit être constatée par un procès-verbal, le cas échéant électronique. Toutefois, lorsque tous les associés sont gérants, cette obligation ne s'impose que pour les délibérations dont l'objet excède les pouvoirs reconnus aux gérants (art. R 221-2, al. 2).

CONTENU DES PROCÈS-VERBAUX DES DÉCISIONS COLLECTIVES DE SNC

23158 Chaque procès-verbal doit contenir les indications suivantes (art. R 221-2, al. 1) :
- la date et le lieu de réunion ;
- les nom et prénoms des associés présents ;
- les documents et rapports soumis à discussion ;
- un résumé des débats ;
- le texte des résolutions mises aux voix ;
- le résultat des votes.

La position de chaque associé ayant voté n'a en revanche pas à être indiquée (Cass. 3e civ. 12-5-2021 nº 19-21.725 F-D : RJDA 8-9/21 nº 583, à propos d'une société civile mais transposable), sauf disposition légale ou réglementaire contraire (par exemple, art. R 631-34-5).

En cas de consultation écrite, il en est fait mention dans le procès-verbal auquel est annexée la réponse de chaque associé (art. R 221-2, al. 3).

> **Précisions** **a.** Pour établir un procès-verbal de **consultation écrite** des associés, on pourra s'inspirer du **modèle** présenté nº 32665.
> **b.** La **falsification** d'un procès-verbal est susceptible de constituer un faux en écriture sanctionné par l'article 441-1 du Code pénal (voir nº 47994).

SIGNATURE DES PROCÈS-VERBAUX

23160 Si les décisions sont prises en **assemblée,** le procès-verbal doit être signé par chacun des associés présents (art. R 221-2, al. 1).

En cas de **consultation écrite,** le procès-verbal est signé par les gérants (art. R 221-2, al. 3).

Lorsque le procès-verbal est établi et conservé sous forme électronique, il est signé au moyen d'une **signature électronique** qui respecte au moins les exigences de la signature électronique avancée ; il doit être daté de façon électronique au moyen d'un horodatage offrant toute garantie de preuve (art. R 221-3, al. 3).

> **Précisions** La **signature électronique avancée** doit répondre aux **exigences** suivantes (Règl. UE 910/2014 du 23-7-2014 art. 26) :
> – être liée de manière univoque au signataire ;
> – permettre d'identifier le signataire ;
> – être liée aux données associées à cette signature, de telle sorte que toute modification ultérieure soit détectable ;
> – être créée à l'aide de données de création de signature que le signataire peut, avec un niveau de confiance élevé, utiliser sous son contrôle exclusif.

CONSERVATION DES PROCÈS-VERBAUX DES DÉCISIONS COLLECTIVES DE SNC

23161 Les procès-verbaux doivent être établis sur un **registre spécial** tenu au siège social (art. R 221-3, al. 1).

Pour permettre aux associés d'éviter la transcription manuscrite ou l'utilisation d'une machine à écrire spéciale (dès lors que la rédaction doit être faite directement sur le registre), l'article R 221-3, al. 2 autorise l'emploi de feuilles mobiles (nº 23163).

Le registre spécial peut aussi être tenu sous forme **électronique** (art. R 221-3).

23162 **Registre papier** Le registre spécial doit être coté et paraphé soit par un juge du tribunal de commerce, soit par un juge du tribunal judiciaire, soit par le maire de la commune du siège social ou par un adjoint au maire, dans la forme ordinaire et sans frais (art. R 221-3, al. 1). L'emploi de l'article défini dans ce texte paraît interdire la faculté de s'adresser à des autorités autres que celles du lieu du siège social (cf. en matière de livres de commerce, Rép. Valbrun : AN 17-9-1977 nº 38479).

23163 **Feuilles mobiles** En cas d'utilisation de feuilles mobiles, celles-ci doivent être numérotées sans discontinuité, paraphées dans les mêmes conditions que celles du registre et revêtues du sceau de l'autorité qui les a paraphées (art. R 221-3, al. 2). En outre, toute feuille remplie même partiellement doit être jointe à celles précédemment utilisées et toute addition, suppression, substitution ou interversion de feuilles est interdite (même art.).

Aucun texte n'impose de rédiger les procès-verbaux les uns au-dessous des autres. Les sociétés peuvent donc établir chaque nouveau procès-verbal soit au verso de la dernière feuille utilisée, soit sur une nouvelle feuille. Dans ce cas, afin d'éviter les fraudes, le ministre de la justice suggère, lors de la transcription de chaque délibération, d'annuler la page ou la partie de page non utilisée (Rép. Longuet : AN 6-4-1981 n° 38691).

À défaut de disposition réglementaire relative à la **conservation** de ces feuilles mobiles, celles-ci peuvent être enliassées, insérées dans un registre à anneaux ou à broches, reliées ou collées sur un registre (sans qu'il soit nécessaire que ce registre soit lui-même coté et paraphé).

Il est nécessaire de souligner que ce sont les feuilles mobiles elles-mêmes qui doivent être cotées et paraphées et non le registre. Ainsi, il n'est pas possible de rédiger les procès-verbaux sur des feuilles mobiles non cotées ni paraphées puis de les coller sur un registre coté et paraphé (dans le même sens, Rép. Buot : AN 31-8-1968 n° 640 ; Rép. Farran : AN 22-10-1990 n° 26010).

Toutefois, il a été jugé que le fait d'avoir collé les procès-verbaux sur le registre au lieu de les avoir retranscrits constitue un manquement purement formel aux obligations réglementaires et ne peut pas entraîner la mise en cause de la responsabilité civile du gérant dès lors que la faute commise par celui-ci n'a entraîné aucun préjudice pour la société (CA Paris 19-12-1995 : Dr. sociétés 1996 n° 174 obs. D. Vidal).

Forme authentique L'application des dispositions réglementaires imposant l'établissement des procès-verbaux sur un registre ou sur des feuilles cotés et paraphés, ou encore sur support électronique, se heurte à des difficultés pratiques lorsque le procès-verbal doit être établi en la forme authentique. En effet, en pareil cas, l'original résulte uniquement de la minute conservée dans les archives du notaire. 23164

Par analogie avec le régime applicable aux décisions collectives d'associés de sociétés civiles constatées dans un acte (Décret 78-704 du 3-7-1978 art. 46), il convient, à notre avis, de porter sur le registre ou sur les feuilles mobiles ou sur le support électronique, à la date à laquelle est intervenu l'acte notarié, une mention indiquant la forme (procès-verbal établi par acte authentique), la nature, l'objet et les signataires de l'acte. Une expédition de cet acte doit être conservée dans les archives sociales, par exemple en annexe au registre des délibérations, de manière à ce qu'elle puisse être consultée en même temps que ce registre. Lorsque le registre est tenu sous forme électronique, la mention dans le registre doit être signée au moyen d'une signature électronique qui respecte au moins les exigences de la signature électronique avancée (sur ces exigences, voir n° 23160) ; cette mention doit être datée de façon électronique au moyen d'un horodatage offrant toute garantie de preuve.

COPIE DES PROCÈS-VERBAUX DES DÉCISIONS COLLECTIVES DE SNC

Les copies ou extraits des procès-verbaux sont valablement **certifiés conformes** par un seul gérant (art. R 221-4, al. 1). 23167

En cas de liquidation, le liquidateur ou l'un des liquidateurs est habilité à certifier les copies ou extraits des procès-verbaux (art. R 221-4, al. 1).

La **certification** peut se faire au moyen d'une signature **électronique** qui respecte au moins les exigences relatives à une signature électronique avancée (art. R 221-4, al. 2 ; sur ces exigences, voir n° 23160).

RECTIFICATION DES PROCÈS-VERBAUX DES DÉCISIONS COLLECTIVES DE SNC

*Les **erreurs ou omissions** des* **procès-verbaux consignés sur un registre papier** ou sur des feuillets mobiles peuvent être rectifiées selon les procédés suivants utilisés pour les actes notariés (Rép. Martin : AN 21-1-1980 n° 21681) : 23168

– en cas de mots ou de membres de phrase erronés, rayer et numéroter les mots nuls, piquer un renvoi en marge et ajouter dans cette marge ou en bas de page les mots ou membres de phrase rectifiés, puis faire parapher par les personnes qui ont signé le texte original et, à la fin du procès-verbal, rappeler le nombre de mots rayés nuls et celui des mots ajoutés et faire signer les mêmes personnes sous cette mention ;

– en cas d'alinéas omis, appliquer sensiblement le même procédé, c'est-à-dire piquer un renvoi et, en bas de page, copier le texte manquant, faire parapher les personnes habilitées et, en fin de procès-verbal, indiquer le nombre de mots ajoutés et recueillir les signatures, avec possibilité de renvoi en dernière page du procès-verbal pour les alinéas manquants qui ne pourraient pas tenir en bas de page.

23169 En ce qui concerne la rectification des **procès-verbaux électroniques** et par application des principes de bon sens et de degré d'exigence pour les écritures de commerce (nº 23168), il nous paraît possible de prendre exemple sur les pratiques retenues pour la rectification des erreurs ou omissions dans les textes officiels et de préciser quels sont les mots ou membres de phrase erronés ou manquants et les mots ou membres de phrase rectifiés, ou encore les alinéas manquants en indiquant l'endroit du procès-verbal où ils doivent figurer. Il convient ensuite de recueillir à nouveau la signature électronique des personnes qui ont signé le procès-verbal électronique d'origine.

3. PUBLICITÉ DES DÉCISIONS COLLECTIVES DE SNC

23180 Toute **modification des statuts** doit être publiée selon des modalités qui varient selon la nature de cette modification. Certaines décisions qui n'entraînent **pas de modification des statuts** (par exemple, nomination ou cessation des fonctions d'un gérant non statutaire) nécessitent également des formalités de publicité.

Pour plus de détails sur ces formalités, voir nºs 85500 s.

L'**inobservation des formalités** de publicité entraîne en principe, dans les SNC (et dans les SCS), la nullité de l'acte pris ou de la délibération adoptée avant le 1er octobre 2025 et soumis à publicité sans que les associés ou la société puissent se prévaloir, à l'égard des tiers, de cette cause de nullité. Cependant, une régularisation même tardive permet d'échapper à cette nullité. De plus, le tribunal a la faculté de ne pas prononcer la nullité encourue si aucune fraude n'est constatée (art. L 235-2 abrogé, à compter du 1-10-2025, par ord. 2025-229 du 12-3-2025 ; Ord. 2025-229 art. 70).

L'inobservation des formalités de publicité ne peut entraîner la nullité des décisions sociales prises à compter du 1er octobre 2025 et soumises à publicité que si le juge estime que les dispositions qui prévoient ces formalités sont impératives (C. civ. art. 1844-10, al. 3 modifié, à compter du 1-10-2025, par ord. 2025-229 ; Ord. 2025-229 art. 70) sans que les associés puissent se prévaloir de cette nullité à l'égard des tiers de bonne foi (C. civ. art. 1844-16). L'action en nullité est éteinte si, au jour où le tribunal statue sur le fond en première instance, la cause de nullité a cessé (C. civ. art. 1844-11 modifié par ord. 2025-229).

C. Transformation de la SNC

RÈGLES GÉNÉRALES

23240 La transformation d'une SNC en société d'une autre forme est soumise aux règles générales exposées nºs 20620 s. (notamment nºs 20787 s. pour le **régime fiscal**).

La décision de transformation de la société en SAS doit être prise à l'unanimité (art. L 227-3) ; toute autre décision de transformation doit être prise aux **conditions de majorité** fixées par les statuts ou, en l'absence de clause statutaire, à l'unanimité (art. L 221-6, al. 1).

Sur l'étendue de l'**obligation aux dettes des associés** en cas de transformation en SARL ou en société par actions, voir nº 20760.

TRANSFORMATION DE LA SNC EN SOCIÉTÉ EN COMMANDITE

23241 En présence d'**apporteurs en industrie,** la transformation en société en commandite n'est possible que si, au préalable, ces derniers ont accepté soit de devenir associés commandités, soit de se retirer de la société après avoir été indemnisés. En effet, l'article L 222-1, al. 2 interdit aux associés commanditaires de faire des apports en industrie.

La transformation en **SCS** s'impose lorsqu'un associé décède en laissant des héritiers mineurs ; elle doit alors intervenir dans le délai d'un an à compter du décès. À défaut, la société est dissoute (*nº 24550*).

Sur l'appréciation de la valeur des biens composant l'actif social et, s'il en existe, des avantages particuliers consentis à des associés ou à des tiers en cas de transformation d'une SNC en **SCA,** voir nºs 20650 s. Sur le régime des actions attribuées aux commanditaires en échange des parts sociales, voir nºs 33123 s.

TRANSFORMATION DE LA SNC EN SARL

La transformation d'une SNC en SARL n'est possible que si la situation de la société est compatible avec le régime particulier des SARL, de sorte que : 23242

– le **nombre des associés** ne doit pas être supérieur à 100 (nombre maximal d'associés d'une SARL : art. L 223-3) ;

– la transformation est illicite si l'**activité de la société transformée** ne peut pas être exercée par une SARL (n° 30121).

La validité de la transformation d'une SNC en SARL n'est pas subordonnée à l'**évaluation des « apports »** au moment de la transformation, comme c'est le cas lors de la constitution d'une SARL (Cass. com. 27-5-2015 n° 13-27.458 : RJDA 8-9/15 n° 567, à propos de la transformation d'une société civile en SARL mais transposable). 23243

De même, l'intervention d'un commissaire n'est pas nécessaire en cas de transformation d'une SNC en SARL (Bull. CNCC 1989 p. 499).

TRANSFORMATION DE LA SNC EN SA

La transformation d'une SNC en SA ne peut être réalisée que si la société dispose d'un **capital** minimal de 37 000 € (art. L 224-2, al. 1). Si la SA issue de la transformation entend faire admettre ses titres aux négociations sur un marché réglementé ou sur un SMN, le nombre de ses associés ne peut en outre pas être inférieur à sept (art. L 22-10-2). 23244

Par ailleurs, l'**activité exercée** par la SNC ne doit pas être interdite à la SA (n° 37531).

Sur l'appréciation de la **valeur des biens composant l'actif social** et des avantages particuliers consentis à des associés ou à des tiers, voir n°s 20650 s.

Sur le **régime des actions** attribuées en échange des parts sociales, voir n°s 33123 s. 23245

Lorsqu'il existe des parts représentatives d'**apports en industrie,** la transformation entraîne l'exclusion de l'apporteur en industrie puisque ce dernier ne peut pas se voir attribuer des actions (art. L 225-3, al. 4). Dès lors, elle nécessite au préalable la liquidation des droits de l'intéressé (n° 33125).

TRANSFORMATION DE LA SNC EN SAS

La décision de transformation d'une SNC en SAS doit être prise à l'**unanimité** des associés (art. L 227-3). 23246

Sur l'appréciation de la **valeur des biens composant l'actif social** et des avantages particuliers consentis à des associés ou à des tiers, voir nos 20650 s.

Sur le **régime des actions** attribuées en échange des parts sociales, voir nos 33123 s.

TRANSFORMATION DE LA SNC EN SOCIÉTÉ CIVILE

La transformation en société civile n'est possible que si la SNC a un **objet** civil. À défaut, le greffe du tribunal refusera d'inscrire la transformation au RCS. 23247

TRANSFORMATION DE LA SNC EN GIE

La transformation d'une SNC en GIE n'est possible que si l'**objet** de la société correspond à la définition du groupement (n° 96770). À défaut, la décision de « transformation » entraîne la création d'une personne morale nouvelle (n° 20625). 23248

SECTION 3 ASSOCIÉS DE SNC

QUALITÉ DE COMMERÇANT DES ASSOCIÉS DE SNC

Selon l'*article L 221-1, al. 1*, les associés en nom ont tous la qualité de commerçant. En conséquence : 24000

– l'associé en nom doit avoir la capacité de faire le commerce (nos 21100 s.) ;

– il est normalement imposé dans la catégorie des bénéfices industriels et commerciaux si l'activité de la société relève de cette catégorie d'imposition, à raison de la quote-part de bénéfices correspondant à ses droits (Mémento Fiscal nos 37600 s.) ;

– il ne peut pas être lié à la société par un contrat de travail, la qualité de salarié étant incompatible avec celle d'associé en nom (Cass. soc. 14-10-2015 n° 14-10.960 : RJDA 1/16 n° 40) ;

– même s'il n'est pas gérant, il doit être affilié à la sécurité sociale pour les indépendants, selon les règles applicables aux commerçants, artisans ou professions libérales, selon l'activité exercée par la société (Mémento Social n° 28475) ;

– il est électeur et éligible aux tribunaux de commerce et aux organismes professionnels ;
– ses engagements à l'égard des tiers peuvent être prouvés par tous moyens (Cass. com. 12-6-1990 : Bull. Joly 1990 p. 793, en matière de cautionnement) ;
– il est exclu du bénéfice de la procédure de surendettement des particuliers car, réputé exercer une activité commerciale au sens des articles L 631-2 et L 640-2, il relève des procédures collectives (sauvegarde, redressement et liquidation judiciaires) (Cass. 2e civ. 5-12-2013 n° 11-28.092 : RJDA 4/14 n° 358).

Malgré sa qualité de commerçant, l'associé en nom n'est pas personnellement immatriculé au RCS (art. R 123-34) ; mais son nom figure dans les renseignements que doit fournir la société pour sa propre immatriculation (n° 3160).

> **Précisions** **a.** La qualité d'associé en nom étant incompatible avec celle de salarié de la société, l'associé, même s'il y exerce des fonctions rémunérées, ne peut pas relever du régime général de la **sécurité sociale** des salariés (Cass. soc. 5-4-1974 : Bull. civ. V n° 220).
> **b.** Le fonctionnement d'une SNC impliquant nécessairement de la part des associés une **activité professionnelle** de contrôle et de surveillance de la société, ils relèvent obligatoirement de la sécurité sociale pour les indépendants et sont redevables des cotisations, même si la SNC est gérée par une autre société (Cass. 2e civ. 16-12-2010 n° 09-17.456 : RJDA 4/11 n° 322) ou n'a plus d'autre activité que la perception du prix de la location de ses fonds de commerce à d'autres sociétés (Cass. soc. 31-10-2000 n° 99-14.327 : RJS 1/01 n° 125).

RESPONSABILITÉ DES ASSOCIÉS DE SNC

24003 Sur cette question, voir nos 7850 s.

A. Droits et obligations des associés de SNC

1. DROITS DES ASSOCIÉS DE SNC

a. Droit d'intervention dans la vie sociale

DROIT D'INFORMATION DES ASSOCIÉS DE SNC

24010 Outre le droit d'information annuelle en rapport avec la tenue de l'assemblée chargée d'approuver les comptes (n° 23031), les associés peuvent exiger des informations sur les affaires sociales dans les conditions suivantes.

24012 **Consultation de documents au siège social** Les associés non gérants ont le droit, deux fois par an, de consulter au siège social tous les documents établis par la société ou reçus par elle (livres de commerce et de comptabilité, contrats, factures, correspondances, procès-verbaux, etc.), et même d'en prendre copie (art. L 221-8 et R 221-8). Ce droit ne peut être exercé que par l'associé en personne, à l'exclusion de tout mandataire. Néanmoins, l'associé a la faculté de se faire assister d'un expert choisi sur l'une des listes établies par les cours et tribunaux (art. R 221-8, al. 3).

Le gérant qui ne respecte pas ce droit engage sa responsabilité et un associé peut, sur le fondement de l'article 145 du Code de procédure civile, le faire condamner sous astreinte à lui communiquer les documents (CA Paris 19-9-2007 n° 06-15422 : RJDA 2/08 n° 163, à propos d'une société civile mais transposable) ou demander la saisie judiciaire de ceux-ci (CA Paris 9-10-2018 n° 17/19171 : RJDA 1/19 n° 30, à propos d'une société civile mais transposable). Encore faut-il qu'il justifie d'un motif légitime. Tel n'est pas le cas si l'associé n'a pas au préalable mis en œuvre son droit de consultation en se rendant au siège social pour prendre connaissance des documents puis, en cas de refus d'accès à ces documents ou d'absence de certains d'entre eux, en en sollicitant officiellement la communication au gérant, le cas échéant en le mettant en demeure (CA Paris 9-10-2018 précité).

> **Précisions** **a.** Un associé peut valablement demander la communication d'une assignation reçue par la société et des **pièces de procédure** dont celle-ci dispose ; en revanche, le secret de *l'information pénale exclut* le droit pour un associé d'avoir connaissance du rapport d'experts commis dans une instance pénale ouverte sur plainte de la société (TGI Nanterre réf. 15-3-1983 : D. 1983 p. 514 note M. Jeantin, à propos d'une société civile mais transposable aux SNC par analogie des textes applicables).
> **b.** Le juge des référés ne peut pas, sur le fondement de l'article 145 du Code de procédure civile, ordonner à une société de communiquer un **document,** telle une situation comptable en cours d'exercice, **qu'elle ne détient pas** (Cass. com. 27-9-2023 n° 21-21.995 F-B : RJDA 1/24 n° 58, à propos d'une SA mais transposable).

Droit de poser des questions écrites Deux fois par an, les associés non gérants peuvent poser par écrit, à propos de la gestion sociale, des questions auxquelles il doit être répondu également par écrit (art. L 221-8). 24015

AUTRES DROITS DES ASSOCIÉS DE SNC

L'associé a aussi le droit : 24018
– de **participer aux assemblées** ou d'être consulté par écrit (C. civ. art. 1844, al. 1, applicable aux SNC en vertu de l'art. 1834 du même Code) ; le droit de tout associé de participer aux décisions collectives étant d'ordre public (C. civ. art. 1844, al. 4 a contrario), aucune disposition statutaire ou conventionnelle ne peut l'écarter, même temporairement ; une telle disposition serait réputée non écrite (C. civ. art. 1844-10, al. 2) ;
– d'accomplir les **actes conservatoires** du patrimoine social (interrompre une prescription, sauver un bien menacé de péril) ;
– d'exercer certaines **actions en justice** (action en responsabilité contre le gérant, en révocation du gérant, en dissolution de la société, etc.).

Il ne lui est pas interdit de prendre position sur la conduite à tenir face aux problèmes de la société et de **critiquer** l'action du dirigeant, mais ces critiques deviennent fautives et constituent un dénigrement lorsqu'elles visent la personne plutôt que l'action du dirigeant (CA Paris 25-10-2002 n° 01-22277 : RJDA 4/03 n° 385). En outre, si elles portent atteinte à l'honneur et à la réputation des dirigeants, ces critiques peuvent constituer une diffamation : voir nos 47635 s.

> **Précisions** Les associés d'une SNC peuvent se constituer partie civile afin d'obtenir, **devant le juge pénal**, des dommages-intérêts en réparation du préjudice que le délit d'abus de confiance commis par le gérant leur a causé, dès lors que, tenus indéfiniment et solidairement des dettes sociales, ils ont subi un préjudice personnel et direct (Cass. crim. 10-4-2002 n° 2310 : RJDA 2/03 n° 148). En effet, si le détournement empêche la société de payer ses créanciers, les associés seront alors tenus d'effectuer de ce paiement (application de l'art. L 221-1).

b. Droits pécuniaires

DROIT DES ASSOCIÉS AUX BÉNÉFICES DE LA SNC

Les règles communes de présentation des comptes et de détermination des bénéfices (nos 76000 s.) s'appliquent aux SNC comme aux autres sociétés commerciales. 24020

La répartition des bénéfices s'effectue conformément aux statuts (n° 7000), observation faite que :
– les SNC ne sont pas tenues de constituer une réserve légale ; cependant, les bénéfices peuvent être mis en réserves (sur cette question, voir n° 76201) ;
– les clauses d'intérêt fixe (attribution d'un dividende fixe même en l'absence de bénéfices), interdites, sont réputées non écrites (art. L 232-15) ;
– la mise en paiement des dividendes doit avoir lieu dans un délai maximal de neuf mois après la clôture de l'exercice, sauf prolongation de ce délai par décision de justice sur demande des gérants (n° 76501) ;
– aucune répétition de dividendes ne peut être exigée des associés, hormis le cas de distribution de dividendes fictifs ou d'attribution d'un intérêt fixe même en l'absence de bénéfices (art. L 232-17) ;
– le droit de chaque associé aux dividendes naît au moment où, après approbation des comptes de l'exercice écoulé, l'assemblée fixe le montant de la somme à répartir entre les associés (nos 76450 s.).

DROIT AU REMBOURSEMENT DE L'APPORT ET AU BONI DE LIQUIDATION

Sur les droits des associés lors du partage des biens sociaux, voir nos 87750 s. 24021

2. OBLIGATIONS DES ASSOCIÉS DE SNC

a. Obligation aux dettes sociales

PRINCIPE

Les associés répondent tous indéfiniment et solidairement des dettes sociales (art. L 221-1, al. 1). 24080

Cette obligation au paiement des dettes sociales doit être **distinguée** de la **contribution aux pertes.** La première concerne les rapports de la société avec ses créanciers et expose les associés à payer aux créanciers la dette sociale en cas de défaillance de la société ; la seconde concerne les rapports de la société avec les associés ou des associés entre eux et oblige ceux-ci à combler les éventuelles pertes sociales constatées à la liquidation de la société (ou, si les statuts le prévoient, en cours de vie sociale). Pour des **exemples** d'application de cette distinction, voir CA Paris 12-5-2000 : RJDA 2/01 nº 170 confirmé par Cass. com. 31-3-2004 nº 00-17.423 F-D : RJDA 7/04 nº 833 ; Cass. 3e civ. 6-7-1994 : RJDA 12/94 nº 1310 (à propos d'une société civile immobilière de construction-vente mais transposable) ; CA Lyon 24-11-2005 nº 04-3880 : RJDA 7/06 nº 778.

› Précisions Il a été jugé que l'**associé** d'une société civile qui est aussi **créancier** de la société (par exemple, parce qu'il a versé des fonds en compte courant ou qu'il en est aussi un fournisseur) ne bénéficie pas du droit de poursuivre ses coassociés en paiement des dettes sociales, ce droit étant réservé aux tiers (Cass. com. 3-5-2012 nº 11-14.844 : RJDA 8-9/12 nº 780 ; dans le même sens, CA Paris 11-9-2014 nº 12-13017 : RJDA 2/15 nº 115). Cette solution, rendue sur le fondement de l'article 1857 du Code civil, aux termes duquel les associés répondent indéfiniment des dettes sociales à l'égard des tiers, ne nous semble pas transposable aux associés de SNC car l'article L 221-1 ne vise pas expressément les tiers ; il n'y a donc pas lieu de réserver à l'associé créancier de SNC un sort différent de celui des autres créanciers.
Il a d'ailleurs été jugé qu'un associé ayant acquis d'un tiers une créance sur la société pouvait agir en paiement contre ses coassociés sur le fondement de l'article L 221-1 sans que sa double qualité d'associé et de créancier y fasse obstacle (CA Paris 19-11-2013 nº 11-21510 : RJDA 3/14 nº 241), mais au cas particulier l'action en paiement lui avait été transférée en tant qu'accessoire de la créance.

CONDITIONS DE L'OBLIGATION DES ASSOCIÉS AUX DETTES DE LA SNC

24081 L'obligation indéfinie et solidaire aux dettes sociales est attachée de plein droit à la **qualité d'associé** en nom. Un associé ne peut pas y échapper en faisant valoir que cette qualité est incompatible avec le statut de salarié dont il bénéficie au sein de la société (Cass. com. 29-9-2009 nº 08-19.777 : RJDA 1/10 nº 52).

Si les parts sont grevées d'usufruit, l'obligation aux dettes sociales n'incombe qu'au nu-propriétaire. En effet, l'usufruitier n'a pas la qualité d'associé (Cass. com. avis 1-12-2021 nº 20-15.164 FS-D : RJDA 2/22 nº 79 ; Cass. 3e civ. 16-2-2022 nº 20-15.164 FS-B : RJDA 5/22 nº 273 ; Cass. com. 30-11-2022 nº 20-18.884 FS-B : RJF 2/23 nº 160). De même, l'époux commun en biens d'un associé ne sera tenu aux dettes sociales que s'il a revendiqué la qualité d'associé (nº 6065).

Aucune clause des statuts ne peut en affranchir les associés ; l'obligation existe dès l'instant où le **caractère social de la dette** est constaté (Cass. civ. 24-10-1938 : DH 1939 p. 65). Le créancier doit faire la preuve de l'existence de la dette et de son caractère social (Cass. com. 20-3-2012 nº 10-27.340 : RJDA 7/12 nº 684), à moins que les associés n'en conviennent.

Les associés ne sont pas les coobligés de la société (Cass. com. 20-3-2012 nº 10-27.340 : RJDA 7/12 nº 684). N'étant tenus des dettes sociales qu'après vaine mise en demeure de la société (cf. art. L 221-1, al. 2), leur **obligation** a un caractère **subsidiaire.** C'est d'ailleurs la dette de la société et non une dette personnelle que les associés acquittent lorsqu'ils désintéressent un créancier social sur le fondement de leur obligation aux dettes (Cass. 3e civ. 6-5-2015 nº 14-15.222 : RJDA 7/15 nº 506, à propos d'une société civile mais transposable).

› Précisions **a.** L'associé qui veut **contester le caractère social** de la dette doit le faire dès le début du procès ; s'il en fait état après avoir invoqué la prescription de l'action du créancier, il a, par là même, reconnu le caractère social de la dette litigieuse (Cass. civ. 27-5-1914 : D. 1921 I p. 121).

b. Il résulte du caractère subsidiaire de l'obligation que la **remise de dette** consentie à la société profite aux associés, qui ne peuvent plus être poursuivis (Cass. com. 14-1-2004 nº 01-15.770 F-D : RJDA 5/04 nº 579) ; de même, les associés sont en droit d'opposer au créancier la **prescription** de la créance détenue contre la société (Cass. 3e civ. 19-1-2022 nº 20-22.205 FS-B : RJDA 4/22 nº 204, en matière de société civile mais transposable).

c. Une **décision de justice irrévocable** condamnant la société au paiement d'une **dette sociale** *établit l'***existence** de celle-ci et les associés ne peuvent en contester le bien-fondé (Cass. com. 6-12-2017 nº 15-16.993 F-D : RJDA 3/18 nº 247). En revanche, tel n'est pas le cas du titre exécutoire résultant du certificat de non-paiement d'un chèque sans provision émis par la société (Cass. com. 20-3-2012 précité). En effet, un tel titre exécutoire ne prouve pas l'existence de la dette mais seulement l'absence de provision du chèque (cf. C. mon. fin. art. L 131-73) et peut donc être contesté. Sur l'admission d'une créance au passif de la liquidation judiciaire de la société, voir nº 24092.

d. Les associés n'étant pas contractuellement liés au créancier de la société, ils ne peuvent agir contre le créancier qui les poursuit qu'en **responsabilité extracontractuelle** (Cass. 3e civ. 8-11-2000 nº 95-18.331 FS-PB : RJDA 3/01 nº 336 ; Cass. com. 2-6-2015 nº 13-25.337 F-PB : RJDA 10/15 nº 675 ; CA Versailles 27-1-2011 nº 10-408 : RJDA 7/11 nº 637, en matière de société civile mais transposables). L'action en responsabilité extracontractuelle ne peut être accueillie que si les associés établissent avoir subi un **préjudice personnel.** Une banque qui avait consenti un prêt à une société a ainsi été condamnée à indemniser un associé pour avoir tardé à le poursuivre en paiement des dettes sociales, dès lors que ce retard, non justifié, avait causé à l'associé un préjudice constitué par le cours des intérêts du prêt durant cette période (CA Versailles 27-1-2011 précité). En revanche, l'action est rejetée si le préjudice de l'associé résulte directement de la défaillance de la société dans le remboursement de la créance et de l'obligation corrélative de l'intéressé de supporter les dettes sociales (Cass. com. 13-10-2015 nº 11-20.746 F-PB : RJDA 3/16 nº 207).

e. Le créancier qui a obtenu une condamnation de la société peut s'en prévaloir auprès des associés pour leur réclamer le paiement de la dette, même si le **jugement** intervenu n'a pas expressément **fait état** de l'**engagement** de ces derniers.

f. L'associé de SNC poursuivi en paiement d'une dette sociale peut former **tierce opposition** au jugement condamnant la société : voir nº 4357.

Ancien associé L'associé qui se retire de la société reste tenu, à l'égard des tiers, de la totalité des **dettes** sociales **antérieures à son départ,** même si celui-ci a été régulièrement publié et quelles que soient la cause et les circonstances de ce départ (Cass. civ. 16-3-1942 : JCP 1942 II nº 1854). 24082

ILLUSTRATIONS

Sont des dettes antérieures :

– le **prêt** souscrit par une société avant qu'un associé ne cède ses parts, même si le remboursement de ce prêt n'a cessé qu'après son départ (CA Nancy 7-7-1992 : BRDA 2/93 p. 9) et même si la déchéance du terme n'a été signifiée à la société qu'après la cession (Cass. com. 4-1-1994 nº 91-19.580 : RJDA 5/94 nº 538 ; CA Paris 29-10-1999 : RJDA 2/00 nº 175) ;

– le **paiement d'effets de commerce** correspondant à une dette antérieure à la cession, même si leurs échéances sont postérieures à celle-ci (CA Paris 2-7-1993 : Bull. Joly 1993 p. 1046 note J.-J. Daigre) ;

– les loyers échus et l'indemnité de résolution d'un **contrat de location** ou de **crédit-bail,** peu important la date de constatation de ces dettes et le fait que l'associé ait ultérieurement perdu la qualité d'associé (Cass. com. 21-10-2008 nº 07-16.301 : RJDA 1/09 nº 39), ou que les dettes soient nées postérieurement à son retrait, dès lors que le contrat a été conclu à une date où il était encore associé (Cass. com. 1-10-1996 : Bull. Joly 1997 p. 37 note P. Le Cannu) ;

– le solde débiteur d'un **compte courant** dans une banque existant à la date de la publication du retrait de l'associé, même si le compte n'est pas encore clôturé, sous réserve des remises postérieures ayant eu pour effet d'effacer ou de réduire ce montant (Cass. com. 4-2-1997 nº 94-18.114 PB : RJDA 5/97 nº 656).

L'**engagement pris par l'acquéreur** de régler, au lieu et place du cédant, les dettes sociales nées antérieurement à la cession n'est pas opposable aux créanciers sociaux, sauf dans le cas où ils auraient accepté le changement de débiteur ainsi opéré (CA Paris 14-12-1978, inédit ; CA Grenoble 6-3-1990 : Dr. sociétés 1990 nº 318).

En revanche, l'associé n'est pas, en principe, tenu des **dettes** sociales **contractées postérieurement à son retrait.** Cependant, il peut avoir à en répondre dans les deux cas suivants : s'il n'a pas fait publier son départ dans les formes prescrites par la loi (nºs 24411 s.) ou encore si, ayant cautionné les dettes de la société sans limitation de durée, il n'a pas pris soin de dénoncer son engagement au moment de son retrait (nº 17145).

Nouvel associé Le nouvel associé qui entre dans la SNC en cours de vie sociale est tenu de tout le passif social, même antérieur à son entrée (Cass. req. 12-3-1928 : S. 1928 I p. 226 ; Cass. com. 21-10-2008 nº 07-16.301 : RJDA 1/09 nº 39). Toutefois, une clause des statuts prévoyant que le passif antérieur ne sera pas mis à la charge du nouvel associé paraît opposable aux tiers à la condition qu'elle soit régulièrement publiée ; cette clause ne remet pas en cause l'appréciation que les créanciers antérieurs à la cession ont faite du crédit de la société puisque l'ancien associé, sur les facultés duquel ils ont pu compter au moment où ils sont devenus créanciers, reste tenu des dettes contractées par la société à ce même moment ; elle n'altère pas non plus l'appréciation des créanciers postérieurs à la cession puisque, en tout état de cause, ceux-ci ne peuvent plus compter sur les ressources de l'ancien associé et sont à même de se fonder sur celles du nouvel associé. Généralement, cette clause est rappelée dans l'acte de cession de parts. 24083

CONSÉQUENCES DE L'OBLIGATION DES ASSOCIÉS AUX DETTES DE LA SNC

Saisie des biens personnels de l'associé Les créanciers sociaux peuvent saisir les biens personnels de l'associé et venir en concours sur ses biens avec ses créanciers personnels. 24084

ATTENTION

L'associé en nom ne bénéficie pas des règles relatives à l'**insaisissabilité de la résidence principale** et des biens immobiliers de l'entrepreneur individuel (art. L 526-1 s.) car, s'il est mentionné en tant qu'associé au RCS (art. R 123-54, 1º), il n'est pas, en tant que tel, immatriculé.

Le créancier d'une SNC, même s'il détient un **titre exécutoire** à l'encontre de la société, ne peut procéder à la vente des meubles personnels d'un associé saisis à titre conservatoire que s'il obtient, dans le mois de la saisie (nº 19110), un titre exécutoire à l'encontre de cet associé (Cass. 2e civ. 19-5-1998 nº 96-12.944 : RJDA 11/98 nº 1289 ; voir aussi Cass. 2e civ. 15-1-2004 nº 02-14.547 : RJDA 6/04 nº 750, à propos d'un GIE mais transposable, et Cass. com. 3-5-2006 nº 03-15.462 : RJDA 8-9/06 nº 917). Le comptable du Trésor qui ne dispose d'un **rôle exécutoire** qu'à l'égard de la société ne peut pas, pour poursuivre les associés de celle-ci sans avoir préalablement obtenu de titre exécutoire à leur encontre, se prévaloir des dispositions de l'article 1682 du Code général des impôts, aux termes desquelles le rôle, régulièrement mis en recouvrement, est exécutoire non seulement contre le contribuable qui y est inscrit, mais aussi contre ses représentants ou ayants cause, dès lors que les associés en nom collectif n'ont pas ces qualités (Cass. com. 3-5-2006 précité).

Si l'associé est marié sous le régime de la communauté légale, le créancier social peut poursuivre les **biens communs** de l'associé même si son conjoint commun en biens n'a pas donné son consentement au contrat de société (Cass. 1e civ. 17-1-2006 nº 03-11.461 : RJDA 4/06 nº 423). En effet, l'article 1415 du Code civil, qui prévoit que sous le régime de la communauté légale, chacun des époux ne peut engager que ses biens propres et ses revenus, par un cautionnement ou un emprunt, à moins que ceux-ci n'aient été contractés avec le consentement exprès de l'autre conjoint, ne s'applique pas à l'associé en nom (Cass. 1e civ. 17-1-2006 précité).

24085 Si l'associé en nom a le statut d'entrepreneur individuel à responsabilité limitée (**EIRL**) pour exercer à titre individuel une activité distincte de celle de la société, le créancier social dont la créance est née après la déclaration d'affectation du patrimoine à l'activité professionnelle ne peut pas poursuivre les biens appartenant à l'associé que celui-ci a affectés à l'EIRL, sauf exceptions, notamment en cas de fraude ou de manquement grave aux obligations comptables (art. L 526-12).

De même, le titulaire d'une créance sociale née à compter du 15 mai 2022 ne peut pas saisir les biens d'un associé qui sont utiles à l'activité professionnelle indépendante exercée en son nom propre par l'associé par ailleurs **entrepreneur individuel,** sauf si le patrimoine personnel de cet associé n'est pas suffisant, et, dans ce cas, pour un montant limité à celui du bénéfice du dernier exercice clos de cette activité (art. L 526-22, al. 3 et 7 modifié par loi 2024-42 du 26-1-2024 ; C. exécution art. L 161-1 ; Loi 2022-172 du 14-2-2022 art. 19, I ; sur les biens utiles à l'activité professionnelle, voir nº 2230).

> **Précisions** **a.** Il revient à l'associé de **prouver** que le bien faisant l'objet d'une mesure d'exécution forcée ou conservatoire appartient à son **patrimoine professionnel** (art. L 526-22, al. 8 modifié par loi 2024-42).
>
> **b.** La responsabilité du créancier peut être recherchée pour **abus de saisie** s'il procède à une mesure d'exécution forcée ou à une mesure conservatoire sur un élément d'actif ne faisant manifestement pas partie du patrimoine saisissable (art. L 526-22, al. 8 modifié par loi 2024-42).

24086 **Solidarité des associés** Le créancier a la faculté de se prévaloir de la solidarité entre associés ou d'y renoncer ; il peut choisir son débiteur et n'est nullement tenu de diviser ses poursuites (CA Paris 9-9-2003 nº 02-17738 : RJDA 3/04 nº 326).

Un **associé** peut donc être **poursuivi pour le tout** et il dispose alors d'un recours contre ses coassociés ; dans ce cas, il doit diviser son recours (Cass. civ. 17-7-1889 : D. 1890 I p. 360).

En vertu des principes généraux de la solidarité, il faut admettre que la prescription interrompue à l'égard d'un associé l'est également à l'égard des autres (C. civ. art. 2245), que la demande d'intérêts moratoires formée contre l'un des associés fait courir ces intérêts contre les autres (C. civ. art. 1314) et que l'appel interjeté par l'un des associés profite aux autres (CA Limoges 12-5-1880 : Journ. sociétés 1880 p. 289).

En principe, la solidarité ne joue pas dans les recours entre associés (Cass. req. 25-10-1898 : S. 1900 I p. 410) ; pour qu'elle s'exerce, il faut une disposition expresse des **statuts.** On peut aussi valablement décider qu'un associé ne répondra des dettes que dans la mesure de son apport ou même d'une certaine somme ; dans ce cas, l'associé dispose d'un recours contre ses coassociés.

24087 **Renonciation du créancier** Le créancier peut **renoncer à toute poursuite individuelle** contre les associés et accepter que seul le patrimoine social réponde des dettes contractées envers lui. Une telle clause n'empêche toutefois pas le créancier de demander l'ouverture d'une procédure collective à l'encontre de la société (Cass. com. 22-3-2011 nº 09-72.748 : RJDA 6/11 nº 560).

La **renonciation expresse** d'un créancier **à poursuivre un associé** ne vaut pas remise au sens de l'article 1350-1 du Code civil et ne profite donc pas aux autres associés (Cass. com. 29-10-2003 nº 1424 : RJDA 3/04 nº 327 ; CA Paris 13-9-2002 nº 01-15196 : RJDA 2/03 nº 147).

Une telle renonciation à poursuites ne met pas, selon nous, l'associé qui en est bénéficiaire à l'abri d'un éventuel recours de ses coassociés en paiement de sa part de la dette. En effet, les associés sont en vertu de la loi, entre eux, par l'effet de la solidarité, codébiteurs de la dette sociale impayée par la société ; dès lors, chaque associé est tenu de contribuer à la dette, cette obligation résultant des dispositions du Code civil : chacun des codébiteurs doit supporter sa part et portion, la portion d'un insolvable étant répartie entre les autres (C. civ. art. 1317, al. 2). Même celui qui a bénéficié d'une remise de la solidarité doit prendre sa part de l'insolvabilité survenue chez un autre codébiteur (art. 1317, al. 3), ce qui implique qu'il est exposé au recours ouvert à celui qui a payé par l'article 1317 et qu'il ne peut pas s'abriter derrière la renonciation du créancier pour refuser de prendre sa part de l'insolvabilité de l'un. De plus, un fort intuitus personae caractérise la SNC, chaque associé s'engageant en considération de la personne des autres associés et, compte tenu de l'obligation aux dettes qui pèse sur eux, au regard des facultés contributives de chacun, si bien qu'il serait contraire au pacte social, et particulièrement à l'engagement des associés de faire face tous ensemble, qu'un associé puisse se trouver libéré de son obligation aux dettes par la seule renonciation expresse d'un créancier à le poursuivre.

CONSEIL

Il est recommandé à l'associé qui bénéficie de la renonciation du créancier à le poursuivre et qui entend se protéger contre tout recours d'obtenir soit l'engagement des autres associés d'abandonner leur recours contre lui, soit l'engagement du créancier de le garantir lui-même contre toute action récursoire de ses coassociés.

Dans le cas où le **créancier renonce à la solidarité**, les associés sont tenus, à défaut d'accord entre eux, des dettes par « parts viriles », c'est-à-dire que tous contribuent au passif par parts égales, conformément au droit commun. Le créancier qui reçoit paiement de l'un des associés et lui consent une **remise de solidarité** conserve sa créance contre les autres, déduction faite de la part du débiteur qu'il a déchargé (C. civ. art. 1316). 24088

MISE EN JEU DE L'OBLIGATION DES ASSOCIÉS AUX DETTES DE LA SNC

Les **créanciers** sociaux ne peuvent poursuivre le paiement des dettes contre un associé qu'après avoir vainement **mis en demeure la société** par acte extrajudiciaire (art. L 221-1, al. 2). Un acte extrajudiciaire ne pouvant émaner que d'un huissier ou commissaire de justice, l'envoi d'une lettre recommandée AR ne peut constituer cette mise en demeure (Cass. com. 1-6-1993 nº 91-16.687 : RJDA 7/93 nº 625 ; Cass. com. 14-6-2000 : RJDA 9-10/00 nº 877). De même, le comptable du Trésor, tenu de mettre en demeure par lettre recommandée AR une SNC avant d'engager des poursuites à son encontre, n'est pas pour autant dispensé, lorsqu'il entend poursuivre les associés en nom, de mettre en demeure cette société conformément à l'article L 221-1 précité (Cass. com. 19-12-2006 nº 02-21.333 : RJDA 5/07 nº 501). 24089

La mise en demeure sera considérée comme vaine si, dans les huit jours qui la suivent, la société n'a pas payé sa dette ou constitué des garanties, ce délai de huit jours pouvant d'ailleurs être prolongé par ordonnance du président du tribunal de commerce statuant en référé (art. R 221-10). Ne répondent pas aux exigences de ce texte les garanties qui ont été données avant la mise en demeure (CA Versailles 14-1-1999 : Bull. Joly 1999 p. 581 note C. Ginestet ; CA Paris 19-11-2013 nº 11/21510 : RJDA 3/14 nº 241), par exemple, une affectation hypothécaire consentie lors d'une ouverture de crédit (CA Versailles 14-1-1999 précité).

L'associé est personnellement débiteur des intérêts moratoires nés de son **retard à désintéresser le créancier social** ; celui-ci peut donc lui réclamer ces intérêts sans les avoir préalablement demandés à la société (Cass. com. 21-1-2014 nº 12-26.461 : RJDA 4/14 nº 355, à propos d'une société civile mais transposable). 24090

Le point de départ de la **prescription** de l'action du créancier contre l'associé est le même que *celui de la prescription de son action contre la société* (Cass. 3e civ. 19-1-2022 nº 20-22.205 FS-B : RJDA 4/22 nº 204, en matière de société civile mais transposable). 24091

SORT DE L'OBLIGATION AUX DETTES DE LA SNC EN CAS DE PROCÉDURE COLLECTIVE

SNC faisant l'objet d'une procédure collective Si la SNC fait l'objet d'une procédure collective avant l'engagement des poursuites contre les associés en nom, la déclaration de créance faite par le créancier vaut mise en demeure et rend inutile la délivrance d'une mise en demeure par acte extrajudiciaire à la société (Cass. com. 19-12-2006 nº 02-21.333 : RJDA 5/07 nº 501). Mais cette mise en demeure n'est pas infructueuse lorsque le remboursement de la 24092 créance est prévu dans le plan de redressement de la société, sauf inexécution de celui-ci (CA Aix-en-Provence 13-11-2008 nº 07-5333 : RJDA 7/09 nº 657).

Si le créancier ne déclare pas sa créance, celle-ci n'est pas éteinte. Le créancier de la société conserve le droit d'agir contre les associés, sous réserve d'avoir vainement mis en demeure la société par acte extrajudiciaire.

> **Précisions** L'**admission** irrévocable d'une créance sociale **au passif** de la liquidation judiciaire de la société s'impose à ses associés s'ils n'ont pas présenté une réclamation contre l'état des créances sur lequel figure cette décision (Cass. com. 13-10-2015 nº 11-20.746 F-PB : RJDA 3/16 nº 207 et Cass. com. 20-1-2021 nº 19-13.539 F-PI : RJDA 5/21 nº 324, à propos de sociétés civiles mais transposables). Ceux-ci ne peuvent donc ni opposer au créancier qui les poursuit l'éventuelle prescription de cette créance (Cass. com. 13-10-2015 précité), ni former tierce opposition à la décision antérieure condamnant la société au paiement (Cass. com. 20-1-2021 précité). L'admission au passif doit résulter d'une ordonnance du juge-commissaire ou de la signature par celui-ci de la liste des créances (Cass. com. 17-2-2021 nº 19-19.598 F-D : RJDA 6/21 nº 414).
> En revanche, la **créance irrévocablement rejetée** est éteinte (Cass. com. 22-1-2020 nº 18-19.526 FS-PB : RJDA 4/20 nº 229). En conséquence, le créancier ne peut pas poursuivre les associés de la SNC. La décision par laquelle un tribunal, qui statue dans une instance en cours reprise après l'ouverture de la procédure collective, déclare irrecevable la demande d'un créancier tendant à la fixation du montant de sa créance ne constitue pas une décision de rejet de cette créance par le juge-commissaire et le créancier conserve son droit de poursuivre les associés (Cass. com. 10-3-2021 nº 19-23.395 FS-P : RJDA 6/21 nº 411).

24095 **Associé faisant l'objet d'une procédure collective** Si un associé a payé des dettes sociales avant que son coassocié soit placé en procédure collective, il doit **déclarer sa créance** à cette procédure ; en effet, la créance de remboursement de l'associé à l'égard d'un autre associé prend naissance dans l'engagement solidaire qu'ils ont légalement contracté, par application de l'article L 221-1, en constituant la société (Cass. com. 20-3-2019 nº 15-26.171 F-D : RJDA 6/19 nº 436).

> **Précisions** **Si l'associé ne déclare pas sa créance** à la procédure collective de son coassocié, cette créance n'est pas éteinte. Mais il ne participe pas aux répartitions et dividendes prévus dans le cadre de cette procédure (art. L 622-26, al. 1, L 631-14 et L 641-3). La créance de l'associé est inopposable à son coassocié pendant l'exécution du plan de sauvegarde ou de redressement et après l'exécution totale du plan (art. L 622-26, al. 2 et L 631-14). Il peut en réclamer le paiement si le plan est résolu (Cass. com. 9-9-2020 nº 19-10.206 FS-PB : RJDA 12/20 nº 657) ou en cas de clôture de la liquidation judiciaire pour insuffisance d'actif (art. L 643-11, II).

b. Contribution aux pertes sociales

24100 Dans les SNC, la contribution des associés aux pertes est **illimitée** (cf. C. civ. art. 1832, al. 3).

Les statuts doivent prévoir la **répartition** des pertes **entre les associés.** À défaut, celles-ci se répartissent au prorata des droits de chaque associé dans le capital social, la part de l'apporteur en industrie étant égale à celle de l'associé qui a le moins apporté (C. civ. art. 1844-1, al. 1). Le liquidateur d'une SNC ne peut donc pas exiger de l'un des associés qu'il lui verse la totalité du montant des pertes sociales, à charge pour cet associé de se retourner ensuite contre ses coassociés (Cass. com. 7-5-2019 nº 17-15.077 F-D : RJDA 7/19 nº 500).

Chaque associé n'est tenu de contribuer aux pertes lui incombant qu'au jour de la **dissolution** de la société (Cass. com. 3-3-1975 nº 73-13.721 P : Bull. civ. IV nº 68 ; Cass. com. 29-10-2003 nº 1426 : RJDA 3/04 nº 309 ; Cass. com. 15-2-2023 nº 20-22.018 F-D : RJDA 7/23 nº 373, à propos d'une société civile mais transposable).

Cependant, rien n'interdit aux associés de prévoir une participation aux pertes anticipée. Dans la mesure où tout appel de fonds supplémentaire entraîne une augmentation des engagements des associés qui requiert nécessairement le consentement de chacun d'eux (nº 23152), cette contribution aux pertes **en cours de vie sociale** ne peut résulter que d'une décision unanime des associés ou d'une stipulation expresse des statuts d'origine.

À défaut de disposition spécifique, l'**action en paiement** par un associé de sa quote-part des pertes sociales se prescrit par cinq ans, conformément au droit commun.

> **Précisions** **a.** Dans le cas où les statuts ont prévu que les pertes, s'il en existe, devront être *apurées par les associés* dès leur constatation, la société dispose, dès que l'assemblée générale a approuvé la perte, d'un **recours** contre chacun des associés dans la mesure de la contribution aux pertes à laquelle il est tenu.
> **b.** La clause des statuts qui se contente de rappeler l'obligation des associés de contribuer aux pertes ne permet pas d'exiger qu'ils comblent les **déficits** en cours de vie sociale (Cass. com. 5-5-2009 nº 08-14.044 : RJDA 7/09 nº 645, à propos d'une société civile mais transposable).
> **c.** Un associé qui refuse de répondre à des **appels**

de fonds non prévus par les statuts n'engage pas sa responsabilité à l'égard de la société ou de ses coassociés (Cass. com. 10-7-2012 n° 11-14.267 : RJDA 11/12 n° 961).

d. Ne tombe pas sous le coup de la prohibition des clauses léonines la décision adoptée en cours de vie sociale, à l'unanimité des associés, d'affecter à l'un d'eux la totalité des **pertes constatées à la clôture d'un exercice** (CE 18-10-2022 n° 462497 : RJDA 1/23 n° 26).

e. En cas de **liquidation judiciaire** de la société, chaque associé n'est tenu de contribuer aux pertes lui incombant qu'au jour du jugement de clôture pour insuffisance d'actif (C. civ. art. 1844-7, 7°) et seul le liquidateur peut agir contre les associés (Cass. com. 3-5-2018 n° 15-20.348 FS-PBI : RJDA 7/18 n° 576, à propos d'une société civile mais transposable).

c. Autres obligations

OBLIGATION DE NON-CONCURRENCE DES ASSOCIÉS DE SNC

L'associé est tenu à une obligation de non-concurrence si les **statuts** le prévoient (pour le cas de l'associé cédant ses parts, voir nos 17840 s.). **À défaut** d'une telle clause dans les statuts, le principe étant celui de la liberté du commerce, l'associé peut, à notre avis, exercer une activité concurrente sous réserve qu'il ne se livre pas à des actes de concurrence déloyale (en sens contraire, P. Le Cannu et B. Dondero : Droit des sociétés LGDJ 2023 n° 168, pour lesquels le fort intuitus personae qui caractérise la SNC pourrait fonder une obligation de non-concurrence à la charge de chaque associé). 24110

Il est **trois cas,** néanmoins, où l'associé doit sans aucun doute s'abstenir de toute concurrence :

– s'il a fait un apport en industrie, il doit à la société tous les gains réalisés dans l'industrie qui est l'objet de cette société ; il ne pourrait donc exercer une autre activité que si les statuts l'y autorisaient ;

– s'il a apporté un fonds de commerce car, comme tout vendeur d'un fonds, il doit garantir la société de toute éviction de son propre fait ;

– s'il participe effectivement à l'activité sociale, car il ne saurait en même temps « servir » la société et lui faire concurrence (cf. CA Rouen 19-11-2009 n° 08-1868 : RJDA 2/10 n° 147, à propos d'une SARL mais transposable).

OBLIGATION DES ASSOCIÉS DE SNC DE RÉALISER LES APPORTS

L'associé qui n'a pas entièrement libéré son apport au moment de la constitution de la société doit répondre aux appels du gérant qui peut le contraindre en justice à honorer ses engagements. 24111

RESTITUTION PAR LES ASSOCIÉS DE SNC DES DIVIDENDES FICTIFS

La répétition des dividendes fictifs peut être exigée des associés ; il en est de même des sommes qui ont pu leur être attribuées, en l'absence de bénéfice, à titre d'intérêt fixe (art. L 232-17). 24112

B. Parts de SNC

GÉNÉRALITÉS

Les parts des SNC ne peuvent pas être représentées par des **titres négociables,** à peine de nullité de ces titres (art. L 221-13, al. 1 et, sur renvoi, C. mon. fin. art. L 411-1, al. 1). 24300

Le titre de chaque associé résulte uniquement des statuts initiaux et des actes ultérieurs modifiant le capital social ou constatant des cessions régulièrement consenties.

À défaut d'autorisation légale, il est interdit aux SNC de procéder à une **offre au public** de leurs parts (autre qu'une offre réservée aux associés de la SNC, à des investisseurs qualifiés ou à un cercle restreint d'investisseurs), cette interdiction étant sanctionnée par la nullité des contrats conclus et des titres émis irrégulièrement (C. mon. fin. art. L 411-1 et L 411-2).

1. DROITS SUR LES PARTS DE SNC

TITULAIRE DES DROITS SUR LES PARTS SOCIALES

C'est le propriétaire des parts ayant la qualité d'associé qui jouit des prérogatives attachées à cette qualité et en assume les obligations. Cependant, les parts sociales sont des valeurs patrimoniales et, comme telles, sont soumises au même régime que tous les biens figurant 24310 dans un patrimoine ; elles peuvent, par exemple, être aliénées, faire l'objet d'usufruit, être données en nantissement, etc.

Il importe donc de déterminer les répercussions que certains événements affectant le patrimoine du propriétaire des parts peuvent avoir sur la qualité d'associé.

PARTS DE SNC FAISANT L'OBJET D'UN USUFRUIT

24311 Lorsque les parts font l'objet d'un usufruit, les droits attachés à ces parts sont répartis entre l'usufruitier et le nu-propriétaire dans les conditions ci-après.

24312 **Droits de l'usufruitier** L'usufruitier a droit aux dividendes (cf. C. civ. art. 578).

Les droits de participation à la vie sociale sont répartis entre usufruitier et nu-propriétaire par les **statuts** ou une convention avec le nu-propriétaire, sans que ceux-ci puissent priver l'usufruitier de voter l'affectation des bénéfices : voir n°s 7563 s.

24314 **Droits du nu-propriétaire** Le nu-propriétaire a droit au remboursement des apports, aux distributions de réserves et au boni de liquidation. De même, sauf clause contraire des statuts ou convention avec l'usufruitier, c'est lui qui exerce le droit de vote pour toutes les décisions collectives autres que celles concernant l'affectation des bénéfices : voir n°s 7563 s.

SAISIE DE PARTS DE SNC

24320 Le créancier d'un associé en nom peut saisir les parts de cet associé et les faire vendre (C. exécution art. L 231-1 et R 231-1 s.). Tant que la vente n'est pas intervenue, le débiteur reste associé, la saisie entraînant seulement l'indisponibilité des droits pécuniaires attachés aux parts (cf. art. R 232-8, al. 1) ; c'est donc lui qui doit exercer le droit de vote attaché à ces parts.

La **vente** peut être **réalisée amiablement** par le débiteur lui-même à condition qu'elle intervienne dans le délai d'un mois à compter de la notification de l'acte de saisie, le cas échéant augmenté d'un délai de 15 jours pour permettre au créancier de donner sa réponse sur les propositions faites, et que le prix convenu (approuvé par le créancier saisissant) soit consigné entre les mains de l'huissier ou du commissaire de justice du créancier (art. R 221-30 à R 221-32, sur renvoi de l'art. R 233-5).

À défaut de vente amiable dans les conditions qui précèdent, la vente est faite **sous forme d'adjudication** (art. R 233-5).

Pour plus de détails, voir n°s 19000 s.

NANTISSEMENT DE PARTS DE SNC

24330 Les parts de SNC peuvent faire l'objet d'un nantissement **conventionnel** puisque, à défaut de disposition contraire, tout bien incorporel peut être nanti (C. civ. art. 2355). Tant que la vente ou l'attribution forcée des parts au créancier n'est pas intervenue, le débiteur reste associé et exerce seul les prérogatives attachées aux parts nanties : il dispose donc du droit de participer et de voter aux assemblées.

La constitution du nantissement et sa réalisation obéissent aux mêmes règles que celles exposées à propos des parts de SARL (voir respectivement n°s 34620 s. et 34640 s.).

Si la loi organise une procédure d'agrément pour l'attributaire des parts de SARL, aucune procédure semblable n'est prévue pour les SNC. Il est conseillé d'aménager un mécanisme d'agrément en soumettant le nantissement aux conditions prévues pour la cession des parts (n°s 24430 s.).

Il est également possible de constituer un **nantissement judiciaire** sur des parts sociales, à titre conservatoire (voir n°s 19120 s.).

PARTS DE SNC DÉTENUES PAR DES ÉPOUX COMMUNS EN BIENS

24340 Lorsque les époux sont mariés sous le régime de la communauté légale, la question de savoir lequel des époux a la **qualité d'associé** et qui exerce donc les prérogatives attachées à cette qualité dépend de plusieurs critères : la réponse est différente selon que les époux ont souscrit les parts avec des biens propres (n° 6050) ou avec des biens communs en agissant seul (n°s 6065 s.) ou en agissant tous les deux (n° 6052).

Sur la qualité d'associé et le **sort** des parts sociales en cas de **dissolution de la communauté,** voir n° 6085.

PARTS DE SNC INDIVISES

24350 Sur cette question, voir n°s 7545 s.

2. TRANSMISSION DES PARTS DE SNC

a. Cession de parts de SNC entre vifs

RÉGIME DE LA CESSION DE PARTS DE SNC

Comme toute cession de droits sociaux, les cessions de parts de SNC obéissent aux règles étudiées n°s 16000 s. 24400

FORMES DE LA CESSION DE PARTS DE SNC

La cession de parts d'une SNC doit être constatée par un **acte** sous signature privée ou notarié (art. L 221-14, al. 1). Cette exigence n'est pas une condition de validité de la cession (Cass. 3e civ. 4-7-2024 n° 23-10.534 F-D : RJDA 11/24 n° 593, rendu en application de l'art. 1865 du Code civil mais transposable par identité de textes). Lorsqu'une partie conteste avoir signé l'acte, l'existence de la cession peut être établie selon le droit commun de la preuve (Cass. 3e civ. 4-7-2024 précité). 24410

Toutefois, dans les rapports entre les parties, la cession est parfaite dès l'accord des volontés, même si **aucun acte** de cession n'a été signé (Cass. com. 10-3-1992 n° 90-14.456 P : RJDA 7/92 n° 710 ; Cass. 3e civ. 4-7-2024 précité, à propos de cessions de parts de SARL ou de SCI mais transposables). Un accord de volontés non équivoque sur les parts cédées et sur le prix peut ainsi résulter d'un échange de courriers entre les parties ou leurs mandataires respectifs (Cass. com. 10-3-1992 précité).

> **Précisions** **a.** La **preuve** de la cession peut se faire par tous moyens à l'égard des parties qui ont la qualité de commerçant (art. L 110-3).
> **b.** **L'acte de cession notarié non signé par le notaire** est privé de son caractère authentique mais il vaut comme acte sous signature privée établissant la cession entre les parties qui l'ont signé (Cass. 1e civ. 28-9-2011 n° 10-13.733 : RJDA 2/12 n° 168 rendu en application de l'ancien art. 1318 du Code civil mais transposable à l'art. 1370).

Formalités d'opposabilité à la société La **cession** doit être notifiée à la société, cette notification pouvant résulter (art. L 221-14, al. 1) : 24411
– soit du **dépôt d'un original** de l'acte de cession au siège social contre remise par le gérant d'une attestation de ce dépôt ;
– soit d'une **signification** par acte extrajudiciaire ou d'une **acceptation** de la société par l'intermédiaire de son gérant dans un acte authentique.

Pour plus de détails, voir n° 34414.

Cette formalité, qui rend la cession opposable à la société, est indépendante de l'agrément de l'acquéreur que doivent donner les associés.

Formalités d'opposabilité aux tiers Pour être opposable aux tiers, la cession doit faire l'objet de la même formalité que pour l'opposabilité à la société (n° 24411) et les **statuts modifiés** doivent être déposés en annexe au RCS par l'intermédiaire du guichet unique électronique des formalités d'entreprises (art. L 221-14, al. 2, R 123-77, al. 1 et R 123-102, al. 3). À notre avis, la voie électronique s'impose bien que l'article L 221-14 prévoie une simple faculté. En effet, le recours à la voie électronique pour tout dépôt d'acte ou de pièce au RCS est obligatoire, sauf lorsque l'acte ou la pièce doit être fourni en original et a été établi sur support papier (art. L 123-33 et R 123-77, al. 1). Le préambule des statuts rappelant l'identité des premiers associés de la société n'a pas à être repris ou actualisé à l'occasion de ce dépôt (Avis CCRCS 2016-021 des 18-10 et 2-12-2016). 24412

À défaut pour la société d'avoir déposé les statuts au RCS, le cédant ou l'acquéreur peut mettre en demeure le gérant d'effectuer le dépôt et, si la mise en demeure est restée vaine au terme d'un délai de huit jours, il peut déposer lui-même l'acte de cession au RCS contre récépissé. Ce **recours** n'est toutefois ouvert qu'à condition de justifier auprès du greffe d'avoir préalablement demandé au président du tribunal d'ordonner sous astreinte au gérant de compléter les statuts pour faire apparaître la nouvelle répartition du capital et de les déposer au greffe (cf. art. L 123-5-1 ou L 210-7). À titre conservatoire et jusqu'à la décision du président, le dépôt de l'acte de cession rend celle-ci opposable aux tiers, sous réserve que les formalités d'opposabilité de cette cession à la société aient été accomplies en respectant les formes prévues à l'article L 221-14, al. 1 (art. R 221-9).

Signalons que les statuts doivent également faire l'objet d'un dépôt en annexe du RNE par l'intermédiaire du guichet unique (art. R 123-266, 7°).

24413 **Formalités nécessitées par un changement d'associé** Lorsque la cession entraîne soit le retrait d'un associé, soit l'entrée d'un nouvel associé, des formalités de publicité supplémentaires doivent être effectuées :

– insertion dans un **support d'annonces légales** du lieu du siège social (art. R 210-9) ;

– inscription modificative au **RCS** et au **RNE** par l'intermédiaire du guichet unique électronique des formalités d'entreprises (art. R 123-66 et R 123-263 ; sur l'importance de l'inscription au RCS en cas de retrait d'associé, voir n°s 24082 s.) ;

– insertion au **Bodacc** par les soins du greffier du tribunal de commerce (art. R 123-159 et R 123-161) ;

– lorsque le retrait ou l'entrée de l'associé entraîne un changement de bénéficiaire effectif, inscription modificative au **registre des bénéficiaires effectifs** de la société (C. mon. fin. art. R 561-55) et au **RNE** (art. R 123-263).

Pour plus de détails sur ces diverses formalités, voir n°s 85500 s.

24414 **Sanctions du défaut d'accomplissement des formalités** À défaut d'accomplissement des formalités visées n°s 24411 s., la **cession** est **inopposable aux tiers** (art. L 221-14, al. 2).

Le liquidateur judiciaire de la société dont les parts sont cédées peut invoquer cette inopposabilité car, s'il représente la société, il est également chargé de défendre l'intérêt collectif des créanciers et cette seconde fonction lui confère la qualité de tiers par rapport à la société (Cass. com. 25-9-2012 n° 11-30.018 : RJDA 1/13 n° 60).

La cession est inopposable même au créancier qui a eu connaissance de la cession (Cass. com. 27-1-1998 : RJDA 5/98 n° 608).

Ce caractère absolu ne vaut, à notre avis, qu'en cas d'inobservation des formalités prévues par l'article L 221-14. En revanche, le cédant qui aurait procédé à ces formalités mais aurait omis de faire constater au RCS son retrait de la société (n° 24413) devrait pouvoir opposer aux tiers la connaissance qu'ils avaient de ce retrait par application de l'article L 123-9, al. 3 (en ce sens, CA Bordeaux 17-6-2004 n° 03-20 : RJDA 6/05 n° 716 ; M.-C. Piniot, Publicité et opposabilité des cessions de parts de SNC : dernières précisions jurisprudentielles : RJDA 7/98 p. 587).

› Précisions Pour certains auteurs (M. Caffin-Moi : JCP E 2014 chron. n° 1189 ; A. Constantin : Bull. Joly 2013 p. 806 ; B. Dondero : Gaz. Pal. 6-5-2014 p. 26) dont nous ne partageons pas la position, la **solution** retenue par la Cour de cassation dans l'arrêt précité du 27 janvier 1998 sur l'inopposabilité de la cession au créancier qui en a eu connaissance aurait été **remise en cause** par un arrêt postérieur de la Cour suprême (Cass. com. 24-9-2013 n° 12-24.083 : RJDA 12/13 n° 1019, à propos d'une société civile mais transposable à la SNC). Dans cette affaire, une cour d'appel avait rejeté l'action en paiement du créancier social contre un ancien associé en retenant que ce créancier ne pouvait pas, pour contester l'opposabilité à son égard de la cession non publiée des parts de l'associé mais dont il avait eu connaissance, se prévaloir de sa croyance du maintien du cédant dans ses fonctions de gérant. La Cour de cassation approuve cette décision en relevant que la qualité de gérant n'impliquait pas nécessairement celle d'associé. Ce faisant, la Cour suprême s'est, selon nous, bornée à répondre à l'argument du créancier sur la remise en cause de la connaissance qu'il avait eue de la cession litigieuse (dans le même sens, D. Poracchia et B. Brignon : Rev. sociétés 2014 p. 175 ; E. Putman : Rev. huissiers 2013 p. 254).

RÉGIME FISCAL DES CESSIONS DE PARTS DE SNC

24415 **Droits d'enregistrement** En principe, les actes de cession de parts, autres que celles de sociétés à prépondérance immobilière, donnent ouverture à un droit d'enregistrement de 3 %. Ce droit est liquidé sur le prix exprimé dans l'acte augmenté des charges ou sur la valeur réelle si elle est supérieure. Un abattement égal au produit de 23 000 € par le pourcentage que représente le nombre de parts cédées par rapport au nombre total de parts émises par la société s'applique au prix de cession (Mémento Fiscal n°s 67145 s.).

Les cessions de parts de sociétés à prépondérance immobilière sont soumises à un droit de 5 %, sans abattement.

Lorsque les parts cédées correspondent à un apport en nature remontant à moins de trois ans et si la société n'a pas opté pour le régime de l'impôt sur les sociétés, ce sont les droits de vente correspondant à la nature du bien apporté qui doivent être perçus (Mémento Fiscal n° 67160).

Le délai de trois ans court à compter de la date de l'acte portant constitution de la société et non pas de la date d'immatriculation au RCS (BOI-ENR-DMTOM-40-20 n° 110).

Les cessions de parts (ou actions) représentatives d'un fonds de commerce bénéficient, sous certaines conditions, d'un abattement de 500 000 € sur l'assiette des droits dus (CGI art. 732 ter). Entre autres conditions, la transmission doit être effectuée au profit d'un proche du cédant ou d'un salarié de l'entreprise (titulaire d'un CDI à temps plein depuis deux ans ou d'un contrat d'apprentissage). Il est en outre nécessaire que le vendeur ait détenu les droits sociaux pendant au moins deux ans s'il les avait acquis à titre onéreux et que l'acquéreur poursuive pendant cinq ans l'activité de la société dont les parts sont cédées. L'administration admet que l'acquéreur soit une société unipersonnelle (EURL ou Sasu) (BOI-ENR-DMTOM-10-20-20 n° 160) (Mémento Fiscal n° 65535).

Taxation des plus-values Les plus-values que réalisent les personnes exerçant leur activité professionnelle dans le cadre d'une SNC non passible de l'impôt sur les sociétés, lors de la cession de leurs droits sociaux, sont soumises au régime des plus-values professionnelles si la société exerce elle-même une activité relevant des bénéfices industriels et commerciaux, des bénéfices agricoles réels ou des bénéfices non commerciaux. Plusieurs régimes d'exonération sont susceptibles de s'appliquer à cette plus-value (Mémento Fiscal nos 37715 s.). 24416

Celles que réalisent les personnes physiques n'exerçant pas d'activité professionnelle au sein de la société sont soumises au régime des plus-values privées (n° 68432) (Mémento Fiscal n° 37725).

Lorsqu'un associé **cède ses parts en cours d'exercice,** l'intégralité des résultats réalisés par la société au cours de l'exercice est en principe imposable au nom des seuls associés présents à la clôture de l'exercice. C'est donc l'acquéreur, et non pas le cédant, qui est imposé sur la fraction du résultat réalisé entre la date d'ouverture de l'exercice et la date de cession des parts. De même, en cas de retrait d'un associé moyennant attribution d'une partie des biens sociaux, l'impôt sur la plus-value correspondante doit, en principe, être réparti entre les seuls associés restants au prorata des droits de chacun (CE 31-7-1992 n° 67487 : RJF 8-9/92 n° 1162). Une modification par convention des modalités de répartition des bénéfices prévues par le pacte social est sans incidence sur la règle de principe réservant l'imposition des bénéfices aux seuls associés présents à la clôture de l'exercice (CE 28-3-2012 n° 320570 : RJF 6/12 n° 616 ; BOI-BNC-CESS-10-10 n° 90). La rémunération versée le cas échéant à l'associé sortant à raison de l'activité exercée avant son départ constitue un élément du prix de cession de ses parts, prélevé par le cessionnaire sur la quote-part des bénéfices qui lui revient à la clôture de l'exercice (CE 30-6-2023 n° 460432 : RJF 10/23 n° 737).

Sur les règles particulières applicables lorsque la société exerce une activité non professionnelle de nature immobilière, voir Mémento Fiscal n° 37661, c.

> **Précisions** **a.** Sur la détermination du **prix de revient des parts cédées,** pour le calcul des plus-values professionnelles, voir CE 16-2-2000 n° 133296 : RJF 3/00 n° 334 et Mémento Fiscal nos 37740 s.
> **b.** En cas de cession de **parts de même nature,** la règle « Peps » s'applique, même si les parts sont numérotées (CE 8-6-2016 n° 381289 : RJF 10/16 n° 801).

AGRÉMENT DE LA CESSION DE PARTS DE SNC

Toute cession, même entre associés, doit, nonobstant toute clause contraire des statuts, être autorisée par les associés statuant à l'unanimité (art. L 221-13, al. 2 et 3). Cette règle appelle les observations suivantes. 24430

1. Cessions soumises à autorisation. L'autorisation est nécessaire non seulement pour les cessions proprement dites, mais encore pour les donations et les échanges, ces opérations ayant aussi pour conséquence d'entraîner une modification de la répartition des parts. Il en est de même en cas de liquidation de communauté de biens entre époux (CA Rouen 27-11-1986 : Gaz. Pal. 1987 p. 335 note APS).

À notre avis, l'agrément est également nécessaire en cas de fusion ou de scission lorsque *l'actif transféré à la société absorbante ou nouvelle* comporte des parts de la SNC. Certes, il a été jugé que, dans ces cas, la transmission des parts s'effectuait dans le cadre d'une dévolution du patrimoine de la société absorbée ou scindée qui ne pouvait être assimilée à une cession isolée (Cass. com. 19-4-1972 : D. 1972 p. 538 note D. Schmidt, en matière de SARL mais transposable), mais cette solution incontestable ne saurait permettre d'écarter l'obligation d'agréer la société absorbante ou nouvelle qui recueille les parts de la SNC. En effet, même en cas de transmission universelle, le contrat de société et la qualité d'associé de SNC restent empreints d'un fort « intuitus personae » et ne peuvent être repris qu'avec l'accord du cocontractant.

La procédure d'agrément doit aussi être suivie lorsque la cession intervient pendant la liquidation de la société (Cass. com. 15-11-1950 : JCP 1951 II n° 6146 note D. Bastian).

24431 **2. Conditions générales.** L'**agrément** ne peut pas être **donné à l'avance** pour tout acquéreur éventuel non individualisé (CA Paris 4-11-1964 : Gaz. Pal. 1965 I p. 280). Il reste possible cependant d'autoriser par avance une cession au profit d'une ou plusieurs personnes nommément désignées.

Le **cédant** ne saurait se prononcer contre l'agrément de l'acquéreur : en cas d'opposition de sa part, il serait possible d'obtenir en justice que son vote soit réputé favorable à l'admission de l'acquéreur (Cass. 3e civ. 19-2-1970 : Bull. civ. III nº 123, à propos d'une société civile mais transposable).

Les associés saisis de la demande d'agrément doivent se prononcer sur la demande, le fait de garder le silence sans motif valable pendant plusieurs années sur toutes les propositions de rachat des parts d'un autre associé pouvant constituer un **exercice fautif** du droit d'agrément qui ouvre droit à réparation (Cass. com. 6-2-2019 nº 17-20.112 FS-D : RJDA 6/19 nº 430).

24432 Lorsque le futur acquéreur est lié par un **Pacs,** les parts acquises peuvent devenir indivises entre lui et son partenaire (nos 16576 s.). Dans ce cas, l'agrément doit, à notre avis, concerner les deux partenaires sans qu'il soit possible de déroger à cette règle par une clause statutaire contraire puisque chaque indivisaire est associé. Il en résulte que, sauf renonciation expresse des partenaires au bénéfice de l'indivision, dans l'acte de cession des parts qui permettrait l'agrément du seul partenaire acquéreur, les associés n'ont d'autre possibilité que d'agréer les deux partenaires ou de refuser l'agrément aux deux. Si l'un des partenaires effectue l'achat à l'insu de son partenaire et sans avertir la société de l'existence du Pacs, il faut, à notre avis, distinguer, comme en matière d'apport, le « titre » et la « finance » (nº 6027), seul le partenaire agréé ayant la qualité d'associé.

24433 **3. Conséquences du défaut ou du refus d'agrément.** La cession réalisée sans l'agrément des associés (ou malgré leur refus) est inopposable à la société et aux associés (Cass. com. 16-5-2018 nº 16-16.498 FS-PB : RJDA 10/18 nº 735). Les conséquences de cette solution sont lourdes : l'opération reste valable entre les parties mais l'acquéreur ne peut pas exercer ses droits d'associé auprès de la société (participation aux assemblées, perception des dividendes, etc.).

L'absence d'agrément ne peut être invoquée que par la société ou par les associés et non par l'acquéreur des parts (Cass. com. 24-11-2009 nº 08-17.708 : Bull. Joly 2010 p. 274 note S. Harel ; Cass. com. 16-10-2019 nº 17-18.494 F-D : RJDA 1/20 nº 21, à propos d'une société civile mais transposable).

› **Précisions** On pouvait soutenir que le défaut ou le refus d'agrément rendait l'**opération nulle.** En effet, l'article L 221-13 précise que toute clause écartant l'agrément est réputée non écrite ; il s'agit donc d'un texte d'ordre public dont la violation peut être la nullité de la cession pour contenu ou but illicite (C. civ. art. 1128 et 1162). La nullité est d'ailleurs la sanction prévue par la loi en cas de cession d'actions effectuée en violation d'une clause d'agrément statutaire (art. L 228-23, al. 5 pour les SA et L 227-15 pour les SAS).

CLAUSES DE RACHAT DE PARTS DE SNC

24440 **Rachat de parts sociales après refus d'agrément** Les clauses statutaires prévoyant que, à défaut d'agrément, les parts de l'associé désirant céder sa participation seront rachetées par la société ou les associés paraissent interdites.

En effet, en soumettant, malgré toute clause contraire, les cessions de parts sociales au consentement de tous les associés, l'article L 221-13 subordonne à l'accord de chacun les modifications dans la répartition d'origine des droits sociaux. Or, une clause de rachat permettrait une nouvelle répartition des parts sociales contre la volonté du ou des associés qui se seraient opposés à la cession.

Relevons néanmoins qu'une cour d'appel s'est prononcée en faveur de la validité des clauses statutaires de rachat des parts sociales en cas de refus d'agrément de la cession de parts d'une SNC (CA Aix-en-Provence 25-5-2007 nº 05-3172 : RJDA 3/08 nº 282).

24441 **Rachat de parts sociales en vue d'une égalisation des droits** Les associés *peuvent, lors* de la constitution de la société, s'engager réciproquement à se rétrocéder, à un prix forfaitaire (ou à déterminer en fonction d'éléments d'ores et déjà définis), le nombre de parts sociales nécessaires pour établir l'égalité de leurs droits dans la société (Cass. com. 12-11-1951 : Bull. civ. II nº 327).

b. Transmission des parts de SNC par décès

PRINCIPES

Le décès d'un associé met fin à la société, sauf **clause** contraire **des statuts** prévoyant sa continuation (art. L 221-15) : 24500
- soit entre les seuls associés survivants ;
- soit avec les héritiers, le conjoint ou des tiers.

À notre avis, les associés peuvent, si les statuts les y autorisent, ne se prononcer pour l'une de ces solutions qu'au moment du décès de l'un d'entre eux.

Le **mandat d'administrer** sa **succession** qu'un associé a pu conclure de son vivant, par lequel il confie à un mandataire le soin de gérer les parts sociales dans l'intérêt des héritiers (nos 24570 s.), est sans effet sur la transmission de ses parts.

CONTINUATION DE LA SNC ENTRE LES SEULS ASSOCIÉS SURVIVANTS

Lorsque les statuts prévoient que la société ne sera pas dissoute en cas de décès d'un associé mais continuera entre les seuls associés survivants, les **héritiers** de l'associé décédé ont droit à une **indemnisation.** Les règles applicables sont alors les suivantes. 24510

Droits des héritiers Les parts du défunt se trouvent transmises de plein droit aux associés survivants ; ainsi, les héritiers n'acquièrent à aucun moment la qualité d'associé. Ils n'ont droit qu'à la **valeur des parts de leur auteur** et ils sont seulement « créanciers de la société » (art. L 221-15, al. 4). 24511

Nous ne pensons pas que cette formule de l'article L 221-15, al. 4 doive être prise à la lettre et qu'elle autorise seulement le **rachat par la société** elle-même, accompagné d'une réduction du capital social. Les débats parlementaires sur l'ancien article 21 de la loi du 24 juillet 1966 (JO déb. AN 11-6-1966 p. 1984), devenu l'article L 221-15, laissent supposer que le législateur n'a pas voulu interdire le rachat **par les associés survivants,** qui devra être décidé à l'unanimité de ceux-ci. À défaut d'unanimité, le rachat doit être fait par la société.

Détermination de la valeur des parts La valeur des droits sociaux est déterminée au **jour** du décès d'un commun accord entre les parties ; en cas de contestation, elle est fixée par un **expert** conformément à l'article 1843-4 du Code civil (art. L 221-15, al. 6). Toute clause contraire est réputée non écrite (Cass. 1e civ. 2-6-1987 no 85-17.561 : Bull. civ. I no 180). 24512

L'expert qui fixe la valeur des droits sociaux en fonction de données postérieures au décès commet une erreur grossière (CA Nîmes 17-5-2023 no 21/02058 : RJDA 1/24 no 31, à propos d'une SARL mais transposable).

› Précisions **a.** La présence d'une **clause de détermination du prix de rachat** des droits sociaux, qu'elle soit statutaire ou extrastatutaire, ne fait pas obstacle à une demande d'expertise mais l'expert doit appliquer cette clause (art. 1843-4, I-al. 2). Pour plus de détails sur cette expertise, voir nos 16790 s.
b. La créance des héritiers naît le jour du décès, même si son montant n'est pas encore fixé. Par suite, la société doit des **intérêts** au taux légal (C. civ. art. 1231-6) à compter du jour de la sommation de payer faite par les héritiers sans qu'il soit nécessaire d'attendre le résultat de la procédure d'expertise (Cass. com. 21-10-1997 : RJDA 3/98 no 300).
c. Si un **incapable** est **appelé à la succession,** il faut, pour conclure l'accord, que les conditions requises pour disposer des biens de l'incapable soient réunies (autorisation du conseil de famille, le cas échéant). L'opération consiste, en effet, à fixer le prix d'une cession de droits sociaux.

Paiement de la créance aux héritiers En principe, faute d'une disposition particulière de l'article L 221-15 à cet égard, le prix est payable comptant. Mais rien n'interdit, à notre avis, aux associés et aux héritiers de convenir de délais de paiement. 24513

Associé survivant unique Si un seul associé survit, il réunit toutes les parts dans ses mains. *Il* a, en principe, un an pour régulariser la situation (C. civ. art. 1844-5, al. 1). Si la société est dissoute à l'expiration de ce délai, il recueille tout l'actif social. Cependant, les droits des héritiers exclus sont nés avant la dissolution ; ils se déterminent donc par application de l'article L 221-15. En effet, la dissolution étant postérieure, les héritiers ne sont pas parties à la liquidation ; ils sont seulement des créanciers s'ils n'ont pas encore été désintéressés. 24514

Publicité Par suite du décès d'un associé, les formalités de publicité exposées no 24413 en cas de retrait d'un associé devront être respectées. 24515

À cette occasion, un exemplaire certifié conforme des statuts faisant apparaître la nouvelle répartition des parts doit être déposé en annexe au RCS et la suppression de la mention de l'associé décédé doit être demandée au RCS accompagnée de toute pièce attestant le décès (Avis CCRCS 2015-023 du 27-11-2015 ; Avis CCRCS 2019-002 des 1-7 et 15-10-2019). Ces formalités se font par l'intermédiaire du guichet unique électronique des formalités d'entreprises qui transmet les informations, actes et pièces au RCS et au RNE (art. R 123-66 et R 123-263). Elles ne peuvent être faites qu'au vu soit d'une décision des associés constatant, dans les statuts, la nouvelle répartition des parts sociales, soit d'un jugement en tenant lieu (Cass. com. 16-1-1990 : Bull. Joly 1990 p. 291 note P. Le Cannu et, dans la même affaire, Cass. com. 4-4-1995 : RJDA 10/95 n° 1108).

CONTINUATION DE LA SNC AVEC LES HÉRITIERS OU DES TIERS

24530 Les statuts peuvent prévoir qu'en cas de décès d'un associé la société continuera (art. L 221-15, al. 2 et 3) :
– soit avec le ou les héritiers de l'associé décédé (solution applicable automatiquement si les statuts se bornent à indiquer que la société ne sera pas dissoute par la mort d'un associé : Cass. com. 28-6-1988 n° 87-10.004), les statuts pouvant prévoir leur agrément préalable ;
– soit avec le conjoint survivant ;
– soit avec un ou plusieurs des héritiers ;
– soit avec toute autre personne désignée dans l'acte de société ou, si les statuts l'autorisent, par disposition testamentaire.

24531 Donnant, à notre avis, une interprétation un peu extensive de l'ancien article 1868, al. 2 du Code civil (devenu art. L 221-15, al. 3), la Cour de cassation a validé la clause figurant dans les statuts d'une SARL (mais la solution est transposable aux SNC) selon laquelle les associés survivants ont la faculté de racheter les parts de l'associé décédé, soit pour leur compte personnel, soit pour des personnes agréées par eux à condition de faire connaître leur intention dans un délai déterminé (Cass. com. 2-4-1973 : Rev. sociétés 1974 p. 81 note Nocquet).

> **Précisions** La Cour de cassation assimile ainsi la **clause prévoyant la façon dont devront être désignés les bénéficiaires non associés du droit de rachat** des parts de l'associé décédé à la désignation nominative du bénéficiaire, seule prévue dans l'ancien article 1868, al. 2 (désormais art. L 221-15, al. 3).
> Cette solution, libérale par rapport à la lettre du texte, se justifie en pratique car, si les associés survivants ont le droit de racheter les parts du défunt, rien ne leur interdit de céder ensuite ces parts à des tiers agréés par eux. En validant la clause précitée, la Cour de cassation permet d'éviter l'étape intermédiaire du rachat par les associés et les frais qu'elle occasionne.

24532 **Agrément des héritiers** Quatre questions se posent à ce sujet :

1. L'agrément peut-il être prévu dans tous les cas de continuation ? À notre avis, l'affirmative s'impose. La question est en effet résolue par l'alinéa 2 de l'article L 221-15 lorsque tous les héritiers sont appelés à entrer dans la société ; elle l'est aussi, par hypothèse, lorsque les héritiers devant entrer dans la société sont nommément désignés et lorsqu'il y a désignation d'une personne non héritière dans les statuts. Lorsque le droit d'entrée est reconnu au conjoint ou à un légataire, la loi ne prévoit pas expressément la possibilité de l'agrément. Cependant, les mots « il en est de même » figurant au début de l'alinéa 3 de l'article L 221-15 conduisent à penser que la réserve de l'agrément s'impose aussi pour eux.

2. L'agrément doit-il être global ? À notre avis, il eût été souhaitable que fût affirmée dans la loi la possibilité, pour les associés survivants, de n'admettre dans la société que certains héritiers et pas les autres.

Étant donné les textes existants, nous croyons que l'on doit conclure à l'impossibilité d'un choix. En effet, les alinéas 2 et 4 de l'article L 221-15 visent « l'héritier » et l'on a coutume d'admettre que ce terme englobe les héritiers en général. Certes, l'alinéa 5 du même article prévoit une indemnisation d'un héritier à ses cohéritiers, mais cette disposition est applicable seulement lorsqu'il a été stipulé la continuation de la société, soit avec le conjoint survivant, soit avec un ou plusieurs des héritiers, soit avec toute autre personne désignée par les statuts ou par disposition testamentaire.

24533 **3. Dans quelles conditions l'agrément doit-il être donné ?** L'article L 221-15, al. 2 ne contient aucune allusion aux conditions dans lesquelles cet agrément doit être donné. Pour notre part, nous estimons que, compte tenu de l'intuitus personae qui caractérise la SNC, *cet agrément doit*, comme en cas de cession entre vifs (n° 24430), résulter d'une décision unanime des associés survivants.

24534 **4.** Quel est le **sort des parts sociales** pendant la période comprise **entre la date du décès et celle de l'agrément** ou du refus d'agrément ? À notre avis, pendant cette période, les droits attachés aux parts sociales du défunt ne peuvent pas être exercés par les héritiers puisque l'agrément a précisément pour objet de permettre aux associés survivants de décider si ces héritiers deviendront ou non associés. Si les héritiers pouvaient intervenir dans la vie sociale dès le décès de leur auteur, l'agrément perdrait alors l'essentiel de sa signification.

La personne chargée d'administrer les parts d'un associé décédé ne peut pas, alors qu'aucun héritier n'a été agréé, demander à la société la communication de documents sociaux (CA Agen 23-2-1993 : Defrénois 1994 p. 561 som. obs. P. Le Cannu, à propos d'un associé de SARL mais transposable).

En revanche, le gérant de la société peut convoquer une assemblée générale alors que la procédure d'agrément de l'héritier d'un associé décédé est pendante, sans qu'il soit nécessaire de solliciter, dans l'attente de l'achèvement de la procédure d'agrément, la désignation d'un mandataire pour le compte de la dévolution successorale (Cass. com. 3-5-2018 n° 15-20.851 F-PB : RJDA 8-9/18 n° 647, à propos d'une SARL mais transposable).

Les parts sociales se trouvent donc momentanément « gelées ». Cette situation peut créer des difficultés pour le fonctionnement de la société et la validité des décisions collectives lorsque les parts de la succession représentent une fraction importante du capital social. En pareil cas, si une décision urgente devait être prise avant l'achèvement de la procédure d'agrément, il serait possible de demander au **juge des référés** de désigner, en vertu des pouvoirs qui lui sont reconnus par l'article 872 du Code de procédure civile, un mandataire chargé d'émettre un vote pour le compte de ces parts. La situation est, en effet, analogue à celle résultant de la mise sous séquestre de droits sociaux (n° 7610).

Si les héritiers tardent à réaliser le partage de la succession, la société peut, en usant de **l'action oblique** (C. civ. art. 1341-1), obtenir en justice qu'il soit procédé à ce partage et, préalablement, à la vente aux enchères publiques des parts du défunt (TGI Pontoise 6-6-1972 : Rev. sociétés 1973 p. 497 note Sarradin).

Droits des héritiers exclus En cas de refus d'agrément, les héritiers exclus sont créanciers de la société et ont droit à une indemnité correspondant à la **valeur des droits sociaux** de leur auteur. Cette valeur est, à défaut d'accord entre les parties, déterminée par un expert (art. L 221-15, al. 4 et 6 ; n° 24512). 24535

Lorsque, en vertu d'une disposition statutaire, la société continue, soit avec le conjoint survivant, soit avec un ou plusieurs héritiers, soit avec une personne désignée dans les statuts ou par disposition testamentaire, les bénéficiaires de cette stipulation sont redevables à la succession de la valeur, au jour du décès (fixée par expert à défaut d'accord entre les parties), des droits sociaux qui leur sont attribués (art. L 221-15, al. 5 et 6).

Continuation de la SNC avec les héritiers À propos de ce cas, plusieurs observations doivent être faites. 24536

a. Par « **héritiers** », il faut entendre les héritiers « ab intestat ». En conséquence, si les statuts n'ont prévu la continuation de la société qu'avec les héritiers, un légataire – qui n'aurait pas la qualité d'héritier « ab intestat » – ne peut pas prétendre devenir associé. L'article L 221-15, al. 3 distingue en effet la continuation avec les héritiers et celle avec « la personne désignée par disposition testamentaire », donc le légataire.

b. La continuation de la société s'impose aux héritiers dès l'instant où ils ont **accepté la succession** de leur auteur. Les héritiers deviennent associés en nom collectif même s'ils ont accepté la succession à concurrence de l'actif net (Cass. req. 2-3-1885 : D. 1885 I p. 441, à propos de l'acceptation sous bénéfice d'inventaire et transposable à l'acceptation à concurrence de l'actif net) : dans ce cas toutefois, l'héritier ne répondra des dettes sociales nées avant le décès que dans la limite de l'actif net recueilli ; mais il est tout de même associé en nom.

L'**héritier** qui découvrirait un passif important une fois **devenu associé** peut demander en *justice à être **déchargé en tout ou partie** de son obligation* si les conditions suivantes sont remplies (C. civ. art. 786, al. 2) :

– au moment où il a accepté la succession, l'héritier avait des motifs légitimes d'ignorer la dette ;

– le paiement de cette dette aurait pour effet d'obérer gravement son patrimoine personnel.

La décharge du passif est facultative pour le juge. Elle est partielle ou totale.

L'action en décharge de la dette doit être exercée dans les cinq mois du jour où l'héritier a eu connaissance de l'existence et de l'importance de la dette (art. 786, al. 3).

La **renonciation à la succession** exclut bien entendu l'entrée des héritiers dans la société.

c. Les héritiers, en leur qualité de propriétaires indivis de parts sociales, ont la **qualité d'associé,** même si le **partage amiable** des parts n'a pas eu lieu (Cass. com. 30-8-2023 nº 22-10.018 F-D : RJDA 12/23 nº 656).

24537 **d.** Les **héritiers d'un associé gérant** ne deviennent pas eux-mêmes gérants ; il faut désigner un nouveau gérant (CA Douai 2-3-1933 : Gaz. Pal. 1933 I p. 961).

e. La clause de continuation au profit des héritiers vaut à l'égard des **héritiers de ces héritiers,** sauf clause ou décision contraire. Cette solution nous paraît justifiée par la règle de la représentation successorale selon laquelle est « héritier » toute personne venant à la succession du défunt soit directement, soit par représentation (cas, par exemple, des petits-enfants lorsque leur père, héritier du défunt, est lui-même décédé ou a renoncé à la succession).

f. Les statuts peuvent prévoir la **continuation de la société** sous la **forme** de société en commandite (T. civ. Seine 24-1-1961 : JCP G 1962 II nº 12914 note Bischoff). Si un héritier ne peut devenir commerçant pour incapacité, incompatibilité ou interdiction d'exercer le commerce, il y a lieu, par analogie avec ce qui est prévu pour le mineur non émancipé (nº 24550), de transformer la société en commandite dont l'héritier devient commanditaire.

24538 **Continuation de la SNC avec le conjoint** Une difficulté particulière peut apparaître lorsque le droit du conjoint à recueillir les parts sociales du défunt est en outre prévu par une **clause du contrat de mariage** conformément aux articles 1390 s. du Code civil. L'article 1390 dispose en effet que le conjoint qui exerce la faculté de prélèvement reconnue au contrat de mariage doit à la succession la valeur des biens prélevés au jour où ladite faculté est exercée. Si le conjoint ne prend pas parti rapidement, un conflit surgit donc, car l'article L 221-15, al. 6 impose l'évaluation au jour du décès. Or, ces deux textes sont d'ordre public : l'article L 221-15 interdit toute clause contraire et, selon la Cour de cassation (Cass. 1e civ. 24-6-1969 : D. 1969 p. 705), la date d'évaluation prévue par l'article 1390 est impérative. Dans ces conditions, il est difficile de déterminer quel est celui de ces deux textes qui l'emporte sur l'autre. Il nous semble toutefois que l'article L 221-15 doit primer, car c'est un texte spécial pour le règlement des transmissions des parts sociales.

24539 **Publicité du changement d'associé** Le changement d'associé doit faire l'objet des formalités de publicité exposées nº 24413 en cas de retrait ou d'entrée d'un associé.

Les successeurs de l'associé en nom doivent être inscrits au RCS (et donc au RNE) si l'état de règlement de la succession le permet et si les agréments requis le cas échéant par les statuts ont été accordés (Avis CCRCS 2015-023 du 27-11-2015).

L'inscription modificative au RCS (et donc au RNE), réalisée par l'intermédiaire du guichet unique électronique des formalités d'entreprises, ne peut être faite qu'au vu soit d'une décision des associés constatant, dans les statuts, la nouvelle répartition des parts sociales, soit d'un jugement en tenant lieu (Cass. com. 16-1-1990 : Bull. Joly 1990 p. 291 note P. Le Cannu et, dans la même affaire, Cass. com. 4-4-1995 : RJDA 10/95 nº 1108). La décision (ou le jugement) doit préciser l'identité des nouveaux associés et leur inscription au RCS doit être justifiée par la fourniture d'une copie de leur carte nationale d'identité ou de leur passeport ; le dépôt d'un exemplaire certifié conforme des statuts faisant apparaître la nouvelle répartition des parts s'impose également (Avis CCRCS 2019-002 des 1-7 et 15-10-2019).

La suppression de la mention de l'associé décédé du RCS (et donc du RNE) doit être accompagnée de toute pièce attestant le décès (Avis CCRCS précités).

CONTINUATION DE LA SNC AVEC DES HÉRITIERS MINEURS

24550 En cas de continuation de la société et si l'un ou plusieurs des héritiers de l'associé sont **mineurs non émancipés,** ceux-ci ne répondent des **dettes sociales** qu'à concurrence des forces de la succession de leur auteur (art. L 221-15, al. 7).

En outre, la **société** doit, dans le délai d'un an à compter du décès, être **transformée** en une société en commandite dont le mineur devient commanditaire ; à défaut, elle est dissoute (même art.).

Cette règle doit être étendue aux **mineurs émancipés** appelés à entrer dans une SNC par suite de succession, lorsque ceux-ci n'ont pas été autorisés par le juge des tutelles au moment de l'émancipation ou par le président du tribunal judiciaire après l'émancipation à exercer le commerce. En effet, sans cette autorisation, il leur est interdit d'être commerçant (art. L 121-2 et C. civ. art. 413-8) et ils se trouvent alors dans la même situation que les mineurs non émancipés.

› Précisions **a.** À l'inverse de ce qui se passe en cas de nullité, la loi ne prévoit pas ici de moyen de **réparer le manquement** à ses prescriptions. Il s'ensuit que la société est, dès l'expiration de ce délai d'un an, en état de liquidation (art. L 237-2 ; pour un exemple, CA Paris 12-6-1997 : Bull. Joly 1997 p. 892 note P. Le Cannu).

b. Bien que le Code de commerce n'envisage que la **transformation** en société en commandite, l'adoption d'une **autre forme** (SARL, par exemple) n'est pas, à notre avis, interdite car elle est conforme à la finalité du texte et elle n'est pas préjudiciable aux intérêts du mineur, la responsabilité de celui-ci étant, dans tous les cas, limitée au montant de son apport. En outre, rien n'interdisant aux associés, après avoir transformé la société en société en commandite, de la transformer ensuite en une autre forme, on ne voit pas pourquoi on exclurait la possibilité de « sauter » l'étape intermédiaire de la société en commandite.

c. Si le mineur accède à la **majorité au cours du délai d'un an,** la transformation n'est pas nécessaire.

CLAUSES ORGANISANT LE SORT DE LA SNC APRÈS LE DÉCÈS D'UN ASSOCIÉ

Il est parfois prévu dans les statuts la faculté pour les **associés** d'**opter,** au moment du décès, pour la continuation de la société entre eux (à l'exclusion des héritiers du prédécédé), la continuation de la société avec les héritiers ou la dissolution immédiate ; cette clause a été reconnue valable (Cass. req. 20-6-1887 : S. 1890 I p. 515). 24560

L'**option** est parfois reconnue aux **héritiers** eux-mêmes (Cass. com. 14-12-2004 n° 1826 : RJDA 4/05 n° 396 ; T. civ. Seine 24-12-1928 : DP 1929 II p. 105) ; les statuts doivent alors préciser le délai accordé aux héritiers pour prendre parti, les modalités d'exercice de l'option ainsi que les conséquences pour les héritiers de l'expiration du délai sans qu'ils se soient prononcés (retrait de la société ou maintien dans celle-ci). 24561

› Précisions Les statuts d'une SNC ayant prévu la faculté pour les héritiers d'entrer dans la société et, à défaut d'usage de cette faculté, la possibilité pour l'associé survivant de racheter les parts de l'associé décédé, faute de quoi la société serait dissoute, des héritiers ne peuvent pas demander en justice la **dissolution** de la société en invoquant le fait que les pourparlers engagés avec l'associé survivant pour le rachat de leurs parts n'ont pas abouti, dès lors qu'ils avaient fait connaître antérieurement leur intention d'entrer dans la société et que celle-ci a donc continué d'exister dès leur manifestation de volonté (Cass. com. 14-12-2004 n° 1826 : RJDA 4/05 n° 396).

Héritier mineur non émancipé Lorsque l'héritier est un mineur non émancipé, son administrateur légal (l'un des parents ou le parent exerçant seul l'administration légale) ou son tuteur peut, à notre avis, décider seul d'opter pour la **continuation de la société** avec le mineur (sous réserve de la transformation de celle-ci en société en commandite dont le mineur devient commanditaire : cf. art. L 221-15, al. 7). En effet, ces représentants légaux du mineur peuvent accepter seuls une succession à concurrence de l'actif net (C. civ. art. 382-1, Décret 2008-1484 du 22-12-2008 art. 1, al. 2 et ann. 1, colonne 1-V concernant l'administration légale ; C. civ. art. 507-1 pour la tutelle). En optant pour la continuation de la société avec le mineur, ils ne font rien de plus pratiquement que d'accepter, à concurrence de l'actif, les parts sociales figurant dans la succession puisque le mineur associé est seulement tenu dans la limite de l'actif net qu'il recueille (art. L 221-15, al. 7). 24565

L'option pour le **remboursement des droits sociaux** équivaut à l'aliénation de ces droits. En conséquence, lorsque l'héritier mineur est sous administration légale, l'option peut être exercée d'un commun accord par les deux parents s'ils sont tous les deux administrateurs légaux (ou par un seul d'entre eux si l'acte a de faibles conséquences sur le contenu ou la valeur du patrimoine du mineur) ou par le seul parent désigné administrateur légal (cf. C. civ. art. 382, 382-1 et 387-1 ; Décret 2008-1484 art. 2, al. 3 et ann. 2, I-3°). Sauf désaccord entre les administrateurs légaux (C. civ. art. 387), l'autorisation du juge des tutelles n'est pas requise car cet acte ne figure pas au nombre de ceux pour lesquels l'article 387-1 l'exige.

Si l'héritier est un mineur sous tutelle, le tuteur ne peut pas exercer l'option sans l'accord préalable du conseil de famille, à moins qu'en raison des circonstances, cet acte n'ait que *de faibles conséquences sur le contenu* ou la valeur du patrimoine du mineur (C. civ. art. 505, al. 1 ; Décret 2008-1484 art. 2, al. 3 et ann. 2, I-3°).

MANDAT D'ADMINISTRER LA SUCCESSION

Toute personne peut désigner de son vivant un ou plusieurs mandataires, personnes physiques ou morales (association, étude notariale, etc.), qui seront chargés après son décès d'administrer tout ou partie de ses biens pour le compte et dans l'intérêt d'un ou de plusieurs héritiers identifiés (C. civ. art. 812). 24570

Le recours à ce **mandat à effet posthume** permet notamment à un associé dont les héritiers sont mineurs d'organiser la gestion de ses parts.

24571 **Conditions de validité du mandat à effet posthume** Le **mandat,** qui prive l'héritier du droit d'administrer ses biens, doit être **justifié** par un intérêt sérieux et légitime au regard soit de la personne de l'héritier, soit du patrimoine successoral, cet intérêt devant être précisément motivé (C. civ. art. 812-1-1, al. 1). Peuvent, par exemple, constituer un intérêt sérieux et légitime la présence d'un héritier mineur ou le fait que la gestion des parts sociales nécessite des compétences particulières.

Le mandat doit être donné et accepté par **acte notarié,** l'acceptation du mandataire devant intervenir avant le décès du mandant (art. 812-1-1, al. 3 et 4). Avant le décès du mandant, le mandant et le mandataire peuvent renoncer au mandat après avoir notifié leur décision à l'autre partie (art. 812-1-1, al. 5).

24572 **Durée du mandat** Le mandat est en principe donné pour **deux ans** au plus, durée qui peut être prorogée une ou plusieurs fois par le juge à la demande d'un héritier ou du mandataire. Il peut toutefois être donné pour une durée maximale de **cinq ans,** prorogeable dans les mêmes conditions, en raison de l'inaptitude, de l'âge du ou des héritiers ou de la nécessité de gérer des biens professionnels (C. civ. art. 812-1-1, al. 2).

24573 **Pouvoirs du mandataire** Le mandataire administre ou gère tout ou partie de la succession de son mandant pour le compte et dans l'intérêt d'un ou de plusieurs héritiers identifiés (C. civ. art. 812). Faute de plus ample précision dans la loi, ce sont les règles de droit commun du mandat qui s'appliquent (l'article 812-1-4 du Code civil renvoyant aux articles 1984 s. de ce Code). À cet effet, le mandataire a le pouvoir d'effectuer les **actes conservatoires et** les actes **d'administration** sur les biens dont la gestion lui est confiée (mais non les actes de disposition).

Sauf stipulation contraire du mandat qui réduirait ses pouvoirs, il peut notamment **voter les décisions collectives** si celles-ci ne constituent pas des actes de disposition (ce qui est le cas, par exemple, des décisions de dissolution de la société, de prorogation de sa durée ou de fusion).

Les pouvoirs d'administration ou de gestion du mandataire ne lui permettent pas de s'opposer à l'**aliénation par les héritiers** des biens mentionnés dans le mandat, cette aliénation constituant une des causes d'extinction du mandat (Cass. 1e civ. 12-5-2010 nº 09-10.556 : Bull. civ. I nº 117).

Tant que la **succession n'a pas été acceptée** par au moins un des héritiers visés par le mandat, le mandataire ne peut effectuer que les actes conservatoires ou de surveillance et les actes d'administration provisoire (par exemple, perception des dividendes), sous réserve de la possibilité de demander au juge l'autorisation d'accomplir tout autre acte que requiert l'intérêt de la succession (C. civ. art. 812-1-3 et 784).

ATTRIBUTION PRÉFÉRENTIELLE DES PARTS DE L'ASSOCIÉ DE SNC DÉCÉDÉ

24580 Par l'effet du décès d'un associé, ses héritiers sont en **indivision** tant que le partage de la succession n'a pas été effectué.

Dans le cadre du **partage,** le **conjoint,** le partenaire d'un Pacs ou ceux des **héritiers** qui **participent à l'exploitation** de l'entreprise peuvent demander l'attribution préférentielle des parts que le défunt détenait dans la société (C. civ. art. 831 et 515-6).

L'attribution préférentielle ne peut pas être demandée par le **concubin du défunt** (Cass. 1e civ. 9-12-2003 nº 1667 : RJDA 4/04 nº 493).

Par ailleurs, si l'attribution préférentielle est demandée par un héritier, la condition de **participation effective à l'exploitation** peut être remplie par son conjoint ou ses descendants (art. 831, al. 1).

ATTENTION

La demande d'attribution préférentielle ne peut pas faire échec aux **clauses statutaires** relatives à la continuation de la société avec le conjoint survivant ou les héritiers en cas de décès d'un associé (art. 831, al. 2). Par suite, s'il existe dans les statuts une clause imposant l'agrément du conjoint ou des héritiers, l'attribution préférentielle n'est possible que si le conjoint ou l'héritier attributaire a été agréé par les autres associés.

24581 *L'attribution se fait en principe* à l'amiable mais, à défaut d'accord, le juge en est saisi. En cas de **pluralité de demandes** et à défaut d'accord amiable, le tribunal appelé à désigner l'attributaire devra se prononcer en tenant compte, d'une part, de l'aptitude des postulants à gérer l'entreprise et à s'y maintenir et, d'autre part, de la durée de leur participation personnelle à l'activité de l'entreprise (C. civ. art. 832-3).

SECTION 4 DISSOLUTION DE LA SNC

CAUSES DE DISSOLUTION DE LA SNC

Causes communes à toutes les sociétés Les causes de dissolution communes à toutes les sociétés (n°s 86000 s.) sont applicables aux SNC. 25500

Causes propres à la SNC La SNC est dissoute de plein droit en cas de **décès de l'un des associés,** sauf si les statuts en ont disposé autrement et si, en cas de continuation de la société après le décès, l'associé défunt laissant des héritiers mineurs non émancipés, la SNC n'est pas transformée en société en commandite dans le délai d'un an (art. L 221-15, al. 1 et 7). L'**absence** (au sens de l'article 112 du Code civil) d'un associé est seulement un juste motif de dissolution judiciaire ; il en est de même en cas de disparition ou d'éloignement de certains associés (Cass. com. 5-1-1953 : JCP 1953 II n° 7724). Si une personne morale est associée, on doit admettre que sa dissolution équivaut au décès d'une personne physique. 25501

La SNC est également dissoute de plein droit en cas de **révocation de l'un des gérants,** lorsque tous les associés sont gérants ou lorsqu'un ou plusieurs associés ont été désignés comme gérants dans les statuts, sauf disposition contraire des statuts ou décision unanime des autres associés (art. L 221-12, al. 1).

Enfin, la SNC est dissoute si un jugement de **liquidation judiciaire** ou arrêtant un plan de cession totale de l'entreprise, une mesure d'interdiction d'exercer une profession commerciale (faillite personnelle ou interdiction de gérer, par exemple) ou une mesure d'**incapacité** est devenu définitif à l'égard **d'un associé** (art. L 221-16, al. 1). Par « incapacité », il faut entendre la mise de l'associé sous sauvegarde de justice, sous tutelle, sous curatelle ou sous habilitation familiale, ainsi que la prise d'effet d'un mandat de protection future à son encontre (cf. C. civ. art. 1146 et, sur renvoi, art. 425). 25502

Toutefois, les statuts ou une décision unanime des autres associés peuvent écarter la dissolution en excluant l'associé de la société et en l'indemnisant de la valeur de ses droits sociaux, laquelle, à défaut d'accord entre les parties, est déterminée par un expert conformément à l'article 1843-4 du Code civil (art. L 221-16).

> **Précisions** **a.** Les **statuts** peuvent valablement ajouter aux dispositions de l'article L 221-16 et **prévoir** que le redressement judiciaire d'un associé lui fera perdre cette qualité, sans que cette exclusion soit subordonnée au remboursement de la valeur des droits (Cass. com. 8-3-2005 n° 374 : RJDA 7/05 n° 827).
> **b.** À notre avis, compte tenu du lien existant dans l'article L 221-16 entre la continuation de la société et le droit de l'associé à être remboursé de ses parts, l'intéressé **perd sa qualité d'associé** :
> – si la continuation a été prévue dans les statuts, à la **date** à laquelle le jugement prononçant l'une des mesures susvisées est devenu définitif, de telle sorte que, en cas de procédure collective frappant la société postérieurement à cette date, l'ex-associé doit déclarer sa créance pour obtenir le remboursement de ses parts sociales ;
> – si la continuation résulte d'une décision unanime des autres associés, à la date de cette décision.

PUBLICITÉ DE LA DISSOLUTION DE LA SNC

La dissolution de la SNC doit faire l'objet des mesures de publicité exposées n°s 86210 s. 25510

LIQUIDATION DE LA SNC

Pour les opérations de liquidation, se reporter aux n°s 86500 s. 25520

CHAPITRE 2

LA SOCIÉTÉ EN COMMANDITE SIMPLE

SOMMAIRE

A. Constitution d'une SCS

1. CARACTÉRISTIQUES ET INTÉRÊT DE LA SCS

RÉGLEMENTATION APPLICABLE À LA SCS

26000 Le régime juridique de la société en commandite simple (SCS) est fixé par les articles L 222-1 à L 222-12 et R 222-1 à R 222-3. Les articles L 221-1 à L 221-17 et R 221-1 à R 221-10, fixant le **régime de la SNC,** sont également applicables à la SCS dans la mesure où leurs dispositions ne sont pas contredites par celles des articles L 222-1 à L 222-12 (art. L 222-2 et L 222-12). Enfin, comme toute **société commerciale,** la SCS est soumise aux règles générales des articles 1832 à 1844-17 du Code civil (cf. C. civ. art. 1834) et aux dispositions communes à toutes les sociétés commerciales figurant dans le Livre II du Code de commerce (art. L 210-1 à L 210-12 et L 230-1 à L 23-12-1).

CARACTÉRISTIQUES DE LA SCS

26010 La SCS est toujours **commerciale** quel que soit son objet (art. L 210-1, al. 2) et elle a la **personnalité morale.**

26011 La SCS est fondée sur l'**intuitus personae,** c'est-à-dire que la personnalité de chaque associé, commandité ou commanditaire, joue un rôle déterminant dans la constitution, le fonctionnement et la dissolution de la société.

26012 Pour un **tableau comparatif** des principales caractéristiques de la SCS et des autres formes de sociétés, voir n°s 200 s.

INTÉRÊT DE LA SCS

26020 Si on laisse de côté la société de libre partenariat – véhicule d'investissement constitué sous forme de SCS et régi par les articles L 214-154 et L 214-162-1 s. du Code monétaire et financier – qui sort du cadre de la présente étude, la SCS est une forme de société rarement utilisée, notamment en raison des **complications** qu'engendre, dans le fonctionnement de la société, l'existence de deux catégories d'associés dont les droits et obligations sont différents *(n°s 28000 s.).*

Les inconvénients du caractère hybride de la SCS se retrouvent également dans le régime fiscal applicable aux bénéfices réalisés par la société. Chaque associé commandité est personnellement passible de l'impôt sur le revenu sur la part des bénéfices sociaux (distribués ou non) correspondant à ses droits dans la société. La part des commanditaires dans ces bénéfices est assujettie à l'impôt sur les sociétés ; en cas de distribution, les dividendes sont, en outre, soumis au nom de chaque commanditaire à l'impôt sur le revenu.

Autrement dit, les associés commandités sont soumis au même régime fiscal que les associés en nom, alors que les commanditaires suivent le même sort que les associés d'une SARL ou les actionnaires d'une SA.

Néanmoins, cette différence quant au mode d'imposition des bénéfices est supprimée lorsque la société se place volontairement sous le régime des sociétés de capitaux : le statut fiscal des commandités est alors le même que celui des commanditaires.

Précisons enfin que les commandités, par suite de leur qualité de commerçant, ne peuvent relever ni du régime de sécurité sociale des salariés, ni d'une caisse de retraite des cadres, ni du régime Unédic d'assurance chômage. Leur protection sociale est identique à celle des associés de SNC (nº 24000).

La SCS ne peut présenter d'**intérêt** que pour des entreprises groupant un nombre réduit d'associés dont les uns sont disposés à prendre personnellement tous les risques de l'affaire en contrepartie d'une part plus importante dans les bénéfices sociaux et d'une quasi-inamovibilité s'ils sont gérants (les gérants associés d'une SCS ne peuvent être révoqués que sur décision unanime des autres associés), alors que les autres n'entendent courir qu'un risque limité au montant de leur apport tout en disposant d'un droit de contrôle sur la gestion et en ayant vocation à des dividendes.

Ajoutons que les SCS sont souvent issues de la transformation d'une SNC par suite du décès d'un des associés en nom dont les héritiers n'ont pas pu ou n'ont pas voulu acquérir la qualité de commerçant et se trouver responsables indéfiniment et solidairement des dettes sociales.

2. CONDITIONS DE FOND DE CONSTITUTION D'UNE SCS

CONSENTEMENT DES ASSOCIÉS DE SCS

Comme pour toute autre forme de société, le consentement des associés doit être réel et exempt de vice (nºs 6500 s.). 26090

CAPACITÉ DES ASSOCIÉS DE SCS

Associés commandités de SCS Les associés commandités ont le même statut juridique que les associés en nom collectif (nºs 21100 s.). 26100

Les personnes morales peuvent, dans les limites de leur capacité (nº 4018), être associées commanditées. Toutefois, cela est pratiquement interdit à une société civile puisque, en devenant commanditée, cette société civile prendrait la qualité de commerçant. Par ailleurs, les participations croisées entre les SCS et les sociétés par actions sont réglementées (nºs 79265 s.).

Associés commanditaires de SCS Pour être associé commanditaire, il suffit d'avoir la capacité civile (nºs 300 s.). 26101

Cette règle doit être précisée par les observations suivantes :

– un mineur émancipé peut librement souscrire une part de commanditaire puisqu'il est capable comme un majeur pour les actes de la vie civile (nº 315) ;

– un mineur non émancipé ne peut pas souscrire lui-même une part de commanditaire ; cependant, son représentant légal peut le faire pour son compte (nºs 320 s.) ;

– un majeur protégé par la loi peut souscrire une part de commanditaire conformément aux règles générales exposées nºs 375 s.

INCOMPATIBILITÉS ET INTERDICTIONS APPLICABLES AUX ASSOCIÉS DE SCS

Les règles concernant les incompatibilités et interdictions énoncées pour les associés en nom *collectif (nºs 21105 et 21106) s'appliquent aux associés commandités.* 26110

OBJET DE LA SCS

Une SCS est toujours commerciale quel que soit son objet (art. L 210-1, al. 2). La rédaction de l'objet social revêt la même importance que dans une SNC : voir nº 21120. 26120

NOMBRE D'ASSOCIÉS DE LA SCS

La SCS ne peut être **constituée** valablement que si elle comprend au moins deux associés (C. civ. art. 1832) dont un commanditaire et un commandité. Le non-respect de la règle relative au nombre minimal de deux associés est une cause de nullité de la SCS (cf. art. L 235-1 avant 26130 le 1-10-2025 ; C. civ. art. 1844-10, al. 1 modifié par ord. 2025-229 du 12-3-2025 à compter de cette date ; Ord. 2025-229 art. 70 ; nos 89137 et 89145).

Lorsque, **en cours de vie sociale,** toutes les parts sont réunies dans une même main, l'associé unique doit avoir, nous semble-t-il, nécessairement la qualité de commandité.

> **Précisions** L'article 1844-5, al. 1 du Code civil ne faisant aucune distinction selon les formes de sociétés, la SCS n'est pas dissoute de plein droit en cas de **réunion de toutes les parts dans une même main.** Mais cette solution ne peut s'appliquer à une SCS que si l'associé unique a la qualité de commandité. À défaut, la société aurait une appellation trompeuse pour les créanciers qui ne pourraient plus compter sur l'engagement indéfini d'un commandité.

CAPITAL DE LA SCS

26140 La loi ne fixe aucun capital social minimum.

APPORTS À LA SCS

26150 Les apports des associés commandités peuvent être en espèces, en nature ou en industrie. En revanche, l'apport en industrie est interdit pour les associés commanditaires (art. L 222-1, al. 2).

PARTS DE SCS

26160 **Valeur nominale** La loi n'exige aucune valeur minimale des parts sociales.

Sur l'intérêt de numéroter chacune des parts attribuées aux associés lorsque, parmi ceux-ci, il s'en trouve qui ont fait à la fois des apports d'immeubles ou de fonds de commerce et des apports d'autres biens ou de numéraire, voir no 21160.

26161 **Libération des parts** Aucune disposition légale n'impose la libération immédiate des parts sociales dans les SCS. Il peut donc fort bien être convenu dans les statuts que les parts seront libérées au fur et à mesure des besoins de la société, sur appel de la gérance.

PARTICIPATION AUX RÉSULTATS DE L'EXPLOITATION DE LA SCS

26170 Comme dans toute société, les associés doivent tous avoir vocation aux bénéfices (ou aux économies) et aux pertes, mais il est licite de prévoir une répartition non proportionnelle aux apports (voir nos 7000 s.).

AFFECTIO SOCIETATIS DANS LA SCS

26180 Comme dans toute société, les associés d'une SCS doivent être animés par l'affectio societatis (voir nos 130 s.).

DÉNOMINATION DE LA SCS

26190 La SCS doit être désignée par une dénomination sociale (art. L 222-3).

La dénomination sociale peut comporter le nom d'un ou plusieurs associés (art. L 222-3). Puisque la loi ne fait aucune distinction, ce nom peut être celui d'un associé commanditaire sans que cela entraîne pour ce dernier l'obligation de répondre de la totalité des dettes sociales comme un commandité.

La dénomination sociale peut aussi être purement fantaisiste (nos 1000 s.).

Elle doit être précédée ou suivie immédiatement des mots « société en commandite simple » (art. L 222-3). En principe, ces mots doivent figurer en toutes lettres. Cependant, l'article R 123-238, 2°, qui impose l'indication de la dénomination sociale sur tous les actes et documents destinés aux tiers (notamment les lettres, factures, annonces et publications diverses), permet de ne faire précéder ou suivre cette dénomination que des lettres « SCS ».

DURÉE DE LA SCS

26200 La SCS ne peut pas être constituée pour une durée supérieure à 99 ans (art. L 210-2).

La durée de la société court à compter du jour de l'immatriculation de celle-ci au RCS (art. R 210-2, al. 1 ; no 960).

3. FORME ET PUBLICITÉ DE LA CONSTITUTION DE LA SCS

STATUTS DE LA SCS

26260 **Nécessité d'un écrit** Les statuts d'une SCS doivent, comme dans toute société, être *établis par écrit* (*C. civ. art. 1835*).

L'acte peut être sous signature privée ou notarié. Toutefois, dans certains cas, la forme notariée est obligatoire ; dans d'autres, elle est à conseiller (nos 1621 s.).

Les statuts établis par acte sous signature privée doivent être dressés en plusieurs exemplaires : voir no 21262.

Contenu des statuts Les statuts d'une SCS comprennent les mêmes indications que ceux d'une SNC (n° 21261). 26261

En outre, ils doivent mentionner (art. L 222-4) :
– le montant ou la valeur des apports de tous les associés ;
– la part dans ce montant ou cette valeur de chaque associé commandité ou commanditaire ;
– la part globale des associés commandités et la part de chaque associé commanditaire dans la répartition des bénéfices et dans le boni de liquidation.

Il convient également de faire figurer dans les statuts la qualité de chaque associé (commandité ou commanditaire) car, en l'absence d'une telle mention, tout associé est présumé avoir la qualité de commandité à l'égard des tiers (CA Paris 5-12-2001 n° 98-25436 : RJDA 5/02 n° 512).

En cas d'omission ou d'irrégularité d'une mention prescrite par les textes, tout intéressé peut agir en régularisation (nos 89800 s.) et en responsabilité (nos 89830 s.).

PUBLICITÉ DE LA CONSTITUTION DE LA SCS

La constitution d'une SCS donne lieu aux formalités, notamment d'immatriculation, exposées nos 3040 s. 26270

Défaut de publicité Le défaut d'immatriculation empêche la société d'acquérir la jouissance de la **personnalité morale** (cf. art. L 210-6, al. 1). La nullité de la société constituée avant le 1er octobre 2025 est en outre encourue à défaut d'accomplissement des formalités de publicité (n° 21271). 26271

B. Fonctionnement de la SCS

1. GÉRANCE DE LA SCS

GÉRANTS DE SCS

Sauf stipulation contraire des statuts, tous les **associés commandités** sont gérants (art. L 221-3 sur renvoi de l'art. L 222-2). Mais les statuts peuvent prévoir que la gestion de la société sera assumée par un ou plusieurs gérants choisis parmi les associés commandités ou en dehors des membres de la société. 27000

En principe, la gérance ne saurait être confiée à un **associé commanditaire** puisque celui-ci s'exposerait alors à répondre, solidairement avec les commandités, de tous les engagements de la société (art. L 222-6).

Toutefois, en l'absence d'une disposition légale expresse l'interdisant, la nomination d'un commanditaire comme gérant de la société ne peut pas entraîner la nullité de cette nomination, ni mettre en cause la validité des engagements pris par l'intéressé au nom de la société. La seule sanction applicable est la responsabilité indéfinie et solidaire du gérant pour tous les engagements sociaux ou certains d'entre eux.

De même, cette nomination ne fait pas perdre à l'associé sa qualité de commanditaire et ne lui confère pas automatiquement celle de commandité, celle-ci ne pouvant résulter que d'un accord des autres associés, notamment des autres commandités, dans les conditions prévues à cet effet par les statuts.

Les diverses règles concernant la **nomination,** la **démission,** l'étendue des **pouvoirs,** la **rémunération et** la **responsabilité** du ou des gérants prévues pour les SNC sont applicables aux SCS (voir nos 22000 s.). 27001

La **révocation du gérant** est décidée dans les mêmes conditions que celles prévues pour la *révocation du gérant d'une SNC* (application combinée des articles L 222-2 et L 221-12) et exposées nos 22130 s.

> **Précisions** L'**impossibilité** pour les associés de parvenir à un accord en vue de **remplacer le gérant,** seul associé commandité et démissionnaire pour raison de santé, constitue un juste motif de dissolution de la société (CA Rennes 3-5-1977 : RTD com. 1978 p. 391 obs. C. Champaud).

CONTRÔLE DES GÉRANTS DE SCS

Contrôle des gérants de la SCS par un commissaire aux comptes Dans certains cas, les SCS sont tenues d'avoir au moins un commissaire aux comptes. Les règles concernant la nomination et la cessation des fonctions des commissaires aux comptes, 27010 les conditions d'exercice de leurs fonctions, la mise en jeu de leur responsabilité et leur rémunération, qui, pour nombre d'entre elles, sont communes à l'ensemble des sociétés commerciales, sont exposées nos 77500 s.

27015 **Conventions conclues entre la SCS et l'un de ses gérants** Le Code de commerce ne prévoit aucune procédure de contrôle des conventions conclues entre le gérant d'une SCS et celle-ci.

2. DÉFENSE D'IMMIXTION DES COMMANDITAIRES DANS LA GESTION DE LA SCS

ACTES INTERDITS AUX COMMANDITAIRES DE SCS

27070 Le commanditaire ne peut faire, même en vertu d'une procuration, aucun **acte de gestion externe** (art. L 222-6, al. 1), c'est-à-dire aucun acte le mettant en rapport avec des tiers et susceptible de laisser croire qu'il est tenu sur ses biens personnels.

ILLUSTRATIONS

Sont des actes de gestion externe :
– les marchés conclus au nom de la société (Cass. req. 30-12-1907 : S. 1908 I p. 124) ;
– les démarches auprès d'un banquier en vue d'obtenir un emprunt (Cass. civ. 28-5-1921 : D. 1924 I p. 214).

Il n'est pas nécessaire que les conventions soient conclues par le commanditaire lui-même : il suffit que celui-ci les ait préparées et que les tiers aient été induits en erreur sur la qualité de l'intervenant (Cass. req. 10-7-1900 : D. 1901 I p. 436).

ACTES AUTORISÉS AUX COMMANDITAIRES DE SCS

27071 Restent permis aux commanditaires les **actes de gestion interne** tels que les avis et conseils ainsi que les actes de contrôle et de surveillance (art. R 222-2) et, d'une manière générale, tous les actes nécessaires à l'exercice de leurs droits d'associés : participation aux assemblées, autorisations à donner aux gérants pour conclure des conventions excédant leurs pouvoirs, etc.

De même, les **commanditaires** peuvent **traiter avec la société** comme le ferait un tiers quelconque (Cass. civ. 3-7-1899 : D. 1899 I p. 502). Notamment, ils peuvent être liés à la société par un contrat de travail (CA Bordeaux 10-5-1899 : D. 1900 II p. 158).

SANCTION DE L'IMMIXTION DES COMMANDITAIRES DANS LA GESTION DE LA SCS

27080 Si un associé commanditaire s'est immiscé dans la gestion externe de la société, il doit répondre solidairement avec les commandités, sur son patrimoine propre, des dettes et engagements de la société résultant des actes prohibés. Sa responsabilité solidaire peut même, suivant le nombre ou l'importance de ses actes, être étendue par le tribunal à tous les engagements de la société, y compris à ceux auxquels il n'aurait pas participé (art. L 222-6, al. 2). Mais seuls les tiers ont qualité pour faire déclarer un associé commanditaire solidairement responsable des engagements sociaux (CA Grenoble 6-1-2011 n° 09-1686 : RJDA 4/11 n° 316).

L'associé commanditaire pourrait aussi se voir appliquer, en tant que dirigeant de fait, les sanctions que prévoit le Code de commerce pour les dirigeants des sociétés à l'encontre desquelles une procédure collective a été ouverte (nos 91400 s.).

3. DÉCISIONS COLLECTIVES DES ASSOCIÉS DE SCS

a. Mode de consultation des associés de SCS

ASSEMBLÉES DES ASSOCIÉS DE SCS

27140 La réunion d'une **assemblée** est **obligatoire** dans trois cas (sans que les statuts puissent déroger à cette obligation) :
– lorsque cette réunion est demandée soit par un commandité, soit par le quart en nombre et en capital des commanditaires (art. L 222-5) ;
– pour l'approbation annuelle des comptes (art. L 221-7 sur renvoi de l'art. L 222-2) ;
– pour l'approbation d'une modification des statuts prévue par le projet de plan de sauvegarde ou de redressement de la société si les classes de parties affectées ne sont pas constituées pour statuer sur ce projet (art. L 626-3, al. 1, L 627-3, al. 3 et L 631-19, I ; nos 91315 s.).

> Précisions **a.** Certes, on pourrait nier la nécessité de réunir l'assemblée **pour l'approbation annuelle des comptes** au motif que l'article L 222-5 permet aux statuts d'organiser librement les délibérations et, partant, de se soustraire ainsi à l'obligation de réunir l'assemblée imposée à l'article L 221-7 pour l'approbation des comptes de SNC. Cet argument de texte, auquel s'oppose d'ailleurs le renvoi général de l'article L 222-2 aux règles des SNC, nous paraît difficilement acceptable. En effet, écarter l'article L 221-7 serait aussi permettre de supprimer le droit d'information des associés, tant commandités que commanditaires, sur les comptes annuels, les commanditaires ne pouvant dans ces conditions prétendre qu'à l'information de l'article L 222-7 (n° 28020). Par ailleurs se poserait le problème de l'étendue du droit de communication des commandités si les statuts n'ont rien prévu à cet égard.

b. Dépourvu de la qualité d'associé, l'**usufruitier** peut toutefois provoquer une délibération des associés sur une question susceptible d'avoir une incidence sur son droit de jouissance des parts sociales (Cass. com. avis 1-12-2021 n° 20-15.164 FS-D : RJDA 2/22 n° 79 et Cass. 3e civ. 16-2-2022 n° 20-15.164 FS-B : RJDA 5/22 n° 273, en matière de société civile mais à notre avis transposables).

27141 **Régime des assemblées** Le régime des assemblées dans les SCS est le même que dans les SNC (voir nos 23000 s.).

CONSULTATION ÉCRITE DES ASSOCIÉS DE SCS

27150 Les associés de SCS peuvent être consultés par écrit dans les mêmes conditions que les associés d'une SNC (voir n° 23090).

b. Régime des décisions collectives des associés de SCS

VOTE DES DÉCISIONS COLLECTIVES DE SCS

27180 **Décisions collectives ordinaires** Les conditions de majorité pour la validité des décisions collectives « ordinaires », c'est-à-dire celles n'entraînant aucune modification directe ou indirecte des statuts, sont librement fixées dans ces statuts.

> Précisions Les statuts ne peuvent toutefois pas prévoir l'adoption des décisions par une **minorité d'associés.** En effet, une décision collective d'associés ne peut être tenue pour adoptée que si elle rassemble en sa faveur le plus grand nombre de voix ; toute autre règle conduirait à considérer que la collectivité des associés peut adopter, lors d'un même scrutin, deux décisions contraires (Cass. ass. plén. 15-11-2024 n° 23-16.670 BR : RJDA 2/25 n° 90).

27181 **Décisions collectives extraordinaires** Les **modifications** des statuts doivent être décidées avec le consentement de tous les commandités et de la majorité en nombre et en capital des commanditaires (art. L 222-9, al. 2).

Les clauses édictant des conditions plus strictes que celles mentionnées ci-dessus sont réputées non écrites (art. L 222-9, al. 3).

Par **exception,** sont subordonnés à l'accord unanime des associés, et donc de tous les associés et non des seuls associés présents ou représentés à l'assemblée ou ayant participé à la consultation (Cass. 3e civ. 5-1-2022 n° 20-17.428 FS-B : RJDA 4/22 n° 205, à propos d'une société civile mais transposable) :

– le **changement de la nationalité** de la société (art. L 222-9, al. 1) ;
– la **transformation** de la société **en SAS** (art. L 227-3) ;
– la **fusion-absorption** de la société **par une SAS** (Cass. com. 19-12-2006 n° 05-17.802 : RJDA 3/07 n° 264 et rapport V. Michel-Amsellem p. 227).

De même, la **transformation** d'une SCS **en SNC** nécessite l'accord unanime des associés commandités et commanditaires. En effet, cette opération entraîne une augmentation des engagements des commanditaires puisque ceux-ci répondront solidairement et indéfiniment des dettes de la société sous sa nouvelle forme. Or, selon l'article 1836, al. 2 du Code civil, « les engagements d'un associé ne peuvent être augmentés sans le consentement de celui-ci ».

> Précisions **a.** On ne saurait soutenir que l'article L 222-9, al. 2 déroge à l'article 1836, al. 2 du Code civil en tant que **règle propre à une société particulière** (cf. C. civ. art. 1834). L'article 1836 affirme, en effet, une règle si fondamentale que la mention « les autres modifications » figurant dans l'article L 222-9, al. 2 ne peut être considérée comme une disposition spéciale expresse autorisant l'augmentation des engagements des commanditaires sans leur consentement.

b. Sur les règles applicables aux modifications statutaires intervenant **après l'adoption d'un plan de sauvegarde ou de redressement judiciaire** de la société, voir n° 91326.

27182 **Effet des décisions collectives** Les décisions régulièrement prises s'imposent à tous les associés (n° 23154).

PROCÈS-VERBAUX DES DÉCISIONS COLLECTIVES DE SCS

27190 Toutes les délibérations ou consultations d'associés doivent faire l'objet de procès-verbaux.

Sur le mode de conservation des procès-verbaux, leur contenu et leur signature, voir nos 23155 s.

PUBLICITÉ DES DÉCISIONS COLLECTIVES DE SCS

27200 Toute **modification des statuts** d'une SCS, comme toute modification dans la **composition des organes de gestion** de la société, entraîne l'accomplissement des formalités de publicité présentées nos 85500 s.

C. Associés de SCS

QUALITÉ DE COMMERÇANT DES ASSOCIÉS DE SCS

28000 Dans les SCS, seuls les associés commandités ont la qualité de commerçant comme les associés d'une SNC (no 24000).

Les associés commanditaires, au contraire, ne sont pas commerçants.

1. DROITS ET OBLIGATIONS DES ASSOCIÉS DE SCS

DROITS ET OBLIGATIONS DES COMMANDITÉS DE SCS

28010 Les commandités sont dans la même situation juridique que les associés en nom collectif. Les règles concernant ces derniers leur sont applicables purement et simplement (nos 24010 s.).

DROITS ET OBLIGATIONS DES COMMANDITAIRES DE SCS

28020 Les commanditaires, comme tous associés, ont le droit de participer à la vie sociale et de recevoir une part des bénéfices sociaux et du boni de liquidation. Leurs **droits** sont déterminés dans les mêmes conditions que pour les associés en nom collectif (nos 24010 s.).

Notamment, ils peuvent, deux fois par an, obtenir communication des livres et documents sociaux et poser par écrit, à propos de la gestion sociale, des questions auxquelles il doit être répondu également par écrit (art. L 222-7 et art. R 221-8, sur renvoi de l'art. R 222-3).

Mais les commanditaires ne sont **responsables du passif social** que dans la limite de leurs apports. Rappelons toutefois que s'ils se sont immiscés dans la gestion externe de la société, ils sont alors assimilés en totalité ou pour partie aux commandités (no 27080).

Par ailleurs, il a été jugé que, en l'absence de mention de leur qualité de commanditaire dans les statuts, les commanditaires sont tenus pour des commandités et doivent répondre indéfiniment et solidairement des dettes sociales (CA Paris 5-12-2001 no 98-25436 : RJDA 5/02 no 512).

2. PARTS DE SCS

GÉNÉRALITÉS

28080 Les parts des SCS ne peuvent pas être représentées par des **titres négociables,** sous peine de nullité de ces titres (art. L 221-13, sur renvoi de l'art. L 222-2, et, sur renvoi, C. mon. fin. art. L 411-1, al. 1).

Par ailleurs, à défaut d'y être autorisées par la loi, il est interdit aux SCS de procéder à une **offre au public** (autre qu'une offre réservée aux associés de la SCS, à des investisseurs qualifiés ou à un cercle restreint d'investisseurs) pour le placement de leurs parts sociales, cette interdiction étant sanctionnée par la nullité des contrats conclus et des titres émis irrégulièrement (C. mon. fin. art. L 411-1 et L 411-2).

28085 Les parts sociales traduisent seulement l'importance de la **participation des associés** dans le capital social ; elles ne reflètent en rien l'étendue de la **responsabilité** de celui qui les détient. Celle-ci est fonction de la qualité de commandité ou de commanditaire choisie par l'intéressé et non pas de la détention par lui de telles ou telles parts sociales, qu'on ne saurait *donc classer en deux catégories* juridiques immuables (parts de commandités et parts de commanditaires). Ainsi, lorsqu'un commandité cède une partie de ses parts à un commanditaire, celui-ci ne devient pas pour autant commandité.

28090 S'agissant des **droits sur les parts sociales,** les règles exposées nos 24310 s. à propos des SNC sont applicables aux associés, commandités ou commanditaires, des SCS.

CESSION DES PARTS DE SCS ENTRE VIFS

La cession de parts de SCS obéit aux règles générales exposées nos 16000 s. La forme et les conditions d'opposabilité de la cession sont les mêmes que celles applicables à la cession de parts de SNC (nos 24410 s.). 28120

Agrément de la cession En **principe,** les parts sociales ne peuvent être cédées, même entre associés, qu'avec le consentement de tous les associés (art. L 222-8, I). 28121

Toutefois, les **statuts** peuvent valablement prévoir (art. L 222-8, II) que :

a. les parts des commanditaires sont librement cessibles entre associés ;

b. les parts des commanditaires peuvent être cédées à des tiers étrangers à la société avec le consentement de tous les commandités et de la majorité en nombre et en capital des commanditaires (Cass. 1e civ. 12-11-1987 : Bull. civ. I no 287) ;

c. un commandité peut céder une partie de ses parts à un commanditaire ou à un tiers étranger à la société dans les conditions prévues au b. ci-dessus.

Le régime de l'agrément est, pour le surplus, le même que celui relatif aux cessions de parts de SNC (nos 24430 s.).

TRANSMISSION DES PARTS DE SCS PAR DÉCÈS

Commandités Le décès d'un associé commandité met fin, en principe, à la société. Toutefois, comme dans les SNC (nos 24500 s.), une clause contraire peut être insérée dans les statuts. 28130

En cas de continuation de la société, si les **héritiers** du commandité sont **mineurs,** ceux-ci deviennent commanditaires (art. L 222-10, al. 2).

Si l'**associé décédé** était le **seul commandité** et si ses héritiers sont tous mineurs non émancipés, il doit être procédé à son remplacement par un nouvel associé commandité ou à la transformation de la société dans le délai d'un an à compter du décès ; à défaut, la société est dissoute de plein droit à l'expiration de ce délai (art. L 222-10, al. 2).

> **Précisions** L'article L 222-10, al. 2 ne vise que le cas où les héritiers du commandité sont mineurs « non émancipés ». Cependant, la solution est à notre avis identique si le mineur est **émancipé,** à moins que celui-ci n'ait été autorisé à exercer le commerce par le juge des tutelles au moment de l'émancipation ou par le président du tribunal après l'émancipation. En effet, sans cette autorisation, il lui est interdit d'être commerçant (art. L 121-2 et C. civ. art. 413-8) et il se trouve dans la même situation qu'un mineur non émancipé.

Commanditaires Le décès d'un commanditaire ne met pas fin à la société (art. L 222-10, al. 1). Les statuts peuvent prévoir l'admission des héritiers du défunt dans les mêmes conditions qu'en cas de décès d'un associé dans une SNC (nos 24500 s.). 28131

D. Dissolution de la SCS

CAUSES DE DISSOLUTION DE LA SCS

Causes communes à toutes les sociétés Les causes de dissolution communes à toutes les sociétés (nos 86000 s.) sont applicables aux SCS. 29000

Causes propres aux SCS La SCS peut être dissoute dans les cas suivants : 29001

- **décès d'un commandité,** à moins que les statuts n'en disposent autrement (art. L 222-10, al. 2) ;
- **défaut de transformation** de la société ou absence d'un nouvel associé commandité dans le délai d'un an à compter du **décès de l'unique associé commandité** lorsque ce dernier ne laisse pour héritiers que des mineurs non émancipés (art. L 222-10, al. 2) ;
- **redressement** ou **liquidation judiciaire, interdiction** d'exercer une profession commerciale ou **incapacité frappant l'un des** associés **commandités,** à moins que, s'il existe un ou plusieurs autres commandités, la continuation de la société ne soit prévue par les statuts ou que les associés ne la décident à l'unanimité (art. L 222-11). Dans ce cas, l'associé sortant est indemnisé de la valeur de ses droits sociaux ; à défaut d'accord entre les parties, cette valeur est déterminée par un expert conformément à l'article 1843-4 du Code civil (art. L 221-16, al. 2 sur renvoi de l'art. L 222-11). Pour plus de détails sur cette cause de dissolution, voir no 25502.

> ATTENTION
> La **poursuite** de la société n'est possible que s'il existe **plusieurs associés commandités.** Lorsqu'il n'y a qu'un seul commandité et que celui-ci vient à être mis en redressement judiciaire (ou frappé d'interdiction), la société est automatiquement dissoute (T. com. Paris 29-6-1981 : Gaz. Pal. 1981 p. 687, rendu sous l'ancien régime de la « faillite » mais transposable, par analogie des textes, au régime actuel des procédures collectives).

Sans que l'on puisse justifier cette différence de régime, dans une SNC, seule la liquidation judiciaire d'un associé entraîne la dissolution de la société, et non son redressement judiciaire (art. L 221-16).

PUBLICITÉ DE LA DISSOLUTION DE LA SCS

29010 La dissolution de la SCS est l'objet de formalités de publicité exposées nos 86210 s.

LIQUIDATION DE LA SCS

29020 En ce qui concerne la liquidation de la SCS, voir nos 86500 s.

TITRE II

La société à responsabilité limitée

CHAPITRE 1

LA CONSTITUTION D'UNE SOCIÉTÉ À RESPONSABILITÉ LIMITÉE

SOMMAIRE

A. Caractéristiques et intérêt de la SARL

EN BREF *La société à responsabilité limitée (SARL) est une société instituée par une ou plusieurs personnes qui ne supportent les pertes qu'à concurrence de leurs apports. Le critère distinctif de cette société réside donc dans la limitation de responsabilité des associés. Il doit cependant être complété par un autre élément : le capital de la SARL est divisé en parts sociales (et non en actions) qui, en principe, ne sont pas librement cessibles, de sorte que la prise en compte de la personnalité de chaque associé est déterminante.* 30000

RÉGLEMENTATION APPLICABLE À LA SARL

Le régime juridique de la SARL est fixé par les articles L 223-1 à L 223-43 et R 223-1 à R 223-37. Comme toute **société commerciale,** la SARL est aussi soumise aux règles générales des articles 1832 à 1844-17 du Code civil (cf. C. civ. art. 1834) et aux dispositions communes à toutes les sociétés commerciales figurant dans le Livre II du Code de commerce (art. L 210-1 à L 210-12 et L 230-1 à L 23-12-1). 30002

CARACTÉRISTIQUES DE LA SARL

La SARL est toujours **commerciale,** quel que soit son objet (art. L 210-1, al. 2). 30005

La SARL, même unipersonnelle (EURL), a la **personnalité morale.** 30010

Pour un **tableau comparatif** des principales caractéristiques de la SARL et des autres formes de sociétés, voir n°s 200 s. 30015

INTÉRÊT DE LA SARL

Le choix d'une SARL est largement fonction des circonstances de fait propres à chaque entreprise. Néanmoins, les tendances générales suivantes peuvent être dégagées. 30020

*Les **entreprises de grande taille** exigeant des capitaux importants qui ne peuvent être trouvés qu'en faisant appel au public sont naturellement conduites à adopter la forme de SA.*

Les **entreprises de petite taille** qui permettent un investissement moins important et pour lesquelles le souci de maintenir le caractère familial de l'affaire est prédominant s'orientent soit vers la SARL, soit vers la SAS dont le fonctionnement est très souple.

Pour les **entreprises de taille intermédiaire,** peut se poser la question d'un choix entre la SARL et la SAS ou la SA.

Nous énumérons ci-après les avantages et inconvénients respectifs de ces formes de sociétés.

30021 **Avantages de la SARL par rapport à la SAS** Dans les SAS comme dans les SARL, il est possible de réaliser des apports en industrie et le capital est librement fixé par les statuts ; l'obligation de désigner un commissaire aux comptes est subordonnée à des seuils identiques.

Il reste que l'organisation et le fonctionnement de la SARL sont encadrés par la loi, alors qu'ils sont offerts à l'imagination des associés dans la SAS, ce qui confère à la SARL une plus grande sécurité juridique, particulièrement pour les associés minoritaires. Par ailleurs, le conjoint peut revendiquer la qualité d'associé dans une SARL, ce qui n'est pas le cas dans une SAS.

30022 **Inconvénients de la SARL par rapport à la SAS** Moins souple que la SAS, la SARL ne permet pas de déroger aux règles de majorité ni d'aménager la **participation aux décisions** indépendamment du nombre des parts sociales. Or, l'intérêt des associés peut être de répartir de façon égale les pouvoirs dans la prise de décision, même s'ils participent de façon inégale à son capital, ce qui est possible dans la SAS.

En outre, dans la SARL, les **cessions de parts** à des tiers sont soumises à une décision de la majorité qualifiée des associés alors qu'il peut être utile de prévoir leur accord unanime ; de même, les cessions de parts sont en principe libres entre les associés – les statuts pouvant limiter la cessibilité sans l'interdire, mesure qui n'est pas nécessairement adaptée au but poursuivi par ceux qui souhaitent s'associer. Les cessions de parts sociales doivent être constatées par un acte soumis au droit d'enregistrement qui s'élève à 3 %, après application d'un abattement (nº 24415). Les transmissions d'actions par simple virement de compte à compte ou par inscription dans une blockchain ne sont soumises qu'à un taux proportionnel de 0,1 %.

Signalons que la **répartition des parts** sociales entre les associés doit figurer dans les statuts, si bien que les tiers comme les associés peuvent savoir qui détient le capital.

La SARL ne peut pas émettre d'autres **titres négociables** que des obligations.

Le président d'une SAS est assujetti au **régime social** des salariés, quelle que soit l'importance de sa participation dans le capital social ; les gérants de SARL ne peuvent bénéficier de ce régime que s'ils ne sont pas majoritaires. **Sur le plan fiscal,** les présidents de SAS et les gérants de SARL sont pour l'essentiel soumis au même régime, celui des salariés (Mémento Fiscal nºs 23595 et 23605). Une différence existe toutefois concernant l'évaluation des avantages en nature. Les gérants majoritaires sont soumis à des règles plus contraignantes car ils ne peuvent pas recourir à un mode forfaitaire (Mémento Fiscal nº 23740, précision b).

30023 **Avantages de la SARL par rapport à la SA** La constitution d'une SA suppose un capital minimal de 37 000 € ; dans une SARL, le capital est librement fixé par les statuts.

Les apports en industrie peuvent être rémunérés par des droits dans la SARL, mais non dans la SA.

La transmission des parts sociales par dévolution successorale ou par liquidation de communauté et la cession des parts au conjoint, à un ascendant ou à un descendant peuvent être assorties d'une clause d'agrément dans la SARL alors que ces clauses sont interdites pour les mêmes opérations dans la SA.

30024 **Inconvénients de la SARL par rapport à la SA** La SARL ne peut pas émettre d'autres titres négociables que des obligations ; en matière de droits d'enregistrement, les inconvénients sont les mêmes qu'à l'égard de la SAS (nº 30022).

Un associé personne physique de SARL ne peut pas emprunter auprès de la société ou faire cautionner par elle ses engagements ; toute convention passée entre la société et un associé est soumise à une réglementation spéciale. Dans la SA, ces règles concernent les dirigeants et les actionnaires mais, pour ces derniers, seulement s'ils disposent de plus de 10 % des droits de vote.

Le directeur général d'une SA est assujetti au régime social des salariés, quelle que soit l'importance de sa participation dans le capital social ; les gérants de SARL ne peuvent bénéficier de ce régime que s'ils ne sont pas majoritaires. En revanche, le régime fiscal des salariés est applicable aux gérants de SARL, fussent-ils majoritaires, comme aux présidents et directeurs généraux de SA, sous la même réserve que celle mentionnée nº 30022 concernant l'évaluation des avantages en nature.

B. Conditions de fond de constitution d'une SARL

CONSENTEMENT DES ASSOCIÉS DE SARL

Comme pour toute autre forme de société, le consentement des associés doit être réel et exempt de vice (nos 6500 s.). 30090

Toutefois, les vices – et même le défaut – de consentement ne peuvent pas entraîner la nullité de la société (nos 89133 s. et 89145).

CAPACITÉ DES ASSOCIÉS DE SARL

Il n'est pas nécessaire que les associés d'une SARL aient la capacité requise pour être commerçants ou pour faire un acte de commerce isolé. En effet, la souscription de parts de SARL est traitée comme un placement bien qu'elle soit un acte de commerce (no 315). Il en résulte les conséquences suivantes. 30095

Mineurs Le **mineur émancipé** peut souscrire des parts de SARL (no 315), même si son mandat de protection future a pris effet (nos 400 s.). Lorsqu'il est placé sous habilitation familiale, les modalités de cette souscription sont présentées nos 395 s. 30098

Le **mineur non émancipé** peut souscrire des parts de SARL dans les conditions exposées nos 320 s. Pour éviter tout risque de voir mettre en cause sa responsabilité en cas d'**apport en nature,** il est recommandé au représentant légal d'exiger que l'évaluation retenue pour ces apports ne soit pas supérieure à celle proposée par le commissaire aux apports (no 30164).

Majeurs protégés par la loi Le majeur sous sauvegarde de justice, sous curatelle, sous tutelle, sous habilitation familiale et le majeur dont le mandat de protection future a pris effet peuvent souscrire des parts de SARL. Sur cette possibilité, voir nos 375 s. 30100

Le majeur atteint d'un trouble mental mais qui ne bénéficie d'aucune mesure de protection légale peut devenir associé d'une SARL. La nullité de l'acte de souscription peut cependant être obtenue sous certaines conditions (no 360).

Couples Deux époux peuvent constituer, entre eux ou avec des tiers, une SARL (nos 450 s.). Si un époux apporte un bien commun, il doit en informer son conjoint (nos 6065 s.). 30102

Le **conjoint,** le **partenaire pacsé** ou le **concubin** du gérant associé unique ou du gérant majoritaire qui travaille dans la SARL familiale doit **opter** pour le **statut** de conjoint collaborateur, de conjoint salarié ou de conjoint associé (art. L 121-4, I et II-al. 1 et L 121-8).

Est collaborateur le conjoint, le partenaire pacsé ou le concubin du gérant qui exerce une activité professionnelle régulière dans l'entreprise sans percevoir de rémunération et sans avoir la qualité d'associé (art. R 121-1). Est présumé ne pas exercer une activité régulière au sein de l'entreprise le conjoint, le partenaire pacsé ou le concubin qui exerce à l'extérieur de celle-ci une activité salariée d'une durée au moins égale à la moitié de la durée légale du travail ou une activité non salariée (art. R 121-2).

> **Précisions** **a.** Selon le CCRCS, le statut de conjoint collaborateur peut aussi bénéficier au conjoint de tout associé exerçant les fonctions de gérant au sein d'un **collège de gérance majoritaire** (Avis CCRCS 07-18 et 08-35 du 10-2-2009). Il en résulte que peuvent notamment opter pour ce statut les conjoints de deux gérants formant ensemble une cogérance avec chacun 30 % des parts ou encore les conjoints de trois gérants formant ensemble une cogérance avec chacun 20 % des parts, mais pas le conjoint d'un gérant non associé même *s'il appartient à un collège de gérance majoritaire.*
>
> **b.** L'application du **statut du conjoint collaborateur est limitée à cinq ans.** Au-delà, le conjoint, le partenaire pacsé ou le concubin du gérant doit opter pour le statut de conjoint salarié ou de conjoint associé ; à défaut d'option, il est réputé avoir opté pour le statut de conjoint salarié (art. L 121-4, IV bis). La durée de cinq ans tient compte de l'ensemble des périodes et des entreprises au titre desquelles l'option pour ce statut a été exercée (art. précité) ; cette limitation de durée étant entrée en vigueur le 1er janvier 2022, pour les personnes qui avaient le statut de conjoint collaborateur à cette date, la durée s'apprécie au regard des seules périodes qui sont postérieures (Loi 2021-1754 du 23-12-2021 art. 24, III).
>
> **c.** Si le conjoint, le partenaire pacsé ou le concubin du gérant associé unique opte pour le **statut de conjoint associé,** la société n'est plus unipersonnelle.

Communication du statut. Le gérant doit déclarer le statut choisi par son conjoint, son partenaire pacsé ou son concubin aux **organismes habilités à enregistrer l'immatriculation de la société** (RCS et RNE), par l'intermédiaire du guichet unique électronique des formalités d'entreprises, et déclarer l'activité professionnelle régulière de celui-ci dans la société ; à 30103 défaut d'avoir effectué l'une ou l'autre de ces déclarations, le conjoint, le partenaire pacsé ou le concubin est réputé exercer sous le statut de conjoint salarié (art. L 121-4, IV et L 121-8).

Le choix effectué par le conjoint, le partenaire pacsé ou le concubin du gérant majoritaire de bénéficier du statut de conjoint collaborateur doit être porté à la connaissance des **associés** lors de la première assemblée générale qui suit la mention de ce statut aux organismes habilités à enregistrer l'immatriculation de la société (art. L 121-4, II-al. 2 et L 121-8).

› Précisions **Auprès du guichet unique,** le gérant (art. R 121-5, al. 1 à 6) :
– soit, lors de la constitution de la société, effectue dans le dossier unique de déclaration de création d'entreprise les déclarations concernant l'exercice d'une activité professionnelle de son conjoint, de son partenaire pacsé ou de son concubin dans la société et le statut choisi par celui-ci, accompagnées d'une attestation sur l'honneur du conjoint, du partenaire pacsé ou du concubin confirmant ce choix établie selon le modèle fixé par l'arrêté ECOI2122714A du 6 août 2021 ;
– soit, en cas de modification dans la situation de son conjoint, de son partenaire pacsé ou de son concubin après la constitution de la société, transmet une déclaration modificative, dans les deux mois, indiquant que celui-ci change de statut, cesse son activité ou exerce désormais une activité professionnelle dans l'entreprise, avec précision du statut choisi ; cette déclaration doit être accompagnée d'une attestation sur l'honneur du conjoint, du partenaire pacsé ou du concubin confirmant ce choix établie selon le modèle fixé par l'arrêté précité.

Des attestations sur l'honneur ainsi que des notices explicatives sont disponibles sur le site www.entreprendre.service-public.fr/vosdroits.

Seul le conjoint collaborateur fait l'objet d'une mention au RCS, au registre spécial des agents commerciaux, au registre spécial des entreprises individuelles et au RNE (art. L 121-4, IV-al. 2).

Le guichet unique transmet au déclarant l'accusé de réception électronique du dossier unique qui lui est adressé par chacun des organismes auprès duquel l'immatriculation est demandée (art. R 123-6, al. 3).

30104 **Conséquences du statut à l'égard des tiers.** Dans ses rapports avec les tiers, les actes de gestion et d'administration accomplis par le conjoint collaborateur sont réputés l'être pour le compte du gérant et n'entraînent aucune obligation personnelle à la charge du conjoint (art. L 121-7).

30105 **Associés étrangers** Un étranger peut librement devenir associé d'une SARL ; notamment, il n'a pas besoin d'être titulaire d'un titre de séjour (nos 92680 s.).

Sur le régime des investissements étrangers en France, voir nos 92540 s.

30106 **Incompatibilités et interdictions** Aucune incompatibilité ou interdiction ne limite l'accès à une SARL.

30107 **Associés personnes morales** Les personnes morales peuvent, dans les limites de leur capacité juridique (n° 4018), être associées d'une SARL. Les participations croisées entre les SARL et les sociétés par actions sont réglementées (nos 79265 s.).

OBJET DE LA SARL

30120 La SARL est commerciale par sa forme quel que soit son objet, civil ou commercial (art. L 210-1, al. 2). Comme pour toute autre société, l'objet social doit être possible et licite (nos 890 s.). Il doit figurer dans les statuts (art. L 210-2).

À ces règles générales, il faut ajouter les quelques dispositions, spéciales aux SARL, exposées ci-dessous.

30121 **Activités interdites aux SARL** Certaines activités sont interdites aux SARL ; c'est le cas notamment des entreprises d'assurances, de capitalisation et d'épargne (art. L 223-1, dernier al.) ; c'est aussi le cas de l'exploitation d'un laboratoire de biologie médicale (CSP art. L 6223-1).

De ces activités interdites aux SARL, il faut rapprocher celles qui sont formellement réservées par la loi à un autre type de société : par exemple, aux SA (n° 37532).

Toute société qui, au mépris de cette réglementation, adopterait la forme de SARL encourrait les sanctions pour objet illicite énoncées n° 910.

30122 **Activités réglementées** Diverses activités ne peuvent être exercées par les SARL que si *certaines conditions,* relatives notamment à la qualification professionnelle des associés ou des gérants, sont remplies. Citons par exemple les sociétés du secteur de la pharmacie, les sociétés d'expertise comptable ou encore les sociétés d'architecture. Les personnes concernées peuvent consulter le site www.bpifrance-creation.fr/entrepreneur/activites-reglementees pour savoir si telle activité est soumise à un statut légal particulier et, dans l'affirmative, pour en connaître le régime.

NOMBRE D'ASSOCIÉS DE SARL

Nombre minimal d'associés Une SARL peut être constituée valablement avec un seul associé (art. L 223-1, al. 1). Pour plus de détails sur la **SARL unipersonnelle,** voir nos 35500 s. 30130

Cas particuliers : le nombre des associés ne peut pas être inférieur à deux dans les sociétés coopératives artisanales (C. artisanat art. L 134-7) et les sociétés coopératives de production (Loi 78-763 du 19-7-1978 art. 5) constituées sous la forme de SARL.

Nombre maximal d'associés Une SARL ne peut pas comprendre plus de 100 associés (art. L 223-3). 30131

Si, au cours de la vie sociale, le nombre des associés devient supérieur à 100, la SARL dispose d'un délai d'un an pour faire cesser cette situation. Au terme de ce délai, il faut :
– que le nombre des associés ait été ramené au plus à 100 ;
– ou que la société ait été transformée en société d'une autre forme.

À défaut de régularisation dans le délai d'un an, la société est automatiquement dissoute (art. L 223-3).

CAPITAL DE LA SARL

Le montant du capital d'une SARL est librement fixé par les statuts (art. L 223-2). Il n'est donc pas possible de constituer une SARL sans capital social. 30140

SARL à capital variable La SARL peut être constituée avec un capital variable. En ce cas, outre les dispositions législatives régissant la SARL, les règles particulières prévues par les articles L 231-1 s. sont applicables à la société. Sur ces règles, et notamment les conditions d'admission et de retrait des associés, voir nos 60165 s. 30141

Publicité du capital social L'indication du montant du capital doit figurer dans les **statuts** de la société (art. L 210-2). 30142

De plus, cette indication doit accompagner les mentions relatives à la forme de la société et à la dénomination sociale dans tous les actes ou **documents émanant de la société** et destinés aux tiers, notamment les lettres, factures, annonces et publications diverses (art. L 223-1, al. 4 et R 123-238, 3°). Contrairement au régime applicable aux sociétés par actions, aucune disposition réglementaire ne permet, dans les documents destinés aux tiers, d'arrondir le capital d'une SARL à la valeur entière inférieure lorsqu'il comporte des décimales.

En cas d'inobservation de l'obligation de mentionner le montant du capital, la forme et la dénomination dans les actes et documents sociaux, le ministère public ou tout intéressé peut demander en référé d'enjoindre sous astreinte au gérant de s'y conformer (art. L 238-3).

APPORTS EN NUMÉRAIRE À LA SARL

Libération des apports Les associés sont tenus de libérer seulement une **fraction** correspondant au moins au cinquième du montant des apports en numéraire (art. L 223-7, al. 1). La libération du **surplus** doit intervenir, en une ou plusieurs fois, sur décision du gérant et dans un délai de cinq ans à compter de l'immatriculation de la société au RCS (art. L 223-7, al. 1). 30150

Sur la libération du solde en cas de procédure collective de la société, voir nos 91305 s.

Dépôt des fonds Les fonds correspondant aux apports en numéraire doivent, dans les huit jours de leur réception, être déposés pour le compte de la société en formation et par les personnes qui les ont reçus, soit à la **Caisse des dépôts** et consignations, soit chez un **notaire,** soit dans une **banque** (art. L 223-7, al. 4 et R 223-3, al. 1). Le texte de l'article R 223-3 nous conduit à penser que le **délai** de huit jours court à l'occasion de chaque versement et non pas de la date à laquelle le dernier versement a été reçu. 30151

Selon le ministre de la justice, outre la Caisse des dépôts et les notaires, seuls les **établissements de crédit agréés** par l'ACPR (établissements français ou succursales françaises d'établissements étrangers) peuvent recevoir des fonds correspondant aux apports en numéraire à une SA ou à une SARL française. Cette règle s'applique même aux ressortissants étrangers, qui ne peuvent donc pas procéder à ce dépôt dans une banque de leur pays d'origine (Rép. Guyard : AN 22-5-1989 n° 10959).

À notre avis, cette solution doit être écartée en ce qui concerne les établissements de crédit ayant leur siège dans un État partie à l'accord sur l'EEE puisque ces établissements sont, sous certaines conditions, réputés agréés en France (C. mon. fin. art. L 511-22).

Les banques ne sont pas tenues d'accepter le dépôt des fonds correspondant aux apports en numéraire ; en cas de **refus opposé par une banque,** le fondateur de la société doit démarcher les banques concurrentes afin de trouver le partenaire financier qui acceptera de recevoir les fonds. En tout état de cause, le dépôt peut toujours être effectué auprès de la Caisse des dépôts et consignations, cette opération étant gratuite et les fonds déposés y bénéficiant d'une rémunération (Rép. Bruno : AN 20-6-2006 n° 89139).

La **mention du dépôt** des fonds doit figurer dans les statuts (art. R 223-3, al. 2). Il en résulte que ce dépôt doit être préalable à la signature des statuts.

La fausse déclaration du dépôt des fonds dans les statuts peut constituer un faux sanctionné d'un emprisonnement de trois ans et 45 000 € d'amende (C. pén. art. 441-1 ; Circ. DACG 04-14/G3 du 14-9-2004).

> **Précisions** **a.** Le fait pour une **banque** d'avoir ouvert un compte au nom d'une société en formation pour **recueillir** les fonds correspondant aux **apports en numéraire** n'oblige pas cette banque à ouvrir un compte courant au nom de la société après son immatriculation (CA Versailles 27-6-2002 n° 01-1752 : RJDA 12/02 n° 1308).
> **b.** Les **associés qui, contrairement à ce qu'ils ont affirmé dans les statuts** et dans la déclaration de conformité (exigée à l'époque des faits, mais maintenant supprimée), **n'ont pas libéré les parts** qu'ils ont souscrites et qui, par leurs agissements menés en commun, ont contribué à la constitution irrégulière et illicite d'une société dont le passif s'est alourdi rapidement ont commis une faute commune ayant concouru directement à la réalisation d'un même dommage pour les créanciers. Cette faute commune justifie qu'ils soient condamnés « in solidum » (c'est-à-dire chacun pour le tout sauf à se retourner ensuite contre les autres) à payer une somme égale au capital non libéré (CA Rouen 23-5-1991, inédit).

30152 **Indisponibilité des fonds déposés** Les fonds déposés sont indisponibles (Cass. com. 19-5-1998 : RJDA 10/98 n° 1144). Il s'ensuit qu'ils ne peuvent pas faire l'objet d'une **compensation** avec une dette de l'apporteur à l'égard du dépositaire des fonds (CA Paris 30-11-1976 : Gaz. Pal. 1977 I p. 314) ou avec un compte destiné à enregistrer les opérations passées au nom de la future société (CA Paris 23-9-1982 : BRDA 24/82 p. 18). Mais dès que cette indisponibilité cesse, soit à la suite de l'immatriculation de la société au RCS, soit en raison de la demande par les associés de la restitution de leurs fonds en cas de non-immatriculation (n° 30153), la compensation peut produire ses effets même si elle a été convenue pendant la période d'indisponibilité (CA Paris 23-9-1982 précité).

De même, tant que dure l'indisponibilité, les **saisies** pratiquées par les créanciers personnels des associés sont sans effet (cf. C. exécution art. L 211-2, al. 1).

30153 **Retrait des fonds** Le retrait des fonds déposés ne peut avoir lieu qu'**après l'immatriculation** de la société au RCS (art. L 223-8, al. 1) et sur présentation du certificat du greffier attestant cette immatriculation (art. R 223-4).

Si la **société** n'est **pas constituée,** c'est-à-dire lorsque ses statuts ne sont pas signés (n° 1720), ou si elle n'est **pas immatriculée,** par exemple du fait que l'immatriculation était subordonnée à une autorisation administrative qu'il s'avère impossible d'obtenir, les apporteurs ont la possibilité de retirer le montant de leurs apports.

Ainsi, lorsque, dans le délai de **six mois** à dater du jour du premier dépôt des fonds, la société n'est pas constituée ou n'est pas immatriculée au RCS, les apporteurs peuvent soit demander individuellement en justice l'autorisation de retirer le montant de leurs apports, soit choisir un mandataire qui, dès lors qu'il les représente tous, peut demander directement au dépositaire le retrait des fonds (art. L 223-8, al. 2).

Le mandataire ne peut retirer les fonds que s'il justifie auprès du dépositaire de l'autorisation écrite de tous les apporteurs (art. R 223-5, 2°), y compris ceux ayant seulement consenti des apports en nature ou en industrie. À défaut de précision des textes, toute personne peut, à notre avis, être choisie pour mandataire, même si elle ne fait pas partie des apporteurs.

En cas d'autorisation judiciaire, celle-ci est accordée par le président du tribunal de commerce du lieu du siège social, statuant sur requête (art. R 223-5, 1°).

Si les apporteurs décident ultérieurement de constituer la société, il devra être procédé à nouveau au dépôt des fonds (art. L 223-8, al. 3).

> **Précisions** Jugé à propos d'une société dont les statuts avaient été signés et enregistrés, mais qui n'avait pas été immatriculée au RCS, que la **demande** en justice d'un souscripteur **en restitution des sommes** qu'il avait versées devait être dirigée contre le dépositaire des fonds et non contre les autres souscripteurs (Cass. com. 23-3-1982 : Bull. civ. IV n° 120).

APPORTS EN NATURE À LA SARL

30160 Tout **bien,** meuble ou immeuble, corporel ou incorporel (immeuble, droit au bail, fonds de commerce, brevet, créance, etc.), peut être apporté soit en toute **propriété,** soit en **jouissance** (sur la validité des apports en jouissance aux SARL, voir CA Aix 31-5-1951 : JCP 1952 II n° 6792 note D. Bastian). Pour toutes ces questions, voir n°s 1970 s.

Chaque apport en nature doit faire l'objet d'une **évaluation dans les statuts** (art. L 223-9, al. 1). 30161
En principe, les associés ne peuvent fixer la valeur des apports en nature qu'au vu d'un rapport établi par un **commissaire aux apports,** ce rapport étant lui-même annexé aux statuts.

Cette procédure de contrôle doit être respectée même lorsque la société est constituée entre les seuls propriétaires indivis des apports (JO déb. Sén. 21-4-1966 p. 185).

Toutefois, l'intervention d'un commissaire aux apports est facultative (art. L 223-9, al. 2 et D 223-6-1) :
– si aucun apport en nature n'a une valeur supérieure à 30 000 € ;
– et si, en outre, la valeur totale de l'ensemble des apports en nature n'excède pas la moitié du capital social.

La décision de ne pas recourir à un commissaire aux apports – à supposer que les deux conditions ci-dessus indiquées soient remplies – doit être prise à l'unanimité des futurs associés (art. L 223-9, al. 2).

Aucune disposition légale ou réglementaire n'impose une forme particulière pour cette décision qui peut donc résulter d'un accord verbal des associés. Mais il est recommandé de formaliser par écrit cet accord dans un échange de lettres ou dans un acte sous signature privée signé par les fondateurs, et par une mention dans le contrat d'apport et enfin de le rappeler dans les statuts et de le faire confirmer par les associés.

Pour que l'évaluation du commissaire aux apports soit conforme à l'article L 223-9, al. 1, il est nécessaire de donner une valeur à chacun des éléments qui compose le bien apporté. Tel n'est pas le cas lorsque le commissaire évalue à un certain montant les éléments corporels d'un fonds de commerce et ne mentionne les éléments incorporels que « pour mémoire » (CA Bourges 2-11-2006 n° 06-620 : RJDA 6/07 n° 625).

> **Précisions** Selon la CNCC, la **valeur** de 30 000 € doit s'apprécier par rapport à la valeur brute **de l'apport** (avant déduction du passif) et non par rapport à la valeur nette. Il en est de même pour la limite de la moitié du capital (Bull. CNCC juin 2000 p. 231 s.).
> Dès lors qu'un seul apport dépasse 30 000 €, l'intervention du commissaire est obligatoire, y compris pour les apports ne dépassant pas ce montant.

Nomination du commissaire aux apports Le commissaire aux apports doit être **choisi parmi** les commissaires aux comptes ou parmi les experts inscrits sur l'une des listes établies par les cours et tribunaux (art. R 223-6, al. 1). Contrairement aux dispositions relatives aux SA, la loi ne prévoit aucune incompatibilité spécifique restreignant le choix du commissaire aux apports. Toutefois, expert judiciaire et commissaire aux comptes sont soumis à un devoir général d'impartialité et d'indépendance (pour les commissaires aux comptes, voir n°s 77575 s.). 30162

Le commissaire aux apports est **nommé** à l'unanimité des futurs associés ou, à défaut d'unanimité, par ordonnance du président du tribunal de commerce statuant sur requête du futur associé le plus diligent (art. L 223-9, al. 1 et R 223-6, al. 2). Le tribunal compétent est celui du lieu du siège social (n° 4240).

En l'absence de dispositions particulières à cet égard, la désignation du commissaire aux apports par les futurs associés peut résulter d'un acte sous signature privée ou notarié signé par tous les intéressés.

Responsabilité du commissaire aux apports Le commissaire aux apports est responsable, dans les conditions de droit commun, des **fautes** qu'il aurait pu commettre dans l'exercice de ses fonctions. 30163

Cette responsabilité n'est engagée que si sa faute a pu être prouvée et dans la limite du préjudice qu'il a pu causer aux associés, à la société ou à des tiers. Il est nécessaire aussi qu'il y ait une relation de cause à effet entre la faute et le préjudice.

Tel est notamment le cas lorsque le commissaire a fautivement approuvé la surévaluation d'un apport. Le commissaire n'est alors tenu d'indemniser les créanciers sociaux, trompés *par la solvabilité apparente de la société*, qu'à hauteur de l'aggravation de l'insuffisance d'actif qu'il a contribué à créer. L'indemnité qu'il est condamné à verser doit donc correspondre au montant de la surévaluation et non au préjudice résultant pour les créanciers de la poursuite de l'activité de la société (Cass. com. 7-1-2014 n° 12-23.640 : RJDA 5/14 n° 430, rendu à l'occasion d'une fusion mais transposable à la constitution d'une société).

En cas de surévaluation d'un apport, un associé est recevable à agir contre le commissaire en réparation du préjudice subi du fait de la dilution infondée de sa participation, car ce préjudice n'est pas le corollaire de celui subi par la société (Cass. com. 28-6-2005 n° 983 : RJDA 10/05 n° 1107).

L'action en responsabilité contre le commissaire se prescrit par cinq ans, conformément à l'article 2224 du Code civil, même si ce commissaire a été choisi sur la liste réglementaire des commissaires aux comptes (Cass. com. 4-11-2021 nº 19-25.451 F-D : RJDA 1/22 nº 19 et Cass. com. 8-11-2023 nº 22-12.978 F-B : RJDA 2/24 nº 105, à propos d'un commissaire à la transformation mais, à notre avis, transposables ; sur la portée de ces décisions, voir nº 78158).

Le commissaire aux apports encourt également une **responsabilité pénale** s'il a frauduleusement fait attribuer à un apport en nature une évaluation supérieure à sa valeur réelle (nº 30165).

30164 **Responsabilité des associés** En principe, les associés ne sont pas tenus de s'incliner devant l'évaluation des apports en nature faite par le commissaire. Mais, s'ils retiennent une valeur « différente » de celle proposée par lui, ils sont, pendant cinq ans, solidairement responsables de cette valeur à l'**égard des tiers** (art. L 223-9, al. 4). À notre avis, il n'en est ainsi que s'ils retiennent une valeur supérieure car, en pratique, on voit mal comment cette responsabilité pourrait être mise en cause si les associés retiennent une valeur inférieure à celle fixée par le commissaire aux apports.

Cette responsabilité solidaire des associés quant à la valeur attribuée aux apports en nature peut aussi être mise en cause par les tiers pendant cinq ans lorsque les apports n'ont fait l'objet d'aucune vérification par un commissaire aux apports (art. L 223-9, al. 4).

À l'inverse de la responsabilité des commissaires aux apports, l'obligation à laquelle sont tenus les associés à l'égard des tiers en cas de surévaluation des apports en nature est une obligation légale de garantie, indépendante de toute idée de faute. En conséquence, les tiers sont en droit d'exiger cette garantie de tous les associés au jour de leur action, même de ceux qui sont entrés dans la société postérieurement à la constitution de celle-ci, ces derniers ayant toutefois la possibilité d'appeler leurs cédants en garantie conformément au droit commun.

30165 **Sanctions pénales** De lourdes sanctions pénales frappent tous ceux qui, frauduleusement, auront fait attribuer à un apport en nature une évaluation supérieure à sa valeur réelle : emprisonnement de **cinq ans** et amende de **375 000 €** (art. L 241-3, 1º).

ILLUSTRATIONS

Jugé que ces sanctions doivent s'appliquer à des commissaires aux apports qui ont davantage cherché à faire admettre les chiffres (excessifs) du traité d'apport qu'à vérifier la réalité de la valeur des apports, peu important que ces apports aient été effectués dans le cadre de la restructuration interne d'un groupe de sociétés (Cass. crim. 12-4-1976 : JCP G 1977 II nº 18523 note Y. Guyon).

De même, la responsabilité pénale du commissaire aux apports, comme celle de l'apporteur, est engagée en cas d'apport d'un fonds de commerce dont l'évaluation, approuvée par le commissaire, ne tenait pas compte du nantissement qui grevait ce fonds et qui rendait celui-ci pratiquement sans valeur (Cass. crim. 22-1-1990 : Bull. crim. nº 35).

APPORTS EN INDUSTRIE À LA SARL

30180 Il peut être procédé, dans les SARL, à des apports en industrie (art. L 223-7, al. 2).

Les apports en industrie ne sont pas pris en compte pour la formation du capital (C. civ. art. 1843-2, al. 2). Néanmoins, les associés apporteurs en industrie reçoivent des « **parts sociales** » en contrepartie de leurs apports (art. L 223-7, al. 2), c'est-à-dire des parts qui leur donnent le droit de partager les bénéfices et l'actif net (C. civ. art. 1843-2, al. 2) et de participer aux décisions collectives (en ce sens, Rép. Frédéric-Dupont : AN 25-7-1983 nº 30968).

Les **statuts** doivent déterminer les conditions dans lesquelles ces parts sont souscrites (art. L 223-7, al. 2) : énonciation et durée des prestations qui seront fournies par l'apporteur, nombre de parts attribuées en rémunération de ces prestations, droits attachés à ces parts dans le partage des bénéfices et de l'actif net, étendue de l'obligation de non-concurrence à la charge de l'apporteur, etc. À défaut d'être prévus par les statuts, de tels apports sont considérés comme inexistants (Cass. com. 14-12-2004 nº 1830 : RJDA 4/05 nº 383). Si les statuts n'ont rien prévu sur les droits et obligations attachés aux parts rémunérant les apports en industrie, la part de l'apporteur en industrie dans les bénéfices et sa contribution aux pertes sont égales à celles de l'associé qui a le moins apporté (C. civ. art. 1844-1, al. 1).

PARTS DE SARL

30190 Le capital doit être divisé en parts sociales égales (art. L 223-2).

Bien que ce texte ne le précise pas, il semble que l'**égalité** ne soit requise que pour la valeur nominale des parts composant le capital social. L'article L 223-2 ne paraît pas interdire de conférer à certaines parts des droits pécuniaires plus importants que ceux attribués aux autres parts (par exemple, droit de priorité dans les bénéfices sociaux).

Les parts sociales représentatives d'apports en nature ou en numéraire doivent être **souscrites** en totalité par les associés. Elles doivent être **libérées** intégralement lorsqu'elles représentent des apports en nature et à concurrence d'au moins un cinquième de leur montant lorsqu'elles représentent des apports en numéraire (art. L 223-7, al. 1). Mention de cette libération doit d'ailleurs figurer dans les statuts (art. R 223-3, al. 2).

Valeur nominale des parts de SARL La loi n'exige aucune valeur nominale minimale des parts sociales. Cette valeur nominale est donc librement fixée par les associés qui peuvent aussi convenir qu'elle ne sera pas exprimée dans les statuts (n° 34301). **30191**

Répartition des parts de SARL La répartition des parts sociales entre les associés doit être mentionnée dans les **statuts** (art. L 223-7, al. 3). **30192**

Cette règle vise non seulement les parts sociales correspondant à des apports en nature ou en numéraire, mais aussi celles qui peuvent être attribuées en contrepartie d'un apport en industrie (n° 30180).

En cas d'apport de biens de communauté, le **conjoint de l'apporteur** peut, sous certaines conditions, se faire attribuer la qualité d'associé pour la moitié des parts émises en rémunération de cet apport (nos 6065 s.).

PARTICIPATION AUX RÉSULTATS D'EXPLOITATION DE LA SARL

Comme dans toute société, les associés doivent tous participer aux bénéfices (ou aux économies) et aux pertes, étant entendu que cette participation n'est pas obligatoirement proportionnelle aux apports (cf. C. civ. art. 1844-1). **30210**

Cependant, la contribution de chaque associé aux pertes sociales est limitée au montant de ses apports (art. L 223-1, al. 1).

Pour plus de détails, voir nos 7000 s.

AFFECTIO SOCIETATIS DANS LA SARL

Conformément à la règle générale, les associés de SARL doivent être animés par l'affectio societatis (voir nos 130 s.). **30220**

DÉNOMINATION DE LA SARL

La société doit être désignée par une dénomination sociale (art. L 223-1, al. 4) : voir nos 1000 s. **30230**

La dénomination sociale doit être **précédée ou suivie** immédiatement des mots « société à responsabilité limitée » ou des initiales « SARL » ainsi que de l'énonciation du capital social (art. L 223-1, al. 4).

L'article R 123-238, 3° impose l'indication de ces mentions (dénomination, forme et capital) sur tous les actes et **documents** émanant de la société et **destinés aux tiers,** notamment les lettres, factures, annonces et publications diverses.

En cas d'inobservation de cette obligation, le ministère public ou tout intéressé peut demander en référé d'enjoindre, le cas échéant sous astreinte, au gérant de s'y conformer (art. L 238-3).

› **Précisions** **a.** Le **sigle** « SARL » n'a pas à figurer **dans la dénomination** sociale elle-même (CA Paris 28-5-1999 : RJDA 12/99 n° 1344 som.).

b. La dénomination d'une société d'exercice libéral à responsabilité limitée ayant pour objet l'exercice en commun d'une profession libérale soumise à un statut législatif ou réglementaire ou dont le titre est protégé doit être immédiatement précédée ou suivie de la mention « **société d'exercice libéral à responsabilité limitée** » ou des initiales « Selarl » ainsi que de l'indication de la profession exercée et du capital social (Ord. 2023-77 du 8-2-2023 art. 41). Les SARL de droit commun créées pour l'exercice d'une profession juridique ou judiciaire peuvent se soumettre à ces dispositions, sans que cela soit une obligation (art. L 811-7, al. 2 et L 812-5, al. 2 pour les administrateurs et mandataires judiciaires, Ord. du 10-9-1817 art. 3-2, al. 2 pour les avocats aux Conseils, Loi 71-1130 du 31-12-1971 art. 8, I-al. 2 pour les avocats, Ord. 45-2590 du 2-11-1945 art. 1 bis, al. 2 pour les notaires et Ord. 2016-728 du 2-6-2016 art. 5, al. 2 et 25, IV-6° pour les commissaires de justice, les huissiers de justice et les commissaires-priseurs judiciaires).

La dénomination d'une société ayant pour objet l'exercice de plusieurs professions du droit et du chiffre doit être immédiatement précédée ou suivie de la mention « **société pluriprofessionnelle d'exercice** » ou des initiales « SPE » ainsi que de l'indication de la forme sociale, des professions exercées et du capital social (Ord. 2023-77 art. 97).

c. Ne sont pas considérés comme des **documents destinés aux tiers** les fiches ou tickets de caisse remis par les établissements de vente au détail à leur clientèle à condition qu'ils ne tiennent pas lieu de factures acquittées (Rép. Kieffer : Sén. 18-12-1971 n° 10819). En revanche, doivent, à notre avis, être considérés comme des documents destinés aux tiers les courriers électroniques à caractère juridique (par exemple, courriers comportant des renseignements sur un contrat ou un projet de contrat).

DURÉE DE LA SARL

30240 La durée de la société peut être fixée à 99 ans, maximum autorisé par la loi (art. L 210-2).

Elle doit être indiquée dans les statuts (art. L 210-2). Elle court à compter de l'immatriculation de la société au RCS (art. R 210-2).

Pour plus de détails, voir nos 950 s.

C. Forme et publicité de la constitution de la SARL

STATUTS DE LA SARL

30300 **Nécessité d'un écrit** Les statuts doivent être établis par écrit (C. civ. art. 1835).

L'acte peut être sous signature privée ou notarié. Toutefois, dans certains cas, la forme notariée est obligatoire ; dans d'autres, elle est à conseiller (nos 1621 s.).

30301 **Contenu des statuts** Les statuts sont plus ou moins détaillés selon le désir des associés. Cependant, les **mentions** suivantes sont **obligatoires** (art. L 210-2, L 223-7, L 223-9 et R 223-3, al. 2) :
– la forme juridique adoptée (au cas particulier : société à responsabilité limitée) ;
– la durée ;
– la dénomination sociale ;
– le siège social ;
– l'objet ;
– le montant du capital social ;
– l'évaluation de chaque apport en nature ;
– le cas échéant, les modalités selon lesquelles peuvent être souscrites les parts sociales en industrie ;
– la répartition des parts entre les associés ;
– la libération des parts ;
– le dépôt des fonds correspondant aux apports en numéraire.

À noter que la fausse déclaration concernant la répartition des parts sociales peut constituer un faux sanctionné par un emprisonnement de trois ans et 45 000 € d'amende (C. pén. art. 441-1 ; Circ. DACG 04-14/G3 du 14-9-2004).

Outre les mentions obligatoires rappelées ci-dessus, les statuts doivent contenir toutes les autres clauses nécessaires pour assurer le bon fonctionnement de la société, notamment celles concernant :
– la nomination du ou des gérants ;
– la détermination des pouvoirs des gérants ;
– la transmission des parts sociales ;
– le mode de consultation des associés ;
– la majorité requise pour l'adoption des décisions collectives ;
– les dates d'ouverture et de clôture des exercices sociaux ;
– la répartition des bénéfices et du boni de liquidation ;
– les modalités de liquidation de la société.

30302 **Nombre d'originaux** Lorsque les **statuts** sont **établis par acte sous signature privée,** il est dressé autant d'originaux qu'il est nécessaire pour le dépôt d'un exemplaire au siège social et l'exécution des diverses formalités requises (art. R 223-1, al. 1).

Le dépôt d'un original des statuts en vue de l'immatriculation de la société n'est pas nécessaire, les statuts pouvant être fournis en copie (art. R 123-77, al. 1). Il suffit donc aux futurs associés de signer un seul original à conserver dans les archives sociales.

30303 **Signature des statuts** Tous les associés doivent intervenir à l'acte constitutif. Lorsqu'ils ne peuvent signer en personne les statuts, il leur appartient de se faire représenter par un mandataire au moyen d'un pouvoir établi spécialement à cet effet (nos 1710 s.).

30304 **Pièces annexées aux statuts** Les documents suivants devront, le cas échéant, être annexés aux statuts :
– le rapport du commissaire aux apports en cas d'**apports en nature** (art. L 223-9, al. 1) ;
– l'**état des actes** accomplis pour le compte de la société en formation, avec l'indication, pour chacun d'eux, de l'engagement qui en résulte pour la société (art. R 210-5, al. 2).

En l'absence de disposition législative ou réglementaire sur ce point, il ne paraît pas indispensable que ces documents soient **contresignés** par tous les associés. Mais cette formalité est à recommander car elle apporte la preuve que tous les associés ont bien pris connaissance de ces documents.

Copies des statuts Un exemplaire des statuts établi sur papier libre doit être remis à chaque associé (art. R 223-1, al. 2). 30305

Droit d'obtenir copie des statuts Tout **associé** a le droit, à toute époque, d'obtenir au siège social la délivrance d'une copie, certifiée conforme par le gérant, des statuts en vigueur au jour de la demande. La société doit annexer à ce document la liste des gérants et, le cas échéant, des commissaires aux comptes en exercice, sans pouvoir, pour cette délivrance, exiger le paiement d'une somme supérieure à 0,30 € (art. R 223-14). 30306

Ce droit, qui s'exerce au siège social, est réservé aux associés. Mais les **tiers** peuvent avoir connaissance et demander copie des mêmes documents au RCS.

Sanction des omissions ou irrégularités dans les statuts Tout intéressé peut agir en régularisation (nos 89800 s.) et en responsabilité (nos 89830 s.) en cas d'omissions ou d'irrégularités dans les statuts. 30307

PUBLICITÉ DE LA CONSTITUTION DE LA SARL

Comme pour toutes les sociétés commerciales, la constitution d'une SARL donne lieu, indépendamment de l'enregistrement, aux formalités, notamment d'immatriculation, exposées nos 3040 s. 30320

L'accomplissement de ces formalités constitue une étape importante pour la **société** puisque, tant que celle-ci n'est **pas immatriculée,** elle n'acquiert pas la personnalité morale (cf. art. L 210-6, al. 1).

CHAPITRE 2

LE FONCTIONNEMENT DE LA SOCIÉTÉ À RESPONSABILITÉ LIMITÉE

SOMMAIRE

SECTION 1 GÉRANCE DE LA SARL

A. Nomination des gérants de SARL

NOMBRE DE GÉRANTS DANS LA SARL

Le nombre des gérants est fixé librement dans les statuts (art. L 223-18, al. 1 et 2). 31000

Lorsqu'il existe **plusieurs gérants,** il est parfois constitué un conseil de gérance. La création d'un conseil se rencontre lorsque la SARL est utilisée comme organe de gestion d'une autre forme de société, par exemple une SAS. Les modalités de fonctionnement de cet organe, qu'aucune disposition légale ou réglementaire ne prévoit, sont librement fixées dans les statuts : répartition des tâches, majorité requise pour les décisions à prendre, etc. À défaut de précision dans les statuts, chacun des gérants peut agir séparément (nº 31260).

Toutefois, cette organisation de la gérance n'a d'effet que dans les rapports des associés entre eux. À l'égard des tiers, elle est dépourvue de toute efficacité puisque chacun des gérants peut engager la société en toutes circonstances (nº 31340).

ATTENTION

La désignation d'un **gérant « remplaçant »** ou « suppléant » appelé à diriger la société en cas de défaillance du gérant en poste n'est pas permise par les textes. L'inscription d'un tel gérant au RCS n'est donc pas possible (Avis CCRCS 2018-002 du 25-4-2018).

GÉRANT ASSOCIÉ OU NON DE LA SARL

Le ou les gérants sont choisis parmi les associés ou en dehors d'eux (art. L 223-18, al. 2). Toutefois, les statuts pourraient valablement réserver aux seuls associés la possibilité d'être nommés gérants de la société. 31010

CAPACITÉ REQUISE DU GÉRANT DE SARL

1. Personnes physiques. Seules les personnes physiques peuvent assumer les fonctions de gérant dans une SARL (art. L 223-18, al. 1). 31020

2. Mineurs. Le mineur **émancipé,** qui a la même capacité civile qu'un majeur (C. civ. art. 413-6, al. 1), peut sans restriction être gérant d'une SARL car cette fonction n'attribue pas au mineur la qualité de commerçant. Quant au mineur **non émancipé,** il est douteux qu'il puisse exercer de telles fonctions (nº 11111).

3. Majeurs protégés. Si elle n'est pas interdite, la nomination en qualité de gérant d'un majeur atteint d'une incapacité (majeur sous sauvegarde de justice, sous curatelle, sous tutelle, sous habilitation familiale ou dont le mandat de protection future a pris effet) est inopportune pour les raisons exposées nº 12442.

4. Couples. Chacun des **époux** peut, quel que soit son régime matrimonial, être gérant de SARL. Par ailleurs, les époux peuvent être tous deux gérants de la même société, même s'ils en sont les seuls associés (C. civ. art. 1832-1, al. 1). 31021

Il en est de même pour les partenaires d'un **Pacs** et, a fortiori, pour les **concubins.**

5. Étrangers. Si le gérant n'est pas ressortissant d'un État européen, il doit, en principe, être titulaire d'un titre de séjour (voir nºs 92680 s.).

INCOMPATIBILITÉS ET INTERDICTIONS APPLICABLES AU GÉRANT DE SARL

Sur les incompatibilités et les interdictions empêchant l'exercice des fonctions de gérant, voir nºs 11170 s. 31030

SARL EXERÇANT UNE ACTIVITÉ RÉGLEMENTÉE

L'exercice par la société de certaines activités réglementées entraîne pour les gérants l'obligation de remplir diverses conditions particulières. Pour plus de détails, voir nº 11350. 31040

CLAUSES STATUTAIRES RELATIVES À LA NOMINATION DU GÉRANT DE SARL

Les statuts de la SARL peuvent édicter des **conditions particulières** pour la nomination du gérant. Par exemple, il peut être stipulé qu'il devra être associé ou être titulaire de tel ou tel diplôme. 31050

De même, les statuts peuvent interdire ou restreindre le **cumul des fonctions** de gérant de la société avec celles d'administrateur, de directeur ou de gérant d'une autre société. Par exemple, empêche tout cumul la clause qui prévoit que le gérant doit tout son temps à la société.

Limite d'âge Contrairement au régime applicable aux sociétés par actions, aucun texte ne prévoit de limite d'âge pour l'exercice des fonctions de gérant de SARL. Mais cette limite peut valablement résulter d'une disposition expresse des statuts. 31051

CUMUL DES FONCTIONS DE GÉRANT DE SARL AVEC UN CONTRAT DE TRAVAIL

31060 **Conditions du cumul** En l'absence de disposition contraire dans le Code de commerce, le cumul des fonctions de gérant avec celles de salarié dans la même société est possible dès lors que le contrat de travail correspond à un **emploi effectif,** ce qui suppose :
– une nette distinction entre la gérance, qui comporte la direction générale de la société, et les fonctions techniques, qui sont la conséquence du contrat spécialisé (Cass. soc. 1-12-1993 n° 3869 : RJDA 2/94 n° 160) ;
– un état de subordination à l'égard de la société, ce qui implique notamment qu'il soit associé **minoritaire** (Cass. soc. 16-5-1990 n° 1953 : RJS 6/90 n° 535 ; Cass. soc. 10-2-2010 n° 09-40.383 : RJDA 5/10 n° 515) ou gérant **non associé** (Cass. soc. 16-12-1981 n° 2428 : Bull. civ. V n° 967), mais pas associé **majoritaire** (Cass. soc. 7-2-1979 : Rev. sociétés 1980 p. 473 obs. J. H. ; Cass. soc. 8-10-1980 : D. 1981 p. 257 note Reinhard ; Cass. soc. 31-3-1982 : Bull. civ. V n° 238) ;
– une rémunération spécifique.

S'il remplit ces conditions, le gérant a alors une double qualité : celle de « mandataire » révocable par les associés et celle de salarié.

Pour plus de détails sur les conditions de validité du cumul d'un mandat social et d'un contrat de travail, voir n°s 11500 s.

> **Précisions** Selon le ministre du travail (Rép. Pujol : AN 16-7-1977 n° 36410 ; Rép. Briane : AN 30-9-1978 n° 1920), l'**état de subordination** suppose non seulement que l'intéressé, s'il est associé, soit minoritaire, mais aussi qu'il ne jouisse pas, au titre de son mandat, des pouvoirs les plus étendus. À notre connaissance, l'exigence de cette seconde condition n'a pas été confirmée par les tribunaux. Elle ne se concevrait d'ailleurs que dans les rapports du gérant avec les associés car, à l'égard des tiers, aucune limitation des pouvoirs du gérant n'est possible (art. L 223-18, al. 5 et 6).

31061 **Contrôle du contrat de travail du gérant** Le contrat de travail passé entre la société et son gérant constitue une des **conventions réglementées** visées par l'article L 223-19 (n°s 31900 s.). Sa conclusion ou sa modification doit donc être approuvée par la collectivité des associés. Le gérant, s'il est associé, ne peut pas participer au vote et ses parts ne sont pas prises en compte pour le calcul de la majorité. Enfin, le rapport spécial du gérant ou du commissaire aux comptes sur les conventions réglementées doit, chaque année, faire état des rémunérations versées au titre du contrat de travail (art. R 223-17, 5°).

MODE DE NOMINATION DU GÉRANT DE SARL

31070 **Lors de la constitution de la société** Les gérants de SARL sont nommés par les associés dans les statuts ou dans un acte postérieur (art. L 223-18, al. 2).

Lorsque les gérants ne sont pas nommés dans les statuts, leur désignation doit intervenir à bref délai car la publicité légale, à laquelle est subordonnée l'immatriculation au RCS (et donc la personnalité morale de la société), doit mentionner leur identité.

MODÈLE

Acte de désignation du premier gérant

Société à responsabilité limitée...
Société en formation au capital de... €
Siège social : ...
Nomination du premier gérant

Nous soussignés : ...
Seuls associés de la SARL..., nous sommes réunis à l'issue de la signature des statuts pour désigner d'un commun accord le premier gérant de la société.
À cet effet, nous sommes convenus de ce qui suit :
I – Nomination
M./Mme..., né(*e*) le..., de nationalité..., demeurant... est nommé(*e*) en qualité de gérant de la société pour une durée indéterminée.
Il/Elle n'entrera effectivement en fonctions qu'à partir du jour où la société aura été immatriculée au registre du commerce et des sociétés.
Il/Elle déclare par lettre séparée accepter les fonctions de gérant qui viennent de lui être confiées et affirme n'exercer aucune autre fonction susceptible de l'empêcher d'exercer ce mandat ni être frappé(*e*) d'aucune incapacité ou interdiction de gérer une société commerciale.
II – Pouvoirs
Le gérant exercera ses fonctions dans les conditions prévues par la loi et la clause « Gérance » des statuts.
Fait à..., le...
En autant d'originaux que nécessaire pour le dépôt d'un exemplaire au siège social et l'exécution des formalités.

(*Signatures*)

Au cours de la vie sociale La nomination des gérants en cours de vie sociale peut être décidée à la **majorité** de plus de la moitié des parts sociales (art. L 223-18, al. 2). Mais les statuts pourraient, à notre avis, exiger une majorité plus élevée (en ce sens, CA Lyon 9-12-1971 : Gaz. Pal. 1972 I p. 393 ; Rép. Bonnet : AN 19-7-1969 nº 5912). 31071

Si la majorité requise n'est pas obtenue sur première **consultation** et sauf clause contraire des statuts, il est possible de procéder à une seconde consultation, au cours de laquelle il est statué à la majorité des votes émis (art. L 223-18, al. 2).

Acceptation des fonctions de gérant L'acceptation de ses fonctions par le gérant peut être expresse ou tacite. Dans le premier cas, elle résulte généralement d'une lettre de l'intéressé ou de sa signature au pied de la décision l'ayant nommé, précédée de la mention « bon pour acceptation des fonctions de gérant ». 31072

Publicité de la nomination des gérants Sur les modalités de cette publicité, voir nºs 13000 s. 31073

B. Cessation des fonctions du gérant de SARL

1. ARRIVÉE DU TERME DES FONCTIONS DU GÉRANT DE SARL

Les associés ont toute liberté pour fixer la durée des fonctions des gérants. Encore faut-il que les **statuts** précisent cette durée, soit lors de la constitution de la société, soit au cours de la vie sociale. 31130

Les statuts peuvent également, à notre avis, laisser aux associés le soin de déterminer cette durée lors de chaque nomination, aucune disposition légale ne paraissant s'y opposer. Ils peuvent aussi prévoir que le gérant cessera d'exercer ses fonctions en cas de survenance d'un ou plusieurs événements déterminés, par exemple un changement de majorité.

En l'**absence de clauses statutaires,** les gérants sont nommés pour la durée de la société (art. L 223-18, al. 3). Il en serait de même, nous semble-t-il, au cas où, malgré une disposition des statuts les habilitant à le faire, les associés auraient omis de fixer la durée des fonctions des gérants lors de la nomination de ces derniers : par leur silence, les associés sont censés avoir implicitement accepté que les deux durées coïncident.

À l'**arrivée du terme prévu,** les gérants doivent cesser leurs fonctions sans qu'il soit nécessaire de leur signifier un congé ou de respecter un préavis. Toutefois, l'exercice du droit de non-renouvellement des fonctions du gérant peut donner lieu à dommages-intérêts si les circonstances qui l'entourent révèlent des conditions humiliantes ou vexatoires pour le gérant (Cass. com. 17-12-2002 nº 2140 : RJDA 5/03 nº 506). 31131

Le **gérant** qui, malgré l'arrivée du terme, **continue de gérer la société** ne peut pas se prévaloir d'un renouvellement de ses fonctions par tacite reconduction (nº 12410).

Sauf disposition contraire des statuts, les gérants sont **rééligibles.**

Le renouvellement des fonctions des gérants n'entraîne à notre avis aucune formalité de publicité (dans le même sens, Rép. Rickert : AN 17-5-1972 nº 23022 ; voir nº 39714).

> **› Précisions** La **réduction de la durée statutaire** des fonctions du gérant décidée, sans l'accord de ce dernier, par une assemblée générale extraordinaire équivaut à une révocation (Cass. com. 29-5-1972 : Rev. sociétés 1973 p. 487 note J. Hovasse).

2. EMPÊCHEMENT PERSONNEL DU GÉRANT DE SARL

Les cas d'empêchement personnel sont notamment le décès, la survenance d'une incapacité, l'interdiction de gérer une entreprise, le prononcé de la faillite personnelle et tout événement empêchant de manière durable le gérant d'assumer ses fonctions. Pour plus de détails, voir nºs 12440 s. 31140

3. RÉVOCATION DU GÉRANT DE SARL

Le gérant peut être révoqué par **décision des associés** (art. L 223-25), dans les conditions exposées nºs 31151 s. La révocation est **libre** ; toute convention de nature à dissuader les associés de la prononcer est nulle (nºs 12480 s.). 31150

Si la révocation est décidée sans juste motif, elle peut donner lieu à dommages-intérêts (nos 12490 s.). Des dommages-intérêts peuvent aussi être alloués au gérant lorsque la décision de révocation a été prise dans des conditions abusives, notamment si l'obligation de loyauté dans l'exercice du droit de révocation n'a pas été respectée à son égard (nos 12550 s.).

Par ailleurs, le gérant est révocable **par les tribunaux** pour cause légitime, à la demande de tout associé (no 31157).

MODALITÉS DE RÉVOCATION DU GÉRANT DE SARL PAR LES ASSOCIÉS

31151 **Convocation des associés** En cas de **pluralité de gérants,** l'un d'entre eux pourra toujours convoquer l'assemblée ou consulter les associés par correspondance sur la révocation d'un ou plusieurs des autres gérants. Mais s'il n'existe qu'**un seul gérant,** il est peu vraisemblable que celui-ci prenne l'initiative de la consultation et même qu'il défère à la demande formée par un ou plusieurs associés de convoquer une assemblée ou de faire inscrire un point ou un projet de résolution portant sur sa révocation à l'ordre du jour dans les conditions prévues par l'article L 223-27, al. 4 et 5. En cas de refus du gérant de convoquer l'assemblée, les associés demandeurs ne peuvent pas se substituer au gérant et y procéder eux-mêmes (no 32312), sous peine d'irrégularité de la révocation (CA Orléans 24-5-2007 no 06-2418 : RJDA 10/07 no 980) ; seule leur est ouverte la faculté de demander au président du tribunal de commerce, statuant en référé, la désignation d'un mandataire chargé de convoquer l'assemblée et de fixer son ordre du jour (CA Orléans 24-5-2007 précité ; sur cette faculté, voir nos 32315 s.).

Toutefois, si le **gérant unique est placé sous tutelle,** le commissaire aux comptes chargé d'un audit légal classique ou tout associé peut convoquer l'assemblée à seule fin de le révoquer et de désigner un ou plusieurs gérants (art. L 223-27, al. 8 et L 821-57, al. 2 dispensant le commissaire aux comptes chargé d'un audit allégé de convoquer l'assemblée).

La révocation du gérant doit figurer à l'**ordre du jour** de l'assemblée appelée à statuer sur celle-ci ou résulter des questions qui y sont inscrites (voir no 32346).

31152 Lorsque la SARL devient unipersonnelle à la suite de la réunion de toutes les parts en une seule main, l'**associé unique** a le pouvoir de prendre la décision de révoquer le gérant non associé au lieu et place de l'assemblée des associés (Cass. com. 9-3-2010 no 09-11.631 : RJDA 5/10 no 531). Cette solution n'est que la conséquence du passage automatique de la SARL, pluripersonnelle, à l'EURL lorsque la société n'a plus qu'un associé. L'article L 223-1, al. 2 dispose en effet que l'associé unique exerce les pouvoirs dévolus à la collectivité des associés. En conséquence, toutes les clauses statutaires impliquant plusieurs associés sont caduques puisqu'elles ne peuvent pas être exécutées.

31153 **Majorité requise** La révocation du gérant requiert une décision d'associés représentant plus de la moitié des parts sociales, à moins que les statuts prévoient une **majorité** plus forte (art. L 223-25).

Si la majorité requise n'est pas obtenue sur première consultation, il peut être organisé une **deuxième consultation** des associés, statuant à la majorité des votes émis, les statuts ayant toutefois la faculté d'exclure cette deuxième consultation ou de prévoir une majorité plus forte pour les deux consultations (art. L 223-25, al. 1).

La possibilité de prévoir une « majorité plus forte » n'autorise pas les statuts à exiger l'unanimité car cela aboutirait à rendre irrévocable le gérant associé. Les associés peuvent valablement passer outre une clause des statuts exigeant l'unanimité et révoquer le gérant à la majorité représentant plus de la moitié des parts sociales (CA Paris 10-10-2006 no 05-17037 : RJDA 2/07 no 168).

> **Précisions** **a.** Dans une société exploitant une **entreprise de presse,** la révocation des gérants ne peut être prononcée qu'à la majorité d'au moins les trois quarts « du capital » (art. L 223-25, al. 3) ; cette majorité doit, à notre avis, être désormais calculée au regard du nombre de parts sociales (no 32790).
> **b.** Les dispositions de l'article L 223-25, al. 3 concernent seulement la révocation du gérant. Elles ne sont pas applicables en cas de **transformation de la SARL en SA** entraînant la cessation des fonctions du gérant, dès lors que la décision de transformation n'a pas un caractère abusif et ne tend pas à dissimuler une révocation (Cass. com. 22-5-1973 : Bull. civ. IV no 180).

31154 **Participation du gérant au vote** En l'absence de disposition légale contraire, le gérant, s'il est associé, participe au vote de l'assemblée.

Si le **gérant** est **majoritaire,** il est bien évident qu'aucun vote positif ne pourra intervenir sur la révocation. Les associés minoritaires n'auront alors que la seule ressource de demander la révocation judiciaire du gérant, laquelle est subordonnée à l'existence d'une « cause légitime » (n° 31157).

Si le **gérant** est **minoritaire,** la révocation pourra être acquise, sur première consultation, sur le vote conforme d'associés représentant plus de la moitié des parts sociales, sauf si les statuts prévoient une majorité plus forte. Cette décision pourra même résulter (en application de la règle générale prévue à l'article L 223-29, al. 1) du **vote d'un seul associé** possédant plus de la moitié des parts puisque la majorité se calcule en fonction du nombre de parts sociales, quel que soit le nombre des associés (dans le même sens, CA Paris 26-11-1999 : RJDA 3/00 n° 290).

ATTENTION

Est valable la décision de révocation adoptée par l'associé majoritaire de la société, **seul présent à l'assemblée,** alors que les statuts prévoient que cette décision doit être prise par « des associés », ces termes devant être compris comme faisant référence de manière générique à « un ou plusieurs associés » (Cass. com. 31-3-2021 n° 19-12.057 F-P : RJDA 7/21 n° 490).

Dans le cas où la **société** serait composée **de deux associés égalitaires** dont l'un serait gérant, la révocation de celui-ci, par suite du défaut d'une majorité, ne peut résulter que d'une décision de justice (n° 31157). **31155**

Effet de la décision La révocation du gérant produit son plein effet dès la décision des associés ; elle ne peut pas être rétroactive (CA Colmar 21-11-1980 : D. 1981 p. 235 note Sinay-Cytermann et, sur pourvoi, Cass. com. 8-3-1983 : Bull. civ. IV n° 100). **31156**

Lorsque le nom du gérant figure dans les statuts, la mention de ce nom devient caduque et est privée d'efficacité dès le jour de la révocation. Néanmoins, si les associés préfèrent supprimer la mention du nom du gérant dans les statuts, ils peuvent le faire à la simple majorité de plus de la moitié des parts sociales, contrairement à la plupart des modifications statutaires (art. L 223-18, al. 2).

RÉVOCATION JUDICIAIRE DU GÉRANT DE SARL

Tout associé peut demander en justice la révocation du ou des gérants pour **cause légitime** (art. L 223-25, al. 2). **31157**

Constituent une cause légitime de révocation judiciaire la violation de la loi ou des statuts, le manquement du gérant à ses obligations, la mauvaise gestion de nature à compromettre l'intérêt social ainsi que la perte de confiance des associés (CA Paris 17-3-2015 n° 14/07179 : RJDA 7/15 n° 504). Selon cette définition, les faits constituant une cause légitime diffèrent peu des fautes justifiant la révocation par les associés pour juste motif (n°s 12500 s.).

ILLUSTRATIONS

La révocation est fondée sur une cause légitime dans les cas suivants :

– si le gérant détenant la moitié du capital n'assiste plus aux assemblées depuis plusieurs années, ce qui oblige son cogérant à convoquer chaque assemblée à deux reprises, entravant ainsi la gestion sociale et paralysant la vie de la société (CA Paris 8-11-1996 : RJDA 2/97 n° 219) ;

– lorsque le gérant est devenu une personne vulnérable, capable de prodigalité et n'appréhendant pas parfaitement les implications de la gestion de son patrimoine, ce qui justifie sa mise sous curatelle (CA Paris 4-4-1997 : Dr. sociétés 1997 n° 177 obs. Th. Bonneau) ;

– si le gérant d'une SARL exploitant une parapharmacie s'est totalement désintéressé de l'activité de la société en difficulté financière, laissant aux vendeurs le soin de remplir son rôle et ne se rendant que très occasionnellement au magasin (CA Pau 6-3-2003 n° 02-1557 : RJDA 12/03 n° 1191) ;

– si le gérant a refusé d'exécuter les décisions de justice prononçant l'expulsion de la société des locaux loués et la condamnation de celle-ci au paiement de sommes dues au titre de marchandises livrées, ce refus étant contraire à l'intérêt social en ce qu'il a aggravé le passif de la société (décision concernant le gérant d'une SCS mais transposable au gérant d'une SARL, Cass. com. 8-2-2005 n° 186 : RJDA 5/05 n° 582) ;

– en raison de la perte de confiance des associés à l'égard du gérant qui a perçu une rémunération sans leur accord et qui a omis de recouvrer les redevances dues par le locataire-gérant de la société pendant plusieurs années (CA Paris 17-3-2015 n° 14/07179 : RJDA 7/15 n° 504) ;

– si la mésentente entre les cogérants a compromis le bon fonctionnement de la société en la privant de commercialiser ses produits auprès d'un distributeur notoire et en causant la cessation de ses relations avec deux banques et a entraîné la désignation d'un administrateur provisoire (CA Paris 29-11-2016 n° 16/06010 : RJDA 3/17 n° 190) ;

– si le gérant n'a pas établi ni soumis aux associés les documents nécessaires à l'approbation des comptes sociaux et a contribué par sa négligence à la radiation d'office de la société du RCS (CA Paris 6-8-2019 n° 18/22544 : RJDA 12/19 n° 765, à propos d'une SNC mais transposable).

La cause légitime doit être appréciée en considération de l'**intérêt de la société** en tant qu'entité économique et juridique, qui ne coïncide pas nécessairement avec l'intérêt des seuls associés ; il s'ensuit que, dans une SARL comportant pour seuls associés deux frères en situation conflictuelle, dont l'un est gérant, un différend à propos d'un découvert en compte courant qui concerne plus les rapports entre les deux frères que la gestion de la société et qui n'a jamais affecté de manière significative la situation de celle-ci ne peut pas constituer une cause légitime de révocation du gérant (Cass. com. 10-7-2007 nº 06-13.520 : RJDA 10/07 nº 979).

Les fautes invoquées comme cause légitime n'ont pas à être nécessairement des fautes intentionnelles d'une particulière gravité (Cass. 3e civ. 12-3-2014 nº 13-14.374 : RJDA 6/14 nº 539, à propos d'une société civile mais transposable).

Le demandeur doit assigner le gérant et la société puisque cette action, qui vise un organe social, affecte directement la situation de la société. Mais il n'a pas l'obligation d'assigner tous les associés afin de leur permettre de faire valoir leurs observations (Cass. com. 15-1-2013 nº 11-28.510 : RJDA 5/13 nº 416).

31158 En cas d'**urgence** et si la révocation ne se heurte à aucune **contestation sérieuse,** celle-ci peut être décidée par le président du tribunal de commerce du lieu du siège social statuant en référé (CPC art. 872 ; CA Pau 6-3-2003 nº 02-1557 : RJDA 12/03 nº 1191 ; pour des cas où ces conditions faisaient défaut, CA Paris 18-5-2022 nº 21/17188 : RJDA 1/23 nº 34 et CA Amiens 13-4-2023 nº 21/05976 : RJDA 12/23 nº 666).

4. DÉMISSION DU GÉRANT DE SARL

31170 Le Code de commerce ne contient aucune disposition relative à la démission des gérants. Les associés peuvent donc organiser librement dans les statuts les **conditions** dans lesquelles cette démission pourra intervenir.

En l'absence de clauses statutaires, le gérant peut, à notre avis, démissionner de ses fonctions, qu'il soit associé ou non, statutaire ou non. Toutefois, si la démission est **fautive,** la société a droit à des dommages-intérêts dans la mesure du préjudice qu'elle subit.

Pour plus de détails, voir nos 12620 s.

EFFETS DE LA DÉMISSION DU GÉRANT DE SARL

31171 Sauf stipulation contraire des statuts, la démission produit tous ses effets dès lors qu'elle a été **portée à la connaissance de la société** ; elle ne nécessite aucune **acceptation** de la part de celle-ci et ne peut faire l'objet d'aucune **rétractation** (nº 12680).

Si le **gérant** est **statutaire,** la mention de son nom dans les statuts devient caduque (nº 12681).

5. CONSÉQUENCES DE LA CESSATION DES FONCTIONS DU GÉRANT DE SARL

PUBLICITÉ DE LA CESSATION DES FONCTIONS DU GÉRANT DE SARL

31180 La cessation, pour quelque cause que ce soit, des fonctions du ou des gérants doit faire l'objet des mesures de publicité exposées nos 13000 s.

DROITS DE L'ANCIEN GÉRANT DE SARL

31181 L'ancien **gérant** peut obtenir des dommages-intérêts s'il a été **révoqué sans juste motif** (nos 12490 s.) ou si sa **révocation** a été **abusive** (nos 12550 s.). Dans le cas où il bénéficiait d'un **contrat de travail,** la cessation de ses fonctions ne lui fait pas perdre le bénéfice de son contrat de travail (nº 12790), qui se poursuit comme précédemment.

L'ancien gérant peut **s'établir dans la même activité** que celle de la société, sauf si une disposition statutaire ou conventionnelle expresse l'en empêche (nos 12760 s.).

OBLIGATIONS DE L'ANCIEN GÉRANT DE SARL

31182 Lorsque le gérant vient à cesser ses fonctions, il doit néanmoins rendre compte de sa mission lors de l'assemblée qui approuve les comptes de l'exercice au cours duquel cette cessation de fonctions est intervenue.

C. Pouvoirs du gérant de SARL

1. POUVOIRS DU GÉRANT DE SARL À L'ÉGARD DES ASSOCIÉS

ORGANISATION STATUTAIRE DES POUVOIRS DU GÉRANT DE SARL

L'article L 223-18, al. 4 laisse aux associés le soin de fixer comme ils l'entendent l'étendue des pouvoirs du gérant. Les statuts peuvent ainsi **limiter** ces **pouvoirs** et imposer une autorisation de la collectivité des associés avant la conclusion de certains contrats ou la réalisation d'opérations jugées trop importantes pour être laissées à la seule initiative du ou des gérants (emprunts excédant un certain montant, hypothèque sur les immeubles sociaux ou nantissement du fonds de commerce, apports en société, vente de certains éléments de l'actif immobilisé, etc.). On peut s'inspirer de l'exemple présenté nº 13470 pour rédiger une telle clause. 31240

Les clauses relatives à l'étendue des pouvoirs du gérant doivent figurer dans les statuts (art. L 223-18, al. 4). Il n'est donc pas possible d'insérer des **limitations de pouvoirs dans la décision collective nommant le gérant,** à moins qu'il ne s'agisse d'une décision collective extraordinaire emportant modification expresse ou implicite des statuts (Cass. com. 28-11-2006 nº 1330 : RJDA 4/07 nº 371).

Si le gérant viole une clause restreignant ses pouvoirs, les associés pourront lui demander réparation du préjudice subi de ce fait ; ils pourront aussi le révoquer et prétendre valablement que la méconnaissance des statuts constitue un juste motif privant le gérant de tout droit à dommages-intérêts. Quant aux tiers, ils peuvent, dans certains cas, se prévaloir de la clause limitative à l'encontre de la société dont le gérant a excédé ses pouvoirs (nº 13480).

POUVOIRS DU GÉRANT DE SARL DANS LE SILENCE DES STATUTS

Si les statuts ne contiennent pas de clause déterminant les pouvoirs du gérant, celui-ci peut accomplir « tous **actes de gestion** dans l'intérêt de la société » (art. L 221-4, al. 1 sur renvoi de l'art. L 223-18, al. 4). Les actes « de gestion » doivent être entendus dans un sens large. Ils peuvent comprendre des actes de disposition des biens sociaux, dans la mesure où ceux-ci concernent l'exploitation de l'entreprise, aussi bien que des actes de simple administration. 31250

Le gérant peut aussi exiger des associés l'exécution de leurs obligations à l'égard de la société (par exemple, libération des apports, restitution d'un bien prêté par la société). Si les associés ne répondent pas à ses demandes, il peut saisir le juge afin de les y contraindre sans être habilité à cet effet par l'assemblée des associés (par exemple, Cass. 3e civ. 16-1-2020 nº 18-21.394 F-D : RJDA 6/20 nº 315 ; CA Versailles 14-1-2000 : RJDA 3/00 nº 271, en matière de société civile mais transposables).

L'**intérêt social** s'entend de façon « élargie », c'est-à-dire en prenant en considération les enjeux sociaux et environnementaux de l'activité de la société (C. civ. art. 1833). L'acte est conforme à cet intérêt s'il est utile ou profitable à la société, compte tenu, le cas échéant, des enjeux sociaux et environnementaux liés à son activité (nº 13210).

RÉPARTITION DES POUVOIRS EN CAS DE PLURALITÉ DE GÉRANTS DE SARL

Lorsqu'il existe plusieurs gérants et que les statuts n'ont pas déterminé leurs fonctions respectives ni précisé qu'ils doivent agir conjointement, chacun peut **agir séparément,** sauf le droit pour les autres de s'opposer à toute opération non encore conclue (art. L 221-4, al. 2 sur renvoi de l'art. L 223-18, al. 4). 31260

L'**opposition** peut être faite sous une forme quelconque pourvu qu'elle soit nettement affirmée : exploit d'huissier ou de commissaire de justice, lettre ou même déclaration devant témoins.

À notre avis, un gérant engagerait sa responsabilité à l'égard de la société s'il ne s'opposait pas à un acte d'un cogérant contraire à l'intérêt social, dépassant l'objet social ou relevant *de la compétence des associés.*

Les **comptes sociaux** et le rapport de gestion doivent être établis par tous les gérants (Cass. com. 21-3-1995 nº 617 : RJDA 6/95 nº 724, à propos d'une SNC mais transposable aux SARL par identité des textes applicables).

› Précisions **a.** Il a été jugé qu'un gérant ne peut pas former **opposition à la convocation d'une assemblée** générale, acte unilatéral qui ne peut équivaloir à la « conclusion d'une opération » (Cass. com. 6-6-1972 : Rev. sociétés 1973 p. 310 note B. Bouloc ; CA Paris 5-11-1999 : RJDA 2/00 nº 177).

b. Une opération est considérée comme conclue à la date où elle est décidée. En matière contractuelle, il s'agit du jour de l'échange des consentements ; un gérant ne peut donc plus s'opposer **à l'exécution d'un contrat** auquel la société a déjà consenti à l'initiative d'un cogérant.

Pour les **actions en justice engagées par la société,** la date limite de validité de l'opposition d'un gérant est celle à laquelle l'avocat de la société a déposé sa requête au greffe du tribunal à la demande d'un cogérant (Cass. soc. 3-5-2011 nº 10-20.084 : RJDA 8-9/11 nº 701).

c. Le fait que le gérant à l'initiative de la révocation de son cogérant ne se soit **pas opposé** aux décisions litigieuses de ce dernier ne lui interdit pas de s'en prévaloir comme **juste motif de révocation** (Cass. com. 15-1-2020 nº 18-12.009 F-D : RJDA 4/20 nº 220).

POUVOIR DU GÉRANT DE SARL DE MODIFIER LES STATUTS

31270 Aux termes de l'article L 223-18, al. 9, le gérant peut mettre les statuts en harmonie avec les **dispositions impératives de la loi et des règlements,** sous réserve de faire ratifier cette décision par les associés dans les mêmes conditions qu'en cas de transfert du siège social par le gérant (nº 31280). Si les associés ne ratifiaient pas la décision du gérant, celle-ci deviendrait caduque.

Sur la modification des statuts par le gérant en cas de **location des parts sociales,** voir nº 20200.

TRANSFERT DU SIÈGE SOCIAL PAR LE GÉRANT DE SARL

31280 En principe, le transfert du siège social est décidé par les associés à la majorité de plus de la moitié des parts (art. L 223-30, al. 1).

Cependant, la loi autorise le ou les gérants à décider le déplacement du siège social sur l'ensemble du territoire français, sous réserve de **ratification** de ce transfert par une décision des associés prise à la majorité requise pour l'adoption des décisions ordinaires (plus de la moitié des parts sociales et, sur seconde consultation, majorité des voix émises) (art. L 223-18, al. 8).

La loi ne précisant pas à quelle époque la ratification doit être proposée aux associés, celle-ci peut à notre avis intervenir à tout moment, notamment à la suite de l'assemblée générale ordinaire annuelle.

Si les associés ne ratifiaient pas le transfert (à notre avis, dans un délai raisonnable, la loi ne donnant aucune indication sur la date de ratification), la décision du gérant deviendrait caduque. De nouvelles formalités devraient alors être accomplies pour informer les tiers du retour au siège antérieur.

Dans le cas où de nouveaux locaux auraient été réservés en vue du transfert du siège, il est recommandé à ceux qui concluent l'acte de subordonner cette conclusion à la ratification de la décision de transfert par les associés.

> **Précisions** Les dispositions de l'article L 223-18 ne paraissant pas d'ordre public puisqu'elles ne reconnaissent au gérant qu'une faculté et ne lui attribuent pas un pouvoir, les **statuts** pourraient valablement **stipuler que le transfert** du siège, en quelque lieu que ce soit, devra être **décidé par les associés.**

31281 **Modification des statuts** Lorsque le gérant use du pouvoir qui lui est accordé par la loi de transférer le siège social, il nous semble également **compétent** pour modifier les statuts à la suite de ce transfert sans attendre la ratification des associés.

En effet, il paraît conforme à l'esprit de l'article L 223-18 de reconnaître au gérant la possibilité d'apporter aux statuts la modification purement matérielle qui n'est que la conséquence de la décision qu'il a prise en vertu des pouvoirs exceptionnels prévus par ce texte.

31282 **Publicité** Sur les formalités de publicité requises en cas de transfert du siège, voir nºs 20555 s.

À notre avis, ces formalités peuvent être accomplies dès que la décision de transfert a été prise par le gérant.

2. POUVOIRS DU GÉRANT DE SARL À L'ÉGARD DES TIERS

ÉTENDUE DES POUVOIRS DU GÉRANT DE SARL

31330 À l'égard des tiers, le gérant est le représentant légal de la société. Il est « investi des pouvoirs les plus étendus pour **agir en toute circonstance** au nom de la société » (art. L 223-18, al. 5). Toute **clause statutaire limitant ses pouvoirs** est inopposable aux tiers (art. L 223-18, al. 6), même si ces derniers avaient connaissance de l'existence d'une telle clause (Cass. com. *2-6-1992 : RJDA 8-9/92 nº 836*).

31331 La société est engagée même si les **actes** accomplis par le gérant **n'entrent pas dans l'objet social** « à moins qu'elle ne prouve que le tiers savait que l'acte dépassait cet objet ou qu'il ne pouvait l'ignorer, compte tenu des circonstances » (art. L 223-18, al. 5). Il est bien évident qu'une telle preuve sera, dans la généralité des cas, très difficile à apporter, d'autant plus que l'article L 223-18, al. 5 écarte pour cela la possibilité de faire état de la seule publication des statuts.

Contrairement aux SNC et aux SCS, la concordance de l'acte avec l'objet social n'est pas le critère exclusif déterminant les pouvoirs du gérant à l'égard des tiers. Ces derniers sont donc pratiquement à l'abri de toute surprise s'ils traitent avec un gérant dont la nomination a été régulièrement publiée.

Pour plus de détails sur le pouvoir du gérant d'engager la société à l'égard des tiers, voir nos 13280 s.

ÉTENDUE DES POUVOIRS EN CAS DE PLURALITÉ DE GÉRANTS DE SARL

En cas de pluralité de gérants, chacun d'eux peut **agir séparément** (art. L 223-18, al. 7). 31340

En conséquence, les clauses prévoyant, par exemple, la signature conjointe des gérants pour tous les actes de gestion ou pour certains d'entre eux sont inopposables aux tiers. Sans doute leur violation pourra-t-elle motiver la révocation du gérant fautif, mais la société n'en restera pas moins engagée à l'égard du tiers cocontractant (par exemple, Cass. com. 3-12-2002 n° 1980 : RJDA 4/03 n° 397).

Il existe toutefois une exception à cette règle. En effet, après avoir affirmé le principe de l'engagement de la société sur la seule signature de l'un des gérants, l'article L 223-18, al. 7 ajoute que « l'**opposition** formée par un gérant aux actes d'un autre gérant est sans effet à l'égard des tiers à moins qu'il ne soit établi qu'ils en ont eu connaissance ».

La société ne sera donc pas tenue de l'engagement contracté en son nom par l'un des gérants si elle prouve que le tiers cocontractant avait connaissance de l'opposition d'un autre gérant à l'opération contestée. Afin de se ménager la preuve de son opposition, le gérant opposant agira prudemment en la notifiant au tiers par exploit d'huissier ou de commissaire de justice ou par lettre recommandée AR.

GARANTIE PAR LA SARL D'UNE ÉMISSION DE VALEURS MOBILIÈRES

Il est interdit aux SARL, à peine de **nullité,** de garantir une émission de valeurs mobilières, 31350
sauf si l'émission est faite par une société de développement régional ou s'il s'agit d'une émission d'obligations bénéficiant de la garantie subsidiaire de l'État (art. L 223-11, al. 4).

3. DÉLÉGATION DE POUVOIRS DU GÉRANT DE SARL

Il est communément admis que le gérant peut déléguer à d'**autres personnes, associées ou** 31400
non, certains de ses pouvoirs pour l'exercice de fonctions particulières (direction technique, direction administrative ou financière, etc.), sous réserve du respect des dispositions statutaires (voir nos 13530 s.).

D. Rémunération du gérant de SARL

1. DROIT À RÉMUNÉRATION DU GÉRANT DE SARL

En l'absence de disposition légale sur ce point, les **fonctions** de gérant de SARL peuvent être 31530
gratuites ou rémunérées. Si ces fonctions sont gratuites, il nous paraît opportun de le prévoir expressément dans les statuts ou par acte séparé afin d'éviter tout conflit sur ce point. En outre, le **gérant** qui bénéficie d'un droit à rémunération peut y **renoncer,** mais sa renonciation ne doit pas être équivoque (CA Versailles 22-10-2009 n° 08-2252 : RJDA 4/10 n° 397, à propos de la rémunération d'un président de Sasu mais transposable).

ILLUSTRATIONS

A renoncé à toute rémunération le gérant qui n'a jamais demandé que soit appliquée la clause statutaire prévoyant sa rétribution et qui, au contraire, n'a jamais cessé de reconnaître que la *société était dirigée uniquement* par un gérant de fait (Cass. com. 26-2-1974 : Bull. civ. IV n° 71) ou le gérant qui n'a jamais réclamé le paiement de sa rémunération ni provisionné les sommes susceptibles de lui être dues à ce titre (CA Paris 11-2-2014 n° 12/17359 : RJDA 5/14 n° 436) ; il en est de même du gérant qui, alors que les statuts prévoyaient de lui attribuer chaque année une partie des bénéfices à titre de rémunération, a toujours présenté à l'assemblée générale et approuvé lui-même des bilans ne comportant aucune attribution de bénéfices à son profit (Cass. com. 31-1-2012 n° 10-26.329 : RJDA 5/12 n° 500).

La rémunération du gérant lui est due tant qu'aucune décision la supprimant n'est intervenue, peu important qu'il ne puisse plus exercer ses fonctions du fait de son absence pour maladie (Cass. com. 21-6-2017 n° 15-19.593 F-PBI : RJDA 10/17 n° 628).

De même, lorsque les statuts précisent que l'attribution de la rémunération au gérant est liée à son mandat social, cette rémunération doit lui être versée même si, après la nomination d'un administrateur judiciaire, il a été déchargé de toutes ses tâches dès lors que, malgré cette nomination, il a conservé sa qualité de gérant (Cass. com. 21-4-1992 : Bull. Joly 1992 p. 661 note P. Le Cannu). De même encore, le gérant minoritaire, qui s'est vu refuser l'accès des locaux de la société par l'associé majoritaire mais qui n'a pas été révoqué de ses fonctions de gérant, est en droit de percevoir sa rémunération à défaut de décision contraire régulièrement prise par l'assemblée des associés (Cass. com. 18-11-1997 n° 95-19.085 : RJDA 3/98 n° 293).

31531 Les dispositions légales (C. trav. art. L 3252-1 s. et R 3252-1 s.) limitant la **saisissabilité** des salaires ne sont pas applicables à la rémunération versée à un gérant pour l'exercice de ses fonctions (Cass. soc. 11-3-1982 n° 81-10.241 : Bull. civ. V n° 169).

2. FIXATION DE LA RÉMUNÉRATION DU GÉRANT DE SARL

FIXATION DE LA RÉMUNÉRATION DU GÉRANT DE SARL PAR LES STATUTS OU LES ASSOCIÉS

31540 Dans le silence des textes, la rémunération du gérant est déterminée soit par les statuts, soit par une décision collective des associés (Cass. com. 25-9-2012 n° 11-22.754 : RJDA 12/12 n° 1087).

Les **statuts** fixent rarement le montant de la rémunération des gérants. Un tel procédé est d'ailleurs à déconseiller. En effet, l'évolution des affaires sociales et les fluctuations monétaires entraînant nécessairement des modifications fréquentes du traitement des gérants, ce serait s'exposer continuellement à des changements des statuts avec les formalités de publicité qui en résultent.

Lorsque la rémunération est fixée par les **associés,** la décision est le plus souvent prise en assemblée ordinaire, les associés n'étant pas appelés à statuer sur une question entraînant une modification des statuts.

Sous réserve que cette faculté soit prévue par les statuts, la décision peut aussi être prise par consultation écrite des associés ou résulter de leur consentement exprimé dans un acte (art. L 223-27, al. 1).

Le gérant qui ne parvient pas à obtenir une décision des associés ne peut pas demander en justice la fixation ou la revalorisation de sa rémunération. En effet, il n'appartient pas au **juge** de se substituer aux associés (Cass. com. 14-11-2006 n° 1244 : RJDA 8-9/07 n° 856 ; CA Rennes 28-6-2022 n° 20/02742 : RJDA 1/23 n° 33, à propos d'un gérant de SNC mais transposable), même lorsque le **refus des associés** est abusif (Cass. com. 31-3-2009 n° 08-11.860 : RJDA 6/09 n° 548 ; Cass. com. 17-12-2013 n° 12-27.213 : RJDA 4/14 n° 354, à propos d'un président de SAS mais transposable ; sur la portée de cet arrêt, voir n° 60370).

Le gérant peut, à notre avis, agir en responsabilité contre la société en démontrant que la décision des associés est fautive et lui cause un préjudice.

> **Précisions** **a.** Les dispositions statutaires imposant de fixer la rémunération du gérant par une décision collective ordinaire des associés sont respectées dès lors que la rémunération est mentionnée dans un **rapport signé par les associés** à l'issue de l'assemblée ordinaire annuelle et annexé au procès-verbal de cette assemblée (Cass. com. 15-3-2017 n° 14-17.873 F-D : RJDA 7/17 n° 470). Signalons qu'il a été jugé, à propos d'une société en participation, que l'approbation par les associés des rémunérations et avantages perçus par le gérant au cours de l'exercice clos peut résulter de leur mention détaillée dans le procès-verbal d'approbation des comptes de la société (Cass. com. 9-1-2019 n° 17-16.504 FS-D : RJDA 4/19 n° 274). La décision n'a donc pas à prendre nécessairement la forme d'une résolution soumise au vote des associés.
> **b.** La **décision** collective fixant la rémunération du gérant peut intervenir **après le versement** de celle-ci (Cass. com. 18-12-2019 n° 18-13.850 F-D : RJDA 3/20 n° 155 ; dans le même sens pour un gérant associé d'EURL, Cass. com. 9-1-2019 n° 17-18.864 FS-D : RJDA 3/19 n° 201).

31545 **Vote du gérant de SARL sur sa rémunération** La détermination de la rémunération du gérant par l'assemblée des associés ne procède pas d'une convention (Cass. com. 4-5-2010 n° 09-13.205 : RJDA 8-9/10 n° 859, Rapport M. Pietton p. 786), de sorte qu'elle échappe au régime des **conventions réglementées.** Le gérant peut donc, s'il est associé, prendre part au vote (Cass. com. *4-5-2010* précité), même s'il est majoritaire (Cass. com. 4-10-2011 n° 10-23.398 : RJDA 12/11 n° 1036) et même s'il s'agit d'une prime exceptionnelle (Cass. com. 31-3-2021 n° 19-12.057 F-P : RJDA 7/21 n° 490).

Toutefois, la décision concernant sa rémunération ne doit pas constituer un **abus de majorité** (sur le régime de l'abus de majorité, voir n°s 7792 s.).

FIXATION DE SA RÉMUNÉRATION PAR LE GÉRANT DE SARL

Le **gérant** ne peut pas, même au titre de son **contrat de travail,** s'octroyer, sans l'accord des associés, les majorations de salaires ou autres avantages qu'il consent au personnel en général (CA Paris 3-3-1976 : Rev. sociétés 1977 p. 465 note Schmidt). 31550

Le gérant qui s'octroie de son propre chef une rémunération sans décision des associés, alors que les statuts l'imposaient, peut voir sa **responsabilité civile** engagée pour violation des statuts (CA Chambéry 27-11-2001 nº 98-01772 : Dr. sociétés 2002 comm. nº 219) ou pour faute de gestion (Cass. com. 13-3-1974 : Gaz. Pal. 1974 II p. 662 ; CA Rennes 28-6-2022 nº 20/02742 : RJDA 1/23 nº 33, à propos d'un gérant de SNC mais transposable). Il peut également être condamné à rembourser cette rémunération, même s'il est de bonne foi (Cass. com. 29-11-2023 nº 22-18-957 F-D : RJDA 4/24 nº 227).

Peut constituer un **abus de biens sociaux** le fait pour le gérant majoritaire de s'attribuer une rémunération excessive (Cass. crim. 15-7-1981 : Bull. Joly 1981 p. 840 ; Cass. crim. 13-12-1988 : Bull. crim. nº 429) ou supérieure à celle fixée par les associés (CA Chambéry 10-10-2013 nº 13/00306 : RJDA 3/14 nº 238 : délit écarté en l'espèce, la mauvaise foi du dirigeant n'étant pas établie).

3. FORME DE LA RÉMUNÉRATION DU GÉRANT DE SARL

La rémunération des gérants peut être soit fixe, soit proportionnelle aux bénéfices ou au chiffre d'affaires, soit à la fois fixe et proportionnelle. 31560

TRAITEMENT FIXE DU GÉRANT DE SARL

Le traitement fixe présentant l'inconvénient de nécessiter des réajustements périodiques, certaines sociétés fixent la rémunération à x fois celle attribuée dans la profession à un salarié de tel ou tel niveau hiérarchique. 31561

TRAITEMENT PROPORTIONNEL DU GÉRANT DE SARL

Pour intéresser les gérants au développement de la société, il est fréquemment prévu que leur rémunération sera, en tout ou en partie, proportionnelle aux bénéfices ou au chiffre d'affaires. 31562

La participation aux **bénéfices** est sans doute la solution la plus équitable, mais elle peut être la source de difficultés et de contestations (pour un exemple, CA Colmar 6-6-1975 : D. 1975 som. p. 119). Celles-ci peuvent naître à propos soit de la notion même de bénéfices (bénéfice brut, bénéfice net, bénéfice fiscal, etc.), soit de la détermination de ces bénéfices (importance des provisions, amortissements ou réserves à constituer). C'est pourquoi on préfère souvent, en pratique, la formule de la participation au **chiffre d'affaires.**

AVANTAGES EN NATURE ACCORDÉS AU GÉRANT DE SARL

Indépendamment d'une somme en espèces, la rémunération du gérant peut comprendre certains avantages en nature (logement, voiture, etc.). 31563

REMBOURSEMENT DES FRAIS DU GÉRANT DE SARL

Sauf convention contraire, les gérants ont droit au remboursement des frais qu'ils exposent dans l'exercice de leurs fonctions. Pour des raisons fiscales (Mémento Fiscal nºs 23710 s.), ce remboursement est généralement effectué sur justifications et non pas forfaitairement. 31564

INDEMNITÉS ET GRATIFICATIONS OCTROYÉES AU GÉRANT DE SARL

Les gérants peuvent, comme les salariés, recevoir des **gratifications exceptionnelles** en fin d'exercice. 31565

De même, rien ne s'oppose juridiquement à ce que, à l'occasion de leur départ en **retraite,** ils reçoivent une indemnité spéciale. Celle-ci s'accompagne parfois d'une retraite complémentaire (le cas échéant, réversible sur le conjoint survivant) allouée en considération du temps consacré et des services rendus à la société.

4. RÉGIME FISCAL DE LA RÉMUNÉRATION DU GÉRANT DE SARL

La rémunération des gérants, qu'ils soient **majoritaires ou minoritaires,** est soumise, comme celle des dirigeants de SA, au régime fiscal des traitements et salaires : ils bénéficient donc de la déduction forfaitaire pour frais professionnels de 10 % plafonnée à 14 426 € (pour les revenus de 2024). Une différence existe toutefois concernant l'évaluation des 31566 avantages en nature. Les gérants majoritaires sont soumis à des règles plus contraignantes car ils ne peuvent pas recourir à un mode forfaitaire (Mémento Fiscal n° 23740, précision b).

Il importe de souligner que le montant des rémunérations fixé par la société, y compris les avantages en nature et les indemnités ou gratifications, n'est pas automatiquement opposable à l'administration fiscale, laquelle a le pouvoir de s'assurer, sous le contrôle du juge, que ce montant ne dépasse pas en fait un niveau pouvant être considéré comme normal eu égard à l'importance de la société, aux fonctions exercées par le gérant, etc. (Mémento Fiscal n°s 23700 s.).

Les **rectifications** apportées sur ce point par l'administration ont une incidence non seulement sur la détermination des bénéfices soumis à l'impôt sur les sociétés, mais aussi sur le régime d'imposition au nom du gérant de la fraction de sa rémunération réputée fiscalement excessive.

Dans les SARL ayant opté pour le régime fiscal des **sociétés de personnes,** les rémunérations versées aux gérants associés ne sont pas déductibles des bénéfices sociaux ; elles sont rattachées à la quote-part des bénéfices revenant aux intéressés en leur qualité d'associés et soumises à l'impôt sur le revenu dans la catégorie des BIC (ou BNC ou BA) (Mémento Fiscal n°s 36950 s.).

31567 Les gérants de SARL (majoritaires ou minoritaires) peuvent **déduire des rémunérations** qu'ils perçoivent, selon le régime des frais réels, les intérêts d'emprunt et autres frais (frais de dossiers, cotisations d'assurance, etc.) versés pour acquérir ou souscrire les titres de la société dans laquelle ils exercent leur activité professionnelle principale, dès lors que ces dépenses sont utiles à l'acquisition ou à la conservation du revenu et que leur montant est proportionné à leur rémunération annuelle (CGI art. 83, 3°-dernier al.). La condition d'utilité est satisfaite lorsque l'acquisition des titres est nécessaire à l'exercice de la profession ou permet au contribuable de prendre le contrôle de la société qu'il dirige (BOI-RSA-BASE-30-50-30-30 n°s 190 s.). En pratique, sont admis en déduction les intérêts dus à raison de la fraction de l'emprunt qui n'excède pas le triple de la rémunération allouée ou escomptée à la date de souscription (Mémento Fiscal n° 23620).

5. RÉGIME SOCIAL DU GÉRANT DE SARL

RÉGIME DE SÉCURITÉ SOCIALE DU GÉRANT DE SARL

31580 Contrairement au régime fiscal, le régime social des gérants varie selon qu'il s'agit de gérants majoritaires (ou appartenant à un collège de gérance majoritaire), minoritaires ou égalitaires (ou appartenant à un collège de gérance minoritaire ou égalitaire) (CSS art. L 311-3, 11° ; Mémento Social n°s 28450 s.).

Pour l'**évaluation de la participation au capital du gérant,** sont prises en compte les parts détenues en toute propriété ou en usufruit par le gérant, son conjoint ou son partenaire pacsé et ses enfants mineurs non émancipés (CSS art. L 311-3, 11°), ainsi que les parts de la SARL détenues par une société que le gérant contrôle lui-même (Cass. soc. 28-1-1993 : RJDA 4/93 n° 326) ou par l'intermédiaire des personnes visées ci-dessus (Cass. 2e civ. 16-2-2012 n° 11-14.202 : RJDA 7/12 n° 685). Les parts appartenant au conjoint doivent être prises en considération même si les époux, en instance de divorce, sont en conflit d'intérêts (Cass. soc. 22-3-1990 n° 1364 : RJS 5/90 n° 442).

En revanche, n'entrent pas en ligne de compte les parts détenues par le gérant en indivision (Cass. soc. 24-3-1977 : Bull. civ. V n° 231 ; dans le même sens, à propos d'un associé, voir Cass. soc. 9-11-1981 : Bull. civ. V n° 876 ; en sens contraire, Lettre du 28-8-1978 du ministère de la santé refusant de tenir compte de l'arrêt de 1977 et estimant qu'elles doivent être prises en compte pour la fraction que le gérant détient dans l'indivision), les parts détenues par le concubin du gérant (Cass. soc. 12-5-1971 n° 69-13.556 : Bull. civ. V n° 354) ou par le cogérant de fait (Cass. 2e civ. 6-12-2006 n° 2004 : RJDA 4/07 n° 373).

Une **cession de parts sociales** ayant une incidence sur le caractère minoritaire ou majoritaire de la gérance n'est opposable aux organismes de protection sociale, tiers à l'acte de cession, qu'après accomplissement des formalités de publicité de cet acte au RCS (Cass. 2e civ. 7-5-2014 n° 13-15.981 : RJDA 11/14 n° 845).

31581 Les **gérants majoritaires** et les gérants, associés ou non, appartenant à un collège de gérance majoritaire relèvent à titre obligatoire de la sécurité sociale pour les indépendants (cf. CSS art. L 611-1, 1°) même s'ils ne sont pas rémunérés (Cass. soc. 28-5-1998 n° 96-20.917 PB : RJS 7/98 n° 929 ; Cass. 2e civ. 19-1-2017 n° 16-10.744 F-D : RJS 4/17 n° 299) et même si la société n'exerce aucune activité effective (Cass. soc. 28-5-1998 précité).

Les **gérants** associés **minoritaires ou égalitaires** et les gérants non associés appartenant à un collège de gérance minoritaire ou égalitaire sont obligatoirement assujettis au régime général de sécurité sociale des salariés dans la mesure où ils perçoivent une rémunération (Cass. ch. réun. 24-6-1966 n° 63-13.821 : D. 1967 p. 137 note Catala-Franjou). Mais il s'agit là d'une exception, prévue par la loi (CSS art. L 311-3, 11°), au principe selon lequel les gérants, en tant que tels, ne sont pas des salariés (n° 31583). 31582

Les gérants minoritaires non rémunérés ne dépendent, quant à eux, d'aucun régime obligatoire de sécurité sociale (Mémento Social n° 28450), mais peuvent bénéficier, s'ils n'en disposent pas à un autre titre (ayant droit d'un assuré social, par exemple), d'une couverture maladie au moyen de la protection universelle maladie s'ils résident en France.

L'appartenance au régime général de sécurité sociale des salariés entraîne l'assujettissement des gérants minoritaires ou égalitaires rémunérés au régime de retraite complémentaire légalement obligatoire des salariés (régime unique Agirc-Arrco). Dans les sociétés exerçant certaines professions libérales, il y a aussi obligation pour le gérant de cotiser au régime complémentaire de la profession libérale exercée (Mémento Social n° 28605).

› Précisions **a.** En cas de **pluralité de gérants,** le caractère minoritaire ou majoritaire de la gérance s'appréciant globalement, le gérant non associé relève de la sécurité sociale des indépendants si les autres gérants possèdent ensemble plus de la moitié des parts (Cass. 2e civ. 31-5-2018 n° 17-17.518 F-PB : RJS 8-9/18 n° 568).

b. Les **cotisations d'un gérant majoritaire** sont dues à titre personnel par le gérant lui-même et non par la société, mais rien n'empêche celle-ci de les prendre en charge si les associés sont d'accord (CA Paris 2-6-2020 n° 18/23074 : RJDA 10/20 n° 505). En cas de démission du gérant, celui-ci et la société peuvent convenir de la date à laquelle prend fin cette prise en charge (pour un cas où une clause prévoyant la fin de la prise en charge des cotisations sur la rémunération fixe a été jugée applicable aux cotisations relatives à la rémunération variable, CA Paris 2-6-2020 n° 18/02347 : RJDA 12/20 n° 653).

c. La **responsabilité de l'expert-comptable** de la société peut être mise en cause par son gérant pour ne l'avoir pas alerté sur les conséquences sur le montant de sa retraite future de l'absence de tout appel de cotisations par l'organisme de sécurité sociale auquel une demande d'affiliation avait été transmise (CA Paris 21-10-2014 n° 13/11575 : RJDA 1/15 n° 28).

d. **L'option pour le régime fiscal des sociétés de personnes** par les membres d'une **SARL de famille** est sans effet sur la situation, au regard des différents régimes de sécurité sociale (Mémento Social n° 28465).

APPLICATION AU GÉRANT DE SARL DU DROIT DU TRAVAIL ET ASSURANCE CHÔMAGE

Étant des mandataires sociaux, les gérants de SARL, minoritaires, égalitaires ou majoritaires, en tant que tels, ne sont pas des salariés au sens du Code du travail. En conséquence, ils ne peuvent pas bénéficier des avantages réservés aux salariés par la **législation du travail** (conventions collectives, privilège pour le règlement des salaires prévu par l'article 2331, 3° du Code civil, Smic, etc.), à moins qu'ils ne cumulent leur mandat social avec un contrat de travail (nos 31060 s.). Dans ce dernier cas, leur contrat de travail leur ouvre les droits attachés à cette qualité dans les conditions exposées nos 11740 s. 31583

Les gérants de SARL, minoritaires, égalitaires ou majoritaires, sont également exclus, en leur qualité de mandataires sociaux, du régime d'**assurance chômage de l'Unédic** réservé aux salariés mais ils peuvent bénéficier de l'allocation des travailleurs indépendants (ATI) visée à l'article L 5424-25 du Code du travail dans les mêmes conditions que le gérant non associé (n° 22460). Il leur est également possible de compléter cette garantie en souscrivant à un régime d'**assurance volontaire** soit auprès d'un organisme professionnel, la Garantie sociale des chefs et dirigeants d'entreprise (GSC) ou l'Association pour la protection des patrons indépendants (APPI), soit auprès d'une société d'assurances couvrant ce type de risque. Les cotisations versées à ce titre ne sont pas déductibles de la rémunération imposable, sauf pour les gérants majoritaires imposables selon l'article 62 du Code général des impôts ayant souscrit pour le risque de perte d'emploi subie un contrat d'assurance de groupe (dit « Madelin ») ou un plan d'épargne retraite individuel dont les cotisations sont fiscalement déductibles dans la limite d'un plafond (Mémento Fiscal nos 8680 s.).

ATTENTION

S'ils sont liés à la société par un **contrat de travail,** les **gérants minoritaires** peuvent relever du régime d'assurance chômage de l'Unédic. Mais France Travail se montrant généralement réticent à admettre l'existence d'un contrat de travail dans le cas des mandataires sociaux, il peut être utile d'obtenir confirmation qu'ils seront bien couverts en cas de perte de leur emploi, sachant que le versement de cotisations d'assurance chômage sans observations de France Travail ne vaut pas reconnaissance tacite d'un droit aux prestations. À cet effet, deux procédures sont prévues.

a. La **société** peut demander, dans le cadre d'une procédure de rescrit, à France Travail de se prononcer de manière explicite sur l'assujettissement d'un de ses mandataires sociaux à l'assurance chômage. La décision vaut seulement pour le mandataire visé par la demande. Elle est opposable à l'avenir à l'employeur, à France Travail et à l'Urssaf tant que la situation de fait ou la législation applicable n'ont pas été modifiées (C. trav. art. L 5312-12-2). Si France Travail entend modifier sa réponse pour l'avenir en raison d'un changement de la situation de fait ou de l'analyse de cette dernière, il doit notifier sa décision à l'employeur. Cette modification prend effet à la date du changement de la situation de fait ou, s'agissant d'un changement d'analyse de cette situation, à la date de sa notification (C. trav. art. R 5312-5-2).

b. Les **dirigeants** d'entreprise désirant connaître leur situation au moment de leur demande d'allocations peuvent s'informer auprès de France Travail qui doit donner un avis engageant sa responsabilité (Fiche thématique Unédic février 2020).

c. Les **questionnaires** destinés aux sociétés et aux dirigeants peuvent être téléchargés sur le site www.francetravail.fr.

d. En cas d'avis négatif, le **remboursement des cotisations** versées à tort au cours des trois dernières années peut être obtenu (Dir. Unédic 36 du 31-7-2002).

ACCÈS DU GÉRANT DE SARL À L'ÉPARGNE SALARIALE

31585 Sur cette question, voir n° 11760.

E. Responsabilité du gérant de SARL

1. RESPONSABILITÉ CIVILE DU GÉRANT DE SARL

CAUSES DE RESPONSABILITÉ DU GÉRANT DE SARL

31640 Les gérants sont responsables individuellement ou solidairement, selon le cas, envers la société ou envers les tiers (art. L 223-22, al. 1) :
– des infractions aux dispositions législatives ou réglementaires applicables aux SARL ;
– des violations des statuts ;
– des fautes commises dans leur gestion.

31641 **À l'égard des tiers,** la responsabilité des gérants ne peut être engagée que s'ils ont commis une **faute séparable** de leurs fonctions qui leur soit imputable personnellement (n°s 14300 s.).

31642 **Violation des dispositions légales et réglementaires régissant la SARL**
Les gérants engagent leur responsabilité en cas d'inobservation des dispositions légales applicables aux SARL, par exemple :
– l'inobservation des formalités prévues pour la constitution de la société ou la modification de ses statuts ;
– l'octroi d'un prêt à un associé personne physique ou à un gérant ;
– le refus de communication à un associé des documents sociaux ;
– le défaut de mise en paiement des dividendes dans le délai de neuf mois (sauf prolongation de ce délai par décision de justice) ;
– l'inobservation des prescriptions relatives à la présentation des comptes sociaux ;
– la distribution de dividendes fictifs ;
– l'absence d'initiative du gérant pour régulariser certaines situations : nombre d'associés supérieur à 100, perte de la moitié du capital, etc.

31643 La responsabilité civile des gérants peut également être mise en cause en cas de méconnaissance des dispositions réglementaires auxquelles sont soumises les SARL (notamment art. R 223-1 s.), par exemple pour les irrégularités commises dans la convocation, la tenue et la constatation des décisions des assemblées.

31644 **Violation des statuts** La responsabilité des gérants peut être engagée en cas d'inobservation des dispositions statutaires qui ne se bornent pas à reprendre une disposition légale ou réglementaire.
Tel sera le cas si, au mépris d'une clause des statuts prévoyant l'autorisation préalable de la collectivité des associés pour telle ou telle convention, le gérant passe cette convention sans consulter les associés.

ILLUSTRATIONS

Engage sa responsabilité le gérant qui, sans l'autorisation des associés, avait promis d'acheter un terrain en vue de la construction d'une usine, alors que les statuts prévoyaient que dans les rapports entre ou avec les associés, les pouvoirs des gérants sont limités aux affaires courantes de la société ne présentant aucun caractère exceptionnel (CA Paris 4-2-2000 : RJDA 6/00 n° 674).

Fautes de gestion L'éventail des fautes de gestion qui peuvent être reprochées aux gérants est très vaste et s'étend de la simple négligence ou imprudence aux manœuvres frauduleuses caractérisées. Les tribunaux ont, pour chaque cas particulier, un pouvoir souverain d'appréciation. Pour des exemples de faute de gestion, voir nos 13952 s. 31645

ÉTENDUE DE LA RESPONSABILITÉ EN CAS DE PLURALITÉ DE GÉRANTS DE SARL

Si plusieurs gérants ont coopéré aux mêmes faits délictueux, le tribunal détermine la **part** contributive **de chacun** d'eux dans la réparation du dommage (art. L 223-22, al. 2). 31646

Toutefois, une telle disposition n'empêche pas la victime d'obtenir de l'un des gérants coupables la réparation totale du préjudice (n° 14011).

ACTION EN RESPONSABILITÉ CONTRE LE GÉRANT DE SARL

La responsabilité des gérants peut être mise en cause : 31660
- par tout associé pouvant justifier d'un préjudice personnel : **action individuelle** (nos 14190 s.) ;
- par un ou plusieurs associés lorsqu'il s'agit de réparer le préjudice subi par la société : **action sociale** (nos 14050 s.).

RESPONSABILITÉ DU GÉRANT EN CAS DE PROCÉDURE COLLECTIVE DE LA SARL

En cas d'ouverture d'une procédure collective à l'encontre de la société, les gérants peuvent être tenus de supporter les dettes sociales et être soumis à certaines interdictions et déchéances ainsi qu'à diverses sanctions (privation du droit de vote, obligation de céder leurs parts sociales, etc.). Sur ces questions, voir nos 91380 s. 31670

2. RESPONSABILITÉ PÉNALE DU GÉRANT DE SARL

INFRACTIONS SANCTIONNÉES DANS LA SARL

Outre les sanctions pénales applicables aux infractions qu'ils peuvent commettre en d'autres circonstances de la vie sociale (constitution, approbation des comptes, filiales et participations, relations avec les commissaires aux comptes) – sanctions qui sont précisées dans les études consacrées à chacune de ces questions –, les gérants encourent une responsabilité pénale particulière **au titre de leur gestion.** 31730

Aux termes de l'article L 241-3, seront punis d'un emprisonnement de cinq ans et d'une amende de 375 000 € les gérants qui :
- en l'absence d'inventaire ou au moyen d'inventaire frauduleux, auront opéré entre les associés la répartition de **dividendes fictifs** ;
- même en l'absence de toute distribution de dividendes, auront présenté aux associés, en vue de dissimuler la véritable situation de la société, des **comptes annuels** ne donnant pas, pour chaque exercice, une image fidèle du résultat des opérations de l'exercice, de la situation financière et du patrimoine de la société ;
- de mauvaise foi, auront fait des **biens** ou du **crédit** de la société un usage qu'ils savaient contraire à l'intérêt de celle-ci, à des fins personnelles ou pour favoriser une autre entreprise dans laquelle ils étaient intéressés directement ou indirectement (abus de biens sociaux) ;
- de mauvaise foi, auront fait des **pouvoirs** qu'ils possédaient ou des **voix** dont ils disposaient en cette qualité un usage qu'ils savaient contraire aux intérêts de la société à des fins personnelles ou pour favoriser une autre entreprise dans laquelle ils étaient intéressés directement ou indirectement.

Aux termes de l'article L 241-4, sont punis d'une amende de 9 000 € les gérants qui n'ont pas, pour chaque exercice, dressé l'inventaire et établi les comptes annuels ainsi que, sauf dispense, un rapport de gestion.

> **Précisions** Lorsque l'**abus de biens sociaux** a été réalisé ou facilité au moyen soit de comptes ouverts ou de contrats souscrits auprès d'organismes établis **à l'étranger,** soit de l'interposition de personnes physiques ou morales ou de tout organisme, fiducie ou institution comparable établis à l'étranger, le gérant encourt sept ans d'emprisonnement et une amende de 500 000 € (art. L 241-3, al. 8).

PERSONNES PUNISSABLES AU SEIN DE LA SARL

31740 Les infractions prévues à l'encontre des gérants par les articles L 241-2 à L 241-5 sont applicables à toute personne qui, directement ou par personne interposée, aura exercé la gestion d'une SARL sous le couvert ou au lieu et place de son gérant légal (art. L 241-9 ; pour des exemples de condamnation d'un **gérant de fait** d'une SARL pour abus de biens sociaux, voir Cass. crim. 29-2-1988 nº 87-81.373 : Bull. Joly 1988 p. 370 et Cass. crim. 21-10-2009 nº 09-80.393 : RJDA 4/10 nº 393).

En revanche, un dirigeant de **SARL étrangère** ne peut pas être poursuivi pour avoir commis en France l'un des délits prévus à l'article L 241-3, tel un abus de biens sociaux (Cass. crim. 3-6-2004 nº 3544 : RJDA 10/04 nº 1129), sauf si le siège réel de la société est en France (Cass. crim. 31-1-2007 nº 02-85.089 : RJDA 11/07 nº 1118, à propos d'une SA mais transposable ; Cass. crim. 25-6-2014 nº 13-84.445 : RJDA 11/14 nº 848).

3. RESPONSABILITÉ FISCALE DU GÉRANT DE SARL

31800 Comme tous les dirigeants de droit ou de fait, salariés ou non, le gérant peut être condamné personnellement au paiement des impositions et pénalités dues par la société lorsque, par des manœuvres frauduleuses ou par l'**inobservation** grave et répétée des **obligations fiscales,** il a rendu impossible le recouvrement de ces impositions et pénalités (LPF art. L 267 ; nºs 14790 s.).

SECTION 2 CONTRÔLE DE LA GESTION DE LA SARL

31900 EN BREF *Le contrôle de la gestion est effectué par les associés au cours de l'assemblée appelée à statuer sur les comptes de l'exercice écoulé. Ils sont aussi amenés à se prononcer sur les conventions entre la société et l'un de ses gérants ou associés, celles conclues avec une société ayant des dirigeants ou associés communs et certaines opérations spécifiques. Ils peuvent aussi solliciter une expertise de gestion.*

A. Conventions réglementées et conventions interdites dans la SARL

1. CONVENTIONS RÉGLEMENTÉES DANS LA SARL

a. Opérations soumises à contrôle dans la SARL

31910 Sont soumis au contrôle des associés :
– les **conventions** intervenues directement ou par personne interposée **entre la SARL et** l'un de ses **gérants ou associés** (art. L 223-19, al. 1) ;
– les conventions passées **avec une société** dont un associé indéfiniment responsable (par exemple, associé d'une société civile ou d'une SNC), gérant, administrateur, directeur général, membre du directoire ou du conseil de surveillance, est simultanément gérant ou associé de la SARL (art. L 223-19, al. 5) ;
– les engagements par lesquels la SARL prend à sa charge, en cas de défaillance d'une société qui lui est liée, tout ou partie des obligations de prévention et de réparation des **dommages industriels ou miniers** causés par cette société à l'environnement (art. L 233-5-1 ; nº 80498) ;
– les **prêts** que les SARL sont autorisées à consentir à des micro-entreprises, des petites et moyennes entreprises ou **à des entreprises** de taille intermédiaire, au sens de l'article 3 du décret 2008-1354 du 18 décembre 2008, **avec lesquelles elles entretiennent des liens économiques** le justifiant (C. mon. fin. art. L 511-6, 3 bis et R 511-2-1-1 s. ; voir nº 52635).

Par **exception,** les conventions portant sur des opérations « courantes et conclues à des conditions normales » ne sont pas soumises à contrôle (art. L 223-20 ; C. mon. fin. art. L 511-6, 3 bis). Sur ces conventions, voir nos 52640 s. 31920

> **Précisions** **a.** Sont soumises à contrôle tant la **conclusion** que la **modification** des conventions (Cass. com. 28-5-2025 n° 23-23.536 F-D : BRDA 14/25 inf. 1).
> **b.** L'article L 223-19, al. 1 vise seulement les gérants ou associés ; il n'y a donc pas lieu de leur assimiler leurs **conjoint, ascendants ou descendants** (Rép. Lorenzini : AN 25-8-1986 n° 5761) dès lors qu'il n'est pas démontré que ceux-ci ont agi comme personnes interposées.
> **c.** Sur la fixation de la **rémunération des gérants,** voir n° 31545.
> **d.** L'article L 223-19, al. 5 ne vise que les **conventions** conclues entre la SARL et une autre « **société** ». S'agissant d'une disposition exceptionnelle, on ne saurait, à notre avis, l'appliquer par analogie à des conventions conclues avec d'autres **personnes morales** (GIE ou association régie par la loi de 1901, notamment).
> **e.** L'article L 223-19, al. 5 ne vise pas le **salarié** qui, même si le **titre de « directeur général »** lui est attribué, ne remplit ses fonctions qu'en exécution d'un contrat de travail sous l'entière dépendance du dirigeant social (CA Paris 22-1-1993 : D. 1993 IR p. 124).
> **f.** L'article L 511-6 du Code monétaire et financier soumettant les **prêts consentis par la SARL** aux articles L 223-19 et L 223-20, il y a lieu de considérer que la **procédure de contrôle** s'applique de plein droit dans la société prêteuse (exception faite du cas où le prêt s'analyse en une convention libre au sens de l'article L 223-20), même si ce prêt, du fait de la qualité de l'emprunteur (ni gérant, ni associé, ni société ayant des dirigeants ou associés communs), n'entre pas dans le champ d'application des conventions réglementées définies par l'article L 223-19 (dans le même sens, Rapport Sén. n° 370 t. 1 p. 422 relatif à la loi 2015-990 du 6-8-2015). Dans la société emprunteuse, le prêt n'est soumis à contrôle que dans la mesure où il constitue une convention réglementée au sens de la réglementation applicable à cette société.

b. Procédure de contrôle des conventions réglementées dans la SARL

PROCÉDURE DANS LES SARL DOTÉES D'UN COMMISSAIRE AUX COMPTES

Commissaire aux comptes chargé d'un audit classique Lorsqu'il existe un commissaire aux comptes chargé d'une mission d'audit classique, le **contrôle** des conventions réglementées n'est pas préalable à leur conclusion ; il est effectué **a posteriori** (Cass. com. 7-7-2009 n° 08-16.790 : RJDA 11/09 n° 976). 31930

Avis au commissaire aux comptes. Le gérant doit aviser le commissaire aux comptes des **conventions** intervenues (autres que celles portant sur des opérations courantes et conclues à des conditions normales) dans le délai d'un mois à compter de leur conclusion ainsi que, dans le mois suivant la clôture de l'exercice, de la poursuite de l'exécution sur cet exercice de conventions conclues antérieurement (art. R 223-16). 31950

Le commissaire aux comptes est en outre avisé annuellement des **prêts** en cours que la SARL a consentis à des entreprises avec lesquelles elle entretient des liens économiques (C. mon. fin. art. L 511-6, 3 bis-al. 2 et R 511-2-1-3).

Établissement d'un rapport. Le commissaire aux comptes établit un rapport comportant (art. L 223-19, al. 1 et R 223-17) : 32000

- l'énumération des conventions soumises à l'approbation de l'assemblée des associés ;
- le nom des gérants ou associés intéressés ;
- la nature et l'objet desdites conventions ;
- les modalités essentielles de ces conventions, notamment l'indication des prix ou tarifs pratiqués, des ristournes et commissions consenties, des délais de paiement accordés, des intérêts stipulés, des sûretés conférées et, le cas échéant, toutes autres indications permettant aux associés d'apprécier l'intérêt qui s'attachait à la conclusion des conventions analysées ;
- l'importance des fournitures livrées ou des prestations de services fournies, ainsi que le montant des sommes versées ou reçues au cours de l'exercice en exécution des conventions conclues au cours d'exercices antérieurs et poursuivies au cours du dernier exercice.

Il résulte des termes des articles L 223-19 et R 223-17 que les conventions réglementées doivent faire l'objet d'un rapport **spécial** ; elles ne sauraient figurer dans le rapport général du commissaire aux comptes (CA Paris 3-7-1976 : Rev. sociétés 1977 p. 465 note D. Schmidt ; Rép. Lebas : AN 3-4-1969 n° 4274).

Lorsque aucune convention soumise à contrôle n'a été conclue ou poursuivie, le commissaire aux comptes établit un rapport spécial mentionnant l'absence de convention (Bull. CNCC juin 2018 p. 277).

Le commissaire aux comptes doit en outre chaque année attester, dans une **déclaration** jointe au rapport de gestion, du montant initial et du capital restant dû de chaque contrat de prêt que la SARL a consenti à des entreprises avec lesquelles elle entretient des liens économiques ainsi que du respect des dispositions qui les régissent (C. mon. fin. art. R 511-2-1-3). Si la SARL est dispensée d'établir un rapport de gestion (nº 32810), il n'y a pas lieu, à notre avis, d'établir la déclaration. En effet, s'agissant d'un document joint au rapport de gestion, il suit le régime de celui-ci.

32005 **Consultation des associés.** Le rapport sur les conventions réglementées est **présenté à l'assemblée** ou joint aux documents adressés aux associés en cas de consultation écrite (art. L 223-19, al. 1).

La loi ne fixant aucun délai pour l'approbation de ces conventions, celle-ci sera le plus souvent soumise aux associés lors de l'approbation annuelle des comptes.

La collectivité des associés statue sur ce rapport et **approuve ou désapprouve** les conventions (art. L 223-19, al. 1).

ATTENTION

Les associés doivent émettre un vote spécifique sur les conventions, étant observé que, même si la convention réglementée a une incidence sur les comptes sociaux, l'approbation de ces comptes ne saurait être considérée comme valant approbation de cette convention (CA Paris 3-7-1976 : Rev. sociétés 1977 p. 465 note D. Schmidt).

S'agissant d'une décision n'entraînant pas modification des statuts, il suffit de la majorité requise pour les décisions collectives ordinaires (nº 32790).

Toutefois, le gérant ou l'associé intéressé ne peut pas prendre part au vote et ses parts ne sont pas prises en compte pour le calcul de la majorité (art. L 223-19, al. 1).

› Précisions **a.** L'**envoi du rapport** spécial du gérant ou du commissaire aux comptes **aux associés** lorsqu'ils sont consultés dans le cadre d'une assemblée est facultatif dès lors qu'il n'est imposé par aucun texte (nº 32400).

b. Le gérant associé d'une SARL peut valablement **prendre part au vote d'une résolution** de l'assemblée extraordinaire **l'autorisant à vendre le fonds** de commerce de la société à une EURL dont il est le gérant (Cass. com. 7-7-2009 nº 08-16.790 : RJDA 11/09 nº 976). L'interdiction de vote ne s'applique que lors de l'approbation de la convention, après sa conclusion.

c. Toute **clause** statutaire **qui étendrait l'interdiction de voter** à des personnes autres que le gérant ou l'associé intéressé (par exemple, à leurs conjoint, ascendants et descendants) serait nulle (Cass. com. 9-2-1999 : RJDA 5/99 nº 566).

d. Dans les sociétés d'exercice libéral à responsabilité limitée (Selarl), seuls les professionnels exerçant au sein de la société prennent part aux délibérations prévues par l'article L 223-19 lorsque les conventions en cause portent sur les conditions dans lesquelles ils y exercent leur profession (Ord. 2023-77 du 8-2-2023 art. 56). Il en va de même dans les SARL de droit commun constituées pour l'exercice d'une **profession libérale** juridique ou judiciaire (art. L 811-7, al. 2 et L 812-5, al. 2 pour les administrateurs et mandataires judiciaires, Ord. du 10-9-1817 art. 3-2, al. 2 pour les avocats aux Conseils, Loi 71-1130 du 31-12-1971 art. 8, I-al. 2 pour les avocats, Ord. 45-2590 du 2-11-1945 art. 1 bis, al. 2 pour les notaires et Ord. 2016-728 du 2-6-2016 art. 5, al. 2 et 25, IV-6º pour les commissaires de justice, les huissiers de justice et les commissaires-priseurs judiciaires).

Toutefois, l'exception prévue par l'article 56 précité ne s'applique pas dans les Selarl et SARL de droit commun constituées pour l'exercice d'une profession libérale juridique ou judiciaire dont la majorité du capital et des droits de vote est détenue par des personnes autres que des professionnels exerçant au sein de la société (Ord. 2023-77 art. 81 et 83).

32008 **Commissaire aux comptes chargé d'un audit allégé** Lorsque le commissaire aux comptes est chargé d'un audit allégé, il est dispensé de l'établissement du rapport sur les conventions réglementées mentionné à l'article L 223-19 (art. L 821-57).

CONSEIL

Bien qu'une lecture stricte des articles L 223-19 et L 821-57 ne l'impose pas, la prudence commande alors, selon nous, de considérer qu'en matière de conventions réglementées, la société n'a pas de **commissaire aux comptes** et de suivre la **procédure** prévue pour les **SARL qui en sont dépourvues** (nº 32010). En particulier, il appartient au gérant d'établir un rapport comportant les mentions exposées nº 32000 car il serait incohérent que, dans les sociétés dotées d'un commissaire aux comptes chargé d'un audit allégé, aucun rapport ne soit établi alors qu'un rapport du gérant est requis dans les sociétés sans commissaire aux comptes. Nous recommandons en outre de soumettre les conventions conclues avec un gérant non associé à l'approbation préalable des associés, comme dans ces dernières sociétés.

Le commissaire aux comptes doit en tout état de cause être **avisé annuellement** des **prêts** en cours que la SARL a consentis à des entreprises avec lesquelles elle entretient des liens économiques (C. mon. fin. art. L 511-6, 3 bis-al. 2 et R 511-2-1-3). Par ailleurs, il doit délivrer une **déclaration** jointe au rapport de gestion dans les mêmes conditions qu'en cas d'audit légal classique (nº 32000).

PROCÉDURE DANS LES SARL SANS COMMISSAIRE AUX COMPTES

Dans les SARL non dotées d'un commissaire aux comptes, les conventions (autres que celles portant sur des opérations courantes et conclues à des conditions normales) sont soumises à l'**approbation a posteriori** des associés ; le gérant doit établir un **rapport** comportant les mentions exposées nº 32000 (art. L 223-19, al. 1 et R 223-17). La décision des associés doit être prise, sur présentation de ce rapport, dans les mêmes conditions que celles exposées ci-dessus (nº 32005). 32010

Toutefois, les conventions entre la SARL et un gérant non associé font l'objet d'une **approbation préalable** des associés (art. L 223-19, al. 2). La décision des associés doit être prise, sur présentation d'un rapport établi par le gérant, dans les mêmes conditions que celles exposées ci-dessus pour l'approbation a posteriori. En effet, l'alinéa 2 de l'article L 223-19 ne déroge pas sur ces points aux règles prévues à l'alinéa 1.

c. Refus d'approbation des conventions réglementées par les associés

Le refus de ratification ou d'autorisation préalable par les associés n'entraîne pas la **nullité des conventions** en cause qui, dans tous les cas, continuent à produire leurs effets (art. L 223-19, al. 4 ; Cass. com. 28-6-1988 : Bull. civ. IV nº 226). 32015

Les conséquences préjudiciables pouvant en résulter pour la société restent à la charge du gérant et, s'il y a lieu, de l'associé contractant. Si la convention est passée par plusieurs gérants ou associés, leur **responsabilité** est solidaire (art. L 223-19, al. 4).

L'action en responsabilité doit être intentée dans un délai de trois ans à compter de la conclusion de la convention – et non pas de la réunion au cours de laquelle les associés ont refusé de la ratifier – ou, si elle a été dissimulée, de sa révélation (art. L 223-23 ; Cass. com. 21-1-1997 : RJDA 4/97 nº 525).

Sur la possibilité de mettre en cause la responsabilité du gérant pour faute de gestion, voir nº 14070, précision c.

› **Précisions** **a.** L'**annulation de la convention** peut être demandée par la société lorsque l'irrégularité invoquée est une cause de nullité des contrats telle que le contenu illicite du contrat (Cass. com. 22-5-2001 nº 978 : RJDA 11/01 nº 1119).

b. Pour la **condamnation** d'un associé **au remboursement** à la société de l'intégralité des sommes perçues en vertu d'une convention non approuvée, voir Cass. com. 10-12-1996 : RJDA 5/97 nº 657 ; pour la condamnation d'un gérant à rembourser à la SARL les loyers auxquels elle était tenue en exécution d'un bail conclu avec une autre société dont le gérant était associé et qui ne présentait aucune utilité pour la SARL, voir CA Agen 3-4-2007 nº 06-332 : RJDA 4/08 nº 432.

c. Lorsque le fait est qualifié de **crime,** l'action se **prescrit** par dix ans (art. L 223-23).

d. En cas de **convention à durée déterminée et tacitement renouvelable,** le point de départ de la prescription est son dernier renouvellement (CA Paris 9-11-2021 nº 19/23007 : RJDA 5/22 nº 286 et, sur pourvoi, Cass. com. 11-10-2023 nº 22-10.271 F-B : RJDA 1/24 nº 25).

d. Sanctions de l'inobservation de la procédure de contrôle

Le non-respect de la procédure de contrôle des conventions réglementées – défaut de rapport du gérant ou du commissaire aux comptes, lorsqu'il est requis, défaut de consultation des associés ou encore participation du gérant ou de l'associé cocontractant au vote – entraîne les mêmes **sanctions** (nº 32015) que le refus de ratification ou d'autorisation préalable (Cass. com. 28-6-1988 nº 87-11.628 : Bull. civ. IV nº 226 ; Cass. com. 13-2-1996 nº 93-17.565 : RJDA 5/96 *nº 646 ; CA Paris 28-7-2016 nº 15/04260 : RJDA 12/16 nº 874*). 32018

Comme en cas de refus de ratification ou d'autorisation préalable, l'action en responsabilité se **prescrit** par trois ans à compter du fait dommageable ou, s'il a été dissimulé, de sa révélation.

› **Précisions** Jugé que la **dissimulation** peut résulter du fait que le **rapport de gestion** sur les opérations de l'exercice au cours duquel le contrat a été signé indique qu'aucune convention réglementée n'avait été conclue (Cass. com. 30-5-2018 nº 16-21.022 FS-PB : RJDA 10/18 nº 731). Cette solution peut surprendre dans la mesure où les conventions réglementées n'ont (sauf dans le cas des prêts que la SARL a octroyé à des entreprises avec lesquelles elle entretient des relations économiques le justifiant) pas à être mentionnées dans le rapport de gestion mais dans un rapport spécial établi, selon le cas, par le gérant ou le commissaire aux comptes (nos 32000 s.). Cette remarque de forme ne modifie cependant pas la solution puisque la mention dans le rapport spécial qu'aucune convention n'a été conclue caractériserait aussi, à notre avis, la dissimulation. Précisons toutefois que les déclarations successives à chaque assemblée générale selon lesquelles il n'existe pas de convention réglementée ne caractérisent pas nécessairement la dissimulation de ces conventions mais peuvent révéler que les relations contractuelles entre les sociétés ne sont pas considérées comme relevant de la procédure d'approbation (pour un exemple, CA Paris 9-11-2021 no 19/23007 : RJDA 5/22 no 286 et, sur pourvoi, Cass. com. 11-10-2023 no 22-10.271 F-B : RJDA 1/24 no 25).

2. CONVENTIONS INTERDITES DANS LA SARL

NATURE DES CONVENTIONS INTERDITES

32020 Il est interdit aux **gérants** ou **associés personnes physiques** de contracter, sous quelque forme que ce soit, des **emprunts** auprès de la société, de se faire consentir par elle un **découvert,** en compte courant ou autrement, ainsi que de **faire cautionner ou avaliser** par elle leurs engagements envers des tiers (art. L 223-21, al. 1).

Cette interdiction **s'applique** également (art. L 223-21, al. 1 et 2) :
– aux représentants légaux des personnes morales associées ;
– aux conjoint, ascendants et descendants des gérants, des associés ou des représentants légaux des personnes morales associées ;
– ainsi qu'à toute personne interposée (sur cette notion, voir nos 52515 et 52560).

> **Précisions** **a.** L'interdiction s'applique au **cautionnement** réel comme au cautionnement personnel (CA Montpellier 7-1-1980 : Rev. sociétés 1980 p. 737 note Mouly ; voir aussi Cass. com. 25-4-2006 no 05-12.734 : RJDA 8-9/07 no 858).
b. Elle ne concerne que les personnes qui ont la **qualité de gérant ou d'associé** au jour de la **conclusion** du contrat de prêt ou de l'octroi de la garantie. Ainsi, un contrat de prêt consenti à une personne ultérieurement nommée gérant n'est pas nul (dans ce sens, Bull. CNCC juin 2003 p. 358).
c. La **garantie** par la société du prêt accordé à l'acheteur de son fonds de commerce ne viole pas cette interdiction dès lors que la cession du fonds a pour effet de le faire sortir du patrimoine social et ne confère pas à l'acheteur la **qualité d'associé** (Cass. com. 6-3-2007 no 05-21.351 : RJDA 6/07 no 628).

EXCEPTIONS À L'INTERDICTION

32021 L'interdiction exposée no 32020 est écartée si l'**associé** est une **personne morale** (art. L 223-21, al. 1). Ainsi, une SARL filiale d'une autre société peut consentir des prêts ou des avances à sa société mère ou garantir ses engagements envers des tiers, ce qui facilite la mise en place des pools de trésorerie dans les groupes de sociétés (nos 80700 s.). Mais il faut alors respecter la procédure particulière aux conventions réglementées dans la mesure où il ne s'agit pas d'une « opération courante et conclue à des conditions normales » (nos 31910 s.).

De même, si la société exploite un **établissement financier,** l'interdiction ne s'applique pas aux opérations courantes de ce commerce conclues à des conditions normales (art. L 223-21, al. 3).

Enfin, elle ne concerne pas, à notre avis, les avantages financiers consentis par la société à l'occasion de ses **opérations commerciales courantes** (vente à crédit, par exemple) et dont les gérants ou associés peuvent profiter comme tout autre client de la société.

32022 Comme toutes autres interdictions, les dispositions de l'article L 223-21 doivent être interprétées restrictivement. Ainsi, les **cautionnements** ou **avals** ne sont interdits que s'ils garantissent les engagements personnels des intéressés (Cass. com. 25-5-1993 : RJDA 12/93 no 1047 ; Cass. com. 8-3-1994 : RJDA 7/94 no 813).

> **ILLUSTRATIONS**
> Tel n'est pas le cas :
> – du cautionnement consenti par une SARL pour garantir le remboursement d'un prêt consenti à une autre société dirigée par le conjoint de son gérant et pour lequel les deux époux s'étaient déjà portés caution à titre personnel (Cass. com. 25-5-1993 précité) ;
> – du nantissement du fonds de commerce de la SARL consenti en faveur du frère d'un des associés dès lors qu'il n'existait aucune preuve que celui-ci ait agi comme personne interposée (CA Paris 4-2-1987 : D. 1987 IR p. 44).

SANCTION DE L'INOBSERVATION DE L'INTERDICTION

32023 La convention contrevenant à l'interdiction exposée no 32020 est nulle (art. L 223-21, al. 1). Il s'agit d'une **nullité** absolue (Cass. com. 25-4-2006 no 05-12.734 : RJDA 8-9/07 no 858) qui peut être invoquée non seulement par les associés (CA Paris 5-12-1983 : Bull. Joly 1984 p. 150) et la société, mais aussi par les tiers et les créanciers sociaux lésés pourvu que ceux-ci soient en mesure de justifier d'un intérêt légitime (CA Montpellier 7-1-1980 : Rev. sociétés 1980 p. 737 note Mouly).

Conformément au droit commun de la **prescription** (C. civ. art. 2224), l'action en nullité se prescrit par cinq ans à compter de la date à laquelle le demandeur a eu ou aurait dû avoir connaissance de la convention. En revanche, l'action en paiement de dommages-intérêts engagée contre un gérant à la suite de l'annulation d'une convention interdite conclue à son profit est une action en responsabilité qui se prescrit par trois ans (Cass. com. 20-12-2023 n° 21-20.019 F-D : RJDA 4/24 n° 226).

La société peut **opposer** la nullité **aux tiers,** sauf si ces derniers sont de bonne foi (art. L 235-12 remplacé, à compter du 1-10-2025, par C. civ. art. 1844-16 ; Ord. 2025-229 du 12-3-2025 art. 70). Lorsqu'une société a garanti les engagements d'un de ses gérants ou associés, le tiers bénéficiaire de la garantie, s'il a connaissance de cette qualité de gérant ou d'associé de son débiteur, ne saurait, à notre avis, prétendre être de bonne foi. En effet, nul n'étant censé ignorer la loi, il ne peut pas ne pas savoir qu'une disposition expresse de la loi sur les sociétés commerciales (art. L 223-21) frappe de nullité une telle garantie. Il en irait différemment si le débiteur réel de la dette garantie lui avait été dissimulé par des manœuvres frauduleuses auxquelles il serait resté étranger, par exemple une interposition de personnes (Cass. com. 23-9-1982 : Bull. civ. IV n° 283).

> **Précisions** **a.** Il résulte du caractère absolu de la nullité que la société ne peut pas **renoncer à exercer l'action en nullité** (CA Versailles 2-12-1987 : BRDA 5/88 p. 10) ou confirmer l'acte nul (C. civ. art. 1180, al. 2).
> **b.** La nullité peut être soulevée d'office par le **juge** (CA Aix 7-2-1992 : Bull. Joly 1992 p. 1217).

B. Expertise de gestion dans la SARL

Un ou plusieurs **associés** représentant au moins 10 % du capital social peuvent soit indivi- 32180
duellement, soit en se groupant sous quelque forme que ce soit, demander en justice la désignation d'un ou plusieurs experts chargés de présenter un rapport sur une ou plusieurs opérations de gestion (art. L 223-37, al. 1). Un associé indivis peut demander seul une expertise de gestion dès lors qu'il détient de manière indivise la participation minimale au capital requise (Cass. com. 4-12-2007 n° 05-19.643 : RJDA 3/08 n° 291, en matière de SA mais à notre avis transposable).

Cette demande peut aussi être présentée par le **ministère public** et le **comité social et économique** (CSE) (art. L 223-37, al. 2, texte qui n'a pas été modifié pour tenir compte du remplacement du comité d'entreprise par le CSE, mais il nous semble logique que, dans les sociétés d'au moins 50 salariés, ce dernier dispose également du droit de présenter la demande).

Sur la coexistence de cette mesure avec l'expertise de droit commun, voir n° 53001.

La fixation de la rémunération du gérant ne constitue pas un acte de gestion au sens de 32181
l'article L 223-37 dès l'instant qu'elle a été décidée par l'assemblée des associés. En revanche, si le gérant décide, de son propre chef et sans vote de l'assemblée, de s'octroyer un **complément de rémunération** (en l'espèce, des gratifications), il accomplit un acte de gestion susceptible de faire l'objet d'une expertise de minorité (Cass. com. 30-5-1989 : JCP 1990 II n° 21405 note Marteau-Petit).

De même, les associés minoritaires d'une SARL peuvent valablement demander une expertise sur des **conventions réglementées** :
– conventions d'approvisionnement conclues avec une autre société qui était le principal fournisseur et l'associé majoritaire de la SARL (Cass. com. 9-2-1999 n° 96-17.581 : RJDA 4/99 n° 426) ;
– conventions de mise à disposition des moyens et de la clientèle de la SARL conclues avec des sociétés concurrentes constituées par les gérants associés de la SARL, peu important que ces **opérations de gestion** aient été **approuvées par l'assemblée générale,** que l'associé qui demandait l'expertise se soit abstenu de participer à cette assemblée et qu'il n'ait exercé aucun recours contre les décisions collectives (Cass. com. 5-5-2009 n° 08-15.313 : RJDA 2/10 n° 158) ;
– convention de compte courant d'associé (Cass. com. 21-4-2022 n° 20-11.850 F-D : RJDA 8-9/22 n° 489).

Les **dispositions** applicables aux SARL quant à la recevabilité de la demande et à la mission 32182
des experts sont les mêmes que celles **prévues pour les SA** et appellent donc les mêmes remarques (voir nos 53006 s.). Toutefois, les règles suivantes diffèrent de la SA :
– la participation minimale pour demander une expertise est de 10 % (contre 5 % dans les SA) ;

– la demande peut être présentée directement au président du tribunal de commerce (dans les SA, elle doit être précédée d'une consultation des dirigeants sociaux) ;
– la demande ne peut porter que sur des opérations réalisées par la société (dans les SA, les actionnaires ont aussi le droit de faire examiner des opérations accomplies par des filiales de leur société).

32183 Le **rapport** du ou des experts doit être déposé au greffe du tribunal de commerce et adressé par les soins du greffier au demandeur, au gérant, au ministère public, au CSE (remplaçant, selon nous, le comité d'entreprise, voir nº 32180) et au commissaire aux comptes s'il en existe. Il doit, en outre, être annexé à celui établi par le commissaire aux comptes en vue de l'assemblée générale suivante et recevoir la même publicité (art. L 223-37, al. 4 et R 223-30, al. 3).
Les SARL n'étant pas toutes dotées d'un commissaire aux comptes, il pourrait arriver, au moins théoriquement, que les associés, autres que le ou les demandeurs, n'aient pas connaissance d'un rapport déjà communiqué au ministère public et au CSE.

SECTION 3

DÉCISIONS COLLECTIVES DES ASSOCIÉS DE SARL

I. DISPOSITIONS GÉNÉRALES

MODE DE CONSULTATION DES ASSOCIÉS DE SARL

32300 En principe, les décisions collectives des **associés** sont prises en **assemblée** (art. L 223-27, al. 1).
Ce mode de consultation est même obligatoire :
– lorsque la réunion a été demandée par un ou plusieurs associés représentant au moins soit à la fois 10 % des associés et 10 % des parts sociales, soit seulement la moitié des parts sociales (art. L 223-27, al. 4) ;
– pour décider de l'émission d'obligations (art. L 223-11, al. 2) ;
– pour l'approbation d'une modification des statuts prévue par le projet de plan de sauvegarde ou de redressement de la société si les classes de parties affectées ne sont pas constituées pour statuer sur ce projet (art. L 626-3, al. 1, L 627-3, al. 3 et L 631-19, I ; nos 91315 s.).
Dans tous les autres cas, les statuts peuvent prévoir une **consultation écrite** (art. L 223-27, al. 1). Ils peuvent également limiter cette consultation écrite à certaines décisions (par exemple, celles entraînant modification des statuts).
Les décisions collectives peuvent aussi être prises par un **acte** sous signature privée ou notarié constatant le consentement de tous les associés (nº 32720).

ATTENTION

Les statuts peuvent permettre l'**approbation annuelle des comptes** par voie de consultation écrite des associés ou dans un acte constatant leur consentement unanime (art. L 223-27, al. 1 modifié par loi 2024-537 du 13-6-2024).

A. Assemblée des associés de SARL

1. CONVOCATION DE L'ASSEMBLÉE DES ASSOCIÉS DE SARL

a. Auteur de la convocation

CONVOCATION DE L'ASSEMBLÉE PAR LES GÉRANTS

32310 Le soin de convoquer les assemblées incombe à la gérance (art. L 223-27, al. 2).
S'il y a **pluralité de gérants,** le droit de convocation peut être librement déterminé dans les statuts (art. L 223-18, al. 4) et confié soit à l'un d'eux, soit à chaque gérant, soit à tous les gérants agissant collectivement. En l'absence de clause statutaire, chacun des gérants peut convoquer l'assemblée sans que les autres gérants puissent faire opposition. En effet, l'opposition prévue à l'article L 221-4, al. 2 – auquel renvoie certes l'article L 223-18, al. 4 –

ne vise pas la convocation d'une assemblée, acte unilatéral qui ne peut équivaloir à la « conclusion d'une opération », seule susceptible d'opposition (Cass. com. 6-6-1972 : D. 1973 p. 213 note J.-C. Bousquet ; CA Paris 5-11-1999 : RJDA 2/00 nº 177).

En cas de **carence** du gérant, cette convocation peut émaner du commissaire aux comptes chargé d'un audit classique des comptes, s'il en existe un (nº 32314), ou d'un mandataire de justice désigné à la demande des associés (nºs 32315 s.). Si la **société** se trouve **dépourvue de gérant** ou si le **gérant** unique est placé sous **tutelle,** une procédure particulière est prévue (nºs 32312 s.).

CONVOCATION DE L'ASSEMBLÉE PAR LES ASSOCIÉS

Si, pour quelque cause que ce soit (décès, démission, révocation, etc.), la **société** se trouve **dépourvue de gérant** ou si le gérant unique est placé sous **tutelle,** tout associé peut convoquer l'assemblée à seule fin de procéder, le cas échéant, à la révocation du gérant unique et, dans tous les cas, à la désignation d'un ou de plusieurs gérants (art. L 223-27, al. 8). **32312**

En dehors de ces cas, le Code de commerce ne reconnaît pas aux associés (individuellement ou en groupe) le droit de convoquer eux-mêmes une assemblée.

Le droit pour un ou plusieurs associés détenant la moitié des parts sociales ou détenant, s'ils représentent au moins 10 % des associés, 10 % des parts sociales de **demander** la **réunion** d'une assemblée (art. L 223-27, al. 4) au gérant ou, à défaut, au commissaire aux comptes chargé d'un audit classique des comptes, s'il en existe un, ne permet pas à ces associés de procéder eux-mêmes à la convocation de l'assemblée (CA Paris 15-12-1995 nº 94-11516 : RJDA 2/96 nº 239 som.).

En cas de refus du gérant et, le cas échéant, du commissaire aux comptes de satisfaire leur demande, les associés n'ont pas d'autre ressource que celle de s'adresser au président du tribunal pour obtenir la désignation d'un mandataire qui sera chargé d'effectuer cette convocation (Cass. com. 4-3-1974 nº 73-10.284 : Bull. civ. IV nº 77 ; voir nºs 32315 s.) ou, s'il s'agit de l'assemblée ordinaire annuelle, pour obtenir une injonction contre le gérant de convoquer l'assemblée (nº 32855).

CONVOCATION DE L'ASSEMBLÉE PAR LE COMMISSAIRE AUX COMPTES

En cas de **carence du gérant,** c'est au commissaire aux comptes chargé d'un audit classique des comptes, s'il en existe un, qu'il appartient de faire le nécessaire (art. L 223-27, al. 2 et L 821-57, al. 2, dispensant le commissaire aux comptes chargé d'un audit allégé de convoquer l'assemblée). La compétence du commissaire aux comptes est seulement subsidiaire de celle du ou des gérants ; elle suppose l'inertie de ces derniers. Aussi, bien qu'aucun texte ne l'exige, paraît-il opportun que le commissaire aux comptes, avant de convoquer l'assemblée, mette le ou les gérants en demeure par lettre recommandée de procéder eux-mêmes à cette convocation. **32314**

Si, pour quelque cause que ce soit (décès, démission, révocation, etc.), la **société** se trouve **dépourvue de gérant** ou si le gérant unique est placé sous **tutelle,** le commissaire aux comptes chargé d'un audit classique des comptes, s'il en existe un, peut convoquer l'assemblée à seule fin de procéder, le cas échéant, à la révocation du gérant unique et, dans tous les cas, à la désignation d'un ou de plusieurs gérants (art. L 223-27, al. 8).

CONVOCATION DE L'ASSEMBLÉE PAR UN MANDATAIRE DE JUSTICE

Mandataire ad hoc **Auteur de la demande de désignation du mandataire.** Tout **associé** peut demander au président du tribunal de commerce, statuant en référé, la désignation d'un mandataire chargé de convoquer l'assemblée et de fixer son ordre du jour (art. L 223-27, al. 7 et R 223-20, dernier al.). Il n'est pas nécessaire que l'associé justifie qu'il est propriétaire d'une fraction minimale du capital social, contrairement aux règles applicables aux SA et aux SCA. **32315**

› Précisions **a.** Aucune disposition du Code de commerce ne permet la convocation d'une *assemblée de SARL par un mandataire* désigné en justice à la demande de **tout intéressé** en cas d'urgence, à la différence des SA. En conséquence, l'**usufruitier,** qui n'a pas la qualité d'associé (nº 6102), ne peut pas former une telle demande sauf, à notre avis, en se prévalant du droit que lui a reconnu la Cour de cassation de provoquer une délibération des associés sur une question susceptible d'avoir une incidence sur son droit de jouissance des parts sociales (Cass. com. avis 1-12-2021 nº 20-15.164 FS-D : RJDA 2/22 nº 79 et Cass. 3e civ. 16-2-2022 nº 20-15.164 FS-B : RJDA 5/22 nº 273, en matière de société civile mais à notre avis transposables).

b. Le Code du travail reconnaît « dans les sociétés » d'au moins 50 salariés la possibilité pour le **comité social et économique** de demander en justice la désignation d'un mandataire de justice chargé de convoquer « l'assemblée générale des actionnaires » en cas d'urgence (C. trav. art. L 2312-77, al. 1). Ce texte n'est, à notre avis, pas applicable aux SARL. En effet, s'agissant d'un droit reconnu à un non-associé, l'interprétation de la loi doit être restrictive.

32316 **Conditions de recevabilité de la demande.** La convocation des assemblées relevant normalement de la compétence du gérant, l'associé ne peut demander en justice la nomination d'un mandataire chargé de convoquer l'assemblée qu'après avoir vainement **mis en demeure le gérant** de procéder à cette convocation (CA Reims 17-7-1975 : D. 1976 p. 218 note Y. Guyon).

Pour être recevable, la demande doit être conforme à l'**intérêt social** (Cass. com. 19-6-1990 nº 89-14.092 : Bull. civ. IV nº 186), y compris si elle émane de l'associé majoritaire de la société (Cass. com. 15-12-2021 nº 20-12.307 FS-B : RJDA 2/22 nº 94). La conformité à l'intérêt social ne s'apprécie pas au regard de la décision que le demandeur entend soumettre à l'assemblée (Cass. 3e civ. 19-9-2024 nº 23-12.846 F-D : RJDA 2/25 nº 82, à propos d'une société civile mais transposable), de sorte que lorsque l'assemblée envisagée a pour objet la révocation du gérant, le juge n'a pas à examiner les motifs de cette révocation (Cass. com. 15-12-2021 précité).

ILLUSTRATIONS

A été jugée recevable la demande visant à convoquer une assemblée ayant pour objet l'approbation des comptes sociaux et l'affectation des résultats (Cass. com. 20-12-2023 nº 21-18.831 F-D : RJDA 3/24 nº 169, 2e esp., à propos d'une société civile mais transposable). A en revanche été rejetée celle tendant à déterminer si des parts sociales avaient été cédées et si, en conséquence, leurs titulaires avaient la qualité d'associés, l'assemblée n'étant pas compétente pour statuer sur ces questions (Cass. com. 20-12-2023 nºs 21-18.831 F-D et 21-18.746 F-B : RJDA 3/24 nº 169, à propos de sociétés civiles mais transposables).

Contrairement à celle d'un administrateur provisoire, la désignation d'un mandataire ad hoc n'est subordonnée ni au **fonctionnement anormal** de la société, ni à la menace d'un **péril imminent** ou d'un trouble manifestement illicite (Cass. com. 13-1-2021 nº 18-24.853 F-P : RJDA 5/21 nº 314 et Cass. com. 21-9-2022 nº 20-21.416 F-B : RJDA 12/22 nº 690, à propos de SA mais transposables ; CA Aix-en-Provence 2-4-2009 nº 07-14109 : RJDA 6/10 nº 641). Par ailleurs, il n'est pas nécessaire que les **conditions générales** de la procédure de **référé** rappelées nº 32317 soient remplies (Cass. com. 13-1-2021 précité ; CA Reims 17-7-1975 précité).

› **Précisions** **a.** L'article L 223-26 n'impose aucun **délai** à l'associé pour faire sa demande, pas plus qu'il n'exige que soit rapportée la preuve que l'associé a tenté de convaincre le gérant de convoquer l'assemblée ; est donc valable la **demande** de désignation d'un mandataire chargé de convoquer l'assemblée **formulée un an après la clôture de l'exercice** en vue d'approuver les comptes (Cass. com. 24-10-2018 nº 16-25.297 F-D : RJDA 1/19 nº 28).

b. Dans un cas où, les associés étant convenus de réunir une assemblée en vue d'approuver les comptes, de révoquer le gérant et de désigner un nouveau gérant, le gérant avait convoqué une assemblée à seule fin d'approuver les comptes mais remis à six mois le débat sur le changement de gérance, ce **gérant,** à qui le quitus avait été refusé lors de l'assemblée et qui avait ignoré la requête réitérée par les associés par lettre recommandée AR, a fait preuve d'une **carence justifiant la demande** de désignation judiciaire d'un mandataire par les associés (CA Aix-en-Provence 2-4-2009 précité).

c. La société est nécessairement **partie à l'instance** tendant à la désignation d'un mandataire chargé de provoquer la délibération des associés : la demande est irrecevable si l'associé n'a assigné que le gérant de la société à titre personnel et non en qualité de représentant légal de la société (Cass. com. 3-11-2004 nº 01-01.855 : RJDA 7/05 nº 811, à propos d'une société civile mais transposable). En revanche, le demandeur n'est pas tenu de mettre en cause les associés (Cass. com. 20-12-2023 nºs 21-18.831 F-D et 21-18.746 F-B précités). Rien ne lui interdit de le faire s'il le souhaite ; les associés peuvent aussi intervenir volontairement à l'instance.

d. Le gérant ne peut pas valablement s'opposer à la désignation du mandataire de justice en prétendant que c'est au demandeur de démontrer l'absence de **tenue** de l'**assemblée.** En effet, il appartient à celui qui se prétend libéré d'une obligation d'en **apporter la preuve.** Tel n'est pas le cas lorsque le gérant ne justifie ni de la convocation des associés par lettre recommandée, ni de la communication des documents sociaux (Cass. com. 11-2-1992 nº 90-10.129 : RJDA 5/92 nº 469).

e. Le **président du tribunal** de commerce doit **surseoir à statuer** s'il existe des données sérieuses permettant de penser que l'assemblée ne pourra pas être régulièrement tenue en raison, par exemple, d'un litige sur la propriété des parts (CA Rouen 10-6-1971 : Gaz. Pal. 1971 II p. 631).

32317 **Recours au référé de droit commun.** L'existence de la procédure spécifique de l'article L 223-27, al. 7 n'interdit pas aux associés de recourir au référé de droit commun, mais leur *demande ne sera satisfaite* que si elle remplit les **conditions** applicables en la matière (CA Versailles 19-6-2003 nº 02-3899 : RJDA 3/04 nº 323) : urgence, existence d'un différend justifiant la mesure et absence de contestation sérieuse (CPC art. 872) ou, en présence d'une telle contestation, existence d'un dommage imminent ou d'un trouble manifestement illicite (CPC art. 873).

ILLUSTRATIONS

Une demande tendant à obtenir, sur le fondement de l'article 872 du Code de procédure civile, la désignation d'un mandataire chargé de convoquer l'assemblée d'une SARL pour modifier les statuts de celle-ci à la suite d'une cession de parts doit être écartée dès lors que la cession a été annulée (CA Grenoble 28-11-2002 n° 01-2333 : RJDA 3/04 n° 317). De même, doit être rejetée la demande de désignation d'un mandataire fondée sur l'article 873 du Code de procédure civile dès lors que ni l'irrégularité de la précédente assemblée, ni l'existence de faute de gestion rendant urgente la tenue d'une nouvelle assemblée pour révoquer le gérant ne sont établies et que, le gérant étant associé majoritaire, une telle mesure est illusoire, alors que la révocation de celui-ci peut être demandée en justice en application de l'article L 223-25 (CA Versailles 19-6-2003 n° 02-3899 : RJDA 3/04 n° 323).

Cas particulier des fusion, scission ou apport partiel d'actifs. En cas de fusion, de scission ou d'apport partiel d'actifs soumis à un **régime simplifié,** l'assemblée peut être convoquée par un mandataire désigné par le juge à la demande d'un ou plusieurs associés détenant au moins 5 % du capital de la société absorbante, de la société bénéficiaire de la scission ou de la société apporteuse, en vue de faire approuver l'opération par l'assemblée de celle-ci (nos 83280 s., 83463 et 83625). 32318

Administrateur provisoire L'administrateur provisoire nommé en justice et chargé de gérer la société peut convoquer une assemblée ordinaire. Sur le pouvoir de l'administrateur provisoire de convoquer une assemblée extraordinaire en vue de la modification des statuts, voir n° 46060. 32319

b. Formalités préliminaires à la convocation

ENVOI D'UN AVIS DE RÉUNION AUX ASSOCIÉS DE SARL

Les SARL ne sont pas tenues d'adresser spontanément un avis de réunion à leurs associés. Elles doivent seulement satisfaire à la **demande** de ceux d'entre eux qui ont exprimé par lettre simple ou recommandée ou par courrier électronique le désir d'être prévenus de la date prévue pour la réunion des assemblées (art. L 223-27, al. 5 et R 223-20-2, al. 1). 32320

L'**avis** de réunion doit être **envoyé** à l'associé demandeur par lettre simple ou recommandée ou par courrier électronique à l'adresse qu'il a indiquée, étant précisé que :
– la société n'est tenue d'envoyer cet avis par **lettre simple ou recommandée** qu'aux seuls associés lui ayant adressé le montant des frais d'envoi de cette lettre (art. R 223-20-2, al. 2) ;
– la société ne peut l'envoyer par **courrier électronique** en lieu et place d'un envoi postal que si elle a au préalable soumis une proposition en ce sens aux associés, par voie postale ou électronique, et recueilli leur accord également par voie postale ou électronique, chaque associé pouvant donner son accord par lettre recommandée ou par voie électronique au plus tard 20 jours avant la date de l'assemblée. L'accord des associés vaut pour la prochaine assemblée et les assemblées suivantes.

En l'absence d'accord d'un associé, seule la voie postale peut être utilisée (art. R 223-20, al. 2 et 3 et R 223-20-2). Les associés ayant déjà consenti à l'utilisation de la voie électronique peuvent, par cette voie ou par lettre recommandée, demander le retour à un envoi postal 20 jours au moins avant la date de l'assemblée suivante (art. R 223-20, al. 3).

Les demandes d'inscription des points ou des projets de résolution à l'ordre du jour devant être adressées à la société, par lettre recommandée AR ou courrier électronique avec accusé de réception, 25 jours au moins avant la date de l'assemblée (art. R 223-20-3, al. 1), l'avis de réunion doit être envoyé à l'associé qui en a fait la demande dans un **délai** suffisant pour qu'il puisse valablement déposer ses points ou projets de résolution.

L'avis de réunion doit **mentionner** la **date** prévue pour l'assemblée (art. R 223-20-2, al. 1).

CONSEIL

Il convient, selon nous, de mentionner dans l'avis de réunion l'ordre du jour de l'assemblée ou au moins son objet principal. Cette précision complémentaire, qui n'est exigée par aucun texte, permettra aux associés qui désirent déposer des projets de résolution de n'adresser à la société que des propositions ayant un rapport avec l'objet de la réunion, sans que ce soit, comme nous le verrons (n° 32324), une obligation pour eux.

DÉPÔT DE POINTS OU DE PROJETS DE RÉSOLUTION PAR LES ASSOCIÉS DE SARL

Peuvent faire inscrire des points ou des projets de résolution à l'ordre du jour d'une assemblée le ou les associés qui détiennent, au jour de la demande d'inscription, **au moins 5 % des parts sociales** (art. L 223-27, al. 5 et R 223-20-3, al. 1). 32321

La **demande** doit être adressée à la société, par lettre recommandée AR ou courrier électronique avec accusé de réception, 25 jours au moins avant la date de l'assemblée (art. R 223-20-3, al. 1). Lorsqu'elle porte sur un point, la demande doit être motivée (art. R 223-20-3, al. 2). Lorsqu'elle porte sur un projet de résolution, la demande doit être accompagnée du texte de ce projet, lequel peut être assorti d'un bref exposé des motifs (art. R 223-20-3, al. 3).

32324 Dès lors que les conditions de la demande ont été respectées, l'**inscription** des points et projets de résolution à l'ordre du jour s'impose au gérant (art. R 223-20-3, al. 4), qui ne peut pas se faire juge de leur opportunité. Notamment, il ne peut pas, à notre avis, refuser d'inscrire à l'ordre du jour un point ou un projet de résolution qui serait sans rapport avec l'objet de l'assemblée car aucune disposition ne lie cette inscription aux questions à débattre. En outre, les associés n'ont pas nécessairement connaissance de l'ordre du jour de l'assemblée à la date où la demande d'inscription est présentée à la société.

Les points ou projets de résolution qu'un associé a fait inscrire à l'ordre du jour d'une assemblée doivent être **portés à la connaissance des autres associés** (art. L 223-27, al. 5), à notre avis dans les mêmes conditions que les autres documents d'assemblée (voir nos 32400 s.), afin de respecter le principe selon lequel les associés doivent bénéficier d'une information complète et pouvoir voter les projets de résolution en toute connaissance de cause (dans le même sens, Communication Ansa, comité juridique n° 04-046 du 5-5-2004, à propos des SA mais transposable).

Les projets de résolution émanant des associés doivent être soumis au **vote** de l'assemblée (art. R 223-20-3, al. 4).

c. Mode de convocation de l'assemblée

CONVOCATION DES ASSOCIÉS DE SARL

32325 **Envoi postal ou électronique** Les associés sont convoqués aux assemblées par **lettre recommandée** adressée à chacun d'eux ou par **voie électronique** à l'adresse indiquée par chacun des associés qui ont opté pour ce mode de communication (art. R 223-20, al. 1 et 2). La convocation par lettre ordinaire, possible dans les sociétés par actions (cf. art. R 225-67, al. 2), n'a pas été étendue aux SARL.

> **Précisions** **a.** Jugé que le défaut de **signature par le gérant** de la **lettre** de convocation ne constitue pas une irrégularité susceptible d'entraîner l'annulation de l'assemblée (CA Paris 28-5-1999 n° 97/24560 : RJDA 10/99 n° 1092 som.).
> **b.** Il appartient aux associés de signaler leurs **changements d'adresse** à la société (Cass. 3e civ. 25-6-2020 n° 18-26.717 F-D : RJDA 1/21 n° 22, à propos d'une société civile mais transposable). Les solutions exposées n° 23011 sur la régularité des convocations retournées à la SNC avec la mention « n'habite plus à l'adresse indiquée » (ou une mention équivalente) sont transposables à la SARL.
> **c.** Le recours au **courrier électronique** pour la convocation est soumis aux mêmes conditions que pour l'avis de réunion : voir n° 32320.

32326 **Autres procédés de convocation** Selon le ministre de la justice, la convocation ne peut pas être faite par **remise contre émargement ou récépissé.** L'article 667, al. 2 du Code de procédure civile, qui autorise ce procédé même lorsque la loi n'a prévu qu'une notification par voie postale, n'a selon lui qu'un objet procédural et n'est donc pas applicable à la convocation des assemblées de SARL (Rép. Candelier : AN 1-10-2013 n° 18357). Cette solution nous paraît sévère d'autant plus que la nullité est encourue en cas de non-respect du formalisme relatif à la convocation des assemblées de SARL, sauf si tous les associés sont présents ou représentés (art. L 223-27, dernier al.). La Cour de cassation a déjà appliqué l'article 651 du Code de procédure civile (qui autorise, dans les procédures judiciaires, à remplacer la lettre recommandée par une signification) « dans les rapports extrajudiciaires des parties » (Cass. soc. 8-11-1978 n° 77-40.249 : Bull. civ. V n° 746 ; Cass. 3e civ. 10-3-1993 n° 91-15.280 : RJDA 7/93 n° 607), ce procédé présentant une meilleure garantie pour toutes les parties (Cass. soc. 8-11-1978 précité). Le même raisonnement pourrait selon nous être tenu à propos de la remise contre émargement ou récépissé, procédé lui aussi plus fiable que la lettre recommandée.

La possibilité de recourir à une simple **convocation verbale** est admise en pratique, à la condition que tous les associés soient présents ou représentés à l'assemblée. Dans ce cas, en effet, la demande en nullité de la délibération est irrecevable (art. L 223-27, dernier al.). Encore faut-il que les associés aient été en mesure d'exercer le droit de communication que la loi leur réserve sur les documents soumis à l'assemblée.

32327 **Destinataires de la convocation** Si les **parts** sont **indivises,** la convocation est adressée dans les mêmes formes à chacun des coïndivisaires.

Si elles sont **grevées d'usufruit,** le nu-propriétaire et l'usufruitier ayant le droit de participer aux décisions collectives (C. civ. art. 1844, al. 3), une convocation doit être adressée à chacun d'eux afin de leur permettre de participer à toutes les assemblées, même celles dans lesquelles ils n'exercent pas le droit de vote. Il en va de même pour le bailleur et le locataire si les parts sont **louées** (cf. art. L 239-3, al. 2).

Sur la nécessité d'adresser une convocation au **curateur d'un associé,** voir n° 46882.

CONVOCATION D'AUTRES PERSONNES

Le **commissaire aux comptes,** s'il en existe, doit être convoqué à toutes les assemblées d'associés, sous peine de sanctions pénales (art. L 821-6 et L 821-65). Il doit l'être par lettre recommandée AR au plus tard lors de la convocation des associés (art. D 821-185, al. 3). **32329**

CONSEIL

En pratique, certains commissaires acceptent d'être convoqués par lettre ordinaire ou courrier électronique. Dans ce cas, il est prudent de leur demander de confirmer qu'ils ont bien reçu la convocation dans les délais prescrits en envoyant à la société un accusé de réception par lettre ou courrier électronique.

Les **autres** personnes appelées à participer à l'assemblée (nos 32450 s.) doivent elles aussi être convoquées à celle-ci. Aucune règle n'est prévue en ce qui concerne la forme que doit revêtir leur convocation, mais il est opportun de procéder par lettre recommandée afin de se ménager la preuve de l'envoi de la convocation et de sa régularité.

d. Délai de convocation à l'assemblée

Les lettres de convocation doivent être envoyées 15 jours au moins avant la date de la réunion (art. R 223-20, al. 1). Ce délai est ramené à huit jours en cas de convocation d'une assemblée à seule fin de remplacer le gérant décédé (art. R 223-20, al. 1). **32331**

Ces délais sont un minimum ; les statuts pourraient en prévoir de plus longs.

Le délai court à compter de la date d'envoi de la lettre et non pas à compter de la date de réception de celle-ci (Cass. ch. mixte 16-12-2005 n° 236 : RJDA 3/06 n° 297). Pour le calcul du délai, le jour d'envoi de la convocation n'est pas compté alors que le jour de la tenue de l'assemblée l'est (Cass. com. 11-1-2005 n° 02-14.118 : RJDA 5/05 n° 554).

ATTENTION

L'article R 223-20 ne prévoit un délai réduit qu'en cas de décès du gérant unique. Dans toutes les autres situations, il convient, à notre avis, de respecter un délai de 15 jours (ou, le cas échéant, le délai plus long prévu par les statuts).

e. Ordre du jour de l'assemblée

AUTEUR DE L'ORDRE DU JOUR DE L'ASSEMBLÉE DE SARL

L'ordre du jour de l'assemblée doit être indiqué dans les lettres de convocation (art. R 223-20, al. 1). Il est librement fixé par l'**auteur de la convocation.** Par exception, celui-ci doit inscrire les points ou les projets de résolution présentés par les associés (cf. art. R 223-20-3, al. 4). **32340**

LIBELLÉ DE L'ORDRE DU JOUR DE L'ASSEMBLÉE DE SARL

Les questions inscrites à l'ordre du jour doivent être libellées de telle sorte que leur portée et leur contenu apparaissent clairement, sans qu'il y ait lieu de se reporter à d'autres documents (art. R 223-20, al. 4). Pour des illustrations rendues en matière de SA mais transposables, voir n° 46264. **32342**

La rubrique « **Questions diverses** » est admise mais elle ne peut recouvrir que des sujets de minime importance (art. R 223-20, al. 4).

FORCE OBLIGATOIRE DE L'ORDRE DU JOUR DE L'ASSEMBLÉE DE SARL

Une fois porté à la connaissance des associés dans la convocation, l'ordre du jour de *l'assemblée s'impose à tous. L'auteur de* la convocation ne peut plus le **modifier** et les associés ne peuvent **délibérer** que sur les **questions** qui y figurent. **32344**

Sur la sanction du non-respect de l'ordre du jour, voir n° 32372.

Les associés peuvent toutefois adopter des résolutions supplémentaires si les questions traitées résultent naturellement de celles qui sont régulièrement inscrites à l'ordre du jour, c'est-à-dire des questions qui sont la conséquence directe d'un sujet inscrit à l'ordre du jour et qui n'abordent aucun problème nouveau (CA Paris 17-2-1987 : BRDA 8/87 p. 20 et, sur pourvoi, Cass. com. 25-4-1989 n° 87-15.208 D : Bull. Joly 1989 p. 531 note M. Jeantin). Cette théorie de l'**ordre du jour implicite** trouve le plus souvent à **s'appliquer** en matière de révocation et de remplacement corrélatif des gérants à l'occasion de l'assemblée annuelle. **32346**

ILLUSTRATIONS

Jugé que :

– certaines questions inscrites à l'ordre du jour de l'assemblée sont susceptibles de déboucher sur la révocation du gérant même si celle-ci n'y est pas mentionnée expressément (Cass. com. 22-10-2013 n° 12-24.162 : RJDA 2/14 n° 128 ; Cass. com. 14-10-2020 n° 18-12.183 F-D : RJDA 1/21 n° 29) ; il en va ainsi pour toutes les questions qui impliquent la possibilité de sanctionner l'action du gérant, par exemple « examen de l'activité de la société », « examen des perspectives d'avenir », « examen des comptes sociaux de l'exercice écoulé et de la gestion de la société » (CA Paris 2-7-1999 n° 97/2117 : RJDA 10/99 som. n° 1089 ; CA Paris 26-11-1999 n° 97-12109 : RJDA 3/00 n° 290) ; de même, l'ordre du jour comportant une rubrique « Gestion du gérant » ou prévoyant « l'étude de la situation actuelle de la société et de son administration » permet à l'assemblée de statuer sur la révocation du gérant et son remplacement, ces décisions pouvant constituer les suites nécessaires de l'examen de la gestion de l'intéressé (Cass. com. 28-2-1977 : Rev. sociétés 1978 p. 245 note Gastaud ; CA Paris 24-9-1981 : Rev. sociétés 1982 p. 283 note P. Le Cannu) ;

– la révocation d'un gérant peut être prononcée au cours d'une assemblée quelconque à la suite d'incidents graves et imprévus (« incidents de séance »), même si cette question ne figure pas à l'ordre du jour (CA Paris 26-1-1987, inédit) ;

– une procuration donnée « à l'effet de délibérer sur l'ordre du jour » permet de voter sur la révocation du gérant, même si cette dernière n'est pas expressément inscrite à l'ordre du jour, dès lors que celui-ci comporte l'examen de l'activité de la société et celui des perspectives d'avenir, ces questions impliquant nécessairement la possibilité de sanctionner la conduite du gérant (Cass. com. 29-6-1993 n° 1222 : RJDA 11/93 n° 914) ;

– lorsque l'ordre du jour de l'assemblée annuelle comporte, outre l'approbation des comptes, les points « Nomination de X en qualité de cogérant – Pouvoirs – Questions diverses », l'assemblée ne peut pas valablement statuer sur la répartition des pouvoirs entre les cogérants mais elle peut supprimer la rémunération du premier gérant, une telle décision résultant implicitement de l'examen des comptes annuels et de la nomination d'un cogérant (CA Versailles 31-10-2002 n° 00-71 : RJDA 3/03 n° 269).

En revanche, la théorie de l'ordre du jour implicite ne permet pas à l'assemblée appelée à statuer sur la nomination d'un commissaire aux comptes de nommer un autre commissaire aux comptes que celui dont le nom figurait à l'ordre du jour. Malgré un objectif identique de nomination, le fait de proposer un nom de commissaire aux comptes différent de celui figurant à l'ordre du jour adressé avec la convocation constitue une résolution nouvelle sur laquelle l'assemblée ne peut pas valablement délibérer (Cass. com. 14-2-2018 n° 15-16.525 F-PB : RJDA 6/18 n° 513). En effet, le choix d'un commissaire aux comptes est toujours précédé de la communication à la société de diverses informations intégrées aux documents mis à la disposition des associés (art. L 821-4, I) et les informations manquantes ne peuvent pas être implicitement comprises dans l'ordre du jour.

f. Date et lieu de l'assemblée

LIEU DE L'ASSEMBLÉE DE SARL

32350 En l'absence de dispositions légales ou réglementaires à cet égard, les associés **fixent** librement **dans les statuts** le lieu de réunion des assemblées.

Dans le **silence des statuts,** il est déterminé par l'auteur de la convocation, sa décision ne pouvant être remise en cause que si elle constitue un abus de droit (Cass. com. 31-3-2021 n° 19-12.057 F-P : RJDA 7/21 n° 490).

ILLUSTRATIONS

Ne commet pas un **abus** de droit au préjudice d'un associé le gérant qui convoque une assemblée non pas au siège social mais dans une ville de province où étaient domiciliés les trois autres associés, dès lors qu'il n'est pas établi que ce lieu de réunion avait été choisi dans le but de nuire à cet associé (CA Paris 15-6-1989 : BRDA 15/89 p. 20).

La convocation d'une assemblée dans le cabinet parisien de l'avocat de la société dont le siège est situé dans le département de Seine-Saint-Denis est régulière dans la mesure où ce choix n'a pas eu pour but de gêner la participation de certains associés ou d'influencer les votes (CA Paris 5-11-1999 n° 97-13918 : RJDA 2/00 n° 177).

Est régulière la convocation d'une assemblée à Paris envoyée par le gérant majoritaire d'une société ayant son siège en Guadeloupe à son coassocié, dès lors que ce dernier avait indiqué se trouver en métropole à cette époque et qu'il ne justifiait pas de la réalité d'une indisponibilité le jour de l'assemblée ni ne démontrait avoir été sciemment empêché d'y assister (Cass. com. 31-3-2021 précité).

DATE ET AJOURNEMENT DE L'ASSEMBLÉE DE SARL

L'auteur de la convocation doit fixer une **date** de réunion permettant de respecter le délai minimum requis entre la convocation et la tenue de l'assemblée (n° 32331) et celui pendant lequel les associés doivent pouvoir exercer leur droit de communication avant celle-ci (n° 32400). En tout état de cause, l'assemblée ne peut pas se tenir avant l'expiration du délai de communication des documents aux associés (art. L 223-27, al. 2). 32360

En vertu de la règle du parallélisme des formes, l'auteur de la convocation a le pouvoir d'ajourner l'assemblée ; si les associés ont déjà été convoqués, la décision d'ajournement doit être portée à leur connaissance selon les mêmes formalités (CA Paris 12-9-2024 n° 22/02179 : RJDA 2/25 n° 83). De leur côté, les associés peuvent, en séance, décider l'**ajournement,** notamment en raison d'incidents imprévus ou de l'impossibilité d'épuiser l'ordre du jour. L'ajournement peut également être demandé en justice (n°s 46290 s.).

g. Sanction des règles de convocation à l'assemblée

NULLITÉ DE L'ASSEMBLÉE DE SARL

Assemblée irrégulièrement convoquée Toute assemblée irrégulièrement convoquée peut être annulée (art. L 223-27, dernier al.). 32370

Conformément au droit commun, c'est à la société qui prétend que les associés ont bien été convoqués d'en apporter la preuve (Cass. com. 10-2-2021 n° 18-23.398 F-D : RJDA 6/21 n° 405).

L'action en nullité n'est pas recevable lorsque tous les associés étaient présents ou représentés (art. L 223-27, dernier al.). La nullité est écartée même si certains associés ont voté contre les résolutions adoptées par la majorité (CA Rennes 11-3-1970 : Bull. Joly 1971 p. 231 et, sur pourvoi, Cass. com. 6-6-1972 : D. 1973 p. 213 note J.-C. Bousquet). En revanche, il a été jugé que le fait que les résolutions aient été adoptées à l'unanimité des associés présents ou représentés n'empêche pas de prononcer la nullité de l'assemblée dès lors qu'un associé n'a pas été convoqué et n'a pu participer à cette assemblée (CA Paris 26-3-1986 : Rev. jur. com. 1986 p. 332 note J.-J. Daigre).

› **Précisions** **a.** Sous le **régime antérieur à la réforme des nullités** opéré par l'ordonnance 2025-229 du 12 mars 2025, la Cour de cassation a jugé que le défaut de convocation d'un associé de SARL n'entraîne la nullité des délibérations que si l'irrégularité a privé l'associé de son droit d'y prendre part et si elle était de nature à influer sur le résultat du processus de décision (Cass. com. 29-5-2024 n° 21-21.559 F-B : RJDA 8-9/24 n° 458 ; sur l'influence de l'irrégularité sur le résultat du processus de décision, voir n° 89482), ces deux **conditions** étant cumulatives. Sur les conditions du prononcé de la nullité sous le régime issu de l'ordonnance 2025-229, voir n°s 89485 s.

b. La **nullité** pour convocation irrégulière ne peut être **demandée** que **par** les associés (Cass. com. 17-12-2002 n° 98-21.918 : RJDA 5/03 n° 506 et CA Paris 15-2-2008 n° 07-14454 : RJDA 7/08 n° 818, refusant ce droit au gérant non associé). Un associé peut se prévaloir du défaut de convocation d'un autre associé (Cass. 3e civ. 21-10-1998 n° 96-16.537 : RJDA 12/98 n° 137, solution rendue avant la réforme des nullités opérée par l'ord. 2025-229 du 12-3-2025 et qui pourrait être abandonnée sous le nouveau régime, le prononcé de la mesure étant désormais soumis à la justification d'un grief : voir n° 89487).

L'associé réintégré à la suite de l'annulation de la cession de ses parts peut agir en nullité des assemblées qui se sont tenues entre la cession et sa réintégration en invoquant leur irrégularité tenant au fait qu'il n'a pas été convoqué. Mais le juge peut limiter les effets des risques de nullités « en cascade » en maintenant la validité des délibérations prises par les assemblées et en faisant primer l'intérêt social sur l'intérêt individuel du demandeur (CA Paris 5-1-2016 n° 14/21649 : RJDA 4/16 n° 293, solution à notre avis maintenue à compter du 1-10-2025 par application du triple test ou de la possibilité pour le juge de différer les effets de la nullité des délibérations : cf. C. civ. art. 1844-12-1 et 1844-15-2 issus de ord. 2025-229 ; Ord. 2025-229 art. 70).

c. La nullité des assemblées irrégulièrement convoquées prévue par l'article L 223-27 n'a pas vocation à s'appliquer en cas de **participation à l'assemblée d'une personne n'ayant pas la qualité d'associé** (Cass. com. 11-10-2023 n° 21-24.646 FS-B : RJDA 1/24 n° 37). L'assemblée encourt néanmoins la nullité dans les conditions exposées n° 7520.

d. La **ratification de décisions prises lors d'assemblées irrégulièrement convoquées** est possible. Cette ratification peut même être tacite dans la mesure où elle repose néanmoins sur des faits positifs ; elle peut ainsi être déduite de l'approbation pendant plusieurs années du bilan sur lequel figurait l'opération contestée et du quitus sans réserve donné au gérant pour sa gestion (Cass. com. 5-12-2000 n° 98-13.904 : RJDA 2/01 n° 175).

e. Sur l'annulation d'une assemblée tenue malgré une **décision d'ajournement,** voir n° 46372.

f. Sur les sanctions du **défaut de convocation du commissaire aux comptes** dans les SARL qui en sont dotées, voir n° 78001. Sur la sanction du **défaut de convocation du curateur d'un associé** à l'assemblée générale extraordinaire portant sur une modification statutaire, voir n° 89432.

32372 **Non-respect de l'ordre du jour** En cas de non-respect de l'ordre du jour, il n'existe pas, pour la SARL, de disposition équivalente à l'article L 225-121, al. 3 qui prévoit, dans la SA et la SCA, la nullité des délibérations en cas de violation de l'ordre du jour lors de l'assemblée générale. Néanmoins, la Cour de cassation a assimilé le non-respect de l'ordre du jour à une violation des règles de convocation tombant sous le coup de la nullité prévue par l'article L 223-27, dernier al. Ainsi, elle a sanctionné la délibération d'une assemblée ayant nommé un commissaire aux comptes différent de celui inscrit à l'ordre du jour (Cass. com. 14-2-2018 nº 15-16.525 F-PB : RJDA 6/18 nº 513). Auparavant, la cour d'appel de Paris avait déjà suivi le même raisonnement, mais elle avait déclaré l'action irrecevable car tous les associés étaient présents (CA Paris 15-2-2008 nº 07-14454 : RJDA 7/08 nº 818). En tout état de cause, les décisions prises à compter du 1er octobre 2025 peuvent être annulées si le juge considère que le non-respect de l'ordre du jour constitue la violation d'une disposition impérative de droit des sociétés (C. civ. art. 1844-10, al. 3 modifié par ord. 2025-229 du 12-3-2025 ; Ord. 2025-229 art. 70).

RESPONSABILITÉ CIVILE DES AUTEURS DE LA CONVOCATION

32375 La violation flagrante des règles relatives à la convocation et à la tenue des assemblées est susceptible d'engager la responsabilité civile extracontractuelle des associés auteurs de cette violation (Cass. com. 13-3-2001 nº 98-16.197 : RJDA 8-9/01 nº 872).

> **Précisions** En l'espèce, certains associés s'étaient réunis en assemblée sans convocation du gérant pour y décider la **révocation** de ce dernier et la cour d'appel de renvoi a estimé qu'ils n'avaient commis aucune faute personnelle, dès lors que la décision de révocation reposait sur un juste motif (CA Paris 13-11-2002 nº 01-7839 : RJDA 6/03 nº 591).

2. DROIT DE COMMUNICATION DES ASSOCIÉS DE SARL

DROIT DE COMMUNICATION PRÉALABLE À L'ASSEMBLÉE ANNUELLE

32400 **Étendue du droit de communication** Le gérant doit communiquer aux associés les documents suivants concernant l'exercice écoulé (art. L 223-26, al. 2 et R 223-18, al. 2) :
- **inventaire** ;
- **comptes annuels** (bilan, compte de résultat et annexe) ;
- **rapport** du gérant sur sa **gestion** (sauf dispense d'établissement de ce rapport : voir nº 32810) ;
- **texte** des **résolutions** proposées (y compris celles proposées par les associés ainsi que, à notre avis, l'exposé des motifs accompagnant ces résolutions) ; peuvent aussi être communiqués les points ajoutés à l'ordre du jour à la demande des associés ;
- **rapport du commissaire aux comptes** s'il en existe.

En revanche, contrairement aux règles applicables aux SA, aucune disposition légale ou réglementaire n'impose de communiquer aux associés le **rapport** spécial du gérant ou du commissaire aux comptes **sur les conventions réglementées.** Dès lors, le défaut de communication de ce rapport ne saurait justifier une demande d'annulation de l'assemblée (CA Paris 23-4-1985 : Bull. Joly 1985 p. 1032 ; CA Versailles 12-3-1991 : Bull. Joly 1991 p. 525 note P. Le Cannu).

Si la société est tenue d'établir des **comptes consolidés,** elle doit joindre aux documents ci-dessus les comptes consolidés et le rapport sur la gestion du groupe (s'il ne figure pas dans le même document que le rapport de gestion) (art. L 223-26, al. 2).

Si l'ordre du jour de l'assemblée comporte la nomination d'un **commissaire aux comptes** appartenant à un réseau qui n'a pas pour activité exclusive la réalisation de missions mentionnées à l'article L 821-3, 1° (certification des comptes ou des informations de durabilité et autres missions confiées par la loi ou les règlements) et dont les membres ont un intérêt économique commun, la société doit mettre à la disposition des associés le montant global des **honoraires** perçus par ce réseau au titre des services (autres que la réalisation de telles missions) fournis par ce réseau à la société ou aux sociétés qui la contrôlent ou qu'elle contrôle (art. L 821-4, I-al. 1). Ces informations doivent être actualisées chaque année (même art.). Les associés doivent également pouvoir prendre connaissance du montant des sommes versées à chacun des commissaires aux comptes (art. L 821-4, I-al. 2).

> **Précisions** **a.** Le droit de communication préalable à l'assemblée annuelle ne peut porter que sur le **dernier exercice clos** et non sur les exercices antérieurs (CA Agen 25-4-2018 nº 17/00448 : RJDA 2/19 nº 98).
> **b.** Sur l'information des associés sur les **charges « somptuaires »** (chasses, pêches, résidences de plaisance, etc.), voir nº 32804.

Modalités du droit de communication Il appartient au gérant d'**envoyer aux associés** les documents ci-dessus, à l'exception de l'inventaire et des informations relatives au commissaire aux comptes, 15 jours au moins avant l'assemblée annuelle (art. R 223-18, al. 1). Ces documents peuvent être envoyés par courrier postal ou électronique à l'adresse indiquée par l'associé (art. R 223-20, al. 2 et 3). Le recours à la voie électronique est soumis aux mêmes conditions que pour l'avis de réunion : voir nº 32320. 32401

CONSEIL

Bien qu'aucun texte ne l'exige, il semble prudent d'effectuer l'envoi postal par lettre recommandée AR afin que le gérant puisse se ménager la preuve que les formalités requises ont bien été exécutées dans les délais prescrits. Il convient également de coordonner l'envoi des documents et celui de la convocation avec la date de réunion de l'assemblée, dans la mesure où celle-ci ne peut pas se tenir avant l'expiration du délai de communication des documents aux associés (art. L 223-27, al. 2).

L'inventaire doit être tenu **au siège social** à la disposition des associés pendant un délai de 15 jours avant l'assemblée. Les associés ne sont pas autorisés à prendre copie de ce document (art. L 223-26 et R 223-18, al. 2).

Quant aux informations relatives au commissaire aux comptes, elles sont mises à la disposition des associés au siège de la société (art. L 821-4, I-al. 1 et 2).

Sanctions du défaut de communication La violation des dispositions relatives au droit de communication des associés avant l'assemblée annuelle peut entraîner la **nullité** de la délibération (art. L 223-26, al. 2). 32402

ILLUSTRATIONS

La nullité d'une assemblée pour communication tardive des documents requis a été écartée dans un cas où ce retard n'a pas eu pour conséquence d'empêcher le demandeur de voter en connaissance de cause (CA Aix-en-Provence 27-5-1988 : BRDA 13/89 p. 12).

À l'inverse, a été annulée l'assemblée approuvant les comptes de l'exercice clos dès lors que les associés n'ont pas reçu, avant la tenue de l'assemblée, une information complète sur les conditions juridiques et financières dans lesquelles est intervenue la cession d'un droit au bail par la société à un tiers (CA Paris 17-12-1999 nº 98-21555 : RJDA 3/00 nº 292).

Par ailleurs, le défaut de communication, dans le délai requis par la loi, des **comptes consolidés** est passible, pour les gérants de sociétés tenues d'établir de tels comptes, d'une **amende** de 9 000 € (art. L 247-1, II).

Injonction de procéder à la communication Lorsqu'ils ne parviennent pas à obtenir les documents auxquels ils ont droit, les associés peuvent demander au président du tribunal, statuant en référé, soit d'enjoindre sous astreinte aux gérants de leur communiquer ces documents, soit de désigner un mandataire chargé de procéder à cette communication (art. L 238-1, al. 1 et 2). Cette procédure ne permet aux associés d'obtenir communication que des **documents** énumérés à l'article L 238-1 (Cass. com. 23-6-2009 nº 08-14.117 : RJDA 10/09 nº 863). 32403

Le **tribunal compétent** est le tribunal de commerce du lieu du siège social (nº 4240).

S'il est fait droit à la demande de l'associé, l'astreinte et les **frais** de procédure sont à la charge des gérants mis en cause (art. L 238-1, al. 3).

Droit des associés de poser des questions écrites À compter de la date de communication des documents sociaux prévue ci-dessus (nº 32401), tout associé a la faculté de poser par écrit des questions auxquelles le gérant est tenu de **répondre** au cours de l'assemblée (art. L 223-26, al. 3). 32404

Toutefois, ce droit doit s'exercer dans des conditions telles que le gérant soit en mesure d'étudier les questions et de préparer sa réponse.

ILLUSTRATIONS

Le gérant qui a reçu la veille de l'assemblée une lettre complexe par laquelle un associé lui demandait diverses précisions sur les comptes a pu valablement se contenter de fournir quelques explications lors de l'assemblée et renvoyer à une correspondance ultérieure (établie neuf jours après l'assemblée) la fourniture d'explications plus détaillées (CA Paris 23-4-1985 : Bull. Joly 1985 p. 1032).

Aucune limitation n'étant prévue par la loi, les associés peuvent, à notre avis, sous réserve de ne pas abuser de ce droit, poser **autant de questions** écrites qu'ils le veulent mais celles-ci doivent être en rapport avec l'ordre du jour de l'assemblée. Ce droit ne peut pas être utilisé dans un but étranger à l'intérêt social et un associé en abuserait s'il en faisait un usage contraire à sa finalité, qui est de lui permettre de bénéficier de l'information nécessaire pour participer à la vie de la société (T. com. Paris 11-5-2004 nº 03-78521 : RJDA 11/04 nº 1221). Au cas d'espèce, il a été jugé qu'un associé avait abusé de son droit en le détournant de son objet pour avoir posé de multiples questions dans le but avoué d'obtenir de la société une indemnisation, l'intéressé ayant précisé en outre qu'il cesserait d'exercer ce droit si une solution transactionnelle était trouvée au litige qui l'opposait à la société.

Toute **clause statutaire** tendant à supprimer la faculté pour les associés de poser des questions écrites aux gérants est réputée non écrite (art. L 223-26, al. 5).

Il en résulte à notre avis que l'obligation pour le gérant de répondre aux questions écrites revêt un caractère impératif, pour autant que celles-ci aient un rapport avec l'ordre du jour de l'assemblée puisqu'il s'agit d'être informé sur les documents relatifs à l'ordre du jour. Dès lors, un **refus de réponse** du gérant pourrait entraîner la nullité de l'assemblée (nºs 89330 s. et 89380 s.).

DROIT DE COMMUNICATION PRÉALABLE AUX AUTRES ASSEMBLÉES

32410 **Étendue du droit de communication** En cas de convocation d'une assemblée autre que l'assemblée annuelle, les documents suivants doivent être adressés aux associés par voie postale ou par voie électronique (nº 32401), 15 jours au moins avant la date de la réunion (art. R 223-19, al. 1) :
– texte des résolutions proposées ;
– rapport des gérants ;
– le cas échéant, rapport du commissaire aux comptes.

› Précisions **a.** Doivent également être portés à la connaissance des autres associés les **projets de résolution** qu'un ou plusieurs **associés** détenant 5 % des parts sociales ont, le cas échéant, fait inscrire à l'ordre du jour d'une assemblée (art. L 223-27, al. 5 ; voir nº 32324).
b. La communication du **rapport des gérants** aux associés n'est requise qu'autant que le rapport existe. En effet, aucun texte légal n'impose au gérant d'établir un rapport en vue de la tenue d'une assemblée autre que l'assemblée annuelle et l'article R 223-19 n'est pas de nature à suppléer ce silence de la loi (en ce sens, Cass. com. 26-10-2010 nº 09-71.404 : RJDA 1/11 nº 54, en matière de SA mais transposable, excluant que l'obligation d'établir un rapport puisse résulter d'une disposition réglementaire). Néanmoins, le gérant qui n'aurait pas délivré une information suffisante pour permettre aux associés de prendre une décision éclairée pourrait voir sa responsabilité engagée si ce défaut d'information a causé un préjudice à la société ou aux associés. Nous pensons donc qu'il peut être opportun pour le gérant d'établir un rapport et de le communiquer aux associés, ne serait-ce que pour éviter toute contestation ultérieure.

32411 **Consultation de documents au siège social** Également pendant les 15 jours qui précèdent l'assemblée, les mêmes documents doivent être tenus, au siège social, à la disposition des associés qui peuvent en prendre connaissance ou copie (art. R 223-19, al. 2).

32412 **Sanctions** L'inobservation des dispositions relatives au droit de communication des associés appelés à statuer sur des questions ne relevant pas de la compétence de l'assemblée annuelle n'entraîne pas la **nullité** des décisions prises avant le 1er octobre 2025 (CA Paris 3-12-1993 : RJDA 3/94 nº 294). En effet, cette sanction n'est prévue qu'en ce qui concerne le défaut de communication des documents relatifs à l'assemblée annuelle. En revanche, les décisions prises à compter de cette date peuvent à notre avis être annulées pour violation d'une disposition impérative de droit des sociétés (C. civ. art. 1844-10, al. 3 modifié par ord. 2025-229 du 12-3-2025 ; Ord. 2025-229 art. 70).

Par ailleurs, la procédure d'**injonction** exposée nº 32403 est ouverte aux associés en cas de non-respect de leur droit de communication préalable à une assemblée autre que l'assemblée annuelle (art. L 238-1, al. 2).

DROIT DE COMMUNICATION PERMANENT DES ASSOCIÉS DE SARL

32420 Voir nºs 34005 s.

3. TENUE DES ASSEMBLÉES DE SARL

PARTICIPATION AUX ASSEMBLÉES DE SARL

32450 Aucun **associé** ne peut être exclu de l'assemblée (art. L 223-28, al. 1). Toute clause des statuts qui limite l'accès aux assemblées, en le subordonnant par exemple à la propriété d'une fraction déterminée des parts sociales, est réputée non écrite (art. L 223-28, al. 5).

Les **personnes morales** sont valablement représentées aux assemblées par leur représentant légal ou par toute autre personne agissant sur délégation de pouvoir de celui-ci. Les observations faites à propos de la représentation des personnes morales dans les assemblées d'actionnaires (nos 46890 s.) sont valables également pour les assemblées de SARL.

Lorsque les parts sociales sont grevées d'un **usufruit,** le nu-propriétaire et l'usufruitier ont le droit de participer aux décisions collectives, sans que les statuts puissent y déroger (C. civ. art. 1844, al. 3 et 4), et ce, quel que soit le titulaire du droit de vote. 32451

Sur l'exercice des droits en cas de **location de parts sociales,** voir n° 20041.

Le **commissaire aux comptes,** s'il en existe, doit être convoqué à toute assemblée des associés (n° 32329).

Si des obligations ont été émises, le **représentant de la masse des obligataires** peut assister aux assemblées (art. L 228-55 sur renvoi de l'art. L 223-11).

Sur la participation de non-associés aux assemblées, voir n° 7520.

Participation à l'assemblée de SARL par télécommunication Les associés peuvent, si les statuts le permettent, choisir de participer aux assemblées en utilisant un moyen de télécommunication ; ces associés sont réputés présents à l'assemblée pour le calcul du quorum et de la majorité (art. L 223-27, al. 3). 32455

ATTENTION

Ce procédé peut être utilisé pour toutes les assemblées, qu'elles soient appelées à statuer sur des **décisions** ordinaires ou extraordinaires, à l'exception de celles devant délibérer sur les comptes annuels, le rapport de gestion (sauf dispense) et, le cas échéant, les comptes consolidés et le rapport sur la gestion du groupe. On peut s'en étonner, la loi permettant l'approbation annuelle des comptes par voie de consultation écrite ou dans un acte, y compris par voie électronique.

Bien que le Code de commerce ne le précise pas, les statuts peuvent, à notre avis, limiter la faculté d'utiliser un moyen de télécommunication à certaines assemblées ou à certaines décisions (dans le même sens, Rapport Sén. n° 413 p. 208 relatif à la loi 2008-776 du 4-8-2008). En outre, les statuts peuvent prévoir un droit d'opposition à l'utilisation de ces moyens au profit d'un nombre déterminé d'associés et pour une délibération déterminée. En tout état de cause, cette faculté ne peut être mise en œuvre que si les statuts la prévoient, ce qui nécessite une décision collective extraordinaire préalable.

Seuls peuvent être utilisés les moyens de télécommunication permettant l'identification des associés qui y ont recours (art. L 223-27, al. 3 modifié par loi 2024-537 du 13-6-2024). Ils doivent transmettre au moins la voix des participants et satisfaire à des caractéristiques techniques permettant la retransmission continue et simultanée des délibérations (art. R 223-20-1, al. 1). En outre, les associés ne peuvent participer aux débats par conférence téléphonique et exercer leur droit de vote qu'après s'être identifiés au moyen d'un code fourni avant l'assemblée (art. R 223-20-1, al. 3).

Les sociétés dont les statuts permettent aux associés de **voter** aux assemblées par des moyens électroniques de télécommunication doivent aménager un site internet exclusivement consacré à cette fin et auquel les associés ne pourront accéder qu'après s'être identifiés au moyen d'un code fourni préalablement à la tenue de l'assemblée (art. R 223-20-1, al. 2).

En cas de survenance d'un **incident technique** relatif à l'utilisation des moyens de télétransmission, il doit en être fait mention dans le procès-verbal si l'incident a perturbé le déroulement de l'assemblée (art. R 223-24, al. 1).

MANDAT DE REPRÉSENTATION À L'ASSEMBLÉE DE SARL

Nonobstant toute clause contraire, un associé peut se faire représenter par son **conjoint,** qu'il soit associé ou non, sauf si la société ne comprend que les deux époux. Il peut aussi se faire représenter par un **autre associé** mais seulement si le nombre des associés est supérieur à deux (art. L 223-28, al. 2 ; pour un cas d'annulation d'une assemblée au motif que l'un des deux associés s'était fait représenter par l'autre, voir Cass. com. 19-2-1991 n° 89-17.357 : RJDA 6/91 n° 500). Enfin, il ne peut se faire représenter par une autre personne (**tiers** non associé, **partenaire pacsé**) que si les statuts le permettent (art. L 223-28, al. 3). 32460

Seuls les associés sont recevables à contester la validité des pouvoirs de la personne ayant représenté un associé à une assemblée (Cass. com. 17-12-2002 n° 2140 : RJDA 5/03 n° 506).

Le **mandat permanent** est prohibé : le mandat ne peut être donné que pour une assemblée ou pour deux assemblées (ordinaires ou extraordinaires) tenues le même jour ou dans un délai de sept jours (art. R 223-21, al. 1). Ainsi, un mandat général et à durée indéterminée qui, au surplus, vise la représentation dans plusieurs sociétés n'est pas valable (CA Paris 12-12-2006 nº 05-24397 : RJDA 5/07 nº 508, à propos d'une SA, mais transposable).

Le mandat donné pour une assemblée vaut pour les assemblées successives convoquées avec le même ordre du jour (art. R 223-21, al. 2).

En outre, le **mandat** doit être **global** : l'associé ne peut pas donner mandat pour une partie de ses parts et voter en personne du chef de l'autre partie ; toute clause contraire est réputée non écrite (art. L 223-28, al. 4 et 5).

MODÈLE

Procuration donnée par un associé pour se faire représenter à une assemblée de SARL

Je soussigné (*nom de l'associé*), demeurant (*adresse*), propriétaire de (*nombre*) parts de la SARL (*dénomination*) au capital de (*montant en chiffres*) €, dont le siège social est situé (*adresse*), identifiée sous le numéro (*000 000 000 RCS Ville*),

donne pouvoir à (*nom du mandataire*), demeurant (*adresse*), pour me représenter et voter en mon nom à l'assemblée (*nature de l'assemblée*) qui se tiendra le (*date*) à (*heure*), au siège de la société, afin de délibérer sur l'ordre du jour suivant :

– ...

– ...

– ...

Dans le cas où cette assemblée ne pourrait délibérer à la majorité requise pour la validité des décisions, le présent pouvoir conservera ses effets pour l'assemblée réunie ultérieurement sur deuxième convocation avec le même ordre du jour.

Fait à (*lieu*).

Le (*date*).

(*Signature de l'associé*)

32461 **Tenue d'une assemblée de SARL avec un seul associé** Lorsque la société ne comprend que **deux associés,** il est interdit à l'un des associés de **représenter** l'autre associé à une assemblée (art. L 223-28). Par ailleurs, dans les sociétés de deux associés ou plus, un **quorum par tête** est parfois imposé pour la validité des délibérations (nº 32873).

En dehors de ces cas, une assemblée peut-elle se tenir en présence d'un seul associé ? La Cour de cassation a admis la validité d'une décision de révocation d'un gérant prise par l'associé majoritaire d'une SARL comportant deux associés au cours d'une assemblée à laquelle ce majoritaire était seul présent (Cass. com. 31-3-2021 nº 19-12.057 F-P : RJDA 7/21 nº 490, retenant que même si les statuts prévoyaient que la décision en cause devait être prise par « des associés représentant plus de la moitié des parts sociales », cette clause devait être comprise comme faisant référence à un ou plusieurs associés ayant pris part au vote et non comme imposant pour ce vote la présence des deux associés). Dans cette affaire, il est vrai que l'associé présent n'avait pas reçu mandat de représenter l'autre. De plus, l'article L 223-28 interdit seulement à un associé de se faire représenter lorsque la société ne comprend que deux associés ; or, les dispositions restrictives sont d'interprétation stricte.

Selon cette logique, et bien que l'intention du législateur ait été, semble-t-il, d'empêcher que, dans les SARL, les assemblées puissent se tenir avec un seul associé (JO déb. AN 15-4-1982 p. 1108), si la société comprend deux associés ou plus et qu'un seul des associés est présent à l'assemblée, celui-ci peut, valablement à notre avis, prendre toutes les décisions pour lesquelles aucun quorum par tête n'est exigé dès lors qu'il détient le nombre minimum de parts requis pour la validité des décisions à prendre, que ce soit personnellement ou, dans les SARL de plus de deux associés, comme mandataire.

FEUILLE DE PRÉSENCE À L'ASSEMBLÉE DE SARL

32470 Bien qu'aucun texte ne l'exige (CA Paris 28-5-1999 : RJDA 10/99 som. nº 1092), il est **conseillé,** *lorsque la société* comprend de nombreux associés, de préparer une feuille de présence à l'assemblée (dont le contenu peut s'inspirer de l'exemple présenté nº 47521) et de la faire signer par les associés ou leurs mandataires. Cette précaution permet en effet de justifier que les associés ayant participé aux votes étaient bien présents ou représentés et qu'il existait un nombre suffisant de voix pour adopter les résolutions.

Compte tenu des indications devant figurer dans le procès-verbal de la réunion (nº 32541), il paraît suffisant de mentionner sur la feuille de présence le **nom** des associés présents, réputés présents ou représentés et celui des mandataires.

PRÉSIDENCE DE L'ASSEMBLÉE DE SARL

L'assemblée est présidée par le gérant ou l'un des gérants. Toutefois, si aucun des gérants n'est associé ou en cas de décès de l'associé gérant unique, elle est présidée par l'associé présent et acceptant qui possède ou représente le plus grand nombre de parts (art. R 223-23, al. 1). Si deux associés possédant ou représentant le même nombre de parts sont acceptants, la présidence de l'assemblée est assurée par le plus âgé (art. R 223-23, al. 2). **32480**

La nullité de décisions prises lors d'une assemblée pour non-respect des dispositions réglementaires relatives à la présidence de l'assemblée a jusqu'à présent été écartée (CA Agen 9-11-1989 : Bull. Joly 1990 p. 198 ; CA Paris 24-9-1981 : Rev. sociétés 1982 p. 283 note P. Le Cannu). La situation pourrait évoluer et les décisions prises à compter du 1er octobre 2025 pourraient être annulées si un juge considérait que l'article R 223-23 est une disposition impérative (cf. C. civ. art. 1844-10, al. 3 modifié, à compter du 1-10-2025, par ord. 2025-229 du 12-3-2025 ; Ord. 2025-229 art. 70).

ATTENTION

L'assemblée des associés peut s'opposer à la **désignation** par le président **d'un secrétaire** chargé d'établir le compte rendu des débats, sauf le cas où cette désignation serait expressément prévue par les statuts (Rép. Kaspereit : AN 9-7-1977 nº 37033).

4. VOTE AUX ASSEMBLÉES DE SARL

DROIT DE VOTE DES ASSOCIÉS DE SARL

Nombre de voix Chaque associé dispose d'un nombre de voix égal au **nombre de parts** sociales qu'il possède (art. L 223-28, al. 1). Toute clause contraire étant réputée non écrite (art. L 223-28, al. 4), il est interdit de conférer à certaines parts un **droit de vote plural.** **32500**

Ces dispositions s'appliquent à l'apporteur en industrie qui a reçu des parts sociales en contrepartie de son apport (nº 30180 ; dans le même sens, Rép. Frédéric-Dupont : AN 25-7-1983 nº 30968).

Exercice du droit de vote Les règles générales relatives au droit de vote sont exposées nos 7670 s. **32502**

En ce qui concerne le droit de vote attaché aux parts sociales appartenant à des incapables, les précisions données à propos des SA (nos 46870 s.) peuvent être transposées aux SARL.

Rappelons que lorsque l'assemblée est appelée à statuer sur une convention passée directement ou indirectement entre la société et son gérant ou l'un des associés, celui-ci ne peut **pas prendre part au vote** (art. L 223-19, al. 1).

Sont également privés du droit de prendre part au vote :
– les gérants d'une SARL soumise à une procédure collective frappés de faillite personnelle ou d'interdiction de gérer, un mandataire de justice désigné à cet effet votant à leur place (art. L 653-9, al. 1) ; par ailleurs, le tribunal peut, lorsque la société fait l'objet d'une procédure de redressement judiciaire et que son redressement le requiert, décider que le droit de vote attaché aux parts sociales détenues par les gérants sera exercé, pendant une durée déterminée, par un mandataire de justice désigné à cet effet (art. L 631-19-1, al. 2) ; de même, lorsque la cessation d'activité d'une entreprise d'au moins 150 salariés est de nature à causer un trouble grave à l'économie et au bassin d'emploi et qu'une augmentation du capital apparaît comme la seule solution permettant la poursuite de l'activité, le tribunal peut, à la demande de l'administrateur judiciaire ou du ministère public et à l'issue d'un délai de trois mois après le jugement d'ouverture, désigner un mandataire chargé de convoquer l'assemblée et de voter l'augmentation de capital à hauteur du montant prévu par le plan *en lieu et place des associés ayant refusé la modification du capital* (art. L 631-19-2, 1º) ;
– l'associé en liquidation judiciaire, le liquidateur votant alors à sa place (art. L 641-9, I-al. 1).

› Précisions Dans les sociétés d'exercice libéral à responsabilité limitée et dans les SARL constituées pour l'exercice d'une **profession libérale** juridique ou judiciaire, seuls les professionnels exerçant au sein de la société peuvent prendre part aux délibérations sur les conventions relatives aux conditions dans lesquelles ils y exercent leur profession : voir nº 32005.

Vote par correspondance préalable à l'assemblée Les **statuts** peuvent autoriser les associés à voter avant une assemblée au moyen d'un formulaire de vote par correspondance (art. L 223-27, al. 1 modifié par loi 2024-537 du 13-6-2024). Cette modalité de vote doit être **32505**

spécialement prévue par les statuts. Les règles statutaires prévues pour les consultations écrites ne sont en effet applicables au vote par correspondance que si les statuts le précisent (Cass. com. 11-10-2023 n° 22-10.646 F-D : RJDA 2/24 n° 109, à propos d'une SNC mais transposable).

32506 Il appartient à la société d'**établir** le **formulaire de vote par correspondance** (cf. art. R 223-20-1-1, al. 7 issu du décret 2024-904 du 8-10-2024, qui prévoit sa transmission aux associés par la société). Ce formulaire doit remplir les conditions suivantes (art. R 223-20-1-1 issu du décret 2024-904) :
– il doit permettre un vote sur chacune des résolutions sur lesquelles l'assemblée est appelée à se prononcer, dans l'ordre de leur présentation à l'assemblée ;
– pour chacune de ces résolutions, le formulaire doit offrir aux associés la possibilité d'exprimer un vote favorable ou défavorable ou encore sa volonté de s'abstenir ;
– il doit préciser la date avant laquelle le formulaire doit être reçu par la société pour qu'il en soit tenu compte.

32508 Le formulaire de vote par correspondance peut être **transmis aux associés** par voie électronique (art. R 223-20-1-1, al. 7 issu du décret 2024-904 du 8-10-2024).

CONSEIL

Il peut être opportun que les statuts précisent la manière dont le formulaire de vote par correspondance est rendu accessible aux associés (envoi en annexe des convocations, envoi sur demande des associés à l'adresse postale ou électronique qu'ils communiquent, modalités de cette demande, etc.). Il est également conseillé de préciser que le vote par correspondance ne peut s'exercer qu'en utilisant le formulaire standard préparé par la société.

32510 L'**associé** qui recourt au vote par correspondance doit **mentionner** sur le formulaire (art. R 223-20-1-1, al. 3 à 6 issu du décret 2024-904 du 8-10-2024) :
– ses noms, prénom usuel et adresse de son domicile (pour une personne morale, il convient d'indiquer la dénomination, la forme et le siège social) ;
– le « nombre de titres » qu'il détient (en réalité le nombre de parts sociales pour lesquelles il exerce le droit de vote ou s'abstient) ;
– sa signature ou celle de son représentant légal ou judiciaire.

Bien entendu, l'associé doit également y inscrire son vote favorable ou défavorable ou son choix de s'abstenir pour chacune des résolutions.

Le formulaire peut être **renvoyé par l'associé** par voie électronique ; la signature de l'associé ou de son représentant légal ou judiciaire peut elle-même revêtir la forme électronique (art. R 223-20-1-1, al. 7 issu du décret 2024-904). Il convient en pratique que l'adresse électronique à utiliser figure sur le formulaire.

› Précisions **a.** Rien ne s'oppose à ce qu'il soit demandé aux associés de mentionner leur vote ou leur abstention sur le formulaire au moyen de **cases à cocher** ou de **mentions à biffer.**
b. En cas de retour par voie postale, les associés doivent prendre en compte le **délai d'acheminement du courrier** pour qu'il arrive avant la date limite.
c. Les sociétés peuvent fixer une **date limite** pour la réception des formulaires plus proche de l'assemblée en cas de retour par voie électronique que par voie postale.
d. La société qui souhaite **adresser** le **formulaire aux associés par voie électronique sans le joindre à la convocation** n'est pas tenue d'obtenir au préalable leur accord dans les conditions de l'article R 223-20. En effet, ce texte ne vise pas l'envoi séparé du formulaire de vote par correspondance. L'envoi par voie électronique de ce formulaire suppose toutefois que l'associé ait communiqué à la société une adresse électronique.
e. En cas de litige, il appartient aux associés de **prouver** que la **société** a bien **reçu** leur formulaire en temps opportun (cf. art. R 223-20-1, al. 1). Les associés agiront prudemment en envoyant le formulaire par lettre recommandée AR en cas d'envoi postal.
f. À notre avis, l'associé qui retourne son **formulaire sans avoir coché aucune case** (ni « pour » ni « contre » ni « abstention ») sera considéré comme s'étant abstenu ou comme ayant voté blanc, ce qui revient au même.
g. En exigeant la signature de l'associé ou de son « représentant légal ou judiciaire », l'article R 223-20-1-1 semble exclure le **mandat conventionnel.** En revanche, si la société est une personne morale, la signature peut émaner d'une personne ayant reçu une délégation de pouvoirs du représentant légal.

32514 **Vote en séance par un moyen de télécommunication** Sur la faculté, si les statuts le permettent, de voter en séance en utilisant un moyen de télécommunication, voir n° 32455.

CONSÉQUENCES DU VOTE DES ASSOCIÉS DE SARL

32515 Les décisions régulièrement prises s'imposent à tous les associés, même absents ou dissidents (pour une illustration, CA Douai 28-4-2010 n° 09-8863 : RJDA 4/11 n° 369). Les associés entrés dans la société postérieurement à une décision sont tenus de la respecter comme s'ils l'avaient eux-mêmes votée. Sur l'entrée en vigueur de ces décisions et la possibilité de les rapporter, voir nos 47880 s.

5. PROCÈS-VERBAUX DES ASSEMBLÉES DE SARL

CONSERVATION DES PROCÈS-VERBAUX DES ASSEMBLÉES DE SARL

Comme dans toutes les sociétés commerciales, les procès-verbaux des assemblées doivent être établis soit sur un **registre** spécial, qui peut être tenu sous forme électronique et qui, s'il est tenu sous forme papier, doit être coté et paraphé, soit sur des **feuilles mobiles** également cotées et paraphées (art. R 221-3, al. 3 sur renvoi de l'art. R 223-24, al. 3). Pour plus de détails sur cette réglementation, voir nos 23161 s. 32540

Contenu des procès-verbaux Aux termes de l'article R 223-24, al. 1, les procès-verbaux doivent comporter les mentions suivantes : 32541
- la date et le lieu de réunion ;
- les nom, prénoms et qualité du président ;
- les nom et prénoms des associés présents, réputés tels en cas de recours à un moyen de télécommunication (no 32455) ou représentés avec l'indication du nombre de parts sociales détenues par chacun d'eux ;
- les documents et rapports soumis à l'assemblée ;
- un résumé des débats ;
- le texte des résolutions mises aux voix, observation faite qu'il faut reproduire non seulement les résolutions adoptées définitivement, mais également celles qui ont été rejetées par les associés ;
- le résultat des votes.

En cas d'utilisation d'un moyen de télécommunication pour la participation aux assemblées (no 32455), le procès-verbal doit en outre faire état de la survenance éventuelle d'un incident technique relatif à ce moyen lorsque cet incident a perturbé le déroulement de l'assemblée (art. R 223-24, al. 1).

La position de chaque associé ayant voté n'a en revanche pas à être indiquée (Cass. 3e civ. 12-5-2021 no 19-21.725 F-D : RJDA 8-9/21 no 583, à propos d'une société civile mais transposable), sauf disposition légale ou réglementaire contraire (par exemple, art. R 631-34-5).

> **Précisions** **a.** Sur la **force probante** des procès-verbaux et les fausses informations qu'ils peuvent contenir, voir no 47994.
> **b.** Lorsque les **statuts** imposent la présence dans le procès-verbal de **mentions complémentaires** à celles requises par le Code de commerce, leur absence n'entraîne pas la nullité de l'assemblée (Cass. com. 7-5-2025 no 23-21.508 F-B : RJDA 8-9/25 no 440, à propos de statuts imposant que les motifs de révocation du gérant soient mentionnés dans le procès-verbal).

Signature des procès-verbaux Les procès-verbaux sont établis et signés par les gérants et le président de séance lorsque, aucun gérant n'étant associé, il a été nécessaire d'en désigner un (no 32480) (art. R 223-24, al. 3). Dans les sociétés ayant un petit nombre d'associés, il est de pratique courante que l'original du procès-verbal soit signé par tous les associés présents à la réunion afin d'éviter toute contestation ultérieure sur le contenu de ce procès-verbal. 32542

Lorsque les procès-verbaux sont établis sous forme électronique, ils sont signés au moyen d'une **signature électronique** qui respecte au moins les exigences de la signature électronique avancée (sur ces exigences, voir no 23160) ; ils doivent être datés de façon électronique au moyen d'un horodatage offrant toute garantie de preuve (art. R 221-3, al. 3, sur renvoi de l'art. R 223-24, al. 3).

L'**absence de signature** du procès-verbal n'est assortie d'aucune sanction et ne saurait, en soi, lui ôter toute valeur probante (CA Bordeaux 14-5-2013 no 11/03856 : RJDA 11/13 no 908).

Copie des procès-verbaux Les copies ou extraits des procès-verbaux des assemblées sont valablement **certifiés conformes** par un seul gérant. Si la société est en liquidation, cette certification incombe à un liquidateur (art. R 221-4 sur renvoi de l'art. R 223-24, al. 3). 32543

Lorsque les procès-verbaux sont établis sous forme électronique, la certification peut se faire au moyen d'une signature électronique qui respecte au moins les exigences de la signature électronique avancée (art. R 221-4, al. 2, sur renvoi de l'art. R 223-24, al. 3 ; sur ces exigences, voir no 23160).

B. Consultation écrite des associés de SARL

AUTORISATION STATUTAIRE DE CONSULTER LES ASSOCIÉS PAR ÉCRIT

32650 Les statuts peuvent prévoir que, à l'exception des cas énoncés nº 32300 dans lesquels la tenue d'une assemblée est obligatoire, toutes les décisions ou certaines d'entre elles « pourront être prises par consultation écrite des associés » (art. L 223-27, al. 1 modifié par loi 2024-537 du 13-6-2024).

Si les statuts reproduisent littéralement les dispositions de l'article L 223-27, al. 1, le **gérant** a le **choix** entre la convocation d'une assemblée ou la consultation écrite. Cette formule est d'ailleurs fréquemment adoptée en raison de sa souplesse. Cependant, il ne paraît pas interdit aux associés d'imposer dans les statuts le recours à une consultation écrite à l'occasion de telle ou telle décision.

Sur la possibilité de prendre une décision collective extraordinaire par consultation écrite dans les sociétés constituées depuis le 4 août 2005, voir nº 32872.

AUTEUR DE LA CONSULTATION ÉCRITE

32655 Seul le gérant peut procéder à une consultation écrite des associés. Cette faculté ne semble pas reconnue par le texte de l'article L 223-27 au commissaire aux comptes ou au mandataire désigné en justice. Ces derniers ne sont habilités qu'à convoquer une assemblée (nos 32310 s.).

PROPOSITIONS DE RÉSOLUTIONS PAR LES ASSOCIÉS

32657 La faculté pour les associés de faire inscrire à l'ordre du jour de l'assemblée des points ou projets de résolution, dans les conditions fixées par les articles R 223-20-2 et R 223-20-3 n'est, à notre avis, pas ouverte aux associés consultés par écrit. En effet, l'article L 223-27, al. 5 ne vise que l'inscription à l'« ordre du jour de l'assemblée ».

MODALITÉS DE LA CONSULTATION ÉCRITE

32660 Les associés doivent recevoir le texte des **résolutions proposées** ainsi que les **documents** nécessaires à leur **information** (art. R 223-22, al. 1). Ces documents sont à notre avis les mêmes que ceux qui doivent être communiqués avant la réunion d'une assemblée : voir nos 32400 et 32410. Il nous paraît opportun d'y ajouter le rapport du commissaire aux apports en cas d'apports en nature.

Compte tenu du droit pour tout associé de participer aux décisions collectives (C. civ. art. 1844, al. 1), l'associé qui ne peut pas voter doit, à notre avis, être **destinataire** des mêmes documents. Il en va de même, en cas de démembrement de propriété ou de location des parts, pour l'usufruitier et le locataire dès lors qu'ils ont le droit de participer même aux décisions collectives pour lesquelles ils n'exercent pas le droit de vote (C. civ. art. 1844, al. 3 et L 239-3, al. 2).

32661 L'article R 223-22 prévoit l'envoi du texte des résolutions proposées et des documents aux associés par lettre recommandée, ces derniers disposant d'un délai minimal de 15 jours à compter de la date de réception pour émettre leur vote par écrit.

Ce texte n'a pas été modifié pour tenir compte de la possibilité désormais offerte aux statuts de prévoir que les décisions collectives peuvent être adoptées y compris « par voie électronique, selon les délais et modalités qu'ils définissent » (art. L 223-27, al. 1 modifié par loi 2024-537 du 13-6-2024). Nous pensons que les statuts peuvent néanmoins prévoir l'**envoi électronique** du texte des résolutions proposées et des documents, la loi ayant une valeur supérieure à celle d'un décret. Par prudence, nous recommandons, en cas d'envoi électronique, de recourir au recommandé et de respecter le délai minimal de 15 jours (dans le même sens, R. Mortier, Loi nº 2024-537 du 13 juin 2024 visant à accroître le financement des entreprises et l'attractivité de la France : Dr. sociétés 2024 étude nº 11).

À notre avis, l'article L 223-27 modifié par la loi 2024-537 ne permet pas aux statuts de déroger à l'exigence d'un recommandé et du délai minimal de 15 jours en cas d'**envoi postal.**

32662 Les associés disposent d'un **délai** minimal de 15 jours à compter de la date de réception des projets de résolution pour émettre leur vote par écrit (art. R 223-22, al. 2). C'est seulement à la date d'expiration du délai que le gérant doit procéder au dépouillement des réponses.

Si les statuts le prévoient, les associés peuvent envoyer leur **réponse** par voie électronique (art. L 223-27, al. 1 modifié par loi 2024-537 du 13-6-2024).

À notre avis et en l'absence de disposition l'interdisant, les associés peuvent **se rétracter** et revenir sur les décisions qu'ils ont prises jusqu'à l'expiration du délai fixé pour l'envoi de leur vote au gérant.

INFORMATION DES COMMISSAIRES AUX COMPTES

Les commissaires aux comptes, lorsqu'il en existe, sont avisés de la consultation écrite au plus tard en même temps que les associés (art. L 223-39, al. 1). En l'absence de précision dans la loi, les commissaires aux comptes peuvent, à notre sens, être avisés selon les mêmes formes que celles appliquées pour l'information des associés : lettre recommandée ou si les statuts le prévoient, envoi électronique (n° 32661). **32663**

QUESTIONS ÉCRITES DES ASSOCIÉS

La faculté pour les associés de poser des questions écrites n'est prévue que pour l'assemblée annuelle d'approbation des comptes (art. L 223-26, al. 3). Même si le recours à une assemblée n'est plus obligatoire pour cette approbation, les associés consultés par écrit ne peuvent, à notre avis, pas poser de questions écrites car l'article L 223-26, al. 3 vise la faculté de poser « des questions auxquelles le gérant est tenu de répondre au cours de l'assemblée ». **32664**

PROCÈS-VERBAUX

Le procès-verbal de la consultation écrite est établi et signé par le ou les gérants. Quoique l'article R 223-24 ne soit pas très explicite, il semble que ce procès-verbal **doit indiquer** : **32665**

- les modalités de la consultation (date d'envoi des documents, délai pour répondre, etc.) ;
- les nom et prénoms des associés ayant participé au vote avec l'indication du nombre de parts sociales détenues par chacun d'eux ;
- les documents et rapports soumis aux associés ;
- le texte des résolutions mises aux voix ;
- le résultat des votes.

À ce procès-verbal doit être **annexée** la réponse de chaque associé (art. R 223-24, al. 2).

Sur les modalités de **conservation** des procès-verbaux (registre papier coté et paraphé, feuilles mobiles également cotées et paraphées ou registre électronique), voir n°s 23161 s.

Les **copies** et extraits des procès-verbaux sont certifiés conformes par les gérants dans les mêmes conditions que pour les assemblées (n° 32543).

MODÈLE

Procès-verbal de consultation écrite des associés

Société...
Société à responsabilité limitée au capital de... €
Siège social : ...
000 000 000 RCS (*ville*)
Procès-verbal de consultation écrite des associés

Le (*date*), le soussigné..., gérant de la SARL... au capital de... € divisé en... parts sociales réparties de la manière suivante :
- ... (*nom de l'associé, adresse*), propriétaire de... parts sociales ;
- ... (*nom de l'associé, adresse*), propriétaire de... parts sociales ;
- ...

Déclare et constate :

1° Conformément à l'article... des statuts, les associés ont été consultés par écrit sur la résolution suivante : (*à compléter ; par exemple : « autorisation est donnée au gérant de solliciter de la banque... un prêt d'un montant de... aux conditions suivantes... »*).

2° À cet effet, les associés (*et, le cas échéant, le commissaire aux comptes*) ont reçu par lettre recommandée en date du... le rapport de la gérance sur cette opération (*et, le cas échéant, tout autre document utile au vote*). Les associés ont également reçu un bulletin de vote mentionnant le texte de la résolution proposée.

3° Aux termes de cette lettre, les bulletins de vote devaient, pour être pris en compte, être adressés au siège social dans les... jours (*à compléter ; 15 jours au minimum*) de leur réception.

4° Les bulletins de vote adressés à la société dans ce délai font apparaître qu'ont voté oui :
- ... (*nom de l'associé*), représentant... parts sociales ;
- ... (*nom de l'associé*), représentant... parts sociales.

Ces associés représentant plus de... % des parts sociales, la résolution est adoptée.

Les copies des lettres recommandées de consultation et les bulletins de vote reçus sont annexés au présent procès-verbal établi et signé par le gérant.

(*Signature du gérant*)

C. Acte constatant le consentement des associés de SARL

AUTORISATION STATUTAIRE DE RECOURIR À L'ACTE

32720 Les statuts peuvent prévoir que les décisions collectives – autres que celles énoncées nº 32300 pour lesquelles la tenue d'une assemblée est obligatoire – peuvent valablement résulter du consentement unanime des associés exprimé dans un acte (art. L 223-27, al. 1 modifié par loi 2024-537 du 13-6-2024).

Dans les sociétés groupant un petit nombre d'associés, ce procédé permet de prendre une décision sans délai ni formalisme dès lors que **tous les associés** sont **d'accord** avec la décision à prendre.

Les statuts peuvent prévoir la possibilité de recourir à la **voie électronique** pour recueillir le consentement unanime des associés dans un acte, selon les délais et modalités qu'ils définissent (art. L 223-27, al. 1 modifié par loi 2024-357 ; voir aussi C. civ. art. 1174).

PROPOSITIONS DE RÉSOLUTIONS PAR LES ASSOCIÉS

32721 La faculté pour les associés de faire inscrire à l'ordre du jour de l'assemblée des points ou projets de résolution, dans les conditions fixées par les articles R 223-20-2 et R 223-20-3, n'est, à notre avis, pas ouverte aux associés consultés par acte constatant leur consentement unanime. En effet, l'article L 223-27, al. 5 ne vise que l'inscription à « l'ordre du jour de l'assemblée ».

QUESTIONS ÉCRITES DES ASSOCIÉS

32722 À notre avis, les associés ne peuvent pas poser de questions écrites en cas de recours à l'acte unanime pour les raisons exposées nº 32664.

OPPOSABILITÉ DE L'ACTE À LA SOCIÉTÉ

32724 L'acte constatant le consentement unanime des associés n'est opposable à la société qu'à partir du moment où son **gérant,** s'il n'est **pas associé,** en a eu connaissance.

CONSERVATION DES DÉCISIONS PRISES PAR ACTE

32725 Aucune disposition réglementaire ne précise les conditions dans lesquelles les actes constatant le consentement unanime des associés de SARL doivent être conservés.

À notre avis, il convient de suivre, par analogie, les règles applicables aux décisions collectives d'associés de sociétés civiles constatées dans un acte (Décret 78-704 du 3-7-1978 art. 46). La décision doit être mentionnée, à sa date, sur le registre papier ou électronique des délibérations ou sur les feuilles mobiles (nº 32665) avec l'indication de la forme, de la nature, de l'objet et des signataires de l'acte. L'acte lui-même, s'il est sous signature privée, ou sa copie authentique, s'il est notarié, est conservé par la société de manière à ce qu'il puisse être consulté en même temps que ce registre.

Lorsque le registre des délibérations est tenu sous forme électronique, la mention dans le registre est signée au moyen d'une signature électronique respectant les exigences de la signature électronique avancée et est datée de façon électronique au moyen d'un horodatage offrant toute garantie de preuve (Décret 78-704 du 3-7-1978 art. 45, al. 3, sur renvoi de l'art. 46, al. 2 ; sur ces exigences, voir nº 23160).

MODÈLE

Acte constatant le consentement des associés

Société...
Société à responsabilité limitée au capital de... €
Siège social : ...
000 000 000 RCS (*ville*)

Nous soussignés :

– ... (*nom de l'associé, adresse*), propriétaire de... parts sociales ;
– ... (*nom de l'associé, adresse*), propriétaire de... parts sociales ;
– ...

Soit... (*nombre*) associés, détenant ensemble... (*nombre*) parts sociales, soit la totalité des parts composant le capital de la société à responsabilité limitée... (*dénomination sociale*),

Seuls associés de la SARL...,

prenons, conformément aux dispositions de l'article L 223-27 du Code de commerce et de l'article... (*numéro*) des statuts, les décisions suivantes :
– décision n° 1 : ... (*insérer le texte de la décision*).
– décision n° 2 : ... (*insérer le texte de la décision*).
– décision n° 3 (*en cas de formalité de dépôt et de publicité*) : Les associés décident à l'unanimité de donner tous pouvoirs au porteur de l'original d'un extrait ou d'une copie des présentes, à l'effet d'accomplir toutes formalités de dépôt et autres.
Le présent acte, qui constate les décisions unanimes des associés en date du..., sera mentionné sur le registre des délibérations et un exemplaire original signé par tous les associés sera conservé dans les archives de la société.
À cet effet, un original des présentes est remis au gérant qui le reconnaît.
Fait à..., le...
En... originaux (*un exemplaire pour le gérant et autant d'exemplaires que nécessaire pour l'exécution des formalités*).

(*Nom et signature de chaque associé et du gérant s'il n'est pas associé*)

II. DÉCISIONS COLLECTIVES ORDINAIRES DE SARL

OBJET DES DÉCISIONS COLLECTIVES ORDINAIRES DE SARL

Les décisions collectives ordinaires ont pour but de statuer sur les comptes et, le cas échéant, le rapport de gestion de l'exercice écoulé, d'autoriser la gérance à effectuer telle ou telle opération subordonnée dans les statuts à l'accord préalable des associés, de procéder à la nomination ou au remplacement des gérants (et, le cas échéant, des commissaires aux comptes), d'approuver les conventions réglementées et, plus généralement, de statuer sur toutes les questions qui n'entraînent pas modification des statuts. C'est en outre par une décision collective ordinaire qu'est ratifiée la décision du gérant de déplacer le siège social sur le territoire français ou de mettre les statuts en harmonie avec les dispositions impératives de la loi et des règlements (art. L 223-18 al. 8 et 9). **32780**

a. Majorité requise pour les décisions collectives ordinaires

Étant rappelé que chaque part sociale donne droit à une voix, les décisions ordinaires sont valablement adoptées (art. L 223-29) : **32790**
– **sur première consultation,** par un total de voix correspondant à plus de la moitié des parts sociales (majorité absolue), que ce résultat soit obtenu par le vote d'un seul ou de plusieurs associés ;
– **sur seconde consultation,** par la majorité des voix émises (voix « pour » > voix « contre »), quel que soit le nombre des associés ayant participé au vote.

Toutefois, les statuts peuvent écarter cette seconde consultation et, par là même, imposer la majorité absolue pour toutes les décisions ordinaires (art. L 223-29, al. 2).

Les **décisions** prises en **violation de ces dispositions** peuvent être annulées à la demande de tout intéressé (art. L 223-29, al. 3).

› Précisions **a.** Sur **première consultation,** la majorité se calcule en tenant compte de l'ensemble des parts sociales composant le capital et non pas en fonction des parts détenues par les associés présents ou représentés à l'assemblée. Si cette majorité n'est pas atteinte pour l'approbation ou le rejet de la décision, il faut réunir les associés une seconde fois, même si plus de la moitié des parts était présente ou représentée. Pour apprécier si la majorité requise sur première consultation est atteinte, il faut, à notre avis, comptabiliser uniquement les votes « pour » et « contre ». Une seconde consultation est donc nécessaire si, du fait d'associés absents ou d'abstentions, ni les votes « pour » ni les votes « contre » n'atteignent la majorité requise. Sur **seconde consultation,** les résolutions sont adoptées à la majorité des votes émis (voix « pour » > voix « contre ») (art. L 223-29, al. 2), de sorte que les **abstentions** sont exclues du décompte.

b. Il est possible de **nommer ou de révoquer les gérants** sur seconde consultation (n°s 31071 et 31153).

c. Lorsque les associés sont appelés à statuer sur une **convention passée entre la société et l'un de ses associés,** le calcul de la majorité est effectué par rapport à un nombre de parts déterminé après déduction des parts sociales possédées par l'intéressé, celui-ci ne pouvant pas participer au vote (art. L 223-19, al. 1). Sur les associés pouvant prendre part au vote sur l'approbation de certaines conventions dans les sociétés exerçant une profession libérale, voir nº 32005, précision d.

d. Aux termes des articles L 237-27, I et L 223-25, al. 3, la majorité requise pour l'adoption des décisions prises lors des assemblées d'une **société en liquidation** ou ayant pour objet de **révoquer le gérant d'une entreprise de presse** se calcule en fonction de la participation au capital. À notre avis, il convient néanmoins, dans ces situations, de calculer la majorité en fonction du nombre de parts sociales. En effet, ce mode de calcul a pour objet de permettre aux apporteurs en industrie, dont les parts ne sont pas représentatives d'une fraction du capital social, de participer aux décisions collectives. La loi 82-596 du 10 juillet 1982, qui l'a introduit, a omis de viser les articles 415 et 491 de la loi 66-537 du 24 juillet 1966 (désormais art. L 237-27, I et L 223-25, al. 3) dans l'énumération des dispositions qu'elle modifiait, ce qui apparaît comme une inadvertance du législateur.

MAJORITÉ RENFORCÉE

32792 Les **statuts** peuvent imposer une majorité plus élevée que la majorité légale, par exemple les deux tiers ou les trois quarts (CA Douai 9-2-1973 : Journ. sociétés 1973 p. 318 note Bosvieux ; CA Lyon 9-12-1971 : Gaz. Pal. 1972 I p. 393 ; Rép. Bonnet : AN 19-7-1969 nº 5912).

32793 Une disposition statutaire prévoyant une majorité renforcée ou – ce qui revient au même – une **minorité de blocage** pour les décisions ordinaires dans une SARL est dépourvue de toute **efficacité** si l'on ne prend pas soin ou bien d'écarter dans les statuts la possibilité d'une seconde consultation au cas où les résolutions proposées par la gérance ne seraient pas adoptées lors de la première consultation, ou bien de maintenir la majorité renforcée pour la seconde consultation.

Il a été jugé, en effet, que les dispositions statutaires d'une SARL selon lesquelles les décisions collectives ordinaires sont adoptées à la majorité de 60 % du capital sur première consultation et, sur deuxième consultation, à la majorité des votes émis subordonnent cette deuxième consultation à la seule absence de majorité absolue lors de la première, sans aucune référence à un nombre défini de votants caractérisant un quorum. En conséquence, une décision ordinaire de cette SARL n'ayant pu être adoptée à la majorité de 60 % lors de la tenue d'une première assemblée en raison du vote contraire d'un des associés, la convocation par le gérant d'une seconde assemblée, appelée à voter la même décision à la majorité des voix émises (voix « pour » > voix « contre »), est valable (CA Rennes 11-7-1995 nº 93-7970 : RJDA 12/95 nº 1379 et, sur pourvoi, Cass. com. 2-12-1997 nº 95-20.195 : RJDA 2/98 nº 182).

b. Règles propres à la décision d'approbation annuelle des comptes

ÉTABLISSEMENT DES COMPTES ANNUELS DE LA SARL

32800 À la clôture de chaque exercice, les gérants doivent établir les documents suivants (art. L 232-1, I) :
- inventaire ;
- comptes annuels (bilan, compte de résultat et annexe) ;
- rapport de gestion (sauf dispense : voir nº 32810).

Les **règles de présentation** des comptes et de détermination du bénéfice sont exposées nºs 76015 s.

Les gérants qui n'auraient pas établi, à l'issue de chaque exercice, les documents ci-dessus s'exposeraient à une **amende** de 9 000 € (art. L 241-4, 1º).

Si la société détient le contrôle d'une ou plusieurs autres sociétés, les gérants doivent, sauf dérogation, établir également des **comptes consolidés** (bilan, compte de résultat et annexe) ainsi qu'un rapport sur la gestion du groupe contenant les mentions exposées nºs 81435 s. Ce rapport peut être présenté dans le même document que le rapport de gestion (art. L 233-26).

Contrairement au régime applicable aux SA, aucune disposition légale ou réglementaire n'impose, dans une SARL, de faire approuver les comptes consolidés par les associés.

RAPPORT DE GESTION DE LA SARL

32801 ***Contenu du rapport de gestion*** Les gérants doivent, sauf dispense (voir nº 32810), établir un rapport de gestion – dont le contenu a évolué depuis le 1er janvier 2025 – exposant (art. L 232-1, II) :
– la situation de la société durant l'exercice écoulé, comportant une analyse objective et exhaustive de l'évolution des affaires, des résultats et de la situation financière de la société,

notamment de sa situation d'endettement, au regard du volume et de la complexité des affaires, contenant, le cas échéant, des renvois aux montants indiqués dans les comptes annuels et des explications supplémentaires ;
– l'évolution prévisible de la situation de la société ;
– les événements importants survenus entre la date de clôture de l'exercice et la date à laquelle le rapport est établi ;
– les activités de la société en matière de recherche et de développement ;
– les succursales existantes.

Le rapport de gestion doit aussi inclure les mêmes mentions que celles exposées nº 48190 pour les SA (art. L 232-1, II).

En outre, le rapport doit indiquer le montant des dividendes versés au titre des trois exercices précédents (CGI art. 243 bis) dans les mêmes conditions que ce qui est exposé pour les SA (nº 48218).

Par ailleurs, des indications complémentaires doivent, le cas échéant, être portées dans le rapport de gestion :
– prise de participation significative ou prise de contrôle (nºs 79731 s.) ;
– activité des filiales et des sociétés contrôlées (nº 79734) ;
– régularisation des participations croisées (nº 79735) ;
– le cas échéant, injonctions ou sanctions pécuniaires pour des pratiques anti-concurrentielles prononcées par l'Autorité de la concurrence et dont cette dernière a prescrit, à titre de mesure complémentaire, l'insertion dans le rapport annuel des dirigeants sociaux (art. L 464-2, I-al. 10).

Si les **comptes annuels** de la SARL sont **certifiés par un commissaire aux comptes,** le rapport de gestion doit comporter des informations sur : 32802
– le montant des prêts à moins de trois ans consentis par la société, à titre accessoire à son activité principale, à des micro-entreprises, des PME ou à des entreprises de taille intermédiaire (au sens de l'article 3 du décret 2008-1354 du 18-12-2008) avec lesquelles elle entretient des liens économiques le justifiant (C. mon. fin. art. L 511-6, 3 bis-al. 2, R 511-2-1-1 et R 511-2-1-2) ;
– les délais de paiement des fournisseurs et des clients de la société (art. L 441-14 et D 441-6 ; voir nº 48219).

Si la **SARL exploite une installation classée « Seveso seuil haut »,** le rapport de gestion doit comporter les mêmes informations que celles requises dans les SA : voir nº 48200 (art. L 232-1-1). 32803

Si la SARL est une **grande entreprise** au sens de l'article L 230-1 (nº 26), le rapport de gestion doit inclure des informations sur les ressources incorporelles essentielles de la SARL dans les mêmes conditions que les SA : voir nº 48202. 32804

Par ailleurs, devront figurer dans le rapport de gestion portant sur les exercices ouverts à compter du 1er janvier 2027, au lieu du 1er janvier 2025 initialement prévu (premier rapport en 2028), des informations de durabilité dans les conditions présentées nºs 76900 s. (art. L 232-6-3 ; Ord. 2023-1142 du 6-12-2023 art. 33, II modifié par loi 2025-391 du 30-4-2025).

› Précisions **a.** Bien que les textes ne l'imposent pas, c'est souvent dans le rapport de gestion que sont mentionnées les informations à donner à l'assemblée des associés concernant certaines **charges « somptuaires »** (chasses, pêches, résidences de plaisance ou d'agrément, etc.) exclues des charges déductibles pour l'assiette de l'impôt sur les sociétés (CGI art. 39, 4 et 223 quater). À notre avis, la communication des **réintégrations dans les *bénéfices imposables de certains frais généraux*** pratiquées par l'administration (CGI art. 39, 5 et 223 quinquies) n'est en revanche pas requise dans la SARL, l'article 223 quinquies ne prévoyant une telle communication qu'à l'assemblée générale des « actionnaires ».

b. Les conditions juridiques et financières dans lesquelles est intervenue la **cession d'un droit au bail** par la société à un tiers sont des informations qui doivent figurer dans le rapport de gestion ; faute d'information suffisante des associés, l'assemblée annuelle d'approbation des comptes peut être annulée (CA Paris 17-12-1999 nº 98-21555 : RJDA 3/00 nº 292 et, sur pourvoi, Cass. com. 28-4-2004 nº 00-12.827 F-D : RJDA 8-9/04 nº 982).

c. Le **rapport** de gestion engage la responsabilité de la société dès lors qu'il comporte des **propos constitutifs de dénigrement** à l'égard d'un tiers ou d'un membre de la société et qu'il peut être consulté par toute personne (Cass. com. 3-7-2001 nº 98-18.352 : RJDA 11/01 nº 1162).

Dispense de rapport de gestion Le gérant est dispensé d'établir un rapport de gestion si la société répond à la définition des **micro-entreprises** ou des **petites entreprises** dans les mêmes conditions que dans la SA : voir nºs 48186 s. 32810

32820 **Communication du rapport de gestion au commissaire aux comptes** S'il existe un commissaire aux comptes, le rapport de gestion doit être tenu à sa disposition, au siège social, un mois au moins avant la convocation de l'assemblée annuelle (art. R 232-1, al. 1 et R 223-28). Une copie de ce document doit être remise au commissaire s'il en fait la demande (art. R 232-1, al. 2).

MODALITÉS DE L'APPROBATION DES COMPTES

32850 Le gérant doit soumettre les comptes sociaux, l'inventaire et, lorsqu'il est requis, le rapport de gestion établis pour chaque exercice à l'approbation des associés « réunis en assemblée » (art. L 223-26, al. 1).

L'article L 241-5 punit d'une amende de 9 000 € les gérants qui n'auraient pas soumis à « l'approbation de l'assemblée » l'inventaire, les comptes annuels et, lorsqu'il est requis, le rapport de gestion établis pour chaque exercice.

ATTENTION

Depuis le 13 septembre 2024, la **consultation** annuelle des associés peut intervenir **par écrit** ou dans un **acte unanime,** si les statuts le prévoient (art. L 223-27, al. 1 modifié par loi 2024-537 du 13-6-2024). Toutefois, les articles L 223-26, al. 1 et L 241-5 n'ont pas été modifiés par la loi 2024-537 et prévoient toujours la tenue d'une « assemblée ». Nous pensons qu'il s'agit d'une inadvertance du législateur (il résulte clairement des débats parlementaires que l'intention du législateur était de permettre l'utilisation de ces modes de consultation pour l'approbation annuelle des comptes : Rapport AN n° 2428 p. 78) qui n'interdit pas, par exception au principe d'une assemblée, de consulter les associés par écrit ou dans un acte unanime, si les statuts le prévoient. Par ailleurs, le délit de l'article L 241-5 ne devrait pas être constitué si les associés ont approuvé les comptes de l'exercice autrement qu'en assemblée.

Le recours à la consultation écrite ou l'acte unanime présente l'avantage de la simplicité, mais il ne permet pas aux associés de débattre sur les comptes sociaux et la gestion sociale au cours de l'exercice écoulé ni de déposer des points ou des projets de résolution ni encore de poser des questions écrites comme cela est le cas lorsqu'une assemblée est réunie. Les sociétés doivent mettre en balance ces différents intérêts en choisissant le mode de consultation. Rappelons en outre que les associés peuvent exiger la tenue d'une assemblée s'ils représentent soit à la fois 10 % des associés et 10 % des parts sociales, soit seulement la moitié des parts sociales (art. L 223-27, al. 4).

Les « **dépenses somptuaires** » (chasses, pêches, résidences de plaisance ou d'agrément, etc.) non déductibles des bénéfices assujettis à l'impôt sur les sociétés doivent être **approuvées** par les associés (CGI art. 223 quater).

› Précisions Les **sanctions pénales** ne sont pas applicables lorsque la **direction** effective de la société a été **retirée au gérant,** par exemple à la suite de la nomination d'un administrateur provisoire ou, en cas de mise en liquidation des biens de la société, d'un syndic (Cass. crim. 28-2-1983 : BRDA 11/83 p. 9, solution transposable au liquidateur désigné dans une liquidation judiciaire). Mais elles le sont lorsque, dans le cadre de la procédure de redressement judiciaire dont la société fait l'objet, le gérant n'est pas dessaisi de l'administration de la société (Cass. crim. 4-4-2001 n° 00-85.143 : RJDA 11/01 n° 1118) ou dans une procédure de sauvegarde de justice, le gérant n'étant jamais dessaisi de l'administration de la société.

32855 **Délai de la consultation** L'assemblée ordinaire annuelle doit être réunie dans les **six mois** de la clôture de chaque exercice, ce délai pouvant être prolongé, à la demande du gérant, par ordonnance du président du tribunal de commerce statuant sur requête (art. L 223-26, al. 1 et R 223-18-1). Selon nous, l'approbation des comptes par voie de consultation écrite ou d'acte unanime (désormais possible : n° 32850) doit intervenir dans le même délai.

À défaut de réunion de l'assemblée dans ce délai, le ministère public ou tout intéressé peut demander en référé au président du tribunal d'enjoindre, le cas échéant sous astreinte, aux gérants de convoquer une assemblée ou de désigner un mandataire pour y procéder (art. L 223-26, al. 1).

À notre avis, les assemblées tenues à compter du 1er octobre 2025 sans respect du délai de six mois peuvent être annulées (cf. C. civ. art. 1844-10, al. 3 modifié par ord. 2025-229 du 12-3-2025 ; Ord. 2025-229 art. 70). Les assemblées tenues avant cette date n'encourent en revanche pas la nullité, aucune disposition légale ne la prévoyant (CA Paris 10-5-1984 : BRDA 12/84 p. 15).

› Précisions **a.** Le **report de l'assemblée** doit notamment être demandé s'il survient un événement susceptible de fausser les comptes déjà arrêtés et si leur retraitement nécessite un délai, sous peine de délit de présentation de comptes infidèles (Cass. crim. 17-10-2007 n° 07-81.033 : RJDA 3/08 n° 294, à propos d'une SA mais transposable).

b. Le seul **retard** dans la soumission des comptes sociaux, de l'inventaire et du rapport de gestion (lorsqu'il est requis) à l'assemblée des associés n'est pas **sanctionné pénalement** (Cass. crim. 12-2-2025 n° 23-86.857 F-B : RJDA 6/25 n° 328).

III. DÉCISIONS COLLECTIVES EXTRAORDINAIRES DE SARL

A. Règles générales

OBJET DES DÉCISIONS COLLECTIVES EXTRAORDINAIRES DE SARL

Les décisions collectives extraordinaires ont pour objet de statuer sur la modification des statuts. L'expression « extraordinaire » ne figure pas dans la loi mais résulte d'un usage permettant de distinguer les décisions emportant modification des statuts, qui requièrent une majorité spéciale, des autres décisions. 32860

Le gérant est néanmoins compétent pour effectuer certaines modifications des statuts, sous réserve de leur ratification ultérieure par les associés dans les conditions requises pour les décisions ordinaires (nos 32790 s.) ; il peut ainsi :
– mettre les statuts en conformité avec les dispositions impératives de la loi et des règlements (art. L 223-18, al. 9) ;
– déplacer le siège social sur le territoire français (art. L 223-18, al. 8) ;
– en cas de location de parts sociales, modifier les statuts pour y mentionner le bail et le nom du locataire (art. L 223-18, dernier al.).

QUORUM ET MAJORITÉ REQUIS POUR LES DÉCISIONS COLLECTIVES EXTRAORDINAIRES DE SARL

Les conditions d'adoption des décisions collectives extraordinaires diffèrent selon la date à laquelle la société a été constituée, la loi 2005-882 du 2 août 2005 ayant allégé, pour les sociétés constituées depuis le 4 août 2005, les conditions de majorité concernant les modifications statutaires et institué un quorum qui, en lui-même, instaure une protection en assurant la représentation d'un nombre minimal d'associés. À notre avis, la date à prendre en compte pour déterminer à quel régime est soumise la société est celle de son immatriculation au RCS. 32870

SARL constituée avant le 4 août 2005 Les modifications des statuts (qu'elles soient prises en assemblée ou par consultation écrite) sont décidées par les associés représentant au moins les trois quarts des parts sociales (art. L 223-30, al. 2). Aucun **quorum** n'est requis. 32871

Il n'est pas possible d'aggraver dans les statuts ces conditions de **majorité,** toute clause exigeant une **majorité plus élevée** étant réputée non écrite (art. L 223-30, al. 2).

ILLUSTRATIONS

La dissolution d'une société a été valablement décidée à la majorité des trois quarts du capital (des parts sociales désormais), bien qu'une clause des statuts exige, en outre, la majorité par tête des associés existants (Cass. com. 18-6-1973 : Rev. sociétés 1974 p. 312 note J. H.).

Pas davantage on ne saurait, à notre avis, prévoir une **majorité moins élevée** : les termes « au moins » figurant dans le texte de l'article L 223-30 marquent nettement que la majorité ne peut valablement être inférieure à 75 % des parts sociales.

Un associé qui détient un quart plus une des parts sociales peut empêcher toute modification des statuts ; il dispose de ce qu'on appelle la « **minorité de blocage** ». Toutefois, il ne saurait exercer son droit de manière abusive (voir nos 7830 s. sur l'abus de minorité).

Les décisions prises en **violation de ces dispositions** peuvent être annulées à la demande de tout intéressé (art. L 223-30, dernier al.).

Les sociétés constituées avant le 4 août 2005 peuvent se soumettre au régime des sociétés constituées depuis cette date par une décision prise à l'unanimité des associés (art. L 223-30, al. 4).

SARL constituée depuis le 4 août 2005 L'**assemblée** ne délibère valablement sur les modifications des statuts que si les conditions de quorum et de majorité suivantes sont respectées (art. L 223-30, al. 3). 32872

Les associés présents ou représentés doivent posséder un nombre minimal de parts sociales (« **quorum** ») :
– sur première convocation, un quart des parts sociales ;
– sur deuxième convocation, un cinquième de celles-ci.

À défaut de ce dernier quorum, la deuxième assemblée peut être reportée à une date postérieure de deux mois au plus à celle à laquelle elle avait été convoquée. Pour cette assemblée prorogée, le quorum du cinquième est à nouveau exigé.

Les modifications sont décidées à la **majorité** des deux tiers des parts détenues par les associés présents ou représentés.

Un associé qui détient un tiers plus une des parts sociales peut donc empêcher toute modification des statuts ; il dispose de ce qu'on appelle la « minorité de blocage ». Toutefois, il ne saurait exercer son droit de manière abusive (voir n°s 7830 s. sur l'abus de minorité).

Les statuts peuvent prévoir un **quorum et une majorité plus élevés,** sans pouvoir, pour cette dernière, exiger l'unanimité (art. L 223-30, al. 3, ni plus de 90 % des voix dont disposent les associés présents ou représentés s'il s'agit de décider une opération transfrontalière – fusion, scission, apport partiel d'actifs ou transfert de siège – au sens du droit européen : art. L 236-38, al. 1, L 236-46, al. 2, L 236-48, al. 2 et L 236-52).

Les décisions prises en **violation de ces dispositions** peuvent être annulées à la demande de tout intéressé (art. L 223-30, dernier al.).

Les modifications statutaires peuvent-elles être adoptées par **consultation écrite** ? Si l'on s'en tient à la lettre de l'article L 223-27, la réponse est affirmative puisque cet article n'exclut pas que les modifications statutaires peuvent faire l'objet d'une consultation écrite si les statuts le prévoient. Cependant, l'article L 223-30, al. 3 ne vise pas les décisions prises par consultation écrite, ce qui incite à penser que les modifications statutaires ne peuvent pas être adoptées autrement qu'en assemblée (en ce sens, J.-L. Navarro, SARL : adoption des décisions collectives extraordinaires : JCP E 2006 n° 1734 ; en sens contraire, Rép. Dubernard : AN 24-1-2006 n° 74862 selon laquelle les règles de quorum et de majorité prévues par l'article L 223-30, al. 3 s'appliquent en cas de consultation écrite, mais cette prise de position laisse non résolue la question de la comptabilisation des parts des associés « présents ou représentés » en cas de recours à ce mode de consultation). À notre avis, une modification des statuts peut être décidée par voie de consultation écrite si la clause statutaire prévoyant cette faculté fixe des modalités de calcul du quorum dans des conditions levant l'obstacle de la comptabilisation des voix des associés « présents ou représentés ». Dans ce cas, il est recommandé de préciser que les associés annonçant leur intention de ne pas participer à la consultation sont exclus du calcul du quorum (cf. Cass. 3e civ. 14-2-2007 n° 05-20.312 : RJDA 11/07 n° 1125 assimilant le refus de participer au vote à une absence de réponse).

32873 **Exceptions** La loi a prévu quelques exceptions aux conditions requises pour la modification des statuts.

1. L'**unanimité** des associés est requise dans les cas suivants :

– augmentation des engagements des associés (art. L 223-30, al. 5) ;

– changement de nationalité de la société (art. L 223-30, al. 1), ce qui résulte du transfert du siège social à l'étranger, à moins qu'il s'agisse d'un transfert transfrontalier au sens du droit européen (art. L 236-50 et L 236-52) ;

– désignation du commissaire aux apports sans passer par le juge en cas d'augmentation du capital par apports en nature (art. L 223-33, al. 1) ;

– transformation en SNC ou en société en commandite (art. L 223-43, al. 1 et 4) ;

– transformation en SAS (art. L 227-3) ;

– absorption de la société par une SAS (Cass. com. 19-12-2006 n° 05-17.802 : RJDA 3/07 n° 264, rapp. V. Michel-Amsellem p. 227) ;

– décision d'une société constituée avant le 4 août 2005 de se soumettre au régime de quorum et de majorité institué par la loi 2005-882 pour les décisions d'assemblée modifiant les statuts (art. L 223-30, al. 4) ;

– dans les sociétés d'exercice libéral à responsabilité limitée et dans les SARL de droit commun exerçant une profession juridique ou judiciaire, adoption ou modification des stipulations des clauses statutaires d'agrément fixant les modalités de détermination de la valeur des parts sociales (n° 34447).

ATTENTION

L'unanimité des associés s'entend de la **totalité** des **associés** de la **société** et non des seuls associés présents ou représentés à l'assemblée (Cass. 3e civ. 5-1-2022 n° 20-17.428 FS-B : RJDA 4/22 n° 205, à *propos d'une société civile mais transposable*).

2. Une **majorité en nombre d'associés représentant une certaine proportion des parts** est parfois exigée. Ainsi, la cession de parts à des tiers ou l'autorisation de nantissement de parts doit être approuvée à la majorité en nombre d'associés représentant au moins la moitié des parts sociales, à moins que les statuts ne prévoient une majorité plus forte (art. L 223-14, al. 1

et L 223-15). Sur les règles applicables aux modifications statutaires intervenant après l'adoption d'un plan de sauvegarde ou de redressement judiciaire de la société, voir nº 91323.

3. Les décisions suivantes sont prises aux conditions de **majorité** requises pour l'adoption **des décisions ordinaires** (nº 32790) :
– révocation d'un gérant, même s'il s'agit d'un gérant statutaire, à moins que les statuts ne prévoient une majorité plus forte (art. L 223-25) ;
– suppression dans les statuts du nom du gérant, après cessation par celui-ci de ses fonctions, quelle qu'en soit la cause (art. L 223-18, al. 2) ;
– ratification des modifications des statuts opérées par le gérant en cas de location de parts sociales (art. L 223-18, al. 10) ;
– ratification de la décision du gérant de déplacer le siège social en France ou de mettre en harmonie les statuts avec les dispositions impératives de la loi et des règlements (art. L 223-18, al. 8 et 9).

4. Les décisions suivantes sont prises à la **majorité de plus de la moitié des parts sociales** (que ce soit sur première ou sur seconde convocation) :
– déplacement du siège social en France (art. L 223-30, al. 1) ;
– transformation en SA, sous réserve que les capitaux propres figurant au dernier bilan excèdent 750 000 € (art. L 223-43, al. 2).

5. Enfin, en cas d'augmentation de capital par incorporation de réserves ou de bénéfices, la décision peut être prise par des associés représentant seulement la **moitié des parts sociales** (art. L 223-30, al. 6).

B. Examen des principales décisions collectives extraordinaires

1. AUGMENTATION DU CAPITAL DE LA SARL

QUORUM ET MAJORITÉ REQUIS POUR AUGMENTER LE CAPITAL DE LA SARL

Conformément au principe général et sauf le cas particulier des incorporations de réserves ou de bénéfices (nº 32980), les augmentations du capital sont valablement décidées par les associés dans les conditions de majorité et, le cas échéant, de quorum prévues pour les modifications statutaires (nºs 32870 s.). 32930

AGRÉMENT DES ASSOCIÉS DE SARL EN CAS D'AUGMENTATION DE CAPITAL

Lorsque les parts sociales nouvelles issues de l'augmentation de capital sont souscrites par des personnes non associées, celles-ci doivent, à notre avis, être agréées par les autres associés dans les mêmes **conditions** que si leur entrée dans la société résultait **d'une cession de parts,** c'est-à-dire à la majorité par tête des associés représentant au moins la moitié des parts sociales (dans le même sens, P. Le Cannu et B. Dondero : Droit des sociétés, LGDJ 2023 nº 1389). Cette solution nous paraît conforme à la règle fondamentale de l'intuitus personae qui caractérise la SARL. C'est d'ailleurs ce qu'a jugé la cour de Paris à propos d'une société civile (CA Paris 19-3-1982 : Bull. Joly 1982 p. 872). Contrairement à notre opinion, MM. Hémard, Terré et Mabilat (Soc. com. t. 1 nº 540) estiment qu'en cas d'augmentation de capital la procédure prévue pour l'agrément des tiers acquéreurs « n'est pas applicable, puisqu'il s'agit de créer de nouvelles parts ». 32940

Toutefois, les **ascendants, descendants ou conjoint** d'un associé pourront souscrire librement, sauf application éventuelle des dispositions statutaires relatives à leur agrément en cas de cession. Sur les règles particulières relatives à l'agrément du conjoint lorsque les parts sociales sont libérées au moyen de biens faisant partie de la communauté, voir nºs 6065 s.

PRISE EN COMPTE DES RÉSERVES LORS DE L'AUGMENTATION DU CAPITAL

Lorsqu'il existe des réserves ou des plus-values latentes, les associés qui ne participent pas à l'augmentation du capital au prorata du nombre de leurs parts sociales risquent de se trouver lésés si l'on ne tient pas compte de l'écart existant entre la valeur réelle et la valeur nominale des parts attribuées à l'occasion de cette augmentation. 32950

Par ailleurs, dans les sociétés de famille, cet avantage consenti aux nouveaux associés peut constituer une donation indirecte.

À défaut de dispositions spécifiques dans le Code de commerce apportant une solution à cette question, deux procédés peuvent être employés, au besoin cumulativement, pour **équilibrer l'opération.**

32951 **1.** Création d'un **droit préférentiel de souscription** réservé aux associés anciens en cas d'augmentation du capital en numéraire. Ce droit préférentiel de souscription peut constituer une règle permanente inscrite dans les statuts et applicable à toute augmentation de capital en numéraire, ou encore être décidé à l'occasion d'une augmentation de capital déterminée (Cass. com. 18-4-2000 : Dr. sociétés 2000 n° 108 obs. D. Vidal).

Les associés qui n'épuiseraient pas la totalité de leurs droits de souscription peuvent les **céder** aux personnes qui désirent souscrire un nombre de parts supérieur à celui auquel elles ont droit. Toutefois, la cession des droits de souscription est soumise aux mêmes conditions que la cession de parts sociales. En effet, le droit de souscription n'est qu'un accessoire de la part et doit être soumis au même régime que celle-ci.

Le régime de ce droit de souscription est, pour le reste, en général calqué sur celui des SA (n°s 50060 s.).

Le fait pour un associé de **renoncer,** lors de l'augmentation du capital d'une SARL, à exercer le droit préférentiel que lui réservaient les statuts et de permettre à l'un de ses fils de souscrire les parts sociales nouvelles à leur valeur nominale, très inférieure à leur valeur réelle, constitue une **donation indirecte** au profit du souscripteur. En conséquence, la valeur des droits de souscription attachés aux parts de cet associé doit, à la suite du décès de ce dernier, être rapportée à la masse successorale pour le calcul de la réserve et de la quotité disponible (Cass. 1e civ. 2-12-1981 : Bull. civ. I n° 363).

Lorsque les **parts** sociales sont **grevées d'usufruit,** les modalités d'exercice du droit préférentiel de souscription et les droits respectifs de l'usufruitier et du nu-propriétaire sur les parts sociales nouvelles relèvent de la convention des parties, les dispositions prévues pour les SA (art. L 225-140) n'étant pas applicables aux SARL (Cass. com. 8-7-1997 n° 95-16.878 D : Bull. Joly 1997 p. 973 note Garçon).

32952 **2.** Fixation d'une **prime d'émission** qui vient s'ajouter à la valeur nominale des parts nouvelles, cette prime d'émission étant versée à la société et non aux associés.

Les modalités de versement de la prime d'émission sont librement fixées par les associés qui peuvent valablement, à notre avis, prévoir un échelonnement dans le temps pour la libération de cette prime.

En effet, à la différence des SA, aucun texte n'impose dans les SARL la libération intégrale de la prime d'émission lors de la souscription des parts sociales nouvelles. Dès lors, rien ne s'oppose, nous semble-t-il, à ce que les associés conviennent de différer le versement de la prime d'émission, comme pouvaient le faire les actionnaires des SA avant que la loi du 4 mars 1943 ne le leur interdise (Houpin et Bosvieux, Traité des sociétés n° 899).

AUGMENTATION DU CAPITAL DE LA SARL PAR APPORTS EN NUMÉRAIRE

32960 **Conditions** À peine de nullité de l'opération, il ne peut être procédé à une « souscription de nouvelles parts sociales » à libérer en numéraire que si le **capital ancien** est intégralement **libéré** (art. L 223-7, al. 1). L'article L 223-7 ne vise que l'augmentation du capital par souscription de nouvelles parts sociales ; il paraît donc possible de procéder à une augmentation du capital par élévation du nominal des parts quand bien même les anciennes parts sociales ne seraient pas libérées intégralement. À noter qu'une telle décision augmente l'engagement des associés et nécessite donc l'accord unanime de ces derniers (art. L 223-30).

Lors de la souscription, les **parts nouvelles** doivent être **libérées** d'un quart au moins de leur valeur nominale. La libération du surplus doit intervenir, en une ou plusieurs fois, dans le délai de cinq ans à compter du jour où l'augmentation du capital est devenue définitive (art. L 223-32, al. 1).

› Précisions **a.** La libération du quart étant un minimum, les statuts ou l'assemblée des associés peuvent prévoir un **montant** plus élevé.

b. Contrairement à l'article L 223-7, al. 1 applicable à la libération du surplus des apports en *numéraire* effectués lors de la constitution, l'article L 223-32 ne précise pas que la **libération du surplus** intervient sur décision du gérant. Pour éviter toute difficulté, il peut être utile de prévoir expressément, dans les statuts ou lors de l'assemblée d'augmentation de capital, les dates des versements complémentaires ou encore que le gérant pourra appeler la libération du surplus aux époques qu'il jugera opportunes. À notre avis, même si cette précaution n'est pas prise, le gérant pourra appeler librement la libération du surplus puisque, dans les rapports entre associés et lorsque les statuts sont muets, il peut faire tous actes de gestion dans l'intérêt social (art. L 221-4, al. 1 sur renvoi de l'art. L 223-18, al. 4).

Dépôt et retrait des fonds Les **fonds** provenant de la libération des parts doivent, comme lors de la constitution, être **déposés** dans les huit jours de leur réception à la Caisse des dépôts et consignations, chez un notaire ou dans une banque (art. L 223-32, al. 1 et R 223-3). 32962
Le **retrait des fonds** ne peut être effectué par le mandataire de la société qu'après l'établissement du certificat du dépositaire (art. L 223-32, al. 2).

Mais ce retrait ne saurait être effectué avant que l'assemblée des associés ait constaté la réalisation de l'augmentation du capital. Sans être expressément affirmée par la loi, cette solution résulte implicitement de l'alinéa 3 de l'article L 223-32 qui règle spécialement le cas de non-réalisation de l'augmentation du capital (nº 32964) : puisque cette disposition permet, en ce cas, aux associés de demander le retrait des fonds, c'est que, par hypothèse même, la loi considère qu'à défaut de réalisation de l'augmentation du capital le mandataire de la société n'a pas pu obtenir cette restitution. Il s'ensuit corrélativement que le mandataire de la société n'a droit au retrait, en vertu de l'alinéa 2 de l'article L 223-32, que si l'augmentation du capital est réalisée. Le dépositaire des fonds peut donc, à juste titre, subordonner la remise de ces fonds à la preuve de la réalisation de l'augmentation du capital (par exemple, remise d'une copie certifiée conforme du procès-verbal de la délibération des associés).

> **Précisions** **a.** Contrairement au cas de constitution de la société, les fonds peuvent être retirés même si les formalités d'**inscription modificative au RCS** n'ont pas encore été accomplies (Rép. Colibeau : AN 16-5-1972 nº 23296 ; CA Rennes 11-4-1996 : RJDA 1/97 nº 78 cassé par Cass. com. 29-6-1999 nº 1322 : RJDA 10/99 nº 1086 mais pour un autre motif).
> **b.** S'il virait les fonds au compte de la société sans que soit établie la réalisation de l'augmentation de capital, le **dépositaire** engagerait sa **responsabilité** envers les souscripteurs et s'exposerait, en cas de non-réalisation de l'augmentation de capital, à devoir leur restituer les sommes qu'ils ont versées. Pour un exemple, CA Rennes 11-4-1996 précité. Pour un cas où la responsabilité du dépositaire n'a pas été retenue au motif que les fonds qui lui avaient été remis étaient destinés non à l'augmentation de capital elle-même, mais à faire naître au profit des déposants une créance sur la société pouvant, dans un second temps, leur permettre de souscrire à une augmentation de capital par compensation de créances, voir Cass. com. 20-6-2006 nº 816 : RJDA 3/07 nº 270.

Défaut de réalisation de l'augmentation de capital Si l'augmentation du capital n'est pas réalisée dans le délai de six mois à compter du premier dépôt des fonds, les apporteurs peuvent soit demander individuellement en justice l'autorisation de retirer le montant de leurs apports, soit choisir un mandataire qui, dès lors qu'il les représente tous, peut demander directement au dépositaire le retrait des fonds (art. L 223-32, al. 3 et R 223-5). À cet égard, l'augmentation de capital est réalisée dès qu'elle a été constatée dans un procès-verbal d'assemblée, peu important que la publicité ait été effectuée au-delà du délai de six mois (CA Versailles 25-5-1989, inédit). 32964
Le **gérant** qui, ayant reçu des fonds avec mandat de les affecter à une augmentation de capital, les utilise pour les besoins de la trésorerie de la société bien que l'augmentation de capital n'ait pas été réalisée commet un **abus de confiance** et s'expose à des sanctions pénales (Cass. crim. 9-1-1980 : Bull. crim. nº 14 ; Cass. crim. 16-10-2002 nº 5932 : RJDA 5/03 nº 496).

Libération de l'augmentation par compensation Bien que – contrairement à ce qui a été fait pour les SA – la loi n'ait pas prévu la possibilité de libérer une souscription en numéraire par voie de compensation avec une créance liquide et exigible sur la société, ce procédé est licite dans les SARL, même lorsque les pertes de la société (après imputation des réserves) excèdent le montant du capital (Cass. com. 7-2-1972 : Rev. sociétés 1973 p. 297 note E. du Pontavice ; voir aussi CA Versailles 25-10-1990 : Bull. Joly 1991 p. 76 note M. Jeantin et CA Aix 9-4-1992 : RJDA 12/92 nº 1139), dès lors que les statuts, ou les associés lorsqu'ils ont décidé l'augmentation de capital, ne l'ont pas expressément écarté (CA Aix 3-3-2022 nº 19/01925 : RJDA 7/22 nº 415 réservant le cas de fraude). Néanmoins, il a été jugé que le paiement par compensation n'est possible que si l'assemblée des associés a expressément prévu ce mode de libération des parts sociales nouvelles (CA Paris 10-3-1988 : BRDA 13/88 p. 6). 32966

> **Précisions** En l'absence de texte analogue à l'article R 225-134 pour les SA, il n'est pas exigé, dans les SARL, que soit établi un **arrêté de compte** certifié par un commissaire aux comptes (cf. Rép. Roatta : AN 21-2-1994 nº 8474 ; Rép. Gruillot : Sén. 7-4-1994 nº 05146).

AUGMENTATION DU CAPITAL DE LA SARL PAR APPORTS EN NATURE

Si l'augmentation du capital est réalisée en totalité ou en partie au moyen d'apports en nature, les règles à observer sont à peu près les mêmes qu'en cas de constitution de la société. 32970
L'intervention du **commissaire aux apports** est requise sauf cas de dispense dans les mêmes conditions que lors de la constitution de la société (art. L 223-9 sur renvoi de l'art. L 223-33, al. 1 ; voir nº 30161).

Le commissaire aux apports est désigné à l'unanimité des associés ou, à défaut, par ordonnance du président du tribunal de commerce statuant sur requête d'un associé ou du gérant (art. L 223-33, al. 1 et R 223-6, al. 2).

Le rapport du commissaire aux apports doit être :
– déposé au greffe du tribunal de commerce huit jours au moins avant la date de l'assemblée appelée à décider l'augmentation du capital (art. R 123-106) ;
– annexé à l'acte constatant la réalisation de l'opération (art. L 223-9, al. 1 sur renvoi de l'art. L 223-33, al. 1).

Contrairement aux règles applicables aux SA, aucun texte n'impose, dans les SARL, de déposer le rapport du commissaire aux apports au siège social (Rép. Neuwirth : AN 1-10-1977 nº 39558).

Les gérants et les personnes ayant souscrit à l'augmentation de capital sont **responsables** solidairement, pendant cinq ans, de la **valeur attribuée aux apports** lorsqu'il n'y a pas eu de commissaire aux apports ou lorsque cette valeur est différente de celle proposée par le commissaire (art. L 223-33, al. 2).

> **Précisions** **a.** Lorsque l'**apport** est **effectué par une personne déjà associée,** celle-ci peut, à notre avis, participer au **vote** sur l'approbation de son apport. Certes, l'article L 223-19, qui soumet à une réglementation particulière les conventions intervenues entre la société et l'un de ses associés, exclut du vote l'associé intéressé. Cependant, ce texte nous paraît inapplicable en cas d'augmentation de capital par apport en nature. En effet, à supposer même que cet apport constitue une « convention » avec la société, son approbation ne saurait être soumise à la procédure de ce texte, car la loi (art. L 223-33) fixe un régime propre aux augmentations de capital par apport en nature. Ce régime, qui précise notamment les règles à suivre pour approuver l'apport, n'écarte pas le vote de l'associé intéressé.
> **b.** Dans les EIP, le **commissaire aux comptes** de la société bénéficiaire peut être **nommé commissaire aux apports** à **condition** que sa nomination soit approuvée par le comité d'audit de l'EIP se prononçant après avoir analysé les risques pesant sur l'indépendance du commissaire aux comptes et les mesures de sauvegarde appliquées par celui-ci (cf. art. L 821-30, II). Dans les sociétés autres que les EIP, il est interdit au commissaire aux comptes d'accepter ou de poursuivre une mission de certification des comptes ou des informations de durabilité quand il existe un risque d'autorévision ou que son indépendance est compromise et que les mesures de sauvegarde appropriées ne peuvent pas être mises en œuvre (art. L 821-28, IV).
> **c.** **L'absence de nomination d'un commissaire aux apports,** en cas d'apports en nature dans une SARL, n'est pas sanctionnée par la nullité de l'augmentation de capital (CA Versailles 25-10-1990 : Bull. Joly 1991 p. 76 note M. Jeantin).

32975 **Surévaluation frauduleuse d'un apport en nature à la SARL** Ceux qui, frauduleusement, font attribuer à un apport en nature une évaluation supérieure à sa valeur réelle s'exposent à un **emprisonnement** de cinq ans et à une amende de 375 000 € (art. L 241-3, 1º).

INCORPORATION AU CAPITAL DE LA SARL DE RÉSERVES OU DE BÉNÉFICES

32980 La décision d'augmentation du capital par voie d'incorporation de réserves ou de bénéfices est prise par les associés représentant au moins la moitié des parts sociales (art. L 223-30, al. 6).

À notre avis, ce régime de faveur doit, malgré le silence du texte, s'appliquer également en cas d'**incorporation** au capital des **primes d'émission, d'apport ou de fusion** puisque celles-ci, bien que constituant un supplément d'apport, sont la contrepartie des réserves, apparentes ou latentes, de la société. Au surplus, rien n'empêcherait les associés de procéder en deux temps : affectation de la prime à un compte de réserve – laquelle suppose une simple décision collective ordinaire –, puis incorporation de cette réserve au capital. On ne voit pas l'intérêt qu'il y aurait à exiger le respect de l'étape intermédiaire de la dotation d'un compte de réserve.

L'opération peut être réalisée :
– soit par **création de parts nouvelles** de même montant nominal que les anciennes, attribuées aux associés au prorata de leurs droits dans les réserves ;
– soit par **élévation du montant nominal des parts,** ce deuxième procédé devant être préféré au premier chaque fois que certains associés n'ont pas un nombre de parts suffisant pour avoir droit à un nombre entier de parts nouvelles.

> **Précisions** **a.** Les **bénéfices** ne peuvent être **incorporés** au capital que s'ils résultent d'un exercice arrêté et non d'un état de synthèse faisant ressortir une situation intermédiaire, établi en cours d'exercice (CA Paris 20-2-1998 : Bull. Joly 1998 p. 613 note Pisani).
> **b.** En cas de création de parts nouvelles, s'il existe déjà des **parts** représentatives d'apports **en industrie,** leurs titulaires doivent eux aussi recevoir une fraction des parts sociales nouvelles déterminée en fonction de leurs droits dans les réserves. Ces parts sociales nouvelles ont leur contrepartie dans le capital ; elles donnent donc les mêmes droits que les autres parts de capital et peuvent notamment faire l'objet d'une cession alors que les « parts d'industrie » sont incessibles.

RÉGIME FISCAL DES AUGMENTATIONS DE CAPITAL DE SARL

Les actes constatant une augmentation de capital par apports en numéraire ou par incorporation de réserves ou de bénéfices sont dispensés d'enregistrement. En cas de présentation volontaire à la formalité, ils sont enregistrés gratuitement (CGI art. 810 et 812 ; Mémento Fiscal n° 66670). 33000

Les parts (sauf titres de sociétés à prépondérance immobilière) acquises dans le cadre d'une augmentation de capital sont expressément exclues du droit de vente (CGI art. 726, II).

Sur le régime fiscal des apports en nature, voir Mémento Fiscal n° 66975.

2. RÉDUCTION DU CAPITAL DE LA SARL

La réduction du capital doit être autorisée par l'assemblée des associés statuant dans les conditions exigées pour les modifications des statuts (art. L 223-34, al. 1 ; nos 32870 s.). 33030

Dans les sociétés constituées avant le 4 août 2005, il semble également possible de consulter les associés par correspondance ou de décider la réduction du capital par un acte, quoique l'article L 223-34 ne fasse allusion qu'à « l'assemblée ».

RÔLE DU COMMISSAIRE AUX COMPTES EN CAS DE RÉDUCTION DU CAPITAL

S'il existe un commissaire aux comptes et à moins que celui-ci ait été désigné dans le cadre d'un audit allégé, le projet de réduction du capital doit lui être communiqué 45 jours au moins avant la consultation des associés afin qu'il fasse connaître à ces derniers son **appréciation** sur les causes et conditions de la réduction (art. L 223-34, al. 2 et R 223-33 et art. L 821-57, al. 2). 33040

L'inobservation des articles L 223-34, al. 2 et R 223-33 n'est pas sanctionnée par la nullité de l'assemblée (Cass. com. 15-3-2017 n° 15-50.021 F-PB : RJDA 7/17 n° 459, à propos d'une SA mais transposable).

OPPOSITION DES CRÉANCIERS DE LA SARL À LA RÉDUCTION DU CAPITAL

En cas de réduction du capital non motivée par des pertes, les créanciers, dont le titre est antérieur à la date du dépôt au greffe du procès-verbal de la délibération, peuvent former opposition à la réduction dans le délai d'un mois à compter de la date de ce dépôt (art. L 223-34, al. 3 et R 223-35, al. 1). 33050

L'opposition doit être signifiée à la société par acte extrajudiciaire et portée devant le tribunal de commerce (art. R 223-35, al. 2).

Le tribunal peut décider (art. L 223-34, al. 3) :
– soit le rejet de l'opposition ;
– soit le remboursement des créances ;
– soit la constitution de garanties si la société en offre et si elles sont jugées suffisantes.

En tout état de cause, les opérations de réduction ne peuvent pas commencer avant la fin du délai d'opposition (art. L 223-34, al. 3). Sur les conséquences de ce principe, voir n° 51931.

MODALITÉS DE LA RÉDUCTION DU CAPITAL DE LA SARL

Deux procédés s'offrent à la société pour réaliser la réduction du capital ; mais, en aucun cas, il ne doit être porté atteinte à l'égalité entre les associés (art. L 223-34, al. 1). 33060

1er procédé : réduction du nominal des parts. L'opération est possible à la condition que la nouvelle valeur nominale des parts sociales soit la même pour toutes les parts (art. L 223-2).

2nd procédé : diminution du nombre des parts. L'annulation de parts par remboursement d'apports peut présenter des difficultés en raison de l'existence de **rompus** lorsque certains associés ne disposent pas d'un nombre de parts anciennes leur permettant d'obtenir un nombre entier de parts nouvelles. Aussi n'était-il utilisé autrefois qu'en cas de réduction de capital motivée par des pertes et lorsque la valeur nominale des parts sociales atteignait déjà le minimum légal.

Depuis que ce minimum légal a été supprimé, les associés peuvent fixer librement la valeur nominale de leurs parts, ce qui doit les conduire, pour respecter le principe d'égalité, à adopter le premier procédé (réduction du nominal des parts) chaque fois que la réduction du nombre des parts entraîne l'existence de rompus.

Par ailleurs, l'assemblée qui a décidé une réduction du capital non motivée par des pertes peut autoriser le gérant à **acheter** un nombre déterminé de parts sociales pour les **annuler** (art. L 223-34, al. 4). La loi ne mettant aucune condition à l'utilisation de cette faculté, ces dispositions sont notamment applicables lorsqu'un associé désire se retirer de la société et que ses coassociés refusent à la fois d'agréer l'acquéreur proposé et de racheter ou de faire racheter par un tiers les parts dont la cession est envisagée.

L'achat des parts doit alors être réalisé dans le délai de trois mois à compter de l'expiration du délai d'opposition réservé aux créanciers (nº 33050). Il entraîne annulation desdites parts (art. R 223-34).

33061 Dans le cas où le rachat des parts n'est pas la conséquence d'un refus d'agrément, il est nécessaire, nous semble-t-il, pour ne pas porter atteinte à l'**égalité entre les associés,** que chacun d'eux soit invité par la société à lui vendre une fraction de ses parts. Toutefois, les associés peuvent renoncer à ce droit à condition que, pour chaque opération, la décision soit prise à l'unanimité.

De même, le retrait d'un associé déterminé par voie d'**attribution d'éléments d'actif** et annulation corrélative de tout ou partie des parts sociales de l'intéressé n'est possible qu'avec l'accord unanime des associés, car il constitue, lui aussi, une atteinte au principe de l'égalité entre les associés (Cass. com. 6-10-1980 : Gaz. Pal. 1981 pan. p. 32).

Cette opération ne s'analyse juridiquement pas comme un partage partiel anticipé ; elle n'est donc pas soumise aux règles du **partage** de l'actif entre associés et notamment elle n'est pas susceptible de rescision pour **lésion** de plus du quart (Cass. 3e civ. 15-1-1997 : RJDA 6/97 nº 786, à propos d'une société civile mais transposable).

CONSÉQUENCES FISCALES DE LA RÉDUCTION DU CAPITAL DE LA SARL

33070 Lorsque l'acte la constatant est présenté à l'enregistrement (la formalité est obligatoire en cas de transmission de propriété d'un immeuble ou d'un fonds de commerce, par exemple), la réduction de capital est enregistrée gratuitement (sous réserve de l'application de la théorie de la mutation conditionnelle des apports) si elle s'accompagne d'un remboursement aux associés et est soumise au droit fixe de 125 € sinon (Mémento Fiscal nº 66995). Lorsqu'elle se traduit par une répartition au profit des associés, la réduction de capital peut par ailleurs être assimilée à une répartition de bénéfices (Mémento Fiscal nº 24465).

3. TRANSFORMATION DE LA SARL

RÈGLES GÉNÉRALES

33100 Les transformations de SARL sont soumises aux règles générales exposées nos 20620 s. (voir notamment nos 20787 s. pour le **régime fiscal**).

En outre, la transformation d'une SARL en société d'une autre forme, quelle qu'elle soit, doit à notre avis être précédée du **rapport d'un commissaire aux comptes** sur la situation de la société (cf. art. L 223-43, al. 3). L'alinéa 3 de l'article L 223-43 doit en effet être interprété comme ayant un caractère autonome, de sorte que le rapport doit toujours être établi, peu important que la forme sociale en laquelle la SARL se transforme figure ou non parmi celles énumérées dans les deux premiers alinéas de l'article L 223-43 (dans le même sens, Rép. Nachury : AN 25-3-2014 nº 30656, dont il résulte que le rapport prévu à l'article L 223-43, al. 3 doit être établi en cas de transformation de SARL en SAS, et CNCC NI.VI juillet 2018 § 3.11).

ATTENTION

La **rédaction de l'article L 223-43** issue de l'ordonnance 2025-229 du 12 mars 2025 et en vigueur **à compter du 1er octobre 2025** (Ord. 2025-229 art. 70) remet-elle en cause le **caractère autonome de l'alinéa 3** de cet article ? Cet alinéa se trouve, dans la version issue de l'ordonnance 2025-229, placé entre deux alinéas qui concernent exclusivement la transformation de SARL en SA, si bien qu'on pourrait en déduire que lui aussi ne concerne plus que la transformation de SARL en SA. Toutefois, la prudence commande selon nous de continuer à faire établir le rapport d'un commissaire aux comptes sur la situation de la société quelle que soit la forme de la société en laquelle se transforme la SARL. En effet :

– l'article L 223-43, al. 3 a pour objet d'éclairer les associés avant qu'ils se prononcent sur la transformation proposée (CNCC NI.VI juillet 2018 § 3.11) et aucune raison ne nous paraît justifier que les associés aient besoin d'être éclairés seulement en cas de transformation de SARL en SA ;

– s'il est vrai que, selon l'article L 223-43, al. 4 modifié par l'ordonnance 2025-229 et si la décision est prise à compter du 1er octobre 2025, seule la transformation d'une SARL en SA (et non plus toute transformation) effectuée en violation du troisième alinéa peut être annulée, le risque de nullité de la transformation d'une SARL en une société d'une autre forme sans qu'ait été établi le rapport ne peut pas être totalement écarté si un juge estime, d'une part, que l'article L 223-43, al. 3 est une disposition autonome des autres alinéas de l'article et, d'autre part, qu'il s'agit d'une disposition impérative de droit des sociétés (cf. C. civ. art. 1844-10, al. 3 modifié par ord. 2025-229).

33101 En l'absence de règles analogues à celles prévues en cas d'augmentation de capital avec *apports en nature, il n'est pas nécessaire* de recourir à une décision de justice ni même à une délibération des associés pour la **désignation du commissaire.** Dans le silence des textes, celle-ci peut être faite par le ou les gérants.

De même, rien ne s'oppose à ce que le commissaire aux comptes de la société soit chargé d'établir ce rapport.

Pour établir son **rapport** sur la situation de la société, le commissaire aux comptes s'assure notamment que la continuité de l'exploitation n'est pas compromise et retient, dans le cadre de son analyse, les critères significatifs caractérisant la situation financière et l'état de la trésorerie de la société (pour plus de détails, voir CNCC NI.VI juillet 2018 § 3). 33102

À l'examen de la situation de la société prévu ci-dessus peut s'ajouter, en cas de transformation en société par actions d'une société n'ayant pas de commissaire aux comptes, la vérification par un commissaire à la transformation de la valeur des biens composant l'actif social et des avantages particuliers (voir nos 20650 s.). Ce commissaire à la transformation peut aussi être chargé de l'établissement du rapport sur la situation de la société et, dans ce cas, il rend compte de sa double mission dans un seul rapport (art. L 224-3, al. 1).

À moins qu'il ne comprenne également les informations sur la valeur des biens composant l'actif social (nos 20650 s.), le rapport sur la situation de la société n'a pas à être **déposé au greffe** du tribunal de commerce (Cass. com. 8-4-2008 no 06-15.193 : RJDA 7/08 no 817, sol. impl.). En effet, l'article R 123-105, al. 3, qui impose le dépôt du rapport « relatif à la transformation d'une société en société par actions », ne vise que celui prévu par l'article L 224-3 sur l'évaluation des biens composant l'actif social (Rép. Hamelin : AN 12-7-2005 no 64891 ; Rép. Nachury : AN 25-3-2014 no 30656).

Le **défaut de rapport** entraîne la nullité de la transformation (art. L 223-43, al. 4), nullité qui, à compter du 1er octobre 2025 (Ord. 2025-229 du 12-3-2025 art. 70), devient facultative (art. L 223-43, al. 4 modifié par ord. 2025-229 pour les transformations de SARL en SA et C. civ. art. 1844-10, al. 3 modifié par ord. 2025-229 pour les autres transformations de SARL ; sur cette question, voir no 33100, Attention). Mais le tribunal saisi de l'action en nullité peut accorder à la société un délai pour régulariser sa situation (cf. art. L 235-4 remplacé, à compter du 1-10-2025, par C. civ. art. 1844-13 ; pour une application, CA Grenoble 31-5-1983 : Rev. jur. com. 1983 p. 379 note J. Mestre). 33105

Si la **SARL a émis des obligations,** le projet de transformation de la société doit être soumis à l'assemblée générale des obligataires (art. L 228-65, I-1° sur renvoi de l'art. L 223-11, al. 2). En cas de refus d'approbation, la société ne peut passer outre qu'en offrant de rembourser les obligataires qui en feraient la demande (sur les conditions du remboursement, voir no 72353). 33107

TRANSFORMATION EN SNC OU EN SOCIÉTÉ EN COMMANDITE

Pour transformer une SARL en SNC, SCS ou SCA, il faut l'**accord** unanime **des associés,** à peine de nullité de la transformation (art. L 223-43 modifié par ord. 2025-229 du 12-3-2025). 33110

Les associés de SARL appelés à devenir associés en nom ou associés commandités doivent avoir la **capacité** de faire le commerce puisque ces derniers ont la qualité de commerçant. En présence d'un **mineur** non émancipé, qui n'a pas la capacité d'exercer le commerce (no 320) :
- parmi les associés d'une société appelée à se transformer en SNC, la transformation ne peut intervenir qu'après cession des parts appartenant à ce mineur ;
- parmi les associés d'une société appelée à se transformer en société en commandite, le mineur ne peut devenir qu'associé commanditaire.

Il en est de même en présence d'un mineur émancipé s'il n'a pas été autorisé à exercer le commerce par le juge des tutelles au moment de son émancipation ou par le président du tribunal judiciaire après son émancipation (art. L 121-2 et C. civ. art. 413-8) ou encore d'un **majeur sous tutelle** ou sous **habilitation familiale par représentation,** qui ne peuvent pas être commerçants (respectivement nos 390 et 395).

Si un mineur, non émancipé ou émancipé non autorisé à être commerçant, ou un majeur sous tutelle ou sous habilitation familiale par représentation devient associé en nom ou associé commandité, la transformation antérieure au 1er octobre 2025 est nulle pour violation des règles relatives à l'incapacité (art. L 235-1, al. 1 : no 89240). À compter du 1er octobre 2025, la nullité devient facultative (C. civ. art. 1844-10, al. 3 modifié par ord. 2025-229 ; Ord. 2025-229 art. 70). Par ailleurs, la société est dissoute en présence, parmi les associés en nom ou les associés commandités, d'un majeur sous sauvegarde de justice, sous curatelle, sous habilitation familiale par assistance ou dont le mandat de protection future a pris effet ; à compter du 1er octobre 2025, elle est également dissoute en présence parmi ces associés d'un majeur sous tutelle ou sous habilitation familiale par représentation, lorsque la nullité de la transformation n'a pas été prononcée (nos 20680 s.).

En présence d'**apporteurs en industrie,** la transformation en société en commandite n'est possible que si, au préalable, ces derniers ont accepté soit de devenir associés commandités, soit de se retirer de la société après avoir été indemnisés. En effet, l'article L 222-1 interdit aux associés commanditaires de faire des apports en industrie.

Sur l'appréciation de la **valeur des biens composant l'actif** social et des avantages particuliers consentis à des associés ou à des tiers en cas de transformation d'une SARL n'ayant pas de commissaire aux comptes en SCA, voir nos 20650 s. Sur le **régime des actions** attribuées aux commanditaires en échange des parts sociales, voir nos 33123 s.

TRANSFORMATION EN SA

33120 **Évaluation des biens composant l'actif social** Dans les SARL n'ayant pas de commissaire aux comptes, l'évaluation de la valeur des biens composant l'actif social et des avantages particuliers consentis à des associés ou à des tiers doit intervenir avant de prendre la décision de transformation, dans les conditions exposées nos 20650 s.

33121 **Respect des règles propres aux SA** Outre les conditions indiquées ci-dessus (rapport sur la situation de la société et, le cas échéant, vérification de la valeur des biens composant l'actif social), la transformation d'une SARL en SA ne peut être réalisée que si la société dispose d'un **capital** minimal de 37 000 € (art. L 224-2, al. 1).

Si la SA issue de la transformation entend faire admettre ses actions aux négociations sur un marché réglementé ou sur un SMN, le nombre de ses associés ne pourra en outre pas être inférieur à sept (art. L 22-10-2).

Par ailleurs, l'**activité exercée** par la SARL ne doit pas être interdite à la SA (no 37531).

Il nous paraît possible de transformer une SARL en SA même si les **parts sociales représentatives d'apports en numéraire** ne sont pas entièrement libérées (nos 34080 s.). Encore faut-il que, conformément aux règles applicables à la libération des actions dans les SA (no 67911), ces parts sociales soient libérées d'au moins un quart de leur valeur nominale et de la totalité de la prime d'émission éventuelle qui y était attachée. La libération intégrale des actions doit intervenir, sur appels de fonds du conseil d'administration ou du directoire, dans le délai initialement fixé pour celle des parts sociales auxquelles ces actions se sont substituées.

33122 **Quorum et majorité** La transformation est décidée (art. L 223-43, al. 2) :

– en **règle générale,** dans les conditions exigées pour la modification des statuts (nos 32870 s.) ;

– **exceptionnellement,** par les associés représentant la majorité des parts sociales si le montant des capitaux propres figurant au dernier bilan excède 750 000 €.

La transformation d'une SARL en SA décidée à une majorité inférieure à celle requise par la loi est nulle (art. L 223-43, al. 4) et l'abus de son droit de vote par l'associé minoritaire opposant, à le supposer établi, n'est pas susceptible de faire échec à cette annulation (Cass. com. 15-7-1992 no 1358 : RJDA 8-9/92 no 826). À compter du 1er octobre 2025, la nullité devient facultative (art. L 223-43, al. 4 modifié par ord. 2025-229 du 12-3-2025 ; Ord. 2025-229 art. 70).

> **› Précisions** La faculté de décider la **transformation à la majorité des parts** doit être entendue restrictivement car elle déroge à la règle de principe exigeant le respect des règles prévues pour les modifications statutaires. Elle ne saurait être appliquée hors de son domaine propre qui est de faciliter la décision de transformation. En conséquence, les associés représentant la majorité des parts ne peuvent, à notre avis, apporter aux statuts aucune modification autre que celles requises par la nouvelle forme, ni adopter certaines clauses permises par la réglementation sur les SA mais qui ne sont pas de l'essence de celles-ci : par exemple, droit de vote double, clause d'agrément, limitation du droit d'accès aux assemblées, etc. (Rép. Blas : AN 5-11-1976 no 30825 ; en sens contraire, Rép. Girard : AN 20-6-1973 no 1308).

33123 **Régime des actions nouvelles** Les actions attribuées en échange des parts sociales peuvent être émises – c'est-à-dire **inscrites** en compte ou, dans certains cas (voir nos 62180 s.), dans une blockchain – dès que l'opération est définitivement réalisée, soit aussitôt après l'assemblée ou la décision collective ayant approuvé la transformation, adopté les nouveaux statuts et nommé les organes sociaux (no 20755).

Aucun texte ne précise, en cas de transformation, la date à partir de laquelle les actions peuvent être attribuées aux actionnaires. Toutefois, on sait que les actions peuvent être émises dès l'immatriculation au RCS en cas de constitution de la société et dès la réalisation définitive de l'opération en cas d'augmentation de capital. Dès lors que la société est déjà immatriculée au RCS, rien ne s'oppose, nous semble-t-il, à ce que, par analogie avec les règles applicables en cas d'augmentation de capital, les actions soient émises dès que la transformation est devenue définitive, avant même d'être inscrite au RCS.

33124 *Les actions sont immédiatement* **négociables** (c'est-à-dire cessibles).

Lorsque le **conjoint commun en biens** n'a pas demandé, avant la transformation, que la moitié des parts sociales communes inscrites au nom de son époux (ou de son épouse) lui soit attribuée (nos 6065 s.), il ne peut pas, à notre avis, prétendre exercer ce droit sur les actions remplaçant ces parts.

› Précisions Ce droit d'attribution ne porte que sur les parts non négociables (C. civ. art. 1832-2, al. 4), ce qui exclut les actions. Le conjoint peut revendiquer l'inscription à son nom de la moitié des actions jusqu'à la dissolution de la communauté (nº 6070).

Parts représentatives d'apports en industrie Lorsqu'il existe des parts représentatives d'apports en industrie, la transformation de la SARL en SA entraîne l'**exclusion** de l'apporteur en industrie puisque ce dernier ne peut pas se voir attribuer des actions (art. L 225-3, al. 4). Dès lors, elle nécessite au préalable la liquidation des droits de l'intéressé, laquelle ne peut pas intervenir sans l'accord de celui-ci. À notre avis, cet accord peut être donné à l'avance dans les statuts par l'apporteur en industrie lors de son entrée dans la société, car on ne voit pas de raison d'invoquer ici un ordre public de protection interdisant une renonciation anticipée. 33125

Bien entendu, l'apporteur en industrie n'est exclu de la société qu'à concurrence de ses parts d'industrie. Il reste associé pour tous les droits qu'il peut détenir soit en qualité d'apporteur en numéraire ou en nature, soit à la suite d'incorporation de réserves.

TRANSFORMATION EN SAS

La décision de transformation doit être prise à l'**unanimité** des associés (art. L 227-3), c'est-à-dire par tous les associés et non à l'unanimité des seuls associés présents ou représentés à l'assemblée appelée à statuer sur la transformation (CA Versailles 24-2-2005 nº 03-7294 : RJDA 6/05 nº 719, à propos de la transformation d'une SA en SAS, mais transposable ; Cass. 3e civ. 5-1-2022 nº 20-17.428 FS-B : RJDA 4/22 nº 205, à propos d'une société civile mais transposable). 33140

Par ailleurs, il y a lieu, si la SARL n'a pas de commissaire aux comptes, de faire apprécier la **valeur des biens composant l'actif** social et les avantages particuliers consentis à des associés ou à des tiers : voir nos 20650 s.

Sur le **régime des actions** attribuées en échange des parts sociales, voir nos 33123 s.

TRANSFORMATION EN SOCIÉTÉ CIVILE

La transformation en société civile n'est possible qu'avec l'**accord** unanime **des associés** car elle entraîne une augmentation de leurs engagements (C. civ. art. 1836, al. 2) puisqu'ils seront responsables indéfiniment des dettes sociales (C. civ. art. 1857, al. 1). Il faut en outre que la SARL ait un **objet** civil, faute de quoi le greffe du tribunal refusera d'inscrire la transformation au RCS. 33150

TRANSFORMATION EN GIE

La transformation d'une SARL en GIE n'est possible que si l'**objet** de la société correspond à la définition du GIE (nº 96770). À défaut, la décision de « transformation » entraîne la création d'une personne morale nouvelle (nº 20625). 33160

La transformation est subordonnée à l'**accord** unanime **des associés** (nº 96772).

4. AUTRES DÉCISIONS COLLECTIVES EXTRAORDINAIRES DE SARL

FUSION, SCISSION OU APPORT PARTIEL D'ACTIFS IMPLIQUANT LA SARL

Sur ces opérations, voir nos 82500 s. 33190

PERTE DE LA MOITIÉ DU CAPITAL DE LA SARL

Si, du fait des pertes, le montant des capitaux propres de la société devient inférieur à la moitié du capital social, la procédure prévue en pareil cas (nos 76610 s.) doit être suivie. 33200

C. Publicité des décisions extraordinaires

Toutes les modifications apportées aux statuts doivent faire l'objet de formalités de publicité dont les modalités **varient** suivant la nature de la modification intervenue (voir nos 85500 s.). 33280

CHAPITRE 3

LES ASSOCIÉS DES SOCIÉTÉS À RESPONSABILITÉ LIMITÉE

SOMMAIRE

QUALITÉ DE NON-COMMERÇANT DES ASSOCIÉS DE SARL

34000 Les associés des SARL ne sont pas commerçants. En conséquence, aucune des règles indiquées à propos des associés en nom ne leur est applicable.

34002 **Cumul des qualités d'associé de SARL et de salarié** Les **associés non gérants** peuvent être salariés de la SARL (cf. Cass. soc. 30-4-2014 nº 12-35.219 : RJDA 8-9/14 nº 695) et recevoir, en contrepartie, une rémunération.

Cette rémunération est soumise au régime fiscal des traitements et salaires dans la mesure où elle correspond à un travail effectif et n'est pas exagérée eu égard à l'importance de la société et aux fonctions exercées.

Par ailleurs, l'associé non gérant qui exerce des fonctions rémunérées dans sa société est obligatoirement affilié au régime général de la sécurité sociale et à la retraite complémentaire des salariés s'il remplit les conditions requises à cet effet telles qu'elles sont définies par l'article L 311-2 du Code de la sécurité sociale, c'est-à-dire, en particulier, s'il se trouve effectivement dans un état de subordination à l'égard des organes de direction de la société (Cass. soc. 18-2-1976 nº 74-13.883 : Bull. civ. V nº 103). L'existence d'un réel lien de subordination est également une condition de l'appartenance de l'associé non gérant au régime Unédic d'assurance chômage.

En soi, la qualité d'**associé majoritaire** n'est pas incompatible avec celle de salarié de la société (Cass. soc. 4-12-1990 nº 87-43.913 : RJDA 3/91 nº 212 ; Cass. soc. 15-6-1994 nº 91-42.560 : RJDA 4/95 nº 446). A fortiori en est-il ainsi de la qualité d'**associé égalitaire** (Cass. soc. 19-10-1978 nº 77-13.338 : Bull. civ. V nº 695 ; Cass. soc. 18-4-2008 nº 07-40.842 : RJDA 7/09 nº 659). N'est toutefois pas établi le lien de subordination d'un associé majoritaire qui effectue un travail technique hors de tout contrôle du gérant, sans recevoir de lui aucune instruction ou directive (CA Versailles 5-3-2002 nº 01-344 : RJDA 1/03 nº 27). Il en est de même à propos d'un associé qui a montré qu'il se considérait comme le maître de l'affaire en croyant devoir tenir la boutique, alors que le gérant avait décidé de cesser toute activité (CA Versailles 13-9-2001 nº 98-20675 : RJDA 6/02 nº 635). Le lien de subordination est en revanche démontré à l'égard d'un associé égalitaire qui ne prend aucune part à la gestion, mais exerce des fonctions techniques sous la responsabilité du dirigeant (Cass. soc. 12-3-1987 nº 85-11.459 : Bull. civ. V nº 141).

Un contrat de travail apparent renverse la charge de la preuve, qui incombe alors à celui qui invoque le caractère fictif du contrat (Cass. soc. 30-4-2014 précité, précisant que la production de bulletins de paie par l'associé égalitaire permet de retenir l'existence d'un contrat de travail apparent le liant à la société).

Sur la faculté pour les **associés gérants** d'être titulaires d'un contrat de travail, voir nº 31060.

SECTION 1

DROITS ET OBLIGATIONS DES ASSOCIÉS DE SARL

A. Droits des associés de SARL

1. DROIT DES ASSOCIÉS D'INTERVENIR DANS LA VIE SOCIALE

DROIT D'INFORMATION DES ASSOCIÉS DE SARL SUR LES AFFAIRES SOCIALES

Outre le droit d'information préalable à la tenue de l'assemblée ordinaire annuelle (nºs 32400 s.) et celui préalable à toutes les autres assemblées (nºs 32410 s.) ou à toute consultation écrite (nº 32660), les associés jouissent d'un droit de communication permanent des documents ci-dessous. 34005

Documents concernant les trois derniers exercices Chaque associé a le droit, à toute époque, de prendre connaissance au siège social des documents ci-après concernant les trois derniers exercices (art. L 223-26, al. 4 et R 223-15, al. 1) : 34006

- comptes annuels (bilans, comptes de résultat, annexes) ;
- inventaires ;
- rapports soumis aux assemblées ;
- procès-verbaux de ces assemblées.

CONSEIL

Bien que, par suite vraisemblablement d'une inadvertance du législateur, aucun texte ne l'impose, il nous paraît souhaitable, dans un souci de bonne information des associés, de tenir également à la disposition de ces derniers les comptes consolidés des trois derniers exercices s'il en existe.

Le droit de prendre connaissance de ces documents emporte celui d'en prendre **copie,** sauf en ce qui concerne l'inventaire (art. R 223-15, al. 1).

Ce droit de communication permanent doit être exercé par l'**associé en personne** ; celui-ci ne peut se faire représenter par un mandataire (art. R 223-15, al. 1). Toutefois, il peut se faire assister par un expert inscrit sur une des listes des cours et tribunaux (art. R 223-15, al. 2).

Sanctions civiles. L'article L 223-26, al. 5 répute non écrite toute clause contraire aux dispositions qui précèdent. 34007

Il en résulte que ces dispositions revêtent un caractère impératif. Dès lors, le refus opposé à un associé voulant exercer son droit de communication peut entraîner la nullité de l'assemblée tenue **avant le 1er octobre 2025** (ou de la consultation écrite) dans la mesure où il ne s'agit pas d'une modification des statuts (art. L 235-1, al. 2). En revanche, la nullité doit, en l'absence de texte formel, être écartée si la décision à prendre vaut modification des statuts (art. L 235-1, al. 1).

Toute décision sociale prise **à compter du 1er octobre 2025** en violation des dispositions relatives au droit de communication des associés peut être annulée (C. civ. art. 1844-10, al. 3 modifié, à compter du 1-10-2025, par ord. 225-229 du 12-3-2025 ; Ord. 225-229 art. 70).

Injonctions. En cas d'inobservation de leur droit de communication, les associés peuvent demander au président du tribunal d'enjoindre sous astreinte au gérant de respecter ses obligations à leur égard (art. L 238-1 ; nº 32403), à condition toutefois de justifier avoir été empêchés d'obtenir les documents demandés en se rendant en personne au siège social (Cass. com. 29-11-2023 nº 22-21.300 F-D : RJDA 4/24 nº 225), et ce, peu important leur éloignement géographique (CA Agen 25-4-2018 nº 17/00448 : RJDA 2/19 nº 98). 34008

34011 **Copie des statuts** Tout associé a le droit, à toute époque, d'obtenir au siège social la délivrance d'une copie certifiée conforme des statuts en vigueur au jour de la demande (art. R 223-14 ; voir n° 30306).

ALERTE PAR LES ASSOCIÉS DE SARL SUR LES DIFFICULTÉS SOCIALES

34012 Tout associé non gérant peut, deux fois par exercice, poser des questions écrites au gérant sur tout fait de nature à compromettre la continuité de l'exploitation (art. L 223-36 ; n° 90532).

EXPERTISE DE GESTION DEMANDÉE PAR LES ASSOCIÉS DE SARL

34013 Un ou plusieurs associés – dès lors qu'ils représentent au moins 10 % du capital social – peuvent demander en justice la désignation d'un expert chargé de présenter un rapport sur une ou plusieurs opérations de gestion (nos 32180 s.).

AUTRES DROITS D'INTERVENTION DES ASSOCIÉS DE SARL

34014 L'associé a le droit de participer aux **assemblées** et d'exercer certaines **actions en justice** (action en responsabilité contre le gérant, action en révocation du gérant, action en dissolution de la société, etc.) ; mais il n'a pas le droit d'intenter une action en justice au nom de la société autre que l'action sociale en responsabilité (n° 4357).

Il ne lui est pas interdit de prendre position sur la conduite à tenir face aux problèmes de la société et de critiquer l'action du dirigeant, mais ces critiques deviennent fautives et constituent un dénigrement lorsqu'elles visent la personne plutôt que l'action du dirigeant (CA Paris 25-10-2002 n° 01-22277 : RJDA 4/03 n° 385). En outre, si elles sont publiques et portent atteinte à l'honneur et à la réputation des dirigeants, ces critiques peuvent constituer une diffamation : voir nos 47635 s.

2. DROITS PÉCUNIAIRES DES ASSOCIÉS

DROIT DES ASSOCIÉS DE SARL AUX BÉNÉFICES SOCIAUX

34020 La répartition des bénéfices s'effectue conformément aux statuts (nos 7000 s.), observation faite que :
– les SARL sont tenues de constituer une réserve légale (nos 76270 s.) ;
– les clauses d'intérêt fixe (attribution d'un dividende fixe même en l'absence de bénéfices) sont interdites (n° 76412) ;
– la mise en paiement des dividendes doit avoir lieu dans un délai maximal de neuf mois après la clôture de l'exercice, sauf prolongation de ce délai par décision de justice sur demande des gérants (n° 76501) ;
– aucune restitution de dividendes ne peut être exigée des associés, hors le cas de distribution de dividendes fictifs ou d'attribution d'un intérêt en l'absence de bénéfices (nos 76520 s.) ;
– les dividendes ne sont pas des fruits civils réputés s'acquérir jour par jour ; le droit de chaque associé sur le dividende naît au moment où, après approbation des comptes de l'exercice écoulé, l'assemblée fixe le montant de la somme à répartir entre les associés (nos 76450 s.).

DROITS DES ASSOCIÉS LORS DE LA LIQUIDATION DE LA SARL

34021 Sur les droits des associés lors du partage des biens sociaux, voir nos 87760 s.

B. Obligations des associés de SARL

OBLIGATION DES ASSOCIÉS DE SARL DE LIBÉRER LES PARTS SOCIALES

34080 **Date de libération des parts sociales** Les parts sociales représentatives d'**apports en numéraire** peuvent, lors de leur souscription, n'être libérées que de 20 % de leur montant au moment de la constitution de la société (art. L 223-7, al. 1) et du quart en cas d'augmentation de capital (art. L 223-32, al. 1). Le surplus doit être versé, en une ou plusieurs fois, dans un **délai** qui ne peut excéder cinq ans à compter de l'immatriculation de la société au RCS en cas de constitution (art. L 223-7, al. 1) ou du jour où l'opération est devenue définitive en cas d'augmentation de capital (art. L 223-32, al. 1).

L'article L 223-7, al. 1 précise que la libération du surplus des apports en numéraire effectués lors de la constitution intervient sur décision du gérant. Si l'article L 223-32, applicable en cas d'augmentation de capital, est muet sur cette question, il appartient selon nous également au gérant de fixer les dates des versements complémentaires, à moins que ces dates n'aient été déterminées dans les statuts ou par l'assemblée ayant décidé l'augmentation de capital (n° 32960).

Le délai de cinq ans est un maximum ; les statuts pourraient prévoir une durée moindre, par exemple un ou trois ans.

S'il n'a pas été procédé, dans le délai prévu, aux appels de fonds pour assurer la libération du capital, tout intéressé peut demander au président du tribunal de commerce statuant en référé d'enjoindre sous astreinte au gérant de procéder à ces appels de fonds ou de désigner un mandataire chargé de le faire à sa place (C. civ. art. 1843-3, al. 5).

> **Précisions** Cette **procédure** ne permet pas d'obtenir directement la condamnation de l'associé défaillant à libérer sa part de capital (Cass. com. 7-7-2009 n° 08-16.433 : RJDA 1/10 n° 46).
> Le tribunal compétent est celui du lieu du siège social (n° 4240). L'action doit être dirigée contre le gérant. Il n'y a pas lieu de mettre en cause la société (Cass. com. 7-7-2009 précité).

Débiteur des versements complémentaires Dans le silence de la loi, le paiement de la fraction non libérée des parts sociales incombe, à notre avis, à celui qui a la qualité d'**associé au moment de l'appel** de fonds. 34081

En cas de **cession de parts sociales,** la cour d'appel de Paris a jugé que, à défaut de stipulation contraire, l'obligation de libération ne pèse pas sur l'acquéreur mais sur le cédant, cette obligation, inhérente à la souscription initiale des parts sociales, constituant une dette envers la société (CA Paris 16-2-2021 n° 19/20152 : RJDA 7/21 n° 477). De même, la cour d'appel de Lyon a jugé que la dette de libération, même non encore exigible, est une dette personnelle non attachée à la détention des parts sociales qui ne se transmet pas avec elles (CA Lyon 9-6-2005 n° 04-2345 : RJDA 7/06 n° 798). La solution retenue par ces cours d'appel nous paraît critiquable : en effet, il peut, à notre avis, être déduit de l'article 1843-3, al. 5 du Code civil, selon lequel l'associé qui devait apporter une somme dans la société et qui ne l'a point fait devient de plein droit débiteur des intérêts de cette somme à compter du jour où elle devait être payée, que l'obligation de libération incombe à celui qui a la qualité d'associé au moment où la dette au titre de l'apport devient exigible. Or, la dette de libération de l'apport ne devient exigible qu'à compter de l'appel de fonds de la gérance ou, en cas d'augmentation de capital, à la date éventuellement prévue dans les statuts ou par l'assemblée ayant décidé l'augmentation de capital (ou encore lors de l'ouverture d'une procédure collective : cf. art. L 624-20, L 631-19 et L 641-14). Si cette analyse est retenue, c'est donc l'acquéreur qui est tenu du paiement de la dette si celle-ci est devenue exigible après la cession.

Contrairement au régime applicable aux actions, la loi ne prévoit pas, pour la libération des parts de SARL ayant fait l'objet d'une cession, une **solidarité** entre le souscripteur d'origine et les cessionnaires successifs. Mais aucune considération d'ordre public ne paraît s'opposer à ce que les **statuts** reconnaissent à la société le droit de poursuivre solidairement le souscripteur et les acquéreurs successifs, qui seront considérés comme ayant accepté l'obligation solidaire de libérer les parts sociales en même temps que la cession. Dans ce cas, il est recommandé de stipuler expressément la solidarité dans les statuts, sans utiliser des termes équivoques tels que celui de garant.

Il est par ailleurs aussi de l'intérêt du cédant d'obtenir l'**engagement** de l'acquéreur de se substituer à lui et de l'intérêt de l'acquéreur que le cédant reste tenu solidairement avec lui.

Défaillance d'un associé En cas de défaillance de l'associé, les sommes dues sont productives, à compter de la date prévue pour la libération des parts, d'un intérêt au taux fixé par les statuts ou, à défaut de clause statutaire, au taux légal (C. civ. art. 1843-3, al. 5). 34082

De plus, la société peut, conformément au droit commun, poursuivre l'associé en justice pour obtenir le paiement des sommes qui lui sont dues et, éventuellement, des dommages-intérêts pour le préjudice que le retard de paiement lui a causé (art. 1843-3, al. 5).

En revanche, aucun texte analogue à l'article L 228-29 pour les SA ne permet, dans une SARL, de sanctionner l'associé défaillant par la suppression de son droit de vote, par la suspension de son droit aux dividendes ou par la mise en vente forcée de ses parts non libérées.

Prescription *L'action en paiement de la fraction non libérée des parts de numéraire se prescrit par cinq ans, conformément au droit commun* (C. civ. art. 2224). 34083

Si le gérant n'a pas procédé aux appels de fonds, le délai de prescription ne commence à courir qu'à l'expiration du délai de cinq ans fixé par la loi (art. L 223-7) pour la libération des parts souscrites en numéraire (CA Paris 19-9-1991 : RJDA 11/91 n° 932, à propos d'actions de SA mais transposable).

OBLIGATION DES ASSOCIÉS DE SARL AU PASSIF SOCIAL

Les associés ne sont tenus des pertes sociales que dans la limite du montant de leurs apports (art. L 223-1, al. 2). 34090

Ils ne répondent pas des dettes sociales vis-à-vis des tiers (sur la distinction entre contribution aux pertes et obligation aux dettes, voir n° 120). Toutefois, ils peuvent être tenus à l'égard des tiers :
– si des apports en nature ont été surévalués à l'occasion de la constitution de la société ou lors d'une augmentation de capital (nos 30164 et 32970) ;
– en cas de liquidation judiciaire de la société, s'ils sont aussi gérants ou se sont comportés comme des gérants de fait (nos 91470 s.) ;
– s'ils ont cautionné une ou plusieurs dettes de la société (nos 15000 s.).

34091 Dans les rapports des associés entre eux, les pertes sociales sont réparties selon les règles fixées dans les statuts ; à défaut de clause statutaire, cette répartition doit être faite proportionnellement aux apports de chacun des associés (n° 7000).

AUTRES OBLIGATIONS DES ASSOCIÉS DE SARL

34100 **Obligation de non-concurrence** Sauf stipulation contraire des statuts (pour un exemple, Cass. com. 20-2-1979 n° 77-13.653 : Bull. civ. IV n° 70), l'associé d'une SARL n'est, **en cette qualité,** tenu ni de s'abstenir d'exercer une activité concurrente de celle de la société, ni d'informer celle-ci d'une telle activité et doit seulement s'abstenir d'actes de concurrence déloyale (Cass. com. 15-11-2011 n° 10-15.049 : RJDA 2/12 n° 164 ; Cass. com. 19-3-2013 n° 12-14.407 : RJDA 6/13 n° 514 ; Cass. com. 3-3-2015 n° 13-25.237 : RJDA 5/15 n° 342).
À notre avis, un associé doit **néanmoins** s'abstenir de toute concurrence :
– s'il a fait un apport en industrie, car il doit alors à la société tous les gains réalisés dans l'industrie qui est l'objet de cette société et il ne pourrait donc exercer une autre activité que si les statuts l'y autorisaient ;
– s'il a apporté un fonds de commerce car, comme tout vendeur d'un fonds, il doit garantir la société de toute éviction de son fait.

34101 **Restitution des dividendes fictifs** Cette restitution peut être exigée des associés ; il en est de même des sommes qui ont pu leur être attribuées, en l'absence de bénéfices, à titre d'intérêt fixe (n° 76520).

C. Responsabilité des associés de SARL

34150 Sur cette question, voir nos 7850 s.

SECTION 2 PARTS DE SARL

GÉNÉRALITÉS

34300 **Forme des parts de SARL** Il est en principe interdit à une SARL d'émettre des **valeurs mobilières,** sous peine d'un emprisonnement de six mois et d'une amende de 9 000 € pour son gérant (art. L 241-2).
Toutefois, les SARL sont autorisées à émettre des **obligations nominatives** dans les conditions et selon les modalités exposées nos 73100 s.
Par ailleurs, les droits des associés dans le capital, c'est-à-dire les parts sociales, ne peuvent pas être représentés par des **titres négociables,** sous peine de nullité de ces titres (art. L 223-12 et, sur renvoi, C. mon. fin. art. L 411-1, al. 1). En pratique, ces parts résultent des statuts sans titres matériels les concrétisant.

34301 **Valeur nominale des parts de SARL** Toutes les parts sociales, autres que celles représentatives d'apports en industrie (n° 30180), doivent être de valeur nominale égale (art. L 223-2).
Cette valeur nominale est librement fixée par les associés et le plus souvent, bien que ce ne soit pas *obligatoire*, mentionnée dans les statuts.
Les associés peuvent décider de ne pas ou de ne plus exprimer la valeur nominale des parts sociales. Cette suppression, qui appelle les mêmes observations que pour les actions (nos 67543 s.), conduit à considérer que chaque part sociale représente une simple quotité du capital (le « pair »), obtenue en divisant le capital par le nombre de parts sociales existantes.

Placement des parts de SARL À défaut d'autorisation légale, il est interdit aux SARL de procéder à une offre au public de leurs parts (autre qu'une offre réservée aux associés de la SARL, à des investisseurs qualifiés ou à un cercle restreint d'investisseurs), cette interdiction étant sanctionnée par la nullité des contrats conclus et des parts émises irrégulièrement (C. mon. fin. art. L 411-1 et L 411-2). 34302

I. DROITS SUR LES PARTS DE SARL

PRINCIPES

C'est le **propriétaire des parts** sociales qui a la qualité d'associé, jouit des prérogatives attachées à cette qualité et en assume les obligations. Cependant, les parts sociales sont des valeurs patrimoniales et, comme telles, sont soumises au même régime que tous les **biens figurant dans un patrimoine** ; elles peuvent, par exemple, être aliénées, faire l'objet d'un usufruit, être données en nantissement, etc. 34310

Il importe donc de déterminer les répercussions que certains événements affectant le patrimoine des propriétaires de parts peuvent avoir sur la qualité d'associé.

PARTS DE SARL EN USUFRUIT

Droits de l'usufruitier L'usufruitier a droit aux « fruits » de la part sociale, c'est-à-dire aux dividendes. Sauf clause contraire des statuts ou convention avec le nu-propriétaire, il ne dispose du droit de vote que pour les décisions relatives à l'affectation des bénéfices (C. civ. art. 1844 ; nos 7563 s.). Même si le droit de vote est exercé par le nu-propriétaire, l'usufruitier peut participer à toutes les assemblées (no 7569) et, en cas de consultation écrite (art. L 223-27, al. 1), il doit être informé de la consultation et de son objet. Il peut aussi provoquer une délibération sur une question susceptible d'avoir une incidence directe sur son droit de jouissance des parts sociales (Cass. com. avis 1-12-2021 no 20-15.164 FS-D : RJDA 2/22 no 79 et Cass. 3e civ. 16-2-2022 no 20-15.164 FS-B : RJDA 5/22 no 273, en matière de société civile mais à notre avis transposables) et, même si les statuts l'interdisent, demander l'annulation de toute décision collective susceptible d'avoir une telle incidence (Cass. 3e civ. 11-7-2024 no 23-10.013 FS-B : RJDA 11/24 no 592, en matière de société civile mais transposable). 34311

En raison de l'intuitus personae qui subsiste encore dans les SARL, l'usufruitier ne peut participer à la vie sociale que s'il a été agréé par les associés dans les mêmes conditions qu'en cas de cession de parts sociales (nos 34430 s.). Comme en cas de cession, un agrément n'est toutefois pas nécessaire – sauf clause contraire des statuts – lorsque l'usufruit est constitué sur des parts appartenant au conjoint, à un ascendant ou à un descendant de l'usufruitier (nos 34470 s.) ou en cas d'usufruit successoral (nos 34530 s.).

Droits du nu-propriétaire Le nu-propriétaire a droit au remboursement de ses apports, aux distributions de réserves et au boni de liquidation. De même, sauf clause contraire des statuts ou convention avec l'usufruitier, c'est lui qui exerce le droit de vote pour toutes les décisions collectives autres que celles concernant l'affectation des bénéfices (C. civ. art. 1844 ; no 7563). 34312

Même si le droit de vote est exercé par l'usufruitier, le nu-propriétaire peut participer à toutes les assemblées (no 7569) et, en cas de consultation écrite (art. L 223-27, al. 1), il doit être informé de la consultation et de son objet.

PARTS DE SARL SAISIES

Le créancier d'un associé peut saisir les parts sociales que détient son débiteur et les faire vendre (C. exécution art. L 231-1 et R 232-1 s.). 34320

La vente peut être **réalisée amiablement** par le débiteur lui-même, à condition qu'elle intervienne dans le délai d'un mois à compter de la notification de l'acte de saisie, le cas échéant augmenté d'un délai de 15 jours pour permettre au créancier de donner sa réponse sur les propositions faites, et que le prix convenu (approuvé par le créancier saisissant) soit consigné entre les mains de l'huissier ou du commissaire de justice du créancier (art. R 221-30 à R 221-32, sur renvoi de l'art. R 233-5).

À défaut de vente amiable dans les conditions qui précèdent, la vente est faite sous forme d'**adjudication** (art. R 233-5).

L'adjudicataire doit être agréé par la majorité en nombre des associés représentant au moins la moitié des parts sociales, à moins que les statuts prévoient une majorité plus forte (n° 34436).

Pour plus de détails sur la saisie des droits sociaux, voir n°s 19000 s.

PARTS DE SARL NANTIES

34330 Les parts de SARL peuvent faire l'objet d'un **nantissement conventionnel** (n°s 34620 s.).

Tant que la vente ou l'attribution forcée des parts au créancier n'est pas intervenue, le débiteur reste associé et exerce seul toutes les prérogatives attachées aux parts nanties : il dispose donc du droit de participer et de voter aux assemblées. Toutefois, ces parts peuvent être mises sous séquestre à la demande du créancier bénéficiaire du nantissement, voire d'un autre créancier (cf. CA Versailles 23-10-1979 : Gaz. Pal. 1980 som. p. 605).

Sur la possibilité de constituer, à titre conservatoire, un **nantissement judiciaire** sur des parts sociales, voir n°s 19120 s.

PARTS DE SARL APPARTENANT À DES ÉPOUX COMMUNS EN BIENS

34340 Lorsque des époux sont mariés sous le régime de la communauté légale, la question de savoir lequel des **époux** a la **qualité d'associé** et qui exerce donc les prérogatives attachées à cette qualité dépend de plusieurs critères : la réponse est différente selon que les époux ont souscrit les parts avec des biens propres (n° 6050) ou avec des biens communs en agissant seul (n°s 6065 s.) ou en agissant tous les deux (n° 6052).

Sur la qualité d'associé et le sort des parts sociales en cas de dissolution de la communauté, voir n° 6085.

PARTS DE SARL EN INDIVISION

34350 Chaque indivisaire a la qualité d'associé (n° 6010). Cependant, il est d'usage de prévoir dans les statuts que les parts sociales sont indivisibles. Il s'ensuit que les indivisaires doivent se faire représenter par un mandataire unique (n°s 7545 s.).

Toutefois, cette clause ne concerne que les rapports des indivisaires avec la société et pour le fonctionnement de celle-ci. Ainsi, elle ne s'applique pas lorsque, à la suite du décès d'un associé qui avait précédemment cédé une partie de ses parts, les héritiers devenus propriétaires indivis des autres parts demandent ensemble la nullité de la cession car, ce faisant, ils agissent non pas en qualité de titulaires des parts sociales recueillies dans la succession, mais en leur qualité de successeurs universels du défunt (Cass. civ. 25-5-1992 : Bull. Joly 1992 p. 935 note Delhay et Goetghebeur).

Sur le règlement des **divergences** entre les indivisaires quant au **sens du vote** à émettre, voir n° 7551.

II. TRANSMISSION DES PARTS DE SARL

A. Cession des parts de SARL entre vifs

1. RÈGLES COMMUNES À LA CESSION DE PARTS ENTRE VIFS

RÈGLES GÉNÉRALES

34410 Comme toute cession de droits sociaux, les cessions de parts de SARL sont soumises au **droit commun des contrats** et aux règles du contrat de **vente** étudiées n°s 16000 s. Elles sont en outre régies par les **règles spécifiques du Code de commerce** exposées ci-dessous, notamment en ce qui concerne l'agrément de l'acquéreur.

Les **clauses d'inaliénabilité temporaire** par lesquelles les associés s'interdisent de céder leurs parts avant l'expiration d'un certain délai après leur entrée dans la société sont valables si elles obéissent à certaines conditions (n° 68660).

ATTENTION

Les **parts d'industrie** sont incessibles. En effet, elles représentent l'exercice par leur titulaire d'une activité au profit de la société et cette activité est intransmissible puisque attachée à la personne de celui qui l'exerce. Si elle cesse, c'est-à-dire si leur titulaire quitte la société pour quelque cause que ce soit, les parts ne représentent plus rien et doivent donc être annulées.

La **preuve de la cession** est soumise aux règles de droit commun (C. civ. art. 1358 s. ; art. L 110-3).

CONCLUSION DE LA CESSION DE PARTS DE SARL

Intervention du conjoint ou du partenaire d'un Pacs Sur le consentement du conjoint lors de l'acquisition ou de la cession de parts sociales, voir nos 16570 s., et sur celui du partenaire pacsé, voir nos 16576 s. 34411

Sur l'attribution de la qualité d'associé au conjoint, voir nos 6040 s., et pour le partenaire pacsé, voir nos 6020 s.

Formes de la cession Les cessions de parts sociales doivent être constatées par un **acte** sous signature privée ou notarié (art. L 221-14 sur renvoi de l'art. L 223-17). Sur la portée de cette exigence, voir no 24410. 34412

L'acte doit être dressé en autant d'**exemplaires** qu'il y a de parties (C. civ. art. 1375), plus un pour l'enregistrement auprès de l'administration fiscale et, le cas échéant, un pour le dépôt au siège social (no 34414).

MODÈLE

Acte de cession de parts sociales

Entre les soussignés : ...

Il a été exposé et convenu ce qui suit :

Le cédant vend au cessionnaire, qui accepte, la pleine propriété de... parts de la société..., société à responsabilité limitée au capital de... €, dont le siège social est situé..., immatriculée sous le n° ..., ces... parts, dont le cédant est propriétaire, portant les numéros... à...

Par la présente cession, le cessionnaire devient propriétaire des parts cédées à compter de ce jour avec tous les droits et obligations qui y sont attachés.

À cet effet, le cédant subroge le cessionnaire dans tous ses droits et actions résultant de la propriété des parts cédées. Les dividendes dont la distribution sera décidée à compter de ce jour reviendront au seul cessionnaire.

Le cessionnaire se conformera strictement aux clauses des statuts qu'il déclare parfaitement connaître.

Prix de cession

La présente cession est consentie et acceptée moyennant le prix de... € par part, soit un montant total de... €, que le cédant reconnaît avoir reçu du cessionnaire ce jour même et dont il lui consent quittance.

Remise des pièces

Le cédant a, à l'instant, remis au cessionnaire, qui le reconnaît, une copie des derniers statuts à jour de la société... dont le cessionnaire avait déjà connaissance, laquelle copie a été certifiée conforme par le gérant de ladite société.

Déclarations du cédant et du cessionnaire

1. Les soussignés déclarent, chacun en ce qui le concerne, qu'ils ont la pleine capacité civile pour s'obliger dans le cadre de la présente cession et de ses suites et, plus spécialement, qu'ils ne font pas l'objet d'une procédure collective, ni ne sont susceptibles de l'être en raison de leurs professions et fonctions, ni ne sont en état de cessation des paiements.

2. Le cédant déclare :

– qu'il n'existe de son chef ou de celui des précédents propriétaires des parts cédées aucune restriction d'ordre légal ou contractuel à la libre disposition de celles-ci, notamment par suite de promesses ou offres consenties à des tiers ou de saisies ;

– que les parts cédées sont libres de tout nantissement ou promesse de nantissement ;

– que la société... n'est pas en cessation des paiements, ni n'a fait l'objet d'une procédure de conciliation, de sauvegarde, de redressement ou de liquidation judiciaire.

Intervention du conjoint du cédant (*si les parts dépendent de la communauté de biens*)

M./Mme..., conjoint du cédant, intervient à la présente cession pour donner son consentement à celle-ci et à la perception du prix conformément aux dispositions de l'article 1424 du Code civil.

Agrément

Le cessionnaire a été agréé en qualité de nouvel associé par une décision collective des associés *en date du...*

Transfert du compte courant du cédant (*le cas échéant*)

(*clause à insérer si besoin : voir l'exemple proposé* n° 17142)

Formalités de publicité

Tous pouvoirs sont conférés au porteur d'un original ou d'une copie de la présente cession pour accomplir toutes formalités légales de dépôt et de publicité.

Enregistrement

Les parties déclarent :

– que la société... est soumise à l'impôt sur les sociétés et qu'elle n'est pas à prépondérance immobilière ;

– que le nombre total de parts sociales est de...

Les droits d'enregistrement dus sur la présente cession devront être payés par... (*à déterminer : par exemple, le cessionnaire ou chaque partie pour moitié*) lors de l'enregistrement du présent acte dans le mois de sa signature.

Frais

Les frais et honoraires liés à l'exécution de la présente cession seront supportés par... (*à préciser : en pratique, le cessionnaire*) qui s'y oblige.

Fait à..., le... en... exemplaires.

(*Signatures des parties et, le cas échéant, du conjoint intervenant à l'acte*)

OPPOSABILITÉ DE LA CESSION DE PARTS DE SARL

34413 Les cessions de parts doivent faire l'objet des **formalités** exposées ci-après, destinées à les rendre opposables à la société et aux tiers. L'omission de ces formalités n'entraîne pas la nullité de la cession, mais seulement son inopposabilité (Cass. com. 23-6-1987 : Bull. Joly 1987 p. 632).

Ces formalités, requises seulement dans les **rapports des parties avec la société ou avec les tiers,** sont sans objet dans les rapports des parties entre elles ou avec leurs héritiers. Par suite, le défaut de signification d'une cession de parts n'interdit pas à l'acquéreur de réclamer à l'héritier du cédant l'exécution des engagements pris par ce dernier dès lors que cette exécution n'est susceptible de porter atteinte à aucun droit intervenu depuis la cession, notamment au profit d'un autre acquéreur (Cass. 1e civ. 19-3-1991 : Bull. Joly 1991 p. 531 à propos d'une société civile mais transposable aux SARL par identité de motifs).

34414 **Opposabilité à la société** Les cessions de parts doivent être notifiées à la société au moyen (art. L 221-14, al. 1 sur renvoi de l'art. L 223-17) :

– soit du **dépôt** d'un original de l'acte de cession **au siège** social contre remise par le gérant d'une attestation de ce dépôt ;

– soit d'une **signification par acte extrajudiciaire** ou d'une **acceptation de la société** par l'intermédiaire de son gérant dans un acte authentique.

La connaissance personnelle que les autres associés ont eue de la cession de parts consentie par leur coassocié ne dispense pas l'acquéreur d'une signification régulière (ou du dépôt d'un original de l'acte de cession) à la société, celle-ci étant une personne morale juridiquement distincte de la personne des autres associés (Cass. ass. plén. 1-3-1950 : Gaz. Pal. 1950 I p. 293).

Sur l'impossibilité pour la société de se prévaloir du défaut d'accomplissement des formalités lorsqu'elle a su et accepté la cession, voir nº 6120.

› Précisions **a.** Comme les autres originaux, l'**acte** de cession **déposé** au siège doit être revêtu de la signature de toutes les parties. En revanche, il n'est pas nécessaire qu'il comporte la mention d'enregistrement, de sorte que le dépôt peut être antérieur à l'accomplissement de cette formalité.

b. La **signification** de la cession par acte extrajudiciaire peut présenter de l'**intérêt** dans certains cas, par exemple si l'on veut donner date certaine à la notification à la société ou s'il est difficile de joindre le gérant et d'obtenir de lui l'attestation de dépôt.

c. L'**assignation** de la société par l'acquéreur en vue de régulariser la cession vaut aussi signification de cette cession (Cass. 1e civ. 19-3-1991 : Bull. Joly 1991 p. 531 à propos d'une société civile, mais transposable). Il en est de même d'une assignation de la société ayant un autre objet, pourvu que celle-ci donne un extrait de l'acte de cession comportant les mentions essentielles de cet acte (Cass. com. 18-2-1969 : D. 1969 p. 354). Ainsi, en cas de nécessité, l'acquéreur peut en même temps agir en justice contre la société (par exemple afin d'exercer l'action sociale ou de demander une expertise de gestion) et informer celle-ci de la cession.

34415 **Opposabilité aux tiers** Les cessions de parts ne sont opposables aux tiers qu'après l'accomplissement de la **formalité ci-dessus** et le **dépôt au greffe** du tribunal de commerce, en annexe au RCS, des statuts modifiés, par l'intermédiaire du guichet unique électronique des formalités d'entreprises (art. L 221-14, al. 2, R 123-77 et R 123-102, al. 3 ; voir nº 24412). Lorsque les statuts sont précédés d'un préambule mentionnant l'identité des premiers associés de la société, il n'est pas obligatoire de l'actualiser à l'occasion de ce dépôt (Avis CCRCS 2016-021 des 18-10 et 2-12-2016).

À défaut pour la société d'avoir déposé les statuts au RCS, le cédant ou l'acquéreur peut procéder au dépôt de l'acte de cession dans les conditions exposées nº 24412 (art. R 223-13).

Si les formalités d'opposabilité aux tiers n'ont pas été effectuées, la cession est inopposable aux tiers (sur le régime de l'inopposabilité, voir nº 24414).

Signalons que les statuts doivent également faire l'objet d'un dépôt en annexe du **RNE** par l'intermédiaire du guichet unique (art. R 123-266, 7º).

RÉGIME FISCAL DE LA CESSION DE PARTS DE SARL

Les cessions de parts sociales sont soumises à un droit d'enregistrement de 3 % liquidé sur le prix exprimé dans l'acte augmenté des charges ou sur la valeur réelle si elle est supérieure, après application d'un abattement (n° 24415). 34416

Par ailleurs, les gains nets réalisés lors de la cession sont soumis à l'impôt sur le revenu dans les mêmes conditions qu'en cas de cession d'actions (nos 68432 s.).

Si, contrairement aux engagements qu'ils auraient pris lors d'un apport pur et simple d'immeuble, de fonds de commerce, de clientèle ou de droit au bail (n° 2197) ou lors d'un changement de régime fiscal de la société (n° 20787), un ou plusieurs associés venaient à céder leurs parts moins de trois ans après cet apport ou ce changement, la société serait redevable du droit spécial de mutation sur les biens visés ci-dessus.

En ce qui concerne la possibilité de bénéficier d'un abattement de 500 000 € sur les cessions de parts représentatives d'un fonds de commerce, voir n° 24415.

2. CESSION DE PARTS DE SARL À DES TIERS

Toute cession de parts sociales à une personne étrangère à la société doit être **autorisée** selon une procédure qui tend à permettre à la fois aux associés de choisir leurs coassociés et à ceux désirant quitter la société de vendre leurs parts même si l'acquéreur proposé n'est pas agréé. 34430

Cette **procédure** d'agrément, fixée par l'article L 223-14, est d'ordre public, toute **clause contraire** étant réputée non écrite (art. L 223-14, dernier al.).

Procédure d'agrément de cession de parts de SARL

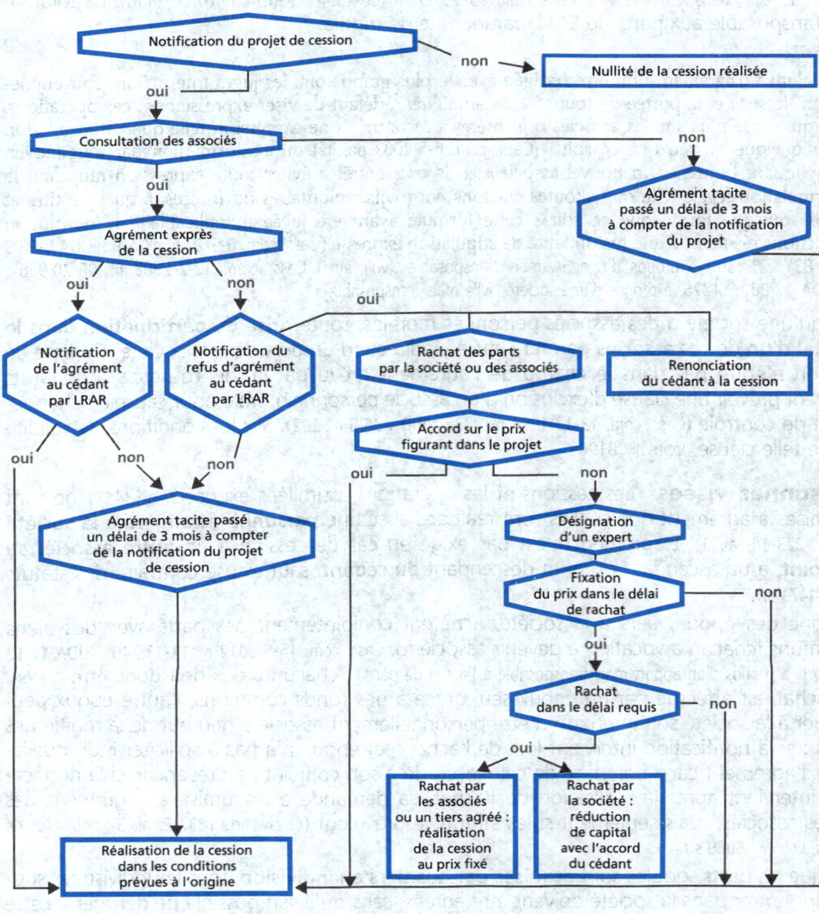

DOMAINE DE L'AGRÉMENT DE LA CESSION DE PARTS DE SARL

34431 **Opérations visées** L'agrément des associés est requis pour toute **cession** (art. L 223-14, al. 1), y compris lorsqu'elle intervient sur **saisie** (nº 19053), dans le cadre d'une **procédure collective** (nº 91310) ou encore par la réalisation d'un **nantissement** consenti par un associé sur ses parts, l'opération étant alors soumise à une procédure d'agrément spécifique (nºs 34630 s.).

Aux cessions doivent être assimilés les **donations** (CA Bordeaux 4-1-1961 : Rev. sociétés 1961 p. 65) et les **échanges** ou les **apports** isolés (cf. Cass. com. 21-1-1970 : JCP 1970 II nº 16541 note B. Oppetit). À notre avis, l'agrément est aussi requis en cas de constitution d'une **fiducie** portant sur des parts sociales car le constituant transfère la propriété des parts au fiduciaire et modifie la répartition du capital social.

Les apports effectués au titre d'une **fusion,** d'une **scission** ou d'un **apport partiel d'actifs** soumis au régime des scissions échappent en principe à la procédure d'agrément. En effet, en pareil cas, la transmission des parts est faite directement de la société ancienne à la société nouvelle par voie de dévolution de patrimoine ; elle ne peut donc pas être considérée comme une cession isolée faite à un tiers et, dès lors, ne doit pas être soumise aux formalités prévues pour de telles cessions (Cass. com. 19-4-1972 : D. 1972 p. 538). Néanmoins, une **clause des statuts** peut imposer l'agrément non seulement pour les apports isolés, mais aussi pour les transmissions de parts résultant d'une fusion, d'une scission ou même d'un partage après dissolution. Aucun intérêt d'ordre public ne paraît, en effet, limiter la liberté pour les associés d'étendre la procédure d'agrément à des opérations autres que les cessions, mais qui, comme elles, se traduisent par l'entrée de nouveaux associés dans la société. La validité d'une telle clause a d'ailleurs été affirmée par la Cour de cassation à propos d'actions de SA (Cass. com. 3-6-1986 : Rev. sociétés 1987 p. 52 note Y. Reinhard ; Cass. com. 6-5-2003 nº 750 : RJDA 8-9/03 nº 837, 1e esp. ; dans le même sens, Cass. com. 15-5-2007 nº 06-13.484 : RJDA 11/07 nº 1110). La solution est transposable aux parts de SARL par identité de motifs.

CONSEIL

La **clause** d'agrément doit être **rédigée** avec le plus grand soin, les juges interprétant souverainement le sens et la portée de toute clause ambiguë. À défaut de viser expressément ces opérations, ce qui est le plus sûr, les associés ont intérêt à recourir à une expression telle que « transmission par quelque moyen que ce soit » (Cass. com. 6-5-2003 précité) ou « transmission par tout moyen impliquant l'entrée d'un nouvel associé » et ils ont intérêt à éviter toute expression rappelant la formulation légale telle que « toutes cessions entre vifs, volontaires ou forcées, à quelque titre et sous quelque forme que ce soit », cette formule ayant été jugée inapplicable à la dévolution d'actions résultant d'une fusion faute de stipulation expresse (Cass. com. 6-5-2003 nº 749 : RJDA 8-9/03 nº 837, 2e esp., à propos d'une SA mais transposable ; voir aussi Cass. com. 12-2-2008 nº 06-20.966 : RJDA 12/08 nº 1275, à propos d'une société civile mais transposable).

Lorsqu'une société a des associés personnes morales, toute **prise de participation dans le capital d'un** de ces **associés** permet l'entrée indirecte d'un tiers dans la société. Ce type de cession n'entre pas dans le champ de l'agrément prévu par la loi. Toutefois, les statuts peuvent prévoir une clause d'exclusion d'un associé personne morale pour cause de changement de contrôle (Cass. com. 13-12-1994 nº 2335 : RJDA 3/95 nº 292). Sur les conditions de validité d'une telle clause, voir nºs 8100 s.

34432 **Personnes visées** Les cessions et les opérations assimilées exposées nº 34431 ne sont soumises à agrément que si elles sont réalisées avec une **personne étrangère à la société** (art. L 223-14, al. 1). L'agrément n'est pas exigé en cas de cession à un **autre associé,** au **conjoint,** à un ascendant ou à un descendant **du cédant,** sauf clause contraire des statuts (nºs 34471 s.).

Lorsque des **époux,** tiers à la société, achètent conjointement des parts avec des biens communs, chacun a vocation à devenir associé (cf. Cass. com. 15-5-2012 nº 11-13.240 : RJDA 12/12 nº 1071, à propos d'un apport mais transposable à l'achat de parts) ; chacun d'eux doit donc être agréé. Si l'achat est effectué par un époux seul grâce à des fonds communs, l'autre époux peut notifier à la société son intention d'être personnellement associé à hauteur de la moitié des parts : si la notification intervient lors de l'achat, cet époux n'a pas à solliciter individuellement l'agrément car il bénéficie de celui accordé à son conjoint ; en revanche si la notification intervient après la réalisation de l'achat, sa demande est soumise à l'agrément des autres associés, mais seulement si les statuts le prévoient (C. civ. art. 1832-2, al. 3 ; pour plus de détails, voir nºs 6069 s.).

Lorsque les **parts** sociales sont **acquises par des tiers en indivision,** tous les indivisaires souhaitant entrer dans la société doivent être agréés, sans qu'il soit possible de déroger à cette règle par une clause statutaire contraire. Tel est le cas si l'achat est réalisé par une personne liée par un **Pacs** qui, signé avant le 1er janvier 2007 ou, après cette date, par choix des partenaires, soumet les biens acquis après la conclusion du Pacs au régime de l'indivision (nos 6020 s.). Les deux partenaires sont en principe soumis à agrément. Toutefois, si l'un des partenaires effectue l'achat à l'insu de l'autre et sans avertir la société de l'existence du Pacs, lui seul sera présenté à l'agrément et, à notre avis, son partenaire ne pourra pas revendiquer la qualité d'associé et n'exercera ses droits indivis que sur la valeur des parts (application de la distinction entre le « titre » et la « finance »).

PROCÉDURE D'AGRÉMENT DE LA CESSION DE PARTS DE SARL À UN TIERS

Notification du projet de cession des parts à un tiers Le projet de cession doit être notifié à la **société** et à chacun des **associés** (art. L 223-14, al. 2). La notification du projet à tous les associés ne dispense pas de celle qui doit être faite à la société (Cass. com. 21-7-1981 : Rev. sociétés 1981 p. 771 note J.-J. Daigre). 34433

L'article L 223-14 visant le projet de cession, la notification doit être **préalable** à la réalisation de la cession (cf. Cass. com. 6-5-2003 n° 01-12.567 : RJDA 8-9/03 n° 837, à propos d'une clause statutaire d'agrément dans une SA mais transposable à la SARL) et donc être faite avant l'inscription du nouvel associé dans les registres de la société. Il ne peut pas y être suppléé par une demande d'agrément présentée après cette réalisation (Cass. com. 6-5-2003 précité).

En principe, la notification **incombe à** l'associé désirant céder (art. L 223-14, al. 2), mais l'acquéreur peut valablement y procéder (Cass. com. 26-3-1996 n° 675 : RJDA 8-9/96 n° 1054).

Elle doit être faite par acte extrajudiciaire ou par **lettre** recommandée AR (art. R 223-11, al. 1). Selon le ministre de la justice, ce formalisme ne peut pas être remplacé par la remise contre émargement ou récépissé prévue par l'article 667, al. 2 du Code de procédure civile (cf. Rép. Candelier : AN 1-10-2013 n° 18357 ; sur les réserves que nous émettons à propos de cette réponse, voir n° 32326).

Dans le silence des textes sur le **contenu** de la notification dans les SARL, la notification doit, pour être efficace, mentionner les nom, prénoms et adresse de l'acquéreur ou, s'il s'agit d'une personne morale, sa forme, sa dénomination, l'adresse du siège et le numéro d'identification au RCS, ainsi que le nombre des parts sociales dont la cession est envisagée et le prix offert. L'indication d'un prix provisoire dans la notification est suffisante s'il est réel et sincère et si sa fixation définitive à la date de réalisation de la cession est possible indépendamment de la volonté des parties (Cass. com. 11-1-2017 n° 15-13.025 F-D : RJDA 4/17 n° 256, à propos de la notification d'une cession d'actions mais transposable à la cession de parts sociales).

MODÈLE

Notification au gérant d'un projet de cession de parts de SARL soumis à agrément

Lettre recommandée AR
Objet : Notification d'un projet de cession de parts soumis à agrément
Madame, Monsieur,
En application des dispositions de l'article L 223-14 du Code de commerce et de la clause (*numéro*) des statuts de la Société (*dénomination sociale*), je vous informe de mon projet de céder (*nombre*) parts sur les (*nombre*) parts que je possède à (*nom et adresse de l'acquéreur ou, s'il s'agit d'une personne morale, forme, dénomination sociale, adresse du siège et numéro d'inscription au RCS*). Les (*nombre*) parts seraient cédées moyennant le prix global de (*montant*) euros.
Je sollicite donc l'agrément de (*nom de l'acquéreur*) en qualité de nouvel associé de la Société et vous remercie de faire le nécessaire auprès de mes coassociés en vue de statuer sur l'agrément sollicité.
En cas de refus d'agrément, je me réserve le droit de renoncer à la cession comme le permet l'article L 223-14 précité, y compris si le prix de rachat de mes parts devait être fixé par un expert en application de l'article 1843-4 du Code civil.
Je vous prie d'agréer, Madame, Monsieur, mes salutations distinguées.

(*Signature*)

Absence de notification Il ne peut pas être passé outre à la notification de la cession, à peine de nullité de cette dernière (n° 34453). En effet, les tribunaux refusent majoritairement tout **formalisme par équivalent** et toute confirmation ou **ratification** de la cession. Ainsi, l'absence de notification ne peut pas être suppléée par : 34434

– une participation des associés à l'acte de cession (CA Versailles 12-2-1987 : Bull. Joly 1987 p. 395 et, sur pourvoi, Cass. com. 9-5-1990 : Bull. civ. IV n° 145) ou par leur consentement constaté dans un document annexé à l'acte de cession (CA Paris 26-2-1992 : RJDA 5/92 n° 467 ; dans le même sens, Cass. com. 26-3-1996 n° 93-17.895 : RJDA 8-9/96 n° 1054) ;

– la convocation à une assemblée générale extraordinaire dont l'ordre du jour comportait l'approbation de la cession et au cours de laquelle l'agrément a été voté à l'unanimité (Cass. com. 14-4-2021 n° 19-16.468 F-D : RJDA 10/21 n° 667) ;

– la participation active des associés lors d'assemblées générales avec l'acquéreur et la signature par ceux-ci des procès-verbaux d'assemblée (Cass. com. 21-3-1995 n° 93-14.564 : RJDA 7/95 n° 854) ou par le vote de la modification des statuts afin de prendre en compte l'entrée de l'acquéreur dans le capital social (CA Montpellier 4-11-2008 n° 07-5368 : RJDA 11/09 n° 970), ou encore par le vote des décisions prises par l'acquéreur en qualité de gérant (Cass. com. 21-1-2014 n° 12-29.221 : RJDA 6/14 n° 533) ;

– la lettre du gérant qui, faisant état du dépouillement des réponses des associés, avait informé le cédant du refus de la société de consentir à la cession projetée, laquelle était intervenue en l'absence de rachat des parts dans le délai de trois mois suivant la notification du refus (Cass. com. 7-7-2004 n° 00-22.411 : Dr. sociétés 2004 comm. n° 173 note J. Monnet).

Il résulte de cette jurisprudence que la notification n'est pas un simple mode d'information des associés mais bien une étape indispensable de la procédure d'agrément qui est d'ordre public. Il est donc vivement recommandé au cédant de procéder aux notifications requises qui, en outre, font courir le délai à l'issue duquel l'absence de réponse lui permettra de réaliser la cession projetée (n° 34437).

34435 **Consultation des associés sur la cession** Dans le délai de huit jours à compter de la notification du projet de cession à la société, le gérant doit convoquer l'**assemblée** des associés pour qu'elle délibère sur le projet de cession ou, si les statuts le permettent, consulter les associés **par écrit** sur le projet (art. R 223-12, al. 1).

Les associés peuvent aussi, nous semble-t-il, donner leur agrément dans l'**acte de cession** lui-même.

> **Précisions** Sous le régime antérieur à la loi 94-126 du 11 février 1994, il avait été jugé que, en l'absence d'une disposition légale le permettant, il n'était pas possible de remplacer la consultation des **associés** par une **intervention** de ces derniers **à l'acte** de cession en vue d'agréer l'acquéreur comme nouvel associé (Cass. com. 9-5-1990 : Bull. civ. IV n° 145). Cette solution doit être abandonnée puisque désormais, sous réserve que cette faculté soit prévue dans les statuts, les décisions collectives peuvent « résulter du consentement de tous les associés exprimé par un acte, y compris, dans [ce] cas, par voie électronique » (art. L 223-27, al. 1 modifié par loi 2024-537 du 13-6-2024) et rien ne s'oppose à ce que cet acte constate par ailleurs une cession de parts sociales. Mais le consentement doit alors être unanime (art. précité). Le recours à ce procédé ne dispense pas pour autant de la notification préalable du projet de cession aux associés et à la société (n° 34434).

AGRÉMENT DE LA CESSION DE PARTS DE SARL À UN TIERS

34436 **Agrément exprès de la cession** Les associés peuvent agréer expressément la cession. L'agrément est alors donné à la **majorité** en nombre des associés représentant au moins la moitié des parts sociales, à moins que les statuts prévoient une majorité plus forte (art. L 223-14, al. 1). Puisque ce terme (« à moins ») n'autorise qu'une majorité, à notre avis les statuts ne peuvent pas imposer l'unanimité, celle-ci ne constituant pas une majorité. L'unanimité sera toutefois requise si les associés usent de la faculté que leur donnent les statuts d'exprimer leur consentement dans un acte (n° 34435).

En l'absence de disposition légale contraire, l'associé cédant peut participer au vote et il doit être pris en compte pour le **calcul** de la majorité par tête et de la moitié des parts sociales. Mais cet associé ne saurait se prononcer contre l'agrément, car il évincerait par là même son acquéreur auquel il doit la garantie de son fait personnel. S'il venait à le faire, il serait possible d'obtenir en justice que son vote soit réputé favorable à l'admission de l'acquéreur (cf. Cass. 3e civ. 19-2-1970 : Bull. civ. III n° 123, à propos d'une société civile mais transposable).

Lorsque certaines parts sont indivises entre plusieurs personnes, chacun des indivisaires doit, à notre avis, être pris en compte pour le calcul de la majorité par tête car chacun a la qualité d'associé (n° 6010).

Lorsque certaines parts sont grevées d'usufruit, c'est le nombre des nus-propriétaires qu'il faut prendre en considération pour le calcul de la majorité par tête car ce sont eux qui ont la qualité d'associé (nos 6100 s.).

La **décision** des associés doit être **notifiée** au cédant par lettre recommandée AR (art. R 223-12, al. 2). Selon le ministre de la justice, il n'est pas possible de procéder par remise contre émargement ou récépissé, comme le prévoit l'article 667, al. 2 du Code de procédure civile (cf. Rép. Candelier : AN 1-10-2013 n° 18357 ; sur les réserves que nous émettons à propos de cette réponse, voir n° 32326).

> Précisions Une règle de majorité spéciale s'applique en matière d'agrément des cessions de parts de **société d'exercice libéral** à responsabilité limitée (Selarl) exerçant une profession de santé (Ord. 2023-77 du 8-2-2023 art. 75) ou une profession technique et du cadre de vie (Ord. 2023-77 art. 91). En revanche, ce sont les conditions de droit commun du Code de commerce, celles de l'article L 223-14, qui s'appliquent dans les Selarl exerçant une profession juridique ou judiciaire, faute de disposition dérogatoire pour ces professions dans l'ordonnance 2023-77.

Agrément tacite de la cession La cession est autorisée si la société n'a pas fait connaître la décision des associés dans le **délai** de trois mois à compter de la dernière des notifications du projet de cession prévues par la loi (art. L 223-14, al. 2). 34437

Toutefois, l'existence d'une autorisation tacite a été écartée dans un cas où le gérant, à qui incombait la convocation de l'assemblée, et le cédant avaient délibérément fait obstacle à ce que l'assemblée soit mise en mesure de délibérer (Cass. com. 26-1-1993 n° 91-13.862 : RJDA 4/93 n° 324).

ATTENTION

Le **délai de 15 jours** prévu pour permettre aux **associés consultés par écrit** d'émettre leur vote (art. R 223-22) ne **prolonge** pas le **délai de trois mois** prévu par l'article L 223-14, al. 2 pour statuer sur l'agrément ; il appartient au gérant de la société d'organiser la consultation écrite des associés de manière à respecter ces deux délais (Cass. com. 2-4-2025 n° 23-23.553 F-D : RJDA 7/25 n° 376). La solution est à notre avis transposable, dans le cas d'une décision d'agrément prise en assemblée générale, au délai de 15 jours prévu pour convoquer les associés à l'assemblée (art. R 223-20, al. 1).

Agrément de la cession « par déchéance » Lorsque, après refus d'agrément, les associés ou la société n'ont pas procédé au rachat des parts dans le délai imparti, l'associé peut réaliser la cession initialement prévue s'il détient ses parts depuis deux ans au moins ou s'il répond aux conditions requises pour bénéficier du droit d'imposer le rachat (nos 34439 s.). 34438

REFUS D'AGRÉMENT DE LA CESSION DE PARTS DE SARL À UN TIERS

Le **refus** d'agrément doit être **notifié** à l'associé cédant par lettre recommandée AR (art. R 223-12, al. 2), sans qu'il soit possible, selon le ministre de la justice, de recourir à la remise contre émargement ou récépissé prévue par l'article 667, al. 2 du Code de procédure civile (cf. Rép. Candelier : AN 1-10-2013 n° 18357 ; sur les réserves que nous émettons à propos de cette réponse, voir n° 32326). Sur les conséquences du défaut de notification, voir n° 34437. 34439

En cas de refus d'agrément, le cédant peut **obliger ses coassociés à acheter** ou à faire acheter, par un tiers ou la société elle-même, les parts dont la cession est envisagée (art. L 223-14, al. 3 et 4).

> Précisions Le cédant ne peut bénéficier de cette procédure de **rachat forcé** de ses parts prévue en cas de défaut d'agrément que s'il a proposé un tiers acquéreur (CA Paris 17-11-2009 n° 08-10301 : RJDA 5/10 n° 530). En effet, l'associé d'une SARL n'a pas le droit de se retirer de la société en demandant le remboursement de ses droits sociaux par la société contrairement à ce qui est prévu dans les sociétés civiles (C. civ. art. 1869) ou dans les sociétés à capital variable (art. L 231-6, al. 1).

Conditions générales du rachat après refus d'agrément L'associé **cédant** ne peut imposer à ses coassociés ou à la société le rachat des parts sociales que s'il les détient depuis au moins deux ans (art. L 223-14, al. 6). Toutefois, cette **durée minimale de détention** ne s'impose pas s'il a recueilli les parts par succession, liquidation de communauté de biens entre époux ou donation du conjoint, d'un ascendant ou d'un descendant (art. précité). 34440

Le rachat doit intervenir dans un **délai** de trois mois à compter du refus d'agrément, sauf si *le cédant renonce à la cession. Ce délai* peut être prolongé de six mois au maximum par le président du tribunal de commerce statuant par ordonnance sur requête du gérant (art. L 223-14, al. 3 et R 223-11, al. 2). Si à l'expiration du délai ou de sa **prolongation** le rachat n'est pas intervenu, le cédant peut réaliser la cession initialement prévue (n° 34452).

Sauf accord du ou des cédants, l'achat doit porter sur la totalité des **parts** dont la cession était projetée (Cass. com. 11-2-1980 : Rev. sociétés 1980 p. 477 note D. Schmidt). Ainsi, dans un cas où trois des quatre associés d'une SARL avaient manifesté la volonté de céder ensemble leurs parts à un tiers et où cette cession n'avait pas été autorisée en raison de l'opposition du quatrième associé, il a été jugé que ce dernier était tenu d'acheter ou de faire acheter les parts de ses trois coassociés et pas seulement celles de l'un ou de deux d'entre eux (arrêt précité).

› Précisions a. Dans la limite d'une durée totale de six mois, le gérant peut demander plusieurs **prolongations du délai de rachat** mais chacune requiert une décision de justice. Ainsi, l'accord donné par le cédant à l'allongement du délai de la mission de l'expert désigné conformément à l'article 1843-4 du Code civil ne dispense pas la société d'obtenir en justice la prorogation du délai de trois mois imposé pour la réalisation de l'achat des titres (Cass. com. 8-4-2008 n° 06-18.362 : RJDA 7/08 n° 809, en matière de SA mais transposable aux SARL par identité des textes applicables).

b. Le président du **tribunal** de commerce peut valablement prendre sa **décision** après la date d'expiration du délai de trois mois, pourvu qu'il ait été saisi avant cette date (Cass. com. 13-6-1984 : Bull. civ. IV n° 195, à propos des clauses d'agrément dans les SA mais transposable).

34441 **Renonciation du cédant à la cession** Le cédant a le droit de renoncer à la cession en cas de refus d'agrément. S'il exerce ce droit, ni les associés ni la société ne sont tenus de racheter ses parts ; aucune clause des statuts ne peut lui retirer ce droit (art. L 223-14, al. 3 et 7).

L'**étendue** de ce droit n'est pas parfaitement définie : il existe des **incertitudes,** exposées n°s 34442 s., notamment sur la question de savoir jusqu'à quel moment le cédant peut renoncer à la cession. C'est la raison pour laquelle nous recommandons vivement aux intéressés – société, associés, cédant – de **clarifier en amont** ce point dans les conditions exposées n° 34444.

34442 À notre avis, la loi n'autorise pas le cédant à **renoncer au projet** initial de cession **avant** même sa **notification à la société** et aux associés s'il est d'ores et déjà engagé à l'égard de l'acquéreur (par exemple par une promesse unilatérale de vente : C. civ. art. 1124). La loi ne prévoit en effet la renonciation qu'après refus d'agrément et ne lui permet pas de renoncer discrétionnairement au projet avant même que l'acquéreur initial ait eu une chance d'être agréé. Si le cédant renonçait néanmoins, l'acquéreur pourrait, selon nous, notifier le projet de cession (n° 34433) en vue d'obtenir l'agrément.

34443 En reconnaissant le droit du cédant de renoncer à la cession, l'**article L 223-14** permet, **à la lettre,** au cédant de remettre en cause le **rachat de ses parts par les autres associés,** la société ou un tiers même si, en raison d'un accord des parties sur la chose et sur le prix, la vente est déjà conclue. La renonciation lui est donc en principe ouverte même **après fixation du prix de rachat par un expert** désigné en application de l'article 1843-4 du Code civil (cf. Rapport relatif à l'ord. 2004-274 du 25-3-2004 : JO 27-3-2004 p. 5867), ce prix pouvant être inférieur à celui négocié avec l'acquéreur initial. Pour les SA dont les statuts imposent l'agrément en cas de cession des actions, l'article L 228-24 précise d'ailleurs que l'actionnaire cédant peut renoncer « à tout moment » à la cession.

Majoritairement, la **doctrine** considère que l'article L 223-14, dans sa rédaction issue de l'ordonnance 2004-274, a rendu caduque la jurisprudence antérieure. En effet, même si elle reconnaissait un droit de repentir au cédant (Cass. com. 27-10-1992 n° 1588 : RJDA 1/93 n° 37), cette jurisprudence faisait primer le droit de la vente en lui interdisant de se repentir s'il avait clairement manifesté sa volonté de vendre ses parts en acceptant la procédure d'expertise demandée par les associés repreneurs en vue d'en fixer le prix (Cass. com. 13-10-1992 n° 1490 : RJDA 1/93 n° 36 ; Cass. com. 2-7-1996 n° 94-13.454 : RJDA 11/96 n° 1341).

Selon une autre partie de la doctrine, la jurisprudence antérieure a, au contraire, toujours vocation à s'appliquer (J.-F. Barbièri, Incidence d'un refus d'agrément sur un projet de cession de parts sociales : Rev. sociétés 2007 p. 80 ; H. Lécuyer, Commentaire de l'ordonnance 2004-274 du 25 mars 2004 dans ses dispositions relatives aux SARL : PA 16-4-2004 p. 4). Ainsi, pour H. Lécuyer, le refus d'agrément rend caduque l'offre de cession faite à un acquéreur dénommé, de sorte que le cédant ne se trouve pas en position d'offrant. L'offre de rachat faite par les associés ne suffit donc pas à former le contrat de cession entre eux et le cédant. Toujours selon cet auteur, la réforme de 2004 consacre « seulement la liberté d'acceptation d'une offre de contracter par son destinataire » et, si les parties décident de s'en remettre à l'expert, il y a accord sur la chose et sur le prix déterminable, ce qui suffit à former la vente, au regard de l'article 1583 du Code civil.

La **Cour de cassation** n'a pas eu, à notre connaissance, l'occasion de trancher ce débat. Toutefois, elle a jugé que l'héritier d'un associé de SARL peut renoncer à tout moment à sa demande d'agrément, même après la fixation du prix des parts par l'expert (Cass. com. 24-1-2024 n° 21-25.416 F-B : RJDA 5/24 n° 288), et il a été relevé que cette décision « fournit un argument sérieux en faveur » de la reconnaissance du même droit au cédant, sous réserve que ce dernier n'ait pas accepté ce prix (J. Delvallée, Le droit de repentir de l'héritier de parts de SARL : Lettre Creda-Sociétés 2024-5 du 27-3-2024).

À notre avis, rien n'interdit de penser que le **cédant** puisse être **considéré comme ayant renoncé à exercer son droit** de renonciation. Tel pourrait être le cas, comme avant la modification de l'article L 223-14, si, en cas de recours à une expertise pour fixer le prix de rachat, le cédant n'avait pas réservé l'exercice de son droit de renonciation jusqu'à l'issue de l'expertise mais avait manifesté la volonté de s'en remettre à l'avis de l'expert désigné (cf. Cass. com. 4-7-2006 n° 03-16.698 : RJDA 12/06 n° 1227 a contrario) ou, en dehors de toute procédure d'expertise, s'il avait adressé à chacun des autres associés une mise en demeure d'acquérir ses parts à un prix donné et si son offre avait été acceptée (Cass. com. 9-4-1991 n° 645 : RJDA 7/91 n° 558). En effet, le cédant peut, une fois né son droit à refuser la cession, parfaitement y renoncer même si ce droit est d'ordre public (cf. Cass. 1e civ. 17-3-1998 n° 96-13.972 : RJDA 7/98 n° 904, admettant la renonciation au droit acquis au bénéfice d'une réglementation d'ordre public). La Cour de cassation a d'ailleurs jugé que l'accord donné par le cédant à l'allongement du délai de la mission de l'expert n'emporte ni reconnaissance du cédant de son obligation de céder ses titres au prix à déterminer par l'expert, ni sa renonciation aux droits qu'il tient de la loi (Cass. com. 8-4-2008 n° 06-18.362 : RJDA 7/08 n° 809).

Le cédant pourrait aussi se trouver privé du bénéfice de la renonciation si les circonstances révélaient un **abus de droit.** Tel pourrait être le cas d'une renonciation très tardive (par exemple, entre la signature de l'acte de rachat et la notification de celui-ci à la société) ou inspirée par une intention de nuire aux acquéreurs déclarés.

Par ailleurs, l'article L 223-14 ne permet pas, à notre avis, au cédant de revenir, à l'égard des tiers, sur une **cession** qui aurait déjà été **publiée** conformément aux prescriptions légales car les tiers sont alors en droit de se prévaloir de la cession et de tenir l'acquéreur dont le nom a été publié comme le propriétaire des parts. 34444

CONSEIL

Pour éviter la prolongation d'une période d'incertitude sur l'intention définitive du cédant ainsi que d'éventuels litiges sur la validité de la renonciation, il nous paraît souhaitable de **prévoir,** dans les statuts, une disposition impartissant au cédant un **délai** (par exemple, 15 jours après notification du prix fixé par l'expert) **au terme duquel** son **consentement** à la cession sera **réputé acquis,** à défaut de manifestation contraire de sa part.

Pour les mêmes raisons, en l'absence d'une telle disposition statutaire, la société ou les associés qui décident de se porter acquéreurs des parts auront intérêt à préciser, dès la notification au cédant de leur intention d'acheter, que si celui-ci ne leur a pas notifié sa renonciation dans un délai de X jours à compter de la date de réception de l'avis de l'expert, il sera réputé avoir définitivement accepté la cession à leur profit, au prix fixé par cet expert.

De son côté, le cédant a tout intérêt, dès la notification du projet de cession ou en réponse à une offre de rachat, à réserver expressément l'exercice de son droit de repentir jusqu'au rapport d'expertise.

Achat des parts cédées par les associés ou par des tiers Le plus souvent, les parts dont la cession a été rejetée sont achetées par les associés. 34446

Toutefois, il est possible de les faire acheter par des tiers. En ce cas, ceux-ci doivent être agréés par la majorité des associés représentant la moitié des parts sociales, à moins que les statuts n'aient prévu une majorité plus forte. Sur la règle de majorité spéciale applicable aux sociétés d'exercice libéral à responsabilité limitée, voir n° 34436.

Le cédant est toujours associé à cette étape de la procédure ; il peut donc participer au vote sur l'**agrément du tiers** que certains associés veulent substituer à l'acquéreur qu'il a proposé.

Prix de rachat. Le prix de rachat des parts sociales après refus d'agrément est fixé d'un commun accord entre les parties – il peut s'agir du prix convenu dans le projet de cession initial – mais en cas de **contestation,** le prix est impérativement déterminé dans les conditions prévues par l'article 1843-4 du Code civil (art. L 223-14, al. 3 et R 223-11, al. 2), c'est-à-dire par un **expert** désigné soit par les parties, soit, à défaut d'accord entre elles, par jugement du président du tribunal de commerce statuant selon la procédure accélérée au fond et sans recours possible. Les frais d'expertise sont à la charge de la société (art. L 223-14, al. 3). 34447

› Précisions **a.** Le **régime de l'expertise** organisé par l'article 1843-4 du Code civil et exposé nos 16790 s. s'applique sous les réserves suivantes en cas de refus d'agrément :

– en supprimant la formule « toute clause contraire à l'article 1843-4 est réputée non écrite » de l'alinéa 3 de l'article L 223-14, le législateur, lors de la réforme de 2004, n'a pas pour autant autorisé de prévoir dans les statuts un autre mode de fixation du prix puisque l'alinéa 7 répute non écrite toute clause contraire aux dispositions de ce texte ;

– l'expertise de l'article 1843-4 ne peut pas être demandée par un tiers acquéreur non agréé (Cass. 3e civ. 6-12-2000 n° 99-10.233 : RJDA 3/01 n° 325, à propos d'une société civile mais transposable) ;

– dans le silence de la loi sur la date à laquelle les parts sociales doivent être évaluées, et sauf clause contraire des statuts, la valeur des parts sociales doit être déterminée à la date la plus proche de celle de leur remboursement (Cass. com. 4-5-2010 n° 08-20.693 : RJDA 8-9/10 n° 861 et Cass. com. 15-1-2013 n° 12-11.666 : RJDA 4/13 n° 340, en matière de retrait volontaire d'un associé de société civile, et Cass. com. 16-9-2014 n° 13-17.807 FS-PB : RJDA 1/15 n° 30, à propos de l'exclusion d'un associé de SAS ; ces solutions sont à notre avis transposables à la SARL), donc celle de leur rachat et non celle de la notification du projet de cession ou du refus d'agrément. Commet une erreur grossière invalidant son rapport l'expert qui retient comme date d'évaluation celle inadéquate que lui a donnée le magistrat qui l'a désigné (Cass. com. 3-5-2012 n° 11-12.717 : RJDA 2/13 n° 129).

b. S'agissant des **professions libérales réglementées,** le législateur a prévu un régime spécifique de valorisation des parts de société d'exercice libéral à responsabilité limitée en cas de cession soumise à agrément. Les associés ont la faculté d'insérer dans les statuts, à l'unanimité, une clause leur permettant de fixer les principes et modalités applicables à la détermination de la valeur des parts sociales en cas de rachat consécutif à un refus d'agrément et d'exclure de cette valorisation la valeur de la clientèle civile si celle-ci n'est pas déjà exclue par un décret particulier à chaque profession (Ord. 2023-77 du 8-2-2023 art. 52), étant précisé qu'aucun décret d'application de l'ordonnance 2023-77 paru au 1er août 2025, date de mise à jour des présents développements, ne prévoit une telle exclusion. Ce régime spécial de valorisation des parts est en outre applicable aux SARL de droit commun exerçant une profession juridique ou judiciaire car ces sociétés sont soumises à la réglementation des sociétés d'exercice libéral (art. L 811-7, al. 2 et L 812-5, al. 2 pour les administrateurs et mandataires judiciaires, Ord. du 10-9-1817 art. 3-2, al. 2 pour les avocats aux Conseils, Loi 71-1130 du 31-12-1971 art. 8 I-al. 2 pour les avocats, Ord. 45-2590 du 2-11-1945 art. 1 bis, al. 2 pour les notaires et Ord. 2016-728 du 2-6-2016 art. 5, al. 2 et 25, IV-6° pour les commissaires de justice, les huissiers de justice et les commissaires-priseurs judiciaires).

34448 **Faculté de rétractation de l'acquéreur.** En cas d'**acceptation par les parties de recourir à un expert,** les associés ou les tiers qui ont déclaré se porter acquéreurs ne peuvent pas se rétracter (Cass. com. 13-10-1992 n° 1490 : RJDA 1/93 n° 36 ; Cass. com. 2-7-1996 n° 1233 : RJDA 11/96 n° 1341). Si cette solution, qui avait été aussi retenue pour le cédant dans ces arrêts, ne paraît plus valoir pour lui eu égard au droit que lui reconnaît la loi de renoncer à la cession (n° 34441), elle demeure valable pour les associés ou tiers acquéreurs qui ne bénéficient pas de la même prérogative (cf. Cass. com. 4-1-2023 n° 21-10.035 F-D : RJDA 4/23 n° 198, à propos d'une cession d'actions de SAS mais à notre avis transposable).

À défaut d'acceptation de la procédure d'expertise par le cédant, les associés ou les tiers peuvent, à notre avis, renoncer à l'acquisition s'ils estiment que le prix fixé par l'expert désigné par le président du tribunal de commerce est excessif. Dans ce cas, le cédant peut réaliser la cession initialement prévue (art. L 223-14, al. 5 ; n° 34452).

› Précisions L'article L 223-14, al. 5 envisage expressément l'éventualité selon laquelle les associés (ou la société), après avoir refusé l'agrément, n'ont pas procédé au rachat des parts dans le délai de trois mois qui leur est imparti. Or, ce texte ne fait aucune distinction entre les différentes **causes** qui peuvent être **à l'origine du défaut de réalisation de la cession.** On ne saurait donc considérer, en l'absence d'accord des parties de recourir à un expert, que les associés ou les tiers qui se portent acquéreurs pour répondre à l'obligation d'achat consécutive au refus d'agrément sont définitivement engagés dès l'instant où ils ont exprimé leur intention d'achat.

Cette solution a d'ailleurs été confirmée en justice. Il a été jugé, en effet, que le cédant ne pouvait pas imposer le rachat de ses parts à la société émettrice qui, après avoir refusé son agrément, lui avait fait connaître qu'elle était disposée à acquérir ses parts « au prix fixé dans les conditions légales » dès lors que, le rachat n'étant pas intervenu à l'expiration du délai de trois mois, le cédant pouvait réaliser la cession initialement prévue (Cass. com. 29-11-1982 Bull. civ. IV n° 379 ; en sens contraire, CA Paris 2-12-1987 : Bull. Joly 1988 p. 200 note D. Randoux). De même, un cédant a été autorisé à vendre ses parts à l'acquéreur initial dès lors que, après remise de son rapport par l'expert chargé de fixer le prix, les associés qui s'étaient portés acquéreurs des titres du cédant n'avaient pas procédé au rachat dans le délai légal, même s'ils avaient versé un acompte (Cass. com. 2-11-2011 n° 10-15.887 : RJDA 2/12 n° 170).

34449 **Absence d'évaluation dans le délai de rachat.** Si le cédant n'a pas manifesté la volonté de s'en remettre à l'avis de l'expert évaluateur et si, malgré sa prolongation, le **délai de rachat** des parts par la société et les associés expire avant que l'expert n'ait procédé à la fixation du prix, le cédant peut réaliser la cession initialement prévue (Cass. com. 4-7-2006 n° 878 : RJDA 12/06 n° 1227 ; dans le même sens, Cass. com. 8-4-2008 n° 06-18.362 : RJDA 7/08 n° 809).

34450 ***Paiement du prix.*** Les parts achetées par les associés ou des tiers doivent être payées comptant, sauf accord contraire des parties.

34451 **Achat des parts cédées par la société elle-même** Les associés peuvent également décider que l'achat des parts sera effectué par la société elle-même par voie de **réduction du capital social** mais l'opération n'est possible qu'avec l'accord de l'associé cédant (art. L 223-14, al. 4). La réduction du capital suppose, dans les sociétés dotées d'un commissaire aux comptes chargé d'un audit légal classique, l'intervention de celui-ci ; elle peut par ailleurs entraîner l'obligation pour la société de payer les créanciers opposants (nos 33040 s.).

Le **prix** de rachat des parts est déterminé, à défaut d'accord, par un expert désigné par jugement du président du tribunal de commerce statuant selon la procédure accélérée au fond (art. L 223-14, al. 4 et R 223-11, al. 2 ; pour plus de détails, voir n° 34447). Lorsque le prix de chaque part est **supérieur à la valeur nominale,** la réduction du capital est limitée à cette valeur nominale. Le surplus doit être prélevé sur les réserves, à l'exclusion de la réserve légale et des réserves statutaires et à l'exclusion également de l'écart de réévaluation, puisque ceux-ci ne peuvent pas être distribués (n° 52083).

La société peut, sur justification, obtenir du président du tribunal de commerce statuant par ordonnance de référé un **délai de paiement** qui ne peut pas excéder deux ans (art. L 223-14, al. 4 et R 223-11, al. 2). Les sommes dues portent alors intérêt au taux légal (art. L 223-14, al. 4).

Défaut d'achat des parts cédées dans le délai légal Lorsque, à l'expiration du délai imparti, ni les associés, ni un tiers, ni la société n'ont acheté les parts dont la cession a été rejetée, l'associé cédant qui n'a pas renoncé à la cession peut réaliser la **cession initialement prévue** (art. L 223-14, al. 5). Sur la portée qu'il convient, à notre avis, de donner à cette disposition, voir n° 34448. 34452

La **société et** son **gérant** s'exposent à devoir verser des dommages-intérêts au cédant lorsque, en raison de leurs **manœuvres ou** de leurs **abstentions fautives,** celui-ci ne peut plus réaliser la cession envisagée (Cass. com. 25-2-1992 n° 375 : RJDA 5/92 n° 468, à propos d'une cession d'actions mais transposable aux cessions de parts de SARL par analogie des textes applicables). Ainsi, la contestation sans fondement légitime, par les associés d'une SARL, de la cession réalisée après l'expiration du délai de rachat caractérise une manœuvre destinée à obtenir de manière abusive le placement sous séquestre des parts sociales cédées et justifie l'octroi de dommages-intérêts au cédant (Cass. com. 4-7-2006 n° 878 : RJDA 12/06 n° 1227).

NON-RESPECT DE LA PROCÉDURE D'AGRÉMENT DE LA CESSION

L'irrégularité la plus couramment invoquée est le défaut de notification préalable du projet de cession qui peut être couplé avec la non-soumission du projet à une décision collective des associés. 34453

La cession réalisée sans l'agrément des associés (ou malgré leur refus) est nulle (Cass. com. 21-3-1995 n° 93-14.564 P : RJDA 7/95 n° 854 ; Cass. com. 21-1-2014 n° 12-29.221 F-PB : RJDA 6/14 n° 533 ; Cass. com. 14-4-2021 n° 19-16.468 F-D : RJDA 10/21 n° 667).

Seuls la **société** et les **associés** dont le consentement est requis peuvent **se prévaloir de l'inobservation des formalités** prévues par l'article L 223-14 (Cass. com. 11-2-1992 n° 89-14.596 : RJDA 5/92 n° 466 ; Cass. com. 20-5-2014 n° 13-16.187 : RJDA 7/15 n° 500 ; Cass. com. 16-10-2019 n° 17-18.494 F-D : RJDA 1/20 n° 21, à propos d'une société civile mais transposable), ce qui exclut l'acquéreur (arrêts précités) mais aussi le cédant (Cass. 3e civ. 6-12-2000 n° 99-11.332 : RJDA 3/01 n° 328, à propos d'une SCI mais transposable ; Cass. com. 12-2-2025 n° 23-13.520 F-B : RJDA 5/25 n° 270). Certes, le cédant fait partie des associés appelés à donner l'agrément (n° 34436). Il n'en demeure pas moins que l'action visant à faire sanctionner le non-respect de la procédure doit être réservée à ceux qu'il s'agit de protéger contre l'arrivée d'un nouvel associé : la société et les associés autres que le cédant. Le consentement de ce dernier doit être considéré comme acquis puisque nul ne peut se contredire au détriment d'autrui (par exemple, Cass. com. 20-9-2011 n° 10-22.888 : Bull. civ. IV n° 132).

> **Précisions** Il a été jugé que le défaut d'agrément d'une cession de parts de SNC entraîne l'**inopposabilité** de cette cession à la société et aux associés (Cass. com. 16-5-2018 n° 16-16.498 FS-PB : RJDA 10/18 n° 735). On pouvait penser que cette solution était transposable à la SARL. Néanmoins, dans la SNC, aucune formalité de notification du projet de cession n'est imposée, de sorte qu'en l'absence d'agrément l'opération reste valable entre les parties, l'acquéreur ne pouvant toutefois exercer aucun droit d'associé auprès de la société en raison de l'effet relatif des contrats. En revanche, dans la SARL, compte tenu de l'obligation de notification préalable du projet de cession à la société et aux associés, l'acte de cession ne peut pas exister en cas de non-respect de ce formalisme.

3. CESSION DE PARTS DE SARL ENTRE ASSOCIÉS

ENCADREMENT STATUTAIRE DE LA CESSION DE PARTS ENTRE ASSOCIÉS

En principe, les cessions entre associés sont libres (art. L 223-16, al. 1). Si les statuts prévoient une **clause limitant** cette **libre cessibilité,** il conviendra de respecter les dispositions légales 34460 prévues par l'article L 223-14 pour la cession à des tiers mais les statuts peuvent toutefois réduire la majorité requise pour l'agrément ou abréger les délais impartis par ce texte (art. L 223-16, al. 2). Faute de distinction à l'article L 223-16 entre les délais dont il autorise la réduction, les statuts peuvent réduire aussi bien le délai de trois mois accordé aux autres associés ou à la société pour racheter les parts en cas de refus d'agrément que la durée de détention des parts par le cédant depuis au moins deux ans ouvrant son droit au rachat.

L'agrément donné à une majorité inférieure à celle requise par les statuts ainsi que la cession agréée sont nuls car la violation d'une disposition statutaire faisant application de la faculté ouverte par une disposition impérative – tels les articles L 223-14 et L 223-16 – d'aménager conventionnellement la règle posée par celle-ci est sanctionnée par la nullité (Cass. com. 10-2-2015 n° 13-25.588 : RJDA 6/15 n° 429 ; sur l'incidence sur cette solution de l'ordonnance 2025-229 du 12-3-2025 portant réforme du régime des nullités, voir n° 89386).

CESSION DE TOUTES LES PARTS À UN SEUL ASSOCIÉ

34465 Lorsque la cession entraîne réunion de toutes les parts dans une même main, la société devient automatiquement EURL, ce qui peut avoir de lourdes **conséquences fiscales** lorsque l'**associé unique** est une **personne physique** : voir n° 35691.

4. CESSION DE PARTS DE SARL AUX CONJOINT, ASCENDANTS OU DESCENDANTS

LIBRE CESSIBILITÉ DES PARTS AUX PROCHES

34470 Les parts de SARL sont « librement cessibles entre conjoints et entre ascendants et descendants » (art. L 223-13, al. 1). Dérogeant au principe d'ordre public de l'agrément des cessions de parts à des tiers, cette disposition doit être interprétée restrictivement et ne saurait être étendue par les statuts à d'autres personnes que celles expressément visées, par exemple à des collatéraux.

› **Précisions** Sur le **caractère frauduleux de la cession** par un associé d'un certain nombre de ses parts à sa mère, laquelle avait, quelques jours plus tard, rétrocédé les mêmes parts à sa fille, une telle opération ayant eu pour seul objet d'éluder la procédure d'agrément applicable en cas de cession entre collatéraux, voir Cass. com. 21-1-1997 n° 142 : RJDA 4/97 n° 521.

CLAUSE D'AGRÉMENT STATUTAIRE EN CAS DE CESSION AUX PROCHES

34471 Les statuts peuvent imposer un agrément « dans les **conditions** prévues à l'article L 223-14 » (art. L 223-13, al. 2). Cet alignement sur la cession aux tiers n'interdit pas de prévoir des délais et une majorité différents à condition de respecter les prescriptions suivantes : à peine de nullité de la clause, les **délais** accordés pour statuer sur l'agrément ne peuvent pas être plus longs ni la **majorité** plus forte que ceux prévus à l'article L 223-14.

Cet article prévoit qu'en cas de cession à un tiers l'agrément s'obtient à la majorité des associés représentant au moins la moitié des parts sociales ou à une majorité plus forte prévue par les statuts. À notre avis, on peut en déduire que, si les associés ont retenu la majorité légale pour la cession aux tiers, les statuts ne peuvent pas retenir une majorité plus forte pour la cession aux conjoint, ascendants ou descendants et, si les associés ont retenu statutairement une majorité plus forte que la majorité légale pour la cession aux tiers, la majorité retenue pour la cession aux conjoint, ascendants et descendants ne peut pas être plus forte que cette majorité statutaire.

Sur le non-respect de la majorité statutaire requise pour l'agrément, voir n° 34453.

34472 L'agrément peut n'être imposé que pour une certaine **catégorie des personnes** énumérées, par exemple uniquement les ascendants ou uniquement le conjoint, etc.

Il s'applique aux personnes énumérées dans la mesure où elles n'ont pas déjà la qualité d'associé. La Cour de cassation a jugé, en effet, que l'article 44 de la loi du 24 juillet 1966 (désormais art. L 223-13) n'autorise une limitation statutaire à la libre transmissibilité des parts sociales par voie successorale que pour l'agrément des personnes qui ne sont pas déjà associées (Cass. com. 28-10-1974 : D. 1975 p. 209 note Y. Guyon). Cette solution doit être étendue aux cessions et donations entre vifs aux conjoint, ascendants ou descendants, situations également visées par l'article L 223-13.

Toutefois, l'accord des autres associés est, à notre avis, nécessaire si les statuts contiennent une clause limitant la libre cessibilité des parts entre associés (n° 34460) car il s'agit alors non pas de statuer sur l'entrée dans la société d'un conjoint, ascendant ou descendant (seule hypothèse visée par l'article L 223-13 comme il ressort de l'alinéa 2 de cet article), mais d'exercer un contrôle sur la répartition des parts entre les associés. Or, la possibilité de ce contrôle est expressément prévue par le législateur dans l'article L 223-16 pour toutes les cessions entre associés sans aucune distinction.

En cas de **refus d'agrément,** les alinéas 3 et 4 de l'article L 223-14 sont applicables (art. L 223-13, al. 2) : obligation pour les associés ou la société d'acheter ou de faire acheter les parts dont la cession était envisagée. Si les parts de l'associé cédant n'ont pas été rachetées dans les délais impartis, l'agrément du conjoint, de l'ascendant ou du descendant est réputé acquis. 34473

› Précisions Contrairement au régime applicable en cas de cession à des tiers, l'associé peut exiger le **rachat** de ses parts et, à défaut de rachat, procéder à la réalisation de la cession initialement prévue, même s'il détient ses parts depuis moins de deux ans. L'article L 223-14, al. 6 qui prévoit cette condition particulière relative à la durée de détention des parts n'est pas visé par l'article L 223-13.

B. Transmission des parts de SARL par décès et liquidation de communauté

LIBRE TRANSMISSIBILITÉ DES PARTS

Au **décès** d'un associé de SARL, ses parts sont librement transmissibles « par voie de succession » (art. L 223-13, al. 1). Cette expression, qui vise toute transmission à cause de mort, englobe, à notre avis, les héritiers et les légataires universels. 34530

De même, après **liquidation de communauté,** les parts sociales peuvent être attribuées au conjoint (art. L 223-13, al. 1).

En ce qui concerne les **donations,** voir nº 34431.

Les **parts** sociales représentatives d'apports en **industrie** sont intransmissibles car elles sont liées à l'exercice de son activité par l'apporteur. En cas de décès de ce dernier, elles doivent être annulées.

AMÉNAGEMENTS STATUTAIRES DE LA TRANSMISSION DES PARTS

Agrément du conjoint et des héritiers Les statuts peuvent stipuler que le **conjoint ou** un **héritier** ne deviennent associés qu'après avoir été agréés « dans les conditions prévues à l'article L 223-14 » (art. L 223-13, al. 2), c'est-à-dire celles prévues pour la cession à des tiers (nos 34436 s.). Il résulte de ces dispositions que le conjoint ou les héritiers qui n'ont pas sollicité leur agrément n'ont pas à être convoqués aux assemblées et ne peuvent pas participer au vote (Cass. com. 27-3-2019 nº 17-23.886 F-D : RJDA 7/19 nº 506). 34540

Cependant, les statuts peuvent prévoir des délais d'agrément et une majorité différents à condition de respecter les prescriptions énoncées nº 34471.

Rien n'empêche de prévoir que seuls les associés survivants pourront voter : cette clause est valable dans la mesure où la majorité retenue est moins forte que la majorité légale, même si elle permet aux associés minoritaires de se prononcer seuls sur l'agrément en cas de décès de l'associé majoritaire (CA Pau 21-2-2012 nº 10/01495 : RJDA 6/12 nº 598).

CONSEIL

Mieux vaut prévoir dans les statuts que seuls les survivants pourront se prononcer sur l'agrément. En effet, si la **majorité prévue** par les statuts ne **peut pas être atteinte** en raison de la participation détenue par l'associé décédé, ses héritiers n'en deviennent pas pour autant automatiquement associés (Cass. com. 5-2-1991 nº 89-16.844 : RJDA 4/91 nº 304) ; le fonctionnement de la société peut s'en trouver bloqué, ce qui peut conduire à sa dissolution.

En cas de **refus d'agrément,** les autres associés doivent acheter ou faire acheter (par des tiers ou par la société elle-même) les parts du conjoint ou des héritiers non agréés (art. L 223-13, al. 2 ; nº 34439). La valeur des droits sociaux est déterminée au jour du décès d'un commun accord entre les parties ; en cas de contestation, elle est fixée par un expert conformément à l'article 1843-4 du Code civil (art. L 223-13, al. 5). L'expert qui fixe ce prix en fonction de données postérieures au décès commet une erreur grossière (CA Nîmes 17-5-2023 nº 21/02058 : RJDA 1/24 nº 31). Si les parts dévolues ou transmises au conjoint ou aux héritiers n'ont pas été achetées dans le délai imparti, l'agrément du conjoint ou des héritiers est réputé acquis (art. L 223-13, al. 2). Ils ne deviennent associés de la société qu'à l'expiration de ce délai (Cass. com. 3-5-2018 nº 15-20.851 F-PB : RJDA 8-9/18 nº 647).

L'héritier peut, même après la fixation du prix par l'expert, **renoncer** à sa demande d'agrément et exiger des associés survivants le remboursement de la valeur de ses droits. Ceux-ci doivent alors, à l'issue du délai légal, acquérir ou faire acquérir ces parts au prix fixé par l'expert ; l'agrément ne peut pas être considéré comme acquis (Cass. com. 24-1-2024 n° 21-25.416 F-B : RJDA 5/24 n° 288).

Sur le sort des parts sociales **dans l'attente de l'agrément,** voir n° 24534.

34541 Quelles que soient les dispositions statutaires, la clause d'agrément ne saurait s'appliquer aux parts dévolues à des **héritiers** qui avaient **déjà** la qualité d'**associé** au moment du décès de leur auteur (Cass. com. 28-10-1974 : D. 1975 p. 209 note Y. Guyon). En conséquence, s'il existe parmi les héritiers des personnes déjà associées, les autres associés ne peuvent exercer leur droit d'agrément et, éventuellement, leur droit de rachat que sur la fraction des parts du défunt qui serait attribuée, dans le cadre du partage de la succession, aux héritiers non encore associés. Lorsque la succession comprend deux héritiers dont l'un seulement est associé et que l'héritier non associé renonce à la succession au profit de son cohéritier, ce dernier peut se faire attribuer la totalité des parts du défunt, les autres associés ne pouvant pas prétendre exercer leur droit d'agrément sur les parts qui auraient dû revenir à l'héritier renonçant (CA Montpellier 8-6-1976 : JCP G 1977 II n° 18604 note Bernard).

Il a été jugé que la clause statutaire prévoyant que les **héritiers en ligne directe** des associés doivent être agréés s'applique aux héritiers autres que ceux en ligne directe, tel le conjoint survivant (Cass. com. 6-11-2012 n° 11-25.058 : RJDA 2/13 n° 130). En revanche, la clause selon laquelle, en cas de décès d'un associé, la société continue entre les associés survivants et les héritiers et **ayants droit de l'associé décédé,** lesquels ne sont pas soumis à l'agrément des associés survivants, dispense d'agrément le légataire d'un associé décédé (Cass. com. 5-4-2018 n° 16-18.097 F-D : RJDA 6/18 n° 505).

34542 **Exclusion des héritiers** Les statuts peuvent prévoir que, en cas de décès d'un associé, la société continuera avec les seuls associés survivants et évincer ainsi par avance les héritiers (art. L 223-13, al. 3) s'ils ne sont pas déjà associés. Dans ce cas, l'**héritier évincé** a **droit** à la valeur des droits sociaux du défunt, qui est déterminée au jour du décès dans les conditions de l'article 1843-4 du Code civil (art. L 223-13, al. 5), c'est-à-dire par un expert selon les modalités exposées n°s 16790 s.

> **Précisions** En cas de décès d'un associé d'une société d'exercice libéral à responsabilité limitée ou d'un associé d'une SARL de droit commun constituée pour l'exercice d'une **profession libérale** juridique ou judiciaire, ses ayants droit ont cinq ans pour céder ses parts (Ord. 2023-77 du 8-2-2023 art. 47, 3° ; art. L 811-7, al. 2 et L 812-5, al. 2 pour les administrateurs et mandataires judiciaires, Ord. du 10-9-1817 art. 3-2, al. 2 pour les avocats aux Conseils, Loi 71-1130 du 31-12-1971 art. 8, I-al. 2 pour les avocats, Ord. 45-2590 du 2-11-1945 art. 1 bis, al. 2 pour les notaires et Ord. 2016-728 du 2-6-2016 art. 5, al. 2 et 25, IV-6° pour les commissaires de justice, les huissiers de justice et les commissaires-priseurs judiciaires) ; sur les conséquences de l'absence de cession dans les délais, voir n° 8085.

34543 **Continuation de la société avec les héritiers ou des tiers** Afin de faciliter la transmission des entreprises, les statuts peuvent stipuler que, en cas de décès de l'un des associés, la **société continuera avec** l'une des personnes suivantes (art. L 223-13, al. 4) :
– le conjoint survivant ;
– un ou plusieurs des héritiers ;
– toute autre personne désignée par les statuts ou, si ceux-ci l'autorisent, par dispositions testamentaires.

Cette faculté s'apparente au dispositif prévu pour les SNC (art. L 221-15) et suscite les mêmes interrogations (voir n°s 24530 s.).

Si, du fait d'une clause statutaire, un **héritier** se trouve **évincé,** il a droit à la valeur des droits sociaux du défunt. Cette valeur est déterminée au jour du décès dans les conditions de l'article 1843-4 du Code civil (art. L 223-13, al. 5), c'est-à-dire par un expert selon les modalités exposées n°s 16790 s.

MANDAT D'ADMINISTRER LA SUCCESSION

34550 Toute personne peut désigner de son vivant un ou plusieurs mandataires, personnes physiques ou morales (association, étude notariale, etc.), qui seront chargés après son décès d'administrer tout ou partie de ses biens pour le compte et dans l'intérêt d'un ou de plusieurs héritiers identifiés (C. civ. art. 812).

Le recours à ce **mandat à effet posthume** permet notamment à un associé dont les héritiers sont mineurs d'organiser la gestion de ses parts. Sur cette question, voir n°s 24570 s.

ATTRIBUTION PRÉFÉRENTIELLE DES PARTS DE L'ASSOCIÉ DE SARL DÉCÉDÉ

Par l'effet du décès d'un associé, son conjoint et ses héritiers sont en **indivision** tant que le partage de la succession n'a pas été effectué. 34560

Dans le cadre du **partage,** le **conjoint,** le partenaire d'un Pacs ou ceux des **héritiers qui participent à l'exploitation** de l'entreprise peuvent demander l'attribution préférentielle des parts que le défunt détenait dans la société (C. civ. art. 831 et 515-6).

L'attribution préférentielle ne peut pas être demandée par le **concubin du défunt** (Cass. 1e civ. 9-12-2003 n° 1667 : RJDA 4/04 n° 493). Lorsque l'attribution préférentielle est demandée par un héritier, la condition de participation effective à l'exploitation peut être remplie par son conjoint ou ses descendants (art. 831, al. 1).

ATTENTION

La demande d'attribution ne peut pas faire échec aux **clauses statutaires** relatives à la continuation de la société avec le conjoint survivant ou les héritiers en cas de décès d'un associé (art. 831, al. 2). Par suite, s'il existe dans les statuts une clause imposant l'agrément du conjoint ou des héritiers, l'attribution préférentielle n'est possible que si le conjoint ou l'héritier attributaire a été agréé par les autres associés.

L'attribution se fait en principe à l'amiable mais, à défaut d'accord, le juge en est saisi. En cas de **pluralité de demandes** et à défaut d'accord amiable, le tribunal appelé à désigner l'attributaire devra se prononcer en tenant compte, d'une part, de l'aptitude des postulants à gérer l'entreprise et à s'y maintenir et, d'autre part, de la durée de leur participation personnelle à l'activité de l'entreprise (C. civ. art. 832-3). 34561

III. NANTISSEMENT CONVENTIONNEL DES PARTS DE SARL

CONSTITUTION DU NANTISSEMENT DE PARTS DE SARL

Même si les parts sociales sont des meubles « incorporels », leur nantissement relève, faute de dispositions spéciales, du régime du gage des meubles corporels (C. civ. art. 2355, al. 5). Seul l'agrément du cessionnaire, une fois le nantissement réalisé, est soumis au droit des sociétés (n° 34630). 34620

Le nantissement de parts sociales peut être **constitué par** l'associé soit pour garantir ses propres dettes, soit pour garantir la dette d'un tiers (C. civ. art. 2325). Un époux ne peut pas donner en nantissement des parts constituant des biens communs sans l'accord de son conjoint (C. civ. art. 1422, al. 2).

Les **parts** sociales représentatives d'un apport **en industrie** ne peuvent pas être nanties car elles sont liées à l'exercice de l'activité de l'apporteur et sont donc incessibles.

Le nantissement prend **effet entre les parties** par l'établissement d'un écrit contenant la désignation de la dette garantie et la quantité de titres nantis « ainsi que leur espèce ou leur nature » (C. civ. art. 2336). 34621

Mais il ne devient **opposable aux tiers** que lorsque cet écrit est publié (C. civ. art. 2337, al. 1), c'est-à-dire inscrit à la requête du créancier sur le registre des sûretés mobilières et autres opérations connexes auprès du greffe du tribunal de commerce dans le ressort duquel la société dont les parts sont nanties est immatriculée (C. civ. art. 2338 ; art. R 521-1, al. 1, R 521-2, 2° et R 521-5, al. 1 et 5). Toutefois, si l'acte de nantissement est rédigé par un notaire, la publicité incombe à ce dernier, sauf dispense expresse des parties (Cass. 1e civ. 16-10-2008 n° 07-14.695 : RJDA 7/09 n° 679).

Le créancier (ou le notaire) remet ou adresse par voie postale ou électronique au greffier un bordereau d'inscription (deux exemplaires si le bordereau est établi sous format papier) (art. R 521-6, al. 1) dont le contenu est fixé par l'article R 521-6, 1° à 7° et par l'arrêté JUSC2327592A du 23 octobre 2023 (qui détaille également les informations devant figurer dans le bordereau en cas de modification, de renouvellement ou de radiation de l'inscription au registre et contient, pour chaque hypothèse, un modèle de bordereau). Il joint à ce bordereau l'original de l'acte constitutif du nantissement s'il est sous signature privée, l'expédition s'il est établi par acte authentique ou la copie de ces justificatifs (art. R 521-7, al. 1).

34622 L'**inscription** prend **effet** à sa date et conserve le gage pendant cinq ans à compter de cette dernière (art. R 521-10 et R 521-11, al. 1). Son effet cesse si l'inscription n'est pas renouvelée avant l'expiration de ce délai ; le greffier procède alors d'office à la radiation de l'inscription (art. R 521-11, al. 2 et R 521-24).

Le créancier inscrit peut demander la radiation de l'inscription ; celle-ci peut également être demandée par d'autres requérants mais ils doivent alors justifier soit de l'accord des parties, soit d'une décision passée en force de chose jugée, soit de l'acte constatant la vente des parts à la suite d'une saisie, accompagné d'un récépissé justifiant du paiement du prix et d'une copie de l'extrait des inscriptions au registre faisant apparaître les inscriptions sur les parts (art. R 521-20, al. 1 à 5).

34623 Les **informations** inscrites dans les registres des sûretés mobilières tenus localement par chaque greffier sont centralisées au niveau national et **consultables** gratuitement sur le portail internet www.suretesmobilieres.fr (art. R 521-1, al. 2 et R 521-30). Ce portail permet de télécharger un document faisant apparaître l'absence d'inscription ou, en présence d'inscription, les informations inscrites dans les registres des sûretés mobilières ainsi que l'identification des greffiers qui tiennent ces registres ; l'inscription radiée ou périmée n'apparaît pas dans ce document (art. R 521-30 et R 521-33). La demande de consultation doit comporter les éléments énumérés à l'article R 521-32.

SOUMISSION DU PROJET DE NANTISSEMENT DE PARTS DE SARL AUX ASSOCIÉS

34630 La réalisation du nantissement aboutissant au transfert des parts sociales au créancier bénéficiaire de cette garantie, cette dernière doit être préalablement autorisée par les associés dans les mêmes conditions que celles d'une cession (art. L 223-15).

À cette fin, le **projet** de nantissement est **notifié** à chaque associé et à la société par acte extrajudiciaire ou par lettre recommandée AR (art. L 223-14, al. 2 et R 223-11, al. 1).

Dans les huit jours à compter de la notification, le gérant doit convoquer l'assemblée des associés pour qu'ils délibèrent sur le projet de nantissement ou, si les statuts le permettent, consulter les associés par écrit (art. R 223-12, al. 1). L'**autorisation** doit être donnée à la **majorité** des associés représentant au moins la moitié des parts sociales, sauf si les statuts prévoient une majorité plus forte (art. L 223-15 et, sur renvoi, art. L 223-14, al. 1). Les statuts ne peuvent pas, à notre avis, imposer l'unanimité car l'article L 223-14 n'autorise qu'une majorité.

Si la société n'a pas fait connaître la décision des associés dans le **délai** de trois mois à compter de la dernière des notifications prévues ci-dessus, le consentement est réputé acquis (art. L 223-14, al. 2).

34631 Le **défaut de notification** du projet de nantissement et l'**absence de consentement** des associés à ce projet qui engendre le refus d'agrément du cessionnaire n'empêchent pas le nantissement des parts. Mais, en cas de réalisation du nantissement, l'adjudicataire ou le créancier attributaire devra être agréé par les associés (n° 34641).

RÉALISATION DU NANTISSEMENT DE PARTS DE SARL

34640 À défaut de paiement de la créance garantie, le nantissement peut être réalisé de plusieurs manières.

Le créancier peut devenir propriétaire des parts en vertu d'un **pacte commissoire,** c'est-à-dire d'une clause de l'acte de nantissement ou d'un acte postérieur (C. civ. art. 2348, al. 1). La valeur des parts est déterminée au jour de leur transfert par un expert désigné à l'amiable ou judiciairement ; toute clause contraire est réputée non écrite (art. 2348, al. 2).

En l'absence de pacte commissoire, le créancier peut demander en justice que les parts lui soient attribuées en paiement (art. 2347, al. 1). L'**attribution judiciaire** permet au créancier d'appréhender les parts nanties même s'il existe des créanciers munis de privilèges plus avantageux que le sien (Cass. com. 3-6-2008 n° 07-12.017 : RJDA 11/08 n° 1131).

Si la valeur des parts attribuées conventionnellement ou judiciairement au créancier excède le montant de la créance garantie, il doit verser la différence au débiteur ou la consigner s'il existe d'autres créanciers gagistes (art. 2347, al. 2 et 2348, al. 3).

Enfin, le créancier demeuré impayé peut faire ordonner en justice la **vente forcée** des parts sociales. En principe, la vente intervient selon les modalités du Code des **procédures civiles d'exécution** (art. 2346). Toutefois, si le nantissement garantit une dette professionnelle, le créancier peut, huit jours après une simple signification faite au débiteur (et au constituant s'il n'est pas le débiteur), faire procéder à la vente aux **enchères publiques** par un notaire, un huissier de justice, un commissaire-priseur judiciaire ou un commissaire de justice ou encore un courtier de marchandises assermenté (art. 2346, al. 2).

Les parties ne peuvent pas déroger aux modalités de la vente forcée qui sont d'ordre public (prohibition de clause de voie parée ; art. 2346, al. 1), mais rien n'empêche l'associé de donner, après la constitution du nantissement, mandat au créancier nanti de procéder pour son compte à la vente des parts nanties (Cass. com. 5-10-2004 n° 1452 : RJDA 5/05 n° 568 rendu sous l'empire de l'ancien article 2078 du Code civil, mais transposable au régime actuel).

Si la société n'a pas préalablement consenti au projet de nantissement et que le créancier **attributaire** des parts **ou** le tiers **adjudicataire** n'a donc pas été préalablement **agréé** par les associés, il doit être procédé à cet agrément dans les mêmes conditions légales ou statutaires qu'en cas de cession (n° 34630). Mais, même lorsque l'agrément préalable a été donné, la société peut écarter l'entrée de l'adjudicataire ou de l'attributaire dans la société en rachetant les parts « sans délai » après la cession ; elle doit alors réduire corrélativement son capital (art. L 223-15). 34641

Sur les difficultés pratiques que soulève cette substitution et notamment l'impossibilité de respecter le délai de 45 jours prévu par l'ancien article 47 du décret du 23 mars 1967 (désormais art. R 223-33) pour la communication au commissaire aux comptes, s'il en existe, du projet de réduction du capital, voir J. Richard, Vente forcée de droits sociaux nantis – Substitution des associés ou de la société au cessionnaire réputé agréé : Dr. sociétés 1993 chron. n° 10.

CHAPITRE 4

LA DISSOLUTION DE LA SOCIÉTÉ À RESPONSABILITÉ LIMITÉE

CAUSES DE DISSOLUTION DE LA SARL

35000 **Causes communes à toutes les sociétés** Sauf le cas de la réunion de toutes les parts en une même main qui entraîne, de plein droit, sa transformation en EURL, la SARL est dissoute pour les causes de dissolution communes à toutes les sociétés (nos 86000 s.).

> **Précisions** Si les associés décident de dissoudre de manière anticipée une **SARL ayant émis des obligations,** l'assemblée générale des obligataires peut alors exiger le remboursement des obligations et la société peut l'imposer (art. L 228-76 sur renvoi de l'art. L 223-11, al. 2).

35001 **Causes propres à la SARL** La SARL peut aussi être dissoute :
– lorsque, la société comprenant **plus de 100 membres,** elle n'a pas fait cesser cette situation dans un délai d'un an en ramenant le nombre de ses associés à 100 au plus ou en procédant à sa transformation en une société d'une autre forme (art. L 223-3) ;
– en cas de **perte de la moitié du capital** (voir nos 76610 s.).

En revanche, la SARL n'est pas dissoute par la **liquidation judiciaire,** la faillite personnelle, l'interdiction de gérer ou une mesure d'**incapacité** frappant l'un des associés ; elle n'est pas non plus dissoute par le **décès** d'un associé, sauf stipulation contraire des statuts (art. L 223-41).

PUBLICITÉ DE LA DISSOLUTION DE LA SARL

35010 La dissolution de la SARL doit faire l'objet de diverses mesures de publicité exposées nos 86210 s.

LIQUIDATION DE LA SARL

35020 En ce qui concerne les opérations de liquidation de la société, voir nos 86500 s.

CHAPITRE 5

L'ENTREPRISE UNIPERSONNELLE À RESPONSABILITÉ LIMITÉE

SOMMAIRE

CARACTÉRISTIQUES ET INTÉRÊT DE L'EURL

L'entreprise unipersonnelle à responsabilité limitée (EURL) n'est pas une forme de société distincte des autres sociétés commerciales. C'est une SARL (art. L 223-1, al. 1 et 2) comportant un unique « associé » qui ne supporte en principe les dettes sociales qu'à concurrence du montant de ses apports ; elle est soumise à toutes les règles applicables à la SARL sous réserve de quelques adaptations rendues nécessaires par l'existence d'un associé unique. Il s'ensuit notamment que le passage de l'EURL à la SARL pluripersonnelle ou inversement s'effectue par simple voie de cession ou mutation de parts et ne constitue pas une transformation de société au sens juridique du terme. 35500

L'EURL n'est pas la seule forme de société à caractère unipersonnel. L'entrepreneur individuel et les holdings qui veulent créer des filiales à 100 % peuvent choisir entre l'EURL et la SAS unipersonnelle (Sasu).

Un **entrepreneur individuel** peut donc exploiter son entreprise **en société** tout en demeurant l'unique associé de celle-ci. Mais, avant de choisir cette forme d'exploitation, il doit en apprécier les avantages et les inconvénients par rapport à l'entreprise individuelle. 35501

Au titre des **avantages,** on peut relever notamment :

– la possibilité, en cas de décès de l'entrepreneur, de répartir les parts sociales entre ses héritiers et d'éviter ainsi que le respect du principe d'égalité des droits des héritiers ne conduise, comme le révèle l'expérience, à la vente de l'entreprise ;

– la possibilité d'obtenir par une simple augmentation de capital les concours financiers dont l'entreprise peut avoir un besoin urgent ;

– la possibilité pour l'associé unique d'organiser son désengagement progressif de la société par des cessions successives de parts sociales ;

– la possibilité pour une personne qui désire placer ses capitaux d'acquérir un fonds de commerce et de le faire gérer par un tiers en limitant sa responsabilité et sans avoir recours au salariat ou à la location-gérance.

L'associé unique pouvant être une personne morale, l'EURL peut aussi être utilisée comme structure d'une filiale à 100 %, dans le cadre d'un groupe de sociétés. Le choix de la Sasu plutôt que de l'EURL comporte toutefois des avantages (nº 61000).

La société unipersonnelle présente certains **inconvénients** par rapport à l'exercice d'une activité à titre personnel. Le fonctionnement d'une société est plus contraignant (constatation des décisions dans un registre spécial, obligation éventuelle de nommer un commissaire aux comptes, dépôt au greffe des comptes annuels, etc.). Des mesures de simplification de la gestion s'appliquent toutefois aux EURL dont l'associé unique personne physique est seul gérant.

La limitation de responsabilité de l'associé unique au montant de ses apports peut s'avérer illusoire en raison notamment des garanties personnelles qu'exigent souvent les créanciers sociaux ou du risque d'action en comblement de passif si la société est mise en liquidation judiciaire.

La société ne peut ni consentir un prêt à l'associé unique, ni garantir les engagements personnels de celui-ci à l'égard des tiers, sauf si cet associé unique est une personne morale (art. L 223-21, al. 1).

Enfin, en cas de dissolution de la société, l'associé unique, s'il s'agit d'une personne morale, prend à sa charge la totalité des dettes sociales (n° 86085).

EURL OU ENTREPRISE INDIVIDUELLE ?

35502 Le statut d'**entrepreneur individuel** (EI) emporte de plein droit la scission de son patrimoine entre biens personnels et biens professionnels, le gage des « créanciers professionnels » étant limité au seul patrimoine professionnel (art. L 526-22 s.). L'entrepreneur a donc le choix entre exploiter son activité dans le cadre d'une EURL ou dans le cadre d'une entreprise individuelle **sans création d'une personne morale.**

L'**avantage** du statut de l'EI est d'éviter les frais de constitution et de fonctionnement d'une société.

Pour faciliter son accès au crédit, l'entrepreneur peut engager un élément de son patrimoine personnel (par exemple, nantissement d'assurance-vie, hypothèque d'un immeuble autre que son habitation principale) mais il ne peut pas se porter caution de ses propres dettes (art. L 526-22, al. 3). À la demande d'un créancier professionnel, il peut aussi renoncer à la séparation de ses patrimoines pour un engagement spécifique (art. L 526-25).

Au titre des **inconvénients,** on peut relever qu'une concurrence entre créanciers d'activités professionnelles distinctes peut s'établir puisqu'ils disposent tous d'un droit de gage général sur le patrimoine professionnel de l'entrepreneur individuel, celui-ci ne pouvant pas être scindé (art. L 526-22, al. 3).

En outre, dans de nombreuses situations, la dualité des patrimoines professionnel et personnel de l'entrepreneur n'est pas applicable. Ainsi, un droit de gage général portant sur l'ensemble des biens de l'entrepreneur bénéficie aux « créanciers professionnels » à l'égard desquels l'entrepreneur a renoncé à la scission de son patrimoine mais aussi, dans certains cas, à l'administration fiscale et aux organismes de sécurité sociale. De même, l'entrepreneur peut avoir consenti à des « créanciers professionnels » une sûreté sur ses biens personnels. À l'inverse, les créanciers personnels peuvent exercer leur droit de gage sur des biens professionnels, dans la limite d'un certain montant.

Pour un **tableau comparatif** de l'EURL et de l'EI, voir n°s 185 s.

RÉGIMES FISCAL ET SOCIAL DE L'EURL

35503 Le **régime fiscal** de l'EURL diffère selon que l'associé unique est une personne physique ou une personne morale.

a. Si l'**associé** unique est une **personne physique,** la société est soumise au régime fiscal des sociétés de personnes. Les bénéfices sociaux sont donc directement imposables à l'impôt sur le revenu entre les mains de l'associé unique. En cas d'option pour l'assujettissement à l'impôt sur les sociétés, le statut de l'associé unique est celui du gérant majoritaire de SARL.

b. Si l'associé unique est une **personne morale** et quelle que soit la forme juridique de celle-ci, la société est de plein droit passible de l'impôt sur les sociétés sans possibilité d'option pour le régime fiscal des sociétés de personnes.

Sur le **plan social,** l'associé unique personne physique relève, comme l'entrepreneur individuel, de la sécurité sociale pour les indépendants (CSS art. L 611-1). Toutefois, s'il n'exerce par lui-même aucune activité dans l'entreprise, il ne relève en cette qualité d'aucun régime obligatoire de sécurité sociale (cf. Cass. soc. 3-4-1997 n° 95-12.866 : RJS 8-9/97 n° 1038 ; Cass. soc. 12-10-2000 n° 98-20.399 : RJS 12/00 n° 1303). S'il relève de la sécurité sociale des indépendants, il peut bénéficier de l'allocation des travailleurs indépendants (ATI) visée à l'article L 5424-25 du Code du travail dans les situations indiquées n° 22460.

Pour plus de détails, voir Mémento Social n°s 28470 et 81630 s.

> **Précisions** Lorsque l'**associé unique** de l'EURL **est une autre société,** le gérant de l'EURL doit être considéré comme un gérant non associé, même s'il contrôle la société qui est l'associé unique de cette EURL. Ne saurait donc être affilié à la sécurité sociale pour les indépendants le gérant d'une EURL détenue par une société dont il est président-directeur général et associé majoritaire (Cass. 2e civ. 28-11-2013 no 12-27.438 : RJDA 3/14 no 243). Dans cette situation, le gérant de l'EURL relève du régime général des salariés si ses fonctions de gérant non associé sont rémunérées et d'aucun régime obligatoire de sécurité sociale dans le cas contraire.

SECTION 1 CRÉATION DE L'EURL

MODES DE CRÉATION DE L'EURL

L'EURL peut résulter : 35600
– soit de la constitution d'une société unipersonnelle en vue de l'exercice d'une activité nouvelle ou de la reprise par cette société d'une entreprise individuelle existante ;
– soit de la réunion dans une même main de toutes les parts d'une SARL.

Sur la possibilité de transformer en EURL une société, de quelque forme que ce soit, devenue unipersonnelle, voir no 86060.

A. Constitution d'une EURL

APPLICATION À L'EURL DES RÈGLES DE LA SARL

Les règles applicables à la constitution d'une EURL sont les mêmes que celles prévues pour la constitution d'une SARL pluripersonnelle. 35605

Certes, cette constitution résulte d'un acte unilatéral de volonté (C. civ. art. 1832, al. 2) et non pas d'un contrat comme c'est le cas pour la SARL pluripersonnelle. Mais les règles gouvernant les contrats s'appliquent, en tant que de raison, aux actes unilatéraux (C. civ. art. 1100-1 ; Cass. 1e civ. 17-3-1987 no 85-16.484 : Bull. civ. I no 97).

ASSOCIÉ UNIQUE DE L'EURL

L'associé unique peut être une **personne physique ou,** dans la limite de sa capacité juridique (no 4018), une personne **morale,** y compris une autre EURL. L'EURL est en effet ouverte à toute « personne » sans distinction (cf. art. L 223-1). Ainsi, une association déclarée régie par la loi du 1er juillet 1901 peut être associée unique d'une EURL (Rép. Herment : Sén. 2-2-1995 no 08532). 35610

Si l'associé unique est une société par actions, l'EURL ne peut détenir aucune action de cette société (cf. art. L 233-30).

Les personnes physiques comme les personnes morales peuvent être **associées uniques de plusieurs EURL.** Cette possibilité leur permet, lorsqu'elles ont plusieurs activités, d'isoler chacune de ces activités dans une structure juridique particulière.

Sur la nécessité pour l'associé unique d'une EURL de se comporter comme le membre d'une personne morale et d'éviter toute confusion entre les biens qui composent le patrimoine social et ses biens personnels, voir no 135. 35611

Cas de l'associé mineur non émancipé Un mineur non émancipé peut, à compter de ses 16 ans, créer une EURL. Pour accomplir les **actes d'administration** nécessaires à la création de la société, il doit obtenir l'autorisation du conseil de famille (mineur sous tutelle) ou de son ou ses administrateurs légaux (mineur sous administration légale) ; cette autorisation, donnée par acte sous signature privée ou par acte notarié, doit comporter la liste des actes d'administration pouvant être accomplis par le mineur. En revanche, le mineur non émancipé ne peut pas effectuer seul des **actes de disposition** ; ces actes doivent être effectués, selon le cas, par le tuteur y ayant été autorisé par le conseil de famille ou par son ou ses administrateurs légaux (C. civ. art. 401, al. 4 et 5 et 408, al. 4 pour la tutelle et art. 388-1-2 pour l'administration légale). 35612

> **Précisions a.** La possibilité pour un mineur non émancipé de créer une EURL est source d'**insécurité** juridique **pour les tiers.** En effet, les contrats conclus par le mineur sans autorisation ou en violation de celle-ci risquent d'être remis en cause. Compte tenu de ce risque et en cas de doute, il est recommandé aux tiers de vérifier les pouvoirs du mineur avec lequel ils contractent.
> **b.** Le décret 2008-1484 du 22 décembre 2008 donne, d'une part, une **définition** de ce qu'il faut entendre par « **acte d'administration ou de disposition** » et dresse, d'autre part, une liste des actes regardés comme des actes d'administration ou de disposition (ann. I) et une liste non exhaustive d'actes regardés comme des actes d'administration (ou de disposition), à moins que les circonstances de l'espèce ne permettent pas à l'administrateur légal ou au tuteur de considérer qu'ils répondent à la définition de ces actes en raison de leurs conséquences importantes (ou faibles pour les actes de disposition) sur le contenu ou la valeur du patrimoine de la personne protégée, sur les prérogatives de celle-ci ou sur son mode de vie (ann. II).

CAPITAL DE L'EURL

35613 Le capital de l'EURL est librement fixé par les statuts, comme pour toute autre SARL (art. L 223-2).

Le montant du capital social doit être indiqué sur tous les actes ou documents émanant de l'EURL et destinés aux tiers (nº 30142).

Le capital doit être divisé en parts sociales de valeur nominale égale. L'attribution de toutes ces parts à l'associé unique doit être mentionnée dans les statuts (art. L 223-7, al. 3).

APPORTS À L'EURL

35614 **Apports en numéraire** Les fonds correspondant aux apports en numéraire doivent être déposés par le fondateur à la Caisse des dépôts et consignations, chez un notaire ou dans une banque (nºs 30151 s.).

Si, pour quelque raison que ce soit, le fondateur décide, postérieurement au **dépôt des fonds** représentatifs de ses apports en numéraire mais avant l'immatriculation de la société au RCS, de ne pas donner suite à son projet de constitution d'une EURL, il peut, six mois après ce dépôt, demander directement au dépositaire de lui restituer les fonds. Certes, cette possibilité n'est pas expressément prévue par les textes. Mais dès lors que, dans les SARL pluripersonnelles, un mandataire représentant « tous les apporteurs » peut demander le retrait des fonds au dépositaire (art. L 223-8, al. 2), il doit être permis, à plus forte raison, à l'unique associé ayant apporté des fonds à une EURL de présenter une telle demande en son nom sans avoir pour cela à désigner un mandataire chargé de le représenter (la nécessité d'un mandataire s'expliquant par la pluralité d'apporteurs).

35615 **Apports en nature** Tout **bien,** meuble ou immeuble, corporel ou incorporel (immeuble, fonds de commerce, droit au bail, brevet, créance, etc.), peut être apporté en **propriété** ou seulement en **jouissance** à l'EURL.

Les règles générales des apports en société sont applicables (nºs 1900 s.). Ainsi, le **transfert de propriété** (et des risques) des biens représentatifs des apports en nature n'intervient qu'au jour où l'EURL se trouve immatriculée au RCS puisque c'est seulement à cette date que, comme toute autre société, elle acquiert la jouissance de la personnalité morale et peut donc disposer d'un patrimoine propre, distinct des autres biens appartenant à l'associé unique.

De même, l'apporteur ne saurait tirer de sa qualité d'associé unique une quelconque dispense à son obligation de **garantir** personnellement **la société** contre toute éviction et contre les vices cachés (nºs 1993 s.).

Toute méconnaissance de ces obligations pourrait entraîner la mise en cause de la responsabilité de l'associé unique et l'exposerait à devoir réparer, sur ses biens personnels, le préjudice causé à la société. Certes, il est peu vraisemblable que l'associé unique, surtout s'il est gérant, exerce contre lui-même une action en responsabilité pour inexécution des obligations afférentes à son apport. Mais cette action pourrait être mise en œuvre par un créancier de la société (action oblique ou action paulienne, selon le cas : C. civ. art. 1341-1 et 1341-2).

Comme pour toute autre SARL, la **valeur des apports** en nature doit être vérifiée par un commissaire aux apports ; celui-ci est désigné par l'associé unique (art. L 223-9, al. 3).

Toutefois, l'associé unique peut se dispenser de l'intervention du commissaire aux apports dans deux cas distincts :

– si aucun apport en nature n'a une valeur supérieure à 30 000 € et si, en outre, la valeur totale de l'ensemble de ses apports en nature n'excède pas la moitié du capital social (art. L 223-9, al. 2 sur renvoi de l'al. 3 et art. D 223-6-1) ;

– si, étant une personne physique, il apporte un élément figurant au bilan du dernier exercice de l'activité professionnelle qu'il exerçait déjà en son nom propre avant la constitution de la société, y compris sous le régime d'EIRL (art. L 223-9, al. 3).

L'ensemble des biens professionnels d'un entrepreneur individuel peut également être apporté en propriété à une EURL dans le cadre d'un **transfert universel** (art. L 526-27). Sur les modalités de ce transfert, voir n°s 2230 s.

› Précisions Il n'est désormais plus possible d'opter pour le statut d'EIRL (Loi 2022-172 du 14-2-2022 art. 6, I ayant abrogé l'art. L 526-5-1). Toutefois, les personnes qui, au 15 février 2022, exerçaient déjà leur activité sous le statut d'EIRL demeurent soumises au **régime de l'EIRL** (Loi 2022-172 art. 6, II).

Apports de biens de communauté L'époux qui fait un apport de biens de communauté, quels qu'ils soient (y compris des espèces), doit en avertir son **conjoint** et justifier de cette **information** dans l'acte d'apport (en pratique, les statuts). À défaut, le conjoint peut demander en justice l'annulation de l'apport (n° 6066). 35616

Dans certains cas (apport d'un immeuble, d'un fonds de commerce, de droits sociaux non négociables, etc.), l'information du conjoint n'est pas suffisante ; il faut aussi son **consentement** à peine de nullité de l'apport (voir n°s 474 s.).

En principe, seul l'apporteur a la **qualité d'associé.** Toutefois, son conjoint peut revendiquer cette qualité pour la moitié des parts (n°s 6065 s.). En ce cas, la société devient une SARL pluripersonnelle comprenant les deux époux associés chacun pour moitié.

Sauf s'il y a renoncé définitivement lors de la constitution de l'EURL, le conjoint peut aussi exercer son droit de revendication postérieurement à cette constitution et son époux ne pourra pas s'opposer à son entrée dans la société. En effet, même s'il existe dans les statuts une clause prévoyant l'obligation pour le conjoint qui exerce son droit de revendication postérieurement à la réalisation de l'apport d'obtenir l'agrément des associés, cette clause sera sans effet dans une EURL puisque l'époux associé est exclu du vote (art. 1832-2).

DÉNOMINATION DE L'EURL

L'EURL doit être désignée par une dénomination sociale (n°s 1000 s.). 35617

Celle-ci doit être précédée ou suivie immédiatement des mots « société à responsabilité limitée » ou des initiales « SARL » ainsi que de l'énonciation du capital social (art. L 223-1, al. 4).

Comme nous l'avons vu, l'EURL n'est pas une forme particulière de société ; c'est une SARL qui, momentanément peut-être, n'a qu'un seul associé. L'indication de la mention « entreprise unipersonnelle à responsabilité limitée » ou des initiales « EURL », contraire à l'article L 223-1, al. 4, peut d'ailleurs porter préjudice à la société si, ouvrant son capital social à un autre associé, elle devient pluripersonnelle (pour un exemple, Cass. com. 18-5-2005 n° 745 : RJDA 8-9/05 n° 996).

ATTENTION

Les **mentions légales** (dénomination, forme et capital) doivent être **indiquées** sur tous les actes et documents émanant de la société et destinés aux tiers (art. R 123-238). En cas d'inobservation de cette obligation, le ministère public ou tout intéressé peut demander au président du tribunal compétent statuant en référé d'enjoindre, le cas échéant sous astreinte, au gérant de s'y conformer (art. L 238-3).

SIÈGE DE L'EURL

Comme pour toute autre société commerciale, le siège social peut être fixé dans le **local d'habitation du gérant** (n°s 1340 s.), qu'il soit ou non l'associé unique de l'EURL. 35618

En cas d'**apport** par l'associé unique de son fonds de commerce à l'EURL et notamment du **droit au bail,** il convient de respecter les clauses du bail pouvant restreindre le droit de céder – et donc d'apporter – ce bail, par exemple celle imposant la rédaction d'un acte authentique auquel le bailleur devra être appelé : voir n°s 2130 s.

STATUTS DE L'EURL

Les statuts de l'EURL doivent être établis par **écrit** et comporter toutes les mentions requises : forme, durée, dénomination, objet social, siège, capital, etc. (n° 30301). 35630

CONSEIL

En pratique, afin d'éviter que le **passage de l'EURL à la SARL** pluripersonnelle (et inversement) n'entraîne l'obligation de procéder à d'importantes modifications des statuts, il nous paraît opportun d'adopter des statuts de SARL et de préciser, à la suite des clauses impliquant une pluralité d'associés (décisions collectives notamment), les règles qui sont applicables en cas d'associé unique.

Sur les **statuts types** d'EURL, voir n°s 36400 s.

B. Réunion de toutes les parts d'une SARL en une même main

35690 La création de l'EURL peut résulter de la réunion de toutes les parts d'une SARL (par hypothèse composée de plusieurs associés) en une même main.

Dans ce cas, contrairement au régime de droit commun, il n'est pas possible à tout intéressé de demander en justice la dissolution de la société si celle-ci n'est pas redevenue pluripersonnelle à l'expiration du délai d'un an (art. L 223-4).

Le **passage de la SARL** pluripersonnelle **à l'EURL** est réalisé dès la cession de parts entraînant réunion de tous les droits sociaux dans une même main. Dans le mois de cette cession, la société doit demander, par l'intermédiaire du guichet unique électronique des formalités d'entreprises, l'inscription au RCS (art. R 123-53, 2° et R 123-66) et au RNE (art. R 123-240, 1°, R 123-252, 2° et R 123-263, al. 1) de la mention selon laquelle elle est constituée d'un associé unique.

35691 Ce caractère automatique de la « transformation » en EURL ne présente pas d'inconvénient majeur sur le plan juridique. En revanche, les **conséquences fiscales** de l'opération ne sont pas négligeables puisqu'il peut y avoir changement du régime fiscal applicable à la société et à l'associé unique.

› Précisions Sauf option immédiate pour l'assujettissement de l'EURL à l'**impôt** sur les sociétés, la réunion de toutes les parts entre les mains d'une seule personne physique entraînera abandon du régime des sociétés de capitaux pour celui des sociétés de personnes avec en principe toutes les conséquences d'une cessation d'entreprise (taxation à l'impôt sur les sociétés du bénéfice de l'exercice en cours à la date de la transformation, imposition de ce bénéfice et des réserves des exercices antérieurs en tant que revenus distribués, impossibilité de prendre en compte ultérieurement les déficits antérieurs reportables à la date de la transformation) (Mémento Fiscal n°s 38770 s.). L'option pour l'IS peut prendre effet à la date de la réunion des parts à condition d'être notifiée avant la fin du troisième mois qui suit cet événement (CGI art. 239).

SECTION 2 FONCTIONNEMENT DE L'EURL

GÉRANCE DE L'EURL

35800 L'**associé unique** peut se désigner lui-même comme gérant ou confier la gérance à un **tiers.** Rien ne s'oppose à ce que la gérance soit confiée à plusieurs personnes.

Lorsque l'associé unique est une personne morale, les fonctions de gérant doivent obligatoirement être exercées par un tiers puisque seules les **personnes physiques** peuvent assumer de telles fonctions (art. L 223-18, al. 1).

Les conditions de nomination du gérant, de durée de ses fonctions, de fixation de sa rémunération et l'étendue de ses pouvoirs sont les mêmes que dans les SARL pluripersonnelles (n°s 31000 s.). L'application de ces règles appelle toutefois les remarques suivantes.

35801 **Gérant mineur non émancipé** Un mineur non émancipé peut, à compter de ses 16 ans, gérer une EURL (C. civ. art. 388-1-2 pour l'administration légale ; art. 401, al. 4 pour la tutelle). Les actes d'administration et de disposition nécessités par la gestion de la société sont alors accomplis dans les mêmes conditions qu'en cas de création d'une EURL par un mineur non émancipé (n° 35612).

35802 **Pouvoirs du gérant** S'il assure la gérance, l'**associé unique** doit prendre garde à ne pas confondre son patrimoine personnel avec celui de la société. À cette fin, il lui appartient d'ouvrir un compte bancaire au nom de la société, ayant vocation à enregistrer les mouvements de fonds liés à l'activité sociale, ce qui permet de les distinguer des mouvements de fonds personnels apparaissant sur le compte bancaire de l'associé gérant.

Celui-ci doit aussi veiller à ce que toutes les décisions qu'il prend soient conformes à l'intérêt de l'entreprise. Par exemple, il ne doit pas prélever sur les fonds sociaux les sommes nécessaires au règlement de travaux lui incombant personnellement ou de frais exposés dans son intérêt personnel (amélioration de son habitation, voyages ne revêtant pas un caractère professionnel, acquisition d'une voiture utilisée uniquement à des fins privées, frais de réception non justifiés, etc.).

L'impérieuse nécessité de respecter cette **séparation des patrimoines** est la contrepartie de la limitation de responsabilité dont bénéficie, en principe, l'associé unique. Si ce dernier méconnaît cette règle, il s'expose à ce que les créanciers sociaux le poursuivent sur ses biens personnels (application de la théorie de l'apparence). Il s'expose également à des poursuites pénales pour abus de biens sociaux.

Contrat de travail du gérant Lorsque le gérant est **associé unique,** il ne peut pas être titulaire d'un contrat de travail car cette situation exclut l'existence d'un lien de subordination à l'égard de la société, par analogie avec la situation du gérant majoritaire de SARL (nº 31060). 35803

Rémunération du gérant Le souci de bien séparer le patrimoine de la société de celui de l'associé unique ainsi que la nécessité de justifier les prélèvements du gérant sur les biens sociaux pour ses besoins personnels conduisent à **conseiller** à l'associé unique de s'attribuer une rémunération en tant que gérant. 35804

Si les statuts ne précisent pas le **mode de calcul** de la rémunération du gérant (qu'il soit ou non l'associé), celle-ci est fixée par une décision unilatérale de l'associé unique. Cette décision peut intervenir après la perception de sa rémunération par le gérant (Cass. com. 9-1-2019 nº 17-18.864 FS-D : RJDA 3/19 nº 201 à propos d'un gérant associé ; Cass. com. 18-12-2019 nº 18-13.850 F-D : RJDA 3/20 nº 155 à propos d'un gérant de SARL).

La décision doit être consignée dans le registre des décisions (cf. art. L 223-31, al. 3) à peine de nullité pouvant être demandée par tout intéressé (Cass. com. 25-9-2012 nº 11-22.337 : RJDA 2/13 nº 162 ; pour un cas où cette nullité, facultative, n'a pas été prononcée, voir Cass. com. 9-1-2019 précité).

> **› Précisions** **Fiscalement,** sauf option pour le régime de l'impôt sur les sociétés, l'attribution d'une rémunération au gérant est d'un intérêt très limité puisque la rémunération sera rattachée aux bénéfices sociaux et soumise à l'impôt sur le revenu selon les règles propres à la catégorie de bénéfices ou de revenus dont relève l'activité de la société (bénéfices industriels et commerciaux, bénéfices non commerciaux, revenus fonciers, etc.). Cette remarque vaut aussi à l'égard des cotisations sociales, étant précisé au surplus que l'option pour l'impôt sur les sociétés ne garantit pas sans limites l'exclusion des dividendes de l'assiette sociale (nº 187).

Responsabilité du gérant Qu'il soit l'associé unique ou un tiers, le gérant engage sa **responsabilité civile** en cas de violation des dispositions légales et réglementaires applicables aux SARL, de violation des statuts et de faute commise dans sa gestion. Lorsque l'associé unique est gérant, la mise en cause de sa responsabilité personnelle par la société est purement théorique puisqu'il s'identifie à cette société. 35806

À l'égard des tiers, la responsabilité du gérant ne peut être engagée que s'il a commis une faute séparable de ses fonctions (nºs 14300 s.).

Le gérant encourt aussi une **responsabilité pénale** non seulement pour les infractions qu'il peut commettre en tant que chef d'entreprise (infractions à la réglementation du travail et infractions dites « économiques »), mais aussi pour toutes celles concernant le fonctionnement des SARL (Cass. crim. 14-6-1993 : RJDA 11/93 nº 915 ; voir nº 31730).

Conventions entre l'EURL et son gérant Lorsque le **gérant** est l'**associé unique,** le régime applicable aux conventions entre celui-ci et l'EURL est celui exposé nº 36020. 35808

Dans les EURL dépourvues de commissaire aux comptes, les conventions entre le **gérant non associé** et l'EURL sont soumises à l'approbation préalable de l'associé unique (art. L 223-19, al. 2). Celui-ci se prononce au vu du rapport du gérant (art. L 223-19, al. 1 et R 223-17).

S'il existe un commissaire aux comptes chargé d'un audit classique des comptes, la convention entre le gérant non associé et la société est soumise à l'approbation a posteriori de l'associé unique, qui se prononce au vu du rapport du commissaire (cf. art. L 223-19, al. 1). Le gérant doit aviser le commissaire aux comptes des conventions intervenues ou poursuivies comme pour les SARL pluripersonnelles (nº 31950). L'établissement du rapport du commissaire obéit au même régime que dans ces sociétés (nº 32000).

Si le commissaire aux comptes est chargé d'un audit allégé, il est dispensé d'établir un rapport sur les conventions réglementées (art. L 821-57, al. 2).

CONSEIL

Bien qu'une lecture stricte des articles L 223-19 et L 821-57 ne l'impose pas, la prudence commande alors, selon nous, de considérer qu'en matière de conventions réglementées, la société n'a pas de **commissaire aux comptes** et de suivre la **procédure** prévue pour les **EURL qui en sont dépourvues.** Nous recommandons donc de soumettre les conventions conclues entre le gérant non associé et l'EURL dotée d'un commissaire aux comptes chargé d'un audit allégé à l'approbation préalable de l'associé, comme dans les EURL dépourvues de commissaire.

Les conventions non approuvées produisent néanmoins leurs effets, mais les conséquences préjudiciables pouvant en résulter restent à la charge du gérant (art. L 223-19, al. 4). Sur la possibilité de mettre en cause sa responsabilité pour faute de gestion, voir n° 14070, précision c.

Par **exception,** les conventions portant sur des opérations « courantes et conclues à des conditions normales » ne sont pas soumises à contrôle (art. L 223-20 ; sur ces notions, voir n°s 52640 s.).

Enfin, il est interdit au gérant, à son conjoint et à ses ascendants et descendants de contracter, sous quelque forme que ce soit, des **emprunts** auprès de la société, de se faire consentir par elle un **découvert** en compte courant ou autrement, et de faire **cautionner ou avaliser** par elle leurs engagements envers les tiers, sous peine de nullité du contrat (art. L 223-21).

> **Précisions** Lorsqu'aucune convention n'a été conclue avec le gérant non associé, le rapport du commissaire aux comptes, quand il est requis, doit mentionner l'**absence de convention** (Bull. CNCC juin 2018 p. 277 ; CNCC NI.IX février 2018 § 2.123).

CONTRÔLE DE LA GESTION DE L'EURL

35810 **Commissaire aux comptes** Dans certains cas, l'EURL est tenue d'avoir au moins un commissaire aux comptes. Les règles concernant la nomination et la cessation des fonctions de commissaires aux comptes, les conditions d'exercice de leurs fonctions, la mise en jeu de leur responsabilité et leur rémunération, qui, pour nombre d'entre elles, sont communes à l'ensemble des sociétés commerciales, sont exposées n°s 77500 s.

35815 **Conventions réglementées** L'associé unique doit approuver les conventions conclues entre l'EURL et son gérant non associé dans les conditions exposées n° 35808.

Par ailleurs, l'associé unique doit approuver les opérations suivantes :

– les conventions passées entre l'EURL et une société dont lui-même ou le gérant de l'EURL est associé indéfiniment responsable (par exemple, associé d'une société civile ou d'une SNC), gérant, administrateur, directeur général, membre du directoire ou du conseil de surveillance (art. L 223-19, al. 5) ;

– les prêts que l'EURL est autorisée à consentir à des micro-entreprises, à des petites et moyennes entreprises ou à des entreprises de taille intermédiaire (au sens de l'article 3 du décret 2008-1351 du 18-12-2008) avec lesquelles elle entretient des liens économiques le justifiant (C. mon. fin. art. L 511-6, 3 bis et R 511-2-1-1 s.) ;

– les engagements par lesquels l'EURL prend à sa charge, en cas de défaillance d'une société qui lui est liée, tout ou partie des obligations de prévention et de réparation des dommages industriels ou miniers causés par cette société à l'environnement (art. L 233-5-1 ; n° 80498).

Pour ces opérations, l'associé se prononce, comme dans les SARL pluripersonnelles, a posteriori sur rapport du gérant ou, s'il existe un commissaire aux comptes chargé d'un audit classique des comptes, sur rapport de celui-ci (art. L 223-19 ; n°s 31930 s.).

> **Précisions** Quand la société est dotée d'un **commissaire aux comptes,** il doit être avisé annuellement par le gérant des **prêts en cours** que l'EURL a consentis à des entreprises avec lesquelles elle entretient des liens économiques (C. mon. fin. art. L 511-6, 3 bis-al. 2 et R 511-2-1-3). Sur la déclaration du commissaire aux comptes concernant ces prêts, voir n° 32000.

DÉCISIONS DE L'ASSOCIÉ UNIQUE D'EURL

35820 L'associé unique exerce les pouvoirs dévolus à la collectivité des associés dans les SARL pluripersonnelles (art. L 223-1, al. 2).

Il lui appartient donc de se prononcer, par décision unilatérale, sur tout ce qui relève de la compétence des associés de SARL.

*Ces **décisions** ont pour **objet*** non seulement le fonctionnement courant de la société (approbation annuelle des comptes, affectation du résultat, nomination du gérant et, le cas échéant, des commissaires aux comptes, renouvellement de leurs fonctions, opérations passées par l'EURL soumises à contrôle, etc.), mais aussi les modifications des statuts (augmentation ou réduction du capital, changement de dénomination sociale, modification de l'objet, admission de nouveaux associés, dissolution de la société, etc.).

L'application aux EURL des règles relatives aux SARL conduit à reconnaître aussi la possibilité pour l'associé unique de décider la fusion de sa société avec une autre société.

L'associé unique doit prendre personnellement ces décisions. Il ne peut pas **déléguer** ses pouvoirs à un tiers (art. L 223-31, al. 3). Les décisions prises sur délégation peuvent être annulées à la demande de tout intéressé (art. L 223-31, al. 4), ce qui implique, à notre avis, que même l'associé unique auteur de la délégation pourrait demander cette annulation.

Toutefois, cette interdiction ne s'applique qu'aux décisions qui, dans les SARL pluripersonnelles, relèvent de la compétence d'une assemblée ; elle ne vise pas les délégations de pouvoir que l'associé unique pourrait consentir dans l'exercice de ses fonctions de gérant.

Forme des décisions Les règles relatives à la tenue des assemblées (convocation, vote, 35821
majorité) ne sont évidemment pas applicables à l'EURL (art. L 223-31, al. 1). Il s'ensuit que les règles statutaires prévues pour une SARL devenue unipersonnelle doivent être écartées (Cass. com. 9-3-2010 nº 09-11.631 : RJDA 5/10 nº 531).

Cependant, les décisions prises par l'associé unique doivent être consignées dans un **registre** (art. L 223-31, al. 3). À défaut, elles pourraient être annulées à la demande de tout intéressé (art. L 223-31, al. 4 ; pour un cas où cette nullité n'a pas été prononcée, voir Cass. com. 9-1-2019 nº 17-18.864 FS-D : RJDA 3/19 nº 201).

Ce registre doit être coté et paraphé ou être tenu sous forme électronique dans les mêmes conditions que celles exposées nos 23155 s. (art. R 223-26).

Le silence de l'article R 223-26 sur ce point n'exclut pas, nous semble-t-il, la possibilité de constater les décisions de l'associé unique sur des feuilles mobiles cotées et paraphées et, en cas de « transformation » de l'EURL en SARL ou inversement, d'utiliser le même registre, quel que soit le nombre des associés.

Publicité des décisions Lorsqu'il décide une **modification des statuts** ou de la 35822
composition des organes sociaux, l'associé unique doit procéder aux mêmes formalités de publicité que dans les SARL pluripersonnelles. Sur ces formalités, voir nos 85500 s.

Approbation annuelle des comptes de l'EURL Chaque année, le gérant de la 35823
société (qu'il soit ou non l'associé unique) doit **établir** un inventaire, des comptes annuels (bilan, compte de résultat et annexe) et, sauf dispense (nº 35825), un rapport de gestion (art. L 232-1, I ; sur le contenu du rapport de gestion, qui a évolué depuis le 1-1-2025, voir nos 32801 s.).

L'associé unique doit **approuver** les comptes, le cas échéant après rapport du commissaire aux comptes, dans le délai de six mois à compter de la clôture de l'exercice (art. L 223-31, al. 2).

Le gérant qui n'aurait pas soumis à l'approbation de l'associé unique l'inventaire, les comptes annuels et le rapport de gestion établis pour chaque exercice s'exposerait à une amende de 9 000 € (art. L 241-5). Mais le seul retard dans la soumission de ces documents à l'associé unique n'est pas pénalement sanctionné (Cass. crim. 12-2-2025 nº 23-86.857 F-B : RJDA 6/25 nº 328).

Lorsque la gérance est assurée par un tiers, l'associé unique dispose d'un **droit de communication** préalable des documents soumis à son approbation. En effet, un mois au moins avant l'expiration du délai ci-dessus prévu pour l'approbation des comptes, le gérant doit lui faire parvenir les comptes et, le cas échéant, le rapport de gestion et le rapport du commissaire aux comptes ; en outre, il doit tenir l'inventaire à sa disposition au siège social (art. R 223-25).

En cas de refus du gérant de communiquer les documents requis, la procédure d'injonction prévue par l'article L 238-1, al. 2 (nº 32403) est, à notre avis, ouverte à l'associé unique, même si ce texte vise le défaut de communication des renseignements exigés « en vue de la tenue des assemblées » et s'il n'y a pas ici assemblée mais décision de cet associé.

Comme dans les SARL pluripersonnelles, le gérant de l'EURL, qu'il soit ou non l'associé unique, 35824
doit **déposer au greffe** du tribunal de commerce, dans le mois qui suit l'approbation des comptes annuels ou dans les deux mois si le dépôt est effectué par l'intermédiaire du guichet unique électronique des formalités d'entreprises, les comptes annuels, éventuellement les comptes consolidés, les rapports du commissaire aux comptes sur ces comptes et la décision d'affectation du résultat, afin qu'ils soient annexés au RCS et au RNE (art. L 232-22, I-al. 1 à 3, R 123-111 et R 123-266, 3º). Le gérant n'a en revanche pas à déposer le rapport de gestion (s'il en est établi un), lequel doit toutefois être tenu **à la disposition de toute personne** qui en fait la demande dans les conditions prévues par l'article R 232-20-1 (art. L 232-22, I-al. 4). Pour plus de détails, voir nos 76800 s.

Par **dérogation,** le gérant est dispensé d'établir le **rapport de gestion** si la société répond à 35825
la définition des micro-entreprises ou des petites entreprises dans les mêmes conditions que dans la SA : voir nos 48186 s.

35826 Autre dérogation, le **dépôt** au greffe, dans les six mois de la clôture de l'exercice, de l'inventaire et des comptes annuels, dûment signés, **vaut,** si l'associé unique personne physique est le seul gérant de la société, **approbation des comptes,** sans qu'il ait à porter le récépissé de ce dépôt au registre qui répertorie l'ensemble de ses décisions (art. L 223-31, al. 2).

Ce procédé d'approbation des comptes a été mis en place dans un souci de simplification, afin d'éviter que l'associé unique seul gérant ne soit obligé de prendre une décision d'approbation des comptes. Toutefois, outre le fait que sa mise en œuvre suppose la publication de l'inventaire, ce qui peut surprendre au regard du secret des affaires (cf. G. Baranger, Associé unique gérant d'EURL, ne succombez pas à la simplification : Bull. Joly 2005 p. 1298), ce procédé ne permet pas, à notre avis, de dispenser l'associé unique de se prononcer sur l'affectation du résultat et de déposer cette décision au greffe (art. L 232-22). Il nous semble donc privé de portée pratique.

35828 **Perte de la moitié du capital de l'EURL** Si le montant des capitaux propres devient inférieur à la moitié du capital social, la procédure exposée nos 76610 s. doit être suivie.

TRANSFORMATION DE L'EURL EN SAS UNIPERSONNELLE

35830 Il existe deux formes de sociétés à associé unique : l'EURL et la SAS unipersonnelle.

L'associé unique d'une EURL peut donc, par simple **décision unilatérale,** transformer sa société en SAS.

Sur l'obligation de faire précéder la transformation d'un **rapport d'un commissaire aux comptes** sur la situation de la société, voir nos 33100 s.

Si l'EURL n'a pas de commissaire aux comptes, un commissaire à la transformation doit apprécier la **valeur des biens composant l'actif** social et les avantages particuliers consentis à l'associé unique ou à des tiers : voir nos 20650 s.

Dans sa décision de transformation ou en annexe à celle-ci, l'associé unique doit non seulement arrêter les nouveaux statuts de la société, mais aussi indiquer les nom, prénom et domicile de la personne (lui ou un tiers, personne physique ou morale) qui sera le **président** de la SAS ainsi que, le cas échéant, ceux du **commissaire aux comptes.**

Il lui faudra ensuite accomplir les formalités de **publicité** destinées à informer les tiers de la transformation (nos 20700 s.).

Sur le **régime des actions** attribuées en échange des parts sociales, voir nos 33123 s.

SECTION 3 DROITS ET OBLIGATIONS DE L'ASSOCIÉ UNIQUE D'EURL

DROIT D'INFORMATION DE L'ASSOCIÉ UNIQUE D'EURL

36000 Lorsqu'il n'est pas gérant, indépendamment de son droit d'information préalable à l'approbation des comptes (no 35823), l'associé unique jouit du même droit de communication permanent de certains documents sociaux concernant les trois derniers exercices (nos 34005 s.) que tout autre associé de SARL (art. L 223-31, al. 1 et L 223-26, al. 4).

DROIT DE L'ASSOCIÉ UNIQUE AUX BÉNÉFICES DE L'EURL

36010 Comme dans toute SARL, l'associé unique est tenu d'affecter une fraction (5 % au moins) du bénéfice social, diminué le cas échéant des pertes antérieures, au compte « **réserve légale** », à peine de nullité de toute décision contraire (art. L 232-10, al. 1 modifié, à compter du 1-10-2025, par ord. 2025-229 du 12-3-2025 écartant l'application du triple test ; Ord. 2025-229 art. 70). Cette obligation cesse lorsque la réserve atteint 10 % du capital (art. L 232-10, al. 2).

Le surplus du bénéfice est affecté dans les conditions prévues par les statuts.

Tout dividende prélevé par l'associé unique en violation des règles de l'article L 232-12 (approbation préalable des comptes et constatation de l'existence de sommes distribuables) constitue un **dividende fictif** et expose le gérant, qu'il soit ou non l'associé unique, à des sanctions pénales (voir no 76531).

L'associé unique peut s'allouer, ou se faire allouer par le gérant, des **acomptes sur dividende** sous réserve de respecter les conditions requises en pareil cas (art. L 232-12, al. 2 ; nos 76420 s.).

CONVENTIONS ENTRE L'EURL ET SON ASSOCIÉ UNIQUE

L'associé unique, s'il est une personne physique, son conjoint, ses ascendants et ses descendants ne peuvent contracter, sous quelque forme que ce soit, des **emprunts** auprès de la société, ni se faire consentir par elle un **découvert** en compte courant ou autrement, ni faire **cautionner ou avaliser** par elle leurs engagements envers les tiers, sous peine de nullité du contrat (art. L 223-21). 36020

Les **autres conventions** passées entre l'associé unique et l'EURL doivent faire l'objet d'une mention sur le registre des décisions (art. L 223-19, al. 3). Contrairement au régime applicable aux SARL pluripersonnelles, il n'est pas nécessaire que le gérant ou, le cas échéant, le commissaire aux comptes établisse un rapport spécial sur la convention. Aucune disposition ne précise le contenu de la mention à faire figurer sur le registre. Mais l'information serait d'un intérêt restreint s'il n'était pas indiqué, outre la nature et l'objet de la convention, les modalités essentielles de celle-ci, notamment le prix, les conditions de paiement et, éventuellement, les sûretés consenties.

Par **exception,** ne doivent pas faire l'objet d'une mention au registre les conventions portant sur des opérations « courantes et conclues à des conditions normales » (art. L 223-20 ; sur ces notions, voir n°s 52640 s.).

› Précisions a. Le **défaut de mention** sur le registre (comme le refus de ratification d'une convention réglementée par les associés d'une SARL pluripersonnelle : n°s 32015 s.) n'a pas d'effet sur la validité de la convention, mais l'associé s'expose à supporter les conséquences préjudiciables de la convention pour la société (art. L 223-19, al. 4 ; pour un exemple où aucun préjudice n'était établi, voir CA Nancy 30-5-2007 n° 04-990 : RJDA 7/08 n° 819).
b. Si la société est dotée d'un commissaire aux comptes chargé d'un audit classique des comptes et que celui-ci a connaissance d'une **convention** entre l'EURL et l'associé unique **non mentionnée** au registre des décisions, il convient qu'il mentionne ce fait dans un rapport ad hoc (Bull. CNCC juin 2018 p. 278).

CONTRAT DE TRAVAIL ENTRE L'EURL ET SON ASSOCIÉ UNIQUE

Parce qu'il dispose du pouvoir de révoquer le gérant (Cass. com. 9-3-2010 n° 09-11.631 F-PB : RJDA 5/10 n° 531), l'associé unique non gérant d'EURL n'est pas placé sous la dépendance de celui-ci et ne peut donc pas être salarié de la société (Cass. soc. 16-1-2019 n° 17-12.479 FS-PB : RJS 4/19 n° 259). 36025

RESPONSABILITÉ DE L'ASSOCIÉ UNIQUE D'EURL

En principe, l'associé unique d'une EURL n'est tenu des dettes sociales qu'**à concurrence** du montant **de ses apports.** Ses biens personnels, autres que ses parts de l'EURL, ne sont pas affectés par les engagements de la société à l'égard des tiers. Mais ce principe comporte d'importantes **exceptions,** indiquées ci-dessous. 36030

Cautionnement et autres garanties des dettes de l'EURL En pratique, les principaux créanciers (banquiers, notamment) des sociétés n'ayant qu'une faible « surface » financière exigent souvent des dirigeants et principaux associés qu'ils garantissent personnellement, le plus souvent en fournissant un cautionnement, le règlement des dettes sociales. Il en résulte qu'à l'égard de ces créanciers la séparation entre le patrimoine de l'EURL et celui de l'associé unique reste lettre morte. 36031

Procédure collective de l'EURL En principe, l'ouverture d'une procédure de sauvegarde, de redressement ou de liquidation judiciaire à l'encontre de l'EURL est **sans conséquence** sur le patrimoine personnel de l'associé unique **sauf** : 36032
– si la procédure collective lui est étendue pour confusion de patrimoines ou en raison de la fictivité de l'EURL (art. L 621-2, al. 2, L 631-7 et L 641-1, I ; pour un exemple de fictivité, voir CA Rouen 16-12-1999 n° 1998-726 : RJDA 5/00 n° 552) ;
– *si sa responsabilité*, en qualité de gérant de droit ou de fait de l'EURL, est recherchée pour une faute ayant contribué à la cessation des paiements de la société (art. L 631-10-1) ; pour plus de détails, voir n°s 92010 s. ;
– en cas de liquidation judiciaire, s'il est condamné, en tant que gérant de droit ou de fait, à supporter personnellement tout ou partie des dettes sociales pour avoir commis une faute de gestion ayant contribué à l'insuffisance d'actif (action en comblement de passif ; art. L 651-2).

Dissolution de l'EURL Si l'**associé unique** est une **personne morale,** la dissolution de la société entraîne automatiquement la transmission universelle de son patrimoine à cet associé (C. civ. art. 1844-5, al. 3 et 4). Ce dernier se trouve alors tenu de payer toutes les dettes sociales même si elles excèdent l'actif. 36033

CESSION DES PARTS D'EURL ENTRE VIFS

36040 L'associé unique peut céder à un tiers tout ou partie de ses droits sociaux. La procédure d'**agrément** n'est évidemment pas applicable (art. L 223-14, al. 2).

Pour le reste, la cession de parts d'une EURL est soumise aux mêmes règles que celles prévues pour les autres SARL (nos 34410 s.). Notamment, le **formalisme** suivant doit être respecté :
– constatation de la cession par un acte sous signature privée ou notarié ;
– enregistrement de l'acte auprès de l'administration fiscale ;
– dépôt d'un original de l'acte au siège social contre remise par le gérant d'une attestation de ce dépôt ou signification par acte extrajudiciaire à la société ;
– dépôt des statuts modifiés au greffe du tribunal de commerce ou, en cas de carence de la société, dépôt de l'acte de cession au greffe dans les conditions exposées no 24412.

Si l'**associé** unique ne **cède qu'une partie de ses parts** ou s'il les cède à plusieurs acquéreurs, la société devient pluripersonnelle et se trouve soumise au régime de droit commun des SARL. Dans le mois de la cession, elle doit faire supprimer du RCS la mention selon laquelle elle est constituée d'un associé unique (art. R 123-53 et R 123-66). Cette mention sera également supprimée du RNE (art. R 123-252, 2° et R 123-263).

36041 **Régime fiscal de la cession** En principe, les cessions de parts d'EURL sont soumises à un droit d'enregistrement de 3 %, sous réserve de l'application d'un abattement (no 24415). Toutefois, si les parts cédées correspondent à un apport en nature remontant à moins de trois ans et si l'EURL est soumise au régime fiscal des sociétés de personnes, ce sont les droits de mutation correspondant à la nature des biens apportés qui doivent être perçus (no 2197).

En ce qui concerne la possibilité de bénéficier d'un abattement de 500 000 € sur les cessions de parts représentatives d'un fonds de commerce, voir no 24415.

Lorsque, par suite de la cession, la société devient une SARL pluripersonnelle, elle est assujettie à l'impôt sur les sociétés. Si l'EURL n'était pas soumise à cet impôt, la « transformation » entraînera l'exigibilité du droit de mutation sur les apports purs et simples d'immeubles, de fonds de commerce, de clientèle ou de droit au bail qui auraient été faits à la société (voir no 20787).

De plus, il conviendra de tirer toutes les conséquences d'un tel changement de régime fiscal au regard des impôts directs, ce qui impliquera notamment l'imposition immédiate au nom de l'ancien associé unique des bénéfices réalisés par la société depuis l'ouverture de l'exercice en cours à la date de l'opération (Mémento Fiscal nos 38785 s.).

Par ailleurs, les gains nets réalisés lors de la cession sont soumis à l'impôt sur le revenu dans les mêmes conditions qu'en cas de cession d'actions si l'EURL est soumise à l'IS (no 68432) ou qu'en cas de cession de parts de SNC (no 24416) dans le cas contraire.

DÉCÈS DE L'ASSOCIÉ UNIQUE D'EURL

36050 Sauf clause contraire des statuts, le décès de l'associé unique ne met pas fin à la société (art. L 223-41, al. 2 ; pour une illustration, Cass. com. 22-6-2022 no 21-11.675 F-D : RJDA 11/22 no 643). Si l'associé n'a qu'**un héritier,** la société continue de plein droit avec lui. Lorsqu'il existe **plusieurs héritiers,** ceux-ci deviennent copropriétaires indivis des parts du défunt, de sorte que la société devient pluripersonnelle et se trouve donc soumise au régime de droit commun des SARL.

En vue du **partage des parts** indivises, le ou les héritiers qui ont participé à la mise en valeur de l'entreprise exploitée par l'EURL peuvent demander l'attribution préférentielle des parts du défunt, à charge pour eux d'indemniser, s'il y a lieu, les autres héritiers (nos 34560 s.).

SECTION 4 DISSOLUTION DE L'EURL

CAUSES DE DISSOLUTION DE L'EURL

36200 Les causes de dissolution communes à toutes les sociétés (nos 86000 s.) sont applicables aux EURL, à l'exception de celles qui supposent une pluralité d'associés. Ainsi, l'EURL peut être dissoute par l'arrivée du terme fixé dans les statuts, la réalisation ou l'extinction de l'objet social ou sur décision de l'associé unique mais non pour mésentente entre les associés. La dissolution peut aussi intervenir en cas de perte de la moitié du capital : voir nos 76610 s.

LIQUIDATION DE L'EURL

Il convient de distinguer selon que l'associé unique qui décide la dissolution de l'EURL est une personne physique ou une personne morale. 36210

Associé unique personne physique Lorsque l'associé unique est une personne physique, il doit procéder à la **liquidation** de sa société (nº 86080). 36211

Comme pour toute société, la personnalité morale de l'EURL subsiste pour les besoins de la liquidation jusqu'à la clôture de celle-ci.

La dissolution entraîne la cessation des fonctions du gérant et son remplacement par un liquidateur qui peut être l'associé unique ou l'ancien gérant ou encore un tiers.

Il est chargé d'effectuer les diverses opérations nécessaires pour réaliser l'actif social, payer les créanciers de la société et attribuer le solde disponible à l'associé unique.

Associé unique personne morale Lorsque l'associé unique est une personne morale, la dissolution de l'EURL n'est **pas** suivie **de liquidation.** Elle entraîne appropriation par la personne morale associé unique de l'ensemble du patrimoine de la société dissoute, sauf la possibilité pour les créanciers sociaux de faire opposition à la dissolution (nºs 86082 s.). 36212

Les dispositions de l'article 1844-5 du Code civil écartant les opérations de liquidation en cas de dissolution d'une société devenue unipersonnelle s'appliquent à toutes les sociétés civiles ou commerciales dont l'associé unique est une personne morale.

Certes, l'article L 223-4 prévoit que, en cas de réunion en une seule main de toutes les parts d'une SARL, les dispositions de l'article 1844-5 ne sont pas applicables, mais cette restriction ne vaut que pour celles de ces dispositions qui sont « relatives à la dissolution judiciaire » ; elle permet d'éviter qu'un tiers puisse, lorsqu'il s'agit d'une SARL, demander la dissolution de la société au motif que celle-ci n'est pas redevenue pluripersonnelle à l'expiration du délai d'un an imparti par la loi pour régulariser sa situation (nº 35690).

En revanche, aucun texte n'écarte les règles de l'article 1844-5 relatives à l'absence de liquidation d'une société unipersonnelle dissoute lorsqu'il s'agit d'une EURL (en ce sens, CA Douai 14-11-1996 : RJDA 3/97 nº 372).

SECTION 5

STATUTS TYPES D'EURL DONT L'ASSOCIÉ UNIQUE EST GÉRANT

MISE À DISPOSITION ET RECOURS AUX STATUTS TYPES D'EURL

Des statuts types, qui figurent à l'annexe 2-1 du Livre II de la partie réglementaire du Code de commerce (art. D 223-2, al. 1), s'appliquent aux EURL dont la gérance est assumée par l'**associé** unique personne physique si ce dernier **choisit de ne pas produire des statuts différents** lors de la demande d'immatriculation (art. L 223-1, al. 2). Ce modèle de statuts est mis à la disposition du fondateur gratuitement par voie électronique par le guichet unique électronique des formalités d'entreprises (art. D 223-2, al. 2). 36400

Le fondateur qui opte pour ces statuts types doit alors reprendre le modèle pour établir les statuts en autant d'exemplaires qu'il est nécessaire pour leur dépôt au siège social et l'exécution des diverses formalités (art. R 223-1, al. 1).

CONTENU DES STATUTS TYPES D'EURL

Le modèle de statuts types, reproduit nº 36405, contient toutes les **mentions obligatoires** des statuts d'une SARL (nº 30301). Il prévoit également certaines **clauses facultatives** mais utiles au bon fonctionnement de la société (choix du gérant, dates d'ouverture et de clôture des exercices sociaux, etc.). Toutefois, il omet de prendre en compte de nombreuses hypothèses pouvant se rencontrer en pratique. Par exemple, la clause relative aux **apports** (art. 6) n'envisage que les apports en numéraire et ne prévoit pas la possibilité de consentir un apport en nature. Conséquence de cette lacune : les dispositions de cette clause sur l'information du 36402 conjoint en cas d'apport d'un bien de communauté ne visent que les apports de fonds communs aux époux.

Parmi les autres hypothèses non envisagées, signalons le cas du **passage de l'EURL à la SARL** pluripersonnelle ou encore celui du **décès de l'associé** unique.

ATTENTION

À notre avis, lorsque l'associé décédé laisse **plusieurs héritiers,** la clause prévoyant que « la société est gérée par son associé unique, M... » (art. 8) devient caduque et le nouveau gérant doit être désigné par les nouveaux associés (c'est-à-dire les héritiers, qui ont reçu les parts sociales au prorata de leurs droits dans la succession) dans les conditions légales prévues pour les SARL pluripersonnelles, c'est-à-dire à la majorité de plus de la moitié des parts sociales (art. L 223-18, al. 2).

Ce modèle de statuts, en ce qu'il impose l'établissement du **rapport de gestion** chaque année (art. 11), ne tient pas non plus compte de la dispense d'établissement du rapport prévue pour les EURL de petite taille (nº 35825), si bien que cette dispense, même si elle est prévue par la loi (art. L 232-1, IV modifié par loi 2025-391 du 30-4-2025), ne peut pas jouer (nº 48188).

En définitive, ces statuts types ne doivent pas dispenser le fondateur d'apporter aux nombreuses **questions préalables** à la création de la société les réponses dont dépend la bonne marche de celle-ci.

36405 MODÈLE

Statuts types

Société : ... (*dénomination sociale*)
Société à responsabilité limitée
Au capital de : ...
Siège social : ...

Le soussigné :

M./Mme... (*nom de naissance et, le cas échéant, nom d'usage, prénom, domicile, date et lieu de naissance*) a établi ainsi qu'il suit les statuts d'une société à responsabilité limitée dont le gérant est l'associé unique.

Statuts

Article 1er – Forme

La société est à responsabilité limitée.

Article 2 – Objet

La société a pour objet : ... (*indiquer ici toutes les activités qui seront exercées par la société*).

Et, plus généralement, toutes opérations, de quelque nature qu'elles soient, juridiques, économiques et financières, civiles et commerciales, se rattachant à l'objet sus-indiqué ou à tous autres objets similaires ou connexes, de nature à favoriser, directement ou indirectement, le but poursuivi par la société, son extension ou son développement.

Article 3 – Dénomination

Sa dénomination sociale est : ... (*nom de la société*).

Son sigle est : ... (*facultatif*).

Dans tous les actes et documents émanant de la société, cette dénomination doit être précédée ou suivie immédiatement des mots « société à responsabilité limitée » ou des initiales « SARL » et de l'énonciation du capital social.

Article 4 – Siège social

Le siège social est fixé à : ... (*indiquer ici l'adresse du siège social*).

Il peut être transféré par décision de l'associé unique.

Article 5 – Durée

La société a une durée de... (*indiquer ici la durée, sans qu'elle puisse excéder 99 ans*) années, sauf dissolution anticipée ou prorogation.

Article 6 – Apports

Apports en numéraire : ... (*indiquer ici le montant des espèces en euros*).

M./Mme... apporte et verse à la société une somme totale de...

La somme totale versée, soit..., a été déposée le... au crédit d'un compte ouvert au nom de la société en formation, à... (*indiquer ici les coordonnées de l'établissement financier*).

Apports de biens communs (le cas échéant) : ... (*il s'agit des biens appartenant à la communauté des époux*).

Cette somme provient de la communauté de biens existant entre l'apporteur et son conjoint... (*nom, prénoms*), qui a été préalablement averti de cet apport par lettre recommandée avec demande d'avis de réception reçue le... comportant toutes précisions utiles quant aux finalités et modalités de l'opération d'apport.

36405 (suite)

Par lettre en date du..., M./Mme..., conjoint de l'apporteur, a renoncé expressément à la faculté d'être personnellement associé, pour la moitie des parts souscrites. L'original de cette lettre est demeuré annexé aux présents statuts.
Apports par une personne ayant contracté un Pacs (*le cas échéant*) : ...
M./Mme... réalise le présent apport pour son compte personnel et est en conséquence seul propriétaire des parts sociales qui lui sont attribuées en rémunération de son apport.

Article 7 – Capital social et parts sociales
Le capital est fixé à la somme de : ... (*indiquer le montant en euros*).
Le capital est divisé en... (*indiquer ici le nombre de parts sociales pour le montant du capital et, de manière facultative, le montant de ces parts*) (parts égales d'un montant de... chacune), intégralement libérées (*ou : libérées chacune à concurrence du cinquième, du quart, de la moitié, etc.*). La libération du surplus, à laquelle il s'oblige, interviendra en une ou plusieurs fois sur décision du gérant.

Article 8 – Gérance
La société est gérée par son associé unique, M./Mme...

Article 9 – Décisions de l'associé
L'associé unique exerce les pouvoirs et prérogatives de l'assemblée générale dans la société pluripersonnelle. Ses décisions sont répertoriées sur un registre coté et paraphé. Il ne peut en aucun cas déléguer ses pouvoirs.

Article 10 – Exercice social
Chaque exercice social a une durée de douze mois qui commence le... et finit le... (par exception, le premier exercice sera clos le...).

Article 11 – Comptes sociaux
L'inventaire et les comptes annuels sont établis par l'associé unique gérant. Leur dépôt au registre du commerce et des sociétés dans le délai de six mois à compter de la clôture de l'exercice vaut approbation des comptes.
Le rapport de gestion est établi chaque année par l'associé unique gérant et tenu à la disposition de toute personne qui en fait la demande.

Article 12 – Actes accomplis pour le compte de la société en formation
L'état des actes accomplis pour le compte de la société en formation a été annexé aux statuts. La signature de ceux-ci emportera reprise de ces engagements par la société lorsque celle-ci aura été immatriculée au registre du commerce et des sociétés.

Article 13 – Frais/formalités de publicité
Les frais afférents à la constitution des présents statuts et de leurs suites seront pris en charge par la société.
Tous pouvoirs sont donnés au porteur d'une copie des présentes à l'effet d'accomplir toutes les formalités légales de publicité.

Fait à..., le...
En... exemplaires.
Signature de l'associé

TITRE III

La société anonyme

CHAPITRE 1

INTÉRÊT ET CARACTÉRISTIQUES DE LA SOCIÉTÉ ANONYME

SOMMAIRE

TEXTES APPLICABLES À LA SA

37000 Les textes régissant spécialement la SA sont les suivants : articles L 225-1 à L 225-270, articles L 242-1 à L 242-30, articles R 225-13 à R 225-172 et, s'il s'agit d'une société dont les titres sont admis aux négociations sur un marché réglementé ou sur un SMN, articles L 22-10-2 à L 22-10-73 et articles R 22-10-2 à R 22-10-39. En outre, comme toute société commerciale, elle est soumise aux règles générales des articles 1832 à 1844-17 du Code civil (cf. C. civ. art. 1834) et aux dispositions communes à toutes les sociétés commerciales figurant dans le Livre II du Code de commerce (art. L 210-1 à L 210-12, L 22-10-1, L 22-10-1-1 et L 230-1 à L 23-12-1 ; art. R 210-1 à D 210-21, R 22-10-1, D 230-1 à D 23-10-3 et R 247-1 à R 247-4 ; art. A 232 à A 233-1). S'agissant d'une société par actions, elle est soumise aussi aux dispositions générales visant ces sociétés (art. L 224-1 à L 224-3 ; art. R 224-1 à R 224-3 ; art. D 22-10-40-1 à D 22-10-40-5) et aux règles concernant les valeurs mobilières émises par elles (art. L 228-1 à L 228-106 ; art. R 228-1 à R 228-96).

I. INTÉRÊT DE LA SA

37010 La SA s'impose pour les **entreprises de grande taille** dont les besoins en capitaux ne peuvent pas être assurés par un cercle restreint de personnes. Elle permet de rechercher ces capitaux en faisant appel au public et en offrant aux épargnants, en échange de leurs investissements, des titres négociables (actions, obligations, valeurs mobilières composées) – facilement cessibles s'ils sont admis aux négociations sur un marché boursier – et générateurs de profits (dividendes ou plus-values de cession), tout en limitant leur responsabilité au montant des sommes engagées pour souscrire ou acheter ces titres.

La SCA permet d'obtenir le même résultat ; cette forme juridique, peu utilisée, présente toutefois des avantages dans certains cas, notamment lorsque les fondateurs de la société entendent la contrôler étroitement (n° 55521).

37011 Pour les **entreprises de petite taille ou de taille moyenne,** la SA n'est pas nécessairement la forme adéquate. Les fondateurs ou dirigeants de ces entreprises doivent soigneusement comparer les mérites de la SA avec ceux des autres formes de sociétés, notamment de la SARL (nos 30023 s.) et de la SAS (nos 60020 s.).

II. CARACTÉRISTIQUES DE LA SA

CARACTÉRISTIQUES GÉNÉRALES DE LA SA

37070 La SA est toujours **commerciale,** quel que soit son objet (art. L 210-1, al. 2).

Elle est le type même de la **société de capitaux** groupant des associés qui peuvent ne pas se connaître et dont la participation à la société est fondée sur les capitaux qu'ils ont investis dans l'entreprise.

Le capital des SA est divisé en **actions** (art. L 225-1, al. 1). L'action, qui est un titre négociable, se transmet plus facilement que la part sociale (qui représente les droits des associés dans les SNC, les SCS ou les SARL). Notamment, l'accord des autres associés n'est pas nécessaire en cas de cession (sauf existence d'une clause statutaire d'agrément des acquéreurs, dont les modalités d'application sont strictement limitées par la loi).

Sur de nombreux points – que nous précisons par ailleurs –, la réglementation applicable aux modalités de fonctionnement des SA varie selon que les **titres** de celles-ci sont ou non **admis aux négociations sur un marché boursier.**

Pour un **tableau comparatif** des principales caractéristiques de la SA et des autres formes de sociétés, voir n°s 200 s.

A. Actionnaires de SA

37080 Les actionnaires ne sont pas **commerçants.**

Leur **responsabilité** est limitée au montant de leurs apports (art. L 225-1, al. 1) ; mais ce principe comporte d'importantes exceptions :

– une exception de fait, d'abord : dans les SA de petite taille ou de taille moyenne, les dispensateurs de crédit, principalement les banquiers, exigent souvent l'engagement personnel des administrateurs et des principaux actionnaires en garantie des prêts qu'ils consentent à la société ;

– une exception de droit, ensuite : la limitation de la responsabilité des actionnaires dirigeants au montant de leurs apports est écartée lorsque la société fait l'objet d'une procédure de liquidation judiciaire (possibilité de mettre le passif social à la charge des dirigeants).

Les actionnaires ont le droit d'être **informés,** dans des conditions soigneusement précisées par les textes, de la marche de la société ; ils délibèrent sur les **comptes sociaux** au cours d'une assemblée annuelle, après audition de rapports présentés par l'organe de gestion et, s'il en existe, par les commissaires aux comptes et par l'organisme tiers indépendant chargé de certifier les informations de durabilité.

Les actionnaires peuvent en toute hypothèse quitter la société, même lorsque la **cession des actions** est subordonnée à agrément.

B. Gestion de la SA

DEUX MODES DE GESTION DE LA SA

37140 Du point de vue de leur mode de gestion, il existe deux types de SA :

1. La **SA de type « moniste »,** gérée par un conseil d'administration qui désigne un directeur général, obligatoirement personne physique, chargé de la direction de la société et, éventuellement, un ou plusieurs directeurs généraux délégués, eux aussi personnes physiques, ayant pour mission d'assister le directeur général. Le président du conseil d'administration peut cumuler ses fonctions avec celles de directeur général.

ATTENTION

Par **exception,** les fonctions de président du conseil d'administration et de directeur général d'un établissement de crédit ou d'une société de financement ou d'une entreprise d'investissement de classe 1 bis doivent être dissociées, sauf autorisation de l'ACPR sur demande motivée de l'entité concernée (C. mon. fin. art. L 511-58, pour les établissements de crédit et les sociétés de financement et, sur renvoi de l'art. L 533-24-3, pour les entreprises d'investissement de classe 1 bis).

2. La **SA de type « dualiste »** recourant à un système de gestion comprenant :

– d'une part, un directoire composé de personnes physiques et chargé de l'administration et de la direction de la société ;

– d'autre part, un conseil de surveillance, groupant des personnes physiques ou morales dont le rôle est essentiellement de nommer les membres du directoire et de contrôler leur gestion.

Il n'est pas possible de prévoir dans les statuts des dispositions **cumulant** partiellement **les deux régimes.** En effet, si la loi laisse toute liberté aux actionnaires pour adopter le système moniste ou le système dualiste, elle ne permet pas de les combiner en raison du principe d'organisation hiérarchique de la SA qui interdit de modifier la répartition légale des pouvoirs entre les organes de celle-ci (no 40881). Ainsi, il n'est pas possible d'ajouter un conseil de surveillance au conseil d'administration ou de greffer sur un conseil d'administration un directoire à la place du directeur général. **37141**

Il s'ensuit que les actionnaires n'ont pas d'autre choix que d'adopter « en bloc » l'une ou l'autre des deux formules qui leur sont proposées. Toutefois, après avoir adopté l'une d'elles, ils peuvent l'abandonner pour retenir l'autre.

Choix entre la formule moniste et la formule dualiste d'administration des SA **37145**

Afin d'éclairer le choix des actionnaires entre le système moniste avec conseil d'administration et le système dualiste comprenant un directoire et un conseil de surveillance, nous présentons successivement les avantages et les inconvénients des deux formules.

Avantages de la formule dualiste

Séparation de la direction et du contrôle

La formule dualiste favorise une séparation entre la direction de la SA et le contrôle de cette direction alors que, théoriquement du moins, le conseil d'administration ne se borne pas à contrôler la direction, mais participe aux décisions de gestion.

Le directoire assume la direction de la SA ; la mission des membres du conseil de surveillance se borne essentiellement à nommer les membres du directoire et à contrôler leur gestion sans pouvoir s'immiscer dans la conduite des affaires sociales.

Sécurité des fonctions de membres du directoire

Les membres du directoire jouissent d'une plus grande sécurité de fonction que les administrateurs puisqu'ils ont droit à des dommages-intérêts si leur révocation intervient sans juste motif. Dans le système moniste, les administrateurs n'ont droit à aucune indemnisation, à moins que leur révocation ait été abusive. De plus, les possibilités de cumul de leurs fonctions avec un contrat de travail sont limitées : ce cumul n'est permis qu'au tiers des administrateurs en fonctions, et si un salarié peut, sous certaines conditions, devenir administrateur, l'inverse est interdit dans les sociétés de taille importante.

À noter cependant que le directeur général d'une SA de type moniste peut être indemnisé en cas de révocation sans juste motif et qu'il peut cumuler ses fonctions avec un contrat de travail.

Contrôle des dirigeants

En dépit de la position prééminente du directoire, il serait faux de penser que, dans les sociétés de type dualiste, les actionnaires sont dépourvus de moyens d'action sur les dirigeants. En effet, ce sont leurs représentants au conseil de surveillance qui choisissent tous les membres du directoire et qui désignent ceux habilités à représenter la société à l'égard des tiers.

Responsabilité atténuée des membres du conseil de surveillance

La responsabilité des membres du conseil de surveillance est sensiblement moins étendue que celle des administrateurs car, à la différence de ces derniers, ils ne sont pas responsables des actes relatifs à la gestion. Là encore, la formule dualiste fait preuve de réalisme. Il est parfois choquant de voir, à l'occasion de certains procès, des administrateurs – trop complaisants il est vrai – supporter les conséquences de fautes commises par un dirigeant tout-puissant. La formule dualiste situe les différents organes de la société à la place qu'ils doivent avoir, compte tenu de leur activité et de leurs pouvoirs réels.

On observera d'ailleurs que cette limitation de l'étendue de la responsabilité des membres du conseil de surveillance est de nature à faciliter leur recrutement. En effet, la responsabilité attachée aux fonctions d'administrateur (surtout en cas de liquidation judiciaire de la société) peut faire hésiter les personnes pressenties pour siéger au conseil d'administration et qui n'ont pas toujours suffisamment de temps à consacrer à ces fonctions. Elles accepteront plus volontiers un poste de membre du conseil de surveillance.

Inconvénients de la formule dualiste

La formule du directoire et du conseil de surveillance n'est pas une panacée. Le rôle du conseil de surveillance peut, en effet, s'avérer en pratique purement illusoire : ou bien il est somnolent (ce qui peut s'expliquer par le fait qu'il a nommé au directoire des personnes en qui il a confiance), ou bien il est dans les mains d'une autre société ou de banques dont il défend les intérêts. Dans bien des cas, la forme juridique n'est que l'habillage de la réalité sociale : si le conseil de surveillance a la société bien en main, il fixe la ligne de gestion au directoire, qui se borne à obéir.

Quant au directoire, il risque, la direction de la société étant confiée à plusieurs personnes, d'être une sorte de conseil d'administration restreint, alors que, dans la SA classique, une personne seule mène à bien la gestion courante de la SA.

En outre, la pratique a révélé que la répartition des pouvoirs entre les différents organes de la SA n'est pas satisfaisante. Ainsi :

– l'absence d'intervention du président du directoire dans le choix des autres membres du directoire, et notamment des directeurs généraux, nuit à la cohésion des organes de direction ;

– la nécessité de revenir devant l'assemblée générale pour dénouer les conflits opposant le directoire au conseil de surveillance ne facilite pas la recherche d'une solution rapide à ces conflits et crée souvent de nouvelles divergences.

Conclusion

La formule dualiste de gestion des SA n'a pas donné les résultats escomptés. Les statistiques montrent d'ailleurs que le nombre des SA adoptant cette formule est en baisse et que plusieurs d'entre elles sont revenues au système classique du conseil d'administration.

En l'état actuel des choses, la formule dualiste ne joue qu'un rôle marginal : elle est surtout utilisée par les entreprises publiques ainsi que par les sociétés étrangères qui créent des filiales en France. En outre, son adoption est parfois retenue pour faciliter psychologiquement les mutations dans les postes de direction qui deviennent nécessaires dans certaines circonstances, par exemple à l'occasion d'un changement de contrôle, d'une fusion ou du départ du président-directeur général.

MANDATAIRES SOCIAUX EXÉCUTIFS ET NON EXÉCUTIFS DE LA SA

37150 Dans les **sociétés dont les titres sont admis aux négociations sur un marché réglementé,** le Code de gouvernance Afep-Medef (Annexe 2) distingue les mandataires sociaux exécutifs des mandataires sociaux non exécutifs selon la répartition suivante :

		SA à conseil d'administration	SA à directoire et conseil de surveillance
Mandataires sociaux exécutifs	**Dirigeants mandataires sociaux exécutifs**	Président-directeur général (unicité des fonctions) Directeur général Directeur(s) général(aux) délégué(s)	Président du directoire Membres du directoire
Mandataires sociaux non exécutifs	**Dirigeants mandataires sociaux non exécutifs**	Président du conseil d'administration (dissociation des fonctions de président et de directeur général)	Président du conseil de surveillance
	Administrateurs et membres du conseil de surveillance	Administrateurs	Membres du conseil de surveillance

C. Cumul de mandats sociaux dans la SA

PRINCIPES

37200 Le Code de commerce n'interdit pas le cumul de mandats sociaux dans les SA mais il le réglemente tant pour les sociétés à conseil d'administration que pour les sociétés à directoire, dans le **but** de permettre à leurs dirigeants de consacrer le plus de temps possible à l'exercice de leurs fonctions.

Par ailleurs, le **représentant permanent** d'une personne morale administrateur ne peut pas être administrateur à titre personnel de la même société, sous peine de fausser le fonctionnement du conseil d'administration, notamment en portant atteinte aux règles de quorum et de majorité (CA Nancy 17-9-1998 n° 98-2840 : RJDA 8-9/99 n° 946).

Bien qu'aucune disposition légale n'interdise expressément de nommer le **président du conseil d'administration** (qui n'assume pas les fonctions de directeur général) aux fonctions de **directeur général délégué,** le cumul de ces deux fonctions n'est pas possible car il est incompatible avec la finalité de la loi, qui vise à assurer une dissociation effective des fonctions (CA Lyon 25-9-2003 nº 03-2257 : RJDA 7/04 nº 848). La solution nous semble justifiée. En effet, le président du conseil d'administration étant un organe de la société doté par la loi de pouvoirs spécifiques qui l'obligent à s'assurer du bon fonctionnement de la société (art. L 225-51), il ne saurait ni directement ni indirectement empiéter sur l'action de la direction générale sans porter atteinte à la répartition hiérarchique des pouvoirs.

Enfin, aucun membre du **conseil de surveillance** ne peut faire partie du **directoire** de la même société (art. L 225-74). Si un membre du conseil de surveillance est nommé au directoire, son mandat au conseil prend fin dès son entrée en fonctions (art. R 225-37). L'interdiction de cumuler les fonctions de membre du directoire et de membre du conseil de surveillance vaut également pour le représentant permanent d'une personne morale qui occuperait un siège au conseil de surveillance. En effet, les représentants permanents sont soumis au même régime que s'ils étaient membres du conseil de surveillance en leur nom propre (art. L 225-76, al. 1).

› Précisions **a.** Des limitations particulières au cumul des fonctions de direction des **établissements de crédit,** des **sociétés de financement** et des **entreprises d'investissement** revêtant une importance significative en raison de leur taille, de leur organisation interne ainsi que de la nature, de l'échelle et de la complexité de leurs activités sont prévues par le Code monétaire et financier (C. mon. fin. art. L 511-52, L 511-54, L 533-26, L 533-28, R 511-17, I et R 533-18, I).

b. Pour l'application des règles du Code de commerce relatives à la limitation des cumuls de mandats d'une SA, on ne tient pas compte des mandats exercés dans des **sociétés ayant une autre forme,** par exemple dans des SAS ou des SCA.

CUMUL DE MANDATS DANS LA SA : TABLEAU RÉCAPITULATIF

Compte tenu de la complexité de la matière, nous présentons dans le tableau ci-dessous les différentes règles de cumul de mandats dans les SA. Dans ce tableau, nous entendons par « sociétés cotées » celles dont les titres sont admis aux négociations sur un marché réglementé et par « sociétés non cotées » celles dont les titres n'y sont pas admis. Parmi les sociétés cotées, nous entendons par « grandes sociétés cotées » celles qui emploient avec leurs filiales plus de 5 000 salariés en France ou plus de 10 000 au niveau mondial. 37210

Catégorie de mandat	Principe	Dérogations (cumulables)
Administrateur ou membre du conseil de surveillance	Cinq mandats (nº 37220)	1. Nombre illimité de mandats dans des sociétés contrôlées (cotées ou non) (nº 37260) 2. En cas de détention de cinq mandats au plus dans des sociétés sœurs non cotées, ces mandats ne comptent que pour un (nº 37261)
Directeur général, membre du directoire ou directeur général unique	Un mandat (nº 37221)	1. Un mandat supplémentaire dans une société contrôlée (cotée ou non) (nº 37270) 2. Un mandat supplémentaire dans une autre société dès lors qu'aucune des deux sociétés n'est cotée (nº 37320)
Tous mandats confondus	Cinq mandats, l'exercice des fonctions de directeur général par un administrateur ne comptant que pour un seul mandat ; des limitations supplémentaires sont prévues pour les grandes sociétés cotées (nº 37230)	1. Pas de prise en compte des mandats d'administrateur ou de membre du conseil de surveillance détenus dans des sociétés contrôlées cotées ou non (nº 37280) 2. En cas de détention de cinq mandats d'administrateur ou de membre du conseil de surveillance au plus dans des sociétés sœurs non cotées, ces mandats ne comptent que pour un (nº 37280)

1. PRINCIPE DE LIMITATION DU NOMBRE DES MANDATS

LIMITATIONS PARTICULIÈRES DU NOMBRE DE MANDATS

Une personne physique ne peut pas exercer simultanément plus de cinq **mandats d'administrateur ou de membre du conseil de surveillance** de SA ayant leur siège sur le territoire 37220 français (art. L 225-21, al. 1, L 225-77, al. 1 et L 225-94, al. 1). Ainsi, une personne physique exerçant trois mandats de membre du conseil de surveillance ne peut détenir que deux mandats d'administrateur.

La limitation ne concernant que les personnes physiques, les personnes morales peuvent être titulaires d'un nombre illimité de mandats d'administrateur ou de membre du conseil de surveillance. Ainsi, la société mère d'un groupe peut être administrateur d'un nombre illimité de filiales constituées sous forme de SA.

Toutefois, cette limitation s'applique aux représentants permanents de ces personnes morales, sauf exceptions (n° 37330).

37221 Une personne physique ne peut pas non plus exercer plus d'un **mandat de directeur général, de membre du directoire** ou de directeur général unique de SA ayant leur siège social sur le territoire français (art. L 225-54-1, al. 1 et L 225-67, al. 1).

En l'absence de dispositions légales contraires, une même personne peut, contrairement au directeur général, assumer simultanément plusieurs mandats de **directeur général délégué** sans limitation.

37222 Pour l'application de ces limitations, il convient de prendre en compte les mandats exercés dans toutes les SA ayant leur **siège sur le territoire français,** c'est-à-dire non seulement en métropole, mais aussi dans la France d'outre-mer.

> **Précisions** S'agissant des personnes exerçant des fonctions exécutives (directeur général, membre du directoire ou directeur général unique) dans des **sociétés dont les titres sont admis aux négociations sur un marché réglementé,** il est recommandé de prendre en outre en considération les mandats que celles-ci exercent dans des sociétés « cotées » étrangères (Code de gouvernance Afep-Medef art. 20.2 ; Code de gouvernance Middlenext rec. 1 ; sur le champ d'application et le caractère contraignant de ces Codes, voir n°s 48272 s.).

PLAFOND GLOBAL DU NOMBRE DE MANDATS

37230 **Dispositions légales** Une même personne physique ne peut pas exercer plus de cinq mandats de directeur général, de membre du directoire, de directeur général unique, d'administrateur ou de membre du conseil de surveillance de SA ayant leur siège sur le territoire français (art. L 225-94-1, al. 1), c'est-à-dire non seulement en métropole, mais aussi dans la France d'outre-mer. Ainsi, une personne physique exerçant un mandat de membre du directoire ne peut détenir que quatre mandats d'administrateur ou de membre du conseil de surveillance. Pour l'application de ces dispositions, l'**exercice par un administrateur,** président ou non, **des fonctions de directeur général** dans la même société ne compte que pour un seul et même mandat (art. L 225-94-1, al. 1).

Toutefois, le directeur général, membre du directoire ou directeur général unique d'une **société dont les titres sont admis aux négociations sur un marché réglementé** et qui emploie avec ses filiales plus de 5 000 salariés en France ou plus de 10 000 au niveau mondial ne peut pas exercer plus de deux autres mandats (au lieu de quatre) au sein de sociétés dont les titres sont admis aux négociations sur un marché réglementé (art. L 225-94-1, al. 1). Rien ne l'empêche, à notre avis, d'exercer deux mandats dans des sociétés dont les titres ne sont pas admis aux négociations sur un marché réglementé en sus des deux mandats exercés dans des sociétés dont les titres sont admis aux négociations sur un tel marché.

Par **dérogation,** ne sont pas pris en compte dans ce plafond de trois mandats les mandats d'administrateur ou de membre de conseil de surveillance exercés par les directeur général, membre du directoire ou directeur général unique des sociétés dont l'activité principale est d'acquérir et de gérer des participations, dans les sociétés qui constituent des participations (art. L 225-94-1, al. 3). Ces dirigeants restent en revanche soumis au plafond de cinq mandats.

> **Précisions** C'est manifestement par **erreur** que l'alinéa 3 de l'article L 225-94-1 prévoit une dérogation à l'alinéa 2 et non à l'alinéa 1, faute de quoi le texte serait incompréhensible. La lecture que nous faisons de cette disposition est en revanche conforme à la volonté exprimée lors des **débats parlementaires** relatifs à la loi 2015-990 du 6 août 2015 ayant ajouté cette dérogation (JO déb. Sén. 6-5-2015 p. 4376 s.).

37231 **Codes de gouvernance** Les Codes de gouvernance Afep-Medef, d'une part, et Middlenext, d'autre part, comportent un certain nombre de recommandations relatives au cumul des mandats des dirigeants et des administrateurs des **SA dont les titres sont admis aux négociations sur un marché réglementé** (sur le champ d'application et le caractère contraignant de ces Codes, voir n°s 48272 s.).

Ainsi, le directeur général, membre du directoire ou directeur général unique d'une SA dont les titres sont admis aux négociations sur un marché réglementé ne doit pas détenir plus de deux (Afep-Medef) ou trois (Middlenext) mandats d'administrateur dans des sociétés « cotées » extérieures au groupe, sociétés étrangères comprises (Code de gouvernance Afep-Medef art. 20.2 ; Code de gouvernance Middlenext rec. 1). L'Afep et le Medef excluent toutefois de cette limite les mandats exercés dans les filiales et participations des sociétés holdings (art. 20.2 précité).

L'Afep et le Medef recommandent par ailleurs que les administrateurs n'exercent pas plus de quatre autres mandats dans des sociétés « cotées » extérieures au groupe, sociétés étrangères comprises (Code de gouvernance Afep-Medef art. 20.4). Les administrateurs qui ne respectent pas cette limite ne sont pas obligés de démissionner en cours de mandat mais doivent s'abstenir d'accepter le renouvellement d'un mandat excédentaire (Guide d'application du Code Afep-Medef mars 2024 p. 14).

L'Afep et le Medef précisent en outre que (Code de gouvernance Afep-Medef art. 20.3 et 20.5) :
– le conseil d'administration peut formuler des recommandations spécifiques relatives aux mandats détenus par le président du conseil d'administration eu égard à son statut et aux missions particulières qui lui ont été confiées ;
– les administrateurs doivent informer le conseil d'administration des mandats exercés dans d'autres sociétés, y compris leur participation aux comités du conseil de ces sociétés françaises ou étrangères.

> **Précisions** Compte tenu des règles de limitation du nombre de mandats dans les **sociétés de grande taille** dont les titres sont admis aux négociations sur un marché réglementé (voir n° 37230), ces recommandations ne concernent que les sociétés qui ne dépassent pas les seuils fixés par l'article L 225-94-1.

Fonctions non concernées Aucune disposition légale n'interdit à une **personne** physique **déjà pourvue de cinq des mandats** visés ci-dessus (n° 37230) d'exercer les fonctions de gérant d'une SNC, d'une SARL ou d'une société en commandite, ni d'être nommée directeur général délégué (non administrateur) d'une ou plusieurs autres SA. De même, une même personne physique peut être membre du conseil de surveillance d'une ou plusieurs SCA et président ou autre dirigeant d'une ou plusieurs SAS. **37232**

2. EXCEPTIONS AU PRINCIPE DE LIMITATION DU NOMBRE DES MANDATS

a. Exceptions à la limitation dans un groupe

ADMINISTRATEURS ET MEMBRES DU CONSEIL DE SURVEILLANCE

Afin de faciliter le contrôle de ses filiales par les dirigeants d'une société mère, il est permis à un administrateur ou à un membre du conseil de surveillance de la mère d'exercer un nombre illimité de mandats d'administrateur ou de membre du conseil de surveillance dans des **sociétés contrôlées** par celle-ci (art. L 225-21, al. 2, L 225-77, al. 2 et L 225-94, al. 1). **37260**

En outre, les fonctions d'administrateur ou de membre du conseil de surveillance exercées dans des sociétés **sœurs** (sociétés contrôlées par une même société) dont les titres ne sont pas admis aux négociations sur un marché réglementé ne comptent que pour un seul mandat sous réserve que le nombre de mandats détenus à ce titre n'excède pas cinq (art. L 225-21, al. 3 et L 225-77, al. 3). Pour le décompte de ces cinq mandats, le ministre de la justice a précisé que lorsqu'une personne physique n'est pas administrateur d'une société mère mais est administrateur de plusieurs sociétés dont les titres ne sont pas admis aux négociations sur un marché réglementé et filiales d'une même société, ces mandats, dans la limite de cinq par groupe, ne *comptent* que pour un ; ainsi, lorsqu'une personne ne détient que ce dernier type de mandats, elle peut être cinq fois administrateur de cinq groupes différents, c'est-à-dire détenir 25 mandats (Rép. Dubernard : AN 4-8-2003 n° 15662). En revanche, au sein d'un même groupe, on ne peut, semble-t-il, pas détenir plus de cinq mandats d'administrateur de sociétés sœurs. Ainsi, l'administrateur ou le membre du conseil de surveillance de cinq sociétés sœurs dont les titres ne sont pas admis aux négociations sur un marché réglementé ne peut encore exercer quatre autres mandats d'administrateur ou de membre du conseil de surveillance que dans des sociétés non contrôlées par celle qui contrôle les sociétés sœurs. **37261**

Il reste qu'on voit mal pourquoi la solution est plus sévère pour les mandats exercés au sein du même groupe que pour ceux concernant des groupes différents : en effet, il est paradoxal de considérer que l'objectif du législateur de limiter le cumul de mandats pour permettre aux administrateurs d'être plus disponibles est atteint quand une même personne exerce jusqu'à 25 mandats répartis dans cinq groupes différents mais ne l'est pas lorsqu'elle exerce six mandats au sein du même groupe.

37262 Les deux **dérogations** présentées ci-dessus (nombre illimité de mandats dans des sociétés contrôlées et décompte pour un seul mandat des fonctions exercées dans des sociétés sœurs) se cumulent (en ce sens, Communication Ansa nº 3172 de décembre 2002). Ainsi, l'administrateur ou le membre du conseil de surveillance de cinq sociétés sœurs dont les titres ne sont pas admis aux négociations sur un marché réglementé peut exercer un nombre illimité de mandats dans des sociétés contrôlées par l'une de ces sociétés sœurs.

DIRECTEUR GÉNÉRAL ET MEMBRE DU DIRECTOIRE

37270 Un directeur général ou, dans les SA à directoire, un membre du directoire (ou le directeur général unique) peut exercer un second mandat de direction (directeur général, membre du directoire ou directeur général unique) dans une **société contrôlée** par celle dont il est directeur général ou membre du directoire (ou directeur général unique) (art. L 225-54-1, al. 3, L 225-67, al. 3 et L 225-94, al. 2).

Cette dérogation se cumule avec la règle permettant à une même personne d'exercer deux mandats de direction dans des sociétés dont les titres ne sont pas admis aux négociations sur un marché réglementé (nº 37320).

Pour le **calcul du plafond global,** les deuxième et, en cas de cumul des dérogations, troisième mandats doivent chacun être décomptés pour un mandat.

EXCEPTIONS AU PLAFOND GLOBAL DU NOMBRE DE MANDATS

37280 Pour le calcul du plafond global, ne sont pas pris en compte les mandats d'**administrateur** ou de **membre du conseil de surveillance** qu'une personne exerce dans les **sociétés contrôlées** par celle dont cette personne est déjà directeur général, membre du directoire, directeur général unique, administrateur ou membre du conseil de surveillance (art. L 225-94-1, al. 2). En application de cette règle, un directeur général peut ainsi détenir un nombre illimité de mandats d'administrateur ou de membre du conseil de surveillance dans des sociétés, dont les titres sont ou non admis aux négociations sur un marché réglementé, contrôlées par celle dans laquelle il exerce son mandat de direction.

En outre, il résulte de la combinaison des articles L 225-21, L 225-77 et L 225-94-1, al. 1 que, pour le calcul de ce plafond, les fonctions d'administrateur ou de membre du conseil de surveillance exercées dans cinq **sociétés sœurs** au plus ne comptent que pour un seul mandat, à condition qu'il s'agisse de sociétés dont les titres ne sont pas admis aux négociations sur un marché réglementé.

APPRÉCIATION DU CONTRÔLE POUR LE CUMUL DE MANDATS DANS UN GROUPE

37290 La définition du contrôle à prendre en compte pour l'application des règles ci-dessus (nºs 37260 à 37280) est celle de l'article L 233-16 concernant l'obligation d'établir des comptes consolidés. Ainsi, par « sociétés contrôlées », il faut entendre celles qui font l'objet d'un **contrôle exclusif** ou d'un **contrôle conjoint** au sens de ce texte.

Le contrôle exclusif peut être exercé directement ou indirectement (art. L 233-16, II). Par exemple, le directeur général d'une société est autorisé à détenir un second mandat de directeur général dans une sous-filiale de cette société.

b. Autres exceptions

MANDAT DE DIRECTION

37320 Une personne exerçant un mandat de direction (directeur général, membre du directoire ou directeur général unique) dans une société dont les titres ne sont pas admis aux négociations sur un marché réglementé est autorisée à en exercer un second dans une autre société dont les titres ne sont pas admis aux négociations sur un tel marché (art. L 225-54-1, al. 4 et L 225-67, al. 4), peu important que cette dernière société soit contrôlée ou non par la première (en ce sens, Communication Ansa nº 3172 de décembre 2002).

Cette **dérogation se cumule** avec celle autorisant une personne à exercer un second mandat de direction dans une société contrôlée (nº 37270) : ainsi, une personne exerçant un mandat de direction dans une société dont les titres ne sont pas admis aux négociations sur un marché réglementé peut en exercer un deuxième dans une autre société dont les titres n'y sont pas admis ainsi qu'un troisième dans une société (dont les titres y sont admis ou non) contrôlée par l'une de ces deux sociétés. En outre, une personne peut détenir un mandat de direction dans une société dont les titres sont admis aux négociations sur un marché réglementé et deux autres mandats de direction dans des sociétés dont l'une au moins est contrôlée par la première, pourvu qu'il s'agisse de sociétés dont les titres ne sont pas admis aux négociations sur un marché réglementé (Communication Ansa n° 3172 précitée).

Pour le **calcul du plafond global,** les deuxième et, en cas de cumul des dérogations, troisième mandats doivent chacun être décomptés pour un mandat.

SOCIÉTÉS PARTICULIÈRES

Société de capital-risque, société financière d'innovation, société de libre partenariat et société de gestion Pour le calcul du nombre de mandats d'administrateur ou de membre du conseil de surveillance autorisés (nos 37220 et 37230), n'est pas pris en compte l'exercice des fonctions de **représentant permanent** d'une société de capital-risque, d'une société financière d'innovation, d'une société de libre partenariat ou d'une société de gestion habilitée à gérer un fonds commun de placement (art. L 225-95-1, al. 1). 37330

Société d'économie mixte locale Les mandats de président, de directeur général, de directeur général unique, de membre du directoire ou d'administrateur d'une société d'économie mixte locale ne sont pas pris en compte pour l'application des règles relatives au cumul des mandats lorsque ce **mandat** est **exercé par un représentant d'une collectivité territoriale** ou d'un groupement de collectivités territoriales (art. L 225-95-1, al. 3). À la suite d'une inadvertance du législateur, les mandats de membre du conseil de surveillance ne sont pas visés par le texte prévoyant cette dérogation. 37331

Société d'investissement à capital variable Une même personne physique peut exercer simultanément cinq **mandats de direction** (directeur général, membre du directoire ou directeur général unique) dans les Sicav ayant leur siège sur le territoire français (C. mon. fin. art. L 214-7-2, 4° et L 214-24-31, 4°). 37332

En outre, ces mêmes mandats de direction ainsi que les mandats de **représentant permanent d'une personne morale au conseil d'administration ou de surveillance** d'une Sicav ne sont pas pris en compte pour l'application des règles limitant le cumul de mandats (C. mon. fin. art. L 214-7-2, 4° et 5° et L 214-24-31, 4° et 5°).

Société d'assurance Pour le calcul du nombre de mandats d'**administrateur,** les mandats d'administrateur d'une SA appartenant à un groupe d'assurance contrôlé par une société d'assurance mutuelle ou une société de réassurance mutuelle ne comptent que pour un seul mandat, quel que soit leur nombre (C. ass. art. L 322-4-2). 37333

Établissements de crédit et sociétés de financement L'ensemble des **mandats détenus au sein des organes centraux** de crédit mutualiste ou coopératif (Crédit agricole SA, l'organe central des caisses d'épargne et des banques populaires, la Confédération nationale du crédit mutuel) et au sein des établissements de crédit et des sociétés de financement qui leur sont affiliés ne comptent que pour un seul mandat, quel que soit leur nombre (C. mon. fin. art. L 511-31, al. 7). 37334

3. SANCTION DE L'INOBSERVATION DES RÈGLES LIMITANT LE NOMBRE DE MANDATS

L'inobservation des limitations portant sur le cumul des mandats n'est pas sanctionnée par la nullité de la nomination en surnombre. L'intéressé dispose d'un **délai** de trois mois **pour régulariser** sa situation en démissionnant d'un de ses mandats. Il dispose du même délai lorsque l'une des conditions lui permettant de déroger aux règles de limitation des mandats n'est plus satisfaite, ce délai courant à compter de l'événement ayant entraîné la disparition de la condition (art. L 225-21, al. 4, L 225-54-1, al. 5, L 225-67, al. 5, L 225-77, al. 4, L 225-94-1, al. 4 et L 225-95-1, al. 2). 37360

À **défaut de régularisation** dans ce délai, l'intéressé est réputé soit démissionnaire du nouveau mandat, soit, si le mandat excédentaire ne répond plus à l'une des conditions de la dérogation prévue nos 37260 à 37290, démissionnaire de ce mandat, soit, si le mandat excédentaire ne répond plus à l'une des conditions de la dérogation prévue n° 37330, ne plus représenter la personne morale administrateur ou membre du conseil de surveillance. En outre, l'intéressé doit restituer les rémunérations perçues (art. L 225-21, al. 4, L 225-54-1, al. 5, L 225-67, al. 5, L 225-77, al. 4, L 225-94-1, al. 4 et L 225-95-1, al. 2), semble-t-il après l'expiration du délai. En revanche, la validité des délibérations auxquelles il a pris part ne peut pas être remise en cause (art. L 225-21, al. 4, L 225-54-1, al. 5, L 225-67, al. 5, L 225-77, al. 4, L 225-94-1, al. 4 et L 225-95-1, al. 2 jusqu'au 30-9-2025 ; art. L 225-21, al. 4 et C. civ. art. 1844-15-1 issu de ord. 2025-229 du 12-3-2025 à compter du 1-10-2025 ; Ord. 2025-229 art. 70 ; notons que c'est sans doute par inadvertance que l'ordonnance 2025-229 a maintenu cette règle à l'article L 225-21, al. 4 alors même qu'elle l'érigeait en principe général dans le Code civil).

37361 Les actionnaires ont la possibilité de vérifier si les dispositions concernant le cumul des mandats sociaux sont respectées. En effet, le **rapport** du conseil d'administration ou de surveillance **sur le gouvernement d'entreprise** doit comporter la liste de l'ensemble des mandats et fonctions exercés dans toute société par chacun des administrateurs ou des membres du conseil de surveillance et des dirigeants sociaux au cours de l'exercice (art. L 225-37-4, 1° et L 225-68, al. 6).

CHAPITRE 2

LA CONSTITUTION D'UNE SOCIÉTÉ ANONYME

SOMMAIRE

SECTION 1

CONDITIONS DE FOND DE CONSTITUTION DE LA SA

CONSENTEMENT DES ACTIONNAIRES DE SA

Comme pour toute autre forme de société, le consentement doit correspondre à une volonté réelle d'entrer en société et doit être exempt de vices (nos 6500 s.). 37500

Toutefois, les vices du consentement ne peuvent pas entraîner la nullité de la société (nos 89133 et 89145).

CAPACITÉ DES ACTIONNAIRES DE SA

Il n'est pas nécessaire que les actionnaires de SA aient la capacité requise pour être commerçants. Il en résulte les conséquences exposées ci-dessous. 37520

Le **mineur** émancipé, qui a la même capacité qu'un majeur pour tous les actes de la vie civile (C. civ. art. 413-6, al. 1), peut librement souscrire des actions. Le mineur non émancipé le peut également, mais par l'intermédiaire de son ou ses administrateurs légaux en cas d'administration légale ou de son tuteur en cas de tutelle (nos 320 s.).

*Le **majeur protégé** peut entrer dans* une SA, qu'il s'agisse d'un majeur sous sauvegarde de justice, sous curatelle, sous tutelle, sous habilitation familiale ou d'un majeur dont le mandat de protection future a pris effet (nos 375 s.).

Sur le droit d'un **époux** de participer à une SA et sur le droit des deux époux de constituer avec des tiers une société de ce type, quel que soit leur régime matrimonial, voir nos 450 s.

Un **étranger,** quelle que soit sa nationalité, peut librement faire partie d'une SA ; notamment il n'a pas besoin d'être titulaire d'un titre de séjour (nos 92680 s.).

Il n'y a aucune **incompatibilité** ou **interdiction** limitant l'accès aux SA : toute personne capable qui le désire peut en devenir actionnaire.

Les **personnes morales,** dans les limites de leur capacité (nº 4018), peuvent être actionnaires d'une SA.

Sur la réglementation des **participations croisées** entre sociétés par actions ou entre sociétés par actions et sociétés d'une autre forme, voir nºs 79260 s.

OBJET DE LA SA

37530 La SA est commerciale par sa forme, quel que soit son objet, civil ou commercial (art. L 210-1, al. 2). Comme pour toute autre société, cet objet doit être possible et licite (nºs 890 s.). Il doit figurer dans les statuts (art. L 210-2).

À ces règles générales il faut ajouter les quelques dispositions suivantes, spéciales aux SA.

37531 **Activités interdites aux SA** Les activités interdites aux SA sont, pour l'essentiel, des activités qui sont formellement réservées par la loi à un ou plusieurs autres types de sociétés : par exemple, exploitation d'un laboratoire de biologie médicale, réservée aux sociétés civiles professionnelles, aux sociétés d'exercice libéral et aux coopératives (CSP art. L 6223-1).

Toute société qui, au mépris de cette réglementation, adopterait la forme de SA encourrait les sanctions énoncées nº 910.

37532 **Activités réservées aux SA** Doivent notamment revêtir la forme de SA :

– les sociétés de crédit différé (Loi 52-332 du 24-3-1952 art. 7, al. 1) ;

– les sociétés d'économie mixte locales (CGCT art. L 1522-1) et les sociétés d'économie mixte à opération unique (CGCT art. L 1541-1, II).

Les entreprises françaises d'assurance autres que les mutuelles ne peuvent être constituées que sous forme de SA ou de SE (C. ass. art. L 322-1).

37533 **Activités réglementées** Certaines activités sont soumises à une réglementation particulière exigeant des clauses spéciales dans les statuts ou la justification d'une certaine qualification professionnelle des dirigeants sociaux, voire de tout ou partie des actionnaires. Tel est le cas notamment pour les sociétés de fabrication et de vente en gros de produits pharmaceutiques (CSP art. L 5124-2), les sociétés ayant pour objet l'exercice d'une profession libérale : expert-comptable, architecte, etc.

NOMBRE D'ACTIONNAIRES DE SA

37540 **Principe** Une SA ne peut être constituée valablement que si elle comprend au moins deux actionnaires (art. L 225-1, al. 2), ce nombre étant porté à sept si les actions de la société sont admises aux négociations sur un marché réglementé ou sur un SMN, organisé ou non (art. L 22-10-2).

Il n'est pas fixé de maximum au nombre des actionnaires.

› Précisions **a.** Une société dont les actions sont inscrites sur Euronext Growth ou sur Euronext Access doit comporter au moins sept actionnaires mais une société dont les seuls **titres admis aux négociations** (sur n'importe quel marché) **ne sont pas des actions** (par exemple, des obligations ou des bons autonomes, même si ces titres donnent droit à terme à des actions) peut ne réunir que deux actionnaires.

b. L'article L 225-1, al. 2 n'est pas applicable aux **sociétés à participation publique** dont l'État détient la majorité ou la totalité du capital (Ord. 2014-948 du 20-8-2014 art. 32). Ce texte n'a pas été modifié pour tenir compte du transfert d'une partie de l'alinéa 2 de l'article L 225-1 à l'article L 22-10-2 par l'ordonnance 2020-1142 du 16 septembre 2020, mais, dès lors que ce transfert a été réalisé à droit constant (cf. Rapport au Président de la République relatif à l'ord. 2020-1142 : JO 17 texte nº 25), il nous semble que le nouvel article L 22-10-2 ne devrait pas non plus être applicable à ces sociétés.

37541 **Sanctions** L'absence d'au moins deux associés au moment de la constitution de la société est une cause de nullité de celle-ci (nºs 89137 s. et 89145).

37542 En cours de vie sociale, si les actions d'une SA se trouvent réunies entre les mains d'une seule personne (cas des SA dont les actions ne sont pas admises aux négociations sur un marché réglementé ou sur un SMN) ou si le nombre d'actionnaires d'une SA vient à être inférieur à sept (cas des SA dont les actions sont admises aux négociations sur un marché réglementé ou sur un SMN), la dissolution de la société peut être prononcée par le tribunal de commerce à la demande de tout intéressé, après l'expiration d'un délai d'un an. Toutefois, le tribunal a la possibilité d'accorder à la société un délai maximal de six mois pour régulariser sa situation. En outre, il ne peut pas prononcer la dissolution si, le jour où il statue sur le fond, cette régularisation a eu lieu (C. civ. art. 1844-5, al. 1 ; art. L 22-10-72).

CAPITAL DE LA SA

Capital minimal Le capital social minimal est fixé à 37 000 € (art. L 224-2, al. 1). 37550

La réduction du capital à un montant inférieur au minimum ci-dessus fixé ne peut être décidée que sous la condition suspensive d'une augmentation de capital régularisant la situation de la société (nº 52160).

Activités réglementées Par dérogation au principe général, le capital doit être supérieur ou peut être inférieur à 37 000 €, en vertu de dispositions législatives ou réglementaires applicables aux sociétés exerçant certaines activités. À titre d'exemple, ce capital minimum est fixé à : 37551
- 300 € pour les sociétés de rédacteurs de presse (art. L 224-2, al. 3) ;
- 18 500 € pour les sociétés coopératives (Loi 47-1775 du 10-9-1947 art. 27, al. 2) ;
- 225 000 € pour les sociétés d'économie mixte locales ayant dans leur objet la construction d'immeubles destinés à la vente ou à la location et 150 000 € pour celles ayant dans leur objet la réalisation d'opérations d'aménagement (CGCT art. L 1522-3) ;
- 800 000 ou 480 000 €, non compris les apports en nature, pour les sociétés d'assurance, selon la nature de leurs activités (C. ass. art. R 322-5).

Capital variable Les clauses de variabilité du capital sont interdites dans les SA autres que les coopératives (art. L 231-1) et les sociétés d'investissement à capital variable (Sicav). Les règles du Code de commerce concernant la variabilité du capital ne sont pas applicables aux Sicav (C. mon. fin. art. L 214-7-3 et L 214-24-32). 37552

Publicité du capital social L'indication du montant du capital social doit figurer dans les **statuts** de la société (art. L 210-2). 37553

En outre, cette indication doit accompagner celles relatives à la forme de la société et à la dénomination sociale dans tous les actes et **documents émanant de la société** et destinés aux tiers (art. L 224-1 et R 123-238, 4º). En cas d'inobservation de cette obligation, le ministère public ou tout intéressé peut demander en référé d'enjoindre sous astreinte au représentant légal de s'y conformer (art. L 238-3).

> **Précisions** **a.** Lorsque le montant du capital comporte des **décimales,** il peut être arrondi à la valeur entière inférieure (art. R 123-238, 4º-b).
> **b.** En cas d'**augmentation du capital** résultant de l'exercice des droits attachés à des titres donnant accès au capital lorsque cet exercice est autorisé à tout moment, de levées d'options de souscription d'actions possibles à tout moment ou de paiement du dividende en actions et sauf si l'augmentation du capital dépasse 10 % du montant antérieur du capital, la société n'est tenue de mentionner son nouveau capital sur les actes et documents destinés aux tiers qu'à l'expiration d'un délai de trois ans à compter de la constatation de cette augmentation par le conseil d'administration ou le directoire (art. R 123-238, 4º-b).

APPORTS À LA SA

Les apports peuvent être effectués soit en **numéraire,** soit en **nature.** 37560

Les apports en **industrie** ne peuvent pas être représentés par des actions (art. L 225-3, al. 4). Ils ne peuvent donc pas donner la qualité d'actionnaire dans une SA. L'émission d'actions représentant un apport en industrie est sanctionnée par la suspension des droits de vote et des droits à dividende attachés à ces actions (art. L 225-11-1 et L 225-16-1 ; nºs 38700 s.).

En pratique, les personnes qui mettent à la disposition de la société leurs connaissances techniques ou leurs services sont liées à cette société, selon les circonstances, soit par un contrat de travail, soit par un contrat d'entreprise.

ACTIONS DE SA

Valeur nominale La valeur nominale des actions peut être fixée dans les statuts, mais ce n'est pas une obligation (art. L 228-8). 37570

Souscription intégrale des actions Les actions créées lors de la constitution de la société doivent être souscrites en totalité (art. L 225-3, al. 1 et L 225-12). À défaut, les droits de vote et les droits à dividende des actions émises seraient suspendus (nºs 38700 s.). 37571

Émission des actions L'émission s'entend de l'inscription des actions au nom de leur propriétaire (voir nºs 62170 s.). Cette émission s'effectue dès l'immatriculation de la société puisque c'est à partir de celle-ci que les actionnaires deviennent titulaires des droits représentés par les actions. 37572

37573 **Prime d'émission** Le versement d'une prime d'émission lors de la constitution de la société, quoique rare en pratique, est licite. L'article R 22-10-3, 8° envisage cette possibilité puisqu'il prévoit l'obligation de faire figurer dans la notice à publier au Balo, en cas de constitution d'une société avec offre au public (autre que les offres exclues, mentionnées n° 38450), l'indication de la prime d'émission éventuelle.

Ce procédé est parfois utilisé lorsqu'il apparaît prudent, en raison des difficultés d'évaluation d'un apport en nature et des controverses d'experts auxquelles cette évaluation a donné lieu, de ne prendre en compte les biens apportés que pour une valeur inférieure à celle fixée d'un commun accord entre tous les associés, les souscripteurs d'actions de numéraire acceptant alors de verser une prime d'émission correspondant à cette différence de valeur.

Parfois aussi, il est un moyen pour les fondateurs de limiter l'importance du capital social à rémunérer par le dividende statutaire sans réduire la trésorerie apportée à la société.

La prime d'émission doit, à notre avis, être libérée intégralement lors de la souscription des actions.

› **Précisions** La loi ne prévoit la **libération intégrale** de la prime d'émission qu'en cas d'augmentation de capital (art. L 225-144, al. 1 ; n° 49724). Mais cette obligation s'impose aussi, à notre avis, en cas de constitution de la société. L'article R 22-10-3, 8° l'exige implicitement puisqu'il prescrit d'indiquer dans la notice à publier au Balo à propos des actions à souscrire en numéraire « la somme immédiatement exigible comprenant, le cas échéant, la prime d'émission ». La même règle doit être étendue, par analogie, dans tous les cas où une prime d'émission est versée lors de la constitution de la société.

PARTICIPATION AUX RÉSULTATS DE L'EXPLOITATION DE LA SA

37580 Comme dans toute société, les actionnaires doivent tous participer aux bénéfices (ou aux économies) et aux pertes, étant entendu que cette participation n'est pas obligatoirement proportionnelle aux apports (nos 7000 s.).

Cependant, la contribution de chaque actionnaire aux pertes sociales ne peut excéder sa part dans le capital social (art. L 225-1, al. 1).

DÉNOMINATION DE LA SA

37590 La SA doit être désignée par une dénomination sociale qui peut comporter le nom d'un ou de plusieurs actionnaires (art. L 224-1) ou être purement fantaisiste (voir nos 1000 s.).

37591 Les actes et **documents** émanant de la société et **destinés aux tiers,** notamment les lettres, factures, annonces et publications diverses, doivent indiquer la dénomination sociale, précédée ou suivie immédiatement et lisiblement des mots « société anonyme » ou des initiales « SA », et de l'énonciation du montant du capital social (art. R 123-238, 4°).

Si la SA est dotée d'un directoire et d'un conseil de surveillance, la forme sociale doit être indiquée par les mots « société anonyme à directoire et conseil de surveillance » (art. R 123-238, 4°-a).

En cas de **défaut** de mention de la dénomination sociale, précédée ou suivie immédiatement des mots « société anonyme » ou des initiales « SA », et de l'énonciation du capital social sur les actes et documents émanant de la société et destinés aux tiers, le ministère public ou tout intéressé peut demander au président du tribunal compétent statuant en référé d'enjoindre, le cas échéant sous astreinte, au représentant légal de porter ces indications sur ces actes et documents (art. L 238-3).

› **Précisions** **a.** Ne sont pas considérés comme des **documents destinés aux tiers** les fiches ou tickets de caisse remis par les établissements de vente au détail à leur clientèle à condition qu'ils ne tiennent pas lieu de factures acquittées (Rép. Kieffer : Sén. 18-12-1971 n° 10819). En revanche, doivent, à notre avis, être considérés comme des documents destinés aux tiers les courriers électroniques à caractère juridique (par exemple, courriers comportant des renseignements sur un contrat ou un projet de contrat).

b. La dénomination sociale d'une société d'exercice libéral à forme anonyme ayant pour objet ***l'exercice en commun d'une profession libérale*** soumise à un statut législatif ou réglementaire ou dont le titre est protégé doit être immédiatement précédée ou suivie de la mention « société d'exercice libéral à forme anonyme » ou des initiales « Selafa » ainsi que de l'indication de la profession exercée et du capital social (Ord. 2023-77 du 8-2-2023 art. 41). Les SA de droit commun créées pour l'exercice d'une profession juridique ou judiciaire peuvent se soumettre à ces dispositions, sans que cela soit une obligation (art. L 811-7, al. 2 et L 812-5, al. 2 pour les administrateurs et mandataires judiciaires, Ord. du 10-9-1817 art. 3-2, al. 2 pour les avocats aux Conseils, Loi 71-1130 du 31-12-1971 art. 8, I-al. 2 pour les avocats, Ord. 45-2590 du 2-11-1945 art. 1 bis, al. 2 pour les notaires et Ord. 2016-728 du 2-6-2016 art. 5, al. 2 et 25, IV-6° pour les commissaires de justice, les huissiers de justice et les commissaires-priseurs judiciaires).

La dénomination d'une société ayant pour objet l'exercice de plusieurs professions du droit et du chiffre doit être immédiatement précédée ou suivie de la mention « société pluriprofessionnelle d'exercice » ou des initiales « SPE » ainsi que de l'indication de la forme sociale, des professions exercées et du capital social (Ord. 2023-77 art. 97).

DURÉE DE LA SA

La durée de la SA ne peut pas excéder 99 ans, maximum autorisé par la loi (art. L 210-2). Elle court à compter de l'immatriculation de la société au RCS (art. R 210-2, al. 1 ; nº 960). 37600

SECTION 2

FORME ET PUBLICITÉ DE LA CONSTITUTION DE LA SA

I. CONSTITUTION DE SA SANS « OFFRE AU PUBLIC »

EN BREF *Lorsque la constitution de la SA ne fait pas l'objet d'une « offre au public », la procédure est schématiquement la suivante :* 37800

a. *Établissement d'un projet de statuts ;*

b. *Formation du capital au moyen d'apports en numéraire ou d'apports en nature, une procédure spéciale étant prévue par la loi en cas d'apports en nature ou de stipulation d'avantages particuliers ;*

c. *Dépôt des fonds correspondant aux apports en numéraire et de la liste des souscripteurs ;*

d. *Établissement d'un certificat par le dépositaire des fonds ;*

e. *Signature des statuts ;*

f. *Désignation des membres des organes de direction ;*

g. *Accomplissement des formalités de publicité et déclaration des bénéficiaires effectifs ;*

h. *Retrait des fonds correspondant aux apports en numéraire.*

CHAMP D'APPLICATION DU RÉGIME

Les articles L 225-12 à L 225-16-1 et R 225-13 à R 225-14-1 régissent la constitution d'une SA sans offre au public ou avec l'une des offres au public suivantes (cf. art. L 225-11-2 ; rappelons que ces offres au public sont dispensées de prospectus dans les conditions exposées nos 63033 s.) : 37810

– une offre réservée à des investisseurs qualifiés ou à un cercle restreint d'investisseurs ;

– une offre relevant du financement participatif ;

– une offre portant sur des titres dont la valeur nominale unitaire s'élève au moins à 100 000 €, ou adressée à des investisseurs qui acquièrent ces titres pour un montant total d'au moins 100 000 € par investisseur et par offre distincte ;

– une offre dont le montant total calculé sur une période de 12 mois est inférieur à 8 M€ (seuil qui devrait être porté à 12 M€ à compter du 5-6-2026 : cf. Règl. UE 2017/1129 du 14-6-2017 art. 3, 2 modifié et 3, 2 bis créé par Règl. UE 2024/2809 du 23-9-2024 et Règl. UE 2024/2809 art. 4, 3).

A. Établissement du projet de statuts de SA

RÔLE DES FONDATEURS DE SA

Aucune disposition législative ou réglementaire ne vise les fondateurs des sociétés constituées sans offre au public (ou avec une offre mentionnée nº 37810). Pourtant, dans toute société, certaines personnes prennent l'initiative de la constitution, établissent le projet de statuts et veillent à l'accomplissement de toutes les formalités requises pour parvenir à la réalisation définitive de cette constitution. Bien que non qualifiées de fondateurs par la loi, ces personnes en ont la qualité et doivent supporter la responsabilité attachée à cette qualité en cas d'irrégularité dans la constitution de la société (art. L 210-8). 37820

Il est à noter que les personnes déchues du droit d'administrer ou de gérer une société ou auxquelles l'exercice de ces fonctions est interdit peuvent être fondateurs : c'est seulement dans les sociétés constituées avec offre au public (autre qu'une offre mentionnée nº 37810) qu'il leur est défendu d'assumer ce rôle (art. L 225-2, al. 4).

PROJET DE STATUTS DE SA

37830 La loi n'exige pas de projet de statuts lorsqu'il s'agit de constituer une SA sans offre au public ou avec une offre mentionnée nº 37810 (art. L 225-12 excluant l'application de l'art. L 225-2).

On voit mal cependant les futurs actionnaires remettre les fonds représentatifs de leurs apports en numéraire sans connaître les clauses essentielles des statuts, d'où la nécessité pratique d'établir un projet de statuts, voire, dans certains cas, un contrat valant promesse de société avant de recueillir les fonds.

Le plus souvent, le projet de statuts est rédigé de telle sorte qu'au prix de rectifications mineures il puisse constituer le texte définitif qui sera signé par les souscripteurs.

B. Formation du capital de la SA

SOUSCRIPTION DU CAPITAL DE LA SA

37890 Le capital social doit être intégralement souscrit (art. L 225-3, al. 1 et L 225-12), c'est-à-dire que toutes les actions composant le capital doivent être réparties entre les différents souscripteurs.

Le capital social à prendre en considération est celui fixé dans les statuts définitifs signés par les souscripteurs.

Si un ou plusieurs futurs actionnaires sont défaillants, il n'y a aucun inconvénient à réduire le montant du capital initialement prévu dans le projet de statuts (à condition qu'il reste au moins égal au minimum de 37 000 €).

Les souscriptions doivent être réelles, sincères et inconditionnelles.

37891 **Constatation des souscriptions** Dans la procédure de constitution d'une SA sans offre au public (ou avec une offre mentionnée nº 37810), il n'y a pas lieu d'établir de **bulletins de souscription.** L'engagement des souscripteurs résulte de la signature des statuts.

Lorsqu'il n'est pas possible, pour des raisons matérielles telles que l'éloignement de certains souscripteurs ou la nécessité de recourir à une procédure spéciale en cas d'apports en nature, de procéder rapidement à la signature des statuts et donc à la constitution de la société, il peut être opportun de constater l'engagement des souscripteurs par un bulletin de souscription simplifié comportant en annexe le projet de statuts.

Si le signataire du bulletin de souscription refuse ensuite de signer les statuts sans motif légitime, les autres souscripteurs pourront faire valoir en justice le caractère définitif de son engagement.

37892 **Sanctions** À défaut de souscription intégrale du capital social, les droits de vote et les droits à dividende des actions qui seraient émises seraient suspendus (art. L 225-16-1).

La dissimulation de souscriptions ou de versements ou la publication d'informations mensongères sur les noms de personnes désignées comme souscripteurs peuvent constituer une escroquerie (C. pén. art. 313-1) ou un faux (C. pén. art. 441-1 s.).

APPORTS EN NUMÉRAIRE À LA SA

37900 **Obligation de libération du montant souscrit** Les souscripteurs d'actions de numéraire doivent effectuer les versements correspondant à la **fraction du capital** qui doit être libérée **au moment de la constitution** de la société.

Cette fraction est déterminée d'un commun accord entre les futurs actionnaires. Elle ne peut pas être inférieure à la moitié du montant nominal des actions de numéraire (art. L 225-3, al. 2, sur renvoi de l'art. L 225-12).

Le **défaut de libération** de cette fraction est sanctionné par la suspension des droits de vote et des droits à dividende des actions correspondantes (art. L 225-16-1 ; nos 38700 s.).

Les fondateurs, le président, les administrateurs, les directeurs généraux ou les directeurs généraux délégués (cf. art. L 248-1) qui auraient émis des actions de numéraire sans que celles-ci aient été libérées à la souscription de la moitié au moins de leur valeur nominale s'exposeraient à une amende de 150 000 € (art. L 242-1, al. 1).

La **libération du surplus** doit intervenir, en une ou plusieurs fois, dans un délai de cinq ans à compter de l'immatriculation de la société sur appel de fonds du conseil d'administration ou du directoire (art. L 225-3, al. 2, sur renvoi de l'art. L 225-12 ; nos 67930 s.). Le défaut de libération du surplus entraîne les conséquences exposées nos 67960 s.

Versements des fonds Les versements sont faits soit entre les mains des **fondateurs** – qui doivent alors les déposer dans un délai de huit jours chez l'un des dépositaires énumérés nº 37990 –, soit directement entre les mains du **dépositaire.** 37901

Ces versements doivent impérativement intervenir **avant** la signature des statuts ; à défaut, le greffier peut refuser de procéder à l'immatriculation de la société, sauf si un acte confirmatif de constitution signé par tous les associés après le dépôt des fonds est annexé aux statuts (Avis CCRCS 2012-041 du 25-10-2012).

Ils peuvent être faits selon différents **modes de paiement** : en espèces, par chèque ou par virement bancaire, le paiement n'étant réputé effectué que lors de l'encaissement du chèque ou de la réalisation du virement. On peut admettre aussi un paiement par remise de bons du Trésor ou de bons de caisse payables à vue ou échus, car ces bons permettent au dépositaire d'avoir immédiatement les fonds à sa disposition.

En revanche, n'est pas valable tout paiement qui n'entraîne pas la mise à disposition immédiate des sommes dues : il en est ainsi de la remise d'un billet à ordre ou d'une lettre de change, ou encore d'une dation en paiement d'un bien déterminé.

APPORTS EN NATURE À LA SA

En cas d'apports en nature, il est parfois conclu entre les apporteurs et les autres souscripteurs un **traité d'apport** réglant les conditions et les modalités de l'apport. Dans la majorité des cas, ces conditions et modalités sont fixées par le projet de statuts. La conclusion d'un traité d'apport distinct présente cependant l'intérêt, analogue à celui du bulletin de souscription, de permettre d'agir en dommages-intérêts contre l'apporteur au cas où celui-ci refuserait, sans motif légitime, de signer les statuts définitifs. 37910

La **description** et l'**évaluation** des apports en nature doivent figurer dans les statuts définitifs soumis à la signature des futurs actionnaires (art. L 225-14 et R 224-2, 4º).

Il est à noter que, sauf le cas de dol ou de fraude, l'apport demeure valable même si l'évaluation est exagérée (T. com. Paris 16-11-1970 : Gaz. Pal. 1971 I p. 141 ; à compter du 1-10-2025, C. civ. art. 1844-10-1, al. 1 issu de ord. 2025-229 du 12-3-2025 et art. 1844-10, al. 3 modifié par ord. 2025-229 ; Ord. 2025-229 art. 70).

Pour éclairer la décision des associés, la loi prévoit l'intervention d'un **commissaire aux apports,** chargé d'établir un rapport sur l'évaluation des apports en nature. Il en résulte une procédure spéciale examinée nos 37912 s. qui s'impose : 37911

– même si la société n'est constituée qu'avec des apports en nature ;

– et même si la société n'est constituée qu'entre les seuls propriétaires indivis des biens apportés.

La loi autorise les actionnaires à se dispenser de cette procédure dans certains cas (nos 37916 s.). En tout état de cause, les actionnaires ne sont pas liés par l'évaluation du commissaire aux apports. Mais s'ils retiennent une valeur supérieure à celle fixée par lui, ils doivent veiller à fonder leur décision sur des arguments solides, faute de quoi ils pourraient être poursuivis pour majoration frauduleuse des apports (nº 37920).

Nomination du commissaire aux apports Le commissaire aux apports est désigné à l'**unanimité** des souscripteurs ou, à défaut d'unanimité, par le **président du tribunal de commerce,** statuant sur requête, à la demande d'un ou plusieurs souscripteurs (art. L 225-8, al. 1, sur renvoi de l'art. L 225-12, et art. R 22-10-7, al. 2, sur renvoi de l'art. R 225-13). Dans ce dernier cas, le tribunal compétent est celui du lieu du siège social (nº 4240). En effet, il est de principe qu'en matière de sociétés le tribunal du siège social est compétent pour toutes les actions propres à celles-ci (CA Paris 26-5-1993 : Bull. CNCC 1994 p. 276 obs. Merle ; CA Versailles *1-2-1996 : Bull. Joly 1996 p. 382 note Barbièri).* 37912

Le commissaire aux apports est choisi parmi les commissaires aux comptes inscrits ou parmi les experts inscrits sur une des listes établies par les cours et tribunaux (art. R 22-10-7, al. 1, sur renvoi de l'art. R 225-13).

Afin de préserver l'indépendance des commissaires aux apports, ces derniers sont soumis aux **incompatibilités** édictées pour les commissaires aux comptes par l'article L 821-31 (art. L 225-8, al. 1, sur renvoi de l'art. L 225-12). Il ne leur est cependant pas interdit de cumuler cette mission avec celle relative à l'évaluation de l'avantage particulier lié à une émission d'actions de préférence au profit de personnes nommément désignées (Avis CNCC EJ 2017-60 du 17-9-2019). 37913

37914 **Mission du commissaire aux apports** Le commissaire aux apports doit établir, sous sa responsabilité, un **rapport** sur l'évaluation des apports en nature (art. L 225-14, al. 1).

Ce rapport doit décrire chacun des apports, indiquer le mode d'évaluation adopté et les raisons pour lesquelles il a été retenu, et affirmer que la valeur des apports correspond au moins au montant du capital qu'ils représentent majoré, le cas échéant, de la prime d'émission (art. R 22-10-8, sur renvoi de l'art. R 225-13).

Pour l'accomplissement de sa mission, le commissaire aux apports peut se faire assister par un ou plusieurs **experts** de son choix. Les honoraires de ces experts sont à la charge de la société (art. R 22-10-7, al. 3, sur renvoi de l'art. R 225-13).

Il peut aussi demander à l'apporteur de lui fournir toute **information** lui permettant de vérifier que l'apport a été correctement évalué dans le projet d'acte d'apport. Si l'information ne lui est pas donnée, il est en droit de s'estimer déchargé de sa mission et de réclamer le paiement de la totalité de ses honoraires (CA Paris 20-3-2008 n° 07/11421 : RJDA 8-9/08 n° 922, en matière d'augmentation de capital par apport en nature mais transposable).

Le rapport du commissaire aux apports est tenu, à l'adresse prévue du siège social, à la disposition des **futurs actionnaires,** qui peuvent en prendre copie, trois jours au moins avant la date de signature des statuts (art. R 225-14).

37915 **Responsabilité du commissaire aux apports** Le commissaire aux apports est responsable des fautes qu'il aurait pu commettre dans l'exercice de ses fonctions : cette responsabilité n'est engagée que si une **faute** a pu être prouvée à son encontre et si cette faute a été génératrice d'un préjudice pour les actionnaires, la société ou les tiers (CA Amiens 15-6-1981 : Bull. CNCC 1981 p. 359 note E. du Pontavice).

Tel est notamment le cas lorsque le commissaire a fautivement approuvé la surévaluation d'un apport. Le commissaire n'est alors tenu d'indemniser les créanciers sociaux, trompés par la solvabilité apparente de la société, qu'à hauteur de l'aggravation de l'insuffisance d'actif qu'il a contribué à créer. L'indemnité qu'il est condamné à verser doit donc correspondre au montant de la surévaluation et non au **préjudice** résultant pour les créanciers de la poursuite de l'activité de la société (Cass. com. 7-1-2014 n° 12-23.640 : RJDA 5/14 n° 430, rendu à l'occasion d'une fusion mais transposable).

L'**action en responsabilité** contre le commissaire se prescrit par cinq ans, conformément à l'article 2224 du Code civil, même si ce commissaire a été choisi sur la liste réglementaire des commissaires aux comptes (Cass. com. 4-11-2021 n° 19-25.451 F-D : RJDA 1/22 n° 19 et Cass. com. 8-11-2023 n° 22-12.978 F-B : RJDA 2/24 n° 105, à propos d'un commissaire à la transformation mais, à notre avis, transposables ; sur la portée de ces décisions, voir n° 78158).

En cas de surévaluation d'un apport, un actionnaire est recevable à agir en responsabilité contre le commissaire car la majoration infondée de la participation de l'apporteur au capital de la société lui cause un préjudice qui n'est pas le corollaire de celui subi par la société (Cass. com. 28-6-2005 n° 983 : RJDA 10/05 n° 1107).

Le commissaire aux apports encourt également une **responsabilité pénale** en cas de majoration frauduleuse des apports en nature (n° 37920).

ILLUSTRATIONS

Des commissaires aux apports ont été condamnés comme auteurs principaux du délit de majoration frauduleuse des apports au motif qu'ils avaient davantage cherché à faire admettre les chiffres du traité d'apport qu'à vérifier la réalité de la valeur des apports (CA Paris 3-5-1975 : Gaz. Pal. 1976 I p. 8 et, sur pourvoi, Cass. crim. 12-4-1976 : JCP 1977 II n° 18523 obs. Y. Guyon ; voir aussi Cass. crim. 22-1-1990 : Bull. crim. n° 85).

37916 **Dispense d'intervention du commissaire aux apports** Les apports suivants consentis à la société à l'occasion de sa constitution peuvent être dispensés de l'évaluation du commissaire aux apports si les fondateurs le décident :

– **valeurs mobilières** donnant accès au capital ou **instruments du marché monétaire** s'ils ont été évalués au prix moyen pondéré auquel ils ont été négociés sur un ou plusieurs marchés réglementés durant les trois mois précédant la date de la réalisation effective de l'apport (art. L 225-8-1, I-1°, sur renvoi de l'art. L 225-12) ; selon l'Ansa, la dispense est aussi applicable, dans les mêmes conditions, aux apports d'**actions,** cette dispense étant issue de la transposition d'une directive visant toutes les valeurs mobilières (Communication Ansa, comité juridique n° 22-003 du 5-1-2022, solution retenue en cas d'augmentation de capital mais transposable aux apports d'actions de sociétés cotées réalisés lors de la constitution) ;

– **autres éléments d'actif** ayant été évalués, à l'occasion d'un précédent apport, par un commissaire aux apports six mois au plus avant la réalisation effective du nouvel apport (cas de « **réapport** ») (art. L 225-8-1, I-2°, sur renvoi de l'art. L 225-12).

Dans ce cas, la **décision des fondateurs** ainsi que tout document relatif à la description et à l'évaluation des apports, dont une attestation précisant qu'aucune circonstance nouvelle n'est venue modifier cette évaluation, doivent être tenus, à l'adresse prévue du siège social, **à la disposition des futurs actionnaires,** qui peuvent en prendre copie, trois jours au moins avant la date de la signature des statuts (art. L 225-8-1, III, sur renvoi de l'art. L 225-12, et art. R 225-14-1).

L'**évaluation** des valeurs mobilières et des instruments monétaires par les seuls fondateurs doit être **révisée** par un commissaire aux apports lorsque le prix ayant servi à l'évaluation a été affecté par des circonstances « exceptionnelles » pouvant modifier sensiblement la valeur du titre à la date de la réalisation effective de l'apport ; il en va de même pour les éléments d'actif faisant l'objet d'un réapport lorsque leur juste valeur a été modifiée sensiblement par des circonstances « nouvelles » à la date de la réalisation effective de l'apport (art. L 225-8-1, II, sur renvoi de l'art. L 225-12). 37917

Sanctions Le **non-respect de la procédure d'évaluation** des apports entraîne la suspension des droits de vote et des droits à dividende attachés aux actions émises en contrepartie (n°s 38700 s.). 37920

Par ailleurs, l'article L 242-2 punit d'un emprisonnement de cinq ans et d'une amende de 9 000 € ceux qui, frauduleusement, auront fait attribuer à un apport en nature une **évaluation supérieure** à sa valeur réelle. Sur les conséquences civiles de la surévaluation, voir n° 2040.

Régime des actions d'apport Les actions émises en représentation d'un apport en nature sont, comme les actions de numéraire, **négociables** dès l'immatriculation de la société au RCS (art. L 228-10, al. 1). 37921

Elles doivent être intégralement **libérées** dès leur émission (art. L 225-3, al. 3, sur renvoi de l'art. L 225-12). À défaut, le droit de vote et le droit à dividende attachés à ces actions sont suspendus (n°s 38700 s.).

STIPULATION D'AVANTAGES PARTICULIERS DANS LA SA

En cas de stipulation d'avantages particuliers au profit de toute personne, actionnaire ou non, une procédure identique à celle exposée à propos des apports en nature (n°s 37910 s.) doit en principe être suivie (art. L 225-14, al. 2 et L 225-8). 37930

En pratique, le cas le plus fréquent est celui consistant à créer une catégorie d'**actions de préférence réservées à certains actionnaires** (n°s 67806 s.). Bien que consenti en considération de la personne, l'avantage particulier ainsi conféré est alors attaché au titre et profite à celui qui en est ou en devient titulaire. Toutefois, la loi qualifiant expressément d'avantage particulier celui « stipulé au profit de toute personne », elle ne permet pas de limiter la notion d'avantage particulier à cette seule application. L'avantage particulier peut aussi être exclusivement attaché à la personne. Par exemple, il peut y avoir avantage particulier lorsque la rémunération de services rendus par un actionnaire ou par un tiers dépasse la juste mesure de ces services. Dans ce cas, même si le bénéficiaire de l'avantage est actionnaire, il n'est pas créé d'actions de préférence au sens des dispositions régissant ces actions (art. L 228-11 s.) puisque l'avantage n'est pas lié au titre, mais à la personne qui le reçoit ; il n'est alors pas transmis lorsque l'intéressé cède ses actions.

À notre avis, l'**avantage particulier conféré à la personne** et non au titre doit s'entendre de toute faveur, de nature pécuniaire ou autre, attribuée à titre personnel à un actionnaire ou à un tiers qui crée un droit sur la société, distinct de ceux détenus par les autres actionnaires (cf. Cass. civ. 6-3-1935 : DH 1935 p. 265 ; Cass. com. 13-3-2024 n° 22-12.205 F-B : RJDA 7/24 n° 397, reconnaissant implicitement que l'octroi de droits de vote est un avantage particulier ; en sens contraire, Ph. Reigné et Th. Delorme, La nature nécessairement pécuniaire des avantages particuliers : Bull. Joly 2002 p. 1117). En effet : 37931

– d'une part, l'avantage ne peut être considéré comme « particulier » que s'il profite à une personne ou à un groupe de personnes déterminé ; l'article R 224-2, 5° prescrit d'ailleurs d'indiquer dans les statuts l'identité des bénéficiaires d'avantages particuliers et la nature de ceux-ci ;

– d'autre part, il doit être attribué aux bénéficiaires à titre personnel puisque, selon l'article L 225-8, il doit être stipulé au profit de personnes actionnaires ou non ; ainsi, l'émission d'actions privilégiées auxquelles tous les actionnaires ont la possibilité de souscrire ne constitue pas un avantage particulier.

ILLUSTRATIONS

Une remise annuelle accordée par une société à tous ceux de ses actionnaires qui achèteront un produit fabriqué ou commercialisé par cette société ne constitue pas un avantage particulier (Bull. COB mai 1979 p. 7).

La transmission universelle de patrimoine qui résulte d'une fusion ne saurait, à elle seule, constituer un avantage particulier et il importe peu que la société absorbante, bénéficiaire de cette transmission, soit l'actionnaire majoritaire de la société absorbée (CA Douai 7-7-1994 : RJDA 12/94 n° 1297).

37932 Selon le ministre de la justice, la **mission du commissaire** chargé d'apprécier les avantages particuliers « consiste moins à juger du bien-fondé de l'octroi d'avantages, lesquels procèdent du consentement des actionnaires exprimé dans le pacte social, qu'à en apprécier la consistance et les incidences éventuelles sur la situation des actionnaires, notamment si de tels avantages confèrent à certains d'entre eux un droit préférentiel sur les bénéfices et le boni de liquidation » (Rép. Rossi : AN 3-12-1990 n° 31295).

C. Dépôt des fonds et de la liste des souscripteurs dans la SA

OBLIGATION DE DÉPÔT DES FONDS DANS LA SA

37990 Les personnes qui ont reçu les fonds correspondant aux apports en numéraire sont tenues de les déposer, pour le compte de la société en formation, soit chez un **notaire,** soit dans un **établissement de crédit** (banque), soit chez une **entreprise d'investissement** ou une société habilitée à exercer l'activité de conservation et d'administration d'instruments financiers, soit à la **Caisse des dépôts** et consignations (art. L 225-5, al. 1, sur renvoi de l'art. L 225-12 ; art. R 22-10-6, al. 1, sur renvoi de l'art. R 225-13).

Les banques ne sont pas tenues d'accepter un tel dépôt ; en cas de **refus opposé par une banque,** le fondateur de la société doit démarcher les banques concurrentes afin de trouver le partenaire financier qui acceptera de recevoir les fonds. En tout état de cause, le dépôt peut toujours être effectué auprès de la Caisse des dépôts et consignations, cette opération étant gratuite et les fonds déposés étant rémunérés (Rép. Bruno : AN 20-6-2006 n° 89139).

Sur la possibilité pour une **banque qui figure parmi les souscripteurs** d'actions d'être désignée comme dépositaire des fonds, voir Rép. Herzog : AN 5-12-1969 n° 8055 (en sens contraire, J. Hémard, F. Terré, P. Mabilat : Soc. com. t. 1 n° 699).

Sur la possibilité de verser les fonds dans un **établissement de crédit étranger,** voir n° 30151.

Les versements sont accompagnés d'une **liste des souscripteurs** indiquant les nom, prénom usuel et domicile de ces derniers et les sommes versées par chacun d'eux (art. L 225-5, al. 1, sur renvoi de l'art. L 225-12, et art. R 22-10-6, al. 1, sur renvoi de l'art. R 225-13).

› **Précisions** Le fait pour une **banque** d'avoir ouvert un compte au nom d'une société en formation pour **recueillir** les fonds correspondant aux **apports en numéraire** n'oblige pas cette banque à ouvrir un compte courant au nom de la société après son immatriculation (CA Versailles 27-6-2002 n° 01-1752 : RJDA 12/02 n° 1308).

37991 **Délai de dépôt** Le dépôt doit être fait dans le délai de huit jours à compter de la réception des fonds, à moins que ceux-ci ne soient reçus par des établissements de crédit ou des prestataires de services d'investissement (art. L 225-5, al. 2, sur renvoi de l'art. L 225-12, et art. R 22-10-6, al. 2, sur renvoi de l'art. R 225-13).

Le délai de huit jours doit, à notre avis, être calculé non pas à partir du dernier des versements, mais au fur et à mesure de la réception de ceux-ci.

Il ne semble pas que la violation de ces dispositions soit frappée de sanction.

COMMUNICATION DE LA LISTE DES SOUSCRIPTEURS DANS LA SA

38000 Le **dépositaire** des fonds est tenu, jusqu'au retrait de ceux-ci, de communiquer la liste des souscripteurs à tout souscripteur qui justifiera de cette qualité (art. L 225-5, al. 1, sur renvoi de l'art. L 225-12 ; art. R 22-10-6, al. 3, sur renvoi de l'art. R 225-13). Le requérant peut prendre connaissance de la liste des souscripteurs et même en obtenir **copie** à ses frais (art. R 22-10-6, al. 3 précité).

› Précisions La **justification de la qualité de souscripteur** résultera simplement de ce que l'intéressé aura lui-même versé les fonds correspondant aux actions qui doivent lui être attribuées ou de sa qualité d'apporteur en nature.

INDISPONIBILITÉ DES FONDS DÉPOSÉS DANS LA SA

Les fonds déposés sont indisponibles (Cass. com. 19-5-1998 : RJDA 10/98 nº 1144, à propos d'une SARL mais transposable aux SA par identité de textes). Sur les conséquences de cette indisponibilité, voir nº 30152. 38010

D. Certificat de dépôt des fonds dans la SA

ÉTABLISSEMENT DU CERTIFICAT DE DÉPÔT

Les versements correspondant aux apports en numéraire doivent être constatés par un certificat du **dépositaire des fonds** qu'il établit au vu de la liste des actionnaires mentionnant les sommes versées par chacun d'eux (art. L 225-13). 38070

Il s'agit donc d'une simple constatation matérielle du dépôt. Le dépositaire n'est pas tenu de **vérifier** l'identité et la capacité des futurs actionnaires, ni la sincérité des souscriptions, ni même que le capital est intégralement souscrit. Il ne saurait exiger la communication d'un projet de statuts, l'établissement préalable d'un tel projet n'étant pas requis dans la procédure de constitution sans offre au public ou avec une offre mentionnée nº 37810 (art. L 225-12 excluant l'application de l'art. L 225-2).

SANCTIONS RELATIVES AU DÉPÔT DES FONDS

Le **défaut** de constatation des versements par un **certificat du dépositaire** est sanctionné par la suspension des droits de vote et des droits à dividende des actions de numéraire (nᵒˢ 38700 s.). 38080

Il n'y a pas de sanction pénale spécifique en cas de remise au dépositaire d'une liste des actionnaires mentionnant des **souscriptions fictives** ou le versement de fonds alors que celui-ci n'a pas eu lieu. Toutefois, ces agissements peuvent constituer un faux pénalement sanctionné (C. pén. art. 441-1 s.).

E. Signature des statuts de SA

SIGNATAIRES DES STATUTS DE SA

Les statuts doivent être signés par tous les futurs actionnaires agissant personnellement ou par mandataire justifiant d'un pouvoir spécial (art. L 225-15). 38130

DATE ET EFFETS DE LA SIGNATURE DES STATUTS DE SA

La signature des statuts, qui ne peut intervenir qu'après l'établissement du certificat du dépositaire (art. L 225-15) et, le cas échéant, trois jours après le dépôt au futur siège social des documents visés nº 38180, est l'**étape** la plus importante de la constitution d'une SA sans offre d'actions au public (ou avec une offre mentionnée nº 37810). C'est en effet à partir de la date de cette signature que la société est réputée constituée (nº 1720), étant observé néanmoins qu'elle n'aura la jouissance de la personnalité morale, donc la capacité juridique, qu'à compter du jour où elle sera immatriculée au RCS (art. L 210-6, al. 1). 38140

En signant les statuts, les futurs actionnaires prennent un **engagement** définitif de participer à la société.

Tant qu'ils ne sont pas signés, les **statuts** peuvent être **modifiés,** le projet éventuellement soumis aux futurs actionnaires ne s'imposant aucunement à eux. Ces modifications peuvent même affecter des éléments essentiels (objet, siège, durée, rémunération des apports en nature, capital social, organes d'administration et de direction, modalités de cession des actions, etc.). 38141

Pour plus de détails sur la signature des statuts, voir nᵒˢ 1690 s.

FORME DES STATUTS DE SA

Les statuts doivent être établis par **écrit** (C. civ. art. 1835). 38150

L'acte peut être sous signature privée ou notarié. Toutefois, dans certains cas, la forme notariée est obligatoire ; dans d'autres, elle est à conseiller (nᵒˢ 1621 s.).

CONTENU DES STATUTS DE SA

38160 Les statuts sont plus ou moins détaillés selon le désir des actionnaires. Néanmoins, les **mentions** suivantes sont **obligatoires** (art. L 210-2, L 225-14 et R 224-2) :
– l'identité de toutes les personnes physiques ou morales qui ont signé ou au nom de qui ont été signés les statuts ;
– la forme juridique adoptée (au cas particulier : société anonyme) ;
– la durée de la société ;
– la dénomination sociale ;
– le siège social ;
– l'objet social ;
– le montant du capital social ;
– pour chaque catégorie d'actions émises, le nombre d'actions et la nature des droits particuliers attachés à celles-ci et, selon le cas, la part du capital social qu'elle représente ou la valeur nominale des actions qui la composent ;
– la forme des actions (nominative ou, sous certaines conditions, au porteur) ;
– en cas de restriction à la libre négociation ou cession des actions, les conditions particulières auxquelles est soumis l'agrément des acquéreurs ;
– l'identité des apporteurs en nature, l'évaluation de l'apport effectué par chacun de ceux-ci et le nombre d'actions remises en contrepartie de l'apport ;
– l'identité des bénéficiaires d'avantages particuliers et la nature de ceux-ci ;
– les stipulations relatives à la composition, au fonctionnement et aux pouvoirs des organes de la société, notamment le nombre maximal des administrateurs ou des membres du conseil de surveillance ;
– les dispositions relatives à la répartition du résultat, à la constitution des réserves et à la répartition du boni de liquidation.

Les statuts doivent également mentionner l'identité des premiers administrateurs ou des premiers membres du conseil de surveillance (art. L 225-16).

En cas d'**omission** de ces **mentions** obligatoires, tout intéressé peut agir en régularisation (nos 89800 s.) et en responsabilité (nos 89830 s.).

NOMBRE D'ORIGINAUX DES STATUTS DE SA

38170 Lorsque les **statuts** sont **établis par acte sous signature privée,** il est dressé autant d'originaux qu'il est nécessaire pour le dépôt d'un exemplaire au siège social et l'exécution des diverses formalités requises (art. R 224-1).

Le dépôt d'un original des statuts en vue de l'immatriculation de la société n'est pas nécessaire, les statuts pouvant être fournis en copie (art. R 123-77, al. 1). Il suffit donc aux futurs actionnaires de signer un seul original pour les archives sociales.

PIÈCES ANNEXÉES AUX STATUTS DE SA

38180 Les documents suivants doivent, le cas échéant, être annexés aux statuts :
– le rapport du commissaire aux apports en cas d'**apports en nature** ou de stipulation d'**avantages particuliers** (art. L 225-14) ;
– l'**état des actes** accomplis pour le compte de la société en formation avec l'indication, pour chacun d'eux, de l'engagement qui en résulte pour la société (art. R 210-6, al. 2).

Ces documents sont tenus, à l'adresse prévue du siège social, à la disposition des futurs actionnaires qui peuvent en prendre copie trois jours au moins avant la date de signature des statuts (art. R 210-6, al. 1 et R 225-14).

COMMUNICATION DES STATUTS DE SA

38190 **Toute personne** a le droit, à toute époque, d'obtenir, au siège social, la délivrance d'une copie certifiée conforme des statuts en vigueur au jour de la demande. La société doit annexer à ce document une **liste** comportant les nom et prénom usuel des administrateurs (ou des membres du conseil de surveillance et du directoire) ainsi que des commissaires aux comptes en exercice (si la société en est dotée) ; elle ne peut, pour cette délivrance, exiger le paiement d'une somme supérieure à 0,30 € (art. R 225-109).

Il est également possible d'obtenir communication ou copie des mêmes documents au RCS ou sur le site data.inpi.fr.

Par ailleurs, l'AMF recommande aux sociétés dont les titres sont admis aux négociations sur un marché réglementé de rendre leurs statuts actualisés accessibles sur leur **site internet** (Recommandation AMF 2012-05, proposition n° 1.3).

F. Désignation des membres des organes de direction de la SA

Après la **signature des statuts,** les personnes désignées pour être administrateurs sont habilitées à choisir entre les deux modalités d'exercice de la direction générale (par le président du conseil d'administration ou par un directeur général) et à nommer le président du conseil d'administration, le directeur général et, le cas échéant, les directeurs généraux délégués (art. L 225-51-1 et R 225-26). 38250

De même, les personnes désignées pour être membres du conseil de surveillance peuvent alors désigner les membres du directoire ou le directeur général unique (art. L 225-59 et R 225-38).

Ces désignations permettront l'accomplissement des formalités de publicité. L'**entrée en fonctions** des membres des organes de direction (comme celle des autres organes de la société tels que les commissaires aux comptes) ne devient effective qu'à partir du jour où, étant immatriculée, la société a acquis la personnalité morale (nº 2615). Les textes réglementaires définissant les formalités de publicité exigent, en effet, que les noms des présidents, directeurs généraux ou membres du directoire soient publiés dans un support d'annonces légales et mentionnés au RCS.

La question se pose de savoir dans quelles conditions ces nominations doivent intervenir. Faut-il admettre que les dispositions légales et statutaires relatives au quorum et à la **majorité** au sein du conseil d'administration ou de surveillance sont applicables ? On peut en douter, tout au moins en l'état actuel de la législation. Il nous paraît donc que la nomination des membres des organes de direction ne peut résulter que d'un acte signé par tous les membres du conseil d'administration ou de surveillance. 38260

› Précisions On ne peut pas, en effet, soumettre ces désignations aux règles de quorum et de majorité prévues pour les délibérations du conseil d'administration ou de surveillance. Contrairement aux articles L 225-47, al. 1 et L 225-81, al. 1 relatifs aux nominations en cours de vie sociale, les articles R 225-26 et R 225-38 visent une désignation non pas par le conseil d'administration ou de surveillance, mais par « les **personnes désignées pour être administrateurs** » ou membres du conseil de surveillance. De plus, comme il est précisé nº 2583, tant que la société n'est pas immatriculée, les **statuts** ne sont pas applicables.

On doit donc, conformément au droit commun lorsque plusieurs personnes sont appelées à prendre ensemble une décision, exiger l'unanimité.

À première vue, la solution est choquante car elle conduit à désigner le premier directeur général ou les premiers membres du directoire à l'unanimité. Mais les premiers administrateurs ou les premiers membres du conseil de surveillance ne sont-ils pas eux aussi désignés dans les statuts et par conséquent à l'unanimité ?

G. Publicité de la constitution de la SA

Comme pour toutes les sociétés commerciales, la constitution d'une SA donne lieu aux **formalités,** notamment d'immatriculation, exposées nºs 3040 s. 38320

L'accomplissement de ces formalités constitue une étape importante pour la **société** puisque, tant que celle-ci n'est **pas immatriculée,** elle n'acquiert pas la personnalité morale (cf. art. L 210-6, al. 1).

H. Retrait des fonds dans la SA

RETRAIT APRÈS IMMATRICULATION DE LA SA

Les fonds correspondant aux apports en numéraire, déposés dans les conditions indiquées nºs 37990 s., ne peuvent être retirés qu'après l'immatriculation de la société au RCS (art. L 225-11, al. 1, sur renvoi de l'art. L 225-12). 38380

Ce retrait est accompli par un **mandataire** de la société sur présentation d'un certificat du greffier du tribunal de commerce attestant cette immatriculation (art. R 22-10-12, sur renvoi de l'art. R 225-13).

RETARD DANS LA CONSTITUTION DE LA SA

38390 Tout souscripteur d'actions de numéraire peut exiger la restitution des sommes qu'il a versées, sous déduction des frais de répartition, si la société n'est pas constituée dans le délai de six mois à compter du premier dépôt de fonds ou si elle n'est pas immatriculée au RCS dans le même délai (art. L 225-11, al. 2, sur renvoi de l'art. L 225-12). Il lui suffit pour cela de demander en justice la nomination d'un **mandataire** chargé de retirer les fonds. Le retrait des fonds peut également être demandé directement au dépositaire aux mêmes conditions par un mandataire représentant l'ensemble des souscripteurs.

Cette disposition appelle les **remarques** suivantes.

a. Le retrait des fonds est autorisé dans deux cas : soit à défaut de constitution de la société dans les six mois du premier dépôt des fonds, soit à défaut d'immatriculation de celle-ci dans le même délai. Le retrait ne s'applique dans le premier cas que si les statuts n'ont pas été signés dans le délai de six mois car, à notre avis, c'est au jour de la signature des statuts qu'il faut se placer pour déterminer si la société est constituée (nº 1720). C'est donc par rapport à cette date que doit être calculé le délai de six mois.

b. Aucune disposition réglementaire applicable à la constitution de SA sans offre au public ou avec une offre mentionnée nº 37810 ne fixe les modalités pratiques de la désignation en justice du mandataire chargé de restituer les fonds : notamment, l'article R 22-10-13 est inapplicable (cf. art. R 225-13). Il nous semble, par analogie avec les règles applicables en cas de constitution de SA avec offre d'actions au public autre qu'une offre mentionnée nº 37810 (nº 38590), que la restitution peut être demandée en référé au président du tribunal de commerce.

Faisant une application extensive – mais opportune – de l'article 83 de la loi 66-537 du 24 juillet 1966 (devenu art. L 225-11), une cour d'appel a approuvé la désignation, par le président du tribunal de commerce statuant en référé, d'un mandataire de justice chargé de restituer aux souscripteurs les fonds qu'ils avaient versés pour la constitution d'une société dès lors que, malgré une mise en demeure, le président de cette société n'avait pas requis l'immatriculation de celle-ci au RCS (CA Lyon 10-11-1983 : D. 1984 p. 123 note Reinhard).

II. CONSTITUTION D'UNE SA AVEC « OFFRE AU PUBLIC »

RARETÉ DES CONSTITUTIONS DE SA AVEC « OFFRE AU PUBLIC »

38450 Les articles L 225-2 à L 225-11-2 et R 22-10-2 à R 22-10-13 régissent la constitution d'une SA avec offre au public – autre que celles réservées à des investisseurs qualifiés ou à un cercle restreint d'investisseurs, celles qui relèvent du financement participatif, celles portant sur des titres dont la valeur nominale unitaire s'élève au moins à 100 000 €, ou adressées à des investisseurs qui acquièrent ces titres pour un montant total d'au moins 100 000 € par investisseur et par offre distincte, et celles dont le montant total calculé sur une période de 12 mois est inférieur à 8 M€ (seuil qui devrait être porté à 12 M€ à compter du 5-6-2026 : cf. Règl. UE 2017/1129 du 14-6-2017 art. 3, 2 modifié et 3, 2 bis créé par Règl. UE 2024/2809 du 23-9-2024 et Règl. UE 2024/2809 art. 4, 3) (cf. art. L 225-11-2). Ce type d'opération étant extrêmement rare en pratique, nous nous bornerons à en exposer brièvement ci-dessous les principales étapes.

RÔLE DES FONDATEURS DE SA

38460 En cas d'offre au public (autre que celles exclues, mentionnées nº 38450), les diverses formalités requises pour la constitution de la société sont accomplies par une ou plusieurs personnes physiques ou morales appelées « fondateurs ».

Les personnes déchues du droit d'administrer ou de gérer une société, ou auxquelles l'exercice de ces fonctions est interdit, ne peuvent pas être fondateurs (art. L 225-2, al. 4).

PROJET DE STATUTS DE SA

38480 Les fondateurs établissent et signent un projet de statuts (art. L 225-2, al. 1).

Un exemplaire de ce projet, établi sur papier libre et signé par le ou les fondateurs (ou une expédition si l'acte est notarié), doit être déposé au greffe du tribunal de commerce du lieu du futur siège social (art. L 225-2, al. 1 et R 22-10-2). Cet exemplaire doit être communiqué à tout requérant, qui peut en prendre connaissance ou obtenir, à ses frais, la délivrance d'une copie (art. R 22-10-2).

Une fois déposé au greffe, le projet ne peut plus être modifié : il ne pourra l'être ultérieurement que par l'accord unanime des souscripteurs réunis en assemblée constitutive (art. L 225-7, al. 2).

PUBLICITÉ PRÉALABLE À LA CONSTITUTION DE LA SA

Notice au Balo Avant le début des opérations de souscription, et préalablement à toute mesure de publicité, les fondateurs doivent publier au Balo une notice contenant les mentions énoncées à l'article R 22-10-3, al. 2 (art. L 225-2, al. 2). 38490

Cette notice doit être signée par les fondateurs, qui indiquent soit leurs nom, prénom usuel, domicile et nationalité, soit leur dénomination, leur forme, leur siège social et le montant de leur capital social (art. R 22-10-2, dernier al.).

Document d'information Les fondateurs doivent publier et tenir à la disposition de toute personne intéressée un document destiné à l'information du public (le « prospectus »), portant notamment sur le contenu et les modalités de l'opération qui en fait l'objet, ainsi que sur l'organisation et la situation financière de l'émetteur (Règl. UE 2017/1129 du 14-6-2017 art. 3 ; C. mon. fin. art. L 412-1 s.). 38491

Ce document est soumis à l'approbation préalable de l'AMF.

Documents publicitaires La recherche des souscripteurs peut être effectuée au moyen de dépliants et autres documents publicitaires. Si de tels documents sont établis, ils doivent reproduire les énonciations de la notice publiée au Balo avec la référence au numéro du Balo correspondant. Ils doivent, en outre, exposer sommairement les projets des fondateurs quant à l'emploi des fonds provenant de la libération des actions souscrites (art. R 22-10-4, al. 1). 38492

Annonces dans les supports Les annonces publiées, le cas échéant, dans les supports doivent reproduire les mêmes énonciations que les documents publicitaires ou au moins un extrait de ces énonciations, avec référence à la notice et indication du numéro du Balo dans lequel elle a été publiée (art. R 22-10-4, al. 2). 38493

Sanctions Le défaut d'insertion au Balo de la notice préalable à toute mesure de publicité entraîne la **suspension des droits** de vote et des droits à dividende attachés aux actions émises : voir n°s 38700 s. 38494

En outre, des **sanctions pénales** sont attachées à l'inobservation des règles indiquées ci-dessus (n°s 38490 à 38493) à propos des formalités de publicité tendant à la souscription des actions.

D'abord, le président, les administrateurs et les directeurs généraux (ou les membres du directoire) s'exposeraient à une amende de 1 500 € (art. R 247-2) si, sciemment, ils avaient émis des actions offertes au public sans que :

– soit insérée au Balo la notice préalable à toute mesure de publicité ;
– les documents publicitaires reproduisent cette notice et indiquent la référence du numéro du Balo dans lequel elle a été publiée ;
– les annonces dans les supports reproduisent les mêmes indications ou tout au moins un extrait avec référence du numéro du Balo dans lequel la notice a été publiée ;
– les documents publicitaires mentionnent la signature de la personne dont l'offre émane ou précisent si les valeurs offertes sont admises ou non à la négociation sur un marché réglementé et, dans l'affirmative, sur quel marché.

Ensuite, toute personne qui, de mauvaise foi, aurait reproduit ou distribué un document publicitaire contenant des renseignements faux ou inexacts ainsi que celle qui, de mauvaise foi, aurait fourni ces renseignements seraient coupables d'escroquerie, encourant un emprisonnement de cinq ans et une amende de 375 000 € (C. pén. art. 313-1).

Enfin, l'émission d'actions sans que le prospectus ait été établi et approuvé par l'AMF expose les fondateurs à une sanction pécuniaire, prononcée par l'AMF, dans la limite de 100 M€ ou du décuple du montant de l'avantage retiré du manquement si celui-ci peut être déterminé (C. mon. fin. art. L 621-15, III-e modifié par loi 2025-391 du 30-4-2025). 38495

FORMATION DU CAPITAL DE LA SA

38510 **Souscription des actions de numéraire** Aucune souscription ne peut être reçue tant que les statuts n'ont pas été déposés au greffe et la notice (n° 38490) publiée au Balo (art. L 225-2, al. 3).

Les souscriptions doivent être réelles, sincères et inconditionnelles.

Elles sont constatées par des **bulletins de souscription** (art. L 225-4), écrits qui manifestent la volonté des souscripteurs d'adhérer à la société et leur engagement de libérer les actions souscrites.

Le bulletin de souscription doit contenir les mentions énumérées à l'article R 22-10-5, al. 2. Il doit être daté et signé par le souscripteur (ou son mandataire), qui écrit en toutes lettres le nombre des titres souscrits. Une copie sur papier libre du bulletin doit être remise au souscripteur (art. R 22-10-5, al. 1).

À l'appui de sa souscription, le souscripteur doit verser la fraction du montant nominal des actions à libérer immédiatement. Ce versement ne peut pas être inférieur à la moitié de la valeur nominale des actions souscrites (art. L 225-3, al. 2).

Sur l'obligation de déposer les fonds reçus des souscripteurs, voir n° 38520.

38511 **Apports en nature ou stipulation d'avantages particuliers** En cas d'apports en nature ou de stipulation d'avantages particuliers, un ou plusieurs **commissaires aux apports** sont désignés à l'unanimité des fondateurs ou, à défaut, par décision du président du tribunal de commerce statuant sur requête d'un ou plusieurs fondateurs (art. L 225-8, al. 1 et R 22-10-7, al. 2 ; sur les conditions de cette désignation, voir n°s 37912 et 37913).

Les commissaires établissent, sous leur responsabilité, un **rapport** sur l'évaluation des apports en nature ou sur les avantages particuliers. Ce rapport est tenu à la disposition des souscripteurs, qui peuvent en prendre connaissance ou copie, huit jours au moins avant la date de l'assemblée constitutive, au futur siège social et au greffe du tribunal de commerce dans le ressort duquel est situé ce siège (art. L 225-8, al. 2 et R 22-10-9).

38512 Les **apports** énumérés n° 37916 peuvent être **dispensés** de l'évaluation d'un commissaire aux apports si les fondateurs le décident (art. L 225-8-1, I).

Dans ce cas, la **décision des fondateurs** ainsi que tout document relatif à la description et à l'évaluation des apports, dont une attestation précisant qu'aucune circonstance nouvelle n'est venue modifier cette évaluation, doivent être **déposés,** huit jours au moins avant la date de l'assemblée constitutive, à l'adresse du siège social indiquée dans le bulletin de souscription et au greffe du tribunal de commerce dans le ressort duquel est situé ce siège ; ces documents doivent être tenus **à la disposition des souscripteurs,** qui peuvent en prendre connaissance ou obtenir la délivrance d'une copie intégrale ou partielle (art. L 225-8-1, III et R 22-10-10).

38513 **Sanctions.** Le **non-respect de la procédure d'évaluation** des apports entraîne la suspension des droits de vote et des droits à dividende attachés aux actions émises en contrepartie (n°s 38700 s.).

Par ailleurs, l'article L 242-2 punit d'un emprisonnement de cinq ans et d'une amende de 9 000 € ceux qui, frauduleusement, auront fait attribuer à un apport en nature une **évaluation supérieure** à sa valeur réelle. Sur les conséquences civiles de la surévaluation, voir n° 2040.

DÉPÔT DES FONDS ET DE LA LISTE DES SOUSCRIPTEURS DANS LA SA

38520 Les personnes qui ont reçu les fonds correspondant aux apports en numéraire sont tenues de les déposer, dans les huit jours de leur réception, dans un établissement de crédit (banque), chez une entreprise d'investissement ou une société habilitée à exercer l'activité de conservation ou d'administration d'instruments financiers, chez un notaire ou à la Caisse des dépôts et consignations. Les versements doivent être accompagnés de la liste des souscripteurs (art. L 225-5 et R 22-10-6).

Pour plus de détails, voir n°s 37990 s.

CERTIFICAT DU DÉPOSITAIRE DES FONDS DANS LA SA

38530 Les souscriptions et les versements sont constatés par un certificat du dépositaire établi, au moment du dépôt des fonds, sur présentation des bulletins de souscription (art. L 225-6).

Sur les sanctions applicables en cas d'irrégularités commises lors de l'établissement du certificat du dépositaire, voir n° 38080.

ASSEMBLÉE CONSTITUTIVE DE SA

Convocation de l'assemblée constitutive L'assemblée constitutive doit être convoquée par les fondateurs (art. L 225-7, al. 1), huit jours au moins à l'avance, par voie d'insertion d'un avis de convocation dans un support d'annonces légales du département du siège social et au Balo (art. R 22-10-11). L'avis de convocation doit contenir les mentions énumérées par l'article R 22-10-11, al. 2. 38540

L'assemblée constitutive doit être réunie au lieu indiqué dans la notice publiée au Balo (art. R 22-10-11, al. 1).

Tenue de l'assemblée constitutive L'article L 225-9, al. 1 renvoie aux dispositions prévues par les articles L 225-106, L 225-110 et L 225-113 pour la tenue des assemblées ordinaires ou extraordinaires. En **conséquence** : 38541
– tout souscripteur peut participer à l'assemblée constitutive, quel que soit le nombre de ses actions (art. L 225-113) ;
– les souscripteurs peuvent se faire représenter par un autre souscripteur, par leur conjoint ou leur partenaire pacsé (art. L 225-106, I) ;
– si les actions souscrites sont grevées d'usufruit, le droit de vote appartient, en principe, au nu-propriétaire (art. L 225-110, al. 1 ; n° 7563) ;
– les copropriétaires indivis d'actions sont tenus de se faire représenter par l'un d'entre eux ou par un mandataire unique (art. L 225-110, al. 2 ; n°s 7545 s.).

Les conditions de quorum et de majorité sont les mêmes que pour les assemblées extraordinaires (art. L 225-9, al. 2) : voir n° 48590. 38542

Chaque souscripteur dispose d'un nombre de voix proportionnel à la quotité de capital représentée par les actions qu'il a souscrites (cf. art. L 225-122).

Règles spéciales en cas d'apports en nature ou de stipulation d'avantages particuliers. 38543
Lorsque l'assemblée délibère sur l'approbation d'un apport en nature ou l'octroi d'un avantage particulier, les règles suivantes sont applicables.

1. Les actions de l'apporteur ou du bénéficiaire des avantages particuliers ne sont pas prises en compte pour le calcul de la majorité et l'intéressé n'a voix délibérative ni pour lui-même ni comme mandataire (art. L 225-10).

2. Si l'assemblée n'approuve pas l'évaluation des apports en nature (ou l'octroi d'avantages particuliers), elle peut les réduire, mais seulement avec l'accord unanime de tous les souscripteurs (art. L 225-8, al. 3).

3. L'évaluation fixée par l'assemblée doit être approuvée expressément par les apporteurs (ou les bénéficiaires d'avantages particuliers) ; à défaut d'approbation expresse mentionnée au procès-verbal d'une assemblée tenue avant le 1er octobre 2025, la société n'est pas constituée ; pour les assemblées tenues à compter du 1er octobre 2025, la SA est constituée mais les apporteurs (ou les bénéficiaires d'avantages particuliers) qui n'ont pas donné leur approbation expresse peuvent, dans un délai de trois mois à compter de la date de l'assemblée, agir en nullité de leur engagement (art. L 225-8, al. 4 modifié, à compter du 1-10-2025, par ord. 2025-229 du 12-3-2025 ; Ord. 2025-229 art. 70).

Pour les autres règles relatives à la tenue de l'assemblée constitutive (bureau, feuille de présence, débat, procès-verbal, etc.), voir n°s 47520 s.

> **Précisions** **a.** **L'apporteur étant exclu du vote,** le **quorum** doit être calculé après déduction des actions qui lui sont attribuées ou qu'il représente en qualité de mandataire. Cette solution résulte de l'article L 225-96 – auquel renvoie l'article L 225-9, al. 2 – aux termes duquel *le quorum est* calculé sur les actions « ayant le droit de vote ». Cette observation ne vaut toutefois que pour les résolutions relatives à l'approbation des apports effectués par l'intéressé. Pour les autres résolutions (adoption des statuts, nomination des organes sociaux, etc.), l'apporteur en nature (ou le bénéficiaire d'avantages particuliers) peut participer au vote : ses actions doivent donc être prises en compte pour le calcul du quorum. Ainsi est-on amené à rechercher, résolution par résolution, si le quorum requis est bien atteint.
> **b.** L'apporteur en nature ou le bénéficiaire d'avantages particuliers peut statuer sur les **apports ou avantages concernant d'autres associés.**
> **c.** L'apporteur est exclu du vote, aussi bien pour ses **actions** d'apports que pour celles qu'il aurait **souscrites en numéraire** ; en effet, l'article L 225-10, al. 1 vise « les actions » sans distinction.
> **d.** Sur le **vote de l'apporteur en qualité de représentant légal d'une personne morale** actionnaire, voir n° 51041.

38550 **Mission de l'assemblée constitutive** L'assemblée constitutive a pour objet :
– de constater que le **capital** est entièrement souscrit et que les actions sont libérées du montant exigible (art. L 225-7, al. 2) ;
– de statuer, le cas échéant, sur l'évaluation des **apports en nature** et l'octroi des avantages particuliers (art. L 225-8, al. 3) ;
– d'adopter les **statuts,** étant précisé que, à la condition de statuer à l'unanimité des souscripteurs, l'assemblée peut modifier le projet de statuts (art. L 225-7, al. 2) ;
– de nommer les **organes sociaux** (administrateurs ou membres du conseil de surveillance) et constater, s'il y a lieu, leur acceptation (art. L 225-7, al. 2) ;
– d'approuver les **actes passés par les fondateurs** pour le compte de la société en formation (sur ce point, voir n°s 2700 s.) ; ces actes sont soumis à l'assemblée constitutive, après désignation des premiers membres du conseil d'administration ou de surveillance et, le cas échéant, des premiers commissaires aux comptes (art. R 210-7, al. 1) ; en outre, ils sont énumérés dans un rapport des fondateurs indiquant l'engagement en résultant pour la société ;
– de donner, le cas échéant, **mandat** à une ou plusieurs des personnes désignées en qualité de premiers membres du conseil d'administration ou du conseil de surveillance de prendre des engagements pour le compte de la société ; sous réserve que ces engagements soient déterminés et que leurs modalités soient précisées dans le mandat, l'immatriculation de la société au RCS emportera leur « reprise » par ladite société (art. R 210-7, dernier al.).

38551 C'est à l'issue de l'assemblée constitutive que la société est définitivement constituée (art. R 22-10-13, al. 1, a contrario). Précisons toutefois qu'elle n'acquiert la jouissance de la personnalité morale qu'après son immatriculation au RCS (n° 4005).

DÉSIGNATION DES MEMBRES DES ORGANES DE DIRECTION DE SA

38560 Après l'assemblée constitutive, les personnes désignées pour être administrateurs ou membres du conseil de surveillance procèdent à la nomination des membres des organes de direction : président du conseil d'administration, directeur général (et, éventuellement, directeurs généraux délégués) ou membres du directoire (art. R 225-26 et R 225-38 ; voir n° 38260).

PUBLICITÉ DE LA CONSTITUTION DE LA SA

38570 Pour le détail des formalités de publicité, voir n°s 3040 s.

RETRAIT DES FONDS EN CAS DE CONSTITUTION DE SA

38580 Les fonds correspondant aux apports en numéraire ne peuvent être retirés qu'après immatriculation de la société au RCS (art. L 225-11, al. 1 et R 22-10-12 ; sur les modalités de ce retrait, voir n° 38380).

RETARD DANS LA CONSTITUTION DE LA SA

38590 À défaut de constitution (n° 38551) ou d'immatriculation de la société dans le délai de six mois suivant le premier dépôt de fonds, tout souscripteur peut demander au président du tribunal de commerce du lieu du siège social, statuant en référé, la nomination d'un mandataire chargé de retirer les fonds déposés et de les restituer aux souscripteurs sous déduction des frais de répartition. Le retrait des fonds peut également être demandé directement au dépositaire aux mêmes conditions par un mandataire représentant l'ensemble des souscripteurs et justifiant de leur autorisation écrite (art. L 225-11, al. 2 et R 22-10-13, al. 2 et 3).
Si le ou les fondateurs décident ultérieurement de constituer la société, il doit être à nouveau procédé au dépôt des fonds et à l'établissement d'un certificat par le dépositaire (art. L 225-11, al. 3).

III. SUSPENSION DES DROITS EN CAS DE VIOLATION DES RÈGLES DE CONSTITUTION DE LA SA

SUSPENSION DES DROITS DES ACTIONNAIRES

38700 Toute violation des articles L 225-2 à L 225-16 (règles de constitution de la SA) est sanctionnée par la suspension des **droits de vote** et des **droits à dividende** attachés aux actions ou coupures d'actions émises en violation de ces dispositions, et ce, jusqu'à régularisation de la situation (art. L 225-11-1 et L 225-16-1).

Il en est ainsi en **cas** de défaut de libération des actions, de défaut de constatation des versements par un certificat du dépositaire ou de défaut d'évaluation des apports en nature par un commissaire aux apports.

Cette **mesure** nous paraît **inadéquate** en ce qu'elle sanctionne dans bien des cas tout actionnaire, même s'il n'est pas fondateur, pour un manquement dont il n'est pas responsable car commis par les actionnaires fondateurs (par exemple, le défaut de dépôt des fonds provenant des souscriptions en numéraire : nos 37990 s.). De plus, on voit mal comment l'appliquer à certaines irrégularités, comme celle liée au retrait des fonds avant l'immatriculation de la société au RCS (no 38380) puisque les actions n'ouvrent pas de droit de vote ou de droit aux dividendes avant l'immatriculation. Ceci étant, cette mesure est de nature à inciter les actionnaires sanctionnés pour un manquement qu'ils n'ont pas commis à demander aux fondateurs de régulariser la situation.

Modalités de la suspension des droits La suspension des droits de vote et des droits à dividende est automatique. Elle s'applique sans délai de préavis ni mise en demeure. La suspension du droit de vote à l'assemblée n'interdit pas à l'actionnaire sanctionné d'y participer et de s'y exprimer. Ses actions n'ayant pas le droit de vote, elles ne sont pas prises en compte pour le calcul du quorum (no 47551). 38702

Violation de la suspension des droits Tout vote émis ou tout versement de dividende effectué pendant la suspension des droits de vote et des droits à dividende est nul (art. L 225-11-1 et L 225-16-1). Cette nullité est de droit et le juge ne peut que la constater. 38703

Par ailleurs, une délibération à l'adoption de laquelle un actionnaire dont le droit de vote est suspendu a participé peut être annulée par le juge (art. L 235-2-1 pour les délibérations adoptées avant le 1-10-2025 ; C. civ. art. 1844-10, al. 3 modifié, à compter du 1-10-2025, par ord. 2025-229 du 12-3-2025 pour les délibérations adoptées à compter du 1-10-2025 ; Ord. 2025-229 art. 63 et 70).

RÉGULARISATION DE LA SITUATION

L'actionnaire sanctionné ne recouvre les droits de vote et les droits à dividende qu'après « régularisation de la situation » (art. L 225-11-1 et L 225-16-1), c'est-à-dire après **disparition de l'irrégularité.** Par exemple, un actionnaire n'ayant pas libéré des actions d'apport recouvre ses droits dès qu'il transfère à la société la propriété ou la jouissance des biens en contrepartie desquels les actions lui ont été remises. De même, lorsqu'un apport en nature n'a pas fait l'objet d'une évaluation par un commissaire aux apports, les actions émises en représentation de cet apport confèrent un droit de vote et un droit au dividende une fois établi le rapport du commissaire. 38705

CHAPITRE 3

CONSEIL D'ADMINISTRATION

SOMMAIRE

EN BREF *La gestion et la direction des SA de type classique sont réparties entre trois organes :* 39000
– le conseil d'administration, composé des administrateurs, chargé de contrôler la gestion de la direction, de fixer les orientations stratégiques de la société et de veiller à la bonne marche de celle-ci ;
– le président du conseil d'administration, appelé en pratique « président non exécutif », qui a pour mission de veiller au bon fonctionnement des organes sociaux ;
– le directeur général, investi de tous les pouvoirs pour diriger la société et la représenter à l'égard des tiers.
Les fonctions de président et de directeur général peuvent être séparées ou confiées à une même personne. Ces deux formes d'organisation, cumul ou dissociation, peuvent être indifféremment choisies par le conseil d'administration, dans les conditions fixées par les statuts, à charge pour lui d'en informer les actionnaires et les tiers.

SECTION 1 LES ADMINISTRATEURS

I. NOMBRE D'ADMINISTRATEURS

ENCADREMENT DU NOMBRE D'ADMINISTRATEURS

Le conseil d'administration doit être composé de 3 membres au moins et de 18 au plus (art. L 225-17, al. 1). 39010
Les administrateurs représentant les salariés et ceux représentant les salariés actionnaires ne sont pas pris en compte pour le calcul du nombre maximal ou minimal des administrateurs (art. L 225-23, al. 1, L 225-27, al. 2 et L 225-27-1, II-al. 2 ; voir aussi art. L 22-10-5, L 22-10-6 et L 22-10-7).
Sur la représentation équilibrée hommes/femmes, voir nos 39150 s.

À l'intérieur de ces limites, le nombre des administrateurs est déterminé librement dans les **statuts.** Ceux-ci peuvent donc valablement stipuler soit un **nombre fixe** d'administrateurs (3, 6, 7, 10, etc.), soit un **nombre variable** (3 à 9 ou 4 à 10 ou 3 à 18, etc.) ; dans ce dernier cas, l'assemblée générale ordinaire est libre de porter à tout moment le nombre des administrateurs au chiffre maximal, de le maintenir au chiffre minimal ou de le laisser revenir à ce minimum. 39011
Dans les limites prévues par les statuts, l'assemblée peut nommer des administrateurs nouveaux, alors même qu'une clause statutaire prévoirait le maintien en fonctions du conseil d'administration jusqu'à l'assemblée devant délibérer sur les comptes d'un exercice déterminé (Cass. com. 5-1-1954 : Bull. civ. III n° 4).

Lorsque, pour une raison quelconque (décès, démission ou autre cause), le **nombre** des administrateurs devient **inférieur au minimum** légal ou au minimum statutaire, l'effectif du conseil doit être complété sur décision de l'assemblée générale ordinaire ou, lorsque cela est possible (nos 39531 s.), par voie de cooptation (art. L 225-24). 39012

Démission ou révocation du président Par dérogation à la règle générale applicable aux autres administrateurs, si le président démissionne, décède ou est révoqué alors que le nombre des administrateurs atteint déjà le maximum légal ou statutaire et si, en outre, le conseil d'administration n'a pu le remplacer par un de ses membres, le conseil a la faculté de nommer un **administrateur « supplémentaire »** appelé aux fonctions de président (art. L 225-17, al. 3). 39013
Cette disposition appelle les deux remarques suivantes :
– l'article L 225-17 n'a pas vocation à s'appliquer en cas de décès du président ou lorsque celui-ci démissionne également de son mandat d'administrateur ; en effet, en pareils cas, un poste d'administrateur devient vacant, si bien que le conseil peut valablement coopter un nouvel administrateur sans dépasser le maximum légal ; cet article vise donc seulement le cas où le président conserve son poste d'administrateur (en sens contraire, Communication Ansa, comité juridique n° 04-044 du 5-5-2004, qui estime que la nomination d'un administrateur supplémentaire appelé aux fonctions de président est possible même lorsque le plafond statutaire ou légal n'est pas atteint) ;
– en l'absence de disposition législative contraire, la cooptation exceptionnelle d'un administrateur en surnombre peut intervenir lorsque sont atteints non seulement le plafond légal, mais aussi, s'il existe, le plafond statutaire.

NOMBRE D'ADMINISTRATEURS EN CAS DE FUSION

39020 En cas de fusion de SA, l'article L 225-95 permet au conseil d'administration de la société absorbante ou nouvelle de comprendre plus de 18 membres. Toutefois, le **dépassement** n'est autorisé que dans certaines limites et il n'est que temporaire (seulement pendant trois ans).

Dérogeant au principe de la limitation à 18 du nombre des administrateurs, l'article L 225-95 doit être interprété restrictivement. Il ne vise que les fusions réalisées entre **SA** et il ne saurait donc être étendu à des opérations concernant des sociétés n'ayant pas la forme de SA. Ainsi, l'absorption par une SA comprenant déjà 18 administrateurs d'une SARL ayant deux gérants ne permet pas de porter à 20 le nombre des administrateurs de la société absorbante.

> **Précisions** Le délai accordé par l'article L 225-95 ne déroge pas aux articles L 225-18-1 et L 22-10-3, imposant la **mixité au sein du conseil** d'administration (n°s 39154 s.) et dont les échéances doivent être respectées (dans le même sens, Communication Ansa, comité juridique n° 16-029 du 7-9-2016).

39021 **Nombre maximal d'administrateurs** Le nombre maximal des administrateurs est, en cas de fusion, porté à 24 (art. L 225-95). Cette disposition tend simplement à déterminer le nombre des administrateurs que la société absorbante ou nouvelle peut comporter ; elle laisse donc entièrement libre le choix des personnes appelées à occuper ces postes d'administrateurs : ces personnes peuvent être choisies même en dehors des administrateurs en fonctions dans la société absorbée.

De la même façon, en cas de fusion d'une SA administrée par un conseil d'administration et d'une SA comprenant un directoire et un conseil de surveillance, le nombre des membres du conseil d'administration ou de surveillance de la société absorbante ou nouvelle pourra dépasser le nombre de 18 sans pouvoir être supérieur à 24 (art. L 225-95).

Sur l'application de cette règle aux administrateurs librement élus par les salariés, voir n° 39951.

39022 **Régularisation de la situation** La possibilité accordée aux sociétés issues d'une fusion d'avoir un conseil d'administration de plus de 18 membres n'a qu'un caractère temporaire. Elle ne peut durer que trois ans (art. L 225-95).

Le point de départ de ce **délai** est non pas la date à laquelle la fusion devient définitive (le plus souvent, la date de la dernière des assemblées appelées à statuer sur l'opération), mais celle à laquelle elle prend effet (art. L 236-4 sur renvoi de l'art. L 225-95 ; n°s 83870 s.). Ainsi, dans le cas, fréquent en pratique, où le contrat de fusion fait remonter la prise d'effet de la fusion au premier jour de l'exercice en cours de la société absorbée, c'est à partir de cette date que court le délai de trois ans qui peut alors, dans le cas de réalisation de la fusion en fin d'exercice, se trouver amputé de presque un an.

39023 Aucune restriction n'est imposée en ce qui concerne le **choix des administrateurs.** Il semble donc possible, pendant ce délai de trois ans, de procéder au renouvellement du mandat d'un administrateur dont les fonctions sont venues à expiration ou au remplacement d'administrateurs décédés, révoqués ou démissionnaires, ou même à la nomination de nouveaux administrateurs dès lors que le maximum de 24 membres est toujours respecté.

39024 Si, **à l'expiration de la troisième année,** le nombre des administrateurs n'a pas été ramené au maximum à 18, il convient de régulariser la situation dans les plus brefs délais.

Les administrateurs en fonctions au moment de la fusion ne sauraient prétendre se maintenir jusqu'à l'expiration de leur mandat. En effet, ils sont des organes de la société dotés d'un statut fixé par la loi (n°s 10000 s.) : ils assument des fonctions et ne bénéficient pas d'un contrat leur conférant un droit acquis à conserver la qualité d'administrateur pendant toute la durée pour laquelle ils ont été nommés.

À défaut de régularisation par démissions amiables, l'assemblée générale ordinaire doit être convoquée pour ramener le nombre des administrateurs au maximum légal. Par mesure de prudence, le conseil étant irrégulièrement composé et ne pouvant donc procéder à cette convocation, il est recommandé de demander en justice la désignation d'un mandataire chargé de cette mission (n°s 46050 s.).

NOMBRE D'ADMINISTRATEURS EN CAS DE SCISSION

39030 L'article L 225-95, permettant temporairement au conseil d'être composé de plus de 18 membres, ne vise que le cas de fusion. Il ne saurait être étendu aux scissions, c'est-à-dire aux opérations par lesquelles une société apporte son patrimoine à plusieurs sociétés existantes ou à plusieurs sociétés nouvelles (art. L 236-18, al. 1).

Dans le cas de **scissions au profit de sociétés nouvelles,** cette solution est sans inconvénient. Il n'y a alors aucune difficulté à donner un poste aux administrateurs de la société scindée dans les conseils des sociétés issues de la scission.

La situation est différente dans le cas de **scissions au profit de sociétés existantes.** Il peut arriver, en effet, que la société scindée soit reprise par deux sociétés dont les conseils sont déjà composés de 18 membres. Le nombre des administrateurs « sortants » peut ainsi dépasser celui des postes à pourvoir.

Cependant, il nous paraît difficile de considérer que, malgré le silence de la loi, les scissions doivent être assimilées aux fusions, d'autant plus que, dans d'autres dispositions légales (par exemple, celles relatives au cumul des fonctions d'administrateur avec un contrat de travail dans les « grosses » sociétés : nos 39231 s.), le législateur a pris soin d'ajouter le cas des scissions à celui des fusions, ce qu'il n'a pas fait en ce qui concerne le nombre maximal des administrateurs.

NON-RESPECT DES SEUILS LÉGAUX D'ADMINISTRATEURS

Il est très rare, en pratique, que les dispositions sur le nombre des administrateurs soient méconnues. Il peut arriver cependant que la nomination d'un administrateur entraîne un **dépassement du maximum** légal. Cette irrégularité est une cause d'annulation de la nomination, car elle viole une disposition manifestement impérative de la loi (art. L 235-1, al. 2 pour les nominations antérieures au 1-10-2025 ; C. civ. art. 1844-10, al. 3 modifié par ord. 2025-229 du 12-3-2025 pour les nominations à compter du 1-10-2025 ; Ord. 2025-229 art. 70). 39040

Sur le sort des délibérations du conseil d'administration auxquelles a pris part l'administrateur dont la nomination a été annulée, voir nos 40790 s.

Inversement, il se peut que, par suite de décès ou de démission, le **nombre** des administrateurs devienne **inférieur au minimum** légal de trois. Dans ce cas, les administrateurs restants ne peuvent prendre aucune décision autre que celle de convoquer l'assemblée en vue de compléter l'effectif du conseil (no 39531). 39041

ILLUSTRATIONS

Un conseil réduit à deux membres ne peut valablement donner son agrément à une cession d'actions comme l'exigent les statuts, ni, par conséquent, désigner comme administrateur l'un des acquéreurs non encore actionnaire, ni procéder à la nomination d'un président (Cass. com. 18-11-1974 no 73-13.030 : Rev. sociétés 1975 p. 273 note Y. Chartier).

II. NOMINATION DES ADMINISTRATEURS

A. Conditions de nomination des administrateurs

1. DÉTENTION D'ACTIONS PAR LES ADMINISTRATEURS

Les administrateurs ne sont pas tenus de détenir des actions de leur société (appelées « actions de garantie »), sauf si les statuts le leur imposent (art. L 225-25, al. 1 ; nos 39340 s.). 39100

Pour les **sociétés dont les titres sont admis aux négociations sur un marché réglementé,** l'Afep et le Medef recommandent que les statuts ou le règlement intérieur imposent aux administrateurs (autres que ceux représentant les salariés actionnaires et ceux représentant les salariés) d'être personnellement actionnaires et de posséder un nombre minimal *d'actions significatif au regard de la rémunération* qui leur est allouée au titre de leurs fonctions (ex-jetons de présence) (Code de gouvernance Afep-Medef art. 21, qui précise que l'administrateur qui ne détiendrait pas les actions lors de son entrée en fonctions doit utiliser la rémunération perçue au titre de ses fonctions à leur acquisition et en informer la société). Pour Middlenext, le nombre d'actions de la société que doit posséder chaque administrateur est à la discrétion du conseil et doit être indiqué dans son règlement intérieur, sous réserve des dispositions statutaires (Code de gouvernance Middlenext rec. 1). Sur le champ d'application et la force contraignante de ces Codes, voir nos 48272 s. 39110

Les administrateurs de sociétés dont les actions sont admises aux négociations sur un marché réglementé doivent mettre au nominatif ou déposer en banque les actions qui leur appartiennent ou qui appartiennent à leur conjoint ou à leurs enfants mineurs (nos 66430 s.).

Les administrateurs de ces mêmes sociétés et des sociétés dont les titres financiers sont admis aux négociations sur un SMN ou sur un système organisé de négociation ainsi que leurs proches doivent communiquer à l'AMF les opérations réalisées sur les titres de la société (nos 66448 s.).

2. CAPACITÉ REQUISE DES ADMINISTRATEURS

39140 Ayant la même capacité qu'un majeur pour tous les actes de la vie civile (C. civ. art. 413-6), le **mineur** émancipé peut, sans restriction, être administrateur d'une SA. En revanche, un mineur non émancipé ne nous paraît pas pouvoir assumer les fonctions d'administrateur, dès lors qu'il ne peut pas être entièrement soumis aux responsabilités qu'elles impliquent (n° 11111).

Si elle n'est pas interdite, la nomination en qualité d'administrateur d'un **majeur** sous tutelle est dépourvue de tout effet juridique et la nomination d'un majeur faisant l'objet d'une autre mesure d'incapacité (sauvegarde de justice, curatelle, habilitation familiale ou mise en œuvre du mandat de protection future) est inopportune pour les raisons exposées n° 12442.

Deux **époux** peuvent être administrateurs d'une même société (C. civ. art. 1832-1, al. 1). Il en est de même pour les **partenaires d'un Pacs** et, a fortiori, pour les **concubins.**

Si l'administrateur est un **étranger,** il doit, sauf dérogations concernant notamment les ressortissants de l'UE, être titulaire d'un titre de séjour (nos 92680 s.).

3. ÉQUILIBRE HOMMES/FEMMES AU SEIN DU CONSEIL D'ADMINISTRATION

RECHERCHE D'UNE REPRÉSENTATION ÉQUILIBRÉE AU SEIN DU CONSEIL

39150 Le conseil d'administration doit être composé en recherchant une représentation équilibrée des femmes et des hommes (art. L 225-17, al. 2).

Cette déclaration de principe est applicable à toutes les SA ; sa violation n'est assortie d'aucune sanction spécifique.

OBLIGATION DE MIXITÉ DU CONSEIL

39154 **Sociétés concernées** Une proportion minimale d'administrateurs de chaque sexe est exigée dans le conseil d'administration des **sociétés dont les actions sont admises aux négociations sur un marché réglementé** (art. L 22-10-3).

Cette obligation s'applique aussi, à l'issue de la plus prochaine assemblée statuant sur des nominations, dans les **sociétés de grande taille** qui, pour le troisième exercice consécutif, remplissent les deux conditions suivantes (art. L 225-18-1, al. 1) :
- employer un nombre moyen d'au moins 250 salariés permanents ;
- réaliser au moins 50 M€ nets de chiffre d'affaires ou présenter un total de bilan supérieur ou égal à cette somme.

39155 **Proportion minimale d'hommes/femmes requise** Dans les sociétés soumises à l'obligation de mixité (n° 39154), la proportion des administrateurs de chaque sexe doit être d'au moins 40 % (art. L 225-18-1, al. 1 et L 22-10-3, al. 1).

En présence d'un **conseil constitué au plus de 8 membres,** l'écart entre le nombre de femmes et d'hommes ne peut pas être supérieur à 2 (art. L 225-18-1, al. 1). La question se pose de savoir si cette règle s'applique cumulativement avec celle des 40 % ou si elle lui déroge, la rédaction de l'article L 225-18-1 étant ambiguë sur ce point. Pendant un temps, nous pensions qu'il convenait de cumuler les deux règles, tout en soulignant que cela aboutissait à vider de sa portée pratique celle de l'écart maximal de 2 membres. En effet, la règle des 40 % conduit à imposer soit la parité dans les conseils constitués de 4, 6 et 8 membres, soit un écart maximal de 1 membre dans les conseils constitués de 5 et 7 membres. Restent les conseils de 3 membres dans lesquels l'application de cette règle est impossible, de sorte que seule celle de l'écart maximal de 2 membres y est pertinente. De tels résultats sont incohérents et, de surcroît, non conformes à la volonté du législateur qui voyait dans la règle de l'écart de 2 membres un régime dérogatoire à celle des 40 % (Rapport AN n° 2205 p. 30 relatif à la loi 2011-103 du 27-1-2011). C'est pourquoi nous pensons désormais que ces deux règles ne sont pas cumulatives (en ce sens notamment, H. Le Nabasque : Rev. sociétés 2011 p. 454). Au demeurant, il serait heureux que le législateur lève le doute sur cette question.

Dans les **conseils constitués de plus de 8 membres,** seule la proportion de 40 % doit être respectée. Il en résulte qu'un conseil constitué, par exemple, de 15 membres peut comprendre 6 membres d'un sexe et 9 de l'autre.

Par ailleurs, lorsque la composition du conseil n'est plus conforme aux règles ci-dessus, celui-ci doit régulariser la situation par des nominations provisoires dans un délai de six mois à compter du jour où se produit la vacance ; ces nominations doivent être ratifiées par la plus prochaine assemblée générale ordinaire (art. L 225-24, al. 4 et 5). La loi faisant référence à la « vacance » du poste, cette cooptation ne joue qu'en cas de décès ou de démission d'un administrateur.
Selon l'Ansa, la société a six mois pour coopter, même si une assemblée se tient dans ce délai (Communication Ansa, comité juridique n° 16-038 du 5-10-2016). À notre avis, cette position heurte le principe d'organisation hiérarchique des pouvoirs dans la société, en vertu duquel l'assemblée est seule détentrice du pouvoir de désigner les membres du conseil. Coopter en passant « par-dessus l'assemblée » reviendrait à nier ce pouvoir.

Personnes comptabilisées

Représentant permanent d'une personne morale. Le représentant permanent d'une personne morale nommée administrateur doit être pris en compte pour apprécier si les proportions légales sont respectées (art. L 225-20, al. 2). 39156

Administrateurs représentant les salariés et les salariés actionnaires. Les administrateurs représentant les salariés ne sont pas comptabilisés pour apprécier la proportion minimale d'administrateurs de chaque sexe (art. L 225-27, al. 2 et L 225-27-1, II-al. 2 ; voir aussi art. L 22-10-6 et L 22-10-7). Ne sont pas non plus pris en compte les administrateurs représentant les salariés actionnaires élus au conseil par l'assemblée générale des actionnaires dans les sociétés dont les actions sont admises aux négociations sur un marché réglementé (art. L 225-23, al. 1 et L 22-10-5) et dans les SA employant, avec leurs filiales, plus de 1 000 salariés en France ou 5 000 en France et à l'étranger (art. L 225-23, al. 1). 39157

À compter du 1er janvier 2026 (Ord. 2024-934 du 15-10-2024 art. 26, II), les administrateurs représentant les salariés actionnaires des **sociétés dont les actions sont admises aux négociations sur un marché réglementé d'une certaine taille** (celles qui emploient, à la clôture de dernier exercice, au moins 250 salariés et réalisent un chiffre d'affaires d'au moins 50 M€ ou dont le bilan excède 43 M€) seront pris en compte au même titre que les autres administrateurs dans le calcul de la proportion minimale d'administrateurs de chaque sexe (cf. art. L 225-23, al. 1, L 22-10-3 et L 22-10-10, 2° bis modifiés par ord. 2024-934). 39158

À compter de cette même date, une proportion minimale d'administrateurs représentant les salariés de chaque sexe devra être recherchée, appréciée au sein d'un collège distinct, afin que, au 30 juin 2026 (Communication Ansa n° 25-037 du 14-5-2025), la proportion de ces administrateurs au sein du collège soit conforme au tableau figurant en annexe 2-3 du Livre II de la partie réglementaire du Code de commerce (art. L 225-27-2 issu de ord. 2024-394, art. L 22-10-3 modifié par ord. 2024-934 et art. R 225-60-3 issu du décret 2025-744 du 30-7-2025 ; Rapport au Président de la République relatif à l'ord. 2024-934). Sur les moyens d'y parvenir, voir ci-dessous précision b.

À notre avis, en cas d'expiration de mandats de représentants des salariés entre le 1er janvier et le 30 juin 2026, il conviendra de désigner une personne du sexe sous-représenté afin de tendre vers le respect de cette proportion minimale.

À compter du 1er janvier 2027, ces mêmes règles (à l'exception du régime transitoire exposé ci-dessous précision b) s'appliqueront aux administrateurs représentant les salariés actionnaires et à ceux représentant les salariés dans les **autres sociétés** soumises à l'obligation de mixité : voir n° 39154 (Ord. 2024-934 art. 26, I).

› Précisions **a.** La **prise en compte des administrateurs représentant les salariés et les salariés actionnaires** dans le calcul de la proportion minimale d'administrateur de chaque sexe ne **concernera, au 1er janvier 2026,** que les sociétés dont les actions sont admises aux négociations sur un marché réglementé et non les sociétés dont seuls des titres autres que des actions sont admis aux négociations sur un tel marché (Communication Ansa, comité juridique n° 25-010 du 5-3-2025).

b. Dans les sociétés dont les actions sont admises aux négociations sur un marché réglementé d'une certaine taille (celles dépassant les seuils ci-dessus), un **régime transitoire** est prévu lorsque, du fait de la durée du mandat des administrateurs représentant les salariés actionnaires et de ceux représentant les salariés, la **composition du conseil au 30 juin 2026** sera susceptible de compromettre le respect de l'obligation de mixité (Ord. 2024-934 art. 23) :
– il pourra être procédé au remplacement des

salariés actionnaires selon les modalités applicables en cas de vacance (sur ces modalités, voir nº 40073) ;

– l'assemblée générale pourra décider de mettre fin aux mandats des administrateurs représentant les salariés, qui seront réputés démissionnaires d'office à la date de leur remplacement. Le remplacement des intéressés s'effectuera selon les modalités prévues en cas de vacance (nºs 39966, point 7 et 39967, point 3 pour les administrateurs librement nommés et nº 40026 pour les administrateurs obligatoirement nommés), à moins que, dans le cas d'un représentant élu, une décision spéciale de l'assemblée prévoie de pourvoir à son remplacement selon l'une des modalités exposées nº 40018, points 2, 3 et 4.

39159 **Non-respect de la proportion minimale** Toute **nomination** ou toute désignation qui intervient en violation de l'obligation de mixité et n'a pas pour effet de remédier à l'irrégularité de la composition du conseil est nulle (art. L 225-18-1, al. 2 et art. L 225-20, al. 2 modifiés, à compter du 1-10-2025, par ord. 2025-229 du 12-3-2025 excluant l'application du triple test et art. L 22-10-3 ; Ord. 2025-229 art. 70). Sur le sort des délibérations du conseil d'administration auxquelles a pris part l'administrateur dont la nomination a été annulée, voir nºs 40790 s.

Le non-respect de la proportion minimale d'administrateurs de chaque sexe entraîne aussi la suspension du versement des **rémunérations** versées au titre des fonctions d'administrateur (ex-jetons de présence) et ce versement ne peut être rétabli, incluant l'arriéré non versé, qu'une fois la composition du conseil devenue régulière (art. L 225-45, al. 2 ; voir aussi art. L 22-10-3). Sur l'information relative à la suspension et au rétablissement des rémunérations versées au titre des fonctions d'administrateur, voir nº 53110.

Si le conseil ne suspend pas ce versement, les administrateurs s'exposent à une action en restitution de l'indu de la part de la société et des actionnaires (Communication Ansa, comité juridique nº 16-029 du 7-9-2016).

Sur l'obligation, pour les sociétés dont les actions sont admises aux négociations sur un marché réglementé et qui emploient au moins 250 salariés et réalisent un chiffre d'affaires d'au moins 50 M€ ou dont le bilan excède 43 M€, de faire état de l'application du principe de représentation équilibrée dans leur **rapport sur le gouvernement d'entreprise** établi à compter du 30 juin 2026, voir nº 48266.

> **Précisions** Selon l'Ansa, la suspension du **versement des rémunérations** n'intervient qu'**à compter de** l'expiration du délai de six mois accordé par l'article L 225-24 au conseil d'administration pour régulariser la situation ; le délai serait clos par anticipation si le conseil procédait, pendant celui-ci, à une nomination n'ayant pas pour effet de remédier à l'irrégularité de sa composition (Communication Ansa, comité juridique nº 21-035 du 3-11-2021).

4. INCOMPATIBILITÉS ET INTERDICTIONS APPLICABLES AUX ADMINISTRATEURS

FONCTIONS INCOMPATIBLES AVEC CELLES D'ADMINISTRATEUR

39170 L'exercice de certaines activités est incompatible avec l'exercice des fonctions d'administrateur. Il en est ainsi pour les **fonctionnaires,** les membres du Parlement (pour certaines sociétés), etc. (voir nºs 11220 s.).

39171 Les **commissaires aux comptes** et les **membres signataires d'une société de commissaires aux comptes** ne peuvent pas être nommés administrateurs des SA pour lesquelles ils ont exercé une mission, moins de trois années après la cessation de cette mission ; pendant ce même délai, ils ne peuvent pas exercer les mêmes fonctions dans une société contrôlée ou qui contrôle la SA pour laquelle ils ont exercé une mission (art. L 821-32, al. 1 et 2).

La même incompatibilité s'applique à tout commissaire aux comptes membre d'une société de commissaires aux comptes autre qu'un membre signataire pendant une durée d'un an suivant sa participation à la mission (art. L 821-32, al. 3).

39172 Les **auditeurs des informations de durabilité** d'une SA sont soumis aux mêmes incompatibilités que les commissaires aux comptes et membres signataires d'une société de commissaires aux comptes (art. L 822-9, al. 1 et 2).

Tout auditeur d'informations de durabilité appartenant au même OTI est soumis à la même incompatibilité que le membre d'une société de commissaires aux comptes autre qu'un membre signataire (art. L 822-9, al. 3).

Sur toutes ces incompatibilités, voir nº 39171.

CONDAMNATIONS INTERDISANT D'ÊTRE ADMINISTRATEUR

Les personnes ayant encouru certaines condamnations pénales peuvent être frappées d'une interdiction les empêchant d'exercer un mandat d'administrateur (nos 11170 s.). 39180

5. CUMUL DES FONCTIONS D'ADMINISTRATEUR AVEC UN CONTRAT DE TRAVAIL

Le **Code de commerce encadre** les conditions dans lesquelles les administrateurs peuvent cumuler leurs fonctions avec un contrat de travail dans la société. La réglementation applicable peut être résumée de la manière suivante : 39210

– un administrateur en fonctions ne peut obtenir un emploi salarié dans sa société que s'il s'agit d'une PME ;
– un salarié peut devenir, sous certaines conditions, administrateur de sa société sans perdre le bénéfice de son contrat de travail ;
– le nombre des administrateurs liés à la société par un contrat de travail est limité au tiers des administrateurs en fonctions.

Il convient cependant d'observer que ces **règles,** dont nous allons examiner ci-dessous le détail, sont **écartées dans certains cas** expressément prévus par la loi. Ainsi, le cumul des fonctions d'administrateur avec un contrat de travail n'est soumis à aucune restriction en ce qui concerne :
– les sociétés de commissaires aux comptes (art. L 821-25, al. 1) ;
– les sociétés coopératives de production (Loi 78-763 du 19-7-1978 art. 15, al. 1) ;
– les sociétés d'exercice libéral (Ord. 2023-77 du 8-2-2023 art. 60).

ATTENTION

Les **SA de droit commun exerçant une profession juridique ou judiciaire** sont soumises à la réglementation des SEL (art. L 811-7, al. 2 et L 812-5, al. 2 pour les administrateurs et mandataires judiciaires, Ord. du 10-9-1817 art. 3-2, al. 2 pour les avocats aux Conseils, Loi 71-1130 du 31-12-1971 art. 8, I-al. 2 pour les avocats, Ord. 45-2590 du 2-11-1945 art. 1 bis, al. 2 pour les notaires et Ord. 2016-728 du 2-6-2016 art. 5, al. 2 et 25, IV-6° pour les commissaires de justice, les huissiers de justice et les commissaires-priseurs judiciaires). Par conséquent, les administrateurs de ces sociétés peuvent librement exercer des fonctions salariales (Ord. 2023-77 art. 60, écartant l'application des articles L 225-22, al. 1 et 2 et L 225-44). Les restrictions évoquées dans les développements qui suivent (impossibilité pour un administrateur en fonction de devenir salarié, excepté dans les PME ; nombre d'administrateurs salariés limité au tiers des administrateurs en fonction) ne leur sont donc plus applicables.

a. Cumul des fonctions d'administrateur et de salarié dans les PME

Un **administrateur** en fonctions peut librement **devenir salarié** si la société dans laquelle il siège est une PME au sens du droit européen, c'est-à-dire si elle répond, à la clôture d'un exercice social, aux critères suivants : effectif inférieur à 250 salariés et total de bilan n'excédant pas 43 M€ ou montant de chiffre d'affaires hors taxe n'excédant pas 50 M€ (Recommandation européenne 2003/361 du 6-5-2003 et art. L 225-21-1, al. 1). 39215

La loi ne faisant référence, de manière imprécise, qu'à la clôture « d'un exercice social », l'administrateur ne peut à notre avis devenir salarié que si ces plafonds ne sont pas dépassés à la clôture de l'exercice qui précède celui au cours duquel le contrat de travail est conclu. Si, à la clôture d'un exercice ultérieur, la société ne satisfait plus aux critères de la PME, le contrat de travail de l'administrateur se poursuit.

L'administrateur ne peut devenir salarié que si son contrat de travail correspond à un emploi effectif (art. L 225-21-1, al. 1 ; pour des précisions, voir nos 11500 s.).

La conclusion du contrat de travail est soumise à la procédure prévue par les articles L 225-38 s. relatifs aux conventions passées entre la société et l'un de ses administrateurs (voir nos 52550 s.).

Un **salarié** d'une société ne peut être **nommé administrateur** que si son contrat de travail correspond à un emploi effectif (art. L 225-22, al. 1 ; pour des précisions sur cette condition, voir nos 11500 s.). 39216

Compte tenu de la liberté de cumuler les fonctions d'administrateur et de salarié d'une PME, il n'est pas nécessaire que le contrat de travail soit antérieur à la nomination aux fonctions d'administrateur. Une personne peut donc être embauchée en qualité de salarié par une société et, le même jour, en devenir administrateur.

39217 En cas de cumul, les fonctions d'administrateur et de salarié coexistent, chacune étant soumise à son régime propre. Notamment, le **contrat de travail** peut être **modifié** : promotion du salarié dans la hiérarchie de l'entreprise, augmentation de sa rémunération, versement d'une allocation en cas de retraite au même titre qu'au reste du personnel, etc. Toutefois, ces modifications apportées au contrat de travail entrent dans le champ d'application des dispositions de l'article L 225-38 relatives aux conventions conclues directement ou indirectement entre la société et l'un de ses administrateurs (Cass. soc. 8-12-1976 : Rev. sociétés 1977 p. 251 note Balensi ; Cass. soc. 5-11-1982 : Bull. civ. V n° 602 ; Cass. soc. 12-7-1990 : RJS 10/90 n° 830). Elles sont donc soumises à la procédure spéciale prévue en pareil cas (n°s 52550 s.). Sur le régime des rémunérations perçues après la cessation des fonctions, voir n°s 52690 s.

b. Cumul des fonctions d'administrateur et de salarié dans les sociétés de grande taille

39219 Sont des sociétés de grande taille celles qui ne sont pas des PME au sens du droit européen (n° 39215). Le régime qui leur est applicable s'imposait, avant la loi de simplification du droit du 22 mars 2012, à toutes les SA quelle qu'en soit la taille, de sorte que les solutions rendues sous l'empire de ce régime leur sont transposables.

CAS OÙ UN ADMINISTRATEUR DÉSIRE OBTENIR UN CONTRAT DE TRAVAIL

39220 Le cas d'un administrateur souhaitant obtenir un contrat de travail n'est pas expressément prévu par la loi, mais il résulte tant des débats parlementaires que de l'article L 225-44 (ancien art. 107 de la loi du 24-7-1966) que le législateur a entendu exclure une telle possibilité. Un administrateur en fonctions ne peut donc pas obtenir un emploi salarié dans la société (Cass. com. 7-3-1989 : Bull. civ. IV n° 80 ; Cass. soc. 22-4-1992 : Bull. civ. V n° 293).

L'interdiction s'applique à tous les administrateurs, qu'ils soient nommés au cours de la vie sociale ou lors de la constitution de la société (Cass. soc. 22-6-1993 : Bull. Joly 1993 p. 1133 note P. Le Cannu).

39221 Le contrat de travail conclu par un administrateur en fonctions avec sa société est frappé d'une nullité absolue qui n'est donc pas susceptible de confirmation (Cass. soc. 25-6-1996 : RJDA 11/96 n° 1349 ; Cass. com. 26-1-1999 : RJDA 5/99 n° 565 ; Cass. soc. 18-5-2005 : RJDA 11/05 n° 1243). Sur la nullité du contrat de travail consenti à une personne préalablement désignée comme administrateur par les statuts de la société en formation, voir n° 39231.

Rien n'empêche néanmoins, lorsque la cause de nullité a disparu du fait de la cessation du mandat social, que les parties concluent, même tacitement, un nouveau contrat de travail aux mêmes conditions que l'ancien (Cass. soc. 25-6-1996 précité ; Cass. soc. 10-1-2001 : RJDA 6/01 n° 699). Elles peuvent même prévoir une ancienneté remontant à l'entrée de l'intéressé dans la société et couvrant la période pendant laquelle il avait été lié à celle-ci par un contrat de travail dont la nullité est établie (Cass. soc. 10-2-1993 n° 489 : RJDA 6/93 n° 506 ; Cass. soc. 21-3-2002 n° 1097 : RJDA 8-9/02 n° 902).

Le contrat de travail conclu entre un ancien administrateur et la société après que celui-ci a démissionné de son mandat social, mais avant que cette démission n'ait été publiée, est valable (Cass. soc. 27-10-1999 : RJDA 9-10/00 n° 880).

39222 **Indemnisation de l'administrateur** La nullité du contrat conclu par un administrateur en fonctions oblige celui-ci à restituer les rémunérations qu'il a reçues (Cass. soc. 2-2-2006 n° 317 : RJS 4/06 n° 499 ; Cass. soc. 7-12-2016 n° 15-23.820 F-D : RJDA 4/17 n° 260).

S'appuyant sur la règle selon laquelle l'action fondée sur l'enrichissement injustifié ne peut pas suppléer une autre action qui se heurte à un obstacle de droit (C. civ. art. 1303-3 ; Cass. civ. 2-3-1915 : DP 1920 I p. 102 ; Cass. 3e civ. 9-12-1992 n° 91-11.210 : RJDA 2/93 n° 94), la Cour de cassation a jugé qu'un administrateur ne peut pas fonder une demande d'**indemnité pour le travail accompli** au service de la société sur l'**enrichissement injustifié** de celle-ci car une telle action contrevient à l'article L 225-44, qui interdit à un administrateur en fonctions de percevoir d'autres rémunérations, permanentes ou non, que celles limitativement énumérées par ce texte, parmi lesquelles figure la rémunération d'un contrat de travail « régulièrement *conclu* » (*Cass. com. 16-5-1995 : RJDA 10/95 n° 1112* ; Cass. soc. 5-11-2009 n° 08-43.177 : RJDA 2/10 n° 161).

39223 **Transfert du contrat de travail de l'administrateur** La Cour de cassation admet la possibilité pour un administrateur de cumuler ses fonctions avec un contrat de travail conclu avec une autre société mais **repris de plein droit** par la société dont l'intéressé est administrateur (application de C. trav. art. L 1224-1, qui vise notamment la vente, la fusion et la mise en société de l'entreprise) (Cass. soc. 10-7-1991 : RJDA 10/91 n° 817 ; Cass. soc. 14-5-1997 : RJDA 11/97 n° 1358 ; Cass. soc. 12-10-2005 n° 2140 : RJDA 4/06 n° 411). Encore faut-il que ce contrat de travail ait été conclu antérieurement à la nomination de l'intéressé comme administrateur de la société repreneuse (Cass. soc. 22-10-1996 : RJDA 1/97 n° 66).

En revanche, le **transfert conventionnel** du contrat de travail du salarié d'une société mère dans une filiale du groupe où l'intéressé occupe déjà les fonctions d'administrateur ne permet pas de déroger à la règle du non-cumul (Cass. soc. 6-10-1993 n° 3197 : RJDA 12/93 n° 1050).

CAS OÙ UN SALARIÉ DEVIENT ADMINISTRATEUR

Un salarié peut devenir administrateur sans perdre le bénéfice de son contrat de travail 39230
(art. L 225-22, al. 1).

Lors de sa nomination, il est conseillé de faire constater dans le procès-verbal du conseil décidant ou proposant cette nomination l'existence du contrat de travail et le maintien de celui-ci avec sa rémunération propre (sur l'opportunité d'une telle mesure, voir Cass. soc. 22-11-1972 : Bull. civ. V n° 644 ; CA Paris 1-6-1982 : Bull. Joly 1982 p. 973). Toutefois, le maintien du contrat de travail peut aussi résulter de circonstances de fait (Cass. soc. 10-12-1985 : BRDA 5/86 p. 9 ; CA Paris 9-3-1982 : Bull. Joly 1982 p. 892).

Conditions du cumul Deux conditions sont requises. 39231

1. Antériorité du contrat de travail. Un salarié ne peut devenir administrateur que si son contrat de travail est antérieur à sa nomination en qualité d'administrateur (cf. art. L 225-22, al. 1).

Pour déterminer si le contrat de travail est antérieur ou postérieur à la nomination de l'intéressé en qualité d'administrateur, la date d'effet du contrat de travail doit être prise en compte et non celle de sa conclusion (Cass. soc. 22-4-1992 n° 1980 : Bull. civ. V n° 293 ; Cass. soc. 26-2-2013 n° 11-26.101 : RJDA 6/13 n° 530).

Il a été jugé, de manière contestable à notre avis (n° 39694), que la **date** à partir de laquelle commence à courir la durée des fonctions d'administrateur doit être fixée au jour où celui-ci a accepté ses fonctions, cette acceptation pouvant résulter de la signature des statuts d'origine. En conséquence, doit être déclaré nul le contrat de travail consenti par une SA à une personne préalablement désignée par les statuts de la **société en formation** comme administrateur et qui a accepté ces fonctions, puisque cette personne était déjà administrateur le jour où elle a conclu le contrat de travail (CA Paris 4-12-1997 : Bull. Joly 1998 p. 236 note P. Le Cannu ; CA Lyon 27-4-1998 n° 98-456 : JCP E 1999 pan. n° 352 ; CA Paris 29-6-2001 n° 01-30113 : RJDA 1/02 n° 58).

Lorsque l'un des cogérants d'une SARL a été nommé administrateur lors de la **transformation** de cette société en SA et a conclu avec celle-ci un contrat de travail daté du jour de la transformation, l'effectivité de son activité salariée ne peut pas faire échec à la nullité de son contrat de travail (Cass. soc. 21-11-2006 n° 05-45.416 : RJDA 2/07 n° 169).

En cas de **fusion ou** de **scission,** le contrat de travail peut avoir été conclu avec l'une des sociétés fusionnées ou avec la société scindée (art. L 225-22, al. 4). Ce texte neutralise les conséquences juridiques résultant des opérations de fusion ou de scission et permet de tenir compte du fait que le nouvel administrateur de la société absorbante ou nouvelle a exercé ses fonctions salariées au sein de la société absorbée ou scindée.

Sur l'antériorité du contrat de travail du représentant des salariés : voir n°s 39960 et 40014 pour les sociétés du secteur privé et n° 40230 pour celles du secteur public.

2. Emploi effectif. Le contrat de travail doit correspondre à un emploi effectif (art. L 225-22, 39232
al. 1), ce qui suppose que soient réunies les trois conditions suivantes : exercice de fonctions techniques rémunérées et distinctes de celles exercées dans le cadre du mandat d'administrateur, existence d'un lien de subordination vis-à-vis de la société et absence de fraude à la loi (pour des précisions, voir n°s 11500 s.).

Effets du cumul *Si les deux conditions d'antériorité du contrat de travail et d'emploi* 39233
effectif ont été respectées, le salarié nommé administrateur ne perd pas le bénéfice de son contrat de travail (art. L 225-22, al. 1).

Les fonctions d'administrateur et de salarié vont donc coexister, chacune étant soumise à son régime propre. Notamment, le **contrat de travail** peut être **modifié** dans les conditions exposées n° 39217.

Ces modifications ne doivent cependant pas être d'une nature et d'une importance telles qu'elles puissent être considérées comme ayant entraîné la conclusion d'un nouveau contrat se substituant à l'ancien. En effet, un administrateur en fonctions ne peut pas obtenir un contrat de travail (n°s 39220 s.).

ILLUSTRATIONS

Dans un cas où la novation n'avait pas été établie, le contrat de travail a été maintenu mais la convention le modifiant annulée dès lors qu'elle n'avait pas été soumise à la procédure de l'article L 225-38 et qu'elle entraînait des conséquences dommageables pour la société (CA Aix-en-Provence 9-3-1994 : RJDA 8-9/94 nº 935).

39234 **Nomination irrégulière d'un salarié comme administrateur** L'article L 225-22, al. 1 (modifié, à compter du 1-10-2025, par ord. 2025-229 du 12-3-2025 excluant l'application du triple test ; Ord. 2025-229 art. 70) **sanctionne** par la nullité toute nomination intervenue en violation des dispositions qu'il contient. Mais il précise que cette nullité n'entraîne pas celle des délibérations du conseil auxquelles a pris part l'administrateur irrégulièrement nommé (disposition remplacée, à compter du 1-10-2025, par C. civ. art. 1844-15-1 issu de ord. 2025-229).

Par suite d'une inadvertance du législateur, ces dispositions, qui avaient pour objet de sanctionner le non-respect du délai de deux ans autrefois requis pour qu'un salarié puisse devenir administrateur, n'ont pas été modifiées lorsque ce délai de deux ans a été supprimé par la loi du 11 février 1994. Néanmoins, elles doivent être considérées comme devenues caduques depuis cette suppression.

c. Limitation du nombre des administrateurs liés à la société par un contrat de travail

39240 Le nombre des administrateurs liés à la société par un contrat de travail ne peut pas dépasser le tiers des administrateurs en fonctions (art. L 225-22, al. 2).

DÉTERMINATION DU NOMBRE D'ADMINISTRATEURS LIÉS PAR UN CONTRAT DE TRAVAIL

39241 Indépendamment des exceptions mentionnées nº 39210, les dispositions de l'article L 225-22, al. 2, complétées par celles de l'article L 225-21-1, appellent les remarques suivantes.

1. Les administrateurs représentant les salariés, les administrateurs représentant les salariés actionnaires ou le fonds commun de placement d'entreprise en application des articles L 225-23 et L 22-10-5 et, dans les SA à participation ouvrière, les représentants de la société coopérative de main-d'œuvre ne sont pas comptés pour la détermination du nombre des administrateurs liés à la société par un contrat de travail (art. L 225-22, al. 3).

2. Les administrateurs de sociétés dites « PME » devenus salariés sont pris en compte pour le calcul du nombre des administrateurs liés à la société par un contrat de travail (art. L 225-21-1, al. 2).

3. Sur la prise en compte du représentant permanent salarié de la société administrée dans le calcul des administrateurs liés à la société par un contrat de travail : voir nº 39803.

4. Au point de vue juridique, le président du conseil d'administration et, éventuellement, les administrateurs choisis comme directeur général ou comme directeur général délégué sont, en tant que tels, des organes de la société révocables à tout moment et non pas des salariés, quoique, au regard des règles fiscales ou de la sécurité sociale, ils soient soumis au même régime que les salariés. Par conséquent, ils ne doivent pas être compris parmi les administrateurs « liés à la société par un contrat de travail », à supposer, bien entendu, qu'outre leurs fonctions de président, de directeur général ou de directeur général délégué, ils ne soient pas titulaires d'un tel contrat.

EXEMPLE

Dans un conseil de six membres, deux administrateurs seulement peuvent, en application de l'article L 225-22, al. 2, être « salariés » de la société. Mais, en pratique, cinq administrateurs pourront être rémunérés par la société et soumis au régime fiscal et social des salariés : le président, le directeur général et le directeur général délégué au titre de leurs fonctions, les deux administrateurs salariés au titre de leur contrat de travail.

5. En raison des termes généraux employés, c'est tout « contrat de travail » qui est visé, sans aucune distinction hiérarchique, qu'il s'agisse de fonctions de direction ou d'un emploi subalterne.

39242 **6.** On pourrait imaginer de « **suspendre** » pendant toute la durée du mandat **le contrat de travail** d'un salarié que l'on désire appeler aux fonctions d'administrateur alors que le maximum du tiers prévu à l'article L 225-22, al. 2 est déjà atteint. Un tel procédé ne nous paraît pas valable, car le contrat de travail existe, bien que ses effets soient momentanément suspendus. Par conséquent, l'administrateur reste « lié à la société par un contrat de travail » et, dès lors, sa nomination au conseil constitue une violation des dispositions de l'article L 225-22, al. 2.

7. À la suite de la **démission ou** du **décès d'un administrateur non salarié,** le nombre des administrateurs liés à la société par un contrat de travail peut devenir supérieur au tiers des administrateurs restant en fonctions. Il convient alors de procéder dans un bref délai à la régularisation de la situation (par la nomination d'un nouvel administrateur non salarié, par la démission d'un administrateur salarié, etc. ; pour un exemple, Rép. Liot : Sén. 20-8-1974 nº 13483). 39243

SANCTIONS EN CAS DE SURNOMBRE D'ADMINISTRATEURS SALARIÉS

La limitation du nombre d'administrateurs salariés est, à notre avis, une règle d'ordre public de direction car elle a une finalité d'intérêt général. L'article L 225-22 qui la prévoit est donc une disposition impérative dont la violation est sanctionnée par la nullité (art. L 235-1 remplacé, à compter du 1-10-2025, par C. civ. art. 1844-10, al. 3 modifié par ord. 2025-229 du 12-3-2025 ; Ord. 2025-229 art. 70). 39244

En conséquence, ont été déclarés nuls :
– la nomination d'un salarié aux fonctions d'administrateur en violation de la limite du tiers (en ce sens, Cass. soc. 11-6-1986 nº 1554 : BRDA 13/86 p. 9) ;
– le contrat de travail consenti à un administrateur en fonctions dans une PME qui contreviendrait à cette limite ; l'intéressé peut cependant renoncer à son contrat de travail afin de pouvoir devenir administrateur (Cass. soc. 15-3-1983 nº 81-40.368 : Bull. civ. V nº 155).

La nullité d'une nomination intervenue à compter du 1er octobre 2025, tout comme le maintien irrégulier de l'administrateur salarié, n'entraîne pas la nullité des décisions prises par celui-ci (C. civ. art. 1844-15-1 issu de ord. 2025-229). Avant cette date, la solution est à notre avis identique (on ne voit, en effet, aucune raison de prononcer la nullité des délibérations, alors que la loi a expressément écarté cette nullité en cas de participation d'un salarié ne remplissant pas les conditions requises pour être administrateur : nº 39234).

6. LIMITATION DU CUMUL DES MANDATS SOCIAUX

La faculté de cumuler plusieurs mandats de direction, notamment d'administrateur, est limitée dans les SA. Ces limitations, assez complexes, sont exposées nos 37200 s. 39270

7. LIMITE D'ÂGE DES ADMINISTRATEURS

PRINCIPE

Sauf limite d'âge fixée par les statuts (art. L 225-19, al. 1), le nombre des administrateurs ayant dépassé l'âge de 70 ans ne peut pas être supérieur au tiers des administrateurs en fonctions (art. L 225-19, al. 2). 39300

Sur la prise en compte des représentants permanents de personnes morales dans le calcul de ce quota : voir nº 39804.

Lorsque le « **quota** » légal fixé pour l'âge des administrateurs est **dépassé,** l'administrateur le plus âgé est réputé démissionnaire d'office, mais les statuts peuvent prévoir une autre procédure de régularisation (par exemple : tirage au sort, démission d'office de l'administrateur le plus ancien dans ses fonctions, etc.).

L'application brutale des dispositions légales conduit à des démissions d'office « en chaîne » lorsque le nombre des administrateurs en fonctions est de 3 ou un multiple de 3. Soit, par **exemple,** *un conseil composé de 9 administrateurs dont 3 sont déjà âgés de plus de 70 ans :* A, 75 ans, B, 73 ans, et C, 72 ans. Si un autre administrateur (D) vient de dépasser l'âge de 70 ans, A sera démissionnaire d'office. Mais alors, le conseil ne comprendra plus que 8 membres et, de ce fait, le nombre des administrateurs pouvant être âgés de plus de 70 ans sera ramené à 2, ce qui entraînera une seconde démission d'office, celle de B. Nous ne voyons aucun remède à cette situation lorsque le conseil atteint déjà le maximum légal (18 membres ou 24 à titre transitoire à la suite d'une fusion). Si tel n'est pas le cas et à supposer que le conseil soit composé de 3 membres ou d'un multiple de 3 membres, la solution peut consister à obtenir préalablement de l'assemblée générale la nomination d'un administrateur supplémentaire.

39305 Toute **nomination qui dépasse le quota** est nulle (art. L 225-19, al. 3 modifié, à compter du 1-10-2025, par ord. 2025-229 du 12-3-2025 rendant cette nullité facultative ; Ord. 2025-229 art. 70).

Pour autant, les **délibérations du conseil** d'administration **auxquelles ont pris part des administrateurs irrégulièrement nommés** ou réputés démissionnaires en application des règles exposées ci-dessus ne sont pas nulles (art. L 225-19, al. 6 remplacé, à compter du 1-10-2025, par C. civ. art. 1844-15-1 issu de ord. 2025-229).

DÉROGATIONS STATUTAIRES À LA LIMITE D'ÂGE

39310 Les règles énoncées ci-dessus (nº 39300) ont un caractère supplétif et ne sont donc applicables qu'en l'absence de dispositions statutaires contraires. Les statuts peuvent, en effet, prévoir une limite d'âge s'appliquant soit à l'ensemble des administrateurs, soit à un pourcentage déterminé d'entre eux (art. L 225-19, al. 1). Rien ne paraît d'ailleurs s'opposer au cumul de ces limitations.

Lorsque la **limitation** statutaire fixée pour l'âge des administrateurs est **dépassée,** l'administrateur le plus âgé est réputé démissionnaire d'office, mais, comme en matière de limitation légale, les statuts peuvent prévoir une autre procédure de régularisation.

Contrairement au régime applicable à la limitation légale, la violation des dispositions statutaires n'est pas expressément sanctionnée par la nullité de la **nomination irrégulière** (voir cependant nº 89361 pour les nominations antérieures au 1er octobre 2025 et nº 89386 pour les nominations à compter de cette date). En effet, l'alinéa 3 de l'article L 225-19 qui prévoit cette nullité renvoie à l'alinéa précédent du même article, lequel ne vise que la limitation légale.

8. CLAUSES STATUTAIRES LIMITANT L'ACCÈS AUX FONCTIONS D'ADMINISTRATEUR

CLAUSE IMPOSANT LA DÉTENTION D'ACTIONS AUX ADMINISTRATEURS

39340 Les statuts peuvent imposer que chaque administrateur soit propriétaire d'un nombre déterminé d'actions de la société (art. L 225-25, al. 1).

Cette disposition **ne s'applique pas** aux administrateurs représentant des salariés ou représentant les salariés actionnaires (art. L 225-25, al. 3).

ATTENTION

S'ils ne sont pas tenus d'avoir le nombre minimal d'actions prévu par les statuts, les administrateurs représentant les salariés actionnaires doivent toutefois avoir la qualité d'actionnaire (art. L 225-23, al. 1 et L 22-10-5).

Cette disposition ne s'applique pas non plus aux administrateurs des sociétés du secteur privé à participation publique et des sociétés du secteur public ; il est en effet interdit dans ces sociétés d'imposer la qualité d'actionnaire aux administrateurs qui sont désignés par l'État (Ord. 2014-948 du 20-8-2014 art. 5, al. 5) ou proposés par celui-ci (Ord. 2014-948 art. 6, VI). La même interdiction s'applique aux administrateurs représentant les salariés (Loi 83-675 du 26-7-1983 art. 21, sur renvoi de Ord. 2014-948 art. 8, I-al. 1). En revanche, les statuts de ces sociétés peuvent imposer la qualité d'actionnaire aux autres administrateurs car les dispositions du Code de commerce qui ne sont pas contraires à l'ordonnance leur sont applicables (Ord. 2014-948 art. 1, al. 2).

> **Précisions** Lorsqu'une **société de gestion d'un fonds commun de placement** est désignée administrateur, l'obligation de détention d'actions est respectée si le fonds représenté par la société de gestion détient le nombre d'actions requis (Cass. com. 12-10-2022 nº 19-18.945 FS-B : RJDA 2/23 nº 92).

39341 **Nombre d'actions requis** Les statuts fixent librement le nombre d'actions dont chaque administrateur doit être propriétaire (art. L 225-25, al. 1).

Les dispositions statutaires sont applicables jusqu'à leur modification par l'assemblée extraordinaire, quelle que soit l'**évolution du capital** de la société et même s'il est procédé à une réduction ou à une élévation du montant nominal des actions, à un regroupement ou à une division des titres.

39342 **Nature des actions détenues** Les statuts peuvent librement déterminer la nature des actions qui doivent être détenues par les administrateurs : actions ordinaires ou de préférence, actions de capital ou de jouissance, actions de numéraire ou actions représentatives d'apports en nature, actions intégralement ou partiellement libérées. Ils peuvent interdire aux administrateurs de donner leurs actions en nantissement.

Il peut en outre être prévu, dans les sociétés dont les actions peuvent être émises sous la forme au porteur (nos 67526 s.), que les actions d'administrateurs doivent obligatoirement revêtir la forme nominative.

Inscription des actions en compte Les statuts peuvent prévoir que les actions dont les administrateurs doivent être propriétaires devront être isolées dans un compte spécial. 39343

Disponibilité des actions Les **statuts** peuvent **interdire** aux administrateurs **de disposer** de leurs actions et de les donner en gage. 39344
S'ils ne comportent rien de tel et si un **administrateur** cesse d'être propriétaire du nombre d'actions requis, il est réputé **démissionnaire d'office** à moins d'avoir régularisé sa situation dans le délai de six mois (art. L 225-25, al. 2 ; n° 39348).

Propriété des actions Lorsque les statuts prévoient que chaque administrateur doit être « propriétaire » de ses actions, il n'est pas possible de prendre en compte les actions dont l'administrateur ne serait qu'**usufruitier** ou dont il serait copropriétaire en **indivision** avec d'autres ou encore qui lui auraient été remises en vertu d'un **prêt à usage.** 39345
En revanche, l'administrateur peut faire état des actions détenues en **nue-propriété,** car celle-ci confère à la fois la propriété des actions (cf. C. civ. art. 578) et la qualité d'actionnaire (nos 6100 s.).
Lorsque les statuts prévoient seulement que chaque administrateur doit être actionnaire, l'indivisaire, qui a cette qualité (n° 6010), peut être nommé administrateur.

L'administrateur peut aussi faire état des actions obtenues grâce à un **prêt de consommation** (CA Nancy 4-7-2012 n° 10/02380 : RJDA 11/12 n° 980, à propos d'un membre du conseil de surveillance de SA, mais transposable aux administrateurs). En effet, contrairement au prêt à usage (C. civ. art. 1877), le prêt de consommation transfère à l'emprunteur la propriété des biens prêtés (C. civ. art. 1893). 39346
Pour éviter toute confusion avec le prêt à usage, il est conseillé de rédiger l'acte de prêt, d'une part, en s'abstenant d'individualiser les actions prêtées et, d'autre part, en manifestant clairement l'intention des parties de rendre l'emprunteur propriétaire de ces actions avec droit d'en disposer comme bon lui semble, sauf à en restituer un nombre identique à la date d'expiration du prêt. En pratique, l'acte de prêt prévoit souvent que l'emprunteur s'engage à reverser au prêteur le montant des dividendes distribués pendant la durée de ce prêt, après déduction des impôts qu'il a payés. Il a été jugé qu'une telle clause ne répondait pas aux caractéristiques d'un prêt de consommation car l'article 546 du Code civil prévoit que la propriété d'une chose mobilière donne droit à tout ce qu'elle produit (CA Versailles 25-2-2010 n° 08-8044 : RJDA 8-9/10 n° 854). À notre avis, cette décision est critiquable. En effet, la Cour de cassation a jugé, dans un arrêt certes ancien mais non contredit à notre connaissance, que l'article 546 du Code civil est déclaratif du droit commun et non prohibitif, ni cet article ni aucune autre loi n'excluant les diverses modifications et décompositions dont le droit ordinaire de propriété est susceptible (Cass. req. 13-2-1884 : DP 1834 I p. 118). Il en résulte que l'article 546 n'est pas d'ordre public. Selon nous, ce droit commun établit seulement les prérogatives maximales attachées à la propriété (dans le même sens, T. Naudin, La théorie du patrimoine à l'épreuve de la fiducie : www.memoireonline.com), sans interdire au propriétaire d'en rétrocéder certaines à un tiers, en particulier les fruits de la chose.
La rédaction d'un acte de prêt permet d'atténuer les risques de litige sur l'existence du prêt et l'obligation à la charge de l'administrateur de restituer les titres à l'expiration de celui-ci. Pour un exemple où la preuve du prêt a été considérée comme rapportée, malgré l'absence d'écrit, sur le fondement d'une pratique suivie au sein de la société, voir CA Paris 10-6-2005 n° 04-12304 : RJDA 1/06 n° 39.

> Précisions **a.** La CNCC considère que le *prêt de consommation d'actions* consenti par une société à l'un de ses administrateurs afin de lui permettre de devenir administrateur d'une de ses filiales n'entre pas dans le champ d'application des **conventions interdites** visées à l'article L 225-43 (Bull. CNCC mars 1999 p. 150). Le ministre de la justice s'est prononcé dans le même sens (Rép. Marini : Sén. 26-10-2000 n° 26594).
b. Le prêt de consommation d'actions entraînant transfert de propriété (C. civ. art. 1893), il est assimilé à une cession d'actions, notamment au regard des clauses d'**agrément.** Ainsi a-t-il été jugé à propos d'un prêt de consommation d'actions conclu en violation d'un pacte d'actionnaires (CA Paris 2-7-2002 n° 01-19901 : RJDA 1/03 n° 35). Sur les conséquences de la violation d'un tel pacte, voir nos 69300 s.
c. La transmission d'actions au moyen d'un prêt de consommation suppose une **inscription des actions** prêtées au **nom** du bénéficiaire. À défaut, il n'y a pas de transfert de propriété et l'intéressé ne peut pas faire état de ces actions (n° 39348).

39347 **Contrôle des commissaires aux comptes** Les commissaires aux comptes, s'il en existe, doivent, sous leur responsabilité, veiller à l'observation des dispositions statutaires relatives aux actions d'administrateurs et dénoncer, dans leur rapport à l'assemblée, toute violation qu'ils auraient pu constater (art. L 225-26).

39348 **Sanctions** Il n'est pas obligatoire que, dès le jour de sa nomination, l'administrateur soit propriétaire du nombre d'actions fixé dans les statuts. L'article L 225-25, al. 2 lui donne, en effet, un **délai** de six mois à compter du jour de sa nomination **pour régulariser** sa situation. Si, à l'expiration de ce délai, l'administrateur n'est pas devenu propriétaire du nombre d'actions requis, il est réputé démissionnaire d'office.

ATTENTION

L'administrateur étant démissionnaire d'office lorsqu'il n'a pas acquis dans les délais le nombre d'actions exigé par les statuts, une assemblée générale des actionnaires ne peut pas décider le **renouvellement de ses fonctions** mais seulement de le nommer de nouveau. Cette nouvelle nomination fait courir en faveur de l'intéressé un second délai pour acquérir les actions nécessaires à la régularisation de sa situation (CA Rouen 19-2-2009 n° 07-4991 : RJDA 5/10 n° 533).

L'administrateur conserve néanmoins sa qualité d'administrateur **jusqu'à l'expiration du délai** visé ci-dessus (CA Paris 2-2-1984 : BRDA 11/84 p. 9, rendu sous l'empire des textes antérieurs au régime actuel mais à notre avis transposable par analogie). Par suite, la démission d'office de l'administrateur en situation irrégulière ne remet pas en cause la validité des délibérations du conseil auxquelles il a participé avant l'expiration du délai de six mois qui lui était imparti pour régulariser sa situation.

A été jugé démissionnaire d'office à l'expiration du délai de régularisation un nouveau membre du conseil de surveillance d'une société qui invoquait la transmission à son profit d'actions au moyen d'un prêt de consommation alors que cette transmission n'avait pas donné lieu à une inscription à son nom, si bien qu'il n'était pas propriétaire du nombre d'actions requis par les statuts (Cass. com. 15-11-2011 n° 10-19.620 : RJDA 2/12 n° 171). Cette solution, transposable aux administrateurs par identité de situation, met en lumière l'importance de l'inscription des actions au nom de l'acquéreur car seule cette formalité vaut transfert de propriété des actions (art. L 228-1).

39349 Sur le **sort des délibérations du conseil d'administration** auxquelles a pris part l'administrateur démissionnaire **après l'expiration du délai** de six mois, voir n°s 40790 s.

AUTRES CLAUSES LIMITANT L'ACCÈS AUX FONCTIONS D'ADMINISTRATEUR

39360 Les statuts peuvent valablement stipuler que les fonctions d'administrateur de la société ne pourront être exercées que si, par exemple, les intéressés justifient d'une **compétence particulière** (attestée par un diplôme ou une certaine ancienneté dans la profession) ou sont de **nationalité** française, ou ressortissants d'un État membre de l'UE, ou encore sont des **personnes physiques.**

De même, sont valables les clauses (d'usage fréquent dans les sociétés ayant deux groupes d'actionnaires) prévoyant que les actions seront divisées en deux catégories (chacune correspondant aux actions détenues par les membres d'un groupe) et que le conseil d'administration sera composé d'actionnaires **choisis dans** chacun **des groupes** selon une proportion déterminée à l'avance. Mais il faut que les actionnaires conservent la liberté de porter leur choix sur plusieurs personnes sans se voir imposer, en fait, une ou plusieurs personnes déterminées (la Cour de cassation admet la licéité de ces clauses au motif qu'elles ne constituent pas un obstacle à la révocation d'un administrateur à tout moment : Cass. com. 19-12-1983 : Rev. sociétés 1985 p. 105 note Schmidt).

Concernant les **sociétés dont les titres sont admis aux négociations sur un marché réglementé,** le Code de gouvernance Afep-Medef précise que, dans la mesure où le conseil représente l'ensemble des actionnaires, il convient d'éviter de multiplier en son sein des représentants de telle ou telle catégorie d'intérêts spécifiques. Lorsqu'une société est contrôlée par un actionnaire majoritaire (ou un groupe d'actionnaires agissant de concert), celui-ci *doit* assumer une responsabilité propre à l'égard des autres actionnaires, directe et distincte de celle du conseil d'administration ; il doit veiller à prévenir les conflits d'intérêts, à la transparence de l'information fournie au marché et à tenir équitablement compte de tous les intérêts (Code de gouvernance Afep-Medef art. 2.3 et 2.4 ; sur le champ d'application et la force contraignante de ce Code, voir n°s 48272 s.).

› Précisions En présence d'un **règlement intérieur** du conseil d'administration, l'administrateur doit respecter les engagements contenus dans ce règlement, auquel il adhère en acceptant ses fonctions. Ainsi, il doit démissionner de son mandat si le règlement le lui impose pour faire cesser une situation de **conflit d'intérêts** avec la société.
Cette situation se rencontre lorsque l'intérêt social s'oppose à un intérêt personnel de l'administrateur de nature à influer sur l'exercice impartial de ses fonctions (pour une illustration, T. com. Paris 10-11-2020 n° 2019036759 : RJDA 3/21 n° 177).

9. ADMINISTRATEURS INDÉPENDANTS

EXIGENCE D'ADMINISTRATEURS INDÉPENDANTS DANS CERTAINES SA

La nomination d'administrateurs indépendants est recommandée, dans les **sociétés dont les titres sont admis aux négociations sur un marché réglementé** par les **Codes de gouvernement d'entreprise** (Code de gouvernance Afep-Medef art. 10.1 à 10.7 ; Code de gouvernance Middlenext rec. 3 ; sur le champ d'application et la force contraignante de ces Codes, voir nos 48272 s. et, pour une réflexion sur l'utilité et le rôle des administrateurs indépendants, leur nombre optimal et leur responsabilité, voir A. Viandier, L'administrateur indépendant des sociétés cotées : RJDA 6/08 p. 599). 39370

Le **Code de commerce** prévoit également la nomination d'administrateurs indépendants puisque le comité d'audit doit comprendre au moins un administrateur indépendant suivant des critères précisés et rendus publics par le conseil d'administration (art. L 821-67, II-al. 1).

Le Code de gouvernance Afep-Medef (art. 10.2) précise la **notion** : un administrateur est indépendant lorsqu'il n'entretient aucune relation de quelque nature que ce soit avec la société, son groupe ou sa direction, qui puisse compromettre l'exercice de sa liberté de jugement. Ainsi, par « administrateur indépendant », il faut entendre tout mandataire social non exécutif de la société ou de son groupe dépourvu de lien d'intérêt particulier (actionnaire significatif, salarié, autre) avec ceux-ci. 39372

Le même Code (art. 10.3) recommande que la **part des administrateurs indépendants** soit de la moitié des membres du conseil d'administration dans les sociétés au capital dispersé et dépourvues d'actionnaires de contrôle et d'au moins un tiers dans les sociétés contrôlées. Il précise que les administrateurs représentant les actionnaires salariés et ceux représentant les salariés ne sont pas comptabilisés pour établir ces pourcentages. Middlenext préconise que le conseil accueille au moins deux membres indépendants (Code de gouvernance Middlenext rec. 3). À titre indicatif, le ratio d'administrateurs indépendants au sein d'un conseil de taille significative pourrait être d'un tiers au moins dans une société contrôlée et s'approcher des 50 % dans une société dont le capital est dilué.

› Précisions L'AMF admet qu'un administrateur non indépendant puisse le devenir s'il remplit les critères d'indépendance ; elle recommande néanmoins aux sociétés de mettre en place un délai de carence avant de considérer qu'un **administrateur devient indépendant** du fait de l'évolution de sa situation personnelle, notamment au regard des positions qu'il a prises lors de ses précédentes fonctions (Recommandation AMF 2012-02 § 10).

CRITÈRES D'INDÉPENDANCE DES ADMINISTRATEURS

L'**Afep**, le **Medef et Middlenext** estiment que les critères suivants permettent de qualifier un administrateur d'indépendant (Code de gouvernance Afep-Medef art. 10.5 à 10.6 ; Code de gouvernance Middlenext rec. 3). 39375

1. Ne pas être (ou ne pas avoir été au cours des cinq années précédentes) soit **salarié ou dirigeant** mandataire social exécutif de la société, soit salarié, dirigeant mandataire social exécutif ou administrateur d'une société que la société consolide, de la société mère de la société ou encore d'une société consolidée par cette société mère (Code Afep-Medef). Cette exigence s'applique également quand l'administrateur d'une société exerce aussi un mandat *dans une société dans laquelle la première* détient une participation non majoritaire mais significative, ou dans une société sœur (Guide d'application du Code Afep-Medef mars 2024 p. 8 s.). Le Code Middlenext se borne, plus simplement, à énoncer qu'il ne faut pas être (ou ne pas avoir été au cours des cinq dernières années) salarié ni mandataire social dirigeant de la société ou d'une société de son groupe.

2. Ne pas être **client, fournisseur, conseil ou banquier** (d'affaires ou de financement) significatif de la société ou de son groupe, ou pour lequel la société ou son groupe représente une part significative de l'activité (au cours des deux dernières années, précise Middlenext). Pour l'Afep et le Medef, l'appréciation du caractère significatif ou non de la relation entretenue avec la société ou son groupe doit être débattue par le conseil et les critères quantitatifs et qualitatifs ayant conduit à cette appréciation (continuité, dépendance économique, exclusivité, etc.) doivent être explicités dans le rapport du président sur le gouvernement d'entreprise (Code Afep-Medef art. 10.5.3).

3. Ne pas avoir de lien familial proche avec un mandataire social (le Code Middlenext ajoute « ou un actionnaire de référence »).

4. Ne pas avoir été **commissaire aux comptes** de l'entreprise au cours des cinq années précédentes (six années pour Middlenext).

5. Ne pas être **administrateur** de la société depuis plus de 12 ans (Code Afep-Medef uniquement).

6. Ne pas être **actionnaire de référence** de la société ou détenir un pourcentage de droit de vote significatif (Code Middlenext uniquement).

7. Ne pas être dirigeant mandataire social exécutif d'une société dans laquelle la société détient directement ou indirectement un mandat d'administrateur ou dans laquelle un salarié désigné en tant que tel ou un dirigeant mandataire social exécutif de la société (actuel ou l'ayant été depuis moins de cinq ans) détient un mandat d'administrateur (Code Afep-Medef uniquement).

8. S'il est dirigeant mandataire social non exécutif, ne pas percevoir de **rémunération** variable en numéraire ou des titres ou de rémunération liée à la performance de la société ou du groupe (Code Afep-Medef art. 10.6).

EXAMEN DES CRITÈRES PAR LE CONSEIL D'ADMINISTRATION

39376 Le conseil d'administration doit **examiner au cas par cas** la situation de chacun de ses membres au regard de ces critères et apprécier l'indépendance lors de la première nomination de l'administrateur et chaque année au moment de la rédaction et de l'approbation du rapport sur le gouvernement d'entreprise. Sous réserve de justifier sa position, le conseil peut considérer qu'un de ses membres est indépendant alors qu'il ne remplit pas tous ces critères ; à l'inverse, il peut également considérer qu'un de ses membres remplissant tous ces critères n'est pas indépendant (Code de gouvernance Afep-Medef art. 10.4 ; Code de gouvernance Middlenext rec. 3).

Pour le Code Afep-Medef uniquement, les administrateurs représentant des actionnaires importants de la société ou de sa société mère peuvent être considérés comme indépendants dès lors que ces actionnaires ne participent pas au contrôle de la société. Au-delà d'un seuil de 10 % en capital ou en droits de vote, il convient que le conseil, sur rapport du comité des nominations, s'interroge systématiquement sur la qualification d'indépendant en tenant compte de la composition du capital de la société et de l'existence d'un conflit d'intérêts potentiel (Code Afep-Medef art. 10.7).

Pour sa part, l'**AMF** demande aux sociétés se référant au Code de gouvernance Afep-Medef (Recommandation AMF 2012-02 § 10) :

– d'**identifier** clairement les membres qualifiés d'indépendants par le conseil, qu'ils soient membres ou non de comités spécialisés ;

– de bien préciser la conformité avec les critères retenus par le Code Afep-Medef pour définir l'indépendance des administrateurs et, lorsque la société déroge à l'un de ces critères, de le justifier précisément (suivant le **principe « appliquer ou expliquer »**) ;

– de donner chaque année des informations détaillées sur la manière dont leur conseil d'administration a apprécié le caractère significatif ou non des **relations d'affaires** susceptibles d'être entretenues par des membres du conseil qualifiés d'indépendants avec la société dont ils sont administrateurs et de décrire avec précision le contenu de tout engagement auquel ceux-ci seraient, le cas échéant, soumis afin de préserver les conditions de cette qualification d'administrateur indépendant, ainsi que les conséquences d'une éventuelle violation de ces engagements.

L'AMF recommande par ailleurs que toute exclusion du critère de définition de l'indépendance relatif à l'exercice de mandats sur plus de 12 années consécutives ne soit pas justifiée par la seule expérience ou compétence de l'administrateur concerné et que la qualification d'administrateur indépendant des administrateurs détenant plus de 10 % du capital de la société soit écartée (Recommandation AMF 2012-02 § 10).

10. SOCIÉTÉ AYANT UNE ACTIVITÉ RÉGLEMENTÉE

39390 L'exercice par la société de certaines activités réglementées entraîne pour les administrateurs l'obligation de remplir des conditions particulières : voir n° 11350.

B. Mode de nomination des administrateurs

1. ADMINISTRATEURS NOMMÉS LORS DE LA CONSTITUTION DE LA SOCIÉTÉ

NOMINATION STATUTAIRE DES ADMINISTRATEURS

Les premiers administrateurs de la société sont nommés dans les statuts lorsque celle-ci est constituée (art. L 225-16) : 39470

– **sans offre** de ses titres **au public** ;

– **avec certaines offres au public** (offre réservée à des investisseurs qualifiés ou à un cercle restreint d'investisseurs, offre relevant du financement participatif, offre portant sur des titres dont la valeur nominale unitaire s'élève au moins à 100 000 €, ou adressée à des investisseurs qui acquièrent ces titres pour un montant total d'au moins 100 000 € par investisseur et par offre distincte, et offre dont le montant total calculé sur une période de 12 mois est inférieur à 8 M€, seuil qui devrait être porté à 12 M€ à compter du 5-6-2026 : cf. Règl. UE 2017/1129 du 14-6-2017 art. 3, 2 modifié et 3, 2 bis créé par Règl. UE 2024/2809 du 23-9-2024 et Règl. UE 2024/2809 art. 4, 3).

Les droits de vote et les droits à dividende des actions émises sans que cette obligation soit respectée sont suspendus (n°s 38700 s.).

NOMINATION DES ADMINISTRATEURS PAR L'ASSEMBLÉE CONSTITUTIVE

Lorsque la société est constituée **avec offre** de ses titres **au public** (excepté celles mentionnées nº 39470), la nomination des administrateurs doit faire l'objet d'un vote spécial lors de l'assemblée constitutive (art. L 225-7, al. 2). 39480

L'acceptation de fonctions des premiers administrateurs est constatée dans le procès-verbal de l'assemblée constitutive (art. L 225-7, al. 2). Toutefois, les administrateurs peuvent donner leur acceptation après cette assemblée, soit expressément par lettre individuelle, soit même tacitement en participant aux séances du conseil.

Les droits de vote et les droits à dividende des actions émises sans que les obligations prévues à l'article L 225-7 ne soient respectées sont suspendus (nos 38700 s.).

2. ADMINISTRATEURS NOMMÉS EN COURS DE VIE SOCIALE

NOMINATION DES ADMINISTRATEURS PAR L'ASSEMBLÉE GÉNÉRALE

La nomination des administrateurs, autres que ceux représentant les salariés (nos 39963 s. et 40018 s.), en cours de vie sociale est de la **compétence** de l'assemblée générale ordinaire (art. L 225-18, al. 1). Le plus souvent, les nominations d'administrateurs interviennent lors de l'assemblée ordinaire annuelle appelée à statuer sur les comptes de l'exercice écoulé. Elles peuvent cependant être décidées lors de toute autre assemblée ordinaire ou même lors d'une assemblée extraordinaire si, au cours de cette assemblée, un ou plusieurs administrateurs sont révoqués inopinément et qu'il convient de les remplacer (art. L 225-105, al. 3 ; CA Rennes 25-2-1972 : JCP G 1972 II nº 17220 note Synvet). En cas de fusion ou de scission, la nomination de nouveaux administrateurs peut aussi être faite par l'assemblée générale extraordinaire statuant sur l'opération (art. L 225-18, al. 1). 39510

Sur la nomination des administrateurs dans les sociétés à participation publique, voir nos 40140 s. (sociétés du secteur privé à participation publique) et nos 40200 s. (sociétés du secteur public).

En dehors du cas de nomination à la suite de révocation, toute nomination d'administrateur ou tout renouvellement de mandat ne peut valablement être décidé que si la question figure à l'**ordre du jour** de la réunion (art. L 225-105, al. 3 et L 225-121, al. 1). 39511

Informations sur les candidats À titre d'information sur les candidatures à des postes d'administrateurs, les actionnaires peuvent se faire adresser ou se faire communiquer au siège social (nos 46450 s.) les renseignements suivants (art. R 225-83, 5º) : 39512

– les nom, prénom usuel et âge des candidats, leurs références professionnelles et leurs activités professionnelles au cours des cinq dernières années, notamment les fonctions qu'ils exercent ou ont exercées dans d'autres sociétés, y compris, semble-t-il, les sociétés étrangères puisque le texte vise les « autres sociétés » sans distinction ;

– les emplois ou fonctions qu'ils occupent dans la société et le nombre d'actions de la société dont ils sont titulaires ou porteurs.

Ces renseignements doivent, à notre avis, être fournis même en cas de renouvellement de mandat (nº 46495).
Les actionnaires de société dont les actions sont admises aux négociations sur un marché réglementé peuvent aussi consulter ces renseignements sur le site internet de la société (art. R 22-10-23 ; nos 46590 s.). Middlenext recommande de donner des informations suffisantes sur la biographie, en particulier la liste des mandats, l'expérience et la compétence des candidats (voir Code de gouvernance Middlenext rec. 10 ; sur le caractère contraignant et le champ d'application de ce Code, voir nos 48272 s.).

39513 **Candidatures en cours d'assemblée** Même s'il ne figure pas sur la liste des candidats aux fonctions d'administrateur, un actionnaire a toujours la possibilité de présenter sa candidature au cours de l'assemblée, lors de la discussion de la partie de l'ordre du jour concernant l'élection au conseil (Rép. Cornet : AN 14-2-1970 nº 9366). L'assemblée peut en effet toujours modifier les résolutions qui lui sont soumises et, notamment, choisir des administrateurs autres que ceux dont les noms lui sont proposés par le conseil (Rép. Stehlin : AN 27-1-1973 nº 27249).
Les personnes dont la candidature est proposée en cours d'assemblée doivent, à notre avis, au moment où elles se présentent aux suffrages des actionnaires, fournir les renseignements prescrits par l'article R 225-83, 5º (nº 39512).

39514 **Nomination groupée** En principe, l'assemblée doit statuer individuellement sur chacune des candidatures mais elle peut aussi, nous semble-t-il, procéder à la nomination de plusieurs administrateurs en une seule fois au moyen d'un **vote bloqué** (cf. Rép. Stehlin : AN 27-1-1973 nº 27249).
Lorsque le conseil d'administration a décidé de soumettre à l'assemblée la réélection de tous les administrateurs en une seule résolution, le président ne peut pas scinder cette résolution en autant de sous-résolutions que d'administrateurs et modifier ainsi la teneur de la décision du conseil (T. com. Nantes 12-10-1972 : Gaz. Pal. 1973 II p. 780). Mais cette disjonction peut, à notre avis, être imposée par l'assemblée en vertu du pouvoir souverain dont elle dispose pour l'organisation de ses délibérations.

39515 **Nombre de candidats excédant les postes à pourvoir** Lorsque le nombre de candidats aux fonctions d'administrateur est supérieur au nombre de postes à pourvoir, l'un des moyens de **résoudre** cette **difficulté** pourrait consister à soumettre aux actionnaires présents à l'assemblée la liste de tous les candidats en leur demandant de rayer les noms de ceux qu'ils souhaitent écarter, le secret de l'opération étant éventuellement assuré grâce à l'intervention d'un huissier ou d'un commissaire de justice. L'assemblée générale serait ensuite appelée à procéder soit au vote d'une résolution unique ne comportant que le nom des candidats ayant recueilli le plus de suffrages dans la limite des postes disponibles, soit au vote de résolutions individuelles, ces résolutions étant soumises aux actionnaires dans l'ordre décroissant des suffrages recueillis par chaque candidat, et ce, jusqu'à ce que tous les postes soient pourvus.
En tout état de cause, il nous paraît prudent que le bureau de l'assemblée fasse approuver par celle-ci – qui est souveraine pour l'organisation de ses délibérations – la procédure envisagée.
Mais, quel que soit le procédé retenu, si une candidature a fait l'objet d'une demande d'inscription d'un projet de résolution (nos 46182 s.), cette résolution doit être soumise au vote des actionnaires.

39516 **Candidat non encore actionnaire** Lorsque les statuts prévoient que les administrateurs doivent être propriétaires d'actions, une personne peut valablement être nommée administrateur, même si elle ne remplit pas encore cette condition, pourvu qu'elle acquière le nombre d'actions requis dans les six mois de sa nomination (cf. art. L 225-25, al. 2). Cette possibilité peut être source de difficultés lorsque les statuts prévoient l'**agrément** de tout **nouvel actionnaire** par le conseil d'administration et que l'assemblée procède à la nomination de l'intéressé comme nouvel administrateur avant que le conseil ait statué sur *l'agrément*.
En cas de refus d'agrément, l'intéressé sera démissionnaire d'office à l'expiration du délai de six mois à compter du jour de sa nomination comme nouvel administrateur (art. L 225-25, al. 2). Sur le sort des délibérations du conseil d'administration auxquelles a pris part l'administrateur réputé démissionnaire, voir nos 40790 s.

Toutefois, cette solution doit, à notre avis, être écartée si l'intéressé a été nommé administrateur sur proposition du conseil d'administration car, dans ce cas, l'agrément doit être réputé accordé du fait même de cette proposition. En effet, le conseil d'administration ne pouvant ignorer que les statuts obligent les administrateurs à détenir des actions, la décision qu'il prend de proposer une candidature à l'assemblée implique nécessairement qu'il agrée le candidat.

Procédure de sélection des candidats assurant la mixité du conseil 39520
Dans les sociétés dont les actions sont admises aux négociations sur un marché réglementé d'une certaine taille (nº 39158), si la composition du conseil d'administration ne satisfait pas, **à compter du 30 juin 2026,** à l'obligation de mixité, la désignation de tout administrateur sera soumise à un processus de sélection que le conseil d'administration devra mettre en place, reposant sur la qualification des candidats et destiné à assurer le respect de l'obligation de mixité (art. L 22-10-3 bis issu de ord. 2024-934 du 15-10-2024, art. D 22-10-40-1, al. 1 issu du décret 2025-744 du 30-7-2025 et Ord. 2024-934 art. 26, II modifié par loi 2025-391 du 30-4-2025).

Les **critères de sélection** devront être définis préalablement à ce processus de sélection en des termes clairs et précis en vue d'une appréciation comparative des qualifications de chaque candidat et devront être appliqués sans discrimination tout au long du processus, notamment lors de la préparation des avis de vacance, de la phase de présélection, de la constitution des listes restreintes de candidats et de l'établissement des réserves de candidats sélectionnés, le cas échéant (art. D 22-10-40-1, al. 2 et 3 issu du décret 2025-744 du 30-7-2025). 39521

Lorsque le processus de sélection des candidats impliquera un **vote des actionnaires ou des salariés**, les électeurs devront être **informés** des mesures prises pour le respect de l'obligation de mixité, notamment celles relatives à ce processus et des conséquences pour la société en cas de violation de cette obligation (art. D 22-10-40-5 issu du décret 2025-744 du 30-7-2025). 39522

À qualifications égales, en termes d'aptitude, de compétence et de performances professionnelles, la **priorité** devra être **accordée** au candidat du sexe sous-représenté (art. D 22-10-40-2, al. 1 issu du décret 2025-744 du 30-7-2025). Toutefois, le processus mis en place par le conseil d'administration pourra faire **exception** à cette priorité en faveur d'un candidat de l'autre sexe pour des motifs d'une importance supérieure, tels que la poursuite d'autres politiques en matière de diversité, dans le cadre d'une appréciation objective tenant compte de la situation particulière du candidat de l'autre sexe et fondée sur des critères non discriminatoires (art. D 22-10-40-2, al. 2 issu du décret 2025-744). 39523

Tout **candidat** ayant été admis au processus de sélection devra, s'il en a fait la demande, être **informé** (art. D 22-10-40-3 issu du décret 2025-744 du 30-7-2025) : 39525
– des critères de sélection ;
– de l'appréciation comparative objective des candidats qui aura été opérée en fonction de ces critères ;
– le cas échéant, des motifs exceptionnels ayant conduit à choisir un candidat de l'autre sexe.

ATTENTION

La communication de ces informations ne devra pas enfreindre les secrets protégés par la loi et, le cas échéant, les règles fixées par le règlement UE 2016/679 du 27 avril 2016 (dit « RGPD ») et par la loi 78-17 du 6 janvier 1978 (loi « informatique et libertés ») (art. précité).

En cas de **litige**, si un **candidat du sexe sous-représenté** non retenu à l'issue de la sélection soumet au juge des éléments de fait susceptibles de faire présumer qu'il possédait des qualifications égales au candidat sélectionné, il appartiendra à la société de prouver que le choix du candidat retenu était justifié par des motifs exceptionnels (art. D 22-10-40-4 issu du décret 2025-744 du 30-7-2025). Le juge pourra ordonner, en cas de besoin, toutes les mesures d'instruction qu'il estime utiles (art. précité). 39527

NOMINATION DES ADMINISTRATEURS PAR COOPTATION

La cooptation consiste, de la part des membres du conseil d'administration, à désigner eux-mêmes **à titre provisoire** un nouvel administrateur dont la nomination devra ensuite être approuvée par l'assemblée. Ce procédé est strictement réglementé. 39530

Recours à la cooptation Outre la possibilité de coopter un nouvel administrateur en vue de remplacer le président décédé, démissionnaire ou révoqué (nº 39013) et l'obligation de cooptation lorsque la proportion légale d'hommes et de femmes n'est plus respectée au 39531 sein du conseil des sociétés dont les actions sont admises aux négociations sur un marché réglementé et de certaines sociétés de grande taille (n°s 39154 s.), il convient d'envisager trois **hypothèses.**

Lorsque le **nombre des administrateurs** en exercice devient **inférieur au minimum légal** de trois, la cooptation n'est pas possible. Les deux administrateurs restants (voire, nous semble-t-il, le seul administrateur restant) doivent convoquer immédiatement l'assemblée générale ordinaire en vue de compléter l'effectif du conseil (art. L 225-24, al. 2).

Le fait que le nombre des administrateurs soit devenu inférieur à trois a pour conséquence la disparition du conseil d'administration puisque celui-ci doit être composé d'au moins trois membres (art. L 225-17). Le ou les administrateurs restants n'ont plus aucun pouvoir, sauf celui de convoquer l'assemblée. Ils doivent donc s'en tenir strictement à cette mission (cf. Rép. Lucas : AN 15-7-1972 n° 24609 ; voir aussi Cass. com. 18-11-1974 : Bull. civ. IV n° 288, sol. impl.). Notamment, ils ne sauraient inscrire à l'ordre du jour de l'assemblée des questions autres que celle relative à la nomination de nouveaux administrateurs (en sens contraire cependant, CA Paris 22-3-1977 : D. 1978 p. 157 note P.-G. Gourlay).

39532 Si le **nombre des administrateurs** est devenu **inférieur au minimum statutaire,** sans toutefois être inférieur au minimum légal, la cooptation est obligatoire : le conseil est tenu de compléter son effectif dans le délai de trois mois à compter du jour où s'est produite la vacance (art. L 225-24, al. 3).

La loi n'ayant énoncé aucune restriction à l'exercice par le conseil de ses pouvoirs pendant ce délai, le conseil délibère donc valablement et peut prendre toute décision qu'il juge opportune. Le quorum est alors calculé sur le nombre des membres restants.

Mais, à l'expiration des trois mois, le sursis accordé par la loi disparaît et, si le conseil n'a pas régularisé sa situation, on doit, nous semble-t-il, appliquer les mêmes règles que celles prévues ci-dessus : les administrateurs restants ont le pouvoir de convoquer l'assemblée des actionnaires pour compléter l'effectif du conseil.

39534 Lorsque, par suite de décès ou de démission, des postes d'administrateurs deviennent vacants et que, malgré ces décès ou démissions, le **nombre des administrateurs** encore en fonctions reste **au moins égal au minimum statutaire,** le conseil peut (ce n'est pas une obligation) procéder à des nominations à titre provisoire (art. L 225-24, al. 1). Cette hypothèse appelle les remarques suivantes.

a. La cooptation n'est possible qu'en cas de **vacance** « **par décès ou démission** » (art. L 225-24, al. 1). Ainsi se trouve interdite la pratique consistant à coopter des administrateurs en dehors de tout décès ou démission dans la limite du maximum fixé par les statuts. De telles nominations encourraient la nullité (cf. art. L 235-1, al. 2 remplacé, à compter du 1-10-2025, par C. civ. art. 1844-10, al. 3 modifié par ord. 2025-229 du 12-3-2025 ; Ord. 2025-229 art. 70). Sur le sort des délibérations du conseil d'administration auxquelles a pris part l'administrateur dont la nomination a été annulée, voir n°s 40790 s.

Le décès ne peut viser que les personnes physiques ; on ne saurait lui assimiler la **dissolution d'une personne morale administrateur** et faire jouer, par exemple, la cooptation en cas d'absorption de la société administrateur par une autre société. En effet, dès lors qu'elles constituent une dérogation au principe selon lequel les administrateurs sont nommés par l'assemblée générale (art. L 225-18, al. 1), les dispositions de l'article L 225-24 doivent être interprétées restrictivement. La cooptation d'un nouvel administrateur en remplacement de la société absorbée n'est donc possible que si cette société démissionne de ses fonctions d'administrateur, cette démission devant intervenir avant la date de réalisation définitive de la fusion.

b. Le **pouvoir du conseil** d'administration de coopter un nouvel administrateur **expire** dès la tenue de la première assemblée générale qui suit le décès ou la démission. L'article L 225-24, al. 1 n'ouvre en effet la faculté de cooptation qu'« entre deux assemblées générales ».

c. La réglementation n'exclut pas, à notre avis, la possibilité d'**écarter** dans les statuts la faculté de **cooptation** reconnue par la loi au conseil et de réserver à l'assemblée générale le soin de pourvoir aux postes vacants. En effet, cette solution ne met pas en cause le principe de la répartition légale des pouvoirs puisque la nomination des administrateurs relève par essence de l'assemblée générale. Mais l'assemblée doit exercer ce pouvoir dans les conditions de l'article L 225-24 et, notamment, lorsque le nombre des administrateurs est devenu inférieur au minimum légal, procéder à la nomination d'un nouvel administrateur dans le délai de trois mois à compter du jour où se produit la vacance.

d. Lorsque le conseil d'administration d'une société relevant du secteur privé comprend des **administrateurs représentant les salariés,** ceux-ci peuvent participer au vote sur la cooptation puisqu'ils ont les mêmes pouvoirs et les mêmes responsabilités que les administrateurs nommés par l'assemblée (nos 39930 s.).

> **Précisions** L'ordonnance 2014-948 du 20 août 2014 prescrit, sauf disposition contraire des statuts, l'application des règles de cooptation du Code de commerce aux membres du conseil d'administration nommés par l'assemblée générale dans les **sociétés du secteur public** (Ord. 2014-948 art. 10 et 13).

Ratification par l'assemblée générale ordinaire Les cooptations d'administrateurs sont toujours faites à titre provisoire et doivent être soumises à la ratification de la plus prochaine assemblée générale ordinaire (art. L 225-24, al. 1 et 5) ; il n'est donc pas nécessaire de convoquer spécialement une assemblée à cet effet. 39535

Si la **cooptation** survient **entre la date de la convocation et celle de l'assemblée** (le conseil d'administration se trouve encore « entre deux assemblées générales »), la ratification de cette cooptation ne pourra, sauf le cas où l'ordre du jour de l'assemblée prévoirait la nomination d'administrateurs, intervenir qu'à l'occasion d'une assemblée ultérieure puisque le conseil d'administration ne peut pas modifier l'ordre du jour de l'assemblée.

Les **renseignements concernant les candidats** aux fonctions d'administrateur (no 39512) doivent, à notre avis, être fournis même lorsque l'assemblée est appelée à statuer sur la ratification d'une cooptation d'administrateur.

La ratification par l'assemblée générale, « laquelle est la véritable détentrice du pouvoir de désignation » des administrateurs, couvre les **irrégularités** qui auraient pu être **commises lors de la cooptation** (CA Amiens 10-3-1977 : D. 1978 p. 198 note J.-C. Bousquet).

À **défaut de ratification,** la nomination de l'administrateur peut être annulée par le juge pour violation d'une disposition impérative de la loi (art. L 235-1, al. 2 remplacé, à compter du 1-10-2025, par C. civ. art. 1844-10, al. 3 modifié par ord. 2025-229 du 12-3-2025 ; Ord. 2025-229 art. 70). Toutefois, les délibérations prises et les actes accomplis par le conseil antérieurement à la décision de l'assemblée demeurent valables (art. L 225-24, al. 5). 39536

Si le **conseil néglige de pourvoir aux postes vacants ou de convoquer l'assemblée,** tout intéressé peut demander au président du tribunal de commerce statuant sur requête (art. R 225-18) la désignation d'un mandataire chargé de convoquer l'assemblée générale à l'effet de procéder aux nominations ou aux ratifications (art. L 225-24, al. 6). L'intervention d'un mandataire de justice n'est possible, en cas de défaut de ratification, que si le conseil, bien qu'ayant coopté des administrateurs à l'effet de porter leur nombre au minimum statutaire (no 39532), a négligé de soumettre aux actionnaires la ratification de la nomination des nouveaux administrateurs lors de la première assemblée générale ordinaire ayant suivi cette nomination. En revanche, elle est exclue si la cooptation est intervenue alors que le nombre des administrateurs était supérieur au minimum statutaire (no 39534). 39537

Pour la cour d'appel de Paris, un **actionnaire** qui n'a pas demandé la désignation d'un mandataire chargé de convoquer l'assemblée générale à l'effet de ratifier la cooptation d'un administrateur ne peut pas **se plaindre de l'absence de ratification** de la cooptation (CA Paris 29-6-2017 no 16/14653 : RJDA 11/17 no 731). Cette solution paraît excessive car, à notre avis, la nomination de l'administrateur pourrait être annulée pour violation des dispositions impératives de l'article L 225-24, al. 6, qui imposent la ratification par la plus prochaine assemblée générale ordinaire (cf. art. L 235-1, al. 2 remplacé, à compter du 1-10-2025, par C. civ. art. 1844-10, al. 3 modifié par ord. 2025-229 du 12-3-2025 ; Ord. 2025-229 art. 70).

Aucune disposition légale ou réglementaire ne fait allusion à la **durée du mandat de l'administrateur coopté.** À notre avis, ce mandat prend fin à l'expiration de celui de l'administrateur remplacé car l'alignement de la durée des fonctions du remplaçant sur celle du remplacé apparaît comme une règle générale (voir no 43591 pour les membres du directoire, no 77702 pour les commissaires aux comptes, no 77064 pour l'OTI chargé de certifier les informations de durabilité). 39538

NOMINATION IRRÉGULIÈRE D'UN ADMINISTRATEUR

Toute **nomination** qui n'a pas été décidée par l'assemblée générale est nulle, sauf si elle a eu lieu dans le cadre d'une cooptation par le conseil d'administration dans les conditions 39550 légales (art. L 225-18 modifié, à compter du 1-10-2025, par ord. 2025-229 du 12-3-2025 excluant l'application du triple test ; Ord. 2025-229 art. 70).

Sur le **sort des délibérations du conseil d'administration** auxquelles a pris part l'administrateur dont la nomination a été annulée, voir nos 40790 s.

39555 Si la **nomination** a été **régulièrement publiée,** ni la société ni les tiers ne peuvent, pour se soustraire à leurs engagements, se prévaloir d'une irrégularité dans cette nomination (art. L 210-9).

C. Publicité des nominations d'administrateurs

39630 La nomination d'un administrateur doit être portée à la connaissance des tiers par l'accomplissement des formalités de publicité exposées nos 13000 s.

III. DURÉE DES FONCTIONS DES ADMINISTRATEURS

DURÉE MAXIMALE DES FONCTIONS DES ADMINISTRATEURS

39690 La durée des fonctions des administrateurs est fixée dans les statuts sans pouvoir excéder six ans (art. L 225-18).

Toute nomination intervenue en violation des dispositions statutaires – ou, en leur absence, des dispositions légales – est nulle (art. L 225-18 modifié, à compter du 1-10-2025, par ord. 2025-229 du 12-3-2025 excluant l'application du triple test ; Ord. 2025-229 art. 70).

Si la nomination a été régulièrement publiée, ni la société ni les tiers ne pourront invoquer cette nullité pour se soustraire à leurs engagements (art. L 210-9).

Les statuts doivent **déterminer de façon précise la durée** des fonctions des administrateurs et ne sauraient se borner à prévoir une durée maximale en laissant à l'assemblée générale ordinaire le soin de fixer, lors de chaque nomination, la durée du mandat de l'intéressé.

› Précisions a. Les dispositions de l'article L 225-18 selon lesquelles la durée des fonctions des administrateurs « est déterminée par les statuts » conduisent, nous semble-t-il, à exclure la possibilité de **déléguer** ce pouvoir **à l'assemblée générale** ordinaire.

b. L'Afep et le Medef recommandent, pour les **sociétés dont les titres financiers sont admis aux négociations sur un marché réglementé,** de prévoir dans les statuts que la durée des fonctions des administrateurs n'excède pas quatre ans (Code de gouvernance Afep-Medef art. 15.1 ; sur le champ d'application et la force contraignante de ce Code, voir nos 48272 s.).

c. Sur la durée des fonctions des **administrateurs représentant les salariés,** voir no 39971.

d. Sur le régime applicable aux **sociétés relevant du secteur public,** voir nos 40241 s.

e. Sur le **sort des délibérations du conseil** d'administration auxquelles a pris part l'**administrateur** dont la **nomination a été annulée,** voir nos 40790 s.

39691 **Réduction de la durée des fonctions** Lorsque l'assemblée générale extraordinaire décide de réduire la durée des fonctions des membres du conseil d'administration, cette décision s'applique immédiatement et les **administrateurs en poste** ne peuvent pas, selon nous, prétendre rester en fonctions jusqu'à la date d'expiration prévue lors de leur nomination.

En effet, les administrateurs sont des organes de la société dotés d'un statut fixé par la loi (nos 10000 s.). Par leur nomination, ils sont donc amenés à assumer des fonctions et non pas à exécuter un contrat dans lequel seraient fixés leurs obligations et leurs droits.

La décision de l'assemblée modifiant la durée de ces fonctions apparaît ainsi comme une modification de leur statut et non pas d'un contrat. Dès lors, la situation est comparable à celle résultant de l'application d'une loi dans le temps et doit recevoir la même solution : la *décision de l'assemblée doit s'appliquer immédiatement comme s'applique immédiatement toute loi nouvelle qui modifie une règle relative à une situation non contractuelle.* De surcroît, l'administrateur ne peut se prévaloir d'aucun droit acquis à terminer son mandat puisque sa situation est par essence précaire, l'assemblée générale pouvant y mettre fin à tout moment selon son bon plaisir.

Lorsque de **nouveaux administrateurs** sont **désignés pendant** le cours du **mandat des autres** administrateurs et qu'il apparaît souhaitable que la date de cessation des fonctions soit la même pour tous, il convient de limiter en conséquence la durée du premier mandat des nouveaux administrateurs. Mais cette décision ne peut être prise que par une assemblée générale extraordinaire car elle entraîne modification des dispositions statutaires relatives à la durée des fonctions des administrateurs (Rép. Fouqueteau : AN 11-2-1978 n° 41053). 39692

Point de départ de la durée des fonctions À notre avis, la **durée des fonctions** des premiers administrateurs **commence** à partir du jour de l'immatriculation de la société au RCS et celle des administrateurs nommés au cours de la vie sociale à partir du jour de leur nomination. 39694

› Précisions C'est seulement à compter du jour de son immatriculation que la société acquiert la jouissance de la personnalité morale. C'est donc à la même date que doivent entrer en fonctions les membres des organes appelés à exercer les droits de la personne morale (n° 2615).

La **question** est néanmoins **controversée.** Certains auteurs (P.-G. Gourlay, Le conseil d'administration de la société anonyme Sirey 1971 n° 48 ; J. Hémard, F. Terré et P. Mabilat, Soc. com. t. 1 n° 866) estiment que la durée des fonctions des administrateurs court à partir du jour où ils ont accepté leur mission, donc, en pratique, du jour de la signature des statuts (dans le même sens, CA Paris 4-12-1997 : Bull. Joly 1998 p. 236 note P. Le Cannu ; CA Lyon 27-4-1998 n° 98-456 ; CA Paris 29-6-2001 n° 01-30113 : RJDA 1/02 n° 58).

Toutefois, trois décisions, concernant l'entrée en fonctions des dirigeants sociaux mais transposables aux administrateurs, confortent notre point de vue. La Cour de cassation a jugé, en effet, d'une part, qu'une personne ne peut être considérée comme dirigeant au sens des articles 98 s. de l'ancienne loi du 13 juillet 1967 sur le règlement judiciaire avant que la société ait acquis la jouissance de la personnalité morale (Cass. com. 10-5-1984 : Rev. sociétés 1984 p. 835 note Honorat), d'autre part, que la désignation d'une personne en qualité de président ne peut prendre effet qu'à la date de l'immatriculation au RCS, de sorte que l'intéressé ne peut avoir engagé la société pour des actes passés antérieurement à cette immatriculation (Cass. com. 9-4-1991 : RJDA 7/91 n° 595). De même, la cour d'appel de Nancy a jugé que l'inscription d'une personne physique à la sécurité sociale en qualité de gérante ne peut être antérieure à la date à laquelle la SARL a acquis la personnalité morale (CA Nancy 13-12-1983 : Bull. Joly 1984 p. 817).

Arrivée du terme des fonctions Les **fonctions** d'un administrateur **prennent fin** à l'issue de la réunion de l'assemblée générale ordinaire des actionnaires ayant statué sur les comptes de l'exercice écoulé et tenue dans l'année au cours de laquelle expire le mandat dudit administrateur (art. R 225-15). 39695

EXEMPLE

Une société clôturant ses comptes le 31 décembre et dont l'assemblée ordinaire, tenue par hypothèse le 19 mai 2020, nomme pour six ans un administrateur : les fonctions de cet administrateur prendront fin à l'issue de l'assemblée qui, en 2026, statuera sur les comptes de l'exercice 2025, que cette assemblée soit tenue avant ou après le 19 mai.

La règle ci-dessus répond à des nécessités pratiques évidentes : éviter d'avoir à convoquer une assemblée uniquement pour renouveler les fonctions des administrateurs si le délai de six ans expirait avant la date prévue pour la tenue de l'assemblée générale ordinaire annuelle et s'il était impossible, pour des raisons pratiques (établissement des comptes, préparation des documents à soumettre aux actionnaires), d'avancer la date de cette assemblée. Il peut alors arriver que la durée des fonctions d'un administrateur soit un peu supérieure (ou inférieure) à la durée légale.

EXEMPLE

En reprenant l'exemple ci-dessus, cette durée sera supérieure à six ans si l'assemblée approuvant les comptes de l'exercice 2025 se tient après le 19 mai 2026 ; elle sera inférieure à six ans si l'assemblée se tient avant cette date.

Bien entendu, le dépassement du délai légal résultant de l'application des dispositions réglementaires ne saurait mettre la société en infraction avec la loi.

La loi n'ayant fixé qu'une limite maximale à la durée des fonctions des administrateurs, rien ne s'oppose à ce que les **statuts dérogent** aux dispositions de l'article R 225-15 et prévoient que ces fonctions prendront fin à une date déterminée (par exemple, le 30 juin de la troisième année suivant celle de la nomination). 39696

Lorsque, contrairement aux dispositions légales (n°s 48110 s.), **aucune assemblée** n'a été **tenue dans l'année** au cours de laquelle expirait le mandat d'un administrateur, celui-ci doit, à notre avis, être considéré comme ayant cessé ses fonctions le 31 décembre de ladite année. Maintenir au-delà de cette date le mandat de l'administrateur, au prétexte que l'assemblée ne s'est pas tenue, reviendrait à violer l'article L 225-18, al. 1, qui fixe à six ans la durée maximale des fonctions d'administrateur, et l'article R 225-15, qui ne vise que l'assemblée « tenue dans l'année au cours de laquelle expire le mandat ».

RENOUVELLEMENT DES FONCTIONS DES ADMINISTRATEURS

39710 Sauf stipulation contraire des statuts, les administrateurs sont rééligibles (art. L 225-18).

Lorsque **le mandat d'un administrateur vient à expiration,** le conseil d'administration doit, même si le nombre des administrateurs en fonctions reste supérieur ou égal au minimum statutaire, inscrire à l'ordre du jour de l'assemblée la décision à prendre en ce qui concerne le poste devenu vacant (Cass. com. 7-11-1989 : Bull. civ. IV n° 284). Mais il n'est pas tenu de proposer la réélection de l'administrateur dont les fonctions sont expirées (Cass. com. 7-11-1989 précité et, sur renvoi, CA Paris 1-4-1992 : RJDA 10/92 n° 925). Il peut présenter un autre candidat, voire, si les statuts le permettent (nombre variable d'administrateurs), inviter l'assemblée à ne pas pourvoir le poste vacant.

> **Précisions** **a.** Pour sa part, l'Ansa considère que, lorsque le **conseil** d'administration **n'envisage pas de remplacer le siège devenu vacant,** il n'a aucune **obligation d'inscrire à l'ordre du jour** de l'assemblée la question du non-remplacement de l'administrateur, dès lors que le nombre d'administrateurs en fonctions reste supérieur au minimum statutaire (Communication Ansa, comité juridique n° 17-049 du 8-11-2017).
> **b.** Les administrateurs ne bénéficient d'aucun droit au renouvellement de leur mandat et ne peuvent donc pas prétendre que l'**omission** par le conseil d'administration **de soumettre le renouvellement à l'assemblée** constitue un **abus** de droit justifiant à leur profit l'octroi de dommages-intérêts (Cass. com. 7-11-1989 précité).
> **c.** Un administrateur dont le mandat est arrivé à terme ne fait pas l'objet d'une **révocation lorsque l'assemblée** générale dont l'ordre du jour mentionne régulièrement la question du renouvellement du mandat **décide de ne pas le renouveler** (CA Paris 7-9-2004 n° 03-7479 : RJDA 2/05 n° 156).
> **d.** Comme en cas de révocation, l'exercice du droit de **non-renouvellement** revêt un caractère **abusif** s'il intervient dans des circonstances injurieuses ou vexatoires à l'égard de l'administrateur concerné et si ce dernier n'est pas mis en mesure de présenter ses observations et éventuellement de répondre aux reproches qui lui sont adressés (pour un exemple, CA Paris 27-10-1995 : Bull. Joly 1996 p. 45).

39712 **Renouvellement par anticipation** À notre avis, le renouvellement des administrateurs ne peut pas être décidé par anticipation.

Un tel procédé aboutirait, à l'arrivée du terme fixé lors de la nomination des administrateurs, à priver les actionnaires de la possibilité de ne pas renouveler les mandats des administrateurs s'ils le jugent opportun. L'assemblée perdrait ainsi la liberté de décision que la loi a entendu lui donner en soumettant périodiquement les administrateurs à renouvellement. En effet, l'assemblée ne pourrait plus alors écarter les administrateurs dont le mandat a été renouvelé par anticipation qu'en procédant à leur révocation. Or, l'expérience prouve qu'il est plus facile de refuser un renouvellement que de décider une révocation.

39713 **Renouvellement par roulement** Dans le silence de la loi, les statuts peuvent prévoir un renouvellement des administrateurs « par roulement » (par exemple, renouvellement d'un tiers des administrateurs tous les deux ans) à la condition que la durée du mandat de chaque administrateur n'excède pas six années.

Il est alors procédé à un tirage au sort afin de déterminer l'ordre de sortie (tous les ans ou tous les deux ans) des administrateurs ; une fois le roulement établi, les renouvellements s'effectuent par ancienneté de nomination et la durée du mandat de chaque administrateur redevient celle prévue par les statuts (six ans ou moins).

Toutefois, le roulement ne peut être mis en œuvre que pour les administrateurs désignés par les actionnaires. Il doit être écarté lorsqu'il s'agit d'administrateurs représentant les salariés (n°s 39972 et 40032).

Concernant les sociétés dont les titres sont admis aux négociations sur un marché réglementé, l'Afep et le Medef recommandent que l'échelonnement soit organisé de façon à éviter un renouvellement en bloc des administrateurs et que le rapport annuel sur le gouvernement d'entreprise indique précisément les dates de début et d'expiration du mandat de chaque administrateur de manière à faire apparaître l'échelonnement existant (Code de *gouvernance Afep-Medef art. 15.2 et 15.3* ; sur le champ d'application et la force contraignante de ce Code, voir n°s 48272 s.).

39714 **Publicité du renouvellement** À notre avis, le renouvellement des fonctions des administrateurs n'entraîne aucune formalité de publicité (dans le même sens, Rép. Arnaud : AN 4-3-1972 n° 22012 ; Rép. Rickert : AN 17-5-1972 n° 23022). Ces formalités sont en effet destinées à informer les tiers des changements intervenus dans la composition du conseil (art. R 123-66 et R 210-9), ce qui n'est pas le cas lorsque les fonctions sont purement et simplement reconduites.

CESSATION DES FONCTIONS DES ADMINISTRATEURS

Les fonctions des administrateurs prennent fin par : 39720

– l'arrivée du terme prévu lors de la nomination (nº 39690) ;
– l'application des règles concernant la limite d'âge (nº 39300) ;
– la survenance d'un événement personnel (décès, longue maladie, etc., s'il s'agit de personnes physiques ; dissolution, par exemple à la suite d'une fusion ou d'une scission, s'il s'agit d'une société) empêchant l'administrateur d'exercer ses fonctions (nºs 12440 s.) ;
– la transformation ou la dissolution de la société ;
– l'adoption du régime dualiste d'administration (directoire et conseil de surveillance).

Ces fonctions prennent également fin à la suite de la révocation ou de la démission de l'administrateur intéressé.

› Précisions Une décision de **changer le mode de gouvernance** de la société qui a pour effet de mettre fin aux fonctions d'un administrateur ne constitue une révocation de ce dernier que si elle a pour but de l'évincer de son mandat social (en ce sens, Cass. com. 4-2-1997 nº 94-21.707 P : RJDA 6/97 nº 785 et Cass. com. 4-4-2024 nº 22-19.991 F-B : RJDA 6/24 nº 341).

Révocation Un administrateur peut être révoqué à tout **moment** par l'assemblée générale ordinaire (art. L 225-18), que sa nomination résulte des statuts ou d'une assemblée. 39721

Cette révocation est libre ; toute disposition contraire est réputée non écrite (nºs 12480 s.).

Toutefois, l'administrateur révoqué a droit à des dommages-intérêts si la mesure de **révocation** est **abusive,** notamment si l'obligation de loyauté dans l'exercice du droit de révocation n'a pas été respectée à son égard (nºs 12550 s.). 39722

L'article L 225-18 reconnaissant à l'**assemblée générale** ordinaire le pouvoir de révoquer les administrateurs, la décision doit être prise dans les conditions de **quorum** et de **majorité** fixées par la loi pour celle-ci (nºs 48350 s.). 39723

Il n'est cependant pas indispensable qu'une assemblée générale ordinaire soit spécialement convoquée à l'effet de statuer sur la révocation. La décision serait valablement prise même au cours d'une assemblée générale extraordinaire (dans le même sens, CA Rennes 25-2-1972 : JCP G 1972 II nº 17220 note Synvet ; CA Paris 15-3-1990 : BRDA 14/90 p. 18).

À notre avis, l'assemblée générale extraordinaire peut prendre cette décision aux conditions de quorum et de majorité prévues pour les assemblées ordinaires. En effet, la loi admet la révocation des administrateurs par l'assemblée générale ordinaire et on ne voit aucune raison, en dehors d'un souci excessif de formalisme, d'exiger le quorum et la majorité requis pour les modifications statutaires sous prétexte que le problème de la révocation a surgi au cours d'une assemblée générale extraordinaire. Cette exigence empêcherait la révocation d'un administrateur alors que celle-ci aurait pu être valablement décidée si, au même moment, s'était tenue une assemblée ordinaire.

Sur les modalités de révocation des administrateurs des sociétés publiques, voir nº 40241.

L'article L 225-105, al. 3 précise que l'assemblée peut, « en toutes circonstances, révoquer un ou plusieurs administrateurs et procéder à leur remplacement ». Il en résulte que, même si l'**ordre du jour** ne mentionne pas cette révocation, l'assemblée peut la prononcer dès lors que l'intéressé a été préalablement informé des motifs de sa révocation (nº 39722). 39724

Démission Un administrateur peut démissionner de ses fonctions sans avoir à se justifier. *La démission doit alors* résulter d'un **acte positif** de sa part. Sauf stipulation contraire des statuts, la démission d'un administrateur, comme celle de tout dirigeant de société, produit tous ses effets dès lors qu'elle a été portée à la connaissance de la société. Elle ne nécessite aucune acceptation de la part de celle-ci et ne peut faire l'objet d'aucune rétractation. Pour plus de détails, voir nºs 12620 s. 39725

Un administrateur est réputé **démissionnaire d'office** dans les cas suivants : 39726

– personne physique ne respectant pas les règles de cumul de mandats sociaux (nº 37360) ;
– non-respect de l'obligation de détenir des actions si les statuts l'imposent (nº 39348) ;
– dépassement du « quota » statutaire ou légal pour l'âge des administrateurs (nºs 39300 s.) ;
– placement sous tutelle (nº 12442).

39727 **Publicité de la cessation des fonctions** La cessation des fonctions d'un administrateur doit être portée à la connaissance des tiers par l'accomplissement des formalités de publicité exposées n°s 13000 s.

IV. CAS PARTICULIERS

A. Personne morale administrateur

REPRÉSENTATION DE LA PERSONNE MORALE AU CONSEIL D'ADMINISTRATION

39790 Une personne morale peut être nommée administrateur de SA (art. L 225-20, al. 1).

ATTENTION

Lorsque les statuts d'une SA font obligation aux **administrateurs** d'être **propriétaires d'actions** de leur société, une autre SA ne peut pas être administrateur de la première si celle-ci détient plus de 10 % de son capital puisqu'elle ne peut alors détenir aucune action de cette dernière (art. L 233-29, al. 1).

Afin d'éviter des changements fréquents de représentant de la personne morale et la dilution de responsabilité qui en résulte, a été institué le régime du « **représentant permanent** ». Lors de sa nomination comme administrateur, la personne morale doit « désigner un représentant permanent qui est soumis aux mêmes conditions et obligations et qui encourt les mêmes responsabilités civile et pénale que s'il était administrateur en son nom propre, sans préjudice de la responsabilité solidaire de la personne morale qu'il représente » (art. L 225-20, al. 1).

Cette règle soulève, en pratique, de nombreuses difficultés car il est bien difficile d'assimiler entièrement à un administrateur le représentant permanent et de faire ainsi abstraction de la personne morale qu'il représente.

CHOIX DU REPRÉSENTANT PERMANENT

39800 Sous les réserves exposées n°s 39801 s., le choix par la personne morale de son représentant permanent est libre. Le plus souvent, il s'agit d'un membre de son organe de gestion (par exemple, un administrateur pour une SA) ou d'un membre de son personnel, mais ce peut être aussi une personne étrangère à la personne morale. Ainsi, il est possible de choisir un salarié de la société administrée.

39801 **Limitations applicables** Si la société administrée est une société « cotée » ou de grande taille, le choix peut être contraint par l'**obligation de mixité du conseil** d'administration de ces sociétés, le représentant permanent étant pris en compte pour apprécier si les proportions légales sont respectées (n°s 39154 s.).

La liberté de choix est aussi limitée par la règle selon laquelle le représentant permanent est soumis « aux **mêmes conditions** et obligations » que s'il était **administrateur** en son nom propre (art. L 225-20, al. 1). Il en résulte diverses conséquences exposées n°s 39802 s.

ATTENTION

Une **concertation** entre la personne morale appelée à être nommée administrateur et la société administrée sera éventuellement nécessaire pour arrêter le choix d'un représentant permanent de la personne morale qui remplit les conditions requises.

39802 **Incompatibilités et interdictions.** Les dispositions instituant des incompatibilités ou des interdictions pour les administrateurs (n°s 39170 s.) sont applicables à leurs représentants permanents.

39803 **Cumul avec un contrat de travail.** Comme les administrateurs personnes physiques, le salarié d'une société ne peut être nommé représentant permanent d'une personne morale administrateur de la société que si son contrat de travail correspond à un travail effectif et, *s'il s'agit d'une* « grosse » société, que s'il est antérieur à sa nomination (n°s 39215 s. pour les PME et n°s 39231 s. pour les « grosses » sociétés). En outre, le représentant permanent d'une société administrateur par ailleurs salarié de la société administrée doit être compté au nombre des administrateurs « liés à la société par un contrat de travail » pour l'application de l'article L 225-22, al. 2 (n°s 39240 s.).

Limite d'âge. Les représentants permanents sont soumis aux mêmes règles que les administrateurs. Ils doivent également être assimilés à ces derniers pour le calcul de la proportion du tiers (nos 39300 s.). 39804

Cumul de mandats. Les représentants permanents sont soumis aux mêmes limitations que les administrateurs personnes physiques (nos 37200 s.) sauf dérogation pour les mandats de représentants permanents de sociétés de capital-risque, de sociétés financières d'innovation, de sociétés de libre partenariat ou de sociétés de gestion habilitées à gérer des fonds communs de placement (art. L 225-95-1, al. 1). 39805

Limites statutaires. Lorsque les statuts subordonnent l'accès aux fonctions d'administrateur à des conditions particulières (expérience, nationalité, diplôme, etc. : nos 39360 s.), ces conditions s'imposent en principe aux représentants permanents. 39806

Par exception, l'obligation pour un administrateur de détenir des actions (nos 39340 s.) n'incombe pas au représentant permanent mais à la personne morale administrateur (Rép. Lebas : AN 1-3-1969 no 5973 ; dans le même sens, Rép. Le Douarec : AN 2-4-1971 no 17801), sauf stipulation expresse des statuts imposant aux deux de détenir des actions. Soulignons qu'une telle stipulation peut soulever de nombreuses difficultés pratiques, surtout dans les sociétés composées d'un petit nombre d'actionnaires, car cela limite considérablement le choix de la personne morale administrateur pour la désignation de son représentant.

En revanche, il paraît douteux que les statuts puissent établir des conditions discriminatoires qui s'appliqueraient aux représentants permanents et non aux administrateurs eux-mêmes. Dans ce cas, en effet, les représentants permanents ne seraient plus, comme le prévoit l'article L 225-20, soumis « aux mêmes conditions » que s'ils étaient administrateurs en leur nom propre.

Représentation multiple Le représentant permanent d'une personne morale administrateur peut-il en outre être **administrateur** de la même société **en son nom propre** ? Aucun texte ne l'interdit expressément. Ce cumul paraît toutefois contraire à l'esprit de la loi (en ce sens, D. Bastian : JCP G 1968 I no 2183 § 434 ; Rép. Bas : AN 18-3-1978 no 43253 ; en sens contraire, E. du Pontavice : Bull. CNCC 1973 p. 288) et est de nature à fausser les règles relatives au fonctionnement et aux délibérations du conseil (CA Nancy 17-9-1998 : RJDA 8-9/99 no 946). 39807

Plusieurs personnes morales administrateurs d'une société peuvent-elles désigner le **même représentant permanent** ? Là encore, aucun texte ne paraît s'opposer à une telle désignation, mais celle-ci semble contraire à l'esprit dans lequel a été institué le régime des représentants permanents et au caractère collégial du conseil d'administration. On peut aussi observer que le cumul semble contrevenir à l'article R 225-19, al. 1, qui interdit implicitement à un administrateur de recevoir un mandat permanent d'un autre administrateur. 39808

Représentant suppléant À notre avis, rien ne s'oppose à la désignation d'un suppléant appelé à remplacer le représentant permanent en cas de révocation, de démission ou de décès de ce dernier. La personne morale fait ainsi connaître à l'avance le nom du successeur, mais reste libre de modifier son choix à tout moment. Ce procédé permet d'éviter toute rupture si les fonctions du titulaire prennent fin inopinément. 39809

En revanche, le suppléant ne peut pas se substituer au titulaire en cas d'empêchement momentané de ce dernier. Le représentant permanent peut seulement donner mandat à un autre administrateur de la société administrée de le représenter à une séance du conseil (art. R 225-19, al. 3).

MODALITÉS DE DÉSIGNATION DU REPRÉSENTANT PERMANENT

Organe compétent Aucune disposition légale ou réglementaire n'indique l'organe compétent pour désigner le représentant permanent. À notre avis, s'agissant d'une mission de représentation d'une personne morale à l'égard d'un tiers, les personnes habilitées à la représenter dans ses rapports avec les tiers sont qualifiées pour désigner le représentant permanent au cas où elles ne pourraient assumer elles-mêmes cette fonction. Sur ces personnes, voir no 10030. 39820

Des clauses statutaires peuvent limiter à cet égard les pouvoirs du représentant légal de la société administrateur et, par exemple, subordonner la désignation du représentant permanent à une décision d'un organe collégial ou des associés. Mais de telles clauses sont inopposables aux tiers (no 13475), donc à la société administrée.

39821 **Moment de la désignation** La désignation du représentant permanent doit intervenir au plus tard lors de l'entrée en fonctions de la personne morale comme administrateur puisque cette désignation doit avoir lieu « lors de la nomination » de la personne morale (art. L 225-20, al. 1). On peut se demander si cette désignation ne devrait pas obligatoirement être faite avant le vote de l'assemblée générale sur la nomination de la personne morale comme administrateur et si les renseignements communiqués aux actionnaires sur les candidats aux postes d'administrateur (art. R 225-83) ne devraient pas être fournis également en ce qui concerne les représentants permanents. Nous estimons que la réponse à ces deux questions est négative. En effet, l'intervention du représentant permanent ne doit pas masquer cette réalité que, l'administrateur étant au premier chef la personne morale, c'est sur le choix de celle-ci que porte le vote des actionnaires ; la personne morale pourra d'ailleurs le remplacer à tout moment sans qu'ils aient à intervenir.

39822 **Publicité de la désignation** La désignation du représentant permanent doit tout d'abord être notifiée à la société administrée ; cette **notification** n'est soumise à aucune forme particulière, le Code de commerce n'ayant rien prévu à cet égard, sauf cas de remplacement (nº 39830).

De plus, la désignation du représentant permanent est soumise, chez la société administrée, à des formalités de publicité identiques à celles prévues en cas de nomination des administrateurs (art. R 225-17). Ces **formalités** sont les **suivantes** :

– insertion dans un support d'annonces légales ;

– demande d'inscription au RCS et au RNE réalisée par l'intermédiaire du guichet unique électronique des formalités d'entreprises, cette demande devant notamment comporter la décision de nomination du représentant permanent, même, semble-t-il, si le dirigeant de la personne morale se désigne lui-même ;

– insertion au Bodacc à la diligence du greffier.

Pour plus de détails, voir nºs 85500 s.

DURÉE DES FONCTIONS DU REPRÉSENTANT PERMANENT

39830 Le représentant permanent exerce ses fonctions pendant la durée du **mandat d'administrateur de la personne morale** (art. R 225-16, al. 1). Il n'est pas nécessaire pour celle-ci de préciser, lors de chaque renouvellement de son mandat, si elle maintient la même personne comme représentant permanent.

En cas de **décès, de démission ou de révocation de son représentant permanent,** la personne morale est tenue de notifier, sans délai et par lettre recommandée, cet événement et l'identité du nouveau représentant à la société administrée (art. R 225-16, al. 2). Aucune sanction n'est prévue au cas où la notification du changement de représentant permanent ne serait pas faite par lettre recommandée (Rép. Liot : Sén. 13-2-1973 p. 65).

La révocation du représentant permanent peut être prononcée par l'autorité qui l'a nommé (nº 39820). Le représentant permanent est révocable à tout moment, comme les administrateurs (cf. art. L 225-20, al. 1). Toutefois, conformément au droit commun (C. civ. art. 1240), il pourra prétendre à une indemnisation si la mesure de révocation a été abusive.

Le **changement de représentant permanent** entraîne les mêmes formalités de **publicité** que le changement d'administrateur (art. R 225-17), à savoir :

– insertion dans un support d'annonces légales ;

– demande d'inscription modificative au RCS et au RNE réalisée par l'intermédiaire du guichet unique électronique des formalités d'entreprises et accompagnée d'une copie de la lettre recommandée avisant la société administrée du changement intervenu (Avis CCRCS 98-70 : Bull. RCS 6/1999 p. 25) ;

– insertion au Bodacc à la diligence du greffier.

MISSION DU REPRÉSENTANT PERMANENT

39840 Tant que le représentant permanent est en fonctions, il a seul qualité pour **siéger au sein du conseil** d'administration au nom de la société administrateur. Aucune autre personne, fût-ce le représentant légal de cette société, n'a qualité pour le remplacer, même occasionnellement (Cass. com. 21-7-1975 : D. 1976 p. 207 note P.-G. Gourlay). En cas d'empêchement, le représentant permanent doit donner mandat à un autre administrateur pour se faire représenter.

Le représentant permanent **participe aux séances du conseil d'administration et vote** sur les questions qui y sont débattues au mieux des intérêts de la société administrée. En pratique, il se conforme aux conceptions que défend la société qu'il représente sur la gestion de la société administrée. Cependant, certaines situations exceptionnelles peuvent se présenter.

Il peut arriver qu'à la faveur de la discussion en conseil d'administration les instructions reçues se révèlent incomplètes ou inadéquates ; le représentant permanent peut alors agir comme il estime devoir le faire ; la société qu'il représente sera tenue par son vote, quitte à lui reprocher une faute dans l'accomplissement de sa mission.

Il peut aussi se faire que le représentant permanent – qui est personnellement responsable – s'oppose aux instructions reçues de la société qu'il représente ; il semble vraisemblable dans un tel cas que le représentant permanent démissionnera ou sera révoqué. S'il reste en fonctions, il votera comme il l'entend, mais à ses risques et périls.

En tout état de cause, le représentant permanent n'est pas habilité à **mettre fin au mandat d'administrateur** de sa société. Seuls les représentants légaux de celle-ci peuvent décider si elle doit démissionner de ses fonctions.

RÉMUNÉRATION DU REPRÉSENTANT PERMANENT

La rémunération du représentant permanent incombe à la personne morale administrateur, observation faite que les fonctions de l'intéressé peuvent être gratuites. Il arrive fréquemment, en pratique, que la personne morale attribue à son représentant tout ou partie de la rémunération lui revenant au titre de ses fonctions d'administrateur (ex-jetons de présence). **39850**

RESPONSABILITÉ DU REPRÉSENTANT PERMANENT

Le représentant permanent est responsable tant à l'égard de la société qu'il représente qu'à l'égard de la société administrée. **39860**

À l'égard de la société qu'il représente, il encourt la responsabilité de tout mandataire (C. civ. art. 1992) s'il commet une faute dans l'exercice de sa mission (négligence dans ses comptes rendus, informations erronées, dissimulations, etc.). Si le représentant permanent est salarié de la société, sa responsabilité ne peut être engagée à l'égard de cette dernière qu'en cas de faute lourde (jurisprudence constante ; notamment Cass. soc. 22-9-2011 n° 09-72.557).

À l'égard de la société administrée, il encourt les mêmes responsabilités civile et pénale que s'il était administrateur en son nom propre (art. L 225-20, al. 1 ; voir n°s 42000 s.). Sur la responsabilité encourue en cas de procédure collective de la société administrée, voir n° 91473.

> **Précisions** La société administrateur peut contracter une **assurance** garantissant son représentant permanent pour toute action en **responsabilité civile** qui pourrait être engagée à l'encontre de celui-ci (n°s 14460 s.), en respectant, le cas échéant, la procédure de contrôle prévue pour les conventions réglementées si l'intéressé est également administrateur de la société.

CONVENTION ENTRE LE REPRÉSENTANT PERMANENT ET LA SA ADMINISTRÉE

Les conditions dans lesquelles les représentants permanents des personnes morales administrateurs peuvent conclure des conventions avec la société administrée sont exposées n°s 52500 s. **39870**

B. Administrateurs représentant les salariés

1. ADMINISTRATEURS REPRÉSENTANT LES SALARIÉS LIBREMENT NOMMÉS

SOCIÉTÉS CONCERNÉES

Il peut être prévu, dans les statuts de toutes les **SA** relevant **du secteur privé,** que des administrateurs élus par le personnel salarié de la société siégeront avec voix délibérative au sein *du conseil d'administration* (sur l'obligation de nommer des administrateurs représentant les salariés dans les sociétés d'une certaine taille, voir n°s 40000 s.). **39930**

Les administrateurs peuvent être élus non seulement par les salariés de la société, mais aussi, si les statuts de la société le prévoient, par ceux de ses filiales directes ou indirectes (c'est-à-dire celles dont plus de la moitié du capital appartient directement ou indirectement à la société concernée), sous réserve que le siège social de celles-ci soit situé sur le territoire français (art. L 225-27) ; de même, ces administrateurs peuvent être choisis parmi les salariés de ces filiales (art. L 225-28).

Contrairement au régime applicable aux SA d'une certaine taille et aux SA du secteur public, il s'agit là d'une simple faculté et non d'une obligation (cf. art. L 225-27). **39931**

39932 Cette mesure ne peut donc être mise en œuvre que si les **statuts** la prévoient expressément.

Indépendamment de l'affirmation du principe de la représentation des salariés au conseil d'administration, les statuts doivent mentionner :

– le nombre des représentants des salariés (nº 39950) ;
– la répartition des sièges entre collège cadres et collège non-cadres en fonction de la structure du personnel (nº 39963) ;
– les modalités du scrutin non fixées par le Code de commerce (nºs 39963 s.) ;
– la durée des fonctions des intéressés et, éventuellement, les conditions de renouvellement de leur mandat ;
– à compter du 1er janvier 2026, les règles permettant la désignation des représentants des salariés dans le respect de l'obligation de mixité dans la composition du conseil des sociétés soumises à cette obligation (nº 39967).

Lorsque les statuts prévoient la représentation des salariés au conseil, la situation ainsi créée n'est pas irréversible. Les actionnaires peuvent, en assemblée générale extraordinaire, revenir en arrière et supprimer la représentation des salariés au conseil d'administration, mais ils doivent alors prendre l'exacte mesure des conséquences fâcheuses que cette décision risque d'avoir sur les relations sociales au sein de l'entreprise.

CONSULTATION DES ACTIONNAIRES

39940 Lorsqu'une assemblée générale extraordinaire d'une société de grande taille ou d'une société dont les titres sont admis aux négociations sur un marché réglementé est invitée à se prononcer sur le nombre et les modalités de désignation des représentants des salariés actionnaires (nºs 40040 s.), elle doit se prononcer également sur la représentation des salariés (art. L 225-23, al. 4 et L 22-10-5).

NOMBRE D'ADMINISTRATEURS REPRÉSENTANT LES SALARIÉS

39950 Le nombre des administrateurs élus par le personnel salarié, s'il en existe, est librement fixé dans les statuts sans pouvoir être supérieur à quatre (cinq si les actions de la société sont admises aux négociations sur un marché réglementé) ni excéder le tiers du nombre des autres membres du conseil (art. L 225-27, al. 1 et L 22-10-6, al. 1).

Les administrateurs élus par les salariés ne sont pas pris en compte pour la détermination du nombre minimal et du nombre maximal d'administrateurs (art. L 225-27, al. 2). Ainsi, lorsqu'ils comprennent des salariés élus, les conseils d'administration peuvent comporter un nombre de membres allant de 4, dont 1 élu par les salariés, à 22 (ou 23 pour les sociétés dont les actions sont admises aux négociations sur un marché réglementé), dont 4 (ou 5) élus par les salariés.

39951 La règle selon laquelle, en cas de **fusion,** le nombre d'administrateurs est porté à 24 (art. L 225-95) ne s'applique pas, faute de texte le prévoyant, aux administrateurs librement élus par les salariés, dont le nombre maximal reste fixé à 4 (ou à 5), même en cas de fusion.

NOMINATION DES ADMINISTRATEURS REPRÉSENTANT LES SALARIÉS

39960 **Conditions de nomination** **Cumul des fonctions d'administrateur avec un contrat de travail.** Les administrateurs élus par les salariés doivent justifier d'un **contrat de travail** avec la société (ou l'une de ses filiales directes ou indirectes dont le siège social est situé sur le territoire français) antérieur de deux années au moins à leur désignation comme administrateurs, cette condition d'ancienneté n'étant pas requise lorsque, au jour de la désignation, la société est constituée depuis moins de deux ans ; le contrat de travail doit correspondre à un emploi effectif (art. L 225-28, al. 1).

L'**inobservation** de ces conditions est sanctionnée par la nullité de la nomination (art. L 225-29, al. 2 modifié, à compter du 1-10-2025, par ord. 2025-229 du 12-3-2025 rendant cette nullité facultative ; Ord. 2025-229 art. 70). Cette nullité n'entraîne pas celle des délibérations auxquelles a pris part l'administrateur irrégulièrement nommé (art. L 225-29, al. 2 remplacé, à compter du 1-10-2025, par C. civ. art. 1844-15-1 issu de ord. 2025-229).

39961 L'exercice d'un mandat d'administrateur élu par les salariés ne fait pas perdre à l'intéressé le bénéfice de son contrat de travail ; il ne doit entraîner, pour l'intéressé, aucune réduction de sa rémunération en tant que salarié (art. L 225-31).

Conformément au droit commun, toute **modification** apportée au **contrat de travail** des administrateurs élus par les salariés (promotion, augmentation exceptionnelle de salaire) est soumise à la procédure spéciale prévue en cas de convention entre la société et l'un de ses administrateurs (nºs 52500 s.).

Incompatibilités. Le mandat d'administrateur élu par les salariés des sociétés relevant du secteur privé est incompatible avec tout mandat de délégué syndical, de membre du comité social et économique (CSE) ou du comité de groupe de la société, de membre du comité d'entreprise européen ou de membre de l'organe de représentation des salariés ou d'un comité d'une SE (art. L 225-30, texte qui n'a pas été modifié pour tenir compte du remplacement du comité d'entreprise, des délégués du personnel et du CHSCT par le CSE mais à notre avis transposable). Les fonctions de permanent syndical sont incompatibles avec le mandat d'administrateur (Cass. soc. 30-9-2005 nº 1940 : RJDA 8-9/06 nº 918). 39962

L'administrateur qui, lors de son élection, est titulaire d'un ou de plusieurs de ces mandats doit s'en démettre dans les huit jours. À défaut, il est réputé démissionnaire de son mandat d'administrateur (art. L 225-30 ; sur le sort des délibérations du conseil d'administration auxquelles l'administrateur démissionnaire a pris part, voir nos 40790 s.).

Il est alors remplacé dans les conditions prévues par l'article L 225-34 (nos 39963 s.).

Modalités de nomination Lorsque les statuts prévoient la nomination d'administrateurs par les salariés, cette nomination est soumise aux règles suivantes (art. L 225-28). 39963

1. Tous les salariés dont le contrat de travail est antérieur de trois mois à la date de l'élection sont **électeurs.**

Sur la participation des salariés des filiales à cette élection, voir nº 39930.

2. Lorsque le nombre des administrateurs à élire est supérieur à un, les ingénieurs, cadres et assimilés doivent avoir au moins un siège. Dans ce cas, les salariés sont divisés en deux **collèges** électoraux (collège cadres et collège non-cadres) votant séparément, et les statuts doivent fixer la répartition des sièges par collège « en fonction de la structure du personnel », c'est-à-dire, nous semble-t-il, en tenant compte de l'importance du nombre des salariés dans chacun des deux collèges. Sur les **règles particulières** à respecter dans les sociétés soumises à l'**obligation de mixité**, voir nº 39967.

3. Les **candidatures** ou les listes de candidats peuvent être présentées soit par une ou plusieurs organisations syndicales représentatives au sens du droit du travail (cf. C. trav. art. L 2122-1), soit par 5 % des salariés électeurs ou, si le nombre de ceux-ci est supérieur à 2 000, par 100 d'entre eux. 39964

Les candidatures ou les listes de candidats doivent être présentées de la manière suivante :

– lorsqu'un seul siège est à pourvoir pour l'ensemble du corps électoral ou pour un collège électoral, chaque candidature doit comporter, outre le nom du candidat, celui de son remplaçant éventuel ; le candidat et son remplaçant doivent être de sexes différents ;

– lorsque plusieurs sièges sont à pourvoir dans un collège, chaque liste de candidats doit comporter un nombre de candidats double de celui des sièges à pourvoir et être composée alternativement d'un candidat de chaque sexe ; sur chacune des listes, l'écart entre le nombre des candidats de chaque sexe ne peut pas être supérieur à un.

4. L'élection a lieu au **scrutin** majoritaire à deux tours lorsqu'un seul siège est à pourvoir pour l'ensemble du corps électoral ou pour un collège. Est déclaré élu le candidat ayant obtenu au premier tour la majorité absolue des suffrages exprimés ou, au second tour, la majorité relative. 39965

Dans les autres cas (plusieurs sièges à pourvoir dans un collège), l'élection a lieu au scrutin de liste à la représentation proportionnelle au plus fort reste et sans panachage.

En cas d'égalité des voix, les candidats dont le contrat de travail est le plus ancien sont déclarés élus.

Le vote doit être secret.

Les autres modalités du scrutin sont fixées par les statuts. Selon l'Ansa, à défaut d'autorisation expresse de la loi, les statuts ne peuvent toutefois pas accorder aux salariés la faculté de *raturer un nom des listes de candidats* (Communication Ansa, comité juridique nº 21-029 du 6-10-2021, à propos des administrateurs représentant les salariés obligatoirement nommés mais transposable).

Sur les **règles particulières** à respecter dans les sociétés soumises à l'**obligation de mixité**, voir nº 39967.

5. Toutes les **contestations** relatives à l'électorat, à l'éligibilité et à la régularité des opérations électorales doivent être portées devant le juge du tribunal judiciaire, qui statue en dernier ressort. La décision du juge peut néanmoins faire l'objet d'un pourvoi en cassation, par application du droit commun. 39966

6. Toute nomination intervenue en **violation des dispositions** qui précèdent est nulle (art. L 225-29, al. 2 modifié, à compter du 1-10-2025, par ord. 2025-229 du 12-3-2025 rendant cette nullité facultative ;

Ord. 2025-229 art. 70). La nullité de la nomination n'entraîne pas celle des délibérations du conseil auxquelles a pris part l'administrateur irrégulièrement nommé (art. L 225-29, al. 2 remplacé, à compter du 1-10-2025, par C. civ. art. 1844-15-1 issu de ord. 2025-229).

7. En cas de **vacance,** pour quelque cause que ce soit (décès, démission, révocation, rupture du contrat de travail, annulation de la nomination, etc.), **d'un siège d'administrateur élu par les salariés,** le siège vacant est attribué (art. L 225-34, I) :
– au remplaçant lorsque l'élection a eu lieu au scrutin majoritaire ;
– au candidat suivant le dernier élu lorsque l'élection a eu lieu au scrutin de liste.

Le mandat de l'administrateur ainsi désigné prend fin à l'arrivée du terme normal du mandat des autres administrateurs élus par les salariés (art. L 225-34, II).

Sur les **règles particulières** à respecter dans les sociétés soumises à l'**obligation de mixité,** voir n° 39967.

> **Précisions** Lorsque le **remplaçant** d'un administrateur dont le mandat a pris fin **refuse de siéger** au conseil, la société n'est pas tenue d'organiser une élection anticipée pour en désigner un autre (en ce sens, Communication Ansa, comité juridique n° 17-056 du 6-12-2017, à propos des administrateurs représentant les salariés obligatoirement nommés mais transposable).

39967 **Modalités spécifiques aux sociétés soumises à l'obligation de mixité.** Afin de tirer les conséquences de la prise en compte progressive des administrateurs représentant les salariés pour apprécier l'obligation de mixité au sein du conseil d'administration à compter du 1er janvier 2026 (Ord. 2024-934 du 15-10-2024 art. 26 ; voir n° 39158), la nomination des administrateurs représentant les salariés au conseil des sociétés soumises à l'obligation de mixité doit respecter les **règles supplémentaires** suivantes.

1. Si la société comporte **deux collèges électoraux**, les **statuts** de la société devront déterminer un collège prioritaire dont les résultats devront, le cas échéant, être pris en compte pour la désignation des élus de l'autre collège afin de respecter l'obligation de mixité (art. R 225-60-5, al. 1 issu du décret 2025-744 du 30-7-2025).

2. S'agissant des **résultats du scrutin** en cas de vote par collège :
– lorsqu'**un seul siège** sera **à pourvoir** dans un collège et que le sexe du candidat susceptible d'être déclaré élu à la suite du vote sera de nature à compromettre le respect de l'obligation de mixité en raison des résultats de l'élection dans le collège prioritaire (voir point 1), le remplaçant du candidat sera déclaré élu et le candidat sera désigné remplaçant (art. R 225-60-5, al. 2 issu du décret 2025-744) ;
– lorsque l'élection aura lieu au scrutin de liste (cas où il y a **plusieurs sièges à pourvoir** dans un collège) et que, au regard des sièges déjà attribués, l'attribution d'un siège à un candidat à la suite du vote au sein d'un collège est de nature à compromettre le respect de l'obligation de mixité en raison du résultat de l'élection dans le collège prioritaire (voir point 1), le candidat du sexe sous-représenté qui lui succède immédiatement sur la liste sera déclaré élu à sa place (art. R 225-60-5, al. 3 issu du décret 2025-744).

3. En cas de **vacance d'un siège**, lorsque la désignation du remplaçant par application des règles exposées n° 39966, point 7 ne permettra pas d'assurer la conformité de la composition du conseil à l'obligation de mixité, il conviendra, afin de pourvoir le siège vacant (art. L 225-34, I-al. 4 et L 22-10-3 modifiés par ord. 2024-934 ; art. R 225-60-6 issu du décret 2025-744) :
– lorsque l'élection aura eu lieu au **scrutin majoritaire**, d'organiser une nouvelle élection dans le collège électoral concerné selon des modalités permettant d'assurer le respect de l'obligation de mixité ;
– lorsque l'élection aura eu lieu au **scrutin de liste**, de désigner le premier candidat du sexe sous-représenté figurant sur la même liste immédiatement après le candidat élu ; à défaut de candidat du sexe sous-représenté, une nouvelle élection devra être organisée.

STATUT DES ADMINISTRATEURS REPRÉSENTANT LES SALARIÉS

39970 Sous réserve de quelques dispositions légales particulières en ce qui concerne leur nomination (nos 39963 s.) et la cessation de leurs fonctions (n° 39983), les administrateurs élus par les salariés ont le même statut, les mêmes pouvoirs et les mêmes responsabilités que les administrateurs nommés par l'assemblée générale des actionnaires.

39971 **Durée du mandat** La durée du mandat des administrateurs élus par les salariés est déterminée par les statuts sans pouvoir **excéder six ans** (art. L 225-29, al. 1). Toute nomination intervenue en violation des dispositions statutaires – ou, en leur absence, des dispositions légales – est nulle (art. L 225-29, al. 2 modifié, à compter du 1-10-2025, par ord. 2025-229 du 12-3-2025 rendant cette nullité facultative ; Ord. 2025-229 art. 70). La nullité de la nomination n'entraîne pas celle des délibérations du conseil auxquelles a pris part l'administrateur irrégulièrement nommé (art. L 225-29, al. 2 remplacé, à compter du 1-10-2025, par C. civ. art. 1844-15-1).

Rien n'interdit, à notre avis, de fixer dans les statuts une **durée différente** de celle prévue pour le **mandat des autres administrateurs.** En effet, la durée des fonctions des administrateurs étant déjà fixée par l'article L 225-18, les dispositions de l'article L 225-29 seraient inutiles si elles n'avaient d'autre objet que de répéter celles de l'article L 225-18. Elles ne peuvent avoir un effet utile que si elles reconnaissent aux actionnaires le pouvoir de fixer, pour les administrateurs élus, une durée de fonctions différente de celle des autres administrateurs.

Ce mandat est renouvelable sauf stipulation contraire des statuts (art. L 225-29, al. 1). 39972

Là aussi les statuts peuvent valablement, nous semble-t-il, prévoir des règles différentes de celles en vigueur pour les autres administrateurs. Ils peuvent, par exemple, limiter en nombre les possibilités de **renouvellement** ou fixer un délai pour le renouvellement de la candidature.

Les fonctions des représentants des salariés prennent fin le même jour ; il n'est pas possible de procéder, comme pour les administrateurs nommés par les actionnaires, à un renouvellement périodique par roulement. En effet, même si aucun texte n'affirme expressément cette règle, elle peut se déduire de l'article L 225-34, II, aux termes duquel le mandat du représentant des salariés appelé en remplacement d'un autre « prend fin à l'arrivée du terme normal du mandat des autres administrateurs élus par les salariés ».

Crédit d'heures Les administrateurs élus par les salariés doivent disposer du temps nécessaire pour exercer utilement leur mandat (art. L 225-30-1). Il appartient au conseil d'administration de déterminer le crédit d'heures dont ils peuvent disposer pour préparer les réunions, en tenant compte de l'importance de la société, de ses effectifs et de son rôle économique et, le cas échéant, de l'objet de la réunion. Ce crédit d'heures ne peut toutefois pas être inférieur à 15 heures ni supérieur à la moitié de la durée légale du travail mensuel par réunion du conseil d'administration ou de l'un de ses comités (art. R 225-34-2, al. 1). 39975

Le temps consacré à l'exercice du mandat est considéré comme temps de travail effectif et est rémunéré comme tel à l'échéance normale (art. R 225-34-2, al. 2).

Formation Les administrateurs élus par les salariés peuvent bénéficier, à leur demande, d'une formation en vue d'acquérir ou de perfectionner les connaissances et techniques nécessaires à l'exercice de leur mandat, portant principalement sur le rôle et le fonctionnement du conseil d'administration, les droits et obligations des administrateurs et leur responsabilité ainsi que sur l'organisation et les activités de la société (art. L 225-30-2 et R 225-34-3, al. 1 et 2). 39977

Le conseil d'administration doit déterminer, après avis des administrateurs concernés, le **contenu** du programme de formation pour la durée du mandat et le ou les organismes chargés de dispenser la formation (art. R 225-34-3, al. 3 et R 225-34-5, al. 1).

Le conseil d'administration doit également fixer le **temps consacré** à la formation ; ce temps, qui ne peut être inférieur à 40 heures par an au cours du mandat, est pris sur le temps de travail effectif et est rémunéré comme tel à l'échéance normale (art. L 225-30-2 et R 225-34-4, al. 1). Un accord d'entreprise ou de groupe peut comporter des dispositions plus favorables (art. R 225-34-4, al. 2).

Une fraction de la formation doit être effectuée au sein de la société ou d'une société qu'elle contrôle ou qui est contrôlée par celle-ci. En outre, pour les administrateurs salariés exerçant leur premier mandat, la formation doit avoir débuté dans les quatre mois qui suivent leur élection (art. L 225-30-2).

Ce temps de formation n'est pas imputable sur le crédit d'heures dont disposent les administrateurs pour l'exercice de leur mission (nº 39975 ; art. L 225-30-2).

Le **coût de la formation** est pris en charge par la société sans pouvoir être pris en compte dans le calcul des sommes consacrées à la formation continue (art. R 225-34-6).

Cessation des fonctions La cessation des fonctions des administrateurs élus par les salariés peut résulter des mêmes **causes** que celles exposées nº 39720 à propos des administrateurs nommés par les actionnaires. 39983

Ces fonctions cessent également en cas de **rupture du contrat de travail** de l'intéressé (art. L 225-32, al. 1). Les représentants des salariés au conseil d'administration sont protégés contre le **licenciement** dans les mêmes conditions que les représentants des salariés au conseil d'administration des entreprises du secteur public (voir nº 40244).

Par ailleurs, la **révocation** d'un administrateur élu par les salariés est soumise à un **régime** spécial (art. L 225-32, al. 2) :

– d'une part, elle ne peut être prononcée que pour faute de l'intéressé dans l'exercice de son mandat, alors que les administrateurs nommés par les actionnaires sont révocables à tout moment ;

– d'autre part, la décision de révocation ne peut être prise que par le président du tribunal judiciaire statuant selon la procédure accélérée au fond, à la demande de la majorité des membres du conseil d'administration, toutes origines confondues.

> **Précisions** **a.** Selon l'Ansa, un **administrateur qui représente les salariés** au conseil d'administration d'une SA **en sa qualité de salarié d'une filiale** de celle-ci est démissionnaire d'office si la filiale cesse de faire partie du groupe à la tête duquel se trouve la SA (Communication Ansa, comité juridique n° 19-015 du 6-3-2019).
> **b.** Sur le **remplacement des administrateurs** ayant cessé leurs fonctions, voir nos 39966, point 7 et 39967, point 3.
> **c.** Sur le remplacement des administrateurs représentant les salariés dans les sociétés dont les actions sont admises aux négociations sur un marché réglementé d'une certaine taille lorsque la poursuite de leurs mandats sera susceptible de compromettre le respect de l'**obligation de mixité au 30 juin 2026**, voir n° 39158.

39985 Convention entre un administrateur nommé par les salariés et la SA

Les conventions conclues par la société avec l'un de ses administrateurs salariés sont soumises au même régime que celles conclues avec tout autre administrateur (nos 52500 s.).

2. ADMINISTRATEURS REPRÉSENTANT LES SALARIÉS OBLIGATOIREMENT NOMMÉS

SOCIÉTÉS CONCERNÉES

40000 Dans les SA qui emploient, à la clôture de deux exercices consécutifs, au moins **1 000 salariés** dans la société et ses filiales directes ou indirectes dont le siège social est fixé sur le territoire français, ou au moins **5 000 salariés** dans la société et ses filiales directes ou indirectes dont le siège social est fixé sur le territoire français et à l'étranger, les **statuts** doivent prévoir que le conseil d'administration comprend des administrateurs représentant les salariés (art. L 225-27-1, I-al. 1).

Seules les sociétés dont l'activité principale est d'acquérir et de gérer des filiales et des participations (**holdings**) peuvent s'abstenir de mettre en œuvre l'obligation de représentation si les trois **conditions** suivantes sont réunies (art. L 225-27-1, I-al. 2 et L 22-10-7, al. 1) :

– elles ne sont pas soumises à l'obligation de mettre en place un comité social et économique (CSE), cas des sociétés de moins de 11 salariés ;

– elles détiennent une ou plusieurs filiales, directes ou indirectes, soumises à l'obligation de désignation de représentants des salariés au conseil d'administration ;

– leurs actions ne sont pas admises aux négociations sur un marché réglementé ou au moins 80 % de leurs actions sont détenues, directement ou indirectement, par une personne physique ou morale agissant seule ou de concert.

Sont **exclues** les filiales directes ou indirectes d'une société elle-même soumise à l'obligation de représentation des salariés au sein du conseil (art. L 225-27-1, I-dernier al.). Y sont donc tenues les filiales qui remplissent les critères, si leur société mère n'y est pas soumise.

> **Précisions** Une SA issue de la **transformation d'une société dépassant les seuils d'effectifs** obligeant les SA à prévoir la désignation d'un administrateur représentant les salariés doit prévoir, au jour de la transformation, les modalités de cette désignation dans ses nouveaux statuts (Communication Ansa, comité juridique n° 18-002 du 10-1-2018).

40004 Prise en compte des dispositifs de représentation des salariés existants

Les sociétés répondant aux critères susvisés (n° 40000) et dont le conseil comprend déjà un ou plusieurs représentants des salariés, soit parce qu'elles y étaient tenues par la loi (sociétés relevant du secteur public ou privatisées), soit parce qu'elles ont choisi d'en nommer (nos 39930 s.), ainsi que leurs filiales directes ou indirectes, ne sont pas soumises à cette obligation dès lors que le nombre de ces administrateurs est au moins égal à celui prévu par l'article L 225-27-1 (n° 40010). En revanche, lorsque le nombre de ces administrateurs est inférieur, tous les administrateurs représentant les salariés doivent être élus ou désignés selon les modalités exposées nos 40018 s. à compter de l'expiration du mandat en cours du représentant des salariés (art. L 225-27-1, V).

CONSULTATION DES ACTIONNAIRES SUR LA REPRÉSENTATION DES SALARIÉS

Dans les six mois suivant la clôture du second des deux exercices consécutifs au cours desquels le nombre de salariés imposant l'application du dispositif a été atteint, l'assemblée générale extraordinaire doit **modifier les statuts** pour déterminer les conditions dans lesquelles doivent être désignés les administrateurs représentant les salariés, selon l'une des modalités exposées nº 40018 ; l'assemblée doit se prononcer après avis, selon le cas, du comité de groupe, ou, dans les sociétés d'au moins 50 salariés, du CSE ou du CSE central (art. L 225-27-1, III-al. 1, texte qui n'a pas été modifié pour tenir compte du remplacement du comité d'entreprise par le CSE mais à notre avis transposable). 40006

Sur l'obligation pour les statuts de prévoir, à compter du 1er janvier 2026, des règles permettant la désignation des représentants des salariés dans le respect de l'obligation de mixité, voir nos 39967 et 40026.

Si l'**assemblée** générale extraordinaire **ne s'est pas réunie** dans le délai requis, tout salarié peut demander au président du tribunal de commerce statuant en référé d'enjoindre sous astreinte au conseil d'administration de convoquer une assemblée générale extraordinaire et de lui soumettre les projets de résolution tendant à modifier les statuts (art. L 225-27-1, IV-al. 1). 40008

Si l'**assemblée** s'est réunie mais n'a **pas approuvé les modifications statutaires** dans le délai imparti, les administrateurs représentant les salariés doivent être désignés par élection dans les six mois suivant l'expiration de ce délai. Tout salarié peut demander au président du tribunal statuant en référé d'enjoindre sous astreinte à la société d'organiser l'élection (art. L 225-27-1, IV-al. 2).

NOMBRE D'ADMINISTRATEURS REPRÉSENTANT LES SALARIÉS

Le nombre d'administrateurs représentant les salariés doit être (art. L 225-27-1, II-al. 1) : 40010
– de **deux au moins** dans les sociétés dont le nombre d'administrateurs est supérieur à huit ;
– d'**un au moins** dans les sociétés dont le nombre d'administrateurs est égal ou inférieur à huit.

Sur la prise en compte des **administrateurs représentant** des **salariés en vertu d'autres dispositions,** voir nº 40004.

NOMINATION DES ADMINISTRATEURS REPRÉSENTANT LES SALARIÉS

L'**entrée en fonctions des administrateurs** représentant les salariés doit intervenir dans les six mois après l'assemblée générale qui apporte aux statuts les modifications nécessaires à leur élection ou à leur désignation (nº 40018) (art. L 225-27-1, III-dernier al.). 40012

Conditions de nomination des administrateurs

Cumul des fonctions d'administrateur avec un contrat de travail. Les administrateurs représentant les salariés doivent justifier d'un contrat de travail avec la société (ou l'une de ses filiales directes ou indirectes dont le siège social est fixé sur le territoire français) antérieur de deux années au moins à leur nomination, cette condition d'ancienneté n'étant pas requise lorsque, au jour de la nomination, la société est constituée depuis moins de deux ans ; le contrat de travail doit correspondre à un emploi effectif. La condition selon laquelle le contrat de travail doit avoir été conclu avec une société française n'est pas applicable lorsque le second administrateur a été désigné par le comité d'entreprise européen (art. L 225-28, al. 1). 40014

L'**inobservation** des conditions ci-dessus est sanctionnée par la nullité de la nomination (art. L 225-29, al. 2 modifié, à compter du 1-10-2025, par ord. 2025-229 du 12-3-2025 rendant cette nullité facultative ; Ord. 2025-229 art. 70). Cette nullité n'entraîne pas celle des délibérations auxquelles l'administrateur irrégulièrement nommé a pris part (art. L 225-29, al. 2 remplacé, à compter du 1-10-2025, par C. civ. art. 1844-15-1 issu de ord. 2025-229).

L'exercice d'un mandat d'administrateur représentant les salariés ne fait pas perdre à l'intéressé *le bénéfice de son contrat de travail* ; il ne doit entraîner, pour l'intéressé, aucune réduction de sa rémunération en tant que salarié (art. L 225-31). 40015

Conformément au droit commun, toute **modification** apportée au **contrat de travail** des administrateurs représentant les salariés (promotion, augmentation exceptionnelle de salaire) est soumise à la procédure spéciale prévue en cas de convention entre la société et l'un de ses administrateurs (nos 52500 s.).

Incompatibilités. Le mandat d'administrateur représentant les salariés obligatoirement nommé est soumis aux mêmes incompatibilités que le mandat d'administrateur élu par les salariés dans le cadre de l'option facultative (nº 39962). L'administrateur qui, lors de sa nomination, est titulaire d'un ou de plusieurs de ces mandats incompatibles doit s'en démettre 40016 dans les huit jours. À défaut, il est réputé démissionnaire de son mandat d'administrateur (art. L 225-30).

Il est alors remplacé dans les conditions exposées nº 40026.

40018 **Mode de nomination des administrateurs** Les statuts des sociétés soumises à l'obligation de nommer des administrateurs représentant les salariés doivent déterminer les conditions de leur nomination selon l'une des quatre modalités suivantes (art. L 225-27-1, III).

1. Élection par les salariés de la société et de ses filiales, directes ou indirectes, dont le siège social est fixé sur le territoire français (ne sont électeurs que les salariés de ces sociétés dont le contrat de travail est antérieur de trois mois à la date de l'élection : art. L 225-28, al. 2), rien ne s'opposant à ce que les statuts répartissent les salariés entre plusieurs collèges électoraux lorsque au moins deux administrateurs représentant les salariés doivent être nommés (É. Jeansen, Représentation des salariés dans les organes de gestion des sociétés : J.-Cl. Sociétés fasc. 130-60 nº 30).

2. Désignation, selon le cas, **par** le **comité** de groupe, ou, dans les sociétés d'au moins 50 salariés, le CSE ou le CSE central (si deux administrateurs sont désignés, ceux-ci doivent être de sexe différent : art. L 225-27-1, II-al. 2, texte qui n'a pas été modifié pour prendre en compte le remplacement du comité d'entreprise par le CSE mais à notre avis transposable) ; s'il existe un comité de groupe, c'est lui que les statuts doivent retenir comme organe de désignation par application du principe de concordance (Cass. soc. 23-11-2022 nº 21-19.944 FS-B : RJDA 4/23 nº 202, à propos de la désignation de représentants des salariés au conseil de surveillance mais transposable et selon lequel l'institution représentative du personnel compétente pour désigner les représentants des salariés au conseil de surveillance visée à l'article L 225-79-2, III est celle dont le périmètre correspond, en vertu du principe de concordance, à l'effectif des salariés déterminant la société soumise à l'obligation de désigner des représentants des salariés en application de l'article L 225-79-2, I).

3. Désignation par l'organisation syndicale ayant obtenu le plus de suffrages au premier tour des élections professionnelles (CSE) dans la société et ses filiales, directes ou indirectes, dont le siège social est fixé sur le territoire français lorsqu'un seul administrateur est à désigner, ou par chacune des deux organisations syndicales ayant obtenu le plus de suffrages au premier tour de ces élections lorsqu'au moins deux administrateurs sont à désigner. Afin de tenir compte de la prise en compte progressive, à compter du 1er janvier 2026, des administrateurs représentant les salariés pour apprécier l'obligation de mixité au sein du conseil d'administration des sociétés soumises à cette obligation (Ord. 2024-934 du 15-10-2024 art. 26 ; voir nº 39158), chacune de ces deux organisations syndicales devra désigner successivement, par ordre décroissant des suffrages obtenus au premier tour des élections professionnelles, un administrateur dont le sexe est compatible avec le respect de cette obligation, compte tenu des désignations déjà effectuées (art. R 225-60-4 issu du décret 2025-744 du 30-7-2025).

4. Lorsqu'**au moins deux administrateurs** sont à désigner, désignation de l'un des administrateurs selon l'une des modalités fixées aux 1. à 3. et de l'autre par le **comité d'entreprise européen,** s'il existe.

ATTENTION

Le I de l'article L 225-27-1 a été modifié pour tenir compte du remplacement du comité d'entreprise par le CSE et fait désormais de l'absence d'obligation de désigner un CSE en application de l'article L 2311-2 du Code du travail (cas des sociétés de moins de 11 salariés) une des conditions permettant aux holdings de s'abstenir de nommer des administrateurs représentant les salariés (nº 40000), alors qu'avant sa modification il se référait à l'absence d'obligation de désigner un comité d'entreprise (cas des sociétés de moins de 50 salariés).

En revanche, le III de l'article L 225-27-1 vise toujours le comité d'entreprise. À la lumière de l'arrêt précité du 23 novembre 2022 (rendu sur le fondement de l'article L 225-79-2 rédigé en termes identiques à ceux de l'article L 225-27-1), la question a été posée de savoir si l'application du principe de concordance ne permettait pas de considérer que tous les CSE, y compris ceux des sociétés employant entre 11 et 49 salariés, sont compétents pour procéder à la désignation de représentants des salariés au conseil (B. Dondero, note sous l'arrêt précité : Bull. Joly décembre 2022 p. 14 ; F. Gilbert, note sous l'arrêt précité : Rev. sociétés 2023 p. 185).

Si nous estimons que l'article L 225-27-1, III est transposable au CSE à attributions élargies qui, comme l'ancien comité d'entreprise, doit obligatoirement être désigné dans les sociétés d'au moins 50 salariés, il nous paraît plus audacieux de l'étendre au CSE des sociétés de moins de 50 salariés pour les raisons suivantes :

– *un certain nombre* de prérogatives de l'ancien comité d'entreprise ont été transférées au seul CSE à attributions élargies (notamment en matière de participation aux réunions du conseil d'administration ou de surveillance ou aux assemblées générales : cf. C. trav. art. L 2312-72 s.) ;

– la modification du périmètre du texte ne peut, selon nous, résulter que d'une intervention du législateur et non d'un raisonnement par analogie ;

– ce n'est pas cette question qui était soumise à la Cour de cassation dans l'arrêt précité ;

– cela n'aboutit pas à un blocage, l'article L 225-27-1, III permettant d'envisager dans les statuts d'autres modes de nomination des administrateurs représentant les salariés, en particulier l'élection par les salariés ;
– la nomination d'un administrateur représentant les salariés par un organe qui n'est pas le bon est nulle (Cass. soc. 23-11-2022 précité).

Il serait néanmoins souhaitable que le législateur mette en cohérence l'ensemble de l'article L 225-27-1 avec le remplacement du comité d'entreprise par le CSE.

Élection. En cas d'élection, les **candidats** ou listes de candidats doivent être présentés par une ou plusieurs organisations syndicales représentatives (art. L 225-28, al. 4). Sous cette réserve, les règles exposées n°s 39964 s. à propos des administrateurs représentant les salariés librement nommés sont applicables (art. L 225-27-1, II-al. 2 et III-1° et, sur renvoi, art. L 225-28). 40020

Vacance d'un siège. En cas de vacance pour quelque cause que ce soit (décès, démission, révocation, rupture du contrat de travail) d'un siège d'administrateur, le siège vacant est attribué (art. L 225-34, I et art. R 225-60-6 issu du décret 2025-744 du 30-7-2025) : 40026
– en cas d'**élection**, suivant les règles exposées n° 39966, point 7 et, le cas échéant, pour les sociétés tenues de prendre en compte les administrateurs représentant les salariés pour le respect de l'obligation de mixité (obligation progressive à compter du 1-1-2026 ; Ord. 2024-934 du 15-10-2024 art. 26 ; voir n° 39158), suivant les règles exposées n° 39967, point 3 ; toutefois, si l'application de ces dernières règles aboutit à organiser une nouvelle élection, les statuts peuvent prévoir de remplacer cette élection par une désignation confiée à l'institution représentative du personnel ou à l'organisation syndicale compétente pour désigner les administrateurs représentant les salariés (voir n° 40018), sous réserve que l'administrateur ainsi désigné remplisse les conditions d'éligibilité à cette fonction et que cette désignation soit conforme à l'obligation de mixité ;
– en cas de **désignation** par une institution représentative du personnel ou une organisation syndicale (n° 40018), à un salarié désigné dans les mêmes conditions, étant précisé, pour les sociétés tenues de prendre en compte les administrateurs représentant les salariés pour le respect de l'obligation de mixité, que la désignation devra intervenir dans le respect des règles de mixité.

STATUT DES ADMINISTRATEURS REPRÉSENTANT LES SALARIÉS

Sous réserve des présents développements (n°s 40000 s.), les administrateurs obligatoirement nommés par les salariés ont le même statut, les mêmes pouvoirs et les mêmes responsabilités que les autres administrateurs. 40028

Les représentants des salariés au conseil d'administration doivent disposer, pour exercer leur mandat, d'un **crédit d'heures** identique à celui dont disposent les administrateurs élus par les salariés dans le cadre de l'option facultative (art. L 225-30-1 et R 225-34-2 ; n° 39975). 40030

Les représentants des salariés au conseil d'administration peuvent bénéficier, à leur demande, d'une **formation** adaptée à l'exercice de leur mandat dans des conditions identiques à celles prévues par les articles L 225-30-2 et R 225-34-3 à R 225-34-6 pour les administrateurs élus par les salariés dans le cadre de l'option facultative (n° 39977). 40031

La **durée du mandat** des représentants des salariés est déterminée par les statuts sans pouvoir excéder six ans (art. L 225-29, al. 1). Rien n'interdit, à notre avis, de fixer dans les statuts une durée différente de celle prévue pour les autres administrateurs pour les mêmes raisons que celles exposées n° 39971. 40032

Sauf clause statutaire contraire, le mandat est renouvelable (art. L 225-29, al. 1). Les remarques figurant n° 39972 à propos du renouvellement des fonctions des administrateurs élus par les salariés dans le cadre de l'option facultative s'appliquent à notre avis aux administrateurs représentant les salariés obligatoirement nommés.

Cessation des fonctions

La cessation des fonctions des administrateurs représentant les salariés obligatoirement nommés suit le même régime que la cessation des fonctions des administrateurs élus par les salariés dans le cadre de l'option facultative (n° 39983). 40034

Convention entre un administrateur représentant les salariés et la SA 40036

Les conventions conclues par la société avec l'un de ses administrateurs représentant les salariés sont soumises au même régime que celles conclues avec tout autre administrateur (n°s 52500 s.).

C. Administrateurs représentant les salariés actionnaires

DÉSIGNATION DES REPRÉSENTANTS DES SALARIÉS ACTIONNAIRES

40040 **Obligation de désignation** Dans les **sociétés dont les titres sont admis aux négociations sur un marché réglementé,** s'il apparaît qu'à la clôture du dernier exercice la participation des salariés, déterminée comme il est indiqué nº 48199, dépasse le seuil de **3 % du capital social,** les actionnaires doivent désigner un ou plusieurs administrateurs parmi les salariés actionnaires (art. L 225-23, al. 1 et L 22-10-5).

La même obligation pèse sur les **sociétés dont les titres ne sont pas admis aux négociations sur un marché réglementé** qui emploient, à la clôture de deux exercices consécutifs, au moins 1 000 salariés dans la société et ses filiales directes ou indirectes dont le siège social est fixé sur le territoire français, ou au moins 5 000 salariés dans la société et ses filiales directes ou indirectes dont le siège social est fixé sur le territoire français et à l'étranger (art. L 225-23, al. 1).

> **Précisions** Les **actions gratuites** ne sont incluses dans la fraction des 3 % du capital à retenir pour mettre en œuvre l'élection de salariés au conseil d'administration que dans les deux cas suivants (Loi 2015-990 du 6-8-2015 art. 135, VII) :
> – l'attribution a été autorisée par une décision de l'assemblée générale extraordinaire postérieure à la publication de la loi 2015-990 ;
> – les statuts de la société prévoient que les actions gratuites dont l'attribution a été autorisée par des assemblées générales extraordinaires avant la publication de la loi 2015-990 sont également prises en compte.

40051 **Convocation préalable d'une assemblée extraordinaire** Lorsque des administrateurs représentant des salariés actionnaires doivent être désignés, il convient, préalablement à cette désignation, de réunir les actionnaires en assemblée générale extraordinaire afin de modifier les **statuts** en conséquence. En effet, l'assemblée générale extraordinaire doit fixer les **conditions du vote** de l'assemblée appelée à nommer les administrateurs représentant les salariés actionnaires (art. L 225-23, al. 1 et L 22-10-5). Les statuts doivent notamment préciser les modalités de désignation des candidats proposés à l'assemblée ordinaire par les salariés actionnaires ou par le conseil de surveillance de chaque fonds commun de placement (lorsque le droit de vote attaché aux actions détenues par les salariés est exercé par les membres du conseil), le nombre de candidats qui peuvent être présentés et les modalités d'établissement de la liste des candidats qui sera proposée. Dans les sociétés soumises à l'obligation de mixité (nº 39158), les statuts peuvent en particulier prévoir des modalités de remplacement spécifiques en cas de vacance : voir nº 40073.

L'assemblée extraordinaire doit se prononcer également sur un projet de résolution prévoyant l'élection, dans le cadre de l'option facultative (nºs 39930 s.), d'administrateurs représentant les salariés de la société et éventuellement ceux des filiales directes ou indirectes de celle-ci (art. L 225-23, al. 4 et L 22-10-5).

40052 Le président du conseil d'administration doit organiser, avant l'assemblée générale appelée à modifier les statuts, une consultation des salariés actionnaires (au sens de l'article L 225-102) afin de leur permettre de désigner un ou plusieurs **mandataires** pour les représenter à cette assemblée (nº 46937).

40053 **Sanctions du défaut de convocation.** Si l'assemblée générale extraordinaire ne s'est pas réunie dans le délai de 18 mois à compter de la présentation du rapport de gestion, tout salarié actionnaire peut engager une procédure d'injonction afin de contraindre le conseil à procéder à la convocation de cette assemblée (art. L 225-23, al. 2 s. et L 22-10-5).

40054 **Choix des administrateurs** Les administrateurs représentants des salariés actionnaires sont nommés par l'assemblée générale des actionnaires parmi les salariés actionnaires et sur proposition de ces derniers. Lorsque les actions sont détenues par l'intermédiaire d'un FCPE, seuls les salariés membres du conseil de surveillance du fonds sont éligibles aux fonctions d'administrateur (art. L 225-23, al. 1 et L 22-10-5).

Représentants des salariés actionnaires à l'assemblée Le président du conseil d'administration doit organiser, avant l'assemblée générale appelée à nommer les administrateurs représentant les salariés actionnaires, une consultation des salariés actionnaires (au sens de l'article L 225-102) afin de leur permettre de désigner un ou plusieurs mandataires pour les représenter à cette assemblée (n° 46937). 40055

Conditions de nomination Les administrateurs représentant les salariés actionnaires sont soumis aux mêmes conditions de nomination que les autres administrateurs, si ce n'est qu'ils sont choisis parmi les salariés actionnaires (n° 40054). 40070

La nomination des administrateurs représentant les salariés actionnaires relève de la **compétence** de l'assemblée générale ordinaire des actionnaires (art. L 225-106, III-al. 2). 40071

Les administrateurs représentant les salariés actionnaires ne sont **pas pris en compte** pour la détermination des nombres minimal et maximal d'administrateurs prévus par la loi (art. L 225-23, al. 1 et L 22-10-5), ni pour les règles de représentation équilibrée entre les femmes et les hommes (art. L 225-23, al. 1 et L 22-10-5 ; cette seconde exception disparaîtra progressivement à compter du 1-1-2026 : voir n° 39158). Ils ne sont pas non plus comptés pour la détermination du nombre des administrateurs liés à la société par un contrat de travail (art. L 225-22, al. 3 et L 22-10-5).

Afin de tirer les conséquences de la prise en compte progressive des administrateurs représentant les salariés actionnaires pour l'application des règles de représentation équilibrée entre les femmes et les hommes à compter du 1er janvier 2026 (Ord. 2024-934 du 15-10-2024 art. 26 ; voir n° 39158), les **statuts** peuvent prévoir des **modalités de remplacement** spécifiques **en cas de vacance** que le conseil devra suivre lorsque sa composition ne sera plus conforme à ces règles (cf. art. L 225-24, al. 4 et L 22-10-3 modifiés par ord. 2024-934 ; Rapport au Président de la République relatif à l'ord. 2024-934). 40073

STATUT DES REPRÉSENTANTS DES SALARIÉS ACTIONNAIRES

Les administrateurs désignés sur proposition des salariés actionnaires ont le même statut, les mêmes **pouvoirs** et les mêmes responsabilités que les autres administrateurs (nos 40950 s.). 40080

Ils doivent disposer, pour exercer leur mandat, d'un **temps de préparation** minimal identique à celui dont disposent les administrateurs élus par les salariés dans le cadre de l'option facultative (art. R 225-34-2 ; n° 39975).

Ils peuvent bénéficier, à leur demande, d'une **formation** adaptée à l'exercice de leur mandat dans des conditions identiques à celles prévues aux articles R 225-34-3 et R 225-34-4 pour les administrateurs élus par les salariés dans le cadre de l'option facultative (n° 39977). Comme pour ces derniers, la durée du temps de formation des administrateurs représentant les salariés actionnaires ne peut pas être inférieure à 40 heures par an (art. L 225-23, dernier al. et L 22-10-5).

En l'absence de dispositions particulières à cet égard, la **cessation des fonctions** des administrateurs nommés sur proposition des salariés actionnaires est soumise aux mêmes règles que celles applicables aux administrateurs désignés par les actionnaires (nos 39720 s.). Toutefois, leur mandat prend fin par l'arrivée du terme ou la rupture pour quelque cause que ce soit de leur contrat de travail (art. L 225-23, al. 1 et L 22-10-5).

> **› Précisions** Sur le remplacement des administrateurs représentant les salariés actionnaires dans les sociétés dont les titres sont admis aux négociations sur un marché réglementé d'une certaine taille lorsque la poursuite de leurs mandats sera susceptible de compromettre le respect de l'**obligation de mixité au 30 juin 2026,** voir n° 39158.

D. Représentants de l'État dans les SA à participation publique

TEXTES APPLICABLES AUX SA À PARTICIPATION PUBLIQUE

Les règles de gouvernance applicables aux SA du secteur privé comportant une « participation publique » minoritaire ou égalitaire sont fixées par l'**ordonnance 2014-948 du 20 août 2014** et son décret d'application 2014-949 du même jour. Cette ordonnance régit les sociétés dans lesquelles l'État ou ses établissements publics détiennent seuls ou conjointement, directement ou indirectement, une participation au capital (art. 1, al. 1). 40140

40141 Les sociétés concernées par l'ordonnance 2014-948 sont soumises aux dispositions du **Code de commerce** et des autres lois générales ou particulières qui les régissent dans la mesure où ces dispositions ne sont pas contraires à celles de l'ordonnance (Ord. 2014-948 du 20-8-2014 art. 1, al. 2).

SOCIÉTÉS CONCERNÉES

40142 L'ordonnance 2014-948 du 20 août 2014 distingue quatre catégories de sociétés à **participation publique** relevant du secteur privé (art. 4 et 6) :
– sociétés dont l'État détient directement et à lui seul plus de 10 % du capital ;
– sociétés dans lesquelles l'État ou ses établissements publics industriels et commerciaux (Epic) détiennent, directement ou indirectement, une participation ;
– sociétés dont l'État détient seul et directement de 10 à 50 % du capital ;
– sociétés dans lesquelles l'État ou ses Epic, seuls ou conjointement, détiennent, directement ou indirectement, une participation.

> **Précisions** **a.** **Constitue une participation** toute fraction du capital d'une société, quel que soit son montant (art. 2, I-1°).
> **b.** Les participations détenues par toute société ayant pour objet principal la détention de titres, c'est-à-dire une **société holding,** et dont la totalité du capital appartient à l'État sont assimilées à des participations détenues directement par l'État (art. 4, II et 6, II).

COMPOSITION DU CONSEIL D'ADMINISTRATION

40144 Le conseil d'administration des sociétés auxquelles s'applique l'ordonnance 2014-948 du 20 août 2014 a la composition tripartite suivante (art. 3) :
– « l'État », représenté par des administrateurs qu'il désigne ;
– des membres désignés par l'assemblée générale de la société, le cas échéant, sur proposition de l'État ;
– des représentants des salariés élus par ceux-ci.

NOMINATION DES REPRÉSENTANTS DE L'ÉTAT

40145 La désignation d'un représentant de l'État au conseil d'administration est facultative dans les sociétés à participation publique minoritaire ou égalitaire du secteur privé.

40146 **Représentant désigné par l'État** Dans les sociétés dont l'État détient directement et à lui seul **plus de 10 % du capital,** l'État « peut désigner » un représentant au conseil d'administration (Ord. 2014-948 du 20-8-2014 art. 4, I-al. 1).

En outre, dans les sociétés dont l'État ou ses Epic détiennent, directement ou indirectement, une **participation,** l'État peut, sur sa proposition ou avec son accord, être nommé par l'assemblée générale comme membre du conseil d'administration ; il désigne alors son représentant (Ord. 2014-948 art. 4, I-al. 2).

> **Précisions** Dans les deux situations ci-dessus, les **conditions de nomination** sont les suivantes (Décret 2014-949 du 20-8-2014 art. 2) : le représentant est choisi par le ministre de l'économie parmi les agents publics de l'État ; il est nommé pour une durée égale à celle du mandat des autres administrateurs ; il cesse ses fonctions par démission ou s'il perd la qualité en vertu de laquelle il a été nommé ; il peut être remplacé à tout moment pour la durée du mandat restant à courir.

40147 **Administrateurs désignés sur proposition de l'État** Dans les sociétés dont l'État détient seul et directement de **10 à 50 % du capital,** un ou plusieurs sièges, dans la limite d'un nombre proportionnel à la participation de l'État, sont réservés à des membres que celui-ci peut proposer à l'assemblée générale. Le nombre de sièges réservés est au moins égal à deux dans les sociétés pour lesquelles le nombre d'administrateurs est supérieur à dix (Ord. 2014-948 du 20-8-2014 art. 6, I-al. 1).

Si l'assemblée générale refuse la ou les personnes proposées par l'État, celui-ci peut nommer un ou plusieurs membres afin d'exercer à titre provisoire les fonctions de ceux dont la nomination a été refusée ; ces nominations sont soumises à la ratification de la plus prochaine assemblée générale ordinaire ; à défaut de ratification, les délibérations prises et les actes accomplis antérieurement par le conseil demeurent valables ; le remplacement du membre dont la nomination n'a pas été ratifiée est effectué sur proposition de l'État (Ord. 2014-948 art. 6, I-al. 2).

Dans les sociétés dont l'État ou ses Epic, seuls ou conjointement, détiennent, directement ou indirectement, une **participation,** l'État peut aussi proposer à l'assemblée générale un ou plusieurs représentants (Ord. 2014-948 art. 6, II).

Dans les deux situations ci-dessus, le représentant proposé par l'État représente les intérêts de celui-ci en sa qualité d'actionnaire (Ord. 2014-948 art. 6, III).

STATUT DES REPRÉSENTANTS DE L'ÉTAT

L'ordonnance 2014-948 du 20 août 2014 distingue selon que les représentants de l'État sont désignés ou proposés par celui-ci. 40150

1. Les **administrateurs désignés par l'État** siègent et agissent avec les mêmes droits que les autres administrateurs. Ils sont notamment soumis aux mêmes règles que les autres membres quant au nombre de mandats susceptibles d'être exercés simultanément (art. 5, al. 1 et 2). Les statuts ne peuvent toutefois pas leur imposer d'être actionnaires de la société (art. 5, al. 5). Ils ont la qualité d'agent public (Décret 2014-949 du 20-8-2014 art. 2, al. 1).

Les rémunérations qu'ils perçoivent au titre de leur mandat doivent être versées au budget de l'État (art. 5, al. 3).

2. Les **administrateurs proposés par l'État** peuvent ou non avoir la qualité d'agent public ; ils sont soumis aux mêmes règles que les autres administrateurs, notamment celles du Code de commerce (art. 6, III). Les statuts ne peuvent toutefois pas leur imposer d'être actionnaires de la société (art. 6, VI).

Si les administrateurs proposés par l'État ont la qualité d'agent public, les rémunérations qu'ils perçoivent doivent être versées au budget de l'État. S'ils n'ont pas cette qualité, c'est seulement la fraction dépassant 85 % de la rémunération qui fait l'objet de ce versement (art. 6, V ; Arrêté du 18-12-2014 art. 1).

E. Administrateurs des SA du secteur public

TEXTES APPLICABLES AUX SA DU SECTEUR PUBLIC

Les règles de gouvernance applicables aux SA du secteur public sont fixées par l'**ordonnance 2014-948 du 20 août 2014** et son décret d'application 2014-949 du même jour. Cette ordonnance régit les sociétés dans lesquelles l'État ou ses établissements publics détiennent, seuls ou conjointement, directement ou indirectement, une participation au capital (Ord. art. 1, al. 1). Elle concerne donc, outre celles à participation publique appartenant au secteur privé, celles appartenant au secteur public, dont le régime est exposé ci-dessous. 40200

Les sociétés concernées par l'ordonnance 2014-948 sont soumises aux dispositions du **Code de commerce** et des autres lois générales ou particulières qui les régissent dans la mesure où ces dispositions ne sont pas contraires à celles de l'ordonnance (art. 1, al. 2). 40201

SOCIÉTÉS DU SECTEUR PUBLIC CONCERNÉES

L'ordonnance 2014-948 du 20 août 2014 classe, parmi les sociétés appartenant au secteur public, celles dont plus de la moitié du capital est détenue, directement ou indirectement, par l'État et, le cas échéant, ses établissements publics. Elle distingue plusieurs catégories de sociétés du secteur public en fonction des différentes règles qui leur sont applicables. 40212

1. Les dispositions relatives à l'administrateur désigné par l'État s'appliquent aux sociétés dont l'État détient directement, seul ou conjointement avec ses établissements publics, plus de la moitié du capital (Ord. art. 4, I-al. 1).

2. Les dispositions régissant les représentants des salariés s'appliquent soit aux sociétés dont l'État détient directement plus de la moitié du capital (art. 7, I-al. 1), soit aux SA dans lesquelles l'État ou certains de ses établissements publics détiennent directement ou indirectement plus de la moitié du capital (art. 7, I-al. 2).

3. Les dispositions régissant le fonctionnement des conseils d'administration s'appliquent aux sociétés dont plus de la moitié du capital est détenue par l'État et ses établissements publics, seuls ou conjointement, directement ou indirectement (art. 10, al. 1).

4. Les dispositions régissant la présidence et la direction générale s'appliquent selon les cas *à divers types* de sociétés (art. 17, 18, 19) :

– pour la désignation du président, les sociétés dont le capital appartient en totalité à l'État ;

– pour les modalités d'exercice de la direction générale, les SA à conseil d'administration dont plus de la moitié du capital est détenue par l'État et ses établissements publics, seuls ou conjointement, directement ou indirectement ;

– pour la désignation des dirigeants mandataires sociaux, les sociétés dont plus de la moitié du capital est détenue directement par l'État.

> **Précisions** **a. Constitue une participation,** au sens des dispositions ci-dessus, toute fraction du capital d'une société, quel que soit son montant (Ord. 2014-948 art. 2, I-1°).
>
> **b.** Sont regardées comme des sociétés dont plus de la moitié du capital est détenue indirectement par l'État ou ses établissements publics, seuls ou conjointement, celles dont plus de la moitié du

capital est détenue par des **sociétés placées dans une même chaîne ininterrompue de participations majoritaires** (art. 2, I-2°). Toutefois, pour l'application de cette dernière disposition, sont exclues les participations dans certaines sociétés du secteur public ainsi que certaines catégories particulières d'actions (art. 2, II).

c. Pour l'application des dispositions concernant l'administrateur désigné par l'État, ainsi que la présidence et la direction générale de la société, les participations détenues par toute société ayant pour objet principal la détention de titres, c'est-à-dire une **société holding,** et dont la totalité du capital appartient à l'État, sont assimilées à des participations détenues par l'État (Ord. 2014-948 art. 4, II et 19, II).

COMPOSITION DU CONSEIL D'ADMINISTRATION DANS LE SECTEUR PUBLIC

40215 Le conseil d'administration des sociétés du secteur public a une composition **tripartite** : un siège est attribué au représentant de l'État, d'autres administrateurs sont désignés par l'assemblée générale de la société, d'autres enfin sont des représentants des salariés élus par ces derniers (Ord. 2014-948 du 20-8-2014 art. 3).

NOMBRE D'ADMINISTRATEURS DANS LES SA DU SECTEUR PUBLIC

40221 Le nombre d'administrateurs des sociétés appartenant au secteur public est pour l'essentiel fixé conformément aux règles de droit commun applicables aux SA (Ord. 2014-948 du 20-8-2014 art. 1, al. 2). Néanmoins le conseil doit comprendre un **représentant de l'État** (art. 4, I-al. 1), ainsi qu'un nombre déterminé de **représentants des salariés** (art. 7, I) :
– s'agissant des sociétés dont l'État détient directement plus de la moitié du capital, le nombre de représentants des salariés doit atteindre au moins le tiers des membres du conseil, à condition que la société ait employé, en moyenne, au cours des 24 derniers mois, au moins 50 salariés ;
– pour les SA dans lesquelles l'État ou ses établissements publics détiennent directement ou indirectement plus de la moitié du capital, le nombre de représentants des salariés doit également atteindre le tiers des membres du conseil à condition que la société ait employé, en moyenne, au cours de la même période, au moins 200 salariés ; si, dans le second cas, l'effectif de la société est compris entre 200 et 1 000 salariés, le nombre de représentants est au maximum de trois.

NOMINATION DES ADMINISTRATEURS DANS LES SA DU SECTEUR PUBLIC

40230 **Conditions de nomination** Les statuts des sociétés appartenant au secteur public ne peuvent pas imposer aux administrateurs représentant les salariés ni aux administrateurs représentant l'État d'être **propriétaires d'actions** de la société (Loi 83-675 du 26-7-1983 art. 21, sur renvoi de Ord. 2014-948 du 20-8-2014 art. 8, I pour les représentants des salariés et Ord. 2014-948 art. 5, al. 5 pour les représentants de l'État).

40232 **Mode de nomination** Les **représentants des actionnaires** sont désignés par l'assemblée des actionnaires. Les **représentants de l'État** sont désignés par le ministre chargé de l'économie (Décret 2014-949 du 20-8-2014 art. 2, al. 1). Les **représentants des salariés** sont élus par les salariés au scrutin secret, de liste, avec représentation proportionnelle à la plus forte moyenne et sans panachage (Loi 83-675 du 26-7-1983 art. 16, al. 1 sur renvoi de Ord. 2014-948 du 20-8-2014 art. 8, I-al. 4). Un siège est réservé aux ingénieurs, chefs de service et cadres administratifs, commerciaux ou techniques assimilés sur le plan de la classification et est attribué à la liste ayant obtenu le plus de voix dans cette catégorie, sous réserve que cette liste comporte au moins un candidat appartenant à ladite catégorie ; ce siège est, le cas échéant, imputé sur le ou les sièges déjà obtenus par la liste bénéficiaire (Loi 83-675 art. 16, al. 2).

40234 **Équilibre hommes/femmes** Le conseil d'administration doit être composé en recherchant une **représentation équilibrée entre les hommes et les femmes** (art. L 225-17, al. 2).
Lorsque les actions des sociétés du secteur public sont admises aux négociations sur un marché réglementé ou lorsque ces sociétés dépassent une certaine taille, la désignation des administrateurs est soumise à l'**obligation de mixité** suivant les règles du Code de commerce exposées n°s 39154 s. à une nuance près (Ord. 2014-948 du 20-8-2014 art. 8, I modifié par ord. 2024-934 du 15-10-2024 et Décret 2025-744 du 30-7-2025 art. 3 concernant la vacance d'un siège) : à compter du 1er janvier 2026 et de façon progressive en fonction des sociétés soumises à l'obligation de mixité (Ord. 2024-934 art. 26 ; voir n° 39158), lorsque l'attribution d'un siège d'administrateur représentant les salariés à un candidat élu ne permettra pas de respecter l'obligation de mixité au regard de ceux déjà attribués, le candidat du sexe sous-représenté qui lui succédera immédiatement sur la même liste sera déclaré élu, sans préjudice des dispositions réservant un siège à certaines catégories de salariés (n° 40232) ; le cas échéant, cette substitution sera réitérée sur chaque liste successivement par ordre décroissant des suffrages obtenus.

STATUT DES ADMINISTRATEURS DANS LES SA DU SECTEUR PUBLIC

Durée des fonctions Dans les SA du secteur public, la durée des fonctions exercées par les administrateurs que désigne l'assemblée générale est fixée conformément aux règles du Code de commerce (Ord. 2014-948 du 20-8-2014 art. 1, al. 2). 40241

La durée du mandat des administrateurs élus par les salariés est déterminée par les statuts sans pouvoir excéder six ans (Ord. 2014-948 art. 9, al. 2).

Le représentant désigné par l'État est nommé pour une durée égale à celle du mandat des autres administrateurs (Décret 2014-949 art. 2, al. 2).

Le régime de la **révocation des administrateurs** est en grande partie aligné sur celui des administrateurs des autres sociétés (Ord. 2014-948 du 20-8-2014 art. 1, al. 2). 40243

L'assemblée générale a le pouvoir de révoquer à tout moment les membres du conseil d'administration qu'elle a nommés (art. 14, al. 1).

Dans le cas où des dissensions graves entravent l'administration de la société, la révocation prononcée par l'assemblée générale peut s'étendre aux représentants des salariés. Une telle mesure de révocation ne peut cependant pas être prise de nouveau avant l'expiration d'un délai d'un an (art. 14, al. 2).

Par application de l'article L 2411-1, 12° du Code du travail, le **licenciement d'un représentant des salariés** doit être autorisé par l'inspecteur du travail (C. trav. art. L 2411-17, al. 1) et soumis pour avis au conseil d'administration (C. trav. art. L 2421-5, al. 1). En cas de faute grave, l'employeur peut prononcer la mise à pied immédiate et convoquer sans délai le conseil (art. L 2421-5, al. 3). Dans le cas d'un refus de licenciement de la part de l'inspecteur du travail, la mise à pied est annulée et ses effets supprimés de plein droit (art. L 2421-5, al. 4). 40244

Cette protection contre le licenciement est applicable aux anciens représentants pendant les six mois suivant la cessation du mandat et aux candidats à l'élection pendant les trois mois suivant le dépôt des candidatures (C. trav. art. L 2411-17, al. 2).

Le licenciement d'un représentant des salariés en méconnaissance des dispositions relatives à la procédure d'autorisation administrative est puni d'un emprisonnement d'un an et d'une amende de 3 750 € ou de deux ans d'emprisonnement et de 6 000 € d'amende en cas de récidive (C. trav. art. L 2436-1).

Rémunération des administrateurs de SA du secteur public Toute rémunération perçue à raison de l'exercice de son mandat par le représentant de l'État au conseil d'administration des sociétés à participation publique est versée au budget de l'État (Ord. 2014-948 du 20-8-2014 art. 5, al. 3). 40245

Pour les administrateurs représentant les actionnaires, ce sont les règles de droit commun exposées n°s 41030 s. qui s'appliquent (Ord. 2014-948 art. 1, al. 2).

Convention entre un administrateur et la SA du secteur public Les SA du secteur public sont, sauf règles dérogatoires, soumises aux dispositions de l'article L 225-38, qui prévoit la mise en œuvre d'une procédure particulière de contrôle pour certaines conventions conclues directement ou indirectement entre la société et un administrateur (n°s 52505 s.). 40247

SECTION 2

FONCTIONNEMENT *DU* CONSEIL D'ADMINISTRATION

COLLÉGIALITÉ DU CONSEIL D'ADMINISTRATION

Le conseil d'administration est un organe collégial. C'est collectivement que les administrateurs exercent les fonctions attribuées par la loi au conseil ; individuellement, ils ne détiennent aucun pouvoir. 40500

Ainsi, notamment, les autorisations ou pouvoirs donnés au conseil lui sont conférés indépendamment de la personnalité de ses membres et passent aux nouveaux administrateurs régulièrement nommés (CA Paris 13-4-1934 : Sem. jur. 1934.896).

CLAUSES DU RÈGLEMENT INTÉRIEUR SUR LE CONSEIL D'ADMINISTRATION

40502 Il peut être opportun de préciser le fonctionnement du conseil d'administration dans un règlement intérieur. La majorité des **SA « cotées »** en ont un, suivant ainsi les recommandations de l'Afep et du Medef ou de Middlenext d'y faire figurer notamment les modalités d'exercice du droit de communication des administrateurs, leurs obligations de confidentialité, les missions et moyens des administrateurs référents, les modalités de gestion des conflits d'intérêts ainsi que la liste des opérations de gestion soumises à l'autorisation préalable du conseil (Code de gouvernance Afep-Medef art. 3.3 et 13.1 et Guide d'application du Code Afep-Medef mars 2024 p. 16 s. ; Code de gouvernance Middlenext rec. 1, 4 et 9, qui recommande aussi que chaque administrateur signe le règlement intérieur au début de l'exercice de son mandat). Peut, à notre avis, également figurer dans le règlement intérieur le processus de sélection des candidats au mandat d'administrateur que le conseil d'administration des sociétés dont les actions sont admises aux négociations sur un marché réglementé dépassant certains seuils (nº 39158) est tenu d'établir avant le 30 juin 2026 afin d'assurer la conformité de la composition du conseil à l'obligation de mixité à compter de cette date (nºs 39520 s.). La publicité de tout ou partie du règlement sur le site internet de la société ou dans le rapport sur le gouvernement d'entreprise est préconisée (Code Afep-Medef art. 2.2 ; Code Middlenext rec. 9). Sur le caractère contraignant et le champ d'application de ces Codes, voir nºs 48272 s.

Pour plus de détails sur le règlement intérieur des SA cotées, voir A. Viandier, Le règlement intérieur du conseil d'administration des sociétés cotées : RJDA 12/03 p. 1003 s.

L'adoption d'un règlement intérieur peut aussi être opportune dans les **SA « non cotées ».** Celui-ci permet de préciser la périodicité des réunions du conseil, peu encadrée par les textes, ainsi que les modalités de convocation et de réunion de cet organe. La participation à la réunion à distance dépend aussi des dispositions du règlement intérieur (nº 40710). Le règlement peut encore organiser la circulation de l'information entre le directeur général et le président du conseil d'administration et entre le président et les autres administrateurs. Il peut rappeler les engagements éthiques de l'administrateur envers la société (intégrité, loyauté, professionnalisme, transparence en cas de conflit d'intérêts, etc.). Pour une étude des principales utilisations du règlement intérieur dans les SA « non cotées », voir D. Miellet, Le règlement intérieur : un moyen simple d'améliorer le fonctionnement du conseil d'administration : JCP E 2006 nº 2243. Voir aussi E. du Boullay, Règlement intérieur des conseils d'administration : BRDA 3/14 inf. 24.

Les administrateurs mettent en jeu leur responsabilité contractuelle à l'égard de la société s'ils ne respectent pas les engagements contenus dans le règlement (T. com. Paris 10-11-2020 nº 2019036759 : RJDA 3/21 nº 177).

Sur le régime du règlement intérieur applicable à **toute société,** voir nºs 1680 s.

> **Précisions** La **modification du règlement** relève généralement de la **compétence** du conseil (en pratique, cette compétence résulte d'une clause statutaire ou du règlement lui-même). Le règlement est ainsi plus facile à modifier que les statuts. Il paraît naturel que le secrétaire du conseil, en charge de la veille réglementaire et du suivi des recommandations de place, propose au conseil les modifications à apporter au règlement en fonction de l'évolution de la réglementation et des recommandations (en ce sens, E. du Boullay, précité).

A. Président du conseil d'administration

1. NOMINATION DU PRÉSIDENT DU CONSEIL D'ADMINISTRATION

CHOIX DU PRÉSIDENT

40510 Le président doit être choisi parmi les membres du conseil d'administration. Ce doit être une *personne physique* à peine de nullité de la décision de nomination (art. L 225-47, al. 1 modifié, à compter du 1-10-2025, par ord. 2025-229 du 12-3-2025 excluant l'application du triple test ; Ord. 2025-229 art. 70).

> **Précisions** **a.** Dans les **sociétés à participation publique** en cas de vacance **et** dans les **sociétés dont le capital est détenu** en totalité **par l'État,** le président du conseil d'administration peut être choisi parmi les agents publics de l'État qui ont été nommés membres de cet

organe (Ord. 2014-948 du 20-8-2014 art. 17, al. 1).
b. L'**exercice par la société de certaines activités réglementées** entraîne pour le président l'obligation de remplir diverses conditions particulières : voir n° 11350.
c. Certaines sociétés nomment par ailleurs un **président d'honneur** auquel elles attribuent des prérogatives allant au-delà d'un rôle purement symbolique, par exemple autorisation de participer aux réunions du conseil avec voix consultative alors même qu'il n'est pas administrateur. L'AMF recommande à ces sociétés de décrire précisément dans leur rapport sur le gouvernement d'entreprise son mode de désignation, ses missions et ses prérogatives, de s'assurer qu'il connaît la réglementation relative aux abus de marché et de mettre en place des mesures de prévention des conflits d'intérêts (Rapport AMF 2024 sur le gouvernement d'entreprise et la rémunération des dirigeants des sociétés cotées du 3-12-2024 p. 42 s.).

LIMITE D'ÂGE DU PRÉSIDENT

Les **statuts** doivent prévoir une limite d'âge pour l'exercice des fonctions de président du conseil d'administration. **À défaut** d'une disposition expresse, qui peut être introduite dans les statuts à tout moment, cette limite est fixée à 65 ans (art. L 225-48, al. 1). **40512**

Toute nomination intervenue en violation des dispositions statutaires – ou, en leur absence, des dispositions légales – est nulle (art. L 225-48, al. 2 modifié, à compter du 1-10-2025, par ord. 2025-229 du 12-3-2025 qui rend cette nullité facultative ; Ord. 2025-229 art. 70).

Lorsque le président atteint l'âge de 65 ans (ou l'âge fixé par les statuts), il est réputé démissionnaire d'office (art. L 225-48, al. 3).

ATTENTION

Les délibérations du conseil d'administration auxquelles a pris part un **président irrégulièrement nommé ou réputé démissionnaire** en application de ces règles ne sont pas nulles, pas plus que ne le sont les décisions prises par l'intéressé (art. L 225-48, al. 5 remplacé, à compter du 1-10-2025, par C. civ. art. 1844-15-1 issu de ord. 2025-229).

CUMUL DE MANDATS SOCIAUX

La faculté de cumuler plusieurs mandats de direction est limitée dans les SA. Ces limitations, assez complexes, s'appliquent au président du conseil d'administration. Elles sont exposées n°s 37200 s. **40513**

DÉCISION DE NOMINATION DU PRÉSIDENT

Le président est nommé par le conseil d'administration (art. L 225-47, al. 1). Il a été jugé que cette **compétence** du conseil est exclusive et que l'assemblée générale est incompétente pour réparer le vice entachant la nomination du président par un conseil irrégulièrement composé (Cass. com. 31-1-1968 : D. 1968 p. 321). Il est donc vraisemblable que le juge considère l'article L 225-47, al. 1 comme une disposition impérative dont la violation (cas, par exemple, d'une nomination dans les statuts) pourrait entraîner la nullité de la nomination (art. L 235-1, al. 2 remplacé, à compter du 1-10-2025, par C. civ. art. 1844-10, al. 3 modifié par ord. 2025-229 du 12-3-2025 ; Ord. 2025-229 art. 70). **40514**

La décision du conseil d'administration doit être prise à la **majorité** ; les statuts peuvent cependant prévoir une majorité renforcée (n° 40730).

› Précisions **a.** La **mise à l'écart d'un candidat** aux fonctions de président **pour des raisons discriminatoires** (fondées sur le sexe, l'âge, l'état de santé, les opinions politiques, les convictions religieuses, etc.) est interdite (C. trav. art. L 1132-1). La violation de cette interdiction expose les membres du conseil d'administration à une action en responsabilité. En revanche, la nullité de la nomination intervenue avant le *1er octobre 2025 n'est pas encourue car celle-ci* n'est prévue par le Code du travail qu'en cas de discrimination à l'égard d'un salarié (C. trav. art. L 1132-4) alors que, en droit des sociétés, la nullité de la nomination ne peut résulter que de la violation d'une disposition impérative du Livre II du Code de commerce ou des lois qui régissent les contrats (art. L 235-1, al. 2). Reste à savoir si l'élargissement, à compter du 1er octobre 2025, des causes de nullité d'une nomination à la violation d'une « disposition impérative de droit des sociétés » sans que soit précisée sa localisation (C. civ. art. 1844-10, al. 3 modifié par ord. 2025-229) conduira les juges à remettre en cause cette solution.
b. Dans les **sociétés dont plus de la moitié du capital est détenu directement par l'État,** le président du conseil d'administration qui cumule ses fonctions avec celles de directeur général est *nommé par décret parmi* les membres du conseil et sur proposition de ce dernier (Ord. 2014-948 du 20-8-2014 art. 19, I).
c. La **promesse faite à un tiers** par le président en exercice, actionnaire majoritaire d'une société, **qu'il sera nommé** à sa place **président** de cette société est valable dès lors que, d'une part, elle n'engage que le promettant personnellement et non le conseil d'administration, seul compétent pour procéder à une telle nomination,

que, d'autre part, elle n'entraîne aucune restriction aux pouvoirs du conseil, au cas où celui-ci nommerait l'intéressé, de le révoquer à tout moment et sans indemnité, et qu'enfin il n'est pas démontré que le consentement du promettant a été entaché d'erreur. La promesse n'ayant pas été exécutée, le promettant doit réparer le préjudice subi par le bénéficiaire du fait de cette inexécution (CA Paris 31-3-1995 : RJDA 12/95 nº 1380).

PUBLICITÉ DE LA NOMINATION DU PRÉSIDENT

40516 La nomination du président doit être portée à la connaissance des tiers par l'accomplissement des **formalités** de publicité exposées nºs 13000 s.

À notre avis, ces formalités ne sont pas nécessaires lorsqu'il s'agit d'un simple **renouvellement de fonctions** pour les mêmes raisons que celles exposées nº 39714.

2. STATUT JURIDIQUE DU PRÉSIDENT DU CONSEIL D'ADMINISTRATION

QUALITÉ D'ADMINISTRATEUR DU PRÉSIDENT

40530 Pas plus que les autres administrateurs, le président n'a la **qualité de commerçant.**

Comme les autres administrateurs, le président n'est pas tenu de **détenir des actions** de sa société, sauf si les statuts le lui imposent (art. L 225-25, al. 1 : nºs 39100 s.).

40531 Comme tout administrateur, le président peut être lié à la société par un **contrat de travail,** à condition, dans les « grosses sociétés », que ce contrat soit antérieur à sa nomination aux fonctions d'administrateur ; un président en fonctions ne peut, comme les autres administrateurs, obtenir un emploi salarié dans la société que s'il s'agit d'une PME. Pour des précisions, voir nºs 39210 s.

Le **Code de gouvernance Afep-Medef** recommande au salarié qui devient président ou président-directeur général d'une société dont les titres sont admis aux négociations sur un marché réglementé de mettre fin au contrat de travail qui le lie à la société (Code de gouvernance Afep-Medef art. 23). Pour sa part, le **Code de gouvernance Middlenext** est moins restrictif : voir nº 11505. Sur l'obligation pour le conseil d'administration de prendre en compte ces recommandations dans son rapport sur le gouvernement d'entreprise, voir nºs 48272 s.

Le contrat de travail doit correspondre à un emploi effectif, ce qui suppose l'exercice de fonctions techniques distinctes du mandat dans un état de subordination à l'égard de la société et l'existence d'une rémunération spécifique. Pour plus de détails sur les conditions de validité du cumul d'un mandat social et d'un contrat de travail, voir nºs 11500 s.

Le président engage sa **responsabilité civile et pénale** dans les mêmes conditions que les autres administrateurs (nºs 42000 s.).

RÉGIME FISCAL DU PRÉSIDENT

40532 Le président est soumis au même régime que les salariés au point de vue fiscal (nº 40590).

RÉGIME « SOCIAL » DU PRÉSIDENT

40533 **Sécurité sociale et retraite complémentaire** Le président relève du régime général de la sécurité sociale des salariés (CSS art. L 311-3, 12º), quelle que soit l'importance de sa participation dans la société (même si celle-ci dépasse 50 % du capital social), à la seule condition que son **mandat** soit **rémunéré.** Mais il s'agit là d'une assimilation exceptionnelle, car les dirigeants de sociétés n'ont pas, en tant que tels, la qualité de salarié. Sauf s'ils cumulent leur mandat social avec un contrat de travail, ils ne peuvent pas bénéficier des mesures protectrices prévues en faveur de ceux-ci : par exemple, indemnité compensatrice de congés payés (Cass. soc. 20-10-1976 : Rev. sociétés 1977 p. 277 note J. G.), délai-congé, indemnité pour rupture non fondée sur une cause réelle et sérieuse, allocations de chômage (TGI Paris 16-11-1976 : Bull. CNCC 1977 p. 220 ; Rép. Pinte : AN 15-1-1977 nº 31550), privilège des salariés prévu par l'article 2331, 3º du Code civil (CA Colmar 13-6-1975 : D. 1975 som. p. 120 ; CA Paris 23-2-1978 : BRDA 20/78 p. 18) et les articles L 3253-1 s. du Code du travail, compétence des tribunaux *de prud'hommes* en cas de conflit avec la société (Cass. soc. 20-6-1966 : Bull. civ. IV nº 617), *rémunération* pour partie insaisissable (Cass. soc. 11-3-1982 : Bull. civ. V nº 169), indemnité de départ à la retraite (Cass. soc. 19-11-1986 : Bull. Joly 1987 p. 32), etc.

À **défaut de rémunération,** le président ne relève en cette qualité d'aucun régime obligatoire de sécurité sociale, mais peut bénéficier d'une couverture maladie par le biais de la protection universelle maladie (Mémento Social n° 50120) s'il réside en France et n'en bénéficie pas à un autre titre.

L'appartenance au régime général de sécurité sociale des salariés du président rémunéré entraîne son assujettissement au régime de retraite complémentaire légalement obligatoire des salariés (régime Agirc-Arrco). Dans les sociétés exerçant certaines professions libérales, il y a aussi obligation pour le président de cotiser au régime complémentaire de la profession libérale exercée (Mémento Social n° 28605).

Il peut aussi participer, même sans être titulaire d'un contrat de travail, au régime de prévoyance complémentaire ou de retraite supplémentaire du personnel salarié de la société. La contribution patronale versée pour lui par la société est alors exonérée de cotisations sociales dans les mêmes conditions et limites que celle versée pour les bénéficiaires salariés (Cass. 2e civ. 19-12-2013 n° 12-28.429 : RJS 2/14 n° 172).

Assurance chômage Le président ne relève pas, en cette qualité, du régime d'**assurance chômage de l'Unédic** réservé aux salariés mais il peut bénéficier de l'allocation des travailleurs indépendants (ATI) visée à l'article L 5424-25 du Code du travail dans les situations indiquées n° 22460. Il lui est également possible de compléter cette garantie en souscrivant à un régime d'**assurance volontaire** auprès d'un organisme professionnel (Garantie sociale des chefs et dirigeants d'entreprise : GSC ; Association pour la protection des patrons indépendants : APPI) ou auprès d'une société d'assurance couvrant ce type de risque, sachant que les cotisations ainsi versées ne sont pas déductibles de la rémunération imposable du mandat social. 40534

› Précisions a. S'il cumule son mandat social avec un **contrat de travail,** le président peut relever du régime d'assurance chômage de l'Unédic. Mais France Travail se montrant généralement réticent à admettre l'existence d'un contrat de travail dans le cas des mandataires sociaux, il peut être utile pour le président d'obtenir confirmation qu'il sera bien couvert en cas de perte de son emploi, sachant que le versement de cotisations d'assurance chômage sans observations de France Travail ne vaut pas reconnaissance tacite d'un droit aux prestations. À cet effet, deux procédures sont prévues.

Tout d'abord, la société peut demander, dans le cadre d'une procédure de rescrit, à France Travail de se prononcer de manière explicite sur l'assujettissement d'un de ses mandataires sociaux à l'assurance chômage. La décision vaut seulement pour le mandataire visé par la demande. Elle est opposable à l'avenir à l'employeur, à France Travail et à l'Urssaf tant que la situation de fait ou la législation applicable n'ont pas été modifiées (C. trav. art. L 5312-12-2). Si France Travail entend modifier sa réponse pour l'avenir en raison d'un changement de la situation de fait ou de l'analyse de cette dernière, il doit notifier sa décision à l'employeur. Cette modification prend effet à la date du changement de la situation de fait ou, s'agissant d'un changement d'analyse de cette situation, à la date de sa notification (C. trav. art. R 5312-5-2).

Par ailleurs, le dirigeant désirant connaître sa situation au moment de sa demande d'allocations peut s'informer auprès de France Travail, qui doit donner un avis engageant sa responsabilité (Dir. Unédic 36 du 31-7-2002).

Les formulaires à utiliser pour ces deux types de demandes peuvent être téléchargés sur le site www.francetravail.fr. En cas d'avis négatif, le remboursement des cotisations versées à tort au cours des trois dernières années peut être obtenu (Dir. Unédic 36 du 31-7-2002).

b. Si la **garantie promise** par la société à son dirigeant n'est que **partiellement couverte par le contrat d'assurance volontaire** souscrit auprès d'un organisme professionnel pour honorer cet engagement, la société doit indemniser son ancien dirigeant à hauteur de la différence (CA Paris 12-12-2013 n° 12/21324 : RJDA 4/14 n° 337).

c. Le **bénéficiaire d'une allocation de chômage** du régime Unédic cesse d'y avoir droit s'il vient à être **nommé président** d'une société, si ces fonctions, même non rémunérées, sont exercées à temps plein, de sorte qu'il n'est plus en mesure de rechercher un emploi (Mémento Social n° 28650).

Épargne salariale Sur cette question, voir n° 11760 et, concernant l'octroi d'options sur actions ou d'actions gratuites, nos 69400 s. 40535

3. DURÉE DES FONCTIONS DU PRÉSIDENT DU CONSEIL D'ADMINISTRATION

LIMITE DE DURÉE DES FONCTIONS DU PRÉSIDENT

La durée des fonctions du président, fixée par les statuts ou le conseil d'administration, ne peut excéder la durée de ses fonctions d'administrateur (six ans au plus) (art. L 225-47, al. 2). 40540

Le président est **rééligible** (art. précité). Toutefois, les statuts peuvent, à notre avis, écarter cette disposition ou la limiter, par exemple en prévoyant que le président ne peut être réélu qu'une seule fois.

› Précisions Il est de règle, en effet, que tout ce qui n'est pas interdit est permis (C. civ. art. 6). On ne saurait **écarter ce principe** en faisant valoir que l'article L 225-18 prévoit la possibilité de clauses statutaires contraires à la rééligibilité des administrateurs mais que l'article L 225-47 ne prévoit rien de tel pour le président du conseil d'administration.

CESSATION DES FONCTIONS DU PRÉSIDENT

40541 Indépendamment du cas de décès, les fonctions du président du conseil d'administration prennent fin :
– par l'arrivée du terme prévu lors de la nomination ;
– par la perte de la qualité d'administrateur pour l'une quelconque des raisons exposées nos 39720 s. ;
– par la démission, sauf réparation du préjudice causé à la société au cas où cette démission serait donnée de façon intempestive, à contretemps ou avec l'intention de nuire (pour plus de détails sur la démission, voir nos 12620 s.) ;
– par l'arrivée à la limite d'âge (nº 40512) ;
– par la révocation (nos 40542 s.) ;
– par le placement sous tutelle (nº 12442).

En application du principe selon lequel la durée des fonctions du président ne peut excéder la durée de ses fonctions d'administrateur (art. L 225-47, al. 2), un administrateur qui perd cette qualité pour n'avoir pas acquis dans les délais la qualité d'actionnaire contrairement aux dispositions statutaires (art. L 225-25) perd à compter de la même date sa qualité de président du conseil d'administration (Cass. com. 7-6-2011 nº 10-17.732 : RJDA 8-9/11 nº 713).

Lorsque la cessation des fonctions du président résulte du fait d'un tiers, celui-ci peut être condamné à indemniser le président (pour une illustration, CA Paris 28-9-1998 : RJDA 1/99 nº 49).

Sur les autres conséquences de la cessation des fonctions, voir nos 12760 s.

› Précisions Les articles L 225-19 et L 225-48 prévoient respectivement que l'**administrateur** et le président du conseil d'administration placés sous tutelle sont réputés démissionnaires d'office. S'agissant du président du conseil d'administration, on voit mal l'intérêt de cette disposition, ses fonctions prenant fin s'il perd sa qualité d'administrateur.

40542 **Révocation du président** La révocation du président peut être décidée à tout moment par le conseil d'administration (mais non par l'assemblée générale), toute **clause contraire** étant réputée non écrite (nos 12480 s.). Sa révocation sans juste motif ne donne pas lieu à indemnités (nº 12495).

40543 En dépit du principe de libre révocation, celle-ci ne doit pas être **abusive** ; doit notamment être respectée l'obligation de loyauté dans l'exercice du droit de révocation (nos 12550 s.).

40545 **Publicité de la cessation des fonctions** La cessation des fonctions du président donne lieu aux formalités de publicité exposées nos 13000 s.

4. POUVOIRS DU PRÉSIDENT DU CONSEIL D'ADMINISTRATION

40560 Le président du conseil d'administration **organise et dirige les travaux** de celui-ci, dont il rend compte à l'assemblée générale (art. L 225-51). En tant que tel, il n'a pas vocation à assurer la direction générale de la SA, cette mission incombant au directeur général (nº 42550).

Il doit veiller au bon **fonctionnement des organes** sociaux (conseil d'administration, assemblées générales). À ce titre, il doit s'assurer de la régularité des convocations et de la tenue des réunions, faire en sorte que les actionnaires puissent régulièrement exercer leur droit de communication, aviser les commissaires aux comptes des conventions soumises à contrôle, etc.

En particulier, il doit s'assurer que les **administrateurs** sont en mesure de remplir leur mission et notamment veiller à ce qu'ils disposent de toutes les informations nécessaires à l'accomplissement de leur mission (nº 40950).

EXERCICE DE LA DIRECTION GÉNÉRALE PAR LE PRÉSIDENT

40561 Dans les conditions définies par les statuts et sur décision du conseil d'administration (nº 40890), le président peut **cumuler** ses **fonctions** avec celles de directeur général. Dans ce cas, toutes les dispositions légales et réglementaires relatives au directeur général lui sont applicables (art. L 225-51-1, al. 3).

Lorsque ce cumul de fonctions existe, ce qui est surtout fréquent dans les PME, l'intéressé peut porter le titre de président-directeur général sans que cela pose de difficultés.

MISSIONS PARTICULIÈRES DU PRÉSIDENT

Le cas échéant, il appartient au président d'organiser la **consultation des salariés actionnaires** détenant plus de 3 % du capital afin de leur permettre de désigner un ou plusieurs mandataires chargés de les représenter à une assemblée (nº 46937). 40562

› Précisions a. À l'instar du Code de gouvernance Afep-Medef (art. 3.2), l'AMF recommande aux sociétés de publier une **information** précise et circonstanciée **sur les missions complémentaires** confiées au président du conseil en cas de dissociation des fonctions de président et de directeur général et de présenter un bilan de son activité au titre de l'exercice écoulé, compte tenu en particulier des votes ex ante et ex post des actionnaires sur les rémunérations (Recommandation AMF 2012-02 § 3.2). Les missions (par exemple, dialogue avec les principaux actionnaires ou les agences de conseil en vote, participation à certains comités du conseil, etc.) doivent rester limitées et ne pas être susceptibles d'empiéter sur les pouvoirs du directeur général (Recommandation AMF 2012-02, qui préconise aux sociétés de clarifier les modalités d'exercice des missions respectives de ces deux organes, en particulier dans les zones où celles-ci risquent de se chevaucher).

b. Les **relations des actionnaires avec le conseil,** notamment sur les sujets de gouvernement d'entreprise, peuvent être confiées au président du conseil d'administration (Code de gouvernance Afep-Medef art. 4.4 ; sur le champ d'application et le caractère contraignant de ce Code, voir nos 48272 s.). En cas de dissociation des fonctions de président du conseil et de directeur général, cette mission doit lui revenir naturellement ; dans le cas contraire, la mission peut être confiée à un administrateur référent, auquel cas celui-ci doit, de préférence, avoir une expérience de la communication institutionnelle (Guide d'application du Code Afep-Medef mars 2024 p. 4).

5. RÉMUNÉRATION DU PRÉSIDENT DU CONSEIL D'ADMINISTRATION

Outre la part qu'il perçoit, en qualité d'administrateur, dans la rémunération globale versée aux administrateurs au titre de leurs fonctions (ex-jetons de présence) – laquelle peut être supérieure à celle des autres administrateurs (nº 41043) –, le président reçoit une rémunération spéciale qui est déterminée par le conseil d'administration (art. L 225-47, al. 1). 40570

La **compétence** du conseil d'administration est exclusive (Cass. com. 30-11-2004 nº 1740 : RJDA 4/05 nº 407 ; Cass. com. 4-1-2023 nº 20-17.658 F-D : RJDA 4/23 nº 201). En conséquence, le procédé consistant pour le conseil à déléguer ses pouvoirs à un « comité » chargé de fixer cette rémunération est irrégulier, dans la mesure où – cas le plus fréquent en pratique – les conclusions de ce comité et le montant qu'il a fixé ne font pas ensuite l'objet d'une délibération formelle du conseil, mais sont seulement annexés au procès-verbal d'une décision ultérieure du conseil (Cass. com. 4-7-1995 nº 1508 : RJDA 8-9/95 nº 994, à propos de l'allocation d'un complément de retraite à un président) ou sont confirmés par le conseil par simple référence à la décision du comité (Cass. com. 11-10-2005 nº 1250 : RJDA 2/06 nº 164). De même, le président ne peut pas prétendre à une rémunération fixée par une lettre d'engagement signée par l'actionnaire majoritaire de la société faute de décision du conseil déterminant cette rémunération dans les conditions prévues par la lettre (Cass. com. 4-1-2023 précité). Par ailleurs, la décision par laquelle le président s'est alloué une rémunération, sans obtenir préalablement une décision du conseil, ne peut pas être ratifiée par celui-ci (Cass. com. 30-11-2004 précité ; Cass. com. 31-3-2021 nº 19-12.045 F-P : RJDA 7/21 nº 482). Enfin, l'assemblée générale n'a pas le pouvoir de fixer la rémunération du président ni de lui allouer, après la cessation de ses fonctions, une indemnité en contrepartie des services qu'il a rendus à la société (CA Aix-en-Provence 5-1-1982 : Bull. cour d'Aix 1982/2 p. 93).

Dans les sociétés publiques nationales, la rémunération du président doit être approuvée par le ministre de l'économie (Décret 53-707 du 9-8-1953 art. 3, I). Sur le plafonnement de cette rémunération, voir nº 40589.

*La **rémunération** perçue par le président sans* décision préalable du conseil est donc irrégulière et peut faire l'objet d'une demande en **restitution de l'indu** par la société (Cass. com. 15-12-1987 : Bull. Joly 1988 p. 80 ; Cass. com. 30-11-2004 précité ; CA Paris 19-5-2015 nº 14/02087 : RJDA 8-9/15 nº 579 dans un cas où seule une partie de la rémunération perçue par le président l'avait été indûment et devait faire l'objet d'une restitution ; en sens contraire à propos d'un directeur général mais transposable par identité des textes applicables : CA Paris 3-2-2022 nº 20/16711 : RJDA 5/22 nº 285), à condition que l'action en restitution ne soit pas prescrite (prescription de droit commun de cinq ans).

La **rémunération** du président peut être **fixe,** ou **proportionnelle** au chiffre d'affaires ou aux bénéfices, ou encore mixte. Lorsque la société appartient à un groupe, elle peut être proportionnelle aux résultats du groupe (Rapport COB 1980 p. 37).

ATTENTION

Une société qui a octroyé une prime annuelle à son dirigeant en contrepartie de la réalisation d'objectifs qu'elle devait déterminer doit les fixer, peu important que le dirigeant n'ait pas demandé cette fixation (Cass. com. 30-3-2022 n° 20-16.168 F-B : RJDA 6/22 n° 336, à propos du président du directoire mais transposable au président du conseil d'administration ou au directeur général ; sur la faute commise par la société qui s'est abstenue de fixer ces objectifs, voir CA Paris 26-5-2016 n° 14/20147 : RJDA 11/16 n° 798).

La fixation de la rémunération du président ne constitue pas une **convention** soumise à la procédure de contrôle prévue par les articles L 225-38 s. (n° 52680).

40571 Constitue un abus des biens et du crédit de la société le fait pour le président de s'attribuer, de son propre chef, une **rémunération** qu'il savait **excessive** eu égard aux ressources et à la situation de la société (Cass. crim. 9-5-1973 : D. 1974 p. 271 note Bouloc ; Cass. crim. 26-6-1978 : Bull. crim. n° 212 ; Cass. crim. 6-10-1980 : Rev. sociétés 1981 p. 133 note Bouloc). La perception d'une telle rémunération est punissable même si elle a été approuvée par le conseil d'administration (Cass. crim. 22-9-2004 n° 5242 : RJDA 8-9/05 n° 992, 1e esp.).

Le fait qu'en raison de sa bonne foi un président qui s'était attribué un complément de rémunération ait été relaxé du chef du délit d'abus de biens sociaux n'empêche pas que l'intéressé puisse être civilement tenu de restituer à la société ce complément indûment perçu (Cass. com. 15-12-1987 : Bull. Joly 1988 p. 80).

Jugé aussi que doit être annulée comme abusive la décision du conseil d'administration augmentant substantiellement la rémunération du président, dès lors que cette décision est intervenue à l'initiative de ce président majoritaire et dans son seul intérêt personnel à un moment où la situation financière de la société était si obérée que les pertes dépassaient de six fois le capital social (CA Paris 30-3-1977 : Rev. sociétés 1977 p. 470 note J. H.).

Lorsque l'activité de la société se dégrade et qu'il devient nécessaire de diminuer les charges sociales, le président commet une faute en ne réduisant pas sa propre rémunération et s'expose à devoir reverser la fraction jugée excessive de celle-ci (CA Paris 17-11-1981, inédit).

40572 La **modification** ou la **suppression** de la rémunération du président ne peut résulter que d'une décision du conseil d'administration ou d'une renonciation explicite de la part de l'intéressé (cf. CA Paris 31-5-1996 : RJDA 10/96 n° 1210).

Cette modification ou suppression de la rémunération ne peut pas, sauf accord du président, avoir un effet rétroactif (Cass. com. 10-2-2009 n° 08-12.564 : RJDA 10/09 n° 848, à propos de la rémunération d'un membre du directoire mais transposable à celle du président, du directeur général ou du directeur général délégué en raison de l'identité des textes applicables ; CA Paris 28-7-1982 : BRDA 20/82 p. 19 ; CA Paris 12-1-2006 n° 04/21881 : RJDA 5/06 n° 549), même si la rémunération n'a pas encore été versée (Cass. com. 10-2-2009 précité). Le fait que l'intéressé s'est abstenu de participer à la réunion du conseil est insuffisant à caractériser son accord (CA Paris 12-1-2006 précité).

› Précisions **a.** Il a été jugé, à propos de la rémunération d'un membre du directoire, mais la solution est transposable à celle du président, du directeur général ou du directeur général délégué en raison de l'identité des textes applicables, que le **conseil** de surveillance pouvait, quatre jours après avoir accordé une augmentation de cette rémunération, **revenir sur sa décision** et supprimer cette augmentation (Cass. com. 16-7-1985 : Bull. civ. IV n° 217).

b. Sur la possibilité pour le conseil d'administration de **supprimer** ou de modifier de manière unilatérale la pension versée à un ancien président à titre de **complément de retraite,** voir Cass. com. 24-10-2000 : RJDA 2/01 n° 177 et CA Paris 21-3-2023 n° 21/12823 : RJDA 11/23 n° 592.

c. Sauf preuve contraire montrant que les parties ont entendu lier la **participation aux bénéfices** allouée au président à la présence de celui-ci dans la société pendant toute la durée de l'exercice, l'intéressé, même s'il a **démissionné en cours d'exercice,** a droit à cette rémunération, celle-ci étant alors calculée au prorata du temps passé (CA Paris 25-3-1993 : Bull. Joly 1993 ; p. 744 note A. Viandier).

RÉMUNÉRATION DU PRÉSIDENT DANS LES SOCIÉTÉS « COTÉES »

40573 **Rémunération du président exécutif : principes de détermination** L'**Afep** et le **Medef,** d'une part, et **Middlenext,** d'autre part, recommandent aux **sociétés dont les titres sont admis aux négociations sur un marché réglementé** que la rémunération du président exécutif (cas du président qui cumule les fonctions de président du conseil d'administration et de directeur général) soit déterminée par une décision motivée du conseil d'administration sur la proposition du comité des rémunérations et en respectant les **principes** suivants : la rémunération doit être équilibrée, cohérente, comparable, intelligible, mesurée, transparente et tous ses éléments doivent être pris en compte (partie fixe, partie variable, stock-options, actions gratuites, rémunérations perçues au titre des fonctions d'administrateur – ex-jetons de présence –, rémunérations exceptionnelles, conditions de retraite et avantages particuliers et, d'une manière générale, toute autre composante de la rémunération) (Code de gouvernance Afep-Medef art. 26.1 ; Code de gouvernance Middlenext rec. 16 ; sur le champ d'application et la force contraignante de ces Codes, voir n°s 48272 s.).

Pour l'Afep et le Medef, la rémunération du président exécutif doit notamment être compétitive, adaptée à la stratégie et au contexte de l'entreprise et avoir pour objectif de promouvoir la performance et la compétitivité de celle-ci sur le moyen et long terme en intégrant un ou plusieurs critères liés à la responsabilité sociale et environnementale, dont au moins un critère en lien avec les objectifs climatiques de l'entreprise ; ces critères, définis de manière précise, doivent refléter les enjeux sociaux et environnementaux les plus importants pour l'entreprise et les critères quantifiables doivent être privilégiés ; la rémunération doit permettre d'attirer, de retenir et de motiver des dirigeants performants (Code de gouvernance Afep-Medef art. 26.1.1 ; voir aussi Guide d'application du Code Afep-Medef mars 2024 p. 19 s.).

L'Afep et le Medef recommandent au conseil d'administration de délibérer sur la rémunération proposée par le comité des rémunérations hors la présence du dirigeant concerné (Code de gouvernance Afep-Medef art. 19.3).

Rémunération fixe. Il est recommandé que la partie fixe de la rémunération ne soit revue qu'à intervalle de temps relativement long. Si la société choisit une évolution annuelle de la rémunération fixe, cette évolution doit être modérée et cohérente avec celle des autres dirigeants et salariés de la société. En cas d'augmentation significative, le conseil d'administration doit en expliciter les raisons (Code de gouvernance Afep-Medef art. 26.3.1). **40575**

Pour l'AMF, les raisons d'une augmentation significative de la rémunération doivent être explicitées ; lorsque cette augmentation est justifiée par des études comparatives, la société doit apporter des explications circonstanciées, par exemple en donnant les caractéristiques du panel des sociétés comparables retenu (Recommandation AMF 2012-02 § 26.3.1).

Rémunération variable annuelle. Le conseil d'administration peut décider d'attribuer au président exécutif une rémunération variable annuelle dont le paiement peut, le cas échéant, être différé (Code de gouvernance Afep-Medef art. 26.3.2). **40576**

Les règles de détermination de cette rémunération dépendent de la performance du président exécutif et du progrès réalisé par la société. Il est recommandé que le conseil (art. 26.3.2 précité) :

– définisse les critères précis permettant de déterminer la rémunération variable ainsi que les objectifs à atteindre ;

– fixe le plafond de cette rémunération sous forme d'un pourcentage de la rémunération fixe et proportionné à celle-ci.

› Précisions **a.** Selon le Code Afep-Medef (art. 26.3.2), les **critères** quantifiables **permettant de déterminer la rémunération variable** du président doivent être prépondérants par rapport aux critères qualitatifs. Ils doivent être simples, pertinents et adaptés à la stratégie de la société. Ils ne sont pas nécessairement financiers, ce qui permet d'intégrer des critères relatifs à la responsabilité sociale et environnementale de la société. S'il est retenu, le cours de bourse ne doit pas constituer le seul critère quantifiable et peut être apprécié de manière relative (comparaison avec des pairs ou des indices). Les critères qualitatifs doivent être définis de manière précise (voir *aussi Guide d'application du Code* Afep-Medef mars 2024 p. 20 s.). Lorsqu'une rémunération variable est attribuée en fonction de critères relatifs à la responsabilité sociale et environnementale, l'AMF relève plusieurs bonnes pratiques telles que l'utilisation d'indicateurs quantifiables ou mesurables (par exemple, le taux de réduction des émissions carbone par salariés), issus de la déclaration de performance extra-financière et révisés par le commissaire aux comptes ou un organisme tiers indépendant (Rapport AMF 2022 sur le gouvernement d'entreprise et la rémunération des dirigeants de sociétés cotées du 1-12-2022 p. 54).

b. L'AMF invite les sociétés, au moment du calcul de la rémunération variable annuelle, à préciser clairement a minima pour chaque objectif quantifiable le **niveau de réalisation atteint.** Elle recommande en outre que le **conseil d'administration justifie sa décision** lorsque la part de la rémunération variable annuelle attribuée sur la base de la performance des critères qualitatifs devient prépondérante par rapport à la part reposant sur la performance des critères quantifiables ; cette situation doit, en tout état de cause, rester exceptionnelle et la justification apportée doit permettre d'en comprendre la motivation (Recommandation AMF 2012-02 § 26.3.2).

c. La rémunération variable d'un **président qui quitte son mandat en cours d'exercice** ne peut pas lui être versée au prorata du temps passé dans la société au titre de cet exercice si cela n'a pas été prévu par le conseil d'administration (Cass. com. 7-5-2025 n° 24-12.460 F-D : RJDA 8-9/25 n° 444, à propos d'un membre du directoire mais transposable).

40577 **Rémunérations de long terme.** L'Afep et le Medef recommandent que les mécanismes de rémunérations de long terme (stock-options, attribution gratuite d'actions, rémunérations variables pluriannuelles, etc.) dont bénéficie le président exécutif soient simples, compréhensibles et proportionnés à la rémunération fixe et variable annuelle. Ces mécanismes doivent prévoir des conditions de performance exigeantes et non modifiables au cours de la période considérée, sauf circonstances exceptionnelles (modification substantielle du périmètre, évolution imprévue du contexte concurrentiel, perte de la pertinence d'un indice de référence ou d'un groupe de comparaison, etc.). Les conditions de performance peuvent être internes à la société ou relatives, c'est-à-dire liées à la performance d'autres sociétés ou d'un secteur de référence. S'il est retenu, le cours de bourse peut être apprécié de manière relative (comparaison avec des pairs ou des indices). Lorsque cela est possible et pertinent, ces conditions de performance internes et relatives doivent être combinées (Code de gouvernance Afep-Medef art. 26.3.3).

En cas de départ du président avant l'expiration de la durée prévue pour l'appréciation des critères de performance, le conseil doit décider du sort des plans non encore acquis ou des options non encore levées à la date du départ et motiver sa décision (Code de gouvernance Afep-Medef art. 26.5.1 sur renvoi de l'art. 26.3.3).

40578 **Rémunérations exceptionnelles.** L'Afep et le Medef considèrent que seules des circonstances très particulières peuvent donner lieu à une rémunération exceptionnelle (par exemple, en raison de leur importance pour la société, de l'implication qu'elles exigent et des difficultés qu'elles présentent). Le versement de cette rémunération doit en outre être motivé et la réalisation de l'événement ayant conduit à son versement explicitée (Code de gouvernance Afep-Medef art. 26.3.4 ; voir aussi Guide d'application du Code Afep-Medef mars 2024 p. 23 qui précise notamment que les rémunérations exceptionnelles ne peuvent pas servir à modifier indirectement les critères de la rémunération variable).

40579 **Indemnités de prise de fonctions.** L'Afep et le Medef recommandent au conseil d'administration de n'accorder une indemnité de prise de fonctions (« golden hello » ou « welcome bonus ») qu'à un nouveau dirigeant venant d'une société extérieure au groupe ; ce versement doit être explicité et son montant rendu public au moment de sa fixation, même en cas de paiement échelonné ou différé (Code de gouvernance Afep-Medef art. 26.4 ; voir aussi Guide d'application du Code Afep-Medef mars 2024 p. 23).

40580 Rémunération du président non exécutif : principes de détermination

L'**Afep** et le **Medef** recommandent aux **sociétés dont les titres sont admis aux négociations sur un marché réglementé** que la rémunération du président non exécutif (cas du président du conseil d'administration qui ne cumule pas ses fonctions avec celles de directeur général) soit déterminée par une décision motivée du conseil d'administration sur les propositions du comité des rémunérations (Code de gouvernance Afep-Medef art. 26.2).

Ne disposant pas de pouvoirs de gestion, le président non exécutif ne devrait pas se voir attribuer une rémunération variable, des options d'actions ou des actions de performance, sauf justification de la part du conseil d'administration (art. 26.2 précité). En outre, il ne peut être considéré comme indépendant s'il perçoit une rémunération variable en numéraire ou des titres ou toute rémunération liée à la performance de la société ou du groupe (Code de gouvernance Afep-Medef art. 10.6).

Pour **Middlenext,** qui ne distingue pas entre président exécutif et président non exécutif, le conseil d'administration doit déterminer le niveau et les modalités de rémunération du président ainsi que l'information qui en est faite, conformément aux exigences légales et réglementaires. Le niveau et les modalités de la rémunération du président doivent respecter les principes suivants : exhaustivité, équilibre, benchmark (la rémunération doit être appréciée en fonction du contexte du métier et du marché de référence), cohérence, lisibilité, mesure et transparence (Code de gouvernance Middlenext rec. 16).

Sur le champ d'application et la force contraignante de ces Codes, voir n°s 48272 s.

40582 Procédure de contrôle de la rémunération du président (« say on pay »)

Des mesures de contrôle de la rémunération du président de **société dont les actions sont admises aux négociations sur un marché réglementé** sont imposées par la loi (art. L 22-10-8, sur renvoi de l'art. L 22-10-16, et art. L 22-10-9 et L 22-10-34 : n°s 53040 s.).

RÉMUNÉRATION DU PRÉSIDENT DANS LES SOCIÉTÉS PUBLIQUES NATIONALES

40589 La **rémunération** fixe et variable des dirigeants mandataires sociaux des entreprises publiques nationales fait l'objet d'un dispositif de **plafonnement.**

Ainsi, dans les SA publiques nationales, les éléments de rémunération du président du conseil d'administration sont approuvés par décision du ministre de l'économie (Décret 53-707 du 9-8-1953 art. 3, I). Cette décision est rendue publique (Décret 53-707 art. 3, III-al. 3). Les rémunérations excédant un plafond annuel brut de 450 000 € ne peuvent pas être approuvées (Décret 53-707 art. 3, III-al. 1).

Pour l'application du plafond, il est tenu compte des éléments de rémunération perçus par le président en cette qualité, du montant des rémunérations (ex-jetons de présence) et indemnités perçues au titre de ses fonctions d'administrateur ainsi que, le cas échéant, du montant des rémunérations perçues au titre de ses fonctions d'administrateur d'autres sociétés du « groupe » auquel appartient la société qu'il dirige (Décret 53-707 art. 3, III-al. 2). À ce titre, la société doit communiquer au ministre de l'économie, préalablement à la décision d'approbation, les éléments de rémunération que le président est susceptible de percevoir en qualité de salarié, d'administrateur ou de mandataire social des autres sociétés du « groupe » (Décret 53-707 art. 3, II).

Les avantages de toute nature liés à l'activité, ainsi que les éléments de rémunération, indemnités ou avantages dus ou susceptibles d'être dus au président en raison de sa cessation d'activité ou de son changement de fonctions ou postérieurement à ceux-ci sont également soumis à approbation ministérielle (Décret 53-707 art. 3, I-3°). En revanche, ces éléments ne sont pas pris en compte pour le calcul du plafond mentionné ci-dessus.

RÉGIME FISCAL DE LA RÉMUNÉRATION DU PRÉSIDENT

La rémunération du président est soumise au régime fiscal des traitements et salaires : elle est déductible des bénéfices de la société et imposable, du chef de l'intéressé, à l'impôt sur le revenu (Mémento Fiscal n° 23550). **40590**

Toutefois, la fraction de la rémunération qui serait considérée (suivant les critères fiscaux) comme excessive ou qui ne correspondrait pas à un travail effectif se trouverait réintégrée dans les bénéfices sociaux et taxée comme un revenu distribué sur une base majorée de 25 % (Mémento Fiscal n° 23700).

Les rémunérations différées consenties par les SA dont les titres sont admis aux négociations sur un marché réglementé à leurs présidents sont admises en déduction du bénéfice net dans la limite fixée à trois fois le plafond annuel de la sécurité sociale par bénéficiaire (soit 141 300 € pour 2025) (CGI art. 39, 5 bis). Sont visés par cette limitation les rémunérations, indemnités ou avantages visés à l'article L 22-10-9, I-4°, parmi lesquels les « parachutes dorés » versés lors du départ de l'entreprise et les indemnités de non-concurrence ou encore les indemnités de retraite (notamment celles versées dans le cadre de régimes « chapeaux » ; Mémento Fiscal n° 8615).

Le président peut déduire de sa rémunération les intérêts d'emprunt versés pour acquérir les titres de la société dans les mêmes conditions que celles exposées n° 31567 pour les gérants de SARL.

RÉGIME « SOCIAL » DE LA RÉMUNÉRATION DU PRÉSIDENT

Du fait de son assimilation à un salaire, la rémunération du président est assujettie aux cotisations et contributions de **sécurité sociale** et de **retraite complémentaire** des salariés, mais pas aux cotisations du régime Unédic d'assurance **chômage** : voir nos 40533 s. **40595**

› Précisions a. Bien qu'assujetti au régime général de la sécurité sociale des salariés, le président n'a pas pour autant la qualité de salarié au sens du Code du travail et ne peut donc bénéficier des **mesures d'exonération** totale ou partielle **de cotisations** applicables aux salariés, sauf s'il cumule son mandat social avec un contrat de travail pour lequel il relève du régime géré par Pôle emploi, devenu France Travail (Cass. 2e civ. 26-11-2015 n° 14-26.353 : RJS 3/16 n° 215).

b. L'**assiette des cotisations** de sécurité sociale et de retraite complémentaire du président inclut, contrairement aux autres administrateurs, la totalité de la rémunération reçue au titre de ses fonctions d'administrateur (anciens jetons de présence) : voir n° 41046. La circonstance qu'une partie de la rémunération soit considérée fiscalement comme excessive et perde au regard de l'impôt le caractère de salaire (n° 40590) est sans incidence en matière de sécurité sociale. Elle ne permet donc pas de réclamer le remboursement des cotisations de sécurité sociale qui ont été versées à raison de cette fraction de la rémunération (Cass. soc. 14-1-1993 nos 90-15.103 et 90-15.106 : RJS 2/93 n° 204). Mais la CSG et la CRDS sur revenus d'activité déjà acquittées sur cette fraction viennent en diminution des contributions sociales sur revenus du patrimoine devenues exigibles sur cette même fraction (CAA Lyon 7-2-2017 : RJF 5/17 n° 511).

c. Une **avance en compte courant** dont le président a eu la libre disposition constitue un avantage en espèces **soumis à cotisations** sociales. Le fait que le montant de l'avance ait été ensuite réduit par des versements au crédit du compte ou restitué à la société ne remet pas en cause ces cotisations (Cass. soc. 23-5-1996 n° 94-12.010 : RJS 12/96 nº 1330 ; Cass. 2e civ. 10-5-2005 nº 03-30.657 : RJS 8-9/05 nº 917 ; Cass. 2e civ. 14-3-2007 nº 06-11.619 : RJS 5/07 nº 676).

d. Pour de plus amples développements sur le **calcul des cotisations** sociales du président, voir Mémento Social nos 28515 s.

6. ADMINISTRATEUR DÉLÉGUÉ DANS LES FONCTIONS DE PRÉSIDENT DU CONSEIL D'ADMINISTRATION

NOMINATION ET CHOIX DE L'ADMINISTRATEUR DÉLÉGUÉ

40600 Le conseil d'administration (et non le président) peut déléguer un administrateur dans les fonctions de président du conseil dans les deux **cas** suivants (art. L 225-50) :

– empêchement du président ;

– décès du président.

La loi ne définit pas la **notion d'empêchement,** mais il semble qu'elle a en vue essentiellement la maladie, la fatigue, l'éloignement de l'intéressé, c'est-à-dire tout événement affectant la personne du président et l'empêchant durablement d'assumer ses fonctions.

L'administrateur délégué doit remplir les mêmes **conditions** que le président. Ainsi, la limite d'âge fixée par les statuts (ou par la loi) pour le président lui est applicable. En effet, l'article L 225-48 prévoit cette limite d'âge « pour l'exercice des fonctions de président » ; or, l'administrateur chargé de remplacer le président empêché ou décédé est « délégué dans les fonctions de président » (cf. art. L 225-50, al. 1).

Toutefois, l'interdiction de cumul des mandats (nos 37200 s.) ne paraît pas s'appliquer à l'administrateur délégué puisque sa mission est nécessairement temporaire.

› Précisions La question se pose de savoir si le conseil d'administration pourrait aussi **attribuer à l'administrateur délégué,** puisqu'il fait fonction de président, la **qualité et les pouvoirs de directeur général.** Il est permis d'en douter car l'article L 225-50 vise seulement la délégation « dans les fonctions de président ». On peut certes penser que l'esprit de ce texte est de pallier les difficultés d'une société soudainement privée de représentant légal. En conséquence, plusieurs auteurs considèrent que cette situation résulte d'un oubli du législateur et qu'une lecture conforme à l'esprit des textes devrait être retenue (notamment, A. Couret et J.-B. Duchateau, Quels pouvoirs pour l'administrateur délégué ? : Bull. Joly 2010 p. 206). En l'absence de jurisprudence en ce sens ou d'une adaptation des textes, la solution est toutefois incertaine.
En tout état de cause, la société ne devrait pas rencontrer de difficulté si elle est dotée d'un directeur général délégué. Dans ce cas, elle conservera en effet un représentant légal capable de l'engager puisque, lorsque le directeur général cesse ses fonctions, le directeur général délégué conserve ses attributions jusqu'à la nomination d'un nouveau directeur général (art. L 225-55).

DURÉE DES FONCTIONS DE L'ADMINISTRATEUR DÉLÉGUÉ

40601 La délégation donnée à la suite du décès du président du conseil d'administration prend fin au jour de l'élection du nouveau président.

Celle donnée pour cause d'empêchement temporaire s'achève au terme fixé par le conseil d'administration lors de la nomination (art. L 225-50, al. 2). Elle peut aussi prendre fin par la révocation de l'administrateur délégué. Destinée à pallier un décès soudain, cette mission a, par essence, un caractère précaire ; le conseil d'administration peut donc y mettre fin avant le terme prévu dès que le président est en mesure d'assumer à nouveau ses fonctions.

RESPONSABILITÉ DE L'ADMINISTRATEUR DÉLÉGUÉ

40603 Puisque l'administrateur délégué exerce les fonctions de président, il encourt la même responsabilité que celui-ci pour les actes qu'il accomplit pendant la période de remplacement.

B. Délibérations du conseil d'administration

MODE DE CONSULTATION DU CONSEIL D'ADMINISTRATION

40645 En principe, la prise de décision par le conseil se fait **en réunion,** en présence des administrateurs qui participent à la séance, le cas échéant par un moyen de télécommunication.

Mais les statuts peuvent aussi prévoir que toutes les décisions du conseil ou certaines d'entre elles peuvent être prises par **consultation écrite,** y compris par voie électronique, selon les modalités et délais qu'ils définissent (notamment personnes pouvant prendre l'initiative de la consultation, ainsi que forme et conditions de conservation de l'acte constatant la décision ainsi prise par le conseil), à **condition** de prévoir que tout administrateur peut s'opposer à ce qu'il soit recouru à ce mode de consultation (art. L 225-37, al. 3 modifié par loi 2024-537 du 13-6-2024). L'utilisation de cette faculté nécessite toutefois une modification statutaire préalable afin d'organiser les modalités du droit d'opposition des administrateurs (forme et délai dans lesquels ce droit devra être exercé, nécessité ou non de motiver la demande, etc.).

1. CONVOCATION AUX SÉANCES DU CONSEIL D'ADMINISTRATION

a. Convocation des administrateurs

Les **modalités de convocation** des administrateurs aux séances du conseil sont librement fixées dans les statuts (art. L 225-36-1, al. 1). 40650

› Précisions a. La **violation des règles statutaires** relatives à la convocation des administrateurs n'entraîne pas la nullité des décisions du conseil, la loi ne contenant aucune disposition impérative à cet égard. Conformément au droit commun, cette nullité peut néanmoins être prononcée si la convocation est intervenue dans des conditions révélatrices d'une fraude ou d'un abus du droit.

b. Jugé que la **nullité** pouvait être **demandée** même **par un actionnaire** autre que l'administrateur irrégulièrement convoqué car la fraude commise affectait la délibération critiquée d'un vice de portée générale, de sorte que toute personne justifiant d'un intérêt légitime pouvait exercer l'action en nullité (CA Versailles 29-6-2000 : RJDA 1/01 n° 44).

AUTEUR DE LA CONVOCATION DES ADMINISTRATEURS

En pratique, les statuts attribuent au président le **droit de convoquer** le conseil. Si les statuts ne prévoient pas que le conseil peut aussi être convoqué par quelqu'un d'autre, le président est en principe seul compétent pour procéder à cette convocation puisque c'est à lui que revient le soin d'organiser les travaux du conseil (art. L 225-51). 40652

Toutefois, si le conseil ne s'est pas réuni depuis plus de deux mois, un groupe d'administrateurs peut, à la condition de représenter au moins le tiers des membres en fonctions, **demander** au président **de convoquer** le conseil sur un ordre du jour déterminé (art. L 225-36-1, al. 2). Notons que les statuts peuvent selon nous subordonner la convocation du conseil par des administrateurs à des conditions moins strictes que celles de l'article L 225-36-1 : par exemple, un délai d'absence de réunion inférieur à deux mois ou une proportion d'administrateurs inférieure au tiers des membres en fonctions. En effet, l'esprit de la loi est de rendre aussi effective que possible l'action du conseil.

En cas de dissociation des fonctions de direction entre un président et un directeur général, le directeur général peut aussi demander au président de convoquer le conseil (art. L 225-36-1, al. 3), et ce, à tout moment.

Qu'elle émane d'administrateurs ou du directeur général et quelles que soient les questions figurant à l'ordre du jour, la demande s'impose au président, qui doit convoquer le conseil (art. L 225-36-1, al. 4). S'il s'abstenait de procéder à cette convocation, il pourrait, à notre avis, y être contraint par décision de justice assortie au besoin d'une astreinte. Il peut aussi être prévu dans les statuts qu'en cas de carence du président, le groupe d'administrateurs ou le directeur général sera compétent pour procéder à la convocation du conseil et fixer l'ordre du jour de la réunion.

De même, lorsqu'une clause des statuts ou d'un règlement intérieur autorise un ou plusieurs administrateurs à demander au président de réunir le conseil, le président est lié par cette demande si l'ordre du jour de la réunion sollicitée relève de la compétence du conseil. Tel est le cas pour une réunion visant à apporter une réponse à des griefs formulés par la Commission européenne en matière de cession d'actifs (Cass. com. 29-1-2008 n° 06-20.311 : RJDA 5/08 n° 544).

› Précisions a. Lorsque les statuts attribuent au seul président le soin de convoquer le conseil, les administrateurs peuvent-ils, en cas de **démission inopinée du président,** prendre l'initiative de se réunir pour nommer un nouveau président ? L'Ansa admet cette possibilité pourvu que les administrateurs décident de cette réunion à l'unanimité. À défaut, le recours à la justice s'impose pour convoquer le conseil (Communication Ansa, comité juridique n° 08-039 du 3-9-2008). Guidée par le bon sens, cette solution permet d'éviter la paralysie du conseil. À notre avis, le juge saisi en l'absence d'unanimité ne pourrait pas ordonner lui-même la convocation car il s'immiscerait alors dans le pacte social, clair et précis, prévoyant dans notre hypothèse la convocation par le seul président (cf. C. civ. art. 1103). La seule issue pour les administrateurs souhaitant se réunir serait de demander la nomination d'un mandataire ad hoc chargé par le juge de procéder à la convocation.

b. Dans les **sociétés du secteur public,** le conseil d'administration se réunit en séance ordinaire sur convocation du président. Le conseil peut également se réunir, sur convocation de plus d'un tiers de ses membres, sur un ordre du jour déterminé dans la convocation et un lieu également déterminé dans celle-ci. Le directeur général peut aussi demander au président de convoquer le conseil sur un ordre du jour déterminé (Ord. 2014-948 du 20-8-2014 art. 12). Il peut être dérogé à tout ou partie de ces dispositions par une mention expresse des statuts (Ord. 2014-948 art. 10, al. 2).

PÉRIODICITÉ DES RÉUNIONS DU CONSEIL D'ADMINISTRATION

40654 Sous réserve des cas où la réunion du conseil est demandée par un groupe d'administrateurs ou, en cas de dissociation des fonctions, par le directeur général (nº 40652), la fréquence des séances du conseil n'est pas réglementée ; les statuts peuvent prévoir soit de réunir les administrateurs à intervalles périodiques (par exemple, tous les mois ou tous les deux mois), soit de laisser au président le soin de réunir le conseil aux moments qu'il juge opportuns.

› Précisions L'Afep et le Medef recommandent que, dans les **sociétés dont les titres sont admis aux négociations sur un marché réglementé,** la périodicité des réunions soit telle qu'elle permette un examen approfondi des thèmes abordés (Code de gouvernance Afep-Medef art. 12.2). Middlenext adopte la même recommandation et conseille un minimum de quatre réunions annuelles (Code de gouvernance Middlenext rec. 5). L'Afep et le Medef préconisent en outre d'organiser chaque année au moins une réunion hors la présence des dirigeants mandataires sociaux exécutifs (Code de gouvernance Afep-Medef art. 12.3 ; voir aussi Guide d'application du Code Afep-Medef mars 2024 p. 10 s.). Sur le caractère contraignant et le champ d'application de ces Codes, voir nºˢ 48272 s.

LIEU DE RÉUNION DU CONSEIL D'ADMINISTRATION

40656 Les réunions se déroulent au lieu fixé par les statuts (généralement le siège social). Dans le silence des statuts, le conseil peut être réuni dans tout autre lieu indiqué dans la convocation. Encore faut-il que ce lieu ne soit pas choisi dans le but d'empêcher la présence d'un ou de plusieurs administrateurs, auquel cas les délibérations du conseil pourraient être annulées pour fraude ou abus de droit.

FORME ET DÉLAI DE LA CONVOCATION DES ADMINISTRATEURS

40658 Les statuts déterminent librement les **formes** de la convocation : lettre simple ou recommandée, e-mail ou même convocation verbale, encore que ce dernier procédé soit à déconseiller car il rend très difficile la preuve que la convocation a bien été effectuée. Dans le silence des statuts, le président choisit librement le mode selon lequel les administrateurs seront informés de la réunion du conseil (cf. CA Colmar 6-6-1975 : Bull. Joly 1976 p. 240 ; CA Paris 22-3-1977 : D. 1978 p. 157 note Gourlay ; T. com. Nanterre 17-5-1990 : Dr. sociétés 1991 nº 335).

40660 D'une manière générale, les convocations doivent être adressées aux administrateurs avec un **délai** suffisant pour leur permettre d'assister à la séance (Cass. com. 7-5-1973 nº 72-10.587 P : Bull. civ. IV nº 166 ; CA Versailles 29-6-2000 : RJDA 1/01 nº 44). À défaut, les décisions du conseil peuvent être annulées pour fraude. Tel est le cas lorsque la réunion du conseil a été décidée de façon hâtive (CA Versailles 29-6-2000 : RJDA 1/01 nº 44), lorsque l'auteur de la convocation a fait en sorte qu'elle ne puisse pas parvenir à un administrateur avant la réunion (Cass. com. 7-5-1973 nº 72-10.587 P : Bull. civ. IV nº 166) ou lorsque son auteur savait ou aurait dû savoir qu'un administrateur ne pouvait pas être présent ou représenté à la réunion (en ce sens, CA Pau 3-4-2012 nº 11/00429 : RJDA 12/12 nº 1089).

À l'inverse, la réunion d'un conseil d'administration convoqué seulement deux jours auparavant n'a pas été jugée frauduleuse car ce délai de convocation très court n'était pas interdit par les statuts et celui des administrateurs qui s'en plaignait avait été en mesure d'assister à la réunion (CA Paris 30-6-2016 nº 15/16033 : RJDA 11/16 nº 797).

b. Convocation des commissaires aux comptes

40662 Les commissaires aux comptes (s'il en existe) doivent être convoqués à toutes les réunions du conseil qui **examinent ou arrêtent les comptes** annuels ou intermédiaires et, le cas échéant, examinent et adoptent le **rapport** sur les informations communiquées en matière **de durabilité** (art. L 821-65).

Si cela paraît opportun, ils peuvent aussi être convoqués à toute autre réunion du conseil (art. D 821-185, al. 2) ou participer, le cas échéant, aux consultations écrites visées nº 40645.

La convocation doit être adressée aux commissaires titulaires mais non aux suppléants (s'il en a été nommé) puisque ceux-ci n'ont pas d'autre mission que celle de remplacer les titulaires au cas où ces derniers viendraient à cesser d'exercer leurs fonctions.

En toute hypothèse, cette convocation doit être faite par lettre recommandée AR et adressée aux commissaires en même temps que la convocation des administrateurs (art. D 821-185, al. 2 et 3).

Le **défaut de convocation** ou la **convocation irrégulière** des commissaires à la séance du conseil qui arrête les comptes de l'exercice écoulé ou qui adopte, le cas échéant, le rapport de durabilité ne sont pas sanctionnés pénalement. Ils entraînent donc seulement la responsabilité civile des dirigeants sociaux dans les conditions de droit commun (Rép. Braconnier : Sén. 11-5-1976 nº 19652). Il en est de même, à notre avis, en cas de défaut de convocation ou de convocation irrégulière des commissaires à toute autre séance du conseil où leur présence est obligatoire. **40663**

En pratique, certains commissaires aux comptes acceptent de ne pas être convoqués par lettre recommandée AR mais par lettre ordinaire ou par courrier électronique. Dans ce cas, il est prudent de leur demander de confirmer qu'ils ont bien reçu la convocation dans les délais en envoyant à la société un accusé de réception par lettre ou e-mail.

En tout état de cause, il a été jugé que l'irrégularité commise en procédant à la convocation des commissaires aux comptes par simple lettre ordinaire ne saurait entraîner la nullité des délibérations du conseil d'administration dès lors que cette irrégularité n'a causé aucun préjudice à quiconque (cf., à compter du 1-10-2025, C. civ. art. 1844-12-1 issu de ord. 2025-229 du 12-3-2025 et Ord. 2025-229 art. 70 ; avant cette date, Cass. com. 2-7-1985 : JCP 1985 II nº 20518 note A. Viandier).

c. Convocation de l'OTI

Pour les sociétés tenues de publier des informations de durabilité ayant choisi de faire certifier celles-ci par un OTI, cet organisme doit être convoqué à toutes les **réunions du conseil** qui examinent et adoptent le rapport les contenant (art. L 822-18, al. 2). **40664**

Si cela paraît opportun, l'OTI peut aussi être convoqué à toute autre réunion du conseil (art. R 822-25, al. 2) ou participer, le cas échéant, aux consultations écrites visées nº 40645.

La convocation doit être adressée à l'OTI titulaire mais non au suppléant (s'il en a été nommé) pour les mêmes raisons que celles exposées nº 40662 à propos des commissaires aux comptes suppléants.

La **convocation doit être faite par** lettre recommandée AR et adressée à l'OTI en même temps que la convocation des administrateurs (art. R 822-25, al. 2 et 3).

Le **défaut de convocation** ou la **convocation irrégulière** de l'OTI ne sont assortis d'aucune sanction pénale. Ils ne peuvent entraîner, à notre avis, que la mise en cause de la responsabilité civile des dirigeants sociaux dans les conditions de droit commun.

d. Convocation des représentants du CSE

Dans les sociétés d'au moins 50 salariés, deux membres du comité social et économique (CSE) **délégués** par ce comité et appartenant l'un à la **catégorie** des cadres techniciens et agents de maîtrise, l'autre à la catégorie des employés et ouvriers, assistent avec voix consultative à toutes les séances du conseil d'administration (C. trav. art. L 2312-72, al. 1). **40665**

Dans les sociétés où un **collège** spécial **de cadres** a été constitué, la délégation du personnel au conseil d'administration (ou au conseil de surveillance) est portée à quatre membres dont deux appartenant à la catégorie des employés et ouvriers, le troisième à la catégorie de la maîtrise et le quatrième à la catégorie des ingénieurs et cadres (art. L 2312-72, al. 2).

Toutefois, lorsque le conseil d'administration comprend au moins un membre élu ou désigné par les salariés, la représentation du CSE des sociétés d'au moins 50 salariés auprès de ce conseil n'est assurée que par une seule personne :
– le secrétaire du CSE, s'il s'agit d'une société relevant du secteur public (art. L 2312-74) ;
– un membre titulaire du CSE désigné par ce dernier, dans les autres cas (art. L 2312-75).

Lorsque les statuts prévoient la prise de certaines décisions par consultation écrite (nº 40645), les membres représentant le CSE doivent à notre avis être consultés selon les mêmes modalités que les administrateurs.

Le **défaut de convocation** des délégués du CSE expose les dirigeants sociaux à des sanctions pénales pour entrave au fonctionnement du comité. **40666**

En revanche, un tel manquement n'entraîne pas la nullité des délibérations du conseil adoptées avant le 1er octobre 2025 (Rép. Renouard : AN 16-5-1972 nº 23160 ; voir aussi Cass. soc. 26-5-1998 nº 95-15.883 : RJDA 11/98 nº 1241, dans un cas où, hors de toute fraude, les délégués n'avaient pas pu participer à une délibération ayant pour seul objet l'exercice d'une action en justice). En effet, les articles du Code du travail prévoyant la convocation de membres du CSE aux séances du conseil ne constituent ni une disposition impérative du Livre II du Code de commerce, ni une disposition impérative régissant les contrats (cf. art. L 235-1 ; nº 89310). Cette solution pourrait être remise en cause pour les délibérations du conseil adoptées à compter du 1er octobre 2025 : la nullité des délibérations est susceptible d'être prononcée pour défaut de convocation des délégués au conseil si un juge estime que l'article L 2312-72 du Code du travail est une disposition impérative de droit des sociétés (cf. C. civ. art. 1844-10, al. 3 modifié, à compter du 1-10-2025, par ord. 2025-229 du 12-3-2025 ; Ord. 2025-229 art. 70).

40667 Les délégués du CSE ont **droit** aux mêmes **documents** que ceux adressés ou remis aux membres du conseil d'administration ou de surveillance à l'occasion de leurs réunions (C. trav. art. L 2312-73).

L'assistance avec **voix** consultative (nº 40665) implique le droit pour les représentants du CSE d'exprimer leur avis sur les questions débattues en séance.

En outre, les délégués peuvent soumettre les **vœux du CSE** au conseil, lequel doit donner un avis motivé sur ces vœux (art. L 2312-73).

Sur la représentation du CSE dans les **groupes de sociétés,** voir nos 79810 s.

> **Précisions** **a.** Seuls peuvent être délégués au conseil d'administration des membres du CSE, à l'exclusion des **représentants syndicaux** (CA Paris 16-5-1997 nº 96-4130 : RJS 10/97 nº 1105, à propos du comité d'entreprise mais à notre avis transposable au CSE).
> **b.** Il n'y a pas lieu, selon le ministère chargé du travail, de distinguer entre les élus, selon qu'ils sont **titulaires ou suppléants,** en l'absence d'une telle différenciation dans la loi et compte tenu du rôle uniquement consultatif joué par les délégués du CSE (Circ. DRT 12 du 30-11-1984 nº 1-7 : BOMT 84/8 bis).

e. Ordre du jour des séances du conseil d'administration

40670 L'ordre du jour de la séance est fixé dans la convocation par l'auteur de celle-ci (en pratique, le président), mais il peut être stipulé dans les statuts que cet ordre du jour pourra n'être **arrêté** qu'au moment de la réunion. Par ailleurs, en l'absence de dispositions particulières dans les statuts, le conseil peut valablement examiner d'autres questions que celles figurant à l'ordre du jour (CA Paris 12-1-2006 nº 04/21881 : RJDA 5/06 nº 549).

> **ILLUSTRATIONS**
> Un conseil d'administration dont la réunion a pour seul ordre du jour la cessation des fonctions d'un directeur général peut valablement délibérer sur la question de la fin du paiement de la rémunération de ce dirigeant (CA Paris 12-1-2006 précité).

Par dérogation à ce principe de liberté, un ordre du jour est **nécessaire** :
– lorsque la convocation intervient à la demande d'un groupe d'administrateurs ou du directeur général, auquel cas le président est lié par cet ordre du jour (art. L 225-36-1, al. 2 à 4) ;
– lorsque les statuts autorisent le vote par correspondance des administrateurs, un formulaire devant alors leur permettre de voter sur chacune des décisions soumises au conseil dans l'ordre figurant dans la convocation (art. R 225-21, al. 2).

2. PARTICIPATION AU CONSEIL D'ADMINISTRATION

40675 En principe, la participation des administrateurs aux séances du conseil n'est pas **obligatoire** : d'une part, aucun texte ne l'impose ; d'autre part, le Code de commerce autorise expressément les administrateurs à se faire représenter aux réunions (art. R 225-19).

Pour autant, un administrateur ne peut pas se désintéresser de ses fonctions au point de ne jamais assister aux séances ou d'y faire acte de présence occasionnellement. Un absentéisme chronique pourrait même être considéré comme une négligence fautive si elle causait un préjudice à la société (par exemple, Cass. req. 20-4-1939 : Gaz. Pal. 1939 II p. 152).

En outre, pour les sociétés dont les titres sont admis sur un marché réglementé, l'Afep et le Medef comme Middlenext insistent sur l'**assiduité** des administrateurs et la nécessité pour chacun d'eux de participer à toutes les séances du conseil (Code de gouvernance Afep-Medef art. 21 ; Code de gouvernance Middlenext rec. 1). Middlenext invite le conseil à privilégier, pour des raisons d'efficacité, la présence physique des administrateurs ou à défaut la visioconférence, plutôt que l'échange téléphonique (rec. 6). Sur le caractère contraignant et le champ d'application de ces Codes, voir nos 48272 s.

REPRÉSENTATION DES ADMINISTRATEURS

Sauf clause contraire des statuts, un administrateur a la **possibilité** de se faire représenter à une séance du conseil (art. R 225-19). Il n'est pas indispensable de prévoir dans les statuts la faculté pour les administrateurs de se faire représenter, celle-ci résultant de ce texte. C'est seulement si l'on veut écarter cette possibilité qu'il faut le stipuler expressément dans les statuts. **40680**

Les **conditions** de la représentation des administrateurs sont les suivantes (art. R 225-19) : **40681**

1. Le mandat ne peut être donné qu'à un autre administrateur (ou au représentant permanent d'une personne morale administrateur) ;

2. Chaque administrateur ne peut représenter qu'un seul de ses collègues au cours d'une même séance du conseil ;

3. Le mandat doit être donné par écrit, disposition permettant à notre avis de donner mandat par télécopie ou par courrier électronique car l'écrit est défini comme une suite de lettres, de caractères, de chiffres ou de tous autres signes dotés d'une signification intelligible, quel que soit leur support (C. civ. art. 1365).

Pour l'Ansa, il résulte des termes de l'article R 225-19, ouvrant la faculté de se faire représenter « à une séance du conseil », que le mandat donné ne vaut que pour une seule séance (Communication Ansa, comité juridique n° 17-033 du 7-6-2017).

Il n'est tenu compte des administrateurs représentés que pour le **calcul de la majorité** requise pour l'adoption des décisions ; en revanche, le calcul du **quorum** s'effectue d'après le nombre des administrateurs effectivement présents à la réunion (voir nos 40720 s.).

En l'absence de dispositions légales ou réglementaires contraires, un **administrateur représentant les salariés,** s'il en existe, peut valablement représenter un administrateur nommé par les actionnaires et inversement.

VOTE PAR CORRESPONDANCE PRÉALABLE AU CONSEIL D'ADMINISTRATION

Les **statuts** peuvent **autoriser** le vote par correspondance des administrateurs préalablement à la réunion du conseil d'administration au moyen d'un **formulaire**, lequel doit (art. L 225-37, al. 3 modifié par loi 2024-537 du 13-6-2024 et art. R 225-21, al. 2 et 3 modifié par décret 2024-904 du 8-10-2024) : **40685**

- permettre un vote sur chacune des décisions soumises au vote du conseil, dans l'ordre figurant dans la convocation à la réunion ;
- offrir à l'administrateur la possibilité d'exprimer sur chaque décision un vote favorable ou défavorable ou encore sa volonté de s'abstenir ;
- comporter un espace lui permettant d'expliquer sa position ;
- préciser la date avant laquelle le formulaire doit être reçu par le conseil pour qu'il en soit tenu compte.

Le texte des décisions proposées au conseil et les documents nécessaires à l'information des administrateurs doivent être annexés au formulaire (art. R 225-21, al. 4 modifié par décret 2024-904).

L'administrateur souhaitant voter par correspondance doit indiquer sur le formulaire ses nom et prénom usuel ainsi que sa signature, le cas échéant électronique (art. R 225-21, al. 5 modifié par décret 2024-904).

Le formulaire peut être transmis par la société et renvoyé par l'administrateur par voie électronique (art. R 225-21, al. 6 modifié par décret 2024-904).

Les statuts doivent fixer les **autres modalités** de vote par correspondance (forme et délais d'envoi du formulaire, etc.).

REGISTRE DE PRÉSENCE AUX SÉANCES DU CONSEIL D'ADMINISTRATION

Il doit être tenu un registre de présence que signent les administrateurs participant à chaque séance du conseil et qui, le cas échéant, doit mentionner le nom des **administrateurs** ayant *participé* aux délibérations par un moyen de télécommunication (art. R 225-20, al. 1). Ce registre peut être tenu sous forme électronique, auquel cas il est signé au moyen d'une signature électronique qui respecte au moins les exigences de la signature électronique avancée (sur ces exigences, voir n° 23160), et il doit être daté de façon électronique au moyen d'un horodatage offrant toute garantie de preuve (art. R 225-20, al. 2). **40690**

ATTENTION

Un « **registre** » est **nécessaire.** Aussi n'est-il pas possible, à notre avis, d'utiliser des feuilles de présence même si celles-ci étaient ensuite enliassées dans un dossier spécial. Le fait d'autoriser le **recours à des feuilles mobiles numérotées et paraphées** pour l'établissement des procès-verbaux des délibérations du conseil d'administration (art. R 225-22) et de ne pas le prévoir expressément pour le registre de présence revient à l'autoriser dans le premier cas et à l'interdire dans le second.

Telle n'est cependant pas l'opinion du ministre de la justice. Selon lui, aucun texte n'interdit d'utiliser, pour le registre de présence, le procédé prévu pour les délibérations du conseil (Rép. Frédéric-Dupont : AN 25-7-1983 n° 30967 ; Rép. Authié : Sén. 24-9-1987 n° 07341).

Ce registre de présence doit être distinct du registre sur lequel sont établis les procès-verbaux des délibérations du conseil (Rép. Lebas : AN 8-3-1969 n° 3577 ; Rép. Frédéric-Dupont : AN 25-7-1983 n° 30968). Il n'a pas à être coté ni paraphé.

40691 À s'en tenir à la lettre de l'article R 225-20, seuls les administrateurs sont tenus de signer le registre de présence. Il n'est pas interdit néanmoins de faire signer aussi les **autres personnes** ayant assisté à la réunion (commissaires aux comptes, délégués du comité social et économique des sociétés d'au moins 50 salariés, etc.).

BUREAU DU CONSEIL D'ADMINISTRATION

40700 Aucune réglementation n'existant à cet égard, la composition du bureau du conseil est déterminée librement dans les statuts.

Dans le silence des statuts, les séances sont présidées par le **président** du conseil d'administration. En l'absence de celui-ci, la séance est dirigée par l'administrateur spécialement élu à cet effet par les membres du conseil présents à la réunion ; en cas de partage des voix pour cette élection, c'est le plus âgé des postulants qui doit l'emporter (CA Aix-en-Provence 30-1-1979 : Bull. cour d'Aix 1979/1 p. 95).

40701 La loi ne prévoit pas la possibilité de nommer un ou plusieurs **vice-présidents.** C'est pourtant un usage très répandu, la vice-présidence constituant un titre honorifique attribué à une personne dont on veut reconnaître les mérites à l'égard de la société ou à un administrateur indépendant dont on veut souligner le rôle (vice-président « référent »). Rien ne s'oppose, à notre avis, à cette pratique, mais à la condition que le vice-président ne reçoive, en cette qualité, aucun pouvoir autre que celui de présider les séances du conseil en l'absence du président. Bien entendu, rien n'empêche que le vice-président exerce par ailleurs d'autres fonctions dans la société, par exemple celle de directeur général, et jouisse des pouvoirs attachés à ces fonctions.

40702 Généralement, les statuts prévoient aussi la nomination d'un **secrétaire** du conseil et précisent que celui-ci pourra ne pas être administrateur ni même actionnaire.

Les tâches du secrétaire sont avant tout d'ordre matériel (rédaction des procès-verbaux), mais le secrétaire peut aussi être amené à jouer un **rôle** plus dynamique, comme gérer les ordres du jour ou anticiper les sujets sur lesquels un administrateur aura besoin d'information.

Il est opportun de définir le rôle du secrétaire dans le règlement intérieur et d'entériner sa **nomination** lors des séances du conseil. L'Institut français des administrateurs (IFA) préconise de rattacher directement le secrétaire au président du conseil, afin de favoriser une plus grande indépendance du conseil (www.ifa-asso.com). Bien entendu, lorsque le secrétaire exerce une ou plusieurs autres fonctions (par exemple, directeur juridique ou administratif), rien n'interdit de le rattacher à d'autres directions dans le cadre de ces autres fonctions.

PARTICIPATION AU CONSEIL D'ADMINISTRATION PAR UN MOYEN DE TÉLÉCOMMUNICATION

40710 En **principe,** les administrateurs peuvent participer aux délibérations de toutes les réunions du conseil (débats et votes) par des moyens de télécommunication permettant leur identification et garantissant leur participation effective ; ils sont alors réputés présents pour le calcul du quorum et de la majorité (art. L 225-37, al. 3 modifié par loi 2024-537 du 13-6-2024 supprimant, d'une part, la nécessité pour le règlement intérieur d'autoriser le recours à ce procédé et, d'autre part, l'interdiction d'utiliser ce procédé lors de certaines réunions et art. L 22-10-3-1 issu de loi 2024-537).

Dans les sociétés dont les titres ne sont pas admis aux négociations sur un marché réglementé ou sur un SMN, les statuts ou le règlement intérieur peuvent toutefois **écarter** totalement **cette faculté** (art. précités). En outre, que les titres de la société soient ou non admis aux négociations sur un marché réglementé ou sur un SMN, les statuts (ou désormais, dans les sociétés dont les titres sont admis aux négociations sur un marché réglementé ou sur un SMN, le règlement intérieur) peuvent **limiter** la **nature des décisions** pouvant être adoptées dans ces conditions (art. précités).

Les statuts des sociétés dont les titres ne sont pas admis aux négociations sur un marché réglementé ou sur un SMN peuvent aussi prévoir, au profit d'un nombre déterminé d'administrateurs, un **droit d'opposition** à la tenue des conseils par un moyen de télécommunication (art. précités).

Les **moyens** de télécommunication **utilisés** doivent transmettre au moins la voix des participants et satisfaire à des caractéristiques techniques permettant la retransmission continue et simultanée des délibérations (art. R 225-21 modifié par décret 2024-904 du 8-10-2024 et art. R 22-10-17-1 issu du décret 2024-904).

> **Précisions** Pour l'Ansa, le conseil d'administration ne peut pas user de son **pouvoir de mise en conformité des statuts** avec les lois et règlements (n° 40860) pour supprimer une **clause statutaire reproduisant la restriction légale, antérieure** à la loi 2024-904, qui interdisait de participer par des moyens de télécommunication aux réunions du conseil relatives à l'établissement des comptes annuels et, pour les SA tenues de l'établir, du rapport de gestion ainsi que de l'établissement des comptes consolidés et du rapport sur la gestion du groupe, s'il n'est pas inclus dans le rapport de gestion, dès lors qu'est maintenue dans le Code de commerce la faculté pour les statuts de restreindre le recours aux moyens de télécommunication (Communication Ansa, comité juridique n° 24-037 du 2-10-2024).

ADOPTION DES DÉCISIONS DU CONSEIL D'ADMINISTRATION

Quorum Le conseil ne délibère valablement que si la **moitié** au moins de ses membres sont présents (ou réputés tels en cas de recours à un moyen de télécommunication). Toute clause contraire est réputée non écrite (art. L 225-37, al. 1). 40720

Ainsi, dans un conseil composé de huit membres, la validité des délibérations est subordonnée à la présence effective de quatre administrateurs au moins, ce qui sera constaté non seulement dans les procès-verbaux (art. R 225-23), mais également par les signatures apposées sur le registre de présence (art. R 225-20).

Pour le **calcul** du quorum, il n'est pas tenu compte des administrateurs représentés, ni des administrateurs ayant voté par correspondance préalablement à la réunion.

Les décisions prises par le conseil malgré un défaut de quorum peuvent être annulées (cf. C. civ. art. 1844-10, al. 3 modifié, à compter du 1-10-2025, par ord. 2025-229 du 12-3-2025 et Ord. 2025-229 art. 70 ; pour un exemple avant cette date, Cass. com. 7-7-1981 : Bull. Joly 1981 p. 818).

Majorité Les décisions sont prises à la majorité des membres présents (ou réputés tels en cas de recours à un moyen de télécommunication) ou représentés, à moins que les statuts ne prévoient une majorité plus forte (art. L 225-37, al. 2). Il s'ensuit que les abstentions et les votes blancs doivent être comptés comme des votes « contre » pour déterminer si la majorité est atteinte ou non (CA Douai 17-11-1994 : RJDA 4/95 n° 448). 40730

En principe, la voix du président de séance est prépondérante en cas de partage des voix. Mais cette voix prépondérante peut être écartée par une stipulation expresse des statuts (art. L 225-37, al. 4).

Vote Les **administrateurs exercent** librement **leur droit** de vote dans l'intérêt de la société (Cass. com. 22-5-2019 n° 17-13.565 FS-PBRI : RJDA 8-9/19 n° 562). Toutefois, lorsqu'un administrateur est commun à une société mère et à sa filiale, son **devoir de loyauté** à l'égard de la mère l'oblige à voter au sein du conseil de la filiale en faveur d'une décision prise par le conseil de la mère ; il n'en va autrement que si la décision est contraire à l'intérêt de la filiale (même arrêt). 40740

Les administrateurs ne sauraient être **privés de leur droit** de vote que dans les cas prévus par la loi : il en est ainsi, par exemple, en cas de conventions conclues entre la société et l'un de ses administrateurs (art. L 225-40, al. 1). De même, dans les sociétés dont les actions sont admises aux négociations sur un marché réglementé, les administrateurs exerçant les fonctions de directeur général ou de directeur général délégué ne peuvent pas participer au vote du conseil d'administration sur le choix du commissaire aux comptes que le conseil envisage de proposer à l'assemblée générale (art. L 22-10-66, et ce, que ce soit pour une mission de certification des comptes ou pour une mission de certification des informations de durabilité). Enfin, dans ces mêmes sociétés, lorsque le conseil délibère sur un élément de rémunération ou un engagement visé n° 53092 au bénéfice de son président, d'un directeur général ou d'un directeur général délégué, les personnes intéressées ne peuvent prendre part au vote sur l'élément ou l'engagement concerné (art. L 22-10-8, IV).

Aucune disposition légale n'interdit à un administrateur démissionnaire de participer au vote désignant son propre successeur dès lors que sa démission ne doit prendre effet qu'à l'issue de la séance du conseil (CA Amiens 10-3-1977 : D. 1978 p. 198 note Bousquet).

L'intérêt personnel que les administrateurs ont à la décision qui doit être prise n'implique pour eux sur ce point aucune incapacité de voter dès lors qu'il ne s'agit pas d'un intérêt personnel susceptible de s'opposer à l'intérêt social (Cass. com. 24-2-1975 : Rev. sociétés 1976 p. 92 note Oppetit, à propos d'une décision d'agrément de l'acquéreur des actions des administrateurs). Toutefois, l'Afep et le Medef comme Middlenext recommandent aux administrateurs en situation de **conflit d'intérêts,** même potentiel, à l'occasion du vote d'une délibération de s'**abstenir** de participer à ce **vote** et aux débats (Code de gouvernance Afep-Medef art. 21 et Guide d'application du Code Afep-Medef mars 2024 p. 16 ; Code de gouvernance Middlenext rec. 2 ; sur le caractère contraignant et le champ d'application de ces Codes, voir nos 48272 s.).

40741 Aucune disposition légale ne prohibe ni ne réglemente les **conventions de vote** entre administrateurs. Ces conventions sont soumises aux conditions exposées nos 7740 s.

40742 Il ne nous paraît pas interdit de prévoir dans les statuts qu'un ou plusieurs administrateurs pourront demander que la décision du conseil soit momentanément suspendue et fasse l'objet d'une nouvelle délibération avant l'expiration d'un délai statutairement déterminé. En pareil cas, le droit de vote de chaque administrateur est respecté ; il est simplement paralysé pour un temps. Ce **droit d'ajournement** peut être réservé à certains administrateurs nommément désignés, mais il constitue alors pour eux, nous semble-t-il, un avantage particulier qui doit être soumis à la procédure de vérification prévue par la loi (art. L 225-14, al. 2 et L 225-147).

Ce droit d'ajournement peut être modulé. Par exemple, il peut être subordonné à l'existence d'un nombre minimal d'opposants ou ne s'appliquer qu'aux décisions prises à une faible majorité.

40743 À défaut de dispositions spécifiques dans les statuts ou le règlement intérieur, la détermination du **mode de scrutin** relève de la compétence du conseil d'administration. Pour l'Ansa, un administrateur ne saurait **imposer un vote à bulletin secret** (Communication Ansa, comité juridique no 22-030 du 6-7-2022, précisant que la liberté d'expression n'a pas vocation à s'appliquer au vote des délibérations du conseil d'administration en ce qu'elle sous-tend un scrutin politique).

> **Précisions** **a.** En cas de vote à bulletin secret, les membres du conseil liés par une **convention de vote** sont considérés comme ayant, par l'effet même de la convention, renoncé à dissimuler aux autres le sens de leur vote. Ils ne peuvent donc s'abriter derrière le caractère secret du vote intervenu au conseil pour refuser de fournir cette information aux autres membres du pacte.
>
> **b.** Sur l'**entrée en vigueur des décisions** du conseil **et** la **possibilité** pour lui **de revenir sur une décision** dès lors que cela ne porte pas atteinte à des droits acquis, voir nos 47881 s. par analogie des situations.

OBLIGATION DE DISCRÉTION AU SEIN DU CONSEIL D'ADMINISTRATION

40750 Les administrateurs ainsi que toute personne appelée à assister aux réunions du conseil d'administration (délégués du comité social et économique, commissaires aux comptes, etc.) sont tenus à la discrétion à l'égard des **informations** présentant un caractère **confidentiel** et données comme telles par le président (art. L 225-37, al. 5). Cette obligation paraît dépourvue de toute **sanction** pénale. Son inobservation ne peut donc donner ouverture qu'à une action en dommages-intérêts (pour une illustration, T. com. Paris 10-11-2020 no 2019036759 : RJDA 3/21 no 177).

> **Précisions** L'Afep et le Medef comme Middlenext recommandent qu'au-delà de l'obligation de discrétion prévue par les textes chaque administrateur respecte à l'égard des tiers une véritable **obligation de confidentialité** (Code de gouvernance Afep-Medef art. 21 ; Code de gouvernance Middlenext rec. 1 qui prévoit en outre que les administrateurs s'engagent formellement à respecter cette obligation en signant le règlement intérieur du conseil ; sur le caractère contraignant et le champ d'application de ces Codes, voir nos 48272 s.). Sur l'étendue de cette obligation entre le représentant permanent d'une personne morale administrateur et celle-ci, voir Guide d'application du Code Afep-Medef mars 2024 p. 16 s.

3. PROCÈS-VERBAUX DES RÉUNIONS DU CONSEIL

40760 Après chaque réunion du conseil, il est nécessaire d'établir un procès-verbal de la réunion (art. R 225-22, al. 1), sous peine de nullité dans les conditions exposées no 40787. Par ailleurs, tout intéressé peut demander au président du tribunal statuant en référé d'enjoindre sous astreinte au président du conseil d'administration de transcrire les procès-verbaux des réunions sur un registre spécial tenu au siège social (art. L 238-4).

PROCÈS-VERBAL DU CONSEIL D'ADMINISTRATION EN LANGUE ÉTRANGÈRE

40761 Dans certaines filiales françaises de sociétés étrangères, les procès-verbaux des délibérations du conseil d'administration sont établis dans la langue du pays de la société mère. À notre avis, cette **pratique,** quoique peu opportune, est licite.

Si des copies de ces procès-verbaux doivent être déposées au greffe, elles doivent être accompagnées d'une traduction en français.

› Précisions **a.** Le **Conseil constitutionnel,** consulté à propos de la **loi relative à l'emploi de la langue française** (Loi 94-665 du 4-8-1994), a réaffirmé, au moins en ce qui concerne les relations entre personnes privées autres que celles chargées d'une mission de service public, la primauté du principe de la liberté de communication et d'expression figurant dans l'article 11 de la Déclaration des droits de l'Homme et du citoyen (Cons. const. 29-7-1994 nº 94-345 DC : JO 2-8-1994 p. 11240).

b. Le fait qu'un **document** soit rédigé **dans une langue étrangère** n'empêche pas que l'on puisse l'**utiliser en justice** comme moyen de preuve à condition de l'accompagner d'une traduction authentique (Cass. com. 16-7-1991 nº 89-21.038 D ; TGI Seine 3-12-1964 : JCP 1965 IV p. 75).

CONSERVATION DES PROCÈS-VERBAUX DU CONSEIL D'ADMINISTRATION

Les procès-verbaux doivent être établis soit sur un **registre** spécial tenu au siège social, qui peut être tenu sous forme électronique et qui, s'il est tenu sous la forme papier, doit être coté et paraphé, soit sur des feuilles mobiles également cotées et paraphées (art. R 225-22, al. 3). Pour plus de détails sur cette réglementation, voir nos 23161 s. **40762**

La société ne peut pas opposer aux tiers le défaut de retranscription du procès-verbal sur le registre spécial (Cass. com. 13-2-2001 nº 309 : RJDA 5/01 nº 595).

ILLUSTRATIONS

Une société ayant accordé un cautionnement doit exécuter celui-ci, même en l'absence de retranscription sur le registre des délibérations du conseil du procès-verbal de la réunion autorisant ce cautionnement, dès lors qu'une copie de ce procès-verbal a été remise au bénéficiaire du cautionnement et que la réalité de l'autorisation du conseil n'est pas discutée, le bénéficiaire n'étant tenu de procéder à aucune autre vérification (Cass. com. 13-2-2001 précité).

CONTENU DES PROCÈS-VERBAUX DU CONSEIL D'ADMINISTRATION

Le procès-verbal de chaque séance du conseil d'administration doit indiquer le nom des administrateurs présents, excusés ou absents ainsi que, à notre avis, celui des administrateurs représentés. Même si un seul administrateur est absent, son nom doit être indiqué, peu important que ce nom puisse être facilement retrouvé par déduction en raison de la mention du nom de tous les autres administrateurs (CA Paris 15-2-2007 nº 05-12824 : RJDA 6/07 nº 630). **40763**

Le procès-verbal doit également faire état de la **présence ou** de l'**absence des personnes convoquées** à la réunion du conseil en vertu d'une disposition légale (par exemple, délégués du comité social et économique, commissaires aux comptes si la réunion porte sur l'arrêté des comptes annuels). Au cas où toute **autre personne** aurait assisté à la réunion, ne fût-ce que partiellement, il doit en être fait mention dans le procès-verbal. En cas de recours à un **moyen de télécommunication,** le procès-verbal doit également indiquer le nom des administrateurs ayant participé à la réunion grâce à ce procédé et, le cas échéant, faire état de la survenance de tout incident technique relatif à l'emploi du moyen de télécommunication lorsque cet incident a perturbé le déroulement de la séance.

Outre ces diverses indications, imposées par l'article R 225-23, al. 1, les procès-verbaux doivent contenir un **résumé des débats** ainsi que, bien entendu, les **résolutions** mises aux voix et le résultat des votes. L'Afep et le Medef recommandent aux sociétés de résumer dans le procès-verbal les questions soulevées et de mentionner les réserves émises (Code de gouvernance Afep-Medef art. 12.4). Middlenext recommande d'inscrire au procès-verbal la discussion annuelle que les membres du conseil doivent avoir, à l'invitation du président, sur le fonctionnement du conseil et des comités éventuels, ainsi que sur la préparation de ses travaux (nº 41150 ; Code de gouvernance Middlenext rec. 13). Sur le champ d'application et le caractère contraignant de ces Codes, voir nos 48272 s.

L'administrateur qui refuse de s'associer à une décision agira prudemment en exigeant que son **opposition** figure au procès-verbal de la réunion afin de dégager sa responsabilité au cas où cette décision causerait un préjudice à la société.

Le défaut de mention d'un administrateur peut entraîner la **nullité du procès-verbal** (cf. C. civ. art. 1844-10, al. 3 modifié, à compter du 1-10-2025, par ord. 2025-229 du 12-3-2025 et Ord. 2025-229 art. 70 ; pour un cas d'annulation avant cette date, CA Paris 15-2-2007 précité), mais la société ne peut pas se prévaloir de cette nullité à l'égard des tiers de bonne foi (art. L 235-12 remplacé, à compter du 1-10-2025, par C. civ. art. 1844-16).

SIGNATURE ET VALEUR PROBANTE DES PROCÈS-VERBAUX DU CONSEIL D'ADMINISTRATION

Le procès-verbal est signé par le président de séance et au moins un administrateur. En cas d'empêchement du président de séance, il est signé par deux administrateurs au moins **40764** (art. R 225-23, al. 2). Lorsque le procès-verbal est établi sous forme électronique, il est signé au moyen d'une signature électronique qui respecte au moins les exigences de la signature électronique avancée (sur ces exigences, voir n° 23160) ; il doit être daté de façon électronique au moyen d'un horodatage offrant toute garantie de preuve (art. R 225-22, al. 3).

40766 Les procès-verbaux font foi des mentions qu'ils contiennent dès lors qu'ils sont signés du président de séance et d'au moins un administrateur (Cass. com. 23-6-2004 n° 1009 : Bull. Joly 2004 p. 1401 note L. Grosclaude). Ils font alors foi jusqu'à **preuve contraire** (Cass. 1e civ. 8-6-2004 n° 974 : RJDA 11/04 n° 1227 ; CA Paris 10-3-2000 : RJDA 5/00 n° 544 som.). En conséquence, tout intéressé peut contester les énonciations des procès-verbaux s'il établit par un moyen quelconque, tel un constat d'huissier ou de commissaire de justice ou encore le témoignage d'un tiers (CA Paris 10-3-2000 précité), l'inexactitude des mentions qui y sont portées.

ILLUSTRATIONS

Une société établit valablement à l'égard des tiers la preuve qu'elle a acquis les droits patrimoniaux afférents à un modèle en produisant le procès-verbal de la réunion du conseil d'administration faisant état de cette acquisition (CA Paris 2-6-1993 : Gaz. Pal. 1994 som. p. 381).

Précisons que l'approbation par un administrateur, lors d'un conseil d'administration, du procès-verbal de la précédente réunion à laquelle il n'a pas participé ne peut pas s'analyser en une approbation au fond des décisions prises lors de cette réunion (CA Paris 31-3-2000 : RJDA 1/01 n° 43).

40767 La **justification du nombre des administrateurs** en exercice, ainsi que de leur présence ou de leur représentation à une séance du conseil, résulte suffisamment de la production d'une copie ou d'un extrait du procès-verbal de la réunion (art. R 225-25). Ainsi, lorsqu'une société doit produire, à l'égard des tiers notamment, une délibération du conseil, ces tiers ne pourront pas exiger que leur soient communiquées également toutes les pièces justifiant que les administrateurs ont été régulièrement nommés.

40768 Constituent des **faux en écriture** sanctionnés pénalement (cf. C. pén. art. 441-1) :
– l'imitation par le président de la signature d'un administrateur au bas du procès-verbal des délibérations du conseil (Cass. crim. 29-10-1979 : D. 1980 IR p. 443) ;
– le fait pour les rédacteurs et signataires d'un procès-verbal d'assemblée d'indiquer dans ce procès-verbal comme ayant eu lieu un vote auquel il n'a pas été procédé (Cass. crim. 21-3-1972 : JCP 1972 II n° 17178), cette solution pouvant être étendue aux procès-verbaux des délibérations du conseil ;
– le procès-verbal d'une réunion du conseil d'administration qui n'a pas été effectivement réuni (Cass. crim. 16-6-2021 n° 20-82.941 F-P : RJDA 10/21 n° 676, à propos d'une association mais transposable).
La falsification d'un procès-verbal est répréhensible même si celui-ci n'a pas été signé dans les formes par le président de séance et un autre administrateur (Cass. crim. 23-5-2013 n° 12-82.283 : RJDA 10/13 n° 811).

COPIES DES PROCÈS-VERBAUX DU CONSEIL D'ADMINISTRATION

40770 Les **personnes habilitées à certifier** les copies ou extraits des procès-verbaux des délibérations du conseil d'administration sont (art. R 225-24, al. 1) :
– le président du conseil d'administration ;
– le directeur général ;
– les directeurs généraux délégués ;
– l'administrateur délégué temporairement dans les fonctions de président ;
– un fondé de pouvoir habilité à cet effet ;
– un liquidateur si les copies ou extraits doivent être produits pendant la période de liquidation.

L'habilitation du fondé de pouvoir relève, à notre avis, de la compétence des autres personnes énumérées ci-dessus (président, directeur général, administrateur délégué ou liquidateur). En effet, ayant le pouvoir de certifier les procès-verbaux, elles peuvent déléguer ce pouvoir.

Lorsque les **procès-verbaux** sont établis sous forme **électronique,** la certification peut se faire au moyen d'une signature électronique qui respecte au moins les exigences de la signature électronique avancée (art. R 225-24, al. 2 ; sur ces exigences, voir n° 23160).

La société n'est pas tenue de **délivrer** aux administrateurs une **copie** des procès-verbaux des délibérations du conseil mais chaque administrateur peut se faire communiquer ces documents (Cass. com. 1-12-1987 : Bull. civ. IV n° 260).

En revanche, un simple actionnaire n'a pas qualité pour obtenir communication de ces procès-verbaux (CA Paris 26-2-1986 : Bull. Joly 1986 p. 367).

4. NULLITÉ DES DÉLIBÉRATIONS DU CONSEIL D'ADMINISTRATION

CAUSES DE NULLITÉ DES DÉLIBÉRATIONS DU CONSEIL D'ADMINISTRATION

Les causes de nullité des délibérations du conseil d'administration sont fixées par les **textes de droit commun** relatifs aux nullités (art. L 235-1 remplacé, à compter du 1-10-2025, par C. civ. art. 1844-10, al. 3 modifié par ord. 2025-229 du 12-3-2025 ; Ord. 2025-229 art. 70). Pour les décisions du conseil antérieures au 1er octobre 2025, ces causes varient selon que ces décisions modifient ou non les statuts. Pour les décisions prises à compter de cette date, la distinction n'aura plus lieu d'être. 40780

Par ailleurs, des **dispositions spéciales** fixent le régime de nullité des délibérations pour défaut d'établissement des procès-verbaux : nº 40787.

Délibérations antérieures au 1er octobre 2025 La nullité d'une **délibération modifiant les statuts** ne peut résulter que d'une disposition expresse du Livre II du Code de commerce ou des lois régissant la nullité des contrats (art. L 235-1, al. 1 abrogé à compter du 1-10-2025 ; Ord. 2025-229 art. 70). Le conseil d'administration n'est habilité à prendre une décision modifiant les statuts que dans de rares cas, une telle décision relevant normalement de la compétence exclusive de l'assemblée générale extraordinaire (art. L 225-96, al. 1). Il en est ainsi lorsque le conseil : 40781

– décide de transférer le siège social dans un autre endroit du territoire français sous réserve de ratification par l'assemblée générale ordinaire (nos 40900 s.) ;
– met en conformité les statuts avec les dispositions législatives et réglementaires, sous réserve de ratification des modifications par la prochaine assemblée extraordinaire (art. L 225-36, al. 2 modifié par loi 2024-537 du 13-6-2024) ;
– procède à l'augmentation ou à la réduction du capital social conformément à la délégation de l'assemblée générale extraordinaire (nos 49620 s. et 51790).

Aucune disposition de la loi ne prévoyant de nullité expresse à propos des décisions précitées, leur nullité ne peut résulter que des règles qui régissent la nullité des contrats : nullité pour illicéité du contenu de la décision ou encore pour fraude ou abus de majorité (sur ces questions, voir nos 89210 s.).

La nullité d'une **décision ne modifiant pas les statuts** ne peut résulter que de la violation d'une disposition impérative du Livre II du Code de commerce ou de celles qui régissent les contrats, ainsi que, selon nous, d'une atteinte aux principes généraux du droit (nos 89310 s.). 40782

Tant que les tribunaux ne se seront pas prononcés, des doutes subsisteront sur le point de savoir si telle ou telle disposition légale intéressant les délibérations du conseil est ou non impérative. Le caractère impératif des règles relatives au quorum est affirmé par la loi (art. L 225-37, al. 1), si bien que l'inobservation de ces règles entraîne la nullité des décisions prises (Cass. com. 7-7-1981 : Bull. Joly 1981 p. 818). De même, jugé que l'autorisation du conseil d'administration prescrite par la loi en cas de convention entre la société et l'un de ses administrateurs est nulle si le dirigeant concerné a participé au vote (CA Aix-en-Provence 15-5-1990 : Dr. sociétés 1991 nº 279).

En ce qui concerne la violation des principes généraux du droit, on peut relever la fraude et l'abus du droit. Ainsi, il a été jugé qu'était abusive et devait donc être annulée la décision du conseil d'augmenter la rémunération du président dans le seul intérêt de celui-ci, à un moment où la situation de la société était catastrophique (CA Paris 30-3-1977 : Rev. sociétés 1977 p. 470 note J. H.) ; voir aussi, en matière de convocation des administrateurs, nº 40660. 40783

Délibérations adoptées à compter du 1er octobre 2025 La nullité d'une délibération du conseil d'administration adoptée à compter du 1er octobre 2025 ne peut *résulter que de la violation* d'une disposition impérative de droit des sociétés ou de l'une des causes de nullité des contrats en général (C. civ. art. 1844-10, al. 3 modifié par ord. 2025-229 du 12-3-2025 ; Ord. 2025-229 art. 70), sans qu'il y ait lieu de distinguer selon que la décision modifie ou non les statuts. Il appartient aux tribunaux de déterminer quelles sont les dispositions impératives de droit des sociétés applicables aux délibérations du conseil. À cet égard, les solutions jurisprudentielles antérieures reconnaissant le caractère impératif de certaines dispositions du Livre II du Code de commerce gardent, à notre avis, toute leur valeur. 40785

Cas particulier du défaut de procès-verbal du conseil d'administration 40787
Le fait, pour le président du conseil d'administration ou le président de séance, de ne pas constater les délibérations du conseil adoptées **avant le 1er octobre 2025** par des

procès-verbaux est sanctionné par la nullité de ces délibérations (art. L 235-14, al. 1). L'action en nullité, ouverte à tout administrateur, peut être exercée jusqu'à l'approbation de la deuxième réunion du conseil qui suit celle dont les délibérations sont susceptibles d'être annulées (art. L 235-14, al. 2 et 3). Afin de favoriser la régularisation de la situation, les règles visant à limiter le prononcé de la nullité (art. L 235-4 et L 235-5 : nº 89461) s'appliquent à l'exercice de cette action (art. L 235-14, al. 4).

Pour les délibérations du conseil adoptées **à compter du 1er octobre 2025,** la nullité n'est plus expressément prévue (Ord. 2025-229 du 12-3-2025 art. 63 et 70 abrogeant à cette date l'article L 235-14), mais elle reste encourue si un juge estime que l'article art. R 225-22, al. 1 est une disposition impérative de droit des sociétés (cf. C. civ. art. 1844-10, al. 3 modifié par ord. 2025-229).

> **Précisions** La **nullité** des délibérations non constatées par des procès-verbaux ne doit **pas être confondue** avec la nullité du procès-verbal que le juge peut prononcer en l'absence d'une mention obligatoire dans le procès-verbal (par exemple, CA Paris 15-2-2007 nº 05/12824 : RJDA 6/07 nº 630).

NULLITÉ DES DÉLIBÉRATIONS PRISES PAR UN CONSEIL D'ADMINISTRATION IRRÉGULIÈREMENT COMPOSÉ

40790 **Nullité des délibérations adoptées avant le 1er octobre 2025** Lorsque le **Code de commerce** prévoit la nullité de la nomination d'un administrateur ou la démission d'office de celui-ci, il **exclut** parfois **expressément** que cette nullité ou cette démission d'office entraîne celle des délibérations auxquelles l'intéressé a pris part. Tel est le cas en matière de limite d'âge ou de placement sous tutelle d'un administrateur (art. L 225-19, al. 6), en matière de cumul de mandats d'administrateurs (art. L 225-21, al. 4) ou de cumul d'un mandat d'administrateur avec un contrat de travail (art. L 225-22), ou en cas de non-respect des conditions de nomination des administrateurs représentant les salariés (art. L 225-29, al. 2).

Dans d'autres situations, le **Code de commerce** est **muet** sur le sort des délibérations auxquelles l'intéressé a pris part. Ainsi en est-il en cas de non-respect :
– de la compétence de l'assemblée générale en matière de nomination, sauf cooptation prévue par la loi (art. L 225-18, al. 3) ;
– de la durée maximale des fonctions (art. L 225-18, al. 3) ;
– de l'obligation de mixité (art. L 225-18-1 et L 22-10-3) ;
– de l'obligation de détention d'actions (art. L 225-25, al. 2) ;
– de l'interdiction pour un administrateur représentant les salariés de conserver un mandat syndical ou de membre du comité social et économique après sa nomination (art. L 225-30).

Il résulte de ce silence que la nullité des délibérations en cause adoptées avant le 1er octobre 2025 est susceptible d'être prononcée si les juges estiment que la disposition violée revêt un caractère impératif (cf. art. L 235-1, al. 2 ; nos 89310 s. ; pour une illustration, Cass. 1e civ. 28-3-2000 nº 97-20.779 P : Bull. civ. I nº 109, à propos d'une société coopérative).

Dans une affaire où la composition irrégulière du conseil était le résultat non d'une violation d'une disposition impérative, mais de l'annulation de la nomination de deux administrateurs pour abus de majorité, la Cour de cassation a annulé les délibérations du conseil auxquelles ces administrateurs avaient pris part même si, abstraction faite des voix des intéressés, les conditions de quorum et de majorité requises pour l'adoption des délibérations étaient réunies (Cass. com. 24-4-1990 nº 88-17.218 : Bull. civ. IV nº 125). Plus récemment, la Cour de cassation a toutefois adopté une position plus souple en jugeant que les délibérations auxquelles avait participé un administrateur démissionnaire d'office n'encouraient pas la nullité, dès lors que le quorum était atteint et qu'elles avaient été adoptées à la majorité requise (Cass. com. 12-10-2022 nº 19-18.945 FS-PB : RJDA 2/23 nº 92, dans un cas de non-respect par le président d'un conseil d'administration de l'obligation d'être propriétaire d'actions). Outre le cas où les conditions de quorum et de majorité ne seraient plus réunies, abstraction faite de l'administrateur défaillant, la nullité serait, à notre avis, susceptible d'être prononcée si le nombre de membres du conseil d'administration devenait inférieur au minimum légal ou statutaire en décomptant les administrateurs démissionnaires ou dont la nomination est nulle.

40800 **Nullité des délibérations adoptées à compter du 1er octobre 2025** Sauf disposition législative contraire, la **nullité de la nomination** ou le **maintien irrégulier** d'un administrateur n'entraîne pas la nullité des décisions prises par le conseil à compter du 1er octobre 2025 (C. civ. art. 1844-15-1 issu de ord. 2025-229 du 12-3-2025 ; Ord. 2025-229 art. 70). Il en est ainsi quelle que soit la cause de nullité de la nomination de l'administrateur ou de l'irrégularité de son maintien en poste. Sont ainsi couvertes toutes les situations pour lesquelles

des dispositions spéciales écartaient déjà la nullité des délibérations mais aussi celles au sujet desquelles le Code de commerce était muet (nº 40790).
Sur le sort des délibérations prises par un **conseil irrégulièrement composé pour d'autres raisons,** voir nº 89580.

C. Pouvoirs du conseil d'administration

1. ÉTENDUE DES POUVOIRS DU CONSEIL D'ADMINISTRATION

Le conseil d'administration a pour mission de déterminer les **orientations de l'activité** de la société et de veiller à leur mise en œuvre, conformément à l'intérêt social, en considérant les enjeux sociaux et environnementaux de l'activité de la société (art. L 225-35, al. 1 modifié par loi 2024-537 du 13-6-2024 qui a supprimé la référence aux enjeux culturels et sportifs). Il prend également en considération, s'il y a lieu, la raison d'être de la société. Sous réserve des pouvoirs expressément attribués aux assemblées générales et dans la limite de l'objet social, il peut se saisir de toutes les questions intéressant la **bonne marche de la société** et régler les affaires qui la concernent (art. précité). Tel est le cas d'une réponse à apporter à des griefs formulés par la Commission européenne en matière de cession d'actifs (CA Paris 31-8-2006 nº 06/15395 : RJDA 3/07 nº 272). 40840

Le conseil d'administration dispose donc de très larges pouvoirs qui recouvrent non seulement les orientations stratégiques de l'entreprise, mais aussi son fonctionnement quotidien. Certes, ce dernier relève surtout de la compétence de la direction générale, mais le conseil d'administration ne saurait s'en désintéresser ; il engagerait sa responsabilité s'il ne surveillait pas l'action de la direction, même dans ce domaine.

Il n'en résulte pas, à notre avis, que le conseil d'administration pourrait s'approprier la **direction générale** de la société et le pouvoir de représenter celle-ci à l'égard des tiers, car le principe de répartition légale des pouvoirs entre les organes sociaux (connu sous le nom de « principe d'organisation hiérarchique ») s'y oppose. En effet, même si la loi n'interdit expressément au conseil que l'exercice des pouvoirs attribués aux assemblées générales et la prise de décisions sortant des limites de l'objet social, elle ne lui attribue pas les « pouvoirs les plus étendus pour agir en toute circonstance au nom de la société ». Ces pouvoirs ne sont reconnus qu'au directeur général, qui est aussi le seul organe de la société à être investi du pouvoir de représenter la société à l'égard des tiers (art. L 225-56, I-al. 2). Par exemple, le conseil pourrait, dans le cadre de la détermination des orientations de la politique salariale, fixer une enveloppe d'augmentation de salaires mais sans pouvoir décider de l'augmentation de salaire de tel ou tel collaborateur, décision qui relève de la direction générale.

La conformité à l'**intérêt social** des orientations déterminées par le conseil implique de prendre des décisions utiles ou profitables à la société, compte tenu, le cas échéant, des enjeux sociaux et environnementaux liés à son activité (nº 13210).

> Précisions **a.** On ne saurait interpréter la disposition selon laquelle le conseil « se saisit de toute question intéressant la bonne marche de la société » comme lui permettant d'assumer la direction générale de la société lorsqu'il use de cette prérogative. Certes, « toute question », sans distinction, est susceptible d'être évoquée par le conseil, mais ce « **droit d'évocation** », en tant qu'il est fondé sur l'objectif d'assurer la bonne marche de la société, ne peut être exercé que si celle-ci est affectée par l'action du directeur général, c'est-à-dire en cas de menace sérieuse sur la bonne santé de la société.
b. Sur les **missions** du conseil **dévolues par les Codes** de gouvernance **Afep-Medef** et **Middlenext,** voir nºˢ 40865 s.

ENGAGEMENT DE LA SA PAR LE CONSEIL D'ADMINISTRATION

Si le conseil adopte une décision impliquant un engagement de la société **à l'égard des tiers** (par exemple, décision de conclure un contrat ou d'y mettre fin), il lui appartient de **demander au directeur général** de l'exécuter. De même, lorsque le conseil décide que la société doit engager une action en justice, il lui faut demander au directeur général d'exercer cette action ; tel est notamment le cas lorsque le conseil décide de relever le commissaire aux comptes de ses fonctions (Cass. com. 3-10-2006 nº 1098 : RJDA 2/07 nº 170). En cas de refus du directeur général d'agir, le conseil pourra, selon les circonstances, soit le révoquer, soit saisir le juge des référés pour le faire condamner sous astreinte à exécuter la décision ou pour demander un « donné-acte », qui vaudra, comme toute décision de justice, acte authentique et titre exécutoire. 40841

ILLUSTRATIONS

Un directeur général a été condamné, sous astreinte, à exécuter la décision du conseil d'administration de nommer un cabinet déterminé pour la réalisation d'un audit comptable et financier en vue de statuer sur la souscription par la société d'un important concours bancaire ; ce directeur général n'avait pas valablement exécuté la décision du conseil en nommant un autre cabinet pour réaliser l'audit (T. com. Bordeaux 2-1-2003 : RJDA 11/03 nº 1084 ; en l'espèce, la décision du conseil de désigner un cabinet d'audit déterminé était justifiée par la nécessité de vérifier la « bonne marche de la société »).

POUVOIR DE CONTRÔLE DU CONSEIL D'ADMINISTRATION

40842 D'une manière générale, le conseil d'administration peut procéder à tous les contrôles qu'il juge opportuns (art. L 225-35, al. 3). À cette fin, chaque administrateur doit recevoir toutes les **informations nécessaires** à l'accomplissement de sa mission (nº 40950). Néanmoins, les administrateurs ne peuvent pas se faire communiquer directement les documents nécessaires à l'accomplissement de leur mission de contrôle (nº 40951), contrairement à ce que la loi prévoit pour le conseil de surveillance (art. L 225-68, al. 3).

› Précisions Si la **carence** manifeste **du conseil** dans la mise en œuvre des dispositifs de contrôle est **à l'origine de détournements de fonds** commis par des salariés au détriment de la société, ces détournements ne constituent pas des pertes déductibles du résultat imposable (CE 5-10-2007 nº 291049 : RJDA 3/08 nº 297).

LIMITATION DES POUVOIRS DU CONSEIL D'ADMINISTRATION

40844 **Objet social** En principe, le conseil n'a de pouvoirs que dans la limite de l'objet social. Mais cette limitation n'a d'effet qu'**à l'égard des actionnaires.** En effet, dans les rapports avec les tiers, la société est engagée même par les actes du conseil d'administration qui ne relèvent pas de l'objet social (art. L 225-35, al. 2). Toutefois, cette règle nous paraît privée de portée pratique puisque, aux termes de l'article L 225-56, I-al. 2, seul le directeur général est investi du pouvoir de représenter la société à l'égard des tiers.

40845 **Pouvoirs des assemblées** Le conseil ne peut pas empiéter sur les attributions reconnues aux assemblées d'actionnaires.

Cette limitation ne vaut cependant que pour les **pouvoirs** « **expressément attribués** aux assemblées d'actionnaires » (art. L 225-35, al. 1).

Les dispositions légales relatives aux pouvoirs propres des assemblées concernent essentiellement :
– la modification des statuts ;
– l'approbation des comptes et l'affectation des résultats ;
– l'acquisition par la société, dans les deux ans de son immatriculation au RCS, de biens appartenant à ses actionnaires ;
– la nomination ou la révocation des administrateurs (sous réserve du cas de cooptation) et la fixation de leur rémunération ;
– la nomination des commissaires aux comptes et des OTI ;
– l'approbation des conventions conclues entre la société et l'un de ses dirigeants, administrateurs ou actionnaires disposant de plus de 10 % des droits de vote ;
– dans les sociétés dont les titres sont admis aux négociations sur un marché réglementé, l'approbation des résolutions sur le « say on pay ».

2. POUVOIRS PROPRES DU CONSEIL D'ADMINISTRATION

a. Attributions du conseil d'administration

40860 Le conseil d'administration tient du **Code de commerce** certaines attributions précises :
– convocation des assemblées générales (art. L 225-103, I) ;
– établissement de l'inventaire, des comptes annuels et, sauf dispense d'établissement de ce rapport, du rapport de gestion (art. L 232-1) comprenant, le cas échéant, une section spécifique relative aux informations de durabilité ; doit aussi être établi un rapport sur le gouvernement d'entreprise (art. L 225-37, al. 6 et L 225-100, I-al. 2), à moins que les informations correspondantes ne soient présentées dans une section spécifique du rapport de gestion (art. L 225-37, al. 6 précité) ;
– dans les sociétés importantes, établissement des documents de gestion prévisionnelle et des rapports correspondants (art. L 232-2) ;
– autorisation des conventions passées entre la société et l'un de ses dirigeants, administrateurs ou actionnaires disposant de plus de 10 % des droits de vote (art. L 225-38) ;

– cooptation d'administrateurs (art. L 225-24) ;
– nomination et révocation du président du conseil d'administration (art. L 225-47), du directeur général (art. L 225-51-1 et L 225-55), des directeurs généraux délégués (art. L 225-53 et L 225-55) et fixation de leur rémunération (art. L 225-47 et L 225-53) ;
– nomination des membres des comités d'études (art. R 225-29), du comité d'audit et du comité assurant le suivi des questions relatives aux informations de durabilité (art. L 821-67) ;
– dans les sociétés dont les actions sont admises aux négociations sur un marché réglementé dépassant certains seuils (nº 39158), mise en place, avant le 30 juin 2026, d'un processus de sélection des candidats au mandat d'administrateur afin d'assurer la conformité de la composition du conseil à l'obligation de mixité à compter de cette date (nºs 39520 s. ; art. L 22-10-3 bis issu de ord. 2024-934 du 15-10-2024 et art. D 22-10-40-1 issu du décret 2025-744 du 30-7-2025) ;
– dans les SA dont les actions sont admises aux négociations sur un marché réglementé, établissement de la politique de rémunération des mandataires sociaux (nºs 53075 s. ; art. L 22-10-8) ;
– répartition de la rémunération globale versée aux administrateurs au titre de leurs fonctions (ex-jetons de présence) (art. L 225-45) ;
– mise en conformité des statuts avec les dispositions législatives et réglementaires sous réserve de ratification des modifications par la prochaine assemblée générale extraordinaire (art. L 225-36, al. 2 modifié par loi 2024-537 du 13-6-2024), une délégation de l'assemblée générale extraordinaire n'étant plus nécessaire pour y procéder ;
– délibération annuelle obligatoire sur la politique de la société en matière d'égalité professionnelle et salariale entre tous les salariés et entre les femmes et les hommes (art. L 225-37-1) ;
– émission d'obligations (art. L 228-40).

Les décisions à prendre dans l'exercice de ces attributions doivent être l'œuvre collective du conseil ; elles ne peuvent pas faire l'objet d'une **délégation** à un ou plusieurs administrateurs ou à des tiers (par exemple, à propos des conventions conclues entre la société et l'un de ses administrateurs, Cass. com. 10-7-1978 : Rev. sociétés 1979 p. 848 note Balensi ; à propos de la fixation de la rémunération du président, voir Cass. com. 4-7-1995 : RJDA 8-9/95 nº 994).

Le conseil dispose en outre de certains pouvoirs en matière d'**organisation de la direction** (nºs 40890 s.), de **transfert du siège** social (nºs 40900 s.) et de **garanties** sur les biens sociaux (nºs 40905 s.).

> **Précisions** Le pouvoir de **mettre en conformité les statuts** avec les lois et règlements ne saurait être utilisé pour **échapper à une obligation anciennement prévue par les textes** mais que les statuts ont la faculté de continuer à imposer (J.-B. Barbièri, Le pouvoir de modifier les statuts pour les mettre en conformité : BRDA 22/24 inf. 23 nº 14).

MISSIONS DU CONSEIL DÉVOLUES PAR LES CODES DE GOUVERNANCE

Le **Code de gouvernance Afep-Medef** recommande au conseil d'administration de s'attacher à « promouvoir la **création de valeur** par l'entreprise à long terme en considérant les enjeux sociaux et environnementaux de ses activités ». Le conseil est ainsi amené à examiner régulièrement les opportunités et les risques pris par l'entreprise, notamment dans les domaines financier, juridique, social et environnemental, ainsi que les mesures adoptées en conséquence (Code de gouvernance Afep-Medef art. 1.1 et 1.5 ; sur le champ d'application et le caractère contraignant de ce Code, voir nºs 48272 s.). **40865**

Le **Code de gouvernance Afep-Medef** prévoit en outre que, sur proposition de la direction générale, le conseil d'administration détermine des orientations stratégiques pluriannuelles en matière de **responsabilité sociale et environnementale.** Il recommande à la direction de présenter au conseil les modalités de mise en œuvre de cette stratégie avec un plan d'action et *l'horizon de temps dans lequel les actions* seront menées, puis informer annuellement le conseil des résultats obtenus (Code de gouvernance Afep-Medef art. 5.1 et 5.2). **40866**

En matière climatique, cette stratégie devrait être assortie d'objectifs précis définis pour différents horizons de temps et le conseil devrait examiner annuellement les résultats obtenus et l'opportunité d'adapter le plan d'action ou de modifier les objectifs au vu notamment de la stratégie de l'entreprise, des technologies, des attentes des actionnaires et de la capacité économique à les mettre en œuvre. La stratégie climatique et les principales actions engagées à cet effet devraient être présentées à l'assemblée générale ordinaire au moins tous les trois ans ou en cas de modification significative de cette stratégie (art. 5.3 et 5.4 ; sur les modalités de cette présentation, voir Guide d'application du Code Afep-Medef de mars 2024 p. 5).

40867 Pour l'**Afep** et le **Medef,** le conseil doit aussi s'assurer, le cas échéant, de la mise en place d'un dispositif de prévention et de détection de la **corruption** et du trafic d'influence (Code de gouvernance Afep-Medef art. 1.6).

40868 Le **Code de gouvernance Afep-Medef** recommande en outre au conseil de s'assurer que les dirigeants mettent en œuvre une politique de non-discrimination et de diversité, notamment en matière de **représentation équilibrée des femmes et des hommes** au sein des « instances dirigeantes » (Code de gouvernance Afep-Medef art. 1.7). Il prévoit que le conseil détermine, sur proposition de la direction générale, des objectifs de mixité au sein de ces instances, et que la direction présente au conseil les modalités de mise en œuvre de ces objectifs avec un plan d'action et l'horizon de temps dans lequel les actions seront menées, puis informe annuellement le conseil des résultats obtenus (art. 8.1 ; Guide d'application du Code Afep-Medef mars 2024 p. 7).

La notion d'« instances dirigeantes » vise les comités exécutifs et de direction et, plus largement, l'encadrement supérieur. Il appartient au conseil de déterminer un périmètre « pertinent et ambitieux », qui doit intégrer au moins les comités ci-dessus ou tout comité similaire.

Les objectifs de mixité devront être déterminés en termes de pourcentage avec un horizon de temps pour les atteindre et tenir compte de la composition actuelle des instances dirigeantes et des ressources humaines accessibles à l'entreprise.

Le Code recommande également aux sociétés concernées de décrire dans le rapport sur le gouvernement d'entreprise la politique de mixité appliquée aux instances dirigeantes ainsi que les objectifs de cette politique, leurs modalités de mise en œuvre et les résultats obtenus au cours de l'exercice écoulé en incluant, le cas échéant, les raisons pour lesquelles les objectifs n'auraient pas été atteints et les mesures prises pour y remédier (art. 8.2).

Pour sa part, le **Code de gouvernance Middlenext** recommande au conseil de vérifier qu'une politique visant à l'équilibre entre les femmes et les hommes et à l'équité est bien mise en œuvre à chaque niveau hiérarchique de l'entreprise en tenant compte du contexte métier (Code de gouvernance Middlenext rec. 15).

Sur le champ d'application et le caractère contraignant de ces Codes, voir nos 48272 s.

› Précisions a. L'article L 23-12-1 **définit** désormais les **instances dirigeantes comme** « toute instance mise en place au sein de la société par tout acte ou toute pratique sociétaire aux fins d'assister régulièrement les organes chargés de la direction générale dans l'exercice de leurs missions ». Sont concernés par cette définition les comités de direction et les comités exécutifs, mais pas les comités chargés d'assister le conseil d'administration (comités d'audit, comités des rémunérations, etc. : voir nos 42750 s.) (Communication Ansa, comité juridique no 22-011 du 2-3-2022).

b. Le **Code du travail** prévoit plusieurs dispositions destinées à **assurer une représentation équilibrée entre les femmes et les hommes** parmi les cadres dirigeants et les membres des instances dirigeantes des entreprises d'au moins 1 000 salariés (C. trav. art. L 1142-11 à L 1142-13, art. D 1142-5 à D 1142-19 et, à compter du 1-3-2029, art. D 1142-15 à R 1142-23) ; sont notamment prévues la publication annuelle des écarts éventuels de représentation entre les femmes et les hommes parmi les cadres dirigeants et les instances dirigeantes et l'instauration, à compter du 1er mars 2026 (Loi 2021-1174 du 24-12-2021 art. 14, III-al. 2), d'une obligation de mixité pour les postes de cadres dirigeants et pour les membres des instances dirigeantes.

b. Exercice des pouvoirs du conseil d'administration

40881 Le conseil doit exercer les pouvoirs que la loi lui a dévolus et il ne peut pas empiéter sur ceux que la loi attribue au directeur général ou à l'assemblée des actionnaires ; les statuts eux-mêmes ne peuvent pas modifier la **répartition légale des pouvoirs** entre les organes de la société. Cette règle, connue sous le nom de principe d'organisation hiérarchique de la SA, a été exprimée en ces termes particulièrement éclairants par la cour d'appel d'Aix-en-Provence (CA Aix-en-Provence 28-9-1982 : Rev. sociétés 1983 p. 773 note J. Mestre) : « Si les statuts peuvent aménager, au mieux des intérêts sociaux, les modalités de l'administration et de la direction, cette liberté s'exerce sous la condition expresse d'absence de bouleversement des principes généraux de hiérarchie et de compétence des divers rouages institués par la loi ; […] de même qu'il n'est pas permis à une **assemblée** générale, fût-elle extraordinaire, d'**empiéter sur le rôle dévolu au conseil** d'administration, celui-ci ne peut se dépouiller de ses attributions propres. »

Il s'ensuit les **conséquences** pratiques suivantes :

– un administrateur d'une société ne saurait, sous couvert d'un mandat de gestion de cette société, se doter en pratique de l'ensemble des pouvoirs du conseil d'administration et du président (Cass. com. 6-5-1996 : RJDA 8-9/96 no 1063 sol. impl.) ;

– ni le président ni les statuts ne peuvent décider la création d'un comité d'études (CA Aix-en-Provence 28-9-1982 précité) ;
– l'assemblée générale ordinaire n'est pas compétente pour se prononcer sur les pouvoirs du président (Cass. com. 18-5-1982 : Rev. sociétés 1983 p. 71 note Sibon) et il n'est pas non plus possible de soumettre au vote de l'assemblée des projets de résolution dont l'adoption tendrait à donner des mandats impératifs aux organes de gestion ou à leur imposer des actes de gestion (T. com. Marseille 7-11-2001 nº 2001 R 906 : RJDA 2/02 nº 162, à propos d'une SA à directoire et conseil de surveillance mais transposable).

De ces solutions – qu'il convient, depuis la loi 2001-420 du 15 mai 2001, d'actualiser en remplaçant le terme « président » par celui de « directeur général » –, il y a lieu de déduire que, la loi ayant attribué expressément compétence au conseil, celui-ci ne peut subdéléguer à un tiers, sauf s'il s'agit d'une société « cotée », le pouvoir – dont il a été investi par l'assemblée conformément à la loi – d'arrêter les conditions d'une augmentation de capital (voir nºˢ 49620 s.).

De même, l'autorisation donnée par l'assemblée d'une convention entre la société et l'un de ses administrateurs avant celle du conseil (nº 52825) ne peut pas suppléer cette dernière car la loi investit spécifiquement le conseil du pouvoir de donner cette autorisation préalablement à la conclusion de la convention.

De même encore, l'assemblée générale n'est pas compétente pour se prononcer, même à titre consultatif, sur une résolution invitant le conseil à dissocier la direction générale de la présidence du conseil (T. com. Nanterre réf. 23-5-2024 nº 2024R00551 : RJDA 2/25 nº 88).

En matière d'options de souscription ou d'achat d'actions, la loi prévoit simplement que l'assemblée « autorise » le conseil à octroyer les options en lui réservant le pouvoir de fixer seulement le prix de souscription ou d'achat et le délai d'exercice de ces options (art. L 225-177, al. 1 et L 225-179, al. 1) et seul le conseil est habilité par la loi (art. L 225-177, al. 2) à décider en définitive des conditions d'octroi des options sous les seules réserves du prix et du délai ; dans la limite du délai imparti, le conseil jouit donc du pouvoir d'arrêter les dates de levée des options.

En matière d'actions gratuites, la loi prévoit pareillement que l'assemblée « autorise » le conseil à attribuer les actions en lui réservant le seul pouvoir de fixer le pourcentage du capital pouvant donner lieu à une telle attribution ainsi que certains délais (délai de l'autorisation ; délai d'acquisition et, le cas échéant, de conservation des actions) (art. L 225-197-1, I-al. 1, 2, 4, 6 et 7) ; ce n'est pas l'assemblée mais le conseil que la loi (art. L 225-197-1, I-dernier al.) habilite à décider des conditions et critères de l'attribution (dans le même sens, Communication Ansa, comité juridique nº 20-040 du 4-11-2020).

Le conseil peut faire **ratifier par l'assemblée** une mesure qui relève de son pouvoir. En effet, la ratification n'étant qu'une approbation, elle n'empiète pas sur le pouvoir de décision du conseil. Mais elle ne peut avoir d'autre effet que d'être invoquée à l'occasion d'une mise en cause de la responsabilité des administrateurs afin d'obtenir une exonération ou une atténuation de cette responsabilité. **40882**

Le **conseil** peut aussi – comme tout autre organe (président, directeur général ou assemblée) – prendre une mesure qui n'entraîne pas un empiètement ou une **substitution de pouvoir,** chaque organe devant être cantonné dans la stricte limite de ses pouvoirs. **40883**

En conséquence :
– l'assemblée étant compétente pour « supprimer » le droit préférentiel de souscription (art. L 225-135), le conseil n'empiète pas sur ses pouvoirs en usant de la faculté que l'assemblée lui a reconnue de ne pas mettre en œuvre cette suppression ;
– la compétence hiérarchique étant un attribut de « l'organe », elle ne peut pas être opposée pour contester la validité des décisions ordinaires prises par l'assemblée générale extraordinaire, car « l'organe » est l'assemblée, quelles que soient les modalités de fonctionnement de celle-ci et les épithètes « ordinaire » ou « extraordinaire » qu'on lui accole (nº 48510).

> **Précisions** **Règle d'ordre public** limitant le principe de liberté contractuelle qui gouverne le contrat que constitue le pacte social, le principe de répartition légale des pouvoirs doit être strictement entendu. Les dispositions légales fixant les pouvoirs de chaque organe doivent, partant, être interprétées restrictivement.

c. Choix du mode de direction générale de la SA

Le **conseil d'administration** est l'organe compétent pour décider si les fonctions de directeur général seront exercées par le président du conseil d'administration ou par une autre **40890** personne physique (art. L 225-51-1, al. 2). Cette compétence est exclusive, de sorte que l'assemblée générale ne peut pas empiéter sur cette prérogative par un vote, même consultatif, sur une résolution invitant le conseil à dissocier la direction générale de la présidence du conseil (T. com. Nanterre réf. 23-5-2024 n° 2024R00551 : RJDA 2/25 n° 88).

Les statuts doivent définir les conditions dans lesquelles le conseil d'administration peut se prononcer (art. L 225-51-1, al. 2). Ainsi, il peut être prévu des conditions de majorité particulières ou la nécessité de respecter un certain délai (par exemple, la clôture de l'exercice en cours) avant de passer d'une formule à l'autre.

Les **tiers** sont informés de la décision du conseil dans les conditions suivantes :
– l'extrait du procès-verbal contenant cette décision doit faire l'objet d'un avis inséré dans un support d'annonces légales du département du siège social (art. R 225-27) ;
– une fois l'avis inséré, cet extrait doit être déposé au greffe du tribunal de commerce dans le mois qui suit la décision du conseil (art. R 123-109 et, sur renvoi, art. R 123-105) et en annexe au RNE dans le même délai (art. R 123-266, 2°) ; sur les recours possibles en cas de défaut de dépôt de l'extrait, voir n° 85750.

En outre, tout **actionnaire** peut prendre connaissance de l'extrait du procès-verbal de la décision du conseil au siège social ou au lieu de la direction administrative (art. R 225-93) (pour le cas où le siège social est distinct de la direction administrative, voir n° 46563). À notre avis, ce droit fait partie du droit de communication permanent des actionnaires qui peut s'exercer à toute époque de l'année et pas seulement avant la réunion d'une assemblée générale. L'actionnaire peut désigner un mandataire pour exercer ce droit (art. R 225-93). Aucune condition particulière n'étant fixée quant au choix du mandataire, ce dernier peut être une personne étrangère à la société.

Les actionnaires sont également informés de la décision du conseil par une mention portée dans le rapport sur le gouvernement d'entreprise présenté à l'assemblée générale ordinaire (art. L 225-37-4, 4°).

> **Précisions** **a.** Le **choix du mode de gouvernance** (cumul ou dissociation des fonctions de président et de directeur général) dépend des particularités de chaque société, tenant notamment à son secteur d'activité, à la composition de son actionnariat ou encore à la composition et à l'expérience de son équipe dirigeante. Chaque formule a ses avantages. Ainsi, le cumul des fonctions favorise les prises de décision rapides et renforce la cohésion de l'organisation au sein de la société. Le processus de décision s'en trouve simplifié et la société est plus réactive, ce qui est un atout en période de crise. La dissociation des fonctions permet au président de se concentrer sur ses missions propres (organisation des travaux du conseil d'administration ; surveillance du fonctionnement des organes sociaux). Elle est aussi souvent choisie à titre de transition pour préparer la succession du président. Après le départ de celui-ci, la société revient généralement à la formule du cumul des fonctions (Rapport Afep-Medef janvier 2015 sur le choix de la formule de gouvernance p. 3).

b. Dans les **sociétés dont les titres sont admis aux négociations sur un marché réglementé,** il est recommandé de porter à la connaissance des actionnaires et des tiers la formule retenue par le conseil et les motivations de celui-ci (Code de gouvernance Afep-Medef art. 3.4), non seulement lorsque la société change de formule, mais aussi lorsqu'elle réitère son choix à l'occasion du renouvellement du mandat de président-directeur général ou des mandats de président du conseil d'administration et de directeur général (Recommandation AMF 2012-02 modifiée le 14-12-2023 § 3.1). Le Code Afep-Medef ne mentionne pas sur quel support cette information doit être faite. Rien n'interdit de donner ces précisions dans le rapport sur le gouvernement d'entreprise. Mais d'autres moyens de communication, tel un communiqué sur le site internet de la société, nous paraissent pouvoir suffire. Sur le caractère contraignant de ce Code, voir nos 48272 s.

c. Dans les **sociétés du secteur public,** le conseil d'administration doit choisir entre les deux modalités d'exercice de la direction générale. Les statuts peuvent toutefois déroger à cette obligation par une mention expresse (Ord. 2014-948 du 20-8-2014 art. 18).

d. Transfert du siège social par le conseil d'administration

40900 Le conseil d'administration peut décider le transfert du siège social sur l'**ensemble du territoire** français, sous réserve de **ratification** de cette décision par l'assemblée générale ordinaire suivante (art. L 225-36).

ATTENTION

Avant la loi 2016-1691 du 9 décembre 2016, le conseil d'administration ne pouvait décider le transfert du siège social que dans le même département ou dans un département limitrophe. Les **sociétés dont les statuts reproduisent l'ancienne règle légale** doivent modifier ceux-ci afin de supprimer cette limitation si elles veulent bénéficier du nouveau régime (dans le même sens, Communication Ansa, comité juridique n° 17-031 du 7-6-2017).

Si l'assemblée ne ratifiait pas le transfert, la décision du conseil deviendrait caduque. De nouvelles formalités de publicité devraient alors être accomplies pour informer les tiers du retour au siège antérieur.

› Précisions **a.** Les dispositions de l'article L 225-36 ne paraissent pas d'**ordre public** puisqu'elles ne reconnaissent au conseil qu'une faculté et ne lui attribuent pas un pouvoir. Les statuts pourraient donc valablement stipuler que le transfert du siège, en quelque lieu que ce soit, devra être décidé par l'assemblée générale extraordinaire.

b. C'est au conseil d'administration que la loi a donné le pouvoir de transférer le siège social. Par suite, le **président d'une SA qui avait décidé seul le transfert** du siège, décision à laquelle s'était opposé ultérieurement le conseil, a été condamné à supporter personnellement le paiement de l'indemnité de résiliation anticipée du bail des locaux loués en vue du transfert (CA Paris 28-4-1983 : JCP 1986 II n° 20553 note A. Viandier).

c. Dans le cas où de **nouveaux locaux** auraient été **réservés en vue du transfert** du siège, il est recommandé à ceux qui concluent l'acte (notamment le directeur général) de subordonner cette conclusion à la ratification de la décision de transfert par l'assemblée générale.

MODIFICATION DES STATUTS LIÉE AU TRANSFERT DU SIÈGE SOCIAL

Lorsque le conseil d'administration use du pouvoir qui lui est ainsi accordé par la loi de transférer le siège social, la question se pose de savoir quel est l'**organe compétent** pour modifier les statuts à la suite de ce transfert. Est-ce l'assemblée générale extraordinaire (simple application des règles de droit commun), est-ce l'assemblée ordinaire (organe chargé de ratifier la décision du conseil) ou est-ce le conseil lui-même ? **40901**

La modification des statuts ne peut, croyons-nous, être le fait de l'assemblée ordinaire, dont le rôle est seulement, comme on l'a vu, de ratifier ou de rejeter le transfert.

Par ailleurs, on peut estimer que la mesure de simplification résultant de l'article L 225-36 serait sans portée pratique si l'on devait reconnaître à l'assemblée extraordinaire une compétence exclusive en ce domaine.

C'est pourquoi, en définitive, il nous paraît conforme à l'esprit de ce texte de reconnaître au conseil d'administration la possibilité d'apporter aux statuts la modification purement matérielle qui n'est que la conséquence de la décision qu'il a prise en vertu des pouvoirs exceptionnels prévus par la loi.

PUBLICITÉ DU TRANSFERT DE SIÈGE SOCIAL

Sur les formalités de publicité requises en cas de transfert du siège, voir nos 20555 s. **40902**

Selon le ministre de la justice, ces **formalités** peuvent être **accomplies** dès que la décision de déplacement du siège social a été prise par le conseil d'administration, mais elles doivent préciser que cette décision est soumise à ratification (Rép. Deniau : AN 1-2-1988 n° 33418).

e. Cautionnements, avals et garanties donnés par la SA

Les **cautionnements, avals et garanties** donnés par des sociétés autres que celles exploitant des établissements bancaires ou financiers doivent être **autorisés** par le conseil (art. L 225-35, al. 4). **40905**

› Précisions Les entreprises régies par le Code des assurances n'étant pas des établissements de crédit, le cautionnement consenti par une **SA d'assurance** au profit d'une autre société doit être autorisé par son conseil d'administration ou de surveillance (Cass. com. 24-3-2004 n° 558 : RJDA 7/04 n° 846).

GARANTIES SOUMISES À AUTORISATION

Une autorisation n'est requise que pour garantir les **engagements pris par des tiers** et non ceux de la société elle-même (Cass. com. 11-2-1986 : Rev. sociétés 1986 p. 243 note Daigre ; Cass. com. 4-5-1999 : RJDA 7/99 n° 794 ; Cass. com. 15-1-2013 : RJDA 4/13 n° 337). **40907**

ILLUSTRATIONS

Ne constitue pas une garantie nécessitant une autorisation l'engagement de bonne exécution d'un marché de travaux pris solidairement envers le maître d'ouvrage par trois sociétés lors de la cession de ce marché à une filiale commune, cet engagement étant pris directement par les sociétés (Cass. com. 1-6-1993 n° 1005 : RJDA 7/93 n° 627). De même, aucune autorisation n'est requise en cas de garantie des engagements d'une succursale (CA Dijon 23-4-2004 n° 03-548 : RJDA 11/04 n° 1228) ou en cas de garantie de passif accordée lors d'une cession de parts ou d'actions à l'acquéreur de celles-ci (Cass. com. 12-7-2011 n° 10-16.118 : RJDA 10/11 n° 821).

Pour un exemple de délégation de créance ne constituant pas une garantie soumise à autorisation, cette délégation n'étant qu'un moyen pour le délégué d'éteindre sa propre dette envers le déléguant, voir Cass. com. 15-1-2013 n° 11-28.173 : RJDA 4/13 n° 337.

En revanche, jugé que constitue une garantie soumise à autorisation la promesse, souscrite par une SA pour une SARL dont elle venait de prendre le contrôle, de se porter fort que la SARL conclurait un contrat de travail avec son ancien gérant (CA Paris 4-11-2008 n° 07-8909 : RJDA 7/09 n° 661, solution à notre avis contestable car, dans le cas d'une promesse de porte-fort, le tiers pour lequel on se porte fort n'a pris aucun engagement, de sorte qu'une telle promesse ne constitue pas une garantie visée par l'article L 225-35).

Une **filiale** est considérée comme un tiers (CA Paris 4-10-2002 n° 02-5650 : RJDA 3/03 n° 271 ; CA Paris 28-2-2003 n° 02-632 : RJDA 7/03 n° 734, 2e esp. ; Cass. com. 25-2-2003 n° 337 : RJDA 7/03 n° 734, 1e esp.).

40908 La **garantie** doit être **donnée par la société.** Tel n'est pas le cas, à notre avis, de la solidarité qui peut résulter pour la société d'engagements commerciaux qu'elle a contractés avec des tiers : par exemple, conclusion d'un marché en commun avec une autre entreprise, participation à une SNC ou à un GIE, etc. En revanche, il y a garantie donnée par la société lorsque cette dernière, bien que n'étant pas codébitrice d'un tiers, promet à celui-ci de le payer comme un codébiteur solidaire (cas dit du « codébiteur solidaire adjoint »). De même, un engagement de substitution de cautionnement ou de contre-garantie d'un tiers constitue bien une garantie devant faire l'objet d'une autorisation préalable du conseil d'administration (Cass. com. 24-6-2003 n° 1052 : RJDA 11/03 n° 1083).

ILLUSTRATIONS

L'engagement pris par une société, qui a vendu des marchandises à l'étranger, de payer à une banque les droits d'importation pour le cas où l'acheteur étranger serait défaillant **constitue une garantie** soumise à la procédure d'autorisation et non une « avance de trésorerie » accessoire à une vente (Cass. com. 26-1-1993 : RJDA 10/93 n° 812). De même, une lettre signée par le président d'une société au nom de celle-ci, dans laquelle il certifie se porter garant au profit d'un fournisseur des achats de marchandises effectués par un tiers, s'analyse comme une garantie de paiement des marchandises soumise à autorisation et non comme un simple engagement moral (CA Paris 1-6-2001 n° 00-5199 : RJDA 11/01 n° 1122). De même encore, constitue une garantie soumise à autorisation l'engagement d'une société mère envers le crédit-bailleur de sa filiale, en cas de défaillance de celle-ci, de se substituer à cette dernière dans tous les droits et obligations résultant du contrat (CA Paris 4-10-2002 n° 02-5650 : RJDA 3/03 n° 271) ou d'acheter pour un montant déterminé le matériel loué par la filiale (Cass. com. 25-2-2003 n° 337 : RJDA 7/03 n° 734, 1e esp.).

40909 La **lettre d'intention** constitue une garantie au sens de l'article L 225-35 et est donc soumise à autorisation du conseil, même si elle ne fait naître qu'une obligation de moyens : nos 81180 s.

40910 L'**appréciation des pouvoirs** des dirigeants d'une société relève de la **loi nationale** de cette société. Par suite, une société de droit luxembourgeois ne peut pas utilement, pour refuser de régler les sommes dues au titre d'un cautionnement donné en son nom par l'un de ses administrateurs, se prévaloir des dispositions du Code de commerce qui imposent une autorisation préalable du conseil d'administration pour ce type d'engagement (Cass. com. 9-4-1991 : RJDA 7/91 n° 613 ; voir aussi Cass. com. 9-3-1993 : RJDA 7/93 n° 617 ; Cass. 1e civ. 8-12-1998 : RJDA 4/99 n° 415).

CONDITIONS D'OCTROI DE L'AUTORISATION DES GARANTIES PAR LE CONSEIL

40911 **Conditions communes à toutes les autorisations** **Destinataire de l'autorisation.** L'autorisation ne peut être donnée qu'au **directeur général** (cf. art. L 225-35, al. 4 et R 225-28, al. 1). Toute autorisation donnée directement au directeur général délégué serait irrégulière (Communication Ansa, comité juridique n° 06-052 du 4-10-2006). Nul n'étant censé ignorer la loi, la société pourrait utilement faire valoir qu'un engagement souscrit par un directeur général délégué en vertu d'une autorisation donnée à ce dernier par le conseil d'administration ne lui est pas opposable. Le bénéficiaire de la garantie ne pourrait donc pas se prévaloir de sa bonne foi pour soutenir que la société est néanmoins engagée.

Sur la possibilité pour le directeur général de déléguer les pouvoirs reçus du conseil, voir nos 40915 et 40918.

40912 **Caractère préalable.** L'autorisation doit être préalable à la convention, faute de quoi celle-ci est inopposable à la société (Cass. com. 17-11-1992 : RJDA 2/93 n° 127 ; CA Metz 27-3-2012 n° 11/00721 : RJDA 6/12 n° 602).

40913 **Garantie des engagements pris par une société contrôlée** **Autorisation sans limite de montant.** Lorsqu'il s'agit de garantir des engagements pris par une société contrôlée par la société au sens de l'article L 233-16, II (contrôle exclusif), le conseil peut autoriser les cautions, avals et garanties globalement et sans limite de montant. Il peut également autoriser le directeur général à donner, globalement et sans limite de montant, des cautions, avals et garanties pour ces mêmes sociétés, sous réserve que le directeur général en rende compte au conseil au moins une fois par an (art. L 225-35, al. 4).

> **Précisions** Il se déduit de l'emploi du terme « peut » à l'article L 225-35 qu'il ne s'agit que d'une **faculté pour le conseil.** Dès lors, il ne nous paraît pas interdit d'écarter cette faculté et de prévoir, par exemple, la nécessité pour le directeur général de solliciter l'autorisation du conseil lors de toute opération, quel qu'en soit le montant, ou encore, ce qui en fait reviendrait au même, de fixer des plafonds peu élevés. Mais il va de soi que cela risque d'entraîner une gêne sérieuse dans le fonctionnement de la société.

Durée de l'autorisation. Le conseil d'administration peut donner son autorisation soit annuellement, soit sans limite de temps sous réserve que le directeur général en rende compte au conseil au moins une fois par an (art. L 225-35, al. 4). 40914

Si une limite de temps est prévue, à l'expiration de cette période, le conseil d'administration décidera, au vu des engagements en cours (lesquels doivent d'ailleurs figurer dans l'annexe des comptes annuels), le montant des nouvelles garanties qui pourront être accordées durant l'année à venir.

Délégation de pouvoirs. L'article L 225-35 n'apporte pas de précisions sur la question de savoir si le directeur général peut déléguer les pouvoirs reçus du conseil pour accorder des garanties aux sociétés contrôlées. À notre avis, il résulte du silence de la loi que le directeur général n'a pas cette possibilité. 40915

Garantie des engagements pris par un tiers autre qu'une société contrôlée 40916

Montant limité. Lorsqu'il s'agit de garantir des engagements pris par tout tiers autre qu'une société contrôlée par la société au sens de l'article L 233-16, II (contrôle exclusif), l'autorisation doit être donnée pour un montant limité, les cautionnements, avals et garanties étant alors accordés librement par le directeur général ou ses délégués jusqu'à ce que le plafond fixé par le conseil soit atteint. Mais le conseil peut également, dans la limite du **plafond global,** imposer son autorisation préalable pour toute garantie, au sens large, dépassant une **limite particulière** d'un montant déterminé (art. R 225-28, al. 1).

EXEMPLE

Le conseil peut décider que les garanties seront accordées librement sous réserve, d'une part, que leur total ne dépasse pas une somme de 800 000 € et, d'autre part, que chaque engagement ne dépasse pas 40 000 €. Les limites particulières peuvent d'ailleurs ne concerner que telle ou telle forme de garantie : par exemple, 100 000 € pour chaque hypothèque, 20 000 € pour chaque aval, etc.

Tout engagement qui excéderait la limite particulière éventuellement imposée ou, à plus forte raison, le plafond global devrait faire l'objet d'une autorisation particulière du conseil (art. R 225-28, al. 1). Tel est le cas, notamment, des engagements dont le montant ne peut être fixé avec précision, par exemple ceux résultant des « lettres d'intention » ou ceux correspondant à des « garanties de bonne fin » puisqu'ils sont susceptibles de dépasser les plafonds (dans le même sens, Rép. Fréville : AN 11-12-1995 n° 30373, étant observé que, selon le ministre de la justice, l'autorisation particulière est requise même si l'absence de précision concerne seulement les accessoires de la créance).

> **Précisions** L'article R 225-28, al. 1 prévoit que le conseil « peut », dans la limite d'un certain montant, autoriser le directeur général à donner des cautionnements, avals ou garanties au nom de la société. Ce n'est donc pas une obligation. Dès lors, il ne nous paraît pas interdit d'écarter cette faculté et de prévoir la nécessité pour le directeur général de solliciter l'autorisation du conseil lors de **toute opération, quel qu'en soit le montant,** ou encore, ce qui en fait reviendrait au même, de fixer des plafonds peu élevés. Mais il va de soi que cela risque d'entraîner une gêne sérieuse dans le fonctionnement de la société.

Durée limitée. Le conseil d'administration ne peut pas donner son autorisation pour une durée excédant un an (art. R 225-28, al. 2). À l'expiration de cette période, le conseil d'administration décidera, au vu des engagements en cours (lesquels doivent d'ailleurs figurer dans l'annexe des comptes annuels), le montant des nouvelles garanties qui pourront être accordées durant l'année à venir. 40917

Aux termes de l'article R 225-28, al. 2, la durée des autorisations ne peut pas être supérieure à un an « quelle que soit la durée des engagements cautionnés, avalisés ou garantis ». A priori, cette rédaction pourrait conduire à penser que l'autorisation ne peut pas être donnée pour des garanties appelées à se prolonger au-delà d'un an. Mais on voit mal un créancier se contentant d'une garantie limitée à un an. Il faut donc admettre, sous peine de retirer pratiquement aux sociétés toute possibilité de consentir des sûretés, que le texte signifie seulement qu'au bout d'un an de nouvelles garanties ne peuvent être accordées qu'en vertu d'une nouvelle autorisation et qu'il n'est pas nécessaire de confirmer ou de renouveler les garanties en cours (dans le même sens, CA Paris 25-5-1989 : BRDA 15/89 p. 21). Ainsi, le dirigeant qui fixe une date de validité d'une garantie en relation avec la date de remboursement d'un prêt peut, sans nouvelle autorisation du conseil d'administration, reporter cette date eu égard au report de la durée du prêt (CA Paris 27-10-2006 nº 05-5102 : RJDA 5/07 nº 503).

40918 **Délégation de pouvoirs.** Le directeur général a la possibilité de déléguer les pouvoirs reçus du conseil pour accorder des garanties au nom de la société (art. R 225-28, al. 4). Ainsi, des directeurs ou fondés de pouvoir pourront être autorisés à agir au lieu et place du directeur général (en respectant, bien entendu, les limites fixées par le conseil lors de son autorisation). Il appartient au bénéficiaire de la garantie de vérifier la réalité de la délégation de pouvoirs consentie (CA Orléans 13-10-2006 nº 04-2246 : RJDA 11/07 nº 1121).

La subdélégation est licite à condition qu'elle ait été expressément autorisée dans la délégation (CA Paris 14-4-1999 : RJDA 8-9/99 nº 945).

40919 **Cas particulier** Le conseil d'administration peut, sans limite de montant, autoriser son directeur général à donner, à l'égard des **administrations fiscales et douanières,** des cautionnements, avals ou garanties au nom de la société (art. L 225-35, al. 4).

Cette dérogation ne porte que sur l'importance des sommes mises en jeu ; elle ne concerne pas la durée de l'autorisation, qui reste fixée à un an. Par conséquent, elle devra, si le conseil le juge opportun, être renouvelée chaque année, faute de quoi les plafonds (global et particulier) devront être respectés, même pour les garanties accordées aux administrations fiscales et douanières.

NON-RESPECT DE LA PROCÉDURE D'AUTORISATION

40929 Les **conséquences** des irrégularités commises en matière de cautionnements, avals ou garanties diffèrent selon que les engagements ont été donnés sans autorisation préalable du conseil ou qu'ils excèdent les limites fixées par le conseil.

40930 **Absence d'autorisation du conseil** Si les cautionnements, avals ou garanties ont été consentis **sans autorisation** préalable du conseil, l'**engagement** est inopposable à la société (Cass. com. 15-10-1991 : RJDA 12/91 nº 1037 ; Cass. com. 8-12-1998 : RJDA 3/99 nº 303 ; Cass. com. 1-12-2009 nº 08-18.896 : RJDA 3/10 nº 259) et ne peut faire peser sur elle aucune obligation (Cass. com. 15-1-2013 nº 11-27.648 : RJDA 4/13 nº 338). À noter qu'une société n'apporte pas la preuve du défaut d'autorisation du conseil d'administration, en l'absence de production du registre des délibérations du conseil, par la seule présentation d'une attestation du président qui semble établie pour les besoins de la cause et qui n'est pas de nature à emporter la conviction (Cass. com. 16-11-2004 nº 1630 : RJDA 3/05 nº 280).

40931 Est inopposable à la société la **garantie** qui n'est **pas conforme** à l'**autorisation** donnée par le conseil.

ILLUSTRATIONS

Le cautionnement garantissant l'exécution d'un contrat de crédit-bail portant sur un véhicule industriel a été déclaré inopposable à une société dès lors que le conseil d'administration de celle-ci avait autorisé l'octroi d'une garantie pour l'achat d'un véhicule et que l'on ne pouvait l'étendre à un contrat de crédit-bail, fût-il relatif au même véhicule (Cass. com. 22-5-2001 nº 1037 : RJDA 11/01 nº 1121). De même, le conseil d'administration d'une SA ayant autorisé son président à se porter caution auprès d'une banque en garantie d'un prêt contracté par une autre société, l'acte par lequel celui-ci avait engagé la SA vis-à-vis d'une personne physique qui s'était portée caution du même prêt de se substituer à elle, en cas d'inexécution de la substitution de garantie, a été déclaré inopposable à la SA (Cass. com. 22-3-2005 nº 497 : RJDA 8-9/05 nº 998).

40932 Les tiers ne peuvent pas invoquer l'existence d'un **mandat apparent** pour suppléer l'absence d'autorisation (Cass. com. 6-5-1986 : Bull. civ. IV nº 86 ; Cass. com. 4-10-1988 : Bull. Joly 1988 p. 856 ; Cass. com. 31-3-2021 nº 19-13.974 F-D : RJDA 10/21 nº 673) ; en effet, ils ne sauraient prétendre qu'ils ignoraient cette absence d'autorisation puisqu'il leur appartient de se renseigner sur le montant de la limite fixée par le conseil (CA Paris 19-2-2003 nº 01/19815 : RJDA 5/04 nº 580).

L'autorisation n'est valable que si elle a fait l'objet d'une **délibération formelle du conseil** préalable à l'octroi de la garantie. L'irrégularité résultant de l'absence d'une telle délibération ne peut être couverte ni par une confirmation tacite (Cass. com. 15-10-1991 : RJDA 12/91 nº 1037 ; Cass. com. 11-6-2002 nº 1147 : RJDA 12/02 nº 1286), ni même par une confirmation explicite, fût-elle donnée en connaissance de cause (CA Paris 13-2-1991 : Bull. Joly 1991 p. 405 note Delebecque). Mais l'**absence de retranscription sur le registre des délibérations du conseil** du procès-verbal de la réunion autorisant la garantie est inopposable au bénéficiaire de celle-ci dès lors qu'une copie de ce procès-verbal lui avait été remise et que la réalité de l'autorisation du conseil n'était pas discutée (Cass. com. 13-2-2001 n° 309 : RJDA 5/01 n° 595 ; CA Paris 27-6-2002 : Dr. sociétés 2003 n° 50).

L'inopposabilité à la société des engagements n'ayant pas fait l'objet d'une autorisation du conseil s'applique même si le cautionnement a été donné en garantie des dettes d'une **filiale à 100 %** (Cass. com. 28-4-1987 : Bull. civ. IV n° 102) et même si le bénéficiaire du cautionnement est un étranger (Cass. com. 8-11-1988 : Bull. civ. IV n° 302). 40933

Par ailleurs, l'appartenance à un groupe de sociétés ne dispense pas les dirigeants d'une filiale de demander l'autorisation du conseil d'administration de celle-ci, même si la société mère a donné son accord à l'octroi de la garantie par la filiale (CA Paris 24-4-1990 : D. 1990.IR.130).

Le dirigeant qui consent une garantie à un tiers sans autorisation du conseil commet une faute, mais cette faute ne peut permettre au bénéficiaire de la garantie d'engager la **responsabilité personnelle du dirigeant** dès lors que ce dernier a agi dans l'exercice de ses fonctions et que la faute commise n'est pas détachable de celles-ci (Cass. com. 20-10-1998 : RJDA 1/99 n° 58 ; Cass. com. 18-12-2001 n° 2121 : RJDA 5/02 n° 510 ; Cass. com. 9-6-2004 n° 903 : RJDA 8-9/04 n° 1003). 40934

Cette solution est, à notre avis, susceptible d'être remise en cause lorsque le dirigeant consent une garantie en sachant qu'elle est inopposable à la société car il y a faute séparable dès lors que le dirigeant commet intentionnellement une faute d'une particulière gravité incompatible avec l'exercice normal des fonctions sociales (n° 14300).

Si le signataire de la garantie est un **salarié** agissant pour le compte d'un mandataire social, le bénéficiaire de cette garantie ne peut invoquer la responsabilité personnelle du salarié que si ce dernier a agi en dehors de la mission qui lui a été confiée (cf. Cass. ass. plén. 25-2-2000 : RJDA 5/00 n° 614).

Irrégularité de la décision du conseil Si la décision du conseil ayant autorisé le cautionnement a été prise dans des conditions irrégulières, la **nullité** en résultant est inopposable au créancier de bonne foi (Cass. com. 11-2-1986 : Rev. sociétés 1986 p. 243 note J.-J. Daigre ; Cass. com. 28-6-2005 n° 957 : RJDA 11/05 n° 1242 ; CA Riom 29-1-2003 n° 01-2690 : RJDA 6/04 n° 722). Or, dès lors qu'il a pu croire à l'existence de l'autorisation, le créancier est de bonne foi. S'il peut être exigé de lui qu'il sache qu'une autorisation du conseil est nécessaire, car nul n'est censé ignorer la loi, on ne saurait lui imposer de vérifier la régularité de cette autorisation. Il est de règle que ni la société ni les associés ne peuvent se prévaloir d'une nullité à l'égard des tiers de bonne foi (art. L 235-12). 40935

ILLUSTRATIONS

Une SA ne peut pas se prévaloir à l'égard d'une banque de la nullité du procès-verbal du conseil ayant autorisé un cautionnement car, même si la banque est spécialiste en matière de financement et doit vérifier qu'une autorisation a bien été accordée, il ne peut pas être exigé qu'elle vérifie la régularité de l'autorisation produite (CA Paris 15-2-2007 n° 05/12824 : RJDA 6/07 n° 630).

Dépassement des limites fixées par le conseil Si les cautionnements, avals ou garanties ont été donnés pour un montant total supérieur à la limite (globale) fixée pour la période en cours, le dépassement ne peut pas être **opposé** aux tiers qui n'en ont pas eu connaissance, à moins que le montant de l'engagement invoqué n'excède à lui seul l'une des limites (globale ou particulière) fixées par la décision du conseil d'administration (art. R 225-28, al. 5). 40936

CONSEIL

Afin d'éviter toute déconvenue, les créanciers en faveur desquels la garantie est accordée agiront prudemment en se faisant **communiquer la décision du conseil** autorisant le directeur général à donner des garanties au nom de la société.

Si le montant de l'engagement dépasse l'une des limites fixées par le conseil, faut-il considérer que cet engagement est inopposable à la société dans son ensemble ou que seul le montant du dépassement lui est inopposable, la société restant tenue dans la limite fixée par le conseil ? La jurisprudence n'est pas fixée sur ce point, certaines décisions penchant pour la première solution (CA Paris 12-5-1976 : Rev. sociétés 1977 p. 96 note Guilberteau ; CA Paris 17-12-2004 n° 03-7280 : RJDA 7/05 n° 832) tandis qu'un arrêt plus récent a retenu la seconde (CA Paris 15-2-2007 nº 05/12824 : RJDA 6/07 nº 630), laquelle répond le mieux, à notre avis, aux exigences de sécurité juridique des relations contractuelles.

Du moment que l'engagement est inférieur aux limites fixées par le conseil, la garantie accordée sur la seule signature du directeur général ou de son délégué sera valable même si, compte tenu des autres garanties déjà données à des tiers, le **total des engagements** consentis par le directeur général dépasse le « crédit » ouvert par le conseil d'administration. Il est, en effet, pratiquement impossible pour les tiers de connaître le montant total des garanties accordées par le directeur général et de savoir si ce dernier est ou non en contravention avec la décision du conseil. Cependant, un dépassement du plafond global non autorisé par le conseil serait opposable aux créanciers si la société pouvait prouver qu'ils avaient eu connaissance de ce dépassement (cf. art. R 225-28, al. 5).

40937 **Dépassement du délai d'autorisation** Le cautionnement accordé par le directeur général plus d'un an après qu'il a été autorisé par le conseil est **inopposable** à la société (pour un exemple, Cass. com. 20-10-1998 : RJDA 1/99 nº 58).

3. DROITS PROPRES DES ADMINISTRATEURS

DROIT D'INFORMATION INDIVIDUELLE DES ADMINISTRATEURS

40950 Le président ou le directeur général est tenu de communiquer à chaque administrateur tous les **documents et informations nécessaires** à l'accomplissement de sa mission (art. L 225-35, al. 3).

À ce titre, il y a lieu de faire parvenir aux administrateurs ou de mettre à leur disposition, avant la réunion du conseil et dans un délai suffisant, l'information leur permettant de prendre une décision éclairée (Cass. com. 2-7-1985 : Bull. civ. IV nº 203 ; Cass. com. 8-10-2002 nº 1558 : RJDA 7/03 nº 735). Cette obligation s'apprécie concrètement en fonction de l'objet de la réunion et du niveau de connaissance des administrateurs sur les sujets à débattre (CA Versailles 11-6-1998 : RJDA 11/98 nº 1243). Par exemple, si le conseil se réunit pour arrêter les comptes de la société, ceux-ci doivent avoir été communiqués au préalable aux administrateurs.

Il y a également lieu de leur remettre, s'ils la demandent, une copie des procès-verbaux des délibérations du conseil (Cass. com. 1-12-1987 : Bull. civ. IV nº 260).

40951 À notre avis, l'**administrateur** ne peut pas **se procurer directement** auprès du personnel les **documents** et informations qu'il estime nécessaires à l'accomplissement de sa mission : la répartition légale des pouvoirs entre les différents organes de la SA s'oppose à cette intervention d'un administrateur dans le domaine de la direction, celui-ci ne pouvant pas prétendre que le pouvoir du conseil d'administration de régler les affaires sociales lui donne, en tant que membre de ce conseil, le pouvoir d'accomplir un acte de direction et d'ordonner la communication d'une information. Cependant, s'il y a **urgence,** l'administrateur peut, nous semble-t-il, solliciter du président du tribunal de commerce statuant en référé la communication des documents réclamés (CPC art. 872), l'urgence dérogeant au principe de répartition des pouvoirs. Une telle demande est également fondée si le refus de communication constitue un **trouble** manifestement illicite (CPC art. 873), ce qui est par exemple le cas lorsque ce refus porte sur une lettre de griefs de la Commission européenne dont la communication aux administrateurs est nécessaire à l'exercice de leur mission (Cass. com. 29-1-2008 nº 06-20.311 : RJDA 5/08 nº 544).

En tout état de cause, si l'administrateur craint que sa responsabilité ne soit engagée, il doit démissionner.

40952 La méconnaissance des droits de tout administrateur à une information préalable entraîne la **nullité** de la délibération du conseil même si cet administrateur appartient au groupe minoritaire (Cass. com. 24-4-1990 : Bull. civ. IV nº 125 ; CA Paris 16-11-1995 : Bull. Joly 1996 p. 132 note Le Cannu).

Dès lors que les administrateurs sont tenus à une obligation de discrétion (art. L 225-37, al. 5), le président ne peut pas leur opposer le **secret des affaires** pour refuser de leur communiquer une information.

40953 **Sociétés « cotées »** L'**Afep** et le **Medef** recommandent que, dans les **sociétés dont les titres sont admis aux négociations sur un marché réglementé,** l'information des administrateurs soit organisée de la façon suivante (Code de gouvernance Afep-Medef art. 1.4, 13.1, 13.2 et 14.1) :

– détermination par le règlement intérieur des modalités d'exercice du droit de communication et des obligations de confidentialité qui lui sont attachées ;

– information des administrateurs sur l'évolution des marchés, l'environnement concurrentiel et les principaux enjeux – y compris dans le domaine de la responsabilité sociale et environnementale

de la société – et, de manière générale, nécessité de leur fournir une information pertinente, y compris critique (notamment articles de presse et rapports d'analyse financière), à tout moment de la vie sociale entre les séances du conseil si l'importance ou l'urgence de l'information l'exigent ;
– pour les administrateurs n'ayant pas une connaissance suffisante de l'organisation de la société et de ses activités, nécessité de prévoir une formation complémentaire de ceux qui le désirent sur les spécificités de l'entreprise, ses métiers et son secteur d'activité.

L'Afep et le Medef ajoutent que les administrateurs ont le devoir de demander l'information qu'ils estiment utile pour accomplir leur mission s'ils considèrent qu'ils ne sont pas en mesure de délibérer en toute connaissance de cause (Code de gouvernance Afep-Medef art. 13.3). Mais les administrateurs n'ont pas pour autant le droit de se procurer directement l'information manquante (nº 40951).

Middlenext émet des recommandations similaires : détermination des modalités de délivrance de l'information dans le règlement intérieur, et ce, dans un délai raisonnable ; obligation pour chaque administrateur de s'assurer qu'il a obtenu les informations nécessaires sur les sujets mis à l'ordre du jour des réunions, d'évaluer si l'information communiquée est suffisante et de demander, le cas échéant, toute information complémentaire ; nécessité de fournir aux administrateurs les informations nécessaires entre les réunions lorsque l'actualité le justifie (Code de gouvernance Middlenext rec. 1 et 4).

Sur le caractère contraignant et le champ d'application des Codes Afep-Medef et Middlenext, voir nos 48272 s.

D. Rémunération des administrateurs

GÉNÉRALITÉS

41030 En rémunération de leur activité au conseil, les administrateurs ne peuvent recevoir qu'une somme fixe annuelle (ex-jetons de présence) (art. L 225-44 et L 225-45).

Outre cette rémunération commune à tous les administrateurs, tel ou tel administrateur peut percevoir des sommes allouées au titre d'une activité particulière (contrat de travail, rémunération du président, du directeur général ou des directeurs généraux délégués, rémunérations exceptionnelles pour des missions ou mandats particuliers, remboursement de frais) ou, dans certaines sociétés, se voir attribuer des bons de souscription de parts de créateur d'entreprise (art. L 225-44).

Dans les **sociétés dont les actions sont admises aux négociations sur un marché réglementé,** les rémunérations et avantages versés aux administrateurs sont soumis à la procédure de « say on pay » (voir nos 53040 s.), à l'exception du second volet du vote ex post (nº 53125) (art. L 22-10-34, II-al. 2).

Sur la rémunération des administrateurs représentant l'État ou les salariés dans les **sociétés relevant du secteur public,** voir nº 40245.

ATTENTION

Dans les sociétés d'exercice libéral à forme anonyme (Selafa), les administrateurs sont librement rémunérés, les dispositions de l'article L 225-44 ne leur étant pas applicables (Ord. 2023-77 du 8-2-2023 art. 60). Il en va de même dans les SA de droit commun constituées pour l'exercice d'une **profession libérale** juridique ou judiciaire (art. L 811-7, al. 2 et L 812-5, al. 2 pour les administrateurs et mandataires judiciaires, Ord. du 10-9-1817 art. 3-2, al. 2 pour les avocats aux Conseils, Loi 71-1130 du 31-12-1971 art. 8, I-al. 2 pour les avocats, Ord. 45-2590 du 2-11-1945 art. 1 bis, al. 2 pour les notaires et Ord. 2016-728 du 2-6-2016 art. 5, al. 2 et 25, IV-6º pour les commissaires de justice, les huissiers de justice et les commissaires-priseurs judiciaires).

RÉMUNÉRATION AU TITRE DES FONCTIONS D'ADMINISTRATEUR

41040 La rémunération versée aux administrateurs au titre de leurs fonctions (ex-jetons de présence) est, en principe, destinée à récompenser leur assiduité aux séances du conseil.

En fait, comme nous le verrons, sa répartition entre les membres du conseil n'est pas toujours effectuée en tenant compte du nombre de séances auxquelles les administrateurs ont assisté.

41041 **Caractéristiques** La rémunération versée aux administrateurs au titre de leurs fonctions est indépendante du résultat d'exploitation et peut être attribuée même en l'absence de **bénéfices.** Elle est d'ailleurs comptabilisée en charge d'exploitation (art. L 225-45).

Il ne peut s'agir que d'une somme fixe (art. L 225-45), ce qui exclut toute **indexation** de quelque nature que ce soit. En conséquence, on ne saurait fixer le montant de cette rémunération au plafond prévu par la réglementation fiscale (n° 41045) puisque ce plafond varie en fonction des rémunérations les plus élevées versées par la société.

En outre, cette somme est annuelle (art. L 225-45), donc déterminée soit pour l'exercice clos, soit pour l'**exercice en cours** selon la décision de l'assemblée. Toutefois, l'usage de fixer le montant annuel de cette rémunération pour l'exercice en cours et les **exercices ultérieurs** jusqu'à nouvelle décision de l'assemblée est licite. La validité de ce procédé est confirmée par les débats parlementaires relatifs à la loi 75-1347 du 31 décembre 1975 portant suppression des tantièmes, puisque l'obligation, qui figurait dans le texte initial, de faire fixer chaque année par l'assemblée le montant de cette rémunération a été écartée au cours de ces débats (cf. JO déb. AN 18-12-1975 p. 9934).

Enfin, cette somme est globale. Il n'appartient pas à l'assemblée de répartir cette rémunération entre les administrateurs ; cette **répartition** incombe au conseil lui-même qui en décide librement (art. L 225-45 ; voir cependant n° 41043 s'agissant des sociétés dont les actions sont admises aux négociations sur un marché réglementé).

41042 **Organe compétent** Seule l'**assemblée générale** des actionnaires est habilitée à fixer le montant de la rémunération versée aux administrateurs au titre de leurs fonctions (art. L 225-45).

L'assemblée dispose d'une liberté totale en ce qui concerne aussi bien l'opportunité de cette rémunération que la fixation de son montant. Elle n'est liée, en effet, ni par des dispositions statutaires ni par les décisions antérieures qu'elle aurait pu prendre à ce sujet (art. L 225-45). Il s'ensuit qu'elle peut attribuer cette rémunération au conseil même si aucune clause des statuts ne prévoit ce mode de rémunération.

L'assemblée générale ne peut se prononcer sur cette rémunération que si la question a été portée à l'ordre du jour (art. L 225-105, al. 3).

Les **administrateurs,** lorsqu'ils sont actionnaires, peuvent **participer au vote** de la résolution les concernant. En effet, tout associé a le droit de participer aux décisions collectives et de voter (C. civ. art. 1844, al. 1) et, sauf disposition légale le prévoyant, il n'est pas possible d'y déroger (cf. Cass. com. 23-10-2007 n° 06-16.537 : RJDA 1/08 n° 50 et rapport B. Petit p. 9, à propos d'une SAS mais transposable). Or, aucune disposition législative ou réglementaire n'interdit aux administrateurs de voter sur cette rémunération (dans le même sens, Rép. Cornet : AN 2-10-1974 n° 11461).

› Précisions a. Le plus souvent, le montant de la rémunération versée aux administrateurs au titre de leurs fonctions est fixé lors de l'**assemblée ordinaire annuelle** appelée à statuer sur les comptes de l'exercice écoulé. Cependant, en raison des termes très généraux de l'article L 225-45, donnant compétence à « l'assemblée générale » sans autre précision, une **assemblée** ordinaire **quelconque** serait également compétente.

b. Dans les **sociétés publiques nationales,** le montant de cette rémunération doit être approuvé par le ministre de l'économie (Décret 53-707 du 9-8-1953 art. 3, I-1°).

41043 **Répartition de la rémunération entre les administrateurs** Le conseil d'administration fixe librement les sommes revenant à chaque administrateur (art. L 225-45).

En général, la répartition entre administrateurs se fait par parts égales. Mais il est permis de procéder à un **partage inégal.** Ainsi, il peut être alloué une part supérieure à celle des autres administrateurs :

– aux administrateurs membres des comités d'études (art. R 225-33, al. 1) ;
– aux administrateurs chargés de fonctions spéciales, par exemple celles de président du conseil d'administration, de directeur général ou d'administrateur référent de la société ;
– aux administrateurs les plus assidus.

L'Afep et le Medef recommandent, pour les **sociétés dont les titres sont admis sur un marché réglementé,** que le mode de répartition tienne compte de la participation effective des administrateurs et comporte donc une part variable prépondérante ; le montant de cette rémunération doit être adapté au niveau de responsabilité des administrateurs et au temps qu'ils consacrent à leurs fonctions (Code de gouvernance Afep-Medef art. 22.1 et 22.3). Middlenext *préconise qu'une* part minimum de cette rémunération soit attribuée aux administrateurs indépendants et que la répartition tienne compte, pour partie, de l'assiduité des administrateurs et du temps qu'ils consacrent à leurs fonctions (même entre les réunions), y compris l'éventuelle présence à des comités (Code de gouvernance Middlenext rec. 12). Sur le champ d'application et la force contraignante de ces Codes, voir nos 48272 s.

L'article L 225-45 donnant au conseil toute liberté pour répartir la rémunération attribuée aux administrateurs au titre de leurs fonctions, la répartition inégale de celle-ci ne requiert pas, à notre avis, l'accord unanime des administrateurs, ni celui des membres du conseil recevant la plus petite part. Elle résulte valablement d'un vote à la majorité simple (dans le même sens, Rép. Lauriol : AN 29-7-1985 n° 69127). Toutefois, une **répartition abusive** en faveur des administrateurs majoritaires serait susceptible d'être annulée pour abus de pouvoir.

Dans les **SA dont les actions sont admises aux négociations sur un marché réglementé,** la rémunération versée aux administrateurs au titre de leurs fonctions est soumise à la procédure de « say on pay » (art. L 22-10-14), à l'exception du second volet du vote ex post (voir nos 53040 s.), qu'ils exercent ou non des fonctions exécutives. Dans ces sociétés, la répartition par le conseil des sommes revenant à chaque administrateur doit donc être déterminée conformément à la politique de rémunération de la société (art. L 22-10-14) et plus précisément conformément aux critères de répartition fixés dans le cadre de cette politique (art. R 22-10-14, I-5°).

> **Précisions** Il a été jugé que l'intervention du conseil d'administration n'est pas prescrite à peine de nullité et que le **président** a pu valablement **procéder lui-même à la répartition** de cette rémunération en effectuant celle-ci au prorata de la durée d'exercice des fonctions de chaque administrateur, une telle répartition étant conforme aux usages (CA Paris 28-9-1990 : D. 1990.IR.269).

Droit à la rémunération Le **droit** des administrateurs à percevoir la rémunération à laquelle ils peuvent prétendre au titre de l'exercice de leurs fonctions **naît** de la décision de répartition prise par le conseil. Les administrateurs deviennent, dès cet instant, créanciers de la somme allouée. Cette créance se **prescrit** par cinq ans à compter du jour où celui qui agit a connu ou aurait dû connaître l'existence de la décision de répartition (C. civ. art. 2224). 41044

En cas de violation des règles relatives à l'équilibre hommes/femmes dans les conseils d'administration de certaines sociétés, le versement de cette rémunération peut être **suspendu** (art. L 225-45, al. 2 et L 22-10-3 : voir n° 39159). Il en est de même dans les sociétés dont les actions sont admises aux négociations sur un marché réglementé, si le projet de résolution portant sur les rémunérations perçues par les mandataires sociaux au cours de l'exercice clos est rejeté par les actionnaires (n° 53120).

Régime fiscal et « social » de la rémunération Les rémunérations attribuées aux administrateurs au titre de leurs fonctions sont **déductibles des bénéfices** imposables de la société débitrice, mais seulement dans la mesure où elles n'excèdent pas une certaine proportion des salaires des dirigeants. Elles ne sont en effet déductibles que **dans la limite de** 5 % du produit obtenu en multipliant la moyenne des rémunérations déductibles attribuées aux dix ou cinq personnes les mieux rémunérées (selon que l'effectif du personnel excède ou non 200 salariés) par le nombre des membres composant le conseil (Mémento Fiscal n° 23585). Si la société emploie moins de cinq personnes, ces rémunérations ne sont déductibles que dans la limite d'une somme de 457 € par membre du conseil (CGI art. 210 sexies). 41045

La déductibilité est en outre subordonnée à l'**exercice d'une activité effective** (CAA Versailles 15-7-2010 n° 09-1944 : RJF 4/11 n° 412 ; CE (na) 14-12-2011 n° 344158 : RJF 4/12 n° 346).

Les rémunérations versées au titre de leurs fonctions aux **administrateurs** sont imposables dans la catégorie des revenus mobiliers. Lorsqu'elles sont versées à des **personnes physiques,** elles sont taxées en deux temps :

– lors de leur paiement, elles sont soumises à un prélèvement forfaitaire non libératoire (PFNL) de 12,8 % perçu à titre d'acompte et aux prélèvements sociaux au taux de 17,2 % (n° 76542) ;

– l'année suivante, elles sont soumises à l'impôt sur le revenu (prélèvement forfaitaire unique – PFU – de 12,8 % ou, sur option globale, barème progressif sans abattement de 40 %), le PFNL perçu à la source étant imputable sur cet impôt et, le cas échéant, restituable.

Lorsqu'elles sont versées aux administrateurs **personnes morales** soumis à l'impôt sur les sociétés, ces rémunérations sont comprises dans le résultat taxable.

Les rémunérations reçues au titre des fonctions d'administrateur (ex-jetons de présence) ne sont pas soumises aux cotisations et contributions sociales sur revenus d'activité mais sont assujetties au forfait social, à la charge de la société (CSS art. L 137-15, al. 6), au taux de 20 %, même si le bénéficiaire des sommes est affilié à la sécurité sociale dans un autre État membre de l'UE (Cass. 2e civ. 6-6-2024 n° 21-23.396 F-B : RJS 8-9/24 n° 473 ; Cass. 2e civ. 9-1-2025 n° 22-17.148 F-D : RJS 3/25 n° 158). Il en est ainsi même si les bénéficiaires sont par ailleurs salariés de la société, à condition que, pour ces derniers, les versements ne dissimulent pas un complément de salaire (Cass. soc. 12-12-1991 n° 4364 : RJS 1/92 n° 85 ; Cass. soc. 19-10-1995 : RJS 12/95 41046 nº 1300). En revanche, sont intégralement soumises aux cotisations et contributions sociales de sécurité sociale des salariés – ce qui les fait échapper au forfait social – les rémunérations reçues au titre de leurs fonctions d'administrateur par le président, le directeur général ou les directeurs généraux délégués (application combinée des art. L 242-1 et L 311-3, 12º du CSS ; Cass. soc. 17-11-1994 nº 4416 : RJDA 2/95 nº 166 ; Cass. soc. 7-5-1998 nº 2280 : RJS 7/98 nº 906 ; Cass. 2e civ. 14-2-2007 nº 179 : RJS 5/07 nº 656).

BONS DE SOUSCRIPTION DE PARTS DE CRÉATEUR D'ENTREPRISE

41050 Dans certaines SA immatriculées au RCS depuis moins de 15 ans, il est possible d'attribuer aux administrateurs des bons de souscription de parts de créateur d'entreprise (art. L 225-44) : voir nos 70410 s.

ATTRIBUTION DE TANTIÈMES AUX ADMINISTRATEURS

41060 La possibilité pour les administrateurs de percevoir des tantièmes (fraction des bénéfices mis en distribution) a été supprimée par la loi 75-1347 du 31 décembre 1975 car cette forme de rémunération manquait de souplesse, puisque seule l'assemblée générale extraordinaire pouvait modifier le taux des tantièmes, et donnait lieu à des abus faute de plafonnement en valeur absolue.

Les clauses statutaires qui prévoiraient l'attribution de tantièmes aux administrateurs sont réputées non écrites (art. L 225-44, al. 2).

RÉMUNÉRATIONS EXCEPTIONNELLES DES ADMINISTRATEURS

41070 Le conseil d'administration a la faculté d'allouer aux administrateurs des rémunérations exceptionnelles pour les missions ou mandats qu'il leur confie (art. L 225-46).

Dans les sociétés publiques nationales, le montant des indemnités allouées aux administrateurs doit être approuvé par le ministre de l'économie (Décret 53-707 du 9-8-1953 art. 3, I-1º).

Il semble – bien que la loi ne le dise pas expressément – que les rémunérations exceptionnelles ne peuvent être versées que pour des **missions ou mandats** également **exceptionnels,** c'est-à-dire ne rentrant pas dans le cadre normal des fonctions des administrateurs et ne revêtant pas un caractère permanent.

Ainsi, un voyage d'étude à l'étranger, une étude de marché ou le contrôle d'un prototype peuvent être considérés comme une mission particulière confiée à un administrateur et rémunérés. Plus discutable serait, à notre avis, la rémunération versée à un administrateur pour une mission de conseiller technique de la société, celle-ci s'apparentant plutôt à une activité permanente. C'est ainsi qu'a été annulée l'attribution à un administrateur non salarié d'une rémunération régulière, mensuelle et forfaitaire en contrepartie d'une activité de conseiller commercial, au lieu d'une indemnisation ponctuelle correspondant à des missions bien définies (TGI Alençon 22-7-1981 : BRDA 22/81 p. 19).

Pour l'Afep et le Medef, dans les **sociétés dont les titres sont admis sur un marché réglementé,** l'exercice de missions particulières telles que celles de vice-président ou d'administrateur référent peut donner lieu au versement d'une rémunération exceptionnelle (Code de gouvernance Afep-Medef art. 22.2).

41071 Les rémunérations exceptionnelles doivent correspondre à un travail effectif et ne pas être exagérées ; dans ces **conditions,** elles peuvent valablement être portées dans les charges d'exploitation (art. L 225-46). Dans le cas contraire, les administrateurs intéressés pourraient être tenus pour coupables du délit d'abus des biens de la société et ils s'exposeraient à la restitution des sommes indûment perçues. De plus, on rappelle que toute rémunération considérée comme excessive est susceptible d'être réintégrée dans les bénéfices sociaux pour la détermination du montant de l'impôt sur les sociétés.

41072 Si l'administrateur n'occupe pas par ailleurs un emploi salarié dans la société, la rémunération qui lui est versée pour une mission exceptionnelle en raison de ses compétences particulières exercée en dehors de tout lien de subordination n'est pas soumise aux **cotisations et contributions sociales** sur revenus d'activité (Cass. soc. 26-5-1987 : Bull. civ. V nº 341 ; Cass. soc. 31-10-2000 nº 98-44.988 : RJDA 3/01 nº 333) *mais* est assujettie au forfait social, à la charge de la société (CSS art. L 137-15, al. 6), au taux de 20 %.

41073 L'attribution de rémunérations exceptionnelles constitue une convention entre la société et l'un de ses administrateurs : elle doit donc faire l'objet de la procédure spéciale applicable aux **conventions réglementées** (art. L 225-46, al. 1).

Dans les **SA dont les actions sont admises aux négociations sur un marché réglementé,** les rémunérations exceptionnelles des administrateurs sont par ailleurs soumises à la procédure de « say on pay » (art. L 22-10-15), à l'exception du second volet du vote ex post (voir nos 53040 s.).

ATTENTION

L'article L 225-46 prévoit que les rémunérations exceptionnelles allouées aux membres du conseil sont soumises à la procédure des conventions réglementées et, dans les SA dont les actions sont admises aux négociations sur un marché réglementé, l'article L 22-10-15 prévoit que ces rémunérations sont allouées dans les conditions du « say on pay ». Rien dans la lettre de ces textes ne permet d'affirmer avec certitude que l'article L 22-10-15 se substitue à l'article L 225-46 pour ces dernières sociétés et nous pensons donc, dans un souci de sécurité juridique, qu'il convient de soumettre ces rémunérations aux **deux procédures.**

INTERDICTION D'ATTRIBUER D'AUTRES RÉMUNÉRATIONS AUX ADMINISTRATEURS

Les administrateurs ne peuvent recevoir de la société aucune rémunération, permanente ou non, autre que celles visées ci-dessus (rémunération perçue au titre de leurs fonctions, bons de souscription de parts de créateur d'entreprise, rémunérations exceptionnelles) et celles attribuées au président (no 40570), au directeur général (no 42570), au directeur général délégué (no 42710) ou à certains administrateurs en contrepartie d'un travail salarié (nos 39210 s.). **41080**

Toute décision qui attribuerait à un administrateur une rémunération ne rentrant pas dans l'une de ces catégories serait nulle et toute clause statutaire qui prévoirait une telle attribution serait réputée non écrite (art. L 225-44 modifié, à compter du 1-10-2025, par ord. 2025-229 du 12-3-2025 excluant l'application du triple test ; Ord. 2025-229 art. 70) ; en outre, l'administrateur s'exposerait à devoir restituer les sommes qu'il a perçues (TGI Alençon 22-7-1981 : BRDA 22/81 p. 19).

L'administrateur ne saurait prétendre à une indemnité pour le travail qu'il aurait accompli au profit de la société en se fondant sur l'enrichissement injustifié dont celle-ci aurait bénéficié (Cass. com. 16-5-1995 : RJDA 10/95 no 1112). En effet, l'action en justice exercée sur le fondement de l'enrichissement injustifié ne peut pas être introduite pour suppléer à une autre action qui se heurte à un obstacle de droit (voir notamment Cass. com. 16-5-1995 précité).

L'interdiction visée à l'article L 225-44 ne concerne pas les sommes versées à un administrateur en rémunération des services qu'il a pu rendre à la société dans le cadre de son activité professionnelle (honoraires d'avocat, d'ingénieur-conseil, etc.). En effet, ces versements sont la contrepartie non pas d'une mission assurée en qualité d'administrateur, mais de prestations fournies en vertu d'un contrat d'entreprise, lequel doit, bien entendu, être soumis à la procédure de contrôle prévue par les articles L 225-38 s. relatifs aux conventions passées entre la société et l'un de ses administrateurs. **41081**

S'agissant des administrateurs de sociétés d'exercice libéral à forme anonyme (Selafa) et de SA constituées pour l'exercice d'une **profession libérale** juridique ou judiciaire, voir no 41030. **41082**

Sur l'application de la procédure des conventions réglementées à l'attribution d'une **retraite** ou de tout autre **avantage financier postérieur à la cessation des fonctions,** voir nos 52690 s. **41083**

REMBOURSEMENT DE FRAIS AUX ADMINISTRATEURS

Le conseil d'administration peut autoriser le remboursement des frais de voyage et de déplacement et des dépenses engagées par les administrateurs dans l'intérêt de la société (art. R 225-33, al. 2). **41090**

E. Évaluation du conseil et formation de ses membres

ÉVALUATION DU CONSEIL D'ADMINISTRATION

Dans les **sociétés dont les titres sont admis aux négociations sur un marché réglementé,** l'Afep et le Medef recommandent que le conseil d'administration fasse un point périodique sur son organisation et son fonctionnement. En particulier, le conseil doit s'assurer que les questions importantes sont convenablement préparées et débattues ; il doit aussi apprécier la contribution effective de chaque administrateur à ses travaux (Code de gouvernance Afep-Medef art. 11 et Guide d'application du Code Afep-Medef mars 2024 p. 10 s.). **41150**

À cette fin, il est recommandé au conseil d'administration de :
– débattre une fois par an sur son fonctionnement ;
– procéder à une évaluation formalisée au moins tous les trois ans, sous la direction du comité en charge de la sélection ou des nominations ou d'un administrateur indépendant, avec l'aide d'un consultant extérieur ;
– informer les actionnaires dans le rapport sur le gouvernement d'entreprise de la réalisation des évaluations et, le cas échéant, des suites données.

L'AMF recommande de détailler dans le cadre de cette information la procédure d'évaluation mise en place, les résultats obtenus et les pistes d'amélioration envisagées. Elle invite les sociétés à y intégrer les réflexions conduites sur la question de la diversification de la composition du conseil (Recommandation AMF 2012-02 § 11.6). Dans le cadre de l'évaluation triennale, l'AMF recommande à la société de veiller à l'indépendance du consultant par rapport à elle et à ses dirigeants et d'apporter des précisions à cet égard dans le rapport sur le gouvernement d'entreprise (Recommandation AMF 2012-02 § 11.5 ; sur cette question, voir aussi Rapport AMF 2023 sur le gouvernement d'entreprise et la rémunération des dirigeants des sociétés cotées du 14-12-2023 p. 30 s.).

Middlenext recommande pour sa part que le président du conseil d'administration invite une fois par an les membres à s'exprimer sur le fonctionnement du conseil, des comités éventuels, ainsi que sur la préparation de ses travaux. À cette occasion, le conseil peut se faire accompagner d'un tiers. Cette discussion doit être inscrite au procès-verbal de la séance et le rapport sur le gouvernement d'entreprise doit indiquer que cette procédure a bien eu lieu (Code de gouvernance Middlenext rec. 13).

Sur le caractère contraignant et le champ d'application des Codes de gouvernance Afep-Medef et Middlenext, voir n°s 48272 s.

FORMATION DES ADMINISTRATEURS

41160 L'Afep et le Medef recommandent que chaque administrateur bénéficie, s'il le juge nécessaire, d'une formation sur les spécificités de l'entreprise, ses métiers, son secteur d'activité et ses enjeux en matière de responsabilité sociale et environnementale, en particulier en matière climatique (Code de gouvernance Afep-Medef art. 14 ; sur cette question, voir aussi Rapport AMF 2022 sur le gouvernement d'entreprise et la rémunération des dirigeants des sociétés cotées du 1-12-2022 p. 31).

Middlenext recommande pour sa part au conseil d'administration de prévoir un plan de formation triennal destiné à ses membres. Ce plan, équivalent par exemple à quatre à six jours de formation sur la période pour chaque membre, doit être adapté aux spécificités de l'entreprise et peut tenir compte des équivalences acquises par l'expérience. Le conseil est en outre invité à faire un point chaque année sur l'avancement du plan de formation et à en rendre compte dans le rapport sur le gouvernement d'entreprise (Code de gouvernance Middlenext rec. 5).

Sur le champ d'application et le caractère contraignant de ces Codes, voir n°s 48272 s.

SECTION 3 RESPONSABILITÉ DES ADMINISTRATEURS

A. Responsabilité civile des administrateurs

1. CAS OÙ LA RESPONSABILITÉ CIVILE DES ADMINISTRATEURS EST ENGAGÉE

FAUTES ENGAGEANT LA RESPONSABILITÉ DES ADMINISTRATEURS

42000 *Les fautes susceptibles d'être* reprochées aux administrateurs, soit par la société, soit par les tiers, peuvent être regroupées en trois catégories (art. L 225-251, al. 1) :
– infractions aux dispositions législatives ou réglementaires applicables aux SA ;
– violations des statuts ;
– fautes de gestion.

À l'égard des tiers non actionnaires, la responsabilité des administrateurs ne peut être engagée que s'ils ont commis une faute séparable de leurs fonctions et qui leur soit imputable personnellement (nos 14300 s.).

Infractions aux dispositions législatives ou réglementaires Chaque fois qu'une disposition législative ou réglementaire applicable aux SA n'est pas respectée, une faute risque d'être retenue à l'encontre des administrateurs. Ceux-ci sont responsables, notamment : 42001
– en cas d'inobservation des règles relatives au fonctionnement du conseil d'administration : défaut de convocation aux séances, méconnaissance des textes concernant le quorum ou la majorité, non-respect de la procédure applicable aux conventions passées entre la société et ses administrateurs, accomplissement d'un acte excédant les pouvoirs du conseil (par exemple, acte ne rentrant pas dans l'objet social), etc. ;
– en cas d'inobservation des règles relatives à la tenue des assemblées : défaut de convocation de l'assemblée annuelle, infraction au droit de communication des actionnaires, inexactitudes ou irrégularités dans l'établissement de la feuille de présence, méconnaissance des règles relatives à la compétence, au quorum et à la majorité, défaut d'accomplissement des formalités de publicité (cf. Rép. Massot : AN 2-10-1974 no 12767), etc. ;
– en cas d'irrégularités dans la tenue des comptes sociaux, la distribution des dividendes, etc. ;
– en cas d'inobservation des règles particulières à chaque modification des statuts.

Violations des statuts Les administrateurs peuvent engager leur responsabilité lorsqu'ils ne se conforment pas aux prescriptions des statuts. Tel serait le cas de l'inobservation des règles statutaires concernant notamment : 42002
– la limitation des pouvoirs du conseil ;
– le contrôle des cessions d'actions ;
– l'utilisation des fonds sociaux à des fins déterminées par les statuts.

Fautes de gestion Les administrateurs sont responsables de tous leurs **actes contraires aux intérêts de la société**. Ils sont ainsi susceptibles de répondre de toutes leurs fautes, même non intentionnelles (fautes d'imprudence ou de négligence), qu'elles soient légères ou graves. 42003

Les fautes de gestion peuvent revêtir les formes les plus diverses : négligence ou défaut de surveillance, défaut de consultation des associés, rémunération abusive, etc. (nos 13952 s.). On en trouve de nombreux exemples en jurisprudence lorsque les dirigeants de sociétés en liquidation judiciaire sont poursuivis en comblement du passif social (nos 91545 s.).

La responsabilité civile des administrateurs pour faute de gestion doit être appréciée au regard des missions dévolues au conseil d'administration. En pratique, une faute souvent reprochée aux administrateurs est le défaut de surveillance des dirigeants sociaux.

À ce propos, il convient de rappeler que l'administrateur, une fois ses fonctions acceptées, est tenu à une surveillance et à un contrôle sérieux de l'administration de la société et il ne peut prétendre s'exonérer de la responsabilité encourue de ce chef en invoquant sa faible participation dans le capital social ou le fait qu'il n'a été qu'un administrateur de complaisance. L'inaction de l'administrateur, loin de constituer une cause exonératoire, est considérée comme une faute par les tribunaux (Cass. com. 31-1-1995 no 210 : RJDA 7/95 no 902 ; Cass. com. 25-3-1997 no 734 : RJDA 7/97 no 966). 42004

PRÉJUDICE CAUSÉ PAR LA FAUTE DES ADMINISTRATEURS

Conformément au droit commun, la responsabilité des administrateurs n'est engagée que *si la faute qu'ils ont commise* cause un préjudice à la victime (no 14060). 42010

2. ÉTENDUE DE LA RESPONSABILITÉ DES ADMINISTRATEURS

La responsabilité des administrateurs est individuelle ou solidaire, selon le cas (art. L 225-251, al. 1). 42040

Sur le régime particulier applicable, dans les sociétés d'économie mixte locales, aux représentants des collectivités territoriales, voir l'article L 1524-5 du Code général des collectivités territoriales.

Les administrateurs représentant les salariés dans les sociétés du secteur privé engagent leur responsabilité dans les mêmes conditions que les autres administrateurs.

RESPONSABILITÉ INDIVIDUELLE DES ADMINISTRATEURS

42050 La responsabilité est individuelle lorsqu'une faute peut être imputée à un administrateur déterminé et à lui seul, les autres membres du conseil étant étrangers à cette faute. Tel peut être le cas lorsqu'un administrateur commet une faute lors de l'accomplissement d'une mission ou d'un mandat exceptionnel, ou encore lorsque le président ou le directeur général commet une faute dans l'exercice de ses fonctions.

RESPONSABILITÉ SOLIDAIRE DES ADMINISTRATEURS

42060 La responsabilité est « solidaire » **lorsque** la faute est commune ou collective, c'est-à-dire lorsqu'elle est l'œuvre du conseil d'administration tout entier et non pas celle de tel ou tel administrateur pris isolément (pour un exemple, CA Limoges 17-1-2013 n° 11/01356 : RJDA 8-9/13 n° 727). Chaque administrateur est alors présumé avoir commis une faute individuelle (Cass. com. 30-3-2010 n° 08-17.841 : RJDA 7/10 n° 760).

Toutefois, chaque **administrateur** peut **écarter sa responsabilité** en établissant qu'il s'est comporté en administrateur prudent et diligent, notamment en s'opposant à la décision prise par le conseil (Cass. com. 30-3-2010 précité). Les protestations de l'intéressé doivent alors être explicites et consignées au procès-verbal (le simple fait de voter « contre » n'étant pas a priori suffisant) ; dans les cas graves, il doit démissionner de ses fonctions.

La responsabilité d'un administrateur doit également être écartée lorsqu'il n'a pas, pour un motif valable, assisté à la réunion du conseil au cours de laquelle la décision critiquable a été prise, sous réserve qu'il n'ait pas ratifié cette décision ultérieurement.

En pratique, il arrive que le conseil d'administration mette à l'ordre du jour de sa réunion l'approbation du procès-verbal de sa dernière séance. L'administrateur pourra à cette occasion exiger qu'il soit pris acte de son désaccord avec la décision litigieuse adoptée par le conseil lors de la séance à laquelle il n'a pas assisté.

42062 La solidarité permet à la **victime** de réclamer le paiement de l'intégralité de son **préjudice** à l'un des administrateurs, mais elle ne s'oppose pas à ce que la dette soit répartie entre eux : n° 14011.

3. ACTION EN RESPONSABILITÉ CONTRE LES ADMINISTRATEURS

a. Action individuelle et action sociale

ACTION INDIVIDUELLE CONTRE LES ADMINISTRATEURS

42090 Cette action ne peut être exercée que par l'actionnaire (personne physique ou morale) ayant personnellement subi un **préjudice, distinct** de celui éventuellement subi par la société (n°s 14190 s.).

42091 **Exercice de l'action par un groupe d'actionnaires** Lorsque plusieurs actionnaires souffrent directement et individuellement d'un préjudice provenant de **mêmes faits,** ils peuvent se grouper pour charger l'un ou plusieurs d'entre eux d'agir en leur nom devant les juridictions civiles sous les conditions exposées n°s 14210 s.

ACTION SOCIALE CONTRE LES ADMINISTRATEURS

42100 Cette action est destinée à réparer le préjudice subi par la société ; elle a pour objet le maintien ou la reconstitution du patrimoine social. Il en est ainsi, par exemple, en cas d'irrégularité ou d'omission lors de la constitution de la société ou d'une modification des statuts, ou encore en cas de faute de gestion.

42101 En principe, l'action sociale doit être exercée par les **représentants légaux** de la société, mais la loi permet l'exercice de cette action par les **actionnaires** eux-mêmes (action sociale « ut singuli ») (n°s 14071 s.).

b. Mise en œuvre de l'action en responsabilité

LIBRE EXERCICE DE L'ACTION EN RESPONSABILITÉ CONTRE LES ADMINISTRATEURS

42130 Des règles spéciales tendent à assurer le libre exercice de l'action en responsabilité contre les administrateurs. D'une part, est réputée non écrite toute **clause des statuts** ayant pour effet de subordonner l'exercice de l'action sociale à l'avis préalable ou à l'autorisation de l'assemblée générale, ou qui comporterait par avance renonciation à l'exercice de cette action (art. L 225-253, al. 1). D'autre part, aucune **décision de l'assemblée** générale ne peut avoir pour effet d'éteindre une action en responsabilité contre les administrateurs pour faute commise dans l'accomplissement de leur mandat (art. L 225-253, al. 2 ; pour une illustration, Cass. com. 8-3-2016 n° 14-16.621 : RJDA 6/16 n° 440). Bien que le texte ne le précise pas expressément, on ne saurait pas plus permettre au **conseil d'administration** d'adopter une décision mettant fin à l'action sociale.

> Précisions L'interdiction des **clauses restrictives** de la mise en œuvre de l'action en responsabilité vise incontestablement l'**action sociale** en responsabilité pour faute dans l'exercice du mandat d'administrateur. On s'accorde cependant à l'étendre à l'**action individuelle.** Les raisons de refuser tout effet aux entraves à l'exercice des actions en responsabilité sont les mêmes dans tous les cas. L'esprit de la loi est d'assurer le libre exercice des actions dont dispose l'actionnaire.

PRESCRIPTION DE L'ACTION EN RESPONSABILITÉ CONTRE LES ADMINISTRATEURS

L'action en responsabilité contre les administrateurs se prescrit par trois ans à compter du fait dommageable ou, si celui-ci a été dissimulé, de sa révélation (art. L 225-254 ; n°s 14091 s.). **42140**

La prescription abrégée s'applique non seulement aux actions sociales, mais aussi aux actions individuelles intentées par des actionnaires (n° 14221) ou par des tiers (n° 14371) à raison des fautes commises par les administrateurs dans leur gestion. **42141**

c. Responsabilité en cas de procédure collective de la société

Sur les conséquences pour les administrateurs de l'ouverture d'une procédure collective contre la société, voir n°s 91380 s. **42170**

B. Responsabilité pénale des administrateurs

EN BREF *Outre les infractions dont ils peuvent se rendre coupables en diverses circonstances de la vie sociale (constitution, assemblées, modifications des statuts, contrôle, valeurs mobilières, filiales et participations, publicité, cessation des paiements) et qui sont précisées à propos de chacune de ces questions, les administrateurs encourent une responsabilité pénale particulière au titre de la* ***direction et*** *de l'****administration.*** **42270**

1. INFRACTIONS SANCTIONNÉES

L'article L 242-6 punit d'un emprisonnement de cinq ans et d'une amende de 375 000 € les fautes les plus graves dont peuvent se rendre coupables les dirigeants sociaux. Les infractions visées sont l'abus de biens sociaux, l'abus de pouvoirs ou de voix, la distribution de dividendes fictifs et la présentation de comptes sociaux infidèles. **42280**

Le défaut d'établissement des comptes est sanctionné moins lourdement par l'article L 242-8 : voir n° 42312.

Pour caractériser de tels délits, il est nécessaire de constater l'**élément intentionnel** (C. pén. art. 121-3, al. 1), c'est-à-dire l'intention de commettre l'acte interdit en ayant conscience de violer la loi pénale.

> Précisions Lorsque l'**abus de biens sociaux** a été **réalisé ou facilité au moyen** soit de comptes ouverts ou de contrats souscrits auprès d'**organismes établis à l'étranger,** soit de l'interposition de personnes physiques ou morales ou de tout organisme, fiducie ou institution comparable établis à l'étranger, le dirigeant encourt sept ans d'emprisonnement et une amende de 500 000 € (art. L 241-3, al. 8).

ABUS DES BIENS SOCIAUX

Le délit d'abus de biens sociaux, le plus fréquent, vise les dirigeants qui, de mauvaise foi, ont fait des biens ou du crédit de la société un **usage** qu'ils savaient contraire à l'intérêt de celle-ci, à des fins personnelles ou pour favoriser une autre société ou entreprise dans laquelle ils étaient intéressés directement ou indirectement. **42290**

ILLUSTRATIONS

Constitue un abus des biens et du crédit de la société le fait :

– pour les administrateurs d'avoir utilisé les fonds sociaux pour régler les honoraires de leurs avocats et des experts alors que seule leur responsabilité personnelle était en cause (CA Amiens 11-7-1962 : Rev. sociétés 1963 p. 295) ;

– pour un président d'avoir fait supporter par la société les amendes auxquelles il avait été condamné pour infractions aux dispositions du Code de la route portant sur les conditions de mise en circulation et l'équipement des véhicules de la société (Cass. crim. 3-2-1992 : RJDA 7/92 n° 709) ;

– pour un dirigeant de s'être attribué une rémunération excessive compte tenu des difficultés financières de la société et de l'insuffisance du travail fourni (Cass. crim. 21-10-2009 n° 09-80.393 : RJDA 4/10 n° 393) ou d'avoir octroyé à un ancien président une rémunération ne correspondant à aucune activité effective (Cass. crim. 28-3-1996 : Bull. crim. n° 142) ;
– pour un président d'avoir perçu à son profit personnel les redevances provenant de la cession de brevets dont les dépenses de recherche et de mise au point avaient été supportées par la société (Cass. crim. 14-11-1973 : Bull. crim. n° 415) ;
– pour le président d'avoir maintenu son compte courant dans la société constamment à découvert pendant huit mois consécutifs (Cass. crim. 9-5-1988 : BRDA 13/88 p. 7) ;
– pour un président d'avoir fait verser par la société à une autre société dont il était actionnaire des redevances de prestations de services excessives compte tenu des services rendus (Cass. crim. 25-10-2006 n° 5538 : RJDA 2/07 n° 167) ou d'avoir fait acquérir par la société des terrains à un prix excessif pour favoriser l'entreprise qui les a vendus et dans laquelle il avait des intérêts personnels, quand bien même il aurait, par ailleurs, permis à sa société de réaliser d'autres opérations avantageuses pour elle (Cass. crim. 16-12-1975 : Bull. crim. n° 279) ;
– pour un dirigeant d'avoir fait supporter par la société les frais de voyage de personnalités politiques locales, sans autre contrepartie que l'espérance de contrats futurs avec des collectivités publiques (Cass. crim. 20-9-2000 n° 5345 : RJDA 1/01 n° 38) ;
– pour un dirigeant, qui avait donné en location à la société des locaux de stockage dont il était propriétaire, d'avoir maintenu la location de ces locaux, devenus inutiles (Cass. crim. 12-9-2001 n° 5578 : RJDA 1/02 n° 55).

Le dirigeant ne peut être déclaré coupable d'abus de biens sociaux que s'il a agi de **mauvaise foi,** ce qui est notamment le cas lorsqu'il a conscience du préjudice qu'il cause ou du risque qu'il fait courir à la société (Cass. crim. 30-1-1974 : Bull. crim. n° 48). La mauvaise foi doit s'apprécier au moment où les actes incriminés ont été commis (CA Chambéry 10-10-2013 n° 13/00306 : RJDA 3/14 n° 238). Elle se déduit toutefois nécessairement de la clandestinité des opérations menées par le dirigeant (Cass. crim. 15-5-1974 : Bull. crim. n° 17), par exemple en cas de dissimulation de l'emploi des fonds aux organes de la société et de recours à des documents falsifiés (Cass. crim. 13-12-2000 n° 1567 : RJDA 4/01 n° 458).

› Précisions a. Le dirigeant peut être condamné pour des **agissements** qui, pour la Commission des infractions fiscales, ne sont **pas constitutifs d'une fraude fiscale.** Le délit d'abus de biens peut alors être établi à partir des actes de l'enquête fiscale (Cass. crim. 1-6-2016 n° 15-81.187 : RJDA 1/17 n° 26).
b. Les **détournements** commis au préjudice d'une société **après** la date de **cessation** de ses **paiements** constituent le délit de banqueroute et non celui d'abus de biens sociaux (Cass. crim. 27-10-1999 n° 6555 : RJDA 3/00 n° 284 ; Cass. crim. 19-11-2008 n° 08-82.013 : RJDA 5/09 n° 463).
c. Les dispositions prévoyant des **sanctions** pénales pour abus de biens sociaux, des pénalités fiscales (CGI art. 1729), une condamnation à combler le passif (art. L 651-2) et le prononcé de la faillite personnelle (art. L 653-2 et L 653-4) peuvent valablement être **appliquées** à l'encontre d'un dirigeant **de manière cumulative** (Cass. crim. QPC 11-9-2019 n° 19-90.026 F-D : RJDA 2/20 n° 99).

42291 **Usage des biens contraire à l'intérêt social** Est contraire à l'intérêt social tout acte qui appauvrit, même provisoirement, le **patrimoine de la société,** par exemple au moyen d'un prélèvement de fonds effectué sans contrepartie pour la société ou en échange de prestations fictives. Il en est de même de tout acte qui expose la société à un **risque anormal,** distinct du risque inhérent à son activité (Cass. crim. 9-2-2022 n° 20-86.560 F-D : RJDA 6/22 n° 343). Tel est le cas d'un prêt, assorti d'aucune garantie et faiblement rémunéré, consenti amicalement par une société à une autre alors que toutes deux rencontrent des difficultés financières (Cass. com. 28-2-2024 n° 23-81.826 F-B : RJDA 5/24 n° 290). La loi réprime non seulement l'appropriation des biens sociaux par les dirigeants, mais aussi leur simple usage abusif, sans que la restitution des biens détournés ou une quelconque compensation économique puisse effacer l'infraction (Cass. crim. 11-1-1968 n° 66-93.771 : Bull. crim. n° 11 ; Cass. crim. 21-8-1991 : RJDA 12/91 n° 1032).

L'usage abusif des biens ou du crédit de la société peut résulter non seulement d'une action, mais aussi d'une **abstention volontaire** du dirigeant. Tel est le cas lorsque des dirigeants se sont abstenus de rembourser à la société une somme qu'une banque avait débitée par erreur du compte de cette dernière au profit d'une société civile dont ces dirigeants étaient les seuls associés (Cass. crim. 28-1-2004 n° 724 : RJDA 6/04 n° 721, 1e esp.).

L'utilisation des fonds sociaux à seule fin de permettre le **fonctionnement** d'une **structure dépourvue de personnalité morale** est nécessairement contraire à l'intérêt social, quand bien même la société a cessé toute activité (Cass. crim. 19-10-2005 n° 5687 : RJDA 7/06 n° 792). En l'espèce, le bénéficiaire des fonds était un ordre hospitalier. On peut regretter que les termes très généraux employés par la Cour de cassation conduisent à exclure le financement d'une société en participation qui, à notre avis, ne serait pas nécessairement contraire à l'intérêt social.

En outre, quel que soit l'avantage à court terme qu'elle peut procurer, l'**utilisation des fonds sociaux aux seules fins de commettre un délit** est contraire à l'intérêt social en ce qu'elle expose la société au risque anormal de sanctions pénales ou fiscales contre elle-même et ses dirigeants et porte atteinte à son crédit et à sa réputation (Cass. crim. 27-10-1997 nº 5593 : RJDA 2/98 nº 179 à propos du délit de corruption ; Cass. crim. 22-9-2004 nº 5241 : RJDA 10/05 nº 1120).

Il en résulte que toute utilisation des fonds sociaux dans un but illicite n'est pas nécessairement contraire à l'intérêt social. Il n'en est ainsi qu'au cas où cette utilisation a pour objet exclusif de commettre un délit. Par exemple, des versements occultes à des travailleurs clandestins sont, certes, constitutifs du délit de travail dissimulé (C. trav. art. L 8221-5), mais ils n'ont pas pour fin unique de commettre ce délit : leur fin première est de rémunérer le travail accompli ; le délit résulte du recours à des travailleurs clandestins et non directement du versement des fonds à ces travailleurs.

ILLUSTRATIONS

Est contraire à l'intérêt social en ce qu'elle expose la société au risque anormal de sanctions pénales ou fiscales la prise en charge par une société du prix d'un billet d'avion et de l'hébergement dans un club de vacances d'un agent d'un organisme administratif afin d'obtenir des commandes de cet organisme (Cass. crim. 10-3-2004 nº 1445 : RJDA 7/04 nº 841).

En revanche, le paiement de factures fictives en règlement de travaux réellement réalisés, quoique de manière clandestine par une entreprise qui n'avait aucune existence légale et n'avait procédé à aucune déclaration fiscale, ne saurait constituer, du seul fait du risque de redressement fiscal, le délit d'abus de biens sociaux (CA Paris 3-12-1997 : RJDA 6/98 nº 734).

Usage des biens dans un but personnel Le but personnel recherché peut être aussi bien **matériel** (enrichissement du dirigeant ; maintien de sa situation personnelle au sein de la société : Cass. crim. 22-9-2004 nº 5241 : RJDA 10/05 nº 1120) que **moral.** Il peut résulter, par exemple, du souhait de venir en aide à un ami ou du souci d'entretenir de bonnes relations avec un tiers, notamment proche des sphères politiques (Cass. crim. 15-9-1999 nº 5178 : RJDA 1/00 nº 35 ; Cass. crim. 17-10-2007 nº 07-81.038 : RJDA 3/08 nº 315 ; Cass. crim. 14-11-2007 nº 06-87.378 : RJDA 3/08 nº 290). Mais il a été jugé que le versement de fonds sociaux à un ancien salarié de la société afin de lui permettre de payer l'amende à laquelle il avait été condamné pour vol au détriment de celle-ci ne constitue pas un abus de biens sociaux dès lors que les dirigeants avaient agi sous la pression des syndicats et se trouvaient sous la menace d'une grève de sorte qu'ils ne pouvaient pas être considérés comme ayant poursuivi un intérêt personnel (CA Rouen 13-3-1997 : Bull. Joly 1997 p. 1043 note J.-F. Barbièri). 42292

Il appartient au juge de caractériser l'intérêt personnel du dirigeant (Cass. crim. 1-3-2000 nº 1672 : RJDA 6/00 nº 671 ; Cass. crim. 4-11-2004 nº 6236 : RJDA 5/05 nº 577 ; Cass. crim. 7-9-2022 nº 21-83.823 F-D : RJDA 12/22 nº 697). Toutefois, dans certains cas, cet **intérêt personnel** est **présumé** et, pour se disculper, le dirigeant doit justifier que les biens ou fonds sociaux ont été utilisés dans le seul intérêt de la société. Tel est le cas lorsque le dirigeant cède des biens sociaux ou prélève des fonds sociaux de manière occulte (Cass. crim. 11-1-1996 nº 177 : RJDA 4/96 nº 508 ; Cass. crim. 24-9-2008 nº 08-80.872 : RJDA 4/09 nº 360 ; Cass. crim. 6-4-2016 nº 15-81.859 : RJDA 7/16 nº 547) ou lorsqu'il ne justifie pas du caractère social de dépenses de réception et de cadeaux d'affaires (Cass. crim. 30-1-2019 nº 17-85.304 F-PB : RJDA 6/19 nº 434).

Il n'est pas exigé que l'utilisation abusive des biens ait eu lieu à des fins exclusivement personnelles pour que le délit soit constitué (Cass. crim. 14-5-2003 nº 2610 : RJDA 3/04 nº 322 ; Cass. crim. 25-10-2006 nº 5538 : RJDA 2/07 nº 167 ; Cass. crim. 24-9-2008 nº 08-80.971 : RJDA 4/09 nº 359). Un dirigeant a ainsi été condamné pour avoir engagé une dépense indue dans le but de sauvegarder, outre ses propres intérêts, le chiffre d'affaires de la société (Cass. crim. 10-3-2004 nº 1445 : RJDA 7/04 nº 841).

*L'**intérêt** personnel poursuivi par l'auteur* d'un abus de biens sociaux peut être **indirect,** la loi prévoyant en effet que cet intérêt peut consister à favoriser une autre société ou entreprise dans laquelle il est directement ou indirectement intéressé. Le délit se trouve ainsi caractérisé lorsque le dirigeant de deux sociétés qui n'ont pas d'intérêts complémentaires utilise indifféremment, selon les opportunités du moment, les biens de l'une au profit de l'autre, exposant ainsi l'actif de chaque société à des risques de pertes auxquels cet actif ne devrait pas être exposé (Cass. crim. 16-12-1975 : Bull. crim. nº 279). En revanche, le délit n'est pas constitué si la société victime de l'abus et la ou les sociétés qui en bénéficient forment un **groupe juridiquement et économiquement structuré** dont l'intérêt justifie les opérations litigieuses (nºs 80570 s.).

42293 **Imputation du délit d'abus de biens sociaux** Dès lors que les faits sont constatés, le délit existe, mais il ne peut être imputé qu'à ceux des **dirigeants qui ont personnellement participé** à leur accomplissement.

ILLUSTRATIONS

Ne suffit pas à caractériser la participation personnelle du président d'une société à l'infraction :
– le fait que ce dernier ait toujours su et couvert les agissements de son directeur général qu'il savait irréguliers tout en refusant d'en être informé dans le détail (Cass. crim. 20-3-1997 : Rev. sociétés 1997 p. 581 note B. Bouloc) ;
– le fait qu'en sa qualité de président, il avait le devoir de s'opposer, ce qu'il n'a pas fait, aux agissements du directeur général qui avait fait acquérir par la société un véhicule dont il s'était réservé l'usage puis le produit de la revente (Cass. crim. 7-9-2005 nº 4705 : RJDA 4/06 nº 420).

De même, un administrateur ne peut se voir reprocher un abus de biens sociaux au seul motif qu'en cette qualité, et peu important qu'il y fût rarement présent physiquement, il s'était gardé de soumettre au conseil d'administration une convention ayant donné lieu au paiement de commissions indues au détriment de la société (Cass. crim. 10-3-2021 nº 20-80.942 F-D : RJDA 6/21 nº 402).

Le délit ne peut pas être retenu à l'encontre des **dirigeants qui n'étaient pas encore en fonctions** le jour où l'opération incriminée a été décidée car le délit d'abus des biens sociaux est un délit instantané (CA Reims 25-9-1986 : Rev. jur. com. 1987 p. 109).

Les dirigeants ne peuvent pas se disculper en invoquant l'**accord des associés** ou l'assentiment de l'assemblée générale, la loi ayant pour objet de protéger non seulement les intérêts des associés, mais aussi le patrimoine de la société et les intérêts des tiers (Cass. crim. 19-10-1971 : Bull. crim. nº 272 ; Cass. crim. 30-9-1991 : RJDA 1/92 nº 44). Ils ne peuvent pas non plus s'exonérer en invoquant le respect de la procédure d'**approbation des conventions réglementées,** qui ne permet pas à lui seul d'écarter toute atteinte à l'intérêt social, surtout lorsque le dirigeant détient tous les pouvoirs et est assuré du soutien des principaux associés (CA Versailles 30-6-2005 nº 04-748 : RJDA 11/05 nº 1238). De même, l'approbation donnée par le **conseil d'administration** à la perception d'une rémunération abusive ne suffit pas à faire disparaître le caractère délictueux de ce prélèvement (Cass. crim. 22-9-2004 nº 5242 : RJDA 8-9/05 nº 992, 1er esp.).

L'abus de biens est punissable même si le dirigeant poursuivi a **restitué** à la société les **actifs détournés** ou a indemnisé celle-ci du préjudice qu'elle a subi (Cass. crim. 3-5-1967 : Bull. crim. nº 148 ; Cass. crim. 15-5-1974 : Bull. crim. nº 177 ; Cass. crim. 22-9-2004 précité) et peu important la prétendue **compensation** des effets négatifs de l'abus par des avantages résultant d'opérations bénéfiques qu'il aurait effectuées (Cass. crim. 16-12-1975 : Bull. crim. nº 279). De même, le dirigeant ne saurait s'exonérer en invoquant le seul fait qu'il **n'exerçait pas** réellement **ses fonctions** (Cass. crim. 31-5-2012 nº 11-86.234 : RJDA 10/12 nº 866), son **incompétence,** notamment en matière comptable (Cass. crim. 25-5-1992 : RJDA 11/92 nº 1026), ou son **éloignement** des tâches comptables et administratives de la société (Cass. crim. 26-6-1978 : Bull. crim. nº 212).

42294 **Prescription de l'abus de biens sociaux** Le **délai** de prescription de l'action publique pour abus de biens sociaux a été porté à six ans (au lieu de trois) par la loi 2017-242 du 27 février 2017 (CPP art. 8, al. 1).

S'agissant d'une infraction occulte ou dissimulée, ce délai court **à compter** du jour où l'abus de biens sociaux est apparu et a pu être constaté dans des conditions permettant la mise en mouvement ou l'exercice de l'action publique (CPP art. 9-1, al. 2). Est ainsi visé le jour où l'infraction a pu raisonnablement être connue des personnes auxquelles l'article 1er du Code de procédure pénale confie la mise en mouvement de l'action publique, c'est-à-dire les magistrats, les fonctionnaires auxquels elle est confiée par la loi et la partie lésée.

ILLUSTRATIONS

Un système opaque de facturation de prestations fictives payées par une société ayant été révélé par une instruction, c'est au jour où le dossier d'instruction relatif à cet abus a été transmis au parquet que la prescription du délit d'abus de biens a commencé à courir (Cass. crim. 6-11-2019 nº 17-87.150 F-D : RJDA 2/20 nº 83).

Par ailleurs, au-delà d'un ***délai butoir*** de 12 ans à compter de la réalisation de l'infraction, le délit ne peut plus être poursuivi (CPP art. 9-1, al. 2). Ainsi, un abus de biens sociaux commis en 2012 ne pourra plus être poursuivi en 2025 même s'il est découvert en 2020. L'abus de biens sociaux rentre en effet à la fois dans la définition de l'**infraction occulte,** c'est-à-dire celle qui, en raison de ses éléments constitutifs, ne peut être connue ni de la victime ni de l'autorité judiciaire (CPP art. 9-1, al. 3), et de l'**infraction dissimulée,** c'est-à-dire celle dont l'auteur accomplit délibérément toute manœuvre caractérisée tendant à en empêcher la découverte (CPP art. 9-1, al. 4).

ATTENTION

La loi 2017-242 (notamment sa disposition instaurant le délai butoir) s'applique même lorsque les **faits** incriminés ont été **commis avant le 1er mars 2017,** date de son entrée en vigueur, sous réserve que ces faits n'aient pas été prescrits en vertu de la loi ancienne (application de l'art. 112-2, 4° du Code pénal).

Est ainsi consacrée la jurisprudence de la chambre criminelle de la Cour de cassation sur le report du point de départ au jour de l'apparition de l'infraction (notamment Cass. crim. 13-2-1989 : Bull. crim. n° 69). Ce jour est, sauf dissimulation, la date de **présentation des comptes** annuels dans lesquels figurent les dépenses mises indûment à la charge de la société (Cass. crim. 13-10-1999 : RJDA 2/00 n° 174 ; Cass. crim. 27-6-2001 n° 4783 : RJDA 12/01 n° 1218). Naturellement, si l'abus est apparu avant la présentation des comptes, le point de départ du délai n'est pas reporté. Il a ainsi été jugé, dans un cas où un dirigeant avait cédé à ses proches pour 1 F les titres d'une filiale bénéficiaire, que le point de départ de la prescription devait être fixé au jour de la cession litigieuse dès lors que l'associé invoquant le caractère frauduleux de l'opération avait eu, dès cette date, une parfaite connaissance des conditions de cette cession, que la seule connaissance du prix était suffisante pour éveiller son attention au regard de la valeur réelle des actifs de la filiale et qu'il n'était pas allégué que la réalité des résultats de la société mère ait pu être dissimulée dans les comptes annuels (Cass. crim. 11-2-2003 n° 860 : RJDA 6/03 n° 604). 42296

En cas de dépenses indues engagées en vertu d'un **contrat à exécution successive** (par exemple, contrat de travail ou de prestations), c'est la date de présentation des comptes dans lesquels figure chacune de ces dépenses qui constitue le point de départ de la prescription et non la date de conclusion du contrat (Cass. crim. 28-5-2003 n° 2905 : RJDA 5/04 n° 576, 1e esp., concernant des versements de salaires rémunérant un emploi fictif ; Cass. crim. 16-6-2004 n° 3818 : RJDA 11/04 n° 1224, 1e esp., concernant des paiements de primes d'assurance-vie). L'exécution périodique du contrat peut donc entraîner des poursuites dès lors qu'elle intervient moins de six ans avant la mise en mouvement de l'action publique, peu important que le contrat lui-même ait été conclu plus de six ans avant celle-ci. De même, lorsque les modalités d'exécution du contrat font l'objet d'un rapport spécial du commissaire aux comptes établi à la fin de chaque exercice, la présentation de ce rapport fait courir le délai de prescription (Cass. crim. 8-10-2003 n° 4565 : RJDA 5/04 n° 576, 2e esp.).

La **dissimulation,** de nature à retarder le point de départ de la prescription à une date postérieure à celle de la présentation des comptes, suppose que l'abus de biens ait été maquillé par des manipulations comptables, comme l'usage de « caisses noires » ou la passation d'écritures irrégulières en comptabilité (Cass. crim. 19-10-2005 n° 5675 : RJDA 2/06 n° 156). En outre, même en cas de comptabilisation régulière des dépenses indûment mises à la charge de la société, la date de présentation des comptes ne constitue pas le point de départ de la prescription lorsque des manœuvres frauduleuses, comme l'établissement de fausses factures (Cass. crim. 16-11-2005 n° 6266 : RJDA 3/06 n° 292 ; Cass. crim. 23-5-2007 n° 06-84.113 : RJDA 12/07 n° 1249), ont empêché les associés de relever la présence de ces dépenses dans les comptes annuels (Cass. crim. 10-4-2002 n° 2317 : RJDA 2/03 n° 145, 1e esp. ; Cass. crim. 14-5-2003 n° 2610 : RJDA 3/04 n° 322) ou lorsque celles-ci n'y apparaissent pas de façon claire (Cass. crim. 28-1-2004 n° 711 : RJDA 11/04 n° 1224, 2e esp. ; Cass. crim. 4-11-2004 n° 6236 : RJDA 5/05 n° 577). Par exemple, en cas de rémunération par la société d'un emploi fictif, le délai de prescription ne court qu'à compter de la date à laquelle l'absence de prestation de travail correspondant aux rémunérations versées est apparue (Cass. crim. 14-11-2007 n° 06-87.378 : RJDA 3/08 n° 290).

ABUS DE POUVOIRS OU DE VOIX

Commettent un abus de pouvoirs ou de voix les dirigeants qui, de mauvaise foi, ont fait des pouvoirs qu'ils possédaient ou des voix dont ils disposaient, en cette qualité, un usage qu'ils savaient contraire aux intérêts de la société, à des fins personnelles ou pour favoriser une autre société ou entreprise dans laquelle ils étaient intéressés directement ou indirectement (art. L 242-6, 4°). 42300

Abus de pouvoirs Ce délit est notamment constitué lorsqu'un dirigeant de société **s'abstient** délibérément **de réclamer** à une autre société dans laquelle il est intéressé le **paiement** de livraisons faites à cette dernière (Cass. crim. 15-3-1972 : Bull. crim. n° 107). Il en est de même lorsque le gérant d'une banque **incite les clients** de celle-ci **à retirer les fonds** 42301 qu'ils avaient en dépôt et à les lui confier personnellement afin d'en assurer le placement (Cass. crim. 19-11-1979 : Bull. crim. nº 325). De même encore, un président de société a été reconnu coupable de ce délit pour avoir organisé une **fusion-absorption** déséquilibrée, lésionnaire et dépourvue de toute justification économique pour la société (Cass. crim. 10-7-1995 nº 3367 : RJDA 5/96 nº 640).

La **conclusion d'une convention désavantageuse** pour la société peut constituer un abus de pouvoirs s'il est établi que, au jour de cette conclusion, les dirigeants ont eu conscience de faire courir à la société un risque anormal, distinct du risque inhérent à la nature de la convention litigieuse (Cass. crim. 16-1-1989 : D. 1989 p. 495 note J. Cosson, en matière de contrat de sous-traitance). Le président d'une société pétrolière a été reconnu coupable de ce délit pour avoir donné **mandat exclusif à un courtier d'assurances** de procéder au placement des contrats d'assurance de toutes les sociétés du groupe car ce mandat avait permis le versement à des tiers de rétrocommissions occultes prélevées sur les ristournes pratiquées par le courtier qui auraient dû revenir à la société (Cass. crim. 31-1-2007 nº 02-85.089 : RJDA 11/07 nº 1118).

A été condamné à 375 000 € d'amende pour abus de pouvoirs l'ancien président-directeur général d'une SA ayant, deux ans avant son départ de la société, usé de l'influence liée à sa fonction pour faire approuver par le conseil d'administration le **remplacement des membres du comité des rémunérations** de la société **qui refusaient de déplafonner** sa **rémunération** par des personnes qu'il savait favorables à ce déplafonnement (Cass. crim. 16-5-2012 nº 11-85.150 : RJDA 7/13 nº 643).

42305 **Abus de voix** Pour l'application de l'article L 242-6, 4º, les voix sont constituées par les procurations destinées à représenter les actionnaires lors des assemblées générales (cf. Cass. crim. 27-2-1978 nº 77-91.733 : Bull. crim. nº 76).

En pratique, un dirigeant abuse des voix dont il dispose dans la société lorsqu'il utilise les mandats que les actionnaires lui ont confiés afin de voter une résolution contraire à l'intérêt social.

Le texte vise l'usage abusif des voix ; il importe donc peu que le résultat du vote n'ait pas abouti à l'adoption de la résolution incriminée (en ce sens, J. Larguier et Ph. Conte : Droit pénal des affaires, Armand Colin 2004 nº 380).

› **Précisions** Ne constitue pas le délit d'abus de voix le fait pour un dirigeant d'avoir adressé aux actionnaires, en même temps que leur convocation à l'assemblée générale, une **lettre personnelle** leur **demandant** de lui manifester leur confiance en lui envoyant **leurs procurations,** dès lors qu'ils ont été informés avoir toute latitude pour participer personnellement à l'assemblée ou pour désigner un mandataire de leur choix, la décision adoptée à l'aide des procurations n'étant en outre pas contraire à l'intérêt social (Cass. crim. 27-2-1978 précité).

DISTRIBUTION DE DIVIDENDES FICTIFS

42310 Sont passibles des sanctions pénales de l'article L 242-6 les dirigeants qui, en l'absence d'inventaire ou au moyen d'inventaires frauduleux, ont sciemment opéré entre les actionnaires la répartition de dividendes fictifs : voir nºs 76530 s.

PRÉSENTATION DE COMPTES INFIDÈLES

42311 Ce délit vise les dirigeants sociaux qui, même en l'absence de toute distribution de dividendes, ont sciemment publié ou présenté aux actionnaires, en vue de dissimuler la véritable situation de la société, des comptes annuels ne donnant pas une image fidèle du résultat des opérations de l'exercice, de la situation financière et du patrimoine de la société : voir nºs 76038 s.

DÉFAUT D'ÉTABLISSEMENT DES COMPTES

42312 L'article L 242-8 punit d'une amende de 9 000 € les dirigeants qui n'ont pas, pour chaque exercice, établi un inventaire, des comptes annuels et, dans les sociétés tenues de l'établir (voir nºs 48186 s.), un rapport de gestion.

À notre avis, en l'absence de précision légale sur le délai imparti aux dirigeants pour établir les documents ci-dessus, cette infraction ne peut être réputée commise tant que le délai *prévu par la loi pour la présentation* des comptes annuels et du rapport de gestion aux actionnaires (nºs 48110 s.) n'est pas expiré.

› **Précisions** Pour la CNCC, le **non-respect d'une injonction** de faire délivrée aux dirigeants **pour convoquer l'assemblée annuelle** (application de l'art. L 225-100, I-al. 1), et corrélativement pour établir les comptes, pourrait caractériser la constitution du délit (Bull. CNCC septembre 2013 p. 479).

2. PERSONNES SUSCEPTIBLES D'ÊTRE MISES EN CAUSE

Les dispositions pénales concernant la constitution, le fonctionnement et la dissolution des sociétés par actions, d'une part, les valeurs mobilières émises par ces sociétés (actions, obligations), d'autre part, sont applicables non seulement aux présidents, administrateurs, directeurs généraux et directeurs généraux délégués (cf. art. L 248-1), mais aussi à toute personne qui, directement ou par personne interposée, aura en fait exercé la direction, l'administration ou la gestion desdites sociétés sous le couvert ou au lieu et place de leurs représentants légaux (art. L 246-2 et L 245-16). **42340**

L'application des sanctions pénales aux **dirigeants de fait** n'est justifiée que si les juges établissent en quoi le prévenu se comportait en dirigeant de fait (Cass. crim. 24-2-1992 : RJDA 7/92 n° 708 ; Cass. crim. 4-11-2021 n° 20-81.137 F-D : RJDA 5/22 n° 282).

La responsabilité pénale s'étend également aux **représentants permanents** des personnes morales administrateurs (art. L 225-20, al. 1) et à ces **personnes morales** (C. pén. art. 121-2, al. 1).

En revanche, un dirigeant de **société étrangère** ne peut pas être poursuivi pour avoir commis en France l'un des délits prévus à l'article L 242-6, tel un abus de biens sociaux (Cass. crim. 3-6-2004 n° 3544 : RJDA 10/04 n° 1129), sauf si le siège réel de la société est en France (Cass. crim. 31-1-2007 n° 02-85.089 : RJDA 11/07 n° 1118 ; Cass. crim. 25-6-2014 n° 13-84.445 : RJDA 11/14 n° 848).

Les sanctions pénales peuvent aussi être appliquées à toute personne qui se rend **complice** des délits mis à la charge des dirigeants sociaux (par exemple, à propos du délit d'abus des biens sociaux, Cass. crim. 22-3-1982 : Gaz. Pal. 1982 p. 629 note Cosson ; Cass. crim. 19-6-1997 : Bull. crim. n° 250). **42341**

Les actes de complicité doivent être antérieurs ou concomitants à l'abus de biens sociaux. En conséquence, l'expert-comptable qui s'est borné à traduire comptablement les prélèvements opérés irrégulièrement par le président (en l'espèce, paiement par la société des amendes infligées à ce président) ne saurait être retenu comme complice du délit d'abus de biens sociaux ainsi commis (Cass. crim. 6-9-2000 : RJDA 1/01 n° 39). En revanche, l'expert-comptable peut être poursuivi pour complicité s'il a transcrit systématiquement en comptabilité des écritures dissimulant des abus de biens sociaux dont il avait connaissance et qui se sont renouvelés (Cass. crim. 25-2-2009 n° 08-80.314 : Dr. sociétés 2009 comm. n° 103 note R. Salomon).

La personne qui, en connaissance de cause, a profité des sommes détournées à la suite d'un abus des biens se rend coupable de **recel** (C. pén. art. 321-1 ; Cass. crim. 3-5-1982 : Bull. crim. n° 110 ; Cass. crim. 3-11-1983 : BRDA 1/84 p. 10 ; Cass. crim. 28-3-1996 : Bull. crim. n° 142). Le délit de recel ne peut pas être retenu à l'encontre de l'auteur de l'infraction originaire (Cass. crim. 13-4-2022 n° 19-84.831 F-B : RJDA 8-9/22 n° 488), mais il peut l'être à l'encontre d'un prévenu déclaré complice de cette dernière infraction (Cass. crim. 24-4-2024 n° 22-83.466 FS-B : RJDA 1/25 n° 27). **42342**

ILLUSTRATIONS

Se rend coupable de recel pour la totalité des dépenses retenues au titre de l'abus de biens sociaux l'épouse d'un dirigeant, bénéficiaire, au moins en partie, des achats effectués par ce dernier en matière de séjours, champagne et vêtements, dès lors qu'associée et responsable administrative de la société, elle a bénéficié, en connaissance de cause, du train de vie de son époux permis par les abus de biens sociaux commis par ce dernier (Cass. crim. 30-1-2019 n° 17-85.304 F-PB : RJDA 6/19 n° 434).

Le délit de recel du produit d'un abus de biens sociaux n'implique pas nécessairement la détention matérielle des fonds recelés : cas, par exemple, du règlement par une société de factures de travaux et de fournitures afférentes à la construction de la maison particulière d'un agent de l'administration, lequel a été déclaré coupable de recel (Cass. crim. 29-4-1996 : RJDA 11/96 n° 1336).

Le recel, considéré comme une infraction continue (Cass. crim. 16-7-1964 n° 63-91.919 : Bull. crim. n° 241 ; Cass. crim. 28-2-2007 n° 06-80.200 F-D), se **prescrit** à compter du jour où il a pris fin (Cass. crim. 16-7-1964 précité), c'est-à-dire à compter de la cessation de la détention de l'objet ou des fonds recelés (Cass. crim. 17-5-1983 n° 83-90.110 : Bull. crim. n° 143 ; Cass. crim. 28-3-1996 n° 95-80.395 : Bull. crim. n° 142). Si le recel résulte de l'exécution d'un seul et même contrat de travail fictif, opération délictueuse unique, le délai de prescription de l'action publique (six ans) court au plus tôt à compter de la date de la dernière perception de revenus (Cass. crim. 10-11-2020 n° 19-80.557 FS-PBI : RJDA 2/21 n° 98). Lorsque la prescription du recel est susceptible de commencer à courir avant celle du délit d'abus de biens sociaux, le délai de prescription du recel ne commence à courir qu'à partir du moment où l'abus de biens sociaux lui-même est apparu et a pu être constaté dans des conditions permettant l'exercice de l'action publique (Cass. crim. 6-2-1997 n° 96-80.615 PF : RJDA 2/97 n° 215 ; Cass. crim. 27-10-1997 n° 96-83.698 PF : RJDA 2/98 n° 179 ; Cass. crim. 10-11-2020 précité).

3. CONSTITUTION DE PARTIE CIVILE

42370 La victime d'une infraction, c'est-à-dire toute personne ayant personnellement souffert d'un dommage directement causé par l'infraction, peut se constituer partie civile pour obtenir réparation de ce dommage devant le juge pénal (CPP art. 2, al. 1). La victime devient alors partie au procès pénal, ce qui lui permet de bénéficier des mesures décidées pendant l'instruction et d'influer sur celle-ci, notamment en présentant au juge des demandes d'expertise ou en contestant ses décisions.

CONDITIONS DE RECEVABILITÉ DE LA CONSTITUTION DE PARTIE CIVILE

42380 La constitution de partie civile n'est recevable que si le **préjudice** subi par la victime est personnel et résulte directement de l'infraction commise par le dirigeant. Devant les **juridictions d'instruction,** il suffit que les circonstances sur lesquelles s'appuie le demandeur permettent au juge d'admettre comme possibles, d'une part, l'existence du préjudice allégué et, d'autre part, la relation directe de celui-ci avec l'infraction (Cass. crim. 6-9-2000 nº 4808 : RJDA 6/01 nº 698 ; Cass. crim. 8-3-2006 nº 1520 : RJDA 10/06 nº 1042 ; Cass. crim. 25-6-2013 nº 12-90.659 : RJDA 12/13 nº 1024). Toutefois, le fait d'admettre une constitution de partie civile au stade de l'instruction laisse entier le droit de la **juridiction de jugement** de se prononcer sur le bien-fondé de celle-ci en recherchant si la preuve du préjudice personnel et direct dont aurait souffert la partie civile est effectivement établie.

Nous présentons ci-après les cas dans lesquels les juges se sont le plus souvent prononcés sur la recevabilité d'une constitution de partie civile.

42381 **Abus de biens sociaux ou de pouvoirs** Les **associés** d'une société victime d'abus de biens sociaux, agissant à titre personnel, peuvent se constituer partie civile s'ils démontrent l'existence d'un préjudice propre, distinct du préjudice social (Cass. crim. 5-6-2013 nº 12-80.387 F-D : RJDA 12/13 nº 1023 ; Cass. crim. 3-12-2014 nº 13-87.224 FS-PB : RJDA 5/15 nº 359 ; Cass. crim. 17-5-2023 nº 22-83.762 F-D : RJDA 7/24 nº 400). Pour autant, le préjudice personnel de l'associé n'a jamais été reconnu, la Cour de cassation ayant même énoncé que ce délit n'occasionne un dommage personnel et direct qu'à la société elle-même et non à chaque associé (Cass. crim. 14-6-2006 nº 3555 : RJDA 1/07 nº 61, 2e esp. ; Cass. crim. 25-2-2009 nº 08-80.314 : RJDA 7/09 nº 656). Ainsi, un associé ne peut pas demander devant le juge pénal l'octroi d'une indemnité destinée à réparer la perte de valeur de ses droits sociaux (Cass. crim. 13-12-2000 nos 7552 et 7554 : RJDA 5/01 nº 593 ; Cass. crim. 18-9-2002 nº 5072 : RJDA 2/03 nº 146 ; Cass. crim. 9-3-2005 nº 1575 : RJDA 7/05 nº 825, 2e esp.), l'atteinte au capital ou aux intérêts de la société (Cass. crim. 9-3-2005 nº 1590 : RJDA 7/05 nº 825, 3e esp. ; Cass. crim. 13-9-2006 nº 4962 : RJDA 1/07 nº 61, 3e esp.) ou le préjudice moral subi du fait de ce délit (Cass. crim. 14-6-2006 précité ; Cass. crim. 5-6-2013 précité).

42382 En matière d'abus de biens sociaux, la constitution de partie civile a été en outre refusée pour cause de préjudice indirect :
– à un **créancier** de la société (Cass. crim. 27-6-1995 nº 3064 : RJDA 11/95 nº 1244 ; Cass. crim. 20-5-2009 nº 08-86.899 : RJDA 3/10 nº 257 ; Cass. crim. 3-12-2014 nº 13-87.224 : RJDA 5/15 nº 359) ;
– à la **caution** de la société (Cass. crim. 23-3-2016 nº 15-81.448 F-PB : Bull. crim. nº 101) ;
– à un **salarié** (Cass. crim. 7-3-2000 : RJDA 9-10/00 nº 875, 1e esp. ; Cass. crim. 28-1-2004 nº 731 : RJDA 6/04 nº 721, 2e esp. ; Cass. crim. 23-3-2005 nº 1923 : RJDA 8-9/05 nº 992, 3e esp.) ;
– à un **comité social et économique** (Cass. crim. 4-11-1988 : Bull. crim. nº 373 ; Cass. crim. 19-6-2002 nº 3856 : RJDA 3/03 nº 268, à propos d'un comité d'entreprise mais à notre avis transposable) ;
– à un **syndicat** professionnel (Cass. crim. 27-11-1991 : RJDA 3/92 nº 246 ; Cass. crim. 29-11-2000 nº 7231 : RJDA 10/01 nº 981 ; Cass. crim. 23-2-2005 nº 1319 : RJDA 8-9/05 nº 992, 4e esp.) ;
– à l'**État** en cas de détournements de fonds publics (Cass. crim. 28-2-2006 nº 1327 : RJDA 6/06 nº 655, 3e esp.) ;
– au **commissaire aux comptes** (Cass. crim. 29-11-1960 : Bull. crim. nº 553).

En pratique, seule la **société** peut demander la réparation du préjudice qu'elle subit lorsque l'un de ses dirigeants est convaincu d'abus de biens sociaux.

42383 **Comptes infidèles** Le délit de présentation ou de publication de comptes infidèles *peut causer un préjudice direct aux* **associés** ou aux porteurs de titres de la société (Cass. crim. 30-1-2002 nº 663 : RJDA 6/02 nº 646). Ce préjudice est établi dès lors que les comptes litigieux ont servi de base à l'évaluation des titres acquis par le plaignant, peu important alors que ces comptes aient été approuvés avant que ce dernier devienne associé (Cass. crim. 5-11-1991 nº 90-82.605 : RJDA 2/92 nº 154 ; dans le même sens, Cass. crim. 16-4-2008 nº 07-84.713 : RJDA 2/09 nº 114).

Une **banque ayant octroyé un crédit** à une société a également été admise à se constituer partie civile en réparation du préjudice résultant d'une présentation de comptes infidèles dès lors que cette présentation avait déterminé la banque à accorder son concours (Cass. crim. 13-2-1997 nº 883 : RJDA 10/97 nº 1217). En revanche, n'ont pas établi l'existence d'un préjudice direct avec ce délit des banques ayant invoqué un dommage commercial et matériel causé par des articles de presse qui avaient porté atteinte à leur image en leur imputant un soutien inconsidéré à la société dont les comptes étaient infidèles et qui les avaient exposées à de nombreuses recherches et vérifications (Cass. crim. 17-11-2004 nº 6480 : RJDA 4/05 nº 403).

Est irrecevable la constitution de partie civile formée par le **fournisseur** d'une société dont le dirigeant a présenté de faux bilans positifs dès lors que ce n'est pas la présentation des comptes qui l'a déterminé à poursuivre ses livraisons (Cass. crim. 16-6-2011 nº 10-81.744 : RJDA 11/11 nº 928).

En outre, un **syndicat** professionnel ne peut pas se constituer partie civile pour demander réparation du préjudice que le délit de présentation de comptes infidèles porte à l'intérêt collectif de la profession car un tel préjudice est indirect (Cass. crim. 29-11-2000 nº 7231 : RJDA 10/01 nº 981).

RÉPARATION DU PRÉJUDICE RÉSULTANT DU DÉLIT

L'auteur d'un délit est tenu de réparer intégralement le préjudice en résultant (C. civ. art. 1240), 42390
sans perte ni profit pour aucune des parties (Cass. crim. 7-12-2016 nº 15-86.731 F-PB : RJDA 4/17 nº 298 ; Cass. crim. 5-1-2017 nº 15-82.435 F-D : RJDA 4/17 nº 299). En conséquence :

– le dirigeant qui a causé un **préjudice financier à la société** doit le réparer intégralement même si, par ailleurs, l'intervention postérieure d'un repreneur a assaini la situation de la société (Cass. crim. 28-1-2004 nº 779 : RJDA 6/04 nº 764) ;

– le dirigeant reconnu coupable d'abus des biens de la société pour avoir versé des salaires fictifs à son épouse ne peut pas être condamné à en rembourser l'intégralité dès lors que le travail litigieux n'était qu'en partie fictif (Cass. crim. 5-1-2017 précité).

Le dirigeant doit réparer le **préjudice causé à un tiers** même s'il a commis le délit à l'origine du préjudice dans le cadre de ses fonctions (Cass. crim. 20-5-2003 nº 2669 : RJDA 12/03 nº 1181 ; Cass. crim. 7-9-2004 nº 4902 : RJDA 2/05 nº 141). Il ne peut donc pas invoquer l'absence de faute détachable de ses fonctions pour refuser d'indemniser le tiers victime (nºs 14300 s.).

Le **préjudice subi par des actionnaires** trompés par des comptes infidèles et des informations inexactes consiste en la perte d'une chance d'investir leurs capitaux dans un autre placement ou de renoncer à celui déjà réalisé (Cass. com. 9-3-2010 nº 08-21.547 : RJDA 6/10 nº 637 ; CA Limoges 17-1-2013 nº 11/01356 : RJDA 8-9/13 nº 727 ; CA Paris 17-2-2015 nº 10/04697 : RJDA 5/15 nº 353).

Lorsque la **victime** (ou un tiers) a commis une **faute,** les juges du fond doivent en tenir compte pour apprécier dans quelle mesure le dirigeant auteur du délit doit être condamné à réparation (Cass. crim. 19-3-2014 nº 12-87.416 FP-PBRI : RJDA 7/14 nº 679).

Même si le **dirigeant** est **relaxé** des poursuites pénales, la partie civile peut obtenir réparation du dommage résultant de sa faute civile qui doit être démontrée à partir et dans la limite des faits objet de la poursuite (Cass. crim. 5-2-2014 nº 12-80.154 : RJDA 8-9/14 nº 698).

SECTION 4

ORGANES DE DIRECTION DE LA SA

EN BREF *Le président du conseil d'administration n'assume pas, par principe, la direction géné-* 42500
rale de la société. Celle-ci est dévolue au directeur général, qui est un organe de la société pleinement autonome et qui n'est pas un auxiliaire du président. On observera cependant que le président peut – ce n'est pas une obligation – cumuler ses fonctions avec celles de directeur général.

Le directeur général peut être assisté d'un ou plusieurs directeurs généraux délégués.

Le conseil d'administration peut aussi décider la création de comités d'études chargés d'examiner ou de suivre certaines questions.

A. Directeur général de la SA

NOMINATION DU DIRECTEUR GÉNÉRAL DE LA SA

42501 **Choix du directeur général** Le directeur général peut être choisi parmi les membres du conseil d'administration (y compris le président, qui peut cumuler ses fonctions avec celles de directeur général) ou en dehors d'eux (art. L 225-51-1, al. 1). Le choix entre le cumul ou la dissociation des fonctions de président et de directeur général relève de la compétence du conseil d'administration (n° 40890).

Il n'est pas nécessaire que le directeur général soit actionnaire de la société. Mais il doit obligatoirement être une personne physique (art. L 225-51-1, al. 1).

42502 **Capacité, incompatibilités et interdictions** Les règles définies sur tous ces points à propos des administrateurs sont applicables au directeur général (n°s 39140 s.).

Des conditions particulières peuvent être exigées du directeur général si la société exerce une **activité réglementée** (n° 11350).

Sur la nomination en qualité de directeur général d'un mineur ou d'un majeur protégé, voir respectivement n°s 11110 s. et 12442.

42503 **Limite d'âge** Les statuts doivent prévoir, pour l'exercice des fonctions de directeur général, une limite d'âge. À défaut d'une disposition expresse, qui peut être introduite dans les statuts à tout moment, cette limite est fixée à 65 ans (art. L 225-54, al. 1).

Toute nomination intervenue en violation des dispositions statutaires – ou, en leur absence, des dispositions légales – est nulle (art. L 225-54, al. 2 modifié, à compter du 1-10-2025, par ord. 2025-229 du 12-3-2025 rendant cette nullité facultative ; Ord. 2025-229 art. 70).

Lorsque le directeur général atteint l'âge de 65 ans (ou l'âge fixé par les statuts), il est réputé démissionnaire d'office (art. L 225-54, al. 3).

Les décisions prises par le directeur général après avoir atteint la limite d'âge ne sont pas nulles (art. L 225-54, al. 5 remplacé, à compter du 1-10-2025, par C. civ. art. 1844-15-1 issu de ord. 2025-229).

42504 **Cumul de mandats sociaux** En principe, une personne ne peut pas exercer plus d'un mandat de directeur général de SA ayant leur siège social sur le territoire français (art. L 225-54-1, al. 1). En outre, la faculté de cumuler ce mandat avec d'autres mandats de direction est limitée dans les SA. Ces limitations, assez complexes, sont exposées n°s 37200 s.

42505 **Décision de nomination** Le directeur général est nommé par le conseil d'administration (art. L 225-51-1, al. 1).

En raison de l'identité des textes applicables, les règles concernant la nomination du président du conseil d'administration valent également pour celle du directeur général (n°s 40514 s.).

> **Précisions** **a.** La **mise à l'écart d'un candidat** aux fonctions de directeur général **pour des raisons discriminatoires** (fondées sur le sexe, l'âge, l'état de santé, les opinions politiques, les convictions religieuses, etc.) est interdite (C. trav. art. L 1132-1). Sur les sanctions applicables, voir n° 40514.
>
> **b.** Dans les **sociétés dont plus de la moitié du capital est détenue directement par l'État,** le directeur général est nommé par décret sur proposition du conseil d'administration (Ord. 2014-948 du 20-8-2014 art. 19, I).
>
> En outre, dans ces sociétés, en cas de vacance du poste de directeur général, l'État peut, par une lettre adressée à la société et faisant l'objet d'une publicité, désigner la personne chargée d'assurer l'intérim jusqu'à la désignation d'un nouveau dirigeant. Jusqu'à la nomination de l'intérimaire, les titulaires d'une délégation donnée par le précédent directeur général sont compétents pour agir dans le cadre de cette délégation (Ord. 2014-948 art. 21). Le dirigeant intérimaire est nommé par le ministre chargé de l'économie, qui doit en informer la société, celle-ci devant assurer sans délai la publicité de cette nomination (Décret 2014-949 du 20-8-2014 art. 6).

42506 **Publicité de la nomination** La nomination du directeur général doit être portée à la connaissance des tiers par l'accomplissement des formalités de publicité exposées n°s 13000 s.

À notre avis, ces formalités ne sont pas nécessaires lorsqu'il s'agit d'un simple renouvellement de fonctions pour les mêmes raisons que celles exposées n° 39714.

42507 **Nombre de directeurs généraux** Il ne peut être nommé qu'un seul directeur général dans la société (art. L 225-51-1, al. 1).

STATUT JURIDIQUE DU DIRECTEUR GÉNÉRAL DE LA SA

Le directeur général est titulaire d'un mandat social. Il incarne à ce titre la société, dont il est le représentant légal. En conséquence, il n'agit pas pour son compte et n'est donc pas commerçant. 42520

Il peut être lié à la société par un **contrat de travail** à la condition, s'il est administrateur, que soient respectées les règles relatives au cumul d'un contrat de travail et des fonctions d'administrateur (nos 39210 s.). Il faut aussi que ce contrat soit effectif, ce qui implique les mêmes conditions (fonctions salariées distinctes, lien de subordination, rémunération spécifique) que celles indiquées à propos des autres dirigeants sociaux (nos 11500 s.). À noter qu'en vertu du principe de l'autonomie du contrat de travail par rapport au mandat social, la seule révocation d'un mandat de directeur général donné à un salarié ne constitue pas une modification de son contrat de travail (Cass. soc. 14-6-2000 no 2807 : RJDA 12/00 no 1098) ; il en va de même pour le refus de nomination d'un salarié comme directeur général en l'absence de modification des fonctions techniques exercées par le salarié (Cass. soc. 28-9-2005 no 2049 : RJDA 2/06 no 141).

Le Code de gouvernance Afep-Medef recommande au salarié qui devient directeur général d'une société dont les titres sont admis aux négociations sur un marché réglementé de mettre fin au contrat de travail qui le lie à la société (Code de gouvernance Afep-Medef art. 23). De son côté, le Code de gouvernance Middlenext laisse au conseil d'administration le pouvoir d'apprécier l'opportunité de maintenir le contrat de travail dans les conditions exposées no 11505.

Le **régime social** du directeur général est identique à celui du président (nos 40533 s.).

Certaines conventions conclues entre le directeur général et la société sont soumises à la procédure de contrôle prévue par les articles L 225-38 s. (nos 52500 s.). C'est notamment le cas de la conclusion d'un contrat de travail avec le directeur général en fonctions ou de sa modification.

Dans les **sociétés dont les titres sont admis aux négociations sur un marché réglementé,** il est recommandé par l'Afep et le Medef que le conseil d'administration fixe une quantité minimale d'**actions** que le directeur général doit conserver au nominatif jusqu'à la fin de ses fonctions, cette décision étant réexaminée au moins à chaque renouvellement de son mandat. Tant que cet objectif de détention d'actions n'est pas atteint, le directeur général doit consacrer à cette fin une part des levées d'options ou des attributions d'actions de performance déterminée par le conseil (Code de gouvernance Afep-Medef art. 24 ; sur le champ d'application et la force contraignante de ce Code, voir nos 48272 s.).

Sur l'obligation pour les directeurs généraux (même non administrateurs) de sociétés dont les actions sont admises aux négociations sur un marché réglementé de mettre au nominatif ou de déposer en banque les actions qui leur appartiennent ou qui appartiennent à leur conjoint ou à leurs enfants mineurs ainsi que de rendre publiques les opérations effectuées sur leurs titres, voir nos 66433 s.

Sur l'obligation pour les directeurs généraux (même non administrateurs) de ces mêmes sociétés et des sociétés dont les titres financiers sont admis aux négociations sur un SMN ou sur un système organisé de négociation et pour leurs proches de communiquer à l'AMF les opérations réalisées sur les titres de la société, voir nos 66448 s.

DURÉE DES FONCTIONS DU DIRECTEUR GÉNÉRAL DE LA SA

Dans le silence des textes sur ce point, la durée des fonctions du directeur général, qu'il soit administrateur ou non, est librement fixée par le conseil d'administration, sauf disposition contraire des statuts. 42530

Cessation des fonctions Les fonctions du directeur général prennent fin dans les cas suivants : 42531
- arrivée du terme prévu lors de la nomination ;
- application des règles concernant la limite d'âge ;
- *décès ou survenance d'une incapacité*, d'une incompatibilité ou d'une déchéance (nos 12440 s.) ;
- démission, le directeur général engageant néanmoins sa responsabilité si la démission est donnée de façon intempestive et préjudiciable à la société (pour plus de détails sur la démission, voir nos 12620 s.) ;
- transformation ou dissolution de la société ;
- adoption du régime du directoire et du conseil de surveillance ;
- réunion des fonctions de directeur général et de président du conseil d'administration entre les mains de ce dernier.

Ces fonctions prennent fin également par la révocation de l'intéressé.

› Précisions Une décision de **changer le mode de gouvernance** de la société qui a pour effet de mettre fin aux fonctions du directeur général ne constitue une révocation de ce dernier que si elle a pour but de l'évincer de son mandat social (Cass. com. 4-4-2024 nº 22-19.991 F-B : RJDA 6/24 nº 341).

42532 **Révocation** Le directeur général est révocable à tout **moment** par le conseil d'administration (art. L 225-55, al. 1). Sa révocation étant libre, toute convention de nature à dissuader les associés de le révoquer est nulle (nºs 12480 s.).

Toutefois, si la révocation est décidée sans **juste motif,** le directeur général peut demander à la société des dommages-intérêts en réparation du préjudice qu'il subit de ce fait, étant observé que ces dispositions ne sont pas applicables lorsqu'il cumule ses fonctions avec celles de président du conseil d'administration. Pour plus de détails sur la notion de juste motif, voir nºs 12490 s.

Le directeur général d'une société dont plus de la moitié du capital est détenue directement par l'État peut être révoqué par décret (Ord. 2014-948 du 20-8-2014 art. 20).

42533 La révocation ne doit pas être **abusive** ; doit notamment être respectée l'obligation de loyauté dans l'exercice du droit de révocation (nºs 12550 s.).

42535 **Conséquences de la cessation des fonctions** La cessation des fonctions du directeur général donne lieu aux formalités de publicité exposées nºs 13000 s.

Sauf disposition statutaire ou conventionnelle contraire (nºs 12760 s.), l'ancien directeur général peut s'établir dans la même activité que celle de la société.

POUVOIRS DU DIRECTEUR GÉNÉRAL DE LA SA

42550 Le directeur général tient de la loi des pouvoirs propres :

– il assume, sous sa responsabilité, la **direction générale** de la société (art. L 225-51-1, al. 1 ; sur l'intervention du conseil d'administration dans la direction générale de la société, voir nº 40840) ;

– il **représente la société** dans ses rapports avec les tiers (art. L 225-56, I-al. 2).

Il en résulte qu'il détient le pouvoir d'**agir en justice** (notamment celui de déclarer des créances au nom de la société) et qu'il peut valablement déléguer ce pouvoir sans qu'il soit besoin de le préciser dans la délibération du conseil d'administration qui le désigne. Seule une délibération expresse du conseil ou une clause statutaire peut apporter des restrictions à ce pouvoir (Cass. com. 10-2-2009 nº 07-21.216 : RJDA 5/09 nº 449).

Le directeur général est investi des pouvoirs les plus étendus pour **agir** en toute circonstance **au nom de la société,** sous réserve que l'acte qu'il accomplit remplisse les **conditions** suivantes (art. L 225-56, I-al. 1) :

– entrer dans l'objet social ;

– ne pas être expressément réservé aux assemblées d'actionnaires (nº 40845) ou au conseil d'administration (nº 40860 ; pour un exemple, CA Paris 16-5-1978 : Rev. sociétés 1979 p. 72 note J. G.), sans quoi le principe de répartition légale des pouvoirs entre les organes sociaux serait méconnu.

Le directeur général peut valablement subordonner l'entrée en vigueur d'un contrat passé avec un tiers à l'accord du conseil d'administration. Une telle clause, qui peut se justifier par l'importance de la décision à prendre ou le caractère particulier de l'opération envisagée, s'analyse en une **condition suspensive** (pour une opération de parrainage, voir CA Paris 18-10-1991 : RJDA 1/92 nº 9). La condition tenant à l'accord du conseil peut porter sur le principe même de l'obligation mise à la charge de la société par le contrat et pas seulement sur l'entrée en vigueur de celui-ci. Tant que cette condition n'est pas réalisée, la société peut l'opposer au cocontractant pour faire valoir qu'elle n'est pas engagée par la seule signature du directeur général (CA Versailles 12-3-2009 nº 07-9194 : RJDA 6/09 nº 545). Le cocontractant peut néanmoins se prévaloir de la réalisation de cette condition en établissant que la société l'a empêchée par un refus fautif du conseil de donner son accord (pour des cas où une telle faute n'a pas été retenue, voir CA Versailles 15-2-1990 : Gaz. Pal. 1990 som. p. 716 ; CA Versailles 12-3-2009 précité). En effet, une condition suspensive est réputée accomplie si la partie qui y a intérêt en a empêché l'accomplissement (C. civ. art. 1304-3).

Dans les rapports avec les tiers, la société est engagée même par les **actes** du directeur général **qui excéderaient l'objet social,** *à moins* qu'elle ne prouve que le tiers savait que l'acte dépassait cet objet ou qu'il ne pouvait l'ignorer compte tenu des circonstances, étant exclu que la seule publication des statuts suffise à constituer cette preuve (art. L 225-56, I-al. 2). Pour plus de détails sur le pouvoir du directeur général d'engager la société à l'égard des tiers, voir nºs 13280 s.

› Précisions **a.** Sur l'obligation pour le directeur général d'une société dont les actions sont admises aux négociations sur un marché réglementé de consulter l'assemblée générale avant une **cession d'actifs significatifs,** voir n° 66281.
b. Sur le rôle dévolu par le Code de gouvernance Afep-Medef au directeur général dans l'élaboration et la mise en œuvre de la stratégie en matière de **responsabilité sociale et environnementale** et les objectifs de **mixité** au sein des instances dirigeantes, voir n°s 40866 et 40868.

Limitation de pouvoirs Les pouvoirs du directeur général peuvent être limités par les **statuts** ou – ce qui est plus fréquent en pratique – par le **conseil d'administration.** 42551

EXEMPLE

Les aliénations d'immeubles ou de fonds de commerce, les hypothèques, gages ou nantissements sur les biens sociaux, les engagements excédant une somme déterminée, l'admission et la fixation de la rémunération de certaines catégories du personnel peuvent notamment être subordonnés à l'autorisation préalable du conseil.

Les limitations des pouvoirs du directeur général sont licites, mais elles ne sont pas **opposables aux tiers** (art. L 225-56, I-al. 3), même s'ils avaient connaissance de celles-ci (Cass. com. 2-6-1992 : RJDA 8-9/92 n° 836, à propos d'un gérant de SARL mais transposable). Si le directeur général venait à transgresser ces limitations, la société serait tenue d'exécuter les engagements contractés au mépris des clauses statutaires ou des décisions du conseil, sauf à mettre en cause la responsabilité personnelle de l'intéressé et, éventuellement, à le révoquer de ses fonctions. Quant aux tiers, ils peuvent, dans certains cas, se prévaloir à l'encontre de la société des clauses statutaires limitant les pouvoirs du directeur général (n° 13480).

Les limitations des pouvoirs ne doivent pas aboutir à **priver le directeur général de ses pouvoirs** de direction (Cass. com. 11-6-1965 : Bull. civ. III n° 361).

Les cautions, avals et garanties consentis par le directeur général pour garantir les engagements des tiers doivent faire l'objet d'une autorisation préalable du conseil, sauf pour les sociétés exploitant un établissement bancaire ou financier (n°s 40905 s.).

Délégation de pouvoirs Le directeur général ne saurait déléguer à un tiers l'intégralité de ses pouvoirs (Cass. com. 11-6-1965 : Bull. civ. III n° 361). Cette solution s'impose en raison du principe de répartition légale des pouvoirs entre les organes de la SA. En revanche, s'il ne s'agit que de **pouvoirs partiels,** la délégation est possible. 42552

Exercice des pouvoirs par un prestataire Lorsque la société confie à un prestataire le soin d'assurer des missions relevant des pouvoirs du directeur général, la convention de prestations de services fait **double emploi** avec les fonctions de celui-ci et peut être annulée pour absence de contrepartie : n° 13230. 42555

INFORMATION DUE PAR LE DIRECTEUR GÉNÉRAL DE LA SA

Le directeur général est tenu de communiquer aux **administrateurs** tous les documents et informations nécessaires à l'accomplissement de leur mission (n° 40950). 42560

Il peut être opportun d'organiser dans un règlement intérieur la circulation de l'information entre le directeur général et le **président** du conseil d'administration.

RÉMUNÉRATION DU DIRECTEUR GÉNÉRAL DE LA SA

C'est au conseil d'administration qu'il appartient de déterminer la rémunération du directeur général (art. L 225-53, al. 3) et il est seul **compétent** pour le faire (Cass. com. 13-2-1996 : RJDA 6/96 n° 801 ; Cass. com. 4-1-2023 n° 20-17.658 F-D : RJDA 4/23 n° 201). La rémunération du directeur général ne peut ainsi pas être fixée par une convention conclue avec un tiers, peu important que cette convention ait été autorisée par le conseil d'administration (Cass. com. 14-9-2010 n° 09-16.084 : RJDA 12/10 n° 1162). 42570

Si le directeur général est administrateur, cette rémunération s'ajoute à la rémunération qui peut lui être attribuée au titre de ses fonctions d'administrateur (ex-jetons de présence).

Par identité des textes applicables, la jurisprudence concernant la **fixation** de la rémunération du président (n°s 40570 à 40572) vaut également pour le directeur général.

Des mesures de **contrôle** de la rémunération du directeur général de société dont les actions sont admises aux négociations sur un marché réglementé sont imposées par la loi (art. L 22-10-8, sur renvoi de l'art. L 22-10-17, et art. L 22-10-9 et L 22-10-34 : n°s 53040 s.).

Dans les sociétés dont les titres sont admis aux négociations sur un marché réglementé, la détermination de la rémunération du directeur général fait l'objet de recommandations de l'Afep et du Medef, d'une part, et de Middlenext, d'autre part. Par ailleurs, la rémunération des dirigeants de SA publique nationale est plafonnée. Exposées dans les développements relatifs au président du conseil d'administration (n°s 40573 s.), ces dispositions sont applicables au directeur général.

La fixation de la rémunération du directeur général ne constitue pas une **convention soumise à** la procédure de **contrôle** prévue par les articles L 225-38 s. (n° 52680). Sur les règles particulières applicables aux engagements pris par des sociétés dont les actions ne sont pas admises aux négociations sur un marché réglementé à raison de la cessation ou du changement des fonctions de leur directeur général, voir n°s 52690 s.

La rémunération du directeur général est soumise au même **régime fiscal** (n° 40590) et « **social** » (n° 40595) que celle du président.

RESPONSABILITÉ DU DIRECTEUR GÉNÉRAL DE LA SA

42580 Le directeur général engage sa **responsabilité civile,** individuellement ou solidairement avec les administrateurs et dans les mêmes conditions que ceux-ci en cas (art. L 225-251) :
– d'infractions aux dispositions législatives ou réglementaires applicables aux SA ;
– de violations des statuts ;
– de fautes commises dans sa gestion.

Le régime de l'action en responsabilité est le même que celui applicable aux administrateurs (art. L 225-252 à L 225-254 et L 22-10-73), qu'il s'agisse de l'action sociale ou de l'action individuelle d'un actionnaire. En conséquence, aucune clause statutaire et aucune décision de l'assemblée ne peut faire échec à cette action qui, par ailleurs, se prescrit par trois ans.

La responsabilité personnelle du directeur général ne peut être engagée à l'égard des tiers que s'il a commis une faute séparable de ses fonctions et qui lui soit imputable personnellement.

Sur toutes ces questions, voir n°s 42000 s.

En cas d'ouverture d'une procédure collective à l'encontre de la société, le directeur général peut être tenu de supporter les dettes sociales et est soumis éventuellement à certaines mesures d'interdiction et de déchéance (art. L 225-255 ; n°s 91380 s.).

42581 Sa **responsabilité pénale** est presque analogue à celle des administrateurs (n°s 42270 s.), la plupart des textes répressifs le visant en même temps que ces derniers.

Le directeur général assume la responsabilité pénale du chef d'entreprise mais il peut s'exonérer de cette responsabilité s'il a donné une délégation de pouvoirs à une personne pourvue de la compétence, de l'autorité et des moyens nécessaires pour faire respecter les mesures réglementaires (n°s 13640 s.).

42582 Par ailleurs, comme tous les dirigeants de droit ou de fait, salariés ou non, le directeur général peut être condamné personnellement au paiement des impositions et pénalités dues par la société lorsque, par des manœuvres frauduleuses ou par l'**inobservation** grave et répétée des **obligations fiscales,** il a rendu impossible le recouvrement de ces impositions et pénalités (LPF art. L 267 ; n°s 14790 s.).

B. Directeur général délégué de la SA

MISSIONS DU DIRECTEUR GÉNÉRAL DÉLÉGUÉ DE LA SA

42640 Le directeur général délégué est appelé à exercer auprès du directeur général une mission d'assistance (art. L 225-53, al. 1). Il n'a donc qu'un rôle d'auxiliaire du directeur général.

Cependant, à l'égard des tiers, le directeur général délégué est un organe de la direction au même titre que le directeur général lui-même : il dispose, en effet, « des mêmes pouvoirs que le directeur général » (art. L 225-56, II-al. 2).

La qualité de dirigeant de droit susceptible d'être condamné à combler le passif social lui a d'ailleurs été reconnue (Cass. com. 5-5-2021 n° 19-23.575 F-P : RJDA 7/21 n° 502).

42641 Lorsque le président du conseil d'administration cumule ses fonctions avec celles de directeur général et prend, comme la pratique le montre, le titre de président-directeur général, la ou les personnes appelées à l'assister doivent prendre le titre de « directeur général délégué » et non pas celui de « directeur général ». En effet, il ne peut y avoir dans une SA qu'un seul directeur général (art. L 225-51-1, al. 1).

NOMINATION DU DIRECTEUR GÉNÉRAL DÉLÉGUÉ DE LA SA

42642 **Choix du directeur général délégué** Le directeur général délégué peut être choisi soit parmi les membres du conseil d'administration, soit en dehors d'eux.

Il doit obligatoirement être une personne physique (art. L 225-53, al. 1).

Bien qu'aucune disposition légale n'interdise expressément de nommer le président du conseil d'administration (qui n'assume pas les fonctions de directeur général) aux fonctions de directeur général délégué, le cumul de ces deux fonctions n'est pas possible lorsque le conseil d'administration a opté pour la dissociation des fonctions de président et de directeur général conformément à l'article L 225-51-1. Ce cumul est en effet incompatible avec la finalité de la loi qui vise à assurer une dissociation effective des fonctions (CA Lyon 25-9-2003 n° 03-2257 : RJDA 7/04 n° 848). De surcroît, le président du conseil d'administration étant un organe de la société doté par la loi de pouvoirs spécifiques (n° 40560) qui l'obligent à s'assurer du bon fonctionnement de la société, il ne saurait ni directement ni indirectement empiéter sur l'action de la direction générale sans porter atteinte à la répartition hiérarchique des pouvoirs.

Capacité, incompatibilités et interdictions Les règles définies sur tous ces points à propos des administrateurs sont applicables au directeur général délégué (nos 39140 s.). 42643

Limite d'âge Le directeur général délégué est soumis, en matière d'âge, au même régime que le directeur général (art. L 225-54 ; n° 42503). 42644

Nombre de mandats En l'absence de dispositions légales contraires, une même personne peut, contrairement au directeur général, assumer simultanément plusieurs mandats de directeur général délégué sans limitation. 42645

Décision de nomination Le directeur général délégué est nommé par le conseil d'administration sur proposition du directeur général (art. L 225-53, al. 1). 42646

Le conseil d'administration doit déterminer un processus de sélection garantissant jusqu'à son terme la présence d'au moins une personne de chaque sexe parmi les candidats ; les propositions de nomination faites par le directeur général au conseil doivent en outre s'efforcer de rechercher une représentation équilibrée des femmes et des hommes (art. L 225-53, al. 1). La loi n'assortit l'inexécution de ces prescriptions d'aucune sanction mais la responsabilité des administrateurs peut se trouver engagée si le processus de sélection imposé n'est pas mis en œuvre.

La mise à l'écart d'un candidat aux fonctions de directeur général délégué pour des raisons discriminatoires (fondées sur le sexe, l'âge, l'état de santé, les opinions politiques, les convictions religieuses, etc.) est interdite (C. trav. art. L 1132-1). Sur les sanctions applicables, voir n° 40514.

› Précisions **a.** Le **pouvoir de proposition** de nomination du directeur général délégué est réservé au directeur général et à lui seul. Ainsi, ce pouvoir ne saurait être exercé par le président ou un administrateur, en raison du principe d'organisation hiérarchique de la SA (n° 40881).

b. Dans un cas où la lettre d'embauche d'un salarié prévoyait de proposer au conseil d'administration la nomination du salarié comme directeur général délégué, sous condition de la démission du directeur général, la société n'a pas été condamnée à indemniser le salarié pour non-exécution de cette **promesse** car un contexte particulier d'atteinte à la réputation de la société avait nécessité le maintien du directeur général, qui avait une connaissance approfondie de celle-ci ; cette explication avait été fournie au salarié et aucune circonstance vexatoire ou diffamatoire pour lui n'avait accompagné l'annonce du maintien du directeur général (CA Paris 16-11-2010 n° 09/19161 : RJDA 6/11 n° 537).

c. Selon l'Ansa, l'obligation de **garantir la présence d'un homme et d'une femme** parmi les candidats au poste de directeur général délégué ne vaut que pendant la sélection opérée par le directeur général. Elle n'impose pas de proposer au conseil un candidat de chaque sexe (Communication Ansa, comité juridique n° 21-001 du 6-1-2021).

Publicité de la nomination La nomination du directeur général délégué doit être portée à la connaissance des tiers par l'accomplissement des formalités de publicité exposées nos 13000 s. 42647

NOMBRE DE DIRECTEURS GÉNÉRAUX DÉLÉGUÉS DE LA SA

Les statuts doivent fixer le nombre maximal des directeurs généraux délégués, qui ne peut dépasser cinq (art. L 225-53, al. 2). 42660

STATUT JURIDIQUE DU DIRECTEUR GÉNÉRAL DÉLÉGUÉ DE LA SA

Le directeur général délégué peut être lié à la société par un **contrat de travail** à la condition, s'il est administrateur, que soient respectées les règles relatives au cumul d'un contrat de travail et des fonctions d'administrateur (nos 39210 s.). Il faut aussi que ce contrat soit effectif (fonctions salariées distinctes, lien de subordination, rémunération spécifique ; voir nos 11500 s.). 42670

À condition d'être rémunéré, le directeur général délégué relève en tant que tel du régime général de la **sécurité sociale** des salariés (CSS art. L 311-3, 12°), ce qui entraîne son assujettissement au régime de **retraite complémentaire** légalement obligatoire des salariés (régime unique Agirc-Arrco). Il est soumis au même régime fiscal et social que le président (nos 40590 s.).

42671 Le régime des **conventions** conclues directement ou indirectement entre la société et l'un de ses directeurs généraux délégués est exposé nos 52500 s.

42672 Dans les **sociétés dont les titres sont admis aux négociations sur un marché réglementé,** l'Afep et le Medef recommandent au conseil d'administration de fixer une quantité minimale d'**actions** que le directeur général délégué doit conserver au nominatif jusqu'à la fin de ses fonctions, cette décision étant réexaminée au moins à chaque renouvellement de son mandat. Tant que cet objectif de détention d'actions n'est pas atteint, le directeur général délégué doit consacrer à cette fin une part des levées d'options ou des actions de performance attribuées déterminée par le conseil (Code de gouvernance Afep-Medef art. 25 ; sur le champ d'application et la force contraignante de ce Code, voir nos 48272 s.).

DURÉE DES FONCTIONS DU DIRECTEUR GÉNÉRAL DÉLÉGUÉ DE LA SA

42680 La durée des fonctions du directeur général délégué est fixée par le conseil d'administration en accord avec le directeur général (art. L 225-56, II-al. 1).

42681 **Cessation des fonctions** Indépendamment du cas de **décès,** les fonctions du directeur général délégué prennent fin par la survenance de l'une des situations suivantes :

1. **Arrivée du terme** prévu lors de la nomination.

2. Application de la **limite d'âge.**

3. Survenance d'une **incapacité,** d'une incompatibilité ou d'une déchéance à l'encontre de l'intéressé (nos 12440 s.).

4. **Démission,** le directeur général délégué engageant néanmoins sa responsabilité au cas où cette démission serait donnée de façon intempestive et préjudiciable à la société (pour plus de détails sur la démission, voir nos 12620 s.).

5. **Transformation** ou **dissolution de la société** ou encore **adoption du régime à directoire** et conseil de surveillance.

42682 **6.** **Cessation des fonctions du directeur général.** Lorsque le directeur général cesse (notamment par suite de décès, de démission, de révocation ou de non-renouvellement de son mandat) ou est empêché d'exercer ses fonctions, le ou les directeurs généraux délégués conservent en principe leurs fonctions et leurs attributions (art. L 225-55, al. 2). Ce **maintien,** justifié par la nécessité d'assurer une certaine continuité dans la direction de la société, ne vaut que jusqu'à la nomination du nouveau directeur général ; celui-ci pourra proposer au conseil soit la reconduction du mandat du directeur général délégué en exercice, soit la nomination d'un nouveau directeur général délégué ; il pourra aussi décider de ne pas remplacer le directeur général délégué et, dans ce cas, s'abstenir de toute proposition au conseil. Le directeur général délégué agissant sous la responsabilité du directeur général, celui-ci ne saurait se voir imposer une personne choisie par son prédécesseur. Le nouveau directeur général est donc libre de ne pas proposer la reconduction des fonctions du ou des directeurs généraux délégués en exercice, et ces derniers ne peuvent prétendre à aucune indemnité du moment que la cessation de leurs fonctions est intervenue en dehors de circonstances injurieuses ou vexatoires à leur égard (cf. Cass. com. 14-2-1977 : Bull. civ. IV n° 44 ; Cass. com. 13-1-1998 : RJDA 6/98 n° 740, 2e esp.).

Toutefois, le conseil d'administration peut écarter ce maintien et mettre **fin aux fonctions** du directeur général délégué même avant que le nouveau directeur général soit nommé (art. L 225-55, al. 2).

Quelle que soit la date à laquelle il est mis fin aux fonctions du ou des directeurs généraux délégués (avant ou lors de la nomination du nouveau directeur général), ceux-ci ne sauraient prétendre que la décision prise à leur égard équivaut à une **révocation sans juste motif** leur donnant droit à des dommages-intérêts (n° 42684). En effet, la cessation des fonctions du directeur général est une cause de cessation éventuelle des fonctions des directeurs généraux délégués expressément prévue par la loi. Elle est distincte de la révocation et les règles concernant cette dernière ne peuvent lui être appliquées.

42683 **7.** **Révocation du directeur général délégué.** Le directeur général délégué peut être révoqué à tout moment, mais seulement par le conseil d'administration et sur la proposition du directeur général (art. L 225-55, al. 1).

Il peut donc arriver que le conseil d'administration souhaite révoquer le directeur général délégué sans obtenir l'accord du directeur général ou, à l'inverse, que le directeur général propose au conseil une révocation que ce dernier n'a pas l'intention de prononcer. Si le désaccord persiste, le conflit ne peut se dénouer que par la démission ou la révocation du directeur général. En effet, comme nous l'avons vu plus haut (nº 42682), les fonctions du directeur général délégué sont remises en question chaque fois que le directeur général vient à cesser ses fonctions.

Comme pour le directeur général, si la révocation est décidée sans **juste motif,** elle peut donner lieu à des dommages-intérêts (art. L 225-55, al. 1). Pour plus de détails, voir nºs 12490 s. **42684**
Par ailleurs, la révocation ne doit pas être **abusive** ; doit notamment être respectée l'obligation de loyauté dans l'exercice du droit de révocation (nºs 12550 s.).

Publicité de la cessation des fonctions La cessation des fonctions du directeur général délégué donne lieu aux formalités de publicité exposées nºs 13000 s. **42685**

POUVOIRS DU DIRECTEUR GÉNÉRAL DÉLÉGUÉ DE LA SA

Les pouvoirs du directeur général délégué sont fixés par le conseil d'administration en accord avec le directeur général (art. L 225-56, II-al. 1). Ils ne peuvent être modifiés que dans les mêmes conditions. À noter qu'il n'est pas possible de définir ces pouvoirs dans les statuts. **42700**

La loi ne fixe aucune limite à l'**étendue** des pouvoirs du directeur général délégué. En théorie, on peut donc lui donner les mêmes pouvoirs qu'au directeur général. Le recours à cette solution est rare en pratique : le conseil cantonne généralement son pouvoir de décision à un domaine déterminé (gestion financière ou des ressources humaines, par exemple) ou à un secteur d'activité défini (responsabilité de telle ligne de produits).

Sur la possibilité pour le directeur général délégué, même en l'absence de toute autorisation des statuts, de donner **procuration** à un tiers de passer au nom de la société une opération pour laquelle il est lui-même habilité, voir Rép. Lebas : AN 3-12-1970 nº 14051.

Représentation de la société Disposant du pouvoir légal de représenter la société (art. L 225-56, II-al. 2), le directeur général délégué n'a pas à justifier d'une habilitation spéciale pour **agir en justice** au nom de la société (Cass. ass. plén. 18-11-1994 : RJDA 12/94 nº 1308, concl. Jéol). **42701**

Il a même la faculté, dans les cas où les parties peuvent se défendre elles-mêmes (par exemple, litiges d'un montant inférieur ou égal à 10 000 € devant les tribunaux de commerce : CPC art. 853, al. 3), de donner à toute personne de son choix un pouvoir spécial aux fins de représenter la société (Cass. com. 9-5-1995 : RJDA 8-9/95 nº 995).

Limitation de pouvoirs Les limitations des pouvoirs du directeur général délégué sont licites mais elles ne sont pas **opposables aux tiers.** À leur égard, le directeur général délégué dispose, en tout état de cause, des mêmes pouvoirs que le directeur général (art. L 225-56, II-al. 2). Il peut donc engager la société comme le directeur général lui-même ; s'il a outrepassé ses pouvoirs, le conseil pourra seulement lui demander réparation ou le révoquer (avec l'accord du directeur général). **42702**

Toutefois, en cas d'**opposition du directeur général** aux actes du directeur général délégué, c'est, à notre avis, la décision du directeur général qui prévaut et qui est seule opposable aux tiers pour autant, bien entendu, que ceux-ci aient eu connaissance de cette opposition.

RÉMUNÉRATION DU DIRECTEUR GÉNÉRAL DÉLÉGUÉ DE LA SA

Comme celle du directeur général, la rémunération du directeur général délégué est **fixée par** le conseil d'administration (art. L 225-53, al. 3 ; nº 42570). **42710**

En cas de **pluralité de directeurs** généraux délégués, le conseil doit fixer la rémunération de chacun d'entre eux. Il ne saurait leur allouer un montant global qu'ils se répartiraient entre eux comme *ils l'entendraient. En effet, à la différence* du conseil d'administration ou de l'assemblée des actionnaires, les directeurs généraux délégués ne constituent pas un organe collégial de la société.

Des mesures de **contrôle** de la rémunération du directeur général délégué de société dont les actions sont admises aux négociations sur un marché réglementé sont imposées par la loi (art. L 22-10-8, sur renvoi de l'art. L 22-10-17, et art. L 22-10-9 et L 22-10-34 : nºs 53040 s.). Dans les sociétés dont les titres sont admis aux négociations sur un marché réglementé, la détermination de la rémunération du directeur général délégué fait l'objet de recommandations de l'Afep et du Medef, d'une part, et de Middlenext, d'autre part. Par ailleurs, la rémunération des dirigeants de SA publique nationale est plafonnée. Exposées dans les développements relatifs au président du conseil d'administration (nos 40573 s.), ces dispositions sont applicables au directeur général délégué.

La fixation de la rémunération du directeur général délégué ne constitue pas une **convention soumise à** la procédure de **contrôle** prévue par les articles L 225-38 s. (no 52680). Sur les règles applicables aux engagements pris par des sociétés dont les actions ne sont pas admises aux négociations sur un marché réglementé à raison de la cessation ou du changement des fonctions de leur directeur général délégué, voir nos 52690 s.

RESPONSABILITÉ DU DIRECTEUR GÉNÉRAL DÉLÉGUÉ DE LA SA

42720 Lorsqu'il est administrateur, le directeur général délégué engage sa **responsabilité civile** dans les mêmes conditions que les autres administrateurs. Les dispositions de l'article L 225-251 lui sont donc applicables (nos 42000 s.). En revanche, faute de disposition expresse en ce sens, ces dispositions ne s'appliquent pas au directeur général délégué non administrateur. Celui-ci est responsable, à l'égard de la société ou des tiers, de ses fautes personnelles, conformément au droit commun (nos 14120 s. et 14380 s.).

Sur les conséquences, pour le directeur général délégué, de l'ouverture d'une procédure collective contre la société, voir nos 91380 s.

La **responsabilité pénale** du directeur général délégué est analogue à celle du directeur général (art. L 248-1).

SECTION 5 ORGANES D'ASSISTANCE DU CONSEIL D'ADMINISTRATION

42750 EN BREF *Dans un mouvement qui s'est accéléré ces dernières années, sous l'influence des investisseurs et des organisations représentatives des entreprises, des organes d'assistance du conseil d'administration ont été mis en place dans les grandes sociétés. Le rôle de ces comités, dont les membres sont issus ou non du conseil d'administration, est d'améliorer l'efficacité du conseil, et, d'une manière générale, la gouvernance d'entreprise. Les comités peuvent réaliser des études et présenter au conseil d'administration des propositions et des recommandations. Certaines sociétés se sont dotées de comités spécialisés comme les comités des nominations et des rémunérations.*

Les Codes de gouvernance Afep-Medef et Middlenext contiennent, sur la mise en place et le fonctionnement des comités d'études, des prescriptions qui ont une valeur contraignante pour les sociétés qui s'y réfèrent.

Dans les établissements de crédit et les sociétés d'investissement d'importance significative ainsi que dans les entreprises d'investissement, la constitution d'un comité des risques, d'un comité des nominations et d'un comité des rémunérations est une obligation.

Le Code de commerce oblige en outre les sociétés dont les titres sont admis aux négociations sur un marché réglementé à se doter d'un comité spécialisé dans le suivi de la gouvernance comptable et financière de l'entreprise et du processus d'élaboration et de contrôle des informations de durabilité, cette seconde mission pouvant être attribuée à un comité distinct.

A. Comités d'études

CRÉATION ET COMPOSITION DES COMITÉS D'ÉTUDES

42780 Le conseil d'administration peut décider la **création** de comités d'études (art. R 225-29, al. 2). Ni le président, ni le directeur général, ni les statuts ne sont compétents sur ce point (no 40881). Il est recommandé d'éviter la multiplication des comités de convenance sans portée pratique réelle, l'esprit de la gouvernance étant la collégialité de la décision du conseil et non la juxtaposition de microgroupes experts (Code de gouvernance Middlenext rec. 7).

Le conseil d'administration fixe également la **composition** de chaque comité d'études *(art. R 225-29, al. 2). Il* peut en choisir librement les membres, qui peuvent être ou non administrateurs ou actionnaires. En pratique, les membres des comités d'études sont choisis compte tenu de leurs compétences.

Le conseil d'administration détermine le **nombre de membres** de chaque comité (généralement trois ou quatre membres).

> Précisions a. Comme nous le verrons ci-après, dans les sociétés dont les titres sont admis aux négociations sur un marché réglementé, l'Afep et le Medef recommandent, pour chaque type de comité, une proportion d'**administrateurs indépendants.** Pour établir les pourcentages d'administrateurs indépendants au sein des comités du conseil, les administrateurs représentant les actionnaires salariés ainsi que les administrateurs représentant les salariés ne sont pas comptabilisés (Code de gouvernance Afep-Medef art. 16.1, al. 2). Il est par ailleurs recommandé d'éviter la présence dans les comités d'**administrateurs « croisés »** (cas dans lequel un dirigeant mandataire social d'une société A siège dans un comité du conseil d'une société B et où, inversement, un dirigeant mandataire social de la société B siège dans le comité analogue du conseil de la société A) (art. 16.1, al. 3).

b. Le Code de gouvernance Middlenext recommande que la **présidence** des comités spécialisés soit confiée à des administrateurs indépendants (rec. 7).

ATTRIBUTIONS DES COMITÉS D'ÉTUDES

Le conseil d'administration fixe les attributions des comités ; celles-ci doivent se limiter à l'étude de questions que le conseil d'administration ou son président soumet, pour **avis,** à leur examen (art. R 225-29, al. 2). 42785

Les comités d'études ne sauraient s'immiscer dans la direction de la société, ni réduire indirectement les pouvoirs du directeur général ou des directeurs généraux délégués. Ils ne peuvent donc avoir qu'un pouvoir consultatif.

Peuvent ainsi être mis en place des comités chargés d'**étudier notamment** les nominations et rémunérations des dirigeants (n°s 42800 s.), le développement et la stratégie, l'éthique, la politique environnementale, etc.

Les comités d'études exercent leur activité sous la **responsabilité** du conseil d'administration (art. R 225-29, al. 2).

RÉMUNÉRATION DES MEMBRES DES COMITÉS D'ÉTUDES

Les **membres** du comité qui sont **administrateurs** de la société peuvent recevoir une allocation spéciale au titre des rémunérations exceptionnelles (art. L 225-46 et L 22-10-15 ; n°s 41070 s.) et, le cas échéant, bénéficier d'une majoration de la rémunération versée au titre de leurs fonctions d'administrateur (ex-jetons de présence) (art. R 225-33, al. 1). 42790

À notre avis, les administrateurs ne peuvent pas recevoir une rémunération permanente en contrepartie de leur activité au comité d'études. La rémunération exceptionnelle doit être fixée par le conseil d'administration à l'occasion de chaque mission confiée à ce comité en respectant la procédure des conventions réglementées (art. L 225-46) et, dans les SA dont les actions sont admises aux négociations sur un marché réglementé, la procédure de « say on pay » (art. L 22-10-15).

Les **membres non administrateurs** peuvent, quant à eux, recevoir une rémunération, permanente ou non, fixée par le conseil d'administration.

COMITÉ DES NOMINATIONS

Le Code de gouvernance Afep-Medef recommande, dans les **sociétés dont les titres sont admis aux négociations sur un marché réglementé,** la création d'un comité des nominations, en charge de la composition des organes dirigeants (art. 18 ; sur le caractère contraignant de ce Code, voir n°s 48272 s.). Ce comité peut ou non être distinct du comité des rémunérations des mandataires sociaux. 42800

Composition et fonctionnement C'est au conseil d'administration de fixer la composition du comité des nominations (n° 42780). L'Afep et le Medef ainsi que Middlenext préconisent que le comité ne comporte aucun dirigeant mandataire social exécutif (Code de gouvernance Afep-Medef art. 18.1 ; Code de gouvernance Middlenext rec. 7). Pour l'Afep et le Medef, il doit être composé majoritairement d'administrateurs indépendants (art. précité) ; pour Middlenext, il doit être présidé par un membre indépendant (rec. précitée). 42805

Les règles d'organisation et de fonctionnement du comité sont à la discrétion du conseil d'administration. Pour l'Afep et le Medef, le directeur général doit être associé aux travaux du comité. En cas de dissociation des fonctions de président et de directeur général, le président non exécutif peut être membre de ce comité (Code de gouvernance Afep-Medef art. 18.3).

Mission Le comité des nominations peut se voir confier une mission d'**étude et de réflexion** sur la **composition, l'organisation et le fonctionnement du conseil d'administration.** Il est essentiel que le conseil d'administration s'interroge collectivement et périodiquement sur le statut de ses membres et s'assure que ceux-ci sont en situation de remplir leur mission (en ce sens, Étude Ansa n° 06-005 février 2006). 42810

Par ailleurs, le comité peut formuler des recommandations et soumettre au conseil d'administration des propositions relatives au **choix des nouveaux administrateurs** (y compris les administrateurs indépendants) et à celui des dirigeants de la société (directeur général, directeurs généraux délégués) ou de ses principales filiales lorsqu'il s'agit d'un groupe. Pour proposer des candidats, le comité peut se fonder sur les éléments suivants : composition équilibrée du conseil d'administration (nombre d'administrateurs indépendants, représentation éventuelle d'intérêts catégoriels en fonction de l'évolution de l'actionnariat) et évolution du conseil (candidatures possibles, opportunité des renouvellements de mandats). Pour l'Afep et le Medef, le comité doit organiser une procédure destinée à sélectionner les futurs administrateurs indépendants et réaliser ses propres études sur les candidats potentiels avant toute démarche auprès de ces derniers (Code de gouvernance Afep-Medef art. 18.2.1 ; Étude Ansa précitée). Il est recommandé aux sociétés de décrire cette procédure dans leur règlement intérieur et de rendre compte de son application dans le rapport sur le gouvernement d'entreprise (Guide d'application du Code Afep-Medef mars 2024 p. 12). L'AMF recommande que le comité des nominations s'interroge chaque année sur les besoins du conseil en termes de compétences, y compris sur les sujets RSE, et qu'il en tire les conséquences sur le processus de sélection des administrateurs mis en place pour que cette question soit débattue au sein du conseil (Recommandation AMF 2012-02 § 18).

Le comité peut aussi établir un **plan de succession** pour être en mesure de proposer au conseil des candidats à la succession des dirigeants mandataires sociaux, notamment en cas de vacance imprévisible. Pour justifier ses choix, le comité peut retenir les critères suivants : état de santé, disponibilité, personnalité et expérience réussie des candidats dans un type d'entreprise similaire (Code de gouvernance Afep-Medef art. 18.2.2 ; Étude Ansa précitée).

Pour les sociétés qui se réfèrent au Code Afep-Medef, l'établissement d'un plan de succession est une obligation. Le rapport sur le gouvernement d'entreprise doit non seulement indiquer si l'élaboration du plan fait partie des compétences du comité des nominations, mais aussi si ce plan a été effectivement examiné par le conseil ou le comité, s'il est régulièrement révisé et à quelle date il l'a été pour la dernière fois (Guide précité p. 12 ; voir aussi Recommandation AMF 2012-02 § 18).

Pour les sociétés qui se réfèrent au Code Middlenext, le sujet de la succession doit être inscrit à l'ordre du jour du conseil ou du comité afin de vérifier que la problématique a été abordée ou que son suivi a été effectué annuellement. Selon les situations, notamment en cas de succession dans une entreprise familiale, il peut être opportun de changer de structure de gouvernance et soit de passer d'une structure moniste à une structure dualiste (et réciproquement), soit de revoir la répartition des fonctions entre le président et le directeur général (Code de gouvernance Middlenext rec. 17).

> **› Précisions** Dans les sociétés dont les actions sont admises aux négociations sur un marché réglementé dépassant certains seuils (n° 39158), le comité des nominations peut participer à la mise en place, avant le 30 juin 2026, du **processus de sélection des candidats** au mandat d'administrateur qui devra être suivi par la société dont la composition du conseil d'administration ne sera pas conforme à l'**obligation de mixité** à compter de cette date (nos 39520 s.).

COMITÉ DES RÉMUNÉRATIONS

42815 Dans les **sociétés dont les titres sont admis aux négociations sur un marché réglementé,** le Code de gouvernance Afep-Medef recommande que la politique de rémunération des dirigeants mandataires sociaux fasse l'objet d'un travail préparatoire par un comité spécialisé du conseil d'administration : le comité des rémunérations (art. 19 ; sur le caractère contraignant de ce Code, voir nos 48272 s.).

L'Institut français des administrateurs a publié le 10 mai 2017 un « vade-mecum pour les comités de rémunérations » qui apporte des précisions sur le fonctionnement du comité, les composantes de la rémunération et le vote en assemblée générale.

42820 **Composition** Les membres du comité des rémunérations sont choisis par le conseil d'administration (nos 42780 s.). Selon l'Afep et le Medef ainsi que Middlenext, le comité ne doit comporter aucun dirigeant mandataire social exécutif et être présidé par un membre indépendant (Code de gouvernance Afep-Medef art. 19.1 et Guide d'application du Code Afep-Medef mars 2024 p. 11 s. ; Code de gouvernance Middlenext rec. 7). Pour l'Afep et le Medef, le comité doit être composé majoritairement d'administrateurs indépendants et un administrateur représentant les salariés (et non les seuls salariés actionnaires) doit en être membre (art. 19.1 précité et Guide précité p. 13).

Mission Le comité des rémunérations est chargé de présenter des **propositions** ou des recommandations au conseil d'administration **relatives notamment** : 42825
– à la politique de rémunération globale des dirigeants mandataires sociaux de la société ;
– au type et au mode de calcul des rémunérations de ces dirigeants après, par exemple, comparaison avec les pratiques observées dans les autres entreprises (détermination de la part fixe ou variable de la rémunération, des bonus, des avantages divers, notamment les avantages en nature) ;
– au(x) plan(s) de souscription ou d'achat d'actions ou d'attribution gratuite d'actions (par exemple, sous condition de performances boursières ou en fonction de critères de rentabilité interne, etc.) ;
– à l'examen de toutes dispositions relatives aux retraites et à la prévoyance des dirigeants ;
– et, de façon générale, à toute question que lui soumet le président ou le conseil d'administration en matière de rémunération des dirigeants.

Sur la nécessité pour le comité de **définir** les **pratiques** de rémunération des dirigeants au sein de la société en cas de consultation préalable de l'assemblée générale ordinaire, voir nº 53092.

Le comité des rémunérations peut également intervenir à propos des indemnités de fin de carrière ou de cessation des fonctions des dirigeants. Il peut aussi formuler des recommandations sur le montant total et la répartition de la rémunération allouée aux administrateurs au titre de leurs fonctions (ex-jetons de présence) par le conseil d'administration.

Pour l'Afep et le Medef, le comité doit encore être informé de la politique de rémunération des principaux dirigeants non mandataires sociaux. À cette occasion, il doit s'adjoindre les dirigeants mandataires sociaux exécutifs (Code de gouvernance Afep-Medef art. 19.2).

Le comité des rémunérations peut, à la demande du conseil d'administration, faire appel à des **experts** extérieurs en vue d'obtenir notamment des informations sur les systèmes et niveaux de rémunération en vigueur dans les principaux marchés (Code de gouvernance Afep-Medef art. 16.3). 42830

Les **comptes-rendus** d'activité du comité au conseil d'administration doivent permettre à celui-ci d'être pleinement informé et de faciliter ainsi ses délibérations. Pour l'Afep et le Medef, lors de la présentation du compte-rendu des travaux du comité, il est nécessaire que le conseil d'administration délibère sur les rémunérations des dirigeants mandataires sociaux hors la présence de ceux-ci (Code de gouvernance Afep-Medef art. 19.3).

COMITÉS SPÉCIALISÉS DANS LES SOCIÉTÉS DU SECTEUR FINANCIER

La création d'un **comité des risques,** d'un comité **des nominations** et d'un comité **des rémunérations** est obligatoire dans les établissements de crédit et les sociétés de financement qui obéissent à des critères d'importance fixés par arrêté. Les succursales d'établissements de crédit d'importance significative doivent en outre créer un comité des risques et un comité des rémunérations ou justifier d'un dispositif permettant d'atteindre les mêmes finalités (C. mon. fin. art. L 511-89 ; Arrêté FCPT1423259A du 3-11-2014 art. 104). La nomination des membres et le fonctionnement de ces comités obéissent à des règles spécifiques (C. mon. fin. art. L 511-90 à L 511-103 et R 511-26). Certains établissements de crédit et certaines sociétés de financement peuvent toutefois confier la mission du comité des risques au comité d'audit (art. L 511-97). 42840

Un comité des risques, un comité des nominations et un comité des rémunérations obéissant aux mêmes règles sont aussi obligatoires dans les entreprises d'investissement de classe 1 bis (art. L 511-89, sur renvoi de l'art. L 532-2), les entreprises d'investissement de classe 2 ne devant être dotées que d'un comité des risques et d'un comité des rémunérations (C. mon. fin. art. L 533-31 et L 533-31-4, sur renvoi de l'art. L 532-2).

COMITÉ SPÉCIALISÉ SUR LA RSE

Le **Code de gouvernance Afep-Medef** (art. 16) recommande la mise en place d'un comité spécialisé en charge d'un travail préparatoire sur les sujets relatifs à la responsabilité sociale et environnementale (RSE) dont doit se saisir le conseil d'administration (orientations stratégiques pluriannuelles, etc. : voir nº 40866). Il peut s'agir d'un comité dédié aux questions RSE ou d'un comité chargé également d'autres questions ; ses missions doivent être définies avec précision et être articulées avec les missions des autres comités jouant un rôle en matière de RSE (Guide d'application du Code Afep-Mefef mars 2024 p. 11). 42845

De même, **Middlenext** invite le conseil d'administration à se doter d'un comité spécialisé sur la RSE de l'entreprise chargé, selon les sujets, de travailler en lien avec les autres comités spécialisés. Ce comité, présidé par un administrateur indépendant, pourrait se faire accompagner par des personnes qualifiées. En fonction de sa taille, le conseil d'administration peut se réunir lui-même en formation de comité RSE. Sur ces questions, voir Code de gouvernance Middlenext rec. 8.

Pour sa part, l'**AMF** recommande, si des résolutions climatiques sont soumises au vote des actionnaires par le conseil, qu'elles soient étudiées par le comité RSE et que le document d'enregistrement universel en rende compte (Recommandation AMF 2012-02 § 5).

> **Précisions** Anticipant sur l'entrée en application de la directive sur la publication d'**informations de durabilité** (Dir. UE 2022/2464 du 14-12-2022 dite « CSRD »), l'AMF avait estimé que le comité RSE et le comité d'audit devraient assister le conseil d'administration dans la présentation des impacts, risques et opportunités liés au climat en tenant compte des effets du climat sur l'entreprise, mais aussi de l'entreprise sur celui-ci (Rapport AMF 2022 sur le gouvernement d'entreprise et la rémunération des dirigeants des sociétés cotées du 1-12-2022 p. 41).

B. Comité d'audit

42860 EN BREF *Certaines sociétés ont l'obligation de créer un comité spécialisé (en pratique, souvent nommé « comité d'audit ») ayant pour objet d'apporter son appui technique et critique aux dirigeants dans le suivi de la politique comptable et financière de l'entreprise et du processus d'élaboration et de contrôle des informations de durabilité, cette seconde mission pouvant être attribuée à un comité distinct.*

Les sociétés qui ne sont pas soumises à l'obligation de créer un comité spécialisé peuvent s'y conformer volontairement.

SOCIÉTÉS TENUES DE CRÉER UN COMITÉ D'AUDIT

42865 Sont **tenues de mettre en place** un comité spécialisé, en pratique un comité d'audit (art. L 821-67, al. 1) :

– les entités d'intérêt public (EIP), c'est-à-dire les sociétés dont les titres sont admis aux négociations sur un marché réglementé, les établissements de crédit et les entreprises d'assurance (cf. art. L 821-2) ;

– les sociétés de financement (cf. C. mon. fin. art. L 511-1, II).

Le **Code de commerce** n'a prévu aucune **sanction** spécifique à l'encontre des sociétés qui ne satisfont pas à cette obligation. La responsabilité des membres du conseil d'administration pourrait être recherchée par les actionnaires s'il s'avère que cette carence leur cause un préjudice. Le **Code** de gouvernance **Afep-Medef** (art. 17) énonce en outre certaines prescriptions concernant la composition, les attributions et le fonctionnement du comité d'audit qui ont un caractère contraignant pour les sociétés qui se réfèrent à ce Code (n°s 48272 s.).

L'AMF a récapitulé les obligations légales et les prescriptions du Code Afep-Medef et a consolidé ses recommandations, dont certaines sont issues d'un groupe de travail sur le comité d'audit du 22 juillet 2010 (Recommandation AMF 2012-14 du 11-10-2012 p. 55 s. ; voir aussi Recommandation AMF 2014-08 du 22-9-2014 p. 5 et 8 s.).

42870 Sont **dispensés** de créer un comité spécialisé (art. L 821-68, 1° à 5°) :

– les sociétés contrôlées (au sens de l'article L 233-3, I et II : n°s 79013 s.) par une société qui est elle-même soumise à l'obligation de disposer d'un tel comité et comporte un organe exerçant les missions de ce comité ;

– les sociétés disposant d'un autre organe exerçant les missions du comité spécialisé, qui peut être le conseil d'administration (ou de surveillance), à condition que cet organe soit identifié et que sa composition soit rendue publique ;

– les établissements de crédit et les sociétés de financement dont les titres ne sont pas admis aux négociations sur un marché réglementé et qui n'ont émis que des obligations, à condition que le montant total nominal de ces titres reste inférieur à 100 M€ et qu'ils n'aient pas publié de prospectus ;

– les organismes de titrisation, s'ils expliquent publiquement les raisons pour lesquelles ils ne jugent pas opportun de disposer d'un comité spécialisé ou de confier les missions du comité spécialisé à un organe d'administration ou de surveillance ;

– *la plupart des organismes* de placements collectifs.

Des exemptions sont aussi prévues pour certaines sociétés à objet particulier appartenant à un groupe. Il en est notamment ainsi dans le secteur des banques mutualistes ou coopératives (C. mon. fin. art. L 512-1-1), dans celui des assurances (C. ass. art. L 322-3), dans les mutuelles et les institutions de prévoyance (CSS art. L 931-14-1 et C. mut. art. L 212-3-1).

Les **EIP** (n° 42865) **non tenues de désigner un comité spécialisé** parce qu'elles sont contrôlées par une société qui en a un peuvent néanmoins faire le choix de se doter de leur propre comité, dont la composition doit alors respecter les exigences légales et qui doit accomplir l'ensemble des missions définies par la loi. 42875

Dans les EIP et les sociétés de financement non tenues de désigner un comité spécialisé (autres que celles bénéficiant d'une dispense parce qu'elles sont contrôlées par une société qui a un comité ou celles qui disposent d'un organe exerçant les missions du comité : n° 42870), les missions du comité spécialisé doivent être exercées par le conseil d'administration ou de surveillance (art. L 821-68, al. 7).

Les **sociétés autres que les EIP** peuvent, **volontairement,** se doter d'un comité au sens de l'article L 821-67. Rien n'interdit alors au conseil d'administration d'appliquer tout ou partie des règles du Code de commerce relatives au comité d'audit. Cependant, lorsqu'un comité est créé, les commissaires aux comptes, s'il en existe, sont tenus à son égard aux mêmes obligations que celles prévues dans le cas où le comité est obligatoire (art. L 821-63, II ; n° 42935).

› Précisions a. À la lettre de l'article L 821-68, 5°, la **dispense de création d'un comité spécialisé au bénéfice des sociétés contrôlées** ne s'applique que si la société contrôlante est elle-même « soumise aux dispositions de l'article L 821-67 ». L'exemption devrait donc être exclue si la **société contrôlante** est **étrangère,** une telle société n'étant pas soumise au droit français. Ainsi, même si la société contrôlante dispose d'un comité d'audit en vertu d'un texte national équivalent à l'article L 821-67 (car issu, comme lui, de la transposition des directives européennes sur le contrôle légal des comptes), la dispense ne devrait pas s'appliquer. Toutefois, nous pensons que, si la société contrôlante étrangère a mis en place un comité d'audit en application d'une disposition de sa loi nationale issue de la transposition de la directive CE 2006/43 modifiée par la directive UE 2014/56, appliquer la dispense ne contrevient pas à l'esprit de la directive.

b. Lorsque les **missions confiées au comité spécialisé** sont **exercées par le conseil d'administration,** le conseil ne peut pas, pour l'exercice de ces missions, être présidé par son président si ce dernier exerce les fonctions de direction générale (art. L 821-68, al. 8).

COMPOSITION DU COMITÉ D'AUDIT

Le conseil d'administration doit fixer la composition du comité d'audit, dont les membres sont obligatoirement des **administrateurs** de ce conseil, à l'exclusion de ceux exerçant des fonctions de direction : directeur général ou directeur général délégué (art. L 821-67, II-al. 1). 42880

Sont également exclus les dirigeants salariés : directeurs administratifs et financiers par exemple (Rapport AMF sur le comité d'audit du 22-7-2010 p. 12).

Les personnes morales administrateurs peuvent valablement être membres du comité d'audit par l'intermédiaire de leur représentant permanent.

Dans les sociétés d'assurance, le comité d'audit peut comprendre deux membres au plus qui ne font pas partie du conseil d'administration mais qui sont désignés par lui à raison de leurs compétences (C. ass. art. L 322-26-2-3).

Le **nombre de membres** du comité d'audit n'est pas précisé par les textes. Celui-ci est donc laissé à la libre appréciation du conseil d'administration. Un minimum de trois membres est recommandé (deux pour les sociétés cotées sur le compartiment B ou C d'Eurolist) (Rapport AMF sur le comité d'audit du 22-7-2010 p. 12). 42882

Un membre au moins du comité doit en outre présenter des **compétences** particulières en matière financière ou comptable ou de contrôle légal des comptes et être **indépendant** au regard de critères précisés et rendus publics par le conseil d'administration (art. L 821-67, II-al. 1 ; pour Middlenext, cette règle s'applique y compris lorsque c'est le conseil d'administration qui se réunit en formation d'audit : Code de gouvernance Middlenext rec. 7). 42885

Selon l'Afep et le Medef, le comité doit être composé d'au moins deux tiers d'administrateurs indépendants même si la loi n'en exige qu'un seul et tous les membres du comité doivent avoir une compétence financière ou comptable (Code de gouvernance Afep-Medef art. 17.1).

Pour Middlenext, il est important que la présidence du comité soit confiée à un administrateur indépendant (Code de gouvernance Middlenext rec. 7).

Les critères d'indépendance doivent être les mêmes que ceux appliqués aux administrateurs ou membres du conseil de surveillance de la société (Rapport AMF sur le comité d'audit du 22-7-2010 p. 13 ; sur ces critères, voir n°s 39375 s.).

Dans le silence des textes et en l'absence de délibération du comité sur ce point, les membres du comité peuvent être désignés pour la **durée** de leur mandat d'administrateur. Une durée plus courte peut également être envisagée. 42890

Le conseil d'administration peut mettre fin, à tout moment et sans motif, aux fonctions des membres du comité. Corrélativement, un membre peut, à tout moment, renoncer à ses fonctions sans avoir à motiver sa décision (Étude Ansa n° 06-005 février 2006).

MISSION DU COMITÉ D'AUDIT

42895 Sans préjudice des compétences des organes de direction et d'administration, le comité d'audit est **notamment** chargé des missions suivantes (art. L 821-67, II-1° à 7°) :
– suivre les processus d'élaboration de l'information financière et des informations de durabilité (y compris sous forme numérique, selon le format Esef) ainsi que le processus mis en œuvre pour déterminer les informations de durabilité à publier conformément aux normes ESRS ; le cas échéant, formuler des recommandations pour garantir l'intégrité de ces processus ;
– suivre l'efficacité des systèmes de contrôle interne et de gestion des risques, ainsi que, le cas échéant, de l'audit interne, en ce qui concerne les procédures relatives à l'élaboration et au traitement de l'information comptable et financière et de l'information de durabilité, y compris sous forme numérique, sans qu'il soit porté atteinte à son indépendance ;
– émettre une recommandation au conseil d'administration sur les commissaires aux comptes – et sur les OTI (cf. art. L 822-19) – proposés à la désignation par l'assemblée générale (pour la mission de certification des comptes, la recommandation doit être élaborée conformément à la procédure exposée n° 77615) et émettre une recommandation à ce conseil lorsque le renouvellement du mandat du ou des commissaires est envisagé ;
– suivre la réalisation des missions de commissariat aux comptes et de certification des informations de durabilité et tenir compte des constatations et conclusions de la H2A consécutives aux contrôles réalisés par elle (cf. art. L 820-14 s.) ;
– s'assurer du respect par les commissaires aux comptes et les OTI des conditions d'indépendance (art. L 821-28 s. et L 822-6 s. ; Règl. UE 537/2014 art. 6) ; le cas échéant, prendre les mesures nécessaires (cf. Règl. UE 537/2014 art. 4, 3) ;
– approuver la fourniture des services autres que la certification des comptes ou des informations de durabilité (cf. art. L 821-30 et n° 77582 pour les commissaires aux comptes et art. L 822-13, al. 5 et n° 77016 pour les OTI) ;
– rendre compte régulièrement au conseil d'administration (ou de surveillance) de l'exercice de ses missions ;
– rendre également compte à cet organe, d'une part, des résultats des missions de certification des comptes et de certification des informations de durabilité, d'autre part, de la manière dont ces missions ont contribué à l'intégrité de l'information financière et de l'information de durabilité et, enfin, du rôle qu'il a joué dans ce processus et l'informer sans délai de toute difficulté rencontrée.

Les **missions relatives** à l'élaboration et au contrôle des **informations de durabilité** peuvent être **exercées par** un comité spécialisé distinct de celui assurant le suivi des questions relatives à l'élaboration et au contrôle des informations comptables et financières ; la composition de ce comité, qui ne peut comprendre que des administrateurs de la société à l'exclusion de ceux exerçant des fonctions de direction, est alors fixée par le conseil d'administration (art. L 821-67, III modifié par loi 2025-391 du 30-4-2025).

> **Précisions** **a.** À notre avis, le comité d'audit n'est pas tenu d'émettre des **recommandations en cas de renouvellement de l'OTI** dans sa mission de certification des informations de durabilité, la lettre de l'article L 822-19 n'imposant au comité de formuler de recommandation qu'en cas de désignation de l'OTI, contrairement à ce qui est prévu pour les commissaires aux comptes.
> **b.** Lorsqu'une EIP, contrôlée par une société tenue de constituer un comité d'audit, fait le choix de se doter elle-même d'un tel comité en dépit de la dispense dont elle bénéficie, elle peut néanmoins **transférer la mission d'approbation de la fourniture des services autres que la certification des comptes** au comité d'audit de sa société mère (art. L 821-68, 5°).

42900 **Suivi de l'information financière** Le comité d'audit doit assurer le suivi du **processus d'élaboration de l'information** financière de la société (n° 42895). Soit l'information financière est issue d'un processus comptable, et elle doit dans ce cas être cohérente avec l'information comptable produite, soit elle n'est pas issue d'un processus comptable, et le comité d'audit doit alors s'assurer que l'information provient d'un processus suffisamment *structuré ou organisé* pour permettre de juger de la qualité et de la fiabilité de cette information (informations prévisionnelles, objectifs, indicateurs de performance non normés, plan de restructuration, etc.) (Rapport AMF sur le comité d'audit du 22-7-2010 p. 10).

En outre, au-delà du suivi du processus lui-même, le comité d'audit doit **revoir l'information** comptable et financière et en particulier les comptes en s'interrogeant sur la traduction comptable des événements importants ou des opérations complexes (acquisitions ou cessions significatives, restructurations, opérations de couverture, existence d'entités ad hoc, provisions importantes, etc.) qui ont eu une incidence sur les comptes de l'entreprise (Rapport AMF précité p. 10).

Suivi des systèmes de contrôle interne et de gestion des risques Le suivi par le comité d'audit de l'**efficacité des systèmes** de contrôle interne et de gestion des risques (n° 42895) consiste tout d'abord à s'assurer de la mise en place d'une procédure d'**identification des risques** et des moyens de leur contrôle. 42905

Le comité peut à cette fin établir une cartographie des risques. Outre ceux relatifs à l'élaboration de l'information comptable et financière, sont visés les risques opérationnels, les risques de fraude et de non-conformité aux lois et règlements, les risques environnementaux, etc., pouvant affecter les comptes.

Le comité doit s'assurer de la **mise en œuvre effective des processus** et systèmes de contrôle et de leur fonctionnement au moyen des informations qu'il recueille auprès de la direction générale, des auditeurs internes, des commissaires aux comptes et des OTI.

Le comité doit aussi **évaluer les procédures** de contrôle notamment au regard de référentiels tels que le cadre de référence de l'AMF ou le Coso Report II. Il est ainsi amené à réviser périodiquement les indicateurs de risques, et plus généralement à proposer, en lien avec les services d'audit interne, la mise en place d'un dispositif d'amélioration continue des systèmes.

L'**AMF recommande** au conseil d'administration de prévoir que le comité d'audit prenne connaissance des informations sur les procédures de contrôle interne et de gestion des risques qui figurent dans le rapport de gestion et, le cas échéant, formule des observations (Rapport AMF sur le comité d'audit du 22-7-2010 p. 19).

Pour l'AMF, le comité d'audit devrait régulièrement s'assurer de la pertinence et de l'intégrité de l'information fournie au conseil en matière de RSE (Recommandation AMF 2012-02 § 17).

L'AMF invite les sociétés à accroître l'implication de leurs organes de gouvernance et de leurs comités d'audit dans l'analyse des effets du changement climatique sur leurs activités et dans la préparation et le contrôle des informations relatives à la durabilité communiquées au marché et à s'assurer de la cohérence entre les informations présentées dans les états financiers et les autres éléments de la société, en particulier la déclaration de performance extra-financière (Recommandation AMF 2012-02 § 17). Elle incite aussi le comité d'audit à collaborer avec le comité RSE dans l'analyse des risques extra-financiers ainsi qu'à préciser les rôles respectifs de ces deux comités dans l'élaboration de la déclaration de performance extra-financière (Recommandation AMF 2012-02 § 16).

Par ailleurs, l'AMF recommande la publication d'informations permettant aux investisseurs de comprendre le rôle précis du comité d'audit dans l'élaboration de l'information extra-financière et dans l'évaluation des risques extra-financiers (Recommandation AMF 2012-02 § 17).

Les obligations de suivi des risques sont renforcées dans les **établissements de crédit,** les **sociétés de financement,** les **entreprises d'investissement** et les **entreprises d'assurance.** 42907
Un comité des risques, distinct du comité d'audit, doit être créé dans les entreprises d'investissement ainsi que dans les établissements de crédit et les sociétés de financement (n° 42840).

Dans les sociétés d'assurance ou de réassurance, le suivi de la gestion des risques peut être fait par le comité d'audit mais le conseil d'administration ou de surveillance peut aussi décider la nomination d'un comité des risques distinct (C. ass. art. L 322-3-1, al. 2).

Suivi du contrôle légal des comptes annuels Le comité d'audit doit suivre la *réalisation par* le commissaire aux comptes de sa mission de contrôle légal des comptes (n° 42895). 42910

L'objectif de ce suivi est de permettre au comité d'audit de prendre **connaissance des principales zones de risques** ou d'incertitudes sur les comptes annuels identifiées par les commissaires aux comptes, de leur approche d'audit et des difficultés éventuellement rencontrées dans l'exécution de leur mission (Rapport AMF sur le comité d'audit du 22-7-2010 p. 11). À cette fin, le comité d'audit examine les principaux éléments ayant un impact sur l'approche d'audit (périmètre de consolidation, options comptables, nouvelles normes appliquées, opérations importantes, etc.) et les risques significatifs relatifs à l'élaboration et au traitement de l'information comptable et financière, identifiés par le commissaire aux comptes. Par ailleurs, le comité d'audit échange avec les commissaires aux comptes et examine leurs conclusions. Les commissaires aux comptes doivent informer le comité d'audit de la nature et de l'importance des anomalies constatées dans les comptes (Rapport AMF sur le comité d'audit du 22-7-2010 p. 11).

Le Code de gouvernance Afep-Medef (art. 17.2) précise que le comité d'audit doit s'assurer de la pertinence et de la permanence des **méthodes comptables,** en particulier pour traiter les opérations significatives ; il préconise par ailleurs que, lors de l'examen des comptes, le comité se penche sur les opérations importantes pouvant générer un conflit d'intérêts.

42915 **Suivi de l'indépendance des commissaires aux comptes et des OTI**
Le comité d'audit est chargé d'assurer le suivi de l'indépendance des commissaires aux comptes et des OTI (art. L 821-67, II-5° et L 822-19, al. 2).

Ceux-ci sont tenus à l'égard du comité d'audit aux obligations spécifiques suivantes (art. L 821-63, II pour les commissaires aux comptes et art. L 822-28, II pour les OTI) :

1. examiner avec le comité d'audit les **risques** pesant sur leur indépendance et les mesures de sauvegarde prises pour les atténuer ;

2. communiquer chaque année au comité :
– une **déclaration d'indépendance** ;
– s'agissant des **commissaires aux comptes,** une **actualisation** des informations figurant à l'article L 821-4 et visées n° 77613 ;
– s'agissant des **OTI,** une **actualisation** des informations figurant à l'article L 822-16 et visées n° 77042.

Le comité doit aussi émettre une recommandation sur les commissaires aux comptes et les OTI proposés à la désignation par l'assemblée générale, y compris, s'agissant des commissaires aux comptes, en cas de renouvellement (n° 42895).

› **Précisions** En cas d'**incertitudes sur certaines prestations** fournies par le commissaire aux comptes autres que la certification des comptes ou par les membres du réseau auquel il est affilié, le comité d'audit doit demander au commissaire aux comptes son analyse et son interprétation des textes si les différents cas ne sont pas expressément traités par les textes, fondées, le cas échéant, sur les avis qui ont pu être formulés par le H3C ou désormais la H2A. Il doit s'assurer que le cocommissaire aux comptes est également informé de ces prestations. Le cas échéant, le comité d'audit peut demander à la direction générale ou au commissaire aux comptes de solliciter une saisine de la H2A pour clarifier des positions ambiguës (en ce sens, Rapport AMF sur le comité d'audit du 22-7-2010 p. 12).

FONCTIONNEMENT DU COMITÉ D'AUDIT

42920 Dans le silence des textes, le **règlement intérieur** du conseil d'administration, ou tout autre document spécifique adopté par ce dernier, peut prévoir les règles de fonctionnement des comités d'audit (convocation, tenue et fréquence des réunions, établissement des procès-verbaux de réunions ou des rapports, communication des informations au conseil d'administration et collecte d'informations auprès des services de la société ou des commissaires aux comptes, etc.).

Le conseil d'administration fixe la **rémunération** des membres du comité, qui peut prendre la forme soit d'une rémunération exceptionnelle (art. L 225-46 et L 22-10-15 ; n°s 41070 s.), soit d'une majoration de leur rémunération versée au titre de leurs fonctions d'administrateur (ex-jetons de présence) (art. R 225-33, al. 1).

Les obligations des membres du conseil d'administration, en particulier les **obligations de loyauté et de confidentialité,** s'appliquent aux membres du comité.

Selon l'Afep et le Medef, le comité peut recourir à des **experts extérieurs** en veillant à leur objectivité (Code de gouvernance Afep-Medef art. 16.3).

42925 **Relations avec les actionnaires** Le comité d'audit est un organe interne au conseil d'administration. Il n'est pas tenu de rendre compte de ses travaux à l'**assemblée générale** des actionnaires. Néanmoins, ces derniers en sont informés au moyen du rapport de gestion (n°s 48185 s.) et du rapport sur le gouvernement d'entreprise (n° 48263).

Le **président du comité** peut, le cas échéant, être invité à **intervenir** lors des assemblées générales et à répondre aux questions qui lui sont posées. Cette pratique est d'ailleurs *recommandée par l'AMF* (Recommandation AMF 2012-05, proposition n° 1.2). À l'inverse, les actionnaires ne peuvent pas directement solliciter le comité.

42930 **Relations avec les autres organes et services de la société** Le comité d'audit est indépendant de la direction générale, de la direction financière et des services d'audit interne.

L'Afep et le Medef recommandent que le comité entende les directeurs financiers, comptables et de la trésorerie, y compris hors la présence de la direction générale si le comité le souhaite (Code de gouvernance Afep-Medef art. 17.3). Le comité doit aussi entendre les responsables de l'audit interne et du contrôle des risques et donner son avis sur l'organisation de leurs services. Il doit être informé du programme d'audit interne et être destinataire des rapports d'audit interne ou d'une synthèse périodique de ces rapports (Code de gouvernance Afep-Medef art. 17.2).

Relations avec les commissaires aux comptes et les OTI Outre les éléments destinés à assurer leur indépendance (nº 42915), les commissaires aux comptes chargé de certifier les comptes ou les informations de durabilité ainsi que les OTI doivent porter à la **connaissance du comité** d'audit les **renseignements suivants** (lesquels doivent être adaptés dans les sociétés non tenues de publier des informations de durabilité) (art. L 821-63, I modifié par loi 2025-391 du 30-4-2025 pour les commissaires aux comptes et art. L 822-28, I modifié par loi 2025-391 pour les OTI) : 42935

– le programme général de travail mis en œuvre et les différents sondages auxquels ils ont procédé ;

– pour les commissaires aux comptes chargés de certifier les comptes, les modifications qui leur paraissent devoir être apportées aux comptes devant être arrêtés ou aux autres documents comptables, en faisant toutes observations utiles sur les méthodes d'évaluation utilisées pour leur établissement ;

– pour les commissaires aux comptes chargés de certifier les informations de durabilité et les OTI, les modifications qui leur paraissent devoir être apportées aux informations de durabilité, en faisant toutes les observations utiles sur les méthodes d'évaluation utilisées pour son établissement ;

– pour les commissaires aux comptes, les modifications qui leur paraissent devoir être apportées aux autres éléments objets de leur contrôle ;

– les irrégularités et les inexactitudes qu'ils auraient découvertes à l'occasion de leur mission et, pour les commissaires aux comptes, de leur prestation ;

– les conclusions auxquelles conduisent les observations et rectifications ci-dessus sur les éléments relatifs à la période contrôlée ou sur les informations de durabilité de la période comparées à ceux de la période précédente.

Les commissaires aux comptes et les OTI doivent aussi porter à la connaissance du comité d'audit les faiblesses significatives du contrôle interne en ce qui concerne l'élaboration et le traitement de l'information comptable et financière et des informations de durabilité (art. L 821-63, II-al. 1 et L 822-28, II).

Pour l'Afep et le Medef, le comité doit **entendre les commissaires aux comptes,** notamment lors des réunions traitant de l'examen du processus d'élaboration de l'information financière et de l'examen des comptes, afin de rendre compte de l'exécution de leur mission et des conclusions de leurs travaux (Code de gouvernance Afep-Medef art. 17.3).

Chaque année, les commissaires aux comptes chargés de certifier les comptes des **sociétés tenues d'avoir un comité d'audit** doivent leur remettre un **rapport** (complémentaire à son rapport d'audit destiné aux actionnaires), comportant les mentions prévues à l'article 11 du règlement UE 537/2014 ; ce rapport doit être remis au conseil d'administration lorsque celui-ci remplit les fonctions du comité spécialisé (art. L 821-63, III).

En outre, une **EIP** peut **recevoir communication,** à la demande de son comité d'audit, des **résultats des contrôles** effectués par la H2A sur l'activité professionnelle de son commissaire aux comptes ou de son OTI (art. L 820-14 pour les commissaires aux comptes et art. L 820-15 pour les OTI), en ce qui concerne les évaluations de la conception de son système de contrôle interne de qualité et du contenu de son dernier rapport de transparence ainsi que le contrôle de la mission de certification des comptes ou de certification des informations de durabilité de l'EIP concernée (art. D 821-200 pour les commissaires aux comptes et art. R 822-29 pour les OTI).

› Précisions L'Institut français des administrateurs recommande qu'il soit établi une **charte précisant les relations et les rôles respectifs des commissaires aux comptes et du comité** : notamment participation des premiers aux réunions du second et communication du programme annuel de travail du comité (pour plus de précisions sur les bonnes pratiques dans les relations entre comités d'audit et auditeurs externes, voir le Rapport IFA sur les comités d'audit et auditeurs externes du 18-11-2009).

RESPONSABILITÉ DU COMITÉ D'AUDIT

Le comité d'audit agit sous la **responsabilité du conseil d'administration** (art. L 821-67, I-al. 1). 42940
La responsabilité de ce dernier du fait du comité d'audit obéit au droit commun de la responsabilité civile des administrateurs pour faute (nºs 42040 s.).

42950 Par ailleurs, le comité d'audit n'étant qu'un démembrement du conseil d'administration et non un organe de gestion, ses membres n'encourent pas de responsabilité pour **faute de gestion** dans le cadre de ses travaux. Les membres du comité ne sauraient être responsables de leurs actes qu'en leur qualité de membres du conseil et non en qualité de membres du comité spécialisé (Rapport AMF sur le comité d'audit du 22-7-2010 p. 14).

Le conseil ne peut pas se décharger de sa responsabilité sur le comité d'audit ni sur les dirigeants (IFA, note de synthèse de la commission juridique sur l'instauration des comités d'audit octobre 2009 p. 12).

> **Précisions** À l'inverse, certains auteurs considèrent que les membres du comité d'audit encourent une **responsabilité spécifique** pour leurs travaux au sein du comité. La formule selon laquelle le comité d'audit agit sous la responsabilité du conseil d'administration serait destinée à décrire l'organisation des pouvoirs entre comité et conseil d'administration mais ne fixerait pas les conditions de mise en œuvre de la responsabilité de ces organes. L'absence d'autonomie du comité d'audit par rapport à l'organe délibérant n'exclurait pas la responsabilité de ses membres en cas d'exécution fautive de leur mission (notamment, D. Mangenet, D. Robine et J.-Y. Martin, Les comités spécialisés dits « comités d'audit » : Actes pratiques 2011 n° 117 p. 4).

C. Collège de censeurs

CRÉATION D'UN COLLÈGE DE CENSEURS

42980 Certaines sociétés désirant profiter des avis et des appuis de personnes qui ne peuvent pas ou ne veulent pas être administrateurs (ou membres du conseil de surveillance) ont imaginé de créer un collège de censeurs. La composition, la mission de ce collège – par exemple, veiller au respect des statuts, apporter son éclairage et présenter des observations au conseil d'administration ou à l'assemblée générale des actionnaires, mener des missions spécifiques (cf. Recommandation AMF 2012-14 du 11-10-2012 p. 53 s.) – et, éventuellement, la rémunération de ses membres sont le plus souvent fixées dans les **statuts.**

Le collège de censeurs se distingue des comités d'études créés au sein du conseil d'administration et composés d'administrateurs choisis compte tenu de leur expérience dans certains domaines (n°s 42780 s.), en ce qu'il est composé de personnalités extérieures à la société, même si celles-ci sont désignées par l'assemblée générale.

Ce procédé est parfois utilisé pour pallier les inconvénients pouvant résulter des diverses limitations légales concernant le nombre maximal des administrateurs, le cumul de mandats, la proportion d'administrateurs de chaque sexe ou encore l'âge des intéressés.

L'institution d'un collège de censeurs est licite dans la mesure où les **attributions** des censeurs, définies avec précision dans les statuts, ne font pas échec et ne se substituent pas à celles dont disposent les autres organes sociaux (conseil d'administration, président et directeurs généraux, commissaires aux comptes) (Rép. Vauclair : AN 25-6-1975 p. 4704) et les comités spécialisés du conseil d'administration (notamment le comité d'audit : n°s 42860 s.). En particulier, les censeurs ne peuvent participer aux séances du conseil qu'avec voix consultative et non délibérative. Ils expriment leur avis en toute indépendance.

RÉGIME APPLICABLE AUX CENSEURS

42985 Si les statuts le permettent, les censeurs peuvent recevoir une **rémunération** pour leur activité. Mais cette rémunération ne peut être supportée par la société que si elle correspond à des services effectifs rendus à celle-ci.

42990 En principe, aucune **disposition du Code de commerce concernant les administrateurs** ne devrait s'appliquer aux censeurs. En particulier, leur responsabilité doit s'apprécier selon les règles du droit commun en fonction de la tâche qui leur a été confiée (mandat ou prestation de services). En outre, les censeurs peuvent être choisis comme représentants de la masse des obligataires, l'article L 228-49, qui interdit aux administrateurs ou aux membres du conseil de surveillance d'exercer cette fonction, ne leur étant pas applicable (Communication Ansa, comité juridique n° 09-062 du 4-11-2009).

Jugé toutefois que les procédures de contrôle des conventions entre la société et l'un de ses *administrateurs (n°s 52500 s.)* doivent s'appliquer aussi aux conventions conclues entre la société et un censeur (CA Aix-en-Provence 6-2-1975 : Bull. cour d'Aix 1975/1 p. 48).

CHAPITRE 4

DIRECTOIRE ET CONSEIL DE SURVEILLANCE

SOMMAIRE

GÉNÉRALITÉS

La gestion de la SA par un directoire et un conseil de surveillance repose sur la **distinction entre** les fonctions de **direction et** le **contrôle** de cette direction. La gestion de la société est nettement dissociée alors que, dans la formule traditionnelle, elle est assumée par le directeur général en ce qui concerne la gestion courante et par le conseil d'administration chargé de la bonne marche de la société, des orientations stratégiques, des activités sociales et du contrôle des organes de direction. Sur les avantages et inconvénients respectifs des deux régimes, voir nº 37145. 43500

L'**adoption du directoire et du conseil de surveillance** n'est qu'une modalité d'organisation de la SA : *elle n'entraîne pas de modifications du régime* des SA autres que celles concernant la gestion qui sont réunies dans les articles L 225-57 à L 225-93 et R 225-35 à R 225-60-2 et, s'il s'agit d'une société dont les titres sont admis aux négociations sur un marché réglementé ou sur un SMN, dans les articles L 22-10-1 et L 22-10-18 à L 22-10-30 et les articles R 22-10-18 et R 22-10-19-1.

Indication du type de gestion Lorsque la SA est dotée d'un directoire et d'un conseil de surveillance, la forme sociale doit être indiquée, dans tous les actes et documents émanant de la société et destinés aux tiers, par les mots : « société anonyme à directoire et conseil de surveillance » (art. R 123-238, 4º-a). 43502

SECTION 1

LE DIRECTOIRE

I. LES MEMBRES DU DIRECTOIRE

A. Nombre de membres du directoire

43510 Le nombre des membres du directoire ne peut pas être supérieur à cinq (art. L 225-58, al. 1), nombre porté à sept lorsque les actions de la société sont admises aux négociations sur un marché réglementé (art. L 22-10-18).

En cas de radiation de la cote d'un marché réglementé, la société doit, à notre avis, régulariser sa situation dans les plus brefs délais (voir nos 39022 s., pour une situation analogue en ce qui concerne les administrateurs).

La limite légale doit être respectée même en cas de fusion, car la loi n'a prévu, pour le directoire, aucune dérogation analogue à celles accordées aux administrateurs et aux membres du conseil de surveillance (art. L 225-95).

Le nombre des membres du directoire est fixé dans les statuts ou, à défaut, par le conseil de surveillance (art. R 225-35).

43511 Lorsque le capital de la SA est inférieur à un seuil jusqu'à présent fixé à 150 000 € et qui devrait être rehaussé par un décret à paraître, le directoire peut (ce n'est pas une obligation) n'être composé que d'une seule personne qui prend le titre de **directeur général unique** (art. L 225-58, al. 2 modifié par loi 2024-537 du 13-6-2024 et art. L 225-59, al. 2 ; Amendement AN no 101, Exposé sommaire).

Il résulte de cette disposition que, a contrario, dans les sociétés ayant un capital égal ou supérieur au seuil ci-dessus, le directoire doit comprendre au moins deux membres.

Dans l'exposé qui va suivre, il va de soi que les dispositions prévues pour le directoire s'appliquent au directeur général unique.

B. Nomination des membres du directoire

CONDITIONS DE NOMINATION DES MEMBRES DU DIRECTOIRE

43570 **Actionnaires ou non** Les membres du directoire peuvent ne pas être actionnaires (art. L 225-59, al. 3).

43571 **Personnes physiques** Les membres du directoire doivent être obligatoirement des personnes physiques. Toute nomination d'une personne morale à ce poste entraînerait la nullité de la nomination (art. L 225-59, al. 3 modifié, à compter du 1-10-2025, par ord. 2025-229 du 12-3-2025 excluant l'application du triple test ; Ord. 2025-229 art. 70).

43572 **Capacité** Les conditions de capacité nécessaires pour être nommé **membre du directoire** sont, à notre avis, les mêmes que celles exigées des administrateurs (no 39140).

Si elle n'est pas interdite, la nomination aux fonctions de **président du directoire, directeur général ou directeur général unique** d'un majeur sous tutelle est dépourvue de tout effet juridique et la nomination d'un majeur faisant l'objet d'une autre mesure d'incapacité (sauvegarde de justice, curatelle, habilitation familiale ou mise en œuvre d'un mandat de protection future) est inopportune pour les raisons exposées no 12442. Sur la nomination à de telles fonctions d'un mineur, voir nos 11110 s.

43573 **Incompatibilités** A la liste des incompatibilités présentées nos 11220 s., il faut ajouter qu'aucun membre du directoire ne peut faire partie du **conseil de surveillance** de la même *société* (*art. L 225-74* ; pour plus de détails, voir no 37200).

Les articles L 821-32 et L 822-9 édictent des incompatibilités temporaires entre les fonctions de membre du directoire et celles de **commissaire aux comptes** ou d'**auditeurs d'informations de durabilité** de la même société : les règles sont les mêmes qu'en ce qui concerne les administrateurs (nos 39171 s.).

Interdictions et déchéances Comme indiqué nos 11170 s., les personnes ayant encouru certaines condamnations pénales peuvent être frappées d'une interdiction ou d'une incapacité de diriger, gérer ou administrer une société. Ces mesures sont, à notre avis, applicables aux membres du directoire. 43574

Il en est de même de l'interdiction de diriger, gérer, administrer ou contrôler une entreprise commerciale, qui frappe toute personne dont la faillite personnelle a été prononcée (art. L 653-2).

Cumul d'un mandat social et d'un contrat de travail Les membres du directoire (ou le directeur général unique) ont la possibilité d'être en même temps salariés de la société : ils peuvent être nommés membres du directoire alors qu'ils sont déjà salariés ou devenir salariés alors qu'ils sont déjà membres du directoire (art. L 225-61, al. 2 ; Cass. soc. 17-11-1988 : Rev. sociétés 1989 p. 232 note Petit). 43575

Toutefois, le **Code de gouvernance Afep-Medef** recommande au salarié qui devient président du directoire ou directeur général unique d'une société dont les titres sont admis aux négociations sur un marché réglementé de mettre fin au contrat de travail qui le lie à la société (Code de gouvernance Afep-Medef art. 23). Moins restrictif, le **Code de gouvernance Middlenext** laisse au conseil de surveillance le pouvoir d'apprécier l'opportunité de maintenir le contrat de travail dans les conditions exposées nº 11505.

Sur l'obligation pour le conseil de surveillance de prendre en compte ces recommandations dans son rapport sur le gouvernement d'entreprise, voir nos 48272 s.

La conclusion d'un contrat de travail avec un **membre du directoire en fonctions** (comme sa modification) entre dans le champ d'application des dispositions des articles L 225-86 s. relatives aux **conventions conclues directement ou indirectement entre la société et l'un des membres du directoire** (Cass. soc. 11-6-1997 : Bull. Joly 1997 p. 880 note P. Le Cannu ; CA Paris 13-11-1991 : JCP E 1992 pan. nº 155). Il est donc soumis à la procédure spéciale prévue en pareil cas (nos 52500 s.). 43576

Comme le directoire est un organe collégial, l'octroi du contrat de travail est subordonné à l'accord des membres du directoire statuant à l'unanimité ou à la majorité selon ce qui est prévu aux statuts pour la validité des décisions du directoire (art. L 225-64, al. 4). Le contrat est signé par le membre habilité à représenter la société (président du directoire ou directeur général unique).

Si, à l'inverse, un **salarié est nommé membre du directoire,** il n'est pas nécessaire de soumettre au conseil de surveillance le contrat de travail puisque celui-ci est antérieur à la nomination au directoire. Mais s'il advenait que ce contrat soit reconduit ou modifié alors que l'intéressé est membre du directoire, cette reconduction ou cette modification serait soumise à la procédure prévue par les articles L 225-86 s. et, notamment, à l'accord préalable du conseil de surveillance. 43577

Bien entendu, le contrat de travail du membre du directoire ne peut être pris en considération que s'il correspond à un **emploi effectif,** ce qui suppose l'exercice de fonctions techniques distinctes du mandat social dans un état de subordination à l'égard de la société en contrepartie d'une rémunération spécifique. Pour plus de détails sur les conditions du cumul d'un mandat social et d'un contrat de travail, voir nos 11500 s.

Cumul de mandats sociaux Les règles limitant les cumuls de mandats des directeurs généraux sont reproduites en termes identiques pour les membres du directoire (art. L 225-67) ; ces limitations sont exposées nos 37200 s. 43578

Limite d'âge Le régime applicable aux membres du directoire et au directeur général *unique est identique* à celui auquel sont soumis, dans la formule classique d'administration des SA, le président et le directeur général (nº 40512) : 43579

- fixation d'une limite d'âge dans les statuts ou, sinon, application de la limite légale de 65 ans (art. L 225-60, al. 1) ;
- nullité des nominations effectuées en violation des limites d'âge statutaires ou légales (art. L 225-60, al. 2 modifié, à compter du 1-10-2025, par ord. 2025-229 du 12-3-2025 rendant cette nullité facultative ; Ord. 2025-229 art. 70) ;
- démission d'office du membre du directoire atteint par la limite d'âge (art. L 225-60, al. 4) ;
- absence de nullité des délibérations ou décisions auxquelles l'intéressé a pris part après avoir atteint la limite d'âge (art. L 225-60, al. 5 remplacé, à compter du 1-10-2025, par C. civ. art. 1844-15-1 issu de ord. 2025-229).

43580 **Autres conditions** Des conditions particulières (nationalité, diplômes, etc.) peuvent être exigées des membres du directoire si la société exerce une **activité réglementée** (n° 11350).

Par ailleurs, les **statuts** peuvent, à défaut d'interdiction légale, stipuler des conditions particulières pour la nomination des membres du directoire (diplômes, nationalité, ancienneté dans la profession, etc.).

Sur l'obligation pour les membres du directoire de **sociétés dont les actions sont admises aux négociations** sur un marché réglementé de mettre au nominatif ou de déposer en banque les actions qui leur appartiennent ou qui appartiennent à leur conjoint ou à leurs enfants mineurs, voir n°s 66433 s. Sur l'obligation pour les membres du directoire des sociétés dont les actions sont admises aux négociations sur un marché réglementé, sur un SMN ou sur un système organisé de négociation de communiquer à l'AMF les opérations réalisées sur les titres de la société, voir n°s 66448 s.

MODALITÉS DE NOMINATION DES MEMBRES DU DIRECTOIRE

43585 **Organe compétent** Seul le conseil de surveillance a le pouvoir de nommer les membres du directoire ou le directeur général unique (art. L 225-59, al. 1). C'est également le conseil de surveillance qui désigne le président du directoire et, éventuellement, les directeurs généraux.

Lors de la constitution de la société, il importe que la nomination des membres du directoire intervienne dès que possible, de manière à ne pas retarder les formalités de publicité et l'immatriculation de la société au RCS. Aussi, cette nomination peut-elle être effectuée dès que les membres du conseil de surveillance sont désignés (art. R 225-38), c'est-à-dire aussitôt après la signature des statuts (ou la tenue de l'assemblée constitutive en cas de constitution avec offre au public autre que les offres exclues, mentionnées n° 38450). À notre avis, cette nomination ne peut résulter que d'un acte signé par tous les membres du conseil de surveillance (n° 38260).

En raison du principe de répartition légale des pouvoirs au sein des SA (n° 40881), on ne saurait reconnaître ni à l'assemblée ni aux statuts le pouvoir de nommer les membres du directoire.

> **Précisions** **a.** Jugé que doit être réputée non écrite la clause des statuts prévoyant que les **membres du directoire** sont **désignés** par le conseil de surveillance **sur proposition du président du directoire,** une telle clause étant incompatible avec le rôle prépondérant du conseil de surveillance consacré par la loi (CA Versailles 8-7-1993 : RJDA 11/93 n° 917 ; cf. C. civ. art. 1844-10, al. 2 modifié, à compter du 1-10-2025, par ord. 2025-229 du 12-3-2025 ; Ord. 2025-229 art. 70).
> **b.** Dans les **sociétés dont plus de la moitié du capital est détenue directement par l'État,** le président du directoire ou le directeur général unique est nommé par décret sur proposition du conseil de surveillance (Ord. 2014-948 du 20-8-2014 art. 19, I).

43587 **Choix des membres du directoire** **Mixité au sein du directoire.** Le conseil de surveillance doit déterminer un **processus de sélection** garantissant jusqu'à son terme la présence d'au moins une personne de chaque sexe parmi les candidats (art. L 225-58, al. 3). Il doit en outre s'efforcer de rechercher une représentation équilibrée des femmes et des hommes (art. L 225-58, al. 1). La loi n'assortit l'inexécution de ces prescriptions d'aucune sanction mais la responsabilité des membres du conseil de surveillance peut se trouver engagée si le processus de sélection imposé n'est pas mis en œuvre.

43588 **À compter du 30 juin 2026** (Ord. 2024-934 du 15-10-2024 art. 26, II-al. 2), le conseil de surveillance des **SA dont les actions sont admises aux négociations sur un marché réglementé d'une certaine taille** (celles qui emploient, à la clôture de dernier exercice, au moins 250 salariés et réalisent un chiffre d'affaires d'au moins 50 M€ ou dont le bilan excède 43 M€) devra déterminer des **objectifs quantitatifs** visant à améliorer la représentation équilibrée des femmes et des hommes au sein du directoire (art. L 22-10-18-1, al. 1 issu de ord. 2024-934). À l'occasion du renouvellement de cet organe, ou du remplacement de l'un de ses membres en cas de vacance, la nouvelle composition du directoire devra respecter ces objectifs ou s'en rapprocher lorsque le nombre de sièges à pourvoir ne permettra pas de les atteindre (art. L 22-10-18-1, al. 2 issu de ord. 2024-934).

Lorsque les objectifs quantitatifs n'auront pas été atteints ou fixés, la nomination des membres du directoire sera soumise à un processus de sélection des candidats mis en place par le conseil de surveillance conformément à des règles identiques à celles exposées n°s 39520 s. pour le conseil d'administration (art. L 22-10-18-2 issu de ord. 2024-934 et art. D 22-10-40-1 s. issus du décret 2025-744 du 30-7-2025).

Discrimination. La **mise à l'écart d'un candidat** aux fonctions de membre du directoire pour des raisons discriminatoires (fondées sur le sexe, l'âge, l'état de santé, les opinions politiques, les convictions religieuses, etc.) est interdite (C. trav. art. L 1132-1). Sur les sanctions applicables, voir n° 40514. 43590

Vacance d'un poste En cas de vacance (par suite de décès, de démission ou pour toute autre cause) d'un siège de membre du directoire, le conseil de surveillance doit pourvoir au remplacement dans le délai de deux mois (art. R 225-36, al. 1). À défaut, tout intéressé peut demander au président du tribunal de commerce, statuant en référé, de procéder à cette nomination à titre provisoire. Mais la personne désignée par le tribunal peut, à tout moment, être remplacée par le conseil de surveillance (art. R 225-36, al. 2). 43591

L'obligation faite au conseil de surveillance de pourvoir les sièges vacants s'impose **lorsque les statuts ont fixé un nombre** déterminé de membres du directoire. **Dans le cas où** les statuts auraient laissé au **conseil de surveillance** la **faculté de fixer** ce **nombre** (art. R 225-35), le conseil pourrait valablement – la loi n'ayant pas limité l'exercice de cette faculté au seul moment de la nomination du directoire – décider de ramener le nombre des membres du directoire à celui des personnes restant en fonctions et ne pas pourvoir le siège vacant (dans le même sens, Lecompte, J. soc. 1973 p. 266). En revanche, MM. Hémard, Terré et Mabilat (Soc. com. t. 1 n° 1071) estiment que le conseil de surveillance ne peut fixer le nombre des membres du directoire qu'au seul moment de leur nomination et qu'en cas de vacance le conseil est tenu de procéder au remplacement du membre du directoire décédé, démissionnaire ou frappé d'incompatibilité. Cette seconde interprétation a été retenue par la cour d'appel de Versailles. Celle-ci considère que le directoire doit être nommé pour une période déterminée et intangible, que le conseil de surveillance ne peut ni réduire ni augmenter le nombre des membres du directoire pendant cette période et qu'en cas de vacance il est tenu de pourvoir au poste vacant (CA Versailles 8-7-1993 : RJDA 11/93 n° 917). La cour d'appel de Paris a jugé au contraire que le conseil de surveillance peut valablement nommer un membre supplémentaire en cours de mandat du directoire dès lors qu'aucune disposition du Code de commerce ne l'interdit (CA Paris 14-6-2002 n° 00-2981 : RJDA 4/03 n° 398).

Les statuts ne peuvent pas, semble-t-il, autoriser la **cooptation** au sein du directoire. En effet, la loi n'a pas prévu une telle cooptation comme elle l'a fait pour les administrateurs et les membres du conseil de surveillance. De plus, l'article R 225-36 organise une procédure qui exclut la cooptation (nomination par le conseil de surveillance).

Le **membre** du directoire **nommé en remplacement** d'un autre ne demeure **en fonctions** que jusqu'au renouvellement du directoire (art. L 225-62 : n° 43662).

Sur la prise en compte de la **mixité** au sein du directoire à l'occasion du remplacement du poste vacant, voir n°s 43587 s.

> **Précisions** En cas de vacance du poste de président du directoire ou de directeur général unique dans une **société dont plus de la moitié du capital est détenue directement par l'État,** le ministre de l'économie peut désigner la personne chargée d'assurer l'intérim jusqu'à la désignation d'un nouveau dirigeant, par lettre adressée à la société qui en assure la publicité sans délai. Jusqu'à la nomination de l'intérimaire, les titulaires d'une délégation donnée par le précédent dirigeant sont compétents pour agir dans le cadre de cette délégation (Ord. 2014-948 du 20-8-2014 art. 21 ; Décret 2014-949 du 20-8-2014 art. 6).

PUBLICITÉ DES NOMINATIONS AU DIRECTOIRE

La nomination des membres du directoire doit être portée à la connaissance des tiers par l'accomplissement des formalités de publicité exposées n°s 13000 s. 43600

C. Durée des fonctions des membres du directoire

LIMITATION DE LA DURÉE DES FONCTIONS DES MEMBRES DU DIRECTOIRE

La durée des fonctions du directoire peut être fixée par les statuts dans des limites comprises entre deux et six ans. À défaut de disposition statutaire, cette durée est de quatre ans (art. L 225-62). Cette durée est fixée pour le directoire en tant qu'organe collectif ; l'expiration du mandat de chaque membre doit donc intervenir à la même date. 43660

Les statuts doivent prévoir une durée déterminée et ne sauraient, nous semble-t-il, s'en remettre au conseil de surveillance, en raison du principe d'organisation hiérarchique au sein de la SA (n° 40881).

43661 **Modification de la durée** L'assemblée générale extraordinaire peut modifier la durée des fonctions du directoire. Lorsqu'elle décide de la réduire, sa décision s'applique immédiatement et les membres du directoire en exercice ne sauraient, à notre avis, prétendre rester en fonctions jusqu'à la date prévue lors de leur nomination (sur la justification de cette opinion, voir nº 39691 à propos de la réduction de la durée du mandat des administrateurs).

Encore faut-il que la décision de l'assemblée ne soit pas prise dans l'unique dessein de nuire aux membres du directoire, auquel cas la société s'exposerait à devoir réparer, sous forme de dommages-intérêts, le préjudice subi par les intéressés.

43662 **Arrivée du terme** À l'expiration du délai, les fonctions de tous les membres du directoire cessent. Il en est ainsi même pour ceux qui auraient été nommés, en cours de mandat, à la suite de vacance de sièges (art. L 225-62).

Lorsque, la société ayant un capital inférieur au seuil indiqué nº 43511, il a été procédé à la nomination d'un **directeur général unique** et qu'avant l'expiration des fonctions de celui-ci, le conseil de surveillance décide (à la suite, par exemple, d'une opération ayant pour effet de porter le capital social au-dessus de ce seuil) de désigner un ou plusieurs membres au directoire, les fonctions de ces **nouveaux membres** prendront fin à la même date que celles de l'ancien directeur général unique. En effet, le directeur général unique n'exerce pas de fonctions distinctes de celles du directoire : il est à lui seul le directoire ; l'adjonction de nouveaux membres ne fait pas apparaître un nouveau directoire.

Les dispositions ci-dessus ne concernent pas, à notre avis, la durée des fonctions de **président** du directoire : les statuts ou le conseil de surveillance pourraient fixer, pour l'exercice de ces fonctions, une durée plus courte que celle prévue pour le directoire (dans le même sens à propos du président, voir CA Paris 10-12-1999 : RJDA 3/00 nº 296). En effet, la qualité de président ou de directeur général ne confère pas à son titulaire un pouvoir de direction, celui-ci appartenant exclusivement au directoire ; elle a seulement pour objet de permettre la représentation de la société à l'égard des tiers. Or, c'est le pouvoir de direction – et non celui de représentation – que la loi tend à protéger en réservant aux statuts le soin de fixer la durée des fonctions du directoire.

43663 **Calcul de la durée** Aucune disposition législative ou réglementaire ne fixe le **point de départ** de la durée des fonctions des membres du directoire. Il semble qu'il n'y ait aucune difficulté en ce qui concerne le directoire nommé ou renouvelé au cours de la vie sociale : ses fonctions commencent à partir du jour fixé par le conseil de surveillance, celui-ci devant faire en sorte qu'il n'y ait pas de rupture entre l'ancien et le nouveau directoire. La question est plus délicate s'il s'agit du premier directoire. À notre avis, comme pour les administrateurs, c'est la date de l'entrée en fonctions, c'est-à-dire celle de l'immatriculation de la société au RCS, qui doit être prise en considération et non pas celle de la nomination, mais cette opinion est controversée (nº 39694).

43664 En principe, la durée du mandat se calcule de **quantième à quantième** : ainsi, un directoire nommé pour quatre ans qui est entré en fonctions le 1er février 2023 voit ses pouvoirs expirer le 1er février 2027. Toutefois, puisque la durée des fonctions du directoire est, sous certaines réserves, librement fixée dans les statuts (art. L 225-62), rien ne s'oppose, à notre avis, à ce que, par analogie avec les règles applicables pour l'expiration des mandats d'administrateurs ou de membres de conseil de surveillance, les statuts prévoient que les fonctions du directoire prendront fin à l'issue de l'assemblée générale ayant statué sur les comptes de l'exercice écoulé et tenue dans l'année au cours de laquelle expirent ces fonctions. Une telle clause implique la réunion du conseil de surveillance immédiatement après l'assemblée afin de nommer les membres du nouveau directoire.

RENOUVELLEMENT DES FONCTIONS DES MEMBRES DU DIRECTOIRE

43670 En l'absence de dispositions législatives contraires, les membres du directoire sont **rééligibles,** à moins que les statuts n'en disposent autrement.

La composition du directoire est remise en question à l'expiration de la durée fixée dans les statuts ou, à défaut de clause statutaire, tous les quatre ans. Le conseil de surveillance peut, à son choix, ou reconduire purement et simplement les membres jusqu'alors en fonctions, ou désigner de nouvelles personnes, ou encore conserver certaines personnes et en remplacer d'autres. Mais, en toute hypothèse, c'est le directoire « en bloc » qui est nommé : il n'est pas possible de procéder, comme pour les administrateurs, à un renouvellement périodique par **roulement.** L'article L 225-62 vise en effet le « renouvellement du directoire » et il est en outre significatif que le membre du directoire nommé à un poste vacant demeure en fonctions « pour le temps qui reste à courir jusqu'au renouvellement du directoire » (art. L 225-62).

Il importe donc de **veiller** attentivement **à la date d'expiration** des fonctions du directoire ; en effet, la société peut se trouver du jour au lendemain sans organes légaux de direction. Les anciens membres du directoire deviennent alors des dirigeants de fait ; mais la société devra honorer les engagements pris par eux car ils la représentent valablement aux yeux des tiers tant que la cessation de leurs fonctions n'est pas publiée (art. L 210-9, al. 2).

Sur la prise en compte de la **mixité** au sein du directoire lors de son renouvellement, voir n°s 43587 s.

Publicité À notre avis, le renouvellement des fonctions des membres du directoire n'entraîne aucune formalité de publicité (dans le même sens, Rép. Arnaud : AN 4-3-1972 n° 22012 ; Rép. Rickert : AN 17-5-1972 n° 23022, en matière de renouvellement des fonctions d'un administrateur). En effet, ces formalités sont destinées à informer les tiers des changements intervenus dans la composition du directoire (art. R 123-66 et R 210-9), ce qui n'est pas le cas lorsque les fonctions sont purement et simplement reconduites. 43671

CESSATION DES FONCTIONS DES MEMBRES DU DIRECTOIRE

Les fonctions des membres du directoire prennent fin dans les cas suivants : 43680
- arrivée du terme (n° 43662) ;
- application de la limite d'âge (n° 43579) ;
- décès ou survenance d'une incapacité, d'une interdiction ou d'une faillite personnelle (n°s 12440 s.) ;
- transformation ou dissolution de la société ;
- adoption en assemblée générale extraordinaire du régime traditionnel à conseil d'administration.

Ces fonctions prennent également fin par la révocation ou la démission de l'intéressé.

Révocation des membres du directoire **Compétence.** Les membres du directoire peuvent être révoqués par l'assemblée générale, ainsi que, si les statuts le prévoient, par le conseil de surveillance (art. L 225-61, al. 1). 43681

La révocation des membres du directoire peut être prononcée en cours d'assemblée, à la suite d'incidents graves et imprévus, même si la question ne figure pas à l'ordre du jour ou lorsque la possibilité de révocation résulte implicitement des questions à l'ordre du jour, comme l'examen de « l'avenir de la société qui a perdu la moitié de son capital social » (CA Paris 17-1-2003 n° 02-3317 : RJDA 6/03 n° 606).

Caractère abusif. La révocation ne doit pas être abusive (n°s 12550 s.). L'intéressé doit notamment être mis en mesure de **présenter ses observations** préalablement à la décision de l'assemblée ou du conseil de surveillance. 43682

Juste motif. La révocation est en principe libre, mais le membre du directoire révoqué sans juste motif peut demander à la société des **dommages-intérêts** pour le préjudice qu'il subit de ce fait (art. L 225-61, al. 1). 43683

Cette règle ne trouve pas à s'appliquer en cas de **changement du mode d'administration** de la société par substitution de la formule du conseil d'administration à celle du directoire et du conseil de surveillance : dans un tel cas en effet, les membres du directoire ne peuvent pas prétendre que la suppression de leur poste résultant de ce changement constitue une révocation sans juste motif (Cass. com. 4-2-1997 : RJDA 6/97 n° 785) sauf, bien entendu, si ce changement avait été décidé dans le seul but de leur nuire.

Pour plus de détails sur la révocation sans juste motif, voir n°s 12490 s.

Membre du directoire salarié. Si l'intéressé a conclu avec la société un contrat de travail, la révocation de ses fonctions de membre du directoire ne met pas fin à ce contrat (art. L 225-61, al. 2), lequel obéit à ses propres causes d'extinction (n° 12790). 43684

Cas particulier : révocation du président du directoire S'il s'agit seulement de retirer au président sa qualité tout en le laissant membre du directoire, la décision peut, à notre avis, être prise par le **conseil de surveillance** même si les statuts n'ont pas donné à ce dernier le pouvoir de révoquer les membres du directoire (n° 43681). Cette solution nous paraît dictée par la règle de la correspondance des formes, dès lors qu'il n'existe pas de dispositions législatives contraires : le conseil de surveillance, qui a pouvoir de nommer le président du directoire (n° 43840), a également pouvoir de le révoquer. 43685

Le Code de commerce est silencieux sur les conditions de la révocation du président du directoire qui demeure membre de cet organe ; les tribunaux considèrent que cette révocation peut intervenir à tout moment et sans juste motif (CA Paris 26-5-2016 n° 14/20147 : RJDA 11/16 n° 798 ; dans le même sens, CA Versailles 17-3-2005 n° 03-8369 : RJDA 12/05 n° 1361). Cependant, les circonstances de la révocation peuvent donner lieu à des dommages-intérêts lorsqu'elles sont abusives, notamment si l'obligation de loyauté dans l'exercice du droit de révocation n'a pas été respectée à l'égard du président (nos 12550 s.).

De même, le conseil de surveillance peut, nous semble-t-il, retirer aux directeurs généraux le pouvoir de représenter la société à l'égard des tiers (n° 43840) et les ramener au rang de simples membres du directoire.

Enfin, le président du directoire (ou le directeur général unique) d'une société dont plus de la moitié du capital est détenue directement par l'État peut être révoqué par **décret** (Ord. 2014-948 du 20-8-2014 art. 20).

43686 **Démission des membres du directoire** Un membre du directoire peut à tout **moment** démissionner de ses fonctions en notifiant sa décision à la société.

Sauf stipulation contraire des statuts, la démission d'un membre du directoire, comme celle de tout dirigeant, produit tous ses effets dès lors qu'elle a été portée à la connaissance de la société. Elle ne nécessite aucune **acceptation** de la part de celle-ci et ne peut faire l'objet d'aucune **rétractation.**

Rappelons que les membres du directoire qui seraient titulaires d'un nombre de mandats supérieur au maximum fixé par la loi sont réputés **démissionnaires d'office** (voir n° 37360), de même que les membres du directoire ou le directeur général unique placés sous tutelle (art. L 225-60, al. 4).

43687 **Publicité de la cessation des fonctions des membres du directoire** Les formalités de publicité à accomplir en cas de cessation des fonctions d'un ou de plusieurs membres du directoire, comme en cas de changement dans les personnes investies du pouvoir de représentation de la société à l'égard des tiers (président du directoire ou directeurs généraux), sont exposées nos 13000 s.

II. FONCTIONNEMENT DU DIRECTOIRE

A. Délibérations du directoire

43750 Le directoire prend ses décisions dans les conditions fixées par les statuts (art. L 225-64, al. 4): Il convient donc de préciser dans les **statuts** la périodicité des réunions, les conditions de convocation, de quorum, de majorité, éventuellement de représentation, concernant ces délibérations, etc. Cependant, cette réglementation statutaire ne doit pas aboutir à un formalisme excessif qui entraverait le fonctionnement du directoire.

À notre avis, les statuts peuvent prévoir la tenue des réunions par visioconférence ou par des moyens de télécommunication pour tout ou partie des décisions à prendre (dans le même sens, Communication Ansa, comité juridique n° 04-016 du 7-1-2004), auquel cas les moyens techniques utilisés nous semblent devoir répondre aux mêmes caractéristiques que celles prévues par les textes en matière de réunion du conseil d'administration utilisant ces procédés (n° 40710).

À noter que le fait que la loi ne prévoie la faculté de représentation qu'entre membres du conseil de surveillance n'interdit pas, selon nous, la représentation entre membres du directoire étant donné le principe posé par l'article L 225-64, al. 4 selon lequel les statuts organisent les délibérations.

43751 Il ne paraît pas interdit au directoire d'élaborer un **règlement intérieur** précisant et complétant les modalités de son fonctionnement prévues par les statuts. Mais ce règlement devra respecter le principe de la collégialité du directoire dont tous les membres sont appelés à participer aux décisions de gestion. Il en résulte, notamment, que les membres du directoire ne peuvent pas, selon nous, se faire représenter aux séances du directoire, à moins qu'une clause expresse des statuts ne les y autorise.

En l'absence de dispositions statutaires (ou de règlement intérieur), les décisions du directoire ne sont pas subordonnées à l'existence d'un **quorum** et peuvent être prises à la **majorité** simple (en ce sens, Cass. com. 27-10-1959 : D. 1960 p. 454 note Dalsace, à propos de délibérations du conseil d'administration sous l'empire de la loi du 24-7-1867, qui ne contenait aucune précision sur ce point).

Que les statuts aient ou non arrêté le régime des délibérations, les règles suivantes sont, en tout état de cause, applicables : 43752

1. Obligation de discrétion. Les membres du directoire, ainsi que toute personne appelée à assister aux réunions de cet organe, sont tenus à la discrétion à l'égard d'informations présentant un caractère confidentiel et données comme telles par le président (art. L 225-92). Cette obligation est dépourvue de toute sanction pénale ; elle ne peut donc, en cas de violation, donner lieu qu'à des dommages-intérêts.

2. Vote. L'exercice du droit de vote des membres du directoire s'exerce dans les mêmes conditions et selon les mêmes modalités que pour les administrateurs (nos 40740 s.).

3. Convocation des commissaires aux comptes et des OTI. Les commissaires aux comptes doivent, s'il en existe, être convoqués aux réunions du directoire qui examinent ou arrêtent les comptes annuels ou intermédiaires et, le cas échéant, à celles qui examinent et adoptent le rapport sur les informations de durabilité (art. L 821-65). Dans les sociétés tenues de publier des informations de durabilité ayant choisi de faire certifier celles-ci par un OTI, cet organisme doit être convoqué à toutes les réunions du directoire qui examinent et adoptent le rapport les contenant (art. L 822-18, al. 2).

4. Établissement du procès-verbal. Après chaque réunion du directoire, il est nécessaire d'établir un procès-verbal de la réunion. En cas d'inexécution de cette obligation, tout intéressé peut demander au président du tribunal statuant en référé d'enjoindre sous astreinte au président du directoire de transcrire les procès-verbaux des réunions sur un registre spécial tenu au siège social (art. L 238-4).

En outre, le défaut d'établissement du procès-verbal est sanctionné par la nullité des délibérations du directoire adoptées avant le 1er octobre 2025 (art. L 235-14, al. 1). L'action en nullité, ouverte à tout membre du directoire (art. L 235-14, al. 2), est soumise au même régime que celui prévu en cas de défaut d'établissement des procès-verbaux de réunion du conseil d'administration (no 40787). Pour les délibérations du directoire adoptées à compter du 1er octobre 2025, la nullité n'est plus expressément prévue à défaut d'établissement du procès-verbal (Ord. 2025-229 du 12-3-2025 art. 63 et 70 abrogeant à cette date l'article L 235-14). La nullité ne nous paraît pas non plus encourue sur le fondement de l'article 1844-10, al. 3 du Code civil modifié par l'ordonnance 2025-229. En effet, à la différence de ce qui est prévu pour le conseil de surveillance, aucune disposition susceptible d'être qualifiée d'impérative n'impose au directoire d'établir un procès-verbal, en ce compris, à notre avis, l'article L 238-4.

Sur le risque de sanction pénale en cas de falsification du procès-verbal, voir no 40768.

B. Rôle du directoire

ÉTENDUE DES POUVOIRS DU DIRECTOIRE

Le directoire est investi des pouvoirs les plus étendus pour **agir** en toute circonstance **au nom de la société** dans les seules limites de l'objet social et des pouvoirs expressément attribués par la loi au conseil de surveillance et aux assemblées d'actionnaires. Il détermine les **orientations de l'activité** de la société et veille à leur mise en œuvre, conformément à l'intérêt social, en considérant les enjeux sociaux et environnementaux de l'activité de la société (art. L 225-64, al. 1 modifié par loi 2024-537 du 13-6-2024 qui a supprimé la référence aux enjeux culturels et sportifs). Il prend également en considération, s'il y a lieu, la raison d'être de la société (art. précité). 43810

Plus spécialement, le directoire est investi des attributions suivantes :

– **convocation des assemblées** générales (art. L 225-103) ;

– sur délégation de l'assemblée générale extraordinaire, décision d'**augmenter le capital** social et/ou de fixer les modalités de cette augmentation (art. L 225-129 s.) ;

– sur délégation de l'assemblée générale extraordinaire, réalisation d'une **réduction de capital** (art. L 225-204) ;

– sur autorisation de l'assemblée générale extraordinaire, attribution d'**options de souscription ou d'achat d'actions** au personnel de la société (art. L 225-177 et L 225-179) ou attribution gratuite d'actions (art. L 225-197-1) ; il appartient alors au directoire, qui y est habilité par la loi

(art. L 225-177, al. 2 et L 225-197-1, I-dernier al.), et non à l'assemblée de décider des conditions de l'attribution (dans le même sens, Communication Ansa, comité juridique n° 20-040 du 4-11-2020) ;
– émission d'**obligations** avec faculté de déléguer à toute personne le pouvoir de réaliser l'émission et d'en arrêter les modalités (art. L 228-40) ;
– **modification du capital** à la suite de la conversion d'obligations convertibles à tout moment, de souscriptions à l'aide de droits détachés de valeurs mobilières composées donnant vocation à des actions, de levées d'options de souscription d'actions (art. L 225-178, al. 3) ou de paiement du dividende en actions (art. L 232-20, al. 3).

Dans les sociétés où, conformément au Code de gouvernance Afep-Medef, des **objectifs de mixité femmes/hommes** doivent être fixés au sein des « instances dirigeantes » (Code de gouvernance Afep-Medef art. 8.1 ; sur ces objectifs et sur les mesures introduites dans le Code du travail en matière de mixité, voir n° 40868), il incombe au directoire (Guide d'application du Code Afep-Medef mars 2024 p. 7) :
– de fixer ces objectifs et l'horizon de temps pour y parvenir après avis du conseil de surveillance ;
– de déterminer les modalités de mise en œuvre de ces objectifs et du plan d'action correspondant.

Le respect et le suivi de la recommandation du directoire sont assurés par le conseil de surveillance (Guide précité p. 7).

› **Précisions** **a.** Sur les missions incombant au directoire en matière de **consultation des salariés** actionnaires, voir n° 46937.
b. Les recommandations de l'Afep et du Medef quant au rôle de la direction générale des sociétés à conseil d'administration dans l'élaboration et la mise en œuvre de la stratégie en matière de **responsabilité sociale et environnementale** s'appliquent de manière identique au directoire ; sur cette question, voir n° 40866.

43811 **Répartition des tâches** En principe, les membres du directoire doivent agir collégialement. Toutefois, pour éviter une trop grande lourdeur dans la direction des différents services de la société, les membres du directoire peuvent, avec l'autorisation du conseil de surveillance, et sauf clause contraire des statuts, répartir entre eux les tâches de la direction (art. R 225-39).

Malgré cette répartition, les **actes individuels** de chaque membre du directoire sont réputés avoir été accomplis collégialement ; ils engagent donc le directoire tout entier (art. R 225-39). Il s'ensuit que, périodiquement, le directoire doit être informé des décisions prises par ceux de ses membres qui ont reçu des attributions particulières. En tout état de cause, c'est au directoire dans son ensemble qu'il appartient de prendre les **décisions importantes** et de fixer les lignes de conduite générales pour les différentes activités de la société et l'organisation de celle-ci, sous le contrôle du conseil de surveillance.

Jugé que la fonction de **président** du directoire ne confère pas à son titulaire un pouvoir de direction plus étendu que celui des autres membres du directoire, mais seulement la mission de représenter la société dans ses rapports avec les tiers (CA Douai 17-6-1976 : Rev. sociétés 1977 p. 266 note Burst).

LIMITATION DES POUVOIRS DU DIRECTOIRE

43820 **Objet social** En principe, le directoire ne peut agir que dans les limites de l'objet social (art. L 225-64, al. 1).

Cette limitation ne vaut cependant que dans les **rapports internes.** À l'égard des tiers, la société est engagée même par les actes du directoire qui ne relèvent pas de l'objet social, sauf si elle prouve que le tiers avait connaissance du « dépassement de l'objet » ou qu'il ne pouvait l'ignorer compte tenu des circonstances, étant observé que la seule publication des statuts ne suffit pas à constituer cette preuve (art. L 225-64, al. 2).

43821 **Pouvoirs des assemblées** Le directoire ne doit pas empiéter sur les attributions reconnues par la loi aux assemblées d'actionnaires (art. L 225-64, al. 1) : voir n° 40845.

Sur l'obligation pour le directoire d'une société dont les actions admises aux négociations sur un marché réglementé de consulter l'assemblée générale avant une cession d'actifs *significatifs, voir n° 66281.*

43822 **Pouvoirs du conseil de surveillance** L'étendue des pouvoirs du directoire est limitée par certaines prérogatives attribuées au conseil de surveillance (désignation des membres du directoire, du président et des directeurs généraux ; autorisation des conventions entre la société et les membres du directoire, etc. ; voir n°s 44830 s.).

› Précisions Il a été jugé que le **directoire** ne peut pas **proposer à l'assemblée la révocation d'un membre du conseil de surveillance** au motif que la distinction faite par la loi entre l'organe de gestion proprement dit (directoire) et l'organe de contrôle de gestion (conseil de surveillance) « ne permet pas de soumettre le contrôleur au contrôle du contrôlé » (T. com. Paris 26-3-1985 : Gaz. Pal. 1985 p. 465). Cette solution nous paraît critiquable car aucune disposition légale ne limite le droit pour le directoire de fixer l'ordre du jour d'une assemblée.

Cautions, avals et garanties Les cautions, avals et autres garanties ne peuvent être accordés par le directoire qu'après **autorisation** du conseil de surveillance, sauf dans les sociétés exploitant un établissement bancaire ou financier (art. L 225-68, al. 2 et R 225-53, al. 1). Les conditions d'octroi de l'autorisation et son opposabilité aux tiers obéissent aux mêmes règles que l'autorisation donnée pour les mêmes sûretés par le conseil d'administration au directeur général (voir nos 40905 s.). Il faut toutefois noter que si le conseil de surveillance refuse l'autorisation, le directoire peut saisir l'assemblée générale qui décide de la suite à donner au projet (art. R 225-40). 43823

Le directoire peut **déléguer** le pouvoir qu'il a ainsi reçu (art. R 225-53, al. 4) à son président ou à toute autre personne de son choix (membre du directoire autre que le président, salarié de la société, avocat, etc.). En l'absence de délégation, le président du directoire ne peut pas décider par lui-même d'accorder de telles sûretés au nom de la société (Cass. com. 10-5-2024 no 22-20.439 F-B : RJDA 10/24 no 533).

Limitation conventionnelle des pouvoirs du directoire Les **statuts** peuvent limiter les pouvoirs du directoire en subordonnant à l'autorisation préalable du conseil de surveillance la conclusion des opérations qu'ils énumèrent (art. L 225-68, al. 2). 43829

EXEMPLE

Les statuts peuvent subordonner à l'autorisation préalable du conseil de surveillance les décisions du directoire portant sur des opérations telles que les emprunts, les constitutions de sûretés, les acquisitions ou les ventes d'immeubles ou de meubles dépassant un certain montant, les prises ou les cessions de participation, etc.

Mais ces restrictions statutaires ne sont pas opposables aux **tiers** (art. L 225-64, al. 3), lesquels peuvent dans certains cas se prévaloir de telles limitations à l'encontre de la société (no 13480).

Si le **conseil de surveillance refuse son autorisation,** le directoire peut saisir l'assemblée générale qui décide de la suite à donner au projet (art. R 225-40).

La limitation des pouvoirs du directoire ne saurait aller cependant jusqu'à une **suppression totale** de ses **pouvoirs** de gestion. Elle ne peut porter que sur quelques décisions importantes. Cette règle énoncée par la jurisprudence à propos des restrictions aux pouvoirs de direction du président-directeur général (Cass. com. 11-6-1965 : Bull. civ. III no 361) est transposable ici. Elle est, en effet, la conséquence de la répartition légale des pouvoirs dans la SA quel que soit le système de gestion adopté. On peut même dire que la formule « directoire et conseil de surveillance » accentue ce caractère car il y a un partage très précis des pouvoirs entre le directoire, le conseil de surveillance et l'assemblée générale.

REPRÉSENTATION DE LA SA À DIRECTOIRE

La représentation de la société à l'égard des tiers est assurée par le **président du directoire,** ou le directeur général unique (art. L 225-66, al. 1). Le président est désigné par le conseil de surveillance (art. L 225-59, al. 1) et non par les autres membres du directoire. 43840

La désignation du président du directoire est obligatoire. Doit donc être condamnée la pratique consistant à ne pas procéder à cette désignation sous le prétexte de maintenir une stricte égalité entre les membres du directoire sans prééminence de l'un d'entre eux sur les autres (*cf. Rép. Crépeau : AN 7-5-1975 no 18155*).

Les statuts peuvent aussi habiliter le conseil de surveillance à conférer le pouvoir de représentation à un ou plusieurs autres membres du directoire qui portent alors le titre de « **directeurs généraux** » (art. L 225-66, al. 2).

Cette désignation des directeurs généraux peut se faire, semble-t-il, sans l'accord du président du directoire et même contre son gré.

Elle peut intervenir et être rapportée à tout moment comme celle du président.

À l'égard des tiers, le président du directoire et les directeurs généraux sont sur un pied d'égalité. Tous peuvent engager la société et exercer la plénitude des pouvoirs attribués au directoire, même si une répartition des tâches a été convenue entre les membres de cet organe. Les limitations au pouvoir de représentation de la société sont, en effet, inopposables aux tiers (art. L 225-66, al. 3).

Pour plus de détails sur le pouvoir d'engager la société à l'égard des tiers, voir n°s 13280 s.

43841 **Délégation de pouvoirs** En pratique, le fonctionnement des sociétés, surtout si elles sont importantes, ne peut être assuré de manière satisfaisante que si le président du directoire et les directeurs généraux délèguent à des salariés de la société (secrétaire général, directeur des services financiers, directeurs d'usines, etc.) leur pouvoir de représentation. Cette délégation est licite à la condition qu'elle porte sur des attributions limitées (Cass. com. 23-6-1998 n° 1332 : RJDA 12/98 n° 1387, 4e espèce).

OBLIGATIONS DU DIRECTOIRE

43850 **Obligations à l'égard du conseil de surveillance** À l'égard du conseil de surveillance, les obligations du directoire sont les suivantes :

1. Rapport trimestriel. Une fois par trimestre au moins, le directoire doit présenter au conseil de surveillance un rapport sur la **marche de la société** (art. L 225-68, al. 4 : n° 44811). Cette fréquence trimestrielle est le minimum prévu par la loi mais rien n'interdit de prévoir dans les statuts une périodicité inférieure à trois mois.

2. Établissement des comptes sociaux et du rapport de gestion. Dans le délai de **trois mois** à compter de la clôture de chaque exercice, le directoire doit arrêter « les documents visés au 2e alinéa de l'article L 225-100 » et les communiquer au conseil de surveillance pour lui permettre d'exercer son contrôle (art. L 225-68, al. 5 et R 225-55). Les documents visés sont les comptes annuels et le cas échéant les comptes consolidés, accompagnés du rapport de gestion y afférent (si la société est tenue de l'établir ; voir n°s 48186 s.) comprenant, pour les sociétés qui y sont tenues, une section spécifique relative aux informations de durabilité « auquel est joint, le cas échéant, le rapport mentionné, selon le cas, à l'article L 225-37 ou L 225-68 » (rapport sur le gouvernement d'entreprise). La référence à ce dernier rapport est sans objet puisque c'est au conseil de surveillance (et non au directoire) de l'établir.

ATTENTION

Avant la modification de l'article L 225-100 par la loi 2001-420 du 15 mai 2001, l'alinéa 2 indiquait que, « après lecture de son rapport, le conseil d'administration ou le directoire, selon le cas, présente à l'assemblée les comptes annuels et, le cas échéant, les comptes consolidés ». On en déduisait que le délai de trois mois ne concernait que la communication des comptes (annuels ou consolidés) et non le rapport de gestion, qu'il suffisait de transmettre dans un délai suffisant pour que le conseil de surveillance puisse l'examiner et formuler éventuellement ses observations, dans un document joint au rapport de gestion, avant la convocation de l'assemblée. La lettre de l'article L 225-100 modifié incite à penser que même ce rapport doit être présenté au conseil de surveillance dans les trois mois de la clôture de l'exercice (en sens contraire, voir Communication Ansa, comité juridique n° 3258 du 7-5-2003).

43851 **3. Documents de gestion prévisionnelle.** Dans les sociétés tenues d'établir périodiquement certains documents comptables particuliers (situation de l'actif et du passif, tableau de financement, compte de résultat et plan de financement prévisionnels), le directoire doit, **dans les huit jours** de leur établissement, communiquer ces documents et un rapport d'analyse au conseil de surveillance (art. L 232-3 et R 232-6).

Si le directoire veut se ménager la preuve que ces documents ont été communiqués dans les délais, il a intérêt à les remettre en main propre contre récépissé au président du conseil de surveillance.

43852 **Obligations à l'égard des actionnaires** Comme le conseil d'administration, le directoire est tenu à certaines obligations à l'égard des actionnaires. Il doit notamment :

– dresser chaque année l'inventaire et les comptes annuels (bilan, compte de résultat et annexe) de l'exercice écoulé (art. L 232-1) ;

– *établir différents rapports à l'occasion* de l'approbation des comptes (n°s 48185 s.) et des augmentations de capital (n° 49590) ;

– mettre à la disposition des actionnaires ou leur faire parvenir les documents nécessaires à leur information (n°s 46450 s.).

C. Rémunération des membres du directoire

FIXATION DE LA RÉMUNÉRATION DES MEMBRES DU DIRECTOIRE

La rémunération de chacun des membres du directoire est fixée par le conseil de surveillance lors de la nomination de chaque intéressé (art. L 225-63). 43910

Cette **compétence** est exclusive : les statuts ne sauraient limiter cette prérogative du conseil de surveillance et la confier à l'assemblée générale. De même, la rémunération des membres du directoire ne saurait être fixée judiciairement (Cass. com. 12-12-1995 : Bull. Joly 1996 p. 206 note P. Le Cannu ; Cass. com. 4-1-2023 20-17.658 F-D : RJDA 4/23 n° 201).

Le conseil de surveillance doit déterminer la rémunération de chaque membre du directoire et non pas allouer un **montant** global que les membres du directoire se répartiraient entre eux comme ils l'entendraient. Sur la possibilité pour le conseil de surveillance de revenir sur une augmentation de rémunération qu'il avait décidée quelques jours auparavant, voir n° 40572. 43911

Par analogie avec le régime applicable au président du conseil d'administration, le conseil de surveillance peut, s'il le juge utile, prévoir pour tous les membres du directoire, ou seulement certains d'entre eux, une rémunération proportionnelle au chiffre d'affaires ou aux bénéfices.

Des mesures de **contrôle** de la rémunération des membres du directoire de société dont les actions sont admises aux négociations sur un marché réglementé sont imposées par la loi (art. L 22-10-26, sur renvoi de l'art. L 22-10-19, art. L 22-10-9, sur renvoi de l'art. L 22-10-20, et art. L 22-10-34 : n°s 53040 s.).

Dans les sociétés dont les titres sont admis aux négociations sur un marché réglementé, la détermination de la rémunération des membres du directoire fait également l'objet de recommandations de l'Afep et du Medef, d'une part, et de Middlenext, d'autre part. Par ailleurs, la rémunération des dirigeants des SA publiques nationales est plafonnée. Exposées dans les développements relatifs au conseil d'administration (n°s 40573 s.), ces dispositions sont également applicables aux membres du directoire.

Comme celle du président du conseil d'administration, la fixation de la rémunération des membres du directoire ne constitue pas une **convention réglementée** entre la société et l'un de ses dirigeants (n° 52680).

Sur les engagements pris par les sociétés dont les actions ne sont pas admises aux négociations sur un marché réglementé en cas de cessation des fonctions des membres du directoire, voir n°s 52690 s.

RÉGIME FISCAL DE LA RÉMUNÉRATION DES MEMBRES DU DIRECTOIRE

Ce régime est le même que celui applicable au traitement du président dans les SA de type classique (n° 40590). 43920

RÉGIME SOCIAL DE LA RÉMUNÉRATION DES MEMBRES DU DIRECTOIRE

Par analogie avec la situation du président (n°s 40533 s.) et des directeurs généraux, les membres du directoire rémunérés doivent être affiliés à la **sécurité sociale** des salariés et au régime de **retraite** des cadres (CA Paris 26-1-1990 : RJS 3/90 n° 267 ; Lettre du 8-11-1972 de la Caisse nationale de l'assurance maladie des salariés ; Rép. Plantier : AN 27-6-1974 n° 10960), et ne relèvent pas, sauf cumul de leur mandat avec un contrat de travail, du régime Unédic d'assurance chômage, mais ils peuvent, au titre de leur mandat social, bénéficier de l'allocation des travailleurs indépendants (ATI) visée à l'article L 5424-25 du Code du travail dans les situations indiquées n° 22460. Il leur est également possible de compléter cette garantie en souscrivant à un régime d'assurance volontaire auprès d'un organisme professionnel (Garantie sociale des chefs et dirigeants d'entreprise : GSC ; Association pour la protection des patrons indépendants : APPI) ou auprès d'une société d'assurance couvrant ce type de risque, sachant que les cotisations ainsi versées ne sont pas déductibles de la rémunération imposable du mandat social. 43930

Il peut être utile de vérifier auprès de France Travail l'existence du droit aux allocations de **chômage** du régime Unédic des membres du directoire se prévalant d'un contrat de travail. La procédure à suivre est la même que celle indiquée n° 40534.

Le cumul des allocations de chômage du régime Unédic avec l'exercice d'un mandat de membre du directoire obéit aux mêmes règles que celles exposées n° 40534 à propos des présidents du conseil d'administration.

III. RESPONSABILITÉ DES MEMBRES DU DIRECTOIRE

44050 Les membres du directoire sont soumis à la même **responsabilité civile** que les administrateurs (art. L 225-256, al. 1 ; nos 42000 s.).
Sur les conséquences pour les membres du directoire :
– de l'ouverture d'une **procédure collective** contre la société, voir nos 91380 s. ;
– de l'**inobservation des obligations fiscales** ayant rendu impossible le recouvrement des impositions et pénalités dues par la société, voir nos 14790 s.

44051 La **responsabilité pénale** des membres du directoire n'a pas été précisée dans la loi à propos de chaque infraction. Elle résulte de trois textes, les articles L 242-30, L 245-17 et L 247-9, qui déclarent « applicables, selon leurs attributions respectives, aux membres du directoire et aux membres du conseil de surveillance » les peines frappant les diverses infractions pouvant être commises par le président, les administrateurs ou les directeurs généraux dans les SA de type classique.
En ce qui concerne plus spécialement l'administration et la direction des sociétés, les sanctions prévues par les articles L 242-6 et L 242-8 (nos 42280 s.) sont applicables aux membres du directoire (art. L 242-30).
Jugé que le président du directoire doit exercer son contrôle sur la politique commerciale et financière de l'entreprise. Par suite, à défaut de délégation de pouvoirs, il est responsable pénalement, en tant que chef d'entreprise, du respect de la législation en vigueur (Cass. crim. 21-6-2000 n° 4205 : RJDA 12/00 n° 1117).

SECTION 2

LE CONSEIL DE SURVEILLANCE

GÉNÉRALITÉS

44200 Le statut du conseil de surveillance emprunte largement à celui du conseil d'administration en dépit de la différence des fonctions confiées à ces deux organes : le conseil de surveillance a seulement pour mission de contrôler les organes de direction de la société, tandis que le conseil d'administration peut s'immiscer dans la gestion des dirigeants sociaux.
Plusieurs règles relatives au conseil de surveillance sont ainsi la reproduction pure et simple de celles applicables au conseil d'administration. Les développements relatifs à ces dernières peuvent donc être transposés au conseil de surveillance ; nous nous contentons d'y renvoyer le lecteur chaque fois qu'aucune particularité n'a à être signalée.

I. LES MEMBRES DU CONSEIL DE SURVEILLANCE

A. Nombre de membres du conseil de surveillance

44210 Le conseil de surveillance doit être composé de 3 membres au moins et de 18 au plus (art. L 225-69).
Les membres représentant les salariés (nos 44580 s.) et ceux représentant les salariés actionnaires (n° 44590) ne sont pas pris en compte dans le nombre minimal ou maximal des membres du conseil de surveillance (art. L 225-79, L 225-79-2, II-al. 2 et L 225-71).
Ces règles s'appliquent aux sociétés du **secteur public** *régies par l'ordonnance 2014-948 du 20 août 2014* (cf. Ord 2014-948 art. 1, al. 2).

44211 En cas de **fusion,** la société absorbante ou nouvelle peut, pendant une durée de trois ans, avoir un conseil de surveillance comprenant au maximum 24 membres (art. L 225-95). Pour plus de détails, voir nos 39020 s.

B. Nomination des membres du conseil de surveillance

1. CONDITIONS DE NOMINATION DES MEMBRES DU CONSEIL DE SURVEILLANCE

DÉTENTION D'ACTIONS PAR LES MEMBRES DU CONSEIL DE SURVEILLANCE

Comme les administrateurs, les membres du conseil de surveillance ne doivent être propriétaires d'actions de la société que si les statuts le prévoient (art. L 225-72 ; nos 39100 s.). 44270

CAPACITÉ REQUISE POUR ÊTRE MEMBRE DU CONSEIL DE SURVEILLANCE

Deux **époux,** quel que soit leur régime matrimonial, deux **concubins** ou deux **partenaires d'un Pacs** peuvent être membres du même conseil de surveillance. 44280

Le **mineur** émancipé peut être membre du conseil de surveillance (no 11110).

En revanche, il ne nous semble pas opportun de confier de telles fonctions à un mineur non émancipé (no 11111), même si une telle solution peut paraître rigoureuse étant donné que les membres du conseil de surveillance, à la différence des administrateurs, ne répondent pas des fautes de gestion (art. L 225-257, al. 1).

Si elle n'est pas interdite, la nomination aux fonctions de membre du conseil de surveillance d'un **majeur** sous tutelle est dépourvue de tout effet juridique et la nomination d'un majeur faisant l'objet d'une autre **mesure d'incapacité** (sauvegarde de justice, curatelle, habilitation familiale ou mise en œuvre d'un mandat de protection future) est inopportune pour les raisons exposées no 12442.

NATIONALITÉ DES MEMBRES DU CONSEIL DE SURVEILLANCE

Les **étrangers** ne sont pas exclus (sauf clause statutaire contraire, laquelle ne saurait s'appliquer aux ressortissants d'États membres de l'UE) des conseils de surveillance de SA françaises. S'ils ne sont pas ressortissants d'un État européen, ils doivent être titulaires d'un titre de séjour (nos 92680 s.). 44281

ÉQUILIBRE HOMMES/FEMMES AU SEIN DU CONSEIL DE SURVEILLANCE

Recherche de représentation équilibrée Le conseil de surveillance doit être composé en recherchant une représentation équilibrée des femmes et des hommes (art. L 225-69, al. 2). Cette déclaration de principe est applicable à toutes les SA ; sa violation n'est assortie d'aucune sanction spécifique. 44284

Obligation de mixité La loi impose la mixité au conseil de surveillance des sociétés dont les actions sont admises aux négociations sur un marché réglementé et des sociétés qui répondent à certains critères de nombre de salariés et de chiffres d'affaires ou de bilan (art. L 225-69-1 modifié, à compter du 1-10-2025, par ord. 2025-229 du 12-3-2025, L 225-71, al. 1 modifié par ord. 2024-934 du 15-10-2024, L 225-76, al. 2 modifié, à compter du 1-10-2025, par ord. 2025-229, L 225-78, al. 4 modifié par ord. 2024-934, L 225-79, al. 3, L 225-79-2, II-al. 2, L 225-79-3 issu de ord. 2024-934, L 225-83, al. 2, L 22-10-21 modifié par ord. 2024-934 et L 22-10-21-1 issu de ord. 2024-934 ; Ord. 2025-229 art. 70). Ces règles sont identiques à celles applicables au conseil d'administration à deux exceptions près. Ainsi, sous réserve de ce qui est exposé à propos de la désignation d'un représentant permanent d'une personne morale membre du conseil de surveillance (no 44570) et de la désignation des représentants des salariés actionnaires (no 44590), on se reportera aux développements concernant le conseil d'administration (nos 39154 s.). 44286

INCOMPATIBILITÉ AVEC D'AUTRES FONCTIONS

Étant donné que la mission du conseil de surveillance se limite au contrôle de la gestion du directoire, il nous paraît douteux que l'on puisse transposer ici purement et simplement les incompatibilités entre l'exercice de certaines activités et les fonctions d'administrateur (dans le même sens, Rép. Barrot : AN 26-10-1971 no 19934). 44290

Nous considérons donc qu'il n'existe aucune incompatibilité particulière pour l'accès au conseil de surveillance, sous les réserves suivantes :

– les fonctions de membre du conseil de surveillance ne sont ouvertes aux **avocats** que s'ils exercent leur profession depuis plus de sept ans, sauf dispense d'une partie de cette durée par le Conseil de l'Ordre (Décret 2023-552 du 30-6-2023 art. 23) ;

– la nomination au conseil de surveillance de commissaires aux comptes et de membres signataires d'une société de commissaires aux comptes ainsi que d'auditeurs des informations de durabilité est soumise aux mêmes incompatibilités que celles prévues pour le conseil d'administration (nos 39171 s.) ;
– aucun **membre du directoire** ne peut faire partie du conseil de surveillance (cf. art. L 225-74 ; no 37200).

MEMBRES INDÉPENDANTS DU CONSEIL DE SURVEILLANCE

44294 Les règles de bonne gouvernance des **sociétés dont les titres sont admis aux négociations sur un marché réglementé** imposent à ces sociétés de nommer un certain nombre de membres du conseil de surveillance qualifiés d'indépendants. Les règles exposées à propos des administrateurs indépendants (nos 39370 s.) sont applicables aux membres du conseil de surveillance.

INTERDICTION D'ÊTRE MEMBRE DU CONSEIL DE SURVEILLANCE

44300 Il peut être interdit à une personne ayant encouru certaines condamnations de contrôler une société commerciale (no 11180), ce qui vise les fonctions de membre du conseil de surveillance d'une SA.
La faillite personnelle interdit à celui qui en a été frappé d'être membre du conseil de surveillance d'une SA (art. L 653-2).

CUMUL D'UN MANDAT SOCIAL ET D'UN CONTRAT DE TRAVAIL

44310 Un membre du conseil de surveillance peut cumuler son mandat avec un contrat de travail dans la société. L'article L 225-85, al. 1 autorise en effet les membres du conseil de surveillance à recevoir une rémunération au titre d'un contrat de travail si ce dernier correspond à un emploi effectif. Pour plus de précisions, voir nos 11500 s.
La conclusion d'un contrat de travail avec un membre du conseil de surveillance ou sa modification relève de la procédure des conventions réglementées prévue à l'article L 225-86 (nos 52550 s.).

44312 Le **nombre** des membres du conseil de surveillance liés à la société par un contrat de travail ne peut pas dépasser **la limite du tiers** des membres en fonctions (art. L 225-85, al. 3).
Comme pour les administrateurs, les membres du conseil de surveillance élus par les salariés dans le cadre de l'option facultative (no 44580) et ceux désignés comme représentants des salariés actionnaires (no 44590) ne doivent pas être pris en compte pour l'application de la limitation (art. précité). En revanche, faute d'être expressément exclus par le Code de commerce, les membres du conseil devant obligatoirement être nommés pour représenter les salariés dans les grandes sociétés (no 44585) doivent être pris en compte.

› Précisions La « **règle** du tiers » est **écartée** :
– dans les sociétés coopératives de production (Loi 78-763 du 19-7-1978 art. 15, al. 1) ;
– dans les sociétés dans lesquelles l'État et/ou des entreprises publiques détiennent plus de 50 % du capital social (Loi 73-1196 du 27-12-1973 art. 15) ;
– dans les sociétés de commissaires aux comptes (art. L 821-25, al. 2) ;
– dans les sociétés d'exercice libéral (Ord. 2023-77 du 8-2-2023 art. 60) ;
– dans les SA de droit commun constituées pour l'exercice d'une profession juridique ou judiciaire, car ces sociétés sont soumises à la réglementation des SEL (art. L 811-7, al. 2 et L 812-5, al. 2 pour les administrateurs et mandataires judiciaires, Ord. du 10-9-1817 art. 3-2, al. 2 pour les avocats aux Conseils, Loi 71-1130 du 31-12-1971 art. 8, I-al. 2 pour les avocats, Ord. 45-2590 du 2-11-1945 art. 1 bis, al. 2 pour les notaires et Ord. 2016-728 du 2-6-2016 art. 5, al. 2 et 25, IV-6o pour les commissaires de justice, les huissiers de justice et les commissaires-priseurs judiciaires).

CUMUL DE MANDATS SOCIAUX

44320 La faculté de cumuler plusieurs mandats de direction, notamment de membre du conseil de surveillance, est limitée dans les SA. Ces limitations, assez complexes, sont exposées nos 37200 s.

LIMITE D'ÂGE DES MEMBRES DU CONSEIL DE SURVEILLANCE

44330 Les membres du conseil de surveillance sont soumis au même régime que les administrateurs (nos 39300 s.) en matière de limite d'âge (art. L 225-70 modifié, à compter du 1-10-2025, par ord. 2025-229 du 12-3-2025 ; Ord. 2025-229 art. 70).

CONDITIONS STATUTAIRES À L'ENTRÉE AU CONSEIL DE SURVEILLANCE

44340 Comme pour les administrateurs, les statuts peuvent subordonner l'accession au conseil de surveillance à certaines conditions (nationalité, compétence, etc.). De même, il paraît licite de prévoir que les sièges du conseil de surveillance seront répartis, selon un prorata déterminé, entre différents groupes d'actionnaires (no 39360).

SOCIÉTÉ AYANT UNE ACTIVITÉ RÉGLEMENTÉE

L'exercice par la société de certaines activités réglementées entraîne l'obligation pour les membres du conseil de surveillance de remplir diverses conditions particulières : voir nº 11350. 44350

2. MODE DE NOMINATION DES MEMBRES DU CONSEIL DE SURVEILLANCE

NOMINATION LORS DE LA CONSTITUTION DE LA SOCIÉTÉ

Les premiers membres du conseil de surveillance sont nommés **dans les statuts** lorsque la SA est constituée (art. L 225-75 et, sur renvoi, art. L 225-16, al. 1) : 44380

– sans offre de ses titres au public ;

– avec certaines offres au public (offre réservée à des investisseurs qualifiés ou à un cercle restreint d'investisseurs, offre relevant du financement participatif, offre portant sur des titres dont la valeur nominale unitaire s'élève au moins à 100 000 €, ou adressée à des investisseurs qui acquièrent ces titres pour un montant total d'au moins 100 000 € par investisseur et par offre distincte, et offre dont le montant total calculé sur une période de 12 mois est inférieur à 8 M€, seuil qui devrait être porté à 12 M€ à compter du 5-6-2026 : cf. Règl. UE 2017/1129 du 14-6-2017 art. 3, 2 modifié et 3, 2 bis créé par Règl. UE 2024/2809 du 23-9-2024 et Règl. UE 2024/2809 art. 4, 3).

Dans les autres cas, les membres du conseil de surveillance sont nommés, par un vote spécial, lors de l'**assemblée constitutive** (art. L 225-75, al. 1 et L 225-7). L'acceptation des fonctions est constatée de la même manière que pour les administrateurs (nº 39480).

NOMINATION EN COURS DE VIE SOCIALE

Nomination par l'assemblée En cours de vie sociale, la nomination des membres du conseil de surveillance relève de la compétence de l'assemblée générale ordinaire, sous réserve de la cooptation exposée nº 44391 (art. L 225-75 modifié, à compter du 1-10-2025, par ord. 2025-229 du 12-3-2025 ; Ord. 2025-229 art. 70). Pour plus de détails sur le régime de cette nomination, voir nºs 39510 s. 44390

En cas de **fusion** ou de **scission,** l'assemblée générale extraordinaire de la société absorbante ou de chacune des sociétés bénéficiaires des apports résultant de la scission peut procéder à la nomination des nouveaux membres du conseil de surveillance (art. L 225-75, al. 1).

Dans les sociétés appartenant au **secteur public,** la nomination des membres du conseil de surveillance fait l'objet des mêmes règles spéciales que celles applicables aux administrateurs (voir nºs 40232 s.).

Cooptation Les membres du conseil de surveillance peuvent être cooptés dans les mêmes conditions que les membres du conseil d'administration (art. L 225-78 et R 225-44 ; voir nºs 39530 s.). 44391

ATTENTION

Si le nombre des membres du conseil de surveillance devient inférieur à trois, c'est au directoire et non aux membres restants qu'il appartient de convoquer immédiatement l'assemblée en vue de compléter l'effectif du conseil (art. L 225-78, al. 2).

NOMINATION IRRÉGULIÈRE

Les nominations de membres du conseil de surveillance peuvent être annulées pour les mêmes causes et selon le même régime que les nominations d'administrateurs (art. L 225-75 modifié, à compter du 1-10-2025, par ord. *2025-229 du 12-3-2025* excluant l'application du triple test ; Ord. 2025-229 art. 70 : voir nºs 39550 s.). 44400

PUBLICITÉ DES NOMINATIONS

Toute nomination de membres du conseil de surveillance est soumise à publicité. Pour les membres du conseil de surveillance nommés lors de la constitution de la société, cette formalité résulte de la publicité même de la constitution de la société. En cas de nomination en cours de vie sociale, les formalités de publicité à accomplir sont exposées nºs 13000 s. 44410

C. Durée des fonctions des membres du conseil de surveillance

DURÉE MAXIMALE DES FONCTIONS DES MEMBRES DU CONSEIL DE SURVEILLANCE

44490 La durée des fonctions des membres du conseil de surveillance est fixée dans les statuts. Cependant, elle ne peut pas excéder six ans (art. L 225-75, al. 1).

Toute nomination intervenue en violation des dispositions statutaires – ou, en leur absence, des dispositions légales – est nulle (art. L 225-75, al. 3 modifié, à compter du 1-10-2025, par ord. 2025-229 du 12-3-2025 excluant l'application du triple test ; Ord. 2025-229 art. 70). Le sort des délibérations du conseil de surveillance auxquelles a pris part l'un de ses membres dont la nomination a été annulée obéit aux mêmes règles que pour les délibérations du conseil d'administration : voir nos 40790 s.

Toutefois, si la nomination a été régulièrement publiée, ni la société ni les tiers ne pourront invoquer cette nullité pour se soustraire à leurs engagements (art. L 210-9, al. 1).

Dans les sociétés appartenant au **secteur public,** les règles du Code de commerce s'appliquent. Pour plus de détails, voir les règles exposées à propos des administrateurs, celles-ci étant transposables (nos 40241 s.).

44491 **Terme des fonctions** Les fonctions d'un membre du conseil de surveillance prennent fin à l'issue de la réunion de l'assemblée générale ordinaire des actionnaires ayant statué sur les comptes de l'exercice écoulé et tenue dans l'année au cours de laquelle expire le mandat de l'intéressé (art. R 225-41). Pour plus de détails, voir nos 39694 s.

RENOUVELLEMENT DES FONCTIONS DES MEMBRES DU CONSEIL DE SURVEILLANCE

44500 Sauf stipulation contraire des statuts, les membres du conseil de surveillance sont rééligibles (art. L 225-75).

Comme pour les administrateurs, on doit pouvoir organiser un renouvellement « par **roulement** ».

Certes, l'article L 225-81, al. 2 prévoit que le président et le vice-président exercent leurs fonctions pendant la durée du mandat du conseil de surveillance. On pourrait en déduire que tout le conseil cesse ses fonctions en même temps (en ce sens, D. Bastian, JCP G 1968 I no 2183), ce qui exclurait toute possibilité de roulement. Mais ce texte paraît inapplicable compte tenu de l'article L 225-75, al. 1 aux termes duquel les membres du conseil de surveillance sont nommés pour la durée prévue aux statuts (no 44490). En effet, supposons qu'un conseil de surveillance soit composé de quatre membres et qu'au cours de leur mandat (par hypothèse supérieur à un an), l'assemblée décide de désigner deux personnes supplémentaires au conseil. Si la durée statutaire des fonctions des membres du conseil est de six ans, par exemple, ces deux personnes devront être nommées pour six ans de telle sorte qu'elles seront encore en fonctions au moment où le mandat des quatre premières viendra à expiration. Par ailleurs, l'article R 225-41 montre bien que la cessation des fonctions des membres du conseil s'apprécie individuellement et non pas collectivement.

Le renouvellement des fonctions des membres du conseil de surveillance n'est soumis à aucune formalité de **publicité** (no 39714).

Sur le régime particulier applicable aux sociétés appartenant au **secteur public,** voir nos 40241 s.

CESSATION DES FONCTIONS DES MEMBRES DU CONSEIL DE SURVEILLANCE

44510 Les fonctions des membres du conseil de surveillance prennent fin dans les cas suivants :

– arrivée du terme prévu lors de la nomination (no 44490) ;
– application des règles concernant la limite d'âge (no 44330) ;
– décès ou survenance d'une incapacité, d'une interdiction ou d'une faillite personnelle (nos 12440 s.) ;
– nomination au directoire, les fonctions au conseil de surveillance cessant dès l'entrée en fonctions au directoire (art. R 225-37) ;
– adoption en assemblée générale extraordinaire du régime traditionnel à conseil d'administration ;
– transformation de la société ;
– dissolution de la société, sauf en cas de liquidation légale (no 87050).

Ces fonctions prennent fin également par :
– la démission, qui obéit aux mêmes règles que pour les administrateurs (nos 39725 s.) ;
– la révocation, laquelle peut être prononcée à tout moment par l'assemblée générale ordinaire (art. L 225-75, al. 2). Sur le régime de cette révocation, voir nos 39721 s. ; s'il s'agit de membres du conseil de surveillance représentant les salariés, voir nos 39983 et 40034 (sociétés relevant du secteur privé) et nos 40241 s. (sociétés appartenant au secteur public).

Il a été jugé que le directoire ne pouvait pas proposer la révocation d'un membre du conseil de surveillance (voir no 43822).

Publicité de la cessation des fonctions La cessation des fonctions d'un membre du conseil de surveillance par suite de décès, démission, révocation ou pour toute autre cause doit être portée à la connaissance des tiers par l'accomplissement des formalités exposées nos 13000 s. 44511

D. Cas particuliers

PERSONNE MORALE MEMBRE DU CONSEIL DE SURVEILLANCE

Toute personne morale nommée au conseil de surveillance doit désigner un « **représentant permanent** qui est soumis aux mêmes conditions et obligations et qui encourt les mêmes responsabilités civile et pénale que s'il était membre du conseil en son nom propre » (art. L 225-76, al. 1). 44570

La réglementation (art. L 225-76, R 225-42 et R 225-43) appelle les mêmes observations que celles formulées à propos des personnes morales administrateurs (nos 39790 s.), à une exception près : à la différence de ce qui est prévu pour les représentants permanents des administrateurs (art. L 225-20 modifié, à compter du 1-10-2025, par ord. 2025-229 du 12-3-2025 ; Ord. 2025-229 art. 70), le triple test sera applicable au prononcé de la nullité de la désignation d'un représentant permanent d'un membre du conseil de surveillance intervenue à compter du 1er octobre 2025 en violation de l'obligation de mixité, l'article L 225-76 ne l'excluant pas.

REPRÉSENTANTS DES SALARIÉS AU CONSEIL DE SURVEILLANCE

Représentants librement nommés Le conseil de surveillance peut, comme le conseil d'administration, comprendre des membres élus par les salariés (art. L 225-79). Le nombre de ces derniers ne peut pas être supérieur à quatre ni excéder le tiers du nombre des autres membres du conseil (art. L 225-79, al. 2). Les conditions d'éligibilité et les modalités de l'élection sont les mêmes que celles de l'élection aux fonctions d'administrateur (art. L 225-80 ; voir nos 39930 s.). 44580

Représentants obligatoirement nommés Les statuts des SA doivent prévoir la représentation des salariés au sein du conseil de surveillance (art. L 225-79-2 et L 22-10-24) : 44585
– lorsque, à la clôture de deux exercices consécutifs, la SA et ses filiales, directes ou indirectes, dont le siège social est fixé sur le territoire français, emploient au total **1 000 salariés** au minimum ;
– ou lorsque la SA et ses filiales, directes ou indirectes, dont le siège social est fixé sur le territoire français et à l'étranger, emploient au total **5 000 salariés** au minimum.

Les sociétés visées, le nombre de représentants, les modalités de leur nomination et leur statut sont identiques à ce qui est prévu pour les SA à conseil d'administration (art. L 225-80 ; voir nos 40000 s.) à une exception près : contrairement aux administrateurs représentant les salariés (art. L 225-22, al. 3), les membres du conseil de surveillance représentant les salariés doivent être pris en compte pour la détermination de la limite du tiers des membres du conseil de surveillance liés à la société par un contrat de travail (no 44312).

Représentants des salariés dans les sociétés du secteur public La représentation des salariés au conseil de surveillance dans les sociétés du secteur public fait l'objet de règles semblables à celles applicables aux administrateurs représentant les salariés de ces sociétés (nos 40200 s.). 44588

REPRÉSENTANTS DES SALARIÉS ACTIONNAIRES AU CONSEIL DE SURVEILLANCE

Les sociétés de grande taille, les sociétés dont les titres sont admis aux négociations sur un marché réglementé et celles dont les actions détenues par les salariés représentent plus de 3 % du capital ont l'obligation de nommer au conseil de surveillance un ou plusieurs représentants des 44590 salariés actionnaires (art. L 225-71 et L 22-10-22). Les modalités de nomination de ces représentants sont les mêmes que celles fixées pour la nomination des administrateurs (nos 40040 s.), sous réserve des règles encadrant la **sélection préalable des candidats** au mandat de représentant par les salariés actionnaires qui seront proposés à l'assemblée générale. À la différence de ce qui est prévu dans les SA à conseil d'administration, les statuts des SA à directoire et conseil de surveillance devront fixer les modalités de l'élection des candidats par les salariés actionnaires (art. L 225-71, al. 1 modifié par ord. 2024-934 et art. L 22-10-22) dans le but de permettre aux sociétés d'assurer une sélection des candidats contribuant au respect des règles de mixité (Rapport au Président de la République relatif à l'ord. 2024-934).

› Précisions L'ordonnance 2024-934 a malencontreusement supprimé de l'article L 225-71 la référence à l'article L 225-102 qui déterminait l'étendue du **collège des salariés actionnaires** participant à la sélection préalable des candidats au mandat de représentant des salariés actionnaires. Outre les salariés directement détenteurs d'actions, la référence à ce texte étendait à d'autres catégories de personnes la possibilité de participer à cette sélection telles que les anciens salariés détenteurs d'actions par l'intermédiaire d'un fonds commun de placement d'entreprise. Souhaitons que la loi de ratification de l'ordonnance rectifiera ce qui nous paraît être une erreur.

II. FONCTIONNEMENT DU CONSEIL DE SURVEILLANCE

COLLÉGIALITÉ DU CONSEIL DE SURVEILLANCE

44640 Le conseil de surveillance est, comme le conseil d'administration ou le directoire, un organe collégial. C'est collectivement que ses membres exercent les fonctions attribuées par la loi au conseil ; individuellement, ils ne détiennent aucun pouvoir.

En particulier, les autorisations ou pouvoirs donnés au conseil lui sont conférés indépendamment de la personnalité de ses membres et passent aux nouveaux membres régulièrement nommés (CA Paris 13-4-1934 : Sem. jur. 1934.896, rendu pour le conseil d'administration mais transposable).

A. Délibérations du conseil de surveillance

MODES DE CONSULTATION DU CONSEIL DE SURVEILLANCE

44650 En principe, les décisions du conseil sont prises **en réunion,** en présence des membres du conseil qui participent à la séance, le cas échéant, à distance par un moyen de télécommunication dans les mêmes conditions que les administrateurs (art. L 225-82, al. 3 et L 22-10-21-1 modifiés par loi 2024-537 du 13-6-2024 et art. R 22-10-19-1 issu du décret 2024-904 du 8-10-2024 : no 40710).

Mais les statuts peuvent aussi autoriser la prise de décision par **consultation écrite** des membres du conseil dans les mêmes conditions que pour les administrateurs à ceci près que le président du conseil (et lui seul) peut décider de recourir à une consultation écrite sous forme électronique même en l'absence de clause statutaire le prévoyant expressément et qu'il n'est pas exigé que les délais et modalités de la consultation écrite soient prévus par les statuts, si bien qu'ils peuvent, à notre avis, figurer dans le règlement intérieur (art. L 225-82, al. 3 modifié par loi 2024-537, dont la rédaction n'a pas été alignée sur celle de l'article L 225-37 à la suite d'une inadvertance du législateur ; voir no 40645). Le recours à la consultation écrite par voie électronique n'est pas ouvert aux vice-présidents, de sorte que ceux-ci ne peuvent consulter les membres du conseil par écrit que par voie postale.

CONVOCATION AUX SÉANCES DU CONSEIL DE SURVEILLANCE

44651 **Membres du conseil** Les **modes et délais** de convocation des membres du conseil de surveillance aux séances du conseil sont librement fixés dans les statuts (art. R 225-45, al. 1).

Le droit de convoquer le conseil revient au **président** ou à un **vice-président** (art. L 225-81, al. 1 modifié par loi 2024-537 du 13-6-2024), qui l'exerce en principe de sa propre initiative. Toutefois, *lorsqu'un* membre au moins du directoire ou le tiers au moins des membres du conseil de surveillance présente au président du conseil de surveillance une **demande motivée** tendant à la convocation du conseil, le président doit convoquer celui-ci à une date qui ne peut pas être postérieure de plus de 15 jours à celle de la réception de la demande (art. R 225-45, al. 2).

À défaut, les auteurs de la demande peuvent procéder eux-mêmes à la convocation en indiquant l'ordre du jour de la séance (art. R 225-45, al. 3).

Il faut observer que le conseil de surveillance doit se réunir au moins **quatre fois dans l'année** pour examiner le rapport trimestriel que doit lui présenter le directoire et une fois de plus, au besoin, pour vérifier et contrôler les documents sur les comptes de l'exercice que doit lui remettre le directoire dans les trois mois de la clôture de l'exercice (art. L 225-68).

Sur les autres aspects du régime de la convocation, voir nos 40660 s.

Convocation des commissaires aux comptes et OTI Les **commissaires aux comptes** doivent, s'il en existe, être convoqués aux réunions du conseil de surveillance qui examinent les comptes annuels ou intermédiaires et, le cas échéant, aux réunions qui examinent le rapport sur les informations de durabilité (art. L 821-65). En outre, lorsque leur présence à une séance du conseil paraît opportune, ils peuvent y être convoqués. Les commissaires sont convoqués dans les mêmes conditions que celles applicables aux réunions du conseil d'administration (voir nos 40662 s.). 44652

En cas de consultation écrite des membres du conseil (no 44650), les commissaires doivent être associés à cette consultation si cela paraît opportun.

Pour les sociétés tenues de publier des informations de durabilité ayant choisi de faire certifier celles-ci par un **OTI,** cet organisme doit être convoqué à toutes les réunions du conseil qui examinent le rapport les contenant (art. L 822-18, al. 2). En outre, lorsque sa présence à une séance du conseil paraît opportune, l'OTI peut y être convoqué. L'OTI est convoqué dans les mêmes conditions que celles applicables aux réunions du conseil d'administration (voir no 40664). 44653

En cas de consultation écrite des membres du conseil (no 44650), l'OTI doit être associé à cette consultation si cela paraît opportun.

Convocation des représentants du comité social et économique Dans les sociétés d'au moins 50 salariés, une délégation du comité social et économique assiste avec voix consultative à toutes les séances du conseil de surveillance. La réglementation est la même que celle applicable aux réunions du conseil d'administration (voir nos 40665 s.). 44655

REPRÉSENTATION DES MEMBRES DU CONSEIL DE SURVEILLANCE

Sauf clause contraire des statuts, les membres du conseil de surveillance ont la possibilité de se faire représenter au conseil, dans les conditions fixées par l'article R 225-46, qui reprend les dispositions de l'article R 225-19 relatif à la représentation des administrateurs au conseil d'administration : voir nos 40680 s. 44660

VOTE PAR CORRESPONDANCE PRÉALABLE AU CONSEIL DE SURVEILLANCE

La faculté pour les membres du conseil de surveillance de voter par correspondance préalablement à une réunion du conseil appelle les mêmes remarques que pour les administrateurs (art. L 225-82 modifié par loi 2024-537 du 13-6-2024 et art. R 225-48 issu du décret 2024-904 du 8-10-2024 ; no 40685). 44665

REGISTRE DE PRÉSENCE AUX SÉANCES DU CONSEIL DE SURVEILLANCE

Il doit être tenu un registre de présence signé par les membres du conseil de surveillance participant à la séance du conseil et qui, le cas échéant, doit mentionner le nom des membres ayant participé aux délibérations par des moyens de télécommunication (art. R 225-47). Cette disposition est comparable à celle relative au registre de présence aux séances du conseil d'administration et appelle les mêmes observations (voir no 40690). 44670

BUREAU DU CONSEIL DE SURVEILLANCE

Président et vice-présidents Le conseil de surveillance doit élire en son sein un président et un ou plusieurs vice-présidents (art. L 225-81, al. 1 modifié par loi 2024-537 du 13-6-2024). 44680

À peine de nullité de leur nomination, le président et les vice-présidents doivent être des **personnes physiques** (art. L 225-81, al. 2 modifié par loi 2024-537 et, à compter du 1-10-2025, par ord. 2025-229 du 12-3-2025 excluant l'application du triple test ; Ord. 2025-229 art. 70).

Aucune disposition législative ou réglementaire, autre que celles relatives au **cumul de mandats** de membre du conseil de surveillance (nos 37220 s.), ne limite le nombre des sociétés dans lesquelles une même personne peut assumer les fonctions de président du conseil de surveillance.

Sauf clause contraire des statuts, le président et les vice-présidents ne sont soumis à aucune **limite d'âge** particulière autre que celle applicable à tous les membres du conseil de surveillance (no 44330).

> **Précisions** La **mise à l'écart d'un candidat** aux fonctions de président **pour des raisons discriminatoires** (fondées sur le sexe, l'âge, l'état de santé, les opinions politiques, les convictions religieuses, etc.) est interdite (C. trav. art. L 1132-1). Sur les sanctions applicables, voir n° 40514.

44681 **Durée des fonctions** En dépit de l'article L 225-81, al. 2, aux termes duquel le président et les vice-présidents « exercent leurs fonctions pendant la durée du mandat du conseil de surveillance », la durée des fonctions du président et des vice-présidents doit être liée, semble-t-il, à celle de leur mandat de membre du conseil. Cette durée s'apprécie individuellement et non collectivement (n° 44500).

Désignés par le conseil de surveillance, le président et les vice-présidents peuvent être **révoqués** par lui de leurs fonctions, mais ils restent membres du conseil (CA Paris 25-5-1993 : Bull. Joly 1993 p. 852 note P. Le Cannu) sauf, bien entendu, décision contraire de l'assemblée.

44682 **Mission du président et des vice-présidents** Le président et les vice-présidents sont compétents pour convoquer le conseil de surveillance et diriger ses débats (art. L 225-81, al. 1) ainsi que pour certifier les copies ou extraits des procès-verbaux de ses délibérations (art. R 225-51).

Les pouvoirs des vice-présidents s'exercent en cas d'impossibilité ou de carence du président et dans les mêmes conditions.

Ainsi, lorsqu'un vice-président dirige les débats, il détermine les informations confidentielles (art. L 225-92) ; il peut également convoquer le conseil de surveillance à la demande d'un membre du directoire ou d'une fraction des membres du conseil de surveillance.

En revanche, seul le président est compétent pour aviser les commissaires aux comptes, s'il en existe, des conventions autorisées et conclues entre la société et un membre du directoire ou du conseil de surveillance (art. L 225-88, al. 2). De même, seul le président pourra autoriser le recours à la consultation écrite du conseil sous forme électronique (art. L 225-82, al. 3 modifié par loi 2024-537 du 13-6-2024).

44683 **Rémunération du président et des vice-présidents** Le conseil de surveillance peut (ce n'est pas une obligation) allouer une rémunération à son président et à ses vice-présidents (art. L 225-81, al. 1 et L 22-10-25 modifiés par loi 2024-537 du 13-6-2024).

L'identité des textes applicables (les articles L 225-81 et L 22-10-25 prévoyant, comme l'article L 225-47, que le conseil « détermine » la rémunération allouée à son président) conduit à créer une analogie avec le régime applicable à la rémunération du président du conseil d'administration (nos 40570 à 40572) : la fixation des rémunérations du président et des vice-présidents du conseil de surveillance ne constitue donc pas une « convention » soumise à la **procédure de contrôle** prévue par l'article L 225-86.

Des mesures de contrôle des rémunérations du président et des vice-présidents du conseil de surveillance de société dont les actions sont admises aux négociations sur un marché réglementé sont imposées par la loi (art. L 22-10-26, sur renvoi de l'art. L 22-10-25 modifié par loi 2024-537, art. L 22-10-9, sur renvoi de l'art. L 22-10-20, et art. L 22-10-34, I ainsi que, pour le président, art. L 22-10-34, II, les vice-présidents n'étant pas concernés par ce dernier texte : nos 53040 s.).

En outre, dans les sociétés dont les titres sont admis aux négociations sur un marché réglementé, l'Afep et le Medef recommandent que le président et les vice-présidents du conseil de surveillance ne se voient pas attribuer une rémunération variable, des options d'actions ou des actions de performance, sauf justification de la part du conseil (Code de gouvernance Afep-Medef art. 26.2 ; sur le champ d'application et la force contraignante de ce Code, voir nos 48272 s.).

La rémunération des dirigeants de **SA publique nationale** est plafonnée. Exposé dans les développements relatifs au président du conseil d'administration (n° 40589), ce dispositif est applicable aux président et vice-présidents du conseil de surveillance.

Sur le **régime fiscal** applicable à cette rémunération, voir n° 44920.

44684 **Secrétaire** Les statuts peuvent prévoir la désignation par le conseil d'un secrétaire choisi parmi les membres du conseil de surveillance ou en dehors d'eux.

ADOPTION DES DÉCISIONS DU CONSEIL DE SURVEILLANCE

44700 **Quorum** Le conseil de surveillance ne délibère valablement que si la moitié au moins de ses membres sont effectivement présents (art. L 225-82, al. 1) ou réputés tels en cas de recours à des moyens de télécommunication.

Pour le calcul du quorum, il n'est donc pas tenu compte des membres du conseil représentés, ni de ceux ayant voté par correspondance préalablement à la réunion.

› Précisions L'article L 225-82, al. 1, à la différence de l'article L 225-37, al. 1 relatif aux délibérations du conseil d'administration, ne précise pas que toute **clause contraire** est réputée non écrite. À compter du 1er octobre 2025 (Ord. 2025-229 du 12-3-2025 art. 70), ce réputé non écrit résultera de l'article 1844-10, al. 2 du Code civil modifié par l'ordonnance 2025-229, mais seulement si cette clause figure dans les statuts. Par ailleurs, la délibération prise en violation de la règle de quorum, qui revêt un caractère impératif, est susceptible d'être annulée (art. L 235-1, al. 2 remplacé, à compter du 1-10-2025, par C. civ. art. 1844-10, al. 3 modifié par ord. 2025-229).

Majorité Les décisions sont prises à la majorité des membres présents (ou réputés tels en cas de recours à un moyen de télécommunication) ou représentés, à moins que les statuts ne prévoient une majorité plus forte (art. L 225-82, al. 2). **44710**

En principe, la voix du président de séance (président ou vice-président du conseil de surveillance, selon le cas) est prépondérante en cas de partage des voix. Mais cette prépondérance peut être écartée par une stipulation expresse des statuts (art. L 225-82, al. 4). **44711**

Vote L'exercice du droit de vote appelle les mêmes remarques que pour les administrateurs (voir nos 40740 s.). **44720**

OBLIGATION DE DISCRÉTION AU SEIN DU CONSEIL DE SURVEILLANCE

L'article L 225-92 prévoit une obligation de discrétion au sein du conseil de surveillance identique à celle existant au sein du conseil d'administration : voir no 40750. **44730**

PROCÈS-VERBAUX DES RÉUNIONS DU CONSEIL DE SURVEILLANCE

Après chaque réunion du conseil, il est nécessaire d'établir un procès-verbal de la réunion (art. R 225-49, al. 1). **44740**

Tout intéressé peut demander au président du tribunal statuant en référé d'enjoindre sous astreinte au président du conseil de surveillance de transcrire les procès-verbaux des réunions sur un registre spécial tenu au siège social (art. L 238-4). Sur la nullité des délibérations du conseil de surveillance en l'absence d'établissement de procès-verbal, voir no 44751.

Les règles relatives au **contenu** des procès-verbaux (art. R 225-50, al. 1) et à leur **conservation** dans un registre (le cas échéant, électronique) ou sous forme de feuilles cotées et paraphées (art. R 225-49) sont les mêmes que pour le conseil d'administration (voir nos 40762 et 40763). **44741**

Le procès-verbal est **signé** par le président de la séance et par au moins un membre du conseil de surveillance (art. R 225-50, al. 2). En cas d'empêchement du président de séance, il est signé par deux membres du conseil au moins (art. R 225-50, al. 2). Lorsque le procès-verbal est établi sous forme électronique, il est signé au moyen d'une signature électronique qui respecte au moins les exigences de la signature électronique avancée (sur ces exigences, voir no 23160) ; il doit être daté de façon électronique au moyen d'un horodatage offrant toute garantie de preuve (art. R 225-49, al. 3). **44742**

Les **copies** ou extraits des procès-verbaux des délibérations sont valablement certifiés par le président du conseil de surveillance, un vice-président, un membre du directoire ou un fondé de pouvoir habilité à cet effet (art. R 225-51, al. 1). Lorsque les procès-verbaux sont établis sous forme électronique, la certification peut se faire au moyen d'une signature électronique qui respecte au moins les exigences de la signature électronique avancée (art. R 225-51, al. 3 ; sur ces exigences, voir no 23160). **44743**

Les procès-verbaux des réunions du conseil de surveillance ont la même **force probante** que ceux des réunions du conseil d'administration (voir no 40766). **44744**

Toutefois, il est suffisamment justifié du nombre des membres du conseil de surveillance en exercice, ainsi que de leur présence ou de leur représentation à une séance du conseil, par la production d'une copie ou d'un extrait du procès-verbal (art. R 225-52).

Le procès-verbal comportant des **énonciations mensongères** est susceptible de constituer un faux en écriture pénalement sanctionné : voir no 40768.

NULLITÉ DES DÉLIBÉRATIONS DU CONSEIL DE SURVEILLANCE

Les délibérations du conseil de surveillance peuvent être annulées pour les mêmes **causes** que les délibérations du conseil d'administration (nos 40780 s.). Sur le cas particulier des délibérations prises par un conseil de surveillance irrégulièrement composé, voir nos 40790 s. **44750**

Pour plus de détails sur le **régime** de la nullité, voir nos 89210 s. et 89380 s.

44751 **Défaut d'établissement des procès-verbaux** Le fait, pour le président du conseil de surveillance ou le président de séance, de ne pas constater les délibérations du conseil adoptées **avant le 1er octobre 2025** par des procès-verbaux est sanctionné par la nullité de ces délibérations (art. L 235-14, al. 1). Sur le régime de cette action, voir n° 40787.

Pour les délibérations du conseil adoptées **à compter du 1er octobre 2025,** la nullité n'est plus expressément prévue (Ord. 2025-229 du 12-3-2025 art. 63 et 70 abrogeant à cette date l'article L 235-14), mais elle restera encourue si un juge estime que l'article R 225-49, al. 1 est une disposition impérative de droit des sociétés (cf. C. civ. art. 1844-10, al. 3 modifié, à compter du 1-10-2025, par ord. 2025-229).

> **Précisions** Bien que l'alinéa 1 de l'article L 235-14 ne vise que les **délibérations « des organes de direction et d'administration »,** la sanction qu'il édicte nous paraît applicable au conseil de surveillance car il est fait expressément mention de cet organe dans les alinéas 2 et 3 de l'article.

B. Mission du conseil de surveillance

POUVOIRS DE CONTRÔLE DU CONSEIL DE SURVEILLANCE

44810 **Contrôle permanent** Le conseil de surveillance exerce un contrôle permanent de la gestion du directoire (art. L 225-68, al. 1). À ce titre, il peut, à toute époque de l'année, opérer les **vérifications** et contrôles qu'il juge opportuns et se faire communiquer les documents qu'il estime nécessaires à l'accomplissement de sa mission (art. L 225-68, al. 3). Ce contrôle est indépendant de celui qui incombe aux commissaires aux comptes lorsque la société en est dotée. Il porte non seulement sur la régularité des comptes, comme le contrôle des commissaires aux comptes, mais aussi sur l'opportunité des actes de gestion du directoire. Dans l'exercice de son pouvoir de contrôle général, le conseil de surveillance ne saurait toutefois empiéter ni sur les attributions des commissaires aux comptes, ni sur celles du directoire. Le contrôle de la gestion ne doit pas entraîner une **immixtion** dans cette gestion.

> **CONSEIL**
> Pour apprécier éventuellement l'existence de cette ingérence, on pourra, semble-t-il, utilement s'inspirer de la notion d'immixtion du commanditaire sur laquelle la jurisprudence est déjà fixée (notamment, interdiction de tout acte de gestion externe laissant croire aux tiers que le conseil est leur interlocuteur : n° 27070).

En outre, le pouvoir de contrôle ne s'étend pas aux **filiales** de la société, de sorte que le conseil ne peut pas demander communication des documents concernant leur gestion, sauf à démontrer que ces documents sont nécessaires à l'efficacité du contrôle de la société (CA Paris 30-8-2005 n° 04-1208 : RJDA 6/06 n° 660).

Si la **carence** manifeste du conseil **dans la mise en œuvre des dispositifs de contrôle** est à l'origine de détournements de fonds commis par des salariés au détriment de la société, ces détournements ne constituent pas des pertes déductibles du résultat imposable (CE 5-10-2007 n° 291049 : RJDA 3/08 n° 297).

44811 Le directoire doit présenter un **rapport** au conseil de surveillance une fois par trimestre au moins (art. L 225-68, al. 4). Aucune disposition légale ou réglementaire ne précise le contenu de ce rapport ; cependant, il ne fait pas de doute que celui-ci doit informer le conseil de surveillance le plus complètement possible de la marche des affaires sociales.

L'information prévue par l'article L 225-68, al. 4 est destinée « au conseil de surveillance ». Elle s'adresse donc à l'organe collégial que constitue ce conseil et non pas à chacun de ses membres pris individuellement. Une réunion du conseil de surveillance est donc nécessaire car elle seule permet une appréciation collective du rapport du directoire. Le simple envoi de ce rapport à chaque membre du conseil ne vaudrait que comme information individuelle et ne répondrait pas, à notre avis, au vœu du législateur.

À défaut de précision contraire de la loi, l'emploi du mot « rapport » conduit, nous semble-t-il, à considérer que le directoire doit remettre au conseil de surveillance un document écrit.

Le conseil de surveillance doit avoir **communication,** dans les huit jours de leur établissement, des **documents** de gestion prévisionnelle et des rapports d'analyse de ces documents *établis, s'il y a lieu, par le directoire* (art. L 232-3).

44812 **Vérification des comptes annuels** Après la clôture de l'exercice, le conseil de surveillance vérifie et contrôle les comptes établis par le directoire ainsi que, le cas échéant, les comptes consolidés (art. L 225-68, al. 5). Ces comptes doivent lui être présentés par le directoire dans un délai de trois mois à compter de la clôture de l'exercice (art. R 225-55).

POUVOIRS PROPRES DU CONSEIL DE SURVEILLANCE

Le conseil de surveillance tient du Code de commerce certaines attributions précises : 44830
– nomination des membres du directoire (art. L 225-59, al. 1) et fixation de leur rémunération (art. L 225-63) ;
– dans les SA dont les actions sont admises aux négociations sur un marché réglementé, établissement de la politique de rémunération des mandataires sociaux (nos 53075 s. ; art. L 22-10-26) ;
– choix du président du directoire (art. L 225-59, al. 1) ;
– attribution du pouvoir de représentation à un ou plusieurs membres du directoire, si les statuts le permettent (art. L 225-66, al. 2) ;
– cooptation des membres du conseil de surveillance (art. L 225-78) ;
– autorisation des conventions entre la société et l'un des membres du directoire ou du conseil de surveillance (art. L 225-86) ;
– faculté de convoquer une assemblée (art. L 225-103, III) ;
– mise en conformité des statuts avec les dispositions législatives et réglementaires sous réserve de ratification des modifications par la prochaine assemblée générale extraordinaire (art. L 225-65, al. 2 modifié par loi 2024-537 du 13-6-2024 ; sur cette question, voir aussi no 40860, précision), une délégation de l'assemblée générale extraordinaire n'étant plus nécessaire pour y procéder ;
– délibération annuelle obligatoire sur la politique de la société en matière d'égalité professionnelle et salariale entre tous les salariés et entre les femmes et les hommes (art. L 225-82-1) ;
– nomination des membres des commissions (art. R 225-56), du comité d'audit et du comité assurant le suivi des questions relatives aux informations de durabilité (art. L 821-67) ;
– répartition de la rémunération globale versée aux membres du conseil au titre de leurs fonctions (ex-jetons de présence) (art. L 225-83) ;
– établissement du rapport sur le gouvernement d'entreprise soumis à l'assemblée générale ordinaire annuelle, contenant notamment les observations du conseil sur le rapport du directoire ainsi que sur les comptes de l'exercice (art. L 225-68, al. 6 et L 225-100, I-al. 2) ;
– dans les sociétés dont les actions sont admises aux négociations sur un marché réglementé dépassant certains seuils (no 43588), détermination, avant le 30 juin 2026, d'objectifs quantitatifs visant à améliorer la représentation équilibrée des hommes et des femmes au sein du directoire (art. L 22-10-18-1, al. 1 issu de ord. 2024-934 du 15-10-2024) et mise en place, avant la même date, d'un processus de sélection des candidats aux mandats de membres du directoire et du conseil de surveillance afin d'assurer la conformité de la composition de ces organes à l'obligation de mixité à compter de cette date (sur le processus de sélection, voir les règles exposées nos 39520 s. pour les SA à conseil d'administration, identiques à celles applicables aux SA à directoire et conseil de surveillance ; art. L 22-10-18-2 et L 22-10-21 bis issus de ord. 2024-934 et art. D 22-10-40-1 issu du décret 2025-744 du 30-7-2025).

À noter que le conseil de surveillance peut révoquer les membres du directoire ou le directeur général unique, mais seulement si les statuts le prévoient (art. L 225-61).

> **Précisions** Les **missions** dévolues par les **Code de gouvernance** Afep-Medef et Middlenext au conseil d'administration exposées nos 40865 s. s'appliquent de manière identique au conseil de surveillance, sous réserve de ce qui est exposé no 43810 en matière de fixation des objectifs de mixité au sein des instances dirigeantes de la société.

Autorisations spéciales Sur les autorisations à donner pour les cautions, avals et autres garanties, voir no 43823. 44831

Les statuts peuvent aussi subordonner à l'autorisation préalable du conseil de surveillance la conclusion par le directoire de certaines opérations (art. L 225-68, al. 2 : no 43829). Toutefois, ces limites aux pouvoirs du directoire ne sont pas opposables aux tiers (art. L 225-64, al. 3).

Transfert du siège social Le conseil de surveillance est compétent pour décider le transfert du siège social sur l'**ensemble du territoire** français, sous réserve de ratification par l'assemblée générale ordinaire (art. L 225-65). 44832

Le régime de ce transfert est le même que celui décrit pour le conseil d'administration (no 40900).

EXERCICE DES POUVOIRS DU CONSEIL DE SURVEILLANCE

Mandats spéciaux Le conseil de surveillance peut conférer à un ou plusieurs de ses membres tous mandats spéciaux pour un ou plusieurs **objets déterminés** (art. R 225-56, al. 1). 44840

44841 **Commissions** Le conseil de surveillance peut décider la création en son sein de commissions dont il fixe la **composition** et les **attributions,** et qui exercent leur activité sous sa **responsabilité,** sans que lesdites attributions puissent avoir pour objet de déléguer à une commission les pouvoirs qui sont attribués au conseil lui-même par la loi ou les statuts, ni pour effet de réduire ou de limiter les pouvoirs du directoire (art. R 225-56, al. 2).

L'expression « en son sein » conduit à penser que les commissions ne peuvent comprendre que des membres du conseil de surveillance à l'exclusion de toute personne extérieure à cet organe.

Sur l'obligation de créer un **comité d'audit** dont les membres sont choisis par le conseil en son sein, voir n° 45200.

44842 **Audition des membres du directoire** Aucun texte ne prévoit expressément que les membres du directoire pourront être entendus par le conseil de surveillance. Mais, les membres du directoire étant obligés de présenter un rapport au conseil de surveillance, il semble que cette présentation implique la possibilité de venir **expliquer et défendre le rapport** devant le conseil.

De plus, il ressort implicitement des articles L 225-92 (obligation de discrétion) et R 225-50 (contenu des procès-verbaux) que toute personne, quelle que soit sa qualité, peut être appelée à assister aux réunions du conseil de surveillance.

44843 **Moyens nécessaires à l'exercice des pouvoirs** Les membres du conseil de surveillance ont le droit de **demander aux dirigeants** de la société tous documents ou **renseignements** qu'ils estimeraient utiles à la mission de contrôle du conseil (n° 44810).

La société est libre d'allouer au conseil un **budget de fonctionnement** pour lui permettre d'exercer ses pouvoirs. En pratique, un tel budget est souvent prévu dans les grandes sociétés. Les membres du conseil peuvent alors utiliser les fonds pour rémunérer un **expert** à qui ils confient l'exécution d'une ou plusieurs missions ponctuelles nécessaires au contrôle de la gestion. Dans ce cas, le contrat de mission n'est conclu ni au nom de la société (puisque les membres du conseil n'ont pas qualité pour engager celle-ci), ni au nom du conseil (puisque celui-ci n'a pas la personnalité morale), mais au nom du ou des signataires pris en leur qualité de membres de ce conseil.

À notre avis, les membres du conseil ont la possibilité de **se faire assister** par un tiers étranger à la société pourvu que les missions confiées à ce dernier n'entraînent pas d'immixtion dans la gestion.

C. Rémunération des membres du conseil de surveillance

RÉMUNÉRATIONS AUTORISÉES

44900 Les dispositions relatives à la rémunération des membres du conseil de surveillance sont calquées sur celles afférentes à la rémunération des administrateurs. Les membres du conseil peuvent ainsi percevoir trois catégories de rémunérations.

1. Une **somme fixe annuelle** rétribuant leur activité générale au conseil (ex-jetons de présence ; art. L 225-83 : voir n°s 41040 s.).

ATTENTION

Dans les sociétés dont les actions sont admises aux négociations sur un marché réglementé et dans certaines autres sociétés de grande taille, le non-respect de la proportion légale d'hommes et de femmes au conseil peut entraîner la suspension du versement de cette rémunération (art. L 225-83, al. 2 ; voir aussi art. L 22-10-21 ; pour plus de détails, voir n° 39159).

2. Des **rémunérations exceptionnelles** correspondant à des activités diverses dont les membres du conseil de surveillance sont éventuellement chargés en plus de leurs fonctions *normales au* conseil (art. L 225-84 et L 22-10-28 : voir n°s 41070 s.).

L'octroi des rémunérations exceptionnelles constitue une convention soumise à la procédure des conventions réglementées (art. L 225-84) et est soumis, dans les SA dont les actions sont admises aux négociations sur un marché réglementé, à la procédure de « say on pay » (art. L 22-10-28).

3. Des **bons de souscription de parts de créateur d'entreprise** dans certaines SA immatriculées au RCS depuis moins de 15 ans et respectant certaines conditions (art. L 225-85, al. 1 ; sur cette question, voir n°s 70410 s.).

Par ailleurs, le président et le vice-président peuvent recevoir une rémunération dont le montant est fixé par le conseil de surveillance (art. L 225-81, al. 1 et L 22-10-25 : voir n° 44683). **44901**

Enfin, il peut être alloué, sous certaines conditions, aux membres du conseil de surveillance une rémunération au titre d'un **contrat de travail** avec la société (n° 44310). À noter que, lorsque les statuts prévoient la participation au conseil de surveillance de membres représentant les salariés, ceux-ci ne perdent pas le bénéfice de leur contrat de travail et leur rémunération en tant que salariés ne peut pas être réduite du fait de l'exercice de leur mandat (art. L 225-31, sur renvoi de l'art. L 225-80).

Sur l'obligation pour certaines SA d'indiquer dans le **rapport sur le gouvernement d'entreprise** les rémunérations et avantages attribués à des membres du conseil de surveillance, voir n°s 53040 s.

Les membres du conseil de surveillance ne peuvent recevoir de la société aucune **rémunération, autre** que celles visées ci-dessus (somme fixe annuelle rétribuant leur activité générale au conseil, bons de souscription de parts de créateur d'entreprise et rémunérations exceptionnelles) et celles attribuées au président ou au vice-président ou à certains membres du conseil en contrepartie d'un travail salarié (art. L 225-85, al. 1). Toute clause statutaire contraire est réputée non écrite et toute décision contraire est nulle (art. L 225-85, al. 2 modifié, à compter du 1-10-2025, par ord. 2025-229 du 12-3-2025 excluant l'application du triple test ; Ord. 2025-229 art. 70). **44902**

ATTENTION

Dans les sociétés d'exercice libéral à forme anonyme (Selafa), les membres du conseil de surveillance sont librement rémunérés, les dispositions de l'article L 225-85 ne leur étant pas applicables (Ord. 2023-77 du 8-2-2023 art. 60). Il en va de même dans les SA de droit commun constituées pour l'exercice d'une **profession libérale** juridique ou judiciaire (art. L 811-7, al. 2 et L 812-5, al. 2 pour les administrateurs et mandataires judiciaires, Ord. du 10-9-1817 art. 3-2, al. 2 pour les avocats aux Conseils, Loi 71-1130 du 31-12-1971 art. 8, I-al. 2 pour les avocats, Ord. 45-2590 du 2-11-1945 art. 1 bis, al. 2 pour les notaires et Ord. 2016-728 du 2-6-2016 art. 5, al. 2 et 25, IV-6° pour les commissaires de justice, les huissiers de justice et les commissaires-priseurs judiciaires).

Des mesures de **contrôle** de la rémunération des membres du conseil de surveillance de société dont les actions sont admises aux négociations sur un marché réglementé sont imposées par la loi (art. L 22-10-26, sur renvoi des art. L 22-10-27 et L 22-10-28, art. L 22-10-9, sur renvoi de l'art. L 22-10-20, et art. L 22-10-34, I : n°s 53040 s.). **44903**

REMBOURSEMENT DE FRAIS AUX MEMBRES DU CONSEIL DE SURVEILLANCE

Le conseil de surveillance peut autoriser le remboursement des frais de voyage et de déplacement et des dépenses engagées par ses membres dans l'intérêt de la société (art. R 225-60, al. 2). **44910**

RÉGIME FISCAL ET SOCIAL DES RÉMUNÉRATIONS

Les rémunérations versées aux membres du conseil de surveillance au titre de leurs fonctions (ex-jetons de présence) sont, comme celles allouées aux administrateurs, déductibles des bénéfices imposables de la société dans la mesure où elles n'excèdent pas une certaine proportion des salaires des dirigeants (voir n° 41045). Les bénéficiaires sont imposés selon les règles précisées n° 41045. Tout comme les administrateurs, les membres du conseil de surveillance ne relèvent, en cette qualité, d'aucun régime obligatoire de protection sociale. Les rémunérations versées aux membres du conseil au titre de leurs fonctions et les rémunérations exceptionnelles ne supportent donc aucune cotisation ou contribution sociale sur revenus d'activité, mais sont assujetties au forfait social de 20 % à la charge de la société (CSS art. L 137-15, al. 6). S'il apparaît, toutefois, qu'ils s'immiscent dans la gestion proprement dite de la société, ils s'exposent à la requalification en dirigeant au sens de l'article L 311-3, 23° du Code de la sécurité sociale et par conséquent à la réintégration de leurs rémunérations dans l'assiette des cotisations sur salaires (en ce sens, Cass. 2e civ. 1-2-2024 n° 21-25.175 F-D : RJDA 5/24 n° 284, à propos d'une SAS, mais à notre avis transposable). **44920**

La **rémunération spécifique** versée au **président** et au **vice-président** du conseil en application des articles L 225-81 et L 22-10-25 doit être imposée, selon l'administration fiscale, dans la catégorie des revenus mobiliers et non dans celle des traitements et salaires (BOI-RSA-CHAMP-10-30-20 n° 200 et BOI-RSA-GER-10-30 n° 150).

Comme les autres membres du conseil de surveillance, le président et le vice-président de ce conseil ne relèvent en cette qualité d'aucun régime de protection sociale obligatoire et les sommes versées pour l'exercice du mandat ne sont donc passibles d'aucune cotisation de sécurité sociale (en ce sens, à propos des cotisations personnelles d'allocations familiales des travailleurs indépendants, Cass. soc. 25-1-2001 : RJS 4/01 nº 536), donnent lieu au paiement du forfait social de 20 % à la charge de la société (CSS art. L 137-15, al. 6) et sont passibles de la CSG et de la CRDS en tant que revenus du patrimoine et non en tant que revenus d'activité. Mais ils peuvent bénéficier d'une couverture maladie par le biais de la protection universelle maladie s'ils résident en France et n'en bénéficient pas à un autre titre (Mémento Social nº 50120).

Les **rémunérations exceptionnelles** allouées aux membres du conseil pour des missions ou mandats particuliers qui leur sont confiés dans le cadre des articles L 225-84 et L 22-10-28 sont, sauf exagération, déductibles des bénéfices sociaux. Pour les bénéficiaires, elles sont imposables dans la catégorie des bénéfices non commerciaux si les prestations s'exercent en dehors d'un contrat de travail et de tout lien de subordination ou comme salaires dans le cas contraire.

Lorsque les membres du conseil sont, en outre, titulaires d'un contrat de travail, la rémunération de ces **fonctions salariées** est soumise au régime fiscal des traitements et salaires et supporte toutes les cotisations et contributions sociales sur les salaires, ce qui les fait échapper au forfait social.

Le remboursement des frais directement liés aux réunions du conseil est déductible du résultat imposable et n'est pas imposable au nom des membres du conseil. Il n'est toutefois pas déductible tant qu'il n'a pas été autorisé, en totalité ou en partie, par une délibération dudit conseil (CE 20-6-2012 nº 342753 : RJF 10/12 nº 900).

› Précisions S'il apparaît que les **sommes versées à un membre du conseil** au titre de missions ou mandats particuliers, en application des articles L 225-84 et L 22-10-28, **rémunèrent en fait une activité professionnelle distincte** exercée dans la société, il existe un risque de redressement par les organismes sociaux car des cotisations et contributions sociales sont alors dues sur ces sommes. Il s'agit de celles dues pour les salariés si les missions sont exercées sous un lien de subordination (Cass. soc. 12-12-1991 nº 89-16.730 : RJS 1/92 nº 85 ; Cass. 2e civ. 30-5-2013 nº 12-16.005 : RJDA 10/13 nº 812) ou de celles des travailleurs indépendants, dans le cas contraire (Cass. soc. 25-1-2001 nº 99-12.376 : RJS 4/01 nº 536 ; Cass. 2e civ. 1-7-2010 nº 09-15.076 : RJS 11/10 nº 888). Dans les deux cas, la requalification de ces sommes en revenu d'activité professionnelle écarte l'application du forfait social de 20 % aux sommes en cause.

III. RESPONSABILITÉ DES MEMBRES DU CONSEIL DE SURVEILLANCE

RESPONSABILITÉ CIVILE DES MEMBRES DU CONSEIL DE SURVEILLANCE

45040 **Fautes engageant la responsabilité civile** Les membres du conseil de surveillance ne sont responsables, à l'égard de la société ou à l'égard des tiers, que des fautes personnelles qu'ils ont commises dans l'exécution de leur mandat (art. L 225-257, al. 1).

Tel peut être le cas s'ils n'ont pas apporté la diligence voulue à l'exécution de leur mission de contrôle, ou s'ils ont donné à la légère les autorisations sollicitées par le directoire, ou encore s'ils ont commis des fautes dans l'accomplissement des missions particulières qui ont pu leur être confiées.

En revanche, ils n'encourent aucune responsabilité en raison des actes de la gestion et de leur résultat (art. L 225-257, al. 1).

Ils doivent révéler à l'assemblée générale, sous peine d'en être civilement responsables, les délits commis par les membres du directoire dont ils ont eu connaissance (art. L 225-257, al. 1).

45041 **Étendue de la responsabilité civile** Les membres du conseil de surveillance ne répondent que de leurs **fautes personnelles** (art. L 225-257, al. 1). Contrairement aux règles applicables aux administrateurs, une **faute commune** à plusieurs membres du conseil n'entraîne pas une obligation solidaire de ceux-ci à la réparation du dommage.

45042 **Action en responsabilité civile** Par l'intermédiaire de son **représentant légal,** la société peut exercer l'**action sociale** contre les membres du conseil de surveillance afin d'obtenir réparation du préjudice qu'elle a subi. Cette action obéit en partie aux règles applicables en matière de responsabilité des administrateurs (art. L 225-257, al. 2) : interdiction des clauses de renonciation ou d'avis ; inefficacité du « quitus » ; prescription de trois ans (nos 42130 s.).

En revanche, un **actionnaire,** qu'il agisse seul ou en se groupant avec d'autres actionnaires, ne peut pas former une **action sociale** contre les membres du conseil de surveillance (action sociale « ut singuli »). En effet, l'article L 225-257, relatif à la responsabilité des membres du conseil de surveillance, n'en fait pas mention et ne renvoie pas non plus aux articles L 225-252 et L 22-10-73 qui envisagent l'exercice d'une telle action contre les administrateurs, le directeur général et les autres dirigeants responsables dans les mêmes conditions que les administrateurs (membres du directoire notamment : art. L 225-256, al. 1).

Tout **actionnaire** peut engager une action en réparation du **préjudice** que lui a **causé personnellement** un membre du conseil de surveillance. Mais les actionnaires ne peuvent pas se grouper pour exercer une telle action. L'article R 225-167 n'autorise le groupement d'actionnaires qu'en cas d'action individuelle dirigée contre les administrateurs, le directeur général ou les membres du directoire et l'article L 225-251 auquel il se réfère n'est pas repris à l'article L 225-257.

Responsabilité civile en cas de procédure collective de la société Les membres du conseil de surveillance n'ont pas la qualité de dirigeant de droit (Cass. com. 12-7-2005 n° 1238 : RJDA 2/06 n° 169 ; Cass. com. 8-1-2020 n° 18-23.991 F-PB : RJDA 3/20 n° 164). Même s'ils ont commis des fautes personnelles dans l'exécution de leurs fonctions, ils ne sont soumis ni au règlement éventuel de tout ou partie du passif social, ni à la faillite personnelle, ni aux interdictions ou déchéances, sauf s'ils se comportent comme des dirigeants de fait (Cass. com. 12-7-2005 précité ; CA Paris 22-3-2016 n° 15/14846 : RJDA 7/16 n° 536 ; voir aussi CA Paris 9-6-1995 : Dr. sociétés 1995 n° 214 note Y. Chaput). **45043**

Cependant, ils peuvent être condamnés personnellement à verser des dommages-intérêts s'il apparaît qu'en s'abstenant de surveiller la gestion des membres du directoire ils ont commis une faute ayant causé un préjudice aux créanciers (Cass. com. 6-2-1979 : Rev. sociétés 1979 p. 539 note J. G.).

RESPONSABILITÉ PÉNALE DES MEMBRES DU CONSEIL DE SURVEILLANCE

La responsabilité pénale des membres du conseil de surveillance résulte des articles L 242-30, L 245-17 et L 247-9 qui déclarent « applicables, selon leurs attributions respectives, aux membres du directoire et aux membres du conseil de surveillance » les diverses peines dont sont passibles, en cas d'infraction, le président, les directeurs généraux et les administrateurs. **45050**

Étant donné la simple mission de contrôle à laquelle sont tenus les membres du conseil de surveillance, la responsabilité pénale de ces derniers paraît extrêmement réduite.

ILLUSTRATIONS

Le président du conseil de surveillance ne peut pas être tenu pour responsable des infractions à la réglementation économique commises dans la société, cette responsabilité incombant au président du directoire (CA Paris 8-11-1976 : JCP 1977 II n° 18745 obs. Guérin).

En tout état de cause, les membres du conseil de surveillance n'encourent aucune des sanctions prévues par les articles L 242-6 et L 242-8 relatifs à l'administration et à la direction des sociétés. **45051**

Ils peuvent toutefois être condamnés pénalement lorsqu'ils se sont rendus complices des agissements délictueux commis par les membres du directoire.

ILLUSTRATIONS

Un président de conseil de surveillance a été condamné pour complicité de présentation de bilan inexact (*CA Paris 15-2-1979 : Bull. CNCC 1979 p. 197*). En l'espèce, le président du directoire et le président du conseil de surveillance avaient été informés par les commissaires aux comptes de l'existence d'anomalies et de lacunes dans les comptes de la société. Le bilan avait néanmoins été présenté aux actionnaires sans aucune rectification et le président du conseil de surveillance avait indiqué sommairement dans son rapport la nécessité d'améliorer les enregistrements comptables, mais il avait conclu que le conseil de surveillance n'avait pas de remarques particulières à formuler sur le bilan.

Les membres du conseil de surveillance peuvent également être condamnés lorsqu'ils se sont conduits comme des dirigeants de fait (art. L 246-2 sur renvoi de l'art. L 242-30, al. 2 ; pour un exemple de sanctions pénales infligées au président du conseil de surveillance comme au président du directoire pour présentation de comptes ne donnant pas une image fidèle de la société et pour diffusion d'informations inexactes dans le public, dès lors que les intéressés « codirigeants de la société » prenaient ensemble toutes les décisions concernant cette société, voir CA Paris 17-5-1999 : RJDA 6/00 n° 672).

SECTION 3 LE COMITÉ D'AUDIT

45200 L'article L 821-67 impose aux **entités d'intérêt public** de mettre en place un « comité spécialisé » (en pratique, souvent nommé « comité d'audit ») chargé d'assurer le suivi de l'élaboration et du contrôle des **informations comptables et financières** et des **informations de durabilité,** ce suivi pouvant être confié à un comité distinct s'agissant des informations de durabilité. Le comité d'audit agit sous la responsabilité des membres du conseil de surveillance, lequel fixe sa composition : les membres du comité doivent être choisis au sein du conseil et l'un d'eux (au moins) doit à la fois présenter des compétences particulières en matière financière ou comptable et être indépendant au regard de critères précisés par le conseil.

Les règles concernant ce comité sont identiques à celles prévues pour le comité spécialisé des sociétés à conseil d'administration (nos 42860 s.).

CHAPITRE 5 LES ASSEMBLÉES D'ACTIONNAIRES

SOMMAIRE

RÔLE DE L'ASSEMBLÉE GÉNÉRALE

46000 L'assemblée générale des actionnaires est l'« **organe souverain** » de la SA : c'est elle qui nomme, révoque ou remplace les membres du conseil d'administration ou de surveillance, lesquels désigneront à leur tour les personnes chargées d'assurer la direction générale de la société ; c'est l'assemblée qui désigne les commissaires aux comptes et OTI dans les SA tenues d'en nommer un, qui approuve ou rejette les comptes, qui fixe la répartition des bénéfices ; c'est elle enfin qui modifie les statuts et prononce la dissolution de la société. L'assemblée est le lieu privilégié du dialogue actionnarial.

La réunion de l'assemblée ne saurait être éludée et remplacée par des adhésions individuelles, fussent-elles unanimes (CA Amiens 7-5-1963 : Gaz. Pal. 1963 II p. 246).

Le rôle de l'assemblée est donc essentiel. Mais la **pratique** correspond mal à la théorie. On sait de longue date en effet que, surtout dans les sociétés d'une certaine importance, de nombreux actionnaires s'abstiennent de prendre part personnellement aux assemblées. Souvent, le quorum requis pour la validité des délibérations n'est pas atteint lors des assemblées ou ne l'est que grâce au système des pouvoirs en blanc. Dans cette situation, les décisions de l'assemblée générale n'expriment en fait que l'opinion du groupe, plus ou moins restreint, des **actionnaires disposant du contrôle** de la société.

Toutefois, cette situation évolue. Dans de nombreuses sociétés, les **actionnaires minoritaires** ont pris conscience du poids que pouvaient prendre leurs interventions aux assemblées en raison de l'effet médiatique important résultant du compte rendu de ces assemblées dans la presse et de la pression qu'ils pouvaient ainsi exercer sur les dirigeants sociaux et sur les majoritaires.

SECTION 1

RÈGLES COMMUNES À TOUTES LES ASSEMBLÉES

I. CONVOCATION DES ACTIONNAIRES

A. Droit de convoquer l'assemblée

46010 EN BREF *L'assemblée générale de SA est convoquée, selon le cas, par le conseil d'administration ou le directoire. À défaut, elle peut être également convoquée :*
– par les commissaires aux comptes dans les sociétés qui en sont dotées ;
– par un mandataire, désigné en justice, à la demande soit de tout intéressé ou du comité social et économique des sociétés d'au moins 50 salariés en cas d'urgence, soit d'un ou plusieurs actionnaires réunissant au moins 5 % du capital social, soit d'une association de défense des actionnaires de la société si les actions de celle-ci sont admises aux négociations sur un marché réglementé ;
– par un administrateur provisoire ;
– par les liquidateurs ;
– par les actionnaires majoritaires en capital ou en droits de vote après une offre publique d'achat ou d'échange ou après une cession de bloc de contrôle.
Dans les sociétés à directoire et conseil de surveillance, l'assemblée générale peut être convoquée par le conseil de surveillance.

CONVOCATION PAR LE CONSEIL D'ADMINISTRATION

46020 Le droit de convocation revient, par principe, au conseil d'administration (art. L 225-103, I).

Ce droit appartient au conseil lui-même, en tant que **collège délibérant.** Aucun des administrateurs, même le président, ne le possède individuellement (cf. Cass. com. 21-7-1969 : D. 1970 p. 88).

Une fois la décision de convoquer l'assemblée prise, le président ou un administrateur peut recevoir **mandat** de procéder aux **formalités matérielles** nécessaires pour la convocation.

La convocation doit, en outre, pour être valable, émaner d'un **conseil** d'administration **régulièrement constitué.** Tel ne serait pas le cas si le conseil avait été irrégulièrement nommé (Cass. com. 9-7-2002 nº 1421 : RJDA 11/02 nº 1153) ou si le mandat de tous les administrateurs avait pris fin ou encore si le nombre des administrateurs était devenu, par suite de démission ou de décès, inférieur au minimum légal ou demeuré inférieur au minimum statutaire au-delà des trois mois dont dispose le conseil pour régulariser la situation (nos 39531 s.).

› Précisions Par **exception** :
– le **président du conseil d'administration** peut être tenu de convoquer une assemblée sur **injonction** du président du tribunal de commerce (n° 89825) ;
– lorsque le **nombre des administrateurs** est devenu **inférieur au minimum légal** de trois, les administrateurs restants doivent convoquer les actionnaires en assemblée, mais uniquement pour leur permettre de **compléter l'effectif** du conseil (art. L 225-24, al. 2) ; il en est de même, nous semble-t-il, lorsque le nombre des administrateurs est demeuré inférieur au minimum **statutaire** au-delà du délai de trois mois dont dispose le conseil d'administration pour régulariser la situation (n° 39532).

CONVOCATION PAR LE DIRECTOIRE OU LE CONSEIL DE SURVEILLANCE

Directoire Dans les sociétés de type dualiste, le directoire détient le droit de convoquer l'assemblée (art. L 225-103, I). 46030

Si les fonctions du directoire sont assumées par un **directeur général unique,** ce dernier est habilité à agir seul.

La décision est l'œuvre collective du directoire, qui est un **organe collégial.** Toutefois, une convocation émanant d'un seul membre du directoire ne paraît pas nécessairement irrégulière, à la condition que, conformément à l'article R 225-39 permettant, sauf clause contraire des statuts et sous réserve d'une autorisation du conseil de surveillance, une répartition des « tâches de la direction », elle émane du membre du directoire ayant reçu délégation à cet effet. Si les conditions de l'habilitation sont respectées, la décision d'un seul membre du directoire doit en effet être tenue pour « collective ».

En outre, le président du directoire peut, par exception, être tenu de convoquer une assemblée sur injonction du président du tribunal de commerce statuant en référé (n° 89825).

Pour pouvoir valablement convoquer l'assemblée, le **directoire** doit être **régulièrement constitué.** Signalons qu'à la différence du conseil d'administration, si le directoire est incomplet, il ne peut pas convoquer l'assemblée en vue de combler les postes vacants ; en effet, la nomination des membres du directoire n'appartient pas à l'assemblée générale mais au conseil de surveillance (art. L 225-59, al. 1).

Conseil de surveillance L'assemblée « peut » également être convoquée par le conseil de surveillance (art. L 225-103, III). 46031

La convocation incombant normalement au directoire (cf. art. L 225-103, I : l'assemblée « est » convoquée par le directoire), elle n'est qu'une **faculté** pour le conseil de surveillance (cf. art. L 225-103, III : l'assemblée « peut être » convoquée par le conseil de surveillance).

Le conseil de surveillance est libre d'exercer cette faculté sans avoir à **mettre en demeure le directoire** de procéder à la convocation. En effet, l'article L 225-103, III n'est pas précédé de la mention « à défaut » comme c'est le cas du II relatif à la convocation par les commissaires aux comptes, le mandataire de justice, les liquidateurs ou les actionnaires majoritaires.

CONVOCATION PAR LES COMMISSAIRES AUX COMPTES

À défaut de convocation par le conseil d'administration ou le directoire, l'assemblée peut être convoquée par les commissaires aux comptes chargés d'un **audit classique des comptes** (art. L 225-103, II-1° et L 821-57, al. 2, qui en dispense le commissaire aux comptes chargé d'un audit allégé). 46040

Pour être valable, l'intervention des commissaires aux comptes est subordonnée à une carence des organes normalement chargés de convoquer l'assemblée. L'article R 225-162, al. 1 dispose, en effet, que les commissaires aux comptes ne peuvent convoquer l'assemblée *qu'après avoir vainement requis sa convocation* du conseil d'administration ou du directoire par lettre recommandée AR.

La convocation par les commissaires aux comptes doit être justifiée ; ils doivent d'ailleurs en exposer les motifs dans un rapport lu à l'assemblée (art. R 225-162, al. 2).

ILLUSTRATIONS

Est **régulière** la convocation faite par le commissaire aux comptes :
– lorsque les pouvoirs du conseil étaient expirés et qu'aucune assemblée n'avait été tenue depuis six ans (Cass. civ. 29-6-1925 : DH 1925 p. 593) ;
– en cas de mésentente entre dirigeants sociaux (CA Paris 22-2-1980 : Gaz. Pal. 1980 p. 359 concl. Écoutin).

En revanche, est irrégulière la convocation faite par le commissaire aux comptes, cédant à l'injonction de l'actionnaire majoritaire, alors qu'il n'y a pas carence du conseil d'administration (CA Versailles 19-1-2006 nº 04-1448 : RJDA 12/06 nº 1235).

46041 Lorsque le commissaire prend l'initiative de convoquer l'assemblée, il peut fixer l'**ordre du jour** ; il peut également choisir un **lieu de réunion** autre que celui prévu par les statuts pourvu que ce soit dans le même département et que sa décision soit fondée sur des « motifs déterminants » (art. R 225-162, al. 2).

Les **frais** entraînés par la réunion de l'assemblée sont à la charge non pas des commissaires, mais de la société (art. R 225-162, al. 4).

46042 **Pluralité de commissaires** Lorsque plusieurs commissaires ont été nommés, ils doivent **se mettre d'accord** sur la convocation de l'assemblée (art. R 225-162, al. 3).

S'ils n'y parviennent pas, l'un d'eux peut demander au président du tribunal de commerce statuant en référé l'autorisation de procéder à cette convocation, les autres commissaires et le président du conseil d'administration ou du directoire dûment appelés. L'ordonnance du président fixe aussi l'ordre du jour. Elle n'est susceptible d'aucune voie de recours (art. R 225-162, al. 3).

Ces dispositions paraissent impératives et semblent exclure la possibilité d'aménager sous une autre forme dans les statuts le règlement des désaccords entre commissaires.

CONVOCATION PAR UN MANDATAIRE DE JUSTICE

46050 **Mandataire ad hoc** À défaut de convocation par le conseil d'administration ou le directoire, l'assemblée peut être convoquée par un **mandataire** désigné en justice à cette fin à la **demande** :

– soit de tout intéressé en cas d'urgence (art. L 225-103, II-2º) ; toute personne peut donc agir, notamment un créancier de la société, sous réserve qu'elle justifie d'un intérêt à la réunion de l'assemblée ;

– soit du comité social et économique (CSE) des sociétés d'au moins 50 salariés, également en cas d'urgence (C. trav. art. L 2312-77, al. 1) ;

– soit d'un ou plusieurs actionnaires représentant au moins 5 % du capital social (art. L 225-103, II-2º) ; bien que non actionnaire, l'usufruitier d'actions représentant au moins 5 % du capital pourrait se voir reconnaître le même droit si sa demande est motivée par une question susceptible d'avoir une incidence sur son droit de jouissance des actions (cf. Cass. com. avis 1-12-2021 nº 20-15.164 FS-D : RJDA 2/22 nº 79 et Cass. 3e civ. 16-2-2022 nº 20-15.164 FS-B : RJDA 5/22 nº 273, en matière de société civile mais à notre avis transposables) ;

– soit d'une association de défense des actionnaires de la société visée par l'article L 22-10-44 si les actions de cette société sont admises aux négociations sur un marché réglementé (art. L 225-103, II-2º et L 22-10-44, I ; notons que, par inadvertance, l'article L 225-103, II-2º n'a pas été modifié pour tenir compte du transfert de l'ancien article L 225-120 à l'article L 22-10-44 par l'ordonnance 2020-1142 du 16-9-2020, ce qui est sans incidence car l'article L 22-10-44 ne fait que préciser les droits reconnus à ces associations par l'article L 225-103).

Dans ces deux derniers cas, le ou les demandeurs n'ont pas à établir l'urgence de la réunion.

Lorsque la demande émane du CSE, il a été jugé que la condition d'urgence doit être appréciée en fonction des intérêts que le CSE a pour mission de défendre. Il en va ainsi lorsque le personnel éprouve des craintes sur le maintien de l'emploi et une éventuelle délocalisation de la société à l'étranger à la suite de la restructuration du groupe dont elle fait partie (T. com. Marseille réf. 7-11-2001 nº 2001R906 : RJDA 2/02 nº 162).

46051 La demande est présentée, aux frais des demandeurs, au président du tribunal de commerce statuant en **référé** (art. R 225-65, al. 1 ; C. trav. art. R 2312-31 pour la demande du CSE).

Celui-ci doit vérifier que cette demande est conforme à **l'intérêt social** (Cass. com. 13-1-2021 nº 18-24.853 F-P : RJDA 5/21 nº 314) selon les mêmes modalités que celles exposées nº 32316 à propos des SARL.

ILLUSTRATIONS

La demande a été jugée **recevable** en cas de conflit entre les actionnaires majoritaires et le conseil d'administration sur l'opportunité de conserver une participation dans une autre société (T. com. Paris réf. 20-2-1970 : Gaz. Pal. 1970 II p. 294) ou de risque de perte de contrôle de la société par sa société mère (T. com. Versailles réf. 25-5-1977 : Gaz. Pal. 1978 I p. 26).

En revanche, elle doit être **écartée** lorsqu'il s'agit de faire voter un quitus de gestion précipité au profit des demandeurs alors que les travaux de révision comptable ne sont pas encore achevés

(CA Colmar 24-9-1975 : D. 1976 p. 348 note Y. Guyon), lorsque les reports d'assemblée critiqués étaient justifiés par la notification tardive d'ordres de cession susceptibles d'entraîner des difficultés sur l'exercice des droits de vote (CA Paris 15-9-1992 : RJDA 2/93 n° 128), ou encore lorsque la demande tend au remplacement de membres du conseil de surveillance par des représentants des actionnaires demandeurs alors que les organes sociaux fonctionnent normalement (T. com. Paris réf. 14-10-2020 n° 2020000303 : RJDA 2/21 n° 99).

Contrairement à celle d'un administrateur provisoire, la désignation d'un mandataire ad hoc n'est subordonnée ni au **fonctionnement anormal** de la société, ni à la menace d'un **péril imminent** ou d'un trouble manifestement illicite (Cass. com. 13-1-2021 précité ; Cass. com. 21-9-2022 n° 20-21.416 F-B : RJDA 12/22 n° 690).

Lorsque la **demande émane du CSE,** il a été jugé que seule l'urgence doit être caractérisée dès lors que la disposition du Code du travail qui ouvre ce droit au comité n'impose que cette condition et est une disposition autonome (T. com. Marseille réf. 7-11-2001 n° 2001R906 : RJDA 2/02 n° 162, à propos d'une demande émanant du comité d'entreprise mais transposable à celle formée par le CSE).

La société doit être **appelée à l'instance** tendant à la désignation du mandataire (Cass. com. 3-11-2004 n° 1562 : RJDA 7/05 n° 811). Les actionnaires n'ont en revanche pas à l'être (Cass. com. 20-12-2023 n°s 21-18.746 F-B et 21-18.831 F-D : RJDA 3/24 n° 169, à propos d'une société civile mais transposable).

S'il fait droit à la demande, le président désigne le mandataire chargé de convoquer l'assemblée et fixe l'**ordre du jour** de celle-ci (art. R 225-65, al. 2 ; C. trav. art. R 2312-31, al. 2 pour la demande du CSE). En cas de contestation sur l'ordre du jour, seul celui fixé par le juge doit être pris en compte et non celui figurant sur la convocation (Cass. com. 20-2-2007 n° 05-19.465 : RJDA 8-9/07 n° 860).

Enfin, l'assemblée peut être convoquée : 46052

– par un mandataire désigné par le président du tribunal de commerce statuant **sur requête** à la demande de tout intéressé, à l'effet de procéder aux **nominations** ou aux ratifications de cooptations d'administrateurs ou de **membres du conseil** de surveillance si le conseil d'administration ou le directoire néglige d'effectuer cette convocation (nos 39537 et 44391) ;

– par un mandataire désigné par le président du tribunal de commerce statuant **en référé** dans les cas énumérés à l'article L 238-6 (n° 89825) ;

– en cas de **fusion, de scission ou d'apport partiel d'actifs** soumis à un **régime simplifié,** par un mandataire désigné par le juge à la demande d'un ou plusieurs actionnaires détenant au moins 5 % du capital de la société absorbante, de la société bénéficiaire de la scission ou de la société apporteuse, en vue de faire approuver l'opération par l'assemblée de celle-ci (nos 83280 s., 83463 et 83625) ;

– en cas de **fusion** entre sociétés par actions assortie d'une **délégation** au conseil d'administration ou au directoire, par un mandataire désigné en justice à la demande d'actionnaires détenant au moins 5 % du capital de la société absorbante, en vue de faire approuver le projet de fusion (n° 83265) ;

– par un mandataire désigné par le président du tribunal de commerce statuant sur requête à la demande de tout associé, à l'effet de se prononcer sur la **prorogation de la société** lorsque les associés n'ont pas été consultés à ce sujet (n° 20800).

Administrateur provisoire L'administrateur judiciaire chargé d'un mandat général de gérer la société peut accomplir les actes conservatoires et d'administration (n° 10280). Il peut donc convoquer une **assemblée ordinaire.** En revanche, il ne saurait, de sa propre initiative, convoquer une **assemblée** générale **extraordinaire** en vue de la modification des statuts (Cass. com. 7-3-1956 : JCP G 1956 II n° 9356 note D. B.). Il peut toutefois le faire s'il apparaît indispensable de réunir une telle assemblée. Ainsi jugé qu'il entrait bien dans les pouvoirs de l'administrateur provisoire d'une SARL qui avait perdu plus de la moitié de son capital social de convoquer une assemblée générale extraordinaire des associés afin de provoquer une décision sur la dissolution anticipée éventuelle de la société ou sur d'autres solutions tendant au redressement de celle-ci (CA Paris 3-12-1993 : RJDA 3/94 n° 295, transposable aux SA). De même, à notre avis, l'administrateur peut convoquer l'assemblée extraordinaire pour statuer sur la prorogation de la durée d'une société arrivant à son terme. 46060

CONVOCATION PAR LES LIQUIDATEURS

Pendant la période de liquidation de la société, l'assemblée est convoquée par les liquidateurs (art. L 225-103, II-3°). 46070

CONVOCATION PAR LES ACTIONNAIRES MAJORITAIRES

46080 L'assemblée peut être convoquée par les actionnaires qui détiennent la majorité du capital ou des droits de vote mais seulement après une **offre publique d'achat ou d'échange** ou après une **cession de bloc de contrôle** (art. L 225-103, II-4°).

En l'absence de limitation légale, ce droit de convocation est très large. Dans la plupart des cas, la convocation portera sur le remplacement des organes sociaux (par exemple, pour permettre aux nouveaux majoritaires d'évincer rapidement de leur poste les anciens dirigeants sociaux au cas où ces derniers, devenus indésirables, refuseraient de démissionner et de convoquer une assemblée appelée à les remplacer), mais rien ne s'oppose à ce que les actionnaires soient appelés à statuer sur d'autres questions, y compris des modifications statutaires (par exemple, un changement d'objet ou de dénomination, une augmentation de capital, etc.).

Les nouveaux majoritaires n'ont pas à justifier de l'urgence de la convocation ; cependant, ils doivent avoir, au préalable, mis en demeure le conseil d'administration ou le directoire de procéder à la convocation car leur droit ne peut s'exercer qu'en cas de carence de ces derniers (l'article L 225-103, II s'ouvre par les mots « à défaut »).

ATTENTION

À notre avis, la faculté offerte aux actionnaires majoritaires de convoquer l'assemblée ne peut être exercée qu'une seule fois après l'offre publique ou la cession de bloc de contrôle, car s'agissant d'une dérogation au principe selon lequel l'assemblée est convoquée par le conseil d'administration ou le directoire, son **champ d'application** doit être strictement limité.

46082 Les dispositions de l'article L 225-103, II ne sont pas réservées aux sociétés dont les titres sont « cotés » de sorte qu'elles peuvent être utilisées également en cas de changement de majorité résultant d'une cession de bloc de contrôle dans une société fermée.

Dans ce dernier cas, le « bloc de contrôle » doit, à notre avis, s'entendre du paquet d'actions, si minime soit-il, permettant à l'acquéreur de prendre le contrôle de la société au sens de l'article L 233-3.

On observera cependant que cette solution est rarement utilisée en pratique car, dans la quasi-totalité des cas, le remplacement des dirigeants en fonctions est une des conditions de réalisation de l'opération lorsqu'il n'est pas volontairement différé.

B. Formalités de convocation de l'assemblée

DES FORMALITÉS DE CONVOCATION CONTRAIGNANTES

46140 La convocation d'une assemblée exige l'accomplissement de nombreuses formalités et nécessite des délais assez longs dont il est indispensable que les dirigeants de sociétés prennent l'exacte mesure afin de ne pas s'exposer à un retard, en particulier pour la réunion de l'assemblée générale annuelle qui doit avoir lieu dans les six mois de la clôture de l'exercice.

1. FORMALITÉS PRÉALABLES À LA CONVOCATION

46150 Les formalités préalables à la convocation d'une assemblée d'actionnaires sont les suivantes : avis de réunion et, éventuellement dépôt de points ou de projets de résolution, inscription des points ou des projets à l'ordre du jour et agrément des projets par le conseil d'administration ou le directoire (art. L 225-105, al. 2, R 225-71 à R 225-73 et R 22-10-21 à R 22-10-23).

Elles doivent être accomplies, selon nous, quel que soit l'**auteur de la convocation,** même lorsque celui-ci est un mandataire de justice. Mais cette opinion est contestée (TGI Strasbourg réf. 28-10-1968 : RTD com. 1968 p. 1084 obs. R. Houin et T. com. Paris réf. 9-3-1989 : PA 20-3-1989 p. 4 note Jalade, qui estiment que si l'ordre du jour est arrêté par décision de justice il est immuable et que, dans ce cas, l'avis de réunion n'est pas nécessaire).

› Précisions À notre avis, la **règle** fixée par l'article L 225-105, al. 2 est **générale** puisqu'elle affirme le droit des actionnaires de présenter des points ou des projets de résolution comme une réserve apportée aux dispositions de l'alinéa 1 du *même article* donnant le pouvoir de fixer l'ordre du jour à tout « auteur de la convocation », y compris donc le président du tribunal ou son mandataire. Sans doute, en cas de convocation de l'assemblée sur décision de justice, l'article R 225-65, al. 2 précise-t-il que l'ordre du jour est fixé par l'ordonnance du président du tribunal. Mais ce texte réglementaire ne saurait faire échec au droit de présenter des points ou des projets de résolution que les actionnaires tiennent de la loi. Il paraît d'ailleurs se borner à affirmer le pouvoir du président par rapport au mandataire de justice : en l'absence d'une telle disposition, on aurait pu, en effet, se demander qui, du président ou du mandataire, arrêtait l'ordre du jour.

a. Avis de réunion

L'avis de réunion a pour but d'informer les actionnaires que la réunion d'une assemblée est prévue. 46152

ATTENTION

En cas de seconde convocation d'une assemblée n'ayant pas réuni le quorum requis sur première convocation, il est communément admis qu'un nouvel avis de réunion n'est pas nécessaire. Il en est de même, pour l'Ansa, en cas de prorogation, pour défaut de quorum, d'une assemblée générale extraordinaire réunie sur seconde convocation (n° 48590) ; en effet, c'est alors la même assemblée qui est à nouveau réunie et les actionnaires ont déjà été informés (Communication Ansa, comité juridique n° 21-030 du 6-10-2021).

AVIS DE RÉUNION DES SA DONT TOUTES LES ACTIONS SONT NOMINATIVES ET NE SONT PAS ADMISES AUX NÉGOCIATIONS SUR UN MARCHÉ RÉGLEMENTÉ

Assemblée « physique » Les SA dont toutes les actions sont nominatives et ne sont pas admises aux négociations sur un marché réglementé ne sont pas tenues d'adresser spontanément un avis de réunion d'une assemblée « physique » à leurs actionnaires. Elles doivent seulement satisfaire à la **demande** de ceux d'entre eux qui ont exprimé, par lettre simple ou recommandée, le désir d'être prévenus de la réunion des assemblées ou de certaines d'entre elles (art. R 225-72 et R 22-10-21). 46153

L'**avis** de réunion doit être **envoyé** à l'actionnaire demandeur par lettre recommandée ou par courrier électronique, étant précisé que :

– la société n'est tenue de l'envoyer par lettre recommandée qu'aux seuls actionnaires lui ayant fait parvenir le montant des frais d'envoi (art. R 225-72, al. 1) ;

– la société ne peut l'envoyer par courrier électronique que si elle a au préalable soumis une proposition en ce sens aux actionnaires, par voie postale ou électronique, et recueilli leur accord également par voie postale ou électronique (art. R 225-63, al. 1). En l'absence d'accord du ou des actionnaires concernés, au plus tard 35 jours avant la date de l'assemblée générale, c'est par voie postale que la société doit envoyer l'avis de réunion (art. R 225-63, al. 2). Les actionnaires ayant déjà accepté le recours à la communication électronique ont la faculté de demander le retour à l'envoi postal 35 jours au moins avant la date de l'avis de convocation à l'assemblée soit par voie postale, soit par voie électronique (art. R 225-63, al. 3).

Les demandes d'inscription de points ou de projets de résolution devant être transmises à la société 25 jours au moins avant la date de l'assemblée (art. R 225-72, al. 2), l'avis de réunion doit être envoyé à l'actionnaire qui en a fait la demande dans un **délai** suffisant pour qu'il puisse valablement déposer ses points ou projets de résolution.

Il doit **mentionner** la date prévue pour l'assemblée (art. R 225-72, al. 1). Il est conseillé d'y ajouter l'ordre du jour de l'assemblée ou au moins son objet principal.

› Précisions Certes, à la différence de ce qui est prévu pour les sociétés dont les actions sont admises aux négociations sur un marché réglementé (n° 46162), **aucun texte** n'exige l'**indication de l'ordre du jour** ou son objet principal dans l'avis de réunion. Cependant, cette précision complémentaire permettra aux actionnaires qui désirent déposer des **projets de résolution** de n'adresser à la société que des propositions ayant un **rapport avec l'objet de la réunion,** sans que ce soit, comme nous le verrons (n° 46185), une obligation pour eux.

Assemblée entièrement dématérialisée Les SA dont toutes les actions sont nominatives qui envisagent de tenir une **assemblée générale extraordinaire** entièrement dématérialisée et dont les statuts prévoient un **droit d'opposition** des actionnaires à ce mode de consultation **antérieur** à la convocation doivent les informer de la date prévue pour la réunion de l'assemblée en leur adressant un avis 35 jours au moins avant celle-ci, *par lettre recommandée* AR ou par courrier électronique AR à l'adresse électronique que les actionnaires ont indiquée (art. L 225-103-1, al. 3 et 4 modifié par loi 2024-537 du 13-6-2024 ; art. L 22-10-38 ; art. R 225-61-1 et R 225-61-2, al. 1). 46154

Le recours à la communication électronique pour l'avis de réunion de l'assemblée suppose que la société ait au préalable soumis aux actionnaires une proposition en ce sens, par voie postale ou électronique, et recueilli leur accord également par voie postale ou électronique (art. R 225-63, al. 1). En l'absence d'accord d'un actionnaire, au plus tard 35 jours avant la date de l'assemblée générale extraordinaire, c'est par voie postale que la société doit lui envoyer l'avis de réunion (art. R 225-63, al. 2). Les actionnaires ayant déjà accepté le recours à la communication électronique ont la faculté de demander le retour à l'envoi postal 35 jours au moins avant la date de l'avis de convocation à l'assemblée soit par voie postale, soit par voie électronique (art. R 225-63, al. 3).

L'avis de réunion doit mentionner, outre la date de l'assemblée (art. R 225-61-2, al. 2 et 3) :
– la nature de l'assemblée (assemblée générale extraordinaire) ;
– les points et le texte des projets de résolution que la société entend inscrire à l'ordre du jour de l'assemblée ;
– le droit des actionnaires de s'opposer au recours exclusif à des moyens dématérialisés pour la tenue de l'assemblée générale ;
– les conditions d'exercice du droit d'opposition.

46156 Les mêmes règles s'appliquent en cas de tenue d'une **assemblée générale ordinaire** entièrement dématérialisée lorsque les statuts d'une SA dont toutes les actions sont nominatives prévoient un droit d'opposition des actionnaires pour ce type d'assemblée (nº 47461) exerçable antérieurement à la convocation.

Dans les **autres cas,** l'avis de réunion est soumis au même régime qu'en cas de tenue d'une assemblée générale « physique » (nº 46153).

AVIS DE RÉUNION DES SA DONT LES ACTIONS SONT ADMISES AUX NÉGOCIATIONS SUR UN MARCHÉ RÉGLEMENTÉ OU NE SONT PAS TOUTES NOMINATIVES

46162 Les sociétés dont les actions sont admises aux négociations sur un marché réglementé ou dont les actions ne revêtent pas toutes la forme nominative sont tenues, dans un délai de 35 jours au moins avant la réunion de l'assemblée (réduit à 15 jours en période d'OPA), de publier au Balo un avis contenant les **indications** suivantes (art. R 225-73, I, R 22-10-22 et R 225-66) :
– la dénomination sociale, suivie le cas échéant du sigle de la société ;
– la forme de la société (s'agissant d'un avis à paraître dans une publication, il convient de préciser, si tel est le cas, que la SA est à directoire et conseil de surveillance : art. R 123-238, 4º) ;
– le montant du capital social ;
– l'adresse du siège social ;
– le numéro d'identification accompagné de la mention RCS et du nom de la ville où se trouve le greffe auprès duquel elle est immatriculée ;
– les jour, heure et lieu de l'assemblée ;
– la nature de l'assemblée (ordinaire, extraordinaire ou spéciale) ;
– l'ordre du jour de l'assemblée ;
– une description claire et précise des procédures que les actionnaires doivent suivre pour participer et voter à l'assemblée, en particulier des modalités de vote par procuration, par correspondance ou par voie électronique ;
– si les actions de la société sont admises aux négociations sur un marché réglementé, l'adresse du site internet permettant aux actionnaires d'exercer leur droit de communication électronique ;
– le cas échéant, l'adresse du site internet consacré au vote des actionnaires par télécommunication ;
– la date d'inscription des titres au nom de leur titulaire à laquelle sera appréciée la qualité d'actionnaire permettant de participer à l'assemblée (« record date ») et la précision que seuls pourront participer à l'assemblée les actionnaires remplissant les conditions requises à cette date ;
– le texte des projets de résolution qui seront présentés à l'assemblée par le conseil d'administration ou le directoire, selon le cas ;
– les lieux et conditions, notamment de délais, dans lesquels peuvent être obtenus et retournés les formulaires de vote par procuration ou par correspondance ou le document unique de vote par procuration et de vote à distance, la société pouvant toutefois se dispenser de fournir ces indications dans le cas, exceptionnel en pratique, où elle adresserait ces formulaires à tous ses actionnaires ;
– le lieu et la date de mise à disposition du texte intégral des documents que les actionnaires ont le droit de consulter préalablement à l'assemblée et du texte des points ou des projets de résolution présentés, le cas échéant, par les actionnaires ;
– *une description claire et* précise des modalités selon lesquelles les actionnaires peuvent requérir l'inscription de points ou de projets de résolution à l'ordre du jour conformément à l'article L 225-105 (ou poser des questions écrites), en particulier l'adresse postale et, le cas échéant, l'adresse électronique où ceux-ci peuvent être adressés, le délai imparti pour leur transmission ainsi que la liste des pièces justificatives devant accompagner les demandes.

CONSEIL

Le **délai de demande d'inscription de points ou de projets de résolution par les actionnaires** ne coïncide pas avec le délai de demande d'inscription de projets de résolution par le comité social et économique des sociétés d'au moins 50 salariés, prévu par un texte distinct (n°s 46182 et 46200). La mention du délai prescrite par l'article R 225-73 ne concernant à notre sens que les actionnaires puisqu'elle se rapporte aux seuls délais applicables à ces derniers, il est conseillé d'indiquer, dans l'avis, que le **délai** mentionné est celui **octroyé aux actionnaires.**

Dans les SA dont les actions ne sont pas admises aux négociations sur un marché réglementé ayant décidé de tenir une **assemblée** générale extraordinaire entièrement **dématérialisée,** si les statuts prévoient que le droit des actionnaires de s'opposer à ce mode de tenue de l'assemblée s'exerce avant la convocation, l'avis de réunion doit également rappeler ce droit et les modalités d'exercice de celui-ci (art. R 225-61-2). Sur le cas des SA dont les statuts prévoient un droit d'opposition des actionnaires pour toutes les assemblées générales, voir n° 47461.

Lorsque la société a émis des **actions à dividende prioritaire sans droit de vote ou** des **valeurs mobilières donnant accès au capital,** l'avis doit également mentionner l'obligation de soumettre les résolutions à l'avis, à l'accord ou à l'approbation, selon le cas, de l'assemblée spéciale des titulaires d'actions à dividende prioritaire sans droit de vote ou des assemblées des masses des titulaires de valeurs mobilières donnant accès au capital (art. R 225-73, I-dernier al. et R 22-10-22).

Les **insertions au Balo** doivent être transmises **par voie électronique** (Décret 2005-582 du 27-5-2005 et Arrêté PRMX0508463A du même jour).

Comme la convocation proprement dite doit, elle aussi, être publiée au Balo (n° 46236), certaines sociétés se contentent d'effectuer une seule insertion précisant que leur **avis de réunion vaut avis de convocation** sous réserve qu'aucune modification ne soit apportée à l'ordre du jour à la suite de demandes d'inscription de points ou de projets de résolution présentés par des actionnaires (ce qui ne dispense pas de l'insertion de l'avis de convocation dans un support d'annonces légales). L'utilisation de ce procédé ne nous paraît pas interdite pourvu que les actionnaires n'aient pas déposé des points ou des projets de résolution.

Les **sociétés dont les actions sont admises aux négociations sur un marché réglementé** doivent en outre, pendant une période ininterrompue commençant au plus tard le 21e jour précédant l'assemblée (réduit à 15 jours en période d'OPA), **publier** l'avis de réunion **sur leur site internet** (art. R 22-10-23 ; n°s 46590 s.). **46163**

En pratique, préalablement à l'insertion, beaucoup de sociétés adressent une **copie de l'avis** de réunion à l'AMF à titre d'information, avec l'indication de la date prévue de parution au Balo.

En revanche, aucune disposition légale ou réglementaire n'oblige une société à adresser cette copie aux actionnaires qui en auraient fait la demande, fussent-ils propriétaires d'actions nominatives (Rapport COB 1980 p. 33).

L'**ordre du jour** de l'assemblée et le **texte des projets de résolution** publiés dans l'avis de réunion n'ont aucun caractère définitif. En effet, l'ordre du jour est appelé à être modifié entre la date de publication de l'avis de réunion et celle de l'avis de convocation ou, dans les sociétés dont les actions sont admises aux négociations sur un marché réglementé, celle de la publication de l'ordre du jour sur leur site internet, ne serait-ce que pour tenir compte des points ou des projets présentés par les actionnaires ou, dans les sociétés d'au moins 50 salariés, des projets de résolution déposés par le comité social et économique (n°s 46187 s.). De même, le texte des résolutions n'est qu'un projet susceptible de modifications en cours d'assemblée sur proposition du conseil d'administration ou de certains actionnaires (n° 47624). Il s'ensuit notamment que le conseil d'administration ou le directoire n'est pas lié par le texte qu'il a fait publier au Balo. Il peut le modifier sans être tenu de faire paraître un nouvel avis de réunion et sans avoir à respecter un nouveau délai de 35 jours avant la date de l'assemblée. **46164**

ATTENTION

Les **sociétés dont les actions sont admises aux négociations sur un marché réglementé** doivent publier l'ordre du jour sur leur site internet « pendant une période ininterrompue commençant au plus tard le 21e jour précédant l'assemblée » (art. R 22-10-23). Il est donc **recommandé,** dans ces sociétés, de **ne plus modifier l'ordre du jour à partir du 21e jour précédant l'assemblée** bien qu'aucun texte ne l'interdise expressément, afin de ne pas fausser l'information des actionnaires et de ne pas déséquilibrer les délais de modification de l'ordre du jour au profit des dirigeants ; rien ne s'oppose en revanche à ce que l'ordre du jour soit modifié entre la publication de l'avis de réunion et le 21e jour précédant l'assemblée (Communication Ansa, comité juridique n° 11-005 du 5-1-2011).

L'Autorité de marché souhaite que le conseil d'administration signale dans l'avis de convocation les modifications intervenues dans le texte des projets de résolution présenté initialement (Bull. COB juin 1978 p. 6).

46165 **Sanctions** Tout intéressé qui ne peut pas obtenir des dirigeants communication des renseignements préalables à la tenue des assemblées peut demander au président du tribunal de commerce statuant en référé d'enjoindre, sous astreinte, aux dirigeants de procéder à cette communication ou de désigner un mandataire chargé d'y procéder (art. L 238-1, al. 2). Lorsqu'il est fait droit à la demande, l'astreinte et les frais de procédure sont à la charge des dirigeants (art. L 238-1, al. 4).

46167 **Transmission d'informations par la chaîne des intermédiaires financiers**

Afin de faciliter l'exercice des droits des actionnaires en assemblée, des obligations d'information pèsent sur les **sociétés dont les actions sont admises aux négociations sur un marché réglementé** établi ou opérant dans l'UE **et** sur les **intermédiaires** mentionnés nº 63812 établis ou non dans l'UE et fournissant des services à des actionnaires ou des intermédiaires concernant les actions de sociétés ayant leur siège dans l'UE et dont les actions sont admises aux négociations sur un tel marché.

Ces obligations sont prévues par les articles L 228-29-7-1, L 228-29-7-2 et R 228-32-1 et par le règlement UE 2018/1212 du 3 septembre 2018.

L'Association France Post-Marché (ex-Afti) a publié un guide reprenant ces obligations et comprenant un certain nombre de recommandations auxquelles le lecteur est invité à se reporter : Guide d'implémentation pour la Place française de juillet 2020, disponible sur le site www.france-post-marche.fr.

Information à fournir par les sociétés

Information de la tenue prévue d'une assemblée

Les sociétés doivent informer les intermédiaires de la tenue prévue d'une assemblée générale **au plus tard** le **jour** de l'annonce de cette assemblée (art. L 228-29-7-1 et R 228-32-1, I-2º et II et, sur renvoi, Règl. UE 2018/1212 du 3-9-2018 art. 4 et 9.1), c'est-à-dire, selon nous, le jour de la publication de l'avis de réunion au Balo (ou sur leur site internet, si cette publication est antérieure à celle du Balo).

Cette **information** doit **comporter** au moins les mentions énoncées par le règlement UE 2018/1212, ann.-tableau 3 (art. R 228-32-1, I-2º et, sur renvoi, Règl. UE 2018/1212 art. 4 ; sur ces mentions, voir F. Gilbert, Le renforcement de l'information et des droits des actionnaires de sociétés cotées sur un marché réglementé : BRDA 15-16/22 inf. 21).

L'information doit être rédigée en français et, sauf si l'actionnariat de la société ne le requiert pas, dans une **langue** communément utilisée dans la sphère de la finance internationale, tel l'anglais, et respecter un **format** normalisé permettant la transmission entre intermédiaires (art. R 228-32-1, I-1º et, sur renvoi, Règl. UE 2018/1212 art. 2.2).

Mise à jour de l'information

En cas de **mise à jour ou** d'**annulation** de l'information délivrée, les sociétés doivent en informer les intermédiaires selon les mêmes **modalités** (art. R 228-32-1, I-2º et, sur renvoi, Règl. UE 2018/1212 art. 4.2), notamment, à notre avis, au moment de la publication de l'avis de convocation de l'assemblée (dans le même sens, Guide France Post-Marché précité).

Les **sociétés** en sont toutefois **dispensées** si elles ont adressé directement la teneur de cette information aux actionnaires, ou à un tiers désigné par eux (art. L 228-29-7-1), cas par exemple des actionnaires nominatifs, à qui les sociétés sont tenues d'envoyer des convocations individuelles (cf. art. R 225-68, al. 1).

Obligation de transmission de l'information par les intermédiaires

Les **intermédiaires recevant** une telle **information ou** une telle **mise à jour** (ou une information équivalente d'une société ayant son siège dans l'UE) sont tenus de la **transmettre** à l'intermédiaire suivant de la chaîne ; le dernier intermédiaire – le plus proche de l'actionnaire – doit la transmettre à celui-ci (art. L 228-29-7-2 et R 228-32-1 et, sur renvoi, Règl. UE 2018/1212 art. 9.2 et 9.3).

S'agissant des **délais** de transmission, chaque intermédiaire doit transmettre l'information à l'intermédiaire suivant ou, s'il s'agit du dernier intermédiaire, à l'actionnaire, sans tarder et au plus tard à la clôture du jour ouvrable où il a reçu les informations ; lorsqu'il les reçoit après 16 heures, il doit les transmettre avant 10 heures le jour ouvrable suivant (art. R 228-32-1 et, sur renvoi, Règl. UE 2018/1212 art. 9.2 et 9.3). En outre, en cas de changement d'actionnaire après la première transmission, chaque intermédiaire doit communiquer les informations aux nouveaux actionnaires inscrits dans ses comptes, conformément aux positions en fin de journée, chaque

jour ouvrable jusqu'à la date d'enregistrement (art. R 228-32-1, II et, sur renvoi, Règl. UE 2018/1212 art. 9.2).
Entre intermédiaires, l'information doit être transmise dans un **format** électronique et lisible par ordinateur permettant l'interopérabilité et un traitement entièrement automatisé et utilisant des normes industrielles appliquées au niveau international, telle la norme ISO ; elle doit respecter les exigences fixées par le règlement UE 2018/1212 (art. R 228-32-1, I-1° et, sur renvoi, Règl. UE 2018/1212 art. 2.1 et 2.3 et ann.-tableau 3).
Le dernier intermédiaire doit permettre l'**accès à l'information par les actionnaires** au moyen d'outils et infrastructures facilement utilisables, les actionnaires pouvant toutefois refuser d'utiliser ces derniers (art. R 228-32-1, I-1° et, sur renvoi, Règl. UE 2018/1212 art. 2.4).

b. Opposition des actionnaires à la tenue d'une assemblée entièrement dématérialisée avant la convocation

Dans les SA dont les actions ne sont pas admises aux négociations sur un marché réglementé et dont les statuts prévoient la possibilité de tenir des assemblées générales entièrement dématérialisées, un ou plusieurs actionnaires représentant au moins 25 % du capital social peuvent s'opposer à ce mode de consultation pour la tenue des **assemblées** générales **extraordinaires** (art. L 225-103-1, al. 4 modifié par loi 2024-537 du 13-6-2024 et art. L 22-10-38). 46170

Si les statuts prévoient que le droit d'opposition est exerçable avant la convocation, les actionnaires qui veulent exercer ce droit doivent adresser leur opposition à la société par lettre recommandée AR ou par courrier électronique AR, dans un **délai** de 25 jours au moins avant la date de l'assemblée (art. R 225-61-1 et R 225-61-2, al. 4). En l'absence de précision dans le Code de commerce, cette opposition n'a pas à être motivée.

Afin que la société puisse apprécier si la condition de détention de 25 % du capital requis est remplie, le ou les actionnaires doivent **joindre** une **attestation d'inscription en compte** justifiant qu'ils représentent au moins ce pourcentage du capital social (art. R 225-61-2, dernier al., texte qui, sans doute par inadvertance, n'a pas encore été modifié pour tenir compte du fait que la condition de détention a été portée de 5 à 25 % par la loi 2024-537).

› Précisions **a.** Sur les règles applicables à la tenue d'une **assemblée générale ordinaire** dématérialisée, lorsque les statuts prévoient un droit d'opposition des actionnaires également pour ce type d'assemblée exerçable avant la convocation de celle-ci, voir n° 47461.
b. L'article R 225-61-2 n'a pas été modifié pour prendre en compte la possibilité d'inscrire les actions dans une **blockchain.** Si tel est le cas, c'est une attestation d'inscription des actions dans celle-ci que l'actionnaire doit à notre avis fournir.

c. Dépôt de points ou de projets de résolution par les actionnaires

CAS GÉNÉRAL

Nécessité de justifier d'un capital minimal Les actionnaires peuvent demander l'inscription à l'ordre du jour de l'assemblée de projets de résolution ou de points non liés à un projet de résolution, à condition de détenir une certaine fraction du capital social. 46180

Cette fraction est de 5 % du **capital** si celui-ci **ne dépasse pas 750 000 €** (art. L 225-105, al. 2).

Dans les sociétés dont le **capital** est **supérieur à 750 000 €,** les actionnaires doivent représenter une fraction du capital social calculée en fonction d'un pourcentage dégressif, conformément au barème suivant (art. L 225-105, al. 2 et R 225-71, al. 2) :

– 4 % pour les premiers 750 000 € ;
– 2,50 % pour la tranche de capital comprise entre 750 000 et 7,5 M€ ;
– 1 % pour la tranche de capital comprise entre 7,5 et 15 M€ ;
– *0,50 % pour le surplus du capital.*

EXEMPLE

a. Si le capital est de 700 000 €, le ou les actionnaires désirant déposer des points ou des projets de résolution doivent représenter une fraction du capital d'au moins 35 000 € (700 000 × 5 %).
b. Si le capital social est de 12 M€, le calcul s'effectuera de la manière suivante :
750 000 × 4 % = 30 000
6 750 000 × 2,50 % = 168 750
4 500 000 × 1 % = 45 000.
La participation totale nécessaire sera donc de 243 750 €.

46181 La **justification de la possession** ou de la représentation **de la fraction du capital** exigée résulte de la transmission par les actionnaires, avec leur demande, d'une attestation d'inscription des titres correspondants, soit dans les comptes de titres nominatifs tenus par la société, soit dans les comptes de titres au porteur tenus par un intermédiaire habilité, soit dans une blockchain en cas d'admission des titres aux opérations d'une infrastructure de marché DLT (art. R 225-71, al. 10 texte qui n'envisage l'inscription dans une blockchain qu'en cas d'admission des titres aux opérations d'une infrastructure de marché DLT, mais à notre avis transposable à tout cas d'inscription dans une blockchain).

En outre, l'**examen du point ou de la résolution** par l'assemblée générale est **subordonné** à la transmission, par les auteurs de la demande, d'une **nouvelle attestation** justifiant de l'inscription en compte des titres dans les mêmes comptes au deuxième jour ouvré précédant l'assemblée à zéro heure, heure de Paris (art. R 225-71, dernier al.). Si les titres sont inscrits dans une blockchain, une nouvelle attestation d'inscription des titres dans celle-ci doit à notre avis être transmise.

› **Précisions** **a.** La société ne peut pas poser des contraintes de forme pour les **demandes groupées,** telles une demande unique ou la justification de la possession de la fraction du capital requise par des attestations établies à une même date (Communication Ansa, comité juridique nº 11-047 du 1-6-2011).

b. L'inscription de points ou de projets de résolution à l'ordre du jour de l'assemblée peut aussi, dans les **sociétés dont les actions sont admises aux négociations sur un marché réglementé,** être demandée par une **association d'actionnaires** de la société répondant aux conditions fixées par l'article L 22-10-44 (nos 63280 s.).

c. En cas de détention d'actions par l'intermédiaire d'un **fonds commun de placement d'entreprise** diversifié, le dépôt d'un point ou d'un projet de résolution par la société de gestion nécessite, dans le silence du règlement de ce fonds, une autorisation du conseil de surveillance spécifique au point ou projet de résolution envisagé (Communication Ansa, comité juridique nº 20-028 du 1-7-2020). Il en va de même dans les fonds communs de placement d'entreprise dédiés dans lesquels le conseil de surveillance exerce les droits de vote attachés aux actions (Communication Ansa, comité juridique nº 2919-1 du 2-7-1997). Sur la distinction entre fonds diversifiés et dédiés, voir nos 46812 s.

46182 **Demande d'inscription de points ou projets de résolution** **Forme et délai de la demande.** La demande d'inscription de points ou de projets de résolution doit être **envoyée** au siège social par lettre recommandée AR ou par télécommunication électronique (art. R 225-71, al. 1).

En ce qui concerne le **délai** d'envoi, **si les actions de la société sont admises aux négociations sur un marché réglementé ou si elles ne sont pas toutes nominatives,** la demande d'inscription doit parvenir à la société au plus tard le 25e jour qui précède la date de l'assemblée, sans pouvoir être adressée plus de 20 jours après la date de l'avis de réunion ; lorsque l'assemblée est convoquée en période d'OPA, cette demande doit parvenir à la société au plus tard le 10e jour avant l'assemblée (art. R 225-73, II et R 22-10-22). C'est la date de réception de la demande par la société qui est prise en compte et non la date d'envoi de celle-ci par l'actionnaire.

Rien n'interdit aux actionnaires d'adresser leur demande avant la publication de l'avis de réunion ; la société doit donc tenir compte des demandes qui lui sont parvenues avant cette publication (Communication Ansa, comité juridique nº 22-020 du 4-5-2022).

Si la société ne comporte que des actions nominatives et que celles-ci ne sont pas admises aux négociations sur un marché réglementé, la demande d'inscription doit être envoyée 25 jours au moins avant la date de l'assemblée réunie sur première convocation (art. R 225-72, al. 2 et R 22-10-21) ; c'est la date d'envoi de la demande par l'actionnaire qui est prise en compte.

46183 **Contenu de la demande.** La demande d'inscription de **projets de résolution** doit être accompagnée :
– du texte des projets de résolution ;
– le cas échéant, d'un bref exposé des motifs (art. R 225-71, al. 8) ;
– de l'attestation d'inscription en compte (ou dans une blockchain : nº 46181) justifiant de la *détention du capital minimum requis* (art. R 225-71, al. 10).

En outre, si le projet de résolution porte sur la présentation d'un candidat au conseil d'administration ou de surveillance, il convient d'y joindre différents renseignements concernant ce candidat (nom, prénom usuel, âge, références professionnelles, etc. : voir nº 46495) (art. R 225-71, al. 9).

La demande d'inscription d'un **point à l'ordre du jour** doit être motivée (art. R 225-71, al. 7). Elle doit être accompagnée de l'attestation d'inscription en compte (ou dans une blockchain) justifiant de la détention du capital minimum requis (art. R 225-71, al. 10).

L'**AMF** recommande aux actionnaires d'établir systématiquement un **exposé des motifs** aux **projets de résolution** qu'ils présentent (Recommandation AMF 2012-05, proposition n° 1.7).

Objet de la demande. Les actionnaires peuvent à notre avis soumettre des points ou des projets de résolution qui n'ont aucun **rapport** avec les **questions pour lesquelles l'assemblée est convoquée.** En effet, aucune disposition légale ou réglementaire ne lie les points ou les projets de résolution aux questions qui seront soumises à l'assemblée par le conseil d'administration ou le directoire. Bien mieux, alors que pour les sociétés dont les actions sont admises aux négociations sur un marché réglementé ou ne sont pas toutes nominatives, l'avis de réunion doit mentionner l'ordre du jour et le texte des projets de résolution établis par le conseil d'administration ou le directoire – ce qui donne une idée des questions qui seront débattues à l'assemblée –, aucune disposition analogue ne figure dans l'article R 225-72 pour les sociétés dont les actions revêtent toutes la forme nominative ; il peut donc arriver que des actionnaires soient seulement informés de la prochaine réunion d'une assemblée sans avoir connaissance de l'ordre du jour de cette assemblée. Comment pourraient-ils alors présenter des points ou des projets de résolution en rapport avec un ordre du jour qu'ils ignorent ? 46185

ATTENTION

La demande d'inscription d'un point à l'ordre du jour, qui n'implique aucun vote, ne nous paraît pas limitée par la **compétence décisionnelle** de l'assemblée (dans le même sens, Communication Ansa, comité juridique n° 23-024 du 3-5-2023 ; Recommandation AMF 2012-05, proposition n° 1.4, qui précise qu'il suffit que le point puisse être rattaché à l'objet social ou au contenu des documents transmis à l'assemblée). En revanche, en vertu du principe d'organisation hiérarchique de la SA (n° 40881), les projets de résolution ne doivent pas empiéter sur le rôle dévolu par la loi aux autres organes sociaux, peu important que le projet ne tende qu'à un vote consultatif (T. com. Nanterre réf. 23-5-2024 n° 2024R00551 : RJDA 2/25 n° 88 ; voir aussi Communication Ansa, comité juridique n° 23-024 du 3-5-2023, selon laquelle l'inscription du projet à l'ordre du jour peut être refusée dans le cas contraire, même si un point portant sur le même sujet figure à l'ordre du jour). Une assemblée extraordinaire pouvant valablement prendre des décisions relevant de la compétence de l'assemblée ordinaire, un projet de résolution relevant des attributions de l'assemblée ordinaire peut toujours être inscrit à l'ordre du jour d'une assemblée extraordinaire (Communication Ansa, comité juridique n° 3192 du 2-10-2002). À l'inverse, les projets proposés pour une assemblée ordinaire doivent relever de la compétence de cette assemblée.

Rien n'interdit que des points ou des projets de résolution portent sur le **même thème,** pour autant que les projets de résolution entrent dans la sphère de compétence de l'assemblée (Communication Ansa, comité juridique n° 23-024 précitée).

› Précisions Selon l'Ansa, le conseil d'administration ou le directoire pourraient écarter les points portant sur des **sujets fantaisistes,** étrangers à l'**objet social, vexatoires** ou diffamatoires, ou portant sur un « **secret d'affaires** » (Communication Ansa, comité juridique n° 11-012 du 2-2-2011).

Accusé de réception Le président du conseil d'administration ou le directoire doit accuser réception des points ou des projets de résolution, par lettre recommandée ou par courrier électronique, dans le **délai** de cinq jours à compter de cette réception (art. R 225-74, al. 1). 46187

› Précisions La société ne peut accuser réception des points ou des projets de résolution par **courrier électronique** que si elle a au préalable soumis une proposition en ce sens aux actionnaires, par voie postale ou électronique, et recueilli leur **accord** *également par voie postale* ou électronique (art. R 225-63, al. 1). En l'absence d'accord du ou des actionnaires concernés, au plus tard 35 jours avant la date de l'assemblée, la société doit recourir à un envoi postal (art. R 225-63, al. 2). Les actionnaires ayant déjà accepté le recours à la communication électronique ont la faculté de demander le retour à l'envoi postal 35 jours au moins avant la date de l'avis de convocation à l'assemblée soit par voie postale, soit par voie électronique (art. R 225-63, al. 3).

Communication des points ou des projets de résolution déposés Les points ou projets de résolution doivent être portés à la connaissance des actionnaires (art. L 225-105, al. 2), à notre avis dans les mêmes **conditions** que les autres documents d'assemblée générale (voir n°s 46450 s.) afin de respecter le principe selon lequel les actionnaires doivent bénéficier d'une information complète et pouvoir voter les projets de résolution en toute connaissance de cause (dans le même sens, Communication Ansa, comité juridique n° 04-046 du 5-5-2004). 46188

Les sociétés dont les actions sont admises aux négociations sur un marché réglementé doivent publier sans délai sur leur site internet le texte des projets de résolution présentés par des actionnaires et la liste des points ajoutés à l'ordre du jour à leur demande (art. R 22-10-23, al. 82).

› Précisions **a.** L'AMF incite les sociétés à faire figurer les **exposés des motifs** accompagnant les projets de résolution présentés par les actionnaires sur la même **page de leur site internet** que les projets de résolution proposés par le conseil d'administration ou le directoire ; elle leur conseille également de reconnaître, avant le vote en assemblée, un **droit de parole** à tout actionnaire qui a inscrit un projet de résolution afin qu'il le présente brièvement (Recommandation AMF 2012-05, proposition n° 1.7).

b. Concernant la **publication des projets de résolution** dans les sociétés tenues de publier un avis de convocation au Balo, l'Autorité de marché a recommandé (Bull. COB octobre 1977 p. 8) :
– de mentionner dans cet avis de convocation l'adresse de l'auteur du projet de résolution, afin de permettre aux actionnaires de solliciter de celui-ci des précisions complémentaires et, éventuellement, de lui adresser leurs pouvoirs ;
– de joindre l'exposé des motifs de la résolution proposée aux documents annexés à toute formule de procuration (n° 46460).

46189 **Inscription à l'ordre du jour** Les points et les projets de résolution remplissant les **conditions requises** doivent être inscrits à l'ordre du jour (art. R 225-74, al. 2), ce qui interdit au conseil d'administration ou au directoire de se faire juge de leur opportunité. À notre avis, l'inscription d'un point à l'ordre du jour peut être écartée si la demande n'a pas été motivée (cf. art. R 225-71, al. 7).

Il a été jugé que tout actionnaire avait qualité à agir pour contester en justice le **refus** du conseil d'administration ou du directoire **d'inscrire** un point ou projet de résolution à l'ordre du jour (T. com. Nanterre réf. 23-5-2024 n° 2024R00551 : RJDA 2/25 n° 88).

ATTENTION

La contestation du refus d'inscription d'un point ou projet de résolution déposé par un ou plusieurs actionnaires peut être portée devant le tribunal de commerce selon la procédure accélérée au fond (art. L 225-105, al. 2 modifié par loi 2024-537 du 13-6-2024, qui omet de préciser que c'est le président du tribunal qui statue selon cette procédure : cf. CPC art. 876-1).

Les actionnaires peuvent aussi saisir le juge des référés, mais leur demande ne sera satisfaite que si elle remplit les conditions applicables en la matière (voir n° 4345 ; pour un cas où ces conditions n'étaient pas remplies, T. com. Nanterre réf. 23-5-2024 précité).

› Précisions **a.** L'AMF s'estime incompétente pour **apprécier** la **recevabilité** des projets de résolution et le **bien-fondé** du refus de les inscrire à l'ordre du jour de l'assemblée, ces contentieux relevant du tribunal de commerce (Communiqué AMF du 8-3-2023 : Dialogue actionnarial sur les questions environnementales et climatiques).

b. Pour un exemple d'**annulation** d'une assemblée convoquée irrégulièrement dès lors que le projet de résolution émanant d'un groupe d'actionnaires et tendant à mettre fin au mandat d'un administrateur n'avait fait l'objet ni d'une inscription à l'ordre du jour de l'assemblée, ni d'un avis rectificatif, seule une photocopie de ce projet, agrafée à l'ordre du jour, ayant été envoyée aux actionnaires, voir CA Aix-en-Provence 14-9-1990 : BRDA 19/91 p. 11.

46190 **Réunion du conseil d'administration ou du directoire** Bien que la loi ne prévoie pas une telle réunion, il est indispensable, si des **projets de résolution** ont été déposés par des actionnaires, que les membres du conseil d'administration ou du directoire se réunissent afin de déterminer s'ils doivent recommander à l'assemblée l'adoption ou le rejet de ces projets. La décision prise revêt une importance particulière car elle conditionne le **sens du vote** attaché aux actions pour lesquelles un pouvoir en blanc aura été remis. En effet, le vote doit être émis en faveur des projets de résolution présentés ou « agréés » par le conseil d'administration ou le directoire et contre tous les autres projets (art. L 225-106, III-al. 5). Il s'ensuit que seule une **décision** expresse d'**agrément,** par le conseil d'administration ou le directoire, des projets présentés par les actionnaires permettra d'utiliser les pouvoirs en blanc pour l'adoption de ces résolutions. En l'absence d'une telle décision, les pouvoirs en blanc devront être utilisés pour le rejet desdites résolutions.

Il est même souhaitable que la réunion du conseil d'administration ou du directoire soit préalable à la convocation proprement dite de l'assemblée.

Contrairement à l'opinion émise par le ministre de la justice (Rép. Stehlin : AN 27-1-1973 n° 27249), il nous semble que le conseil d'administration ou le directoire peut **compléter** le texte de son **rapport à l'assemblée** par un commentaire sur les projets de résolution présentés par les actionnaires et donner, notamment, les raisons pour lesquelles il a agréé ou, au contraire, refusé d'agréer ces projets. Il faut, en effet, que les actionnaires soient pleinement informés sur le sens du vote qu'ils ont à émettre ; le rapport du conseil d'administration est, à cet égard, un complément utile au bref exposé des motifs qui peut accompagner le texte des projets.

Si des **points** ont été inscrits à l'ordre du jour à la demande d'actionnaires, il nous paraît opportun que les membres du conseil d'administration ou du directoire les examinent afin de préparer le débat dont ces points devront faire l'objet au cours de l'assemblée. Si le conseil d'administration ou le directoire formule des commentaires sur ces points, ces commentaires peuvent (ce n'est pas une obligation) être publiés sur le site internet des sociétés tenues de permettre à leurs actionnaires d'exercer leur droit de consultation électronique (nos 46590 s.). 46191

Soumission à l'assemblée Les projets de résolution doivent être soumis au **vote** de l'assemblée (art. R 225-74, al. 3). Les points, eux, ne donnent lieu qu'à un débat sans vote. 46192

Même inscrits à l'ordre du jour, les points ou projets de résolution ne seront **examinés** par l'assemblée que si leurs auteurs ont à nouveau justifié, par une attestation, de l'inscription en compte (ou dans une blockchain : no 46181) de leurs titres au deuxième jour ouvré précédant l'assemblée, à zéro heure, heure de Paris (art. R 225-71, dernier al.).

PROJET DE RÉSOLUTION TENDANT À UN CONTRÔLE DES INFORMATIONS DE DURABILITÉ

Dans les SA tenues d'établir des informations de durabilité, le cas échéant consolidées, un ou plusieurs actionnaires représentant au moins **5 % du capital ou des droits de vote** peuvent demander l'inscription à l'ordre du jour de l'assemblée d'un projet de résolution exigeant un contrôle de certaines de ces informations (art. L 232-6-3, IV et L 233-28-4, IV ; sur ce droit, voir nos 77300 s.). 46195

ATTENTION

À la différence de celle de l'article L 225-105, al. 2 (nos 46180 s.), la **condition de détention** ne se limite pas à une fraction du capital : il peut aussi s'agir d'un pourcentage des droits de vote. La condition est donc plus facilement remplie pour les actionnaires disposant de droits de vote double ou multiple. En outre, les articles L 232-6-3, IV et L 233-28-4, IV sont silencieux sur les **modalités pratiques** de cette demande (forme, contenu, délai, justification de la détention minimale du capital ou des droits de vote, etc.). Pour contourner la difficulté, nous recommandons aux sociétés de modifier leurs statuts afin d'organiser les modalités d'exercice de ce droit car, si les actionnaires répondant à la condition de détention en capital prévue par l'article L 225-105 peuvent recourir au dispositif exposé nos 46180 s. pour exercer leur droit, il nous paraît difficilement justifiable que le même droit ne soit pas ouvert aux actionnaires qui ne rempliraient la condition de détention qu'en droits de vote.

d. Dépôt de projets de résolution par le CSE

Dans les sociétés d'au moins 50 salariés, le comité social et économique (CSE) peut requérir l'inscription de projets de résolution à l'ordre du jour des assemblées (C. trav. art. L 2312-77, al. 2). 46200

Dans le silence des textes, cette faculté peut être exercée quelle que soit la **nature,** ordinaire, extraordinaire ou spéciale, **de l'assemblée.**

Les **demandes** d'inscription doivent être adressées par un membre du CSE mandaté à cet effet, au siège social, par lettre recommandée AR ou par télécommunication électronique. Elles doivent être envoyées dans un délai de 25 jours au moins avant la date de l'assemblée réunie sur première convocation si toutes les actions de la société sont nominatives et dans les dix jours de la publication au Balo de l'avis de réunion si les actions de la société ne revêtent pas toutes la forme nominative (cf. C. trav. art. R 2312-32).

Les projets de résolution déposés par le CSE sont traités comme ceux proposés par les actionnaires : accusé de réception de la demande, inscription à l'ordre du jour et soumission au vote de l'assemblée, sauf pour les projets de résolution qui ne relèvent pas de la compétence décisionnelle de l'assemblée (cf. C. trav. art. R 2312-33 ; no 46187).

Sur l'opportunité de prévoir une **réunion du conseil d'administration** ou du directoire avant l'assemblée afin de lui permettre de statuer sur les projets de résolution qui lui ont été soumis, voir no 46190.

Selon l'Ansa, le **refus** injustifié **d'inscrire à l'ordre du jour** de l'assemblée un projet de résolution émanant du CSE pourrait justifier la convocation d'une nouvelle assemblée appelée à statuer sur le projet écarté ; il pourrait aussi engager la responsabilité civile extracontractuelle des administrateurs ou des membres du directoire ainsi que leur responsabilité pénale pour entrave au fonctionnement du CSE (application de C. trav. art. L 2317-1, al. 2 ; en ce sens, Communication

Ansa, comité juridique n° 3192 du 2-10-2002 à propos du comité d'entreprise mais transposable au CSE). En revanche, si l'assemblée a lieu avant le 1er octobre 2025, ce refus ne saurait entraîner l'annulation des délibérations prises car, contrairement à ce qui est prévu en cas de refus d'inscription d'un projet de résolution d'un minoritaire, aucune nullité n'est prévue par la loi dans cette hypothèse (Communication Ansa, comité juridique n° 3192 précité). Cette position pourrait être remise en cause si l'assemblée a lieu à compter du 1er octobre 2025 : la nullité des délibérations pourrait être encourue si un juge estime que l'article L 2312-77, al. 2 du Code du travail est une disposition impérative de droit des sociétés (C. civ. art. 1844-10, al. 3 modifié, à compter du 1-10-2025, par ord. 2025-229 du 12-3-2025 ; Ord. 2025-229 art. 70).

2. CONVOCATION DE L'ASSEMBLÉE PROPREMENT DITE

46230 En principe, ce sont les statuts qui fixent les règles de convocation des assemblées d'actionnaires (art. R 225-62). Néanmoins, un certain nombre de prescriptions prévues aux articles R 225-66 à R 225-70 et R 22-10-20, portant sur le mode de convocation, le contenu de l'avis et les délais de la convocation, doivent être respectées. Ainsi, l'essentiel des formalités de convocation se trouve pratiquement réglementé.

a. Mode de convocation

46235 Quelle que soit la **nature** – ordinaire, extraordinaire ou spéciale – **de l'assemblée,** la convocation des actionnaires se fait en pratique :

– dans les sociétés dont toutes les actions sont nominatives et ne sont pas admises aux négociations sur un marché réglementé, par courrier postal ou électronique ; l'envoi de convocations individuelles à tous les actionnaires peut remplacer l'insertion de l'avis de convocation dans un support d'annonces légales (n° 46236), mais l'insertion ne dispense pas d'adresser aux actionnaires une convocation individuelle ;

– dans les sociétés dont les actions sont admises aux négociations sur un marché réglementé ou ne revêtent pas toutes la forme nominative, par insertion dans un support d'annonces légales et au Balo, et par courrier postal ou électronique s'il existe des actions nominatives.

Sur l'information relative à la convocation pesant sur les sociétés dont les actions sont admises aux négociations sur un marché réglementé établi ou opérant dans l'UE et les intermédiaires intervenant dans la chaîne de détention de telles actions, voir n° 46167.

Le **recours à la communication électronique** pour la convocation des actionnaires nominatifs suppose que la société ait au préalable soumis à ceux-ci une proposition en ce sens, par voie postale ou électronique, et recueilli leur **accord** également par voie postale ou électronique (art. R 225-63, al. 1). En l'absence d'accord du ou des actionnaires concernés, au plus tard 35 jours avant la date de l'assemblée générale, la société doit recourir à un envoi postal (art. R 225-63, al. 2). Les actionnaires ayant déjà accepté le recours à la communication électronique ont la faculté de demander le retour à l'envoi postal 35 jours au moins avant la date de l'avis de convocation à l'assemblée soit par voie postale, soit par voie électronique (art. R 225-63, al. 3).

INSERTIONS DE L'AVIS DE CONVOCATION

46236 L'avis de convocation doit être inséré dans un **support d'annonces légales** du département du siège social.

Si les actions de la société sont admises aux négociations sur un marché réglementé ou si elles ne revêtent pas toutes la forme nominative, l'insertion doit être répétée dans le **Balo** (art. R 225-67, al. 1 et R 22-10-20).

Si toutes les actions de la société sont nominatives, la ou les insertions prévues ci-dessus peuvent toutefois être **remplacées** par l'envoi d'une **convocation individuelle à chaque actionnaire** par courrier postal ou électronique aux frais de la société (art. R 225-67, al. 2). Il n'est pas nécessaire que le courrier postal soit envoyé sous forme recommandée. Sur les conditions du recours au courrier électronique, voir n° 46235.

ENVOI DE CONVOCATIONS INDIVIDUELLES

46237 Indépendamment des insertions prévues ci-dessus et sous réserve des remarques faites n° 46235, des convocations individuelles doivent être envoyées dans les conditions suivantes.

46238 **Titulaires d'actions nominatives** Les actionnaires titulaires d'actions nominatives depuis un mois au moins à la date de l'insertion de l'avis de convocation doivent, même s'ils n'en ont pas fait la demande, être convoqués à toute assemblée par **lettre** ordinaire (art. R 225-68, al. 1).

La convocation doit être adressée sous pli recommandé si les actionnaires en ont fait la demande et ont fait parvenir à la société le montant des frais de recommandation ou encore sous forme de courrier électronique (art. R 225-68, al. 1) si l'actionnaire a opté pour ce mode de communication (nº 46235).

Il appartient aux actionnaires de signaler leurs **changements d'adresse** (postale ou électronique) à la société. La régularité d'une assemblée ne saurait donc être contestée au motif que certains actionnaires n'ont pu participer à la réunion, faute d'avoir reçu la lettre de convocation, dès lors qu'ils n'avaient pas informé la société de leur nouveau domicile (CA Paris 10-5-1995 : RJDA 8-9/95 nº 996 et, sur pourvoi, Cass. com. 13-1-1998 : Dr. sociétés 1998 nº 50 obs. H. Hovasse ; sur cette question, voir aussi nº 23011).

Si les **actions** sont **indivises,** la convocation est adressée dans les mêmes formes que ci-dessus à chacun des indivisaires à condition que leurs droits aient été constatés depuis un mois avant la date de l'insertion de l'avis de convocation (art. R 225-68, al. 2). Chaque indivisaire dispose ainsi d'un droit individuel de convocation et peut alors valablement agir seul en justice pour demander la nullité de l'assemblée (nº 46371) au cas où ce droit n'aurait pas été respecté (Cass. com. 5-5-1981 : Rev. sociétés 1982 p. 95 note A. Viandier). 46239

Lorsque les actions appartiennent à plusieurs personnes groupées dans un **fonds commun de placement,** la convocation doit être adressée à la société qui assure sa gestion (cf. C. mon. fin. art. L 214-8-8 et L 214-24-42).

Si les **actions** sont **grevées d'usufruit,** le nu-propriétaire et l'usufruitier ayant le droit de participer aux décisions collectives (C. civ. art. 1844, al. 3), une convocation individuelle doit être adressée à chacun d'eux afin de leur permettre de participer à toutes les assemblées, même celles dans lesquelles ils n'exercent pas le droit de vote. Il en va de même pour le bailleur et le locataire si les parts sont **louées** (cf. art. L 239-3, al. 2).

Il convient à notre avis d'adresser une convocation à tout **actionnaire** qui se trouve **privé du droit de vote** par le jeu d'une limitation légale ou conventionnelle, à condition que cette limitation ne vise pas aussi le droit de participer aux assemblées afin de lui permettre de participer et, le cas échéant, de s'exprimer dans ces assemblées.

Sur la nécessité d'adresser au **curateur d'un associé** une convocation à l'assemblée générale, voir nº 46882.

Commissaires aux comptes et OTI Dans les SA qui en sont dotées, les commissaires aux comptes, de même que les OTI chargés de la certification des informations de durabilité, doivent être convoqués à toutes les assemblées d'actionnaires par lettre recommandée AR au plus tard lors de la convocation des actionnaires (art. L 821-65, D 821-185, al. 1 et R 822-25, al. 1). Il est regrettable que le Code de commerce n'ait pas été aménagé pour permettre expressément leur convocation par courrier simple ou par voie électronique, comme pour les actionnaires. 46240

CONSEIL

En pratique, certains commissaires acceptent d'être convoqués par **lettre ordinaire** ou par **courrier électronique.** Dans ce cas, il est prudent de leur demander de confirmer qu'ils ont bien reçu la convocation dans les délais prescrits en envoyant à la société un **accusé de réception** par lettre ou e-mail.

Le défaut de convocation des commissaires expose le président, les administrateurs ou les membres du directoire à un emprisonnement de deux ans et à une amende de 30 000 € (art. L 821-6, 1º ; sur le champ d'application de ce texte, voir nº 77654). Depuis la loi 2025-391 du 30 avril 2025, le défaut de convocation de l'OTI n'est plus pénalement sanctionné.

Représentants du CSE Dans les sociétés d'au moins 50 salariés, deux membres du comité social et économique (CSE) peuvent assister aux assemblées générales (nº 47270). 46241

Aucune sanction n'est expressément prévue en cas de défaut de convocation des représentants du CSE. Ce défaut *n'entraîne pas* la nullité de l'assemblée tenue avant le 1er octobre 2025, car le texte ouvrant ce droit aux membres du CSE (C. trav. art. L 2312-77) ne constitue ni une disposition impérative du Livre II du Code de commerce, ni une disposition impérative régissant les contrats (nº 89310) ; si l'assemblée se tient à compter du 1er octobre 2025 sans que les membres du CSE aient été mis en mesure d'y assister, elle pourrait être annulée si le juge estime que l'article L 2312-77, al. 2 est une disposition impérative de droit des sociétés (C. civ. art. 1844-10, al. 3 modifié, à compter du 1-10-2025, par ord. 2025-229 du 12-3-2025 ; Ord. 2025-229 art. 70 ; nºs 89380 s.). On peut par ailleurs penser que le défaut de convocation des membres du CSE pourrait exposer les dirigeants sociaux à des sanctions pénales pour entrave au fonctionnement du CSE.

46242 **Représentants de la masse des obligataires** Les représentants de la masse des obligataires peuvent assister aux assemblées d'actionnaires mais sans voix délibérative (n° 47260). Aucune règle particulière n'étant prévue en ce qui concerne la convocation de ces représentants, on peut s'en tenir à l'insertion dans les supports d'annonces légales ou à l'envoi de courriers ordinaires, recommandés ou électroniques.

46243 **Autres personnes appelées à participer à l'assemblée** Pour les autres personnes appelées à participer à l'assemblée (nos 47290 s.), il ne s'agit pas à proprement parler de convocation, mais tout simplement d'une invitation à suivre les débats de l'assemblée ; aucune forme particulière n'est donc à observer pour obtenir leur présence à la réunion.

CONVOCATION VERBALE DE L'ASSEMBLÉE

46245 L'article R 225-62 interdit de déroger aux règles des articles R 225-67 et R 225-68 énoncées ci-dessus. Une assemblée convoquée verbalement peut donc être annulée par le juge. La demande en nullité serait toutefois irrecevable si tous les actionnaires étaient présents ou représentés (n° 46372). À supposer que la nullité pour convocation irrégulière soit écartée, l'assemblée risque néanmoins d'être annulée si le droit de communication n'a pas été exercé conformément à la loi (nos 46440 s.). Or, en l'absence de convocation, un actionnaire pourrait prétendre n'avoir pas pu exercer son droit dans les délais impartis.

b. Contenu de l'avis de convocation

46255 L'avis de convocation à une assemblée d'actionnaires doit comporter les **mentions** suivantes (art. R 225-66, al. 1) :
– la dénomination sociale, éventuellement suivie du sigle de la société ;
– la forme de la société (s'agissant d'un avis à paraître dans une publication, il convient de préciser, si tel est le cas, que la SA est à directoire et conseil de surveillance : art. R 123-238, 4°) ;
– le montant du capital social ;
– l'adresse du siège social ;
– le numéro d'identification accompagné de la mention RCS et du nom de la ville où se trouve le greffe auprès duquel elle est immatriculée ;
– les jour, heure et lieu de l'assemblée ;
– la nature de l'assemblée (ordinaire, extraordinaire ou spéciale) ;
– l'ordre du jour de l'assemblée.

46256 L'avis de convocation doit indiquer également les conditions dans lesquelles les actionnaires peuvent voter à distance avant l'assemblée (lieu où les formulaires de vote doivent être envoyés, date limite de prise en compte de ces formulaires, adresse du site internet dédié au vote à distance électronique, le cas échéant, etc.), les lieux et conditions dans lesquels ils peuvent obtenir les formulaires nécessaires à ce vote (n° 47375) et, le cas échéant, l'adresse électronique où peuvent être envoyées les questions écrites (art. R 225-66, al. 2).

Il doit par ailleurs indiquer « le recours à un moyen de télécommunication pour la tenue de l'assemblée » (art. L 225-103-1, al. 2 modifié par loi 2024-537 du 13-6-2024), c'est-à-dire, à notre avis, la possibilité offerte aux actionnaires de participer à l'assemblée par un moyen de télécommunication, si tel est le cas. Il convient aussi de mentionner les coordonnées du site internet de la société dédié au vote électronique en séance.

Dans les sociétés dont les actions sont admises aux négociations sur un marché réglementé, l'avis de convocation doit aussi préciser les modalités de la retransmission audiovisuelle en direct de l'assemblée (art. R 22-10-29-1 issu du décret 2024-904 du 8-10-2024).

Si les actions de la société ne sont pas admises aux négociations sur un marché réglementé et si la société envisage de tenir l'assemblée de façon entièrement dématérialisée, l'avis de convocation doit préciser que les actionnaires participent à cette assemblée exclusivement par visioconférence ou moyens de télécommunication (art. R 225-66, al. 3). Si les statuts prévoient que le droit d'opposition des actionnaires à la tenue d'une assemblée générale extraordinaire dématérialisée s'exerce après la convocation, l'avis de convocation doit aussi rappeler l'existence du droit d'opposition, les conditions d'exercice de ce droit et le lieu où l'assemblée se réunira en cas d'exercice du droit d'opposition (art. L 225-103-1, al. 3 et 4 modifié par loi 2024-537 et art. R 225-61-1 et R 225-61-3, al. 1). Il en est de même lorsque les statuts prévoient un droit d'opposition des actionnaires pour les assemblées générales ordinaires exerçable après la convocation.

46261 En cas d'**assemblée réunie sur seconde convocation** (cas où le quorum requis n'a pu être atteint sur première convocation) **ou** de **deuxième assemblée prorogée,** l'avis de convocation doit rappeler en outre la date de la première assemblée (art. R 225-70).

Dans les **sociétés tenues de publier un avis de convocation au Balo,** l'Autorité de marché a recommandé, lorsque des actionnaires ont déposé des projets de résolution, de mentionner l'adresse de ces actionnaires dans cet avis de convocation (nº 46187). Il est également souhaitable que soient signalées les modifications apportées par le conseil d'administration ou le directoire au texte des projets de résolution figurant dans l'avis de réunion (Bull. COB juin 1978 p. 6). **46261** (suite)

Bien qu'aucun texte ne le spécifie, les **convocations individuelles,** qui peuvent être substituées aux insertions lorsque toutes les actions sont nominatives (nº 46235) ou qui sont adressées aux actionnaires nominatifs et à certaines autres personnes (nºs 46237 s.), doivent contenir les mêmes renseignements que ceux énumérés ci-dessus.

MODÈLE

Avis de convocation

Société...
Société anonyme au capital de... €
Siège social : ...
000 000 000 RCS (*ville*)
Avis de convocation

Mesdames et Messieurs les actionnaires sont convoqués à l'assemblée générale ordinaire annuelle qui doit se tenir le... à... h, au siège social, à l'effet de délibérer sur les comptes de l'exercice clos le...

Cette assemblée aura pour ordre du jour :

– la présentation du rapport de gestion (*si la société en a établi un*) et du rapport sur le gouvernement d'entreprise ;

– (*si la société est dotée d'un commissaire aux comptes*) la présentation du rapport du commissaire aux comptes sur les comptes annuels ;

– (*si la société est tenue d'établir des informations de durabilité*) la présentation du rapport de certification des informations de durabilité ;

– la présentation du rapport spécial sur les conventions visées à l'article L 225-38 du Code de commerce ;

– l'approbation des comptes de l'exercice et des conventions susmentionnées ;

– l'affectation du résultat ;

– (*le cas échéant*) la nomination/le remplacement de M./Mme... comme administrateur ;

– questions diverses (*le cas échéant*).

(*le cas échéant*) L'assemblée générale aura à délibérer sur l'ordre du jour ci-après, relatif aux points et projets de résolution dont l'inscription a été régulièrement demandée par des actionnaires : ...

Si l'assemblée ne pouvait pas délibérer valablement, faute de quorum requis, les actionnaires seraient à nouveau convoqués, à l'effet de délibérer sur le même ordre du jour, le... à... au même endroit.

À défaut d'assister personnellement à l'assemblée, les actionnaires peuvent :

– soit remettre une procuration à un autre actionnaire ou à leur conjoint ou partenaire pacsé ;

– soit adresser à la société une procuration sans indication de mandataire ;

– soit utiliser et faire parvenir à la société un formulaire de vote par correspondance.

Un document unique de vote par correspondance ou par procuration est à la disposition des actionnaires au siège social ainsi qu'à l'adresse électronique suivante... Il sera remis ou adressé à tout actionnaire qui en fera la demande par lettre simple/recommandée/recommandée AR ou par courrier électronique à la société au plus tard six jours avant la date de l'assemblée à l'adresse suivante...

Les votes par correspondance ne seront pris en compte que pour les formulaires complétés et signés parvenus au siège social trois jours au moins avant la date de l'assemblée.

(*si les statuts autorisent le vote à distance préalable par voie électronique*) Les actionnaires auront la possibilité de voter à distance via le site internet... au plus tard la veille de l'assemblée à 15 heures.

(*le cas échéant*) Les actionnaires pourront participer à l'assemblée par des moyens de télécommunication dans les conditions suivantes : ...

(*si les statuts autorisent le vote électronique en séance*) Les actionnaires pourront voter en séance par des moyens électroniques de télécommunication dans les conditions suivantes :...

Sauf instruction contraire, les procurations et les votes à distance reçus pour l'assemblée du... (*date de la 1e convocation*) restent valables pour l'assemblée du... (*date de la 2nde convocation*).

Les actionnaires ont la faculté de poser des questions écrites adressées au conseil d'administration. Ces questions doivent parvenir au plus tard le quatrième jour ouvré précédant l'assemblée. Elles peuvent être envoyées :

– au siège social par lettre recommandée AR adressée au président du conseil ;

– ou à l'adresse électronique suivante...

Il y sera répondu lors de l'assemblée, à moins que la réponse ne figure sur le site internet de la société : ... (*adresse du site internet*), dans la rubrique consacrée aux questions-réponses.

(*si les actions de la société sont admises aux négociations sur un marché réglementé*) L'assemblée fera l'objet d'une retransmission en direct, accessible selon les modalités suivantes : ... (*modalités à préciser*).

Le conseil d'administration

46262 **Lieu de réunion** Les assemblées peuvent être réunies au **siège social** ou en tout **autre lieu** du même département (art. L 225-103, V). Toutefois, des dérogations statutaires peuvent être apportées à ce principe : ainsi, les statuts d'une société ayant son siège à Lyon peuvent valablement stipuler que les assemblées seront réunies dans le département du Rhône ou à Paris, ou encore que les réunions auront lieu uniquement au siège social. De même, les statuts peuvent, à notre avis, laisser au conseil d'administration ou au directoire le soin de fixer le lieu de réunion lors de la tenue de chaque assemblée, observation faite que le conseil ou le directoire ne devra pas se livrer à un usage abusif ou frauduleux de cette faculté en vue notamment d'empêcher certains actionnaires de participer à l'assemblée (pour des exemples où un tel abus n'a pas été retenu, à propos de SARL mais transposables, voir n° 32350).

Les dispositions statutaires s'imposent, en principe, à tout auteur de la convocation. Cependant, lorsque l'assemblée est convoquée par le **commissaire aux comptes,** celui-ci peut, « pour des motifs déterminants, choisir un lieu de réunion autre que celui éventuellement prévu par les statuts mais situé dans le même département » (art. R 225-162, al. 2).

46263 **Ordre du jour** L'ordre du jour est l'élément essentiel de l'avis de convocation : c'est lui qui permet aux actionnaires de connaître l'objet de la réunion et la **nature des décisions** qu'ils auront à prendre. Aussi le législateur y a-t-il attaché une importance particulière.

Tout d'abord, l'assemblée ne peut délibérer que sur les questions figurant à l'ordre du jour. En effet, sous réserve de la dérogation permettant à l'assemblée de révoquer et de procéder au remplacement d'un ou plusieurs administrateurs ou membres du conseil de surveillance, toute décision prise contrairement à cette règle peut être annulée (art. L 225-105, al. 3 et L 225-121 : voir n°s 47620 s.). Il convient donc d'apporter le plus grand soin à la rédaction de l'ordre du jour et d'y faire apparaître toutes les questions sur lesquelles l'assemblée sera amenée à se prononcer, y compris celles qui ne sont que la conséquence directe d'une question qui y est déjà inscrite.

Ensuite, si une assemblée n'a pu, en l'absence du quorum requis, délibérer valablement, la **seconde assemblée** ne peut statuer que sur les questions figurant à l'ordre du jour lors de la première convocation (art. L 225-105, al. 4).

46264 **Libellé des questions.** Les questions inscrites à l'ordre du jour doivent être libellées de telle sorte que leur contenu et leur portée apparaissent clairement sans qu'il y ait lieu de se reporter à d'autres documents (art. R 225-66, al. 2).

ILLUSTRATIONS

Ne sont **pas conformes** aux prescriptions de l'article R 225-66, al. 2 :
– la convocation à une assemblée générale mixte comportant des projets de résolution rédigés de la façon suivante : « Première résolution : Modification des statuts conformément aux documents ci-annexés en page 2 » (CA Paris 26-11-2008 n° 08/11939 : RJDA 3/09 n° 224) ;
– la seconde convocation à une assemblée générale indiquant que, sur première convocation, le quorum requis n'avait pas été atteint et renvoyant à l'ordre du jour figurant sur la convocation de la première assemblée (CA Paris 12-11-2009 n° 08/22448 : RJDA 5/10 n° 517) ;
– le libellé de l'ordre du jour « examen d'une convention [réglementée] » qui ne permet pas à un actionnaire d'être informé que la convention porte sur l'achat d'actions détenues par le président dans une autre société ; il convient de mentionner « acquisition par la société... de X actions détenues par M... » ; faute de quoi, la délibération sur cette convention doit être annulée (CA Aix-en-Provence 15-5-1991 : Dr. sociétés 1991 n° 280).

En revanche, les actionnaires réunis en assemblée générale ayant pour ordre du jour la désignation d'administrateurs peuvent valablement modifier le nombre de ceux-ci (Cass. com. 20-2-2007 n° 05-19.465 : RJDA 8-9/07 n° 860).

La rubrique « **questions diverses** » ne peut recouvrir que des sujets de minime importance (art. R 225-66, al. 2).

46265 **Compétence.** L'ordre du jour est arrêté par l'auteur de la convocation (art. L 225-105, al. 1).

Ce principe comporte deux **exceptions.**

1. En ce qui concerne les assemblées convoquées par un mandataire désigné en justice à la demande d'un ou plusieurs actionnaires représentant 5 % du capital ou du comité social et *économique (CSE) des sociétés d'au moins* 50 salariés, il appartient au président du tribunal de commerce saisi de la demande de fixer, dans son ordonnance désignant le mandataire, l'ordre du jour de l'assemblée (art. R 225-65, al. 2 ; C. trav. art. R 2312-31). En dépit du silence des textes, la même solution est admissible lorsque la demande de convocation émane de tout intéressé en cas d'urgence ou d'une association d'actionnaires.

2. L'auteur de l'ordre du jour doit inscrire les points ou les projets de résolution présentés par des actionnaires qui répondent aux conditions exposées nos 46180 s. ou les projets de résolution présentés par le CSE d'une société d'au moins 50 salariés.

> **Précisions** L'AMF recommande de porter une attention particulière à la **lisibilité des projets de résolution** et, lorsqu'un projet traite de **plusieurs questions significatives et distinctes,** de présenter des projets de résolution séparés (Recommandation AMF 2012-05, proposition n° 1.5).

c. Délai de convocation

Le délai entre, d'une part, la date soit de « l'insertion » (ou de la dernière insertion si les actions de la société sont admises aux négociations sur un marché réglementé ou ne revêtent pas toutes la forme nominative), soit de l'envoi des convocations individuelles (par courrier postal ou électronique) lorsque toutes les actions sont nominatives, et, d'autre part, la date de l'assemblée doit être au moins de : 46280
- 15 jours sur **première convocation** ;
- dix jours sur **deuxième convocation** (art. R 225-69).

Lorsque l'assemblée est convoquée en **période d'OPA,** les délais minimaux sont respectivement de six jours sur première convocation et de quatre jours sur convocation suivante (art. R 225-69).

Les **délais** doivent être **calculés** sans tenir compte du jour de l'insertion ou de l'envoi des convocations individuelles mais en comptant celui de la date de l'assemblée (Cass. com. 11-1-2005 n° 51 : RJDA 5/05 n° 554), par application des règles fixées par le Code de procédure civile (nos 4410 s.).

> EXEMPLE
> Pour une assemblée devant se tenir sur première convocation le 20 juin 2025 et n'étant pas en période d'OPA, l'insertion ou l'envoi des lettres devra être effectué le 5 juin 2025 au plus tard.

Ces **délais** sont **applicables** quelle que soit la nature (ordinaire, extraordinaire ou spéciale) de l'assemblée. 46281

Ils doivent être également respectés :
- pour la convocation (si la société en est dotée) des commissaires aux comptes, ainsi que des OTI chargés de certifier les informations de durabilité, ceux-ci devant être convoqués au plus tard lors de la convocation des actionnaires (art. D 821-185, al. 1 et R 822-25, al. 1) ;
- pour l'envoi des convocations individuelles aux actionnaires dont les titres sont nominatifs (n° 46238).

En revanche, en cas d'**ajournement** de l'assemblée par décision de justice, le juge peut fixer librement le délai de convocation pour la nouvelle réunion (art. R 225-69).

> **Précisions** S'agissant de l'envoi de **convocations individuelles,** la **date de réception** des convocations est sans incidence (Cass. ch. mixte 16-12-2005 n° 236 : RJDA 3/06 n° 297 ; Cass. com. 11-1-2005 précité) : ainsi, pour une assemblée devant se tenir le 16 octobre, le délai légal a bien été respecté lorsque la lettre de convocation a été envoyée le 1er octobre, peu important que son destinataire, qui était d'ailleurs présent à l'assemblée, ne l'ait reçue que le 7 octobre (Cass. com. 11-1-2005 n° 02-14.118 F-D : RJDA 5/05 n° 554).

d. Exercice du droit d'opposition des actionnaires à la tenue d'une assemblée dématérialisée après la convocation

Dans les SA dont les statuts prévoient la possibilité de tenir des assemblées générales entièrement dématérialisées, un ou plusieurs actionnaires représentant au moins 25 % du capital social peuvent s'opposer à ce mode de consultation pour la tenue d'une **assemblée** générale ***extraordinaire*** (*art. L 225-103-1, al. 4 modifié par loi 2024-537 du 13-6-2024 et art. L 22-10-38*). 46283

Si les statuts prévoient que le droit d'opposition est exerçable après la convocation, les actionnaires qui veulent exercer ce droit doivent adresser leur opposition par lettre recommandée AR ou par courrier électronique AR, dans un **délai** de sept jours à compter de la publication de l'avis de convocation dans le support d'annonces légales ou de l'envoi de cet avis par courrier postal ou électronique (art. R 225-61-1, R 225-61-3, al. 2 et, sur renvoi, R 225-61-2, al. 4). Compte tenu du faible délai imparti pour faire opposition, les actionnaires agiront prudemment en ayant recours au courrier électronique AR.

En l'absence de précision dans le Code de commerce, cette opposition n'a pas à être motivée.

Afin que la société puisse apprécier si la condition de détention de 25 % du capital requis est remplie, le ou les actionnaires doivent joindre une **attestation d'inscription en compte** (ou, à notre avis, dans une blockchain : n° 46170) (art. R 225-61-2, al. 5).

46285 En cas d'exercice du droit d'opposition, la **société** doit **aviser les actionnaires** par lettre simple ou par courrier électronique, au plus tard 48 heures avant la tenue de l'assemblée générale extraordinaire, que celle-ci ne se tiendra pas exclusivement par des moyens dématérialisés (art. R 225-61-3, al. 3).

46287 Sur les règles applicables aux SA dont les statuts prévoient un droit d'opposition des actionnaires pour les **assemblées** générales **ordinaires** exerçable après la convocation, voir n° 47461.

e. Ajournement de l'assemblée

46290 L'assemblée peut être ajournée, c'est-à-dire reportée à une date postérieure à celle primitivement fixée :
– soit par l'auteur de la convocation ;
– soit par l'**assemblée** elle-même, par exemple à la suite d'incidents imprévus survenus en séance ;
– soit par **décision de justice,** mais seulement dans des cas exceptionnels.

ILLUSTRATIONS

L'assemblée peut être ajournée par décision de justice lorsque :
– il existe un litige sur une cession d'actions entraînant une modification importante dans la répartition du capital social entre deux groupes d'actionnaires (CA Paris 4-9-2000 : RJDA 2/01 n° 166) ;
– l'information des actionnaires sur les décisions à prendre est nettement insuffisante et nécessite des compléments : absence de justification du prix de souscription en cas d'augmentation de capital (CA Paris 4-2-1988 : Bull. Joly 1988 p. 274), risque de sous-évaluation d'un apport-fusion à une autre société, ce qui a justifié la désignation d'un expert (CA Paris 14-6-1988 : D. 1988 p. 505 note A. Viandier) ;
– la décision à prendre pourrait affecter la mission d'un administrateur judiciaire en cours dans cette société (Cass. com. 13-1-2021 n° 18-25.713 F-P : RJDA 4/21 n° 239).

En revanche, l'ajournement doit être refusé s'il n'est demandé qu'en raison de divergences d'opinion sur les mesures à prendre pour le redressement de la société, dès lors que le fonctionnement de cette société est régulièrement assuré et qu'on ne peut reprocher aux dirigeants aucune précipitation pour la réunion de l'assemblée (CA Paris 21-3-1974 : Rev. sociétés 1975 p. 471 note Y. Chartier).

L'ajournement de l'assemblée par décision de justice peut être demandé par tout actionnaire. En présence de titres indivis, l'indivisaire doit toutefois justifier agir à des fins conservatoires dans l'intérêt de l'indivision (Cass. com. 7-7-2020 n° 18-19.330 F-D : RJDA 11/20 n° 571). La faculté de demander l'ajournement est, à notre avis, également ouverte au conseil d'administration ou au directoire et au commissaire aux comptes pour autant que ce ne soit pas eux qui soient à l'initiative de la convocation de l'assemblée.

L'ajournement par l'**auteur de la convocation** ne nécessite ni délai ni motifs ; si les actionnaires ont déjà été convoqués, la décision d'ajournement doit être portée à leur connaissance selon les mêmes formalités (CA Paris 12-9-2024 n° 22/02179 : RJDA 2/25 n° 83, à propos d'une SARL mais transposable).

46291 Lorsque l'ajournement de l'assemblée résulte d'une décision de justice, le juge fixe librement le **délai de convocation de la nouvelle assemblée** (art. R 225-69). Dans les autres cas, l'auteur de la convocation doit respecter le délai de dix jours prévu par l'article R 225-69 pour les assemblées réunies sur deuxième convocation (quatre jours si l'assemblée est convoquée en période d'OPA) étant observé que, si le report de l'assemblée se justifie par l'irrégularité de la première convocation, il convient d'observer le délai de 15 jours (ou de six jours en période d'OPA) applicable en cas d'assemblée réunie sur première convocation (cf. CA Paris 4-2-1988 : Bull. Joly 1988 p. 274).

Quelle que soit la cause de l'ajournement, les **pouvoirs** restent valables pour l'assemblée ultérieure à condition qu'elle soit convoquée avec le même ordre du jour que l'assemblée ajournée (cf. art. R 225-79, al. 4).

ATTENTION

L'ajournement ne doit *pas* être confondu avec la suspension de séance. La **suspension de séance** n'est qu'un arrêt momentané des débats qui reprendront leur cours le même jour, une fois la difficulté résolue. À la reprise des débats, c'est la même assemblée qui se poursuit. En revanche, l'ajournement suppose le renvoi de la discussion à une autre date et, par conséquent, la clôture de la séance en cours. Ainsi, la réunion consécutive à un ajournement constituera une **nouvelle assemblée** pour laquelle les formalités de convocation devront être renouvelées.

C. Sanctions relatives à la convocation

SANCTIONS CIVILES RELATIVES À LA CONVOCATION

Nullité des décisions Les décisions prises par les assemblées peuvent être annulées dans les **cas suivants** (art. L 225-105 sur renvoi de l'art. L 225-121 modifié, à compter du 1-10-2025, par ord. 2025-229 du 12-3-2025 ; Ord. 2025-229 art. 70) : 46370
– fixation de l'ordre du jour par une personne autre que l'auteur de la convocation ;
– modification de l'ordre du jour sur seconde convocation ;
– délibération de l'assemblée sur une question ne figurant pas à l'ordre du jour ;
– refus d'inscrire à l'ordre du jour des points ou des projets de résolution déposés par les actionnaires satisfaisant aux conditions exposées nos 46180 s.

Le juge qui constate l'irrégularité peut apprécier si la délibération irrégulièrement adoptée n'est pas la conséquence nécessaire de l'adoption ou du rejet d'une résolution formellement inscrite ou si son examen n'est pas lui-même nécessaire compte tenu des circonstances (prise en compte de la théorie de l'ordre du jour implicite ; voir Rapport Sén. relatif à la loi 2019-744 du 19-7-2019 n° 657 p. 62 s.).

Lorsque l'irrégularité porte sur une **règle quelconque** concernant le régime de la convocation, autre que celles énoncées n° 46370, l'assemblée peut aussi être annulée (art. L 225-104, al. 2). Il en a été ainsi dans un cas d'inobservation des dispositions de l'article R 225-66 prévoyant l'obligation de libeller les questions inscrites à l'ordre du jour de telle sorte que leur contenu et leur portée apparaissent clairement sans qu'il y ait lieu de se reporter à d'autres documents (CA Paris 12-11-2009 n° 08/22448 : RJDA 5/10 n° 517). 46371

De même, l'annulation de la **délibération** du conseil d'administration (ou du directoire ou du conseil de surveillance) **ayant convoqué l'assemblée** peut entraîner celle de l'assemblée (Cass. com. 13-12-2005 n° 04-12.135 F-D : Bull. Joly 2006 p. 642 note L. Grosclaude).

En tout état de cause, l'**annulation** de l'assemblée pour inobservation des règles concernant le régime de la convocation est **facultative** pour le juge qui en est saisi (Cass. com. 9-7-2002 n° 99-10.453 FS-P : RJDA 11/02 n° 1153 ; pour un cas où la nullité n'a pas été retenue, voir CA Paris 30-4-1981). Sous le régime antérieur à la réforme des nullités opéré par l'ordonnance 2025-229 du 12 mars 2025, la Cour de cassation a jugé, à propos d'une SARL, que le défaut de convocation d'un associé n'entraîne la nullité des délibérations que si l'irrégularité a privé l'associé de son droit d'y prendre part et si elle était de nature à influer sur le résultat du processus de décision (Cass. com. 29-5-2024 n° 21-21.559 F-B : RJDA 8-9/24 n° 458, solution transposable à la SA ; sur l'influence de l'irrégularité sur le résultat du processus de décision, voir n° 89482). Sur les conditions du prononcé de la nullité sous le régime issu de l'ordonnance 2025-229, voir n° 89485.

L'**action en nullité** pour convocation irrégulière est **irrecevable** lorsque tous les actionnaires étaient présents ou représentés (art. L 225-104, al. 2). 46372

Mis à part cette cause d'irrecevabilité, l'**action** est **ouverte à** tout actionnaire, même si le nombre de voix dont il dispose était insuffisant pour faire échec à l'adoption des résolutions proposées (CA Paris 9-11-1983 : BRDA 1/84 p. 12). Il a même été jugé que tout associé peut se prévaloir du défaut de convocation d'un autre associé pour obtenir l'annulation d'une assemblée (Cass. 3e civ. 21-10-1998 n° 1257 : RJDA 12/98 n° 1371, à propos d'une société civile mais transposable).

Conformément au droit commun, c'est à la société qui prétend que les actionnaires ont bien été convoqués d'en apporter la **preuve** (Cass. com. 10-11-2009 n° 05-15.809 : RJDA 2/10 n° 150 ; Cass. com. 10-2-2021 n° 18-23.398 F-D : RJDA 6/21 n° 405, à propos d'une SARL mais transposable).

› Précisions **a.** Lorsque la demande de nullité de l'assemblée tenue avant le 1er octobre 2025 a pour fondement l'**irrégularité de la nomination de l'auteur** de la convocation, l'assemblée *ne peut pas être annulée tant que* la nullité de la désignation de celui-ci n'a pas été prononcée (Cass. com. 6-9-2016 n° 14-25.581 F-D : RJDA 12/16 n° 875). Si l'assemblée se tient à compter du 1er octobre 2025, la nullité de celle-ci n'est plus encourue sur ce fondement si la convocation émane d'un organe collégial (conseil d'administration ou de surveillance ou encore directoire) (C. civ. art. 1844-15-1 issu de ord. 2025-229 du 12-3-2025 ; Ord. 2025-229 art. 70).

b. L'assemblée tenue malgré une décision d'ajournement de l'auteur de la convocation encourt la nullité, à moins que tous les actionnaires n'aient été présents ou représentés (CA Paris 12-9-2024 n° 22/02179 : RJDA 2/25 n° 83, à propos d'une SARL mais transposable). A par ailleurs été annulée l'assemblée tenue en **violation** grossière d'une **ordonnance du juge des référés** qui avait ajourné une précédente assemblée ayant en partie le même ordre du jour (CA Bordeaux 10-1-2023 n° 22/01177 : RJDA 7/23 n° 375, à propos d'une SAS mais transposable).

c. Sur le droit d'agir en nullité pour **défaut de convocation du curateur d'un associé** à l'assemblée générale extraordinaire portant sur une modification statutaire, voir n° 89432.

46373 **Dommages-intérêts** La violation flagrante des règles relatives à la convocation et à la tenue des assemblées est susceptible d'engager la responsabilité civile extracontractuelle des associés auteurs de cette violation (Cass. com. 13-3-2001 n° 548 : RJDA 8-9/01 n° 872, à propos d'une SARL mais transposable).

Au cas particulier, certains associés s'étaient réunis en assemblée sans convocation du dirigeant et sans respecter le délai minimal de convocation, pour y décider, dans une intention vexatoire et contraire à l'intérêt social, la révocation de ce dernier ; la cour d'appel de renvoi a estimé que les associés n'avaient commis aucune faute personnelle dès lors que la décision de révocation reposait sur un juste motif (CA Paris 13-11-2002 n° 01-7839 : RJDA 6/03 n° 591).

SANCTIONS PÉNALES RELATIVES À LA CONVOCATION

46380 Les sanctions pénales sont mentionnées à propos des règles auxquelles elles se rapportent. Il est rappelé qu'elles concernent le défaut de convocation des commissaires aux comptes dans les SA qui en sont dotées (n° 46240).

Elles peuvent être appliquées même si l'assemblée irrégulièrement convoquée a pu valablement délibérer, **tous les actionnaires étant présents ou représentés** (Rép. Belcour : Sén. 25-6-1987 n° 05271). L'infraction pénale résulte en effet du seul fait que la loi a été violée, indépendamment du résultat de cette violation.

II. DROIT DE COMMUNICATION DES ACTIONNAIRES

46440 EN BREF *Afin que les actionnaires puissent se faire une opinion personnelle sur la gestion de la société, la réglementation leur permet de connaître à l'avance les principaux documents qui vont être soumis aux assemblées auxquelles ils sont appelés à participer et, en dehors de toute réunion d'assemblée, de se renseigner sur les délibérations antérieures.*

À chacune de ces possibilités correspond un droit de communication :

– avant la réunion de l'assemblée, le droit de communication est limité dans le temps ; il est cantonné au délai utile à l'actionnaire pour être informé avant la séance ; aussi l'appelle-t-on droit de communication « préalable » ou « temporaire » ou encore « périodique » ;

– en dehors des réunions d'assemblées, l'actionnaire est habilité à demander communication de certains documents, et cela à toute époque de l'année ; il s'agit alors du droit de communication dit « permanent ».

A. Droit de communication préalable à une assemblée

FORMES DU DROIT DE COMMUNICATION PRÉALABLE DES ACTIONNAIRES

46450 Préalablement à la réunion d'une assemblée, l'information des actionnaires est assurée par les **moyens** suivants.

1. Tout envoi d'une formule de procuration doit être accompagné d'un certain nombre de renseignements (nos 46460 s.) ; il en va de même de l'envoi d'un formulaire de vote à distance (nos 47373 s.).

2. L'actionnaire peut, s'il le juge opportun, obtenir, sur sa demande, l'envoi de certains documents et renseignements énumérés par les textes légaux (nos 46490 s.).

3. L'actionnaire a la faculté de consulter au siège social ou administratif les documents que la société doit, à cet effet, tenir à sa disposition (nos 46540 s.).

4. Dans les sociétés dont les actions sont admises aux négociations sur un marché réglementé, l'actionnaire bénéficie d'un droit de consultation électronique d'un certain nombre de documents que la société doit publier sur son site internet (nos 46590 s.).

46451 Indépendamment de leur droit de communication, les actionnaires peuvent poser des **questions écrites** auxquelles le conseil d'administration ou le directoire sera tenu de répondre au cours de l'assemblée ou sur le site internet de la société (art. L 225-108, al. 3 et 4 ; nos 47607 s.).

> ***Précisions*** *Pour les sociétés qui se réfèrent au* **Code de gouvernance Middlenext** *et dans le souci de favoriser le dialogue, ce Code recommande aux dirigeants de* **rencontrer les actionnaires significatifs** *qui le souhaitent tout en veillant au respect de l'égalité d'information des actionnaires* (Code de gouvernance Middlenext rec. 14 ; sur le champ d'application et le caractère contraignant de ce Code, voir nos 48272 s.).

1. INFORMATION LIÉE À TOUTE FORMULE DE PROCURATION

Lorsque la société ou le mandataire qu'elle a désigné à cet effet (banquier, prestataire de services d'investissement, etc.) adresse, y compris par procédé électronique, une formule de procuration à des actionnaires, les documents suivants doivent obligatoirement être joints à cette formule (art. R 225-81) : 46460

– l'**ordre du jour** de l'assemblée ;

– le texte des **projets de résolution présentés par le conseil d'administration** ou le directoire ;

– le texte des projets de résolution présentés **par les actionnaires ainsi que les points ajoutés à l'ordre du jour** à leur demande ; il est recommandé de joindre aussi l'exposé des motifs accompagnant ces projets de résolution (Bull. COB octobre 1977 p. 8) et le texte des projets de résolution présentés par le comité social et économique des sociétés d'au moins 50 salariés ;

– un **exposé** sommaire de la **situation** de la société pendant l'exercice écoulé ;

– une **formule de demande d'envoi** des documents et renseignements visés à l'article R 225-83. Ces documents et renseignements sont, comme nous le verrons (n°s 46491 s.), ceux que tout actionnaire peut se faire envoyer ; leur nombre varie selon la nature et l'objet de l'assemblée. L'envoi de cette demande permettra donc à l'actionnaire d'exercer son droit de communication. La formule de demande d'envoi doit également contenir une mention informant l'actionnaire qu'il peut, sous réserve que ses actions soient nominatives, recevoir à l'occasion de chacune des assemblées ultérieures, sans nouvelle demande de sa part, les documents qui doivent être adressés sur leur demande aux actionnaires (n°s 46490 s.).

Outre les documents ci-dessus, doivent être joints à la formule de procuration un **formulaire de vote à distance** préalable à l'assemblée ainsi que divers renseignements destinés à attirer l'attention des actionnaires sur le choix qu'ils devront faire, s'ils ne peuvent assister à l'assemblée, entre le vote par procuration et le vote à distance (art. R 225-81 ; nº 46962). Toutefois, comme nous le verrons (nº 47400), ce formulaire peut être jumelé avec la formule de procuration dans un document unique. 46461

L'**ensemble** de ces documents doit être **adressé en même temps** que la formule de procuration, quels que soient la nature (ordinaire, extraordinaire ou spéciale) et l'objet de l'assemblée. Cette communication s'impose aussi bien en cas d'envoi d'une formule de procuration à l'initiative de la société qu'en cas d'envoi à la demande de l'actionnaire. 46462

Sur le **recours** ouvert aux actionnaires au cas où un ou plusieurs des documents prescrits feraient défaut, voir nº 46963.

2. ENVOI DE DOCUMENTS AUX ACTIONNAIRES SUR LEUR DEMANDE

a. Étendue du droit d'information

Les documents à envoyer aux actionnaires sur leur demande (art. R 225-88) varient **selon la nature des assemblées** ; un certain nombre sont communs à toutes les assemblées, d'autres doivent y être ajoutés s'il s'agit de l'assemblée ordinaire annuelle statuant sur les comptes de l'exercice écoulé ou d'une assemblée extraordinaire. 46490

Seuls les documents énumérés n°s 46491 s. doivent être adressés aux actionnaires. Ces derniers ne peuvent pas exiger l'envoi de ceux que la société doit tenir à leur disposition au siège social (n°s 46540 s. et 46650 s.) (TGI Strasbourg réf. 26-9-1969 : RTD com. 1970 p. 150).

Une **copie des documents** adressés aux actionnaires par les sociétés dont les titres financiers *sont admis aux négociations* sur un marché réglementé ou sur un SMNO doit également être envoyée à l'AMF afin que cette dernière puisse contrôler ces documents (cf. C. mon. fin. art. L 621-18).

DOCUMENTS À ENVOYER SUR DEMANDE AVANT L'ASSEMBLÉE ANNUELLE

La liste des documents à envoyer résulte essentiellement de la combinaison des articles L 225-115, R 225-81 et R 225-83 : 46491

1. L'**ordre du jour** de l'assemblée (art. R 225-81, 1º).

2. Les **comptes annuels** (bilan, compte de résultat et annexe) de l'exercice écoulé auxquels il convient de joindre un **tableau des affectations du résultat** précisant notamment l'origine des sommes dont la distribution est envisagée (art. R 225-83, 6°) ; le tableau proposé par l'ancien plan comptable général (PCG 82 p. II.84) peut servir de modèle (voir Mémento Comptable n° 54440).

3. Les **comptes consolidés** (bilan consolidé, compte de résultat consolidé et annexe) si la société en a établi ainsi que le rapport sur la gestion du groupe s'il n'est pas présenté dans le même document que le rapport de gestion (art. R 225-83, 6°).

46492 **4.** Le **rapport de gestion** (art. R 225-83, 4°), pour les sociétés tenues de l'établir, ainsi que les documents joints à ce rapport, bien qu'ils ne figurent pas dans la liste de ceux dont le Code de commerce impose la communication, afin d'assurer une parfaite information des actionnaires : le **tableau des résultats** de la société au cours de chacun des cinq derniers exercices ou de chacun des exercices clos depuis la constitution de la société ou l'absorption par celle-ci d'une autre société si leur nombre est inférieur à cinq (art. R 225-102) et la **déclaration du commissaire aux comptes** relative aux **prêts interentreprises** (n° 52810).

5. Le **rapport sur le gouvernement d'entreprise,** à moins, dans les SA à conseil d'administration, qu'il ne soit inclus dans le rapport de gestion (cf. art. L 225-37, al. 6, L 225-68, al. 6, L 225-100, I-al. 2 et R 225-83, 4°).

6. Tout autre rapport du conseil d'administration, du directoire ou du conseil de surveillance qui sera présenté à l'assemblée (cf. CA Paris 5-2-2019 n° 17/03710 : RJDA 7/19 n° 512).

7. Un **exposé** sommaire **de la situation** de la société au cours de l'exercice écoulé (art. R 225-81, 3°) ; si cet exposé paraît faire double emploi avec le rapport de gestion prévu ci-dessus, il doit, selon nous, être fourni même par les sociétés dispensées d'établir un rapport de gestion.

8. Les **rapports des commissaires aux comptes** et **OTI** : dans les SA dotées de commissaires aux comptes chargés d'un audit classique des comptes, rapport sur les comptes annuels et rapport spécial sur les conventions réglementées, et, dans celles de ces sociétés où ces rapports sont requis, rapport sur les documents de gestion prévisionnelle, rapport sur la mise en œuvre de la procédure d'alerte (art. R 225-83, 6°) et rapport spécial sur le rapport du conseil d'administration ou de surveillance sur le gouvernement d'entreprise (n° 77866) ; dans les SA dotées d'un commissaire aux comptes chargé d'un audit allégé, rapport sur les comptes annuels ; dans les SA tenues d'établir des informations de durabilité, rapport du commissaire aux comptes ou de l'OTI chargé de certifier ces informations (art. R 225-83, 6°, qui, par inadvertance, n'a pas été modifié pour tenir compte du transfert des dispositions de l'art. R 823-7 vers l'art. R 821-180 par le décret 2023-1394 du 30-12-2023).

Dans tous les cas, doit aussi être communiqué tout autre rapport des commissaires aux comptes qui sera présenté à l'assemblée (en ce sens, CA Paris 5-2-2019 n° 17/03710 : RJDA 7/19 n° 512).

9. Dans les sociétés non dotées d'un commissaire aux comptes, ainsi qu'à notre avis dans les sociétés dotées d'un commissaire aux comptes chargé d'un audit allégé (voir n° 52815), **rapport du président du conseil** d'administration ou de surveillance sur les **conventions réglementées** (art. L 225-40, al. 3 et L 225-88, al. 3). L'article R 225-83 n'impose formellement la communication du rapport sur les conventions réglementées que lorsque celui-ci est établi par le commissaire aux comptes ; il s'agit selon nous d'une inadvertance et il convient de communiquer aux actionnaires ce rapport également lorsqu'il est établi par le président du conseil d'administration ou de surveillance.

10. Le texte des **projets de résolution** présentés par le conseil d'administration ou le directoire ainsi que, le cas échéant, le texte des projets de résolution présentés par les actionnaires accompagné d'un exposé des motifs **et** la liste des **points ajoutés** à leur demande **à l'ordre du jour** (art. R 225-81, 2° et R 225-83, 2° et 3°). Bien qu'aucun texte ne l'impose expressément, les projets de résolution déposés par le comité social et économique des sociétés d'au moins 50 salariés doivent, à notre avis, être également communiqués aux actionnaires, afin que, conformément à l'objectif qui ressort des dispositions réglementaires du Code de commerce, l'information des actionnaires soit complète.

46493 **11.** Une **formule de procuration** (art. R 225-81, al. 1).

12. Un **formulaire de vote à distance,** étant observé que ce formulaire peut être présenté sur le même document que la formule de procuration (art. R 225-81, 5°).

13. *Une formule permettant à l'act*ionnaire de demander l'**envoi des documents** et renseignements visés aux articles R 225-81 et R 225-83 à l'occasion de chacune des assemblées ultérieures, si ses titres sont nominatifs (art. R 225-81, 4°).

14. Le **bilan social** accompagné de l'avis du comité social et économique si la société occupe au moins 300 salariés (C. trav. art. L 2312-32 ; Mémento Assemblées générales n°s 15700 s.).

15. Les nom et prénom usuel soit des **administrateurs** et **directeurs généraux,** soit des **membres du conseil de surveillance et du directoire,** ainsi que, le cas échéant, l'indication des **autres sociétés** dans lesquelles ces personnes exercent des fonctions de gestion, de direction, d'administration ou de surveillance (art. R 225-83, 1°). 46494

› Précisions a. La rédaction de l'article R 225-83, 1° laisse supposer que cette dernière disposition s'applique aux personnes physiques et non aux **personnes morales** qui seraient **administrateurs** ou **membres du conseil de surveillance.** Pour notre part, nous pensons que la liste des membres des organes d'administration ou de surveillance serait incomplète si l'on n'indiquait pas la dénomination et le siège des personnes morales faisant partie du conseil d'administration ou de surveillance de la société ainsi que le nom et l'adresse de leur représentant permanent (dans le même sens, Bull. COB juillet 1983 p. 5). L'Autorité de marché estime même que les personnes morales doivent, comme les personnes physiques, mentionner toutes les sociétés dans lesquelles elles exercent des fonctions de gestion, de direction, d'administration et de surveillance et que ces renseignements doivent être fournis également en ce qui concerne les représentants permanents (Bull. COB mai 1980 p. 14 ; Bull. COB juillet 1983 p. 5).

b. La généralité des termes employés à propos de l'**indication « des autres sociétés »** dans lesquelles les administrateurs, les directeurs généraux, les membres du directoire ou du conseil de surveillance exercent des fonctions de gestion, de direction, d'administration ou de surveillance conduit à imposer la mention de ces fonctions même s'il s'agit de **sociétés civiles** (Rép. Estève : Sén. 5-4-1972 n° 11216 ; Bull. COB mai 1980 p. 14) ou de **sociétés étrangères.**

c. Dans les SA qui en sont dotées, l'**activité de commissaire aux comptes** ne doit pas être considérée comme constituant l'exercice d'une fonction de surveillance et n'a donc pas à être mentionnée (Rép. Estève précitée).

d. Il n'est pas nécessaire d'indiquer le **domicile** des administrateurs, directeurs généraux, membres du directoire ou du conseil de surveillance.

e. Lorsque, à la demande d'un ou plusieurs actionnaires, une personne morale accréditée est désignée pour préparer un **rapport** de contrôle de **certaines des informations de durabilité** établies par la société, ce rapport doit être mis à la disposition des actionnaires (art. L 232-6-3, IV et L 233-28-4, IV). Le Code de commerce ne précisant pas les modalités de cette mise à disposition, rien n'oblige à notre avis les sociétés à envoyer ce rapport aux actionnaires sur leur demande, mais elles peuvent le faire sur une base volontaire.

Renseignements sur les candidats au conseil d'administration ou de surveillance Si l'**ordre du jour comporte la nomination** d'administrateurs ou de membres du conseil de surveillance, la société est tenue de fournir, outre les documents visés n°s 46491 s., les renseignements ci-après (art. R 225-83, 5°) : 46495

– les nom, prénom usuel et âge des candidats, leurs références professionnelles et leurs activités professionnelles au cours des cinq dernières années, notamment les fonctions qu'ils exercent ou ont exercées dans d'autres sociétés, y compris, semble-t-il, les sociétés étrangères ;

– les emplois ou fonctions occupés dans la société par les candidats et le nombre d'actions dont ils sont titulaires ou porteurs.

› Précisions a. Ces renseignements ne peuvent concerner que les **candidats personnes physiques** et non les personnes morales.

b. Les renseignements doivent, à notre avis, être communiqués non seulement en cas de nomination, mais aussi en cas de **ratification d'une cooptation** par le conseil d'administration et même en cas de **renouvellement de mandat.** En effet, les actionnaires qui sont appelés à statuer sur la ratification de la nomination d'un administrateur (ou d'un membre du conseil de surveillance) coopté par le conseil doivent se prononcer en *connaissance de cause* et disposer des mêmes éléments d'information qu'en cas de nomination. Ne pas admettre cette règle conduirait à tourner aisément les dispositions relatives aux renseignements à communiquer aux actionnaires sur les candidats au conseil. Le même souci d'information complète des actionnaires amène à exiger les renseignements ci-dessus en cas de renouvellement de mandat. Certes, les administrateurs dont le mandat est venu à expiration sont connus des actionnaires ; ils figurent sur la liste prévue à l'article R 225-83, 1° (n° 46494). Mais on notera que les indications portées sur cette liste sont beaucoup moins complètes que celles requises des candidats aux fonctions d'administrateur ou de membre du conseil de surveillance. Au surplus, le renouvellement de mandat s'analyse juridiquement en une nomination et on doit donc le soumettre au même régime que celle-ci, et cela d'autant plus que la loi n'a pas édicté de règles spéciales pour le renouvellement. Par ailleurs, même si les renseignements ont déjà été donnés lors de l'entrée en fonction de l'administrateur, il est certain que ces renseignements ne seront plus exacts, six ans après par exemple, au moment où l'assemblée aura à statuer sur le renouvellement du mandat. Enfin, comme le souligne l'Autorité de marché (Rapport COB 1971 p. 221), les actionnaires auxquels l'information s'adresse sont en partie nouveaux.

46496 **Renseignements sur les commissaires aux comptes et OTI** Si l'ordre du jour de l'assemblée comporte la nomination d'un **commissaire aux comptes** appartenant à un réseau qui n'a pas pour activité exclusive la réalisation de missions mentionnées à l'article L 821-3, 1° (certification des comptes ou des informations de durabilité et autres missions confiées par la loi ou les règlements) et dont les membres ont un intérêt économique commun, la société doit mettre à la disposition des actionnaires le montant global des **honoraires** perçus par ce réseau au titre des services (autres que la réalisation de telles missions) que ce réseau a fourni à la société ou aux sociétés qui la contrôlent ou qu'elle contrôle (art. L 821-4, I-al. 1).

De même, si l'ordre du jour de l'assemblée comporte, pour certifier les informations de durabilité, la nomination d'un **OTI** appartenant à un réseau qui n'a pas pour activité exclusive la certification de ces informations et dont les membres ont un intérêt économique commun, la société doit mettre à la disposition des actionnaires le montant global des **sommes perçues** par ce réseau au titre des services autres que la certification des informations de durabilité que ce réseau a fournis à la société ou aux sociétés qui la contrôlent ou qu'elle contrôle (art. L 822-16, I-al. 1).

DOCUMENTS À ENVOYER SUR DEMANDE AVANT UNE ASSEMBLÉE ORDINAIRE AUTRE QUE L'ASSEMBLÉE ANNUELLE

46497 Les documents que les actionnaires peuvent se faire envoyer avant une assemblée générale ordinaire autre que l'assemblée générale annuelle sont les suivants :

1. L'**ordre du jour** de l'assemblée (art. R 225-81, 1°).

2. Tout **rapport** du **conseil d'administration** ou du **directoire** qui sera présenté à l'assemblée ainsi que, le cas échéant, les observations du conseil de surveillance (art. R 225-83, 4°).

3. L'**exposé sommaire de la situation** de la société au cours de l'exercice écoulé (art. R 225-81, 3° ; n° 46460).

4. Le texte des **projets de résolution** présentés par le conseil d'administration ou le directoire ainsi que, le cas échéant, le texte des projets de résolution présentés par les actionnaires accompagné d'un exposé des motifs et la liste des **points** ajoutés à leur demande à l'ordre du jour (art. R 225-81, 2° et R 225-83, 2° et 3°). Bien qu'aucun texte ne l'impose expressément, les projets de résolution déposés par le comité social et économique des sociétés d'au moins 50 salariés (n° 46200) doivent, à notre avis, être également communiqués aux actionnaires, afin que, conformément à l'objectif qui ressort des dispositions réglementaires du Code de commerce, l'information des actionnaires soit complète.

5. La **liste des administrateurs,** directeurs généraux, membres du directoire ou du conseil de surveillance (art. R 225-83, 1° ; n° 46494).

6. Le cas échéant, les **renseignements** sur les **candidats au conseil** d'administration ou au conseil de surveillance (art. R 225-83, 5° ; n° 46495).

7. Le cas échéant, les **renseignements** prévus en cas de nomination d'un **commissaire aux comptes** ou d'un **OTI** (n° 46496).

8. S'il s'agit de l'assemblée appelée à statuer sur l'**acquisition** par la société d'un **bien** appartenant à l'un de ses actionnaires (n°s 48131 s.), le rapport du commissaire chargé d'apprécier la valeur de ce bien (art. R 225-83, 7°).

9. Une **formule de procuration** (n°s 46960 s.) et un **formulaire de vote à distance** (n°s 47370 s.).

10. Une **formule** de **demande d'envoi de documents** (art. R 225-81, 4°).

ATTENTION

Le conseil d'administration ou le directoire ne peut pas, selon nous, **se dispenser de présenter un rapport** à l'assemblée générale et donc de le communiquer aux actionnaires avant celle-ci, même lorsque la loi ne l'impose pas : voir n° 48582.

DOCUMENTS À ENVOYER SUR DEMANDE AVANT UNE ASSEMBLÉE EXTRAORDINAIRE

46498 La combinaison des articles R 225-81 et R 225-83 conduit à la liste suivante :

1. L'**ordre du jour** de l'assemblée (art. R 225-81, 1°).

2. Le **rapport du conseil d'administration ou du directoire** qui sera présenté à l'assemblée ainsi que, le cas échéant, les observations du conseil de surveillance (art. R 225-83, 4°).

3. Le cas échéant, le **rapport des commissaires aux comptes** (art. R 225-83, 8° et R 225-150).

4. *L'**exposé sommaire de la situation*** de la société au cours de l'exercice écoulé (art. R 225-81, 3° ; n° 46460).

5. Le texte des **projets de résolution** présentés par le conseil d'administration ou le directoire ainsi que, le cas échéant, le texte des projets de résolution présentés par les actionnaires accompagné d'un exposé des motifs et la liste des **points** ajoutés à leur demande à l'ordre du jour (art. R 225-81, 2° et R 225-83, 2° et 3°). Bien qu'aucun texte ne l'impose expressément, les projets de résolution déposés par le comité social et économique des sociétés d'au moins 50 salariés doivent, à notre avis, être également communiqués aux actionnaires afin que, conformément à l'objectif qui ressort des dispositions réglementaires du Code de commerce, l'information des actionnaires soit complète.

6. La **liste des administrateurs,** directeurs généraux, membres du directoire ou du conseil de surveillance (art. R 225-83, 1° ; n° 46494).

7. Une **formule de procuration** (nos 46960 s.) et un **formulaire de vote à distance** (nos 47370 s.).

8. Une **formule de demande d'envoi de documents** (art. R 225-81, 4°).

› Précisions **a.** En dehors des cas où la loi prévoit expressément la présentation d'un rapport à l'assemblée, la communication du **rapport du conseil d'administration ou du directoire** aux actionnaires (et celle des observations du conseil de surveillance) n'est requise que si cet organe en a établi un, ce dont il ne peut pas à notre avis se dispenser : n° 48582.

b. En cas d'**apports en nature,** le **rapport du commissaire aux apports** ou la décision de dispense d'évaluation d'apports par un commissaire (et les documents relatifs à la description et à l'évaluation de ceux-ci) n'ont pas à être envoyés aux actionnaires ; ils sont seulement déposés au siège social et au greffe du tribunal de commerce (art. R 225-136, al. 4, R 225-136-1 et R 123-107).

DOCUMENTS À ENVOYER SUR DEMANDE AVANT UNE ASSEMBLÉE SPÉCIALE

En cas de réunion d'une assemblée spéciale, les actionnaires titulaires de la catégorie d'actions donnant le droit de participer à cette assemblée doivent recevoir les documents 46499
prévus ci-dessus en matière d'assemblée extraordinaire (n° 46498). L'article R 225-88 qui prescrit l'envoi de documents à compter de la « convocation de l'assemblée », sans autre précision, paraît en effet applicable quelle que soit la nature de l'assemblée.

b. Modalités d'exercice du droit de communication sous forme d'envoi de documents

CONDITIONS DE L'ENVOI DES DOCUMENTS À L'ACTIONNAIRE

Pour bénéficier de l'envoi des documents, l'actionnaire doit remplir deux **conditions** : avoir 46510
la qualité d'actionnaire et avoir demandé l'envoi de ces documents (art. R 225-88).

La justification de la **qualité** d'actionnaire résulte :

– pour les actionnaires « nominatifs », de l'inscription des titres à leur nom dans les comptes tenus par la société ou dans une blockchain ;

– pour les actionnaires « au porteur », de la transmission d'une attestation d'inscription dans les comptes de titres au porteur tenus par l'intermédiaire habilité ou d'inscription des titres dans une blockchain.

Tout actionnaire, quelle que soit sa participation dans le capital, peut demander l'envoi de documents.

La **demande d'envoi des documents** peut être présentée entre la date de convocation proprement dite de l'assemblée et le cinquième jour inclusivement avant la réunion. Cependant, les actionnaires propriétaires d'actions nominatives peuvent obtenir, par une demande unique, l'envoi des documents à l'occasion de chacune des assemblées ultérieures.

FORMES ET DÉLAI DE L'ENVOI DES DOCUMENTS À L'ACTIONNAIRE

La société peut procéder à l'envoi par courrier postal ou électronique (art. R 225-88, al. 1). 46511

Elle peut réunir l'ensemble des informations en un seul document ou en adresser plusieurs, les faire parvenir directement à l'actionnaire ou bien confier cette mission à des tiers.

Les frais d'expédition sont à la charge de la société (art. R 225-88, al. 1). En cas d'envoi postal, elle n'est pas tenue de procéder à l'envoi sous pli recommandé.

Aucune disposition n'impartit à la société un délai pour cet envoi ; il est seulement prévu qu'elle doit y procéder « avant la réunion » (art. R 225-88, al. 1). Néanmoins, un **envoi** trop **tardif** pourrait être jugé abusif et ouvrir droit à des dommages-intérêts.

› Précisions La société ne peut procéder à l'**envoi par courrier électronique** que si elle a au préalable soumis une proposition en ce sens aux actionnaires, par voie postale ou électronique, et recueilli leur **accord** également par voie postale ou électronique (art. R 225-63, al. 1). En l'absence d'accord du ou des actionnaires concernés, au plus tard 35 jours avant la date de l'assemblée générale, la société doit recourir à un envoi postal (art. R 225-63, al. 2). Les actionnaires ayant déjà accepté le recours à la communication électronique ont la faculté de demander le retour à l'envoi postal 35 jours au moins avant la date de l'avis de convocation à l'assemblée soit par voie postale, soit par voie électronique (art. R 225-63, al. 3).

3. CONSULTATION DE DOCUMENTS AU SIÈGE SOCIAL PAR LES ACTIONNAIRES

46540 Les actionnaires peuvent, avant toute assemblée, consulter au siège social ou au lieu de la direction administrative de la société divers documents.

a. Étendue du droit de consultation

DOCUMENTS À DÉPOSER AU SIÈGE SOCIAL AVANT L'ASSEMBLÉE ANNUELLE

46541 Les documents à mettre à la disposition des actionnaires au siège social ou au lieu de la direction administrative (art. R 225-89) comprennent non seulement ceux énumérés à l'article R 225-83, qui doivent être envoyés aux actionnaires sur leur demande, mais aussi un certain nombre de pièces complémentaires prévues par d'autres textes.

La combinaison de ces textes aboutit à la liste suivante :

1. Les **comptes annuels** (bilan, compte de résultat et annexe) de l'exercice écoulé ainsi que le tableau des **affectations du résultat** (art. L 225-115, 1° et R 225-83, 6° ; n° 46491).

2. Éventuellement, les **comptes consolidés** et le rapport sur la gestion du groupe (art. L 225-115, 1° et R 225-83, 6°).

46542 **3.** Le **rapport de gestion** (art. L 225-115, 2° et R 225-83, 4°) des sociétés tenues de l'établir, ainsi que le **tableau des résultats** de la société au cours de chacun des cinq derniers exercices ou de chacun des exercices clos depuis la constitution de la société ou l'absorption par celle-ci d'une autre société si leur nombre est inférieur à cinq et la **déclaration du commissaire aux comptes** relative aux **prêts interentreprises,** pour les raisons exposées n° 46492.

4. Le **rapport sur le gouvernement d'entreprise,** à moins, dans les SA à conseil d'administration, qu'il ne soit inclus dans le rapport de gestion (cf. art. L 225-37, al. 6, L 225-68, al. 6, L 225-100, I-al. 2, L 225-115, 2° et R 225-83, 4° et 6°-c).

5. Tout autre **rapport** du **conseil d'administration,** du directoire ou du conseil de surveillance qui sera présenté à l'assemblée (cf. CA Paris 5-2-2019 n° 17/03710 : RJDA 7/19 n° 512).

6. Le **tableau** faisant apparaître les **résultats** de la société au cours de chacun des cinq derniers exercices ou de chacun des exercices clos depuis la constitution de la société ou l'absorption par celle-ci d'une autre société si leur nombre est inférieur à cinq (n° 46492). Certes ce tableau ne figure pas dans la liste des documents dont le Code de commerce impose la mise à disposition au siège social. Toutefois, dans la mesure où il doit être joint au rapport du conseil d'administration ou du directoire et présenté à cette assemblée (art. R 225-102, al. 2), son dépôt s'impose afin d'assurer une parfaite information des actionnaires.

7. Les **rapports des commissaires aux comptes** et de l'**OTI** des sociétés qui en sont dotées (art. L 225-115, 2° et R 225-83, 6° ; n° 46492).

8. Dans les sociétés non dotées d'un commissaire aux comptes, ainsi qu'à notre avis dans les sociétés dotées d'un commissaire aux comptes chargé d'un audit allégé (n° 52815), le **rapport du président du conseil** d'administration ou de surveillance sur les **conventions réglementées** (art. L 225-40, al. 3 et L 225-88, al. 3). L'article R 225-83 n'impose formellement la communication du rapport sur les conventions réglementées que lorsque celui-ci est établi par le commissaire aux comptes ; il s'agit selon nous d'une inadvertance et il convient de déposer ce rapport également lorsqu'il est établi par le président du conseil d'administration ou de surveillance.

9. Le texte des **projets de résolution** présentés par le conseil d'administration ou le directoire ainsi que, le cas échéant, le texte des projets de résolution présentés par des actionnaires accompagné d'un exposé des motifs **et** la liste des **points ajoutés** à leur demande **à l'ordre du jour** (art. L 225-115, 3° et R 225-83, 2° et 3°). Le texte des projets de résolution déposés par le comité social et économique des sociétés d'au moins 50 salariés doit, nous semble-t-il, aussi être mis à disposition au siège social car, bien qu'aucun texte ne l'impose expressément, cette communication répond à l'objectif d'information complète des actionnaires.

10. Les nom et prénom usuel soit des **administrateurs** et **directeurs généraux,** soit des **membres du directoire et du conseil de surveillance,** ainsi que, le cas échéant, l'indication des **autres sociétés** dans lesquelles ces personnes exercent des fonctions de gestion, de *direction, d'administration ou de surveillance* (art. L 225-115, 1° et R 225-83, 1° ; n° 46494).

46543 **11.** Le montant global, certifié exact par les commissaires aux comptes chargés d'un audit classique des comptes, dans les sociétés qui en sont dotées, des **rémunérations** versées aux dix ou cinq personnes les mieux rémunérées selon que l'effectif du personnel est ou non d'au moins 250 salariés (art. L 225-115, 4° et L 821-57, al. 2).

Toutefois, lorsque le nombre des personnes rémunérées en contrepartie d'un travail permanent (salariés et mandataires sociaux) est inférieur à cinq, il n'y a pas lieu de communiquer aux actionnaires le montant global de la rémunération de ces personnes (Rép. Lorenzini : AN 27-10-1986 nº 5760).

12. Le montant global, certifié par le commissaire aux comptes chargé d'un audit classique des comptes dans les sociétés qui en sont dotées, des **versements** effectués en application des 1 et 5 de l'article 238 bis du CGI, **qui donnent lieu à une réduction d'impôt** (versement à des œuvres ou organismes d'intérêt général ou à des organismes de recherche, à des musées de France, etc.), ainsi que la liste des **actions** nominatives de **parrainage** et de **mécénat** réalisées par la société (art. L 225-115, 5º).

Le commissaire aux comptes d'une **SA ayant opté pour un audit allégé** est dispensé de certifier ces versements et la liste des actions nominatives de parrainage et de mécénat (art. L 821-57, al. 2).

13. La **liste des actionnaires** (art. L 225-116 et R 225-90, al. 1) : cette liste doit être arrêtée par la société le 16e jour qui précède la réunion de l'assemblée (art. R 225-90, al. 2). Elle doit mentionner les nom, prénom usuel et domicile de chaque titulaire d'actions nominatives ainsi que le nombre d'actions dont ces actionnaires sont titulaires (art. R 225-90, al. 2).

14. Le dernier **bilan social** accompagné de l'avis du comité social et économique, étant observé que ce bilan social n'est obligatoire que dans les sociétés occupant au moins 300 salariés (C. trav. art. L 2312-32).

› Précisions **a.** Selon le ministre de la justice (Rép. Lebas : AN 3-4-1969 nº 4274), la **notion de rémunération** doit être entendue largement et comprendre notamment les **avantages en nature** dont bénéficient les intéressés.

b. Par analogie avec les règles applicables en matière fiscale (BOI-BIC-CHG-40-60-10 nº 60), les **personnes les mieux rémunérées** peuvent comprendre des **non-salariés** (conseillers techniques, par exemple) dès l'instant qu'ils ont prêté un concours « exclusif et permanent » à l'entreprise.

c. L'**effectif du personnel** à prendre en compte pour les rémunérations versées doit être apprécié à la clôture du dernier exercice (art. D 225-104-2). Il résulte d'un simple dénombrement de l'ensemble du personnel (CNCC EJ 2023-60 octobre 2024).

d. Avant la codification de la partie réglementaire du Code de commerce, l'article 140, al. 2 du décret du 23 mars 1967 imposait dans la **liste des actionnaires** la mention du nombre d'actions dont l'actionnaire « est titulaire ou porteur ». À la suite d'une erreur de transcription liée à la codification, l'article R 225-90, al. 2 prévoit désormais la mention du nombre d'actions dont l'actionnaire « est titulaire au porteur ». Il convient de ne pas tenir compte de cette rédaction restrictive et de continuer à mentionner, comme par le passé, le **nombre d'actions détenues** par chaque actionnaire inscrit au **nominatif** (CA Paris 5-2-2019 nº 17/03710 : RJDA 7/19 nº 512).

e. Lorsque, à la demande d'un ou plusieurs actionnaires, une personne morale accréditée est désignée pour préparer un **rapport** de contrôle de **certaines des informations de durabilité** établies par la société, ce rapport doit être mis à la disposition des membres de l'assemblée (art. L 232-6-3, IV et L 233-28-4, IV). Le Code de commerce ne précise pas les modalités de cette mise à disposition. Nous recommandons aux sociétés de mettre ce rapport à disposition des actionnaires au siège social.

Renseignements sur les candidats au conseil d'administration ou de surveillance Lorsque l'**ordre du jour comporte la nomination** d'administrateurs ou de membres du conseil de surveillance, les renseignements suivants doivent également être mis à disposition des actionnaires : 46544

– les nom, prénom usuel et âge des candidats, leurs références professionnelles et leurs activités professionnelles au cours des cinq dernières années, notamment les fonctions qu'ils exercent ou ont exercées dans d'autres sociétés ;

– les emplois ou fonctions occupés dans la société par les candidats et le nombre d'actions de la société dont ils sont titulaires ou porteurs (art. L 225-115, 3º et R 225-83, 5º ; nº 46495).

Renseignements sur les commissaires aux comptes et OTI Lorsque l'ordre du jour de l'assemblée comporte la nomination d'un commissaire aux comptes ou d'un OTI, la société doit mettre à la disposition des actionnaires au siège social les informations mentionnées nº 46496. Ces informations doivent être actualisées chaque année (art. L 821-4, I-al. 1 et L 822-16, I-al. 1). 46545

Par ailleurs, les actionnaires doivent également pouvoir prendre connaissance au siège social du montant des honoraires versés à chacun des commissaires aux comptes et des sommes versées à chacun des OTI (art. L 821-4, I-al. 2 et L 822-16, I-al. 2).

DOCUMENTS À DÉPOSER AVANT UNE ASSEMBLÉE EXTRAORDINAIRE OU SPÉCIALE

46546 Les documents à mettre à la disposition des actionnaires sont, dans ce cas, les suivants :

1. Le **texte des résolutions** présentées (art. R 225-89, al. 2) ; le Code de commerce visant les résolutions sans distinction, il s'agit non seulement des résolutions proposées par le conseil d'administration ou le directoire, mais aussi des projets émanant d'actionnaires ou encore du comité social et économique des sociétés d'au moins 50 salariés.

2. Le **rapport du conseil d'administration ou du directoire** (art. R 225-89, al. 2) ainsi que les observations du conseil de surveillance.

3. Le cas échéant, le **rapport des commissaires aux comptes** (art. R 225-89, al. 2 et R 225-150).

4. La **liste des actionnaires** établie dans les conditions indiquées plus haut (nº 46543) (art. L 225-116 et R 225-90).

5. Le **rapport des commissaires aux apports** en cas d'augmentation de capital par apports en nature ou de stipulation d'avantages particuliers (art. L 225-147, al. 2 et R 225-136, al. 4).

À notre avis, les renseignements relatifs aux administrateurs, directeurs généraux, membres du directoire ou du conseil de surveillance (nº 46542) ne doivent pas être tenus à la disposition des actionnaires en cas de réunion d'une assemblée extraordinaire ou spéciale. En effet, l'article R 225-89, al. 2 applicable à ces types d'assemblées ne renvoie pas à l'article R 225-83 qui prescrit la communication de tels renseignements. Rappelons néanmoins que ceux-ci peuvent être envoyés aux actionnaires sur leur demande (nº 46498).

› Précisions **a.** En cas de **fusion, de scission ou d'apport partiel d'actifs** soumis au régime des scissions, il convient de tenir à la disposition des actionnaires un certain nombre de **documents complémentaires** énumérés par l'article R 236-4 (nos 83190, 83501 et 83634).

b. En dehors des cas où la loi prévoit expressément la présentation d'un rapport à l'assemblée, la communication du **rapport du conseil d'administration ou du directoire** aux actionnaires (et celle des observations du conseil de surveillance) n'est requise que si cet organe en a établi un, ce dont il ne peut pas à notre avis se dispenser : nº 48582.

c. Il se déduit des articles L 225-115, 2°, R 225-83, 4° et R 225-89 que **tous les rapports** établis par le **conseil d'administration** ou le directoire et le conseil de surveillance qui sont **présentés à l'assemblée** doivent être mis à la disposition des actionnaires (cf. CA Paris 5-2-2019 nº 17/03710 : RJDA 7/19 nº 512).

DOCUMENTS À DÉPOSER AVANT UNE ASSEMBLÉE ORDINAIRE AUTRE QU'ANNUELLE

46547 Sauf le cas particulier de l'assemblée générale ordinaire appelée à statuer sur l'évaluation d'un bien vendu à la société par un actionnaire peu après la constitution de la société (voir nº 46548), l'article R 225-89 ne prévoit la consultation de documents au siège social qu'en ce qui concerne les assemblées générales ordinaires annuelles et les assemblées extraordinaires ou spéciales. Nous estimons néanmoins, compte tenu de l'esprit général de la réglementation (qui est de favoriser l'information des actionnaires), que cette consultation ne peut pas être exclue lors d'assemblées générales ordinaires autres que l'assemblée annuelle. À titre d'exemple, si une assemblée générale ordinaire doit être appelée à statuer sur la nomination de nouveaux administrateurs en dehors de l'approbation annuelle des comptes, on concevrait mal que les actionnaires soient privés des renseignements sur les candidats que la loi fait une obligation de leur communiquer s'il s'agit de l'assemblée annuelle.

CONSEIL

Nous recommandons de **déposer** les **documents permettant aux actionnaires de se faire une opinion** sur les décisions qu'ils auront à prendre, à savoir au moins :
– le rapport du conseil d'administration ou du directoire, s'il en a été établi un ;
– le texte des résolutions proposées par le conseil d'administration ou le directoire et, le cas échéant, le texte et l'exposé des motifs des projets de résolution présentés par les actionnaires ou encore par le comité social et économique et la liste des points ajoutés à l'ordre du jour à la demande des actionnaires ;
– les renseignements sur les candidats aux fonctions d'administrateur ou de membre du conseil de surveillance si des nominations sont prévues à l'ordre du jour de l'assemblée (nº 46544).

En tout état de cause, la liste des actionnaires doit être déposée, cette mesure étant prescrite pour toute assemblée (art. L 225-116 et R 225-90).

› Précisions Le conseil d'administration ou le directoire ne peut pas, selon nous, **se dispenser de présenter un rapport** à *l'assemblée générale* et donc de le communiquer aux actionnaires avant celle-ci, même dans les cas où la loi ne l'impose pas : voir nº 48582.

46548 **Cas particulier de l'assemblée statuant sur des quasi-apports** En cas de réunion d'une assemblée générale ordinaire à l'effet de statuer sur l'**évaluation d'un bien** que la société, dans les deux années qui suivent son immatriculation au RCS, se propose

d'acheter à l'un de ses actionnaires (nos 48131 s.), les documents suivants doivent être tenus à la disposition des actionnaires (art. R 225-89, al. 3) :
– texte des résolutions proposées à l'assemblée ;
– rapport du conseil d'administration ou du directoire ;
– rapport des commissaires chargés d'apprécier la valeur du bien dont l'acquisition est envisagée.

b. Modalités de consultation des documents

BÉNÉFICIAIRES DU DROIT DE CONSULTATION

Le droit de consultation peut être exercé soit par l'actionnaire lui-même (quel que soit le nombre de ses actions), soit par le **mandataire** qu'il a nommément désigné pour le représenter à l'assemblée (art. R 225-91). 46560

La possibilité d'agir par mandataire est écartée, faute de texte la prévoyant, en ce qui concerne la consultation du rapport du commissaire aux apports en cas d'apports en nature et celle des documents particuliers en cas de fusion, de scission ou d'apport partiel d'actifs soumis au régime des scissions (cf. art. R 225-136, al. 4, R 236-4 et R 236-17).

Si les **actions** sont **indivises,** ce droit appartient à chacun des indivisaires. Si elles sont **grevées d'usufruit,** il appartient tant à l'usufruitier qu'au nu-propriétaire, quelle que soit la nature (ordinaire, extraordinaire ou spéciale) de l'assemblée (art. L 225-118). Chacun d'eux peut valablement agir seul en justice pour demander la nullité de l'assemblée (art. L 225-121 modifié, à compter du 1-10-2025, par ord. 2025-229 du 12-3-2025 et, à compter de cette date, C. civ. art. 1844-10, al. 3 issu de ord. 2025-229 ; Ord. 2025-229 art. 70) au cas où son droit de consultation n'aurait pas été respecté (Cass. com. 5-5-1981 : Rev. sociétés 1982 p. 95 note A. Viandier, à propos d'indivisaires mais transposable en cas d'usufruit). De même, chacun des indivisaires peut se porter partie civile pour obtenir réparation du préjudice personnel que lui a causé la carence du président (Cass. crim. 11-4-1996 : RJDA 10/96 no 1213). 46561

Si les **actions** sont **louées,** le droit de consultation appartient également au bailleur et au preneur (application combinée des art. L 239-3, al. 2 et L 225-118).

Lorsque les actions appartiennent à plusieurs personnes groupées dans un **fonds commun de placement,** ces personnes ne peuvent pas exercer individuellement le droit de consultation. Ce droit est réservé à la société de gestion du fonds, celle-ci étant habilitée par la loi à représenter le fonds à l'égard des tiers (C. mon. fin. art. L 214-8-8 et L 214-24-42).

Signalons que les représentants de la masse des **obligataires** (art. L 228-55, al. 2) peuvent également consulter les documents mis à la disposition des actionnaires.

DÉLAI DE CONSULTATION DES DOCUMENTS

Le droit de consultation des actionnaires peut s'exercer à compter du jour de la convocation et **au moins** pendant les **15 jours** qui précèdent la date de la réunion (art. R 225-89). Il en résulte que le délai de consultation varie selon la date de convocation mais ne peut pas être inférieur à 15 jours. 46562

Toutefois, quelle que soit la date de convocation :
– la liste des actionnaires ne doit être tenue à la disposition des actionnaires que 15 jours avant l'assemblée (art. R 225-90) ;
– la même limitation à 15 jours s'applique au rapport des commissaires aux comptes si la société en est dotée à présenter à l'assemblée ordinaire annuelle (art. R 225-89, al. 1) ;
– le rapport des commissaires aux apports, en cas d'apports en nature ou d'attribution d'avantages particuliers, ne doit être tenu à la disposition des actionnaires que huit jours au *moins avant l'assemblée* (art. R 225-136, al. 4) ;
– les documents particuliers à communiquer aux actionnaires en cas de fusion, de scission ou d'apport partiel d'actifs soumis au régime des scissions (nos 83190, 83501 et 83634) doivent être déposés au siège social 30 jours au moins avant la date de l'assemblée appelée à statuer sur l'opération (art. R 236-4 et R 236-17).

> **› Précisions** En l'absence de dispositions particulières analogues à celles prévues ci-dessus pour le rapport des commissaires aux comptes ou celui des commissaires aux apports, le **rapport des commissaires** chargés d'apprécier la **valeur d'un bien acheté par la société** à l'un de ses actionnaires doit être mis à la disposition des actionnaires à partir du jour de la convocation de l'assemblée (art. R 225-89, al. 3).

LIEU DE LA CONSULTATION DES DOCUMENTS

46563 L'actionnaire peut exercer son droit de communication « au **siège social** ou au lieu de la **direction administrative** » (art. R 225-89, al. 1).

Dans le cas où le siège social est distinct de la direction administrative, les documents doivent-ils être mis à la disposition des actionnaires en ces deux endroits – ce qui obligerait à les établir en double exemplaire – ou peuvent-ils l'être à l'un de ces deux endroits seulement ?

À notre avis, compte tenu du souci du législateur de favoriser l'information des actionnaires, il y a lieu de considérer que, dès lors qu'un actionnaire demande la communication des documents en l'un ou l'autre lieu prévu par la loi, la société doit accéder à sa demande.

FORMES DE LA CONSULTATION DES DOCUMENTS

46564 Tout actionnaire exerçant son droit de communication auprès de la société peut se faire assister d'un **expert** inscrit sur une des listes établies par les cours et tribunaux (art. R 225-94).

Il peut aussi se faire accompagner par un **huissier ou commissaire de justice** chargé de dresser procès-verbal des documents qui lui seront remis (CA Paris 15-11-1978 : BRDA 3/79 p. 9).

Enfin, l'actionnaire est autorisé à prendre **copie** des documents qui lui sont présentés (art. R 225-89, al. 4 et R 225-90).

Mais il ne peut pas exiger que la société lui fasse l'**envoi** de ces documents (TGI Strasbourg réf. 26-9-1969 : RTD com. 1970 p. 150 ; T. corr. Paris 16-6-1983 : Gaz. Pal. 1983 p. 431 note J.-P. Marchi).

› Précisions À s'en tenir à la lettre des textes et sans que l'on puisse expliquer ces différences de régime :

– le **rapport du commissaire aux apports** en cas d'**apports en nature** (ou la décision de dispense d'évaluation d'apports par un commissaire et les documents relatifs à la description et à l'évaluation de ceux-ci), de même que les documents visés à l'article R 236-4 en cas de **fusion, de scission ou d'apport partiel d'actifs** soumis au régime des scissions ne doivent être déposés qu'au siège social (cf. art. R 225-136, al. 4, R 225-136-1, R 236-4, al. 1 et R 236-17) ;

– le droit pour les actionnaires de prendre **copie** des documents déposés à leur intention ne s'applique pas au **rapport du commissaire aux apports** ou à la décision de dispense d'évaluation d'apports par un commissaire et les documents relatifs à la description et à l'évaluation de ceux-ci. Cependant, les actionnaires (ou les tiers) peuvent obtenir copie de ces documents en s'adressant au greffe du tribunal de commerce puisqu'ils doivent y être déposés (cf. art. R 123-107).

4. DROIT DE CONSULTATION ÉLECTRONIQUE DES ACTIONNAIRES

46590 Les **sociétés dont les actions sont admises aux négociations sur un marché réglementé** sont tenues de disposer d'un site internet afin de satisfaire à leurs obligations d'information de leurs actionnaires (art. R 22-10-1).

Le fait pour la société de publier des documents sur son site internet ne peut l'exonérer de son obligation de transmettre ces documents à un actionnaire sur sa demande ou de permettre leur consultation au siège social ou au lieu de la direction administrative.

› Précisions **a.** Contrairement à ce qui est prévu en matière de vote aux assemblées générales par des moyens électroniques de télécommunication (art. R 225-61), il n'est pas exigé que la société aménage un **site exclusivement consacré à ces fins.** Les actionnaires peuvent donc avoir accès aux documents relatifs aux assemblées sur le site institutionnel de la société.

b. Sur le droit de consultation électronique en cas de **fusion**, voir n° 83192.

c. **L'adresse du site internet** où figurent ces documents doit être mentionnée dans l'information relative à la tenue d'une assemblée communiquée par la **chaîne des intermédiaires** aux actionnaires de sociétés ayant leur siège dans l'UE et dont les actions sont admises aux négociations sur un marché réglementé établi ou opérant dans l'UE (n° 46167). Pour l'Association France Post-Marché (ex-Afti), il convient également d'informer les actionnaires par la chaîne des intermédiaires de la mise à disposition des documents (Guide d'implémentation pour la Place française de juillet 2020 p. 47).

ÉTENDUE DU DROIT DE CONSULTATION ÉLECTRONIQUE DES ACTIONNAIRES

46593 Les sociétés dont les actions sont admises aux négociations sur un marché réglementé *doivent publier sur leur site internet* les informations et documents suivants (art. R 22-10-23) :

1. L'**avis de réunion** publié au Balo ;

2. Le **nombre total de droits de vote** existant **et** le **nombre d'actions** composant le capital de la société à la date à laquelle cet avis a été publié, en précisant, le cas échéant, le nombre d'actions et de droits de vote existant à cette date pour chaque catégorie d'actions ;

3. Les **documents destinés à être présentés à l'assemblée,** au regard notamment des dispositions des articles L 225-115 et R 225-83 ;

4. Le texte des **projets de résolution** qui seront **présentés** à l'assemblée **par le conseil d'administration ou le directoire** ainsi que, recommande l'AMF, l'exposé des motifs de chacun d'entre eux (Recommandation AMF 2012-05, proposition n° 1.5) ;

5. Les **formulaires de vote** par correspondance et de vote par procuration ou le document unique de vote par procuration et de vote à distance, la société pouvant toutefois se dispenser de publier ces formulaires dans le cas où elle adresserait ceux-ci à tous ses actionnaires ;

6. Le texte des **projets de résolution présentés par des actionnaires et** la liste des **points ajoutés à l'ordre du jour** à leur demande. Pour chaque point inscrit à l'ordre du jour, la société peut également publier un **commentaire** du conseil d'administration ou du directoire, mais ce n'est pas une obligation. Bien qu'aucun texte ne l'impose, le texte des projets de résolution déposés par le comité social et économique des sociétés d'au moins 50 salariés devrait, selon nous, également être publié sur ce site, afin que l'information des actionnaires soit complète.

› **Précisions** **a.** Lorsque, pour des raisons techniques, les **formulaires de vote** par correspondance et de vote par procuration ne peuvent pas être rendus accessibles sur son site internet, la société doit indiquer sur celui-ci les **lieux et conditions** dans lesquels ils peuvent être **obtenus** ; elle doit les envoyer à ses frais à tout actionnaire qui en fait la demande (art. R 22-10-23, al. 7).

b. Sur les **recommandations de l'AMF** concernant la documentation à mettre en ligne, l'information de sa disponibilité, sa traduction en anglais et la durée de la conservation sur le site, voir Recommandation AMF 2012-05.

c. Nous recommandons aux sociétés dont les actions sont admises aux négociations sur un marché réglementé de rendre accessible sur leur site internet, le cas échéant, le **rapport de contrôle** de certaines **informations de durabilité** établi **à la demande d'actionnaires** mentionné n° 46543.

DÉLAI DE LA CONSULTATION ÉLECTRONIQUE DES ACTIONNAIRES

Les actionnaires doivent pouvoir exercer leur droit de consultation électronique pendant une période ininterrompue commençant au plus tard le 21e jour précédant l'assemblée (le 15e jour en période d'OPA) (art. R 22-10-23, al. 1 et 10). **46596**

La société doit publier sans délai sur son site le texte des projets de résolution présentés par des actionnaires et la liste des points ajoutés à l'ordre du jour à leur demande (art. R 22-10-23, al. 8).

5. SANCTIONS DU NON-RESPECT DU DROIT DE COMMUNICATION PRÉALABLE

Si les documents visés aux articles L 225-115 et L 225-116 n'ont pas été communiqués aux actionnaires avant l'**assemblée** générale, le juge peut **annuler** celle-ci (art. L 225-121 modifié, à compter du 1-10-2025, par ord. 2025-229 du 12-3-2025 ; Ord. 2025-229 art. 70). Il en va de même pour les assemblées tenues avant le 1er octobre 2025 en cas de non-respect des dispositions réglementaires prises pour l'application de ces articles (art. L 225-121, dans sa version antérieure au 1-10-2025) ; pour les assemblées tenues à compter de cette date, la nullité pour inobservation de ces dispositions réglementaires ne sera encourue que si le juge estime que ces dernières constituent des dispositions impératives (C. civ. art. 1844-10, al. 3 modifié par ord. 2025-229). **46610**

Par ailleurs, le défaut de communication, dans le délai requis par la loi, des comptes consolidés est passible pour les membres du directoire ou du conseil d'administration d'une **amende** de 9 000 € (art. L 247-1, II).

Enfin, les actionnaires disposent d'une **procédure d'injonction** pour obtenir l'exécution forcée de la communication à laquelle ils ont droit. L'article L 238-1 permet en effet à toute personne intéressée qui n'obtient pas des dirigeants communication des documents énumérés par les articles L 225-115 et L 225-116, d'une formule de procuration ou des renseignements exigés par la partie réglementaire du Code de commerce en vue de la tenue des assemblées, de demander au président du tribunal de commerce, statuant en référé, d'enjoindre sous astreinte aux intéressés de procéder à cette communication ou de désigner un mandataire chargé d'y procéder. Lorsqu'il est fait droit à la demande de l'actionnaire, l'astreinte et les frais de procédure sont à la charge des dirigeants mis en cause (art. L 238-1, al. 4 ; sur la procédure d'injonction, voir nos 89821 s.).

L'actionnaire qui n'obtient pas communication des documents requis peut, conformément au droit commun, demander à la société défaillante des **dommages-intérêts** en réparation du préjudice subi.

B. Droit de communication permanent

ÉTENDUE DU DROIT DE COMMUNICATION PERMANENT DES ACTIONNAIRES

46650 Le droit de communication permanent porte sur les documents suivants des **trois derniers exercices** (cf. art. L 225-117 et, sur renvoi, art. L 225-115) :

1. Les **comptes annuels** (bilans, comptes de résultat et annexes) et éventuellement les **comptes consolidés.**

2. La **liste des administrateurs** ou des membres du directoire et du conseil de surveillance.

46652 **3.** Les **rapports du conseil d'administration** ou du directoire et du conseil de surveillance : rapport de gestion des sociétés tenues de l'établir, auquel doit alors être joint le tableau faisant apparaître les résultats de la société au cours de chacun des cinq derniers exercices (art. R 225-102), rapport sur le gouvernement d'entreprise (cf. art. L 225-37, al. 6 et L 225-68, al. 6) et tout autre rapport de ces organes soumis aux assemblées.

46654 **4.** Les **rapports des commissaires aux comptes** si la société en est dotée.

5. Le texte et l'exposé des motifs des **résolutions** proposées.

6. Les **renseignements** concernant les **candidats au conseil** d'administration ou de surveillance, selon le cas.

7. Le montant global, certifié exact par les commissaires aux comptes chargés d'un audit classique des comptes dans les SA qui en sont dotées, des **rémunérations** versées aux dix ou cinq personnes les mieux rémunérées selon que l'effectif du personnel excède ou non 250 salariés (nº 46543).

8. Le montant global, certifié par les commissaires aux comptes chargés d'un audit classique des comptes dans les SA qui en sont dotées, des **versements** effectués en application des 1 et 5 de l'article 238 bis du CGI, **qui donnent lieu à une réduction d'impôt,** ainsi que la liste des **actions** de **parrainage** et de **mécénat** réalisées par la société (nº 46543).

9. Les **procès-verbaux des assemblées** tenues au cours des trois derniers exercices.

10. Les **feuilles de présence** à ces assemblées (auxquelles doivent être joints, s'il en existe, les procurations et les formulaires de vote à distance).

11. Éventuellement, les **bilans sociaux** (C. trav. art. L 2312-32).

Cette énumération doit être considérée comme limitative (CA Paris 13-10-2006 nº 06-5281 : RJDA 5/07 nº 507). En effet, le droit de l'actionnaire est précisé par les textes ; il faut s'en tenir à leurs énonciations. En particulier, il ne peut pas avoir communication de la liste des actionnaires, celle-ci ne pouvant être consultée que dans le cadre du droit de communication préalable à l'assemblée (art. L 225-116 et R 225-90).

› **Précisions** **a.** L'article L 225-117 visant les trois derniers exercices sans autre précision, il convient de considérer qu'il s'agit des trois derniers **exercices clos** : par exemple, pour une demande présentée en 2025, ceux de 2022, 2023 et 2024 sauf, pour le dernier exercice, à laisser au conseil d'administration ou au directoire le temps d'établir les documents.

b. S'agissant des **procès-verbaux d'assemblées et des feuilles de présence,** ne sont visés que ceux des **assemblées tenues « au cours » des trois derniers exercices.** Par suite, même si la demande de documents est formulée postérieurement à la date de l'assemblée ayant approuvé les comptes du dernier exercice, il n'y a pas d'obligation pour la société de fournir le procès-verbal et la feuille de présence de cette assemblée dès lors que celle-ci a été tenue postérieurement à la clôture du dernier exercice. Mais, en pratique, de nombreuses sociétés communiquent ces documents à ceux de leurs actionnaires qui les demandent afin qu'ils puissent disposer d'une information complète sur les comptes du dernier exercice.

c. En l'absence de précision dans l'article L 225-117, ce sont les procès-verbaux et les feuilles de présence de **toutes les assemblées tenues au cours des trois derniers exercices** qui doivent être communiqués, non seulement ceux des assemblées ordinaires annuelles, mais aussi ceux des assemblées extraordinaires et ceux des assemblées spéciales.

EXERCICE DU DROIT DE COMMUNICATION PERMANENT DES ACTIONNAIRES

46660 **Bénéficiaires** Le droit de communication permanent peut être exercé par tout ***actionnaire,*** *par chacun des copropriétaires* indivis d'actions, par le nu-propriétaire et l'usufruitier (art. L 225-118), ainsi que par le bailleur et le locataire (art. L 225-118 sur renvoi de l'art. L 239-3, al. 2). Si les actions appartiennent à plusieurs personnes groupées dans un fonds commun de placement, le droit de communication est exercé par la société de gestion du fonds (cf. C. mon. fin. art. L 214-8-8 et L 214-24-42).

L'actionnaire peut désigner un **mandataire** pour l'exercice de son droit (art. R 225-92). Aucune condition particulière n'étant fixée quant au choix du mandataire (contrairement aux dispositions applicables en matière de communication préalable ; nº 46560), ce dernier peut être une personne étrangère à la société.

Signalons que les représentants de la masse des **obligataires** (art. L 228-55, al. 2) peuvent aussi consulter les documents tenus à la disposition des actionnaires.

Délai et forme de la communication Le droit de communication permanent peut être exercé « à toute **époque** » (art. L 225-117). 46661

Tout actionnaire exerçant son droit de communication peut se faire assister d'un **expert** inscrit sur une des listes établies par les cours et tribunaux (art. R 225-94).

Le droit de communication permanent est exercé au siège social ou au **lieu** de la direction administrative (art. R 225-92, al. 1). Sur l'interprétation de cette disposition, voir nº 46563.

Les actionnaires peuvent prendre **copie** des documents mis à leur disposition (art. R 225-92, al. 2).

NON-RESPECT DU DROIT DE COMMUNICATION PERMANENT

Comme en matière de droit de communication préalable (nº 46610), l'actionnaire peut demander en justice que les dirigeants sociaux soient tenus, sous **astreinte,** de mettre à sa disposition les documents auxquels il doit avoir accès. 46670

Il peut également obtenir des **dommages-intérêts** en réparation du préjudice que le refus de communication lui aura causé.

En revanche, aucune disposition expresse de la loi ne sanctionne par la **nullité** des assemblées le refus de communication des documents prescrits. Cependant, la nullité pourrait être prononcée si les tribunaux reconnaissaient un caractère impératif aux dispositions de l'article L 225-117 relatives au droit de communication permanent (art. L 235-1, al. 2 remplacé, à compter du 1-10-2025, par C. civ. art. 1844-10, al. 3 modifié par ord. 2025-229 du 12-3-2025 ; Ord. 2025-229 art. 70), sauf si l'assemblée a été tenue avant le 1er octobre 2025 et a eu pour objet la modification des statuts (nos 89210 s.).

III. DROIT DE COMMUNICATION DU COMMISSAIRE AUX COMPTES

Un mois au moins avant la convocation de l'assemblée appelée à statuer sur les comptes annuels, doivent être tenus à la disposition du ou des commissaires aux comptes, s'il en existe : les comptes annuels, le rapport de gestion des sociétés tenues de l'établir et, le cas échéant, les comptes consolidés et le rapport sur la gestion du groupe (art. R 232-1, al. 1). Une copie de ces documents est délivrée au commissaire aux comptes s'il en fait la demande (art. R 232-1, al. 2). 46730

Si le commissaire aux comptes est chargé d'un audit légal classique, doit également lui être communiqué, à notre avis, le rapport sur le gouvernement d'entreprise présenté à l'assemblée (art. L 225-37, al. 6, L 225-68, al. 6 et L 225-100, I-al. 2). En effet, le commissaire aux comptes doit établir un rapport sur ce rapport (nº 77866) destiné lui aussi à être présenté à l'assemblée. Dans le cadre de l'audit allégé, le commissaire aux comptes est dispensé d'établir ce rapport (nº 77950), mais il peut se faire communiquer le rapport sur le gouvernement d'entreprise s'il l'estime utile à l'exercice de sa mission (art. L 821-60).

La procédure d'injonction instituée par l'article L 238-1 (nº 46610) est ouverte au commissaire aux comptes qui n'obtient pas communication des documents précités.

IV. PARTICIPATION À L'ASSEMBLÉE

DROIT ESSENTIEL DE L'ACTIONNAIRE

Tout actionnaire a le droit de participer aux assemblées ; sur cette question, voir nos 7500 s. 46790

> **› Précisions** Afin de faciliter l'exercice par les actionnaires de leur droit de participer aux assemblées générales et d'y voter, certains **intermédiaires** qui fournissent des services à des actionnaires ou à d'autres intermédiaires en ce qui concerne les actions de sociétés ayant leur siège dans l'UE et dont les **actions** sont **admises à la négociation sur un marché réglementé** établi ou opérant dans l'UE sont tenus de confirmer aux actionnaires leur droit de participer à l'assemblée et de transmettre à la société les notifications de participation de ceux-ci à l'assemblée : voir nº 47043.

A. Détermination de la qualité d'actionnaire

DIFFÉRENTES VARIÉTÉS D'ACTIONS

46792 **Actions de capital** Les titulaires d'actions de capital peuvent assister à l'assemblée s'ils ont libéré leurs actions des versements exigibles (cf. art. L 228-29 et R 228-26).

Le titulaire d'**actions de préférence dépourvues de droit de vote** dispose de la qualité d'associé. Il a donc le droit de participer aux assemblées (voir nos 7533 s.) et de s'y exprimer.

46793 **Actions de jouissance** Les actions de jouissance, c'est-à-dire celles qui ont été intégralement amorties (art. L 225-198, al. 2), conservent le droit de participer aux assemblées et le droit de vote (art. L 225-199).

ACTIONS FAISANT L'OBJET DE DROITS CONCURRENTS

46800 Les règles applicables aux actions indivises, démembrées, saisies, données en nantissement, frappées de saisie, litigieuses ou placées sous séquestre sont exposées nos 7545 s. Celles applicables aux actions données en location figurent no 20041.

46811 **Actions groupées dans un fonds commun de placement** Lorsque les actions appartiennent à plusieurs personnes groupées dans un fonds commun de placement, le droit de participer aux assemblées et le droit de vote attachés à ces actions sont exercés par la société de gestion puisque celle-ci représente le fonds à l'égard des tiers (C. mon. fin. art. L 214-8-8 et L 214-24-42).

Sur les spécificités de l'exercice du droit de vote par les sociétés de gestion d'organismes de placement collectif, voir no 47692.

46812 **FCPE dédiés.** Lorsque le fonds commun a pour objet la gestion des sommes attribuées aux salariés au titre de la participation aux résultats de l'entreprise ou de celles versées par eux dans un PEE et que plus du tiers de l'actif de ce fonds est composé de parts ou titres émis par la société ou par toute autre entreprise liée à celle-ci « dans les conditions prévues à l'article L 3341-1 du Code du travail » (c'est-à-dire, à notre avis, ayant avec elle « des liens financiers et économiques »), le droit de vote attaché à ces parts ou titres est exercé par un mandataire désigné par le conseil de surveillance du fonds (C. mon. fin. art. L 214-165, II-al. 2 et 3). Toutefois, lorsque le conseil de surveillance du fonds comprend des représentants de l'entreprise :

– après discussion en présence de ces représentants, les opérations de vote ont lieu hors leur présence (art. L 214-165, II-al. 1) ;

– le règlement du fonds peut prévoir que les droits de vote sont exercés individuellement par les porteurs de parts et, pour la fraction de droits formant rompus, par le conseil de surveillance ; celui-ci met alors à la disposition des porteurs les informations économiques et financières qu'il détient sur l'entreprise portant sur les trois derniers exercices (art. L 214-165, II-al. 2 et 3).

46813 **FCPE diversifiés.** Lorsque l'actif du fonds commun de placement d'entreprise est composé, pour les deux tiers au moins, de parts ou titres autres que ceux de la société qui a constitué ce fonds ou de sociétés qui lui sont liées, les droits de vote attachés aux actions comprises dans ce fonds sont exercés par un mandataire désigné par le conseil de surveillance du fonds mais le règlement du fonds peut prévoir que ces droits de vote, à l'exception de ceux attachés aux parts ou titres émis par la société ou par des sociétés qui lui sont liées, seront exercés par la société de gestion (C. mon. fin. art. L 214-164, I-al. 6).

› Précisions L'article L 3344-1 du Code du travail relatif au plan d'épargne de groupe comporte deux **définitions de la notion de groupe.**

L'une (art. L 3344-1, al. 1), c'est le **principe,** écarte toute notion de périmètre de consolidation ou de liens capitalistiques et reprend la définition très vague mais très souple admise, en l'absence de définition légale, par la circulaire du 14 septembre 2005 relative à la participation des salariés aux résultats de l'entreprise : existence de liens financiers et économiques entre les diverses entreprises du groupe. En pratique, cette définition laisse aux partenaires sociaux le soin de définir le groupe de sociétés au sein duquel s'appliqueront leurs accords.

L'autre (art. L 3344-1, al. 2), c'est l'**exception,** maintient le critère du périmètre de consolidation pour deux opérations :

– lorsque les entreprises souhaitent procéder à des augmentations de capital réservées aux salariés adhérents d'un PEE ;

– lorsque les entreprises souhaitent majorer les sommes versées dans le cadre des PEE.

La référence à l'article L 3344-1 figurant dans l'article L 214-165, I du Code monétaire et financier pour la notion de groupe ne peut, en l'absence d'autre précision, viser que la définition de principe contenue dans ce texte et non l'exception.

B. Représentation des actionnaires à l'assemblée

1. REPRÉSENTATION LÉGALE DES ACTIONNAIRES À L'ASSEMBLÉE

a. Représentation des mineurs à l'assemblée

REPRÉSENTATION D'UN MINEUR ÉMANCIPÉ

Le mineur émancipé est capable comme un majeur de tous les actes de la vie civile (C. civ. art. 413-6, al. 1). Il peut donc, sans aucune autorisation, effectuer tous actes d'administration et de disposition sur les biens composant son patrimoine. Il peut ainsi assister seul aux assemblées générales et exercer seul le droit de vote attaché aux actions lui appartenant. 46870

REPRÉSENTATION D'UN MINEUR NON ÉMANCIPÉ

Lorsque le mineur n'est pas émancipé, le vote est exercé en son nom par son représentant légal (administrateur légal ou tuteur) dont les pouvoirs dépendent de l'importance des décisions à prendre. 46871

Mineur sous administration légale En **principe,** l'exercice du droit de vote dans les assemblées générales d'actionnaires constitue un acte d'administration (Décret 2008-1484 du 22-12-2008 ann. 2, colonne 1-I-2°) ; dès lors, le ou l'un des administrateurs légaux (cf. C. civ. art. 382, 382-1 et 387-1) peut participer seul aux assemblées et y voter, même s'il n'est pas lui-même actionnaire. 46872

Lorsque la **décision** votée peut avoir d'importantes **conséquences sur** le contenu ou la valeur du **patrimoine du mineur,** sur les prérogatives de celui-ci ou sur son mode de vie, le parent exerçant seul l'autorité parentale peut également exercer seul le droit de vote ; en revanche, en cas d'autorité parentale exercée en commun par les deux parents, l'accord des deux est nécessaire (cf. C. civ. art. 382, 382-1 et 387-1 ; Décret 2008-1484 du 22-12-2008 art. 1, al. 3). À défaut d'accord entre les parents, le vote de la décision doit être autorisé par le juge des tutelles (C. civ. art. 387). En cas d'opposition des intérêts de l'un des parents et de ceux de son enfant mineur associé, l'autre parent peut demander au juge des tutelles de l'autoriser à voter seul au nom de son enfant (C. civ. art. 383, al. 2) ; tel est le cas lorsque l'un des parents effectue un apport en nature à la société (Communication Ansa, comité juridique n° 23-011 du 1-2-2023).

Le vote de certaines **décisions plus lourdes** doit aussi être autorisé par le juge des tutelles (notamment, modification des statuts, vente d'un actif immobilisé, emprunt ou constitution de sûretés par la société ; pour une liste exhaustive, voir Décret 2008-1484 ann. 2, colonne 2-II) ; lorsque l'autorité parentale est exercée par les deux parents, l'un d'eux peut néanmoins voter seul si la décision n'a que de faibles conséquences sur le contenu ou la valeur du patrimoine du mineur, sur les prérogatives de celui-ci ou sur son mode de vie (cf. C. civ. art. 382, 382-1 et 387-1 ; Décret 2008-1484 art. 2, al. 3 et ann. 2).

> **› Précisions** Lorsque le **juge des tutelles** est amené à se prononcer sur un acte visé à l'article 387-1 du Code civil, il peut, s'il l'estime indispensable à la sauvegarde des intérêts du mineur, en considération de la composition ou de la valeur du patrimoine, de l'âge du mineur ou de sa situation familiale, décider qu'un acte ou une série d'**actes de disposition** seront soumis à son **autorisation préalable** (C. civ. art. 387-3). Il peut donc décider d'interdire à l'administrateur légal de voter en faveur de résolutions qui figureraient à l'ordre du jour de l'assemblée et qui constitueraient des actes de disposition non visés par l'article 387-1.

Mineur sous tutelle Dès lors que l'exercice du droit de vote aux assemblées générales d'actionnaires constitue en principe un acte d'administration (n° 46872), le tuteur peut en **principe** participer aux assemblées et y voter avec les actions appartenant au mineur, même s'il n'est pas lui-même actionnaire (cf. C. civ. art. 504, al. 1). 46873

Cependant, lorsque la **décision** votée peut avoir d'importantes **conséquences sur** le contenu ou la valeur du **patrimoine du mineur,** sur les prérogatives de celui-ci ou sur son mode de vie, l'exercice de ce droit de vote constitue un acte de disposition (Décret 2008-1484 du 22-12-2008 art. 1, al. 3) ; dans ce cas, le tuteur ne peut voter qu'après avoir obtenu l'autorisation du conseil de famille ou, à défaut, du juge (C. civ. art. 505, al. 1).

Il en est de même pour le vote des **décisions les plus lourdes** (notamment, modification des statuts, vente d'un actif immobilisé, emprunt ou constitution de sûretés par la société ; pour une liste exhaustive, voir

Décret 2008-1484 ann. 2, colonne 2-II) ; le tuteur peut néanmoins voter sans autorisation préalable si la décision n'a que de faibles conséquences sur le contenu ou la valeur du patrimoine du mineur, sur les prérogatives de celui-ci ou sur son mode de vie (C. civ. art. 504, al. 1 et 505, al. 1 ; Décret 2008-1484 art. 2, al. 3 et ann. 2).

b. Représentation des majeurs protégés à l'assemblée

REPRÉSENTATION D'UN MAJEUR ATTEINT DE TROUBLE MENTAL

46880 Le vote d'un actionnaire majeur encourt la **nullité** s'il est établi (en pratique par l'actionnaire ou ses héritiers) que, au moment du vote, l'intéressé était atteint d'un trouble mental (C. civ. art. 1129 et 414-1 ; pour plus de détails, voir Mémento Droit commercial n°s 1103 s.) ; or, sauf démence manifeste et notoire, cette preuve n'est pas facile à rapporter.

L'**action en nullité** doit être engagée dans un délai de cinq ans (C. civ. art. 414-2, dernier al. et 2224). Ce délai court à compter du jour où le majeur a connu ou aurait dû connaître les faits lui permettant d'agir (C. civ. art. 2224), c'est-à-dire à compter du jour du vote. Toutefois, cette prescription peut être suspendue en cas d'impossibilité pour le majeur d'agir (C. civ. art. 2234). Par exemple, un majeur qui venait d'être mis sous tutelle a pu demander la nullité d'un acte qu'il avait conclu 13 ans avant dès lors que, selon les conclusions d'un médecin, il était atteint d'un trouble mental à la date de conclusion de cet acte jusqu'à la date de son placement sous tutelle (Cass. 1e civ. 1-7-2009 n° 08-13.518 : RJDA 10/09 n° 810, à propos de la conclusion d'un bail mais transposable à l'exercice du droit de vote).

Du vivant du majeur, l'action en nullité n'appartient qu'à lui (C. civ. art. 414-2, al. 1). Après son décès, ses héritiers peuvent poursuivre l'action en nullité si elle a été engagée avant son décès (Cass. 1e civ. 14-6-1977 : Bull. civ. I n° 272, rendu sur le fondement de l'ancien article 504 du Code civil mais transposable au régime actuel). Si elle ne l'a pas été, l'action des héritiers est recevable si (C. civ. art. 414-2, al. 2 à 5) :
– l'acte porte en lui-même la preuve d'un trouble mental ;
– l'acte a été fait dans un temps où son auteur était placé sous sauvegarde de justice ;
– une action a été introduite avant le décès du majeur aux fins de faire ouvrir une tutelle, une curatelle ou aux fins d'habilitation familiale ou encore si effet a été donné au mandat de protection future.

ATTENTION

Lorsque c'est l'**héritier du majeur** qui exerce l'action en nullité pour insanité d'esprit, il agit en tant qu'ayant droit du majeur, si bien que la **prescription** de son **action** est suspendue dans les mêmes conditions que pour le majeur (Cass. 1e civ. 13-12-2023 n° 18-25.557 FS-B : RJDA 4/24 n° 206).

REPRÉSENTATION D'UN MAJEUR SOUS SAUVEGARDE DE JUSTICE

46881 Le majeur placé sous sauvegarde de justice peut assister aux assemblées générales d'actionnaires et y voter car il conserve l'**exercice de ses droits** (C. civ. art. 435, al. 1).

Néanmoins, la loi lui reconnaît la faculté de demander la **rescision pour lésion,** traditionnellement assimilée à une action en nullité relative (C. civ. art. 435, al. 2 ; la lésion s'apprécie dans les mêmes conditions que celles indiquées n° 375).

Par ailleurs, un majeur sous sauvegarde de justice (ou ses héritiers) peut toujours demander l'**annulation** du vote dans les conditions exposées n° 46880 s'il prouve qu'il n'était pas sain d'esprit au moment de ce vote (C. civ. art. 435, al. 2).

ATTENTION

Le majeur sous sauvegarde de justice ne peut faire aucun des actes pour lesquels un **mandataire** a été **désigné en justice** (C. civ. art. 435, al. 1). Ainsi, il peut arriver qu'il soit représenté aux assemblées dans des conditions dérogatoires à celles prévues par le Code de commerce (n°s 46925 s.).

REPRÉSENTATION D'UN MAJEUR SOUS CURATELLE

46882 Le majeur sous curatelle peut effectuer seul un acte d'administration mais doit être assisté de son curateur pour effectuer un acte de disposition (cf. C. civ. art. 467).

L'exercice du droit de vote aux assemblées générales d'actionnaires constituant **en principe** un acte d'administration (n° 46872), le majeur sous curatelle peut participer aux assemblées et y exercer son droit de vote sans l'assistance du curateur. Cette assistance est néanmoins requise pour le vote des décisions suivantes, qui constituent des actes de disposition, le curateur devant alors être convoqué à l'assemblée (Cass. com. 18-9-2024 n° 22-24.646 F-B : RJDA 1/25 n° 22, à propos d'une assemblée de société civile mais à notre avis transposable), si la société a connaissance de la mesure de protection :

– le vote d'une décision qui peut avoir, dans les faits, d'importantes **conséquences sur** le contenu ou la valeur du **patrimoine du majeur,** sur les prérogatives de celui-ci ou sur son mode de vie (Décret 2008-1484 du 22-12-2008 art. 1, al. 2 et ann. 2, colonne 1 ; C. civ. art. 504, al. 1 sur renvoi de l'art. 467) ;

– le vote des **décisions les plus lourdes** (notamment, modification des statuts, vente d'un actif social immobilisé, emprunt ou constitution de sûretés par la société ; pour une liste exhaustive, voir Décret 2008-1484 ann. 2, colonne 2-II), à moins que la décision votée n'ait que de faibles conséquences sur le contenu ou la valeur du patrimoine du majeur, sur les prérogatives de celui-ci ou sur son mode de vie (C. civ. art. 505, al. 1 sur renvoi de l'art. 467 ; Décret 2008-1484 art. 2, al. 3 et ann. 2, colonne 2).

À tout moment, le juge peut énumérer certains actes que la personne sous curatelle a la capacité de faire seule, ou, à l'inverse, ajouter d'autres actes à ceux pour lesquels l'assistance du curateur est exigée (C. civ. art. 471).

› Précisions a. Si le **curateur participe** à l'**assemblée,** son rôle est d'**assister** l'actionnaire sous curatelle et non de le représenter (Cass. 1e civ. 10-7-1990 n° 89-11.213 : Bull. civ. I n° 193 ; Cass. com. 18-9-2024 précité), sauf si le curateur, estimant que l'actionnaire compromet gravement ses intérêts, a saisi le juge en application de l'article 469, al. 2 du Code civil afin d'être autorisé à représenter le majeur pour cette assemblée.

b. Pour tous les votes qui ne requièrent pas l'assistance du curateur, le majeur sous curatelle peut agir en **rescision pour lésion** comme dans le cas de la sauvegarde de justice (C. civ. art. 465, al. 1 et 2 ; n° 46881).

REPRÉSENTATION D'UN MAJEUR SOUS TUTELLE

Les textes applicables aux majeurs sous tutelle sont les mêmes que ceux applicables aux mineurs sous tutelle. Par suite, tout ce qui a été exposé n° 46873 à propos du mineur sous tutelle est valable dans son cas. Signalons toutefois que les fonctions du juge des tutelles pour les majeurs sont exercées par le juge du contentieux de la protection (C. org. jud. art. L 213-4-2). **46883**

La **capacité** du majeur sous tutelle peut être **augmentée** par le juge (C. civ. art. 473, al. 2).

REPRÉSENTATION D'UN MAJEUR SOUS HABILITATION FAMILIALE

L'exercice du droit de vote aux assemblées générales d'actionnaires peut entrer dans le champ d'application de l'habilitation accordée (C. civ. art. 494-6, al. 2, 504 et 505 ; Décret 2008-1484 du 22-12-2008 art. 1 et 2 et ann. 2, colonne 1-I et colonne 2-II). **46885**

Dans ce cas, lorsque la personne habilitée a pour mission de représenter le majeur, c'est elle qui doit voter au nom et pour le compte du majeur habilité ; lorsqu'elle a pour mission d'assister le majeur, le vote du majeur s'effectue dans les mêmes conditions que pour le majeur sous curatelle (C. civ. art. 494-1, al. 1 et, sur renvoi, art. 467 ; voir n° 46882).

Lorsque la personne habilitée est investie d'une mission de représentation, le **majeur sous habilitation** perd la **capacité** d'accomplir les actes faisant l'objet de l'habilitation (C. civ. art. 494-8, al. 1). Il ne peut donc pas voter seul si un tel acte relève de l'habilitation (art. 494-8, al. 1). À défaut, le vote est nul de plein droit, sans qu'il soit nécessaire de justifier d'un préjudice (C. civ. art. 494-9, al. 1). **46888**

Lorsque la personne habilitée est investie d'une mission d'assistance, le vote du majeur, agissant seul alors qu'il nécessitait une assistance, ne peut être annulé que s'il est établi que le majeur a subi un préjudice (art. 494-9, al. 2).

c. Représentation des personnes morales à l'assemblée

Les sociétés et autres personnes morales actionnaires sont représentées aux assemblées *générales par l'une des* ***personnes*** **physiques** (gérant, président du directoire, directeur général, directeur général délégué, etc.) **habilitées** à les représenter à l'égard des tiers, sans qu'il soit nécessaire que ce représentant soit lui-même actionnaire de la société pour laquelle est tenue l'assemblée. **46890**

Si l'actionnaire est une société étrangère, les pouvoirs de son représentant sont fixés par la loi étrangère à laquelle cette société est soumise (CA Metz 5-1-1977 : Rev. sociétés 1977 p. 488).

Sauf clause contraire des statuts de sa société, le représentant légal peut **déléguer** ses pouvoirs de représentation à un tiers (le plus souvent un de ses collaborateurs) ; il n'est nullement nécessaire que ce tiers soit lui-même actionnaire de la société qui tient son assemblée (Cass. crim. 26-5-1994 : RJDA 10/94 n° 1038 ; dans le même sens, à propos d'une SAS, Cass. com. 5-7-2017 **46891** n° 15-22.936 F-D : RJDA 11/17 n° 721 et, à propos d'une SARL, CA Lyon 9-11-2006 n° 06-3366 : RJDA 8-9/07 n° 843). Ce tiers se présente non comme un mandataire, mais comme le délégué du représentant légal.

> **Précisions** La **rédaction de l'acte** par lequel est donnée cette délégation de pouvoir doit faire l'objet d'une **attention particulière** : en cas de doute sur la qualification de l'acte, il ne peut pas être reproché au bureau de l'assemblée d'avoir appliqué les règles plus restrictives du mandat de représentation (CA Paris 23-10-2007 n° 06-22551 : RJDA 4/08 n° 413).

2. REPRÉSENTATION CONVENTIONNELLE DES ACTIONNAIRES À L'ASSEMBLÉE

46920 Le droit pour un actionnaire de se faire représenter aux assemblées est d'**ordre public** (art. L 225-106, III-al. 4). Les statuts ne peuvent donc pas l'exclure ou, ce qui reviendrait au même, prévoir que les assemblées seront composées des seuls actionnaires présents. Les actionnaires jouissent ainsi du droit absolu de désigner un mandataire chargé d'assister à l'assemblée et d'y voter en leur nom.

46921 Contrairement aux dispositions applicables en matière de SARL, aucun texte n'interdit expressément à un actionnaire de **voter personnellement** avec une partie de ses titres **et** de **se faire représenter** par un mandataire pour une autre partie. Rien n'interdit non plus à un actionnaire de **désigner plusieurs mandataires** disposant chacun d'une certaine fraction de ses actions. La Cour de cassation a d'ailleurs admis la possibilité pour un actionnaire de se faire représenter par deux mandataires à une assemblée générale (Cass. com. 19-9-2006 n° 05-13.264 : RTD com. 2007 p. 177 obs. P. Le Cannu).

Nous déconseillons néanmoins ces procédés. En effet, outre leur caractère choquant (une même personne pourrait être réputée avoir, sur une même question, des avis différents selon les mandataires qu'elle a choisis), ils peuvent être la source de difficultés à l'occasion du vote de résolutions pour lesquelles, en vertu des statuts, le nombre des voix de chaque actionnaire est limité (n°s 47711 s.). À supposer par exemple qu'un actionnaire ait 30 actions et désigne 3 mandataires, l'un pour 12, l'autre pour 10 et le dernier pour 8, si le nombre des voix de chaque actionnaire est limité à 10, qui votera si le mandat ne dit rien ?

46922 Seul l'actionnaire ou son représentant légal peut donner mandat.

Bien que n'ayant pas la qualité d'actionnaire (n° 6102), l'**usufruitier** peut, à notre avis, se faire représenter aux assemblées générales par un actionnaire. Ayant le même droit de communication que les actionnaires (cf. art. L 225-115 sur renvoi de l'art. L 225-118), les usufruitiers peuvent exiger que leur soit envoyée une formule de procuration (art. R 225-81 et R 225-88) et ils doivent être informés de la possibilité qu'ils ont de désigner un mandataire s'ils ne veulent pas voter dans le même sens que le conseil d'administration ou le directoire (cf. art. L 225-106, III-al. 5).

Par identité de motifs, le **locataire** d'actions, considéré comme l'usufruitier pour l'exercice des droits autres que le droit de vote (art. L 239-3, al. 2), peut se faire représenter aux assemblées par un actionnaire.

46923 Il a été jugé que le **mandat général** de gestion de ses biens donné par une personne à un tiers ne permet à ce dernier ni de représenter cette personne aux assemblées générales d'actionnaires, ni même de donner mandat en son nom à un autre actionnaire (Cass. com. 29-11-1994 n° 93-11.375 : RJDA 4/95 n° 450). De même, un mandat général et à durée indéterminée qui, au surplus, vise la représentation dans plusieurs sociétés n'est pas valable (CA Paris 12-12-2006 n° 05/24397 : RJDA 5/07 n° 508). Ces règles ne s'appliquent pas au mandat général de gestion de l'intermédiaire inscrit pour le compte d'actionnaires non résidents (cf. art. L 228-1 al. 7 et L 228-3-2).

a. Choix du mandataire de l'actionnaire

46925 Un actionnaire peut se faire représenter par un **autre actionnaire,** par son conjoint ou par son partenaire pacsé (art. L 225-106, I).

Dans les sociétés dont les actions sont admises aux négociations sur un marché réglementé ou, si les statuts le prévoient, dans celles dont les actions sont admises aux négociations sur *un SMNO (tel* Euronext Growth), un actionnaire peut en outre se faire représenter par **toute personne** de son choix (art. L 22-10-39, al. 1).

Ces **dispositions** sont **impératives,** toute clause contraire étant réputée non écrite (art. L 225-106, III-al. 4 et L 22-10-39, al. 2). Il s'ensuit que, dans une société dont les actions ne sont pas admises aux négociations sur de tels marchés, les statuts ne peuvent ni permettre à un actionnaire de se faire représenter par toute personne de son choix, ni interdire à un actionnaire de se faire représenter par son conjoint ou son partenaire pacsé, même si celui-ci n'est pas personnellement actionnaire.

REPRÉSENTATION D'UN ACTIONNAIRE PAR UN AUTRE ACTIONNAIRE

La désignation d'un autre actionnaire est entièrement libre. 46926

C'est ainsi qu'il est possible de donner mandat à n'importe quel actionnaire, sans que les statuts puissent exiger que le mandataire remplisse des **conditions** particulières (ancienneté dans la société, détention d'un nombre minimal d'actions, etc.).

Par ailleurs, il est interdit de limiter le **nombre de mandats** dont peut disposer un même actionnaire. En effet, une telle interdiction, contraire à l'article L 225-106, I puisqu'elle aboutirait à limiter le choix de l'actionnaire désireux de se faire représenter à une assemblée, serait réputée non écrite (art. L 225-106, III-al. 4). 46927

Le mandataire peut être une personne physique ou une **personne morale.** En effet, l'article L 225-106, I impose seulement que le mandataire ait la qualité d'actionnaire mais il ne se prononce pas sur la question de savoir s'il doit être une personne physique. Or, les règles générales du mandat (C. civ. art. 1984 s.) ne contiennent aucune disposition interdisant à une personne morale d'être mandataire. Si le mandataire est une personne morale, le droit de vote est exercé par son représentant légal ou par son substitué (nº 46891). Lorsque la personne morale a plusieurs représentants légaux, celui qui la représente au titre du mandat peut ne pas être le même que celui qui la représente en tant qu'actionnaire et vote en son nom (Cass. com. 29-5-2024 nº 22-13.710 F-B : RJDA 11/24 nº 598, à propos d'une personne morale actionnaire agissant comme scrutateur de l'assemblée mais à notre avis transposable).

Seul un actionnaire peut en représenter un autre. Dès lors, le **mandat** ne peut pas être confié à un **usufruitier,** qui n'a pas la qualité d'associé (nº 6102), ou à un **locataire** qui, sauf exception, n'a pas non plus, à notre avis, cette qualité (nº 6130).

En revanche, le **nu-propriétaire** ou le **bailleur,** qui, eux, ont cette qualité, peuvent recevoir mandat de représenter un autre actionnaire, même aux assemblées pour lesquelles ils n'exercent pas personnellement le droit de vote (cas des assemblées ordinaires sauf clause contraire de statuts ; cf. art. L 225-110). De même, un indivisaire qui a lui aussi la qualité d'associé peut recevoir mandat d'y représenter un autre actionnaire.

Pour la même raison, le **titulaire d'actions sans droit de vote** (actions à dividende prioritaire sans droit de vote, actions de préférence sans droit de vote, etc.) peut recevoir mandat de représenter un autre actionnaire.

Dans les sociétés dont les actions sont admises aux négociations sur un marché réglementé et dans les sociétés dont les actions sont admises aux négociations sur un SMNO dont les statuts prévoient la faculté pour les actionnaires de se faire représenter par toute personne de leur choix, le mandataire doit informer son mandant de tout **risque de conflit d'intérêts** (nº 46931). S'il a procédé à une **sollicitation active de mandats,** il doit publier sa politique de vote dans les conditions exposées nº 46933. En cas de manquement à ces obligations, le mandataire est susceptible d'être privé du droit de participer en cette qualité à toute assemblée de la société (voir nº 46935). 46928

REPRÉSENTATION D'UN ACTIONNAIRE PAR SON CONJOINT OU PARTENAIRE PACSÉ

L'actionnaire peut désigner son conjoint, quel que soit le régime matrimonial des époux, ou son partenaire pacsé comme mandataire, que le conjoint ou le partenaire pacsé soit lui-même actionnaire ou non. Toutefois, l'époux ou le partenaire non actionnaire ne peut représenter que son conjoint ou son partenaire pacsé ; il ne saurait, sauf dans les cas énoncés nº 46930, être habilité à recevoir les pouvoirs d'autres actionnaires. 46929

> ***Précisions*** *La possibilité pour un actionnaire de se faire représenter aux assemblées par son conjoint ou son partenaire pacsé est d'***ordre public,** *l'article L 225-106, III-al. 4 réputant non écrite toute clause contraire des statuts.*

REPRÉSENTATION D'UN ACTIONNAIRE PAR TOUTE PERSONNE DANS LES SOCIÉTÉS « COTÉES »

Dans les **sociétés** dont les **actions** sont admises aux négociations sur **un marché réglementé** ou, si les statuts le prévoient, dans celles dont les actions sont admises aux négociations sur un **SMNO** (tel Euronext Growth), un actionnaire peut se faire représenter non seulement par un autre actionnaire, son conjoint ou son partenaire pacsé, mais aussi par toute autre personne (physique ou morale) de son choix (art. L 22-10-39, al. 1). 46930

Cette liberté de choix du **mandataire** est assortie d'**obligations** d'information, à la charge du mandataire, en vue de prévenir les éventuels conflits d'intérêts qui pourraient survenir entre le mandataire et son mandant et d'encadrer la pratique des sollicitations actives de mandats.

46931 **Prévention des conflits d'intérêts** Le **mandataire** d'un actionnaire d'une société visée nº 46930 (autre que son conjoint ou son partenaire pacsé) doit, sous peine de sanctions (nº 46935), **informer** son mandant de tout **fait** lui **permettant de mesurer le risque** qu'il poursuive un intérêt autre que celui du mandant ; il doit notamment donner des précisions sur le fait que lui-même ou, le cas échéant, la personne pour le compte de laquelle il agit (art. L 22-10-40, al. 1 à 7) :

a. contrôle la société dont l'assemblée est appelée à se réunir ;

b. est membre de l'organe de gestion, d'administration ou de surveillance de cette société ou d'une personne qui la contrôle ;

c. est employé par cette société ou par une personne qui la contrôle ;

d. est contrôlé ou exerce l'une des fonctions mentionnées au b. ou au c. dans une personne ou une entité contrôlée par une personne qui contrôle la société ;

e. a un lien familial avec une personne physique placée dans l'une des situations énumérées aux a. à d.

Pour l'application de ces règles, le contrôle de la société s'entend au sens de l'article L 233-3.

Cette information doit être transmise au mandant par lettre recommandée AR ou, si le mandataire a obtenu l'accord préalable du mandant, par un moyen de communication électronique (art. R 22-10-25).

46932 Lorsqu'**en cours de mandat l'un des faits** mentionnés ci-dessus **se produit,** le mandataire doit en informer sans délai son mandant par lettre recommandée AR ou, s'il a obtenu l'accord préalable du mandant, par un moyen de communication électronique (art. L 22-10-40, al. 8 et R 22-10-25). Il appartient alors au mandant de confirmer expressément le mandat (art. L 22-10-40, al. 8).

À défaut de confirmation expresse du mandat, celui-ci est caduc et le mandataire doit notifier cette caducité sans délai à la société, par lettre recommandée AR ou par un moyen de communication électronique (art. L 22-10-40, al. 8 et 9 et R 22-10-26).

> **Précisions** **a.** Le Code de commerce ne précise pas quelle **forme** doit revêtir la **confirmation du mandat** ; il indique seulement que cette confirmation doit être expresse.
> **b.** Aucun **délai** n'est imposé au mandant pour procéder à cette **confirmation.** Néanmoins, s'il veut s'assurer de la présence de son mandataire à l'assemblée, il a tout intérêt à confirmer le mandat dans les plus brefs délais.

46933 **Sollicitation active de mandats** La personne (actionnaire ou tiers) qui sollicite de façon active des mandats en proposant directement ou indirectement et sous quelque forme que ce soit de recevoir des procurations pour représenter un ou plusieurs actionnaires à une assemblée **doit,** sous peine de sanctions (nº 46935), **publier** sur son site internet un document intitulé « **politique de vote** » contenant les mentions suivantes (art. L 22-10-41, al. 1 et R 22-10-27) :

– pour une personne physique, ses nom, prénom, date et lieu de naissance et domicile ;

– pour une personne morale, sa forme juridique, sa raison ou dénomination sociale, le montant de son capital social, l'adresse de son siège social, son objet, ainsi que les organes chargés d'instruire et d'analyser les résolutions soumises et ceux chargés de décider des votes qui seront émis ;

– une description des principes auxquels le mandataire entend se référer à l'occasion de l'exercice des droits de vote correspondant à des procurations reçues sans instructions de vote ;

– une présentation de la politique de vote de l'intéressée par rubriques correspondant aux différents types de résolutions soumises aux assemblées ;

– une description des procédures destinées à déceler, prévenir et régler les conflits d'intérêts susceptibles d'affecter le libre exercice des droits de vote par l'intéressée.

Ce **document** doit en outre pouvoir être **consulté** à l'adresse du domicile ou du siège social qu'il mentionne et doit être régulièrement **mis à jour** (art. R 22-10-27, I).

46934 La personne qui procède à une sollicitation active de mandats **peut** également **publier** sur son site internet ses **intentions de vote** sur les projets de résolution présentés à l'assemblée ; si elle use de cette faculté, elle doit, lors de l'assemblée, exercer un vote conforme à ses intentions pour toute procuration reçue sans instruction de vote (art. L 22-10-41, al. 2 et R 22-10-27, IV).

> **Précisions** **a.** Les **rubriques de la politique de vote** doivent porter au moins sur les décisions entraînant une modification des statuts, l'approbation des comptes et du résultat, la nomination et la révocation des organes sociaux, les conventions conclues directement ou indirectement entre la société et l'un de ses dirigeants ou principaux actionnaires sur lesquelles l'assemblée sera appelée à statuer, les programmes d'émission et de rachat des titres de capital et la désignation des commissaires aux comptes (art. R 22-10-27, III ; à la suite d'une erreur matérielle lors de la modification du Code de commerce opérée par le décret 2020-1742 du 29-12-2020, le 4° de ce texte renvoie notamment aux conventions mentionnées à un article L 2210-13, qui n'existe pas ; s'agissant d'une recodification à droit constant, comme l'indique la notice du décret 2020-1742, ce sont les conventions de l'article L 22-10-13 qu'il convient de prendre en compte).
> **b.** L'AMF invite les **agences de conseil en vote** (« proxy advisors ») auxquelles ont souvent recours les investisseurs institutionnels et qui formulent des recommandations de vote sur les projets de résolution soumis aux assemblées à se montrer transparentes sur leur **politique de vote** (Recommandation AMF 2011-06). Elle recommande que le **dialogue** entre les agences et les sociétés soit permanent, avant la publication des projets de résolution par les sociétés et après l'assemblée générale afin de résoudre les points de désaccord concernant la politique de vote des différentes catégories d'actionnaires (Recommandation AMF 2012-05, proposition n° 1.1).

Sanctions Si le mandataire ne respecte pas son obligation d'information sur les faits permettant au mandant d'apprécier le risque de conflit d'intérêts (n° 46931), le tribunal de commerce du lieu du siège social peut, à la demande du mandant, **interdire au mandataire de participer** en cette qualité **à toute assemblée** de la société concernée pour une durée maximale de trois ans (art. L 22-10-42, al. 1). 46935

ATTENTION

Compte tenu des mots « en cette qualité » figurant dans l'article L 22-10-42, al. 1, la sanction prononcée contre un **mandataire ayant lui-même la qualité d'actionnaire** de la société lui interdit non pas de participer aux assemblées avec ses **propres actions,** mais seulement de représenter d'autres actionnaires à ces assemblées.

Les mêmes sanctions sont encourues par la personne qui procède à une sollicitation active de mandats sans respecter les obligations qui y sont attachées (nos 46933 s.), la demande pouvant être présentée par le mandant ou par la société (art. L 22-10-42, al. 1 et 2).

Le tribunal peut aussi décider la publication de la sanction qu'il prononce aux frais du mandataire (art. L 22-10-42, al. 1).

Par ailleurs, si le défaut d'information ou une information erronée a causé un préjudice au mandant ou à la société, le mandataire peut voir sa **responsabilité** engagée, sur le fondement du droit commun du mandat.

POUVOIR EN BLANC ENVOYÉ PAR UN ACTIONNAIRE

Le pouvoir en blanc est une procuration datée et signée de l'actionnaire mais dans laquelle celui-ci s'est abstenu de préciser le nom d'un mandataire. 46936

L'envoi par un actionnaire d'un pouvoir en blanc a une **conséquence** importante : les votes émis à l'aide de ces pouvoirs sont toujours favorables à l'adoption des projets de résolution présentés ou agréés par le conseil d'administration ou le directoire et défavorables à l'adoption de tous autres projets (art. L 225-106, III-al. 5).

L'attention des actionnaires sur cette disposition doit être attirée dans la formule de procuration (n° 46961).

REPRÉSENTATION DES SALARIÉS ACTIONNAIRES

Avant chaque assemblée générale, le président du conseil d'administration ou le directoire peut organiser une **consultation** des salariés actionnaires visés à l'article L 225-102 afin de leur permettre de désigner un ou plusieurs mandataires pour les représenter à l'assemblée générale (art. L 225-106, III-al. 1). Les statuts déterminent librement les modalités de cette consultation : réunion des intéressés ou consultation écrite. 46937

Cette consultation est facultative, sauf dans les deux cas suivants :
– lorsque l'assemblée d'une société dont les titres sont admis aux négociations sur un marché réglementé ou d'une société dont les titres ne sont pas admis aux négociations sur un tel marché mais qui emploie, à la clôture de deux exercices consécutifs, au moins 1 000 salariés dans la société et ses filiales directes ou indirectes dont le siège social est fixé sur le territoire français, ou au moins 5 000 salariés dans la société et ses filiales directes ou indirectes dont le siège social est fixé sur le territoire français et à l'étranger (art. L 225-23, al. 1, L 225-71, al. 1, L 22-10-5 et L 22-10-22), doit se prononcer sur une modification des statuts en vue

d'assurer la représentation des salariés actionnaires au conseil d'administration ou au conseil de surveillance (art. L 225-106, III-al. 3) ;
– lorsque, les statuts d'une telle société prévoyant déjà cette représentation, il convient de procéder lors de l'assemblée à la nomination du ou des administrateurs ou membres du conseil de surveillance (art. L 225-106, III-al. 2).

› Précisions L'**effectif salarié** correspond à la moyenne du nombre de personnes employées au cours de chacun des mois de l'année civile précédente ou du dernier exercice comptable lorsque celui-ci ne correspond pas à l'année civile précédente (art. D 210-21 et, sur renvoi, art. D 123-200, lequel renvoie à l'art. L 130-1, I du CSS).

REPRÉSENTATION EN CAS DE MANDAT DE PROTECTION FUTURE

46940 Un majeur (ou un mineur émancipé), ne faisant pas l'objet d'une mesure de tutelle ou d'une habilitation familiale, peut donner à une ou plusieurs personnes mandat de le représenter pour le cas où il ne pourrait plus pourvoir seul à ses intérêts en raison de l'altération médicalement constatée de ses facultés mentales ou corporelles (C. civ. art. 477). Le **mandat,** de **nature conventionnelle,** prendra effet lorsqu'il sera établi que le mandant ne peut plus pourvoir seul à ses intérêts, par la production au greffe du tribunal judiciaire d'un certificat médical et du mandat (C. civ. art. 481).

Ce mandat conventionnel obéit à un régime propre régi par les règles du Code civil.

Le mandant est libre de définir les **prérogatives du mandataire.** Si le mandant confère au mandataire le pouvoir d'administrer des droits sociaux, ce mandataire pourra, lorsque le mandat aura pris effet, assister et voter aux assemblées générales en qualité de représentant, quand bien même il ne serait pas actionnaire de la société (dans le même sens, S. Lerond et A. Couret, Comment concilier le mandat de protection future avec les exigences du droit des sociétés en matière de représentation des associés aux assemblées générales : RJDA 3/08 p. 219).

La loi établit une distinction selon que le mandat de protection future est conclu par acte notarié ou sous signature privée, le mandat notarié permettant au mandataire de réaliser tous les actes patrimoniaux que le tuteur a le pouvoir d'accomplir seul ou avec une autorisation (C. civ. art. 490, al. 1), alors que, dans le cadre du mandat sous signature privée, le mandataire ne peut exercer que les actes qu'un tuteur peut faire sans autorisation (C. civ. art. 493, al. 1). Sur les décisions des assemblées générales que le tuteur peut voter seul et sur celles pour lesquelles il a besoin d'une autorisation préalable, voir n° 46871.

La **mise en exécution du mandat** de protection future ne fait pas perdre au **mandant** sa **capacité** juridique. Celui-ci peut donc participer et voter seul aux assemblées générales mais ses actes peuvent être annulés pour lésion. Les tribunaux doivent notamment prendre en considération l'utilité ou l'inutilité de l'opération, l'importance ou la consistance du patrimoine du mandant et la bonne ou la mauvaise foi de ceux avec qui il a contracté (C. civ. art. 488).

b. Conditions d'exercice du mandat de représentation à l'assemblée

POUVOIRS DU MANDATAIRE

46950 Le mandataire peut **assister** à l'assemblée et **voter** sur les résolutions inscrites à l'ordre du jour sans qu'il soit nécessaire que le détail de ces résolutions figure sur la procuration. Sauf instruction contraire de l'actionnaire qu'il représente, il peut aussi statuer sur la révocation des dirigeants et sur leur remplacement même si, comme le permet l'article L 225-105, al. 3, la question n'est pas inscrite à l'ordre du jour (Cass. com. 1-7-2008 n° 06-19.020 : RJDA 10/08 n° 1040).

Il doit exécuter personnellement sa mission : il lui est interdit de **déléguer** à une autre personne le pouvoir qu'il a reçu (art. R 225-79, al. 1).

En général, le mandat laisse au mandataire le soin d'adopter en chaque circonstance le parti le plus opportun.

Mais le mandat peut aussi **préciser** le **sens** dans lequel le mandataire doit voter. Un tel mandat est dit « impératif ». Si le mandataire ne le respecte pas, il engage sa propre responsabilité à l'égard du mandant.

› Précisions Dans les **sociétés dont les actions sont admises aux négociations** sur un marché réglementé ou dans celles dont les actions sont admises aux négociations sur un SMNO (tel Euronext Growth) et dont les statuts autorisent la représentation par toute personne, le mandataire qui, dans le cadre d'une **sollicitation active de mandats,** a publié ses **intentions de vote** sur les projets de résolution présentés à l'assemblée est tenu de les **respecter** (n°s 46933 s.).

DURÉE DU MANDAT

46951 En principe, le mandat est donné pour une seule assemblée (art. R 225-79, al. 3) ; ainsi le **mandat permanent** se trouve indirectement prohibé (Cass. com. 29-11-1994 : RJDA 4/95 n° 450 ; CA Paris 12-12-2006 n° 05/24397 : RJDA 5/07 n° 508).

Toutefois cette règle connaît deux exceptions.

1. L'article R 225-79, al. 3 permet de donner **mandat pour deux assemblées,** l'une ordinaire, l'autre extraordinaire, tenues le même jour ou dans un délai de 15 jours. Cette dérogation au principe d'un mandat par assemblée doit être interprétée restrictivement et ne saurait, nous semble-t-il, être étendue au cas où deux assemblées ordinaires ou deux assemblées extraordinaires seraient tenues le même jour ou dans un délai rapproché.

En outre, c'est la date de réunion des assemblées qui doit être prise en considération et non celle de la convocation. Par suite, il n'est pas possible d'utiliser le même pouvoir pour deux assemblées (ordinaire et extraordinaire) tenues dans un délai supérieur à 15 jours, même si ces assemblées ont été convoquées le même jour.

2. Le mandat donné pour une assemblée vaut également pour les **assemblées successives convoquées avec le même ordre du jour** (art. R 225-79, al. 4). À la différence du cas précédent, aucune condition de délai n'est ici fixée pour la tenue des assemblées successives.

Il s'ensuit notamment que si un mandat a été donné pour deux assemblées, l'une ordinaire, l'autre extraordinaire (voir 1.), et que, par exemple, l'assemblée extraordinaire ne peut délibérer valablement faute de quorum, ce mandat peut être utilisé lors de l'assemblée extraordinaire réunie sur seconde convocation, même si cette seconde réunion intervient plus de 15 jours après la première. En effet, la règle de l'article R 225-79, al. 4 est formulée en termes généraux et sans aucune limitation. Elle est donc susceptible de jouer pour toute assemblée sans qu'il y ait lieu de distinguer selon que le mandat a été donné pour une seule assemblée ou pour deux assemblées tenues le même jour. Cette solution n'est d'ailleurs pas de nature à porter atteinte aux intérêts du mandant puisque l'assemblée réunie sur seconde convocation doit statuer sur le même ordre du jour que celui en fonction duquel il a décidé de donner mandat.

FIN DU MANDAT

46952 Le **mandat** de représentation d'un actionnaire à l'assemblée est **révocable** dans les mêmes **formes** que celles requises pour la désignation du mandataire (écrit, le cas échéant, électronique : n° 46960) (art. R 225-79, al. 5).

On rencontre parfois dans la pratique des **mandats stipulés irrévocables,** en particulier lorsqu'il existe un syndicat de blocage. De tels mandats, s'ils fixent impérativement le sens du vote que doit émettre le mandataire, échappent, à notre avis, à toute critique puisque le vote est alors conforme à la volonté du mandant titulaire du droit de vote. S'il n'a pas un caractère impératif, le mandat irrévocable est pratiquement une convention de vote puisque le mandant s'en remet à la volonté du mandataire pour l'expression de son vote. Comme toute convention de vote, il est, à notre avis, licite si le vote du mandataire n'est pas contraire à l'intérêt social ni inspiré par l'intention de nuire au mandant.

Par ailleurs, le mandat prend fin si le **mandataire** est atteint d'une **incapacité** (placement sous sauvegarde de justice, curatelle, tutelle, habilitation familiale ou mandat de protection future ayant pris effet ; cf. C. civ. art. 1146) ou frappé d'une **interdiction** (condamnation à une mesure de faillite personnelle ou à une interdiction de gérer) (C. civ. art. 1160).

› Précisions L'article R 225-80 in fine prévoit que les **procurations électroniques** sont irrévocables à compter de leur réception par la société, sauf invalidation ou modification en cas de cession des actions (voir n°s 47042 et 47045). *La faculté de révoquer un mandat* selon les mêmes formes que celles requises pour la désignation du mandataire (et donc par voie électronique lorsque le mandat a été donné par voie électronique) a été introduite à l'article R 225-79, al. 5 par le décret 2010-684 du 23 juin 2010 sans que soient modifiées les dispositions de l'article R 225-80. Ces dernières étant incompatibles avec l'article R 225-79, elles doivent, selon nous, être considérées comme tacitement abrogées.

c. Forme du mandat de représentation à l'assemblée

46960 La procuration doit être donnée par **écrit** et revêtue de la signature, le cas échéant électronique, du mandant (art. L 225-106, II et R 225-79, al. 1).

La procuration doit aussi indiquer les nom, prénom usuel et domicile du mandant et, éventuellement, le nom du mandataire choisi (art. R 225-79, al. 1).

Lorsque la société décide, conformément aux statuts, de permettre la participation des actionnaires à l'assemblée par des moyens de communication électroniques, la **signature**

électronique peut résulter d'un procédé fiable d'identification garantissant son lien avec le formulaire auquel elle s'attache (art. R 225-79, al. 2). Un tel procédé pourrait consister à utiliser, sur le site internet dédié au vote en assemblée (nº 47467), un code identifiant et un mot de passe (dans le même sens, Communication Ansa mars 2007 nº 07-003).

> **Précisions** **a.** Sur les **délais** dans lesquels les **procurations** doivent être transmises à la société, voir nº 47051.
> **b.** L'article R 225-79, al. 1 n'exige pas que figure sur la procuration l'adresse du siège du mandataire s'il est une personne morale ou de son domicile s'il est une personne physique. La société ne peut donc pas rejeter une procuration au seul motif que la **mention du domicile du mandataire** n'est pas renseignée par le mandant (Recommandation AMF 2012-05, proposition nº 2.6).
> **c.** L'utilisation dans l'article R 225-79, al. 2 du terme « peut » ne signifie pas, à notre avis, que la signature électronique est dispensée d'un procédé fiable d'identification. Un tel procédé est en effet exigé, en matière de preuve, par le droit commun (cf. C. civ. art. 1367 ; voir aussi Décret 2017-1416 du 28-9-2017).
> **d.** Les **sociétés dont les actions sont admises aux négociations sur un marché réglementé** sont tenues d'offrir la possibilité à leurs actionnaires de **notifier** à la société la désignation et la révocation du mandataire par **voie électronique** (art. R 22-10-24). Pour les autres sociétés, cette modalité est une simple faculté.

FORMULE DE PROCURATION

46961 En pratique, au moins dans les sociétés importantes, les dirigeants sociaux prennent généralement l'initiative d'**adresser** une formule de procuration aux **actionnaires** qu'ils connaissent. Les actionnaires peuvent également **demander l'envoi** d'une formule de procuration dans les conditions exposées nºs 46510 s.

Les sociétés dont les actions sont admises aux négociations sur un marché réglementé doivent en outre publier sur leur **site internet** destiné à l'information des actionnaires un formulaire de vote par procuration (art. R 22-10-23, 5º).

Souvent, ces sociétés confient à une banque, moyennant une « commission de guichet », le soin de recueillir les pouvoirs en vue de la réunion des assemblées, dans le cadre de sa mission de « **centralisateur** » de l'assemblée.

46962 La société qui adresse aux actionnaires une formule de procuration doit **mentionner** sur celle-ci de manière très apparente les dispositions des articles L 225-106 et L 22-10-39 à L 22-10-42 relatives à la faculté de se faire représenter aux assemblées et à son régime ainsi qu'au sort des pouvoirs en blanc (art. R 225-81, 6º).

La société doit joindre à la formule de procuration un formulaire de vote à distance préalable à l'assemblée (art. R 225-81, 5º), ainsi qu'un certain nombre de renseignements constituant un minimum d'informations et un document permettant aux actionnaires de demander des précisions complémentaires s'ils le jugent utiles (art. R 225-81 : voir nºs 46460 s.).

Elle doit aussi rappeler, soit sur la formule de procuration, soit sur un document annexé à celle-ci (art. R 225-81, 7º et 8º) :

– qu'à défaut d'assister personnellement à l'assemblée, l'actionnaire peut choisir entre l'une des trois formules suivantes : donner une procuration à un autre actionnaire, à son conjoint ou à son partenaire pacsé, voter à distance avant l'assemblée ou adresser une procuration à la société sans indication de mandataire (pouvoir en blanc) ;

– mais qu'en aucun cas l'actionnaire ne peut retourner à la société à la fois la formule de procuration et le formulaire de vote à distance (en pratique, cette dernière mention est devenue caduque depuis que la formule de procuration et le formulaire de vote à distance peuvent être établis sur un document unique ; voir nº 47400).

> **ATTENTION**
> Par inadvertance, l'article R 225-81, 7º-a n'a pas été modifié pour tenir compte du transfert d'une partie des dispositions de l'article L 225-106 à l'article L 22-10-39 par l'ordonnance 2020-1142 du 16 septembre 2020. En ne visant pas ce dernier texte, il n'impose pas aux **sociétés dont les actions sont admises aux négociations sur un marché réglementé ou** à celles dont les actions sont admises aux négociations **sur un SMNO** (tel Euronext Growth) pour lesquelles les statuts l'autorisent de rappeler à leurs actionnaires qu'ils peuvent donner une procuration à toute personne de leur choix. À notre avis, il convient néanmoins de le leur rappeler, ne serait-ce que dans un souci de bonne information des actionnaires.

Ces obligations s'appliquent aux formulaires électroniques de procuration (art. R 225-82).

46963 Tout intéressé qui ne peut pas obtenir des dirigeants communication d'une formule de procuration peut demander au président du tribunal de commerce statuant en référé d'**enjoindre** sous **astreinte** aux intéressés de procéder à cette communication ou de désigner un mandataire chargé d'y procéder (art. L 238-1, al. 2). Lorsqu'il est fait droit à la demande, l'astreinte et les frais de procédure sont à la charge des dirigeants mis en cause (art. L 238-1, al. 4).

C. Justification de la qualité d'actionnaire ou de représentant d'actionnaires

JUSTIFICATION DE LA QUALITÉ D'ACTIONNAIRE

Le régime de la justification de la qualité d'actionnaire repose sur le système de la **date d'enregistrement** (ou « record date ») consistant à établir une photographie de l'actionnariat à une date très proche de l'assemblée. 47040

SA dont les titres sont admis aux négociations sur un marché réglementé ou aux opérations d'un dépositaire central Dans les sociétés dont les titres sont admis aux négociations sur un marché réglementé ou aux opérations d'un dépositaire central, le droit de participer aux assemblées générales est subordonné à l'**inscription** des titres au nom de l'actionnaire ou de l'intermédiaire inscrit pour son compte au **deuxième jour ouvré précédant l'assemblée** à zéro heure, heure de Paris, soit dans les comptes de titres nominatifs tenus par la société, soit dans les comptes de titres au porteur tenus par un intermédiaire habilité, soit dans une blockchain, en cas d'admission des titres aux opérations d'une infrastructure de marché DLT (art. R 22-10-28, I). 47041

L'inscription des **titres au porteur** est constatée par une **attestation de participation.** Celle-ci est délivrée par l'intermédiaire habilité ou par l'infrastructure de marché DLT, en annexe au formulaire de vote à distance ou de procuration ou à la demande de carte d'admission établis au nom de l'actionnaire ou pour son compte. L'actionnaire qui souhaite participer physiquement à l'assemblée et qui n'a pas reçu sa carte d'admission le deuxième jour ouvré précédant l'assemblée à zéro heure, heure de Paris, peut également se voir délivrer une attestation (art. R 22-10-28, II).

L'actionnaire qui a déjà exprimé son vote à distance, envoyé un pouvoir ou demandé sa carte d'admission ou une attestation de participation ne peut plus choisir un autre mode de participation à l'assemblée, sauf disposition contraire des statuts (art. R 22-10-28, III). 47042

Il peut néanmoins toujours **céder** tout ou partie de ses **actions** (art. R 22-10-28, IV-al. 1). Dans ce cas, deux situations doivent être distinguées :

– si le transfert de propriété (qui correspond en principe à la date d'inscription des titres au nom de l'acquéreur : voir n°s 62530 s.) intervient avant le deuxième jour ouvré précédant l'assemblée à zéro heure, heure de Paris, la société invalide ou modifie en conséquence, selon le cas, le vote exprimé à distance, le pouvoir, la carte d'admission ou l'attestation de participation ; à cette fin, l'intermédiaire habilité teneur de compte (ou, le cas échéant, l'infrastructure de marché DLT) notifie le transfert de propriété à la société ou à son mandataire et lui transmet les informations nécessaires (art. R 22-10-28, IV-al. 2) ;

– si le transfert de propriété intervient après le deuxième jour ouvré précédant l'assemblée à zéro heure, heure de Paris, il n'a pas à être notifié par l'intermédiaire habilité (ou l'infrastructure de marché DLT) ou pris en considération par la société, nonobstant toute convention contraire (art. R 22-10-28, IV-al. 3).

Il peut donc arriver que le vote du cédant soit pris en compte lors de l'assemblée alors même qu'*il n'a plus la qualité d'actionnaire au jour de celle-ci.*

› Précisions **a.** Les **jours ouvrés** ne coïncident pas nécessairement avec les jours de bourse, mais le ministre de la justice a précisé que par « jours ouvrés », il convenait de comprendre « jours ouvrés du dépositaire central », en d'autres termes « jours de bourse » (Lettre du ministère de la justice à l'Afep du 20-2-2007).

b. L'**attestation de participation** peut être transmise par **voie électronique** si les statuts permettent aux actionnaires de voter aux assemblées générales par des moyens électroniques de télécommunication et si la société a aménagé un site exclusivement consacré à ces fins (art. R 225-61).

47043 **Facilitation par les intermédiaires financiers de l'exercice des droits des actionnaires**

Les intermédiaires mentionnés n° 63812 établis ou non dans l'UE et fournissant des services à des actionnaires ou des intermédiaires concernant les actions de **sociétés ayant leur siège dans l'UE et dont les actions sont admises aux négociations sur un marché réglementé** sont tenus de faciliter l'exercice par les actionnaires de leurs droits dans les conditions ci-après (art. L 228-29-7-3 et R 228-32-2), et ainsi d'assurer une communication fluide des informations entre les sociétés et leurs actionnaires.

L'Association France Post-Marché (ex-Afti) a publié un guide reprenant ces obligations et comprenant un certain nombre de recommandations auxquelles le lecteur est invité à se reporter : Guide d'implémentation pour la Place française de juillet 2020, disponible sur le site www.france-post-marche.fr.

Confirmation du droit de l'actionnaire d'exercer ses droits en assemblée

Lorsqu'ils agissent en tant que **dernier intermédiaire** (le plus proche de l'actionnaire), les intermédiaires doivent confirmer aux **actionnaires qui en font la demande** leur « position autorisée » figurant sur leurs registres, c'est-à-dire l'inscription de leurs actions dans les comptes de ces intermédiaires à la date d'enregistrement ; lorsque la chaîne d'intermédiaires contient plusieurs intermédiaires, ils doivent veiller à ce que ces positions correspondent à celles du premier intermédiaire (le plus proche de la société ; en pratique, le dépositaire central ou tout autre intermédiaire qui tient les registres des actions de la société par inscription comptable au plus haut niveau) (art. R 228-32-1, I-3° et, sur renvoi, Règl. UE 2018/1212 du 3-9-2018 art. 5).

Le dernier intermédiaire doit procéder à cette **confirmation sans tarder** et à temps pour que puisse être respectée, selon le cas, la date d'enregistrement ou celle à laquelle la société doit être informée de la décision de l'actionnaire concernant l'assemblée (art. R 228-32-1, II et, sur renvoi, Règl. UE 2018/1212 art. 9.3). Il doit permettre l'accès à cette confirmation par les actionnaires au moyen d'outils et d'infrastructures électroniques facilement utilisables (en pratique, un portail bancaire), les actionnaires pouvant toutefois refuser d'utiliser ces derniers (art. R 228-32-1, I-1° et, sur renvoi, Règl. UE 2018/1212 art. 2.4).

Une telle **confirmation** n'est **pas requise** lorsque la position autorisée est connue de la société ou du premier intermédiaire ou leur sera transmise (art. R 228-32-1, I-4° et, sur renvoi, Règl. UE 2018/1212 art. 5.1).

La **confirmation** doit **comporter** au moins les mentions énoncées par le règlement UE 2018/1212, ann.-tableau 4 (art. R 228-32-1, I-3° et, sur renvoi, Règl. UE 2018/1212 art. 5 ; sur ces mentions, voir F. Gilbert, Le renforcement de l'information et des droits des actionnaires de sociétés cotées sur un marché réglementé : BRDA 15-16/22 inf. 21).

Notification de participation à l'assemblée

Les intermédiaires sont tenus, si la société le requiert et à la demande de l'actionnaire, de **transmettre à la société** une notification de participation de l'actionnaire à l'assemblée, incluant notamment les **modalités de participation** à celle-ci choisie par l'actionnaire (participation physique ou par un moyen de télécommunication, par procuration, vote à distance préalable à l'assemblée) (art. L 228-29-7-2, I et III et R 228-32-1, I-4° et, sur renvoi, Règl. UE 2018/1212 art. 6 et ann.-tableau 5).

La notification doit **comporter** au moins les **mentions** énoncées par le règlement UE 2018/1212, ann.-tableau 5, notamment l'indication du mandataire désigné par l'actionnaire votant par procuration ou son vote à distance préalable à l'assemblée s'il a opté pour ce mode de participation (art. R 228-32-1, I-4° et, sur renvoi, Règl. UE 2018/1212 art. 6 ; sur ces mentions, voir F. Gilbert, article précité : BRDA 15-16/22 inf. 21).

La notification de participation est transmise par la chaîne des intermédiaires selon le même **format** que celui exposé n° 46167. Le dernier intermédiaire est tenu de permettre aux actionnaires d'accéder à toutes les informations ainsi qu'aux modalités de décision au moyen d'outils et d'infrastructures facilement accessibles, les actionnaires pouvant refuser d'utiliser ces moyens (art. R 228-32-1, I-1° et, sur renvoi, Règl. UE 2018/1212 art. 2.4).

Chaque intermédiaire doit transmettre **sans tarder** à la société la notification ou toute information supplémentaire relative à la **décision de l'actionnaire** dès qu'il la reçoit, y compris lorsque cette information ne peut être traitée ni par ordinateur ni de façon entièrement automatisée, de sorte que soit respectée, selon le cas, la date d'enregistrement ou celle à laquelle la société doit être informée de la décision de l'actionnaire concernant l'assemblée. Pour cela, le dernier intermédiaire peut fixer un délai à l'actionnaire pour prendre sa décision, dans la limite de trois *jours ouvrables avant les dates ci-dessus* (art. R 228-32-1, II et, sur renvoi, Règl. UE 2018/1212 art. 9.4).

Lorsque la notification de participation fait référence aux votes (par exemple, si elle comprend des votes à distance), le **dernier intermédiaire** doit **vérifier** que le nombre d'actions donnant lieu à ce vote est compatible avec la position autorisée à la date d'enregistrement ; en cas de notification de participation antérieure à cette date, il doit mettre à jour la notification de participation si nécessaire (art. R 228-32-1, I-4° et, sur renvoi, Règl. UE 2018/1212 art. 6.2).

Informations relatives aux événements d'entreprise autres qu'une assemblée
Doivent également être transmises par la chaîne des intermédiaires les informations relatives aux événements d'entreprise autre qu'une assemblée, c'est-à-dire des **opérations** engagées par une société dont les actions sont admises aux négociations sur un marché réglementé établi ou opérant dans l'UE (ou un tiers) **impliquant l'exercice de droits découlant des actions,** telle une distribution de dividendes (cf. Règl. UE 2018/1212 art. 1.3).
La **société** doit fournir au premier intermédiaire (ou autre intermédiaire) les informations essentielles nécessaires pour permettre à celui-ci de s'acquitter de ses obligations envers l'actionnaire ou pour que ce dernier puisse exercer ses droits (art. R 228-32-1, I-6° et, sur renvoi, Règl. UE 2018/1212 art. 8 ; sur les informations à transmettre, voir Règl. UE 2018/1212, ann.-tableau 8 ; voir aussi F. Gilbert, article précité : BRDA 15-16/22 inf. 21).
À son tour, après la date à laquelle un paiement éventuel est dû à l'actionnaire, l'**intermédiaire** doit transmettre les informations tenant aux décisions qu'il a prises ou des opérations effectuées pour le compte de l'actionnaire, ces informations comprenant en particulier les résultats découlant de ces décisions ainsi que le produit perçu résultant de l'événement concerné (art. R 228-32-1, I-6° et, sur renvoi, Règl. UE 2018/1212 art. 8).
Les transmissions d'informations doivent intervenir de sorte que toute personne intéressée dispose du **temps suffisant pour procéder aux démarches** à accomplir (art. R 228-32-1, I-6° et, sur renvoi, Règl. UE 2018/1212 art. 8.2) :
– la société doit communiquer les informations relatives à l'événement suffisamment tôt pour permettre aux acteurs du marché de réagir en conséquence ;
– la date fixée pour le paiement dû, le cas échéant, à l'actionnaire doit permettre le traitement dudit paiement le plus rapide possible ;
– si des options sont offertes à l'actionnaire, la période pendant laquelle il peut prendre sa décision doit être suffisamment longue pour qu'il dispose, ainsi que les intermédiaires, d'un délai de réaction raisonnable ;
– la date limite à laquelle les actions doivent être acquises ou transférées pour donner droit à participer à l'événement doit être fixée de manière à permettre le traitement adéquat des demandes de régularisation de l'acheteur avant la clôture de la période ci-dessus ;
– la société doit communiquer les informations relatives au résultat de l'événement le plus rapidement possible après la date à laquelle elle doit être informée de la décision de l'actionnaire concernant ce même événement, et avant tout paiement effectué dans le cadre de celui-ci.
Sur le **format et** les **outils** à utiliser pour la transmission des informations entre les différents intervenants, voir n° 46167.

Sociétés dont les titres ne sont admis ni aux négociations sur un marché réglementé, ni aux opérations d'un dépositaire central Dans les sociétés dont les titres ne sont admis ni aux négociations sur un marché réglementé, ni aux opérations d'un dépositaire central, il est justifié du droit de participer aux assemblées générales par l'**inscription** des titres au nom de l'actionnaire **au jour de l'assemblée** générale, dans les comptes de titres nominatifs tenus par la société ou, selon le cas, dans une blockchain. La société peut cependant, par une disposition spéciale des statuts, décider qu'il sera justifié du droit de participer aux assemblées par l'inscription des titres dans les mêmes comptes ou dans la blockchain au deuxième jour ouvré précédant l'assemblée à zéro heure, heure de Paris (art. R 225-86, al. 1). 47045

L'actionnaire qui a déjà exprimé son vote à distance anticipé ou envoyé un pouvoir peut à tout moment **céder** tout ou partie de ses actions. En cas de transfert de propriété intervenant **avant le jour de la séance** ou si les statuts le prévoient, avant le deuxième jour ouvré précédant l'assemblée à zéro heure, heure de Paris, et sauf dispositions statutaires particulières, la société invalide ou modifie en conséquence, avant l'ouverture de la séance de l'assemblée, le vote exprimé à distance ou le pouvoir de cet actionnaire (art. R 225-86, al. 2).

> ***Précisions*** *Si les statuts retiennent* la **formule de l'inscription en compte à J-2,** la société n'a donc pas à prendre en considération les **transferts de propriété** intervenant pendant cette période de deux jours (voir n° 62536), ce qui conduit, si le cédant a déjà émis un vote à distance ou envoyé un pouvoir, à retenir le vote à l'assemblée d'une personne qui n'est plus actionnaire.

JUSTIFICATION DE LA QUALITÉ DE REPRÉSENTANT D'ACTIONNAIRE

Représentants légaux Les représentants légaux d'actionnaires incapables (mineurs, incapables majeurs) et les représentants des personnes morales actionnaires peuvent être tenus de justifier leur qualité, par exemple par la production d'une expédition de la décision de justice, d'un extrait Kbis ou d'une copie certifiée conforme de la décision des associés ou du conseil les ayant nommés. 47050

47051 **Représentants conventionnels** Les **procurations transmises par la voie électronique** sur le site internet de la société dédié au vote en assemblée peuvent valablement parvenir à celle-ci jusqu'à 15 heures, heure de Paris, la veille de la réunion de l'assemblée générale (art. R 225-80).

Pour les **autres procurations,** aucun texte ne réglementant les conditions dans lesquelles les pouvoirs doivent être déposés avant la réunion de l'assemblée, rien ne s'oppose à ce que les statuts prévoient ces conditions. En pratique, afin de faciliter l'établissement de la feuille de présence, il est prescrit de déposer les pouvoirs quelques jours avant l'assemblée, par exemple deux jours avant, en cohérence avec la date d'inscription en compte ou dans une blockchain prévue, selon le cas, par l'article R 22-10-28, I ou par les statuts en application de l'article R 225-86.

Sur la transmission d'une notification de participation, incluant des informations sur la désignation par l'actionnaire d'un mandataire chargé de le représenter à l'assemblée, par certains intermédiaires intervenant dans la chaîne de détention d'actions de sociétés dont les actions sont admises aux négociations sur un marché réglementé, voir nº 47043.

47052 **Intermédiaires inscrits pour le compte d'actionnaires non résidents** Les actions admises aux négociations sur un marché réglementé ou sur un SMN agréé en France ou dans un autre État membre de l'UE ou partie à l'accord sur l'EEE, ou sur un marché équivalant à un marché réglementé peuvent, lorsqu'elles appartiennent à des personnes n'ayant pas leur domicile en France, être inscrites en compte sous le nom d'un intermédiaire (art. L 228-1, al. 7).

Dans ce cas et sous certaines conditions (nº 47830), l'intermédiaire inscrit peut, même s'il n'est pas personnellement actionnaire de la société émettrice, exercer les droits de vote attachés à ces actions (ou donner pouvoir) conformément au mandat général de gestion qui lui a été donné par le propriétaire non résident de celles-ci.

D. Restrictions au droit d'accès des actionnaires à l'assemblée

LIMITATIONS LÉGALES AU DROIT D'ACCÈS À L'ASSEMBLÉE

47110 **Actions non libérées** À l'expiration du délai de 30 jours suivant la mise en demeure adressée à l'actionnaire d'avoir à se libérer, les actions sur le montant desquelles les versements exigibles n'ont pas été effectués cessent de donner droit à leur titulaire de participer à l'assemblée (art. L 228-29 et R 228-26).

47111 **Actions non « converties » au nominatif** À l'expiration du délai de six mois à compter de la date à laquelle les actions d'une société ont cessé d'être admises aux opérations d'un dépositaire central, les titulaires d'actions au porteur de cette société perdent tous les droits attachés à leurs actions ; ils ne peuvent donc pas participer aux assemblées. Toutefois, ce droit leur est restitué s'ils demandent la mise au nominatif de leurs titres (C. mon. fin. art. L 212-3, II-al. 2).

LIMITATIONS CONVENTIONNELLES AU DROIT D'ACCÈS À L'ASSEMBLÉE

47120 Les statuts ne peuvent pas exiger que les actionnaires détiennent un **nombre minimum d'actions** pour pouvoir participer aux assemblées générales ordinaires. En effet, l'exercice par les actionnaires d'un droit fondamental, celui de participer aux assemblées générales (C. civ. art. 1844, al. 1), revêt un caractère impératif, de sorte qu'il s'applique quand bien même les statuts de la société exigeraient la détention d'un nombre minimal d'actions.

E. Rémunération de la participation *des actionnaires* à l'assemblée

47180 Afin de lutter contre la désaffection des actionnaires, qui souvent empêche d'atteindre le quorum requis pour la validité des délibérations – notamment lors de la réunion d'assemblées extraordinaires –, il arrive, rarement il est vrai, que les sociétés versent aux participants aux assemblées une somme, généralement modique, appelée « **jetons de présence** ».

Cette pratique est licite, même si les statuts n'ont rien prévu à cet égard. Il faut toutefois observer que l'attribution de jetons de présence doit correspondre à une utilité réelle pour la société (permettre d'atteindre le quorum), bénéficier aux seuls actionnaires présents ou représentés et être d'un faible montant, faute de quoi elle constituerait une distribution déguisée de bénéfices.

F. Admission de non-actionnaires à l'assemblée

ADMISSION DES COMMISSAIRES AUX COMPTES ET OTI

Dans les sociétés qui en sont dotées, le droit d'accès aux assemblées des commissaires aux comptes, ainsi que des OTI chargés de certifier les informations de durabilité, résulte des articles L 821-65 et R 822-25, qui imposent de les convoquer « à toutes les assemblées d'actionnaires ». Ces commissaires aux comptes et OTI peuvent donc assister à toutes les assemblées, quels que soient la nature (ordinaire, extraordinaire ou spéciale) et l'ordre du jour de la réunion. 47240

ADMISSION DES COMMISSAIRES AUX APPORTS

Aucune disposition légale ne prescrit la convocation et la présence des commissaires aux apports aux assemblées ayant pour objet de statuer sur les apports en nature dont ils ont été chargés d'apprécier la valeur. Mais on doit admettre que ces commissaires peuvent assister à de telles assemblées : leur présence y est même souhaitable pour qu'ils puissent éclairer les actionnaires sur les décisions que ceux-ci auront à prendre. 47250

ADMISSION DES REPRÉSENTANTS DE LA MASSE DES OBLIGATAIRES

Les représentants de la masse des obligataires peuvent assister aux assemblées générales, mais sans voix délibérative (art. L 228-55). Ils sont tenus à un rôle de simples observateurs, avec toutefois, semble-t-il, la possibilité de prendre la parole lorsque la décision de l'assemblée risque de mettre en question les intérêts des obligataires. 47260

ADMISSION DES REPRÉSENTANTS DU CSE

Dans les mêmes conditions que pour les délibérations du conseil d'administration ou de surveillance (n° 40665), un ou deux membres du comité social et économique (CSE) des sociétés d'au moins 50 salariés peuvent assister aux assemblées générales (C. trav. art. L 2312-77, al. 3), quels que soient la nature (ordinaire, extraordinaire ou spéciale) et l'ordre du jour de ces assemblées. 47270

En principe, ils ne participent pas aux débats. Toutefois, lorsque les résolutions soumises aux actionnaires requièrent l'unanimité de ceux-ci, les représentants du CSE doivent être entendus par l'assemblée s'ils en font la demande (art. L 2312-77, al. 3). Il en est de même, à notre avis, lorsque le CSE a déposé des projets de résolution, car ce droit implique celui de défendre les résolutions proposées.

ADMISSION DES DIRIGEANTS

Bien qu'aucun texte ne l'ait prévu, le directeur général ainsi que les membres du conseil d'administration ou du directoire nous paraissent avoir accès à l'assemblée même s'ils ne sont pas actionnaires. Leur présence est en effet indispensable pour que les actionnaires soient pleinement éclairés sur les décisions à prendre. 47280

ADMISSION D'AUTRES PERSONNES

La présence de personnes autres que celles énumérées ci-dessus peut s'avérer utile, voire nécessaire. Tel est le cas du **secrétaire du bureau** lorsqu'il est choisi en dehors des actionnaires, comme le prévoient souvent les statuts, du **notaire** lorsque le procès-verbal de la réunion doit être établi par acte authentique, de **techniciens** (directeurs de l'entreprise, avocats, etc.) dont les explications sur certains problèmes particuliers peuvent être souhaitables. 47290

À noter, cependant, que l'accès de ces techniciens n'est pas de droit : un actionnaire ou un groupe d'actionnaires ne pourrait pas se faire assister d'un conseil si le bureau s'y opposait.

De même, il est fréquent dans les grandes sociétés, en particulier dans celles dont les actions sont admises aux négociations sur un marché réglementé, que des **journalistes** financiers assistent aux assemblées générales d'actionnaires. Mais leur présence dans la salle de réunion est subordonnée à l'autorisation du bureau ou, en cas de litige, à celle de l'assemblée.

47291 **Huissier ou commissaire de justice** Il arrive parfois que certains actionnaires veuillent faire constater par huissier ou commissaire de justice la régularité (ou l'irrégularité) de l'assemblée et obtenir de sa part un compte rendu des débats, ou bien qu'ils veuillent faire assister les scrutateurs d'un tel officier ministériel pour garantir le secret du vote (CA Douai 15-7-1948 : JCP 1949 II n° 5057 note D. Bastian).

La présence d'un huissier ou commissaire de justice ne peut être imposée à l'assemblée que si cet officier ministériel a été **commis par décision de justice** (CA Colmar 30-7-1975 : D. 1976 p. 47 note J.-J. Burst et, sur pourvoi, Cass. com. 15-2-1977 : D. 1978 p. 31). À défaut d'une telle décision, son accès à l'assemblée pourrait être légitimement refusé, soit par le bureau, soit par décision de l'assemblée si elle est saisie de la question.

La demande de désignation de l'huissier ou du commissaire de justice doit être présentée au président du **tribunal** du lieu où cette assemblée doit être réunie ou, en cas de litige au fond existant entre l'actionnaire et la société, devant le président de la juridiction saisie au fond (Cass. 2e civ. 18-11-1992 : RJDA 1/93 n° 41).

Le tribunal ne peut faire droit à la demande que pour des **motifs graves** et intéressant le **fonctionnement de la société** (Cass. com. 15-2-1977 : D. 1978 p. 31 ; Cass. com. 22-3-1988 : Bull. civ. IV n° 123 ; CA Paris 21-2-1992 : RJDA 5/92 n° 471).

ILLUSTRATIONS

La demande de **nomination** d'un huissier ou commissaire de justice chargé de dresser un procès-verbal des débats doit être **acceptée** :
– lorsque, sous couvert d'un ordre du jour « banal », l'assemblée est appelée à ratifier des opérations telles que la vente de l'une des deux usines de la société, une prise de participation majoritaire dans une société ayant de graves difficultés financières et le cautionnement des dettes de cette société (CA Paris 28-4-1978 : Rev. sociétés 1978 p. 750) ;
– lorsqu'il existe des dissensions aiguës entre le groupe majoritaire et les minoritaires laissant redouter que non seulement les intérêts de ceux-ci, mais encore ceux de la société ne soient gravement lésés (Cass. com. 22-3-1988 précité).

En revanche, la demande de nomination doit être **refusée** :
– s'il s'agit d'une assemblée ordinaire et d'une assemblée extraordinaire réunies pour statuer respectivement sur une approbation des comptes et sur une augmentation de capital, l'accord ou le désaccord des actionnaires sur ces questions pouvant s'exprimer par leur vote sans qu'il soit nécessaire de mettre en place « un appareil non seulement gênant mais humiliant » (CA Colmar 30-7-1975 : D. 1976 p. 47 note J.-J. Burst) ;
– dans le cas d'une assemblée ordinaire annuelle appelée à statuer sur des questions normalement posées à des actionnaires (approbation des comptes, affectation des résultats, etc.) et ne présentant pas un caractère suffisant de gravité pour justifier la mesure sollicitée (CA Paris 15-11-1978 : Rev. sociétés 1979 p. 338 note J. G.).

Il est recommandé aux actionnaires qui recourent aux services d'un huissier ou commissaire de justice d'exiger de celui-ci qu'il précise, dans le **rapport** qu'il établit, l'étendue et les limites de sa mission (Recommandation AMF 2012-05, proposition n° 2.14).

47292 **Mandataire de justice** Dans les situations conflictuelles, un mandataire ad hoc peut être désigné en justice. Par exemple, dans un cas de privation de droits de vote en raison d'un franchissement de seuil non déclaré, un mandataire ad hoc a été chargé de s'assurer de l'établissement régulier de la feuille de présence tenant compte de la privation des droits de vote au-delà du seuil franchi (CA Paris 10-6-2009 n° 09/11337 : RJDA 10/09 n° 864).

G. Vote à distance préalable à l'assemblée

INTÉRÊT DU RECOURS AU VOTE À DISTANCE PRÉALABLE

47350 Les actionnaires qui ne peuvent ou ne veulent pas assister à une assemblée ont la possibilité d'exprimer leur point de vue sur les résolutions soumises à cette assemblée sans passer par l'intermédiaire d'un mandataire, au moyen d'un vote à distance préalable (ou vote par *correspondance*) (art. R 225-75), qui peut, sous certaines conditions, s'exercer par voie électronique.

Ce vote à distance préalable par voie électronique (version électronique du vote par correspondance) ne doit pas être confondu avec le **vote électronique en séance,** lequel s'effectue pendant l'assemblée.

ASSEMBLÉES CONCERNÉES PAR LE VOTE À DISTANCE PRÉALABLE

Tout actionnaire peut **voter par correspondance** quelle que soit la nature, ordinaire, extraordinaire ou spéciale, de l'assemblée. Les dispositions contraires des statuts sont réputées non écrites (art. L 225-107). Tel serait le cas des clauses écartant le vote par correspondance même temporairement ou le limitant à certaines assemblées ou à certaines résolutions. 47360

Le recours au **vote à distance par voie électronique** doit à notre avis être autorisé par les statuts. L'article R 225-75 renvoie en effet à l'article R 225-61 qui fait état d'une autorisation statutaire pour permettre aux actionnaires de voter aux assemblées par voie électronique.

Le vote à distance électronique est utilisable pour toute assemblée d'actionnaires, ordinaire ou extraordinaire, mais rien ne semble interdire aux statuts d'en limiter l'utilisation à certaines assemblées seulement, telles les assemblées annuelles.

> **› Précisions** Les actionnaires peuvent voter à distance même avant une **assemblée générale entièrement dématérialisée** (art. L 225-103-1 et, sur renvoi, art. L 225-107 modifiés par loi 2024-537 du 13-6-2024).

FORMULAIRE DE VOTE À DISTANCE PRÉALABLE

Le vote à distance est exercé au moyen d'un formulaire établi par la société. 47370

Le formulaire de vote à distance peut figurer sur le même document que la formule de procuration, ce qui entraîne l'application de certaines règles particulières (nº 47400).

Contenu du formulaire Le contenu du formulaire est identique pour les formulaires papier et pour les formulaires électroniques (art. R 225-82). 47371

Indépendamment des mentions relatives à l'identification de la société émettrice (dénomination, capital, siège social, etc.) et de l'assemblée concernée (nature ordinaire, extraordinaire ou spéciale de celle-ci, date de la réunion, etc.), le formulaire de vote à distance doit être rédigé de telle sorte que l'actionnaire puisse **exprimer** son **vote** sur chacune des résolutions proposées, dans l'ordre de leur présentation à l'assemblée (art. R 225-76, al. 1).

Pour chacune de ces résolutions, l'actionnaire doit avoir la possibilité d'exprimer un vote « pour », un vote « contre » ou une abstention (art. R 225-76, al. 1).

En cas d'utilisation d'un formulaire papier, il n'est pas obligatoire que ces expressions soient de la main de l'actionnaire. Rien ne s'oppose à ce qu'il soit seulement demandé à l'intéressé de cocher des cases ou de biffer les mentions non retenues.

Le formulaire doit aussi mentionner « de manière très apparente » que toute **abstention** exprimée dans le formulaire ou résultant de l'absence d'indication de vote ne sera pas considérée comme un vote exprimé (art. R 225-76, al. 2). 47372

Le formulaire doit enfin comporter (art. R 225-76, al. 4) :

– le rappel des dispositions de l'article R 225-77, al. 2 s. fixant les conditions de recevabilité du vote (identification de l'actionnaire, signature, etc. ; nº 47390) ;

– l'indication de la date avant laquelle il doit être reçu par la société pour qu'il soit pris en compte ;

– éventuellement, la date, antérieure à la précédente, à partir de laquelle les intermédiaires ne transmettront plus à la société les formulaires de vote qu'ils recevront.

Documents annexes La société doit joindre à tout formulaire (papier ou électronique) de vote à distance les documents suivants (art. R 225-76, al. 5 et R 225-82) : 47373

– le texte des résolutions proposées, y compris celles présentées par les actionnaires et par le comité social et économique, accompagné d'un exposé des motifs et de l'indication de leur auteur ;

– s'il s'agit de l'assemblée générale ordinaire annuelle, un exposé sommaire de la situation de la société au cours de l'exercice écoulé ;

– une formule de demande d'envoi des documents et renseignements visés à l'article R 225-83 ; cette formule doit contenir une mention informant l'actionnaire qu'il peut, sous réserve que ses actions soient nominatives, recevoir à l'occasion de chacune des assemblées ultérieures, sans nouvelle demande de sa part, les documents qui doivent être adressés aux actionnaires sur leur demande (art. R 225-88, al. 3).

L'**information à joindre** aux formulaires de vote à distance est analogue à celle qui doit être annexée aux formules de procuration. Toutefois, deux différences sont à signaler : 47374

a. Le texte des projets de résolution doit être accompagné d'un exposé des motifs et de l'indication de leur auteur, ce qui n'est pas prévu pour les formules de procuration.

b. L'exposé sommaire ne doit être envoyé que s'il s'agit de l'assemblée ordinaire annuelle alors qu'il doit être joint aux formules de procuration quelle que soit la nature de l'assemblée.

On ne s'explique pas ces différences de rédaction alors que le vote par procuration et le vote à distance tendent tous deux au même but : permettre aux actionnaires de voter à des assemblées auxquelles ils ne peuvent pas participer. Il serait souhaitable que les textes des articles R 225-76, al. 5 et R 225-81 soient harmonisés.

> **Précisions** Lorsque le **formulaire** de vote à distance est **joint à** une formule de **procuration,** les documents énumérés ci-dessus n'ont pas, nous semble-t-il, à être annexés au formulaire, l'actionnaire devant recevoir l'information liée à la formule de procuration (cf. art. R 225-81). En effet, l'article R 225-81, qui énumère les documents à joindre aux formules de procuration, mentionne le formulaire de vote à distance mais non ses annexes, et il ne semble pas que ce soit un oubli puisque le soin a été pris de viser ces annexes dans l'article R 225-66, al. 2 relatif au contenu de l'avis de convocation.

47375 **Obtention du formulaire** À partir de la date de convocation de l'assemblée, les actionnaires peuvent obtenir un formulaire de vote à distance :
- soit à l'initiative de la société ;
- soit en annexe à une formule de procuration qui leur aurait été adressée (art. R 225-81, 5°) ;
- soit sur demande expresse de leur part (art. R 225-75).

Dans les sociétés dont les actions sont admises aux négociations sur un marché réglementé, les actionnaires peuvent aussi se procurer ce formulaire sur le **site internet** de la société (n° 46593).

La **demande** de l'actionnaire doit être faite par écrit (art. R 225-75) ; elle peut être formulée par courrier électronique (application de C. civ. art. 1365). Une lettre recommandée AR n'est pas nécessaire.

La justification de la qualité d'actionnaire n'est pas requise pour obtenir le formulaire. Il suffit qu'elle soit fournie lors du renvoi du formulaire de vote à la société.

La demande doit être déposée ou reçue au siège social six jours au moins avant la date de l'assemblée (art. R 225-75).

> **ATTENTION**
> C'est la date de réception de la demande par la société qui est prise en considération et non celle de l'expédition de cette demande par l'actionnaire. En cas de recours à la voie postale, ce dernier devra donc tenir compte des délais d'acheminement postaux s'il ne veut pas risquer d'être forclos.

47376 Aucune disposition légale ou réglementaire ne prescrit à la société des **conditions de forme ou de délai pour l'envoi** du **formulaire** et de ses annexes aux actionnaires qui en ont fait la demande. Toutefois, l'actionnaire peut demander que cet envoi soit effectué par voie électronique si la société a aménagé un site internet dédié au vote électronique des actionnaires (art. R 225-75 et R 225-61).

Tout envoi tardif pourrait être jugé abusif et ouvrir droit à des dommages-intérêts au profit de l'actionnaire lésé. Pour se ménager la preuve qu'elle a fait cet envoi en temps opportun, la société agira prudemment en envoyant les documents aux actionnaires par lettre recommandée.

47378 **Sanctions.** En cas d'omission de l'envoi du formulaire de vote à distance avec la formule de procuration, l'actionnaire peut recourir à la procédure d'injonction exposée n° 46963.

L'assemblée pourrait être annulée s'il était prouvé que le défaut d'envoi du formulaire a été un moyen frauduleux d'empêcher un actionnaire de participer à l'assemblée (cf. Cass. com. 6-7-1983 : Bull. civ. IV n° 206) ou, pour les assemblées tenues à compter du 1er octobre 2025, si le juge considère que les dispositions réglementaires sur l'obtention du formulaire de vote à distance par les actionnaires constituent des dispositions impératives de droit des sociétés (C. civ. art. 1844-10, al. 3 modifié, à compter du 1-10-2025, par ord. 2025-229 du 12-3-2025 ; Ord. 2025-229 art. 70).

CONDITIONS D'EXERCICE DU VOTE À DISTANCE PRÉALABLE

47390 **Personnalisation du formulaire** Pour être valable, le formulaire de vote à distance doit comporter les **mentions** suivantes (art. R 225-77, al. 2 à 5 et R 225-82) :
- l'indication des nom, prénom usuel et domicile de l'actionnaire ;
- l'indication de la forme, nominative ou au porteur, sous laquelle sont détenus les titres et du nombre de ces derniers, ainsi qu'une mention constatant l'inscription des titres soit dans les comptes de titres nominatifs tenus par la société, soit dans les comptes de titres au porteur tenus par l'intermédiaire financier habilité ; l'attestation de participation est annexée au formulaire ;
- la signature, le cas échéant électronique (sous la même forme que celle exposée n° 46960 pour la procuration), de l'actionnaire ou de son représentant légal ou judiciaire.

› Précisions L'article R 225-77 n'a pas été modifié pour prendre en compte la possibilité d'inscrire les actions dans une **blockchain.** À notre avis, il suffit d'indiquer sur le formulaire que les actions sont inscrites dans la blockchain.

Envoi du formulaire Les formulaires de vote à distance doivent être pris en compte dès lors qu'ils sont parvenus à la société trois jours au moins avant la date de réunion de l'assemblée, sauf délai plus court prévu par les statuts (art. R 225-77, al. 1). 47391

S'agissant d'un décompte à rebours, il n'y a pas lieu d'appliquer les dispositions de l'article 642 du Code de procédure civile (nº 4432). Le délai se calcule donc en jours francs (jours entiers de 24 heures), de sorte que la date limite de réception, au-delà de laquelle la société est en droit de refuser un formulaire, est le quatrième jour avant la date de l'assemblée ; par exemple, si une assemblée est prévue pour le mercredi, la date limite de réception des formulaires est le samedi précédent (en ce sens, Communication Ansa, comité juridique nº 15-026 du 1-4-2015).

CONSEIL

En cas de recours à la voie postale, les actionnaires agiront prudemment en envoyant leurs bulletins par **lettre recommandée AR.** En effet, l'article R 225-77, al. 1 vise la réception par la société des formulaires de vote et non pas leur envoi par les actionnaires de sorte que, en cas de litige, c'est à ces derniers qu'il appartiendra de prouver que la société a bien reçu les formulaires en temps opportun.

Toutefois, les **formulaires électroniques** de vote à distance peuvent être reçus par la société jusqu'à la veille de la réunion de l'assemblée au plus tard à 15 heures, heure de Paris (art. R 225-77, al. 1).

Sur la transmission d'une notification de participation, incluant des informations sur le vote à distance d'un actionnaire, par certains **intermédiaires** intervenant dans la chaîne de détention d'actions de **sociétés dont les actions sont admises aux négociations sur un marché réglementé,** voir nº 47043.

Confirmation de réception des formulaires électroniques de vote à distance 47392

Dans les **sociétés** dont les actions sont **admises aux négociations sur un marché réglementé** établi ou opérant dans l'UE, une confirmation de réception du vote doit être transmise à tout actionnaire ayant voté à distance par des moyens électroniques de télécommunication ou à son mandataire (art. L 22-10-43-1, al. 2). Cette confirmation doit être délivrée par voie électronique immédiatement après l'émission du vote, sans qu'une demande de l'actionnaire soit nécessaire (art. L 22-10-43-1, al. 2 et R 228-32-1, II et, sur renvoi, Règl. UE 2018/1212 du 3-9-2018 art. 9).

Cette confirmation doit être rédigée par la société dans la **langue** et selon le **format** exposés nº 46167. Elle doit **comporter** au moins les **mentions** énoncées par le règlement UE 2018/1212, ann.-tableau 6 (art. R 228-32-1, I-5º et, sur renvoi, Règl. UE 2018/1212 art. 7.1 ; sur ces mentions, voir F. Gilbert, Le renforcement de l'information et des droits des actionnaires de sociétés cotées sur un marché réglementé : BRDA 15-16/22 inf. 21).

Les intermédiaires financiers mentionnés nº 63812 qui fournissent des services à des actionnaires ou à d'autres intermédiaires en ce qui concerne les actions de sociétés ayant leur siège en France et dont les actions sont admises à la négociation sur un tel marché réglementé doivent transmettre ces confirmations dans les délais, selon le format et au moyen des outils exposés nº 46167 (art. L 228-29-7-2, I et II).

Assemblées concernées par le formulaire Le formulaire de vote à distance adressé à la société pour une assemblée vaut pour les assemblées successives convoquées avec le même ordre du jour (art. R 225-77, dernier al.). 47393

Ces dispositions visent le cas où, une assemblée n'ayant pu se réunir valablement faute du quorum requis ou ayant été ajournée, une nouvelle assemblée serait convoquée.

Sur l'utilisation des formulaires de vote à distance, voir nºs 47810 s.

DOCUMENT UNIQUE DE VOTE À DISTANCE PRÉALABLE ET DE VOTE PAR PROCURATION

Le formulaire de vote à distance préalable et la formule par procuration peuvent être établis sur un document unique (art. R 225-76, al. 3). 47400

Ce procédé, facultatif, permet le « **panachage** » des votes par résolution, l'actionnaire pouvant à son choix recourir au vote par procuration pour certaines résolutions et au vote à distance pour d'autres. Il est très souvent utilisé en pratique, surtout par les grandes sociétés.

Le document unique doit indiquer (art. R 225-78) :
– que l'actionnaire peut, pour chaque résolution, utiliser soit le vote à distance, soit le vote par procuration ;
– qu'il peut donner mandat à un autre actionnaire, à son conjoint ou à son partenaire pacsé ;
– qu'il peut enfin, si des résolutions nouvelles sont présentées à l'assemblée, exprimer dans ce document soit sa volonté de s'abstenir, soit un vote défavorable à leur adoption, ou donner mandat au président de l'assemblée ou à un mandataire dénommé.

ATTENTION

Par inadvertance, l'article R 225-78 n'a pas été modifié pour tenir compte du transfert d'une partie des dispositions de l'article L 225-106 à l'article L 22-10-39 par l'ordonnance 2020-1142 du 16 septembre 2020. En ne visant pas ce nouveau texte, il n'impose plus aux **sociétés dont les actions sont admises aux négociations sur un marché réglementé ou** à celles dont les actions sont admises aux négociations sur un **SMNO** (tel Euronext Growth) pour lesquelles les statuts l'autorisent d'indiquer, dans le document unique de vote, que leurs actionnaires peuvent donner mandat à toute personne de leur choix de les représenter à l'assemblée. À notre avis, il convient néanmoins de continuer à l'indiquer, ne serait-ce que dans un souci de bonne information des actionnaires.

Le document unique doit en outre comporter toutes les **mentions** exigées pour le formulaire de vote à distance (n°s 47371 s.) ainsi que le rappel des dispositions des articles L 225-106, L 22-10-39 à L 22-10-42 et L 225-107 (art. R 225-81, 5° et 6°, sur renvoi de l'art. R 225-78).

Bien qu'aucun texte ne le précise clairement, il semble que la société doive **annexer** au document unique les pièces qui doivent être jointes à toute formule de procuration et de vote à distance (n° 46460). En effet, la faculté pour la société d'établir sur un même document la formule de procuration et le formulaire de vote à distance ne doit pas entraîner pour l'actionnaire une diminution de l'information à laquelle il aurait droit s'il utilisait uniquement le procédé du vote par procuration ou de vote à distance.

Les sociétés dont les actions sont admises aux négociations sur un marché réglementé qui ont recours à ce procédé doivent publier le document unique sur leur **site internet** (n° 46593).

› Précisions **a.** Un **modèle** de **formulaire unique de vote à distance et de vote par procuration** figure dans le guide méthodologique du traitement des votes en assemblée générale des sociétés dont les actions sont admises aux négociations sur un marché boursier et aux opérations d'un dépositaire central publié le 30 janvier 2020 par l'Association France Post-Marché (ex-Afti).

b. Sur la **confirmation de réception du vote** qui, dans les **sociétés** dont les actions sont **admises aux négociations sur un marché réglementé** établi ou opérant dans l'UE, doit être transmise à tout actionnaire ayant voté par des moyens électroniques de télécommunication, voir n° 47392.

H. Participation à l'assemblée par un moyen de télécommunication

FACULTÉ POUR LES ACTIONNAIRES DE PARTICIPER À UNE ASSEMBLÉE PAR TÉLÉCOMMUNICATION

47460 Les actionnaires peuvent participer à l'assemblée en utilisant des moyens de télécommunication permettant leur identification (cf. art. L 225-103-1, al. 1 modifié par loi 2024-537 du 13-6-2024). Sont **réputés présents à l'assemblée** pour le calcul du quorum et de la majorité les actionnaires qui participent à l'assemblée en utilisant un moyen de télécommunication permettant leur identification (art. L 225-103-1, al. 2 modifié par loi 2024-537 du 13-6-2024).

La faculté pour les actionnaires de participer aux assemblées par un tel moyen de télécommunication n'est pas subordonnée à une autorisation statutaire. À notre avis, l'**auteur** de la convocation a le **choix** de proposer ou non ce mode de participation à l'assemblée, sauf si les statuts le lui imposent ou le lui interdisent expressément.

Lorsqu'il est ouvert, ce mode de participation doit être mentionné dans la convocation (art. L 225-103-1, al. 1 modifié par loi 2024-537).

› Précisions Le vote par des moyens de télécommunication pendant l'assemblée doit être **distingué du vote à distance,** qui peut également s'exercer par voie électronique mais qui s'effectue par anticipation (n°s 47350 s.).

ASSEMBLÉE ENTIÈREMENT DÉMATÉRIALISÉE

47461 Les statuts des **SA dont les actions ne sont pas admises aux négociations sur un marché réglementé** peuvent prévoir la tenue des assemblées générales **exclusivement par un**

moyen de télécommunication permettant l'identification des actionnaires (art. L 225-103-1, al. 3 et L 22-10-38 modifiés par loi 2024-537 du 13-6-2024).

Pour les **assemblées générales extraordinaires,** un ou plusieurs actionnaires représentant au moins 25 % du capital social peuvent toutefois s'**opposer** à ce qu'il soit recouru exclusivement à ces modalités (art. L 225-103-1, al. 4 modifié par loi 2024-537).

Les statuts prévoyant que les assemblées générales extraordinaires se tiennent exclusivement par voie dématérialisée doivent préciser si le droit d'opposition des actionnaires s'exerce avant ou après les formalités de convocation (art. R 225-61-1), ce qui induit des modalités de convocation aux assemblées et d'exercice du droit d'opposition différentes (voir n°s 46154 s., 46256 et 46283 s.).

ATTENTION

Le droit pour les actionnaires de s'opposer à la tenue des assemblées générales ordinaires exclusivement par voie dématérialisée a été supprimé par la loi 2019-744 du 19 juillet 2019. Les **statuts** peuvent toutefois **étendre le droit d'opposition** à toutes les assemblées générales (Rapport AN n° 1771 relatif à la loi 2019-744 p. 57). Ils peuvent ainsi prévoir que le droit pour les actionnaires de s'opposer à la tenue d'assemblées générales extraordinaires dématérialisées s'applique également en cas d'assemblées générales ordinaires dématérialisées.

Si les statuts ont prévu avant la loi 2019-744 que les actionnaires peuvent s'opposer à la tenue de toute assemblée générale dématérialisée sans se référer, sous une forme quelconque, aux textes alors en vigueur (par exemple, par les expressions « conformément à la loi » ou « en application de l'article L 225-103-1 »), les actionnaires continuent selon nous de bénéficier du droit de s'opposer à la tenue des assemblées générales ordinaires dématérialisées tant que les statuts n'ont pas été modifiés pour limiter ce droit aux assemblées générales extraordinaires (n° 1780).

Il convient, dans ces deux situations, de suivre le régime applicable au droit d'opposition à la tenue des assemblées générales extraordinaires dématérialisées. Les sociétés ont tout intérêt à s'interroger sur l'opportunité de maintenir ces dispositifs.

De même, il est recommandé aux sociétés dont les statuts prévoient que le droit de s'opposer à la tenue d'une assemblée générale extraordinaire dématérialisée appartient aux actionnaires détenant au moins 5 % du capital (seuil légal antérieur à la loi 2024-537) de modifier leurs statuts pour y substituer le seuil de 25 % avant la date à laquelle elles envisagent de tenir une telle assemblée.

MOYENS DE TÉLÉCOMMUNICATION PERMETTANT DE PARTICIPER À L'ASSEMBLÉE

Seuls peuvent être utilisés les moyens de télécommunication permettant l'identification des 47463
actionnaires qui y ont recours (art. L 225-103-1, al. 3 modifié par loi 2024-537 du 13-6-2024).

Ces moyens doivent transmettre **au moins la voix** des participants et satisfaire à des **caractéristiques techniques** permettant la retransmission continue et simultanée des délibérations (art. R 225-97).

VOTE ÉLECTRONIQUE

Les sociétés dont les statuts permettent aux actionnaires de voter aux assemblées par des 47467
moyens électroniques de télécommunication doivent aménager un **site internet exclusivement consacré à ces fins** (art. R 225-61) et auquel les actionnaires ne pourront accéder qu'après s'être identifiés au moyen d'un code fourni préalablement à la séance (art. R 225-98).

Dans les sociétés dont les actions sont admises aux négociations sur un marché réglementé 47470
établi ou opérant dans l'UE, une **confirmation de réception du vote** doit être transmise à tout actionnaire ayant voté par des moyens électroniques de télécommunication ou à son mandataire dans les conditions exposées n° 47392.

V. FORMALITÉS PRÉLIMINAIRES AUX DÉBATS

ÉTABLISSEMENT D'UNE FEUILLE DE PRÉSENCE À L'ASSEMBLÉE

À chaque assemblée de SA, il doit être tenu une feuille de présence (art. L 225-114, al. 1). 47520

Si **deux assemblées différentes,** l'une ordinaire, l'autre extraordinaire, se tiennent le même jour, il faut dresser deux feuilles de présence même si ces deux assemblées sont composées des mêmes actionnaires et ont élu le même bureau.

Contenu de la feuille de présence La feuille de présence doit comporter les indica- 47521
tions suivantes (art. R 225-95, al. 1 à 5) :

– nom, prénom usuel et domicile de chaque **actionnaire présent** ou réputé présent à raison de sa participation à l'assemblée par un moyen de télécommunication permettant son

47521 (suite) identification (art. L 225-103-1 modifié par loi 2024-537 du 13-6-2024 ; signalons que l'art. R 225-95, 1º mentionne en outre l'art. L 225-107, II abrogé par la loi 2024-537, sans que cela n'emporte de conséquence pratique), nombre d'actions dont il est titulaire, nombre de voix attachées à ces actions ;

– nom, prénom usuel et domicile de chaque **actionnaire représenté,** nombre d'actions dont il est titulaire, nombre de voix attachées à ces actions ;

– nom, prénom usuel et domicile de chaque **mandataire,** nombre d'actions de ses mandants, nombre de voix attachées à ces actions ;

– nom, prénom usuel et domicile de chaque **actionnaire ayant voté à distance** par anticipation, nombre d'actions dont il est titulaire, nombre de voix attachées à ces actions.

Toutefois, les renseignements relatifs aux actionnaires représentés ou ayant voté à distance par anticipation peuvent être remplacés par l'indication sur la feuille de présence du nombre des pouvoirs et des formulaires de vote à distance ainsi que du nombre des actions et des droits de vote correspondant à ces pouvoirs et formulaires. Mais cette possibilité est subordonnée à la condition que ces derniers mentionnent, outre les nom, prénom usuel et domicile de chaque mandant ou votant à distance, le nombre d'actions dont celui-ci est titulaire et le nombre de voix attaché à ces actions (art. R 225-95, al. 6).

Lorsque des actions de la société appartiennent en copropriété à plusieurs personnes groupées dans un **fonds commun de placement,** la désignation de ce fonds peut être valablement substituée, sur la feuille de présence, à celle de tous les copropriétaires (C. mon. fin. art. L 214-8-3 et L 214-24-37).

MODÈLE

Feuille de présence

Société...
Société anonyme au capital de... €
Siège social : ...
000 000 000 RCS (*ville*)
Feuille de présence à l'assemblée générale ordinaire du...

Nº d'ordre	**Actionnaire** (Nom, prénoms et adresse ou, selon le cas, dénomination et siège social)	**Nombre d'actions**	**Nombre de voix**	**Mandataire ou représentant légal** (Nom, prénoms et adresse)	**Signature** ou mention « vote par correspondance » ou « vote à distance par voie électronique »
1		[*Préciser les modes de détention des actions (pleine propriété, nue-propriété ou usufruit, indivision, etc.) et les caractéristiques des actions (actions ordinaires, de préférence avec droit de vote plural ou privées de droit de vote, etc.)*]			
2					
etc.					

Les membres du bureau soussignés certifient exacte la feuille de présence faisant apparaître que :

– ... actionnaire(*s*) présent(*s*) totalise(*nt*)... titres auxquels sont attachées... voix ;

– ... actionnaire(*s*) représenté(*s*) totalise(*nt*)... titres auxquels sont attachées... voix ;

– ... actionnaire(*s*) a/ont voté à distance et totalise(*nt*)... titres auxquels sont attachées... voix.

À la présente sont annexés... pouvoir(*s*) et... formulaire(*s*) de vote anticipé par correspondance ou à distance par voie électronique.

(*Signatures des membres du bureau*)

Émargement et certification de la feuille de présence La feuille de présence est signée par les actionnaires présents et les mandataires (art. R 225-95, al. 7). 47522

Elle est ensuite certifiée exacte par les membres du bureau (art. R 225-95, al. 7).

Toutefois, l'émargement par les actionnaires n'est pas requis en cas d'**assemblée entièrement dématérialisée** (art. R 225-95, dernier al. et, sur renvoi, art. L 225-103-1).

Documents annexes Les pouvoirs des actionnaires représentés, qui constituent le complément nécessaire de la feuille de présence, doivent être annexés à celle-ci (art. L 225-114, al. 1), le cas échéant, sous format électronique ou numérisé (art. R 225-95, al. 6). 47523

Il convient d'y joindre également les formulaires de vote à distance anticipé sous format papier ou, le cas échéant, numérisé ou électronique (art. R 225-95, al. 6).

Valeur probante de la feuille de présence La feuille de présence permet de constater, d'une part, le nombre des actionnaires présents, réputés présents ou représentés à l'assemblée, d'autre part, la validité des pouvoirs déposés par les mandataires. 47524

Mais ce document ne garantit pas que tous les actionnaires entrés en séance y sont restés jusqu'à la fin de la réunion. Aussi doit-on le rapprocher du procès-verbal. Si celui-ci constate que des actionnaires ont quitté l'assemblée avant la clôture de la délibération et le vote, il convient de retrancher les actions appartenant à ces actionnaires pour le calcul du quorum et de la majorité (T. com. Lyon 14-1-1904 : J. soc. 1905 p. 42). En l'absence de constatation au procès-verbal, le départ d'actionnaires pourrait être prouvé par tous moyens.

La feuille de présence ne fait foi que jusqu'à preuve contraire. Sa valeur probante est fonction des circonstances de fait. 47525

Jugé que la feuille de présence ne fait que prendre acte de la présentation matérielle d'actions ou de mandats sans qu'il en résulte une quelconque acceptation ou validation des mandats (CA Metz 5-1-1977 : Rev. sociétés 1977 p. 488 note B. Bouloc). Par suite, lorsqu'une difficulté intervient en cours d'assemblée dans le décompte des voix, par exemple en raison de la manière dont un pouvoir était rédigé, il est possible de procéder à un nouveau vote sans qu'il y ait lieu pour autant de modifier la feuille de présence (CA Paris 26-2-1993 : RJDA 3/94 nº 291). Cette modification doit, bien entendu, figurer dans le procès-verbal de l'assemblée.

En présence de documents contradictoires, d'une part, une feuille de présence comportant en face du nom d'un actionnaire sa signature barrée d'une croix et, d'autre part, un procès-verbal constatant que tous les associés étaient présents, une cour d'appel a pu considérer que la participation de l'actionnaire à l'assemblée n'était pas établie (Cass. com. 12-11-1992 : Bull. Joly 1993 p. 93).

Communication de la feuille de présence Chaque **actionnaire** a le droit, à toute époque, d'obtenir communication des feuilles de présence des assemblées tenues au cours des trois derniers exercices (art. L 225-117). Sur les modalités d'exercice de ce droit et les sanctions applicables en cas de refus de communication, voir nºs 46650 s. 47526

> **Précisions** Les associés ne doivent pas dévoiler à des **tiers** les renseignements qu'ils peuvent tirer de l'exercice de leur droit de communication. En particulier, il a été jugé que si la divulgation de l'identité des associés ne constitue pas une violation de l'intimité de ces derniers au sens de l'article 9 du Code civil, elle peut néanmoins revêtir, à leur égard comme à l'égard de la société, le caractère d'une divulgation constitutive d'un abus de droit (CA Paris 25-1-1975 : D. 1975 p. 412 note D. Schmidt).

Sanctions Le **défaut d'établissement** de la feuille de présence peut entraîner la nullité de l'assemblée (art. L 225-114, al. 3). 47527

Il en est de même si les **pouvoirs** donnés aux mandataires n'ont **pas** été **annexés** à la feuille de présence (art. L 225-114, al. 3 précité).

> **Précisions** *Seul le défaut d'établissement* de la feuille de présence est susceptible d'entraîner la nullité de l'assemblée et non les **inexactitudes** dont elle peut être affectée (en ce sens, Cass. com. 4-12-2001 nº 1992 : RJDA 2/02 nº 163 ; CA Paris 18-11-2003 nº 03-11913 : RJDA 3/04 nº 320).

CONSTITUTION DU BUREAU DE L'ASSEMBLÉE

Composition du bureau Le bureau comprend un président et deux scrutateurs. Il désigne un secrétaire. 47530

Président. Lorsque, hypothèse la plus fréquente, l'assemblée est convoquée par le conseil d'administration ou le directoire, elle est, en principe, présidée par le président du conseil d'administration ou de surveillance (art. R 225-100, al. 1). 47531

En cas d'**absence** du président, l'assemblée est présidée par la personne désignée dans les statuts (le plus souvent, un administrateur ou un membre du conseil de surveillance spécialement délégué à cet effet par le conseil ou encore l'administrateur le plus ancien présent à la réunion) (art. R 225-100, al. 1).

Si les statuts n'ont pas prévu le remplacement du président, l'assemblée élit elle-même le président de séance (art. R 225-100, al. 1). Il résulte des termes de l'article R 225-100, al. 1 que c'est **uniquement** en l'absence du président du conseil d'administration ou de surveillance que l'assemblée peut être présidée par une autre personne (en ce sens, CA Pau 3-4-2012 n° 11/00429 : RJDA 12/12 n° 1089 ayant annulé une assemblée dont la présidence n'avait pas été assurée par le président du conseil d'administration alors que celui-ci était présent et que rien ne s'opposait à ce qu'il en assure la présidence).

En cas de **convocation par les commissaires aux comptes, par un mandataire de justice ou par les liquidateurs,** l'assemblée est présidée par celui ou par l'un de ceux qui l'ont convoquée (art. R 225-100, al. 2).

> **Précisions** Si le **liquidateur** est une personne physique, il ne peut pas donner mandat pour **se faire représenter** à l'assemblée, sauf si les statuts l'autorisent (Communication Ansa, comité juridique n° 24-024 du 2-5-2024).

47533 **Scrutateurs.** Sont scrutateurs de l'assemblée les deux membres de l'assemblée disposant du plus grand nombre de voix et acceptant cette fonction (art. R 225-101, al. 1).

> **ATTENTION**
> Ce texte fait état du « plus grand nombre de voix » et non pas du plus grand nombre d'actions. Le choix des scrutateurs est donc déterminé selon un ordre qui tient compte des droits de **vote double** ou multiple, s'il en existe, et **des voix dont disposent les mandataires** d'actionnaires représentés.

Le **conjoint** d'un actionnaire peut, même s'il n'est pas lui-même actionnaire, assumer les fonctions de scrutateur ; au titre de représentant de son conjoint, il est, en effet, « membre de l'assemblée ».

Une **personne morale** peut, au même titre qu'une personne physique, être désignée comme scrutateur. Elle agit alors par l'intermédiaire de son représentant légal. Si la personne morale a plusieurs représentants légaux, celui qui la représente dans ses fonctions de scrutateur peut ne pas être celui qui vote en son nom (Cass. com. 29-5-2024 n° 22-13.710 F-B : RJDA 11/24 n° 598).

Ne peuvent être scrutateurs que les personnes acceptant cette fonction. En cas de **refus** du titulaire du plus grand nombre de voix, la fonction est proposée à celui qui vient après lui dans l'ordre d'importance du nombre de voix et ainsi de suite jusqu'à l'acceptation. Si aucun actionnaire n'accepte d'être scrutateur, le président assume seul, par la force des choses, la mission dévolue au bureau de l'assemblée. Il n'y a pas lieu, en effet, de considérer les deux scrutateurs comme indispensables pour la validité de la réunion, puisque la loi, en subordonnant l'exercice de ces fonctions à une acceptation, rend possible l'existence d'un refus général par les actionnaires. Il importera cependant de prendre acte de ces refus dans le procès-verbal de l'assemblée. Pour la même raison, le bureau sera valablement composé d'un président et d'un scrutateur si un seul actionnaire a accepté cette fonction.

> **Précisions** **a.** L'AMF recommande aux **sociétés dont les titres sont admis aux négociations sur un marché réglementé** de mettre en place un bureau constitué d'un président et de deux scrutateurs, sauf impossibilité dûment expliquée dans le procès-verbal de l'assemblée ; elle leur recommande aussi d'**identifier** les **personnes susceptibles d'être scrutateurs** afin de les familiariser avec le rôle qu'elles auront à jouer et les difficultés susceptibles d'être rencontrées par le bureau pendant l'assemblée (Recommandation AMF 2012-05, proposition n° 3.2).
>
> **b.** En cas de **bureau incomplet,** la **nullité** des assemblées tenues avant le 1er octobre 2025 n'est pas encourue (Rép. Sudreau : AN 2-11-1970 n° 13768 ; T. com. Angoulême 23-11-1972 : RTD com. 1973 p. 284). Les assemblées tenues à compter de cette date pourraient être annulées si un juge considérait que l'article R 225-101 constitue une disposition impérative de droit des sociétés (cf. C. civ. art. 1844-10, al. 3 modifié, à compter du 1-10-2025, par ord. 2025-229 du 12-3-2025 ; Ord. 2025-229 art. 70), ce qui nous semble peu plausible.

47535 **Secrétaire.** Le bureau de l'assemblée en désigne le secrétaire qui, sauf disposition contraire des statuts, peut être choisi en dehors des actionnaires (art. R 225-101, al. 2).

Cette désignation doit s'effectuer à la majorité des membres du bureau ; les scrutateurs peuvent donc s'opposer à ce que le président choisisse seul la personne appelée aux fonctions de secrétaire (Rép. Kaspereit : AN 9-7-1977 n° 37033).

47542 **Attributions du bureau** Les membres du bureau doivent tout d'abord certifier l'exactitude de la **feuille de présence** (art. R 225-95, al. 7). C'est d'ailleurs au vu des renseignements qui y figurent que le bureau vérifie si le quorum requis pour la validité des délibérations est atteint.

Le bureau assure la police de l'assemblée : il lui appartient ainsi de veiller au bon **déroulement de la réunion** et de trancher les différends qui peuvent surgir au cours des débats.

Il contrôle également le **vote des résolutions.** À cet égard, il faut rappeler que le président doit exercer, dans le sens prévu par la loi, le droit de vote attaché aux actions ayant fait l'objet d'un pouvoir en blanc (art. L 225-106, III-al. 5 ; n° 47801) et que le non-respect « des dispositions régissant les droits de vote attachés aux actions » peut entraîner la nullité des délibérations prises en violation de ces règles (art. L 235-2-1 avant le 1-10-2025 ; à compter de cette date, C. civ. art. 1844-10, al. 3 modifié, à compter du 1-10-2025, par ord. 2025-229 du 12-3-2025 ; Ord. 2025-229 art. 70).

Enfin, les membres du bureau signent le **procès-verbal** de la séance (art. R 225-106, al. 1).

› Précisions **a.** S'agissant du **contrôle du vote,** le bureau de l'assemblée est notamment fondé à contrôler l'exercice du droit de vote, vérifier que le quorum est atteint pour chaque résolution, vérifier l'application des règles de majorité et résoudre certaines difficultés qui peuvent survenir en cours de séance, mais il ne peut, faute de texte, le faire qu'a minima et ne dispose que d'un **pouvoir de constatation** (CA Versailles 28-10-2010 n° 09-8083 : RJDA 4/11 n° 323 et, sur pourvoi, Cass. com. 15-5-2012 n° 10-28.151 : RJDA 10/12 n° 868).

b. S'il estime que des **actionnaires, agissant de concert,** ont franchi un **seuil** sans le déclarer, le bureau n'a pas le pouvoir de les **priver de leurs droits de vote** lorsque l'existence de l'action de concert est contestée (Cass. com. 15-5-2012 n°s 10-23.389 et 10-28.151 : RJDA 10/12 n° 868 ; voir aussi CA Paris 29-1-2013 n° 10/03671 : RJDA 6/13 n° 532). Si l'action de concert n'est pas contestée, le bureau est en revanche compétent pour appliquer les limitations de droits de vote résultant du défaut de déclaration d'un franchissement de seuil opéré de concert (Cass. com. 27-6-2018 n° 15-29.366 FS-PB : RJDA 10/18 n° 737).

c. L'AMF recommande aux **sociétés dont les titres sont admis aux négociations sur un marché réglementé** d'interdire à un **membre du bureau** de participer à une **décision** relevant de la compétence du bureau et **qui le concernerait** (notamment une décision relative à la suspension de ses droits de vote, à un amendement de résolution ou une proposition de résolution nouvelle) et de désigner dans ce cas un suppléant susceptible de le remplacer (Recommandation AMF 2012-05, proposition n° 3.3).

CONSTATATION DU QUORUM DE L'ASSEMBLÉE

La validité des assemblées générales est subordonnée à la présence ou à la représentation d'actionnaires possédant un nombre minimum d'actions (« quorum »), variable selon la nature de l'assemblée. 47550

Assemblée extraordinaire (art. L 225-96) :
– sur première convocation : un quart des actions ayant droit de vote ;
– sur seconde convocation : un cinquième des actions ayant droit de vote.

Assemblée ordinaire (art. L 225-98) :
– sur première convocation : un cinquième des actions ayant droit de vote ;
– sur seconde convocation : aucun quorum.

Assemblée spéciale (art. L 225-99) :
– sur première convocation : un tiers des actions ayant droit de vote ;
– sur seconde convocation : un cinquième des actions ayant droit de vote.

Dans les sociétés dont les actions ne sont pas admises aux négociations sur un marché réglementé, les statuts peuvent prévoir des **quorums plus élevés** (art. L 225-96, L 225-98, L 225-99, L 22-10-31, L 22-10-32 et L 22-10-33).

Sous réserve de cette faculté de dérogation statutaire, seule prévue par la loi, les quorums légaux sont impératifs et doivent être respectés. À défaut, l'annulation des décisions est encourue (n° 47555).

La clause des statuts qui prévoirait des quorums moins élevés serait par ailleurs réputée non écrite (C. civ. art. 1844-10, al. 2 modifié, à compter du 1-10-2025, par ord. 2025-229 du 12-3-2025 ; Ord. 2025-229 art. 70).

Il appartient au **bureau** de l'assemblée, avant l'ouverture des débats, de s'assurer que le quorum requis est bien atteint.

ATTENTION

Dans les **sociétés dont les actions sont admises aux négociations sur un marché réglementé,** la décision d'introduire dans les statuts une clause prévoyant un quorum plus élevé que le quorum légal est nulle (art. L 22-10-45, modifié, à compter du 1-10-2025, par ord. 2025-229 excluant l'application du triple test) et la clause est réputée non écrite (C. civ. art. 1844-10, al. 2 modifié, à compter du 1-10-2025, par ord. 2025-229).

Calcul du quorum Le quorum est calculé en fonction du nombre des actions (art. L 225-96, L 225-98 et L 225-99), quel que soit le montant du capital qu'elles représentent. 47551

Il en est ainsi, quel que soit le mode d'exercice du droit de vote qui y est attaché (vote à distance anticipé, vote par des moyens électroniques lors de l'assemblée, par l'intermédiaire d'un mandataire ou autre procédé) (cf. art. L 225-103-1, al. 2 et L 225-107).

Pour le calcul du quorum, seules les **actions ayant droit de vote** doivent être prises en considération. Par conséquent, lors de chaque assemblée, il convient de déterminer la masse de calcul du quorum en écartant les actions privées du droit de vote (nos 47693 s.).

EXEMPLE

Soit une SA dont le capital est fixé à 25 M€, divisé en 250 000 actions de 100 €. Par hypothèse, 1 200 de ces actions n'ont pas encore été libérées des versements exigibles malgré une mise en demeure de la société et 400 ont été achetées par la société elle-même.

Ces 1 600 actions sont privées du droit de vote (no 47694).

Le quorum à atteindre lors de chaque assemblée sera calculé sur la base de :

250 000 – 1 600 = 248 400 actions.

Une assemblée générale extraordinaire ne pourra valablement délibérer sur première convocation que si elle réunit le quart des actions ayant droit de vote, soit dans le cas présent :

248 400/4 = 62 100 actions.

Pour une assemblée générale ordinaire, il suffira de :

248 400/5 = 49 680 actions.

En revanche, dès l'instant qu'aucune disposition législative ou réglementaire ne prive une action du droit de vote (ou n'autorise les statuts à le faire), celle-ci doit être prise en compte pour le calcul du quorum, même si, en pratique, le droit de vote correspondant ne peut pas être exercé (contra, Hémard, Terré et Mabilat, Soc. com. t. 2 no 238). Tel est le cas, à notre avis :
– des actions indivises lorsque les copropriétaires n'ont pas pu se mettre d'accord pour désigner leur représentant (contra Rép. Valbrun : AN 1-3-1975 no 16196) ;
– des actions sous séquestre lorsque le séquestre ne dispose pas du droit de vote.

En effet, on ne saurait étendre par analogie les dispositions légales relatives au calcul du quorum, car ce dernier est un élément essentiel pour la validité des assemblées. En outre, il n'est pas souhaitable que des décisions importantes puissent être prises alors que le véritable propriétaire des actions (cas des actions sous séquestre) ne peut pas exposer son point de vue, surtout s'il est majoritaire.

Sur la prise en compte, pour le calcul du quorum, des actions détenues par les personnes intéressées à une convention réglementée, voir no 52835.

47553 Pour le calcul du quorum, il n'y a pas lieu de tenir compte des **dispositions statutaires limitant ou augmentant le nombre de voix** aux assemblées (nos 47711 s.). C'est en fonction du nombre des actions elles-mêmes qu'est calculé le quorum, non en fonction des voix attachées à ces actions.

Le calcul du quorum doit se faire au vu de la feuille de présence non seulement à l'ouverture de l'assemblée, mais encore à l'occasion du **vote de chaque résolution.** Il se peut en effet que, par le jeu de l'exclusion des actions privées du droit de vote, le quorum soit atteint pour certaines résolutions et pas pour d'autres.

EXEMPLE

En reprenant l'exemple ci-dessus, nous supposerons qu'une assemblée générale extraordinaire doit statuer :
– d'une part, sur le changement de la dénomination sociale ;
– d'autre part, sur un apport en nature effectué par un actionnaire possédant déjà 120 000 actions libérées des versements exigibles. Par hypothèse, outre l'actionnaire apporteur, des actionnaires propriétaires de 30 000 actions libérées des versements exigibles sont présents ou représentés.

Dans un tel cas, l'assemblée ne pourra délibérer que sur le changement de la dénomination sociale. En effet, le quorum de 62 100 actions est atteint puisque 150 000 actions peuvent participer au vote de la résolution concernant cette modification. En revanche, l'assemblée ne pourra pas statuer sur l'apport en nature car, l'apporteur en nature étant exclu du vote, le quorum pour l'augmentation du capital est de :

[250 000 – (1 600 + 120 000)]/4 = 32 100 actions.

Or, seulement 30 000 actions peuvent participer au vote. Une seconde convocation de l'assemblée sera donc nécessaire pour statuer sur l'apport en nature ; lors de cette seconde réunion, il suffira *que le cinquième des actions* ayant droit de vote soit représenté pour que la délibération soit valable.

Enfin, le quorum doit subsister pendant toute la **durée de l'assemblée.** Si, par suite du départ d'actionnaires en cours de séance ou d'une interruption de la visioconférence, le quorum n'était plus atteint, la séance devrait être levée.

Défaut de quorum Lorsqu'une assemblée ne peut, à défaut du quorum requis, délibérer régulièrement, il en est dressé **procès-verbal** par le bureau de cette assemblée (art. R 225-107). 47554

S'il apparaît dès avant l'ouverture de la séance que le quorum ne sera pas atteint, il est nécessaire de constituer le **bureau** et de constater que l'assemblée n'est pas en mesure de délibérer. Sinon, la validité de l'assemblée réunie sur seconde convocation avec quorum réduit pourrait être contestée.

En pratique, les sociétés qui savent par expérience qu'elles ne sont jamais en mesure de réunir le quorum requis pour les assemblées extraordinaires délibérant sur première convocation précisent fréquemment dans l'**avis de convocation** de la première assemblée la **date,** le lieu et l'heure **de la seconde assemblée** pour le cas « probable » où la première ne pourrait délibérer valablement.

Un tel procédé, assurément licite dans la mesure où le défaut de quorum sur première convocation est régulièrement constaté – et où, bien entendu, il est utilisé de bonne foi –, permet d'éviter de déranger pour rien les actionnaires qui ont l'intention d'assister à l'assemblée. Il ne dispense pas toutefois de renouveler les formalités de convocation pour la seconde réunion.

Sanctions Toute assemblée générale ou spéciale qui adopte, avant le 1er octobre 2025, une résolution sans que le quorum requis par la loi soit atteint est nulle (art. L 225-121, al. 1). Pour les décisions prises à compter du 1er octobre 2025, cette nullité devient facultative (art. L 225-121, al. 1 modifié, à compter du 1-10-2025, par ord. 2025-229 du 12-3-2025 ; Ord. 2025-229 art. 70). 47555

La nullité n'est pas encourue lorsqu'il est seulement reproché au bureau de ne pas avoir constaté que le quorum était réuni (Cass. com. 29-5-2024 nº 22-13.710 F-B : RJDA 11/24 nº 598).

PARTICIPANT UNIQUE À L'ASSEMBLÉE

L'assemblée à laquelle ne participe qu'un seul actionnaire est valable si cet actionnaire détient, soit personnellement, soit comme mandataire, le **nombre minimum d'actions** requis pour la validité des décisions à prendre (nº 47550) (CA Paris 11-6-1981 : Rev. sociétés 1982 p. 297 note J.-L. Sibon). En effet, bien que la notion d'assemblée implique la participation de plusieurs personnes et un échange de vues entre ces personnes sur les résolutions proposées, aucune disposition légale ou réglementaire n'impose la présence effective d'un nombre minimum d'actionnaires aux assemblées ni ne limite le nombre de mandats qu'une même personne peut recevoir. Il avait d'ailleurs été admis, sous l'empire de la loi du 24 juillet 1867, qu'une assemblée pouvait se tenir valablement avec un seul actionnaire dès lors que celui-ci possédait un nombre d'actions suffisant pour respecter les conditions de quorum et de majorité (CA Paris 19-7-1935 : DH 1935 p. 561). 47570

Dans ce cas, les **règles de validité des assemblées** doivent être respectées, sous réserve de certaines adaptations rendues nécessaires par la présence d'un seul actionnaire. Celui-ci devra établir et signer une feuille de présence et un procès-verbal relatant les décisions prises. Mais il constituera à lui seul le bureau. 47571

Pour faciliter la **preuve** de la régularité des décisions prises, il est conseillé à l'actionnaire de faire dresser par un huissier ou commissaire de justice un constat des opérations qu'il a accomplies.

VI. DÉBATS ET VOTE DES RÉSOLUTIONS

DOCUMENTS DÉPOSÉS SUR LE BUREAU DE L'ASSEMBLÉE

Après désignation des membres du bureau, constatation au vu de la feuille de présence que le quorum requis pour la validité des délibérations est atteint et rappel de l'ordre du jour de l'assemblée, l'usage veut que le président dépose, **à l'intention des actionnaires,** divers documents attestant la régularité de la convocation et de la délibération. 47600

Cette formalité, qu'aucun texte ne prescrit directement (voir cependant l'article R 225-106, qui impose l'indication dans le procès-verbal des « documents et rapports soumis à l'assemblée »), porte sur les documents suivants :

– exemplaire de l'annonce légale contenant l'avis de convocation ;

– copies des lettres de convocation adressées aux actionnaires et, si la société en est dotée, aux commissaires aux comptes et OTI, et avis de réception lorsque ces lettres ont été envoyées par recommandé AR ;
– feuille de présence de l'assemblée certifiée par le bureau ;
– pouvoirs des actionnaires représentés ;
– éventuellement, formulaires de vote à distance anticipés ;
– documents divers adressés aux actionnaires sur leur demande ou mis à leur disposition avant l'assemblée (projets de résolution, rapports, etc.) ;
– le cas échéant, avis du comité social et économique.

PRÉSENTATION DES RAPPORTS AUX ACTIONNAIRES

47605 Divers rapports et autres documents, dont le nombre et la nature varient selon l'objet de la réunion, doivent être présentés aux actionnaires. Nous examinons n°s 48100 s. les questions qui s'y rapportent lors de l'étude des règles propres à la tenue de chaque type d'assemblée : ordinaire, extraordinaire ou spéciale.

Aucun texte n'exige que les documents établis par les dirigeants, les commissaires aux comptes ou les OTI fassent l'objet d'une **lecture** devant l'assemblée. Ils peuvent être présentés de manière synthétique. En pratique, surtout dans les grandes sociétés, l'assemblée **dispense** fréquemment le conseil d'administration ou le directoire et les commissaires aux comptes de lire leurs rapports puisque les actionnaires ont pu en prendre connaissance avant la réunion.

Il en va de même du texte des résolutions proposées, sous réserve qu'aucun actionnaire ne demande la lecture intégrale de ces résolutions et sauf à prendre les mesures nécessaires pour éviter toute confusion lors de la discussion et lors du vote. Toutefois, les projets de résolution et amendements présentés pour la première fois en séance doivent faire l'objet d'une lecture intégrale (Bull. COB février 1989 p. 3).

Ensuite, le président déclare la discussion générale ouverte.

> **Précisions** Par **exception,** la loi impose aux commissaires aux comptes qui ont convoqué eux-mêmes l'assemblée générale d'exposer les motifs de la convocation « dans un **rapport lu** à l'assemblée » (art. R 225-162, al. 2) : dans ce cas, la lecture du rapport est obligatoire.

RÉPONSE AUX QUESTIONS ÉCRITES DES ACTIONNAIRES

47607 Le conseil d'administration ou le directoire est tenu de répondre, au cours de l'assemblée, aux questions écrites qui lui auraient été posées par des actionnaires, mais il peut apporter une réponse commune aux questions qui présentent le même contenu (art. L 225-108, al. 3). Il peut déléguer, selon le cas, un de ses membres, le directeur général ou un directeur général délégué pour répondre aux questions écrites (art. L 225-108, al. 4).

Par ailleurs, la société est réputée avoir répondu à la question écrite dès lors qu'elle fait figurer la réponse sur son site internet, dans une rubrique consacrée aux questions-réponses (art. L 225-108, al. 4).

> **ATTENTION**
> La combinaison des alinéas 3 (« le conseil d'administration ou le directoire, selon le cas, est tenu de répondre au cours de l'assemblée ») et 4 de l'article L 225-108 (la réponse « est réputée avoir été donnée ») conduit à considérer que la **réponse** doit figurer sur le site internet de la société **au plus tard** à la fin de l'assemblée générale (dans le même sens, Communication Ansa n° 10-067, décembre 2010).

L'AMF encourage les sociétés à publier sur leur site internet l'ensemble des réponses aux questions écrites, y compris celles auxquelles il a été répondu au cours de l'assemblée, au titre de la bonne information des actionnaires et dans un souci de favoriser le dialogue actionnarial (Rapport AMF 2024 sur le gouvernement d'entreprise et la rémunération des dirigeants des sociétés cotées p. 3 et 38).

47608 Le droit de poser des questions écrites est ouvert à tout actionnaire, quelle que soit la **fraction du capital** qu'il représente.

Il peut être exercé à l'occasion de **toute assemblée,** qu'il s'agisse d'une assemblée ordinaire, *extraordinaire ou spéciale, l'article L 225-108* ne faisant aucune distinction à cet égard.

47609 Les **questions** écrites sont **recevables** à partir du jour où les actionnaires peuvent exercer leur droit de communication sur les documents qui seront soumis à l'assemblée (art. L 225-108, al. 3), c'est-à-dire en pratique à partir du jour de la convocation de l'assemblée (cf. art. R 225-88, al. 1 et R 225-89, al. 1) ou, dans les sociétés dont les actions sont admises aux négociations sur un marché réglementé, de la publication de ces documents sur le site internet de la société (cf. art. R 22-10-23, al. 1). Elles doivent être accompagnées d'une attestation d'inscription soit dans les comptes de titres nominatifs tenus par la société, soit dans les comptes de titres au porteur tenus par l'intermédiaire habilité, soit encore dans une blockchain (art. R 225-84, al. 2, qui n'envisage l'inscription dans une blockchain qu'en cas d'admission des actions aux opérations d'une infrastructure de marché DLT mais à notre avis transposable à tout cas d'inscription dans une blockchain).

Les questions doivent être **envoyées** au siège social, soit par lettre recommandée AR adressée au président du conseil d'administration ou du directoire, soit par voie de communication électronique à l'adresse indiquée dans la convocation, au plus tard le quatrième jour ouvré précédant la date de l'assemblée générale (art. R 225-84, al. 1). **47610**

L'article R 225-84, al. 1 vise la date d'envoi des questions écrites et non la date de réception de celles-ci. Lorsqu'elles sont envoyées par lettre recommandée, les questions sont donc susceptibles de parvenir au président au dernier moment. La réponse à ces questions incombant non pas au président mais au **conseil** d'administration ou au **directoire,** il est indispensable, à notre avis, de **convoquer** systématiquement cet organe en même temps que l'assemblée afin de lui permettre de prendre parti sur la réponse à donner aux questions écrites qui, bien qu'envoyées dans les délais, seraient reçues tardivement.

CONSEIL

Afin de permettre au conseil d'administration ou au directoire de préparer sa réponse dans des conditions raisonnables, il est conseillé aux actionnaires d'envoyer leurs questions suffisamment en avance afin qu'elles puissent être reçues au plus tard le quatrième jour précédant l'assemblée et de privilégier, en cas d'envoi tardif, la communication électronique.

Aucune limitation n'étant prévue par la loi, les actionnaires peuvent, à notre avis, sous réserve de ne pas **abuser** de ce droit, poser autant de **questions écrites** qu'ils le veulent. Ce droit ne peut pas être utilisé dans un but étranger à l'intérêt social et un actionnaire en abuserait s'il en faisait un usage contraire à sa finalité, qui est de lui permettre de bénéficier de l'information nécessaire pour participer à la vie de la société (T. com. Paris 11-5-2004 n° 03-78521 : RJDA 11/04 n° 1221). **47611**

ILLUSTRATIONS

Un actionnaire a abusé de son droit en le détournant de son objet pour avoir posé de multiples questions dans le but avoué d'obtenir de la société une indemnisation, l'intéressé ayant précisé en outre qu'il cesserait d'exercer ce droit si une solution transactionnelle était trouvée au litige qui l'opposait à la société (T. com. Paris 11-5-2004 précité).

En revanche, l'abus n'est pas caractérisé du seul fait qu'un actionnaire, qui a posé 29 questions, ne détient qu'une faible part du capital (CA Paris 14-2-2006 n° 05-6331 : RJDA 8-9/06 n° 908).

Pour la cour d'appel de Paris, les questions écrites n'ont pas nécessairement à être en **relation avec l'ordre du jour** de l'assemblée puisqu'il ne s'agit pas de délibérer sur des questions inscrites à l'ordre du jour au sens de l'article L 225-105, al. 3, mais de répondre à des questions posées par les actionnaires (CA Paris 19-12-2013 n° 12/22644 : RJDA 4/14 n° 352). Cette interprétation nous paraît discutable. La faculté de poser des questions écrites étant liée à la convocation de l'assemblée et les réponses à la tenue de celle-ci, nous partageons l'opinion communément admise selon laquelle les questions doivent être en rapport avec l'ordre du jour, étant précisé que celui-ci peut s'avérer extrêmement large, notamment lorsqu'il s'agit d'approuver les comptes (voir A. Viandier, Questions écrites des actionnaires : Rev. sociétés 2014 p. 312).

Les **réponses** apportées au cours de l'assemblée aux questions écrites font partie des débats. À ce titre, elles doivent figurer en résumé dans le procès-verbal de l'assemblée (cf. art. R 225-106). En revanche, il n'y a pas lieu, à notre avis, de faire état dans le procès-verbal des questions écrites pour lesquelles la société a usé de la faculté de répondre sur son site internet (n° 47607) lorsque ces questions n'ont pas été évoquées pendant les débats. **47612**

Une retranscription intégrale des questions posées et des réponses apportées n'est pas nécessaire (CA Versailles 14-6-2006 n° 05-7797 : RJDA 5/07 n° 499).

Le **non-respect de l'obligation de répondre** aux questions écrites peut entraîner la responsabilité de la société, peu important que les administrateurs (ou les membres du directoire) puissent par ailleurs engager leur responsabilité à l'égard de la société ou des actionnaires : voir n° 4520. Par ailleurs, les assemblées tenues à compter du 1er octobre 2025 peuvent être annulées si le juge considère que les dispositions relatives aux questions écrites des actionnaires sont des dispositions impératives de droit des sociétés (C. civ. art. 1844-10, al. 3 modifié, à compter du 1-10-2025, par ord. 2025-229 du 12-3-2025 ; Ord. 2025-229 art. 70). **47613**

A. Débats de l'assemblée

LIMITATION DES DÉBATS AUX QUESTIONS FIGURANT À L'ORDRE DU JOUR

47620 L'assemblée ne peut délibérer que sur les questions figurant à l'ordre du jour (art. L 225-105, al. 3). Toute **décision prise contrairement à cette règle** peut être annulée (art. L 225-121).

47622 L'assemblée peut, en toutes circonstances, **révoquer** un ou plusieurs administrateurs ou membres du conseil de surveillance et procéder à leur remplacement (art. L 225-105, al. 3).

L'exercice de ce pouvoir de révocation par l'assemblée n'est donc subordonné à aucune mention dans l'ordre du jour. Il n'est même pas nécessaire que la révocation ait un caractère imprévu et urgent. Toutefois, le fait pour un actionnaire majoritaire de s'abstenir de demander l'inscription à l'ordre du jour de la révocation d'un administrateur alors que cette révocation est largement préméditée est susceptible d'engager sa responsabilité pour abus de droit (Cass. com. 19-12-1983 : Rev. sociétés 1985 p. 105).

Le mandat donné par un actionnaire pour être représenté à une assemblée porte, sauf instruction contraire de sa part, sur l'exercice de ce pouvoir de révocation (Cass. com. 1-7-2008 n° 06-19.020 : RJDA 10/08 n° 1040).

Bien que l'article L 225-105 ne vise pas la révocation des membres du directoire, l'exception qu'il institue est applicable à cette révocation (CA Paris 17-1-2003 n° 02-3317 : RJDA 6/03 n° 606).

Il a été jugé que le régime de la démission des administrateurs est identique à celui de leur révocation, de sorte que l'assemblée peut valablement **remplacer** un administrateur qui a brutalement démissionné en cours de réunion, même si ce remplacement n'a pas été inscrit à l'ordre du jour (CA Rouen 16-6-1983 : BRDA 21/83 p. 10).

47624 Le pouvoir de l'assemblée n'est pas limité à l'approbation ou au rejet des projets de résolution qui lui sont soumis. Elle peut, à l'initiative de certains actionnaires, les modifier en tout ou en partie et donc adopter des **amendements** à ces projets.

ILLUSTRATIONS

Les actionnaires réunis en assemblée générale ayant pour ordre du jour la désignation d'administrateurs peuvent valablement modifier le nombre de ceux-ci (Cass. com. 20-2-2007 n° 05-19.465 : RJDA 8-9/07 n° 860).

Une assemblée appelée à se prononcer sur un projet de fusion n'excède pas ses pouvoirs en approuvant l'opération après avoir modifié le projet arrêté par l'organe de direction (Cass. com. 6-10-2015 n° 14-11.680 : RJDA 12/15 n° 832).

L'assemblée peut aussi adopter des **résolutions supplémentaires** pourvu que les questions traitées résultent naturellement de celles qui sont inscrites à l'ordre du jour, c'est-à-dire des questions qui sont la conséquence directe d'un sujet inscrit à l'ordre du jour et qui n'abordent aucun problème nouveau (Cass. com. 25-4-1989 : Bull. Joly 1989 p. 531 note M. Jeantin, à propos d'une SARL mais transposable ; théorie de l'ordre du jour implicite : voir n° 32346). En revanche, un point inscrit à l'ordre du jour sur le même sujet ne suffit pas à permettre l'adoption de telles résolutions (en ce sens, Communication Ansa, comité juridique n° 23-024 du 3-5-2023).

› Précisions **a.** Sur le **pouvoir de l'assemblée de modifier les résolutions proposées,** d'une part, en ce qui concerne l'approbation des comptes sociaux, voir Rép. Arnaud : AN 5-4-1972 n° 22639 et, d'autre part, en ce qui concerne la nomination des administrateurs, voir Rép. Stehlin : AN 27-1-1973 n° 27249.

b. Pour l'AMF (Rapport AMF 2023 sur le gouvernement d'entreprise et la rémunération des dirigeants des sociétés cotées du 14-12-2023 p. 57 s.), le **retrait en séance d'un projet de résolution** inscrit à l'ordre du jour est susceptible de porter atteinte au principe de fixité de l'ordre du jour et à la bonne information des actionnaires, lesquels peuvent avoir pris en compte le contenu de l'ordre du jour dans leurs *décisions* d'investissement ou dans leurs intentions ou décisions de vote (éventuellement déjà exprimées, dans le cadre d'un vote à distance préalable à l'assemblée ou d'un vote par procuration) en se fondant sur l'économie générale des résolutions proposées ; elle relève par ailleurs que, compte tenu des votes préalables à l'assemblée, le projet de résolution retiré peut avoir déjà recueilli la majorité des votes exprimés ; l'adoption par les actionnaires d'un « amendement de retrait » est en conséquence la solution à privilégier. Le Haut Comité juridique de la place financière de Paris, saisi par l'AMF, considère que le vote d'un amendement de retrait est compromis en cas de recours massif aux formulaires de vote par correspondance, lesquels prévoient par défaut un vote contre les résolutions nouvelles ; le Haut Comité ne conclut pas à la licéité de principe du retrait (Rapport HCJP sur le retrait d'un projet de résolution inscrit à l'ordre du jour d'une assemblée générale du 6-12-2024).

c. Sur la possibilité pour les actionnaires d'une **SA soumise au « say on pay »** de ne pas statuer sur le vote ex post inscrit à l'ordre du jour si la société est **radiée de la cote** juste avant l'assemblée, voir n° 53125.

PARTICIPATION DES ACTIONNAIRES AUX DÉBATS

Tout actionnaire, ou son représentant, peut participer aux débats et formuler des observations ou solliciter des renseignements complémentaires sur les documents présentés à l'assemblée et sur le texte des résolutions proposées. 47626

> **Précisions** Afin de coordonner les débats, l'**AMF recommande** aux sociétés d'organiser le déroulement de l'assemblée de manière à **traiter ensemble** les débats relatifs aux points et aux projets de résolution afférents à un **même sujet** et que le choix des actionnaires demandant la parole pour poser une question au cours des assemblées générales soit impartial (Recommandation AMF 2012-05, propositions nos 1.4 et 2.12).

CRITIQUES À L'ENCONTRE DES DIRIGEANTS LORS DES DÉBATS

Les actionnaires peuvent, au cours des débats, prendre position sur la conduite à tenir face aux problèmes de la société et critiquer l'action des dirigeants mais ces critiques deviennent fautives lorsqu'elles visent la personne plutôt que l'action de ceux-ci et peuvent alors constituer un **dénigrement** ouvrant droit à réparation (CA Paris 25-10-2002 no 01-22277 : RJDA 4/03 no 385). 47635

Par ailleurs, lorsqu'elles portent atteinte à l'honneur et à la réputation des dirigeants, les critiques peuvent constituer une **diffamation** (Cass. crim. 27-5-1975 no 74-90.058 : Bull. crim. no 134).

ILLUSTRATIONS

Ne sont pas diffamatoires les propos tenus par un actionnaire minoritaire qui s'oppose aux dirigeants représentant l'actionnaire majoritaire au sujet de la conclusion par la société d'un contrat avec une société tierce, propos faisant notamment état de monumentales erreurs de gestion, de l'incompétence du président et de carences notables du conseil d'administration et évoquant une collusion entre ceux-ci et la société tierce, car ces propos, replacés dans leur contexte, se bornent à dénoncer les anomalies de gestion de la société en termes véhéments et n'excèdent pas le droit de libre critique d'un actionnaire minoritaire sur un acte de gestion (Cass. 2e civ. 13-5-2004 no 790 : RJDA 10/04 no 1122).

La diffamation n'est pénalement sanctionnée (Loi du 29-7-1881 art. 32) que si les débats ont eu un caractère public. 47636

ILLUSTRATIONS

La circulaire envoyée sous pli fermé aux sociétaires convoqués pour l'assemblée générale d'une société coopérative ne présente pas le caractère de publicité prévu par la loi du 29 juillet 1881 (Cass. crim. 1-12-1971 : Gaz. Pal. 1972 I p. 182).

En revanche, ce caractère public est établi lorsqu'il est prouvé qu'une personne étrangère à un groupement a reçu une circulaire destinée aux adhérents de ce groupement (Cass. crim. 15-7-1981 : Bull. crim. no 232).

La **réunion d'une assemblée** a, en principe, un **caractère privé** (CA Paris 31-3-1908 : Rev. sociétés 1909 p. 108). Elle ne perd pas ce caractère lorsque sont présents dans la salle de séance des employés de la société ayant mission de veiller au service d'ordre, de recueillir des bulletins de vote ou de prendre des notes pour établir un compte rendu des débats destiné uniquement aux actionnaires (CA Orléans 19-4-1921 : J. soc. 1922 p. 492). 47637

L'assemblée peut prendre le caractère d'une **réunion publique** lorsque des personnes étrangères à la société n'ayant aucun rôle technique ou professionnel à jouer au cours des débats assistent à la réunion, tels des journalistes financiers (Cass. crim. 27-10-1920 : J. soc. 1921 p. 356 et, sur renvoi, CA Orléans 19-4-1921 : J. soc. 1922 p. 492). Les auteurs de propos réputés diffamatoires ne sont toutefois pénalement punissables que s'ils ont eu connaissance de la présence dans la salle des personnes étrangères à la société (CA Orléans 19-4-1921 précité et, sur pourvoi, Cass. crim. 29-12-1921 : J. soc. 1922 p. 490). Il n'y a pas lieu de s'arrêter aux conditions dans lesquelles les personnes étrangères ont pu pénétrer dans les locaux où se tient la réunion (cf. Cass. crim. 4-12-1973 : Bull. crim. no 448).

ATTENTION

Dans les sociétés dont les actions sont admises aux négociations sur un marché réglementé, la retransmission en direct et l'enregistrement des assemblées générales (nos 47640 et 47988) pourraient, selon nous, être considérés comme donnant un caractère public aux débats.

Il a été jugé que le délit n'est constitué que si les propos diffamatoires ont été **étrangers à l'objet de la réunion** (CA Montpellier 31-3-1966 : Gaz. Pal. 1966 I p. 421). 47638

L'action publique comme l'action civile sont **prescrites** trois mois après le jour où les propos diffamatoires ont été tenus (cf. Loi du 29-7-1881 art. 65).

ATTENTION

Même dans le cas où les débats n'ont **pas** eu un **caractère public,** la diffamation peut constituer un quasi-délit et servir de base à une **action civile en dommages-intérêts** (Cass. req. 2-12-1946 : D. 1947 p. 110 ; Cass. 2e civ. 13-5-2004 no 790 : RJDA 10/04 no 1122, analysé no 47635).

RETRANSMISSION EN DIRECT DE L'ASSEMBLÉE

47640 Les sociétés dont les actions sont admises aux négociations sur un marché réglementé doivent retransmettre en direct et sous une forme audiovisuelle l'**intégralité** de leurs **assemblées** d'actionnaires, sauf lorsque des raisons techniques rendent impossibles ou perturbent gravement une telle retransmission (art. L 22-10-38-1 issu de loi 2024-537 du 13-6-2024 et art. R 22-10-29-1 issu du décret 2024-904 du 8-10-2024).

ATTENTION

La retransmission en direct de l'assemblée ne doit pas être **confondue** avec la faculté des actionnaires d'y **participer par un moyen de télécommunication** (telle la visioconférence). Dans ce dernier cas, en effet, les actionnaires sont réputés présents pour le calcul du quorum et de la majorité, ils doivent pouvoir être identifiés et leur voix transmise (nos 47460 s.), ce qui n'est pas le cas de la retransmission en direct.

Sur la possibilité pour les sociétés de **limiter** l'accès à la retransmission en direct aux **seuls actionnaires**, mais le caractère inopportun d'une telle mesure, les conseils pour respecter les **données personnelles** des personnes intervenant à l'assemblée et une réflexion sur les **sanctions** en cas de non-respect de l'obligation de retransmettre en direct l'assemblée, voir F. Gilbert, La captation des assemblées générales de sociétés cotées peut-elle être réservée aux actionnaires ? : BRDA 14/25 inf. 29.

B. Vote des résolutions de l'assemblée

1. LE DROIT DE VOTE

a. Voter, une prérogative essentielle de l'actionnaire

47690 Le droit de vote est une prérogative essentielle de l'actionnaire que celui-ci est libre d'exercer : voir nos 7670 s.

Un ou plusieurs actionnaires peuvent s'engager par avance à voter dans un sens déterminé ou à ne pas participer au vote. La validité des conventions de vote est soumise aux conditions exposées nos 7740 s.

47692 Par exception au principe de liberté d'exercice du droit de vote, l'exercice de ce droit par les **sociétés de gestion de portefeuille** (à l'exception de certaines d'entre elles) pour les actions détenues par les organismes de placement collectif et les fonds d'investissement qu'elles gèrent est encadré. Ces sociétés doivent en effet élaborer et publier une **politique d'engagement actionnarial** décrivant la manière dont elles intègrent leur rôle d'actionnaire dans leur stratégie d'investissement (C. mon. fin. art. L 533-22, I-al. 1). Cette politique d'engagement actionnarial décrit notamment la manière dont est assuré l'exercice des droits de vote et des autres droits attachés aux actions (C. mon. fin. art. R 533-16, I-3o) ; les sociétés de gestion de portefeuille sont tenues d'exercer ces droits dans l'**intérêt exclusif des actionnaires** des organismes et fonds qu'elles gèrent (art. R 533-16, I-dernier al.).

› **Précisions** **a.** Le droit de vote ne peut pas être exercé de façon discrétionnaire et les tribunaux tempèrent la liberté du vote par l'application de la notion d'**abus de droit** : voir nos 7790 s. En outre, les actionnaires engagent leur responsabilité personnelle en exerçant leur droit de vote si, ce faisant, ils commettent une **faute** intentionnelle d'une particulière gravité : voir no 7850.
b. Sur l'exercice du droit de vote sur les actions **indivises,** grevées d'**usufruit, saisies,** données en **nantissement, litigieuses** ou placées sous **séquestre,** voir nos 7545 s. Sur le cas des actions **louées,** voir no 20041.

SUPPRESSION DU DROIT DE VOTE DE L'ACTIONNAIRE

47693 *Le principe* fondamental selon lequel tout actionnaire a le droit de voter aux assemblées générales comporte quelques exceptions.
La principale résulte de la possibilité pour les sociétés de créer, sous certaines conditions, des **actions de préférence,** assorties de droits particuliers de toute nature, dont le droit de vote peut être aménagé, suspendu ou supprimé.

Par ailleurs, dans certains cas, l'actionnaire est privé du droit de vote pour toutes les assemblées, quels que soient leur nature (assemblées ordinaires, extraordinaires ou spéciales) et leur objet : 47694

– **actions émises en violation des règles de constitution** de la société (art. L 225-11-1 et L 225-16-1) ou de certaines des règles sur les **augmentations de capital** (art. L 225-150) ;

– **actions non libérées** des versements exigibles (art. L 228-29 et R 228-26) ;

– **actions au porteur** non converties au nominatif malgré la radiation de la cote (C. mon. fin. art. L 212-3, II) ;

– **actions qui doivent être aliénées** en application des dispositions légales limitant les participations croisées (art. L 233-29 et L 233-30) ;

– **achat par la société de ses** propres **actions** (art. L 225-210, al. 4 et L 225-111) ;

– **actions d'autocontrôle** (art. L 233-31) ;

– **actions** admises aux négociations sur un marché réglementé **détenues par les dirigeants,** leurs conjoints ou leurs enfants mineurs sans avoir été mises au nominatif ou déposées auprès d'un teneur de compte conservateur d'instruments financiers (art. L 225-109) ;

– **actions acquises** sans que soient respectées les règles relatives au dépôt obligatoire d'une **offre publique d'achat** ou d'échange (C. mon. fin. art. L 433-3, I) ;

– **actions excédentaires** en cas de **caducité d'une offre publique** obligatoire (C. mon. fin. art. L 433-1-2) ;

– **actions de la société cible** d'au moins 50 salariés détenues par l'initiateur d'une offre publique qui n'aurait pas déféré à la convocation du comité social et économique de cette société pour présenter son projet (C. trav. art. L 2312-48) ;

– **actions excédentaires** en cas de **franchissement de seuil** non déclaré à la société, en cas d'absence d'actualisation de la déclaration de franchissement ou en cas d'absence de déclaration d'intention (art. L 233-14) ;

– **actions détenues au titre d'une** ou de plusieurs opérations de **cession temporaire** sans que soient respectées les obligations de déclaration de ces opérations (art. L 22-10-48, II modifié par ord. 2025-230 du 12-3-2025) ;

– **actions détenues par des actionnaires non résidents** sans que soient respectées les règles relatives à l'identification de ces actionnaires (art. L 228-3-2, al. 3 et L 228-3-3) ;

– **actions** des dirigeants **de sociétés soumises à une procédure collective** frappés de faillite personnelle ou d'interdiction de gérer, un mandataire de justice désigné à cet effet votant à sa place (art. L 653-9, al. 1) ; par ailleurs, le tribunal peut, lorsque la société fait l'objet d'une procédure de redressement judiciaire et que son redressement le requiert, décider que le droit de vote attaché aux actions détenues par un ou plusieurs dirigeants sociaux sera exercé, pendant une durée déterminée, par un mandataire de justice désigné à cet effet (art. L 631-19-1, al. 2) ; de même, lorsque la cessation d'activité d'une entreprise d'au moins 150 salariés est de nature à causer un trouble grave à l'économie et au bassin d'emploi et qu'une augmentation de capital apparaît comme la seule solution permettant la poursuite de l'activité, le tribunal peut, à la demande de l'administrateur judiciaire ou du ministère public et à l'issue d'un délai de trois mois après le jugement d'ouverture, désigner un mandataire chargé de convoquer l'assemblée et de voter l'augmentation de capital à hauteur du montant prévu par le plan en lieu et place des actionnaires ayant refusé la modification de capital (art. L 631-19-2, 1°) ;

– **actions appartenant à une personne en** état de **liquidation judiciaire** ; en effet, lorsqu'une personne, physique ou morale, se trouve en état de liquidation judiciaire, elle est dessaisie, au profit du liquidateur, de l'administration et de la disposition de ses biens composant le patrimoine engagé par l'activité professionnelle (art. L 641-9, I-al. 1). Il s'ensuit que, si parmi ces biens figurent des actions, les droits qui y sont attachés, et notamment le droit de vote, sont exercés pendant toute la durée de la liquidation judiciaire par le liquidateur ;

– ***actions appartenant à une fondation d'entreprise*** (c'est-à-dire une personne morale à but non lucratif créée par des sociétés civiles ou commerciales, des établissements publics à caractère industriel ou commercial, des coopératives, des institutions de prévoyance ou des mutuelles en vue de la réalisation d'une œuvre d'intérêt général) ; une fondation d'entreprise qui détient des actions des sociétés fondatrices ou de sociétés contrôlées par elles ne peut pas exercer les droits de vote attachés à ces actions (Loi 87-571 du 23-7-1987 art. 19 et 19-3).

Dans les cas analysés ci-dessous, l'actionnaire n'est exclu du vote que pour certaines résolutions en raison de l'intérêt personnel qu'il a de les voir adopter : 47695

– les **apporteurs en nature** et les **bénéficiaires d'avantages particuliers** ne peuvent pas participer au vote des résolutions les concernant (art. L 225-10) ;

– en cas d'**acquisition** par la société, dans les deux ans de son immatriculation, d'un **bien appartenant à l'un de ses actionnaires,** l'actionnaire vendeur est privé du droit de vote en ce qui concerne la résolution relative à l'évaluation de ce bien (art. L 225-101, al. 2) ;
– lorsqu'une **convention réglementée** est soumise à l'approbation de l'assemblée générale, la personne directement ou indirectement intéressée à cette convention ne peut pas participer au vote (art. L 225-40, al. 4 et L 225-88, al. 4) ;
– en cas d'**augmentation de capital en numéraire avec suppression du droit préférentiel** de souscription au bénéfice d'une ou plusieurs personnes nommément désignées, celles-ci ne peuvent pas prendre part au vote (art. L 225-138, I-al. 1) ;
– en cas de renouvellement de la durée d'**actions de préférence à droit de vote aménagé** dans le cadre d'une **introduction en bourse** (faculté qui ne sera ouverte qu'à compter d'un décret à paraître), leurs titulaires ne pourront pas prendre part au vote, à moins que tous les actionnaires en détiennent (art. L 22-10-46-1, II issu de loi 2024-537 du 13-6-2024).

47697 En cas de manquement aux prescriptions du ministre de l'économie sur les **prises de participations** directes ou indirectes **dans des établissements de crédit,** ainsi que dans des **établissements financiers** détenant directement ou indirectement un pouvoir de contrôle effectif sur un ou plusieurs établissements de crédit, le procureur de la République, l'ACPR ou tout actionnaire peut demander en justice que l'exercice des droits de vote attachés aux actions d'établissements de crédit ou d'établissements financiers détenues irrégulièrement, directement ou indirectement, soit suspendu jusqu'à régularisation de la situation (C. mon. fin. art. L 611-2).

Des dispositions analogues sont prévues en ce qui concerne les prises de participation **dans des entreprises d'assurance** (cf. C. ass. art. L 322-4).

› Précisions a. Pour l'application de l'article L 611-2 du Code monétaire et financier, un « **établissement financier** » désigne une entreprise, autre qu'un établissement, dont l'activité principale consiste à prendre des participations ou à exercer une ou plusieurs activités (prêts crédits-bails, services de paiement, transactions sur les valeurs mobilières, gestion de patrimoine, etc.), y compris notamment une compagnie financière holding, une compagnie financière holding mixte, un établissement de paiement et une société de gestion de portefeuille (C. mon. fin. art. L 511-21, 4).

b. Aucune sanction n'est encourue en cas de manquement aux prescriptions du ministre sur les prises de participation directes ou indirectes dans des **sociétés de financement** ainsi que dans des établissements financiers détenant directement ou indirectement un pouvoir de contrôle effectif sur une ou plusieurs sociétés de financement (cf. C. mon. fin. art. L 611-1).

c. Sous le régime antérieur à la dématérialisation des valeurs mobilières, les actionnaires pouvaient aussi être exclus du vote lorsque, à la suite d'opérations régulièrement décidées par l'assemblée générale extraordinaire entraînant **échange des titres** anciens contre de nouveaux titres (par exemple, réduction de capital, regroupement ou division d'actions), ils n'avaient pas procédé à cet échange à l'expiration du délai fixé par l'assemblée. Depuis que les actions sont dématérialisées, cette sanction ne peut, nous semble-t-il, s'appliquer qu'aux droits formant rompus et aux titres au porteur pour lesquels les intermédiaires habilités n'auraient pas demandé l'échange. Cette exclusion ne saurait, en revanche, frapper les titulaires d'actions nominatives ne formant pas rompus. Chargée de tenir les comptes de ses actionnaires nominatifs (C. mon. fin. art. R 211-2), la société doit accomplir les diligences nécessaires à la tenue régulière de ces comptes. Elle doit donc procéder automatiquement aux échanges (en pratique, apurement des anciens comptes et ouverture de nouveaux comptes) et adresser à chaque actionnaire ou, s'il s'agit de comptes nominatifs administrés, aux établissements administrateurs, une attestation d'inscription indiquant le nouveau nombre d'actions attribuées à l'intéressé et, s'il existe des rompus, demander de procéder aux achats ou aux ventes nécessaires pour éliminer ces rompus. La société est tenue des mêmes obligations si, au lieu d'être inscrites en compte, les actions nominatives sont inscrites dans une blockchain.

d. Dans les SA constituées pour l'exercice d'une **profession libérale** juridique ou judiciaire et dans les sociétés d'exercice libéral à forme anonyme (Selafa), seuls les professionnels exerçant au sein de la société peuvent prendre part aux délibérations sur les conventions relatives aux conditions dans lesquelles ils exercent leur profession au sein de la société : voir n° 52505.

b. Nombre de voix des actionnaires

PRINCIPE

47710 En principe, le nombre de voix attachées aux actions est proportionnel à la quotité de capital qu'elles représentent (ou, ce qui revient au même, à leur valeur nominale) et chaque action donne droit à une voix au moins (principe de proportionnalité et d'effectivité : art. L 225-122).

La règle ainsi formulée dite « à capital égal, vote égal » s'applique à **toutes les actions,** qu'elles soient de capital, de jouissance ou partiellement amorties et qu'elles soient entièrement ou partiellement libérées (pour autant que les appels de fonds aient été honorés : n° 67963).

La règle est édictée **sous réserve** des dispositions des articles L 225-10 (avantages particuliers : nº 48592), L 225-123, L 225-124 et L 22-10-46 (droit de vote double : nºs 47717 s.), L 22-10-46-1 issu de la loi 2024-537 du 13 juin 2024 (actions de préférence à droit de vote aménagé dans le cadre d'une introduction en bourse : nºs 67785 s.), L 225-125 et L 22-10-47 (limitation des voix : nºs 47711 s.) et L 22-10-48 (cession temporaire d'actions : nº 66309) (art. L 225-122, I modifié par loi 2024-537). Elle est aussi édictée sous réserve de l'article L 228-11 sur les actions de préférence (nºs 67783 s.), en vertu du principe selon lequel la règle spéciale déroge à la règle générale.

S'il existe des **actions de valeurs nominales différentes,** la détermination du nombre de voix attachées aux actions de chaque catégorie doit se faire sur la base des titres ayant la plus faible valeur nominale, ces actions donnant droit à une voix au moins. Par exemple, s'il existe des actions de 75 € et des actions de 100 €, les premières donneront droit à trois voix et les secondes à quatre voix.

Contrairement au régime applicable aux réunions du conseil d'administration ou du conseil de surveillance, il ne peut pas être stipulé dans les statuts que le président de séance aura voix prépondérante en cas de **partage des voix.** Une telle clause est réputée non écrite car elle aboutit à donner au président un nombre de voix qui n'est pas – comme c'est obligatoire – proportionnel à la quotité du capital que ses actions représentent (art. L 225-122, I).

LIMITATION DU NOMBRE DE VOIX DES ACTIONNAIRES

Afin d'assurer la protection des petits actionnaires, la loi autorise les **statuts** à limiter le nombre de voix dont peut disposer chaque actionnaire (art. L 225-125). Une clause de cette nature permet en effet de limiter l'influence des gros porteurs d'actions aux assemblées. 47711

Bien que le texte ne le prévoie pas expressément, la limitation statutaire peut, à notre avis, être introduite **en cours de vie sociale** par décision collective extraordinaire des actionnaires.

Modalités La clause limitative doit **fixer** le **nombre maximal** de voix dont jouissent les actionnaires. La loi n'imposant aucun chiffre, les statuts peuvent fixer librement le plafond de voix qui devra être respecté et selon différentes modalités. Ils peuvent limiter les voix à un nombre déterminé (10, 30, 100, etc.) ou à un pourcentage déterminé du nombre total des droits de vote ou encore accorder aux actionnaires un nombre de voix proportionnellement décroissant (par exemple, 10 voix pour les 10 premières actions, une voix supplémentaire de 10 à 20 actions, une autre voix de 20 à 50 et ainsi de suite) ; ils peuvent convenir aussi qu'un actionnaire ne sera pas admis à voter avec un nombre supérieur à une quotité déterminée des voix attachées aux actions présentes ou représentées à l'assemblée. 47712

La limitation du nombre de voix peut être prévue pour toute **assemblée,** quelle que soit sa **nature,** l'article L 225-125 visant « les assemblées » sans qualification particulière. Mais rien ne paraît interdire de distinguer entre les assemblées et de limiter le nombre de voix seulement dans les assemblées ordinaires, ou seulement dans les assemblées extraordinaires, ou encore seulement dans certaines assemblées ayant à statuer sur un objet déterminé. 47713

Cette limitation peut aussi avoir un caractère permanent ou ne s'appliquer que pendant une **durée** déterminée.

Selon l'article L 225-125, la limitation doit être imposée à toutes les **actions** sans distinction de **catégorie** (principe de plafonnement). Ce texte vise notamment le cas où il existerait des **actions de préférence** émises avant le 24 mai 2019 ou admises aux négociations sur un marché réglementé ou sur un SMN (nºs 67783 s.).

À notre avis, les dispositions de l'article L 225-125 sont également applicables si des actions de valeurs nominales différentes ont été créées par la société.

La limitation doit concerner les voix dont dispose « chaque actionnaire » et non pas « *chaque* membre de l'assemblée ». Par suite, **lorsqu'un actionnaire vote** à la fois en son nom personnel et **comme mandataire,** il convient, à notre avis, d'ajouter au nombre maximal des voix dont il dispose à titre personnel le nombre maximal des voix de chaque actionnaire qu'il représente et il nous paraît douteux que l'on puisse insérer une clause contraire dans les statuts. 47714

Admettre le contraire pourrait aboutir à ce qu'un actionnaire désirant se faire représenter à l'assemblée par un autre actionnaire pourrait se trouver privé de cette faculté que lui reconnaît, nonobstant toutes clauses contraires, l'article L 225-106, I dès lors qu'il ne parviendrait pas à trouver un autre actionnaire détenant un nombre de voix inférieur au maximum statutaire et qui serait disposé à voter dans le même sens que lui, surtout s'il désapprouve les résolutions proposées par le conseil puisqu'il ne pourrait alors se conformer aux dispositions de l'article L 225-106, III-al. 5 qui lui prescrivent, dans ce cas, de « faire choix d'un mandataire qui accepte de voter dans le sens indiqué par le mandant ». Dans les sociétés dans lesquelles un actionnaire peut se faire représenter par toute personne de son choix (nº 46930), ce choix pourrait se trouver limité si la personne pressentie a déjà reçu des mandats lui donnant un nombre de voix atteignant le maximum statutaire, alors que la loi n'a pas prévu de restriction. Cette solution se heurterait par ailleurs à la volonté du législateur qui, en faisant état des voix de chaque « actionnaire » et non plus de chaque « membre de l'assemblée » (comme le prévoyait l'article 1, al. 4 de la loi du 13-11-1933 autrefois applicable), a entendu faire prévaloir l'interprétation selon laquelle la limitation statutaire du nombre de voix doit s'appliquer à chaque actionnaire, qu'il soit présent ou représenté (voir Rapport M. Le Douarec : AN nº 1368 t. 2 p. 130 ; Rapport M. Dailly : Sén. nº 81 t. 2 p. 204). Il ne peut donc être exclu que, compte tenu de l'hésitation sur le sens exact des dispositions concernant les limitations de voix des actionnaires représentés, le juge fasse prévaloir cette volonté du législateur.

47715 La clause limitative ne peut porter que sur le nombre de voix dont disposent les actionnaires. Elle ne saurait concerner les actionnaires eux-mêmes. Par suite, doit être réputée non écrite (cf. art. L 225-122, I), nous semble-t-il, toute clause prévoyant, par exemple, que si des actions appartiennent à des **personnes faisant partie d'un même groupe ou agissant de concert** au sens de l'article L 233-10, il sera fait masse de toutes ces actions, lesquelles seront, pour la limitation du nombre de voix, réputées appartenir à un seul actionnaire. En effet, l'article L 225-125 constitue une dérogation au principe d'ordre public affirmé par l'article L 225-122 selon lequel le droit de vote attaché aux actions est obligatoirement proportionnel à la quotité du capital qu'elles représentent. Comme toute dérogation, il doit être interprété restrictivement. On observera d'ailleurs qu'à propos d'une disposition voisine – celle interdisant à toute société qui détient au moins 10 % du capital d'une société ayant émis des obligations de participer aux assemblées d'obligataires (art. L 228-61, al. 7) – la Cour de cassation a jugé que **seule la détention directe d'actions** doit être prise en compte (Cass. com. 13-6-1995 : RJDA 7/95 nº 856). Par suite, sauf cas de fraude, on ne saurait, en l'absence de texte prévoyant une telle extension, appliquer aux **filiales** d'une société l'interdiction de voter frappant cette société.

Sur le sort des **clauses limitant le nombre de voix** lorsque la société fait l'objet d'une **offre publique,** voir nºs 65550 s.

47716 **Publicité** Les dispositions statutaires limitant le nombre de voix dans les assemblées doivent faire l'objet d'une publicité. En effet, l'article R 210-4 énumérant les mentions que doit contenir l'avis de constitution d'une société dans un support d'annonces légales prévoit l'indication des conditions d'exercice du droit de vote (al. 13). De même, si cette limitation intervient en cours de société, la modification correspondante des statuts doit être publiée (art. R 210-9). L'acte modifiant les statuts doit en outre être déposé au greffe du tribunal de commerce, par l'intermédiaire du guichet unique électronique des formalités d'entreprises, pour être annexé au RCS et au RNE (art. R 123-103, R 123-105 et R 123-266, 2º). En revanche, aucune mention particulière à cet égard ne doit figurer sur les formules d'immatriculation de la société au RCS ou au RNE.

AUGMENTATION DU NOMBRE DE VOIX DES ACTIONNAIRES

47717 Un droit de vote double est attaché à toutes les actions nominatives entièrement libérées, inscrites au nom d'un même titulaire depuis deux ans au moins, dans les cas suivants :
– dans les SA dont les actions sont admises aux négociations sur un marché réglementé, sauf clause contraire des statuts adoptée après le 29 mars 2014 (date de la loi 2014-384 ayant institué cette règle ; art. L 22-10-46) ;
– dans les autres SA si les statuts l'attribuent (art. L 225-123, al. 1).

Le droit de vote double ne peut être attaché qu'aux **actions remplissant** cumulativement les deux **conditions** suivantes :
– être nominatives ;
– être entièrement libérées.

Dans les **SA dont les actions sont admises aux négociations sur un marché réglementé,** le droit de vote double ne peut être écarté que par une décision de l'assemblée générale extraordinaire prise à la majorité des deux tiers des voix. Dans les **autres SA,** une minorité de blocage d'un tiers des voix plus une suffit pour faire obstacle à l'adoption de la clause instaurant un tel droit.

> **Précisions** **a.** Si une **société dont les actions sont admises aux négociations sur un marché réglementé** souhaite **rejeter le droit de vote double** accordé de plein droit par la loi, l'assemblée générale extraordinaire ne peut le supprimer qu'avec l'autorisation d'une **assemblée spéciale** des titulaires du droit de vote double (art. L 225-99, al. 2).
> **b.** Il n'est pas possible de réserver le droit de vote double aux actionnaires de nationalité française et aux ressortissants d'un État membre de l'UE ou d'un État partie à l'accord sur l'EEE, la loi 2014-384 ayant supprimé, au nom du respect du principe d'égalité, la clause de nationalité qui offrait cette faculté. En conséquence, sont caduques les **clauses de nationalité** figurant encore dans les statuts des sociétés.
> **c.** Sur le droit de vote double ou multiple attaché aux **actions de préférence,** voir n°s 67781 s.
> **d.** Lorsque le droit de vote multiple attaché aux **actions de préférence à droit de vote aménagé créées dans le cadre d'une introduction en bourse** est neutralisé, ces actions bénéficient du droit de vote double des articles L 225-123 et L 22-10-46 si elles remplissent les conditions requises (n° 67790) ; tel est le cas également lorsque ces actions sont converties en actions ordinaires (n° 67789).
> **e.** Dans les **sociétés d'exercice libéral** à forme anonyme (Selafa) constituées pour l'exercice d'une profession de santé, aucun droit de vote double ne peut être attribué aux actions détenues par des actionnaires autres que les professionnels exerçant leur activité au sein de la société ; les droits de vote double sont attribués à tous les professionnels exerçant leur activité dans la société, les statuts pouvant prévoir une condition d'ancienneté ne pouvant pas dépasser deux ans (Ord. 2023-77 du 8-2-2023 art. 71, al. 1 et 2). Dans les Selafa exerçant une profession juridique ou judiciaire et dans celles exerçant une profession technique et du cadre de vie, ce sont les règles de droit commun qui s'appliquent, de sorte que, si un droit de vote double est prévu par les statuts, il doit bénéficier à tous les actionnaires de la société.

Inscription nominative depuis au moins deux ans Le droit de vote double ne peut être attaché qu'aux actions pour lesquelles il est justifié d'une inscription nominative depuis deux ans au moins au nom d'un même actionnaire (art. L 225-123, al. 2 et L 22-10-46, al. 1). 47718

Toutefois, en cas d'**augmentation du capital par incorporation de réserves, bénéfices ou primes d'émission,** le droit de vote double est accordé (dans les sociétés dont les actions sont admises aux négociations sur un marché réglementé) ou peut l'être (dans les autres sociétés) dès leur émission aux actions nouvelles attribuées gratuitement à un actionnaire en raison d'actions anciennes pour lesquelles il bénéficie déjà de ce droit (art. L 225-123, al. 2 et L 22-10-46, al. 1).

La question se pose alors de savoir quel est le point de départ du délai de deux ans pour les actions gratuites attribuées à un actionnaire dont les actions anciennes sont nominatives depuis moins de deux ans. Les actions nouvelles sont-elles assimilées aux actions anciennes et bénéficient-elles du droit de vote double à la même date que ces dernières ou faut-il attendre un délai de deux ans à compter de la date de l'augmentation de capital ? Les articles L 225-123, al. 2 et L 22-10-46, al. 1 conduisent à penser que, dans l'esprit du législateur, les actions gratuites nouvelles doivent – sous réserve bien entendu qu'elles restent nominatives – suivre le même sort que les actions anciennes auxquelles elles correspondent ; elles donneraient donc ouverture au droit de vote double à la même date que les actions anciennes.

Par ailleurs, si le droit de vote double est **institué pendant le cours de la société,** cette mesure a un effet immédiat. Ainsi, tout actionnaire justifiant d'une inscription nominative depuis deux ans au moins jouit du droit de vote double immédiatement après l'assemblée extraordinaire ayant introduit dans les statuts le privilège dont il s'agit, sans qu'il soit nécessaire d'attendre l'expiration d'un délai de deux ans calculé à partir de la date de cette assemblée.

Dans les **sociétés dont les actions sont admises aux négociations sur un marché réglementé,** les clauses statutaires accordant un droit de vote double qui existaient le 2 avril 2014 (date d'entrée en vigueur de la loi 2014-384 du 29-3-2014) continuent à s'appliquer (Loi 2014-384 art. 7, IV).

De même, une mesure spéciale est prévue **en cas de fusion ou de scission** de la société, que ses actions soient ou non admises aux négociations sur un marché réglementé. Dans ce cas, l'opération « est sans effet sur le droit de vote double qui peut être exercé au sein de la ou des sociétés bénéficiaires, si les actions de celles-ci en bénéficient » (art. L 225-124, al. 2 modifié par loi 2024-364 du 22-4-2024 ; voir aussi art. L 22-10-46). Cette disposition a pour but d'éviter que les actionnaires de la société absorbée ou scindée qui détenaient des actions disposant du droit de vote double n'aient à attendre l'expiration du délai de deux ans visé plus haut pour exercer le droit de vote double attaché aux actions de la société bénéficiaire qui leur sont remises en échange de leurs anciens titres. Les intéressés peuvent ainsi exercer leurs prérogatives immédiatement au sein de la société bénéficiaire. 47719

En cas de fusion entre deux sociétés ayant chacune institué le droit de vote double, l'ancienneté acquise dans la société absorbée doit être prise en compte pour le calcul de celle retenue dans la société absorbante car les actions nouvelles attribuées en échange des actions de la société absorbée viennent au lieu et place de celles-ci et, par suite de cette subrogation réelle, acquièrent les droits qui leur étaient attachés. Les actionnaires qui bénéficiaient du droit de vote double dans la société absorbée conservent ce droit dans la société absorbante même si, les statuts de cette dernière prévoyant un délai de détention des titres plus long que celui fixé dans la société absorbée, ils n'ont pas encore acquis l'ancienneté requise dans la société absorbante. En effet, la loi dispose que la fusion doit être « sans effet » sur l'exercice du droit de vote double si les statuts de la société absorbante ont institué un tel droit. On ne saurait donc imposer une condition de délai supplémentaire que la loi n'a pas prescrite (en ce sens, Communication Ansa mai-juin 1995 nº 2773.7).

En cas de fusion entre deux sociétés dont une seule, la société absorbante, prévoit un droit de vote double, les actionnaires de la société absorbée ne pourront bénéficier de ce droit de vote double immédiatement après la réalisation de la fusion (à supposer qu'ils remplissent les conditions fixées dans les statuts de la société absorbante) que s'ils prennent soin, au plus tard lors de l'assemblée générale extraordinaire appelée à statuer sur la fusion, d'instituer dans leur propre société un droit de vote double. Faute de quoi, ils ne sauraient prétendre au bénéfice de l'article L 225-124, al. 2 et ils devraient attendre l'expiration du délai de détention des titres prévus par les statuts de la société absorbante pour pouvoir, à leur tour, exercer le droit de vote double.

Pour une solution analogue lorsque le droit de vote double n'existe dans aucune des sociétés participant à la fusion et que la société absorbante envisage d'accorder ce droit à la fois à ses actionnaires et à ceux de la société absorbée, voir Bull. COB novembre 1979 p. 5.

Dans le cas où le droit de vote double est institué dans la société bénéficiaire, non au moment de la fusion ou de la scission mais dans les deux ans qui suivent (le problème ne se posant plus après), on ne doit pas, à notre avis, tenir compte de la durée d'inscription nominative dans la société absorbée ou scindée. En effet, la décision d'attribution du droit de vote double ne peut concerner que les actions existant au moment où cette décision est prise.

47721 Le **délai de deux ans** ne concerne que l'inscription nominative des actions. Il ne s'applique **pas** à leur **libération intégrale,** seconde condition requise pour que les actions puissent donner droit de vote double (nº 47717). Il s'ensuit que le droit de vote double bénéficiera, par exemple, à des actions nominatives détenues depuis deux ans mais libérées intégralement peu de temps avant l'expiration de ce délai.

Rien ne s'oppose à ce que les statuts prévoient un **délai de détention supérieur à deux ans** (par exemple, trois ans ou cinq ans) pour l'attribution du droit de vote double, et ce, à notre avis, que le droit de vote double soit d'origine statutaire ou de droit dans les sociétés dont les actions sont admises aux négociations sur un marché réglementé puisque l'article L 22-10-46 prévoit expressément l'éventualité d'une clause contraire (dans le même sens, Communication Ansa nº 14-007 de mars 2014). En effet, l'expression « au moins » figurant dans le texte de l'article L 225-123, al. 1 montre qu'il s'agit d'un délai minimum que les sociétés ne peuvent raccourcir mais qu'elles peuvent allonger (dans le même sens, Rép. Commenay : AN 4-12-1973 nº 5482). Cet alinéa est applicable à toutes les SA, que leurs actions soient ou non admises aux négociations sur un marché réglementé puisque l'article L 22-10-46 y renvoie (dans le même sens, Communication Ansa précitée et C. Vannoote, Que peuvent faire les sociétés cotées après l'instauration d'un droit de vote double légal ? : BRDA 8/14 inf. 25 nº 6).

L'assemblée générale extraordinaire peut **modifier le délai** requis pour l'attribution du droit de vote double. Dans le cas où elle augmente ce délai en le portant, par exemple, de deux ans à cinq ans, les actionnaires qui disposaient déjà du droit de vote double avant la modification des statuts conservent ce droit, aucune décision de l'assemblée ne pouvant porter atteinte aux droits acquis par les actionnaires sans l'accord de ces derniers. La question est plus délicate en ce qui concerne les actionnaires dont les titres revêtaient la forme nominative depuis moins de deux ans à la date de l'assemblée ayant porté la durée du « stage » à cinq ans : pourront-ils se prévaloir du régime applicable au moment de l'inscription de leurs titres sous la forme nominative ou devront-ils attendre l'expiration du nouveau délai statutaire ? À notre avis, le nouveau délai n'est applicable qu'aux actionnaires dont l'inscription nominative est postérieure à la décision de l'assemblée générale extraordinaire ayant fixé ce délai. Au moment de l'inscription nominative de leurs titres, les actionnaires « anciens » ont en effet acquis le droit d'obtenir le vote double à l'expiration du délai en vigueur lors de cette inscription. La modification ultérieure de ce délai ne leur est donc pas opposable.

Exercice du droit de vote double À partir du moment où le droit de vote double est institué, tout actionnaire répondant aux conditions requises peut en bénéficier. Les statuts ne sauraient valablement écarter tel actionnaire ou telle **catégorie d'actionnaires,** y compris des actionnaires de nationalité étrangère. 47722

En principe, le droit de vote double est appelé à jouer à l'occasion de toute assemblée. Mais il semble que les statuts puissent le limiter à une certaine **catégorie d'assemblées,** assemblées ordinaires ou extraordinaires, par exemple.

À notre avis, les actionnaires peuvent individuellement **renoncer,** définitivement ou temporairement, à leur droit de vote double. Toutefois, cette renonciation n'est opposable à la société et aux autres actionnaires que si elle est prévue par les statuts et notifiée à la société dans les conditions fixées par ces derniers. En effet, contrairement au droit de vote simple, le droit de vote double n'est pas un droit essentiel de l'actionnaire mais seulement une mesure de faveur au bénéfice de laquelle le bénéficiaire peut donc renoncer. Cependant, s'agissant d'une décision individuelle qui entraîne une modification des conditions de fonctionnement de la société, la renonciation ne peut être prise en considération par la société et les autres actionnaires que si elle est autorisée par les statuts.

Rien ne s'oppose non plus, à notre avis, à ce que les statuts subordonnent l'exercice du droit de vote double à une **manifestation expresse de volonté** de l'actionnaire au bénéfice de cette mesure (par exemple, une demande notifiée à la société par lettre recommandée).

Publicité Les conditions d'attribution du droit de vote double doivent faire l'objet d'une publicité : 47723

– insertion dans un support d'annonces légales (art. R 210-4 et R 210-9) ;
– dépôt au greffe, par l'intermédiaire du guichet unique électronique des formalités d'entreprises, de la décision instituant le droit de vote double lorsque cette décision intervient au cours de la vie sociale (art. R 123-108) et, le cas échéant, des statuts modifiés, afin qu'ils soient annexés au RCS (art. R 123-105). Ces documents sont également annexés au RNE (art. R 123-266, 2°).

Aucune mention particulière n'est à inscrire au RCS ou au RNE.

Dans les SA dont les actions sont admises aux négociations sur un marché réglementé, la décision d'introduire dans les statuts une clause écartant le droit de vote double doit être déposée au greffe avec les statuts modifiés, pour que ces documents soient annexés au RCS et au RNE (art. R 123-105, R 123-108 et R 123-266, 2°).

Cessation du droit de vote double Le droit de vote double cesse de plein droit lorsque l'**action** est convertie **au porteur** (art. L 225-124, al. 1). 47724

Il cesse également en cas de **transfert des actions** à condition qu'il s'agisse d'un transfert « en propriété » (art. L 225-124, al. 1). Ainsi, un transfert en garantie, un transfert en usufruit ou la mise en location des actions laissent subsister ce droit.

En revanche, si le **nu-propriétaire** des actions **cède** sa nue-propriété **ou** si le **bailleur** cède ses actions, le droit de vote double disparaît, à notre avis, même si l'usufruitier ou le locataire n'a pas changé. En effet, les actions ne confèrent ce droit que dans la mesure où elles sont inscrites au nom d'un même actionnaire pendant deux ans au moins. Or, le nu-propriétaire ou le bailleur ayant, sauf exception, seuls la qualité d'actionnaire (n°s 6100 et 6130) et ayant donc seuls vocation à faire inscrire les actions à leur nom (le nom de l'usufruitier ou du locataire faisant seulement l'objet d'une mention dans l'intitulé), la cession réalisée par le nu-propriétaire ou le bailleur entraîne un changement d'actionnaire et l'inscription d'un nouvel actionnaire. En conséquence, l'usufruitier ou le locataire ne pourront bénéficier du droit de vote double qu'à compter du jour où il sera établi que les actions ont été conservées par le nouveau nu-propriétaire ou le nouveau bailleur pendant le délai requis.

Lorsqu'un **actionnaire,** qui **détient des actions dont certaines donnent droit de vote double et les autres non** en raison d'une détention d'une durée insuffisante, en cède une partie, les **cessions** doivent, à notre avis, être réputées porter, à défaut de précision contraire, en priorité sur les actions acquises le plus récemment car cette imputation est conforme au principe général qui favorise le droit le plus ancien (« prior tempore, potior jure »).

Par dérogation, dans les **sociétés d'exercice libéral** à forme anonyme (Selafa) constituées pour l'exercice d'une **profession de santé,** les actions à droit de vote double transférées ne perdent leur droit de vote double que lorsque le bénéficiaire du transfert n'est pas un professionnel en exercice au sein de la société (Ord. 2023-77 du 8-2-2023 art. 71, al. 3). Dans les Selafa exerçant une profession juridique ou judiciaire et dans celles exerçant une profession technique et du cadre de vie, ce sont les règles de droit commun qui s'appliquent.

47725 Le transfert par suite de **succession,** de **liquidation de communauté** de biens entre époux, ou de **donation** entre vifs au profit d'un conjoint ou d'un parent au degré successible (cf. C. civ. art. 731 s.) ne fait pas perdre le droit acquis et n'interrompt pas le délai de deux ans (art. L 225-124, al. 1).

L'article L 225-124, al. 1 (modifié par loi 2024-364 du 22-4-2024) prévoit qu'il en est de même en cas de transfert des actions à droit de vote double par suite d'une **fusion** ou d'une **scission de la société actionnaire** les détenant ou d'un **apport partiel d'actifs** soumis au régime des scissions par celle-ci, sauf disposition contraire des statuts de la société dans laquelle sont exercés les droits de vote double. Toutefois, l'article L 225-124, al. 3 (modifié par loi 2024-364) prévoit qu'« en cas de fusion, de scission ou d'apport partiel d'actifs soumis au régime des scissions, les droits de vote double dans des sociétés tierces dont bénéficie la société absorbée, la société scindée ou la société qui apporte une partie de son actif comprenant ces droits sont maintenus au profit de la société absorbante ou de la société bénéficiaire de la scission ou de l'apport partiel d'actifs ou, le cas échéant, au profit de la société nouvelle résultant de l'opération ». Force est de reconnaître que les alinéas 1 et 3 de l'article L 225-124 règlent la même situation de la même manière, à deux nuances près :
– l'exception posée par l'alinéa 1 vise le maintien du droit de vote double acquis et la non-interruption du délai de deux ans, alors que celle de l'alinéa 3 ne vise que le maintien du droit de vote double acquis ;
– l'alinéa 1 prévoit la possibilité pour la société émettrice des actions à droit de vote double d'écarter par voie statutaire le transfert automatique du droit de vote double en cas de fusion, scission ou apport partiel d'actifs (ou le transfert du bénéfice de la fraction du délai de deux ans qui s'est écoulée avant l'opération), alors que l'alinéa 3 ne prévoit pas cette dérogation.

Comment combiner ces deux alinéas ? S'il était possible, auparavant, de raisonner en fonction de la date d'introduction de ces alinéas dans le Code de commerce – l'alinéa 3, plus récent, pouvait prévaloir sur l'alinéa 1 –, cet argument ne peut plus jouer depuis la modification de ces alinéas par la loi 2024-364. Néanmoins, il nous semble que l'actionnaire dont les droits de vote double acquis n'auraient pas été transférés par application d'une clause des statuts de la société émettrice pourrait tenter d'obtenir la nullité des délibérations adoptées au mépris de l'article L 225-124, al. 3, sur le fondement de l'article L 235-2-1 pour celles adoptées avant le 1er octobre 2025 ou de l'article 1844-10, al. 3 du Code civil modifié par l'ordonnance 2025-229 du 12 mars 2025 pour celles adoptées à compter de cette date (Ord. 2025-229 art. 70). C'est pourquoi nous recommandons aux sociétés émettrices de ne pas écarter dans leurs statuts le transfert du droit de vote double en cas de fusion, de scission ou d'apport partiel d'actifs si ce droit était acquis. En revanche, l'alinéa 3 ne visant pas le cas du délai de deux ans, il est possible de prévoir dans les statuts que l'opération interrompt ce délai.
Par ailleurs, on peut regretter que le Code de commerce ne précise pas le sort des droits de vote double en cas de transmission universelle du patrimoine d'une **société actionnaire dissoute** après réunion de toutes ses parts ou actions dans les mains d'un associé unique personne morale (C. civ. art. 1844-5). À notre sens, il serait logique que les mêmes règles que celles exposées ci-dessus à propos des fusion, scission et apport partiel d'actifs s'appliquent.

47726 **Suppression du droit de vote double** L'assemblée générale extraordinaire des actionnaires ne peut supprimer le droit de vote double qu'avec l'autorisation d'une assemblée spéciale des titulaires de ce droit (cf. art. L 225-99, al. 2). En effet, bien que toutes les actions aient vocation au droit de vote double, seules certaines d'entre elles, qui remplissent les conditions requises, en sont pourvues. Elles constituent donc une catégorie particulière d'actions. Dès lors, les droits qui y sont attachés ne peuvent être modifiés qu'avec le consentement de leurs titulaires réunis en assemblée spéciale.

47727 **Incidences diverses du droit de vote double** L'obtention (ou la perte) du droit de vote double dans une société appartenant à un groupe peut entraîner un **changement dans le contrôle de cette société** (n° 79013) et, éventuellement, l'obligation de procéder à certaines notifications (nos 64290 s.), de respecter l'interdiction du droit de vote frappant les actions d'autocontrôle (nos 79280 s.), voire de déposer une offre publique d'achat ou d'échange (nos 65630 s.).

SANCTIONS DE L'INOBSERVATION DES RÈGLES RELATIVES AU NOMBRE DE VOIX

L'article L 225-122 répute non écrite toute clause des statuts contraire à la règle de la proportionnalité du droit de vote au capital représenté par les actions et à celle du droit pour chaque action à une voix au moins, en dehors des cas expressément prévus par la loi (limitation ou augmentation du nombre de voix : nos 47711 s.). On peut donc en conclure que les règles relatives au calcul des voix revêtent un caractère impératif. Les décisions des assemblées prises en violation de ces règles peuvent donc être **annulées,** que l'assemblée ait eu lieu avant le 1er octobre 2025 (art. L 235-1, al. 2 applicable aux seules décisions ne modifiant pas les statuts et art. L 235-2-1) ou à compter de cette date (C. civ. art. 1844-10, al. 3 modifié, à compter du 1-10-2025, par ord. 2025-229 du 12-3-2025 ; Ord. 2025-229 art. 70). 47728

Ainsi, dans un cas où un groupe d'actionnaires avait été privé par le bureau de l'assemblée d'une partie significative de ses droits de vote pour des motifs qui le présentaient comme participant à un concert en vue d'exercer une action sur la politique de la société, les délibérations de l'assemblée ont été annulées car le bureau avait ainsi influé sur les décisions prises par celle-ci (CA Versailles 28-10-2010 n° 09-8083 : RJDA 4/11 n° 323 et, sur pourvoi, Cass. com. 15-5-2012 n° 10-28.151 : RJDA 10/12 n° 868).

> **Précisions** L'article L 22-10-48, II modifié par l'ordonnance 2025-230 du 12 mars 2025 prévoit aussi la possibilité pour le juge d'annuler les délibérations de l'assemblée en cas de **violation des dispositions** privant de droit de vote les actions acquises au titre d'une **opération de cession temporaire** pour laquelle l'**obligation de déclaration** à la société et à l'AMF n'a pas été respectée.

2. MODALITÉS DU VOTE DES ACTIONNAIRES

Après la clôture des débats, l'assemblée est appelée à voter les résolutions, un vote distinct devant être émis pour chacune d'elles. 47780

L'AMF recommande aux sociétés de motiver et d'expliquer oralement les projets de résolution préalablement à leur vote en assemblée (Recommandation AMF 2012-05, proposition n° 1.5).

MODE DE SCRUTIN DE L'ASSEMBLÉE

Aucune disposition légale ou réglementaire ne fixe le mode de scrutin. Sauf disposition contraire des statuts, celui-ci est **déterminé** par le bureau. Les divers procédés exposés ci-après peuvent être envisagés : 47790
- vote à main levée (cas le plus fréquent dans les sociétés ayant peu d'actionnaires) ;
- vote par appel nominal (très rare) ;
- bulletins de vote avec lecture optique ou boîtiers électroniques.

Sur le vote en séance en cas de participation à l'assemblée par un moyen de télécommunication, voir nos 47460 s.

Le vote peut également être effectué au scrutin secret (voir n° 40743), celui-ci pouvant être assuré par des bulletins de couleurs différentes pour voter « oui » ou « non », ou par l'intervention d'un huissier ou commissaire de justice chargé de recueillir et de dépouiller les votes, ou par tout autre moyen.

Lorsqu'une **résolution comporte plusieurs questions** susceptibles chacune de donner lieu à un vote séparé, cette division en plusieurs résolutions distinctes peut être demandée par un actionnaire. En cas de refus par le bureau d'accéder à cette requête, l'actionnaire peut exiger que l'assemblée décide s'il y a lieu d'opérer ou non la disjonction demandée. En effet, sauf limitation légale ou statutaire de ses prérogatives, l'assemblée – dont la souveraineté est unanimement reconnue – peut se prononcer sur toutes les questions que font surgir les débats.

UTILISATION DES POUVOIRS EN BLANC

Lorsque l'actionnaire envoie à la société un **pouvoir sans indication de mandataire,** il doit être émis en son nom un vote favorable à l'adoption des projets de résolution présentés ou agréés par le conseil d'administration ou le directoire et un vote défavorable à l'adoption de tous les autres projets de résolution (art. L 225-106, III-al. 5). 47800

Il est donc nécessaire de réunir le conseil d'administration ou le directoire non seulement lorsque des **projets de résolution** sont déposés par des actionnaires ou le comité social et économique (nos 46190 s.), mais aussi lorsque des **amendements** sont **présentés en cours d'assemblée.** En effet, même si les dirigeants sociaux ne sont pas hostiles à ces propositions, les pouvoirs en blanc devront être utilisés dans un sens défavorable à leur adoption dès lors que le conseil d'administration ou le directoire n'aura pas pris en leur faveur une décision expresse d'agrément.

CONSEIL

Cette conséquence conduit à recommander, dans les sociétés pour lesquelles les pouvoirs en blanc peuvent avoir une influence sur la majorité, la convocation systématique du conseil d'administration ou du directoire pour le jour de l'assemblée afin de lui permettre de statuer immédiatement, à la faveur d'une suspension de séance, sur les amendements qui pourraient être proposés au cours de cette assemblée.

47801 Les votes attachés aux actions pour lesquelles un pouvoir en blanc a été remis doivent être **exprimés,** dans le sens indiqué ci-dessus, par le **président** de l'assemblée générale (art. L 225-106, III-al. 5).

Il n'est donc pas nécessaire de **répartir les pouvoirs** en blanc entre les membres du conseil d'administration ou du directoire, ni même de compléter ces pouvoirs par l'indication du nom d'un mandataire.

L'exercice du droit de vote attaché aux pouvoirs en blanc dans le sens indiqué ci-dessus s'analyse en une obligation légale à la charge du président de l'assemblée et non en un mandat. Il s'ensuit que si le **président** est **personnellement privé du droit de vote** sur certaines résolutions (par exemple, celle relative à l'évaluation d'un apport en nature qu'il ferait à la société ou celle portant sur une convention qu'il aurait passée avec la société), il doit néanmoins participer au vote de ces résolutions mais, bien entendu, uniquement avec les actions ayant fait l'objet de pouvoirs en blanc et à l'exclusion de celles qu'il détiendrait à titre personnel ou comme mandataire d'autres actionnaires.

Dans les **SA à directoire,** les assemblées sont présidées par le président du conseil de surveillance (art. R 225-100, al. 1). En cas de conflit entre le conseil de surveillance et le directoire, le président devra exercer le droit de vote attaché aux pouvoirs en blanc dans le sens favorable à l'adoption de la proposition défendue par le directoire contre le vœu du conseil de surveillance.

UTILISATION DES FORMULAIRES DE VOTES À DISTANCE PRÉALABLES À L'ASSEMBLÉE

47810 Les votes à distance anticipés sont utilisés pour le calcul du quorum et de la majorité comme si les actionnaires étaient présents à l'assemblée (cf. art. L 225-107).

L'**absence d'indication de vote** pour une résolution ainsi que l'**abstention** ne sont pas considérées comme des votes exprimés (art. L 225-107, I-al. 2). Ainsi, le renvoi « en blanc » d'un bulletin de vote à distance aboutit à des conséquences différentes de celles résultant du renvoi d'un pouvoir en blanc puisque ce dernier doit être utilisé dans un sens favorable à l'adoption des résolutions présentées ou agréées par le conseil d'administration ou le directoire (art. L 225-106, III-al. 5).

47811 En cas d'**amendements** ou de **résolutions nouvelles** présentés en cours de séance, les actionnaires qui n'en ont pas eu connaissance et qui n'ont donc pu se prononcer sur eux dans le formulaire de vote à distance sont considérés comme n'ayant pas exprimé de vote (art. L 225-107, I-al. 2).

47812 Renvoi simultané d'une procuration et d'un formulaire de vote à distance

Lorsque les formules de procuration et les formulaires de vote à distance anticipé ont été établis sur des documents séparés et que, par négligence ou distraction, des actionnaires renvoient à la société ces deux documents, la formule de procuration est prise en considération, « sous réserve des votes exprimés dans le formulaire de vote à distance » (art. R 225-81, dernier al.). Ce texte n'a pas été modifié pour tenir compte du mode de calcul de la majorité introduit par la loi 2019-744 du 19 juillet 2019, qui exclut les abstentions des voix exprimées et ne les comptabilise plus comme des votes négatifs (cf. art. L 225-96, al. 3, L 225-98, al. 3 et L 225-107, I-al. 2). L'article R 225-81, dont l'objet est de concilier les deux documents envoyés simultanément et non de poser une règle de calcul, devrait, à notre avis, être lu comme imposant de prendre en considération la formule de procuration sous réserve des votes exprimés « ou des **abstentions manifestées** » dans le formulaire de vote à distance.

Il en résulte que le vote à distance devrait être retenu toutes les fois que l'actionnaire a exprimé un sens de vote (oui ou non) ou manifesté sa volonté de s'abstenir.

Le vote par procuration (pouvoir à personne dénommée ou pouvoir en blanc) devrait, lui, être retenu pour toutes les résolutions sur lesquelles l'actionnaire n'a exprimé aucun sens de vote ni manifesté sa volonté de s'abstenir dans le bulletin de vote à distance. En effet, il serait inconcevable que la formule de procuration joue alors que l'actionnaire a manifesté sa volonté de s'abstenir sur le bulletin de vote à distance.

En cas d'**amendements** proposés en cours de séance aux projets de résolution adressés aux actionnaires, deux situations sont à envisager : 47813

a. L'actionnaire n'a émis aucun sens de vote sur la résolution soumise à amendement : dans ce cas, conformément à l'article R 225-81, dernier al., il doit être fait usage du vote par procuration ;

b. L'actionnaire a, dans son bulletin de vote à distance, émis un vote sur le projet de résolution concerné : dans ce cas, il doit être considéré comme n'ayant pas exprimé de vote sur les amendements (art. L 225-107, I-al. 2).

Lorsque l'assemblée est saisie en cours de séance d'un projet de **résolution nouvelle,** il convient d'utiliser, nous semble-t-il, le vote par procuration puisque, par hypothèse, l'actionnaire n'a pas exprimé un vote à distance sur cette proposition. 47814

Encore faut-il qu'il s'agisse d'une résolution réellement nouvelle, telle que par exemple la révocation d'un ou plusieurs administrateurs qui, on le sait (n° 46263), peut être prononcée en cours de séance même si la question n'a pas été inscrite à l'ordre du jour de l'assemblée. En revanche, lorsque la proposition soumise au vote a pour objet ou pour effet de rendre inopérante en tout ou partie une résolution inscrite à l'ordre du jour, c'est le régime applicable aux amendements (n° 47812) qu'il convient de suivre.

UTILISATION DU DOCUMENT UNIQUE DE VOTE À DISTANCE ET DE VOTE PAR PROCURATION

Les modalités d'utilisation du document unique varient selon la présentation retenue par la société, étant observé que, dans tous les cas, l'actionnaire doit pouvoir exercer les droits qui lui sont reconnus par l'article R 225-78 (possibilité de « **panacher** » ses votes, faculté d'exprimer, pour les **résolutions ou amendements nouveaux,** soit sa volonté de s'abstenir, soit un vote défavorable à leur adoption ou de donner mandat au président de l'assemblée, à un autre actionnaire, à son conjoint ou à son partenaire pacsé ou encore, dans les cas énoncés n° 46930, à la personne de son choix). 47820

Si l'actionnaire se borne à retourner à la société un **document daté et signé sans autre précision,** il est réputé avoir donné pouvoir au président de voter en son nom pour toutes les résolutions soumises à l'assemblée.

Les actionnaires qui se sont **abstenus** ou n'ont donné **aucun mandat** sont considérés comme n'ayant pas exprimé de vote.

VOTE DES ACTIONNAIRES NON RÉSIDENTS

L'**intermédiaire** sous le nom de qui les titres admis aux négociations sur un ou plusieurs marchés réglementés ou SMN agréés en France ou dans un autre État membre de l'UE ou partie à l'accord sur l'EEE, ou sur un marché équivalant à un marché réglementé, appartenant à des actionnaires non résidents ont été inscrits (art. L 228-1, al. 7) peut, en vertu du mandat général de gestion qu'il a reçu de ces actionnaires, « **transmettre** ou émettre sous sa signature » les **votes** de ceux-ci, c'est-à-dire, en pratique, voter à l'assemblée en fonction des instructions qu'ils lui auront données (art. L 228-3-2 et R 228-6). 47830

Cette **transmission** n'est **valable** que si (art. L 228-3-2, al. 2) :

– d'une part, l'intermédiaire inscrit a, lors de l'inscription en compte des actions, révélé au teneur de compte qu'il agissait pour compte d'autrui ;

– d'autre part, et seulement si la société émettrice en a fait la demande, il a fourni la liste des propriétaires des actions auxquelles correspondent les votes transmis ainsi que la quantité d'actions détenues par chacun d'eux.

À défaut, le vote ou le pouvoir émis par l'intermédiaire inscrit ne sera pas pris en compte lors de l'assemblée (art. L 228-3-2, al. 3).

Les mandats de gestion et procurations dont bénéficie l'intermédiaire doivent être conservés pendant trois ans à compter de l'assemblée générale au cours de laquelle ont été exercés les droits de vote (art. R 228-6).

> **› Précisions** Sur les obligations mises à la charge des intermédiaires inscrits pour le compte d'actionnaires de sociétés dont les **actions** sont **admises aux négociations sur un marché réglementé** établi ou opérant dans l'UE en matière de transmission des informations nécessaires pour permettre aux actionnaires d'exercer leurs droits et de celles relatives à l'exercice de ces droits, de facilitation de la participation des actionnaires aux assemblées et de transmission des confirmations de réception et de prises en compte des votes, voir respectivement n°s 46167, 47043, 47392 et 47985.

CONSTATATION DU QUORUM

47840 Nous avons vu (nº 47550) que la validité des délibérations de l'assemblée était subordonnée à la participation d'actionnaires (présents ou représentés) propriétaires d'un certain nombre d'actions variable selon la nature de l'assemblée.

Ce quorum doit subsister pendant toute la durée de l'assemblée ; lors de chaque résolution, il faut s'assurer qu'il est toujours atteint.

RÈGLES DE MAJORITÉ

47841 La majorité requise pour que les décisions des assemblées soient régulièrement prises est déterminée en fonction des **voix exprimées** par les actionnaires présents (ou réputés tels) ou représentés (art. L 225-103-1, al. 2 modifié par loi 2024-537 du 13-6-2024 et art. L 225-96, al. 3 et L 225-98, al. 3). Les voix exprimées ne comprennent pas les voix attachées aux actions pour lesquelles l'actionnaire n'a pas pris part au vote, s'est abstenu ou a voté blanc ou nul (art. L 225-96, al. 3 et L 225-98, al. 3). Il convient de tenir compte, s'il en existe, des suppressions ou limitations du droit de vote (nºs 47693 s. et 47711 s.) ainsi que, éventuellement, des droits de vote double ou multiple (nºs 47717 s.).

Cette majorité est la suivante :

– majorité des voix en cas d'**assemblée générale ordinaire** (art. L 225-98, al. 3) ;

– majorité des deux tiers des voix en cas d'**assemblée générale extraordinaire** (art. L 225-96, al. 3).

SANCTIONS PÉNALES DE L'ABUS DE POUVOIRS OU DE VOIX

47850 Le président, les administrateurs, les directeurs généraux (art. L 242-6, 4º), les directeurs généraux délégués (art. L 248-1) ou les membres du directoire (art. L 242-30) d'une SA qui, de mauvaise foi, auront fait des **pouvoirs** qu'ils possédaient **ou** des **voix** dont ils disposaient, en cette qualité, un **usage** qu'ils savaient **contraire aux intérêts de la société,** à des fins personnelles ou pour favoriser une autre société ou entreprise dans laquelle ils étaient intéressés directement ou indirectement, sont punis d'un emprisonnement de cinq ans et d'une amende de 375 000 €.

Conformément à l'opinion généralement admise, l'incrimination vise, d'une part, l'abus des pouvoirs légaux ou statutaires dont disposent les dirigeants sociaux (nº 42301) et, d'autre part, l'utilisation abusive des voix dont ces dirigeants disposent grâce aux procurations qui leur ont été données (nº 42305).

3. CONSÉQUENCES DU VOTE DE L'ASSEMBLÉE

EFFET DES DÉCISIONS DE L'ASSEMBLÉE À L'ÉGARD DES ACTIONNAIRES

47880 Les **décisions** régulièrement prises s'imposent à tous les actionnaires même dissidents, incapables ou absents (pour une illustration, CA Douai 28-4-2010 nº 09-8863 : RJDA 4/11 nº 369), ainsi qu'à tous ceux qui deviennent actionnaires postérieurement à la date de l'assemblée. Il en est ainsi tant que leur nullité n'a pas été prononcée (Cass. com. 12-2-2025 nº 23-11.410 FS-B : RJDA 5/25 nº 266).

47881 Les décisions sociales prennent en principe effet dès le jour où elles sont adoptées.

Toutefois, leur **entrée en vigueur** peut être retardée car, sauf disposition légale contraire et expresse, rien n'interdit de stipuler un terme suspensif.

Elle peut aussi être avancée dans la mesure où la rétroactivité ainsi retenue ne porte pas atteinte à des droits acquis par les actionnaires ou par les tiers.

Certes, le ministre de la justice (Rép. Sergheraert : AN 14-12-1979 nº 20385) a estimé cette rétroactivité illicite en invoquant l'absence, dans la loi sur les sociétés, de disposition expresse autorisant la rétroactivité et le caractère inconcevable de la remise en cause, qui en résulterait, des règles de fonctionnement de la société telles qu'elles s'imposaient à tous avant leur modification. Mais cette argumentation n'est pas convaincante pour deux raisons : d'une part, les interdictions ne se déduisent pas des défauts d'autorisation de la loi ; d'autre part, *la rétroactivité n'évince* pas les règles de fonctionnement de la société, elle se borne à anticiper les effets de la décision prise conformément à ces règles. La situation est la même que celle créée par les lois rétroactives que le législateur peut voter alors qu'aucune disposition de principe de la Constitution ne l'y autorise formellement et que des procédures très contraignantes sont fixées pour leur adoption.

Comme pour ces lois, la seule condition à observer est celle du principe général du droit relatif à la sécurité juridique qui impose à tout organe prenant une décision – et même à la puissance publique – de ne pas porter atteinte aux droits acquis (voir Mémento Droit commercial n°s 74450 s.).

ILLUSTRATIONS

Les tribunaux ont annulé :
– la diminution rétroactive de la rémunération d'un président de SA, seul son accord, valant renonciation, pouvant rendre la mesure valable (CA Paris 28-7-1982 : Bull. Joly 1982 p. 1024) ;
– la révocation d'un gérant de SARL, rétroagissant à la date d'une première décision irrégulière de révocation, ce gérant statutaire jouissant du droit au respect du pacte social duquel il tenait son droit de gérer (CA Colmar 21-11-1980 : D. 1981 p. 235 note A. Sinay-Cytermann et, sur pourvoi, Cass. com. 8-3-1983 : Bull. civ. IV n° 100).

En revanche, ils ont autorisé la suppression, pour l'avenir, d'une augmentation de la rémunération des membres d'un directoire (Cass. com. 16-7-1985 : Bull. civ. IV n° 217).

L'assemblée ne peut **revenir sur une décision** régulièrement prise **ou la modifier** que si celle-ci n'a pas reçu un commencement d'exécution et à condition de ne pas porter atteinte à des droits acquis par les actionnaires ou par des tiers (en ce sens, Cass. com. 19-3-2013 n° 11-23.155 : RJDA 7/13 n° 629 ; Cass. 3e civ. 6-4-2022 n° 20-21.861 F-D : RJDA 8-9/22 n° 480, à propos d'une société civile mais transposable). **47882**

Ainsi, l'assemblée ne peut pas revenir sur la décision qu'elle a prise de vendre un actif social et de répartir le prix de vente si cette vente a déjà eu lieu (Cass. com. 19-3-2013 précité). De même, il a été interdit d'annuler la distribution d'un dividende décidée par l'assemblée dès lors que cette décision consacre un droit de créance des actionnaires sur la société (CA Paris 1-12-1934 : S. 1935 II p. 65 ; CA Paris 2-5-1935 : Gaz. Pal. 1935 II p. 113 ; CA Paris 15-11-1976 : JCP 1979 II n° 19129 note Evesque). Il n'en va autrement qu'au cas où le dividende dont la distribution a été décidée s'avérerait fictif (CA Paris 22-7-1938 : D. 1939 II p. 44) ou avec l'accord de tous les actionnaires concernés (Cass. 3e civ. 6-4-2022 précité). En outre, l'assemblée ne peut pas revenir sur une décision antérieure d'approbation des comptes pour créer un compte courant débiteur au nom d'un actionnaire sans l'accord de ce dernier (Cass. 3e civ. 6-4-2022 précité).

De même, pour la CNCC, une société qui a volontairement désigné un commissaire aux comptes pour six exercices ne peut pas revenir sur cette décision de nomination, qui a été publiée et a reçu un commencement d'exécution du fait même de son acceptation (CNCC EJ 2024-54 février 2025).

Si la décision d'une assemblée porte **atteinte aux droits d'une catégorie d'actions,** elle doit être ratifiée par une assemblée spéciale des actionnaires de cette catégorie. **47883**

› Précisions **a.** Même si elles ont été adoptées aux conditions de quorum et de majorité requises, les décisions de l'assemblée peuvent, éventuellement, être annulées pour **abus** de droit (n°s 7690 s.).

b. L'AMF recommande aux sociétés de discuter, après l'assemblée, avec les actionnaires qui le souhaitent des éventuels désaccords portant sur des points abordés en assemblée afin d'en tirer des enseignements pour l'assemblée suivante et de s'interroger, en cas de **vote contesté,** sur l'opportunité d'une communication sur les mesures prises par le conseil à la suite de ce vote (Position-recommandation AMF 2016-08 n° 1.6.6).

c. Jugé que le fait pour un **salarié actionnaire** d'approuver en assemblée une résolution décidant la cessation d'activité de la société n'impliquait pas pour autant que l'intéressé avait pris l'initiative de la rupture de son contrat de travail (Cass. soc. 3-7-1985 : BRDA 20/85 p. 18).

EFFET DES DÉCISIONS DE L'ASSEMBLÉE À L'ÉGARD DES TIERS

Conformément au droit commun, les décisions des assemblées ne lient pas les tiers non actionnaires. Mais, de leur côté, les tiers ne peuvent en principe pas attaquer ces décisions. **47890**
Il en va différemment en cas de fraude, par la voie de l'**action paulienne.** En effet, conformément à l'article 1341-2 du Code civil, le créancier d'un actionnaire peut contester les actes faits par son débiteur en fraude de ses droits, sous réserve que ces actes lui aient causé un préjudice (sur l'application de l'action paulienne en matière de société, voir Cass. com. 10-6-1963 : D. 1968 p. 116 note C. Lombois).

En outre, les créanciers d'une société absorbée ou scindée peuvent faire **opposition** à la fusion, à la scission ou à l'apport partiel d'actifs soumis au régime des scissions. De même, les créanciers de la société peuvent faire opposition à une réduction de capital non motivée par des pertes.

Les décisions sociales soumises à des formalités de **publicité** ne sont opposables aux tiers qu'après l'accomplissement de ces formalités (voir n°s 85810 s.).

EFFET DES DÉCISIONS DE L'ASSEMBLÉE À L'ÉGARD DES OBLIGATAIRES

47900 Sur le droit des obligataires de s'opposer à certaines décisions susceptibles de porter atteinte à leurs droits, voir nos 72345 et 72351 s.

VII. CLÔTURE DE LA SÉANCE ET PROCÈS-VERBAL DE L'ASSEMBLÉE

CLÔTURE DE LA SÉANCE

47980 La clôture de la séance ne peut être prononcée que si l'ordre du jour de l'assemblée a été totalement épuisé et si toutes les résolutions proposées ont été soumises au vote des actionnaires.

Si le président levait la séance **avant épuisement de l'ordre du jour,** l'assemblée pourrait continuer à délibérer sous réserve que le quorum nécessaire pour la validité des délibérations fût atteint (T. com. Seine 30-7-1948 : D. 1948 II p. 502).

Lorsque la séance a été levée **après épuisement de l'ordre du jour,** la continuation de la discussion n'a que le caractère d'un simple « conciliabule » et les décisions adoptées sont dépourvues de toute efficacité (CA Paris 8-6-1912 : D. 1913 II p. 162 note Percerou).

47981 **Information des actionnaires liée au vote** Les **sociétés dont les actions sont admises aux négociations sur un marché réglementé** doivent, dans les 15 jours qui suivent l'assemblée, publier sur le site internet prévu pour l'information des actionnaires (no 46590) un **résultat des votes** comprenant au moins le nombre d'actionnaires présents ou représentés à l'assemblée, le nombre de voix de ces actionnaires ainsi que, pour chaque résolution, « le nombre total de voix exprimées en détaillant le nombre d'actions et la proportion du capital social qu'elles représentent, le nombre et le pourcentage de voix favorables à la résolution ainsi que le nombre et le pourcentage de voix défavorables à la résolution, y compris les abstentions » (art. R 22-10-30).

ATTENTION

Par inadvertance, le décret 2020-1742 du 29 décembre 2020 a **transféré** à l'article R 22-10-30 le texte de l'article R 225-106-1 **dans sa version antérieure** au décret 2019-1486 du 27 décembre 2019, lequel en avait adapté la rédaction afin de tenir compte de l'absence d'assimilation des abstentions à des votes négatifs introduite par la loi 2019-744 du 19 juillet 2019. Avant son abrogation, l'article R 225-106-1 prévoyait ainsi qu'il convenait de publier, pour chaque résolution, le nombre total de voix exprimées en détaillant le nombre d'actions et la proportion du capital social qu'elles représentent, ainsi que le nombre et le pourcentage de voix favorables et défavorables à la résolution et le nombre et le pourcentage que représentent les abstentions dans le nombre total des droits de vote.

Dans un souci de bonne information des actionnaires, il convient à notre avis de continuer à distinguer les votes défavorables aux résolutions des abstentions. Retenir la solution inverse aboutirait en effet à publier sur le site internet des sociétés une information sur le résultat des votes qui ne serait pas conforme à la réalité.

L'AMF recommande en outre à ces sociétés de rendre disponible sur leur site internet un **compte rendu** synthétique de l'assemblée au plus tard dans les deux mois suivant la tenue de celle-ci (Recommandation AMF 2012-05, proposition no 1.8).

47985 Dans les sociétés dont les actions sont admises aux négociations sur un marché réglementé établi ou opérant dans l'UE, tout actionnaire peut, dans les trois mois après la date du vote, demander **confirmation** que son **vote** a bien été **enregistré et pris en compte,** sauf si cette information est déjà à sa disposition (art. L 22-10-43-1, al. 3 et R 228-32-1, II).

La **société** doit **confirmer** l'enregistrement et la prise en compte du vote au plus tard 15 jours après la demande (art. R 228-32-1, II et, sur renvoi, Règl. UE 2018/1212 du 3-9-2018 art. 9). Cette confirmation doit être rédigée dans la langue et selon le format exposés no 46167. Elle doit comporter au moins les mentions énoncées par le règlement UE 2018/1212, ann.-tableau 7 (art. R 228-32-1, I-5° et, sur renvoi, Règl. UE 2018/1212 art. 7.2 ; sur ces mentions, voir F. Gilbert, *Le renforcement de l'information et des droits des actionnaires de sociétés cotées sur un marché réglementé* : BRDA 15-16/22 inf. 21).

Les intermédiaires mentionnés no 63812 qui fournissent des services à des actionnaires ou à d'autres intermédiaires en ce qui concerne les actions de sociétés ayant leur siège en France et dont les actions sont admises à la négociation sur un tel marché réglementé sont chargés de transmettre ces demandes de confirmation et confirmations (art. L 228-29-7-2).

Entre intermédiaires, la transmission doit s'effectuer selon le format et dans les délais exposés nº 46167. Le dernier intermédiaire – le plus proche de l'actionnaire – doit permettre à ce dernier d'effectuer sa demande et de recevoir la confirmation au moyen d'outils et infrastructures facilement utilisables, les actionnaires pouvant toutefois refuser d'utiliser ces derniers (art. R 228-32-1, I-1º et, sur renvoi, Règl. UE 2018/1212 art 2.4).

Consultation de l'enregistrement de l'assemblée Dans les sociétés dont les actions sont admises aux négociations sur un marché réglementé, l'assemblée doit faire l'objet d'un enregistrement audiovisuel, fixé sur support numérique et conservé par la société (art. L 22-10-38-1 issu de loi 2024-537 du 13-6-2024 et art. R 22-10-29-1, 2º issu du décret 2024-904 du 8-10-2024). L'enregistrement doit pouvoir être consulté sur le site internet de la société au plus tard sept jours ouvrés après la date de l'assemblée et pendant au moins deux ans à compter de sa mise en ligne (art. R 22-10-29-1, 3º). Par principe, l'enregistrement doit être intégral, ce que la société doit indiquer sur son site internet (cf. art. L 22-10-38-1). Lorsque cet enregistrement ne permet pas de visionner l'intégralité de l'assemblée, c'est une précision en ce sens qui doit être mentionnée sur le site internet de la société (art. R 22-10-29-1, 3º). 47988

> **Précisions** Sur la nécessité pour les sociétés d'ouvrir la **consultation** de l'enregistrement à **toute personne**, les **sanctions** en cas de non-respect de cette obligation et les conseils pour respecter les **données personnelles** des personnes intervenant à l'assemblée, voir F. Gilbert, La captation des assemblées générales de sociétés cotées peut-elle être réservée aux actionnaires ? : BRDA 14/25 inf. 29.

Diffusion d'informations du rapport sur le gouvernement d'entreprise 47989
Certaines informations du rapport sur le gouvernement d'entreprise relatives à la **rémunération des mandataires sociaux des sociétés dont les actions sont admises aux négociations sur un marché réglementé** doivent être mises gratuitement à la disposition du public sur le site internet de la société : voir nºs 53100 et 53118.

À compter du 30 juin 2026, les informations devant figurer dans le rapport sur le gouvernement d'entreprise des sociétés dont les actions sont admises aux négociations sur un marché réglementé dépassant certains seuils relatives à la **représentation équilibrée entre les hommes et les femmes** dans le conseil d'administration ou dans le conseil de surveillance et le directoire (nº 48266) devront être communiquées à l'AMF et publiées sur le site internet de la société à l'issue de l'assemblée statuant sur ce rapport (art. L 22-10-10-1 et L 22-10-20-1 issus de ord. 2024-934 du 15-10-2024 et modifiés par loi 2025-391 du 30-4-2025 ; Ord. 2024-934 art. 26, II-al. 1 et 2 modifiés par loi 2025-391).

PROCÈS-VERBAL DE L'ASSEMBLÉE

Nécessité d'établir un procès-verbal Les décisions de l'assemblée doivent être constatées par un procès-verbal (art. L 225-114, al. 2). 47990
Aucune disposition légale ou réglementaire ne prévoit de **délai** pour l'établissement du procès-verbal.
L'AMF recommande aux sociétés dont les actions sont admises aux négociations sur un marché réglementé d'établir le procès-verbal dans les meilleurs délais et au plus tard dans les quatre mois de l'assemblée (Recommandation AMF 2012-05, proposition nº 1.8).

Conservation des procès-verbaux Les procès-verbaux des assemblées doivent être établis soit sur un **registre** spécial, qui peut être tenu sous forme électronique et qui, s'il est tenu sous forme papier, doit être coté ou paraphé, soit sur des **feuilles mobiles** également cotées et paraphées dans les mêmes conditions que celles prévues pour les procès-verbaux des réunions du conseil d'administration ou du conseil de surveillance (art. R 225-106, al. 3) (nºs 23161 s.). 47991

> **Précisions** Les procès-verbaux du conseil et ceux de l'assemblée ne peuvent pas, selon nous, figurer sur un même et unique registre : les termes « **registre spécial** » figurant aussi bien à l'article R 225-106 qu'aux articles R 225-22 ou R 225-49 laissent supposer que le registre papier ou électronique des assemblées (ou le jeu de feuilles mobiles qui en tient lieu) doit être distinct du registre du conseil.

Contenu des procès-verbaux Le procès-verbal doit comporter les **mentions** suivantes (art. R 225-106, al. 1 et 2) : 47992
– la date et le lieu de la réunion ;
– le mode de convocation ;

– l'ordre du jour ;
– la composition du bureau ;
– le nombre d'actions participant au vote ;
– le quorum atteint ;
– les documents et rapports soumis à l'assemblée (il n'est pas nécessaire de reproduire intégralement dans le procès-verbal ces documents et rapports ; il suffit de les énoncer) ;
– un résumé des débats ;
– le texte des résolutions mises aux voix, observation faite qu'il faut reproduire non seulement les résolutions adoptées définitivement, mais également celles qui ont été rejetées par les actionnaires ;
– le résultat des votes ;
– le cas échéant, la tenue de l'assemblée par recours exclusif à un moyen de télécommunication dans les conditions prévues par l'article L 225-103-1.

Les actionnaires ont, en outre, le droit d'exiger la mention de leurs observations dans le procès-verbal ; seule l'assemblée pourrait s'y opposer en invoquant l'intérêt contraire de la société.

Le procès-verbal doit en outre faire état de la survenance éventuelle d'un **incident technique** relatif à la visioconférence ou à la télécommunication lorsqu'il aura perturbé le déroulement de l'assemblée (art. R 225-99, qui n'a pas été modifié par le décret 2024-904 du 8-10-2024 et distingue toujours la visioconférence des autres moyens de télécommunication, sans qu'il en résulte aucune conséquence pratique). Dans les SA dont les actions sont admises aux négociations sur un marché réglementé, lorsque, pour des raisons techniques, la retransmission audiovisuelle en direct de l'assemblée dans son intégralité a été rendue impossible ou a été gravement perturbée, le procès-verbal doit le mentionner (art. R 22-10-29-1 issu du décret 2024-904).

La **position de chaque actionnaire** ayant voté n'a en revanche pas à être indiquée (Cass. 3e civ. 12-5-2021 n° 19-21.725 F-D : RJDA 8-9/21 n° 583, à propos d'une société civile mais transposable), sauf disposition légale ou réglementaire contraire (par exemple, art. R 631-34-5).

47993 **Signature et valeur probante des procès-verbaux** Le procès-verbal doit être **signé** par les membres du bureau (art. R 225-106, al. 1). Il peut être signé par signature électronique respectant au moins les exigences de la signature électronique avancée (sur ces exigences, voir n° 23160) lorsque l'assemblée s'est tenue exclusivement par un moyen de télécommunication ou que le procès-verbal a été établi sous forme électronique (art. R 225-106, al. 1 et 3).

Lorsque le procès-verbal est établi sous forme électronique, il doit, en outre, être daté de façon électronique au moyen d'un horodatage offrant toute garantie de preuve (art. R 225-106, al. 3 et, sur renvoi, art. R 225-22, al. 3).

Aucune sanction n'est attachée au **défaut de signature** du procès-verbal d'une assemblée tenue avant le 1er octobre 2025. Les juges en ont déduit que si l'un des membres du bureau l'estime nécessaire, il peut refuser de signer le procès-verbal, ce qui d'ailleurs n'a en soi aucune conséquence pour la société (CA Paris 13-1-1976 : Bull. Joly 1976 p. 73) et ne saurait enlever toute valeur probante à ce procès-verbal (CA Bordeaux 14-5-2013 n° 11/03856 : RJDA 11/13 n° 908, en matière de SARL mais transposable).

Pour les assemblées tenues à compter du 1er octobre 2025, l'inobservation des règles de signature du procès-verbal pourrait entraîner la nullité de l'assemblée si un juge estime que l'article R 225-106 est une disposition impérative de droit des sociétés (C. civ. art. 1844-10, al. 3 modifié, à compter du 1-10-2025, par ord. 2025-229 du 12-3-2025 ; Ord. 2025-229 art. 70).

Signalons qu'il a été jugé qu'un actionnaire nommé scrutateur qui a refusé de signer le procès-verbal ne peut pas demander la nullité de l'assemblée en se fondant sur son abstention personnelle (Cass. com. 1-12-1975 n° 74-13.256 P : Bull. civ. IV n° 287).

47994 Les procès-verbaux ne **font foi** que jusqu'à preuve contraire (Cass. com. 10-11-2015 n° 14-16.022 : RJDA 4/16 n° 289, à propos des procès-verbaux d'une assemblée de SARL mais transposable).

En conséquence, tout intéressé peut contester leurs énonciations s'il établit, par un moyen *quelconque, l'inexactitude des mentions* qui y sont portées (par exemple, par un constat d'huissier ou de commissaire de justice et le témoignage d'un tiers : CA Paris 10-3-2000 : RJDA 5/00 n° 544 som.).

La **falsification** d'un procès-verbal est susceptible de constituer un faux en écriture sanctionné par l'article 441-1 du Code pénal (Cass. crim. 21-3-1972 : JCP 1972 II n° 17178 ; Cass. crim. 16-6-2021 n° 20-82.941 F-P : RJDA 10/21 n° 676, à propos d'une association mais transposable).

ILLUSTRATIONS

Constituent des **faux** sanctionnés pénalement :
– le fait d'avoir fait faussement état dans le procès-verbal de la présence de deux associés à l'assemblée (CA Paris 9-11-1994 : Dr. sociétés 1995 n° 40) ou de la convocation du commissaire aux comptes et de la lecture des rapports de ce dernier alors, au surplus, que ces rapports n'ont jamais été rédigés (CA Paris 18-6-1980 : Bull. CNCC 1980 p. 439) ;
– l'imitation par le président de la signature d'un administrateur en bas du procès-verbal des délibérations du conseil (Cass. crim. 29-10-1979 : D. 1980 IR p. 443), cette solution pouvant être étendue aux procès-verbaux d'assemblées ;
– l'établissement du procès-verbal d'une assemblée générale alors que celle-ci n'avait pas été effectivement réunie (Cass. crim. 6-9-2000 : Bull. Joly 2001 p. 41 ; Cass. crim. 16-6-2021 précité).

Il importe peu que le procès-verbal faussement établi n'ait pas été transcrit sur le registre coté et paraphé dès lors qu'il a été revêtu des signatures du président, des scrutateurs et du secrétaire, ces signatures conférant au texte une apparente authenticité (T. corr. Paris 8-6-1983 : Gaz. Pal. 1983 p. 529).

Il n'est en principe pas nécessaire de recourir à la procédure d'inscription de faux pour **contester** les mentions qui figurent sur les procès-verbaux, mais on ne peut pas prouver contre et outre un **procès-verbal** régulier **que l'on a accepté,** sans l'arguer de faux (en ce sens, P. Le Cannu et B. Dondero : Droit des sociétés LGDJ 2023 n° 881 note 2710). Ainsi, un actionnaire ne peut pas obtenir l'annulation d'une assemblée pour défaut de convocation en produisant une attestation de son employeur déclarant qu'il se trouvait sur son lieu de travail lors d'une assemblée, alors qu'il a signé le procès-verbal de l'assemblée mentionnant sa présence (Cass. com. 10-11-2015 précité).

Copies ou extraits des procès-verbaux Les copies ou extraits des procès-verbaux des assemblées sont valablement certifiés (art. R 225-108) par : **47995**
– le président du conseil d'administration ou le directeur général s'il est administrateur ;
– le président ou le vice-président du conseil de surveillance ou un membre du directoire ;
– le secrétaire de l'assemblée ;
– un liquidateur si la copie ou l'extrait doit être produit pendant la période de liquidation.

Contrairement à ce qui est prévu pour la certification des procès-verbaux des conseils d'administration (n° 40770), l'article R 225-108 ne reconnaît pas au directeur général non administrateur et au directeur général délégué le pouvoir de certifier les procès-verbaux d'assemblées (dans le même sens, Avis CCRCS 02-49 : Bull. RCS 21-22/2003 p. 45, réservant la certification aux seules personnes expressément visées).

> **Précisions** **a.** L'Ansa a également exclu le **directeur général délégué** même s'il est **administrateur,** sauf dans le cas où il a été désigné comme secrétaire de l'assemblée générale car c'est en cette qualité qu'il pourrait effectuer la certification (Communication Ansa, comité juridique n° 3221 du 5-2-2003).
> **b.** C'est, semble-t-il, par suite d'une inadvertance que, contrairement au régime applicable aux SNC (n° 23167) et aux SARL (n° 32543), la **possibilité de certifier les procès-verbaux** des assemblées de SA **par voie électronique** n'a pas été expressément prévue. Il est souhaitable que l'article R 225-108 soit complété sur ce point.

Communication des procès-verbaux Les actionnaires ont, à toute époque de l'année, le droit d'obtenir communication des procès-verbaux des assemblées tenues au cours des trois derniers exercices. Sur les conditions d'exercice de ce droit de communication, voir n°s 46650 s. **47996**

Sanctions Si les **décisions** de l'assemblée ne sont **pas constatées dans un procès-verbal,** les délibérations peuvent être annulées (art. L 225-114, al. 3). **47997**

*Par ailleurs, en l'***absence de conservation des procès-verbaux** dans un registre spécial tenu au siège social, tout intéressé peut demander au président du tribunal de commerce, statuant en référé, d'enjoindre sous astreinte au président de l'assemblée générale de transcrire les procès-verbaux dans ledit registre (art. L 238-5).

> **Précisions** Lorsque les **statuts imposent** la présence dans le procès-verbal de **mentions complémentaires** à celles requises par le Code de commerce, leur absence n'entraîne pas la nullité de l'assemblée (Cass. com. 7-5-2025 n° 23-21.508 F-B : RJDA 8-9/25 n° 440, à propos de statuts imposant que les motifs de révocation du dirigeant soient mentionnés dans le procès-verbal).

SECTION 2

RÈGLES PARTICULIÈRES À CERTAINES ASSEMBLÉES

I. ASSEMBLÉES GÉNÉRALES ORDINAIRES

A. Compétence de l'assemblée ordinaire

PRINCIPE

48100 D'une manière générale, l'assemblée ordinaire prend toutes les décisions qui ne relèvent pas de la compétence de l'assemblée extraordinaire, c'est-à-dire toutes celles qui n'entraînent pas une modification des statuts (art. L 225-98, al. 1).

En fait, l'assemblée ordinaire a essentiellement pour objet de statuer sur :
– l'approbation annuelle des comptes de l'exercice écoulé, formalité qui constitue la plus importante de ses attributions ;
– la nomination ou le remplacement des membres des organes d'administration, de contrôle ou de surveillance de la société ;
– les décisions à prendre concernant un certain nombre d'opérations en application de règles légales (conventions entre la société et un dirigeant et autres conventions soumises au contrôle des actionnaires, ratification du transfert du siège social, etc.), de dispositions statutaires (autorisation préalable à la conclusion de certaines opérations par les dirigeants, par exemple), ou de règles de « soft law ».

1. APPROBATION ANNUELLE DES COMPTES

DATE DE L'ASSEMBLÉE ORDINAIRE ANNUELLE

48110 L'assemblée générale ordinaire doit être réunie au moins une fois par an, dans les six mois de la clôture de l'exercice, en vue de l'approbation des comptes de l'exercice écoulé (art. L 225-100, I-al. 1). Pour une société qui clôture ses comptes le 31 décembre, l'assemblée doit donc se tenir le 30 juin suivant au plus tard.

Le fait qu'une société n'a eu aucune activité au cours d'un exercice ne dispense pas le dirigeant de réunir l'assemblée générale (CA Paris 19-2-2007 n° 06-9065 : RJDA 12/07 n° 1250).

Sauf dérogation accordée par l'ACPR, les comptes annuels des **établissements de crédit,** des **sociétés de financement** et des **entreprises d'investissement** doivent être soumis à l'assemblée générale avant le 31 mai de chaque année (C. mon. fin. art. R 511-6 et R 533-1).

> **› Précisions** Conformément à la lettre du texte, c'est la réunion de l'assemblée qui doit intervenir dans le délai de six mois et non pas simplement la **convocation.**
> L'AMF recommande aux **sociétés dont les titres sont admis aux négociations sur un marché réglementé** d'annoncer à l'issue d'une assemblée la date de la prochaine assemblée, voire de la suivante, et de publier ces dates sur son site internet à la fois dans la rubrique relative au calendrier de ses communications financières et dans celle consacrée à son assemblée générale (Recommandation AMF 2012-05, proposition n° 1.3).

48112 **Demande de prolongation de délai** Les dirigeants de sociétés disposent de peu de temps pour préparer l'assemblée ordinaire annuelle. Si, pour des raisons légitimes, ils ne parvenaient pas à respecter le délai prescrit par la loi, ils pourraient demander une prolongation de ce délai au président du tribunal de commerce statuant sur **requête** (art. L 225-100, I-al. 1 et R 225-64).

Cette requête doit être présentée avant l'expiration du délai de six mois (Cass. crim. 4-7-1995 : RJDA 11/95 n° 1247, à propos d'une SARL mais transposable). Elle peut l'être même si l'assemblée a déjà *été convoquée (CA Paris 2-8-2001 n° 01-12698* : RJDA 6/02 n° 647).

En l'absence de dispositions limitant la durée de la prorogation, le juge peut, s'il estime que les circonstances l'exigent, accorder un **délai** supérieur à six mois et ayant pour effet de faire statuer l'assemblée sur les comptes plus de 12 mois après la clôture de l'exercice (CA Paris 14-11-1989 : Bull. Joly 1990 p. 82).

ILLUSTRATIONS

Le report de l'assemblée doit notamment être demandé s'il survient un événement susceptible de fausser les comptes déjà arrêtés et si leur retraitement nécessite un délai (Cass. crim. 17-10-2007 nº 07-81.033 : RJDA 3/08 nº 294).

Sanctions À défaut de réunion de l'assemblée dans le délai prescrit, le ministère public ou tout actionnaire peut demander en référé au président du tribunal d'**enjoindre,** le cas échéant sous astreinte, aux dirigeants de convoquer l'assemblée ou de désigner un mandataire pour y procéder (art. L 225-100, I-al. 1). 48113

Une assemblée tenue sans qu'ait été respecté le délai de six mois pourrait être **annulée** pour violation d'une disposition impérative (cf. art. L 235-1, al. 2 remplacé, à compter du 1-10-2025, par C. civ. art. 1844-10, al. 3 modifié par ord. 2025-229 du 12-3-2025 ; Ord. 2025-229 art. 70 ; pour un cas où le juge a refusé d'annuler l'assemblée, voir CA Paris 10-5-1984 : BRDA 12/84 p. 15, à propos d'une SARL mais transposable). Avant cette date, une assemblée tenue hors délai reste valable (CA Paris 10-5-1984 : BRDA 12/84 p. 15, à propos d'une SARL mais transposable).

Par ailleurs, les **dirigeants** qui ne réunissent pas l'assemblée dans le délai requis commettent une faute de gestion qui les expose à une condamnation éventuelle à des **dommages-intérêts** si le retard cause un préjudice à la société ou à un actionnaire. Un tel retard pourrait justifier une révocation pour juste motif (pour une illustration, CA Paris 7-2-2023 nº 20/06615 : RJDA 6/23 nº 314).

Encourent en outre une **sanction pénale** les administrateurs ou les membres du directoire qui n'auraient pas soumis à l'approbation de l'assemblée générale ordinaire les comptes annuels et le rapport de gestion : emprisonnement de six mois et amende de 9 000 € (art. L 242-10 et L 242-30). En revanche, le seul retard dans la soumission de ces documents à l'assemblée générale n'est pas sanctionné pénalement (Cass. crim. 12-2-2025 nº 23-86.857 F-B : RJDA 6/25 nº 328, à propos d'une SARL mais transposable).

OBJET DE L'ASSEMBLÉE ORDINAIRE ANNUELLE

L'assemblée générale ordinaire délibère et statue sur toutes les questions relatives aux **comptes annuels** et, le cas échéant, aux comptes consolidés de l'exercice écoulé, après présentation de ces comptes, du rapport sur le gouvernement d'entreprise ainsi que, s'il y a lieu, du rapport de gestion, du rapport sur la gestion du groupe, des rapports des commissaires aux comptes et du rapport des OTI des sociétés qui en sont dotées (art. L 225-100, I). Elle se prononce notamment sur les points suivants : 48114

– **approbation,** modification ou **rejet** des comptes sociaux ;
– **affectation du résultat** et notamment détermination du dividende après approbation des comptes et constatation de l'existence de sommes distribuables (art. L 232-12, al. 1) ;
– approbation expresse de certaines « **dépenses somptuaires** » (chasses, pêches, résidences de plaisance ou d'agrément, etc.) non déductibles des bénéfices assujettis à l'impôt sur les sociétés (CGI art. 223 quater).

› Précisions **a.** L'approbation de l'assemblée générale ordinaire n'est pas requise pour les réintégrations de **frais généraux** dans les bénéfices imposables ; la loi exige seulement une information à l'assemblée générale des actionnaires sous la responsabilité des commissaires aux comptes dans les sociétés qui en sont dotées.

b. Sur la possibilité pour l'assemblée générale non pas seulement d'approuver ou de rejeter les comptes qui lui sont présentés, mais aussi de les **modifier** au vu d'une **résolution rédigée par certains actionnaires** en cours de séance, quand bien même cette nouvelle résolution n'aurait pu être communiquée ni au commissaire ni aux actionnaires dans les délais fixés par la loi, voir Rép. Arnaud : AN 5-4-1972 nº 22639.

c. Les actionnaires ne peuvent pas obtenir du **juge des référés** qu'il impose aux dirigeants sociaux une **modification des comptes** (T. com. Paris réf. 29-6-1977 : Rev. jur. com. 1978 p. 358 note Y. Chartier).

2. DÉCISIONS RELATIVES AUX ORGANES DE LA SA

DÉCISIONS DE L'ASSEMBLÉE ORDINAIRE RELATIVES AUX ADMINISTRATEURS

L'assemblée générale ordinaire est compétente (art. L 225-100, IV) pour : 48120

– nommer, remplacer et révoquer les administrateurs (art. L 225-18) ;
– ratifier la cooptation par le conseil de nouveaux administrateurs (art. L 225-24) ;
– fixer le montant de la rémunération (ex-jetons de présence) allouée aux administrateurs au titre de leurs fonctions (art. L 225-45).

Sur la possibilité pour l'assemblée de modifier les résolutions qui lui sont proposées et, notamment, de choisir des administrateurs autres que ceux dont les noms lui sont proposés par le conseil, voir Rép. Stehlin : AN 27-1-1973 n° 27249.

DÉCISIONS RELATIVES AUX MEMBRES DU DIRECTOIRE ET DU CONSEIL DE SURVEILLANCE

48121 L'assemblée générale ordinaire peut nommer, remplacer et révoquer les membres du **conseil de surveillance** dans les sociétés ayant adopté le régime dualiste d'administration (art. L 225-75). Elle statue également sur la ratification des cooptations de nouveaux membres par le conseil (art. L 225-78, al. 5).

Elle fixe le montant de la rémunération (ex-jetons de présence) allouée aux membres du conseil au titre de leurs fonctions (art. L 225-83).

Les **membres du directoire** ou le **directeur général unique** sont nommés par le conseil de surveillance (art. L 225-59, al. 1). Mais l'assemblée générale ordinaire peut prononcer leur révocation (art. L 225-61, al. 1).

CONSULTATION SUR LA RÉMUNÉRATION DES DIRIGEANTS (« SAY ON PAY »)

48122 Dans les **sociétés dont les actions sont admises aux négociations sur un marché réglementé,** l'assemblée ordinaire annuelle doit approuver la politique de rémunération des mandataires sociaux et statuer sur la rémunération de ceux-ci dans les conditions exposées nos 53040 s.

DÉCISIONS RELATIVES AUX COMMISSAIRES AUX COMPTES ET OTI

48124 Dans les sociétés tenues de faire certifier leurs comptes et, s'il y a lieu, leurs informations de durabilité, l'assemblée nomme les commissaires aux comptes et, le cas échéant, les OTI et les suppléants des commissaires aux comptes et OTI (art. L 821-40, I-al. 1 à 3 et L 822-17, al. 1 et 2).

Signalons que la récusation et le **relèvement** des commissaires aux comptes et des OTI sont prononcés non pas par l'assemblée, mais par décision de justice (art. L 821-49, L 821-50 et L 822-22).

3. AUTRES DÉCISIONS DE L'ASSEMBLÉE ORDINAIRE

COMPÉTENCE LÉGALE DE L'ASSEMBLÉE ORDINAIRE

48130 Outre l'examen des comptes et les décisions concernant les organes sociaux exposées nos 48120 s., l'assemblée générale ordinaire est compétente pour prendre d'autres décisions, notamment sur les questions suivantes :
- approbation ou refus d'approbation des **conventions réglementées** (art. L 225-40, al. 2 et 3 et L 225-88, al. 2 et 3) ;
- paiement du **dividende en actions** (art. L 232-18, al. 1) ;
- ratification de la décision du conseil d'administration ou du conseil de surveillance relative au **transfert du siège social** sur le territoire français (art. L 225-36 et L 225-65) ;
- **achat** par la société **de ses propres actions** (art. L 225-208, L 225-209-2 et L 22-10-61 à L 22-10-63).

48131 **Quasi-apports** L'assemblée générale ordinaire est compétente pour statuer sur l'**acquisition par la société,** dans les deux ans de son immatriculation, d'un bien appartenant à l'un de ses actionnaires et dont la valeur est au moins égale à 10 % du capital social (art. L 225-101).

48132 Cette acquisition est soumise à la **procédure** suivante, inspirée de celle applicable en cas d'apport en nature.

1. Désignation par le président du tribunal de commerce, statuant sur requête du président du conseil d'administration ou du directoire, d'un **commissaire** chargé d'apprécier la valeur du bien dont la cession à la société est envisagée (art. L 225-101, al. 1 ; art. R 22-10-7, al. 2, sur renvoi de l'art. R 225-103).

Ce commissaire doit être choisi parmi les commissaires aux comptes ou parmi les experts inscrits sur l'une des listes établies par les cours et tribunaux (art. R 22-10-7, al. 1, sur renvoi de l'art. R 225-103). Il est soumis aux mêmes conditions d'**indépendance** que celles prévues à l'article L 821-31 pour les commissaires aux comptes (art. L 225-101, al. 1 ; voir n° 77587). Il ne lui est cependant pas interdit de cumuler cette mission avec celle relative à l'évaluation de l'avantage particulier lié à une émission d'actions de préférence au profit de personnes nommément désignées (CNCC EJ 2017-60 du 17-9-2019).

2. Établissement par le commissaire et sous sa responsabilité d'un **rapport** contenant (art. R 225-103, al. 2) : 48133
– la description du ou des biens dont l'acquisition est projetée ;
– les critères retenus pour la fixation du prix ;
– une appréciation de la pertinence de ces critères.

Pour l'accomplissement de sa mission, le commissaire peut se faire assister par un ou plusieurs experts de son choix. Les honoraires de ces experts sont à la charge de la société (art. R 22-10-7, al. 3, sur renvoi de l'art. R 225-103).

Le rapport du commissaire doit être adressé aux actionnaires (nos 46510 s.), mis à leur disposition au siège social ou au lieu de la direction administrative (nos 46560 s.) et, si les actions de la société sont admises aux négociations sur un marché réglementé, sur le site internet de celle-ci (nos 46590 s.) dans les mêmes conditions que celles prévues pour l'exercice de leur droit de communication préalable à toute assemblée (art. R 225-83, 7°). Bien que non sanctionnée pénalement, l'inobservation de cette disposition n'est pas sans risque : voir no 46610.

3. Réunion d'une assemblée générale ordinaire appelée à statuer sur l'évaluation du bien, étant observé que l'actionnaire vendeur n'a pas voix délibérative ni pour lui-même ni comme mandataire (art. L 225-101, al. 2). Ses actions ne sont donc prises en compte ni pour le calcul de la majorité, ni pour celui du quorum (no 47551).

Ces dispositions appellent les remarques suivantes sur leur **champ d'application.** 48134

a. Elles ne sont pas applicables lorsque l'acquisition a lieu plus de deux ans après l'immatriculation de la société (cf. art. L 225-101, al. 1).

La loi vise l'immatriculation qui suit la constitution de la société (cf. art. 11 de la 2e directive européenne, devenu Dir. UE 2017/1132 du 14-6-2017 art. 52, dont est issu l'article L 225-101) et non pas son inscription en tant que SA. Par suite, la procédure de contrôle doit être écartée même si la société a été transformée en SA depuis moins de deux ans dès lors que son immatriculation remonte à plus de deux ans.

b. Elles ne sont pas applicables non plus lorsque l'acquisition a été réalisée en bourse ou sous le contrôle d'une autorité judiciaire (par exemple, lorsque la société se porte adjudicataire d'un immeuble saisi appartenant à l'un de ses actionnaires) ou encore dans le cadre d'opérations courantes de la société et conclues à des conditions normales (art. L 225-101, al. 3 ; sur la notion d'opérations courantes conclues à des conditions normales, voir nos 52640 s.).

c. En l'absence de précision particulière sur ce point, la procédure de contrôle doit être suivie dès lors que le bien acquis par la société appartient à un actionnaire, quelle que soit la participation, majoritaire ou minoritaire, de ce dernier dans la société et quelle que soit la date à laquelle il est entré dans la société (lors de la constitution ou postérieurement).

Encore faut-il que la valeur de ce bien soit au moins égale à 10 % du capital social (art. L 225-101, al. 1), lequel doit, dans le silence des textes, être pris pour son montant nominal, qu'il soit libéré ou non.

d. Sur le vote de l'apporteur en qualité de représentant légal d'une personne morale actionnaire, voir no 51041.

La **procédure** doit être **mise en œuvre** avant l'acquisition envisagée (dans le même sens, Le Fèvre : Rev. sociétés 1982 p. 441 no 12 ; Bardoul : Rev. sociétés 1983 p. 292). L'article R 225-103 précise en effet que le rapport des commissaires doit notamment décrire les biens « à acquérir », ce qui suppose que cette acquisition est postérieure à l'assemblée. 48135

L'assemblée générale ordinaire n'est pas liée par l'évaluation du commissaire ; elle peut retenir une **valeur différente** de celle figurant dans le rapport.

À notre avis, lorsque l'actionnaire dont le bien doit être acheté par la société est une des personnes visées par les *articles L 225-38 et L 225-86, la procédure de contrôle prévue par* ces textes n'est pas applicable (no 52630).

L'**absence de décision** de l'assemblée générale ordinaire sur l'évaluation du bien entraîne la nullité de l'acquisition (art. L 225-101, al. 2).

Le **défaut de désignation du commissaire** peut entraîner la nullité de la décision de l'assemblée générale (cf. art. L 235-1 remplacé, à compter du 1-10-2025, par C. civ. art. 1844-10, al. 3 modifié par ord. 2025-229 du 12-3-2025 ; Ord. 2025-229 art. 70). A ainsi été jugée recevable (mais prescrite) l'action en nullité formée par la société acquéreur sur le fondement des vices du consentement (CA Paris 6-12-2000 no 98-24326 : Bull. Joly 2001 p. 417).

COMPÉTENCE STATUTAIRE DE L'ASSEMBLÉE ORDINAIRE

48136 Dans les sociétés ne comprenant que peu d'actionnaires, il arrive parfois que les statuts confèrent à l'assemblée générale ordinaire des attributions complémentaires de celles déjà prévues par la loi, par exemple :

– agrément des **acquéreurs d'actions** lorsque des limitations sont prévues à la libre cessibilité des titres ;

– autorisation de certaines **opérations** jugées trop **importantes** pour pouvoir être prises sur la seule décision des dirigeants ou du conseil d'administration, la limitation ainsi apportée aux pouvoirs des dirigeants de la société étant toutefois inopposable aux tiers (art. L 225-35 et L 225-51) ;

– arbitrage des **conflits entre les organes sociaux** : conformément à l'article L 225-68, al. 2, les statuts des sociétés ayant adopté le régime dualiste d'administration peuvent subordonner à l'autorisation préalable du conseil de surveillance la conclusion par le directoire des opérations qu'ils énumèrent. Si le conseil de surveillance refuse de donner son autorisation, le directoire peut soumettre le différend à l'assemblée générale des actionnaires qui décide de la suite à donner au projet (art. R 225-40). Par analogie, en dépit du silence des textes applicables au conseil d'administration, les statuts pourraient valablement prévoir l'arbitrage de l'assemblée générale ordinaire dans le cas où le conseil d'administration refuserait au directeur général l'autorisation de procéder à l'une des opérations énumérées dans les statuts ou dans la décision du conseil limitant les pouvoirs du directeur général.

AUTRES COMPÉTENCES DÉVOLUES À L'ASSEMBLÉE ORDINAIRE

48140 Afin de mieux encadrer les opérations de **cession d'actifs significatifs** par les sociétés dont les actions sont admises aux négociations sur un marché réglementé, l'AMF, l'Afep et le Medef recommandent que l'assemblée générale ordinaire soit consultée préalablement à la cession (pour l'AMF, les promesses ou options de vente sont également visées), en une ou plusieurs opérations, d'au moins 50 % de leurs actifs totaux en moyenne sur les deux derniers exercices : voir n° 66281.

48145 Le Code de gouvernance Afep-Medef (art. 5.4) recommande de présenter à l'assemblée générale ordinaire, au moins tous les trois ans, la **stratégie climatique** et les principales actions engagées à cet effet (voir n° 40866 ; sur le champ d'application et le caractère contraignant de ce Code, voir n° 48272).

De son côté, l'AMF invite les sociétés dont les titres sont admis aux négociations sur un marché réglementé à présenter leur stratégie climatique à chaque assemblée générale, sous la forme d'un point à l'ordre du jour avec débat (Communiqué AMF du 8-3-2023 : Dialogue actionnarial sur les questions environnementales et climatiques). Rappelons que les points inscrits à l'ordre du jour ne donnent pas lieu à un vote.

> **Précisions** **a.** Le Haut Comité juridique de la place financière de Paris (Rapport sur les résolutions climatiques « say on climate » du 15-12-2023 p. 18) et le Haut Comité de gouvernement d'entreprise (Guide d'application du Code Afep-Medef mars 2024 p. 5) considèrent que rien n'interdit aux sociétés de solliciter, dans le cadre d'une résolution avec **vote consultatif,** l'avis de leurs actionnaires sur la stratégie climatique. L'AMF recommande, dans une telle situation, de présenter de manière argumentée et détaillée la stratégie climatique, qui devra être assortie de cibles précises, et encourage les sociétés à mettre en place un suivi en assemblée générale à intervalles réguliers (Communiqué AMF précité).
> **b.** L'AMF appelle les sociétés à poursuivre et renforcer le **dialogue actionnarial** sur leur stratégie climatique de façon régulière, en amont et en aval de leur assemblée générale, un tel dialogue étant opportun en cas de dépôt par les actionnaires d'une résolution climatique (Communiqué AMF précité). Plus généralement, l'AMF recommande de faire porter le dialogue actionnarial sur les principaux sujets d'attention des actionnaires, notamment les questions relatives à la stratégie et à la performance en matière sociale, environnementale et de gouvernance (ESG) (Recommandation AMF 2012-02 § 4).

B. Documents soumis à l'assemblée annuelle

1. COMPTES ANNUELS

48170 *Le conseil d'administration ou le directoire doit présenter à l'assemblée générale ordinaire les comptes annuels de l'exercice écoulé* (art. L 225-100, I-al. 2).

Il n'est pas obligatoire de donner **lecture** de ces comptes, dont les actionnaires ont pu prendre connaissance pendant les 15 jours précédant la réunion. Mais les actionnaires peuvent demander des éclaircissements.

Les administrateurs (ou les membres du directoire : art. L 242-30) qui ne soumettraient pas les comptes annuels à l'approbation de l'assemblée générale ordinaire s'exposeraient à des **sanctions** pénales : emprisonnement de six mois et amende de 9 000 € (art. L 242-10).

> **Précisions** L'assemblée générale des actionnaires doit avoir communication des dépenses et « **charges somptuaires** » (chasses, pêches, résidences de plaisance ou d'agrément, etc.) exclues des charges déductibles pour l'assiette de l'impôt sur les sociétés (CGI art. 39, 4 et 223 quater) ainsi que des **réintégrations** dans les bénéfices imposables de certains **frais généraux** (CGI art. 39, 5 et 223 quinquies).

2. COMPTES CONSOLIDÉS

Lorsqu'une société établit des comptes consolidés, le conseil d'administration ou le directoire doit présenter ces comptes à l'assemblée générale ordinaire en vue de leur approbation (art. L 225-100, I). **48180**

Les comptes consolidés présentés à l'assemblée générale doivent être accompagnés du **rapport sur la gestion du groupe** y afférent (art. L 225-100, I-al. 2 ; sur les mentions devant figurer dans le rapport de gestion du groupe et la possibilité de faire figurer ce rapport dans le même document que le rapport de gestion de la SA, voir n°s 81434 s.).

Contrairement à ce qui est prévu pour les comptes annuels, l'inobservation de cette obligation n'est assortie d'aucune sanction pénale. Toutefois, le défaut d'établissement et de communication des comptes consolidés aux actionnaires avant la tenue de l'assemblée annuelle est sanctionné d'une amende de 9 000 € (art. L 247-1, II).

3. RAPPORT DE GESTION

a. Obligation d'établir un rapport de gestion

Le conseil d'administration ou le directoire doit établir et soumettre aux actionnaires, avant de leur présenter les comptes, un rapport de gestion écrit sur la situation de la société et l'activité de celle-ci pendant l'exercice écoulé (art. L 225-100, I-al. 2 et L 232-1, I et II). Le contenu de ce rapport a évolué depuis le 1er janvier 2025. **48185**

DISPENSE DE RAPPORT DE GESTION

Le conseil d'administration ou le directoire est dispensé d'établir un rapport de gestion si la société répond à la définition des micro-entreprises ou des petites entreprises au sens de l'article L 230-1 (art. L 232-1, IV modifié par loi 2025-391 du 30-4-2025). **48186**

> **ATTENTION**
> Avant sa modification par la loi 2025-391, l'article L 232-1, IV (dans sa version issue de ord. 2023-1142 du 6-12-2023 et en vigueur depuis le 1-1-2025) ne dispensait de rapport de gestion que les petites entreprises au sens de l'article L 230-1. Or, ce dernier texte exclut les **micro-entreprises** de la catégorie des petites entreprises. À la lettre des textes, les micro-entreprises n'étaient donc plus dispensées d'établir un rapport de gestion. La loi 2025-391 a corrigé cette erreur.

Pour l'Ansa, une société peut, dès la clôture de son **premier exercice,** bénéficier de la dispense (Communication Ansa, comité juridique n° 23-009 du 1-2-2023).

Sociétés exclues du bénéfice de la dispense Ne bénéficient pas de la dispense les sociétés dont les titres financiers sont admis aux négociations sur un marché réglementé, les établissements financiers (banques, sociétés de financement, etc.), les entreprises d'assurance et assimilées (réassureurs, mutuelles, etc.), les fonds et institutions de retraite professionnelle supplémentaires, les sociétés faisant appel à la générosité du public et celles dont l'activité consiste à gérer des titres de participations ou des valeurs mobilières (art. L 232-1, IV et, sur renvoi, art. L 123-16-2). **48187**

Sociétés dont les statuts prévoient l'établissement du rapport À notre avis, la dispense prévue par la loi ne peut pas jouer lorsque les **statuts prévoient l'établissement d'un rapport de gestion,** sauf si cette clause indique expressément qu'elle est un simple rappel de la loi en vigueur : voir n° 1780. **48188**

Le **contenu du rapport de gestion établi sur le fondement d'une clause statutaire** doit, à notre avis, comporter les informations prévues par le Code de commerce pour la forme sociale en cause, ici la SA.

Le défaut d'établissement du rapport malgré une clause statutaire l'imposant ferait-il l'objet de **sanctions** ? À notre avis, les sanctions prévues par le Code de commerce n'ont pas vocation à s'appliquer ; s'agissant de la violation d'une clause statutaire, il n'y a pas de risque de nullité, ni de sanction pénale. En revanche, la responsabilité des dirigeants pourrait être engagée par les associés ou par le repreneur de la société, à charge pour ces derniers d'établir qu'ils ont subi un préjudice personnel. Une révocation pour non-respect des statuts pourrait aussi être envisagée.

Pour pouvoir bénéficier de la dispense, les sociétés agiront prudemment en **modifiant leurs statuts** si ceux-ci prévoient l'établissement d'un rapport de gestion sans indiquer qu'il s'agit d'un rappel de la loi.

b. Contenu du rapport de gestion

INFORMATIONS GÉNÉRALES SUR LA SITUATION DE LA SOCIÉTÉ

48189 Le rapport de gestion doit exposer les éléments suivants (art. L 232-1, II-1° à 3°) :
– la **situation** de la société durant l'**exercice écoulé,** comportant une **analyse** objective et exhaustive de l'**évolution des affaires,** des **résultats** et de la **situation financière** de la société, notamment de sa situation d'endettement, au regard du volume et de la complexité des affaires, contenant, le cas échéant, des renvois aux montants indiqués dans les comptes annuels et des explications supplémentaires y afférentes ;
– son **évolution prévisible** ;
– les **événements importants** survenus entre la date de **clôture** de l'exercice et la date à laquelle le rapport est établi ;
– les **activités** de la société en matière de **recherche et de développement** ;
– les **succursales** existantes.

48190 Le rapport de gestion doit aussi contenir les informations suivantes (art. L 232-1, II-4° à 6°) :
– dans la mesure nécessaire à la compréhension de l'évolution des affaires, des résultats ou de la situation de la société, des **indicateurs clés de performance** de nature financière et, le cas échéant, de nature non financière ayant trait à l'activité spécifique de la société, notamment des informations relatives aux questions d'environnement et de personnel, avec, le cas échéant, des renvois aux montants indiqués dans les comptes annuels et des explications supplémentaires y afférentes ;
– une description des **principaux risques et incertitudes** auxquels la société est confrontée ;
– lorsque cela est pertinent pour l'évaluation de son actif, de son passif, de sa situation financière et de ses pertes ou profits, des indications sur ses **objectifs** et sa politique concernant la **couverture** de chaque catégorie principale de **transactions** prévues pour lesquelles il est fait usage de la comptabilité de couverture, ainsi que sur son **exposition** aux **risques** de prix, de crédit, de liquidité et de trésorerie ; ces indications doivent comprendre l'**utilisation** par l'entreprise des **instruments financiers.**

Toutefois, les sociétés tenues d'établir des informations de durabilité et celles qui en sont dispensées n'ont pas à mentionner dans leur rapport de gestion les indicateurs clés de performance de nature non financière (art. L 232-1, II-al. 10).

FILIALES ET PARTICIPATIONS

48195 Le rapport de gestion doit exposer (nos 79731 s.) :
– l'**activité** et les **résultats** des filiales de la société et des **sociétés contrôlées** par elle (art. L 233-6 et L 247-1) ;
– les prises de **participations significatives** dans des sociétés ayant leur siège en France ou la prise du contrôle de telles sociétés (art. L 233-6 et L 247-1) ;
– les **aliénations** d'actions intervenues à l'effet de régulariser les **participations croisées** (art. R 233-19, al. 2).

ACTIONS D'AUTOCONTRÔLE ET DÉTENTION DU CAPITAL

48197 Le rapport de gestion doit contenir certains renseignements relatifs aux **titulaires d'une participation significative** dans le capital social et, s'il en existe, aux **actions d'autocontrôle** (art. L 233-13 et L 247-2).

48199 Le rapport de gestion doit en outre rendre compte de l'**état de la participation des salariés** (et éventuellement des dirigeants : n° 70440) au capital social au dernier jour de l'exercice (art. L 225-102, al. 1).

Il doit aussi mentionner la **proportion** du capital que représentent les actions détenues par les salariés gérées collectivement (PEE ou FCPE) et les actions nominatives détenues directement par eux à l'issue d'une attribution gratuite ou à l'occasion d'autres dispositifs (plan d'actionnariat, privatisations, etc.) (cf. art. L 225-102, al. 1).

Doivent également y être portées les indications prévues à l'article L 225-211 en cas d'**acquisition d'actions en vue de les attribuer aux salariés** dans le cadre de l'intéressement ou de consentir des options d'achat, ou encore d'attribuer des actions gratuites aux salariés ou aux dirigeants (n° 68943).

> **Précisions** Toutes les SA doivent procéder chaque année au **recensement de leurs actionnaires salariés** afin de déterminer la part que ces derniers détenaient dans le capital social à la clôture du dernier exercice. Ne doivent pas être pris en compte les titres acquis par les salariés dans le cadre d'un rachat d'entreprise par les salariés et ceux acquis par les salariés d'une société coopérative de production (art. L 225-102, al. 2). Le recensement s'applique aux titres détenus non seulement par les salariés de la société émettrice, mais aussi par ceux des autres sociétés du groupe (n° 69436) auquel la société émettrice appartient (art. L 225-102, al. 1).

ACTIVITÉ POLLUANTE OU À RISQUE

Dans les sociétés exploitant une installation classée susceptible de créer des risques très importants pour la santé et la sécurité des populations voisines et pour l'environnement 48200
(« Seveso seuil haut »), le rapport de gestion doit en outre faire état (art. L 232-1-1) :
– de la **politique** de **prévention** du **risque** d'accident technologique menée par la société ;
– de la **capacité** de la société à couvrir sa **responsabilité** civile vis-à-vis des biens et des personnes du fait de l'exploitation de telles installations ;
– des **moyens** prévus par la société pour assurer la **gestion de l'indemnisation** des victimes en cas d'accident technologique engageant sa responsabilité.

RESSOURCES INCORPORELLES ESSENTIELLES

Les sociétés dont les titres sont admis aux négociations sur un marché réglementé (sauf les micro-entreprises) et celles qui sont des **grandes entreprises** au sens de l'article L 230-1 48202
doivent présenter dans leur rapport de gestion (art. L 232-1, II-7° et L 22-10-35, al. 5) :
– des informations sur leurs ressources incorporelles essentielles ;
– la manière dont leur modèle commercial dépend fondamentalement de ces ressources ;
– en quoi ces ressources constituent une source de création de valeur pour la société.

> **Précisions** Les ressources incorporelles essentielles sont **définies** comme celles qui sont « dépourvues de substance physique dont dépend fondamentalement le modèle commercial de l'entreprise et qui constituent une source de création de valeur pour l'entreprise » (Dir. UE 2013/34 du 26-6-2013 art. 2 modifié par dir. UE 2022/2464 du 14-12-2022).

INFORMATIONS DE DURABILITÉ

Les sociétés dont les titres sont admis aux négociations sur un marché réglementé répondant à la catégorie des grandes entreprises au sens de l'article L 230-1 et dont le nombre 48204
moyen de salariés est supérieur à 500 doivent inclure, dans une section spécifique de leur rapport de gestion, des informations (dites « de durabilité ») sur les **enjeux environnementaux, sociaux** et de **gouvernance** et les faire certifier. D'autres sociétés seront progressivement soumises à ces obligations. Sur cette question, voir nos 76900 s.

Le **contenu** des informations de durabilité est, pour l'essentiel, fixé par des normes européennes dites « ESRS », mais il inclut aussi d'autres données, telles les informations requises par le règlement UE 2020/852 du 18 juin 2020 (« règlement taxonomie ») : voir nos 76960 s.

DÉCLARATION DE PERFORMANCE EXTRA-FINANCIÈRE

L'ordonnance 2023-1142 du 6 décembre 2023 et le décret 2023-1394 du 30 décembre 48205
2023 ont supprimé l'obligation d'établir une déclaration performance extra-financière *(DPEF), en réécrivant ou abrogeant*, depuis le 1er janvier 2025, les articles du Code de commerce qui imposaient son établissement (art. L 225-102-1, L 22-10-36, R 225-104, R 225-105 à R 225-105-2 et R 22-10-29 en vigueur jusqu'au 31-12-2024 ; Ord. 2023-1142 art. 33, I ; Décret 2023-1394 art. 22, I).

Pour les rapports de gestion établis au titre de l'**exercice ouvert entre le 1er janvier et le 31 décembre 2024,** il est prévu un régime transitoire de survie de ces articles, et donc de l'obligation d'établir une DPEF, pour les sociétés qui ne sont ni tenues d'établir des informations de durabilité, le cas échéant consolidées, ni dispensées d'en établir (Ord. 2023-1142 art. 34, I ; Décret 2023-1394 art. 22, IV), c'est-à-dire :
– les sociétés dont les titres ne sont pas admis aux négociations sur un marché réglementé dont le total de bilan ou le chiffre d'affaires net excède 100 M€ et dont le nombre moyen

de salariés permanents est supérieur à 500 au cours de l'exercice (art. L 225-102-1, I et R 225-104, al. 1, dans leur version antérieure à leur modification par l'ord. 2023-1142 et au décret 2023-1394) ;
– les sociétés dont les titres sont admis aux négociations sur un marché réglementé qui emploient un nombre moyen de salariés permanents supérieur à 500 au cours de l'exercice dont le total du bilan est compris entre 20 et 25 M€ ou le chiffre d'affaires net est compris entre 40 et 50 M€ à la clôture de cet exercice (art. L 22-10-36 et R 22-10-29, al. 1, dans leur version antérieure à l'ord. 2023-1142 et au décret 2023-1394 : n° 76903).

EXEMPLE

Pour la CNCC, une société dont les titres ne sont pas admis aux négociations sur un marché réglementé et dont l'exercice se clôture le 30 septembre doit encore établir une DPEF au titre de son exercice ouvert le 1er octobre 2024 et clos le 30 septembre 2025 (CNCC EJ 2024-20 octobre 2024).

Les **sociétés qui établissent des comptes consolidés** doivent, même si elles ne dépassent pas les seuils, publier une DPEF consolidée au titre de l'exercice ouvert entre le 1er janvier et le 31 décembre 2024, lorsque l'ensemble des sociétés incluses dans le périmètre de consolidation excède les seuils mentionnés ci-dessus selon que les titres de la société consolidante sont ou non admis aux négociations sur un marché réglementé (art. L 225-102-1, II et L 22-10-36, al. 1, dans leur version antérieure à l'ord. 2023-1142).

Les **sociétés** dépassant les seuils indiqués ci-dessus mais se trouvant **sous le contrôle d'une société qui les inclut dans ses comptes consolidés** n'ont pas à publier de DPEF si cette dernière société établit elle-même une déclaration consolidée ; il en va de même si la société contrôlante est établie dans un État de l'UE autre que la France et publie une telle déclaration en application de la législation dont elle relève (art. L 225-102-1, IV, dans sa version antérieure à l'ord. 2023-1142).

À compter de l'**exercice ouvert à compter du 1er janvier 2025** (rapport de gestion établi en 2026), aucune société n'a à établir de DPEF. La loi 2025-391 du 30 avril 2025, qui a reporté l'entrée en vigueur du reporting de durabilité (n° 76900) n'a pas rétabli l'obligation d'établir une DPEF.

Pour plus de détails sur la DPEF, voir Mémento Assemblées générales nos 12500 s.

› Précisions **a.** Restent aussi en vigueur, dans leur version antérieure à l'ord. 2023-1142, au titre de l'exercice ouvert entre le 1er janvier et le 31 décembre 2024, les articles L 511-35 du Code monétaire et financier, L 310-1-1-1 du Code des assurances, L 114-17 du Code de la mutualité, L 931-7-3 du Code de la sécurité sociale, L 524-2-1 du Code rural et 8 de la loi 47-1775 du 10 septembre 1947 relatifs respectivement à la DPEF que doivent établir les **établissements de crédit,** certaines entreprises d'**assurance,** certains **fonds de retraite supplémentaires**, certaines **mutuelles** et institutions de **prévoyance,** les sociétés **coopératives** agricoles et les sociétés coopératives (Ord. 2023-1142 art. 34, I).

b. La DPEF doit être mise à la disposition du public et rendue aisément accessible sur le **site internet** de la société dans un délai de huit mois à compter de la clôture de l'exercice et pendant cinq ans (art. R 225-105, II-al. 1 dans sa version antérieure au décret 2023-1394). Par prudence, nous recommandons aux sociétés qui publiaient une DPEF de la **maintenir** sur leur site internet pendant ce délai.

c. Les sociétés qui restent soumises à l'obligation d'établir une DPEF au titre de l'exercice ouvert entre le 1er janvier et le 31 décembre 2024 doivent faire **vérifier les informations** de cette déclaration par un **organisme tiers indépendant** accrédité à cette fin ou par un commissaire aux comptes ou un OTI habilité à certifier les informations de durabilité (art. L 225-102-1, V dans sa version antérieure à l'ord. 2023-1142 ; Ord. 2023-1142 du 6-12-2023 art. 34, II).

INFORMATION SUR LE GOUVERNEMENT D'ENTREPRISE

48215 Dans les **sociétés à conseil d'administration,** les informations sur le gouvernement d'entreprise exposées nos 48250 s. peuvent figurer dans le rapport de gestion plutôt que dans un rapport séparé ; dans ce cas, elles doivent être présentées dans une section spécifique (art. L 225-37, al. 6).

PLAN DE VIGILANCE

48216 **Sociétés tenues au devoir de vigilance** Les **SA employant,** à la clôture de deux exercices consécutifs, au moins **5 000 salariés** en leur sein et dans leurs filiales françaises *directes ou indirectes ou au moins* **10 000 salariés** en leur sein et dans leurs filiales françaises et étrangères directes ou indirectes doivent établir et mettre en œuvre un plan de vigilance (art. L 225-102-1, I-al. 1). Ce plan et un **compte rendu de sa mise en œuvre effective** doivent être inclus dans le rapport de gestion et publiés (art. L 225-102-1, I-al. 12), à notre avis sur le site internet de la société.

Les filiales ou sociétés contrôlées qui dépassent les seuils mentionnés ci-dessus sont réputées satisfaire à ces obligations si la société qui les contrôle (au sens de l'article L 233-3) établit et met en œuvre un plan de vigilance incluant l'ensemble des filiales ou sociétés qu'elle contrôle (art. L 225-102-1, I-al. 2). Toutefois, la défaillance de la société mère à établir ce plan fait obstacle à l'exemption des filiales et sociétés contrôlées ; celles-ci restent alors tenues d'établir un plan de vigilance (CA Paris 18-6-2024 nº 23/10583 : RJDA 12/24 nº 656).

ATTENTION

La **directive** UE 2024/1760 du 13 juin 2024 sur le devoir de vigilance (directive « CS3D ») impose aux sociétés des obligations de vigilance excédant celles actuellement imposées par le Code de commerce. Elle devrait être transposée d'ici le 26 juillet 2027 (Dir. UE 2024/1760 art. 37 modifié par dir. UE 2025/794 du 14-4-2025 dite « Stop the clock », premier volet du paquet législatif dit « Omnibus I » présenté par la Commission européenne le 26-2-2025 ; sur la directive CS3D, voir Commission européenne, Directive on Corporate Sustainability Due Diligence Frequently asked questions du 25-7-2024 et T. Duchesne et A. Gaudemet, Devoir de vigilance : les apports de la directive européenne sur le droit français : BRDA 19/24 inf. 29).

Signalons qu'une proposition de directive tend à alléger les obligations des sociétés issues de cette directive (COM (2025) 81 du 26-2-2025). Cette proposition est le second volet du paquet « Omnibus I » (sur celui-ci, voir Th. Saupin et J.-B. Barbiéri, Le projet « Omnibus » inverse la vapeur : quel avenir pour le triangle Taxonomie, CSRD, CS3D ? : BRDA 8/25 inf. 26 ; voir aussi Commission européenne, Questions/réponses sur le train de mesures « Omnibus » du 26-2-2025 et Avis A-2025-5 du 20-5-2025 de la Commission nationale consultative des droits de l'Homme sur la proposition de directive Omnibus I : Résister à la dérégulation opérée au détriment de la protection des droits humains et de l'environnement : JO 6-6-2025).

Élaboration et contenu du plan de vigilance Le plan de vigilance a vocation à être élaboré en association avec les **parties prenantes** de la société, le cas échéant dans le cadre d'initiatives pluripartites au sein de filières ou à l'échelle territoriale (art. L 225-102-1, I-al. 6). 48217

Il doit **comporter** les **mesures de vigilance raisonnable** propres à identifier les risques et à prévenir les atteintes graves envers les droits humains et les libertés fondamentales, la santé et la sécurité des personnes ainsi que l'environnement, résultant des activités de la société et de celles des sociétés qu'elle contrôle, directement ou indirectement, ainsi que des activités des sous-traitants ou fournisseurs avec lesquels est entretenue une relation commerciale établie, lorsque ces activités sont rattachées à cette relation (art. L 225-102-1, I-al. 3).

Il est prévu que certaines catégories de sociétés produisant ou commercialisant des produits issus de l'exploitation agricole ou forestière, qui doivent être définies par arrêté, intègrent dans le plan de vigilance des mesures de vigilance raisonnable propres à identifier les risques et à prévenir la déforestation associés à la production et au transport vers la France de biens et de services importés (art. L 225-102-1, I-al. 4 et 5 ; Loi 2021-1104 du 22-8-2021 art. 273, II qui se réfère à l'ancien art. L 225-102-4 devenu art. L 225-102-1 au 1-1-2025), mais, faute de publication de l'arrêté en question, cette disposition ne nous semble pas encore applicable.

Le plan doit contenir les **mesures** suivantes (art. L 225-102-1, I-al. 6 s.) :
– une cartographie des risques destinée à leur identification, leur analyse et leur hiérarchisation ;
– au regard de cette cartographie, des procédures d'évaluation régulières des filiales, sous-traitants ou fournisseurs avec lesquels est entretenue une relation commerciale établie ;
– des actions adaptées d'atténuation des risques ou de prévention des atteintes graves ;
– un mécanisme d'alerte et de recueil des signalements établi en concertation avec les organisations représentatives de la société ;
– un dispositif de suivi des mesures mises en œuvre et d'évaluation de leur efficacité.

Dans les sociétés tenues d'établir des informations de durabilité, le cas échéant consolidées, le plan de vigilance et le compte-rendu de sa mise en œuvre peuvent y faire **renvoi** (art. L 225-102-1, I-al. 12).

> ***Précisions*** ***a.*** *La* ***cartographie des risques*** est une étape fondamentale de l'élaboration du plan de vigilance ; il s'agit d'identifier et analyser les risques en prenant concrètement en compte des **facteurs précis** sur l'ensemble de la chaîne de valeur, tels que le secteur, la nature et la localisation de l'activité, le cadre juridique de la relation commerciale, la taille et les moyens des filiales et partenaires et les conditions matérielles de réalisation de l'activité (TJ Paris 5-12-2023 nº 21/15827 : RJDA 3/24 nº 166 confirmé par CA Paris 17-6-2025 nº 24/05193 : BRDA 15-16/25 inf. 20). La cartographie doit être élaborée en fonction du critère déterminant de la gravité ; elle doit identifier, analyser et hiérarchiser les risques en mettant en évidence ceux qui présentent le niveau le plus élevé, ce qui peut être fait de manière synthétique mais néanmoins précise (CA Paris 17-6-2025 précité).

b. De même, les **actions d'atténuation et de prévention** doivent être suffisamment précises et ne doivent pas se limiter à des déclarations générales d'intention ; elles doivent porter sur les risques identifiés comme prioritaires dans la cartographie (TJ Paris 5-12-2023 précité, confirmé par CA Paris 17-6-2025 précité).

c. Le plan de vigilance n'a pas à intégrer la **liste des fournisseurs** et **sous-traitants** (TJ Paris 5-12-2023 précité, confirmé par CA Paris 17-5-2025 précité).

d. La **concertation** avec les **organisations syndicales** pour l'élaboration d'un mécanisme d'alerte ne peut pas se limiter à la simple consultation d'un projet prédéfini mais suppose une transmission d'éléments d'information et un échange en amont de son élaboration ; il appartient à la société de démontrer qu'elle a mis en place une telle concertation (CA Paris 17-6-2025 précité). Au stade de l'élaboration de la cartographie, il n'existe en revanche pas d'obligation de concertation, même si la loi incite au dialogue avec les parties prenantes (CA Paris 17-6-2025 précité).

e. Les **outils d'évaluation** doivent être stratégiquement orientés vers l'appréhension des risques devant être prioritairement traités (TJ Paris 5-12-2023 précité, confirmé par CA Paris 17-6-2025 précité).

AUTRES INFORMATIONS DU RAPPORT DE GESTION

48218 Le rapport de gestion doit mentionner :
– le montant des **dividendes** distribués au titre des trois derniers exercices et le montant des revenus distribués éligibles à l'abattement ainsi que le montant de ceux qui ne le sont pas, ventilés par catégories d'actions (CGI art. 243 bis) ;
– le montant des **prêts** à moins de trois ans **consentis par la société,** à titre accessoire à son activité principale, à des micro-entreprises, à des PME ou à des entreprises de taille intermédiaire (au sens de l'article 3 du décret 2008-1354 du 18-12-2008), avec lesquelles elle entretient des liens économiques le justifiant si la société est dotée d'un commissaire aux comptes (C. mon. fin. art. L 511-6, 3 bis-al. 2, R 511-2-1-1 et R 511-2-1-2) ;
– les indications prévues à l'article L 225-211 en cas d'opérations effectuées par la société sur ses propres actions (**programme de rachat d'actions** ; n°s 68956 et 68981) ;
– les éléments de calcul et résultats de l'**ajustement** des bases de conversion et des conditions de souscription ou d'exercice des valeurs mobilières donnant accès au capital (n°s 74380 s. et 74400) ou des options de souscription ou d'achat d'actions (n°s 69670 s.) ;
– le cas échéant, les injonctions ou les **sanctions** pécuniaires **pour des pratiques anticoncurrentielles** prononcées par l'Autorité de la concurrence et dont cette dernière a prescrit, à titre de mesure complémentaire, l'insertion dans le rapport annuel des dirigeants (art. L 464-2, I-al. 10).

Par ailleurs, certains établissements financiers sont tenus de publier chaque année des informations sur leurs **implantations** et leurs activités, incluses dans le périmètre de consolidation, dans chaque État ou territoire (reporting pays par pays) ; ces informations doivent figurer dans leur rapport de gestion ou, dans certains cas, en annexe à leurs comptes annuels (C. mon. fin. art. L 511-45, L 533-2-1 et R 511-16-4). Sur ces questions, voir n° 76803.

En outre, les sociétés dispensées d'établir des informations de durabilité en raison de leur appartenance à un groupe doivent inclure dans leur rapport de gestion les **informations** requises par le règlement UE 2020/852 du 18 juin 2020 (**« règlement taxonomie »**) si ces dernières ne figurent pas dans les informations consolidées établies par la société mère : voir n° 76935.

› Précisions **a.** Bien que les textes ne l'imposent pas, c'est souvent dans le rapport de gestion que sont mentionnées les informations à donner à l'assemblée des associés concernant certaines **charges « somptuaires »** (chasses, pêches, résidences de plaisance ou d'agrément, etc.) exclues des charges déductibles pour l'assiette de l'impôt sur les sociétés (CGI art. 39, 4 et 223 quater) et les **réintégrations dans les bénéfices imposables de certains frais généraux** pratiquées par l'administration (CGI art. 39, 5 et 223 quinquies).

b. Les sociétés qui ont bénéficié d'une **prise de participation de l'État** au titre de la loi 2020-473 du 25 avril 2020 doivent publier des informations annuelles sur le respect des **engagements de réduction des émissions de gaz à effet de serre** qu'elles étaient tenues de prendre si elles étaient tenues à l'obligation d'établir une DPEF ou une DPEF consolidées et avaient réalisé un chiffre d'affaires de plus de 500 M€ lors du dernier exercice clos (incluant notamment une trajectoire de réduction de ces émissions et un plan d'action) ; ce rapport annuel doit désormais être inclu dans la section du rapport de gestion dédiée aux informations de durabilité, pour les sociétés qui sont tenues d'en établir (Loi 2020-935 du 30-7-2020 art. 66 et Arrêté TRED2127861A du 2-11-2021 art. 1 : n° 76968). À notre avis, la prudence commande aux sociétés qui n'ont plus à établir de DPEF et qui ne sont pas tenues au reporting de durabilité de continuer de faire figurer ces informations annuelles au sein de leur rapport de gestion.

48219 ***Délais de paiement*** Les sociétés dont les comptes annuels sont certifiés par un commissaire aux comptes doivent communiquer des informations sur les délais de paiement de leurs fournisseurs et de leurs clients (art. L 441-14).

Elles doivent présenter, selon deux modèles de tableaux (art. D 441-6, I et II et A 441-2 et ann. 4-1, qui se réfèrent encore à l'ancien article D 441-4 auquel l'article D 441-6 s'est substitué), le nombre et le montant total des factures non réglées à la date de clôture de l'exercice et dont le terme est échu ; ce montant doit être ventilé par tranches de retard et rapporté en pourcentage au montant total des achats de l'exercice ou au chiffre d'affaires de l'exercice.

Par dérogation, les sociétés peuvent présenter, selon un autre modèle de tableau, le nombre et le montant cumulés des **factures reçues et émises** ayant connu un **retard** de paiement au cours de l'exercice et la ventilation de ce montant par tranche de retard, rapportées aux nombre et montant total des factures, respectivement reçues et émises dans l'année (art. D 441-6, II et A 441-2 et ann. 4-1 précités).

Les sociétés doivent préciser si ces montants sont présentés hors taxe ou toute taxe comprise (art. D 441-6, III).

Les retards sont déterminés à partir des délais de paiement contractuels ou, à défaut, des délais légaux applicables (art. D 441-6, V-al. 1).

Si les sociétés excluent les factures relatives à des dettes et créances litigieuses ou non comptabilisées, elles doivent l'indiquer en commentaire et mentionner le nombre et le montant total des factures concernées (art. D 441-6, V-al. 2).

› Précisions L'expression « **délais légaux applicables** » servant à apprécier les retards de paiement ne vise que les plafonds fixés pour les délais de paiement conventionnels déterminés par la loi ou des accords professionnels (art. L 441-10, I-al. 2 et L 441-11, I-al. 1). En effet, les manquements répétés et significatifs au respect de ces seuls plafonds doivent faire l'objet d'une alerte au ministre de l'économie par le commissaire aux comptes (cf. art. L 441-14, al. 2). Est donc exclu du dispositif le non-respect du délai légal de paiement applicable à défaut de convention entre les parties (art. L 441-10, I-al. 1) ou des délais légaux applicables dans certains secteurs d'activités économiques (art. L 441-11, II).

Informations propres aux sociétés dont les titres sont admis aux négociations sur un marché boursier **Opérations réalisées sur leurs titres par les dirigeants.** Dans les sociétés dont les **actions** sont admises aux négociations sur un **marché réglementé,** sur un **SMN** (organisé ou non) ou un système organisé de négociation, le rapport de gestion doit présenter un état récapitulatif des opérations réalisées sur leurs titres par les dirigeants, par les hauts cadres non dirigeants ou par des personnes auxquelles ils sont étroitement liés et ayant fait l'objet d'une déclaration (C. mon. fin. art. L 621-18-2 et R 621-43-1 et Règl. gén. AMF art. 223-22 A et 223-26 ; nos 66448 s.). 48221

Lien Nation-armée. Le rapport de gestion des sociétés dont les **titres** sont admis aux négociations sur un **marché réglementé** doit présenter les actions de la société visant à promouvoir le lien Nation-armée (c'est-à-dire les relations unissant l'institution militaire, les décideurs publics et les citoyens : Rapport du groupe de travail de la Commission armée jeunesse, ministère de la Défense, session 2014-2015 p. 13) et à soutenir l'engagement dans les réserves militaires (art. L 22-10-35, 2°). 48222

Lutte contre l'évasion fiscale. Le rapport de gestion des sociétés dont les **titres** sont admis aux négociations sur un **marché réglementé** doit présenter les incidences des activités de la société quant à la lutte contre l'évasion fiscale (art. L 22-10-35, 1°). 48223

c. Format du rapport de gestion

48224 Les sociétés tenues de faire figurer dans leur rapport de gestion des informations consolidées de durabilité, de même que celles tenues d'inclure dans leur rapport les informations requises par le règlement UE 2020/852 du 18 juin 2020 (« règlement taxonomie ») doivent établir leur rapport sous le **format d'information électronique européen unique** (Esef) prévu par le règlement UE 2019/815 du 17 décembre 2018 (c'est-à-dire un fichier XHTML). Ces sociétés devront aussi baliser ces informations dès que ce règlement aura été mis à jour à cet effet (art. R 232-8-6, R 233-16- 4, III et R 233-16-5) : voir nos 76952 s.

d. Sanctions en cas de rapport de gestion non présenté ou incomplet

DÉFAUT DE RAPPORT DE GESTION

48225 Le **défaut de présentation** du rapport de gestion devant l'assemblée ordinaire annuelle tenue avant le 1er octobre 2025 entraîne la nullité de cette assemblée (art. L 225-121, al. 1 et L 225-100, I-al. 2). Pour les assemblées tenues à compter de cette date, la nullité devient facultative (art. L 225-121, al. 1 modifié, à compter du 1-10-2025, par ord. 2025-229 du 12-3-2025 et art. L 225-100, I-al. 2 ; Ord. 2025-229 art. 70).

En outre, l'absence de rapport expose les administrateurs (ou les membres du directoire ; art. L 242-30) à un emprisonnement de six mois et à une amende de 9 000 € (art. L 242-10).

Le défaut de rapport peut aussi donner lieu aux **sanctions** exposées n° 46610 pour **défaut de communication** aux actionnaires avant l'assemblée. Par ailleurs, les sanctions encourues en cas d'établissement d'un rapport de gestion incomplet mentionnées ci-après (n°s 48226 s.) sont susceptibles de s'appliquer lorsqu'aucun rapport n'est établi.

RAPPORT DE GESTION INCOMPLET

48226 L'absence, dans le rapport de gestion présenté à l'assemblée générale, d'une ou de plusieurs des indications qui doivent y figurer n'entraîne pas la **nullité** d'une assemblée tenue avant le 1er octobre 2025, à moins que ce rapport ne soit d'un laconisme tel qu'il puisse être considéré par les tribunaux comme inexistant : il y a alors défaut de rapport. L'assemblée tenue à compter de cette date pourrait être annulée, si un juge considérait que les textes fixant le contenu du rapport de gestion constituent des dispositions impératives (cf. C. civ. art. 1844-10, al. 3 modifié, à compter du 1-10-2025, par ord. 2025-229 du 12-3-2025 ; Ord. 2025-229 art. 70).

Par ailleurs, des **sanctions pénales** tendent à assurer le respect de certaines mentions prescrites par la loi. Il en est ainsi notamment en cas d'inobservation des prescriptions relatives aux filiales et participations, sanctionnée par un emprisonnement de deux ans et une amende de 9 000 € (art. L 247-1, I).

L'omission d'informations dans le rapport de gestion constitue aussi une irrégularité que le **commissaire aux comptes** doit, dans les sociétés qui en sont dotées, signaler au conseil d'administration ou au directoire et au conseil de surveillance et mentionner dans la seconde partie de son rapport sur les comptes annuels (Bull. CNCC décembre 2001 p. 672 ; Communiqué CNCC du 11-10-2005 ; art. L 821-10). De même, l'auditeur des informations de durabilité au nom de l'**OTI,** s'il en existe, doit leur signaler les irrégularités qu'il a relevées (art. L 822-25). Lorsqu'ils interviennent auprès d'une EIP, les commissaires aux comptes et auditeurs des informations de durabilité doivent en outre inviter les organes sociaux à enquêter et à prendre des mesures appropriées pour traiter ces irrégularités et éviter qu'elles ne se répètent (art. L 820-10, al. 1 et L 822-25 ; Règl. UE 537/2014 du 16-4-2014 art. 7).

Encourent une **amende administrative** de 375 000 € les sociétés ayant bénéficié d'une prise de participation de l'État dans les conditions exposées n° 48218 qui ne font pas figurer de rapport annuel sur le respect de leurs engagements climatiques au sein de leur DPEF (lorsqu'elle doit encore être établie : n° 48205) ou de la section de leur rapport de gestion (ou du rapport sur la gestion du groupe) consacrée aux informations de durabilité (Loi 2020-935 du 30-7-2020 art. 66, III ; sur la nécessité pour les sociétés qui ne sont pas tenues au reporting de durabilité et ne sont plus tenues d'établir une DPEF de faire figurer ces informations dans leur rapport de gestion, voir n° 48218, b).

Par ailleurs, une société peut être **exclue** d'une procédure de passation d'un **marché public** ou d'un **contrat de concession** si elle n'est pas en mesure de présenter un plan de vigilance dûment réalisé pour l'année qui précède l'année de publication de l'avis d'appel à la concurrence ou d'engagement de la consultation ; il en ira de même, à compter du 1er janvier 2026, des sociétés tenues d'établir des informations de durabilité qui n'ont pas satisfait à cette obligation (CCP art. L 2141-7-1 et L 3123-7-1 ; Ord. 2023-1142 du 6-12-2023 art. 36).

En l'absence des informations suivantes dans le rapport, toute personne peut demander au président du tribunal de commerce du lieu du siège social, statuant en référé, soit d'enjoindre sous astreinte à la personne ou l'organe compétent de communiquer ces informations, soit de **désigner un mandataire chargé de procéder à cette communication** (art. L 238-1, al. 3) :

– état de la participation des salariés dans le capital à la clôture de l'exercice et pourcentage du capital détenu par les salariés faisant l'objet d'une gestion collective (art. L 225-102, al. 3) ;
– situation de la société, évolution prévisible et autres mentions listées n°s 48189 et 48190 ;
– informations requises si la société exploite une installation classée « Seveso seuil haut » (n° 48200), ressources incorporelles essentielles (n° 48202) et informations de durabilité (n°s 76900 s.).

La demande ne peut aboutir que si elle porte sur des informations que la société est tenue d'établir au moment où la demande est formée. S'il est fait droit à la demande, l'astreinte et les frais de procédure sont à la charge de la personne ou de l'organe mis en cause (art. L 238-1, al. 4).

> ***Précisions*** **a.** Pour plus de détails sur la **procédure d'injonction,** voir n°s 89821 s.
> **b.** Dans les sociétés qui restent tenues d'établir une **DPEF,** lorsque celle-ci est manquante, toute personne intéressée peut demander au président du tribunal, statuant en référé, d'**enjoindre sous astreinte** au conseil d'administration ou au directoire de communiquer un certain nombre d'informations (art. L 225-102-1, VI-al. 2 et L 22-10-36, al. 3 anciens, applicables dans les conditions exposées n° 48205).

Plan de vigilance inexistant ou incomplet **Injonction.** Une SA tenue de faire figurer dans le rapport de gestion un plan de vigilance ainsi que le compte rendu de sa mise en œuvre (nº 48218) peut être mise en demeure de s'y conformer ; si elle ne satisfait pas à cette mise en demeure dans un délai de trois mois, toute personne justifiant d'un intérêt à agir peut demander en justice qu'il lui soit enjoint, le cas échéant sous astreinte, de respecter ces obligations (art. L 225-102-1, II ; pour une illustration, TJ Paris 5-12-2023 nº 21/15827 : RJDA 3/24 nº 166 confirmé par CA Paris 17-6-2025 nº 24/05193 : BRDA 15-16/25 inf. 20). 48228

Le juge ne peut pas se substituer à la société et aux parties prenantes en ordonnant que le plan de vigilance contienne certaines mesures ; il peut seulement enjoindre à la société d'élaborer des mesures en concertation avec les parties prenantes (TJ Paris 5-12-2023 précité, confirmé par CA Paris 17-6-2025 précité).

À défaut de **mise en demeure,** l'action est irrecevable (CA Paris 18-6-2024 nºs 23/14348 et 21/22319 : RJDA 12/24 nº 658 ; TJ Paris réf. 28-2-2023 nºs 22/53942 et 22/53943 : RJDA 6/23 nº 313).

La mise en demeure doit exposer de manière suffisamment claire les manquements reprochés à la société et comporter une interpellation suffisante de celle-ci (CA Paris 18-6-2024 nº 23/14348 précité). Les demandes d'injonction formulées devant le juge doivent viser en substance les mêmes obligations que celles ayant fait l'objet de la mise en demeure en s'y rattachant avec un lien suffisant, ce qui implique de se référer aux mêmes catégories de risques, atteintes graves et obligations ; en revanche, il n'est pas exigé que la mise en demeure et l'assignation portent sur le même plan en termes de dates (CA Paris 18-6-2024 nºs 23/14348 et 21/22319 précités).

Les actions relatives au devoir de vigilance doivent être portées devant le **tribunal** judiciaire de Paris (C. org. jud. art. L 211-21, texte qui n'a pas été modifié pour tenir compte du transfert de l'article L 225-102-4 à l'article L 225-102-1 opéré par l'ordonnance 2023-1142 du 6-12-2023 ; le projet de loi de ratification de cette ordonnance ne prévoit pas de rectifier cet oubli : voir Projet Sén. nº 369 du 28-2-2024). 48229

La demande peut être présentée, au choix du demandeur, devant le juge du fond ou le juge des référés (art. L 225-102-1, II). Ce dernier est compétent pour délivrer une injonction lorsqu'une société n'a pas établi de plan ou que le caractère sommaire des rubriques confine à l'inexistence du plan, ou encore en cas d'illicéité manifeste caractérisée ; en revanche, l'appréciation du caractère raisonnable des mesures du plan relève du seul juge du fond (TJ Paris réf. 28-2-2023 nºs 22/53942 et 22/53943 : RJDA 6/23 nº 313).

> **Précisions** **a.** Les **parties prenantes** peuvent mettre en demeure la société de compléter son plan de vigilance même si elles n'ont pas **contesté** ce plan lors de son élaboration (TJ Paris 5-12-2023 nº 21/15827 : RJDA 3/24 nº 166 confirmé par CA Paris 17-6-2025 nº 24/05193 : BRDA 15-16/25 inf. 20).
> **b.** La demande tendant à faire compléter un plan de vigilance est distincte de l'action fondée sur l'article 1252 du Code civil, en vertu duquel le juge peut prescrire les mesures propres à faire cesser le **dommage écologique** ; les deux actions peuvent être présentées de manière complémentaire (CA Paris 18-6-2024 nº 23/14348 : RJDA 12/24 nº 657).

Autres sanctions. Le manquement à l'obligation d'établir et de mettre en œuvre un plan de vigilance (nº 48216) engage par ailleurs la **responsabilité extracontractuelle** de la société dans les conditions prévues aux articles 1240 et 1241 du Code civil et l'oblige à réparer le préjudice que l'exécution de ces obligations aurait permis d'éviter (art. L 225-102-2, al. 1). L'action doit être portée devant le tribunal judiciaire de Paris (C. org. jud. art. L 211-21, qui n'a pas été modifié pour tenir compte du transfert de l'article L 225-102-5 par l'ordonnance 2023-1142 : voir nº 48229). Le juge peut ordonner la publication, la diffusion ou l'affichage de sa décision ou d'un extrait de celle-ci, ainsi que l'exécution de sa décision sous astreinte (art. L 225-102-2, al. 3 s.). 48230

Sur l'exclusion des procédures de passation d'un **marché public** ou d'un **contrat de concession,** voir nº 48226.

4. TABLEAU DES RÉSULTATS

Au rapport de gestion des sociétés tenues de l'établir (voir nºs 48186 s.), doit être obligatoirement joint un tableau faisant apparaître les résultats de la société au cours de chacun des cinq derniers exercices ou de chacun des exercices clos depuis la constitution de la société ou l'absorption par celle-ci d'une autre société s'ils sont inférieurs à cinq (art. R 225-102). 48232

Un modèle de tableau figure en annexe 2-2 du Livre II de la partie réglementaire du Code de commerce. Sur les règles à suivre pour servir les différentes rubriques de ce tableau, voir Mémento Comptable nº 54465.

> **Précisions** Lorsque la **SA** est **issue de la transformation récente d'une SARL,** il convient, à notre avis, de faire figurer dans ce tableau les renseignements concernant les cinq derniers exercices, même si certains d'entre eux se sont déroulés alors que la société revêtait encore la

forme de SARL (contra, E. du Pontavice, Bull. CNCC 1971 p. 234). En effet, l'article R 225-102 ne fait allusion qu'à la constitution de la société ou à l'absorption par celle-ci d'une autre société pour limiter le nombre des années de référence ; la transformation n'étant pas visée, il n'y a pas lieu d'en tenir compte. Cette solution est, au surplus, conforme au vœu du législateur qui tend à assurer la plus large information des actionnaires.

5. RAPPORTS SUR LES STOCK-OPTIONS ET LES ACTIONS GRATUITES

48235 Chaque année, deux rapports spéciaux informent l'assemblée générale ordinaire :
– l'un, des opérations réalisées par la société ou par les sociétés qui lui sont liées au titre des **options d'achat ou de souscription d'actions** réservées au personnel salarié et aux dirigeants (art. L 225-180, II et L 225-184 : nos 69470 s.) ;
– l'autre, des opérations réalisées par la société ou par les sociétés qui lui sont liées au titre de l'**attribution gratuite d'actions** au personnel salarié et aux dirigeants (art. L 225-197-4 et L 225-197-5 : no 70150).

6. RAPPORT SUR LE GOUVERNEMENT D'ENTREPRISE

a. Obligation d'établir un rapport sur le gouvernement d'entreprise

48250 Un rapport sur le gouvernement d'entreprise (art. L 225-37, al. 6 et L 225-68, al. 6) doit être établi par le **conseil d'administration ou de surveillance** de **toutes les SA,** que leurs titres financiers soient ou non admis aux négociations sur un marché réglementé.

Les SA à conseil d'administration peuvent présenter le rapport sur le gouvernement d'entreprise au sein d'une **section spécifique du rapport de gestion** (art. L 225-37, al. 6). Cette faculté n'est pas ouverte aux SA à directoire et conseil de surveillance par l'article L 225-68, al. 6, les deux rapports n'émanant pas, dans ces sociétés, du même organe.

› Précisions Le Code de commerce, qui prévoit une **dispense** d'établissement du **rapport de gestion** pour les micro-entreprises et les petites entreprises (no 48186), ne se prononce pas sur le rapport sur le gouvernement d'entreprise. Certes, ce rapport est joint au rapport de gestion (cf. art. L 225-100, I-al. 2, L 225-37, al. 6 et L 225-68, al. 6), de sorte que la dispense de rapport de gestion pourrait entraîner une dispense de rapport sur le gouvernement d'entreprise. Néanmoins, les articles L 225-37, al. 6 et L 225-68, al. 6 précités font obligation au conseil d'administration ou de surveillance de présenter ce rapport à l'assemblée générale ordinaire annuelle. Il convient donc de l'établir (dans le même sens, Bull. CNCC décembre 2018 p. 638).

b. Contenu du rapport sur le gouvernement d'entreprise

LISTE DES FONCTIONS ET MANDATS EXERCÉS

48251 Dans le rapport sur le gouvernement d'entreprise doit figurer la liste des mandats et fonctions exercés dans toute société durant l'exercice écoulé par chaque mandataire social (art. L 225-37-4, 1°, L 225-68, al. 6 et L 22-10-20).

Les mandataires visés sont les administrateurs, le directeur général, les directeurs généraux délégués, les membres du directoire et du conseil de surveillance.

La généralité des termes employés conduit à penser qu'il convient d'indiquer aussi bien les fonctions, salariées ou non, exercées au sein de la société et des sociétés du groupe que celles exercées dans des sociétés tierces, françaises ou étrangères (dans le même sens, Rép. Zocchetto : Sén. 7-11-2002 no 1347).

CONVENTIONS CONCLUES ENTRE UN DIRIGEANT OU UN ACTIONNAIRE SIGNIFICATIF ET UNE SOCIÉTÉ CONTRÔLÉE

48253 Le rapport sur le gouvernement d'entreprise doit mentionner les conventions intervenues, directement ou par personne interposée, entre (art. L 225-37-4, 2°, L 225-68, al. 6 et L 22-10-20) :
– d'une part, l'un des membres du directoire ou du conseil de surveillance, le directeur général, l'un des directeurs généraux délégués, l'un des administrateurs ou l'un des actionnaires disposant d'une fraction des droits de vote supérieure à 10 % de la SA ;
– et, d'autre part, une autre société contrôlée par la SA au sens de l'article L 233-3.

Sont néanmoins exclues les conventions portant sur des opérations courantes et conclues à des conditions normales.

> Précisions **a.** Cette obligation vise les conventions conclues par un dirigeant ou un actionnaire significatif de la société mère avec une filiale. Il ne s'agit pas de **conventions réglementées soumises à l'autorisation préalable du conseil** d'administration ou de surveillance, puisque la société mère n'est pas partie à la convention.
b. L'Ansa estime que la mention au rapport s'impose seulement pour les conventions conclues durant l'**exercice** en cause et non pour celles passées durant les exercices antérieurs (Communication Ansa, comité juridique n° 14-063 du 3-12-2014).
c. L'obligation vise toutes les formes de contrôle de l'article L 233-3, dont le **contrôle de fait.**
d. Les conventions constituant une **opération courante** conclue à des conditions normales sont exclues du champ d'application dans les mêmes termes que pour les conventions « libres » conclues avec la société, de sorte que les solutions précisant quelles sont les conventions libres sont transposables (n°s 52640 s.).

TABLEAU SUR LES DÉLÉGATIONS EN MATIÈRE D'AUGMENTATION DE CAPITAL

48255 Doit figurer dans le rapport sur le gouvernement d'entreprise un tableau récapitulatif des **délégations de compétence et de pouvoirs** en cours de validité accordées par l'assemblée générale au conseil d'administration ou au directoire dans le domaine des augmentations de capital, par application des articles L 225-129-1 et L 225-129-2, et faisant apparaître leur utilisation au cours de l'exercice (art. L 225-37-4, 3°, L 225-68, al. 6 et L 22-10-20).

Rappelons en outre que le conseil d'administration ou le directoire qui fait usage d'une délégation de compétence ou d'une délégation de pouvoirs de l'assemblée générale doit établir un rapport complémentaire (n° 49626), présenté à l'assemblée générale ordinaire suivante.

OPTION CHOISIE POUR L'EXERCICE DE LA DIRECTION GÉNÉRALE

48257 Dans les **SA classiques,** doit être mentionné dans le rapport sur le gouvernement d'entreprise l'organe choisi pour exercer la direction générale de la société (président du conseil d'administration ou directeur général), cette mention étant requise dans le rapport de l'année de ce choix et en cas de modification ultérieure (art. L 225-37-4, 4°).

OBSERVATIONS DU CONSEIL DE SURVEILLANCE

48258 Dans les **SA à directoire** et conseil de surveillance, doivent figurer dans le rapport sur le gouvernement d'entreprise les observations du conseil de surveillance sur le **rapport de gestion** établi par le directoire ainsi que sur les **comptes** de l'exercice écoulé (art. L 225-68, al. 6).

> Précisions La loi ne donne aucune indication sur l'**étendue des vérifications** auxquelles doit procéder le conseil de surveillance ni sur le **contenu** de son rapport. Le conseil de surveillance est donc libre de formuler toutes les remarques qu'il juge opportunes.

STOCK-OPTIONS ET ACTIONS GRATUITES ATTRIBUÉES AUX MANDATAIRES SOCIAUX

48259 En cas d'attribution d'options de souscription ou d'achat d'actions ou en cas d'attribution gratuite d'actions aux mandataires sociaux, le rapport sur le gouvernement d'entreprise doit mentionner les **restrictions** imposées à ceux-ci par le conseil d'administration ou de surveillance en matière de **levée des options** ou de **vente des titres** (art. L 225-185, al. 4 et L 225-197-1, II-al. 5).

INFORMATIONS PROPRES AUX SA DONT DES TITRES SONT ADMIS AUX NÉGOCIATIONS SUR UN MARCHÉ RÉGLEMENTÉ

Éléments susceptibles d'avoir une incidence en cas d'offre publique

48261 Le rapport sur le gouvernement d'entreprise des sociétés dont des titres sont admis aux négociations sur un marché réglementé doit exposer et, le cas échéant, expliquer les éléments suivants lorsqu'ils sont susceptibles d'avoir une incidence en cas d'offre publique (ce qui est fréquemment le cas en pratique) (art. L 22-10-11 et L 22-10-20) :

1. La **structure du capital** de la société.

2. Les **restrictions statutaires** à l'exercice des **droits de vote** et aux **transferts d'actions** ou les clauses des conventions portées à la connaissance de la société en application de l'article L 233-11. Sont visées les clauses statutaires de plafonnement de voix ainsi que les clauses statutaires d'interdiction temporaire de cession des actions nominatives, de même que les clauses, contenues dans des pactes d'actionnaires portant sur au moins 0,5 % des actions ou des droits de vote de la société, comportant des conditions préférentielles de cession ou d'acquisition des actions (notamment un droit de préférence ou de préemption, des promesses ou options de vente ou d'achat).

3. Les participations directes ou indirectes dans le capital de la société dont elle a connaissance en vertu des articles L 233-7 et L 233-12 (**participations significatives** et d'**autocontrôle**).

4. La **liste** des **détenteurs** de tout titre comportant des **droits de contrôle** spéciaux et la description de ceux-ci (résultant notamment des actions de préférence).

5. Les **mécanismes** de **contrôle** prévus dans un éventuel système d'**actionnariat du personnel,** quand les droits de contrôle ne sont pas exercés par ce dernier (cas, par exemple, des FCPE).

6. Les accords entre actionnaires dont la société a connaissance et qui peuvent entraîner des restrictions au transfert d'actions et à l'exercice des droits de vote (pactes d'actionnaires).

7. Les règles applicables à la **nomination** et au **remplacement** des **membres** du conseil d'administration (ou du directoire : cf. art. L 225-68, al. 6 et L 22-10-20) ainsi qu'à la **modification des statuts** de la société (il s'agit, à notre avis, de reprendre les dispositions légales ou statutaires régissant ces matières, mais aussi, le cas échéant, les dispositions du règlement intérieur de ces organes).

8. Les **pouvoirs du conseil d'administration** (ou du directoire : cf. art. L 225-68, al. 6 et L 22-10-20), en particulier l'émission ou le rachat d'actions.

Doivent être mentionnés tous les pouvoirs octroyés à ces organes et susceptibles de faire échouer l'offre, par exemple en matière d'augmentation de capital (délégations de compétence ou de pouvoir), de cession d'actifs stratégiques, de réduction de capital, de fusion, de programmes de rachat d'actions, d'acquisitions défensives, etc.

9. Les **accords** conclus par la société qui sont **modifiés** ou prennent fin en cas de **changement de contrôle** de la société, sauf si cette divulgation, hors les cas d'obligation légale de divulgation, porterait gravement atteinte à ses intérêts (y compris les clauses des contrats commerciaux ou financiers).

10. Les accords prévoyant des indemnités pour les membres du conseil d'administration (ou du directoire : cf. art. L 225-68, al. 6 et L 22-10-20) ou les salariés, s'ils démissionnent ou sont licenciés sans cause réelle et sérieuse ou si leur emploi prend fin en raison d'une offre publique d'achat ou d'échange (en particulier, **indemnités de départ** et **golden parachutes**).

> **Précisions** Certaines de ces **informations** figurent dans le rapport de gestion. Elles doivent ici être exposées et expliquées sous l'**angle** de l'incidence qu'elles peuvent avoir en cas d'offre publique. Les éléments visés doivent être « susceptibles d'avoir une incidence en cas d'offre publique » ; cela suppose donc une analyse au cas par cas, sans doute relativement subjective, telle caractéristique de la société (dont on ne sait, par hypothèse, si elle sera cible ou initiatrice) pouvant avoir une incidence compte tenu de la nature de l'offre et du contexte.

48262 **Rémunération des mandataires sociaux** Le rapport sur le gouvernement d'entreprise des sociétés dont les **actions** sont **admises** aux négociations sur un **marché réglementé** doit comporter un certain nombre d'informations portant sur les rémunérations des mandataires sociaux : nos 53080 s.

48263 **Organisation et évaluation du conseil** Le rapport sur le gouvernement d'entreprise des SA dont les titres sont admis aux négociations sur un marché réglementé doit rendre compte de la **composition** ainsi que des conditions de préparation et d'organisation des **travaux du conseil** et des éventuelles **limitations** que le conseil d'administration apporte aux **pouvoirs du directeur général** (art. L 22-10-10, 1° et 3° et L 22-10-20).

48264 L'Afep et le Medef recommandent d'informer chaque année les actionnaires dans le rapport sur le gouvernement d'entreprise de la réalisation des **évaluations** du conseil et, le cas échéant, des suites données à celles-ci (Code de gouvernance Afep-Medef art. 11.3 ; sur cette évaluation, voir n° 41150). L'AMF encourage les sociétés à communiquer de manière suffisamment détaillée sur la procédure d'évaluation mise en place, les résultats et les suites de cette évaluation, en particulier sur les pistes d'amélioration (Recommandation AMF 2012-02 § 11.6 ; voir aussi Rapport AMF 2023 sur le gouvernement d'entreprise et la rémunération des dirigeants des sociétés cotées du 14-12-2023 p. 2 s. et 28 s.).

48265 **Politique de diversité et équilibre entre les femmes et les hommes** Le rapport sur le gouvernement d'entreprise des SA dont les titres sont admis aux négociations sur un marché réglementé et qui sont des grandes entreprises au sens de l'article L 230-1 doit comprendre une description de la **politique de diversité appliquée aux membres du conseil** d'administration ou de surveillance (art. L 22-10-10, 2° et L 22-10-20), qui a évolué depuis le 1er janvier 2025.

Le rapport doit désormais décrire la politique de diversité en ce qui concerne le genre et d'autres aspects tels que l'âge, le handicap ou les qualifications et l'expérience professionnelle, ainsi qu'une description des objectifs de cette politique, des modalités de sa mise en œuvre et des résultats obtenus au cours de l'exercice écoulé ; si la société n'applique pas de politique de diversité, une explication des raisons le justifiant doit être produite (art. L 22-10-10, 2° et L 22-10-20).

L'AMF recommande d'intégrer les réflexions conduites sur la question de la diversification de la composition des conseils dans le cadre de l'information sur l'évaluation du conseil mentionnée nº 48263 (Recommandation AMF 2012-02 § 11.6).

Pour satisfaire à l'obligation de décrire la politique de diversité, les sociétés qui établissent des informations de durabilité ou des informations de durabilité consolidées peuvent y renvoyer (art. L 22-10-10, al. 9 et L 22-10-20).

À compter du 1er janvier 2026 (rapport relatif à l'exercice 2025), le rapport sur le gouvernement d'entreprise établi par les SA dont les actions sont admises aux négociations sur un marché réglementé qui, à la clôture de dernier exercice, emploient au moins 250 salariés et réalisent un chiffre d'affaires d'au moins 50 M€ ou dont le total bilan excède 43 M€ devra comporter des informations portant sur les modalités du respect des règles de **représentation équilibrée entre les femmes et les hommes dans le conseil** d'administration ou de surveillance, les raisons pour lesquelles ces règles n'auront pas été respectées et une description complète des mesures qui auront été prises ou que la SA compte prendre pour les respecter (art. L 22-10-10, 2º bis et L 22-10-20 modifiés par ord. 2024-934 du 15-10-2024 et Ord. 2024-934 art. 26, II-al. 1 et 2 ; cf. art. L 22-10-3). À notre avis, devra notamment être mentionnée la teneur des clauses statutaires insérées afin d'assurer une représentation équilibrée entre les sexes parmi les membres des conseils représentant les salariés ou les salariés actionnaires. 48266

Le rapport des SA à directoire devra aussi inclure des informations sur le respect des **objectifs quantitatifs arrêtés par le conseil** de surveillance en matière de représentation équilibrée au sein du **directoire** (art. L 22-10-20 modifié par ord. 2024-934), à condition, pour le rapport établi en 2026, que ces objectifs aient déjà été fixés, l'obligation pour le conseil d'arrêter ces objectifs n'entrant en vigueur que le 30 juin 2026 (art. L 22-10-18-1, al. 1 issu de ord. 2024-934 ; Ord. 2024-934 art. 26, II-al. 2).

Pour les SA tenues de publier des informations de durabilité dans leur rapport de gestion et si les informations ci-dessus y figurent, le rapport sur le gouvernement d'entreprise peut y renvoyer directement (art. L 22-10-10, 2º bis).

Sur la description de la politique de non-discrimination et de diversité, notamment en matière de représentation équilibrée des femmes et des hommes, au sein des **instances dirigeantes** requise par le Code de gouvernance Afep-Medef, voir nº 40868. 48267

Systèmes de contrôle interne et de gestion des risques Les SA dont les titres sont admis aux négociations sur un marché réglementé doivent décrire dans leur rapport sur le gouvernement d'entreprise les principales caractéristiques de leurs systèmes de contrôle interne et de gestion des risques (art. L 22-10-10, 7º ; voir Position-recommandation AMF 2016-05, à propos de ces mentions lorsqu'elles devaient encore figurer dans le rapport de gestion mais transposable). 48268

› Précisions Il a été précisé que l'obligation de rapport a une **portée générale** et que le rapport doit rendre compte de l'ensemble des procédures mises en place par la société afin de prévenir et maîtriser les risques résultant de son activité ; il doit rendre compte notamment des procédures garantissant la fiabilité des informations comptables et financières, mais aussi le respect des lois et de la réglementation, ainsi que la « mise en sécurité » des conditions de production ou de gestion (Rép. Lenoir : AN 15-1-2005 nº 37779).

Certaines **autres précisions** ont été apportées par le Medef et l'Afep (Communication du 17-12-2003), par l'Ansa (Communication Ansa, comité juridique nº 3267 du 5-11-2003), la CNCC (Avis technique CNCC : BCFE 2/04 p. 35) et l'AMF (Étude AMF relative aux rapports du président sur les procédures de contrôle interne et de gestion des risques pour l'exercice 2015 du 1-12-2016).

Pour les sociétés appartenant au compartiment A d'Euronext, voir le cadre de référence des dispositifs de gestion des risques et de contrôle interne (Recommandation AMF 2010-16 du 22-7-2010) ; pour les autres sociétés, voir la Recommandation précitée et le Guide de mise en œuvre du cadre de référence pour les valeurs moyennes et petites du 22 juillet 2010. L'AMF invite les sociétés à préciser, dans le rapport, si elles utilisent ces documents et, en cas d'application partielle, à identifier clairement les domaines ou processus appliqués.

Procédure d'évaluation des conventions courantes Le rapport sur le gouvernement d'entreprise des sociétés dont les titres sont admis aux négociations sur un marché réglementé doit décrire la procédure d'évaluation des conventions courantes conclues à des conditions normales ainsi que sa mise en œuvre (art. L 22-10-10, 6º et L 22-10-20 ; nº 52660). 48271

Référence à un code de gouvernement d'entreprise Les sociétés dont les titres sont admis aux négociations sur un marché réglementé peuvent se référer volontairement à un code de gouvernement d'entreprise élaboré par les organisations représentatives des entreprises tel que le Code de gouvernance Afep-Medef ou le Code de gouvernance Middlenext. 48272

Lorsqu'une société se réfère à un tel code, le rapport doit préciser les dispositions de ce code qui ont été écartées et les raisons pour lesquelles elles l'ont été (principe dit « **appliquer ou expliquer** » ou « comply or explain ») ; il doit aussi indiquer le lieu où ce code peut être consulté (art. L 22-10-10, 4° et L 22-10-20). L'AMF demande aux sociétés de préciser à quel code elles ont décidé de se référer et de l'indiquer clairement afin d'éviter toute ambiguïté et d'expliquer les raisons qui motivent leur éventuel choix de ne pas appliquer certaines des recommandations du code choisi ; en cas de mise en conformité progressive, elle demande aux sociétés de donner une explication détaillée sur les différentes étapes envisagées (Position-recommandation AMF 2021-02) ; en cas de mise à jour d'une recommandation du code, elle demande aux sociétés qui n'ont pas mis en conformité avec elle un engagement conclu avant la mise à jour de préciser pourquoi (Recommandation AMF 2021-02). L'explication ne peut pas consister à remettre en cause le bien-fondé d'une disposition d'un code de gouvernement d'entreprise ; il convient d'indiquer, de manière concrète et circonstanciée, en quoi la dérogation est justifiée dans la société concernée (Rapport AMF 2023 sur le gouvernement d'entreprise et la rémunération des dirigeants des sociétés cotées du 14-12-2023 p. 53). L'AMF recommande l'utilisation de tableaux récapitulant les recommandations du Code qui ne seraient pas suivies ; cette présentation peut être préférée à une rédaction plus littéraire, dans un objectif de lisibilité et de synthèse de l'information (Rapport AMF 2024 sur le gouvernement d'entreprise et la rémunération des dirigeants des sociétés cotées du 14-12-2023 p. 53 ; Recommandation AMF 2021-02).

Si une **société** ne se réfère à **aucun code,** le rapport doit indiquer les raisons de ce choix ainsi que, le cas échéant, les règles retenues en complément des exigences légales (art. L 22-10-10, 4° et L 22-10-20 ; Recommandation 2021-02).

48273 Pour l'**Afep** et le **Medef**, l'explication à fournir lorsqu'une recommandation n'est pas appliquée doit être compréhensible, pertinente et circonstanciée ; elle doit être étayée et adaptée à la situation particulière de la société et indiquer, de manière convaincante, en quoi cette spécificité justifie la dérogation ; elle doit indiquer les mesures alternatives adoptées le cas échéant et décrire les actions qui permettent de maintenir la conformité avec l'objectif poursuivi par la disposition concernée du code. Lorsqu'une société entend mettre en œuvre à l'avenir une recommandation qu'elle écarte provisoirement, elle doit mentionner quand cette situation temporaire prendra fin. Les sociétés indiquent dans une rubrique ou un tableau spécifique les recommandations qu'elles n'appliquent pas et les explications correspondantes (Code de gouvernance Afep-Medef art. 28.1).

Pour **Middlenext**, expliquer la divergence par rapport à une recommandation manifeste cette « intelligence pratique » qui est le fondement d'une gouvernance raisonnable. Le choix entre les deux options (« comply or explain ») n'entraîne aucun jugement de valeur quant à la qualité de la gouvernance mise en place au sein de la société : « Une bonne explication aura ainsi une portée rigoureusement identique à celle du respect littéral de ce qui est suggéré par le Code, celui-ci ne faisant qu'émettre des propositions qui ne conviennent pas forcément à chaque entreprise. S'expliquer de manière circonstanciée et pertinente, c'est être conforme » (Code de gouvernance Middlenext, préambule p. 7).

› Précisions **a.** Le **Haut Comité de gouvernement d'entreprise** mis en place par l'Afep et le Medef assure le suivi de l'application des principes posés par le Code de gouvernance Afep-Medef, notamment du principe « appliquer ou expliquer » (Code de gouvernance Afep-Medef art. 28.2). Le Comité peut être saisi par les conseils d'administration ou de surveillance sur toute disposition du Code ou toute interprétation liée à celui-ci ou s'autosaisir s'il constate qu'une société n'applique pas l'une des recommandations du Code sans explication suffisante. En cas d'autosaisine, la société doit répondre dans un délai maximum de deux mois à la lettre du Haut Comité ; à défaut de réponse dans ce délai, elle s'expose à ce que la saisine soit rendue publique. Une société décidant de ne pas suivre l'avis du Haut Comité devra en faire état dans le rapport sur le gouvernement d'entreprise et donner les raisons pour lesquelles elle a décidé de ne pas y donner suite (Code de gouvernance Afep-Medef art. 28.2). Ces documents étant soumis à publicité (voir n°s 76800 s.), le public est informé des divergences entre la société et le Haut Comité.

b. Un **guide** précise l'interprétation retenue par le Haut Comité pour certaines recommandations du Code Afep-Medef et donne des outils pour faciliter son application. Ce guide, qui a vocation à évoluer au fur et à mesure des travaux du Haut Comité, a été actualisé en dernier lieu en mars 2024 et est disponible sur le site www.hcge.fr.

48274 **Modalités de participation des actionnaires à l'assemblée** Le rapport sur le gouvernement d'entreprise doit préciser les modalités particulières relatives à la participation des actionnaires à l'assemblée générale ou renvoyer aux dispositions des statuts qui prévoient ces modalités (art. L 22-10-10, 5° et L 22-10-20).

Sont visés le mode de fonctionnement et les principaux pouvoirs de l'assemblée générale des actionnaires, ainsi qu'une description des droits des actionnaires et des modalités de l'exercice de ces droits (cf. Dir. 2006/46 du 14-6-2006 art. 46 bis, 1-e).

Recommandations pour l'élaboration du rapport Les documents suivants contiennent des recommandations concernant les informations à faire figurer dans le rapport sur le gouvernement d'entreprise : 48276
– le Code de gouvernance Afep-Medef, le guide d'application de ce Code de mars 2024 et la recommandation AMF 2012-02 relative à la gouvernance et à la rémunération des dirigeants des sociétés se référant au Code de gouvernance Afep-Medef ;
– le Code de gouvernance Middlenext ;
– le guide d'élaboration des documents d'enregistrement universel élaboré par l'AMF (Position-recommandation 2021-02) ;
– la recommandation AMF 2013-20 du 18 novembre 2013 sur le gouvernement d'entreprise et la rémunération des dirigeants des valeurs petites et moyennes, dites « VaMPs » (sociétés dont la capitalisation boursière est inférieure ou égale à 1 Md€), se référant au **Code de gouvernance Middlenext** ou ne se référant à **aucun code** de gouvernement d'entreprise, bien que cette recommandation n'ait pas été modifiée depuis sa date de publication ;
– la recommandation sur les informations que doivent au minimum publier les sociétés ne se référant à **aucun code** de gouvernement d'entreprise ou ne s'y référant que partiellement qui figure en annexe du rapport AMF 2015 sur le gouvernement d'entreprise et la rémunération des dirigeants de sociétés cotées du 9 novembre 2015.

L'AMF a aussi publié, le 3 décembre 2024, son rapport annuel 2024 sur le gouvernement d'entreprise et la rémunération des dirigeants des sociétés cotées.

c. Information du public concernant le rapport sur le gouvernement d'entreprise

Le rapport sur le gouvernement d'entreprise étant joint au rapport de gestion, il suit le régime de publicité de ce dernier : voir n°s 76801 s. Si les titres de la société sont admis aux négociations sur un marché réglementé, le rapport sur le gouvernement d'entreprise doit en outre être rendu public dans les conditions exposées nº 66292 (C. mon. fin. art. L 451-1-2 ; Règl. gén. AMF art. 222-9, al. 1). 48284

Certaines informations du rapport sur le gouvernement d'entreprise relatives à la rémunération des mandataires sociaux des sociétés dont les actions sont admises aux négociations sur un marché réglementé doivent être mises gratuitement à la disposition du public sur le site internet de la société : voir n°s 53100 et 53118. 48285

À compter du 30 juin 2026, devront aussi être publiées sur le site internet de ces sociétés, lorsqu'elles dépassent certains seuils, des informations portant sur la représentation équilibrée des femmes et des hommes dans les organes sociaux : voir n°s 47989 et 48266.

d. Sanctions

Le **défaut** de présentation **du rapport** sur le gouvernement d'entreprise devant l'assemblée ordinaire annuelle tenue avant le 1er octobre 2025 entraîne (art. L 225-121, al. 1 et L 225-100, I-al. 2). Pour les assemblées tenues à compter de cette date, la nullité devient facultative (art. L 225-121, al. 1 modifié, à compter du 1-10-2025, par ord. 2025-229 du 12-3-2025 et art. L 225-100, I-al. 2 ; Ord. 2025-229 art. 70). 48287

Le défaut de rapport peut aussi donner lieu aux **sanctions** exposées nº 46610 pour **défaut de communication** aux actionnaires avant l'assemblée.

Par ailleurs, lorsque le rapport sur le gouvernement d'entreprise ne comprend pas les **informations** suivantes, toute personne peut demander au président du tribunal statuant en référé soit d'**enjoindre sous astreinte** au conseil d'administration ou au directoire, selon le cas, de **communiquer** ces informations, soit de **désigner un mandataire** chargé de procéder à cette communication (art. L 238-1, al. 3) : 48288
– rémunérations versées ou attribuées aux dirigeants au cours de l'exercice clos (n°s 53110 s.) ;
– liste des mandats exercés par les dirigeants (nº 48251) ;
– conventions conclues entre un dirigeant ou un actionnaire significatif et une filiale (nº 48253) ;
– tableau sur les délégations en matière d'augmentation de capital (nº 48255) ;

– option choisie pour l'exercice de la direction générale dans les SA à conseil d'administration (nº 48257) ;
– composition et conditions de préparation et d'organisation des travaux du conseil (nº 48263) ;
– description de la politique de diversité appliquée aux membres du conseil d'administration ou de surveillance (nº 48265) ;
– éventuelles limitations que le conseil d'administration apporte aux pouvoirs du directeur général (nº 48263) ;
– description de la procédure d'évaluation des conventions courantes conclues à des conditions normales et de sa mise en œuvre (nº 52660) ;
– si la société se réfère volontairement à un code de gouvernement d'entreprise, dispositions de ce code qui ont été écartées et raisons pour lesquelles elles l'ont été, lieu où ce code peut être consulté ou raisons pour lesquelles la société a décidé de ne pas s'y référer (nºs 48272 s.) ;
– modalités particulières de la participation des actionnaires à l'assemblée (nº 48274) ;
– description des principales caractéristiques des systèmes de contrôle interne et de gestion des risques (nº 48268).

Pour plus de détails sur la procédure d'injonction, voir nºs 89821 s.

48289 La **responsabilité civile extracontractuelle** des administrateurs ou des membres du conseil de surveillance pourrait en outre être recherchée, dans les conditions de droit commun, dès lors que serait caractérisée une faute constitutive d'un préjudice (en ce sens, Rép. Lenoir : AN 15-1-2005 nº 37779).

7. RAPPORTS DES COMMISSAIRES AUX COMPTES ET OTI

48290 L'approbation des comptes de l'exercice écoulé doit être précédée de la présentation des rapports des commissaires aux comptes chargés d'un **audit classique des comptes** dans les sociétés qui en sont dotées (nºs 77862 s.). À cet égard, on distingue :
– le rapport sur les comptes, dans lequel les commissaires relatent l'accomplissement de leur mission (art. L 225-100, I-al. 3) ;
– le rapport spécial sur les conventions réglementées (sur le contenu de ce rapport, voir nºs 52815 s.) ;
– le cas échéant, le rapport spécial sur les conditions dans lesquelles les actions ont été rachetées et utilisées au cours du dernier exercice en cas de programme de rachat d'actions dans les sociétés dont les actions ne sont pas admises aux négociations sur un marché réglementé ou sur Euronext Growth (art. L 225-209-2, al. 14 et L 22-10-63) ;
– le rapport relatif au rapport sur le gouvernement d'entreprise établi par le conseil d'administration ou de surveillance (nº 77866) ;
– le cas échéant, le rapport en cas d'irrégularité ou d'observation sur les documents de gestion prévisionnelle dans les sociétés (nºs 76079 s.) ;
– le cas échéant, le rapport complémentaire en cas d'augmentation de capital (nºs 49626 et 50300) ;
– le cas échéant, le rapport sur le paiement du dividende en actions (nº 76472).

Dans les SA qui ont opté pour un **audit allégé,** sont présentés à l'assemblée le rapport sur les comptes et, le cas échéant, le rapport spécial sur les conditions dans lesquelles les actions ont été rachetées et utilisées au cours du dernier exercice en cas de programme de rachat d'actions et le rapport sur le paiement du dividende en actions. Mais le commissaire est dispensé de la réalisation des autres rapports (conventions réglementées, rapport relatif au rapport du conseil sur le gouvernement d'entreprise, etc.) (art. L 821-57 ; voir aussi Projet AN nº 3726 du 6-1-2021 art. 16 et nos remarques nº 77866).

Par ailleurs, dans les SA tenues d'établir des **informations de durabilité,** le rapport des commissaires aux comptes ou OTI certifiant ces informations doit être présenté à l'assemblée (art. L 225-100, I-al. 3 et 4).

> **Précisions** Dans une **déclaration jointe au rapport de gestion** et sauf dispense d'établissement de ce rapport, le commissaire aux comptes chargé d'un audit classique ou allégé des comptes *doit en outre attester du montant* initial et du capital restant dû au titre des **prêts interentreprises** que la société a consentis (nº 52810).

SANCTIONS RELATIVES AUX RAPPORTS DE COMMISSAIRES AUX COMPTES ET OTI

48292 L'**omission** du **rapport sur les comptes** ou du rapport de certification des **informations de durabilité** établis par le commissaire aux comptes entraîne la nullité de l'assemblée tenue avant le 1er octobre 2025 (art. L 225-121, al. 1). Pour les assemblées tenues à compter de cette date, la nullité devient facultative (art. L 225-121, al. 1 modifié par ord. 2025-229 du 12-3-2025 ; Ord. 2025-229 art. 70).

L'omission des **autres rapports** du commissaire aux comptes ou de l'OTI peut entraîner la nullité de l'assemblée si le juge considère que ce manquement constitue la violation d'une disposition impérative (cf. art. L 235-1, al. 2 remplacé, à compter du 1-10-2025, par C. civ. art. 1844-10, al. 3 modifié par ord. 2025-229 du 12-3-2025 ; Ord. 2025-229 art. 70).

Sur la nullité encourue lorsque l'absence de rapport est due au défaut de désignation d'un commissaire aux comptes, voir nos 77650 s.

Les intéressés peuvent aussi demander la production du rapport au président du tribunal statuant en référé qui peut **enjoindre** sa communication **sous astreinte** ou désigner un mandataire de justice chargé de procéder à celle-ci (art. L 238-1, al. 1). S'il est fait droit à la demande, l'astreinte et les frais de procédure sont à la charge des dirigeants en cause (art. L 238-1, al. 4).

Le défaut de rapport peut enfin donner lieu aux sanctions exposées no 46610 pour défaut de communication aux actionnaires avant l'assemblée.

Les décisions prises sur présentation d'un rapport établi par des **commissaires aux comptes irrégulièrement nommés ou maintenus en fonctions** encourent la nullité dans les conditions exposées nos 77650 s. 48293

Sur la **responsabilité** des commissaires aux comptes, voir nos 78140 s. 48295

8. AUTRES DOCUMENTS SOUMIS À L'ASSEMBLÉE ANNUELLE

Doivent être présentés à l'assemblée générale : 48310
– le **rapport sur les conventions réglementées** établi par le président du conseil d'administration ou de surveillance dans les sociétés non dotées d'un commissaire aux comptes ou, à notre avis, dotées d'un commissaire chargé d'un audit allégé des comptes (no 52815) ;
– le cas échéant, le **rapport complémentaire** du conseil d'administration ou du directoire sur les **augmentations de capital** assorties d'une délégation de compétence ou de pouvoirs (no 49626) ;
– la décision de dispense de rapport du commissaire aux apports (no 51034) ;
– le rapport complémentaire du conseil d'administration ou du directoire en cas de délégation du pouvoir de désigner nommément les bénéficiaires d'une augmentation de capital avec suppression du droit préférentiel de souscription (no 50300, b).

Lorsque l'assemblée d'une **EIP** est appelée à statuer sur la **nomination des commissaires aux comptes chargés de certifier les comptes,** la **proposition** de l'organe d'administration ou de surveillance contenant la recommandation du comité d'audit et un exposé motivé si cet organe ne suit pas la préférence du comité (art. L 821-40, II-al. 1) doivent être portés à la connaissance de l'assemblée.

Lorsqu'il existe des **actions à dividende prioritaire sans droit de vote** et que l'**assemblée spéciale** des titulaires de ces actions a émis un **avis** sur les résolutions soumises à l'assemblée générale, cet avis doit être porté à la connaissance de l'assemblée et consigné au procès-verbal de celle-ci (art. L 228-35-6, al. 3).

Enfin, lorsque, dans les sociétés tenues d'établir des **informations de durabilité** (le cas échéant consolidées), une **personne morale accréditée** a été désignée à la demande d'actionnaires pour préparer un **rapport** sur certaines de ces informations, ce rapport doit être « mis à la disposition des membres de l'assemblée » (art. L 232-6-3, IV et L 233-28-4, IV ; sur cette demande, voir nos 77300 s.). En l'absence de précisions dans les textes, il convient à notre avis de mettre ce rapport à disposition des actionnaires dès qu'il est disponible et de le présenter *à l'assemblée générale suivante.*

C. Quorum et majorité requis pour les décisions collectives ordinaires

QUORUM

L'assemblée générale ordinaire ne peut valablement délibérer sur **première convocation** que si les actionnaires présents (et réputés tels) ou représentés possèdent au moins le 48350 cinquième des actions ayant droit de vote, les statuts des sociétés dont les actions ne sont pas admises aux négociations sur un marché réglementé pouvant prévoir un **quorum plus élevé** (art. L 225-98, al. 2 et L 22-10-32). Sur **deuxième convocation,** aucun quorum n'est requis (art. L 225-98, al. 2).

Sur le calcul du quorum et les conséquences du défaut de quorum, voir nos 47551 s.

MAJORITÉ

48360 L'assemblée générale ordinaire doit statuer à la majorité des voix exprimées par les actionnaires présents (et réputés tels) ou représentés (art. L 225-98, al. 3 et L 225-103-1, al. 2 modifié par loi 2024-537 du 13-6-2024). Les voix exprimées ne comprennent pas les voix attachées aux actions pour lesquelles l'actionnaire n'a pas pris part au vote, s'est abstenu ou a voté blanc ou nul (art. L 225-98, al. 3).

48361 Pour le **calcul** de la majorité, il convient de tenir compte, s'il en existe, des limitations du droit de vote ainsi que, éventuellement, des droits de vote double ou multiple (nos 47711 s.). Il faut aussi tenir compte des cas où les actionnaires ne peuvent pas prendre part au vote (nos 47693 s.).

48365 Les décisions prises par les assemblées générales tenues avant le 1er octobre 2025 sans que soient respectées les conditions de majorité fixées par la loi sont nulles (art. L 225-121, al. 1). Pour les décisions prises à compter de cette date, la **nullité** devient facultative (art. L 225-121, al. 1 modifié, à compter du 1-10-2025, par ord. 2025-229 du 12-3-2025 ; Ord. 2025-229 art. 70).

D. Publicité des décisions ordinaires

PUBLICITÉ DES COMPTES ET RAPPORTS ANNUELS

48440 **Dépôt au greffe** Les comptes annuels (bilan, compte de résultat et annexe), certains rapports présentés aux actionnaires ainsi que la résolution relative à l'affectation du résultat de l'exercice écoulé doivent être au greffe du tribunal de commerce dans le mois qui suit l'assemblée générale ordinaire annuelle, délai porté à deux mois si le dépôt est réalisé par l'intermédiaire du guichet unique électronique des formalités d'entreprises : voir nos 76800 s.

48441 **Dépôt au service des impôts** Les **procès-verbaux des assemblées** générales doivent être adressés au service des impôts dont relève la société en même temps que la déclaration des résultats de cet exercice (CGI art. 223, 2-1°).

> **Précisions** En principe, cette obligation revêt une portée générale. Toutefois, l'administration a admis qu'elle soit limitée aux seules délibérations pouvant avoir une **influence sur l'exigibilité de l'impôt** de distribution et notamment de la retenue à la source. Les comptes rendus ou extraits relatifs aux autres délibérations ne doivent lui être fournis que si elle en fait la demande. Lorsque l'assemblée annuelle a lieu après le délai de dépôt de la déclaration de résultat, les procès-verbaux pouvant avoir une incidence sur l'exigibilité de l'impôt de distribution doivent faire l'objet d'un envoi ultérieur à l'administration (Rép. Garrigue : AN 9-5-1994 n° 10833, non reprise dans la documentation administrative la plus récente).

48442 **Publicité à la charge des sociétés « cotées »** Voir nos 76830 s.

PUBLICITÉ CONCERNANT LES ORGANES SOCIAUX ET LES COMMISSAIRES AUX COMPTES

48450 Toute décision modifiant la composition du **conseil d'administration,** du **directoire** ou du **conseil de surveillance,** ainsi que toute nomination ou cessation de fonctions des **commissaires aux comptes** sont soumises aux mesures de publicité exposées nos 13000 s. pour les organes sociaux et nos 77623 et 77780 pour les commissaires aux comptes.

Les formalités ci-dessus ne doivent être accomplies qu'en cas de nomination ou de cessation de fonctions. Elles ne s'imposent pas en cas de **renouvellement de mandat** puisqu'il n'y a *pas alors modification dans la* composition des organes sociaux (dans le même sens, Rép. Arnaud : AN 4-3-1972 n° 22012 ; Rép. Rickert : AN 17-5-1972 n° 23022, en matière de renouvellement des fonctions d'un administrateur).

II. ASSEMBLÉES GÉNÉRALES EXTRAORDINAIRES

A. Compétence de l'assemblée extraordinaire

PRINCIPE

Aux termes de l'article L 225-96, al. 1, « l'assemblée générale extraordinaire est seule habilitée à **modifier les statuts** dans toutes leurs dispositions. Toute clause contraire est réputée non écrite ». 48510

Ainsi, l'assemblée générale extraordinaire est seule compétente pour étendre ou restreindre l'objet social, changer la dénomination, déplacer le siège social sur le territoire français (sous réserve cependant de la possibilité pour le conseil d'administration ou de surveillance de déplacer le siège social dans les conditions prévues par les articles L 225-36 et L 225-65), décider la dissolution anticipée de la société ou la prorogation de sa durée, augmenter le capital (ou déléguer cette compétence au conseil d'administration ou au directoire ; art. L 225-129-2) ou le réduire, modifier les modalités de répartition des bénéfices, etc. C'est elle aussi qui ratifie la décision du conseil d'administration ou de surveillance d'apporter aux statuts les modifications nécessaires pour les mettre en conformité avec les dispositions législatives et réglementaires (art. L 225-36 et L 225-65 modifiés par loi 2024-537 du 13-6-2024).

En cas de fusion ou de scission, l'assemblée générale extraordinaire peut procéder à la **nomination de nouveaux administrateurs** ou de nouveaux membres du **conseil de surveillance** (art. L 225-18 et L 225-75).

Elle peut aussi valablement prendre des décisions relevant de la compétence de principe de l'assemblée générale ordinaire (pour une application, Cass. com. 13-6-1967 : Bull. civ. III n° 241), sauf à respecter, s'il en existe, la répartition des droits de vote entre bailleurs et locataires d'actions ou entre usufruitiers et nus-propriétaires selon la nature, ordinaire ou extraordinaire, des résolutions proposées.

Le **pouvoir** de l'assemblée générale extraordinaire est **d'ordre public.** Il en résulte trois **conséquences** : 48511

– ni le conseil d'administration, ni l'assemblée ordinaire ne peut modifier les statuts en dehors des cas expressément prévus par la loi (pour des exemples, voir n°s 40860, 40900 s., 49620 s. et 51790) ;

– le pouvoir de modifier les statuts étant strictement précisé par la loi, les statuts ne peuvent ni l'étendre ni le restreindre ; par exemple, ils ne peuvent pas donner compétence à l'assemblée générale extraordinaire pour décider une augmentation des engagements des actionnaires (n°s 7200 s.) ni lui retirer celle de modifier l'objet social ;

– l'exercice du pouvoir de modifier les statuts ne peut pas être subordonné à des conditions particulières.

> **EXEMPLE**
>
> On ne peut notamment pas prévoir que l'assemblée pourra modifier les statuts « seulement sur la proposition du conseil d'administration/du directoire » ; une telle clause violerait, en outre, le droit des actionnaires de déposer des projets de résolution et les règles relatives à la fixation de l'ordre du jour (n°s 46180 s.).

LIMITATION AUX POUVOIRS DE L'ASSEMBLÉE EXTRAORDINAIRE

Changement de nationalité En principe, le changement de nationalité, qui résulte du transfert du siège social à l'étranger, doit être **décidé** à l'unanimité des actionnaires (n° 20530). Il existe toutefois deux exceptions : 48520

– lorsque le siège est transféré vers un autre État membre de l'UE, la décision est prise par l'assemblée générale dans les conditions requises pour la modification des statuts (n°s 20535 s.) ;

– lorsque le pays d'accueil a conclu avec la France une convention spéciale permettant d'acquérir sa nationalité et de transférer le siège social sur son territoire et conservant à la société sa personnalité juridique, la décision peut être prise par l'assemblée générale extraordinaire (art. L 225-97) ; mais jusqu'à maintenant, cette mesure paraît être demeurée à l'état de simple virtualité.

› Précisions **a.** La **décision** de changement de nationalité prise en violation de l'article L 225-97 est **nulle** (art. L 225-121 modifié, à compter du 1-10-2025, par ord. 2025-229 du 12-3-2025 excluant l'application du triple test ; Ord. 2025-229 art. 70).

b. Sur le **plan fiscal,** le changement de nationalité d'une société par actions et le transfert de son siège social à l'étranger n'entraînent pas, en matière d'impôts directs, « cessation d'entreprise » lorsqu'ils sont décidés par l'assemblée générale dans les conditions prévues par la loi (CGI art. 221, 3). Il en va de même en matière de droits d'enregistrement (BOI-ENR-AVS-20-30-20 n° 320).

48521 **Augmentation des engagements des actionnaires** L'assemblée générale extraordinaire ne peut pas augmenter les engagements des actionnaires (art. L 225-96, al. 1 ; voir nos 7200 s.).

Ainsi, l'augmentation du capital par **élévation du montant nominal des actions** au moyen d'apports en nature ou en numéraire constitue une augmentation des engagements des actionnaires puisque ceux-ci sont tenus de souscrire à l'augmentation. L'article L 225-130, al. 2 exige donc, à juste titre, le consentement unanime des actionnaires pour une telle opération.

La même unanimité est requise en cas de **transformation de la société** en SNC (art. L 225-245, al. 1) puisque, sous cette nouvelle forme, les associés seront responsables solidairement et indéfiniment des dettes sociales.

Pour des raisons identiques, la transformation en SCS ou SCA requiert l'accord de tous ceux des actionnaires qui deviendront commandités (art. L 225-245, al. 2).

En revanche, les opérations résultant d'un **regroupement d'actions** régulièrement effectué ne sont pas considérées comme augmentant les engagements des actionnaires (art. L 225-96, al. 1).

48524 **Atteinte aux droits individuels des actionnaires** En dépit de l'affirmation catégorique de la loi selon laquelle l'assemblée générale extraordinaire a le pouvoir de modifier les statuts dans toutes leurs dispositions, il nous semble que l'exercice de cette prérogative ne doit pas porter atteinte aux droits individuels des actionnaires (droit de vote, droit à la répartition des bénéfices, droit de céder ses actions, droit d'agir en justice contre la société).

Ces droits, inhérents à la qualité d'actionnaire, sont intangibles ; les supprimer totalement ou les modifier de façon à les anéantir indirectement reviendrait à nier en soi cette qualité ; une telle décision ne peut donc être prise par aucune assemblée.

B. Délibérations de l'assemblée extraordinaire

RÈGLES APPLICABLES À L'ASSEMBLÉE EXTRAORDINAIRE

48580 Compte tenu de la gravité des décisions entrant dans la compétence des assemblées générales extraordinaires, quelques règles particulières ont été édictées à leur sujet. Les règles relatives à la convocation, au droit de communication des actionnaires, à la composition des assemblées, aux délibérations et au droit de vote analysées nos 46000 s. sont toutefois, d'une manière générale, applicables aux assemblées générales extraordinaires.

Signalons que les **sociétés dont les titres financiers sont admis aux négociations sur un marché réglementé** ont l'obligation de **communiquer à l'AMF,** ainsi qu'aux personnes qui gèrent des marchés réglementés de l'EEE sur lesquels leurs titres sont admis aux négociations, sans délai et au plus tard à la date de la convocation de l'assemblée générale, tout projet de modification de leurs statuts (Règl. gén. AMF art. 223-19).

RAPPORTS SOUMIS À L'ASSEMBLÉE EXTRAORDINAIRE

48581 **Rapport du conseil d'administration ou du directoire** Le Code de commerce prescrit au conseil d'administration ou au directoire d'établir un rapport en vue de la tenue d'une assemblée générale extraordinaire dans les **cas suivants** :

– augmentation du capital social (art. L 225-129, al. 1) ;
– suppression du droit préférentiel de souscription (art. L 225-135, L 225-136 et L 225-138 ; art. R 225-114 s. et R 22-10-31 s.) ;
– émission de valeurs mobilières donnant accès au capital ou donnant droit à l'attribution de titres de créances ou donnant accès à des titres de capital à émettre (art. L 228-92) ;
– *octroi au personnel salarié* de la société d'options donnant droit à la souscription d'actions (art. L 225-177) ;
– attribution d'actions gratuites aux salariés ou aux dirigeants (art. L 225-197-1) ;
– fusion, scission ou apport partiel d'actifs soumis au régime des scissions entre sociétés par actions, sauf si les associés ou actionnaires de toutes les sociétés participant à l'opération écartent à l'unanimité l'obligation d'établir un rapport et en cas de dispense de ce rapport

(art. L 236-9, I-al. 4, L 236-11, L 236-27 et art. L 236-20, L 236-21, al. 1 et 2, L 236-22 et L 236-28 modifiés par loi 2024-364 du 22-4-2024) ;
– délégation au conseil d'administration ou au directoire dans le cadre d'une fusion (art. L 236-9, II-al. 2 ; sur le cas des scissions et apports partiels d'actifs, voir n°s 83502 et 83635) ;
– opération transfrontalière de fusion, scission, apport partiel d'actifs ou transfert de siège au sein de l'UE (art. L 236-36 et, sur renvoi, art. L 236-46, L 236-48 et L 236-50).

En dehors des cas où la loi prévoit expressément l'établissement d'un rapport ou sa présentation à l'assemblée, le conseil d'administration ou le directoire n'a pas l'obligation d'en établir un, de sorte que l'absence d'un tel rapport n'est pas de nature à entraîner l'annulation de l'assemblée (Cass. com. 26-10-2010 n° 09-71.404 : RJDA 1/11 n° 54). 48582

Les articles R 225-83 et R 225-89 qui prévoient la communication aux actionnaires du rapport du conseil d'administration ou du directoire ne sont pas de nature à suppléer ce silence de la loi, l'obligation d'établir un rapport ne pouvant résulter d'une disposition réglementaire.

CONSEIL

Nous pensons néanmoins qu'il est opportun pour le conseil d'administration ou le directoire d'établir un rapport et de le présenter aux actionnaires, ne serait-ce que pour éviter toute contestation ultérieure. En effet, la présentation d'un rapport se justifie aisément par la nécessité d'expliquer aux actionnaires les raisons pour lesquelles il leur est demandé d'approuver telle ou telle modification des statuts. Le conseil d'administration ou le directoire qui n'aurait pas délivré une information suffisante pour permettre aux actionnaires de prendre une décision éclairée pourrait d'ailleurs voir sa responsabilité engagée si ce défaut d'information causait un préjudice à la société ou aux actionnaires.

Si un rapport a été établi, il doit être communiqué aux actionnaires (n° 46498). Sur les conséquences du défaut de communication du rapport, voir n° 46610.

Rapport des commissaires aux comptes Lorsque la loi prévoit l'établissement d'un rapport des commissaires aux comptes chargés de certifier les comptes ou désignés à l'occasion d'une opération particulière, ce rapport nous paraît devoir être soumis aux assemblées. 48583

Dans les sociétés qui en sont dotées, les commissaires aux comptes chargés d'un **audit classique** des comptes doivent, en de multiples **occasions,** établir un rapport à l'occasion des assemblées extraordinaires :
– suppression du droit préférentiel de souscription (art. L 225-135, L 225-136 et L 225-138) ;
– émission de valeurs mobilières donnant accès au capital ou donnant droit à l'attribution de titres de créances (art. L 228-92) ;
– octroi au personnel salarié de la société d'options donnant droit à la souscription d'actions (art. L 225-177) ;
– attribution d'actions gratuites aux salariés ou aux dirigeants (art. L 225-197-1) ;
– réduction du capital social (art. L 225-204) ;
– achat par la société de ses propres actions en vue de faciliter certaines opérations financières (art. R 225-156) ;
– transformation de la société (art. L 225-244) ;
– émission, conversion ou rachat d'actions de préférence (art. L 228-12, al. 1) ; en outre, en cas d'émission, au profit d'un ou plusieurs actionnaires nommément désignés, d'actions de préférence relevant d'une catégorie déjà créée, le rapport doit comporter l'évaluation des avantages particuliers en résultant (art. L 228-15, al. 3) ;
– autorisation de réduction du capital par annulation d'actions propres achetées par une société dont les actions sont admises aux négociations sur un marché réglementé ou sur Euronext Growth (art. L 22-10-62) ;
– renouvellement de la durée des actions de préférence à droit de vote aménagé créées *dans le cadre d'une introduction en bourse* (art. L 22-10-46-1, II issu de loi 2024-537 du 13-6-2024).

Dans les SA qui ont opté pour l'**audit allégé,** le commissaire aux comptes est chargé d'établir les mêmes rapports sous les deux réserves suivantes : il est dispensé d'établir un rapport en cas de transformation de la société ; en cas de suppression du droit préférentiel de souscription lors d'une augmentation de capital en numéraire, il ne doit établir que le rapport sur le prix d'émission ou les conditions de fixation de ce prix (art. L 821-57).

Défaut de rapport. L'absence de rapport du commissaire aux comptes n'entraîne pas l'annulation de l'assemblée tenue avant le 1er octobre 2025 (voir Cass. com. 15-3-2017 n° 15-50.021 F-PB : RJDA 7/17 n° 459, à propos d'une réduction de capital), sauf si la loi le prévoit. Les assemblées tenues à compter de cette date peuvent être annulées si la loi le prévoit ou si le 48584 juge considère que le manquement constitue la violation d'une disposition impérative (cf. C. civ. art. 1844-10, al. 3 modifié, à compter du 1-10-2025, par ord. 2025-229 du 12-3-2025 ; Ord. 2025-229 art. 70). Sur la nullité encourue lorsque l'absence de rapport est due au défaut de désignation du commissaire, voir nos 77650 s.

Les intéressés peuvent aussi demander la production du rapport au président du tribunal statuant en référé qui peut **enjoindre** sa communication **sous astreinte** ou désigner un mandataire de justice chargé de procéder à celle-ci (art. L 238-1, al. 1). S'il est fait droit à la demande, l'astreinte et les frais de procédure sont à la charge des dirigeants en cause (art. L 238-1, al. 4).

Le défaut de rapport peut aussi donner lieu aux **sanctions** exposées no 46610 pour **défaut de communication** aux actionnaires avant l'assemblée.

Sur la **responsabilité** des commissaires aux comptes, voir nos 78140 s.

48585 **Rapport des commissaires aux apports** En cas d'apports en nature ou de stipulation d'avantages particuliers, un ou plusieurs **commissaires aux apports,** désignés à l'unanimité des actionnaires ou, à défaut, en justice à la demande du président du conseil d'administration ou du directoire, doivent présenter aux actionnaires un rapport dans lequel ils apprécient, sous leur responsabilité, la valeur des apports en nature et les avantages particuliers (art. L 225-147 et L 22-10-53).

Il en est de même en cas d'émission d'**actions de préférence** au profit d'un ou de plusieurs actionnaires nommément désignés (art. L 228-15, al. 1).

Le Code de commerce n'impose pas expressément de présenter le rapport du commissaire aux apports à l'assemblée. Il paraît néanmoins nécessaire d'en présenter les conclusions aux actionnaires.

Lorsque l'émission porte sur des **actions de préférence relevant d'une catégorie déjà créée,** l'évaluation des avantages particuliers est faite dans le rapport du commissaire aux comptes mentionné no 48583 (art. L 228-15, al. 3).

QUORUM ET MAJORITÉ REQUIS POUR LES DÉCISIONS COLLECTIVES EXTRAORDINAIRES

48590 **Quorum** Le quorum requis pour la validité des assemblées générales extraordinaires est de (art. L 225-96, al. 2) :

– un quart sur **première convocation** ;
– un cinquième sur **seconde convocation.**

Si ce dernier **quorum** n'est **pas atteint,** la seconde assemblée peut être reportée à une date qui ne peut être postérieure de plus de deux mois à celle à laquelle elle avait été convoquée ; pour cette assemblée prorogée, le quorum du cinquième est à nouveau exigé (art. L 225-96, al. 2).

Sur la possibilité de prévoir un quorum plus élevé, le calcul du quorum et les conséquences du défaut de quorum, voir nos 47550 s.

48591 Par **dérogation,** l'assemblée générale extraordinaire appelée à statuer sur une augmentation de capital par **incorporation de réserves,** bénéfices ou primes d'émission délibère valablement aux conditions de quorum prévues pour les assemblées générales ordinaires : un cinquième des actions ayant droit de vote, sur première convocation, sauf quorum plus élevé prévu par les statuts dans les sociétés dont les actions ne sont pas admises aux négociations sur un marché réglementé (art. L 225-130). Sur le champ d'application de cette dérogation, voir no 51240.

48592 **Majorité** Les assemblées générales extraordinaires doivent se prononcer à la majorité des deux tiers des voix exprimées par les actionnaires présents (ou réputés tels) ou représentés (art. L 225-96, al. 3 et L 225-103-1, al. 2 modifié par loi 2024-537 du 13-6-2024). Les voix exprimées ne comprennent pas les voix attachées aux actions pour lesquelles l'actionnaire n'a pas pris part au vote, s'est abstenu ou a voté blanc ou nul (art. L 225-96, al. 3).

Pour le calcul de la majorité, il convient de tenir compte, s'il en existe, des suppressions ou limitations du droit de vote ainsi que, éventuellement, des droits de vote double ou multiple.

La **minorité de blocage,** qui permet à un ou plusieurs actionnaires agissant de manière concertée d'empêcher toute modification des statuts sans leur accord, est donc du tiers plus une des voix exprimées par les actionnaires, compte tenu éventuellement des droits de vote double ou multiple et des clauses limitatives du droit de vote (sur la nécessité de ne pas exercer ce droit de blocage de manière abusive, voir nos 7830 s.).

Les décisions prises par les assemblées générales tenues avant le 1er octobre 2025 sans que soient respectées les conditions de majorité fixées par la loi sont nulles (art. L 225-121, al. 1). Pour les décisions prises à compter de cette date, la **nullité** devient facultative (art. L 225-121, al. 1 modifié, à compter du 1-10-2025, par ord. 2025-229 du 12-3-2025 ; Ord. 2025-229 art. 70).

Cas particuliers : **a.** En cas d'augmentation de capital ou d'attribution d'avantages particuliers, les **apporteurs en nature** et les **bénéficiaires d'avantages particuliers** n'ont voix délibérative ni pour eux-mêmes ni en tant que mandataires pour les résolutions les concernant. Les actions leur appartenant, comme celles qu'ils représentent, ne sont donc pas prises en compte pour le calcul de la majorité (art. L 225-10 sur renvoi de l'art. L 225-147, al. 2). De même, ne peuvent pas prendre part au vote les bénéficiaires de l'émission d'actions de préférence au profit de personnes nommément désignées (art. précités sur renvoi de l'art. L 228-15, al. 1) ou les bénéficiaires nommément désignées d'une augmentation de capital en numéraire avec suppression du droit préférentiel de souscription (art. L 225-138, I-al. 1). Lorsqu'il existe des **actions de préférence à droit de vote aménagé** créées dans le cadre d'une **introduction en bourse,** leurs titulaires ne peuvent pas voter sur le renouvellement de la durée de ces actions (art. L 22-10-46-1, II issu de loi 2024-537 du 13-6-2024), à moins que tous les actionnaires en détiennent. 48593

b. Des règles particulières de majorité sont applicables en cas de **transformation de la société** en société d'une autre forme :

– transformation en SNC : tous les actionnaires doivent donner leur accord (art. L 225-245, al. 1) ;

– transformation en SAS : accord unanime des actionnaires (art. L 227-3) ;

– transformation en SCS ou en SCA : majorité des deux tiers et accord unanime des futurs associés commandités (art. L 225-245, al. 2) ;

– transformation en SARL : conditions prévues pour la modification des statuts de cette forme sociale (art. L 225-245, al. 3 ; sur ces conditions, voir n° 53610).

c. En cas d'**augmentation de capital** par **élévation du montant nominal des actions,** l'unanimité est requise à moins que l'opération ne soit réalisée par incorporation de bénéfices, réserves ou primes d'émission (art. L 225-130, al. 2).

d. Par dérogation aux dispositions de l'article L 225-96, al. 3, l'article L 225-130 dispose que les augmentations de capital par **incorporation de bénéfices,** réserves ou primes d'émission sont valablement décidées aux conditions de majorité prévues pour les assemblées ordinaires (majorité simple des voix des actionnaires présents ou représentés). Sur le champ d'application de cette dérogation, voir n° 51240.

e. Dans les SA exerçant une profession libérale juridique ou judiciaire et dans les sociétés d'exercice libéral à forme anonyme (Selafa), les stipulations des **clauses statutaires d'agrément** fixant les modalités de la détermination de la valeur des parts sociales ne peuvent être adoptées ou modifiées qu'à l'unanimité : voir n° 68467.

ATTENTION

Lorsque l'unanimité est requise, celle-ci s'entend de la totalité des actionnaires de la société et non des seuls actionnaires présents ou représentés à l'assemblée (Cass. 3e civ. 5-1-2022 n° 20-17.428 FS-B : RJDA 4/22 n° 205, à propos d'une société civile mais transposable).

C. Publicité des décisions extraordinaires

Toute modification des statuts entraîne une publicité dont les modalités varient selon la nature de la modification. Ces mesures de publicité sont exposées nos 85500 s. 48650

III. ASSEMBLÉES SPÉCIALES

A. Compétence de l'assemblée spéciale

OBJET DE L'ASSEMBLÉE SPÉCIALE

À la différence de l'assemblée générale, à laquelle en principe tous les actionnaires peuvent participer, l'assemblée spéciale ne comprend que les actionnaires **titulaires d'actions d'une** 48710

catégorie déterminée dont la société envisage de modifier les droits particuliers. Cette assemblée a donc pour objet de protéger les droits qui ont été reconnus à certains actionnaires et non aux autres.

CONDITIONS DE RÉUNION DE L'ASSEMBLÉE SPÉCIALE

48720 La compétence des assemblées spéciales est fixée en ces termes par l'article L 225-99, al. 2 : « La décision d'une assemblée générale de modifier les droits relatifs à une catégorie d'actions n'est définitive qu'après approbation par l'assemblée spéciale des actionnaires de cette catégorie. »

L'analyse de ce texte fait apparaître deux conditions pour justifier la réunion d'une assemblée spéciale :

– il faut qu'il existe une catégorie d'actions jouissant de droits particuliers par rapport aux autres actions ;

– il faut que ces droits particuliers fassent l'objet d'une modification.

48730 **Notion de catégorie d'actions** La notion de « catégorie » d'actions n'est pas définie par la loi mais on s'accorde à reconnaître qu'elle désigne l'ensemble des titres jouissant des mêmes droits et comportant pour leurs titulaires des obligations semblables.

Il ressort de l'article L 225-99 que des actions ne peuvent former une catégorie que si elles présentent des **éléments distinctifs** par rapport aux autres puisque c'est sur la modification de ces éléments distinctifs que l'assemblée spéciale sera appelée à statuer.

Correspondent notamment à des **catégories distinctes** les unes par rapport aux autres :

– les actions de préférence et les actions ordinaires ;

– les actions de capital et les actions de jouissance, ces dernières n'ayant pas droit au dividende statutaire (ou « premier dividende ») qui est calculé sur le montant libéré et non remboursé des actions ;

– les actions partiellement amorties et les actions non amorties ;

– les actions intégralement libérées et les actions non entièrement libérées ;

– les actions à droit de vote simple et les actions à droit de vote double ;

– les actions de préférence qui offrent des droits différents ;

– les actions ordinaires et les actions à dividende majoré ;

– les titres en voie d'extinction (certificats d'investissement, actions de priorité et actions à dividende prioritaire sans droit de vote) et, d'une part, les actions ordinaires et, d'autre part, les actions de préférence.

Il revient aux **statuts** de fixer le nombre d'actions de chaque catégorie, leur valeur nominale (ou la quotité du capital qu'elles représente, en l'absence de valeur nominale) et la nature des droits particuliers de chaque catégorie (art. R 224-2, 1°).

48740 **Modification des droits attachés à une catégorie d'actions** La décision prise en assemblée générale ne doit être soumise à une assemblée spéciale que si elle modifie les droits attachés à une catégorie d'actions.

EXEMPLE

S'agissant d'actions de préférence, doivent être soumises à une assemblée spéciale la réduction de l'avantage conféré, la création de nouvelles actions de préférence conférant le même droit particulier, etc. ; de même, en cas de fusion ou de scission, il y a lieu de réunir une assemblée spéciale lorsque l'opération modifie les rapports existant entre les diverses catégories d'actions.

En principe, l'assemblée spéciale ne s'impose que pour les **actionnaires dont les droits sont réduits.** Elle n'est pas nécessaire en ce qui concerne les actionnaires avantagés (T. com. Seine 7-7-1931 : Gaz. Pal. 1931 II p. 356).

La rupture d'égalité entre les actionnaires résultant de l'**attribution d'avantages particuliers** à une personne ou un groupe de personnes déterminé entraîne l'obligation non pas de réunir une assemblée spéciale, mais de respecter une procédure spéciale d'approbation de ces avantages (cf. art. L 225-147).

En revanche, si les avantages sont attribués à des actions sans considération de la personnalité de leurs propriétaires, il n'y a plus avantages particuliers, mais modification des droits des actions.

L'application de cette distinction bien subtile soulève, dans certains cas, de graves incertitudes. Les sociétés sont alors conduites, par mesure de prudence, à respecter **cumulativement les deux procédures** : assemblée spéciale et approbation des avantages particuliers.

B. Délibérations de l'assemblée spéciale

FAUT-IL TENIR UNE ASSEMBLÉE SPÉCIALE ?

La décision d'une assemblée générale de modifier les droits relatifs à une catégorie d'actions n'est définitive qu'après approbation par l'assemblée spéciale des actionnaires de cette catégorie (art. L 225-99, al. 2). 48800

Sous le **régime antérieur** à la loi 66-537 du 24 juillet 1966, la réunion d'une assemblée n'était pas indispensable lorsque la décision de l'assemblée générale extraordinaire modifiant les droits d'une catégorie d'actions avait été adoptée par tous les actionnaires intéressés ou même lorsque ces actionnaires avaient, en dehors de l'assemblée, donné individuellement leur accord à la modification proposée (T. com. Seine 23-12-1935 : J. soc. 1938 p. 232).

Ce procédé n'est pas explicitement condamné par la **législation actuelle** mais il paraît prudent de tenir une assemblée spéciale même si tous les actionnaires intéressés sont d'accord avec la modification proposée (dans le même sens, Communication Ansa, comité juridique n° 24-022 du 2-5-2024).

Certes, l'article L 225-121 ne sanctionne pas par une nullité l'inobservation de l'alinéa 2 de l'article L 225-99 prévoyant l'obligation de tenir une assemblée spéciale, alors que ce même article frappe de nullité toute violation des articles L 225-96 et L 225-98 qui concernent la réunion des assemblées ordinaires et extraordinaires. Toutefois, la décision de l'assemblée générale est privée d'effet jusqu'à l'approbation de l'assemblée spéciale (art. L 225-99, al. 2), ce qui explique que la nullité ne soit pas prévue en l'absence d'assemblée spéciale. En outre, on peut faire valoir que le respect de l'esprit des textes impose une réunion, l'échange des points de vue au cours des débats étant susceptible d'amener certains actionnaires à modifier leur opinion et qu'il n'est donc pas possible d'y substituer des échanges individuels.

RÉGIME DES ASSEMBLÉES SPÉCIALES

Les décisions des assemblées spéciales sont prises conformément au schéma général tracé pour toutes les assemblées (nos 46000 s.). Toutefois, compte tenu de leur objet propre, ces assemblées sont soumises à quelques règles particulières. 48810

Sur les assemblées spéciales des porteurs d'actions de préférence, voir nos 67850 s.

Date de l'assemblée spéciale À s'en tenir à la lettre du texte de l'article L 225-99, al. 2 qui prévoit que la décision de l'assemblée générale ne devient « définitive qu'après approbation » par l'assemblée spéciale, l'assemblée spéciale doit être réunie après l'assemblée générale ayant modifié les droits relatifs à une certaine catégorie d'actions. 48820

En fait, des nécessités pratiques (urgence des décisions à prendre, notamment) peuvent amener les sociétés à vouloir inverser la procédure. Or, il n'y a, semble-t-il, aucun impératif majeur à exclure la possibilité de tenir l'assemblée spéciale avant l'assemblée générale. En effet, ce qui importe essentiellement c'est que les actionnaires lésés par la modification envisagée puissent exprimer leur opinion en toute connaissance de cause.

Participation à l'assemblée spéciale par un moyen de télécommunication 48825

Les **membres** de l'assemblée spéciale peuvent y **participer** par un **moyen** de télécommunication permettant leur **identification** (art. L 225-103-1 al. 1 modifié par loi 2024-537 du 13-6-2024, qui n'exige plus d'autorisation statutaire).

Les statuts peuvent prévoir que l'assemblée spéciale se tient **exclusivement** par un **moyen** de **télécommunication** permettant l'identification des actionnaires (art. L 225-103-1 al. 3 modifié par loi 2024-537). Les sociétés qui souhaitent organiser des assemblées spéciales entièrement dématérialisées doivent préalablement modifier leurs statuts en ce sens.

Sur ces questions, voir ce qui est présenté nos 47460 s. à propos des assemblées générales, qui s'applique aux assemblées spéciales (étant précisé que la possibilité pour les actionnaires de *s'opposer à la tenue* d'une assemblée spéciale exclusivement dématérialisée n'est pas de droit mais peut, à notre avis, être prévue par les statuts dans les mêmes conditions que pour les assemblées générales ordinaires).

La participation aux assemblées par un moyen de télécommunication est cependant exclue pour les **assemblées spéciales de titulaires de certificats d'investissement,** s'il en reste (art. R 228-34, R 228-35 et R 228-36).

Quorum Les assemblées spéciales ne délibèrent valablement que si les actionnaires y participant possèdent au moins, sur première convocation, un tiers et, sur deuxième convocation, un cinquième des actions ayant droit de vote dont il est envisagé de modifier les droits (art. L 225-99, al. 3). 48830

À défaut de ce quorum, la deuxième assemblée peut être prorogée à une date postérieure de deux mois au plus à celle à laquelle elle avait été convoquée et il est toujours nécessaire que le quorum du cinquième soit atteint.

Dans les sociétés dont les actions ne sont pas admises aux négociations sur un marché réglementé, les statuts peuvent prévoir des quorums plus élevés (art. L 225-99, al. 3 et L 22-10-33).

Sur la nullité des décisions prises en violation des règles de quorum, voir n° 47555.

48831 **Majorité** Les assemblées spéciales doivent statuer à la majorité des deux tiers des voix exprimées par les actionnaires présents ou représentés ; les voix exprimées ne comprennent pas les voix attachées aux actions pour lesquelles l'actionnaire n'a pas pris part au vote, s'est abstenu ou a voté blanc ou nul (art. L 225-96, al. 3 sur renvoi de l'art. L 225-99, al. 4).

Toute décision prise avant le 1er octobre 2025 en violation des règles de majorité est nulle (art. L 225-121, al. 1). Si la décision est prise à compter de cette date, la **nullité** devient facultative (art. L 225-121, al. 1 modifié, à compter du 1-10-2025, par ord. 2025-229 du 12-3-2025 ; Ord. 2025-229 art. 70).

EFFET DES DÉCISIONS DE L'ASSEMBLÉE SPÉCIALE

48840 Si l'assemblée spéciale approuve la décision de l'assemblée générale, cette **décision** devient **définitive** (art. L 225-99, al. 2). Le refus d'approbation la rend au contraire sans effet.

Si la **décision** de l'assemblée spéciale – quel que soit le sens dans lequel elle a été prise – vient à être **annulée** (en raison d'une irrégularité), la décision de l'assemblée générale est paralysée jusqu'à ce qu'une nouvelle assemblée spéciale prenne une décision régulière.

IV. ASSEMBLÉES MIXTES

AVANTAGES ET INCONVÉNIENTS DE LA RÉUNION D'UNE ASSEMBLÉE MIXTE

48910 L'assemblée mixte est celle au cours de laquelle sont prises des décisions dont certaines relèvent de la **compétence** de l'assemblée générale ordinaire et d'autres de l'assemblée générale extraordinaire (par exemple, approbation des comptes de l'exercice écoulé et augmentation de capital). L'assemblée mixte permet de ne pas réunir deux assemblées successives et évite d'établir deux feuilles de présence.

La pratique des assemblées mixtes est très répandue dans les **sociétés dont les titres sont admis aux négociations sur un marché boursier** en raison de la nécessité pour elles de réunir, quasiment chaque année, une assemblée générale extraordinaire afin de donner au conseil d'administration ou au directoire les autorisations nécessaires pour lui permettre de procéder rapidement à des émissions de valeurs mobilières si l'opportunité se présente en cours d'exercice. Afin de réduire les frais de convocation et de tenue des assemblées, il est devenu courant dans ces sociétés de profiter de la réunion de l'assemblée générale ordinaire annuelle pour faire adopter par les actionnaires ces décisions de caractère extraordinaire.

Bien que non prévue par le Code de commerce, la tenue des assemblées mixtes est **licite.** Certes, l'article R 225-79, al. 3 précise que le mandat de représentation d'un actionnaire peut être donné pour deux assemblées, l'une ordinaire, l'autre extraordinaire, tenues le même jour. Ce texte n'envisage ainsi que le cas de deux assemblées successives sans se prononcer sur la prise de décisions ordinaires et extraordinaires au cours d'une même réunion. Mais cette rédaction ne nous paraît pas pouvoir être interprétée comme une interdiction des assemblées mixtes.

Cependant, le système des assemblées mixtes ne présente pas que des avantages. Il peut en effet entraîner des difficultés par suite de la nécessité d'appliquer à ces assemblées tantôt les règles propres aux assemblées ordinaires, tantôt celles qui régissent les assemblées extraordinaires.

CONDITIONS D'ADOPTION DES DÉCISIONS DE L'ASSEMBLÉE MIXTE

48911 *D'une façon générale, les assemblées* mixtes sont soumises à la fois aux règles communes à toutes les assemblées et aux règles particulières à chacune des assemblées correspondant à la nature des décisions à prendre.

La mise en œuvre de ce principe ne soulève aucune difficulté en ce qui concerne la convocation et le droit de communication, qui sont soumis au régime général exposé plus haut (nos 46000 s.). Il en est de même en ce qui concerne la composition de l'assemblée, tous les actionnaires devant être admis aux assemblées ordinaires ou extraordinaires, quel que soit le nombre d'actions qu'ils possèdent.

Quorum et majorité Le quorum et la majorité sont calculés, résolution par résolution, selon la nature, ordinaire ou extraordinaire, de chacune des décisions à prendre. 48912

Si le quorum requis pour les décisions extraordinaires n'était pas atteint, il faudrait réunir une nouvelle assemblée en suivant les dispositions prévues pour les assemblées extraordinaires réunies sur deuxième convocation.

Si certaines actions sont grevées d'usufruit, le droit de vote doit être exercé par le nu-propriétaire pour les résolutions relevant de la compétence d'une assemblée extraordinaire et par l'usufruitier pour celles relevant de la compétence d'une assemblée ordinaire, sauf clause contraire des statuts (art. L 225-110, al. 1 et 4).

Si certaines actions sont louées, le droit de vote appartient au bailleur dans les assemblées statuant sur les modifications statutaires ou le changement de nationalité de la société et au locataire dans les autres assemblées (art. L 239-3, al. 2), à notre avis sans dérogation statutaire possible.

PROCÈS-VERBAL DES ASSEMBLÉES MIXTES

Il convient de faire ressortir sur le procès-verbal que le calcul du quorum et de la majorité a été effectué conformément aux règles requises pour l'adoption de chaque résolution selon la nature de celle-ci. 48915

CHAPITRE 6

LES MODIFICATIONS DU CAPITAL DANS LES SOCIÉTÉS ANONYMES

SOMMAIRE

SECTION 1

AUGMENTATION DU CAPITAL DE LA SA

I. RÈGLES GÉNÉRALES

A. Procédés d'augmentation du capital

PRINCIPE

Le capital social est augmenté soit par émission d'actions ordinaires ou d'actions de préférence, soit par majoration du montant nominal de ces titres de capital existants ; il peut également être augmenté par l'exercice de droits attachés à des valeurs mobilières donnant accès au capital (art. L 225-127). Entraînent ainsi une augmentation de capital différée l'attribution aux salariés d'options de souscription d'actions ou l'émission de valeurs mobilières composées (actions avec bons de souscription d'actions, obligations convertibles ou remboursables en actions, etc.). **49500**

ÉMISSION D'ACTIONS NOUVELLES

L'émission d'actions nouvelles peut résulter : **49511**
– d'apports extérieurs en nature ou en numéraire, ces derniers pouvant être libérés par un versement d'espèces ou par compensation avec des créances liquides et exigibles sur la société ;
– de l'utilisation de ressources propres à la société sous la forme d'incorporation de réserves, de bénéfices ou de primes d'émission ;
– de la combinaison d'apports en numéraire et d'incorporation de réserves, bénéfices ou primes d'émission (n° 50761) ;
– de la conversion ou du remboursement d'obligations en actions ;
– de l'exercice de droits donnant accès au capital (nos 74000 s.) ;
– d'une fusion, d'une scission ou d'un apport partiel d'actifs (nos 82500 s.) ;
– de la conversion d'actions ordinaires en actions de préférence, de la conversion d'actions de préférence en actions ordinaires ou encore de la conversion d'actions de préférence en actions de préférence d'une autre catégorie.

ÉLÉVATION DU MONTANT NOMINAL DES ACTIONS

Dans la majorité des cas, l'élévation du nominal des actions provient de l'incorporation au capital de ressources propres à la société : bénéfices, réserves ou primes. **49512**

Elle peut résulter aussi d'apports nouveaux effectués par tous les actionnaires mais, dans ce cas, l'opération ne peut être réalisée qu'avec l'accord unanime des intéressés puisqu'elle a pour effet d'augmenter leurs engagements (art. L 225-130, al. 2).

B. Décision d'augmenter le capital

ORGANE COMPÉTENT POUR DÉCIDER D'AUGMENTER LE CAPITAL

L'**assemblée générale extraordinaire** est seule compétente pour décider, sur le rapport du conseil d'administration ou du directoire, une augmentation du capital, mais elle peut **déléguer cette compétence** au conseil d'administration ou au directoire (art. L 225-129, al. 1). **49570**

Les statuts ne peuvent pas conférer au conseil d'administration ou au directoire un pouvoir général de décider les augmentations de capital, hors le cadre de la délégation de compétence étudiée nos 49621 s.

L'assemblée générale extraordinaire peut également décider l'augmentation de capital et déléguer au conseil d'administration ou au directoire le **pouvoir** de fixer tout ou partie des modalités de celle-ci (n° 49624).

› Précisions La compétence de l'assemblée est affirmée par l'article 68 de la directive UE 2017/1132 du 14 juin 2017. Quand bien même l'opération viserait à assurer l'assainissement et la poursuite de l'activité d'entreprises qui ont une importance particulière pour l'économie nationale, la décision de l'assemblée ne saurait être remplacée par un **acte administratif** (CJCE 24-3-1992 : Rev. sociétés 1993 p. 111 note Dana-Demaret ; CJCE 12-3-1996 : Bull. Joly 1996 p. 814 note B. Saintourens).

DÉLAIS POUR RÉALISER L'AUGMENTATION DE CAPITAL

49580 L'augmentation de capital doit être réalisée dans le délai de **cinq ans** à compter de la décision de l'assemblée d'augmenter le capital ou de déléguer sa compétence au conseil d'administration ou au directoire (art. L 225-129, al. 2), étant précisé que ce délai ne s'applique pas :
– en cas d'augmentation de capital à réaliser à la suite de l'exercice d'un droit attaché à une valeur mobilière donnant accès au capital (n°s 74000 s.) ou à la suite de levées d'options de souscription d'actions (n°s 69762 s.) ;
– en cas d'augmentation de capital réservée à des personnes dénommées ou à une catégorie de personnes puisque cette augmentation doit être réalisée dans un délai de 18 mois (n°s 50290 s.).

RAPPORTS À L'ASSEMBLÉE DÉCIDANT L'AUGMENTATION DE CAPITAL

49590 **Rapport du conseil d'administration ou du directoire** Le conseil d'administration ou le directoire doit présenter à l'assemblée un rapport contenant les indications suivantes (art. L 225-129, al. 1, L 225-139 et R 225-113) :
– motifs de l'augmentation du capital ;
– marche des affaires sociales depuis le début de l'exercice en cours et, si l'assemblée générale ordinaire appelée à statuer sur les comptes n'a pas encore été tenue, pendant l'exercice précédent ;
– le cas échéant, montant maximal de l'augmentation de capital.

Des indications complémentaires doivent être fournies si l'assemblée est appelée à statuer sur la suppression par les actionnaires de leur droit préférentiel de souscription (n°s 50268 s. et 50340 s.).

En tout état de cause, le rapport du conseil d'administration ou du directoire doit comporter « des informations claires, spécifiques et circonstanciées sur les motifs, l'importance et l'utilité de l'opération au regard des perspectives d'avenir de la société » (Cass. com. 27-5-1997 : RJDA 8-9/97 n° 1046).

Ce rapport peut donner lieu à injonction de faire (n°s 49910 s.).

› Précisions En outre, le conseil d'administration ou le directoire qui fait usage d'une délégation de compétence ou d'une délégation de pouvoirs (n°s 49620 s.) doit établir un rapport complémentaire, présenté à l'**assemblée générale ordinaire suivante** (n° 49626).

49600 **Autres rapports** Un rapport du ou d'un **commissaire aux comptes** est requis en cas de suppression du droit préférentiel de souscription (n°s 50273 et 50343). Sur la nécessité d'un tel rapport lors des assemblées appelées à statuer sur des opérations qui constituent des augmentations de capital différées, voir n° 69660 (attribution d'options de souscription d'actions), n°s 70070 s. (actions gratuites à émettre) et n°s 74145 s. (émission d'autres titres donnant accès au capital).

Si l'augmentation du capital procède d'un apport en nature ou si elle donne lieu à l'attribution d'avantages particuliers (en cas de création d'actions de préférence au profit d'une ou plusieurs personnes nommément désignées, par exemple), un ou plusieurs **commissaires aux apports** doivent présenter un rapport spécial à l'assemblée (n°s 51031 et 67808).

Ces rapports peuvent donner lieu à injonction de faire (n°s 49910 s.).

QUORUM ET MAJORITÉ POUR DÉCIDER L'AUGMENTATION DE CAPITAL

49610 Les conditions de quorum et de majorité varient en fonction des distinctions suivantes.

a. Apports en numéraire ou en nature. Les conditions de quorum et de majorité requises sont celles prévues pour les assemblées générales extraordinaires : voir n°s 48590 s. Toutefois, l'unanimité des actionnaires est nécessaire si l'augmentation du capital se traduit par une élévation du nominal des actions (art. L 225-130, al. 2).

b. Incorporation de réserves, bénéfices ou primes d'émission. Dans ce cas, l'assemblée statue aux conditions de quorum et de majorité prévues pour les assemblées générales ordinaires (art. L 225-130, al. 1 ; sur ces conditions, voir n°s 48350 s.).

DÉLÉGATION DE L'AUGMENTATION DE CAPITAL AUX ORGANES DE GESTION

La loi distingue la « délégation de compétence » qui permet au conseil d'administration ou au directoire de décider eux-mêmes l'augmentation de capital de la « délégation de pouvoirs » qui leur permet de fixer les modalités de l'opération. 49620

Délégation de compétence L'assemblée peut déléguer au conseil d'administration ou au directoire sa compétence pour décider une augmentation de capital. La délégation de compétence ne peut pas être consentie à un autre organe. 49621

La décision d'augmentation de capital, l'assemblée doit fixer elle-même le **plafond global** de l'augmentation et la **durée** de sa délégation, qui ne peut pas excéder 26 mois (art. L 225-129-2, al. 1). Le délai maximal de 26 mois ne s'applique qu'à la décision d'augmenter le capital, la réalisation de l'augmentation devant intervenir dans les cinq ans de la délégation (n° 49580). Par ailleurs, il s'agit d'une durée maximale qui peut être réduite si l'assemblée le décide, celle-ci ayant la maîtrise de la décision.

L'**assemblée** générale a la faculté de **limiter sa délégation** à un certain type de valeurs mobilières ou de prévoir des plafonds différents en fonction de la nature du titre (cf. Rapport au Président de la République relatif à l'ordonnance 2004-604 du 24-6-2004 : JO du 30-7-2004 p. 13577).

En outre, pour pouvoir être déléguées au conseil d'administration ou au directoire, les décisions suivantes doivent avoir fait l'objet de **résolutions particulières** de l'assemblée (art. L 225-129-2, al. 3) :

– émission sans droit préférentiel de souscription des actionnaires, quelle que soit la forme que prend la suppression de ce droit (nos 50250 s.) ;
– émission consécutive à l'exercice d'options de souscription d'actions par des salariés (nos 69445 s.) ;
– émission d'actions de préférence (n° 49730) ;
– émission en vue d'une attribution gratuite d'actions (nos 69980 s.).

Lors de l'octroi de la délégation de compétence, l'assemblée doit aussi se prononcer sur l'opportunité d'une **augmentation de capital en faveur des salariés** adhérents à un PEE (nos 70442 s.) et sur la suppression éventuelle de la possibilité de négocier les droits d'attribution formant **rompus** (n° 51227).

La délégation de compétence prive d'effet toute **délégation antérieure** ayant le même objet (art. L 225-129-2, al. 2). 49622

À notre avis, l'utilisation dans cet article de l'expression « ayant le même objet » entraîne les conséquences suivantes :

– Si l'assemblée a consenti préalablement au conseil d'administration ou au directoire une délégation de pouvoirs pour fixer les modalités d'une (ou de plusieurs) augmentation(s) de capital (n° 49624), celle-ci n'est pas privée d'effet par la nouvelle délégation de compétence car il ne s'agit pas d'une délégation « ayant le même objet ». Le fait que les délégations de compétence comme les délégations de pouvoirs doivent faire l'objet d'un tableau récapitulatif intégré dans le rapport sur le gouvernement d'entreprise et présenté aux actionnaires (n° 48255) conforte l'idée que ces délégations cohabitent et qu'une délégation de compétence ne peut pas remettre en cause une délégation de pouvoirs antérieure.

– Si, dans le cadre d'une première délégation de compétence, l'assemblée a adopté une résolution « générale » portant délégation pour décider des augmentations de capital avec maintien du droit préférentiel de souscription et des résolutions particulières permettant au conseil ou au directoire de décider des émissions sans droit préférentiel de souscription, des émissions d'actions de préférence, des émissions consécutives à l'exercice d'options de souscriptions d'actions ou en vue d'une attribution gratuite d'actions (n° 49621), une nouvelle délégation de compétence « générale » ne devrait pas remettre en cause la délégation portant sur les opérations ayant fait l'objet de résolutions particulières.

La mise en place d'une délégation de compétence appelle les remarques suivantes : 49623

– par l'effet de la délégation, le conseil d'administration ou le directoire se trouve investi du pouvoir de décider de l'**opportunité de l'augmentation** de capital et, à notre avis, il peut décider de ne pas utiliser la délégation ; il n'a d'ailleurs de rapport à établir à l'assemblée générale que « lorsqu'il a fait usage de la délégation » (n° 49626) ;

– en l'absence d'autres conditions et compte tenu de l'esprit général de la législation, le conseil d'administration ou le directoire est libre d'**utiliser la délégation en plusieurs augmentations** et de **choisir les procédés** (émission d'actions, émission d'autres titres donnant accès au capital, majoration du montant nominal des actions) ;

– l'**assemblée** générale extraordinaire peut, à notre avis, **revenir sur sa décision** et mettre fin à son autorisation avant l'expiration du délai primitivement fixé, car, ce faisant, elle ne porte atteinte à aucun droit acquis (nº 47882) ;
– la délégation de compétence comporte le droit pour le conseil d'administration ou le directoire de se prononcer sur le sort des **droits de souscription à titre réductible** (nº 50690).

> **Précisions** Si le conseil d'administration ou le directoire n'a **pas utilisé** la **délégation de compétence,** l'obligation de fournir aux actionnaires une information sincère devrait le conduire à en exposer les raisons dans son rapport de gestion.

49624 **Délégation de pouvoirs** L'assemblée peut décider l'augmentation de capital et déléguer au conseil d'administration ou au directoire le pouvoir de fixer les modalités de l'émission des titres (art. L 225-129-1). La délégation de pouvoirs ne peut pas être consentie à un autre organe.

À défaut d'autres précisions ou restrictions, l'assemblée a le choix de **l'étendue de la délégation** de pouvoirs qu'elle accorde aux organes de gestion. Elle peut ainsi arrêter elle-même les caractéristiques essentielles de l'augmentation du capital (nature des valeurs mobilières émises et, s'il s'agit de valeurs mobilières donnant accès au capital, nombre d'actions auxquelles elles donnent droit, prix d'émission, etc.) pour laisser au conseil d'administration ou au directoire le soin de fixer les conditions accessoires de l'opération (dates d'ouverture et de clôture des souscriptions, personnes chargées de recevoir les fonds correspondants, constatation de la réalisation de l'émission et de l'augmentation de capital, etc.). Mais elle peut aussi, semble-t-il et bien que l'on soit alors proche d'une délégation de compétence (nos 49621 s.), se contenter de fixer le montant de l'émission ou un plafond global et déléguer au conseil d'administration ou au directoire tous les pouvoirs pour fixer les modalités de cette émission, constater la réalisation de l'augmentation de capital correspondante et procéder à la modification corrélative des statuts. L'obligation d'adopter des résolutions particulières pour certaines émissions (nº 49621) doit, dans ce cas, être respectée.

49625 **Dispositions communes** Les règles ci-dessous s'appliquent quelle que soit la nature de la délégation (« de compétence » ou « de pouvoirs »).

Dans la limite de la délégation donnée par l'assemblée générale, le conseil d'administration ou le directoire dispose des **pouvoirs** nécessaires pour fixer les conditions d'émission, constater la réalisation des augmentations de capital qui en résultent et procéder à la modification corrélative des statuts (art. L 225-129-2, al. 4).

Sauf décision contraire de l'assemblée générale, le conseil d'administration ou le directoire peut **limiter le montant de l'augmentation** de capital au montant des souscriptions, à condition toutefois que le montant de l'augmentation ne soit pas inférieur aux trois quarts de l'augmentation décidée (nº 50700). En revanche, seule l'assemblée peut prévoir, en cas de succès de l'augmentation de capital, d'en **augmenter le montant** pour une certaine fraction de l'émission initiale (nº 50710).

Quelle que soit l'étendue des pouvoirs qui lui sont conférés, le conseil d'administration ou le directoire ne peut pas, en principe, réaliser une **augmentation de capital par apports en nature,** l'évaluation de ces derniers relevant de la compétence de l'assemblée générale (nos 51040 s.). Dans les sociétés dont les titres sont admis aux négociations sur un marché réglementé, l'assemblée peut toutefois déléguer ses pouvoirs aux organes de gestion en cas d'apport de titres de capital ou de valeurs mobilières donnant accès au capital (nº 51042).

Sur le sort des délégations en **période d'offre publique** et des décisions prises par le conseil d'administration ou le directoire avant la période d'offre, voir nos 65420 s.

49626 Lorsqu'il est fait usage de délégations, le conseil d'administration ou le directoire établit un **rapport complémentaire** immédiatement mis à la disposition des actionnaires au siège social, au plus tard dans les 15 jours suivant la réunion du conseil d'administration ou du directoire et porté à leur connaissance à la plus prochaine assemblée générale, contenant les indications suivantes (art. L 225-129-5 et R 225-116, al. 1 et 3 et art. R 225-115 et R 22-10-31, sur renvoi de l'art. R 225-116), étant précisé que le défaut d'établissement de ce rapport peut donner lieu à injonction de faire (art. L 238-1) :
– conditions définitives de l'opération établies conformément à l'autorisation donnée par l'assemblée ;
– *incidence de l'émission proposée* sur la situation des titulaires de titres de capital et de valeurs mobilières donnant accès au capital, en particulier en ce qui concerne leur quote-part des capitaux propres à la clôture du dernier exercice ; si la clôture est antérieure de plus de six mois à l'opération envisagée, cette incidence est appréciée au vu d'une situation financière intermédiaire établie selon les mêmes méthodes et suivant la même présentation que le dernier bilan annuel ;

– en outre, dans les sociétés dont les titres sont admis aux négociations sur un marché réglementé, incidence théorique sur la valeur boursière actuelle de l'action telle qu'elle résulte de la moyenne des 20 séances de bourse précédentes. Ces informations sont également données en tenant compte de l'ensemble des titres émis susceptibles de donner accès au capital.

Lorsque la société est dotée d'un commissaire aux comptes chargé d'un audit légal classique des comptes, celui-ci doit établir un rapport complémentaire en cas d'augmentation de capital sur délégation de compétence ou de pouvoirs avec suppression du droit préférentiel de souscription (art. L 225-135, al. 4). Un tel rapport complémentaire n'est pas exigé lorsque le droit préférentiel de souscription est maintenu (Bull. CNCC septembre 2013 p. 475, à propos de la délégation de compétence mais applicable également en cas de délégation de pouvoirs). Certes, l'article R 225-116, qui concerne les augmentations de capital sur délégation de compétence ou de pouvoirs, dispose que le commissaire aux comptes doit vérifier la conformité des modalités de l'opération au regard de l'autorisation donnée par l'assemblée et des indications fournies, sans préciser qu'il ne concerne que les augmentations sans droit préférentiel de souscription. Toutefois, les dispositions législatives que cet article applique (art. L 225-136 et L 225-138 ; voir aussi art. L 22-10-52) ne visent que les augmentations sans droit préférentiel de souscription. L'article R 225-116 renvoie en outre aux articles R 225-115 et R 22-10-31 qui ne concernent que ce type d'opérations.

Sur ces rapports, voir nos 50300 et 50346.

SUBDÉLÉGATION DE L'AUGMENTATION DE CAPITAL

Dans les sociétés « cotées », les conditions d'émission des valeurs mobilières dépendent étroitement du marché financier international, lequel évolue très rapidement, de sorte que ces conditions (prix d'émission, durée, taux d'intérêt, etc.) ne peuvent être fixées que dans les jours précédant immédiatement le lancement de l'émission, ce qui interdit de recourir à la réunion d'un organe de décision collégial. 49640

C'est pourquoi, dans les **sociétés dont les titres de capital sont admis aux négociations sur un marché réglementé ou sur un SMNO,** le conseil d'administration peut, dans les limites qu'il doit préalablement fixer, déléguer au directeur général ou, en accord avec ce dernier, à un ou plusieurs directeurs généraux délégués le pouvoir de décider la réalisation de l'émission ainsi que celui d'y surseoir. Le directoire peut déléguer les mêmes pouvoirs à son président ou, en accord avec celui-ci, à l'un de ses membres (art. L 22-10-49, al. 1 à 3). La faculté de subdélégation est donc plus étendue dans la SA à conseil d'administration que dans la SA à directoire et conseil de surveillance : elle ne peut bénéficier qu'à un seul membre du directoire, mais elle peut concerner plusieurs directeurs généraux délégués.

Le conseil d'administration détermine les **limites** à la subdélégation qu'il consent (art. L 22-10-49, al. 2). Il peut, par exemple, ne déléguer ses pouvoirs que pour certaines catégories de valeurs mobilières ou encore fixer un ou plusieurs plafonds d'émission. Selon nous, cette prescription vaut également pour le directoire, bien que l'article L 22-10-49, al. 3 ne le précise pas. 49641

À notre avis, le conseil d'administration ou le directoire peut subdéléguer le pouvoir de **modifier les statuts** en cas de réalisation de l'augmentation de capital. Certes, la modification des statuts n'est pas expressément visée dans l'article L 22-10-49, mais elle n'est que la conséquence inéluctable et purement formelle de l'augmentation de capital de sorte que, si le bénéficiaire de la subdélégation a, en application de la loi, été habilité à réaliser une telle augmentation, il doit aussi pouvoir procéder à la modification corrélative des statuts. 49642

Le pouvoir de déterminer le nom des bénéficiaires et la répartition des titres en cas d'**augmentation du capital réservée** peut également faire l'objet d'une subdélégation (no 50256) ; il en va de même du pouvoir de choisir le procédé le plus adapté en cas d'**insuffisance des souscriptions** à une augmentation de capital (no 50702).

Les bénéficiaires de la délégation doivent **rendre compte** au conseil d'administration ou au directoire de l'utilisation faite de ce pouvoir dans les conditions prévues par ces derniers (art. L 22-10-49, al. 4). 49645

En outre, le conseil d'administration ou le directoire ayant l'obligation de rendre compte à l'assemblée ordinaire annuelle suivante de l'usage qu'il a fait des délégations qui lui ont été consenties (no 49626), il devra préciser les subdélégations qu'il a lui-même consenties et l'usage qui en a été fait.

En l'absence d'une disposition légale le permettant, le bénéficiaire de la subdélégation ne peut pas **déléguer à un tiers** tout ou partie des pouvoirs qui lui ont été conférés par le conseil d'administration ou le directoire (application du principe de répartition légale des pouvoirs des organes sociaux dans les SA : no 40881).

› Précisions En ce qui concerne l'établissement du **rapport complémentaire** (nº 49626), la CNCC a émis les avis suivants (Bull. CNCC septembre 2011 p. 595) :
– le dirigeant subdélégué ne peut pas établir lui-même ce rapport car il n'a que des pouvoirs limités qu'il ne tient pas de l'assemblée générale mais du conseil d'administration ou du directoire, auquel il doit rendre compte (en sens contraire, Communication Ansa, comité juridique nº 21-019 du 5-5-2021) ;
– le point de départ du délai de 15 jours pour mettre le rapport complémentaire à disposition des actionnaires au siège social court à compter de la date à laquelle le dirigeant subdélégué rend compte au conseil d'administration ou au directoire puisque c'est à ce moment que cet organe a connaissance de l'usage qui a été fait de la délégation.

PUBLICITÉ DE LA DÉCISION D'AUGMENTATION DU CAPITAL

49650 Une copie, certifiée conforme par l'un des représentants légaux, du procès-verbal de l'assemblée ayant décidé ou autorisé une augmentation du capital social doit être déposée au **greffe du tribunal de commerce** par l'intermédiaire du guichet unique électronique des formalités d'entreprises (art. R 123-107 et R 123-77) dans le délai d'un mois à compter de la date de l'assemblée (art. R 123-105, al. 1). Ce document fait également l'objet d'un dépôt en annexe du **RNE** par l'intermédiaire du guichet unique (art. R 123-266, 2º).

D'**autres formalités** de publicité doivent, en outre, être accomplies :
– en cas d'augmentation du capital par **apports en numéraire** afin de permettre aux actionnaires d'exercer leur droit préférentiel de souscription (nºs 50550 s.) ;
– une fois l'**augmentation** du capital définitivement **réalisée,** qu'il s'agisse d'apports en numéraire (nº 50830), d'apports en nature (nº 51050) ou d'incorporation de réserves, bénéfices ou primes d'émission (nº 51290).

Sur les sanctions civiles applicables en cas de violation des obligations relatives à la publicité à effectuer avant l'ouverture de la souscription, voir nºs 49910 s.

AUGMENTATION DE CAPITAL RÉSERVÉE AUX SALARIÉS

49660 Lors de toute décision d'augmentation de capital par apport en numéraire (sauf si elle résulte d'une émission préalable de valeurs mobilières donnant accès au capital) et lorsqu'elle délègue sa compétence pour décider une augmentation de capital, l'assemblée générale extraordinaire doit se prononcer sur un **projet de résolution** tendant à réaliser une augmentation de capital réservée aux adhérents à un PEE, que la société soit ou non déjà dotée d'un tel plan (nºs 70442 s.).

PRÉROGATIVES DU CSE EN CAS D'AUGMENTATION DE CAPITAL

49665 Dans les sociétés d'au moins 50 salariés, le comité social et économique (CSE) doit être informé et consulté sur les **modifications de l'organisation économique et juridique** de l'entreprise (C. trav. art. L 2312-8, II-2º). Tel est le cas si l'augmentation de capital entraîne une prise de contrôle par un tiers ou un changement de majorité parmi les actionnaires.

› Précisions **a.** Le Code du travail imposait l'information du comité d'entreprise en cas de **prise de participation** dont son entreprise était l'objet lorsque l'employeur en avait connaissance (par exemple, en cas d'augmentation de capital réservée à un investisseur). Cette information n'est pas prévue pour le CSE, mais elle peut très bien être programmée par l'accord collectif fixant les modalités et le contenu des consultations du CSE (C. trav. art. L 2312-19).

b. L'obligation d'**information directe** des salariés en cas de cession de contrôle dans une société non tenue d'avoir un CSE à attributions élargies (sociétés de moins de 50 salariés) ou qui ne dépasse pas certains seuils (cf. art. L 23-10-1 à L 23-10-12 non modifiés pour tenir compte du remplacement du comité d'entreprise par le CSE) ne s'applique pas en cas d'augmentation de capital en numéraire ou consécutive à l'exercice d'une valeur mobilière donnant accès au capital (Guide pratique du ministère de l'économie sur le droit d'information préalable des salariés en cas de cession d'entreprise p. 3 s.).

C. Modalités particulières de l'émission des actions nouvelles

PRIME D'ÉMISSION

49720 Les actions nouvelles représentatives d'apports en numéraire ou d'apports en nature peuvent être émises à leur montant nominal majoré d'une prime d'émission (art. L 225-128, al. 1). En cas d'apports en nature, on emploie en général les termes « prime d'apport » (ou « prime de fusion » si l'augmentation du capital résulte d'une fusion).

Cette prime a pour **objet** d'égaliser les droits des actionnaires anciens et nouveaux lorsqu'il existe des réserves ou des plus-values d'actif apparentes ou occultes. Elle est la contrepartie des droits que les actionnaires nouveaux acquièrent sur ces réserves ou plus-values.

EXEMPLE

Si, dans une société au capital de 2 M€, divisé en 200 000 actions de 10 €, il existe des réserves se montant à 1 M€, la valeur théorique de chaque action est de (2 M€ + 1 M€)/200 000 = 15 €. Par conséquent, en cas d'augmentation du capital, les souscripteurs d'actions nouvelles devront, en principe, verser pour chaque action une somme de 15 € (correspondant à la valeur nominale à concurrence de 10 € et à une prime d'émission à concurrence de 5 €) pour que les actionnaires anciens ne soient pas lésés.

La prime d'émission se justifie particulièrement lorsque l'augmentation du capital n'est pas ouverte à l'ensemble des actionnaires, par exemple en cas d'apports en nature ou en cas d'apports en numéraire avec suppression du droit préférentiel de souscription (nos 50250 s.). 49721

Cette prime peut sembler moins utile lorsque les actionnaires anciens disposent d'un droit préférentiel à la souscription des actions nouvelles car, si ces actionnaires ne participent pas à l'augmentation de capital, ils peuvent récupérer, en cédant leur droit préférentiel, la perte de valeur qu'entraîne pour leurs actions l'émission sans prime des nouveaux titres. Cependant, même lorsque les actionnaires n'ont pas renoncé à leur droit préférentiel de souscription, il est souvent prévu une prime d'émission afin d'augmenter la masse des capitaux frais mis à la disposition de la société. On remarquera que, dans ce cas, il n'y a aucun inconvénient à ce que la prime d'émission soit fixée à un taux inférieur au montant qu'elle devrait atteindre théoriquement pour assurer un parfait équilibre entre actionnaires anciens et nouveaux. Par ailleurs, l'existence de la prime a évidemment pour effet de réduire la valeur vénale du droit préférentiel de souscription attaché aux actions anciennes (no 50231). 49722

La question se pose de savoir si la société peut n'exiger le versement d'une prime d'émission que de **certains souscripteurs.** Un tel procédé peut apparaître impossible au regard du principe de l'égalité entre actionnaires. Dans le cas où une prime n'est exigée que des seuls tiers étrangers à la société qui souscriraient à l'augmentation de capital après exercice des droits de souscription accordés aux anciens actionnaires, certains auteurs estiment qu'il ne résulte pas d'une telle décision une rupture d'égalité mais au contraire un moyen de l'assurer en considération des différents souscripteurs (voir E. du Pontavice, Bull. CNCC 1973 p. 304 ; Hémard, Terré et Mabilat, Soc. com. t. 2 no 407).

> Précisions Jugé que l'**émission sans prime d'émission d'actions réservées à une catégorie de salariés** particulièrement dévoués à la société n'est pas répréhensible, bien qu'elle ait entraîné une diminution sensible de la valeur des droits des actionnaires anciens, dès lors qu'il n'est pas démontré qu'en consentant cet avantage les actionnaires majoritaires avaient agi non dans l'intérêt social, mais dans le dessein de nuire aux minoritaires (CA Paris 15-10-1986 : D. 1987 p. 136 note Honorat).

Montant de la prime d'émission La prime doit être justifiée par la **valeur réelle** des actions anciennes. Tel est le cas d'une prime d'émission représentant 59 fois le nominal des actions anciennes dès lors que le montant des réserves, du chiffre d'affaires et des stocks justifie la hauteur de cette prime et que la situation de la société exige l'apport de capitaux propres (Cass. com. 22-5-2001 no 980 : RJDA 2/02 no 153). 49723

Une prime d'émission trop importante aboutit à dissuader les actionnaires minoritaires d'exercer leur droit préférentiel de souscription et peut constituer l'indice d'une **fraude** à leur égard. Ainsi est irrégulière comme entachée de fraude l'augmentation de capital qui prévoit un prix d'émission des actions nouvelles égal à 25 fois le nominal des actions anciennes alors que ce prix n'est justifié ni par les réserves, en fait inexistantes, ni par la prospérité de la société, celle-ci se trouvant au contraire en net déclin (Cass. com. 12-5-1975 no 74-10.363 : Bull. civ. IV no 129).

Libération de la prime d'émission La prime d'émission doit être intégralement libérée lors de la souscription (art. L 225-144, al. 1), à peine de sanctions pénales (art. L 242-17). Le non-respect de cette obligation pourrait en outre faire l'objet de sanctions civiles (nos 49910 s.). 49724

Utilisation de la prime d'émission La prime d'émission peut être utilisée pour compenser les frais d'augmentation du capital (art. L 232-9, al. 2). Conformément à l'usage bien établi – que l'on est en droit de considérer comme implicitement entériné par l'article L 232-9, qui n'édicte aucune règle contraire –, cette utilisation peut être décidée par le 49725 conseil d'administration ou le directoire sous le contrôle de l'assemblée générale ordinaire lors de l'approbation des comptes.

Pour toute autre affectation de la prime d'émission (comme de la prime d'apport ou de la prime de fusion), la décision incombe à l'organe habilité à cet effet soit par les statuts, soit par l'assemblée générale extraordinaire qui a fixé la prime. En l'absence de clause statutaire ou de décision de l'assemblée extraordinaire, l'affectation relève, à notre avis, de la compétence de l'assemblée extraordinaire ou de celle de l'assemblée ordinaire selon qu'elle entraîne ou non modification des statuts : par exemple, s'il s'agit de doter un compte de réserve ou de décider la distribution de la prime, l'assemblée ordinaire est, à notre avis, compétente puisqu'une telle décision n'apporte aucune modification aux statuts.

Si l'assemblée décide de distribuer la prime d'émission, les actionnaires pourront disposer librement de la somme qu'ils auront reçue. Le cas échéant, ils pourront décider individuellement d'affecter celle-ci à la libération du solde du nominal de leurs actions qui ne seraient pas intégralement libérées. En revanche, les actionnaires ne peuvent pas décider collectivement, en assemblée générale, d'affecter la prime ou une partie de celle-ci à la libération du solde des actions correspondant à l'augmentation de capital pour laquelle cette prime a été prévue. En effet, la libération des actions correspond à une obligation personnelle et individuelle des actionnaires qui doivent la financer par leurs propres moyens et cette source financière personnelle ne peut pas être constituée directement par les primes d'émission qui existent dans la société car on ne peut pas confondre le patrimoine personnel des actionnaires et celui de la société (Communication Ansa, comité juridique n° 3263 du 4-6-2003).

› Précisions **a.** La prime d'émission n'est ni un bénéfice ni une réserve (n° 76260), mais un « supplément d'apport laissé à libre disposition de la société » (Cass. com. 9-7-1952 : JCP 1953 II n° 7742). Cependant, aucun texte ne fixe l'**organe compétent** pour décider cette libre disposition. Il n'est donc d'autre ressource que de se référer aux principes généraux qui définissent la répartition du pouvoir de décision dans la SA entre les différents organes de celle-ci.

Ainsi, l'article L 225-96 donne compétence à l'assemblée générale extraordinaire pour les modifications statutaires, tandis que l'article L 225-98 permet à l'assemblée générale ordinaire de prendre toutes les décisions autres que celles relevant de la compétence de l'assemblée extraordinaire.

C'est donc en fonction de la nature de la décision d'affectation de la prime que l'organe compétent doit être déterminé.

b. Sur l'irrégularité consistant à utiliser la prime d'émission ou de fusion en vue de la **constitution de provisions** pour dépréciation des titres en portefeuille ou destinées à faire face à des risques éventuels, voir l'avis du Conseil national de la comptabilité du 8 avril 1970 et l'avertissement de l'Autorité de marché (Bull. COB mai 1972 p. 10).

c. La distribution des primes ne profite qu'aux actionnaires ; toutefois, un régime de protection des **porteurs de valeurs mobilières donnant accès au capital** s'applique en cas de distribution de prime d'émission (n°s 74380 s.).

d. Lorsque les actions existantes sont des **actions de quotité,** sans valeur nominale affichée (n°s 67543 s.), la prime d'émission par action est calculée à partir du « pair » de ces actions, c'est-à-dire du montant obtenu en divisant le montant du capital ancien par le nombre des actions.

ÉMISSION D'ACTIONS DE PRÉFÉRENCE

49730 À l'occasion d'une augmentation de capital, il peut être créé des actions nouvelles comportant des droits différents de ceux des autres actions.

Ces actions, appelées « actions de préférence », peuvent être créées avec ou sans droit de vote et être assorties de droits particuliers de toute nature, définis par les statuts (n°s 67780 s.). En cas d'émission de telles actions, les organes de gestion et, s'il en existe, les commissaires aux comptes doivent établir un rapport (n°s 67814 s.). Lorsque les actions sont émises au profit d'une ou de plusieurs personnes nommément désignées, la procédure d'approbation des avantages particuliers (rapport d'un commissaire désigné en justice, approbation par l'assemblée extraordinaire) doit en principe être respectée (n°s 67806 s.).

La quotité du capital représentant des actions de préférence sans droit de vote est limitée (n° 67813).

En outre, les actions de préférence peuvent être créées non seulement par émission d'actions nouvelles, mais aussi par conversion d'actions ordinaires ou d'actions de préférence d'une autre catégorie (n° 51390).

ÉMISSION D'ACTIONS À BONS DE SOUSCRIPTION D'ACTIONS

49740 Les actions nouvelles peuvent être assorties de bons permettant à leurs titulaires de souscrire, à tout moment ou à date fixe et moyennant un prix déterminé, à de nouvelles actions qui seront émises à cet effet. Ces titres obéissent au régime juridique unique des titres pouvant donner accès au capital (nos 74000 s.).

Les bons peuvent être détachés des actions souscrites au titre de l'augmentation de capital initiale et sont cessibles et négociables indépendamment de ces actions.

MESURES DESTINÉES À FACILITER UNE AUGMENTATION DE CAPITAL

Certaines augmentations de capital entraînent l'apparition de nombreux « **rompus** ». Afin 49750
de parvenir à un rapport simple entre le nombre des actions à créer et le nombre des actions constituant le capital initial et de faciliter ainsi l'opération financière, l'assemblée générale extraordinaire peut autoriser le conseil d'administration ou le directoire à acheter un certain nombre d'actions de la société en vue de les annuler. Sur les modalités de cette opération et les conditions auxquelles le rachat est soumis, voir no 52100.

On peut également demander à l'un des actionnaires de renoncer à exercer les droits attachés à une ou plusieurs de ses actions.

Enfin, lorsqu'il s'agit d'une augmentation de capital par incorporation de réserves, bénéfices ou primes d'émission, l'assemblée générale extraordinaire peut traiter de manière radicale le sort des rompus en décidant purement et simplement qu'ils feront l'objet d'un règlement en espèces (no 51226).

D. Conséquences de l'augmentation de capital

MODIFICATION DE L'ACTIONNARIAT

Les augmentations de capital entraînent souvent une modification dans la répartition du 49800
capital entre les actionnaires.

La participation de certains actionnaires peut devenir supérieure (ou inférieure) à certains seuils, obligeant les intéressés, pour autant qu'il s'agisse d'une société dont les actions sont admises aux négociations sur un **marché réglementé ou** sur un marché d'instruments financiers admettant aux négociations des **actions** pouvant être **inscrites en compte chez un intermédiaire habilité** ou encore sur **Euronext Growth,** à notifier à la société le nombre d'actions et droits assimilés de celle-ci qu'ils détiennent (art. L 233-7 s.) ; à défaut, ils s'exposent à de lourdes sanctions (nos 64290 s.).

Comme les participations à prendre en compte pour ces **notifications** sont non seulement celles possédées directement, mais aussi celles détenues indirectement par l'intermédiaire d'autres sociétés, tout changement dans la répartition du capital d'une société, surtout s'il s'accompagne d'une prise de contrôle, peut avoir des répercussions sur la répartition (directe ou indirecte) du capital d'autres sociétés – notamment les filiales de la première – et entraîner l'obligation de procéder également à des notifications dans ces autres sociétés.

INCIDENCE SUR LES VALEURS MOBILIÈRES DONNANT ACCÈS AU CAPITAL

À peine de nullité de la décision d'augmentation de capital (art. L 228-104 modifié, à compter du 49810
1-10-2025, par ord. 2025-229 du 12-3-2025 rendant cette nullité facultative ; Ord. 2025-229 art. 70), en cas d'augmentation avec maintien du droit préférentiel de souscription, les porteurs de valeurs mobilières donnant accès au capital doivent être mis en mesure de souscrire à l'augmentation (art. L 228-99 et R 228-87 ; nos 74380 s.).

SUSPENSION DE CERTAINS DROITS

En cas d'émission de nouveaux titres de capital (ou de nouvelles valeurs mobilières donnant 49820
accès au capital), le conseil d'administration ou le directoire peut suspendre, pendant un délai maximal de trois mois, la possibilité d'obtenir l'attribution de titres de capital par l'exercice du droit attaché à des valeurs mobilières donnant accès au capital ou à des options de souscription d'actions dans les conditions exposées respectivement nos 74280 et 69763.

INCIDENCE SUR LES ACTIONS DE PRÉFÉRENCE

En cas d'augmentation du capital social, l'assemblée générale extraordinaire doit déterminer 49850
les incidences de l'opération sur les droits des porteurs d'actions de préférence. Ces incidences peuvent également être constatées dans les statuts (no 67855).

E. Sanctions des irrégularités en matière d'augmentation de capital

1. INJONCTION DE RÉGULARISER L'AUGMENTATION DE CAPITAL

49910 Toute personne intéressée qui n'obtient pas la production, la communication ou la transmission des documents énumérés ci-dessous peut demander au président du tribunal statuant en référé soit d'enjoindre sous astreinte aux **administrateurs,** aux **autres dirigeants** ou au liquidateur de les **communiquer,** soit de désigner un mandataire chargé de procéder à cette communication (art. L 238-1) :

– rapport du conseil d'administration ou du directoire à l'assemblée générale extraordinaire appelée à autoriser l'augmentation de capital (n° 49590) ;
– rapport complémentaire en cas de délégation de compétence ou de délégation de pouvoirs au conseil d'administration ou au directoire (n° 49626) ;
– rapport sur l'état de la participation des salariés au capital de la société (n° 48199) ;
– rapports requis en cas de suppression du droit préférentiel de souscription au profit de bénéficiaires dénommés ou de catégories de bénéficiaires (nos 50268 s.) ;
– rapports requis en cas de suppression du droit préférentiel de souscription sans indication de bénéficiaire (nos 50340 s.) ;
– projet de résolution tendant à la réalisation d'une augmentation de capital au profit des salariés lors de toute augmentation de capital (nos 70442 s.).

49911 Selon les mêmes modalités, les **rapports et formalités suivants** peuvent aussi donner lieu à une injonction de faire (art. L 225-149-3, al. 1 et L 22-10-55, al. 1 et, sur renvoi, art. L 238-1 et L 238-6) :

– formalités liées à la délégation de compétence : art. L 225-129-2 (nos 49621 s.) ;
– vérification de l'actif et du passif et des avantages éventuels en cas d'augmentation réalisée par certaines offres au public moins de deux ans après la constitution de la société : art. L 225-131, al. 2 (n° 50000) ;
– rapports et formalités liés à la suppression du droit préférentiel de souscription sans indication de bénéficiaire : art. L 225-136, 1° et L 22-10-52 (nos 50350 s.) ;
– rapports et formalités liés à la suppression du droit préférentiel de souscription au profit de bénéficiaires dénommés ou de catégories de bénéficiaires : art. L 225-138 (nos 50251 s.) ;
– formalités de publicité préalables à l'ouverture des souscriptions : art. L 225-142 (n° 50550) ;
– bulletins de souscription : art. L 225-143 (n° 50720) ;
– retrait des fonds et restitution à défaut de réalisation de l'augmentation de capital : art. L 225-144, al. 3 (n° 50850) ; à notre avis, cela permet de demander d'enjoindre au dépositaire de restituer les fonds au cas où celui-ci serait récalcitrant (cette demande pouvant être faite de manière subsidiaire dans le cas d'une demande de nomination du mandataire en justice) ;
– versement de la fraction libérée du montant nominal des actions et de la totalité de la prime d'émission en cas de garantie de bonne fin : art. L 225-145 (n° 50821) ;
– certificat du dépositaire ou, en cas de libération par compensation de créances, certificat du notaire ou du ou d'un commissaire aux comptes : art. L 225-146 (n° 50790) ;
– rapports et formalités liés à un apport en nature : art. L 225-147 et L 22-10-53 (nos 51030 s. et 51042) ;
– rapports et formalités liés à une augmentation de capital rémunérant un apport de titres dans le cadre d'une offre publique d'échange : art. L 22-10-54, al. 2 (nos 65240 s.) ;
– constatation par le conseil d'administration ou le directoire d'une augmentation de capital par exercice de droits attachés à des valeurs mobilières donnant accès au capital et modification corrélative des statuts : art. L 225-149, al. 3 (n° 74251) ;
– annulation des droits attachés à des valeurs mobilières donnant accès au capital qui ont été utilisés ou acquis par la société : art. L 225-149-2 (n° 74300).

La **formulation très générale** des articles L 225-149-3, al. 1 et L 22-10-55, al. 1 a, selon *nous, les* ***conséquences*** *suivantes :*

– le terme « formalités » vise l'ensemble des opérations prévues aux articles auxquels ces dispositions renvoient ;
– l'injonction peut porter indifféremment sur l'établissement, le contenu ou la communication des rapports, ainsi que sur la réalisation ou la régularité de l'opération concernée.

CONSEIL

Certains rapports peuvent faire l'objet d'une injonction tant en application de l'article L 238-1 qu'en application des articles L 225-149-3, al. 1 ou L 22-10-55, al. 1. Toutefois, le premier article ne concerne expressément que la communication de ces rapports. En cas d'**irrégularité dans les mentions** du rapport, mieux vaut, à notre avis, demander une injonction sur le fondement des seconds.

2. NULLITÉ DE L'AUGMENTATION DE CAPITAL

a. Causes de nullité de l'augmentation de capital

AUGMENTATION DE CAPITAL DÉCIDÉE AVANT LE 1ER OCTOBRE 2025

Un certain nombre de causes de nullité d'une augmentation de capital décidée avant le 49915
1er octobre 2025 sont **expressément prévues** par le Code de commerce. Parmi ces causes de nullité, il faut distinguer les cas où le juge saisi d'une demande de nullité reste libre d'apprécier l'opportunité de cette sanction (nullité facultative) et les cas où il est obligé de la prononcer dès lors qu'il constate la violation de la règle (nullité de plein droit). En tout état de cause, ces nullités peuvent être couvertes (nos 89460 s.).

La nullité est aussi encourue par application des causes générales de nullité (nos 89210 s.). Ainsi, une augmentation de capital peut être annulée si elle constitue un **abus de majorité,** si elle est réalisée en **fraude** aux droits des actionnaires minoritaires ou en cas de **dol.** Dans ces cas, l'actionnaire majoritaire peut aussi être condamné à payer des dommages-intérêts.

ILLUSTRATIONS

Une augmentation de capital a été annulée dans un cas où les actions nouvelles avaient été notamment souscrites par une société qui n'en avait **pas** la **capacité,** faute d'avoir été préalablement immatriculée au RCS (Cass. com. 1-7-2003 n° 1080 : RJDA 11/03 n° 1064).

Un actionnaire majoritaire a été condamné à indemniser le préjudice moral subi par un minoritaire dont les droits dans le capital avaient été remis en cause à la suite d'un **montage frauduleux,** huit mois après les avoir acquis (CA Paris 26-6-2012 n° 11-04043 : RJDA 5/13 n° 425).

Peuvent être annulées les augmentations de capital prises en violation (art. L 225-149-3, al. 3) : 49916
– des règles prévues en période d'offre publique (art. L 233-32 ; nos 65390 s.) ;
– des dispositions de la sous-section 1 de la Section 4 du Chapitre V du Titre II du Livre II du Code de commerce sur les augmentations de capital de SA (art. L 225-127 à L 225-149-2), à l'exception de celles dont la violation est sanctionnée par une nullité de plein droit (n° 49917) et de celles qui ne sont pas soumises à la nullité (n° 49940).

Bien que l'article L 225-149-3 ne le dise pas, il faut ajouter le cas de l'émission d'actions de préférence sans droit de vote représentant une quotité de capital supérieure à celle autorisée (n° 67813). L'article L 228-11, al. 4 dispose en effet qu'une telle émission « peut être annulée ».

Par ailleurs, l'augmentation de capital peut être annulée lorsqu'elle a été souscrite par une personne en état de cessation des paiements et que le représentant légal de la société avait connaissance de cet état (art. L 632-2, al. 1 et L 641-14 ; n° 722).

Sont nulles les augmentations de capital prises en violation des dispositions suivantes du 49917
Code de commerce (art. L 225-149-3, al. 2 et L 22-10-55, al. 2) :
– art. L 225-129, al. 1 prévoyant la compétence de l'assemblée générale extraordinaire pour décider une augmentation de capital sur le rapport du conseil d'administration ou du directoire et la faculté de délégation de compétence au conseil d'administration ou au directoire (nos 49570 s.) ;
– art. L 225-129-1, al. 1 prévoyant la faculté de délégation de pouvoirs au conseil d'administration ou au directoire (n° 49624) ;
– art. L 225-129-2, al. 1 et 2 fixant le régime de la délégation de compétence (nos 49621 s.) ;
– art. L 225-129-6, al. 1 prévoyant l'obligation, lors d'une augmentation de capital, de soumettre aux actionnaires une résolution visant à augmenter le capital au profit des salariés (nos 70442 s.) ;
– art. L 225-130, al. 1, première phrase fixant les modalités d'une augmentation de capital par incorporation de réserves, de bénéfices ou de primes d'émission (nos 51140 s.) ;
– art. L 225-130, al. 2 fixant les modalités de l'augmentation de capital par majoration du montant nominal des titres (n° 49512) ;

– art. L 225-131, al. 1 exigeant la libération intégrale du capital avant toute augmentation en numéraire (nº 49980) ;
– art. L 225-132, al. 2 prévoyant l'existence d'un droit préférentiel de souscription proportionnel au montant des actions détenues (nº 50060) ;
– art. L 22-10-53 fixant le régime des délégations de pouvoirs pour augmenter le capital en rémunération d'un apport de titres dans une société dont les titres sont admis aux négociations sur un marché réglementé (nº 51042).

AUGMENTATION DE CAPITAL DÉCIDÉE À COMPTER DU 1ER OCTOBRE 2025

49919 Les causes de nullité des augmentations de capital décidées à compter du 1er octobre 2025 ne sont plus expressément énumérées aux articles L 225-149-3, al. 2 et 3 et L 22-10-55, al. 2 dont les dispositions sont abrogées par l'ordonnance 2025-229 du 12 mars 2025 (Ord. 2025-229 art. 63 et 70). La violation des dispositions du Code de commerce relatives aux augmentations de capital est sanctionnée dans les **conditions de droit commun** : la nullité de l'augmentation de capital est encourue en cas de violation d'une disposition impérative de droit des sociétés ou de l'une des causes de nullité des contrats en général (C. civ. art. 1844-10, al. 3 modifié, à compter du 1-10-2025, par ord. 2025-229 ; Ord. 2025-229 art. 70).

b. Action en nullité de l'augmentation de capital

PRESCRIPTION DE L'ACTION EN NULLITÉ DE L'AUGMENTATION DE CAPITAL

49923 **Délai de prescription** **Avant le 1er octobre 2025,** l'action en nullité fondée sur l'article L 225-149-3 se prescrit à l'expiration d'un délai de trois mois (art. L 235-9, al. 3).

Lorsque l'action en nullité est fondée sur un autre texte que l'article L 225-149-3, elle se prescrit à l'expiration d'un délai de trois ans (art. L 235-9, al. 1). C'est le cas lorsque l'action en nullité a pour objet :
– le non-respect du régime des délégations de pouvoirs en cas d'augmentation de capital par apport de titres dans une société dont les titres sont admis aux négociations sur un marché réglementé (art. L 22-10-55) ;
– le non-respect de l'interdiction de porter la proportion d'actions de préférence sans droit de vote au-delà de la limite autorisée (art. L 228-11, al. 3 et 4) ;
– l'état de cessation des paiements du souscripteur (art. L 632-2, al. 1 et L 641-14).

À compter du 1er octobre 2025, l'action en nullité d'une augmentation de capital, quel que soit son fondement, se prescrit à l'expiration d'un délai de trois mois (art. L 225-149-4 issu de ord. 2025-229 du 12-3-2025 ; Ord. 2025-229 art. 70).

Pour les actions en nullité qui, avant le 1er octobre 2025, étaient soumises à la prescription triennale, il résulte du nouvel article L 225-149-4 une réduction du délai de prescription. Pour ces actions, le nouveau délai de trois mois court à compter du 1er octobre 2025, date d'entrée en vigueur de l'ordonnance 2025-229, sans que la durée totale de la prescription ne puisse excéder l'expiration de l'ancien délai triennal (cf. C. civ. art. 2222).

EXEMPLE

Dans le cas d'une action en nullité soumise avant le 1er octobre 2025 à la prescription triennale, un délai de prescription en cours qui aurait dû expirer le 30 juin 2026 expirera le 1er janvier 2026 (trois mois après l'entrée en vigueur de l'ordonnance).

49924 **Point de départ du délai de prescription** Pour les **augmentations** de capital **décidées avant le 1er octobre 2025,** le point de départ du délai de prescription de l'action en nullité fondée sur l'article L 225-149-3 est fixé à la date de l'assemblée suivant celle de la décision d'augmentation de capital (art. L 235-9, al. 3). Il résulte des termes très généraux de l'article L 235-9, al. 3 que toute réunion d'une assemblée générale des actionnaires (ordinaire ou extraordinaire), quel que soit son objet, est susceptible de faire courir le délai de prescription.

Si l'action en nullité est fondée sur un autre texte que l'article L 225-149-3, le délai court à compter du jour où la nullité est encourue (art. L 235-9, al. 1).

Le point de départ du délai de prescription de l'action en nullité des **augmentations de capital décidées à compter du 1er octobre 2025** est fixé, quel que soit son fondement (art. L 225-149-4 issu de ord. 2025-229 du 12-3-2025 ; Ord. 2025-229 art. 70) :
– lorsque l'augmentation a fait l'objet d'une délégation de pouvoirs ou de compétence au conseil d'administration ou au directoire, à la date de l'assemblée générale au cours de

laquelle le rapport sur les conditions définitives de l'opération est porté à la connaissance des actionnaires ;
– dans tous les autres cas, à la date à laquelle la décision dont la régularité est contestée a été prise.
À notre avis, ces nouveaux points de départ du délai de prescription ne concernent pas les augmentations de capital antérieures au 1er octobre 2025. En effet, la solution inverse aboutirait à ce que puissent être prescrites, dans certains cas, des actions en nullité dont le délai de prescription n'avait pas commencé à courir sous l'empire du régime antérieur à l'ordonnance 2025-229, ce qui reviendrait à éteindre le droit d'agir en nullité.

IRRECEVABILITÉ DE L'ACTION EN NULLITÉ DANS LES SOCIÉTÉS « COTÉES »

À compter du 1er octobre 2025, dans les sociétés dont les titres sont admis aux négociations sur un marché réglementé ou sur un SMN, une action en nullité portant sur une augmentation de capital autre que celle bénéficiant à des personnes dénommées ou à des catégories de personnes répondant à des caractéristiques déterminées n'est plus recevable à compter de la réalisation de l'opération (art. L 22-10-55-1 issu de ord. 2025-229 du 12-3-2025 ; Ord. 2025-229 art. 70). Pour l'Ansa, la date de réalisation de l'opération correspond soit à la date d'établissement du certificat du dépositaire des fonds soit à la date de signature de la garantie de bonne fin en application des articles L 225-145 et R 225-135 (Communication Ansa, comité juridique no 25-035 du 14-5-2025). En cas de prise ferme (no 50823), la date de réalisation de l'opération correspond, à notre avis et par analogie, à la date de signature de la prise ferme. 49926

EFFETS DE LA NULLITÉ DE L'AUGMENTATION DE CAPITAL

À compter du 1er octobre 2025, par dérogation à la règle interdisant à la société et aux associés de se prévaloir d'une nullité à l'égard des tiers de bonne foi (C. civ. art. 1844-16), la nullité de la décision d'augmentation du capital est opposable à tous les souscripteurs (art. L 225-149-5 issu de ord. 2025-229 du 12-3-2025 ; Ord. 2025-229 art. 70). 49927

3. TABLEAU RÉCAPITULATIF DES NULLITÉS EN VIGUEUR AVANT LE 1ER OCTOBRE 2025 ET DES INJONCTIONS

49930

Disposition dont le manquement est sanctionné	Objet de la disposition	Nature des sanctions
Art. L 225-129, al. 1 (nos 49570 et 49590)	Compétence pour décider l'augmentation sur le rapport du conseil d'administration ou du directoire	Nullité impérative Injonction de faire[1]
Art. L 225-129, al. 2 (no 49580)	Délai pour réaliser une augmentation de capital	Nullité facultative
Art. L 225-129-1 (no 49624)	Possibilité de déléguer au conseil d'administration ou au directoire le pouvoir de fixer les modalités de l'augmentation	Nullité impérative
Art. L 225-129-2, al. 1 et 2 (nos 49621 s.)	Régime des délégations de compétence pour décider l'augmentation	Nullité impérative Injonction de faire[2]
Art. L 225-129-2, al. 3 et 4 (nos 49621 et 49626)	Obligation de prévoir des résolutions particulières pour certaines délégations de compétence ; exercice de ses pouvoirs par l'organe délégataire	Nullité facultative Injonction de faire[2]
Art. L 225-129-5 (no 49626)	Rapport complémentaire de l'organe délégataire à présenter à l'AGO en cas d'usage d'une délégation de pouvoirs ou de compétence	Nullité facultative Injonction de faire[1]
Art. L 225-129-6, al. 1 (nos 70442 s.)	Obligation permanente de soumettre une résolution visant à augmenter le capital au profit des salariés	Nullité impérative Injonction de faire[1]

49930 (suite)

Disposition dont le manquement est sanctionné	Objet de la disposition	Nature des sanctions
Art. L 225-130 (nos 49610 et 51226 s.)	Modalités de l'augmentation par incorporation de réserves ou par majoration du nominal des actions	Nullité impérative (conditions de vote de l'augmentation) ou facultative (sort du produit de la vente des droits formant rompus dans les sociétés dont les titres de capital ne sont pas « cotés » ou admis aux opérations d'un dépositaire central[3])
Art. L 225-131, al. 1 (no 49980)	Libération intégrale du capital avant toute augmentation en numéraire	Nullité impérative
Art. L 225-131, al. 2 (no 50000)	Vérification de l'actif et du passif et des avantages éventuels en cas d'augmentation réalisée par certaines offres au public moins de deux ans après la constitution de la société	Nullité facultative Injonction de faire[2]
Art. L 225-132, al. 2 (no 50060)	Existence d'un droit préférentiel de souscription proportionnel au montant des actions détenues	Nullité impérative
Art. L 225-132, al. 3 (no 50220)	Négociabilité du droit préférentiel de souscription	Nullité facultative
Art. L 225-133 (no 50690)	Régime des souscriptions à titre réductible	Nullité facultative
Art. L 225-134, I à II (nos 50700 s.)	Régime de la limitation de l'augmentation de capital	Nullité facultative
Art. L 225-134, III (nos 50700 s.)	Faculté pour le conseil d'administration ou le directoire de limiter d'office l'augmentation si les actions non souscrites représentent moins de 3 % de l'augmentation de capital	Décision contraire non écrite (art. L 225-134)
Art. L 225-135, al. 1 à 4 (nos 50250 s.)	Compétence de l'assemblée pour supprimer le droit préférentiel de souscription sur rapport du conseil d'administration ou du directoire et, le cas échéant, du commissaire aux comptes	Nullité facultative Injonction de faire[1]
Art. L 225-136, 1o (no 50360)	Régime de la suppression du droit préférentiel de souscription sans indication de bénéficiaire dans les sociétés dont les titres de capital ne sont pas « cotés »[3]	Nullité facultative Injonction de faire[4]
Art. L 225-136, 2o (no 50330)	Limitation des émissions de titres de capital par « placement privé »	Nullité facultative
Art. L 225-138 (nos 50251 s.)	Régime de la suppression du droit préférentiel de souscription en faveur de bénéficiaires dénommés ou d'une catégorie de bénéficiaires	Nullité facultative Injonction de faire[4]
Art. L 225-138-1 (nos 70460 s.)	Modalités des augmentations de capital au profit des salariés	Nullité facultative
Art. L 225-139	Mentions des rapports prévus aux *art.* L 225-129, L 225-135, L 225-136 et L 225-138	Nullité facultative[5]
Art. L 225-141 (no 50200)	Délai d'exercice du droit préférentiel de souscription	Nullité facultative

49930 (suite)

Disposition dont le manquement est sanctionné	Objet de la disposition	Nature des sanctions
Art. L 225-142 (nos 50550 s.)	Formalités de publicité préalables à l'ouverture des souscriptions	Nullité facultative Injonction de faire[2]
Art. L 225-143 (no 50720)	Établissement du bulletin de souscription	Nullité facultative Injonction de faire[2]
Art. L 225-144 (nos 50760 et 50840 s.)	Libération des actions nouvelles et de la prime d'émission et retrait des fonds provenant des souscriptions	Nullité facultative Injonction de faire[6]
Art. L 225-145 (nos 50821 s.)	Réalisation de l'augmentation et libération des actions nouvelles en cas de garantie de bonne fin	Nullité facultative Injonction de faire[2]
Art. L 225-146 (no 50790)	Constatation des souscriptions et versements	Nullité facultative Injonction de faire[2]
Art. L 225-147 (nos 51030 s.)	Régime de l'apport en nature	Nullité facultative Injonction de faire[2]
Art. L 225-147-1 (no 51037)	Régime de la dispense de rapport du commissaire aux apports en cas d'apport en nature	Nullité facultative
Art. L 225-149, al. 1, 2 et 4 (nos 74250 s.)	Régime de l'augmentation de capital par exercice de droits attachés à des valeurs mobilières donnant accès au capital	Nullité facultative
Art. L 225-149, al. 3 (no 74251)	Constatation d'une augmentation de capital par exercice de droits attachés à des valeurs mobilières donnant accès au capital et modification corrélative des statuts	Nullité facultative Injonction de faire[2]
Art. L 225-149-1 (no 49820)	Faculté de suspendre l'attribution de valeurs mobilières donnant accès au capital en cas d'augmentation de capital	Nullité facultative
Art. L 225-149-2 (no 74300)	Annulation de droits attachés à des titres donnant accès au capital qui ont été utilisés ou acquis par la société	Nullité facultative Injonction de faire[2]
Art. L 22-10-52 (nos 50350 s.)	Régime de la suppression du droit préférentiel de souscription sans indication de bénéficiaire dans les sociétés dont les titres de capital sont « cotés »[3]	Injonction de faire[7]
Art. L 22-10-53 (no 51042)	Régime des délégations de pouvoirs pour augmenter le capital en rémunération d'un apport de titres dans une société dont les titres sont « cotés »[3]	Nullité impérative Injonction de faire[7]
Art. L 22-10-54, al. 2 (nos 65240 s.)	Régime de l'augmentation de capital par apport de titres dans le cadre d'une OPE	Injonction de faire[7]
Art. L 233-32 (nos 65460 s.)	Conditions d'émission et d'exercice des « bons d'offre » en cas d'OPA	Nullité facultative

1. Injonction prévue à l'art. L 238-1.
2. *Injonction prévue à l'art. L 225-149-3.*
3. On entend ici par titres « cotés » les titres admis aux négociations sur un marché réglementé et par titres « non cotés » les titres non admis aux négociations sur un tel marché.
4. Injonction prévue à la fois à l'art. L 225-149-3 et à l'art. L 238-1 mais dont le périmètre est sensiblement différent (no 49911 in fine).
5. Les mentions des rapports figurent dans la partie réglementaire du Code de commerce (art. R 225-113 s. et R 22-10-31) et non parmi les dispositions de la partie législative (Livre II, Titre II, Chapitre V, Section 4, sous-section 1) dont l'art. L 225-149-3, al. 3 prévoit que la violation peut entraîner la nullité des décisions prises. Cette sanction est toutefois encourue car les dispositions réglementaires concernées ne sont que le prolongement de l'art. L 225-139, qui oblige les rapports à contenir certaines mentions.
6. Sur la portée de cette faculté d'injonction prévue à l'art. L 225-149-3, voir no 50850.
7. Injonction prévue à l'art. L 22-10-55.

4. DISPOSITIONS DONT LA VIOLATION N'EST PAS SANCTIONNÉE PAR UNE NULLITÉ EXPRESSE OU UNE INJONCTION

49940 La violation des dispositions suivantes ne peut faire l'objet ni d'une injonction ni, pour les **augmentations de capital décidées avant le 1er octobre 2025,** d'une nullité en vertu de l'article L 225-149-3 (art. L 225-149-3, al. 4 ; Ord. 2025-229 du 12-3-2025 art. 70) :

– art. L 225-127 et L 225-128 relatifs aux procédés d'augmentation de capital, d'émission et de libération des actions nouvelles (nos 49500, 49511 et 49720) ;
– art. L 225-132, al. 1 relatif à l'existence du droit préférentiel de souscription (nos 50060 s.) ;
– art. L 225-135, al. 1 prévoyant la faculté de supprimer le droit préférentiel de souscription selon certaines modalités (no 50250) ;
– art. L 225-140 fixant les droits du nu-propriétaire et de l'usufruitier en cas d'augmentation de capital (no 50110).

De même, ne peut faire l'objet ni d'une injonction ni d'une nullité en vertu de l'article L 22-10-55 la violation de l'article L 22-10-54, al. 1 excluant la faculté de délégation de pouvoirs en cas d'augmentation de capital rémunérant un apport de titres dans le cadre d'une OPE (no 51042) (art. L 22-10-55, al. 3) ou la violation de l'article L 22-10-52-1 issu de la loi 2024-537 du 13 juin 2024 qui permettra, à compter d'un décret à paraître, à l'assemblée d'une société dont les actions sont admises aux négociations sur un marché réglementé ou sur un SMNO de déléguer au conseil ou au directoire le pouvoir de désigner les bénéficiaires en cas d'augmentation de capital avec suppression du droit préférentiel de souscription (no 50255).

Enfin, certaines dispositions, dont la violation était sanctionnée uniquement par une nullité facultative jusqu'au 31 décembre 2020 (cf. art. L 225-149-3, al. 3), ne font plus l'objet d'aucune sanction depuis leur transfert dans le Chapitre X du Titre II du Livre II du Code de commerce par l'ordonnance 2020-1142 du 16 septembre 2020, entrée en vigueur le 1er janvier 2021 (cf. Ord. 2020-1142 art. 19), l'article L 225-149-3, al. 3 ne couvrant pas la violation des dispositions de ce nouveau chapitre. Tel est le cas :

– de l'article L 22-10-49 (ex-art. L 225-129-4) sur le régime de la subdélégation de pouvoirs (nos 49640 s.) ;
– de l'article L 22-10-50 (ex-art. L 225-130) sur le sort du produit de la vente des droits formant rompus dans les sociétés dont les titres de capital ne sont pas admis aux négociations sur un marché réglementé ou aux opérations d'un dépositaire central ;
– de l'article L 22-10-51, al. 1 (ex-art. L 225-135, al. 5) relatif à la prévision d'un délai de priorité dans les sociétés dont les titres de capital sont admis aux négociations sur un marché réglementé.

Sur les causes de nullité des **augmentations de capital décidées à compter du 1er octobre 2025,** voir no 49919.

5. PRIVATION DE DROITS DE VOTE ET DE DROITS À DIVIDENDE

49950 Les droits de vote et les droits à dividende des actions ou coupures d'actions émises en violation d'une des dispositions des articles L 225-127 à L 225-149-2 du Code de commerce relatives aux augmentations de capital de SA sont suspendus jusqu'à régularisation de la situation et tout vote émis ou tout versement de dividende effectué pendant la suspension est nul (art. L 225-150). Parmi les nombreux manquements visés par cette disposition, certains peuvent être commis par les dirigeants plutôt que par les actionnaires ; la sanction est de nature à inciter ces derniers à demander aux dirigeants de régulariser la situation.

Ne sont pas suspendus les droits de vote et droits aux dividendes des actions émises à l'occasion d'une augmentation de capital décidée en **violation d'un texte réglementaire** (Communication Ansa, comité juridique no 25-002 du 8-1-2025).

6. RESPONSABILITÉ CIVILE DES DIRIGEANTS

49960 Les dirigeants de la société engagent leur responsabilité pour le préjudice pouvant résulter à l'égard des tiers ou des actionnaires de l'accomplissement irrégulier de l'augmentation du capital (art. L 210-8).

II. AUGMENTATION DU CAPITAL PAR APPORTS EN NUMÉRAIRE

A. Conditions préalables

LIBÉRATION DU CAPITAL

Le capital doit être intégralement libéré avant toute émission d'actions nouvelles à libérer en numéraire (art. L 225-131, al. 1). 49980

Cette disposition soulève un problème d'interprétation tant en ce qui concerne la notion de « capital intégralement libéré » que celle d'« émission d'actions ».

À notre avis, les termes « capital **intégralement libéré** » supposent un versement effectif des fonds correspondant au capital nominal, ce qui implique non seulement que le conseil d'administration ou le directoire a appelé le solde du capital non libéré, mais encore que ces fonds ont été versés et qu'il a été éventuellement procédé à la mise en vente des actions des actionnaires défaillants (nos 67965 s.). 49981

Cette interprétation stricte du texte de l'article L 225-131 présente l'inconvénient, si un seul actionnaire n'a pas répondu aux appels de fonds, de bloquer une nouvelle augmentation du capital jusqu'à ce que la procédure d'exécution forcée prévue par la loi ait été menée à son terme, d'où une source de lenteurs. À cela on objectera que les dirigeants de la société ne peuvent s'en prendre qu'à eux-mêmes s'ils n'ont pas fait toute diligence pour que le capital soit intégralement libéré.

Il est une autre objection à l'interprétation rigoureuse des termes « capital intégralement libéré » : parmi les sanctions qui frappent les actionnaires défaillants, l'article L 228-29 prévoit la suspension du droit préférentiel de souscription (no 67964). Comment cette sanction peut-elle trouver à s'appliquer si la décision d'augmentation du capital (avant même que le droit préférentiel de souscription ait à s'exercer) est subordonnée à la condition que toutes les actions aient été libérées ?

Pour concilier les textes des articles L 225-131 et L 228-29, il faudrait considérer que le capital est effectivement « libéré » au sens de l'article L 225-131 dès lors que le conseil d'administration ou le directoire a procédé aux appels de fonds sur la totalité du capital restant dû, même si certains actionnaires n'ont pas répondu à ces appels de fonds.

Cette interprétation a d'ailleurs été soutenue par de nombreux auteurs (Bastian, JCP 1943 I no 348 no 17 ; Percerou, DC 1943.L.61 ; Bosvieux, Journ. sociétés 1943 p. 12 ; Moreau, La société anonyme no 413) lors de la publication de la loi du 4 mars 1943 dont l'article 4 a directement inspiré la rédaction de l'article 182 de la loi du 24 juillet 1966, devenu l'article L 225-131.

Il nous paraît cependant difficile de donner au terme « libéré » le même sens qu'au mot « appelé ». Aussi, tout en souhaitant que la loi soit amendée sur ce point, estimons-nous prudent, en raison des lourdes sanctions attachées à l'inobservation des dispositions de l'article L 225-131 (no 49985), de s'en tenir à l'interprétation stricte du texte.

C'est d'ailleurs en ce sens que s'est prononcé le tribunal de commerce de Montpellier, pour lequel « la libération intégrale du capital suppose un versement effectif des fonds, le capital destiné à être augmenté doit être totalement versé et non simplement appelé » (T. com. Montpellier 7-12-1988 : PA 15-3-1989 p. 20).

S'agissant de la notion d'« **émission d'actions nouvelles** à libérer en numéraire », deux sens peuvent être donnés au mot « émission ». Ce terme peut viser l'acte juridique, autrement dit *l'offre de souscription aux actions nouvelles. Mais* il peut signifier également l'inscription des actions aux noms de leurs titulaires dans les comptes tenus par la société émettrice ou par les intermédiaires financiers habilités, ou encore dans une blockchain (no 50860). 49982

À notre avis, il convient ici de retenir le premier sens : il y a émission dès que l'assemblée générale (ou le conseil d'administration ou le directoire) a décidé le montant de l'augmentation du capital et fixé le nombre d'actions nouvelles ainsi que les conditions de leur souscription.

L'expression « émission d'actions à libérer en numéraire » conduit à cette interprétation car les termes « à libérer » sous-entendent que l'émission est préalable à la libération (totale ou partielle) exigée lors de la souscription ; il ne peut donc s'agir de la « création » des titres.

49983 **Dérogation** Par dérogation au principe exposé nos 49980 s., les options accordées au personnel de la société et lui donnant droit à la souscription d'actions (no 69447) peuvent être consenties – et levées – alors même que le capital social n'aurait pas été intégralement libéré (art. L 225-177, al. 3).

Cette dérogation s'applique également en cas d'augmentation de capital par émission d'actions réservées aux salariés, mais seulement s'il s'agit d'opérations réalisées dans le cadre des plans d'épargne d'entreprise (no 70464).

49984 **Cas particulier : élévation du montant nominal des actions** L'article L 225-131, al. 1 vise non pas l'augmentation du capital, mais l'émission d'actions à libérer en numéraire. À s'en tenir strictement au texte, il pourrait être procédé à une augmentation du capital par élévation du montant nominal des actions (avec l'accord unanime des actionnaires : no 49610) quand bien même les actions anciennes ne seraient pas libérées intégralement. Dans ce cas, en effet, il n'est pas procédé à l'émission de nouvelles actions puisqu'on se borne à augmenter le nominal des actions existantes. Le procédé, quoique apparemment licite, est choquant. On trouve là une nouvelle preuve du caractère défectueux de la rédaction de l'article L 225-131.

49985 **Sanctions du défaut de libération du capital ancien** Les présidents, administrateurs, directeurs généraux, membres du directoire ou encore les directeurs généraux délégués (art. L 248-1) s'exposent à une **amende pénale** de 150 000 €, cette peine pouvant être doublée si les actions ou les coupures d'actions émises ont fait l'objet d'une offre au public autre qu'une offre réservée à des investisseurs qualifiés ou à un cercle restreint d'investisseurs, une offre relevant du financement participatif, une offre portant sur des titres dont la valeur nominale unitaire s'élève au moins à 100 000 €, ou adressée à des investisseurs qui acquièrent ces titres pour un montant total d'au moins 100 000 € par investisseur et par offre distincte, et une offre dont le montant total calculé sur une période de 12 mois est inférieur à 8 M€, seuil qui devrait être porté à 12 M€ à compter du 5 juin 2026 (cf. Règl. UE 2017/1129 du 14-6-2017 art. 3, 2 modifié et 3, 2 bis créé par Règl. UE 2024/2809 du 23-9-2024 et Règl. UE 2024/2809 art. 4, 3) (art. L 242-17, al. 1 et 2). Cette disposition n'est pas applicable aux actions émises par conversion d'obligations convertibles à tout moment ou par utilisation de bons de souscription, ni aux actions émises à la suite du paiement du dividende en actions (art. L 242-17, al. 3).

Sur les **sanctions civiles** encourues pour défaut de libération du capital avant l'émission des nouvelles actions à libérer en numéraire, voir nos 49910 s.

VÉRIFICATION DE L'ACTIF ET DU PASSIF

50000 Les sociétés constituées sans offre au public (ou constituées avec une offre réservée à des investisseurs qualifiés ou à un cercle restreint d'investisseurs, une offre qui relève du financement participatif, une offre portant sur des titres dont la valeur nominale unitaire s'élève au moins à 100 000 €, ou adressée à des investisseurs qui acquièrent ces titres pour un montant total d'au moins 100 000 € par investisseur et par offre distincte, ou dont le montant total calculé sur une période de 12 mois est inférieur à 8 M€, seuil qui devrait être porté à 12 M€ à compter du 5-6-2026 : cf. Règl. UE 2017/1129 du 14-6-2017 art. 3, 2 modifié et 3, 2 bis créé par Règl. UE 2024/2809 du 23-9-2024 et Règl. UE 2024/2809 art. 4, 3) qui, moins de deux ans après leur constitution, viendraient à procéder à une augmentation du capital avec une offre au public autre que l'une de celles précitées sont tenues de faire vérifier leur actif et leur passif et, le cas échéant, les avantages particuliers qui ont pu être consentis (art. L 225-131, al. 2 et 3). Cette vérification doit être effectuée dans les mêmes conditions que celles énoncées nos 38450 s. (désignation d'un commissaire, rapport de ce commissaire et réunion d'une assemblée générale extraordinaire).

Le délai de deux ans, à l'expiration duquel le contrôle n'est plus nécessaire, court à compter de la constitution de la société, c'est-à-dire, à notre avis, à compter de la date de signature des statuts et non de l'immatriculation de la société au RCS. En effet, la signature des statuts marque la constitution définitive de la société. L'immatriculation au RCS ne fait que donner à la société sa personnalité morale (no 2503).

CONTRÔLE DES INVESTISSEMENTS ÉTRANGERS EN FRANCE

50002 Dans certains secteurs sensibles, il faut adresser au ministre de l'économie une demande d'autorisation avant tout investissement réalisé en France par des non-résidents, des personnes de nationalité étrangère, des entités de droit étranger ou des sociétés françaises sous contrôle étranger : voir nos 92545 s.

B. Droit préférentiel de souscription

1. DÉTERMINATION DU DROIT PRÉFÉRENTIEL DE SOUSCRIPTION

Toute augmentation de capital en numéraire ouvre aux actionnaires, en proportion de leur participation dans le capital, un droit de préférence à la souscription des actions nouvelles (« droit de souscription préférentiel à titre irréductible » ; art. L 225-132). 50060

EXEMPLE

Si une société au capital de 2 M€ divisé en 200 000 actions de 10 € décide d'augmenter son capital de 1 M€ par voie d'émission de 100 000 actions nouvelles de 10 €, chaque actionnaire dispose d'un droit préférentiel de souscription à raison de 1 action nouvelle pour 2 anciennes.

Autre exemple : si une société au capital de 3 M€ divisé en 150 000 actions de 20 € augmente son capital de 2 M€ en créant 100 000 actions nouvelles de 20 €, chaque actionnaire disposant de 3 actions (ou de 3 droits de souscription) pourra souscrire à 2 actions nouvelles :
150 000/100 000 = 3/2.

Ce droit préférentiel est détachable des actions et négociable. Il a pour objet de compenser financièrement la dilution en droits pécuniaires (quote-part de l'actif net revenant à chaque action et dividendes) et en droits de vote à laquelle s'exposent les actionnaires s'ils ne souscrivent pas à l'augmentation de capital.

Les actionnaires ne sont pas obligés de souscrire les actions nouvelles auxquelles ils ont droit. 50071
Ils peuvent, s'ils le désirent, **vendre** tout ou partie de leurs droits (n° 50220).

Les actionnaires peuvent aussi **renoncer** individuellement à leur droit préférentiel de souscription, ce qui permet d'accélérer la réalisation de l'augmentation du capital (n° 50410).

Les actionnaires peuvent **souscrire « à titre réductible »** un nombre d'actions supérieur à celui qui leur est réservé à titre irréductible si cette possibilité a été expressément prévue par l'assemblée générale extraordinaire ayant décidé l'augmentation du capital ou par le conseil d'administration ou le directoire en cas de délégation de compétence. Ce droit de souscription ne peut s'exercer que dans la limite des actions non souscrites à titre irréductible ; les actionnaires s'exposent donc à une réduction du nombre d'actions qu'ils demandent. Sur cette question, voir nos 50690 s. 50080

2. BÉNÉFICIAIRES DU DROIT PRÉFÉRENTIEL DE SOUSCRIPTION

Le droit préférentiel de souscription est réservé aux actionnaires, à l'exclusion des porteurs de tous autres titres (obligataires, notamment). Toutefois, les actions de préférence auxquelles est attaché un droit limité de participation aux dividendes, aux réserves ou au partage du patrimoine en cas de liquidation sont privées de droit préférentiel de souscription sauf clause contraire des statuts (art. L 228-11, al. 5). 50100

Les actionnaires ne peuvent bénéficier du droit préférentiel de souscription que si leurs actions sont intégralement libérées des versements restant dus à la société. En effet, l'article L 228-29 suspend le droit préférentiel attaché aux actions sur le montant desquelles les versements exigibles n'ont pas été effectués. L'actionnaire ne retrouve le libre exercice de son droit qu'après paiement des sommes dues en principal et intérêts, et sous réserve qu'entretemps ne soit pas intervenue la clôture des opérations de souscription. Mais cette sanction paraît sans objet puisque la loi exige la libération intégrale du capital avant toute augmentation de ce capital (n° 49981).

BÉNÉFICIAIRE EN CAS DE TITRES GREVÉS D'USUFRUIT

Lorsque les titres anciens sont grevés d'un usufruit, l'usufruitier et le nu-propriétaire peuvent régler comme ils l'entendent les conditions d'exercice du droit préférentiel de souscription et l'attribution des titres nouveaux. **À défaut d'accord** entre les parties, les **règles suivantes** sont applicables (art. L 225-140 et R 225-123, al. 1). 50110

1. Le droit préférentiel de souscription appartient au nu-propriétaire.

2. Si le nu-propriétaire vend les droits, les sommes provenant de la cession ou les biens acquis au moyen de ces sommes sont soumis à l'usufruit.

3. Si le nu-propriétaire néglige d'exercer son droit (c'est-à-dire s'il n'a ni souscrit ni vendu les droits huit jours avant l'expiration du délai de souscription), l'usufruitier peut se substituer à lui pour souscrire aux titres nouveaux ou pour vendre les droits, mais le nu-propriétaire peut, dans ce dernier cas, exiger le remploi des sommes provenant de la cession, les biens acquis en remploi étant soumis à l'usufruit.

4. Les titres nouveaux appartiennent au nu-propriétaire pour la nue-propriété et à l'usufruitier pour l'usufruit. Toutefois, en cas de versement de fonds effectué par le nu-propriétaire ou l'usufruitier pour réaliser ou parfaire une souscription, les titres nouveaux n'appartiennent au nu-propriétaire ou à l'usufruitier qu'à concurrence de la valeur des droits de souscription ; le surplus des titres nouveaux appartient en pleine propriété à celui qui a versé les fonds.

Il y a donc lieu de partager la masse des titres nouveaux entre titres de pleine propriété et titres soumis à usufruit suivant la proportion obtenue en rapprochant la valeur des droits par rapport aux fonds versés.

EXEMPLE

Soit une société dont les actions ont une valeur nominale de 10 €.

Cette société procède à une augmentation de capital en numéraire par voie de création de 1 action nouvelle pour 5 anciennes. Les actions nouvelles sont émises à 13 € (10 € de nominal et 3 € de prime).

Par hypothèse, le droit préférentiel de souscription vaut 2 €.

La valeur de chaque action nouvelle est théoriquement de : (2 € × 5) + 13 € = 23 € correspondant, à concurrence de 10 €, aux droits de souscription et, à concurrence de 13 €, au prix d'émission.

Si, par exemple, c'est le nu-propriétaire qui exerce le droit de souscription et verse les fonds (13 € par action), les actions nouvelles lui seront attribuées dans les proportions suivantes : 13/23 en pleine propriété et 10/23 grevées d'usufruit.

En pratique, il est **conseillé** au nu-propriétaire et à l'usufruitier de matérialiser par écrit leur accord sur la répartition entre eux des actions nouvelles, ne serait-ce qu'en raison des arbitrages qu'ils devront faire sur les actions formant rompus.

BÉNÉFICIAIRE EN CAS D'ACTIONS LOUÉES

50120 Lorsque les actions sont louées, pour l'exercice des droits attachés aux actions autres que le droit de vote, le bailleur est considéré comme le nu-propriétaire et le locataire comme l'usufruitier (art. L 239-3, al. 2). Il convient donc de transposer ici les règles prévues en matière de démembrement de propriété (n° 50110).

1. Le droit préférentiel est attribué au bailleur.

2. Si le bailleur vend ses droits, le produit de la vente est soumis à quasi-usufruit au profit du locataire. En pratique, le locataire a intérêt à faire insérer dans le contrat de location une clause interdisant au bailleur la vente de ses droits pendant la durée du bail, pour éviter de s'exposer à une dilution.

3. Si le bailleur n'exerce pas ses droits, le locataire peut se substituer à lui pour souscrire aux titres nouveaux ou pour vendre les droits, le bailleur pouvant, dans ce cas, exiger le remploi des sommes provenant de la cession ; les titres nouveaux rentrent, à notre avis, dans l'assiette de la location (art. L 225-140, al. 1).

4. Le sort des actions souscrites par l'exercice du droit préférentiel doit, de même, être réglé comme en matière d'usufruit. Si la souscription est intégralement le fait du bailleur ou du locataire, les titres nouveaux reviennent en pleine propriété au bailleur ou au locataire.

Si la souscription est réalisée entièrement par le bailleur à l'aide de fonds personnels, rien ne justifie, à notre avis, que les titres nouveaux soient de plein droit compris dans l'assiette de la location. Il serait prudent que le contrat de location envisage la question et les modalités d'une éventuelle extension (gratuite, augmentation de loyer).

BÉNÉFICIAIRE AU TITRE D'ACTIONS AUTODÉTENUES PAR LA SOCIÉTÉ

50130 Les sociétés peuvent, sous certaines conditions, détenir leurs propres actions, en vue de différents objectifs prévus par les textes. Dans ces différents cas, la société ne peut pas exercer le droit préférentiel de souscription attaché aux actions ainsi détenues (art. L 225-210, al. 5).

L'assemblée générale des actionnaires qui autorise ou décide l'augmentation de capital peut ne pas tenir compte des actions détenues par la société pour la détermination des droits préférentiels attachés aux autres actions qui sont accrus d'autant. Si l'assemblée ne prend pas de décision, les droits doivent être soit répartis entre les actionnaires au prorata des droits de chacun (ce qui revient en fait au même que la solution précédente), soit vendus en bourse avant la clôture du délai de souscription (art. L 225-210, al. 5).

BÉNÉFICIAIRE MARIÉ SOUS UN RÉGIME DE COMMUNAUTÉ

L'époux au compte duquel les actions sont inscrites exerce seul les droits de souscription attachés à ces actions. 50140

Constituent des biens propres les actions souscrites en vertu de droits de souscription provenant d'actions propres (C. civ. art. 1406). Au cas où les actions nouvelles seraient libérées en tout ou en partie au moyen de fonds versés par la communauté, une récompense serait due à la dissolution de celle-ci, cette récompense étant calculée, selon l'article 1469 du Code civil, sur la plus-value subsistant dans le patrimoine du bénéficiaire.

SALARIÉ BÉNÉFICIAIRE POUR LES ACTIONS ATTRIBUÉES EN CETTE QUALITÉ

Les salariés peuvent disposer librement des droits de souscription détachés des actions qui leur ont été attribuées au titre de la participation aux résultats de l'entreprise, même pendant la période d'indisponibilité de ces actions (C. trav. art. D 3324-21). 50150

BÉNÉFICIAIRE AU TITRE DE CERTIFICATS D'INVESTISSEMENT ET D'ACTIONS À DIVIDENDE PRIORITAIRE SANS DROIT DE VOTE

En cas d'augmentation de capital en numéraire d'une société dans laquelle subsistent des **certificats d'investissement,** à l'exception d'une augmentation réservée aux salariés et sauf renonciation des propriétaires de ces certificats à leur droit préférentiel de souscription, il est émis de nouvelles actions de préférence sans droit de vote assorties des mêmes droits que les certificats d'investissement en nombre tel que la proportion qui existait avant l'augmentation entre actions ordinaires et certificats d'investissement soit maintenue, en tenant compte de ces actions de préférence, après l'augmentation en considérant que celle-ci sera entièrement réalisée (art. L 228-34, al. 1). 50160

Les propriétaires des certificats d'investissement ont, proportionnellement au nombre de titres qu'ils possèdent, un droit de préférence à la souscription à titre irréductible de ces nouvelles actions de préférence. Lors d'une assemblée spéciale, convoquée et statuant selon les règles de l'assemblée générale extraordinaire des actionnaires, ils peuvent toutefois renoncer à ce droit (art. L 228-34, al. 2). Les actions de préférence non souscrites sont réparties par le conseil d'administration ou le directoire. La réalisation de l'augmentation de capital s'apprécie sur sa fraction correspondant à l'émission d'actions (art. L 228-34, al. 2).

Lorsqu'il subsiste des **actions à dividende prioritaire sans droit de vote,** les titulaires de ces actions bénéficient, dans les mêmes conditions que les actionnaires ordinaires, d'un droit préférentiel à la souscription des actions nouvelles. Toutefois, l'assemblée générale extraordinaire peut décider, après avis de l'assemblée spéciale de ces titulaires, qu'ils auront un droit préférentiel à souscrire, dans les mêmes conditions, de nouvelles actions de préférence sans droit de vote et assorties des mêmes droits que les actions à dividende prioritaire sans droit de vote qui seront émises dans la même proportion (art. L 228-35-7, al. 1).

BÉNÉFICIAIRE AU TITRE D'ACTIONS NON « CONVERTIES » AU NOMINATIF

Les titulaires d'actions au porteur qui auraient cessé d'être admises aux opérations d'un dépositaire central depuis plus de six mois ne peuvent exercer leur droit préférentiel de souscription que s'ils demandent, au préalable, la conversion de leurs titres sous la forme nominative, c'est-à-dire, en pratique, l'inscription de leurs actions dans un compte tenu par la société émettrice ou dans une blockchain (nos 67526 s.). 50170

3. CONDITIONS D'EXERCICE ET DE CESSION DU DROIT PRÉFÉRENTIEL DE SOUSCRIPTION

DÉLAI D'EXERCICE DU DROIT PRÉFÉRENTIEL DE SOUSCRIPTION

Les actionnaires disposent, pour exercer leur droit préférentiel de souscription, d'un délai qui ne peut pas être inférieur à cinq jours de bourse (art. L 225-141, al. 1). Faute de distinction sur ce point dans le Code de commerce, *le calcul du délai minimal d'exercice du droit préférentiel de souscription en « jours de bourse » s'impose à toutes les SA*, que leurs titres financiers soient ou non admis aux négociations sur un marché boursier. 50200

Sous cette réserve, le délai de souscription est librement fixé par l'organe (assemblée générale ou, sur autorisation de celle-ci, conseil d'administration ou directoire) qui décide l'émission des actions nouvelles.

ATTENTION

Si l'augmentation du capital n'est pas réalisée dans les six mois du premier dépôt de fonds, tout souscripteur peut demander au président du tribunal de commerce la nomination d'un mandataire chargé de retirer les fonds pour les restituer aux souscripteurs (n° 50850). Ainsi, une société offrant ses actions au public qui prévoyait un délai de souscription supérieur à six mois a été priée par l'Autorité de marché d'aviser les souscripteurs qu'ils avaient la possibilité de demander le retrait de leurs fonds et l'annulation de leur souscription après l'expiration de ce délai.

Toutefois, le **délai** de souscription se trouve **clos par anticipation** dès que tous les droits de souscription à titre irréductible ont été exercés ou que l'augmentation de capital a été intégralement souscrite après renonciation individuelle des actionnaires qui n'ont pas souscrit (art. L 225-141, al. 2).

Ainsi est-il possible de constater la réalisation définitive de l'augmentation de capital si l'on sait d'avance que certains actionnaires n'exerceront pas leurs droits de souscription. Mais il faut que tous les actionnaires qui avaient le droit de souscrire et qui n'ont pas exercé ce droit aient individuellement notifié leur renonciation à la société (n° 50410). Il faut aussi que toutes les actions émises aient été souscrites, que ce soit par des actionnaires ou par des tiers.

Inversement, en l'absence de disposition contraire, lorsque le montant des souscriptions recueillies est insuffisant, le **délai** peut être **prolongé** sur décision de l'organe compétent pour le fixer (le plus souvent, le conseil d'administration ou le directoire sur autorisation de l'assemblée). Parfois aussi, le conseil d'administration ou le directoire confie à son président le soin de procéder à cette prolongation. Ce procédé nous paraît licite dans la mesure où le conseil d'administration ou le directoire a arrêté les modalités de la prolongation, le président n'intervenant que pour exécuter la décision du conseil ou du directoire si la condition prévue par celui-ci (insuffisance des souscriptions) se réalise.
Sur les formalités de publicité à respecter pour permettre l'exercice du droit préférentiel de souscription, voir n° 50550.

EXERCICE DU DROIT PRÉFÉRENTIEL DE SOUSCRIPTION D'UN MINEUR

50210 Lorsque les actions appartiennent à un **mineur sous administration légale**, le **vote de l'augmentation de capital** requiert une décision commune des parents si ceux-ci sont tous les deux administrateurs légaux, à moins que ce vote n'ait que de faibles conséquences sur le contenu ou la valeur du patrimoine du mineur, sur les prérogatives de celui-ci ou sur son mode de vie (cf. C. civ. art. 382, 382-1 et 387-1 ; Décret 2008-1484 du 22-12-2008 art. 2 et ann. 2, colonne 2-II).
Le parent qui exerce seul l'autorité parentale peut exercer seul le vote (cf. art. 382, 382-1 et 387-1 ; Décret 2008-1484 ann. 2).

ATTENTION

Le vote de l'augmentation de capital requiert l'**autorisation préalable du juge des tutelles** dans les cas suivants :
– les parents, tous deux administrateurs légaux, sont en désaccord (C. civ. art. 387) ;
– le juge, saisi pour se prononcer sur l'accomplissement d'un acte grave au nom du mineur, estime qu'il est indispensable qu'il autorise un tel vote compte tenu de la composition ou la valeur du patrimoine, de l'âge du mineur ou de sa situation familiale (C. civ. art. 387-3, al. 1) ;
– le juge le décide après avoir été saisi par les parents ou l'un d'eux, le ministère public ou tout tiers ayant connaissance d'actes ou omissions qui compromettent manifestement et substantiellement les intérêts patrimoniaux du mineur ou d'une situation de nature à porter un préjudice grave à ceux-ci (art. 387-3, al. 2) ;
– le juge est saisi par l'un des parents aux fins d'être autorisé à voter seul au nom de son enfant mineur associé en raison de l'opposition d'intérêts de l'autre parent et de ceux du mineur (C. civ. art. 383, al. 2) ; tel est le cas lorsque l'un des parents effectue un apport en nature à la société (Communication Ansa, comité juridique n° 23-011 du 1-2-2023).

L'un des deux parents administrateurs légaux peut **souscrire** seul **à l'augmentation de capital ou vendre** seul **des droits ou des titres formant rompus** (art. 382-1 et 387-1 ; Décret 2008-1484 ann. 2, colonne 1-2°). Il en est de même pour le parent exerçant seul l'administration légale (cf. art. 382, 382-1, 387-1 ; Décret 2008-1484 ann. 2, colonne 1-2°). Toutefois, l'autorisation du juge des tutelles peut être requise dans les cas précités.

50212 Lorsque les actions appartiennent à un **mineur sous tutelle,** le tuteur ne peut **voter l'augmentation de capital** qu'avec l'autorisation du conseil de famille (C. civ. art. 505 ; Décret 2008-1484 du 22-12-2008 ann. 2, colonne 2-II) ou, le cas échéant, du juge des tutelles (C. civ. art. 502 et Décret 2008-1484 art. 4). Le tuteur peut néanmoins voter sans requérir cette autorisation lorsque le vote n'a que de faibles conséquences sur le contenu ou la valeur du patrimoine du mineur, sur les prérogatives de celui-ci ou sur son mode de vie (art. 505 ; Décret 2008-1484 art. 2 et ann. 2, colonne 2-II).
Le tuteur peut **souscrire** seul **à l'augmentation de capital ou vendre** seul **des droits ou des titres formant rompus** (C. civ. art. 504 ; Décret 2008-1484 ann. 2, colonne 1-2°) ; il peut néanmoins

soumettre ces opérations à l'autorisation du conseil de famille si elles ont d'importantes conséquences sur le contenu ou la valeur du patrimoine du mineur, sur ses prérogatives ou sur son mode de vie (Décret 2008-1484 art. 1, al. 3).

CESSION DU DROIT PRÉFÉRENTIEL DE SOUSCRIPTION

Le bénéficiaire du droit préférentiel n'est pas tenu de souscrire à l'augmentation du capital. **50220**
Il peut céder tout ou partie de ses droits de souscription « à titre irréductible ».

Tout actionnaire possédant un nombre d'actions qui ne correspond pas à un nombre entier d'actions nouvelles est amené à vendre ou à acheter les droits en excès ou manquants.

EXEMPLE

Dans un cas où chaque actionnaire disposant de 3 actions (ou de 3 droits de souscription) peut souscrire 2 actions nouvelles, un actionnaire possédant 14 actions peut souscrire 8 actions nouvelles (ce qui correspond aux droits attachés à 12 actions anciennes) et céder 2 droits. Il peut aussi acheter 1 droit et souscrire 10 actions nouvelles.

La **négociation** peut intervenir à partir du deuxième jour ouvré avant l'ouverture de la période de souscription ou, si ce jour n'est pas un jour de négociation, le jour de négociation qui le précède, et jusqu'au deuxième jour ouvré avant la fin de la période de souscription ou, si ce jour n'est pas un jour de négociation, jusqu'au jour de négociation qui le précède (art. L 225-132, al. 3 et R 225-117-1).

Le droit préférentiel est négociable lorsqu'il est détaché d'actions elles-mêmes négociables ; dans le cas contraire, il est **cessible** par les voies civiles (C. civ. art. 1690) dans les mêmes conditions que l'action elle-même (art. L 225-132, al. 3). En pratique, depuis la suppression de la règle de non-négociabilité pendant deux ans des actions représentatives d'apports en nature, il n'existe plus de cas d'actions non négociables sauf quelques rares exceptions (par exemple, actions souscrites en application d'un PEE).

Lorsque les actions ne peuvent être cédées que sous certaines **conditions** (agrément du conseil d'administration, par exemple), ces conditions doivent être également remplies en cas de cession de droits de souscription. En effet, le droit de souscription n'est qu'un accessoire de l'action et doit être soumis au même régime que celle-ci, l'accessoire suivant le principal. **50221**

› Précisions **a.** Il a été jugé qu'une société qui avait **promis d'acheter des droits** préférentiels de souscription **à naître** d'une augmentation de capital future était fermement engagée et devait souscrire à cette augmentation de capital (CA Paris 30-6-1995 : JCP E 1996 n° 795 note J.-J. Daigre).

b. Interrogée sur le procédé consistant pour les principaux actionnaires à **céder** leurs **droits** de souscription **à un syndicat de banques** qui placerait sur les marchés étrangers les titres souscrits au moyen de ces droits, l'Autorité de marché a rappelé que cette technique ne doit pas créer une situation inégalitaire entre les actionnaires anciens en **déséquilibrant le marché des droits de souscription.** Par ailleurs, l'opération de cession des droits ne doit pas, selon l'Autorité de marché, assurer à un investisseur une participation minimale sans être soumis à la concurrence du marché, une telle opération devant alors être considérée comme une augmentation de capital réservée à une personne dénommée et soumise à la procédure particulière prévue en pareil cas (n°s 50251 s.) (Rapport COB pour 1992 p. 156).

VALEUR DU DROIT PRÉFÉRENTIEL DE SOUSCRIPTION

La valeur théorique du droit de souscription à titre irréductible est, en principe, égale à la **perte de valeur** que subit chaque action ancienne par suite de l'émission des actions nouvelles. **50230**

EXEMPLE

Soit une société au capital de 3 M€ divisé en 300 000 actions de 10 € et possédant des réserves et plus-values latentes évaluées à 1,5 M€. La valeur théorique de chaque action est de : (3 M€ + 1,5 M€)/300 000 = 15 €.

Si cette société augmente son capital de 2 M€ par création de 200 000 actions nouvelles de 10 € *émises « au pair » (soit 10 € par action)*, la valeur de chaque action après l'augmentation du capital sera de : (3 M€ + 1,5 M€ + 2 M€)/(300 000 + 200 000) = 13 €.

La valeur théorique du droit de souscription est alors de : 15 – 13 = 2 €.

Autre procédé : le droit préférentiel de souscription s'exercera à raison de 2 actions nouvelles pour 3 anciennes. L'actionnaire nouveau qui souscrit 2 actions paiera à la société 20 € (2 × 10 €). Mais pour souscrire ces 2 actions, il devra acheter 3 droits. Étant donné que les deux actions nouvelles vaudront théoriquement 26 € (2 × 13 €), la valeur théorique de ces trois droits sera égale à la différence entre la valeur des 2 actions souscrites et leur prix d'émission, soit : 26 – 20 = 6 € donc 2 € par droit.

La valeur théorique de l'action après l'augmentation de capital (dite « ex-droit » puisque le droit de souscription a été détaché) peut aussi être déterminée à partir de la valeur de l'action ancienne (dite « droit attaché ») avant l'opération. En effet, 5 actions « ex-droit » ont théoriquement, dans notre exemple, la même valeur que l'ensemble constitué par 3 actions « droit attaché » et 2 actions nouvelles souscrites à 10 €.

L'action « ex-droit » vaut donc : [(3 × 15) + (2 × 10)]/5 = 13 €.

50231 Mais les actions nouvelles sont souvent émises avec une **prime d'émission.** Cela entraîne une réduction de la valeur du droit de souscription à titre irréductible.

EXEMPLE

Soit une société au capital de 3 M€ divisé en 300 000 actions de 10 € et possédant des réserves et plus-values latentes évaluées à 1,5 M€. La valeur théorique de chaque action est de : (3 M€ + 1,5 M€)/300 000 = 15 €.

Si cette société augmente son capital de 2 M€ par création de 200 000 actions nouvelles émises au prix de 12 € (10 € de nominal + 2 € de prime), la valeur de chaque action après l'augmentation du capital sera de :

[3 M€ + 1,5 M€ + 2 M€ + (2 × 200 000)]/(300 000 + 200 000) = 13,80 €.

Ce résultat peut aussi être obtenu selon l'autre méthode proposée :

[(3 × 15) + (2 × 12)]/5 = 13,80 €.

La valeur théorique du droit de souscription sera alors de : 15 – 13,80 = 1,20 €.

Dans les faits, la détermination de la valeur du droit de souscription à titre irréductible est beaucoup plus complexe car elle obéit à la loi du marché. Il faut tenir compte du cours de bourse de l'action si celle-ci est offerte au public, des perspectives d'avenir de la société, de l'état du marché, de la dilution plus ou moins grande du capital qu'entraîne l'opération et de nombreux autres facteurs d'ordre psychologique.

4. SUPPRESSION DU DROIT PRÉFÉRENTIEL DE SOUSCRIPTION

50250 EN BREF *Certaines opérations financières (entrée d'un nouveau groupe dans la société, acceptation par un créancier important de convertir sa créance en actions, placement de l'émission auprès des investisseurs institutionnels) ne peuvent être réalisées aisément que si les actionnaires acceptent de renoncer à leur droit préférentiel de souscription.*

La loi permet à l'assemblée générale extraordinaire qui décide ou autorise l'augmentation du capital de supprimer ce droit préférentiel sous réserve que soient respectées certaines mesures destinées à protéger les droits des actionnaires.

La suppression du droit préférentiel de souscription peut n'être que partielle et porter seulement sur une ou plusieurs tranches de l'augmentation du capital.

En principe, l'assemblée ne peut supprimer le droit préférentiel de souscription qu'au profit de personnes dont l'identité est déterminée soit par elle, soit par le conseil d'administration ou le directoire ou au profit d'une ou de plusieurs catégories de personnes.

Cependant, la suppression du droit préférentiel peut, sous certaines conditions, être décidée sans indication des bénéficiaires si la société procède à certaines offres au public de ses titres financiers.

a. Suppression du droit préférentiel de souscription au profit de bénéficiaires dénommés ou de catégories de bénéficiaires

DÉCISION DE L'ASSEMBLÉE

50251 L'assemblée générale qui décide ou autorise (nos 49620 s.) l'augmentation du capital peut la **réserver à** une ou plusieurs personnes nommément désignées ou catégories de personnes répondant à des caractéristiques qu'elle doit déterminer. À cette fin, elle peut supprimer le droit préférentiel de souscription (art. L 225-138, I-al. 1).

L'assemblée peut ainsi réserver l'augmentation de capital à toute catégorie de personnes, par exemple les porteurs de bons de souscription, les membres d'une association, les salariés de la société, etc.

ATTENTION

L'assemblée ne peut pas se contenter de faire référence aux seuls « investisseurs qualifiés ». En effet, les personnes morales qui entrent dans cette catégorie sont extrêmement nombreuses et variées. Il convient donc que l'assemblée donne des précisions sur la catégorie d'investisseurs visés (Position-recommandation AMF 2020-06).

L'assemblée doit fixer les caractéristiques des catégories de personnes, mais peut **déléguer** au conseil d'administration ou au directoire le soin de **fixer la liste précise des bénéficiaires au sein de cette ou de ces catégories** et le nombre de titres à attribuer à chacun d'eux (art. L 225-138, I-al. 2). Cette délégation ne peut toutefois être consentie que dans la limite d'un plafond global assigné par l'assemblée (art. L 225-129-2, al. 1 sur renvoi de l'art. L 225-138, I-al. 2). **50253**

Dans les **sociétés dont les actions sont admises aux négociations sur un marché réglementé ou sur un SMNO,** l'assemblée pourra, à compter d'un décret à paraître, **déléguer** au conseil d'administration ou au directoire le **pouvoir de désigner nommément** les bénéficiaires de l'augmentation de capital, sans avoir défini de catégorie de bénéficiaires, dans la limite de 30 % du capital par an (art. L 22-10-52-1, al. 1 issu de loi 2024-537 du 13-6-2024). Pour l'Ansa, cette délégation ne pourra pas excéder une durée de 18 mois, durée maximale de la suppression du droit préférentiel de souscription (n° 50290) (Communication Ansa, comité juridique n° 25-009 du 5-3-2025). **50255**

ATTENTION

Lorsqu'un administrateur ou un membre du directoire fera partie des bénéficiaires nommément désignés, il ne pourra prendre part ni aux délibérations ni aux votes du conseil d'administration ou du directoire sur l'opération (art. L 22-10-52-1, al. 3 issu de loi 2024-537). Cette exclusion a pour conséquence que l'administrateur ne devra pas être pris en compte pour le calcul du quorum et de la majorité. Pour le membre du directoire, tout dépendra des stipulations prévues par les statuts sur ces questions.

Le pouvoir de déterminer la liste des bénéficiaires de l'augmentation dans une société dont les actions sont admises aux négociations sur un marché réglementé ou sur un SMNO, que ceux-ci appartiennent ou non à une catégorie de personnes prédéfinie par l'assemblée, ainsi que le pouvoir de déterminer le nombre de titres à attribuer à chacun des bénéficiaires peuvent être **subdélégués** au directeur général ou, avec l'accord de ce dernier, aux directeurs généraux délégués ou encore, dans les SA à directoire et conseil de surveillance, au président du directoire ou, avec l'accord de ce dernier, à l'un de ses membres. En effet, l'article L 22-10-49 permet au conseil d'administration ou au directoire de déléguer à ces derniers le pouvoir de décider la réalisation d'une augmentation de capital sans exclure les émissions réservées (en ce sens, Communication Ansa, comité juridique n° 18-056 du 7-11-2018). Le conseil d'administration doit fixer les limites des pouvoirs qu'il subdélègue ; selon nous, cette prescription s'applique également au directoire, bien que l'article L 22-10-49, al. 3 ne le précise pas. **50256**

À peine de nullité de la décision de l'assemblée, la suppression du droit préférentiel de souscription doit être soumise au vote de l'assemblée par une **résolution spécifique,** dont le projet doit être expressément inscrit à l'ordre du jour (Cass. com. 25-9-2012 n° 11-17.256 : RJDA 12/12 n° 1088). **50263**

La procédure spéciale de nomination d'un commissaire aux apports applicable lorsque les titres créés confèrent des **avantages particuliers** n'a pas à être suivie (art. L 225-138, I-al. 1 et art. L 22-10-52-1, al. 3 issu de loi 2024-537 du 13-6-2024).

PRIX D'ÉMISSION

Le prix d'émission ou les conditions de fixation de ce prix doivent être déterminés par l'assemblée générale extraordinaire sur rapport du conseil d'administration ou du directoire et sur rapport spécial du commissaire aux comptes ou, si la société n'en est pas dotée, d'un commissaire aux comptes désigné à cet effet (art. L 225-138, II). **50264**

Sur les mentions qui doivent figurer dans ces rapports, voir nos 50268 s.

Dans les **sociétés dont les actions sont admises aux négociations sur un marché réglementé ou sur un SMNO,** lorsque le pouvoir de désigner nommément les bénéficiaires d'une *augmentation de capital* réservée aura été délégué au conseil d'administration ou au directoire (n° 50255), le prix des actions à émettre sera fixé par le conseil d'administration ou le directoire, selon des modalités qui doivent être prévues par un décret à paraître (art. L 22-10-52-1, al. 3 issu de loi 2024-537 du 13-6-2024).

› Précisions **a.** Pour l'Ansa, lorsque l'**assemblée a déterminé les conditions de fixation du prix** d'émission, le pouvoir de déterminer le prix définitif peut être délégué par le conseil d'administration au directeur général ou, avec l'accord de celui-ci, à un directeur général délégué ou encore par le directoire à son président ou, avec l'accord de celui-ci, à un de ses membres, en vertu de l'article L 22-10-49 ; le conseil d'administration ou le directoire doit fixer les limites des pouvoirs qu'il délègue (Communication Ansa, comité juridique n° 18-056 du 7-11-2018).
b. Sur le prix en cas d'**émission réservée aux salariés adhérant à un PEE,** voir n° 70460.

RAPPORTS À L'ASSEMBLÉE

50268 **Rapport du conseil d'administration ou du directoire** L'assemblée qui décide ou autorise une augmentation de capital avec suppression du droit préférentiel de souscription statue sur le rapport du conseil d'administration ou du directoire (art. L 225-135, al. 2).

Outre les mentions requises lors de toute augmentation de capital (nº 49590), ce rapport doit indiquer (art. R 225-114) :
– le montant maximal et les motifs de l'augmentation de capital proposée ;
– les motifs de la proposition de suppression du droit préférentiel ;
– les modalités de placement des nouveaux titres de capital ou des nouvelles valeurs mobilières donnant accès au capital et, avec leur justification, le prix d'émission ou les modalités de sa détermination ;
– le nom des attributaires des nouveaux titres de capital ou des nouvelles valeurs mobilières donnant accès au capital ou les caractéristiques des catégories de personnes, le nombre de titres attribués à chacun d'eux ou les modalités d'attribution des titres.

50269 Lorsque l'assemblée fixe elle-même toutes les modalités de l'augmentation de capital, le rapport doit mentionner également l'**incidence** de l'émission proposée **sur la situation de chaque titulaire de titres** de capital et de valeurs mobilières donnant accès au capital, en particulier en ce qui concerne sa quote-part des capitaux propres à la clôture du dernier exercice, étant observé que, si **la clôture du dernier exercice est antérieure de plus de six mois** à l'opération envisagée, cette incidence doit être appréciée au vu d'une situation financière intermédiaire établie selon les mêmes méthodes et suivant la même présentation que le dernier bilan annuel (art. R 225-115).

À notre avis, la date à prendre en considération pour le calcul du délai de six mois est celle de l'assemblée générale (ou du conseil d'administration ou du directoire) qui prend la décision d'émettre les titres nouveaux et fixe les modalités de cette émission car c'est cette décision qui crée la situation obligeant à établir le bilan intermédiaire.

Par ailleurs, aucune disposition réglementaire ne précise à quelle date la situation financière intermédiaire doit être arrêtée. L'esprit du texte conduit à considérer qu'il convient de retenir la fin du premier semestre de l'exercice puisque c'est à partir de cette date que naît l'obligation d'établir cette situation intercalaire.

En l'état actuel des textes, même si la société établit des comptes consolidés, les indications concernant les capitaux propres doivent être celles qui figurent dans les comptes individuels.

50270 L'indication de l'incidence de l'opération sur la quote-part des capitaux propres des titulaires de titres à la clôture du dernier exercice est impossible lorsque **l'augmentation du capital intervient au cours des premiers mois d'un exercice** puisque les comptes du dernier exercice n'ont pas encore été arrêtés. Comme il est peu vraisemblable que les pouvoirs publics aient voulu, par ce libellé de l'article R 225-115, interdire toute augmentation de capital avec suppression du droit préférentiel de souscription pendant les premiers mois d'un exercice, il convient, nous semble-t-il, par analogie avec les règles applicables lorsque la clôture de l'exercice est antérieure de plus de six mois à l'opération envisagée, de retenir le montant des capitaux propres résultant d'une situation financière intermédiaire de l'exercice écoulé (dans le même sens, CNCC NI.V t. 3 décembre 2022 § 1.25.8 D). Si un événement significatif survient après l'établissement de la situation financière intermédiaire, nous recommandons de le prendre en compte dans le rapport.

Lorsqu'il existe un projet de comptes de l'exercice précédent, la société peut aussi calculer l'incidence de l'émission sur la base de ces comptes provisoires (CNCC NI.V précitée).

Si **la société n'a pas encore clôturé son premier exercice,** la CNCC recommande de retenir comme montant des capitaux propres (Bull. CNCC juin 2010 p. 424) :
– le montant du capital social si la société a été constituée moins de six mois avant l'opération envisagée car ce montant correspondra à celui des capitaux propres, hors le cas rare de création d'une prime d'émission au moment de la constitution ;
– le montant des capitaux propres résultant de la situation financière intermédiaire que la société devra établir si elle a été constituée plus de six mois avant l'opération envisagée.

50271 Dans les sociétés dont les **titres** sont **admis** aux négociations **sur un marché réglementé**, le rapport du conseil d'administration ou du directoire doit aussi indiquer l'**incidence** théorique de l'émission des actions nouvelles **sur la valeur boursière** actuelle de l'action telle qu'elle résulte de la moyenne des 20 séances de bourse précédentes (art. R 22-10-31, al. 1).

Dans le silence des textes applicables, il semble que, pour des raisons matérielles évidentes, ces 20 séances de bourse sont celles qui précèdent la date de la réunion du conseil d'administration ou du directoire au cours de laquelle sont arrêtés les termes du rapport qui sera présenté aux actionnaires.

Ces informations concernant l'incidence de l'opération sur la situation personnelle de chaque titulaire de titres de capital et de valeurs mobilières donnant accès au capital et, le cas échéant, sur la valeur boursière de l'action doivent aussi être données en tenant compte de l'ensemble des titres émis susceptibles de donner accès au capital (art. R 225-115, al. 1 et R 22-10-31, al. 1).

Cette disposition vise les valeurs mobilières donnant accès au capital déjà en circulation. Dans ce cas, il convient de faire les calculs en considérant que tous les droits de souscription attachés à ces valeurs mobilières seront exercés, tout en signalant le caractère théorique de cette indication.

Rapport des commissaires aux comptes Dans les sociétés dotées d'un commissaire aux comptes chargé d'un **audit légal** classique des comptes, l'assemblée qui supprime le droit préférentiel de souscription se prononce au vu du rapport de celui-ci lorsqu'elle prévoit toutes les modalités de l'opération ou qu'elle délègue son pouvoir au conseil d'administration ou au directoire (art. L 225-135, al. 3). En outre, l'assemblée détermine le prix d'émission ou les conditions de fixation de ce prix sur rapport spécial du commissaire aux comptes même en cas de délégation de compétence (art. L 225-138, II, sur renvoi de l'art. L 225-135, al. 1). Toutefois, dans les **sociétés dont les actions sont admises aux négociations sur un marché réglementé,** lorsque le pouvoir de désigner les bénéficiaires de l'augmentation aura été délégué en application de l'article L 22-10-52-1 issu de la loi 2024-537 du 13 juin 2024 (nº 50255), le rapport spécial n'aura, à notre avis, pas à être établi, la lettre de l'article précité ne le prévoyant pas (dans le même sens, voir H. Le Nabasque : Bull. Joly novembre 2024 p. 66). 50273

Lorsque l'assemblée fixe elle-même toutes les modalités de l'augmentation de capital, le commissaire aux comptes doit donner son avis sur la proposition de suppression du droit préférentiel, sur le choix des éléments de calcul du prix d'émission et sur le montant de celui-ci ainsi que sur l'incidence de l'émission sur la situation des titulaires de titres de capital et de valeurs mobilières donnant accès au capital appréciée par rapport aux capitaux propres et, le cas échéant, sur la valeur boursière de l'action ; il doit aussi vérifier et certifier la sincérité des informations tirées des comptes de la société sur lesquelles il donne cet avis (art. R 225-115, al. 2 et R 22-10-31, al. 1).

Lorsque l'assemblée délègue ses pouvoirs ou sa compétence aux organes de gestion pour procéder à l'augmentation de capital, le commissaire aux comptes donne son avis sur les modalités de détermination du prix d'émission des actions, sous réserve de l'examen ultérieur des conditions effectives de l'augmentation de capital (CNCC NI.V t. 3 décembre 2022 § 2.12.1 s.).

Dans les sociétés dotées d'un commissaire aux comptes chargé d'un **audit allégé,** celui-ci ne doit établir que le rapport spécial sur le prix d'émission ou les conditions de fixation de ce prix (art. L 225-138, II et art. L 821-57, al. 2 dispensant d'établir le rapport requis par l'art. L 225-135, al. 3).

Dans les **sociétés non dotées d'un commissaire aux comptes,** un rapport spécial sur le prix d'émission ou les conditions de fixation de ce prix doit être établi par un commissaire aux comptes désigné à cet effet (art. L 225-138, II, sur renvoi de l'art. L 225-135, al. 1).

› **Précisions** **a.** Dans son rapport sur la suppression du droit préférentiel de souscription, le **commissaire aux comptes** ne peut pas se contenter d'entériner les informations qu'il reçoit ; il relève de sa **mission** de s'informer de l'existence de litiges en cours (Cass. com. 11-7-2000 nº 96-13.668 FS P : RJDA 12/00 nº 1120).

b. Si un **commissaire aux comptes** est **spécialement désigné** à l'effet d'établir le rapport sur le prix d'émission ou les conditions de fixation de ce prix, aucune **autre mission** que celle-ci ne peut lui être confiée (CNCC EJ 2022-78 septembre 2023).

Sanctions *Le président,* les administrateurs ou membres du directoire ou les commissaires aux comptes qui auraient donné ou confirmé des indications inexactes dans les rapports présentés à l'assemblée appelée à décider la suppression du droit préférentiel seraient passibles d'un **emprisonnement** de deux ans **et** d'une **amende** de 18 000 € (art. L 242-20). 50274

Sur les **sanctions civiles** encourues en cas d'absence de rapport (auquel il convient d'assimiler un rapport insuffisant ne permettant pas aux actionnaires de se prononcer en connaissance de cause), voir nos 49910 s.

› **Précisions** L'**omission** dans le rapport du conseil d'administration du **nom des attributaires des actions nouvelles** n'est pas constitutive du délit visé à l'article L 242-20, « l'omission d'une information ne pouvant en principe équivaloir à la communication d'une information inexacte » (Cass. crim. 27-2-1978 : Rev. sociétés 1978 p. 496 note B. Bouloc).

TENUE DE L'ASSEMBLÉE

50280 Lorsque les **bénéficiaires** éventuels de l'augmentation de capital sont **nommément désignés,** ces derniers ne peuvent pas, s'ils sont déjà actionnaires, prendre part au vote. Le quorum et la majorité requis pour la décision de l'assemblée sont calculés après déduction des actions qu'ils possèdent (art. L 225-138, I).

À notre avis, les attributaires doivent être écartés du vote même si le nombre des actions nouvelles qui leur sont réservées est inférieur à celui auquel ils auraient pu prétendre si le droit préférentiel de souscription n'avait pas été supprimé. Certes, dans une telle hypothèse, les attributaires ne paraissent pas bénéficier d'une faveur. Cependant, par l'effet de la suppression du droit préférentiel, les autres actionnaires sont exclus de l'augmentation du capital tandis que les attributaires se voient reconnaître un droit, même réduit, de souscrire. Un choix est ainsi fait entre les actionnaires : ceux qui sont préférés jouissent donc d'un avantage et doivent, par conséquent, être écartés du vote.

L'attributaire pourrait-il voter comme mandataire ? On pourrait le penser car l'article L 225-10 aux termes duquel « le bénéficiaire n'a voix délibérative ni pour lui-même ni comme mandataire » n'est pas applicable (l'article L 225-138 exclut l'article L 225-147 qui renvoie à l'article L 225-10). Cependant, l'expression « prendre part au vote » figurant dans l'article L 225-138 nous semble interdire sans ambiguïté cette possibilité.

Les textes ne prévoient aucune restriction de vote lorsque l'augmentation de capital est réservée à une **catégorie de personnes.** Pour l'AMF, le recours à cette procédure ne peut toutefois pas avoir pour objet d'éluder l'interdiction de vote applicable lorsque les bénéficiaires sont nommément désignés (Position-recommandation AMF 2020-06).

DURÉE DE VALIDITÉ DE LA SUPPRESSION

50290 Lorsque la suppression du droit préférentiel de souscription est consentie au profit d'une ou de plusieurs personnes dénommées ou d'une catégorie de personnes, l'émission doit être réalisée dans un **délai de 18 mois** à compter de l'assemblée qui l'a décidée ou qui a voté la délégation au conseil d'administration ou au directoire (art. L 225-138, III). Cette limitation de durée a pour objectif d'éviter qu'en période de croissance de la société les souscripteurs ne puissent réaliser l'opération à des conditions plus avantageuses que celles acceptées par les actionnaires.

50291 Cette disposition appelle trois remarques.

1. À la lettre du texte de l'article L 225-138, III, ce n'est pas l'augmentation du capital qui doit être réalisée dans le délai de 18 mois, mais seulement « l'émission » des actions nouvelles. Ce terme doit, nous semble-t-il, être pris, non pas dans le sens de « création » des titres par inscription en compte (ou dans une blockchain), mais dans celui d'offre de souscription (n° 49982). Il y a émission dès que l'organe compétent (assemblée générale ou, sur délégation de celle-ci, conseil d'administration ou directoire) a fixé le nombre des actions nouvelles à souscrire et les conditions de leur souscription.

En pratique, les dispositions de l'article L 225-138, III ne s'appliquent que dans le cas où l'assemblée, après avoir décidé le principe de l'augmentation du capital et la suppression du droit préférentiel de souscription, délègue au conseil d'administration ou au directoire le soin de réaliser l'opération aux moments qu'il jugera les plus opportuns.

2. Le délai de 18 mois est un délai maximal. L'assemblée générale extraordinaire pourrait fixer un délai plus court.

3. Lorsque les actions nouvelles sont réservées aux salariés adhérents à un PEE, le délai de réalisation de l'émission est porté à cinq ans (n° 70461).

RAPPORTS COMPLÉMENTAIRES EN CAS DE DÉLÉGATION

50300 Lorsque l'assemblée générale a délégué ses pouvoirs ou sa compétence aux organes de gestion pour procéder à l'augmentation de capital, le **conseil d'administration** ou le directoire établit, au moment où il est fait usage de l'autorisation, un rapport sur les conditions définitives de l'opération qui est présenté à l'assemblée générale ordinaire suivante (art. L 225-135, al. 4).

Ce rapport comporte (art. R 225-116, al. 1) :

– la description des conditions définitives de l'opération établies conformément à l'autorisation donnée par l'assemblée ;

– les informations prévues aux articles R 225-115 et R 22-10-31 ; sur celles-ci, voir n°s 50268 s.

Si la société est dotée d'un **commissaire aux comptes** chargé d'un audit légal classique des comptes, celui-ci établit également un rapport sur les conditions définitives de l'opération qui est présenté à l'assemblée générale ordinaire suivante (art. L 225-135, al. 4). Le commissaire aux comptes vérifie notamment la conformité des modalités de l'opération au regard de l'autorisation donnée par l'assemblée et des indications fournies à celle-ci. Il donne également son avis sur le choix des éléments de calcul du prix d'émission et sur son montant définitif, ainsi que sur l'incidence de l'émission sur la situation des titulaires de titres de capital ou de valeurs mobilières donnant accès au capital appréciée par rapport aux capitaux propres (art. R 225-116, al. 2). Si le commissaire aux comptes est chargé d'un audit allégé, il est en revanche dispensé d'établir ce rapport (art. L 821-57, al. 2).

Ces rapports doivent être mis à la **disposition des actionnaires** au siège social, au plus tard dans les 15 jours qui suivent la réunion de conseil d'administration ou du directoire (art. R 225-116, al. 3).

> **Précisions** **a.** Dans le cadre de l'audit légal classique des comptes et selon la CNCC, deux **rapports des commissaires aux comptes** sont nécessaires en cas d'augmentation de capital sur délégation de compétence sans droit préférentiel de souscription : l'un à l'assemblée qui délègue sa compétence et l'autre au moment où le conseil fait usage de la délégation (Bull. CNCC juin 2010 p. 420).
> **b.** Lorsque l'assemblée a **délégué** au conseil d'administration ou au directoire le **soin de fixer la liste des bénéficiaires au sein d'une catégorie,** celui-ci doit établir au moment où il fait usage de la délégation un rapport complémentaire à l'assemblée générale suivante décrivant les conditions définitives de l'opération ; ce rapport est certifié exact par le commissaire aux comptes, s'il en existe (art. L 225-138, I-al. 2). Il en sera de même, dans les sociétés dont les actions sont admises aux négociations sur un marché réglementé ou sur un SMNO, lorsque l'assemblée aura délégué au conseil d'administration ou au directoire le **pouvoir de désigner nommément les bénéficiaires** (art. L 22-10-52-1, al. 4 issu de loi 2024-537 du 13-6-2024).

b. Suppression du droit préférentiel de souscription sans indication des bénéficiaires

Lorsque l'**augmentation** de capital est réalisée **par offre au public** (autre qu'une offre qui relève du financement participatif, une offre portant sur des titres dont la valeur nominale unitaire s'élève au moins à 100 000 €, ou adressée à des investisseurs qui acquièrent ces titres pour un montant total d'au moins 100 000 € par investisseur et par offre distincte, et une offre dont le montant total calculé sur une période de 12 mois est inférieur à 8 M€, seuil qui devrait être porté à 12 M€ à compter du 5-6-2026 : cf. Règl. UE 2017/1129 du 14-6-2017 art. 3, 2 modifié et 3, 2 bis créé par Règl. UE 2024/2809 du 23-9-2024 et Règl. UE 2024/2809 art. 4, 3), l'assemblée générale extraordinaire des actionnaires peut supprimer le droit préférentiel de souscription (art. L 225-136 et L 22-10-52) sans désigner nommément les bénéficiaires de cette suppression ni fixer les caractéristiques des catégories de bénéficiaires. 50330

La **condition de l'offre au public** s'applique non pas au statut général de la société, mais aux modalités de l'opération soumise à l'assemblée (Rapport COB pour 1985 p. 94). Il s'ensuit que les dirigeants sociaux ne peuvent pas, même si la société offre habituellement ses titres financiers au public, demander à l'assemblée d'autoriser une augmentation de capital avec suppression du droit préférentiel de souscription sans indication du nom des bénéficiaires et réserver tout ou partie de cette augmentation à des personnes déterminées. 50331

En cas d'offre réservée à des **investisseurs qualifiés ou** à un **cercle restreint d'investisseurs,** l'émission de titres de capital est limitée à 30 % du capital social par an (art. L 225-136, 2° modifié par loi 2024-537 du 13-6-2024). 50332

> **CONSEIL**
> Il est recommandé que l'assemblée précise à quelle date doit être appréciée la limite des 30 %. Dans le silence de celle-ci, il est permis de choisir le montant du capital social tel qu'il est constaté à la date de l'émission ; le délai d'un an n'est pas un délai fixe mais un délai glissant qui court à compter de la date de première décision d'émission jusqu'à la suivante (en ce sens, Communication Ansa, comité juridique n° 09-026 du 8-4-2009 ; P.-A. Conchon, Les augmentations de capital « fermées dans les sociétés cotées » : Bull. Joly Bourse 2013 p. 310).

Pour l'AMF, le recours à la procédure d'émission au profit d'investisseurs qualifiés ne doit pas avoir pour objet d'éluder l'interdiction de vote applicable lorsque les bénéficiaires sont nommément désignés ; par ailleurs, l'AMF souligne l'importance, lors de l'approbation ou de la mise en œuvre d'augmentations de capital pouvant donner lieu à des **conflits d'intérêts** avérés ou potentiels, de mettre en place des dispositifs de gestion de ceux-ci (Position-recommandation AMF 2020-06).

RAPPORTS À L'ASSEMBLÉE

Rapport du conseil d'administration ou du directoire L'assemblée qui décide ou autorise une augmentation de capital avec suppression du droit préférentiel de souscription, soit en en fixant elle-même toutes les modalités, soit en déléguant son pouvoir 50340 (n° 49624) ou sa compétence (nos 49621 s.), ne peut statuer qu'après audition d'un rapport émanant du conseil d'administration ou du directoire (art. L 225-135, al. 2).

Outre les mentions requises lors de toute augmentation de capital (n° 49590), le rapport du conseil d'administration ou du directoire doit indiquer (art. R 225-114) :

– le montant maximal et les motifs de l'augmentation de capital proposée ;
– les motifs de la proposition de suppression du droit préférentiel de souscription ;
– les modalités de placement des nouveaux titres de capital ou des nouvelles valeurs mobilières donnant accès au capital ;
– et, avec leur justification, le prix d'émission ou les modalités de détermination de ce prix.

50342 Si **l'assemblée est appelée à fixer elle-même toutes les modalités** de l'augmentation du capital, le rapport du conseil d'administration ou du directoire doit aussi comporter les mentions prévues aux articles R 225-115, al. 1 et R 22-10-31. Ces mentions sont les mêmes qu'en cas de suppression du droit préférentiel de souscription au profit de bénéficiaires dénommés et appellent les mêmes remarques (nos 50268 s.).

Dans le cas où l'assemblée doit seulement donner au conseil d'administration ou au directoire une **délégation de compétence ou de pouvoirs** en lui laissant le soin de procéder à l'augmentation de capital, en une ou plusieurs fois, lorsqu'il le jugera opportun, le rapport du conseil ou du directoire ne doit comporter que les mentions figurant à l'article R 225-114 (n° 50340).

50343 **Rapport des commissaires aux comptes** Dans les sociétés dotées d'un commissaire aux comptes chargé d'un **audit légal classique** des comptes, l'assemblée qui supprime le droit préférentiel de souscription se prononce au vu du rapport du commissaire aux comptes lorsqu'elle prévoit toutes les modalités de l'opération ou qu'elle délègue son pouvoir au conseil d'administration ou au directoire (art. L 225-135, al. 3), sauf dans le cas visé n° 50350 où l'émission des actions nouvelles est réalisée par une société dont les actions sont admises aux négociations sur un marché réglementé et concerne des actions assimilables aux actions préexistantes (art. L 22-10-51, al. 2).

En outre, le commissaire aux comptes doit établir un rapport spécial sur le prix d'émission (art. L 225-136, 1° : n° 50360), sauf en cas d'émission d'actions admises aux négociations sur un marché réglementé assimilables aux anciennes et dont le prix est fixé par le conseil d'administration ou le directoire sur délégation de l'assemblée (art. L 22-10-52, al. 2 ; n° 50350).

Le rapport du commissaire aux comptes contient les indications prévues aux articles R 225-115, al. 2 et R 22-10-31, al. 2, exposées à propos de la suppression du droit préférentiel de souscription en faveur de bénéficiaires dénommés (n° 50273).

Lorsque l'assemblée générale délègue ses pouvoirs ou sa compétence aux organes de gestion pour procéder à l'augmentation de capital, le commissaire aux comptes donne son avis sur les modalités de détermination du prix d'émission des actions, sous réserve de l'examen ultérieur des conditions effectives de l'augmentation de capital (CNCC NI.V t. 3 décembre 2022 § 2.12.1 s.).

Dans les sociétés dotées d'un commissaire aux comptes chargé d'un **audit allégé,** celui-ci ne doit établir que le rapport spécial sur le prix d'émission ou les conditions de fixation de ce prix (art. L 225-136, 1° et L 821-57, al. 2 dispensant d'établir le rapport requis par l'art. L 225-135, al. 3).

Dans les **sociétés non dotées d'un commissaire aux comptes,** un rapport spécial sur le prix d'émission ou les conditions de fixation de ce prix doit être établi par un commissaire aux comptes désigné à cet effet (art. L 225-136, 1°, sur renvoi de l'art. L 225-135, al. 1).

> **Précisions** Si un **commissaire aux comptes** est **spécialement désigné** à l'effet d'établir le rapport sur le prix d'émission ou les conditions de fixation de ce prix, aucune autre **mission** que celle-ci ne peut lui être confiée (CNCC EJ 2022-78 septembre 2023).

50344 **Sanctions** Les sanctions applicables en cas d'omission ou d'insuffisance de l'un ou l'autre des rapports qui doivent être présentés à l'assemblée des actionnaires sont les mêmes que celles indiquées à propos de la suppression du droit préférentiel de souscription au profit de bénéficiaires dénommés (n° 50274).

RAPPORTS COMPLÉMENTAIRES EN CAS DE DÉLÉGATION

50346 Lorsqu'il est fait usage d'une délégation de pouvoirs ou de compétence, le conseil d'administration ou le directoire ainsi que le commissaire aux comptes chargé d'un audit légal classique des comptes, s'il en existe, établissent chacun un rapport sur les conditions définitives de l'opération qui est présenté à l'assemblée générale ordinaire suivante (art. L 225-135, al. 4), dans les mêmes conditions que celles exposées n° 50300.

PRIX D'ÉMISSION

50350 **Émission de titres assimilables aux titres existants par une société dont les titres sont admis aux négociations sur un marché réglementé** L'émission, par une société dont les titres de capital sont admis aux négociations sur un marché réglementé, de titres de capital assimilables aux titres préexistants réalisée par offre au public (autre qu'une offre visée à l'art. L 225-136, dernier al. c'est-à-dire une offre qui relève du financement participatif, une offre portant sur des titres dont la valeur nominale unitaire s'élève au moins à 100 000 €, ou adressée à des investisseurs qui acquièrent ces titres pour un montant total d'au moins 100 000 € par investisseur et par offre distincte, et une offre dont le montant total calculé sur une période de 12 mois est inférieur à 8 M€, seuil qui devrait être porté à 12 M€ à compter du 5-6-2026 en application de Règl. UE 2017/1129 du 14-6-2017 art. 3, 2 modifié et 3, 2 bis créé par Règl. UE 2024/2809 du 23-9-2024 et Règl. UE 2024/2809 art. 4, 3) sans droit préférentiel de souscription est soumise aux règles suivantes.

L'assemblée peut **déléguer au conseil d'administration** ou au directoire le **pouvoir de fixer** librement le prix d'émission selon les modalités de l'article L 22-10-52, al. 1 modifié par la loi 2024-537 du 13 juin 2024. Cette délégation n'étant plus décidée, depuis cette loi, au vu des rapports du conseil d'administration ou du directoire et du rapport spécial du commissaire aux comptes, l'établissement de ces rapports ne paraît plus s'imposer (en ce sens, R. Mortier, Loi 2024-537 du 13 juin 2024 visant à accroître le financement des entreprises et l'attractivité de la France – Dispositions de droit des sociétés : Dr. sociétés 2024 étude n° 11 § 74).

Lorsqu'il est fait usage de cette délégation, le conseil d'administration ou le directoire doit établir un **rapport complémentaire,** certifié par le commissaire aux comptes (art. L 22-10-52, al. 2 modifié par loi 2024-537). Ce rapport doit décrire les conditions définitives de l'opération et mentionner les informations prévues à l'article R 225-115 sur l'incidence de l'émission proposée sur la situation de l'actionnaire, en particulier en ce qui concerne sa quote-part des capitaux propres (art. R 225-116, al. 1).

Ce rapport peut donner lieu à injonction de faire (nos 49910 s.).

À notre avis, l'**assemblée** peut **fixer** le prix librement dans les conditions prévues n° 50360 même si l'article L 22-10-52 dans sa version issue de la loi 2024-537 ne le prévoit plus expressément. Décider le contraire reviendrait à admettre qu'elle puisse déléguer un pouvoir qu'elle ne détient pas (dans le même sens, R. Mortier, Loi 2024-537 du 13 juin 2024 visant à accroître le financement des entreprises et l'attractivité de la France – Dispositions de droit des sociétés : Dr. sociétés 2024 étude n° 11 § 72).

› Précisions **a.** Tout émetteur qui réalise une augmentation de capital réservée avec une décote par rapport au cours de bourse supérieure à la décote maximale autorisée et conférant à un actionnaire, agissant seul ou de concert (nos 64170 s.), le contrôle de l'émetteur (nos 79013 s.) doit désigner un **expert indépendant** dans les mêmes conditions qu'en cas d'offre au public (Règl. gén. AMF art. 261-2). Hors ce cas particulier, tout émetteur peut désigner volontairement un tel expert (Règl. gén. AMF art. 261-3). Sur ces questions, voir nos 64778 s.

b. Ne sont pas subordonnées à la **parution d'un décret** pour leur mise en œuvre les **dispositions de l'article L 22-10-52** modifiées par la loi 2024-537 permettant au conseil d'administration ou au directoire de fixer librement le prix des émissions par offre au public de titres assimilables aux titres existants lors d'une augmentation de capital d'une société dont les titres sont admis aux négociations sur un marché réglementé (Communication Ansa, comité juridique n° 25-008 du 5-2-2025).

50360 **Autres émissions** Dans les cas autres que ceux visés n° 50350, le prix d'émission ou les conditions de fixation de ce prix doivent être déterminés par l'**assemblée générale** extraordinaire sur rapport du conseil d'administration ou du directoire et sur rapport spécial du commissaire aux comptes de la société ou, si la société n'en est pas dotée, d'un commissaire aux comptes désigné à cet effet (art. L 225-136, 1° ; n° 50343). Ces **rapports** peuvent donner lieu à injonction de faire (nos 49910 s.).

DROIT DE PRIORITÉ

50365 La suppression du droit préférentiel de souscription permet à la société de se procurer une masse de capitaux plus importante en raison d'une prime d'émission plus élevée. Mais cet avantage a pour contrepartie la privation pour les actionnaires de la possibilité de souscrire les actions nouvelles à un prix le plus souvent inférieur au cours de bourse ou de monnayer leurs droits sur le marché. L'opération n'est alors équitable que si le prix d'émission est fixé à un montant voisin du cours de bourse de telle sorte que les nouveaux souscripteurs ne soient pas avantagés par rapport aux anciens actionnaires ; or, cette condition est souvent difficile à réaliser, surtout en période de hausse des cours.

Par ailleurs, lorsque l'opération est avantageuse (prix d'émission inférieur au cours de bourse), l'augmentation de capital est très rapidement couverte et les « petits porteurs » comme le public sont souvent supplantés par les investisseurs institutionnels plus diligents ou mieux placés qu'eux.

Afin de pallier ces inconvénients, les sociétés dont les actions sont admises aux négociations sur un marché réglementé peuvent proposer à leurs actionnaires de remplacer leur droit préférentiel de souscription par un simple délai de priorité (art. L 22-10-51, al. 1), appelé en pratique « droit de priorité ». Comme le droit préférentiel de souscription, le droit de priorité s'exerce proportionnellement au nombre d'actions anciennes possédées. Mais, à la différence de celui-ci, il n'est pas négociable.

50370 La **durée d'exercice** de ce droit doit être égale à au moins trois jours de bourse (art. R 225-131, texte qui, par inadvertance, continue de mentionner le délai de priorité prévu à l'article L 225-135 sans tenir compte du transfert de ce droit à l'article L 22-10-51 par l'ordonnance 2020-1142 du 16-9-2020).

Il appartient à l'assemblée générale extraordinaire des actionnaires de prévoir que l'augmentation de capital comportera un délai de priorité mais celle-ci peut **déléguer** au conseil d'administration ou au directoire la faculté d'apprécier s'il y a lieu de prévoir un tel délai et éventuellement de fixer celui-ci dans les mêmes conditions de durée (art. L 22-10-51, al. 1).

Rien ne s'oppose à ce que les actionnaires puissent **exercer** également un droit de priorité **à titre réductible.** Encore faut-il, selon l'Autorité de marché, que l'assemblée qui a autorisé l'émission l'ait expressément prévu et que la société soit en mesure d'assurer la réduction des demandes dans des conditions équitables (Bull. COB septembre 1990 p. 5).

Par ailleurs, la priorité donnée aux actionnaires doit normalement porter sur l'ensemble de l'émission. Toutefois, toujours selon l'Autorité de marché, une **tranche** peut être dégagée pour être offerte, dès le début de l'émission, au public – résident ou international – si un ou plusieurs actionnaires ont renoncé à leur priorité. La pratique, en s'inspirant de cette technique, a développé une variante qui repose sur l'offre directe au public de la tranche qui, compte tenu du taux prévu de souscription dans le cadre du délai de priorité, ne devrait pas être souscrite par les actionnaires ; en cas d'erreur de prévision, une extension de l'émission est organisée de manière à répondre à toutes les demandes exprimées par les actionnaires.

L'Autorité de marché a considéré que cette méthode très empirique n'est acceptable que si les trois **conditions** ci-après sont réunies :

– la priorité de souscription doit n'être accordée qu'à titre irréductible aux actions ;
– l'émetteur doit disposer d'une série statistique suffisamment représentative des émissions passées permettant une prévision raisonnablement fiable du taux de réponse et/ou d'engagements d'actionnaires de ne pas souscrire dans le cadre du délai de priorité ;
– l'extension prévisible de l'émission doit être marginale par rapport à cette émission.

Enfin, certains schémas comportent à la fois des tranches soumises au délai de priorité et d'autres directement offertes dans le public : il importe alors que l'ensemble de l'émission respecte l'équilibre des opérations sans délai de priorité, mais la bonne clarté des opérations recommande deux émissions distinctes (Bull. COB septembre 1990 p. 5).

5. RENONCIATION INDIVIDUELLE AU DROIT PRÉFÉRENTIEL DE SOUSCRIPTION

50410 Les actionnaires peuvent renoncer individuellement à leur droit préférentiel de souscription (art. L 225-132, al. 4), ce qui permet d'**accélérer la réalisation de l'augmentation** de capital. Les modalités et les conséquences de la renonciation diffèrent selon qu'elle est faite au profit de personnes dénommées ou sans indication de bénéficiaire.

› Précisions Il a été jugé que la renonciation par un actionnaire à son droit préférentiel de souscription à une augmentation de capital – ce *qui avait entraîné pour l'intéressé* la perte du contrôle de la société – ne constituait pas en soi une **fraude aux droits du créancier** bénéficiaire d'un nantissement sur les titres de cet actionnaire justifiant l'exercice de l'action paulienne (C. civ. art. 1341-2), dès lors que le débiteur n'avait pris, à l'égard du créancier nanti, aucun engagement de conserver ce contrôle et qu'il n'était pas établi que son abstention ait été délibérée ni qu'il disposait des fonds suffisants pour opérer une souscription lui permettant de garder sa participation majoritaire (CA Paris 27-2-1997 : Bull. Joly 1997 p. 677 note P. Le Cannu, à propos d'une SARL mais transposable).

RENONCIATION AU PROFIT DE BÉNÉFICIAIRES DÉNOMMÉS

La renonciation au droit préférentiel de souscription au profit de personnes dénommées n'est possible **que si les actions ne sont pas admises aux négociations** sur un marché réglementé (art. R 22-10-34). 50411

Elle entraîne transfert à celle-ci des droits de souscription à titre irréductible et, éventuellement, à titre réductible (n°s 50690 s.) dont disposait l'actionnaire renonçant.

En l'absence de disposition légale contraire, la renonciation peut être **partielle** et ne porter que sur une fraction des droits du renonçant.

Pour la même raison, elle peut aussi être consentie **au profit de plusieurs personnes,** chacune pour une partie des droits du renonçant.

Enfin, rien ne s'oppose, à notre avis, à ce qu'une même personne bénéficie des renonciations de plusieurs actionnaires à son profit.

La renonciation doit être **notifiée** à la société par lettre recommandée (art. R 225-122, al. 1) et être accompagnée de l'acceptation des bénéficiaires (art. R 225-122, al. 3).

Lorsque les statuts contiennent une **clause d'agrément** en cas de cession d'actions, cette clause doit, nous semble-t-il, s'appliquer en cas de renonciation au profit d'un tiers non actionnaire car cette renonciation a pour effet de permettre l'entrée d'un nouvel actionnaire dans la société.

La renonciation peut être consentie moyennant le versement d'une **indemnité** par le bénéficiaire au profit du renonçant ; dans ce cas, elle s'apparente à une cession du droit préférentiel de souscription. 50412

Lorsqu'elle est consentie **sans contrepartie,** pécuniaire ou autre, alors que le prix d'émission des actions nouvelles est inférieur à la valeur réelle des actions anciennes, la renonciation au profit d'un ou de plusieurs bénéficiaires dénommés s'analyse en une libéralité. Cette qualification est, sauf fraude caractérisée, sans incidence sur la validité de l'augmentation de capital. En revanche, la renonciation peut constituer :

– lorsque le renonçant est une personne morale, un acte anormal de gestion entraînant la mise en cause de la responsabilité des dirigeants sociaux, voire un abus de biens sociaux si le bénéficiaire est président, administrateur, directeur général, directeur général délégué ou membre du directoire de la personne morale (n°s 42290 s.) ;

– lorsque le renonçant est une personne physique, une donation indirecte susceptible d'être rapportée à sa succession si le bénéficiaire est un de ses héritiers présomptifs (pour un exemple concernant une SARL, mais transposable aux SA, voir Cass. 1e civ. 2-12-1981 : Bull. civ. I n° 363).

RENONCIATION SANS INDICATION DE BÉNÉFICIAIRE

La renonciation sans indication de bénéficiaire est la seule forme possible de renonciation individuelle au droit préférentiel de souscription lorsque les actions de la société sont admises aux négociations sur un marché réglementé (art. R 22-10-34). 50413

Dans les autres sociétés, les actionnaires peuvent, à leur choix, renoncer à leur droit de souscription soit au profit d'une ou de plusieurs personnes dénommées (n°s 50411 s.), soit sans indication de bénéficiaire.

La renonciation sans indication de bénéficiaire peut, nous semble-t-il, n'être que partielle et ne porter que sur une fraction des droits du renonçant. Aucune disposition légale n'exige, en effet, que la renonciation porte sur la totalité des droits de souscription.

En principe, la renonciation sans indication de bénéficiaire accroît d'autant le nombre des actions pouvant soit être souscrites à titre réductible si l'assemblée a prévu une telle possibilité, soit être réparties par le conseil d'administration ou le directoire ou encore offertes au public *(n°s 50690 s. ; art. R 225-122, al. 4).*

Toutefois, si la renonciation a été notifiée à la société au plus tard à la date de la décision de réalisation de l'augmentation de capital, les actions correspondantes sont mises à la disposition des autres actionnaires pour l'exercice de leur droit préférentiel de souscription (art. R 225-122, al. 4). Cette notification permet aux actionnaires, informés de l'augmentation de capital envisagée et qui ne désirent pas y participer, de faire profiter les autres actionnaires de la possibilité de souscrire à titre irréductible aux actions ainsi rendues disponibles.

La renonciation doit être notifiée à la société par lettre recommandée (art. R 225-122, al. 1). Si le renonçant est propriétaire d'actions au porteur, il doit joindre une attestation de l'intermédiaire habilité chez qui est tenu son compte-titres constatant sa renonciation (art. R 225-122, al. 2).

À notre avis, l'actionnaire ne peut plus revenir sur sa renonciation à partir du moment où celle-ci a été notifiée à la société car elle a d'elle-même fait naître un droit à la disponibilité de la souscription au profit des autres actionnaires. Il en résulte un droit acquis.

6. RENONCIATION AUTOMATIQUE AU DROIT PRÉFÉRENTIEL DE SOUSCRIPTION

50440 Plusieurs sortes de décisions emportent automatiquement renonciation des actionnaires à leur droit préférentiel de souscription (art. L 225-132, al. 5 et L 228-101) :
– la conversion d'actions de préférence (n° 67833) ;
– l'émission de valeurs mobilières donnant accès au capital (n° 74154) ;
– l'approbation d'un projet de fusion ou de scission par les actionnaires de la société bénéficiaire des apports (n° 74411).

C. Réalisation de l'augmentation de capital

1. PUBLICITÉ PRÉALABLE À L'AUGMENTATION DE CAPITAL

50550 Afin de porter à la connaissance des actionnaires la décision d'augmentation du capital et les modalités de souscription aux actions nouvelles, diverses formalités de publicité doivent être accomplies avant l'ouverture des souscriptions (art. L 225-142).

Toutefois, lorsque l'assemblée a décidé de supprimer le droit préférentiel de souscription et de réserver les actions nouvelles à une ou plusieurs personnes déterminées ou à une ou plusieurs catégories de personnes (n°s 50250 s.), ces formalités sont inutiles et n'ont pas à être respectées (art. R 225-121).

L'étendue des formalités de publicité varie selon que la société offre ou non ses titres au public. Elles sont effectuées par le mandataire du conseil d'administration ou du directoire (art. R 225-127) : président, directeur général, directeur général délégué, administrateur ou toute autre personne spécialement désignée.

Sur les sanctions civiles applicables à défaut d'accomplissement de ces formalités, voir n°s 49910 s.

a. Société procédant à l'émission « sans offre au public »

AVIS AUX ACTIONNAIRES

50560 Lorsque la société ne procède pas à l'émission par offre au public (ou procède à l'émission par une offre réservée à des investisseurs qualifiés ou à un cercle restreint d'investisseurs, une offre qui relève du financement participatif, une offre portant sur des titres dont la valeur nominale unitaire s'élève au moins à 100 000 €, ou adressée à des investisseurs qui acquièrent ces titres pour un montant total d'au moins 100 000 € par investisseur et par offre distincte, ou dont le montant total calculé sur une période de 12 mois est inférieur à 8 M€, seuil qui devrait être porté à 12 M€ à compter du 5-6-2026 : cf. Règl. UE 2017/1129 du 14-6-2017 art. 3, 2 modifié et 3, 2 bis créé par Règl. UE 2024/2809 du 23-9-2024 et Règl. UE 2024/2809 art. 4, 3), elle doit adresser à tous ses actionnaires, 14 jours au moins avant la date prévue pour la clôture de la souscription, par lettre recommandée AR, un avis contenant les **indications suivantes** (art. R 225-120) :
– la dénomination sociale et le sigle de la société, le cas échéant ;
– la forme de la société ;
– le montant du capital social ;
– l'adresse du siège social ;
– le numéro d'identification de la société accompagné de la mention RCS et du nom de la ville où se trouve le greffe auprès duquel elle est immatriculée ;
– le montant de l'augmentation du capital et, le cas échéant, le montant supplémentaire de l'augmentation de capital autorisé (n° 50710) ;
– les dates d'ouverture et de clôture de la souscription ;
– l'existence, au profit des actionnaires, du droit préférentiel de souscription aux nouvelles actions ou nouvelles valeurs mobilières donnant accès au capital, les conditions d'exercice de ce droit, ainsi que ses modalités de négociation lorsqu'il est détaché d'actions négociables ;
– la valeur nominale des actions ou valeurs mobilières donnant accès au capital à souscrire en numéraire, que cette valeur figure ou non dans les statuts, et, le cas échéant, le montant de la prime d'émission ;

– la somme immédiatement exigible par action ou valeur mobilière donnant accès au capital souscrite ;
– le nom et la résidence ou la dénomination sociale et le siège du dépositaire des fonds provenant des souscriptions ;
– si l'augmentation du capital est à caractère mixte (apports en nature et en numéraire), la description sommaire, l'évaluation et le mode de rémunération des apports en nature compris dans ladite augmentation, avec l'indication du caractère provisoire de cette évaluation et de ce mode de rémunération.

En cas d'émission de valeurs mobilières donnant accès au capital, l'avis mentionne également les principales caractéristiques des valeurs mobilières, notamment les modalités d'attribution des titres de capital auxquels elles donnent droit, ainsi que les dates auxquelles les droits d'attribution peuvent être exercés.

› Précisions Parmi les mentions à insérer dans l'avis aux actionnaires figure aussi l'indication de l'attitude qu'adoptera le conseil d'administration ou le directoire dans le cas où les **actions non souscrites** (à titre irréductible) représenteraient **plus de 3 % de l'augmentation de capital** : limitation du montant de l'augmentation de capital aux souscriptions reçues ou « ouverture au public ». Cette disposition doit être considérée comme devenue caduque depuis que la loi 85-1321 du 14 décembre 1985 a élargi les possibilités offertes aux dirigeants sociaux lorsque les souscriptions n'ont pas absorbé la totalité de l'augmentation de capital (voir n°s 50700 s.).

b. Société procédant par « offre au public » ou dont les actions ne sont pas toutes nominatives

PROSPECTUS

50588 Les sociétés qui procèdent à une opération d'augmentation de leur capital par offre au public doivent, au préalable, publier et tenir à disposition de **toute personne intéressée** un document d'information, appelé « prospectus », sauf dispense (n°s 63050 s.).

AVIS AUX ACTIONNAIRES

50590 Si les **actions** de la société ne revêtent **pas toutes la forme nominative ou si elles sont admises aux négociations sur un marché réglementé,** les mêmes indications que celles énumérées n° 50560 doivent être portées à la connaissance des actionnaires, 14 jours au moins avant la date de clôture de la souscription, par une notice publiée au Balo (art. R 225-120, al. 17 et R 22-10-33, al. 1).

ATTENTION

Cette obligation ne concerne que l'**émission d'actions nouvelles avec droit préférentiel de souscription.** En cas d'émission d'actions nouvelles avec suppression du droit préférentiel de souscription (n°s 50330 s.), il n'y a en effet pas lieu de publier un avis au Balo (art. R 225-121).

La notice au Balo doit **en outre** contenir les **indications suivantes** (art. R 225-124) :
– l'objet social indiqué sommairement ;
– la date d'expiration normale de la société ;
– les catégories d'actions émises et leurs caractéristiques ;
– les avantages particuliers stipulés par les statuts au profit de toute personne ;
– les conditions d'admission aux assemblées d'actionnaires et d'exercice du droit de vote ainsi que, le cas échéant, les dispositions relatives à l'attribution du droit de vote double ;
– éventuellement, les clauses statutaires restreignant la libre cession des actions ;
– les dispositions relatives à la répartition des bénéfices, à la constitution des réserves et à la répartition du boni de liquidation ;
– le cas échéant, le montant des obligations convertibles en actions antérieurement émises, les délais d'exercice de l'option accordée aux porteurs ou l'indication que la conversion peut avoir lieu à tout moment, et les bases de la conversion ;
– le montant non amorti des autres obligations antérieurement émises et les garanties dont elles sont assorties ;
– le montant, lors de l'émission, des emprunts obligataires garantis par la société ainsi que, le cas échéant, la fraction garantie de ces emprunts.

La notice est revêtue de la signature sociale.

Une copie du dernier bilan, certifiée conforme par le représentant légal de la société, doit lui être annexée, à moins que ce dernier bilan n'ait déjà été publié au Balo ; dans ce cas, il suffit d'indiquer la référence de cette publication. Si aucun bilan n'a encore été établi, la notice en fait mention (art. R 225-125).

50591 Toutefois, lorsque la **société procède à l'émission par offre au public** (autre qu'une offre réservée à des investisseurs qualifiés ou à un cercle restreint d'investisseurs, une offre qui relève du financement participatif, une offre portant sur des titres dont la valeur nominale unitaire s'élève au moins à 100 000 €, ou adressée à des investisseurs qui acquièrent ces titres pour un montant total d'au moins 100 000 € par investisseur et par offre distincte, ou dont le montant total calculé sur une période de 12 mois est inférieur à 8 M€, seuil qui devrait être porté à 12 M€ à compter du 5-6-2026 : cf. Règl. UE 2017/1129 du 14-6-2017 art. 3, 2 modifié et 3, 2 bis créé par Règl. UE 2024/2809 du 23-9-2024 et Règl. UE 2024/2809 art. 4, 3), elle est **dispensée** de la publication au Balo de la notice comportant les informations ci-dessus (n° 50590), à condition que le prospectus destiné à l'information du public et soumis à l'approbation de l'AMF (n°s 63050 s.) comporte toutes les indications normalement contenues dans la notice et soit rendu public dans le même délai de 14 jours (art. R 225-120, dernier al. et R 22-10-33, al. 1).

PUBLICITÉ, CIRCULAIRES, ANNONCES

50620 Indépendamment des publications légales obligatoires énoncées ci-dessus (n°s 50588 s.), les sociétés ont la faculté, en vue de favoriser le succès de l'émission, de recourir à des moyens de publicité tels que circulaires, annonces, etc.

Sauf dans le cas des offres au public exclues, indiquées n° 50630, les documents doivent aussi mentionner la **signature** de la personne ou du représentant de la société dont l'offre émane, préciser si les valeurs offertes sont admises ou non à la négociation sur un marché réglementé et, dans l'affirmative, sur quel marché (art. R 247-2, 4° et dernier al.).

En outre, toute communication à caractère promotionnel se rapportant à une offre au public (autre qu'une offre réservée à un cercle restreint d'investisseurs ou à des investisseurs qualifiés, ou qui relève du financement participatif, ou qui porte sur des titres dont la valeur nominale unitaire s'élève au moins à 100 000 €, ou dont les bénéficiaires acquièrent les titres pour un montant total d'au moins 100 000 € par investisseur et par offre distincte) ou à une admission aux négociations sur un marché réglementé soumise à l'obligation d'établir un prospectus, quels que soient sa forme et son mode de diffusion, doit être communiquée à l'**AMF** préalablement à sa diffusion et mentionner l'existence du prospectus (Règl. UE/2017/1129 du 14-6-2017 art. 22 et Règl. gén. AMF art. 212-28).

Les informations qu'elle contient ne doivent pas être inexactes ou trompeuses et doivent être cohérentes avec les informations contenues dans le prospectus (Règl. UE/2017/1129 art. 22, 3).

SANCTIONS PÉNALES

50630 L'article R 247-2 prévoit une amende de 1 500 € (C. pén. art. 131-13) à l'encontre des présidents, des administrateurs ou des directeurs généraux qui auraient émis des actions offertes au public (autrement que par une offre réservée à des investisseurs qualifiés ou à un cercle restreint d'investisseurs, une offre relevant du financement participatif, une offre portant sur des titres dont la valeur nominale unitaire s'élève au moins à 100 000 €, ou adressée à des investisseurs qui acquièrent ces titres pour un montant total d'au moins 100 000 € par investisseur et par offre distincte, et une offre dont le montant total calculé sur une période de 12 mois est inférieur à 8 M€, seuil qui devrait être porté à 12 M€ à compter du 5-6-2026 : cf. Règl. UE 2017/1129 du 14-6-2017 art. 3, 2 modifié et 3, 2 bis créé par Règl. UE 2024/2809 du 23-9-2024 et Règl. UE 2024/2809 art. 4, 3) :

– sans que soit insérée au Balo, préalablement à toute mesure de publicité, la notice établie en application de l'article R 225-120 concernant les augmentations de capital (n° 50590) ;

– sans que les documents reproduisent les énonciations de cette notice et contiennent la référence au numéro du Balo dans lequel ladite notice a été publiée ;

– sans que les annonces dans les supports reproduisent les mêmes énonciations, ou tout au moins un extrait de ces énonciations avec référence au numéro du Balo dans lequel ladite notice a été publiée ;

– sans que les documents mentionnent la signature de la personne ou du représentant de la société dont l'offre émane et précisent si les valeurs offertes sont admises ou non à la négociation sur un marché réglementé, et, dans l'affirmative, sur quel marché.

La même peine peut être appliquée aux personnes qui auront servi d'intermédiaires à l'occasion de la cession de valeurs mobilières sans qu'aient été respectées les prescriptions ci-dessus (art. R 247-2, al. 6).

2. SOUSCRIPTION DES ACTIONS NOUVELLES

SOUSCRIPTIONS DES ACTIONS À TITRE IRRÉDUCTIBLE

50680 Les souscriptions à titre irréductible sont celles effectuées en vertu du droit préférentiel de souscription réservé aux actionnaires. Ces derniers souscrivent eux-mêmes ou négocient leurs droits (n° 50220) ; dans ce dernier cas, ce sont les acquéreurs qui souscrivent. Ils peuvent aussi renoncer à leur droit au profit de bénéficiaires dénommés ou de catégories de personnes (nos 50411 s.).

> **Précisions** Sur la validité d'un **engagement de souscrire à une augmentation de capital** après achat de droits préférentiels de souscription à naître de cette augmentation et sur la condamnation du promettant à respecter son engagement sous astreinte, voir n° 50221.

SOUSCRIPTIONS DES ACTIONS À TITRE RÉDUCTIBLE

Si les souscriptions à titre irréductible ne couvrent pas la totalité de l'augmentation de capital, les actions non souscrites peuvent être attribuées aux actionnaires (ou aux acquéreurs des droits préférentiels de souscription) qui auront souscrit à titre réductible un nombre d'actions supérieur à celui auquel ils pouvaient souscrire à titre irréductible. 50690

Toutefois, en application de l'article L 225-133, ils ne peuvent exercer ce droit que s'il a été **expressément prévu** par l'assemblée générale extraordinaire, lorsqu'elle décide l'augmentation de capital, ou par le conseil d'administration ou le directoire lorsque l'assemblée a délégué à cet organe sa compétence pour décider l'augmentation de capital (n° 49621).

Lorsque le conseil d'administration ou le directoire procède à une augmentation de capital sur délégation par l'assemblée du pouvoir d'en fixer seulement les modalités (n° 49624), il ne peut prévoir des souscriptions à titre réductible que s'il y a été expressément autorisé par cette assemblée. En revanche, la délégation de compétence emporte le droit pour le conseil d'administration ou le directoire de prévoir la possibilité de souscrire à titre réductible (art. L 225-133). 50691

L'assemblée peut, à notre avis, donner au conseil d'administration ou au directoire le droit de ne pas utiliser cette autorisation si les conditions de l'émission ne justifient pas, lors de la réalisation de l'augmentation de capital, le maintien du droit de souscription à titre réductible. Une telle formule ne contrevient pas aux dispositions de l'article L 225-133 puisque l'assemblée a bien autorisé l'exercice du droit préférentiel de souscription à titre réductible ; les actionnaires acceptent seulement que le conseil d'administration ou le directoire n'applique pas cette autorisation lorsqu'elle n'apparaît plus comme une condition nécessaire de l'opération envisagée. De plus, la suppression du droit préférentiel de souscription à titre réductible est la règle, son maintien, l'exception. En donnant au conseil d'administration ou au directoire la possibilité de ne pas user de son autorisation, l'assemblée lui permet de revenir à la règle de principe.

Lorsque la possibilité de souscriptions à titre réductible a été prévue, **les actions** restant disponibles après exercice des droits de souscription à titre irréductible **sont réparties** entre les souscripteurs à titre réductible proportionnellement aux droits de souscription dont ils disposent et dans la limite de leurs demandes (art. L 225-133). 50692

EXEMPLE

Soit une augmentation de capital à l'occasion de laquelle 40 actions nouvelles n'ont pas été souscrites par des actionnaires disposant de droits irréductibles. On suppose que 3 actionnaires ont souscrit à titre réductible dans les conditions suivantes :

– A, propriétaire de 80 droits de souscription (résultant non seulement des actions anciennes dont il est titulaire, mais aussi des droits qu'il a pu acheter), déclare souscrire 10 actions à titre réductible ;
– B, propriétaire de 100 droits, déclare souscrire 50 actions à titre réductible ;
– C, propriétaire de 20 droits, déclare souscrire 20 actions à titre réductible.

A, B et C sont propriétaires ensemble de 200 droits de souscription (80 + 100 + 20). La répartition théorique des 40 actions disponibles sera proportionnelle aux droits de souscription de chacun, *c'est-à-dire :*

– A : (40 × 80)/200 = 16 ;
– B : (40 × 100)/200 = 20 ;
– C : (40 × 20)/200 = 4.

A n'ayant demandé à souscrire que 10 actions se verra rempli de ses droits. Les 6 actions rendues disponibles seront réparties entre B et C de la même manière que précédemment, B et C disposant ensemble de 120 droits (100 + 20) :

– B : (6 × 100)/120 = 5 ;
– C : (6 × 20)/120 = 1.

En définitive, A, demandeur de 10 actions, pourra en souscrire 10, B, demandeur de 50 actions, pourra en souscrire 25 et C, demandeur de 20 actions, pourra en souscrire 5.

50693 Après la clôture des souscriptions, il est d'usage que la société établisse un **barème de répartition** des actions souscrites à titre réductible qui est soit publié dans un support d'annonces légales du lieu du siège social, soit, pour les sociétés n'ayant qu'un petit nombre d'actionnaires, communiqué à chacun des souscripteurs concernés.

Les sommes versées sur les souscriptions à titre réductible qui n'ont pu être servies sont remboursées aux intéressés dès que les fonds correspondant à l'augmentation de capital peuvent être débloqués (n° 50840).

Si toutes les actions nouvelles ont été souscrites, que ce soit à titre irréductible ou à titre réductible, le délai de souscription se trouve clos par anticipation, à la condition que les actionnaires qui n'ont pas participé à l'opération aient notifié leur renonciation à la société (n° 50200).

INSUFFISANCE DES SOUSCRIPTIONS D'ACTIONS

50700 Lorsque les souscriptions à titre irréductible et, le cas échéant, à titre réductible n'ont pas absorbé la totalité de l'augmentation de capital, le conseil d'administration ou le directoire peut, à son choix et dans l'ordre qui lui convient, utiliser les **possibilités suivantes,** ou certaines d'entre elles seulement (art. L 225-134) :

– répartition des actions non souscrites entre les personnes (actionnaires ou tiers) de son choix, sauf décision contraire de l'assemblée ;

– offre au public de tout ou partie des actions non souscrites à condition que l'assemblée ait expressément admis cette possibilité ; l'autorisation de l'assemblée n'est cependant pas requise en cas d'offre réservée à des investisseurs qualifiés ou à un cercle restreint d'investisseurs, une offre relevant du financement participatif, d'offre portant sur des titres dont la valeur nominale unitaire s'élève au moins à 100 000 €, ou adressée à des investisseurs qui acquièrent ces titres pour un montant total d'au moins 100 000 € par investisseur et par offre distincte, ou d'offre dont le montant total calculé sur une période de 12 mois est inférieur à 8 M€ (art. L 225-134, I-3° ; le seuil de 8 M€ devrait être porté à 12 M€ à compter du 5-6-2026 ; cf. Règl. UE 2017/1129 du 14-6-2017 art. 3, 2 modifié et 3, 2 bis créé par Règl. UE 2024/2809 du 23-9-2024 et Règl. UE 2024/2809 art. 4, 3) ;

– limitation de l'augmentation de capital au montant des souscriptions recueillies, sauf décision contraire de l'assemblée, à condition que les souscriptions atteignent 75 % au moins du montant fixé initialement ; si le montant des actions non souscrites représente moins de 3 % de l'augmentation de capital, le conseil d'administration ou le directoire peut d'office, nonobstant toute clause ou décision contraire, limiter cette augmentation au montant des souscriptions recueillies.

50701 Les choix offerts au conseil d'administration ou au directoire constituent une « modalité » de l'augmentation de capital ; ils doivent donc être signalés dans les **bulletins de souscription** s'il en existe (voir n°s 50720 s.).

La décision du conseil d'administration ou du directoire ne peut être prise qu'**après l'expiration du délai de souscription.** Même si tous les actionnaires qui ne désirent pas participer à l'opération ont fait parvenir leur renonciation à la société, le conseil d'administration ou le directoire ne peut pas décider de clore par anticipation le délai de souscription. En effet, cette clôture anticipée n'est possible que si l'augmentation de capital a été intégralement souscrite (art. L 225-141, al. 2), ce qui n'est évidemment pas le cas.

› Précisions Dans les **sociétés** dont les actions sont admises à la négociation sur un **marché réglementé** ou un SMNO, le choix d'utiliser les facultés ouvertes par l'article L 225-134, I peut être **délégué** au **directeur général** ou, avec l'accord de ce dernier, aux directeurs généraux délégués ou encore, dans les SA à directoire et conseil de surveillance, au président du directoire ou, avec l'accord de ce dernier, à l'un des membres du directoire. En effet, l'article L 22-10-49 permet au conseil d'administration ou au directoire de déléguer le pouvoir de décider la réalisation d'une augmentation de capital sans écarter de modalités particulières. Il est toutefois prudent de mentionner expressément que la délégation inclut ces facultés. Le conseil d'administration doit fixer les limites des pouvoirs qu'il délègue ; il faut considérer que cette prescription s'applique également au directoire, bien que l'article L 22-10-49, al. 3 ne le précise pas (Communication Ansa, comité juridique n° 18-059 du 5-12-2018).

50702 **Limitation de l'augmentation de capital** L'article L 225-134, I vise les souscriptions « à titre irréductible et, le cas échéant, à titre réductible ». Il semble donc interdire que le conseil d'administration ou le directoire limite l'augmentation de capital lorsque celle-ci est réalisée avec **suppression** du **droit préférentiel de souscription.** Pourtant, l'article L 225-135-1, qui permet d'accroître, dans certaines proportions, le montant de l'augmentation de capital en cas de succès de celle-ci et qui s'applique indifféremment aux augmentations de capital avec ou sans droit préférentiel de souscription (nº 50710), dispose que « la limite prévue au 1º du I de l'article L 225-134 » (c'est-à-dire la limitation de l'augmentation par le conseil d'administration ou le directoire à au moins 75 % du montant initial) « est alors augmentée dans les mêmes proportions ». Ce renvoi à l'article L 225-134 ne précisant pas qu'il ne concerne que les augmentations de capital sans suppression du droit préférentiel de souscription, on peut, à notre avis, en déduire que la faculté de limiter l'augmentation de capital en cas d'insuffisance de souscriptions existe aussi pour les augmentations de capital avec suppression du droit préférentiel de souscription. Le rapport au Président de la République relatif à l'ordonnance 2004-604 du 24 juin 2004 rejoint cette interprétation puisqu'il présente la réécriture de l'article L 225-134 et la création de l'article L 225-135-1 comme des mesures qui « visent à permettre aux émetteurs de réaliser des augmentations de capital dans des conditions attractives pour les investisseurs », donc des augmentations de capital réservées. Il aurait toutefois été beaucoup plus clair de supprimer, dans l'article L 225-134, les mots « à titre irréductible et, le cas échéant, à titre réductible ».

En tout état de cause, les sociétés qui réalisent l'augmentation de capital par offre au public et craignent que l'intégralité de l'augmentation de capital ne soit pas souscrite peuvent toujours se couvrir par une garantie de bonne fin (nº 50821).

La condition de souscription de 75 % de l'augmentation pour limiter celle-ci n'est pas applicable en cas d'augmentation de capital par **émission d'actions réservées aux salariés** : si, à l'expiration du délai imparti, les salariés n'ont pas souscrit la totalité de l'augmentation de capital, celle-ci n'est, en tout état de cause, réalisée qu'à concurrence du montant des actions souscrites (art. L 225-138-1, 2º). **50703**

Le droit pour le conseil d'administration ou le directoire de **limiter l'augmentation** de capital au montant des souscriptions recueillies lorsque celles-ci atteignent au moins **97 %** du montant initialement prévu est un droit absolu. Toute décision contraire de l'assemblée est réputée non écrite (art. L 225-134, III). Mais, bien entendu, il s'agit d'une simple faculté que le conseil ou le directoire peut ne pas utiliser.

En cas d'inscription d'une société à **Euronext Access** par voie d'augmentation de capital, l'Autorité de marché a recommandé que soit présenté clairement l'incidence de la limitation à 75 % sur les objectifs de l'augmentation et que les informations sur les perspectives d'avenir ainsi que le plan de développement prennent en compte les deux hypothèses de réalisation (100 et 75 %). Les frais d'introduction doivent en outre être indiqués dans les deux cas et un avertissement doit attirer l'attention du public sur cette possibilité de limiter les fonds levés (Bull. COB juillet-août 2001 p. 50).

Offre au public des actions non souscrites En l'absence de précision contraire, la possibilité de procéder par offre au public soumise à autorisation de l'assemblée (nº 50700) pour les actions non souscrites est ouverte à toutes les sociétés, que l'augmentation de capital initiale ait été ou non réalisée par offre au public. **50704**

Si l'augmentation initiale n'a pas été effectuée par offre au public, « l'ouverture au public » pour les actions non souscrites entraîne automatiquement l'obligation pour la société de respecter les conditions (notamment, l'obligation d'informations particulières) requises par la loi en cas d'offre au public autre qu'une offre réservée à des investisseurs qualifiés ou à un cercle restreint d'investisseurs, une offre relevant du financement participatif, une offre portant sur des titres dont la valeur nominale unitaire s'élève au moins à 100 000 €, ou adressée à des investisseurs qui acquièrent ces titres pour un montant total d'au moins 100 000 € par investisseur et par offre distincte, et une offre dont le montant total calculé sur une période de 12 mois est inférieur à 8 M€ (seuil qui devrait être porté à 12 M€ à compter du 5-6-2026 : cf. Règl. UE 2017/1129 du 14-6-2017 art. 3, 2 modifié et 3, 2 bis créé par Règl. UE 2024/2809 du 23-9-2024 et *Règl. UE 2024/2809 art. 4, 3), à moins que* l'opération soit réalisée dans des conditions permettant de bénéficier d'une dérogation (voir nºs 63015 s.).

À défaut, les sociétés qui ne souhaitent pas appliquer ces règles spécifiques agiront prudemment en s'abstenant d'offrir au public les actions non souscrites et en se bornant à utiliser les deux autres possibilités dont elles disposent (limitation à 75 % et/ou répartition par le conseil d'administration ou le directoire).

Il peut arriver que les souscriptions recueillies dans le « public » excèdent le nombre des actions disponibles. L'assemblée peut prévoir un accroissement du montant de l'augmentation en cas de succès de celle-ci (nº 50710). Si l'assemblée n'a rien prévu, la loi ne fournit pas d'indication sur la marche à suivre. En l'absence de dispositions réglementaires organisant une répartition des actions au prorata des demandes, il convient, nous semble-t-il, conformément à la règle séculaire selon laquelle celui qui se manifeste le premier a priorité dans l'attribution du droit (« prior tempore… »), de répartir les actions nouvelles dans l'ordre de réception des souscriptions.

RALLONGE DE L'AUGMENTATION DE CAPITAL

50710 Le montant de l'augmentation de capital peut être accru en prévision du succès de celle-ci.

En cas d'augmentation de capital **avec ou sans droit préférentiel de souscription,** l'assemblée générale peut ainsi prévoir que le nombre de titres pourra être augmenté, dans les 30 jours à compter de la clôture de la souscription, dans la **limite de 15 %** de l'émission initiale et au même prix que celui retenu pour cette émission (art. L 225-135-1 et R 225-118).

Selon l'AMF, en cas de **maintien du droit préférentiel de souscription,** cette faculté doit être utilisée en servant par priorité les demandes d'actionnaires qui ont souscrit à l'augmentation de capital initiale à titre réductible (Position-recommandation AMF 2020-06). Sous cette réserve, peuvent aussi être servies les demandes d'actionnaires ayant souscrit à l'augmentation initiale à titre irréductible ainsi que celles du public ou des tiers désignés par le conseil d'administration.

50711 Le pouvoir de rallonger l'augmentation de capital étant réservé à l'**assemblée** générale, lorsque celle-ci **délègue ses pouvoirs ou sa compétence** pour décider ou pour réaliser l'augmentation (n°s 49620 s.), elle doit permettre expressément aux organes de gestion de mettre en œuvre cette possibilité.

Si cette nouvelle augmentation de capital n'est pas entièrement souscrite, le conseil d'administration ou le directoire a la faculté de la limiter. L'article L 225-135-1 prévoit en effet que « la limite prévue au 1° du I de l'article L 225-134 [c'est-à-dire la limitation par le conseil ou le directoire de l'augmentation de capital initiale en cas d'insuffisance de souscriptions : n° 50700] est alors augmentée dans les mêmes proportions ».

EXEMPLE

Soit une augmentation de capital d'un montant initial de 1 M€. À défaut de souscription totale, le conseil d'administration peut limiter l'augmentation aux trois quarts de ce montant (750 000 €). Si l'augmentation de capital remporte un vif succès et si l'assemblée a autorisé l'augmentation de l'émission de 10 %, soit une augmentation totale maximale de 1,1 M€, le conseil d'administration pourra limiter l'augmentation nouvelle aux trois quarts de ce montant (825 000 €).

BULLETINS DE SOUSCRIPTION

50720 En **principe,** les souscriptions doivent être constatées par des bulletins de souscription (art. L 225-143, al. 1). Un bulletin de souscription est également exigé en cas de souscription à des titres donnant accès au capital.

Toutefois, l'établissement de ces bulletins n'est **pas exigé** lorsque les souscriptions sont recueillies par l'intermédiaire d'un établissement de crédit (banque notamment) ou d'un prestataire de services d'investissement, à charge pour l'intermédiaire de justifier de son mandat (art. L 225-143, al. 2).

En pratique, cette dernière disposition aboutit à aligner le mécanisme des souscriptions d'actions sur celui déjà appliqué dans les établissements financiers pour les souscriptions d'obligations. Le mandat donné à l'intermédiaire financier peut être rédigé très simplement ; il n'est pas nécessaire de reprendre l'ensemble des énonciations prévues par l'article R 225-128 (n° 50721). En effet, une telle reprise aboutirait à rétablir le bulletin de souscription sous une nouvelle forme et à anéantir l'effet simplificateur voulu par le législateur : le bulletin de souscription a pour objet de constater l'engagement par le souscripteur de participer à l'augmentation de capital et de verser les fonds correspondant à sa souscription ; en cas d'intervention d'un organisme financier, l'ordre de souscription donné par écrit au banquier ou à la société de bourse suffit à établir cet engagement.

50721 Lorsqu'il est exigé, le bulletin de souscription doit contenir les **indications suivantes** (art. R 225-128, al. 2 à 12) :

– la dénomination sociale et le sigle de la société, le cas échéant ;
– la forme de la société ;
– le montant du capital social ;
– l'adresse du siège social ;
– le numéro d'identification de la société accompagné de la mention RCS et du nom de la ville où se trouve le greffe auprès duquel elle est immatriculée ;
– le montant et les modalités de l'augmentation du capital ;
– le cas échéant, le montant à souscrire en actions de numéraire et le montant libéré par les apports en nature (opération mixte) ;

– le nom ou la désignation sociale et l'adresse de la personne qui reçoit les fonds ;
– les nom, prénom usuel et domicile du souscripteur ainsi que le nombre de titres souscrits par lui ;
– la mention de la remise au souscripteur d'une copie du bulletin de souscription.

Le bulletin de souscription est daté et signé par le souscripteur (ou par son mandataire), qui doit écrire en toutes lettres le nombre de titres souscrits (art. R 225-128, al. 1).

Une copie sur papier libre du bulletin de souscription est remise au souscripteur (art. R 225-128, al. 1).

> Précisions Selon l'Ansa, le bulletin de souscription peut être établi et signé sous **forme électronique** en utilisant un procédé fiable d'identification garantissant le lien entre cette signature et le bulletin en application des articles 1366 et 1367 du Code civil (Communication Ansa, comité juridique n° 20-046 du 2-12-2020).

SANCTIONS EN CAS DE VIOLATION DES RÈGLES DE SOUSCRIPTION

Sur les **sanctions civiles** applicables en cas de violation des dispositions du Code de commerce relatives à la souscription, voir n°s 49910 s. 50730

Par ailleurs, la simulation de souscriptions ou de versements peut être **pénalement sanctionnée** en tant qu'escroquerie ou faux (n° 37892).

3. LIBÉRATION DES ACTIONS NOUVELLES

MONTANT À LIBÉRER LORS DE LA SOUSCRIPTION DES ACTIONS

Lors de la souscription d'actions de numéraire, il doit être versé un **quart au moins** – l'assemblée ou, sur délégation, le conseil d'administration ou le directoire peuvent prévoir plus – du montant nominal des actions et la **totalité de la prime** d'émission, s'il en est prévu une. 50760

Le **surplus** doit être libéré, en une ou plusieurs fois, sur appels du conseil d'administration ou du directoire dans le délai de cinq ans à compter du jour où l'augmentation du capital est devenue définitive (art. L 225-144, al. 1 ; n° 50820).

L'action en paiement de la fraction non libérée des actions de numéraire se prescrit par cinq ans, conformément au droit commun. Ce délai court à compter du jour de l'appel de fonds. Si le conseil d'administration ou le directoire n'a pas procédé à l'appel de fonds, le délai de prescription ne commence à courir qu'à l'expiration du délai de cinq ans imparti par l'article L 225-144 pour la libération des actions de numéraire (CA Paris 17-1-2008 n° 06/20658 : RJDA 6/08 n° 678).

Toutefois, conformément à l'article L 228-7, al. 1, les actions de numéraire nouvelles résultant d'une **opération mixte** prévoyant une libération pour partie en espèces et pour partie par voie d'incorporation de réserves, bénéfices ou primes doivent être intégralement libérées lors de la souscription. 50761

Cette technique d'opération mixte, qui permet à la société d'éviter de procéder à deux opérations successives (apports en numéraire et incorporation de réserves), est peu employée en pratique. Elle a été utilisée par certaines sociétés « cotées » à une époque où les titres de ces sociétés étaient, malgré d'importantes réserves, cotés au-dessous du pair. Le prélèvement sur les réserves avait eu pour but de rendre l'opération plus attrayante pour les actionnaires et le public. Il avait été calculé de manière à compenser la différence existant entre le cours de bourse et le montant nominal des nouvelles actions.

Inversement, en cas d'augmentation de capital par émission d'**actions nouvelles réservées aux salariés,** il est possible de n'exiger aucun versement lors de la souscription. Mais la libération des actions et, le cas échéant, celle de la prime d'émission doivent intervenir dans un délai qui ne peut excéder trois ans (art. L 225-138-1, 4°).

> Précisions ***a.*** *Le* ***consentement*** **du souscripteur** aux modalités fixées pour la réalisation d'une augmentation de capital doit être pur et simple. S'il n'accepte pas l'**exigence de libération immédiate** prévue pour l'opération, le contrat de souscription ne se forme pas et l'intéressé ne peut donc prétendre à aucun droit sur les actions nouvelles (Cass. com. 25-6-2013 n° 12-17.583 : RJDA 10/13 n° 809).

b. Ne constitue **pas une opération mixte** celle par laquelle l'assemblée générale a, dans une première résolution, créé des actions nouvelles à souscrire en espèces et pouvant être libérées partiellement et, par une seconde, décidé l'incorporation de réserves dans le capital social, ce qui a eu pour effet d'augmenter d'autant le nominal des actions tant nouvelles qu'anciennes (CA Paris 17-1-2008 n° 06/20658 : RJDA 6/08 n° 678).

c. Sur le régime particulier applicable lorsque l'augmentation de capital est assortie d'une **garantie de bonne fin**, voir n°s 50821 s.

MODE DE LIBÉRATION DES ACTIONS NOUVELLES

50770 Le montant de la souscription peut être libéré soit par un versement en **espèces** ou assimilé (chèques, virements, etc.), soit par **compensation** avec une créance sur la société (art. L 225-128, al. 2).

L'assemblée générale peut imposer des versements en espèces, mais elle doit alors écarter expressément la libération par compensation (CA Paris 23-10-1992 : RJDA 2/93 n° 126).

› Précisions **a.** L'article L 225-128, al. 2 fait application de la **compensation légale** (C. civ. art. 1347) qui n'est pas d'ordre public. La libération des actions nouvelles par voie de compensation avec une créance sur la société peut donc être supprimée conventionnellement. Toutefois, cette suppression, qui prive les souscripteurs du bénéfice d'une règle spécialement réaffirmée en matière de SA par l'article L 225-128, al. 2 et sur laquelle ils sont en droit de compter, ne saurait être implicite et résulter seulement du simple fait que l'assemblée générale extraordinaire a décidé une augmentation de capital en numéraire sans autre précision, comme l'admettait la jurisprudence sous le régime antérieur à la réforme de 1966 en l'absence d'un texte analogue à l'article L 225-128 (Cass. com. 10-2-1969 : JCP 1969 II n° 15998 note Bernard).

b. En cas d'**émission d'actions réservées aux salariés,** les souscriptions peuvent être libérées par des prélèvements sur le salaire du souscripteur (art. L 225-138-1, 5°).

c. Sur la faculté pour les actionnaires de libérer le solde de leurs actions à l'aide de **primes d'émission,** voir n° 49725.

50771 **Libération par compensation** Si elle n'a pas été écartée (n° 50770), la libération par compensation légale n'est possible que si le souscripteur détient à l'encontre de la société émettrice une créance certaine, liquide (c'est-à-dire dont le montant correspond à une somme d'argent précise) et exigible (c'est-à-dire échue au jour où le souscripteur doit libérer ses actions) (C. civ. art. 1347-1).

Une créance qui ne remplirait pas ces conditions ne permettrait pas la compensation. Elle pourrait seulement être l'objet d'un apport en nature.

La renonciation par la société au bénéfice du terme afin de rendre la créance exigible et de permettre la compensation n'est pas contraire à l'intérêt social dès lors qu'elle décharge la société d'un emprunt et du service de ses intérêts dans des conditions favorables et ne porte pas préjudice aux intérêts des actionnaires (Cass. com. 17-5-1994 : RJDA 8-9/94 n° 934).

50772 Si des actions nouvelles sont libérées par compensation avec des dettes de la société, celles-ci font l'objet d'un **arrêté de compte** établi par le conseil d'administration ou le directoire et certifié exact par le commissaire aux comptes (art. R 225-134), si la société en est dotée.

En cas de subdélégation au directeur général ou au président du directoire (n° 49640), celui-ci est, à notre avis, habilité à se substituer au conseil d'administration ou au directoire pour l'établissement de l'arrêté de compte. En effet, consentie pour la « réalisation » de l'augmentation de capital (art. L 22-10-49), la subdélégation porte nécessairement sur toutes les opérations requises pour parvenir à cette réalisation.

La **date** à prendre en considération pour la compensation est celle de la souscription puisque, conformément à l'article L 225-144, les actions souscrites en numéraire doivent être libérées lors de leur souscription. C'est donc à cette date que doit être établi l'arrêté de compte soumis, le cas échéant, pour certification aux commissaires aux comptes.

En cas d'augmentation de capital en numéraire libérée par compensation avec une créance en monnaie autre que l'euro, le montant de la créance sur la société doit aussi être déterminé en fonction du cours du change au jour de l'arrêté de compte.

50773 La libération par compensation est possible, même lorsque les **pertes** excèdent le montant du capital, et même lorsqu'elles sont telles que les capitaux propres deviennent inférieurs à la moitié du capital (Cass. com. 7-2-1972 : Rev. sociétés 1973 p. 297 note E. du Pontavice, en matière de SARL mais transposable ; CA Metz 8-11-1989 : BRDA 2/90 p. 19).

La compensation survenue entre la date de cessation des paiements de la société et sa mise en redressement ou en liquidation judiciaire (**période suspecte**) est en principe valable car elle constitue un mode de paiement normal et communément admis opposable aux créanciers (art. L 632-1, I-4° ; CA Paris 10-6-1994 : Bull. Joly 1994 p. 1224), à moins que les conditions de la compensation n'aient été artificiellement provoquées par les parties (Cass. com. 22-10-2013 n° 12-27.044 : RJDA 3/14 n° 250). Le tribunal peut aussi l'annuler si l'actionnaire avait eu connaissance de la cessation des paiements à la date à laquelle la compensation a été convenue (art. L 632-2, al. 1 ; Cass. com. 28-5-1996 : RJDA 10/96 n° 1209 ; CA Paris 7-4-2011 n° 10-06823 : Bull. Joly 2011 p. 912 note Ph. Roussel Galle). L'actionnaire doit avoir eu personnellement connaissance de la cessation des paiements (Cass. com. 19-11-2013 n° 12-25.925 : RJDA 3/14 n° 255), ce que les juges apprécient souverainement (Cass. com. 29-5-2001 n° 98-16.142 : RJDA 10/01 n° 1002). Cette connaissance est souvent caractérisée lorsque l'intéressé est dirigeant de la société (Cass. com. 16-2-1993 nº 91-11.235 : RJDA 6/93 nº 569, à propos du président du conseil d'administration maîtrisant parfaitement les comptes de la société ; Cass. com. 29-5-2001 précité pour un gérant ne contestant pas avoir une connaissance privilégiée de la situation de sa société), mais pas dans tous les cas (Cass. com. 19-11-2013 précité).

À compter du jour du **jugement ouvrant une procédure collective,** la libération des actions nouvelles par compensation est admise :

– si les créances réciproques étaient certaines, liquides et exigibles avant le jugement d'ouverture (C. civ. art. 1347-1 ; Cass. com. 27-9-2011 nº 10-24.793 : RJDA 1/12 nº 69), même si elles ne sont pas connexes ;

– pour un appel de fonds antérieur au jugement d'ouverture (et n'ayant pas fait l'objet d'une compensation légale), pour le capital non libéré devenu exigible du fait de l'ouverture de la procédure collective (art. L 624-20), seulement si la créance antérieure que l'actionnaire a sur la société est connexe avec l'appel de fonds (art. L 622-7, I al. 1), ce qui sera rarement le cas ;

– dans certaines limites, pour les augmentations de capital souscrites en vue de l'adoption d'un plan de sauvegarde ou de redressement (nº 91323).

> **Précisions** En matière de souscription du capital initial, il a été jugé qu'il n'y avait pas de **connexité** entre le solde créditeur d'un **compte courant d'associé,** créance née d'un prêt, et le paiement de la fraction non libérée du capital, dette née du contrat de société (Cass. com. 20-5-1997 : RJDA 11/97 nº 1357 ; Cass. com. 18-1-2000 nº 97-14.362 : RJDA 4/00 nº 471).

SANCTIONS DE LA VIOLATION DES RÈGLES DE LIBÉRATION DES ACTIONS

Toute décision d'augmentation de capital prise en violation des dispositions sur la libération des actions nouvelles encourt les **sanctions civiles** exposées nºs 49910 s. **50774**

En outre, le président, les administrateurs, les directeurs généraux ou les membres du directoire ou les directeurs généraux délégués (art. L 248-1) qui auraient émis des actions de numéraire sans qu'elles aient été libérées, lors de la souscription, d'un quart au moins de leur valeur nominale et, le cas échéant, de la totalité de la prime d'émission seraient passibles d'une **amende pénale** de 150 000 €, cette peine pouvant être doublée si les actions ou les coupures d'actions émises ont fait l'objet d'une offre au public autre qu'une offre réservée à des investisseurs qualifiés ou à un cercle restreint d'investisseurs, une offre relevant du financement participatif, une offre portant sur des titres dont la valeur nominale unitaire s'élève au moins à 100 000 €, ou adressée à des investisseurs qui acquièrent ces titres pour un montant total d'au moins 100 000 € par investisseur et par offre distincte, et une offre dont le montant total calculé sur une période de 12 mois est inférieur à 8 M€ (art. L 242-17, al. 1 et 2 ; le seuil de 8 M€ devrait être porté à 12 M€ à compter du 5-6-2026 : cf. Règl. UE 2017/1129 du 14-6-2017 art. 3, 2 modifié et 3, 2 bis créé par Règl. UE 2024/2809 du 23-9-2024 et Règl. UE 2024/2809 art. 4, 3). Cette disposition n'est pas applicable aux actions émises par conversion d'obligations convertibles à tout moment ou par utilisation de bons de souscription ni aux actions émises à la suite du paiement du dividende en actions (art. L 242-17, al. 3).

DÉPÔT DES FONDS

Les fonds provenant des souscriptions en numéraire doivent être déposés pour le compte de la société auprès d'un notaire, d'une banque, d'une entreprise d'investissement habilitée pour exercer l'activité de conservation et d'administration d'instruments financiers ou de la Caisse des dépôts et consignations, conformément aux indications données dans l'avis d'émission (nºs 50560 et 50590 ; art. L 225-5, al. 1 sur renvoi de l'art. L 225-144 ; art. R 22-10-6, al. 1 sur renvoi de l'art. R 225-129). Sur la possibilité pour une banque, qui figure parmi les souscripteurs d'actions, d'être désignée comme dépositaire des fonds, voir Rép. Herzog : AN 4-12-1969 nº 8055 (contra, Hémard, Terré et Mabilat, Soc. com. t. 1 nº 699) ; sur la possibilité de verser les fonds dans un établissement de crédit agréé dans un État membre de l'EEE, voir nº 30151. **50780**

Le dépôt doit être fait dans le **délai** de huit jours à compter de la réception des fonds, à moins que ceux-ci ne soient reçus par des établissements de crédit ou des prestataires de services d'investissement, ce qui permet la centralisation d'une opération d'envergure chez la banque chef de file.

CERTIFICAT DU DÉPOSITAIRE DES FONDS

Les souscriptions et versements sont constatés par un certificat du dépositaire (banquier, notaire ou Caisse des dépôts et consignations) établi au moment du dépôt des fonds, sur présentation des bulletins de souscription (art. L 225-146, al. 1) sauf, bien entendu, le cas où ces bulletins ne seraient pas exigés (nº 50720). **50790**

La mission du dépositaire se limite à la constatation de la matérialité des fonds déposés. Il n'a aucune autre obligation ; notamment, il ne lui appartient pas de vérifier la capacité des souscripteurs – dont il peut même ignorer l'identité lorsqu'il s'agit d'actionnaires « au porteur » ayant souscrit par l'intermédiaire de leur banquier – ni la régularité de l'augmentation de capital.

Il n'est pas requis d'annexer au certificat une copie certifiée conforme des délibérations de l'assemblée générale et du conseil d'administration ou du directoire ayant autorisé ou décidé l'augmentation du capital et fixé ses modalités, ni une liste des souscripteurs.

Si les actions sont libérées par **compensation** avec une créance liquide et exigible sur la société, cette libération doit être constatée par un **certificat** établi par un notaire, le commissaire aux comptes ou, si la société n'en est pas dotée, un commissaire aux comptes désigné à cet effet (art. L 225-146, al. 2). Ce certificat, par lequel le commissaire aux comptes ou le notaire, après avoir vérifié la passation des écritures comptables correspondantes, constate que les actions nouvelles ont bien été libérées par compensation avec une créance liquide et exigible sur la société, tient lieu de certificat du dépositaire. Il est distinct de celui relatif à l'exactitude de l'arrêté de compte établi par le conseil d'administration ou le directoire (n° 50772). Rien ne s'oppose néanmoins à ce que ces deux certificats soient établis sur un même document.

Lorsque les actions nouvelles sont libérées, les unes par des versements en numéraire, les autres par compensation de créance, deux certificats doivent être établis, l'un par le dépositaire des fonds, l'autre par le commissaire aux comptes ou le notaire.

> **Précisions** Si un **commissaire aux comptes** est **spécialement désigné** à l'effet d'établir le certificat constatant la libération des actions par compensation, aucune autre **mission** que celle-ci ne peut lui être confiée (CNCC EJ 2022-78 septembre 2023).

4. RÉALISATION DÉFINITIVE DE L'AUGMENTATION DE CAPITAL

DATE DE RÉALISATION DE L'AUGMENTATION DE CAPITAL

50820 **Principe** En principe, l'augmentation de capital par émission d'actions à libérer en numéraire est réalisée à la date du certificat établi par le dépositaire des fonds (art. R 225-135). C'est donc à compter de l'établissement de ce certificat que peut avoir lieu la modification des statuts ainsi que la publicité légale qui l'accompagne. C'est également à partir de la date de ce certificat que court le délai de cinq ans imparti pour la libération intégrale des actions.

Il n'est pas nécessaire de faire constater par une délibération du conseil d'administration ou du directoire la réalisation définitive de l'augmentation de capital.

Le certificat du dépositaire vaut, à lui seul, constatation de cette réalisation. Il suffit donc de l'annexer au procès-verbal de l'assemblée générale extraordinaire ou du conseil d'administration ou du directoire ayant décidé l'opération.

L'augmentation de capital ne peut être réalisée que si toutes les actions émises ont été souscrites. Toutefois, sous certaines conditions, le conseil d'administration ou le directoire peut limiter le montant de l'augmentation de capital à celui des souscriptions recueillies (art. L 225-134 : n°s 50700 s.).

En cas de libération des actions par compensation de créances, l'augmentation de capital est réalisée à la date d'établissement du certificat du ou d'un commissaire aux comptes ou d'un notaire puisque ce certificat tient lieu de certificat du dépositaire (n° 50790).

Lorsque les actions nouvelles sont libérées, certaines par compensation de créances, les autres par versements en numéraire, la réalisation de l'augmentation du capital dépend de l'établissement de deux certificats distincts, mais complémentaires (celui du dépositaire et celui du ou d'un commissaire aux comptes ou d'un notaire). Elle intervient donc à la date d'établissement du dernier de ces deux certificats.

50821 **Garantie de bonne fin** Dans les sociétés procédant, pour le placement de leurs actions, par offre au public (autre qu'une offre relevant du financement participatif, une offre portant sur des titres dont la valeur nominale unitaire s'élève au moins à 100 000 €, ou adressée à des investisseurs qui acquièrent ces titres pour un montant total d'au moins 100 000 € par investisseur et par offre distincte, et une offre dont le montant total calculé sur une période de 12 mois est inférieur à 8 M€, seuil qui devrait être porté à 12 M€ à compter du 5-6-2026 : cf. Règl. UE 2017/1129 du 14-6-2017 art. 3, 2 modifié et 3, 2 bis créé par Règl. UE 2024/2809 du 23-9-2024 et Règl. UE 2024/2809 art. 4, 3), l'augmentation de capital est réputée réalisée dès qu'un ou plusieurs prestataires de services d'investissement autres que des sociétés de gestion de portefeuille (n°s 63900 s.) ont garanti de manière irrévocable sa bonne fin (art. L 225-145) en s'engageant à souscrire toutes les actions qui n'auraient pas trouvé preneur au terme de la procédure de souscription.

L'augmentation de capital est alors réalisée à la date de la signature du contrat de garantie (art. R 225-135).

En cas de garantie de bonne fin, le versement de la fraction libérée du montant nominal des actions et de la totalité de la prime d'émission doit intervenir dans les 35 jours qui suivent la clôture du délai de souscription (art. L 225-145). L'article L 225-145 ne faisant aucune distinction sur ce point, l'allongement du délai profite, à notre avis, non seulement au prestataire de services d'investissement qui a donné la garantie de bonne fin, mais aussi à tous les autres souscripteurs.

Puisque l'augmentation de capital est réputée réalisée dès l'octroi de la garantie de bonne fin, la société peut immédiatement prendre acte de son nouveau capital et procéder aux formalités de publicité (nº 50830).

En revanche, aucune disposition légale ou réglementaire particulière, autre que celle relative au dépôt des fonds, ne modifie, en cas de garantie de bonne fin, le **déroulement de la procédure** d'augmentation de capital. Il s'ensuit qu'à notre avis : 50822

– les actionnaires doivent pouvoir exercer leur droit préférentiel de souscription, sauf suppression de ce droit par l'assemblée générale extraordinaire ou renonciation individuelle (nºs 50330 s.) ;

– les fonds correspondant aux souscriptions en numéraire doivent faire l'objet d'un dépôt (ce sera le plus souvent l'établissement de crédit ayant accordé la garantie de bonne fin) ;

– ces fonds doivent être bloqués jusqu'à l'établissement du certificat du dépositaire (nº 50840), étant observé que, si la garantie vient à jouer et si l'établissement ayant donné cette garantie ne verse les fonds correspondant à sa souscription qu'à l'expiration du délai qui lui est accordé, le certificat du dépositaire ne pourra être établi et les fonds débloqués que 35 jours après la clôture du délai de souscription ;

– les actions nouvelles ne peuvent être inscrites en compte ou dans une blockchain et les actionnaires ne peuvent exercer les droits attachés à ces actions qu'après l'établissement du certificat du dépositaire. En pratique, c'est seulement à cette date que sont connus de manière définitive les attributaires des actions nouvelles.

> Précisions **a.** En cas d'**offre au public,** la réalisation d'une augmentation de capital en numéraire nécessite très souvent plusieurs mois : outre le **délai** réservé à l'exercice du droit préférentiel de souscription ou du droit de priorité, il faut tenir compte de celui requis par la centralisation et le traitement des nombreuses souscriptions recueillies par les intermédiaires financiers. La garantie de bonne fin donne à la société émettrice la possibilité de procéder à de nouvelles opérations financières sans attendre l'expiration de ces délais.

b. Dans le cas d'une garantie de bonne fin, l'augmentation de capital doit être « considérée comme réalisée même si, matériellement, elle est encore en cours » ; dès lors, une **demande** tendant à la **suspension** de l'opération jusqu'à ce qu'il soit statué sur une action en nullité d'une précédente opération doit être rejetée même si cette demande intervient avant la clôture des opérations de souscription (T. com. Paris réf. 29-7-1986 : Gaz. Pal. 1986 p. 767).

c. Les actions admises aux négociations sur un **marché réglementé** ou sur **Euronext Growth** souscrites par les établissements de crédit en exécution de la garantie de bonne fin ne doivent pas, nous semble-t-il, être prises en compte pour les déclarations de **franchissement de seuils** et les **offres publiques obligatoires** si ces actions sont détenues au titre de l'activité de crédit du souscripteur et maintenues dans des comptes spécifiques dans l'attente de leur reclassement (Avis SBF nº 92-2317 du 25-8-1992).

Prise ferme Au lieu d'utiliser le système de la garantie de bonne fin, certains émetteurs ont recours à la technique de la prise ferme : un prestataire de services d'investissement s'engage à souscrire directement les actions nouvelles en vue de procéder ensuite à leur vente (*C. mon. fin. art. D 321-1, 6-1*). Comme la garantie de bonne fin, la prise ferme des actions nouvelles est un moyen d'assurer à la société émettrice la réussite de son émission. 50823

Bien que les textes ne le prévoient expressément que pour le contrat de garantie de bonne fin (art. R 225-135) et par analogie de situation, l'augmentation de capital est, à notre avis, réalisée à la date de la signature du contrat de prise ferme des actions nouvelles (dans le même sens, Th. Bonneau et F. Drummond, Droit des marchés financiers, Economica, 2010 nºs 201 et 202).

L'Autorité de marché a souligné (Rapport COB 1992 p. 158) que ce procédé présente l'inconvénient de permettre une réservation de fait des titres faisant l'objet de la prise ferme au détriment du public, surtout lorsqu'il intervient immédiatement après l'expiration du délai de priorité réservé aux actionnaires. Pour éviter cet inconvénient et le risque de requalification 50824

de l'opération en une émission réservée, l'Autorité de marché a estimé que la prise ferme doit respecter les conditions suivantes :
– le public doit disposer d'une période de souscription clairement identifiée, au cours de laquelle il doit pouvoir souscrire les actions nouvelles ;
– le preneur ne peut intervenir qu'à l'issue de l'opération comme dans une garantie de bonne fin.

PUBLICITÉ DE L'AUGMENTATION DE CAPITAL

50830 L'augmentation de capital est soumise aux formalités de publicité suivantes.

1. Insertion dans un **support d'annonces légales** du lieu du siège social (art. R 210-9).

2. Inscription modificative au **RCS** et au **RNE** par l'intermédiaire du guichet unique électronique des formalités d'entreprises (art. R 123-66 et R 123-263). Les pièces suivantes doivent être présentées à l'appui de la demande d'inscription (art. R 123-105, R 123-107 pour le RCS et R 123-266, 2° pour le RNE) :
– en cas d'autorisation de l'augmentation par l'assemblée, une copie certifiée conforme de la décision du conseil d'administration ou du directoire de faire usage de cette autorisation ;
– la délibération de l'assemblée, du conseil d'administration ou du directoire ayant modifié les statuts (si cette modification n'est pas contenue dans la décision ci-dessus) et les statuts mis à jour.

Il faut aussi fournir une copie certifiée conforme du procès-verbal de l'assemblée extraordinaire ayant décidé ou autorisé l'augmentation si ce dépôt, qui doit intervenir dans le mois qui suit la date de l'assemblée (art. R 123-105, al. 1), n'a pas déjà été fait.

Le dépôt du certificat du dépositaire nous paraît nécessaire, encore qu'il ne soit pas expressément exigé par l'article R 123-107, car il marque la date de réalisation de l'augmentation du capital. En cas d'augmentation de capital avec garantie de bonne fin, le certificat du dépositaire peut être remplacé par une copie du contrat de garantie.

3. Insertion au **Bodacc** par les soins du greffier du tribunal de commerce (art. R 123-159 et R 123-161).

RETRAIT DES FONDS À L'ISSUE DE L'AUGMENTATION DE CAPITAL

50840 Le retrait des fonds provenant des souscriptions en numéraire peut être effectué par un **mandataire** de la société après l'établissement du certificat du dépositaire (art. L 225-144, al. 2). Contrairement à la règle applicable en cas de constitution de société (n° 38380), le retrait des fonds n'est pas subordonné aux formalités d'inscription modificative au RCS (dans le même sens, Rép. Colibeau : AN 16-5-1972 n° 23296).

Mais le dépositaire ne doit débloquer les fonds qu'après réalisation définitive de l'augmentation de capital ou, à défaut de cette réalisation, lorsque le mandataire chargé de restituer les fonds aux souscripteurs (n° 50850) a été désigné. En cas de déblocage anticipé, le dépositaire engagerait sa responsabilité (Cass. com. 26-11-1996 : RJDA 3/97 n° 370 ; Cass. com. 29-6-1999 : RJDA 10/99 n° 1086).

DÉFAUT DE RÉALISATION DE L'AUGMENTATION DE CAPITAL

50850 Si l'augmentation du capital n'est pas réalisée (nos 50820 s.) dans le délai de six mois à compter de l'ouverture de la souscription, tout souscripteur peut demander au président du tribunal de commerce statuant en référé (art. R 22-10-13, al. 2) la nomination d'un mandataire chargé de **retirer les fonds** pour les restituer aux souscripteurs sous déduction des frais de répartition ; le retrait des fonds peut également être demandé directement au dépositaire, aux mêmes fins et sous les mêmes conditions, par un mandataire représentant l'ensemble des souscripteurs (art. L 225-11, al. 2, sur renvoi de l'art. L 225-144, al. 3). Dans ce dernier cas, le mandataire doit justifier, en vue du retrait des fonds, de l'autorisation écrite donnée par l'ensemble des souscripteurs (art. R 22-10-13, al. 3).

Pour l'Ansa, le délai de six mois constitue une mesure pour favoriser la réalisation de l'augmentation de capital et en même temps un moyen de protection des souscripteurs ; rien n'interdit à la société de renforcer la protection des apporteurs en fixant conventionnellement un délai plus court que six mois pour pouvoir demander la restitution des fonds (Communication Ansa, comité juridique n° 18-019 du 2-5-2018).

ILLUSTRATIONS

Il y a lieu d'ordonner en référé la restitution à un actionnaire des sommes versées par lui pour une augmentation de capital qui n'a pas abouti dès lors que la société n'élève pas une contestation sérieuse en soutenant qu'elle a affecté ces sommes à une autre augmentation de capital, l'actionnaire n'ayant pas signé de bulletin de souscription et ayant expressément refusé d'y participer (CA Paris 17-1-2003 n° 02-13154 : RJDA 7/03 n° 729).

Le président qui, ayant reçu des fonds avec mandat de les affecter à une augmentation de capital, dispose de ces fonds, fût-ce dans l'intérêt de la société, alors que l'augmentation de capital n'a pas été réalisée commet un abus de confiance et s'expose à des sanctions pénales (Cass. crim. 7-5-1969 : Bull. crim. nº 155 ; Cass. crim. 9-1-1980 : Bull. crim. nº 14 ; Cass. crim. 16-10-2002 nº 5932 : RJDA 5/03 nº 496).

ÉMISSION DES ACTIONS NOUVELLES

Les actions nouvelles peuvent être émises dès la réalisation de l'augmentation de capital (nos 50820 s.) et sans qu'il soit nécessaire d'attendre l'accomplissement des formalités d'inscription modificative au RCS. 50860

L'émission s'entend, à notre avis, de l'**inscription des actions** au nom de leurs titulaires soit dans les comptes-titres tenus par la société ou par un intermédiaire financier habilité, soit, dans certains cas (voir nos 62180 s.), dans une blockchain.

Dans les sociétés dont les titres sont admis aux négociations sur un marché réglementé, les actions de numéraire nouvelles entièrement libérées peuvent être émises sous la forme nominative ou au porteur au choix du souscripteur, sauf disposition contraire des statuts stipulant que les actions sont « essentiellement nominatives ». En revanche, les actions non libérées restent nominatives jusqu'à leur entière libération (art. L 228-9).

Les actions des sociétés non admises aux négociations sur un marché réglementé et non admises aux opérations d'un dépositaire central doivent obligatoirement revêtir la forme nominative (nº 62130).

Les actions nouvelles sont **négociables,** c'est-à-dire cessibles par virement de compte à compte ou par inscription dans une blockchain, dès la réalisation de l'augmentation de capital (art. L 228-10, al. 1). 50861

RÉGIME FISCAL DE L'AUGMENTATION DE CAPITAL

Les actes constatant une augmentation de capital par apports en numéraire sont dispensés d'enregistrement. En cas de présentation volontaire à la formalité, ils sont enregistrés gratuitement (Mémento Fiscal nº 66670). 50870

III. AUGMENTATION DU CAPITAL PAR APPORTS EN NATURE

A. Conditions préalables

LIBÉRATION DU CAPITAL NON OBLIGATOIRE

Contrairement à ce qui est prévu pour les apports en numéraire (nº 49980), il peut être procédé à une augmentation du capital par apports en nature même si le capital ancien n'est pas intégralement libéré. 50950

CONTRÔLE DES INVESTISSEMENTS ÉTRANGERS EN FRANCE

Dans certains secteurs sensibles, il faut adresser au ministre de l'économie une demande d'autorisation avant tout « investissement » réalisé en France par des non-résidents ou par des sociétés françaises sous contrôle étranger (voir nos 92545 s.). 50951

B. Réalisation de l'augmentation de capital

GÉNÉRALITÉS

Sur les biens susceptibles de faire l'objet d'un apport en nature et sur les conséquences juridiques de l'apport, voir nos 1970 s. 51010

La procédure de vérification des apports en nature est écartée en cas d'offre publique d'échange portant sur des titres admis aux négociations sur un marché réglementé (nº 65240) ; elle peut aussi être écartée, dans certains cas, sur décision du conseil d'administration ou du directoire (nº 51034).

51020 L'apport peut revêtir un **caractère mixte,** c'est-à-dire être rémunéré en partie par des actions (apport pur et simple) et en partie par le versement d'une somme d'argent à l'apporteur, l'attribution d'une créance sur la société ou encore la prise en charge de dettes (apport à titre onéreux).

L'article L 225-147 relatif à l'augmentation de capital en nature ne précisant pas explicitement la nature des titres qui peuvent être émis en rémunération de l'apport, la question se pose de savoir si l'apport en nature peut être **rémunéré par des valeurs mobilières donnant accès au capital.** La Cour de cassation l'a admis incidemment à l'occasion d'une transmission de titres rémunérée par des Absa et des OCA (Cass. com. 9-3-2022 nº 20-14.773 F-D : RJDA 6/22 nº 342). La question est plus controversée lorsque les seuls titres reçus en contrepartie ne sont pas des titres de capital (par exemple, des BSA). L'article L 225-147, al. 5 prévoit simplement que les titres de capital (actions ordinaires ou actions de préférence) émis en rémunération de l'apport sont intégralement libérés dès leur émission mais pas que l'augmentation de capital doit avoir lieu immédiatement. En outre, aucune disposition impérative n'oblige l'apporteur à devenir immédiatement actionnaire de la société. Notons toutefois que les BSA ne conféreront jamais cette qualité à l'apporteur si les bons ne sont pas exercés.

La cour d'appel de Paris avait expressément qualifié d'apport la transmission de titres en contrepartie de BSA, tout en appliquant à l'opération l'article 1591 du Code civil relatif à la détermination du prix de vente (CA Paris 17-2-2022 nº 21/00370 : RJDA 11/22 nº 634 cassé par Cass. com. 10-7-2024 nº 22-15.651 F-B : RJDA 11/24 nº 594, mais sur un autre point). Dans l'arrêt précité de 2024, la Cour de cassation ne s'est pas prononcée sur la qualification de l'opération. Les Autorités de marchés (Bull. COB janvier 2003 nº 375 p. 74 ; Bull. AMF janvier 2004 p. 156) comme l'Ansa (Communication Ansa, comité juridique nº 04-047 du 5-5-2004) se sont déclarées favorables à ce que les biens transférés à la société en contrepartie des BSA soient évalués par un tiers à l'instar des apports en nature. La doctrine est quant à elle très réservée sur la qualification d'apport en l'absence d'attribution de titres de capital (B. Le Bars, Le nouveau visage des augmentations de capital par apport en nature : RD bancaire et financier 5/2004 p. 369 ; M. Germain et V. Magnier, Propos introductifs – Les apports : entre passé et avenir : Bull. Joly 2009, supplément thématique p. 1150 ; H. Le Nabasque, Des apports rémunérés par des valeurs mobilières donnant accès au capital ? : Bull. Joly novembre 2022 p. 37).

CONTRAT D'APPORT

51021 Après des négociations officieuses menées à des niveaux divers et sans cadre juridique défini entre la société et le ou les apporteurs éventuels, un accord se dégage sur un **projet de contrat** d'apport. Les éléments substantiels de ce document portent sur la désignation et la consistance des biens dont l'apport est envisagé, leur évaluation et le nombre d'actions nouvelles à émettre pour les rémunérer, la détermination de la prime d'apport si la valeur intrinsèque des actions est supérieure à la valeur nominale (nºs 49720 s.) et éventuellement les avantages particuliers stipulés.

Une réunion du conseil d'administration ou du directoire est convoquée à l'effet de délibérer sur le projet de contrat d'apport et d'autoriser le représentant légal de la société ou tout autre mandataire à le signer. Un procès-verbal de cette délibération est dressé dont un extrait, ou une copie certifiée, est, le plus souvent, annexé au contrat d'apport.

Le contrat d'apport, même signé, n'engage la société que sous réserve de son approbation par l'assemblée générale extraordinaire des actionnaires (nº 51041).

En cas d'apport en nature intervenant entre deux sociétés ayant des dirigeants communs, il convient, le cas échéant, de suivre la procédure d'approbation des conventions réglementées dans la société apporteuse ; il en est de même lorsque l'apport est effectué par une société détenant plus de 10 % des droits de vote, la société contrôlant celle-ci ou une société membre du conseil de surveillance ou du directoire (nºs 52550 s. et 52780 s.). En revanche, cette procédure n'a pas à être respectée dans la société bénéficiaire de l'apport. En effet, les formalités des articles L 225-38 s. et L 225-86 s. n'ont pas à être observées lorsque la conclusion de l'opération relève de la compétence de l'assemblée, ce qui est le cas pour la société bénéficiaire, alors que, dans la société apporteuse, la décision de procéder à l'apport incombe aux dirigeants sociaux.

COMMISSAIRES AUX APPORTS

51030 **Désignation des commissaires aux apports** Un ou plusieurs commissaires aux apports doivent être désignés à l'unanimité des actionnaires ou, à défaut, par le président du tribunal de commerce, sur requête ; ces commissaires sont choisis parmi les commissaires aux comptes inscrits ou parmi les experts figurant sur une des listes établies par les cours et tribunaux (art. L 225-147, al. 1 et art. R 22-10-7, sur renvoi de l'art. R 225-136, al. 1).

Il n'est pas nécessaire que le contrat d'apport soit signé avant que la requête tendant à la nomination du commissaire aux apports soit déposée : la loi ne subordonne le dépôt de cette requête à aucune condition.

Le tribunal compétent est celui du lieu du siège social. En effet, il est de principe qu'en matière de sociétés le tribunal du siège social est compétent pour toutes les actions propres à celles-ci (CA Paris 26-5-1993 : Bull. CNCC 1994 p. 276 obs. Ph. Merle ; CA Versailles 1-2-1996 : Bull. Joly 1996 p. 382 note J.-F. Barbièri).

Afin de préserver l'indépendance des commissaires aux apports, l'article L 225-147, al. 1 dispose que ceux-ci sont soumis aux **incompatibilités** prévues à l'article L 821-31 pour les commissaires aux comptes (n°s 77575 s.). Les commissaires aux apports s'exposent à une peine d'emprisonnement de six mois et à une amende de 9 000 € s'ils venaient à exercer leurs fonctions au mépris d'une de ces incompatibilités (art. L 242-5 sur renvoi de l'art. L 242-21).

Dans les EIP, le **commissaire aux comptes** de la société bénéficiaire peut être **nommé commissaire aux apports** à **condition** que sa nomination soit approuvée par le comité d'audit de l'EIP se prononçant après avoir analysé les risques pesant sur l'indépendance du commissaire aux comptes et les mesures de sauvegarde appliquées par celui-ci (cf. art. L 821-30). Dans les sociétés autres que les EIP, il est interdit au commissaire aux comptes d'accepter ou de poursuivre une mission de certification des comptes ou des informations de durabilité quand il existe un risque d'autorévision ou que son indépendance est compromise et que les mesures de sauvegarde appropriées ne peuvent pas être mises en œuvre (art. L 821-28, IV).

› Précisions **a.** En l'absence de restriction légale, la **requête** tendant à demander au président du **tribunal de commerce** la désignation des commissaires aux apports peut, nous semble-t-il, être présentée **par tout intéressé,** même si, le plus souvent, ce sera le directeur général ou le président du directoire de la société bénéficiaire des apports. En effet, sous le régime antérieur à la loi 88-17 du 5 janvier 1988, la désignation du commissaire aux apports ne pouvait être demandée que par le président du conseil d'administration ou du directoire. En supprimant cette compétence exclusive, le législateur a ouvert à tout intéressé la possibilité de présenter la requête au président du tribunal de commerce (en ce sens, Rapport Sén. M. Dailly n° 82 p. 48 et Rapport AN M. Blot n° 1143 p. 28 relatifs à la loi 88-17 du 5-1-1988).

b. Le commissaire aux apports doit apprécier la possibilité d'effectuer sa mission au regard des principes généraux du Code de déontologie des commissaires aux comptes et des risques de conflits d'intérêts. En pratique, certains tribunaux de commerce demandent une **déclaration d'indépendance** au commissaire aux apports. L'**AMF** recommande que, dès l'acceptation de sa mission, le commissaire aux apports intègre dans les documentations soumises à son contrôle une analyse des situations potentielles ou existantes de conflits d'intérêts et lui transmette une lettre justifiant cette analyse. La lettre peut être la même que celle adressée au tribunal de commerce (Position-recommandation AMF 2020-06).

c. Il n'est pas interdit au commissaire aux apports de cumuler sa mission avec celle relative à l'évaluation de l'avantage particulier lié à une **émission d'actions de préférence** au profit de personnes nommément désignées (CNCC EJ 2017-60 du 17-9-2019).

Mission des commissaires aux apports Les commissaires aux apports doivent apprécier, sous leur responsabilité, la **valeur des apports** en nature (art. L 225-147, al. 2). 51031

Pour l'accomplissement de leur mission, ils peuvent se faire assister par un ou plusieurs experts de leur choix (art. R 22-10-7, al. 3, sur renvoi de l'art. R 225-136, al. 1).

Ils peuvent aussi demander à la société de leur fournir toute information leur permettant de vérifier que les apports ont été correctement évalués dans le projet de contrat d'apport. Si l'information ne leur est pas donnée, ils sont en droit de s'estimer déchargés de leur mission et de réclamer le paiement de la totalité de leurs honoraires (CA Paris 20-3-2008 n° 07-11421 : *RJDA 8-9/08 n° 922*).

Le résultat des investigations des commissaires est relaté dans un rapport qui doit contenir les mêmes indications qu'en cas d'apport en nature lors de la constitution (n° 37914 ; art. R 22-10-8, sur renvoi de l'art. R 225-136, al. 1).

S'agissant d'apports non soumis au régime des scissions, le Code de commerce prévoit seulement un rapport sur la valeur des apports et non sur leur rémunération équitable. Toutefois, pour les opérations soumises à son contrôle, l'**AMF** a précisé qu'elle requiert systématiquement l'extension de la mission du commissaire à la **rémunération des apports,** afin d'apprécier l'équité du rapport d'échange. Cette extension permet de garantir une bonne information des actionnaires appelés à accepter une dilution par leur vote, lors de l'approbation de l'apport

(Position-recommandation AMF 2020-06). Le rapport du commissaire aux apports doit être établi en conformité avec les avis techniques de la CNCC (Avis techniques CNCC du 20-1-2011 sur le commissariat aux apports et le commissariat à la fusion : Bull. CNCC mars 2011 p. 9 et 29).

Les **actionnaires** ne sont pas liés par les conclusions du commissaire aux apports. Ils peuvent donc s'en tenir à l'évaluation fixée dans le contrat d'apport, même contre l'avis du commissaire. Mais les dirigeants sociaux doivent alors veiller à ce que cette évaluation soit fondée sur des arguments suffisamment solides pour qu'on ne puisse pas leur reprocher d'avoir participé à une majoration frauduleuse d'apports en nature (nº 51060).

Sur les conditions de mise en cause de la **responsabilité** des commissaires aux apports, voir nº 37915.

51032 **Communication du rapport des commissaires** Le rapport des commissaires aux apports est tenu au siège social, à la disposition des actionnaires, huit jours au moins avant la date de l'assemblée générale extraordinaire ou, en cas de délégation (nº 51042), avant la date de la réunion du conseil d'administration ou du directoire. En cas de délégation, le rapport est porté à la connaissance des actionnaires à la prochaine assemblée générale (art. R 225-136, al. 4).

Par ailleurs, le rapport du commissaire aux apports doit être déposé au greffe du tribunal de commerce au moins huit jours avant la date de l'assemblée (art. R 123-107).

> **Précisions** L'Autorité de marché a recommandé une **mise à disposition du rapport** du commissaire aux apports 15 jours **avant l'assemblée** pour que les actionnaires en aient connaissance au moment où ils disposent du rapport des organes de gestion (Recommandation COB de juillet 1977).

51034 **Dispense d'intervention d'un commissaire** Les apports suivants, consentis à l'occasion d'une augmentation de capital, peuvent être dispensés de l'évaluation d'un commissaire aux apports si le conseil d'administration ou le directoire le décide (art. L 225-147-1) :

– **valeurs mobilières** donnant accès au capital ou **instruments du marché monétaire** s'ils ont été évalués au prix moyen pondéré auquel ils ont été négociés sur un ou plusieurs marchés réglementés durant les trois mois précédant la date de la réalisation effective de l'apport ; selon l'Ansa, la dispense est aussi applicable, dans les mêmes conditions, aux apports d'**actions,** cette dispense étant issue de la transposition d'une directive visant toutes les valeurs mobilières (Communication Ansa, comité juridique nº 22-003 du 5-1-2022) ;

– **autres éléments d'actif** ayant été évalués, à l'occasion d'un précédent apport, par un commissaire aux apports six mois au plus avant la réalisation effective du nouvel apport (cas de « **réapport** »).

Dans ce cas, la **décision du conseil d'administration ou du directoire** ainsi que tout document relatif à la description et à l'évaluation des apports, dont une attestation précisant qu'aucune circonstance nouvelle n'est venue modifier cette évaluation, doivent être tenus, au siège social et au greffe du tribunal de commerce, **à la disposition des actionnaires,** huit jours au moins avant la date de l'assemblée générale extraordinaire ou, en cas de délégation (nº 51042), avant la date de la réunion du conseil d'administration ou du directoire. En cas de délégation, ces documents sont portés à la connaissance des actionnaires à la prochaine assemblée générale (art. L 225-147-1, III, R 225-136-1 et R 123-107, 3º et 4º).

51037 L'intervention d'un **commissaire aux apports** chargé d'effectuer une **réévaluation** des biens mentionnés ci-dessus est toutefois nécessaire (art. L 225-147-1, II-1º et 2º) :

– lorsque le prix de référence (nº 51034) des valeurs mobilières donnant accès au capital ou des instruments du marché monétaire a été affecté par des « circonstances exceptionnelles » pouvant modifier sensiblement leur valeur à la date de réalisation effective de l'apport ;

– pour les autres éléments d'actif, lorsque des circonstances nouvelles ont modifié sensiblement leur juste valeur à la date de réalisation effective de l'apport.

La réévaluation s'effectue dans les mêmes **conditions** que l'évaluation des biens pour lesquels la désignation d'un commissaire aux apports est requise (art. L 225-147-1, II-al. 1º). Les modalités de désignation du commissaire, le contenu et la communication du rapport sont donc identiques à ceux prévus à l'article L 225-147 (nºs 51030 s.).

> **ATTENTION**
> *L'article L 225-147-1, II-al. 1 précise que la réévaluation intervient* « à l'**initiative** et sous la responsabilité du **conseil d'administration** ou du directoire ». À notre avis, il en résulte qu'il appartient au conseil d'administration ou au directoire de convoquer l'assemblée des actionnaires pour que ceux-ci statuent à l'unanimité sur la désignation d'un commissaire aux apports ou, à défaut de décision unanime, de demander au directeur général ou au président du directoire de déposer une requête pour que le président du tribunal désigne ce commissaire.

À défaut d'une telle réévaluation, un ou plusieurs actionnaires représentant au moins 5 % du capital social à la date de la décision d'augmenter le capital ou, dans les sociétés dont les titres sont admis aux négociations sur un marché réglementé, une association d'actionnaires peuvent demander, dans les mêmes conditions (nos 51030 s.), une évaluation par un commissaire aux apports (art. L 225-147-1, II-2°).

DÉCISION D'AUGMENTER LE CAPITAL PAR APPORT EN NATURE

L'augmentation du capital social par apport en nature relève en principe de la compétence de l'**assemblée générale extraordinaire** (art. L 225-96, al. 1 et L 225-129). Toutefois, dans les sociétés dont les titres sont admis aux négociations sur un marché réglementé, certains **pouvoirs** peuvent être **délégués** aux organes de gestion (n° 51042). 51040

Tenue de l'assemblée La préparation et le déroulement de l'assemblée obéissent aux règles communes à toutes les assemblées et spécialement aux assemblées extraordinaires (nos 48580 s.). 51041

Il convient, toutefois, de respecter les **dispositions particulières** applicables en cas d'approbation d'apports en nature (art. L 225-10 sur renvoi de l'art. L 225-147, al. 2). Ainsi, l'apporteur en nature, s'il est déjà actionnaire, ne peut pas participer au vote sur l'évaluation de son apport ni pour lui-même ni comme mandataire. Ses actions ne sont pas prises en compte pour le calcul de la majorité et, par voie de conséquence, pour celui du quorum (n° 38543). En cas de pluralité d'apports, cette exclusion de l'apporteur ne vaut que pour la délibération relative à son propre apport ; il peut donc participer au vote sur les apports effectués par d'autres personnes, ce qui conduit à proposer autant de résolutions qu'il y a d'apports.

Cette interdiction ne vise que l'apporteur et ne peut être étendue aux administrateurs ou aux sociétés filiales d'une société apporteuse qui sont en même temps actionnaires de la société bénéficiaire de l'apport (Cass. req. 5-11-1895 : Journ. sociétés 1896 p. 65 note Houpin ; CA Paris 19-5-1972 : Bull. Joly 1972 p. 399).

En revanche, l'interdiction s'applique à des actions en indivision, quel que soit le représentant désigné par les actionnaires indivis, dès lors que l'un des indivisaires est, par ailleurs, l'apporteur en nature concerné par la résolution soumise au vote de l'assemblée (Rép. Valbrun : AN 1-3-1975 n° 16196).

ATTENTION

L'interdiction pour l'apporteur de voter comme mandataire lui interdit-elle de voter en qualité de représentant légal d'une personne morale actionnaire ? La cour d'appel de Rennes a répondu par la négative au motif que l'article L 225-10, dont les dispositions sont une exception au droit de vote, doit être interprété de façon restrictive (CA Rennes 21-3-2023 n° 21/01014 : RJDA 1/24 n° 34). À notre avis, cette décision est contestable en ce qu'elle restreint l'interdiction de voter aux seuls mandats conventionnels en excluant le pouvoir de représentation légale des dirigeants alors que, d'une part, la lettre du texte n'impose pas une telle restriction et que, d'autre part, l'objectif de prévention des conflits d'intérêts à l'origine du texte invite, au contraire, à étendre l'interdiction à toute forme de représentation de l'apporteur peu important son origine légale ou conventionnelle. Cette extension ne prive d'ailleurs pas la personne morale actionnaire de son droit de vote mais en limite seulement l'exercice en lui imposant de ne pas être représentée par l'apporteur. Tant que la Cour de cassation n'aura pas tranché la question, la prudence recommande aux sociétés de mandater une autre personne que leur représentant légal pour exercer leur droit de vote à l'occasion d'une augmentation de capital par apport en nature lorsque ce représentant est apporteur en nature.

Si l'assemblée approuve l'évaluation des apports et l'octroi d'avantages particuliers, elle constate la réalisation de l'augmentation de capital (art. L 225-147, al. 3).

Délégation de pouvoirs L'assemblée générale extraordinaire d'une **société dont les titres sont admis aux négociations sur un marché réglementé** peut déléguer, pour une durée maximale de 26 mois, au conseil d'administration ou au directoire, les pouvoirs nécessaires pour procéder à une augmentation de capital, dans la limite de 20 % de son capital social, en vue de rémunérer des **apports constitués de titres** de capital ou de valeurs mobilières donnant accès au capital (art. L 22-10-53 modifié par loi 2024-537 du 13-6-2024). 51042

Le conseil d'administration ou le directoire statue alors sur le rapport du ou des commissaires aux apports (sauf dispense d'établissement de celui-ci : n° 51034) et dans les mêmes conditions que si l'assemblée s'était elle-même prononcée : il peut approuver seul l'évaluation des apports en nature et l'octroi d'avantages particuliers et constater l'augmentation de capital (n° 51041) ; il peut aussi réduire l'évaluation des apports ou la rémunération des avantages particuliers, si les apporteurs y consentent (n° 51043).

Cette faculté de délégation n'est toutefois pas utilisable dans le cas où la société procède à une augmentation de capital pour rémunérer un apport de titres effectué dans le cadre d'une offre publique d'échange (art. L 22-10-54, al. 1).

51043 **Réduction de l'évaluation des apports** L'assemblée peut réduire l'évaluation des apports, mais seulement avec l'accord exprès du ou des apporteurs ou de leurs mandataires dûment autorisés à cet effet.

Il nous paraît nécessaire, malgré le silence de la loi, de mentionner au procès-verbal de la réunion l'accord de l'apporteur sur la réduction décidée par l'assemblée.

À défaut d'accord, l'augmentation de capital n'est pas réalisée (art. L 225-147, al. 4).

PUBLICITÉ DE L'AUGMENTATION DE CAPITAL

51050 Outre l'accomplissement des formalités d'enregistrement, l'augmentation de capital donne lieu aux **mêmes formalités** que celles présentées n° 50830 pour les augmentations de capital en numéraire, les pièces à présenter à l'appui de la demande d'inscription étant les suivantes (art. R 123-105 et R 123-107 pour le RCS et R 123-266, 2° pour le RNE) :

– une copie certifiée conforme du procès-verbal de l'assemblée extraordinaire ayant décidé l'augmentation si ce dépôt n'a pas déjà été fait (il doit intervenir dans le mois qui suit la date de l'assemblée) ;
– la délibération de l'assemblée, du conseil d'administration ou du directoire ayant modifié les statuts ;
– les statuts mis à jour.

> **Précisions** À notre connaissance, il n'existe aucune disposition réglementaire prescrivant de **déposer** le contrat d'apport. Quant au rapport des commissaires aux apports, il a dû être déposé huit jours avant la date de l'assemblée (art. R 123-107, 3°) ; sur les documents à déposer en cas de dispense d'évaluation des apports, voir n° 51034.

51051 **Formalités particulières** Des formalités particulières sont imposées en cas d'apport de certains biens (fonds de commerce, brevets, marques, immeubles, patrimoine professionnel d'un entrepreneur individuel, etc.) à la société. Pour la liste de ces biens et les formalités qui s'y rapportent, voir n°s 2050 s. et 2112 s.

SURÉVALUATION DES APPORTS EN NATURE

51060 La surévaluation des apports, qui peut faire l'objet d'une régularisation, n'entraîne pas, en principe, la nullité de l'assemblée (voir n° 2040), mais la mise en œuvre de la responsabilité des dirigeants de la société et du commissaire aux apports.

Des **sanctions pénales** (emprisonnement de cinq ans et amende de 9 000 €) sont aussi prévues à l'encontre de ceux qui, frauduleusement, auront fait attribuer à un apport en nature une évaluation supérieure à sa valeur réelle (art. L 242-2 sur renvoi de l'art. L 242-21). L'article L 242-2 ne précisant pas ce qu'il faut entendre par « valeur réelle », il n'est pas répréhensible, pour l'évaluation des apports, de prendre en considération certains critères objectifs étrangers à la simple valeur vénale ou marchande des biens apportés (Cass. crim. 12-4-1976 : JCP 1977 II n° 18523 note Y. Guyon).

> ILLUSTRATIONS
>
> Pour une application des sanctions pénales à des commissaires aux apports qui avaient dissimulé volontairement aux actionnaires des éléments d'appréciation de nature à entraîner une réduction importante de la valeur des apports, voir Cass. crim. 12-4-1976 précité.

TITRES DE CAPITAL ÉMIS EN RÉMUNÉRATION D'UN APPORT EN NATURE

51070 **Libération** Les titres de capital émis en rémunération d'un apport en nature doivent être libérés intégralement dès leur émission (art. L 225-147, al. 5). Sur les **sanctions civiles** applicables en cas de violation des obligations relatives à la publicité à effectuer avant l'ouverture de la souscription, voir n°s 49910 s.

Le président, les administrateurs, les directeurs généraux – ou les membres du directoire ou encore les directeurs généraux délégués (cf. art. L 248-1) – qui auraient émis des « actions d'apport » sans que celles-ci aient été intégralement libérées avant l'inscription modificative au RCS constatant l'augmentation du capital s'exposeraient à une **amende pénale** de 150 000 €, cette peine pouvant être doublée si les actions ou coupures d'actions émises ont fait l'objet d'une offre au public autre qu'une offre réservée à des investisseurs qualifiés ou à un cercle restreint d'investisseurs, une offre relevant du financement participatif, une offre portant sur des titres dont la valeur nominale unitaire s'élève au moins à 100 000 €, ou adressée à des investisseurs qui acquièrent ces titres pour un montant total d'au moins 100 000 € par investisseur et par offre distincte, et une offre dont le montant total calculé sur une période de 12 mois est inférieur à 8 M€ (art. L 242-17, al. 1 et 2 ; le seuil de 8 M€ devrait être porté à 12 M€ à compter du 5-6-2026 : cf. Règl. UE 2017/1129 du 14-6-2017 art. 3, 2 modifié et 3, 2 bis créé par Règl. UE 2024/2809 du 23-9-2024 et Règl. UE 2024/2809 art. 4, 3). Signalons que l'ordonnance 2004-604 du 24 juin 2004 a supprimé l'appellation « **actions d'apport** » pour les titres de capital émis en rémunération d'apports en nature, mais a omis de modifier l'article L 242-17.

Négociabilité Les actions sont négociables dès que l'assemblée générale extraordinaire a constaté la réalisation de l'augmentation de capital après approbation de l'évaluation des apports en nature (art. L 228-10, al. 1). 51071

RÉGIME FISCAL DE L'AUGMENTATION DE CAPITAL

Sur le régime fiscal applicable aux augmentations de capital par apports en nature et la distinction à faire entre les apports purs et simples et les apports à titre onéreux, voir Mémento Fiscal nº 66975. 51080

IV. AUGMENTATION DU CAPITAL PAR INCORPORATION DE RÉSERVES

PRINCIPE

Une augmentation de capital peut résulter de l'utilisation de ressources propres à la société sous la forme d'incorporation de réserves, de bénéfices ou de primes d'émission, d'apport ou de fusion (art. L 225-128, al. 2). 51140

L'augmentation du capital par incorporation de réserves n'entraîne aucune introduction de valeurs d'actif nouvelles dans le patrimoine de la société. C'est un simple jeu d'écritures qui consiste en un virement direct au compte « capital » d'une somme prélevée sur un ou plusieurs comptes de réserves.

A. Conditions préalables

Aucune disposition de la loi ne s'oppose à ce qu'une augmentation de capital par incorporation de réserves soit réalisée par une société dont le **capital** ancien n'est pas intégralement **libéré.** 51150

B. Réalisation de l'augmentation de capital

RÉSERVES SUSCEPTIBLES D'ÊTRE CAPITALISÉES

L'incorporation au capital peut avoir pour objet toutes les **réserves comptabilisées** : réserves facultatives, réserves statutaires, réserve de réévaluation et même réserve légale. 51210

Encore faut-il que les réserves capitalisées aient une contrepartie réelle à l'actif. Il s'ensuit qu'en présence d'un report à nouveau déficitaire l'augmentation de capital ne peut être réalisée qu'après imputation de ce report à nouveau sur les réserves, ou tout au moins en laissant subsister au bilan des réserves d'un montant au moins égal à celui du report à nouveau déficitaire.

Jugé aussi qu'était irrégulière l'augmentation de capital réalisée par incorporation de réserves alors que ces réserves étaient « absorbées » par une charge (provision pour litige fiscal) qui n'avait pas été comptabilisée (Cass. com. 16-10-1978 : JCP 1978 IV p. 352).

ATTENTION

La « **réserve spéciale de participation** » qui correspond à la part des salariés dans les bénéfices ne constitue pas une véritable réserve. Elle constate en réalité une créance des salariés sur la société (nº 76310). En conséquence, la réglementation examinée ci-dessous ne la concerne pas.

51211 Une société peut également incorporer à son capital les **primes** d'émission, primes d'apport ou primes de fusion (art. L 225-128, al. 2).

Rien ne s'oppose non plus à ce que les **bénéfices d'un exercice** soient capitalisés directement sans transiter par un compte de réserves.

MODE DE RÉALISATION DE L'AUGMENTATION DE CAPITAL

51220 L'augmentation de capital peut être réalisée soit par élévation du montant nominal des actions, soit par attribution d'actions nouvelles, ces deux procédés pouvant être employés cumulativement.

51221 **Élévation du nominal des actions** Ce procédé a le mérite de ne pas poser de problème de « rompus » (n° 51223). Il ne change rien à la valeur intrinsèque de l'action, ce qui représente un inconvénient pour une société « cotée » qui désire élargir le marché de son titre.

En effet, lorsque le cours de bourse est élevé, il est souvent opportun d'augmenter le nombre des actions et, corrélativement, d'abaisser le cours de chacune d'elles, si l'on recherche une plus grande liquidité des titres. Dans ce cas, il est préférable de créer de nouvelles actions (n° 51222) plutôt que d'élever le nominal des actions anciennes.

Cependant, le but recherché peut être atteint à plus long terme en procédant à des élévations du nominal des actions puis à une division de ces titres.

EXEMPLE

Pour une action de 20 € nominal, incorporations successives de réserves jusqu'à ce que le nominal atteigne 40 €, puis division des actions en actions de 20 € nominal à raison de deux actions nouvelles pour une ancienne.

51222 **Attribution d'actions nouvelles** Les actions nouvelles sont attribuées gratuitement aux actionnaires au prorata de leurs droits dans le capital ancien.

EXEMPLE

Si une société au capital de 2 M€, divisé en 200 000 actions de 10 €, augmente son capital de 500 000 € par création de 50 000 actions nouvelles, ces actions seront attribuées aux actionnaires anciens à raison d'une action nouvelle pour quatre anciennes.

Toutefois, les statuts peuvent prévoir que les actionnaires qui justifient d'une inscription nominative depuis plus de deux ans bénéficieront d'une attribution supplémentaire d'actions gratuites (art. L 232-14, al. 1). Cette attribution est subordonnée au respect des mêmes conditions que celles applicables en cas de dividende majoré (nos 76435 s.).

51223 Dans la plupart des cas, il n'est pas possible d'attribuer un nombre entier d'actions nouvelles pour chaque action ancienne. Dès lors, les actionnaires peuvent se voir tenus d'acheter ou de vendre des droits d'attribution (« **rompus** ») de manière à détenir un nombre d'actions anciennes formant multiple du nombre exigé pour avoir droit à une action nouvelle.

EXEMPLE

Si des actions nouvelles sont attribuées à raison de 1 action nouvelle pour 4 actions anciennes, un actionnaire possédant 15 actions pourra acheter 1 droit afin d'obtenir 4 actions nouvelles (16/4) ou céder 3 droits et ne se faire attribuer que 3 actions nouvelles (12/4).

51224 La **valeur du droit d'attribution** est fonction du jeu de l'offre et de la demande. Elle est théoriquement égale à la perte de valeur de l'action ancienne par suite de l'opération ou, ce qui revient au même, à la valeur de la fraction d'action nouvelle à laquelle ce droit donne vocation.

EXEMPLE

Soit une société au capital de 2 M€ divisé en 200 000 actions de 10 € et disposant de réserves se montant à 1 M€.

La valeur théorique de l'action est de : (2 M€ + 1 M€)/200 000 = 15 €.

Si l'on incorpore au capital une somme de 500 000 € prélevée sur les réserves par voie d'émission *de 50 000 actions nouvelles* de 10 € (1 nouvelle pour 4 anciennes), la valeur théorique de chaque action après l'opération sera de : (2,5 M€ + 500 000 €)/250 000 = 12 €.

Le droit d'attribution se négociera donc en principe au cours de 3 € (15 € – 12 €) et le prix des 4 droits nécessaires pour obtenir 1 action nouvelle sera bien égal à la valeur de cette action nouvelle (4 × 3 € = 12 €).

La valeur théorique de chaque action après l'opération (dite « ex-droit » car le droit d'attribution a été détaché) peut aussi être déterminée à partir de la valeur de l'action avant l'opération (dite « droit attaché »).

EXEMPLE

Dans l'exemple ci-dessus, puisque 4 actions « droit attaché » permettent de recevoir 1 action nouvelle gratuite, 5 actions « ex-droit » ont théoriquement la même valeur que 4 actions « droit attaché ». L'action « ex-droit » vaut donc : (4 × 15)/5 = 12 €.

Le droit d'attribution est négociable. Mais, comme nous le verrons (nos 51226 s.), l'assemblée générale peut supprimer le droit pour les actionnaires de négocier leurs rompus et le remplacer par un règlement en espèces (art. L 225-130).

Les règles applicables au bénéficiaire du droit d'attribution en cas de démembrement, de location des actions ou lorsque le bénéficiaire de ce droit est marié sous un régime de communauté ou qu'il est salarié sont les mêmes que celles relatives au bénéficiaire du droit préférentiel de souscription (voir nos 50110 s.) à une exception près : contrairement au régime applicable en ce qui concerne le droit préférentiel de souscription (no 50130), lorsque la société détient ses propres actions, elle peut exercer les droits d'attribution attachés à ces actions (no 68930). **51225**

Suppression de la négociation des droits d'attribution L'assemblée générale extraordinaire peut décider que les droits formant rompus ne seront pas négociables et feront l'objet d'un **règlement en espèces.** En pareil cas, les **actions** nouvelles correspondant à l'ensemble des rompus sont **vendues** et le produit de cette vente est alloué aux titulaires de rompus, au prorata de leurs droits (art. L 225-130, al. 1). **51226**
La vente des actions qui n'ont pu être attribuées individuellement et correspondant aux droits formant des rompus ainsi que les sommes provenant de cette vente doivent être allouées aux titulaires des droits formant rompus au plus tard 30 jours après la date d'inscription sur leur compte du nombre d'actions leur revenant (art. R 225-130).

Organe compétent. La décision de supprimer toute négociation des droits d'attribution formant rompus relève de la compétence de l'assemblée générale extraordinaire statuant aux conditions de quorum et de majorité prévues pour les assemblées ordinaires (art. L 225-130, al. 1). **51227**

À la lettre des textes, il ne semble pas possible que l'assemblée délègue au conseil d'administration ou au directoire sa compétence pour décider de supprimer la négociation des rompus. Cependant, lorsqu'une assemblée générale autorise le conseil d'administration ou le directoire à procéder à une ou plusieurs augmentations de capital par incorporation de réserves, elle peut, nous semble-t-il, leur **déléguer le pouvoir** de décider, lors de la mise en œuvre de cette autorisation, s'il convient ou non d'appliquer la décision de suppression qu'elle a prise.

› Précisions **a.** L'article L 225-129 ne prévoit pas expressément cette **délégation.** Mais celle-ci **se justifie** car elle n'a pour objet que de régler les modalités de réalisation de l'augmentation de capital. Le conseil d'administration ou le directoire n'est pas appelé à décider la suppression de la négociation des rompus ; le principe de cette suppression a été décidé par l'assemblée générale qui laisse seulement au conseil ou au directoire le soin d'apprécier si elle peut, le cas échéant, être évitée.
b. Une **délégation** ne saurait figurer de manière **permanente** dans les **statuts.** Elle doit faire l'objet d'une décision de l'assemblée chaque fois que celle-ci se prononce sur le principe d'une augmentation de capital par incorporation de réserves. En effet, dès lors qu'elle est affirmée par la loi (art. L 225-130, al. 1), la compétence de l'assemblée ne peut pas lui être retirée (principe d'organisation hiérarchique des pouvoirs).

Modalités de la vente. Lorsque les titres sont admis aux négociations sur un marché réglementé ou sur un SMNO, les actions non réparties correspondant aux droits formant rompus *sont vendues sur le marché.* **51228**

Dans les sociétés dont les titres sont admis aux négociations sur un **marché réglementé ou** aux **opérations d'un dépositaire central,** la vente de ces actions est réalisée, sauf décision contraire de l'assemblée générale, par l'émetteur des titres ou par les intermédiaires habilités sur le marché réglementé ou sur le système multilatéral à la négociation duquel les titres sont admis (art. L 22-10-50 et art. R 228-12, sur renvoi de l'art. R 22-10-35).

Dans les **autres sociétés,** les modalités de la vente sont fixées par l'assemblée générale ou, en l'absence de décision de l'assemblée, par le conseil d'administration ou le directoire.

À notre avis, le conseil d'administration ou le directoire peut fixer les modalités de la vente même s'il n'a pas reçu de l'assemblée un pouvoir exprès à cet effet. La détermination des modalités de la vente n'est que la conséquence nécessaire de la décision de principe prise par l'assemblée. Elle peut donc être l'œuvre de l'organe, conseil d'administration ou directoire, à qui incombe la mission d'assurer l'exécution des décisions des assemblées.

CONSEIL

En pratique, il convient que toutes les précautions soient prises pour la **régularité de la vente** (par exemple, vente aux enchères publiques avec intervention d'un prestataire de services d'investissement ou d'un notaire) et que celle-ci soit précédée de mesures de publicité suffisantes pour que tous les actionnaires soient informés de la date de la vente et puissent y participer s'ils le désirent.

L'assemblée pourrait aussi décider que les actions correspondant aux droits formant rompus seront vendues à telle personne de son choix et moyennant le prix fixé par elle. Mais ce procédé constitue, à notre avis, un avantage particulier au profit de l'attributaire des actions, ce qui nécessite la mise en œuvre de la procédure spéciale prévue en pareil cas (nos 37930 s.).

DÉCISION D'AUGMENTER LE CAPITAL PAR INCORPORATION DE RÉSERVES

51240 L'**assemblée générale extraordinaire** est compétente pour décider l'augmentation du capital par incorporation de réserves. Elle peut toutefois **déléguer** sa compétence au conseil d'administration ou au directoire (nos 49621 s.). Elle peut aussi autoriser le conseil d'administration ou le directoire à y procéder (no 49624).

Par dérogation expresse de l'article L 225-130, al. 1, l'assemblée générale extraordinaire doit statuer aux conditions de quorum et de majorité prévues pour les assemblées ordinaires (nos 48350 s.). À notre avis, ces conditions spéciales de quorum et de majorité s'appliquent non seulement à la décision d'augmentation du capital, mais aussi à toutes celles qui en sont la conséquence nécessaire et, notamment, à celle concernant la modification corrélative des statuts.

ATTENTION

Cette dérogation ne signifie nullement que l'assemblée générale ordinaire est compétente pour décider une augmentation du capital par incorporation de réserves. Les règles propres aux assemblées extraordinaires (autres que le quorum et la majorité) doivent être respectées, notamment l'exercice du droit de vote par le bailleur lorsque les actions sont louées ou, sauf clause contraire des statuts, par le nu-propriétaire lorsque les actions sont grevées d'usufruit.

La dérogation s'applique que l'incorporation de réserves soit réalisée par émission de titres de capital nouveaux ou par majoration du montant nominal des titres existants.

Ces dispositions sont impératives. Les statuts ne peuvent donc pas prévoir une majorité plus élevée que celle prévue par la loi (TGI Avesnes-sur-Helpe 6-12-1973 : D. 1974. som. 48), ni un quorum plus élevé, hors les cas où la loi l'autorise (no 48350).

CAS OÙ IL EXISTE DES VALEURS MOBILIÈRES DONNANT ACCÈS AU CAPITAL

51260 En cas d'incorporation au capital social de réserves, bénéfices ou primes d'émission, il appartient à la société de prendre toutes mesures permettant aux titulaires de valeurs mobilières donnant accès au capital (obligataires optant pour la conversion, titulaires de bons qui exerceraient leur droit de souscription, etc.) d'obtenir des actions nouvelles dans les mêmes proportions et aux mêmes conditions (sauf en ce qui concerne la jouissance) que s'ils avaient eu la qualité d'actionnaire lors de ladite incorporation. Les sociétés peuvent aussi procéder à un ajustement des droits attachés aux obligations ou aux bons pour tenir compte de l'augmentation du capital social (nos 74380 s.).

CAS OÙ IL EXISTE DES OPTIONS DE SOUSCRIPTION OU D'ACHAT D'ACTIONS

51270 En cas d'augmentation de capital par incorporation de réserves, bénéfices ou primes d'émission réalisée par distribution d'actions gratuites, le prix de souscription ou d'achat des actions sous option doit être ajusté en faisant le produit de ce prix par le rapport entre le nombre des actions anciennes et le nombre total des actions anciennes et nouvelles (nos 69674 s.).

CAS OÙ IL SUBSISTE DES CERTIFICATS D'INVESTISSEMENT OU DES ACTIONS À DIVIDENDE PRIORITAIRE SANS DROIT DE VOTE

51280 Dans la mesure où subsistent des **certificats d'investissement** et où l'augmentation de capital par incorporation de réserves, bénéfices ou primes d'émission est réalisée par voie d'attribution gratuite d'actions nouvelles, de nouvelles actions de préférence sans droit de vote et assorties des mêmes droits que les certificats d'investissement doivent être créées et remises gratuitement aux propriétaires des certificats anciens (sauf renonciation de leur part), dans la proportion du nombre des actions nouvelles attribuées aux actions anciennes (art. L 228-33).

S'il subsiste des **actions à dividende prioritaire sans droit de vote,** l'attribution gratuite d'actions nouvelles, à la suite d'une augmentation de capital par incorporation de réserves, bénéfices ou primes d'émission, bénéficie aux titulaires de ces actions. Mais l'assemblée générale extraordinaire peut, après avis de l'assemblée spéciale de ces actionnaires, décider qu'ils recevront, au lieu et place d'actions ordinaires, des actions de préférence sans droit de vote et assorties des mêmes droits que les actions à dividende prioritaire sans droit de vote qui seront émises dans la même proportion (art. L 228-35-7, al. 2). 51281

Lorsque l'augmentation de capital est réalisée par élévation du montant nominal des actions, le dividende prioritaire doit être calculé, à compter de la réalisation de l'opération, sur le nouveau montant nominal.

> **Précisions** L'article L 228-35-7, al. 3 prévoit que le dividende prioritaire doit être calculé sur le nouveau montant nominal « majoré, s'il y a lieu, de la **prime d'émission** versée lors de la souscription des actions anciennes ». Cette prise en compte de la prime d'émission nous paraît devoir être écartée depuis la loi du 3 janvier 1983 qui a modifié le dividende prioritaire minimal ; celui-ci doit être, en effet, calculé non plus sur le prix d'émission des actions (valeur nominale majorée de la prime d'émission), mais seulement sur le montant nominal.

PUBLICITÉ DE L'AUGMENTATION DE CAPITAL

L'augmentation du capital par incorporation de réserves, bénéfices ou primes d'émission donne lieu aux **mêmes formalités** que celles présentées nº 50830 pour les augmentations de capital en numéraire, à la seule différence qu'aucune copie du certificat du dépositaire n'a à être fournie. 51290

Lorsque les actions de la société sont déjà admises aux négociations sur un **marché réglementé,** la société n'est pas tenue de publier un **prospectus** pour l'émission des actions gratuites et leur admission sur le marché. Néanmoins, la société doit publier un document contenant divers renseignements relatifs à l'opération et aux titres émis (Règl. UE/2017/1129 du 14-6-2017 art. 1, 5-g).

ÉMISSION DES ACTIONS GRATUITES

Négociabilité Les actions nouvelles sont négociables dès la réalisation de l'augmentation de capital (art. L 228-10, al. 1). Il n'est donc pas nécessaire d'attendre l'accomplissement de la formalité d'inscription modificative au RCS. 51300

Attribution des actions nouvelles La société émettrice doit **inscrire au compte** de chacun de ses actionnaires le nombre entier d'actions nouvellement attribuées. Sauf si l'assemblée a opté pour le règlement en espèces des **droits formant rompus** (nos 51226 s.), la société émettrice a intérêt à inscrire au crédit d'un compte « Titres à répartir » les actions non attribuées correspondant à ces droits, en conservant le détail de ceux-ci par titulaire. Elle peut ensuite adresser aux actionnaires inscrits en compte « nominatif pur » une attestation d'inscription des actions déjà attribuées et leur demander, avec une **date limite de réponse,** leurs instructions concernant les rompus. Si les actions sont inscrites en compte « nominatif administré », elle peut émettre un ordre de mouvement global pour chacun des intermédiaires administrateurs des titres, accompagné d'une liste précisant le nombre d'actions attribuées à chacun de leurs clients et leur demander leurs instructions pour les rompus. 51301

Après réception de l'ensemble **des instructions et cessions éventuelles** des droits formant rompus, la société doit inscrire aux comptes individuels des actionnaires les nouvelles actions attribuées (par le débit du compte « Titres à répartir »). Elle peut adresser aux actionnaires inscrits en compte « nominatif pur » une nouvelle attestation d'inscription. S'il s'agit de comptes « nominatifs administrés », elle peut émettre un nouvel ordre de mouvement global en faveur de chacun des intermédiaires concernés.

> **Précisions** **a.** Les droits formant rompus constituant des valeurs mobilières distinctes des *actions dont ils sont détachés* (nº 62170), il convient en conséquence, à notre avis, de tenir une **comptabilité spéciale** comprenant des comptes (ou des fiches dans le cas du « régime simplifié »), ouverts à chaque titulaire de rompus et, dans le « régime normal », un journal général. Les cessions de droits seront constatées par virements de compte à compte sur instructions des cédants données au moyen d'un ordre de mouvement.
> **b.** Toute expropriation privée étant proscrite, le **silence de l'actionnaire ou de l'intermédiaire** administrateur sur le sort des rompus ne saurait être considéré comme valant acquiescement du titulaire à la cession de ses droits, sauf clause statutaire contraire énonçant en termes formels la vente à l'issue d'un délai déterminé. À notre avis, la société émettrice ne pourra donc vendre ceux-ci qu'en suivant la procédure spéciale prévue à l'article L 228-6 pour les titres en déshérence.
> **c.** Les actions nouvelles peuvent aussi, dans certains cas (voir nos 62180 s.), être inscrites dans une **blockchain.**

RÉGIME FISCAL DE L'AUGMENTATION DE CAPITAL

51310 Les actes constatant l'incorporation au capital de réserves ou de bénéfices sont dispensés d'enregistrement. En cas de présentation volontaire à la formalité, ils sont enregistrés gratuitement (Mémento Fiscal n° 66985).

L'enregistrement gratuit s'applique également en cas d'incorporation au capital de primes d'émission ou de primes de fusion.

V. MODALITÉS DIVERSES

CONVERSION D'OBLIGATIONS EN ACTIONS

51370 La conversion d'obligations en actions s'opère différemment selon qu'il s'agit d'obligations ordinaires ou d'obligations émises avec une clause de convertibilité en actions (obligations convertibles).

51371 **Obligations ordinaires** L'assemblée générale extraordinaire des obligataires n'a pas le pouvoir d'accepter la conversion des obligations en actions à quelque majorité que ce soit (art. L 228-68, al. 2). L'accord individuel de chaque porteur d'obligations ordinaires est donc requis pour toute conversion de ces obligations en actions.

Si cet accord est obtenu, l'assemblée générale extraordinaire des actionnaires de la société émettrice peut décider l'augmentation du capital social, la libération des actions nouvelles s'effectuant soit sous la forme d'un apport en numéraire libéré par compensation avec les créances sur la société que représentent les obligations (auquel cas il faut que les actionnaires renoncent à leur droit préférentiel de souscription : n° 50250), soit sous la forme d'un apport en nature de la créance sur la société (auquel cas l'intervention d'un commissaire aux apports est nécessaire : n° 51030).

51372 **Obligations convertibles** Les sociétés par actions peuvent émettre des obligations convertibles en actions. Celles-ci obéissent au régime unique des valeurs mobilières donnant accès au capital (n°s 74000 s.).

UTILISATION DE BONS DE SOUSCRIPTION D'ACTIONS

51380 L'augmentation du capital d'une société par actions peut résulter de l'utilisation par leurs titulaires de bons donnant le droit de souscrire, à un prix et selon des modalités fixés à l'avance, à des actions de la société émettrice.

Ces bons peuvent être attachés à une valeur mobilière quelconque : action, obligation, etc. Ils peuvent aussi être émis indépendamment de toute autre émission (bons de souscription autonomes). Le régime de ces titres est exposé n°s 74000 s.

CONVERSION D'ACTIONS EN ACTIONS D'UNE AUTRE FORME

51390 Les actions ordinaires peuvent être converties en actions de préférence (art. L 228-15, al. 2) et les actions de préférence peuvent être converties en actions ordinaires ou en actions de préférence d'une autre catégorie (art. L 228-14, al. 1).

La conversion entraîne une augmentation de capital lorsque le nombre des actions issues de la conversion est supérieur au nombre des actions à convertir.

La conversion et le rachat des actions de préférence sont étudiés n°s 67825 s.

Sur les caractéristiques des actions de préférence, voir n°s 67780 s.

SECTION 2 AMORTISSEMENT DU CAPITAL DE LA SA

DÉFINITION DE L'AMORTISSEMENT DU CAPITAL

51500 On appelle « amortissement du capital » l'opération par laquelle la société rembourse aux actionnaires tout ou partie du montant nominal de leurs actions à titre d'avance sur le produit de la liquidation future de la société. L'amortissement du capital est donc nécessairement opéré en imputant sur les bénéfices ou sur les réserves disponibles les sommes versées aux actionnaires.

L'amortissement du capital n'a d'effet qu'entre la société et les actionnaires : les actions amorties deviennent des « actions de jouissance » qui ne donnent plus droit à remboursement lors de la liquidation de la société. À l'égard des tiers, en revanche, l'opération est sans conséquence : le montant du capital, gage des créanciers sociaux, demeure inchangé au passif du bilan.

L'amortissement du capital est une **opération très rare** en pratique : si la société dispose d'une trésorerie, sans perspective immédiate d'investissements, elle préfère souvent procéder, plutôt qu'à un amortissement de son capital, au rachat de ses titres en vue de les annuler (nos 52070 s.) afin de laisser à ses actionnaires le choix entre la cession ou la conservation de leurs actions. 51501

ATTENTION

a. Si la société a émis des **actions à dividende prioritaire sans droit de vote,** il lui est interdit de procéder à l'amortissement de son capital tant que ces actions n'ont pas été intégralement rachetées et annulées. Les remboursements effectués avant peuvent être annulés (art. L 228-35-9, al. 1 et 2).

b. Si la société a procédé à l'émission de **valeurs mobilières donnant accès au capital,** elle ne peut amortir son capital à moins d'y être autorisée par le contrat d'émission ou par décision de la masse des porteurs de ces titres et sous réserve de prendre les dispositions nécessaires au maintien de leurs droits (art. L 228-99 et L 228-103 sur renvoi de l'art. L 228-98, al. 2).

c. Si la société a émis des **actions de préférence,** l'assemblée générale extraordinaire doit déterminer les incidences de l'amortissement du capital sur les droits des porteurs de ces actions. Ces incidences peuvent également être constatées dans les statuts (art. L 228-16, al. 2).

L'amortissement du capital est traité **fiscalement** comme une distribution en présence de réserves (imposable de la même manière qu'une répartition de dividendes ; nos 76540 s.). L'opération est dispensée d'enregistrement mais, en cas de présentation volontaire à la formalité, l'acte est enregistré moyennant un droit fixe de 125 € (Mémento Fiscal no 66995, précision a). 51502

COMPÉTENCE POUR DÉCIDER D'AMORTIR LE CAPITAL

La décision d'amortir le capital est prise : 51510
– soit par l'assemblée générale ordinaire lorsque l'amortissement est prévu par une disposition expresse des statuts, car l'opération constitue alors un emploi normal des bénéfices ;
– soit, dans le silence des statuts, par l'assemblée générale extraordinaire (art. L 225-198, al. 1). Dans ce cas, en effet, l'amortissement est un emploi des bénéfices non prévu aux statuts, qui excède donc les pouvoirs de l'assemblée ordinaire.

MODALITÉS D'AMORTISSEMENT DU CAPITAL

Les sommes utilisées au remboursement des actions ne peuvent être prélevées que sur les bénéfices ou les réserves à l'exclusion de la réserve légale et, s'il en existe, des réserves statutaires (art. L 225-198, al. 1). 51520

En aucun cas, la distribution aux actionnaires ne doit entraîner une réduction des capitaux propres à un montant inférieur au montant du capital augmenté des réserves légale et statutaires (art. L 232-11, al. 3). Signalons que l'indisponibilité des sommes affectées aux réserves statutaires peut être supprimée par décision de l'assemblée générale extraordinaire (no 76282).

Le remboursement doit être d'un montant égal pour chaque action de même catégorie.

CONSÉQUENCES DE L'AMORTISSEMENT DU CAPITAL

Comme déjà mentionné plus haut (no 51500) : 51530
– l'amortissement des actions n'entraîne pas réduction du capital (art. L 225-198, al. 1) ;
– *les actions intégralement* amorties sont dites « actions de jouissance » (art. L 225-198, al. 2).

Acquisition définitive des sommes remboursées Les sommes versées aux actionnaires leur sont acquises, en principe, définitivement. Les bénéficiaires de l'amortissement ne sauraient donc être poursuivis en répétition des sommes qu'ils ont touchées régulièrement même si la poursuite émanait de créanciers sociaux (en cas de procédure collective de la société) ou de titulaires d'actions non amorties (en cas d'insuffisance d'actif pour rembourser le nominal subsistant). Toutefois, la société pourrait exiger la restitution des sommes versées si ces dernières ont été prélevées sur des réserves non distribuables et si les bénéficiaires de ces versements ont eu connaissance du caractère irrégulier de la distribution ou ne pouvaient pas l'ignorer, compte tenu des circonstances. 51531

En effet, les sommes versées au titre de l'amortissement des actions, prélevées sur les bénéfices ou les réserves, sont soumises aux mêmes règles que les distributions de bénéfices ou de réserves. Or, les bénéfices ou réserves régulièrement distribués ne sont sujets à restitution que dans les conditions visées à l'article L 232-17 (nº 76520).

51532 **Droits attachés aux actions amorties** Les actions intégralement ou partiellement amorties perdent, à concurrence du montant remboursé, leur droit au premier dividende (intérêt statutaire) et au remboursement de leur valeur nominale, mais elles conservent tous leurs autres droits (art. L 225-199), notamment le droit au superdividende et au boni de liquidation, le droit de prendre part aux assemblées générales ou encore le droit de souscrire à titre préférentiel aux augmentations de capital en numéraire.

51533 **Cas des actions grevées d'usufruit** La décision d'amortir le capital a pour effet :
– d'une part, de rembourser le nu-propriétaire à due concurrence du montant nominal de l'action ;
– d'autre part, de priver l'usufruitier du premier dividende à concurrence du montant amorti (cf. art. L 225-199), étant entendu qu'il continue à percevoir le superdividende.

En conséquence, le nu-propriétaire doit faire bénéficier l'usufruitier du quasi-usufruit de la somme qui lui est remboursée, c'est-à-dire de la possibilité d'en disposer, sauf à la restituer à la fin de l'usufruit (cf. C. civ. art. 587).

51534 **Cas des actions louées** Par transposition des règles relatives aux actions grevées d'usufruit (nº 51533 ; cf. art. L 239-3, al. 2), la décision d'amortir le capital a pour effet :
– d'une part, de rembourser le bailleur de tout ou partie du montant nominal de l'action ;
– d'autre part, de priver le locataire du premier dividende à concurrence du montant amorti, étant entendu qu'il continue à percevoir le superdividende.

En conséquence, à moins de disposition conventionnelle différente, le bailleur doit faire bénéficier le locataire du quasi-usufruit de la somme qui lui est remboursée, c'est-à-dire de la possibilité d'en disposer, sauf à la restituer à la fin du bail.

CONVERSION DES ACTIONS AMORTIES EN ACTIONS DE CAPITAL

51540 Les actions totalement ou partiellement amorties peuvent être converties en actions de capital.

Lorsque toutes les actions sont amorties de manière égale, l'opération ne soulève pas de difficulté au regard du principe d'égalité des actionnaires.

La conversion est plus délicate lorsque le capital est divisé :
– soit en actions de capital et en actions totalement ou partiellement amorties ;
– soit en actions inégalement amorties.

Dans ces différents cas, en effet, le maintien de l'égalité entre les actionnaires impose de recourir à un procédé tenant compte du montant des sommes perçues lors de l'amortissement (nº 51542).

> **› Précisions** La loi n'autorise expressément la conversion que lorsque le capital est inégalement amorti (art. L 225-200). Il ne s'ensuit pas cependant qu'elle l'interdit lorsque l'**amortissement** est **identique** pour toutes les actions ; l'opération n'étant pas, dans ce cas, susceptible de rompre l'égalité des actionnaires, il n'était pas nécessaire de l'autoriser expressément.

51541 **Compétence** L'assemblée générale extraordinaire est seule compétente pour décider la conversion des actions totalement ou partiellement amorties en actions de capital (art. L 225-200, al. 1). De plus, la décision doit être, s'il y a lieu, soumise à la ratification des assemblées spéciales de chacune des catégories d'actionnaires ayant les mêmes droits (art. L 225-202).

51542 **Modalités de la conversion** Deux **possibilités** sont offertes par la loi.

a. L'assemblée générale des actionnaires peut prévoir qu'un prélèvement obligatoire sera effectué, à concurrence du montant amorti des actions à convertir, sur la part des profits sociaux d'un ou de plusieurs exercices revenant à ces actions, après paiement, pour les actions partiellement amorties, du premier dividende auquel elles ont droit (art. L 225-200, al. 2).

b. Elle peut aussi autoriser les actionnaires à lui verser le montant amorti de leurs actions augmenté, le cas échéant, du premier dividende pour la période écoulée de l'exercice en cours et, éventuellement, pour l'exercice précédent (art. L 225-201).

Ce second procédé est facultatif pour les actionnaires, car il n'entre pas dans les pouvoirs d'une assemblée générale d'augmenter leurs engagements (art. L 225-96, al. 1), sauf accord unanime des actionnaires. En effet, l'amortissement des actions est un droit acquis de l'actionnaire, puisqu'il s'analyse comme une distribution de dividendes non soumis à répétition (nº 51531).

Les sommes prélevées sur les profits sociaux, comme celles versées par les actionnaires, sont inscrites à un **compte de réserve** (art. R 225-146, al. 1 et 2).

Lorsque les actions sont inégalement amorties, il est ouvert un compte de réserve pour chacune des catégories d'actions également amorties (art. R 225-146, al. 3).

Lorsque le montant du compte de réserve constitué par prélèvement sur les exercices sociaux est égal au montant amorti des actions ou de la catégorie d'actions correspondante, la conversion est réalisée (art. R 225-147). En conséquence, le conseil d'administration ou le directoire est habilité à apporter aux **statuts** les **modifications** nécessaires pour constater l'opération intervenue (art. L 225-203).

Lorsque la conversion a été effectuée par versements des actionnaires, la modification des statuts correspondant aux conversions réalisées au cours d'un exercice doit intervenir, à la diligence du conseil d'administration ou du directoire, au plus tard à la clôture de cet exercice (art. L 225-203 et R 225-148).

Dans la plupart des cas, et quel que soit le procédé employé pour la conversion, celle-ci est concrétisée par un **échange d'actions.**

Effets de la conversion Les actions converties redeviennent des actions de capital dont elles retrouvent tous les droits : droit au premier dividende et droit au remboursement du nominal. 51543

À titre transitoire et jusqu'à la réalisation de la conversion (nº 51542), les actions partiellement amorties continuent à bénéficier du premier dividende, calculé sur le montant libéré et non amorti de ces actions (art. L 225-199 et R 225-149, al. 2). Par ailleurs, les actions intégralement ou partiellement amorties dont la conversion en actions de capital a été décidée par prélèvement sur les profits sociaux ont droit, pour chaque exercice, et jusqu'à la réalisation définitive de la conversion, au premier dividende calculé sur le montant, à la clôture de l'exercice précédent, du compte de réserve correspondant (art. R 225-149, al. 1).

Conversion d'actions grevées d'usufruit ou louées La conversion d'**actions grevées d'un usufruit** sera plus ou moins commode suivant qu'elle aura lieu selon la procédure prévue par l'article L 225-200, al. 2 ou suivant celle de l'article L 225-201. 51544

1. Versements à la société (art. L 225-201). Le nu-propriétaire reverse le montant amorti à la société. Les actions redeviennent alors des actions de capital. L'usufruitier recouvre son droit au premier dividende (prorata temporis si le versement a eu lieu au cours de l'exercice social) et doit restituer au nu-propriétaire la somme qui lui avait été remise au titre du quasi-usufruit (nº 51533).

2. Prélèvement sur les réserves (art. L 225-200, al. 2). L'usufruitier va perdre le superdividende, lequel est affecté obligatoirement à la conversion. Il risque donc de se trouver privé de revenu pendant la période de conversion ; cependant, s'agissant d'une opération à exécution successive, il faut tenir compte du fait qu'il retrouve son premier dividende au fur et à mesure de la recapitalisation (art. R 225-149, al. 1) tandis que l'assiette du quasi-usufruit dû par le nu-propriétaire diminue dans la même proportion. À la fin de l'opération, le droit de l'usufruitier sur le premier dividende et le superdividende est reconstitué.

Quant au nu-propriétaire, il retrouve son droit au remboursement du nominal de l'action en cas de liquidation de la société.

En cas de conversion d'**actions louées,** il convient de transposer les solutions exposées nº 51544 pour les actions grevées d'usufruit, le bailleur étant considéré comme le nu-propriétaire et le locataire comme l'usufruitier (art. L 239-3, al. 2). 51545

SECTION 3

RÉDUCTION DU CAPITAL DE LA SA

A. Motifs de réduction du capital

RÉDUCTION DU CAPITAL POUR CAUSE DE PERTES

La réduction du capital peut constituer une mesure d'assainissement financier lorsque la société a subi des pertes. Le capital social est alors aligné sur l'actif net réel. 51700

Cette opération permet d'ailleurs la reprise des distributions de dividendes si la situation de la société s'est améliorée.

Lors du renflouement des sociétés en difficulté, la réduction du capital prélude généralement à une augmentation du capital réservée aux apporteurs de capitaux frais (« coup d'accordéon »).

› Précisions Rien n'interdit de procéder à la réduction du **capital non intégralement libéré** pour apurer des pertes antérieures, le procédé recommandé en ce cas étant la réduction de la valeur nominale des actions, l'actionnaire restant tenu de libérer la fraction du capital qui ne l'a pas encore été (CA Versailles 13-6-2002 n° 97-4547 : RJDA 5/03 n° 505 et, sur pourvoi, Cass. com. 25-1-2005 n° 140 : RJDA 5/05 n° 573, 2e esp.).

51701 **Pertes probables** Dans certains cas, notamment lorsque de nouveaux investisseurs envisagent d'entrer dans une société en difficulté, il est nécessaire de procéder à un assainissement de la situation financière de la société, cet assainissement portant non seulement sur les pertes déjà comptabilisées, mais aussi sur les pertes probables de l'exercice en cours.

Or, l'apurement de ces pertes probables par voie de réduction du capital n'est pas possible puisque les pertes ne peuvent être prises en compte que si leur existence et leur montant ont été constatés dans un bilan approuvé par l'assemblée ordinaire annuelle.

En revanche, rien ne s'oppose, à notre avis, à ce que l'assemblée générale extraordinaire décide de réduire le capital d'un montant équivalant à celui des pertes probables de l'exercice en cours et affecte la somme correspondante à un compte de prime ou de réserve indisponible (n° 51730). Après clôture de l'exercice et approbation des comptes, les pertes seront imputées à due concurrence sur ce compte de prime ou de réserve indisponible.

ATTENTION

La réduction du capital ne saurait être affectée à un **compte de provision** destiné à compenser les pertes dans le compte de résultat de l'exercice. Un tel procédé, qui aboutit à masquer les pertes de l'exercice, est illicite car contraire à l'obligation d'établir des comptes donnant une image fidèle de la situation financière et du résultat de l'entreprise (art. L 123-14, al. 1).

51706 **Perte de « la moitié du capital »** Si, du fait des pertes, le montant des capitaux propres devient inférieur à la moitié du capital social, la procédure prévue en pareil cas (nos 76610 s.) doit être suivie.

RACHATS D'ACTIONS OU RESTITUTIONS AUX ACTIONNAIRES

51710 Lorsque la dimension de la société et le volume de son activité ne justifient pas ou ne justifient plus le montant du capital social, celui-ci peut être réduit par voie de distribution aux actionnaires d'une partie de l'actif (le plus souvent du numéraire ou des titres en portefeuille) ou de rachat de droits sociaux en vue de leur annulation (nos 52070 s.).

Il ne faut pas confondre la réduction du capital en l'absence de pertes avec l'amortissement du capital, opération dans laquelle les sommes versées aux actionnaires à titre d'avance sur les sommes qui leur seront dues en fin de société sont imputées sur les bénéfices ou les réserves sans que le montant du capital soit diminué.

RÉDUCTION DU CAPITAL EN VUE DE RÉALISER CERTAINES OPÉRATIONS

51730 La réduction de capital peut être utilisée afin de **faciliter la réalisation matérielle** de certaines opérations (chiffre « rond » pour la nouvelle valeur nominale des actions, diminution des rompus en cas d'échange d'actions, etc.).

Elle peut notamment faciliter la réalisation d'une opération de fusion lorsque, par le jeu des parités, le montant de l'augmentation de capital de la société absorbante est supérieur à la valeur des apports (cas, par exemple, où les apports sont faits en valeur comptable ; n° 83010). La réduction du capital permet de rétablir l'équilibre entre les valeurs d'apport et la valeur nominale des actions émises en rémunération de ces apports.

La réduction du capital peut être réalisée par **affectation** de tout ou partie de cette réduction à un compte de **prime d'émission.**

ATTENTION

Si la réduction de capital est réalisée par affectation de tout ou partie de la réduction à un **compte de réserve,** la société doit prendre soin, comme cela s'est déjà fait en pratique, d'indiquer la provenance des sommes affectées au compte de réserve, par exemple, en l'intitulant « Réserve spéciale provenant de la réduction du capital ». En effet, si cette précaution n'est pas prise, une telle dotation ne nous paraît pas justifiée car les réserves doivent, en principe, être constituées par des sommes provenant des bénéfices.

Aucune disposition légale ou réglementaire ne prohibe un tel procédé qui n'est d'ailleurs que l'inverse de l'augmentation de capital par incorporation de réserves ou de prime. Il peut donc, nous semble-t-il, être valablement décidé par l'assemblée générale extraordinaire, sous réserve du respect des règles exposées ci-après pour toute réduction de capital non motivée par des pertes : maintien de l'égalité entre les actionnaires, intervention du commissaire aux comptes s'il en existe, publicité, possibilité pour les créanciers sociaux de faire opposition à l'opération (n°s 51800 s. ; dans le même sens, Lettre de la Chancellerie du 16-12-2005 : Bull. CNCC décembre 2005 p. 570).

Les sommes ainsi dégagées du capital peuvent être affectées à tout emploi décidé par l'assemblée générale (n° 49725). En pratique, il arrive souvent, surtout lorsque la dotation d'un compte de prime d'émission (ou d'un compte de réserve spéciale) répond à des nécessités purement techniques, que l'assemblée décidant la réduction de capital déclare expressément que les sommes en cause sont indisponibles et ne pourront être utilisées que pour une augmentation de capital ultérieure.

Signalons aussi que la réduction de capital en vue de faciliter la réalisation matérielle de certaines opérations peut être réalisée par voie de rachat d'actions par la société (n° 52100).

B. Décision de réduire le capital

COMPÉTENCE DE L'ASSEMBLÉE DES ACTIONNAIRES

Seule l'assemblée générale extraordinaire est compétente pour décider ou autoriser la réduction du capital social ; mais elle peut déléguer au conseil d'administration ou au directoire tous pouvoirs pour réaliser l'opération (art. L 225-204, al. 1). 51790

Lorsque le conseil d'administration ou le directoire réalise l'opération sur délégation de l'assemblée, il en dresse procès-verbal soumis à publicité au RCS et au RNE (cf. art. L 123-37, 1°) et procède à la modification corrélative des statuts. En cas de non-respect de cette obligation de publicité, la décision de réalisation de la réduction de capital peut être annulée (art. L 225-204, al. 3).

S'il existe des **actions de plusieurs catégories,** il faut réunir, en plus de l'assemblée générale extraordinaire, des assemblées spéciales groupant les actionnaires de chaque catégorie dont les droits sont diminués par l'effet de la réduction. 51791

ÉGALITÉ ENTRE LES ACTIONNAIRES

La réduction de capital ne peut, en aucun cas, porter atteinte à l'égalité entre les actionnaires (art. L 225-204, al. 1). 51800

ILLUSTRATIONS

Une **promesse de rachat** d'actions consentie par une société à l'un de ses actionnaires, à exercer dans le cas où la société ne serait pas introduite en bourse avant un certain délai, a été annulée en application de l'article L 225-204, al. 1 dès lors que l'offre d'achat n'était pas proposée à tous les actionnaires (CA Paris 21-2-2003 n° 02-1009 : RJDA 12/03 n° 1187).

Le président ou les administrateurs (ou les membres du directoire) qui auraient procédé à une réduction du capital social sans respecter l'égalité entre les actionnaires s'exposeraient à une **amende** de 30 000 € (art. L 242-23). La sanction pénale ne vise pas les directeurs généraux et les directeurs généraux délégués ; toutefois, s'ils ne sont pas administrateurs de la société, ils pourraient être poursuivis en qualité de complices (C. pén. art. 121-7).

L'article L 225-204 interdit seulement d'imposer aux actionnaires une inégalité de traitement lors de la réduction de capital par simple décision de l'assemblée générale extraordinaire. Cette inégalité de traitement nous paraît licite si elle a été **acceptée par chacun des actionnaires défavorisés** (voir n° 7120). 51801

Le fait que des sanctions pénales soient attachées à l'inobservation du principe d'égalité entre actionnaires ne nous paraît pas de nature à remettre en cause cette solution. En effet, dès lors que l'article L 242-23 tend manifestement à la protection des intérêts particuliers des actionnaires et non pas d'un intérêt général, le consentement de la victime fait disparaître l'infraction (Merle et Vitu : Traité de droit criminel n° 424).

Ainsi, il n'est pas interdit, en cas de réduction de capital pour cause de pertes, de faire supporter tout ou partie de cette réduction à un ou plusieurs actionnaires dont les actions seront supprimées à due concurrence. Mais l'opération ne peut être réalisée que si les actionnaires intéressés l'ont formellement acceptée (dans le même sens, E. du Pontavice : Bull. CNCC 1972 p. 541 ; Bull. CNCC décembre 2017 p. 540). Ce procédé permet, par exemple, de corriger la rémunération excessive donnée à un apport ou encore de faire supporter à un actionnaire dirigeant les pertes résultant de sa mauvaise gestion.

De même, l'attribution d'éléments d'actif à un actionnaire déterminé contre annulation de ses actions et réduction du capital social est possible à condition qu'elle ait été décidée par l'**unanimité** des actionnaires, car elle porte atteinte au principe de l'égalité entre actionnaires.

C. Intervention des commissaires aux comptes

51860 Les commissaires aux comptes, s'il en existe, doivent présenter à l'assemblée générale extraordinaire un **rapport** dans lequel ils font connaître leur appréciation sur les causes et les conditions de l'opération de réduction du capital (art. L 225-204, al. 2). Il leur appartient notamment de s'assurer que l'égalité entre les actionnaires a été respectée (art. L 821-56).

Les **dirigeants** sociaux doivent leur **communiquer** le **projet** de résolution de réduction du capital dans un délai suffisant pour qu'ils puissent établir leur rapport en temps utile. Le rapport des commissaires aux comptes doit en effet être communiqué aux actionnaires 15 jours au moins avant la réunion de l'assemblée appelée à statuer sur l'opération (art. L 225-204, al. 2 et R 225-150).

L'inobservation de ces dispositions n'est pas sanctionnée par la nullité de l'assemblée générale (Cass. com. 15-3-2017 n° 15-50.021 F-PB : RJDA 7/17 n° 459).

D. Protection des créanciers

RÉDUCTION DU CAPITAL MOTIVÉE PAR DES PERTES

51920 Les créanciers de la société ne peuvent pas s'opposer à la mesure d'assainissement financier que constitue la réduction du capital social pour cause de pertes (art. L 225-205 a contrario).

Si la société a précédemment émis des valeurs mobilières donnant accès au capital, la réduction de capital motivée par des pertes réduira les droits des titulaires de ces titres comme s'ils les avaient exercés avant la date à laquelle la réduction de capital est devenue définitive (art. L 228-98, al. 3 : n° 74390).

De même, si une telle réduction de capital est réalisée par voie d'annulation d'actions et si la société a consenti des options de souscription ou d'achat d'actions, il sera procédé à un ajustement du prix des actions correspondant aux options (nos 69670 s.).

> **Précisions** La réduction de capital motivée par des **pertes probables** ne doit pas être soumise au droit d'opposition des créanciers puisque ce droit n'est ouvert qu'en cas de réduction non motivée par des pertes. Encore faut-il que le compte de prime ou de réserve indisponible auquel sont affectées les sommes résultant de la réduction de capital (n° 51701) fasse clairement apparaître la destination des fonds (apurement de pertes) et que ceux-ci ne puissent être utilisés à d'autres fins ni être virés à un compte de réserve ordinaire.

RÉDUCTION DU CAPITAL NON MOTIVÉE PAR DES PERTES

51930 **Droit d'opposition** En cas de réduction du capital non motivée par des pertes, une procédure spéciale est prévue pour protéger les créanciers : le représentant de la masse des obligataires (si la société a émis des obligations ordinaires) et les créanciers sociaux dont la créance est née antérieurement à la date du dépôt au greffe du procès-verbal de la délibération de l'assemblée (n° 52230) peuvent former opposition à la décision devant le tribunal de commerce dans le ressort duquel est fixé le siège de la société, dans un délai de 20 jours à compter de ce dépôt (art. L 225-205, al. 1 et R 225-152).

L'opposition des créanciers doit revêtir la forme d'une **assignation** de la société devant le *tribunal de commerce*, car celui-ci ne peut statuer que contradictoirement, sauf exceptions prévues par la loi (CPC art. 854 et 874).

Pour que le créancier puisse faire opposition, il suffit que sa **créance** soit **« née »** antérieurement à la date du dépôt au greffe de la délibération de l'assemblée. Il n'est donc pas nécessaire que cette créance soit aussi liquide (c'est-à-dire fixée dans son montant) et exigible.

Le **tribunal** peut (art. L 225-205, al. 2) :
– soit rejeter l'opposition ;
– soit ordonner la constitution de garanties si la société en offre et si elles sont jugées suffisantes ;
– soit ordonner le remboursement des créances.

› Précisions **a.** En cas de **conversion d'actions de préférence** aboutissant à une réduction de capital non motivée par des pertes, les créanciers dont la créance est antérieure à la date du dépôt au greffe du procès-verbal de délibération de l'assemblée générale extraordinaire ayant décidé la conversion peuvent former opposition (nº 67835).
b. À notre avis, les mesures relatives au droit d'opposition des créanciers sont écartées lorsque le conseil d'administration ou le directoire d'une société dont les actions sont admises aux négociations sur un marché réglementé ou sur Euronext Growth procède à l'annulation d'actions achetées dans le cadre d'un **programme de rachat d'actions** (nº 68959).

Suspension des opérations de réduction du capital Afin que soient préservés les droits des créanciers, les opérations de réduction du capital ne peuvent commencer qu'après que le sort des oppositions, s'il en existe, a été réglé, c'est-à-dire après (art. L 225-205, al. 3) : 51931
– l'expiration du délai de 20 jours visé nº 51930 si aucun créancier n'a fait opposition pendant ce délai ;
– que le tribunal a statué en première instance si, ayant été saisi d'oppositions, il a jugé que celles-ci n'étaient pas fondées et devaient donc être rejetées ;
– l'exécution de la décision du tribunal (constitution de garanties ou remboursement des créances) si ce dernier a fait droit à la demande du ou des créanciers opposants.

À notre avis, cette suspension n'empêche pas que la **réduction de capital** est **définitive** dès la décision de l'assemblée puisque aucune des mesures judiciaires tendant à préserver les droits des créanciers opposants n'est susceptible de remettre en cause cette décision ; par conséquent, les formalités d'enregistrement et de publicité doivent être effectuées dans le mois de celle-ci et non pas après règlement du sort des oppositions.

Par ailleurs, le droit des actionnaires à la distribution est acquis dès la décision de l'assemblée générale. La société risque donc de se trouver, après examen des oppositions par le tribunal, devant l'obligation de procéder à la fois à une distribution aux actionnaires au titre de la réduction de capital et au remboursement d'importantes créances éventuellement ordonné par le tribunal.

Pour se prémunir contre un tel **risque,** il peut être prudent que l'assemblée se borne à autoriser la réduction de capital et donne tous pouvoirs au conseil d'administration ou au directoire pour décider, au vu des oppositions éventuelles, s'il convient de réaliser ou non l'opération.

Une autre solution consiste à prévoir que la décision de l'assemblée est soumise à la condition suspensive de l'absence d'oppositions ou à celle que les oppositions n'excèdent pas un montant déterminé.

› Précisions Selon nous, l'article L 225-205 retarde simplement l'effet de la réduction de capital, en empêchant la société de **procéder** matériellement aux **opérations avant l'expiration du délai d'opposition** et, notamment, de rembourser aux actionnaires le montant des actions annulées. Mais, en l'absence de résolution spécifique de l'assemblée, le droit au remboursement existe dès la décision de celle-ci. La CNCC admet d'ailleurs que la comptabilisation de la réduction de capital peut être effectuée à la date de l'assemblée générale puisque l'opération ne peut plus être remise en cause (CNCC EJ 2012-35). Pour plus de détails sur la comptabilisation de l'opération, voir Mémento Comptable nº 55490.
En revanche, le CCRCS estime que la réalisation de l'opération est subordonnée à l'expiration du délai d'opposition. Il en déduit que le greffe du tribunal peut refuser d'inscrire la réduction de capital au RCS si le délai n'est pas expiré (Avis CCRCS 2016-016 du 15-9-2016).

Fraude aux droits des créanciers L'attribution d'un élément de l'actif social aux actionnaires, en contrepartie de la réduction du capital, ne doit pas être inspirée par la volonté de préjudicier aux droits des créanciers. Si tel était le cas, ces derniers pourraient, en exerçant l'**action paulienne** (C. civ. art. 1341-2), obtenir en justice que cette attribution leur soit déclarée inopposable. 51935

ILLUSTRATIONS

A été déclarée inopposable l'attribution à une SARL actionnaire d'un droit au bail d'une SA, dès lors que les actionnaires connaissaient la situation difficile de la SA et que, en attribuant certains éléments de l'actif à une société dont ils étaient eux-mêmes associés, ils savaient qu'ils causaient un préjudice aux créanciers de la SA (Cass. com. 11-2-1986 : Bull. Joly 1986 p. 518).

E. Modalités de la réduction du capital

1. RÉDUCTION DU NOMINAL DES ACTIONS

52000 La réduction de capital peut s'opérer par réduction de la valeur nominale des actions, aucun minimum légal n'étant requis pour la valeur nominale de celles-ci.

Lorsque les statuts ne comportent pas de mention de valeur nominale, la décision de réduction du capital, non accompagnée d'une décision de réduction du nombre des actions (nº 52010), entraîne automatiquement une diminution du « pair » des actions, c'est-à-dire de la quotité du capital obtenue en divisant le montant de ce capital par le nombre des actions existantes.

Lorsque les actions ne sont pas intégralement libérées, la réduction du capital peut aussi s'effectuer par **remise aux actionnaires** de tout ou partie **des sommes qu'ils restent devoir** à la société.

2. DIMINUTION DU NOMBRE DES ACTIONS

a. Variété des procédés de diminution

52010 La diminution du nombre des actions peut résulter de l'annulation d'actions appartenant à un actionnaire déterminé, par exemple à la suite d'une **attribution d'éléments d'actif** (nº 52120) ou si des actions de numéraire ne sont pas restées nominatives jusqu'à leur entière libération (nº 67920).

52011 La diminution du nombre d'actions peut également résulter de l'annulation d'actions pour cause de **pertes** ou de **remboursement à tous les actionnaires.**

En pratique, cette dernière opération est rare car elle entraîne des charges fiscales relativement lourdes, les sommes distribuées étant, sauf exception, imposées comme des revenus distribués dans la catégorie des revenus de capitaux mobiliers (Mémento Fiscal nº 24465). Lorsque le bénéficiaire est une personne physique, les sommes sont soumises à un prélèvement forfaitaire unique (PFU) au taux de 12,8 % ou sur option globale du contribuable au barème progressif de l'impôt sur le revenu (nº 76542). Ce procédé peut par ailleurs poser des difficultés lorsque certains actionnaires ne disposent pas d'un nombre d'actions anciennes leur permettant d'obtenir un nombre entier d'actions nouvelles (« rompus ») ; dans ce cas, la réduction de capital par réduction du nominal des actions est à privilégier.

Rien n'interdit que la société reconnaisse à tous les actionnaires (y compris ceux qui auraient été exclus faute de posséder un nombre d'actions suffisant pour procéder à l'échange de leurs titres) un droit privilégié sur les bénéfices ultérieurs jusqu'à ce qu'ils aient reçu l'équivalent de ce qu'ils ont perdu du fait de la réduction du capital. Elle peut aussi leur attribuer des bons leur permettant, s'ils le désirent, de souscrire ultérieurement dans des conditions avantageuses à des actions nouvelles. Par ces modalités, la société répare en effet le préjudice engendré par la décision de réduction.

La diminution du nombre des actions peut aussi résulter d'un **rachat** par la société de ses **propres actions** en vue de leur annulation (nº 52070).

b. Achat par la société de ses propres actions

PROCÉDURE

52070 L'assemblée générale qui a décidé une réduction de capital non motivée par des pertes peut autoriser le conseil d'administration ou le directoire à acheter un nombre déterminé d'actions pour les annuler (art. L 225-207).

À la différence de la réduction de capital par voie de distribution d'actif qui s'impose à tous les actionnaires même si elle est réalisée par diminution du nombre des actions (nº 52011), l'achat par la société de ses propres actions n'entraîne aucune obligation pour les actionnaires qui peuvent ne pas donner suite à l'offre qui leur est faite et conserver leurs actions.

Le délai imparti au conseil d'administration ou au directoire pour procéder à cet achat est fixé par l'assemblée (art. R 225-155, al. 2).

L'opération n'est, à notre avis, pas soumise aux dispositions régissant la détention par une société de ses propres actions puisque la finalité de l'achat est l'annulation immédiate des actions.

> Précisions **a.** Les sociétés peuvent aussi racheter un certain nombre de leurs propres actions dans le cadre de **programmes de rachat** (art. L 225-209-2, L 22-10-62 et L 22-10-63). La présentation de ces programmes et les possibilités d'annulation des actions rachetées sont exposées nos 68945 s.
b. Sur les modalités particulières de rachat par la société de ses **actions de préférence,** voir nos 67840 s.

Offre d'achat Afin de respecter l'égalité entre les actionnaires, la société doit présenter **à tous ses actionnaires** une offre d'achat de leurs titres (art. R 225-153, al. 1). 52080
Cette réglementation **ne s'applique** toutefois **pas** lorsque l'opération est destinée, en limitant les rompus, à faciliter une augmentation de capital, une émission de valeurs mobilières donnant accès au capital, une fusion ou une scission (no 52100).

La réglementation ne s'impose pas non plus, à notre avis, aux réductions de capital résultant du rachat par la société des actions dont l'acquéreur proposé n'a pas été agréé (nos 68524 s.). En effet, la réduction de capital est la conséquence immédiate et nécessaire du rachat des actions.

> Précisions **a.** Dans les **sociétés d'attribution de lots d'immeubles** aux associés (CCH art. L 212-1 s.), cette réglementation n'est pas applicable aux réductions de capital réalisées par voie de rachat d'actions en vue de l'affectation aux parties communes du lot correspondant aux actions rachetées (Rép. Beucler : AN 12-8-1972 no 24981). Il a aussi été jugé qu'il n'y avait pas lieu, bien que la société fût de forme anonyme, de réunir, conformément aux exigences de l'article L 225-204, une assemblée générale extraordinaire en cas d'annulation d'actions consécutive au retrait d'un actionnaire par voie d'attribution en propriété des locaux correspondant à ses droits sociaux. Un tel retrait, qui a pour résultat inéluctable la réduction du capital social, implique qu'il soit dérogé aux dispositions de l'article L 225-204 (CA Paris 12-1-1982 : JCP 1983 II no 19949 note A. Viandier).
b. Des actionnaires minoritaires qui avaient accepté la réduction du capital par voie de rachat d'actions aux conditions proposées par les administrateurs, actionnaires majoritaires et initiateurs de l'opération, ont obtenu la condamnation de ces derniers à des **dommages-intérêts** pour faute, compte tenu des circonstances suivantes : l'**opération de rachat** avait **faussement** été présentée comme **motivée** par l'existence d'excédents de trésorerie alors que sa cause réelle résidait dans l'élimination des minoritaires et la réduction de capital envisagée, correspondant au montant du capital détenu par ces derniers, leur était en fait réservée. En outre, l'offre de rachat des titres avait été faite pour une valeur notoirement inférieure à leur valeur réelle (Cass. com. 8-11-2005 no 1380 : RJDA 3/06 no 271).

Information des actionnaires En cas de mise en œuvre d'une procédure d'achat par la société de ses propres actions en vue de leur annulation, il convient de procéder à l'insertion, dans un support d'annonces légales du département du siège social, d'un avis contenant les **mentions** suivantes (art. R 225-153, al. 2 et R 225-154) : 52081
– la dénomination sociale ;
– la forme de la société ;
– l'adresse du siège social ;
– le montant du capital social (avant réduction, selon nous) ;
– le nombre d'actions dont l'achat est envisagé ;
– le prix offert par action ;
– le mode de paiement ;
– le délai pendant lequel l'offre sera maintenue (lequel ne peut être inférieur à 20 jours) ;
– le lieu où l'offre peut être acceptée.

Si les actions de la société sont admises aux négociations sur un marché réglementé ou si toutes ses actions ne revêtent pas la forme nominative, la même insertion doit être effectuée en outre dans le Balo (art. R 225-153, al. 2 et R 22-10-38).

Si toutes les actions sont nominatives, la ou les insertions prévues ci-dessus peuvent être *remplacées par une lettre recommandée*, contenant les mêmes indications, adressée à tous les actionnaires (art. R 225-153, al. 3).

Lorsque les actions sont grevées d'**usufruit,** l'offre d'achat doit être faite au nu-propriétaire puisque c'est lui qui a seul le droit de disposer des actions (Rép. Gonnot : AN 18-6-1990 no 27406). Toutefois, l'accord de l'usufruitier est nécessaire puisque, les actions achetées devant être annulées, la vente doit porter sur la pleine propriété de ces actions. Or, un bien grevé d'usufruit ne peut être vendu en pleine propriété qu'avec l'accord de l'usufruitier (C. civ. art. 815-5, al. 2). Sauf convention contraire entre l'usufruitier et le nu-propriétaire, le prix de rachat est réparti entre eux au prorata de la valeur des droits de chacun (Cass. 1e civ. 20-10-1987 : Bull. civ. I no 276 ; Cass. 1e civ. 7-6-1988 : Bull. civ. I no 181).

Lorsque les **actions** sont **louées,** l'offre d'achat doit être faite au bailleur, propriétaire des actions, lequel sera tenu par la durée de la location et, en conséquence, ne pourra répondre positivement à l'offre avant l'échéance du contrat, sauf accord du locataire.

52082 **Ajustement des demandes d'achat à l'offre de la société** Le nombre des actions résultant des demandes d'achat peut être supérieur ou inférieur à celui fixé dans l'offre de la société. Dans ce cas, l'ajustement s'effectue comme suit.

a. Si **le nombre d'actions présentées à l'achat excède le nombre d'actions à acheter,** il est procédé, pour chaque actionnaire qui s'est porté vendeur, à une réduction proportionnelle au nombre d'actions dont il justifie qu'il est propriétaire ou titulaire (art. R 225-155, al. 1).

Le plus souvent, il est procédé de la manière suivante.

Le nombre des actions rachetées à chaque actionnaire demandeur est calculé en appliquant au nombre total des actions à racheter le rapport entre le nombre d'actions possédées par cet actionnaire et le nombre total des actions possédées par les actionnaires vendeurs.

Les rompus sont totalisés et le nombre d'actions ainsi obtenu est réparti entre les actionnaires vendeurs dans l'ordre d'importance de leurs rompus.

Dans tous les cas, les actions sont rachetées à chaque actionnaire dans la limite de sa demande. Si l'attribution à certains vendeurs dépasse le nombre des actions offertes par eux, les actions non attribuées font l'objet d'une nouvelle répartition entre les autres vendeurs dans les mêmes conditions que ci-dessus.

b. Si **les actions présentées à l'achat n'atteignent pas le nombre d'actions à acheter,** le capital social est réduit à concurrence des seules actions achetées. Il est loisible au conseil d'administration ou au directoire de s'en tenir là. Toutefois, il peut décider de renouveler l'offre d'achat pour tenter d'acquérir le nombre d'actions prévues, dans les mêmes conditions, c'est-à-dire en réitérant la publicité (nº 52081), sous réserve d'y procéder dans le délai indiqué par la délibération de l'assemblée générale ayant autorisé la réduction de capital (art. R 225-155, al. 2).

52083 **Imputation du prix d'achat** Le prix d'achat s'impute sur le capital social, qui est réduit à concurrence de la valeur nominale globale des actions achetées, et pour le surplus (si le prix excède le nominal) sur un compte distribuable de situation nette, c'est-à-dire, en pratique, un compte de primes ou de réserves distribuables, ce qui exclut notamment la réserve légale (sauf pour la fraction de celle-ci qui redevient disponible du fait de la réduction de capital : nº 76273), les réserves statutaires et l'écart de réévaluation puisque ceux-ci ne peuvent pas être distribués (nºs 76275, 76281 et 76333). Cette précision, donnée par le plan comptable général, ne règle pas le cas où, par suite de plus-values latentes importantes, la fraction du prix d'achat excédant la valeur nominale est supérieure au montant des réserves disponibles. Dans ce cas, l'excédent doit être comptabilisé dans le compte « report à nouveau débiteur » (Mémento Comptable nº 55510).

Si le prix de rachat est inférieur à la valeur nominale globale des actions rachetées, le montant de la réduction de capital est néanmoins égal à cette valeur nominale globale puisque les actions rachetées sont annulées. La différence doit être inscrite sous un compte de capitaux propres analogue à celui des primes d'émission ou d'apport (PCG art. 942-27 ; Mémento Comptable nº 55510).

52084 **Annulation des actions achetées** Cette annulation doit intervenir un mois au plus tard après l'expiration du délai imparti pour l'acceptation de l'offre d'achat (nº 52081). Elle est constatée par un virement à un compte d'ordre ouvert au nom de la société soit chez elle, soit chez un intermédiaire habilité (art. R 225-158, al. 2).

Dès leur achat et jusqu'à leur annulation, les actions achetées par la société qui les a émises sont privées de tout droit de vote et ne sont pas prises en compte pour le calcul du quorum aux assemblées (art. L 225-210, al. 4 et L 225-111 : nº 68928).

52085 **Actions admises aux négociations sur un marché réglementé** Lorsque les actions achetées en vue de leur annulation sont admises aux négociations sur un marché réglementé, la décision de l'assemblée entraîne la mise en œuvre d'une offre publique d'achat selon la procédure simplifiée (nº 65280).

S'il existe des valeurs mobilières donnant accès au capital et si l'achat des actions est réalisé à un prix supérieur au cours de bourse, la société doit procéder à un ajustement du nombre d'actions que ces titres permettent d'obtenir (nº 74400).

Cas où subsistent des actions à dividende prioritaire sans droit de vote 52087

En cas de réduction de capital non motivée par des pertes, les actions à dividende prioritaire sans droit de vote doivent être achetées et annulées avant les actions ordinaires. L'achat d'actions ordinaires qui ne respecte pas cette obligation peut être annulé (art. L 228-35-9, al. 3).

Cet achat n'est possible que si le dividende prioritaire dû au titre de l'exercice écoulé et des exercices antérieurs a été intégralement versé (art. L 228-35-10, al. 4 sur renvoi de l'art. L 228-35-9, al. 3). Par suite, la réduction de capital par rachat d'actions n'est possible, lorsqu'il existe des actions à dividende prioritaire, que si les titulaires de ces actions ont été remplis de leurs droits.

Le prix d'achat doit être fixé d'un commun accord entre la société émettrice et l'assemblée spéciale des actionnaires à dividende prioritaire statuant aux conditions de quorum et de majorité prévues pour les assemblées extraordinaires. En cas de contestation, il est fixé par un expert désigné par les parties ou, à défaut d'accord entre elles, par le président du tribunal compétent (art. L 228-35-10, al. 3, sur renvoi de l'art. L 228-35-9, al. 3).

> **Précisions** En application de l'article L 228-35-9, al. 4, ces dispositions ne sont pas applicables lorsqu'une réduction de capital résulte de l'annulation d'actions achetées par une société dont les actions sont admises aux négociations sur un marché boursier dans le cadre d'un **programme de rachat** de ses propres actions (n°s 68945 s.).

ACHAT DE TITRES POUR FACILITER CERTAINES OPÉRATIONS

52100 L'achat par la société de ses propres actions, en vue de leur annulation, est souvent de nature à faciliter une **augmentation de capital,** une **fusion,** une **scission** ou une **émission de valeurs mobilières** donnant droit à des actions. Cet achat permet, en effet, de calculer le rapport d'échange des actions (cas d'une fusion ou d'une scission) ou de déterminer les conditions d'attribution ou de souscription des actions nouvelles (cas d'une augmentation de capital) avec plus d'exactitude et en limitant les « rompus ».

Dans les différents cas énumérés ci-dessus, il n'est pas nécessaire de faire une offre d'achat aux actionnaires. Il suffit de l'autorisation de l'assemblée générale statuant sur rapport des commissaires aux comptes sur l'opération envisagée, s'il en existe ; dans ce rapport, les commissaires aux comptes donnent leur avis sur l'opportunité et les modalités de l'achat d'actions envisagé (art. R 225-156, al. 1 et 3 ; cf. art. L 225-204, al. 2).

Cette mesure de **faveur** est toutefois **limitée** : l'achat ne peut porter, au cours d'un même exercice, que sur un nombre d'actions représentant au plus 0,25 % du montant du capital social (art. R 225-156, al. 2).

À l'exception de l'obligation de présenter une offre d'achat aux actionnaires, toutes les autres règles énoncées plus haut sont applicables : réduction du capital, annulation des actions achetées (un mois au plus tard après l'achat : cf. art. R 225-158, al. 3), droit d'opposition des créanciers, etc.

c. Attribution d'une partie de l'actif à un actionnaire

52120 L'attribution d'éléments d'actif réservée à un actionnaire déterminé contre annulation de ses actions et réduction du capital social nécessite l'accord unanime des actionnaires (n° 51801).

L'opération ne s'analysant juridiquement pas comme un partage partiel anticipé, elle n'est pas soumise aux **règles du partage** successoral et, notamment, elle n'est pas susceptible de rescision pour lésion de plus du quart ; l'article 1844-9 du Code civil, qui prévoit l'application des règles concernant le partage des successions aux partages entre associés, *ne peut recevoir application qu'après liquidation* de la société, laquelle ne se confond pas avec le retrait d'associé, celui-ci laissant survivre la société et ne donnant lieu qu'à une évaluation des droits de l'associé (Cass. 3e civ. 15-1-1997 : RJDA 6/97 n° 786, à propos d'une société civile mais transposable).

> **Précisions** Nous estimons que la procédure d'**offre d'achat à tous les actionnaires** (n°s 52080 s.) n'a pas à être suivie dans ce cas. En effet, une telle décision devant être prise à l'unanimité des actionnaires, ces derniers ont renoncé par avance à tout droit dans la réduction de capital et on ne voit pas l'intérêt qu'il y aurait à leur faire confirmer cette renonciation en les consultant à nouveau au moment de la réalisation matérielle de l'opération.

F. Réduction du capital sous le minimum légal

CONDITIONS DE VALIDITÉ DE LA RÉDUCTION DU CAPITAL SOUS LE MINIMUM LÉGAL

52160 Le capital social ne peut être réduit au-dessous du minimum légal (37 000 €) que sous la condition suspensive (art. L 224-2, al. 2) :
– soit d'une augmentation ayant pour effet de porter le capital à un montant au moins égal au minimum légal ;
– soit d'une transformation de la société en société d'une autre forme.

52161 **Réduction du capital à zéro (« coup d'accordéon »)** Lorsque les pertes excèdent le montant du capital, celui-ci peut être ramené à zéro dès lors que cette réduction est décidée sous la **condition suspensive d'une augmentation de capital** régularisant la situation de la société. L'augmentation de capital doit être effective, ce qui n'est pas le cas lorsque les résolutions de l'assemblée constatant la souscription de l'augmentation et le montant du capital ont été suspendues en référé (Cass. com. 4-1-2023 n° 21-10.609 F-B : RJDA 3/23 n° 148).

52162 La réduction du capital à zéro suivie d'une augmentation de capital est licite si elle est justifiée par la survie de la société, à la condition qu'elle ne constitue pas un **abus de majorité** (CA Versailles 20-5-1999 : RJDA 2/00 n° 166 ; CA Versailles 13-6-2002 n° 97-4547 : RJDA 5/03 n° 505 et, sur pourvoi, Cass. com. 25-1-2005 n° 140 : RJDA 5/05 n° 573) ou qu'elle ne soit pas entachée de **fraude** (pour des exemples, voir n° 89250).

Les associés, qui ont la faculté et non l'obligation de souscrire à l'augmentation de capital, ne subissent pas, du fait de cette opération, une **augmentation** de leurs **engagements** (Cass. com. 17-5-1994 : RJDA 8-9/94 n° 934 ; Cass. com. 10-10-2000 n° 1642 F-D : RJDA 1/01 n° 41).

Un associé n'est pas non plus fondé à demander réparation du **préjudice personnel** qu'il aurait subi pour avoir été contraint, afin de maintenir sa participation dans le capital, de souscrire à une augmentation de capital intervenue après réduction du capital à zéro destinée à résorber les pertes comptables générées par la facturation par des filiales de la société de prestations de services dépourvues de toute justification et irrégulières en la forme, dès lors que c'est en raison de ses droits et devoirs sociaux qu'il a été appelé à supporter les pertes sociales et que le préjudice qu'il invoque, représenté par la perte de la valeur du capital qu'il a subie du fait d'une opération de coup d'accordéon, n'est que le corollaire de celui causé à la société et n'a aucun caractère personnel (Cass. com. 9-10-2007 n° 04-10.382 : RJDA 5/08 n° 525).

52163 Le coup d'accordéon aboutit à exclure de la société tous les anciens associés mais ceux-ci jouissent d'un **droit préférentiel à la souscription** des actions nouvelles si l'augmentation du capital est réalisée par apports en numéraire. L'Autorité de marché a considéré que ce droit doit être maintenu afin que les actionnaires puissent, s'ils le souhaitent, rester dans la société en participant à sa recapitalisation (Bull. COB décembre 1994 p. 75).

La Cour de cassation a toutefois admis la licéité d'une réduction de capital à zéro suivie d'une augmentation de capital avec suppression du droit préférentiel de souscription au profit d'un tiers repreneur (Cass. com. 18-6-2002 n° 1211 : RJDA 10/02 n° 1038). Elle a aussi précisé que le fait que la parité retenue empêche un actionnaire minoritaire de souscrire à l'augmentation de capital ne s'analyse ni en une suppression tacite de son droit préférentiel de souscription, ni en une exclusion volontaire de l'intéressé (Cass. com. 1-7-2008 n° 07-20.643 : RJDA 11/08 n° 1137).

ILLUSTRATIONS

Les actionnaires fondateurs d'une société ayant conclu avec un investisseur un **pacte prévoyant** le maintien du niveau de sa participation et un **droit** à son profit **à la souscription** de toutes les augmentations de capital, le vote d'un coup d'accordéon avec une augmentation de capital réservée à un tiers constitue une violation de ce pacte donnant lieu à des dommages-intérêts. Il ne peut pas être valablement soutenu que le droit de souscription prévu par le pacte n'était plus applicable au moment de l'augmentation de capital en raison de la réduction préalable à zéro à l'issue de laquelle aucun actionnaire ne détenait plus de titres de la société. En effet, le coup d'accordéon ne peut s'analyser qu'en une opération unique. La réduction du capital à zéro s'étant faite sous la condition suspensive de l'augmentation subséquente, c'est au moment où celle-ci a été votée que la réduction du capital a été réalisée. L'investisseur concerné détenait donc encore des actions au moment de l'augmentation du capital et il avait le droit d'y souscrire préférentiellement, en vertu du pacte toujours en vigueur (CA Paris 27-3-2014 n° 13/06816 : RJDA 7/14 n° 642).

Dans les **sociétés dont les titres sont « cotés »,** l'Autorité de marché a suggéré de mettre en place une offre publique de retrait préalable à la réduction du capital à zéro et à une radiation de la cote afin d'offrir aux actionnaires minoritaires la possibilité de sortir de la société. 52164

Par ailleurs, l'Autorité de marché « peut être amenée, le cas échéant, à demander à la société la nomination d'un expert indépendant pour que soit appréciée l'équité de la contribution demandée aux actionnaires au regard de celle demandée aux autres partenaires de l'entreprise, appelés à participer à un plan de restructuration financière » (Bull. COB décembre 1994 p. 75).

Sur l'obligation de reconstituer les **capitaux propres** lorsque, du fait des pertes, ceux-ci deviennent **inférieurs à la moitié du capital** social, voir nos 76610 s. 52165

SANCTIONS EN CAS DE RÉDUCTION DU CAPITAL SOUS LE MINIMUM LÉGAL

L'inobservation des dispositions relatives au maintien du capital à un montant au moins égal au minimum légal n'est pas sanctionnée par la nullité de la réduction du capital, mais par la possibilité pour toute personne intéressée de demander au tribunal de commerce de prononcer la **dissolution** de la société (art. L 224-2, al. 2 et R 210-15). 52170

Toutefois, le tribunal saisi de l'action en dissolution doit écarter cette dissolution si, le jour où il statue sur le fond, la situation de la société a été régularisée (art. L 224-2, al. 2). Cette possibilité de régularisation jusqu'à ce que le tribunal statue sur le fond en première instance réduit considérablement l'efficacité de la sanction attachée aux règles relatives au capital minimal dans les sociétés par actions.

Contrairement à ce qui est prévu dans d'autres situations (réunion de toutes les parts ou actions dans une seule main ; nombre d'actionnaires inférieur à sept si les titres de la société sont admis aux négociations sur un marché réglementé ou sur un SMN ; actif net devenu inférieur à la moitié du capital), la loi ne donne pas au tribunal la possibilité d'accorder un délai à la société pour procéder à cette régularisation. Il s'ensuit à notre avis que, si, le jour où il doit statuer sur le fond, le capital n'a pas été porté au minimum légal ou la société transformée en société d'une autre forme, le tribunal doit prononcer la dissolution.

G. Publicité de la réduction du capital

La copie certifiée conforme du procès-verbal de la **délibération** de l'assemblée générale des actionnaires **ayant décidé ou autorisé** une réduction du capital social doit être déposée, dans le délai d'un mois à compter de sa date, au greffe du tribunal de commerce, par l'intermédiaire du guichet unique électronique des formalités d'entreprises, pour être annexée au RCS (art. R 123-77 et R 123-107). 52230

En cas de réduction non motivée par des pertes, la date de ce dépôt fait courir le délai d'opposition des créanciers (art. R 225-152).

Ce document fait également l'objet d'un dépôt en annexe au RNE (art. R 123-266, 2o).

Lorsque la **réduction** de capital est **réalisée,** elle fait l'objet des mesures de publicité habituelles en cas de modification des statuts (nos 85500 s.) : 52232

– insertion dans un support d'annonces légales (art. R 210-9) ;
– inscription modificative au RCS et au RNE effectuée par l'intermédiaire du guichet unique électronique des formalités d'entreprises (art. R 123-66 et R 123-263) ; la demande d'inscription doit notamment comprendre les statuts mis à jour (art. R 123-105 et R 123-266, 2o) ;
– insertion au Bodacc par les soins du greffier du tribunal de commerce (art. R 123-159).

Une action en régularisation peut être engagée si ces formalités ne sont pas accomplies (nos 89800 s.).

H. Régime fiscal de la réduction du capital

La réduction de capital est dispensée d'enregistrement. 52300

Toutefois, lorsque l'acte la constatant est présenté volontairement à l'enregistrement, la réduction de capital est enregistrée gratuitement (sous réserve de l'application de la théorie de la mutation conditionnelle des apports) lorsqu'elle s'opère par annulation ou réduction du nominal ou du nombre de titres avec remboursement corrélatif aux associés et est soumise au droit fixe de 125 € lorsqu'elle s'accompagne d'un remboursement aux associés (Mémento Fiscal no 66995).

ATTENTION

En cas de **rachat** par une société de ses propres titres **suivi d'une réduction** de capital, lorsque deux **actes distincts** sont établis, l'un pour le rachat des actions, l'autre pour la réduction de capital résultant de l'annulation de ces actions, le premier relève du régime de cession de droits sociaux (nº 68430), le second – s'il est présenté à la formalité – est enregistré gratuitement sous réserve de l'application de la théorie de la mutation conditionnelle des apports (Mémento Fiscal nº 67000).

52301 En outre, les sommes versées, le cas échéant, aux actionnaires sont en principe taxables en tant que **revenus distribués.** Seules échappent à cette taxation les sommes qui présentent le caractère de remboursement d'apports ou de primes d'émission (Mémento Fiscal nº 24465).

Lorsqu'une société procède au rachat de ses propres titres, les sommes ou valeurs attribuées aux associés ou actionnaires relèvent du régime des **plus-values.** Ces sommes ne sont pas considérées comme des revenus distribués (CGI art. 112, 6º).

Pour les associés personnes physiques détenant les titres dans le cadre de leur patrimoine privé, les sommes qui leur sont attribuées sont taxées selon le régime des **plus-values de cession de valeurs mobilières** et droits sociaux. S'il s'agit de titres inscrits à l'actif d'une **entreprise relevant de l'impôt sur le revenu,** le profit (ou la perte) résultant de leur rachat est compris dans son résultat et soumis au régime des plus-values sur cession de titres du portefeuille. Les sommes perçues par les **personnes morales passibles de l'impôt sur les sociétés** lors d'un rachat par la société émettrice de ses propres titres relèvent du régime des plus et moins-values professionnelles (Mémento Fiscal nº 24470).

52302 Les sociétés ayant leur siège en France et qui ont réalisé au cours du dernier exercice clos (ramené s'il y a lieu à 12 mois) un chiffre d'affaires hors taxe supérieur à 1 Md€ sont redevables d'une taxe sur les réductions de capital par annulation de titres résultant d'un rachat de leurs propres titres (CGI art. 235 ter XB issu de loi 2025-127 du 14-2-2025 art. 95).

Cette taxe, dont le taux est de 8 %, frappe les opérations de réduction de capital réalisées à compter du 1er mars 2025. En sont toutefois exclues certaines opérations telles que celles effectuées dans le cadre de dispositifs d'actionnariat salarié ou celles réalisées pour faciliter une fusion ou une scission par rachat et annulation de titres représentant au plus 0,25 % du montant du capital social.

La taxe est assise sur la somme constituée par le montant de la réduction de capital et une fraction des sommes qui revêtent sur le plan comptable le caractère de primes liées au capital. Elle n'est pas déductible de l'assiette de l'impôt sur les sociétés.

Une taxe temporaire a également été instaurée pour frapper les mêmes opérations de réduction de capital par annulation de titres réalisées du 1er mars 2024 au 28 février 2025. Pour plus de détails, voir Mémento Fiscal nºs 76017 s.

CHAPITRE 7

LE CONTRÔLE DES SOCIÉTÉS ANONYMES

SOMMAIRE

SECTION 1

CONVENTIONS INTERDITES ET CONVENTIONS RÉGLEMENTÉES

EN BREF *Les conventions directes ou indirectes entre la société et certains de ses mandataires sociaux ou actionnaires, celles conclues par la société avec une entreprise ayant des dirigeants communs ainsi que certaines opérations spécifiques sont soumises à un contrôle à deux degrés :* 52500

– d'abord, une autorisation préalable de la convention par le conseil d'administration ou de surveillance ;

– ensuite, un vote de l'assemblée des actionnaires après audition d'un rapport spécial.

Toutes les conventions ne font pas nécessairement l'objet de ce contrôle. En effet, en dehors des conventions soumises à cette procédure, il en est qui sont interdites et d'autres qui sont libres.

A. SA visées par la réglementation

52505 La réglementation instituée par les articles L 225-38 s. et L 225-86 s. et, si les actions de la société sont admises aux négociations sur un marché réglementé, par les articles L 22-10-12, L 22-10-13, L 22-10-29 et L 22-10-30 s'applique, en principe, à toutes les SA.

La réglementation s'applique y compris aux SA exploitant un **établissement de crédit** ou de paiement ainsi qu'aux sociétés de financement, entreprises d'investissement et sociétés de gestion de portefeuille (C. mon. fin. art. L 511-39, L 522-19, V et L 533-5).

Les SA du **secteur public** sont, sauf règles dérogatoires, soumises aux dispositions du Code de commerce régissant les sociétés commerciales (Loi 83-675 du 26-7-1983 art. 37, al. 1) et notamment aux articles précités de ce Code (CA Versailles 29-11-1990 : Bull. Joly 1991 p. 286, confirmé mais sur un autre point par Cass. com. 17-5-1994 n° 91-21.364 : RJDA 8-9/94 n° 934). Par suite, aucune disposition particulière n'excluant l'application de ce texte à la société en cause, le tribunal de commerce est compétent pour statuer sur l'interprétation de ce texte et son application au cas d'espèce, peu important que la convention soit un contrat administratif et que l'administrateur concerné soit une personne morale de droit public (T. com. Paris 31-5-1994 : RJDA 10/94 n° 1036).

Le régime des conventions réglementées s'applique également aux **sociétés à participation publique** (cf. Ord. 2014-948 du 20-8-2014 art. 1, al. 2), exception faite pour les contrats d'entreprise par lesquels l'État fixe à la société des missions de service public qui ne sont pas considérés comme des conventions réglementées au sens du Code de commerce, mais qui sont soumis à l'avis préalable du conseil d'administration (Ord. 2014-948 art. 16).

Dans les sociétés d'exercice libéral à forme anonyme (Selafa), seuls les professionnels exerçant au sein de la société prennent part aux délibérations du conseil d'administration ou de surveillance autorisant au préalable la conclusion de la convention et aux délibérations de l'assemblée générale statuant sur les conventions autorisées et conclues (délibérations visées aux art. L 225-38, L 225-40, L 225-86 et L 225-88) lorsque les conventions en cause portent sur les conditions dans lesquelles ils y exercent leur profession (Ord. 2023-77 du 8-2-2023 art. 56). Il en est de même dans les SA de droit commun constituées pour l'exercice d'une **profession libérale** juridique ou judiciaire (art. L 811-7, al. 2 et L 812-5, al. 2 pour les administrateurs et mandataires judiciaires, Ord. du 10-9-1817 art. 3-2, al. 2 pour les avocats aux Conseils, Loi 71-1130 du 31-12-1971 art. 8, I-al. 2 pour les avocats, Ord. 45-2590 du 2-11-1945 art. 1 bis, al. 2 pour les notaires et Ord. 2016-728 du 2-6-2016 art. 5, al. 2 et 25, IV-6° pour les commissaires de justice, les huissiers de justice et les commissaires-priseurs judiciaires).

Toutefois, l'exception prévue par l'article 56 ne s'applique pas dans les Selafa et SA de droit commun constituées pour l'exercice d'une profession libérale juridique ou judiciaire dont la majorité du capital et des droits de vote est détenue par des personnes autres que des professionnels exerçant au sein de la société (Ord. 2023-77 art. 81 et 83).

B. Conventions interdites

CONVENTIONS VISÉES PAR L'INTERDICTION

52510 Il est interdit de (art. L 225-43, al. 1 et L 225-91, al. 1) :
- contracter sous quelque forme que ce soit des **emprunts** auprès de la société ;
- se faire consentir par elle un **découvert,** en compte courant ou autrement ;
- faire **cautionner ou avaliser** par elle ses engagements envers des tiers.

Compte tenu des termes extrêmement larges employés dans la loi, l'interdiction s'applique même lorsque l'engagement est pris à l'étranger (CA Paris 26-3-1966 : Gaz. Pal. 1966 I p. 400).

> **Précisions** **a.** Sur la nullité d'un **prétendu emprunt** qu'une société aurait contracté conjointement et solidairement avec l'un de ses administrateurs, dès lors que le prêt avait profité uniquement à l'administrateur et qu'en fait le *rôle de la société* avait été celui d'une **caution solidaire,** voir CA Paris 19-11-1974 : Gaz. Pal. 1975 I p. 286.
> **b.** Sur l'application de l'interdiction au **prêt d'actions** consenti par la société à un administrateur ou à un membre du conseil de surveillance, voir n° 39346.
> **c.** Sur l'application de l'interdiction à l'engagement pris par une société qui acquiert des titres détenus par un de ses mandataires sociaux, de se **substituer** à celui-ci dans les **cautionnements** donnés aux créanciers de la société dont les titres sont cédés, voir n° 17951.

PERSONNES VISÉES PAR L'INTERDICTION

L'interdiction de conclure les conventions visées ci-dessus **s'applique** (art. L 225-43, al. 1 et 3 et L 225-91, al. 1 et 2) : 52515
- aux personnes physiques administrateurs, membres du directoire ou du conseil de surveillance ;
- au directeur général ;
- aux directeurs généraux délégués ;
- aux représentants permanents des personnes morales administrateurs ou membres du conseil de surveillance ;
- aux conjoints, ascendants et descendants des personnes précitées ;
- et, d'une manière générale, à toute personne interposée.

Il y a **interposition** lorsque l'une des personnes mentionnées ci-dessus est bénéficiaire réel du prêt ou de la garantie accordé par la société apparemment à un tiers. La preuve de l'interposition de personne dépend des circonstances de fait. Elle est évidente lorsque, par exemple, une société consent un prêt à un tiers qui aussitôt octroie un prêt de même montant au directeur général de cette société (TGI Seine 27-11-1962 : D. 1964 p. 730 note Dalsace) ou lorsque la garantie a été donnée au profit d'une société sous couvert de laquelle agissait le gérant de la société garante (Cass. com. 23-1-1990 : Bull. Joly 1990 p. 282). En revanche, le fait que l'administrateur ou le directeur général détienne une importante participation dans la société bénéficiaire du prêt ou en soit le dirigeant ne constitue pas à lui seul la preuve de l'interposition de personne ; il faut encore démontrer que ce crédit a profité personnellement à cet administrateur ou à ce directeur général (Cass. com. 12-4-1983 : BRDA 18/83 p. 19).

S'agissant d'une interdiction, l'interprétation doit être stricte. En conséquence, l'interdiction n'est **pas applicable** : 52520
- aux mandataires sociaux qui ne sont pas en fonctions au moment de la conclusion du prêt ou de l'octroi de la garantie ; ainsi, un prêt consenti à une personne ultérieurement nommée administrateur ne doit pas être obligatoirement remboursé au moment où cette personne devient administrateur ; il convient seulement de respecter les échéances normales prévues au contrat (CNCC NI.IX février 2018 § 1.134) ;
- aux actionnaires non mandataires sociaux même s'ils détiennent plus de 10 % des droits de vote, faute de texte en ce sens ;
- aux personnes morales membres du conseil d'administration ou de surveillance (art. L 225-43, al. 1 et L 225-91, al. 1), la prohibition visant leurs représentants permanents ainsi que les cas où la personne morale agit comme personne interposée (nº 52515) ;
- à quiconque emprunte auprès de la société, lorsque celle-ci exploite un établissement bancaire ou financier, à la condition qu'il s'agisse d'opérations courantes de ce commerce conclues à des conditions normales (art. L 225-43, al. 2 et L 225-91, al. 3) ;
- à notre avis, aux avantages financiers consentis par la société à l'occasion de ses opérations commerciales courantes (ventes à crédit, par exemple) et dont les personnes visées nº 52515 peuvent profiter comme tout autre client de la société.

SANCTIONS DE L'INOBSERVATION DE L'INTERDICTION

Les emprunts, découverts, avals ou garanties contractés malgré l'interdiction sont nuls (art. L 225-43, al. 1 et L 225-91, al. 1). 52530

S'il s'agit d'un prêt, le bénéficiaire doit restituer à la société les sommes empruntées. Si la convention prohibée constitue en même temps un détournement de biens sociaux, des sanctions pénales sont applicables (art. L 242-6, 3º et L 242-30 ; nº 42290).

La **nullité** est d'ordre public et absolue (Cass. ch. mixte 10-7-1981 : D. 1981 p. 637 ; Cass. com. 25-4-2006 nº 05-12.734 : RJDA 8-9/07 nº 858). Elle ne peut donc pas être couverte par un acte confirmatif (C. civ. art. 1180, al. 2), telle une ratification par l'assemblée générale.

L'action en nullité se ***prescrit*** *par cinq* ans à compter de la date à laquelle le demandeur a eu ou aurait dû avoir connaissance de la convention (C. civ. art. 2224). En revanche, l'action en paiement de dommages-intérêts contre un mandataire social à la suite de l'annulation d'une convention interdite conclue à son profit doit être engagée dans le délai de prescription triennale de l'action en responsabilité des dirigeants (Cass. com. 20-12-2023 nº 21-20.019 F-D : RJDA 4/24 nº 226, à propos d'une SARL mais transposable).

La société peut **opposer** la nullité **aux tiers** sauf s'ils sont de bonne foi (cf. art. L 235-12 remplacé, à compter du 1-10-2025, par C. civ. art. 1844-16 ; Ord. 2025-229 du 12-3-2025 art. 70 ; nº 89560). Lorsqu'une société a garanti les engagements d'une des personnes visées nº 52515, le tiers bénéficiaire de la garantie ne peut pas, à notre avis, prétendre être de bonne foi. En effet, nul n'étant 52532 censé ignorer la loi, il est réputé savoir qu'une disposition expresse du Code de commerce (art. L 225-43 et L 225-91) frappe de nullité une telle garantie. La bonne foi peut cependant être admise si le débiteur réel de la dette garantie a été dissimulé au tiers par des manœuvres frauduleuses auxquelles celui-ci est resté étranger, par exemple en cas d'interposition de personnes (Cass. com. 23-9-1982 : Bull. civ. IV n° 283).

C. Conventions réglementées

1. OPÉRATIONS SOUMISES AU CONTRÔLE

a. Conventions entre la SA et un dirigeant, un actionnaire ou une entreprise ayant des dirigeants communs

PERSONNES ET ENTREPRISES VISÉES PAR LE CONTRÔLE

52550 **Mandataires sociaux** Le contrôle prévu par la loi est applicable, en premier lieu, aux **conventions** (soumises à la réglementation) **conclues directement** entre la société et l'un de ses mandataires sociaux : directeur général, directeur général délégué, administrateur, membre du directoire ou du conseil de surveillance (art. L 225-38 et L 225-86).

Il s'applique aussi aux conventions conclues entre la société et le représentant permanent d'une personne morale administrateur ou membre du conseil de surveillance de la société. En effet, bien que non expressément visés par les textes précités, ces représentants sont néanmoins soumis aux mêmes conditions et obligations que s'ils étaient administrateurs ou membres du conseil de surveillance en leur nom propre (art. L 225-20, al. 1 et L 225-76, al. 1).

52552 **Mandat en cours.** Le contrôle ne s'applique que si le mandataire social est **en fonctions** à la date de la conclusion de la convention (Cass. com. 6-5-1996 : RJDA 8-9/96 n° 1063 ; Cass. soc. 10-4-2013 n° 11-25.841 : RJDA 7/13 n° 626 ; Cass. com. 16-5-2018 n° 16-13.207 F-D : RJDA 8-9/18 n° 652) – ou de sa modification ou de son renouvellement : n° 52615 – et non à la date d'exécution de celle-ci. Par exemple, la convention est soumise au contrôle même si les marchandises objet des marchés ont été « réceptionnées » par le nouveau président après la démission de l'intéressé (Cass. com. 26-1-1965 n° 63-11.400 : Bull. civ. IV n° 74).

Néanmoins, une convention intervenue **avant** la **nomination** du mandataire social peut être annulée si elle est entachée de **fraude** pour avoir été conclue dans le dessein de l'exclure du contrôle (Cass. com. 5-1-2016 n° 14-18.688 : RJDA 3/16 n° 205, à propos d'un avenant accordant une indemnité de licenciement à un salarié d'une société conclu juste avant qu'il ne soit nommé dirigeant).

À notre avis, une convention conclue **après la cessation des fonctions** du mandataire social peut également être annulée en cas de fraude à la loi. Le seul fait qu'une convention ait été conclue deux jours après la cessation par l'intéressé de ses fonctions d'administrateur ne suffit toutefois pas à caractériser une telle fraude (CA Paris 21-12-1989 : BRDA 9/90 p. 11).

52555 **Intérêt indirect.** La procédure est également applicable lorsque le mandataire visé n° 52550, sans être personnellement partie au contrat, est indirectement intéressé à celui-ci (art. L 225-38, al. 2 et L 225-86, al. 2). Tel est le cas lorsqu'il tire profit de la convention sous quelque forme que ce soit (ristourne, commission ou autres avantages même non pécuniaires).

Selon l'AMF, doit être considérée comme étant indirectement intéressée à une convention à laquelle elle n'est pas partie « la personne qui, en raison des liens qu'elle entretient avec les parties et des pouvoirs qu'elle possède pour infléchir leur conduite, en tire ou est susceptible d'en tirer un avantage » (Recommandation AMF 2012-05, proposition n° 4.2).

ILLUSTRATIONS

Profite indirectement d'une convention :

– le président-directeur général qui a consenti à son épouse une promesse de vente d'une partie d'un immeuble de la société dès lors que, même marié sous le régime de la séparation de biens, il habitait avec sa femme dans le local faisant l'objet de la promesse (Cass. com. 23-1-1968 : Bull. civ. IV n° 38) ;

– le président-directeur général qui a conclu un contrat d'approvisionnement exclusif avec une SARL constituée entre ses deux jeunes enfants et qui était en réalité « l'affaire » de celui-ci (CA *Nîmes 15-2-1989, inédit et, sur pourvoi,* Cass. com. 23-10-1990 : Bull. civ. IV n° 254) ;

– l'administrateur dont la société avait conclu une convention pour l'exécution de prestations de conseil avec une autre société dont il était le salarié et qui devait exécuter ces prestations (CA Lyon 22-11-2007 n° 05-7179 : RJDA 12/08 n° 1284) ;

– le directeur général ayant privilégié les intérêts de sa famille lors de la signature d'un bail entre la société qu'il représentait et sa belle-sœur (Cass. 3e civ. 30-11-2022 n° 21-20.910 F-D : RJDA 3/23 n° 150).

En revanche, l'administrateur d'une société ayant conclu une convention avec une autre société dont il était représentant (cadre salarié) n'a **pas été considéré comme étant indirectement intéressé** à cette convention dès lors qu'il n'avait tiré aucun profit personnel de l'opération et qu'il ne détenait pas dans la société qu'il représentait « des intérêts suffisamment importants pour infléchir la conduite de cette société » dans ses relations avec la société dont il était administrateur (Cass. com. 4-10-1988 n° 86-19.251 P : Rev. sociétés 1989 p. 216 note Y. Chaput).

Personne interposée. La procédure de contrôle est requise aussi lorsque le mandataire visé n° 52550 traite avec la société par personne interposée (art. L 225-38, al. 1 et L 225-86, al. 1). Il ne s'agit là que d'une question de fait qui dépend des circonstances de l'espèce. Un lien de parenté ne permet pas, à lui seul, de présumer une interposition de personne (CA Lyon 21-5-1951 : Gaz. Pal. 1951 II p. 179). 52560

En pratique, l'interposition de personne implique un intérêt indirect de sorte que, le plus souvent, les décisions de justice qui constatent une interposition de personne relèvent également l'existence d'un intérêt indirect (pour des exemples, Cass. com. 23-1-1968 : Bull. civ. IV n° 38 ; CA Nîmes 15-2-1989 inédit et, sur pourvoi, Cass. com. 23-10-1990 : Bull. civ. IV n° 254 ; CA Paris 20-11-1998 : RJDA 2/99 n° 187).

L'interposition de personne existe aussi lorsque la convention est conclue par l'intermédiaire d'un prête-nom.

Entreprises ayant des dirigeants communs Sous réserve des conventions conclues entre deux sociétés dont l'une détient la totalité du capital de l'autre (n° 52670), sont également soumises à la réglementation les conventions qui sont conclues entre la société et une autre entreprise si le directeur général, l'un des directeurs généraux délégués ou l'un des administrateurs, l'un des membres du directoire ou du conseil de surveillance de la société est propriétaire de cette entreprise ou est associé indéfiniment responsable (associé en nom dans une SNC ou une société en commandite, ou même associé dans une société civile), gérant, administrateur, membre du conseil de surveillance ou, de façon générale, dirigeant de la société qui l'exploite (art. L 225-38, al. 3 et L 225-86, al. 3). 52565

Les conventions conclues entre sociétés ayant des dirigeants communs représentent la majorité des conventions soumises au contrôle. On les rencontre notamment entre sociétés mères et filiales ou entre autres sociétés faisant partie d'un même groupe.

ATTENTION

Les **représentants permanents des personnes morales** administrateurs ou membres du conseil de surveillance étant assimilés à des mandataires sociaux en nom propre (n° 52550), les articles L 225-38 et L 225-86 paraissent applicables aussi à la convention conclue entre une société A et une société B si le directeur général, l'un des directeurs généraux délégués, l'un des membres du directoire, l'un des administrateurs ou des membres du conseil de surveillance (ou représentants permanents de personnes morales ayant ces fonctions) de A est également représentant permanent d'une personne morale C administrateur (ou membre du conseil de surveillance) de B. Il y a donc lieu de respecter la procédure d'autorisation aussi bien dans la société A que dans la société B.

Le directeur général visé par ces dispositions est le mandataire social désigné par le conseil d'administration et non le salarié qui, même si le titre de « directeur général » lui est attribué, ne remplit ses fonctions qu'en exécution d'un contrat de travail sous l'entière dépendance du dirigeant social (cf. CA Paris 22-1-1993 : D. 1993.IR.124, à propos d'une SARL, mais transposable).

Par « dirigeant » de l'entreprise contractante, il faut entendre non seulement le ou les gérants, mais aussi le directeur général, les directeurs généraux délégués, les membres du directoire, le président et les autres dirigeants s'il s'agit d'une SAS, etc.

La réglementation s'applique même si les conventions sont conclues **entre une société française et une société étrangère** (dans le même sens, CNCC NI.IX février 2018 § 1.121, e). 52567

Il a en effet été jugé que la constitution et le fonctionnement des sociétés sont régis par des dispositions légales impératives qui doivent recevoir application même dans les rapports internationaux (CA Paris 26-3-1966 : Gaz. Pal. 1966 I p. 400). En particulier, les organes de la société exercent leurs fonctions et engagent la société à condition de respecter les règles impératives ou prohibitives édictées par la loi – dite « lex societatis » – à laquelle est soumise la société.

La réglementation s'applique également aux conventions conclues **avec une association** régie par la loi de 1901 dès lors que celle-ci exerce une activité économique, commerciale ou non, de façon habituelle et autonome (pour un exemple, CA Paris 26-9-1991 : RJDA 1/92 n° 55). 52570

52580 **Actionnaires détenant plus de 10 % des droits de vote** Sous réserve de l'exception concernant les conventions entre deux sociétés dont l'une détient la totalité du capital de l'autre (nº 52670), la réglementation s'applique aux conventions conclues directement ou par personne interposée entre la société et (art. L 225-38, al. 1 et L 225-86, al. 1) :
– un actionnaire, **personne physique ou morale,** disposant de plus de 10 % des droits de vote ;
– toute **société contrôlant une société actionnaire** qui détient plus de 10 % des droits de vote.

Elle s'applique aussi aux conventions auxquelles une de ces personnes est **indirectement intéressée** (art. L 225-38, al. 2 et L 225-86, al. 2 ; nº 52555).

52582 **Calcul de la participation.** La participation de plus de 10 % étant calculée non pas en fonction du capital mais sur les **droits de vote,** la masse de calcul devra être établie en tenant compte, s'il en existe, des actions à droit de vote double, des actions de préférence, des actions « propres » détenues par la société, des actions d'autocontrôle, des actions non libérées des versements exigibles, des actions privées du droit de vote pour défaut de notification d'un franchissement de seuil, etc. (nºs 47693 s.).

Selon la CNCC, seuls les droits de vote détenus directement par l'actionnaire doivent être pris en compte et la **détention indirecte** de plus de 10 % des droits de vote par un actionnaire ne suffit pas à en faire une personne visée par les articles L 225-38, al. 2 et L 225-86, al. 2 (CNCC NI.IX février 2018 § 1.121, c).

Selon l'Ansa, pour apprécier le seuil de détention de plus de 10 % des droits de vote, il convient d'ajouter au pourcentage de droits de vote dont dispose un actionnaire au titre des actions qu'il détient en pleine propriété celui que lui confèrent les actions dont il est **usufruitier** (Communication Ansa, comité juridique nº 20-044 du 2-12-2020). En revanche, si l'usufruitier ne détient pas d'action en pleine propriété et n'a donc pas la qualité d'actionnaire (nº 6102), la procédure de contrôle des conventions réglementées n'a, à notre avis, pas lieu d'être suivie, même si les actions dont l'intéressé est usufruitier lui confèrent plus de 10 % des droits de vote pour tout ou partie des résolutions.

C'est au **moment** de la conclusion de la convention qu'il convient, à notre avis, d'**apprécier la détention** de plus de 10 % des droits de vote.

52584 **Contrôle d'une société actionnaire.** Le contrôle d'une société par une autre est apprécié conformément aux dispositions de l'article L 233-3.

La société contrôlant la société actionnaire doit s'entendre de toute société faisant partie de la chaîne de contrôle de la société actionnaire ou qui exerce sur elle un contrôle de fait au moyen d'une **convention de vote** (art. L 233-3, I et II). En revanche, il n'y a pas lieu de tenir compte du **contrôle conjoint** (art. L 233-3, III) exercé sur la société actionnaire par des sociétés agissant de concert (Lettre du ministère de la justice du 6-7-2002 ; CNCC NI.IX février 2018 § 1.121, d).

Peu importe la **nationalité,** française ou étrangère, de la société (société actionnaire ou société mère) avec laquelle la convention est passée.

La procédure peut s'appliquer également lorsque la convention est passée avec une société sœur de la société actionnaire, une société qu'elle contrôle ou une filiale, et que la société actionnaire est **indirectement intéressée** à cette convention.

CONVENTIONS SOUMISES AU CONTRÔLE

52610 La loi vise **toutes les conventions** sans aucune distinction, à l'exception, bien entendu, de celles qui sont interdites (nºs 52510 s.) ou, au contraire, libres (nºs 52640 s.). Le champ d'application de la procédure de contrôle est donc extrêmement vaste : vente, bail, prestation de services, concession de licence, prêt consenti à la société, etc. (sur l'application de cette procédure à la rémunération des dirigeants, voir nºs 52680 s.).

L'AMF recommande aux sociétés dont les titres financiers sont admis aux négociations sur un marché réglementé de mettre en place une charte interne pour qualifier les conventions à soumettre à la procédure des conventions réglementées. Cette charte doit définir les critères retenus par la société en adaptant l'étude de la CNCC de février 2014 sur les conventions réglementées et courantes à sa propre situation et en accord avec ses commissaires aux comptes. La charte doit être soumise à l'approbation du conseil d'administration ou de surveillance de la société et rendue publique sur le site internet de celle-ci (Recommandation AMF 2012-05, proposition nº 4.1). Toutefois, cette mesure n'a pas vocation à s'appliquer aux VaMPs *(valeurs moyennes et petites)*.

52612 La procédure de contrôle n'est pas applicable aux **conventions** qui ne sont pas **conclues par la société** elle-même : tel est le cas d'une cession par le président d'une société à une banque de sa créance sur la société, celle-ci, débiteur cédé, n'étant pas partie à l'opération (Cass. com. 11-1-1966 : Bull. civ. III nº 19).

ATTENTION

La loi soumet expressément à la procédure de contrôle certains **engagements** de la société qui ne sont **pas** nécessairement **contractuels.** Tel est le cas de la prise en charge par une société mère des dommages environnementaux ou miniers causés par sa filiale : n° 80498.

S'il résulte d'un arrêt isolé de la Cour de cassation (Cass. com. 17-4-1980 n° 78-11.413 : Bull. civ. IV n° 149) que l'autorisation préalable du conseil d'administration ne s'applique pas à un **engagement pris par le conseil lui-même** lors d'une décision à laquelle participait son président, on ne saurait en déduire avec certitude que l'engagement pris échappe au contrôle des conventions réglementées (D. Schmidt, Les conflits d'intérêts dans la société anonyme Joly 2004 n°s 105 s.). Aussi est-il recommandé d'écarter du vote de la délibération emportant cet engagement le mandataire social qui en bénéficie.

La procédure de contrôle s'applique à la conclusion de **nouvelles conventions,** y compris par renouvellement ou tacite reconduction de conventions antérieures (Bull. CNCC juin 2018 p. 280 ; TGI Blida 24-4-1963 : Gaz. Pal. 1963 II p. 438 ; rappelons qu'un contrat reconduit tacitement est un nouveau contrat, sauf les cas de tacite prolongation du bail commercial et de volonté contraire des parties ; Mémento Droit commercial n° 16219) ainsi qu'aux **modifications** qui y sont apportées (Cass. com. 27-2-1996 : RJDA 6/96 n° 802 ; Cass. com. 28-5-2025 n° 23-23.536 F-D : BRDA 14/25 inf. 1, à propos d'une SARL mais transposable). 52615

De même, la **résiliation** d'un commun accord des conventions autorisées doit faire l'objet de la procédure de contrôle (Cass. com. 27-2-1996 : RJDA 6/96 n° 802). En revanche, lorsque la résiliation est décidée unilatéralement par une des parties en vertu d'un texte ou d'une clause de la convention, la décision n'est pas soumise à la procédure de contrôle (Communication Ansa, comité juridique n° 19-028 du 9-5-2019).

Constituent des opérations soumises à autorisation préalable : 52617

– une demande de **brevet** déposée par le président conjointement à son nom personnel et au nom de sa société (CA Paris 9-5-1961 : D. 1962 som. p. 26) ;

– la conclusion ou le renouvellement d'un **bail commercial** (cf. CA Paris 20-11-1998 : RJDA 2/99 n° 187 ; CA Versailles 19-12-2002 n° 01-1413 : RJDA 4/03 n° 399), ou sa modification (Cass. com. 25-3-2003 n° 556 : RJDA 2/04 n° 180) ;

– la convention de **compte courant** d'associé (Cass. com. 21-4-2022 n° 20-11.850 F-D : RJDA 8-9/22 n° 489) ;

– l'**emprunt** contracté personnellement par le président auprès d'une banque qu'il met immédiatement et gratuitement à la disposition de la société, celle-ci versant alors directement à la banque les intérêts afférents à cet emprunt (Rép. Valbrun : AN 17-1-1976 n° 24332) ;

– la conclusion d'un **contrat de travail** par un administrateur, directeur général, membre du directoire ou du conseil de surveillance, ou la modification apportée à ce contrat ;

– l'attribution à un administrateur d'un **avantage en nature** qui n'est pas directement lié à sa fonction, par exemple la jouissance d'un véhicule de la société ou l'utilisation d'un logement appartenant à la société (Rép. Braconnier : Sén. 24-8-1979 n° 30539 ; Rép. Sergheraert : AN 9-3-1981 n° 37140) ; encore faut-il que cet avantage en nature ait une contrepartie pour la société, faute de quoi l'administrateur se rendrait coupable d'un abus de biens sociaux ;

– la souscription d'un **contrat d'assurance-vie** au profit du président (CA Paris 1-6-1982 : Gaz. Pal. 1982 som. p. 320) ;

– la prise en charge par la société des **frais de réception à domicile** engagés par un dirigeant et qui n'auraient pas été autorisés par le conseil conformément à l'article R 225-33, al. 2 (cf. Rép. Bajeux : Sén. 13-12-1979 n° 31477).

Conventions déjà autorisées Les conventions conclues et autorisées au cours d'exercices antérieurs et **dont les effets se prolongent dans le temps** échappent au contrôle à condition qu'aucune modification ne soit apportée dans leurs modalités d'exécution (Cass. com. 27-2-2001 : RJDA 6/01 n° 702). Toutefois, ces conventions font l'objet d'un **examen *annuel*** *du conseil d'administration* ou de surveillance dans les conditions exposées n° 52798 et sont mentionnées dans le rapport sur les conventions réglementées soumis à l'assemblée générale (n°s 52807 s.). 52620

Opérations particulières La procédure d'autorisation n'est pas applicable : 52630

– aux **fusions et scissions** entre sociétés ayant des administrateurs communs, s'agissant d'une opération qui ne peut être décidée que par l'assemblée générale extraordinaire (Cass. com. 7-6-1963 : JCP 1963 II n° 13374, décision antérieure à la réforme de 1966 mais transposable au régime actuel et à la fusion avec une autre personne visée par les articles L 225-38 et L 225-86 : société membre du conseil d'administration ou de surveillance, actionnaire disposant de plus de 10 % des droits de vote ou société contrôlant celle-ci) ; l'exclusion vaut aussi pour la **fusion simplifiée** intervenant entre une société et une filiale à 100 %, car cette opération comporte un ensemble de garanties pour les actionnaires plus important que la procédure d'autorisation des conventions réglementées (Communication Ansa, comité juridique n° 13-054 du 13-11-2013), et pour les **apports partiels d'actifs** (CA Paris 6-4-2001 : RJDA 10/01 n° 982) ;

– dans la société bénéficiaire d'un **apport en nature,** lorsque l'apport est effectué par une personne visée par les articles L 225-38 et L 225-86 ; en effet, la procédure d'autorisation n'a pas à être observée lorsque la conclusion de l'opération relève de la compétence de l'assemblée, ce qui est le cas pour la société bénéficiaire ;

– aux **conventions conclues avant la transformation de la société en SA,** alors que la société se trouvait sous une forme dans laquelle aucune procédure de contrôle n'était requise, même si elles continuent à produire leurs effets après la transformation (Cass. soc. 29-3-1973 : Bull. civ. V n° 205 ; Cass. com. 29-3-1994 : Bull. Joly 1994 p. 803 note Fréchet) ;

– à notre avis, aux **achats par la société,** dans les deux ans de son immatriculation au RCS, **d'un bien appartenant à un actionnaire** (quelles que soient ses fonctions au sein de la société et la hauteur de sa participation dans le capital) et dont la valeur est au moins égale à 10 % du capital social, ces achats faisant l'objet d'une procédure de contrôle spécifique (art. L 225-101 ; n°s 48131 s. ; dans le même sens, CNCC NI.IX février 2018 § 1.133).

> **Précisions a.** Conformément au principe général selon lequel les règles spéciales dérogent aux règles générales, le **contrôle spécifique prévu par l'article L 225-101** doit être considéré comme une exception au contrôle de principe des articles L 225-38 et L 225-86 relatifs aux conventions réglementées.
>
> **b.** Il est **conseillé d'informer les actionnaires** de l'existence des administrateurs communs ou du fait que le vendeur d'un bien détient plus de 10 % des droits de vote.

b. Autres opérations soumises au contrôle

PRÊTS ENTRE ENTREPRISES JUSTIFIÉS PAR DES LIENS ÉCONOMIQUES

52635 Par dérogation au monopole bancaire, les sociétés commerciales dont les comptes du dernier exercice clos ont fait l'objet d'une certification par un commissaire aux comptes sont autorisées à consentir des prêts, à titre accessoire à leur activité principale, à des microentreprises, à des PME ou à des entreprises de taille intermédiaire (au sens de l'article 3 du décret 2008-1354 du 18-12-2008) avec lesquelles elles entretiennent des liens économiques justifiant ces prêts (C. mon. fin. art. L 511-6, 3 bis et R 511-2-1-1 s.). Il en est ainsi que le commissaire aux comptes soit chargé d'un audit légal classique des comptes ou d'un audit allégé.

Ces prêts sont strictement encadrés : conditions requises des sociétés prêteuses (notamment en matière de capitaux propres et de trésorerie) et emprunteuse ; limitation des liens économiques justifiant le prêt, de la durée (trois ans) et du montant du prêt.

> **ATTENTION**
>
> La faculté pour une société par actions de consentir des prêts à des entreprises avec lesquelles elle entretient des liens économiques ne déroge pas à l'interdiction faite aux mandataires sociaux et à leurs proches d'emprunter des fonds à la société (n°s 52510 s.).

Il résulte de la rédaction de l'article L 511-6, 3 bis-al. 2 du Code monétaire et financier (« les prêts ainsi accordés sont formalisés dans un contrat [...] soumis aux articles L 225-38 à L 225-40 ») que la procédure de contrôle s'applique à ces prêts dans les conditions suivantes.

1. Elle doit être suivie dans la **SA à conseil d'administration qui accorde le prêt,** même si ce prêt n'entre pas, en raison de la qualité de l'emprunteur (ni mandataire social, ni actionnaire à hauteur de 10 % de la SA, ni société contrôlant une société actionnaire, ni entreprise ayant des dirigeants communs), dans le champ d'application des conventions réglementées défini par l'article L 225-38 (n°s 52550 s.).

En effet, l'article L 511-6, 3 bis-al. 2 du Code monétaire et financier n'exige pas que les conditions de l'article L 225-38 soient remplies ; admettre le contraire fait perdre toute utilité au renvoi à ce texte (dans le même sens, Communication Ansa, comité juridique n° 16-004 du 6-1-2016). En outre, selon les travaux parlementaires relatifs à la loi qui a introduit ce dispositif, les prêts *sont soumis au régime* des conventions réglementées pour la société prêteuse car, en raison du risque auquel elle s'expose, il apparaît nécessaire de soumettre ces prêts à un formalisme accru (Rapport Sén. n° 370 t. 1 p. 422 relatif à la loi 2015-990 du 6-8-2015). Pour une interprétation réfutant l'application systématique de la procédure des conventions réglementées à ces prêts, voir Lettre du Creda-Sociétés 2016-20 estimant que le renvoi aux articles L 225-38 s. étant général, il inclut nécessairement les conditions d'application requises par ces textes.

En toute hypothèse, le renvoi incluant l'article L 225-39, la procédure ne s'applique pas aux prêts qui constituent des conventions libres (nos 52640 s.).

2. Lorsque le **prêt** est **consenti par une société par actions autre** qu'une SA à conseil d'administration (SA à directoire, SAS, SCA), la procédure de contrôle ne doit être suivie au sein de cette société que si le prêt entre dans le champ d'application des conventions réglementées tel qu'il est défini par les textes spécifiques à ces sociétés. En effet, le raisonnement exposé au 1. ci-dessus pour systématiser l'application de la procédure n'est pas valable dans l'hypothèse ici visée puisque l'article L 511-6, 3 bis-al. 2 ne comporte aucun renvoi aux articles L 225-86 (SA à directoire et conseil de surveillance), L 227-10 (SAS) et L 226-10 (SCA).

3. La procédure de contrôle doit être aussi respectée au sein de la **société emprunteuse** si le prêt constitue une convention réglementée pour cette société, par exemple en raison de la présence de dirigeants communs avec la société prêteuse.

4. Les prêts interentreprises ne sont pas soumis à l'examen des conventions conclues et autorisées au cours d'exercices antérieurs dont l'**exécution** a été **poursuivie au cours du dernier exercice** (n° 52798), l'article L 511-6, 3 bis du Code monétaire et financier ne renvoyant pas à l'article L 225-40-1 (CNCC NI.IX février 2018 § 1.121, i).

ENGAGEMENTS POUR DOMMAGE ENVIRONNEMENTAL OU MINIER CAUSÉ PAR UNE SOCIÉTÉ LIÉE

Sont soumis à la procédure de contrôle des conventions réglementées les engagements par lesquels la société prend à sa charge, en cas de défaillance d'une société qui lui est liée, tout ou partie des obligations de prévention et de réparation des dommages industriels ou miniers causés à l'environnement par cette société (n° 80498). 52638

2. CONVENTIONS LIBRES

CONVENTIONS COURANTES CONCLUES À DES CONDITIONS NORMALES

Critères Sont libres les « conventions portant sur des opérations courantes et conclues à des conditions normales » (art. L 225-39 et L 225-87). 52640

Par « **opérations courantes** », il faut entendre celles qui sont effectuées par la société dans le cadre de son activité ordinaire et, s'agissant d'actes de disposition, arrêtées à des conditions suffisamment usuelles pour s'apparenter à des opérations habituelles (cf. Cass. com. 1-10-1996 : RJDA 1/97 n° 65). Pour juger du caractère courant d'une opération, les tribunaux peuvent se référer à sa conformité à l'objet social (CA Paris 4-6-2003 n° 02-4255 : RJDA 2/04 n° 179), mais ils doivent également vérifier que l'opération concernée est de même nature que d'autres déjà effectuées par la société (Cass. com. 21-4-1977 : Bull. civ. IV n° 105). Ainsi, une opération habituelle dans la profession mais unique pour la société ne constitue pas une opération courante (Cass. com. 11-3-2003 n° 454 : RJDA 6/03 n° 607). De même, à notre avis, une opération dont la nature est habituelle pour la société cesse d'être une opération courante lorsque son enjeu économique est exceptionnel.

Les **conditions** peuvent être considérées comme **normales** lorsqu'elles sont habituellement pratiquées par la société dans ses rapports avec les tiers de telle sorte que l'intéressé ne retire pas de l'opération un avantage qu'il n'aurait pas eu s'il avait été un fournisseur ou un client quelconque de la société. Il faut aussi tenir compte des conditions en usage pour des conventions semblables dans d'autres sociétés ayant la même activité (Rép. Lebas : AN 3-4-1969 n° 4276). 52642

Illustrations A été qualifiée d'**opération courante** conclue à des **conditions normales** la signature de baux commerciaux et d'habitation dès lors que les locations étaient effectuées par la société d'une manière habituelle, dans le cadre de son activité statutaire, et qu'elles ont été conclues conformément aux pratiques de sociétés exerçant dans le même secteur d'activité et se trouvant dans la même situation (CA Paris 17-10-2006 n° 05-12158 : RJDA 4/07 n° 375). 52650

En revanche, cette **qualification** a été **écartée** pour :
– la location de bureaux consentie par une société dont ce n'était pas l'activité habituelle figurant au registre du commerce et à des conditions très onéreuses pour la société locataire : engagement de neuf ans (application du statut des baux commerciaux) ; abandon du dépôt de garantie ; prise en charge de tous les travaux, y compris de gros œuvre ; coût supérieur à celui des locaux précédemment occupés par la société locataire (CA Paris 20-11-1998 n° 1996-20138 : RJDA 2/99 n° 187) ;

– un contrat d'entreprise pour l'édification d'un bâtiment de bureaux conclu, entre une SA et une SCI ayant des dirigeants et associés communs, à des conditions financières désavantageuses pour la SA et uniquement profitables à la SCI (Cass. com. 9-4-1996 : RJDA 8-9/96 nº 1062) ;
– la promesse d'achat d'actions consentie par une SA à une SARL dont l'un des membres du conseil de surveillance de la SA était associé et son fils gérant, dès lors que cette promesse était intervenue immédiatement après que la SA avait renoncé à acquérir les actions directement auprès de leur propriétaire et qu'elle n'obligeait que la SA tout en laissant à la SARL le choix de céder ou non les actions au gré de ses intérêts (Cass. com. 11-7-2000 : RJDA 12/00 nº 1115).

Sur les conventions courantes conclues à des conditions normales entre **sociétés appartenant à un même groupe,** voir nos 80510 s.

52660 **Procédure d'évaluation dans les SA « cotées »** Dans les SA dont les **actions** sont **admises aux négociations sur un marché réglementé,** le conseil d'administration ou de surveillance doit mettre en place une procédure permettant d'évaluer régulièrement si les conventions portant sur des opérations courantes et conclues à des conditions normales remplissent bien ces conditions (art. L 22-10-12 et L 22-10-29).

Les personnes directement ou indirectement intéressées à la convention ne peuvent pas participer à l'évaluation de celle-ci (art. précités).

Le rapport sur le gouvernement d'entreprise de ces sociétés doit comporter la description de cette procédure et de sa mise en œuvre (art. L 22-10-10, 6º et L 22-10-20).

CONVENTIONS AVEC UNE FILIALE À 100 %

52670 Les conventions conclues entre deux sociétés dont l'une détient, directement ou indirectement, la totalité du capital de l'autre sont exclues de la procédure de contrôle (art. L 225-39 et L 225-87).

Ces textes précisent que, le cas échéant, doit être déduit du capital le nombre minimum d'actions requis pour satisfaire aux exigences de l'article 1832 du Code civil ou des articles L 225-1, L 22-10-1, L 22-10-2 et L 226-1. Cette précision permet, par exemple, à une SA de bénéficier de l'exclusion lorsqu'elle conclut une convention avec une autre SA ayant deux actionnaires (SA dont les actions ne sont pas admises aux négociations sur un marché réglementé ou sur un SMN ; cf. art. L 225-1, al. 2 et L 22-10-2) et dont elle détient la totalité des actions, moins une, l'autre actionnaire disposant d'une action.

Dans les cas où la procédure a vocation à s'appliquer dans les deux sociétés (par exemple, SA détenue à 100 % par une autre SA ayant des dirigeants communs), elle est exclue tant chez la mère que chez la fille.

> **Précisions** Selon l'Ansa, l'exception vaut également si la **filiale** contrôlée à 100 % est **étrangère,** les textes n'imposant pas que la filiale soit nécessairement soumise au droit français, et si la détention du capital n'est pas totale en application de règles équivalant à celles prévues par le Code civil et le Code de commerce sur le nombre minimal d'associés (Communication Ansa, comité juridique nº 14-063 du 3-12-2014). En revanche, pour la CNCC, si la filiale est une société étrangère, elle doit impérativement être détenue en totalité pour que la convention puisse bénéficier de l'exclusion chez la société mère car l'interprétation stricte de l'article L 225-39 ne permet pas de neutraliser les actions minoritaires détenues en application de dispositions légales étrangères (CNCC NI.IX février 2018 § 1.121, h).

3. CONTRÔLE DE LA RÉMUNÉRATION DES DIRIGEANTS

a. Rémunération des fonctions

52680 La fixation de la rémunération du président, du directeur général ou d'un directeur général délégué n'est pas soumise à la procédure de contrôle prévue par les articles L 225-38 s. (cf. Cass. com. 3-3-1987 : Gaz. Pal. 1987 p. 264 note B. Hatoux), y compris si cette rémunération est proportionnelle aux résultats de la société (CA Paris 28-10-1994 : Bull. Joly 1995 p. 55 note Lepoutre). Les solutions sont transposables aux membres du directoire.

La **rémunération** de ces dirigeants est en effet déterminée par le conseil d'administration ou de surveillance, si bien qu'elle revêt un caractère **institutionnel** et non pas contractuel.

De même, la rémunération versée aux membres du conseil d'administration ou de surveillance au titre de leurs fonctions (**ex-jetons de présence**) échappe à la procédure des conventions réglementées. En effet, cette rémunération est allouée de manière globale par l'assemblée générale ordinaire, à charge pour le conseil de la répartir entre ses membres (art. L 225-45, al. 1 et L 225-83, al. 1). Elle revêt donc un caractère institutionnel.

Dans les SA dont les actions sont admises aux négociations sur un marché réglementé, les rémunérations des mandataires sociaux sont soumises à la procédure de « **say on pay** » (nos 53040 s.).

Sur le cas particulier où le dirigeant est en outre **salarié,** voir nos 39217, 39233 et 43576 s.

Sont toutefois soumises à la procédure de contrôle des conventions réglementées les **rémunérations exceptionnelles** (nos 41070 s.) allouées pour des missions ou mandats confiés à des administrateurs ou à des membres du conseil de surveillance (art. L 225-46 et L 225-84). 52682

b. Rémunérations perçues après la cessation des fonctions

Le régime des rémunérations et avantages alloués aux dirigeants en cas de cessation de leurs fonctions diffère selon que les actions de la société sont ou non admises aux négociations sur un marché réglementé. 52690

› Précisions **a.** Les indemnités ou avantages dus ou susceptibles d'être dus aux présidents du conseil d'administration, directeurs généraux, directeurs généraux délégués, présidents et membres du directoire, présidents du conseil de surveillance des **SA publiques nationales,** en raison de leur cessation d'activité ou de leur changement de fonctions ou postérieurement à ceux-ci, sont soumis à l'approbation du ministre de l'économie (Décret 53-707 du 9-8-1953 art. 3, I-3°).

b. Quelle que soit la qualification des sommes dues par la société au dirigeant au titre de son départ en retraite, leur montant doit figurer en **annexe du bilan** (Mémento Comptable nos 17970 s.).

SA DONT LES ACTIONS NE SONT PAS ADMISES SUR UN MARCHÉ RÉGLEMENTÉ

Qualification de l'engagement Les pensions de retraite ou tout avantage alloué au dirigeant au titre de la cessation de ses fonctions échappent à la procédure des conventions réglementées lorsqu'ils s'analysent en un **complément de rémunération.** 52691

Il en est ainsi en principe lorsque les trois **conditions** suivantes sont réunies (Cass. com. 3-3-1987 n° 84-15.726 : Gaz. Pal. 1987 p. 264 note B. Hatoux ; voir aussi Cass. com. 10-2-1998 : RJDA 5/98 n° 611 ; Cass. com. 24-10-2000 : RJDA 2/01 n° 177) :

– l'avantage consenti est la contrepartie de services particuliers rendus à la société par le dirigeant pendant l'exercice de ses fonctions ;
– il est proportionné à ces services ;
– il ne constitue pas une charge excessive pour la société.

Toutefois, il résulte à notre avis d'une décision de la chambre commerciale de la Cour de cassation qu'une retraite ou un avantage ne peuvent être qualifiés de complément de rémunération que s'ils sont attribués en contrepartie de **services particuliers distincts** des fonctions sociales et n'ont pas encore été rémunérés à ce titre (Cass. com. 10-11-2009 n° 08-70.302 : RJDA 2/10 n° 162), ce qui est rare en pratique. Ils ne sauraient donc être justifiés par le seul bilan positif de l'exercice des fonctions de direction, comme cela était admis auparavant (note B. Hatoux sous Cass. com. 3-3-1987 précité).

CONSEIL

Dans l'attente d'une confirmation de cette solution par la chambre commerciale de la Cour de cassation, il est conseillé de soumettre à la **procédure des conventions réglementées** l'attribution de toute pension ou avantage alloué au dirigeant en raison de services rendus au titre de l'exercice de ses fonctions. D'ailleurs, dans le cadre d'un contentieux portant sur un abus de biens sociaux, la chambre criminelle de la Cour de cassation a jugé que l'octroi au dirigeant d'un dispositif de départ anticipé à la retraite mis en place par la société correspondait à une convention réglementée (Cass. crim. 25-9-2019 n° 18-83.113 F-PBI : RJDA 12/19 n° 766).

Lorsque le dirigeant cumule son mandat avec un **contrat de travail** et que la société décide de verser à son personnel une allocation de **retraite s'ajoutant aux régimes légaux,** cette décision, en tant qu'elle profite au dirigeant au titre de son contrat de travail, doit être soumise à la procédure de contrôle des conventions *réglementées* (Cass. soc. 12-7-1990 : RJS 10/90 n° 830 ; Cass. soc. 14-1-1999 : RJDA 8-9/99 n° 947). 52692

ILLUSTRATIONS

Une convention ayant pour objet la constitution d'un régime de retraite complémentaire réservé aux cadres d'une société, qui n'a pas été autorisée par le conseil d'administration alors qu'elle est susceptible de bénéficier à son président du conseil d'administration et à son directeur général en leur qualité de cadres salariés et qui a eu des conséquences dommageables pour la société, doit être annulée uniquement pour les dispositions concernant ces dirigeants, mais peut continuer à produire ses effets à l'égard des autres cadres envers lesquels elle a été valablement conclue (Cass. com. 7-7-2004 n° 1135 : RJDA 11/04 n° 1229).

52695 **Régime des avantages non soumis au contrôle des conventions réglementées**
Lorsqu'une allocation de retraite à un ancien dirigeant s'analyse en un **complément de rémunération** selon les critères énoncés n° 52691, son attribution relève de la seule **compétence** du conseil d'administration ou de surveillance.

Le président ou le directeur général en exercice n'a pas le pouvoir de prendre cette décision, même si elle intervient après la cessation des fonctions du bénéficiaire (Cass. com. 3-11-1988 : Bull. civ. IV n° 288).

De même, le montant d'un **complément de retraite** à verser au dirigeant ne saurait être fixé par un « comité ad hoc » dès lors qu'il n'a pas fait l'objet d'une délibération du conseil d'administration, peu important que les conclusions du comité aient été annexées au procès-verbal d'une réunion du conseil d'administration (Cass. com. 4-7-1995 : RJDA 8-9/95 n° 994) ou que ce dernier les ait confirmées en y faisant seulement référence (Cass. com. 11-10-2005 n° 1250 : RJDA 2/06 n° 164).

52697 L'attribution d'un complément de retraite (comme d'une rémunération) à un dirigeant ne peut pas résulter d'un accord tacite. Elle doit faire l'objet d'une délibération du conseil sur son montant et sur ses modalités (Cass. com. 27-2-2001 : RJDA 6/01 n° 700).

Le conseil d'administration ou de surveillance, seul organe compétent pour décider l'attribution d'une pension de retraite à un ancien dirigeant, est seul habilité à la **modifier ou à la supprimer** (Cass. com. 10-2-1998 : RJDA 5/98 n° 611 ; Cass. com. 24-10-2000 : RJDA 2/01 n° 177).

52700 **Résiliation de l'engagement** La société peut, sans l'accord du bénéficiaire, **supprimer le versement** de la pension de retraite s'il apparaît que, en raison des difficultés économiques qu'elle rencontre, ce versement est devenu une charge excessive pour elle (Cass. com. 24-10-2000 : RJDA 2/01 n° 177 ; CA Paris 21-3-2023 n° 21/12823 : RJDA 11/23 n° 592).

52710 **Régime fiscal** Les pensions ou avantages particuliers qu'une entreprise s'engage à allouer à un ancien salarié ou dirigeant, en dehors de tout engagement juridique général et impersonnel, ne sont **déductibles** des résultats imposables que dans des **cas exceptionnels,** et notamment lorsqu'ils ont pour objet d'accorder à l'intéressé ou à ses ayants droit une aide correspondant à leurs besoins.

Il s'ensuit que, quelles que soient la durée et la qualité des services rendus et alors même qu'elle n'aurait pas le caractère d'une distribution de bénéfices, la pension allouée à un ancien dirigeant ne peut être déduite des résultats de la société versante lorsque l'intéressé dispose déjà, au titre de régimes collectifs de retraite, de ressources dont le montant n'est pas anormalement inférieur à celui de son ancien traitement de dirigeant (CE 31-10-1975 n° 94157 : RJF 12/75 n° 546 ; CE 29-11-1982 n° 24072 : RJF 1/83 n° 65 ; CE 12-2-1990 n° 60557 : RJF 4/90 n° 379).

SA DONT LES ACTIONS SONT ADMISES SUR UN MARCHÉ RÉGLEMENTÉ

52717 Dans les sociétés dont les actions sont admises aux négociations sur un marché réglementé, le contrôle par les actionnaires des engagements correspondant à des éléments de rémunération, indemnités, avantages, engagements de retraite au bénéfice des dirigeants en cas de cessation de leurs fonctions s'exerce dans le cadre du « **say on pay** » : n°s 53060 s.

4. PROCÉDURE DE CONTRÔLE

52780 EN BREF *Le Code de commerce organise la procédure de contrôle des conventions réglementées en cinq phases :*
- *information du conseil d'administration ou de surveillance ;*
- *autorisation donnée par le conseil ;*
- *avis au commissaire aux comptes, s'il en existe, des conventions autorisées et conclues ;*
- *rapport spécial à l'assemblée générale ;*
- *et, enfin, consultation de l'assemblée générale.*

Sans être à proprement parler soumises à cette procédure, les conventions déjà autorisées et dont l'exécution se poursuit font l'objet d'un examen annuel par le conseil ; leur existence et leurs conséquences sont rappelées dans le rapport présenté à l'assemblée générale.

INFORMATION DU CONSEIL SUR LES CONVENTIONS RÉGLEMENTÉES

52785 La personne directement ou indirectement intéressée doit informer le conseil d'administration ou de surveillance dès qu'elle a connaissance d'une convention visée par l'article L 225-38 ou L 225-86 (art. L 225-40, al. 1 et L 225-88, al. 1). Si cette personne s'abstient de prendre cette initiative et que des administrateurs ou des membres du conseil de surveillance ont néanmoins connaissance d'une telle convention, ils doivent faire le nécessaire pour qu'elle soit soumise à la procédure de contrôle. À défaut, ils pourraient être tenus pour responsables, les premiers pour la violation des dispositions légales (art. L 225-251), les seconds pour manquement à leur mission de contrôle (art. L 225-257).

AUTORISATION PRÉALABLE DES CONVENTIONS RÉGLEMENTÉES PAR LE CONSEIL

Le conseil d'administration ou de surveillance statue sur l'autorisation sollicitée (art. L 225-38 52790
et L 225-86). Les modalités de cette autorisation par le conseil d'administration ont été fixées par les tribunaux et les solutions retenues sont **transposables au conseil de surveillance.**

La simple **connaissance** par les administrateurs de l'existence **de la convention** ne peut pas être considérée comme valant autorisation préalable de leur part (Cass. soc. 8-12-1976 : Rev. sociétés 1977 p. 251 note Balensi). De même, la connaissance de la convention par tous les actionnaires ne permet pas de pallier l'absence d'autorisation (Cass. com. 12-12-2006 n° 1416 : RJDA 5/07 n° 509).

L'autorisation suppose une véritable **délibération** du conseil ; elle ne saurait résulter de l'accord fourni individuellement par chaque administrateur (CA Paris 13-6-1964 : D. 1965 p. 398). Il a même été jugé que l'autorisation du conseil doit être précédée d'une discussion contradictoire, suivie d'un vote exprès, le tout mentionné formellement dans le procès-verbal de la réunion (CA Paris 23-10-1965 : JCP 1966 II n° 14491 note P. L.). Ainsi, l'autorisation ne peut être considérée comme valablement donnée lorsque le conseil s'est borné à déléguer trois de ses membres pour conclure avec son président une convention dont le contenu ne lui a pas été révélé avec précision (Cass. com. 10-7-1978 : Rev. sociétés 1979 p. 848 note Balensi ; voir aussi Cass. com. 4-7-1995 : RJDA 8-9/95 n° 994 ; Cass. com. 21-11-2000 : RJDA 3/01 n° 334).

Il a pourtant été jugé que l'autorisation pouvait être donnée dans un **pacte d'actionnaires** dès lors que celui-ci était signé par tous les administrateurs (CA Paris 16-11-2005 n° 05-19135 : RJDA 6/06 n° 661). Mais cette solution est pour le moins contestable, un pacte d'actionnaires n'engageant pas la société. Tout au plus les actionnaires pourraient-ils se porter fort auprès du dirigeant d'obtenir de la société que celle-ci exécute la convention.

L'autorisation ne vaut que pour la convention soumise au conseil d'administration : une 52791
autorisation générale et pour une durée indéfinie équivaudrait à une absence d'autorisation (CA Paris 23-11-1955 : Gaz. Pal. 1956 I p. 40).

La décision d'autorisation doit être **motivée** en justifiant de l'intérêt de la convention pour la société, notamment en précisant les conditions financières qui y sont attachées (art. L 225-38, dernier al. et L 225-86, dernier al.).

CONSEIL

Le **degré de précision** de la motivation doit être ajusté au cas par cas. La seule affirmation que la convention est conforme à l'intérêt de la société ne saurait à notre avis constituer une **motivation** suffisante. À l'inverse, une motivation trop détaillée peut exposer la société au risque de révéler des informations confidentielles, les motifs devant être repris dans le rapport spécial sur les conventions réglementées (n° 52817).

Dans les **sociétés dont** les **titres** financiers sont **admis** aux négociations **sur un marché** 52792
réglementé, l'AMF recommande au conseil de nommer un expert indépendant lorsque la conclusion d'une convention réglementée est susceptible d'avoir un impact très significatif sur le bilan ou les résultats de la société ou du groupe auquel elle appartient. Cette expertise doit être mentionnée dans le rapport spécial sur les conventions réglementées et rendue publique sous réserve, le cas échéant, des éléments pouvant porter atteinte au secret des affaires (Recommandation AMF 2012-05, proposition n° 4.6). Pour les sociétés qui se réfèrent au Code de gouvernance Middlenext, il est recommandé que le conseil apprécie la pertinence du recours à une expertise indépendante et qu'il en soit fait état dans le rapport sur le gouvernement d'entreprise (Code de gouvernance Middlenext rec. 2 ; sur le champ d'application et le caractère contraignant de ce Code, voir n°s 48272 s.).

Exclusion du vote *L'administrateur ou le membre du conseil de surveillance directe-* 52794
ment ou indirectement intéressé ne peut **prendre part** ni aux **délibérations** ni au **vote** sur l'autorisation (art. L 225-40, al. 1 et L 225-88, al. 1).

À notre avis, cette disposition est impérative (dans le même sens, CA Aix-en-Provence 15-5-1990 : Dr. sociétés 1991 n° 279, ayant annulé l'autorisation même si le quorum et la majorité requis étaient largement atteints, abstraction faite de la participation de l'intéressé). Sur l'effet du non-respect de cette exigence sur la convention, voir n° 52870.

Cette exclusion a pour conséquence que l'administrateur ou le membre du conseil de surveillance directement ou indirectement intéressé ne doit pas être pris en compte pour le **calcul** du **quorum** et de la **majorité** lors du vote de l'autorisation le concernant.

52795 Dans les **sociétés dont** les **titres** financiers sont **admis** aux négociations **sur un marché réglementé,** l'AMF recommande de veiller à ce qu'un administrateur en situation de conflit d'intérêts, même potentiel, sur un sujet à l'ordre du jour du conseil ne prenne part ni aux délibérations ni au vote. Il en est notamment ainsi en cas de vote sur une convention réglementée intéressant un actionnaire avec lequel l'administrateur entretient des liens le plaçant en situation de conflit d'intérêts, même potentiel, par exemple lorsqu'il a été nommé sur proposition de cet actionnaire (Recommandation AMF 2012-05, proposition n° 4.3).

L'Afep et le Medef ainsi que Middlenext imposent à l'administrateur en situation de conflit d'intérêts, même potentiel, non seulement de s'abstenir de participer au vote, mais également d'assister aux débats (Code de gouvernance Afep-Medef art. 21 ; Code de gouvernance Middlenext rec. 2 ; sur le champ d'application et le caractère contraignant de ces Codes, voir n°s 48272 s.).

52796 L'interdiction pour les administrateurs ou les membres du conseil de surveillance intéressés de participer au vote peut conduire à une **impossibilité** pour le conseil **de donner son autorisation.** Il en est ainsi lorsqu'une convention est passée entre deux sociétés ayant les mêmes mandataires sociaux. Dans ce cas, il conviendra de suivre la procédure pour couvrir la nullité encourue en cas de défaut d'autorisation préalable de la convention (n° 52875 ; dans le même sens, Rép. Lauriol : AN 28-7-1975 n° 20677).

PUBLICITÉ DES CONVENTIONS SOUMISES AU CONTRÔLE

52797 Les **sociétés** dont les **actions** sont admises aux **négociations** sur un **marché réglementé** doivent, au plus tard au moment de la conclusion d'une convention soumise au contrôle, publier sur leur **site internet** les **informations** suivantes concernant celle-ci (art. L 22-10-13, al. 1, L 22-10-30, al. 1, R 22-10-17 et R 22-10-19) :

– le nom ou la dénomination sociale de la personne directement ou indirectement intéressée ;
– la nature de la relation de la personne intéressée avec la société ;
– la date de la convention ;
– l'objet de la convention ;
– les conditions financières de la convention ;
– l'indication du rapport entre le prix pour la société et le dernier bénéfice annuel de celle-ci ;
– toute autre information nécessaire pour évaluer l'intérêt de la convention pour la société et les actionnaires, y compris minoritaires, qui n'y sont pas directement ou indirectement intéressés.

À notre avis, le « bénéfice annuel » est celui qui résulte des comptes du dernier exercice clos avant la conclusion de la convention et il convient d'entendre la notion de « prix pour la société » dans un sens large, c'est-à-dire les sommes que celle-ci est appelée à payer ou recevoir sur la durée totale de la convention, quelle que soit leur qualification juridique (prix de vente, loyer, honoraire, etc.).

Le nom (ou la dénomination sociale) de la personne directement ou indirectement intéressée est celui du dirigeant, actionnaire détenant plus de 10 % des droits de vote, société contrôlant celle-ci ou société ayant des dirigeants communs visée n°s 52550 s. Selon nous, il convient de publier en outre, lorsque ces personnes ne sont pas directement parties à la convention, le nom ou la dénomination des parties.

ATTENTION

Le Code de commerce ne précise pas **jusqu'à quelle date** les informations doivent rester accessibles sur le site internet de la société. Nous pensons qu'il convient de les maintenir au moins jusqu'à l'assemblée générale appelée à approuver la convention concernée (n° 52820) et, s'il s'agit d'une convention dont l'exécution se poursuit sur plusieurs exercices, tant que celle-ci est mentionnée au titre des conventions poursuivies dans le rapport spécial sur les conventions réglementées présenté à l'assemblée (n° 52817).

La publication des informations peut être **ordonnée par le président du tribunal de commerce** statuant en référé à la demande de toute personne intéressée, éventuellement sous astreinte (art. L 22-10-13, al. 2 et L 22-10-30, al. 2).

> Précisions ***a.*** *À notre avis,* les sociétés n'ont pas à publier d'informations concernant les conventions portant sur des **opérations courantes conclues à des conditions normales** ni celles conclues avec une société filiale ou mère à 100 %. En effet, ces conventions ne sont pas soumises à la procédure des conventions réglementées (n°s 52640 s.).
b. Sur les mentions devant figurer dans le **rapport sur le gouvernement d'entreprise,** voir n° 48253.

EXAMEN ANNUEL DES CONVENTIONS RÉGLEMENTÉES DÉJÀ AUTORISÉES

Les conventions conclues et autorisées au cours d'exercices antérieurs **dont l'exécution a été poursuivie au cours du dernier exercice** doivent être examinées chaque année par le conseil d'administration ou de surveillance (art. L 225-40-1 et L 225-88-1). 52798

Sont **concernées** les conventions à durée indéterminée et les conventions à durée déterminée dont l'exécution s'étale sur plusieurs exercices mais pas les conventions renouvelables par tacite reconduction puisqu'elles constituent un nouveau contrat (sauf tacite reconduction du bail commercial ou volonté contraire des parties). Ces dernières doivent donc être autorisées en tant que nouvelles conventions.

Toutefois, lorsque la situation justifiant le contrôle de la convention disparaît au cours d'un exercice (par exemple, le cocontractant cesse d'être mandataire social ou actionnaire à plus de 10 % ou il n'y a plus de dirigeant commun entre les sociétés cocontractantes), la convention n'a pas à être examinée par le conseil lors de l'exercice suivant, même si son exécution se poursuit durant celui-ci (Communication Ansa, comité juridique n° 17-013 du 1-3-2017).

L'« examen » par le conseil ne signifie pas, nous semble-t-il, que celui-ci doit accorder une nouvelle autorisation. Le conseil doit seulement indiquer s'il **maintient ou non l'autorisation donnée** antérieurement, après avoir évalué si les conventions répondent toujours aux critères qui l'avaient conduit à donner son accord initial. S'il estime qu'il n'y a pas lieu de maintenir une convention, il ne peut que demander aux dirigeants de la société d'y mettre fin, pour autant que cela soit possible et que le coût induit par la rupture n'excède pas les avantages escomptés. 52799

CONSEIL

Si l'on admet que le conseil n'a pas à donner une autorisation formelle, il n'est a priori pas tenu à l'obligation de **motiver** sa décision comme le prévoient les articles L 225-38 et L 225-86 pour l'autorisation des nouvelles conventions (n° 52791). Toutefois, le rapport spécial sur les conventions réglementées devant mentionner, « le cas échéant, toute indication permettant d'apprécier l'intérêt du maintien de ces conventions » (art. R 225-31 et R 225-58), il paraît opportun que le conseil indique au moins si les raisons ayant justifié l'octroi de l'autorisation restent pertinentes.

L'**absence d'examen** n'entraîne pas la nullité de la convention puisque seules peuvent être annulées les conventions « conclues sans autorisation préalable » qui ont eu des conséquences dommageables pour la société (art. L 225-42, al. 1 et L 225-90, al. 1). 52800

INFORMATION DU COMMISSAIRE AUX COMPTES SUR LES CONVENTIONS RÉGLEMENTÉES

Conventions nouvelles Le président du conseil d'administration ou de surveillance doit aviser le commissaire aux comptes, s'il en existe, des conventions et engagements soumis au contrôle que le conseil a autorisés, mais seulement s'ils ont déjà été conclus, dans le **délai** d'un mois à compter de leur conclusion (art. L 225-40, al. 2, L 225-88, al. 2, R 225-30, al. 1 et R 225-57, al. 1). 52805

Il doit aussi lui communiquer, pour chaque convention ou engagement, les **motifs** justifiant de leur intérêt pour la société, retenus par le conseil pour donner son autorisation (art. précités).

ATTENTION

Une lecture stricte des articles L 225-40, al. 2 et L 225-88, al. 2 conduit à imposer au président du conseil d'administration ou de surveillance d'informer le commissaire aux comptes que celui-ci soit chargé d'un audit classique des comptes ou d'un audit allégé, même si, dans ce dernier cas, le commissaire aux comptes est dispensé de l'élaboration du rapport spécial sur les conventions réglementées (n° 52815).

Conventions poursuivies Les **conventions conclues** et autorisées au cours d'exercices antérieurs dont l'exécution s'est poursuivie au cours du dernier exercice doivent être **communiquées** au commissaire aux comptes, s'il en existe, pour les besoins de l'établissement du rapport spécial présenté à l'assemblée générale (art. L 225-40-1 et L 225-88-1). 52807

La loi n'impose cette communication que « pour les besoins de l'établissement du rapport spécial », dont est dispensé le commissaire chargé d'un audit allégé (n° 52815) ; à notre avis, la communication à celui-ci des conventions dont l'exécution s'est poursuivie ne s'impose donc pas.

Le commissaire aux comptes doit être **informé** de la **poursuite** de l'exécution des conventions au cours du dernier exercice dans le mois qui suit la clôture de celui-ci (art. R 225-30, al. 2 et R 225-57, al. 2). Selon nous, cette communication ne s'impose, pour les mêmes raisons que celles évoquées ci-dessus, que lorsqu'un commissaire aux comptes a été désigné sous le régime de l'audit classique des comptes.

Aucun texte ne fixe expressément de **délai** pour la communication des conventions, sauf à considérer que celui prévu pour l'information sur la poursuite des conventions et engagements lui est applicable. En tout état de cause, cette communication doit intervenir en temps utile pour permettre au commissaire aux comptes, le cas échéant, d'établir son rapport spécial et de le déposer avant l'assemblée générale.

52808 À notre avis, lorsque la **situation justifiant le contrôle** de la convention **disparaît en cours d'exercice** (par exemple, le cocontractant cesse d'être mandataire social ou actionnaire à plus de 10 % ou il n'y a plus de dirigeant commun entre les sociétés cocontractantes), la convention doit, le cas échéant, encore être signalée au commissaire aux comptes à la clôture de cet exercice mais plus lors des exercices suivants, même si son exécution se poursuit.

› Précisions Certes, les articles R 225-30 et R 225-57, ainsi que les articles R 225-31 et R 225-58 relatifs au rapport des commissaires aux comptes font état des conventions et engagements conclus et autorisés au cours d'exercices antérieurs et dont l'exécution s'est poursuivie au cours du dernier exercice sans distinguer selon que les **bénéficiaires** sont ou non encore **en fonctions.** Toutefois, ces dispositions ne se conçoivent que dans la mesure où les conventions restent dans le champ d'application des articles L 225-38 s. et L 225-86 s. Or, la procédure de contrôle n'est pas applicable aux conventions conclues avec une personne après l'expiration de ses fonctions de mandataire social (nº 52552). Dès lors que les motifs qui justifiaient le contrôle ont disparu, il n'y a plus de raison de continuer à informer les actionnaires.

52810 **Cas particulier des prêts interentreprises** Les commissaires aux comptes chargés d'un audit légal classique des comptes ou d'un audit allégé doivent être avisés annuellement des prêts en cours consentis par la SA en vertu de l'article L 511-6, 3 bis du Code monétaire et financier (sur ces prêts, voir nº 52635).

Dans une déclaration jointe au rapport de gestion, le commissaire atteste, pour chaque contrat, du montant initial et du capital restant dû de ces contrats de prêts ainsi que du respect des dispositions qui les régissent (C. mon. fin. art. L 511-6, 3 bis-al. 2 et R 511-2-1-3). Si la société est dispensée d'établir un rapport de gestion (nºs 48186 s.), il n'y a pas lieu, à notre avis, d'établir la déclaration. En effet, s'agissant d'un document joint au rapport de gestion, il suit le régime de celui-ci.

RAPPORT SPÉCIAL SUR LES CONVENTIONS RÉGLEMENTÉES

52815 Dans les **sociétés dotées de commissaires aux comptes chargés d'un audit légal classique** des comptes, ceux-ci doivent présenter à l'assemblée générale un rapport spécial sur les conventions dont ils ont été saisis, au vu duquel l'assemblée statue (art. L 225-40, al. 3 et L 225-88, al. 3). Ce rapport doit être établi et **déposé** au siège social 15 jours au moins avant la réunion de l'assemblée générale ordinaire (art. R 225-161).

Dans les **sociétés non dotées de commissaire aux comptes,** il revient au président du conseil d'administration (ou de surveillance) d'établir ce rapport (art. précités).

Dans les **sociétés dotées d'un commissaire aux comptes chargé d'un audit allégé,** celui-ci est dispensé d'établir le rapport (art. L 821-57, al. 2). À notre avis, et bien qu'une lecture stricte des articles L 225-40, al. 3, L 225-88, al. 3 et L 821-57, al. 2 ne l'impose pas, il revient alors au président du conseil d'administration (ou de surveillance) d'établir ce rapport. En effet, il serait incohérent qu'aucun rapport ne soit requis dans les sociétés dotées d'un commissaire aux comptes chargé d'un audit allégé alors que, dans les sociétés non dotées d'un commissaire aux comptes, un tel rapport est exigé.

› Précisions **a.** L'article L 225-88, al. 3 mentionne le « président du conseil d'administration » dans le cas des SA à directoire et conseil de surveillance. Il s'agit là d'une erreur formelle du législateur dont l'intention était bien de viser le **président du conseil de surveillance.**

b. En l'absence de disposition prescrivant une telle obligation, il n'y a pas lieu de déposer et de communiquer aux actionnaires le **texte** des **conventions** elles-mêmes.

52817 **Contenu du rapport** Le rapport spécial sur les conventions réglementées contient les indications suivantes (art. R 225-31 et R 225-58) :

– l'**énumération** des conventions et engagements soumis à l'approbation de l'assemblée générale ;

– le **nom** des administrateurs, du directeur général, des directeurs généraux délégués, des membres du conseil de surveillance ou du directoire intéressés ou la désignation des

actionnaires éventuellement concernés et, s'il s'agit d'une société actionnaire, de la société la contrôlant au sens de l'article L 233-3 ;
– la **nature** et l'objet de ces conventions et engagements ;
– les **modalités** essentielles de ces conventions et engagements (notamment l'indication des prix ou tarifs pratiqués, des ristournes et commissions consenties, des délais de paiement accordés, des intérêts stipulés et des sûretés conférées), les motifs justifiant de l'intérêt de ces conventions et engagements pour la société, retenus par le conseil pour donner son autorisation et, le cas échéant, toutes autres indications permettant aux actionnaires d'apprécier l'intérêt qui s'attachait à la conclusion des conventions et engagements analysés ;
– l'énumération des **conventions** et engagements conclus et autorisés au cours d'exercices antérieurs **dont l'exécution a été poursuivie au cours du dernier exercice** et qui ont été examinés par le conseil d'administration ou de surveillance ainsi que, le cas échéant, toutes indications permettant aux actionnaires d'apprécier l'intérêt qui s'attache au maintien de ces conventions et engagements pour la société, l'importance des fournitures livrées ou des prestations de services fournies ainsi que le montant des sommes versées ou reçues au cours de l'exercice, en exécution de ces conventions et engagements.

Dans **les sociétés dont les titres financiers sont admis aux négociations sur un marché réglementé,** le rapport doit, le cas échéant, mentionner l'expertise indépendante demandée par le conseil d'administration ou de surveillance sur certaines conventions (n° 52792). Il doit aussi rappeler les règles de calcul et d'ajustement des conditions financières dans le temps pour chacune des conventions déjà autorisées dont l'exécution a été poursuivie au cours du dernier exercice ou est susceptible d'être poursuivie ou encore interviendra au cours d'exercices futurs (Recommandation AMF 2012-05, proposition n° 4.9).

En outre, l'AMF recommande d'améliorer le contenu de l'information diffusée dans le rapport spécial en mentionnant toutes indications utiles permettant aux actionnaires d'apprécier l'intérêt qui s'attache à la conclusion des conventions, la fonction des personnes visées par celles-ci et les éléments financiers des conventions en distinguant ce qui relève des produits, des charges ou des engagements et en précisant les montants en jeu. L'AMF invite à présenter le rapport en trois parties : les conventions avec les actionnaires, les conventions avec des sociétés ayant des dirigeants communs, les conventions autres avec les dirigeants (Recommandation AMF 2012-05, proposition n° 4.10).

Lorsqu'ils sont en charge de l'établissement du rapport spécial sur les conventions réglementées, les commissaires aux comptes doivent y mentionner non seulement les conventions autorisées portées à leur connaissance, mais également toutes les **conventions** qui ne leur ont pas été signalées et qu'ils ont **découvertes** au cours de leurs investigations, que ces conventions aient été autorisées par le conseil ou non (Rép. Lebas : AN 8-3-1969 n° 3575 ; CNCC NI.IX février 2018 § 1.142). Ils doivent, en outre, signaler dans leur rapport général les irrégularités commises (art. L 821-10 et L 821-63). **52818**

L'AMF recommande aux sociétés dont les titres financiers sont admis aux négociations sur un marché réglementé de demander aux commissaires aux comptes de formuler dans leur rapport spécial des observations en cas d'insuffisance des motifs sur l'intérêt attaché à la convention (n° 52791), étant précisé que le commissaire n'apprécie ni l'utilité ni l'opportunité de la conclusion de la convention (Recommandation AMF 2012-05, proposition n° 4.5).

Cas de la transformation de la société Selon les formes de sociétés, un rapport spécial sur les conventions réglementées peut être requis ou non. Mais, comme on ne saurait imposer le respect d'obligations auxquelles la société n'était pas soumise avant la transformation, il s'ensuit que (en ce sens, CNCC NI.IX février 2018 § 2.142) : **52819**
– en cas de transformation d'une société soumise à l'établissement d'un rapport sur les conventions réglementées en une société dans laquelle un tel rapport n'est pas requis, aucun *rapport* n'est à présenter, même sur la partie de l'exercice antérieure à la transformation ;
– en cas de transformation d'une société non soumise à l'établissement d'un rapport sur les conventions réglementées en une société soumise à l'établissement d'un tel rapport, celui-ci ne doit couvrir que les conventions autorisées et conclues après la transformation ;
– en cas de transformation d'une société soumise à l'établissement d'un rapport sur les conventions réglementées en une société elle aussi tenue à l'établissement d'un tel rapport mais selon des règles différentes, le rapport sur les conventions réglementées, établi dans le respect des nouvelles règles, ne doit couvrir que les conventions autorisées et conclues après la transformation ; cependant, il doit aussi mentionner les conventions réglementées conclues avant la transformation, notamment celles qui n'ont pas pu être approuvées par l'organe délibérant avant la transformation.

CONSULTATION DE L'ASSEMBLÉE GÉNÉRALE SUR LES CONVENTIONS RÉGLEMENTÉES

52820 Après avoir pris connaissance du rapport spécial sur les conventions réglementées, l'assemblée générale statue sur les conventions autorisées et conclues et **les approuve ou les désapprouve** (art. L 225-40, al. 2 et 3 et L 225-88, al. 2 et 3).

En principe, les conventions sont soumises à l'approbation de l'**assemblée appelée à statuer sur les comptes de l'exercice** au cours duquel elles ont été conclues. Toutefois, rien n'interdit de les soumettre à une **assemblée tenue antérieurement** à condition que le commissaire aux comptes, lorsqu'il est en charge de l'établissement du rapport (nº 52815), ait la possibilité d'analyser ces conventions et de déposer celui-ci au siège social en temps utile (Rép. Valbrun : AN 15-3-1975 nº 16194), soit 15 jours au moins avant la réunion de cette assemblée (art. R 225-161). L'AMF le recommande particulièrement pour les conventions significatives dans les sociétés dont les titres financiers sont admis aux négociations sur un marché réglementé (Recommandation AMF 2012-05, proposition nº 4.11).

EXEMPLE

Une convention conclue au cours du premier trimestre 2026 par une société dont les exercices coïncident avec l'année civile doit, en principe, être soumise à l'approbation de l'assemblée qui, en 2027, statuera sur les comptes de 2026. Mais il est possible aussi de la soumettre à l'assemblée de 2026 statuant sur les comptes de 2025, à condition que le commissaire aux comptes ait pu en faire état dans son rapport.

52825 **Convention préalablement autorisée par l'assemblée** Le conseil d'administration ou de surveillance peut estimer préférable de solliciter une autorisation préalable de l'assemblée générale lorsque l'opération envisagée lui paraît sensible. La tenue d'une telle assemblée ne dispense pas le conseil d'approuver la convention, la loi lui ayant conféré en la matière une compétence exclusive qu'il convient de mettre en œuvre pour écarter le risque de nullité de la convention fondée sur l'absence d'autorisation du conseil (nº 52870). Elle ne dispense pas non plus, à notre avis, de soumettre la convention autorisée à une **nouvelle assemblée** après sa conclusion. L'assemblée doit en effet statuer sur des conventions déjà conclues (art. L 225-40, al. 2 et L 225-88, al. 2), alors que celle sollicitée en amont par le conseil a vocation à se prononcer sur un projet de convention.

CONSEIL

Il nous paraît cependant possible d'obtenir le résultat recherché sans avoir à tenir deux assemblées, en soumettant l'autorisation préalable du conseil à la **condition suspensive de l'accord de l'assemblée** et en subordonnant la conclusion définitive de la convention à cette même condition. Dans ce cas, l'assemblée se prononce sur une convention déjà conclue, même si, par le jeu de la condition, cette convention est dépourvue d'effet. La ratification par l'assemblée entraîne à la fois confirmation de l'autorisation du conseil et entrée en vigueur de la convention.

Bien entendu, l'assemblée doit statuer dans les conditions prévues par les articles L 225-40 et L 225-88 (rapport spécial et interdiction pour les personnes directement ou indirectement intéressées de prendre part au vote).

52830 **Modalités de consultation de l'assemblée** L'**ordre du jour** de l'assemblée générale doit indiquer clairement les conventions soumises aux actionnaires (cf. art. R 225-66, al. 2 ; nº 46264).

ATTENTION

Même si la convention réglementée a une incidence sur les comptes sociaux, l'**approbation des comptes** ne saurait être considérée comme **valant approbation de la convention** (CA Paris 3-7-1976 : Rev. sociétés 1977 p. 465 note D. Schmidt).

52835 **Exclusion du vote** La personne directement ou indirectement intéressée ne peut pas prendre part au vote (art. L 225-40, al. 4 et L 225-88, al. 4).

Les actions de la personne directement ou indirectement intéressée ne sont pas prises en compte pour le **calcul** de la **majorité** (art. L 225-40, al. 4 et L 225-88, al. 4).

Doivent-elles être prises en compte pour le calcul du **quorum** ? Dans leur version antérieure à la loi 2019-486 du 22 mai 2019, les articles L 225-40, al. 4 et L 225-88, al. 4 les excluaient expressément. Cette exclusion a été supprimée par la loi 2019-486. L'objectif affiché du législateur dans les travaux préparatoires à la loi était d'inclure ces actions dans le calcul du quorum (Étude d'impact p. 614 ; Rapport AN nº 1237 t. 2 p. 216 ; Rapport Sén. nº 254 t. 1 p. 780). Cependant, la loi ne le prévoit pas expressément. Pour J.-P. Valuet (Communication Ansa nº 19-034 de juin 2019), dans le silence de la loi, on ne peut qu'appliquer le droit commun du calcul du quorum en assemblée générale ordinaire de l'article L 225-98, al. 2, selon lequel ne sont prises en compte que les « actions ayant le droit de vote », si bien que l'objectif des auteurs de la loi 2019-486 a été manqué.

Il est vrai que, en principe, on ne saurait invoquer l'intention du législateur lorsque les textes ne sont ni obscurs ni ambigus, toute recherche de la volonté de celui-ci par voie d'interprétation étant alors interdite au juge, à moins que leur application aboutisse à quelque absurdité (Cass. 1e civ. 11-5-2017 nº 16-15.549 F-PB : RJDA 7/17 nº 525), ce qui n'est pas le cas en l'espèce.

Si l'on veut choisir la voie de la prudence, il est préférable de ne pas prendre en compte les actions de la personne directement ou indirectement intéressée dans le quorum en application de l'article L 225-98, al. 2 en raison du risque, certes faible, d'annulation des délibérations par le juge (art. L 225-121 modifié par ord. 2025-229 du 12-3-2025).

CONSEIL

L'exclusion ne visant que la ou les conventions auxquelles la personne est directement ou indirectement intéressée, il convient, si l'assemblée doit statuer sur plusieurs conventions concernant chacune des personnes différentes, de prévoir **une résolution par convention** et, à l'occasion de chaque résolution, de procéder à un nouveau calcul de la majorité et, le cas échéant, du quorum.

Sont exclues du vote la ou les **personnes** visées aux articles L 225-38 et L 225-86 avec lesquelles la société a **conclu la convention,** c'est-à-dire non seulement le directeur général, le directeur général délégué, l'administrateur ou le membre du directoire ou du conseil de surveillance, s'ils sont actionnaires, mais aussi l'actionnaire, personne physique ou morale, disposant de plus de 10 % des droits de vote ainsi que la société contrôlant une société actionnaire disposant de plus de 10 % des droits de vote. Ces personnes sont exclues du vote également si elles sont indirectement intéressées à la convention. **52837**

Lorsque la convention est **conclue** avec la **société contrôlant un actionnaire** disposant de plus de 10 % des droits de vote, ce dernier est exclu du vote s'il est indirectement intéressé à la convention.

Selon l'AMF, ne devraient pas peser sur le vote d'une convention, comme indirectement intéressée, une société actionnaire contrôlée par l'actionnaire ultimement bénéficiaire de la convention et l'actionnaire contrôlant la société bénéficiaire de la convention ; de même, des actionnaires agissant de concert, notamment lorsque le concert prévoit une politique de vote commune, ne devraient pas peser sur le vote d'une convention contractée avec l'un d'eux (Recommandation AMF 2012-05, proposition nº 4.2).

En outre, le vote émis par une personne morale actionnaire dont la personne directement ou indirectement intéressée à la convention détient en droit ou en fait le contrôle peut être considéré comme frauduleux et sans valeur si cette dernière peut légitimement être suspectée d'avoir dicté au représentant de la personne morale le sens dans lequel il devait voter et d'avoir utilisé ainsi la personne morale à des fins de fraude à la loi (cf. CA Paris 13-1-1976, inédit).

La personne directement ou indirectement intéressée peut-elle participer au vote en qualité de **mandataire d'un ou plusieurs autres actionnaires** ? Nous ne le pensons pas : exclu du vote, l'intéressé ne peut pas y participer même avec les actions de ses mandants (en ce sens, CA Paris 25-1-1972 : Rev. sociétés 1972 p. 688 note Schmidt). Cette solution entraîne l'obligation de calculer la majorité et, le cas échéant, le quorum après déduction non seulement des actions de la personne directement ou indirectement intéressée, mais aussi de celles de ses mandants. **52840**

Dans le cas où c'est la personne directement ou indirectement intéressée qui est **représentée à l'assemblée** par un autre actionnaire, ce dernier ne peut pas émettre de vote au titre des actions de la personne qu'il représente. Il peut en revanche participer au vote à raison de ses propres actions puisqu'il ne peut être dépouillé de son droit de vote que dans les cas prévus par la loi (Cass. com. 9-2-1999 : RJDA 5/99 nº 566, qui a annulé une clause statutaire étendant l'interdiction de voter aux conjoint, ascendants et descendants des intéressés).

L'exclusion du droit de vote doit s'appliquer à des actions en indivision, quel que soit le représentant désigné par les actionnaires indivis, dès lors que l'un des **indivisaires** est, par ailleurs, la personne directement ou indirectement intéressée à la convention (CA Versailles 28-6-1990 : Bull. Joly 1990 p. 876 ; Rép. Valbrun : AN 1-3-1975 nº 16196). Cette solution se justifie par le caractère indivisible des actions à l'égard de la société émettrice. **52842**

CONSÉQUENCES DU VOTE DE L'ASSEMBLÉE SUR LES CONVENTIONS RÉGLEMENTÉES

Approbation de la convention Si l'assemblée approuve la convention, celle-ci produit ses effets à l'égard des tiers, sauf si elle est annulée pour fraude (art. L 225-41, al. 1 et L 225-89, al. 1), la fraude visée ici étant seulement celle intervenue lors de la conclusion de la **52860**

convention et non pas celle qui aurait pu être commise, par exemple lors du vote de l'assemblée générale (cf. CA Paris 13-1-1976, inédit).

En outre, toute convention peut être annulée au titre des autres causes de nullité des contrats, telle que l'illicéité de son contenu (C. civ. art. 1128 et 1162 ; Cass. com. 22-5-2001 : RJDA 11/01 n° 1119 visant la cause illicite prohibée par l'ex-art. 1131 du Code civil).

Les conséquences préjudiciables à la société qui pourraient résulter d'une convention approuvée peuvent donner lieu à une action en responsabilité du dirigeant pour faute de gestion (Cass. com. 18-12-2024 n° 22-21.487 F-B : RJDA 4/25 n° 212, à propos d'une SARL mais transposable).

52862 **Désapprobation de la convention** Si l'assemblée désapprouve la convention, celle-ci produit quand même ses effets à l'égard des tiers sauf, là encore, si elle est annulée pour fraude (art. L 225-41, al. 1 et L 225-89, al. 1).

Mais, même en l'absence de fraude, les conséquences préjudiciables à la société de cette convention peuvent être mises à la charge de l'intéressé et, éventuellement, des autres membres du conseil d'administration ou du directoire (art. L 225-41, al. 2 et L 225-89, al. 2).

ILLUSTRATIONS

À la suite du changement du principal actionnaire d'une SA, le conseil d'administration avait révoqué le président-directeur général moyennant une indemnité transactionnelle de 3 M€ en contrepartie d'un engagement de non-concurrence et de sa renonciation à toute action contre la société. L'assemblée des actionnaires avait désapprouvé cette convention. La demande de remboursement des sommes versées a été écartée car la convention n'avait **pas de conséquences préjudiciables** pour la société, qui en avait recherché la conclusion : elle la préservait de tout recours judiciaire du dirigeant et de toute concurrence de sa part pendant trois ans (CA Paris 11-12-2012 n° 11/16107 : RJDA 3/13 n° 244).

Sur la possibilité de mettre en cause la responsabilité du dirigeant pour faute de gestion, voir n° 14070, précision c.

5. SANCTIONS DE L'INOBSERVATION DE LA PROCÉDURE DE CONTRÔLE

DÉFAUT D'AUTORISATION PRÉALABLE DES CONVENTIONS PAR LE CONSEIL

52870 **Nullité de la convention non autorisée** Les conventions conclues sans autorisation préalable du conseil, que celui-ci n'ait pas été consulté – y compris en raison d'une fraude à la procédure (Cass. com. 5-1-2016 n° 14-18.688 : RJDA 3/16 n° 205) – ou qu'il ait refusé de donner son autorisation, peuvent être annulées mais **seulement si** elles ont eu des conséquences dommageables pour la société (art. L 225-42, al. 1 et L 225-90, al. 1 ; Cass. com. 19-5-1998 n° 95-12.649 : RJDA 8-9/98 n° 996). Ce principe s'applique aussi aux conventions ayant fait l'objet d'une autorisation irrégulière (Cass. com. 18-10-1994 n° 92-22.052 : RJDA 12/94 n° 1307, rendu dans un cas de participation de l'intéressé au vote de l'autorisation).

C'est au moment où il est statué sur la demande d'annulation, et non pas au moment de la conclusion de la convention, qu'il convient d'apprécier si cette convention a eu des conséquences dommageables pour la société (Cass. com. 1-10-1996 : RJDA 1/97 n° 65 ; Cass. soc. 17-9-2014 n° 13-16.172 : RJDA 12/14 n° 912).

La **nullité** encourue est **facultative,** de sorte que le **juge** est libre de la prononcer ou non (Cass. com. 22-11-1977 : Bull. civ. IV n° 276). Jusqu'à la décision du tribunal, il faut considérer la convention comme valable (Cass. com. 3-5-2000 : RJDA 9-10/00 n° 881).

ILLUSTRATIONS

Doit être **écartée la nullité** d'une convention qui n'a causé aucun préjudice à la société (par exemple, CA Paris 17-10-2003 n° 02-3107 : RJDA 3/04 n° 314 ; Cass. soc. 16-9-2008 n° 07-43.601 : RJDA 1/09 n° 42) ou qui lui a été profitable (par exemple, CA Versailles 7-6-2001 : RJDA 2/02 n° 167).

À l'inverse, ont été **déclarés nuls,** en l'absence de contrepartie pour la société, une convention mettant à sa charge les dettes d'une autre société (Cass. com. 24-1-1995 : RJDA 4/95 n° 449), une convention mettant à sa charge un contrat d'assistance en matière de gestion de patrimoine au profit de certains dirigeants (Cass. com. 3-6-2008 n° 07-12.307 : RJDA 10/08 n° 1041), une promesse d'embauche faite au directeur général à des conditions exorbitantes (Cass. soc. 12-6-2012 n° 11-10.135 : RJDA 10/12 n° 869) ou l'octroi d'une indemnité égale à un an de rémunération en cas de cessation des fonctions d'un dirigeant (Cass. com. 26-11-2013 n° 12-25.004 : RJDA 3/14 n° 244). A aussi été annulé le bail ayant eu pour effet de faire supporter à la société locataire un loyer surélevé tant au regard du marché qu'en raison de la surface dont la société avait la jouissance exclusive (Cass. 3e civ. 30-11-2022 n° 21-20.910 F-D : RJDA 3/23 n° 150).

Régularisation de la convention non autorisée La nullité peut être couverte par un vote de l'**assemblée générale** intervenant sur rapport spécial exposant les circonstances en raison desquelles la procédure d'autorisation n'a pas été suivie (art. L 225-42, al. 3 et L 225-90, al. 3), ce qui vise les cas où le conseil d'administration n'a pas été consulté, a refusé de donner son autorisation (CA Paris 18-12-1990 : Bull. Joly 1991 p. 604 note P. Le Cannu) ou l'a donnée irrégulièrement. 52875

Dans les sociétés dotées d'un commissaire aux comptes chargé d'un audit légal classique des comptes, il revient à ce dernier d'établir ce **rapport spécial** ; dans les sociétés non dotées d'un commissaire aux comptes, il incombe au président du conseil d'administration ou de surveillance de l'établir (art. L 225-42, al. 3 et L 225-90, al. 3 ; signalons que l'article L 225-90, al. 3 mentionne le « président du conseil d'administration » dans le cas des SA à directoire et conseil de surveillance ; il s'agit là d'une erreur formelle du législateur dont l'intention était bien de viser le président du conseil de surveillance).

Dans les sociétés dotées d'un commissaire aux comptes chargé d'un audit allégé, celui-ci est dispensé d'établir le rapport (art. L 821-57, al. 2). À notre avis, et bien qu'une lecture stricte des articles L 225-42, al. 3, L 225-90, al. 3 et L 821-57, al. 2 ne l'impose pas, il revient alors au président du conseil d'administration ou de surveillance d'établir ce rapport. En effet, il serait incohérent qu'aucun rapport ne soit requis dans les sociétés dotées d'un commissaire aux comptes chargé d'un audit allégé alors que, dans les sociétés non dotées d'un commissaire aux comptes, un tel rapport est exigé.

Il ne peut pas y avoir régularisation de la convention s'il n'y a **pas** eu **de rapport** spécial (Cass. 1e civ. 6-10-1998 : RJDA 4/99 n° 432 ; Cass. com. 25-3-2003 n° 556 : RJDA 2/04 n° 180 ; Cass. soc. 29-11-2006 n° 2792 : RJDA 4/07 n° 376) ou si ce rapport est **insuffisant,** notamment s'il n'expose pas les clauses essentielles de la convention litigieuse ou les raisons pour lesquelles la procédure d'autorisation n'a pas été suivie (Cass. com. 10-5-1989 : Bull. civ. IV n° 149 ; Cass. com. 21-11-2000 : RJDA 3/01 n° 334 ; Cass. com. 20-11-2007 n° 06-18.621 : RJDA 2/08 n° 161). Il importe peu que la convention ait été approuvée par un vote du conseil d'administration (Cass. soc. 29-11-2006 précité) ou qu'elle ait été exécutée durant une longue période et que l'assemblée ait approuvé les comptes et bilans de plusieurs exercices dans lesquels figurait la mention des versements exécutés en application de la convention (CA Versailles 19-12-2002 n° 01-1413 : RJDA 4/03 n° 399). 52878

La personne directement ou indirectement intéressée, si elle est actionnaire, ne peut pas participer au **vote** de régularisation (art. L 225-42, al. 3, L 225-90, al. 3 et, sur renvoi, art. L 225-40, al. 4 et L 225-88, al. 4). Les précisions exposées n°s 52835 s. sont transposables à cette exclusion.

> **Précisions** L'AMF recommande, lorsque l'autorisation préalable du conseil d'administration n'a pas été donnée, et sauf dans les cas particuliers où les **administrateurs** sont **tous en conflit d'intérêts,** de faire ratifier par le conseil la convention avant le vote de l'assemblée (Recommandation AMF 2012-05, proposition n° 4.7).

Exercice de l'action en nullité L'action en nullité peut être exercée soit par la **société,** soit par les **actionnaires** agissant individuellement (pour un exemple, CA Amiens 1-12-1966 : D. 1967 p. 234 note Dalsace). 52880

En revanche, le **tiers** avec qui le contrat a été conclu ne peut pas agir, car l'intervention du conseil d'administration n'est pas requise dans son intérêt (Cass. com. 23-5-1967 n° 65-10.644 : D. 1968 p. 173 note Dalsace ; Cass. com. 15-3-1994 : RJDA 5/94 n° 541). Par ailleurs, pour soulever l'inopposabilité de la nullité à son égard d'une convention non autorisée, le tiers doit prouver sa bonne foi et donc son ignorance que la convention devait être autorisée par le conseil d'administration, ce qui semble difficile, hormis le cas de fraude, nul n'étant censé ignorer la loi (pour un exemple d'absence de bonne foi, voir Cass. com. 3-6-2008 n° 07-12.307 : RJDA 10/08 n° 1041).

Prescription de l'action en nullité L'action en nullité se prescrit dans un **délai** de **trois ans** à compter de la date de la convention, le point de départ de cette prescription étant, en cas de dissimulation, reporté au jour où la convention a été révélée (art. L 225-42, al. 2 et L 225-90, al. 2). Si la convention a été irrégulièrement autorisée, le délai ne court pas pour autant à dater de cette autorisation, les dispositions relatives à la nullité des décisions sociales (art. L 235-9 remplacé, à compter du 1-10-2025, par C. civ. art. 1844-14 modifié par ord. 2025-229 du 12-3-2025 ; Ord. 2025-229 art. 70) étant ici inapplicable (Cass. com. 21-1-2014 n° 12-29.452 : RJDA 4/14 n° 353). 52885

Le délai s'analyse non pas en un délai préfix, mais en un véritable délai de prescription susceptible, par conséquent, d'interruption et de suspension (Cass. com. 24-2-1976 : Bull. civ. IV n° 68).

52887 Le **point de départ de la prescription** ne peut être **reporté** au jour de la révélation de la convention que s'il y a eu volonté de dissimuler la convention à la personne qui exerce l'action (Cass. com. 24-9-2013 n° 12-24.917 : RJDA 12/13 n° 1026). Ainsi, le juge ne peut pas, pour déclarer recevable l'action d'une société en annulation d'une convention non autorisée conclue dix ans auparavant, retenir que celle-ci avait été révélée à la société deux ans avant l'exercice de l'action, sans rechercher si elle lui avait été dissimulée (Cass. com. 8-2-2011 n° 10-11.896 : RJDA 4/11 n° 324 ; pour un exemple de dissimulation en cas de mention d'un rapport indiquant qu'aucune convention réglementée n'avait été conclue dans une SARL, voir n° 32018).

Si la volonté de dissimulation est établie, le point de départ de la prescription doit être fixé au jour où la personne qui agit a eu une connaissance suffisante de la convention, la révélation s'appréciant au regard de cette personne (Cass. com. 8-2-2011 précité ; Cass. com. 5-1-2016 n° 14-18.688 : RJDA 3/16 n° 205).

52890 Toutefois, même si le **délai** de prescription est **expiré,** la société peut encore refuser d'exécuter la convention irrégulière. En effet, la nullité de la convention peut toujours être invoquée à titre d'exception à une action en paiement intentée contre la société par le cocontractant de celle-ci (Cass. 3e civ. 2-12-1998 : RJDA 4/99 n° 379 ; Cass. soc. 29-11-2006 n° 2792 : RJDA 4/07 n° 376). Encore faut-il, en application des articles L 225-42 et L 225-90, que la convention ait des conséquences dommageables pour la société (CA Paris 27-3-2003 n° 01-17001 : RJDA 3/04 n° 331).

Mais l'**exception de nullité** ne peut plus jouer lorsque la convention irrégulière a été exécutée (C. civ. art. 1185), même partiellement (Cass. com. 15-1-2013 n° 11-28.244 : RJDA 4/13 n° 339).

ILLUSTRATIONS

Tel est le cas d'un contrat de prêt dès lors que la somme prêtée a été remise et que le remboursement du prêt a commencé (Cass. com. 4-3-2003 n° 382 : RJDA 8-9/03 n° 845, 1e esp.).

De même, la société ne peut se prévaloir, après l'expiration du délai de prescription, de la nullité de l'avenant ayant augmenté la rémunération et les indemnités de rupture du président du directoire alors qu'elle lui a versé la rémunération majorée jusqu'à la cessation des fonctions (Cass. com. 16-5-2018 n° 16-13.207 F-D : RJDA 8-9/18 n° 652).

En revanche, dans un cas où un salarié d'une SA bénéficiant d'un dispositif de retraite supplémentaire conditionné à l'achèvement de sa carrière dans la société avait été nommé directeur général de celle-ci puis s'était vu octroyer, sans autorisation préalable du conseil d'administration, une dispense de remplir la condition d'achèvement de la carrière, l'annonce par le directeur des ressources humaines que des documents avaient été transmis à l'organisme de retraite en vue du versement de la retraite supplémentaire ne peut pas constituer un début d'exécution de l'engagement en l'absence de début de versement de la rente (Cass. com. 16-10-2019 n° 17-31.638 F-D : RJDA 1/20 n° 25).

52891 La prescription triennale ne s'applique pas lorsque l'**annulation** de la convention est **demandée pour violation du droit commun** de la formation **des contrats** (par exemple pour fraude ou pour contenu ou but illicite : C. civ. art. 1128, 3° et 1162 ; Cass. com. 3-4-2013 n° 12-15.492 : RJDA 7/13 n° 645 à propos de l'illicéité de la cause du contrat). Dans ce cas, l'action en nullité est soumise à la **prescription** de droit commun (cinq ans).

52895 **Action en responsabilité** Outre la possibilité d'une action en nullité, le défaut d'autorisation du conseil engage la **responsabilité de l'intéressé** (art. L 225-42, al. 1 et L 225-90, al. 1).

ILLUSTRATIONS

Un administrateur a été tenu de réparer le préjudice subi par sa société du fait que celle-ci avait renoncé sans indemnité au bail qu'il lui avait consenti, cette renonciation n'ayant pas été soumise à l'autorisation préalable du conseil (CA Paris 7-11-1984 : BRDA 24/84 p. 18).

De même, les dirigeants communs d'une SA et d'une SCI ont été condamnés, avec la SCI, à verser des dommages-intérêts à la SA en réparation du préjudice que celle-ci avait subi du fait d'une convention (non autorisée par le conseil) conclue avec la SCI à des conditions avantageuses uniquement pour cette dernière (Cass. com. 9-4-1996 : RJDA 8-9/96 n° 1062).

Pour un autre exemple de condamnation d'un dirigeant à réparer le préjudice causé à une société par une convention qui avait été conclue sans l'autorisation du conseil, voir Cass. com. 15-6-1993 : RJDA 8-9/93 n° 699.

L'action en responsabilité contre un **dirigeant** intéressé à une convention réglementée non autorisée se prescrit, conformément à l'article L 225-254, par trois ans à compter du fait dommageable ou, s'il a été dissimulé, de sa révélation (CA Paris 19-3-2013 n° 12/00020 : RJDA 7/13 n° 633, à propos d'un administrateur mais transposable aux autres dirigeants). Cette solution soumet à un régime homogène la **prescription** de l'action en nullité (n° 52885) et celle des actions en responsabilité contre un dirigeant engagées par les actionnaires. En revanche, elle crée une divergence entre les personnes dont la responsabilité est susceptible d'être engagée au titre de conventions non autorisées puisque l'action en responsabilité engagée contre une **personne autre** qu'un dirigeant (par exemple, un actionnaire disposant de plus de 10 % des droits de vote ou la société le contrôlant) ne peut relever que de la prescription de droit commun (cinq ans).

ATTENTION

Le non-respect de la procédure des conventions réglementées peut aussi entraîner la **responsabilité pénale** du dirigeant sur le fondement de l'abus de biens sociaux si les éléments constitutifs du délit sont caractérisés (Cass. crim. 25-9-2019 nº 18-83.113 F-PBI : RJDA 12/19 nº 766).

NON-RESPECT DES AUTRES FORMALITÉS DE CONTRÔLE DES CONVENTIONS

Lorsque la convention a été autorisée **sans motivation ou** n'a pas fait l'objet d'un **avis aux commissaires aux comptes,** lorsqu'il est requis, ou d'un **rapport spécial** ou encore d'un **vote de l'assemblée,** la nullité de cette convention ne peut pas être prononcée à ce titre. 52900
De même, le **défaut d'approbation de l'assemblée** générale ou, ce qui revient au même, la nullité de la décision de l'assemblée ayant irrégulièrement approuvé la convention est sans effet sur la validité de celle-ci. En effet, seuls le défaut d'autorisation préalable du conseil (art. L 225-42 et L 225-90) ou la fraude commise lors de la conclusion de la convention peuvent entraîner la nullité de celle-ci. La seule sanction est alors l'obligation pour les intéressés de supporter les conséquences dommageables que peut avoir cette convention pour la société (Cass. com. 23-7-1985 : Bull. Joly 1985 p. 863 ; Cass. com. 5-11-1991 : RJDA 3/92 nº 254 ; CA Paris 6-7-1993 : Dr. sociétés 1993 nº 190 obs. H. Le Nabasque).

› Précisions **a.** Si le **commissaire aux comptes** est en charge du rapport et omet d'y mentionner une convention qui s'avère préjudiciable pour la société, sa responsabilité ne peut pas être engagée au titre du dommage causé par la convention puisque l'omission n'est pas la cause du préjudice né de la conclusion de cette convention ; la **responsabilité** du commissaire peut en revanche être engagée si la société démontre que l'omission l'a privée d'une chance de ne pas approuver la convention (Cass. com. 26-2-2013 nº 11-22.531 : RJDA 5/13 nº 426, à propos d'une SAS mais transposable).
b. Lorsqu'un **actionnaire** entend agir en **réparation du préjudice subi par la société** en raison d'une convention réglementée qui n'a pas été approuvée, les seules personnes contre lesquelles il peut agir sont, conformément à l'article L 225-252, les administrateurs ou le directeur général de la société, le cas échéant pris en leur qualité de personnes intéressées au sens des articles L 225-38 et L 225-41 (Cass. com. 11-10-2023 nº 22-10.271 F-B : RJDA 1/24 nº 25).

SECTION 2 EXPERTISE DE GESTION DANS LA SA

DÉFINITION DE L'EXPERTISE DE GESTION

Un ou plusieurs **actionnaires** représentant au moins 5 % du capital social, soit individuellement, soit en se groupant sous quelque forme que ce soit, et, dans les sociétés dont les actions sont admises aux négociations sur un marché réglementé, les associations d'actionnaires peuvent **poser** par écrit au président du conseil d'administration ou au directoire des **questions** sur une ou plusieurs opérations de gestion de la société (art. L 225-231, al. 1). À **défaut de réponse** dans un délai d'un mois ou à défaut de communication d'éléments de réponse satisfaisants, ces actionnaires peuvent **demander** en référé la **désignation** d'un ou *de plusieurs* ***experts*** *chargés de présenter* un rapport sur une ou plusieurs opérations de gestion (art. L 225-231, al. 2). 53000
La demande de désignation en justice d'un expert est aussi ouverte au **comité social et économique** (CSE) et au **ministère public** (art. L 225-231, al. 3, texte qui n'a pas été modifié pour tenir compte du remplacement du comité d'entreprise par le CSE, mais il nous semble logique que, dans les sociétés d'au moins 50 salariés, ce dernier dispose également du droit de présenter la demande), ainsi que, dans les sociétés dont les actions sont admises aux négociations sur un marché réglementé, à l'**AMF** (art. L 22-10-68).

› Précisions L'**approbation** quasi unanime donnée aux décisions des dirigeants de la société **par les actionnaires** présents ou représentés à l'assemblée ne rend pas irrecevable la **demande du ministère public** tendant à la désignation d'un expert (T. com. Paris 9-6-1989 : BRDA 24/89 p. 18).

COEXISTENCE DE L'EXPERTISE DE GESTION ET DE L'EXPERTISE DE DROIT COMMUN

53001 Les dispositions du Code de commerce n'excluent pas, pour demander la désignation d'un expert :
– en cas d'urgence ou de péril imminent, une action en **référé de droit commun** devant le président du tribunal judiciaire ou le président du tribunal de commerce, sur le fondement des articles 834 s. ou 872 s. du Code de procédure civile (CA Aix-en-Provence 29-6-1978 : Bull. cour d'Aix 1978/3 p. 89 ; CA Versailles 5-5-1988 : Bull. Joly 1988 p. 595) ;
– l'action de **droit commun** fondée sur l'article 145 du Code de procédure civile (expertise in futurum) tendant à la **conservation ou** à l'**établissement,** avant tout procès, **des preuves** utiles à la solution d'un litige (Cass. com. 16-4-1991 n° 655 : RJDA 7/91 n° 600 ; CA Paris 25-10-2002 n° 02-5529 : RJDA 2/04 n° 176 ; CA Pau 13-12-2005 n° 04-3910 : RJDA 2/07 n° 165, à propos d'une SARL mais transposable). Cette mesure d'instruction ne présente aucun caractère subsidiaire par rapport à l'expertise de gestion (Cass. com. 18-10-2011 n° 10-18.989 : RJDA 1/12 n° 64 ; CA Aix-en-Provence 16-9-2021 n° 21/01433 : RJDA 2/22 n° 85) et peut même être ordonnée en complément de cette dernière (Cass. com. 15-9-2015 n° 13-25.275 : RJDA 1/16 n° 37 ; Cass. com. 24-6-2020 n° 18-17.104 F-D : RJDA 10/20 n° 502). Toutefois, les mesures ordonnées sur le fondement de l'expertise in futurum ne doivent pas, en réalité, être uniquement destinées à fournir aux actionnaires minoritaires des informations sur des opérations de gestion, relevant comme telles de l'expertise de gestion (Cass. com. 11-9-2024 n° 22-24.160 F-B : RJDA 12/24 n° 655).

› Précisions **a.** Le demandeur qui se fonde sur l'article 145 du Code de procédure civile doit justifier de l'existence d'un **motif légitime** de conserver ou d'établir la preuve de faits dont pourrait dépendre la solution du litige. Tel n'est pas le cas lorsqu'une procédure judiciaire en cours est susceptible de conduire à l'annulation des décisions qui ont donné lieu à la demande d'expertise préventive (CA Paris 29-2-2008 n° 07-15439 : RJDA 7/08 n° 816) ou lorsque le demandeur se livre à une critique systématique de la gestion sans qu'il existe de présomption d'abus de gestion ni d'irrégularités susceptibles de compromettre le fonctionnement de la société (Cass. com. 3-3-2009 n° 08-11.706 : RJDA 6/09 n° 555). En revanche, dispose d'un intérêt légitime le demandeur qui ne se contente pas de mettre en cause la gestion du dirigeant de manière générale, mais identifie plusieurs opérations dont la preuve pourrait s'avérer nécessaire dans le cadre d'une éventuelle action en responsabilité (CA Douai 6-7-2017 n° 17/00527 : RJDA 1/18 n° 35, à propos d'une SARL mais transposable ; dans le même sens, Cass. com. 24-6-2020 précité). De même, tant qu'une décision de justice n'a pas définitivement statué sur la contestation relative à la qualité d'actionnaire du demandeur, ce dernier dispose d'un intérêt légitime à solliciter une mesure d'instruction (Cass. com. 17-3-2009 n° 08-11.819 : RJDA 6/09 n° 556).

b. Le juge des référés ne peut pas, lorsqu'il est saisi sur le fondement de l'article 145, ordonner à une société de communiquer un **document,** telle une situation comptable en cours d'exercice, **qu'elle ne détient pas** (Cass. com. 27-9-2023 n° 21-21.995 F-B : RJDA 1/24 n° 58).

A. Conditions de recevabilité

1. CONDITIONS RELATIVES AUX ACTIONNAIRES DEMANDEURS

53005 Les actionnaires ne peuvent demander la désignation d'un expert que s'ils représentent au moins 5 % du capital.

Un actionnaire ne remplissant pas cette condition ne saurait obtenir la nomination d'un expert pour avoir des éclaircissements sur certains prélèvements qui lui semblent anormaux, en prétendant que son action relève non pas de l'article L 225-231, mais de l'article L 225-252 (action en responsabilité contre les administrateurs) (Cass. com. 12-1-1976 : D. 1977 p. 141 note Y. Chartier).

La condition de détention de la fraction du capital social nécessaire pour agir doit être appréciée à la **date** de l'introduction de la demande en justice et ne peut pas être remise en cause par l'effet de circonstances postérieures (Cass. com. 6-12-2005 n° 1615 : RJDA 2/06 n° 161 ; CA Versailles 11-3-1999 : RJDA 6/99 n° 683).

ILLUSTRATIONS

Un actionnaire majoritaire ayant levé l'option d'achat dont il bénéficiait sur les actions d'un actionnaire minoritaire ne peut pas faire valoir que ce dernier n'avait plus la qualité d'actionnaire au moment où il avait posé des questions écrites dès lors que la cession faisait l'objet d'une procédure *au fond tendant à ce qu'elle soit déclarée* parfaite ; la qualité d'actionnaire ne pouvait donc pas être déniée au minoritaire qui, jusqu'à la décision de justice définitive, détenait un nombre d'actions suffisant pour exercer ses droits (CA Versailles 14-2-2007 n° 06-5831 : RJDA 8-9/07 n° 855).

Il s'agit d'empêcher les actionnaires majoritaires de faire échec à la demande en décidant, après l'assignation, une augmentation de capital ou un « coup d'accordéon » auquel le minoritaire ne souscrirait pas. Il importe donc peu que le demandeur perde la qualité d'actionnaire après la saisine du président du tribunal de commerce (Cass. com. 6-12-2005 précité). Cette solution, fondée sur les principes de procédure (CPC art. 31 et 122), serait à notre avis différente – sauf preuve de la fraude à ses droits – s'il avait perdu cette qualité après avoir interrogé les dirigeants sociaux mais avant de saisir le juge (nos 53010 s.), car il n'aurait alors ni intérêt ni qualité à agir.

Un **actionnaire indivis** peut demander seul une expertise de gestion dès lors qu'il détient de manière indivise la participation minimale au capital requise (Cass. com. 4-12-2007 n° 05-19.643 : RJDA 3/08 n° 291).

Lorsque les actions sont l'objet d'un **usufruit,** le droit de demander une expertise appartient au nu-propriétaire puisque lui seul a la qualité d'associé (nos 6100 s.) et détient une part dans le capital social. On ne saurait donc lier ce droit à l'exercice du droit de vote comme semblent le faire certaines décisions de justice (CA Paris 27-5-1988 : Bull. Joly 1988 p. 783 ; CA Versailles 19-12-1989 : Bull. Joly 1990 p. 182) et l'attribuer de manière distributive à l'usufruitier ou au nu-propriétaire selon que l'expertise doit porter sur des questions pouvant relever de la compétence d'une assemblée générale ordinaire ou d'une assemblée générale extraordinaire. Sur la possibilité pour l'usufruitier de demander une expertise sur une question susceptible d'avoir une incidence sur son droit de jouissance des actions, voir R. Mortier, La Cour de cassation tranche enfin : l'usufruitier n'est pas associé ! : BRDA 2/22 inf. 29 n° 23.

Les actionnaires peuvent **se grouper,** sous quelque forme que ce soit, pour atteindre ce minimum de 5 % du capital (art. L 225-231, al. 1). Ainsi, une association de la loi de 1901 regroupant des actionnaires détenant au moins 5 % du capital d'une société peut demander une expertise, même si elle n'est pas elle-même actionnaire de cette société.

Dans les **sociétés** dont les **actions** sont **admises** aux négociations **sur un marché réglementé** et dont le capital est supérieur à 750 000 €, une participation individuelle inférieure à 5 % des droits de vote peut suffire à des actionnaires pour demander la désignation d'un expert, s'ils se sont regroupés dans une association répondant aux conditions fixées par l'article L 22-10-44 (art. L 22-10-68 ; sur cette question, voir nos 63280 s.).

2. CONDITIONS RELATIVES À LA DEMANDE

La demande d'expertise ne peut porter que sur une ou plusieurs **opérations de gestion déterminées,** ce qui exclut qu'elle porte sur la gestion de la société dans son ensemble ou sur la régularité des comptes sociaux (Cass. com. 14-12-1993 n° 92-21.225 P : RJDA 4/94 n° 421 ; Cass. com. 18-10-1994 n° 92-19.159 P : RJDA 2/95 n° 168 ; Cass. com. 24-10-2018 n° 16-25.297 F-D : RJDA 1/19 n° 28, à propos d'une SARL mais transposable). Cette condition devant être respectée au moment de la consultation des dirigeants (n° 53010), la demande en justice tendant à la désignation d'un expert ne peut porter que sur les opérations de gestion pour lesquelles les actionnaires ont demandé des éclaircissements préalables aux dirigeants. 53006

La demande ne peut donc pas être accueillie lorsque les questions posées aux dirigeants sociaux consistent en une critique systématique de leur gestion, les griefs invoqués ayant une portée trop générale et apparaissant dénués de sérieux (Cass. com. 18-10-1994 précité).

Les **opérations qui relèvent de la compétence d'une assemblée** ne peuvent être assimilées à des actes de gestion au sens de l'article L 225-231 (Cass. com. 19-11-1991 : Bull. Joly 1992 p. 66 note P. Le Cannu, à propos du rachat des actions d'une société par ses salariés ; Cass. com. 12-1-1993 n° 35 : RJDA 2/93 n° 129, à propos d'un apport partiel d'actifs soumis au régime des scissions ; Cass. com. 25-9-2012 n° 11-18.312 : RJDA 12/12 n° 1086, à propos d'une augmentation de capital ; CA Agen 25-4-2018 n° 17/00448 : RJDA 2/19 n° 98, à propos d'une mise en réserve de bénéfices).

Toutefois, des opérations constituant des **conventions réglementées** (cf. art. L 225-38 et L 225-86) peuvent faire l'objet d'une expertise de gestion, même si elles ont déjà été soumises au contrôle des actionnaires lors d'une assemblée générale (CA Versailles 27-2-1997 : RJDA 7/97 n° 916 ; CA Paris 20-5-1998 : RJDA 11/98 n° 1237 ; voir aussi Cass. com. 9-2-1999 n° 397 : RJDA 4/99 n° 426 et Cass. com. 21-4-2022 n° 20-11.850 F-D : RJDA 8-9/22 n° 489, à propos d'une SARL mais transposables), peu important également que l'actionnaire qui demandait l'expertise se soit abstenu de participer à l'assemblée et n'ait exercé aucun recours contre les décisions collectives (Cass. com. 5-5-2009 n° 08-15.313 : RJDA 2/10 n° 158, à propos d'une SARL mais transposable).

Le droit de demander la désignation d'un expert peut être exercé même si la **société** est **en redressement ou liquidation judiciaire** à condition que la demande porte sur des opérations antérieures à la date de cessation des paiements (CA Paris 14-4-1988 : JCP 1988 IV n° 368 ; T. com. Nantes réf. 23-4-2013 : RJDA 7/14 n° 643). Par ailleurs, le fait que l'actionnaire demandeur à l'expertise soit créancier de la procédure collective est indifférent au regard de la règle de l'arrêt des poursuites de l'article L 622-21 car sa demande ne tend ni au paiement d'une somme d'argent, ni à la résolution d'un contrat (T. com. Nantes réf. 23-4-2013 précité).

Le tribunal doit apprécier si la demande d'expertise est justifiée, mais il ne lui appartient pas d'examiner les opérations critiquées (Cass. com. 7-12-1983 : Rev. sociétés 1985 p. 427 note d'Hérail de Brisis), ni de rechercher si l'expertise qu'il ordonne est de nature à porter atteinte à l'**intérêt de la société** (Cass. com. 10-9-2013 n° 12-16.509 : RJDA 11/13 n° 907).

DEMANDE D'EXPERTISE DE GESTION DANS UN GROUPE DE SOCIÉTÉS

53007 Les actionnaires ou associations d'actionnaires peuvent demander l'examen par un expert d'opérations accomplies par une société contrôlée par leur société au sens de l'article L 233-3, mais seulement si l'intérêt du groupe le justifie (art. L 225-231, al. 1 ; pour une application, CA Versailles 23-10-2002 n° 02-5235 : RJDA 4/03 n° 395).

Ne sont concernées que les opérations de gestion des **filiales** de la société dont les demandeurs sont actionnaires. Ceux-ci ne peuvent donc pas mettre en œuvre la procédure d'expertise pour les opérations réalisées par la ou les **sociétés mères** de leur société (en ce sens, Cass. com. 10-9-2013 n° 12-16.509 : RJDA 11/13 n° 907), **ou** par une société **sœur.**

> **Précisions** Dans ces hypothèses, les actionnaires pourront recourir à la procédure en **référé de droit commun** (CPC art. 872 s.).
> Il est en outre possible de mettre en œuvre, de manière cumulative, la demande d'expertise de gestion de l'article L 225-231 et la demande d'**expertise in futurum** de l'article 145 du Code de procédure civile. En effet, dans un cas où un actionnaire minoritaire d'une société mère n'avait obtenu une expertise de gestion que pour certaines des opérations qu'il estimait susceptibles de léser gravement ses intérêts, sa demande d'un complément d'expertise sur le fondement de l'article 145 du Code de procédure civile a été jugée recevable (Cass. com. 21-9-2004 n° 1254 : RJDA 1/05 n° 46).

CARACTÈRE SÉRIEUX DE LA DEMANDE D'EXPERTISE DE GESTION

53008 La recevabilité de la demande d'expertise n'est pas subordonnée à la preuve que les organes sociaux aient méconnu l'intérêt de la société et détourné leurs pouvoirs de sa finalité puisque l'expertise tend justement à l'établissement de cette preuve (Cass. com. 15-7-1987 : Bull. civ. IV n° 193 ; CA Basse-Terre 26-3-2012 n° 10/00113 : RJDA 7/12 n° 682 et, sur pourvoi, Cass. com. 10-12-2013 n° 12-24.232 : RJDA 4/14 n° 348).

Cependant, la demande doit revêtir un caractère sérieux (Cass. com. 15-7-1987 précité ; Cass. com. 22-3-1988 : Bull. civ. IV n° 124).

Ce caractère sérieux peut résulter d'une **présomption d'irrégularité des opérations** contestées. Tel est le cas lorsqu'une baisse brutale du chiffre d'affaires de la société a été constatée à compter de la conclusion de conventions réglementées contestées (Cass. com. 5-5-2009 n° 08-15.313 : RJDA 2/10 n° 158) ou lorsque la gestion des stocks semble révéler des irrégularités (CA Versailles 11-9-2014 n° 14/03997 : RJDA 1/15 n° 27). Il peut aussi être établi par le risque d'atteinte à l'**intérêt social** (Cass. com. 10-2-1998 n° 431 : RJDA 6/98 n° 736 ; Cass. com. 17-1-2012 n° 10-27.562 : RJDA 4/12 n° 413 ; CA Nancy 9-3-2022 n° 21/01544 : RJDA 10/22 n° 572).

La demande doit être rejetée lorsque le demandeur ne fournit aucun élément pouvant faire présumer que les opérations sont irrégulières ou contraires à l'intérêt social (CA Paris 9-12-1994 : RJDA 6/95 n° 728).

ILLUSTRATIONS

Tel est le cas lorsque :

– la demande vise le contrôle de la régularité et de la bonne tenue des assemblées générales ordinaires de plusieurs exercices, des conventions passées entre la société et sa mère qui ont fait l'objet d'un rapport spécial du commissaire aux comptes et ont été approuvées à l'unanimité par l'assemblée générale des actionnaires et vise à déterminer si la société a mis au point des mesures pour assurer sa pérennité et son adéquation au marché dans sa branche d'activité alors que la société justifie d'une activité diversifiée, de la forte croissance de certains produits, d'une trésorerie excédentaire et d'un résultat sur les neuf derniers mois de plus de 150 000 € (CA Paris 19-5-1999 : RJDA 10/99 n° 1090) ;

– l'actionnaire n'a rapporté aucun élément de nature à établir l'existence d'un risque et de l'impossibilité d'obtenir des informations puisqu'il avait un an plus tôt la qualité d'administrateur et de directeur général de la SA, qu'il participait aux réunions du conseil d'administration et arrêtait les *comptes sociaux, si bien qu'il* disposait de toutes les informations relatives à la facturation des prestations dont il dénonçait le risque de contrariété à l'intérêt social (CA Versailles 14-2-2007 n° 06-5831 : RJDA 8-9/07 n° 855) ;

– l'expertise, demandée par un comité d'entreprise (désormais CSE), ne permettrait pas d'obtenir d'autres informations que celles qui figuraient déjà dans deux rapports établis par un expert-comptable désigné par le comité (Cass. com. 12-2-2008 n° 06-20.121 : RJDA 6/08 n° 679) ;

– une procédure judiciaire en cours serait susceptible de conduire à l'annulation des décisions qui ont donné lieu à la demande d'expertise de gestion (CA Paris 29-2-2008 n° 07-15439 : RJDA 7/08 n° 816). En revanche, la juridiction saisie d'une demande d'expertise doit l'ordonner dès qu'elle relève des présomptions d'irrégularités (Cass. com. 24-10-2018 n° 17-12.582 F-D : RJDA 1/19 n° 25 ; Cass. com. 5-4-2023 n° 21-23.289 F-D : RJDA 7/23 n° 387, à propos de SARL mais transposables).

3. CONSULTATION PRÉALABLE DES DIRIGEANTS

INTERROGATION DES DIRIGEANTS

Les actionnaires ou les associations d'actionnaires ne peuvent pas demander directement en justice la désignation d'un expert. Ils doivent, dans un premier temps, **interroger par écrit** le président du conseil d'administration ou le directoire sur la ou les opérations de gestion pour lesquelles ils souhaitent des éclaircissements (art. L 225-231, al. 1). **53010**

La consultation préalable doit, au même titre que la demande d'expertise en justice, porter **sur des actes de gestion** clairement **identifiés** (Cass. com. 14-2-2006 n° 202 : RJDA 6/06 n° 657).

Le dirigeant doit **communiquer** la **copie** de la question écrite et de sa réponse au **commissaire aux comptes,** s'il en existe (art. L 225-231, al. 1).

› Précisions **a.** Cette interrogation préalable constitue une **condition de recevabilité de la saisine du juge,** dont l'absence ne peut être suppléée par l'envoi d'une demande en cours de procédure (CA Paris 26-3-2003 n° 02-20751 : RJDA 8-9/03 n° 841).

b. La **consultation préalable** ne **concerne** que les actionnaires et les associations d'actionnaires. Les autres personnes qui peuvent mettre en œuvre l'expertise de gestion (ministère public, CSE, AMF) en sont dispensées (cf. art. L 225-231, al. 3 et L 22-10-68 ; Cass. com. 10-9-2013 n° 12-16.509 : RJDA 11/13 n° 907, à propos du comité d'entreprise mais à notre sens transposable au CSE).

c. C'est le président du conseil d'administration qui doit répondre à la demande d'expertise de gestion. S'il n'est pas directeur général (en cas de dissociation des fonctions), il est peu probable qu'il puisse donner une réponse satisfaisante sans consulter le directeur général. Dans les sociétés à directoire et conseil de surveillance, le **destinataire de la question** étant le directoire (art. L 225-231, al. 1), c'est-à-dire un organe collégial, la réponse est donnée par une décision de celui-ci (dans le même sens, I. Urbain-Parléani, L'expertise de gestion et l'expertise in futurum : Rev. sociétés 2003 p. 235 ; L. Godon, Expertise de gestion : Rép. sociétés Dalloz n° 99).

RÉPONSE DES DIRIGEANTS

À **défaut de réponse** dans un délai d'un mois **ou** si les éléments de **réponse** communiqués ne sont **pas satisfaisants,** les actionnaires (ou les associations d'actionnaires) peuvent saisir le président du tribunal de commerce d'une demande de désignation d'un ou de plusieurs experts (art. L 225-231, al. 2). **53012**

Cette demande ne devient pas irrecevable du fait de la fourniture, en cours d'instance, d'une information suffisante en réponse aux questions posées par l'actionnaire (Cass. com. 6-12-2005 n° 1615 : RJDA 2/06 n° 161), mais cette circonstance peut avoir une incidence sur le bien-fondé de la demande, apprécié par le juge au moment où il statue. Le respect de la procédure des questions écrites préalables aux dirigeants ne prive en effet pas le **juge** de son **pouvoir d'apprécier** le sérieux de la demande d'expertise qui lui est présentée. Ainsi, lorsqu'un actionnaire invoque le défaut de communication d'éléments de réponse satisfaisants aux questions écrites qu'il a posées, il appartient au juge de rechercher si les éléments de réponse fournis présentent ou non un caractère satisfaisant (Cass. com. 17-1-2006 n° 49 : RJDA 5/06 n° 547 ; CA Nancy 9-3-2022 n° 21/01544 : RJDA 10/22 n° 572).

En outre, l'absence de réponse n'interdit pas au juge de rejeter la demande d'expertise dès lors qu'il a établi que l'actionnaire disposait d'informations suffisantes sur les questions qu'il avait posées (Cass. com. 11-10-2005 n° 1217 : RJDA 5/06 n° 548).

ILLUSTRATIONS

La demande de désignation d'un expert formée par un actionnaire qui ne se satisfaisait pas des réponses du président du conseil d'administration a été rejetée dès lors que, selon une attestation établie par le commissaire aux comptes de la SA, le président du conseil d'administration avait répondu, dans un courrier envoyé avant l'assemblée générale, à l'ensemble des questions posées par l'actionnaire, que la SA avait produit ces réponses en justice et qu'un autre actionnaire attestait que le président du conseil d'administration avait fait une présentation très complète de la situation de la société, de ses projets, et avait répondu point par point et à la satisfaction des actionnaires présents à chacune des questions hors ordre du jour transmises par l'actionnaire avant l'assemblée générale (CA Versailles 14-6-2006 n° 05-7797 : RJDA 5/07 n° 499).

B. Nomination des experts

53020 La **demande** de nomination des experts est portée devant le président du tribunal de commerce qui statue en référé après que le greffier a convoqué le président du conseil d'administration ou du directoire à l'audience par lettre recommandée AR (art. R 225-163, al. 1).

La demande des actionnaires est portée par voie d'assignation (CPC art. 485). Lorsque la demande d'expertise émane du procureur de la République, elle est présentée par requête (art. R 225-163, al. 2).

Seule la société au sein de laquelle une opération de gestion est contestée doit être assignée. Par suite, est irrecevable la demande dirigée contre la société mère de cette société (Cass. com. 10-9-2013 n° 12-16.509 F-PB : RJDA 11/13 n° 907 ; Cass. com. 21-3-2018 n° 16-20.879 F-D : RJDA 7/18 n° 585). Il n'y a pas lieu de mettre en cause également les dirigeants à titre personnel ou les actionnaires majoritaires (CA Paris 12-3-1986 : Rev. sociétés 1986 p. 238 ; CA Paris 9-12-1994 : RJDA 6/95 n° 728 ; CA Versailles 20-4-1995 : RJDA 8-9/95 n° 993).

C. Mission des experts

PÉRIMÈTRE ET DÉROULEMENT DE LA MISSION DES EXPERTS

53030 S'il considère la demande justifiée, le président du tribunal détermine la mission et les pouvoirs des experts (art. L 225-231, al. 4).

Il peut étendre la **mission** de l'expert au-delà de la société dont une opération de gestion est contestée. Ainsi, pour répondre à la demande du comité d'entreprise (désormais CSE) d'une sous-filiale relative aux conditions dans lesquelles celle-ci avait souscrit un emprunt auprès de la société tête du groupe en remboursement d'une avance en compte courant consentie par la société holding, elle-même filiale de la tête du groupe, lors d'un processus complexe de cession-fusion, le juge peut charger l'expert d'examiner l'opération dans son ensemble (Cass. com. 10-9-2013 n° 12-16.509 : RJDA 11/13 n° 907).

Le ou les experts ont le **pouvoir** de procéder à toutes recherches utiles auprès des tiers, fournisseurs ou clients de la société en cause, dans la mesure où l'opération de gestion critiquée se rapporte à des transactions réalisées avec ces tiers (CA Paris 27-11-1979, inédit).

L'expertise doit se dérouler comme une **expertise judiciaire.** Notamment, toutes les opérations doivent se faire en présence des parties ou celles-ci dûment appelées ; toutefois, l'expert peut procéder seul à l'examen de certains éléments tels que les documents comptables et ceux remis en consultation par la société, sans qu'ils soient communiqués au demandeur, dès lors que son rapport fournit tous les éléments utiles à l'information sur la ou les opérations de gestion en cause (Cass. com. 26-11-1996 n° 1886 : RJDA 3/97 n° 368).

SANCTIONS DE L'ENTRAVE À LA MISSION DE L'EXPERT

53031 L'entrave à la mission des experts est pénalement sanctionnée : le président, les administrateurs, les directeurs généraux ou toute personne au service de la société qui feraient obstacle aux vérifications ou contrôles des experts ou qui leur refuseraient la communication sur place de toutes les pièces utiles à l'exercice de leur mission, et notamment de tous contrats, livres, documents comptables et registres de procès-verbaux, s'exposeraient à un emprisonnement de cinq ans et une amende de 75 000 € (art. L 821-6, 3°).

COMMUNICATION DU RAPPORT DES EXPERTS

53032 Les experts déposent leur rapport au greffe du tribunal de commerce qui en assure la communication au demandeur, au CSE (remplaçant, selon nous, le comité d'entreprise dans les SA d'au moins 50 salariés, voir n° 53000), au commissaire aux comptes s'il en existe, au ministère public, au conseil d'administration (ou au directoire et au conseil de surveillance) et, dans les sociétés dont les actions sont admises aux négociations sur un marché réglementé, à l'AMF (art. L 225-231, al. 5, L 22-10-68 et R 225-163, al. 3).

Le rapport doit, en outre, être annexé à celui établi par les commissaires aux comptes, s'il en existe, en vue de la prochaine assemblée générale et recevoir la même publicité (art. L 225-231, al. 5).

RÉMUNÉRATION DES EXPERTS

53033 La décision de justice fixe les honoraires de l'expert et peut les mettre à la charge de la société (art. L 225-231, al. 4).

SECTION 3

CONTRÔLE DES RÉMUNÉRATIONS DES DIRIGEANTS DE SA « COTÉES » (« SAY ON PAY »)

A. Domaine d'application du « say on pay »

1. SA CONCERNÉES

Sont soumises au « say on pay » les SA dont les **actions sont admises aux négociations sur un marché réglementé** (art. L 22-10-8, I, L 22-10-9, I-al. 1, L 22-10-26, I et L 22-10-34 ; voir aussi art. L 22-10-20). Les sociétés dont seuls des titres autres que des actions (par exemple des obligations) sont admis aux négociations sur un marché réglementé ne sont pas concernées. 53040

2. DIRIGEANTS VISÉS

Le « say on pay » concerne l'ensemble des **mandataires sociaux** de la SA, c'est-à-dire le président et les membres du conseil d'administration ou de surveillance, les directeurs généraux, les directeurs généraux délégués, les membres du directoire ou le directeur général unique. 53050

À notre avis, le « say on pay » s'applique aussi aux **représentants permanents** des personnes morales mandataires sociales, ceux-ci étant soumis aux mêmes conditions et obligations que les mandataires sociaux en nom propre (art. L 225-20, al. 1 et L 225-76, al. 1). Selon l'Ansa, si la rémunération versée par la personne morale administrateur à son représentant permanent n'a pas à faire l'objet d'une information, celle versée par la société administrée à la société administrateur ainsi que celle versée directement par la société administrée au représentant permanent au titre de son mandat social (et non à titre personnel, par exemple en vertu d'un contrat de travail) doivent être indiquées (Communication Ansa mai 2002 n° 3137).

3. RÉMUNÉRATIONS CONTRÔLÉES

L'**ensemble des rémunérations** des mandataires sociaux sont soumises au régime du « say on pay ». Toutes les composantes de la rémunération des mandataires sociaux sont concernées, qu'elles soient **fixes ou variables.** 53055

Notons que les **options de souscription ou d'achat d'actions** (art. L 22-10-57) et les **actions attribuées gratuitement** (art. L 22-10-59, III) sont expressément soumises à la procédure. Y sont aussi soumis, à notre avis, les **bons de souscription de parts de créateur d'entreprise,** même s'ils ne sont pas expressément visés par les textes, car il s'agit bien d'éléments de rémunération du dirigeant.

Les engagements pris par la société ou par toute société contrôlée par elle ou qui la contrôle, au sens de l'article L 233-16, II et III, et correspondant à des éléments de rémunération, des indemnités ou des avantages octroyés **en cas de cessation ou de changement de fonctions,** ou postérieurement à ceux-ci (retraites supplémentaires) sont soumis à la procédure de « say on pay ». 53060

ATTENTION

Lorsqu'un engagement portant sur la rémunération du dirigeant est **inclus dans une convention,** la procédure des conventions réglementées doit, à notre avis, aussi être respectée. Tel serait le cas si l'engagement était prévu par une convention plus globale imposant par ailleurs au dirigeant une obligation de non-concurrence ou, comme le précise l'AMF (Rapport AMF 2021 sur le gouvernement d'entreprise et la rémunération des dirigeants des sociétés cotées du 2-12-2021), d'indemnités de départ accordées à un dirigeant dans le cadre d'un accord transactionnel en contrepartie d'une obligation de confidentialité ou de la renonciation à exercer des recours juridictionnels contre la société.

Parmi les engagements pris en raison de la cessation des fonctions des mandataires sociaux figurent les **indemnités prévues en contrepartie d'une clause de non-concurrence,** dont le versement est, notons-le, interdit pour les dirigeants faisant valoir leurs droits à la retraite (art. R 22-10-14, III et R 22-10-18, III).

53065 Les **engagements figurant dans le contrat de travail** liant une personne à la société dont les actions sont admises aux négociations sur un marché réglementé ou à une société qu'elle contrôle ou qui la contrôle, en cas de nomination de cette personne à une fonction de dirigeant, sont eux aussi soumis à la procédure de « say on pay » (art. L 22-10-4 et L 22-10-23).

ATTENTION

À notre avis, la **modification du contrat de travail** portant sur ces engagements est par ailleurs soumise à la procédure de contrôle des conventions réglementées, comme n'importe quelle modification du contrat de travail liant un dirigeant de la société à celle-ci (cf. Cass. soc. 8-12-1976 nº 75-12.486 : Rev. sociétés 1977 p. 251 note Balensi ; Cass. soc. 5-11-1982 nº 81-14.886 : Bull. civ. V nº 602 ; Cass. soc. 12-7-1990 nº 80-17.144 D : RJS 10/90 nº 830).

53070

Recommandations concernant les rémunérations attribuées aux dirigeants en raison de la cessation de leurs fonctions

L'**Afep** et le **Medef** ont émis, dans leur Code de gouvernance (sur le champ d'application et le caractère contraignant de ce Code, voir nºs 48272 s.), un certain nombre de recommandations relatives aux rémunérations attribuées aux dirigeants en matière de retraites supplémentaires et d'indemnités de départ. L'**AMF** a fait de même, dans sa recommandation 2012-02, en matière de rémunérations variables pluriannuelles. L'ensemble de ces recommandations est exposé ci-après.

Retraites supplémentaires

Le Code de gouvernance Afep-Medef recommande que l'attribution d'avantages ou de rémunérations destinés à constituer un régime de retraite supplémentaire soit soumise à des **conditions de performance,** sauf lorsqu'elle a pour objet de compenser la perte de droits potentiels dont le bénéfice a déjà été soumis à de telles conditions (art. 26.6.1). Cette recommandation ne s'applique qu'aux régimes de retraite institués depuis le 21 juin 2018 (date de publication de la version du Code ayant prévu pour la première fois cette recommandation). Elle ne s'applique pas aux engagements répondant aux caractéristiques des régimes collectifs et obligatoires de retraite et de prévoyance.

Le Code Afep-Medef soumet l'attribution d'un régime de retraite supplémentaire à un mandataire social aux **principes généraux de détermination des rémunérations** du Code : exhaustivité des éléments retenus, équilibre, comparabilité, cohérence, intelligibilité et mesure (art. 26.1.2 sur renvoi de l'art. 26.6.1).

Indemnités de départ

Le Code de gouvernance Afep-Medef (art. 26.5.1) exclut le versement d'indemnités de départ à un mandataire social s'il prend l'initiative de quitter la société pour exercer de nouvelles fonctions, s'il change de fonctions à l'intérieur d'un groupe, s'il a la possibilité de faire valoir ses **droits à la retraite,** ou encore, s'il quitte la société alors que celle-ci ou lui-même est en **situation d'échec.**

L'indemnité est **plafonnée** à deux ans de rémunération (fixe et variable annuelle), ce plafond incluant les indemnités de non-concurrence et de rupture du contrat de travail auxquelles ce dirigeant pourrait prétendre. Toute augmentation artificielle de la rémunération dans la période préalable au départ est interdite.

En cas de **départ du dirigeant mandataire social avant l'expiration de la durée** prévue pour l'appréciation des critères de performance des mécanismes de rémunération de long terme, le maintien en tout ou partie du bénéfice de la rémunération de long terme ou de son versement relève de l'appréciation du conseil et doit être motivé.

En outre, lorsqu'un mandataire quitte la société, les conditions de son départ doivent être publiées de manière exhaustive (art. 26.5.1).

Par ailleurs, l'Afep et le Medef excluent la conclusion **d'un accord de non-concurrence** au moment du départ du mandataire social lorsqu'aucune clause n'avait été préalablement stipulée (art. 25.5).

Le Code Afep-Medef prévoit par ailleurs des règles encadrant l'octroi d'indemnités en contrepartie de clauses de non-concurrence. Celles-ci doivent faire l'objet d'un paiement échelonné pendant la durée de l'accord (art. 25.6). Ce Code recommande aussi que le conseil d'administration ou de surveillance prévoie, lors de la conclusion de l'accord, la possibilité de renoncer à sa mise en œuvre au moment du départ du dirigeant (art. 25.3). Enfin, il exclut le versement d'une indemnité de non-concurrence en cas de départ à la retraite (ce qui est également prévu par la loi : nº 53060) ou, en tout état de cause, au-delà d'une limite d'âge fixée à 65 ans (art. 25.4). Ces éléments doivent figurer dans la politique de rémunération pour le dirigeant concerné *(Guide d'application du Code Afep-Medef mars 2024 p. 19).*

La recommandation prévue à l'article 25.4, qui s'applique aux **accords déjà conclus,** se heurte, nous semble-t-il, au principe de la force obligatoire des « contrats légalement formés » (C. civ. art. 1103). En cas de demande d'exécution de l'accord en justice, il est douteux que le juge dispense la société de l'exécuter au seul motif que le Code de gouvernance Afep-Medef auquel elle déclare se référer s'y oppose.

Le Code Afep-Medef recommande que, dans le cadre des dispositions légales, le conseil autorise la conclusion de l'accord de non-concurrence, sa durée et le montant de l'indemnité, en tenant compte de la portée effective de l'obligation de non-concurrence, cette décision étant rendue publique (art. 25.2). À notre avis, est ici visé le cas où la procédure des conventions réglementée reste applicable en plus de la procédure du contrôle des rémunérations (n° 53060).

Rémunérations variables pluriannuelles
Pour l'AMF, il est compréhensible que le départ à la retraite du dirigeant n'entraîne pas la perte systématique de la totalité de sa rémunération variable pluriannuelle, mais elle recommande la mise en place d'un mécanisme d'**acquisition « prorata temporis »** ; en revanche, en cas de révocation, de non-renouvellement du mandat ou de démission (sauf si le non-renouvellement ou la démission sont motivés par le départ en retraite ou l'invalidité), l'AMF recommande d'exclure tout versement de cette rémunération, sauf justification particulière.

B. Politique de rémunération des dirigeants

1. ÉTABLISSEMENT ET PRÉSENTATION

Le conseil d'administration ou de surveillance doit établir une politique de rémunération des mandataires sociaux qui doit être conforme à l'intérêt social, contribuer à la pérennité de la société et s'inscrire dans la stratégie commerciale de celle-ci (art. L 22-10-8, I-al. 1 et L 22-10-26, I-al. 1). 53075

Cette politique doit décrire toutes les composantes de la rémunération fixe et variable et expliquer le processus de décision suivi pour sa détermination, sa révision et sa mise en œuvre (art. précités).

L'AMF admet que le conseil conserve une marge de manœuvre par rapport à la politique qu'il a définie (par exemple, possibilité de décider d'une rémunération complémentaire en cas d'événement particulier le justifiant). Il appartient alors à la société de circonscrire précisément, au sein de la politique de rémunération, la latitude laissée au conseil dans le respect des dispositions légales applicables et de justifier de la nécessité d'une telle flexibilité (Rapport AMF 2021 sur le gouvernement d'entreprise et la rémunération des dirigeants des sociétés cotées du 2-12-2021).

La politique de rémunération doit être présentée de manière claire et compréhensible au sein du rapport sur le gouvernement d'entreprise (art. L 22-10-8, I-al. 2 et L 22-10-26, I-al. 2). 53077

2. CONTENU

INFORMATIONS RELATIVES AUX MANDATAIRES SOCIAUX DANS LEUR ENSEMBLE

La politique de rémunération figurant dans le rapport sur le gouvernement d'entreprise doit présenter les informations suivantes, relatives à l'ensemble des mandataires sociaux (art. R 22-10-14, I et R 22-10-18, I) : 53080

– la manière dont la politique de rémunération respecte l'intérêt social et contribue à la stratégie commerciale ainsi qu'à la pérennité de la société ;
– le processus de décision suivi pour déterminer cette politique de rémunération, la réviser et la mettre en œuvre, y compris les mesures permettant d'éviter ou de gérer les conflits d'intérêts et, le cas échéant, le rôle du comité de rémunération ou d'autres comités concernés ;
– dans le processus de décision suivi pour sa détermination et sa révision, la manière dont les conditions de rémunération et d'emploi des salariés de la société sont prises en compte ;
– les méthodes d'évaluation à appliquer pour déterminer dans quelle mesure il a été satisfait aux critères de performance prévus pour la rémunération variable et la rémunération en actions ;
– les critères de répartition de la somme fixe annuelle allouée aux administrateurs ou aux membres du conseil de surveillance (ex-jetons de présence) ;
– lorsque la politique de rémunération est modifiée, la description et l'explication de toutes les modifications substantielles, et la manière dont sont pris en compte les votes les plus récents des actionnaires sur la politique de rémunération et sur les informations mentionnées n° 53110 et, le cas échéant, les avis exprimés lors de la dernière assemblée générale ;

– les modalités d'application des dispositions de la politique de rémunération aux mandataires sociaux nouvellement nommés ou dont le mandat est renouvelé, dans l'attente, le cas échéant, de l'approbation par l'assemblée générale des modifications importantes de la politique de rémunération ;
– lorsque le conseil d'administration ou de surveillance prévoit des dérogations à l'application de la politique de rémunération (nº 53095), les conditions procédurales en vertu desquelles ces dérogations peuvent être appliquées et les éléments de la politique auxquels il peut être dérogé.

> **Précisions** L'AMF recommande que les **clauses d'ajustement** des rémunérations, qui peuvent être prévues au sein de la politique de rémunération, soient rédigées de façon suffisamment précise et approuvées en connaissance de cause par l'assemblée générale, pour être aisément applicables par le conseil d'administration ou de surveillance. La politique de rémunération doit également préciser le cadre juridique applicable pour les ajustements envisagés (application de la dérogation prévue par l'article L 22-10-8, III-al. 2 ou clause d'ajustement ad hoc), la nature des circonstances exceptionnelles envisagées, les modalités procédurales devant être appliquées par le conseil, les éléments de la politique auxquels il pourra être dérogé ainsi que la marge de flexibilité accordée au conseil (Recommandation AMF 2012-02 § 27.4).

INFORMATIONS RELATIVES À CHAQUE MANDATAIRE SOCIAL

53085 La politique de rémunération figurant dans le rapport sur le gouvernement d'entreprise doit préciser, pour chaque mandataire social (art. R 22-10-14, II et R 22-10-18, II) :
– les éléments fixes, variables et exceptionnels composant la rémunération totale et les avantages de toute nature qui peuvent lui être accordés en raison du mandat concerné, ainsi que leur importance respective ;
– lorsque la société attribue une rémunération en actions, les périodes d'acquisition et, le cas échéant, de conservation des actions applicables après l'acquisition et la manière dont la rémunération en actions contribue aux objectifs de la politique de rémunération ;
– les périodes de report éventuelles et, le cas échéant, la possibilité pour la société de demander la restitution d'une rémunération variable ;
– lorsque la société attribue des éléments de rémunération variable, les critères clairs, détaillés et variés, de nature financière et non financière, y compris, le cas échéant, relatifs à la responsabilité sociale et environnementale de l'entreprise, qui conditionnent leur attribution et la manière dont ces critères contribuent aux objectifs de la politique de rémunération ;
– la durée du ou des mandats et, le cas échéant, des contrats de travail ou de prestations de services passés avec la société, les périodes de préavis et les conditions de révocation ou de résiliation qui leur sont applicables ;
– les caractéristiques principales et les conditions de résiliation des engagements pris par la société elle-même ou par toute société contrôlée ou qui la contrôle, au sens de l'article L 233-16, II et III, et correspondant à des éléments de rémunération, des indemnités ou des avantages dus ou susceptibles d'être dus à raison de la cessation ou d'un changement de fonctions, ou postérieurement à celles-ci, ou des droits octroyés au titre d'engagements de retraite supplémentaire à prestations définies répondant aux caractéristiques des régimes mentionnés aux articles L 137-11 (engagements à « droits aléatoires ») et L 137-11-2 (engagements à « droits certains ») du Code de la sécurité sociale ;
– lorsque la société attribue des engagements et droits conditionnels, les critères clairs, détaillés et variés, de nature financière et, le cas échéant, non financière, y compris relatifs à la responsabilité sociale et environnementale de l'entreprise, qui conditionnent leur attribution et la manière dont ces critères contribuent aux objectifs de la politique de rémunération. Ces critères ne s'appliquent pas aux engagements correspondant à des indemnités prévues en contrepartie d'une clause de non-concurrence, ou aux engagements répondant aux caractéristiques des régimes collectifs et obligatoires de retraite et de prévoyance visés à l'article L 242-1 du Code de la sécurité sociale.

> **Précisions** L'AMF encourage les sociétés à mentionner dans la politique de rémunération ou en complément de celle-ci l'ensemble des éléments d'information concernant les rémunérations des **candidats choisis par le conseil d'administration** pour être les futurs dirigeants (Position-recommandation AMF 2021-02 § 13.3).

3. APPROBATION (VOTE EX ANTE)

53090 La politique de rémunération doit faire l'objet d'un **projet de résolution** soumis à l'approbation de l'assemblée générale ordinaire chaque année et lors de chaque modification importante de cette politique (art. L 22-10-8, II et L 22-10-26, II).

En cas de **refus d'approbation** de la résolution, la politique de rémunération précédemment approuvée, s'il en existe, continue de s'appliquer. En l'absence de politique de rémunération précédemment approuvée, la rémunération des mandataires sociaux est déterminée conformément à celle attribuée au cours de l'exercice précédent. Si aucune rémunération n'a été attribuée au cours de l'exercice précédent, la rémunération est déterminée conformément aux pratiques existant au sein de la société. 53092

CONSEIL

La loi est muette sur les « **pratiques existant au sein de la société** ». Il nous paraît donc souhaitable que le comité des rémunérations se saisisse de la question et définisse ces pratiques afin de ne pas être pris de court en cas de vote négatif de l'assemblée générale.

Lors de l'assemblée générale ordinaire suivante, le conseil d'administration ou de surveillance doit présenter une **politique de rémunération révisée** et indiquer de quelle manière ont été pris en compte le vote des actionnaires et, le cas échéant, les avis exprimés lors de l'assemblée générale (art. L 22-10-8, II et L 22-10-26, II).

4. APPLICATION

En principe, aucun élément de rémunération, de quelque nature que ce soit, ne peut être déterminé, attribué ou versé aux mandataires sociaux et aucun engagement financier ne peut être pris à leur profit en cas de cessation ou changement de leurs fonctions si cet élément n'est pas **conforme à la politique de rémunération** (ou, en cas de refus d'approbation de la politique de rémunération, aux rémunérations de l'exercice précédent ou pratiques de la société) (art. L 22-10-8, III-al. 1 et L 22-10-26, III-al. 1). 53094

Toutefois, en cas de circonstances exceptionnelles, le conseil peut déroger à l'application de la politique de rémunération ; mais cette **dérogation** doit être temporaire, conforme à l'intérêt social et nécessaire pour garantir la pérennité ou la viabilité de la société (art. L 22-10-8, III-al. 2 et L 22-10-26, III-al. 2). Il s'avère difficile de donner des exemples concrets de cas dans lesquels on pourrait déroger à la politique de rémunération de la société. Il pourrait s'agir par exemple de désigner un président à même de sauver une société confrontée à d'importantes difficultés (dans le même sens, A. Couret, La rémunération des mandataires sociaux des sociétés cotées : JCP E 2019 nº 1561).

L'AMF estime que la modification sensible du périmètre du groupe, dans la mesure où elle traduit la mise en œuvre d'une stratégie préétablie, peut être anticipée et ne justifie pas de déroger à la politique de rémunération (Rapport AMF 2020 sur le gouvernement d'entreprise et la rémunération des dirigeants des sociétés cotées du 24-11-2020).

Tout versement, attribution ou engagement effectué ou pris en **méconnaissance** de ces **dispositions** est nul (art. L 22-10-8, III-al. 3 et L 22-10-26, III-al. 3 modifiés, à compter du 1-10-2025, par ord. 2025-229 du 12-3-2025 excluant l'application du triple test ; Ord. 2025-229 art. 70).

Pour l'Ansa, une société qui fait **admettre ses actions** aux négociations **sur un marché réglementé au cours d'un exercice** sans avoir établi et fait approuver une politique de rémunération au titre de cet exercice puisqu'elle n'y était pas tenue n'a pas à régulariser cette situation en organisant après coup un vote ex ante de régularisation relatif à l'exercice au cours duquel a eu lieu l'admission ; elle peut verser les rémunérations qui avaient été décidées au cours de cet exercice sur la seule base d'un vote ex post (Communication Ansa, comité juridique nº 22-001 du 5-1-2022).

Si le calcul ou le paiement de certains éléments de rémunération prévus par la politique de rémunération est modifié par la **mise en œuvre d'une clause d'ajustement** (nº 53080, Précisions), il convient, selon l'AMF, de communiquer une information claire et précise sur cette mise en œuvre, en particulier en expliquant en quoi les circonstances prévues par la clause étaient avérées, comment les modalités procédurales ont été respectées, à quels éléments de la politique il a été dérogé et dans quelles proportions (Recommandation AMF 2012-02 § 27.4). 53095

C'est par une délibération du conseil d'administration ou de surveillance que sont déterminés, attribués ou pris, conformément à la politique de rémunération, les éléments de rémunération et les engagements (art. L 22-10-8, IV et L 22-10-26, IV). 53096

ATTENTION

Lorsque le conseil d'administration se prononce sur un élément ou un engagement au bénéfice de son président, d'un directeur général ou d'un directeur général délégué, les personnes intéressées ne peuvent prendre part ni aux délibérations ni au vote sur l'élément ou l'engagement concerné (art. L 22-10-8, IV). Une telle disposition n'est pas prévue s'agissant du conseil de surveillance.

5. PUBLICITÉ

53100 La politique de rémunération soumise à l'assemblée ainsi que la date et le résultat du dernier vote de l'assemblée générale sur la résolution (n° 53090) doivent être publiés sur le site internet de la société le jour ouvré suivant celui du vote et y demeurer à disposition du public au moins pendant la période où la politique de rémunération s'applique (art. R 22-10-14, IV et R 22-10-18, IV).

C. Vote des actionnaires sur les rémunérations de l'exercice clos (ex post)

PRINCIPE

53105 L'assemblée générale ordinaire annuelle doit se prononcer chaque année sur les **rémunérations attribuées ou versées au cours de l'exercice clos** aux mandataires sociaux. Ce vote « ex post » porte sur deux séries de résolutions, l'une concernant l'ensemble des mandataires sociaux, l'autre certains d'entre eux seulement (art. L 22-10-34).

1. VOTE SUR LES INFORMATIONS CONCERNANT L'ENSEMBLE DES MANDATAIRES SOCIAUX

INFORMATIONS SUR LES RÉMUNÉRATIONS À PRÉSENTER AUX ACTIONNAIRES

53110 Doivent être présentées, de façon claire et compréhensible, dans le rapport sur le gouvernement d'entreprise, s'il y a lieu, les informations suivantes portant sur les **rémunérations versées ou attribuées à chaque mandataire social au cours de l'exercice clos,** y compris aux mandataires dont le mandat a pris fin ou qui ont été nommés au cours de l'exercice clos (art. L 22-10-9, I-al. 1 et L 22-10-20) :

1. la rémunération totale et les avantages de toute nature versés ou attribués à raison du mandat au cours de l'exercice écoulé, en distinguant les éléments fixes, variables et exceptionnels, y compris sous forme de titres de capital, de titres de créance ou de titres donnant accès au capital ou donnant droit à l'attribution de titres de créance de la société émettrice, de la société détenant directement ou indirectement plus de la moitié du capital de la société émettrice ou de la société dont l'émettrice possède directement ou indirectement plus de la moitié du capital, en indiquant les principales conditions d'exercice des droits, notamment le prix et la date d'exercice et toute modification de ces conditions ;

2. la proportion relative de la rémunération fixe et variable ;

3. l'utilisation de la possibilité de demander la restitution d'une rémunération variable ;

4. les engagements de toute nature pris par la société et correspondant à des éléments de rémunération, des indemnités ou des avantages dus ou susceptibles d'être dus à raison de la prise, de la cessation ou du changement des fonctions ou postérieurement à celles-ci, notamment les engagements de retraite et autres avantages viagers, en mentionnant les modalités précises de détermination de ces engagements et l'estimation du montant des sommes susceptibles d'être versées à ce titre (voir n° 53115) ;

5. toute rémunération versée ou attribuée par une entreprise comprise dans le périmètre de consolidation au sens de l'article L 233-16 ;

6. pour le président du conseil d'administration, le directeur général et chaque directeur général délégué des SA à conseil d'administration et pour le président du conseil de surveillance, les membres du directoire ou le directeur général unique des SA à directoire, les ratios entre le niveau de la rémunération de chacun de ces dirigeants et, d'une part, la rémunération moyenne sur une base équivalent temps plein des salariés de la société autres que les mandataires sociaux, d'autre part, la rémunération médiane sur une base équivalent *temps plein de ces salariés (ratios « d'équité »)* ;

7. l'évolution annuelle de la rémunération, des performances de la société, de la rémunération moyenne sur une base équivalent temps plein des salariés de la société, autres que les dirigeants, et des ratios mentionnés au point 6 ci-dessus, au cours des cinq exercices les plus récents au moins, présentés ensemble et d'une manière qui permette la comparaison ;

8. une explication de la manière dont la rémunération totale respecte la politique de rémunération adoptée, y compris la manière dont elle contribue aux performances à long terme de la société, et de la manière dont les critères de performance ont été appliqués ;

9. la manière dont a été pris en compte le vote sur le premier volet du vote ex post de la dernière assemblée générale ordinaire annuelle (sur ce vote, voir nº 53120) ;

10. tout écart par rapport à la procédure de mise en œuvre de la politique de rémunération et toute dérogation à l'application de la politique de rémunération justifiée par des circonstances exceptionnelles (voir nº 53095), y compris l'explication de la nature de ces circonstances exceptionnelles et l'indication des éléments spécifiques auxquels il est dérogé ;

11. la suspension de la rémunération allouée aux administrateurs ou aux membres du conseil de surveillance en rémunération de leur activité (ex-jetons de présence) en cas de non-respect des dispositions relatives à la répartition équilibrée des hommes et des femmes au sein du conseil.

L'information relative aux **ratios d'équité** (nº 53110 point 6) a pour objectif de mettre en perspective la rémunération des dirigeants mandataires sociaux et celle des salariés. Aucun texte ne déterminant les modalités de calcul de ces ratios, l'Afep a établi des lignes directrices afin de fournir aux sociétés une lecture commune des éléments de rémunération à prendre en compte tant au numérateur qu'au dénominateur (Afep, Lignes directrices sur les multiples de rémunération). L'Afep souhaite que les sociétés indiquent dans leur rapport sur le gouvernement d'entreprise, en plus du ratio exigé par la loi, si elles se sont référées à ces lignes directrices et, si tel n'est pas le cas, la méthode adoptée en remplacement. **53112**

Selon l'Afep, le numérateur doit comprendre les rémunérations et avantages de toute nature dus ou attribués au titre de l'exercice ou versés ou attribués au cours de l'exercice aux dirigeants (part fixe et variable, rémunération exceptionnelle, rémunération liée à la fonction d'administrateur, stock-options, actions de performance, avantages en nature, etc.), y compris ceux reçus de sociétés comprises dans le périmètre de consolidation au sens de l'article L 233-16. En revanche, doivent être exclus les indemnités de prise de fonction, de départ et de non-concurrence, ainsi que les régimes de retraite supplémentaires et ceux de retraite supplémentaires à prestations définies.

Quant aux éléments à inclure au dénominateur (rémunération des salariés), ils doivent correspondre, dans un souci de cohérence, à ceux inclus au numérateur pour les dirigeants. Les indemnités de départ, de non-concurrence ou les régimes de retraite supplémentaires doivent là encore être exclus du calcul.

L'Afep et le Medef relèvent que les ratios d'équité sont peu significatifs pour les sociétés têtes de groupe, qui n'ont pas ou ont peu de salariés, par rapport aux effectifs français du groupe, si bien qu'il est recommandé aux sociétés holdings de prendre en compte un périmètre de masse salariale plus représentatif incluant, pour le calcul du ratio, au dénominateur les salaires du personnel français des filiales dont elles ont le contrôle exclusif (Code de gouvernance Afep-Medef art. 27.2 ; à titre d'exemple, le Code indique que 80 % des effectifs peut être considéré comme un périmètre significatif). Ces sociétés doivent mentionner le périmètre des sociétés prises en compte, préciser le pourcentage de l'effectif du groupe en France qu'il représente, expliquer les raisons du choix opéré et s'assurer de la cohérence dans le temps du périmètre adopté (Guide d'application du Code Afep-Medef mars 2024 p. 24). L'Afep recommande, dans un tel cas, de prendre en compte les salariés de la ou des sociétés françaises du groupe, ou des éventuelles unités économiques et sociales, en choisissant un périmètre représentatif de l'activité en France (Afep, Lignes directrices précitées).

L'AMF rappelle cependant que les sociétés doivent présenter les ratios tenant compte, aux termes de la loi, des « salariés de la société » ; elle recommande, en complément, de retenir un ratio calculé sur la base d'un périmètre jugé représentatif par la société, sous réserve de le définir précisément et de justifier de son caractère représentatif (Rapport AMF 2020 sur le gouvernement d'entreprise et la rémunération des dirigeants des sociétés cotées du 24-11-2020).

L'AMF formule également les recommandations suivantes concernant ces ratios (Rapport précité) :

– les sociétés qui ne prennent pas en compte la rémunération totale des dirigeants dans leur calcul doivent justifier ce choix et expliquer quels éléments de rémunération n'ont pas été pris en compte en en rappelant les montants ;

– il y a lieu de présenter les ratios par fonction (président du conseil d'administration, directeur général, etc.), puis par personne, et de commenter les évolutions de la gouvernance en mentionnant les dates de création, suppression, occupation des fonctions ainsi que les noms des personnes ayant occupé ou occupant ces fonctions.

Enfin, Middlenext recommande de publier un ratio d'équité complémentaire par rapport au Smic, valeur de référence indépendante et dénominateur fixe pour toutes les entreprises, et invite chaque société à communiquer, si elle le souhaite, le montant le plus bas, s'il est supérieur au Smic (Code de gouvernance Middlenext rec. 16).

53113 S'agissant de l'**évolution des indicateurs de rémunération et de performance** mentionnée ci-dessus (nº 53110 point 7), l'AMF recommande que les sociétés présentent, pour l'évolution annuelle des performances de la société, les indicateurs de performance qu'elles utilisent habituellement dans leur communiqué de résultats (Rapport AMF 2020 sur le gouvernement d'entreprise et la rémunération des dirigeants des sociétés cotées du 24-11-2020).

En cas de changement de périmètre intervenu au cours des cinq derniers exercices (cession ou acquisition d'actifs), l'AMF invite les sociétés à présenter les évolutions de périmètre afin de permettre la compréhension de l'évolution du ratio d'équité (Rapport précité).

53115 Une liste d'**informations complémentaires** à apporter concernant les engagements de retraite (autres que les régimes de retraite de base et les régimes de retraites complémentaires obligatoires) ou autres avantages viagers pris par la société au bénéfice de ses mandataires sociaux (visés nº 53110 point 4) est fournie par l'article D 22-10-16.

53118 Les informations mentionnées nºs 53110 s. relatives aux rémunérations perçues ou attribuées aux mandataires sociaux au cours de l'exercice clos doivent être mises gratuitement à **disposition du public sur le site internet** de la société pour une durée de dix ans (art. R 22-10-15, I).

VOTE DES ACTIONNAIRES SUR LES INFORMATIONS RELATIVES AUX RÉMUNÉRATIONS

53120 L'assemblée doit se prononcer sur un projet de résolution portant sur les **informations** listées nº 53110 (art. L 22-10-34, I-al. 1).

Si ce projet de résolution est rejeté, le conseil d'administration ou de surveillance doit soumettre une **politique de rémunération révisée** à l'approbation de la prochaine assemblée générale ; le versement des sommes allouées pour l'exercice en cours aux administrateurs ou membres du conseil de surveillance en rémunération de leur activité (ex-jetons de présence) est suspendu jusqu'à cette approbation (art. L 22-10-34, I-al. 2). Un nouveau vote négatif concernant la résolution sur la nouvelle politique de rémunération entraîne l'interdiction définitive de verser les rémunérations ainsi suspendues (art. L 22-10-34, I-al. 3).

Il s'agit là de responsabiliser les membres du conseil d'administration ou de surveillance (Rapport au Président de la République relatif à l'ordonnance 2019-1234 du 27-11-2019) dont la rémunération ne fait pas l'objet d'un vote individuel.

2. VOTE SUR LES RÉMUNÉRATIONS DE CERTAINS MANDATAIRES SOCIAUX

53125 L'assemblée générale doit se prononcer sur les éléments fixes, variables et exceptionnels composant la rémunération totale et les avantages de toute nature versés ou attribués au cours de l'exercice écoulé au président du conseil d'administration ou du conseil de surveillance, au directeur général, aux directeurs généraux délégués, au président du directoire, aux autres membres du directoire ou au directeur général unique (art. L 22-10-34, II-al. 1). Le vote doit faire l'objet de **résolutions distinctes** pour chaque mandataire social concerné (art. L 22-10-34, II-al. 1).

En cas de **vote négatif,** les éléments fixes de rémunération restent acquis au mandataire social mais les éléments de rémunération variables et exceptionnels ne peuvent pas lui être versés (art. L 22-10-34, II-al. 2).

› Précisions a. Pour l'Ansa, l'interdiction de verser une rémunération variable aux dirigeants avant le vote ex post ne peut pas être contournée en procédant à ce versement sous la **condition résolutoire d'un vote négatif** de l'assemblée générale. En effet, c'est le fait lui-même de verser une rémunération qui est interdit et la *fiction juridique* de l'anéantissement rétroactif en cas de réalisation de la condition résolutoire ne peut faire disparaître ce fait passé et réalisé (Communication Ansa, comité juridique nº 18-005 du 7-2-2018).

b. L'interdiction de versement en cas de vote ex post négatif s'applique à l'ensemble des éléments de rémunération variables ou exceptionnels attribués au titre de l'exercice écoulé, quelle qu'en soient la forme ou la nature, y compris les **rémunérations en actions** et les **indemnités de départ et de non-concurrence** (Rép. Lescure : AN 9-3-2021 nº 33109 ; voir aussi Rapport AMF 2020 sur le gouvernement d'entreprise et la rémunération des dirigeants des sociétés cotées du 24-11-2020, indiquant que la pratique consistant à ne pas appliquer la sanction du vote ex post négatif à la rémunération en actions pose question au regard de la lettre

53125 (suite)

de l'article L 22-10-34, II et de l'intention du législateur ; en sens contraire, s'agissant des rémunérations en actions, Communication Ansa n° 17-011 mars 2017 ; Communication Ansa, comité juridique n° 20-005 du 5-2-2020 ; H. Le Nabasque : Bull. Joly 2017 p. 263 ; F. Devedjian et F. Kerebel, Rémunération des mandataires sociaux – Say on pay : portée du vote et questions ouvertes : Actes pratiques mars-avril 2021 p. 33 ; F. Kerebel et P. Mudet, Le say on pay – L'ambivalence du contrôle des rémunérations des mandataires des sociétés cotées : Actes pratiques janvier-février 2023 p. 42 et, s'agissant des indemnités de départ et de non-concurrence, O. de Bailliencourt et J. Granotier, Say on pay : vers une interprétation extensive du vote ex post individuel ? : Dr. sociétés 2021 comm. n° 80).

c. Afin d'assurer le versement des rémunérations des dirigeants d'une SA dont la **fusion-absorption** est envisagée, l'Ansa préconise de faire délibérer les actionnaires sur le vote ex post au cours d'une assemblée tenue préalablement à l'assemblée se prononçant sur la fusion ou au cours de cette dernière (Communication Ansa, comité juridique n° 22-010 du 2-2-2022).

d. Pour l'Ansa, si une SA est **radiée de la cote** avant que son conseil d'administration ait arrêté l'ordre du jour de l'assemblée générale statuant sur les comptes de l'année antérieure à la radiation, cet ordre du jour n'a pas à porter sur le vote ex post des actionnaires ; si elle est radiée entre la réunion du conseil et l'assemblée, les actionnaires peuvent en prendre acte lors de l'assemblée et décider qu'il n'y a plus lieu de voter sur une telle résolution (Communication Ansa, comité juridique n° 23-039 du 4-10-2023).

CHAPITRE 8

LA TRANSFORMATION DES SOCIÉTÉS ANONYMES

SOMMAIRE

RÈGLES APPLICABLES AUX TRANSFORMATIONS DE SA

53500 Les transformations de SA sont soumises aux **règles générales** exposées nos 20620 s. (notamment nos 20787 s. pour le **régime fiscal**) ainsi qu'aux **dispositions particulières** présentées ci-après.

A. Décision de transformation de la SA

CONDITIONS PRÉALABLES À LA TRANSFORMATION DE LA SA

53510 Une SA peut se transformer en une société d'une autre forme si, au moment de la transformation, elle a au moins deux ans d'**existence** et si elle a établi et fait approuver par les actionnaires le **bilan** de ses deux premiers exercices (art. L 225-243).

Le délai d'existence doit, à notre avis, être calculé à partir de la date d'immatriculation de la société au RCS, qui marque l'acquisition de la personnalité morale ; la société est certes constituée dès la signature des statuts, mais elle n'est alors qu'un simple contrat. Peu importe que la société ait été immatriculée sous une forme autre que la forme anonyme dès lors qu'elle a cumulativement, sous cette autre forme et sous la forme anonyme, plus de deux années d'existence (cas, par exemple, d'une SA issue de la transformation d'une SARL) (Rép. de Chazeaux : AN 31-7-2000 no 42703).

Ces conditions préalables ne sont pas requises en cas de **transformation en SNC** (art. L 225-245, al. 1).

Par ailleurs, lorsque les actionnaires contrôlant, au sens de l'article L 233-3, une société dont les actions sont admises aux négociations sur un marché réglementé proposent à l'assemblée générale extraordinaire de transformer la société, ils doivent au préalable en **informer l'AMF,** qui décidera s'il y a lieu de mettre en œuvre une offre publique de retrait (C. mon. fin. art. L 433-4, I-3° ; Règl. gén. AMF art. 236-6).

INTERVENTION DES COMMISSAIRES AUX COMPTES

53520 Sauf en cas de transformation en SNC (art. L 225-245, al. 1), la décision de transformation doit être précédée, si la SA est dotée de commissaires aux comptes chargés d'un audit classique des comptes, d'un rapport de ceux-ci attestant que le **montant des capitaux propres** est au moins égal au montant du capital social (art. L 225-244, al. 1). Si le commissaire aux comptes est chargé d'un audit allégé, il est dispensé de l'établissement de ce rapport (art. L 821-57, al. 2).

La transformation n'encourt pas la nullité si l'assemblée a décidé la transformation malgré un rapport du commissaire concluant à des **capitaux propres inférieurs au capital** social (*dans le même sens*, Communication Ansa, comité juridique n° 19-040 du 5-6-2019).

En l'absence de rapport, la transformation n'est pas nulle de plein droit (Bull. CNCC décembre 2000 p. 609 ; Communication Ansa précitée). En effet, l'article L 225-244 ne prévoit pas cette sanction. La **nullité** de la transformation décidée à compter du 1er octobre 2025 peut néanmoins être prononcée sur le fondement de l'article 1844-10, al. 3 du Code civil (modifié par ord. 2025-229 du

12-3-2025 ; Ord. 2025-229 art. 70). L'assemblée ayant décidé la transformation avant cette date peut quant à elle être annulée par application de l'article L 225-121, pour violation de l'article L 225-115, qui donne le droit aux actionnaires des sociétés dotées de commissaires aux comptes d'obtenir communication des rapports de ceux-ci soumis à l'assemblée ; la nullité de l'assemblée entraînerait alors celle de la transformation elle-même, qui ne reposerait plus sur aucune décision valable (théorie des « nullités en cascade ») (Communication Ansa précitée).

La **responsabilité** civile **des dirigeants** pourrait par ailleurs être engagée si le défaut de rapport était à l'origine d'un préjudice.

> **Précisions** Le **rapport** du commissaire n'a pas à être **déposé au greffe** du tribunal de commerce huit jours avant la décision de transformation puisqu'il ne figure pas au nombre des actes dont le dépôt est prescrit par l'article R 123-105, al. 3 (Cass. com. 8-4-2008 nº 06-15.193 : RJDA 7/08 nº 817).

INTERVENTION D'UN COMMISSAIRE À LA TRANSFORMATION

Lorsqu'une SA n'ayant pas de commissaire aux comptes se transforme en société par actions d'une autre forme (SCA ou SAS), il y a lieu de **faire apprécier par un commissaire à la transformation la valeur des biens composant l'actif social** et les avantages particuliers consentis à des associés ou à des tiers : voir nos 20650 s. 53525

DÉCISION DES OBLIGATAIRES DE LA SA

Le projet de transformation de la société doit être soumis à l'assemblée générale des obligataires, s'il en existe (art. L 225-244, al. 2). Sur les modalités de la **consultation,** voir nos 71910 s. 53530

En cas de **refus d'approbation,** la société ne peut passer outre qu'en offrant de rembourser les obligataires qui en feraient la demande (art. L 228-72, al. 1). Sur les conditions du remboursement, voir nº 72353.

TRANSFORMATION D'UNE SA AYANT ÉMIS DES TITRES PARTICULIERS

En pratique, une SA ayant émis des **certificats d'investissement** ne peut être transformée qu'en SCA ou en SAS puisque ce sont les seules formes juridiques dans lesquelles peut subsister le fractionnement des actions en certificats d'investissement et certificats de droit de vote (cf. art. L 228-30, al. 1). Il n'existe en effet aucune disposition légale analogue permettant de scinder les parts sociales en deux éléments ayant chacun sa vie propre et correspondant le premier aux droits pécuniaires, le second à tous les autres droits (droit de vote, notamment). 53540

Toute autre forme sociale envisagée nécessite donc au préalable de reconstituer les actions par rapprochement des certificats d'investissement et des certificats de droit de vote selon les modalités prévues à l'article L 228-30, al. 6.

Une SA ayant émis des **valeurs mobilières donnant accès au capital** ne peut pas, dès l'émission effective des titres, être transformée en société d'une autre forme sauf à y être autorisée par le contrat d'émission ou par les titulaires de ces titres aux conditions de quorum et de majorité prévues pour les assemblées générales extraordinaires des actionnaires (art. L 228-98, al. 1 et, sur renvoi, art. L 228-103). Pour l'Ansa, en cas de transformation en SAS, à défaut d'autorisation du contrat d'émission et si le titre primaire des valeurs n'est pas une action, l'accord unanime des titulaires des valeurs n'est pas nécessaire : l'article L 227-3 n'exige l'unanimité que des seuls actionnaires (Communication Ansa, comité juridique nº 20-039 du 7-10-2020).

QUORUM ET MAJORITÉ REQUIS POUR TRANSFORMER LA SA

Les conditions de quorum et de majorité varient en fonction de la forme de société choisie pour la transformation (voir nos 53610 s.). 53550

B. Conditions liées à la nouvelle forme

TRANSFORMATION DE LA SA EN SARL

La transformation d'une SA en SARL doit être décidée dans les conditions prévues pour la modification des statuts des SARL (art. L 225-245, al. 3). 53610

Ces conditions, énoncées à l'article L 223-30, ont changé depuis la loi 2005-882 du 2 août 2005 :

– par principe, la modification des statuts doit recueillir la **majorité des trois quarts** ;

– toutefois, pour les modifications statutaires des SARL « constituées après la publication de la loi » (c'est-à-dire à compter du 4 août 2005), un quorum est requis et la modification doit recueillir la majorité des deux tiers.

À notre avis, compte tenu du libellé de cette exception à la règle de majorité des trois quarts et en raison de l'interprétation stricte qui doit en être faite, la majorité des deux tiers ne doit être réservée qu'aux SARL constituées à compter du 4 août 2005, de sorte que toutes les SA (même celles créées à partir de cette date) qui envisagent de se transformer en SARL ne peuvent le décider qu'à la majorité des trois quarts, comme avant la loi 2005-882.

En outre, depuis la loi 82-596 du 10 juillet 1982, les modifications des statuts de SARL doivent être prises à la **majorité calculée en parts sociales** alors que, jusqu'à cette loi, dans ces sociétés comme dans les SA, la majorité était calculée en proportion des droits de chaque associé dans le capital social. Dès lors, on serait conduit à exiger une majorité calculée en actions et non plus en capital pour décider la transformation d'une SA en SARL. Une telle solution n'entraînerait, il est vrai, une différence par rapport à la situation antérieure que dans le cas, peu fréquent en pratique, où les actions n'ont pas toutes la même valeur nominale. Cependant, nous pensons qu'en toute hypothèse il convient de maintenir la règle antérieure de calcul de la majorité en capital. Déterminer cette majorité en fonction du nombre des actions aboutirait en effet à mettre en cause le principe, fondamental dans les SA, selon lequel le droit de vote attaché aux actions est proportionnel à la quotité du capital qu'elles représentent (art. L 225-122), en prenant argument d'une modification de la législation des SARL qui n'a eu pour but que de permettre aux titulaires de parts d'industrie (interdites dans les SA) de participer au vote des décisions dans ce type de société.

53611 La validité de la transformation d'une SA en SARL n'est pas subordonnée à l'**évaluation des « apports »** au moment de la transformation, comme c'est le cas lors de la constitution d'une SARL (Cass. com. 27-5-2015 nº 13-27.458 : RJDA 8-9/15 nº 567, à propos de la transformation d'une société civile en SARL mais transposable).

Outre le respect des règles ci-dessus, la transformation n'est possible que si la situation de la société est compatible avec le régime particulier des SARL, de sorte que :

– le **nombre des actionnaires** ne doit pas être supérieur à 100, nombre maximal d'associés d'une SARL (art. L 223-3) ;

– la transformation est illicite si l'**activité de la société transformée** ne peut pas être exercée par une SARL (nº 30121).

Il a été jugé qu'une SA dont le **capital** n'a pas été intégralement **libéré** peut valablement être transformée en une SARL dont le capital est réduit au montant des versements déjà effectués par les actionnaires de la SA (CA Paris 13-10-2009 nº 08/9898 : RJDA 4/10 nº 396). Relevons néanmoins que les parts de SARL représentatives d'apports en numéraire n'ont pas à être intégralement libérées dès leur souscription (art. L 223-7). Selon nous, la transformation n'implique donc pas nécessairement une réduction du capital au montant des versements déjà effectués, le montant non encore appelé au moment de la transformation restant alors exigible.

TRANSFORMATION DE LA SA EN SAS

53620 La transformation d'une SA en SAS ne peut être décidée qu'avec l'**accord** unanime **des actionnaires** (art. L 227-3), c'est-à-dire par tous les actionnaires et non à l'unanimité des seuls actionnaires présents ou représentés à l'assemblée appelée à se prononcer sur la transformation (CA Versailles 24-2-2005 nº 03-7294 : RJDA 6/05 nº 719 ; Cass. 3e civ. 5-1-2022 nº 20-17.428 FS-B : RJDA 4/22 nº 205, à propos d'une société civile mais transposable).

En outre, la SA ne doit pas procéder à l'**admission** de ses actions **aux négociations sur un marché réglementé,** cette opération étant interdite à la SAS, ni à une **offre au public** de titres financiers autre que celles autorisées dans la SAS : voir nº 60110.

TRANSFORMATION DE LA SA EN SNC

53630 La transformation de la SA en SNC nécessite l'**accord** de tous les **actionnaires** (art. L 225-245, al. 1). En effet, à la suite de la transformation, ceux-ci deviennent indéfiniment et solidairement responsables des dettes sociales, ce qui constitue une augmentation de leurs *engagements*.

En outre, les actionnaires doivent avoir la **capacité** de faire le commerce puisque les associés en nom ont la qualité de commerçant. Aussi, en présence d'un **mineur non émancipé** parmi les actionnaires, la transformation ne peut intervenir qu'après cession des actions appartenant à ce mineur. En effet, les mineurs non émancipés n'ont pas la capacité d'exercer le commerce (n° 320). Il en est de même en présence d'un **mineur émancipé,** s'il n'a pas été autorisé à exercer le commerce par le juge des tutelles au moment de l'émancipation ou par le président du tribunal judiciaire après l'émancipation (art. L 121-2 et C. civ. art. 413-8), ou encore d'un **majeur sous tutelle** ou **sous habilitation familiale par représentation** qui ne peuvent pas être commerçants (respectivement nos 390 et 395).

Si un mineur, non émancipé ou émancipé non autorisé à être commerçant, ou un majeur sous tutelle ou sous habilitation familiale par représentation devient associé en nom, la transformation antérieure au 1er octobre 2025 est nulle pour violation des règles relatives à l'incapacité (art. L 235-1, al. 1 : n° 89240). À compter du 1er octobre 2025, la nullité devient facultative (C. civ. art. 1844-10, al. 3 modifié, à compter du 1-10-2025, par ord. 2025-229 du 12-3-2025 ; Ord. 2025-229 art. 70 : nos 89380 s.). Par ailleurs, la société est dissoute en présence, parmi les associés en nom, d'un majeur sous sauvegarde de justice, sous curatelle, sous habilitation familiale par assistance ou dont le mandat de protection future a pris effet ; à compter du 1er octobre 2025, elle est également dissoute en présence parmi ces associés d'un majeur sous tutelle ou sous habilitation familiale par représentation, lorsque la nullité de la transformation n'a pas été prononcée (nos 20680 s.).

TRANSFORMATION DE LA SA EN SOCIÉTÉ EN COMMANDITE

La transformation de la SA en société en commandite est décidée dans les conditions prévues pour la modification des statuts, mais il faut également l'**accord** de tous les **actionnaires** qui acceptent d'être associés commandités (art. L 225-245, al. 2). **53640**

En outre, les actionnaires appelés à devenir associés commandités doivent avoir la **capacité** de faire le commerce puisque ces derniers ont la qualité de commerçant. Ne peuvent donc devenir qu'associés commanditaires les actionnaires mineurs émancipés, s'ils n'ont pas été autorisés à exercer le commerce par le juge des tutelles au moment de l'émancipation ou par le président du tribunal judiciaire après l'émancipation (art. L 121-2 et C. civ. art. 413-8), les actionnaires mineurs non émancipés ou les majeurs sous tutelle ou sous habilitation familiale par représentation, qui ne peuvent pas être commerçants (respectivement nos 390 et 395).

Si un mineur, non émancipé ou émancipé non autorisé à être commerçant, ou un majeur sous tutelle ou sous habilitation familiale par représentation devient associé commandité, la transformation antérieure au 1er octobre 2025 est nulle pour violation des règles relatives à l'incapacité (art. L 235-1, al. 1 : n° 89240). À compter du 1er octobre 2025, la nullité devient facultative (C. civ. art. 1844-10, al. 3 modifié, à compter du 1-10-2025, par ord. 2025-229 du 12-3-2025 ; Ord. 2025-229 art. 70 : nos 89380 s.). Par ailleurs, la société est dissoute en présence, parmi les associés commandités, d'un majeur sous sauvegarde de justice, sous curatelle, sous habilitation familiale par assistance ou dont le mandat de protection future a pris effet ; à compter du 1er octobre 2025, elle est également dissoute en présence parmi ces associés d'un majeur sous tutelle ou sous habilitation familiale par représentation, lorsque la nullité de la transformation n'a pas été prononcée (nos 20680 s.).

En cas de **transformation en SCA** d'une SA dont les actions sont admises aux négociations sur un marché réglementé, les personnes détenant le contrôle de la société sont tenues de déposer auprès de l'AMF un projet d'**offre publique de retrait** (C. mon. fin. art. L 433-4, I-2° ; Règl. gén. AMF art. 236-5 : n° 65982). **53641**

TRANSFORMATION DE LA SA EN SOCIÉTÉ CIVILE

La transformation de la SA en société civile n'est possible qu'avec l'**accord** unanime **des actionnaires** car elle entraîne une augmentation de leurs engagements (C. civ. art. 1836, al. 2) puisqu'ils seront responsables indéfiniment des dettes sociales (C. civ. art. 1857, al. 1). Il faut, en outre, que la SA ait un **objet** civil, faute de quoi le greffe du tribunal refusera d'inscrire la transformation au RCS. **53650**

TRANSFORMATION DE LA SA EN SE

Sur les conditions de la transformation d'une SA en SE, voir nos 98680 s. **53660**

TRANSFORMATION DE LA SA EN GIE

La transformation de la SA en GIE n'est possible que si l'**objet** de la SA correspond à la définition du GIE (art. L 251-18). À défaut, la décision de « transformation » entraîne la création d'une personne morale nouvelle (n° 20625). **53670**

La transformation est subordonnée à l'**accord** unanime **des associés** (n° 96772).

CHAPITRE 9

LA DISSOLUTION DES SOCIÉTÉS ANONYMES

CAUSES DE DISSOLUTION COMMUNES À TOUTES LES SOCIÉTÉS

54500 Les causes de dissolution communes à toutes les sociétés (nos 86000 s.) sont applicables aux SA.

De même, l'assemblée générale extraordinaire peut, en toute hypothèse, décider la dissolution anticipée de la SA (art. L 225-246). Toutefois, si la société a émis des obligations, l'assemblée générale des obligataires peut exiger le remboursement des obligations et la société peut l'imposer (art. L 228-76).

CAUSES DE DISSOLUTION PROPRES À LA SA

54510 **SA « cotées »** La SA dont les actions sont admises aux négociations sur un marché réglementé ou sur un SMN (organisé ou non) peut être dissoute par décision du tribunal de commerce à la demande de tout intéressé lorsque le **nombre** des **actionnaires** se trouve réduit à moins de sept depuis plus d'un an (art. L 22-10-72, al. 1).

Toutefois, le tribunal saisi de la demande de dissolution peut accorder un délai de six mois au plus pour **régulariser la situation.** En outre, il ne peut pas prononcer la dissolution si, le jour où il statue sur le fond, la régularisation a eu lieu (art. L 22-10-72, al. 2).

54520 **Réduction du capital en dessous du minimum légal** À la demande de tout intéressé portée devant le tribunal de commerce (cf. art. R 210-15), la SA peut être dissoute en cas de réduction du capital en dessous du minimum légal de 37 000 € dès lors que la réduction du capital à un montant inférieur à ce minimum n'a pas été décidée sous la condition suspensive d'une augmentation destinée à relever le capital à un montant au moins égal à ce minimum ou que la société n'a pas décidé de se transformer en société d'une autre forme (art. L 224-2, al. 2).

Toutefois, cette dissolution doit être écartée si, au jour où le tribunal statue sur le fond, la **situation** de la société a été **régularisée** (art. L 224-2, al. 2).

54530 **Perte de la moitié du capital social** La dissolution de la SA est susceptible d'être prononcée en cas de perte de la moitié du capital. Sur cette question, voir nos 76610 s.

54535 **Société d'économie mixte à opération unique** La société d'économie mixte à opération unique est dissoute de plein droit au terme du contrat en vue de la conclusion et de l'exécution duquel elle a été constituée ou une fois l'objet de ce contrat réalisé ou expiré (CGCT art. L 1541-1, IV).

PUBLICITÉ DE LA DISSOLUTION DE LA SA

54540 La dissolution de la SA doit faire l'objet des mesures de publicité exposées nos 86210 s.

LIQUIDATION DE LA SA

54550 En ce qui concerne la liquidation de la société, voir nos 86500 s.

TITRE IV

La société en commandite par actions

CHAPITRE 1

LA CONSTITUTION D'UNE SOCIÉTÉ EN COMMANDITE PAR ACTIONS

SOMMAIRE

SECTION 1

CARACTÉRISTIQUES ET INTÉRÊT DE LA SCA

RÉGLEMENTATION APPLICABLE À LA SCA

S'appliquent à la société en commandite par actions (SCA) (art. L 226-1, al. 2 et art. R 226-1 modifié par décret 2024-904 du 8-10-2024) : 55500

– les textes propres aux SCA (art. L 226-1 à L 226-14 ; art. R 226-1 à R 226-3, ainsi que, s'il s'agit d'une société dont les titres sont admis aux négociations sur un marché réglementé ou sur un SMN, art. L 22-10-74 à L 22-10-78 et art. R 22-10-40) ;

– les textes applicables aux SCS dans la mesure où ils sont compatibles avec les dispositions spécialement édictées pour les SCA ;

– les textes applicables aux SA (à l'exception des articles L 225-17 à L 225-93, L 22-10-3 à L 22-10-30, R 225-15 à R 225-34, R 225-35 à R 225-47, R 225-49 à R 225-60 et R 22-10-14 à R 22-10-19, concernant le conseil d'administration, le directoire et le conseil de surveillance, et de l'article L 236-17, imposant une déclaration de conformité en cas de fusion ou de scission interne) dans la mesure où ils sont compatibles avec les dispositions spécialement édictées pour les SCA.

ATTENTION

L'exclusion des articles L 225-17 à L 225-93 et L 22-10-3 à L 22-10-30 ne doit pas être prise à la lettre car elle souffre diverses **exceptions.** Ainsi :

– l'article L 226-4 dispose, en ce qui concerne le conseil de surveillance, que sont applicables, « à défaut de disposition statutaire, les règles concernant la désignation, la rémunération et la durée du mandat des administrateurs de sociétés anonymes », lesquelles figurent aux articles L 225-18 et L 225-44 à L 225-46 ;

– l'article L 226-5-1, relatif à la représentation obligatoire des salariés au conseil de surveillance, renvoie aux articles L 225-79-2 et L 225-80 ; signalons qu'aucune disposition propre à la SCA ne rend applicable à cette forme de société l'article L 22-10-24 issu de l'ordonnance 2020-1142 du 16 septembre 2020 et dans lequel a été transférée une partie des dispositions de l'article L 225-79-2 ; sur les conséquences de cette erreur matérielle, voir nº 57180 ;

– l'article L 226-10, relatif aux conventions réglementées, renvoie aux dispositions des articles L 225-38 à L 225-43, L 22-10-12 et L 22-10-13 ;

– l'article L 226-10-1, relatif au rapport du conseil de surveillance sur le gouvernement d'entreprise, renvoie à l'article L 225-37-4 ;

– l'article L 22-10-77, al. 1, relatif au vote ex post sur le « say on pay » dans les SCA dont les actions sont admises aux négociations sur un marché réglementé, renvoie aux dispositions de l'article L 22-10-9 s'agissant des informations sur lesquelles doit porter ce vote ;
– l'article L 22-10-78, relatif au rapport du conseil de surveillance sur le gouvernement d'entreprise des SCA dont les titres sont admis aux négociations sur un marché réglementé, renvoie aux articles L 225-37-4 et L 22-10-9 à L 22-10-11.

De même, l'exclusion des articles R 225-15 à R 225-34, R 225-35 à R 225-47, R 225-49 à R 225-60 et R 22-10-14 à R 22-10-19 connaît des dérogations, les dispositions des articles R 225-30, R 225-31 et R 22-10-17 étant applicables aux conventions visées nº 57000 (art. R 226-2).

Par ailleurs, comme toutes les sociétés commerciales, la SCA est soumise aux règles générales des articles 1832 à 1844-17 du Code civil (cf. C. civ. art. 1834) et aux dispositions communes à toutes les sociétés commerciales figurant dans le Livre II du Code de commerce (art. L 210-1 à L 210-12, L 22-10-1, L 22-10-1-1 et L 230-1 à L 23-12-1 ; art. R 210-1 à D 210-21, R 22-10-1, D 230-1 à D 23-10-3 et R 247-1 à R 247-4 ; art. A 232 à A 233-1). S'agissant d'une société par actions, elle est soumise aussi aux dispositions générales visant ces sociétés (art. L 224-1 à L 224-3 ; art. R 224-1 à R 224-3 ; art. D 22-10-40-1 à D 22-10-40-5) et aux règles concernant les valeurs mobilières qu'elles ont émises (art. L 228-1 à L 228-106 ; art. R 228-1 à R 228-96).

CARACTÉRISTIQUES DE LA SCA

55510 La SCA est toujours **commerciale,** quel que soit son objet (art. L 210-1, al. 2).

C'est une **société de capitaux** dont le régime emprunte largement à celui de la SA. Il en diffère toutefois compte tenu, d'une part, de l'existence de deux catégories d'**associés,** commanditaires et commandités, et du statut particulier des seconds (nºs 58000 s.) et, d'autre part, du mode de gestion.

C'est une société **par actions** car son capital est représenté par des actions librement négociables et non par des parts sociales.

Pour un **tableau comparatif** des principales caractéristiques de la SCA et des autres formes de sociétés, voir nºs 200 s.

55512 **Mode de gestion** La SCA est dirigée par un ou plusieurs **gérants,** personnes physiques ou personnes morales, choisis parmi les commandités ou les tiers non associés.

La gérance est contrôlée par un **conseil de surveillance** représentant les commanditaires (nºs 57150 s.).

55513 Dans les **sociétés dont les titres sont admis aux négociations sur un marché réglementé,** le Code de gouvernance Afep-Medef (Annexe 2) qualifie les gérants de « mandataires sociaux exécutifs » et le président et les membres du conseil de surveillance de « mandataires sociaux non exécutifs ».

INTÉRÊT DE LA SCA

55520 Les SCA ne sont actuellement que quelques centaines.

L'intérêt limité pour cette forme de société est certainement lié à son fonctionnement, plus complexe que celui de la SARL ou de la SA en raison de la superposition de deux catégories d'associés dont les droits et les obligations sont différents.

De plus, la responsabilité indéfinie et solidaire des associés commandités n'est pas un élément en faveur de la SCA, quoique cette responsabilité puisse favoriser l'obtention de crédit par la société.

55521 Si les inconvénients de la SCA sont réels – encore qu'il ne faille pas les exagérer –, cette forme de société présente une particularité originale qui peut constituer un avantage important dans certains cas : elle permet en effet de faire appel à des capitaux extérieurs tout en maintenant la direction et la gestion de la société dans un cercle fermé de personnes ; elle peut notamment rendre service à un chef d'entreprise qui entend conserver la haute main sur la société tout en ouvrant celle-ci à l'épargne publique, spécialement en écartant le risque de la perte du contrôle par OPA. C'est d'ailleurs ce qui explique l'hostilité des autorités boursières à l'adoption de cette forme juridique par les sociétés « cotées » et l'obligation qui est faite au groupe majoritaire de déposer une offre publique de retrait lorsqu'il se *propose de transformer sa société* en SCA (nº 65982).

On peut ajouter, dans le même esprit, la très grande liberté laissée aux statuts pour fixer le régime des gérants quant à leur nomination, leur révocation et leur rémunération.

Cette dissociation possible entre le contrôle de la gestion et le contrôle du capital peut aussi permettre au fondateur d'une entreprise d'organiser sa succession pour le cas où il viendrait à décéder ou à se retirer des affaires et de s'assurer que la gestion de l'entreprise reviendra aux personnes (héritiers, salariés ou tiers) qu'il a choisies même si ces personnes ne sont pas financièrement en mesure de prendre le contrôle de la société.

Les SCA sont soumises au **régime fiscal** des sociétés de capitaux et sont donc passibles de l'impôt sur les sociétés sur l'ensemble de leurs bénéfices, y compris sur la part revenant aux associés commandités. Contrairement aux règles applicables aux SCS, tous les associés de SCA, qu'ils soient commandités ou commanditaires, sont soumis au même régime fiscal en ce qui concerne les revenus distribués. 55522

SECTION 2

CONDITIONS DE FOND DE CONSTITUTION DE LA SCA

CONSENTEMENT DES ASSOCIÉS DE LA SCA

Comme pour toute autre forme de société, le consentement des associés doit être réel et exempt de vice (nos 6500 s.). 55580

CAPACITÉ DES ASSOCIÉS DE LA SCA

Associés commandités Les associés commandités (qui, aux termes de l'article L 226-1, al. 1, ont la qualité de commerçant) doivent avoir la capacité requise pour l'exercice d'une activité commerciale et être aptes à entrer dans une SNC (nos 21100 s.). 55590

Associés commanditaires Les associés commanditaires, ayant par définition la qualité d'actionnaire et ne répondant des dettes sociales que dans la limite de leurs apports (art. L 226-1, al. 1), doivent avoir simplement la capacité requise pour disposer des biens qu'ils apportent à la société et pour souscrire les actions de cette société (no 37520). 55591

Associés personnes morales Les personnes morales peuvent en principe être aussi bien associés commandités qu'actionnaires commanditaires (no 610). Toutefois, les participations croisées entre sociétés par actions ou entre sociétés par actions et sociétés d'une autre forme sont réglementées (nos 79260 s.). 55592

En pratique, une société civile ne peut pas devenir associé commandité car, ce faisant, elle prendrait la qualité de commerçant.

Participation à plusieurs sociétés en qualité de commandité Une même personne, physique ou morale, peut faire partie de plusieurs sociétés en qualité de commandité. 55593

OBJET DE LA SCA

Une SCA est toujours commerciale, quel que soit son objet (art. L 210-1, al. 2). 55600

Comme pour toute autre forme de société, l'objet social doit être possible et licite (nos 890 s.). Il doit figurer dans les statuts (art. L 210-2).

NOMBRE D'ASSOCIÉS DE LA SCA

Une SCA peut valablement ne comprendre qu'un seul commandité ; mais le nombre d'associés commanditaires ne doit pas être inférieur à trois (art. L 226-1, al. 1), ce qui correspond d'ailleurs au minimum requis pour la composition du conseil de surveillance (*cf. art. L 226-4, al. 1*). 55610

En définitive, la SCA doit obligatoirement comprendre quatre associés au moins (dont trois commanditaires).

CAPITAL DE LA SCA

Le **capital** social **minimal** est fixé à 37 000 € (art. L 224-2, al. 1). 55620

Sur le capital minimal imposé aux sociétés exerçant certaines activités réglementées, voir no 37551.

La SCA peut être constituée avec un **capital variable** (art. L 231-1, al. 1). En ce cas, outre les dispositions législatives régissant la SCA, les règles particulières prévues par les articles L 231-1 s. lui sont applicables.

55621 L'indication du montant du capital social doit figurer dans les **statuts** de la société (art. L 210-2).

En outre, cette indication doit accompagner celles relatives à la forme de la société et à la dénomination sociale dans tous les actes et **documents émanant de la société** et destinés aux tiers (art. L 224-1 et R 123-238, 4°), le montant du capital pouvant, lorsqu'il comporte des décimales, être arrondi à la valeur entière inférieure (art. R 123-238, 4°-b).

En cas d'inobservation de cette obligation, le ministère public ou tout intéressé peut demander en référé d'enjoindre sous astreinte au représentant légal de s'y conformer (art. L 238-3).

APPORTS À LA SCA

55630 **Apports en nature et en espèces** Les apports peuvent être effectués en nature ou en espèces. Les apporteurs reçoivent, en rémunération de leurs apports, des actions qui leur donnent automatiquement la qualité d'actionnaires commanditaires.

Il en est ainsi même pour l'associé qui prend par ailleurs la qualité de commandité. Dans ce cas, la qualité de commandité se superpose à celle de commanditaire. Elle résulte d'une mention dans les statuts et donne droit, le plus souvent, à un prélèvement spécial sur les bénéfices et le boni de liquidation. Mais il est possible de ne pas permettre au commandité de cumuler sa qualité avec celle de commanditaire. Dans ce cas, son apport en numéraire ou en nature ne doit pas être porté au capital, puisqu'une telle inscription entraîne l'attribution d'actions (art. L 226-1, al. 1), mais affecté à un autre compte, par exemple dans la rubrique « autres fonds propres ».

La souscription et la libération des actions sont soumises aux mêmes dispositions que dans les SA (nos 37890 s.).

Les apports en nature et les avantages particuliers éventuels sont également soumis à la même procédure d'appréciation et d'approbation que dans les SA (nos 37911 s.).

55631 **Apports en industrie** L'apport en industrie est possible de la part des associés commandités ; il est expressément interdit aux actionnaires commanditaires (art. L 222-1, al. 2 sur renvoi de l'art. L 226-1, al. 2).

Cet apport, qui n'est pas susceptible d'une vente forcée, n'entre pas dans la composition du capital et ne donne donc pas droit à une attribution d'actions représentatives d'une fraction de ce capital (art. L 225-3, dernier al. sur renvoi de l'art. L 226-1, al. 2).

55635 **Sanctions** Le non-respect des règles de constitution sur les apports prévues aux articles L 225-2 à L 225-11 et L 225-12 à L 225-15 est sanctionné par la suspension des **droits de vote** et des **droits à dividende** des actions émises en rémunération des apports irréguliers (art. L 225-11-1 et L 225-16-1 sur renvoi de l'art. L 226-1, al. 2 ; nos 38700 s.).

ACTIONS DE LA SCA

55640 Les règles concernant la valeur nominale des actions (nos 67540 s.) et la souscription intégrale de ces actions lors de la constitution des SA (nos 37890 s.) sont applicables aux SCA.

PARTICIPATION DES ASSOCIÉS AUX RÉSULTATS DE LA SCA

55650 Comme dans toute société, les associés doivent tous avoir vocation aux bénéfices (ou aux économies) et aux pertes ; mais il est licite de prévoir une répartition non proportionnelle aux apports. Pour plus de détails, voir nos 7000 s.

DÉNOMINATION DE LA SCA

55660 La SCA est désignée par une dénomination sociale (art. L 224-1, al. 1) qui peut être fantaisiste ou comporter le ou les noms d'un ou plusieurs commandités (voir nos 1000 s.).

En revanche, il est interdit d'y faire figurer le nom d'un commanditaire (art. L 224-1, al. 2). On ne s'explique pas le maintien de cette interdiction puisque la loi n'interdit pas de faire figurer le nom d'un commanditaire dans la dénomination des SCS (art. L 222-3).

Quoi qu'il en soit, la présence du nom d'un commanditaire dans la dénomination d'une SCA ne devrait pas pour conséquence de faire supporter à l'intéressé les dettes sociales comme un commandité, une telle sanction – contraire au principe selon lequel les commanditaires ne répondent des dettes sociales qu'à concurrence de leurs apports (art. L 226-1) – ne figurant dans aucun texte.

Tous les actes et **documents émanant de la société** et destinés aux tiers, notamment les lettres, factures, annonces et publications diverses, doivent indiquer la dénomination sociale précédée ou suivie immédiatement et lisiblement des mots « société en commandite par actions » ou des initiales « SCA » et de l'énonciation du montant du capital (art. R 123-238, 4°). **55661**

En cas d'inobservation de cette obligation, le ministère public ou tout intéressé peut demander au président du tribunal compétent statuant en référé d'enjoindre, le cas échéant sous astreinte, au gérant de s'y conformer (art. L 238-3).

> **Précisions** La dénomination d'une **société d'exercice libéral en commandite par actions** doit être immédiatement précédée ou suivie de la mention « société d'exercice libéral en commandite par actions » ou des initiales « Selca » ainsi que de l'indication de la profession exercée et du capital social (Ord. 2023-77 du 8-2-2023 art. 41). En cas de création d'une **SCA de droit commun pour l'exercice d'une profession juridique ou judiciaire,** cette société peut se soumettre à ces dispositions, sans que cela soit une obligation (art. L 811-7, al. 2 et L 812-5, al. 2 pour les administrateurs et mandataires judiciaires, Ord. du 10-9-1817 art. 3-2, al. 2 pour les avocats aux Conseils, Loi 71-1130 du 31-12-1971 art. 8, I-al. 2 pour les avocats, Ord. 45-2590 du 2-11-1945 art. 1 bis, al. 2 pour les notaires et Ord. 2016-728 du 2-6-2016 art. 5, al. 2 et 25, IV-6° pour les commissaires de justice, les huissiers de justice et les commissaires-priseurs judiciaires).

DURÉE DE LA SCA

La SCA ne peut pas être constituée pour une durée supérieure à 99 ans (art. L 210-2). **55670**

La durée de la société court à compter de l'immatriculation de celle-ci au RCS (art. R 210-2, al. 1 : n° 960).

SECTION 3 FORME ET PUBLICITÉ DE LA CONSTITUTION DE LA SCA

APPLICATION À LA SCA DES RÈGLES DE CONSTITUTION DES SA

Les formalités de constitution des SCA – qui peuvent être constituées avec ou sans offre au public – ainsi que les sanctions du non-respect de ces formalités sont les mêmes que celles des SA, l'article L 226-2, al. 1 renvoyant aux articles L 225-2 à L 225-16 : voir n°s 37800 s. **55800**

Désignation immédiate du conseil de surveillance Il est indispensable de prévoir la nomination des membres du premier conseil de surveillance dans les statuts ou, si la société a été constituée avec offre au public de ses actions (autre qu'une offre réservée à des investisseurs qualifiés ou à un cercle restreint d'investisseurs, une offre qui relève du financement participatif, une offre portant sur des titres dont la valeur nominale unitaire s'élève au moins à 100 000 €, ou adressée à des investisseurs qui acquièrent ces titres pour un montant total d'au moins 100 000 € par investisseur et par offre distincte, ou une offre dont le montant total calculé sur une période de 12 mois est inférieur à 8 M€, seuil qui devrait être porté à 12 M€ à compter du 5-6-2026 : cf. Règl. UE 2017/1129 du 14-6-2017 art. 3, 2 modifié et 3, 2 bis créé par Règl. UE 2024/2809 du 23-9-2024 et Règl. UE 2024/2809 art. 4, 3), lors de l'assemblée constitutive. En effet, la publicité légale, à laquelle est subordonnée l'immatriculation au RCS (donc la personnalité morale de la société), doit mentionner leur identité (art. R 123-54, 2°). **55801**

PUBLICITÉ DE LA CONSTITUTION DE LA SCA

La constitution de la SCA donne lieu aux **formalités,** notamment d'immatriculation, exposées n°s 3040 s. **55810**

L'accomplissement de ces formalités constitue une étape importante pour la **société** puisque, tant que celle-ci n'est **pas immatriculée,** elle n'acquiert pas la personnalité morale (cf. art. L 210-6, al. 1).

CHAPITRE 2

LE FONCTIONNEMENT DE LA SOCIÉTÉ EN COMMANDITE PAR ACTIONS

SOMMAIRE

SECTION 1

GÉRANCE DE LA SCA

A. Nomination des gérants de SCA

CHOIX DES GÉRANTS DE SCA

56500 La SCA est administrée par un ou plusieurs gérants, associés commandités ou, ce qui est exceptionnel en pratique, étrangers à la société.

Les actionnaires simples **commanditaires** doivent s'abstenir d'exercer en droit ou en fait les fonctions de gérant puisqu'il leur est défendu de s'immiscer dans la gestion externe de la société (art. L 222-6 sur renvoi de l'art. L 226-1, al. 2). S'ils passent outre, ils s'exposent à devoir répondre, solidairement avec les commandités, de toutes les dettes de la société (nº 27080).

Une même personne peut, sauf clause contraire des statuts, être gérante de plusieurs SCA sans limitation et l'on ne tient pas compte de cette fonction pour l'application des règles relatives à la limitation des **cumuls de mandats** dans la SA (nºs 37200 s.).

ATTENTION

La désignation d'un **gérant « remplaçant »** ou « suppléant » appelé à diriger la société en cas de défaillance du gérant en poste n'est pas permise par les textes. L'inscription d'un tel gérant au RCS n'est donc pas possible (Avis CCRCS 2018-002 du 25-4-2018 pour le gérant de SARL mais transposable).

56501 Dans la SCA, une **personne morale** peut être gérante, étant précisé que les dirigeants de cette personne morale sont soumis aux mêmes conditions et obligations et encourent les mêmes responsabilités civile et pénale que s'ils étaient gérants en leur nom propre, sans préjudice de la responsabilité solidaire de la personne morale qu'ils dirigent (art. L 221-3, al. 2 sur *renvoi des art. L 226-1, al. 2 et L 222-2*) ; toutefois, ces dirigeants ne sont pas obligés indéfiniment et solidairement au passif de la SCA, lorsqu'ils ne sont pas eux-mêmes associés commandités.

Le gérant peut être de **nationalité étrangère** ; dans ce cas, sauf dérogation concernant pour l'essentiel les ressortissants de l'UE, il doit être titulaire d'un titre de séjour (nºs 92680 s.).

› Précisions a. Bien qu'aucune disposition légale ne s'oppose, à notre connaissance, à ce que le **dirigeant personne physique d'une SA** associée commanditée et **gérante** d'une SCA passe un **contrat de travail** avec la SCA, la validité d'un tel contrat nous paraît discutable car on peut douter de la réalité du lien de subordination de l'intéressé à l'égard de la SCA (cf. Rép. Belcour : Sén. 23-8-1990 nº 8730).

b. L'Afep et le Medef recommandent au **salarié qui devient gérant** d'une SCA dont les titres sont admis aux négociations sur un marché réglementé de mettre fin au contrat de travail qui le lie à la société (Code de gouvernance Afep-Medef art. 23). Le Code de gouvernance Middlenext est moins restrictif (rec. 15 ; nº 11505). Sur le champ d'application et la force contraignante de ces Codes, voir nos 48272 s.

LIMITES GÉNÉRALES AU CHOIX DES GÉRANTS DE SCA

Toute personne capable civilement peut devenir gérant de SCA. Mais si elle est également associée de la société, elle doit en outre avoir la **capacité** de faire le commerce (à cet égard, les règles applicables à la SNC sont transposables ; voir nos 21100 s.). 56510

Sur l'éventuelle influence de la situation de couple de l'intéressée, voir nº 11140.

Sur les **incompatibilités** empêchant l'exercice des fonctions de gérant, voir nos 11170 s.

Sur les conditions particulières pouvant être exigées des gérants si la SCA exerce certaines activités réglementées, voir nº 11350.

LIMITE D'ÂGE DES GÉRANTS DE SCA

Les statuts doivent prévoir, pour l'exercice des fonctions de gérant, une limite d'âge qui, à défaut de disposition expresse, est fixée à 65 ans (art. L 226-3, al. 1). 56530

Toute nomination intervenue en violation des dispositions statutaires – ou, en leur absence, des dispositions légales – est nulle (art. L 226-3, al. 2 modifié, à compter du 1-10-2025, par ord. 2025-229 du 12-3-2025 rendant cette nullité facultative ; Ord. 2025-229 art. 70).

Lorsque le gérant atteint l'âge de 65 ans (ou celui fixé par les statuts), il est réputé démissionnaire d'office (art. L 226-3, al. 3).

MODE DE NOMINATION DES GÉRANTS DE SCA

Les **premiers gérants** de la SCA sont désignés dans les statuts (art. L 226-2, al. 1). Ce sont donc les fondateurs qui les désignent, y compris si la SCA est constituée avec offre de ses actions au public. À la différence de ce qui est prévu dans les SA constituées avec certaines offres au public (art. L 225-7, al. 2 et L 225-11-2), l'assemblée constitutive des actionnaires n'a pas à intervenir. Les commanditaires ne sauraient en effet imposer un gérant aux commandités qui sont appelés à répondre indéfiniment et solidairement des dettes sociales. 56540

Ces gérants peuvent être qualifiés de « gérants statutaires », mais cette qualification n'a aucune conséquence juridique (notamment quant au régime de révocation, nº 56620).

En cours de vie sociale, les gérants sont désignés par l'assemblée générale ordinaire des actionnaires avec l'accord de tous les associés commandités. Les statuts peuvent cependant prévoir des dispositions différentes (art. L 226-2, al. 2), par exemple la nomination des gérants par les seuls associés commandités. 56541

Dans certaines sociétés, cette compétence exclusive des commandités pour la désignation des gérants est tempérée par l'attribution au conseil de surveillance d'un droit de veto dont les conditions de mise en œuvre et les limites sont soigneusement fixées par les statuts.

PUBLICITÉ DE LA NOMINATION DES GÉRANTS DE SCA

La nomination des gérants doit être portée à la connaissance des tiers par l'accomplissement des formalités de publicité exposées nos 13000 s. 56550

B. Cessation des fonctions des gérants de SCA

ARRIVÉE DU TERME DES FONCTIONS DES GÉRANTS DE SCA

La durée du mandat des gérants est fixée soit dans les statuts, soit dans l'acte constatant leur nomination. En l'absence de précision sur ce point, les gérants peuvent rester en place tant que dure la société. 56610

Les statuts peuvent aussi prévoir une durée de fonctions différente selon les gérants : par exemple, illimitée pour certains et limitée pour les autres.

De même, sont licites, à notre avis, les clauses statutaires prévoyant la cessation immédiate des fonctions d'un gérant personne morale si des modifications importantes sont apportées à la répartition du capital ou à la composition des organes de gestion de cette personne morale. Ces clauses, dont le contenu peut être très varié, doivent être rédigées avec soin pour éviter toute contestation ultérieure sur leur application.

RÉVOCATION DES GÉRANTS DE SCA

56620 Les statuts déterminent les conditions de révocation des gérants (art. L 226-2, al. 3).

Dans le silence des statuts, le gérant ne peut être révoqué que par une décision de justice (nº 56621), car la loi, en s'en remettant aux statuts, a écarté la possibilité de rechercher par analogie la solution dans d'autres textes, notamment dans ceux relatifs à la révocation des gérants de SCS ou de SNC.

Il est souvent prévu que les gérants ne peuvent être révoqués que sur décision unanime de tous les commandités, de sorte que, s'il est commandité, le gérant est pratiquement irrévocable par les associés.

> **› Précisions** Les statuts d'une société d'exercice libéral en commandite par actions (Selca) peuvent prévoir une procédure de révocation qui comporte une décision prise à l'unanimité des commandités non concernés par la révocation (Ord. 2023-77 du 8-2-2023 art. 67). Il en va de même, pour la raison exposée nº 58000, dans les SCA de droit commun exerçant une **profession libérale** juridique ou judiciaire.

56621 **Révocation judiciaire** Les gérants sont toujours révocables par le tribunal de commerce pour **cause légitime** à la demande de tout associé ou de la société. Toute clause contraire est réputée non écrite (art. L 226-2, al. 4). Sur la notion de cause légitime, voir nº 31157.

DÉMISSION DES GÉRANTS DE SCA

56630 Le gérant peut démissionner dans les conditions fixées aux statuts. À défaut de clauses statutaires spéciales à la démission, le gérant peut, à tout **moment,** démissionner de ses fonctions en notifiant sa décision à la société.

Sauf stipulation contraire des statuts, la démission du gérant, comme celle de tout autre dirigeant, produit tous ses effets dès lors qu'elle a été portée à la connaissance de la société. Elle ne nécessite aucune **acceptation** de la part de celle-ci et ne peut faire l'objet d'aucune **rétractation.**

Pour plus de détails, voir nºs 12620 s.

CONSÉQUENCES DE LA CESSATION DES FONCTIONS DES GÉRANTS DE SCA

56640 La cessation des fonctions d'un ou plusieurs gérants donne lieu aux mêmes formalités de publicité que leur nomination (nº 13000).

S'il est commandité, il conserve cette qualité. Les statuts peuvent cependant prévoir que la cessation des fonctions du gérant commandité entraîne pour l'intéressé la perte de cette qualité et la liquidation de ses droits selon les modalités fixées par ces statuts.

C. Pouvoirs et mission des gérants de SCA

POUVOIRS DES GÉRANTS DE SCA

56700 Les gérants sont investis des pouvoirs les plus étendus pour **agir** en toute circonstance **au nom de la société** (art. L 226-7, al. 1).

Aucune disposition légale ne limitant ces pouvoirs, les gérants peuvent librement consentir des **cautions, avals ou garanties** sur les biens de la société sans avoir à consulter le conseil de surveillance.

56701 **Limitations de pouvoirs** Dans les rapports entre associés, les **statuts** peuvent limiter les pouvoirs des gérants et, par exemple, subordonner à l'autorisation préalable du conseil de surveillance ou de l'assemblée générale la possibilité pour eux de passer tel ou tel acte ou encore *d'engager la société au-delà* d'une certaine somme. Ces clauses limitatives de pouvoirs sont licites et les autorisations prises en application de ces clauses ne constituent pas une immixtion dans la gestion de la part des commanditaires puisqu'elles ont un caractère purement interne (art. R 222-2 sur renvoi de l'art. R 226-1). Cependant, elles sont inopposables aux tiers (art. L 226-7, al. 3). En outre, ceux-ci peuvent se prévaloir des statuts dans certains cas (nº 13480).

L'inobservation par le gérant des clauses restreignant ses pouvoirs peut entraîner la mise en œuvre de sa **responsabilité** personnelle et l'obligation pour lui de réparer le préjudice subi de ce fait par la société ou les associés ; elle peut constituer aussi une cause légitime de **révocation.**

Rapports avec les tiers La société est engagée à l'égard des tiers même si les actes accomplis par le gérant n'entrent pas dans l'**objet social** « à moins qu'elle ne prouve que le tiers savait que l'acte dépassait cet objet ou qu'il ne pouvait l'ignorer compte tenu des circonstances, étant exclu que la seule publication des statuts suffise à constituer cette preuve » (art. L 226-7, al. 2). Pour plus de détails sur le pouvoir du gérant d'engager la société à l'égard des tiers, voir nos 13280 s. 56702

En cas de **pluralité de gérants,** chacun peut agir séparément et l'opposition formée par un gérant aux actes d'un autre gérant est sans effet à l'égard des tiers, à moins qu'il ne soit établi qu'ils en ont eu connaissance (art. L 226-7, al. 4) ; pour plus de détails, voir n° 31340 relatif aux pouvoirs des cogérants de SARL, dont le régime est identique à celui des cogérants de SCA.

Délégation de pouvoirs Les gérants doivent, en principe, assurer personnellement la gestion de la société. Cependant, ils peuvent, sous leur responsabilité, consentir à des tiers des délégations de pouvoirs à **condition** qu'elles soient temporaires et limitées (pour plus de détails sur ces délégations, voir nos 13530 s.). Il convient toutefois d'éviter que ces délégations ne soient accordées à des commanditaires en raison du risque pour ces derniers d'engager leur responsabilité personnelle solidairement avec les commandités (art. L 222-6 sur renvoi de l'art. L 226-1, al. 2). 56703

Émission d'obligations Le ou les gérants ont en principe seuls qualité pour décider l'émission d'obligations (nos 71290 s.). 56704

MISSION DES GÉRANTS

Le ou les gérants ont les mêmes **obligations** que le conseil d'administration d'une SA (art. L 226-7). 56710

Il leur appartient donc, notamment :
– de convoquer les assemblées et de fixer leur ordre du jour ;
– d'établir chaque année l'inventaire et les comptes annuels (bilan, compte de résultat et annexe) ;
– de permettre aux actionnaires d'exercer leur droit de communication dans les conditions prévues par la loi, etc.

Dans les sociétés où, en application du Code de gouvernance Afep-Medef, des **objectifs de mixité femmes/hommes** doivent être fixés au sein des « instances dirigeantes » (Code de gouvernance Afep-Medef art. 8.1 ; pour plus de détails sur ces objectifs et sur les mesures introduites dans le Code du travail en matière de mixité, voir n° 40868), il incombe au gérant (Guide d'application du Code Afep-Medef mars 2024 p. 7) :
– de fixer ces objectifs et l'horizon de temps pour y parvenir ;
– de déterminer les modalités de mise en œuvre de ces objectifs et du plan d'action correspondant.

Le respect et le suivi de la recommandation du gérant sont assurés par le conseil de surveillance (Guide précité p. 7).

Sur l'obligation pour le gérant d'une société dont les actions sont admises aux négociations sur un marché réglementé de consulter l'assemblée générale avant une **cession d'actifs** significatifs, voir n° 66281.

D. Rémunération des gérants de SCA

1. FIXATION DE LA RÉMUNÉRATION DES GÉRANTS DE SCA

La rémunération des gérants est fixée dans les **statuts.** Toute rémunération autre que celle prévue aux statuts ne peut être allouée aux gérants que par l'assemblée générale ordinaire avec, sauf clause contraire des statuts, l'accord unanime des commandités (art. L 226-8). 56770

La rémunération **comprend** généralement une partie fixe et une partie proportionnelle aux bénéfices.

› Précisions Comme dans les SA, la rémunération fixe et variable des dirigeants mandataires sociaux des **sociétés publiques nationales** constituées sous la forme de SCA fait l'objet d'un dispositif de plafonnement et le ministre de l'économie doit approuver les éléments de cette rémunération (sur ce dispositif, voir n° 40589).

SCA DONT LES TITRES SONT ADMIS AUX NÉGOCIATIONS SUR UN MARCHÉ RÉGLEMENTÉ

56774 **Principes de détermination de la rémunération des gérants de SCA** Des principes de détermination des rémunérations des dirigeants des sociétés dont les titres sont admis aux négociations sur un marché réglementé ont été élaborés par l'Afep et le Medef, d'une part, et par Middlenext, d'autre part. Exposées dans les développements relatifs au président du conseil d'administration de SA (n°s 40573 s.), les dispositions qui les prévoient sont applicables aux gérants de SCA.

56775 **Contrôle de la rémunération des gérants de SCA** Dans les **SCA dont les actions sont admises aux négociations sur un marché réglementé,** la rémunération du gérant est soumise à la même procédure d'encadrement (« say on pay ») que la rémunération des dirigeants de SA (n°s 53040 s.), sous réserve des spécificités suivantes tenant à la SCA :
– les éléments de la politique de rémunération du gérant sont établis par les associés commandités délibérant, sauf clause contraire des statuts, à l'unanimité, leur décision devant être prise après avis consultatif du conseil de surveillance et en tenant compte, le cas échéant, des principes et conditions prévus par les statuts ; les statuts peuvent prévoir que ces éléments sont établis par le conseil de surveillance (art. L 22-10-76, I-al. 1) ;
– les différents projets de résolution relatifs au « say on pay » doivent être adoptés par l'assemblée générale et obtenir l'accord des commandités donné sauf clause contraire des statuts, à l'unanimité (art. L 22-10-76, II-al. 1 et L 22-10-77, I-al. 1 et II-al. 1) ;
– les éléments ou les engagements sont déterminés, attribués ou pris par délibération du conseil de surveillance (art. L 22-10-76, IV) ;
– ce sont les associés commandités qui peuvent accorder une dérogation à la politique de rémunération du gérant en cas de circonstances exceptionnelles (art. L 22-10-76, III-al. 2) ;
– à notre avis, les informations sur le vote ex post n'ont pas à être mises à disposition sur le site internet de la société pendant dix ans car l'article R 22-10-15 n'est pas applicable à la SCA.

› Précisions **a.** À l'occasion du transfert des dispositions de l'article L 226-8-2 à l'article L 22-10-77 (vote ex post) par l'**ordonnance 2020-1142 du 16 septembre 2020,** deux erreurs de formulation se sont glissées au II de cet article, sur le vote ex post, qui modifieraient les règles d'approbation des rémunérations des dirigeants de SCA. Le rapport au Président de la République relatif à l'ordonnance 2020-1142 indiquant expressément que la codification a été réalisée à droit constant et le projet de loi de ratification de l'ordonnance prévoyant de corriger cette **erreur matérielle** (Projet AN n° 3726 du 6-1-2021 art. 15), il nous semble prudent de ne pas tenir compte de cette erreur et de continuer à appliquer les mêmes règles qu'auparavant en matière de vote ex post, comme si l'article L 22-10-77, II avait déjà été rectifié.

b. Lorsqu'un engagement portant sur la rémunération du gérant est inclus dans une convention entre la SCA et ce dernier, la procédure des **conventions réglementées** doit, à notre avis, en outre être respectée. Tel serait le cas si l'engagement était prévu par une convention plus globale imposant par ailleurs au gérant, par exemple, une obligation de non-concurrence.

2. RÉGIME FISCAL ET SOCIAL DES GÉRANTS DE SCA

56780 Le **régime fiscal** des rémunérations versées aux gérants des SCA est identique à celui des gérants majoritaires de SARL (régime des traitements et salaires, voir n° 31566).

56781 Le **gérant commandité** est exclu du régime général de la **sécurité sociale** des salariés et relève de la sécurité sociale pour les indépendants (Cass. 2e civ. 11-10-2005 n° 04-30.437 : RJS 12/05 n° 1274 ; Cass. 2e civ. 16-12-2010 n° 09-17.456 : RJDA 4/11 n° 322).

Le **gérant tiers** à la société et **rémunéré** est assujetti au régime général de la sécurité sociale des salariés si les conditions d'exercice de ses fonctions le font relever de l'article L 311-2 du Code de la sécurité sociale, c'est-à-dire, notamment, dans la mesure où elles traduisent l'existence d'un lien de subordination du gérant à l'égard de la société (par exemple, en raison de la limitation de ses pouvoirs dans ses rapports internes avec les associés). Le gérant tiers à la société et **non rémunéré** ne relève d'aucun régime obligatoire de la sécurité sociale. Mais il peut bénéficier de la protection universelle maladie tout au moins s'il réside en France ; sur ce régime, voir Mémento Social n° 50120.

E. Responsabilité des gérants de SCA

RESPONSABILITÉ CIVILE DES GÉRANTS DE SCA

Comme les administrateurs et le directeur général de SA, les gérants de SCA, associés ou non, sont responsables envers la société et envers les tiers (art. L 225-251 sur renvoi de l'art. L 226-12, al. 2) dans les **cas** suivants : 56840
– infraction aux dispositions législatives ou réglementaires ;
– violation des statuts ;
– faute de gestion.

Le **régime** de l'action en responsabilité contre les gérants est le même que celui applicable aux administrateurs de SA (art. L 225-252 à L 225-254 sur renvoi de l'art. L 226-1, al. 2), qu'il s'agisse de l'action sociale ou de l'action individuelle d'un actionnaire. En conséquence, aucune clause statutaire ne peut faire échec à l'exercice de cette action qui, par ailleurs, se prescrit par trois ans.

Sur toutes ces questions, voir n°s 42000 s.

Sur les conséquences pour les gérants de SCA de l'ouverture d'une **procédure collective** 56841
contre de la société, voir n°s 91380 s.

RESPONSABILITÉ PÉNALE DES GÉRANTS DE SCA

Les sanctions pénales relatives aux infractions pouvant être commises lors de la constitution ou 56850
du fonctionnement des SA (art. L 242-1 à L 242-24) sont applicables aux SCA (art. L 243-1, al. 1).

Les peines prévues pour les présidents, les administrateurs ou les directeurs généraux de SA sont applicables aux gérants de SCA (art. L 243-1, al. 2), dans la mesure où elles sanctionnent des infractions qui peuvent, compte tenu de leurs attributions, leur être reprochées.

Sur ces infractions, voir n°s 42270 s.

RESPONSABILITÉ FISCALE DES GÉRANTS DE SCA

Comme tout dirigeant, les gérants peuvent être condamnés personnellement au paiement 56860
des impositions et pénalités dues par la société lorsque, par des manœuvres frauduleuses ou par l'**inobservation** grave et répétée des **obligations fiscales,** ils ont rendu impossible le recouvrement de ces impositions et pénalités (LPF art. L 267 ; n°s 14790 s.).

SECTION 2 CONTRÔLE DE LA GESTION DE LA SCA

A. Conventions réglementées et conventions interdites dans la SCA

Dans les SCA, les conventions conclues entre la société et ses mandataires sociaux, certains 57000
de ses actionnaires ou sociétés contrôlant ceux-ci ou encore avec d'autres entreprises ayant des dirigeants communs avec la société sont soumises au **même régime que dans les SA** (art. L 226-10 et R 226-2 et, sur renvoi, art. L 225-38 à L 225-43, L 22-10-12 et L 22-10-13 et R 225-30, R 225-31 et R 22-10-17). Certaines conventions sont interdites, d'autres peuvent être librement conclues tandis que certaines sont soumises à contrôle dans les conditions exposées n°s 52505 s. Sur le cas de l'engagement de la société de prendre à sa charge les dommages industriels ou miniers causés à l'environnement par une société qui lui est liée, voir n° 80498.

Toutefois, l'application de ces dispositions présente les **particularités** suivantes dans les SCA :
– tant pour les conventions interdites que pour celles soumises à contrôle (y compris celles conclues avec une entreprise ayant des dirigeants communs), les **dirigeants visés** sont les gérants et les membres du conseil de surveillance (art. L 226-10, al. 1 et 2) ;
– s'agissant de la **procédure de contrôle,** l'autorisation préalable prévue à l'article L 225-38, al. 1 est donnée par le conseil de surveillance (art. L 226-10, al. 3) et c'est le président de ce dernier qui avise, le cas échéant, les commissaires aux comptes de l'existence des conventions et des motifs justifiant l'autorisation donnée par le conseil (art. R 226-2, al. 2 et R 225-30).

Sur les prêts interentreprises, voir n° 52635.

ATTENTION

Dans les sociétés d'exercice libéral en commandite par actions (Selca), seuls les professionnels exerçant au sein de la société prennent part aux délibérations prévues par l'article L 226-10 lorsque les conventions en cause portent sur les conditions dans lesquelles ils y exercent leur profession (Ord. 2023-77 du 8-2-2023 art. 56). Il en va de même dans les SCA de droit commun constituées pour l'exercice d'une **profession libérale** juridique ou judiciaire (art. L 811-7, al. 2 et L 812-5, al. 2 pour les administrateurs et mandataires judiciaires, Ord. du 10-9-1817 art. 3-2, al. 2 pour les avocats aux Conseils, Loi 71-1130 du 31-12-1971 art. 8, I-al. 2 pour les avocats, Ord. 45-2590 du 2-11-1945 art. 1 bis, al. 2 pour les notaires et Ord. 2016-728 du 2-6-2016 art. 5, al. 2 et 25, IV-6° pour les commissaires de justice, les huissiers de justice et les commissaires-priseurs judiciaires).

Toutefois, l'exception prévue par l'article 56 précité ne s'applique pas dans les Selca et SCA de droit commun constituées pour l'exercice d'une profession libérale juridique ou judiciaire dont la majorité du capital et des droits de vote est détenue par des personnes autres que des professionnels exerçant au sein de la société (Ord. 2023-77 art. 81 et 83).

B. Commissaires aux comptes et OTI dans la SCA

57090 Certaines SCA doivent désigner un ou plusieurs **commissaires aux comptes** chargés de certifier leurs comptes et, le cas échéant, leurs informations de durabilité. Les règles concernant la nomination et la cessation des fonctions de commissaires aux comptes, les conditions d'exercice de leur profession, la mise en jeu de leur responsabilité et leur rémunération, qui, pour nombre d'entre elles, sont communes à l'ensemble des sociétés commerciales, sont exposées n°s 77500 s.

57120 Les SCA peuvent choisir de désigner un **OTI** plutôt qu'un commissaire aux comptes pour faire certifier leurs informations de durabilité. Les règles concernant la nomination et la cessation des fonctions des OTI et les conditions d'exercice de leur mission, communes à l'ensemble des sociétés commerciales, sont exposées n°s 77000 s.

C. Conseil de surveillance de la SCA

CARACTÈRE OBLIGATOIRE DU CONSEIL DE SURVEILLANCE DANS LA SCA

57150 La SCA comprend obligatoirement un conseil de surveillance, représentant les actionnaires commanditaires (art. L 226-4), qui assume le contrôle permanent de la gestion de la société avec les mêmes pouvoirs que les commissaires aux comptes (art. L 226-9).

COMPOSITION DU CONSEIL DE SURVEILLANCE DE LA SCA

57160 Le conseil de surveillance doit comprendre au moins trois actionnaires (art. L 226-4). Les statuts peuvent donc prévoir un **nombre** de membres supérieur à trois sans **limitation.**

Seuls les **commanditaires** peuvent en faire partie. À peine de nullité de sa nomination, un associé commandité, même s'il est également actionnaire, ne peut pas être membre du conseil de surveillance (art. L 226-4 modifié, à compter du 1-10-2025, par ord. 2025-229 du 12-3-2025 excluant l'application du triple test ; Ord. 2025-229 art. 70).

57162 **Mixité du conseil de surveillance** Le conseil de surveillance doit être composé en recherchant une **représentation équilibrée des femmes et des hommes** (art. L 226-4). Cette déclaration de principe est applicable à toutes les SCA ; sa violation n'est assortie d'aucune sanction spécifique.

57164 Dans les **sociétés dont les actions sont admises aux négociations sur un marché réglementé** et les **sociétés de grande taille** (sur ces sociétés, voir n° 39154), la proportion des membres du conseil de surveillance de chaque sexe doit être d'au moins 40 % et, lorsque le conseil de surveillance est composé au plus de huit membres, l'écart entre le nombre des membres de chaque sexe ne peut être supérieur à deux (art. L 226-4-1, al. 1 et L 22-10-74, al. 1 ; sur l'articulation des règles de l'écart maximal de deux membres et de la proportion de 40 %, voir n° 39155).

A la différence des textes relatifs aux SA, l'article L 226-4-1 n'exclut pas les membres du conseil représentant les salariés du calcul de cette proportion. Une telle exclusion ne saurait résulter, à notre avis, du renvoi opéré par l'article L 226-5-1 vers l'article L 225-79-2, lequel précise que ces représentants ne sont, dans les SA à directoire, pas pris en compte pour « l'application du premier alinéa de l'article L 225-69-1 » imposant la mixité dans le conseil de surveillance de SA. En effet, l'article L 225-69-1 ne s'applique pas à la SCA, l'obligation de mixité s'imposant à cette forme sociale en vertu de l'article L 226-4-1 et non par renvoi à l'article L 225-69-1.

À compter du 1er janvier 2026 (Ord. 2024-934 du 15-10-2024 art. 26, II), dans les SCA dont les actions sont admises aux négociations sur un marché réglementé d'une certaine taille (celles qui emploient au moins 250 salariés et réalisent un chiffre d'affaires d'au moins 50 M€ ou dont le bilan excède 43 M€), les membres du conseil représentant les salariés devront à la fois être pris en compte pour le calcul de cette proportion et pour le calcul de la proportion minimale de membres de chaque sexe au sein d'un collège distinct du reste du conseil dans les mêmes conditions que dans la SA (art. L 225-79-3 issu de ord. 2024-934 sur renvoi de l'art. L 22-10-74 modifié par ord. 2024-934 ; sur ces conditions, voir n° 39158). En effet, l'article L 226-4-1 n'a pas été modifié afin de substituer le collège distinct au conseil pris dans son ensemble.

À compter du 1er janvier 2027 (Ord. 2024-934 art. 26, I), il en sera de même dans les SCA dont les actions sont admises aux négociations sur un marché réglementé qui ne dépassent pas les seuils précités. En revanche, à la différence de ce qui est prévu pour les SA, les autres SCA soumises à l'obligation de mixité ne seront pas concernées par le collège distinct.

› Précisions Dans les sociétés dont les actions sont admises aux négociations sur un marché réglementé d'une certaine taille (celles dépassant les seuils ci-dessus), un **régime transitoire** prévoit qu'il sera procédé (et non pas qu'il pourra être procédé, comme cela est le cas dans la SA) au remplacement des membres du conseil de surveillance représentant les salariés lorsque, du fait de la durée de leurs mandats, la **composition du conseil au 30 juin 2026** ne respectera pas l'obligation de mixité (Ord. 2024-934 art. 25). Les membres seront réputés démissionnaires d'office à la date de leur remplacement qui s'effectuera selon les mêmes modalités que celles prévues pour la SA en cas de vacance et exposées n° 40026, à moins que, dans le cas d'un représentant élu, une décision spéciale de l'assemblée prévoie de pourvoir à son remplacement selon l'une des modalités exposées n° 40018, points 2, 3 et 4 (art. précité).

Violation de l'obligation de mixité. Toute nomination ou toute désignation qui intervient en violation de l'une des dispositions du Code de commerce sur la mixité et n'a pas pour effet de remédier à l'irrégularité de la composition du conseil est nulle (art. L 226-4-1, al. 2 et L 22-10-74, al. 2). Cette nullité est susceptible d'entraîner celle des délibérations auxquelles a pris part, avant le 1er octobre 2025, le membre du conseil de surveillance irrégulièrement nommé, les articles L 226-4-1 et L 22-10-74 ne l'excluant pas, à la différence d'autres dispositions du Code de commerce (notamment, art. L 225-19 et L 225-29 en matière de SA). S'agissant des délibérations auxquelles il a pris part à compter du 1er octobre 2025, leur nullité n'est plus encourue (C. civ. art. 1844-15-1 issu de ord. 2025-229 du 12-3-2025 ; Ord. 2025-229 art. 70). 57166

NOMINATION DES MEMBRES DU CONSEIL DE SURVEILLANCE DE LA SCA

Conditions Les conditions requises pour être désigné comme membre du conseil de surveillance de la SCA sont librement fixées par les **statuts**. 57170

À notre avis, les **règles légales** concernant les conditions de nomination des administrateurs ou des membres du conseil de surveillance de SA ne sont pas applicables aux membres du conseil de surveillance de SCA, à l'exception de celles relatives, d'une part, aux incapacités et déchéances (nos 11170 s.), d'autre part, à l'obligation de détenir un titre de séjour si le candidat n'est pas ressortissant d'un État européen (n° 11320) et, enfin, à la limite d'âge. En effet, sous réserve des exceptions mentionnées n° 55500, les articles L 225-17 à L 225-93 et L 22-10-3 à L 22-10-30 dans lesquels figurent ces règles sont expressément écartés des dispositions applicables aux SCA (art. L 226-1, al. 2). Certes, l'article L 226-4 prévoit qu'à défaut de disposition statutaire les règles relatives à la désignation des administrateurs de SA sont applicables aux membres du conseil de surveillance de la SCA. Mais le terme « désignation » ne peut, à notre avis, concerner que les modalités de nomination des membres du conseil de surveillance et non les conditions à remplir pour occuper cette fonction. Car l'exclusion des articles L 225-17 à L 225-93 et L 22-10-3 à L 22-10-30 serait largement vidée de son sens si, par une interprétation extensive du terme « désignation », toutes les conditions imposées par ces articles pour devenir administrateur étaient transposées aux membres du conseil de surveillance.

Sur le cas particulier de la réglementation applicable aux membres du conseil de surveillance représentant les salariés, voir n° 57180.

Ainsi, sauf clause contraire des statuts : 57171

– une même personne peut faire partie de plus de cinq conseils de surveillance de SCA et il n'y a pas lieu de tenir compte de ces postes pour les **cumuls de mandats** d'administrateurs ou de membres du conseil de surveillance de SA (nos 37220 s.) ;

– les membres du conseil de surveillance peuvent être liés à la société par un **contrat de travail** sans autres conditions que celles résultant de l'existence d'un lien de subordination avec la société et de la constatation d'un emploi effectif (CA Paris 26-2-1985 : BRDA 9/85 p. 8) ;
– le **nombre** des **membres** du conseil de surveillance **salariés** de la société peut dépasser le tiers des membres en fonctions ;
– les **personnes morales membres** du conseil de surveillance sont représentées par leur représentant légal ou toute autre personne habilitée par ce dernier sans qu'il soit nécessaire de désigner un représentant permanent.

Toutefois, l'exercice des fonctions de membre du conseil de surveillance est soumis à une **limite d'âge,** la réglementation applicable (art. L 226-5) étant, sur ce point, identique à celle prévue pour les administrateurs de SA (n°s 39300 s.).

57172 Les **statuts** peuvent valablement fixer les conditions d'éligibilité au conseil de surveillance de la SCA et prévoir, par exemple, que ces fonctions ne pourront être exercées que par des actionnaires, des personnes répondant à certaines conditions particulières (diplômes, compétence, ancienneté dans la profession, etc.) ou seulement par des personnes physiques. De même, il nous paraît licite de prévoir que les sièges du conseil de surveillance seront répartis, selon un prorata déterminé, entre différents groupes d'actionnaires (voir n°s 39340 s.).

Par ailleurs, l'exercice par la société de certaines **activités réglementées par la loi** peut entraîner, pour les membres du conseil de surveillance, l'obligation de remplir certaines conditions particulières (n°s 11350 s.).

Les règles de bonne gouvernance des **sociétés dont les titres sont admis aux négociations sur un marché réglementé** imposent en outre à ces sociétés de nommer un certain nombre de **membres du conseil de surveillance** qualifiés d'**indépendants.** Les règles exposées à propos des administrateurs indépendants (n°s 39370 s.) sont applicables aux membres du conseil de surveillance.

Enfin, les statuts devront, à compter du 1er janvier 2026, prévoir des règles permettant la désignation des représentants des salariés dans le **respect de l'obligation de mixité** dans la composition du conseil des sociétés soumises à cette obligation (art. L 226-5-1 et, sur renvoi, art. L 225-80 modifié par ord. 2024-934 du 15-10-2024 et Ord. 2024-934 art. 26), dans les mêmes conditions que dans la SA : voir n°s 39967 et 40026.

57173 **Mode de nomination** Les **premiers membres du conseil de surveillance** sont nommés dans les statuts lorsque la SCA est constituée (art. L 225-16, sur renvoi de l'art. L 226-1, al. 2) :
– sans offre de ses titres au public ;
– avec certaines offres au public (offre réservée à des investisseurs qualifiés ou à un cercle restreint d'investisseurs, offre relevant du financement participatif, offre portant sur des titres dont la valeur nominale unitaire s'élève au moins à 100 000 €, ou adressée à des investisseurs qui acquièrent ces titres pour un montant total d'au moins 100 000 € par investisseur et par offre distincte, et offre dont le montant total calculé sur une période de 12 mois est inférieur à 8 M€, seuil qui devrait être porté à 12 M€ à compter du 5-6-2026 : cf. Règl. UE 2017/1129 du 14-6-2017 art. 3, 2 modifié et 3, 2 bis créé par Règl. UE 2024/2809 du 23-9-2024 et Règl. UE 2024/2809 art. 4, 3).

En cas de constitution de la SCA avec offre au public (autre que les offres mentionnées ci-dessus), la nomination des membres du conseil de surveillance doit faire l'objet d'un vote spécial lors de l'assemblée constitutive (art. L 225-7, al. 2 et L 225-11-2, al. 2, sur renvoi de l'art. L 226-1, al. 2).

En cours de vie sociale, les membres du conseil de surveillance sont désignés par l'assemblée générale ordinaire des actionnaires (art. L 226-4).

Les actionnaires ayant la qualité de commandité ne peuvent pas participer à cette désignation (art. L 226-4). En conséquence, il convient de ne pas tenir compte du nombre d'actions qu'ils possèdent pour le calcul du quorum et de la majorité, le quorum étant déterminé en fonction des actions ayant droit de vote (n° 47551) et la majorité étant déterminée en fonction des voix exprimées (n° 47841).

Sauf clause contraire des statuts, lorsque le nombre des membres du conseil de surveillance est devenu inférieur au minimum statutaire, les membres restants doivent procéder à la cooptation de nouveaux membres dans les mêmes conditions qu'en cas de vacance de postes d'administrateurs (n°s 39530 s.). En effet, les règles concernant la désignation des administrateurs de SA sont, à défaut de dispositions statutaires contraires, applicables aux membres du conseil de surveillance de SCA (art. L 226-4).

Sur la procédure de sélection applicable, à compter du 30 juin 2026, à la désignation de tout membre du conseil dans les sociétés dont les actions sont admises aux négociations sur un marché réglementé d'une certaine taille (n° 57164), lorsque la composition du conseil ne satisfait pas à l'obligation de mixité, voir les règles exposées nos 39520 s. pour la SA, identiques à celles prévues pour la SCA (art. L 22-10-74-1 issu de ord. 2024-934 du 15-10-2024 et art. D 22-10-40-1 s. issus du décret 2025-744 du 30-7-2025 ; Ord. 2024-934 art. 26, II modifié par loi 2025-391 du 30-4-2025).

Publicité La nomination des membres du conseil de surveillance doit être portée à la connaissance des tiers par l'accomplissement des formalités de publicité exposées nos 13000 s. 57174

Sociétés « cotées » Les membres du conseil de surveillance de sociétés dont les actions sont admises aux négociations sur un marché réglementé ont l'obligation de **mettre au nominatif** ou de **déposer en banque** les actions qui leur appartiennent ou qui appartiennent à leur conjoint ou à leurs enfants mineurs (nos 66433 s.). 57175

Les membres du conseil de surveillance de ces mêmes sociétés et des sociétés dont les titres financiers sont admis aux négociations sur un SMN ou sur un système organisé de négociation ainsi que leurs proches ont l'obligation de **communiquer à l'AMF** les opérations réalisées sur les titres de la société (nos 66448 s.).

Représentation des salariés au conseil de surveillance Les **statuts** des SCA doivent prévoir la représentation des salariés au sein du conseil de surveillance (art. L 226-5-1) : 57180

– lorsque la SCA et ses filiales, directes ou indirectes, dont le siège social est fixé sur le territoire français, emploient au total **1 000 salariés** au minimum ;

– ou lorsque la SCA et ses filiales, directes ou indirectes, dont le siège social est fixé sur le territoire français et à l'étranger, emploient au total **5 000 salariés** au minimum.

Les dispositions applicables aux représentants des salariés au conseil de surveillance des grosses SA (sociétés concernées, nombre de représentants et modalités de leur nomination) s'appliquent, sous réserve de ce qui est exposé no 57164 en matière de mixité, aux membres du conseil de surveillance représentant les salariés de la SCA (art. L 225-79-2 et L 225-80, sur renvoi de l'art. L 226-5-1). Ces dispositions, elles-mêmes identiques à celles concernant la représentation des salariés au conseil d'administration des SA, sont exposées nos 40000 s.

ATTENTION

La loi exonère les SA dont l'activité principale est d'acquérir et de gérer des filiales et des participations (holdings) de l'obligation de désigner des représentants des salariés au conseil de surveillance sous certaines conditions (voir no 40000). Notamment, si les actions de ces sociétés sont admises aux négociations sur un marché réglementé, 80 % de ces actions doivent être détenues par une personne physique ou morale, agissant seule ou de concert.

Alors que l'**ordonnance 2020-1142 du 16 septembre 2020** a transféré de l'article L 225-79-2, I à l'article L 22-10-24 les dispositions prévoyant cette dernière condition, elle a omis de prévoir une disposition spéciale rendant ce texte applicable aux SCA, si bien qu'il figure désormais au nombre des dispositions expressément exclues du régime des SCA (cf. art. L 226-1, al. 2).

Le rapport au Président de la République relatif à l'ordonnance 2020-1142 indiquant expressément que la codification a été réalisée à droit constant et le projet de loi de ratification de l'ordonnance prévoyant de corriger cette **erreur matérielle** (Projet AN no 3726 du 6-1-2021 art. 14), il nous semble prudent de ne pas tenir compte de cette erreur et de continuer à soumettre l'exonération à cette condition dans les SCA dont les actions sont admises aux négociations sur un marché réglementé, comme si les textes propres à la SCA avaient déjà été rectifiés.

Le nombre de membres du conseil de surveillance représentant les salariés doit être (art. L 225-79-2, II-al. 1, sur renvoi de l'art. L 226-5-1) :

– de **deux au moins** dans les sociétés dont le nombre de membres du conseil de surveillance est supérieur à huit ;

– d'**un au moins** dans les sociétés dont le nombre de membres du conseil de surveillance est égal ou inférieur à huit.

Il convient cependant de relever les deux points suivants :

– la modification des statuts nécessaire pour déterminer les conditions dans lesquelles sont nommés les membres du conseil de surveillance représentant les salariés doit être adoptée selon les règles exposées nos 57500 s. (art. L 226-5-1, al. 2), étant précisé que, à la lettre de l'article L 226-5-1, la consultation des commandités résulte nécessairement d'une assemblée ;

– si l'assemblée des commanditaires ou des commandités ne s'est pas réunie dans le délai requis, tout salarié peut demander au président du tribunal statuant en référé d'enjoindre sous astreinte au gérant ou à l'un des gérants de convoquer une assemblée des commanditaires ou des commandités et de soumettre à celle-ci les projets de résolution tendant à modifier les statuts (art. L 226-5-1, al. 2).

> **Précisions** L'article L 226-5-1 n'envisage pas spécifiquement le cas de l'**assemblée** qui se serait réunie, mais n'aurait **pas approuvé** les **modifications statutaires.** Néanmoins, la procédure prévue pour la SA et permettant alors à tout salarié de demander au président du tribunal de commerce d'enjoindre sous astreinte à la société d'organiser l'élection (n° 40008) s'applique, à notre avis, dans la SCA compte tenu du renvoi général de l'article L 226-5-1, al. 1 à l'article L 225-79-2.

DURÉE DU MANDAT DES MEMBRES DU CONSEIL DE SURVEILLANCE DE LA SCA

57190 La durée du mandat des membres du conseil de surveillance est fixée dans les statuts. À défaut de précision, les règles concernant la durée du mandat des administrateurs de SA (nos 39690 s.) sont applicables (art. L 226-4).

Il s'ensuit donc que, sauf clause contraire des statuts, les membres du conseil de surveillance sont, comme les administrateurs, **révocables** à tout moment par l'assemblée générale ordinaire des actionnaires. Toutefois, le membre révoqué aurait droit à des dommages-intérêts si sa révocation intervenait dans des circonstances injurieuses ou vexatoires à son égard ou sans qu'il ait pu présenter ses observations devant l'assemblée ou qu'il ait eu connaissance des motifs de sa révocation.

Réciproquement, un membre du conseil de surveillance peut **démissionner** de ses fonctions sans avoir à se justifier ; mais si cette démission a été donnée dans l'intention de nuire ou de façon intempestive, l'intéressé peut être condamné à des dommages-intérêts en réparation du préjudice causé à la société.

DÉLIBÉRATIONS DU CONSEIL DE SURVEILLANCE DE LA SCA

57200 En principe, les décisions du conseil de surveillance de SCA sont prises en **réunion,** en présence des membres qui participent à la séance. Les statuts peuvent librement fixer les modalités de tenue de ces réunions (notamment périodicité, conditions de convocation, de représentation, de quorum et de majorité).

Les décisions du conseil de surveillance peuvent aussi être prises par **consultation écrite,** si les statuts l'autorisent, en application de règles identiques à celles prévues pour les conseils d'administration (art. L 226-4 modifié par loi 2024-537 du 13-6-2024) : voir n° 40645.

57201 En l'absence de dispositions statutaires, le vote des décisions du conseil de surveillance n'est pas subordonné à l'existence d'un **quorum** et peut être pris à la **majorité** simple. C'est la solution qui était admise pour les délibérations du conseil d'administration sous l'empire de la loi du 24 juillet 1867, qui ne contenait aucune précision sur ce point (Cass. com. 27-10-1959 : D. 1960 p. 454 note Dalsace).

Les statuts peuvent aussi autoriser les membres du conseil de surveillance à **voter par correspondance** préalablement aux délibérations de cet organe dans des conditions identiques à celles prévues pour les administrateurs (art. L 226-4 modifié par loi 2024-537 du 13-6-2024) : voir n° 40685.

57202 Dans les sociétés d'au moins 50 salariés, une délégation du **comité social et économique** assiste avec voix consultative à toutes les séances du conseil de surveillance. La réglementation est la même que celle applicable aux réunions du conseil d'administration dans les SA (C. trav. art. L 2312-72 s.) : voir n° 40665.

Les **commissaires aux comptes** (s'il en existe) doivent être convoqués aux réunions du conseil de surveillance qui examinent et arrêtent les comptes annuels ou intermédiaires et, le cas échéant, aux réunions qui examinent et adoptent le rapport sur les informations de durabilité (art. L 821-65).

En outre, les **OTI** (s'il en existe) doivent être convoqués aux réunions du conseil de surveillance qui examinent et adoptent le rapport sur les informations de durabilité (art. L 822-18).

57203 **Établissement du procès-verbal** Après chaque réunion du conseil de surveillance, il est nécessaire d'établir un procès-verbal de la réunion. En effet, en cas d'inexécution de cette obligation, tout intéressé peut demander au président du tribunal statuant en référé d'enjoindre sous astreinte au président du conseil de surveillance de transcrire les procès-verbaux des réunions sur un registre spécial tenu au siège social (art. L 238-4).

En outre, le **défaut d'établissement** du procès-verbal est sanctionné par la nullité des délibérations du conseil adoptées avant le 1er octobre 2025 (art. L 235-14, al. 1). L'action en nullité, *ouverte à tout membre du conseil*, peut être exercée jusqu'à l'approbation de la deuxième réunion du conseil qui suit celle dont les délibérations sont susceptibles d'être annulées (art. L 235-14, al. 2 et 3). Afin de favoriser la régularisation de la situation, les règles visant à limiter le prononcé de la nullité (art. L 235-4 et L 235-5 : n° 89461) s'appliquent à l'exercice de cette action (art. L 235-14, al. 4).

Pour les délibérations du conseil adoptées à compter du 1er octobre 2025, la nullité n'est plus expressément prévue à défaut d'établissement du procès-verbal (Ord. 2025-229 du 12-3-2025 art. 63 et 70 abrogeant à cette date l'article L 235-14). La nullité ne nous paraît pas non plus encourue sur le fondement de l'article 1844-10, al. 3 du Code civil modifié par l'ordonnance 2025-229. En effet, à la différence de la SA, aucune disposition susceptible d'être qualifiée d'impérative n'impose, dans la SCA, d'établir un procès-verbal des délibérations du conseil, en ce compris, à notre avis, l'article L 238-4.

> **Précisions** **a.** Bien que l'alinéa 1 de l'article L 235-14 ne vise que les délibérations « des organes de direction et d'administration », la **nullité** qu'il édicte nous paraît **applicable au conseil de surveillance** car il est fait expressément mention de cet organe dans les alinéas 2 et 3 de l'article.
> En outre, ce texte nous semble applicable aux SCA même s'il a été créé dans le but initial de substituer des sanctions civiles (nullité des délibérations et procédure d'injonction) aux sanctions pénales punissant seulement le président du conseil de surveillance de SA n'ayant pas fait constater les délibérations du conseil par des procès-verbaux (ancien art. L 242-7). En effet, en intégrant ces sanctions civiles dans les dispositions du Code de commerce « communes aux diverses sociétés commerciales » (art. L 231-1 s.), le législateur les a rendues applicables au conseil de surveillance des SCA.
> **b.** Le procès-verbal comportant des **énonciations mensongères** est susceptible de constituer un faux en écriture sanctionné par l'article 441-1 du Code pénal (Cass. crim. 16-6-2021 nº 20-82.941 F-P : RJDA 10/21 nº 676, à propos d'une association mais transposable).

MISSION DU CONSEIL DE SURVEILLANCE DE LA SCA

Obligations du conseil Le conseil de surveillance assume « le **contrôle** permanent **de la gestion** de la société » (art. L 226-9, al. 1). On peut déduire de cette formule, au sens très général, que le conseil de surveillance est chargé d'une mission de contrôle plus étendue que celle confiée aux commissaires aux comptes. Ceux-ci assurent, en effet, un contrôle de la régularité, de la sincérité des comptes sociaux et des principaux documents comptables, mais non un « contrôle de la gestion ». Il s'ensuit, à notre avis, que le conseil de surveillance a : 57210

– d'une part, des obligations de contrôle des opérations sociales comparables à celles des commissaires aux comptes ; comme eux, il doit contrôler les **comptes** sociaux, notamment l'inventaire et les comptes annuels (mais sans avoir à certifier la régularité et la sincérité de ces documents, la loi ne visant que le contrôle) et le respect de l'égalité entre les actionnaires ;

– d'autre part, l'obligation de porter un jugement sur la **conduite des affaires** sociales ; le conseil de surveillance doit apprécier l'opportunité de la gestion.

Les résultats du contrôle exercé par le conseil de surveillance sont consignés dans un **rapport** que celui-ci doit présenter, chaque année, à l'assemblée générale ordinaire annuelle. Doivent notamment y figurer les irrégularités et inexactitudes relevées dans les comptes de l'exercice (art. L 226-9, al. 2). Le rapport est l'œuvre collective du conseil de surveillance. Si certains de ses membres ont des avis divergents, ils doivent faire mentionner leur opinion dans le rapport ou dans le procès-verbal de l'assemblée générale afin de pouvoir, le cas échéant, dégager leur responsabilité personnelle. 57211

Le rapport doit être rédigé 15 jours au moins avant l'assemblée générale pour permettre aux actionnaires d'en prendre connaissance.

Le conseil de surveillance doit délibérer chaque année sur la politique de la société en matière d'**égalité professionnelle et salariale** entre tous les salariés ainsi qu'entre les femmes et les hommes (art. L 226-9-1). 57212

Il doit aussi veiller à l'accomplissement régulier des **formalités** de constitution et de modification des statuts, faute de quoi la responsabilité de ses membres pourrait être engagée (art. L 210-8).

Rapport sur le gouvernement d'entreprise. Dans toutes les SCA, un rapport sur le gouvernement d'entreprise doit être établi par le conseil de surveillance (art. L 226-10-1, al. 1). 57213

*Son **contenu,*** qui a évolué depuis le 1er janvier 2025, est identique à celui du rapport sur le gouvernement d'entreprise des SA (nos 48251 s.), le cas échéant adapté aux SCA (art. L 226-10-1, al. 1 et L 22-10-78, al. 1). Si les actions de la SCA sont admises aux négociations sur un marché réglementé, il doit comprendre notamment toutes les informations relatives au « say on pay » (art. L 22-10-76 et L 22-10-9, sur renvoi de l'art. L 22-10-77, I, et art. L 22-10-78, al. 2 et R 22-10-40 ; sur ces informations, voir nos 53080 s. et 53110 s.). Par ailleurs, le rapport établi à compter du 30 juin 2026 par les SCA dont les actions sont admises aux négociations sur un marché réglementé dépassant les seuils mentionnés nº 57164 devra comprendre des informations portant sur les modalités du respect des obligations de représentation équilibrée des hommes et des femmes dans le conseil de surveillance (art. L 22-10-78, al. 1 modifié par ord. 2024-394 du 15-10-2024 et Ord. 2024-934 art. 26, II-al. 1 et 2 ; sur ces informations, voir nº 48266).

ATTENTION

Par inadvertance, le législateur a maintenu aux articles L 226-10-1, al. 2 et L 22-10-78, al. 3 la **mention** selon laquelle le rapport est **approuvé** par le conseil de surveillance. Cette mention est sans objet puisque, depuis l'ordonnance 2017-1162 du 12 juillet 2017, c'est le conseil lui-même qui établit le rapport.

57214 Le rapport sur le gouvernement d'entreprise doit être porté à la **connaissance du public** (art. L 226-10-1, al. 2 et L 22-10-78, al. 3 ; C. mon. fin. art. L 451-1-2 ; Règl. gén. AMF art. 222-9, al. 2). Étant joint au rapport de gestion, il suit le régime de publicité de celui-ci : voir nos 76801 s. Si les titres de la SCA sont admis aux négociations sur un marché réglementé, le rapport doit en outre être rendu public dans les conditions exposées no 66292.

Par ailleurs, dans les SCA dont les actions sont admises aux négociations sur un marché réglementé, la politique de rémunération, accompagnée de la date et du résultat du dernier vote de l'assemblée générale sur cette politique (à propos de cette résolution, voir nos 53090 s.), doit être publiée sur le site internet de la société le jour ouvré suivant celui du vote et y demeurer à disposition du public au moins pendant la période où la politique de rémunération s'applique (art. R 22-10-40, V). En revanche, à notre avis, contrairement à ce qui est prévu pour les SA (no 53118), dans les SCA dont les actions sont admises aux négociations sur un marché réglementé, les informations sur le vote ex post n'ont pas à être mises à disposition sur le site internet de la société pendant dix ans dès lors que l'article R 22-10-15 n'est pas applicable aux SCA.

Dans les SCA dont les actions sont admises aux négociations sur un marché réglementé dépassant les seuils mentionnés no 57164, les informations du rapport portant sur la représentation équilibrée des femmes et des hommes dans le conseil de surveillance devront, à compter du 30 juin 2026, être communiquées à l'AMF et publiées sur le site internet de la société à l'issue de l'assemblée statuant sur ce rapport (art. L 22-10-78, al. 1 modifié par ord. 2024-394 du 15-10-2024 et par loi 2025-391 du 30-4-2025 ; Ord. 2024-934 art. 26, II-al. 2 modifié par loi 2025-391 ; sur ces informations, voir no 48266).

57215 **Prérogatives du conseil** Pour exercer son contrôle, le conseil de surveillance dispose des mêmes pouvoirs que les commissaires aux comptes (art. L 226-9, al. 1). Ses investigations peuvent donc porter non seulement sur les documents de la société, mais aussi sur ceux des sociétés mères ou filiales, ou même des tiers (nos 77990 s.).

Le conseil de surveillance doit être saisi des **documents mis à la disposition des commissaires** aux comptes, s'il en existe, en même temps que ceux-ci (art. L 226-9, al. 3). À défaut de commissaire aux comptes, le conseil n'est pas pour autant privé du droit d'accès à ces documents, nécessaires à l'exercice de sa mission de contrôle : ceux-ci doivent être tenus à sa disposition.

Dans les sociétés astreintes à établir des **documents de gestion prévisionnelle,** il doit avoir communication de ces documents et des rapports d'analyse des gérants (art. L 232-4).

En cas de mise en œuvre de la **procédure d'alerte** par les commissaires aux comptes, il doit avoir connaissance de la réponse faite par les gérants aux demandes d'explication des commissaires aux comptes (art. L 234-2).

Le conseil de surveillance peut, à toute époque, **convoquer l'assemblée** générale des actionnaires (art. L 226-9, al. 4).

Enfin, dans les sociétés dont les actions sont admises aux négociations sur un marché réglementé dépassant certains seuils (no 57164), le conseil de surveillance doit mettre en place, avant le 30 juin 2026, un **processus de sélection des candidats** au mandat de membre du conseil afin d'assurer la conformité de la composition du conseil à l'**obligation de mixité** à compter de cette date (sur le processus de sélection, voir les règles exposées nos 39520 s. pour les SA à conseil d'administration, identiques à celles applicables aux SCA ; art. L 22-10-74-1 issu de ord. 2024-934 du 15-10-2024 et art. D 22-10-40-1 issu du décret 2025-744 du 30-7-2025).

À noter que, en l'absence de dispositions légales contraires, les statuts peuvent subordonner à l'**accord préalable** du conseil de surveillance l'accomplissement par les gérants d'opérations déterminées (no 56701).

Sur le rôle du conseil de surveillance dans la fixation des **objectifs de mixité** au sein des instances dirigeantes de la société, voir no 56710.

RÉMUNÉRATION DES MEMBRES DU CONSEIL DE SURVEILLANCE DE LA SCA

57230 Les règles concernant la rémunération des membres du conseil d'administration de SA sont applicables (nos 41030 s.), à défaut de disposition statutaire, aux membres du conseil de surveillance (art. L 226-4).

Ainsi, en l'absence de dispositions statutaires, les membres du conseil ne peuvent percevoir, en rémunération de leur activité au conseil, qu'une somme fixe annuelle (ex-jetons de présence) (art. L 225-44 et L 225-45, sur renvoi de l'art. L 226-4).

Outre cette rémunération commune à tous les membres du conseil, tel ou tel membre peut percevoir des sommes allouées au titre d'une activité particulière (rémunérations exceptionnelles pour des missions ou mandats particuliers : art. L 225-46 sur renvoi de l'art. L 226-4 ; remboursement de frais) ou, dans certaines sociétés, se voir attribuer des bons de souscription de parts de créateur d'entreprise (art. L 225-44 sur renvoi de l'art. L 226-4).

En outre, si les statuts le prévoient, rien ne semble s'opposer à ce que les membres du conseil de surveillance puissent recevoir une **rémunération proportionnelle** aux bénéfices selon des modalités librement fixées dans les statuts. Certes, cette forme de rémunération s'apparente aux tantièmes qui pouvaient être versés aux administrateurs et aux membres du conseil de surveillance des SA avant que la loi du 31 décembre 1975 ne les interdise (nº 41060). Mais cette interdiction ne saurait être étendue aux SCA puisque les statuts peuvent déroger aux règles applicables à la rémunération des administrateurs de SA (art. L 226-4). Notons toutefois que l'Autorité de marché a estimé souhaitable que les SCA s'alignent spontanément sur les dispositions prévues en la matière pour les SA, en renonçant progressivement à rémunérer les membres de leur conseil de surveillance par des tantièmes. Elle a considéré en effet cette forme de rémunération « par son mode de calcul et son absence de souplesse » comme « peu satisfaisante » (Bull. COB octobre 1976 p. 4).

Dans les SCA dont les **actions sont admises aux négociations sur un marché réglementé,** la rémunération des membres du conseil de surveillance est soumise à la procédure de « say on pay » dans les mêmes conditions que les dirigeants de SA (voir nos 53040 s.), sous réserve des spécificités suivantes tenant à la SCA : **57232**

– les éléments de la politique de rémunération des membres du conseil de surveillance sont établis par le conseil de surveillance lui-même (art. L 22-10-76, I-al. 3) ;

– les différents projets de résolution relatifs au « say on pay » doivent être adoptés par l'assemblée générale et obtenir l'accord des commandités donné, sauf clause contraire des statuts, à l'unanimité (art. L 22-10-76, II-al. 1 et L 22-10-77, I-al. 1 et II-al. 1) ;

– les éléments ou les engagements sont déterminés, attribués ou pris par délibération du conseil de surveillance (art. L 22-10-76, IV) ;

– c'est le conseil de surveillance qui peut accorder une dérogation à sa politique de rémunération en cas de circonstances exceptionnelles (art. L 22-10-76, III-al. 2) ;

– le second volet du vote ex post (nº 53125) n'est pas applicable aux membres du conseil de surveillance, seuls les éléments fixes, variables et exceptionnels composant la rémunération totale et les avantages de toute nature versés ou attribués au président du conseil (et au gérant) y sont soumis (art. L 22-10-77, II ; sur cette question, voir aussi nº 56775, précision a) ;

– à notre avis, les informations sur le vote ex post n'ont pas à être mises à disposition sur le site internet de la société pendant dix ans : voir nº 57214.

Les rémunérations versées aux membres du conseil de surveillance sont déductibles des bénéfices sociaux et taxées à l'**impôt sur le revenu** au titre des BNC à condition qu'elles correspondent à un travail effectif. **57235**

RESPONSABILITÉ DES MEMBRES DU CONSEIL DE SURVEILLANCE DE LA SCA

Responsabilité civile Les membres du conseil de surveillance sont responsables des **fautes personnelles** commises dans l'exécution de leur mandat (art. L 226-13, al. 2). **57250**

Ils peuvent être déclarés civilement responsables des **délits commis par les gérants** si, en en ayant eu connaissance, ils ne les ont pas révélés à l'assemblée générale (art. L 226-13, al. 2).

Ils sont également responsables du préjudice causé par le **défaut de mentions** obligatoires dans les **statuts,** par l'**omission** d'une **formalité** prescrite par la loi ou les règlements pour *la constitution de la société* ou la modification des statuts (art. L 210-8).

Mais ils n'encourent aucune responsabilité en raison des actes inhérents à la **gestion de la société** et du résultat de ces actes (art. L 226-13, al. 1).

À notre avis, l'**action en responsabilité** contre les membres du conseil de surveillance dans une SCA obéit aux mêmes règles que l'action en responsabilité contre les membres du conseil de surveillance d'une SA à directoire. Notamment (art. L 225-257, al. 2) : **57251**

– cette action en responsabilité se prescrit par trois ans (dix ans si la faute est qualifiée de « crime ») (art. L 225-254) ;

– elle ne peut être éteinte par une disposition des statuts ou un vote de l'assemblée générale (art. L 225-253).

> **Précisions** Les **dispositions** des articles L 225-253 et L 225-254 **qui concernent les SA** ne sont pas incompatibles avec le régime propre aux SCA. Elles peuvent donc s'appliquer à cette forme de société conformément à l'article L 226-1, al. 2. On remarquera en outre que l'étendue de la responsabilité des membres du conseil de surveillance est la même dans la SA (art. L 225-257) et dans la SCA (art. L 226-13). Il paraît donc conforme à la finalité de la loi que l'action en responsabilité obéisse également aux mêmes règles dans ces deux types de sociétés.

57252 **Responsabilité pénale** Aucun délit prévu dans le Livre II du Code de commerce n'est expressément imputable aux membres du conseil de surveillance. Toutefois, ceux-ci pourraient être poursuivis au titre des infractions de ce Livre visant « toute personne » (par exemple, art. L 242-2, 4° et L 242-9, sur renvoi de l'art. L 243-1 ou art. L 245-11).

En outre, leur responsabilité pénale pourrait être engagée selon le droit commun, notamment s'ils se rendaient complices d'un délit commis par le gérant (C. pén. art. 121-6 et 121-7).

Étant donné la simple mission de contrôle à laquelle sont tenus les membres du conseil de surveillance, la responsabilité pénale de ces derniers paraît extrêmement réduite.

D. Comité d'audit de la SCA

57310 Certaines sociétés ont l'obligation de créer un comité spécialisé chargé d'assurer le suivi de l'élaboration et du contrôle des **informations comptables et financières** et des informations de **durabilité** (nos 42860 s.).

SECTION 3 DÉCISIONS COLLECTIVES DE SCA

MODE DE CONSULTATION DES ASSOCIÉS DE SCA

57500 Compte tenu de l'existence de **deux catégories d'associés,** les décisions collectives dans les SCA exigent une double consultation :
– celle des commanditaires réunis en assemblée générale ;
– et celle des commandités soit en assemblée, soit par écrit.

Les décisions ne sont prises valablement que si elles ont été adoptées par chaque catégorie d'associés, commanditaires d'une part, commandités d'autre part. Toutefois, les commanditaires procèdent seuls à la désignation des membres du conseil de surveillance (n° 57173).

57501 **Consultation des commanditaires** Les commanditaires sont réunis en assemblée. Les commandités n'assistent pas à ces assemblées, à moins que, ayant souscrit ou acheté des actions, ils ne cumulent les deux qualités de commandité et de commanditaire.

Ces assemblées obéissent, à tous égards (convocation, composition, attributions, quorum et majorité, droit de vote, nullité des délibérations, etc.), aux mêmes règles que celles fixées dans les SA pour les assemblées ordinaires ou extraordinaires (nos 46000 s.). Il convient simplement de noter, d'une part, que les obligations incombant au conseil d'administration ou au directoire à l'égard de ces assemblées sont ici remplies par les gérants et, d'autre part, que l'assemblée peut être convoquée non seulement par les gérants, mais aussi par le conseil de surveillance (art. L 226-9, al. 4). La loi ne prévoyant aucune restriction à cet égard, le conseil de surveillance est libre d'exercer cette faculté quand il le juge bon, sans avoir à mettre en demeure les gérants de procéder à la convocation.

Les modifications des statuts résultant d'une augmentation du capital sont constatées par les gérants (art. L 226-11, al. 2).

57502 **Consultation des commandités** Dans la plupart des cas, la loi est muette sur le mode de consultation des associés commandités, si bien qu'il faut appliquer les mêmes règles que dans les SNC (cf. art. L 226-1 et L 222-2) : consultation en assemblée ou par écrit, le cas échéant par voie électronique (nos 23000 s.).

Par exception, dans les grosses SCA, la lettre de l'article L 226-5-1, al. 2 impose la consultation des commandités en assemblée en vue de modifier les statuts pour déterminer les conditions dans lesquelles seront désignés les membres du conseil de surveillance représentant les salariés : voir nº 57180.

CONDITIONS D'ADOPTION DES DÉCISIONS COLLECTIVES DE SCA

Les conditions de quorum et de majorité prévues pour les assemblées d'actionnaires (nos 48590 s.) s'appliquent aux assemblées de **commanditaires.** 57511

Sauf clause contraire des statuts, les **commandités** doivent statuer à l'unanimité : il en est ainsi notamment pour la désignation des gérants (art. L 226-2, al. 2) et la fixation de leur rémunération (art. L 226-8, L 22-10-76 et L 22-10-77), ainsi que pour toute modification des statuts (art. L 226-11, al. 1). La clause contraire ne concerne que la règle de l'unanimité ; elle ne saurait permettre d'adopter une décision contre la volonté de tous les commandités, mais autorise uniquement que la décision puisse être prise avec l'accord de certains d'entre eux seulement (CA Paris 8-7-1994 : RJDA 11/94 nº 1156).

Par exception, la transformation de la SCA en SA ou en SARL est valablement décidée par l'assemblée générale extraordinaire des actionnaires avec l'accord de la majorité des associés commandités (art. L 226-14).

> **Précisions** Des règles spécifiques s'appliquent aux sociétés d'exercice libéral en commandite par actions (Selca) :
– l'agrément d'un nouveau commandité doit être décidé à l'unanimité des commandités et à la majorité des deux tiers des commanditaires (nº 58010) et celui d'un nouveau commanditaire doit être donné par les commandités à la majorité des deux tiers (nº 58080) ;
– l'unanimité des associés est requise pour adopter ou modifier les stipulations des clauses statutaires d'agrément fixant les modalités de la détermination de la valeur des parts sociales (Ord. 2023-77 du 8-2-2023 art. 52) ;
– la révocation d'un commandité peut être décidée à l'unanimité des autres commandités si les statuts le prévoient (Ord. 2023-77 art. 67) ;
– seuls les professionnels exerçant dans la société peuvent prendre part aux délibérations portant sur les conventions relatives aux conditions dans lesquelles ils exercent leur profession au sein de la société (nº 57000).

Les mêmes règles s'appliquent dans les SCA de droit commun exerçant une **profession libérale** juridique ou judiciaire (art. L 811-7, al. 2 et L 812-5, al. 2 pour les administrateurs et mandataires judiciaires, Ord. du 10-9-1817 art. 3-2, al. 2 pour les avocats aux Conseils, Loi 71-1130 du 31-12-1971 art. 8, I-al. 2 pour les avocats, Ord. 45-2590 du 2-11-1945 art. 1 bis, al. 2 pour les notaires et Ord. 2016-728 du 2-6-2016 art. 5, al. 2 et 25, IV-6º pour les commissaires de justice, les huissiers de justice et les commissaires-priseurs judiciaires).

Par ailleurs, l'attribution de droits de vote double dans les Selca est soumise aux mêmes conditions que celles exposées nº 47717 à propos des sociétés d'exercice libéral à forme anonyme ; sur la cessation des droits de vote double, voir nº 47724.

CAS PARTICULIERS

Comptes sociaux Les **comptes annuels** et, le cas échéant, les **comptes consolidés** doivent être soumis à l'approbation des commandités sauf si ces derniers sont tous gérants (art. L 221-7, al. 1 sur renvoi des art. L 226-1, al. 2 et L 222-2), d'une part, et de l'assemblée générale ordinaire des commanditaires, d'autre part, dans les six mois de la clôture de l'exercice (art. L 225-100 sur renvoi de l'art. L 226-1, al. 2). 57520

Les **bénéfices,** s'il en existe, sont répartis dans les conditions prévues par les statuts, en distinguant la part revenant aux commandités et celle revenant aux commanditaires sur laquelle est prélevé le dividende dont la distribution est, le cas échéant, décidée par l'assemblée générale ordinaire.

Comme dans les SA :
– les SCA sont tenues de constituer une réserve légale (art. L 232-10) ;
– les clauses d'intérêt fixe (attribution d'un dividende fixe même en l'absence de bénéfices) sont interdites (art. L 232-15, al. 1) ;
– la mise en paiement des dividendes doit avoir lieu dans un délai maximal de neuf mois après la clôture de l'exercice, sauf prolongation de ce délai par décision de justice sur demande des gérants (art. L 232-13 et R 232-18) ;
– aucune répétition de dividendes ne peut être exigée des commanditaires hors le cas de distribution de dividendes fictifs ou d'attribution d'un intérêt en l'absence de bénéfices (art. L 232-17) ;
– des acomptes sur dividendes peuvent, sous certaines conditions, être versés en cours d'exercice (nos 76420 s.) ;
– les dividendes peuvent être versés aux commanditaires sous la forme d'actions nouvelles, si les statuts le prévoient (art. L 232-18).

> **Précisions** **a.** L'**établissement** et la **présentation des comptes annuels** comme la **dé… nation des bénéfices et des sommes distribuables** sont soumis aux règles applicables à toutes les sociétés commerciales (voir nos 76015 s.). Sur les documents de gestion prévisionnelle à établir par les dirigeants, voir nos 76070 s. Sur l'établissement des comptes consolidés, voir nos 81400 s. Sur la publicité des comptes et documents annexes, voir nos 76800 s.
> **b.** Sur le **rapport de gestion,** dont le contenu est semblable à celui des SA et a été profondément modifié depuis le 1er janvier 2025, voir nos 48185 s.

57521 **Transfert du siège social** En principe, le transfert du siège social constitue une modification des statuts et nécessite donc l'approbation de l'assemblée générale extraordinaire des **commanditaires** et l'accord, unanime sauf clause contraire des statuts, des **commandités** (art. L 226-11, al. 1).

57522 Toutefois, il semble que les statuts peuvent déroger à ce principe et autoriser par avance les **gérants** à transférer le siège social dans la même ville ou dans une aire géographiquement limitée, voire sur l'ensemble du territoire français, et à modifier les statuts en conséquence.

Certes, les gérants de SCA n'ont pas légalement, comme le conseil d'administration d'une SA, le pouvoir de transférer le siège social dans les conditions prévues par l'article L 225-36, ce texte n'étant pas applicable aux SCA (cf. art. L 226-1, al. 2). On ne saurait cependant, en l'absence d'une interdiction expresse, en déduire que le législateur a entendu exclure, dans les SCA, toute possibilité de conférer statutairement aux gérants un pouvoir de transfert du siège social. Mais cette **délégation** de pouvoir doit être encadrée et ne doit pas donner au gérant le pouvoir de transférer le siège à l'étranger car, au sein de l'UE, une telle opération est désormais réglementée (voir nos 20535 s.) et, en tout état de cause, même en cas de transfert hors UE, cela conduirait à changer la nationalité et le régime juridique de la société.

Sous cette réserve, l'étendue de la délégation est librement fixée dans les statuts : décision par les gérants seuls ou nécessité d'un accord du conseil de surveillance ou encore nécessité d'une ratification par l'assemblée générale ordinaire, etc.

57523 **Augmentation de capital par incorporation de réserves ou primes** En cas d'augmentation de capital par incorporation de **réserves,** il convient de répartir les actions nouvelles émises en représentation de cette augmentation au prorata des droits sur les réserves de chacune des catégories d'associés, commandités et commanditaires.

57524 Le plus souvent, surtout s'il s'agit de personnes morales, les commandités sont remplis de leurs droits sur les bénéfices lors de l'affectation des résultats de chaque exercice social. Par suite, les réserves qui ont pu être constituées correspondent à la fraction non distribuée des bénéfices revenant aux seuls actionnaires commanditaires. Dès lors, en cas d'augmentation de capital par incorporation de ces réserves, ces derniers ont seuls droit aux actions nouvelles.

Lorsque les bénéfices ont été mis en réserve sans distinguer la part revenant aux commandités de celle appartenant aux commanditaires, les actions nouvelles doivent être réparties selon les modalités fixées par les statuts et, à défaut, en fonction des droits des commandités et des commanditaires dans le boni de liquidation. Sauf clause contraire des statuts, ce sont en effet les ayants droit au boni de liquidation qui ont vocation aux réserves.

57525 À notre avis, les règles ci-dessus sont applicables en cas d'incorporation au capital social des **écarts ou réserves de réévaluation** ainsi que des **primes d'émission,** d'apport ou de fusion.

> **ATTENTION**
> L'incorporation au capital de la réserve spéciale de réévaluation ainsi que celle des primes d'émission ou assimilées réduit d'autant l'importance du **boni de liquidation** à la distribution duquel les commandités ont, en principe, vocation. En conséquence, cette incorporation ne peut être réalisée qu'en respectant les droits de ces derniers et en répartissant les actions nouvelles entre les commandités et les commanditaires en fonction de leurs droits respectifs dans le boni de liquidation.

57526 **Transformation de la SCA** Une SCA peut être transformée en société de toute autre forme. Les règles concernant la transformation des SA sont alors applicables (art. L 225-243 s. sur renvoi de l'art. L 226-1, al. 2) : deux années d'existence ; approbation des bilans d'au moins deux exercices ; si la SCA est dotée d'un commissaire aux comptes chargé d'un audit classique des comptes, rapport de celui-ci attestant que le montant des capitaux propres est au moins égal au montant du capital social, étant observé que ces **conditions** ne sont pas requises en cas de transformation en SNC (pour plus de détails, voir nos 53510 s.).

En outre, lorsqu'une SCA n'ayant pas de commissaire aux comptes se transforme en société par actions d'une autre forme (SA ou SAS), il y a lieu de **faire apprécier par un commissaire**

à la transformation la valeur des biens composant l'actif social et les avantages particuliers consentis à des associés ou à des tiers : voir n°s 20650 s.

Lorsque les actionnaires contrôlant, au sens de l'article L 233-3, une société dont les actions sont admises aux négociations sur un marché réglementé proposent à l'assemblée générale extraordinaire de transformer la société, ils doivent au préalable en **informer l'AMF,** qui décidera s'il y a lieu de mettre en œuvre une offre publique de retrait (C. mon. fin. art. L 433-4, I ; Règl. gén. AMF art. 236-6).

La **transformation en SNC** n'est possible qu'avec l'accord de tous les associés (art. L 225-245, al. 1), commandités et commanditaires. **57527**

La **transformation en SCS** est décidée dans les conditions prévues pour la modification des statuts (adoption par les associés commandités et par l'assemblée générale extraordinaire des actionnaires commanditaires : n° 57511) et avec l'accord de tous les associés qui acceptent d'être associés commandités (art. L 225-245, al. 2).

En outre, les actionnaires appelés à devenir associés en nom ou associés commandités doivent avoir la **capacité** de faire le commerce puisque ces derniers ont la qualité de commerçant. En présence d'un **mineur non émancipé,** qui n'a pas la capacité d'exercer le commerce (n° 320) :

– parmi les actionnaires d'une société appelée à se transformer en SNC, la transformation ne peut intervenir qu'après cession des parts appartenant à ce mineur ;

– parmi les actionnaires d'une société appelée à se transformer en SCS, le mineur ne peut devenir qu'associé commanditaire.

Il en est de même en présence d'un **mineur émancipé** s'il n'a pas été autorisé à exercer le commerce par le juge des tutelles au moment de l'émancipation ou par le président du tribunal judiciaire après l'émancipation (art. L 121-2 et C. civ. art. 413-8) ou encore d'un **majeur sous tutelle** ou **sous habilitation familiale par représentation** qui ne peuvent pas être commerçants (respectivement n°s 390 et 395).

Si un mineur, non émancipé ou émancipé non autorisé à être commerçant, ou un majeur sous tutelle ou sous habilitation familiale par représentation devient associé en nom ou associé commandité, la transformation antérieure au 1er octobre 2025 est nulle pour violation des règles relatives à l'incapacité (art. L 235-1, al. 1 : n°s 89380 s.). À compter du 1er octobre 2025, la nullité devient facultative (C. civ. art. 1844-10, al. 3 modifié par ord. 2025-229 du 12-3-2025 ; Ord. 2025-229 art. 70). Par ailleurs, la société est dissoute en présence, parmi les associés en nom ou les associés commandités, d'un majeur sous sauvegarde de justice, sous curatelle, sous habilitation familiale par assistance ou dont le mandat de protection future a pris effet ; à compter du 1er octobre 2025, elle est également dissoute en présence parmi ces associés d'un majeur sous tutelle ou sous habilitation familiale par représentation, lorsque la nullité de la transformation n'a pas été prononcée (n°s 20680 s.).

La **transformation en SA ou en SARL** est valablement décidée par l'assemblée générale extraordinaire des actionnaires commanditaires (statuant aux conditions de quorum et de majorité énoncées n°s 48590 s.) et par la majorité seulement des commandités (art. L 226-14) sans qu'il soit nécessaire d'obtenir l'accord unanime de ces derniers. **57528**

Outre ces conditions, la transformation en SA ou en SARL ne peut être réalisée que si les règles particulières à la forme nouvelle adoptée sont respectées, à savoir :

– pour la SA dont les titres sont admis aux négociations sur un marché réglementé ou sur un SMN, existence d'au moins sept associés (art. L 22-10-2) ;

– pour la SARL, nombre d'associés n'excédant pas 100 (nombre maximal d'associés d'une SARL : art. L 223-3).

Par ailleurs, l'activité exercée par la SCA ne doit pas être interdite à la SA (n° 37531) ou à la SARL (n° 30121).

La **transformation de la SCA en SAS** ne peut être décidée qu'avec l'accord unanime des associés commandités et des actionnaires commanditaires (art. L 227-3). **57529**

En outre, la SCA ne doit pas procéder à une **offre au public** de titres financiers (autre qu'une offre réservée à ses associés, à des investisseurs qualifiés ou à un cercle restreint d'investisseurs, une offre qui relève du financement participatif, une offre portant sur des titres dont la valeur nominale unitaire s'élève au moins à 100 000 €, ou adressée à des investisseurs qui acquièrent ces titres pour un montant total d'au moins 100 000 € par investisseur et par offre distincte, ou une offre réservée aux dirigeants, aux salariés ou anciens salariés et à ceux des sociétés qui lui sont liées) **ou** à l'**admission** de ses actions **aux négociations sur un marché réglementé,** puisque ces opérations sont interdites aux SAS (art. L 227-2).

57530 **Sort des commandités.** La transformation de la SCA en société d'une autre forme entraîne souvent la **perte des droits** des associés commandités. Tel est le cas notamment, en cas de transformation en SA, pour les associés commandités ayant apporté leur industrie : en effet, la transformation entraîne leur exclusion puisqu'ils ne peuvent pas se voir attribuer des actions (art. L 225-3, al. 4).

Les associés commandités ne consentiront à perdre leurs droits que s'ils reçoivent en contrepartie une juste **indemnité.** En cas de transformation en SA, cette indemnité est fréquemment versée sous la forme d'actions nouvelles créées à la suite d'une augmentation de capital par incorporation de réserves ou sous la forme de bons de souscription d'actions.

La valorisation de cette indemnité est fréquemment soumise à la procédure de vérification des avantages particuliers (nº 48585).

57531 **Perte de la moitié du capital** Si le montant des capitaux propres devient inférieur à la moitié du capital social, la procédure exposée nºs 76610 s. doit être suivie.

CHAPITRE 3

LES ASSOCIÉS DES SOCIÉTÉS EN COMMANDITE PAR ACTIONS

SOMMAINE

A. Associés commandités de SCA

ASSIMILATION DES COMMANDITÉS DE SCA AUX ASSOCIÉS EN NOM

Les associés commandités ont la qualité de commerçant et répondent indéfiniment et solidairement des dettes sociales (art. L 226-1). Ils sont donc dans la même situation juridique que les associés en nom collectif (nos 24000 s.). L'article L 226-1, al. 2 renvoie en effet au régime de la SCS, qui lui-même est emprunté à celui de la SNC. 58000

> **Précisions** Bien que répondant indéfiniment et solidairement des dettes sociales, les **associés commandités d'une société d'exercice libéral** en commandite par actions (Selca) n'ont pas la qualité de commerçant (Ord. 2023-77 du 8-2-2023 art. 63). Il en va de même pour les associés commandités d'une **SCA de droit commun exerçant une profession juridique ou judiciaire,** ces sociétés étant soumises à la réglementation des SEL (art. L 811-7, al. 2 et L 812-5, al. 2 pour les administrateurs et mandataires judiciaires, Ord. du 10-9-1817 art. 3-2, al. 2 pour les avocats aux Conseils, Loi 71-1130 du 31-12-1971 art. 8, I-al. 2 pour les avocats, Ord. 45-2590 du 2-11-1945 art. 1 bis, al. 2 pour les notaires et Ord. 2016-728 du 2-6-2016 art. 5, al. 2 et 25, IV-6° pour les commissaires de justice, les huissiers de justice et les commissaires-priseurs judiciaires).

Droits des associés commandités Les commandités non gérants ont le droit, deux fois par an, d'obtenir communication des livres et des documents sociaux et de poser par écrit des questions à propos de la gestion sociale, questions auxquelles il doit être répondu également par écrit (art. L 221-8). 58001

Les commandités reçoivent généralement une fraction des bénéfices déterminée dans les statuts en rémunération des risques que comporte leur responsabilité solidaire et indéfinie.

Obligations des associés commandités Les commandités répondent indéfiniment et solidairement des dettes sociales (art. L 226-1, al. 1). Toutefois, les créanciers ne peuvent les poursuivre en paiement que s'ils ont préalablement mis en demeure la société débitrice (par acte extrajudiciaire) de régler ses dettes (art. L 221-1, al. 2). 58002

Les modalités de répartition des pertes entre les associés sont fixées par les statuts. À défaut, selon la doctrine dominante, elles se répartissent dans les mêmes proportions que les bénéfices.

DROITS SOCIAUX DES COMMANDITÉS DE SCA

Cession entre vifs Les droits des commandités ne peuvent pas être représentés par des titres négociables. Leur cession doit être **constatée** par un acte, signifiée à la société (ou acceptée par elle dans un acte authentique) et **publiée** au RCS et au RNE selon les modalités exposées n° 24412 pour les cessions de parts de SNC (art. L 221-14, sur renvoi des art. L 226-1, al. 2 et L 222-2). 58010

La cession des droits d'un commandité est subordonnée à l'**accord** préalable de tous les **commandités** et, en principe, de tous les **commanditaires** ou, si les statuts le prévoient et si le commandité ne cède qu'une partie de ses droits, de la majorité en nombre et en capital des commanditaires (art. L 222-8, I et II-3° sur renvoi de l'art. L 226-1, al. 2).

L'application stricte de cette disposition risque d'empêcher un associé commandité de céder ses droits lorsque, par exemple, les actions appartiennent à des personnes inconnues de la société. Aussi, pensons-nous, malgré le caractère apparemment impératif de l'article L 222-8, que la règle doit être adaptée aux sociétés de capitaux et que les statuts peuvent valablement subordonner la cession des droits d'un commandité à l'accord unanime des autres commandités et de l'assemblée générale extraordinaire des commanditaires puisque cette cession entraînera modification des statuts (en sens contraire, Hémard, Terré et Mabilat, Soc. com. t. 2 n° 1307).

> **Précisions** **a.** Contrairement à l'opinion exprimée par le ministre de la justice (Rép. Rufenacht : AN 19-10-1979 n° 18739), nous pensons que les dispositions de l'article L 222-8 ne s'appliquent qu'aux droits des commandités. Si, cas fréquent en pratique, le **commandité** possède des actions de sa société, il **cumule** deux **qualités,** celle de **commandité** et celle de **commanditaire.** Lorsqu'il cède ses actions, il agit en qualité de commanditaire et doit donc être soumis aux mêmes conditions que les autres actionnaires.
> **b.** La qualité d'associé commandité d'une société d'exercice libéral en commandite par actions (Selca) ne s'acquiert que par une décision d'agrément prise, en cours de vie sociale, dans les formes prescrites par les statuts à l'unanimité des associés commandités et à la majorité des deux tiers des actionnaires (Ord. 2023-77 du 8-2-2023 art. 66). Il en va de même, pour la raison exposée n° 58000, dans les SCA de droit commun exerçant une **profession libérale** juridique ou judiciaire.

58011 **Transmission par décès** En cas de décès d'un associé commandité, ce sont les règles prévues pour les SCS qui sont applicables (n° 28130).

B. Associés commanditaires de SCA

ASSIMILATION DES COMMANDITAIRES DE SCA À DES ACTIONNAIRES

58070 Les associés commanditaires sont des actionnaires (art. L 226-1, al. 1). Ils jouissent des mêmes droits et sont tenus aux mêmes obligations que les actionnaires de SA.

Toutefois, s'ils ne sont pas en même temps commandités, ils ne doivent accomplir aucun **acte de gestion externe,** même en vertu d'une procuration donnée par un commandité. En cas de contravention à cette règle, l'associé commanditaire est tenu, solidairement avec les commandités, des dettes et engagements de la société qui résultent des actes prohibés. Suivant le nombre et l'importance de ceux-ci, il peut être déclaré solidairement obligé par tous les engagements de la société ou par quelques-uns d'entre eux (art. L 222-6 sur renvoi de l'art. L 226-1, al. 2). Pour la mise en œuvre de cette disposition, voir n°s 27070 s.

> **Précisions** Dans les sociétés d'exercice libéral en commandite par actions (Selca), les commanditaires ne peuvent pas non plus accomplir d'acte de gestion interne et tout acte contrevenant à l'interdiction d'accomplir des actes de gestion est nul ; toutefois, cette nullité ne peut être ni opposée aux tiers de bonne foi, ni invoquée par un commandité pour se dégager de son obligation de répondre des engagements de la société (Ord. 2023-77 du 8-2-2023 art. 64). Il en va de même, pour la raison exposée n° 58000, dans les SCA de droit commun exerçant une **profession libérale** juridique ou judiciaire.

ACTIONS DES COMMANDITAIRES DE SCA

58080 Les droits sociaux des commanditaires sont représentés par des **actions** soumises au même statut juridique que dans les SA.

> **Précisions** Les cessions d'actions des sociétés d'exercice libéral en commandite par actions (Selca) sont soumises à un agrément préalable donné par les associés commandités à la majorité des deux tiers (Ord. 2023-77 du 8-2-2023 art. 65). Il en va de même, pour la raison exposée n° 58000, dans les SCA de droit commun exerçant une **profession libérale** juridique ou judiciaire.
> Dans les Selca exerçant une profession libérale technique et du cadre de vie, cette règle ne s'applique pas lorsque la majorité du capital et des droits de vote est détenue par des personnes autres que des professionnels exerçant au sein de la société (Ord. 2023-77 art. 95).

PRINCIPALES NOUVEAUTÉS

26

Création d'une société

Constitution d'une société

Droit à l'effacement des données personnelles publiées dans un registre du commerce

La CJUE clarifie les obligations de l'autorité en charge du registre du commerce en ce qui concerne les données personnelles figurant dans un acte de société soumis à publicité, lorsque ces données ne sont pas celles dont la loi exige la publication.

Pour en savoir plus, consultez le § **1630**

Incidences de la réforme de la nullité en droit des sociétés sur les apports

Les causes de nullité des apports réalisés à compter du 1er octobre 2025 sont désormais encadrées par la loi, de même que les effets de cette nullité. Notamment, la nullité de ces apports, comme leur résolution pour vices cachés ou l'éviction de l'apporteur de la société, ne peut en aucun cas entraîner la nullité de la société.

Pour en savoir plus, consultez le § **2293**

Action en nullité d'un acte d'une société non encore immatriculée

Les règles propres aux sociétés, notamment le délai de prescription abrégé, sont applicables aux demandes de nullité des actes accomplis après la constitution de la société, indépendamment de la date à laquelle celle-ci a été immatriculée au RCS.

Pour en savoir plus, consultez les § **2503 et 2625**

Actes conclus en période de formation de la société : maintien du formalisme au stade de la reprise

La reprise d'un acte accompli au cours de la période de formation d'une société doit satisfaire aux conditions requises par les textes régissant les modalités de reprise des engagements souscrits au nom ou pour le compte d'une société en formation.

Pour en savoir plus, consultez le § **2690**

Sanction du défaut d'accomplissement des formalités de publicité

La nullité des sociétés ne peut plus, à compter du 1er octobre 2025, être prononcée pour défaut d'accomplissement des formalités de publicité de la constitution.

Pour en savoir plus, consultez le § **3055**

Délivrance et contenu des attestations d'immatriculation au RNE

Un arrêté fixe les modalités de délivrance, le contenu et la valeur probante des attestations d'immatriculation des entreprises au RNE qui doivent être fournies par l'Inpi à toute personne qui en fait la demande.

Pour en savoir plus, consultez le § **3315**

Le défaut d'immatriculation au RNE est sanctionné par une amende

Est créée une amende administrative de 7 500 € pouvant être prononcée à l'encontre des sociétés tenues de s'immatriculer au RNE qui ne se conforment pas à cette obligation.

Pour en savoir plus, consultez le § **3317**

Une société qui ne déclare pas ses bénéficiaires effectifs peut être radiée d'office du RCS

Une société qui ne respecte pas son obligation de déclarer ou de mettre à jour les informations relatives à ses bénéficiaires effectifs, trois mois après une mise en demeure ou une injonction de le faire, peut être radiée d'office du RCS.

Pour en savoir plus, consultez les § **3370 s.**

Nouvelles modalités d'accès aux données sur les bénéficiaires effectifs

La loi DDADUE 5 limite l'accès au registre des bénéficiaires effectifs aux personnes démontrant un intérêt légitime et établit une liste de celles dont l'intérêt est présumé. Elle actualise, en outre, la liste des autorités disposant d'un accès sans restriction aux données sur les bénéficiaires effectifs.

Pour en savoir plus, consultez les § **3380 s.**

La société personne morale

Les modes amiables de règlement des litiges clarifiés et renforcés

Un décret du 18 juillet 2025, en vigueur à compter du 1er septembre 2025, réécrit et regroupe dans le Code de procédure civile les règles relatives aux modes de résolution amiable des différends, conventionnels et judiciaires.

Pour en savoir plus, consultez le § **4205**

Les litiges relatifs à une SARL de profession libérale relèvent du tribunal de commerce

Seul le tribunal de commerce est compétent pour connaître des litiges relatifs à une SARL constituée pour l'exercice d'une profession libérale réglementée, peu important que son activité soit de nature civile ou que le demandeur n'ait pas la qualité de commerçant.

Pour en savoir plus, consultez les § **4230 et 4236**

Signification d'un acte au siège d'une société domiciliée dans une pépinière

La signification d'un acte à une société est faite à son siège social, y compris si l'adresse ne correspond pas au lieu d'exploitation de son activité mais à une pépinière d'entreprises offrant un service de domiciliation.

Pour en savoir plus, consultez le § **4322**

Tierce opposition de l'associé d'une société à la condamnation de celle-ci

L'associé indéfiniment responsable des dettes sociales peut former tierce opposition au jugement condamnant la société en paiement, dès lors qu'il est lui même poursuivi en paiement et qu'il invoque des moyens qu'il est seul à pouvoir faire valoir. Soulever un argument que la société n'a pas elle-même soutenu ne suffit pas.

Pour en savoir plus, consultez le § **4357**

Les associés et les organes de gestion

Qualité d'associé

Un époux commun en biens peut renoncer tacitement à revendiquer la qualité d'associé

Lorsqu'un époux commun en biens a acquis des parts sociales, son conjoint peut renoncer tacitement à son droit de revendiquer la qualité d'associé. La renonciation ne peut résulter que d'un comportement sans équivoque, démontrant que le conjoint ne peut pas être reconnu associé.

Pour en savoir plus, consultez le § **6079**

L'usufruitier peut contester les décisions collectives affectant son droit de jouissance

Nonobstant toute stipulation statutaire contraire, l'usufruitier de droits sociaux peut agir en nullité de toute décision collective susceptible d'avoir une incidence directe sur son droit de jouissance.

Pour en savoir plus, consultez le § **6108**

Droits et obligations des associés

La nullité pour abus de majorité est une nullité relative

La nullité d'une décision collective pour abus de majorité est une nullité relative, qui peut être demandée tant par les minoritaires que par le dirigeant de la société et qui peut être couverte par la confirmation de la décision. L'associé ayant confirmé la décision litigieuse n'est donc pas recevable à en demander l'annulation.

Pour en savoir plus, consultez le § **7794**

Un associé jugé non responsable vis-à-vis des contractants de la société

Jugé que l'associé commun à deux sociétés parties à une opération de promotion immobilière déficitaire n'engage pas sa responsabilité civile vis-à-vis des acquéreurs des lots du simple fait d'avoir usé de sa notoriété personnelle pour faire la publicité du projet.

Pour en savoir plus, consultez le § **7850**

Détermination des organes de gestion

La demande de nomination d'un administrateur provisoire doit tendre à préserver l'intérêt social

Toute personne justifiant d'un intérêt légitime peut demander au juge de désigner un administrateur provisoire. N'est pas recevable la demande visant à préserver des intérêts personnels et non ceux de la société.

Pour en savoir plus, consultez le § **10250**

Le créancier d'une société ne peut pas agir en nomination d'un administrateur provisoire

Le créancier d'une société n'a pas qualité pour demander en justice la nomination d'un administrateur chargé de gérer provisoirement les affaires sociales.

Pour en savoir plus, consultez le § **10250**

Cumul d'un contrat de travail et d'un mandat social

L'intention de nover un contrat de travail en mandat social doit être non équivoque

Le contrat de travail d'un salarié devenu président de la société ne se transforme pas en mandat social sans volonté claire et non équivoque des parties de mettre fin audit contrat.

Pour en savoir plus, consultez le § **11980**

Cessation des fonctions des dirigeants

Poursuite des fonctions de dirigeant après l'arrivée du terme

Le gérant d'une société qui, malgré l'arrivée du terme, continue de gérer la société ne peut pas se prévaloir d'un renouvellement de ses fonctions par tacite reconduction.

Pour en savoir plus, consultez le § **12410**

Sociétés ayant un dirigeant commun : une révocation peut en justifier une autre

La cause réelle et sérieuse du licenciement d'un salarié peut constituer un juste motif de révocation de ses fonctions de dirigeant, cette révocation pouvant elle-même fonder la révocation de l'intéressé de son mandat social dans une autre société.

Pour en savoir plus, consultez le § **12506**

Pouvoirs des organes de gestion

Double signature du dirigeant sur un billet à ordre souscrit par la société

Le dirigeant d'une société qui signe le billet à ordre émis par celle-ci dans la partie concernant le souscripteur et dans la partie réservée à l'avaliste, la signature étant à chaque fois apposée sur le cachet de la société, n'est pas personnellement engagé comme avaliste.

Pour en savoir plus, consultez le § **13380**

Responsabilité des dirigeants

Responsabilités du gérant pour convention réglementée irrégulière et faute de gestion

La possibilité de mettre à la charge du gérant de SARL les conséquences préjudiciables pour la société des conventions réglementées non approuvées n'interdit pas de mettre en jeu sa responsabilité pour faute de gestion au titre d'une convention réglementée, même approuvée.

Pour en savoir plus, consultez les § **14070, 14090 s. et 14220**

L'action ut singuli est recevable, même si la société agit aussi

L'action en responsabilité exercée par une société contre son dirigeant fautif en réparation du préjudice qu'il lui a causé ne fait pas obstacle à l'action sociale concomitante de ses associés en réparation du même préjudice.

Pour en savoir plus, consultez le § **14072**

Action ut singuli : la perte de la qualité d'associé en cours d'instance est sans incidence

L'action en réparation du préjudice social exercée contre un dirigeant par un associé demeure recevable même si celui-ci perd sa qualité d'associé en cours d'instance.

Pour en savoir plus, consultez le § **14073**

La responsabilité fiscale du dirigeant ne porte pas sur les intérêts de retard

Le dirigeant d'une société déclaré solidairement responsable du paiement des impositions et pénalités dues par cette dernière ne peut pas être condamné à payer les intérêts de retard.

Pour en savoir plus, consultez le § **14830**

Cautionnement des dettes sociales

Une donation d'usufruit de parts sociales remise en cause pour fraude du donateur caution

L'action paulienne a été admise contre une donation par une caution de l'usufruit de parts sociales dès lors que celles-ci ne sont pas dénuées de valeur et peuvent donner lieu à une distribution de dividendes, ce qui caractérise un appauvrissement du donateur.

Pour en savoir plus, consultez le § **15032**

Revenus pris en compte pour apprécier la disproportion de l'engagement de la caution

L'augmentation de la valeur des parts que la caution détient dans la société débitrice principale du fait de l'achat par cette dernière de parts de diverses sociétés, financé par les prêts cautionnés, ne peut pas être prise en compte pour apprécier la proportionnalité de l'engagement de la caution.

Pour en savoir plus, consultez le § **15047**

Pas d'action préventive de la caution fondée sur la disproportion de son engagement

Une caution ne peut pas contester la validité de son engagement pour disproportion manifeste avant d'avoir été poursuivie en paiement par le créancier, le retour à meilleure fortune devant être apprécié au moment où la caution est poursuivie.

Pour en savoir plus, consultez le § **15047**

La caution n'a pas à mettre en garde la sous-caution sur le risque d'endettement de l'emprunteur

La caution garantissant un prêt, qui n'en est pas le dispensateur, n'est tenue d'aucun devoir de mise en garde à l'égard de la sous-caution sur le risque d'endettement résultant de l'inadaptation du prêt aux capacités financières de l'emprunteur.

Pour en savoir plus, consultez le § **15050**

L'information annuelle de la caution persiste après le commandement de payer

Le créancier professionnel doit continuer à informer chaque année la caution de l'évolution de la dette garantie, même après la défaillance du débiteur principal et après avoir informé la caution de celle-ci.

Pour en savoir plus, consultez le § **15055**

Opérations sur les parts et actions

Cession de droits sociaux

Erreur sur la réputation d'une société justifiant l'annulation de l'achat des parts de celle-ci

La promesse d'achat des titres d'une société a été annulée pour erreur sur la réputation et la viabilité de la société, qualités essentielles pour le promettant, qui avait appris peu après s'être engagé que la société et son dirigeant étaient suspectés de harcèlement.

Pour en savoir plus, consultez le § **16380**

La réticence dolosive du cédant sanctionnée même si l'acquéreur a été négligent

L'erreur commise par l'acquéreur de droits sociaux à la suite d'une réticence dolosive du cédant est toujours excusable, même si l'acquéreur, aguerri, a négligé de s'informer sur la société avant l'achat.

Pour en savoir plus, consultez le § **16433**

Abus de dépendance dans une cession de droits sociaux : critères d'appréciation

Même si le cédant de droits sociaux a accepté une clause de réduction du prix en raison de sa situation de dépendance vis-à-vis de l'acquéreur, il ne peut pas demander l'annulation de la cession pour vice du consentement s'il est établi qu'il avait conservé la faculté de ne pas déférer aux exigences de celui-ci.

Pour en savoir plus, consultez le § **16490**

Date de formation d'une cession de droits sociaux dont le prix doit être fixé par un tiers

Lorsqu'une promesse de cession prévoit que le prix de cession doit, en cas de désaccord entre les parties, être déterminé par un tiers sur le fondement de l'article 1592 du Code civil, la cession est parfaite dès la levée de l'option, le prix étant déterminable.

Pour en savoir plus, consultez le § **16793**

Vileté du prix stipulé dans une promesse de cession de droits sociaux

La promesse unilatérale de vente est un avant-contrat qui contient, outre le consentement du vendeur, les éléments essentiels du contrat définitif qui serviront à l'exercice de la faculté d'option du bénéficiaire, de sorte que la vileté du prix s'apprécie à la date de la promesse et non à celle de la levée d'option.

Pour en savoir plus, consultez le § **16962**

Cession par un associé de ses droits sociaux et de son compte courant

Sauf stipulation créant un lien d'interdépendance entre la cession des droits sociaux et la cession du compte courant, le cédant ne peut pas utilement invoquer le défaut de remboursement de son compte pour obtenir la résolution de la cession des droits sociaux.

Pour en savoir plus, consultez le § **17142**

La garantie d'éviction due par le cédant de droits sociaux est limitée dans le temps

La garantie d'éviction, qui interdit au cédant de droits sociaux de se rétablir en concurrençant la société dont les droits sont cédés, est délimitée dans le temps au regard de l'activité et du marché concernés.

Pour en savoir plus, consultez le § **17310**

Garantie de passif : indemnités dues à un salarié déclaré inapte après la cession

La garantie de passif ne couvre pas les indemnités de licenciement dues à un salarié déclaré inapte après la cession à la suite d'un accident survenu avant, dès lors que le reclassement de ce salarié était envisageable et que la société a néanmoins estimé, après la cession, qu'elle était dans l'impossibilité de le reclasser.

Pour en savoir plus, consultez le § **17865**

Information des salariés en cas de cession d'un bloc de contrôle détenu en indivision

Retenant une interprétation prudente des textes, l'Ansa considère qu'il faut informer les salariés des SARL et des sociétés par actions en cas de cession d'une participation majoritaire dans le capital lorsque cette participation est détenue en indivision.

Pour en savoir plus, consultez le § **18036**

Société en nom collectif

Décisions collectives des associés

Les micro-entreprises sont bien dispensées de rapport de gestion

La dispense en faveur des micro-entreprises d'établir un rapport de gestion, que l'ordonnance 2023-1142 du 6 décembre 2023 avait supprimée par erreur, est rétablie.

Pour en savoir plus, consultez le § **23032**

Adoption des décisions par un vote minoritaire

Une décision collective d'associés ne peut être tenue pour adoptée que si elle rassemble en sa faveur le plus grand nombre de voix ; toute autre règle conduirait à considérer que la collectivité des associés peut adopter, lors d'un même scrutin, deux décisions contraires. Cette solution, rendue à propos d'une SAS, est à notre avis transposable aux SNC.

Pour en savoir plus, consultez le § **23151**

Parts de SNC

Preuve de la cession de parts de SNC si le cédant n'a pas signé l'acte de cession

Lorsqu'un associé n'a pas signé l'acte de cession de ses parts sociales, la preuve de son consentement à la cession peut résulter de l'attestation de cession qu'il a signée en mairie et de son désintérêt ensuite pour la vie de la société.

Pour en savoir plus, consultez le § **24410**

Société en commandite simple

Décisions collectives des associés

Adoption des décisions par un vote minoritaire

Une décision collective d'associés ne peut être tenue pour adoptée que si elle rassemble en sa faveur le plus grand nombre de voix ; toute autre règle conduirait à considérer que la collectivité des associés peut adopter, lors d'un même scrutin, deux décisions contraires. Cette solution, rendue à propos d'une SAS, est à notre avis transposable aux SCS.

Pour en savoir plus, consultez le § **27180**

Société à responsabilité limitée

Contrôle de la gestion de la SARL

La modification d'une convention réglementée doit être approuvée par les associés

Lorsqu'un bail commercial conclu par une SARL constitue une convention réglementée soumise à l'approbation de ses associés, la révision du loyer est également soumise à ce contrôle.

Pour en savoir plus, consultez le § **31920**

Décisions collectives des associés de SARL

Nouvelles modalités de consultation des associés de SARL

Un décret complète la loi 2024-537 du 13 juin 2024 (loi « Attractivité »), ce qui permet aux SARL de procéder à l'approbation annuelle des comptes par consultation écrite ou vote unanime et autorise les associés à voter par correspondance aux assemblées générales. Ce décret fixe les mentions que le formulaire de vote par correspondance doit contenir.

Pour en savoir plus, consultez les § **32300 et 32505 s.**

Le défaut de mention du motif de révocation du gérant ne permet pas d'annuler l'assemblée

La nullité de l'assemblée des associés générale ayant révoqué le dirigeant social ne peut pas être justifiée par l'absence de mention du motif de révocation dans le procès-verbal de l'assemblée, même si les statuts de la société exigent cette mention.

Pour en savoir plus, consultez le § **32541**

Les micro-entreprises sont bien dispensées de rapport de gestion

La dispense en faveur des micro-entreprises d'établir un rapport de gestion, que l'ordonnance 2023-1142 du 6 décembre 2023 avait supprimée par erreur, est rétablie.

Pour en savoir plus, consultez le § **32810**

Le retard de soumission des comptes aux associés n'est pas pénalement sanctionné

Le gérant n'encourt pas de sanction pénale pour avoir soumis avec retard l'inventaire, les comptes annuels et le rapport de gestion à l'approbation de l'assemblée des associés.

Pour en savoir plus, consultez le § **32855**

Rapport d'un commissaire aux comptes sur la situation de la société en cas de transformation de SARL

Malgré la modification de l'article L 223-43 du Code de commerce par l'ordonnance 2025-229 du 12 mars 2025 portant réforme des nullités, nous pensons qu'un rapport d'un commissaire aux comptes sur la situation de la société doit toujours être établi, quelle que soit la forme de la société en laquelle se transforme la SARL.

Pour en savoir plus, consultez le § **33100**

Transmission des parts de SARL

L'usufruitier peut contester les décisions collectives pouvant affecter son droit de jouissance

Nonobstant toute stipulation statutaire contraire, l'usufruitier de droits sociaux peut agir en nullité de toute décision collective susceptible d'avoir une incidence directe sur son droit de jouissance.

Pour en savoir plus, consultez le § **34311**

Les associés doivent statuer sur l'agrément d'une cession de parts dans les délais

Le délai réglementaire minimal laissé aux associés de SARL pour répondre à une consultation écrite n'a pas pour effet de prolonger le délai de trois mois qui leur est imparti pour statuer sur l'agrément d'une cession de parts à un tiers.

Pour en savoir plus, consultez le § **34430**

Le cédant de parts d'une SARL ne peut pas invoquer le défaut de notification du projet de cession

Seuls la SARL et les associés auxquels le projet de cession de parts à un tiers doit être notifié peuvent agir en annulation à défaut de notification, ce qui exclut l'associé cédant.

Pour en savoir plus, consultez le § **34453**

Société anonyme

Constitution de la société

Constitution de la SA avec offre au public et apports en nature ou stipulation d'avantages particuliers

À défaut d'approbation de l'évaluation des apports en nature ou des avantages particuliers lors de la constitution d'une SA avec offre au public depuis le 1er octobre 2025, la société est constituée mais les apporteurs ou les bénéficiaires de ces avantages peuvent agir en nullité de leur engagement.

Pour en savoir plus, consultez le § **38543**

Conseil d'administration

Obligation de mixité : prise en compte des représentants des salariés et des salariés actionnaires

À compter du 1er janvier 2026, les administrateurs et les membres du conseil de surveillance représentant les salariés et les salariés actionnaires seront progressivement pris en compte pour apprécier la proportion minimale de membres de chaque sexe dans la composition du conseil d'administration et du conseil de surveillance.

Pour en savoir plus, consultez les § **39157 s. et 44286**

Report des dates d'entrée en vigueur de certaines dispositions de l'ordonnance mixité

Dans les SA à conseil d'administration, la loi DDADUE 5 reporte au 30 juin 2026 les dates d'application de la procédure de sélection renforcée des administrateurs et des obligations de communication et de publication des informations sur le respect de l'obligation de mixité.

Pour en savoir plus, consultez les § **39159 et 39520**

Nouvelle procédure de sélection des candidats aux organes ne respectant pas l'obligation de mixité

À compter du 1er janvier 2026, les sociétés dont les actions sont admises aux négociations sur un marché réglementé dépassant certains seuils devront suivre une procédure de sélection des candidats aux mandats d'administrateur, de membres du conseil de surveillance ou du directoire lorsque la composition de ces organes ne respectera pas l'obligation de mixité.

Pour en savoir plus, consultez les § **39520 s. et 44286**

Mixité et désignation des représentants des salariés dans les conseils

Les statuts devront prévoir des règles tendant à ce que la désignation des représentants des salariés dans les conseils d'administration ou de surveillance s'opère de façon à respecter l'obligation de mixité dans la composition de ces organes.

Pour en savoir plus, consultez les § **39963 s. et 44580 s.**

L'AMF encadre la fonction de président d'honneur excédant un rôle symbolique

Lorsque la fonction de président d'honneur d'une société cotée excède un rôle symbolique, l'AMF recommande notamment que le mode de désignation du président, ses missions et ses prérogatives soient décrits dans le rapport sur le gouvernement d'entreprise et que des mesures de prévention des conflits d'intérêts soient mises en place.

Pour en savoir plus, consultez le § **40510**

Incertitude sur le sort des réunions du conseil d'administration tenues sans convoquer le CSE

La validité d'une réunion du conseil d'administration tenue sans convoquer le CSE pourrait être compromise si le texte du Code du travail prévoyant l'obligation de l'y convoquer venait à être considéré comme une disposition impérative de droit des sociétés.

Pour en savoir plus, consultez le § **40666**

Mise en œuvre du vote par correspondance des administrateurs

Un décret liste les mentions devant figurer dans le formulaire permettant aux administrateurs de voter par correspondance préalablement aux délibérations du conseil d'administration des sociétés dont les statuts autorisent un tel vote.

Pour en savoir plus, consultez les § **40670 et 40685**

Participation par des moyens de télécommunication aux réunions du conseil d'administration

Les caractéristiques techniques auxquelles les moyens de télécommunication permettant aux administrateurs de participer à distance aux réunions du conseil d'administration ont été précisées par décret.

Pour en savoir plus, consultez le § **40710**

Suppression des statuts de l'interdiction du recours à la visioconférence

Le conseil d'administration ne peut pas user de son pouvoir de mise en conformité des statuts pour supprimer une clause reproduisant les restrictions des textes antérieurs à la loi « Attractivité » quant au recours à la visioconférence pour les réunions du conseil.

Pour en savoir plus, consultez le § **40710**

Les délibérations d'un conseil irrégulièrement composé sont valables par principe

Sauf disposition contraire, la nullité de la nomination d'un administrateur ou son maintien irrégulier n'entraîne pas la nullité des décisions auxquelles il prend part à compter du 1er octobre 2025.

Pour en savoir plus, consultez le § **40800**

Régime social des rémunérations reçues au titre des fonctions d'administrateur

Les rémunérations reçues au titre des fonctions d'administrateur sont soumises au forfait social même si l'administrateur bénéficiaire de ces rémunérations est affilié à un régime de sécurité sociale étranger.

Pour en savoir plus, consultez le § **41046**

Recel et complicité d'abus de biens sociaux

Le délit de recel d'abus de bien sociaux peut être retenu à l'encontre d'un prévenu déclaré complice de l'auteur de l'abus.

Pour en savoir plus, consultez le § **42342**

Composition du comité de suivi des informations de durabilité

Lorsque le suivi des informations de durabilité est confié à un comité distinct du comité d'audit, ce comité distinct n'est plus tenu de comporter un membre présentant des compétences financière ou comptable ou de contrôle légal des comptes.

Pour en savoir plus, consultez le § **42895**

Directoire et conseil de surveillance

Renforcement de l'obligation de mixité dans la composition du directoire

À compter du 30 juin 2026, le renouvellement du directoire ou le remplacement de l'un de ses membres dans SA dont les actions sont admises aux négociations sur un marché réglementé dépassant certains seuils devra respecter des objectifs quantitatifs visant à améliorer la représentation équilibrée des femmes et des hommes dans la composition de cet organe.

Pour en savoir plus, consultez le § **43588**

L'absence de procès-verbal des délibérations du directoire n'entraîne plus la nullité de celles-ci

Par suite d'une inadvertance des auteurs de l'ordonnance du 12 mars 2025 réformant le régime des nullités, les délibérations du directoire prises à compter du 1er octobre 2025 n'encourent plus la nullité si elles ne sont pas constatées par un procès-verbal.

Pour en savoir plus, consultez le § **43752**

Mixité et désignation des représentants des salariés actionnaires au conseil de surveillance

Les statuts devront prévoir des règles contribuant au respect de la mixité dans la composition du conseil de surveillance lors de la sélection préalable des candidats dont la nomination est soumise à l'assemblée.

Pour en savoir plus, consultez le § **44590**

Les assemblées d'actionnaires

Entrée en vigueur de diverses mesures de la loi « Attractivité »

Un décret pris en application de la loi 2024-537 du 13 juin 2024 permet l'entrée en vigueur des mesures suivantes : participation des actionnaires aux assemblées par un moyen de télécommunication sans qu'une autorisation soit nécessaire ; possibilité de tenir des assemblées spéciales entièrement dématérialisées dans les sociétés non cotées sur un marché réglementé ; dans ces sociétés, hausse du seuil permettant aux actionnaires de s'opposer à la tenue d'une assemblée générale extraordinaire entièrement dématérialisée.

Pour en savoir plus, consultez les § **46170, 46283, 47460 et 48825**

Information des actionnaires sur les personnes les mieux rémunérées

Pour la CNCC, l'effectif du personnel à prendre en compte dans l'information due aux actionnaires de SA sur les rémunérations versées aux personnes les mieux rémunérées consiste en un simple dénombrement de l'ensemble du personnel à la date de clôture de l'exercice.

Pour en savoir plus, consultez le § **46543**

Convocation à l'assemblée générale du curateur d'un actionnaire

Le curateur d'un actionnaire doit être convoqué à l'assemblée générale extraordinaire ayant pour objet de modifier les statuts.

Pour en savoir plus, consultez le § **46882**

Réponse aux questions écrites

L'AMF encourage les sociétés à publier sur leur site internet l'ensemble des réponses aux questions écrites, y compris celles auxquelles il a été répondu au cours de l'assemblée.

Pour en savoir plus, consultez le § **47607**

Retransmission en direct et enregistrement des assemblées des sociétés cotées

Depuis le 13 septembre 2024, les sociétés dont les actions sont admises aux négociations sur un marché réglementé doivent retransmettre en direct et sous une forme audiovisuelle l'intégralité de leurs assemblées d'actionnaires, sauf lorsque des raisons techniques rendent impossibles ou perturbent gravement une telle retransmission. En outre, l'assemblée doit faire l'objet d'un enregistrement audiovisuel, fixé sur support numérique, et conservé par la société, qui doit pouvoir être consulté sur son site internet.

Pour en savoir plus, consultez les § **47640 et 47988**

Communication des informations du rapport sur le gouvernement d'entreprise en matière de mixité

À compter du 30 juin 2026, les informations relatives au respect de l'obligation de mixité dans les conseils d'administration, les conseils de surveillance et le directoire figurant dans le rapport sur le gouvernement d'entreprise des sociétés dont les actions sont admises aux négociations sur un marché réglementé dépassant certains seuils devront être communiquées à l'AMF.

Pour en savoir plus, consultez le § **47989**

Soumettre en retard les comptes aux actionnaires ne donne pas lieu à sanction pénale

Le seul retard dans la soumission des comptes annuels et du rapport de gestion à l'approbation de l'assemblée des actionnaires n'est pas sanctionné pénalement. La solution, rendue à propos d'une SARL, est transposable aux SA.

Pour en savoir plus, consultez le § **48113**

Disparition de la DPEF

L'ordonnance 2023-1142 du 6 décembre 2023 a abrogé l'obligation d'établir une déclaration de performance extra-financière pour les exercices ouverts à compter du 1er janvier 2025, avec un régime transitoire de survie pour les exercices ouverts à compter du 1er janvier 2024.

Une société dont les titres ne sont pas admis aux négociations sur un marché réglementé et dont l'exercice se clôture le 30 septembre doit ainsi encore établir une DPEF au titre de son exercice ouvert le 1er octobre 2024 et clos le 30 septembre 2025.

Pour en savoir plus, consultez le § **48205**

Directive « devoir de vigilance » : un report et des allégements sur le fond

Dans le cadre d'un train de mesures, dit « Omnibus I », une directive a augmenté d'un an le délai laissé aux États membres de l'UE pour transposer la directive UE 2024/1760 du 13 juin 2024 sur le devoir de vigilance (dite « CS3D »). Est par ailleurs envisagé un allégement sur le fond des obligations issues de la directive CS3D.

Pour en savoir plus, consultez le § **48216**

Nouvelles mentions du rapport sur le gouvernement d'entreprise des sociétés cotées

À compter du 1er janvier 2026, le rapport sur le gouvernement d'entreprise des sociétés dont les actions sont admises aux négociations sur un marché réglementé dépassant certains seuils devra comporter des informations portant sur le respect des règles de représentation équilibrée entre les femmes et les hommes au sein du conseil d'administration, du conseil de surveillance et du directoire.

Pour en savoir plus, consultez le § **48266**

Les modifications du capital

Réforme de la nullité des augmentations de capital des sociétés par actions

À compter du 1er octobre 2025, tant les causes de nullité que le régime de l'action en nullité d'une augmentation de capital sont réformés.

Une augmentation de capital n'est plus nulle dans les cas expressément prévus par le Code de commerce mais en cas de violation d'une disposition impérative ou de l'une des causes de nullité des contrats.

Le délai de prescription de l'action en nullité et son point de départ sont unifiés. Les effets de la nullité deviennent opposables à tous les souscripteurs, nonobstant leur bonne foi.

Pour en savoir plus, consultez les § **49915 s.**

Pas de suspension des droits attachés aux actions émises en violation d'un texte réglementaire

Pour l'Ansa, la sanction de la suspension du droit de vote et du droit aux dividendes des actions émises à l'occasion d'une augmentation de capital irrégulière n'est pas applicable en cas de violation d'un texte réglementaire.

Pour en savoir plus, consultez le § **49950**

Les réductions de capital consécutives au rachat de titres sont désormais taxées

Une taxe s'applique aux opérations de réduction de capital par annulation de titres consécutives à un rachat de titres qui sont réalisées par les sociétés dont le chiffre d'affaires excède 1 Md€ au cours du dernier exercice clos. Égale à 8 % du montant de la réduction de capital et d'une fraction des primes liées au capital, cette taxe concerne les opérations réalisées à compter du 1er mars 2025.

Pour en savoir plus, consultez le § **52302**

Contrôle des sociétés anonymes

La modification d'une convention réglementée doit être approuvée par les actionnaires

Lorsqu'un bail commercial conclu par une société constitue une convention réglementée soumise à l'approbation de ses actionnaires, la révision du loyer est également soumise à ce contrôle.

Pour en savoir plus, consultez le § **52615**

Cumul de responsabilités du dirigeant pour convention réglementée irrégulière et faute de gestion

La possibilité de mettre à la charge du dirigeant les conséquences préjudiciables pour la société d'une convention réglementée non approuvée n'interdit pas de mettre en jeu sa responsabilité pour faute de gestion au titre d'une convention réglementée, même approuvée.

Pour en savoir plus, consultez le § **52860**

Rejet d'une expertise préventive ne visant qu'à obtenir des informations sur des conventions

Doit être rejetée la demande d'expertise in futurum portant sur la totalité des conventions conclues par une société dès lors que cette mesure ne tend qu'à obtenir des informations sur des opérations de gestion, relevant d'une expertise de gestion.

Pour en savoir plus, consultez le § **53001**

Société en commandite par actions

Obligation de mixité : prise en compte des représentants des salariés et des salariés actionnaires

À compter du 1er janvier 2026, les membres du conseil de surveillance de SCA représentant les salariés seront progressivement pris en compte pour apprécier la proportion minimale de membres de chaque sexe dans la composition de cet organe.

Pour en savoir plus, consultez le § **57164**

Sélection des candidats à un conseil de surveillance ne respectant pas l'obligation de mixité

À compter du 1er janvier 2026, les SCA dont les actions sont admises aux négociations sur un marché réglementé dépassant certains seuils devront suivre une procédure de sélection des candidats aux mandats de membres du conseil de surveillance lorsque la composition de cet organe ne respectera pas l'obligation de mixité.

Pour en savoir plus, consultez le § **57173**

Pas de nullité de délibérations du conseil de surveillance en l'absence de procès-verbal

Par suite d'une inadvertance des auteurs de l'ordonnance du 12 mars 2025 réformant le régime des nullités, les délibérations du conseil de surveillance de SCA prises à compter du 1er octobre 2025 n'encourent plus la nullité si elles ne sont pas constatées par un procès-verbal.

Pour en savoir plus, consultez le § **57203**

Communication des informations du rapport sur le gouvernement d'entreprise en matière de mixité

Les informations relatives au respect de l'obligation de mixité au sein du conseil de surveillance de SCA figurant dans le rapport sur le gouvernement d'entreprise des sociétés dont les actions sont admises aux négociations sur un marché réglementé dépassant certains seuils devront être communiquées à l'AMF à compter du 30 juin 2026.

Pour en savoir plus, consultez le § **57214**

Société par actions simplifiée

Fonctionnement de la SAS

Société à capital variable : l'associé est libéré de ses obligations dès qu'il notifie son retrait

L'associé retrayant d'une société à capital variable cesse, dès qu'il fait part de son retrait, d'être soumis aux obligations nées de sa qualité d'associé, y compris si ce retrait a pour effet de porter le capital social au-dessous du minimum statutaire.

Pour en savoir plus, consultez les § **60177 et 60185**

Révocation des dirigeant : même l'unanimité des associés ne peut pas déroger aux statuts

Une décision des associés peut compléter les modalités de révocation des dirigeants prévues par les statuts de la SAS, mais pas y déroger, même si elle est prise à l'unanimité.

Pour en savoir plus, consultez les § **60310 et 60352**

Adoption des décisions collectives par un vote minoritaire, c'est non !

L'assemblée plénière de la Cour de cassation a tranché : une décision collective d'associés ne peut être tenue pour adoptée que si les votes en sa faveur sont les plus nombreux. Les statuts de SAS ne peuvent donc pas prévoir que les décisions sont adoptées par un vote minoritaire.

Pour en savoir plus, consultez le § **60513**

Inobservation des modalités d'adoption des décisions collectives

L'ordonnance 2025-229 du 12 mars 2025 abroge, à compter du 1er octobre 2025, l'article L 227-9, al. 4 du Code de commerce qui sanctionne par la nullité les décisions prises en violation des règles relatives aux décisions collectives des associés. Cette abrogation met fin à la jurisprudence selon laquelle la nullité est encourue en cas de violation des dispositions statutaires fixant les conditions dans lesquelles ces décisions sont adoptées.

Pour en savoir plus, consultez le § **60520**

Les micro-entreprises sont bien dispensées de rapport de gestion

La dispense en faveur des micro-entreprises d'établir un rapport de gestion, que l'ordonnance 2023-1142 du 6 décembre 2023 avait supprimée par erreur, est rétablie.

Pour en savoir plus, consultez le § **60531**

Une nouvelle possibilité : prévoir des clauses statutaires de nullité

À compter du 1er octobre 2025, les statuts des SAS peuvent prévoir la nullité des décisions sociales prises en violation des règles qu'ils ont établies. La nullité est alors mise en œuvre dans les conditions de droit commun.

Pour en savoir plus, consultez les § **60600 s.**

Associés de la SAS

Rachat de ses actions par la SAS après refus d'agrément

Pour l'Ansa, lorsqu'une SAS ne cède pas les actions qu'elle a rachetées après un refus d'agrément, l'annulation des actions prévue par la loi suppose une réduction de capital qui doit être votée par les associés et le droit d'opposition des créanciers doit être respecté.

Pour en savoir plus, consultez le § **60702**

Valeurs mobilières

Règles générales

Un formulaire déclarant au fisc une cession d'actions non cotées peut valoir ordre de mouvement

Vaut ordre de mouvement des actions cédées le formulaire Cerfa n° 2759 signé par le cédant et comportant toutes les informations nécessaires pour inscrire la cession sur le registre des mouvements de la société et le compte-titres de l'acquéreur.

Pour en savoir plus, consultez le § **62520**

La Cour de cassation fixe la date de transfert de propriété des actions non cotées

En cas de cession d'actions non négociées sur un marché financier, le transfert de propriété résulte de l'inscription des actions au compte individuel de l'acquéreur ou dans les registres de titres nominatifs de la société. Cette inscription est faite à la date fixée par les parties, qui ne peut pas être antérieure à la notification de la cession à la société.

Pour en savoir plus, consultez le § **62536**

Règlement Listing Act : modification des règlements Abus de marché et Prospectus

Le règlement Listing Act vise à renforcer l'attractivité des marchés financiers en allégeant les obligations des émetteurs. Il apporte ainsi des modifications nombreuses et substantielles au règlement Prospectus (dispense de prospectus, publication du prospectus, etc.) et au règlement Abus de marché (opérations sur titres par les dirigeants et hauts responsables, sondages de marché, listes d'initiés, publication d'informations privilégiées, etc.).

Pour en savoir plus, consultez les § **63033 s., 66276 s., 66369 s., 66468 s. et 66502**

Mise en place du point d'accès unique européen

Les premières données seront accessibles sur le point d'accès unique européen (Esap) dès l'été 2026. Le Gouvernement est habilité à prendre les mesures permettant la mise en place de l'Esap en droit français avant le 30 janvier 2026.

Pour en savoir plus, consultez les § **63075 et 63235**

Visites domiciliaires de l'AMF : les enquêteur n'ont pas à notifier le droit de se taire

Lors d'une visite domiciliaire, les enquêteurs de l'AMF peuvent recueillir les explications des personnes se trouvant sur les lieux sans avoir à leur indiquer au préalable qu'ils peuvent garder le silence. Le respect de la loyauté de l'enquête est contrôlé par le juge en cas de contestation.

Pour en savoir plus, consultez le § **63175**

La notification de griefs émanant de l'AMF ne porte pas atteinte à la présomption d'innocence

En tant qu'acte de poursuite, la notification de griefs adressée par l'AMF à une personne poursuivie pour un manquement ne constitue ni une déclaration de culpabilité ni un préjugement de l'affaire et ne porte donc pas atteinte à la présomption d'innocence de cette personne.

Pour en savoir plus, consultez le § **63207**

Procédure de sanction de l'AMF : droit à être jugé dans un délai raisonnable

La commission des sanctions de l'AMF doit respecter le droit à être jugé dans un délai raisonnable prévu par l'article 6, 1 de la convention européenne de sauvegarde des droits de l'Homme.

Pour en savoir plus, consultez le § **63222**

La « relution » ne permet pas toujours de déroger à une OPA obligatoire

Un actionnaire de société cotée qui s'était exposé au franchissement du seuil de déclenchement d'une OPA obligatoire en détenant une fraction de droits de vote proche de ce seuil n'a pas pu bénéficier de la dérogation à l'obligation de dépôt d'une OPA pour relution des participations.

Pour en savoir plus, consultez les § **65780 et 65790**

Actions

Actions de préférence émises au profit de personnes désignées

En cas d'émission au cours d'une même assemblée de deux catégories d'actions de préférence comportant des droits particuliers différents et bénéficiant à des personnes dénommées distinctes, un seul commissaire aux avantages particuliers peut être désigné.

Pour en savoir plus, consultez le § **67806**

Le régime d'imposition des « management packages » défini par la loi

Un régime fiscal et social légal s'applique aux gains nets issus d'instruments de « management package ». Une partie du gain est taxable dans la catégorie des traitements et salaires et une autre dans la catégorie des plus-values de cession de valeurs et droits sociaux, en fonction d'une limite calculée à partir de données objectives définies par le nouveau dispositif.

Pour en savoir plus, consultez le § **68436**

Clause de buy or sell d'un pacte d'actionnaires

L'associé signataire d'une clause de buy or sell de droits sociaux qui n'a pas répondu à l'offre de cession de l'autre signataire est tenu de lui vendre ses parts au prix prévu par l'offre, dès lors que les conditions de déclenchement de la clause sont remplies.

Pour en savoir plus, consultez le § **69178**

La révocation d'un dirigeant de SAS en violation d'un pacte d'associés est fautive

Engagent leur responsabilité à l'égard du dirigeant de SAS évincé ceux qui ont mis en œuvre sa révocation sans respecter les modalités prévues par un pacte d'associés.

Pour en savoir plus, consultez le § **69304**

Le régime des augmentations de capital n'est pas applicable aux attributions gratuites d'actions

Le conseil d'administration qui fixe les conditions d'une attribution gratuite d'actions à émettre sur autorisation de l'assemblée générale extraordinaire n'a pas à établir, à l'issue de la période d'acquisition, le rapport complémentaire prévu en cas d'augmentation de capital avec délégation.

Pour en savoir plus, consultez le § **70220**

Licenciement pendant la période d'acquisition des actions gratuites

Un salarié attributaire d'actions gratuites, licencié sans cause réelle et sérieuse pendant la période d'acquisition, ne peut prétendre qu'à l'indemnisation de la perte de chance d'acquérir définitivement les actions, et non à l'attribution des actions et à la reconnaissance de la qualité d'actionnaire.

Pour en savoir plus, consultez le § **70300**

Régime social des attributions gratuites d'actions

En cas de non-respect par la société des conditions auxquelles est subordonnée l'exonération de cotisations sociales, celles-ci sont dues à la date de l'attribution définitive des actions au terme de la période d'acquisition. Et l'avantage doit être évalué à la date de cette acquisition en fonction de l'économie réalisée par le bénéficiaire.

Pour en savoir plus, consultez le § **70372**

Attribution gratuite d'actions : le taux de la contribution patronale est relevé à 30 %

Après avoir été ramené pour quelques temps à 20 %, le taux de la contribution patronale spécifique sur les gains d'acquisition des actions gratuites a retrouvé son taux originel de 30 % depuis le 1er mars 2025.

Pour en savoir plus, consultez le § **70373**

Émission de BSPCE

L'émission de BSPCE doit être autorisée par l'assemblée générale extraordinaire ou par la collectivité des associés conformément aux dispositions relatives aux augmentations de capital. Lorsque ces bons sont attribués aux membres du conseil d'administration ou de surveillance, ou de tout organe statutaire équivalent dans les SAS, les membres bénéficiaires ne peuvent pas participer à la décision de l'organe statuant sur l'opération.

Pour en savoir plus, consultez le § **70415**

Le régime fiscal des BSPCE est aménagé

Le régime des BSPCE est modifié afin de distinguer le gain d'exercice, de nature salariale et soumis à un régime spécifique, et le gain de cession des titres souscrits en exercice de bons, traité comme une plus-value ordinaire. Cet aménagement s'applique aux titres souscrits en exercice de bons à compter du 1er janvier 2025.

Pour en savoir plus, consultez le § **70417**

Obligations

Une expertise préventive devant être demandée par le représentant de la masse des obligataires

En cas d'émission obligataire, une demande d'expertise « in futurum » ne peut être présentée que par le représentant de la masse des obligataires si le litige susceptible d'opposer les obligataires à l'autre partie a pour objet la défense des intérêts communs de ceux-ci.

Pour en savoir plus, consultez le § **71640**

Valeurs mobilières donnant accès au capital ou donnant droit à l'attribution de titres de créance

Jusqu'à leur conversion, les obligations convertibles en actions ont la nature de titres de créance

Les obligations convertibles émises par une société restent des obligations tant qu'elles n'ont pas été converties et ne constituent donc pas des actions à prendre en compte pour apprécier le respect des conditions de détention du capital de la société.

Pour en savoir plus, consultez le § **74011**

Droits des titulaires d'obligations convertibles en actions en cas de coup d'accordéon

Les titulaires d'obligations convertibles en actions ne peuvent pas s'opposer à un coup d'accordéon : l'opération est soumise à leur consultation mais ne requiert pas leur autorisation.

Pour en savoir plus, consultez le § **74390**

Règles communes aux différents types de sociétés

Comptes sociaux

La mise en réserve des bénéfices par le majoritaire recevant un avantage en nature indu est abusive

Statuant sur renvoi de la Cour de cassation, une cour d'appel juge abusive la mise en réserve des bénéfices d'une SA contraire à l'intérêt social, dès lors que le majoritaire bénéficiait d'un avantage en nature injustifié au regard de ses fonctions d'administrateur.

Pour en savoir plus, consultez le § **76288**

Les dividendes issus de la vente de tous les actifs d'une société vont au nu-propriétaire

Sauf convention contraire, les dividendes prélevés sur le produit de la vente de la totalité des actifs immobiliers d'une société reviennent au nu-propriétaire, le droit de jouissance de l'usufruitier s'exerçant sous la forme d'un quasi-usufruit.

Pour en savoir plus, consultez le § **76296**

Distribution du report à nouveau bénéficiaire

Seule l'assemblée annuelle d'une société approuvant les comptes de l'exercice peut affecter et distribuer le report à nouveau bénéficiaire d'un précédent exercice, de sorte que toute autre assemblée distribuant un dividende prélevé sur ce report encourt la nullité. On peut douter que cette solution soit applicable aux distributions de réserves.

Pour en savoir plus, consultez le § **76411**

Droit aux dividendes attaché aux actions nouvelles

Lorsque l'assemblée générale d'une SA décide la distribution d'un dividende, les actions émises peu avant l'assemblée donnent droit au même dividende que les autres actions, sauf s'il en est autrement décidé.

Pour en savoir plus, consultez le § **76451**

Déclaration de confidentialité des comptes sociaux

Le dépôt d'une fausse déclaration de confidentialité au greffe constitue un usage de faux que le commissaires aux comptes doit révéler au procureur de la République s'il en a connaissance.

Pour en savoir plus, consultez le § **76807**

Informations de durabilité

Report de l'entrée en vigueur du dispositif et allégements sur le fond prévus

L'entrée en application du reporting de durabilité pour les sociétés qui n'y sont pas encore soumises (sauf pour les sociétés établies hors de l'UE et leurs filiales) a été reportée de deux ans.

Par ailleurs, une proposition de directive envisage de réduire le champ d'application du reporting de durabilité et d'alléger sur le fond les informations à établir.

Pour en savoir plus, consultez les § **76900 s.**

Les normes ESRS et le reporting « taxonomie » devraient être allégés

La Commission européenne s'est engagée à simplifier les normes ESRS. Par ailleurs, il est prévu de ne pas publier de normes ESRS sectorielles et de rendre facultative pour certaines sociétés la publication des données requises par le règlement UE 2020/852 du 18 juin 2020 (règlement « taxonomie »). Les informations que les sociétés soumises au reporting de durabilité pourraient demander aux entreprises de leur chaîne de valeur seraient en outre limitées par un acte délégué.

Pour en savoir plus, consultez les § **76961 s.**

Certification des informations de durabilité : les lignes directrices de la H2A

En attendant la future norme européenne relative à la certification des informations de durabilité (ou état de durabilité), la H2A a publié des lignes directrices sur les travaux à mettre en œuvre par les commissaires aux comptes et les organismes tiers indépendants, et sur la façon d'exprimer leurs conclusions.

Pour en savoir plus, consultez le § **77099**

Quand faut-il consulter le CSE sur les informations de durabilité ?

La procédure de consultation du CSE sur les informations de durabilité est clarifiée : la consultation doit avoir lieu, au choix de la société, au cours de l'une au moins des trois consultations récurrentes du CSE, concernant respectivement les orientations stratégiques, la situation économique et financière et la politique sociale de l'entreprise.

Pour en savoir plus, consultez le § **77314**

Le contrôle de la gestion sociale par les commissaires aux comptes

Interdiction de raccourcir le mandat du commissaire aux comptes

Pour la CNCC, une société qui a volontairement désigné un commissaire aux comptes pour six exercices ne peut pas revenir sur la décision de nomination initiale du commissaire afin de réduire à trois exercices la durée de son mandat ou de l'annuler par une décision prise en assemblée générale.

Pour en savoir plus, consultez le § **77625**

Sanction du défaut de désignation d'un commissaire aux comptes

À compter du 1er janvier 2027, encourront la nullité les décisions des assemblées générales ordinaires prises à défaut de désignation ou en cas de désignation ou de maintien, dans des conditions contraires aux dispositions légales, d'un commissaire aux comptes.

Pour en savoir plus, consultez les § **77650 s.**

Absence de désignation et de convocation d'un vérificateur des informations de durabilité

Les sanctions pénales prévues en cas d'absence de désignation ou de convocation à toute assemblée générale du vérificateur des informations de durabilité ou en cas d'entrave à l'exercice de sa mission sont supprimées.

Pour en savoir plus, consultez le § **77654**

Sanction du dépôt d'une fausse déclaration de confidentialité au greffe

Le Code de commerce n'incrimine pas spécifiquement le fait pour une société de déposer ses comptes avec confidentialité du compte de résultat alors qu'elle n'y est pas autorisée. Il s'agit néanmoins d'une fausse déclaration qui constitue un faux et un usage de faux.

Pour en savoir plus, consultez le § **77901**

Groupes de sociétés

Appréciation du contrôle de fait d'une société

Saisie d'un recours en annulation de la décision de l'AMF ayant écarté l'obligation de mettre en œuvre une offre publique de retrait dans le cadre de la scission de la société Vivendi, la cour d'appel de Paris apporte des précisions inédites sur l'appréciation du contrôle de fait sur une société.

Pour en savoir plus, consultez le § **79013**

Opération de trésorerie au sein d'un groupe de sociétés : notion de contrôle effectif

Une promesse synallagmatique de cession et d'achat de la totalité du capital d'une société peut conduire à reconnaître un contrôle effectif sur cette société.

Pour en savoir plus, consultez le § **80711**

Convention de trésorerie au sein d'un groupe de sociétés : effet sur les obligations des sociétés

L'obligation d'une société de rembourser à un associé le solde d'un compte courant n'est pas transmise à sa filiale par l'effet d'une convention de trésorerie stipulant que les parties continuent d'assumer en autonomie la direction et la gestion de leurs obligations.

Pour en savoir plus, consultez le § **80714**

Publicité du rapport sur la gestion du groupe

Une société consolidante qui établit des informations de durabilité consolidées au niveau de son groupe de sociétés est tenue de faire figurer ces informations dans le rapport sur la gestion du groupe, qui doit être déposé au greffe. Désormais, elle peut se dispenser de mentionner dans le rapport déposé au greffe certaines informations de durabilité de nature à nuire gravement à sa position commerciale.

Pour en savoir plus, consultez le § **81458**

Fusion, scission et apport partiel d'actifs

Fusion simplifiée d'une SAS

Si les statuts d'une SAS prévoient que la fusion de la société doit être décidée par une décision collective sans prévoir d'exception pour le cas des fusions simplifiées, la dispense de décision prévue par la loi ne s'applique pas.

Pour en savoir plus, consultez le § **83194**

Appel d'une condamnation pénale formé par une société absorbante

Lorsque deux sociétés condamnées pénalement fusionnent, l'appel par la société absorbante de sa condamnation s'étend à la condamnation de la société absorbée dès lors qu'aucune mention de l'acte d'appel ne l'exclut.

Pour en savoir plus, consultez le § **83814**

Responsabilité solidaire des sociétés bénéficiaires d'une scission

En cas de scission d'une société, les sociétés bénéficiaires sont solidairement responsables du passif constaté ou évalué après l'opération, dès lors que ce passif résulte de comportements antérieurs à celle-ci.

Pour en savoir plus, consultez le § **83932**

Statut des salariés de la société absorbée au sein de la société absorbante

Le maintien d'un avantage acquis au seul profit des salariés d'une société absorbée prévu par un accord de substitution conclu après la fusion est présumé justifié.

Pour en savoir plus, consultez le § **84028**

Absorption d'une société partie à un procès : effets de l'intervention de l'absorbante

Lorsqu'une fusion se réalise au cours d'un procès auquel l'absorbée est partie, l'intervention de l'absorbante permet d'écarter la fin de non-recevoir tirée de la disparition du droit d'agir de l'absorbée, mais elle ne dispense pas l'autre partie de présenter ses demandes à l'absorbante.

Pour en savoir plus, consultez le § **84062**

Le régime fiscal des restructurations est adapté au nouvel environnement juridique

Le régime fiscal de faveur des fusions est étendu à certaines opérations de scission partielle et au nouveau cas de fusion sans échange de titres prévu à l'article L 236-3, II-4° du Code du commerce.

Pour en savoir plus, consultez les § **84412 s.**

Projet de fusion transfrontalière

En cas de fusion transfrontalière, il incombe à la société française participant à l'opération de mettre à la disposition de ses actionnaires les comptes annuels et le rapport de gestion des sociétés étrangères participantes pour les trois derniers exercices.

Pour en savoir plus, consultez le § **84650**

Formalités de publicité au cours de la vie sociale

Le défaut de mise à jour des bénéficiaires effectifs lourdement sanctionné

Une société qui ne respecte pas son obligation de mettre à jour les informations relatives à ses bénéficiaires effectifs peut être radiée d'office du RCS.

Pour en savoir plus, consultez le § **85700**

Dissolution, liquidation et partage des sociétés commerciales

La clause statutaire prévoyant un objet social illicite entraîne la dissolution de la société

Une clause des statuts prévoyant un objet social illicite est réputée non écrite à compter du 1er octobre 2025, si bien que la société constituée à partir de cette date encourt la dissolution pour extinction de son objet.

Pour en savoir plus, consultez le § **86025**

Droit de l'associé unique d'une société liquidée sur une créance sociale

L'associé unique, personne physique, d'une société dont la liquidation a été clôturée peut se prévaloir d'un droit propre et personnel sur une créance sociale demeurée impayée, de sorte qu'il a un intérêt légitime à agir en recouvrement de celle-ci.

Pour en savoir plus, consultez le § **86080**

TUP à l'associé d'une société bénéficiant d'un plan de redressement

La dissolution d'une société pour réunion de toutes ses parts en une seule main n'entraîne pas la transmission universelle du patrimoine social à l'associé unique lorsque la société a bénéficié d'un plan de redressement prévoyant l'inaliénabilité de son fonds de commerce.

Pour en savoir plus, consultez le § **86083**

Dissolution d'une société en cas d'annulation de tous les apports

La nullité de tous les apports faits à une société à compter du 1er octobre 2025, lors de sa constitution ou postérieurement à celle-ci, entraîne sa dissolution.

Pour en savoir plus, consultez le § **86162**

La radiation d'une société liquidée peut être refusée faute d'attestation sociale

Le greffier du tribunal de commerce peut rejeter une demande de radiation présentée par une société qui, en l'absence de salarié, soutient ne pas pouvoir produire une attestation sociale et produit à la place un autre document.

Pour en savoir plus, consultez le § **87221**

Sanctions civiles des irrégularités

Réforme du régime des nullités en droit des sociétés

Une ordonnance du 12 mars 2025, applicable pour l'essentiel à compter du 1er octobre 2025, réforme en profondeur le régime des nullités en droit des sociétés.

Voici les principales nouveautés.

La nullité de la société ne peut plus être prononcée pour violation des règles générales de validité des contrats ou des règles spécifiques au contrat de société, et en particulier pour non-respect de l'obligation que la société ait un objet social licite.

Qu'elles emportent ou non modification des statuts, les décisions sociales peuvent être annulées si elles sont prises en violation d'une disposition impérative de droit des sociétés, sans que soit précisée la localisation de cette disposition.

Sauf si la loi en dispose autrement, la violation des statuts ne constitue pas une cause de nullité des décisions sociales. À cet égard, les SAS sont autorisées à prévoir dans leurs statuts la nullité des décisions sociales prises en violation des règles qu'ils ont établies.

Les actions en nullité se prescrivent en principe par deux ans, contre trois précédemment, à compter du jour où la nullité est encourue.

Le juge saisi d'une action en nullité d'une décision sociale ne peut prononcer cette nullité que si les trois conditions suivantes sont remplies (triple test) : le demandeur justifie d'un grief résultant d'une atteinte à l'intérêt protégé par la règle dont la violation est invoquée ; l'irrégularité a eu une influence sur le sens de la décision ; les conséquences de la nullité pour l'intérêt social ne sont pas excessives. L'application de ce triple test est toutefois expressément écartée dans de nombreux cas.

La règle selon laquelle, sauf disposition législative contraire, la nullité de la nomination ou le maintien irrégulier d'un organe ou d'un membre d'un organe de la société n'entraîne pas la nullité des décisions prises par celui-ci est érigée en principe général.

Lorsque la rétroactivité de la nullité d'une décision sociale est de nature à produire des effets manifestement excessifs pour l'intérêt social, les effets de cette nullité peuvent être différés.

La nullité d'un apport isolé entraîne l'annulation des parts sociales ou des actions émises en contrepartie et la restitution par la société des engagements exécutés par l'apporteur. La nullité de tous les apports entraîne la dissolution de la société et il est alors procédé à sa liquidation.

Pour en savoir plus, consultez les § **89100 s.**

Défaut de convocation du curateur à l'assemblée générale portant sur une modification statutaire

Seul le majeur associé sous curatelle ou son curateur peut se prévaloir du défaut de convocation du curateur à l'assemblée générale extraordinaire portant sur une modification statutaire.

Pour en savoir plus, consultez le § **89432**

La nullité pour abus de majorité est une nullité relative

La nullité d'une délibération d'assemblée générale pour abus de majorité est une nullité relative, qui peut être demandée tant par les minoritaires que par le dirigeant de la société et qui peut être couverte par la confirmation de la résolution. L'associé ayant confirmé la décision litigieuse n'est donc pas recevable à demander l'annulation de celle-ci.

Pour en savoir plus, consultez le § **89432**

Prescription de l'action en nullité d'un acte d'une société non encore immatriculée

La prescription abrégée des actions en nullité d'un acte de société est applicable aux demandes de nullité des actes accomplis après la constitution de la société, indépendamment de la date à laquelle celle-ci a été immatriculée au RCS.

Pour en savoir plus, consultez le § **89451**

Entreprises en difficulté

La conciliation dont bénéficie une entreprise n'autorise pas une banque à la déclarer en défaut

L'ouverture d'une procédure de conciliation n'est pas l'un des signes d'absence probable de paiement par la société débitrice et constitue une information confidentielle. Elle n'autorise donc pas une banque à faire une déclaration de défaut auprès de la Banque de France.

Pour en savoir plus, consultez le § **90650**

Déclarer la cessation des paiements n'est pas obligatoire en cours de conciliation

Si le délai dans lequel le dirigeant doit demander un redressement ou une liquidation judiciaire expire au cours de la procédure de conciliation, il est dispensé de cette obligation mais seulement jusqu'à l'expiration de la conciliation.

Pour en savoir plus, consultez le § **90981**

Modifications statutaires prévues par le plan et votées après abaissement de la majorité requise

La décision par laquelle le tribunal de la procédure collective abaisse la majorité requise pour l'adoption des modifications statutaires prévues par le plan est une décision préparatoire au plan ; elle peut être contestée par la voie d'une tierce opposition formée contre la décision arrêtant le plan.

Pour en savoir plus, consultez le § **91323**

La procédure collective de la société peut être étendue à son dirigeant non fautif

La liquidation judiciaire d'une société peut être étendue à son dirigeant s'ils ont entretenu des relations financières anormales, peu important que le dirigeant, souhaitant préserver la survie de la société, n'ait commis aucune faute.

Pour en savoir plus, consultez le § **91440**

Seul le représentant permanent de la société dirigeante peut être condamné à combler le passif

La personne physique dirigeante d'une personne morale, elle-même dirigeante d'une SAS placée en liquidation judiciaire, ne peut pas voir sa responsabilité pour insuffisance d'actif engagée si elle n'a pas la qualité de représentant permanent.

Pour en savoir plus, consultez le § **91473**

Rejet de la qualité de dirigeant de fait d'une banque

N'a pas la qualité de dirigeant de fait une banque qui a assorti un contrat de prêt de nombreuses clauses limitant, notamment, les investissements et l'endettement de la société emprunteuse, dès lors qu'elle n'a pas excédé l'exercice du contrôle et de la surveillance de son risque et ne s'est pas immiscée dans la gestion des sociétés du groupe.

Pour en savoir plus, consultez le § **91482**

Comblement du passif : détermination de l'insuffisance d'actif

Les frais de réalisation de l'actif d'une société en liquidation judiciaire, nécessairement postérieurs au jugement d'ouverture de la procédure, ne peuvent pas être pris en compte pour déterminer l'insuffisance d'actif pouvant être mise à la charge du dirigeant.

Pour en savoir plus, consultez le § **91541**

Le dirigeant n'engage pas sa responsabilité du seul fait que les dettes sociales ont augmenté

La poursuite d'une activité déficitaire, susceptible d'engager la responsabilité du dirigeant d'une société en liquidation judiciaire si elle a contribué à l'insuffisance d'actif de cette société, ne peut pas résulter du seul constat que le montant des dettes sociales a augmenté.

Pour en savoir plus, consultez le § **91552**

Prononcé d'une sanction personnelle : la preuve d'une insuffisance d'actif n'est pas requise

Le prononcé d'une sanction de faillite personnelle ou d'interdiction de gérer contre le dirigeant d'une société en liquidation judiciaire n'est pas subordonné à la preuve de l'existence d'une insuffisance d'actif de la société.

Pour en savoir plus, consultez le § **91790**

Étrangers

Obtention d'une carte de séjour pluriannuelle

Les conditions d'obtention d'une carte de séjour pluriannuelle par les dirigeants et les investisseurs étrangers, autres que les ressortissants européens, qui souhaitent séjourner en France sont modifiées.

Pour en savoir plus, consultez les § **92736 s.**

Sociétés et groupements particuliers

Société européenne

Constitution de la SE : obligation de réunir un groupe spécial de négociation

L'obligation de réunir un groupe spécial de négociation ne s'impose pas aux SE n'employant aucun salarié lors de leur immatriculation et ne disposant pas de filiales qui en emploient.

Pour en savoir plus, consultez le § **98760**

CHAPITRE 4

LA DISSOLUTION DE LA SOCIÉTÉ EN COMMANDITE PAR ACTIONS

CAUSES DE DISSOLUTION DE LA SCA

Causes communes à toutes les sociétés Les causes de dissolution communes à toutes les sociétés sont applicables aux SCA (nos 86000 s.). 59000

Causes propres à la SCA Les causes spéciales de dissolution de la SCA sont les mêmes qu'en matière de **SA** (nos 54510 s.). En particulier, une SCA peut être dissoute en cas de perte de la moitié du capital social : voir nos 76610 s. 59001

En raison du caractère mixte de la société, les causes de dissolution propres à la **SCS** s'appliquent également lorsqu'elles surviennent en la personne d'un associé commandité (no 29001).

PUBLICITÉ DE LA DISSOLUTION DE LA SCA

La dissolution de la SCA nécessite l'accomplissement des formalités de publicité exposées nos 86210 s. 59010

LIQUIDATION DE LA SCA

Pour les opérations de liquidation, voir nos 86500 s. 59020

TITRE

V

La société par actions simplifiée

CHAPITRE 1 CARACTÉRISTIQUES ET INTÉRÊT DE LA SAS

RÉGLEMENTATION APPLICABLE À LA SAS

Le régime juridique de la société par actions simplifiée (SAS) est fixé par les articles L 227-1 à L 227-20-1 et L 244-1 à L 244-4. En outre, comme toute **société commerciale,** elle est soumise aux règles générales des articles 1832 à 1844-17 du Code civil (cf. C. civ. art. 1834) et aux dispositions communes à toutes les sociétés commerciales figurant dans le Livre II du Code de commerce (art. L 210-1 à L 210-12 et L 230-1 à L 23-12-1). S'agissant d'une **société par actions,** elle est soumise aussi aux dispositions générales visant ces sociétés (art. L 224-1 et L 224-3, mais pas L 224-2 : cf. art. L 227-1, al. 3) et aux règles concernant les valeurs mobilières émises par elles (art. L 228-1 à L 228-106), quand ces dispositions sont compatibles avec l'interdiction faite aux SAS de procéder à certaines offres au public de leurs titres. Enfin, l'article L 227-1 dispose que, dans la mesure où elles sont compatibles avec les textes propres à la SAS, les **règles des SA** lui sont applicables à l'exception de celles visant, d'une part, la direction et l'administration de la société, d'autre part, les assemblées d'actionnaires (art. L 225-17 à L 225-102, L 225-103 à L 225-125 et L 233-8, I), de celle imposant une déclaration de conformité en cas de fusion ou de scission interne (art. L 236-17), de celle imposant de faire évaluer les avantages particuliers par un commissaire aux apports lors de la constitution de la société (art. L 225-14, al. 2) ainsi que de certaines dispositions relatives à la transformation de la société (art. L 225-243). 60000

ATTENTION

Par **exception** à l'exclusion prévue par l'article L 227-1 :
– l'article L 227-12 rend applicables aux dirigeants de la SAS les interdictions prévues à l'article L 225-43 ;
– les articles L 225-96 à L 225-98 et L 225-105, al. 3 sont applicables aux SAS qui, directement ou par l'intermédiaire d'une holding, ont recours au financement participatif (art. L 227-2-1).

CARACTÉRISTIQUES DE LA SAS

La SAS est une forme de **société par actions** tout comme la SA, la SCA et la SE. 60010
Elle peut être constituée entre des personnes physiques ou morales et ne comprendre qu'un seul **associé.**
Son fonctionnement interne relève, pour une large part, de la seule volonté de ses membres. C'est pourquoi elle est marquée par un fort « intuitus personae » des « associés », terme qui a été préféré par le législateur à celui, plus exact, d'« actionnaires ». De nombreuses clauses peuvent être insérées dans les statuts afin de maintenir cette caractéristique : clause d'inaliénabilité des actions, clause d'agrément même en cas de cession entre associés, clause d'exclusion d'un associé par le rachat de ses titres, etc.

Les membres de la SAS déterminent librement dans les statuts la nature et les fonctions des organes de **direction,** ainsi que les conditions et formes dans lesquelles sont prises les **décisions collectives.** Ils peuvent même prévoir dans les statuts la nullité des décisions sociales prises à compter du 1er octobre 2025 en violation des règles qu'ils ont établies. 60011
Il est toutefois fait obligation à la société d'être représentée par un président habilité à l'engager. Il est également exigé que certaines décisions soient adoptées par la collectivité des associés : voir n° 60490.
Pour un **tableau comparatif** des principales caractéristiques de la SAS et des autres formes de sociétés, voir nos 200 s.

INTÉRÊT DE LA SAS

La SAS est le groupement personnalisé à risques limités le plus souple existant actuellement en droit français. Il peut servir pour toutes sortes de cas : société de portefeuille, holding de contrôle, organisation d'un transfert successoral, investissements en capital-risque, etc. 60020
Bien que la SAS ait ses racines dans la SA, puisqu'elle est constituée, dissoute, liquidée selon les mêmes règles et que ses obligations comptables sont proches, elle s'en sépare sur deux points essentiels : d'une part, son organisation et son fonctionnement relèvent des statuts,

c'est-à-dire de la seule **volonté commune des associés** ; d'autre part, ces derniers peuvent, dans une large mesure, aménager comme ils l'entendent les conditions de leur entrée et de leur sortie de la société.

La SAS permet ainsi de ne pas avoir recours à des pactes d'associés dès lors que les clauses particulières envisagées doivent lier tous les associés et ne nécessitent pas une certaine confidentialité.

De ce fait, elle peut constituer un instrument efficace de rapprochement des entreprises, en particulier pour la création d'une société holding ou d'une filiale commune.

Cette souplesse de fonctionnement présente aussi un attrait important pour l'organisation des **groupes de sociétés.** Elle permet d'échapper aux contraintes de la SA tant au regard de l'administration de la société (nombre minimal d'administrateurs, présence de salariés au conseil d'administration, limitations au cumul de mandats, etc.) qu'en ce qui concerne les décisions à prendre qui excèdent les pouvoirs des dirigeants (nécessité de tenir une assemblée, information des actionnaires, conditions particulières de quorum et de majorité, etc.).

Les règles contraignantes de la SA sont parfaitement justifiées si la société entend recourir au marché boursier pour se financer. Leur intérêt est moins évident lorsqu'il s'agit de sociétés groupant un petit nombre d'associés et, à plus forte raison, lorsqu'il s'agit de filiales contrôlées à 100 %. Dans ce cas, l'utilisation de la SAS permet de simplifier la gestion de la société et de diminuer le coût de son fonctionnement.

La SAS est aussi une forme de société particulièrement attrayante pour les **entreprises de petite taille ou de taille moyenne** car elle permet de bénéficier du régime juridique et fiscal des valeurs mobilières pour les droits sociaux et du statut fiscal et social du président-directeur général tout en se libérant des contraintes et du formalisme de la SA. La possibilité de fixer librement le montant du capital social renforce encore son attrait.

60021 La SAS peut émettre des **obligations et** des **valeurs mobilières composées.** En revanche, la possibilité pour la SAS d'**offrir ses titres au public** est limitée (voir nº 60110).

60022 La liberté contractuelle dont bénéficient les fondateurs de SAS implique en contrepartie une grande **rigueur** dans la rédaction du pacte social – en veillant tout particulièrement au respect des règles d'ordre public du droit commun des sociétés – et la nécessité pour eux d'écarter toute formule susceptible d'interprétations contradictoires génératrices de litiges ultérieurs.

ILLUSTRATIONS

Il a été déduit des statuts d'une SAS prévoyant qu'elle était « régie par les règles applicables aux SA » que la procédure de contrôle des conventions réglementées de la SA, plus stricte que celle de la SAS, devait être respectée (Cass. crim. 25-9-2019 nº 18-83.113 F-PBI : RJDA 12/19 nº 766).

Il convient aussi, lorsque la SAS est constituée avec des partenaires étrangers, de s'assurer que les clauses statutaires ne sont pas contraires à des règles d'ordre public international des pays dans lesquels ces clauses seraient susceptibles d'être contestées, par exemple à l'occasion d'une demande d'exequatur d'un jugement ou d'une sentence arbitrale statuant sur ces clauses.

RÉGIME FISCAL DE LA SAS

60030 Fiscalement, la SAS est purement et simplement assimilée à une SA (CGI art. 1655 quinquies). Les **règles applicables aux SA,** notamment en matière d'impôt sur les sociétés, d'imposition des revenus mobiliers distribués, de droits d'enregistrement, de rémunération des dirigeants, sont donc transposables aux SAS.

Les SAS, non « cotées », créées depuis moins de cinq ans qui respectent certains seuils peuvent cependant opter pour le **régime fiscal des sociétés de personnes** (Mémento Fiscal nº 36980).

CHAPITRE 2

SOCIÉTÉ PAR ACTIONS SIMPLIFIÉE PLURIPERSONNELLE

SOMMAIRE

SECTION 1

CONSTITUTION DE LA SAS

A. Conditions de fond de constitution de la SAS

ASSOCIÉS DE SAS

Qualité des associés Une **personne physique** peut être associée d'une SAS. Il n'est pas nécessaire qu'elle ait la capacité requise pour être commerçante. Il en résulte les conséquences suivantes : 60090

– le mineur émancipé peut souscrire des actions (nº 315) ; le mineur non émancipé le peut aussi, mais par l'intermédiaire de son ou ses administrateurs légaux ou de son tuteur (nº 321) ;

– le majeur sous sauvegarde de justice, sous curatelle, sous tutelle, sous habilitation familiale ou dont le mandat de protection future a pris effet peut entrer dans une SAS (nos 360 s.) ;

– en principe, chaque époux peut librement devenir associé en faisant apport des biens dont son régime matrimonial lui permet de disposer (nos 450 s.) ;

– le partenaire d'un Pacs peut être associé d'une SAS en faisant apport d'un bien dont il est seul propriétaire ou d'un bien indivis (nos 530 s.) ;

– un étranger peut librement faire partie d'une SAS, notamment il n'a pas besoin d'être titulaire d'un titre de séjour (nos 92680 s.) ;

– il n'y a aucune incompatibilité ou interdiction limitant l'accès à une SAS : toute personne capable qui le désire peut en devenir associée.

Dans la limite de sa capacité juridique (nº 4018), toute **personne morale,** qu'elle soit française ou étrangère, peut être associée d'une SAS : société civile ou commerciale, GIE, groupement européen d'intérêt économique, association loi de 1901, fondation, syndicat de copropriété, comité social et économique des entreprises d'au moins 50 salariés, comité de groupe, etc. 60091

Bien que dépourvu de personnalité morale, un **fonds commun de placement** peut détenir des actions d'une SAS car il est une copropriété de personnes organisée et, dans les comptes d'associés, la désignation du fonds peut, conformément aux articles L 214-8-3 et L 214-24-37 du Code monétaire et financier, être substituée à celle de tous les copropriétaires (en ce sens, Communication Ansa octobre 2000 n° 3039).

Sur les formalités en cas d'investissement d'une société étrangère en France, voir n°s 92540 s.

Sur la réglementation des participations croisées entre sociétés par actions ou entre sociétés par actions et sociétés d'une autre forme, voir n°s 79260 s.

60093 **Nombre d'associés** La SAS peut valablement ne comprendre qu'un seul associé (art. L 227-1, al. 1).

Il n'est pas fixé de maximum au nombre des associés mais, en raison du fort « intuitus personae » qui la caractérise, la SAS ne regroupe le plus souvent que peu de membres.

60094 **Consentement des associés** Comme pour toute autre forme de société, le consentement des associés doit être réel et exempt de vice (n°s 6500 s.).

Toutefois, les vices de consentement ne peuvent pas entraîner la nullité de la société (cf. art. L 235-1, al. 1 jusqu'au 1-10-2025 et C. civ. art. 1844-10, al. 1 modifié, à compter du 1-10-2025, par ord. 2025-229 du 12-3-2025 ; Ord. 2025-229 art. 70).

OBJET DE LA SAS

60100 La SAS est commerciale par sa forme quel que soit son objet, civil ou commercial (art. L 210-1, al. 2). Comme pour toute autre société, l'objet social doit être possible et licite (n°s 890 s.). Il doit figurer dans les statuts (art. L 210-2).

Les activités réglementées ne peuvent être exercées par la société que si les conditions prévues par la réglementation sont remplies ; tel est le cas de l'activité d'expert-comptable, dont l'exercice par la société est soumis au respect des règles particulières relatives notamment à la qualification professionnelle de ses membres.

OFFRE AU PUBLIC DE TITRES ET ADMISSION DES ACTIONS DE LA SAS SUR UN MARCHÉ RÉGLEMENTÉ

60110 Il est interdit à la SAS de faire admettre ses actions aux négociations sur un marché réglementé (art. L 227-2). Il lui est aussi interdit de procéder à une offre au public de titres financiers autre qu'une offre (art. L 227-2) :

– réservée à des investisseurs qualifiés ou à un cercle restreint d'investisseurs ou une offre d'actions à ses associés ;
– relevant du financement participatif ;
– portant sur des titres dont la valeur nominale unitaire s'élève au moins à 100 000 € ;
– adressée à des investisseurs qui acquièrent ces titres pour un montant total d'au moins 100 000 € par investisseur et par offre distincte ;
– mentionnée à l'article 1, 4-i du règlement UE 2017/1129 du 14 juin 2017 ; ce texte vise les offres de valeurs mobilières réservées aux « administrateurs ou salariés anciens ou existants par leur employeur ou par une entreprise liée » ; même si ce texte retient le terme « administrateurs », il convient à notre avis, et si l'on se fie aux autres versions linguistiques du règlement UE 2017/1129, de considérer que l'offre peut concerner tous les dirigeants de la SAS.

La **violation** des interdictions ci-dessus est sanctionnée par la nullité des contrats conclus ou des titres émis (C. mon. fin. art. L 411-1, al. 1).

ATTENTION

Ces interdictions s'appliquent à la société et non à ses **associés.** Rien ne s'oppose, par exemple, à ce que des sociétés procédant à l'admission de leurs actions aux négociations sur un marché réglementé soient associées d'une SAS.

CAPITAL DE LA SAS

60120 **Capital minimal** Sauf dispositions législatives ou réglementaires applicables aux sociétés exerçant certaines activités (n° 37551), les textes ne fixent pas de montant minimal pour le capital des SAS.

Le montant du capital est déterminé par les statuts (art. L 210-2). Il n'est donc pas possible de constituer une SAS sans capital social.

60121 **Capital variable** La SAS peut être constituée avec un capital variable : voir n°s 60165 s.

Publicité du capital social L'indication du montant du capital doit figurer dans les **statuts** de la société (art. L 210-2). 60122

En outre, cette indication doit accompagner celles relatives à la forme de la société et à la dénomination sociale dans tous les actes et **documents émanant de la société** et destinés aux tiers (art. L 224-1 et R 123-238, 4°), le montant du capital pouvant, lorsqu'il comporte des décimales, être arrondi à la valeur entière inférieure (art. R 123-238, 4°-b).

En cas d'inobservation de cette obligation, le ministère public ou tout intéressé peut demander en référé d'enjoindre sous astreinte au représentant légal de s'y conformer (art. L 238-3).

APPORTS À LA SAS

Les apports peuvent être effectués soit en numéraire, soit en nature, soit en industrie (nos 1900 s.). 60130

Les actions représentatives d'apports en **numéraire** peuvent n'être libérées que de la moitié de leur valeur nominale, le surplus devant être versé, en une ou plusieurs fois, dans un délai de cinq ans à compter de l'immatriculation de la société, sur appel de fonds des dirigeants sociaux (nos 37900 s.).

Les associés peuvent mettre à la disposition de la société leurs connaissances techniques ou leurs services (leur « **industrie** ») et recevoir des actions en contrepartie de cette contribution. Dans ce cas, les statuts doivent déterminer les conditions dans lesquelles les actions résultant de ces apports sont souscrites et réparties (art. L 227-1, al. 4 ; n° 60143). En tout état de cause, les apports en industrie ne sont pas pris en compte pour la formation du capital, mais les actions attribuées en rémunération de ces apports donnent droit au partage des bénéfices et de l'actif net (C. civ. art. 1843-2, al. 2). Elles donnent aussi le droit de participer aux décisions collectives et de voter (n° 60510).

Le mode de réalisation des **apports en nature,** notamment l'intervention d'un commissaire aux apports dans la SAS, reprend les règles exposées nos 37910 s. à propos de la SA.

Toutefois, les associés peuvent décider à l'unanimité de se **dispenser** de l'**intervention du commissaire** aux apports (art. L 227-1, al. 5 et D 227-3) :

– si aucun apport en nature n'a une valeur supérieure à 30 000 € ;

– et si, en outre, la valeur totale de l'ensemble des apports en nature n'excède pas la moitié du capital social.

Lorsqu'il n'y a pas eu de commissaire aux apports ou lorsque la valeur retenue est différente de celle proposée par le commissaire, les associés sont, pendant cinq ans, **solidairement responsables** de l'évaluation retenue à l'égard des tiers (art. L 227-1, al. 7).

ATTENTION

Les dispositions de l'article L 227-1, al. 7, issues de la loi Sapin 2 (Loi 2016-1691 du 9-12-2016), s'appliquent uniquement aux SAS dont les statuts ont été signés à compter du 11 décembre 2016, date d'entrée en vigueur de la loi (Cass. com. 12-5-2021 n° 20-12.670 F-P : RJDA 8-9/21 n° 582). Sur les conséquences civiles de la surévaluation pour les sociétés constituées avant cette date, voir n° 2040.

Quasi-apports Dans les SA, l'**acquisition par la société,** dans les deux ans de son immatriculation au RCS, d'un **bien appartenant à l'un de ses actionnaires** et dont la valeur est au moins égale à 10 % du capital social doit être soumise à une procédure de contrôle (art. L 225-101). 60131

Ces dispositions ne sont pas applicables aux opérations d'achat effectuées par une SAS, l'article L 225-101 figurant parmi les dispositions expressément exclues du régime des SAS (art. L 227-1, al. 3).

ACTIONS DE SAS

Valeur nominale La valeur nominale des actions peut être fixée dans les statuts mais ce n'est pas une obligation (art. L 228-8). 60140

Sur les conséquences de l'absence d'indication de la valeur nominale, voir nos 67543 s.

Actions de préférence Une SAS peut créer des actions de préférence puisque le texte qui prévoit cette faculté (art. L 228-11) lui est applicable. 60141

Faute de dispositions spécifiques aux SAS prévoyant des dérogations au régime général des actions, la création d'actions de préférence s'impose, à notre avis, lorsque la SAS souhaite octroyer des avantages pécuniaires à certaines **catégories d'actions,** priver des actions de droit de vote, autoriser l'exercice de droits dans une société contrôlant la société émettrice ou contrôlée par elle ou encore émettre des actions de préférence rachetables à l'initiative exclusive de la société, à l'initiative conjointe de la société et du détenteur ou à l'initiative exclusive du détenteur. En outre, ces droits particuliers sont attachés aux actions elles-mêmes et non à la personne de leur détenteur : ils se transmettent aux porteurs successifs de ces actions.

En revanche, il n'y a pas, selon nous, obligation de créer des actions de préférence lorsque les statuts accordent à certains associés des **prérogatives** en ce qui concerne la gestion de la société telles qu'une représentation plus importante dans les organes de direction (dans le même sens, G. de Ternay, SAS et actions de préférence : modus operandi : JCP E 2005 p. 615 s.). Il s'agit en effet d'avantages **liés à la personne** à laquelle ils sont conférés et non aux actions détenues par cette personne : ils ne se transmettent pas avec les actions et ils peuvent même être conférés à une personne qui n'est pas associée. Ces prérogatives ne sont que la traduction de la liberté, expressément reconnue par la loi (art. L 227-1, L 227-5 et L 227-9), dont jouissent les associés des SAS pour fixer les règles de fonctionnement de leur société.

› Précisions La SAS n'a pas à respecter les principes de proportionnalité et d'effectivité, d'encadrement du **droit de vote** double et de plafonnement des droits de vote dans les assemblées de SA prévus par les articles L 225-122 à L 225-125 (art. L 228-11, al. 1). Avant la consécration de cette solution par le Code de commerce, celle-ci nous paraissait déjà résulter de l'exclusion expresse des articles L 225-122 à L 225-125 du régime des SAS par l'article L 227-1, al. 3 (en sens contraire, G. de Ternay précité p. 617 ; P. Le Cannu, Sur les actions de préférence dans les SAS : Bull. Joly 2006 p. 1311). Le régime spécial de la SAS ne pouvait pas être remis en cause par un texte général postérieur sur les valeurs mobilières qui ne revenait pas expressément sur le régime spécial et en contredisait l'esprit. Ce régime spécial accorde en effet aux associés, pour régler le droit de vote, une pleine liberté contractuelle, qui ne saurait être écartée par une argumentation a contrario déduite de l'octroi de la possibilité ouverte à toutes les sociétés par actions d'émettre des actions de préférence.

Sur les conditions de vote dans les SAS, voir n°s 60510 s.

Sur les droits de vote attachés aux actions de préférence, voir n°s 67781 s.

60142 **Évaluation des avantages particuliers.** La création, en cours de vie sociale, d'actions de préférence au profit de personnes nommément désignées donne lieu à l'application de la procédure d'évaluation des avantages particuliers : voir n°s 67806 s.

Cette procédure doit également être suivie en cas d'octroi d'avantages particuliers en cours de vie sociale. En revanche, l'octroi de tels avantages lors de la constitution de la société est dispensé de cette procédure d'évaluation (art. L 227-1, al. 3).

Sur cette procédure, applicable également en cas d'apport en nature en cours de vie sociale, voir n°s 51030 s. Rappelons que la violation de l'article L 225-147, qui la prévoit, est sanctionnée par la suspension des droits de vote et des droits à dividende des actions émises (art. L 225-150 applicable sur renvoi de l'art. L 227-1, al. 3).

60143 **Actions d'industrie** Si les statuts le prévoient, la société peut émettre des actions résultant d'apports en industrie (art. L 227-1, al. 4), étant précisé que ces apports ne sont pas pris en compte pour la formation du capital (n° 60130). Ces actions sont inaliénables (art. L 227-1, al. 4).

Les **statuts** doivent **déterminer les conditions** dans lesquelles ces actions sont souscrites et réparties : énonciation et durée des prestations à fournir par l'apporteur, nombre d'actions attribuées en rémunération de ces prestations, droits attachés à ces actions dans le partage des bénéfices et de l'actif net, conditions dans lesquelles les titulaires de ces actions participent aux décisions collectives, éventuellement clause de non-concurrence à la charge de l'apporteur, etc. (art. L 227-1, al. 4).

Les apports en industrie n'ont pas à faire l'objet d'une évaluation par un commissaire aux apports, que ce soit lors de la constitution ou en cours de vie sociale, sauf clause contraire des statuts.

ATTENTION

Avant d'être modifié par la loi 2019-744 du 19 juillet 2019, l'article L 227-1, al. 4 imposait aux *statuts de fixer un délai au terme duquel*, après leur émission, les **actions** résultant d'apports en industrie seraient **évaluées,** dans les mêmes conditions qu'un apport en nature (nomination d'un commissaire chargé d'établir un rapport). Si l'article L 227-1, al. 4 ne prévoit plus cette obligation, les sociétés ont tout intérêt à vérifier si leurs statuts ne leur imposent pas de continuer à faire évaluer leurs apports en industrie et, dans l'affirmative, à les modifier si elles souhaitent bénéficier de la dispense d'évaluation.

DÉNOMINATION DE LA SAS

La SAS doit être désignée par une dénomination sociale qui peut comporter le nom d'un ou de plusieurs associés (art. L 224-1) ou être purement fantaisiste (voir n°s 1000 s.). 60150

Tous les actes et **documents** émanant de la société et **destinés aux tiers** doivent indiquer la dénomination sociale, précédée ou suivie immédiatement des mots « société par actions simplifiée » ou des initiales « SAS » et de l'énonciation du montant du capital social (art. R 123-238, 4°). En cas d'inobservation de cette obligation, le ministère public ou tout intéressé peut demander au président du tribunal compétent statuant en référé d'enjoindre, le cas échéant sous astreinte, au représentant légal de s'y conformer (art. L 238-3). 60151

› Précisions La dénomination d'une société d'exercice libéral par actions simplifiée ayant pour objet l'exercice en commun d'une **profession libérale** soumise à un statut législatif ou réglementaire ou dont le titre est protégé doit être immédiatement précédée ou suivie de la mention « société d'exercice libéral par actions simplifiée » ou des initiales « Selas » ainsi que de l'indication de la profession exercée et du capital social (Ord. 2023-77 du 8-2-2023 art. 41). Les SAS de droit commun créées pour l'exercice d'une profession juridique ou judiciaire peuvent se soumettre à ces dispositions, sans que cela soit une obligation (art. L 811-7, al. 2 et L 812-5, al. 2 pour les administrateurs et mandataires judiciaires, Ord. du 10-9-1817 art. 3-2, al. 2 pour les avocats aux Conseils, Loi 71-1130 du 31-12-1971 art. 8, I-al. 2 pour les avocats, Ord. 45-2590 du 2-11-1945 art. 1 bis, al. 2 pour les notaires et Ord. 2016-728 du 2-6-2016 art. 5, al. 2 et 25, IV-6° pour les commissaires de justice, les huissiers de justice et les commissaires-priseurs judiciaires).
La dénomination d'une société ayant pour objet l'exercice de plusieurs **professions du droit et du chiffre** doit être immédiatement précédée ou suivie de la mention « société pluriprofessionnelle d'exercice » ou des initiales « SPE » ainsi que de l'indication de la forme sociale, des professions exercées et du capital social (Ord. 2023-77 art. 97).

DURÉE DE LA SAS

La durée de la société – qui ne peut pas excéder 99 ans – doit être indiquée dans les statuts (art. L 210-2). 60160
Elle court à compter de l'immatriculation de la société au RCS (art. R 210-2, al. 1).
Pour plus de détails, voir n°s 950 s.

SAS À CAPITAL VARIABLE

La SAS peut être constituée avec un capital variable, c'est-à-dire susceptible d'augmenter ou de diminuer constamment soit au moyen de versements effectués par des associés anciens ou nouveaux, soit par la reprise totale ou partielle d'apports. En ce cas, outre les dispositions législatives régissant les SAS, les **règles particulières** prévues par les articles L 231-1 s. sont applicables. La SAS à capital variable est en outre soumise aux **dispositions** législatives **régissant la SAS** (n° 60000) ; ainsi, conformément au droit commun, en cas de constitution d'une SAS à capital variable avec apports en numéraire, les actions doivent être libérées d'au moins la moitié de leur valeur nominale, le surplus devant être versé, en une ou plusieurs fois, dans un délai de cinq ans (n° 60130). 60165

› Précisions Les **clauses de variabilité** du capital ne sont **interdites** que dans les sociétés « ayant la forme de société anonyme » autres que les coopératives (art. L 231-1). Or, la SAS n'est pas un type particulier de SA mais une forme juridique autonome.

Clause de variabilité La clause de variabilité doit figurer dans les **statuts.** Elle peut y être insérée lors de la constitution de la société ou en cours de vie sociale. Dans ce dernier cas, l'adoption du régime de la société à capital variable constitue une augmentation des engagements des associés et nécessite leur accord **unanime,** puisqu'elle entraîne pour chaque associé qui se retire l'obligation de répondre pendant cinq ans, envers les associés et envers les tiers, des obligations existant au moment de son départ (art. L 231-6, al. 3 ; CA Paris 24-11-1980 : Gaz. Pal. 1981 p. 117). 60166

La clause doit mentionner le ***capital plancher*** (ou « capital minimum »), qui représente la limite au-dessous de laquelle le capital ne peut plus être réduit par suite de retraits d'associés ; le capital plancher ne doit pas être inférieur au dixième du capital fixé par les statuts (art. L 231-5, al. 2), c'est-à-dire du montant du capital souscrit lors de la mise en place de la variabilité. Nous désignons par « capital souscrit » le capital que toute société est tenue de mentionner dans ses statuts, afin d'éviter une confusion avec le capital maximal autorisé (n° 60168), qui doit, lui aussi, figurer dans les statuts. 60167

Le **capital maximal autorisé,** qui est la limite au-delà de laquelle il ne peut être procédé à une augmentation du capital souscrit qu'en respectant les règles ordinaires, c'est-à-dire en modifiant les statuts, doit également être fixé dans la clause de variabilité du capital 60168

(Cass. com. 6-2-2007 nº 05-19.237 : RJDA 5/07 nº 515). À défaut, toute augmentation de capital au-delà du capital souscrit doit être décidée par la collectivité des associés statuant aux conditions requises pour ce type de décisions (art. L 227-9, al. 2).

› **Précisions** Les associés qui ont libéré l'intégralité de leurs apports en numéraire ne sont pas tenus de **libérer le solde du capital maximal** autorisé en cas de mise en **liquidation judiciaire** de la société (CA Rennes 4-12-2012 nº 11/03621 : RJDA 7/13 nº 647, à propos d'une SARL mais transposable).

60172 **Variations du capital** À l'intérieur des limites déterminées par le capital plancher et le capital maximal autorisé, le capital souscrit peut varier librement. Les statuts doivent déterminer l'**organe compétent** pour décider de l'augmentation ou de la diminution du capital souscrit : l'organe dirigeant, la collectivité des associés, voire une catégorie particulière d'associés.

60173 **Augmentation de capital.** En cas d'**apports en numéraire,** conformément au droit commun applicable aux SAS, les nouvelles actions doivent être **libérées** du quart de leur valeur nominale (mais elles doivent être libérées de la totalité de la prime d'émission), le surplus devant être versé, en une ou plusieurs fois, dans le délai de cinq ans (nº 60552). En revanche, le droit préférentiel de souscription prévu à l'article L 225-132, al. 2 doit être écarté car il s'oppose à la formule d'un capital susceptible de diminuer ou d'augmenter fréquemment (en ce sens, Rép. Fanton : AN 3-5-1968 nº 7661 ; dans le même sens, Communication Ansa, comité juridique nº 13-023 du 15-5-2013). Il en est de même de l'article L 225-131, al. 1, qui prévoit que le capital doit être intégralement libéré avant toute émission nouvelle à libérer en numéraire (Rép. Boulin : AN 25-2-1961 nº 8590 ; dans le même sens, Communication Ansa précitée).

De même, est incompatible avec le fonctionnement d'une SAS à capital variable l'article L 225-129-6, al. 1, qui prévoit l'obligation pour l'assemblée générale d'une SA de se prononcer, lors de toute décision d'augmentation de capital en numéraire, sur un projet de résolution tendant à réaliser une augmentation réservée aux salariés car l'apport effectué en application d'une clause de variabilité est par nature une décision individuelle qui ne nécessite aucune décision collective des associés ; les associés ne doivent pas non plus se prononcer sur un projet d'augmentation de capital réservée aux salariés lorsqu'ils décident collectivement de modifier le montant maximal autorisé fixé par la clause statutaire car, dans ce cas, ils ne prennent pas une décision effective d'augmentation du capital mais ils fixent seulement une limite supérieure à celui-ci (Communication Ansa, comité juridique nº 19-002 du 9-1-2019).

Les opérations d'augmentation du capital par voie d'**apports en nature ou par incorporation de réserves** sont subordonnées à une décision collective des associés. En effet, l'article L 231-1 mentionne les « versements successifs », ce qui vise uniquement, à notre avis, les apports en numéraire, à l'exclusion des apports en nature et des incorporations de réserves au capital.

60174 **Réduction de capital.** La diminution du capital résultant de la reprise d'apport individuelle par un associé dans le cadre de la clause de variabilité ne donne pas lieu à l'établissement d'un rapport du commissaire aux comptes (s'il en existe) ni au droit d'opposition des créanciers en cas de réduction de capital non motivée par des pertes prévus par les articles L 225-204 et L 225-205. En revanche, ces dispositions sont applicables lorsqu'une décision collective des associés est prise pour réduire le capital social de manière égalitaire entre eux (par exemple, pour apurer des pertes ou opérer un remboursement à tous les associés par réduction de la valeur nominale des actions) car une telle décision collective est étrangère à la faculté pour un associé de se retirer quand il le juge convenable et n'est donc pas une « reprise » d'apports au sens de l'article L 231-1. Par ailleurs, la décision collective des associés de modifier les statuts pour abaisser le montant du capital plancher prévu par la clause n'est pas soumise à ces dispositions car elle ne porte pas sur une réduction effective du capital (Communication Ansa, comité juridique nº 19-003 du 9-1-2019).

60175 **Admission d'associés** L'admission d'un nouvel associé peut résulter d'apports effectifs et, par conséquent, entraîner une augmentation du capital social. Elle peut aussi résulter d'une cession d'actions par un associé. Les statuts peuvent imposer des critères d'entrée dans la société ou donner aux organes dirigeants ou à la collectivité des associés la faculté de s'opposer au transfert d'actions (art. L 231-4, al. 3). Dans ce cas, à notre avis, il n'existe aucune obligation pour la société ou les associés de procéder au rachat des actions du cédant en cas de refus : en effet, celui-ci peut, en principe, user de son droit de retrait (nº 60177) et n'est donc pas prisonnier de ses titres.

Retrait volontaire Chaque associé peut se retirer de la société lorsqu'il le juge convenable (art. L 231-6, al. 1). Ce droit de retrait est d'**ordre public** (Cass. civ. 8-6-1939 : J. soc. 1940 p. 34 ; Cass. com. 18-12-2024 n° 23-10.695 F-B : RJDA 3/25 n° 149) et ne saurait donc être supprimé par les statuts, qui peuvent toutefois en réglementer les modalités d'exercice, en prévoyant, par exemple, une obligation de respecter un certain préavis (Cass. com. 9-7-2002 n° 1419 : RJDA 1/03 n° 6), une interdiction de se retirer avant que les emprunts contractés par la société ne soient remboursés (CA Angers 28-3-1933 : DH 1933 p. 311) ou une obligation de verser une sanction pécuniaire pour le cas où un associé se retirerait avant une certaine durée (Cass. com. 22-2-2000 n° 97-17-020 : RJDA 6/00 n° 719). 60177

Le retrait d'un associé ne peut avoir pour conséquence d'abaisser le capital souscrit au-dessous du **capital plancher** (art. L 231-5, al. 1 sur renvoi de l'art. L 231-6, al. 1). Dans un tel cas, l'associé peut se retirer de la société, mais la reprise de ses apports est différée au jour où le capital sera reconstitué (Cass. com. 18-12-2024 précité).

Exclusion Il peut être stipulé dans les **statuts** que « l'assemblée générale aura le droit de décider, à la majorité fixée pour la modification des statuts, que l'un ou plusieurs des associés cesseront de faire partie de la société » (art. L 231-6, al. 2). Ce droit d'exclusion doit être expressément prévu par les statuts (T. civ. Seine 15-4-1897 : J. soc. 1897 p. 326). Sur l'insertion d'une clause d'exclusion en cours de vie sociale, voir n° 60681. 60180

Aux termes de l'article L 231-6, al. 2, l'exclusion d'un associé de société à capital variable ne peut résulter que d'une décision de l'**assemblée générale** extraordinaire. Ce texte doit-il prévaloir sur l'article L 227-16, qui prévoit que l'exclusion d'un associé de SAS peut être librement organisée par les statuts ? À notre connaissance, les tribunaux ne se sont pas prononcés sur la question. Nous pensons que les règles des sociétés à capital variable constituent un régime particulier à l'égard de celui, général, des SAS et que, en vertu du principe selon lequel la règle spéciale déroge à la règle générale, la réponse est affirmative. L'article L 231-6 doit donc s'appliquer aux SAS à capital variable (dans le même sens, P. Pailler : J.-Cl. Sociétés fasc. 167-20 n° 28 ; M. Germain et P.-L. Périn, L'exclusion statutaire des associés de SAS : Bull. Joly 2010 p. 1016 ; en sens contraire, Communication Ansa, comité juridique n° 22-018 du 4-5-2022). 60181

Certes, il a été jugé qu'en application de l'article 7 de la loi 47-1775 du 10 septembre 1947, selon lequel les statuts d'une société coopérative fixent les conditions d'exclusion des associés, les statuts d'une société coopérative anonyme à capital variable peuvent autoriser le conseil d'administration à exclure un actionnaire (Cass. com. 13-7-2010 n° 09-16.156 : RJDA 1/11 n° 58). Mais dans ce cas, c'est alors le droit coopératif prévu par la loi du 10 septembre 1947 qui prime sur le droit commun des sociétés commerciales prévu par le Code de commerce, y compris sur les dispositions régissant les sociétés à capital variable.

À notre avis, l'exclusion ne doit pas aboutir à porter le capital souscrit à un **niveau inférieur au capital plancher.** Bien que l'article L 231-6, al. 1 n'ait visé que le retrait, l'exclusion est, selon nous, également soumise à cette disposition. Dans ce cas, la société n'a pas d'autre solution que de diminuer le capital plancher préalablement à l'exclusion, de telle sorte que le remboursement des droits de l'associé exclu porte le capital souscrit à un niveau au moins égal au capital plancher. 60182

Lorsqu'ils en sont saisis, les tribunaux doivent toujours **contrôler** que l'exclusion n'est pas abusive en vérifiant la **réalité et l'importance des motifs** justifiant cette mesure (Cass. com. 21-10-1997 n° 95-13.891 P : RJDA 1/98 n° 67, à propos d'une clause abandonnant à l'appréciation souveraine de l'assemblée la détermination des causes d'exclusion ; Cass. com. 14-11-2018 n° 16-24.532 F-D : RJDA 12/19 n° 753, à propos d'une société civile à capital variable et qui précise que l'abus ne se limite pas à l'intention de nuire). Les motifs peuvent ne pas être déterminés à l'avance dans la clause sans que cela affecte sa licéité (Cass. com. 9-11-2022 n° 21-10.540 FS-B : RJDA 1/23 n° 37, à propos d'une clause d'exclusion pour justes motifs sans autres précisions). À notre avis, le contrôle exercé par le juge sera cependant plus étendu si l'exclusion est prononcée pour un motif ne figurant pas dans les statuts. 60183

Au titre de son contrôle de l'abus de droit, le juge s'assure aussi que l'**associé a pu s'exprimer sur les faits** qui lui sont reprochés (Cass. com. 7-7-1992 : RJDA 11/92 n° 1036, à propos d'un GIE mais transposable ; Cass. com. 21-6-1994 : RJDA 11/94 n° 1158, à propos d'une société coopérative à capital fixe mais transposable).

Effets du retrait ou de l'exclusion L'associé qui se retire ou est exclu perd la **qualité d'associé** à la date du remboursement effectif de son apport (CA Paris 20-10-2000 n° 99-14578 : Bull. Joly 2001 p. 186 note J.-J. Daigre et, sur pourvoi, Cass. 3e civ. 12-6-2002 n° 00-22.505 FS-D). 60185

L'associé sortant a droit à la **reprise de ses apports** (CA Paris 9-2-2000 : RJDA 9-10/00 n° 883 et, sur pourvoi, Cass. 3e civ. 12-6-2002 n° 00-14.409 FS-D : RJDA 11/02 n° 1159). Les statuts peuvent aménager ce droit de reprise en prévoyant, par exemple, un délai de remboursement (CA Rouen 26-1-2000, inédit). Si la reprise des apports est différée, l'associé retrayant est libéré des obligations pécuniaires découlant de sa qualité d'associé dès son retrait (Cass. com. 18-12-2024 nº 23-10.695 F-B : RJDA 3/25 nº 149, cas où la reprise immédiate aurait eu pour effet d'abaisser le capital souscrit au-dessous du capital plancher).

L'associé ne peut reprendre son apport que sous déduction de sa part dans les dettes sociales. Il est donc procédé à une estimation de la valeur de la part de l'associé retrayant ou exclu, généralement sur la base du dernier inventaire connu et conformément aux dispositions statutaires. À cet égard, une modification des statuts par une assemblée générale ne peut pas remettre en cause, à défaut de toute clause de rétroactivité, le droit antérieurement acquis par l'associé de se retirer de la société selon les modalités financières en vigueur au moment de sa décision (CA Paris 9-2-2000 et, sur pourvoi, Cass. 3e civ. 12-6-2002 précités).

60186 Les **dividendes** perçus par l'associé sortant jusqu'au remboursement de son apport lui restent acquis (CA Paris 20-10-2000 : Bull. Joly 2001 p. 186 note J.-J. Daigre et, sur pourvoi, Cass. 3e civ. 12-6-2002 nº 00-22.505 FS-D).

En principe, l'associé qui se retire a droit à une part des **réserves** de la société, sauf clause contraire des statuts (Cass. com. 21-12-1955 : JCP G 1956 II nº 9212 note D. Bastian). Il a cependant été jugé que la clause privant l'associé qui se retire de tout droit dans les réserves est « léonine » si, au cours de la vie sociale, il n'a été procédé à aucune distribution des bénéfices réalisés par la société (Cass. com. 16-11-1959 : JCP 1960 II nº 11725 note D. Bastian).

L'associé qui démissionne ou qui est exclu de la société reste tenu pendant cinq ans, envers les autres associés et les tiers, de toutes les obligations existant au moment de son départ (art. L 231-6, al. 3). Il s'agit d'une **double obligation,** l'associé sortant étant tenu, dans ses rapports avec les tiers, au paiement des dettes sociales et, à l'égard des autres associés, de contribuer aux pertes.

Les dettes sociales au paiement desquelles l'associé est tenu à l'égard des tiers après son départ de la société sont celles existant au jour de ce retrait, c'est-à-dire celles résultant des obligations contractées par la société avant ce retrait.

Compte tenu des termes très généraux employés par la loi, la question se pose de savoir si l'obligation de l'associé est ou non limitée au montant de son apport. Les tribunaux n'ont, à notre connaissance, jamais été amenés à se prononcer sur ce point. Nous pensons qu'il est de l'essence de la SAS que le risque encouru n'excède pas le montant de son apport.

60187 La **prescription** quinquennale a comme point de départ le jour où l'associé cesse de faire partie de la société (art. L 231-6, al. 3).

60189 **Publicité** À la **constitution** d'une SAS à capital variable, les mentions du capital souscrit et du capital plancher doivent être publiées dans l'avis de constitution (art. R 210-4) ainsi que dans la demande d'immatriculation de la société (art. R 123-53, 3º pour le RCS et R 123-252, 3º pour le RNE) et dans la publication au Bodacc (art. R 123-157, 3º).

La variabilité du capital doit être mentionnée dans tous les **actes et documents émanant de la société** par l'addition des mots « à capital variable » après la désignation de la société (art. L 231-2). Compte tenu de cette obligation et de l'article R 123-238, qui impose dans les actes et documents émanant de la société et destinés aux tiers que les mots « société par actions simplifiée » ou « SAS » soient accompagnés de l'énonciation du montant du capital social, la société doit être désignée de la manière suivante : « SAS à capital variable, au capital minimum de X ». En effet, du fait de la variabilité du capital dans les SAS à capital variable, il nous semble que l'énonciation du capital social doit être remplacée par celle du capital plancher.

Les actes constatant les **augmentations ou les diminutions du capital social** opérées par le jeu de la clause de variabilité ne sont pas assujettis aux formalités de dépôt ou de publication (restent en revanche soumises aux formalités de publicité liées à la modification des statuts l'augmentation du capital par voie d'apports en nature ou par incorporation de réserves, ainsi que la réduction du capital pour cause de pertes).

B. Forme et publicité de la constitution de la SAS

PROJET DE STATUTS DE SAS

60190 Bien que la loi ne l'exige pas, il est opportun d'établir un projet de statuts destiné aux futurs associés. En effet, on voit mal ceux-ci remettre les fonds représentatifs de leurs apports en numéraire sans connaître les clauses essentielles des statuts. D'où la nécessité pratique d'établir un projet.

FORMATION DU CAPITAL DE LA SAS

Souscription Le capital social doit être intégralement souscrit (art. L 225-3, al. 1 sur renvoi des art. L 225-12 et L 227-1), c'est-à-dire que toutes les actions le composant doivent être réparties entre les différents souscripteurs. La violation de cette disposition est sanctionnée par la suspension des droits de vote et des droits à dividende des actions émises (n° 60235). 60200

Stipulation d'avantages particuliers La stipulation d'avantages particuliers lors de la constitution de la SAS n'est pas soumise à la procédure de vérification prévue par l'article L 225-14, al. 2 (art. L 227-1, al. 3). 60201

Dépôt des fonds et de la liste des souscripteurs Sur ces formalités, voir n°s 37990 s. 60210

STATUTS DE LA SAS

Les statuts doivent être établis par **écrit** (C. civ. art. 1835). 60220

L'acte peut être **sous signature privée** ou **notarié.** Toutefois, dans certains cas, la forme notariée est obligatoire ; dans d'autres, elle est à conseiller (voir n°s 1621 s.).

Sur le nombre d'**originaux,** les **pièces** annexées et la **signature** des statuts, voir n°s 38170 s.

Contenu des statuts En pratique, les **statuts** de la SAS sont assez **développés** en raison de la liberté laissée aux associés pour organiser le fonctionnement de la société. Il est recommandé d'en détailler le plus possible les clauses pour éviter tout litige sur leur interprétation. En cas de litige, le juge serait conduit à apprécier la commune intention des associés pour se prononcer sur l'application d'une clause imprécise. 60221

Les **mentions** suivantes sont **obligatoires** (art. L 210-2, L 225-14, L 225-16, L 227-1, al. 4, L 227-5, L 227-9 et R 224-2) : 60222
– l'identité de toutes les personnes physiques ou morales qui ont signé ou au nom de qui ont été signés les statuts ;
– la forme juridique adoptée (au cas particulier : société par actions simplifiée) ;
– la durée de la société ;
– la dénomination sociale ;
– le siège social ;
– l'objet social ;
– le montant du capital social ;
– pour chaque catégorie d'actions émises, le nombre d'actions et la nature des droits particuliers attachés à celles-ci et, selon le cas, la part du capital social qu'elle représente ou la valeur nominale des actions qui la composent ;
– le cas échéant, les modalités de souscription et de répartition des actions résultant d'apports en industrie ;
– la forme des actions (nominative ou, sous certaines conditions, au porteur) ;
– l'identité des apporteurs en nature, l'évaluation de l'apport effectué par chacun de ceux-ci et le nombre d'actions remises en contrepartie de l'apport ;
– l'identité des bénéficiaires d'avantages particuliers et la nature de ceux-ci ;
– l'identité des premiers dirigeants ;
– les stipulations relatives à la composition, au fonctionnement et aux pouvoirs des organes dirigeants ;
– les formes et conditions des décisions prises collectivement par les associés ;
– le cas échéant, l'identité des premiers commissaires aux comptes ;
– les dispositions relatives à la répartition du résultat, à la constitution des réserves et à la répartition du boni de liquidation.

Dans les sociétés d'au moins 50 salariés, les statuts doivent également préciser l'organe social auprès duquel les délégués du comité social et économique exercent les droits qui leur sont reconnus par le Code du travail (C. trav. art. L 2312-72 s.), ce qui recouvre en particulier le droit d'assister avec voix consultative aux séances de cet organe et le droit d'information.

> **Précisions** Au cours des débats parlementaires (JO déb. Sén. 22-10-1993 relatif à la loi 94-1 du 3-1-1994 p. 3364), le Gouvernement a précisé que l'**organe social auprès duquel le comité doit exercer ses droits** ne désignait pas nécessairement un organe collégial. Il peut donc s'agir du président.

PUBLICITÉ DE LA CONSTITUTION DE LA SAS

Comme pour toutes les sociétés commerciales, la constitution d'une SAS donne lieu aux formalités, notamment d'immatriculation, exposées n°s 3040 s. 60230

L'accomplissement de ces formalités constitue une étape importante pour la **société** puisque, tant que celle-ci n'est **pas immatriculée,** elle n'acquiert pas la personnalité morale (cf. art. L 210-6, al. 1).

C. Sanctions de la violation des règles de constitution de la SAS

60235 Toute violation des articles L 225-12 à L 225-16, à l'exception de l'article L 225-14 al. 2, sur les règles de constitution de la société est sanctionnée par la suspension des **droits de vote** et des **droits à dividende** attachés aux actions ou coupures d'actions émises en violation de ces dispositions et ce, jusqu'à régularisation de la situation (art. L 225-16-1 applicable sur renvoi de l'art. L 227-1, al. 3).

Pour plus de détails sur cette sanction, voir nos 38700 s.

SECTION 2 FONCTIONNEMENT DE LA SAS

A. Direction de la SAS

CHOIX DU MODE DE DIRECTION DE LA SAS

60310 Les associés jouissent d'une totale liberté pour fixer dans leurs statuts la composition de l'organe de gestion de la SAS et les règles de fonctionnement de cet organe. Si un acte extrastatutaire ou une décision des associés peuvent compléter les statuts, ils ne doivent toutefois pas y déroger (Cass. com. 12-10-2022 n° 21-15.382 F-B : RJDA 1/23 n° 35 ; Cass. com. 9-7-2025 n° 24-10.428 FS-B), la décision des associés aurait-elle été prise à l'unanimité (Cass. com. 9-7-2025 précité). La loi envisageant la représentation de la société par un « président » (n° 60360), l'organe de gestion doit nécessairement comprendre un **président** et il n'est pas possible d'attribuer cette qualité à plusieurs dirigeants de la SAS. L'utilisation d'un système de **coprésidence** est donc exclue. Pour pallier cette difficulté, la pratique a recours au procédé consistant à confier la présidence de la SAS à une SARL dirigée par deux gérants, chacun d'eux étant l'émanation d'un groupe d'associés de la SAS, dotés de pouvoirs identiques, de sorte qu'ils exercent concurremment la présidence de la SAS sous couvert de la SARL.

Rien n'interdit en revanche la mise en place d'un système de **présidence tournante,** ni la désignation d'un suppléant au cas où le président en fonctions viendrait à décéder ou à être empêché.

MODÈLE

Clause de présidence tournante dans la SAS

Le président qui exerce ses fonctions pendant chaque année paire est désigné par les associés de la catégorie X et celui qui exerce ses fonctions pendant chaque année impaire est désigné par les associés de la catégorie Y.

Cette désignation doit intervenir au plus tard le... [*date*] de l'année précédant celle au cours de laquelle le président doit exercer ses fonctions. À défaut, le président en fonctions reste en exercice pendant l'année qui suit. Toutefois, il peut, à sa demande et avec l'accord des associés qui l'ont désigné, se substituer la personne de son choix.

Avertissement : Lorsque cette clause est intégrée aux statuts en cours de vie sociale et s'il existe au sein de la SAS des associés n'appartenant pas aux catégories qui y sont visées, la clause constitue un avantage stipulé en faveur des associés de ces catégories, avantage qu'il convient de soumettre à la procédure mentionnée nos 37930 s.

60311 Sous réserve de doter la SAS d'un président, les statuts peuvent prévoir soit un dirigeant unique, soit un **organe collégial** (souvent dénommé « comité de direction » ou « conseil d'administration »), composé d'un président et d'autres dirigeants, dont ils doivent alors fixer avec précision la composition et le fonctionnement : nombre de dirigeants, répartition éventuelle des postes de direction entre les différents groupes d'associés, le cas échéant, attributions, répartition des tâches entre les dirigeants, constitution de comités spéciaux chargés de missions particulières, etc.

Les statuts doivent aussi préciser les conditions dans lesquelles sont prises les décisions de l'organe collégial : modalités de convocation des dirigeants, lieu de réunion, possibilité de recourir à des moyens de télécommunication, quorum et majorité, possibilité ou non de se faire représenter et, dans l'affirmative, dans quelles conditions, etc.

EXEMPLE

Les statuts peuvent réserver au président le droit de convoquer cet organe « aussi souvent que l'intérêt de la société l'exige » et à l'un ou plusieurs de ses membres si l'organe ne s'est pas réuni depuis une certaine durée qu'ils mentionnent.

Les statuts mettent parfois en place un **conseil de surveillance,** chargé de contrôler la gestion du dirigeant unique ou de l'organe de gestion collégial et d'en rendre compte aux associés.

Les organes de direction, d'administration ou de surveillance ne sont valablement institués que s'ils sont mentionnés dans les **statuts** (Cass. com. 25-1-2017 nº 14-28.792 FS-PBRI : RJDA 4/17 nº 261). À défaut, ni la société ni les associés ne peuvent en invoquer l'existence. 60315

DÉTERMINATION DES DIRIGEANTS DE SAS

À plusieurs reprises, le Code de commerce vise, outre le président, les « dirigeants » de la société. Il en va ainsi pour les règles de responsabilité civile et pénale (art. L 227-7, L 227-8 et L 244-1 à L 244-4), le contrôle des conventions réglementées (art. L 227-10) et les conventions interdites (art. L 227-12). La loi ne définit pas cette notion de « dirigeant » de SAS. 60320

Il ne fait pas de doute que la qualité de dirigeant doit être reconnue à ceux qui ont le pouvoir de représenter la société, donc au **président** et, si les statuts en ont prévu l'existence et leur ont donné ce pouvoir, aux **directeurs généraux** et **directeurs généraux délégués.**

ILLUSTRATIONS

A la qualité de dirigeant un directeur général qui dispose, aux termes du procès-verbal l'ayant nommé, des mêmes pouvoirs que le président en matière de direction opérationnelle, de gestion du personnel et de conclusion des contrats commerciaux, même s'il a aussi été investi d'une délégation de pouvoirs en matière de gestion des ressources humaines, cette délégation n'étant pas exclusive du mandat de directeur général (CA Paris 23-9-2016 nº 15/14118 : RJDA 12/16 nº 864).

Les associés de SAS disposant d'une grande liberté d'organisation, d'**autres organes,** souvent **collégiaux,** peuvent être prévus par les statuts (conseil d'administration, de surveillance ou de direction, etc.). La notion de dirigeant doit alors être appréciée au cas par cas en fonction des pouvoirs dont disposent en réalité les membres de cet organe, quel qu'en soit le nom. Ainsi, les personnes qui disposent d'un pouvoir effectif de gérer doivent être qualifiées de dirigeants quand bien même elles appartiendraient à un organe que les associés ont qualifié d'organe de surveillance. Tel est le cas des membres d'un « conseil de surveillance » auquel les statuts ont confié les pouvoirs du conseil d'administration et du président-directeur général d'une SA (CA Paris 20-6-2013 nº 13/03892 : RJDA 7/14 nº 647) ou des membres d'un « comité de surveillance » dont le rôle n'est pas limité à l'examen des orientations stratégiques de la SAS mais qui doit autoriser les opérations et engagements supérieurs à 15 000 €, seuil en l'espèce modeste, compte tenu des activités de la société, et démontrant un véritable pouvoir d'immixtion dans la gestion (CA Paris 23-2-2016 nº 14/24308 : RJDA 6/16 nº 453). En revanche, il n'y a pas lieu de qualifier de dirigeants les membres d'un organe de surveillance dont le rôle est limité à des fonctions de contrôle ou de consultation. 60322

› Précisions La CNCC considère que les dirigeants sont ceux qui exercent des **pouvoirs comparables à ceux des administrateurs de SA,** notamment le pouvoir de (Bull. CNCC juin 1997 p. 321) :
– décider de la conduite des affaires sociales en participant activement à la gestion ;
– fixer les orientations de l'entreprise (activité, organisation, investissement, recrutement) et de disposer des biens sociaux ;
– autoriser le président à engager la société.

NOMINATION DES DIRIGEANTS DE SAS

Personnes morales Sauf clause contraire des statuts, les dirigeants et notamment le président peuvent être des personnes morales. Dans ce cas, les **dirigeants de la personne morale** assurent la direction de la SAS et « sont soumis aux mêmes conditions et obligations et encourent les mêmes responsabilités civile et pénale que s'ils étaient président ou 60330 dirigeant en leur nom propre, sans préjudice de la responsabilité solidaire de la personne morale qu'ils dirigent » (art. L 227-7). Bien qu'aucun texte ne le prévoie, les statuts peuvent imposer à la personne morale dirigeante la désignation d'un **représentant permanent** (Cass. com. 19-1-2022 nº 20-14.089 F-D : RJDA 4/22 nº 203).

› Précisions La **responsabilité du représentant légal** peut-elle être engagée lorsqu'une autre personne a été désignée représentant permanent ? La Cour de cassation a répondu par la négative, mais seulement à propos de la responsabilité pour insuffisance d'actif (Cass. com. 20-11-2024 nº 23-17.842 F-B : RJDA 2/25 nº 101), l'article L 651-1 prévoyant expressément que cette responsabilité est encourue, lorsque le dirigeant de la société débitrice est une personne morale, par le représentant permanent de celle-ci. La solution ne saurait être étendue à d'autres cas de responsabilité tant que la Cour de cassation ne se sera pas prononcée, compte tenu des termes de l'article L 227-7.

60331 **Incompatibilités et interdictions** Les personnes ayant une activité incompatible avec l'exercice de fonctions de gestion ou d'administration d'une société commerciale (nos 11220 s.), de même que celles qui, en raison de sanctions pénales ou de faillite personnelle, sont frappées d'une interdiction ou d'une incapacité de gérer ou d'administrer une société (nos 11170 s.) ne peuvent pas être nommées au poste de président ou de dirigeant d'une SAS.

Si elle n'est pas interdite, la nomination à ces postes d'un majeur atteint d'une incapacité (majeur sous sauvegarde de justice, sous tutelle, sous curatelle, sous habilitation familiale ou dont le mandat de protection future a pris effet) est dépourvue de tout effet juridique pour les raisons exposées nº 12440. Sur la possibilité de nommer à ces mêmes postes un mineur, voir nos 11110 s.

Sur l'obligation, pour le président ou le dirigeant de SAS étranger de détenir un titre de séjour, voir nos 92680 s.

60332 **Cumul d'un mandat social et d'un contrat de travail** Le cumul des fonctions de mandataire social avec celles de salarié de la même société n'est pas prohibé dans une SAS, à condition que le contrat de travail corresponde à un emploi réel et qu'il réponde aux critères du salariat : exercice de fonctions techniques distinctes donnant lieu à une rémunération spécifique et existence d'un lien de subordination vis-à-vis de la société (CA Paris 14-9-2021 nº 19/02034 : RJDA 2/22 nº 82 ; CA Grenoble 16-6-2022 nº 19/05117 : RJDA 12/22 nº 689 ; pour plus de détails sur les conditions de validité du cumul, voir nos 11500 s.). L'exigence d'un état de subordination – caractérisé par l'exécution d'un travail sous l'autorité d'un employeur qui a le pouvoir de donner des ordres et des directives, d'en contrôler l'exécution et de sanctionner les manquements de son subordonné – a pour conséquence d'interdire au dirigeant **associé majoritaire** de conclure un contrat de travail (CA Grenoble 16-6-2022 précité). Le cumul est en revanche possible si le dirigeant n'est **pas associé** ou est **associé minoritaire ou égalitaire,** lorsque les conditions en sont remplies.

L'attribution d'un **contrat de travail à un dirigeant en fonctions** ainsi que les modifications apportées à ce contrat en cours de mandat constituent des conventions soumises à la procédure de contrôle prévue par l'article L 227-10 (nos 60431 s.).

60333 **Cumul de mandats sociaux** Aucun texte général n'interdit ou ne réglemente le cumul de mandats **dans la SAS.** Le dirigeant de SAS peut donc librement cumuler son mandat avec d'autres exercés dans ce type de société, sauf disposition contraire des statuts. Sous cette réserve, un président de SAS peut ainsi diriger autant de SAS qu'il le désire, à condition toutefois d'être en mesure d'assumer l'ensemble de ses fonctions de façon effective.

En outre, il n'y a pas lieu de tenir compte de cette fonction pour l'application des règles relatives à la limitation des cumuls de mandats dans la **SA.**

60334 **Cas particuliers** Les **statuts** peuvent valablement imposer des conditions particulières pour devenir dirigeant de la société, conditions qui peuvent d'ailleurs être différentes selon qu'il s'agit du président ou d'un autre dirigeant : qualité d'associé, participation minimale dans le capital, compétence technique particulière, limite d'âge, incompatibilité avec une ou plusieurs autres activités, nécessité d'être une personne physique, etc. Sur la possibilité pour les statuts de sanctionner par la nullité les nominations prises en violation de ces conditions de désignation des dirigeants, voir nos 60600 s.

Par ailleurs, l'exercice par la société de certaines **activités réglementées** entraîne pour les dirigeants de SAS l'obligation de remplir diverses conditions particulières (nos 11350 s.).

Enfin, l'**État** peut être désigné président ou mandataire social d'une SAS dont il détient la totalité du capital et qui a pour objet principal la détention de titres (Ord. 2014-948 du 20-8-2014 art. 17, al. 2).

Mode de nomination Les modalités de désignation du président comme celle des autres dirigeants sont librement fixées par les **statuts.** La nomination des dirigeants ne faisant pas partie des mesures qui requièrent une décision collective des associés (n° 60490), rien ne s'oppose à ce qu'il soit statutairement convenu qu'elle sera valablement décidée par un associé déterminé, un groupe d'associés à l'exclusion des autres, un organe collégial de direction (n° 60362) ou même par un tiers non associé ; il peut encore être prévu que l'associé majoritaire sera automatiquement président de la société. Sur la possibilité pour les statuts de sanctionner par la nullité les nominations prises en violation des modalités de désignation des dirigeants, voir n°s 60600 s. 60335

Lors de la constitution de la société, le président et les autres dirigeants doivent être désignés dans les statuts (cf. art. L 225-16). Les dispositions de l'article L 225-16 sont en effet applicables à la SAS dès lors qu'elles ne sont pas incompatibles avec les règles propres à cette forme de société (art. L 227-1, al. 3).

› Précisions **a.** Pour l'Ansa, le **successeur** du président, pour le cas où ce dernier viendrait à décéder, peut être **désigné nommément à l'avance,** soit par les statuts, soit par la décision nommant le président (Communication Ansa, comité juridique n° 21-040 du 1-12-2021).

b. La **mise à l'écart d'un candidat** aux fonctions de président **pour des raisons discriminatoires** (fondées sur le sexe, l'âge, l'état de santé, les opinions politiques, les convictions religieuses, etc.) lors de la nomination est interdite (C. trav. art. L 1132-1). Seules sont visées, à notre avis, les nominations décidées dans le cadre d'une procédure de sélection. Les nominations décidées par décision collective des associés ne nous paraissent pas obéir à une telle « procédure » et ne devraient pas être concernées par cette interdiction. Sur les sanctions applicables, voir n° 40514.

Publicité de la nomination En tant que représentant légal de la société, le **président** doit être mentionné au RCS. Il en est de même pour le ou les **directeurs généraux** (délégués ou non) ayant reçu le pouvoir d'engager la société à l'égard des tiers (CA Versailles 25-6-2008 n° 08-1978 : RJDA 11/08 n° 1142 ; CA Versailles 24-9-2009 n° 08-2615 : RJDA 5/10 n° 535, 1e esp.). 60336

Lorsqu'une personne morale présidente de SAS désigne un **représentant permanent,** rien n'interdit à la société d'inscrire celui-ci au RCS car cette mention protège les tiers, la société et le président (CA Paris 1-7-2014 n° 14/04237 : RJDA 10/14 n° 778 ; CA Caen 23-2-2017 n° 16/02556 : RJDA 6/17 n° 416). Cette solution se justifie aussi par les termes de l'article R 123-54, 2°-a, selon lequel les tiers ayant le pouvoir de diriger, gérer ou engager à titre habituel la société doivent être déclarés au RCS.

ATTENTION

Contrairement à ce qui est prévu pour l'administrateur ou le membre du conseil de surveillance personne morale de SA (cf. art. L 225-20 et L 225-76), aucun texte n'impose la désignation d'un représentant permanent du président de SAS personne morale. Ce n'est donc pas en tant que représentant permanent dont la désignation est prévue par un texte (cf. art. R 123-54, 3°-d) que l'inscription doit être demandée, mais bien en tant que tiers ayant le pouvoir de diriger, gérer ou engager la SAS à titre habituel.

La question se pose de savoir si les dirigeants autres que ceux ayant la qualité de représentant légal doivent être inscrits au RCS. 60339

Pour les **membres du directoire** et du **conseil de surveillance,** la cour d'appel de Paris estime que l'obligation de les mentionner au RCS n'est pas limitée aux SA : elle s'applique aussi aux SAS dont les statuts ont institué un tel organe, l'article R 123-54 imposant que « la société », quelle que soit sa forme, fasse inscrire ces dirigeants au RCS (CA Paris 18-5-2010 n° 10-710 : RJDA 10/10 n° 972). Cette solution a été reprise par le ministre de la justice, qui préconise de l'étendre aux membres du **conseil d'administration** de SAS puisque l'article R 123-54, 2° vise aussi les « administrateurs », sans distinction (Rép. du Luart : Sén. 9-9-2010 n° 12583).

De telles positions sont certes conformes à la lettre de l'article R 123-54 et répondent au souci de bien informer les tiers. Néanmoins, elles ne sont pas exemptes de **critiques** : la liste des dirigeants visés renvoie aux organes prévus « selon la forme juridique » de la société mais, à notre avis, il s'agit des seuls cas où la loi, et non les statuts, institue ces organes pour une forme sociale donnée (en ce sens, P. Le Cannu, note sous T. com. Paris 2-10-2009 : Bull. Joly 2010 p. 45). Ne devraient donc être concernés que les administrateurs et les membres du directoire et du conseil de surveillance de SA ou de SCA. Pour les autres sociétés, les seuls membres d'organes collégiaux à déclarer au RCS devraient être les « associés et tiers ayant le pouvoir de diriger, gérer ou engager à titre habituel la société » (cf. art. R 123-54, 2° ; dans le même sens, Avis CCRCS 2015-04 du 5-2-2015, à propos du représentant permanent, à une époque où l'article R 123-54, 3° ne visait pas le représentant permanent dont la désignation est prévue par un texte, mais « le cas échéant », le représentant permanent des personnes morales dirigeantes).

60340 La solution inverse a été retenue pour les membres d'un **organe statutaire dont l'intitulé n'est pas mentionné à l'article R 123-54** : l'inscription des membres d'un « comité de direction » a été refusée au motif que la liste fixée par ce texte est limitative ; ce refus s'applique même si les pouvoirs des dirigeants de l'organe en cause sont assimilables à ceux d'un conseil d'administration ou de surveillance (T. com. ord. Versailles 23-11-2010 n° 2010S107 : RJDA 4/11 n° 327). Cette solution, qui correspond à l'application littérale du texte, s'inscrit dans le fil de la jurisprudence de la Cour de cassation qui écarte le dépôt au greffe de pièces ou d'actes non prescrits par les dispositions sur le RCS (Cass. com. 8-4-2008 n° 06-15.193 : RJDA 7/08 n° 817 s'agissant du rapport du commissaire aux comptes établi en cas de transformation d'une SA en SAS).

ATTENTION

Le **CCRCS** estime au **contraire** que les membres de tout organe de la SAS à qui les statuts confèrent un pouvoir de gestion ou de direction doivent être déclarés au RCS (Avis CCRCS 2012-031 des 26-9 et 25-10-2012). Sa lecture de l'article R 123-54, qui laisse penser que toute personne ayant soit le pouvoir de diriger, soit celui de gérer, soit celui d'engager la société à titre habituel est soumise à l'obligation prévue par ce texte, n'emporte pas la conviction : le « ou » contenu dans l'expression « pouvoir de diriger, gérer ou engager à titre habituel la société » est lu comme une conjonction alternative pure et simple, si bien que les membres d'un comité de gestion ou de direction investi statutairement du pouvoir de gérer ou de diriger la société devraient figurer au RCS même s'ils ne disposent pas du pouvoir d'engager celle-ci à l'égard des tiers. Or, l'expression « pouvoir de diriger, gérer ou engager à titre habituel la société » doit être lue, à notre avis, comme un tout, en lien avec la précision qui la complète sur « l'indication, pour chacun [des associés ou des tiers en question], qu'ils engagent seuls ou conjointement la société ». Il ne peut donc s'agir que des associés ou des tiers investis du pouvoir d'engager la société et pas seulement de ceux chargés de l'administrer.

60341 En raison de la similitude entre les articles R 123-54 et R 123-253, les solutions exposées n°s 60336 s. à propos du RCS sont transposables à l'inscription des dirigeants de SAS au **RNE.**

60342 L'inscription des dirigeants au RCS et au RNE, comme les autres **formalités** permettant de porter leur nomination à la connaissance des tiers, sont exposées n°s 13000 s.

CESSATION DES FONCTIONS DES DIRIGEANTS DE SAS

60350 Comme dans toute autre forme de société, les fonctions de président ou de dirigeant d'une SAS prennent fin dans les cas suivants :
- arrivée du terme ;
- incapacité ou interdiction de gérer (n°s 12440 s.) ;
- décès ou, s'il s'agit d'une personne morale, dissolution ;
- transformation ou dissolution de la société.

Elles prennent fin également par l'application d'une clause statutaire ainsi que par la révocation ou la démission de l'intéressé.

60351 **Clauses statutaires** Les statuts peuvent prévoir qu'un certain nombre d'événements entraîneront automatiquement la cessation des fonctions du président ou des autres dirigeants : par exemple, la perte de la qualité d'associé quelle qu'en soit la cause (cession, fusion, exclusion) ou la réduction de la participation de l'intéressé en dessous d'un seuil déterminé, le changement de contrôle de la société dirigeante, la survenance de telle ou telle condition liée à l'activité économique de la société, etc.

60352 **Révocation** Les conditions dans lesquelles le président et les autres dirigeants peuvent être relevés de leurs fonctions sont, dans le silence de la loi, librement fixées par les **statuts** tant en ce qui concerne les causes de la révocation que les modalités selon lesquelles celle-ci peut être prononcée. Si un acte extrastatutaire ou une décision des associés peuvent compléter ces statuts, ils ne peuvent pas y déroger (Cass. com. 12-10-2022 n° 21-15.382 F-B : RJDA 1/23 n° 35 ; Cass. com. 9-7-2025 n° 24-10.428 FS-B), la décision des associés aurait-elle été prise à l'unanimité (Cass. com. 9-7-2025 précité).

Les statuts peuvent prévoir une révocation **à tout moment,** aucune convention contraire ou autre clause statutaire contradictoire ne pouvant alors entraver cette liberté (CA Paris 2-10-2014 n° 13/24889 : RJDA 2/15 n° 114).

Ils peuvent aussi ne permettre la révocation qu'en cas de **juste motif,** et même prévoir l'**irrévocabilité** du dirigeant (CA Paris 31-3-2022 n° 21/02463 : RJDA 12/22 n° 699).

ATTENTION

Si les rédacteurs des statuts souhaitent soumettre la révocation du dirigeant à un juste motif, ils doivent le prévoir expressément. En effet, si les statuts prévoient uniquement que la révocation peut être prononcée à tout moment sans autre précision, cette révocation peut intervenir sans juste motif (Cass. com. 9-3-2022 nº 19-25.795 F-B : RJDA 5/22 nº 287).

Dans tous les cas, l'**usage abusif** du droit de révocation peut être sanctionné par l'allocation de dommages-intérêts (nºs 12550 s.).

Enfin, la révocation judiciaire n'est possible que si elle est prévue par les statuts. À défaut, la demande de **révocation judiciaire** du dirigeant formée par les associés est irrecevable car dépourvue de fondement juridique (CA Versailles 17-9-2013 nº 11/08075 : RJDA 7/14 nº 645).

L'**organe compétent** pour décider la révocation peut être la collectivité des associés statuant à des conditions de majorité déterminées, l'organe de contrôle s'il en existe, un groupe d'associés, l'associé majoritaire ou même un tiers non associé. Les statuts doivent préciser s'il convient ou non de respecter un **délai de préavis.** 60353

Lorsque les statuts prévoient que la décision de révocation est prise par la collectivité des associés, ils ne peuvent pas valablement disposer que le dirigeant associé concerné sera exclu du **vote** de sa révocation (Cass. com. 23-10-2007 nº 06-16.537 : RJDA 1/08 nº 50 ; Cass. com. 6-5-2014 nº 13-14.960 F-D : RJDA 7/14 nº 646 à propos de l'exclusion d'un associé, mais transposable).

› Précisions **a.** La révocation décidée en assemblée est régulière même sans avoir été inscrite à l'**ordre du jour** lorsque les statuts comportent la clause suivante : « L'assemblée ne peut délibérer que sur les questions figurant à son ordre du jour ; néanmoins elle peut, en toutes circonstances, révoquer un ou plusieurs membres du conseil de direction et procéder à leur remplacement » (CA Toulouse 22-1-2008 nº 07-1632 : RJDA 11/08 nº 1141).
b. L'assemblée générale peut révoquer pour motif grave, conformément aux dispositions statutaires, le directeur général d'une SAS dès lors que ce motif est établi, peu important le **quitus** qu'elle a donné au président de la société pour sa gestion (Cass. com. 5-7-2017 nº 15-22.936 F-D : RJDA 11/17 nº 721).

Démission

Le président et les autres dirigeants de la société peuvent à tout moment démissionner de leurs fonctions, sous réserve de respecter les conditions éventuellement fixées par les statuts (délai de préavis, prise d'effet en fin d'exercice, réalisation de tel ou tel objectif, etc.). 60354

La démission est acquise dès qu'elle a été notifiée à la société. En conséquence :
– elle n'a pas à être acceptée par les associés ;
– elle ne peut pas faire l'objet d'une rétractation de la part du dirigeant démissionnaire.

Pour plus de détails, voir nºs 12620 s.

Versement d'une indemnité de rupture

Rien n'interdit de prévoir dans les statuts ou dans une convention extrastatutaire que la cessation des fonctions de président ou de dirigeant de la SAS entraînera le versement d'une indemnité de rupture, même si cette indemnité est dissuasive. 60355

Les statuts ou la convention doivent préciser si l'indemnité est versée dans tous les cas ou si certains motifs de cessation des fonctions (telle la démission ou la révocation pour faute grave ou lourde) excluent son versement.

ILLUSTRATIONS

Dans un cas où les statuts d'une SAS prévoyaient que le président ne pouvait être révoqué que pour un motif grave et que, « en l'absence de motif grave établi, la révocation du président donnerait lieu au versement d'une indemnisation équitable », il a été alloué au président, révoqué sans motif grave, une indemnité de 100 000 € fixée en considération de l'ancienneté de ses fonctions au sein de la société et de l'importance du travail qu'il y avait accompli (CA Paris 16-5-2006 nº 05/11433 : RJDA 12/06 nº 1238).

De même, dans un cas où un pacte d'associés prévoyait, en cas de révocation du président, le versement d'une indemnité de cessation de fonctions égale à deux années de rémunération sauf faute grave, l'indemnité doit être versée au président dès lors que la faute grave n'est pas démontrée (CA Paris 30-4-2014 nº 13/12230).

En revanche, le directeur général d'une SAS a été privé de son indemnité de révocation pour s'être octroyé, d'une manière non conforme à un pacte conclu avec ses coassociés, un avantage financier au titre de son contrat de travail : en ne respectant pas le pacte d'associés, le dirigeant avait commis une faute grave excluant, aux termes du pacte, le versement de l'indemnité (CA Versailles 10-12-2024 nº 21/05807 : BRDA 12/25 inf. 5).

Le protocole d'accord conclu entre la SAS et le président lors de sa nomination prévoyant qu'il percevrait une indemnité de résiliation ne permet pas au président d'en obtenir le versement dès lors que ce protocole est en contradiction manifeste avec la clause des statuts stipulant que le président est révocable à tout moment sur décision collective des associés et que cette révocation n'ouvrirait droit à aucune indemnisation par la société (CA Paris 1-3-2011 n° 10/24266 : RJDA 6/11 n° 551). Notons que n'est pas contraire aux statuts la disposition d'un protocole d'investissement auquel la SAS n'est pas partie et qui ne renferme qu'un engagement personnel des signataires de faire le nécessaire pour que la décision de nomination du directeur général de la SAS prévoie le versement d'une indemnité forfaitaire en cas de révocation ou de réduction de ses pouvoirs avant l'expiration d'un délai de deux ans (Cass. com. 9-7-2025 n° 23-21.160 FS-B).

POUVOIRS DES DIRIGEANTS DE SAS

60360 **Président** Le président représente la société à l'égard des tiers (art. L 227-6, al. 1).

Cette disposition est impérative ; les statuts ne peuvent donc pas retirer au président cette qualité de **représentant légal** de la SAS qui constitue un élément de sécurité juridique pour les tiers qui traitent avec la société.

Le président est investi des pouvoirs les plus étendus pour agir en toute circonstance au nom de la société dans la limite de l'objet social (art. L 227-6, al. 1). Ainsi, à la différence des règles applicables aux dirigeants de SA, il n'existe aucune disposition légale, autre que l'étendue de l'objet social, limitant ces pouvoirs. Notamment, le président d'une SAS peut, en principe, librement consentir des cautions, avals ou garanties sur les biens de la société et procéder à des cessions d'immeubles ou de participations.

Toutefois, dans les rapports entre associés, les statuts peuvent **limiter les pouvoirs** du président et prévoir, par exemple, que certaines opérations déterminées sont subordonnées à la consultation ou à l'autorisation préalable de tel associé ou groupe d'associés ou de tel organe de la société (dont il convient alors de fixer, également dans les statuts, le mode de nomination et les conditions de fonctionnement) ou encore que les engagements dépassant un certain montant doivent être soumis à une double signature. On peut s'inspirer de l'exemple présenté n° 13470 pour rédiger une telle clause.

Mais ces limitations de pouvoirs sont inopposables aux tiers (art. L 227-6, al. 4) qui peuvent s'en prévaloir dans certains cas (n° 13480).

Dans les rapports avec les tiers, la société est engagée même par les **actes du président qui ne relèvent pas de l'objet social,** à moins qu'elle ne prouve que le tiers savait que l'acte dépassait cet objet ou qu'il ne pouvait l'ignorer compte tenu des circonstances, étant exclu que la seule publication des statuts suffise à constituer cette preuve (art. L 227-6, al. 2).

Pour plus de détails sur le pouvoir d'engager la société à l'égard des tiers, voir n°s 13280 s.

Sauf clause contraire des statuts, rien ne s'oppose à ce que le président consente à toute personne de son choix (autre dirigeant, associé ou tiers) une **délégation de pouvoirs** permettant à celle-ci d'accomplir un ou plusieurs actes déterminés au nom de la société, tels que l'embauche ou le licenciement de salariés (Cass. ch. mixte 19-11-2010 n°s 10-10.095 et 10-30.215 : RJDA 1/11 n° 56, 1e et 2e esp.). Cette délégation est soumise aux règles du droit commun.

60361 **Autres dirigeants de SAS** Aucune disposition légale ou réglementaire ne détermine l'étendue des pouvoirs des dirigeants de SAS autres que le président. La répartition et la hiérarchie des pouvoirs doivent donc être fixées avec précision dans les **statuts.**

Par exemple, lorsque le directeur général est investi des mêmes pouvoirs que le président sous réserve d'un droit de veto de ce dernier, il est nécessaire de préciser les modalités d'exercice de ce droit et, en particulier, s'il peut ou non être implicite (cf. Cass. com. 19-11-2013 n° 12-26.702 : RJDA 4/14 n° 291). S'il est implicite, le veto doit résulter d'une manifestation claire et non équivoque de s'opposer au directeur général. Ainsi, le seul fait pour le président de ne pas s'être opposé à une demande en justice et de ne pas avoir formé appel contre le jugement y ayant fait droit ne vaut pas opposition à la décision du directeur général de faire appel de ce jugement (Cass. com. 16-2-2016 n° 14-23.093 : RJDA 4/16 n° 300).

À noter que les deux décisions précitées ont été rendues dans la même affaire et qu'à aucun moment les parties n'ont contesté en justice la possibilité pour le président d'exercer un veto sur les décisions du directeur général. On peut douter de l'efficacité d'un tel veto puisque, comme nous le verrons ci-dessous, cette limitation des pouvoirs serait inopposable aux tiers. En revanche, il ne nous paraît pas interdit de prévoir dans l'organisation interne de la société le droit pour le président de s'opposer à toute opération avant qu'elle ne soit conclue avec les tiers par le directeur général.

Si les statuts instituent un ou plusieurs **directeurs généraux** ou directeurs généraux délégués, ils peuvent conférer à ces derniers le même **pouvoir général de représentation de la**

société à l'égard des tiers que celui attribué par la loi au président (art. L 227-6, al. 3), auquel cas ces dirigeants ont, au même titre que le président, la qualité de représentant légal de la société (Cass. ch. mixte 19-11-2010 n°s 10-10.095 et 10-30.215 : RJDA 1/11 n° 56, 1e et 2e esp.). Ils doivent être mentionnés au RCS (CA Versailles 25-6-2008 n° 08-1978 : RJDA 11/08 n° 1142 ; CA Versailles 24-9-2009 n° 08-2615 : RJDA 5/10 n° 535, 1e esp.) ; à défaut, la société n'est pas valablement représentée en justice par ceux-ci et la partie adverse peut invoquer cette irrégularité pour faire annuler un acte de procédure sans avoir à justifier d'un grief (CA Versailles 25-6-2008 précité).

ATTENTION

Seuls les dirigeants portant le titre de directeur général ou de directeur général délégué peuvent être investis par les statuts du pouvoir de représenter la société ; les statuts ne peuvent donc pas valablement conférer ce pouvoir à un dirigeant portant un autre titre, tel un vice-président (Rép. Godfrain : AN 30-3-2004 n° 32972 et Rép. Perez : AN 30-3-2004 n° 33304).

Les directeurs généraux et directeurs généraux délégués ne sont investis du pouvoir de représenter la société à l'égard des tiers que si une clause statutaire le prévoit expressément (Cass. com. 21-6-2011 n° 10-20.878 : RJDA 10/11 n° 823 ; CE 20-10-2021 n° 448563 : RJDA 3/22 n° 155 ; Cass. com. 25-5-2022 n° 20-21.460 F-D : RJDA 8-9/22 n° 491, dans un cas où le directeur général figurait pourtant sur le Kbis de la société) et si cette clause figure dans les statuts déposés au greffe du tribunal de commerce (Cass. com. 3-6-2008 n° 07-14.457 : RJDA 10/08 n° 1042 ; Cass. com. 14-12-2010 n° 09-71.712 : RJDA 2/11 n° 162).

Mais l'**absence de clause** statutaire **conférant** à un directeur général ou à un directeur général délégué **le pouvoir de représenter la société** est inopposable aux **tiers** (Cass. com. 9-7-2013 n° 12-22.627 : RJDA 11/13 n° 913). Il en irait de même pour une clause statutaire qui limiterait leur pouvoir de représentation à tel ou tel acte. Dans l'arrêt du 9 juillet 2013 précité, la Cour de cassation a en effet précisé que l'article L 227-6, al. 3 doit être interprété à la lumière de la directive européenne sur les sociétés, applicable à la SAS (Dir. 2017/1132 du 14-6-2017 ann. II), qui précise que les limitations de pouvoirs des organes sociaux sont toujours inopposables aux tiers, même si elles sont publiées (Dir. 2017/1132 art. 9, 2).

Comme le président, le directeur général ou le directeur général délégué investi du pouvoir de représentation peut **déléguer** à une personne de son choix le **pouvoir** d'accomplir un ou plusieurs actes déterminés.

Sur le recours à un **prestataire extérieur** pour l'accomplissement de certaines missions, voir n° 13230.

Si les statuts instituent un **organe collégial de direction,** ils doivent définir l'étendue de ses missions en fonction du rôle que les associés veulent le voir jouer dans le cours de la vie sociale. Ils peuvent, par exemple, lui donner le pouvoir de nommer et révoquer le président et les autres dirigeants, d'autoriser les conventions réglementées, de donner au président ou au directeur général l'autorisation d'accomplir certaines opérations importantes (notamment emprunt de fonds, constitution de garanties, prise ou cession de participation), de décider le transfert du siège social, etc. **60362**

En tout état de cause, un tel organe n'est investi d'aucun pouvoir de représenter la société à l'égard des tiers.

Pouvoir de licencier Comme tout acte engageant la société à l'égard des tiers, le licenciement d'un salarié de SAS peut être décidé par le **président** ou, lorsque les statuts le prévoient, par un **directeur général** (délégué ou non) ayant reçu le pouvoir de représenter la société. Il peut l'être aussi par une personne à qui ces représentants légaux ont consenti une **délégation de pouvoirs** (Cass. ch. mixte 19-11-2010 n°s 10-10.095 et 10-30.215 : RJDA 1/11 n° 56, 1e et 2e esp. ; Cass. soc. 23-11-2011 n° 11-10.100 : RJDA 3/12 n° 305, 3e esp.). **60365**

Cette délégation est soumise aux règles du droit commun. Notamment, aucune disposition n'exige qu'elle soit donnée par écrit : elle peut être tacite et résulter des fonctions du délégataire qui conduit la procédure de licenciement ; il en va ainsi pour un responsable des ressources humaines chargé de la gestion du personnel et considéré de ce fait comme délégataire du pouvoir de licencier (Cass. ch. mixte 19-11-2010 n° 10-10.095 précité ; Cass. soc. 13-12-2011 n° 10-27.175 : RJDA 3/12 n° 305, 4e esp.). En outre, l'identité du délégataire n'a pas à être déclarée au RCS (Cass. soc. 8-11-2011 n° 10-30.088 : RJDA 3/12 n° 305, 1e esp.).

Le licenciement est valable même en l'absence de clause statutaire autorisant le représentant légal à déléguer ses pouvoirs (CA Paris 31-8-2010 n° 08/11236 : RJDA 12/10 n° 1163).

› **Précisions** En l'**absence de délégation,** la société peut ratifier le licenciement a posteriori, de façon expresse ou tacite (C. civ. art. 1998), par exemple en soutenant la validité du licenciement en justice (Cass. ch. mixte 19-11-2010 n° 10-30.215 précité ; Cass. soc. 23-11-2011 précité).

RÉMUNÉRATION DES DIRIGEANTS DE SAS

60370 En l'absence de toute disposition légale sur ce point, les fonctions de président ou de chacun des autres dirigeants de la SAS peuvent être **gratuites ou rémunérées.** Si ces fonctions sont gratuites, il nous paraît opportun de le prévoir expressément dans les statuts ou par acte séparé afin d'éviter tout conflit sur ce point. En outre, le président (ou chacun des autres dirigeants de SAS) qui bénéficie d'un droit à rémunération peut y renoncer mais sa renonciation ne doit pas être équivoque (CA Versailles 22-10-2009 n° 08-2252 : RJDA 4/10 n° 397).

Les statuts peuvent librement déterminer les **modalités de rémunération** : rémunération fixe ou proportionnelle (aux bénéfices, au chiffre d'affaires, à la valeur ajoutée ou à tout autre critère aisément vérifiable) ou mixte. Il peut aussi être prévu que les dirigeants recevront une partie de leur rémunération sous la forme d'une attribution d'actions (stock-options ou actions gratuites). Dans ce dernier cas, les mesures exposées nos 69405 s. doivent être respectées. Dans certaines SAS immatriculées depuis moins de 15 ans au RCS, il est possible d'attribuer aux membres des organes statutaires équivalents au conseil d'administration ou de surveillance de SA des bons de souscription de parts de créateur d'entreprise (CGI art. 163 bis G, II-al. 1 ; nos 70410 s.). En outre, toute SAS peut adresser une offre de titres financiers à ses dirigeants et à ceux des sociétés qui lui sont liées (art. L 227-2 ; n° 70425).

La **rémunération** des dirigeants des sociétés publiques nationales est **plafonnée.** Exposé dans les développements relatifs au président de conseil d'administration de SA (n° 40589), ce dispositif est applicable aux dirigeants de SAS.

Les statuts, ou tout autre document, peuvent **fixer** le mode de calcul de la **rémunération** ou laisser à un organe de la société – voire à un tiers (comité de rémunération, par exemple) – le soin de déterminer le montant de cette rémunération. Ils peuvent également prévoir que la rémunération sera fixée par une décision collective des associés prise à une majorité qu'ils précisent (qualifiée ou non). Si les **associés refusent** de fixer (ou revaloriser) la rémunération du dirigeant, il n'appartient pas au juge de se substituer à eux (Cass. com. 17-12-2013 n° 12-27.213 : RJDA 4/14 n° 354). Dans cet arrêt, la Cour de cassation a précisé que la décision fixant la rémunération du dirigeant étant régulière et ne comportant aucun abus, les juges ne pouvaient pas la modifier en se substituant à l'organe statutairement compétent. Cette formulation rappelle un arrêt ancien de la Cour de cassation aux termes duquel, « les statuts prévoyant la fixation de la rémunération de la gérance par une décision des associés, les juges ne pouvaient substituer leur décision à celle des associés dès lors qu'il n'était pas établi que celle-ci fût irrégulière ou abusive » (Cass. com. 11-1-1972 n° 69-11.682 : Bull. civ. IV n° 19). Peut-on en déduire que la fixation judiciaire de la rémunération est possible si la décision des associés est irrégulière ou abusive ? La réponse est, à notre avis, négative car cela constituerait une immixtion du juge dans la vie sociale. Si la décision a été prise irrégulièrement, le dirigeant peut demander au juge de l'annuler. Si elle comporte un abus, il peut former une action en responsabilité en vue d'obtenir réparation.

Dans la SAS, l'**attribution d'une rémunération** au président et aux autres dirigeants sociaux est de nature purement contractuelle ; elle s'analyse en une convention soumise à contrôle (nos 60431 s.) sauf si les statuts prévoient qu'elle est fixée par une décision collective des associés (Cass. com. 4-11-2014 n° 13-24.889 : RJDA 3/15 n° 200).

› Précisions La solution doit, à notre avis, être étendue au cas où les statuts de la SAS confient à un autre organe social que la collectivité des associés, tel un comité ad hoc, le pouvoir de fixer par une décision unilatérale la rémunération du dirigeant. Le seul fait que les **modalités d'octroi** de la rémunération soient **fixées dans les statuts** suffit à écarter la qualification de « convention ». On peut néanmoins émettre des doutes sur la pertinence de cette analyse lorsque l'organe désigné pour fixer la rémunération en est le bénéficiaire. Dans un cas où les statuts d'une SAS prévoyaient que le président fixait lui-même sa rémunération qui était ensuite communiquée aux associés lors de l'approbation des comptes annuels, cette approbation emportant ratification de la rémunération, la CNCC a estimé que la rémunération n'était pas effectivement fixée par les associés, de sorte que la société était tenue de suivre la procédure d'approbation des conventions soumises à un contrôle (Bull. CNCC décembre 2006 p. 712).

RÉGIME FISCAL DES DIRIGEANTS DE SAS

60380 *Sauf option de la société* pour le régime des sociétés de personnes (n° 60030), le président et les autres dirigeants d'une SAS sont, au point de vue fiscal, assimilés à des salariés et les rémunérations qui leur sont versées pour l'exercice de leurs fonctions de direction entrent dans la catégorie des traitements et salaires.

RÉGIME SOCIAL DES DIRIGEANTS DE SAS

Le président et les autres dirigeants d'une SAS sont obligatoirement affiliés au régime général de la sécurité sociale des salariés (CSS art. L 311-3, 23°). Les conditions de leur affiliation sont analogues à celles des dirigeants de SA et appellent les mêmes remarques (nos 40533 s.). 60390

RESPONSABILITÉ DES DIRIGEANTS DE SAS

Responsabilité civile Les règles fixant la responsabilité des membres du conseil d'administration et du directoire des SA sont applicables au président et, s'il en existe, aux autres dirigeants de la SAS (art. L 227-8). 60400

Ces derniers sont donc responsables (nos 42000 s.) :
– des infractions aux dispositions législatives ou réglementaires ;
– des violations des statuts ;
– des fautes commises dans leur gestion.

Le régime de l'action en responsabilité est le même que celui applicable aux administrateurs de SA, qu'il s'agisse de l'action sociale ou de l'action individuelle d'un actionnaire. En conséquence, aucune clause statutaire et aucune décision des associés ne peuvent faire échec à cette action qui, par ailleurs, se prescrit par trois ans.

Enfin, en cas d'ouverture d'une procédure collective à l'encontre de la SAS, le président et les autres dirigeants peuvent être tenus de supporter les dettes sociales et être soumis à certaines interdictions et déchéances (art. L 225-255 ; nos 91380 s.).

> **Précisions** Nous pensons que doivent être considérées comme « dirigeants » les personnes qui ont le pouvoir de représenter la SAS et celles qui disposent d'un pouvoir effectif de gérer. Au sein des organes collégiaux, la **qualité de dirigeant** doit être appréciée au cas par cas, en fonction des pouvoirs dont disposent en réalité les membres de l'organe, quelle que soit son appellation (nos 60320 s.). Si la qualité de dirigeant ne leur est pas reconnue, les membres de l'organe ne sont responsables, par analogie avec les membres du conseil de surveillance de SA (art. L 225-257), que des fautes personnelles commises dans l'exécution de leur mandat et n'encourent aucune responsabilité en raison des actes de la gestion et de leur résultat (dans le même sens, Communiqué Ansa novembre-décembre 1995 n° 2803).

Responsabilité pénale Le fait pour les dirigeants de SAS de ne pas consulter les associés dans les conditions prévues par les statuts en cas d'augmentation, d'amortissement ou de réduction du capital, de fusion, de scission, de dissolution ou de transformation en une société d'une autre forme est puni de six mois d'emprisonnement et de 7 500 € d'amende (art. L 244-2). 60401

Par ailleurs, les sanctions pénales prévues pour les administrateurs de SA sont applicables aux dirigeants de SAS à l'exception de celles concernant le fonctionnement du conseil d'administration et la tenue des assemblées générales d'actionnaires (art. L 244-1). Sont notamment visés :
– les infractions relatives à la constitution de la société (art. L 242-1 s.) ;
– l'abus des biens sociaux (art. L 242-6, 3° et dernier al.) ;
– l'abus de pouvoirs ou de voix (art. L 242-6, 4°) ;
– la distribution de dividendes fictifs (art. L 242-6, 1°) ;
– le défaut d'établissement des comptes sociaux (art. L 242-8) ;
– la présentation de comptes infidèles (art. L 242-6, 2°) ;
– les infractions relatives aux modifications du capital social (art. L 242-1 s.) ;
– dans les SAS tenues d'avoir un commissaire aux comptes, le défaut de désignation ou de convocation de ce dernier à toute assemblée générale (art. L 821-6, 1°) et, dans les SAS dotées d'un commissaire aux comptes chargé de certifier les comptes, l'entrave à l'exercice de sa *mission (art. L 821-6, 3° modifié par loi 2025-391 du 30-4-2025)* ; sur ces questions, voir n° 77654.

Les **personnes punissables** sont le président et, s'il en existe, les autres dirigeants, y compris les dirigeants de fait (art. L 244-1, al. 2 et L 244-4). Lorsqu'une personne morale est nommée président ou dirigeant de la SAS, les dirigeants de cette personne encourent les mêmes sanctions (art. L 227-7).

> **Précisions** Lorsque les statuts de la SAS permettent l'adoption de **décisions collectives autrement qu'en assemblée** (par exemple, consultation écrite ou acte sous signature privée), il n'y a pas lieu de convoquer le commissaire aux comptes (Bull. CNCC juin 2009 p. 411 s.). Compte tenu de l'interprétation stricte de la loi pénale (C. pén. art. 111-4), aucune sanction pénale ne nous paraît être encourue pour ne pas avoir associé le commissaire aux comptes aux décisions ainsi prises.

60402 **Responsabilité fiscale** Comme tous les dirigeants de droit ou de fait, salariés ou non, les dirigeants de SAS peuvent être condamnés personnellement au paiement des impositions et pénalités dues par la société lorsque, par des manœuvres frauduleuses ou par l'**inobservation** grave et répétée des **obligations fiscales,** ils ont rendu impossible le recouvrement de ces impositions et pénalités (LPF art. L 267 ; n°s 14790 s.).

B. Contrôle de la direction de la SAS

RÈGLES GÉNÉRALES CONCERNANT LE CONTRÔLE DE LA DIRECTION

60430 Le contrôle de la direction de la SAS est effectué par les associés lorsqu'ils sont appelés à statuer sur les comptes de l'exercice écoulé. Ils ont aussi un droit de regard sur les conventions conclues entre la société et les dirigeants et peuvent demander une expertise de gestion.

En outre, les associés peuvent mettre en place, s'ils le jugent opportun, un organe de surveillance du ou des dirigeants sociaux dont ils doivent alors fixer, dans les statuts, la composition, la durée des fonctions, la mission et les pouvoirs. Certaines SAS peuvent également être tenues de désigner un commissaire aux comptes ou un OTI. Par ailleurs, une SAS peut, à l'instar des usages en cours dans les « joint-ventures », se soumettre à des audits extérieurs réalisés à intervalles réguliers et dont la mise en œuvre peut être prévue dans des clauses d'audit ou des clauses d'information supplémentaire.

CONVENTIONS RÉGLEMENTÉES ET INTERDITES DANS LA SAS

60431 **Conventions réglementées** Les conventions conclues directement ou par personne interposée entre la SAS et son **président** ou ses autres **dirigeants** doivent être soumises au contrôle des associés (art. L 227-10, al. 2).

CONSEIL

Il convient à notre avis d'appliquer la procédure aux conventions conclues entre la SAS et un **membre** d'un simple **organe de surveillance,** bien que celui-ci ne soit pas à considérer comme un dirigeant (nº 60322). En effet, la finalité du contrôle des conventions réglementées est d'éviter que ceux qui exercent un pouvoir dans la société usent de celui-ci pour en tirer un avantage personnel. De surcroît, la doctrine majoritaire se prononce en faveur d'une interprétation extensive, par analogie avec l'article L 225-86 qui prévoit que les membres du conseil de surveillance des SA entrent dans le champ d'application de la procédure (en ce sens, Communiqué Ansa novembre-décembre 1995 nº 2803 ; CNCC NI.IX février 2018 § 1.122 ; M. Germain et P.-L. Périn, La société par actions simplifiée Joly 2023 nº 631).

La procédure de contrôle s'applique également aux conventions conclues directement ou par personne interposée entre la société et l'un de ses **associés** disposant de plus de 10 % des droits de vote ou, s'il s'agit d'une société associée, de la société la contrôlant (art. L 227-10, al. 1). Sur le calcul de la détention de plus de 10 % des droits de vote et la notion de contrôle, voir n°s 52580 s.

À la différence d'autres sociétés commerciales, ne sont expressément visées ni les conventions auxquelles une de ces personnes est indirectement intéressée, ni les conventions passées avec une entreprise dont l'un des dirigeants de la SAS est propriétaire, associé indéfiniment responsable, gérant, administrateur, directeur général ou membre du directoire ou du conseil de surveillance. Pour que la procédure de contrôle s'applique, il faut prouver l'interposition de personnes.

Sont soumis au contrôle les engagements par lesquels la société prend à sa charge, en cas de défaillance d'une société qui lui est liée, tout ou partie des obligations de prévention et de réparation des **dommages industriels ou miniers** causés par cette société à l'environnement (art. L 233-5-1 ; nº 80498).

Par exception, les **conventions** portant sur des opérations « **courantes et conclues à des conditions normales** » (n°s 52640 s.) ne sont soumises à aucune formalité (art. L 227-11).

Sur les prêts interentreprises, voir nº 52635.

60432 **Modalités du contrôle.** Il n'existe pas, dans les SAS, d'autorisation préalable analogue à celle donnée, dans les SA, par le conseil d'administration ou de surveillance.

ATTENTION

Si les statuts de la SAS renvoient au régime de la SA, une telle autorisation préalable s'impose conformément aux règles de cette dernière (Cass. crim. 25-9-2019 nº 18-83.113 F-PBI : RJDA 12/19 nº 766).

Lorsque la société est dotée d'un commissaire aux comptes chargé d'un audit légal classique des comptes, celui-ci établit et présente aux associés un **rapport sur les conventions** soumises à contrôle (art. L 227-10, al. 1). Aucun délai n'est prévu par la loi pour aviser le commissaire aux comptes de la conclusion de ces conventions (les statuts imposent généralement leur communication dans le mois de leur conclusion, comme c'est la règle dans les SA). Il n'est pas non plus expressément prévu d'informer le commissaire aux comptes sur les conventions antérieures dont l'exécution s'est poursuivie au cours de l'exercice, celui-ci n'ayant pas à rapporter sur ces conventions, sauf disposition contraire des statuts (Rép. Carayon : AN 5-4-2005 n° 56015).

Dans les SAS n'ayant pas de commissaires aux comptes, il appartient au président d'établir et de présenter le rapport aux associés (art. L 227-10, al. 1).

Il en est de même, à notre avis, lorsque le commissaire aux comptes est chargé d'un audit allégé. En effet, ce commissaire est dispensé de l'établissement du rapport sur les conventions réglementées (art. L 821-57, al. 2) et, bien qu'une lecture stricte de la loi ne l'impose pas, il serait incohérent qu'aucun rapport ne soit établi alors qu'un rapport est requis dans les sociétés sans commissaire aux comptes.

Les statuts déterminent librement les conditions dans lesquelles est prise la **décision collective des associés** sur les conventions réglementées et notamment : 60433
– les modalités de présentation de son rapport par le commissaire aux comptes ou le président (par correspondance ou bien en assemblée générale) ;
– l'organisation de la consultation des associés (délai dans lequel doit être prise la décision, mode de scrutin, nombre de voix requises).

Dans le cas de conventions conclues avec un associé, les statuts ne peuvent pas exclure celui-ci du vote, tout associé ayant le droit de participer aux décisions collectives et de voter hors les cas où la loi prévoit cette exclusion (C. civ. art. 1844, al. 1 ; Cass. com. 23-10-2007 n° 06-16.537 : RJDA 1/08 n° 50, à propos de la cession forcée des actions d'un associé mais transposable ; dans le même sens, Communication Ansa, comité juridique n° 23-022 du 5-4-2023) et aucune disposition relative aux SAS ne permettant une telle privation du droit de vote.

Comme le précise l'Ansa (Communication Ansa précitée), il est possible d'aménager les **modalités d'adoption** de la décision collective des associés sur les conventions réglementées (par exemple, en accordant un droit de vote plural aux associés non concernés par la convention ou, au contraire, une réduction du nombre de voix de l'associé concerné), de telle sorte que l'associé qui a conclu la convention avec la société ne puisse pas, s'il est majoritaire, approuver la convention avec son seul vote ; il peut également être prévu une **approbation préalable** de la convention par un organe de direction (par exemple, un conseil de surveillance), de sorte que seules les conventions approuvées par cet organe seront soumises aux associés.

ATTENTION

Dans les sociétés d'exercice libéral par actions simplifiées (Selas), seuls les professionnels exerçant au sein de la société prennent part aux délibérations prévues par l'article L 227-10 lorsque les conventions en cause portent sur les conditions dans lesquelles ils y exercent leur profession (Ord. 2023-77 du 8-2-2023 art. 56). Il en va de même dans les SAS de droit commun constituées pour l'exercice d'une **profession libérale** juridique ou judiciaire (art. L 811-7, al. 2 et L 812-5, al. 2 pour les administrateurs et mandataires judiciaires, Ord. du 10-9-1817 art. 3-2, al. 2 pour les avocats aux Conseils, Loi 71-1130 du 31-12-1971 art. 8, I-al. 2 pour les avocats, Ord. 45-2590 du 2-11-1945 art. 1 bis, al. 2 pour les notaires et Ord. 2016-728 du 2-6-2016 art. 5, al. 2 et 25, IV-6° pour les commissaires de justice, les huissiers de justice et les commissaires-priseurs judiciaires).

Toutefois, l'exception prévue par l'article 56 précité ne s'applique pas dans les Selas et SAS de droit commun constituées pour l'exercice d'une profession libérale juridique ou judiciaire dont la majorité du capital et des droits de vote est détenue par des personnes autres que des professionnels exerçant au sein de la société (Ord. 2023-77 art. 81 et 83).

Le **refus d'approbation** par les associés est sans conséquence pour la convention : celle-ci produit néanmoins ses effets, à charge pour la personne intéressée et éventuellement pour le président et pour les autres dirigeants d'en supporter les conséquences dommageables pour la société (art. L 227-10, al. 3). Il en est de même en l'**absence de rapport** sur les conventions soumises à contrôle ou **de consultation** des associés (cf. Cass. com. 5-11-1991 : RJDA 3/92 n° 254). 60435

ILLUSTRATIONS

Une SAS a été condamnée à respecter la promesse d'achat des actions de son président conclue avec lui lors de sa nomination et qui n'avait pas été approuvée par la collectivité des associés, l'absence d'approbation ne suffisant pas à la rendre nulle ; en outre, il n'était pas démontré que cette promesse était contraire au principe d'égalité de traitement des actionnaires dès lors que les associés de la SAS l'avaient signée (CA Paris 1-3-2011 n° 10/24266 : RJDA 6/11 n° 551).

Sur la possibilité de mettre en cause la responsabilité du dirigeant pour faute de gestion, voir n° 14070, précision c.

60438 **Conventions interdites** À peine de nullité du contrat, il est interdit au président et aux autres dirigeants de la SAS de (art. L 227-12 et, sur renvoi, art. L 225-43) :
– contracter sous quelque forme que ce soit des emprunts auprès de la société ;
– se faire consentir par elle un découvert, en compte courant ou autrement ;
– faire cautionner ou avaliser par elle leurs engagements envers des tiers.

La même interdiction s'applique aux conjoint, ascendants ou descendants des dirigeants et à toute personne interposée (art. L 225-43, al. 3).

Toutefois, l'interdiction n'est pas applicable lorsque le dirigeant est une personne morale (art. L 225-43, al. 1).

Pour plus de détails, voir n°s 52510 s.

COMMISSAIRES AUX COMPTES ET OTI DANS LA SAS

60440 Certaines SAS doivent désigner un ou plusieurs **commissaires aux comptes** chargés de certifier leurs comptes et, le cas échéant, leurs informations de durabilité. Les règles concernant la nomination et la cessation des fonctions des commissaires aux comptes, les conditions d'exercice de leur profession, la mise en jeu de leur responsabilité et leur rémunération, qui, pour nombre d'entre elles, sont communes à l'ensemble des sociétés commerciales, sont exposées n°s 77500 s.

Les SAS peuvent choisir de désigner un **OTI** plutôt qu'un commissaire aux comptes pour faire certifier leurs informations de durabilité. Les règles concernant la nomination et la cessation des fonctions des OTI, les conditions d'exercice de leur mission, communes à l'ensemble des sociétés commerciales, sont exposées n°s 77000 s.

EXPERTISE DE GESTION DANS LA SAS

60450 Comme dans les SA, un ou plusieurs associés représentant au moins 5 % du capital social peuvent, soit individuellement, soit en se groupant sous quelque forme que ce soit, demander en référé la désignation d'un ou plusieurs experts chargés de présenter un rapport sur une ou plusieurs opérations de gestion (art. L 225-231 sur renvoi de l'art. L 227-1, al. 3).

ATTENTION

Les associés ne peuvent mettre en œuvre cette procédure qu'après avoir consulté par écrit le président ou les dirigeants désignés par les statuts sur l'opération de gestion et faute de réponse ou de réponse satisfaisante dans le délai d'un mois.

L'expertise de gestion est aussi ouverte au ministère public et, s'il en existe, au comité social et économique (CSE) des sociétés d'au moins 50 salariés (art. L 225-231, al. 3, texte qui n'a pas été modifié pour tenir compte du remplacement du comité d'entreprise par le CSE mais il nous semble logique que, dans les sociétés d'au moins 50 salariés, ce dernier dispose également du droit de présenter la demande).

Pour plus de détails sur l'expertise de gestion, voir n°s 53000 s.

PRÉROGATIVES DU COMITÉ SOCIAL ET ÉCONOMIQUE DANS LA SAS

60460 Dans les sociétés d'au moins 50 salariés, le comité social et économique (CSE) dispose de plusieurs droits qu'il peut exercer auprès d'un organe social déterminé par les statuts (n° 60222) : droit à l'information, droit pour deux membres d'assister aux réunions de cet organe avec voix consultative (C. trav. art. L 2312-72) et droit d'exprimer les vœux du CSE sur lesquels l'organe rend un avis motivé (C. trav. art. L 2312-73).

> **Précisions** Pour l'Ansa, les SAS dotées d'un **conseil d'administration ou de surveillance** comportant au moins un **membre nommé par les salariés** ne peuvent pas bénéficier de la dérogation prévue par l'article L 2312-75 du Code du travail et permettant la **représentation du CSE** par un seul membre au lieu de deux, faute pour ce texte, qui est d'interprétation stricte, de mentionner cette forme sociale (Communication Ansa, comité juridique n° 21-032 du 6-10-2021).

C. Décisions collectives des associés de SAS

1. DÉCISIONS RELEVANT DE LA COLLECTIVITÉ DES ASSOCIÉS DE SAS

DÉCISIONS RÉSERVÉES PAR LA LOI AUX ASSOCIÉS DE SAS

60490 Les décisions suivantes doivent être prises collectivement par les associés (art. L 227-9, al. 2) :
– augmentation, amortissement ou réduction du capital ;
– fusion ou scission, auxquelles il convient d'ajouter les apports partiels d'actifs soumis au régime des scissions ;
– nomination des commissaires aux comptes ;

– approbation des comptes annuels et affectation des bénéfices ;
– dissolution ;
– transformation en une société d'une autre forme.

ATTENTION

Le défaut de consultation des associés en cas d'augmentation, amortissement ou réduction du capital, de fusion ou scission, de dissolution ou de transformation exposerait le président ou le dirigeant à six mois d'emprisonnement et à 7 500 € d'amende (art. L 244-2).

À cette énumération, il convient d'ajouter :
– toutes les décisions qui supposent l'accord unanime des associés (n° 60518) ;
– l'adoption ou la modification d'une clause d'agrément ou d'exclusion (n° 60681) ;
– l'examen des conventions conclues entre la société et l'un de ses dirigeants ou certains associés (n°s 60431 s.) ;
– la désignation d'un OTI chargé de certifier les informations de durabilité, dans les SAS tenues à cette obligation (art. L 822-17) ;
– le transfert du siège social dans un autre pays de l'UE (art. L 236-50, al. 1 et, sur renvoi, art. L 236-38 issus de loi 2024-364 du 22-4-2024).

Pour l'approbation d'une modification du capital ou des statuts prévue par un projet de plan de sauvegarde ou de redressement de la société, une « assemblée générale » doit être convoquée si les classes de parties affectées ne sont pas constituées pour statuer sur ce projet (voir n°s 91315 s.).

Sur le cas particulier des SAS ayant recours au financement participatif, voir n° 60495.

DÉCISIONS POUVANT ÊTRE CONFIÉES PAR LES STATUTS AUX ASSOCIÉS DE SAS

Pour toutes les décisions autres que celles mentionnées n° 60490, par exemple la nomination du président et des autres dirigeants sociaux, le transfert du siège social en France, le changement de dénomination, l'émission d'obligations, etc., une **décision collective** n'est pas imposée, celle-ci n'étant requise que **si elle est prévue par les statuts** (art. L 227-9, al. 1). Les statuts peuvent donc prévoir qu'elles seront prises par le président (sauf lorsqu'il s'agit de sa nomination ou de sa révocation) ou par le conseil de direction s'il en existe un ou par l'associé majoritaire ou de toute autre manière ; bien entendu, il peut aussi être convenu qu'elles relèveront de la compétence de la collectivité des associés. **60491**

CONSEIL

Pour faciliter le fonctionnement de la société, les statuts peuvent, par exemple, prévoir, après la mention du lieu du siège social, que le transfert de celui-ci en France (en tout lieu ou dans un certain périmètre) est décidé par le président, qui peut modifier les statuts en conséquence.

Pour les décisions sur lesquelles les **statuts ne se sont pas prononcés** et qui ne relèvent pas de l'énumération ci-dessus (n° 60490), il convient, à notre avis, de distinguer selon que la décision entraîne ou non modification des statuts. Dans le premier cas, elle nous paraît devoir être prise à l'unanimité des associés (cf. C. civ. art. 1836). Dans le second cas (absence de modification des statuts), elle relève de la compétence du président, seul organe certain et permanent de la SAS, qui dispose légalement de pouvoirs étendus et auquel on peut soutenir que les associés s'en sont implicitement remis. **60492**

DÉCISIONS COLLECTIVES DES SAS AYANT RECOURS AU FINANCEMENT PARTICIPATIF

Les SAS ayant recours, directement ou par l'intermédiaire d'une holding, au financement participatif doivent appliquer certaines règles prévues pour la **consultation** des **actionnaires** de SA **en assemblée** (art. L 227-2-1, I et II et, sur renvoi, C. mon. fin. art. L 411-2, 2°). Les modifications des statuts ne peuvent être décidées qu'en assemblée générale extraordinaire et les autres décisions collectives relèvent de la compétence de l'assemblée ordinaire, le tout dans les mêmes conditions de quorum et de majorité que pour les SA. L'assemblée ne peut alors délibérer que sur les questions inscrites à l'ordre du jour et, comme dans les SA, elle peut en toutes circonstances révoquer et remplacer les administrateurs ou les membres du conseil de surveillance si la SAS comporte ce type de dirigeants. **60495**

La **convocation** des associés **et** leur **information** préalable à l'assemblée doivent être faites dans les mêmes conditions (notamment de forme et de délai) que celles prévues par les articles R 225-66 à R 225-70 et R 225-83 pour les SA. Toute assemblée irrégulièrement convoquée peut être annulée ; toutefois, l'action en nullité n'est pas recevable lorsque tous les associés étaient présents ou représentés (art. L 227-2-1, I-4° et R 227-2).

Bien que le texte ne le précise pas, ces règles s'appliquent malgré toute **clause contraire des statuts.**

> **Précisions** **a.** Pour l'Ansa, une SAS qui envisage d'avoir recours au financement participatif n'a pas à mettre ses **statuts** en **conformité** avec ces règles avant de lancer l'offre, car celles-ci sont applicables de plein droit dès que ce financement est effectif ; en revanche, il est de bonne pratique de procéder à une telle modification lors d'une prochaine assemblée après le dénouement de l'offre (Communication Ansa, comité juridique n° 22-034 du 7-9-2022).
> **b.** Le **transfert du siège** d'une SAS ayant recours au financement participatif relève de la seule compétence de **l'assemblée générale extraordinaire,** peu important les dispositions statutaires (Communication Ansa précitée).

2. MODES DE CONSULTATION DES ASSOCIÉS DE SAS

60500 Les statuts déterminent librement les conditions et les **formes** dans lesquelles sont prises les décisions collectives des associés : consultation en assemblée ou par écrit, établissement d'un acte signé par tous les associés, etc. Les statuts peuvent aussi prévoir, par exemple, que certaines décisions devront être prises en assemblée, les autres faisant l'objet, au choix du président ou de l'initiateur de la consultation, d'une consultation par écrit, d'une assemblée ou d'un acte.

Pour l'Ansa, la liberté, offerte aux SAS par l'article L 227-9, al. 1, de fixer dans les statuts des règles spécifiques pour la prise des décisions collectives, permet de déroger aux dispositions de l'article L 228-92 imposant la réunion d'une assemblée générale extraordinaire en cas d'émission de valeurs mobilières donnant accès au capital ; il est donc possible de faire prendre toute décision d'augmenter le capital, y compris au moyen de l'émission de valeurs mobilières donnant accès au capital, par un acte écrit signé de tous les associés (Communication Ansa, comité juridique n° 19-004 du 9-1-2019).

Sur le cas particulier des **SAS ayant recours au financement participatif,** voir n° 60495.

En fonction du ou des modes de consultation retenus, les statuts doivent préciser les **conditions** dans lesquelles s'exercera le droit de **vote** des associés (nos 60501 s.) et l'étendue des **informations** qui leur seront communiquées en vue de la décision à prendre (nos 60620 s.).

Les statuts peuvent aussi indiquer les conditions d'information des **commissaires aux comptes** et des **OTI,** s'il en existe : mode et délai de convocation en cas de tenue d'une assemblée générale, modalités d'information en cas de consultation écrite, etc.

Quelles que soient les modalités de la consultation, les dirigeants doivent communiquer aux commissaires aux comptes, s'il en existe, les documents leur permettant d'exercer leur mission. Sur la communication des comptes sociaux aux commissaires aux comptes, voir n° 60542.

TENUE D'UNE ASSEMBLÉE DES ASSOCIÉS DE SAS

60501 En cas de réunion d'une assemblée, les statuts doivent fixer le délai et le mode de **convocation** des associés. Si les statuts ne précisent pas l'organe compétent pour procéder à la convocation, l'assemblée convoquée directement par des associés est valable (CA Paris 18-6-2008 n° 08-6315 : RJDA 2/09 n° 118 et, sur pourvoi, Cass. com. 5-5-2009 n° 08-17.831 : RJDA 8-9/09 n° 758).

La convocation peut être verbale et sans délai mais les dirigeants devront alors se ménager la preuve de la réalité de la convocation et s'assurer que tous les associés peuvent participer à l'assemblée. Ainsi, dans un cas où les statuts prévoyaient la possibilité de convoquer l'assemblée dans l'heure, une décision collective a été annulée car l'un des associés n'avait pas pu matériellement y participer (CA Paris 26-5-2016 n° 15/04241 : RJDA 10/16 n° 693). Dans la pratique, les statuts qui prévoient ce genre de convocation la réservent généralement au cas où tous les associés sont présents ou représentés, ou au cas où tous les associés ont donné leur accord écrit (y compris par courrier électronique).

Les règles de la SA relatives au contenu de la convocation et à l'ordre du jour (art. L 225-104 s.) ne s'appliquent pas à la SAS (art. L 227-1, al. 3). Toutefois, afin de permettre aux associés de voter en toute connaissance de cause, les statuts peuvent utilement préciser que la convocation contient l'ordre du jour de l'assemblée et le projet des résolutions. Certains statuts prévoient aussi que toutes les consultations des associés sont accompagnées d'un rapport du président exposant les motifs des décisions soumises à leur approbation.

Dans les SAS qui en sont dotées, les commissaires aux comptes, de même que les OTI chargés de la certification des informations de durabilité, doivent être convoqués à toutes les assemblées d'associés par lettre recommandée AR au plus tard lors de la convocation des associés (art. L 821-65, D 821-185, al. 1 et R 822-25, al. 1). Des sanctions pénales sont encourues à défaut de convocation des commissaires aux comptes (art. L 821-6, 1° ; sur le champ d'application de ce texte, voir n° 77654).

Les statuts peuvent organiser le **dépôt par les associés de points ou de projets de résolution.** Ils doivent alors en préciser les modalités (délais, forme et contenu de la demande, etc.). 60502

ATTENTION

Dans les SAS tenues d'établir des informations de durabilité, le cas échéant consolidées, un ou plusieurs associés représentant plus de 5 % du capital ou des droits de vote peuvent demander l'inscription à l'ordre du jour de l'assemblée d'un projet de résolution exigeant un contrôle de certaines de ces informations (art. L 232-6-3, IV et L 233-28-4, IV ; sur ce droit, voir nos 77300 s.).

Les statuts de ces SAS doivent prévoir les modalités dans lesquelles s'exerce ce droit : forme de la demande, délai à respecter, modes de justification de la détention minimale du capital ou des droits de vote, etc. À notre avis, dans les SAS dans lesquelles les décisions collectives se prennent autrement qu'en assemblée (par consultation écrite, par exemple), les statuts doivent permettre aux associés d'exercer ce droit selon d'autres modalités.

La **représentation,** par un autre associé ou même par un tiers, est librement **organisée par les statuts** (formes du mandat, charge de la preuve en cas de contestation, etc.). 60503

EXEMPLE

Les statuts peuvent stipuler que, pour toute procuration d'un associé donnée sans indication de mandataire, il sera émis un vote favorable à l'adoption des projets de résolutions présentés par les dirigeants et un vote défavorable à l'adoption de tous les autres.

Même si les statuts de la SAS n'autorisent un associé à se faire représenter que par un autre associé (ou interdisent toute faculté de représentation), un associé personne morale peut se faire représenter par un tiers auquel le représentant légal de celle-ci a délégué son pouvoir (Cass. com. 5-7-2017 n° 15-22.936 F-D : RJDA 11/17 n° 721), à moins que les propres statuts de cette personne morale ne l'interdisent expressément.

En l'**absence de disposition statutaire** relative à la représentation des associés et en application du droit commun du mandat, les associés peuvent être représentés aux assemblées générales ; le mandat peut être donné pour une durée indéterminée et pour toutes les assemblées (en ce sens, Communication Ansa, comité juridique n° 06-059 du 8-11-2006). Il prend fin si le mandataire est atteint d'une incapacité (placement sous sauvegarde de justice, curatelle, tutelle, habilitation familiale ou mandat de protection future ayant pris effet) ou frappé d'une interdiction (condamnation à une mesure de faillite personnelle ou à une interdiction de gérer) (C. civ. art. 1160).

Il n'y a, dans la SAS, aucune obligation d'établir et de faire émarger une **feuille de présence à l'assemblée.** Dans la pratique, les statuts prévoient toutefois généralement l'établissement d'une feuille de présence (dont le contenu peut s'inspirer de l'exemple présenté n° 47521) car celle-ci permet de constater (en y annexant les pouvoirs donnés aux mandataires) le nombre d'associés présents ou représentés et d'éviter ainsi toute contestation ultérieure. 60504

Les statuts peuvent prévoir la **participation** à l'assemblée **par un moyen de télécommunication,** par exemple la visioconférence (sauf à mettre en place les moyens de preuve des votes émis par un tel procédé). Dans un tel cas, les statuts peuvent préciser que les associés, le commissaire aux comptes et l'OTI s'il en existe, ainsi que, le cas échéant, les représentants du comité social et économique des sociétés d'au moins 50 salariés devront recevoir une convocation écrite indiquant les lieux disposant du moyen de télécommunication mis à disposition par la SAS et dans lesquels ils seront invités à se rendre pour participer à la consultation. 60505

CONSEIL

Lorsque la participation par un moyen de télécommunication est retenue, il est souhaitable que les statuts précisent que les associés qui y ont recours sont réputés présents pour le calcul du quorum (s'il en est prévu un) et de la majorité.

Les statuts peuvent aussi autoriser les associés à **voter par correspondance** à l'assemblée *en envoyant par anticipation un* formulaire de vote. Un tel vote par correspondance n'est possible que si les statuts le prévoient et selon les modalités fixées par ces derniers ; celles prévues pour les consultations écrites (n° 60507) ne sont applicables au vote par correspondance que si les statuts le précisent (Cass. com. 11-10-2023 n° 22-10.646 F-D : RJDA 2/24 n° 109, à propos d'une SNC mais transposable). 60506

CONSULTATION ÉCRITE DES ASSOCIÉS DE SAS

Si les statuts autorisent la consultation écrite, il peut être prévu que les associés dont le vote ne sera pas reçu par la SAS dans un certain délai (par exemple, 5, 8 ou 15 jours) à compter de l'envoi (ou de la date de réception) des projets de résolution seront réputés avoir refusé, ou s'être abstenus, ou avoir approuvé chacune des résolutions soumises à consultation. 60507

PROCÈS-VERBAL DES DÉCISIONS DES ASSOCIÉS DE SAS

60508 Que la consultation prenne la forme d'une assemblée ou d'une consultation écrite, les **statuts** prévoient aussi, le plus souvent, la consignation du résultat de celle-ci dans un procès-verbal dont ils précisent, en s'inspirant des règles de la SA (nos 47990 s.), le contenu, les modalités de convocation, les signataires et les personnes habilitées à en certifier des copies ou des extraits.

Les statuts peuvent prévoir la tenue du registre des décisions et l'établissement des procès-verbaux sous **forme électronique.** En l'absence de dispositions statutaires prévoyant les modalités de signature électronique, cette dernière doit respecter au moins les exigences relatives à la signature électronique avancée (sur ces exigences, voir no 23160) ; les procès-verbaux sont datés de façon électronique par un moyen d'horodatage offrant toute garantie de preuve (art. R 227-1-1).

La tenue du registre des décisions et l'établissement des procès-verbaux sous forme électronique semblent également possibles dans les SAS dont les statuts ne prévoient pas expressément cette forme, par application du principe d'équivalence entre l'écrit papier et l'écrit électronique (cf. C. civ. art. 1174 et 1366) ; les exigences de la signature électronique avancée et d'horodatage doivent alors être respectées (en ce sens, J. Delvallée, Le recours à la signature électronique des procès-verbaux de décisions dans les SAS : BRDA 12/21 inf. 29).

L'établissement d'un procès-verbal comportant des énonciations mensongères est susceptible de constituer un **faux** en écriture sanctionné par l'article 441-1 du Code pénal, peu important que le procès-verbal ne soit exigé ni par la loi ni par les statuts de la société (Cass. crim. 16-6-2021 no 20-82.941 F-P : RJDA 10/21 no 676, à propos d'une association mais transposable).

DEMANDE DE CONSULTATION DES ASSOCIÉS DE SAS PAR LE CSE

60509 Dans les **sociétés d'au moins 50 salariés,** le Code du travail permet au comité social et économique (CSE), d'une part, de demander en justice la désignation d'un mandataire chargé de convoquer l'assemblée générale en cas d'urgence (C. trav. art. L 2312-77, al. 1), d'autre part, de requérir l'inscription de projets de résolution à l'ordre du jour de toute assemblée (art. L 2312-77, al. 2) et, enfin, d'envoyer deux représentants pour assister aux assemblées et qui devront être entendus à leur demande sur toutes les délibérations requérant l'unanimité des associés (art. L 2312-77, al. 3). Les statuts fixent les modalités d'examen des demandes d'inscription des projets de résolution émanant du CSE (C. trav. art. R 2312-34).

S'ils ne retiennent pas la consultation des associés en assemblée générale (nos 60491 s.), les statuts des sociétés d'au moins 50 salariés doivent organiser les modalités selon lesquelles les délégués du CSE pourront exercer ces droits (C. trav. art. L 2312-76) et, en particulier, préciser auprès de quel organe les exercer.

> **Précisions** Pour l'Ansa, les SAS dotées d'un **conseil d'administration ou de surveillance** comportant au moins un **membre nommé par les salariés** ne peuvent pas bénéficier de la dérogation prévue par l'article L 2312-75 du Code du travail et permettant la **représentation du CSE** par un seul membre au lieu de deux, faute pour ce texte, qui est d'interprétation stricte, de mentionner cette forme sociale (Communication Ansa, comité juridique no 21-032 du 6-10-2021, à propos du nombre de représentants du comité au conseil d'administration mais, à notre avis, transposable).

3. CONDITIONS D'ADOPTION DES DÉCISIONS COLLECTIVES DE SAS

AMÉNAGEMENTS STATUTAIRES DU DROIT DE VOTE

60510 Les conditions d'adoption des décisions collectives sont fixées par les statuts (art. L 227-9, al. 1).

Il leur est toutefois interdit de **priver un associé de son droit de vote** : en effet, il résulte de l'article 1844, al. 1 du Code civil que tout associé a le droit de participer aux décisions collectives et de voter et les statuts ne peuvent y déroger que dans les cas prévus par la loi (Cass. com. 23-10-2007 no 06-16.537 : RJDA 1/08 no 50). Les statuts ne peuvent notamment pas subordonner le droit de voter à la détention d'un certain nombre d'actions ou à la qualité d'associé depuis un certain temps (clause de stage), ni prévoir une suppression permanente du droit de vote portant sur certains types de décisions sociales ou une suppression du droit de vote applicable à l'ensemble des décisions mais limitée dans le temps.

S'il existe des **actions d'industrie,** les statuts doivent préciser les conditions dans lesquelles les associés titulaires de ces actions exercent leur droit de vote.

Indépendamment de la faculté de créer des actions de préférence à droit de vote multiple (no 60141), les statuts peuvent attribuer à certains associés (par exemple, aux fondateurs ou à une société contrôlée par l'un d'eux) un nombre de voix différent de celui accordé aux autres (**droit de vote multiple**). Il convient alors de préciser le sort de ce droit de vote multiple en cas de transfert de propriété des actions auxquelles il est attaché. En pratique, il est souvent prévu que le transfert de propriété des actions fait perdre à l'action ce droit de vote multiple.

De même, des **catégories** différentes **d'associés** peuvent être créées, chacune d'elles donnant droit à un nombre de voix déterminé.

Rien ne s'oppose non plus à ce que :

– un **droit de veto** ou un droit d'ajournement (renvoi à une délibération ultérieure) soit attribué à un ou plusieurs associés dans certains cas particuliers ; même général, le droit de veto n'est pas contraire au droit de tout associé de participer aux décisions collectives (C. civ. art. 1844, al. 1), puisque tous les associés participent bien au vote (Communication Ansa, comité juridique n° 09-056 du 7-10-2009) ;

– les **droits de vote** d'un associé pour une assemblée puissent être « **totalisés** » et tous utilisés sur une seule résolution ; par exemple, lors d'une assemblée comportant cinq résolutions, un associé titulaire de dix actions donnant droit chacune à une voix disposera au total de 50 voix qu'il pourra utiliser en tout ou partie sur une résolution, ce qui réduira d'autant ses droits de vote sur les autres résolutions ;

– le **droit de vote** soit **limité** à une certaine fraction des voix appartenant à tous les associés et que, pour cette limitation, il soit fait masse des actions détenues par toutes les sociétés contrôlées directement ou indirectement par une même personne ;

– certaines des décisions, dès lors qu'elles ne sont pas obligatoirement réservées aux associés (n° 60490), soient subordonnées à l'**accord** préalable ou à la non-opposition **de tiers** étrangers (par exemple, la société mère, un banquier, un client privilégié) ;

– le **nombre de voix** de chaque associé soit **redéfini** annuellement, à l'ouverture de l'assemblée générale ordinaire, en fonction de sa contribution ou non aux charges de fonctionnement de l'exercice précédent ;

– la **propriété** des **actions et** des **droits de vote** en assemblée soit **dissociée** par une décision collective des associés prise en cours de vie sociale, si cette décision n'a pas eu d'incidence sur les droits patrimoniaux et financiers des associés, ni sur leur droit de participer aux décisions collectives et de voter (Cass. com. 7-5-2019 n° 17-14.438 F-D : RJDA 8-9/19 n° 566).

À notre avis, dans tous les cas d'aménagement conventionnel des conditions d'adoption des décisions collectives, il n'est pas obligatoire de créer des **actions de préférence,** ces aménagements correspondant à la liberté d'organiser le fonctionnement de la SAS (n° 60141). Il en va toutefois différemment en cas de suppression totale du droit de vote d'un associé (par exemple, création d'une action à dividende majoré ou prioritaire sans droit de vote), laquelle ne peut être décidée que dans les cas prévus par la loi (Cass. com. 23-10-2007 précité) et aucune disposition particulière de la SAS ne dérogeant à ce principe.

› Précisions **a.** Dans les SAS constituées pour l'exercice d'une **profession libérale** juridique ou judiciaire et dans les sociétés d'exercice libéral par actions simplifiées (Selas), seuls les professionnels exerçant au sein de la société peuvent prendre part au vote portant sur une **convention réglementée** relative aux conditions dans lesquelles ils exercent leur profession au sein de la société : voir n° 60433.

b. Dans les **Selas** exerçant une **profession de santé,** aucun droit de vote double ne peut être attribué aux actions détenues par des associés autres que les professionnels exerçant leur activité au sein de la société ; les droits de vote double sont attribués à tous les professionnels exerçant leur activité dans la société, les statuts pouvant prévoir une condition d'ancienneté ne pouvant pas dépasser deux ans (Ord. 2023-77 du 8-2-2023 art. 71, al. 1 et 2).

QUORUM ET MAJORITÉ REQUIS POUR L'ADOPTION DES DÉCISIONS COLLECTIVES

Il résulte de l'article L 227-9, al. 1 et 2 que ce sont les **statuts** qui déterminent à quelles conditions de majorité et, le cas échéant, de quorum sont prises les décisions collectives, observation faite qu'il est possible de prévoir des conditions différentes selon la nature ou l'importance des décisions à prendre. **60512**

ATTENTION

Une décision collective d'associés d'une SAS, qu'elle soit prévue par les statuts ou imposée par la loi, ne peut être valablement adoptée que si elle réunit au moins la **majorité des voix exprimées,** toute clause statutaire contraire étant réputée non écrite (Cass. ass. plén. 15-11-2024 n° 23-16.670 BR : RJDA 2/25 n° 90). Une décision collective d'associés ne peut en effet être tenue pour adoptée que si elle rassemble en sa faveur le plus grand nombre de voix, toute autre règle conduisant à considérer que la collectivité des associés peut adopter, lors d'un même scrutin, deux décisions contraires ; la liberté contractuelle qui régit la SAS ne peut s'exercer que dans le respect de cette règle. Est donc réputée non écrite la clause statutaire prévoyant que les décisions collectives sont adoptées si elles réunissent en leur faveur un tiers des voix présentes ou représentées et la décision adoptée en application de cette clause est nulle (Cass. ass. plén. 15-11-2024 précité). Lorsqu'il est envisagé de conférer à des associés minoritaires un pouvoir décisionnel supérieur à leur participation dans le capital, il convient de recourir à d'autres mécanismes, par exemple un droit de vote multiple ou des actions de préférence. Par ailleurs, dans les domaines que la loi n'attribue pas obligatoirement à la compétence des associés, la nécessité d'une majorité ne s'applique à notre avis que si les statuts ont fait le choix d'une décision collective des associés (cf. art. L 227-9, al. 1).

Dans la pratique (mais ce n'est pas une obligation), beaucoup de statuts distinguent les conditions d'adoption des décisions qui modifient les statuts (qualifiées d'extraordinaires) de celles qui ne les modifient pas (qualifiées d'ordinaires). Certains statuts ne prévoient pas de quorum et beaucoup prévoient un quorum faible (par exemple, le cinquième des actions pour les décisions « ordinaires » et le quart pour les décisions « extraordinaires »). Il arrive que les statuts prévoient que l'assemblée générale extraordinaire ne peut délibérer valablement sur première et sur seconde convocation qu'en présence des titulaires d'actions de préférence disposant de certains droits (tel le droit de veto).

Par dérogation, les statuts doivent prévoir une majorité comprise entre les deux tiers et 90 % des voix dont disposent les associés présents ou représentés pour décider une opération transfrontalière – fusion, scission, apport partiel d'actifs ou transfert de siège (art. L 236-38, al. 2, L 236-46, al. 2, L 236-48, al. 2 et L 236-50). Les sociétés qui envisagent de procéder à une telle opération doivent donc préalablement modifier leurs statuts, s'ils ne sont pas conformes à ces dispositions.

60513 Il importe d'apporter un **soin** tout particulier à la **rédaction des statuts** afin que ceux-ci soient en adéquation avec l'objectif recherché (pour un exemple où la clause statutaire instituant un quorum n'était pas adaptée à l'objectif tendant à ce qu'aucune décision ne puisse être prise sans l'aval d'une certaine catégorie d'associés, voir Cass. com. 5-5-2009 n° 08-17.831 : RJDA 8-9/09 n° 758).

Il est en particulier recommandé de préciser clairement dans les statuts comment les **abstentions** seront prises en compte lors des décisions collectives.

› Précisions **a.** L'Ansa a apporté des précisions sur les règles devant s'appliquer lorsque les statuts prévoient un vote en **assemblée** sans être explicites sur la prise en compte des abstentions (Communication Ansa, comité juridique n° 20-034 du 9-9-2020). Il en résulte que si les statuts prévoient que l'adoption des décisions nécessite :

– « la majorité des voix », il convient de calculer cette majorité en tenant compte de l'ensemble des voix existantes au sein de la SAS, y compris celles au titre desquelles un associé s'est abstenu ; dans ce cas, l'abstention équivaut à un vote défavorable ;

– « la majorité des voix exprimées », les actions au titre desquelles un associé présent ou représenté à l'assemblée s'est abstenu sont prises en compte dans le calcul du quorum, si les statuts en ont prévu un ; en revanche, n'étant pas des voix exprimées, elles ne doivent pas être incluses dans le calcul de la majorité ;

– « la majorité des voix des associés présents ou représentés », les actions d'un associé présent ou représenté à l'assemblée qui s'est abstenu sont prises en compte pour le calcul du quorum si les statuts en ont prévu un ; pour le calcul de la majorité, ces abstentions sont assimilées à un vote contre.

b. À notre avis, est valable la **clause statutaire** prévoyant que, lorsque la question posée aux associés offre au moins trois choix possibles (par exemple le choix entre plusieurs candidats aux fonctions de direction), la résolution adoptée est celle qui a réuni le plus grand nombre de voix (**majorité relative**), sans qu'il soit nécessaire qu'elle réunisse au moins la moitié des voix (par exemple, proposition ayant réuni 30 % des voix, alors que les autres ont chacune recueilli 10 %). En effet, contrairement à ce qu'avait décidé la chambre commerciale (cf. Cass. com. 19-1-2022 n° 19-12.696 FS-D : RJDA 6/22 n° 347), l'assemblée plénière de la Cour de cassation n'exige pas la majorité « simple » des votes exprimés (Cass. ass. plén. 15-11-2024 n° 23-16.670 BR : RJDA 2/25 n° 90).

c. Sur les règles particulières applicables aux **modifications statutaires** intervenant avant l'adoption d'un **plan** de **sauvegarde** ou de **redressement** de la société, voir n°s 91315 s.

d. Des règles spéciales de majorité sont imposées pour l'agrément des associés de **sociétés d'exercice libéral** par actions simplifiées (Selas) exerçant une profession technique et du cadre de vie ou de santé et pour leur exclusion en application d'une clause statutaire (Ord. 2023-77 du 8-2-2023 art. 77 et 93).

60515 **Silence des statuts** Dans le silence des statuts, hypothèse peu vraisemblable en pratique, les décisions collectives, autres que celles modifiant les statuts ou celles pour lesquelles l'unanimité est requise (n° 60518), sont à notre avis prises à la majorité des voix existant au sein de la société (la moitié plus une).

Certes, la grande liberté dont jouissent les associés en ce qui concerne les modalités de fonctionnement de leur société confère un caractère contractuel marqué à la SAS, ce qui devrait conduire à appliquer aux décisions collectives le principe de l'unanimité. Mais c'est aussi une société dotée de la personnalité morale et il est de principe que, sauf disposition légale contraire, une personne morale, et plus encore une société de capitaux, ne peut fonctionner efficacement que si on lui applique le principe majoritaire.

DÉCISIONS REQUÉRANT L'UNANIMITÉ DES ASSOCIÉS

Les **clauses statutaires** prévoyant l'**inaliénabilité** temporaire des actions ou des règles parti- **60518**
culières en cas de **changement du contrôle** d'une société associée ne peuvent être adoptées, modifiées ou supprimées qu'à l'unanimité (voir n°s 60680 s.).

En revanche, l'unanimité des associés n'est pas requise en cas d'adoption ou de modification d'une **clause d'agrément** (cf. art. L 227-19), à moins d'être prévue par les statuts (sur le cas particulier des SAS constituées pour l'exercice d'une profession libérale juridique ou judiciaire et des sociétés d'exercice libéral par actions simplifiées, voir nº 60702).

L'unanimité est requise pour l'adoption ou la modification d'une **clause d'exclusion** si elle est prévue par les statuts (cf. art. L 227-19) ou en cas d'augmentation des engagements des associés : sur cette question, voir nº 60681.

Conformément au droit commun (C. civ. art. 1836, al. 2) et en l'absence de dérogation expresse dans la loi sur la SAS (cf. C. civ. art. 1834), aucune décision entraînant une **augmentation des engagements** d'un associé ne peut valablement être prise sans l'accord de celui-ci (sur cette notion, voir nos 7200 s.).

Certaines décisions sont, en vertu de dispositions légales particulières, soumises à l'accord unanime des associés mais avec la possibilité pour les **statuts** d'y **déroger.** Tel est le cas :
- des modifications statutaires (C. civ. art. 1836, al. 1) ;
- de la prorogation de la durée de la société (C. civ. art. 1844-6, al. 1) ;
- de la nomination du liquidateur après dissolution de la SAS (art. L 237-18, II-6°) ;
- de l'approbation des comptes annuels en cas de liquidation (art. L 237-27, I-3°).

Enfin, l'unanimité est requise dans le cadre de certaines **opérations particulières** :
- désignation d'un ou de plusieurs commissaires aux apports en cas d'augmentation du capital par apports en nature sans avoir à passer par le juge (art. L 225-147, al. 1 sur renvoi de l'art. L 227-1, al. 3) ;
- augmentation de capital par élévation du montant nominal des actions, sauf si l'opération est réalisée par incorporation de bénéfices, réserves ou primes d'émission (art. L 225-130, al. 2 sur renvoi de l'art. L 227-1, al. 3) ;
- opération de fusion, de scission ou d'apport partiel d'actifs soumis au régime des scissions ayant pour effet d'augmenter les engagements d'associés de l'une ou de plusieurs sociétés en cause (art. L 236-5, L 236-19 et L 236-27) ;
- décision d'écarter l'obligation, pour les dirigeants des sociétés concernées par une opération de fusion, de scission ou d'apport partiel d'actifs soumis au régime des scissions concernant uniquement des sociétés par actions, d'établir un rapport écrit sur l'opération envisagée (art. L 236-9, I-al. 4, L 236-20 et L 236-27) ;
- désignation de l'expert indépendant chargé d'évaluer les actions dont la société projette le rachat dans le cadre d'un programme de rachat sans avoir à passer par le juge (art. R 225-160-1) ;
- changement de nationalité de la société résultant d'un transfert de siège hors UE (nos 20530 s.).

ATTENTION

L'unanimité des associés s'entend de la **totalité** des **associés** de la **société** et non des seuls associés ayant participé à la consultation, c'est-à-dire, dans le cas d'une assemblée, des seuls associés *présents ou représentés à celle-ci* (Cass. 3e civ. 5-1-2022 nº 20-17.428 FS-B : RJDA 4/22 nº 205, à propos d'une société civile mais transposable).

4. INOBSERVATION DES MODALITÉS D'ADOPTION DES DÉCISIONS COLLECTIVES

Les **décisions prises avant le 1er octobre 2025** en violation des dispositions de l'article **60520**
L 227-9 peuvent être annulées à la demande de tout intéressé (art. L 227-9, al. 4). C'est le cas de toute décision prise en violation de la **compétence obligatoire** attribuée à la collectivité **des associés** par l'article L 227-9, al. 2 (nº 60490).

L'article L 227-9, al. 4 doit en outre être lu comme visant les décisions prises en violation des clauses statutaires qui, en application de l'article L 227-9, al. 1, définissent un **domaine de compétence des associés complémentaire** à celui prévu par la loi et les formes et conditions dans lesquelles ces décisions doivent être prises ; tout intéressé peut demander l'annulation de ces décisions lorsque la violation est de nature à influer sur le résultat du processus de décision (Cass. com. 15-3-2023 n° 21-18.324 FS-BR : RJDA 5/23 n° 263), l'appréciation de cette influence ne se limitant pas à une question purement arithmétique (théorie « du vote utile ») liée au nombre de voix dont dispose l'intéressé.

Pourraient donc être annulées, sous cette condition, les décisions prises avant le 1er octobre 2025 qui ne respectent pas la compétence que les statuts réservent à la collectivité des associés (cf. art. L 227-9, al. 1) (Cass. com. 15-3-2023 précité). Il en va de même des décisions qui ne respectent pas les **formes et conditions** fixées par les statuts pour leur adoption (consultation écrite, réunion d'une assemblée physique, participation par visioconférence, vote à distance, règles de quorum et de majorité, formalités de convocation, etc.), que la décision relève de la compétence des associés en vertu des statuts (Cass. com. 15-3-2023 précité) ou, à notre avis, de la loi. Si une consultation écrite est organisée alors que les statuts exigent une assemblée, un associé minoritaire pourrait par exemple démontrer qu'il aurait pu convaincre lors des débats un nombre suffisant d'associés de voter dans le même sens que lui.

ATTENTION

À compter du 1er octobre 2025, l'article L 227-9, al. 4 est abrogé (Ord. 2025-229 du 12-3-2025 art. 63 et 70). Les décisions collectives prises à compter de cette date en violation de la compétence légale obligatoire de la collectivité des associés (notamment art. L 227-9, al. 2 et L 227-19) peuvent être annulées pour violation d'une disposition impérative (cf. C. civ. art. 1844-10, al. 3 modifié par ord. 2025-229).

En cas de violation d'une clause des statuts attribuant une compétence complémentaire à la collectivité des associés en application de l'article L 227-9, al. 1, la solution de l'arrêt du 15 mars 2023 précité devrait être abandonnée (dans le même sens, J. Delvallée, Réforme du régime des nullités en droit des sociétés : Dalloz Actualité 27-3-2025 n° 29 ; B. Dondero, L'ordonnance réformant les nullités en droit des sociétés : JCP E 2025 n° 1117 § 22). La nullité n'est à notre avis encourue pour violation d'une telle clause que si les statuts ont prévu cette cause de nullité (C. civ. art. 1844-10, al. 4 modifié par ord. 2025-229 et art. L 227-20-1 issu de ord. 2025-229 ; voir n° 60600).

Les décisions qui ne respectent pas les formes et conditions fixées par les statuts pour l'adoption des décisions collectives encourent la nullité si les statuts prévoient cette sanction ; si les statuts ne prévoient pas une telle cause de nullité, celle-ci pourrait être encourue si la règle statutaire violée reproduisait une disposition impérative de droit des sociétés (ou constituait le prolongement d'une telle disposition ; sur cette question, voir n° 89386).

60522 Est réputée non écrite la clause statutaire prévoyant que les décisions collectives sont adoptées par un nombre de voix inférieur à la majorité des votes exprimés (par exemple, le tiers des voix) ; la délibération adoptée en application d'une telle clause est nulle (Cass. ass. plén. 15-11-2024 n° 23-16.670 BR : RJDA 2/25 n° 90).

60525 L'annulation d'une décision collective, qu'elle soit prise avant le 1er octobre 2025 ou à compter de cette date, peut aussi être demandée dans les conditions de **droit commun,** notamment en cas de **fraude** (nos 89250, 89370 et 89380) ou d'**abus de droit de vote** (nos 7790 s.).

› Précisions La nullité de décisions collectives des associés a aussi été prononcée par les juges du fond dans les cas suivants :

– assemblée tenue malgré une **décision d'ajournement** de l'**auteur de la convocation** (CA Paris 12-9-2024 n° 22/02179 : RJDA 2/25 n° 83, à propos d'une SARL mais transposable) ;

– assemblée tenue en **violation** grossière d'une **ordonnance du juge des référés** qui avait ajourné une précédente assemblée ayant en partie le même ordre du jour (CA Bordeaux 10-1-2023 n° 22/01177 : RJDA 7/23 n° 375) ;

– *modification de la répartition* des droits de vote décidée à l'unanimité des associés sans qu'aient été respectées les dispositions statutaires relatives à leur **droit de communication préalable** (CA Limoges 28-3-2012 n° 10/00576 : RJDA 12/12 n° 1091 qui précise que l'adoption à l'unanimité de la résolution ne fait pas disparaître le droit ouvert à tout associé n'ayant pas pu voter en connaissance de cause d'en demander l'annulation) ;

– **révocation** du **président** et du directeur général décidée par les associés sans l'accord préalable du conseil d'administration prévu par les **statuts,** dans un contexte empreint de **fraude** (CA Paris 31-3-2022 n° 21/02463 : RJDA 12/22 n° 699).

5. RÈGLES PROPRES À CERTAINES DÉCISIONS COLLECTIVES DE SAS

COMPTES SOCIAUX

À la clôture de chaque exercice, les dirigeants de la SAS doivent établir l'inventaire, les comptes annuels et, sauf dispense (n° 60531), le rapport de gestion (art. L 232-1, I et L 227-1, al. 3). 60530
L'établissement et la présentation des comptes annuels comme la détermination des bénéfices et des sommes distribuables sont soumis aux règles applicables à toutes les sociétés commerciales (voir nos 76015 s.). Sur les documents de gestion prévisionnelle à établir par les dirigeants, voir nos 76070 s.

Les bénéfices, s'il en existe, sont répartis dans les conditions fixées par les statuts, étant observé que ces derniers peuvent prévoir une répartition des bénéfices (ou des pertes) dans des proportions différentes de celles des apports. Toutefois, les clauses aboutissant à priver un associé de toute part dans les bénéfices ou à l'exonérer de toute contribution aux pertes (clauses « léonines ») sont interdites (C. civ. art. 1844-1, al. 2).

Comme dans les SA :
– le défaut d'établissement des comptes annuels ainsi que la présentation de comptes sociaux infidèles engagent la responsabilité pénale du président et des autres dirigeants (art. L 242-6, 2° et L 242-8 sur renvoi de l'art. L 244-1) ;
– les SAS sont tenues de constituer une réserve légale (art. L 232-10) ;
– les clauses d'intérêt fixe (attribution d'un dividende fixe même en l'absence de bénéfices) sont interdites (art. L 232-15, al. 1) ;
– la mise en paiement des dividendes doit avoir lieu dans un délai maximal de neuf mois après la clôture de l'exercice, sauf prolongation de ce délai par décision de justice sur demande du président ou des dirigeants désignés à cet effet dans les statuts (art. L 232-13, al. 2 et L 227-1, al. 3) ;
– aucune répétition de dividendes ne peut être exigée des associés hors le cas de distribution de dividendes fictifs ou d'attribution d'un intérêt en l'absence de bénéfices (art. L 232-17) ;
– des acomptes sur dividendes peuvent, sous certaines conditions, être versés en cours d'exercice (nos 76420 s.) ;
– les dividendes peuvent être versés sous la forme d'actions nouvelles, si les statuts le prévoient (art. L 232-18).

Le Code de commerce ne fixe pas de délai pour consulter les associés sur l'approbation des comptes annuels. Ce délai peut donc être librement fixé dans les statuts, sous réserve que la mise en paiement des dividendes s'effectue dans les neuf mois de la clôture de l'exercice. Faute d'un renvoi dans l'article L 244-1, al. 1, les dirigeants ne sont pas passibles des sanctions pénales prévues par l'article L 242-10 à l'encontre des dirigeants de SA qui n'ont pas consulté les actionnaires sur l'approbation des comptes.

CONSEIL

Lorsque les statuts sont muets sur la date limite à laquelle doivent être approuvés les comptes annuels, la CNCC recommande de respecter un délai de six mois après la clôture de l'exercice pour consulter les associés (Bull. CNCC mars 2004 p. 184 ; Bull. CNCC septembre 2013 p. 479 s.). Par ailleurs, elle estime que les statuts peuvent prévoir, outre le délai de consultation des associés, la prolongation judiciaire de ce délai, aucun texte ne l'interdisant (Bull. CNCC décembre 2016 p. 596).

Rapport de gestion Chaque année, les dirigeants de la SAS doivent en **principe** établir un rapport de gestion, dont le contenu a évolué depuis le 1er janvier 2025. 60531

Par **dérogation,** les dirigeants sont dispensés d'établir un rapport de gestion si la société répond à la définition des micro-entreprises ou des petites entreprises dans les mêmes *conditions que les SA : voir nos 48186 s.*

Dans les sociétés tenues de l'établir, le rapport de gestion doit contenir les informations listées nos 48189 et 48190 (art. L 232-1, II).

Des indications complémentaires doivent, le cas échéant, être portées dans le rapport de gestion :
– montant des dividendes versés au titre des trois exercices précédents (CGI art. 243 bis) dans les mêmes conditions que pour les SA (n° 48218) ;
– prise de participation significative ou prise de contrôle (nos 79731 s.) ;
– activité des filiales et des sociétés contrôlées (n° 79734) ;
– régularisation des participations croisées (n° 79735) ;

– le cas échéant, injonctions ou sanctions pécuniaires pour des pratiques anti-concurrentielles prononcées par l'Autorité de la concurrence et dont cette dernière a prescrit, à titre de mesure complémentaire, l'insertion dans le rapport annuel des dirigeants sociaux (art. L 464-2, I-al. 10) ;
– indications prévues à l'article L 225-211 en cas d'opérations effectuées par la société sur ses propres actions (programmes de rachat d'actions : nos 68943 et 68981) ;
– éléments de calcul et résultats de l'ajustement des bases de conversion et des conditions de souscription ou d'exercice des valeurs mobilières donnant accès au capital (nos 74381 et 74400) ou des options de souscription ou d'achat d'actions (nos 69670 s.).

60533 Si les **comptes de la SAS** sont **certifiés** par un **commissaire aux comptes,** le rapport de gestion doit comporter en outre :
– le montant des prêts à moins de trois ans consentis par la société, à titre accessoire à son activité principale, à des micro-entreprises, des PME ou à des entreprises de taille intermédiaire (au sens de l'article 3 du décret 2008-1354 du 18-12-2008), avec lesquelles elle entretient des liens économiques le justifiant (C. mon. fin. art. L 511-6, 3 bis-al. 2) ;
– des informations sur les délais de paiement des fournisseurs et des clients de la société (art. L 441-14 et D 441-6 ; voir no 48219).

60535 Les **SAS qui exploitent une installation classée « Seveso seuil haut »** doivent inclure dans leur rapport de gestion les mêmes informations que celles requises dans les SA : voir no 48200 (art. L 232-1-1).

60537 Les SAS qui sont des **grandes entreprises** au sens de l'article L 230-1 doivent faire figurer dans leur rapport de gestion des informations sur leurs ressources incorporelles essentielles dans les mêmes conditions que les SA : voir no 48202.

Les SAS qui sont des grandes entreprises, dont le **nombre moyen de salariés est supérieur à 500** et dont les **titres** (hors actions : cf. art. L 227-2) sont **admis** aux négociations **sur un marché réglementé** doivent inclure dans une section spécifique de leur rapport de gestion, d'une part, des informations de durabilité dans les conditions présentées nos 76900 s. (art. L 232-6-3) et, d'autre part, les informations requises par l'article 8 du règlement UE 2020/852 du 18 juin 2020, dit « règlement taxonomie » ; sur ces informations, voir nos 76964 s. Ces informations de durabilité et taxonomie doivent être certifiées par un commissaire aux comptes ou un OTI dans les conditions exposées nos 77000 s. Les autres SAS qui sont des grandes entreprises seront soumises à ces obligations dans les conditions exposées nos 76900 s.

60539 Les **SAS employant,** à la clôture de deux exercices consécutifs, au moins **5 000 salariés** en leur sein et dans leurs filiales françaises directes ou indirectes ou au moins **10 000 salariés** en leur sein et dans leurs filiales françaises et étrangères directes ou indirectes doivent établir et mettre en œuvre un plan de vigilance dans les mêmes conditions que les SA (art. L 225-102-1, I-al. 1 ; sur ce plan, voir nos 48216 s.).

> **Précisions** Bien que les textes ne l'imposent pas, c'est souvent dans le rapport de gestion que sont mentionnées les informations à donner à l'assemblée des associés concernant certaines **charges « somptuaires »** (chasses, pêches, résidences de plaisance ou d'agrément, etc.) exclues des charges déductibles pour l'assiette de l'impôt sur les sociétés (CGI art. 39, 4 et 223 quater) et les **réintégrations dans les bénéfices imposables de certains frais généraux** pratiquées par l'administration (CGI art. 39, 5 et 223 quinquies).

60542 **Communication des comptes sociaux et du rapport de gestion** Comme dans la SA, les comptes annuels des SAS et, s'il en est établi un, le rapport de gestion doivent être mis à la disposition des **commissaires aux comptes** si la société en est dotée (art. L 232-1, III) et, dans les sociétés d'au moins 50 salariés, du comité social et économique (C. trav. art. L 2312-25, II-2°) avant d'être soumis aux associés.

L'article R 232-1 prévoit l'obligation de mettre ces documents à la disposition des commissaires aux comptes dans le délai d'un mois « avant la convocation de l'assemblée des associés ou actionnaires appelés à statuer sur les comptes annuels de la société ». Cette disposition s'adapte mal à la SAS, la décision des associés n'étant pas nécessairement prise en assemblée générale précédée d'une convocation. Les commissaires aux comptes doivent toutefois être en possession des comptes suffisamment tôt pour pouvoir établir un rapport sur ceux-ci (cf. art. L 232-23, I-1°).

Les comptes annuels et le rapport de gestion doivent être communiqués aux **associés** selon les modalités fixées par les statuts ou, à défaut de clause statutaire, avec un délai suffisant pour que les associés aient le temps de les examiner et puissent se prononcer en connaissance de cause.

ATTENTION

Les articles L 225-115 et L 225-116, qui prévoient un droit de communication temporaire en faveur des actionnaires des SA, ne sont pas applicables aux SAS (cf. art. L 227-1, al. 3). Les statuts doivent donc suppléer au silence de la loi. S'ils ne le font pas, il appartient aux dirigeants sociaux de prendre les mesures nécessaires pour que les associés soient exactement informés avant de prendre leur décision.

Comptes consolidés et rapport sur la gestion du groupe Indépendamment des comptes annuels, les dirigeants des SAS placées à la tête d'un groupe doivent établir et publier des comptes consolidés ainsi qu'un rapport sur la gestion du groupe (qui peut figurer dans le même document que le rapport de gestion : art. L 233-26 ; sur les mentions devant figurer dans le rapport sur la gestion du groupe, voir nos 81400 s.). 60543

Comme pour les comptes annuels, aucune disposition légale ou réglementaire ne prescrit de communiquer les comptes consolidés aux associés des SAS. Il appartient, là encore, aux statuts ou, à défaut, aux dirigeants sociaux de mettre en place les moyens d'information des associés les mieux appropriés.

À noter toutefois que, sauf clause contraire des statuts, les comptes consolidés n'ont pas à être approuvés par les associés.

Publicité Après l'approbation des comptes annuels par les associés, le président de la SAS ou les dirigeants désignés à cet effet dans les statuts doivent déposer au greffe du tribunal de commerce dont relève la société différents documents (comptes annuels, le cas échéant rapports du commissaire aux comptes, etc.) concernant l'exercice écoulé. Le rapport de gestion des SAS tenues d'établir des informations de durabilité et le rapport de certification de ces informations doivent, eux aussi, être déposés (art. L 232-23, I). Dans les autres sociétés, le rapport de gestion n'a pas à être déposé au greffe : il doit seulement être tenu **à la disposition de toute personne** qui en fait la demande. Sur ces questions, voir nos 76800 s. 60544

MODIFICATION DU CAPITAL DE LA SAS

60550 Les dispositions légales ou réglementaires concernant les modifications du capital des SA (augmentation, réduction, amortissement) sont applicables aux SAS dans la mesure où elles sont **compatibles** avec les règles particulières les concernant (art. L 227-1, al. 3 ; nos 49500 s.).

Les obligations à la charge du conseil d'administration ou du directoire pour la réalisation de ces diverses opérations incombent au président et, s'il en existe, aux autres dirigeants de la SAS que les statuts désignent à cet effet (art. L 227-1, al. 3).

Augmentation de capital **Apports en numéraire.** Comme dans la SA, en cas d'augmentation du capital par apports en numéraire, les associés disposent d'un droit préférentiel de souscription auquel ils peuvent cependant renoncer. Les actions nouvelles peuvent être libérées du quart seulement de leur valeur nominale (mais elles doivent être libérées de la totalité de la prime d'émission), le surplus devant être versé, en une ou plusieurs fois, dans le délai de cinq ans à compter du jour où l'augmentation du capital est devenue définitive. 60552

Lors de la signature des statuts d'une SAS, les associés insèrent parfois une clause aux termes de laquelle l'apport fait par un associé lui donne la possibilité de souscrire, dans un certain délai, à une augmentation de capital, à hauteur d'un pourcentage du capital social déterminé et, dans l'hypothèse où il n'aurait pas saisi cette opportunité dans les délais, il ne pourrait pas s'opposer au rachat de ses actions par une autre personne. Une telle clause nous paraît valable car, en signant les statuts, les associés ont collectivement accepté le principe de l'augmentation de capital réservée et son montant.

La SAS peut aussi procéder à des augmentations de capital par émission d'actions de préférence (no 49730) ou à des augmentations de capital différées par émission de valeurs mobilières complexes, dans les mêmes conditions qu'une SA ou une SCA.

Comme dans la SA, les augmentations de capital libérées par **compensation de créances** doivent être constatées par un certificat du notaire ou du commissaire aux comptes de la société ; lorsque la SAS n'est pas dotée d'un commissaire aux comptes, elle peut en désigner un aux seules fins d'établir ce certificat (art. L 225-146, al. 2, sur renvoi de l'art. L 227-1, al. 3, et art. L 227-9-1, al. 4). 60554

Sont applicables à la SAS les dispositions de l'article L 225-129-6, al. 1 aux termes duquel, lors de toute décision d'augmentation du capital d'une SA par apport en numéraire, sauf si elle résulte d'une émission au préalable de valeurs mobilières donnant accès au capital et sauf dérogation de groupe, l'assemblée générale extraordinaire doit se prononcer sur un 60556 projet de résolution tendant à réaliser une **augmentation de capital réservée aux salariés,** sous peine de nullité de la décision d'augmentation du capital (nos 70442 s.).

Sur la situation particulière des SAS à capital variable, voir no 60173.

60558 **Apports en nature.** En cas d'apport en nature par un associé, celui-ci ne peut pas participer au vote et ses actions ne sont pas prises en compte pour le calcul de la majorité fixée par les statuts de la SAS pour ce genre d'opération (art. L 225-10 sur renvoi de l'art. L 227-1, al. 3).

60559 **Incorporation de réserves.** La SAS peut augmenter son capital par incorporation de réserves, bénéfices ou primes d'émission (art. L 225-128, al. 2 sur renvoi de l'art. L 227-1, al. 3).

Les statuts peuvent librement prévoir les conditions de quorum et de majorité applicables à ces décisions. En effet, la règle selon laquelle une telle décision est adoptée aux conditions de quorum et de majorité des assemblées générales ordinaires de SA (art. L 225-130, al. 1 renvoyant à l'art. L 225-98) est incompatible avec l'article L 227-9, al. 2 qui prévoit que l'augmentation du capital est décidée collectivement par les associés dans les conditions prévues par les statuts ; en outre, l'article L 225-98 fait partie de ceux que la loi écarte expressément pour la SAS (art. L 227-1, al. 3 ; Communication Ansa, comité juridique no 18-053 du 7-11-2018).

60560 **Réduction du capital** La réduction du capital social est soumise aux règles fixées pour les SA (nos 51700 s.), sauf en ce qui concerne la réduction en dessous du minimum légal, celui-ci ayant été supprimé dans la SAS. La collectivité des associés peut déléguer au président ou à tout autre dirigeant désigné à cet effet tous pouvoirs pour réaliser l'opération et, s'il s'agit d'une réduction de capital non motivée par des pertes, l'autoriser à acheter un nombre déterminé d'actions en vue de les annuler (nos 52070 s.).

> **Précisions** La Cour de cassation a jugé que la **réduction à zéro du capital** d'une SAS n'est **licite** que si elle est décidée sous la **condition** suspensive d'une augmentation effective du capital amenant celui-ci à un montant au moins égal à son montant minimal statutaire (Cass. com. 4-1-2023 no 21-10.609 F-B : RJDA 3/23 no 148).

TRANSFORMATION DE LA SAS

60570 Les transformations de SAS sont soumises aux **règles générales** exposées nos 20620 s. (notamment nos 20787 s. pour le **régime fiscal**) ainsi qu'aux **dispositions particulières** présentées ci-après.

La décision de transformation d'une SAS en société d'une autre forme doit être prise collectivement par les associés (art. L 227-9, al. 2), étant précisé qu'à la différence d'une SA, une SAS peut être transformée même si elle a moins de deux ans d'existence, les dispositions de l'article L 225-243 ne lui étant pas applicables (art. L 227-1, al. 3).

Si la SAS est dotée d'un commissaire aux comptes chargé d'un audit classique des comptes, la décision doit, comme pour les transformations de SA (no 53520), être précédée du **rapport du commissaire aux comptes** de la société attestant que le montant des capitaux propres est au moins égal au montant du capital social (art. L 225-244, al. 1 sur renvoi de l'art. L 227-1, al. 3), étant observé que cette règle n'est pas applicable en cas de transformation en SNC (art. L 225-245, al. 1). Si le commissaire aux comptes est chargé d'un audit allégé, il est dispensé de l'établissement de ce rapport (art. L 821-57, al. 2).

En outre, lorsqu'une SAS n'ayant pas de commissaire aux comptes se transforme en société par actions d'une autre forme (SA ou SCA), il y a lieu de **faire apprécier par un commissaire à la transformation la valeur des biens composant l'actif social** et les avantages particuliers consentis à des associés ou à des tiers : voir nos 20650 s.

Sur les règles particulières à respecter lorsque la SAS a émis des **obligations** ou des **valeurs mobilières donnant accès au capital,** voir nos 53530 et 53540.

60575 La **transformation en SNC** est décidée dans les mêmes conditions qu'en cas de transformation d'une SA en ce type de société, c'est-à-dire avec l'accord de tous les associés (art. L 225-245, al. 1 sur renvoi de l'art. L 227-1, al. 3). Il en va de même pour la **transformation en société civile** (no 53650) ou **en GIE** (no 96772).

En principe, l'accord unanime des associés n'est pas requis pour les **autres cas** de transformation, sauf, à notre avis, si ne peuvent pas subsister sans modification sous la nouvelle forme les clauses statutaires relatives à l'inaliénabilité des actions ou au changement de contrôle d'un associé qui, dans la SAS, ne peuvent être modifiées qu'à l'unanimité (nos 60680 s.).

Hormis ce cas particulier, la transformation de la SAS :
– **en SARL ou en société en commandite** est décidée dans les mêmes conditions que pour la transformation d'une SA en ce type de société (art. L 225-245, al. 2 et 3 sur renvoi de l'art. L 227-1, al. 3 ; nos 53610 s. et 53640) ;
– **en SA** est décidée aux conditions fixées par les statuts, sous réserve que la situation de la SAS soit compatible avec le régime particulier des SA (capital minimal de 37 000 € : art. L 224-2, al. 1 ; si la SA issue de la transformation entend faire admettre ses actions aux négociations sur un marché réglementé ou sur un SMN, existence d'au moins sept associés : art. L 22-10-2).

FUSION OU SCISSION IMPLIQUANT UNE SAS

Les SAS peuvent participer à des opérations de fusion ou de scission soumises aux règles décrites nos 82500 s. **60580**

On notera que si la SAS est la société absorbante, la décision de fusion doit être prise à l'unanimité des associés dans la société absorbée (Cass. com. 19-12-2006 no 1497 : RJDA 3/07 no 264, rapp. V. Michel-Amsellem p. 227), sous réserve du cas où l'absorbée est elle aussi une SAS (no 82665).

Sur la non-application de la dispense de décision collective en cas de fusion simplifiée lorsque les statuts de la SAS prévoient la consultation des associés, voir no 83194.

MODIFICATION DES DROITS ATTACHÉS AUX ACTIONS DE PRÉFÉRENCE DE LA SAS

Toute modification des droits attachés aux actions de préférence doit être approuvée par les titulaires de ces actions (application du droit commun des contrats). Il convient d'organiser dans les **statuts** les modalités selon lesquelles ces droits peuvent être modifiés. **À défaut,** le consentement individuel des titulaires des actions est requis pour procéder à une telle modification (Cass. com. 10-7-2024 no 22-15.836 FS-B : RJDA 10/24 no 530). **60585**

D. Clauses statutaires de nullité

À compter du 1er octobre 2025, les **statuts** de SAS peuvent prévoir la **nullité des décisions sociales** prises en violation des règles qu'ils ont établies (art. L 227-20-1 issu de ord. 2025-229 du 12-3-2025 ; Ord. 2025-229 art. 70). Les SAS qui souhaitent avoir recours à cette faculté peuvent à notre avis modifier leurs statuts avant le 1er octobre 2025, mais la clause ne s'applique qu'aux décisions prises à compter de cette date. **60600**

CONSEIL

La clause statutaire de nullité peut viser **certaines clauses** ou stipulations de clause, voire les **statuts** dans leur **intégralité.** Ce dernier choix ne semble toutefois pas souhaitable car il paraît source de contentieux. Une clause de nullité générale perdrait en outre son caractère dissuasif (en ce sens, A. Couret, Réforme des nullités : des arguments supplémentaires en faveur du choix de la SAS : BRDA 11/25 no 20).

Il est recommandé de prévoir la nullité en cas de violation des règles de nomination, de révocation et de rémunération des dirigeants, des règles de compétence des organes sociaux et des règles de quorum et de majorité des décisions collectives (A. Couret, article précité ; C. Coupet et F. Drummond, L'ordonnance nullité : une réforme radicale : Bull. Joly mai 2025 p. 29 § 33).

En l'**absence de clause statutaire de nullité,** la seule violation des statuts ne peut pas fonder la nullité d'une décision sociale prise à compter du 1er octobre 2025 (Communication Ansa, comité juridique no 25-036 du 14-5-2025). La nullité pourrait toutefois être encourue si la règle statutaire violée reproduisait une disposition impérative de droit des sociétés ou constituait le prolongement d'une telle disposition (sur cette question, voir no 89386).

L'article L 227-20-1 nous paraît écarter la possibilité de prévoir cette nullité en cas de violation d'une règle prévue dans un autre support que les statuts, par exemple le règlement intérieur ou un pacte d'associés. Par ailleurs, la clause statutaire de nullité ne peut s'appliquer qu'aux décisions sociales.

L'**action en nullité** d'une décision sociale pour violation des statuts est mise en œuvre dans les conditions de droit commun (art. L 227-20-1 issu de ord. 2025-229 du 12-3-2025 et, sur renvoi, C. civ. art. 1844-10-1 à 1844-17 modifiés, à compter du 1-10-2025, par ord. 2025-229 ; Ord. 2025-229 art. 70). Il en résulte notamment que : **60605**
– le prononcé de la nullité est soumis au triple test (cf. C. civ. art. 1844-12-1 issu de ord. 2025-229) que les statuts ne peuvent donc pas écarter (dans le même sens, J. Delvallée, Réforme du régime des

nullités en droit des sociétés : Dalloz Actualité 27-3-2025 nº 31-3 ; A. Couret, Réforme des nullités : des arguments supplémentaires en faveur du choix de la SAS : BRDA 11/25 nº 20) ;
– la nullité de la nomination ou le maintien irrégulier d'un organe ou d'un membre d'un organe de la société n'entraîne pas la nullité des décisions prises par celui-ci, sauf si la loi le prévoit (cf. C. civ. art. 1844-15-1 issu de ord. 2025-229) ;
– ni la société ni les associés ne peuvent se prévaloir d'une nullité à l'égard des tiers de bonne foi (cf. C. civ. art. 1844-16 ; sur cette question, voir aussi B. Dondero, L'ordonnance réformant les nullités en droit des sociétés : JCP E 2025 nº 1117 § 27).

SECTION 3

ASSOCIÉS DE LA SAS

A. Droits et obligations des associés de SAS

DROIT DES ASSOCIÉS D'INTERVENIR DANS LA VIE DE LA SAS

60620 **Droit à l'information** Les dispositions légales relatives au droit de communication des actionnaires et aux assemblées générales de SA ne sont pas applicables aux SAS (art. L 227-1, al. 3).

En revanche, les dispositions suivantes concernant les SA peuvent être invoquées par les associés de SAS, même si elles ne sont pas reprises dans les statuts, car elles n'entrent pas dans le champ d'application de la dérogation visée par l'article L 227-1, al. 3. Il s'agit du droit pour tout actionnaire ou groupe d'actionnaires détenant au moins 5 % du capital :
– de poser par écrit, deux fois par an, des questions au président dans le cadre de la procédure d'alerte sur tout fait de nature à compromettre la continuité de l'exploitation (art. L 225-232) ;
– de demander en justice la désignation d'un expert chargé de présenter un rapport sur une ou plusieurs opérations de gestion (art. L 225-231).

60621 Par ailleurs, les associés de SAS doivent pouvoir exercer leurs pouvoirs en pleine connaissance de cause, ce qui impose notamment de les informer sur les sujets faisant l'objet de décisions collectives afin qu'ils puissent exprimer un choix éclairé (CA Limoges 28-3-2012 nº 10/00576 : RJDA 12/12 nº 1091). Il appartient en conséquence aux statuts ou, à défaut, aux dirigeants sociaux de mettre en place les moyens les plus appropriés à la prise de décision, le cas échéant en s'inspirant des règles de la SA relatives au droit de communication préalable (nºs 46450 s.) ou permanent (nºs 46650 s.). Tel est le cas, en particulier, de la communication des comptes sociaux et du rapport de gestion en vue de l'approbation des comptes annuels (nº 60542).

Sur la sanction du droit à l'information, voir nº 60525.

60622 Rien n'interdit à notre avis de prévoir une information plus développée pour une catégorie d'associés ou un groupe d'associés (banque ou société de capital-risque, associés non dirigeants, membres de la famille fondatrice de la SAS, etc.). Lors de la mise en place de tels avantages, il n'est pas obligatoire de créer des actions de préférence soumises aux dispositions des articles L 228-11 s. (nº 60141).

60623 **Droit de participer aux décisions collectives** Tout associé de SAS a le droit de participer aux décisions collectives (voir nºs 7500 s.). Il doit être mis en mesure de participer à la décision dès lors que celle-ci relève de la collectivité des associés (nºs 60490 s.). L'associé doit donc, à notre avis, si la décision est prise en assemblée, être convoqué à celle-ci et pouvoir s'y exprimer et, en cas d'utilisation d'un autre mode de prise de décision (nº 60500), être informé de la consultation et de son objet.

60624 **Droit de voter** Outre le droit de participer aux décisions collectives, l'associé a, en principe, celui d'y voter. Sauf disposition légale, ce droit ne peut pas être totalement supprimé (*sur le principe du droit de vote, voir nºs 7670 s.*).

Sur l'ensemble des cas où la loi prévoit des suppressions du droit de vote attaché aux actions, voir nºs 47693 s.

La liberté laissée aux statuts pour fixer les conditions d'adoption des décisions collectives permet toutefois de nombreux aménagements du droit de vote (nº 60510).

Droit d'agir en justice Sur cette question, voir nos 7960 s. 60625

DROITS PÉCUNIAIRES DES ASSOCIÉS DE SAS

Droit aux dividendes La répartition des bénéfices s'effectue conformément aux statuts. Comme dans la SA, ceux-ci peuvent prévoir un premier dividende (ou « dividende statutaire ») versé aux actions à concurrence de leur montant nominal non amorti et un « superdividende » auquel donnent droit toutes les actions. 60640

Les statuts peuvent aussi retenir une base de répartition des dividendes autre que proportionnelle aux apports des associés dès l'instant que la clause ne prive pas un ou plusieurs d'entre eux de tout droit aux bénéfices (prohibition des clauses léonines : C. civ. art. 1844-1, al. 2 ; nos 7020 s.). Lorsque l'avantage pécuniaire est attaché non à la personne de l'associé mais aux actions qu'il détient, cela ne peut être prévu que dans le cadre des dispositions des articles L 228-11 s. relatifs aux actions de préférence (nos 67792 s.).

Le droit aux dividendes peut être suspendu à l'encontre d'un associé qui néglige de répondre aux appels de fonds destinés à la libération des actions, que ce soit au moment de la constitution de la société (art. L 225-16-1) ou en cours de vie sociale (no 67964).

Il est supprimé pour les actions propres détenues par la société (art. L 225-210, al. 4).

Droit au remboursement de l'apport et au boni de liquidation Voir nos 87760 s. 60641

Droit préférentiel de souscription Chaque associé dispose d'un droit préférentiel de souscription lors de toute augmentation de capital à libérer en numéraire (voir nos 50060 s.) et plus généralement lors de toute émission de valeurs mobilières donnant vocation à des titres de capital. 60642

OBLIGATIONS DES ASSOCIÉS DE SAS

Obligation au passif social L'associé ne répond, en principe, des pertes sociales que dans la mesure de son apport (art. L 227-1, al. 1). Il n'a pas à répondre des dettes sociales, sauf s'il s'est porté caution de la société (voir nos 15000 s.). En cas de liquidation judiciaire de la société, il peut aussi être tenu de tout ou partie du passif social s'il s'est comporté comme un dirigeant de fait (art. L 651-2 ; nos 91460 s.). 60650

Restitution des dividendes fictifs Lorsque des dividendes fictifs ont été distribués, leur restitution peut être exigée des associés. Il en est de même pour les sommes qui ont pu leur être attribuées, en l'absence de bénéfices, à titre d'intérêts fixes (art. L 232-17 ; no 76520). 60651

Obligation de non-concurrence Sauf stipulation contraire, l'associé de SAS n'est pas, en cette qualité, tenu de s'abstenir d'exercer une activité concurrente de celle de la société et doit seulement s'abstenir d'actes de concurrence déloyale (Cass. com. 10-9-2013 no 12-23.888 : RJDA 11/13 no 896 ; Cass. com. 21-6-2023 no 21-23.298 F-B : RJDA 10/23 no 524). 60655

À notre avis, un associé doit néanmoins s'abstenir de toute concurrence :

– s'il fait un apport en industrie car il doit alors à la société tous les gains réalisés dans l'industrie qui est l'objet de cette société et ne pourrait donc exercer une autre activité que si les statuts l'y autorisaient ;

– s'il a apporté un fonds de commerce car, comme tout vendeur de fonds, il doit garantir la société de toute éviction de son propre fait.

RESPONSABILITÉ DES ASSOCIÉS DE SAS

Sur cette question, voir nos 7850 s. 60670

B. Admission et sortie des associés de SAS

ORGANISATION DE L'ENTRÉE ET DE LA SORTIE DES ASSOCIÉS DE SAS

En permettant aux **statuts** de réglementer l'admission et la sortie des associés, la loi valide certaines clauses qui figuraient dans des pactes d'actionnaires et dont l'objet est de garantir la stabilité du capital de la SAS et la cohésion de son actionnariat : clauses d'inaliénabilité (art. L 227-13), d'agrément (art. L 227-14), d'exclusion (art. L 227-16) ou de changement de contrôle d'un associé (art. L 227-17). L'inclusion de ces clauses dans les statuts offre l'avantage de les rendre opposables aux tiers et évite que certains participants aux pactes ne remettent 60680 en cause leur validité afin d'échapper aux engagements qu'ils ont contractés. En outre, leur inobservation est sanctionnée par la nullité de la cession des actions (art. L 227-15), sanction particulièrement efficace que l'on obtient difficilement lorsqu'il s'agit d'un pacte d'actionnaires (n° 69310). Ce texte ne s'applique toutefois qu'aux clauses statutaires ayant pour objet les cessions librement consenties par les associés ; il ne s'applique pas aux clauses d'exclusion et aux cessions forcées qui en résultent (Cass. com. 21-6-2023 n° 21-25.952 F-B : RJDA 11/23 n° 586).

Lorsque, pour des raisons de confidentialité, les associés préfèrent insérer les clauses d'inaliénabilité, d'agrément et autres clauses restreignant la liberté des associés de céder leurs actions dans un **pacte extrastatutaire,** ils peuvent en sanctionner la violation par la nullité de la cession en précisant expressément dans les statuts que le pacte constitue un complément nécessaire et indissociable de ceux-ci, dont il est indivisible en raison de son caractère déterminant pour les parties, et que toute cession effectuée par l'une d'elles en violation du pacte est nulle car considérée comme ayant été réalisée en violation d'une clause statutaire. Une telle stipulation nous paraît valable car aucune règle d'ordre public ne semble s'opposer à ce que les associés étendent à la violation d'une clause extrastatutaire la nullité prévue à l'article L 227-15 (cf. C. civ. art. 6), cette « extension » se justifiant au demeurant par le fort « intuitus personae » de la SAS.

› Précisions **a.** Aucune disposition légale n'interdit, à notre avis, de prévoir dans les statuts de la SAS une **application discriminatoire** de ces clauses : par exemple, la clause d'inaliénabilité jouerait pour certains associés, les autres étant soumis seulement à une clause d'agrément.

b. Les associés d'une société d'exercice libéral par actions simplifiée (Selas) peuvent en être exclus sur le fondement de textes propres à ces sociétés ; ces dispositions sont également applicables aux SAS de droit commun constituées pour l'exercice d'une **profession libérale** juridique ou judiciaire. Sur cette question, voir n° 8085.

60681 **Adoption et modification des clauses statutaires d'entrée et de sortie**

Les clauses statutaires d'**inaliénabilité** ou de **changement de contrôle** d'un associé (pouvant conduire à l'exclusion de celui-ci) ne peuvent être adoptées ou modifiées en cours de vie sociale qu'avec le consentement unanime des associés (art. L 227-19, al. 1). La délibération prise en violation de ce texte encourt la nullité (Cass. com. 8-4-2014 n° 13-18.120 : RJDA 7/14 n° 648). L'unanimité est a fortiori requise, à notre avis, en cas de suppression de ces clauses (en ce sens, CA Limoges 28-3-2012 n° 10/00576 : RJDA 12/12 n° 1091, sol. impl. ; Communication Ansa, comité juridique n° 24-007 du 7-2-2024, à propos d'une clause d'inaliénabilité non reprise dans les statuts d'une SA issue de la transformation d'une SAS ; en sens contraire, M. Germain et P.-L. Périn : La société par actions simplifiée Joly 2023 n° 304).

Les clauses d'**agrément** ne peuvent être adoptées ou modifiées que par décision collective des associés dans les conditions et formes prévues par les statuts (art. L 227-19, al. 2). L'unanimité des associés n'est requise que si les statuts le prévoient expressément (sur l'unanimité requise en vertu de la loi dans les sociétés constituées pour l'exercice d'une profession libérale réglementée, voir toutefois n° 60702).

Depuis la loi 2019-744 du 19 juillet 2019, l'article L 227-19, al. 2 soumet les clauses d'**exclusion** au même régime que les clauses d'agrément (abandon de l'unanimité pour l'adoption ou la modification des clauses d'exclusion sauf si les statuts le prévoient expressément, mais nécessité d'une décision collective des associés dans les conditions et formes prévues par les statuts). Cependant, à la différence de la clause d'agrément (Cass. civ. 9-2-1937 : D. 1937 I p. 73 note A. Besson), des cours d'appel ont jugé que l'introduction dans les statuts d'une clause d'exclusion augmente les engagements des associés et requiert donc l'accord de chacun d'eux (CA Paris 27-3-2001 : RJDA 10/01 n° 973 ; CA Grenoble 16-9-2010 n° 10-62 : RJDA 6/11 n° 536) ; il en va de même de l'ajout d'un cas d'exclusion à une clause statutaire existante (CA Paris 17-2-2015 n° 14/00358 : RJDA 5/15 n° 341). Il résulte de cette analyse que ces deux modifications statutaires requièrent l'unanimité en vertu de l'article 1836 du Code civil, qui est applicable à toutes les sociétés « s'il n'en est autrement disposé par la loi en raison de leur forme ou de leur objet » (C. civ. art. 1834). Or, la modification de l'article L 227-19 ne paraît pas déroger sur ce point à l'article 1836 du Code civil (dans le même sens, notamment, C. Coupet, Loi du 19 juillet 2019 de simplification, de clarification et d'actualisation : miscellanées de droit des sociétés : Bull. Joly octobre 2019 p. 35 et R. Mortier, B. Zabala, S. Bol, A.-F. Chéneau, M. Dubois et J. Labedan, La loi Mohamed Soilihi article par article (2e partie) : Dr. sociétés 2019 étude n° 14, qui relèvent notamment qu'obliger un associé à céder ses actions peut être vu comme augmentant ses engagements ; en sens contraire, notamment, Communication Ansa, comité juridique n° 19-059 du 6-11-2019, position adoptée à une majorité seulement des membres du comité, et H. Le Nabasque, À propos des clauses d'exclusion dans la SAS après la loi de simplification du droit des sociétés du 19 juillet 2019 : Bull. Joly janvier 2020 p. 60).

En revanche, si une clause statutaire d'exclusion interdit à l'associé dont l'exclusion est envisagée de prendre part au vote, clause en partie réputée non écrite (nº 60731), il est désormais possible de modifier la clause à la majorité prévue par les statuts en vue de rétablir l'associé dans le droit de voter sur son exclusion puisqu'il n'y a pas là matière à augmentation des engagements ; il en va de même, à notre avis, de la suppression d'une clause d'exclusion. L'unanimité n'est requise dans ces deux derniers cas que si elle est imposée par les statuts.

› Précisions a. L'article L 227-19, al. 2 modifié par la loi 2019-744 s'applique aux **SAS constituées avant l'entrée en vigueur** de cette dernière (Cass. com. QPC 12-10-2022 nº 22-40.013 FS-B : RJDA 12/22 nº 698).

b. Le Conseil constitutionnel a déclaré l'article L 227-19, al. 2 modifié par la loi 2019-744 conforme au **droit de propriété** protégé par la **Constitution** (Cons. const. 9-12-2022 nº 2022-1029 QPC : RJDA 2/23 nº 93).

CLAUSE D'INALIÉNABILITÉ DES ACTIONS DE SAS

Les statuts de la SAS peuvent prévoir l'interdiction pour les associés de céder leurs titres pendant une durée déterminée à la seule **condition** que celle-ci n'excède pas dix ans (art. L 227-13). La condition de droit commun relative à l'intérêt sérieux de la clause d'inaliénabilité n'est pas exigée, cette disposition valant autorisation légale. **60690**

Les statuts doivent préciser ce qu'il faut entendre par « **cession** », faute de quoi l'inaliénabilité risque d'être limitée au seul cas de la vente et de ne pas s'appliquer en cas d'apport en société, fusion, scission, apport partiel d'actifs, constitution d'usufruit, échange, succession ou donation.

Ils doivent également indiquer si l'interdiction s'applique à toutes les cessions d'actions ou seulement aux cessions à des tiers.

La durée de dix ans constitue un maximum que les associés peuvent réduire, de même qu'ils peuvent **aménager les conditions d'application** de la clause : par exemple, inaliénabilité totale pendant une certaine période puis possibilité de cession mais seulement à un autre associé pendant une autre période.

Rien ne s'oppose non plus à ce que l'inaliénabilité ne s'applique qu'à certains associés déterminés et non aux autres ou qu'elle ne concerne que les cessions à certaines personnes déterminées : par exemple, interdiction de cession pendant dix ans à tel ou tel groupe de sociétés (par hypothèse, concurrentes des membres de la SAS).

MODÈLE

Clause d'inaliénabilité

Les actions de la société (*ou bien, selon le cas : les actions souscrites par les associés signataires des statuts ; ... % des actions détenues par chaque associé ; les actions de tel associé ou groupe d'associés*) sont inaliénables pendant... (*maximum 10 ans*) à compter de leur souscription/de leur acquisition/de l'immatriculation de la société.

Cette interdiction d'aliéner concerne toutes les mutations à titre gratuit ou onéreux portant sur les actions elles-mêmes ou sur les droits d'usufruit et de nue-propriété desdites actions, y compris les cessions par voie d'adjudication publique en vertu d'une décision de justice (*ou : les seules cessions à des tiers ; ou encore : la cession à des tiers exerçant une activité concurrente ou complémentaire de celle de la société*).

Par exception aux dispositions qui précèdent, le président (*ou un autre organe au choix*) peut lever l'interdiction d'aliéner dans les cas suivants :

— ... (*à préciser : par exemple, exclusion d'un associé dans les conditions fixées à l'article... des statuts ; modification dans le contrôle d'une société associée dont il résulterait la suspension de ses droits de vote et son exclusion dans les conditions fixées à l'article... des statuts ; révocation d'un dirigeant ayant la qualité d'associé ; etc.*).

La clause d'inaliénabilité ne saurait, à notre avis, rendre les **actions insaisissables.** En effet, on ne saurait déduire ni de la publication de la clause (par le dépôt au RCS des statuts), ni de la nullité prévue en cas de violation de cette clause (art. L 227-15) une exception au droit de saisie car les exceptions au principe du droit de saisie des créanciers résultent de la loi (C. exécution art. L 112-2) et doivent être interprétées strictement. Or, l'insaisissabilité des actions de SAS inaliénables en vertu d'une clause statutaire ne figure pas dans la liste des exceptions prévues par ce texte. **60691**

60692 Toute cession qui serait effectuée en **violation** de la clause d'inaliénabilité serait nulle (art. L 227-15).

Cette nullité, qui résulte d'une disposition expresse de la loi, peut être prononcée même en l'absence de collusion frauduleuse entre les parties (Rapport AN n° 258 relatif à la loi 94-1 du 3-1-1994 p. 24) et même si le tiers acquéreur n'avait pas connaissance de la clause.

CLAUSE D'AGRÉMENT DES CESSIONS D'ACTIONS DE SAS

60700 Les statuts de la SAS peuvent soumettre toute cession d'actions à l'agrément préalable de la société (art. L 227-14).

L'article L 227-14 dérogeant aux règles d'agrément communes à toutes les sociétés par actions (nos 68465 s.), les statuts peuvent imposer l'agrément non seulement pour les **cessions** d'actions **aux tiers,** mais aussi pour celles **entre associés,** au **conjoint,** à un ascendant ou à un descendant, ainsi que pour celles résultant d'une dévolution successorale ou de la liquidation d'une communauté de biens entre époux.

On pourra s'inspirer des exemples de clause proposés n° 68511 pour rédiger la partie de la clause statutaire de SAS consacrée aux cessions visées par l'agrément.

La clause d'agrément doit en outre fixer les modalités d'obtention de celui-ci et les conséquences d'un refus d'agrément. À défaut, il convient de suivre les règles du droit commun concernant les cessions d'actions (art. L 228-24).

En matière de **professions libérales réglementées,** le législateur a prévu des dispositions particulières concernant l'agrément des cessions d'actions. Sur cette question, voir n° 68467.

60701 **Modalités d'obtention de l'agrément** Les statuts doivent prévoir les conditions d'obtention de l'agrément. Les sociétés peuvent s'inspirer des règles existant pour les autres sociétés par actions, mais peuvent aussi introduire des règles plus souples ou plus contraignantes.

Les statuts doivent ainsi indiquer l'**organe compétent** pour statuer sur l'agrément. Ce peut être notamment le président, un organe collégial de direction ou, plus fréquemment, la collectivité des associés. Ce peut être aussi un associé ou un groupe d'associés.

> **EXEMPLE**
>
> Dans une SAS comprenant deux catégories d'associés, il peut être stipulé que les cessions d'actions de catégorie A doivent être agréées par les associés de catégorie B et inversement. Ce procédé permet de maintenir l'équilibre existant à l'origine entre les différents groupes d'associés.
>
> Il peut aussi être prévu que les cessions sont libres au sein d'un même groupe et soumises à agrément en cas de cession à une personne ne faisant pas partie du groupe.

S'il est prévu que l'agrément est donné par décision collective des associés, les statuts ne peuvent interdire ni à l'**associé cédant** ni, le cas échéant, à l'associé **acquéreur** de participer au **vote** de cette décision. En effet, tout associé a le droit de participer aux décisions collectives et de voter, les statuts ne pouvant déroger à cette règle que dans les cas prévus par la loi (C. civ. art. 1844, al. 1 ; Cass. com. 23-10-2007 n° 06-16.537 : RJDA 1/08 n° 50) ; or aucune disposition relative aux SAS ne permet une telle privation du droit de vote.

Les statuts doivent aussi préciser la **forme de la demande** d'agrément : acte extrajudiciaire, lettre recommandée AR, etc. Ils doivent encore fixer le **contenu** des informations devant être notifiées ; il s'agira le plus souvent des nom et adresse de l'acquéreur ou, s'il s'agit d'une personne morale, de sa dénomination sociale et de l'adresse de son siège social, ainsi que du nombre d'actions dont la cession est envisagée et du prix offert.

Le délai de **réponse** de l'organe compétent pour statuer sur l'agrément et les conséquences du défaut de réponse dans les délais doivent aussi être précisés. Certains statuts prévoient que l'agrément est réputé acquis à défaut de réponse ; d'autres stipulent qu'en l'absence de réponse dans un certain délai le cédant adressera à la société une mise en demeure de prendre position sur son projet de cession et, à défaut de réponse dans un autre délai, que l'agrément sera réputé refusé.

60702 **Refus d'agrément de la cession** À notre avis, en cas de refus d'agrément de l'acquéreur proposé, l'**associé** cédant doit pouvoir **sortir** de la société : les autres associés sont tenus de racheter ou de faire racheter (au besoin par la société elle-même) les actions dont la cession était envisagée. Certes, la SAS est caractérisée par un « intuitus personae » très fort, de telle sorte qu'on pourrait considérer que les associés ne doivent pas pouvoir en sortir sans l'accord des autres associés. Mais le droit pour tout associé de céder ses actions est une règle impérative. Il peut être aménagé (clause d'agrément, clause de préemption, voire clause d'inaliénabilité temporaire des actions) mais il ne peut pas être supprimé.

Il appartient aux associés de déterminer, dans les statuts de la SAS, les conditions dans lesquelles doit s'effectuer le rachat des actions de l'associé, notamment si ce dernier dispose ou non d'un droit de repentir et si la société peut ou non effectuer ce rachat.

Lorsque les **actions** sont **rachetées par les associés** de la société, les statuts prévoient fréquemment que la répartition des actions offertes est faite par le président de la société proportionnellement à leur participation dans le capital et dans la limite de leurs demandes.

Lorsque les **actions** sont **rachetées par la société,** celle-ci est tenue de les céder dans un délai de six mois ou de les annuler (art. L 227-18, al. 2) en suivant le régime du droit commun des réductions de capital non motivées par des pertes, qui impose notamment un vote favorable de l'assemblée générale des associés et le respect du droit d'opposition des créanciers (Communication Ansa, comité juridique n° 24-030 du 5-6-2024). Sur ce régime, voir n°s 51930 s.

Pour éviter que l'associé **cédant** ne soit **bloqué par** un **rachat partiel,** les statuts prévoient souvent que si la totalité des actions n'a pas été rachetée dans un certain délai à compter de la notification du refus d'agrément, le cédant peut réaliser la cession au profit de l'acquéreur primitif pour la totalité des actions cédées, malgré les offres d'achat partielles qui auraient pu être faites.

Les statuts doivent aussi indiquer les modalités de calcul du **prix** de rachat des actions. Ainsi, il est possible de fixer des méthodes d'évaluation financière, de faire mention de critères spécifiques, de désigner le tiers qui sera chargé d'appliquer ces critères. Si les statuts ne précisent pas ces modalités, le prix de cession est, à défaut d'accord entre les parties, déterminé par expert dans les conditions prévues à l'article 1843-4 du Code civil (art. L 227-18, al. 1).

› Précisions a. Il arrive que les statuts accordent au cédant la possibilité de **renoncer** à la cession **après la fixation du prix par expert** : par exemple, si ce prix est inférieur de plus de 10 % au prix proposé par l'acquéreur.

En revanche, lorsque les associés d'une SAS ont accepté de recourir à un expert pour fixer le prix de rachat des actions après le refus d'agrément du tiers acquéreur, l'associé qui doit racheter les actions ne peut plus se rétracter si le prix déterminé par l'expert lui semble trop élevé (CA Paris 14-10-2008 n° 08/12642 : RJDA 2/09 n° 84).

De même, la SAS qui, après un refus d'agrément, demande la mise sous séquestre des actions et la nomination d'un expert pour en fixer le prix manifeste son intention d'acquérir les titres au prix fixé par ce dernier ; elle ne peut donc plus renoncer à la cession si le cédant accepte la procédure d'expertise (Cass. com. 4-1-2023 n° 21-10.035 F-D : RJDA 4/23 n° 198).

b. En cas de **rachat par la société d'actions qu'un associé avait offert** par la suite **d'acquérir,** le président n'a pas commis de faute à l'égard de cet associé en écartant son offre qui était incertaine : présentée plus de six mois après le rachat, à une date où les actions auraient dû être annulées, l'associé avait subordonné son offre à la validité des actions autodétenues, qui était douteuse (Cass. com. *18-9-2019 n° 17-18.143 F-D : RJDA 12/19 n° 758* ; le dirigeant n'a pas non plus été reconnu fautif pour avoir écarté deux autres offres de cet associé, présentées dans le délai de six mois, car la première était insuffisante et la seconde conditionnelle).

c. S'agissant des **professions libérales réglementées,** les stipulations de la clause d'agrément d'une société d'exercice libéral par actions simplifiée fixant les principes et modalités applicables à la détermination de la valeur des actions en cas de rachat consécutif à un refus d'agrément ne peuvent être adoptées ou modifiées qu'à l'unanimité (Ord. 2023-77 du 8-2-2023 art. 52, al. 1). Les associés peuvent prévoir à l'unanimité que la valeur de la clientèle civile ne sera pas prise en compte pour la détermination de la valeur des actions si elle n'est pas déjà exclue par un décret particulier à chaque profession (Ord. 2023-77 art. 52, al. 2), étant précisé qu'aucun décret d'application de l'ordonnance 2023-77 paru au 1er août 2025, date de mise à jour des présents développements, ne prévoit une telle exclusion. Ces règles de valorisation des actions sont en outre applicables aux SAS de droit commun exerçant une profession juridique ou judiciaire car ces sociétés sont alors soumises à la réglementation des sociétés d'exercice libéral (art. L 811-7, al. 2 et L 812-5, al. 2 pour les administrateurs et mandataires judiciaires, Ord. du 10-9-1817 art. 3-2, al. 2 pour les avocats aux Conseils, Loi 71-1130 du 31-12-1971 art. 8, I-al. 2 pour les avocats, Ord. 45-2590 du 2-11-1945 art. 1 bis, al. 2 pour les notaires et Ord. 2016-728 du 2-6-2016 art. 5, al. 2 et 25, IV-6° pour les commissaires de justice, les huissiers de justice et les commissaires-priseurs judiciaires).

Non-respect de la clause d'agrément Toute cession effectuée en violation d'une clause statutaire d'agrément est nulle (art. L 227-15). 60705

CLAUSE DE CHANGEMENT DE CONTRÔLE D'UN ASSOCIÉ DE SAS

Les associés peuvent convenir dans leurs statuts que tout changement intervenant dans le contrôle d'une société associée entraîne pour cette dernière l'obligation d'en informer la 60710

SAS, celle-ci pouvant décider, dans les conditions prévues par les statuts, de suspendre l'exercice des droits pécuniaires de cet associé et de l'exclure (art. L 227-17).

Le contrôle s'appréciant au regard des dispositions de l'article L 233-3, il peut être direct ou indirect.

Le changement de contrôle peut résulter de n'importe quelle situation : cession, apport, fusion, augmentation ou réduction du capital, mise en œuvre (ou perte) d'un droit de vote double, modification du contrôle du principal associé s'il s'agit d'une personne morale, etc.

La SAS doit être informée dès que la modification du contrôle est intervenue, donc sans délai. Elle peut alors, dans les conditions fixées par les statuts, décider de suspendre l'exercice par la société associée de ses droits de vote et d'exclure cette société (art. L 227-17, al. 1).

ATTENTION

L'**efficacité de la clause** d'exclusion dépend du soin apporté à sa rédaction. Ainsi, la clause prévoyant l'exclusion d'un associé qui n'a pas informé la société en cas de changement de son contrôle ne fait que sanctionner le non-respect de la procédure d'information et ne permet pas d'exclure un associé dont le contrôle a été modifié et qui a respecté cette procédure (Cass. com. 29-1-2008 n° 07-10.797 : RJDA 5/08 n° 546, à propos d'un GIE mais transposable).

60720 Les dispositions examinées ci-dessus à propos du changement de contrôle d'une société associée sont applicables également en cas de **remplacement d'un associé personne morale** par un autre à la suite d'une fusion, d'une scission ou d'une dissolution (art. L 227-17, al. 2).

CLAUSE D'EXCLUSION D'UN ASSOCIÉ DE SAS

60730 Un associé peut être tenu, dans les conditions prévues aux **statuts,** de céder ses actions et de quitter la société (art. L 227-16). Le Conseil constitutionnel a déclaré ce texte conforme au droit de propriété protégé par la Constitution (Cons. const. 9-12-2022 n° 2022-1029 QPC : RJDA 2/23 n° 93).

La loi laisse aux associés une grande liberté pour fixer dans leurs statuts les **causes et les modalités** de l'exclusion, voir n°s 8110 s.

Les statuts peuvent ainsi valablement prévoir qu'en cas de survenance d'un événement déterminé un associé pourra être exclu à la discrétion du président (Cass. com. 20-3-2012 n° 11-10.855 : RJDA 6/12 n° 603, à propos d'une société civile mais transposable ; pour un autre exemple, CA Versailles 24-5-2016 n° 14/03646 : RJDA 8-9/16 n° 617).

Rien ne s'oppose à ce que la clause interdise d'exclure un ou plusieurs associés « de référence » nommément désignés.

Pour un cas où il a été admis qu'un associé avait été valablement exclu sur le fondement d'une clause statutaire renvoyant aux motifs d'exclusion prévus par un pacte d'associés, dès lors que l'associé avait signé le pacte, voir CA Paris 20-6-2013 n° 13/03892 : RJDA 7/14 n° 647.

60731 Si les statuts subordonnent l'exclusion à une **décision collective,** ils ne peuvent toutefois pas interdire à l'associé dont l'exclusion est envisagée de **voter sur la proposition** ; en effet, tout associé a le droit de participer aux décisions collectives et de voter (C. civ. art. 1844, al. 1) et les statuts ne peuvent déroger à cette règle que dans les cas prévus par la loi ; or l'article L 227-16 n'autorise pas une telle dérogation (Cass. com. 23-10-2007 n° 06-16.537 : RJDA 1/08 n° 50, rapp. B. Petit p. 9).

La stipulation de la clause d'exclusion ayant pour objet ou pour effet de priver l'associé dont l'exclusion est envisagée de prendre part au vote est réputée non écrite (Cass. com. 29-5-2024 n° 22-13.158 FS-B : RJDA 8-9/24 n° 468 ; est donc abandonnée la jurisprudence qui déclarait la clause non écrite en son entier : Cass. com. 9-7-2013 n° 11-27.235 : RJDA 10/13 n° 813, 1e esp. ; Cass. com. 6-5-2014 n° 13-14.960 : RJDA 7/14 n° 646). Il en résulte qu'en présence d'une clause comportant la stipulation litigieuse, la société peut procéder à l'exclusion de l'associé en lui offrant la possibilité de participer au vote et elle n'a pas à modifier les statuts en vue d'écarter l'interdiction de voter.

60732 Pour éviter qu'un associé ne fasse obstacle à la décision d'exclusion, il est possible de prévoir que l'exclusion sera décidée **autrement que par une décision collective** (sur la situation de *la SAS à capital variable*, voir n° 60181), ce que n'interdisent pas les articles L 227-9 et L 227-16 : elle peut ainsi être confiée à un organe de direction (par exemple, un conseil de surveillance), un tiers arbitre ou une commission ad hoc. Si les statuts prévoient que l'exclusion est décidée par un comité ne comprenant que certains associés, l'associé concerné par la mesure d'exclusion peut être privé de son droit de voter au sein de ce comité (Communication Ansa, comité juridique n° 25-012 du 5-3-2025). Il n'en va pas de même, à notre avis, si le comité est composé de tous les associés à la seule exception de l'associé menacé d'exclusion, car cela reviendrait à priver ce dernier du droit de participer à une décision collective d'associés.

On peut aussi envisager de subordonner l'exclusion à une décision collective mais en aménageant les modalités d'adoption de celle-ci, de telle sorte que l'associé dont l'exclusion est envisagée puisse voter sans être en mesure de faire obstacle à la décision, s'il est majoritaire ou s'il dispose d'une minorité de blocage : par exemple, en prévoyant que chaque associé ne dispose que d'une seule voix quelle que soit sa participation en capital ou en instituant un plafonnement des voix.

La décision d'exclusion ne peut être prise qu'à la suite d'une procédure prévue par les statuts (Cons. const. 9-12-2022 nº 2022-1029 QPC : RJDA 2/23 nº 93). Les statuts doivent notamment organiser l'information de l'associé concerné et les conditions dans lesquelles celui-ci peut s'exprimer sur les faits qui lui sont reprochés. **60735**

Ils peuvent prévoir la **suspension des droits non pécuniaires** de l'associé exclu tant qu'il n'aura pas procédé à la cession de ses actions (art. L 227-16, al. 2). La suspension concerne le droit à l'information et le droit de vote. Elle recouvre également le droit de participer aux décisions collectives, l'article L 227-16 constituant une dérogation à l'article 1844 du Code civil. À défaut de précisions contraires dans les statuts ou dans la décision d'exclusion, la privation de ces droits est immédiate (Communication Ansa, comité juridique nº 12-055 du 5-9-2012).

Les statuts doivent également indiquer les modalités de calcul du **prix de rachat des actions.** À défaut, et sauf accord entre les parties, ce prix est fixé par un expert dans les conditions prévues à l'article 1843-4 du Code civil (art. L 227-18, al. 1). Dans le silence des statuts sur la date à laquelle les actions doivent être évaluées, ce prix doit être fixé par l'expert à la date la plus proche du rachat et non à la date de l'exclusion de l'associé (Cass. com. 16-9-2014 nº 13-17.807 : RJDA 1/15 nº 30 ; Cons. const. 16-9-2016 nº 2016-563 : RJDA 12/16 nº 876).

Il peut être prévu que le rachat des actions de l'associé exclu sera réalisé par le ou les autres associés, par un tiers désigné à cet effet ou par la société elle-même.

Si les actions sont rachetées par la SAS, celle-ci ne peut pas les conserver ; elle est tenue de les céder dans un délai de six mois ou de les annuler (art. L 227-18, al. 2) en suivant le régime du droit commun des réductions de capital non motivées par des pertes, notamment en ce qui concerne le droit d'opposition des créanciers (Communication Ansa, comité juridique nº 04-040 du 5-5-2004). Sur ce régime, voir nºs 51930 s.

> **Précisions** **a.** La **nullité** des cessions d'actions effectuées en **violation des clauses statutaires** prévue par l'article L 227-15 ne s'applique pas en cas de cession forcée résultant de l'exclusion d'un associé (Cass. com. 21-6-2023 nº 21-25.952 F-B : RJDA 11/23 nº 586).
> **b.** Des règles spéciales de majorité sont prévues pour l'exclusion, en application d'une clause statutaire, des associés de sociétés d'exercice libéral par actions simplifiées (Selas) exerçant une **profession libérale** technique et du cadre de vie ou de santé (Ord. 2023-77 du 8-2-2023 art. 77 et 93). En revanche, les Selas exerçant une profession juridique ou judiciaire sont soumises au droit commun.

AUTRES CLAUSES D'ENTRÉE OU DE SORTIE D'UN ASSOCIÉ DE SAS

Indépendamment des clauses examinées ci-dessus et qui sont expressément prévues par la loi, les associés d'une SAS peuvent insérer dans les statuts les clauses de leur choix en vue d'organiser l'admission et la sortie des membres du groupement, sous réserve de ne pas porter atteinte à l'ordre public. Toutefois, les clauses qui autorisent les associés à **se retirer unilatéralement** de la société en se faisant rembourser par celle-ci la valeur de leurs actions ne sont pas admises (nº 8140). Sur le cas particulier des SAS à capital variable, voir nºs 60177 s. ; sur celui des sociétés d'exercice libéral et des SAS de droit commun constituées pour l'exercice d'une profession juridique ou judiciaire, voir nº 8140. **60740**

Les **clauses « de sortie »** les plus usuelles sont celles qui figurent dans les pactes d'actionnaires : clause de sortie conjointe, clause d'offre alternative (« buy or sell »), etc. (nºs 69165 s.). Certaines d'entre elles figurent dans les statuts, par exemple la clause de préemption (nºs 68590 s.).

Une cession d'actions qui serait effectuée en violation de ces clauses statutaires serait nulle (art. L 227-15). Ce texte ne s'applique toutefois qu'aux clauses statutaires ayant pour objet les cessions librement consenties par les associés (Cass. com. 21-6-2023 nº 21-25.952 F-B : RJDA 11/23 nº 586) ; il ne s'applique donc pas aux clauses imposant la cession forcée d'actions.

C. Action de concert entre associés de la SAS

60770 Il existe une présomption d'action de concert entre les associés d'une SAS à l'égard des sociétés que celle-ci contrôle (art. L 233-10, II-4°). Il en résulte que les sociétés associées, quelle que soit leur participation dans la SAS, sont tenues solidairement de respecter les obligations prévues par la loi et le règlement général de l'AMF en ce qui concerne les franchissements de seuils (nos 64290 s.) et les offres publiques d'achat, d'échange ou de retrait (nos 64760 s.).

ATTENTION

À notre avis, ces obligations doivent s'entendre aussi bien de celles résultant d'opérations intervenant au sein des sociétés contrôlées par la SAS que de celles résultant de prises de participation par ces sociétés dans de tierces sociétés.

Rappelons que la déclaration d'une action de concert peut justifier l'octroi par l'AMF d'une dérogation à l'obligation de déposer une offre publique d'achat ou d'échange (voir nos 65780 s.).

SECTION 4 DISSOLUTION DE LA SAS

CAUSES DE DISSOLUTION COMMUNES À TOUTES LES SOCIÉTÉS

60850 Les causes de dissolution communes à toutes les sociétés (arrivée du terme, réalisation ou extinction de l'objet, liquidation judiciaire, clause statutaire, décision des associés, dissolution judiciaire pour justes motifs) sont applicables aux SAS (nos 86000 s.).

60851 Toutefois, la **réunion de toutes les actions dans une même main** n'est pas susceptible d'entraîner la dissolution de la société (no 86050 ; art. L 227-4). Dans ce cas, l'associé unique est immédiatement soumis au régime des SAS unipersonnelles.

Par ailleurs, les associés peuvent, en toute hypothèse, décider la **dissolution anticipée** de la SAS (art. L 225-246 sur renvoi de l'art. L 227-1, al. 3). Si elle a émis des obligations, l'assemblée générale des obligataires peut alors exiger leur remboursement et la société peut l'imposer (art. L 228-76).

CAUSE DE DISSOLUTION PROPRE À LA SAS

60860 La dissolution est susceptible d'être prononcée en cas de perte de la moitié du capital. Sur cette question, voir nos 76610 s.

PUBLICITÉ DE LA DISSOLUTION DE LA SAS

60870 La dissolution de la société doit faire l'objet des mesures de publicité exposées nos 86210 s.

LIQUIDATION DE LA SAS

60880 En ce qui concerne la liquidation de la société, voir nos 86500 s.

CHAPITRE 3

SOCIÉTÉ PAR ACTIONS SIMPLIFIÉE UNIPERSONNELLE

SOMMAIRE

CARACTÉRISTIQUES ET INTÉRÊT DE LA SAS UNIPERSONNELLE

Une personne physique ou morale peut créer, par un acte unilatéral de volonté (C. civ. art. 1832, al. 2), une SAS dont elle est l'unique associé. 61000

La société unipersonnelle peut également résulter de la réunion dans une même main de toutes les actions d'une SAS, cette réunion n'étant pas une cause de dissolution judiciaire de ce type de société (art. L 227-4).

Une SAS peut ainsi devenir unipersonnelle puis redevenir pluripersonnelle sans autres formalités que celles relatives aux cessions d'actions (ordre de mouvement et virement de compte à compte ou inscription modificative dans une blockchain) ou aux augmentations de capital et une inscription modificative au RCS et au RNE.

De même, une SAS constituée de manière unipersonnelle peut devenir pluripersonnelle en fonction de son développement pour être transformée ensuite en SA si les perspectives d'avenir de la société et notamment la nécessité d'avoir recours à l'épargne publique l'exigent.

Les entrepreneurs individuels qui souhaitent exploiter leur entreprise en société tout en restant l'unique associé de celle-ci ont le choix entre l'EURL et la SAS unipersonnelle.

Sur les avantages et inconvénients de la société unipersonnelle par rapport à l'entreprise individuelle, voir nº 35501.

Pour un tableau comparatif de la SAS unipersonnelle avec l'EURL et l'entreprise individuelle, voir nºs 185 s.

Dans les groupes de sociétés, la SAS unipersonnelle permet de créer, sous une forme de société par actions, des filiales à 100 % comme on en trouve couramment à l'étranger.

En pratique, tant que la société demeure unipersonnelle, la SAS et l'EURL sont globalement soumises au même régime. Mais, si l'on tient compte de l'éventualité d'un passage à la société pluripersonnelle, la SAS présente de nombreux avantages par rapport à l'EURL : facilité de cession des droits sociaux, liberté d'organisation du fonctionnement de la société et des rapports entre associés. Enfin, autre avantage pour la SAS, le président peut être une personne morale, alors que le gérant d'une EURL doit être une personne physique et que les conditions de sa nomination et de sa révocation sont soumises à des règles rigides.

La SAS unipersonnelle est soumise au même régime que la SAS pluripersonnelle (nºs 60090 s.), sous réserve de quelques particularités, que nous examinons ci-après, liées pour l'essentiel à la réunion de toutes les actions entre les mains d'une seule personne, dite « associé unique » (art. L 227-1, al. 2). 61001

SECTION 1

CRÉATION DE LA SAS UNIPERSONNELLE

A. Constitution de la SAS unipersonnelle

CONDITIONS DE FOND DE LA CONSTITUTION DE LA SAS UNIPERSONNELLE

61002 **Associé unique** La SAS étant ouverte à toute « personne » sans distinction (art. L 227-1, al. 1), l'associé unique peut être une personne physique ou une personne morale, y compris une autre SAS unipersonnelle.

Une même personne peut être associée unique de plusieurs SAS unipersonnelles. Cela lui permet, lorsqu'elle a plusieurs activités, d'isoler chacune d'elles dans une structure juridique particulière.

Sur la réglementation des participations croisées entre sociétés par actions ou entre sociétés par actions et sociétés d'une autre forme, voir nos 79260 s.

61003 Sur la nécessité pour l'associé unique d'une SAS de se comporter comme le membre d'une personne morale et d'éviter toute confusion entre les biens qui composent le patrimoine social et ses biens personnels, voir no 135.

61006 **Cas de l'associé mineur non émancipé.** Un mineur non émancipé peut, à compter de ses 16 ans, créer une SAS unipersonnelle (C. civ. art. 388-1-2 pour l'administration légale, art. 401, al. 4 et 5 et 408, al. 4 pour la tutelle).

Pour accomplir seul les **actes d'administration** nécessaires à la création de la société, il doit obtenir l'autorisation de son ou ses administrateurs légaux (mineur sous administration légale) ou du conseil de famille (mineur sous tutelle) ; cette autorisation, donnée par acte sous signature privée ou par acte notarié, doit comporter la liste des actes d'administration pouvant être accomplis par le mineur (mêmes art.).

En revanche, le mineur non émancipé ne peut pas effectuer des **actes de disposition** ; ces actes doivent être effectués, selon le cas, par son ou ses administrateurs légaux ou par le tuteur y ayant été autorisé par le conseil de famille.

> **Précisions** **a.** La possibilité pour le mineur non émancipé de créer (ou de diriger) une SAS unipersonnelle est source d'**insécurité juridique** pour les tiers. En effet, les contrats conclus par le mineur sans autorisation ou en violation de celle-ci risquent d'être remis en cause. Compte tenu de ce risque et en cas de doute, il est recommandé aux tiers de vérifier les pouvoirs du mineur avec lequel ils contractent.
> **b.** Sur la **définition des « actes d'administration ou de disposition »**, voir no 35612.

61007 **Apports** Les règles exposées no 60130 sont applicables à la SAS unipersonnelle. En outre, le recours à un commissaire aux apports est facultatif si l'associé personne physique apporte un élément figurant au bilan du dernier exercice de l'activité professionnelle qu'il exerçait déjà en son nom propre avant la constitution de la société, y compris sous la forme d'une EIRL (art. L 227-1, al. 6).

61008 **Dénomination sociale** La SAS unipersonnelle doit être désignée par une dénomination sociale qui peut comporter le nom de l'associé (art. L 224-1) ou être purement fantaisiste (voir nos 1000 s.).

La dénomination doit être précédée ou suivie immédiatement des mots « société par actions simplifiée » ou des initiales « SAS » (et non « société par actions simplifiée unipersonnelle » ou « Sasu ») dans tous les actes et **documents** émanant de la société et **destinés aux tiers** (no 60151).

61010 **Siège social** Comme pour toute autre société commerciale, le siège social peut être fixé dans le local d'habitation du dirigeant de la société (nos 1340 s.), qu'il soit ou non l'associé unique.

FORMALITÉS DE CONSTITUTION DE LA SAS UNIPERSONNELLE

61020 Les statuts doivent être établis par écrit et comporter les mentions requises (nos 60220 s.).

La constitution de la société donne lieu aux formalités exposées nos 3040 s. Signalons que seul l'associé unique est appelé à figurer sur la liste « des souscripteurs » à déposer en annexe au RCS (no 3180), avec la mention du nombre des actions qu'il a souscrites et des sommes qu'il a versées (Avis CCRCS 2016-007 des 31-3 et 19-5-2016).

CONSEIL

La SAS pouvant être alternativement unipersonnelle et pluripersonnelle, il est recommandé d'insérer, dès sa constitution, des **clauses applicables en cas de pluralité d'associés,** en particulier celles relatives aux décisions collectives et à l'admission ou au retrait des associés.

B. Réunion de toutes les actions d'une SAS en une seule main

La création de SAS unipersonnelle peut résulter de la réunion de toutes les actions d'une SAS pluripersonnelle en une seule main, par exemple à la suite d'une cession ou d'une transmission successorale. 61050

Dans ce cas, contrairement au régime de droit commun, il n'est pas possible à tout intéressé de demander en justice la dissolution de la société si celle-ci n'est pas redevenue pluripersonnelle à l'expiration du délai d'un an (art. L 227-4).

Le passage de la SAS pluripersonnelle à la SAS unipersonnelle est réalisé dès que la réunion de tous les droits sociaux dans une même main devient opposable aux tiers, c'est-à-dire dès l'inscription des actions au nom de l'associé unique dans les comptes-titres tenus par la société ou dans une blockchain. Dans le mois du transfert des titres, la société doit demander, par l'intermédiaire du guichet unique électronique des formalités d'entreprises, que la mention selon laquelle elle est constituée d'un associé unique soit inscrite au RCS (art. R 123-53, 2° et R 123-66) et au RNE (art. R 123-240, 1°, R 123-252, 2° et R 123-263, al. 1).

SECTION 2 FONCTIONNEMENT DE LA SAS UNIPERSONNELLE

DIRECTION DE LA SAS UNIPERSONNELLE

L'associé unique de la SAS unipersonnelle peut se désigner lui-même comme **président** de la société ou confier cette fonction à un tiers, personne physique ou morale. 61130

CONSEIL

Dans les entreprises de petite taille, l'associé unique qui envisage d'exercer les fonctions de président et qui se préoccupe de la continuité de la gestion doit prendre des mesures appropriées pour le cas où il viendrait à décéder ou à être empêché, par exemple en désignant son successeur (sur cette faculté, voir n° 60335).

Dans le cas où il confie la présidence à un tiers, l'associé peut limiter les pouvoirs de celui-ci et subordonner à son autorisation préalable certains actes importants mais ces limitations de pouvoirs sont inopposables aux tiers (n° 60360).

Cas du mineur non émancipé Un mineur non émancipé peut, à compter de ses 16 ans, diriger une SAS unipersonnelle (C. civ. art. 388-1-2 pour l'administration légale, art. 401, al. 4 et 5 et 408, al. 4 pour la tutelle). Si tel est le cas, il peut accomplir des actes d'administration et de disposition dans les mêmes conditions que lorsqu'il crée une SAS unipersonnelle (n° 61006). 61135

CONTRÔLE DES CONVENTIONS RÉGLEMENTÉES DANS LA SAS UNIPERSONNELLE

Contrairement aux règles applicables à la SAS pluripersonnelle, les conventions conclues directement ou par personnes interposées entre la société unipersonnelle et le président (ou, s'il en existe, l'un des autres dirigeants), l'associé unique (personne physique ou morale) ou, s'il s'agit d'une société associée, avec la société la contrôlant au sens de l'article L 233-3 ne font pas l'objet d'un rapport. Elles doivent seulement être mentionnées sur le registre des décisions (art. L 227-10, al. 4). 61140

CONSEIL

Si le président n'est pas l'associé unique, ce dernier agira prudemment en prévoyant dans les **statuts** l'obligation pour le président de soumettre à son autorisation préalable toute convention que celui-ci envisagerait de passer directement ou indirectement avec la SAS.

61141 Comme dans les SAS pluripersonnelles, il est interdit au président et aux autres dirigeants personnes physiques de contracter sous quelque forme que ce soit des emprunts auprès de la société, de se faire consentir par elle un découvert en compte courant ou autrement et de faire cautionner ou avaliser par elle ses engagements envers les tiers (art. L 225-43 sur renvoi de l'art. L 227-12).

Cette **interdiction** ne visant que les dirigeants, l'associé unique non dirigeant d'une SAS y échappe. Mais il est préférable qu'il n'ait recours à ces procédés qu'avec discernement, faute de quoi il s'expose à être considéré comme ayant confondu son patrimoine avec celui de la société et, en cas d'ouverture d'une procédure collective à l'encontre de la société, à faire lui-même l'objet d'une telle procédure (n° 91300).

CONTRAT DE TRAVAIL DE L'ASSOCIÉ UNIQUE NON PRÉSIDENT DE LA SAS UNIPERSONNELLE

61145 Lorsque les statuts prévoient qu'il dispose du pouvoir de révoquer le président, l'associé unique non président d'une Sasu n'est pas placé sous la dépendance de celui-ci et ne peut donc pas être salarié de la société (Cass. soc. 16-1-2019 n° 17-12.479 FS-PB : RJS 4/19 n° 259, à propos d'une EURL mais à notre avis transposable).

DÉCISIONS DE L'ASSOCIÉ UNIQUE DE LA SAS UNIPERSONNELLE

61150 L'associé unique exerce les pouvoirs dévolus à la collectivité des associés dans les SAS pluripersonnelles (art. L 227-1, al. 2).

Il lui appartient donc de se prononcer, sous forme de décisions unilatérales, dans tous les cas où la loi impose, dans les SAS pluripersonnelles, une décision collective des associés (approbation des comptes, nomination des commissaires aux comptes, augmentation ou réduction du capital, etc. : voir n° 60490). C'est également sous cette forme que doivent être prises les autres décisions de l'associé unique concernant le fonctionnement de la société (nomination du président, transfert du siège social, changement de dénomination, etc.). Comme dans les SAS pluripersonnelles (n° 60509), le comité social et économique doit, dans les sociétés d'au moins 50 salariés, être mis en mesure d'exercer les droits qui lui sont reconnus par le Code du travail (C. trav. art. L 2312-77) en matière de décisions sociales.

L'associé unique doit prendre personnellement ces décisions. Il ne peut pas **déléguer ses pouvoirs** à un tiers (art. L 227-9, al. 3).

Ses décisions doivent être répertoriées dans un registre (art. L 227-9, al. 3) qui peut, comme dans les SAS pluripersonnelles et dans les mêmes conditions, être tenu sous forme électronique (voir n° 60508).

> **Précisions** **a.** L'interdiction pour l'associé unique de déléguer ses pouvoirs et l'obligation pour lui de consigner ses décisions dans un registre ne s'appliquent qu'aux **décisions** relevant de la **compétence des associés** ; elles ne visent pas les délégations de pouvoirs que l'associé unique pourrait consentir à un **préposé** dans l'exercice de ses fonctions de président.
> **b.** Selon l'Ansa, même si les **statuts d'une SAS devenue unipersonnelle** continuent à prévoir que la **révocation du président** doit être **décidée** par les associés réunis **en assemblée générale** et que le président est seul compétent pour convoquer cette assemblée, l'associé unique peut passer outre à ces dispositions et décider unilatéralement de révoquer le président (Communication Ansa, comité juridique n° 19-006 du 6-2-2019). Pour éviter les litiges, les rédacteurs des statuts de SAS ont intérêt à envisager par avance et explicitement les conséquences du passage à la Sasu.

APPROBATION DES COMPTES DE LA SAS UNIPERSONNELLE

61160 Chaque année, le président de la société, et lui seul, qu'il soit ou non l'associé unique, doit **arrêter les comptes annuels** et, le cas échéant, les comptes consolidés et, sauf dispense (n° 61161), établir un rapport de gestion (art. L 227-9, al. 3). L'inobservation de cette obligation est sanctionnée d'une amende de 9 000 € (art. L 242-8 sur renvoi de l'art. L 244-1).

L'associé unique doit **approuver les comptes,** après rapport du commissaire aux comptes s'il en existe un, dans le délai de six mois à compter de la clôture de l'exercice (art. L 227-9, al. 3).

Le président de la SAS unipersonnelle, qu'il soit ou non l'associé unique, doit **déposer au greffe** du tribunal de commerce ou tenir **à la disposition de toute personne** divers documents dans les mêmes conditions que dans la SAS pluripersonnelle : voir n° 60544.

61161 Par **dérogation,** le président est dispensé d'établir le **rapport de gestion** si la société répond à la définition des micro-entreprises ou des petites entreprises dans les mêmes conditions que dans la SA : voir n°s 48186 s.

Autre dérogation : si l'associé unique personne physique est le président de la société, il peut approuver les **comptes** selon une **procédure simplifiée** en les déposant au greffe du tribunal dûment signés, accompagnés de l'inventaire, également signé, dans les six mois de la clôture de l'exercice, sans avoir à porter le récépissé de ce dépôt au registre qui répertorie l'ensemble de ses décisions (art. L 227-9, al. 3). 61162

Mise en place dans un souci de simplification, afin d'éviter que l'associé président de la société ne soit obligé de prendre une décision d'approbation des comptes, cette **procédure** appelle toutefois les mêmes **réserves** que pour l'EURL, pour laquelle existe un dispositif similaire (n° 35826) : outre le fait que sa mise en œuvre suppose la publication de l'inventaire, ce qui peut surprendre au regard du secret des affaires, ce procédé ne permet pas, à notre avis, de dispenser l'associé unique de se prononcer sur l'affectation du résultat et de déposer cette décision au greffe (art. L 232-23). Elle nous semble donc privée de **portée pratique.**

TRANSFORMATION DE LA SAS UNIPERSONNELLE

L'associé unique peut, par décision unilatérale, transformer sa société en SARL et passer ainsi de la SAS unipersonnelle à l'EURL. Toutefois, comme pour la SAS pluripersonnelle, cette transformation ne peut être décidée, si la société est dotée d'un **commissaire aux comptes** chargé d'un audit classique des comptes, que sur **rapport** de celui-ci attestant que le montant des capitaux propres est au moins égal au montant du capital social (art. L 225-244 sur renvoi de l'art. L 227-1, al. 3 ; n° 53520). Si le commissaire aux comptes est chargé d'un audit allégé, il est dispensé de l'établissement de ce rapport (art. L 821-57, al. 2). 61170

Si la SAS a émis des **obligations,** le projet de transformation de la société doit être soumis à l'assemblée générale des obligataires (n° 53530). 61171

Si la SAS a émis des **valeurs mobilières donnant accès au capital,** elle ne peut pas, à dater de l'émission, se transformer en EURL, à moins d'y être autorisée par le contrat d'émission ou par les titulaires de ces titres réunis en masse (art. L 228-98, al. 1).

SECTION 3

DISSOLUTION DE LA SAS UNIPERSONNELLE

CAUSES DE DISSOLUTION DE LA SAS UNIPERSONNELLE

Les **causes de dissolution communes** à toutes les sociétés (nos 86000 s.) sont applicables aux SAS unipersonnelles, à l'**exception** de celles qui supposent une pluralité d'associés. Ainsi, la SAS unipersonnelle ne peut pas être dissoute pour mésentente entre associés mais peut l'être par l'arrivée du terme fixé dans les statuts, la réalisation ou l'extinction de l'objet social ou sur décision de l'associé unique. Elle est aussi susceptible d'être dissoute en cas de perte de la moitié du capital social : voir nos 76610 s. 61230

LIQUIDATION DE LA SAS UNIPERSONNELLE

Comme pour l'EURL, il convient de distinguer selon que l'**associé** unique de la SAS est une personne physique ou une personne morale. 61231

S'il s'agit d'une **personne physique,** la SAS dissoute doit être mise en liquidation dans les conditions de droit commun (n° 86080).

En revanche, si l'associé unique est une **personne morale,** la dissolution de la SAS unipersonnelle *n'est pas suivie de liquidation.* Elle entraîne appropriation par la personne morale associé unique de l'ensemble du patrimoine de la société dissoute, sauf la possibilité pour les créanciers sociaux de faire opposition à la dissolution (nos 86082 s.). En effet, les dispositions de l'article 1844-5 du Code civil écartant les opérations de liquidation en cas de dissolution d'une société devenue unipersonnelle s'appliquent à toutes les sociétés civiles ou commerciales dont l'associé unique est une personne morale. Sur cette question, voir les développements concernant l'EURL (n° 36212), les dispositions des articles L 227-4 et L 223-4 étant identiques.

PARTIE 6

Les valeurs mobilières

CHAPITRE 1 RÈGLES GÉNÉRALES

SOMMAIRE

DÉFINITION DES INSTRUMENTS FINANCIERS

62000 Les instruments financiers regroupent les titres financiers et les contrats financiers (C. mon. fin. art. L 211-1, I).

62003 **Titres financiers** Les titres financiers sont (C. mon. fin. art. L 211-1, II) :

1. Les **titres de capital** émis par les sociétés par actions, ce qui regroupe les actions et les autres titres donnant ou pouvant donner accès au capital ou aux droits de vote (C. mon. fin. art. L 212-1 A).

2. Les **titres de créance.**

Les titres de créance représentent chacun un droit de créance sur la personne morale ou le fonds commun de titrisation qui les émet (C. mon. fin. art. L 213-0-1). Sont des titres de créance :
– les titres de créance négociables (C. mon. fin. art. L 213-1 à L 213-4-1) ;
– les obligations, y compris celles émises par les GIE, par les associations ou par les fondations dotées de la personnalité morale (C. mon. fin. art. L 213-5 à L 213-21-1 A) ;
– les titres émis par l'État, qu'il s'agisse des emprunts d'État ou des bons du Trésor (C. mon. fin. art. L 213-21-1 à L 213-31) ;
– les titres participatifs (C. mon. fin. art. L 213-32 à L 213-35).

L'indexation des titres de créance est libre, quand bien même une disposition législative prévoirait le contraire (C. mon. fin. art. L 112-3-1).

3. Les **parts ou actions d'organismes de placement collectif.** Constituent des organismes de placement collectif (C. mon. fin. art. L 214-1, II) :
– les organismes de placement collectif en valeurs mobilières (OPCVM) (C. mon. fin. art. L 214-2 à L 214-23-2) ;
– les fonds d'investissement alternatifs (FIA) (C. mon. fin. art. L 214-24 à L 214-190-3-1), notamment les FIA ouverts à des investisseurs non professionnels, les FIA ouverts à des investisseurs professionnels, les fonds d'épargne salariale et les organismes de titrisation (art. L 214-24, II).

62004 Sont assimilés aux titres financiers tous les **instruments équivalents ou droits représentatifs** d'un placement financier dans une entité émis sur le fondement de droits **étrangers** (C. mon. fin. art. L 211-41).

62006 Les **effets de commerce** et les **bons de caisse** ne sont pas des instruments financiers (C. mon. fin. art. L 211-1, IV).

62009 Les titres financiers font l'objet d'une **présomption de propriété** en faveur du titulaire du compte-titres ou de la personne au nom de laquelle ces titres sont inscrits dans une blockchain (C. mon. fin. art. L 211-4, al. 1 modifié par ord. 2024-936 du 15-10-2024).

Par exception, le compte peut être ouvert ou, dans les deux derniers cas ci-après, l'inscription dans la blockchain peut être réalisée (art. L 211-4, al. 2 à 5 modifié par ord. 2024-936) :
– au nom d'un intermédiaire agissant pour le compte des propriétaires des titres de capital ou des obligations admis aux négociations sur un ou plusieurs marchés réglementés (ou considérés comme équivalents à un marché réglementé) ou SMN (régime de l'intermédiaire inscrit de l'article L 228-1, al. 7 ; voir n° 62193) ;
– au nom d'un intermédiaire agissant pour le compte de propriétaires de parts d'organismes de placement collectif, lorsque ces propriétaires n'ont pas leur domicile sur le territoire français au sens de l'article 102 du Code civil ;
– au nom d'un fonds (FCP, FCPI, fonds professionnel de placement immobilier, fonds de financement spécialisé, fonds commun de titrisation), la désignation du fonds pouvant valablement être substituée à celle de tous les copropriétaires.

L'intermédiaire inscrit est alors tenu, au moment de l'ouverture de son compte-titres ou de son inscription dans la blockchain, de déclarer sa qualité d'intermédiaire détenant des titres pour le compte d'autrui (C. mon. fin. art. L 211-4, al. 6 modifié par ord. 2024-936).

Par ailleurs, nul ne peut **revendiquer** pour quelque cause que ce soit un titre financier dont la **propriété** a été **acquise de bonne foi** par le titulaire du compte-titres dans lequel ces titres sont inscrits ou par la personne identifiée par la blockchain (C. mon. fin. art. L 211-16 modifié par ord. 2024-936, transposant aux titres financiers dématérialisés la règle de l'art. 2276, al. 1 du Code civil selon laquelle « en fait de meubles, la possession vaut titre »).

› Précisions **a.** Les **titulaires de comptes-titres sont propriétaires** des titres financiers **et non créanciers** de l'établissement teneur de comptes, ce qui distingue les comptes-titres des comptes d'émission ou des comptes reflets. Sauf convention spéciale, les titres n'entrent pas dans le patrimoine du teneur de compte-conservateur. De même les inscriptions prises auprès d'un dépositaire central par un teneur de compte-conservateur ne confèrent pas la propriété des titres au dépositaire.

b. La loi ne se prononce pas sur la **nature de la présomption** de propriété. Selon nous, il s'agit d'une présomption simple, susceptible d'être renversée par celui qui se considérerait comme le légitime propriétaire.

Valeurs mobilières. Les valeurs mobilières, que peuvent émettre les sociétés par actions dans les conditions fixées par le Livre II du Code de commerce, sont une catégorie de « titres financiers » conférant des droits identiques par catégorie (art. L 228-1, al. 1 et 2). 62015

Sont des valeurs mobilières les actions, les obligations et les valeurs mobilières donnant accès au capital ou donnant droit à l'attribution de titres de créance. Il en est de même des droits détachés de ces titres lorsqu'ils sont eux-mêmes négociables ou susceptibles de l'être (cas, par exemple, des droits de souscription ou des droits d'attribution). 62018

En revanche, le droit de priorité accordé, le cas échéant, aux actionnaires existants à l'occasion d'une augmentation de capital sans droit préférentiel (cf. art. L 22-10-51, al. 1) ne constitue pas, selon nous, un droit détaché d'une valeur mobilière et, en conséquence, n'est pas lui-même une valeur mobilière. En pratique, ce droit est fréquemment stipulé incessible. Dans le cas où il est cessible, sa cession peut toujours être réalisée dans les conditions de droit commun de la cession de créance.

Les parts des fonds communs de placement, des fonds de placement immobilier, des fonds professionnels de placement immobilier, des fonds de financement spécialisé et des fonds communs de titrisation sont également des valeurs mobilières (cf. C. mon. fin. art. L 211-2). 62021

En revanche, les titres de créance négociables (n° 71012) n'ont pas la nature de valeurs mobilières car, le plus souvent, ils ne constituent pas une « catégorie » puisqu'ils ne sont pas interchangeables, le montant de la créance, l'échéance de remboursement et le taux d'intérêt étant variables pour chacun d'eux en fonction des besoins de la société (dans le même sens, Rép. Reveau : AN 27-10-1986 n° 7148 ; Rép. Couveinhes : AN 9-5-1988 n° 33437). 62024

Contrats financiers L'article L 211-1, III du Code monétaire et financier se contente d'indiquer que ces contrats sont « également dénommés instruments financiers à terme » ; entrent dans cette catégorie **les contrats d'option, les contrats à terme fermes, les contrats d'échange, les accords de taux futurs et tous autres contrats à terme** dont la liste figure à l'article D 211-1 A, I du même Code. 62030

L'indexation des contrats financiers est libre, quand bien même une disposition législative prévoirait le contraire (C. mon. fin. art. L 112-3-1).

> **Précisions** **a.** La notion d'« **instrument dérivé** », pourtant utilisée par la pratique, par les textes européens ainsi que par différentes normes émanant de l'AMF pour désigner les contrats financiers, n'a jamais été consacrée, fût-ce comme synonyme, dans les définitions légales.

b. Sont des contrats financiers les **contrats de change à terme dont l'échéance est indéterminée** dès lors qu'ils prévoient ou donnent effectivement lieu à un report tacite des positions (rolling spot forex) (Position ACPR-AMF 2011-P-01 du 31-5-2011 ; Position AMF 2011-08).

RÉGLEMENTATION APPLICABLE AUX VALEURS MOBILIÈRES

Sont applicables aux valeurs mobilières : 62040

– les articles L 211-2 à L 211-34, R 211-1 à R 211-9 et D 211-10 à D 211-15 du Code monétaire et financier relatifs aux titres financiers ;

– les articles L 228-1 à L 228-6-3 et R 228-1 à R 228-14 du Code de commerce relatifs aux valeurs mobilières émises par les sociétés par actions.

Lorsque les **valeurs** mobilières sont **négociées sur des marchés** d'instruments financiers, *leur sont aussi applicables les dispositions* du droit européen d'applicabilité directe et du Code monétaire et financier relatives à l'organisation des marchés d'instruments financiers, le règlement général et les textes d'application adoptés par l'AMF et les règles de l'entreprise de marché (Euronext) en ce qui concerne Euronext Paris (marché réglementé), Euronext Growth (SMNO) ou Euronext Access (SMN). 62043

CARACTÉRISTIQUES DES VALEURS MOBILIÈRES

Les valeurs mobilières présentent les caractéristiques suivantes. 62060

1. Ce sont des biens **meubles** (C. civ. art. 529).

2. Ce sont des biens **incorporels** puisqu'elles n'ont pas d'existence matérielle.

62063 **3.** Ce sont des titres **négociables** facilement transmissibles puisque leur cession s'opère par virement de compte à compte ou par inscription dans une blockchain (C. mon. fin. art. L 211-15 modifié par ord. 2024-936 du 15-10-2024 et visant tous les titres financiers). Les formalités de l'article 1690 du Code civil ne sont pas requises.

Lorsqu'ils sont au porteur, et bien que dématérialisés (nos 62100 s.), les titres peuvent faire l'objet d'un don manuel (Cass. com. 19-5-1998 n° 96-16.252 : RJDA 8-9/98 n° 991) à condition que l'ordre de mouvement donné par le titulaire du compte ait bien pour cause une libéralité et que le dessaisissement du donateur soit réel et irrévocable.

4. Ce sont des titres **fongibles,** c'est-à-dire interchangeables : un titre financier (action, obligation, etc.) peut toujours être remplacé par un autre titre de même catégorie provenant de la même émission ; ils ont une valeur identique.

5. Ce sont des biens **non consomptibles,** c'est-à-dire qu'elles ne se consomment pas par le premier usage comme des denrées ou de la monnaie. Il en résulte qu'en cas d'usufruit de valeurs mobilières les règles du quasi-usufruit prévues par l'article 587 du Code civil (possibilité pour l'usufruitier de disposer librement des biens grevés d'usufruit, à charge pour lui de les restituer au nu-propriétaire en mêmes quantité et qualité à la fin de l'usufruit) ne sont pas applicables, sauf convention contraire des parties.

Cependant, un portefeuille de valeurs mobilières constitue une universalité, distincte des éléments qui la composent. Par suite, lorsqu'un portefeuille de valeurs mobilières est grevé d'usufruit, l'usufruitier peut gérer l'universalité ainsi constituée en cédant des titres mais à condition de les remplacer par d'autres titres car il est tenu de conserver la substance du portefeuille et de le rendre en fin d'usufruit (Cass. 1e civ. 12-11-1998 n° 96-18.041 : JCP G 1999 II n° 10027 obs. Piedelièvre ; Cass. com. 27-11-2007 n° 05-21.262 : RJDA 3/08 n° 283 ; Cass. 1e civ. 17-3-2010 n° 09-13.162, inédit). Il en va différemment si, aux termes de la convention de compte, l'accord de l'ensemble des titulaires du compte est requis pour le faire fonctionner.

> **Précisions** **a.** Afin de permettre au **nu-propriétaire** de s'assurer que ses **droits** sont **préservés,** l'usufruitier doit donner à celui-ci toutes informations utiles à la détermination de la valeur et de la substance du portefeuille pendant toute la durée de l'usufruit, par exemple à l'occasion d'un partage de la nue-propriété, et pas seulement au terme de l'usufruit (cf. Cass. 1e civ. 3-12-2002 n° 00-17.870 : RJDA 2/04 n° 174).
> **b.** Un **prêt de consommation** (quoique portant en principe sur des choses consomptibles) d'actions à un administrateur ne nous paraît pas interdit (n° 39346), mais il convient de prendre soin d'inscrire en compte les actions prêtées au nom de l'administrateur pour faire produire l'effet translatif de propriété à son profit (Cass. com. 15-11-2011 n° 10-19.620 : RJDA 2/12 n° 171).

62066 **Indivisibilité des titres** À l'égard de la société émettrice, les titres sont indivisibles (art. L 228-5). Lorsque les titres appartiennent en indivision à plusieurs personnes, aucune d'entre elles ne peut exiger de la société qu'elle lui reconnaisse des droits individuels (droit de vote, droit aux dividendes notamment) correspondant à la fraction de ses droits dans l'indivision. Sur la reconnaissance de tels droits aux titulaires d'actions indivises, voir toutefois n° 68220.

SECTION 1 DÉMATÉRIALISATION DES VALEURS MOBILIÈRES

A. Forme des valeurs mobilières

PRINCIPE

62100 Les valeurs mobilières revêtent la forme de titres **au porteur** ou de titres **nominatifs,** sauf dans les cas où la forme nominative est imposée par la loi ou par les statuts, pour tout ou partie du capital (art. L 228-1, al. 3 ; voir nos 62133 s.). Si le compte-titres est tenu par l'émetteur ou si les titres financiers sont inscrits par l'émetteur dans une blockchain, les titres financiers revêtent la forme nominative. Si le compte-titres est tenu par un intermédiaire financier habilité ou si les titres financiers sont inscrits par une infrastructure de marché DLT dans une blockchain, les titres financiers revêtent la forme au porteur (C. mon. fin. art. R 211-2 ; voir aussi Règl. gén. AMF art. 322-2, I modifié par arrêté du 7-10-2024).

Nonobstant toute convention contraire, en cas d'émission comprenant à la fois des titres au porteur et des titres nominatifs, le propriétaire a la faculté de convertir ses titres dans l'autre forme (art. L 228-1, al. 4). Toutefois la conversion des titres nominatifs n'est pas possible s'agissant de titres des sociétés pour lesquelles la forme nominative est imposée (n°s 62133 s.) (art. L 228-1, al. 5).

> **Précisions** L'AMF recommande aux teneurs de comptes-conservateurs de facturer, le cas échéant, aux actionnaires de sociétés dont les titres sont admis aux négociations sur un marché réglementé des frais non discriminatoires et proportionnés aux coûts réels qu'ils engagent pour **inscrire au nominatif** des titres au porteur. Elle préconise par ailleurs aux sociétés « cotées » (sur un marché réglementé ou autre) et aux teneurs de comptes-conservateurs de ne facturer aucuns frais liés à l'inscription au nominatif des titres au porteur attribués par la société aux actionnaires déjà détenteurs de titres nominatifs qui en auraient fait la demande à l'occasion d'une augmentation de capital ou de toute autre opération sur titre (Recommandation AMF 2012-05, proposition n° 2.11).

TITRES AU PORTEUR

Faculté Les actions des sociétés d'investissement à capital variable (**Sicav**), des sociétés de placement à prépondérance immobilière à capital variable (**Sppicav**) ou des sociétés professionnelles de placement à prépondérance immobilière à capital variable (**Spppicav**) peuvent revêtir la forme au porteur (C. mon. fin. art. L 212-3, I). 62113

Obligation Afin de pouvoir être **négociés** sur une **plate-forme de négociation,** les titres financiers qui ne revêtent pas la forme obligatoirement nominative (n°s 62130 s.) doivent revêtir la forme au porteur (C. mon. fin. art. R 211-5, al. 2). 62115

TITRES NOMINATIFS

Les **actions** émises sur le territoire français et soumises à la législation française des sociétés autres que les Sicav, les Sppicav ou les Spppicav qui ne sont **pas admises aux négociations** sur un marché réglementé ou sur un SMN doivent revêtir la forme nominative (C. mon. fin. art. L 212-3, I). Le compte-titres est alors en principe tenu par l'émetteur, ou les titres financiers inscrits par l'émetteur dans une blockchain (C. mon. fin. art. R 211-2). 62130

Par dérogation, les **titres admis aux opérations d'un dépositaire central** peuvent être inscrits dans un compte-titres tenu par un intermédiaire financier habilité, sauf décision contraire de l'émetteur (C. mon. fin. art. L 211-7, al. 1). En pratique, selon l'article 3-1 des règles de fonctionnement d'Euroclear France (seul dépositaire central exerçant actuellement en France), sont visés tous les titres financiers mentionnés à l'article L 211-1 du Code monétaire et financier ainsi que les titres financiers de même nature émis sur le fondement d'un droit étranger mentionnés à l'article L 211-41 du même Code.

Sur les sanctions de l'obligation de mise au nominatif, voir n° 67527.

Quant aux **titres financiers** qui ne sont **pas admis aux opérations d'un dépositaire central,** ils doivent être inscrits, au nom du propriétaire des titres, dans un compte-titres tenu par l'émetteur ou, sur décision de l'émetteur, dans une blockchain (C. mon. fin. art. L 211-7, al. 2 modifié par ord. 2024-936 du 15-10-2024).

Sur les conditions d'inscription de titres financiers dans une **blockchain,** voir n°s 62180 s.

Quelques **dispositions particulières** imposent la forme nominative pour certaines actions. Il en est ainsi notamment : 62133

– pour les actions de numéraire jusqu'à leur entière libération (art. L 228-9) ;

– pour les actions détenues par la société elle-même, à l'exception des actions rachetées pour favoriser la liquidité des titres de la société et entièrement libérées lors de l'acquisition *(art. L 225-210, al. 1)* ;

– pour les actions des sociétés exploitant une entreprise de presse (Loi 86-897 du 1-8-1986 art. 4) ;

– pour les actions des sociétés titulaires d'une autorisation relative à un service de communication audiovisuelle (Loi 86-1067 du 30-9-1986 art. 36) ;

– pour les valeurs mobilières appartenant à une fondation d'entreprise (Loi 87-571 du 23-7-1987 art. 19-3).

Sur la mise au nominatif des titres appartenant à des personnes ayant un accès privilégié à des informations sur la vie de la société, voir n°s 66433 s.

Les **statuts de la société** peuvent imposer la forme nominative pour tout ou partie du capital (art. L 228-1, al. 3). 62136

B. Inscription des titres

TITRES CONCERNÉS PAR L'INSCRIPTION

62170 Comme tout titre financier, les valeurs mobilières émises en France et soumises à la législation française, quelle que soit leur forme (actions, obligations mais aussi droits négociables détachés de ces titres tels les droits de souscription ou les droits d'attribution, par exemple), doivent être inscrites au nom de leur propriétaire (art. L 228-1, al. 6 et, sur renvoi, C. mon. fin. art. L 211-3 et L 211-4 modifiés par ord. 2024-936 du 15-10-2024 ; voir aussi C. mon. fin. art. L 211-7 modifié par ord. 2024-936 et par loi 2025-391 du 30-4-2025) :
– soit dans un compte-titres tenu par l'émetteur ;
– soit dans un compte-titres tenu par un intermédiaire financier habilité pour exercer l'activité de tenue de compte-conservation, ce qui n'est possible que si elles sont admises aux opérations d'un dépositaire central ;
– soit dans une blockchain, dans les conditions mentionnées n°s 62180 s.

Les **valeurs** mobilières françaises **qui circulent à l'étranger** peuvent être représentées par des certificats créés par Euroclear France mais exclusivement destinés à l'étranger (cf. C. mon. fin. art. R 211-7, al. 1).

62180 **Inscription des titres dans une blockchain** Les titres financiers peuvent être inscrits **par l'émetteur** dans une blockchain, dans les conditions prévues à l'article L 211-7, al. 2 du Code monétaire et financier ; en ce cas, les titres revêtent la **forme nominative** et peuvent (il s'agit d'une simple faculté) être négociés sur une plate-forme de négociation sans, par ailleurs, avoir nécessairement été placés en compte d'administration au préalable (C. mon. fin. art. L 211-7, al. 2 et 3 modifié par ord. 2024-936 du 15-10-2024 et art. R 211-2 et R 211-5).

ATTENTION

Les dispositions législatives et réglementaires du Code monétaire et financer, comme celles du Code de commerce et du règlement général de l'AMF, emploient indifféremment les appellations « dispositif d'enregistrement électronique partagé » et « technologie des registres distribués » pour désigner le même procédé informatique d'inscription de titres financiers communément appelé « blockchain ». C'est ce dernier terme que nous utilisons dans les présents développements pour éviter toute confusion tant que subsiste cette regrettable **absence d'harmonisation terminologique**.

La blockchain est alors conçue et mise en œuvre de façon à garantir l'enregistrement et l'**intégrité des inscriptions** et à permettre, directement ou indirectement, d'identifier les propriétaires des titres, la nature et le nombre de titres détenus. Les inscriptions font l'objet d'un plan de continuité d'activité actualisé comprenant notamment un dispositif externe de conservation périodique des données. En outre, le propriétaire des titres peut disposer de relevés des opérations qui lui sont propres (C. mon. fin. art. R 211-9-7).

62182 Les titres financiers peuvent également être inscrits dans une blockchain **par une infrastructure de marché DLT,** dans les conditions fixées par le règlement 2022/858/UE du 30 mai 2022 ; en ce cas, les titres revêtent la **forme au porteur** et sont, à notre avis, négociés sur une plate-forme de négociation (C. mon. fin. art. L 211-7, al. 3 modifié par ord. 2024-936 du 15-10-2024 et art. R 211-2 ; voir aussi Règl. gén. AMF art. 322-2, I modifié par arrêté du 7-10-2024).

Les dispositifs informatiques et de cybersécurité liés à l'infrastructure de marché DLT doivent alors garantir, notamment, l'**intégrité,** la sécurité, la confidentialité, la disponibilité et l'accessibilité **des données** stockées par l'exploitant de celle-ci (Règl. 2022/858/UE art. 7, 4).

› Précisions Selon nous, la **plate-forme de négociation** sur laquelle les titres financiers inscrits, sous forme nominative ou au porteur, dans une blockchain sont susceptibles d'être négociés ne peut être qu'une infrastructure de marché DLT. Sur la notion d'infrastructure de marché DLT, voir n° 63909.

PROPRIÉTAIRE DES TITRES

62190 **Propriétaire des titres** En principe, les valeurs mobilières doivent être inscrites au nom de leur propriétaire réel (art. L 228-1, al. 6). Dès lors, elles sont inscrites dans un compte-titres ou dans une blockchain au nom d'un ou de plusieurs titulaires, propriétaires des titres financiers qui y sont inscrits (C. mon. fin. art. L 211-4, al. 1 modifié par ord. 2024-936 du 15-10-2024).

› Précisions Le teneur de compte-conservateur doit notamment adresser, au moins une fois par trimestre à son client et à chaque demande de ce dernier, un **relevé** de ses titres financiers (Règl. gén. AMF art. 322-12). Le propriétaire des titres inscrits par l'émetteur dans une blockchain peut disposer de relevés des opérations qui lui sont propres (C. mon. fin. art. R 211-9-7).

Intermédiaires inscrits La règle énoncée n° 62190 vaut pour tous les détenteurs de valeurs mobilières, qu'ils soient français ou étrangers. Une personne résidant à l'étranger doit donc en principe demander à la société émettrice ou à un intermédiaire habilité d'inscrire ses titres sous son nom (nos 62230 s.). Elle exerce alors les droits attachés à ces titres dans les mêmes conditions qu'une personne résidant en France. 62193

Il est toutefois permis qu'un **intermédiaire** demande l'inscription à son nom, sous la forme d'un compte collectif ou de plusieurs comptes individuels correspondant chacun à un propriétaire, des titres dont il assure la gestion. Cette **dérogation** au principe de l'inscription en compte au nom du propriétaire réel n'est toutefois autorisée que lorsque des actions ou des obligations de la société ont été admises aux négociations (art. L 228-1, al. 7) :

– soit sur un ou plusieurs marchés réglementés ou SMN agréés en France ou dans un autre État membre de l'UE ou partie à l'accord sur l'EEE, ou sur un marché considéré comme équivalent à un marché réglementé par la Commission européenne, et que leur propriétaire n'a pas son domicile en France ;

– soit uniquement sur un ou plusieurs marchés considérés comme équivalents à un marché réglementé par la Commission européenne, que leur propriétaire ait ou non son domicile en France.

Cette dérogation ne vaut pas pour les titres de créance autres que des obligations et pour les titres émis par les sociétés dont les titres ne sont pas admis sur ces marchés (cf. art. L 228-1, al. 7). Elle ne vaut pas non plus pour les titres financiers inscrits dans une blockchain (C. mon. fin. art. L 211-4, al. 2 et 4 modifié par ord. 2024-936 du 15-10-2024 ; voir n° 62009).

La notion de domicile est celle du droit civil et non celle retenue en matière fiscale : il s'agit du lieu où le propriétaire des titres a son principal établissement (C. civ. art. 102).

Peu importe la nationalité du propriétaire des titres. Ainsi, dans le premier cas énoncé ci-dessus, un actionnaire de nationalité française peut bénéficier de la dérogation s'il est domicilié à l'étranger ; un actionnaire domicilié en France ne le peut pas, même s'il est de nationalité étrangère.

Au moment de l'ouverture du ou des comptes, l'intermédiaire doit spontanément se déclarer « intermédiaire inscrit » en révélant au teneur de compte (société émettrice ou intermédiaire financier habilité) sa qualité d'intermédiaire détenant des titres pour compte d'autrui (art. L 228-1, al. 8). Les conditions de cette information sont précisées par les articles R 228-1 et R 228-2.

Il doit aussi, sur simple demande de la société émettrice, de son mandataire ou d'un tiers désigné par celle-ci, révéler l'identité des propriétaires réels des titres (art. L 228-2, I et II, L 228-3, al. 1 et L 228-3-1, I ; nos 63800 s.).

En cas de manquement par l'intermédiaire inscrit à l'une ou l'autre de ces obligations de révélation, le vote exprimé avec les titres concernés ne sera pas pris en compte respectivement aux assemblées d'actionnaires s'il s'agit de titres de capital ou donnant accès au capital, ou aux assemblées générales d'obligataires s'il s'agit d'obligations (art. L 228-3-2, al. 3) même si ce vote est conforme aux instructions du ou des propriétaires des actions.

C. Tenue de compte-conservation d'instruments financiers

1. PERSONNES AUTORISÉES OU HABILITÉES

Les personnes autorisées ou habilitées à conserver et à administrer les titres inscrits en compte ou dans une blockchain sont différentes selon qu'il s'agit de titres nominatifs ou de *titres au porteur.* 62230

a. Titres nominatifs

Lorsque les titres sont nominatifs, les comptes doivent en principe être tenus par la société émettrice ou les titres doivent être inscrits par elle dans une blockchain (C. mon. fin. art. R 211-2, al. 1 ; sur la possibilité d'inscrire les titres admis aux opérations d'un dépositaire central dans un compte ouvert ou tenu par un intermédiaire financier habilité, voir néanmoins n° 62130). 62240

Toutefois, la société émettrice peut désigner à cet effet un mandataire et doit alors publier au Balo la dénomination et l'adresse de celui-ci, ainsi que la catégorie de titres financiers qui fait l'objet du mandat (C. mon. fin. art. R 211-3, al. 1).

En l'absence de précision contraire, cette mesure revêt un caractère général. Elle s'applique à toutes les sociétés dont les titres sont inscrits en compte ou dans une blockchain.

Aucune disposition législative ou réglementaire n'impose en principe une qualification particulière à ce mandataire, qui peut donc être librement choisi par la société émettrice. Il peut par exemple s'agir d'un professionnel, y compris une infrastructure de marché DLT, ou – cas fréquent dans les groupes – d'une autre société.

> **Précisions** Lorsque le mandataire est une **infrastructure de marché DLT,** celle-ci est responsable vis-à-vis de la société émettrice en cas de perte, notamment des instruments financiers numériques, dans les conditions fixées à l'article 7, 6 du règlement 2022/858/UE du 30 mai 2022 (art. R 211-3, al. 2).

TITRES NOMINATIFS PURS

62243 Les titres financiers nominatifs purs sont des titres financiers nominatifs dont l'administration est confiée par leur propriétaire à l'émetteur lui-même (Règl. gén. AMF art. 322-2, II).

TITRES NOMINATIFS ADMINISTRÉS

62246 Les titres financiers nominatifs administrés sont des titres financiers nominatifs dont l'administration est confiée par leur propriétaire à un teneur de compte-conservateur (Règl. gén. AMF art. 322-2, II). Le titulaire du compte-titres s'engage alors à ne plus donner d'ordres qu'à ce teneur de compte-conservateur. Le teneur de compte-conservateur comptabilise dans un compte d'administration ou dans un registre de positions les avoirs correspondant aux titres financiers inscrits en compte chez l'émetteur ou inscrits par l'émetteur dans une blockchain (C. mon. fin. art. R 211-4 et Règl. gén. AMF art. 322-3, 1°-al. 2 modifié par arrêté du 7-10-2024).

L'article R 211-4, qui donne aux propriétaires de titres financiers nominatifs le choix entre un compte nominatif pur et un compte nominatif administré, n'est pas, selon nous, d'ordre public, car il n'y a pas lieu ici d'assurer une protection particulière des détenteurs. Rien ne s'oppose donc à ce que les statuts excluent ce choix et imposent la forme nominative pure pour tous les titres financiers émis par la société. Mais cette possibilité ne peut concerner, sous la réserve exprimée ci-après, que les sociétés dont les titres ne sont pas admis aux négociations sur une plate-forme de négociation (c'est-à-dire sur un marché réglementé, un SMN ou un système organisé de négociation ; C. mon. fin. art. L 420-1). En effet, les titres financiers à forme obligatoirement nominative ne peuvent être négociés sur une plate-forme de négociation qu'après avoir été placés en compte d'administration – les autres titres ne pouvant y être négociés que sous la forme au porteur –, à l'exception des titres financiers inscrits dans une blockchain, qui peuvent être négociés sur une plate-forme de négociation sous forme nominative sans nécessairement avoir été préalablement placés en compte d'administration (C. mon. fin. art. R 211-5).

Pour des précisions sur la notion de plate-forme de négociation, applicables notamment aux titres financiers inscrits dans une blockchain, voir Position AMF 2020-02 du 6-3-2020.

62249 **Mandat de gestion** La demande de mise en compte nominatif administré doit faire l'objet d'un mandat écrit donné par le propriétaire à l'intermédiaire habilité de son choix et notifié à la société émettrice.

Dans le cas de titres émis par une société soumise aux dispositions du règlement général de l'AMF pour la tenue de compte-conservation, le mandat d'administration doit être conforme au modèle fixé par l'instruction AMF 2005-10 du 7 décembre 2005 ou, s'il porte sur des titres inscrits dans une blockchain admis aux opérations d'une infrastructure de marché DLT, par l'instruction AMF 2024-07 du 6 novembre 2024. Lorsqu'il est mis fin au mandat d'administration confié à un intermédiaire habilité, ce dernier doit en informer l'émetteur (Règl. gén. AMF art. 322-50 modifié par arrêté du 7-10-2024).

Dans le cas contraire, les modalités du mandat sont, en l'absence de texte réglementaire sur ce point, librement déterminées par les parties. On a tout lieu de penser néanmoins que, par commodité, les intéressés utiliseront le plus souvent le modèle de l'AMF.

62252 **Exercice des droits attachés aux titres** Lorsque les titres sont mis en compte d'administration, leur propriétaire doit obligatoirement adresser les ordres concernant ces titres à l'intermédiaire financier qu'il a choisi et à lui seul (C. mon. fin. art. R 211-4, al. 1). De *même, c'est ce dernier* qui est seul habilité auprès de la société émettrice pour exercer les droits patrimoniaux attachés aux titres, notamment pour encaisser les dividendes ou intérêts qui pourraient être mis en paiement.

Le mandat de gestion ne portant que sur les actes d'administration (C. civ. art. 1988, al. 1), l'intermédiaire habilité ne peut procéder à des actes de disposition (exercice des droits aux augmentations de capital, règlement en titres ou en espèces et, bien entendu, cession des titres) que sur instructions particulières du mandant, sauf possibilité pour lui de se prévaloir, pour certaines opérations, d'une acceptation tacite du mandant conformément aux usages en vigueur chez le teneur de comptes.

Le propriétaire des titres conserve l'exercice des autres droits (communication des documents sociaux, convocation aux assemblées, vote, etc.). C'est donc à lui, et non pas à l'intermédiaire financier, que la société doit adresser la correspondance relative à ces droits.

En acceptant le mandat qui lui est confié, l'intermédiaire habilité prend la responsabilité de vérifier l'identité et la capacité du donneur d'ordre ainsi que la régularité de l'opération au lieu et place de la société émettrice.

Lorsque le mandat porte sur des titres nominatifs inscrits dans une blockchain admis aux opérations d'une infrastructure de marché DLT, l'intermédiaire est par ailleurs tenu des obligations professionnelles mentionnées aux articles 322-72-4, 322-72-5, 322-72-7 et 322-72-8 du règlement général de l'AMF issus de l'arrêté du 7 octobre 2024 (Règl. gén. AMF art. 322-50 modifié par arrêté du 7-10-2024).

Le compte d'administration chez l'intermédiaire habilité n'entraîne pas suppression du compte tenu par la société émettrice, ni de la blockchain où sont inscrits les titres. En conséquence, si le propriétaire des titres nominatifs administrés les vend, l'intermédiaire habilité doit, d'une part, enregistrer l'opération dans le compte d'administration ouvert à ce propriétaire et, d'autre part, la reporter dans la blockchain ou la notifier à la société émettrice ; celle-ci doit alors modifier le compte de l'intéressé et ouvrir un compte à l'acquéreur si ce dernier n'est pas déjà actionnaire. **62253**

b. Titres au porteur

Lorsque les titres revêtent la forme au porteur, le compte-titres ne peut être tenu que par un intermédiaire financier (principalement un établissement de crédit ou une entreprise d'investissement) mentionné à l'article L 542-1, 2° à 7° du Code monétaire et financier sur renvoi de l'article L 211-3 du même Code, ou les titres être inscrits dans une blockchain par une infrastructure de marché DLT (voir n° 62182) (C. mon. fin. art. R 211-2, al. 2 ; voir aussi Règl. gén. AMF art. 322-2, I modifié par arrêté du 7-10-2024). **62260**

Un propriétaire de titres au porteur inscrits dans une blockchain peut charger un intermédiaire financier ou une infrastructure de marché DLT de détenir les moyens d'accès à ses titres, y compris sous la forme de clés cryptographiques privées, et de traiter les événements concernant ces titres (C. mon. fin. art. R 211-4, al. 2). En ce cas, il doit conclure avec cet administrateur un mandat conforme au modèle fixé par l'instruction AMF 2024-07 du 6 novembre 2024. Il s'oblige par ailleurs à ne plus donner d'ordre qu'à cet administrateur et s'engage, à compter de la date de signature du mandat, à ne plus faire usage des moyens d'accès aux titres qu'il lui a confiés. Le mandat doit être notifié par l'administrateur des titres à l'infrastructure de marché DLT, laquelle doit également être informée lorsqu'il y est mis fin (Règl. gén. AMF art. 322-72-3 issu de arrêté du 7-10-2024). Une telle notification ne nous paraît toutefois pas nécessaire lorsque l'infrastructure de marché DLT, mandatée à cet effet, assure elle-même les fonctions d'administrateur. **62261**

› Précisions Les **obligations professionnelles des administrateurs** de titres au porteur inscrits dans une blockchain admis aux opérations d'une infrastructure de marché DLT sont précisées aux articles 322-72-3 à 322-72-8 du règlement général de l'AMF issus de l'arrêté du 7 octobre 2024.

2. RÉGIME DE LA TENUE DE COMPTE-CONSERVATION

ACTIVITÉ DE TENUE DE COMPTE-CONSERVATION

L'activité de « tenue de compte-conservation d'instruments financiers pour le compte de tiers » est un service connexe aux services d'investissement (C. mon. fin. art. L 321-2, 1 ; voir n°s 63960 s.) dont l'originalité est de pouvoir être fourni par les émetteurs eux-mêmes pour les titres qu'ils émettent ou par des prestataires professionnels. L'article L 211-6 du Code monétaire et financier dispose en effet que les comptes-titres sont tenus par l'émetteur ou par un intermédiaire, au choix des titulaires des comptes, sous réserve que la loi ou l'émetteur lui-même n'ait pas imposé la tenue du compte par l'émetteur. **62290**

L'activité de « tenue de compte-conservation » consiste à sauvegarder les droits des titulaires des comptes sur les titres financiers qui y sont inscrits (C. mon. fin. art. L 211-9).

Cette **obligation de sauvegarde** impose aux teneurs de compte-conservateurs soumis aux dispositions du règlement général de l'AMF d'apporter tous leurs soins à la conservation des instruments financiers et de veiller à ce titre à la stricte comptabilisation des instruments financiers et de leurs mouvements dans le respect des procédures en vigueur. Ils doivent également apporter tous leurs soins pour faciliter l'exercice des droits attachés à ces instruments financiers, s'assurer que les avoirs de leurs clients sont distingués de leurs avoirs propres dans les livres des tiers auprès desquels ils conservent les avoirs correspondants et ne doivent pas faire usage des titres financiers inscrits en compte et des droits qui y sont attachés, ni en transférer la propriété sans l'accord exprès de leur titulaire (C. mon. fin. art. L 621-7, VI-1° ; Règl. gén. AMF art. 322-7, 2°). En outre, ils sont tenus d'une obligation d'information envers chaque titulaire de compte d'instruments financiers (Règl. gén. AMF art. 322-12, II). Enfin, ils ont l'obligation de restituer les instruments financiers inscrits en compte dans leurs livres (art. 322-7, 5°).

Jugé que le dépositaire qui a reçu pour mission la conservation des actifs d'un OPCVM est tenu en toutes circonstances, même s'il en a confié la sous-conservation à un tiers (prime broker), d'une obligation de restitution immédiate de ces actifs en vertu de dispositions d'ordre public destinées à assurer la protection de l'épargne et le bon fonctionnement des marchés financiers. L'existence d'un nantissement sur les actifs du fonds au bénéfice d'un tiers ou la conclusion avec ce dernier d'une convention de sous-conservation ne sont pas de nature à le dispenser de l'obligation de restitution qui lui incombe en qualité de dépositaire (Cass. com. 4-5-2010 n°s 09-14.975 FS-PB et 09-14.187 FS-PB : RJDA 8-9/10 n° 856).

62291 Les émetteurs et les organismes publics teneurs de compte-conservateurs mis à part, les entreprises ayant pour objet principal l'activité de « tenue de compte-conservation » doivent être **agréées** par l'ACPR. En effet, cette activité suit le même régime (procédure d'agrément et conditions d'exercice) que les prestataires de services d'investissement autres que les sociétés de gestion de portefeuille (C. mon. fin. art. R 532-2), sauf en ce qui concerne les services connexes de « tenue de compte-conservation d'instruments financiers pour le compte de tiers » (C. mon. fin. art. L 321-2, 1), qui nécessitent une habilitation, laquelle n'ouvre pas droit au bénéfice du passeport européen (C. mon. fin. art. L 532-16 s.). Dès lors, un agrément est requis de l'ACPR (C. mon. fin. art. L 532-1, I-al. 1 et 3).

En outre, l'AMF est compétente pour veiller au respect des obligations professionnelles auxquelles sont astreintes, en vertu des dispositions législatives et réglementaires, les personnes autorisées à exercer l'activité de « conservation ou d'administration d'instruments financiers » (C. mon. fin. art. L 621-9, II-2°). La liste de ces personnes (PSI habilités ou teneurs de compte-conservateurs « purs ») est publiée sur le site internet de la Banque de France.

62292 La **réglementation et** le **contrôle** (et, le cas échéant, la sanction) des activités de tenue de compte et de conservation d'instruments financiers par les **personnes morales** qui effectuent des opérations d'offre au public de titres financiers – autres que celles réservées à des investisseurs qualifiés ou à un cercle restreint d'investisseurs, celles qui relèvent du financement participatif, celles dont le montant total calculé sur une période de 12 mois est inférieur à 8 M€ (seuil qui devrait être porté à 12 M€ à compter du 5-6-2026 : voir n° 63036, Attention), celles qui portent sur des titres dont la valeur nominale unitaire s'élève au moins à 100 000 €, et celles dont les bénéficiaires acquièrent les titres pour un montant total d'au moins 100 000 € par investisseur et par offre distincte –, ou d'admission d'instruments financiers aux négociations sur un marché réglementé et les **intermédiaires habilités** à ce titre sont fixés par le règlement général de l'AMF (C. mon. fin. art. L 621-7, VI-1°).

Les modalités de tenue des comptes de titres diffèrent donc selon que la société est ou non soumise au règlement général de l'AMF pour la tenue de compte-conservation.

SOCIÉTÉS SOUMISES AU RÈGLEMENT GÉNÉRAL DE L'AMF POUR LA TENUE DE COMPTE-CONSERVATION

62300 **Teneur de compte-conservateur** Le teneur de compte-conservateur est un intermédiaire habilité qui inscrit en compte des instruments financiers au nom de leur titulaire et conserve les avoirs correspondants, selon les modalités propres à chaque instrument financier, ce qui entraîne, d'une part, reconnaissance des droits du titulaire sur ces instruments financiers, d'autre part, garantie de l'existence patrimoniale des valeurs correspondantes.

Pour être teneurs de compte-conservateurs, les établissements de crédit et les entreprises d'investissement doivent être agréés à cet effet par l'ACPR (C. mon. fin. art. L 532-1, I-al. 1 et 3).

La tenue de compte-conservation des instruments financiers inscrits en comptes nominatifs administrés est assurée par l'intermédiaire habilité teneur du compte d'administration dans lequel sont comptabilisés les avoirs correspondant aux instruments financiers inscrits chez l'émetteur.

› Précisions L'article L 542-1 du Code monétaire et financier fixe la **liste des personnes habilitées à exercer** les activités de **tenue de compte-conservation** d'instruments financiers : essentiellement, sociétés émettrices pour les titres qu'elles émettent par offre au public (autre que celles exclues, mentionnées n° 62292) ; établissements de crédit et entreprises d'investissement établis en France ou, dans les conditions fixées par le règlement général de l'AMF, établis à l'étranger ; teneurs de compte-conservateurs « purs » (personnes morales ayant pour objet unique ou principal l'activité de conservation ou d'administration d'instruments financiers).

Règles de bonne conduite Indépendamment de la **tenue des comptes-titres** (n° 62309), le teneur de compte-conservateur est soumis à un certain nombre d'**obligations** et de règles de bonne conduite à l'égard des titulaires de ces comptes : 62303

– préalablement à l'ouverture du compte, vérifier l'identité, la capacité juridique et le profil financier du titulaire personne physique et vérifier les pouvoirs du représentant légal du titulaire personne morale, ainsi que, pour les titulaires soumis à un droit étranger lorsque le teneur de compte-conservateur l'estime utile, demander un certificat de coutume attestant la régularité de l'opération envisagée au regard de cette législation (Règl. gén. AMF art. 322-6) ;

– apporter tous ses soins à la conservation des titres (notamment la stricte comptabilisation des instruments financiers et de leurs mouvements) et à l'exercice des droits qui y sont attachés, s'assurer que les opérations affectant le compte résultent d'instructions du titulaire ou d'une personne habilitée par celui-ci, s'interdire de faire usage des titres ou d'en transférer la propriété sans l'accord exprès de leur titulaire, les restituer dans les meilleurs délais si le titulaire en fait la demande, etc. (art. 322-7 et 322-8) ;

– prendre, pour des raisons de sécurité, les mesures nécessaires pour que soient distingués dans les livres du ou des dépositaires centraux auxquels il adhère (Euroclear France, par exemple) les avoirs des OPCVM dont il est dépositaire, ceux de ses clients et ses avoirs propres (art. 322-7, 3°) ;

– transmettre au titulaire les informations relatives aux opérations sur titres nécessitant une réponse de sa part et aux autres opérations sur titres entraînant une modification sur les avoirs inscrits sur le compte, les éléments nécessaires à l'établissement de sa déclaration fiscale, les mouvements portant sur les titres financiers et les espèces inscrits à son nom (à l'exception des opérations ayant conventionnellement un caractère répétitif et systémique dans le cadre d'un plan d'épargne retraite qui peuvent ne faire l'objet que d'une information semestrielle) et les informations particulières devant être adressées, le cas échéant, aux porteurs de placements collectifs (Règl. gén. AMF art. 322-12, II et III, précisant les délais de transmission à respecter) ;

– adresser sur un support durable au titulaire, au moins une fois par trimestre et à chaque demande de ce dernier, un relevé de ses titres financiers dont le contenu est précisé à l'article 63, 2 du règlement délégué 2017/565/UE du 25 avril 2016 (art. 322-12, I) ;

– renseigner, dans le cadre de la convention qui les unit, le prestataire de services d'investissement sur la constitution et la composition de la couverture des ordres avec service de règlement-livraison différés (Règl. gén. AMF art. 516-1 et 315-11 à 315-22, sur renvoi de l'art. 322-15).

› Précisions **a.** Sur les **moyens et procédures** du teneur de compte-conservateur habilité, voir Règl. gén. AMF art. 322-16 s.

b. Le **responsable de la conformité** (Règl. gén. AMF art. 312-19 s.) doit s'assurer du respect des obligations et des règles de bonne conduite par le teneur de compte-conservateur (Règl. gén. AMF art. 322-39).

c. Le teneur de compte-conservateur n'est pas tenu d'**informer** le titulaire du compte des **événements qui affectent la vie de la société** émettrice des titres figurant dans ce compte (Cass. com. 9-1-1990 n° 88-17.291 : Bull. civ. IV n° 2). Sur l'obligation faite aux teneurs de compte-conservateurs de transmettre certaines informations aux actionnaires, voir toutefois n° 46590.

d. L'AMF est compétente pour **sanctionner** un teneur de compte-conservateur en raison de manquements constatés dans son activité de **traitement des instructions de vote** de ses clients, laquelle participe de l'exercice d'un droit attaché aux titres financiers qu'il conserve (CE 17-10-2022 n° 449114 : RJDA 3/23 n° 147).

Mandataire Le teneur de compte-conservateur peut recourir à un mandataire pour conserver les avoirs correspondant aux titres financiers qu'il inscrit au compte de titulaires, pour inscrire en compte-titres les titres financiers au nom de leur titulaire ou pour effectuer pour son compte d'autres tâches ou fonctions opérationnelles (Règl. gén. AMF art. 322-33). Ce mandataire ne peut être qu'un autre teneur de compte-conservateur ou une autre entité à statut équivalent (C. mon. fin. art. L 211-8 ; Règl. gén. AMF art. 322-34). 62306

Sauf cas de conservation d'instruments financiers étrangers pour le compte d'investisseurs qualifiés dans lequel un partage des responsabilités peut être stipulé, le teneur de compte-conservateur est responsable vis-à-vis du titulaire du compte des fautes commises dans l'administration de ce compte. La responsabilité du teneur de compte-conservateur vis-à-vis du titulaire du compte n'est en conséquence ni affectée ni atténuée par le recours à un mandataire ou à un tiers (Règl. gén. AMF art. 322-35, al. 2 et 3).

62309 **Tenue des comptes** Les comptes d'instruments financiers doivent être tenus selon les règles de la comptabilité en **partie double** (Règl. gén. AMF art. 322-19, al. 2).

La nomenclature de ces comptes et leurs règles de fonctionnement sont fixées dans l'instruction AMF 2000-01 du 18 novembre 2000.

62312 **Cas particulier des titres nominatifs** Les sociétés émettrices doivent tenir une comptabilité propre à chacun des titres financiers qu'elles ont émis en distinguant les titres financiers nominatifs purs et les titres financiers nominatifs administrés. Elles doivent ouvrir, par valeur, un journal général, dans lequel sont portées chronologiquement les écritures retraçant l'ensemble des opérations concernant ce titre financier (Règl. gén. AMF art. 322-51, al. 1 à 3).

Un compte général « émission en titres financiers nominatifs » doit être ouvert pour chaque titre financier. Ce compte enregistre à son débit l'ensemble des titres financiers nominatifs inscrits chez l'émetteur, sa contrepartie créditrice figurant aux comptes individuels des titulaires en nominatif pur, d'une part, en nominatif administré, d'autre part, ainsi qu'aux divers comptes de titres financiers en instance d'affectation (art. 322-51, al. 4 et 5).

La reconnaissance, au bénéfice des titulaires, des droits détachés de titres financiers nominatifs s'effectue exclusivement auprès des sociétés émettrices s'il s'agit de titres financiers nominatifs purs et auprès des teneurs de compte-conservateurs s'il s'agit de titres financiers nominatifs administrés (art. 322-52, al. 1).

Ces droits prennent la forme « au porteur » s'ils sont issus de titres financiers nominatifs administrés et la forme « nominatif pur » s'ils sont issus de titres financiers nominatifs purs (art. 322-52, al. 2).

Quelle que soit la forme sous laquelle ils sont inscrits, ces droits circulent sous la forme au porteur (art. 322-52, al. 3).

› **Précisions** **a.** Lors de toute modification affectant l'inscription en compte d'un titre financier nominatif administré (par exemple, en raison du changement de titulaire ou de mode d'administration du compte), l'intermédiaire habilité doit établir un **bordereau de références nominatives** (C. mon. fin. art. L 211-19 et Règl. gén. AMF art. 322-54 à 322-60). Ces bordereaux circulent par l'intermédiaire de dépositaires centraux qui se voient ainsi confier un rôle primordial dans le contrôle de la propriété de ces titres financiers, à peine, pour les intermédiaires teneurs de compte-conservateurs ou les personnes morales émettrices négligents, de pénalités prévues par les règles de fonctionnement des dépositaires centraux. Sur les insuffisances dans l'établissement et l'envoi des bordereaux de références nominatives constatées par l'AMF, et les recommandations qu'elle formule à l'attention des teneurs de compte-conservateurs à cet égard, voir Communiqué AMF du 26-2-2021.

b. Sur les dispositions du **cahier des charges** du teneur de compte-conservateur applicables aux personnes morales effectuant des opérations d'offre au public (autre que celles exclues, mentionnées nº 62292) et inscrivant les titres financiers émis dans des comptes de nominatif pur ou dans une blockchain, voir Règl. gén. AMF art. 322-61 s.

c. Sur les dispositions spécifiques relatives à la tenue de compte-conservation de **parts ou d'actions d'OPCVM acquises dans le cadre d'un dispositif d'épargne salariale** autres que les parts de FCPE relevant de l'article L 214-164 du Code monétaire et financier (modifié par loi 2024-537 du 13-6-2024) souscrites dans le cadre d'un plan d'épargne retraite au sens de l'article L 224-1 du même Code ouvert auprès d'une entreprise d'assurance, mutuelle ou union, institution de prévoyance ou union (notamment la dérogation à l'obligation de tenue d'une comptabilité en partie double), voir Règl. gén. AMF art. 322-73 s.

SOCIÉTÉS NON SOUMISES AU RÈGLEMENT GÉNÉRAL DE L'AMF POUR LA TENUE DE COMPTE-CONSERVATION

62320 Il n'existe aucune disposition législative ou réglementaire organisant la tenue des comptes dans les sociétés – de beaucoup les plus nombreuses – qui n'effectuent pas d'opérations d'offre au public de titres financiers – autres que celles réservées à des investisseurs qualifiés ou à un cercle restreint d'investisseurs, celles qui relèvent du financement participatif, celles dont le montant total calculé sur une période de 12 mois est inférieur à 8 M€ (seuil qui devrait être porté à 12 M€ à compter du 5-6-2026 : voir nº 63036, Attention), celles qui portent sur des titres dont la valeur nominale unitaire s'élève au moins à 100 000 €, et celles dont les bénéficiaires acquièrent les titres pour un montant total d'au moins 100 000 € par investisseur et par offre distincte – ou d'admission d'instruments financiers aux négociations sur un marché réglementé.

Ces sociétés doivent donc aménager dans leurs **statuts** les modalités selon lesquelles sont constatées les inscriptions en compte et les transmissions des instruments financiers qu'elles ont émis : forme et contenu des demandes de virement, pièces justificatives de l'identité et de la capacité du donneur d'ordre, délai pour réaliser le virement, etc.

Si les titres inscrits dans un compte-titres sont donnés en **nantissement,** ils doivent être inscrits dans un compte spécial – les titres inscrits dans une blockchain devant, lorsqu'ils sont donnés en nantissement, faire l'objet d'une identification à cet effet par un procédé informatique (C. mon. fin. art. L 211-20, II-al. 2). Toutefois, lorsque les titres sont en nominatif administré, l'émetteur, informé du nantissement par le teneur de compte administré (et non son sous-traitant), peut choisir de gérer les instruments financiers administrés nantis de manière non comptable. **62332**

Si les titres sont en **indivision,** il est possible, par mesure de simplification, de n'ouvrir qu'un seul compte (ou, dans le régime simplifié, une seule fiche) avec l'indication de l'identité de tous les coïndivisaires.

Si les titres sont grevés d'**usufruit,** il convient, nous semble-t-il, d'ouvrir un seul compte au nom du nu-propriétaire (puisque c'est lui qui a la qualité d'associé) en indiquant sur ce compte l'existence de l'usufruit et l'identité de l'usufruitier.

Si les titres sont donnés en **location,** il convient à notre avis, pour la même raison, d'ouvrir un seul compte au nom du bailleur, mais en indiquant sur ce compte l'existence du bail et l'identité du locataire.

Le titulaire des titres peut, à tout moment, demander à la société émettrice de lui délivrer, à ses frais, une **attestation** précisant la nature et le nombre de titres inscrits à son compte ainsi que les mentions portées sur ce compte. **62335**

Aucune forme particulière n'est prévue pour cette attestation, qui peut consister soit en un document autonome, soit en une photocopie du ou des comptes de l'intéressé, certifié par le directeur général de la société ou par toute autre personne ayant reçu mandat du directeur général à cet effet.

SECTION 2

OPÉRATIONS SUR TITRES FINANCIERS

A. Cession de titres financiers

1. PRINCIPE

Les titres financiers se transmettent par virement de compte à compte ou par modification de l'inscription dans une blockchain (C. mon. fin. art. L 211-15 modifié par ord. 2024-936 du 15-10-2024). **62500**

La procédure à suivre varie selon que les titres sont ou non cédés sur une plate-forme de négociation (marché réglementé, SMN ou système organisé de négociation : C. mon. fin. art. L 420-1).

2. CESSION SUR UNE PLATE-FORME DE NÉGOCIATION

La cession de titres financiers sur une plate-forme de négociation est soumise aux règles de fonctionnement fixées, après approbation de l'AMF, par l'entreprise de marché (en France, Euronext) qui assure le fonctionnement de ce marché. **62510**

Ces cessions peuvent être réalisées librement et directement sous réserve du respect du monopole des prestataires de services d'investissement (sur cette question, voir n° 63940).

De plus, les valeurs mobilières dont la forme est (en vertu d'une disposition réglementaire ou statutaire) obligatoirement nominative ne peuvent être négociées sur une plate-forme de négociation qu'après avoir été placées en compte d'administration, à l'exception des titres financiers inscrits dans une blockchain, qui peuvent être négociés sur une plate-forme de négociation sous forme nominative sans nécessairement avoir été préalablement placés en compte d'administration (C. mon. fin. art. R 211-5, al. 1 et 3).

Les titres qui ne revêtent pas obligatoirement la forme nominative ne peuvent être négociés sur une plate-forme de négociation que s'ils sont « convertis » au porteur, c'est-à-dire, en pratique, virés à un compte au porteur chez un intermédiaire habilité (art. R 211-5, al. 2).

> **Précisions** Sur l'obligation, pour l'intermédiaire habilité, d'établir un **bordereau de références nominatives** lors de toute négociation de titres financiers nominatifs (entraînant changement de titulaire ou de mode d'administration du compte), voir C. mon. fin. art. L 211-19 et Règl. gén. AMF art. 322-54 à 322-60.

3. CESSION HORS PLATE-FORME DE NÉGOCIATION

62520 La cession hors plate-forme de négociation de titres inscrits en compte chez un intermédiaire habilité participant à un **système de règlement et de livraison** d'instruments financiers (cf. C. mon. fin. art. L 330-1 modifié par loi 2025-391 du 30-4-2025) s'effectue selon les règles de fonctionnement de ce système (C. mon. fin. art. L 211-17 modifié par ord. 2024-936 du 15-10-2024 sur renvoi de l'art. L 228-1, al. 9).

En dehors de ce cas, la cession des titres financiers s'effectue au moyen d'un **ordre de mouvement** signé par le cédant ou par son représentant qualifié et comportant l'indication du nombre et de la nature des titres cédés ou par voie d'inscription modificative dans une blockchain.

Lorsqu'elle reçoit un ordre de mouvement, la société émettrice constate la cession sur le journal général ou sur le registre des mouvements et procède au virement des titres du compte du cédant à celui du ou des acquéreurs. Aucune forme particulière n'est requise pour l'établissement de l'ordre de mouvement ; dès lors, sauf disposition statutaire spécifique, peut valoir ordre de mouvement le formulaire Cerfa, utilisé pour déclarer à l'administration fiscale les cessions de droits sociaux non constatées par un acte, signé par le cédant et comportant toutes les informations nécessaires pour inscrire la cession sur le registre des mouvements de la société et le compte-titres de l'acquéreur (Cass. com. 18-9-2024 nº 22-18.436 FS-B : RJDA 2/25 nº 87).

Les parties peuvent aussi, mais aucun texte ne les y oblige, constater la cession par **écrit**, notamment pour être en mesure d'en prouver l'existence en cas de litige. L'acte doit alors être établi en autant d'exemplaires qu'il y a de parties ayant un intérêt à la cession (C. civ. art. 1375, al. 1), c'est-à-dire autant d'exemplaires qu'il y a de cédants et d'acquéreurs. En outre, il y a lieu d'établir un exemplaire supplémentaire pour l'enregistrement. Si l'écrit est électronique, l'exigence d'une pluralité d'originaux est réputée satisfaite si l'acte de cession est établi dans des conditions de nature à en assurer l'intégrité et l'imputabilité au moyen d'un procédé d'identification du signataire garantissant son lien avec l'acte et si chaque partie peut disposer d'un exemplaire sur support durable ou y avoir accès (C. civ. art. 1366 et 1367).

4. TRANSFERT DE PROPRIÉTÉ DES TITRES FINANCIERS

a. Titres financiers négociés sur une plate-forme de négociation

62530 En cas de cession de titres financiers admis aux opérations d'un dépositaire central ou livrés dans un système de règlement et de livraison d'instruments financiers (cf. C. mon. fin. art. L 330-1 modifié par loi 2025-391 du 30-4-2025), il n'y a pas de distinction à faire entre transfert entre les parties et à l'égard des tiers : le transfert de propriété résulte de l'inscription des titres au compte-titres de l'acquéreur (C. mon. fin. art. L 211-17, I modifié par ord. 2024-936 du 15-10-2024, sur renvoi de l'art. L 228-1, al. 9), à la date et dans les conditions définies par les articles 570-3 s. du règlement général de l'AMF. Cette inscription a lieu à la date de dénouement effectif de la négociation mentionnée dans les règles de fonctionnement du système de règlement et de livraison, lorsque le **compte du teneur de compte-conservateur de l'acheteur,** ou le compte du mandataire de ce teneur de compte, est **crédité dans les livres du dépositaire central** (actuellement Euroclear France, qui reçoit en dépôt les titres financiers et les verse sur les comptes courants respectifs des établissements affiliés) (art. L 211-17, III-al. 1).

DATE DE DÉNOUEMENT DES OPÉRATIONS

62531 **Principe** La date de dénouement des négociations et simultanément d'inscription en compte intervient en principe au plus tard le **deuxième jour** d'ouverture du système de règlement et de livraison après la négociation (pour les marchés réglementés et SMN : C. mon. fin.

art. L 211-17, III-al. 2 ; Règl. UE 909/2014 du 23-7-2014 art. 5 et les exceptions qu'il dispose ; pour les systèmes de négociation organisés : art. L 211-17, II-al. 1 ; Règl. gén. AMF art. 570-3 ; Règl. UE 909/2014 art. 5 et les exceptions prévues).

Cette même date s'applique lorsque les titres financiers de l'acheteur et du vendeur sont inscrits dans les livres d'un teneur de compte-conservateur commun (art. L 211-17, III-al. 3). En effet, dans ce cas, lorsque le transfert de propriété résultant de l'exécution de la transaction est réalisé au sein d'un même teneur de compte-conservateur commun au cédant et à l'acquéreur, il ne donne lieu à aucune écriture dans le compte ouvert par le teneur de compte-conservateur dans les livres du dépositaire central.

> **Précisions** L'**enregistrement de la transaction** pour le compte de l'acquéreur réalisé dès le jour de la négociation est une simple écriture comptable passée en vertu de l'obligation d'enregistrement qui pèse sur le teneur de compte-conservateur dès que celui-ci a connaissance de l'opération (Règl. gén. AMF art. 322-20). Cette écriture représente un droit de créance à l'égard de l'intermédiaire financier puis acquiert, au jour du dénouement effectif de la négociation, la nature d'inscription en compte emportant transfert de propriété des instruments financiers.

Il en résulte qu'antérieurement à la date de dénouement effectif toute défaillance compromettant le dénouement effectif partiel ou total de l'opération (par exemple, en raison de la défaillance d'une des parties ou de l'intermédiaire du cédant) emportera, à due concurrence et au prorata des droits de chacun des acquéreurs, annulation de l'écriture comptable. Il ne saurait en effet y avoir résolution d'un transfert de propriété qui, à cette date, n'est pas encore intervenu (Règl. gén. AMF art. 570-3-1, al. 1 et 2).

Toutefois, dès l'exécution de l'ordre, acquéreur et cédant sont, aux termes d'un engagement ferme, définitivement engagés, l'un à payer, l'autre à livrer les titres financiers, à la date du dénouement effectif (C. mon. fin. art. L 211-17-1, I-al. 1). Ainsi, le prestataire de services d'investissement en charge de la réception-transmission et de l'exécution de l'ordre est-il fondé à exiger une couverture des engagements, sous forme de numéraire de la part de l'acquéreur ou de titres financiers de la part du cédant (art. L 211-17-1, I-al. 4).

Exceptions Des exceptions au délai de deux jours redonnent aux parties une certaine liberté dans le cadre des règles de fonctionnement de la plate-forme de négociation concernée ou du système de règlement-livraison de l'opération. Il en va ainsi notamment en cas (Règl. gén. AMF art. 570-4 à 570-7 et 322-55) : 62533

- d'opérations relevant du Livre II du règlement général (opérations par offre au public relevant du Livre II précité ou admission aux négociations sur un marché réglementé de titres financiers, offres publiques d'acquisition et programmes de rachat de titres de capital) ;
- de détachement de droits financiers (dividendes, coupons, droits de souscription, etc.) ;
- de négociation réalisée hors marché ;
- de changement de titulaire d'instruments sous la forme nominative administrée à la suite de l'exécution d'un ordre de bourse.

Négociations réalisées hors marché En cas de négociations réalisées hors marché – c'est-à-dire de transactions négociées de manière privée mais exécutées sur une plate-forme de négociation, ou de transactions exécutées bilatéralement mais déclarées à une plate-forme de négociation (Règl. UE 909/2014 du 23-7-2014 art. 5, 2) –, les parties peuvent librement **fixer** la **date** du dénouement emportant transfert de propriété, celui-ci intervenant au jour de l'inscription au compte de l'acheteur. 62534

Pour les **titres financiers nominatifs administrés** dont le changement de titulaire consécutif à l'exécution d'un ordre de négociation donne lieu à **circulation d'un bordereau de références nominatives** (voir nº 62312), la date de dénouement est la date à laquelle le dépositaire central a enregistré le bordereau de références nominatives. Ce bordereau lui a été transmis par le teneur de compte-conservateur au plus tard le deuxième jour de négociation *à 12 heures suivant la date* d'exécution de l'ordre. L'émetteur, à qui le dépositaire central a retransmis le bordereau, doit enregistrer la transaction à la date de règlement-livraison du titre financier concerné (Règl. gén. AMF art. 322-55).

Enfin, le transfert de propriété n'intervient au profit de l'acquéreur que lorsque celui-ci a réglé le prix de la transaction. Tant que l'acquéreur n'a pas réglé le prix, l'intermédiaire qui a reçu les instruments financiers en est le propriétaire. En effet, un enregistrement en cours de journée dans les livres du dépositaire central, matérialisant un dénouement au profit d'un teneur de compte-conservateur, vaut transfert de propriété au profit de ce teneur de compte-conservateur, s'il est l'acquéreur de ces titres ou si son client acquéreur ne les a pas encore payés (C. mon. fin. art. L 211-17, II-al. 2 ; Règl. gén. AMF art. 570-7).

b. Titres financiers négociés selon d'autres modalités

62536 Dans les cas autres que ceux visés nos 62530 s., le transfert de propriété résulte de l'**inscription** des valeurs mobilières au **compte de l'acheteur** ou dans une **blockchain** (art. L 228-1, al. 9). L'inscription rend la cession opposable à tous.

Une inscription au compte de l'acquéreur s'entend d'une inscription au compte-titres individuel de celui-ci ou dans les registres de titres nominatifs tenus par la société émettrice (Cass. com. 18-9-2024 no 23-10.455 F-B : RJDA 1/25 no 23 ; sur la tenue et le contenu de ces registres, voir art. R 228-8 et R 228-9 ; sur le délai de conservation de ces registres, voir Communications Ansa, comité juridique no 24-035 du 2-10-2024 et no 25-006 du 5-2-2025). S'agissant d'une alternative, une seule inscription suffit selon nous à emporter transfert de propriété des titres même si, par suite d'une carence, il est omis de procéder à la seconde.

Selon l'article R 228-10, l'inscription est faite à la **date fixée par l'accord des parties** et notifiée à la société émettrice. Cette date ne peut être antérieure à la notification faite à la société (Cass. com. 18-9-2024 précité). Sous cette réserve, les parties sont à notre avis libres de convenir entre elles de la date de l'inscription des titres financiers au compte de l'acheteur ou dans la blockchain et, partant, de celle du transfert de propriété.

Le choix opéré par les parties s'effectue toutefois sous réserve des droits des tiers – créanciers du cédant en particulier – auxquels il ne peut pas préjudicier. Il doit être notifié à la société émettrice, qui doit faire diligence pour procéder à l'inscription correspondante, et dont la responsabilité pourrait être engagée en cas d'inscription à une date qui n'est pas celle fixée par les parties (Cass. com. 18-9-2024 précité). La responsabilité de la société ne devrait en revanche pas pouvoir être engagée lorsque, la date fixée par les parties étant antérieure à la notification qui lui est faite, elle refuse de procéder à l'inscription des titres ou procède à leur inscription à la date à laquelle leur cession lui a été notifiée.

En l'absence de précisions réglementaires sur ce point, la notification peut s'effectuer par tous moyens mais les parties à la cession ont intérêt à s'en ménager la preuve.

En cas de **donation,** l'article L 228-1, al. 9 visant toute forme de cession sans distinction, les dispositions de l'article R 228-10 sont applicables selon les mêmes modalités que lors de cessions effectuées à titre onéreux ; la notification doit être effectuée, en l'absence de disposition expresse, selon les formes prévues par le Code de procédure civile, à savoir l'envoi par voie postale, la remise de l'acte au destinataire contre émargement ou récépissé ou la signification par huissier ou commissaire de justice (Rép. Des Esgaulx : Sén. 11-6-2009 no 06739).

B. Nantissement de comptes-titres et de titres financiers

RÉGIME APPLICABLE

62610 Le nantissement de comptes-titres, technique spéciale d'affectation en garantie, est soumis au régime applicable à tous les titres financiers et porte non sur ces titres mais sur un compte spécial et tout ce que celui-ci contient : ce peut être une certaine catégorie de titres financiers (par exemple, les actions d'une société déterminée) ou un portefeuille de titres financiers ou même un ensemble de titres financiers de natures diverses dès lors qu'ils sont inscrits en compte et se transmettent par virement de compte à compte.

Par **exception,** lorsque les titres financiers sont inscrits dans une blockchain, le nantissement porte non sur celle-ci mais sur les titres eux-mêmes (C. mon. fin. art. L 211-20, VII modifié par ord. 2024-936 du 15-10-2024 et art. D 211-10, al. 1).

62613 Les règles relatives au nantissement de titres financiers inscrits en compte ou dans une blockchain – et, par conséquent, de valeurs mobilières – sont fixées par les articles L 211-20 et D 211-10 s. du Code monétaire et financier. Ces règles sont identiques, quelle que soit la nature, civile ou commerciale, de la créance garantie et s'appliquent à tous les titres, français ou étrangers, inscrits dans des comptes tenus par des intermédiaires ou des établissements situés en France, ou dans une blockchain.

CONSTATATION DU NANTISSEMENT DE COMPTES-TITRES OU DE TITRES FINANCIERS

62620 Le nantissement de comptes de titres financiers est constitué de la manière suivante.

1. Virement des titres sur un **compte spécial** ouvert au nom du titulaire et tenu par un intermédiaire habilité, un dépositaire central ou, le cas échéant, la société émettrice.

Ce virement à un compte spécial, non prévu par la loi, s'impose néanmoins pour des raisons pratiques dès lors que le nantissement porte sur un compte (et, par conséquent, sur tout ce qu'il contient) et non pas sur les titres financiers eux-mêmes. Il faut donc isoler, par des virements appropriés, tout ce que les parties sont convenues de constituer en nantissement ou, à l'inverse, retirer du compte tout ce qu'elles ne veulent pas inclure dans le nantissement. Le virement s'impose également lorsque le teneur du compte nanti ne doit pas être celui qui tient déjà le ou les comptes mis en nantissement. En revanche, lorsque le nantissement doit, par exemple, porter sur un compte d'actions détenues dans une seule société ou sur un portefeuille de titres financiers figurant dans un compte ouvert dans un établissement de crédit, rien ne s'oppose à ce que ce compte soit transformé en compte spécial nanti.

Le compte spécial peut être remplacé par tout **procédé informatique** permettant d'identifier les titres financiers et, éventuellement, les sommes mises en nantissement (C. mon. fin. art. L 211-20, II-al. 2).

Par ailleurs, lorsque les titres financiers sont inscrits dans un compte tenu par la société émettrice – ou inscrits dans une blockchain par la société émettrice ou son mandataire –, et que celle-ci n'est pas autorisée à recevoir des fonds remboursables du public, les fruits et produits en toute monnaie de ces titres doivent, lorsqu'ils n'ont pas été exclus de l'assiette du nantissement par convention des parties, être inscrits au crédit d'un **compte fruits et produits** ouvert au nom du titulaire du compte nanti – ou au nom du propriétaire des titres inscrits dans la blockchain – dans les livres d'un intermédiaire de l'article L 211-3 du Code monétaire et financier ou d'un établissement de crédit. Cette inscription peut avoir lieu à tout moment. Ces fruits et produits sont réputés faire partie intégrante du compte nanti – et, à notre avis, faire partie intégrante des titres inscrits dans la blockchain – à la date de signature de la déclaration de nantissement quelle que soit la date d'ouverture du compte fruits et produits. Le créancier nanti peut obtenir, sur simple demande au teneur du compte fruits et produits – ou au gestionnaire du procédé informatique d'identification –, une attestation comportant l'inventaire des sommes en toute monnaie inscrites au crédit de ce compte à la date de la délivrance de cette attestation. À défaut d'inscription au crédit d'un compte fruits et produits, à la date à laquelle la sûreté peut être réalisée, les fruits et produits sont exclus de l'assiette du nantissement (art. L 211-20, III et R 211-14-1, I et III).

2. Établissement d'une **déclaration** signée par le titulaire du compte ou le propriétaire des titres inscrits dans une blockchain. 62623

Cette déclaration doit être **datée** et contenir les **mentions** suivantes (C. mon. fin. art. D 211-10) :

– la dénomination « Déclaration de nantissement de compte de titres financiers » ou « Déclaration de nantissement de titres financiers inscrits dans un dispositif d'enregistrement électronique partagé » (blockchain) ;

– la mention que la déclaration est soumise aux dispositions de l'article L 211-20 du Code monétaire et financier ;

– le nom ou la dénomination sociale ainsi que l'adresse du constituant (le titulaire du compte nanti) et du créancier nanti ou de leur siège social s'il s'agit de personnes morales ;

– le montant de la créance garantie ou, à défaut, les éléments permettant d'assurer l'identification de cette créance ;

– les éléments d'identification du compte spécial lorsqu'un tel compte existe ou, à défaut, les éléments d'identification des titres financiers identifiés par le procédé informatique ;

– la nature et le nombre des titres financiers inscrits initialement au compte nanti.

La déclaration de nantissement du compte-titres est nécessaire pour que le nantissement soit constitué et opposable à la banque qui tient le compte ; la signification à celle-ci du jugement prévoyant le nantissement est insuffisante (Cass. com. 23-1-2019 n° 16-20.582 FP-PBR : RJDA 5/19 n° 342). Néanmoins, la déclaration suffit pour constituer le nantissement ; il n'est pas nécessaire, pour rendre le **nantissement opposable** aux tiers, de la notifier à la société émettrice (Cass. com. 20-6-2018 n° 17-12.559 F-PB : RJDA 10/18 n° 736) ni au teneur du compte-titres nanti, nonobstant toute clause contraire du contrat de nantissement (Cass. com. 30-11-2022 n° 20-23.554 F-B : RJDA 5/23 n° 278). Les titres financiers et, sauf convention contraire des parties, les sommes en toute monnaie postérieurement inscrits au crédit du compte nanti, en garantie de la créance initiale du créancier nanti, sont considérés comme ayant été remis à la date de cette déclaration (C. mon. fin. art. L 211-20, I).

L'établissement d'un acte sous signature privée ou notarié dûment enregistré pour constater le nantissement (C. civ. art. 2356) n'est donc pas indispensable. Malgré cette dispense, les parties sont souvent conduites à établir un tel acte, indépendamment de la déclaration, notamment lorsqu'elles soumettent le nantissement à des conditions particulières. Les termes employés dans l'acte permettent d'ailleurs aux juges d'apprécier quelle a été la commune intention des parties (pour un exemple en matière de durée de l'engagement, voir Cass. com. 26-11-2003 nº 00-18.155 : RJDA 7/04 nº 906).

Concernant l'obligation de notification en cas de nantissements successifs d'un même compte-titres, voir nº 62695.

62626 **3.** Délivrance d'une **attestation de nantissement** de compte-titres. Cette attestation – qui peut être obtenue à tout moment et sur simple demande par le créancier nanti auprès du teneur de compte – doit comporter l'inventaire des titres financiers et sommes en toute monnaie inscrits dans le compte nanti à la date de sa délivrance (C. mon. fin. art. L 211-20, I).

Le créancier nanti peut en outre obtenir, sur simple demande au teneur du compte fruits et produits, une attestation comportant l'inventaire des sommes inscrites au crédit de ce compte à la date de délivrance de cette attestation (art. L 211-20, III).

Lorsque les titres nantis sont inscrits dans un procédé informatique d'identification, le gestionnaire de ce procédé informatique fournit ces attestations (art. L 211-20, VII modifié par ord. 2024-936 du 15-10-2024 et art. R 211-14-1, III).

62629 Lorsque les **titres financiers** sont des **biens communs,** leur nantissement consenti pour garantir la dette d'un tiers requiert l'accord du conjoint (C. civ. art. 1422, al. 2).

Le conjoint peut agir en nullité, sauf ratification, pendant deux années à partir du jour où il a eu connaissance de l'acte, sans pouvoir jamais agir plus de deux ans après la dissolution de la communauté (C. civ. art. 1427, al. 2).

ASSIETTE DU NANTISSEMENT DE COMPTES-TITRES OU DE TITRES FINANCIERS

62640 Tous les titres financiers figurant initialement dans le compte nanti ou inscrits dans la blockchain, ceux qui leur sont substitués ou les complètent en garantie de la créance initiale du créancier nanti, de quelque manière que ce soit, ainsi que, sauf convention contraire des parties, leurs fruits et produits en toute monnaie (dividendes, actions gratuites, etc.) sont compris dans l'assiette du nantissement. Les titres financiers et les sommes postérieurement inscrits au crédit du compte nanti ou de la blockchain, en garantie de la créance initiale du créancier nanti, sont soumis aux mêmes conditions que ceux y figurant initialement et sont considérés comme ayant été remis à la date de déclaration de nantissement initiale (C. mon. fin. art. L 211-20, I).

› Précisions **a.** Lorsque des actions grevées d'un nantissement ont été cédées à un repreneur puis annulées à la suite d'une **réduction du capital à zéro,** les actions nouvelles souscrites par le repreneur lors d'une augmentation de capital destinée à reconstituer le capital à un montant au moins égal au minimum légal ne peuvent pas être considérées de plein droit comme l'accessoire des actions anciennes et ne se substituent donc pas à ces actions dans l'assiette du nantissement (Cass. com. 10-1-1995 nº 92-20.214 : RJDA 4/95 nº 443).

Cette substitution ne peut se produire, dans un tel cas, que si les actions nouvelles attribuées à la suite de l'augmentation de capital consécutive à la réduction du capital à zéro ont été souscrites, par le titulaire des actions nanties, en vertu de son droit préférentiel de souscription. Dans ce cas, en effet, les actions nouvelles sont le produit de l'« exercice d'un droit attaché aux actions anciennes » (Cass. com. 10-1-1995 précité). En revanche, si les actions nouvelles ont été souscrites après suppression du droit préférentiel de souscription, elles ne présentent aucun lien de rattachement avec les actions anciennes permettant de les considérer comme l'accessoire de ces actions.

b. Sur l'exclusion des **fruits et produits** de l'assiette du nantissement en conséquence du défaut de leur inscription au crédit d'un compte fruits et produits, à la date à laquelle la sûreté peut être réalisée, voir nº 62620.

c. Le jugement d'ouverture d'une **procédure collective** interdit de plein droit tout accroissement de l'assiette du nantissement, quelle qu'en soit la modalité, notamment par inscription de titres ou de fruits et produits venant compléter les titres figurant au compte nanti ; toute disposition contraire est inapplicable à compter du prononcé du jugement (art. L 622-21, IV).

CONSÉQUENCES DU NANTISSEMENT DE COMPTES-TITRES OU DE TITRES FINANCIERS

62643 Pendant toute la durée du nantissement, le créancier nanti bénéficie d'un **droit de rétention** sur les titres financiers et les sommes figurant dans le compte nanti (C. mon. fin. art. L 211-20, IV). Il peut donc s'opposer à ce que le teneur de compte vire les titres du compte nanti vers un *autre compte aussi longtemps* qu'il n'aura pas été remboursé.

Ce droit de rétention confère, en outre, au créancier nanti une sécurité particulière puisque celui-ci peut l'opposer à tous les autres créanciers du titulaire, même ceux qui disposent d'un privilège général sur les biens de leur débiteur (CA Orléans 7-10-2004 nº 03/02264 : RJDA 8-9/05 nº 989 ; CA Reims 11-5-2009 nº 08/02703).

Toutefois, l'indisponibilité des titres nantis ne signifie pas incessibilité. Ainsi, la cession de ces titres à un acquéreur de bonne foi emporte interdiction pour le créancier nanti de les revendiquer (C. mon. fin. art. L 211-16 modifié par ord. 2024-936 du 15-10-2024).

En pratique, il est peu vraisemblable que la cession puisse être matérialisée par un virement des titres au compte de l'acquéreur car, le plus souvent, le teneur de compte refusera de procéder à ce virement sans avoir obtenu une mainlevée de la part du créancier.

Bien que l'article L 211-20, IV ne le précise pas expressément, le créancier nanti devrait, à notre avis, bénéficier d'un même droit de rétention sur les titres financiers inscrits dans une blockchain et devrait donc pouvoir s'opposer à ce que le gestionnaire du procédé informatique d'identification des titres procède à une inscription modificative aussi longtemps qu'il n'aura pas été remboursé (en ce sens également, D. Legeais, Nantissement de titres financiers via la Blockchain : RD bancaire et financier 2019 comm. nº 14 ; M. Julienne, Le recours à la technologie Blockchain en droit des sociétés : Actes pratiques 2021 dossier nº 4 § 118 ; en sens contraire, A. Couret, H. Le Nabasque et al. : Droit financier Dalloz 2024 nº 1552 ; J.-D. Pellier, Droit de rétention et nantissement de titres financiers : D. 2019 p. 1846). En pratique également, le gestionnaire du procédé informatique d'identification des titres devrait vraisemblablement refuser de procéder à une telle inscription modificative dans la blockchain, faute d'avoir obtenu une mainlevée de la part du créancier.

Par ailleurs, le **créancier nanti** peut, par **convention avec le titulaire du compte nanti,** définir les conditions dans lesquelles ce dernier peut **disposer** des titres financiers ainsi que des sommes figurant dans ce compte (C. mon. fin. art. L 211-20, IV). 62646

Ainsi, en cas de nantissement grevant un portefeuille de titres, le titulaire du compte nanti peut, avec l'accord du créancier nanti, procéder à des arbitrages au sein de ce portefeuille en vendant certains titres pour en acheter d'autres, qui se trouvent alors subrogés aux anciens. Ces opérations sont sans effet sur le nantissement puisque celui-ci porte sur le compte, quels que soient les titres inscrits à ce compte. De même, il peut être convenu que les dividendes relatifs aux titres figurant dans le compte nanti ne seront pas soumis au nantissement et pourront être crédités sur un compte espèces non nanti.

Sur le sort du compte-titres grevé d'un nantissement en cas de fusion, voir nº 83831.

Lorsque les titres sont inscrits dans une blockchain, le créancier nanti peut, par convention avec le constituant du nantissement, définir les conditions dans lesquelles ce dernier peut disposer des titres financiers ainsi que des sommes figurant dans le compte ouvert dans les livres d'un intermédiaire mentionné à l'article L 211-3 du Code monétaire et financier ou d'un établissement de crédit (C. mon. fin. art. R 211-14-1, II).

Lorsque le créancier nanti a autorisé le constituant du nantissement à disposer des titres financiers et des sommes en toute monnaie, objets du nantissement, le constituant du nantissement et le créancier nanti informent par écrit le teneur de compte ou le gestionnaire du procédé informatique d'identification des **conditions de la disposition.** Le teneur de compte ou le gestionnaire du procédé informatique d'identification ne peut déroger aux instructions reçues sans l'accord du créancier nanti (C. mon. fin. art. D 211-13, al. 1).

Lorsque le créancier nanti estime réunies les **conditions de la réalisation** du nantissement, il demande par écrit au teneur de compte ou au gestionnaire du procédé informatique d'identification de procéder à cette réalisation. Le teneur de compte ou le gestionnaire du procédé informatique d'identification exécute, aux frais du créancier nanti, les instructions reçues (art. D 211-13, al. 2).

Toutefois, les dispositions des alinéas 1 et 2 précités ne s'appliquent pas lorsque le **créancier nanti est** le **teneur du compte spécial** ou le **gestionnaire du procédé informatique d'identification** (art. D 211-13, al. 3).

RÉALISATION DU NANTISSEMENT DE COMPTES-TITRES OU DE TITRES FINANCIERS

À défaut de paiement de sa créance, le créancier nanti peut faire procéder à la réalisation du nantissement conformément aux règles exposées ci-après. Cependant, il ne s'agit pas d'une obligation. Par suite, la non-réalisation du nantissement à l'échéance du prêt ne saurait constituer pour le créancier nanti, en cas de perte de valeur des actions nanties, une faute de négligence dont il devrait réparation aux emprunteurs (Cass. com. 10-10-2000 nº 97-12.910 : RJDA 1/01 nº 37). 62660

Titres financiers admis sur une plateforme de négociation Concernant les titres financiers, français ou étrangers, admis sur une plateforme de négociation, les parts ou actions d'OPC ainsi que les sommes d'argent, le créancier nanti titulaire d'une créance certaine, liquide et exigible peut réaliser son nantissement **huit jours,** ou à l'échéance de 62661 tout autre délai préalablement convenu avec le titulaire du compte, après une mise en demeure adressée au débiteur (C. mon. fin. art. L 211-20, V-al. 1).

Cette disposition est applicable, quelle que soit la nature, civile ou commerciale, du nantissement.

62663 La **mise en demeure** doit contenir, sous peine d'une nullité dont le prononcé n'est pas subordonné à la preuve d'un grief causé par l'irrégularité (Cass. com. 28-3-2006 n° 04-19.181 : RJDA 8-9/06 n° 915), les deux mentions suivantes (C. mon. fin. art. D 211-11) :

– l'indication que, faute de paiement, le nantissement pourra être réalisé par le créancier dans les huit jours ou à l'échéance de tout autre délai préalablement convenu avec le constituant du nantissement ;

– l'indication que le constituant du nantissement peut, jusqu'à l'expiration du délai ci-dessus, faire connaître au teneur de compte ou au gestionnaire du procédé informatique d'identification l'ordre dans lequel les sommes ou titres financiers devront être attribués en pleine propriété ou vendus, au choix du créancier.

Elle doit être remise en main propre au débiteur (par prudence, contre récépissé) ou lui être adressée par courrier recommandé.

Elle doit aussi être notifiée au constituant du nantissement lorsqu'il n'est pas le débiteur ainsi qu'au teneur de compte – ou, selon nous, au gestionnaire du procédé informatique d'identification – lorsque ce dernier n'est pas le créancier nanti.

Le **délai** de huit jours qui sépare la mise en demeure de la mise en vente peut être modifié d'un commun accord entre le créancier nanti et le titulaire du compte ou le propriétaire des parts ou actions d'OPC inscrits dans une blockchain.

62664 Le **défaut de mise en demeure** fait obstacle à la réalisation du nantissement, de sorte que le créancier nanti doit restituer au débiteur l'intégralité du portefeuille de titres indûment réalisés (Cass. com. 18-11-2008 n° 07-21.975 : RJDA 3/09 n° 232).

62666 La **réalisation du nantissement** du compte ou des titres intervient dans la limite du montant de la créance garantie et, le cas échéant, dans le respect de l'ordre indiqué par le constituant du nantissement (C. mon. fin. art. D 211-12, al. 1). Celui-ci a donc la faculté de choisir quels titres financiers il entend conserver dans le cas où la valeur des titres nantis est supérieure au montant de la créance garantie.

Les sommes en toute monnaie sont directement transférées en pleine propriété au créancier nanti (art. D 211-12, 1°).

Les titres financiers désignés par le constituant du nantissement (dans le cadre de sa faculté de choix) ou, à défaut, par le créancier nanti sont soit vendus sur une plateforme de négociation ou au moyen d'une offre adressée exclusivement à un cercle restreint d'investisseurs ou à des investisseurs qualifiés (placement privé), soit attribués en propriété au créancier nanti pour la quantité qu'il aura déterminée sur la base du dernier cours de clôture disponible sur un marché réglementé (art. D 211-12, 2°). À cet égard, il a été jugé que, lorsqu'une juridiction attribue à un créancier nanti des actions « cotées » sur lesquelles porte le nantissement, la valeur de ces actions ne peut être que celle du marché à la date de la transmission forcée de leur propriété (CA Rennes 21-6-2000 n° 00/534 : Bull. inf. C. cass. 15-3-2001 n° 324).

Lorsque le créancier nanti n'est pas le teneur du compte ou le gestionnaire du procédé informatique d'identification, il doit demander par écrit à celui-ci de procéder à la réalisation du nantissement s'il estime que les conditions de cette réalisation sont réunies ; le teneur de compte ou le gestionnaire du procédé informatique doit alors exécuter les instructions qui lui sont données : vente des titres sur une plateforme de négociation ou par placement privé, ou transfert en pleine propriété au créancier nanti. Les instructions reçues sont exécutées par le teneur de compte ou le gestionnaire du procédé informatique d'identification aux frais du créancier nanti (art. D 211-13, al. 2). Le créancier nanti peut, après mise en demeure restée infructueuse, réaliser son nantissement en demandant la conversion de titres nominatifs en titres au porteur avant leur cession sur le marché ou par placement privé (Communication Ansa, comité juridique n° 11-038 du 4-5-2011).

> **› Précisions** Les parties peuvent convenir que la **valeur** des titres sur lesquels porte le nantissement, bien que ceux-ci soient « cotés », soit **déterminée par** un **expert** désigné à l'amiable ou, à défaut d'accord, judiciairement (cf. C. civ. art. 2348 ; voir n° 62670) (Cass. com. 18-6-2025 n° 23-50.015 FS-B : BRDA 14/25 inf. 10).

62669 **Autres instruments financiers** Si le compte nanti contient des instruments financiers autres que des titres financiers admis sur une plate-forme de négociation – ou, à notre avis, si les titres nantis inscrits dans une blockchain ne sont pas admis sur une plate-forme de négociation –, le créancier nanti peut réaliser le nantissement, civil ou commercial, huit jours après **mise en demeure** du débiteur remise en main propre (par prudence, contre récépissé) ou adressée par lettre recommandée AR, à défaut d'un autre délai, plus court ou plus long, préalablement convenu avec le titulaire du compte. Cette mise en demeure du débiteur, qui doit comprendre les mentions figurant nº 62663, doit également être notifiée au constituant du nantissement lorsqu'il n'est pas le débiteur ainsi qu'au teneur de compte – ou, selon nous, au gestionnaire du procédé informatique d'identification – lorsque ce dernier n'est pas le créancier nanti (C. mon. fin. art. L 211-20, V-al. 2 et D 211-11). Sur les conséquences du défaut de mise en demeure du débiteur, voir nº 62664.

La **réalisation du nantissement** intervient par vente publique (nº 62750). Le créancier peut également demander l'attribution judiciaire des titres nantis ou convenir de leur appropriation conformément aux articles 2347 et 2348 du Code civil (C. mon. fin. art. L 211-20, V-al. 2) : attribution judiciaire des titres en pleine propriété avec compensation s'il y a lieu en cas de déséquilibre entre le montant restant à payer et la valeur des titres ; possibilité de prévoir cette attribution dès la constitution du nantissement par un pacte commissoire sous réserve d'une estimation des titres au jour du transfert par un expert désigné à l'amiable ou judiciairement. La désignation amiable doit résulter d'un accord des parties et ne peut être laissée à la seule discrétion de l'une d'elles (Cass. com. 18-6-2025 nº 23-50.015 FS-B : BRDA 14/25 inf. 10). 62670

> **Précisions** En cas de **liquidation judiciaire du débiteur,** le créancier nanti peut demander l'attribution judiciaire des titres même si sa créance n'a pas encore été admise par le juge-commissaire (art. L 642-20-1, al. 2 ; CA Aix-en-Provence 2-4-1992 : Dr. sociétés 1992 nº 262 ; voir aussi Cass. com. 14-10-1997 nº 95-10.423 : RJDA 1/98 nº 78). Le superprivilège des salariés ne peut pas faire obstacle à l'attribution judiciaire du nantissement demandée par le créancier nanti (Cass. com. 6-1-1998 nº 95-17.399 : RJDA 5/98 nº 621).

NANTISSEMENT D'ACTIONS DONT LA CESSION EST SOUMISE À AGRÉMENT

Les statuts peuvent limiter la libre cessibilité des actions en exigeant notamment un agrément préalable (par un organe déterminé de la société) de tout acquéreur d'actions qui n'est pas parent en ligne directe du cédant. Cet agrément est applicable éventuellement à l'adjudicataire des titres en cas de réalisation des actions données en nantissement, ce qui limite considérablement l'intérêt de la garantie. Aussi l'article L 228-26 a-t-il prévu que, si la société a donné son consentement à un projet de nantissement d'actions, ce consentement emporte agrément de l'adjudicataire en cas de réalisation forcée des actions nanties. 62680

Ce consentement résulte, comme l'agrément d'une cession, soit d'une notification au demandeur, soit du défaut de réponse à l'expiration d'un délai de trois mois à compter de la demande (art. L 228-24, al. 1 sur renvoi de l'art. L 228-26 ; pour plus de détails, voir nºs 68515 s.).

> **CONSEIL**
> Le créancier nanti, s'il craint qu'une clause d'agrément ne soit introduite dans les statuts après la constitution du nantissement, a intérêt à exiger que cette modification statutaire soit soumise à son accord ou à prévoir dans l'acte que cette modification lui sera inopposable.

Même si elle a donné son consentement, la société peut, après mise en vente des titres, évincer l'adjudicataire et racheter sans délai les actions en réduisant son capital (art. L 228-26).

NANTISSEMENT D'ACTIONS INDISPONIBLES

L'indisponibilité d'une valeur mobilière ne fait pas obstacle à son affectation en nantissement lorsqu'elle est simplement temporaire (Cass. com. 30-9-2008 nº 07-12.768 F-PB : RJDA 12/08 nº 1311), et ce, semble-t-il, quelle que soit l'origine légale, judiciaire ou conventionnelle de l'indisponibilité. Le créancier peut ainsi prendre rang quand bien même les effets de la garantie sont paralysés jusqu'au terme de l'indisponibilité. Il a toutefois intérêt à n'accepter un nantissement que dans le cas où le terme de la créance est postérieur au terme de l'indisponibilité conventionnelle. 62690

NANTISSEMENTS SUCCESSIFS DE COMPTES-TITRES OU DE TITRES FINANCIERS

Lorsqu'un même compte-titres fait l'objet de plusieurs nantissements successifs (de 2e rang, de 3e rang, etc.), le rang des créanciers est réglé par l'ordre de leur déclaration. Dans ce cas, le titulaire du compte ou le créancier nanti notifie successivement chacun des nantissements au teneur de compte (C. mon. fin. art. L 211-20, I bis). 62695

Bien que l'article L 211-20, I bis ne le précise pas expressément, il est à notre avis possible de constituer plusieurs nantissements successifs de mêmes titres financiers inscrits dans une blockchain, le rang des créanciers étant ainsi réglé par l'ordre de leur déclaration et le propriétaire des titres ou le créancier nanti devant alors adresser les notifications successives au gestionnaire du procédé informatique d'identification desdits titres.

› Précisions a. Le rapport au Président de la République relatif à l'ordonnance 2021-1192 du 15 septembre 2021 indique que le **rang des créanciers** peut faire l'objet d'**aménagements conventionnels.** Selon nous, il est toutefois prudent d'exclure toute convention en ce sens tant que n'aura pas été consacrée par les tribunaux la faculté des parties d'aménager un rang des créanciers différent de celui prévu par les dispositions impératives de l'article L 211-20, I bis.

b. Aucune **sanction** n'est expressément attachée au défaut de notification des nantissements au teneur de compte. À notre avis, si elle n'est susceptible d'emporter ni nullité des nantissements, qu'une simple déclaration suffit à constituer tant entre les parties qu'à l'égard des tiers, ni perte de rang du créancier concerné, qui est réglé par l'ordre de déclaration de son nantissement, l'absence de notification devrait desservir tout recours exercé par le titulaire du compte ou le créancier nanti visant à engager la responsabilité du teneur de compte pour avoir procédé à des mouvements de compte préjudiciables à leurs intérêts – ou, en cas de nantissements successifs de mêmes titres financiers inscrits dans une blockchain, toute action intentée par le propriétaire des titres ou le créancier nanti visant à engager celle du gestionnaire du procédé informatique d'identification pour avoir effectué des inscriptions modificatives au sein de la blockchain.

C. Autres opérations

SAISIE DE TITRES FINANCIERS

62720 Sur cette question, voir n°s 19000 s.

ADJUDICATION DE TITRES FINANCIERS

62750 Les adjudications publiques, volontaires ou forcées, de titres financiers ne peuvent être faites (C. mon. fin. art. L 211-21) que :

– par un prestataire de services d'investissement membre du marché concerné, si ces titres sont admis aux négociations sur un marché réglementé ;

– par un prestataire de services d'investissement ou par un notaire dans le cas contraire.

SÉQUESTRE DE TITRES FINANCIERS

62780 Le blocage des titres séquestrés peut être réalisé par un virement ou une inscription dans un compte spécial ouvert au nom du propriétaire des titres mais dont l'intitulé mentionnera l'existence du séquestre et le nom du tiers séquestre (par exemple, au moyen de la formule « titres sous séquestre de M. X »).

Rien ne s'oppose, selon nous, à ce que la société émettrice soit désignée comme tiers séquestre.

PAIEMENT DES PRODUITS DE TITRES FINANCIERS

62810 Les produits des titres financiers (dividendes pour les actions ; intérêts, lots et primes de remboursement pour les obligations) sont payés par la société émettrice directement aux titulaires des comptes tenus par elle en **nominatif pur.**

S'il s'agit de titres **nominatifs administrés** ou de **titres au porteur,** la société émettrice règle globalement pour compte de tiers les intermédiaires habilités enregistrés chez elle, à charge pour eux de répartir la somme globale ainsi reçue entre les titulaires des comptes qu'ils administrent.

SECTION 3 OFFRE AU PUBLIC DE TITRES FINANCIERS

a. Notion d'offre au public

63000 Constitue une offre au public de titres financiers l'une des opérations suivantes (Règl. 2017/1129/UE du 14-6-2017 art. 2, d) :

– une **communication** adressée sous quelque forme et par quelque moyen que ce soit à des personnes et présentant une information suffisante sur les conditions de l'offre et sur les titres à offrir, de manière à mettre un investisseur en mesure de décider d'acheter ou de souscrire ces titres financiers ;

– un **placement** de titres financiers par des intermédiaires financiers.

L'offre au public est définie largement, notamment comme une simple « communication », ce qui permet d'inclure des modes de sollicitation, tels internet, SMS, etc. La définition de l'offre au public est, en fait, appréhendée moins en termes d'objet que d'effet. 63003

Il est manifeste que la notion de « communication adressée sous quelque forme et par quelque moyen que ce soit » couvre la **publicité et** le **démarchage.** Ainsi, s'ils ne sont pas des critères constitutifs de l'offre au public, ces modes de sollicitation sont des indices qui, dans le cadre d'un faisceau d'indices, permettent de caractériser une offre au public.

Selon le Comité européen des régulateurs de marchés de valeurs mobilières (CESR, désormais Esma), est une forme de communication la publicité ayant trait à l'offre au public de titres financiers ou à leur admission aux négociations sur un marché réglementé ayant pour but de promouvoir une souscription ou acquisition potentielle de titres, mais non une publicité générale de l'émetteur sans promotion d'une offre au public ou d'une admission aux négociations spécifique (CESR's Advice 03-399 du 8-1-2004).

De même, le démarchage bancaire et financier (nos 63290 s.) doit aussi être considéré comme une forme de « communication ».

Très certainement, constituent aussi des offres au public les **procédés de placement** d'instruments financiers **faisant intervenir des professionnels** (établissements de crédit et prestataires de services d'investissement), dès lors que ces derniers auront décidé de communiquer une offre à leurs investisseurs. En ce cas, peu importent les procédés utilisés, ceux-ci n'étant pas une condition à la qualification d'offre. La terminologie utilisée d'« intermédiaires financiers », qui n'est pas définie, permet potentiellement d'élargir le périmètre des professionnels concernés.

› Précisions **a.** **L'attribution gratuite d'actions** ou l'admission de ces actions aux négociations sur un marché réglementé ne constitue pas une offre de titres au public dans la mesure où ces actions sont attribuées sans que, par définition, leurs bénéficiaires procèdent au versement d'aucune contrepartie financière (Esma's Questions and Answers on the Prospectus Regulation du 12-7-2019 n° 4.2).

b. Les options de souscription ou d'achat d'actions (**stock-options**) ne sont pas des instruments financiers puisqu'elles ne sont pas transmissibles par inscription en compte ou par remise manuelle. En conséquence, les plans d'options de souscription ou d'achat d'actions émises par un émetteur français ou, s'agissant d'options présentant des caractéristiques équivalentes à celles de la loi française, par un émetteur étranger, n'entrent pas dans le champ de l'offre au public. Par ailleurs, l'exercice des options ne constitue pas non plus une offre au public entraînant l'établissement d'un prospectus car il n'est que l'exécution de l'attribution préalable des options (Esma's Questions and Answers précitées n° 4.1).

c. En principe, ne constitue pas une offre au public la **duplication sur le site internet** de l'émetteur **des prix** de ses titres pratiqués sur le marché secondaire et publiés par les entreprises de marché, accompagnée des numéros d'identification desdits titres et d'informations factuelles sur ses activités (Esma's Questions and Answers on the Prospectus Regulation du 27-7-2021 n° 4.5).

Offre au public ne portant pas sur des titres financiers 63004

L'offre au public ne se limite pas aux seuls titres financiers.

En effet, pour arrêter les contours de l'« offre au public de valeurs mobilières » et, plus généralement, aux fins d'application des dispositions du règlement 2017/1129/UE du 14 juin 2017, l'article 2, a de ce règlement définit les valeurs mobilières par référence à l'article 4, 1-44 de la directive 2014/65/UE du 15 mai 2014 (en excluant toutefois de cette définition les instruments du marché monétaire – notamment, bons du Trésor, certificats de dépôt et effets de commerce – dont l'échéance est inférieure à 12 mois). Or, la notion de valeurs mobilières au sens de l'article 4, 1-44 précité n'est pas en tous points similaire, même si elle en est proche, à celle de titres financiers au sens de l'article L 211-1, II du Code monétaire et financier. Constituent ainsi des valeurs mobilières, au sens de l'article 4, 1-44, les catégories de titres négociables sur le *marché des capitaux, à l'exception* des instruments de paiement, telles que :

– les actions de sociétés et autres titres équivalents à des actions de sociétés, de sociétés de type partnership ou d'autres entités, ainsi que les certificats représentatifs d'actions ;
– les obligations et autres titres de créance, y compris les certificats représentatifs de tels titres ;
– toute autre valeur donnant le droit d'acquérir ou de vendre de telles valeurs mobilières ou donnant lieu à un règlement en espèces, fixé par référence à des valeurs mobilières, à une monnaie, à un taux d'intérêt ou rendement, à des matières premières ou à d'autres indices ou mesures.

Par ailleurs, il ressort de l'article L 411-1, al. 1 du Code monétaire et financier qu'une offre au public peut porter sur des titres financiers, sur des parts sociales ou sur des titres négociables, qu'ils soient ou non constitutifs de titres financiers.

Enfin, il est expressément prévu que peuvent faire l'objet d'une offre au public les titres non financiers suivants (C. mon. fin. art. L 412-2, I ; Règl. gén. AMF art. 211-1, 2°) :
– les parts sociales des banques mutualistes ou coopératives mentionnées à l'article L 512-1 du Code monétaire et financier ;
– les certificats mutualistes mentionnés à l'article L 322-26-8 du Code des assurances ;
– les parts sociales de sociétés coopératives constituées sous la forme d'une SA relevant de l'article 11 de la loi 47-1775 du 10 septembre 1947 portant statut de la coopération.
L'offre au public de ces titres, autre que celle réservée à un cercle restreint d'investisseurs ou à des investisseurs qualifiés, celle relevant du financement participatif, celle dont le montant total calculé sur une période de 12 mois est inférieur à 8 M€ (seuil qui devrait être porté à 12 M€ à compter du 5-6-2026 : voir n° 63036, Attention), celle qui porte sur des titres dont la valeur nominale unitaire s'élève au moins à 100 000 €, et celle dont les bénéficiaires acquièrent les titres pour un montant total d'au moins 100 000 € par investisseur et par offre distincte, fait l'objet de **dispositions spécifiques** : voir Règl. gén. AMF art. 212-38-1 à 212-38-15 et Inst. AMF 2019-19 et 2019-20 du 3-12-2019 et 2019-22 du 19-12-2019.

b. Offre au public de titres financiers à vocation principale de déductibilité fiscale (IR)

63006 L'investissement dans les PME dont les titres ne sont pas admis sur un marché réglementé ou sur un SMN où la majorité des instruments admis à la négociation ne sont pas émis par des PME ouvre droit, sous certaines conditions, à une réduction en matière d'impôt sur le revenu, dite « réduction Madelin » (CGI art. 199 terdecies-0 A, I à V et VI quater ; voir Mémento Fiscal n°s 2600 s.). Les modalités de l'investissement sont diverses : investissement direct par l'entrée au capital de la société ; investissement indirect par l'entrée au capital d'une société holding ; souscription de parts de FIP, FCPI ou d'organismes similaires établis dans un État membre de l'UE, en Islande, en Norvège ou au Liechtenstein (CGI art. 199 terdecies-0 A, VI et VI ter ; voir Mémento Fiscal n°s 2660 s.).

L'AMF, compétente dans le cadre de l'octroi d'approbation de note d'opération, d'agrément de fonds ou du recours au démarchage bancaire ou financier auprès des clients investisseurs, a été amenée à formuler plusieurs prescriptions relatives à l'offre au public, à l'information à fournir dans le prospectus et la documentation promotionnelle, au traitement des ordres et au calendrier de l'opération, et enfin au schéma de commercialisation.

Lorsque l'offre est structurée sur la base d'une émission ou d'une attribution gratuite de bons de souscription d'actions (BSA) réservée à la catégorie des redevables de l'IR, des mécanismes permettant aux porteurs de bons de garder la faculté de les exercer ou non doivent être mis en place afin que ces bons conservent un caractère optionnel. À cette fin, l'AMF recommande la dissociation dans le temps entre l'attribution ou la souscription des bons et leur exercice, lequel ne peut intervenir qu'après l'agrément du conseil d'administration ou du directoire. S'agissant du montant des fonds à lever, à fixer en fonction des capacités d'investissement de la société dans les délais imposés, le prospectus doit mentionner le montant de souscription en deçà duquel le projet, non viable, doit être abandonné.

Pour plus de précisions, voir Position-recommandation AMF 2020-06.

c. Offre au public de crypto-actifs

NOTION D'OFFRE AU PUBLIC DE CRYPTO-ACTIFS

63007 Un **crypto-actif** est une représentation numérique d'une valeur ou d'un droit pouvant être transférée et stockée de manière électronique au moyen de la technologie des registres distribués (blockchain) ou d'une technologie similaire (Règl. 2023/1114/UE du 31-5-2023 art. 3, 1-5). Relèvent de cette qualification les jetons se référant à un ou des actifs, les jetons de monnaie électronique ainsi que les crypto-actifs autres que ces deux types de jetons tels que les jetons utilitaires (Règl. 2023/1114/UE art. 3, 1-6, 1-7 et 1-9).

Une **offre au public de crypto-actifs** consiste en une communication adressée, sous quelque forme et par quelque moyen que ce soit, à des personnes et présentant des informations suffisantes sur les conditions de l'offre et sur les crypto-actifs offerts, de manière à permettre aux détenteurs potentiels de prendre la décision d'acheter ou non ces crypto-actifs (Règl. 2023/1114/UE art. 3, 1-12).

RÉGIME APPLICABLE AUX OFFRES AU PUBLIC DE CRYPTO-ACTIFS

L'offre au public de crypto-actifs qui répondent à la qualification de titres financiers requiert, sauf dispense, l'établissement d'un **prospectus** (voir nos 63050 s.). Dans le cas contraire, elle nécessite, en principe, l'établissement d'un **livre blanc** dont le résumé précise qu'il ne constitue pas un prospectus (Règl. 2023/1114/UE du 31-5-2023 art. 2, 1, 2, 4-a, 6, 7-d, 19, 6-d et 51, 6-d). 63008

› Précisions **a.** Sur les critères permettant de **qualifier des crypto-actifs de titres financiers**, et plus largement d'instruments financiers (cf. Dir. 2014/65/UE du 15-5-2014 art. 4, 1-15), voir Orientations de l'Esma 75453128700-1323 du 19-3-2025 et Position-recommandation AMF 2025-04 du 9-5-2025.

b. Les **modalités d'établissement d'un livre blanc**, et plus généralement les conditions dans lesquelles peut être réalisée une offre au public ou une admission à la négociation de crypto-actifs autres que des instruments financiers, sont **précisées** par les dispositions du règlement 2023/1114/UE et de ses règlements d'exécution ainsi que celles du Code monétaire et financier, du Code de la consommation et du règlement général de l'AMF (voir C. mon. fin. art. L 525-1 s., L 552-1 s., L 572-27 s., L 612-33-3, L 621-13-5 et L 621-15 modifiés par ord. 2024-936 du 15-10-2024 ; C. consom. art. L 222-16-1 s. modifiés par ord. 2024-936 ; Règl. gén. AMF art. 711-1 s. modifiés par arrêté du 3-2-2025 ; voir également Loi 2023-451 du 9-6-2023 art. 1, 3, 3°, 4 et 5-1 modifiés par ord. 2024-978 du 6-11-2024 ; Inst. AMF 2025-01 du 6-3-2025).

d. Dérogations à l'application du règlement Prospectus

Le règlement 2017/1129/UE du 14 juin 2017 ne s'applique pas aux types de titres financiers suivants (Règl. 2017/1129/UE art. 1, 2) : 63015

1. Les parts émises par des organismes de placement collectif du type autre que fermé.

2. Les titres autres que de capital émis par un État membre de l'UE ou par l'une des autorités régionales ou locales d'un État membre, par les organisations publiques internationales auxquelles adhèrent un ou plusieurs États membres, par la Banque centrale européenne ou par les banques centrales des États membres.

3. Les parts de capital dans les banques centrales des États membres.

4. Les valeurs mobilières inconditionnellement et irrévocablement garanties par un État membre ou par l'une des autorités régionales ou locales d'un État.

5. Les valeurs mobilières émises par des associations bénéficiant d'un statut légal ou par des organismes à but non lucratif, reconnus par un État membre, en vue de se procurer les moyens nécessaires à la réalisation de leurs objectifs non lucratifs.

6. Les parts de capital non fongibles dont le but principal est de donner au titulaire le droit d'occuper un appartement ou une autre forme de propriété immobilière ou une partie de ceux-ci, lorsque les parts ne peuvent être vendues sans renoncer au droit qui s'y rattache.

L'admission aux négociations sur un marché réglementé des titres énumérés ci-dessus échappe également à l'obligation d'établir un prospectus.

La simple communication faite par les teneurs de comptes à leurs clients résidents dans un État membre de l'UE de l'existence d'un **droit préférentiel de souscription** lié à une émission de valeurs mobilières dans un autre État membre ou dans un État tiers ne constitue pas une offre au public donnant lieu à l'établissement d'un prospectus dans le premier État membre (Esma's Questions and Answers on the Prospectus Regulation du 12-7-2019 n° 4.3). 63018

Enfin, l'obligation d'établir un prospectus n'est pas non plus applicable à une **vente forcée** de valeurs mobilières, laquelle ne participe pas d'une activité économique sur le marché des valeurs mobilières mais se borne à satisfaire les droits d'un créancier saisissant ; outre les difficultés pratiques qu'elle soulèverait, l'obligation de publier un prospectus préalablement à une vente forcée remettrait en cause l'objet de cette procédure d'exécution : satisfaire rapidement et effectivement le créancier (CJUE 17-9-2014 aff. 441/12 : RJDA 11/14 n° 846).

e. Dispenses à l'obligation d'établir un prospectus

Si, à l'issue de l'examen d'une opération financière au regard des critères positifs de l'offre au public (n° 63000) et des dérogations à l'application du règlement 2017/1129/UE du 14 juin 2017 (nos 63015 s.), l'opération envisagée caractérise une offre au public de titres financiers soumise à ce règlement, il convient alors de vérifier si elle peut bénéficier des cas de dispenses à l'établissement d'un prospectus d'offre au public ou d'admission. 63030

DISPENSE DE PROSPECTUS EN CAS D'OFFRE AU PUBLIC

63033 L'obligation de publier un prospectus ne s'applique pas aux **offres** au public **portant sur les titres financiers suivants** (Règl. 2017/1129/UE du 14-6-2017 art. 1, 4 modifié par Règl. UE 2024/2809 du 23-10-2024 et art. 1, 6 bis et 6 ter et 2, a et b) :

1. Les valeurs mobilières proposées uniquement aux investisseurs qualifiés (pour l'essentiel, clients professionnels et contreparties éligibles : établissements de crédit, entreprises d'investissement, entreprises d'assurance et autres investisseurs institutionnels, sociétés de taille importante, etc. ; voir Règl. 2017/1129/UE art. 2, e).

2. Les valeurs mobilières proposées à un cercle restreint d'investisseurs, c'est-à-dire à moins de 150 personnes physiques ou morales, autres que des investisseurs qualifiés, par État membre de l'UE.

3. Les valeurs mobilières dont la valeur nominale unitaire s'élève au moins à 100 000 €.

4. Les valeurs mobilières proposées à des investisseurs qui acquièrent ces valeurs pour un montant total d'au moins 100 000 € par investisseur et par offre distincte.

5. Les valeurs mobilières proposées à la négociation sur un marché réglementé ou sur un marché de croissance des PME (tel Euronext Growth) fongibles avec des valeurs mobilières déjà admises à la négociation sur le même marché, pour autant qu'elles représentent, sur une période de 12 mois, moins de 30 % du nombre de valeurs mobilières déjà admises à la négociation sur ledit marché, que leur émetteur ne fasse pas l'objet d'une procédure de restructuration (cf. Dir. 2019/1023/UE du 20-6-2019 art. 2, 1-1) ou d'insolvabilité (cf. Règl. 2015/848/UE du 20-5-2015 art. 2, 4), et qu'un document contenant les informations énoncées à l'annexe IX du règlement 2017/1129/UE, déposé au format électronique (cf. Dir. 2014/65/UE du 15-5-2014 art. 4, 1-62 bis) auprès de l'autorité compétente de l'État membre d'origine (cf. Règl. 2017/1129/UE art. 2, m et o ; voir aussi, Inst. AMF 2019-21 modifié le 11-2-2025 art. 19), d'une longueur maximale de 11 pages de format A4 et rédigé dans une langue acceptée par ladite autorité, soit mis à la disposition du public au moment de son dépôt ; précisons que ce document n'est pas soumis à l'approbation de l'autorité concernée (Règl. UE 2024/2809 cons. 11 et 13).

6. Les valeurs mobilières fongibles avec des valeurs mobilières qui ont été admises à la négociation sur un marché réglementé ou sur un marché de croissance des PME sans interruption pendant au moins les 18 mois ayant précédé l'offre, pour autant qu'elles ne soient pas émises dans le cadre d'une offre publique d'échange, d'une fusion ou d'une scission, que leur émetteur ne fasse pas l'objet d'une procédure de restructuration ou d'insolvabilité, et que le document mentionné point 5 ci-dessus soit mis à la disposition du public dans les mêmes conditions.

7. Les actions émises en substitution d'actions de même catégorie déjà émises, si l'émission de ces nouvelles actions n'entraîne pas d'augmentation du capital souscrit. Ne sont pas assimilables à des actions les certificats représentatifs d'actions (« depository receipts for shares ») émis avec la collaboration de l'émetteur des actions sous-jacentes (Esma's Questions and Answers on the Prospectus Regulation du 12-9-2024 n° 1718).

8. Les titres de capital offerts dans le cadre d'une offre publique d'échange, pour autant qu'un document contenant des informations décrivant la transaction et son incidence sur l'émetteur soit publié sur le site internet de l'émetteur ou de l'offreur et à condition soit que ces titres de capital soient fongibles avec des valeurs mobilières existantes déjà admises à la négociation sur un marché réglementé avant l'acquisition et la transaction qui y est liée et que l'acquisition ne soit pas considérée comme une acquisition inversée au sens du paragraphe B19 de la norme IFRS 3, soit que l'AMF ait approuvé préalablement le document.

9. Les titres de capital offerts, attribués ou devant être attribués à l'occasion d'une fusion ou d'une scission, pour autant qu'un document contenant des informations décrivant la transaction et son incidence sur l'émetteur soit publié sur le site internet de l'émetteur ou de l'offreur et à condition que la transaction ne soit pas considérée comme une acquisition inversée au sens du paragraphe B19 de la norme IFRS 3 et que les titres de capital de l'absorbante ou de l'entité objet de la scission aient déjà été admis à la négociation sur un marché réglementé avant la transaction.

10. Les dividendes payés aux actionnaires existants sous la forme d'actions de même catégorie que celles donnant droit à ces dividendes, pour autant qu'un document contenant des informations sur le nombre et la nature des actions ainsi que sur les raisons et les modalités de l'offre soit mis à disposition.

11. Les valeurs mobilières offertes, attribuées ou devant être attribuées aux administrateurs ou salariés anciens ou existants par leur employeur ou par une entreprise liée, pour autant qu'un document contenant des informations sur le nombre et la nature des valeurs mobilières ainsi que sur les raisons et les modalités de l'offre ou de l'attribution soit mis à disposition.

12. Les titres autres que de capital (c'est-à-dire autres que des actions ou des titres donnant accès à des actions, tels que des obligations convertibles en actions : cf. Règl. 2017/1129/UE art. 2, b et c) émis d'une manière continue ou répétée par un établissement de crédit, lorsque le montant agrégé total dans l'UE des titres offerts est inférieur à 150 M€ par établissement de crédit calculé sur une période de 12 mois, pour autant que ces titres ne soient pas subordonnés, convertibles ou échangeables et ne confèrent pas le droit de souscrire à d'autres types de valeurs mobilières ou d'en acquérir et ne soient pas liés à un instrument dérivé ; ce montant tient compte du montant agrégé total de toutes les offres au public de valeurs mobilières en cours et faites durant les 12 mois ayant précédé la date de début d'une nouvelle offre au public de valeurs mobilières, à l'exception de celles pour lesquelles un prospectus a été publié ou qui ont fait l'objet d'une dispense.

13. Les valeurs mobilières proposées par un prestataire de services de financement participatif, pour autant que le montant de l'offre, calculé sur une période de 12 mois, n'excède pas 5 M€ (cf. Règl. 2020/1503/UE du 7-10-2020 art. 1, 2-c et 2, 1-f). Le montant de l'offre correspond à la somme du montant total des offres de valeurs mobilières et d'instruments admis à des fins de financement participatif (cf. Règl. 2020/1503/UE art. 2, 1-m et n) faites par un porteur de projet donné, des montants collectés au moyen de prêts par le biais d'une plate-forme de financement participatif par ledit porteur et du montant total des offres au public de valeurs mobilières faites par ce même porteur mentionnées n° 63036. Ces offres donnent toutefois lieu à l'établissement d'une fiche d'informations clés sur l'investissement dont le contenu est normé et qui n'est vérifiée ou approuvée ni par l'Esma ni par l'AMF (Règl. 2020/1503/UE art. 23 et annexe I complété par Règl. 2022/2119/UE du 13-7-2022 et son annexe).

Soulignons que les deux premiers cas de dispense (investisseurs qualifiés et cercle restreint d'investisseurs) constituent ce que la pratique désigne par « placement privé ».

CONSEIL

Les cas de **dispense 5 et 6** mentionnés ci-dessus sont justifiés par le fait que l'émetteur qui y prétend s'est conformé aux obligations d'informations périodiques et permanentes prévues par le droit de l'UE et, partant, qu'une grande partie du contenu obligatoire d'un prospectus est déjà accessible au public (Règl. UE 2024/2809 cons. 13). Il est dès lors fortement recommandé aux émetteurs souhaitant bénéficier de ces dispenses d'être **à jour de leurs obligations de publication**.

Est considérée comme une offre distincte, le cas échéant constitutive d'une offre au public, **63034**
toute **revente ultérieure** de titres financiers qui faisaient précédemment l'objet d'une offre au public ne donnant pas lieu à la publication d'un prospectus en application des cas de dispenses 1 à 6 mentionnés n° 63033. Par ailleurs, le placement de titres financiers par des intermédiaires financiers doit faire l'objet de la publication d'un prospectus, à moins qu'une de ces dispenses ne s'applique au placement final (Règl. 2017/1129/UE du 14-6-2017 art. 5, 1-al. 1 modifié par Règl. UE 2024/2809 du 23-10-2024).

Néanmoins, aucun autre prospectus n'est exigé lors d'une telle revente ultérieure ou placement final, dès lors qu'un prospectus valide est disponible et que l'émetteur ou la personne chargée de rédiger ce prospectus consent par un accord écrit à son utilisation (Règl. 2017/1129/UE art. 5, 1-al. 2).

Enfin, lorsqu'un prospectus porte sur l'admission à la négociation sur un marché réglementé de titres autres que de capital qui sont destinés à être négociés uniquement sur un marché réglementé, ou sur le compartiment professionnel de ce marché, les titres ne peuvent être revendus à des investisseurs non qualifiés que lorsqu'un prospectus adapté à ces investisseurs est établi (Règl. 2017/1129/UE art. 5, 2).

Le règlement 2021/528/UE du 16 décembre 2020 précise quelles informations les émetteurs **63035**
doivent rendre publiques pour bénéficier d'une dispense de prospectus en cas d'offre publique d'échange, de fusion ou de scission et sous quelle forme les présenter (sur le dépôt de ces informations auprès de l'AMF, voir Inst. AMF 2019-21 modifiée le 11-2-2025 art. 17 et 18).

Sous réserve d'y inclure les informations mentionnées aux cas 10 et 11 précités (n° 63034), les émetteurs peuvent en revanche présenter comme ils le souhaitent les documents à mettre à la disposition des actionnaires, dirigeants ou salariés concernés pour être dispensés de prospectus en cas de dividendes payés aux actionnaires sous la forme d'actions ou en cas de valeurs mobilières offertes, attribuées ou devant être attribuées aux administrateurs ou salariés, l'instruction AMF 2019-21 ne formulant aucune exigence à cet égard.

L'obligation de publier un prospectus ne s'applique pas aux offres au public qui portent sur **63036**
des titres financiers que l'émetteur est autorisé à offrir au public et dont le montant total en France et dans l'UE, calculé sur une période de 12 mois qui suit la date de la première offre,

est **inférieur à 8 M€** (Règl. 2017/1129/UE du 14-6-2017 art. 3, 2 ; C. mon. fin. art. L 411-2-1, 1°, L 412-1, IV et D 411-2-1, I et IV ; Règl. gén. AMF art. 211-2, I).

Sont exclues du calcul de ce montant total les offres au public ayant donné lieu à l'établissement d'un prospectus, ainsi que celles dispensées de prospectus (n° 63033) (Position-recommandation AMF 2020-06) à l'exception des offres de financement participatif (n° 63033, point 13) (art. D 411-2-1, IV ; art. 211-2, IV).

Il est possible de procéder à une offre au public dans plusieurs États membres de l'UE en bénéficiant d'une telle dispense sous réserve que le montant de l'offre soit inférieur au montant le plus bas prévu par les États membres dans lesquels l'offre est faite (Esma's Questions and Answers on the Prospectus Regulation du 16-7-2021 n° 15.6 ; pour une liste des montants prévus par chaque État membre : Esma, National thresholds below which the obligation to publish a prospectus does not apply du 23-10-2020).

Pour les offres inférieures à 8 M€ portant sur des titres financiers non admis aux négociations sur un marché réglementé ou un SMN, dont l'admission aux négociations sur ces marchés n'est pas demandée et ne relevant pas du régime du financement participatif, un régime national allégé d'information s'applique : pour ces offres, il convient d'établir un **document d'information synthétique** (DIS) qui n'est pas soumis à la revue préalable de l'AMF mais qui doit lui être transmis avant la réalisation de l'offre et satisfaire aux prescriptions de l'article 212-44 du règlement général de l'AMF et de l'instruction AMF 2018-07 du 19 juillet 2018 (Règl. 2017/1129/UE art. 3, 2 ; art. L 412-1, IV ; Règl. gén. AMF art. 212-43 s.).

ATTENTION

a. Ne donnent pas lieu à établissement d'un DIS les offres portant sur des parts ou actions d'organismes de placement collectif (art. L 412-1, IV) ni, bien que le règlement 2017/1129/UE ne le prévoie pas et que l'article 212-43 du règlement général de l'AMF porte à croire le contraire (voir F. Gilbert : Dr. sociétés 2020 étude n° 3), les offres, d'un montant inférieur à 8 M€, qui relèvent de l'un des cas d'offre au public mentionnés n° 63033 (Position-recommandation AMF 2020-06).

b. **À compter du 5 juin 2026**, et sous réserve qu'elle ne fasse pas l'objet d'une notification de passeport (cf. Règl. 2017/1129/UE art. 25 ; voir n° 63051), une offre au public de valeurs mobilières ne donnera plus lieu à obligation de publier un prospectus lorsque le montant agrégé total dans l'UE des valeurs mobilières offertes, calculé sur une période de 12 mois, sera **inférieur à 12 M€** par émetteur ou offreur, les États membres étant néanmoins autorisés à abaisser ce montant à 5 M€ (Règl. 2017/1129/UE art. 3, 2 modifié et 3, 2 bis créé par Règl. UE 2024/2809 du 23-10-2024 et Règl. UE 2024/2809 art. 4, 3). Ce montant tiendra compte du montant agrégé total de toutes les offres au public de valeurs mobilières en cours et faites durant les 12 mois ayant précédé la date de début d'une nouvelle offre au public de valeurs mobilières, à l'exception de celles pour lesquelles un prospectus aura été publié ou qui auront fait l'objet d'une des dispenses mentionnées n° 63033, et comprendra tous les types et toutes les catégories de valeurs mobilières offertes. Toutefois, les États membres pourront imposer à l'émetteur de déposer et de mettre à disposition du public un document contenant les informations visées à l'article 7, 3 à 10 et 12 du règlement 2017/1129/UE relatif au résumé (n°s 63063 s.), ou exigées par le droit national pour autant que la portée et le niveau de ces informations soient équivalents ou inférieurs aux informations énoncées à l'article 7, 4 à 10 et 12 du règlement précité (Règl. 2017/1129/UE art. 3, 2 quater et quinquies créés par Règl. UE 2024/2809 et Règl. UE 2024/2809 art. 4, 3).

Tout fait nouveau significatif ou toute erreur ou inexactitude concernant les informations contenues dans le DIS, susceptible d'avoir une influence significative sur l'évaluation des titres financiers et qui survient ou est constaté entre le dépôt du document à l'AMF et la clôture de l'offre, est mentionné dans une note complémentaire au DIS. Le DIS modifié, transmis et consultable selon les mêmes modalités que le document initial, est conforme au modèle figurant dans l'instruction AMF 2018-07. Il indique par ailleurs selon quelles modalités les investisseurs peuvent demander l'annulation de leur décision d'investissement et le remboursement intégral du montant correspondant (C. mon. fin. art. L 621-8, II ; Règl. gén. AMF art. 212-47).

Sur les informations que l'AMF recommande aux émetteurs dont les titres sont admis aux négociations sur un marché réglementé ou sur un SMN de faire figurer dans leurs **communiqués de presse** à l'occasion d'une émission de titres de capital ou donnant accès au capital ne donnant pas lieu à la publication d'un prospectus, voir Position-recommandation AMF 2020-06 précitée.

63037 Pour les introductions en bourse (offre primaire) ouvertes au public de titres financiers admis aux négociations sur un SMNO tel **Euronext Growth** Paris et d'un montant inférieur à 8 M€ (seuil qui devrait être porté à 12 M€ à compter du 5 juin 2026 : voir n° 63036, Attention), un document d'information défini par les règles de marché et préalablement revu par l'entreprise de marché est exigé (Règl. gén. AMF art. 212-43, II). Pour les offres ultérieures (offres secondaires) inférieures au même montant, seule est requise la publication d'un communiqué de presse normé par les règles relatives aux abus de marché et comprenant, le cas échéant, les informations que l'AMF recommande d'y inclure (Communiqué AMF du 20-7-2018 ; Position-recommandation AMF 2020-06).

DISPENSE DE PROSPECTUS EN CAS D'ADMISSION AUX NÉGOCIATIONS SUR UN MARCHÉ RÉGLEMENTÉ

L'obligation de publier un prospectus ne s'applique pas à l'admission aux négociations sur un marché réglementé des **catégories de titres financiers suivants** (Règl. UE/2017/1129 du 14-6-2017 art. 1, 5 modifié par Règl. UE 2024/2809 du 23-10-2024 et art. 1, 6 bis et 6 ter et 2, a et b) : 63042

1. Les valeurs mobilières fongibles avec des valeurs mobilières déjà admises à la négociation sur le même marché réglementé, pour autant qu'elles représentent, sur une période de 12 mois, moins de 30 % du nombre de valeurs mobilières déjà admises à la négociation sur le même marché réglementé. Pour le calcul de ce pourcentage, il convient d'inclure au numérateur les valeurs mobilières ayant fait l'objet de la présente exemption au cours des 12 derniers mois, sans inclure celles admises à la négociation en dispense de prospectus en application d'autres types d'exemption, et au dénominateur le nombre de valeurs mobilières de même catégorie déjà admises à la négociation sur le même marché réglementé au moment de la demande de nouvelle admission ; la base de calcul de ce pourcentage doit être ajustée pour tenir compte des mesures juridiques affectant le nombre de valeurs mobilières admises à la négociation, tels une division ou un regroupement d'actions (Esma's Questions and Answers on the Prospectus Regulation du 9-11-2020 n°s 15.1 et 15.2).

2. Les actions résultant de la conversion ou de l'échange d'autres valeurs mobilières, ou de l'exercice des droits conférés par d'autres valeurs mobilières, lorsque ces actions sont de même catégorie que celles déjà admises à la négociation sur le même marché réglementé, pour autant qu'elles représentent, sur une période de 12 mois, moins de 30 % du nombre d'actions de la même catégorie déjà admises à la négociation sur le même marché réglementé. Cette dispense ne s'applique pas aux cas de « valeurs mobilières non négociables » au sens de l'article 4, 1-44 de la directive 2014/65/UE du 15 mai 2014 (« non-transferable securities ») converties en actions (Esma's Questions and Answers on the Prospectus Regulation du 31-3-2021 nº 15.4).

La condition selon laquelle les actions résultantes doivent représenter sur une période de 12 mois moins de 20 % du nombre d'actions de même catégorie déjà admises à la négociation sur le même marché réglementé ne s'applique pas dans les cas mentionnés à l'article 1, 5-al. 2 du règlement 2017/1129/UE.

3. Les valeurs mobilières fongibles avec des valeurs mobilières qui ont été admises à la négociation sur un marché réglementé sans interruption pendant au moins les 18 mois ayant précédé l'admission à la négociation, pour autant qu'elles ne soient pas émises dans le cadre d'une offre publique d'échange, d'une fusion ou d'une scission, que leur émetteur ne fasse pas l'objet d'une procédure de restructuration ou d'insolvabilité, et que le document mentionné nº 63033, point 5 soit mis à la disposition du public dans les mêmes conditions.

4. Les valeurs mobilières résultant de la conversion ou de l'échange d'autres valeurs mobilières, de fonds propres ou d'engagements éligibles par une autorité de résolution.

5. Les actions émises en substitution d'actions de même catégorie déjà admises à la négociation sur le même marché réglementé, si l'émission de ces actions n'entraîne pas d'augmentation du capital de l'émetteur.

6. Les titres de capital offerts dans le cadre d'une offre publique d'échange, pour autant qu'un document contenant des informations décrivant la transaction et son incidence sur l'émetteur soit mis à la disposition du public sur le site internet de l'émetteur, de la personne qui sollicite l'admission à la négociation sur un marché réglementé ou du marché réglementé où l'admission à la négociation est demandée et à condition soit que ces titres de capital soient fongibles avec des valeurs mobilières existantes déjà admises à la négociation sur un marché réglementé avant l'acquisition et la transaction qui y est liée et que l'acquisition ne soit pas considérée comme une acquisition inversée au sens du paragraphe B19 de la norme IFRS 3, soit que l'AMF ait approuvé préalablement le document.

7. Les titres de capital offerts, attribués ou devant être attribués à l'occasion d'une fusion ou d'une scission, pour autant qu'un document contenant des informations décrivant la transaction et son incidence sur l'émetteur soit mis à la disposition du public sur le site internet de l'émetteur, de la personne qui sollicite l'admission à la négociation sur un marché réglementé ou du marché réglementé où l'admission à la négociation est demandée et à condition que la transaction ne soit pas considérée comme une acquisition inversée au sens du paragraphe B19 de la norme IFRS 3 et que les titres de capital de l'absorbante ou de l'entité faisant l'objet de la scission aient déjà été admis à la négociation sur un marché réglementé avant la transaction.

8. Les actions offertes, attribuées ou devant être attribuées gratuitement aux actionnaires existants, et les dividendes payés sous la forme d'actions de la même catégorie que celles donnant droit à ces dividendes, pour autant que ces actions soient de la même catégorie que celles déjà admises à la négociation sur le même marché réglementé et qu'un document contenant des informations sur le nombre et la nature des actions ainsi que sur les raisons et les modalités de l'offre ou de l'attribution soit mis à disposition.

9. Les valeurs mobilières offertes, attribuées ou devant être attribuées aux administrateurs ou aux salariés anciens ou existants par leur employeur ou par une entreprise liée, pour autant que ces valeurs soient de la même catégorie que celles déjà admises à la négociation sur le même marché réglementé et qu'un document contenant des informations sur le nombre et la nature des valeurs mobilières ainsi que sur les raisons et les modalités de l'offre ou de l'attribution soit mis à disposition.

10. Les titres autres que de capital émis d'une manière continue ou répétée par un établissement de crédit, lorsque le montant agrégé total dans l'UE des titres offerts est inférieur à 75 M€ par établissement de crédit calculé sur une période de 12 mois, pour autant que ces titres ne soient pas subordonnés, convertibles ou échangeables et ne confèrent pas le droit de souscrire à d'autres types de valeurs mobilières ou d'en acquérir et ne soient pas liés à un instrument dérivé ; ce montant tient compte du montant agrégé total de toutes les offres au public de valeurs mobilières en cours et faites durant les 12 mois ayant précédé la date de début d'une nouvelle offre au public de valeurs mobilières, à l'exception de celles pour lesquelles un prospectus a été publié ou qui ont fait l'objet d'une des dispenses mentionnées nº 63042.

Les cas de dispense 1 et 3 mentionnés ci-dessus sont justifiés par les raisons exposées nº 63033, Conseil et appellent les mêmes recommandations.

63043 Le règlement 2021/528/UE du 16 décembre 2020 précise quelles informations les émetteurs doivent rendre publiques pour bénéficier d'une dispense de prospectus en cas d'offre publique d'échange, de fusion ou de scission et sous quelle forme les présenter (sur le dépôt de ces informations auprès de l'AMF, voir Inst. AMF 2019-21 modifiée le 11-2-2025 art. 17 et 18).

Sous réserve d'y inclure les informations mentionnées aux cas 8 et 9 précités, les émetteurs peuvent en revanche présenter comme ils le souhaitent les documents à mettre à la disposition des actionnaires, dirigeants ou salariés concernés pour être dispensés de prospectus en cas d'actions offertes, attribuées ou devant être attribuées gratuitement aux actionnaires et de dividendes payés aux actionnaires sous la forme d'actions ou en cas de valeurs mobilières offertes, attribuées ou devant être attribuées aux administrateurs ou salariés, l'instruction AMF 2019-21 ne formulant aucune exigence à cet égard.

AUTONOMIE DES DISPENSES DE PROSPECTUS

63045 Les exemptions prévues à l'article 1, 5 du règlement 2017/1129/UE du 14 juin 2017 – et, à notre avis, celles prévues à l'article 1, 4 du même règlement – sont autonomes, de sorte que l'émetteur est dispensé de publication de prospectus dès lors que l'une d'elles s'applique. À titre d'exemple, un émetteur qui souhaite faire admettre à la négociation sur un marché réglementé les nouvelles actions qu'il émet à l'occasion d'une fusion n'est pas tenu de mettre à disposition le document d'information visé à l'article 1, 5-f pour être dispensé de publier un prospectus, dès lors que lesdites actions représentent moins de 30 % du nombre total d'actions de la même catégorie déjà admises à la négociation sur le même marché réglementé sur une période de 12 mois comme prévu à l'article 1, 5-a (cf. Esma's Questions and Answers on the Prospectus Regulation du 28-1-2021 nº 15.3).

CUMUL DE DISPENSES DE PROSPECTUS

63047 *Les dispenses de prospectus* en cas d'offre au public visées nº 63033 et celles en cas d'admission aux négociations sur un marché réglementé énoncées nº 63042 sont cumulables (Règl. 2017/1129/UE du 14-6-2017 art. 1, 6 modifié par Règl. UE 2024/2809 du 23-10-2024).

Cependant, les deux premiers cas de dispense mentionnés nº 63042 ne sont pas cumulables si ce cumul est susceptible de conduire à l'admission immédiate ou différée à la négociation sur un marché réglementé sur une période de 12 mois d'un nombre d'actions supérieur à 30 % du nombre d'actions de même catégorie déjà admises à la négociation sur le même marché réglementé, sans qu'un prospectus soit publié (art. précité).

f. Prospectus volontaire

Les personnes ou les entités qui se livrent à une opération d'offre au public de titres financiers ou qui sollicitent une admission de titres financiers à la négociation sur un marché réglementé ont le droit, bien qu'elles en soient dispensées (voir nos 63030 s.), d'établir un prospectus (Règl. 2017/1129/UE du 14-6-2017 art. 4 modifié par Règl. UE 2024/2809 du 23-10-2024). 63048

Ce prospectus établi de manière volontaire, qui doit être approuvé par l'AMF, confère tous les droits et impose toutes les obligations attachés à un prospectus dont l'établissement est exigé et est soumis à toutes les dispositions du règlement 2017/1129/UE, sous le contrôle de l'AMF (art. précité).

› Précisions Le droit à l'établissement volontaire d'un prospectus n'est en revanche pas ouvert lorsque l'opération concerne l'un des types de titres financiers visés à l'article 1, 2 du règlement 2017/1129/UE (n° 63015), faute d'un renvoi explicite à cet article opéré par l'article 4 dudit règlement (Position-recommandation AMF 2020-06).

g. Obligations en l'absence de prospectus

Toute personne ou entité qui procède à une offre au public relevant du financement participatif ou à une offre au public dont le montant total est inférieur à 8 M€ doit **informer** les investisseurs participant à cette offre que celle-ci ne donne pas lieu à un prospectus soumis à l'approbation de l'AMF (Règl. gén. AMF art. 211-3). 63049

Sur le document d'information synthétique à établir en cas d'offre ne relevant pas du régime du financement participatif, inférieure à 8 M€ et portant sur des titres financiers non admis aux négociations sur un marché réglementé ou sur un SMN et dont l'admission aux négociations sur ces marchés n'est pas demandée, voir n° 63036.

Sur la fiche d'informations clés à établir en cas d'offre relevant du régime du financement participatif, portant sur des titres financiers, voir n° 63033, point 13.

Sur les informations que l'AMF recommande de faire figurer dans les communiqués de presse annonçant l'émission de titres de capital ou donnant accès au capital ne donnant pas lieu à la publication d'un prospectus soumis à l'approbation de l'AMF lorsque les titres de l'émetteur sont négociés sur un marché réglementé ou inscrits sur un SMN, voir Position-recommandation AMF 2020-06.

En outre, dans les cas de dispense de prospectus afférente à une offre au public (n° 63033) ou à une admission aux négociations sur un marché réglementé (n° 63042), les informations importantes fournies par un émetteur et adressées oralement ou par écrit à des investisseurs sélectionnés doivent être communiquées à tous les autres investisseurs auxquels l'offre s'adresse (Règl. 2017/1129/UE du 14-6-2017 art. 22, 5-a).

h. Conséquences de l'offre au public de titres financiers

Sauf bénéfice d'une dispense (nos 63030 s.), les personnes ou les entités qui se livrent à une opération d'offre au public de titres financiers ou à une admission de titres financiers aux négociations sur un marché réglementé doivent, au préalable, publier et tenir à la disposition de toute personne intéressée un **prospectus**, destiné à l'information du public ; ce document doit être établi selon les règles exposées ci-après (nos 63051 s.), le cas échéant sous un régime simplifié (nos 63068 s.), et être soumis à l'**approbation de l'AMF** ou de l'autorité de contrôle compétente d'un autre État membre de l'UE ou partie à l'accord sur l'EEE (Règl. 2017/1129/UE du 14-6-2017 art. 3 ; C. mon. fin. art. L 412-1 s. ; Règl. gén. AMF art. 211-1 s.). 63050

La **durée de validité du prospectus** est de 12 mois après son approbation par l'AMF pour des offres au public ou des admissions aux négociations sur un marché réglementé lorsqu'il a été complété par tout supplément (n° 63074). Lorsqu'un prospectus consiste en des documents distincts, la période de validité commence à courir à compter de l'approbation de la note relative aux titres financiers (Règl. 2017/1129/UE art. 12, 1).

Au-delà de cette information ponctuelle, c'est le type de marché financier (réglementé, SMNO, SMN) sur lequel les titres d'un émetteur sont négociés qui conditionne le champ des obligations additionnelles qui s'y attachent. Les règles d'information (réglementée ou non, permanente ou périodique) sont adaptées à chaque type de marchés financiers et prévoient des obligations en cohérence avec le niveau de protection (et donc d'information) affiché.

> Précisions **a.** Doivent également, préalablement à l'offre, publier un prospectus destiné à l'information du public et soumis à l'approbation de l'AMF les personnes ou les entités qui se livrent à une opération d'offre au public portant sur certains **titres non financiers** : voir nº 63004.
b. Un prospectus de base portant sur des titres autres que de capital visés à l'article 2, m-ii du règlement 2017/1129/UE ne permet pas de procéder à des offres au public ou à des cotations exclusivement dans **d'autres États que celui d'approbation du prospectus,** de sorte qu'aucune offre ou admission ne serait faite dans cet État au cours de la période de validité dudit prospectus de base (Esma's Questions and Answers on the Prospectus Regulation du 27-7-2021 nº 6.3).

ÉTABLISSEMENT D'UN PROSPECTUS STANDARD

63051 Lorsque le prospectus relève de l'approbation préalable de l'AMF (cf. Règl. 2017/1129/UE du 14-6-2017 art. 2, m), il doit être établi et mis à disposition en français ou en anglais (Règl. 2017/1129/UE art. 27 modifié par Règl. UE 2024/2809 du 23-10-2024 ; C. mon. fin. art. L 412-1, I ; Règl. gén. AMF art. 212-12).

Lorsque l'AMF n'est pas l'**autorité compétente,** l'autorité de contrôle ayant approuvé le prospectus notifie à l'AMF, à la demande de l'émetteur, de l'offreur, de la personne qui sollicite l'admission à la négociation sur un marché réglementé ou de la personne chargée d'établir le prospectus, le certificat d'approbation ainsi qu'une copie électronique du prospectus, accompagnés, le cas échéant, d'une traduction du prospectus et du résumé en français (Règl. 2017/1129/UE art. 25, 1).

63052 Le prospectus peut être établi sous la forme d'un document unique ou de plusieurs documents distincts : un document d'enregistrement (qui contient les informations relatives à l'émetteur), une note relative aux titres financiers (qui contient les informations concernant les titres offerts au public ou proposés à la négociation sur un marché réglementé) et un résumé (Règl. 2017/1129/UE du 14-6-2017 art. 6, 3).

En vue d'une **première admission,** le prospectus établi par l'émetteur est composé du **document d'enregistrement,** de la note relative aux titres financiers (note d'opération) et du résumé.

Postérieurement à la première admission, les sociétés peuvent utiliser la procédure suivante (Règl. 2017/1129/UE art. 6 s. ; Règl. 2019/980/UE du 14-3-2019 art. 24 s.) :

1. Établissement chaque année, après la publication des comptes de l'exercice écoulé, d'un **document d'enregistrement universel** qui doit être approuvé par l'AMF ou simplement déposé si la société a déjà fait approuver un tel document par l'AMF pour un exercice financier (sur l'élaboration de ce document, voir Position-recommandation AMF 2021-02 ; voir également Guide pratique de dépôt d'un document d'enregistrement universel auprès de l'AMF du 6-12-2021). Ce document doit contenir l'ensemble des renseignements généraux sur la société tels qu'ils doivent, en application des règlements européens précités, figurer dans tout prospectus. Le rapport annuel de l'organe de gestion destiné aux actionnaires peut être admis comme document d'enregistrement universel (sous réserve que ce rapport satisfasse aux exigences de format prévues à l'article 24 précité). Signalons que la Commission européenne doit adopter, au plus tard le 5 juin 2026, des actes délégués afin de préciser le contenu du document d'enregistrement universel (Règl. 2017/1129/UE art. 13, 2 modifié par Règl. UE 2024/2809 du 23-10-2024).

2. Établissement d'une **note d'opération** au moment de l'opération financière, qui précise les modalités de celle-ci et actualise le document d'enregistrement universel.

3. Établissement d'un résumé (nºs 63063 s.).

Des informations peuvent être incorporées par référence dans un prospectus lorsqu'elles ont été publiées antérieurement ou simultanément par voie électronique et figurent dans l'un des documents mentionnés à l'article 19, 1 du règlement 2017/1129/UE (Règl. 2017/1129/UE art. 19, 1 modifié et 19, 1 bis créé par Règl. UE 2024/2809). Lorsqu'un prospectus de base est encore valable, l'émetteur, l'offreur ou la personne qui sollicite l'admission à la négociation sur un marché réglementé n'est pas tenu de publier un supplément (voir nº 63074) pour les nouvelles informations financières annuelles ou intermédiaires faisant l'objet d'une publication, lesquelles peuvent être incorporées par référence lorsqu'elles sont publiées par voie électronique (Règl. 2017/1129/UE art. 19, 1 ter créé par Règl. UE 2024/2809 ; l'AMF, favorable à cette mesure pour les prospectus « wholesale » de titres dont la valeur nominale est au moins égale à 100 000 € ou adressés à des investisseurs qualifiés, a cependant invité les émetteurs, dans l'attente d'éclaircissements en la matière par la Commission européenne, à publier un supplément pour les offres au public : Communiqué AMF du 3-12-2024). En revanche, lorsque le prospectus est établi sous la forme de plusieurs documents, l'émetteur ne peut remplacer le document d'enregistrement ou document d'enregistrement universel utilisé par un même document plus récent, mais doit incorporer par référence, au moyen d'un supplément, les informations figurant dans ce nouveau document qui se rapporteraient à un fait nouveau significatif ou une erreur ou inexactitude substantielle contenue dans le prospectus (Esma's Questions and Answers on the Prospectus Regulation du 16-7-2021 n° 3.5).

Contenu du prospectus Le règlement 2017/1129/UE du 14 juin 2017 (art. 6 s.) définit le **type d'informations** que doit contenir le prospectus et les différents documents qui le composent. Les **schémas d'établissement** du prospectus figurent, outre dans ce règlement et ses annexes, dans les règlements délégués 2019/980 et 2019/979 du 14 mars 2019. 63053

Pour l'application des dispositions de ces règlements, l'AMF tient compte des orientations et recommandations publiées par l'Esma (Orientations de l'Esma relatives aux obligations d'information dans le cadre du règlement Prospectus du 4-3-2021 et Esma's Questions and Answers on the Prospectus Regulation du 3-2-2023 ; précisons que les orientations et recommandations émises par une autorité européenne de surveillance peuvent faire l'objet d'un recours préjudiciel en validité : CJUE 15-7-2021 aff. 911/19 : Rev. sociétés 2022 p. 233).

Le prospectus doit contenir les informations permettant à un investisseur d'**évaluer en connaissance de cause** l'actif et le passif, les profits et pertes, la situation financière et les perspectives de l'émetteur et des garants éventuels, les droits attachés aux valeurs mobilières et les raisons de l'émission et son incidence sur l'émetteur (Règl. 2017/1129/UE du 14-6-2017 art. 6, 1). 63054

Ces informations peuvent varier en fonction de l'un des facteurs suivants :
– la nature de l'émetteur ;
– le type de valeurs mobilières ;
– la situation de l'émetteur ;
– ou, le cas échéant, le fait que les titres autres que de capital ont une valeur nominale unitaire qui s'élève au moins à 100 000 € ou sont destinés à être négociés uniquement sur un marché réglementé, ou un segment spécifique de ce marché, auquel seuls les investisseurs qualifiés peuvent avoir accès aux fins de la négociation des titres.

Le prospectus ne contient pas ces informations lorsque le régime d'information simplifiée pour les émissions secondaires trouve à s'appliquer (n° 63068) ou que l'AMF autorise une omission d'informations (n° 63065).

Les informations contenues dans le prospectus doivent être rédigées et présentées sous une forme facile à analyser, concise et compréhensible, en tenant compte des facteurs précités (Règl. 2017/1129/UE art. 6, 2).

ATTENTION

À compter du 5 juin 2026, le prospectus devra, sauf exceptions, revêtir le format normalisé, et les informations y figurant devront être présentées dans l'ordre normalisé, fixé par des actes délégués devant être adoptés par la Commission européenne. Par ailleurs, un prospectus portant sur des actions devra, en principe, être d'une longueur maximale de 300 pages de format A4, certains éléments, tels que le résumé et les informations incorporées par référence, n'étant toutefois pas pris en compte (Règl. 2017/1129/UE art. 6, 2 et 4 à 6 et 13, 1 modifiés par Règl. UE 2024/2809 du 23-10-2024 et Règl. UE 2024/2809 art. 4, 3). Les prospectus approuvés avant cette date continueront cependant d'être régis jusqu'à la fin de leur validité par la version du règlement 2017/1129/UE en vigueur au jour de leur approbation (Règl. 2017/1129/UE art. 48 bis, 1 créé par Règl. UE 2024/2809).

Le **projet** de prospectus doit être déposé à l'AMF dans les **formes** prévues par l'article 20 du règlement 2017/1129/UE du 14 juin 2017, les articles 42 s. du règlement 2019/980 du 14 mars 2019 et l'article 1 de l'instruction AMF 2019-21 modifiée le 11 février 2025 ; il doit être accompagné d'une documentation dont le contenu est déterminé par les articles 42 s. du règlement UE/2019/980 et les articles 1, 4 et 6 s. de l'instruction AMF 2019-21 (Règl. gén. AMF art. 212-6 ; voir Guide pratique AMF de saisie d'un formulaire PDF relatif aux données d'un prospectus ou d'un supplément du 23-7-2021). L'AMF accuse réception, par écrit et par voie électronique, de la demande initiale d'approbation du prospectus, dans les deux jours ouvrables après leur *réception ; si le dossier est incomplet*, l'AMF informe la société dans le même délai (Règl. UE/2019/980 art. 45 ; Inst. AMF 2019-21 art. 2). 63057

Toutefois, en vue d'une offre au public ou d'une admission de titres financiers aux négociations sur un marché réglementé, l'émetteur qui a déjà fait approuver un document d'enregistrement universel par l'AMF pour un exercice dépose les mises à jour de ce document, le cas échéant, une note relative aux titres financiers offerts accompagnée d'un résumé et informe l'AMF au plus tard cinq jours ouvrables avant la date projetée du dépôt de la demande d'approbation (Règl. 2017/1129/UE art. 20, 6 ; Inst. AMF 2019-21 art. 12).

En cas de première opération d'offre au public ou d'admission aux négociations sur un marché réglementé, le dossier accompagnant le projet de prospectus ou de document d'enregistrement comprend des documents complémentaires de nature juridique et générale concernant l'émetteur, énumérés à l'article 6 de l'instruction AMF 2019-21.

Lorsque le dossier est présenté par un intermédiaire, il doit comporter l'indication du responsable avec lequel les services de l'AMF peuvent prendre un contact direct chez l'émetteur (Inst. AMF 2019-21 art. 1, 5).

Si l'opération projetée présente une particularité nécessitant une adaptation spécifique, l'émetteur doit prendre contact avec les services de l'AMF, avant le dépôt du dossier, même si les conditions définitives de l'opération ne sont pas arrêtées (Inst. AMF 2019-21 art. 1, 6).

63063 Le prospectus doit comprendre un **résumé** qui fournit les **informations clés** dont les investisseurs ont besoin pour comprendre la nature et les risques de l'émetteur, du garant et des valeurs mobilières offertes ou admises à la négociation sur un marché réglementé et qui doit être lu en combinaison avec les autres parties du prospectus afin d'aider les investisseurs lorsqu'ils envisagent d'investir dans ces valeurs mobilières (Règl. 2017/1129/UE du 14-6-2017 art. 7 ; Règl. 2019/979 du 14-3-2019 art. 1 à 9).

Le contenu du résumé doit être exact, loyal, clair et non trompeur. Il doit être lu comme une introduction au prospectus et être cohérent avec les autres parties du prospectus.

Le résumé doit être composé de **quatre sections** qui, à compter du 5 juin 2026, devront être présentées dans l'ordre suivant (Règl. 2017/1129/UE art. 7, 4 à 8 modifié par Règl. UE 2024/2809 du 23-10-2024, précisant que l'ordre des informations figurant dans ces sections sera aussi impératif ; Règl. UE 2024/2809 art. 4, 3) :

1. Une introduction contenant les avertissements.

2. Les informations clés sur l'émetteur.

3. Les informations clés sur les valeurs mobilières.

4. Les informations clés sur l'offre au public de valeurs mobilières et/ou l'admission à la négociation sur un marché réglementé.

> **ATTENTION**
> Les prospectus approuvés avant le 5 juin 2026 continueront d'être régis par le règlement 2017/1129/UE en vigueur au jour de leur approbation (Règl. 2017/1129/UE art. 48 bis, 1 créé par Règl. UE 2024/2809).

Lorsque le prospectus est rédigé en français, il comprend un résumé en français ; lorsque le prospectus est rédigé dans une autre langue, le résumé doit être traduit et disponible en français ; toutefois, ce résumé en français n'est pas exigé en cas (Règl. 2017/1129/UE art. 27 modifié par Règl. UE 2024/2809 ; C. mon. fin. art. L 412-1, I ; Règl. gén. AMF art. 212-12) :

– d'offre au public de titres financiers faite dans un ou plusieurs États membres de l'UE, à l'exclusion de la France, et ne donnant pas lieu à une admission aux négociations sur un marché réglementé en France ;

– d'admission de titres financiers aux négociations sur un marché réglementé sollicitée dans un ou plusieurs États membres de l'UE, à l'exclusion de la France, et ne donnant pas lieu en France à une offre au public autre qu'une offre réservée à un cercle restreint d'investisseurs ou à des investisseurs qualifiés, ou qui relève du financement participatif, ou qui porte sur des titres dont la valeur nominale unitaire s'élève au moins à 100 000 €, ou dont les bénéficiaires acquièrent les titres pour un montant total d'au moins 100 000 € par investisseur et par offre distincte ;

– d'admission aux négociations sollicitée sur le compartiment professionnel (voir nos 63524 s.).

Le résumé, en principe d'une longueur maximale de sept pages de format A4 lorsqu'il est imprimé, doit être rédigé dans un langage clair, non technique, concis et compréhensible pour les investisseurs.

Aucun résumé n'est requis lorsque le prospectus porte sur l'admission à la négociation sur un marché réglementé de titres autres que de capital, pour autant que ces titres (Règl. 2017/1129/UE art. 7, 1) :

– soient destinés à être négociés uniquement sur un marché réglementé, ou un segment spécifique de ce marché, auquel seuls les investisseurs qualifiés peuvent avoir accès aux fins de la négociation de ces titres ;

– ou aient une valeur nominale unitaire au moins égale à 100 000 €.

63064 Les **avertissements** inclus dans l'introduction du résumé doivent mentionner (Règl. 2017/1129/UE du 14-6-2017 art. 7, 5) :

– que le résumé doit être lu comme une introduction au prospectus ;

– que toute décision d'investir dans les valeurs mobilières concernées doit être fondée sur un examen de l'intégralité du prospectus par l'investisseur ;

– le cas échéant, que l'investisseur peut perdre tout ou partie du capital investi et, si l'engagement de l'investisseur n'est pas limité au montant de l'investissement, un avertissement indiquant que l'investisseur peut perdre davantage que le capital investi et précisant l'ampleur de cette perte potentielle ;
– que le demandeur peut avoir à supporter les frais de traduction du prospectus en cas de procédure judiciaire concernant l'information contenue dans celui-ci ;
– qu'une responsabilité civile incombe aux seules personnes qui ont présenté le résumé, y compris sa traduction, et uniquement si le contenu du résumé est trompeur, inexact ou incohérent, lu en combinaison avec les autres parties du prospectus, ou s'il ne fournit pas, lu en combinaison avec les autres parties du prospectus, les informations clés permettant d'aider les investisseurs lorsqu'ils envisagent d'investir dans ces valeurs mobilières ;
– le cas échéant, l'avis signalant que le produit peut être difficile à comprendre.

ATTENTION

Aucune autre action en responsabilité civile que celle mentionnée ci-dessus ne peut être intentée sur le fondement du seul résumé, y compris sa traduction (C. mon. fin. art. L 412-1, II-al. 5).

Le **prix définitif de l'offre** et le **nombre définitif de titres financiers** qui font l'objet de celle-ci peuvent ne pas être inclus dans le prospectus. Dans ce cas (Règl. 2017/1129/UE du 14-6-2017 art. 17, 1 modifié par Règl. UE 2024/2809 du 23-10-2024) : **63065**
– l'acceptation de l'acquisition ou de la souscription des valeurs mobilières peut être retirée pendant au moins les trois jours ouvrables qui suivent le dépôt officiel du prix définitif de l'offre ou du nombre définitif des valeurs mobilières offertes au public ;
– ou sont communiquées dans le prospectus le prix maximal et/ou le nombre maximal des valeurs mobilières (dans la mesure où ces informations sont disponibles) ou les méthodes et critères d'évaluation et/ou les conditions sur la base desquels le prix définitif de l'offre doit être déterminé et une explication de toute méthode d'évaluation utilisée.

L'AMF peut **dispenser d'inclure** dans le prospectus **certaines informations** censées y figurer, si elle estime que l'une des conditions suivantes est remplie (Règl. 2017/1129/UE art. 18, 1) :
– la divulgation de ces informations serait contraire à l'intérêt public ;
– la divulgation de ces informations porterait un préjudice grave à l'émetteur ou au garant éventuel, pour autant que l'omission de ces informations ne risque pas d'induire le public en erreur sur des faits et des circonstances dont la connaissance est indispensable à une évaluation en connaissance de cause de l'émetteur ou du garant éventuel, ainsi que des droits attachés aux valeurs mobilières sur lesquelles porte le prospectus ;
– ces informations sont d'une importance mineure au regard d'une offre spécifique ou de l'admission à la négociation spécifique sur un marché réglementé et elles n'influenceraient pas l'évaluation de la situation financière et des perspectives de l'émetteur, de l'offreur ou du garant éventuel.

Dans le cas exceptionnel où certaines des informations à inclure dans un prospectus ne sont pas adaptées au domaine d'activité ou à la forme juridique de l'émetteur ou du garant éventuel ou aux valeurs mobilières sur lesquelles porte le prospectus, celui-ci doit contenir des informations équivalentes aux informations requises, si toutefois de telles informations existent (Règl. 2017/1129/UE art. 18, 2).

Si les valeurs mobilières sont garanties par un État membre de l'UE, l'émetteur, l'offreur ou la personne qui sollicite l'admission à la négociation sur un marché réglementé est autorisé, lorsqu'il établit un prospectus, à omettre les informations relatives à cet État membre (Règl. 2017/1129/UE art. 18, 3).

Approbation du prospectus Le prospectus ne peut être mis à la disposition du public que s'il a été, au préalable, approuvé par l'AMF qui peut exiger la modification ou l'ajout de certaines informations (Règl. 2017/1129/UE du 14-6-2017 art. 20 ; Règl. 2019/980 du 14-3-2019 art. 35 s. ; *C. mon. fin. art. L 621-8 s.* ; *Règl. gén.* AMF art. 212-20). **63067**

L'approbation, délivrée, le cas échéant, à l'issue de l'examen mené par l'AMF, a pour **objet** de déterminer si les informations figurant dans le prospectus sont complètes, cohérentes et compréhensibles, mais ne concerne pas l'exactitude de celles-ci (Règl. 2017/1129/UE art. 2, r modifié par Règl. UE 2024/2809 du 23-10-2024). Elle n'implique aucune appréciation sur l'opportunité de l'opération ou sur le bien-fondé de ses modalités. Elle ne vaut pas davantage authentification des éléments comptables et financiers contenus dans le prospectus, qui n'engagent que les mandataires sociaux et les commissaires aux comptes des sociétés concernées (CA Paris 7-7-1995 : RJDA 8-9/95 n° 988 et CA Paris 19-5-1998 : RJDA 11/98 n° 1235, à propos de la COB, mais transposables à l'AMF).

L'approbation est délivrée dans les dix jours ouvrables (20 jours pour une première offre au public ou pour une introduction en bourse) suivant le dépôt du projet de prospectus ; lorsque l'AMF estime que ce projet nécessite des modifications ou un complément d'information, le délai ne court qu'à compter de la date à laquelle un projet révisé lui est soumis (Règl. 2017/1129/UE art. 20).

Si elle n'a pas pris de décision relative à l'approbation du prospectus dans ces délais, l'AMF doit en communiquer les raisons à l'émetteur, l'offreur ou la personne qui sollicite l'admission à la négociation sur un marché réglementé, ainsi qu'à l'Esma (Règl. 2017/1129/UE art. 20, 2 modifié par Règl. UE 2024/2809).

L'AMF ne peut pas demander que figure dans le prospectus un avertissement rédigé par ses soins. Un avertissement peut toutefois être inséré, à sa demande, dans les communications à caractère promotionnel se rapportant à une admission aux négociations sur un marché réglementé ou à une offre au public autre qu'une offre réservée à un cercle restreint d'investisseurs ou à des investisseurs qualifiés, ou qui relève du financement participatif, ou qui porte sur des titres dont la valeur nominale unitaire s'élève au moins à 100 000 €, ou dont les bénéficiaires acquièrent les titres pour un montant total d'au moins 100 000 € par investisseur et par offre distincte (Règl. gén. AMF art. 212-28).

ÉTABLISSEMENT D'UN PROSPECTUS SIMPLIFIÉ

63068 Les sociétés souhaitant émettre de nouveaux titres financiers sur le marché (actions ou obligations) peuvent établir, **avant le 5 mars 2026**, un prospectus simplifié pour ces **émissions secondaires de titres.** Cet allégement est réservé aux sociétés (Règl. 2017/1129/UE du 14-6-2017 art. 14, 1 abrogé, à compter du 1-10-2026, par Règl. UE 2024/2809 du 23-10-2024 ; Règl. UE 2024/2809 art. 4, 2) :

– dont les valeurs mobilières sont admises aux négociations sur un marché réglementé ou sur un marché de croissance des PME depuis au moins 18 mois et qui émettent à nouveau des valeurs mobilières de même catégorie ;

– dont les titres de capital sont admis à la négociation sur un marché réglementé ou un marché de croissance des PME depuis au moins 18 mois et qui émettent des titres autres que de capital (pour l'essentiel, des obligations) ou des valeurs mobilières donnant accès à des titres de capital fongibles avec les titres de capital précités ;

– qui font des offres au public portant sur une catégorie de valeurs mobilières admises aux négociations sur un marché réglementé ou sur un marché de croissance des PME depuis au moins 18 mois ;

– ou dont les valeurs mobilières sont offertes au public et admises à la négociation sur un marché de croissance des PME depuis au moins deux ans, qui se sont pleinement conformées à leurs obligations en matière d'information et de divulgation durant toute la période au cours de laquelle les valeurs mobilières ont été admises à la négociation, et qui sollicitent l'admission à la négociation sur un marché réglementé de valeurs mobilières fongibles avec les valeurs mobilières précitées.

Le prospectus simplifié est composé d'un résumé (nos 63063 s.), d'un « document d'enregistrement spécifique » et d'une note spécifique relative aux valeurs mobilières à émettre (Règl. 2017/1129/UE art. 14).

Précisons qu'**Euronext Growth** est enregistré en tant que marché de croissance des PME.

ATTENTION

Si le **prospectus** a été **approuvé avant le 5 mars 2026**, il continuera d'être régis par l'article 14 du règlement 2017/1129/UE en vigueur au jour de son approbation (Règl. 2017/1129/UE art. 48 bis, 2 créé par Règl. UE 2024/2809).

63069 **À compter du 5 mars 2026**, un **prospectus d'émission subséquente** de l'Union, plus simplifié encore, pourra être établi en cas d'offre au public de valeurs mobilières ou d'admission de valeurs mobilières à la négociation sur un marché réglementé par les sociétés (Règl. 2017/1129/UE du 14-6-2017 art. 14 bis modifié par Règl. UE 2024/2809 du 23-10-2024 ; Règl. UE 2024/2809 art. 4, 2) :

– dont des valeurs mobilières ont été admises à la négociation sur un marché réglementé pendant au moins les 18 mois ayant précédé l'offre au public ou l'admission à la *négociation* ;

– dont des valeurs mobilières ont été admises à la négociation sur un marché de croissance des PME pendant au moins les 18 mois ayant précédé l'offre au public ;

– qui sollicitent l'admission à la négociation sur un marché réglementé de valeurs mobilières fongibles avec des valeurs mobilières admises à la négociation sur un marché de croissance

des PME pendant au moins les 18 mois ayant précédé l'admission à la négociation (cas de transfert d'un marché de croissance des PME à un marché réglementé : cf. Règl. UE 2024/2809 cons. 28) ;
– ou qui procèdent à une offre au public portant sur une catégorie de valeurs mobilières admises à la négociation sur un marché réglementé ou un marché de croissance des PME pendant au moins les 18 mois ayant précédé l'offre au public.

Toutefois, une société dont seuls des titres autres que de capital (c'est-à-dire autres que des actions ou des titres donnant accès à des actions, tels que des obligations convertibles en actions : cf. Règl. 2017/1129/UE art. 2, b et c) sont admis à la négociation sur un marché réglementé ou un marché de croissance des PME ne sera pas autorisée à établir un tel prospectus simplifié pour l'admission à la négociation de titres de capital sur un marché réglementé.

Le contenu, la forme, la longueur et l'ordre des informations de ce prospectus devront être conformes à l'article 14 bis, 2 à 8 et aux annexes IV et V du règlement 2017/1129/UE, qui ont vocation à être complétés par des actes délégués de la Commission européenne le 5 mars 2026 au plus tard, et ceux de son résumé à l'article 7, 12 bis dudit règlement (Règl. 2017/1129/UE art. 7, 12 bis et 14 bis modifiés par Règl. UE 2024/2809).

Enfin, le délai d'approbation d'un prospectus portant sur des actions sera réduit à sept jours ouvrables suivant le dépôt du projet, initial ou révisé, de prospectus. Le délai usuel de 10 jours ouvrables (voir nº 63067) demeurera cependant applicable au prospectus établi par une société sollicitant l'admission à la négociation sur un marché réglementé de valeurs mobilières fongibles avec des valeurs mobilières admises à la négociation sur un marché de croissance des PME pendant au moins les 18 mois ayant précédé l'admission à la négociation. Les sociétés devront informer l'AMF au moins cinq jours ouvrables avant la date envisagée de présentation d'une demande d'approbation de prospectus (Règl. 2017/1129/UE art. 20, 6 bis modifié par Règl. UE 2024/2809).

Par ailleurs, les **PME et entreprises assimilées** suivantes peuvent, **avant le 5 mars 2026**, offrir leurs titres au public selon le régime allégé du **prospectus de croissance de l'Union** à condition qu'elles n'aient pas déjà émis de valeurs mobilières admises aux négociations sur un marché réglementé (Règl. 2017/1129/UE du 14-6-2017 art. 15, 1 abrogé, à compter du 1-10-2026, par Règl. UE 2024/2809 du 23-10-2024 ; Règl. UE 2024/2809 art. 4, 2) : **63070**

1. Les PME, c'est-à-dire (Dir. 2014/65/UE du 15-5-2014 art. 4, 1-13 sur renvoi de Règl. 2017/1129/UE art. 2, f) :
– les sociétés qui, d'après leurs derniers comptes annuels ou consolidés publiés, présentent au moins deux des trois caractéristiques suivantes : un nombre moyen de salariés inférieur à 250 personnes sur l'exercice financier, un total du bilan ne dépassant pas 43 M€ et un chiffre d'affaires net annuel ne dépassant pas 50 M€ ;
– les sociétés dont la capitalisation boursière moyenne a été inférieure à 200 M€ sur la base des cotations de fin d'exercice au cours des trois dernières années civiles.

2. Les sociétés autres que les PME dont les valeurs sont (ou seront) négociées sur un marché de croissance des PME, à condition que leur capitalisation boursière moyenne reste inférieure à 500 M€.

3. Les autres sociétés, à condition que le montant total de l'offre au public ne dépasse pas 20 M€ sur une période de 12 mois, que ces sociétés n'aient pas déjà émis de valeurs mobilières négociées sur un SMN et que le nombre moyen de salariés n'ait pas dépassé 499 au cours de l'exercice financier précédent.

4. Les sociétés autres que les PME faisant une offre d'actions au public en même temps qu'une demande d'admission de ces actions à la négociation sur un marché de croissance des PME, pour autant que ces sociétés n'aient pas d'actions déjà admises à la négociation sur un marché de croissance des PME et que la valeur combinée des deux éléments suivants soit inférieure à 200 M€ :
– le prix définitif de l'offre ou, lorsque celui-ci ne peut être inclus dans le prospectus, le prix maximal dans la mesure où il est disponible ;
– le nombre total d'actions en circulation immédiatement après l'offre d'actions au public, calculé soit sur la base du nombre d'actions offertes au public, soit, lorsque celui-ci ne peut être inclus dans le prospectus, le nombre maximal de valeurs mobilières dans la mesure où il est disponible, sur la base du nombre maximal d'actions offertes au public.

Le prospectus de croissance doit être rédigé dans un langage simple et facile à établir pour les émetteurs. Comme le prospectus simplifié, il consiste en un résumé, un document d'enregistrement spécifique et une note spécifique sur les valeurs offertes au public (Règl. 2017/1129/UE art. 15). Le contenu, la forme et l'ordre des parties du prospectus de croissance de l'Union, ainsi que le contenu et la forme de son résumé spécifique, sont détaillés aux articles 28 s. du règlement 2019/980 du 14 mars 2019.

ATTENTION

Si le prospectus a été approuvé avant le 5 mars 2026, il continuera d'être régis par l'article 15 du règlement 2017/1129/UE en vigueur au jour de son approbation (Règl. 2017/1129/UE art. 48 bis, 3 créé par Règl. UE 2024/2809).

63071 **À compter du 5 mars 2026**, les **PME et entreprises assimilées** suivantes pourront offrir leurs valeurs mobilières au public selon le régime, encore davantage allégé, du **prospectus d'émission de croissance de l'Union** à condition qu'elles n'aient pas déjà émis de valeurs mobilières admises aux négociations sur un marché réglementé (Règl. 2017/1129/UE du 14-6-2017 art. 15 bis créé par Règl. UE 2024/2809 et Règl. UE 2024/2809 art. 4, 2) :

1. Les PME, telles que définies n° 63070, point 1.

2. Les sociétés autres que les PME dont les valeurs mobilières sont admises ou proposées à la négociation sur un marché de croissance des PME.

3. Les autres sociétés, à condition que le montant agrégé total dans l'UE des valeurs mobilières offertes au public soit inférieur à 50 M€ calculé sur une période de 12 mois, qu'elles n'aient pas déjà émis de valeurs mobilières négociées sur un SMN et que le nombre moyen de salariés n'ait pas dépassé 499 au cours de l'exercice financier précédent ; ce montant tiendra compte du montant agrégé total de toutes les offres au public de valeurs mobilières en cours et faites durant les 12 mois ayant précédé la date de début d'une nouvelle offre au public de valeurs mobilières, à l'exception de celles pour lesquelles un prospectus aura été publié ou qui auront fait l'objet d'une des dispenses mentionnées n°s 63033 ou 63036, et comprendra tous les types et toutes les catégories de valeurs mobilières offertes.

Le **contenu**, la **forme**, la **longueur** et l'**ordre** des informations de ce prospectus devront être conformes à l'article 15 bis, 2 à 8 et aux annexes VII et VIII du règlement 2017/1129/UE, qui ont vocation à être complétés par des actes délégués de la Commission européenne le 5 mars 2026 au plus tard, et ceux de son résumé à l'article 7, 12 bis dudit règlement (Règl. 2017/1129/UE art. 7, 12 bis et 15 bis modifiés par Règl. UE 2024/2809).

Enfin, le **délai d'approbation** du prospectus ne fera l'objet d'aucune réduction, contrairement à ce qu'il est prévu pour certains prospectus d'émission subséquente de l'Union (voir n° 63069), et correspondra donc au délai usuel (voir n° 63067).

PUBLICATION DU PROSPECTUS

63073 Une fois l'approbation délivrée, la société doit mettre le **prospectus à la disposition du public** le plus tôt possible et, en tout cas, dans un délai raisonnable avant le début et au plus tard au début de l'offre au public ou de l'admission à la négociation des titres financiers concernés ; en cas de première admission d'actions aux négociations sur un marché réglementé, la mise à la disposition du public doit intervenir au plus tard trois jours ouvrables avant la clôture de l'opération (Règl. 2017/1129/UE du 14-6-2017 art. 21, 1 modifié par Règl. UE 2024/2809 du 23-10-2024).

Le prospectus est réputé être mis à la disposition du public dès lors qu'il est publié sous forme électronique sur l'un des sites internet suivants (Règl. 2017/1129/UE art. 21, 2) :

1. Le site internet de l'émetteur, de l'offreur ou de la personne qui sollicite l'admission à la négociation sur un marché réglementé.

2. Le site internet des intermédiaires financiers qui placent ou vendent les valeurs mobilières concernées, y compris ceux chargés du service financier.

3. Le site internet du marché réglementé où l'admission à la négociation est demandée ou, lorsque aucune admission à la négociation sur un marché réglementé n'est sollicitée, le site internet de l'opérateur du SMN.

Le prospectus est publié dans une section dédiée et facilement accessible du site internet. Il peut être téléchargé et imprimé, son format électronique devant permettre les recherches mais pas les modifications (Règl. 2017/1129/UE art. 21, 3).

L'accès au prospectus n'est subordonné à aucun processus d'enregistrement, ni à aucune acceptation d'une clause limitant la responsabilité légale ou au paiement d'un droit (Règl. 2017/1129/UE art. 21, 4).

Par ailleurs, un exemplaire du prospectus doit être fourni au format électronique à tout *investisseur potentiel*, gratuitement et à sa demande, par l'émetteur, l'offreur, la personne qui sollicite l'admission à la négociation sur un marché réglementé ou les intermédiaires financiers qui placent ou vendent les titres financiers (Règl. 2017/1129/UE art. 21, 11 modifié par Règl. UE 2024/2809).

L'AMF publie sur son site internet tous les prospectus approuvés (Règl. 2017/1129/UE art. 21, 5).

ÉTABLISSEMENT ET PUBLICATION D'UN SUPPLÉMENT AU PROSPECTUS

Tout **fait nouveau significatif** ou toute **erreur ou inexactitude substantielle** concernant les informations contenues dans un prospectus, qui est susceptible d'influencer l'évaluation des titres financiers et survient ou est constaté entre le moment de l'approbation du prospectus et la clôture de l'offre ou le début de la négociation sur un marché réglementé, si cet événement intervient plus tard, est mentionné sans retard injustifié dans un supplément au prospectus (Règl. 2017/1129/UE du 14-6-2017 art. 23, 1-al. 1). 63074

Ce supplément est approuvé par l'AMF dans un délai de cinq jours ouvrables et doit être publié selon les mêmes modalités que le prospectus initial (voir nº 63073) (art. 23, 1-al. 2).

Le **résumé** (et, le cas échéant, toute traduction de celui-ci) donne également lieu à l'établissement d'un supplément, si cela s'avère nécessaire, pour tenir compte des nouvelles informations figurant dans le supplément au prospectus (art. 23, 1-al. 2).

Les investisseurs qui, dans le cadre d'une offre au public, ont déjà accepté d'acheter des titres financiers ou d'y souscrire avant que le supplément ne soit publié ont le **droit de retirer leur acceptation** pendant trois jours ouvrables après la publication du supplément au prospectus, à condition que le fait nouveau significatif, l'erreur ou l'inexactitude substantielle soient antérieurs à la clôture de l'offre au public ou à la livraison des titres financiers. Ce délai peut être prorogé par l'émetteur ou l'offreur. La date à laquelle le droit de rétractation prend fin doit être précisée dans le supplément (Règl. 2017/1129/UE art. 23, 2 modifié par Règl. UE 2024/2809 du 23-10-2024).

ACCESSIBILITÉ DES INFORMATIONS PUBLIÉES

À compter du 10 juillet 2026, les émetteurs, les offreurs ou les personnes sollicitant l'admission à la négociation sur un marché réglementé devront communiquer à l'autorité compétente (l'AMF, sauf cas énoncé nº 63051), au moment de leur diffusion, les informations qu'ils publient afin de les rendre accessibles sur le **point d'accès unique européen** (Esap) établi en vertu du règlement UE 2023/2859 du 13 décembre 2023 (Règl. 2017/1129/UE du 14-6-2017 art. 21 bis, précisant les informations concernées et les conditions dans lesquelles elles devront être communiquées). 63075

Soulignons que le Gouvernement est habilité à mettre en cohérence par ordonnance, d'ici le 30 janvier 2026, le droit français avec le règlement UE 2023/2859 (Loi 2025-391 du 30-4-2025 art. 1).

SUSPENSION OU INTERDICTION DE L'ÉMISSION

L'AMF peut suspendre ou interdire une émission donnant lieu à l'obligation d'établir un prospectus ou à une dispense d'une telle obligation, en ce compris une dispense occasionnant l'obligation d'établir un DIS (nº 63036), lorsqu'elle a des motifs raisonnables de soupçonner qu'elle est contraire aux dispositions législatives ou réglementaires applicables ; la suspension ne peut pas excéder dix jours de négociation (C. mon. fin. art. L 621-8-1, III ; Règl. gén. AMF art. 213-1 et 213-2). 63076

NON-RESPECT DES DISPOSITIONS RELATIVES AU PROSPECTUS ET AUX DOCUMENTS VALANT DISPENSE DE PROSPECTUS

La violation des dispositions relatives au prospectus et aux documents valant dispense de prospectus (DIS et fiche d'informations clés, notamment) n'est pas sanctionnée de façon expresse par la nullité de l'émission. Mais l'AMF peut infliger à l'émetteur et à ses dirigeants une sanction pécuniaire dont le montant ne peut pas excéder 100 M€ ou le décuple du montant de l'avantage retiré du manquement si ce montant peut être déterminé, une majoration de 10 % pouvant être prononcée en vue de financer l'aide aux victimes (C. mon. fin. art. L 621-15, III-e et avant dernier al. modifiés par ord. 2024-936 du 15-10-2024). Le président de l'AMF peut aussi demander en justice qu'il soit ordonné de mettre fin à l'irrégularité ou d'en supprimer les effets (C. mon. fin. art. L 621-14, III ; pour un cas où une augmentation de capital a été suspendue jusqu'à régularisation de la situation, voir CA Paris 28-3-1988 : Gaz. Pal. 1988 p. 308 note C. Ducouloux-Favard). 63077

Les décisions de l'AMF relatives au prospectus et aux documents valant dispense de prospectus (par exemple, refus d'approbation ou sanctions pécuniaires) peuvent faire l'objet d'un recours devant la cour d'appel de Paris (C. mon. fin. art. L 621-30 modifié par loi 2024-537 du 13-6-2024 et art. R 621-45, II). Toutefois, la responsabilité de l'AMF pour l'application des dispositions du règlement 2017/1129/UE du 14 juin 2017 et de ses règlements délégués ne peut être engagée qu'au titre de l'approbation des prospectus (C. mon. fin. art. L 621-30-1).

› Précisions **a.** Le **montant de la sanction** pécuniaire mentionnée ci-dessus peut être porté jusqu'à 15 % du chiffre d'affaires annuel total de la personne sanctionnée en cas de manquement aux obligations définies par les règlements européens, le Code monétaire et financier et le règlement général de l'AMF dans le cadre d'une offre au public de titres financiers ou d'une admission à la négociation sur un marché réglementé de titres financiers (art. L 621-15, III ter modifié par ord. 2024-936 et par loi 2025-391 du 30-4-2025 demeurant applicable à cette sanction pécuniaire bien que, par inadvertance selon nous, il n'y renvoie plus).

b. Lorsqu'une offre de titres est adressée tant à des investisseurs qualifiés qu'à des investisseurs de détail, une **action en responsabilité** du fait des informations fournies dans le prospectus peut être exercée par les premiers comme par les seconds (CJUE 3-6-2021 aff. 910/19 : RJDA 10/21 n° 670). Une telle action en responsabilité, ou en nullité du contrat de souscription d'actions, ne peut en revanche être introduite, postérieurement à la dépréciation totale du capital social, à l'encontre d'un établissement de crédit ou d'une entreprise d'investissement soumis à une procédure de résolution par les personnes ayant acquis lesdites actions avant l'ouverture de la procédure (CJUE 5-5-2022 aff. 410/20 : Bull. Joly Bourse septembre-octobre 2022 p. 17).

CAS DES AUGMENTATIONS DE CAPITAL ÉCHELONNÉES

63080 Certaines sociétés recourent à des émissions de titres de capital ou de titres donnant accès au capital de façon échelonnée dans le temps au profit d'un intermédiaire qui n'a pas vocation à demeurer actionnaire mais à céder rapidement sur le marché les actions issues de la conversion ou de l'exercice des titres. Ces émissions permettent aux sociétés de bénéficier d'une levée de fonds résultant de la souscription à laquelle s'est engagé l'intermédiaire sollicité, et à celui-ci de transférer les risques au marché par cession au fil de l'eau des actions émises (pour plus de détails, voir Bull. COB juillet-août 2001 p. 51 et Bull. COB septembre 2002 p. 101 ; sur les risques associés à ces opérations, voir Étude AMF sur les financements dilutifs de type Ocabsa ou equity lines du 9-10-2022).

De telles opérations incluent notamment les **equity lines** ou programmes d'augmentation de capital par exercice d'options (**Paceo**) et peuvent être réalisées, par exemple, par l'émission de bons, d'actions, d'obligations convertibles en actions avec bons de souscription en actions (**Ocabsa**), d'obligations remboursables en numéraire et en actions nouvelles et existantes avec bons de souscription en actions (Ornane BSA), d'obligations convertibles ou échangeables en actions nouvelles ou existantes avec bons de souscription en actions (Oceane BSA) ou encore d'obligations remboursables en actions avec bons de souscription en actions (ORA BSA).

Ces opérations doivent être appréhendées dans leur globalité au regard de leur finalité, qui consiste à faire supporter leur financement par le marché. Elles nécessitent, en conséquence, l'établissement d'un prospectus d'admission aux négociations sur le **marché réglementé** si le nombre total d'actions émises ou à émettre représente au moins 30 % du nombre d'actions de la même catégorie déjà admises à la négociation sur le même marché réglementé (Règl. UE 2017/1129 du 14-6-2017 art. 1, 5 modifié par Règl. UE 2024/2809 du 23-10-2024). En deçà de ce seuil, la dispense prévue à l'article 1, 5-a et b du règlement UE 2017/1129 est applicable, sans omettre toutefois que l'obligation d'information permanente perdure (n°s 66270 s.).

L'AMF recommande d'établir un prospectus dès la conclusion d'une telle opération, sans attendre que le seuil d'au moins 30 % soit effectivement atteint, afin d'informer le marché de l'opération en son ensemble et de la dilution potentielle subséquente. Elle préconise également que le prospectus approuvé soit mis à la disposition des actionnaires 15 jours avant l'assemblée générale appelée à se prononcer sur la résolution autorisant la mise en œuvre de l'opération (Position-recommandation AMF 2020-06).

En l'absence de prospectus, l'émetteur doit informer le marché par communiqué de presse sur la mise en œuvre de l'opération, ses caractéristiques et son incidence sur les actionnaires existants (Position-recommandation AMF 2020-06).

Les opérations mises en œuvre par des émetteurs dont les actions sont inscrites sur le compartiment « offre au public » d'**Euronext Growth** ne nécessitent pas l'établissement d'un prospectus décrivant les émissions (Position-recommandation AMF 2020-06).

> Précisions **a.** Pour l'AMF, la nature de telles opérations (les titres étant in fine destinés à être cédés sur le marché) n'est pas compatible avec les caractéristiques du **compartiment « placement privé » d'Euronext Growth,** réservé aux opérations par placement privé (Position-recommandation AMF 2020-06 ; sur cette notion, voir Règles harmonisées des marchés Euronext Growth du 2-5-2024 art. 1.1).

b. Sur l'**information du marché** lors de la mise en place, la modification et l'exécution de ces opérations, voir Position-recommandation AMF 2020-06 et Communiqué AMF du 13-10-2022.

c. Le **modèle de communiqué** à utiliser en cas d'émission de titres pouvant donner accès au capital de façon échelonnée dans le temps figure à l'annexe 7 de la Position-recommandation AMF 2020-06.

SECTION 4

PLACEMENT DE TITRES FINANCIERS

OBJECTIF DU PLACEMENT DES TITRES

Parvenues à un certain stade de développement, les sociétés peuvent avoir besoin de capitaux plus importants ou moins chers à rémunérer que ceux que leur procureraient l'autofinancement ou des crédits bancaires. Elles s'adressent alors aux marchés financiers. 63150

A. Intervenants

1. AUTORITÉ DES MARCHÉS FINANCIERS

a. Missions de l'AMF

L'AMF est une **autorité publique indépendante** (C. mon. fin. art. L 621-1). Son président a qualité pour agir en son nom devant toute juridiction (C. mon. fin. art. L 621-2, II). 63160

L'AMF veille à la protection de l'épargne investie dans les instruments financiers donnant lieu à une offre au public ou à une admission aux négociations sur un marché réglementé et dans tous autres placements offerts au public, à l'information des investisseurs et au bon fonctionnement des marchés d'instruments financiers. Elle apporte son concours à la régulation de ces marchés aux échelons européen et international. Elle veille à la qualité de l'information fournie par les sociétés de gestion pour la gestion de placements collectifs sur leur stratégie d'investissement et leur gestion des risques liés aux effets du changement climatique. Elle veille également à ce que les entreprises soumises à son contrôle mettent en œuvre les moyens adaptés pour se conformer aux codes de conduite homologués élaborés en matière de commercialisation d'instruments financiers, de produits d'épargne ainsi que de certains contrats d'assurance individuels (C. mon. fin. art. L 621-1). 63162

Pour l'exécution de ses missions, l'AMF prend un **règlement général** homologué par arrêté du ministre chargé de l'économie (C. mon. fin. art. L 621-6, al. 1), dans lequel elle édicte des règles dans les domaines énumérés par l'article L 621-7 du Code monétaire et financier (modifié par loi 2025-391 du 30-4-2025). 63164

Elle publie des **instructions** et des **recommandations** aux fins de préciser l'interprétation de ce règlement (C. mon. fin. art. L 621-6, al. 2 ; voir Cass. com. QPC 5-4-2023 n° 22-19.127 F-D : RJDA 7/23 n° 381, indiquant que le législateur n'a méconnu ni sa compétence, ni le principe de légalité des délits et des peines en donnant cette possibilité à l'AMF, y compris concernant des dispositions du règlement dont la violation donne lieu à sanction administrative).

L'interprétation du règlement général peut aussi être facilitée par la voie du **rescrit** qui consiste, pour une personne partie à une opération dont la réalisation est envisagée, à demander à l'AMF son avis sur la régularité de cette opération au regard des dispositions du règlement général (Règl. gén. AMF art. 121-1 s.). L'AMF délivre dans un délai maximal de 30 jours un rescrit qui ne vaut que pour le demandeur et ne lie qu'elle. Le demandeur qui se conforme de bonne foi à ce rescrit est alors assuré que l'opération décrite dans sa demande ne fera pas l'objet, de la part de l'AMF, d'une sanction ou d'une saisine de l'autorité disciplinaire ou judiciaire. En raison de son champ très réduit, cette procédure n'a été que rarement *mise en œuvre (pour un exemple, Rescrit AMF du 14-2-2006 : Rev. AMF mars 2006 p. 103).*

ATTENTION

La procédure de rescrit doit respecter le formalisme des articles 121-3 et 121-4 du règlement général de l'AMF, sous peine de classement de la demande sans examen par l'AMF, classement dont le demandeur est toutefois informé (Règl. gén. AMF art. 121-5).

Les **positions-recommandations** de l'AMF n'ont pas de **force obligatoire** ; dès lors, leur méconnaissance ne peut pas à elle seule constituer une faute civile (Cass. com. 9-7-2025 n° 23-15.492 FS-B).

Toutefois, les avis, recommandations, mises en garde et prises de position adoptés par l'AMF peuvent faire l'objet d'un **recours** devant le Conseil d'État soit lorsqu'ils revêtent le caractère de dispositions générales et impératives ou énoncent des prescriptions individuelles dont la violation est susceptible d'être sanctionnée, soit lorsqu'ils sont de nature à produire des effets notables, notamment de nature économique, ou ont pour objet d'influer de manière significative sur les comportements des personnes auxquelles ils s'adressent (CE 21-3-2016 nº 368082 : RJDA 6/16 nºs 449 et 495 et chron. R. Vandermeeren p. 419 ; voir aussi T. confl. 16-11-2015 nº 4026 : RJDA 2/16 nº 120, selon lequel relèvent du Conseil d'État les recours tendant à l'annulation de communiqués de presse de mise en garde par l'AMF et du refus de les rectifier ; pour un recours portant sur un courrier de mise en garde adressé à des associations professionnelles pour diffusion à leurs adhérents, CE 20-12-2024 nº 474396 : RD bancaire et financier 2025 comm. nº 27).

63166 L'AMF est en charge de la **surveillance des marchés** financiers. Elle veille à la régularité notamment (C. mon. fin. art. L 621-9, I) des opérations effectuées sur des instruments financiers lorsqu'ils font l'objet d'une offre au public et sur des instruments financiers admis aux négociations sur une plate-forme de négociation ou pour lesquels une demande d'admission à la négociation sur une telle plate-forme a été présentée.

L'AMF veille également au respect des **obligations** professionnelles auxquelles sont astreints divers **professionnels du secteur financier** : prestataires de services d'investissement, personnes exerçant l'activité de conservation ou d'administration d'instruments financiers, placements collectifs et leurs sociétés de gestion, conseillers en investissements financiers, personnes habilitées à procéder au démarchage, etc. (art. L 621-9, II modifié par loi 2025-391 du 30-4-2025).

63168 L'AMF **vérifie les informations** que fournissent aux actionnaires ou que publient les sociétés dont les actions sont admises aux négociations sur un marché réglementé ou dont les titres sont admis aux négociations sur un SMNO. Elle peut ordonner à ces sociétés de procéder à des **publications rectificatives ou complémentaires** dans le cas où des inexactitudes ou des omissions auraient été relevées dans les documents publiés et procéder elle-même à des publications rectificatives ou complémentaires, aux frais des sociétés intéressées, au cas où celles-ci n'auraient pas déféré à ses injonctions (C. mon. fin. art. L 621-18 modifié par loi 2025-391 du 30-4-2025).

b. Contrôles et enquêtes de l'AMF

63175 Afin d'assurer l'exécution de sa mission, l'AMF peut effectuer des contrôles et des enquêtes (C. mon. fin. art. L 621-9, I).

Les **contrôles** ont pour objet de s'assurer du respect des obligations professionnelles auxquelles sont astreints les professionnels du secteur financier (cf. art. L 621-9, II modifié par loi 2025-391 du 30-4-2025) ainsi que les personnes physiques placées sous leur autorité ou agissant pour leur compte. Les contrôles sont soit ciblés sur une problématique précise, soit généraux revêtant un caractère transversal et thématique. Ils sont régis par les articles 143-1 s. du règlement général de l'AMF. Une charte du contrôle, expliquant les modalités de son déroulement, les principes que les inspecteurs s'engagent à respecter ainsi que le comportement attendu des personnes sollicitées, est remise à toute personne qui fait l'objet d'un contrôle de l'AMF.

Le champ des **enquêtes** est plus large : les enquêtes portent sur des faits ou situations relevant de comportements ou de pratiques émanant de quelque personne que ce soit (y compris des prestataires de services d'investissement) susceptibles de porter préjudice à l'information des investisseurs, au bon fonctionnement des marchés d'instruments financiers ou à la protection de l'épargne investie dans les instruments financiers, y compris tout fait susceptible de caractériser un abus de marché. Le régime des enquêtes est fixé par les articles L 621-9 s. et R 621-31 à R 621-36 du Code monétaire et financier. Une charte des enquêtes précise les droits et obligations des enquêteurs et des personnes sollicitées dans le cadre d'une enquête et présente les règles de bonne conduite applicables aux enquêteurs ainsi que le comportement attendu des personnes sollicitées.

Les chartes du contrôle et des enquêtes sont disponibles sur le site internet de l'AMF.

> **Précisions** **a.** Les enquêtes ne sont pas soumises au principe du contradictoire (Cass. com. 6-2-2007 nº 05-20.811 : RJDA 5/07 nº 494 ; Cass. com. 1-3-2011 nº 09-71.252 : RJDA 6/11 nº 547), mais *doivent être « loyales » afin de ne pas* compromettre irrémédiablement les droits de la défense (Cass. com. 1-3-2011 précité). Pour le Conseil d'État également, le principe des **droits de la défense** ne s'applique pas à la phase d'enquête (CE 15-5-2013 nº 356054), ni a fortiori aux étapes antérieures à cette phase (CE 6-11-2019 nº 414659 : RJDA 8-9/20 nº 432), sauf « atteinte irrémédiable » aux droits de la défense des personnes interrogées (CE 12-6-2013 nº 349185 : RJDA 3/14 nº 233). Des visites domiciliaires réalisées par les enquêteurs ne portent pas atteinte au droit des personnes présentes de ne pas contribuer à leur **propre incrimination** dès lors qu'elles se sont limitées à la remise de documents électroniques et n'ont donné lieu à aucune audition (Cass. com. 9-1-2019 nº 17-23.223 F-D :

RJDA 4/19 nº 270 ; voir aussi CE 24-6-2025 nº 500251, selon lequel les enquêteurs et contrôleurs ne peuvent pas recueillir des explications d'une personne sur des faits pour lesquels elle serait mise en cause). Les enquêteurs peuvent également recueillir des explications des personnes sollicitées sur place, sans pour autant être tenus de notifier à celles-ci leur **droit de se taire** (Cons. const. 21-3-2025 nº 2025-1128 QPC : RJDA 7/25 nº 379 ; voir aussi CE 24-6-2025 précité). Par ailleurs, l'exercice du droit de visite et de saisie des enquêteurs n'est pas subordonné à la mise en œuvre préalable de moyens moins contraignants, de sorte que l'ingérence dans le **droit au respect de la vie privée** n'est pas, en elle-même, disproportionnée au regard du but légitime poursuivi (Cass. com. 4-11-2020 nº 19-17.911 F-PB : RJDA 3/21 nº 176). Les enquêteurs sont fondés à saisir des documents seulement « pour partie » utiles à la preuve des agissements visés par l'ordonnance du juge autorisant la visite (Cass. com. 4-11-2020 précité). Ils sont en droit d'exploiter des documents antérieurs à la période des manquements invoqués dans leur ordre de mission porté à la connaissance des personnes concernées dès lors qu'ils ont un rapport avec l'objet de l'enquête (Cass. com. 9-1-2019 précité). Plus généralement, peuvent être saisis tous documents et supports d'information en lien avec l'objet de l'enquête et se trouvant dans les lieux visés par l'ordonnance du juge ou accessibles à partir de ceux-ci, sans qu'il soit nécessaire que ces documents et supports appartiennent ou soient à la disposition de l'occupant des lieux (Cass. ass. plén. 16-12-2022 nºs 21-23.719 et 21-23.685 B-R : RJDA 4/23 nº 199, précisant les conditions à même de garantir le droit au respect de la vie privée ; Cass. com. 5-4-2023 nº 21-23.374 F-D : RJDA 7/23 nº 383). Les enregistrements des **conversations téléphoniques** entre un prestataire de services d'investissement et son client, qui ont pour finalité le contrôle de la régularité des opérations financières, peuvent aussi être utilisés dans le cadre d'une procédure de sanction conduite par l'AMF (Cass. com. 9-1-2019 nº 16-14.727 F-D : RJDA 4/19 nº 269). Enfin, si le principe de confidentialité s'applique à toutes les **correspondances** entre les avocats et leurs clients liées à l'exercice des droits de la défense, et non seulement à celles liées à l'enquête (Cass. crim. 20-1-2021 nº 19-84.292 F-D : RJDA 4/21 nº 269, à propos d'une perquisition menée par des agents de l'Autorité de la concurrence mais transposable), ce privilège légal ne bénéficie pas aux échanges de courriels entre deux correspondants avec en copie un avocat (CA Paris 29-5-2019 nº 18/09125 : Bull. Joly Bourse novembre-décembre 2019 p. 15).

b. *Pour la recherche des abus de marché,* les enquêteurs peuvent se faire transmettre les données conservées et traitées par les opérateurs de télécommunications, fournisseurs d'accès et hébergeurs de contenus sous réserve que cette transmission ait fait l'objet d'une autorisation préalable par un **contrôleur des demandes de données de connexion** (C. mon. fin. art. L 621-10-2 modifié par ord. 2024-936 du 15-10-2024). Les conditions dans lesquelles les enquêteurs peuvent se faire communiquer et utiliser ces données sont précisées aux articles L 621-10-2 et R 621-35-1 s. du Code monétaire et financier (voir également AMF comm. sanc. 10-11-2023 nº 2023-14 : RJDA 10/24 nº 532 pour des précisions sur la conformité, selon l'AMF, de cette procédure au droit européen).

c. La régularité des actes accomplis par un **homologue étranger,** à la demande de l'AMF, dans le cadre d'une demande d'assistance, en vertu de l'accord multilatéral de mai 2002 (révisé en mai 2012) portant sur la consultation, la coopération et l'échange d'informations conclu sous l'égide de l'OICV, doit être appréciée au regard des règles de procédure de l'autorité saisie et non du droit français (Cass. com. 14-11-2018 nº 17-12.980 : Banque et droit 183/2019 p. 36). Par ailleurs, l'AMF peut valablement utiliser, pour les besoins d'une enquête dont elle a la responsabilité, des informations obtenues d'autorités étrangères en dehors de tout accord de coopération préalable (Cass. com. 2-10-2019 nº 17-28.462 F-D : RJDA 2/20 nº 82). Les informations confidentielles reçues par l'AMF de la part d'une autorité étrangère ne peuvent être divulguées sans l'accord exprès de cette dernière et, le cas échéant, aux seules fins pour lesquelles son accord a été donné (C. mon. fin. art. L 632-1 A ; pour un exemple de divulgation irrégulière, voir Cass. crim. 29-9-2020 nº 20-81.098 FS-D : RTDF 2020 nº 3 p. 100).

d. Est susceptible de **recours** la décision par laquelle le secrétaire général de l'AMF refuse, implicitement ou explicitement, de faire droit à une **demande d'ouverture d'enquête** (CE 26-4-2024 nº 468920 : RJDA 8-9/24 nº 464, précisant que ce recours, comme l'action tendant à la réparation des conséquences dommageables d'un tel refus, relève de la compétence de la cour d'appel de Paris lorsque l'enquête dont l'ouverture est sollicitée porte sur une personne ou entité autre qu'un professionnel du secteur financier).

e. Sur les procédures mises en place par l'AMF dédiées au recueil et au traitement des signalements émanant des **lanceurs d'alerte,** visant à garantir la confidentialité de l'auteur de la notification et des personnes concernées, voir Inst. AMF 2018-13 du 14-12-2018.

SUITES POSSIBLES D'UNE ENQUÊTE OU D'UN CONTRÔLE DE L'AMF

Une enquête ou un contrôle de l'AMF peuvent donner lieu : 63185

– au classement sans suite du dossier d'enquête, les intéressés en étant avisés ;
– à l'envoi du rapport de contrôle au professionnel contrôlé, qui fait alors part de ses observations, puis à l'envoi d'une lettre de suite ;
– à l'envoi d'observations, éventuellement rendues publiques, aux personnes intéressées ;
– au prononcé d'une injonction ;
– à la notification de griefs aux personnes mises en cause et à l'ouverture d'une procédure de sanction ou une proposition de transaction (composition administrative) ; dans ce cas, avant

la rédaction finale du rapport d'enquête, une lettre circonstanciée retraçant les éléments de fait et de droit relevés par les enquêteurs doit être communiquée à ces personnes, lesquelles disposent d'un délai maximal d'un mois pour présenter des observations écrites qui doivent être transmises au collège lors de l'examen du rapport d'enquête (Règl. gén. AMF art. 144-2-1) ;

– à la transmission du rapport d'enquête ou de contrôle au parquet lorsque des faits paraissent constitutifs d'un délit ;

– à la transmission du rapport à d'autres autorités administratives, françaises ou étrangères, pour des faits relevant de leur compétence.

63187 Le fait pour toute personne de mettre obstacle à une mission de contrôle ou d'enquête de l'AMF ou de lui communiquer des renseignements inexacts est puni d'un emprisonnement de deux ans et d'une amende de 300 000 € (C. mon. fin. art. L 642-2).

En outre, dans le cadre d'une enquête ou d'un contrôle de l'AMF et sauf invocation d'un secret légalement protégé et opposable à celle-ci, le fait de refuser de donner accès à un document, quel qu'en soit le support, et d'en fournir une copie, de refuser de communiquer des informations ou de répondre à une convocation, ou de refuser de donner accès à des locaux professionnels sur demande des enquêteurs ou des contrôleurs est passible d'une sanction prononcée par la commission des sanctions de l'AMF (C. mon. fin. art. L 621-15, II-h modifié par ord. 2024-936 du 15-10-2024 ; pour un manquement d'entrave retenu à l'encontre de sociétés non régulées et tierces à la société objet du contrôle, entretenant avec celle-ci des liens capitalistiques et d'affaires étroits et dirigées par la même personne physique, AMF comm. sanc. 19-11-2019 n° 2019-15 confirmée par CA Paris 7-1-2021 n° 20/01342 : Banque et droit 197/2021 p. 67). La caractérisation du manquement d'entrave n'est pas subordonnée à la preuve de l'intention de faire obstacle au bon déroulement de l'enquête et peut résulter d'actes de négligence ; l'auteur du manquement est par ailleurs susceptible d'être sanctionné bien que l'entrave se soit manifestée à l'occasion d'une demande de communication d'informations présentée par l'AMF à une autorité étrangère dans le cadre de la coopération internationale (Cass. com. 4-4-2024 n° 22-19.127 FS-B : RJDA 8-9/24 n° 462).

Enfin, les personnes contrôlées doivent **apporter leur concours** avec diligence et loyauté à la mission de contrôle de l'AMF (Règl. gén. AMF art. 143-3, al. 3 ; pour un exemple de manquement à cette obligation, AMF comm. sanc. 25-6-2018 n° 2018-07).

Néanmoins, une personne physique est en droit de refuser de fournir des réponses susceptibles de faire ressortir sa responsabilité administrative ou pénale pour abus de marché (CJUE 2-2-2021 aff. 481/19 : RJDA 8-9/21 n° 579).

c. Décisions individuelles de l'AMF

63190 L'AMF prend un certain nombre de décisions de portée individuelle pour l'application de son règlement général et l'exercice des autres compétences (C. mon. fin. art. L 621-6, al. 2). Elle est amenée à accorder des **approbations** sur des documents, à prendre des décisions d'**agrément** de prestataires exerçant à titre principal la gestion pour compte de tiers, des décisions en matière d'**offres publiques.** Ces décisions sont des décisions administratives qui ne sont pas soumises aux conditions de forme imposées aux décisions juridictionnelles (Cass. com. 29-11-1994 : RJDA 4/95 n° 444, à propos des décisions du Conseil des bourses de valeurs mais transposable). Elles peuvent donc être prises alors même qu'une action pénale est en cours. Par exemple, une décision de recevabilité d'une offre publique de retrait suivie d'un retrait obligatoire peut être prise alors même qu'une action pénale est engagée contre les dirigeants de la société cible (CA Paris 3-7-1998 : RJDA 10/98 n° 1118). Elles doivent néanmoins être motivées lorsqu'elles « font grief », c'est-à-dire lorsqu'elles accordent ou refusent un droit (CA Paris 13-7-1988 : JCP E 1988 II n° 15337 note Forschbach ; CA Paris 22-4-2025 n° 24/19036 : BRDA 13/25 inf. 6, annulant la décision de l'AMF rejetant une demande de mise en œuvre d'une offre publique de retrait). L'AMF dispose également d'un pouvoir de sanction et prend donc dans ce cadre un certain nombre de mesures individuelles. Dans l'exercice de son pouvoir de sanction, elle est tenue au respect de la présomption d'innocence (Cass. com. 18-6-1996 n° 94-14.178 : RJDA 10/96 n° 1206 ; CA Paris 2-7-1999 : RJDA 11/99 n° 1216).

d. Pouvoirs d'injonction de l'AMF

63195 Le pouvoir de faire cesser certaines pratiques est reconnu à l'AMF – de manière exclusive (CA Paris 28-5-2025 n° 23/18691 : RTDF 2025 n° 70 p. 23) – avec des modalités variables.

D'une part, si l'AMF est compétente pour sanctionner ces pratiques (Cass. com. 30-8-2023 n° 21-21.850 FS-B : RJDA 12/23 n° 661), le collège de l'AMF peut mettre en œuvre une procédure d'injonction au cours de laquelle il mettra dans un premier temps la personne en mesure de **présenter ses explications.** Il indiquera à cette personne par lettre recommandée AR, remise en main propre contre récépissé, acte d'huissier ou de commissaire de justice ou par tout autre moyen permettant de s'assurer de sa date de réception, les pratiques qui lui paraissent susceptibles d'être contraires aux règlements européens, aux dispositions législatives ou réglementaires ou aux règles professionnelles et portant atteinte aux droits des investisseurs ou au bon fonctionnement du marché, y compris celles commises sur le territoire français et concernant des instruments financiers admis aux négociations sur un marché réglementé d'un autre État membre de l'UE ou partie à l'accord sur l'EEE ou pour lesquels une demande d'admission aux négociations sur un tel marché a été présentée (C. mon. fin. art. L 621-14, II et R 621-37, al. 1).

La personne concernée dispose d'un **délai** d'au moins trois jours ouvrés pour faire connaître par écrit ses observations (C. mon. fin. art. R 621-37, al. 1).

Le collège peut dans un second temps **ordonner** qu'il soit mis fin à ces pratiques, en France et à l'étranger.

Les injonctions peuvent être rendues publiques (art. L 621-14, II).

D'autre part, le président de l'AMF peut **demander en justice** qu'il soit ordonné au responsable de la pratique relevée de se conformer aux dispositions législatives ou réglementaires, de mettre fin à l'irrégularité ou d'en supprimer les effets (art. L 621-14, III-al. 1). La demande est portée devant le président du tribunal judiciaire de Paris qui statue en référé. Il peut prendre, même d'office, toute mesure conservatoire et prononcer pour l'exécution de son ordonnance une astreinte versée au Trésor public ; en cas de poursuites pénales, l'astreinte, si elle a été prononcée, n'est liquidée qu'après que la décision sur l'action publique est devenue définitive (art. L 621-14, III-al. 2 et 3 ; pour une injonction, sous astreinte, à une société de respecter ses obligations de déclarations de franchissement de seuils et d'intention, voir TJ Paris 30-5-2022 n° 22/52559 : Bull. Joly Bourse septembre-octobre 2022 p. 11).

› Précisions **a.** Le pouvoir général d'injonction reconnu à l'autorité judiciaire ne permet pas de déroger aux **attributions exclusives** confiées à l'AMF (CA Paris 28-5-2025 précité).

b. Lorsqu'un émetteur a fait l'objet d'une sanction pour avoir enfreint de manière grave et répétée certaines exigences attachées à l'utilisation de l'appellation « **obligation verte européenne** » (cf. Règl. UE 2023/2631 du 22-11-2023 art. 10 à 15 bis, 18 ou 19), le collège de l'AMF peut, dès l'ouverture d'une nouvelle procédure de sanction, lui interdire d'émettre de telles obligations pour une période n'excédant pas un an (art. L 621-14, IV issu de loi 2025-391 du 30-4-2025).

e. Pouvoir de sanction de l'AMF

PERSONNES SUSCEPTIBLES D'ÊTRE SANCTIONNÉES PAR L'AMF

Peuvent être sanctionnés (C. mon. fin. art. L 621-15, II modifié par ord. 2024-936 du 15-10-2024 et par loi 2025-391 du 30-4-2025), notamment : 63200

– les professionnels contrôlés par l'AMF, au titre de tout manquement à leurs obligations professionnelles définies par les lois, règlements et règles professionnelles approuvés par l'AMF ;

– les personnes physiques placées sous l'autorité de ces professionnels ou agissant pour leur compte ;

– toute autre personne qui s'est livrée ou a tenté de se livrer à une opération d'initié ou à une manipulation de marché, qui a recommandé à une autre personne d'effectuer une opération d'initié ou qui l'a incitée à effectuer une telle opération, ou qui s'est livrée à une divulgation illicite d'informations privilégiées ou à tout autre manquement de nature à porter atteinte à la protection des investisseurs ou au bon fonctionnement du marché.

› Précisions **a.** Entrent notamment dans la **liste des professionnels contrôlés par l'AMF** les prestataires de services d'investissement, les personnes autorisées à exercer l'activité de conservation ou d'administration d'instruments financiers, les dépositaires centraux et les gestionnaires de système de règlement et de livraison d'instruments financiers, les membres des marchés réglementés, les entreprises de marché, les chambres de compensation d'instruments financiers, les OPCVM et leurs sociétés de gestion, les intermédiaires en biens divers définis par l'article L 551-1, I du Code monétaire et financier modifié par l'ordonnance 2024-936, les analystes financiers, les dépositaires d'organismes de placement collectif, les agents liés mentionnés à l'article L 545-1 du même Code, sous réserve des pouvoirs de sanction de l'ACPR visés aux articles L 612-39 modifié par la loi 2025-391, L 612-39-1 issu de l'ordonnance 2024-936 et modifié par la loi 2025-391 et L 612-40 du même Code.

b. La **procédure collective** ouverte contre une société ne fait pas obstacle au prononcé de sanctions contre elle dès lors que les opérations de liquidation ne sont pas clôturées (AMF comm. sanc. 13-11-2008 n° 2009-15). La disparition de la personnalité morale pour cause de **liquidation** empêche en revanche la société concernée – mais non, le cas échéant, son ancien dirigeant – d'être poursuivie et sanctionnée par l'AMF (AMF comm. sanc. 6-5-2022 n° 2022-06 : Bull. Joly Bourse juillet-août 2022 p. 20 confirmée par CA Paris 3-4-2025 n° 22/12335 : BRDA 15-16/25 inf. 6 et soulignant que la liquidation était étrangère à l'enquête menée par l'AMF et que l'activité n'avait été reprise par aucune société après sa cessation).

c. Le dirigeant d'une société ayant fait l'objet d'un **retrait d'agrément** par l'AMF peut être sanctionné à raison de **manquements antérieurs** audit retrait (CE 17-2-2023 n° 445507 : RJDA 6/23 n° 319).

PROCÉDURE DE SANCTION DE L'AMF

63205 Après examen d'un rapport d'enquête ou de contrôle ou d'une demande du président de l'ACPR, le collège de l'AMF peut décider d'ouvrir une procédure de sanction. Un membre du collège ayant examiné le rapport d'enquête ou de contrôle et pris part à la décision représente le collège dans cette procédure. Il peut être assisté ou représenté par les services de l'AMF (C. mon fin. art. L 621-15, I).

63207 **Notification des griefs** Le collège **notifie** alors **les griefs** aux personnes concernées, dans les mêmes formes qu'en cas d'injonction, et transmet la notification à la **commission des sanctions** (C. mon. fin. art. L 621-15, I et R 621-38 s.). L'AMF peut sélectionner les pièces du dossier soumises à la commission des sanctions à moins que la personne mise en cause ne prouve que des pièces qui ne lui ont pas été communiquées sont utiles pour sa défense (CEDH 30-6-2011 n° 25041 ; Cass. com. 20-9-2011 n° 10-13.878 : Dr. sociétés 2011 n° 221 note S. Torck).

La personne mise en cause dispose d'un délai de deux mois pour transmettre au président de la commission des sanctions ses **observations** écrites sur ces griefs ; la notification des griefs doit mentionner ce délai et préciser que le mis en cause peut prendre connaissance et copie des autres pièces du dossier auprès de la commission des sanctions et se faire assister ou représenter par tout conseil de son choix (art. R 621-38, al. 4).

Une copie de ces observations doit être envoyée par la commission des sanctions au membre désigné par le collège pour le représenter à la procédure (ou à son représentant), afin qu'il puisse formuler à son tour des observations écrites. Celles-ci sont alors communiquées au mis en cause (art. R 621-38, al. 5).

› Précisions **a.** La notification de griefs ne porte pas atteinte en elle-même à la **présomption d'innocence**, peu important qu'elle soit rédigée en des termes pouvant tenir pour établis les faits qu'elle énonce (Cass. com. 12-3-2025 n° 23-20.432 FS-B : BRDA 7/25 inf. 8).

b. La commission des sanctions de l'AMF ne peut pas être saisie de faits remontant à plus de six ans s'il n'a été fait pendant ce délai aucun acte tendant à leur recherche, à leur constatation ou à leur sanction. Le point de départ de ce délai de **prescription** est fixé au jour où le manquement a été commis ou, si le manquement est occulte ou dissimulé, au jour où le manquement est apparu et a pu être constaté dans des conditions permettant l'exercice par l'AMF de ses missions d'enquête ou de contrôle. Dans ce dernier cas, le délai de prescription ne peut excéder 12 années révolues (art. L 621-15, I-al. 2).

c. La commission des sanctions est liée par la **qualification juridique** proposée par le collège de l'AMF **dans la notification de griefs** ; elle ne peut, dès lors, pas modifier le libellé exact de l'information prétendument privilégiée dont il est reproché la communication tardive (AMF comm. sanc. 19-7-2024 n° 2024-07 : RD bancaire et financier 2024 comm. n° 159).

d. La rétroactivité des dispositions pénales plus douces du règlement UE 596/2014 du 16 avril 2014 relatives à la notion de manipulation de marché n'impose **pas** de **notifier à nouveau** un grief déjà notifié visant les dispositions précédemment applicables du règlement général de l'AMF (Cass. com. 21-4-2022 n° 20-21.753 F-D : RJDA 10/22 n° 596).

63209 **Désignation d'un rapporteur** Le président de la commission des sanctions désigne un rapporteur. Celui-ci procède à toutes diligences utiles ; il peut s'adjoindre le concours des services de l'AMF. Le mis en cause peut être entendu s'il le demande ou si le rapporteur l'estime utile. Le rapporteur peut également **entendre toute personne** dont l'audition lui paraît utile. Lorsqu'il estime que les griefs doivent être complétés ou qu'ils sont susceptibles d'être notifiés à une ou plusieurs personnes autres que celles mises en cause, le rapporteur saisit le collège, qui statue sur cette demande. Le **rapport** consignant par écrit le résultat des investigations du rapporteur est communiqué au mis en cause (par lettre recommandée AR, remise en main propre contre récépissé, acte d'huissier ou de commissaire de justice ou par tout autre moyen permettant de s'assurer de sa date de réception) ainsi qu'au membre du *collège ou à son représentant, qui* peut présenter par écrit ses observations sur le rapport. Ces observations sont alors communiquées au mis en cause (C. mon. fin. art. R 621-39, I et II).

Le fait que le rapporteur n'auditionne pas le mis en cause qui en fait la demande ne porte pas en lui-même atteinte au principe du contradictoire et aux droits de la défense (Cass. com. 30-11-2022 n° 20-19.251 F-D : RJDA 11/23 n° 588).

Convocation devant la commission Le mis en cause est convoqué devant la commission des sanctions par lettre recommandée AR, remise en main propre contre récépissé, acte d'huissier ou de commissaire de justice ou par tout autre moyen permettant de s'assurer de sa date de réception, dans un délai qui ne peut être inférieur à 30 jours francs. La lettre de convocation lui précise qu'il dispose d'un délai de 15 jours francs pour faire connaître par écrit ses observations sur le rapport. Ces observations sont communiquées au membre du collège ou à son représentant (C. mon. fin. art. R 621-39, III). 63211

Délibérations de la commission des sanctions La commission des sanctions, statuant en formation, doit se prononcer au terme d'une **procédure contradictoire.** La **séance est publique.** Toutefois, d'office ou à la demande d'une personne mise en cause, le président de la formation peut interdire au public l'accès de la salle pendant tout ou partie de l'audience dans l'intérêt de l'ordre public, de la sécurité nationale ou lorsque la protection des secrets d'affaires ou de tout autre secret protégé par la loi l'exige (C. mon. fin. art. L 621-15, IV bis). 63213

À noter que la publicité des audiences et la médiatisation qui peut s'ensuivre sont de nature à amoindrir significativement le bénéfice attendu d'une anonymisation des décisions (a fortiori pour les personnes mises hors de cause) décidée, le cas échéant, par la formation de la commission des sanctions.

Le membre du collège (ou son représentant) est convoqué à l'audience ; il y assiste sans voix délibérative (C. mon. fin. art. L 621-15, I). 63215

Le rapporteur présente son rapport. Le directeur général du Trésor ou son représentant peut présenter des observations. Le membre du collège peut présenter des **observations au soutien des griefs notifiés et proposer une sanction** (art. L 621-15, I-al. 3). Le mis en cause et, le cas échéant, son conseil présentent la défense de celui-ci. Le président de la formation saisie peut faire entendre toute personne dont il estime l'audition utile. Dans tous les cas, le mis en cause, s'il est présent, et son conseil doivent pouvoir prendre la parole en dernier. Lorsque la formation s'estime insuffisamment éclairée, elle demande au rapporteur de poursuivre ses diligences selon la procédure définie à l'article R 621-39, II et III du Code monétaire et financier (art. L 621-15, II modifié par ord. 2024-936 du 15-10-2024 et par loi 2025-391 du 30-4-2025 et art. R 621-40).

Le rapporteur initialement désigné par la commission des sanctions peut ainsi valablement produire un rapport complémentaire sans contrevenir au principe d'impartialité (Cass. com. 2-10-2019 nº 17-28.462 F-D : RJDA 2/20 nº 82 ; sur le principe d'impartialité, voir nº 63222).

La **formation statue** par décision motivée en la seule présence de ses membres et d'un agent des services de l'AMF faisant office de secrétaire de séance, hors la présence de la personne mise en cause, du rapporteur, du représentant du collège et du directeur général du Trésor ou son représentant. Aucune sanction ne peut être prononcée sans que la personne concernée ou son représentant ait été entendu ou, à défaut, dûment appelé. La décision mentionne les noms des membres de la formation qui ont statué. Elle est notifiée à la personne concernée par lettre recommandée AR, remise en main propre contre récépissé, acte d'huissier ou de commissaire de justice ou par tout autre moyen permettant de s'assurer de sa date de réception. La décision est communiquée au directeur général du Trésor, ainsi qu'au président de l'AMF, qui en rend compte au collège. Lorsqu'elle concerne un prestataire de services d'investissement autre qu'une société de gestion de portefeuille, la décision est également notifiée à l'ACPR (C. mon. fin. art. R 621-40, V). 63217

Faculté de récusation La personne mise en cause peut demander la récusation d'un membre de la commission des sanctions s'il existe une raison sérieuse de mettre en doute son impartialité. 63220

La **demande** est formée par le mis en cause, ou par son mandataire, par acte remis au secrétariat de la commission contre récépissé ou par une déclaration qui est consignée par ce secrétariat dans un procès-verbal (C. mon. fin. art. L 621-15, III quinquies modifié par ord. 2024-936 du 15-10-2024 et art. R 621-39-2 s.).

Elle doit, à peine d'irrecevabilité (art. R 621-39-2 s.) :

– indiquer avec précision les motifs de la récusation et être accompagnée des pièces propres à la justifier ;

– si elle est dirigée contre le rapporteur, être formée dans le délai d'un mois à compter de la notification de la décision procédant à la désignation de celui-ci ; si elle vise un membre de la formation appelée à délibérer, dans le délai de 15 jours à compter de la notification de la composition de cette formation ; dans le cas où le motif invoqué n'a pu être connu de la personne mise en cause, dans l'un de ces délais, au plus tard avant la fin de la séance.

Pour une demande de récusation, en l'espèce rejetée, voir CA Paris 22-4-2021 n° 20/04294 : Banque et droit 198/2021 p. 72.

63222 **Conformité de la procédure de sanction de l'AMF à la convention européenne de sauvegarde des droits de l'Homme**

La CEDH a affirmé l'impartialité objective de la commission des sanctions de l'AMF et relevé l'existence de larges garanties contre les pressions extérieures, y incluant le mode de désignation et la durée du mandat de ses membres, l'apparence d'indépendance et la séparation claire et étanche entre les organes d'enquête et de poursuite, d'une part, et l'organe de jugement, d'autre part, opérée par la procédure de sanction (CEDH 1-9-2016 n° 48158/11 : RJDA 11/16 n° 842). La commission des sanctions, lorsqu'elle est saisie d'agissements pouvant donner lieu à des **sanctions disciplinaires et pécuniaires,** doit être regardée comme décidant du bien-fondé d'accusations en matière pénale au sens de la convention européenne de sauvegarde des droits de l'Homme. Sa décision pouvant faire l'objet d'un recours de pleine juridiction devant le Conseil d'État, la circonstance que la procédure suivie devant elle ne serait pas en tout point conforme aux prescriptions de l'**article 6, 1 de la convention** n'est pas de nature à entraîner dans tous les cas une méconnaissance du droit à un procès équitable. Cependant, et alors même que la commission des sanctions n'est pas une juridiction au regard du droit interne, le fait qu'elle aurait statué dans des conditions ne respectant pas le **principe d'impartialité** rappelé à l'article 6, 1 peut, compte tenu de sa composition et de ses attributions, être utilement invoqué à l'appui d'un recours formé devant le Conseil d'État à l'encontre de sa décision (CE 4-2-2005 n° 269001 : RJDA 5/05 n° 570 ; CE 2-11-2005 n° 271202 : RJDA 3/06 n° 290). Plus précisément, la commission doit respecter le principe des droits de la défense, rappelé par l'article 6, 1 et précisé par l'article 6, 3 ; ainsi, eu égard à sa nature, à sa composition et à ses attributions, la méconnaissance des dispositions suivantes de l'article 6, 3 peut être utilement invoquée à l'appui d'un recours : la communication préalable des griefs, l'obligation de disposer de temps pour se défendre, le droit de se défendre soi-même ou de recourir à l'assistance d'une personne de son choix, l'égalité des droits pour l'audition des témoins et la possibilité d'une assistance gratuite d'un interprète ; en revanche, ne peut pas être invoquée la méconnaissance du droit à l'assistance gratuite d'un avocat, qui relève des modalités particulières propres à l'exercice de procédures juridictionnelles (CE 27-10-2006 n° 276069 : RJDA 4/07 n° 370). Par ailleurs, la commission doit se prononcer dans un **délai raisonnable**, au sens de l'article 6, 11, sur le bien-fondé des griefs qui lui sont soumis, leur notification aux personnes en cause devant également intervenir dans un tel délai ; la violation de cette obligation, sanctionnée par la réparation du préjudice des mis en cause, emporte annulation de la procédure si une atteinte personnelle, effective et irrémédiable est portée à leur droit de se défendre (CA Paris 3-4-2025 n° 22/12335 : BRDA 15-16/25 inf. 6, précisant que le délai court à compter de la décision d'ouverture d'enquête). Signalons enfin qu'une personne physique poursuivie est en droit de refuser de fournir des réponses susceptibles de faire ressortir sa responsabilité administrative ou pénale pour abus de marché (CJUE 2-2-2021 aff. 481/19 : RJDA 8-9/21 n° 579, décision fondée sur les articles 47 et 48 de la charte des droits fondamentaux de l'UE en tenant compte des droits correspondants garantis par l'article 6 précité).

PROCÉDURE DE COMPOSITION ADMINISTRATIVE

63227 L'AMF peut recourir à un mode de règlement alternatif des procédures, conjuguant célérité et conformité aux droits fondamentaux : la composition administrative (**transaction** simplifiée) régie par les articles L 621-14-1 (modifié par ord. 2024-936 du 15-10-2024) et R 621-37-2 s. du Code monétaire et financier.

Lorsque le rapport d'enquête ou de contrôle établi par les services de l'AMF fait état de **manquements commis par un professionnel** du secteur financier à ses obligations professionnelles ou de **manquements d'abus de marché** (y compris la diffusion ou la tentative de diffusion d'une fausse information lors d'une opération d'offre au public d'instruments financiers) commis par toute personne, le collège de l'AMF (et lui seul) peut, en même temps qu'il notifie les griefs dans le cadre de la procédure de sanction classique, lui adresser une *proposition d'entrée en voie de composition* administrative. Cette proposition suspend le délai légal de prescription de six ans. La personne à qui il a été proposé d'entrer en voie de composition administrative dispose d'un délai d'un mois à compter de la réception de cette notification pour se prononcer sur la proposition, par lettre recommandée AR. À compter de la réception par l'AMF de l'acceptation de la proposition d'entrée en voie de composition administrative, l'accord doit être conclu dans un délai maximal de quatre mois. Dans le cadre d'un accord arrêté avec le secrétaire général de l'AMF, la personne doit s'engager à verser au Trésor public une somme dont le montant maximum est celui de la sanction pécuniaire encourue au titre de la procédure de sanction classique. L'**accord** doit être soumis au collège pour **validation** puis, s'il est validé par celui-ci, à la commission des sanctions, qui peut décider de l'homologuer. L'accord ainsi homologué est rendu public. Si l'**homologation** de l'accord n'est pas obtenue ou en cas de non-respect de l'accord, la notification de griefs est transmise à la commission des sanctions devant laquelle la procédure de sanction reprend son cours, conformément à l'article L 621-15 du Code monétaire et financier. Les décisions du collège et de la commission des sanctions sont soumises aux voies de recours générales (nº 63228).

Les accords de transaction validés puis homologués sont publiés sur le site internet de l'AMF.

› Précisions **a.** La commission des sanctions peut, à l'issue d'une procédure non contradictoire, **refuser d'homologuer** l'accord de composition administrative mettant fin aux poursuites. Elle doit en ce cas indiquer, même de manière succincte, le motif de son refus. Elle peut légalement fonder son refus sur la circonstance que les griefs notifiés soulèvent une question qui, par sa nouveauté et sa difficulté, justifie, au regard notamment de l'exigence de prévisibilité de l'application des normes, qu'elle soit expressément tranchée à l'issue d'une procédure contradictoire menée devant elle (CE 20-3-2020 nº 422186 : RJDA 8-9/20 nº 433).

b. L'accord de composition administrative conclu avec une société ne fait pas obstacle à ce que son représentant légal, agissant au nom et pour le compte de celle-ci, soit **sanctionné pour les mêmes griefs** par la commission des sanctions (AMF comm. sanc. 21-12-2023 nº 2023-18 : Dr. sociétés 2024 comm. nº 37).

c. Sont seules susceptibles de **recours** la décision du collège de l'AMF relative à la validation de l'accord de composition administrative conclu entre son secrétaire général et la personne concernée et celle de la commission des sanctions relative à l'homologation de cet accord, à l'exclusion de la décision du collège de transmettre la notification de griefs à la commission des sanctions sans proposer à ladite personne d'entrer en voie de composition administrative (Cass. com. 10-5-2024 nº 22-21.085 FS-B : RJDA 8-9/24 nº 466).

d. Pour une requête, rejetée en référé, visant à la **suspension** d'un accord de composition administrative, voir CE 19-5-2025 nº 504216 : Bull. Joly Bourse mai-juin 2025 p. 21.

RECOURS CONTRE LES DÉCISIONS DE LA COMMISSION DES SANCTIONS DE L'AMF

Les décisions prononcées par la commission des sanctions peuvent faire l'objet d'un recours par les **personnes sanctionnées** et par le **président de l'AMF** (recours principal), après accord du collège (C. mon. fin. art. L 621-30 modifié par loi 2024-537 du 13-6-2024). 63228

En cas de recours d'une personne sanctionnée, le président de l'AMF peut, dans les mêmes conditions, former un **recours incident** (art. L 621-30, al. 3). La voie du recours incident n'est pas ouverte aux personnes sanctionnées (Cass. com. 8-11-2023 nº 21-18.318 FS-B : RJDA 8-9/24 nº 463), ce qui est conforme à la Constitution (Cons. const. 11-3-2022 nº 2021-979 QPC : RJDA 7/22 nº 413). Par ailleurs, le président de l'AMF peut produire des observations écrites devant la juridiction d'appel, qu'il ait ou non exercé un recours incident (Cass. com. 23-6-2021 nº 19-18.216 F-D : Banque et droit 199/2021 p. 63).

Le **juge compétent** pour statuer sur les recours formés contre les décisions de l'AMF est déterminé en fonction de la qualité de la personne sanctionnée et non de la sanction prononcée, que celle-ci soit de nature professionnelle ou pas (Cass. com. 4-10-2011 nº 10-27.310 : RJDA 12/11 nº 1048). C'est à la date du manquement ayant justifié la sanction de son auteur qu'il convient d'apprécier la qualité du requérant (CE 13-10-2023 nº 457232 : RJDA 8-9/24 nº 465).

Relèvent de la compétence de la **cour d'appel de Paris** les recours contre les décisions individuelles prononcées à l'encontre de personnes qui ne sont pas des professionnels du secteur financier au sens de l'article L 621-9, II du Code monétaire et financier (C. mon. fin. art. R 621-45 ; nº 63200). Ces recours n'ont pas d'effet suspensif, sauf si la juridiction en décide *autrement. Dans ce cas,* la juridiction saisie peut ordonner qu'il soit sursis à l'exécution de la décision contestée si celle-ci est susceptible d'entraîner des conséquences manifestement excessives (art. L 621-30, al. 1 ; voir Cass. com. 15-2-2023 nº 21-24.401 FS-B : RJDA 7/23 nº 382, selon laquelle les conséquences de la décision doivent être appréciées au regard de la situation de la personne sanctionnée et non des chances de succès du recours en annulation ou réformation de la décision, et CA Paris 10-7-2024 nº 24/05189 : Banque et droit 217/2024 p. 74, selon lequel il revient à la personne sanctionnée de prouver le caractère manifestement excessif des conséquences de la décision sur sa situation patrimoniale, qui doit être appréciée à la date à laquelle la juridiction statue sauf s'il est avéré que ladite personne a préalablement dissipé volontairement tout ou partie de ses revenus ou de son patrimoine). La compétence de la commission des sanctions ne peut toutefois pas être contestée dans le cadre d'une demande de sursis à exécution (CA Paris 15-12-2021 nº 21/13510 : Banque et droit 201/2022 p. 83).

Les recours contre les décisions relatives à des agréments ou à des sanctions infligées aux professionnels du secteur financier relèvent de la compétence du **Conseil d'État** (pour un exemple, CE 17-5-2019 n° 428997 : Dr. sociétés 2019 comm. n° 172).

La juridiction de recours peut soit confirmer la décision de la commission des sanctions, soit l'annuler ou la réformer en tout ou partie, dans un sens favorable ou défavorable à la personne mise en cause (art. R 621-45, I et R 621-46, VI ; pour un exemple d'aggravation de la sanction, voir CE 12-3-2014 n° 360642). Lorsque la cour d'appel annule une décision de la commission des sanctions sans statuer sur le fond de l'affaire, ni ordonner le renvoi de la procédure devant l'AMF aux fins de reprise de l'instruction, l'arrêt, devenu irrévocable, a pour effet de mettre **fin aux poursuites,** qui ne peuvent être reprises (Cass. com. 24-10-2018 n° 16-15.008 FS-PB : RJDA 3/19 n° 198).

Le **délai de recours** contre les décisions individuelles de l'AMF est fixé à deux mois en matière de sanctions et à dix jours dans les autres cas. Le délai court, pour les personnes qui font l'objet de la décision, à compter de la notification de celle-ci et, pour les autres personnes intéressées, à compter de sa publication (C. mon. fin. art. R 621-44, al. 1). La personne sanctionnée doit par ailleurs disposer, à compter de la notification du recours principal du président de l'AMF reprochant à la commission des sanctions d'avoir écarté certains griefs, d'un délai raisonnable pour contester la décision de celle-ci ayant retenu des griefs à son encontre (Cass. com. 8-11-2023 précité, selon lequel la cour aurait dû rechercher si le délai de recours ne devait pas être prolongé eu égard aux circonstances de l'espèce).

Le recours incident du président de l'AMF doit être formé dans un délai de deux mois à compter de la notification à l'AMF du recours de la personne sanctionnée (art. R 621-45, I-al. 4).

› Précisions **a.** Le **recours** est **formé, instruit et jugé** conformément à l'article R 621-46. L'imprécision de l'objet d'une déclaration de recours contre une décision de sanction de l'AMF entraîne d'office son irrecevabilité, sans régularisation possible au-delà du délai de recours de deux mois (CA Paris 21-11-2019 n° 18/16992 : Bull. Joly Bourse janvier-février 2020 p. 17).

b. Ne peuvent faire l'objet d'un **recours** autonome, distinct de celui ouvert contre la décision de sanction, ni la **notification des griefs** (Cass. com. 16-12-2020 n° 19-21.091 F-P : RJDA 4/21 n° 244, rendu à l'occasion d'un recours contre la décision implicite de l'AMF née de son silence sur une demande de retrait d'une partie des griefs notifiés), ni la **décision du collège** de l'AMF de notifier ces griefs (Cass. com. 14-4-2021 n° 20-12.599 F-D : RJDA 11/21 n° 723, jugeant, dès lors, irrecevable la requête en sursis à exécution de la décision du collège de l'AMF).

c. Le caractère personnel attaché aux sanctions prononcées par la commission des sanctions, qui implique que leur contestation soit réservée à la personne qui en fait l'objet, n'a pas pour effet de rendre irrecevable une **intervention volontaire accessoire** formée devant la Cour de cassation par toute personne ayant intérêt, pour la préservation de ses droits, à appuyer les prétentions d'une partie (Cass. com. 14-2-2024 n° 22-10.472 FS-BR : RJDA 5/24 n° 289).

d. Sur le **recours** contre une **décision du secrétaire général** de l'AMF de refus d'ouverture d'enquête, voir n° 63175, précision d et, sur le recours en matière de **composition administrative,** voir n° 63227, précision c.

SANCTIONS ENCOURUES DEVANT L'AMF

63232 Les **professionnels contrôlés par l'AMF** encourent l'avertissement, le blâme, l'interdiction à titre temporaire ou définitif de l'exercice de tout ou partie des services fournis et la radiation du registre unique des intermédiaires et/ou une sanction pécuniaire dont le montant ne peut pas être supérieur à 100 M€ ou au décuple du montant de l'avantage retiré du manquement si celui-ci peut être déterminé ; les sommes sont versées au fonds de garantie auquel est affiliée la personne sanctionnée ou, à défaut, au Trésor public (C. mon. fin. art. L 621-15, III-a).

Pour les **personnes placées sous l'autorité de ces professionnels** ou agissant pour leur compte, les sanctions sont l'avertissement, le blâme, le retrait temporaire ou définitif de la carte professionnelle, l'interdiction à titre temporaire ou définitif de l'exercice de tout ou partie des activités et/ou une sanction pécuniaire dont le montant ne peut pas être supérieur à 15 M€ ou au décuple du montant de l'avantage retiré du manquement si celui-ci peut être déterminé en cas de pratiques mentionnées à l'article L 621-15, II ; les sommes sont versées au fonds de garantie auquel est affiliée la personne morale sous l'autorité ou pour le compte de qui agit la personne sanctionnée ou, à défaut, au Trésor public (art. L 621-15, III-b). Signalons que les personnes sanctionnées par une interdiction à titre définitif de l'exercice de tout ou partie des activités ou des services fournis ou par un retrait définitif de leur carte professionnelle peuvent, à leur demande, être relevées de cette sanction après l'expiration d'un délai d'au moins dix ans (art. L 621-15, VI ; pour une décision de relèvement, voir AMF comm. sanc. 28-12-2018 : Bull. Joly Bourse mars-avril 2019 p. 12 note J.-J. Daigre).

Pour les personnes mentionnées à l'article 29, 4 et 5 du règlement UE 2017/2402 dit « Titrisation » (en particulier les **initiateurs, prêteurs initiaux, sponsors et entités de titrisation**), les sanctions applicables sont celles prévues à l'article 32, 2-c à h du même règlement (sanctions pécuniaires et d'interdiction temporaire d'exercer certaines fonctions, notamment) (art. L 621-15, III-f modifié par ord. 2024-936 du 15-10-2024).

Enfin, pour les **personnes relevant des autres catégories,** une sanction pécuniaire est encourue dont le montant ne peut pas être supérieur à 100 M€ ou au décuple du montant de l'avantage retiré du manquement si celui-ci peut être déterminé ; les sommes sont versées au Trésor public (art. L 621-15, III-e modifié par ord. 2024-936).

Hors le cas des personnes placées sous l'autorité de ces professionnels ou agissant pour leur compte, le montant de la sanction pécuniaire peut être porté jusqu'à 15 % du chiffre d'affaires annuel total de la personne sanctionnée en cas de manquement (art. L 621-15, III ter modifié par ord. 2024-936 et par loi 2025-391 du 30-4-2025) :

– aux obligations fixées par les règlements MAR 596/2014, MIF 2 600/2014, PRIIPs 1286/2014, CSD 909/2014 et MiCA 2023/1114 ;

– aux obligations définies par les règlements européens, le Code monétaire et financier et le règlement général de l'AMF concernant une offre au public de titres financiers, une admission à la négociation sur un marché réglementé de titres financiers ou, lorsque le manquement est commis par certains dépositaires et sociétés de gestion (cf. C. mon. fin. art. L 621-9, II-7°, 7° bis et 12°), un OPCVM (cf. C. mon. fin. art. L 214-1, I-1°) ;

– ou aux obligations de déclaration des franchissements de seuil (art. L 233-7), de publication mensuelle du nombre total de droits de vote et d'actions d'un émetteur (art. L 233-8, II) et de publication des rapports financiers annuel et semestriel (C. mon. fin. art. L 451-1-2).

Ce montant peut être porté jusqu'à 10 % du chiffre d'affaires annuel total de la personne sanctionnée en cas de manquement aux obligations fixées par le règlement PEPP 2019/1238 (art. L 621-15, III ter-al. 10 modifié par loi 2025-391).

Le chiffre d'affaires annuel total est celui qui ressort des derniers comptes disponibles approuvés par l'assemblée générale ou, lorsque la personne morale est une entreprise ou une filiale d'une entreprise tenue d'établir des comptes consolidés, des derniers comptes annuels consolidés approuvés par l'assemblée générale (art. L 621-15, III ter-dernier al. modifié par loi 2025-391).

Signalons que les personnes physiques ou morales ayant enfreint certaines de leurs obligations attachées à l'utilisation de l'appellation « **obligation verte européenne** » (cf. Règl. UE 2023/2631 du 22-11-2023 art. 10 à 15 bis, 18 ou 19) encourent une interdiction d'émettre de telles obligations pour une période n'excédant pas un an (art. L 621-15, III-g modifié par loi 2025-391).

Par ailleurs, les prestataires de services sur **actifs numériques** ou sur **crypto-actifs** encourent, pour une infraction à certaines exigences relatives à leur agrément, leurs prestations ou la prévention et l'interdiction d'abus de marché (cf. Règl. UE 2023/1114 du 31-5-2023 art. 59, 60, 64 à 83 et 88 à 92), des sanctions spécifiques (voir art. L 621-15, III-c et d modifié par ord. 2024-936 ; voir aussi art. L 621-15, III bis modifié par ord. 2024-936, transposant l'article 111 du règlement précité, applicable à ces prestataires bien qu'il renvoie de façon erronée à une disposition inexistante du Code monétaire et financier).

Le **montant de la sanction** est fixé en **fonction,** notamment, de la gravité et de la durée du manquement, de la qualité et du degré d'implication de la personne en cause, de la situation et de la capacité financières de celle-ci, de l'importance soit des gains ou avantages obtenus, soit des pertes ou coûts évités par la personne en cause, des pertes subies par des tiers du fait du manquement, du degré de coopération avec l'AMF dont a fait preuve la personne en cause, des manquements commis précédemment par celle-ci, et de toute circonstance propre à la personne en cause, notamment des mesures prises par elle pour remédier aux dysfonctionnements provoqués par le manquement et le cas échéant pour réparer les préjudices causés aux tiers, ainsi que pour éviter toute réitération du manquement (C. mon. fin. art. L 621-15, III quater modifié par ord. 2024-936 du 15-10-2024). 63234

Les mis en cause ne peuvent pas utilement contester le montant de la sanction qui leur est infligée au regard de celui, moins élevé, des sanctions prononcées dans d'autres affaires, dès lors qu'il est défini, au cas par cas, selon les circonstances et situations propres à chacune d'elles (CA Paris 2-5-2024 n° 22/09062 : Bull. Joly novembre 2024 p. 28).

ILLUSTRATIONS

Ont été considérés comme aggravants les facteurs suivants : multiplicité des manquements (AMF comm. sanc. 6-12-2007 n° 2008-04), répétition des manquements (AMF comm. sanc. 1-3-2007 n° 2007-12), volume des transactions réalisées (CA Paris 4-6-2020 n° 19/11454 : RJDA 3/21 n° 175 confirmée par Cass. com. 24-11-2021 n° 20-18.482 F-D : RJDA 2/22 n° 87), incidence du manquement sur le marché (AMF comm. sanc. 4-9-2008 n° 2008-21), intention délibérée de l'auteur du manquement

(CA Paris 24-3-2022 nº 20/08390 : RJDA 11/22 nº 639 confirmée par Cass. com. 4-4-2024 nº 22-19.127 FS-B : RJDA 8-9/24 nº 462). D'autres facteurs ont été retenus pour atténuer la sanction : le jeune âge ou l'inexpérience du mis en cause (AMF comm. sanc. 4-9-2008 nº 2008-21), le caractère inédit de l'interprétation d'une règle (CA Paris 24-3-2022 précité), le caractère récent d'une règle méconnue (AMF comm. sanc. 1-10-2009 nº 2009-30) ou sa portée non totalement claire (AMF comm. sanc. 27-11-2008 nº 2009-08).

L'AMF ne peut pas se borner à examiner la situation financière de la personne poursuivie sans apprécier la gravité des manquements retenus contre elle (CA Paris 19-12-2019 nº 19/00495 : RJDA 3/20 nº 153 confirmée par Cass. com. 9-6-2021 nº 20-13.326 F-D : RJDA 10/21 nº 671).

Par ailleurs, le montant de la sanction n'a pas à être fixé en considération des seuls profits personnellement appréhendés par l'auteur du manquement (Cass. com. 27-3-2019 nº 16-17.186 F-D : RJDA 6/19 nº 431).

Rien n'impose à l'AMF de prononcer une sanction distincte pour chaque manquement qu'elle relève (Cass. com. 27-4-2011 nº 10-12.125 : RJDA 7/11 nº 632 ; Cass. com. 13-12-2011 nº 10-28.337 : RJDA 4/12 nº 410).

› Précisions **a.** Les sanctions pécuniaires prononcées par l'AMF peuvent faire l'objet d'une **majoration,** dans la limite de 10 % de leur montant, mise à la charge de la personne sanctionnée et destinée à financer l'aide aux victimes (C. mon. fin. art. L 621-15, III-avant dernier al.).

b. Pour une suspension, obtenue en référé, de l'exécution d'une décision de l'AMF en raison de la **disproportion** du montant des sanctions prononcées, voir CE 18-7-2022 nº 465352 : Bull. Joly Bourse novembre-décembre 2022 p. 34.

c. Les sanctions pécuniaires prononcées par l'AMF, participant à la protection de l'ordre public boursier et assimilables à des amendes pénales, ne sont pas **assurables** (CA Paris 14-2-2012 nº 09/06711 ; dans le même sens, Communiqué ACPR du 18-3-2025).

63235 **Publicité de la décision** La décision de la commission des sanctions est rendue publique dans les publications, journaux ou supports qu'elle désigne, dans un **format proportionné à la faute** commise et à la sanction infligée, et aux **frais** des personnes sanctionnées.

La commission peut néanmoins décider de **reporter** la publication d'une décision, de publier celle-ci sous une forme **anonymisée** ou de **ne pas la publier** si la publication est susceptible de causer à la personne en cause un préjudice grave et disproportionné, ou si elle est de nature à perturber gravement la stabilité du système financier ou le déroulement d'une enquête ou d'un contrôle en cours (C. mon. fin. art. L 621-15, V). Cette faculté ne lui est toutefois pas ouverte pour les décisions portant sur des manquements, par toute personne, aux obligations de déclaration des franchissements de seuil (art. L 233-7), de publication mensuelle du nombre total de droits de vote et d'actions d'un émetteur (art. L 233-8, II) et de publication des rapports financiers annuel et semestriel (C. mon. fin. art. L 451-1-2), ces décisions devant obligatoirement être publiées (art. L 621-15, V précité).

› Précisions **a.** Le principe de responsabilité personnelle fait obstacle à ce que l'AMF ordonne la publication de la sanction pécuniaire infligée à une société pour des **manquements commis par une** autre **société** qu'elle a entre-temps **absorbée** (CE 17-12-2008 nº 316000 : RJDA 4/09 nº 358, 2e esp.).

b. Les décisions de la commission des sanctions et les accords de composition administrative publiés sur le site internet de l'AMF seront rendus accessibles sur le **point d'accès unique européen** (Esap) établi en vertu du règlement UE 2023/2859 du 13 décembre 2023, à compter du 10 juillet 2026 lorsqu'ils concernent une infraction au règlement « Prospectus » (Règl. 2017/1129/UE art. 21 bis) et à compter du 10 janvier 2028 lorsqu'ils concernent une infraction au règlement « Abus de marché » (Règl. 596/2014/UE art. 21 bis). Soulignons que le Gouvernement est habilité à mettre en cohérence par ordonnance, d'ici le 30 janvier 2026, le droit français avec le règlement UE 2023/2859 (Loi 2025-391 du 30-4-2025 art. 1).

f. Rôle de l'AMF en cas d'infraction pénale

63237 Après concertation avec l'AMF et, le cas échéant, après arbitrage du procureur général près la cour d'appel de Paris, seul le procureur national financier peut engager des poursuites pénales à l'encontre d'une même personne ayant commis des mêmes faits (voir nº 66400).

L'AMF *n'a pas* le *pouvoir* d'engager une poursuite pénale par voie de constitution de partie civile. Elle ne saurait davantage déclencher les poursuites pénales par voie de citation directe. Toutefois, lorsque des poursuites pénales sont engagées en application des articles L 465-1 et L 465-3-3 du Code monétaire et financier (modifiés par ord. 2024-936 du 15-10-2024), l'AMF peut exercer les droits de la partie civile, la répression pénale ayant été choisie par préférence à la répression administrative (voir nº 66400). À défaut d'exercer les droits de la partie civile, le président de l'AMF ou son représentant peut être présent à l'audience de la juridiction saisie et peut déposer des conclusions et les développer oralement (C. mon. fin. art. L 621-16-1).

Si l'article L 621-16-1 n'autorise l'AMF qu'à être associée par voie d'intervention à des poursuites en cours engagées par le parquet et non à porter elle-même plainte avec constitution de partie civile pour mettre en mouvement l'action publique, il ne lui interdit pas pour autant de se constituer partie civile sur le fondement du droit commun (CPP art. 2) pour demander réparation d'un **préjudice résultant de faits dont elle aurait été personnellement victime** (Circ. CRIM 2004-14/G3 du 14-9-2004 : Bull. min. justice 2004 nº 95 ; pour une réparation accordée à l'AMF au titre de son préjudice moral, voir CA Paris 26-6-2024 nº 23/05115 : Dr. sociétés 2024 comm. nº 147 refusant toutefois d'indemniser l'AMF des coûts exposés pour les besoins de son enquête).

Le procureur de la République peut obtenir de l'AMF la communication de tous les renseignements qu'elle détient dans le cadre de l'exercice de ses missions, sans que puisse lui être opposée l'obligation au secret (C. mon. fin. art. L 621-20-1, al. 2). L'impossibilité pour l'AMF d'opposer l'obligation au secret ne vaut qu'à l'égard du procureur de la République et non, par exemple, à celui d'une personne faisant l'objet de poursuites pénales ; néanmoins, il appartient à la juridiction nationale compétente de mettre en balance l'intérêt de la personne poursuivie à disposer des informations nécessaires à l'exercice des droits de la défense et les intérêts liés au maintien de la confidentialité des informations couvertes par le secret professionnel (CJUE 13-9-2018 aff. 358/16 et 594/16 : RJDA 2/19 nº 95 et chron. Th. Bonneau p. 83).

Le procureur de la République financier et les juridictions d'instruction et de jugement de Paris ont seuls compétence pour poursuivre, instruire et juger les délits d'abus de marché. Cette compétence s'étend aux infractions connexes. Le procureur de la République financier et le juge d'instruction de Paris exercent leurs attributions sur toute l'étendue du territoire national (CPP art. 705-1). Précisons que les enquêteurs de l'AMF peuvent toutefois procéder à la visite des locaux d'une personne faisant l'objet d'une information judiciaire afin de rechercher la preuve d'un délit d'initié (Cass. com. 13-6-2018 nº 16-25.415 FS-D : RJDA 11/18 nº 843).

Plus largement, si, dans le cadre de ses attributions, l'AMF acquiert la connaissance d'un crime ou d'un délit, elle est tenue d'en donner avis sans délai au procureur de la République et de transmettre à ce magistrat tous les renseignements, procès-verbaux et actes qui y sont relatifs (C. mon. fin. art. L 621-20-1).

g. Responsabilité de l'AMF

L'AMF ayant la personnalité morale, les actions en responsabilité sont dirigées contre elle et non pas contre l'État. Les demandes d'indemnité à l'encontre de l'AMF fondées sur l'illégalité d'une décision prise par elle relèvent de la compétence des tribunaux judiciaires. La mise en jeu de la responsabilité de l'AMF est néanmoins soumise aux règles et principes de la responsabilité administrative et, partant, à l'exigence d'une faute lourde (CA Paris 2-3-2023 nº 21/00887 : Bull. Joly Bourse juillet-août 2023 p. 17 ; sur la responsabilité de la COB précédemment, voir Cass. com. 9-7-1996 : RJDA 11/96 nº 1352 ; CA Paris 15-1-1993 : RJDA 6/93 nº 520). 63243

2. ENTREPRISES DE MARCHÉ

Les entreprises de marché sont des sociétés commerciales qui ont pour **activité** principale d'assurer le fonctionnement d'un marché réglementé d'instruments financiers ou d'exploiter une plate-forme de négociation de crypto-actifs (C. mon. fin. art. L 421-2 modifié par ord. 2024-936 du 15-10-2024). Elles concourent à la prévention, à la détection et à la répression des abus de marché ainsi que des autres manquements aux règles de marché, dans les conditions prévues par l'article L 420-9 du Code monétaire et financier. 63246

Les entreprises de marché doivent soumettre à l'**approbation de l'AMF** les règles d'organisation et de fonctionnement de leur marché (conditions d'accès au marché et d'admission aux négociations, organisation des transactions, conditions de suspension des négociations, règles relatives à l'enregistrement et à la publicité des négociations, etc.) (C. mon. fin. art. L 421-10, I).

Elles doivent également soumettre à l'AMF leur demande d'exploitation d'un SMN DLT ou d'un système de négociation et de règlement DLT (voir nº 63909), l'AMF délivrant l'autorisation après consultation de l'ACPR et, le cas échéant, de la Banque de France (art. L 421-10, II).

Toutes les entreprises de marché françaises ont été regroupées dans une entreprise unique dénommée « **Euronext** ».

3. INTERVENTION DES BANQUES

63260 En principe, toute société qui désire placer ses titres dans le public peut y procéder elle-même : il lui suffit de demander l'introduction de ces titres en bourse. Cependant, en pratique, le succès du placement suppose des opérations que les banques sont les mieux à même d'assurer. L'intervention des banques peut se réaliser sous **deux formes** différentes.

Une banque peut ainsi s'engager simplement à **faciliter le placement des titres** de la société. Dans ce cas, si l'émission n'est pas entièrement couverte, la banque n'est pas tenue de conserver les titres non placés ; elle peut les restituer à la société. Bien entendu, la banque est responsable des conditions dans lesquelles elle exécute son mandat.

Une ou plusieurs banques, alors groupées en « syndicat financier », peuvent aussi – et c'est le cas le plus fréquent – **souscrire elles-mêmes** l'intégralité des titres nouvellement émis par la société, en vue de les écouler ultérieurement dans le public. Le syndicat financier revêt, le plus souvent, la forme d'une société en participation.

4. ASSOCIATIONS DE DÉFENSE D'INVESTISSEURS

63265 **Une fois les titres d'une société placés dans le public** selon l'une des modalités exposées n°s 63290 s., certaines associations peuvent intervenir pour défendre les intérêts des investisseurs ayant acquis ou souscrit ces titres. Ces associations sont (C. mon. fin. art. L 452-1, al. 2 à 4) :

– les **associations agréées** après avis du ministère public et de l'AMF, qui doivent justifier de six mois d'existence et d'au moins 200 membres cotisant individuellement, et dont les dirigeants doivent remplir des conditions d'honorabilité et de compétence (sur ces conditions et les conditions d'agrément, voir C. mon. fin. art. D 452-1 à D 452-8) ;

– les **associations** regroupant les **actionnaires** d'une société.

POUVOIRS DES ASSOCIATIONS DE DÉFENSE DES INVESTISSEURS

63268 Les associations ayant pour objet statutaire explicite la défense des investisseurs en titres financiers ou en produits financiers peuvent agir en justice devant toute juridiction, même par voie de constitution de partie civile, lorsque interviennent des faits portant un **préjudice** direct ou indirect **à l'intérêt collectif des investisseurs** ou de certaines catégories d'entre eux (C. mon. fin. art. L 452-1, al. 1).

63271 Elles peuvent aussi solliciter le prononcé d'injonctions pour **mettre fin à une irrégularité** ou aux effets d'une pratique contraire aux lois ou règlements et de nature à porter atteinte aux droits des épargnants (art. L 452-1, al. 5). Cette demande est portée devant le tribunal judiciaire du siège de la société en cause (art. L 452-1, al. 6).

63274 Les associations de défense d'investisseurs peuvent enfin, comme les associations de consommateurs, assurer la **défense des intérêts individuels d'investisseurs** (même non adhérents à l'association) et agir en leur nom devant toute juridiction, au besoin en se constituant partie civile, pour obtenir réparation du préjudice qu'ils auraient subi (art. L 452-2 s.). Toutefois, cette intervention n'est possible qu'en faveur d'investisseurs personnes physiques et à condition que l'association ait reçu mandat d'agir d'au moins deux d'entre elles, clairement identifiées en leur qualité d'investisseurs, ayant subi des préjudices individuels « qui ont été causés par le fait d'une même personne et qui ont une origine commune » (art. L 452-2, al. 1).

Le mandat ne peut en principe être sollicité ni par voie d'appel public télévisé ou radiophonique, ni par voie d'affichage, de tract ou de lettre personnalisée. Il doit être donné par écrit par chaque investisseur (art. L 452-2, al. 2). Toutefois, lorsqu'une association agréée agit en réparation devant les juridictions civiles ou commerciales, le président du tribunal judiciaire ou du tribunal de commerce peut, par ordonnance de référé, l'autoriser à solliciter des actionnaires un mandat pour agir en leur nom en ayant recours, à ses frais, aux moyens de publicité mentionnés précédemment (art. L 452-2, al. 3).

› Précisions **a.** La **qualité** légalement conférée à une association **pour agir en justice** afin de *défendre les intérêts individuels* de ses membres ne peut pas être judiciairement soumise à des restrictions tenant à leur capacité financière ou à la valeur économique, au type ou à la complexité des produits financiers dans lesquels ils ont investi (CJUE 16-1-2025 aff. 346/23).

b. Le fait qu'une **association** de défense des investisseurs soit **devenue actionnaire** avant la publication de la décision contestée en vue de poursuivre un contentieux n'affecte pas la **légitimité de son intérêt à agir** en justice (CA Paris 16-5-1995 : RJDA 7/95 n° 855).

RÈGLES PARTICULIÈRES AUX ASSOCIATIONS DE DÉFENSE DES ACTIONNAIRES D'UNE SOCIÉTÉ

Les petits porteurs d'actions d'une société dont les actions sont admises aux négociations sur un marché réglementé (Euronext Paris) peuvent, à certaines conditions, se regrouper au sein d'une association destinée à représenter leurs intérêts dans la société (art. L 22-10-44, I). **63280**

Ces associations sont habilitées à exercer les mêmes droits que les actionnaires minoritaires qui disposent d'au moins 5 % du capital social.

Elles peuvent ainsi :

– demander en justice la désignation d'un mandataire chargé de convoquer une assemblée générale (nos 46050 s.) ;

– requérir l'inscription de points ou de projets de résolution à l'ordre du jour de l'assemblée (nos 46180 s.) ;

– demander en justice la récusation pour juste motif d'un ou de plusieurs commissaires aux comptes (no 77711) ou encore d'un ou plusieurs OTI chargés de certifier les informations de durabilité (no 77070) ;

– poser par écrit au président du conseil d'administration ou au directoire des questions sur une ou plusieurs opérations de gestion de la société (ou des sociétés qu'elle contrôle) et, à défaut de réponse dans un délai d'un mois ou à défaut de communication d'éléments de réponse satisfaisants, demander en justice la désignation d'un ou de plusieurs experts chargés de présenter un rapport sur une ou plusieurs opérations de gestion (nos 53000 s.) ;

– poser par écrit des questions au président du conseil d'administration ou au directoire sur tout fait de nature à compromettre la continuité de l'exploitation (no 90530) ;

– requérir en justice le relèvement judiciaire, pour faute ou empêchement, des commissaires aux comptes (no 77750) ou encore des OTI chargés de certifier les informations de durabilité (no 77072) ;

– intenter l'action sociale en responsabilité contre les administrateurs, des membres du directoire (cf. art. L 225-256) ou le directeur général (nos 14050 s.).

Les associations doivent en principe regrouper des actionnaires justifiant d'une inscription nominative depuis au moins deux ans et détenant ensemble au moins 5 % des droits de vote (art. L 22-10-44, I). **63281**

Lorsque le capital est supérieur à 750 000 €, la part des droits de vote à représenter est réduite comme suit (art. L 22-10-44, II) :

– 4 % entre 750 000 € et 4,5 M€ ;

– 3 % entre 4,5 et 7,5 M€ ;

– 2 % entre 7,5 et 15 M€ ;

– 1 % au-delà de 15 M€.

EXEMPLE

Si le capital est de 8 M€ , l'association devra disposer de 2 % des droits de vote existants. Pour déterminer la masse de ces droits de vote, il convient à notre avis de tenir compte, par analogie avec les règles applicables en cas de prises de participations significatives, du nombre total de « droits de vote théoriques » (no 64329).

Enfin, les associations doivent avoir communiqué leurs statuts à la société et à l'AMF (art. L 22-10-44, I).

B. Procédés de placement

1. DÉMARCHAGE BANCAIRE OU FINANCIER

DÉFINITION DU DÉMARCHAGE BANCAIRE OU FINANCIER

Constitue un acte de démarchage réglementé toute **prise de contact non sollicitée,** par quelque moyen que ce soit, avec une personne physique ou morale déterminée, en vue d'obtenir, de sa part, un accord sur la fourniture ou la réalisation, par une personne habilitée à le faire, d'une opération sur instruments financiers, d'une opération de banque ou d'une opération connexe, d'un service d'investissement ou d'un service connexe, d'une opération sur biens divers, d'une prestation de conseil en investissement, d'un service de paiement, d'un service de financement participatif, d'une opération sur des actifs numériques (notamment dans le cadre d'une offre au public ou d'une demande d'admission à la négociation de **63290** crypto-actifs), ou encore d'un service sur crypto-actifs (C. mon. fin. art. L 341-1 modifié par ord. 2024-936 du 15-10-2024).

Cette définition appelle les précisions suivantes :

– la prise de contact est un contact direct et personnalisé par opposition à la publicité, qui s'adresse indistinctement à une cible de population ; aucune habitude, fréquence ou répétition d'actes n'est requise ; le démarchage peut exister dès la première prise de contact ;

– dès lors que l'initiative de la prise de contact procède du démarcheur, le démarchage peut être caractérisé non seulement par déplacement physique (au domicile, sur le lieu de travail ou dans des lieux non destinés à la commercialisation de produits bancaires ou financiers), mais également à distance : par appel téléphonique, par envoi de courrier papier ou électronique, y compris des documents comportant un coupon-réponse de souscription, de réservation ou de demande d'information ;

– il n'est pas nécessaire que l'acte de démarchage se conclue par un accord ; il suffit que l'intention du démarcheur de recueillir un accord ait existé.

Constitue également un acte de démarchage réglementé le fait de **se rendre physiquement** au domicile des personnes, sur leur lieu de travail ou dans les lieux non destinés à la commercialisation de produits, d'instruments et de services financiers ou de crypto-actifs et de services sur crypto-actifs, en vue des mêmes fins, et ce, même si c'est la personne démarchée qui est à l'initiative de la démarche (art. L 341-1, al. 11 modifié par ord. 2024-936). Sont concernées les opérations qui ont pour objet un placement spéculatif d'argent, mais aussi celles qui tendent à une restructuration économique par prise de participation dans une entreprise (Cass. crim. 14-12-1981 n° 80-92.726 : D. 1982 p. 174 note Cosson).

> **Précisions** **a.** Les **intermédiaires en opérations de banque et en services de paiement,** qui exercent à titre habituel, contre une rémunération ou toute autre forme d'avantage économique, l'intermédiation en opérations de banque et en services de paiement, sans se porter ducroire ou qui fournissent un service de conseil en matière d'opérations relatives à des contrats de crédit immobilier (C. mon. fin. art. L 519-1), peuvent également dans cet objectif être conduits à réaliser des actes de démarchage, par exemple proposer la réalisation d'une opération de banque. Ils doivent alors se soumettre aux articles L 341-10, L 341-12, 5° à 7°, L 341-13, L 341-16, L 341-17 et L 353-1 à L 353-5 du Code monétaire et financier relatifs au démarchage bancaire et financier (C. mon. fin. art. L 519-5).
>
> **b.** Suivant le même raisonnement, les **conseillers en investissement financier** définis à l'article L 541-1, I du Code monétaire et financier qui réalisent un acte de démarchage à l'occasion d'une prestation de conseil en investissement se trouvent soumis aux règles du démarchage bancaire et financier (C. mon. fin. art. L 341-1, 5°).

63293 **Agissements exclus** Les règles concernant le démarchage bancaire ou financier ne s'appliquent pas (C. mon. fin. art. L 341-2) :

1. Aux prises de contact avec les investisseurs qualifiés (C. mon. fin. art. L 411-2, 1° et, sur renvoi, Règl. 2017/1129/UE du 14-6-2017 art. 2, e) et avec les personnes morales dont le total du bilan, le chiffre d'affaires, le montant des actifs gérés, les recettes ou les effectifs sont supérieurs à l'un des seuils suivants (C. mon. fin. art. D 341-1) :

– 5 M€ pour le total du bilan ;

– 5 M€ pour le chiffre d'affaires ou, à défaut, pour le montant des recettes ;

– 5 M€ pour le montant des actifs gérés ;

– 50 personnes pour les effectifs annuels moyens.

Ces seuils ne sont pas cumulatifs. Ils sont appréciés au vu des derniers comptes consolidés ou, à défaut, des comptes sociaux, tels que publiés et, le cas échéant, certifiés par les commissaires aux comptes.

2. Aux prises de contact dans les locaux des personnes habilitées à procéder au démarchage bancaire ou financier (C. mon. fin. art. L 341-3 modifié par loi 2024-537 du 13-6-2024 et par ord. 2024-936 du 15-10-2024), sauf lorsque ces professionnels sont contractuellement liés, en vue de la commercialisation d'instruments financiers et de produits d'épargne, aux sociétés exploitant des magasins de grande surface, et que leurs locaux sont implantés dans les locaux de ces magasins.

Les lieux dont la vocation commerciale temporaire ne souffre pas d'une réelle ambiguïté, tels les salons de l'investissement et de l'épargne, doivent être assimilés aux locaux professionnels (Ph. Marini, Rapport Sén. n° 431, 2003-2004).

3. Aux démarches dans les locaux professionnels d'une personne morale, à la demande de cette dernière.

4. Aux prises de contact avec des personnes morales, lorsqu'elles portent exclusivement sur la fourniture de conseils aux entreprises en matière de structure du capital, de stratégie industrielle et de questions connexes, ainsi que de services concernant les fusions et le rachat d'entreprises (activité dite « de corporate finance »).

5. Aux cas où la personne visée est déjà cliente de la personne pour le compte de laquelle la prise de contact a lieu, dès lors que l'opération proposée correspond, à raison de ses caractéristiques, des risques ou des montants en cause, à des opérations habituellement réalisées par cette personne. Ces critères (caractéristiques, risques et montants) sont alternatifs et non cumulatifs. En outre, il n'est pas exigé que l'habitude soit née de relations exclusivement nouées entre la personne démarchée et la personne pour le compte de laquelle la prise de contact a lieu.

6. Aux démarches effectuées, pour le compte d'un établissement de crédit ou d'une société de financement, en vue de proposer un contrat de financement de biens ou de prestations de services ou constituant une location-vente ou une location avec option d'achat. Il en va de même lorsque ces contrats sont destinés aux besoins d'une activité professionnelle.

7. Aux démarches effectuées pour le compte d'un établissement de crédit ou d'une société de financement en vue de proposer des contrats de financement de ventes à tempérament ou de location aux personnes, physiques ou morales, autres que celles visées au 1., à la condition que le nom de l'établissement ou de la société prêteur et le coût du crédit soient mentionnés, sous peine de nullité.

8. Aux démarches effectuées sur le lieu de vente, pour le compte d'un établissement de crédit, d'une société de financement, d'un établissement de monnaie électronique fournissant des services de paiement permettant l'octroi de crédit ou d'un établissement de paiement, en vue de proposer des crédits à la consommation, des crédits immobiliers ou des prêts viagers hypothécaires.

9. Aux conventions conclues entre les professionnels visés à l'article L 341-3, 1° du Code monétaire et financier tels les établissements de crédit, les sociétés de financement, les établissements de monnaie électronique, les établissements de paiement, les prestataires de services d'investissement et les sociétés d'assurance, à l'exception des sociétés de capital-risque, pour la distribution de produits, la réalisation d'une opération ou la fourniture d'un service, visés à l'article L 341-1 du Code monétaire et financier (n° 63290). Échappent ainsi au démarchage les conventions de distribution conclues entre les établissements de crédit, les sociétés de financement, les établissements de monnaie électronique, les établissements de paiement, les entreprises d'investissement et les compagnies d'assurance aux fins de commercialisation de leurs produits ou services envers des tiers.

10. Aux démarches effectuées pour le compte d'un établissement de paiement ou d'un établissement de monnaie électronique fournissant des services de paiement permettant l'octroi de crédit en vue de proposer un contrat de financement de biens ou de prestations de services répondant aux conditions prévues à la Section 5 du Chapitre 2 du Titre I du Livre III du Code de la consommation.

11. À la diffusion auprès des personnes physiques ou morales d'une simple information publicitaire, à l'exclusion de tout document contractuel ou précontractuel, quel que soit le support.

Toute personne, même non habilitée à procéder au démarchage, peut recourir à une activité relevant de l'un des cas d'exclusion énumérés ci-dessus (Cass. crim. 15-11-2023 n° 22.81-258 FS-B : D. 2024 p. 251, concernant une banque étrangère non habilitée à démarcher en France).

Démarchages interdits Sont interdits les démarchages portant sur les produits suivants (C. mon. fin. art. L 341-10 modifié par ord. 2024-936 du 15-10-2024). 63296

1. Les produits dont le risque maximal n'est pas connu au moment de la souscription ou pour lesquels le risque de perte est supérieur au montant de l'apport financier initial (pour un exemple, voir les contrats financiers par paiement d'un différentiel ou « contracts for difference » ou encore CFD, instruments financiers à terme par lesquels l'investisseur acquiert le droit de percevoir l'écart entre le prix du sous-jacent à la date de conclusion du contrat et le prix à la date d'exercice), à l'exception :

– des parts de sociétés civiles de placement immobilier dont les statuts prévoient la limitation de la responsabilité de chaque associé au montant de sa part au capital ;

– des produits entrant dans le cadre d'une opération normale de couverture, sous réserve que ces produits soient proposés exclusivement à des personnes morales.

2. Les produits non autorisés à la commercialisation sur le territoire français (C. mon. fin. art. L 151-2).

3. Les parts de fonds communs d'intervention sur les marchés à terme (C. mon. fin. art. L 214-42 dans sa rédaction antérieure à l'ord. 2011-915 du 1-8-2011) et les parts émises par les organismes de titrisation (fonds communs de titrisation ou sociétés de titrisation) (C. mon. fin. art. L 214-169).

4. Les instruments financiers qui ne sont pas admis aux négociations sur les marchés réglementés ou sur les marchés étrangers reconnus ou encore sur un SMNO (Euronext Growth), à l'exception des parts ou actions d'OPCVM ou de certains FIA, des titres financiers offerts au public après établissement du prospectus, des titres émis par les sociétés de capital-risque et des produits proposés dans le cadre d'un dispositif relevant de l'épargne salariale (intéressement, participation et plan d'épargne salariale).

5. Les bons de caisse.

6. Les actifs numériques, sauf lorsque l'activité de démarchage porte sur la fourniture d'un service sur actifs numériques ou crypto-actifs par un prestataire agréé ou autorisé, ou sur des crypto-actifs par un émetteur faisant une offre au public ou une demande d'admission conformément aux dispositions du règlement 2023/1114/UE du 31 mai 2023.

RÉGLEMENTATION DU DÉMARCHAGE BANCAIRE OU FINANCIER

63310 Le **droit commun** du démarchage effectué en vue d'opérations sur instruments financiers est énoncé aux articles L 341-1 s. et D 341-1 s. du Code monétaire et financier.

Le non-respect de la réglementation sur le démarchage est **pénalement sanctionné** (C. mon. fin. art. L 353-1 à L 353-4 et R 353-1 ; C. pén. art. 131-13). En outre, toutes les conventions conclues à la suite de démarchages prohibés sont nulles comme contraires à l'ordre public (Cass. 1e civ. 20-7-1994 nº 92-12.431 PF : RJDA 3/95 nº 366 et Cass. 1e civ. 4-2-1997 nº 94-19.059 D : D. aff. 1997 p. 308, à notre avis, applicables à toutes sortes de démarchages en raison des termes généraux employés par la Cour).

Cette **nullité** est opposable aux tiers (Cass. com. 5-10-1999 nº 96-20.939 P : RJDA 1/00 nº 33, à propos d'un démarchage en vue de la souscription de parts d'une société civile immobilière, mais transposable).

› Précisions **a.** Le droit commun du démarchage s'applique à l'**activité d'influence commerciale par voie électronique** (Loi 2023-451 du 9-6-2023 art. 1 modifié par ord. 2024-978 du 6-11-2024 et art. 3, 4º).

b. Au droit commun du démarchage s'ajoutent des **réglementations spéciales** relatives à la fourniture à distance de services financiers à un consommateur dans le cadre d'un système de vente ou de prestation de services à distance organisé par le fournisseur ou par un intermédiaire qui, pour ce contrat, utilise exclusivement une ou plusieurs techniques de communication à distance jusqu'à, et y compris, la conclusion du contrat (C. consom. art. L 222-1 s.) ainsi qu'à la publicité afférente à une offre au public ou une demande d'admission à la négociation de crypto-actifs (C. consom. art. L 222-16-1 s. modifiés par ord. 2024-936 du 15-10-2024).

2. INTRODUCTIONS EN BOURSE

a. Admission aux négociations sur Euronext Paris

63470 L'admission d'instruments financiers aux négociations sur un marché réglementé (comme leur radiation) relève de la compétence de l'entreprise de marché chargée de gérer ce marché (C. mon. fin. art. L 421-14). Le fonctionnement du marché réglementé français « Euronext Paris » est ainsi soumis aux règles fixées par l'entreprise de marché « Euronext » et approuvées par l'AMF (Règl. gén. AMF art. 511-1 s.).

63473 Les sociétés admises à la cotation d'Euronext Paris relèvent d'un corps de **règles de marché harmonisées** et de différents corps de règles particulières, édictées par chacune des entreprises de marché d'Euronext (Règles de marché **non harmonisées,** cependant conformées aux directives européennes). Les sociétés sont classées par ordre alphabétique et sont en principe identifiables grâce à un critère de capitalisation, permettant de distinguer facilement les petites valeurs (capitalisation boursière inférieure à 150 M€), les valeurs moyennes (entre 150 M€ et 1 Md€) et les grandes valeurs (supérieures à 1 Md€) (Inst. Euronext 6-02 art. 2).

63474 En principe, toutes les **transactions** se font **au comptant** : l'acheteur est redevable des capitaux et le vendeur des titres, dès l'exécution de l'ordre (Règles de marché non harmonisées d'Euronext du 2-7-2019 art. P 2.1.1). Mais les intermédiaires boursiers peuvent proposer à leurs clients un service équivalant au règlement mensuel dénommé « **ordres stipulés à règlement-livraison différés** » qui leur permet de reporter en fin de mois, sauf prorogation, le paiement d'un achat de titres ou la livraison de titres vendus (Règles de marché non harmonisées précitées art. P 2.2.1 à P 2.2.6 et Inst. Euronext N4-02 art. 11 s.). Le membre du marché agit pour le compte du donneur d'ordre, moyennant une commission librement fixée entre les parties, pour l'achat ou la vente des titres sur le marché au comptant en avançant le montant du règlement (achat) ou en avançant les titres (vente). À l'arrivée du terme, il lui livre les titres contre paiement (donneur d'ordre acheteur) ou lui remet les fonds contre la livraison des titres (donneur d'ordre vendeur). Dans l'intervalle, les titres sont la propriété de la personne au nom de laquelle ils sont inscrits en compte : l'intermédiaire en cas d'achat, l'investisseur en cas de vente. Pour l'heure, le service à règlement-livraison différé ne s'applique qu'aux valeurs les plus liquides (capitalisation de 1 Md€ et volume d'échanges quotidiens de 1 M€).

Le **Matif** (Marché à terme international de France) et le **Monep** (Marché des options négociables de Paris) sont deux marchés de produits dérivés, gérés et réglementés par Euronext Paris. Ils ont le statut de marché réglementé au sens de l'article L 421-1 du Code monétaire et financier. Sauf mention contraire, les règles de marché non harmonisées d'Euronext Paris leur sont également applicables, en complément ou, le cas échéant, par dérogation aux règles harmonisées d'Euronext (Règles de marché non harmonisées d'Euronext du 2-7-2019 art. P/M 1.0). **63476**

CONDITIONS DE L'ADMISSION AUX NÉGOCIATIONS SUR EURONEXT PARIS

La demande d'admission à la cotation d'un instrument financier au sens de l'article L 211-1 du Code monétaire et financier est subordonnée à un certain nombre de conditions prévues par les règles de marché harmonisées d'Euronext et variables selon la nature des instruments financiers concernés. Des conditions de cotations supplémentaires peuvent toutefois être imposées par l'entreprise de marché si elle les juge raisonnablement appropriées (Règles de marché harmonisées d'Euronext du 9-6-2025 art. 6406). **63490**

Titres de capital L'admission de titres de capital aux négociations sur le marché réglementé Euronext Paris est subordonnée au respect des **deux conditions** suivantes (Règles de marché harmonisées d'Euronext du 9-6-2025 art. 6302/1) : **63493**

– une diffusion suffisante des titres dans le public doit être réalisée au plus tard au moment de l'admission. Le nombre de titres diffusés est réputé suffisant soit lorsque ces titres sont répartis dans le public, à concurrence d'au moins 25 % du capital souscrit, soit (à la discrétion de l'entreprise de marché compétente) lorsque, en raison du nombre élevé de titres et de l'étendue de leur diffusion dans le public, le marché peut fonctionner avec un pourcentage plus faible. Ce pourcentage ne peut alors être inférieur à 5 % et doit représenter une valeur d'au moins 5 M€ (calculée sur la base du prix de souscription) ;

– au moment de l'admission et sauf dérogation accordée par Euronext, la société émettrice doit disposer, pour les trois derniers exercices précédant la demande d'admission, d'états financiers annuels audités, publiés ou déposés auprès des organismes compétents, ou de comptes pro forma audités. Si le dernier exercice a été clos plus de neuf mois avant la date de l'admission, la société doit avoir publié ou déposé des comptes semestriels.

> **Précisions** L'AMF a indiqué que des **actions « jumelées »** (comparables aux « stapled shares » anglo-saxonnes) admises aux négociations sur Euronext, faisant l'objet d'une indivisibilité conventionnelle stipulée dans les statuts de deux sociétés, ne peuvent pas être transférées, achetées ou cédées séparément, les deux actions devant donc être réunies en une seule ligne de cotation à laquelle est attaché un identifiant (code ISIN) unique qui permet de les négocier ensemble sur le marché (Rapport AMF 2018 p. 47).

Obligations L'admission d'obligations aux négociations sur le marché réglementé Euronext Paris requiert une émission obligataire d'un montant nominal d'au moins 5 M€ en cas d'offre au public ou d'au moins 200 000 € en l'absence d'offre au public. Ces montants ne s'appliquent toutefois pas lorsque l'émetteur agit dans le cadre d'un programme d'émission en continu pour lequel le montant de l'émission n'a pas encore été fixé (Règles de marché harmonisées d'Euronext du 9-6-2025 art. 6303/1). **63502**

En outre, les émetteurs ayant la qualité de PME et demandant l'admission d'obligations aux négociations à la suite d'une offre au public doivent obtenir et rendre publique une notation *portant sur la société ou sur l'émission de la part* d'une agence de notation financière dûment enregistrée ou certifiée par l'Esma (Règles de marché harmonisées précitées art. 6303/3 et règles non harmonisées du 2-7-2019 art. P 1.1.4).

> **Précisions** Pour l'application de ces dispositions, une **PME** s'entend (Règles de marché harmonisées précitées art. 6303/3) :
> – s'agissant d'une société dont les titres de capital sont déjà admis aux négociations sur un marché réglementé ou sur un marché équivalent, d'une société présentant une capitalisation boursière de moins de 100 M€ sur la base des cours de clôture des 30 derniers jours de bourse précédant la date de dépôt de la demande d'admission ;
> – s'agissant d'une société dont les titres de capital ne sont pas déjà admis aux négociations sur un marché réglementé ou sur un marché

équivalent, d'une société présentant, d'après ses derniers comptes annuels ou consolidés publiés, au moins deux des trois caractéristiques suivantes : un nombre moyen de salariés inférieur à 250 personnes sur l'ensemble de l'exercice, un total du bilan ne dépassant pas 43 M€ ou un chiffre d'affaires net annuel ne dépassant pas 50 M€.

63505 **Autres instruments financiers** Des conditions d'admission particulières sont prévues pour les titres émis par des fonds fermés et des sociétés d'investissement, pour l'admission d'organismes de placement collectif ouverts, pour les warrants et pour les autres titres négociables (Règles de marché harmonisées d'Euronext du 9-6-2025 art. 6304 à 6307).

Il en est de même pour l'admission aux négociations de titres financiers sous forme de « promesses » (Règles précitées art. 6801/1 s.).

Pour les règles particulières applicables au Matif et au Monep, voir Règles de marché non harmonisées d'Euronext du 2-7-2019 art. P/M 1.0 s.

PROCÉDURE D'ADMISSION AUX NÉGOCIATIONS SUR EURONEXT PARIS

63515 **Demande d'admission** La demande d'admission aux négociations d'un instrument financier sur le marché réglementé Euronext Paris doit être déposée auprès de l'entreprise de marché par le biais d'un **formulaire d'admission** (Règles de marché harmonisées d'Euronext du 9-6-2025 art. 6401). Un formulaire type d'admission (Première admission aux négociations de titres de capital et/ou de certificats représentatifs de titres sur les marchés réglementés d'Euronext) est téléchargeable sur le site internet d'Euronext.

L'entreprise de marché et la société émettrice à l'initiative de la demande d'admission arrêtent conjointement un **calendrier** pour l'admission (Règles précitées art. 6402).

Sauf cas d'exonération, la société émettrice doit mandater un **agent introducteur** pour les besoins de sa demande de première admission, ainsi que pour toute demande ultérieure nécessitant la rédaction d'un prospectus. Cette obligation de nommer un « agent introducteur » n'affecte nullement l'obligation éventuelle de nommer des intermédiaires financiers ou toute autre entreprise agréée (Règles précitées art. 6404 ; sur le rôle et les responsabilités des agents introducteurs, voir Inst. Euronext 6-01).

63516 **Documentation** À la date de la demande d'admission aux négociations sur le marché réglementé Euronext Paris, les documents suivants doivent être remis par la société émettrice à l'entreprise de marché (Règles de marché harmonisées d'Euronext du 9-6-2025 art. 6501) :

– le formulaire d'admission dûment signé ;

– les documents spécifiés au formulaire d'admission, y inclus notamment tous documents attestant que la situation et la structure juridiques de la société émettrice sont conformes à la loi et à la réglementation, que l'administration des opérations sur titres et le paiement d'éventuels dividendes sont assurés et que des procédures adaptées sont disponibles pour la compensation et le règlement-livraison des transactions portant sur les titres financiers concernés ;

– les projets et la copie du prospectus ou de tout autre document d'information équivalent et relatif à la demande d'admission aux négociations ;

– la copie des procès-verbaux des organes sociaux incluant les résolutions approuvant l'émission des titres financiers concernés et la demande d'admission aux négociations.

Les sociétés candidates peuvent rédiger un **prospectus en anglais,** y compris en cas d'introduction en bourse en France, sous réserve que le résumé du prospectus soit, sauf cas spécifiques limitativement énumérés, traduit en français (Règl. gén. AMF art. 212-12).

63517 **Rôle de l'AMF** L'entreprise de marché doit informer l'AMF préalablement à toute décision relative à une première demande d'admission de titres de capital, ou à une demande d'admission d'obligations par offre au public, sur le marché réglementé qu'elle gère, dans un délai de cinq jours de négociation avant la date prévue pour la prise de décision et recueillir toutes **observations** utiles de celle-ci ; ces observations font partie intégrante des éléments pris en compte par l'entreprise de marché pour rendre la décision d'admission (Règles de marché non harmonisées d'Euronext du 2-7-2019 art. P 1.1.2).

En l'absence de texte l'y autorisant, l'AMF ne peut pas **s'opposer à l'admission** (ou à la radiation) d'un instrument financier aux négociations sur un marché réglementé, à moins de constater que le projet d'admission est contraire aux dispositions législatives ou réglementaires qui lui sont applicables (C. mon. fin. art. L 621-8-1, III-2° ; Règl. gén. AMF art. 213-2, 2°). Le délai de consultation de l'AMF par Euronext Paris pourra être, en cas de besoin, mis utilement à profit par l'AMF pour exercer ce droit d'interdiction de l'opération. L'AMF peut également

suspendre simplement l'admission pendant au plus dix jours de négociation consécutifs, chaque fois qu'elle a des motifs raisonnables de soupçonner que cette admission est contraire aux dispositions législatives ou réglementaires applicables (Règl. gén. AMF art. 213-1).

Dans de nombreux cas, l'AMF aura déjà préalablement été saisie par l'émetteur afin de faire approuver son document d'enregistrement universel ou le prospectus correspondant.

DÉCISION D'ADMISSION AUX NÉGOCIATIONS SUR EURONEXT PARIS

Les décisions d'admission aux négociations d'instruments financiers sur le marché réglementé Euronext Paris sont prises par l'entreprise de marché Euronext Paris (Règles de marché non harmonisées d'Euronext du 2-7-2019 art. P 1.1.2). 63518

Elle dispose du pouvoir d'imposer, au cas par cas, des exigences complémentaires spécifiques. Elle en informe l'émetteur avant de statuer sur sa demande d'admission (Règles de marché harmonisées d'Euronext du 9-6-2025 art. 6406). En pratique, un engagement de conservation est souvent demandé par les banques en charge du placement des titres afin de rassurer les investisseurs sur le maintien de l'équipe dirigeante postérieurement à l'introduction.

Sauf convention contraire entre la société émettrice à l'initiative de la demande d'admission et l'entreprise de marché, cette dernière prend sa décision dans un délai maximal de 30 jours de négociation à compter de la date à laquelle elle a reçu l'intégralité de la documentation nécessaire à l'admission (Règles de marché harmonisées précitées art. 6601). Cette décision d'admission est valable pour une durée maximale de 60 jours de négociation, sauf si l'entreprise de marché apprend qu'une information fournie dans le dossier de demande d'admission a changé. Ce délai est prorogeable une seule fois pour une durée supplémentaire de 60 jours de négociation, sur demande écrite de la société émettrice (Règles précitées art. 6602).

L'admission aux négociations est annoncée par un **avis publié** par l'entreprise de marché décrivant notamment les procédures mises en œuvre pour la réalisation des opérations de diffusion et pour la première cotation des titres admis aux négociations ainsi que le calendrier de la première cotation (Règles de marché non harmonisées précitées art. P 1.2.1).

Refus d'admission L'entreprise de marché peut rejeter une demande d'admission aux négociations de titres de capital s'il lui apparaît que la société émettrice concernée n'a pas la maîtrise d'un actif essentiel à son exploitation (Règles de marché non harmonisées d'Euronext du 2-7-2019 art. P 1.1.3). La décision de rejet doit être motivée et notifiée par écrit à la société émettrice (Règles de marché harmonisées d'Euronext du 3-3-2025 art. 6702). 63519

Dans les cas dans lesquels un prospectus d'information du public est soumis à son approbation, l'AMF peut également refuser d'accorder son approbation, notamment lorsque ce document n'est pas complet ou compréhensible ou que les informations qu'il contient ne sont pas cohérentes (C. mon. fin. art. L 621-8-1, I).

DIFFUSION DES TITRES ADMIS SUR EURONEXT PARIS

La **première cotation** des titres est assurée selon l'une ou l'autre des procédures suivantes : cotation directe, offre à prix minimal, offre à prix ferme ou offre à prix ouvert (Règles de marché non harmonisées d'Euronext du 2-7-2019 art. P 1.2.5 s. ; Inst. Euronext Paris N3-07). 63520

Quant à la **diffusion des titres** dans le public, elle est le plus souvent réalisée au moyen de deux procédures concomitantes : une procédure de **placement** dirigée par le prestataire chef de file du syndicat et réservée aux investisseurs institutionnels et une procédure d'**offre à prix ferme ou à prix ouvert** qui, en fait, ne s'adresse qu'aux particuliers (Règles de marché non harmonisées précitées art. P 1.2.2 à P 1.2.4).

Traitement équilibré des demandes des investisseurs particuliers et institutionnels Lorsque la diffusion des titres s'adresse à toute catégorie d'investisseurs, le prestataire chef de file doit veiller à éviter un déséquilibre manifeste, aux dépens des investisseurs particuliers, entre le service de la demande qu'ils formulent et le service de la demande des investisseurs institutionnels. Ainsi, quand une procédure de placement conçue à l'intention des investisseurs institutionnels coexiste avec une ou plusieurs procédures conçues à l'intention des investisseurs particuliers, le prestataire chef de file doit s'attacher à prévoir un mécanisme de transfert susceptible d'éviter un tel déséquilibre (Règl. gén. AMF art. 315-6 modifié par arrêté du 27-3-2024) en mettant à la disposition des particuliers une fraction des titres initialement affectés aux institutionnels (mécanisme dit « de clawback »). 63521

Encadrement du prix des offres à prix inconnu Les conditions de marché (volatilité) ou encore les spécificités de l'émetteur (secteur d'activité, modèle économique, etc.) peuvent rendre délicate, en pratique, la valorisation de titres non encore admis aux négociations sur un marché réglementé. C'est pourquoi le prix des offres à prix inconnu est encadré. 63522

Un émetteur peut décider d'indiquer dans le prospectus que le prix d'introduction résultera de l'issue de la procédure dite « de **construction d'un livre d'ordres** », sans indication d'autres éléments d'appréciation du prix.

L'émetteur indique alors dans le prospectus soit une **fourchette de prix** d'une amplitude de 15 % autour d'un prix pivot, soit un **prix maximal** sans indication d'un prix minimal. Dans ce dernier cas, ce prix maximal des titres offerts doit être pertinent et cohérent au regard tant des autres informations présentées dans le prospectus qu'au regard des pratiques de marché et, au plus tard trois jours de bourse avant la clôture de l'offre, une information sur une fourchette de prix au maximum de plus ou moins 15 % autour d'un prix pivot doit être communiquée au marché. Dans le cas où cette fourchette vient modifier à la hausse le prix maximal annoncé, une note complémentaire doit être soumise à l'approbation de l'AMF.

L'AMF accepte également qu'une opération soit lancée sur la base d'une fourchette indicative élargie (au-delà de 20 %, voire de 25 %, autour d'un prix pivot) mais à condition de la resserrer à un maximum de plus ou moins 15 % trois jours avant la clôture de l'opération (Rapport AMF 2015 p. 68).

De plus, dès lors qu'un projet d'introduction en bourse s'accompagne d'une levée de fonds (émission de titres nouveaux) et que le prospectus ne présente qu'un prix maximal au lancement de l'offre (et non une fourchette de prix), le montant des fonds finalement levés ne doit pas être de nature à entraîner des modifications des caractéristiques de l'opération telle qu'annoncée, notamment sur les raisons de l'offre et l'utilisation du produit. À défaut, en cas de changement significatif des caractéristiques initialement annoncées de l'introduction en bourse, une période de révocabilité des ordres d'au moins deux jours de négociation doit être ouverte.

En tout état de cause, le **prix définitif** peut faire l'objet d'un communiqué sans approbation complémentaire dès lors qu'il n'est pas de nature à entraîner des modifications des autres caractéristiques de l'opération, notamment sur les raisons de l'offre et l'utilisation du produit (Position-recommandation AMF 2020-06).

63523 **Révocabilité des ordres** Dans le cadre de l'offre à prix ouvert destinée aux particuliers, l'AMF recommande que l'ensemble des **ordres des particuliers** (au moins, dans un premier temps, ceux passés par internet) soient révocables sur toute la durée de l'offre aux particuliers. Le prospectus doit apporter les précisions nécessaires au regard de la révocabilité offerte selon le canal de transmission des ordres (Position-recommandation AMF 2020-06).

La révocabilité des ordres est également permise lorsque l'émetteur décide de réduire effectivement et significativement la taille de l'offre en cours d'offre, par exemple en réduisant la branche « émission de titres nouveaux ». Un communiqué doit alors informer les investisseurs de la possibilité de révoquer leurs ordres. En outre, si cette décision de réduction intervient moins de deux jours avant la clôture de la période de souscription, la période d'offre est prolongée avec publication d'une note d'opération complémentaire (Règl. 2017/1129/UE du 14-6-2017 art. 23 ; Bilan AMF 2015 sur les nouvelles modalités d'introduction en bourse p. 7).

COMPARTIMENT « MARCHÉ DE PROFESSIONNELS » DU MARCHÉ EURONEXT PARIS

63524 Le compartiment dit « marché de professionnels » du marché réglementé Euronext Paris vise à attirer sur la Place de Paris des émetteurs étrangers désireux de faire admettre leurs titres sur un marché réglementé tout en bénéficiant de contraintes allégées.

Les émetteurs ne peuvent solliciter le transfert de leurs instruments financiers hors de ce compartiment qu'à l'occasion d'une émission ou d'une cession d'instruments financiers donnant lieu à l'établissement d'un prospectus (Règl. gén. AMF art. 516-5, al. 2 modifié par arrêté du 22-10-2024).

Ce compartiment est ouvert :

– à l'admission d'instruments financiers, soit par admission pure (ou « cotation technique »), soit à l'issue d'une offre au public réservée à des investisseurs qualifiés ;

– par des émetteurs français ou étrangers n'ayant pas déjà fait admettre sur le marché réglementé français des titres de capital ou donnant accès au capital et en vue de leur négociation par des investisseurs qualifiés.

Les instruments financiers admis aux négociations sur le compartiment professionnel peuvent toutefois être acquis par un investisseur autre qu'un investisseur qualifié si cette acquisition est effectuée à l'initiative de cet investisseur et lorsque ce dernier a été dûment informé des caractéristiques de ce compartiment par le prestataire de services d'investissement (Règl. gén. AMF art. 516-6). Ainsi, la possibilité pour un investisseur non qualifié d'acquérir ces titres n'est pas interdite (en l'absence de base légale suffisante) si cette acquisition procède d'une initiative de l'investisseur dûment informé par le prestataire de services d'investissement des caractéristiques du compartiment.

Lorsque la vente porte sur des titres autres que de capital, les titres ne doivent pas être revendus à des investisseurs non qualifiés, à moins qu'un prospectus adapté à de tels investisseurs ne soit établi (Règl. 2017/1129/UE du 14-6-2017 art. 5, 2 ; art. 516-6, al. 2).

Les **conditions d'admission** sur ce compartiment sont simplifiées et bénéficient d'une triple dispense : 63525

– de traduction en français du résumé (Règl. gén. AMF art. 212-12, I) ;

– d'attestation du prestataire de services d'investissement présentateur (Règl. gén. AMF art. 212-16, IV) ;

– de lettre de fin de travaux des commissaires aux comptes (Règl. gén. art. 212-15, III).

En outre, les **obligations d'information permanente et périodique** sont allégées par la possibilité d'utiliser une langue usuelle en matière financière (Règl. gén. AMF art. 221-2, I).

Sur les allégements du contenu du dossier d'admission à déposer auprès de l'AMF et les modalités d'instruction de la demande d'approbation, voir Inst. AMF 2019-21 modifiée le 11-2-2025 art. 9.

› Précisions Les **documents enregistrés auprès de la SEC** au cours des 12 derniers mois peuvent valablement être déposés en France en vue d'obtenir de l'AMF une approbation d'admission aux négociations sur Euronext Paris sans offre au public (autre que celle réservée à des investisseurs qualifiés ou à un cercle restreint d'investisseurs, celle qui relève du financement participatif, celle dont le montant total calculé sur une période de 12 mois est inférieur à 8 M€, seuil qui devrait être porté à 12 M€ à compter du 5 juin 2026 : voir nº 63036, Attention, celle qui porte sur des titres dont la valeur nominale unitaire s'élève au moins à 100 000 €, et celle dont les bénéficiaires acquièrent les titres pour un montant total d'au moins 100 000 € par investisseur et par offre distincte), les standards américains et l'environnement de contrôle d'une société demandant à être cotée sur un marché américain étant équivalents aux exigences européennes (Communiqué AMF du 1-10-2007 : Rev. AMF octobre 2007 p. 213).

RADIATION DES INSTRUMENTS FINANCIERS

À la demande de la société émettrice ou de sa propre initiative, l'entreprise de marché peut décider la radiation d'instruments financiers de la liste des instruments financiers admis aux négociations sur le marché Euronext Paris (Règles de marché harmonisées d'Euronext du 9-6-2025 art. 6905/1 s. et Règles non harmonisées du 2-7-2019 art. P 1.4.1 s.). 63530

La radiation d'un instrument financier peut également être décidée par l'entreprise de marché lorsqu'il ne remplit plus les conditions d'admission fixées par les règles du marché, sauf si une telle mesure est susceptible de léser d'une manière significative les intérêts des investisseurs ou de compromettre le fonctionnement ordonné du marché (C. mon. fin. art. L 420-10, I-al. 1 ; voir CA Versailles 8-4-2021 nº 19/07661 : Bull. Joly Bourse juillet-août 2021 p. 42).

La radiation peut être demandée par la société émettrice dont 90 % du capital et 90 % des droits de vote sont détenus par le ou les actionnaires majoritaires agissant de concert, par la mise en œuvre d'une procédure de retrait obligatoire ou, lorsque le droit applicable ne permet pas le retrait obligatoire, par la mise en œuvre d'une offre publique sous réserve de démontrer que, sur les 12 derniers mois précédant la demande, le montant total négocié sur ces titres représente moins de 0,5 % de la capitalisation boursière de l'émettrice (pour les autres conditions, voir Règles de marché non harmonisées précitées art. P 1.4.2).

La radiation peut également être requise auprès de l'entreprise de marché par le président de l'AMF (C. mon. fin. art. L 421-15, II-al. 2).

Si l'entreprise de marché décide une radiation, la **procédure** suivante s'applique (Règles de marché harmonisées d'Euronext du 9-6-2025 art. 6905/2) : 63532

– elle informe la société émettrice de son intention de procéder à la radiation en lui donnant la possibilité de répondre avant qu'une quelconque décision soit prise ;

– elle définit la date à laquelle la décision prendra effet ;

– elle notifie à la société émettrice la date prévue de radiation ;

– elle publie la date à laquelle cette radiation entrera en vigueur, ainsi que les modalités et toutes les autres informations pertinentes s'y rapportant.

Cette procédure fondée sur les règles de marché non harmonisées d'Euronext du 2 juillet 2019 (art. P 1.4.2) est exclusive des règles légales et réglementaires du retrait obligatoire, notamment s'agissant du contrôle du prix par l'AMF.

63534 Sauf acceptation par Euronext Paris d'une demande motivée de l'émetteur, les **titres de créance** sont maintenus aux négociations jusqu'au troisième jour de négociation précédant la date de remboursement (Règles de marché non harmonisées d'Euronext du 2-7-2019 art. P 1.4.3).

TRANSFERT DE TITRES VERS EURONEXT GROWTH

63540 **Titres d'une société d'Euronext Paris** Un émetteur d'Euronext Paris souhaitant demander le transfert de ses titres sur Euronext Growth, sans mettre en œuvre une procédure de retrait obligatoire suivie d'une cession ou émission de ses titres au profit de ses actionnaires, doit remplir les **conditions** suivantes (C. mon. fin. art. L 421-14, V ; Règl. gén. AMF art. 223-36) :

– sa capitalisation boursière doit être inférieure à 1 Md€ ;

– l'assemblée générale ordinaire des actionnaires se tenant deux mois au moins avant l'éventuel transfert sur Euronext Growth doit statuer sur ce projet en adoptant une résolution spécifique ;

– le public doit être informé, par la diffusion effective et intégrale de deux communiqués, le premier deux mois au moins avant la date envisagée pour le transfert et le second, postérieur à l'assemblée ayant statué sur le projet, après la décision de mise en œuvre du transfert effectif prise par l'organe de direction de l'émetteur. Les raisons de l'opération et ses conséquences pour les actionnaires et le public doivent être précisées, ainsi que le calendrier prévisionnel de l'opération. L'AMF demande que le premier communiqué soit publié avant la tenue de l'assemblée générale appelée à voter l'autorisation du transfert afin d'assurer une bonne information des actionnaires et du public, notamment sur les conséquences du transfert. L'AMF demande également que l'émetteur précise, au plus tard dans le second communiqué, son intention de continuer à établir ses comptes consolidés en normes comptables internationales ou d'adopter les normes comptables françaises (dans ce cas, il convient de faire application de la recommandation de l'Autorité des normes comptables 2010-01). La possibilité de revenir au référentiel français étant en effet liée au transfert, la décision doit être prise et rendue publique au plus tard lorsque la société a décidé de demander son transfert (Position-recommandation AMF 2010-03).

En outre, afin de préserver les droits des actionnaires minoritaires, tant le **droit des offres publiques** que les obligations de **déclaration de franchissement de seuils** et les **déclarations d'intention** applicables aux sociétés admises à la négociation sur un marché réglementé sont maintenus pendant trois ans à compter de cette admission pour les sociétés transférées sur Euronext Growth (C. mon. fin. art. L 433-5 ; Règl. gén. AMF art. 231-1, 4°).

L'émetteur doit également remplir les conditions fixées par l'entreprise de marché Euronext relatives au flottant minimum de 2,5 M€ et, sauf dispense particulière, à l'obligation de désigner un « listing sponsor » (Règles harmonisées des marchés Euronext Growth du 2-5-2024 art. 3.2.1-iii, 3.1.7 et 3.3.5).

Pour un exemple, voir Avis Nyse Euronext du 25-5-2010, société Otor.

63542 **Titres d'une société d'Euronext Access** Le transfert des titres d'un émetteur d'Euronext Access vers Euronext Growth est une faculté naturellement ouverte et utilisée par des sociétés en recherche de développement, de visibilité et de liquidité de leurs titres. Il peut être réalisé avec ou sans offre au public, y compris, dans ce dernier cas, par cotation directe (pour un exemple, voir Avis Nyse Euronext du 16-6-2010, société Gaussin Manugistique).

OFFRE DE CESSION VOLONTAIRE (« SALES FACILITY »)

63543 L'émetteur qui demande la radiation de ses titres de capital alors qu'il prévoit de maintenir leur admission aux négociations sur un autre marché réglementé ou un marché d'un pays tiers présentant des caractéristiques équivalentes doit suivre une **procédure de retrait ordonné,** définie par l'instruction Euronext Paris N3-08 du 10 avril 2008 et qui implique notamment de proposer préalablement aux actionnaires existants la vente de leurs titres sur le marché le plus liquide avec une prise en charge des coûts associés (pour des exemples, voir Avis Euronext Paris 20070816-8707 du 16-8-2007 et 20071217-10146 du 17-12-2007).

Euronext Paris peut dispenser l'émetteur de cette obligation s'il maintient une admission sur un marché réglementé géré par l'une des autres entreprises de marché d'Euronext et dont le système de règlement-livraison est équivalent pour l'actionnaire (Règles de marché non harmonisées d'Euronext du 2-7-2019 art. P 1.4.4).

L'entreprise de marché doit informer l'AMF des décisions de radiation qu'elle prend (C. mon. fin. art. L 421-15, III).

Pour les règles particulières applicables au Matif et au Monep, voir Règles de marché non harmonisées précitées art. P/M 1.0 s.

ÉTABLISSEMENT D'UN DOCUMENT D'INFORMATION

Les règles régissant la production de documents d'information sont identiques à celles exposées nos 63051 s. 63560

b. Admission aux négociations sur les marchés français non réglementés

Le marché **Euronext Growth,** SMNO géré par Euronext, bénéficie de règles d'admission spécifiques (désignation obligatoire, sauf dispense particulière, d'un listing sponsor) et allégées (notamment concernant l'information financière) auxquelles on se reportera (Règles harmonisées des marchés Euronext Growth du 2-5-2024). 63570

Euronext Access est aussi un SMN mais il n'entre pas dans la sous-catégorie des SMNO. Pour des précisions sur les conditions d'admission sur Euronext Access Paris, voir les Règles harmonisées d'Euronext Access du 2-5-2024, notamment les articles 2 s. et les instructions citées.

SECTION 5 RÈGLES PARTICULIÈRES AUX TITRES COTÉS

I. IDENTIFICATION DES PROPRIÉTAIRES DE TITRES

IDENTIFICATION DES PROPRIÉTAIRES DE TITRES AU PORTEUR

En vue de l'identification des propriétaires des titres au porteur, les statuts peuvent prévoir que la société émettrice ou un tiers désigné par elle est en droit de demander, à tout moment et contre rémunération à sa charge, que les informations concernant les propriétaires de ses **actions** et des **titres conférant** immédiatement ou à terme **le droit de vote** dans ses assemblées d'actionnaires soient transmises à la société ou au tiers désigné à l'effet de les lui transmettre (art. L 228-2, I-al. 1 et 2). Les certificats d'investissement encore en circulation et toutes les valeurs mobilières composées ne donnant pas vocation à des actions sont donc exclus. Il en est de même des certificats de droit de vote puisque ceux-ci doivent obligatoirement être de forme nominative (cf. art. L 228-30, al. 4). 63800

Dans les sociétés dont des actions sont admises aux négociations sur un marché réglementé établi ou opérant dans un État membre de l'UE, cette faculté est de droit, toute **clause statutaire contraire** étant réputée non écrite (art. L 228-2, I-al. 8). À notre avis, cette disposition interdit de priver statutairement une telle société ou le tiers désigné par elle du droit d'identifier les propriétaires de ses actions et titres conférant le droit de vote dans ses assemblées d'actionnaires, quand bien même une clause statutaire à cet effet serait adoptée à l'unanimité des actionnaires réunis en assemblée générale extraordinaire.

Sauf clause contraire du contrat d'émission et nonobstant le silence des statuts, toute personne morale émettrice d'**obligations** ou de **titres de créance négociables** autre que les personnes morales de droit public a la faculté de demander l'identification des porteurs de ces titres dans les mêmes conditions et suivant les mêmes modalités que celles applicables aux sociétés précitées (art. L 228-2, IV).

› Précisions **a.** *Hormis la suppression de* l'anonymat des propriétaires des valeurs mobilières à l'égard de la société émettrice, les titres au porteur identifiable sont soumis au même **régime** que les titres au porteur ordinaires tant en ce qui concerne les modalités de leur inscription en compte qu'en ce qui concerne celles de leur transmission.

b. La procédure d'identification est également applicable aux **organismes de placement collectif,** qu'ils aient ou non la forme de société par actions, et peut être exercée par leur société de gestion. La procédure est alors applicable malgré l'absence de stipulations spécifiques dans les statuts ou le règlement (C. mon. fin. art. L 211-5).

c. Lorsqu'il existe des **valeurs mobilières donnant accès à terme au capital,** la faculté ou le droit pour la société d'utiliser le régime des titres au porteur identifiable s'applique aux propriétaires de ces titres (cf. art. L 228-2, I-al. 1). Il n'y a pas lieu, à notre avis, de conditionner l'exercice de cette faculté ou de ce droit au vote d'une assemblée spéciale. En effet, il n'appartient pas aux propriétaires de valeurs mobilières donnant accès à terme au capital, même s'ils sont des actionnaires potentiels, de s'immiscer dans le fonctionnement de la société en dehors des cas prévus par la loi. De plus, la forme nominative ou au porteur des titres ne saurait être considérée comme une des conditions du contrat d'émission dont la modification justifierait la réunion d'une assemblée spéciale, ni comme constituant une catégorie d'actions car celles-ci n'emportent pas des droits propres.

63809 **Informations fournies sur les propriétaires de titres au porteur** Les informations que la société émettrice ou le tiers désigné par elle peut obtenir, pour chaque propriétaire de ses titres, sont les suivantes (art. R 228-3 ; Règl. 2018/1212/UE du 3-9-2018, ann.-tableau 2-C) :

– son identifiant unique (s'il s'agit d'une personne morale, numéro d'identification ou identifiant d'entité juridique visé dans le règlement 1247/2012/UE du 19-12-2012 ; s'il s'agit d'une personne physique, identifiant national : cf. Règl. 2017/590/UE du 28-7-2016 art. 6 ; signalons que le format de l'identifiant national, fondé sur la nationalité de la personne physique concernée, n'est pas harmonisé entre tous les États membres) ;
– selon le cas, sa dénomination ou ses nom et prénoms ;
– son adresse postale et, le cas échéant, électronique ;
– le nombre de titres qu'il détient auprès de l'intermédiaire auteur de la réponse ainsi que le type de détention de ces titres (pour compte propre, pour compte de tiers, en qualité de propriétaire réel).

En outre, à la **demande expresse** de la société émettrice ou de son mandataire, peuvent être obtenues les informations suivantes (art. R 228-3 ; Règl. 2018/1212/UE ann.-tableau 2-C) :

– la date depuis laquelle les titres sont détenus, ou les catégories ou classes des actions détenues par chaque actionnaire ;
– s'il y a lieu, le nom et l'identifiant unique du tiers désigné par le propriétaire des titres à l'effet de prendre des décisions d'investissement en son nom.

Enfin, à la **demande expresse** de la société émettrice, peuvent être obtenues, **sous réserve de** leur **disponibilité** chez la personne interrogée, les informations suivantes (art. R 228-3) :

– la nationalité du propriétaire ;
– selon le cas, son année de naissance ou son année de constitution ;
– le cas échéant, les restrictions dont les titres peuvent être frappés autres que celles directement attachées à la personne du titulaire de ces titres (tels, selon nous, le séquestre ou le nantissement desdits titres) ;
– le code indiquant l'activité principale exercée (code NAF ou son équivalent européen : cf. Règl. 1893/2006/CE du 20-12-2006) ;
– le caractère professionnel ou non, au sens de l'article L 533-16 du Code monétaire et financier, du propriétaire ;
– lorsque le titre est une part ou une action d'un organisme de placement collectif, la dénomination et le numéro d'identification du distributeur ayant effectué leur cession auprès du propriétaire.

La société émettrice, ou le tiers désigné par elle, peut demander ces informations pour l'ensemble des porteurs ou, selon nous, seulement ceux détenant un nombre de titres déterminé, afin d'obtenir des renseignements satisfaisants pour un coût réduit (en ce sens également, Règl. 2018/1212/UE du 3-9-2018 ann.-tableau 1-A-7 ; Avis Sén. n° 569 du 12-5-2021 p. 16 ; Afti, Shareholders Rights Directive II, Guide d'implémentation pour la Place française, juillet 2020, p. 33).

› Précisions **a.** La société émettrice, ou le tiers désigné par elle, peut également, sur sa demande, se faire transmettre par tout intermédiaire mentionné n° 63812 les **coordonnées des intermédiaires** inscrits dans ses livres qui détiennent des actions ou des titres conférant immédiatement ou à terme le droit de vote dans les assemblées d'actionnaires de la société émettrice (art. L 228-2, II-al. 2). Sous cette réserve, l'obligation au secret professionnel à laquelle sont tenues les personnes chargées de l'identification (n° 63870) interdit à celles-ci, selon nous, de fournir des éléments sur leurs **sources de renseignements.**

b. Sur les informations complémentaires à transmettre aux **sociétés dont des actions sont admises aux négociations sur un marché réglementé,** voir Règl. 2018/1212/UE ann.-tableau 2-A et B.

63812 **Demande d'information sur les propriétaires de titres au porteur** Les demandes d'informations ne peuvent être formulées que par la société émettrice ou le tiers désigné par elle. Elles peuvent être adressées aux intermédiaires suivants (art. L 228-2, I-al. 3 à 7) :

1. Un dépositaire central.

2. Les intermédiaires assurant la tenue de compte-conservation (cf. C. mon. fin. art. L 542-1, 2° à 7°).

3. Les intermédiaires inscrits (cf. art. L 228-1).

4. Toute autre personne établie hors de France qui fournit des services d'administration ou de conservation d'actions ou de tenue de compte-titres au nom de propriétaires de titres ou d'autres intermédiaires.

L'intermédiaire qui reçoit la demande transmet les informations demandées, en ce qui concerne les propriétaires de titres et les intermédiaires inscrits dans ses livres, à la personne désignée à cet effet dans la demande. En outre, il transmet la demande d'informations aux intermédiaires inscrits dans ses livres, sauf opposition expresse de la société émettrice ou du tiers désigné par elle lors de la demande (art. L 228-2, II-al. 1).

La demande d'informations formulée par la société ou le tiers désigné par elle est transmise entre chaque intermédiaire, au plus tard à la clôture du jour ouvrable où il la reçoit. Par exception, l'intermédiaire qui reçoit la demande après 16 heures un jour ouvrable peut la transmettre jusqu'à 10 heures le jour ouvrable suivant.

La **réponse** à la demande est **transmise** par chaque intermédiaire au destinataire désigné dans la demande (la société ou le tiers désigné par elle) **au plus tard** le jour ouvrable suivant la « date d'enregistrement » ou la date de réception de la demande par l'intermédiaire auteur de la réponse si cette réception intervient plus tard. Par exception, les réponses aux demandes ou parties des demandes qui ne peuvent pas être traitées par ordinateur ou de façon entièrement automatisée (cf. Règl. 2018/1212/UE du 3-9-2018 art. 2, 3) et celles aux demandes que l'intermédiaire reçoit plus de sept jours ouvrables après la « date d'enregistrement » sont transmises par l'intermédiaire au plus tard à l'échéance du « délai de l'émetteur » (art. R 228-4 ; Règl. 2018/1212/UE art. 9, 6).

Lorsque ces **délais** ne sont **pas respectés** ou lorsque les informations fournies sont incomplètes ou erronées, la société émettrice ou le tiers désigné par elle peut demander l'exécution de l'obligation de communication, sous astreinte, au président du tribunal statuant en référé (art. L 228-2, III-al. 2).

› Précisions **a.** La « **date d'enregistrement** » est la date, fixée par la société, à laquelle est déterminée l'identité du propriétaire des titres en considération des positions réglées inscrites dans les livres du dépositaire central ou, le cas échéant, d'un autre premier intermédiaire (le plus proche de la société) par inscription comptable à la clôture de son activité (Règl. 2018/1212/UE art. 1, 7).

b. Le « **délai de l'émetteur** » est le jour et l'heure limites, fixés par la société, pour lui notifier, ou au tiers désigné par elle ou au dépositaire central, les décisions du propriétaire des titres relatives à une opération engagée par la société ou un tiers impliquant l'exercice des droits découlant des titres, telles une distribution de bénéfices ou une assemblée générale (Règl. 2018/1212/UE art. 1, 14 et 1, 3).

c. Les obligations relatives à la procédure d'identification (cf. art. L 228-2 à L 228-3-1 et L 228-3-4 à L 228-3-6) sont applicables aux intermédiaires mentionnés aux 1. à 3. ci-dessus qui reçoivent une demande d'informations concernant les propriétaires des actions d'une société ayant son **siège dans un État** membre de l'UE **autre que la France** et dont les actions sont admises à la négociation sur un marché réglementé établi ou opérant dans un État membre, sous réserve que cette demande soit faite conformément à la procédure d'identification des actionnaires prévue par l'article 3 bis de la directive 2007/36/CE du 11 juillet 2007 (art. L 228-3-7).

d. Les intermédiaires sont tenus d'indiquer la date et l'heure des transmissions d'informations relatives à l'identité des actionnaires d'une **société dont des actions sont admises aux négociations sur un marché réglementé** (Règl. 2018/1212/UE art. 9, 8). Ils doivent par ailleurs vérifier que la demande d'informations émane bien de ladite société (Règl. 2018/1212/UE art. 10, 2 ; sur le format de cette demande, voir Règl. 2018/1212/UE ann.-tableau 1).

Frais d'identification des propriétaires de titres au porteur Les frais éventuels appliqués au titre des services relatifs à l'identification des propriétaires des titres au porteur doivent être **non discriminatoires** et **proportionnés** aux coûts engagés pour fournir ces services. Toute différence de frais résultant du caractère transfrontalier du service n'est autorisée que si elle est expliquée et correspond à la différence des coûts engagés pour fournir ce service (art. L 228-2, V). Les personnes qui fournissent un ou plusieurs des services d'identification des propriétaires de ces titres **publient sur leur site internet** les frais associés à chaque type de service (art. R 228-5). 63813

› Précisions L'**AMF recommande** aux teneurs de comptes-conservateurs de facturer, le cas échéant, aux actionnaires de sociétés « cotées » sur un marché réglementé des frais non discriminatoires et proportionnés aux coûts réels qu'ils engagent pour inscrire au nominatif des titres au porteur. Elle préconise par ailleurs aux sociétés « cotées » (sur un marché réglementé ou autre) et aux teneurs de comptes-conservateurs de ne facturer aucuns frais liés à l'inscription au nominatif des titres au porteur attribués par la société aux actionnaires déjà détenteurs de titres nominatifs qui en auraient fait la demande à l'occasion d'une augmentation de capital ou de toute autre opération sur titre (Recommandation AMF 2012-05 proposition n° 2.11).

63815 **Confidentialité des informations d'identification** Les informations obtenues ne peuvent être cédées, même à titre gratuit, sous peine de lourdes sanctions pénales : emprisonnement d'un an et amende de 15 000 € (C. pén. art. 226-13 sur renvoi de l'art. L 228-2, VI).

63818 **Investigations supplémentaires d'identification** La société émettrice ou le tiers désigné par elle qui estime que certains détenteurs de titres dont l'identité lui a été communiquée le sont pour le compte de tiers propriétaires de ces titres est en droit de demander à ces détenteurs de communiquer les informations concernant ces propriétaires dans les conditions et, selon nous, délais décrits nos 63800 s., et ce, jusqu'à obtention des informations concernant les propriétaires réels des titres (art. L 228-3-1, I).

Les informations obtenues ne peuvent pas être cédées, même à titre gratuit (no 63815).

IDENTIFICATION DES PROPRIÉTAIRES DE TITRES NOMINATIFS

63830 En principe, les propriétaires de titres nominatifs sont connus de la société émettrice puisque c'est elle ou son mandataire qui tient leurs comptes-titres ou inscrit leurs titres dans une blockchain (no 62240).

Toutefois dans les cas exposés no 62193, les titres de capital nominatifs ou les obligations peuvent faire l'objet d'une inscription en compte au nom de l'intermédiaire chargé de la conservation et de la gestion de ces titres (art. L 228-1, al. 7).

Dans ce cas, la société émettrice ou son mandataire peut, à tout moment, demander à l'intermédiaire inscrit de lui communiquer les **informations** énumérées no 63809 (à l'exception de celles visées en Précision a.) concernant les propriétaires des obligations ou des titres donnant immédiatement ou à terme accès au capital (art. L 228-3, al. 1 et R 228-3 ; Règl. 2018/1212/UE du 3-9-2018 ann.-tableau 2-C).

À notre avis, pareille obligation de déclaration vaut pour les titres de capital nominatifs, même s'ils ne sont pas expressément visés par l'article L 228-3, al. 1. Cette obligation est d'ailleurs applicable aux intermédiaires mentionnés no 63812, 1 à 3, qui reçoivent une demande d'informations concernant les propriétaires des actions d'une société ayant son siège dans un État membre de l'UE autre que la France et dont les actions sont admises à la négociation sur un marché réglementé établi ou opérant dans un État membre, sous réserve que cette demande soit faite conformément à la procédure d'identification des actionnaires prévue par l'article 3 bis de la directive 2007/36/CE (cf. art. L 228-3-7).

Les **délais** de transmission des demandes d'informations et des réponses à ces demandes sont ceux mentionnés no 63812 (art. R 228-4 et Règl. 2018/1212/UE art. 9, 6).

Si les délais ne sont pas respectés ou si les informations fournies sont incomplètes ou erronées, la société émettrice ou son mandataire peut demander l'exécution de l'obligation de communication, sous astreinte, au président du tribunal statuant en référé (art. L 228-3, al. 3).

Contrairement au régime du titre au porteur identifiable applicable aux sociétés dont les actions ne sont pas admises aux négociations sur un marché réglementé, la demande d'identification peut être faite même en l'absence de toute clause statutaire la prévoyant.

Les droits spéciaux éventuellement attachés aux actions nominatives, notamment le droit de vote double (nos 47717 s.) et le droit à un dividende majoré (nos 76435 s.), ne peuvent être exercés par l'intermédiaire inscrit que si les informations qu'il fournit permettent le contrôle des conditions requises pour l'exercice de ces droits (art. L 228-3, al. 4).

63831 **Frais d'identification des propriétaires de titres nominatifs** Les personnes qui fournissent un ou plusieurs des services d'identification des propriétaires de titres nominatifs faisant l'objet d'une inscription au nom d'un intermédiaire chargé de leur gestion publient sur leur site internet les frais associés à chaque type de service (art. R 228-5).

63833 **Investigations supplémentaires d'identification** La société émettrice ou le tiers désigné par elle qui estime que certains détenteurs de titres dont l'identité leur a été communiquée le sont pour le compte de tiers propriétaires de ces titres est en droit de demander à ces détenteurs de communiquer les informations concernant ces propriétaires dans les conditions et, selon nous, délais décrits no 63830, et ce, jusqu'à ce que soient identifiés les propriétaires réels des titres (art. L 228-3-1, I).

ACTIONNAIRE PERSONNE MORALE : IDENTIFICATION DE SES ASSOCIÉS

63850 Toute personne morale possédant plus de 2,5 % du capital ou des droits de vote d'une société est tenue, sur simple demande de celle-ci, de lui faire connaître l'identité des personnes physiques ou morales qui détiennent directement ou indirectement plus du tiers de son capital ou des droits de vote exercés dans ses assemblées générales (art. L 228-3-1, II).

Le respect de ces dispositions ne dispense pas la personne morale actionnaire des obligations de déclaration de participations significatives qui lui incombent en ce qui concerne les franchissements de seuils (nos 64290 s.) et les prises de contrôle (nos 79701 s.).

LIMITATION À L'IDENTIFICATION DES PROPRIÉTAIRES DE TITRES

Toute **stipulation contractuelle** ayant pour objet ou pour effet de limiter la communication des informations permettant à la société d'identifier les propriétaires de ses titres est réputée non écrite (art. L 228-3-5). 63855

SANCTIONS DU NON-RESPECT DE LA DEMANDE D'IDENTIFICATION

Lorsque le destinataire de la demande d'identification n'a pas transmis les informations requises dans les délais prévus ou a transmis des informations incomplètes ou erronées, les actions, les obligations ou les titres donnant accès immédiatement ou à terme au capital pour lesquels cette personne a été inscrite en compte sont privés du droit de vote pour toute assemblée d'actionnaires ou d'obligataires qui se tiendrait jusqu'à la date de régularisation de l'identification, et le paiement du dividende correspondant est différé jusqu'à cette date (art. L 228-3-3, al. 1). 63860

En outre, dans le cas où la personne inscrite méconnaîtrait sciemment les dispositions des articles L 228-1 à L 228-3-1, le tribunal dans le ressort duquel la société a son siège social peut, sur demande – selon le cas, soit de la société émettrice d'actions ou d'un ou de plusieurs de ses actionnaires détenant au moins 5 % du capital, soit de la société émettrice d'obligations ou d'un ou de plusieurs obligataires détenant au moins 5 % des droits de vote attachés aux obligations d'une masse –, prononcer la privation totale ou partielle, pour une durée totale ne pouvant excéder cinq ans, selon le cas, des droits de vote attachés aux actions ou des droits de vote au sein des assemblées d'obligataires ayant fait l'objet de l'interrogation et, le cas échéant et pour la même période, du dividende correspondant (art. L 228-3-3, al. 2).

Au-delà, les intermédiaires qui ne satisferaient pas à leurs obligations sont susceptibles de voir leur responsabilité civile engagée dans les conditions de droit commun, ou d'être sanctionnés par l'AMF en vertu des articles L 621-15 (nos 63200 et 63232 s.) et, pour ceux qui sont établis à l'étranger, L 542-1 du Code monétaire et financier.

SECRET PROFESSIONNEL DES DÉTENTEURS D'INFORMATIONS D'IDENTIFICATION

Sont tenues au secret professionnel les personnes employées par l'une des entités suivantes ou participant à un titre quelconque à la direction ou à la gestion de celles-ci et ayant, dans le cadre de leur activité professionnelle, connaissance des informations concernant les propriétaires des titres ou les intermédiaires détenant ces titres pour le compte de leur propriétaire (art. L 228-3-4 et L 228-2 à L 228-3-1) : 63870

- la société émettrice, son mandataire ou le tiers désigné par elle ;
- les intermédiaires mentionnés no 63812, et les intermédiaires inscrits dans leurs livres ;
- les personnes morales possédant plus de 2,5 % du capital ou des droits de vote de la société émettrice, ainsi que les personnes physiques ou morales qui détiennent directement ou indirectement plus du tiers de leur capital ou des droits de vote exercés dans leurs assemblées générales.

La violation du secret professionnel expose à de lourdes sanctions pénales : emprisonnement d'un an et amende de 15 000 € (art. L 228-3-4 et, sur renvoi, C. pén. art. 226-13 et art. 226-14 modifié par loi 2024-420 du 10-5-2024).

Toutefois, le secret professionnel ne peut être opposé ni à l'autorité judiciaire ni à l'AMF *(art. L 228-3-4)*.

PROTECTION DES DONNÉES PERSONNELLES D'IDENTIFICATION

Les données à caractère personnel collectées font l'objet d'un traitement automatisé mis en œuvre par la société émettrice aux fins d'identification des propriétaires des titres et de communication avec eux pour faciliter leur participation aux assemblées générales, leur accès à toute information intéressant l'activité de la société et, de façon générale, l'exercice de leurs droits (art. L 228-3-6, I). 63880

Ces données ne peuvent être conservées, par les personnes énumérées no 63870, que 12 mois après que les responsables de traitement ont eu connaissance du fait que la personne qu'elles concernent n'était plus propriétaire des titres (art. L 228-3-6, II-al. 1).

Durant la même période, lorsque le propriétaire des titres est une personne morale, celle-ci a le droit d'obtenir, dans les meilleurs délais, de toute personne traitant les informations ainsi recueillies que les informations inexactes la concernant soient rectifiées et que les informations incomplètes soient complétées, y compris en fournissant une déclaration complémentaire (art. L 228-3-6, II-al. 2).

II. ORGANISATION DES MARCHÉS FINANCIERS

DIFFÉRENTS MARCHÉS FINANCIERS

63900 La négociation et l'exécution des ordres s'inscrivent dans une logique concurrentielle entre les divers lieux et modes d'exécution des ordres : marché de gré à gré, marchés réglementés, SMN et internalisateurs systématiques. Cette libéralisation a entraîné l'apparition de risques nouveaux, notamment la fragmentation de la liquidité de certains titres et l'insuffisante transparence sur les marchés « non actions », corrigés par la directive UE 2014/65 (dite « MIF 2 ») et le règlement UE 600/2014 (dit « Mifir ») du 15 mai 2014 modifiés à plusieurs reprises et complétés par de nombreux textes délégués.

Un corps commun de règles s'applique aux **plates-formes de négociation,** notion regroupant les marchés réglementés, les SMN et les systèmes organisés de négociation (C. mon. fin. art. L 420-1, al. 1). Pour des précisions relatives à la notion de plate-forme de négociation, applicables notamment aux titres financiers inscrits dans une blockchain, voir Position AMF 2020-02 du 6-3-2020.

63902 **Marchés réglementés** Les marchés réglementés sont des systèmes multilatéraux qui assurent ou facilitent la rencontre, en leur sein et selon des règles non discrétionnaires, de multiples intérêts acheteurs et vendeurs exprimés par des tiers pour des instruments financiers, d'une manière qui aboutisse à la conclusion de contrats portant sur les instruments financiers admis à la négociation dans le cadre des règles et systèmes de ces marchés (C. mon. fin. art. L 421-1, al. 1). Ils conservent le monopole de l'admission de titres à la négociation. La qualification de « marché réglementé » repose sur l'obtention d'un agrément en tant que marché réglementé, d'une part, et sur la conformité du fonctionnement de ce marché aux exigences des articles L 421-1 s., d'autre part.

L'inscription d'un marché sur la liste des marchés réglementés que doit établir chaque État membre en vue de sa publication par la Commission européenne n'a qu'une portée déclarative (CJUE 22-3-2012 aff. 248/11).

63904 **Systèmes multilatéraux de négociation** Les SMN sont des systèmes dont l'exploitation constitue un service d'investissement soumis à agrément. Les titres qui s'y négocient peuvent aussi bien être des titres admis à la négociation sur un marché réglementé que des titres non déjà admis à la négociation sur un tel marché, par exemple sur Euronext Growth. Sans avoir la qualité de marché réglementé, le SMN assure la rencontre, en son sein et selon des règles non discrétionnaires, de multiples intérêts acheteurs et vendeurs exprimés par des tiers sur des instruments financiers, de manière à conclure des transactions sur ces instruments (C. mon. fin. art. L 424-1, al. 1). Le SMN doit compter au moins trois membres ou utilisateurs significativement actifs, chacun d'eux ayant la possibilité d'interagir avec tous les autres en matière de formation des prix (art. L 424-1, al. 2).

Il peut être géré par un prestataire de services d'investissement (autre qu'une société de gestion de portefeuille) agréé pour fournir le service d'investissement d'exploitation d'un SMN ou par une entreprise de marché autorisée à cet effet par l'AMF (art. L 424-1, al. 3).

La personne qui gère le SMN en établit ses règles de fonctionnement, lesquelles doivent être transparentes et non discrétionnaires, de nature à garantir un processus de négociation équitable et ordonné et fixant des critères objectifs pour une exécution efficace des ordres (art. L 424-2, al. 1). Les règles du SMN, ainsi que leurs modifications, sont transmises à l'AMF pour approbation avant leur mise en application (art. L 424-2, al. 2). Ces règles sont rédigées en français ou, dans les cas définis par le règlement général de l'AMF, dans une autre langue usuelle en matière financière (art. L 424-2, al. 3).

Un SMN peut, à la demande de son gestionnaire, être enregistré comme « marché de croissance des petites et moyennes entreprises » par l'AMF après que celle-ci a vérifié que 50 % au moins des émetteurs dont les titres sont admis à la négociation sur ce SMN répondent à la définition des « petites et moyennes entreprises » à la date de l'enregistrement et au cours de toute année civile ultérieure et que le SMN répond aux conditions de fonctionnement prévues à l'article D 424-4-1 du Code monétaire et financier, par exemple d'information financière périodique ou d'établissement de prospectus en cas d'offre au public (C. mon. fin. art. L 424-6 à L 424-8). Euronext Growth est ainsi enregistré en tant que marché de croissance des PME.

Le marché **Euronext Growth** entre dans la catégorie des SMN et plus précisément dans la sous-catégorie française de systèmes dénommés « systèmes multilatéraux de négociation organisés » (**SMNO**) (Règl. gén. AMF art. 525-1). Son exploitation est assurée par l'entreprise de marché Euronext. 63906

Les SMNO font l'objet d'une définition spécifique et d'obligations renforcées au bénéfice des investisseurs qui négocient sur ces systèmes.

Sont des SMNO les SMN (Règl. gén. AMF art. 525-1) :

– dont les règles de fonctionnement sont approuvées par l'AMF à leur demande ;
– qui rendent compte quotidiennement à l'AMF des ordres portant sur les instruments financiers admis sur son système reçus des membres du système ;
– et qui prévoient une procédure d'offre publique obligatoire en application de l'article 235-2 du règlement général de l'AMF lorsque les instruments financiers admis sur ces systèmes sont des titres de capital.

Sur ces SMNO s'appliquent ainsi les dispositions communes à l'ensemble des SMN et des dispositions particulières complémentaires, prévues aux articles 525-5 à 525-8 du règlement général de l'AMF. Il en va ainsi de l'obligation du gestionnaire de ce système d'informer l'AMF des difficultés rencontrées dans l'exécution de ses obligations et des faits dont il a connaissance et qui sont susceptibles de porter atteinte au bon fonctionnement du système, tout particulièrement des manquements susceptibles de caractériser des abus de marché.

Pour des précisions sur les conditions d'admission sur Euronext Growth, voir Règles harmonisées d'Euronext Growth du 2-5-2024 (notamment art. 3.1 à 3.8 et les instructions citées).

Euronext Access est aussi un SMN, mais non organisé. Son exploitation est assurée par l'entreprise de marché Euronext et il est assujetti aux règles de fonctionnement prévues par les Règles d'Euronext Access. 63908

Pour des précisions sur les conditions d'admission sur Euronext Access Paris, voir Règles harmonisées d'Euronext Access du 2-5-2024, notamment art. 2 s. et les instructions citées.

Système multilatéral de négociation DLT Le règlement 2022/858/UE du 30 mai 2022 permet à des entreprises d'investissement et des opérateurs de marché d'exploiter des infrastructures de marché DLT (« Distributed Ledger Technology »). 63909

Une **infrastructure de marché DLT** est un SMN, un système de règlement ou un système de négociation et de règlement reposant sur la technologie des registres distribués (blockchain), et dédié aux instruments financiers, dits « numériques », émis, enregistrés, transférés et stockés au moyen de cette technologie (Règl. 2022/858/UE art. 2).

Sur les conditions d'admission sur un SMN DLT, voir Règl. 2022/858/UE et Esma's Questions and Answers on the Implementation of Regulation Règl. 2022/858/EU du 18-12-2023.

> **Précisions** Le dispositif européen, dit « Régime pilote », est **temporaire,** la Commission européenne devant établir, le 24 juin 2026 au plus tard, un rapport proposant qu'il puisse être, soit reconduit, en l'état ou modifié, pour une période ne dépassant pas trois ans, soit abrogé, soit transformé en un régime permanent (Règl. 2022/858/UE art. 14, 2). La Commission et l'Esma ont marqué leur préférence pour cette dernière option (Lettre de la Commission à l'Esma du 3-5-2024 et Esma Report on the *Functioning and Review of the DLT Pilot Regime* du 25-6-2025).

Systèmes organisés de négociation Les systèmes organisés de négociation regroupent les systèmes multilatéraux qui assurent la rencontre en leur sein et à la discrétion du gestionnaire des intérêts acheteurs et vendeurs exprimés par des tiers afin de conclure des transactions non sur des actions, mais sur des obligations, des produits financiers structurés, des quotas d'émission de gaz à effet de serre ou des contrats dérivés, des produits énergétiques de gros (C. mon. fin. art. L 425-1, al. 1). Ils permettent à leur gestionnaire de dénouer les transactions de façon discrétionnaire et d'intervenir avec interposition du compte propre dans certains cas en vue de favoriser le bon fonctionnement du marché. 63910

63912 **Internalisateurs systématiques** Les internalisateurs systématiques sont des prestataires de services d'investissement autres qu'une société de gestion de portefeuille qui, de façon organisée, fréquente, systématique et substantielle, négocient pour compte propre en exécutant les ordres des clients sans opérer de système multilatéral. Leur dispositif doit fonctionner conformément au Titre III du règlement UE 600/2014 du 15 mai 2014 (C. mon. fin. art. L 533-32).

Le caractère fréquent et systématique est mesuré par le nombre de transactions de gré à gré sur un instrument financier donné réalisées par le prestataire pour compte propre lorsqu'il exécute les ordres des clients. Le caractère substantiel est mesuré soit par la taille des activités de négociation de gré à gré réalisées par le prestataire par rapport à son activité totale de négociation pour un instrument financier spécifique, soit par la taille des activités de négociation de gré à gré réalisées par le prestataire par rapport à l'activité totale de négociation réalisée dans l'UE sur l'instrument financier concerné.

Sur option et après avoir informé sans délai l'AMF, des prestataires peuvent choisir de relever du régime d'internalisateur systématique même s'ils ne respectent pas les conditions de caractère fréquent, systématique et substantiel de l'activité concernée. Dans ce cas, ils doivent informer sans délai l'AMF (C. mon. fin. art. L 533-32).

Ils doivent mettre à la disposition du public au moins une fois par an, sans frais, les données relatives à la qualité d'exécution des transactions exécutées en leur sein. Ces rapports périodiques doivent inclure des informations détaillées sur le prix, les coûts, la rapidité et la probabilité d'exécution pour les différents instruments financiers (art. L 533-33).

63914 **Marché de gré à gré** Le marché de gré à gré (ou « OTC ») désigne l'ensemble des transactions réalisées en dehors des autres marchés (réglementés ou SMN).

Cela couvre en particulier les transactions effectuées directement entre un cédant et un cessionnaire sans passage par un système de négociation.

ABSENCE D'OBLIGATION D'INTERMÉDIATION ET DE CONCENTRATION DES ORDRES

63940 L'intervention d'un intermédiaire agréé n'est pas requise pour les opérations de cession ou de négociation d'instruments financiers admis aux négociations sur un marché réglementé. Ces opérations peuvent être effectuées librement et sans intermédiation, sans préjudice du monopole attribué par la loi aux prestataires de services d'investissement pour la fourniture de services d'investissement, à titre habituel. Pour autant, les inscriptions en compte résultant de la négociation ou de la cession nécessitent l'intervention d'un teneur de compte-conservateur.

La part des **transactions sur actions** exécutées de gré à gré est limitée. En effet, une entreprise d'investissement doit veiller à ce que les négociations qu'elle entreprend sur des actions assorties d'un identifiant (code ISIN) de l'EEE, et qui sont négociées sur une plate-forme de négociation, se déroulent sur un marché réglementé, dans le cadre d'un SMN, d'un internalisateur systématique ou sur une plate-forme de négociation d'un pays tiers jugée équivalente, à moins que ces actions ne soient négociées sur une plate-forme de pays tiers dans la monnaie locale ou dans une monnaie non-EEE, ou que ces négociations ne soient effectuées entre des contreparties éligibles, entre des contreparties professionnelles ou entre des contreparties éligibles et professionnelles et ne contribuent pas au processus de découverte des prix (Règl. UE 600/2014 du 15-5-2014 art. 23, 1 modifié par Règl. UE 2024/791 du 28-2-2024). Pour les obligations de **publicité,** il convient de faire application des dispositions relatives aux franchissements de seuils (voir n°s 64290 s.).

SERVICES D'INVESTISSEMENT

63950 La fourniture de services d'investissement relève, lorsqu'elle est effectuée à titre de profession habituelle, du **monopole** d'intermédiaires agréés, qu'il s'agisse de prestataires de services d'investissement ou de personnes intervenant sur le territoire français en libre établissement ou en libre prestation de services, dans la limite des services qu'elles sont autorisées à fournir sur le territoire de leur État d'origine, et en fonction de l'agrément qu'elles y ont reçu. Ainsi, sous réserve des dispositions de l'article L 531-2 du Code monétaire et financier, il est interdit à toute personne autre qu'un prestataire de services d'investissement, qu'une entreprise de pays tiers mentionnée à l'article L 532-48 du même Code ou qu'une personne mentionnée aux articles L 532-18 ou L 532-18-1 de ce Code (en libre établissement ou en libre prestation de services, dans la limite des services qu'elle est autorisée à fournir sur le territoire de son État d'origine, et en fonction de l'agrément qu'elle y a reçu) de fournir à des tiers des services d'investissement, à titre de profession habituelle (C. mon. fin. art. L 531-10).

À cet égard, ne peut caractériser l'exercice d'une profession habituelle une seule opération de démarchage même auprès de plusieurs investisseurs, au profit d'un client unique, en exécution d'un mandat unique (Cass. crim. 13-6-2019 nº 17-82.470 F-PBI : RJDA 5/20 nº 272).

Les sanctions pénales à l'encontre des personnes physiques ayant méconnu le monopole précité sont prévues à l'article L 573-1 du Code monétaire et financier.

Les services d'investissement sont définis à l'article L 321-1 du Code monétaire et financier et précisés par l'article D 321-1 du même Code, et les positions AMF 2012-08 et 2008-23. Il s'agit des services de réception et transmission d'ordres pour le compte de tiers, d'exécution d'ordres pour le compte de tiers, de négociation pour compte propre, de gestion de portefeuille pour le compte de tiers, de conseil en investissement, de prise ferme, de placement garanti ou non garanti, d'exploitation d'un SMN et d'exploitation d'un système organisé de négociation.

Un prestataire de services d'investissement peut recourir aux services d'**agents liés,** personnes physiques ou morales, pour fournir les services d'investissement de réception et de transmission d'ordres pour le compte de tiers, de placement garanti ou non garanti, ou de conseil en investissement, pour lesquels il est agréé. L'agent lié intervient alors en vertu d'un mandat donné par un prestataire de services d'investissement et doit informer les clients, notamment les clients potentiels, de son statut et de l'identité de son mandant lorsqu'il entre en contact avec eux (Dir. UE 2014/65 du 15-5-2014 art. 4, 1-29 ; C. mon. fin. art. L 545-1). **63952**

SERVICES CONNEXES

À l'inverse des services d'investissement, les services connexes ne participent pas d'un monopole des prestataires de services d'investissement et peuvent donc être librement rendus dans les conditions législatives et réglementaires applicables à chacun d'entre eux (C. mon. fin. art. L 321-2). Toutefois, lorsqu'ils sont rendus par un prestataire de services d'investissement autre qu'une société de gestion de portefeuille, ils sont soumis aux règles de bonne conduite applicables aux services d'investissement (C. mon. fin. art. L 533-11 s. ; Règl. gén. AMF art. 314-1 s.). **63960**

Les services connexes aux services d'investissement comprennent (C. mon. fin. art. L 321-2) :

1. La tenue de compte-conservation d'instruments financiers pour le compte de tiers et les services accessoires comme la tenue de comptes d'espèces correspondant à ces instruments financiers ou la gestion de garanties financières.

2. L'octroi de crédits ou de prêts à un investisseur pour lui permettre d'effectuer une transaction qui porte sur un instrument financier et dans laquelle intervient l'entreprise qui octroie le crédit ou le prêt.

3. La fourniture de conseil aux entreprises en matière de structure de capital, de stratégie industrielle et de questions connexes, ainsi que la fourniture de conseil et de services en matière de fusion et de rachat d'entreprises (conseil dit « en haut de bilan »).

4. La recherche en investissements et l'analyse financière ou toute autre forme de recommandation générale concernant les transactions sur instruments financiers et sur des quotas d'émission de gaz à effet de serre.

5. Les services liés à la prise ferme.

6. Les services de change lorsqu'ils sont liés à la fourniture de services d'investissement.

7. Les services et activités assimilables à des services d'investissement ou à des services connexes, portant sur l'élément sous-jacent des instruments financiers à terme, lorsqu'ils sont liés à la prestation de services d'investissement ou de services connexes.

8. Le service de notation de crédit mentionné à l'article 3, 1-a et o du règlement UE 1060/2009 du 16 septembre 2009.

Si les sociétés qui émettent des titres financiers peuvent être conduites à tenir un compte-conservation sur lequel sont inscrits ces titres (C. mon. fin. art. L 211-3 et L 211-6), cette activité *n'a pas pour effet de les faire regarder* comme des prestataires de services connexes aux services d'investissement pour le compte de tiers au sens de l'article L 321-2 du Code monétaire et financier (Rép. Buon Tan : AN 2-1-2018 nº 2634). **63961**

Le conseil en haut de bilan porte sur des opérations généralement à visée entrepreneuriale et industrielle dans lesquelles le client agit en qualité d'émetteur ou d'entrepreneur. Par opposition, le conseil en investissement financier concerne des opérations de valorisation de l'épargne ou de trésorerie à visée généralement patrimoniale, une recommandation personnalisée étant adressée à la personne prise en sa qualité d'investisseur ou d'investisseur potentiel (Esma, Supervisory Briefing on Understanding the Definition of Advice under MiFID II du 11-7-2023, 35-43-3861, p. 28, nº 98 repris dans la position AMF 2018-03 modifiée le 13-2-2024). **63962**

III. ACTION DE CONCERT

a. Objectif poursuivi

64160 Les dispositions concernant l'action de concert tendent en particulier à éviter les **changements de contrôle occultes** notamment l'effet de « ramassages » concertés en bourse.

La notion d'action de concert tient une place importante dans la réglementation applicable aux sociétés cotées puisqu'elle est prise en compte :
– pour vérifier si les seuils déclenchant l'**obligation d'information** sont atteints ou non (art. L 233-9, I-3°) ;
– pour déterminer les personnes tenues à cette obligation d'information (art. L 233-7, I-al. 1) ;
– pour la mise en œuvre des procédures d'**offres publiques** d'achat, d'échange ou de retrait (Règl. gén. AMF art. 231-2, 3°).

Cette notion tient également une place non négligeable dans la réglementation concernant toutes les sociétés puisqu'elle est prise en compte par l'article L 233-3, III pour l'appréciation du contrôle conjoint.

b. Définition de l'action de concert

64170 Sont considérées comme agissant de concert « les personnes qui ont conclu un accord en vue d'acquérir, de céder ou d'exercer des droits de vote, pour mettre en œuvre une politique commune vis-à-vis de la société ou pour obtenir le contrôle de cette société » (art. L 233-10, I).

En cas d'offre publique d'acquisition, sont considérées comme agissant de concert les personnes qui ont conclu un accord avec l'auteur d'une offre publique visant à obtenir le contrôle de la société qui fait l'objet de l'offre (concert dit « offensif ») ou qui ont conclu un accord avec la société qui fait l'objet de l'offre afin de faire échouer cette offre (concert dit « défensif ») (art. L 233-10-1).

Une action de concert peut être caractérisée dans le cadre d'une offre publique d'acquisition au regard de l'une ou l'autre de ces définitions (CE 29-5-2024 n° 465740 : RJDA 10/24 n° 531, qualifiant comme telle un accord traduisant une volonté commune des parties de gérer au mieux leurs participations et de renforcer leur valorisation en vue de faire obstacle au retrait obligatoire envisagé par l'initiateur d'une offre publique).

> **Précisions** L'application combinée des articles L 233-10 et L 233-10-1 est **compatible** avec les objectifs de la **directive européenne 2004/109** du 15 décembre 2004, qui, pour l'application des dispositions nationales en matière d'offre publique, permet aux États membres de soumettre les personnes intéressées à des exigences plus strictes que celles qu'elle énonce (CE 29-5-2024 précité).

EXISTENCE D'UN ACCORD ENTRE LES CONCERTISTES

64173 L'action de concert suppose que les participants se soient entendus pour coordonner leurs comportements à l'égard d'une société déterminée.

Cet accord doit entraîner des obligations pour chacune des parties à l'égard des autres. Une situation de fait résultant d'un parallélisme des comportements entre associés sans concertation préalable ne saurait, à elle seule, constituer une action de concert.

Le seul fait d'être actionnaires, voire membres du conseil d'administration, d'une ou plusieurs des sociétés impliquées ne suffit pas à établir l'existence d'un accord au sens de l'article L 233-10 (CA Paris 10-3-1992 : RJDA 12/92 n° 1144).

64174 La loi n'exige pas que l'accord soit écrit (en ce sens, Avis CMF 198C1041 du 13-11-1998 : Rev. CMF décembre 1998-janvier 1999 p. 210). Il peut être exprès ou tacite (voir Dir. 2004/25 du 21-4-2004 art. 2.1.d). Pour autant, le caractère **contraignant** de l'accord apparaît comme un élément de preuve nécessaire à la qualification d'action de concert, l'accord devant avoir force obligatoire comme toute convention au sens de l'article 1101 du Code civil (voir A. Viandier, OPA-OPE et autres offres publiques Éd. Francis Lefebvre 2014 n°s 1431 s.). La cour d'appel de Paris a ainsi jugé, dans une affaire de refus de conformité d'une offre publique de rachat d'actions, que l'existence d'une action de concert était attestée par un comportement commun, solidaire et de surcroît assorti d'une dimension contraignante forte (CA Paris 24-6-2008 n° 07-21048 : RJDA 10/08 n° 1036). La même cour avait toutefois jugé quelques semaines auparavant que l'article L 233-10 n'exige pas que l'accord résulte d'un écrit, ni qu'il revête un caractère contraignant (CA Paris 2-4-2008 n° 07/11675 : RJDA 6/08 n° 676), ce qui ne convainc pas.

En l'absence d'accord écrit, l'existence d'une action de concert peut être démontrée par un faisceau d'indices graves, précis et concordants (Cass. com. 15-5-2012 nº 11-11.633 : RJDA 8-9/12 nº 775, précisant aussi que les juges du fond n'ont pas à s'expliquer sur les éléments de preuve qu'ils décident d'écarter). Un concert peut ainsi procéder du **comportement des parties** (Décision AMF 204C0438 du 23-3-2004) qui, au vu d'un faisceau d'indices, révèle l'existence de l'intention des parties à l'accord. L'action concertée permet alors de caractériser l'accord. 64175

ILLUSTRATIONS

Ont été retenues comme révélant une action de concert, d'une part, les acquisitions massives d'actions de la cible traduisant une démarche collective organisée visant à permettre à l'un des concertistes d'obtenir en assemblée générale une recomposition à son profit du conseil d'administration de la cible, d'autre part, les similitudes de comportements entre les dirigeants des personnes morales concertistes observées en assemblée générale de la cible et enfin une action commune des concertistes en annulation d'une décision de l'AMF déclarant non conforme le projet d'OPE simplifiée déposé par l'un des membres du concert non révélé (Cass. com. 15-5-2012 précité).

De même, ont été considérés comme agissant de concert des membres du conseil de surveillance et un membre du directoire d'une société contrôlée par un groupe familial qui ont proposé l'élection au conseil de candidats indépendants du groupe et ont, par leur vote, contribué à la désignation de ceux-ci contre l'avis du directoire (Cass. com. 9-1-2019 F-D : RJDA 4/19 nº 269).

L'accord visé par la loi n'implique pas l'existence d'un contrat. Mais un contrat peut contenir des indices de l'existence d'une action de concert entre les signataires. Il en est ainsi des clauses qui traduisent une cohésion et une solidarité justifiées par l'intérêt commun des parties, telles que celles relatives à une incessibilité sur une longue période, une limitation concertée des participations respectives, un agrément réciproque sur tout achat ou cession, un droit de sortie conjointe, etc. 64176

OBJET DE L'ACCORD CONCLU ENTRE LES CONCERTISTES

L'accord doit avoir pour objet l'acquisition, la cession ou l'exercice de droits de vote, pour mettre en œuvre une politique commune vis-à-vis de la société ou pour obtenir le contrôle de cette société (art. L 233-10, I). Ces critères, difficiles à apprécier, soulèvent de délicats problèmes d'interprétation. Par exemple, s'agissant d'un accord ayant pour objet l'acquisition ou la cession de droits de vote, il ne fait pas de doute que sont visés les accords conclus en vue d'acquérir ou de céder des actions. Mais, à notre avis, il y a lieu de tenir compte aussi de ceux portant sur des titres donnant accès aux droits de vote de manière potentielle (obligations avec bons, convertibles ou échangeables, bons de souscription d'actions, etc.) s'il est démontré que l'achat de ces titres sera réalisé dans le but de se procurer, fût-ce ultérieurement, des droits de vote (en sens contraire, A. Viandier, OPA-OPE et autres offres publiques Éd. Francis Lefebvre 2014 nº 1461). 64177

Les termes « acquisition » et « cession » ne doivent pas être pris dans le sens étroit d'achat ou de vente. Ils visent toute forme d'appropriation ou de transmission des titres (apport en société, échange, partage, donation, mise en indivision conventionnelle, etc.) et également le prêt de titres financiers soumis aux règles du prêt de consommation.

L'action de concert ne peut se concevoir que s'il existe entre les participants des comportements orientés vers une **communauté d'objectifs.** Ce partage décidé des finalités poursuivies conditionne l'existence du concert et sa disparition entraîne celle du concert. Dès lors, il n'y a pas, en principe, action de concert entre le promettant et le bénéficiaire d'une promesse de vente, d'un pacte de préférence ou d'un droit de préemption, puisque, dans ces différents cas, les intérêts des parties sont antagonistes.

Il convient en outre que cette communauté d'objectifs soit assortie d'une **dimension contraignante** qui limite la liberté de décision du concertiste et l'oblige à se concerter avec ses cocontractants. Ainsi un engagement d'inaliénabilité est-il en lui-même insuffisant à caractériser un concert (Décision AMF 209C0379 du 9-3-2009).

La « **politique vis-à-vis de la société** » est un facteur commun tant aux accords en vue d'acquérir ou de céder des droits de vote (dits « accords capitalistiques ») qu'aux accords en vue d'exercer des droits de vote (dits « accords politiques »). Elle ne se confond pas avec la politique sociale, qui tiendrait à la volonté de contribuer en commun et durablement à la gestion ou à la stratégie économique, commerciale ou industrielle de la société, comme cela est fréquemment le cas d'actionnaires majoritaires concertistes. La politique commune peut ainsi ne viser que la politique des concertistes, à savoir la stratégie des concertistes entre eux, sans projection dans la stratégie de la société elle-même (Cass. com. 27-10-2009 nº 08-17.782 : BRDA 21/09 inf. 23 nº 3 ; voir aussi CA Paris 30-6-2016 nº 15/04613 ; CE 29-5-2024 nº 465740 : RJDA 10/24 nº 531, concernant un accord portant notamment sur la gestion des participations des concertistes au sein d'une société).

DURÉE DE L'ACCORD CONCLU ENTRE LES CONCERTISTES

64178 Dans le silence de la loi, seule la persistance d'une communauté d'objectifs, qu'elle résulte d'un cadre conventionnel ou qu'elle survive à celui-ci, assure l'existence d'une action de concert. Le concert s'apprécie dans la durée (Décision AMF 204C0878 du 7-7-2004 à propos d'un accord dont les effets se trouveront définitivement épuisés par la réalisation des opérations), ce qui en fait une situation continue. Pour autant, si elle est par elle-même exclusive d'un accord ponctuel, il suffit que la politique commune vis-à-vis de la société soit mise en œuvre de manière **temporaire** pour qu'une action de concert puisse être caractérisée (Cass. com. 27-10-2009 nº 08-18.819 : RJDA 1/10 nº 42, à propos d'un accord-cadre de séparation entre actionnaires dont la durée et l'objectif étaient limités à la réalisation d'une série d'opérations ; Cass. com. 9-1-2019 nº 16-14.727 F-D : RJDA 4/19 nº 269, précisant que le caractère durable d'un accord n'est pas incompatible avec un projet de cession ultérieur de ses titres par l'un des concertistes ; CE 29-5-2024 nº 465740 : RJDA 10/24 nº 531, selon lequel le fait que l'accord soit conclu temporairement ou intègre un projet de cession ultérieur de titres ne fait pas en lui-même obstacle à la qualification d'action de concert).

En pratique, lorsque cette communauté de vues cesse, il appartient aux parties ou à la plus diligente d'entre elles de communiquer au marché la fin du concert. L'AMF peut également, sur le fondement d'indices concordants, considérer que le concert a pris fin (Avis CMF 198C1041 du 13-11-1998). En tout état de cause, lorsque la fin du concert déclenche un franchissement de seuil à la baisse, le marché doit en être informé.

EXISTENCE OU NON D'UNE ACTION DE CONCERT : ILLUSTRATIONS

64179 **Absence d'action de concert** Ne constituent pas des actions de concert :

– une convention limitée aux stipulations par lesquelles plusieurs actionnaires d'une même société se reconnaissent un droit mutuel de préemption sur tout ou partie des titres de cette société détenus ou susceptibles d'être détenus par chacun d'eux (Avis AMF 204C0661 du 24-5-2004), à condition qu'aucune clause ne prévoie un accord des signataires pour la répartition entre eux des actions préemptées (Avis SBF 92-1104 du 27-4-1992) ;

– des promesses d'achat ou de vente (Décision AMF 204C1487 du 7-12-2004), sauf lorsque ces promesses sont de simples éléments d'un ensemble plus vaste impliquant une concertation (Décision AMF 206C0850 du 5-5-2006) ;

– un engagement d'inaliénabilité temporaire (2 ans) à la suite d'un échange d'actions, dès lors que cet engagement répondait au souci de ne pas perturber le marché dans la période suivant l'échange et ne laissait place dans son exécution à aucun nouvel accord (Avis SBF 93-3246 du 18-11-1993) ;

– la stipulation du protocole d'accord selon laquelle le conseil d'administration de la société sera composé à tout moment de sept membres dont cinq seront proposés par l'actionnaire X et deux seront choisis sur une liste de quatre noms présentée par un partenaire, et celle selon laquelle Mme Y sera proposée en qualité de président du conseil d'administration (CA Paris 26-2-2002 nº 01/13985 : RJDA 8-9/02 nº 899) ;

– une convention, conclue entre un actionnaire détenant le contrôle d'un groupe de sociétés et une société étrangère au groupe, ayant pour objet, d'une part, la restructuration du groupe aux fins d'octroi à l'actionnaire majoritaire de 100 % des titres d'une des sociétés contrôlées et, d'autre part, la cession à la société étrangère au groupe de 30 % du capital et des droits de vote ainsi acquis, assortie d'une promesse unilatérale de cession du solde des actions souscrites pour une durée de cinq ans (Cass. com. 7-1-2004 nº 02-14.053 : RJDA 6/04 nº 720) ;

– un engagement de plafonnement par lequel les parties s'engagent à ne pas dépasser un seuil déterminé du capital (Décisions AMF 204C1487 du 7-12-2004 et 205C0588 du 6-4-2005).

64182 **Existence d'une action de concert** Constituent des actions de concert :

– pendant au moins la durée d'exécution de l'accord, un accord de séparation nécessitant une concertation mutuelle réitérée afin de restructurer au profit des parties l'actionnariat de la société (Décision AMF 207C2792 du 13-12-2007) ;

– une convention organisant entre les signataires le reclassement, dans des proportions définies, d'un bloc majoritaire de titres (Avis SBF 92-1104 du 27-4-1992) ;

– une convention stipulant qu'en cas d'exercice du droit de préemption les titres seront répartis après accord entre les signataires (Avis SBF 92-1104 du 27-4-1992) ;

– l'engagement de chacune des parties d'informer l'autre préalablement à toute acquisition de titres et, sauf accord unanime préalable, l'interdiction pour chacune d'elles d'acquérir un bloc de titres susceptible de leur conférer une participation de concert de plus de 35 % du capital (Avis SBF 92-1410 du 27-5-1992) ;

– l'engagement de maintenir la participation globale de l'ensemble des membres du pacte à hauteur de 67 %, en capital et en droits de vote (Avis SBF 95-3522 du 12-12-1995) ;
– un engagement d'inaliénabilité des titres d'une durée de deux ans prorogeable (Avis SBF 97-907 du 17-3-1997), ou d'une durée de trois ans (Avis CMF 197C0734 du 18-12-1997), dès lors que le but poursuivi par les signataires est de garder le contrôle de la société ;
– une convention prévoyant l'obligation pour l'une des parties, préalablement à tout accroissement de sa participation dans la société, d'en informer l'autre en vue de l'inviter à participer à cette acquisition au prorata du nombre de titres qu'elle détient (Avis SBF 92-1989 du 17-7-1992) ;
– une convention contenant une clause de sortie conjointe, selon laquelle l'associé qui a la possibilité de céder ses titres doit en faire profiter les autres dans les mêmes conditions (Décision AMF 204C0495 du 8-4-2004 et 206C0751 du 24-4-2006) ;
– la convention prévoyant que l'actionnaire qui désire se retirer de la société devra en informer l'autre actionnaire ; celui-ci pourra, à son tour, notifier au cédant la valeur qu'il attribue à sa participation ; le cédant aura alors le choix entre la cession immédiate de toutes ses actions à l'autre actionnaire ou l'achat de la totalité des actions de l'autre actionnaire, et ce, moyennant le prix fixé par ce dernier dans sa notification (clause « buy or sell ») (Avis SBF 93-327 du 3-2-1993) ;
– l'engagement de ne pas augmenter sa participation dans la société sans l'accord du cocontractant (clause de non-dilution) (Avis SBF 93-1068 du 21-4-1993) ;
– un pacte d'actionnaires prévoyant notamment la règle de l'unanimité en conseil d'administration pour certaines décisions (Avis CMF 198C0889 du 24-9-1998) ;
– un engagement de concertation entre les parties, préalablement à toute assemblée générale, en cas de déclaration par un tiers du franchissement du seuil de 1 % en capital et en droits de vote, en cas d'offre publique déposée par un tiers visant les titres de la société et en cas d'émission de titres par la société (Avis CMF 199C1400 du 29-9-1999) ;
– un engagement de concertation entre les parties pour déterminer la conduite à suivre en cas d'offre publique (Décision AMF 206C1222 du 21-6-2006) ;
– une convention de portage (CA Paris 24-6-1991 : RJDA 8-9/91 n° 720 ; CA Paris 20-10-1998 : RJDA 12/98 n° 1365).

CONCERT EN ÉTOILE

Lorsqu'un même actionnaire a conclu séparément et concomitamment avec d'autres personnes des conventions d'action de concert (concerts en étoile) visant le but commun du maintien du contrôle de la société cible par cet actionnaire, tous les cocontractants doivent être considérés comme agissant de concert vis-à-vis de cette société (Avis SBF 93-1068 du 21-4-1993). Plus que la qualité de parties aux conventions, c'est ici la communauté d'objectifs de ces personnes qui emporte caractérisation du concert. Ainsi, un même actionnaire peut être membre de concerts distincts sans que ceux-ci ne constituent un concert en étoile dès lors qu'ils ne poursuivent pas les mêmes objectifs (Décision AMF 220C1273 du 15-4-2020). 64185

SOUS-CONCERT

L'existence d'un concert ne fait pas obstacle à l'existence entre certains des concertistes d'un sous-concert, voire de plusieurs sous-concerts (pour des exemples, voir Avis CMF 198C0370 du 21-4-1998 et 201C1397 du 27-11-2001). 64186

Un accord entre plusieurs parties dont l'une se retire du capital d'une société peut être constitutif d'un concert et, dans le même temps, recéler un sous-concert entre certaines de ces parties. Il en va ainsi dès lors que, selon les termes d'un accord de séparation, les membres du sous-concert constituent un seul et même groupe dont les participations sont systématiquement cumulées et dont les décisions concernant la société sont toujours communes et qui sont également engagés à adopter un comportement commun au titre de diverses opérations impliquant une concertation continue (Cass. com. 27-10-2009 n° 08-17.782 : BRDA 21/09 inf. 23 n° 4).

c. Preuve de l'action de concert

S'agissant d'un fait juridique, la preuve de l'action de concert peut être rapportée par tous moyens. 64200

L'existence d'une action de concert peut résulter des **déclarations écrites** des intéressés (voir Décisions AMF 208C1286 du 4-7-2008 et 209C1157 du 3-9-2009). Pour autant, les déclarations des personnes concernées n'engagent pas nécessairement l'AMF, qui peut rapporter la preuve de l'existence d'une action concertée en dépit de déclarations d'absence de concert (Décisions AMF 207C1202 du 26-6-2007 et 207C2792 du 13-12-2007).

64202 L'existence de l'action de concert peut aussi résulter des **présomptions** légales. Le concert est ainsi présumé (art. L 233-10, II) :
– entre une société et ses dirigeants (président du conseil d'administration, directeurs généraux, membres du directoire ou gérants) ;
– entre des sociétés contrôlées par la ou les mêmes personnes (contrôle horizontal) ;
– entre une société et les sociétés qu'elle contrôle au sens de l'article L 233-3 (contrôle vertical) ;
– entre les associés d'une SAS à l'égard des sociétés que celle-ci contrôle ;
– entre le fiduciaire et le bénéficiaire d'un contrat de fiducie, si ce bénéficiaire est le constituant.

Ces présomptions doivent être interprétées restrictivement de sorte que, par exemple, ne sont pas concernées les personnes qui ne sont pas énumérées ci-dessus (administrateurs non dirigeants, membres du conseil de surveillance, etc.).

De plus, il s'agit là de présomptions simples qui peuvent être écartées par la preuve contraire (pour un exemple de preuve insuffisante à écarter une telle présomption, AMF comm. sanc. 25-7-2013).

La preuve du concert peut résulter **d'indices graves, précis et concordants,** notamment en l'absence d'accord écrit (Cass. com. 15-5-2012 n° 11-11.633 : RJDA 8-9/12 n° 775). L'AMF a ainsi considéré que les faits relevés lors d'une tentative de prise de contrôle rampante ne pouvaient constituer une somme d'opérations individuelles et autonomes dont la conjonction était fortuite et qu'à l'inverse leur accumulation ne pouvait s'expliquer que dans le cadre d'une intention commune visant l'acquisition du contrôle d'une société, en donnant à une société les moyens de mettre en œuvre une politique vis-à-vis d'une autre (Décision AMF 207C1202 du 26-6-2007 ; CA Paris 2-4-2008 n° 07-11675 : RJDA 6/08 n° 676). Ont notamment été pris en compte la chronologie et le mode opératoire des acquisitions, les liens d'ordre personnel, capitalistique et d'affaires entre les intéressés, l'absence de rapport direct entre l'objet social des acquéreurs et celui de la cible, les montants investis au caractère significatif, voire disproportionné, au regard de la surface financière apparente des acquéreurs.

64204 L'**existence** d'un concert peut être **constatée** soit par l'AMF (par exemple, Décision AMF 211C0024 du 7-1-2011), soit par le juge sollicité pour ce constat. Le juge n'est pas lié par les conclusions de l'AMF sur l'existence ou non d'un concert. L'AMF, destinataire de certaines clauses des pactes d'actionnaires en vue de leur publication conformément à l'article L 233-11 (n°s 66303 s.) et en outre chargée de la surveillance du bon fonctionnement des marchés financiers, est en pratique l'autorité première de qualification des actions de concert. Une lecture fractionnée des clauses d'un pacte d'actionnaires ou une appréciation de chaque élément factuel ne permettrait pas d'appréhender l'existence d'un concert de sorte que l'AMF met en œuvre une approche globale pour l'appréciation de l'action de concert (en ce sens, Décision AMF 207C2792 du 13-12-2007).

› **Précisions** Si le **bureau d'une assemblée générale** d'actionnaires estime que des actionnaires, agissant de concert, ont franchi un seuil sans le déclarer, il n'a pas le **pouvoir** de les priver de leurs droits de vote lorsque l'existence de l'action de concert est contestée (n° 64380).

d. Conséquences de l'action de concert

64210 Les personnes agissant de concert sont tenues solidairement aux obligations qui leur sont faites par les lois et les règlements (art. L 233-10, III). En conséquence, elles s'exposent aux sanctions civiles, pénales ou réglementaires applicables en cas d'inobservation de ces obligations. Ainsi, une irrégularité commise par un seul concertiste est imputable à tous les concertistes dès lors que l'opération a été réalisée dans le cadre du concert et que l'autre ou les autres concertistes en ont eu connaissance (CA Paris 1-2-2000 n° 99-14973 : RJDA 11/00 n° 993).

Mais cette solidarité ne vaut que pour l'application des règles relatives aux marchés financiers (CA Paris 29-10-1999 n° 96-16169 : Bull. Joly 2000 p. 298 note P. Le Cannu).

e. Fin du concert

64220 L'action de concert peut prendre fin du fait de l'arrivée du terme prévu lors de la conclusion du pacte d'actionnaires la constituant, du retrait de l'un des concertistes ou d'un accord de volontés de ceux-ci.

Cette cessation peut aussi résulter de l'apparition de graves divergences de vues entre les concertistes quant à la politique à suivre vis-à-vis de la société, révélatrices de la disparition de la « convergence des volontés » qui unissait ces personnes (Avis CMF 198C1041 du 13-11-1998).

La fin du concert par réalisation de l'objet d'un accord de séparation incluant une offre publique de rachat d'actions est sans effet sur l'obligation de déposer un projet d'offre publique qui est née du franchissement par le concert du seuil du tiers et survit à la cessation du concert (Cass. com. 27-10-2009 nº 08-18.819 : RJDA 1/10 nº 42). Précisons que l'AMF a dispensé des concertistes de l'obligation de dépôt d'un projet d'offre publique en considération d'un ensemble de circonstances de fait (décision d'annulation partielle de la décision AMF par la cour d'appel et de la cession ultérieure par le principal concertiste de l'ensemble des actions de la cible qu'il détenait) (Décision AMF 208C0741 du 21-4-2008).

L'AMF doit être informée de cette situation. La participation de chacune des parties devant être décomptée individuellement, il en résulte, dans la plupart des cas, des franchissements de seuils à la baisse qui doivent être portés à la connaissance de l'AMF et de la société. 64223

IV. FRANCHISSEMENTS DE SEUILS DE PARTICIPATION

A. Obligation légale d'information

1. RÈGLES GÉNÉRALES

Toute personne physique ou morale, agissant seule ou de concert, qui vient à posséder, directement ou indirectement, un nombre d'actions représentant plus de 5, 10, 15, 20, 25, 30, 33,33, 50, 66,66, 90 ou 95 % du capital ou des droits de vote d'une société dont le siège est situé sur le territoire français et dont les actions sont admises aux négociations sur un marché réglementé d'un État partie à l'EEE ou sur un marché d'instruments financiers admettant aux négociations des actions pouvant être inscrites en compte chez un intermédiaire habilité doit **informer la société** du nombre total d'actions ou de droits de vote qu'elle possède (art. L 233-7, I-al. 1). 64290

L'information doit également être donnée lorsque la participation en capital ou en droits de vote devient inférieure à l'un des seuils mentionnés ci-dessus (art. L 233-7, I-al. 2).

ATTENTION

Lorsque le nombre des droits de vote ne correspond pas au nombre des actions, il convient de surveiller 22 seuils (11 seuils en capital et 11 seuils en droits de vote). Tel est le cas lorsqu'il existe des actions à droit de vote double, à droit de vote multiple ou sans droit de vote, des actions « propres » détenues par la société, par exemple en vue de la gestion du capital ou en vue de leur attribution aux salariés, des actions non libérées des versements exigibles (nº 67964), des actions privées du droit de vote pour défaut de notification d'un franchissement de seuils (nºs 64380 s.), des actions d'autocontrôle (nº 79281).

La personne tenue d'informer la société doit **informer** également **l'AMF** dans les **cas** suivants :
– si les actions de la société sont admises aux négociations sur un marché réglementé ;
– si les actions de la société sont admises aux négociations sur un SMNO tel Euronext Growth, mais seulement si sont franchis (à la hausse et à la baisse) les seuils de 50 % ou de 90 % du capital ou des droits de vote (Règl. gén. AMF art. 223-14, I sur renvoi de l'art. 223-15-1).

L'AMF porte ces informations à la connaissance du public.

› Précisions **a.** Le régime s'applique dès lors que les titres sont inscrits en compte chez un intermédiaire habilité, y compris lorsque cette inscription porte sur des **titres nominatifs administrés** en vertu d'une clause statutaire (Cass. com. 10-2-2015 nº 13-14.778 : RJDA 6/15 nº 431).

b. La **possession indirecte** s'entend de la possession par assimilation (nº 64320). Un défaut de déclaration de franchissement de seuils peut ainsi être imputé à une personne, y compris physique, qui est un actionnaire seulement indirect par l'intermédiaire d'une ou plusieurs sociétés contrôlées, et qui ne possède donc en direct aucune action de l'émetteur.

c. L'information étant limitée au cas où l'un des seuils est franchi, il n'y a pas d'obligation d'aviser la société et l'AMF des augmentations ou réductions de participation lorsque ces

mouvements n'entraînent pas de franchissement de seuils (voir cependant nos 64420 s. sur la possibilité de fixer dans les statuts des seuils supplémentaires).

d. Les **seuils** peuvent être **franchis,** non seulement de **manière « active »,** par exemple à la suite d'une acquisition (ou, pour les franchissements à la baisse, d'une cession) directe ou indirecte de titres, quelle qu'en soit la forme (achat, apport, absorption, partage, paiement du dividende en actions, etc.), mais aussi de manière **« passive »** à la suite d'une modification dans la répartition des droits de vote résultant, par exemple, de l'acquisition ou de la perte du droit de vote double par l'intéressé ou par un autre actionnaire détenant une participation significative dans le capital, de la conversion d'obligations en actions, etc.

Les actions souscrites par un établissement de crédit en exécution d'un engagement de garantie de bonne fin (no 50821) ne doivent pas, semble-t-il, être prises en compte pour les déclarations de franchissement de seuils, si l'établissement les détient dans le cadre de son activité de transaction et les maintient dans des comptes spécifiques, dans l'attente de leur reclassement (cf. Avis SBF 92-2317 du 25-8-1992).

e. Il est légal et de pratique courante pour un actionnaire d'effectuer des **mouvements de titres du nominatif au porteur** afin d'éviter d'acquérir les droits de vote double attachés aux actions nominatives pour ne pas franchir certains seuils de droits de vote (Cass. com. 4-1-2023 no 21-15.385 F-D).

f. Toute personne physique ou morale qui acquiert plus de 10, 15, 20 ou 25 % des actions ou des droits de vote d'une société « cotée » sur un marché réglementé doit assortir sa déclaration de franchissement de seuils d'une « **déclaration d'intention** », précisant notamment les objectifs qu'elle entend poursuivre dans les six mois suivants (nos 64470 s.).

g. Le franchissement du seuil de 30 % en capital ou en droits de vote entraîne, pour la personne physique ou morale concernée et pour toute personne agissant de concert avec elle, l'obligation de déposer une **offre publique d'achat ou d'échange** visant à détenir la totalité des titres de capital et de ceux donnant accès au capital ou aux droits de vote de la société émettrice (nos 65630 s.).

h. À défaut de disposition du règlement général de l'AMF imposant de déclarer les franchissements de seuils dans une société dont les actions sont admises aux négociations sur un SMN (tel **Euronext Access**), aucune déclaration n'est requise dans ces sociétés, sauf disposition contraire des statuts (Communication Ansa, comité juridique no 18-049 du 3-10-2018).

i. Les sociétés émettrices de titres de capital ou de titres équivalents admis aux négociations sur **Euronext Growth** doivent par ailleurs **rendre public,** dans les cinq jours de négociation suivant celui où elles en ont connaissance, le franchissement des seuils de 50 ou 90 % (Règles harmonisées d'Euronext Growth art. 4.3.1 du 2-5-2024 ; pour les sanctions applicables en cas de manquement, voir art. 7.3.1).

EXCEPTIONS À L'OBLIGATION DE DÉCLARER LES FRANCHISSEMENTS DE SEUILS

64293 Les obligations de déclarer les franchissements de seuils ne s'appliquent pas (art. L 233-7, IV et V ; Règl. gén. AMF art. 223-12 et 223-13) :

– aux actions, accords et instruments financiers acquis aux seules fins de la compensation, du règlement ou de la livraison d'instruments financiers, dans le cadre du cycle de règlement à court terme qui n'excède pas trois jours de négociation suivant la transaction ;

– aux actions, accords et instruments financiers détenus par les teneurs de comptes-conservateurs dans le cadre de leur activité de tenue de compte et de conservation ;

– aux actions, accords et instruments financiers détenus par un prestataire de services d'investissement dans son portefeuille de négociation (au sens de l'article 11 de la directive 2006/49 du 14-6-2006), à condition que ces actions représentent une quotité du capital ou des droits de vote de l'émetteur de ces titres inférieure ou égale à 5 % et que les droits de vote attachés à ces actions ne soient pas exercés ni autrement utilisés pour intervenir dans la gestion de l'émetteur (dite « exception de trading ») ;

– aux actions, accords et instruments financiers remis aux membres du Système européen de banques centrales ou par ceux-ci dans l'exercice de leurs fonctions d'autorités monétaires ;

– aux actions, accords et instruments financiers acquis aux fins de stabilisation conformément au règlement UE 596/2014 du 16 avril 2014, pour autant que les droits de vote attachés à ces actions ne soient pas exercés ni utilisés autrement pour intervenir dans la gestion de l'émetteur ;

– aux actions détenues par une personne contrôlée, au sens de l'article L 233-3, par une entité soumise à l'obligation de déclaration pour les actions détenues par cette personne ou par une entité elle-même contrôlée par une entité soumise à l'obligation de déclaration pour ces mêmes actions ;

– aux actions détenues par un teneur de marché, lors du franchissement du seuil de 5 % du capital ou des droits de vote dans le cadre de la tenue de marché, à condition qu'il n'intervienne pas dans la gestion de l'émetteur et n'exerce aucune influence pour inciter l'émetteur à acquérir ces actions ou à en soutenir le prix.

› Précisions **a.** Dans le cas d'un groupe d'entreprises, les détentions doivent être agrégées au niveau du groupe pour le **calcul du seuil de 5 %,** qu'il s'agisse de l'exception de trading ou de la tenue de marché (Règl. UE 2015/761 du 17-12-2014 art. 3).

b. Dans un délai de cinq jours de négociation à compter du commencement de son activité, le **teneur de marché** doit **informer l'AMF** (en tant qu'autorité compétente de l'émetteur) qu'il mène ou a l'intention de mener des activités de tenue de marché vis-à-vis d'un émetteur déterminé. Cette information est faite selon le modèle type défini dans l'instruction AMF 2008-02. Par parallélisme des formes, l'AMF doit aussi être informée, dans le même délai, lorsqu'il cesse d'exercer ces activités vis-à-vis de l'émetteur concerné. Dans un souci de transparence et de traçabilité des activités de tenue de marché réalisées pour le compte d'un émetteur, le teneur de marché doit être en mesure de communiquer à l'AMF, sur demande de celle-ci, les moyens permettant d'identifier les actions ou instruments financiers concernés (il lui appartient de les inscrire sur un compte séparé lorsqu'il ne peut les identifier autrement) et, le cas échéant, tout accord entre le teneur de marché et l'entreprise de marché ou l'émetteur (art. L 233-7, V-1° ; Règl. gén. AMF art. 223-13, II à IV).

2. INFORMATION SUR LES DROITS DE VOTE

Pour permettre aux actionnaires d'apprécier s'ils ont ou non franchi un seuil de participation nécessitant pour eux une information, les **sociétés par actions** doivent, dans les 15 jours qui suivent l'assemblée générale ordinaire annuelle, publier dans un support d'annonces légales du département dans lequel la société a son siège social un avis indiquant le nombre total des droits de vote existant à la date de l'assemblée. Cependant, cette obligation n'est pas due par les sociétés dont les actions ne sont pas admises aux négociations sur un marché réglementé lorsque le nombre de droits de vote n'a pas varié par rapport à celui de la précédente assemblée générale ordinaire. Lorsque, entre deux assemblées annuelles, la société a connaissance d'une variation du nombre total des droits de vote d'au moins 5 % par rapport au nombre déclaré antérieurement, elle doit, dans les 15 jours, publier dans ledit support d'annonces légales un nouvel avis précisant le nouveau nombre de droits de vote à prendre en compte (art. L 233-8, I, R 233-2 et A 233-1). 64310

Les sociétés dont les actions sont admises aux négociations sur un **SMNO** (Euronext Growth) et les sociétés dont les actions sont admises aux négociations sur un **marché réglementé** d'un État de l'EEE et ayant leur siège en France pour le contrôle de l'obligation d'établissement d'un prospectus sont réputées remplir cette obligation, sous réserve de publier **chaque mois** le nombre total de droits de vote et le nombre d'actions composant leur capital s'ils ont varié par rapport à ceux publiés antérieurement (art. L 233-8, II ; Règl. gén. AMF art. 223-16 et 223-16-1). Pour les sociétés ayant leur siège hors de l'EEE, voir n° 64370.

› Précisions **a.** Le nombre total de droits de vote s'entend comme celui des **droits de vote théoriques** (Règl. gén. AMF art. 223-16 et 223-11, I-al. 2). En cas de différentiel significatif entre le nombre de droits de vote théoriques et le nombre de droits de vote **exerçables,** il convient de publier ces deux chiffres, au titre de la bonne information du public (Position-recommandation AMF 2021-02).

b. Au titre de la diffusion de l'information réglementée (nos 66240 s.), il incombe aux émetteurs de procéder (directement ou par recours à un diffuseur professionnel) à la **diffusion effective et intégrale** des variations mensuelles de droits de vote ainsi qu'à la mise en ligne sur le site de la société concernée pendant au moins cinq ans à compter de leur diffusion (Rev. AMF novembre 2007 p. 61).

c. Les **modalités de publication** de ces informations obéissent au régime de l'information réglementée (obligation de diffusion effective et intégrale, nos 66255 s.).

3. CALCUL DE LA PARTICIPATION

SEUIL DE PARTICIPATION : DÉTERMINATION DU NUMÉRATEUR

Pour déterminer si les seuils de participation à partir desquels naît l'obligation d'information sont atteints, il convient de **tenir compte,** pour le calcul du numérateur, non seulement des actions ou droits de vote que la personne physique ou morale concernée possède directement dans la société, mais aussi par **assimilation** (art. L 233-9, I) : 64320

1. Des actions ou des droits de vote possédés par d'autres personnes pour le compte de cette personne (cas, par exemple, des prête-noms, des titulaires d'un mandat de gestion, des personnes interposées).

2. Des actions ou des droits de vote possédés par les sociétés que cette personne contrôle au sens de l'article L 233-3.

64320 (suite) **3.** Des actions ou des droits de vote possédés par un tiers avec lequel l'intéressé agit « de concert » (voir nos 64160 s.).

4. Des actions **déjà émises** ou des droits de vote que cette personne ou l'une des personnes mentionnées ci-dessus est en droit d'acquérir à **sa seule initiative,** immédiatement ou à terme, en vertu d'un accord ou d'un instrument financier (art. L 233-9, I-4° ; Règl. gén. AMF art. 223-11, II). Le règlement général de l'AMF a précisé les conditions d'application de ce régime.

Sont notamment concernés :

– les promesses unilatérales de vente ou d'achat, exerçables à tout moment ou par fenêtres et qu'elles soient dans ou hors la monnaie, si leur dénouement en actions ne dépend d'aucune condition extérieure à la volonté du porteur ; en revanche, dès lors que le sous-jacent (action) serait à émettre ou que l'exercice par le porteur de son droit à recevoir le sous-jacent dépendrait, même partiellement, d'une condition extérieure à sa volonté (par exemple, les options à barrière activante), la prise en compte dans le numérateur ne serait pas requise et seule une information séparée dans la déclaration de franchissement de seuil serait due ; s'agissant d'options à barrière activante, ce n'est qu'au moment où, le cours de l'action atteignant le seuil stipulé, la condition suspensive se réalise que l'option doit alors faire l'objet de l'assimilation dans le calcul du numérateur ; l'assimilation est alors requise dès la première activation, que celle-ci soit définitive ou pas ; tant que la barrière n'est pas activée, l'option relève de l'information séparée (no 64354) ;

– les contrats à terme ;

– les obligations échangeables ou remboursables en actions (art. 223-11, II-1°), étant observé que l'assimilation devra, dans le cas d'obligations échangeables, être à la fois pratiquée par le porteur obligataire et par le tiers souscripteur.

Bien entendu, ces cas d'assimilation (à la détention) s'appliquent quand bien même le déclarant ne détient aucune action par ailleurs.

Il convient de prendre en compte la valeur notionnelle brute (nombre maximum d'actions émises ou de droits de vote auxquels donne droit l'accord ou l'instrument) sans compensation avec le nombre d'actions que la personne concernée est en droit de céder en vertu d'un autre accord ou instrument financier (voir art. 223-11, II).

Les titres ou actions visés à l'article L 233-7, I-al. 3 doivent toutefois faire l'objet d'une information distincte lors de la déclaration de franchissement (no 64354), mais sans être agrégés dans le calcul du numérateur du seuil.

5. Des actions **déjà émises** ou des droits de vote sur lesquels porte tout accord ou instrument financier ayant pour cette personne ou l'une des personnes mentionnées aux 1. et 3. ci-dessus un **effet économique similaire à la possession** desdites actions, que cet accord ou instrument financier donne droit à un règlement physique ou à un règlement en espèces (art. L 233-9, I-4° bis). Entrent notamment dans cette catégorie les obligations échangeables ou remboursables en actions, les contrats à terme, les options, qu'elles soient exerçables immédiatement ou à terme et quel que soit le niveau du cours de l'action par rapport au prix d'exercice de l'option, les warrants, la mise en pension de titres, les accords de cession temporaire de titres, les contrats financiers avec paiement d'un différentiel, les contrats d'échange relatifs à des actions et tout instrument financier exposé à un panier d'actions ou à un indice boursier.

Le nombre d'actions et de droits de vote à prendre en compte par le déclarant détenteur d'un accord ou d'un instrument financier donnant droit à un règlement en espèces est calculé en multipliant le nombre maximal d'actions et de droits de vote sur lequel porte l'accord ou l'instrument financier par le delta de l'accord ou de l'instrument financier (pour les modalités de calcul du delta, voir art. 223-11, III). Il n'est effectué aucune compensation avec toute position courte détenue par le déclarant en vertu d'un autre accord ou instrument financier (art. 223-11, III).

6. Des actions dont cette personne a l'**usufruit.**

7. Des actions ou des droits de vote possédés par un tiers avec lequel cette personne a conclu un **accord de cession temporaire** portant sur ces actions ou droits de vote. En cas de prêt de consommation d'actions, l'emprunteur doit déclarer la hausse de sa participation.

8. Des actions déposées auprès de cette personne, à condition que celle-ci puisse exercer les droits de vote qui leur sont attachés comme elle l'entend en l'absence d'instructions spécifiques des actionnaires.

9. Des droits de vote que cette personne peut exercer librement en vertu d'une **procuration en l'absence d'instructions spécifiques** des actionnaires concernés. Toutefois, lorsqu'une personne reçoit une procuration de vote en vue d'une assemblée générale, il lui est possible de se limiter à une déclaration unique et préalable, en lieu et place des déclarations respectivement antérieure et postérieure à l'assemblée, sous réserve pour elle d'indiquer dans cette déclaration unique sa situation en termes de droits de vote à l'échéance du mandat de vote qu'elle a reçu. Le mandataire est alors dispensé de déclaration d'un franchissement à la baisse au terme de la procuration (Règl. gén. AMF art. 223-15). Par ailleurs, le président d'une association de défense d'actionnaires sollicitant les pouvoirs de ses adhérents pour les représenter à une assemblée générale n'a pas à déclarer les droits de vote qu'il détient en vertu de ces pouvoirs dans la mesure où, ayant rendu publiques ses intentions de vote sur les projets de résolution présentés à l'assemblée, il est tenu d'exercer, pour toute procuration reçue sans instructions de vote, un vote conforme à ces intentions (CA Paris 22-4-2021 nº 20/03915 : RJDA 10/21 nº 668).

Afin de supprimer le **risque de double comptabilisation** des actions et droits de vote assimilés, un même titre ne peut être assimilé qu'une seule fois par un déclarant, quand bien même ce titre serait visé par plusieurs des cas d'assimilation prévus à l'article L 233-9, I (par exemple, chaîne de contrôle et promesse de vente, action de concert et promesse de vente, concert et usufruit) (Règl. gén. AMF art. 223-11-1, II). 64322

Il convient, en revanche, de **ne pas tenir compte** (art. L 233-9, II ; Règl. gén. AMF art. 223-12 et 223-12-1) : 64323

– des actions détenues dans un portefeuille géré par un prestataire de services d'investissement contrôlé (au sens de l'article L 233-3) par la personne tenue à la déclaration, dans le cadre du service de gestion de portefeuille pour compte de tiers dans les conditions fixées par le règlement général de l'AMF (sauf exceptions prévues par l'article 223-12) ;

– des actions détenues par des prestataires de services d'investissement dans leur portefeuille de négociation (au sens de la directive 2006/49 du 14-6-2006), à condition notamment que ces instruments ne donnent pas accès à une quotité du capital ou des droits de vote de l'émetteur de ces titres supérieure à 5 % (Règl. gén. AMF art. 223-13, I-2º).

N'est en outre pas tenu à déclaration le teneur de marché qui franchit, dans le cadre de la tenue de marché, le seuil de 5 % du capital ou des droits de vote d'un émetteur, s'il n'intervient pas dans la gestion de cet émetteur et n'exerce aucune influence pour inciter cet émetteur à acquérir des actions ou en soutenir le prix (art. 223-13, II).

SEUIL DE PARTICIPATION : DÉTERMINATION DU DÉNOMINATEUR

Pour le calcul des seuils de participation, la fraction de capital et des droits de vote que la personne concernée détient, y compris par assimilation, est déterminée sur la base du **nombre total d'actions** composant le capital de la société et du **nombre total de droits de vote** attachés à ces actions (Règl. gén. AMF art. 223-11, I-al. 1). Le nombre total de droits de vote, également dénommé « nombre de droits de vote théoriques », est calculé sur la base de l'ensemble des actions auxquelles sont attachés des droits de vote, y compris les actions privées de droit de vote (art. 223-11, I-al. 2). 64329

Ainsi, pour déterminer un éventuel franchissement de seuils en droits de vote, les actionnaires doivent inclure au dénominateur non seulement les droits de vote exerçables en assemblée, ce qui comprend bien évidemment les droits de vote double, mais également les droits de vote suspendus soit en raison d'une sanction prononcée par un tribunal (fondée, par exemple, sur l'article L 233-14, al. 3 : voir nº 64383), soit en raison d'une privation de plein droit (actions autodétenues : art. L 225-210 ; actions d'autocontrôle : art. L 233-31 ; actions correspondant à une participation réciproque non encore régularisée : art. L 233-29, etc.).

Les limites de ce procédé de calcul sont évidentes tant cette référence ne permet pas de donner une image pertinente des rapports de force en présence au sein de l'actionnariat à un instant donné. Il a cependant pour avantage d'instaurer une grille de lecture commune *au sein de l'UE.*

La prise en compte de la détention indirecte des actions d'une société peut conduire, en cas de contrôles en chaîne, à une multiplication des notifications pour une seule prise de participation. 64332

EXEMPLE

Une société A contrôle une société B qui contrôle une société C. Si cette société C vient à prendre, dans une société cotée D, une participation significative entraînant franchissement de seuils, les trois sociétés A, B et C devront notifier à la société D et à l'AMF le nombre d'actions qu'elles détiennent directement ou indirectement (par l'intermédiaire de C, en ce qui concerne A et B) dans son capital.

De même, une prise de participation non significative par une société peut entraîner indirectement un franchissement de seuils – et, par voie de conséquence, une obligation de notification – pour toutes les sociétés du groupe qui détiennent une participation, si faible soit-elle, dans la société émettrice. En effet, par le jeu des articles L 233-9, I (détention indirecte) et L 233-10, II (présomption d'action de concert), toutes ces sociétés sont considérées comme détenant directement, indirectement ou de concert avec les autres sociétés du groupe la totalité de la participation du groupe.

EXEMPLE

Soit une société A qui détient 7 % du capital (ou des droits de vote) d'une société cotée X. La société F1, filiale de A, en détient 1 %. Si une autre société du groupe, F2, également filiale de A, vient à acquérir 3 % du capital de X, les trois sociétés A, F1 et F2 sont tenues de déclarer à la société X et à l'AMF le franchissement du seuil de 10 %, car elles sont, chacune en ce qui la concerne, réputées détenir 11 % du capital de cette société :
– la société A, directement à concurrence de 7 % et indirectement par assimilation des titres de ses deux filiales (art. L 233-9, I-2°) à concurrence de 4 % ;
– la société F1, directement à concurrence de 1 % et par présomption d'action de concert (art. L 233-9, I-3° et L 233-10, II) avec sa société mère et la filiale F2 de celle-ci à concurrence de 10 % ;
– la société F2, directement à concurrence de 3 % et par présomption d'action de concert avec sa société mère et la filiale F1 de celle-ci à concurrence de 8 %.

Mais, comme nous le verrons (n° 64350), la déclaration de franchissement de seuils peut être faite par l'une quelconque des sociétés intéressées, agissant tant en son nom personnel qu'au nom des autres sociétés concernées.

64335 En cas de variation des participations par **reclassement au sein du groupe,** il n'y a pas lieu, à notre avis, de faire une quelconque déclaration, même si l'une des sociétés du groupe vient à franchir un des seuils, dès lors que le total de la participation détenue par les sociétés du groupe reste inchangé, ce qui est l'élément essentiel au regard de la transparence du marché. En effet, chacune des sociétés étant réputée détenir directement, indirectement ou par présomption d'action de concert la totalité de la participation du groupe, les reclassements internes ne modifient pas cette situation.

EXEMPLE

En reprenant notre exemple ci-dessus, la cession par la société A à chacune de ses filiales de 3 % du capital de la société X ne change pas, en définitive, la situation des trois sociétés, qui sont toujours réputées détenir 11 % du capital de X :
– la société A, directement à concurrence de 1 %, indirectement ou de concert à concurrence de 10 % (4 % par F1 et 6 % par F2) ;
– la société F1, directement à concurrence de 4 %, indirectement ou de concert à concurrence de 7 % (1 % par A et 6 % par F2) ;
– la société F2, directement à concurrence de 6 %, indirectement ou de concert à concurrence de 5 % (1 % par A et 4 % par F1).

Une nouvelle déclaration ne s'impose, à notre avis, que si, pour l'ensemble du groupe, un seuil est franchi en hausse ou en baisse, étant observé que ce franchissement de seuil peut, parmi d'autres causes, résulter de l'entrée dans le groupe (ou de la sortie) d'une société détenant elle-même directement, indirectement ou de concert des titres de la société « cotée ». Pour autant, sous l'impulsion des exigences de transparence, la plupart des sociétés déclarent désormais les franchissements de seuils nés des reclassements internes auxquels elles procèdent. L'AMF est dans ce cas en mesure de vérifier l'existence, le cas échéant, d'engagements connexes qui auraient pu être pris par les parties à la cession des droits.

Le respect de la réglementation sur les franchissements de seuils suppose donc, dans les groupes de sociétés, une particulière **vigilance** et la nécessité pour toutes les sociétés du groupe de s'informer (ou d'informer la société chef de file) de toutes les modifications intervenues dans leur portefeuille-titres. Cette vigilance doit s'exercer aussi sur les droits de vote dont dispose chacune des sociétés du groupe dans le cas, très fréquent en pratique, où le nombre des droits de vote ne correspond pas au nombre d'actions existantes.

Pour un exemple de franchissement de seuils résultant de l'obtention du droit de vote double par une filiale, voir Avis SBF 92-1718 du 25-6-1992.

64338 Le *plus souvent*, le franchissement de seuils est la conséquence d'une opération financière (acquisition ou cession d'actions, souscription à une augmentation de capital, fusion, etc.) à laquelle la personne physique ou morale ou les sociétés qu'elle contrôle ont participé. Toutefois, il peut arriver que, par suite d'une dilution du capital qui ne serait pas de son fait (par exemple, augmentation de capital à laquelle elle ne souscrirait pas, conversion d'obligations, etc.), une personne voie sa participation devenir inférieure à l'un des seuils fixés par la loi. En ce cas, cette personne doit faire la déclaration, bien que le nombre des actions ou des droits de vote qu'elle possède soit resté inchangé. En effet, à la lettre de l'article L 233-7, l'obligation de déclaration naît du franchissement de seuils et non pas d'une modification dans le nombre des actions ou des droits de vote possédés.

Inversement, le franchissement de seuils peut résulter de la signature d'une convention entre actionnaires valant action de concert (pour des exemples, voir Avis CMF 197C0581 du 6-11-1997 et 197C0727 du 17-12-1997).

Il peut résulter également de la réduction du nombre total des droits de vote (perte du droit de vote double détenu par des actionnaires ayant une participation significative dans la société, augmentation du nombre d'actions d'autocontrôle privées du droit de vote, rachat par la société de ses propres titres, etc. ; pour un exemple, voir Avis CMF 199C2003 du 20-12-1999).

4. DÉCLARATION DE FRANCHISSEMENT DE SEUILS

PERSONNES TENUES DE DÉCLARER LES FRANCHISSEMENTS DE SEUILS

La déclaration s'impose à **toute personne** physique ou morale ayant franchi, dans un sens ou dans l'autre, l'un des seuils fixés par la loi, à l'**exception** (art. L 233-7, V) : 64350

– des teneurs de marché, lors du franchissement du seuil de 5 % du capital ou des droits de vote dans le cadre de la tenue de marché, à condition qu'ils n'interviennent pas dans la gestion de l'émetteur dans les conditions fixées par le règlement général de l'AMF ;

– des personnes contrôlées (au sens de l'article L 233-3) par une entité elle-même tenue à la notification pour les actions détenues par ces personnes ou par une entité elle-même contrôlée par une entité tenue à la notification pour ces mêmes actions.

La déclaration s'impose également aux **personnes ayant agi de concert,** quelle que soit l'importance de la participation détenue par chacune d'elles et même si cette participation est inférieure à 5 %. En effet, les personnes agissant de concert sont responsables solidairement du respect des dispositions légales et réglementaires les concernant (art. L 233-10, III).

ATTENTION

Plutôt que de procéder à des déclarations séparées, ce qui nuit à une présentation cohérente des changements intervenus, il a été préconisé l'**établissement d'une seule déclaration** de la société chef de file, celle-ci agissant pour son compte et pour celui des sociétés concernées de son groupe (Avis SBF 91-1835 du 21-6-1991), ainsi que, éventuellement, pour celui des personnes physiques ou morales ayant agi de concert avec elle.

Toutefois, les dirigeants de ces sociétés devront s'assurer auprès du chef de file que la notification a bien été faite dans le délai prescrit et devront toujours être en mesure de se substituer à lui en cas de défaillance de sa part. En effet, c'est à eux qu'incombe en principe l'obligation de déclaration et ce sont eux qui s'exposent à des sanctions pénales (nº 64386) au cas où cette obligation ne serait pas respectée.

En revanche, en cas de **fusion-absorption,** l'absorbante, ayant cause universel de l'absorbée, n'a pas à renouveler les déclarations de franchissement de seuils faites par l'absorbée au titre de l'acquisition des actions transmises par l'effet de la fusion (Cass. com. 26-3-2008 nº 06-20.156 : RJDA 6/08 nº 665). Elle reste néanmoins tenue à déclaration à l'issue de l'opération si sa propre participation, cumulée à celle de l'absorbée, lui fait franchir un des seuils en capital ou en droits de vote devant être déclarés.

> Précisions **a.** Lorsque les actions sont détenues par un **fonds commun de placement** (FCP), la déclaration doit être faite par la société qui gère ce fonds. Celle-ci est tenue d'effectuer *les déclarations* de franchissement de seuils pour l'ensemble des actions détenues par les fonds qu'elle gère (C. mon. fin. art. L 214-8-9, I-al. 1 et L 214-24-43, I-al. 1 modifiés par ord. 2025-230 du 12-3-2025). S'agissant des fonds communs de placement d'entreprise (FCPE), compte tenu des règles d'exercice des droits de vote inhérentes à ces fonds, les déclarations doivent être effectuées fonds par fonds et non de manière consolidée (Bull. COB avril 1999 p. 23).

b. Lorsque les actions d'une **société d'investissement à capital variable** (Sicav) sont admises aux négociations sur un marché réglementé, les actionnaires ne sont pas soumis à obligation de déclaration de franchissement de seuils pour les actions qu'ils détiennent dans cette Sicav (art. L 214-8-9, II et L 214-24-43, II issus de ord. 2025-230).

CONTENU DE LA DÉCLARATION DE FRANCHISSEMENT DE SEUILS

La déclaration doit préciser non seulement le nombre total d'**actions ou de droits de vote détenus** par l'intéressé ou assimilés par l'effet de l'article L 233-9, mais aussi le nombre de 64353 titres qu'il possède **donnant accès à terme aux actions** à émettre et les droits de vote qui y seront attachés, ainsi que les actions ou droits de vote que l'intéressé **peut acquérir en vertu d'un accord ou d'un instrument financier,** sans préjudice des dérivés sur actions existantes dénouables en actions ou en espèces visés aux 4° et 4° bis de l'article L 233-9 (n° 64320) (art. L 233-7, I-al. 1 et al. 3 à 5).

64354 La **déclaration** doit notamment **mentionner** (Règl. gén. AMF art. 223-14) :
– l'identité du déclarant ;
– le cas échéant, l'identité de la personne physique ou morale habilitée à exercer les droits de vote pour le compte du déclarant ;
– la date du franchissement du seuil de participation ;
– l'origine du franchissement de seuil ;
– la situation qui résulte de l'opération en termes d'actions et de droits de vote ;
– le cas échéant, la nature de l'assimilation aux actions ou aux droits de vote possédés par le déclarant résultant de l'article L 233-9 ainsi que, s'il y a lieu, les principales caractéristiques de l'accord ou de l'instrument mentionné aux 4° et 4° bis du I de ce même article ;
– le cas échéant, l'ensemble des sociétés contrôlées au sens de l'article L 233-3 par l'intermédiaire desquelles les actions et les droits de vote sont détenus ;
– le cas échéant, le nombre d'actions acquises à la suite d'une cession temporaire d'actions ;
– la signature de la personne tenue à déclaration.

La déclaration doit en outre préciser, de façon séparée (art. L 233-7, I-al. 3 s. ; art. 223-14, III) :
– le nombre de titres donnant accès à terme aux actions à émettre (en pratique, principalement des OCA, des Oceane, des Orane, des Obsa, des Obsar, des Absa ou des BSA) et les droits de vote qui y seront attachés ;
– lorsque les conditions posées au 4° du I de l'article L 233-9 ne sont pas remplies, les actions déjà émises ou les droits de vote que le déclarant peut acquérir, en vertu d'un accord ou d'un instrument financier, notamment les options à barrière activante tant que le cours de l'action n'a pas atteint le seuil stipulé dans le contrat d'émission.

S'agissant des instruments financiers dérivés dénouables à la seule initiative du porteur en actions déjà émises ou dans les cas prévus ci-dessus, la déclaration doit comporter en outre une description de chaque type d'instrument financier ou de l'accord en précisant notamment :
– la date d'échéance ou d'expiration de l'instrument ou de l'accord ;
– le cas échéant, la date à laquelle ou la période durant laquelle les actions seront ou pourront être acquises ;
– la dénomination de l'émetteur de l'action concerné ;
– les principales caractéristiques de cet instrument ou de l'accord (notamment les conditions dans lesquelles cet instrument ou accord donne le droit d'acquérir des actions, ainsi que le nombre maximal d'actions auxquelles l'instrument ou l'accord donne droit ou que le porteur ou bénéficiaire peut acquérir, sans compensation avec le nombre d'actions que cette personne est en droit de vendre en vertu d'un autre instrument financier ou d'un autre accord).

S'agissant enfin des instruments financiers dérivés dénouables en espèces visés au 4° bis du I de l'article L 233-9, la déclaration doit comporter en outre une description de chaque type d'accord ou d'instrument financier réglé en espèces précisant notamment :
– la date d'échéance ou d'expiration de l'instrument ou de l'accord ;
– la dénomination de l'émetteur de l'action concerné ;
– les principales caractéristiques de l'instrument ou de l'accord, notamment le nombre maximal d'actions sur lesquelles il est indexé ou référencé, sans compensation avec le nombre d'actions sur lesquelles la personne tenue à l'obligation de déclaration détient une position courte en vertu de tout accord ou instrument financier réglé en espèces ;
– le delta de l'instrument ou de l'accord, utilisé pour déterminer le nombre d'actions et de droits de vote assimilés par cette personne.

› Précisions En cas de **modification de la répartition de la participation entre les instruments financiers possédés** (mentionnés à l'article L 233-7, I et représentant la « détention en dur ») **et les instruments financiers assimilés** (*mentionnés à l'article L 233-9*), le déclarant doit actualiser la déclaration initiale par une nouvelle déclaration lorsque cette modification conduit à franchir l'un des seuils légaux (art. L 233-7, VI bis). Il s'agit de cas dans lesquels une personne ayant déjà déclaré le franchissement d'un seuil légal et dont la détention comporte à la fois des actions possédées et des actions assimilées (par exemple, des actions faisant l'objet d'une option d'achat détenue par le déclarant ou sur lesquelles sont indexés des contracts for difference (CFD) détenus par le déclarant) modifierait la répartition de sa détention entre actions possédées et actions assimilées (par exemple, par l'exercice d'une option d'achat ou par l'acquisition d'actions auprès de la contrepartie d'un CFD qui les détenait en couverture). Une nouvelle déclaration est requise lorsque la personne entre en possession des actions sous-jacentes antérieurement assimilées et vient de ce fait, seule ou de concert, à franchir en hausse l'un des seuils légaux au titre de sa « détention en dur ». Il en va de même pour les droits de vote attachés à ces actions (Règl. gén. AMF art. 223-11-1, I).

DÉLAI ET FORME DE LA DÉCLARATION DE FRANCHISSEMENT DE SEUILS

La déclaration doit être faite à la société émettrice et à l'AMF **au plus tard** avant la clôture des négociations du quatrième jour de négociation suivant le jour du franchissement du seuil de participation. À cette fin, le calendrier des jours de négociation des marchés réglementés établis ou opérant en France est publié sur le site de l'AMF (art. L 233-7, I-al. 1 et II-al. 1 et R 233-1 ; Règl. gén. AMF art. 223-14, I). 64356

Invoquant la nécessité de transparence du marché, l'Autorité de marché indique que la date à compter de laquelle la déclaration doit intervenir est celle de la transaction qui provoque le franchissement de seuils, et non celle à laquelle la propriété des titres est transférée au client final (Rapport COB 2000 p. 77). Cette solution doit conduire à retenir la date d'exécution de la transaction sur le marché comme point de départ du délai (en ce sens également, Communication Ansa, comité juridique n° 06-057 du 8-11-2006).

La déclaration est obligatoire, même si les **seuils** sont **franchis pour une courte durée.** Ainsi, tout franchissement de seuils dont la loi prévoit la déclaration doit être déclaré, même s'il se produit à la hausse puis à la baisse à quelques jours d'écart, le règlement général de l'AMF ne prévoyant aucune possibilité de différer cette déclaration, y compris dans le cas où l'investisseur a l'intention d'accroître encore sa participation (AMF comm. sanc. 5-7-2018 : RJDA 1/19 n° 22 confirmée par CA Paris 23-5-2019 n° 18/18638). Quand l'opération d'achat-vente se réalise dans un délai inférieur à cinq jours, il est souhaitable que les déclarations de franchissement de seuils à la hausse puis à la baisse soient effectuées de manière concomitante (Rapport COB 1990 p. 196).

La déclaration à l'AMF est faite conformément au **modèle** type de déclaration prévu dans l'instruction AMF 2008-02. Elle peut être transmise à l'AMF par voie électronique, à l'adresse declarationseuil@amf-france.org.

L'information transmise est portée à la **connaissance du public** par l'AMF dans les trois jours de négociation suivant la date de réception de la déclaration complète ; elle doit être rédigée en français ou dans une autre **langue** usuelle en matière financière (Règl. gén. AMF art. 223-14, VI).

Aucune forme particulière n'est exigée pour la **notification à la société émettrice.** Cette notification peut donc être faite par lettre ordinaire mais, dans ce cas, il est conseillé de demander à la société informée un accusé de réception, afin de se ménager la preuve que l'obligation de notification a bien été respectée (cf. Rép. Godfrain : AN 17-3-1986 n° 78331).

MESURES CONSERVATOIRES EN CAS DE MANQUEMENT À LA DÉCLARATION DE FRANCHISSEMENT DE SEUILS

Lorsqu'elle constate un manquement aux obligations relatives aux franchissements de seuils, l'AMF peut prendre des mesures conservatoires sur le fondement général de l'article L 621-14 du Code monétaire et financier. 64359

S'agissant des sociétés pour lesquelles l'AMF n'est pas l'autorité compétente pour le contrôle de l'information réglementée en vertu des règles de compétence, l'AMF doit, dans un premier temps, informer de ses constatations l'autorité de contrôle compétente de l'État partie à l'EEE. Si, en dépit des mesures prises par cette dernière ou en raison de leur inadéquation, l'émetteur ou la personne tenue à l'information mentionnée à l'article L 233-7, I persiste à violer les dispositions législatives ou réglementaires qui lui sont applicables, l'AMF peut, après avoir informé l'autorité de contrôle compétente, prendre toutes les mesures qui s'imposent pour protéger les investisseurs. Elle informe la Commission européenne de ces mesures (C. mon. fin. art. L 451-1-5).

5. SOCIÉTÉS AYANT LEUR SIÈGE HORS DE L'EEE

Lorsqu'un émetteur a son siège statutaire hors de l'EEE et que ses titres de capital, ou ses titres de créance dont la valeur nominale est inférieure à 1 000 €, sont admis aux négociations sur un marché réglementé français, il est soumis à l'**obligation de déclarer** les franchissements de seuils légaux de participation (C. mon. fin. art. L 451-2-1, al. 1). 64370

Les règles relatives à la publication mensuelle du nombre total de droits de vote et du nombre d'actions composant leur capital (n° 64310), aux cas d'assimilation (n° 64320), au concert (nos 64160 s.), à la déclaration des pactes d'actionnaires (nos 66303 s.) et à la notification aux sociétés contrôlantes des participations qu'elles détiennent (nos 79701 s.) s'appliquent également dans ce cas (art. précité).

L'**AMF** peut toutefois **dispenser** la personne détenant des participations d'une telle société des obligations de déclarer les franchissements de seuils et de publier les variations du nombre total de droits de vote et du nombre total d'actions composant le capital de cette société, si elle estime équivalentes les obligations auxquelles cette personne ou cette société est soumise en vertu de la législation de l'État tiers qui lui est applicable (art. L 451-2-1, al. 2 et 3).

Cet État tiers est réputé appliquer des exigences équivalentes à l'article 223-16 du règlement général de l'AMF lorsque l'émetteur est tenu de rendre public le total du nombre de droits de vote et du capital dans un délai de 30 jours calendaires suivant une variation de ce total (Règl. gén. AMF art. 223-16-1).

La liste (non disponible à ce jour) des États tiers dont les dispositions législatives ou réglementaires sont considérées comme équivalentes aux deux séries d'obligations ci-dessus est arrêtée, mise à jour et publiée régulièrement par l'AMF (art. L 451-2-1, al. 4).

6. DÉFAUT DE DÉCLARATION DE FRANCHISSEMENT DE SEUILS

SANCTIONS CIVILES DU DÉFAUT DE DÉCLARATION DE FRANCHISSEMENT DE SEUILS

64380 **Suspension des droits de vote sur constatation du bureau** En cas de manquement à l'obligation de déclaration, y compris actualisée, dans les conditions exposées nos 64290 s., l'**actionnaire est privé des droits de vote** attachés aux actions excédant la **fraction** qui n'a pas été régulièrement déclarée pour toute assemblée d'actionnaires qui se tiendrait jusqu'à l'expiration d'un **délai** de deux ans suivant la date de cette régularisation (art. L 233-14).

La privation des droits de vote s'applique dès sa constatation par le bureau de l'assemblée et elle se poursuit jusqu'à l'expiration d'un délai de deux ans suivant la date de régularisation de la notification ; tant qu'aucune régularisation n'est intervenue, la privation des droits de vote, applicable dès sa constatation par le bureau de l'assemblée, est toujours en cours (Cass. com. 27-6-2018 n° 15-29.366 FS-PB : RJDA 10/18 n° 737 ; dans le même sens, Cons. const. 28-2-2014 n° 2013-369 QPC : RJDA 7/14 n° 637).

EXEMPLE

Prenons le cas d'un franchissement de seuils non déclaré constaté par le bureau de l'assemblée générale en mai 2025. Les droits de vote attachés aux actions excédant la fraction non déclarée sont suspendus dès mai 2025. Si la situation n'est régularisée qu'en octobre 2026, ce n'est qu'en octobre 2028 que l'actionnaire récupérera les droits de vote suspendus.

Aucun texte n'attribue au **bureau** de l'assemblée le **pouvoir** de priver des actionnaires de leurs droits de vote au motif qu'ils n'auraient pas satisfait à l'obligation de notifier le franchissement d'un seuil dès lors que l'existence de l'action de concert d'où résulterait cette obligation est contestée (Cass. com. 15-5-2012 nos 10-23.389 FS-PB et 10-28.151 FS-D : RJDA 10/12 n° 868 ; Cass. com. 10-2-2015 n° 13-14.778 : RJDA 6/15 n° 431). Si l'existence du concert n'est pas contestée, le bureau peut la constater et appliquer les limitations de droits de vote résultant du défaut de déclaration de franchissement de seuils opérés de concert (Cass. com. 27-6-2018 n° 15-29.366 FS-PB : RJDA 10/18 n° 737). La contestation doit avoir un caractère sérieux ; ainsi, le bureau ne peut constater un défaut de déclaration de franchissement de seuils et prononcer la privation de droit de vote que si ce défaut précis est avéré, reconnu ou patent (CA Paris 2-10-2012 n° 10/22201).

> **Précisions** La privation des droits de vote, qui est temporaire, partielle et limitée aux rapports entre l'actionnaire et la société, ne constitue pas une sanction ayant le caractère d'une punition méconnaissant les **principes de nécessité et d'individualisation des peines** et ne porte pas non plus une atteinte disproportionnée au **droit de propriété,** principes garantis par la Déclaration des droits de l'Homme de 1789 (Cons. const. 28-2-2014 n° 2013-369 QPC : RJDA 7/14 n° 637).

64381 **Étendue de la suspension.** À compter de la régularisation, seules les actions détenues à la *date du franchissement de seuils* non déclaré devraient, à notre avis, être frappées de privation du droit de vote. Les **actions acquises postérieurement** à cette régularisation ne devraient pas être concernées par cette mesure (voir CA Versailles 9-4-1992 : Bull. Joly 1992 p. 631, note P. Le Cannu) car l'article L 233-14, qui porte une atteinte au droit fondamental de voter, doit être interprété restrictivement.

Si cette sanction concerne des **concertistes,** la privation du droit de vote doit, à notre avis et en l'absence de texte, s'appliquer à proportion de la participation de chacun des concertistes déterminée à la date de formation du concert (dans le même sens, Communication Ansa, comité juridique n° 16-016 du 6-4-2016).

La déclaration régulière d'un franchissement du seuil de 20 % ne régularise pas l'**absence de déclaration du franchissement antérieur** du seuil de 10 %, tout au moins lorsque la déclaration du seuil de 20 % n'a fait aucune référence au franchissement antérieur du seuil de 10 % (Cass. com. 10-5-2006 n° 04-10.696 : RJDA 10/06 n° 1041).

L'article L 233-14 vise « l'actionnaire » et non pas « les actions ». Si l'**actionnaire cède les actions,** l'acquéreur ne saurait être privé sans texte du droit de vote (sur l'exception en matière de fusion-absorption à raison de la nature civile de la sanction et de l'obligation correspondante ainsi que de la règle de la transmission universelle de patrimoine, voir Th. Bonneau, Études de droit privé offertes à P. Didier p. 25, Economica, 2008).

Il a été jugé que seule l'absence de déclaration à la hausse peut être sanctionnée par la privation automatique du droit de vote et que la revente par un acquéreur de la fraction excédant le seuil qu'il aurait dû déclarer lui permet d'échapper à cette sanction (CA Versailles 9-4-1992 précité).

Suspension des droits de vote sur décision de justice Le tribunal de commerce dans le ressort duquel la société a son siège peut, le ministère public entendu, sur demande du président de cette société, d'un actionnaire (quelle que soit l'importance de sa participation dans le capital) ou de l'AMF, prononcer la **suspension,** pour une durée n'excédant pas cinq ans, **de tout ou partie des droits de vote** (et non pas seulement de la fraction excédant le seuil non déclaré) de l'actionnaire qui n'aurait pas déclaré un franchissement de seuils (art. L 233-14, al. 3). 64383

Ainsi, une suspension du tiers des droits de vote détenus dans une société par diverses personnes morales agissant de concert, qui avaient omis de déclarer le franchissement du seuil du tiers en capital dans cette société, a été prononcée pour une durée de deux ans, assortie de l'exécution provisoire du jugement (T. com. Nîmes 18-2-1992 : Bull. Joly 1992 p. 536 note P. Le Cannu, qui précise que la sanction demandée visant au respect d'obligations légales, elle doit s'appliquer « en considération du manquement reproché, et non pas du préjudice subi personnellement par l'actionnaire demandeur », sans qu'il y ait lieu de rechercher si les demandeurs ont un intérêt légitime à agir).

La suspension du droit de vote peut être demandée par tout actionnaire, même s'il n'avait pas cette qualité au moment où le franchissement de seuils aurait dû être déclaré (CA Versailles 9-4-1992 : Bull. Joly 1992 p. 631 note P. Le Cannu).

Jugé que la **sanction** peut être **écartée** « si les circonstances de fait démontrent notamment que l'actionnaire défaillant n'avait pas l'intention de prendre de manière occulte le contrôle de la société mais simplement de réaliser une plus-value » (CA Versailles 9-4-1992 précité).

SANCTIONS ADMINISTRATIVES DU DÉFAUT DE DÉCLARATION DE FRANCHISSEMENT DE SEUILS

L'omission d'une déclaration de franchissement de seuils ou le caractère inexact et tardif de la déclaration est susceptible de caractériser un manquement de nature à porter atteinte à l'égalité de l'information et de traitement des investisseurs ou à leurs intérêts ainsi qu'au bon fonctionnement du marché (AMF comm. sanc. 1-3-2007 confirmé par CA Paris 15-5-2008). L'AMF est fondée à prononcer des sanctions administratives en application des articles L 621-14 et L 621-15 du Code monétaire et financier et à imputer celles-ci tant à la personne morale défaillante qu'à son dirigeant (AMF comm. sanc. 25-2-2010 ; pour des exemples de sanction, voir AMF comm. sanc. 9-11-2006 et AMF comm. sanc. 5-7-2018 : RJDA 1/19 n° 22 confirmée par CA Paris 23-5-2019 n° 18/18638). 64384

SANCTIONS PÉNALES DU DÉFAUT DE DÉCLARATION DE FRANCHISSEMENT DE SEUILS

Indépendamment des sanctions civiles, l'inobservation des dispositions de l'article L 233-7 analysées ci-dessus (nos 64290 s.) expose les personnes physiques et les présidents, administrateurs, membres du directoire, gérants, directeurs généraux ou directeurs généraux délégués (cf. art. L 248-1) des personnes morales qui y étaient tenus à une **amende** de 18 000 € (art. L 247-2, I). 64386

Pour les sociétés dont les actions sont admises aux négociations sur un marché d'instruments financiers, les poursuites ne peuvent être engagées qu'après que l'**avis de l'AMF** a été demandé (art. L 247-2, V).

ATTENTION

La **délégation de pouvoir** consentie au directeur financier par le président ne saurait faire échapper ce dernier à sa responsabilité pénale car la déclaration de franchissement de seuils à la baisse « ne constitue pas pour le législateur une simple formalité, mais une obligation fondamentale destinée à assurer l'information et l'égalité des opérateurs intervenant sur un titre coté ainsi que, plus généralement, la transparence des marchés », ce que le président ne pouvait ignorer (CA Paris 15-3-1993 : RJDA 5/93 n° 408, sanctionnant l'intéressé pénalement, cassé par Cass. crim. 26-6-1995 : RJDA 7/95 n° 857, mais pour un autre motif).

B. Obligation statutaire d'information

CONTENU DE L'OBLIGATION STATUTAIRE D'INFORMATION SUR LES FRANCHISSEMENTS DE SEUILS

64420 Il peut être prévu, dans les statuts des sociétés dont le siège est situé sur le territoire français et dont les actions sont admises aux négociations sur un marché réglementé d'un État partie à l'EEE ou sur un marché d'instruments financiers admettant aux négociations des actions pouvant être inscrites en compte chez un intermédiaire habilité, une obligation supplémentaire d'information en cas de détention de **fractions** du capital ou des droits de vote **inférieures à** celle de 5 % prévue par la loi (art. L 233-7, III et, sur renvoi, I).

Une telle obligation d'information peut être même prévue par les statuts d'une société dont les titres sont admis aux négociations sur un SMN (tel Euronext Access), la loi autorisant la possibilité d'organiser un régime autonome de déclaration issu des statuts que la société soit ou non concernée par l'application des seuils légaux de déclaration (Communication Ansa, comité juridique n° 18-049 du 3-10-2018).

S'agissant d'une information « à **usage interne** », elle n'a pas à être communiquée à l'**AMF** comme c'est le cas pour les franchissements de seuils prévus par la loi.

64422 Le **seuil** de participation en capital (ou en droits de vote) à partir duquel naît l'obligation d'information est **librement fixé** dans les statuts, sans toutefois pouvoir être inférieur à **0,5 %** du capital ou des droits de vote (art. L 233-7, III).

L'obligation d'information peut être imposée en cas de **franchissement de chaque seuil** contenant la fraction retenue (art. L 233-7, III).

En l'absence de disposition légale ou réglementaire contraire, rien ne s'oppose à ce que l'obligation d'information soit imposée même pour des **franchissements de seuils** statutaires **au-delà** du seuil légal de **5 %.**

64424 La loi n'impose aucun **délai** pour informer la société. L'AMF a précisé, à cet égard, que le délai fixé par la loi en matière de déclaration des franchissements de seuils légaux (quatre jours de négociation actuellement) ne s'applique pas de plein droit aux franchissements de seuils statutaires, dont le régime de déclaration relève de la seule décision de l'assemblée générale extraordinaire des actionnaires (Rev. AMF décembre 2004 p. 59).

64426 Le **calcul des seuils statutaires** de participation nous paraît devoir suivre le même procédé que celui des seuils légaux de participation (n° 64320). Il ressort en effet de la référence faite au III de l'article L 233-7 au seuil de 5 % mentionné au I du même article que le législateur a entendu ne pas distinguer dans les modalités de calcul du dénominateur entre les seuils légaux et les seuils statutaires.

> **Précisions** L'article L 233-9, I, qui prévoit les **cas d'assimilation** pour la détermination du numérateur dans le calcul des seuils, renvoie au seul I de l'article L 233-7, ce qui est logique, tous deux visant les modalités de calcul du franchissement d'un seuil légal. L'absence de renvoi de l'article L 233-9, I au III de l'article L 233-7 n'a toutefois pas pour effet, à notre avis, de dispenser de l'assimilation pour le calcul des seuils statutaires, même si les statuts ne le précisent pas expressément. Une lecture inverse dénaturerait en effet le texte et contreviendrait à la volonté du législateur qui a souhaité que les modalités de mise en œuvre de l'obligation statutaire d'information « soient appelées à suivre celles prévues pour l'obligation légale » (Rapport Vivien, AN n° 621 p. 170).

NON-RESPECT DE L'OBLIGATION STATUTAIRE D'INFORMATION *SUR LES FRANCHISSEMENTS DE SEUILS*

64430 **Sanction pénale** L'inobservation des dispositions statutaires relatives à une obligation d'information en cas de franchissement de seuils autres que ceux déjà fixés par la loi n'entraîne, à notre avis, aucune sanction pénale (en sens contraire, A. Viandier, OPA-OPE et autres offres publiques, Éd. Francis Lefebvre 2014 n° 397).

Certes, l'article L 247-2 réprime la violation des dispositions de l'article L 233-7 sans distinction, de sorte que, pris à la lettre, il pourrait être considéré comme visant non seulement l'obligation légale, mais aussi l'obligation statutaire d'information.

Mais, au moment de sa rédaction (Loi 85-705 du 12-7-1985), il ne concernait que l'obligation légale, seule existante à l'époque. Aussi, étendre la sanction pénale qu'il prévoit à l'inobservation de l'obligation statutaire serait admettre qu'une telle sanction puisse résulter non pas d'une volonté clairement affirmée du législateur, mais seulement du silence gardé par celui-ci lors de la modification apportée par la loi du 17 juin 1987 à l'article 356-1 de la loi du 24 juillet 1966 (devenu l'article L 233-7).

Or, conformément aux principes de la légalité des délits et des peines et de l'interprétation stricte des lois pénales, une sanction pénale ne peut être appliquée qu'en vertu d'une disposition légale expresse et non équivoque, ce qui ne nous paraît pas être le cas en l'espèce.

Privation du droit de vote L'actionnaire défaillant peut, pendant deux ans à compter de la régularisation de la notification (cf. art. L 233-14, al. 1), être privé du droit de vote pour les actions d'une société ayant son siège sur le territoire de la République admises aux négociations sur un marché réglementé ou sur un marché admettant aux négociations des actions pouvant être inscrites en compte chez un intermédiaire habilité excédant la fraction non déclarée, si les deux conditions suivantes sont remplies (art. L 233-7, VI) : 64433

– les statuts doivent avoir expressément prévu la possibilité de mise en œuvre de cette sanction ;

– la sanction doit avoir fait l'objet d'une demande, consignée dans le procès-verbal de l'assemblée générale, d'un ou de plusieurs actionnaires détenant une fraction du capital ou des droits de vote au moins égale à la plus petite fraction du capital (ou, nous semble-t-il, des droits de vote) dont la détention doit être déclarée, sans que cette fraction puisse être supérieure à 5 %.

La violation des seuils statutaires ne peut, à notre avis, entraîner privation du droit de vote sur demande d'un actionnaire que si cette sanction est expressément prévue par les **statuts.** 64436

On ne saurait déduire de la formule de l'article L 233-7, VI, selon laquelle « les statuts de la société peuvent prévoir que les dispositions des deux premiers alinéas de l'article L 233-14 ne s'appliquent qu'à la demande [...] d'un ou plusieurs actionnaires », que la privation du droit de vote en cas de non-déclaration d'un franchissement de seuils statutaires est devenue la règle et que les statuts peuvent seulement subordonner l'application de cette sanction à la demande préalable d'un actionnaire. En effet, l'article L 233-14 ne prévoit la privation du droit de vote qu'en cas de violation des dispositions des paragraphes I et II de l'article L 233-7 (franchissement des seuils légaux). Appliquer ce texte pour le paragraphe VI du même article (franchissement de seuils statutaires) reviendrait à étendre par analogie une sanction qui porte atteinte au principe fondamental selon lequel le droit de vote est inhérent à toute action et qui doit donc être interprétée restrictivement.

Pour un exemple d'application de cette sanction automatique, voir TGI Strasbourg 29-5-1997 : RJDA 8-9/97 n° 1050. Au cas d'espèce, la sanction a été « constatée » par le tribunal sur la seule demande de la société émettrice, ce qui nous paraît contraire au texte de l'article L 233-7, VI, lequel, on l'a vu, prévoit l'application automatique de la privation du droit de vote sur demande d'un actionnaire et sans qu'il soit nécessaire, sauf contestation bien entendu, de saisir le tribunal. À noter par ailleurs que, dans la même affaire, le tribunal a jugé que, en présence d'une clause statutaire imposant la déclaration de tout franchissement du seuil de 1 % en capital et de toute fraction additionnelle de 1 % sans limitation, la déclaration du franchissement du seuil légal de 5 % ne valait pas régularisation de l'absence de déclaration des franchissements successifs des seuils statutaires de 1, 2, 3 et 4 %.

Par ailleurs, sur demande du président de la société, d'un actionnaire ou de l'AMF, le **tribunal de commerce** dans le ressort duquel la société a son siège peut prononcer la suspension totale ou partielle, pour une durée ne pouvant excéder cinq ans, des droits de vote de l'actionnaire n'ayant pas déclaré un franchissement de seuils statutaires (cf. art. L 233-14, al. 3). 64439

À notre avis, contrairement à la précédente, cette sanction s'applique alors même que les statuts ne contiendraient aucune disposition réprimant le défaut de notification de franchissement de seuils statutaires, car une telle sanction est prévue par l'article L 233-14, qui peut s'appliquer à l'encontre de tout actionnaire n'ayant pas procédé « aux déclarations prévues à l'article L 233-7 » sans distinction, ce qui inclut donc les seuils légaux et les seuils statutaires, s'il en existe.

C. Déclaration d'intention

OBLIGATION DE DÉCLARATION D'INTENTION

64470 Lorsqu'une personne physique ou morale agissant seule ou de concert vient à posséder, directement ou indirectement, un nombre d'actions représentant plus de 10, 15, 20 ou 25 % du capital ou des droits de vote d'une société ayant son siège en France et dont les actions sont admises aux négociations sur un **marché réglementé** d'un État partie à l'accord sur l'EEE, elle est tenue de déclarer les **objectifs** qu'elle a l'intention de poursuivre au cours des **six mois** à venir (art. L 233-7, VII ; Règl. gén. AMF art. 223-17 ; pour une déclaration d'intention d'actionnaires possédant chacun 2 % des droits de vote d'une société à l'occasion de leur mise en concert avec des actionnaires détenant 60 % des droits de vote, voir Avis AMF 222C0708 du 29-3-2022).

64472 La **déclaration** d'intention doit **préciser** (Règl. gén. AMF art. 223-17, I) :
– les modes de financement de l'acquisition et ses modalités : le déclarant précise notamment si l'acquisition a été réalisée par recours à des fonds propres ou à l'endettement, les modalités principales de cet endettement, ainsi que, le cas échéant, les garanties principales consenties ou dont bénéficie le déclarant. Le déclarant précise également la part éventuelle de sa participation obtenue à l'aide d'emprunts de titres ;
– si l'acquéreur agit seul ou de concert ;
– s'il envisage d'arrêter ses achats ou de les poursuivre ;
– s'il envisage d'acquérir le contrôle de la société ;
– la stratégie qu'il envisage vis-à-vis de l'émetteur ;
– les opérations pour mettre en œuvre cette stratégie, notamment : tout projet de fusion, de réorganisation, de liquidation, ou de transfert d'une partie substantielle des actifs de l'émetteur ou de toute personne qu'il contrôle au sens de l'article L 233-3 ; tout projet de modification des statuts ou de l'activité de l'émetteur ; tout projet d'émission de titres financiers de l'émetteur ; tout projet de radiation des négociations d'une catégorie de titres financiers de l'émetteur ;
– ses intentions quant au dénouement des accords et instruments mentionnés à l'article L 233-9, I-4° et 4° bis, s'il est partie à de tels accords ou instruments ;
– tout accord de cession temporaire ayant pour objet les actions ou les droits de vote de l'émetteur ;
– s'il envisage de demander sa nomination ou celle d'une ou de plusieurs personnes comme administrateur, membre du directoire ou du conseil de surveillance.

L'**initiateur d'une offre publique d'acquisition** qui vient à posséder plus de 10, 15, 20 ou 25 % du capital ou des droits de vote de la société visée au cours de la période d'offre ou à l'issue de l'offre est dispensé de la déclaration d'intention dès lors que la note d'information visée à l'article 231-18 du règlement général de l'AMF a été rendue publique (Règl. gén. AMF art. 223-17, III).

La déclaration doit être **adressée à la société** dont les actions ont été acquises et doit parvenir à l'**AMF,** qui doit porter ces informations à la **connaissance du public,** au plus tard avant la clôture des négociations du cinquième jour de négociation suivant le jour du franchissement (art. L 233-7, VII et R 233-1-1 ; Règl. gén. AMF art. 223-17, IV).

En cas de **changement d'intention** dans le délai de six mois à compter du dépôt de cette déclaration, une nouvelle déclaration motivée doit être, par parallélisme des formes, établie et communiquée dans les mêmes conditions. Cette nouvelle déclaration fait courir à nouveau le délai de six mois (art. L 233-7, VII-dernier al.).

Plus généralement, toute personne qui a fait publiquement part de ses intentions et décide ensuite de les modifier doit informer immédiatement le public de ses nouvelles intentions sous forme d'un communiqué (Règl. gén. AMF art. 223-7 et 223-9).

> **Précisions** Les **sociétés de gestion de portefeuille pour compte de tiers** sont dispensées de renseigner toutes les informations ci-dessus si elles satisfont aux conditions cumulatives suivantes : elles franchissent le seuil de 10 ou 15 % du capital ou des droits de vote de l'émetteur *dans le cadre habituel* de la poursuite de leur activité ; elles déclarent ne pas envisager d'acquérir le contrôle de la société, ni de demander sa nomination ou celle d'une ou de plusieurs personnes comme administrateur, membre du directoire ou du conseil de surveillance ; leur activité est exercée indépendamment de toute autre activité. Dans ce cas, la déclaration prend la forme d'une clause type figurant dans une instruction de l'AMF (Règl. gén. AMF art. 223-17, II).

SANCTIONS DU DÉFAUT DE DÉCLARATION D'INTENTION

Les sanctions applicables en cas d'inobservation des dispositions légales relatives aux déclarations d'intention sont analogues à celles prévues en ce qui concerne les déclarations de franchissement de seuils (nos 64380 s.) : 64480
– privation temporaire du droit de vote en cas d'absence de déclaration d'intention (art. L 233-14, al. 1) ;
– possibilité pour le tribunal de commerce de prononcer temporairement la suspension totale ou partielle des droits de vote de l'actionnaire qui n'aurait pas procédé à la déclaration d'intention ou qui n'aurait pas respecté le contenu de sa déclaration pendant la période de six mois suivant la publication de celle-ci par l'AMF (art. L 233-14, al. 3) ;
– sanctions pénales (art. L 247-2, I). En effet, l'article L 247-2 punit d'une amende de 18 000 € le fait de s'abstenir de procéder aux déclarations visées par l'article L 233-7, sans distinction. Il doit donc s'appliquer à la déclaration d'intention, dès lors qu'il s'agit d'une obligation légale non subordonnée à l'existence d'une clause statutaire comme c'est le cas pour l'obligation d'information des franchissements de seuils statutaires (nos 64420 s.).

V. OFFRES PUBLIQUES D'ACQUISITION

RÈGLES GÉNÉRALES

L'offre publique d'acquisition consiste, de la part d'une personne morale (voire d'une personne physique), agissant seule ou de concert avec d'autres, à faire connaître publiquement aux actionnaires d'une société qu'elle se porte acquéreur de leurs titres à un prix déterminé (le plus souvent supérieur au cours de bourse), réglé soit en espèces (offre publique d'achat), soit par remise d'actions ou d'obligations (offre publique d'échange). 64760

Au sens de la directive européenne 2004/25 du 21 avril 2004, le terme « offre publique d'acquisition » ne recouvre cependant que les offres qui suivent ou ont pour objectif « l'acquisition du contrôle de la société visée selon le droit national ». Sont exclues de son champ d'application les offres publiques faites par la société visée elle-même (art. 2, 1-a), par exemple une offre publique de rachat d'actions (Opra), ainsi que les offres de titres « émis par des sociétés dont l'objet est le placement collectif des capitaux recueillis auprès du public, dont le fonctionnement est soumis au principe de la répartition des risques et dont les parts sont, à la demande des détenteurs, rachetées ou remboursées, directement ou indirectement, à charge des actifs de ces sociétés » (art. 1, 2). Sont également exclues les offres de titres émis par les banques centrales des États membres de l'UE (art. 1, 3).

La **réglementation s'applique** : 64763
– aux offres publiques portant sur des instruments financiers émis par des sociétés dont le siège social est établi en France et qui sont admis aux négociations sur un **marché réglementé français** (C. mon. fin. art. L 433-1, I ; Règl. gén. AMF art. 231-1, 1°) ;
– aux offres publiques portant sur des instruments financiers émis par des sociétés dont le siège social statutaire est établi sur le territoire d'un État membre de l'UE ou d'un autre État partie à l'accord sur l'EEE autre que la France, lorsque les titres de capital de ces sociétés auxquels sont attachés des droits de vote ne sont pas admis aux négociations sur un marché réglementé de l'État sur le territoire duquel la société a son siège statutaire et ont été admis aux négociations sur un marché réglementé d'un État membre ou d'un autre État partie à l'accord sur l'EEE pour la première fois en France (art. L 433-1, II-al. 1 à 3 ; art. 231-1, 1°) ;
– sous certaines conditions, aux sociétés pour lesquelles la première admission aux négociations sur un marché réglementé est intervenue simultanément dans plusieurs États membres de l'UE ou d'autres États parties à l'accord sur l'EEE dont la France, avant le 20 mai 2006 (dans ce cas, l'AMF doit avoir été déclarée compétente pour le contrôle de l'offre par les autres autorités compétentes concernées dans les quatre semaines suivant cette date ou, à défaut, passé ce délai, par la société qui fait l'objet de l'offre) ou après le 20 mai 2006 (l'AMF doit alors avoir été déclarée compétente pour le contrôle de l'offre par la société qui fait l'objet de l'offre) (art. L 433-1, II-al. 4 et 5 ; art. 231-1, 1°) ;
– aux sociétés dont la capitalisation boursière est inférieure à 1 Md€ et dont les instruments financiers ont cessé d'être admis aux négociations sur un marché réglementé pour être admis aux négociations sur un SMNO au sens de l'article 525-1 du règlement général de l'AMF (actuellement **Euronext Growth**), pendant une durée de trois ans à compter de cette

admission ou de la date à laquelle ces instruments financiers ont cessé d'être admis aux négociations sur un marché réglementé (C. mon. fin. art. L 433-5 ; art. 231-1, 4°).

L'AMF se réserve la possibilité d'appliquer également la réglementation – à l'exception des règles régissant l'offre publique obligatoire et le retrait obligatoire – aux offres publiques visant des instruments financiers émis par des sociétés dont le siège statutaire est établi hors d'un État membre de l'UE ou d'un autre État partie à l'accord sur l'EEE et qui sont admis aux négociations sur un marché réglementé français (art. L 433-1, III et art. 231-1, al. 6).

64766 La réglementation ne concerne, en principe, que les offres portant sur des instruments financiers négociés sur un **marché réglementé** (Euronext Paris) (C. mon. fin. art. L 433-1). Toutefois, la procédure d'offre de retrait (nos 65970 s.) peut s'appliquer aussi aux sociétés dont les titres ont cessé d'être négociés sur un marché réglementé (C. mon. fin. art. L 433-4 ; Règl. gén. AMF art. 231-1, 3°).

Le règlement général de l'AMF peut aussi fixer les conditions de son application aux offres publiques visant des instruments financiers qui sont admis aux négociations sur un **marché** d'instruments financiers **autre qu'un marché réglementé,** à la demande de la personne qui le gère (art. L 433-1, IV). C'est le cas de l'offre publique obligatoire, de l'offre publique de retrait et du retrait obligatoire sur le SMNO **Euronext Growth** (Règl. gén. AMF art. 231-1, 2° et 235-1 s.) et également à titre temporaire en cas de transfert d'une société du marché réglementé vers Euronext Growth (n° 63540).

La réglementation ne vise que les offres portant sur des titres financiers visés par l'article L 211-1, II du Code monétaire et financier, à savoir les actions ou autres titres donnant ou pouvant donner accès, directement ou indirectement, au capital ou aux droits de vote, les titres de créance et les instruments équivalents émis sur le fondement de droits étrangers (art. 231-1, al. 7).

Pour les règles spécifiques relatives à la procédure simplifiée d'acquisition ordonnée portant sur des titres de créance ne donnant pas accès au capital, voir nos 72700 s.

64769 Les **textes applicables** aux offres publiques d'acquisition sont les suivants :
– la directive européenne 2004/25 du 21 avril 2004 ;
– les articles L 433-1 à L 433-5 du Code monétaire et financier ;
– les articles L 233-3, L 233-7, L 233-10, L 233-10-1, L 233-11 et L 233-14 ;
– le titre III du livre II du règlement général de l'AMF.

Cette réglementation a notamment pour objet d'assurer le respect par les parties à une offre des **principes généraux** de libre jeu des offres et de leurs surenchères, d'égalité de traitement et d'information des détenteurs des titres des personnes concernées par l'offre, de transparence et d'intégrité du marché et de loyauté dans les transactions et la compétition (Règl. gén. AMF art. 231-3 ; pour des applications de ces principes : CA Paris 20-11-1991 : Rev. sociétés 1992 p. 327 ; CA Paris 17-6-1999 : RJDA 10/99 n° 1085, qui précise que la déloyauté s'entend d'une entrave au libre jeu des offres et des surenchères par des manœuvres ou moyens détournés mis en œuvre dans des conditions illicites, occultes ou frauduleuses, et que le dépôt simultané de deux offres distinctes dont l'une vise à acquérir les titres d'une société elle-même initiatrice d'une offre concurrente ne porte pas atteinte au principe du libre jeu des offres et des surenchères ; voir également Actualité AMF du 22-3-2024). Dès lors, cette réglementation relève de l'ordre public économique de direction (Cass. com. 8-11-2023 n° 21-18.318 FS-B : RJDA 8-9/24 n° 463).

Comme toutes les autres formes de **concentration des entreprises** (fusions ou scissions notamment), les offres publiques d'achat ou d'échange peuvent être soumises :
– à la réglementation prévue par le Code de commerce sur le contrôle des concentrations (nos 82690 s.) ;
– ou aux dispositions du règlement CE 139/2004 du 20 janvier 2004 (nos 82694 s.).

64772 Lorsqu'il constate une **infraction** aux règles relatives aux offres publiques, le président de l'AMF peut demander au président du tribunal judiciaire de Paris qu'il soit mis fin à l'irrégularité constatée ou que les effets de celle-ci soient supprimés. Le président du tribunal statue en référé ; il peut prendre même d'office toute mesure conservatoire et prononcer, pour l'exécution de son ordonnance, une astreinte à verser au Trésor public (C. mon. fin. art. L 621-14, III).

SEUIL DE CADUCITÉ D'UNE OFFRE PUBLIQUE

64775 Lorsque, à la clôture d'une **offre publique volontaire ou obligatoire,** la personne ayant déposé le projet d'offre, agissant seule ou de concert au sens de l'article L 233-10, ne détient pas un nombre d'actions représentant une fraction supérieure à 50 % du capital ou des droits de vote, l'offre est caduque de plein droit (C. mon. fin. art. L 433-1-2, I ; Règl. gén. AMF art. 231-9, I-1°). L'objectif de cette mesure est d'inciter l'initiateur d'une offre à payer une prime de contrôle au bénéfice des minoritaires.

La détermination du seuil suit les règles relatives au franchissement du seuil d'offre publique obligatoire fixées à l'article 234-1 du règlement général de l'AMF (n°s 65633 s.).

ATTENTION

Le régime de caducité est fondé sur la non-obtention d'un contrôle effectif à l'issue de l'offre (et non, comme en matière d'offre publique obligatoire, sur la possibilité d'accéder au contrôle). L'alignement des règles de détermination des seuils, s'il a le mérite de la simplicité, ne réserve pas un traitement différent au capital différé. Ainsi, la détention par un initiateur d'une option long terme non exercée à l'issue de l'offre n'empêcherait pas la caducité alors même que la condition de seuil est formellement remplie (Synthèse AMF de la consultation publique relative à la réforme des offres publiques du 13-10-2014).

Nonobstant l'application de droit du seuil de caducité, l'initiateur peut décider d'assortir son offre volontaire d'un **seuil de renonciation** (voir n° 64835).

Toutefois, lorsque la majorité paraît impossible ou improbable à atteindre pour des raisons ne tenant pas aux caractéristiques de l'offre, l'AMF peut, à la demande de l'initiateur, **autoriser que le seuil soit écarté ou abaissé** en deçà de 50 % du capital ou des droits de vote notamment lorsque :

a. La société visée est déjà contrôlée au sens de l'article L 233-3 par une personne autre que l'initiateur, qui n'agit pas de concert avec lui au sens de l'article L 233-10.

b. Des engagements de non-apport à l'offre ont été conclus par des actionnaires de la société visée, en particulier dans le cas où l'application du seuil de 50 % oblige l'initiateur à devoir acquérir au moins deux tiers des titres susceptibles d'être apportés à l'offre.

c. Il existe une ou plusieurs offres concurrentes.

d. Des dispositions législatives, réglementaires ou statutaires empêchent toute prise de contrôle majoritaire.

Cette liste non limitative vise à couvrir les cas dans lesquels, au jour où l'AMF statue sur la demande, la condition de seuil apparaît comme irréalisable. L'AMF statue au regard des principes généraux gouvernant les offres publiques (n° 64769) (Règl. gén. AMF art. 231-9, I-2°). La demande de dérogation doit être présentée au moment du dépôt de l'offre.

Dans le cas d'une **offre publique obligatoire,** la caducité entraîne pour l'initiateur, agissant seul ou de concert, la **privation des droits de vote** attachés aux actions qu'il détient dans la société pour la quantité excédant (C. mon. fin. art. L 433-1-2, II ; Règl. gén. AMF art. 234-3) : 64776

– soit le seuil de 30 % du capital ou des droits de vote, dans le cas d'une offre publique générée par le franchissement du seuil de 30 % en capital ou en droits de vote ;

– soit le nombre d'actions qu'elle détenait préalablement au franchissement du seuil de 1 % du capital ou des droits de vote, dans le cas d'un excès de vitesse (n° 65660).

Cette privation des droits de vote court pour toute assemblée générale se tenant jusqu'à ce que l'initiateur détienne 50 % en capital ou en droits de vote (art. précités).

Outre la privation des droits de vote, l'initiateur, agissant seul ou de concert et frappé de caducité, ne peut plus augmenter sa participation en capital ou en droits de vote que par le **dépôt d'une nouvelle offre** publique et après en avoir informé l'AMF. À défaut d'avoir procédé à ce dépôt, l'initiateur est privé des droits de vote attachés aux actions qu'il détient au-delà de sa détention initiale du capital ou des droits de vote (art. L 433-1-2, III ; Règl. gén. AMF art. 234-5 al. 2).

EXPERTISE INDÉPENDANTE

Cas de désignation d'un expert La **désignation** d'un expert indépendant chargé de porter une appréciation sur l'équité des conditions offertes aux actionnaires de la société visée par une offre publique est **obligatoire** dans les **deux cas** suivants (Règl. gén. AMF art. 261-1) : 64778

– *en cas d'offre publique d'acquisition*, lorsque l'opération est susceptible de faire naître des conflits d'intérêts au sein du conseil d'administration ou de surveillance ou de l'organe compétent de la société cible, de nature à nuire à l'objectivité de l'avis motivé (n° 64996) ou de mettre en cause l'égalité des actionnaires ou des porteurs des instruments financiers qui font l'objet de l'offre ;

– préalablement à la mise en œuvre d'une procédure de retrait obligatoire.

ATTENTION

L'article 261-1 vise les offres publiques d'acquisition de façon générale, c'est-à-dire les offres de toute nature et de toutes modalités, que la contrepartie offerte consiste dans le versement d'un prix ou dans la remise de titres selon une parité déterminée ; l'intervention d'un expert chargé d'apprécier les conditions d'une offre publique susceptible de mettre en cause l'égalité des actionnaires n'est donc pas limitée aux seules offres publiques d'achat mais est aussi nécessaire en cas d'offre publique d'échange ou d'offre mixte (Cass. com. 3-5-2018 nº 15-26.273 F-D : RJDA 8-9/18 nº 649).

Même si l'opération n'est pas susceptible de faire naître des conflits d'intérêts, un **expert** indépendant peut être **volontairement désigné** par l'initiateur d'une offre publique ou par tout émetteur (Règl. gén. AMF art. 261-3). Dans un tel cas, l'expert doit respecter l'ensemble des règles prévues lorsque sa désignation est obligatoire.

64779 **Modalités de désignation de l'expert** L'expert indépendant est désigné, dans les conditions fixées par l'instruction AMF 2006-08, par l'organe social compétent de la société visée par l'offre, sur proposition d'un **comité ad hoc** composé d'au moins trois membres et comportant une majorité de membres indépendants (Règl. gén. AMF art. 261-1, III ; Inst. AMF 2006-08 art. 1).

Il n'est pas exigé des membres de l'organe social compétent placés en situation de conflit d'intérêts qu'ils s'abstiennent de participer à la désignation de l'expert (CA Paris 12-5-2022 nº 21/22517 : RJDA 12/22 nº 695 et, sur pourvoi, Cass. com. 15-3-2023 nº 22-18-869 F-B : RJDA 6/23 nº 318 où, par ailleurs, l'organe compétent s'était borné à entériner la proposition du comité ad hoc).

64780 Si la **société** n'est **pas en mesure de constituer** un tel **comité** – ou, à notre avis, si le comité qu'elle est en mesure de constituer n'est pas à même d'assurer le suivi des travaux de l'expert et de préparer le projet d'avis motivé du conseil d'administration ou de surveillance ou de l'organe compétent (nº 64996, e) (cf. Règl. gén. AMF art. 261-1, III) –, elle doit soumettre à l'AMF l'identité de l'expert indépendant qu'elle envisage de désigner (Règl. gén. AMF art. 261-1-1, I et Inst. 2006-08 art. 2). Elle indique alors à l'AMF, outre l'identité de l'expert, les informations suivantes (Inst. AMF 2006-08 art. 2) :
– les termes et modalités de la mission de l'expert, le fondement réglementaire de celle-ci et les situations de conflit d'intérêts identifiées ;
– les moyens matériels et humains dont l'expert dispose pour la réalisation de sa mission et notamment la composition et les qualifications des personnels dédiés à cette mission ;
– le programme de travail prévisionnel détaillé ;
– le nombre d'heures de travail anticipé et le montant de la rémunération prévue.

L'AMF peut s'opposer à la désignation de l'expert proposé dans un délai de dix jours de négociation lorsqu'elle a des motifs raisonnables de considérer que l'expert ne présente pas les compétences ou garanties suffisantes, notamment d'indépendance, pour assurer sa mission (art. 261-1-1, III). Elle peut aussi demander des précisions ou informations complémentaires à la société ou à l'expert pressenti ; si sa demande est adressée à la société, le délai d'opposition dont elle dispose est suspendu jusqu'à réception des précisions ou informations demandées (Inst. AMF 2006-08 art. 2).

64781 **Conflit d'intérêts** La **notion** de conflit d'intérêts n'est pas définie par le règlement général de l'AMF qui se borne à donner six **cas** illustrant des situations patentes de conflit d'intérêts (Règl. gén. AMF art. 261-1, I).

1. Lorsque la société visée est déjà contrôlée au sens de l'article L 233-3 par l'initiateur de l'offre.

Toutefois, l'AMF considère qu'une société n'est pas tenue de désigner un expert indépendant sur le seul fondement de l'article 261-1, I-1º lorsqu'elle fait l'objet d'une offre publique d'acquisition répondant aux critères cumulatifs suivants (Rapport AMF 2010 p. 155) :
– l'offre est déposée à titre obligatoire à la suite d'une transaction portant sur un ou plusieurs blocs acquis auprès d'une ou de plusieurs personnes qui détenaient préalablement, de concert entre elles ou avec le cessionnaire, la majorité des droits de vote de la société ;
– l'offre est libellée à un prix au moins égal à celui de la transaction précitée ;
– l'initiateur s'engage à ne pas mettre en œuvre de retrait obligatoire à l'issue de l'offre.

2. Lorsque les dirigeants de la société visée ou les personnes qui la contrôlent au sens de l'article L 233-3 ont conclu un accord avec l'initiateur de l'offre susceptible d'affecter leur *indépendance*.

3. Lorsque l'actionnaire qui le contrôle au sens de l'article L 233-3 n'apporte pas ses titres à une offre publique de rachat lancée par l'émetteur sur ses propres titres.

4. Lorsqu'il existe une ou plusieurs opérations connexes à l'offre susceptibles d'avoir un impact significatif sur le prix ou la parité de l'offre publique considérée.

5. Lorsque l'offre porte sur des instruments financiers de catégories différentes et est libellée à des conditions de prix susceptibles de porter atteinte à l'égalité entre les actionnaires ou les porteurs des instruments financiers qui font l'objet de l'offre.

6. Lorsque l'acquisition de la société visée est rémunérée par des titres de capital donnant accès ou pouvant donner accès, directement ou indirectement, au capital ou aux droits de vote de l'initiateur ou d'une société appartenant au groupe de l'initiateur, autres que des actions.

Lorsqu'une **offre publique** est **non sollicitée** (hostile), le principe qui prévaut est celui d'une ouverture rapide de l'offre afin de permettre aux actionnaires de se prononcer et à d'éventuelles offres concurrentes de se manifester. Si les cas de conflits d'intérêts nécessitant la désignation d'un expert indépendant sont assez rares, ils ne sont pas pour autant inexistants (pour un exemple de désignation d'un expert indépendant fondée sur l'existence de conflits d'intérêts compte tenu de la signature préalable d'un protocole d'accord entre l'initiateur et la cible et d'engagements d'apport à l'offre de deux actionnaires administrateurs de la cible, voir Décisions AMF 208C2141 du 2-12-2008 et 208C2322 du 24-12-2008). **64782**
L'intervention d'un expert indépendant pour cause de conflits d'intérêts peut alors retarder cette ouverture ou, en cas de surenchères, la confrontation des offres en présence (sur les effets sur le calendrier des offres, n° 64990). Dans ce dernier cas, l'opportunité d'une expertise indépendante doit, en fonction des spécificités de chaque offre, être appréciée au regard du bon déroulement du calendrier de l'offre au mieux des intérêts du marché et de la confrontation des offres (Rapport AMF 2008 p. 125).
Dans un dossier de surenchère, le relèvement significatif du prix de l'offre, critère principal sur lequel repose la conformité d'un projet d'offre en surenchère, a, semble-t-il, été considéré comme suffisant par l'AMF, qui n'a pas demandé l'intervention d'un expert indépendant en dépit d'engagements d'apport des trois principaux actionnaires de la cible (Décision AMF 208C1668 du 12-9-2008).

L'**expert** indépendant ne doit pas être lui-même en **situation de conflit d'intérêts** avec les personnes concernées par l'offre publique et leurs conseils (Règl. gén. AMF art. 261-4, I). Il est considéré en situation de conflit d'intérêts notamment lorsqu'il (Inst. AMF 2006-08 art. 1) : **64783**
– entretient des liens juridiques ou des liens en capital avec les sociétés concernées par l'offre publique ou leurs conseils, susceptibles d'affecter son indépendance (pour un exemple de cabinet d'expertise qui avait, de manière indirecte, un actionnaire minoritaire purement financier commun avec l'initiateur de l'offre mais n'ayant pris aucune part dans le choix de la nomination de l'expert, voir Décision AMF 207C1808 du 9-8-2007 : demande de l'AMF d'une « opinion indépendante » – qui n'est pas une expertise indépendante au sens du règlement général – délivrée par un autre expert exempt de tout conflit d'intérêts et complémentaire à l'avis de l'expert indépendant) ;
– a procédé à une évaluation de la société visée par l'offre publique au cours des 18 mois précédant sa désignation, sauf si l'évaluation menée dans ce délai intervient dans le cadre d'une mission qui constitue le prolongement de la précédente (pour un exemple ayant nécessité une substitution d'expert, voir Décision AMF 208C1483 du 1-8-2008 : l'un des signataires du rapport d'expertise avait également signé en mars 2007 l'évaluation d'une participation significative minoritaire de la société visée ainsi qu'une évaluation de deux marques de cette société dans le cadre de l'établissement des comptes relatifs à l'exercice 2006) ;
– a conseillé l'une des sociétés concernées par l'offre ou toute personne que ces sociétés contrôlent au sens de l'article L 233-3 au cours des 18 mois précédant sa désignation ;
– détient un intérêt financier dans la réussite de l'offre, une créance ou une dette sur l'une des sociétés concernées par l'offre ou toute personne contrôlée par ces sociétés au sens de l'article L 233-3, susceptible d'affecter son indépendance.
Cette liste de critères n'est pas limitative (art. 261-4, I ; Inst. AMF 2006-08 art. 1).
L'expert indépendant ne doit pas intervenir de manière répétée avec le ou les mêmes établissements présentateurs ou au sein du même groupe lorsque la fréquence de ces interventions est susceptible d'affecter son indépendance (art. 261-4, I-al. 2). L'AMF estime que des interventions répétées d'un même expert sur des opérations animées par une même structure de conseil (« binôme conseil/expert ») peuvent porter atteinte à l'indépendance de l'expert (*Rapport AMF 2008 p. 123*), ce qui semble également couvrir le cas où le conseil n'est pas l'établissement présentateur.
En revanche, le simple fait que le conseil de surveillance ayant nommé l'expert comprenne des personnes « concernées par l'offre » ne permet pas de considérer, en soi, que cet expert n'a pas été indépendant dans l'exercice de sa mission (CA Paris 18-5-2017 n° 16/26029 : RD bancaire et financier 2018 comm. n° 146).
De même, le fait que l'expert ait commencé ses travaux sans attendre sa désignation officielle par le conseil d'administration ne lui fait pas perdre son indépendance, dès lors qu'il a débuté ses travaux à la demande du comité ad hoc (n° 64779) après que ce dernier l'a recommandé (CA Paris 13-3-2020 n° 19/18934 : RTDF 1-2/2021 p. 153).

L'expert doit établir une **déclaration** dite « **d'indépendance** » attestant l'absence de tout lien passé, présent ou futur connu de lui avec les personnes concernées par l'offre et leurs conseils, susceptible d'affecter son indépendance et l'objectivité de son jugement. Lorsqu'il existe une situation créant un risque de conflit d'intérêts mais dont l'expert estime qu'elle n'est susceptible d'affecter ni son indépendance ni son objectivité, il le mentionne et le justifie dans sa déclaration (art. 261-4, II ; pour un exemple, CA Paris 29-4-2014 n° 13/15177). S'il sous-traite une partie de ses travaux à un membre de son réseau détenant un mandat de commissaire aux comptes auprès de la société cible, il doit expliciter en quoi cette situation n'est pas susceptible d'affecter son indépendance et l'objectivité de son jugement (Rapport AMF 2011 p. 111).

64786 **Rôle de l'expert** L'expert indépendant doit établir un rapport sur les conditions financières de l'offre ou de l'opération qui contient notamment sa déclaration d'indépendance (n° 64783), une description des diligences effectuées et une évaluation de la société concernée ; la conclusion du rapport est présentée sous la forme d'une attestation d'équité (Règl. gén. AMF art. 262-1, I ; voir aussi Inst. AMF 2006-08 art. 3, II sur le contenu du rapport et art. 4 sur les diligences de l'expert).

Le rapport d'expertise a pour objectif de permettre au conseil d'administration ou de surveillance ou à l'organe compétent de la société visée par une offre publique d'acquisition d'apprécier les conditions financières de l'offre afin de rendre son avis motivé (n° 64996, e) (Inst. AMF 2006-08 art. 3, I).

À compter de sa désignation, l'expert doit disposer d'un **délai** suffisant pour élaborer son rapport en fonction de la complexité de l'opération et de la qualité de l'information mise à sa disposition. Ce délai ne peut pas être inférieur à 20 jours de négociation à compter de la réception par l'expert de l'ensemble de la documentation nécessaire à l'élaboration de son rapport (art. 262-1, II-al. 1 ; Recommandation AMF 2006-15). En outre, lorsque l'offre est déposée par un actionnaire détenant déjà directement ou indirectement, seul ou de concert, la moitié au moins du capital et des droits de vote de la société visée, l'expert ne peut pas remettre son rapport avant l'expiration du délai de 15 jours de négociation suivant le dépôt du projet de note d'information par l'initiateur (voir n° 64990) (Règl. gén. AMF art. 231-26, I-3° sur renvoi de l'art. 262-1, II-al. 1).

Si l'expert se voit confier une nouvelle mission prolongeant la première, il n'est pas tenu de respecter un nouveau délai additionnel de 20 jours de négociation ; il doit seulement justifier dans son rapport du délai utilisé pour l'accomplissement de sa mission, telle que prolongée (art. 262-1, II-al. 2).

Lorsque l'expert considère ne pas avoir eu un délai suffisant pour élaborer son rapport compte tenu des développements de sa mission ou des retards dans la mise à disposition des documents et informations nécessaires à l'accomplissement de celle-ci, il remet un **rapport sans attestation d'équité** et en explique les raisons (art. 262-1, III).

Le rapport est présenté par l'expert au conseil d'administration ou de surveillance ou à l'organe compétent de la société concernée. Sur la publicité des conclusions de ce rapport, voir, en cas de désignation volontaire de l'expert, n° 64953, 9° et, en cas de désignation obligatoire, n° 64996, c.

> **Précisions** **a.** La société indique par écrit à l'expert les termes et modalités de sa mission, le fondement réglementaire de celle-ci, ainsi que les situations de conflit d'intérêts identifiées. L'expert se voit remettre une **lettre de mission** contenant l'intégralité de ces informations et annexe celle-ci à son rapport (Inst. AMF 2006-08 art. 1).

b. Sur l'analyse des **situations de conflits d'intérêts** dans le rapport de l'expert, voir Recommandation AMF 2006-15 art. 4.

c. L'expert n'a le pouvoir d'apprécier ni la **régularité des délibérations du conseil** d'administration ou de surveillance au regard d'une situation de conflits d'intérêts en son sein, ni le respect des règles de droit des sociétés en matière de conflit d'intérêts, des dispositions du Code de gouvernance Afep-Medef ou du règlement intérieur de la société cible (CA Paris 2-5-2023 n° 22/19729 : RJDA 12/23 n° 660).

d. Sur le **rôle du conseil d'administration ou de surveillance** dans la désignation et le suivi des travaux de l'expert et sur la mise en œuvre d'une **approche multicritères** dans le cadre d'une expertise indépendante, voir Recommandation AMF 2006-15 art. 1 et 3, qui énoncent notamment les principes permettant de guider l'expert dans son travail (examen critique, transparence, cohérence et pertinence) et de clarifier la terminologie utilisée dans son rapport.

e. Si l'AMF constate que le **rapport** d'expertise contient des **insuffisances significatives** (notamment s'il ne rend pas compte d'une situation de conflit d'intérêts ou comporte des incohérences ou des lacunes significatives), elle peut demander à la société visée de désigner à ses frais un nouvel expert aux fins d'émettre une nouvelle attestation d'équité. Dans ce cas, la société visée soumet à l'AMF l'identité de l'expert qu'elle entend désigner dans les mêmes conditions que lorsqu'elle n'a pas été en mesure de constituer un comité ad hoc (voir n° 64780).

A. Offres publiques volontaires

INTÉRÊT DES OFFRES PUBLIQUES VOLONTAIRES

L'offre publique volontaire présente les **avantages** suivants. 64800

1. Elle constitue un moyen efficace et rapide de réaliser des concentrations ou des regroupements d'entreprises et répond au besoin pour celles-ci d'atteindre une dimension leur permettant de se maintenir sur le marché et de se développer.

2. Elle permet à la société qui prend l'initiative de l'offre d'achat de ne pas donner suite à l'opération si, à l'expiration du délai fixé, les offres de vente portent sur un nombre de titres inférieur au minimum demandé. Elle permet aussi d'effectuer les achats à un prix fixé à l'avance et égal pour tous.

3. Elle contribue à animer le marché financier et à mettre en lumière la sous-évaluation boursière de certaines valeurs.

4. Elle incite les dirigeants de sociétés à une gestion plus stricte et à une information plus complète des actionnaires, puisque ce sont eux qui, en définitive, par l'acceptation de l'offre ou par son rejet, manifesteront leur attachement ou leur désapprobation à l'égard des méthodes de gestion de la direction en place.

5. Elle met enfin tous les actionnaires sur un pied d'égalité pour la vente de leurs titres et limite les manœuvres purement spéculatives.

Les offres publiques d'achat ou d'échange ont aussi des **inconvénients.** Indépendamment 64803
de la concentration excessive d'entreprises à laquelle elles peuvent aboutir, elles sont parfois le moyen pour des spéculateurs de réaliser des opérations purement financières conduisant, au mépris de toute logique industrielle, au démembrement d'entreprises viables.

Les offres publiques d'achat sont des opérations délicates qui soulèvent des controverses parfois passionnées lorsqu'elles ont pour but la prise de contrôle « par surprise » d'une société importante. Elles donnent alors lieu à de violentes batailles juridiques, financières et boursières dont les effets nocifs se répercutent souvent tant sur l'entreprise auteur de l'offre que sur l'entreprise visée.

Dans les autres cas (accord entre les principaux actionnaires des sociétés intéressées ou consolidation de participations déjà importantes), le climat dans lequel se déroule l'opération est en général plus serein (offres « amicales »).

1. CONDITIONS DE L'OFFRE

INITIATEUR DE L'OFFRE PUBLIQUE

Comme pour les déclarations à faire en cas de prises de participations significatives, la régle- 64830
mentation des offres publiques assimile à l'initiateur toute personne physique ou morale ou entité juridique agissant de concert avec lui (Règl. gén. AMF art. 231-2, 3° ; sur la notion d'action de concert en cas d'offre publique, voir n° 64170).

L'initiateur peut décider d'assortir son offre d'un **seuil de renonciation** (ce qui n'est pas per- 64835
mis s'agissant d'une offre obligatoire) sous la forme d'une condition d'obtention, à l'issue de l'offre, d'un certain nombre de titres, exprimé en pourcentage du capital ou des droits de vote, en deçà duquel il se réserve la faculté de renoncer à son offre (Règl. gén. AMF art. 231-9, II). La pratique constante de l'AMF montre que les seuils de renonciation qu'elle accepte n'excèdent pas les deux tiers du capital ou des droits de vote, sauf cas particulier.

› Précisions L'AMF considère que l'**instauration d'un seuil de caducité** rend les **conséquences** d'une suppression du seuil de renonciation moins importantes et doit permettre à l'initiateur de renoncer au seuil de renonciation qu'il a stipulé, et ce, à tout moment pendant l'offre, y compris au moment de la communication des résultats.

RUMEURS D'OFFRE PUBLIQUE ET DÉCLARATIONS D'INTENTIONS EN CAS D'ACTES PRÉPARATOIRES

L'AMF peut – en particulier lorsque le marché des instruments financiers de l'émetteur fait 64840
l'objet de **variations significatives** de prix ou de volumes inhabituelles – demander aux personnes dont elle a des motifs raisonnables de penser qu'elles préparent, seules ou de concert, une offre publique sur des titres admis aux négociations sur un marché réglementé français d'informer, dans un délai qu'elle fixe, le public de leurs intentions ; il en est ainsi notamment en cas de discussions entre les émetteurs concernés ou de désignation de conseils, en vue de la préparation d'une offre publique (C. mon. fin. art. L 433-1, V-al. 1 ; Règl. gén. AMF art. 223-32, al. 1).

Cette information est portée à la connaissance du public par la publication d'un communiqué soumis préalablement à l'appréciation de l'AMF et dont l'auteur doit s'assurer de la diffusion effective et intégrale (art. L 433-1, V-al. 2 et art. 223-32, al. 2). Ce dispositif s'applique également en cours d'offre publique (Décision AMF 214C0916 du 27-5-2014) afin de clarifier la situation.

Le règlement général détermine les **conséquences** qui résultent de cette **déclaration d'intention** (art. L 433-1, V-al. 3 et Règl. gén. AMF art. 223-33 à 223-35) :

– si le déclarant confirme avoir l'intention de déposer une offre, l'AMF fixe le calendrier d'information du public et de dépôt de l'offre ;

– à compter de la publication par l'AMF des caractéristiques financières du projet d'offre (notamment la nature de l'offre et le prix ou la parité envisagée) telles que transmises par l'initiateur débute la **période de préoffre,** c'est-à-dire le temps s'écoulant entre la publication faite par l'AMF en application de l'article 223-34, al. 1 du règlement général de l'AMF et le début de la période d'offre ou, à défaut de dépôt d'un projet d'offre, la publication faite par l'AMF en application de l'article 223-34, al. 3 ; un communiqué de presse annonçant une intention de déposer une offre subordonnée à la réalisation préalable d'une opération dont l'issue des négociations est incertaine et n'indiquant pas le prix de l'offre ne suffit pas à marquer le début de la période de préoffre (CA Paris 11-2-2021 n° 20/13807 : RJDA 6/21 n° 398, précisant par ailleurs que le refus par l'AMF de procéder à la publication visée à l'article 223-34, al. 1 constitue une décision de portée individuelle susceptible de recours) ;

– dès la publication de la déclaration d'intention de déposer une offre publique, qu'elle soit faite en application du dispositif antirumeur ci-dessus ou du droit commun des déclarations d'intention (Règl. gén. AMF art. 223-6), il y a lieu d'appliquer les dispositions du règlement général de l'AMF relatives aux restrictions d'interventions sur les titres concernés, au contrôle des opérations d'offre publique et aux obligations déclaratives (n°s 65050 s.) ;

– si le déclarant indique qu'il n'a pas l'intention de déposer une offre, ou si, après avoir déclaré son intention de déposer une offre, il ne respecte pas le calendrier fixé par l'AMF, il lui est interdit, d'une part, de déposer une offre pendant six mois, sauf exception justifiée par des modifications importantes dans l'environnement, la situation ou l'actionnariat des personnes concernées, y compris l'émetteur lui-même et, d'autre part, de se placer en situation d'offre obligatoire pendant le même délai, étant précisé que s'il vient à accroître d'au moins 2 % le nombre de titres de capital et donnant accès au capital ou aux droits de vote de la cible qu'il possède, il doit le déclarer immédiatement et indiquer les objectifs qu'il a l'intention de poursuivre jusqu'à l'échéance du délai ;

– si le déclarant renonce à son projet d'offre, il doit en informer immédiatement l'AMF, qui informe alors le marché par une publication. Il en va de même lorsque le projet d'offre n'a pas été déposé dans le délai fixé par l'AMF conformément à l'article 223-33 de son règlement général (art. 223-34, al. 2 et 3).

Pour des **exemples de déclarations d'intention** publiées par l'AMF, voir Décisions AMF 210C1174 du 17-11-2010 et 210C1185 du 19-11-2010.

Rien n'interdit à la société cible de l'offre de publier un communiqué pour faire connaître le soutien de son conseil d'administration au projet d'offre (CA Paris 13-3-2020 n° 19/18934 : RTDF 1-2/2021 p. 153).

TITRES VISÉS PAR L'OFFRE PUBLIQUE

64850 À l'exception de certains cas particuliers (n°s 65280 s.), l'offre doit viser la totalité des **titres de capital et** des titres **donnant accès au capital ou aux droits de vote** de la société visée (Règl. gén. AMF art. 231-6). Ainsi, l'initiateur d'une offre publique doit s'engager à acquérir non seulement tous les titres de capital – qu'ils soient ou non assortis de droits de vote (actions ordinaires, actions de préférence ou certificats d'investissement encore en circulation) existant à la date du dépôt de l'offre –, mais aussi tous ceux qui donnent vocation au capital ou aux droits de vote (bons de souscription ou d'acquisition d'actions ordinaires ou de préférence ou de certificats d'investissement, obligations convertibles ou remboursables en actions ordinaires ou de préférence, obligations échangeables contre des actions ou à option d'échange contre des actions, toutes valeurs mobilières composées donnant accès au capital, etc.).

En revanche, il n'y a pas lieu de tenir compte des **options d'achat ou de souscription d'actions** qui n'auraient pas été levées à la date du dépôt de l'offre. En effet, la loi n'impose que l'acquisition de « titres », ce qui n'est pas le cas des options, lesquelles, au surplus, ne sont pas négociables.

› Précisions Dans la mesure où il en existe encore, les **certificats de droit de vote** sont également visés par l'offre, mais leur acquisition n'est possible que si, à l'issue de l'offre, l'initiateur est titulaire d'un nombre équivalent de certificats d'investissement.

OFFRE PUBLIQUE VISANT UN ÉTABLISSEMENT DE CRÉDIT OU UNE ENTREPRISE D'ASSURANCE

Toute personne physique ou morale envisageant de déposer un projet d'offre publique à l'AMF, en vue d'acquérir une quantité déterminée de titres d'un établissement de crédit agréé en France, d'une société de financement ou d'une entreprise d'assurance ou de réassurance agréée en France peut – il s'agit d'une simple faculté – en **informer** préalablement le gouverneur de la Banque de France, président de l'ACPR, huit jours ouvrables avant le dépôt de ce projet d'offre ou son annonce publique si elle est antérieure (C. mon. fin. art. R 511-3-5 et C. ass. art. R 322-11-5). 64860

NATURE DE L'OFFRE PUBLIQUE

L'offre publique peut être soit une offre publique uniquement d'achat (OPA), soit une offre publique uniquement d'échange contre des titres émis ou à émettre (OPE) assortie ou non d'un règlement en numéraire, soit une offre alternative (OPA ou OPE), soit une OPA ou une OPE assortie d'une ou de plusieurs options subsidiaires mais présentant le caractère d'un accessoire indissociable de l'offre principale (Règl. gén. AMF art. 231-8 ; pour des exemples, voir Décisions AMF 207C0145 du 19-1-2007 et 207C1701 du 2-8-2007). 64870

ATTENTION

Dans deux cas, l'émetteur doit prévoir une option en numéraire (Règl. gén. AMF art. 231-8, al. 5 et 6) :
– lorsque les titres remis en échange ne sont pas des titres liquides admis aux négociations sur un marché réglementé d'un État membre de l'UE ou d'un État partie à l'accord sur l'EEE ;
– lorsque l'initiateur, seul ou de concert, a acquis en numéraire, dans les 12 mois précédant le dépôt de l'offre, des titres conférant plus de 5 % du capital ou des droits de vote de la société visée.

L'initiateur peut offrir aux détenteurs de procéder à la **cession différée** de leurs titres sous condition que cette option puisse être exercée dans un délai raisonnable, qu'elle ait un caractère subsidiaire à l'offre principale et que son exercice soit inconditionnellement garanti par l'établissement présentateur de l'offre (Règl. gén. AMF art. 231-8 ; pour un exemple, voir Décision CMF 197C0761 du 29-12-1997). 64873

Autre possibilité offerte à l'initiateur : proposer aux actionnaires qui conserveraient leurs titres non pas la faculté de les céder ultérieurement au prix de l'OPA, mais seulement de bénéficier d'une garantie de prix à terme matérialisée par un bon négociable admis aux négociations sur un marché réglementé dénommé « **certificat de valeur garantie** » (CVG). Ainsi, lors de l'OPA « Spie-Batignolles » (Avis SBF 95-1177 du 4-5-1995), il avait été prévu d'attribuer aux actionnaires qui ne présenteraient pas leurs titres à l'offre des CVG permettant à leurs détenteurs de recevoir, à l'expiration d'un délai de deux ans, le versement de la différence, si elle était positive, entre le prix de l'offre majoré d'un intérêt capitalisé au taux de 7,50 % l'an et un cours de référence correspondant à la moyenne des cours de l'action pendant les 35 jours de bourse précédant la date fixée pour l'exercice des droits attachés à ces certificats. Voir aussi l'OPA « Saga » (Avis SBF 96-4319 du 27-12-1996) et l'OPE « Casino » (Avis SBF 97-3287 du 6-10-1997). 64876

L'émission de CVG peut aussi, à la différence des exemples précédents, être réservée non pas aux actionnaires qui conserveront leurs titres mais, au contraire, à ceux qui les présenteront à l'échange. Ainsi, lors de l'OPE « BNP Paribas » (Décision CMF 199C0872 du 8-7-1999), il a été proposé aux actionnaires de Paribas d'échanger 20 actions Paribas contre 29 actions BNP plus 13 CVG, chaque CVG, qui est admis aux négociations sur un marché réglementé français, permettant à son détenteur le 1er juillet 2002 de recevoir, dans la limite de 20 €, une somme égale à la différence, si elle est positive, entre 100 € et le cours moyen de l'action BNP pendant les 20 jours de bourse précédant cette date.

Toute formule consistant à proposer le versement à échéance de la différence entre le cours de marché et le prix proposé à terme doit comporter des garanties et avantages équivalents à ceux de la cession différée (nº 64873) (Règl. gén. AMF art. 231-8, dernier al.).

Pour un cas où l'offre **cumulait les deux options** (cession différée et CVG), voir Décision CMF 198C0158 du 12-2-1998. 64879

IRRÉVOCABILITÉ DE L'OFFRE PUBLIQUE

L'offre doit être irrévocable (Règl. gén. AMF art. 231-13, I-al. 2). La garantie du caractère irrévocable des engagements de l'initiateur doit concerner également la **réouverture de l'offre** (Règl. gén. AMF art. 232-4, al. 2) puisque, dans tous les cas (hormis la mise en œuvre directe d'un retrait obligatoire) où elle connaît une suite positive, l'offre réalisée selon la procédure 64890 normale est automatiquement rouverte dans les dix jours de négociation suivant la publication du résultat définitif. Il s'ensuit notamment qu'en principe les offres publiques ne peuvent pas être assorties de réserves permettant à leurs auteurs de revenir sur leur proposition (CA Paris 13-7-1988 nº 88-11090 : D. 1989 p. 160 note P. Le Cannu).

Si l'**offre** publique **prévoit la remise de titres à émettre,** à moins que l'organe de direction ne dispose d'une délégation expresse à cet effet, l'irrévocabilité des engagements pris par l'initiateur emporte l'obligation pour ses dirigeants de proposer à l'assemblée générale des actionnaires une résolution visant à décider ou autoriser l'émission des titres destinés à rémunérer les apporteurs à l'offre aux clauses et conditions prévues dans le projet d'offre publique (Règl. gén. AMF art. 231-12, al. 1).

Toutefois, l'initiateur peut stipuler dans son offre un **seuil de renonciation** : voir nº 64835.

Un même initiateur peut simultanément déposer des projets d'offres sur des sociétés distinctes et stipuler que ces **offres** sont **liées.** Dans ce cas, il peut prévoir de ne donner une suite positive à l'une des offres que si le seuil de caducité est également atteint dans l'autre ou les autres offres. Il a toutefois la faculté de renoncer pendant la période des offres à cette condition ou à la condition de seuil de renonciation, notamment en cas d'offres concurrentes ou de surenchères sur l'une des sociétés visées (Règl. gén. AMF art. 231-10).

En fonction des dispositions légales, réglementaires ou statutaires applicables à la société initiatrice, l'AMF peut également autoriser celle-ci à assortir l'ouverture de son offre d'une condition d'**autorisation préalable** de l'opération **par l'assemblée** générale de ses actionnaires sous réserve que cette assemblée ait déjà été convoquée lorsque le projet d'offre est déposé (Règl. gén. AMF art. 231-12, al. 2). Rien ne s'oppose, en effet, à ce que les statuts d'une société subordonnent le lancement d'une offre publique à l'autorisation préalable des actionnaires réunis en assemblée ordinaire ou extraordinaire.

Enfin, lorsque le projet d'OPA constitue un rapprochement d'entreprises devant être notifié aux autorités de contrôle des concentrations et autorisé par celles-ci, l'initiateur peut stipuler dans son offre une **condition suspensive** d'obtention de l'autorisation sollicitée (Règl. gén. AMF art. 231-11, al. 1 ; voir nº 64982).

RENONCIATION À L'OFFRE PUBLIQUE

64893 L'initiateur peut renoncer à son offre publique dans le délai de cinq jours de négociation suivant la publication du calendrier d'une **offre ou** d'une **surenchère concurrente** ; il informe l'AMF de sa décision, qui fait l'objet d'une publication (Règl. gén. AMF art. 232-11, al. 1).

L'initiateur peut également, avec l'autorisation préalable de l'AMF, renoncer à son offre si elle devient **sans objet** ou si la société cible, en raison des mesures qu'elle a prises, voit sa **consistance modifiée** pendant l'offre ou en cas de suite positive de l'offre, ou si les mesures prises par la société visée ont pour conséquence un **renchérissement de l'offre pour l'initiateur** (Règl. gén. AMF art. 232-11, al. 2).

Tel serait le cas, à notre avis, d'une augmentation ou d'une réduction substantielle du capital social, d'une cession ou d'une acquisition d'éléments d'actif significatifs, etc.

Pour un exemple dans lequel l'offre était devenue sans objet depuis le rapprochement amiable de l'initiateur et de la cible à travers la mise en œuvre d'une fusion-absorption du premier par la seconde, voir Décision AMF 210C0455 du 27-5-2010.

DÉPÔT DU PROJET D'OFFRE PUBLIQUE

64910 Le projet d'offre publique doit être déposé auprès de l'AMF par un ou plusieurs prestataires de services d'investissement agissant pour le compte du ou des initiateurs. Ce dépôt est effectué par lettre garantissant, sous la signature d'au moins un des établissements présentateurs, la teneur et le **caractère irrévocable** des engagements pris par le ou les initiateurs (Règl. gén. AMF art. 231-13, I ; sur les mentions devant figurer dans la lettre, voir art. 231-13, II). À noter que les prestataires de services d'investissement ne peuvent déposer un projet d'offre publique que s'ils sont agréés pour exercer l'activité de prise ferme, ce qui est le cas de la plupart des entreprises d'investissement et des établissements de crédit.

La lettre doit être accompagnée du projet de note d'information établi par l'initiateur, seul *ou conjointement avec la société visée* (nºs 64950 s.), et des déclarations préalables effectuées auprès d'instances habilitées à autoriser l'opération envisagée (art. 231-13, III).

Les notes d'information établies par l'initiateur et par la société visée peuvent, en principe, faire l'objet d'un document unique lorsque l'offre est « amicale », c'est-à-dire si les deux sociétés sont d'accord. À l'inverse, lorsque **l'offre est non sollicitée,** les **notes d'information** de l'initiateur et de la société visée doivent être **disjointes.** Il doit également en être ainsi lorsqu'un **expert indépendant** doit être désigné (nos 64778 s.), sauf en cas de **retrait obligatoire** lorsqu'un projet de note d'information doit être établi (no 66097) (Inst. AMF 2006-07 art. 4).

Lorsque l'offre porte sur une société qui détient plus de 30 % du capital ou des droits de vote d'une société française ou étrangère dont les titres de capital sont admis aux négociations sur un marché réglementé, cette participation constituant un actif essentiel de la société visée par l'offre principale, l'initiateur doit déposer un projet d'offre publique sur cette « filiale » (voir no 65630). **64913**

Dans un tel cas, la lettre de dépôt de l'offre principale doit également être accompagnée (Règl. gén. AMF art. 231-13, IV) :

– du document d'offre déposé ou du projet de document d'offre qui sera déposé auprès de l'autorité compétente pour le contrôle de l'offre ;

– de tout autre document portant engagement contraignant prouvant qu'un projet d'offre publique irrévocable et loyale est ou sera déposé sur la totalité des titres de capital et donnant accès au capital ou aux droits de vote de la société dont plus de 30 % du capital ou des droits de vote est détenu et qui constitue un actif essentiel de la société visée par l'offre.

Dans tous les cas, la version électronique du projet de note d'information est transmise à l'AMF aux fins de mise en ligne sur son site (art. 231-13, V).

Dès le dépôt du projet d'offre, le **président de l'AMF** peut (ce n'est pas une obligation) demander à l'entreprise de marché (par exemple, Euronext Paris) assurant le fonctionnement du marché réglementé sur lequel sont admis les titres de la société visée de **suspendre la négociation** des titres de la société visée ou des autres sociétés concernées par le projet d'offre. Il peut également demander à la personne qui gère un SMN de suspendre la négociation des titres de la société visée ou à un internalisateur systématique de suspendre son activité sur ces titres. Cette demande peut également porter sur d'autres titres concernés par le projet d'offre. Elle est faite auprès de l'ensemble des entreprises de marché, des personnes gérant un SMN ou des internalisateurs systématiques qui négocient les titres visés, s'il y a lieu (C. mon. fin. art. L 420-10, I-al. 3 ; Règl. gén. AMF art. 231-15). En effet, la suspension de la négociation d'un titre sur un marché réglementé n'entraîne pas automatiquement suspension des négociations sur les autres lieux de négociation (SMN, internalisations systématiques).

L'AMF publie les principales dispositions du projet d'offre qui lui a été déposé ; cette publication marque le **début de la période d'offre** (Règl. gén. AMF art. 231-2, 6o et 231-14), qui s'achèvera à la date de publication des résultats de l'offre (ou, le cas échéant, des résultats de sa réouverture).

La période d'offre publique doit être distinguée de la durée de l'offre, intervalle de temps qui sépare la date d'ouverture de l'offre et la date de clôture de l'offre (nos 65140 s.) pendant laquelle doivent être déposés les ordres de vente ou d'échange (no 65190).

Pendant toute la période d'offre, les personnes concernées par l'offre publique (initiateur, société visée ainsi que personnes ou entités agissant de concert avec l'un ou l'autre : Règl. gén. AMF art. 231-2, 3o) doivent respecter l'ensemble des règles définies au titre III du livre II du règlement général de l'AMF relatif aux offres publiques d'acquisition (Règl. gén. AMF art. 231-4).

INFORMATION-CONSULTATION DU CSE DE LA SOCIÉTÉ CIBLE

En cas de dépôt d'une OPA, les dirigeants de la société cible doivent, si la société comprend au moins 50 salariés, réunir immédiatement le comité social et économique (CSE) pour l'en informer. Au cours de cette réunion, ils doivent indiquer si l'offre a été sollicitée ou non. Le CSE décide s'il souhaite ou non procéder à l'audition de l'initiateur de l'offre et désigner un *expert-comptable qui l'assistera. Il peut aussi* se prononcer sur le caractère amical ou hostile de l'offre (C. trav. art. L 2312-42). **64930**

L'**audition de l'initiateur** doit se tenir dans un délai d'une semaine à compter du dépôt du projet d'OPA. Lors de son audition, l'initiateur peut se faire assister des personnes de son choix ou même se faire représenter par un des mandataires sociaux ou des salariés de l'entreprise. Il présente au CSE sa politique industrielle et financière, ses plans stratégiques pour la société concernée et les répercussions de la mise en œuvre de l'offre sur l'ensemble des intérêts, l'emploi, les sites d'activité et la localisation des centres de décision de cette société. Le CSE peut se faire assister de l'expert-comptable qu'il a désigné dans les conditions ci-dessus (C. trav. art. L 2312-43 et L 2312-48).

L'initiateur de l'offre doit **adresser** au CSE de la société cible la **note d'information** qu'il a établie pour cette opération, et ce, dans les trois jours de la publication de celle-ci (C. trav. art. L 2312-44).

Les textes relatifs aux prérogatives du CSE en cas d'OPA étant **d'ordre public,** il est interdit d'y déroger par accord.

› Précisions Le régime spécifique d'information et de consultation des représentants du personnel en cas d'OPA ne dispense pas les dirigeants de la société cible de leur obligation d'**information et de consultation sur la marche générale de l'entreprise** imposée par l'article L 2312-8 du Code du travail en cas de projet de prise de contrôle d'une société par une autre en deux étapes : d'abord une prise de participation minoritaire et dans un second temps le dépôt d'une OPA. En pareil cas, les représentants du personnel de la cible doivent être consultés par les dirigeants de celle-ci au titre de l'article L 2312-8 dès la prise de participation minoritaire si le projet d'ensemble de prise de contrôle dont elle constitue la première étape est assez déterminé pour avoir une incidence sur l'organisation, la gestion et la marche générale de l'entreprise (CA Versailles 15-4-2021 n° 21/00378 : RJS 7/21 n° 394).

64931 **Rapport de l'expert-comptable** L'expert-comptable dispose d'un délai de trois semaines à compter du dépôt du projet d'OPA pour établir un rapport qui évalue la politique industrielle et financière et les plans stratégiques que l'initiateur de l'offre envisage d'appliquer à la société cible, ainsi que les répercussions de leur mise en œuvre sur l'ensemble des intérêts, l'emploi, les sites d'activité et la localisation des centres de décision de cette dernière société. Il a accès aux documents nécessaires à l'élaboration de ce rapport (C. trav. art. L 2312-45). Sa rémunération est à la charge du CSE, sur son budget de fonctionnement (sauf insuffisance de celui-ci), à hauteur de 20 %, et de la société, à hauteur de 80 % (C. trav. art. L 2315-80).

64932 **Avis du CSE** Préalablement à l'avis motivé rendu par le conseil d'administration ou de surveillance sur l'intérêt de l'offre et sur les conséquences de celle-ci pour la société visée, ses actionnaires et ses salariés, le CSE de la société cible est réuni et consulté sur le projet d'offre. Au cours de cette réunion, il examine le rapport établi par l'expert-comptable et peut demander la présence de l'auteur de l'offre. Le CSE émet son avis dans un délai d'un mois à compter du dépôt du projet d'OPA. En l'absence d'avis dans ces délais, il est réputé avoir été consulté (C. trav. art. L 2312-46, I-al. 1 et 2).

Les membres élus du CSE peuvent, s'ils estiment ne pas disposer d'éléments suffisants, saisir le président du tribunal judiciaire statuant selon la procédure accélérée au fond, en dernier ressort, pour qu'il ordonne la communication des éléments manquants, par la société cible et par l'initiateur. Cette saisine ne prolonge pas le délai dont dispose le CSE pour rendre son avis. Toutefois, en cas de difficultés particulières d'accès aux informations nécessaires à la formulation de l'avis du CSE, le juge peut décider la **prolongation du délai,** sauf lorsque ces difficultés résultent d'une volonté manifeste de retenir ces informations de la part de la société faisant l'objet de l'offre (C. trav. art. L 2312-46, II).

L'avis du CSE ainsi que le rapport de l'expert-comptable sont reproduits dans la **note en réponse** établie par la société cible ou, s'il y a lieu, dans la note d'information commune établie par l'initiateur de l'offre et la société cible (C. trav. art. L 2312-46, I-al. 3 ; Règl. gén. AMF art. 231-19, 3° bis).

ATTENTION

Contrairement à ce que le législateur a prévu en matière d'expertise indépendante, l'article L 2312-46 ne permet pas d'ôter certaines informations contenues dans le rapport de l'expert-comptable et dont la révélation pourrait porter atteinte aux intérêts légitimes de la société. Il conviendra de sensibiliser l'expert-comptable à ces éléments en amont de la remise de son rapport.

Dans le cas, fréquent en pratique, où la société cible est l'entreprise dominante d'un groupe de sociétés, les informations et consultations prévues ci-dessus doivent être faites au niveau du **comité de groupe** et non pas au niveau des CSE des sociétés appartenant au groupe (C. trav. art. L 2332-2).

Signalons que si le comité central d'entreprise de la filiale d'une société visée par une offre publique n'a pas à être informé et consulté au titre de cette offre, son information-consultation peut être requise si l'offre publique emporte des conséquences sur l'organisation, la gestion et la marche générale de la filiale (Cass. soc. 19-12-2018 n° 18-14.520 FS-PBRI : RJS 3/19 n° 167).

L'initiateur de l'offre peut, à sa demande, **faire débuter** la procédure d'information-consultation du CSE de la société cible **dès l'annonce de l'offre.** Les dirigeants de la société cible doivent alors réunir leur CSE dans les deux jours ouvrables suivant cette annonce. La procédure décrite ci-dessus est alors applicable, les délais courant à compter de l'annonce de l'offre. 64933

En cas de modification significative des informations présentées au CSE entre l'annonce et le dépôt de l'offre, l'avis rendu, le cas échéant, par le CSE est caduc automatiquement. Une nouvelle procédure d'information-consultation doit alors être lancée : le CSE doit être à nouveau réuni dans les deux jours suivant le dépôt de l'offre et rendre un avis selon la procédure décrite ci-dessus et fondée sur les articles L 2312-42 à L 2312-46 du Code du travail (C. trav. art. L 2312-47, al. 2).

Exception La procédure d'information-consultation (rapport de l'expert-comptable et avis du CSE) n'est pas applicable aux offres publiques de rachat d'actions de l'article L 225-207, aux programmes de rachat d'actions de l'article L 22-10-62 ou aux OPA engagées par des entités, agissant seules ou de concert au sens de l'article L 233-10, qui détiennent plus de la moitié du capital ou des droits de vote de la société cible (C. trav. art. L 2312-52, al. 2). 64934

Information-consultation du CSE de l'initiatrice de l'offre Dans les sociétés d'au moins 50 salariés, les dirigeants sociaux doivent consulter le CSE avant toute modification de l'organisation juridique de la société, notamment en cas d'acquisition d'une filiale (C. trav. art. L 2312-8, II-2°). 64935

Toutefois, les dirigeants d'une société qui envisagent de lancer une OPA ou une OPE portant sur le capital d'une autre société sont dispensés de consulter le **CSE** avant le lancement de l'offre mais doivent le réunir dans un **délai** de deux jours ouvrables **suivant la publication de l'offre** ou, à leur initiative, suivant l'**annonce de l'offre** (n° 64930) afin de lui transmettre des informations écrites et précises sur le contenu de celle-ci et sur les conséquences qu'elle est susceptible d'entraîner en matière d'emploi (C. trav. art. L 2312-14 et L 2312-49).

Lorsque l'offre est déposée par une société dépourvue de CSE à attributions élargies ou vise une société dépourvue d'un tel CSE, les salariés de cette société sont informés directement dans des conditions voisines de celles applicables aux membres du CSE (C. trav. art. L 2312-50).

Sanctions Si l'initiateur de l'offre (ou son représentant) **ne se rend pas à l'une et/ou à l'autre des réunions** du CSE (ou du comité de groupe) de la société cible à laquelle il a été invité, il est **privé des droits de vote** attachés aux actions de cette société qu'il détient ou qu'il viendrait à détenir. Cette sanction concerne également les actions de la société cible détenues par les sociétés qu'il contrôle ou par celles qui le contrôlent au sens de l'article L 233-16 (C. trav. art. L 2312-48). Une sanction identique s'applique à l'initiateur, personne physique, de l'offre (art. L 2312-48, al. 2). 64936

Toutefois, cette **sanction** est **levée** si l'initiateur se rend à une nouvelle réunion du CSE (ou du comité de groupe) à laquelle il a été invité ou si le CSE s'abstient de le convoquer à nouveau dans les 15 jours qui suivent la réunion à laquelle il a été initialement convoqué (art. L 2312-48, al. 3 et 4).

Quant au chef d'entreprise de la société cible, il s'expose aux sanctions pénales prévues pour le délit d'entrave s'il ne réunit pas son CSE dans les conditions indiquées plus haut (n° 64930).

Suivi des engagements pris par l'initiateur Si, à l'issue de l'offre publique, l'initiateur de l'offre a acquis le contrôle de la société cible, il doit rendre compte au CSE de la cible, au cours du 6e, du 12e et du 24e mois suivant la clôture de l'offre, de la manière dont il a mis en œuvre les déclarations d'intention et, le cas échéant, les engagements qu'il a pris auprès du CSE en matière d'emploi, de maintien des sites d'activité et de localisation des centres de décision tels qu'exprimés dans la note d'information (n° 64950) (C. trav. art. L 2312-51). 64940

La notion de contrôle s'apprécie ici au regard tant de la définition des articles L 233-1 et L 233-3 que de celle retenue par l'article L 233-16 pour l'établissement des comptes consolidés.

NOTE D'INFORMATION DE L'INITIATEUR DE L'OFFRE PUBLIQUE

64950 **Information des actionnaires et du public** Le règlement général de l'AMF prévoit les modalités suivantes d'information relative au projet d'offre publique (Règl. gén. AMF art. 231-16) :

– dès le début de la période d'offre, le **projet de note d'information** doit être tenu gratuitement à la disposition du public au siège de l'initiateur et auprès du ou des établissements présentateurs de l'offre et, lorsqu'il a été établi conjointement avec la société visée, mis à disposition au siège de celle-ci et auprès des organismes chargés d'assurer le service financier de ses titres ; lorsque le siège de l'initiateur ou de l'établissement présentateur de l'offre n'est pas situé en France, cette mise à disposition doit être effectuée auprès d'un prestataire de services d'investissement situé en France et désigné, selon les cas, par l'initiateur ou l'établissement présentateur ;

– lorsque l'initiateur dispose d'un site internet, il est également publié sur ce site et, lorsqu'il a été établi conjointement avec la société visée, sur le site de celle-ci si un tel site existe ;

– dans tous les cas, une copie du projet de note d'information doit être adressée sans frais à toute personne qui en fait la demande ;

– au plus tard lors de son dépôt à l'AMF, le projet d'offre fait l'objet d'un **communiqué,** dont l'**initiateur** s'assure de la diffusion effective et intégrale, qui donne les principaux éléments du projet de note d'information (objectifs, nombre et nature des titres, termes de l'offre, prix ou parité d'échange, accords conclus avec des tiers, etc.) et précise les modalités de mise à disposition de ce projet.

Le communiqué et le projet de note d'information doivent comporter la mention : « Cette offre et le projet de note d'information restent soumis à l'examen de l'AMF. »

Dès publication de ce communiqué, le conseil d'administration ou de surveillance ou, dans le cas d'une société étrangère, l'organe compétent de la **société cible** peut également publier un **communiqué** pour faire connaître son **avis** sur l'intérêt de l'offre ou sur les conséquences de celle-ci pour la société cible, ses actionnaires et ses salariés (Règl. gén. AMF art. 231-17, al. 1). Ce communiqué doit mentionner, lorsqu'un expert indépendant doit être désigné (nos 64778 s.), les conclusions de son rapport (n° 64786) et, dans les sociétés d'au moins 50 salariés, les conclusions de l'avis du CSE de la société visée (art. 231-17, al. 2).

> **Précisions** **a.** Lorsque le **communiqué est publié préalablement à la remise du rapport de l'expert indépendant ou à l'avis du CSE** de la société visée, la société visée publie un nouveau communiqué, dès la publication de ce rapport ou dès cet avis, qui mentionne leurs conclusions et fait connaître l'avis motivé des membres des organes sociaux (art. 231-17, al. 2).
> **b.** Dans tous les cas, lorsque, au jour du dépôt du projet de note d'information établi par l'initiateur, **l'expert indépendant n'a pas achevé sa mission ou n'a pas été désigné,** la société visée informe le public, par voie de communiqué, de l'identité de l'expert indépendant dès la publication du projet de note de l'initiateur ou dès la désignation de l'expert (art. 231-17, al. 3). L'AMF souligne qu'il est souhaitable que le marché soit informé en amont – lorsque cela est possible, dès l'annonce des caractéristiques du projet d'offre – de l'identité de l'expert choisi par la cible, afin de faciliter, le cas échéant, l'entrée en contact avec l'expert de tout tiers intéressé à l'offre désireux de porter à sa connaissance des éléments nécessaires à l'appréciation des conditions de l'offre (Rapport AMF 2010 p. 154).

64953 **Contenu du projet de note d'information de l'initiateur** Le projet de cette note doit comporter les indications suivantes (Règl. gén. AMF art. 231-18) :

1. L'identité de l'initiateur.

2. La teneur de son offre et, en particulier :

– le prix ou la parité proposés, en fonction des critères d'évaluation objectifs usuellement retenus, des caractéristiques de la société visée et du marché de ses titres ;

– le nombre et la nature des titres qu'il s'engage à acquérir ;

– le nombre et la nature des titres de la société visée qu'il détient déjà, directement, indirectement ou de concert, ou qu'il peut détenir à sa seule initiative ; sont également précisées la date et les conditions auxquelles leur acquisition a été réalisée au cours des 12 derniers mois ou peut être réalisée à l'avenir ;

– *le cas échéant,* les conditions auxquelles l'offre est subordonnée (n° 64890) ;

– le calendrier prévisionnel de l'offre ;

– le cas échéant, le nombre et la nature des titres remis en échange par l'initiateur ;

– les conditions de financement de l'opération et leurs incidences sur les actifs, l'activité et les résultats des sociétés concernées ;

– si le seuil de caducité est applicable à l'offre, le nombre d'actions et de droits de vote que ce seuil représente et éventuellement les raisons pour lesquelles l'initiateur demande à l'AMF que ce seuil soit écarté ou abaissé.

3. Les intentions de l'initiateur pour une durée couvrant au moins les 12 mois à venir relatives à la politique industrielle et financière des sociétés concernées, le cas échéant, ses engagements et intentions spécifiques formalisés, dans les sociétés d'au moins 50 salariés, dans le cadre de la procédure d'information-consultation du CSE de la société visée (nº 64930) ainsi qu'au maintien de l'admission des titres de capital ou donnant accès au capital de la société visée aux négociations sur un marché réglementé.

4. Les orientations de l'initiateur en matière d'emploi. Celui-ci indique notamment, eu égard aux données dont il a connaissance, et en cohérence avec ses intentions sur la politique industrielle et financière mentionnées au 3º, les changements prévisibles en matière de volume et de structure des effectifs.

5. Le droit applicable aux contrats conclus entre l'initiateur et les détenteurs de titres de la société visée à la suite de l'offre ainsi que les juridictions compétentes.

6. Les accords relatifs à l'offre auxquels il est partie ou dont il a eu connaissance, ainsi que l'identité et les caractéristiques des personnes avec lesquelles il agit de concert ou de toute personne agissant de concert avec la société visée au sens des articles L 233-10 et L 233-10-1 (nºs 64160 s.) lorsqu'il en a connaissance.

7. S'il y a lieu, l'avis motivé du conseil d'administration ou de surveillance, ou, dans le cas d'un initiateur étranger, de l'organe compétent, sur l'intérêt de l'offre ou sur les conséquences que présente l'offre pour l'initiateur, ses actionnaires et ses salariés ; les conditions de vote dans lesquelles cet avis a été obtenu, les membres minoritaires pouvant demander qu'il soit fait état de leur identité et de leur position.

8. Lorsque l'offre porte sur une société qui détient plus de 30 % du capital ou des droits de vote d'une société française ou étrangère dont les titres de capital sont admis aux négociations sur un marché réglementé, cette participation constituant un actif essentiel de la société visée par l'offre principale (voir nº 65630), l'engagement de déposer un projet d'offre irrévocable et loyale sur la totalité des titres de capital et donnant accès au capital ou aux droits de vote de la « filiale ».

9. S'il y a lieu, le rapport de l'expert indépendant désigné volontairement par l'initiateur (nºs 64778 s.).

10. Les modalités de mise à disposition des informations mentionnées à l'article 231-28 du règlement général de l'AMF (nº 65019).

11. Les modalités précises selon lesquelles seront acquis les instruments financiers de la société visée et, le cas échéant, l'identité du prestataire de services d'investissement désigné pour les acquérir pour le compte de l'initiateur.

La note d'information comporte la signature de l'initiateur ou de son représentant légal attestant l'exactitude des informations figurant dans la note (Règl. gén. AMF art. 231-18, avant-dernier al.).

La note d'information comporte également une attestation des représentants légaux des établissements présentateurs de l'offre sur l'exactitude des informations relatives à la présentation de l'offre et aux éléments d'appréciation du prix ou de la parité proposés (art. 231-18, dernier al.).

Le **contenu détaillé** du projet de note d'information de l'initiateur est précisé à l'article 2 de l'instruction AMF 2006-07.

DÉCLARATION DE CONFORMITÉ DU PROJET D'OFFRE PUBLIQUE

L'AMF dispose, en principe, d'un **délai** de dix jours de négociation suivant le début de la 64970
période d'offre – qui correspond à la publication du projet d'offre par l'AMF (nº 64913) – pour *apprécier la conformité du projet* d'offre aux dispositions législatives et réglementaires qui lui sont applicables (Règl. gén. AMF art. 231-20, I). Lorsqu'un **expert indépendant** doit être désigné (nºs 64778 s.) ou lorsque l'offre relève de la procédure d'**information-consultation du CSE** (nº 64930), la déclaration de conformité est prononcée au plus tôt cinq jours de négociation après le dépôt du projet de note en réponse de la société visée (art. 231-20, II). Sur le délai de dépôt du projet de note en réponse, voir nº 64990.

Dans tous les cas, l'AMF peut demander toutes justifications et garanties appropriées et requérir toute information complémentaire nécessaire à son appréciation tant sur le projet d'offre que sur le projet de note d'information ou de note en réponse. Dans ce cas, les délais ci-dessus sont suspendus et recommencent à courir à réception des éléments requis (art. 231-20, III).

64971 Le **rôle de l'AMF** est de vérifier la régularité de l'offre publique au regard de la loyauté et de la transparence du marché financier ; elle certifie qu'ont été vérifiées la cohérence et la pertinence de l'information à publier lors d'une offre publique. Une telle vérification ne saurait valoir authentification des éléments comptables et financiers contenus dans la note d'information ; elle ne porte pas davantage sur l'opportunité de l'offre publique, l'AMF n'ayant pas à apprécier la finalité industrielle, commerciale et sociale de l'opération (voir CA Paris 23-10-2001 nº 01-6034 : RJDA 1/02 nº 52). Il n'appartient pas non plus à l'AMF de connaître d'éventuelles opérations d'initiés antérieures ou concomitantes au lancement de l'offre, de vérifier la régularité du processus de consultation des institutions représentatives du personnel, d'apprécier la régularité des délibérations du conseil d'administration au regard d'une prétendue situation de conflit d'intérêts, ou encore de se prononcer sur la validité d'un contrat de droit privé ou sur celle du document de référence (désormais, document d'enregistrement universel) de la société cible (CA Paris 13-3-2020 nº 19/18934 : RTDF 1-2/2021 p. 153). L'AMF n'a pas davantage le pouvoir, dans le cadre de son contrôle de conformité, d'apprécier le respect des règles édictées par le Code de gouvernance Afep-Medef ou par le règlement intérieur de la société cible (CA Paris 2-5-2023 nº 22/19729 : RJDA 12/23 nº 660). Enfin, il n'appartient ni à l'AMF, ni à la cour statuant sur un recours formé contre une décision de conformité d'un projet d'offre publique de se prononcer sur un prétendu contournement par la cible des dispositions du droit des sociétés relatives au rachat d'actions à l'occasion d'une opération antérieure à l'offre, ces deux opérations fussent-elles liées (CA Paris 12-5-2022 nº 21/22517 : RJDA 12/22 nº 695 et, sur pourvoi, Cass. com. 15-3-2023 nº 22-18-869 F-B : RJDA 6/23 nº 318).

L'AMF est tenue d'appliquer les dispositions de son règlement, lesquelles intègrent les exigences du droit civil relatives à la détermination de l'objet de l'offre ; cet objet doit donc être déterminé ou déterminable et certain (CA Paris 17-6-1999 nº 99-6430 : RJDA 10/99 nº 1085).

64973 Pour apprécier la recevabilité du projet d'offre, l'**AMF examine** (Règl. gén. AMF art. 231-21) :
– les objectifs et les intentions de l'initiateur ;
– le cas échéant, la nature, les caractéristiques, les cotations ou le marché des titres proposés en échange (si la liquidité des actions de l'initiateur apparaît « substantiellement inférieure » à celle des actions de la cible, l'AMF peut demander à l'initiateur d'assortir son offre d'un seuil de renonciation correspondant à au moins 50 % des titres visés par l'offre afin de garantir aux actionnaires de la cible apportant à l'offre une liquidité suffisante après échange de leurs actions : Rapport AMF 2010 p. 149) ;
– les conditions éventuelles d'obtention d'un certain nombre de titres pour que l'offre ait une suite positive (voir Règl. gén. AMF art. 231-9 et 231-10 ; nº 64890) ;
– si le seuil de caducité est applicable à l'offre, le nombre d'actions et de droits de vote que ce seuil représente et éventuellement les raisons pour lesquelles l'initiateur demande à l'AMF que ce seuil soit écarté ou abaissé ;
– l'information figurant dans le projet de note d'information ;
– lorsqu'un **expert indépendant** doit être désigné (nºs 64778 s.), les conditions financières de l'offre au regard notamment du rapport de l'expert indépendant et de l'avis motivé du conseil d'administration, du conseil de surveillance ou, dans le cas d'une société étrangère, de l'organe compétent.

64976 L'AMF peut aussi **demander à l'initiateur de modifier son projet** si elle considère que ce dernier porte atteinte aux dispositions législatives et réglementaires qui lui sont applicables et notamment aux principes fondamentaux de la réglementation des offres publiques (Règl. gén. AMF art. 231-21, dernier al. ; sur ces principes, voir nº 64769).

64979 En procédure normale, **le prix d'achat ou** les **parités d'échange** sont librement fixés par l'initiateur de l'offre. L'AMF a rappelé qu'aucun texte n'exige en tant que tel le libellé d'une prime de contrôle (Rapport AMF 2013 p. 103). L'AMF vérifie toutefois l'application des **dispositions particulières** applicables au prix ou à la parité d'échange prévues par son règlement en cas d'offre concurrente et de surenchère (nº 65163), d'offre publique soumise à la procédure simplifiée (nº 65303), d'offre publique obligatoire (nº 65630), d'offre publique de retrait (nº 65990) ou de retrait obligatoire (nºs 66093 s.) (Règl. gén. AMF art. 231-22).

La conformité du prix de l'offre à la réglementation s'apprécie en fonction de la cohérence et de la pertinence des critères retenus pour calculer la valeur du titre. Mais il n'entre pas *dans la mission* de l'AMF de se prononcer sur les violations éventuelles d'obligations dont les sanctions de droit privé ne font pas partie des mesures qu'elle est habilitée à prendre (Cass. com. 5-7-2017 nº 15-25.121 F-PB : RJDA 10/17 nº 636), ni sur la pertinence des décisions de gestion que l'initiateur de l'offre a prises à l'égard de la société cible dont il détient le contrôle (CA Paris 2-5-2023 nº 22/19729 : RJDA 12/23 nº 660).

Lorsque le projet d'offre satisfait aux exigences qui précèdent (n°s 64973 s.), l'AMF publie sur son site une **déclaration de conformité** motivée qui emporte **visa de la note** d'information. Dans le cas contraire, l'AMF refuse, par décision motivée, de déclarer le projet conforme et publie sa décision sur son site (Règl. gén. art. 231-23, al. 1 et 2). 64982

L'AMF fixe, le cas échéant, la date de reprise des négociations sur les titres concernés si celles-ci sont encore suspendues (voir n° 64936). Elle en informe les entreprises de marché gérant les systèmes de négociation concernés et les internalisateurs systématiques concernés (art. 231-23, al. 3).

La déclaration de conformité de l'AMF ne signifie pas accord sur l'opération au titre du **droit des concentrations.**

L'offre publique peut en effet être soumise au contrôle des concentrations par l'Autorité de la concurrence et, lorsqu'il a évoqué l'affaire, par le ministre de l'économie (art. L 430-1 s.) ou, si l'opération revêt une dimension européenne, par la Commission européenne (Règl. 139/2004 du 20-1-2004). Dans les deux cas, l'initiateur doit notifier son projet aux autorités chargées du contrôle après la publication de l'offre. Cette notification ne fait pas obstacle à la réalisation de l'offre mais, sauf dispense particulière de l'Autorité de la concurrence ou de la Commission, l'acquéreur ne doit pas exercer les droits de vote attachés aux participations concernées – sous peine de lourdes sanctions pécuniaires – aussi longtemps que la concentration n'a pas été autorisée.

C'est pourquoi, validant la pratique, le règlement général de l'AMF (Règl. gén. AMF art. 231-11, al. 1) prévoit que, si le projet d'offre est notifié à la Commission européenne, à l'Autorité de la concurrence, à l'autorité compétente d'un autre État partie à l'accord sur l'EEE ou membre des États-Unis, l'initiateur peut stipuler dans son offre une condition suspensive d'obtention de l'autorisation sollicitée ou d'autorisation de même nature délivrée par l'État étranger (**condition suspensive antitrust**).

L'initiateur qui souhaite se prévaloir de ces dispositions doit remettre à l'AMF une copie des saisines des autorités concernées ou de tout document attestant des démarches effectuées auprès de ces autorités et la tenir informée de l'avancement de la procédure (art. 231-11, al. 2).

L'offre est caduque dès lors que l'opération projetée fait l'objet de l'engagement d'une procédure de contrôle des concentrations par la Commission européenne ou d'une saisine de l'Autorité de la concurrence au titre du contrôle national (prévue à l'article L 430-5, III-al. 4), ou encore de l'engagement d'une procédure de même nature par l'autorité compétente d'un État étranger ; l'initiateur fait connaître s'il poursuit l'examen de l'opération projetée avec les autorités ainsi saisies (art. 231-11, al. 3).

Ces dispositions s'appliquent également à un projet d'offre devant faire l'objet d'une notification au titre du contrôle des concentrations auprès d'une autorité compétente étrangère autre que celles de la France, de l'UE, de l'EEE ou des États-Unis, si la procédure suivie aux fins d'obtention de ladite autorisation est encadrée par des délais compatibles avec une durée de dix semaines à compter de l'ouverture de l'offre publique, sauf accord de l'AMF pour proroger le calendrier de l'offre. L'AMF statue alors au regard des principes définis à l'article 231-3 de son règlement général, après avoir recueilli l'avis de l'organe compétent de la société visée (art. 231-11, al. 4).

La solution retenue par l'AMF consiste à exercer un test de compatibilité de la procédure antitrust étrangère invoquée avec la durée des offres publiques en France.

› Précisions **a.** En cas d'**exercice insuffisant par l'AMF du contrôle** du projet d'offre, sa décision de conformité de l'offre publique encourt la nullité, ce qui emporte annulation du visa (en ce sens, CA Paris 3-5-2001 n°s 01-2402 et 01-2156 : RJDA 8-9/01 n°s 868 et 869).

b. Une société initiatrice ne peut pas **poursuivre,** sous couvert d'une qualification de traité d'apport, **un échange de titres** qui répond à la même finalité et s'appuie sur la même parité d'échange que celles du projet d'OPE précédemment déclaré non conforme par l'AMF (Cass. com. 8-11-2023 n° 21-18.318 : RJDA 8-9/24 n° 463).

NOTE EN RÉPONSE DE LA SOCIÉTÉ VISÉE PAR L'OFFRE PUBLIQUE

Dépôt du projet de note Lorsque les sociétés concernées n'ont pas établi une note d'information conjointe, le projet de note en réponse doit être déposé à l'AMF, en principe, au plus tard le cinquième jour de négociation suivant celui de la publication de la déclaration de conformité de l'AMF (n° 64970) (Règl. gén. AMF art. 231-26, I-1°). 64990

Par exception, lorsqu'un **expert indépendant** doit être désigné (n°s 64778 s.), la société visée dépose le projet de note en réponse au plus tard le 20e jour de négociation suivant le début de la période d'offre qui correspond à la publication du projet d'offre par l'AMF (nº 64913) (art. 231-26, I-2º).

Lorsque l'offre est déposée par un **actionnaire détenant** déjà, directement ou indirectement, seul ou de concert, **la moitié au moins du capital et des droits de vote** de la société visée, cette dernière ne peut déposer son projet de note en réponse avant l'expiration du délai de 15 jours de négociation suivant le dépôt du projet de note d'information par l'initiateur (art. 231-26, I-3º).

Pour les **offres à l'occasion desquelles le CSE** doit être **informé et consulté** (nº 64930), la note en réponse doit être déposée à la date la plus tardive des deux événements suivants :
– lorsqu'un expert indépendant est désigné, le 20e jour de négociation suivant le début de la période d'offre ;
– dans les autres cas, au plus tard le 15e jour de négociation suivant le début de la période d'offre.

En tout état de cause, le dépôt de la note en réponse ne peut pas intervenir avant l'avis du CSE de la société visée ou, à défaut, avant l'expiration du délai d'un mois à l'issue duquel le CSE est réputé avoir été consulté (art. 231-26, I-4º-dernier al.).

64993 **Information du public et des actionnaires** La version électronique du projet de note en réponse doit être transmise à l'AMF aux fins de mise en ligne sur son site (Règl. gén. AMF art. 231-26, II).

Dès son dépôt, le projet de cette note est également mis à la disposition du public selon les modalités suivantes (art. 231-26, II) :
– il est tenu gratuitement à la disposition du public au siège de la société visée et auprès des organismes chargés d'assurer le service financier de ses titres ;
– lorsque la société visée dispose d'un **site internet,** il doit également être publié sur ce site ;
– dans tous les cas, une copie du projet de note en réponse doit être adressée sans frais à toute personne qui en fait la demande ;
– au plus tard lors de son dépôt à l'AMF, le projet de note en réponse doit faire l'objet d'un **communiqué,** dont la société visée s'assure de la diffusion effective et intégrale, qui indique les principaux éléments du projet de note en réponse et les modalités de mise à disposition de ce projet ; le communiqué et le projet de note en réponse comportent la mention : « Cette offre et le projet de note d'information restent soumis à l'examen de l'AMF. »

Aucune disposition n'impose d'adresser le projet de cette note à l'initiateur de l'offre.

64996 **Contenu de la note en réponse** La note en réponse doit contenir les indications suivantes (Règl. gén. AMF art. 231-19 ; Inst. AMF 2006-07 art. 3) :

a. Les accords portés à la connaissance des dirigeants de la société visée et pouvant avoir une incidence sur l'appréciation ou l'issue de l'offre publique (nº 66304).

b. Les éléments prévus par l'article L 22-10-11 (nº 48261), le cas échéant actualisés à la date de l'offre publique tels que la société en a connaissance.

c. Lorsqu'un expert indépendant doit être désigné (nos 64778 s.), le rapport de cet expert (nº 64786). La société visée peut, sous sa responsabilité, décider de ne pas mentionner certaines informations figurant dans le rapport de l'expert indépendant afin de ne pas porter atteinte à ses intérêts légitimes, sous réserve que cette omission ne risque pas d'induire le public en erreur.

d. Dans les sociétés d'au moins 50 salariés, l'avis du CSE de la société visée et, le cas échéant, le rapport de l'expert-comptable réalisé pour le compte du CSE prévus dans le cadre de la procédure d'information-consultation du CSE (nº 64932). Contrairement à ce que le législateur a prévu en matière d'expertise indépendante, l'article L 2312-46 du Code du travail ne permet pas d'ôter certaines informations contenues dans le rapport de l'expert-comptable et dont la révélation pourrait porter atteinte aux intérêts légitimes de la société. Il conviendra de sensibiliser l'expert-comptable à ces éléments en amont de la remise de son rapport.

e. L'avis motivé du conseil d'administration ou de surveillance ou, dans le cas d'une société étrangère, de l'organe compétent sur les diligences que celui-ci a effectuées aux fins de la préparation de l'avis, l'intérêt de l'offre et ses conséquences pour la société visée, ses actionnaires et ses salariés, et, le cas échéant, les mesures susceptibles de faire échouer l'offre qu'elle a mise en œuvre ou décide de mettre en œuvre (la société devant publier un communiqué en cas de mesure nouvelle susceptible de faire échouer l'offre, pour en informer le marché), les conditions de vote dans lesquelles cet avis a été obtenu (nombre de membres présents et absents, résultat du vote et, s'il y a lieu, opinions divergentes), tout membre pouvant demander qu'il soit fait état de son identité et de sa position. Dans l'hypothèse où l'organe social compétent adopte un avis motivé qui s'écarte du projet proposé par le comité ad hoc mentionné n° 64779, il en fait connaître les raisons dans cet avis. Doit aussi être mentionné l'avis motivé du conseil d'administration ou de surveillance ou de l'organe compétent sur les offres ultérieures (surenchères ou offres concurrentes) intervenues avant le visa de la note en réponse le cas échéant, ainsi que les conditions dans lesquelles cet avis a été rendu. Les motivations de l'avis du conseil d'administration ou de surveillance ou de l'organe compétent doivent être rapportées et argumentées ; doivent notamment être mentionnés les éléments sur le fondement desquels le conseil d'administration ou de surveillance ou l'organe compétent a fondé son avis motivé (Inst. AMF 2006-07 art. 3, 5). Tout actionnaire a qualité et intérêt à agir pour contester la validité de la délibération du conseil relative à l'avis motivé (T. com. Paris 16-12-2022 n° 2022057083 : JCP E 2023 n° 1114). En revanche, il n'appartient pas à l'AMF de se prononcer sur la régularité de cette délibération (CA Paris 2-5-2023 n° 22/19729 : RJDA 12/23 n° 660).

f. Lorsqu'elles sont disponibles et diffèrent de l'avis mentionné au e. ci-dessus, les observations du CSE ou, à défaut, des salariés.

g. Les intentions des membres des organes sociaux mentionnés au e. ci-dessus d'apporter ou non leurs titres à l'offre, précisant en particulier, si l'offre comporte plusieurs branches, celle à laquelle ils ont l'intention d'apporter leurs titres, le cas échéant.

h. Les modalités de mise à disposition des informations mentionnées à l'article 231-28 du règlement général de l'AMF (n° 65016).

La note en réponse comporte la signature du représentant légal de la société visée attestant l'exactitude des informations figurant dans la note.

Visa de la note en réponse L'AMF dispose, en principe, d'un délai de cinq jours de négociation suivant le dépôt du projet de note en réponse pour délivrer son visa (n° 64993). Pendant ce délai, elle est habilitée à demander toute information complémentaire nécessaire à son appréciation. Le délai est alors suspendu ; il recommence à courir à réception des éléments requis (Règl. gén. AMF art. 231-26, III). 64999

Sur le délai applicable lorsqu'un expert indépendant doit être désigné ou lorsque l'offre relève de la procédure d'information-consultation du CSE des sociétés d'au moins 50 salariés, voir n° 64990.

INFORMATION DU PUBLIC APRÈS VISA DE L'AMF

La **note d'information** visée par l'AMF établie par l'initiateur, seul ou conjointement avec la société cible, doit faire l'objet d'une diffusion effective dans le public avant l'ouverture de l'offre (n° 65140) et au plus tard le deuxième jour de négociation suivant la déclaration de conformité, sous l'une des formes suivantes (Règl. gén. AMF art. 231-27, 1° et 2°) : 65010

– publication de la note complète dans au moins un quotidien d'information économique et financière, de diffusion nationale ;

– mise à disposition gratuitement de la note complète au siège de l'initiateur et auprès du ou des établissements présentateurs de l'offre, et publication d'un résumé de la note dans au moins un quotidien d'information économique et financière de diffusion nationale, ou d'un communiqué, dont l'initiateur s'assure de la diffusion effective et intégrale, qui précise les modalités de la mise à disposition de la note. Lorsque le siège de l'initiateur ou de l'établissement présentateur n'est pas situé en France, la mise à disposition doit être effectuée auprès d'un prestataire de services d'investissement situé en France et désigné, selon les cas, par l'initiateur ou l'établissement présentateur ; lorsque la note d'information a été établie conjointement avec la société visée, la note complète est également mise gratuitement à disposition au siège de la société visée et auprès des organismes chargés d'assurer le service financier de ses titres.

La note d'information de l'initiateur de l'offre doit aussi, dans les sociétés d'au moins *50 salariés*, être adressée au CSE et au comité de groupe de la société cible (n° 64930).

Dans tous les cas, une copie de cette note doit être adressée sans frais à toute personne qui en fait la demande et sa version électronique doit être envoyée à l'AMF aux fins de mise en ligne sur son site.

Quant à la **note en réponse,** lorsque les sociétés concernées n'ont pas établi une note conjointe, elle doit être remise à l'initiateur par la société cible dès que l'AMF y a apposé son visa et faire l'objet d'une diffusion effective sous l'une des formes suivantes (Règl. gén. AMF art. 231-27, 3°) : 65011

– publication de la note complète dans au moins un quotidien d'information économique et financière, de diffusion nationale ;

– mise à disposition gratuitement de la note complète au siège de la société visée et auprès des organismes chargés d'assurer le service financier de ses titres et publication d'un résumé de la note dans au moins un quotidien d'information économique et financière de diffusion nationale, ou d'un communiqué, dont la société visée s'assure de la diffusion effective et intégrale, qui précise les modalités de la mise à disposition de la note.

Dans tous les cas, une copie de cette note doit être adressée sans frais à toute personne qui en fait la demande et sa version électronique doit être envoyée à l'AMF aux fins de mise en ligne sur son site.

65016 Les **autres informations** (caractéristiques, notamment juridiques, financières et comptables, de l'initiateur et de la société visée) doivent être déposées auprès de l'AMF et mises à la disposition du public, au plus tard la veille du jour de l'ouverture de l'offre (nº 65140), selon les mêmes modalités de diffusion que la note d'information de l'initiateur et que la note en réponse (art. 231-28, I ; sur le contenu de ces informations, voir Inst. AMF 2006-07 art. 5 et 6).

L'initiateur, la société visée et au moins un des établissements présentateurs doivent déposer, au plus tard la veille du jour de l'ouverture de l'offre, une **attestation** garantissant que l'ensemble des informations a été déposé et a été ou sera diffusé (Règl. gén. AMF art. 231-28, IV).

Lorsque l'AMF constate une **omission ou** une **inexactitude significative** dans le contenu de ces informations, elle en informe, selon le cas, l'initiateur ou la société visée qui doivent déposer auprès de l'AMF les rectifications apportées (Règl. gén. AMF art. 231-29, al. 1). Est significative toute omission ou inexactitude, au regard du règlement général de l'AMF ou de ses instructions, qui est susceptible de fausser manifestement l'appréciation par l'investisseur de l'opération envisagée (art. 231-29, al. 2).

Ces **rectifications** sont **mises à la disposition du public,** dans les meilleurs délais, dans les mêmes conditions et selon les mêmes modalités que les informations initiales (art. 231-29, al. 3 ; Inst. AMF 2006-07 art. 7).

La **date de clôture** de l'offre (nº 65140) peut, sur décision de l'AMF, être **reportée** pour que les détenteurs de titres disposent au minimum d'un délai de cinq jours de négociation pour se prononcer après la publication de l'information ainsi rectifiée (Règl. gén. AMF art. 231-30).

65019 Les **rapports des contrôleurs légaux des comptes de l'initiateur et de la société visée** doivent également être déposés auprès de l'AMF (Règl. gén. AMF art. 231-28, I-al. 2).

En cas d'offre au public de titres financiers ou d'admission aux négociations sur un marché réglementé de titres financiers offerts à l'occasion d'une **OPE,** deux cas de **dispense** d'établissement du **prospectus** sont prévus (Règl. 2017/1129/UE du 14-6-2017 art. 1, 4-f et 1, 5-e ; voir nºs 63033 et 63042), pour autant qu'un document contenant des informations décrivant la transaction et son incidence sur l'émetteur soit mis à la disposition du public. Pour l'application de ces deux cas de dispense, les contrôleurs légaux doivent **attester** que les informations pro forma ont été adéquatement établies sur la base indiquée et que la base comptable est conforme aux méthodes comptables appliquées par l'initiateur (Règl. gén. AMF art. 231-28, III-al. 1).

Les contrôleurs légaux des comptes de l'initiateur procèdent à une lecture d'ensemble des informations juridiques, financières et comptables de l'initiateur et, le cas échéant, de leurs actualisations ou leurs rectifications. Cette lecture d'ensemble ainsi que, le cas échéant, les vérifications particulières sont effectuées conformément à une norme d'exercice professionnel applicable aux commissaires aux comptes. Ils établissent à destination de l'initiateur une **lettre de fin de travaux,** dans laquelle ils font état des rapports émis et indiquent, au terme de leur lecture d'ensemble et des éventuelles vérifications particulières effectuées conformément à la norme professionnelle mentionnée ci-dessus, leurs éventuelles observations. Une copie de cette lettre de fin de travaux est transmise à l'AMF par l'initiateur (art. 231-28, III-al. 2 à 4). Elle n'est pas rendue publique.

Signalons aussi que les **sociétés visées étrangères et** les **initiateurs étrangers** doivent désigner, avec l'accord de l'AMF, un contrôleur légal des comptes qui vérifie la traduction des états financiers et de leurs notes annexes ainsi que la pertinence des compléments et adaptations, et qui transmet à l'AMF une **attestation** sur ses travaux (art. 231-28, II). Cette lettre de fin de travaux n'est pas rendue publique.

65022 Sur la **communication des clauses des accords** conclus par les personnes concernées par l'offre publique, ou leurs actionnaires, susceptibles d'avoir une incidence sur l'appréciation de l'offre publique ou son issue, voir nº 66304.

NÉGOCIATION DES TITRES DE LA SOCIÉTÉ VISÉE PAR L'OFFRE PUBLIQUE

Dès le dépôt du projet d'offre, le président de l'AMF peut demander à l'entreprise de marché assurant le fonctionnement du marché réglementé sur lequel sont admis les titres de la société visée d'en **suspendre la négociation.** Il peut également demander à la personne qui gère un SMN de suspendre la négociation des titres de la société visée ou à un internalisateur systématique de suspendre son activité sur ces titres. Cette demande peut aussi porter sur d'autres titres concernés par le projet d'offre. Elle est faite auprès de l'ensemble des entreprises de marché, des personnes gérant un SMN ou des internalisateurs systématiques qui négocient les titres visés, s'il y a lieu (C. mon. fin. art. L 420-10, I ; Règl. gén. AMF art. 231-15). 65040

L'exercice par le régulateur du droit de demander la suspension des titres sur lesquels porte l'offre est rendu plus difficile dans la nouvelle architecture des marchés financiers instaurée par la directive MIF. La suspension obtenue sur un marché réglementé n'entraînant pas automatiquement suspension des négociations sur les autres lieux d'exécution des ordres, le régulateur est alors conduit à requérir également la suspension des négociations de l'instrument financier concerné sur un SMN ou la suspension de l'activité de l'internalisateur sur l'action concernée (art. L 420-10, I).

Sur les **règles applicables aux négociations** de titres visés par une offre publique en ce qui concerne les opérations réalisées sur le marché Euronext Paris, voir Règles de marché non harmonisées d'Euronext du 2-7-2019 art. P 2.4.1 à P 2.4.7.

INTERVENTIONS SUR LES TITRES CONCERNÉS PAR L'OFFRE PUBLIQUE

Les interventions de **l'initiateur ou des personnes qui agissent de concert** avec lui sur les titres concernés par l'offre sont encadrées comme suit (Règl. gén. AMF art. 231-38 et 231-39). 65050

a. Les acquisitions qui résultent d'un **accord de volontés antérieur au début de la période de préoffre ou de la période d'offre** sont libres (pour un exemple, CA Paris 12-5-2022 n° 21/22517 : RJDA 12/22 n° 695 et, sur pourvoi, Cass. com. 15-3-2023 n° 22-18-869 F-B : RJDA 6/23 n° 318, dans un cas où l'acquisition consécutive à une levée d'option en période de préoffre ne constituait que le dénouement d'une promesse unilatérale d'échange antérieure au début de celle-ci et où, notamment, la levée d'option était affectée de conditions suspensives dont la réalisation était indépendante de la volonté des parties).

b. Durant la période de préoffre (n° 64840), ces personnes ne peuvent acquérir aucun titre de la société visée (discutée au motif d'une inégalité de traitement frappant l'initiateur alors que la cible peut organiser sa défense et que d'autres intervenants sont à même de se positionner sur le titre avec des objectifs parfois contestables, comme entraver un retrait obligatoire, cette interdiction a été édictée au regard du caractère révocable à ce stade des engagements pris par l'initiateur et de la possible détention par ce dernier d'informations privilégiées en relation avec l'offre).

c. Durant la période d'offre, ces personnes ne peuvent acquérir aucun titre de la société visée si l'offre est assortie d'une condition d'obtention d'un certain nombre de titres applicable à des offres stipulées comme étant liées (n° 64890) ou d'une condition suspensive antitrust (n° 64982) ; en dehors de ces cas, les acquisitions sont libres (voir toutefois les conditions de rachat d'actions propres, n° 68952).

d. À compter du **début de la période d'offre et jusqu'à l'ouverture de l'offre,** elles peuvent acquérir des titres de la société visée, sauf lorsque l'offre comporte en tout ou partie la **remise de titres** (n° 65056) ou lorsque l'offre est assortie de l'une des conditions ci-dessus. Toutefois, s'il s'agit d'une OPA relevant de la procédure normale, ces acquisitions ne doivent pas conduire l'initiateur à franchir, seul ou de concert, les seuils de 30 % ou de l'« excès de vitesse » et, si l'offre relève de la procédure simplifiée ou obligatoire, ces acquisitions sont effectuées dans la limite de 30 % des titres existants visés par l'offre, pour chaque catégorie de titres visés. En pratique, l'initiateur, seul ou de concert, détenant moins de 30 % du capital, ne peut acquérir que la fraction de capital complémentaire lui permettant de demeurer en dessous du seuil de 30 %. Dans le cas où l'initiateur détient une fraction comprise entre *30 % et la moitié du capital, il* ne peut acquérir qu'une fraction représentant au maximum 1 % du capital, faute de quoi il commettrait un « excès de vitesse » (n° 65660). Cette règle se superpose aux dispositions applicables à chaque type d'offre publique.

e. De l'ouverture de l'offre à la publication de son résultat, elles peuvent acquérir des titres de la société visée sauf lorsque l'offre comporte en tout ou partie la **remise de titres** (n° 65056).

Pendant la réouverture de l'offre, l'initiateur peut réaliser son offre par achats des titres visés, lorsque l'offre est réglée intégralement en numéraire et dès lors qu'à l'issue de la période d'offre initiale il détient plus de 50 % du capital et des droits de vote de la société visée.

f. De la clôture de l'offre à la publication de son résultat, elles ne peuvent céder aucun titre de la société visée.

Sur les dispositions spécifiques applicables aux offres réalisées selon la procédure normale (relèvement automatique du prix), voir n° 65180.

65051 Dans le cas d'une OPA relevant de la **procédure simplifiée ou obligatoire, ou** de la **réouverture d'une OPA** relevant de la procédure normale, les interventions de l'initiateur et des personnes agissant de concert avec lui sur les titres de la société visée doivent se faire (Règl. gén. AMF art. 231-39, II) :

– sur la base d'un ordre libellé au **prix** d'offre, en cas d'acquisition sur le marché, ou au prix d'offre et uniquement à ce prix, en cas d'acquisition hors marché, à compter du début de la période d'offre et jusqu'à l'ouverture de l'offre ;

– au prix de l'offre et uniquement à ce prix, de l'ouverture de l'offre jusqu'à la publication de son résultat.

65053 Pendant la période d'offre et, le cas échéant, de préoffre, la **société cible et les personnes agissant de concert avec elle** peuvent intervenir sur les titres de capital ou donnant accès au capital de la société ou sur les instruments financiers liés à ces titres, sauf si la règle de neutralité des organes de direction en période d'offre prévue par les statuts de la société cible s'applique (voir n° 65430).

65056 Lorsque l'offre comporte en tout ou partie la **remise de titres,** les personnes concernées par l'offre (l'initiateur et la société cible ainsi que les personnes ou entités agissant de concert avec l'un ou l'autre) ne peuvent intervenir pendant la période d'offre ni sur les titres de capital ou donnant accès au capital de la société visée ou sur les instruments financiers liés à ces titres, ni sur les titres de capital ou donnant accès au capital émis par la société dont les titres sont proposés en échange ou sur les instruments financiers liés à ces titres.

Toutefois, la société émettrice des titres de capital rémunérant une offre publique peut poursuivre ses interventions sur ses propres titres dans le cadre d'un programme de rachat d'actions mis en œuvre conformément aux dispositions de l'article L 22-10-62 et du règlement UE 596/2014 du 16 avril 2014, ou d'une réglementation étrangère équivalente.

Ces dispositions s'appliquent également pendant la période de **préoffre** (Règl. gén. AMF art. 231-41).

La finalité poursuivie par le régulateur consistant à protéger la parité d'échange de l'offre explique que le régime d'interventions sur les titres en cas d'offre publique d'échange obéisse à des règles plus strictes que celles applicables aux offres publiques d'achat (voir n° 65050).

65059 En application des principes exposés ci-dessus, il a été jugé :

– que devait être écartée la demande présentée par l'initiateur d'une OPA tendant à mettre sous séquestre les actions d'autocontrôle de la société cible détenues par des sous-filiales de cette société, mais qu'il était interdit à ces sous-filiales de céder ces actions à des tiers sauf pour les apporter soit à l'offre publique, soit à une offre concurrente, la seule considération de l'intérêt social devant guider leur choix (T. com. Paris 30-8-1989 : Bull. Joly 1989 p. 818) ;

– qu'il y avait lieu d'annuler la cession à un tiers de l'autocontrôle d'une filiale en période d'OPA portant sur la société mère dès lors que cette cession, en réactivant les droits de vote au profit d'un allié se déclarant agir de concert avec l'initiateur de l'offre, permettait de rendre impossible la réussite d'une OPA sur la filiale elle-même et de diminuer l'intérêt de toute surenchère sur l'offre concernant la mère (T. com. Paris 16-3-1992 : Bull. Joly 1992 p. 526) ;

– que des accords permettant à l'initiateur d'une OPA, en cas de succès de celle-ci, de prendre le contrôle des deux sociétés en commandite par actions qui exerçaient l'essentiel de l'activité opérationnelle de la société cible ont pour effet d'interdire le libre jeu des offres et des surenchères pendant le déroulement de l'offre publique, dès lors qu'ils constituent pour l'initiateur un avantage dissuasif de toute initiative concurrente qui ne bénéficierait pas du même avantage (CA Paris 27-4-1993 : RJDA 7/93 n° 629).

65062 Les interventions pour compte propre effectuées par les **prestataires concernés** (prestataires de services d'investissement ou établissements, français ou étrangers, présentateurs de l'offre ou conseillant les personnes concernées par l'offre) ou **par toute société appartenant au même groupe,** et y compris en période de préoffre, sont soumises aux restrictions des articles 231-38 à 231-41 (voir n° 65180) du règlement général de l'AMF. Par exception, les interventions de ces professionnels sont autorisées dans les conditions précisées à l'article 231-43 du règlement général de l'AMF, ce y compris lorsque ces professionnels sont l'initiateur ou la société visée par une offre publique.

Aux fins de contrôle de ces prestataires, il appartient aux personnes concernées d'en transmettre l'identité à l'AMF dès leur désignation (voir nº 65070).

Ces prestataires doivent conserver et tenir à disposition de l'AMF les résultats de ces diligences et être en mesure de démontrer la régularité de ces interventions.

Sur les **obligations déclaratives** allégées afférentes à ces interventions, voir nº 65076.

Les acquisitions pour compte propre d'un prestataire concerné sur les titres concernés par l'offre à un prix supérieur au prix de l'offre sont autorisées pour autant que ce prestataire (qui n'est pas présumé agir de concert avec l'initiateur ou la cible) soit en mesure de démontrer que ces opérations ont été réalisées conformément au cadre prévu à l'article 231-43 précité (voir nº 65076) (Position-recommandation AMF 2009-22).

Lorsque les instruments financiers de l'initiateur ne sont pas admis aux négociations sur un marché réglementé, les prestataires concernés doivent établir et tenir à jour une liste des personnes auxquelles ils donnent accès à des informations privilégiées relatives à l'offre (**liste d'initiés**). Cette liste mentionne le nom ou la dénomination de chacune des personnes, le motif justifiant l'inscription de celle-ci sur la liste et la date de son inscription sur la liste (Règl. gén. AMF art. 231-50).

DÉCLARATIONS À L'AMF DES OPÉRATIONS ET POSITIONS EN PÉRIODES D'OFFRE PUBLIQUE ET DE PRÉOFFRE

Régime de droit commun Du **début de la période de préoffre jusqu'à la fin de la période d'offre,** les personnes suivantes doivent déclarer **chaque jour** à l'AMF les opérations qu'elles ont effectuées ayant pour effet ou susceptibles d'avoir pour effet de **transférer la propriété des titres ou des droits de vote** visés par l'offre, y compris les opérations sur les instruments financiers ou les accords ayant un effet économique similaire à la possession desdits titres (Règl. gén. AMF art. 231-44 s.) : 65070

– les personnes concernées par l'offre ;
– les personnes ou entités détenant seules ou de concert au moins 5 % du capital ou des droits de vote de la société visée ;
– les personnes ou entités détenant seules ou de concert au moins 5 % des titres visés par l'offre, autres que des actions ;
– les membres des organes d'administration, de surveillance ou de direction des personnes concernées par l'offre.

La même obligation s'applique aux personnes ou entités qui ont accru leur détention, seules ou de concert, depuis le début de la période d'offre ou, le cas échéant, de la période de préoffre d'au moins 1 % du capital de la société visée ou d'au moins 1 % du total des titres visés autres que des actions, tant qu'elles détiennent cette quantité de titres.

Les fractions de 1 et 5 % ci-dessus sont calculées conformément aux modalités d'assimilation prévues à l'article L 233-9 (art. 231-44, al. 3), c'est-à-dire en assimilant notamment les dérivés à dénouement physique et numéraire. Par les modalités de calcul des seuils déclencheurs et le contenu des déclarations, le reporting en période d'offre et, le cas échéant, de préoffre est ainsi aligné sur le régime de déclaration des franchissements de seuils légaux.

Les **opérations à déclarer** incluent notamment (Règl. gén. AMF art. 231-46) : 65071

– l'achat, la vente, la souscription, le prêt et l'emprunt des titres visés par l'offre ;
– l'achat, la vente de tout instrument financier ou la conclusion de tout accord ayant un effet économique similaire à la possession des titres visés par l'offre, quel que soit son mode de dénouement (ainsi les options, CFD, swaps, etc.) ;
– l'exercice du droit à l'attribution d'actions attaché auxdits instruments financiers ou l'exécution desdits accords.

Les **déclarations** doivent **préciser** (art. 231-46) :

– l'identité du déclarant et de la personne ou de l'entité qui le contrôle au sens des dispositions qui lui sont applicables ;
– la date de l'opération ;
– le lieu d'exécution de l'opération ;
– le nombre de titres traités et le prix auquel l'opération a été réalisée ;
– le nombre de titres et de droits de vote possédés à l'issue de l'opération par le déclarant, seul ou de concert.

Dans le cas d'une **OPE comportant une remise de titres** de l'initiateur, les déclarations doivent également inclure les opérations portant sur les titres de l'initiateur et ceux de la société visée ; la personne ou entité soumise à l'obligation déclarative relative à l'une ou l'autre de ces sociétés déclare les opérations sur les titres des deux sociétés.

Les sociétés de gestion de portefeuille (ou les Sicav autogérées) qui gèrent des portefeuilles sous mandat sont tenues de procéder à ces déclarations en consolidant non seulement les titres qu'elles peuvent détenir pour compte propre, mais encore les titres qu'elles ont acquis pour le compte de l'ensemble des OPCVM gérés ou des portefeuilles gérés sous mandat. Ces dispositions s'appliquent également aux autres **prestataires de services d'investissement qui gèrent des portefeuilles sous mandat.** En effet, le texte a vocation à s'appliquer à toutes les personnes qui, ayant la capacité de prendre les décisions d'achat ou de vente, peuvent avoir une influence sur le déroulement de l'offre et par ailleurs sont les mieux à même d'informer immédiatement le marché (Position AMF 2009-22 ; pour un exemple, AMF comm. sanc. 5-2-2009).

65072 Les **déclarations** doivent être **transmises à l'AMF** au plus tard le jour de négociation suivant l'opération concernée par courrier électronique à l'adresse suivante : reportingOPA@amf-france.org. Elles doivent prendre la **forme** du modèle type défini dans l'instruction AMF 2009-08 du 1er octobre 2009 (Règl. gén. AMF art. 231-46). L'AMF peut demander au déclarant toute précision ou complément qu'elle juge nécessaire. L'AMF se charge ensuite de la publication des déclarations qui lui ont été transmises. À titre exceptionnel, l'AMF peut adapter le format de la publication des déclarations qui lui sont transmises si le déclarant démontre que celle-ci est susceptible de lui porter un préjudice, notamment en ce qu'elle aurait pour conséquence un risque de marché (Règl. gén. AMF art. 231-48).

› **Précisions** **a.** Pour permettre aux assujettis de remplir leurs obligations déclaratives, l'AMF met à leur disposition sur son site internet une **liste recensant les sociétés** « cotées » sur Euronext Paris et Euronext Growth pour lesquelles un projet d'offre publique a été annoncé ou déposé auprès d'elle. Cette liste est mise à jour par l'AMF, le marché restant par ailleurs informé du déroulement de chaque offre en cours par les « Décisions & Informations » publiées par l'AMF.

b. Est sanctionnée toute **déclaration tardive** de cession d'actions visées par une offre, même non intentionnelle et dépourvue d'effet sur le bon fonctionnement du marché (AMF comm. sanc. 17-6-2021 n° 2021-11 : RJDA 11/21 n° 721).

65073 **Accroissement de participation en périodes d'offre et de préoffre** Sans préjudice des obligations déclaratives liées à un franchissement de seuils, toute personne ou entité, à l'exception de l'initiateur de l'offre, qui vient à accroître, seule ou de concert, depuis le début de la période d'offre ou, le cas échéant, de la période de préoffre, le nombre d'actions ou d'autres titres visés par l'offre qu'elle possède d'au moins 2 % du capital de la société visée ou qui vient à accroître sa participation si elle détient plus de 5 % du capital ou des droits de vote est tenue de **déclarer** immédiatement à l'AMF les objectifs qu'elle a l'intention de poursuivre au regard de l'offre en cours. En cas de changement d'intention, une nouvelle déclaration doit être établie et communiquée sans délai à l'AMF (Règl. gén. AMF art. 231-47). Cette déclaration doit donc intervenir avant la mise en œuvre de la décision d'apporter ou non les titres concernés à l'offre (CA Paris 7-7-2022 n° 21/14466 : Banque et droit 205/2022 p. 84, sanctionnant une déclaration tardive de changement d'intention).

Ces déclarations font l'objet d'une publication par l'AMF. À titre exceptionnel, l'AMF peut adapter le format de la publication des déclarations qui lui sont transmises si le déclarant démontre que celle-ci est susceptible de lui porter préjudice, notamment en ce qu'elle aurait pour conséquence un risque de marché (Règl. gén. AMF art. 231-48).

› **Précisions** **a.** L'**obligation de déclaration** dès l'acquisition d'un seul titre en période d'offre ou de préoffre, qui s'applique en réalité à des actionnaires significatifs puisque détenant plus de 5 % en capital ou en droits de vote, a pour **objectif** de donner à l'AMF les éléments d'information les plus précis et actualisés lui permettant de décider, le cas échéant, d'un aménagement du seuil de caducité pendant la période d'offre.

b. Sont pris en compte pour calculer les franchissements de seuils de participation les **contrats d'échange d'actions** (« equity swap ») ***et tout autre accord ou instrument financier*** portant sur les actions de la société cible ayant pour son souscripteur un effet économique similaire à la possession de celles-ci, tel un contrat financier avec paiement d'un différentiel (« contract for difference »), un contrat d'option ou encore un warrant financier (Cass. com. 4-4-2024 n° 22-19.127 FS-B : RJDA 8-9/24 n° 462).

c. L'obligation de déclarer un changement d'intention concerne les **titres acquis** en période de préoffre ou d'offre comme ceux acquis antérieurement (CA Paris 7-7-2022 n° 21/14466 précité).

d. Un accroissement de participation peut résulter du seul fait de **prendre part à un concert** (AMF comm. sanc. 11-7-2022 n° 2022-09 : RJDA 12/22 n° 694 confirmée par CE 29-5-2024 n° 465740 : RJDA 10/24 n° 531).

e. La **déclaration d'intention** doit **préciser** (Règl. gén. AMF art. 231-47) :
– si la personne ou l'entité qui vient à accroître sa participation agit seule ou de concert ;
– les objectifs poursuivis par cette personne ou entité au regard de l'offre, notamment si elle a l'intention de poursuivre ses acquisitions (qu'elles portent sur les actions visées par l'offre ou sur des equity

swaps ayant ces actions pour sous-jacent : Cass. com. 4-4-2024 précité) et, si l'offre a été déposée, d'apporter les titres acquis à l'offre (qu'il s'agisse d'actions déjà acquises ou susceptibles de l'être pendant la période d'offre ou de préoffre à la suite d'un dénouement d'equity swaps : Cass. com. 4-4-2024 précité).

En revanche, contrairement aux déclarations de franchissement de seuils et aux déclarations des opérations et des positions en période d'offre et de préoffre, cette déclaration d'intention n'a pas à préciser la nature des instruments dérivés acquis (CA Paris 24-3-2022 n° 20/08390 : RJDA 11/22 n° 639 et, sur pourvoi, Cass. com. 4-4-2024 précité).

L'AMF peut demander au déclarant toute précision ou complément qu'elle juge nécessaire.

Régime simplifié Un régime déclaratif simplifié spécifique prévu à l'article 231-51 du règlement général de l'AMF s'applique par principe aux **prestataires de services d'investissement concernés** (prestataires de services d'investissement ou établissements, français ou étrangers, présentateurs de l'offre ou conseillant les personnes concernées par l'offre). 65076

Bénéficient également de ce régime les prestataires de services d'investissement **autres que les prestataires de services d'investissement concernés,** qui interviennent dans le cadre de leur activité habituelle de marché (principalement l'activité d'arbitrage ou de couverture) ; voir les critères posés par l'article 231-52 du règlement général de l'AMF qui sont présumés ne plus être remplis au-dessus d'une détention de 5 % du capital ou des droits de vote de la cible.

Indépendamment du régime de droit commun des **listes d'initiés** (n°s 66500 s.) et sauf le cas où les instruments financiers de l'initiateur sont admis aux négociations sur un marché réglementé, ces mêmes prestataires concernés doivent établir des listes d'initiés particulières portant sur les personnes auxquelles ces prestataires donnent accès à des informations privilégiées relatives à l'offre (Règl. gén. AMF art. 231-50).

Tout prestataire de services d'investissement ou teneur de compte-conservateur qui intervient dans l'acheminement des ordres doit attirer l'attention de son client qui vient à franchir l'un des seuils générateurs des obligations déclaratives ci-dessus qui lui sont applicables (Règl. gén. AMF art. 231-49).

› **Précisions** Pour les **prestataires** de services d'investissement **autres** que les prestataires de services d'investissement concernés **qui interviennent hors le cadre de leur activité habituelle** de marché, c'est le régime déclaratif de droit commun exposé n°s 65070 à 65073 qui s'applique.

CONTRÔLE DE L'INFORMATION ET DE LA GESTION DES SOCIÉTÉS CONCERNÉES PAR L'OFFRE PUBLIQUE

Les personnes concernées par une offre publique (initiateur, société visée ainsi que personnes ou entités agissant de concert avec l'un ou l'autre : Règl. gén. AMF art. 231-2, 3°), leurs dirigeants et leurs conseils doivent faire preuve d'une **vigilance** particulière dans leurs déclarations (Règl. gén. AMF art. 231-36, al. 1). 65090

Les **communications à caractère promotionnel,** quels que soient leur forme et leur mode de diffusion, doivent être communiquées à l'AMF préalablement à leur diffusion (art. 231-36, al. 2). Elles doivent (art. 231-36, al. 3 à 8) :

– annoncer qu'une note d'information ou une note en réponse a été ou sera publiée et indiquer où les investisseurs peuvent ou pourront se la procurer ;

– être clairement reconnaissables en tant que telles ;

– ne comporter aucune indication de nature à induire le public en erreur ou susceptible de jeter le discrédit sur l'initiateur de l'offre ou la société visée par l'offre ;

– être cohérentes avec les informations contenues dans les communiqués, la note d'information ou la note en réponse ;

– le cas échéant, comporter, à la demande de l'AMF, un avertissement sur certaines caractéristiques exceptionnelles présentées par l'initiateur, la société visée ou les instruments financiers qui font l'objet de l'offre.

Ces obligations s'appliquent également en période de préoffre (art. 231-36, dernier al.).

Lorsque l'AMF constate qu'une information diffusée par une des parties à l'offre publique revêt un caractère irrégulier, imprécis, polémique ou erroné, elle peut demander à l'auteur de l'information de publier un rectificatif. Faute par l'intéressé de déférer à cette injonction, elle peut publier elle-même ce rectificatif aux frais de cet intéressé (n° 63195).

ATTENTION

L'AMF recommande aux actionnaires de l'initiateur de l'offre ou de la société visée par cette offre, aux personnes ayant une exposition économique sur l'initiateur de l'offre ou sur la société visée par l'offre en vertu d'accords ou d'instruments financiers mentionnés à l'article L 233-9, I, à leurs dirigeants, leurs mandataires et leurs conseils de faire preuve d'une vigilance particulière dans leurs déclarations lors des périodes d'offre et de préoffre (Position-recommandation AMF 2016-08 n° 1.6.7).

65093 Tout élément d'**information complémentaire à la note d'information ou à la note en réponse** visée par l'AMF doit être porté à la connaissance du public sous forme de communiqué dont l'auteur s'assure de la diffusion effective et intégrale (Règl. gén. AMF art. 231-37).

2. PROCÉDURE NORMALE

65130 La procédure normale d'offre publique est applicable quand l'initiateur agissant seul ou de concert détient **moins de la moitié du capital** ou des droits de vote de la société visée (Règl. gén. AMF art. 232-1). L'offre publique vise alors à permettre à l'initiateur de prendre le contrôle de la cible. Pour des exemples, voir Décisions AMF 207C1090 du 13-6-2007 et 209C1395 du 16-11-2009 complétée par la surenchère 209C1547 du 24-12-2009.

DURÉE DE L'OFFRE PUBLIQUE

65140 La durée d'une offre publique s'entend de sa date d'ouverture à sa date de clôture. L'**ouverture de l'offre** intervient le jour de bourse suivant le plus tardif des événements suivants (Règl. gén. AMF art. 231-32) :
– la diffusion de la note d'information visée établie par l'initiateur (le cas échéant, conjointement avec la société visée) ou, lorsqu'un expert indépendant doit être nommé, de la note en réponse de la société visée ;
– la diffusion des informations mentionnées à l'article 231-28 du règlement général de l'AMF (document dit « Autres informations », rapports des contrôleurs légaux, lettre de fin de travaux du contrôleur légal désigné par un initiateur étranger, autres attestations requises) ;
– le cas échéant, la réception par l'AMF des autorisations préalables requises par la législation en vigueur.

Le **délai** pendant lequel les actionnaires peuvent passer leurs **ordres** est de 25 jours de négociation (Règl. gén. AMF art. 232-2, al. 1).

Lorsque l'initiateur présente une offre sous la condition de l'autorisation des autorités de contrôle des concentrations, la date de clôture de l'offre et son calendrier sont arrêtés après réception par l'AMF des éléments justifiant cette autorisation (art. 232-2, al. 2).

65143 Mais le **point de départ** de ce délai varie selon que l'initiateur et la société cible ont établi ou non une note d'information commune, c'est-à-dire en pratique selon que l'offre publique est amicale ou non (Règl. gén. AMF art. 231-32 et 232-2, al. 1).

En cas d'offre publique amicale, le délai de 25 jours de négociation court à partir du jour de bourse suivant la date de publication de la note d'information commune de l'initiateur et de la société cible.

En cas d'offre publique hostile, ce délai court à partir du jour de bourse suivant la date de publication de la note d'information établie par la société cible en réponse à celle de l'initiateur. Mais, dans ce cas, la durée de l'offre ne peut pas excéder 35 jours de négociation à compter de l'ouverture de l'offre afin d'éviter que la société cible ne retarde de manière excessive la publication de sa note d'information afin de gagner le temps nécessaire à la mise en place de ses moyens de défense.

65146 Les **dates** d'ouverture, de clôture et de publication des résultats de l'offre sont **publiées** par l'AMF (Règl. gén. AMF art. 231-32, dernier al.). En accord avec l'AMF, l'entreprise de marché (Euronext) fait connaître les conditions et délais du dépôt par les teneurs de compte des titres apportés, de la livraison et du règlement en titres ou en capitaux ainsi que la date à laquelle les résultats de l'offre seront disponibles (Règl. gén. AMF art. 232-2, al. 3).

L'AMF peut, pendant toute la durée de l'offre, en proroger la date de clôture (Règl. gén. AMF art. 231-34), ce qui est particulièrement utile en cas d'offre concurrente par exemple.

65149 En cas d'**offres publiques concurrentes** (n°s 65160 s.), les dates de clôture des offres en présence sont toutes alignées sur la plus lointaine (Règl. gén. AMF art. 232-10).

En outre, lorsque plus de dix semaines se sont écoulées depuis la publication de l'ouverture d'une offre publique, l'AMF peut, en vue d'**accélérer la confrontation** des offres publiques successives, recourir à l'un des deux dispositifs suivants :
– fixer un délai limite pour le dépôt de chacune des surenchères, ce délai ne pouvant pas être inférieur à trois jours de négociation à compter de la date de publication de l'avis officialisant chaque surenchère (dispositif d'**alternance des offres**) (Règl. gén. AMF art. 232-12 ; pour un exemple, Décision AMF 214C2674 du 19-12-2014) ;

– choisir de fixer une date de clôture définitive pour toutes les offres, les sociétés en concurrence devant alors simultanément déposer une dernière enchère (dispositif de **dernière enchère**) (Règl. gén. AMF art. 232-13).

Quel que soit le dispositif retenu, les surenchères doivent être déposées auprès de l'AMF et ne peuvent pas résulter d'une acquisition directe (Rapport AMF 2014 p. 91).

OFFRES PUBLIQUES CONCURRENTES ET SURENCHÈRES

Offres concurrentes Les offres publiques concurrentes d'une offre déjà publiée sont soumises aux mêmes règles que celle-ci (nos 64830 s.). 65160

Le plus souvent, les offres concurrentes sont présentées **volontairement** par des tiers qui veulent supplanter l'initiateur dans la prise du contrôle de la société cible.

Mais le dépôt d'une offre concurrente peut aussi être une **obligation.** Il en est ainsi dans les deux cas suivants :

– lorsque le tiers, agissant seul ou de concert, vient à détenir, à la suite d'une acquisition, plus de 30 % du capital ou des droits de vote de la cible (nos 65630 s.), ce qui est assez rare en pratique ;

– lorsque les agissements du tiers, notamment le ramassage des actions de la société cible, conduisent à le considérer comme un véritable participant à la compétition.

Les tiers ne peuvent être tenus de présenter une offre concurrente que si les achats sur le marché auxquels ils procèdent pendant le déroulement de l'offre « visent des objectifs incompatibles avec ceux d'autres intervenants et les placent de ce fait dans une situation de compétition avec ceux-ci » (CA Paris 20-11-1991 : RJDA 4/92 n° 358). Tel n'est pas le cas d'un actionnaire qui entend limiter au tiers sa participation dans la société cible et cherche seulement à s'assurer une position d'actionnaire significatif lui permettant d'être représenté au conseil d'administration, afin de protéger ses intérêts industriels dans les filiales de la société visée (CA Paris 20-11-1991 précité) alors même que des accords de partenariat avec la société cible lui donnaient un rôle important dans la gestion des filiales de cette société, mais non le contrôle de celle-ci.

Les offres concurrentes doivent être **déposées** cinq jours de négociation au plus tard avant la date de la clôture de l'offre antérieure (Règl. gén. AMF art. 232-5). 65163

Une note d'information doit être établie et visée par l'AMF.

Si l'offre concurrente est une **OPA,** elle doit être libellée à un prix supérieur d'au moins 2 % à celui stipulé dans l'offre précédente. Dans tous les **autres cas,** le projet d'offre concurrente n'est déclaré conforme que s'il améliore de façon significative les conditions proposées dans l'offre précédente aux porteurs des titres visés (Règl. gén. AMF art. 232-7, al. 1 et 2). Toutefois, une offre publique concurrente peut être déclarée conforme si son initiateur, sans modifier les termes de l'offre antérieure, supprime ou abaisse la condition, qu'il avait posée précédemment, d'un nombre minimal de titres présentés en réponse à son offre pour que celle-ci comporte une suite positive (art. 232-7, al. 3).

L'ouverture d'une offre publique concurrente rend nuls et non avenus les **ordres de présentation** des titres en réponse à l'offre antérieure (Règl. gén. AMF art. 232-10, al. 2).

Dans les cinq jours de négociation qui suivent la publication d'une offre concurrente, l'initiateur de l'offre antérieure doit faire connaître à l'AMF s'il renonce ou non à son offre (Règl. gén. AMF art. 232-11, al. 1).

L'**initiateur** peut également, avec l'autorisation préalable de l'AMF, **renoncer à son offre** si elle devient sans objet ou si la société cible, en raison des mesures qu'elle a prises, voit sa consistance modifiée pendant l'offre ou en cas de suite positive de l'offre, ou encore si les mesures prises par la cible ont pour conséquence un renchérissement de l'offre pour l'initiateur (art. 232-11, al. 2).

Surenchères Pendant la durée de son offre et au plus tard cinq jours de négociation avant la clôture de celle-ci, l'initiateur a la faculté de surenchérir sur les termes de son offre ou de la dernière offre concurrente ouverte (Règl. gén. AMF art. 232-6). 65166

Les améliorations qui doivent être apportées à l'offre antérieure pour que la surenchère soit déclarée conforme sont les mêmes que celles requises des offres concurrentes (Règl. gén. AMF art. 232-7 ; n° 65163).

Si elle déclare une surenchère conforme, l'AMF apprécie s'il y a lieu de reporter la date de clôture de la ou des offres publiques et de rendre nuls et non avenus les ordres de présentation des titres en réponse à l'offre ou aux offres (Règl. gén. AMF art. 232-8).

65169 En cas de surenchère, l'initiateur doit en principe établir et diffuser un **document complémentaire** à sa note d'information soumis à l'approbation de l'AMF dans les conditions prévues par l'article 232-9 du règlement général de l'AMF.

De son côté, le conseil d'administration ou de surveillance de la société visée doit adresser à l'AMF, puis diffuser un **avis motivé** sur la surenchère (art. 232-9, al. 3). Comme en cas d'offre concurrente (nº 65163), dans les cinq jours de négociation suivant la publication du calendrier d'une surenchère, l'initiateur de l'offre antérieure doit faire connaître à l'AMF s'il renonce à son offre (Règl. gén. AMF art. 232-11).

INTERVENTIONS SUR LES TITRES DE LA SOCIÉTÉ VISÉE PAR L'OFFRE PUBLIQUE

65180 Lorsque l'offre publique d'achat relève de la procédure normale et que l'initiateur et les personnes agissant de concert avec lui procèdent à des interventions à l'achat sur les titres de la société visée **au-dessus du prix d'offre,** ce dernier est **automatiquement relevé** (« surenchère automatique ») au niveau du prix effectivement payé sans pouvoir être inférieur à 102 % du prix antérieurement offert, quelles que soient les quantités de titres achetées et quel que soit le prix auquel elles l'ont été, sans que l'initiateur ait la faculté de modifier les autres conditions de l'offre (Règl. gén. AMF art. 231-39, I-al. 1).

Passé la date limite pour le dépôt d'une surenchère (c'est-à-dire au plus tard cinq jours de négociation avant la clôture de l'offre : nº 65166) et jusqu'à la publication du résultat de l'offre, l'initiateur et les personnes agissant de concert avec lui ne peuvent pas acheter les titres de la société visée à un prix supérieur à celui de l'offre (art. 231-39, I-al. 2).

RÉPONSES À L'OFFRE PUBLIQUE

65190 Les personnes qui désirent présenter leurs titres en réponse à l'offre doivent transmettre leurs ordres aux établissements teneurs de leurs comptes jusqu'à la **date** de clôture de l'offre. Ces ordres peuvent être révoqués à tout moment pendant la durée de l'offre, jusque et y compris le jour de clôture de celle-ci (Règl. gén. AMF art. 232-2, al. 4).

Après dépouillement des ordres, l'entreprise de marché (Euronext) informe l'AMF du nombre de titres présentés en réponse à l'offre.

L'AMF publie le **résultat de l'offre** neuf jours de négociation au plus tard après la date de clôture et, si l'offre comporte une suite positive, l'entreprise de marché précise les conditions de règlement et de livraison des titres acquis par l'initiateur ; si l'AMF constate que l'offre est sans suite, l'entreprise de marché fait connaître la date à laquelle les titres présentés en réponse seront restitués aux teneurs de compte déposants. Lorsque l'offre est assortie d'un seuil de renonciation ou d'un seuil de caducité, l'AMF publie un **résultat provisoire** dès qu'elle a connaissance par l'entreprise de marché du nombre total de titres déposés auprès de celle-ci par les intermédiaires habilités aux fins de centralisation (Règl. gén. AMF art. 232-3).

RÉOUVERTURE DE L'OFFRE PUBLIQUE

65200 Si l'offre connaît une suite positive, elle est rouverte **automatiquement** dans les dix jours de négociation suivant la publication du résultat définitif (Règl. gén. AMF art. 232-4, al. 1).

L'AMF publie alors le calendrier de réouverture de l'offre, qui doit durer au moins dix jours de négociation (art. 232-4, al. 3).

Par **exception,** si l'initiateur de l'offre publique procède à la **mise en œuvre directe d'un retrait obligatoire** (dans les conditions des articles 237-1 s. du règlement général de l'AMF), l'offre peut ne pas être rouverte, à condition qu'un tel retrait obligatoire ait été mentionné dans les intentions exprimées par l'initiateur et qu'il soit déposé au plus tard dix jours de négociation à compter de la publication de l'avis de résultat de l'offre (art. 232-4, al. 4).

RETRAIT OBLIGATOIRE À L'ISSUE DE TOUTE OFFRE PUBLIQUE

65210 La procédure de retrait obligatoire peut être mise en œuvre à l'issue de toute offre publique quelle qu'elle soit (notamment une OPE) et dans un délai de trois mois à compter de la clôture de l'offre, dès l'instant que les titres non présentés par les actionnaires minoritaires ne représentent **pas plus de 10 %** du capital et des droits de vote (C. mon. fin. art. L 433-4, II ; Règl. gén. AMF art. 237-1 s.) : voir nºs 66070 s.

RÉGIME FISCAL DE L'OFFRE PUBLIQUE

65220 Le profit réalisé à l'occasion d'une OPA est soumis au régime d'imposition des plus-values de cession de valeurs mobilières pour les particuliers (Mémento Fiscal nºs 32805 s.) et au régime des plus-values professionnelles (Mémento Fiscal nºs 18380 s. pour les entreprises soumises à l'impôt sur le revenu ; Mémento Fiscal nºs 18710 s. pour les entreprises soumises à l'impôt sur les sociétés).

En revanche, l'échange réalisé par une personne physique dans le cadre d'une offre publique d'échange n'entraîne immédiatement aucune imposition (s'agissant de l'échange avec soulte, voir toutefois nº 2213). Celle-ci n'intervient qu'au moment de la cession des titres reçus en échange, le gain réalisé étant calculé à partir du prix ou de la valeur d'acquisition originelle des titres remis à l'échange (Mémento Fiscal nos 33300 s.). Sur le régime applicable aux entreprises, voir Mémento Fiscal nos 19055 s.

CONVOCATION DE L'ASSEMBLÉE DES ACTIONNAIRES DE LA SOCIÉTÉ CIBLE

Sur la possibilité pour les nouveaux majoritaires de convoquer l'assemblée des actionnaires au lieu et place des anciens dirigeants, voir nos 46080 s. 65230

RÈGLES PARTICULIÈRES AUX OPE

La **procédure de vérification des apports** en nature est écartée lorsqu'une société dont les actions sont admises aux négociations sur un marché réglementé procède à une augmentation de capital à l'effet de rémunérer des titres apportés à une offre publique d'échange sur des titres d'une société dont les actions sont admises aux négociations sur un marché réglementé d'un État partie à l'accord sur l'EEE ou membre de l'OCDE (art. L 22-10-54, al. 1). 65240

La **décision d'augmenter le capital** par voie d'émission des actions destinées à rémunérer les actionnaires de la société cible qui ont accepté l'offre est prise par l'assemblée générale extraordinaire de la société initiatrice, sur rapport du conseil d'administration ou du directoire, dans les conditions de droit commun (nº 49590) (art. L 22-10-54, al. 2). 65243

Toutefois, l'augmentation du capital et l'émission des actions nouvelles peuvent aussi être réalisées par le conseil d'administration ou le directoire sur délégation de l'assemblée générale extraordinaire et dans la limite du plafond fixé par cette assemblée (voir nos 49620 s.) et même, dans les sociétés dont les titres de capital sont admis aux négociations sur un marché réglementé ou sur un SMNO (Euronext Growth), par le directeur général, un ou plusieurs directeurs généraux délégués ou le président ou un membre du directoire (art. L 22-10-49).

Les **commissaires aux comptes** de la société initiatrice doivent, dans le document d'information diffusé à l'occasion de l'OPE, exprimer leur avis sur les conditions et les conséquences de l'émission des actions nouvelles. Cet avis doit figurer également dans leur rapport à la première assemblée générale ordinaire qui suivra l'émission (art. L 22-10-54, al. 2). Sur le contenu de ces documents, voir Mémento Comptable nº 57480. 65246

3. PROCÉDURE SIMPLIFIÉE D'OFFRE PUBLIQUE

CHAMP D'APPLICATION

La procédure simplifiée d'offre publique d'achat ou d'échange de titres de capital peut être mise en œuvre dans les cas suivants (Règl. gén. AMF art. 233-1, 1° à 8°) : 65280

– offre émise par un actionnaire détenant déjà directement ou indirectement, seul ou de concert, la moitié au moins du capital et des droits de vote d'une société (offre de fermeture) ;
– offre émise par un actionnaire venant à détenir directement ou indirectement, seul ou de concert, après acquisition, la moitié au moins du capital et des droits de vote d'une société ;
– offre ne visant qu'une participation au plus égale à 10 % des titres de capital conférant des droits de vote ou à 10 % des droits de vote de la société visée, compte tenu des titres de même nature et des droits de vote que l'initiateur détient déjà, directement ou indirectement ;
– offre émise par une personne agissant seule ou de concert (au sens des articles L 233-10 et L 233-10-1) et visant l'acquisition de titres en voie d'extinction depuis l'ordonnance 2004-604 *du 24 juin 2004, à savoir les actions à dividende prioritaire*, les actions de priorité, les certificats d'investissement ou les certificats de droit de vote ;
– offre de rachat par une société de ses propres actions en vue de leur annulation (Opra) ;
– offre de rachat par une société de ses propres actions dans le cadre d'un programme de rachat d'actions (nos 68945 s.) (pour un exemple, Décision AMF 208C0896 du 15-5-2008) ;
– offre par la société émettrice visant des titres donnant accès à son capital ;
– offre par laquelle la société émettrice propose l'échange de titres de créance ne donnant pas accès au capital contre des titres de capital ou donnant accès au capital.

La procédure simplifiée devrait pouvoir logiquement être mise en œuvre pour une opération visant l'acquisition d'actions de préférence.

› Précisions En cas d'**OPA sur des certificats d'investissement ou des certificats de droit de vote,** l'initiateur peut limiter son offre à l'acquisition d'une quantité de certificats d'investissement ou de certificats de droit de vote égale, selon le cas, au nombre de certificats d'investissement ou de certificats de droit de vote qu'il détient déjà (Règl. gén. AMF art. 233-4). En effet, les certificats de droit de vote ne peuvent être cédés que s'ils sont réunis à des certificats d'investissement.

INFORMATION DU PUBLIC EN CAS D'OFFRE PUBLIQUE SIMPLIFIÉE

65290 La mise en œuvre d'une offre publique utilisant la procédure simplifiée donne lieu, par les sociétés concernées, à l'établissement d'une note d'information soumise au visa de l'AMF, contenant les mêmes informations et publiée dans les mêmes conditions que celles applicables à la procédure normale (n°s 64950 s.) (Règl. gén. AMF Livre II Titre III Chapitre 1).

DÉROULEMENT DE L'OFFRE PUBLIQUE SIMPLIFIÉE

65300 **Contenu de l'offre** L'offre publique d'achat simplifiée est réalisée par des achats, aux conditions et selon les modalités fixées lors de l'ouverture de l'offre (Règl. gén. AMF art. 233-2, al. 1).

Toutefois, lorsque l'offre porte sur une quantité limitée de titres (prise de participation limitée à 10 %, acquisition de certificats d'investissement ou de certificats de droit de vote restant encore en circulation, achat par une société de ses propres actions en vue de leur annulation ou dans le cadre d'un programme de rachat d'actions de l'article L 22-10-62) ou si l'initiateur a été autorisé par l'AMF à se réserver la faculté de réduire les ordres de vente ou d'échange présentés en réponse à son offre, les ordres doivent être **centralisés** dans les conditions fixées par l'entreprise de marché concernée (Euronext) ou, sous son contrôle, par l'établissement présentateur (art. 233-2, al. 2). La centralisation des offres est également prévue en cas d'offre publique d'échange simplifiée ou lorsque les circonstances ou les modalités de l'opération le justifient (art. 233-2, al. 2).

› Précisions **a.** La **centralisation des ordres** s'impose en **raison** de l'éventualité d'une réduction des ordres si leur total excède la limite fixée par l'initiateur de l'offre.

b. Si l'initiateur de l'offre a été autorisé à se réserver la faculté de réduire les ordres de vente ou d'échange présentés en réponse à son offre, la réduction des ordres de vente ou d'échange doit être opérée proportionnellement, sous réserve des ajustements nécessaires (Règl. gén. AMF art. 233-5, al. 1). L'initiateur ne peut intervenir sur le marché des titres concernés (art. 233-5, al. 3).

c. Pour les **modalités** de déroulement d'une **offre centralisée** par l'entreprise de marché, voir Inst. Euronext Paris N4-03.

65303 **Prix** Le prix d'achat ou les parités d'échange sont, comme dans la procédure normale, **librement fixés** par l'initiateur de l'offre sous réserve du droit pour l'AMF de demander un réexamen du projet si elle estime, notamment, que ce prix ou ces parités ne sont pas acceptables en fonction « des critères d'évaluation objectifs usuellement retenus, des caractéristiques de la société visée et du marché de ses titres » (Règl. gén. AMF art. 233-3 ; pour un exemple, CA Paris 13-11-2001 n° 01/13003 : RJDA 4/02 n° 396). Ce prix n'a pas à respecter les exigences requises en matière de retrait obligatoire (CA Paris 18-5-2017 n° 16/26029 : RD bancaire et financier 2018 comm. n° 146).

Si l'**OPA émane d'une personne qui détient** déjà, directement ou indirectement, seule ou de concert, **la moitié au moins du capital** et des droits de vote de la société cible (offre de fermeture), le prix proposé par l'initiateur de l'offre ne peut, sauf accord de l'AMF, être inférieur à la moyenne des cours de bourse des titres en cause, pondérée par les volumes de transactions, pendant les 60 jours de négociation précédant la publication des caractéristiques financières du projet d'offre ouvrant la période de préoffre (Règl. gén. AMF art. 223-34) ou, à défaut, la publication de l'avis de dépôt du projet d'offre publique (Règl. gén. AMF art. 231-14). Pour les besoins de ce calcul, les cours et volumes utilisés sont ceux constatés sur le marché réglementé sur lequel les actions de la société visée bénéficient de la liquidité la plus importante (Règl. gén. AMF art. 233-3).

› Précisions **a.** Pour un **exemple d'autorisation à déroger à la règle du prix plancher** avec réintégration dans l'analyse multicritère des critères de cours de bourse et prise en compte d'une période de plus de 18 mois au lieu de 60 jours du fait de la très faible liquidité du titre constatée, voir Décision AMF 209C1248 du 6-10-2009.

b. Il n'entre pas dans la **mission de l'AMF** de se prononcer sur les violations éventuelles d'obligations dont les sanctions de droit privé ne font pas partie des mesures qu'elle est habilitée à prendre (Cass. com. 5-7-2017 n° 15-25.121 F-PB : RJDA 10/17 n° 636 ; pour une application, CA Paris 12-5-2022 n° 21/22517 : RJDA 12/22 n° 695 et, sur pourvoi, Cass. com. 15-3-2023 n° 22-18-869 F-B : RJDA 6/23 n° 318), ni sur la pertinence des décisions de gestion que l'initiateur de l'OPA a prises à l'égard de la société cible dont il détient le contrôle (CA Paris 2-5-2023 n° 22/19729 : RJDA 12/23 n° 660).

Durée de l'offre La durée de l'offre simplifiée peut être limitée à dix jours de négociation s'il s'agit d'une **offre d'achat,** 15 jours de négociation dans les **autres cas** (contre 25 jours de négociation au moins, auxquels s'ajoutent éventuellement de nouveaux délais en cas d'offres concurrentes, si l'offre publique est réalisée selon la procédure normale) (Règl. gén. AMF art. 233-2, al. 3). 65306

En cas de **rachat par une société de ses propres actions** en vue de leur annulation, la durée de l'offre ne peut être inférieure à 20 jours calendaires (art. R 225-154).

B. Mesures anti-OPA

1. GÉNÉRALITÉS

Afin de se protéger contre des OPA inamicales, les dirigeants des sociétés vulnérables à ce type d'opérations sont tentés de prendre des mesures destinées, d'une part, à **identifier** d'éventuels **assaillants** et, d'autre part, à **dissuader** ces derniers de déposer une offre soit en constituant un bloc majoritaire hostile à toute prise de contrôle venant d'investisseurs extérieurs, soit en contraignant l'auteur de l'offre à un effort financier plus important que celui initialement prévu. Brièvement résumées, les **mesures** anti-OPA **les plus répandues** sont les suivantes : 65390

– nsertion dans les statuts d'une clause limitant le droit de vote dont dispose chaque actionnaire aux assemblées (nos 65550 s.) ;

– insertion dans les statuts de clauses prévoyant une obligation d'information de la société émettrice en cas de franchissement de seuils de participation inférieurs au seuil minimal de 5 % prévu par la loi (nos 64420 s.) ;

– pactes d'actionnaires prévoyant, par exemple, un droit de préemption en cas de cession ou une inaliénabilité temporaire des titres ou encore un engagement de non-agression (nos 69100 s.) ;

– création d'une holding détenant une participation significative dans la société ;

– création, dans le cadre d'une première admission d'actions aux négociations sur un marché réglementé ou sur un SMN, d'actions de préférence à droits de vote multiple au bénéfice d'une ou de plusieurs personnes nommément désignées, sous réserve de dispositions statutaires limitatives (no 67790) ;

– achat par la société de ses propres actions en vue d'une réduction de son capital (nos 52070 s.) afin de diminuer le « flottant » susceptible de répondre favorablement à l'offre publique d'achat, les actionnaires majoritaires ne présentant pas leurs titres au rachat par la société ;

– utilisation de valeurs mobilières complexes antérieurement émises, notamment des bons de souscription d'actions, réservée à une société amie qui, en cas d'OPA, exercera son droit de souscription obligeant l'assaillant à accroître son effort financier pour prendre le contrôle de la société ;

– éventuellement, transformation de la société en SCA, mais ce procédé peut alors entraîner, pour les majoritaires, l'obligation de présenter une offre publique de retrait (nos 65970 s.) ;

– distribution d'un dividende exceptionnel décidé en période d'offre. L'AMF suggère de retenir le critère de l'ampleur de la distribution afin de mesurer les conséquences d'une telle distribution : elle pourrait admettre un ajustement du prix offert par l'initiateur si la distribution restait modeste ou, à l'inverse, considérer qu'un droit à renonciation à l'offre est ouvert à l'initiateur sur le fondement de l'article 232-11, al. 2 de son règlement général si cette distribution revenait, de par son importance, à modifier la consistance de la société visée (en ce sens, Rapport AMF 2008 p. 122).

2. POUVOIRS DE L'ORGANE DE DIRECTION EN PÉRIODE D'OFFRE

Pendant la période d'offre publique visant une société dont les actions sont admises aux négociations sur un marché réglementé, le conseil d'administration ou le directoire après autorisation du conseil de surveillance de la société visée peut prendre toute **mesure dont la mise en œuvre est susceptible de faire échouer l'offre,** sous réserve des pouvoirs expressément attribués aux assemblées générales dans la limite de l'intérêt de la société (art. L 233-32, I). Le conseil d'administration ou le directoire peut donc prendre toute mesure 65420 de défense relevant de ses attributions (cession d'un actif stratégique ou acquisition d'un actif significatif, organisation d'une contre-offre, recherche d'offres alternatives, etc.). Le principe de hiérarchie des organes sociaux lui interdit seulement d'enfreindre les compétences propres de l'assemblée générale, notamment s'agissant d'opérations sur le capital pour lesquelles l'assemblée générale n'aurait pas octroyé de délégation.

Ces dispositions s'appliquent, à notre avis, à toute société de droit français dont les actions sont admises aux négociations sur un marché réglementé, que ce marché soit français ou étranger ; il s'agit en effet d'une règle de droit des sociétés et non de droit boursier comme le confirment les termes de l'article L 233-32 précité.

65422 Les **délégations** d'une mesure dont la mise en œuvre est susceptible de faire échouer l'offre **accordées** par l'assemblée générale **avant la période d'offre** sont, à notre avis, valables en période d'offre publique.

Les **décisions de l'organe de direction** prises avant la période d'offre dont la mise en œuvre est susceptible de faire échouer l'offre mais **qui ne sont pas totalement ou partiellement mises en œuvre** au moment de la période d'offre ne nécessitent pas l'approbation ou la confirmation de l'assemblée générale. Elles continuent de produire effet en période d'offre.

65424 Pendant la période d'offre publique, l'initiateur et la société visée doivent veiller à ce que leurs actes, décisions et déclarations n'aient pas pour effet de compromettre l'**intérêt social** et l'**égalité de traitement ou d'information** des détenteurs de titres des sociétés concernées (Règl. gén. AMF art. 231-7, al. 1).

Si le conseil d'administration ou le directoire, après autorisation du conseil de surveillance des sociétés concernées, décide de prendre une décision dont la mise en œuvre est susceptible de faire échouer l'offre, ils doivent en **informer l'AMF** (art. 231-7, al. 2). Forte de ces éléments d'information, l'AMF est mieux à même de veiller au bon fonctionnement du marché et plus généralement au respect des principes généraux gouvernant les offres publiques ainsi que, le cas échéant, de faire connaître son appréciation des mesures de défense envisagées. Aucune forme particulière de communication n'est requise mais nous pensons que, dans l'intérêt de toutes parties, l'écrit doit être privilégié.

> **Précisions** L'AMF a indiqué que les **mesures** ainsi prises par le conseil d'administration ou le directoire **doivent s'inscrire dans le cadre des règles et principes** régissant les offres publiques fixés notamment par la directive européenne 2004/25 du 21 avril 2004, le Code monétaire et financier et le règlement général de l'AMF – ces textes, précisés par la jurisprudence, imposant un déroulement ordonné des offres publiques et définissant notamment les principes du libre jeu des offres et de leurs surenchères, d'égalité de traitement et d'information des détenteurs des titres concernés, de transparence et d'intégrité du marché, et de loyauté dans les transactions et la compétition (Communiqué AMF du 2-4-2021 et Précisions sur le rôle de l'AMF dans le cadre de l'OPA de Veolia sur Suez publiées le 18-5-2022 ; pour des commentaires critiques de ce communiqué, H. Synvet : Bull. Joly Bourse mai-juin 2021 p. 1 ; M. Menjucq : Bull. Joly juin 2021 p. 56 ; D. Martin : RD bancaire et financier 2021 n° 5 p. 76 ; F. Barrière : RD bancaire et financier 2021 n° 5 p. 108 ; P. Barban : Banque et droit 198/2021 p. 41 ; N. Mennesson : Bull. Joly Bourse mai-juin 2022 p. 52).

NEUTRALITÉ STATUTAIRE DE L'ORGANE DE DIRECTION EN PÉRIODE D'OFFRE PUBLIQUE

65430 Par dérogation à ce qui précède, les **statuts** d'une société dont les actions sont admises aux négociations sur un marché réglementé peuvent prévoir qu'en période d'offre publique (art. L 233-33) :

– les mesures de défense doivent être autorisées préalablement par l'assemblée générale et que toute **délégation** d'une mesure dont la mise en œuvre est susceptible de faire échouer l'offre, hormis la recherche d'autres offres, accordée par l'assemblée générale avant la période d'offre, est **suspendue** en période d'offre publique ;

– toute **décision** du conseil d'administration, du directoire après autorisation du conseil de surveillance, du directeur général ou de l'un des directeurs généraux délégués, **prise avant la période d'offre,** qui n'est pas totalement ou partiellement mise en œuvre, qui ne s'inscrit pas dans le cours normal des activités de la société et dont la mise en œuvre est susceptible de faire échouer l'offre doit faire l'objet d'une approbation ou d'une confirmation par l'assemblée générale.

Les statuts peuvent aussi prévoir que cette neutralité de l'organe de direction statutairement organisée s'applique à **toute offre ou** seulement dans une situation de **réciprocité,** à savoir uniquement lorsque l'offre est engagée par des entités, agissant seules ou de concert, ou qui sont respectivement contrôlées (au sens de l'article L 233-16, II et III) par des entités, dont le conseil d'administration, le conseil de surveillance, à l'exception de leur pouvoir de nomination, le directoire, le directeur général ou l'un des directeurs généraux délégués de la société visée doivent également obtenir l'approbation préalable de l'assemblée générale pour prendre toute mesure dont la mise en œuvre est susceptible de faire échouer l'offre, hormis la recherche d'autres offres.

Les **contestations** portant sur l'équivalence des mesures relèvent du juge de droit commun.

> **Précisions** Les statuts peuvent prévoir qu'en cas d'offre publique, les **actions de préférence à droits de vote multiple** ne donnent droit qu'à une voix lors de l'assemblée générale des actionnaires qui arrête toute mesure prévue par les statuts dont la mise en œuvre est susceptible de faire échouer l'offre (art. L 22-10-46-1, IV issu de loi 2024-537 du 13-6-2024 ; nº 67790).

3. CAS PARTICULIER DES BONS D'OFFRE

Sans préjudice des autres mesures permises par la loi, l'**assemblée** générale extraordinaire 65460
de la société visée statuant dans les conditions de quorum et de majorité prévues pour les assemblées ordinaires (nos 47550 et 47841) peut **décider** en période d'offre l'**émission de bons** permettant de souscrire à des conditions préférentielles à des actions de cette société et leur attribution gratuite à tous les actionnaires ayant cette qualité avant l'expiration de la période d'offre publique (art. L 233-32, II). Cette mesure est de nature à avoir un effet dilutif pour l'initiateur de l'offre et à renchérir le coût de l'opération.

L'assemblée peut **déléguer sa compétence** au conseil d'administration ou au directoire ; elle fixe alors le montant maximal de l'augmentation de capital pouvant résulter de l'exercice des bons ainsi que le nombre maximal de bons pouvant être émis. La délégation peut également prévoir la fixation de conditions relatives à l'obligation ou à l'interdiction pour le conseil d'administration ou le directoire de procéder à l'émission et à l'attribution gratuite des bons, d'y surseoir ou d'y renoncer.

Ainsi, pouvoir est donné à l'organe de direction de négocier en fait un relèvement des conditions de l'offre en agitant le spectre d'une dilution importante.

La société cible doit porter à la **connaissance du public** son intention d'émettre les bons avant la clôture de l'offre, et donc jusqu'au dernier moment, ce qui ne permettra pas à l'initiateur de l'offre d'anticiper la décision et, partant, de connaître de façon précise la structure du capital de la cible.

Pour autant, au regard des caractéristiques des bons et notamment de leur effet dilutif, l'initiateur peut invoquer une modification de la consistance de la cible et solliciter auprès de l'AMF l'autorisation de renoncer à son offre sur le fondement de l'article 232-11, al. 2 du règlement général de l'AMF, et ce, quand bien même les bons n'auraient pas été encore attribués aux actionnaires (Rapport AMF 2008 p. 122).

Les **conditions d'exercice** de ces bons, qui doivent être relatives aux termes de l'offre ou de 65463
toute offre concurrente éventuelle, ainsi que les autres caractéristiques de ces bons, dont le prix d'exercice ou les modalités de détermination de ce prix, doivent être fixées par l'assemblée générale ou, sur délégation de celle-ci, par le conseil d'administration ou le directoire (art. L 233-32, II-al. 4). L'article L 233-32, II prévoyant que les bons permettent la souscription d'actions à des conditions préférentielles et que, lorsque l'assemblée lui a délégué ce pouvoir, le conseil d'administration (ou le directoire) fixe le prix d'exercice des bons ou les modalités de détermination de ce prix, sans autre précision, le conseil a en principe toute latitude pour fixer ce prix, la seule limite étant la valeur nominale des actions. Reste que la responsabilité des dirigeants pourrait être engagée si leur décision n'est pas conforme à l'intérêt social ou lèse des actionnaires minoritaires et que l'AMF nous semble conserver un pouvoir de contrôle en cette matière.

Les bons deviennent **caducs de plein droit** dès que l'offre et toute offre concurrente éventuelle échouent, deviennent caduques ou sont retirées (art. L 233-32, II-al. 4). Rien n'est précisé sur leur sort en cas de succès de l'offre, et l'on peut penser que les bons pourront continuer à être exercés après la période d'offre ; mais il ne nous paraît pas interdit que l'assemblée prévoie leur caducité en pareil cas. L'assemblée générale qui reçoit le droit de les créer, sans condition sur ce point, peut les aménager à sa guise.

De même, la loi n'exclut ni la cessibilité ni la négociabilité de ces bons, mais il ne paraît pas évident que l'AMF admettra leur cotation et rien n'interdit à la société de les rendre incessibles ou de limiter leur cessibilité, par exemple en n'autorisant qu'une cession entre actionnaires.

65464 L'émission de bons d'offre tels que visés à l'article L 233-32, II peut également être autorisée par une assemblée générale tenue **en dehors d'une période d'offre** et faire l'objet d'une délégation à l'organe de direction. Si les statuts ont stipulé la règle de neutralité prévue à l'article L 233-33, I, les effets de cette délégation fondant une mesure de nature à faire échouer l'offre seront suspendus en période d'offre publique, sauf mise en œuvre de l'exception de réciprocité (n° 65430).

4. INOPPOSABILITÉ DES RESTRICTIONS AU TRANSFERT DE TITRES

65520 Sauf lorsqu'elles résultent d'une obligation législative, les clauses des statuts d'une société dont des actions sont admises à la négociation sur un marché réglementé prévoyant des restrictions au transfert d'actions de la société (clauses d'agrément ou de préemption en particulier) sont inopposables à l'auteur d'une offre publique pour les titres qui lui seraient apportés dans le cadre de son offre (art. L 233-34).

Les statuts d'une société dont les actions sont admises à la négociation sur un marché réglementé peuvent prévoir (il s'agit d'une simple faculté) que les effets de toute clause d'une convention conclue après le 21 avril 2004 (date d'adoption de la directive européenne 2004/25) stipulant des restrictions au transfert d'actions de la société sont inopposables à l'auteur de l'offre en période d'offre (art. L 233-35). Sont ainsi visés les pactes d'actionnaires instituant des dispositifs tels que préférence, préemption, inaliénabilité temporaire ou encore agrément jouant entre les membres du pacte.

65523 Les mesures anti-OPA doivent figurer dans le rapport sur le gouvernement d'entreprise (voir n° 48261). Sur l'obligation de transparence relative à certaines clauses contractuelles en cas de dépôt de projet d'offre publique, voir n° 66304.

5. SUSPENSION DES RESTRICTIONS À L'EXERCICE DES DROITS DE VOTE

65550 Les **statuts** d'une société dont des actions sont admises à la négociation sur un **marché réglementé** peuvent prévoir (il s'agit d'une simple faculté) que sont suspendus en période d'offre publique visant la société, lors des assemblées réunies aux fins d'adopter ou d'autoriser toute mesure susceptible de faire échouer l'offre, les effets :

– de toute clause d'une convention conclue après le 21 avril 2004 stipulant des restrictions à l'exercice des droits de vote (telles que renonciation à l'exercice du droit de vote pendant une période donnée ou au droit de vote double) attachés à des actions de la société (art. L 233-36) ;

– des restrictions statutaires à l'exercice des droits de vote (telles que limitation du nombre de voix attaché à des actions de la société) (art. L 233-37).

65553 Les effets de la limitation du nombre de voix dont chaque actionnaire dispose dans les assemblées, stipulée dans les statuts d'une société qui fait l'objet d'une offre publique et dont des actions sont admises à la négociation sur un marché réglementé, sont suspendus lors de la première assemblée générale qui suit la clôture de l'offre lorsque l'auteur de l'offre, agissant seul ou de concert, vient à détenir plus des deux tiers du capital ou des droits de vote de la société cible (art. L 22-10-47 ; Règl. gén. AMF art. 231-54).

Les statuts peuvent prévoir (il s'agit d'une simple faculté) que les effets des restrictions statutaires à l'exercice des droits de vote attachés à des actions de la société ainsi que les effets de toute clause d'une convention conclue après le 21 avril 2004 stipulant des restrictions à l'exercice des droits de vote attachés à des actions de la société sont suspendus lors de la première assemblée générale suivant la clôture de l'offre lorsque l'auteur de l'offre, agissant seul ou de concert, vient à détenir à l'issue de l'offre plus de la moitié du capital ou des droits de vote de la société cible (art. L 233-38 ; Règl. gén. AMF art. 231-55).

Les statuts peuvent aussi prévoir la suspension, lors de la première assemblée qui suit la clôture de l'offre, des droits extraordinaires de nomination ou de révocation des administrateurs, membres du conseil de surveillance, membres du directoire, directeurs généraux ou directeurs généraux délégués, détenus par certains actionnaires lorsque l'auteur de l'offre, agissant seul ou de concert, détient à l'issue de cette offre plus de la moitié du capital ou des droits de vote de la société cible (art. L 233-39 ; Règl. gén. AMF art. 231-56). Cette mesure vise en particulier d'éventuels droits politiques attachés aux actions de préférence.

› Précisions Les statuts peuvent prévoir qu'en cas d'offre publique, les **actions de préférence à droits de vote multiple** ne donnent droit qu'à une voix lors de l'assemblée générale des actionnaires suivant la clôture de l'offre lorsque, à l'issue de celle-ci, son auteur détient au moins les trois quarts du capital social assorti de droits de vote (art. L 22-10-46-1, IV issu de loi 2024-537 du 13-6-2024 ; n° 67790).

6. INFORMATION DE L'AMF

Lorsqu'une société décide d'appliquer ou de mettre fin à l'application des dispositions prévues aux articles L 233-35 à L 233-39 (n°s 65520 à 65553), elle transmet à l'AMF, dès la modification de ses statuts, l'ensemble des modifications ainsi apportées pour qu'elles soient mises en ligne sur son site internet (art. L 233-40 ; Règl. gén. AMF art. 223-20, I). 65556

› Précisions Sont **concernées par cette obligation** non seulement les **sociétés** françaises (quel que soit le lieu de cotation et y compris les sociétés pour lesquelles une demande d'admission aux négociations sur un marché réglementé a été présentée), mais également les sociétés dont le siège est situé dans un État membre de l'UE ou partie à l'accord sur l'EEE et dont les titres sont admis aux négociations sur un marché réglementé français ou pour lesquels une demande d'admission aux négociations sur un tel marché a été présentée (Règl. gén. AMF art. 223-20, II).

C. Offres publiques obligatoires

1. CHAMP D'APPLICATION

a. Franchissement du seuil de 30 %

Lorsqu'une personne physique ou morale, agissant seule ou de concert au sens de l'article L 233-10, vient à détenir, directement ou indirectement, **plus de 30 % des titres de capital conférant des droits de vote** (cf. Règl. gén. AMF art. 234-1) ou plus de 30 % des droits de vote d'une **société de droit français** dont les actions sont admises aux négociations sur un marché réglementé d'un État membre de l'UE ou d'un autre État partie à l'accord sur l'EEE, elle doit, à son initiative, en informer immédiatement l'AMF et **déposer un projet** d'offre publique **visant la totalité des titres** de capital et des titres donnant accès au capital ou aux droits de vote de cette société et libellé à des conditions telles qu'il puisse être déclaré conforme par l'AMF (C. mon. fin. art. L 433-3, I ; Règl. gén. AMF art. 234-2, al. 1). L'AMF n'est à ce titre pas compétente pour apprécier l'obligation de déposer une offre publique sur une société de droit étranger dont les titres sont admis sur le marché réglementé Euronext Paris (Cass. com. 30-8-2023 n° 21-21.850 FS-B : RJDA 12/23 n° 661, l'AMF n'engageant dès lors pas sa responsabilité en refusant d'enjoindre à un actionnaire de déposer une telle offre). 65630

Il en est de même lorsque des personnes physiques ou morales agissant seules ou de concert viennent à détenir **par suite de fusion ou d'apports** plus de **30 %** des titres de capital ou des droits de vote d'une telle société (art. 234-2, al. 3).

En outre, tout projet d'offre publique d'achat ou d'échange doit, lorsque l'**offre porte sur une société qui détient plus de 30 % du capital ou des droits de vote d'une société française ou étrangère** dont des titres de capital sont admis aux négociations sur un marché réglementé d'un État partie à l'accord sur l'EEE ou sur un marché équivalent régi par un droit étranger et **qui « constitue un actif essentiel » de la société détentrice,** être accompagné des documents permettant de prouver qu'un projet d'offre publique irrévocable et loyale est ou sera déposé sur l'ensemble du capital de la société française ou étrangère contrôlée, au plus tard à la date d'ouverture de la première offre publique (C. mon. fin. art. L 433-3, III ; Règl. gén. AMF art. 231-13, IV-2° et 231-18, 8°).

› Précisions **a.** Lorsqu'une société, le même jour, franchit en baisse, puis en hausse, puis à nouveau en baisse le seuil de 30 % des droits de vote, le **franchissement** en hausse du seuil **de 30 %** intervenu dans ces conditions n'a pas de conséquence au regard de l'obligation de déposer un projet d'offre publique dès lors qu'il n'a été que **temporaire** et dû à des opérations liées les unes aux autres aboutissant à une participation finalement inférieure à ce seuil (cf. Avis SBF 96-1531 du 15-5-1996).

b. Pour les personnes qui, **au 1er janvier 2010,** détenaient, seules ou de concert, directement ou indirectement, entre 30 % et le tiers du capital ou des droits de vote d'une société, le seuil du **tiers** est maintenu comme seuil déclencheur de l'obligation de déposer un projet d'offre publique (Loi 2010-1249 du 22-10-2010 art. 92, II-al. 1 ; Règl. gén. AMF art. 234-11). Cette « **clause de grand-père** » leur est applicable sans limitation de durée tant que leur participation restera comprise entre ces deux seuils.

c. Pour des critères quantitatifs et qualitatifs d'appréciation de la **notion d'« actif essentiel »,** voir CA Paris 13-9-2005 n° 05-4058 : RJDA 2/06 n° 152 et CA Paris 24-3-2022 n° 21/21745 : RJDA 2/23 n° 89.

MODALITÉS DE CALCUL DU SEUIL DE 30 % DÉCLENCHEUR D'UNE OFFRE PUBLIQUE OBLIGATOIRE

65633 La réglementation relative aux offres publiques obligatoires est applicable lorsque le seuil de 30 % est franchi soit en capital, soit en droits de vote (cf. C. mon. fin. art. L 433-3, III). Lorsque le nombre de droits de vote existant dans la société ne correspond pas au nombre d'actions émises par cette société (cas, par exemple, où certaines actions bénéficient d'un droit de vote double), il convient d'apprécier le franchissement de seuil au regard de l'un et l'autre de ces deux critères.

En pratique, dans la plupart des cas, c'est le seuil en droits de vote qui sera pris en considération puisque c'est lui qui sera atteint le plus rapidement.

65636 **Numérateur** Pour le calcul du **seuil en droits de vote,** il convient de faire application des règles de prise de participations significatives (n°s 64290 s.).

En pratique, il suffit de se référer au nombre de droits de vote publié sur le site internet de l'émetteur au titre de l'obligation de publication des variations mensuelles des droits de vote ou, à défaut de variation de ce nombre, dans l'avis que les sociétés dont les instruments sont admis aux négociations sur un marché réglementé doivent, sauf exception, publier au moins une fois par an (n° 64310).

65639 En ce qui concerne le **seuil en capital,** seuls doivent être pris en considération les « titres de capital conférant des droits de vote » (Règl. gén. AMF art. 234-1). Cette expression conduit à ne soustraire du nombre total de titres existants que ceux qui sont, par nature, privés du droit de vote, c'est-à-dire les actions de préférence sans droit de vote et, à titre résiduel, les certificats d'investissement et les actions à dividende prioritaire sans droit de vote. En revanche, il convient de maintenir dans la masse de calcul du seuil déclencheur toutes les autres actions, même celles qui sont momentanément privées du droit de vote (cas, par exemple, des actions « propres » détenues par la société, des actions d'autocontrôle, des actions non libérées des versements exigibles, etc. ; n°s 47693 s.).

65640 Le **périmètre à prendre en compte** pour le calcul du seuil déclencheur d'une offre publique obligatoire est partiellement aligné sur le périmètre retenu en matière de franchissement de seuils légaux. Ainsi, les fractions du capital ou des droits de vote à retenir doivent être déterminées conformément aux modalités de calcul des seuils déclaratifs légaux telles que fixées aux articles L 233-7 et L 233-9, à l'**exception** des accords ou instruments financiers ayant un effet économique similaire à la possession des actions, que leur règlement soit physique ou monétaire (cf. art. L 233-9, I-4° bis), qui ne doivent pas être pris en compte (n°s 64290 s.) (C. mon. fin. art. L 433-3, I-al. 2 ; Règl. gén. AMF art. 234-1, al. 2 s.) : voir n° 64320.

65641 **Dénominateur** S'agissant du dénominateur du seuil, il y a lieu de prendre en compte le nombre total de droits de vote théoriques à l'instar des modalités de calcul du numérateur des seuils déclaratifs de l'article 223-11 du règlement général de l'AMF, qui précise les modalités de calcul des seuils mentionnés à l'article L 233-7 (voir n° 64329) (application des articles L 233-7 et L 233-9 sur renvoi de l'article L 433-3, I-al. 2 du Code monétaire et financier).

MODALITÉS DE FRANCHISSEMENT DU SEUIL DE 30 % DÉCLENCHEUR D'UNE OFFRE PUBLIQUE OBLIGATOIRE

65642 L'obligation de déposer une offre publique s'impose lorsque le seuil de 30 % est franchi par **détention directe ou indirecte** des titres de capital conférant des droits de vote (Règl. gén. AMF art. 234-2) ou des droits de vote de la société cible.

Des exemples de modalités de franchissement du seuil de 30 % figurent aux articles 234-7 et 234-9 du règlement général de l'AMF (voir, respectivement, n°s 65673 s. et 65780 s.).

65651 Il n'est pas nécessaire que le franchissement du seuil de 30 % résulte d'une « acquisition ». Par suite, la conclusion d'un pacte d'actionnaires constituant une action de concert entre des personnes qui détiennent ensemble plus de 30 % du capital ou des droits de vote d'une société « cotée » devrait entraîner, même en dehors de toute acquisition, l'obligation pour elles de déposer une offre publique.

Toutefois, l'AMF peut « constater » qu'il n'y a pas matière à déposer une offre publique lorsque le concert ne s'accompagne pas d'un changement significatif dans l'équilibre des participations au sein de la société (nos 65673 s.).

De même, l'acquisition par la société de ses propres actions peut entraîner, pour un actionnaire, un franchissement de seuil l'obligeant, sauf dérogation de l'AMF, à déposer un projet d'offre publique (pour un exemple, Avis CMF 199C0313 du 19-3-1999).

b. Excès de vitesse d'acquisition

65660 L'obligation de déposer une offre publique d'acquisition s'applique également aux personnes physiques ou morales, agissant seules ou de concert, qui détiennent directement ou indirectement un nombre compris entre **30 % et la moitié** du nombre total des titres de capital ou des droits de vote d'une société cotée et qui, **en moins de 12 mois consécutifs, augmentent cette détention,** en capital ou en droits de vote, d'au moins 1 % du nombre total des titres de capital ou des droits de vote de cette société (C. mon. fin. art. L 433-3, I-al. 1 ; Règl. gén. AMF art. 234-5, al. 1).

À noter que les personnes qui, seules ou de concert, détiennent directement ou indirectement un nombre compris entre 30 % et la moitié du capital ou des droits de vote d'une société cotée doivent **tenir l'AMF informée** des variations du nombre de titres de capital ou des droits de vote qu'elles détiennent ; l'AMF rend ces informations publiques (art. 234-5, al. 2 ; pour un exemple de sanction pour absence de déclaration, voir AMF comm. sanc. 13-1-2011).

› Précisions **a.** La mise en œuvre par une société d'un **programme de rachat** de ses propres actions peut entraîner, pour les actionnaires qui détenaient déjà entre 30 % et la moitié du capital ou des droits de vote de la société, une relution de plus de 1 % en capital ou en droits de vote lorsque les actions rachetées sont destinées à être annulées. Il en résulte corrélativement l'obligation pour ces actionnaires de déposer un projet d'offre publique à moins d'obtenir de l'AMF une dérogation à cette obligation (Règl. gén. AMF art. 234-9, 5° ; voir no 65780). Pour un exemple de dérogation, voir Décision AMF 208C0719 du 17-4-2008.

b. Un **actionnaire** détenant entre 30 % et la moitié du capital ou des droits de vote d'une société qui **augmente seul sa participation** d'au moins 1 % (excès de vitesse individuel) est tenu de déposer un projet d'offre publique **bien qu'il soit parti à un concert détenant plus de 50 %** du capital et des droits de vote de la société (Décision AMF 222C0638 du 17-3-2022 accordant toutefois une dérogation à cette obligation ; voir no 65781, point f).

c. L'AMF a considéré dans un cas particulier que le projet de **renforcement du concert à intervenir durant la période dite « de stabilisation »** (sans entraîner un franchissement du seuil de 50 %) peut ne pas être pris en compte pour le calcul de l'excès de vitesse dans la mesure où ce renforcement éventuel a été porté préalablement à la connaissance du public, notamment dans le cadre de la documentation relative à l'opération d'admission à la négociation sur un marché réglementé et ne remet pas en cause la prédominance du concertiste détenant le contrôle opérationnel au sein du concert contrôlant la société (Décision AMF 208C1189 du 20-6-2008).

c. Exceptions

FRANCHISSEMENT TEMPORAIRE DES SEUILS DÉCLENCHEURS D'UNE OFFRE PUBLIQUE OBLIGATOIRE

65670 Lorsque le franchissement du seuil de 30 % des titres de capital ou des droits de vote ou lorsque l'excès de vitesse ne doit être que temporaire, il peut être demandé à l'AMF l'autorisation de procéder à ce franchissement sans avoir à déposer un projet d'offre (Règl. gén. AMF art. 234-4 ; pour un exemple, Décision AMF 223C1174 du 26-7-2023).

Cette autorisation, dont les termes sont rendus publics, ne peut être accordée que si les **conditions** suivantes sont réunies :

– *le dépassement doit résulter* d'une opération n'ayant pas pour objet l'obtention ou l'accroissement du contrôle de la société (au sens de l'article L 233-3) ;

– sa durée ne doit pas excéder six mois ;

– la ou les personnes concernées doivent s'engager à ne pas exercer, pendant la période de reclassement, les droits de vote correspondant aux titres en cours de reclassement.

Il n'est prévu aucune sanction spécifique en cas de violation de cette dernière condition. S'agissant d'une condition d'obtention de l'autorisation, son inobservation devrait, à notre avis, entraîner la caducité de celle-ci et l'obligation de déposer un projet d'offre publique.

FRANCHISSEMENT DE CONCERT DE SEUILS DÉCLENCHEURS D'UNE OFFRE PUBLIQUE OBLIGATOIRE

65673 L'AMF peut « constater » qu'il n'y a pas matière à déposer un projet d'offre publique lorsque les seuils (nos 65630 s.) sont franchis par une ou plusieurs personnes qui viennent à déclarer agir de concert avec un ou plusieurs **actionnaires** qui détenaient déjà, seuls ou de concert, la **majorité** du capital ou des droits de vote de la société, à condition que ceux-ci demeurent **prédominants** (Règl. gén. AMF art. 234-7, al. 1 et 2 ; pour des exemples, Décision AMF 206C0691 du 11-4-2006 : cas dans lesquels un ou plusieurs tiers se joignent à un concert existant ; Décision AMF 206C0957 du 19-5-2006 : cas d'évolution de la participation d'un concertiste à la suite d'une augmentation de capital ; Décision AMF 218C0201 du 23-1-2018 : cas de substitution de concertiste au sein d'un concert majoritaire).

L'investisseur qui, à l'origine, a acquis des titres d'une société dont le contrôle de droit était exercé par un actionnaire doit pouvoir demeurer dans le capital d'une société dont le contrôle est exercé par un concert au sein duquel cet actionnaire est resté prédominant tant arithmétiquement par évaluation des niveaux de participations que juridiquement par des conventions statutaires ou extrastatutaires conclues.

L'obligation de déposer un projet d'offre publique peut, à notre avis, être écartée même si, à l'occasion de la mise en concert, le majoritaire cède une partie de ses titres et repasse en dessous de la majorité du capital ou des droits de vote, pourvu qu'il reste prédominant (voir A. Viandier, OPA-OPE et autres offres publiques Éd. Francis Lefebvre 2014 no 1600).

L'AMF analyse l'équilibre des membres du nouveau concert à partir des participations respectives en capital et en droits de vote, de leur représentation au sein de l'organe de direction et, le cas échéant, des modalités de gouvernance conventionnellement définies entre eux.

Les dispositifs conventionnels destinés à protéger l'investissement du nouvel entrant n'ont pas vocation à être considérés comme altérant la prédominance de l'actionnaire historique. Il en va ainsi notamment des clauses fixant une représentation minimale (et minoritaire) au sein des organes sociaux, organisant une majorité qualifiée au sein de ces organes pour certaines décisions importantes (et donnant de fait un pouvoir de veto au concertiste entrant), octroyant à l'investisseur entrant un droit de consultation renforcé lui permettant d'interférer dans l'établissement du plan d'affaires ou, encore, organisant une concertation sur des projets significatifs, des investissements supérieurs à certains montants, ou l'émission de titres nouveaux, pour autant que de telles clauses ne reviennent pas à instaurer dans les faits un pouvoir de gestion conjoint (Rapport AMF 2009 p. 146). À cet égard, lorsqu'il est conventionnellement possible, pour le nouveau participant, notamment, de s'opposer soit à la nomination d'un dirigeant, soit à l'adoption d'un budget, à la politique financière de la société (endettement, distribution), à l'acquisition ou la cession des actifs, sans que lesdits accords fassent référence à des seuils significatifs tenant compte, le cas échéant, de la nature et de la situation de la société concernée, l'AMF considère que la situation de prédominance de l'actionnaire historique n'est plus assurée. Dès lors, les conditions pour constater qu'il n'y a pas lieu au dépôt obligatoire d'un projet d'offre publique ne sont plus réunies. En effet, dans ce cas, les accords tendent dans les faits à octroyer au nouveau concertiste le pouvoir d'intervenir directement dans la gestion de la société et non à lui permettre uniquement d'assurer la protection de l'investissement réalisé (Rapport AMF 2012 p. 100).

65674 L'AMF peut aussi « constater » qu'il n'y a pas matière à déposer un projet d'offre publique lorsque les seuils (nos 65630 s.) sont franchis par une ou plusieurs personnes qui viennent à déclarer agir de concert avec un ou plusieurs **actionnaires,** qui détenaient déjà, seuls ou de concert, **entre 30 % et la moitié** du capital ou des droits de vote de la société, à condition que ceux-ci conservent une participation plus élevée et qu'à l'occasion de cette mise en concert ils **ne franchissent pas l'un des seuils de 30 % ou de 1 %** visés aux articles 234-2 et 234-5 du règlement général de l'AMF (Règl. gén. AMF art. 234-7, al. 3).

Tant que l'équilibre des participations respectives au sein du concert n'est pas significativement modifié par référence à la situation constatée lors de la déclaration initiale, il n'y a pas lieu à offre publique (pour un exemple, voir Décision AMF 207C0013 du 2-1-2007).

L'éventualité, prévue par le texte, du franchissement du seuil de 30 % par les anciens *concertistes peut surprendre* dès lors que, par hypothèse, ils détiennent déjà entre 30 % et la moitié du capital ou des droits de vote. Elle suppose, nous semble-t-il, que les intéressés disposaient de plus de 30 % des droits de vote et de moins de 30 % du capital et que l'entrée du nouveau concertiste leur ait fait franchir ce dernier seuil. Dans ce cas, les concertistes (anciens et nouveau) devront solliciter de l'AMF une dérogation à l'obligation de déposer un projet d'offre publique.

Quant au franchissement du seuil de 1 %, il s'apprécie au regard du nouveau concert par rapport à l'ancien et compte tenu éventuellement des cessions intervenues entre anciens et nouveau concertistes. Ainsi, il y aura lieu à offre publique (sauf dérogation) si, les anciens concertistes conservant leur participation, le nouveau détient plus de 1 % du capital ou des droits de vote. En revanche, le dépôt d'une offre publique ne sera pas requis, même si, à l'occasion de la nouvelle mise en concert, les anciens concertistes cèdent une fraction de leur participation au nouveau, dès lors que, d'une part, ils conservent une participation plus élevée que la sienne et que, d'autre part, la participation détenue par le nouveau concertiste n'excède pas de plus de 1 % celle des anciens.

Les observations ci-dessus valent également lorsque la participation supérieure à 50 % ou comprise entre 30 % et la moitié du capital ou des droits de vote est détenue par une seule personne physique ou morale et qu'il y a création d'un concert avec une ou plusieurs autres personnes.

Lorsque plus de 30 % du capital ou des droits de vote d'une société dont les titres de capital sont admis aux négociations sur un marché réglementé d'un État membre de l'UE ou d'un autre État partie à l'accord sur l'EEE, y compris la France, est détenu par une autre société et en constitue un **actif essentiel,** l'AMF peut également « constater » qu'il n'y a pas matière à déposer un projet d'offre publique lorsqu'un groupe de personnes agissant de concert vient à **prendre le contrôle** de la société détentrice au sens des textes applicables à cette dernière, à condition que l'une ou plusieurs d'entre elles disposaient déjà de ce contrôle et demeurent prédominantes (Règl. gén. AMF art. 234-7, al. 4 ; pour un exemple, Décision AMF 207C1202 du 26-6-2007 ; pour un cas où le maintien de la prédominance n'a pas été retenu, voir CA Paris 13-9-2005 nº 05-4058 : RJDA 2/06 nº 152). **65675**

Le contrôle s'entend au sens de l'article L 233-3. Il peut donc être assuré même si la prise de contrôle est indirecte, par l'intermédiaire d'une chaîne continue de plusieurs sociétés contrôlées.

La détention de plus de 30 % du capital ou des droits de vote peut être directe ou indirecte dans la mesure où elle doit être appréhendée globalement en matière d'offre publique comme de franchissements de seuils (art. L 233-7 et L 233-9, I-2°), sauf à vider lesdites dispositions de leur substance (Décision AMF 207C1202 du 26-6-2007).

Quant à la notion d'« actif essentiel », son appréciation dépend des circonstances de fait propres à chaque cas particulier mais repose en général principalement sur des critères financiers (la contribution aux agrégats financiers pertinents, qu'il s'agisse de l'Ebitda, du résultat opérationnel courant, de l'actif non courant, de la valeur nette comptable, de la situation nette, etc., et le mode de comptabilisation telle l'intégration globale, auxquels s'ajoute parfois le caractère stratégique, voire structurant, de la participation ; pour une illustration de prise en compte d'une méthode d'évaluation multicritère reposant à la fois sur la valeur nette comptable, le chiffre d'affaires, la situation nette, voir CA Paris 13-1-1998 nº 97-15877 : RJDA 5/98 nº 604).

Précisons que si la société détentrice relève d'une **législation étrangère,** il y a lieu de se référer à celle-ci pour apprécier l'existence d'une modification affectant le contrôle de cette société (Cass. com. 7-1-2004 nº 02-14.053 : RJDA 6/04 nº 720).

Dans tous les cas ci-dessus, il n'y a pas lieu de déposer un projet d'offre publique tant que l'équilibre des participations respectives au sein d'un concert n'est pas significativement modifié par référence à la situation constatée lors de la déclaration initiale (Règl. gén. AMF art. 234-7, dernier al. ; pour un exemple, Décision AMF 222C0638 du 17-3-2022). **65676**

2. MISE EN ŒUVRE DE L'OFFRE PUBLIQUE OBLIGATOIRE

CONTENU DE L'OFFRE PUBLIQUE OBLIGATOIRE

Comme l'offre publique volontaire (nº 64850), l'offre publique obligatoire doit porter sur la **totalité des titres** de capital existants et sur tous ceux qui donnent accès au capital ou aux droits de vote (Règl. gén. AMF art. 234-2, al. 1). **65710**

Le projet d'offre doit être « libellé à des **conditions** telles qu'il puisse être déclaré conforme par l'AMF » (Règl. gén. AMF art. 234-2, al. 1), ce qui implique la possibilité pour cette dernière d'exiger de l'initiateur qu'il apporte à son projet toute modification jugée souhaitable, y compris un relèvement du prix (OPA) ou une amélioration des conditions de l'échange (OPE). **65713**

Rappelons que l'idée d'un seuil de renonciation est étrangère à la situation d'offre publique obligatoire, qui impose au nouveau contrôlant d'offrir une faculté de sortie à tous les minoritaires et, si ces derniers le souhaitent, concernant la totalité de leur participation.

PRIX DE L'OFFRE PUBLIQUE OBLIGATOIRE

65730 Le prix proposé doit être au moins égal au **prix le plus élevé payé** par l'auteur de l'offre, agissant seul ou de concert au sens de l'article L 233-10, sur une période de 12 mois précédant le fait générateur de l'obligation de dépôt du projet d'offre publique (C. mon. fin. art. L 433-3, I-al. 3 ; Règl. gén. AMF art. 234-6).

L'AMF peut toutefois demander ou autoriser la modification du prix proposé lorsqu'un changement manifeste des caractéristiques de la société visée ou du marché de ses titres le justifie. Il en serait notamment ainsi dans les cas suivants (art. 234-6) :

– lorsque des événements susceptibles d'influer de manière significative sur la valeur des titres concernés sont intervenus au cours des 12 derniers mois précédant le dépôt de l'offre (pour des exemples, Décisions AMF 209C0559 du 22-4-2009 et 213C0552 du 16-5-2013) ;

– lorsque la société cible est en situation de difficulté financière avérée ;

– lorsque le prix proposé résulte d'une transaction assortie d'éléments connexes entre l'initiateur, agissant seul ou de concert, et le vendeur des titres acquis par l'initiateur au cours des 12 derniers mois.

Dans les cas ci-dessus, ou en l'absence de transaction de l'auteur de l'offre sur les titres de la société au cours des 12 derniers mois, le prix est déterminé en fonction des **critères d'évaluation objectifs** usuellement retenus, des caractéristiques de la société visée et du marché de ses titres.

PROCÉDURE DE L'OFFRE PUBLIQUE OBLIGATOIRE

65740 La **procédure normale** est applicable en cas d'offre obligatoire (nos 65130 s. ; pour des exemples, Décisions AMF 207C1416 du 11-7-2007 et 208C1095 du 5-6-2008).

Toutefois, en cas de détention de la moitié au moins du capital et des droits de vote, l'offre publique peut être présentée selon la **procédure simplifiée** (nos 65280 s. ; pour des exemples, Décisions AMF 207C1693 du 2-8-2007 et 208C0599 du 1-4-2008 ; voir aussi Communication Ansa, comité juridique no 23-040 du 8-11-2023, excluant cette procédure en cas de détention de plus de la moitié du capital représentant moins de la moitié des droits de vote du fait de la privation de ceux attachés aux actions autodétenues).

SANCTIONS DU DÉFAUT DE DÉPÔT D'UNE OFFRE PUBLIQUE OBLIGATOIRE

65750 À défaut de dépôt de l'OPA ou de l'OPE obligatoire, les titres que l'intéressé détient au-delà de 30 % du capital ou des droits de vote ou au-delà de sa détention augmentée de 1 % du capital ou des droits de vote en cas d'excès de vitesse sont privés du droit de vote (C. mon. fin. art. L 433-3, I ; pour un exemple, Décision AMF 204C1317 du 3-11-2004). Comme en matière de non-déclaration d'un franchissement de seuils, cette sanction a un caractère automatique mais frappe les seuls détenteurs de ces titres et non les titres eux-mêmes, de sorte qu'en cas de cession des titres concernés les acquéreurs sont bien investis d'un droit de vote effectif (voir no 64380).

L'AMF peut, dans les conditions mentionnées no 63195, ordonner qu'il soit mis fin au manquement constaté (pour un exemple, Communiqué AMF du 13-5-2025) ou saisir le président du tribunal judiciaire de Paris aux fins d'enjoindre à ou aux intéressés de déposer un projet d'offre publique à des conditions telles que ce projet puisse être jugé recevable par l'AMF, c'est-à-dire à celles (notamment financières) qui prévalaient à la date à laquelle il aurait dû initialement être déposé (quand bien même la situation de la société cible aurait changé dans l'intervalle ; pour un exemple, Communiqué AMF 205C1264 du 13-7-2005 confirmé par CA Paris 19-10-2005 no 05-15501 : RJDA 6/06 no 654). Lorsque, postérieurement à la décision d'injonction judiciaire, l'initiateur défaillant a cédé la totalité de son bloc de contrôle à un tiers qui dépose un projet d'offre publique conforme, l'AMF peut considérer que ce projet se substitue à celui qui aurait dû être déposé constatant que les conditions financières qu'il contient sont au moins équivalentes à celles qui auraient dû être libellées par l'initiateur défaillant (Décision AMF 209C1507 du 15-12-2009).

> **› Précisions** Ces pouvoirs d'injonction ou de saisine du président du tribunal relèvent de la **compétence exclusive** de l'AMF (CA Paris 28-5-2025 no 23/18691 : RTDF 2/2025 p. 62, qui précise que le pouvoir général d'injonction reconnu à l'autorité judiciaire ne permet pas de déroger aux attributions exclusives de l'AMF).

3. DÉROGATIONS

CAS DE DÉROGATION À L'OFFRE PUBLIQUE OBLIGATOIRE

65780 L'AMF peut dispenser les intéressés de l'obligation de dépôt d'une offre publique dans les cas suivants (Règl. gén. AMF art. 234-9).

a. Transmission à titre gratuit entre personnes physiques ou **distribution d'actifs** réalisée par une personne morale **au prorata des droits des associés** (art. 234-9, 1°). Pour des exemples, voir Décision 199C0426 du 16-4-1999 (dissolution de la communauté universelle suite au décès de l'un des époux) et Décisions AMF 204C1530 du 15-12-2004 (distribution d'un dividende exceptionnel par remise de titres) et 208C0712 du 16-4-2008 (opération de donation-partage pouvant s'assimiler à une transmission à titre gratuit entre personnes physiques).

b. Souscription à **l'augmentation de capital** d'une société en **situation avérée de difficulté financière,** soumise à l'approbation de l'assemblée générale de ses actionnaires (art. 234-9, 2° ; voir Décisions AMF 209C0136 du 27-1-2009, 223C0193 du 27-1-2023 et, concernant une augmentation de capital prévue par un plan de sauvegarde accélérée qui n'était pas soumise à l'approbation de l'assemblée générale des actionnaires, CA Paris 9-11-2023 n° 23/09249 : Rev. sociétés 2024 p. 105 note Th. Bonneau).

La « situation avérée de difficulté financière » n'est pas l'état de cessation des paiements. Elle n'est pas non plus une « situation irrémédiablement compromise ». Sont généralement pris en compte les résultats d'exploitation et résultats nets (négatifs) sur plusieurs exercices, les montants des capitaux propres et de l'endettement financier.

c. Opération de **fusion ou d'apport d'actifs soumise à l'approbation de l'assemblée générale des actionnaires** (art. 234-9, 3° ; pour des exemples, Décisions AMF 209C1416 du 20-11-2009, 222C1272 du 30-5-2022 et 223C0465 du 21-3-2023).

d. Cumul d'une **opération de fusion ou d'apport** soumise à l'approbation de l'assemblée générale des actionnaires et de la conclusion entre actionnaires des sociétés concernées d'un accord constitutif d'une action de **concert** (art. 234-9, 4° ; voir Décisions AMF 209C1414 du 20-11-2009 et 222C2474 du 10-11-2022). L'AMF vérifie que l'opération projetée n'implique pas, dans les conditions qui lui sont présentées, de modifications significatives de droits et intérêts des actionnaires en termes statutaires, de distribution de dividendes et du marché des titres.

e. Réduction du nombre total de titres de capital ou du nombre total de droits de vote existant dans la société visée (art. 234-9, 5°), ce qui vise les cas de franchissements de seuils passifs, notamment à la suite d'une suppression de droits de vote double (voir Décision CMF 198C1105 du 27-11-1998) ou d'un rachat par la société de ses propres actions (voir Décisions AMF 209C0533 du 15-4-2009 et 210C0109 du 27-1-2010), y compris par voie d'offre publique de rachat d'actions. Pour l'AMF, le requérant ne doit toutefois pas être directement à l'origine de la relution qui provoque la situation de dépôt obligatoire d'un projet d'offre publique et, par conséquent, de la demande de dérogation. L'AMF veille ainsi à ce que l'actionnaire principal d'une société ne puisse pas user du contrôle de fait dont il bénéficie pour promouvoir des opérations ayant pour résultat le renforcement de son contrôle (soit par franchissement du seuil de 30 %, soit par augmentation de sa participation de plus de 1 % en moins de 12 mois si celle-ci est comprise entre 30 et 50 %). Les demandeurs sont alors invités à prendre des **engagements** dits « **de neutralité** » : par exemple, engagements de ne participer à l'assemblée générale qu'à hauteur du nombre d'actions nécessaire à atteindre le quorum sur première convocation et à exercer les droits de vote correspondants en votant en faveur des résolutions concernées à hauteur de deux tiers et en s'abstenant sur ces mêmes résolutions à hauteur du tiers desdits droits de vote (Décision AMF 207C0676 du 17-4-2007), complétés par l'engagement de ne pas dépasser ultérieurement, à titre direct et indirect, sa détention au capital de la société telle qu'elle résulterait de l'opération de réduction de capital consécutive à l'offre publique de rachat d'actions, sauf à lancer une offre publique (Décision AMF 212C0802 du 20-6-2012).

ATTENTION

La **relution** provoquant la situation d'offre publique obligatoire est **imputable à l'actionnaire** qui, bien que n'étant pas directement à l'origine de celle-ci, était conscient du risque auquel il *s'exposait en détenant 29,99 % des droits de vote avant relution* (CA Paris 20-3-2025 n° 24/17529 : RJDA 7/25 n° 378 imposant le dépôt d'un projet d'offre à un actionnaire, par ailleurs homme d'affaires avisé et ancien dirigeant, informé de la baisse du nombre de droits de vote de la société).

f. Détention de la majorité des droits de vote de la société par le demandeur ou par un tiers, agissant seul ou de concert (Règl. gén. AMF art. 234-9, 6° ; voir Décisions AMF 209C1173 du 10-9-2009, 214C0921 du 28-5-2014 dans un cas où le membre déjà prédominant au sein du concert se renforce, et 222C0638 du 17-3-2022). Par hypothèse, celui qui demande la dérogation franchit un seuil en capital, mais soit détenait déjà le contrôle de droit de la société du fait de sa majorité en droits de vote, soit ne contrôlera pas la société à la suite de ce franchissement de seuil car un tiers détient la majorité des droits de vote. 65781

g. Détention de la majorité du capital de la société à la suite d'une offre réalisée selon la procédure normale. En cas de franchissement de la majorité, en capital mais non en droits de vote, à l'issue d'une offre de prise de contrôle fructueuse, l'attribution de droits de vote double par réalisation de la condition de détention peut s'opérer sans qu'une nouvelle offre publique n'ait à être déposée (art. 234-9, 6° bis ; voir Décision AMF 223C1736 du 31-10-2023).

h. Opération de reclassement, ou s'analysant comme telle, entre sociétés ou personnes appartenant à un même groupe (art. 234-9, 7° ; voir Décisions AMF 209C0505 du 7-4-2009 et 210C0329 du 15-4-2010 ; voir aussi l'engagement par les actionnaires familiaux d'une SCA cotée, détenteurs de la majorité du capital social et des droits de vote, de transférer plus de 50 % du capital et des droits de vote à une holding à laquelle ils accordaient un droit de préemption sur les titres qu'ils n'auraient pas transférés en exécution de l'accord conclu entre eux : Décision AMF 211C0024 du 7-1-2011 confirmée par CA Paris 15-9-2011 n° 11/00690 : RJDA 12/11 n° 1045 puis par Cass. com. 28-5-2013 n° 11-26.423 : RJDA 8-9/13 n° 724 ; le fait que les opérations de reclassement entraînent une modification des modalités d'exercice du contrôle importe peu, la préexistence du contrôle étant déterminante).

i. Acquisition du contrôle d'une société détenant, directement ou indirectement, plus de **30 %** du capital ou des droits de vote d'une société dont les titres de capital sont admis aux négociations sur un marché réglementé d'un État membre de l'UE ou d'un autre État partie à l'accord sur l'EEE, y compris la France, et qui ne constitue **pas un actif essentiel** de la société dont le contrôle est acquis (art. 234-9, 8° ; voir Décision AMF 221C3420 du 10-12-2021 confirmée par CA Paris 24-3-2022 n° 21/21745 : RJDA 2/23 n° 89). La personne qui vient à prendre le contrôle de la mère par acquisition sera exonérée d'offre publique obligatoire sur les titres de la fille à condition d'apporter la preuve que la fille n'est pas un actif essentiel de la mère (appréciation quantitative et qualitative ; pour un exemple, CA Paris 24-3-2022 précité).

j. Fusion ou apport d'une société détenant directement ou indirectement plus de **30 %** du capital ou des droits de vote d'une société de droit français dont les titres de capital sont admis aux négociations sur un marché réglementé d'un État membre de l'UE ou d'un autre État partie à l'accord sur l'EEE, y compris la France, et qui ne constitue **pas un actif essentiel** de la société apportée ou absorbée (art. 234-9, 9°). La personne qui vient à prendre le contrôle de la mère par fusion ou apport sera exonérée d'offre publique obligatoire sur les titres de la fille à condition d'apporter la preuve que la fille n'est pas un actif essentiel de la mère (appréciation quantitative et qualitative).

Signalons que l'article 234-9, 10° prévoit en outre une dispense à l'obligation de dépôt d'une offre publique en cas d'attribution légale de droits de vote double entre le 3 avril 2014 et le 31 décembre 2018. Ce texte n'a aujourd'hui plus de portée pratique.

65782 Plusieurs affaires ont donné lieu à des **dérogations non** expressément **prévues par les textes.**

Les franchissements du seuil du tiers (désormais 30 %) du capital et des droits de vote à la baisse puis à la hausse, quasi simultanés et présentés comme purement techniques par les demandeurs, ont pu être considérés, parmi d'autres motifs de dérogation, comme s'inscrivant dans une opération composée d'un apport rémunéré en actions et d'un achat desdites actions constituant un « tout indivisible » et ainsi bénéficier d'une dérogation (Décision AMF 205C2148 du 13-12-2005).

L'évolution des circonstances de fait depuis la date du fait générateur de l'offre obligatoire peut justifier qu'une dérogation soit accordée, l'un des concertistes ayant dans l'intervalle cédé ses actions, dont une partie était par ailleurs privée du droit de vote au-delà de la fraction du tiers (désormais 30 %) (Décision AMF 208C0741 du 21-4-2008 confirmée par CA Paris 18-12-2008).

OCTROI DE LA DÉROGATION À L'OFFRE PUBLIQUE OBLIGATOIRE

65790 Les dérogations ne sont pas de droit. Elles sont subordonnées, dans chaque cas, à une décision de l'AMF que cette dernière publie sur son site internet (Règl. gén. AMF art. 234-10, al. 4).

L'AMF se prononce après avoir examiné les circonstances dans lesquelles le ou les seuils ont été ou seront franchis, la répartition du capital et des droits de vote et les conditions dans lesquelles, le cas échéant, l'opération a fait ou fera l'objet d'une approbation par l'assemblée générale des actionnaires de la société visée (Règl. gén. AMF art. 234-8, al. 2). *En réalité, la marge* d'appréciation est variable selon les cas de dérogation : faible pour les situations objectives (opérations de fusion ou d'apport ; transmission à titre gratuit) et plus importante dans d'autres cas (difficulté financière avérée, par exemple).

La faculté de l'AMF d'accorder ou non une dérogation ne porte pas atteinte au principe de sécurité juridique dès lors que sa décision est motivée (CA Paris 20-3-2025 n° 24/17529 : RJDA 7/25 n° 378).

L'AMF peut statuer sur une demande de dérogation préalablement à la réalisation d'une opération en fonction de la nature, des circonstances et du délai de mise en œuvre du projet et au vu des éléments justificatifs apportés par la ou les personnes concernées. De même, dans le cas d'opérations soumises à l'approbation de l'assemblée des actionnaires de la société visée, elle peut accorder une dérogation avant la tenue de cette assemblée sous réserve de disposer d'informations précises sur l'opération projetée (art. 234-10, al. 1 et 2). Cette faculté de statuer ou non par anticipation constituant une mesure d'administration, elle n'est, à notre avis, pas susceptible de recours. Pour des exemples, Décisions CMF 199C0200 du 19-2-1999 et 199C1017 du 29-7-1999.

L'obtention de la dérogation constitue souvent une condition suspensive de la conclusion de la convention (voir Décision CMF 198C0889 du 24-9-1998).

L'AMF doit être informée du déroulement de l'opération et, dans l'hypothèse où celle-ci n'est pas mise en œuvre selon les conditions initialement prévues, elle peut constater la caducité de la décision précédemment rendue (art. 234-10, al. 3).

Tout actionnaire de la société visée peut **contester la dérogation** accordée. 65791

Dispose d'un intérêt pour agir le requérant qui parvient à établir sa qualité d'actionnaire d'une société à la date où l'Autorité de marché a rendu sa décision (CA Paris 11-6-1997 : Bull. Joly Bourse 1997 p. 750 note N. Rontchevsky).

L'acquisition de la **qualité d'actionnaire** d'une société par une association agréée, dans le seul but d'exercer une action en justice, ne prive pas de légitimité son intérêt à agir. S'agissant d'une association de défense des actionnaires minoritaires dont la capacité juridique n'est pas contestée et qui est elle-même titulaire d'une action, cette légitimité résulte de son objet statutaire (la défense des intérêts collectifs des investisseurs de valeurs mobilières et produits financiers, qu'ils soient membres ou non de l'association), peu important le fait que cette action ait été acquise avant la publication de la décision contestée dans la perspective de ce contentieux (CA Paris 16-5-1995 nº 95-2112 : RJDA 7/95 nº 855).

La preuve de la qualité d'actionnaire peut être rapportée au moyen d'attestations de sociétés de bourse démontrant que le demandeur détenait, avant la décision de l'Autorité de marché, des actions de la société en cause (CA Paris 20-11-1991 : RJDA 3/92 nº 257).

D. Offre publique obligatoire sur Euronext Growth

Un projet d'offre publique doit être déposé par toute personne physique ou morale agissant seule ou de concert au sens de l'article L 233-10 qui vient à détenir, directement ou indirectement, plus de 50 % du capital ou des droits de vote d'une société dont le siège social est établi en France et dont les actions sont admises aux négociations sur un SMNO (Euronext Growth) (C. mon. fin. art. L 433-3, II ; Règl. gén. AMF art. 231-1, 2º et 235-2). 65880

Les dispositions du chapitre IV du règlement général de l'AMF relatif aux offres publiques obligatoires sur les marchés réglementés (nºˢ 65630 s.) sont applicables en substituant au seuil de 30 % celui de 50 %, à l'exception des articles 234-5 et 234-7, 2º (excès de vitesse), 234-7, al. 4 et 234-11 (mesures transitoires liées à la modification du seuil d'offre obligatoire sur les marchés réglementés par la loi 2010-1249 du 22-10-2010), qui ne s'appliquent pas (Règl. gén. AMF art. 235-2).

Les cas de **dérogation** en vigueur sur le marché réglementé (Règl. gén. AMF art. 234-9 ; voir nºˢ 65780 s.) peuvent être invoqués. En outre, deux dérogations spécifiques sont ouvertes (Règl. gén. AMF art. 235-3) :

a. En cas de souscription à une augmentation de capital réservée, soumise à l'approbation *de l'assemblée générale des actionnaires*. L'AMF vérifie que lors de l'assemblée générale, les actionnaires sont informés de manière adéquate sur la répartition future du capital de la société et qu'ils ont conscience qu'un vote positif emporte changement de contrôle de la société.

b. En cas d'exercice du droit à l'attribution d'actions attaché à des titres donnant accès au capital lorsque l'émission réservée de ces titres a été préalablement soumise à l'approbation de l'assemblée générale des actionnaires. Lors de l'examen de la demande de dérogation, l'AMF vérifie que les actionnaires de l'émetteur ont reçu, préalablement à l'assemblée générale, une information de qualité et se réserve le droit d'assortir l'octroi de la dérogation sollicitée de demandes d'engagements de vote de la part de la personne sollicitant ladite dérogation. L'AMF s'assure également que le bénéficiaire de la dérogation ne modifie pas sa détention au capital de l'émetteur entre la souscription à l'émission de titres donnant accès au capital et l'exercice ou la conversion de ces titres, à peine de caducité de la dérogation.

E. Offres publiques de retrait

1. CHAMP D'APPLICATION

65970 Une procédure particulière permet aux actionnaires minoritaires de sociétés dont le siège est situé en France et dont les actions sont admises aux négociations sur un **marché réglementé** d'un État membre de l'UE ou d'un autre État partie à l'accord sur l'EEE de se retirer de leur société (cf. C. mon. fin. art. L 433-4, I).

Cette procédure peut porter également sur des **titres qui étaient auparavant négociés** sur un marché réglementé, mais seulement dans les deux premiers des quatre cas énumérés ci-dessous, c'est-à-dire ceux dans lesquels les majoritaires détiennent au moins 90 % du capital ou des droits de vote (sur ce seuil, voir nº 65973). Dans les deux autres cas (transformation en SCA et modification substantielle des statuts ou de l'activité sociale), l'offre publique de retrait ne peut être mise en œuvre que si les titres sont admis aux négociations sur un marché réglementé. Pour des exemples d'offre publique de retrait portant sur des titres ne faisant plus l'objet de négociations sur un marché réglementé à la suite de leur radiation, voir Décisions de conformité AMF 207C0527 du 20-3-2007 et 208C0511 du 19-3-2008. L'ancienneté de la radiation des titres n'est pas limitée par les textes, de sorte que l'offre publique de retrait pourra porter sur des titres sortis de la cote depuis plusieurs dizaines d'années (par exemple, Décision AMF 206C2109 du 21-11-2006). La réinscription sur le compartiment des valeurs des titres radiés des marchés réglementés n'est pas nécessaire à la réalisation de l'offre, la centralisation des ordres étant confiée à un intermédiaire financier.

La procédure d'offre publique (ou de demande) de retrait peut aussi porter sur des certificats d'investissement et des certificats de droit de vote (Règl. gén. AMF art. 236-2 et 236-4), titres en voie d'extinction.

Enfin, cette procédure s'applique également sur **Euronext Growth** pris en qualité de SMNO, à l'exception des cas de retrait prévus aux articles 236-5 (transformation en SCA) et 236-6 (modifications statutaires significatives et modifications économiques et financières) du règlement général de l'AMF (Règl. gén. AMF art. 231-1, 2º et 235-2).

OFFRE PUBLIQUE DE RETRAIT EN CAS DE DÉTENTION D'AU MOINS 90 % DU CAPITAL OU DES DROITS DE VOTE

65973 **Retrait demandé par les minoritaires** Lorsqu'une personne ou un groupe de personnes agissant de concert vient à détenir au moins 90 % du capital ou des droits de vote d'une société dont les actions sont admises aux négociations sur un marché réglementé d'un État membre de l'UE ou partie à l'accord sur l'EEE, y compris la France (tel **Euronext Paris**) ou sur un SMNO (**Euronext Growth**), ou ont cessé de l'être, un ou plusieurs minoritaires titulaires de droits de vote peuvent demander à l'AMF d'imposer aux majoritaires le dépôt d'une offre publique de retrait (C. mon. fin. art. L 433-4, I-1º et IV ; Règl. gén. AMF art. 236-1, al. 1).

Le seuil de 90 % est apprécié au moment de la saisine de l'AMF par le minoritaire, peu important que la participation du majoritaire soit ensuite repassée sous ce seuil ; l'évolution de la participation peut toutefois être prise en compte, le cas échéant, au stade de l'examen des conditions prévalant sur le marché du titre concerné (CA Paris 26-11-2020 nº 20/05013 : RJDA 10/21 nº 669).

CONSEIL

Pour le **calcul du seuil** de 90 %, il convient, à notre avis, de retenir la détention directe sans faire application des cas d'assimilation prévus à l'article L 233-9. Contrairement aux termes de l'article L 433-3 du Code monétaire et financier qui renvoient aux articles L 233-7 et L 233-9 (à l'exception du I-4º bis) en matière d'offre publique obligatoire afin de prévenir les prises de contrôle occultes, l'article L 433-4 du Code monétaire et financier applicable aux offres publiques de retrait et au retrait obligatoire ne procède pas à ces renvois et doit donc recevoir une application stricte.

65976 Après avoir procédé aux vérifications nécessaires, l'AMF se prononce sur la demande qui lui est présentée au vu notamment des conditions prévalant sur le marché des titres concernés et des éléments d'information apportés par le demandeur (Règl. gén. AMF art. 236-1, al. 2).

ILLUSTRATIONS

Les dispositions de l'article 236-1 , qui ont pour finalité de permettre aux minoritaires, dont les titres ont perdu leur liquidité sur un marché rendu étroit par le poids relatif des majoritaires, de sortir de la société dans des conditions normales de cours et de délai, n'ont pas pour effet de rendre obligatoire la mise en œuvre de l'offre publique de retrait du seul fait de la réunion des conditions formelles visées par le texte ci-dessus. La demande des minoritaires doit donc être rejetée, dès lors qu'ils avaient la possibilité de négocier leurs titres dans les conditions normales de délai et de cours, sur un marché dont la liquidité et la stabilité étaient suffisantes au regard du volume de la transaction envisagée (Cass. com. 6-5-1996 : RJDA 8-9/96 n° 1056 ; voir aussi CA Paris 4-11-2003 n° 03-3267 : RD bancaire et financier 2004 p. 123).

À l'inverse, pour des exemples dans lesquels la liquidité du titre n'était plus assurée, ce qui rendait recevable la requête d'un minoritaire tendant à la mise en œuvre d'une offre publique de retrait, voir CA Paris 7-4-1998 : RJDA 7/98 n° 868 et CA Paris 26-11-2020 n° 20/05013 : RJDA 10/21 n° 669.

Si l'AMF déclare la demande du ou des minoritaires recevable, elle la notifie au(x) majoritaire(s), qui est (sont) alors tenu(s) de déposer, dans un délai qu'elle fixe, un **projet d'offre** publique de retrait libellé à des conditions qui puissent être jugées conformes (art. 236-1, al. 3).

L'**appréciation de l'AMF** est susceptible de **recours** en justice car elle constitue une décision à laquelle est subordonnée la mise en œuvre de l'offre et, à ce titre, elle affecte la situation, les droits et les obligations des actionnaires minoritaires (Cass. com. 17-7-2001 n° 98-23.453 : RJDA 11/01 n° 1116).

› Précisions La **recevabilité de la demande** présentée par un minoritaire profite aux autres demandeurs, à moins que ceux-ci aient adopté de concert un comportement contraire à l'esprit de l'article 236-1 en n'ayant pas répondu à une offre publique très antérieure ; l'AMF qui se prononce sur la demande présentée par un minoritaire n'est donc pas tenue de procéder au même examen concernant les demandes formulées concomitamment par d'autres minoritaires tendant aux mêmes fins (CA Paris 26-11-2020 n° 20/05013 : RJDA 10/21 n° 669).

Retrait demandé par les majoritaires L'initiative de l'offre publique de retrait peut aussi (cas très fréquent en pratique) venir du ou des majoritaires s'ils détiennent au moins 90 % du capital ou des droits de vote (Règl. gén. AMF art. 236-3). 65979

OFFRE PUBLIQUE DE RETRAIT EN CAS DE TRANSFORMATION EN SCA

En cas de transformation en SCA d'une société dont le siège est situé en France et dont les titres de capital sont admis aux négociations sur un marché réglementé d'un État membre de l'UE ou d'un autre État partie à l'accord sur l'EEE, la ou les personnes qui contrôlaient la société avant sa transformation ou le ou les associés commandités sont tenus, dès l'adoption par l'assemblée générale des actionnaires de la résolution tendant à la transformation de la société, de déposer auprès de l'AMF un projet d'offre publique de retrait ne comportant aucune condition minimale et libellé à des conditions qui puissent être jugées conformes (C. mon. fin. art. L 433-4, I-2° ; Règl. gén. AMF art. 236-5 ; pour un exemple, Décision AMF 207C0877 du 15-5-2007). 65982

Ce cas de retrait n'est pas applicable aux sociétés dont les titres sont admis aux négociations sur Euronext Growth (cf. Règl. gén. AMF art. 235-2, al. 3).

Les majoritaires (ou les commandités) peuvent se réserver la faculté, à l'issue de l'offre et en fonction de son résultat, de demander que l'ensemble des titres de capital ou donnant accès au capital et des titres de droits de vote de la société soit radié du marché réglementé où ils sont admis (art. 236-5, al. 2).

L'obligation de déposer un projet d'offre publique de retrait s'impose non pas aux personnes qui détiennent au moins les deux tiers des droits de vote, mais à celles qui contrôlaient *la société avant sa transformation* et aux associés commandités. La notion de « contrôle » doit être appréciée au vu des dispositions de l'article L 233-3, qui constituent le droit commun de la définition du contrôle.

AUTRES CAS D'OFFRES PUBLIQUES DE RETRAIT

Lorsqu'une ou plusieurs personnes physiques ou morales qui contrôlent, au sens de l'article L 233-3, une société dont le siège est situé en France et dont les actions sont admises aux négociations sur un marché réglementé d'un État membre de l'UE ou d'un autre État partie à l'accord sur l'EEE se proposent de soumettre à l'approbation d'une assemblée générale extraordinaire une ou plusieurs modifications significatives des statuts, elles doivent en **informer l'AMF,** afin que celle-ci puisse apprécier l'opportunité de demander le dépôt d'une 65985

offre publique de retrait (C. mon. fin. art. L 433-4, I-3° ; Règl. gén. AMF art. 236-6). Sont visées notamment (Règl. gén. AMF art. 236-6, 1°) :
– la **transformation de la société** ;
– les modifications apportées aux **conditions de cession et de transmission des titres de capital** (par exemple, introduction dans les statuts d'une clause d'agrément) ou aux droits attachés à ceux-ci.

Il en est de même lorsque ces personnes décident le principe de la **fusion** de la société avec la société qui la contrôle ou avec une autre société contrôlée par celle-ci (société sœur), de la **cession** ou de l'**apport** à une autre société de la totalité ou du principal **des actifs,** de la **réorientation de l'activité** sociale ou de la **suppression,** pendant plusieurs exercices, de toute **rémunération des titres de capital** (art. 236-6, 2°). Précisons que les fusions non visées par l'article 236-6, 2° peuvent être appréhendées au titre de modifications significatives des statuts visées au 1° du même texte et que les fusions transfrontalières sont aussi concernées (pour un exemple, Décision AMF 215C0798 du 11-6-2015).

La saisine de l'AMF par la société elle-même est recevable (CA Paris 3-4-2001 n° 00-20237 : RJDA 8-9/01 n° 870).

Ces cas de retrait ne sont pas applicables aux sociétés dont les titres sont admis aux négociations sur Euronext Growth (Règl. gén. AMF art. 235-2, al. 3).

65988 Dans ces différents cas, l'**AMF** apprécie les conséquences de l'opération prévue au regard des droits et des intérêts des détenteurs de titres de capital ou des détenteurs de droits de vote de la société et **décide** s'il y a lieu à **mise en œuvre d'une offre** publique de retrait (Règl. gén. AMF art. 236-6, al. 4). Il s'agit d'une **appréciation factuelle.**

ILLUSTRATIONS

À la suite de la restructuration d'une société par cession de ses principaux actifs, l'AMF a estimé qu'il n'y avait pas lieu de déposer une offre publique de retrait, la cession s'inscrivant dans le cadre d'un accord global avec les créanciers de la société, lequel avait fait l'objet d'une homologation judiciaire (Décision AMF 208C2236 du 12-12-2008). Dans un projet de fusion-absorption soumis à l'approbation des assemblées générales des deux sociétés, l'AMF a pris en compte la nature de leurs activités respectives, leurs statuts, le marché de leurs titres, leur politique de dividendes et les conséquences pour les actionnaires de l'absorbée de la fusion envisagée et du reclassement préalable des titres de l'absorbante détenus par l'absorbée (Décision AMF 210C0455 du 27-5-2010). Dans une fusion-absorption transfrontalière, la continuité du profil d'investissement du point de vue des minoritaires, le maintien d'une cotation à Paris et la langue de documentation ont aussi été pris en compte (Décision AMF 215C0798 du 11-6-2015).

65990 Le **projet d'offre,** qui ne peut comporter de conditions minimales, doit être **libellé** à des conditions qui puissent être jugées conformes (Règl. gén. AMF art. 236-6, dernier al.). En l'absence de précisions législatives ou réglementaires concernant les conditions de **fixation du prix,** il y a lieu de recourir à l'analyse multicritère (pour un exemple, voir Décision AMF 209C1198 du 23-9-2009). À cet égard, il a été jugé que l'Autorité de marché doit vérifier notamment que les éléments de détermination du prix de retrait des titres sont connus et exacts, que les critères d'évaluation retenus sont multiples, significatifs, objectifs, mis en œuvre de manière homogène et qu'ils conduisent à un résultat équitable, ne lésant pas les intérêts des actionnaires minoritaires exposés à l'éventualité d'un retrait des titres de la cote ; si la sécurité du marché commande que l'Autorité de marché se prononce selon une méthode de valorisation de la société visée constante et connue des opérateurs, elle n'est pas tenue d'appliquer dans chaque cas des paramètres rigoureusement identiques ; elle doit au contraire prendre en compte les facteurs de valorisation spécifiques à la société dans les circonstances contemporaines de l'offre en se référant à des critères et en appliquant des coefficients de pondération qui, à la date de sa décision, lui paraissent les plus appropriés (CA Paris 8-7-1992 : RJDA 12/92 n° 1143 ; voir aussi CA Paris 3-7-1998 : RJDA 10/98 n° 1118).

Il a aussi été jugé que l'Autorité de marché devait apprécier si l'initiateur propose une indemnisation juste et équitable des actionnaires minoritaires, résultant de l'évaluation pertinente de la société par application de critères connus, exacts, objectifs, significatifs et multiples, même s'ils ne sont pas prévus par le législateur, dès lors qu'ils sont de nature à conduire à une estimation équitable et légitime de l'entreprise (CA Paris 19-12-2000 n° 00-14483 : RJDA 4/01 n° 457).

L'AMF doit également examiner les objectifs et intentions de l'initiateur et vérifier si le respect des principes d'égalité des actionnaires, de transparence et d'intégrité du marché et de loyauté dans les transactions est assuré (CA Paris 30-5-2000 n° 99-22269 : RJDA 12/00 n° 1108).

2. PROCÉDURE

L'offre publique de retrait doit être réalisée par achats, dans les conditions et selon les modalités fixées lors de l'ouverture de l'offre, pendant une période de dix jours de négociation au moins ou, si les circonstances et les modalités de l'opération le justifient, par centralisation des ordres de vente ou d'échange auprès de l'entreprise de marché ou, sous son contrôle, par l'établissement présentateur (Règl. gén. AMF art. 236-7, al. 2). 66000

Lorsque l'offre comporte une branche en titres et une branche libellée en numéraire sans réduction des ordres, l'initiateur de l'offre peut acquérir les titres visés par achats aux conditions stipulées dans la branche libellée en numéraire (art. 236-7, al. 3).

L'offre publique de retrait n'entraîne, par elle-même, aucune obligation pour les minoritaires. Ces derniers sont, en principe, libres d'accepter ou non l'offre qui leur est faite ; ils peuvent conserver leurs titres s'ils le jugent préférable. Mais la portée de ce principe est limitée. En effet, le groupe majoritaire peut, à l'issue d'une offre publique de retrait mise en œuvre en cas de détention d'au moins 90 % du capital ou des droits de vote (nº 65973), imposer aux minoritaires de se retirer de la société (nºs 66070 s.).

L'initiateur d'une offre publique de retrait qui a l'intention de demander la mise en œuvre du retrait obligatoire doit en faire état dès le dépôt de son offre publique de retrait (nº 66090).

ATTENTION

Si l'offre émane d'une personne détenant déjà, directement ou indirectement, seule ou de concert, **la moitié au moins du capital et des droits de vote** de la société visée (offre de fermeture), le prix proposé par l'initiateur de l'offre doit répondre aux exigences mentionnées nº 65303 (Règl. gén. AMF art. 233-1, 1º et 233-3, sur renvoi de l'art. 236-7, al. 1).

3. INFORMATION DES ACTIONNAIRES

La mise en œuvre d'une offre publique de retrait donne lieu, par les sociétés concernées, à l'établissement d'une **note d'information** soumise au visa de l'AMF, contenant les mêmes informations, mise en ligne et publiée dans les mêmes conditions qu'en cas d'offre publique d'acquisition (nºs 65010 s.) (Règl. gén. AMF art. 231-16 et 231-26). 66010

L'**appréciation de l'AMF** est susceptible de **recours** en justice, car elle constitue une décision à laquelle est subordonnée la mise en œuvre de l'offre et, à ce titre, affecte la situation, les droits et les obligations des actionnaires minoritaires (Cass. com. 17-7-2001 nº 98-23.453 : RJDA 11/01 nº 1116).

F. Retrait obligatoire des minoritaires

CHAMP D'APPLICATION

À l'issue de toute offre publique et dans un délai de trois mois à l'issue de la clôture de l'offre, l'initiateur de l'offre peut se voir transférer, à sa demande, les titres non présentés par les actionnaires minoritaires dès lors qu'ils ne représentent **pas plus de 10 %** du capital et des droits de vote d'une société dont les actions sont admises aux négociations sur un marché réglementé ou sur Euronext Growth, moyennant indemnisation de ces derniers (C. mon. fin. art. L 433-4, II et IV ; Règl. gén. AMF art. 237-1, al. 1). 66070

ATTENTION

Le retrait obligatoire n'est possible que lorsque les minoritaires ne détiennent ni plus de 10 % du capital, ni plus de 10 % des droits de vote. Toutefois, cela n'implique pas nécessairement que les majoritaires détiennent au moins 90 % du capital et au moins 90 % des droits de vote : ces derniers peuvent en effet être privés d'une partie de leurs droits de vote, alors que leur détention demeure appréciée à partir d'un nombre total de droits de vote calculé sur la base de l'ensemble des actions auxquelles sont attachés de tels droits, y compris celles privées de droit de vote (cf. Règl. gén. AMF art. 231-1, dernier al. ; pour un exemple, Décision AMF 222C0119 du 12-1-2022 et, dans la même affaire, CA Paris 12-5-2022 nº 21/22517 : RJDA 12/22 nº 695 et, sur pourvoi, Cass. com. 15-3-2023 nº 22-18-869 F-B : RJDA 6/23 nº 318).

Le seuil du retrait obligatoire s'apprécie à la date de clôture de l'offre publique (CA Paris 12-5-2022 précité). Dès lors, l'actionnaire estimant que ce seuil n'est pas atteint doit contester la décision par laquelle l'AMF se prononce sur la conformité du retrait obligatoire ou, le cas échéant, fixe la date de mise en œuvre de ce retrait, et non la décision de conformité du projet d'offre publique énonçant que la condition de seuil du retrait obligatoire était remplie à la date du dépôt du projet d'offre (Cass. com. 15-3-2023 précité).

Le seuil du retrait obligatoire doit ainsi être atteint en conséquence de l'offre publique qui la précède et non, par exemple, d'une mise en concert de l'initiateur avec un ou plusieurs actionnaires au cours du délai de trois mois suivant la clôture d'une offre à l'issue de laquelle les titres non présentés par les minoritaires représentent plus de 10 % du capital et des droits de vote de la société. La pratique désigne d'ailleurs le retrait obligatoire consécutif à l'offre initiale par le vocable « offres en séquences ».

Cette procédure ne constitue pas l'exercice d'une voie d'exécution du droit commun ; en conséquence, le principe d'insaisissabilité des biens de personnes publiques ne fait pas obstacle à la cession, fût-elle forcée, des biens (ici des actions) dépendant de leur domaine privé (Cass. com. 21-1-2014 nº 12-29.475 : RJDA 5/14 nº 444).

66073 Le rachat porte sur la **totalité des actions** non encore détenues par l'initiateur et qui n'ont pas été présentées à l'offre, non seulement celles des opposants mais aussi celles des absents, décédés ou inconnus, et même celles éventuellement détenues par la société émettrice.

Dans les mêmes conditions, l'initiateur peut se voir transférer les **titres donnant ou pouvant donner accès au capital,** dès lors que les actions susceptibles de résulter de ces titres, une fois additionnées aux actions existantes non présentées, ne représentent pas plus de 10 % de la somme des actions existantes et susceptibles d'être créées (C. mon. fin. art. L 433-4, III ; Règl. gén. AMF art. 237-1, al. 2).

Sur le cas des **actions gratuites** en période de conservation, voir nº 70310.

66076 Les conditions dans lesquelles les titres sont transférés à l'initiateur et les détenteurs indemnisés sont fixées par les articles 237-1 s. du règlement général de l'AMF, étant précisé que (C. mon. fin. art. L 433-4, II) :

1. L'indemnisation est égale, par titre, au prix proposé lors de la dernière offre ou, le cas échéant, au résultat de l'évaluation effectuée selon les méthodes objectives pratiquées en cas de cession d'actifs et tient compte, selon une pondération appropriée à chaque cas, de la valeur des actifs, des bénéfices réalisés, de la valeur boursière, de l'existence de filiales et des perspectives d'activité.

2. Dans le cas où la première offre publique a eu lieu en tout ou partie sous forme d'**échange de titres,** l'indemnisation peut consister en un règlement en titres, à condition qu'un règlement en numéraire soit proposé à titre d'option.

3. Le montant de l'indemnisation revenant aux détenteurs de titres non identifiés est consigné et lorsque les détenteurs des titres ayant fait l'objet de l'offre publique mentionnée au 2 ne sont pas identifiés, l'indemnisation est effectuée en numéraire.

PROCÉDURE DE RETRAIT OBLIGATOIRE DES MINORITAIRES

66090 **Lors du dépôt du projet d'offre,** l'initiateur fait connaître à l'AMF s'il a l'intention de demander la mise en œuvre du retrait obligatoire une fois l'offre terminée et en fonction de son résultat (Règl. gén. AMF art. 237-2).

Le fait que l'initiateur demande à l'AMF de procéder au retrait obligatoire dès la clôture de son offre n'impose pas à celle-ci de vérifier s'il remplit, dès le dépôt du projet d'offre, les conditions de seuil du retrait obligatoire (CA Paris 12-5-2022 nº 21/22517 : RJDA 12/22 nº 695 et, sur pourvoi, Cass. com. 15-3-2023 nº 22-18-869 F-B : RJDA 6/23 nº 318).

66093 Sauf exception (nº 66094), l'AMF se prononce sur la **conformité du projet** de retrait obligatoire dans les conditions définies aux articles 231-21 et 231-22 de son règlement général (Règl. gén. AMF art. 237-3, I ; voir nºs 64973 s.).

À l'appui de son projet, l'initiateur fournit l'**évaluation des titres** de la société concernée (nº 66076), l'AMF devant en outre disposer du rapport de l'expert indépendant (nº 66096) (art. 237-3, II-al. 1).

L'appréciation du caractère équitable du prix de retrait obligatoire doit être fondée sur des critères multiples et pertinents (CA Paris 9-4-2002 nº 01-20575 : RJDA 7/02 nº 774).

La procédure de retrait obligatoire étant indissociable de celle de l'offre qui la précède, la valeur de l'action fixée lors de la mise en œuvre de cette offre (par application de la méthode « multicritères ») peut être retenue également pour le retrait obligatoire dès lors qu'aucun **élément nouveau susceptible d'entraîner une correction** de cette évaluation n'est intervenu entre ces deux opérations (CA Paris 16-5-1995 : RJDA 7/95 nº 855 et, sur pourvoi, Cass. com. 29-4-1997 nº 95-15.220 : RJDA 7/97 nº 915 ; CA Paris 19-12-2000 : RJDA 4/01 nº 457).

L'expertise prévue par l'article 1843-4 du Code civil n'a pas vocation à s'appliquer pour l'évaluation des titres soumis à la procédure de retrait obligatoire (CA Paris 3-7-1998 : RJDA 10/98 n° 1118).

Par **exception,** l'AMF n'a pas à se prononcer sur la conformité du projet dès lors que le retrait obligatoire comporte le règlement en numéraire proposé lors de la dernière offre et qu'il fait suite à une offre publique soumise à la procédure normale ou à une offre publique pour laquelle l'AMF a déjà disposé de l'évaluation des titres et du rapport de l'expert indépendant (Règl. gén. AMF art. 237-3, I). Dans ce cas, l'initiateur informe l'AMF de son intention de mettre en œuvre le retrait obligatoire, celle-ci publie la date de mise en œuvre du retrait obligatoire et l'initiateur publie un communiqué dont il s'assure de la diffusion effective et intégrale et qui indique les modalités de mise à disposition de la note d'information établie lors de la dernière offre (art. 237-3, III et Inst. AMF 2006-07 art. 9). 66094

La société visée doit désigner un **expert indépendant** préalablement à la mise en œuvre d'une procédure de retrait obligatoire (Règl. gén. AMF art. 261-1, II). Cet expert est soumis aux mêmes règles qu'en cas d'offre publique d'achat ou d'échange (nos 64778 s.). 66096

Un actionnaire minoritaire peut contester l'indépendance de l'expert même après son agrément par l'AMF, dès lors qu'il est à même de rapporter la preuve de manquements précis (Cass. com. 17-7-2001 n° 98-23.453 : RJDA 11/01 n° 1115).

La mise en œuvre d'un retrait obligatoire donne lieu à l'établissement d'un projet de **note d'information** selon les modalités mentionnées aux articles 231-16 à 231-20 du règlement général de l'AMF ; la ou les notes d'information sont soumises au visa de l'AMF et portées à la connaissance du public (Règl. gén. AMF art. 237-3, II-al. 2). 66097

Les informations relatives aux caractéristiques, notamment juridiques, financières et comptables, de la société visée, dont le contenu est précisé dans l'instruction AMF 2006-07, sont déposées auprès de l'AMF et mises à la disposition du public (art. 237-3, II-al. 3 et Inst. AMF 2006-07 art. 8 et 9 qui requièrent des informations relatives, notamment, à l'identité de l'initiateur de l'offre, à ses intentions pour une durée couvrant au moins les 12 mois à venir et aux accords relatifs à l'offre auxquels il est partie ou dont il a connaissance).

Lorsque l'AMF a **déclaré conforme** le projet de retrait obligatoire ou lorsque l'AMF ne s'est pas prononcée sur la conformité du retrait obligatoire dès que l'initiateur l'a informée de son intention de mettre en œuvre le retrait, l'initiateur doit faire paraître dans un journal d'annonces légales du lieu du siège social un avis informant le public du retrait obligatoire (Règl. gén. AMF art. 237-5).

Pendant la durée d'une offre publique précédant la mise en œuvre du retrait obligatoire, seuls le ou les **prestataires de services d'investissement désignés par l'initiateur** de l'offre sont habilités à acquérir pour le compte de ce dernier les titres concernés (Règl. gén. AMF art. 237-9, al. 1). Les personnes qui recherchent les titres faisant l'objet de cette offre doivent se procurer ces titres uniquement auprès du ou des prestataires de services d'investissement désignés par l'initiateur de l'offre (art. 237-9, al. 2). 66099

La déclaration de conformité précise la date à laquelle elle devient exécutoire, le délai entre la déclaration et son exécution ne pouvant être inférieur à dix jours. Cette déclaration entraîne la radiation des titres concernés du marché réglementé sur lequel ils étaient admis. Le blocage des fonds et l'imputation de l'indemnité au crédit des détenteurs n'ayant pas présenté leurs titres à l'offre publique sont effectués à la date à laquelle la déclaration de l'AMF devient exécutoire (Règl. gén. AMF art. 237-6, al. 1 et 2). 66100

Lorsque l'AMF ne se prononce pas sur la conformité du retrait obligatoire, la radiation des titres concernés ainsi que le blocage des fonds et l'imputation de l'indemnité au crédit des détenteurs précités sont effectués à compter de la mise en œuvre du retrait obligatoire (art. 237-6, al. 3).

Les dépositaires teneurs de compte procèdent aux opérations de transfert des titres non présentés à la dernière offre au nom de l'initiateur qui verse le montant correspondant à l'indemnisation de ces titres dans un compte bloqué ouvert à cet effet (art. 237-6, al. 4).

L'initiateur désigne un teneur de compte-conservateur chargé de centraliser les opérations d'indemnisation (le « centralisateur »). L'initiateur qui a demandé le retrait obligatoire dépose le montant correspondant à l'indemnisation des titres non présentés à l'offre publique dans un compte bloqué ouvert à cet effet chez le centralisateur. L'indemnisation est, par ailleurs, fixée en prix net de tous frais (Règl. gén. AMF art. 237-4).

66102 **Dès que la déclaration de conformité devient exécutoire ou,** lorsque l'AMF ne se prononce pas sur sa conformité, **dès la mise en œuvre du retrait obligatoire,** les titres concernés sont radiés du ou des marchés réglementés sur lesquels ils étaient admis et, le cas échéant, du ou des SMN sur lesquels ils étaient négociés. À la même date, les teneurs de comptes doivent procéder au transfert des titres non présentés à l'offre au nom de l'initiateur, qui verse le montant correspondant à l'indemnisation de ces titres dans un compte bloqué ouvert à cet effet (Règl. gén. AMF art. 237-7, al. 1).

Le lendemain de la clôture de l'offre, l'initiateur qui a demandé le retrait obligatoire dès le dépôt du projet d'offre doit bloquer les fonds correspondant à l'indemnisation des titres faisant l'objet du retrait obligatoire dans le compte ouvert à cet effet. À la même date, les teneurs de comptes doivent créditer les comptes des détenteurs de titres transférés des indemnités leur revenant (art. 237-7, al. 2 et 3).

SORT DES FONDS NON AFFECTÉS À L'ISSUE DU RETRAIT OBLIGATOIRE DES MINORITAIRES

66120 Les fonds non affectés sont **conservés** par le « centralisateur » pendant dix ans puis versés à la Caisse des dépôts et consignations. Ils sont à la disposition des ayants droit sous réserve de la prescription trentenaire au bénéfice de l'État (Règl. gén. AMF art. 237-8, al. 3).

Chaque année, le centralisateur, agissant pour le compte de l'initiateur, doit insérer dans un quotidien d'information économique et financière de diffusion nationale un **avis** appelant les anciens actionnaires non indemnisés à exercer leur droit pendant toute la période où il conserve les fonds ; lorsqu'il a procédé au versement de la totalité des fonds bloqués correspondant aux indemnités dues aux détenteurs de titres n'ayant pas répondu à l'offre publique, il est tenu d'effectuer une publicité appropriée dans un quotidien d'information économique et financière, de diffusion nationale ; il est alors dispensé de la publicité annuelle précitée (art. 237-8, al. 1 et 2).

G. Transparence et procédure d'acquisition ordonnée portant sur des titres de créance ne donnant pas accès au capital

66180 Sur les règles de transparence et de procédure applicables aux acquisitions de titres de créance ne donnant pas accès au capital admis aux négociations sur un marché réglementé (**Euronext Paris**) ou un SMNO français (**Euronext Growth**), voir n°s 72700 s.

VI. RÈGLES D'INFORMATION

A. Information réglementée à la charge des émetteurs

1. RÈGLES GÉNÉRALES

NOTION D'INFORMATION RÉGLEMENTÉE

66240 On entend par « information réglementée » l'ensemble des informations et documents suivants, dont les émetteurs de titres financiers admis aux négociations sur un **marché réglementé** sont redevables à l'égard du marché et des investisseurs (Règl. gén. AMF art. 221-1, 1° modifié par arrêté du 15-5-2025) :

– le rapport financier annuel (C. mon. fin. art. L 451-1-2, I) ;

– le rapport financier semestriel (art. L 451-1-2, III) ;

– le rapport sur les paiements aux gouvernements des pays où la société exerce une activité extractive ou forestière (art. L 232-6-2 modifié par loi 2025-391 du 30-4-2025 et art. L 233-28-3 et L 22-10-37) ;

– le rapport sur le gouvernement d'entreprise ainsi que le rapport y afférent du commissaire aux comptes (Règl. gén. AMF art. 222-9 modifié par arrêté du 15-5-2025) ;

– l'information relative au nombre total de droits de vote et au nombre d'actions composant le capital social (Règl. gén. AMF art. 223-16) ;
– le descriptif des programmes de rachat (Règl. gén. AMF art. 241-2) ;
– le communiqué précisant les modalités de mise à disposition d'un prospectus, d'un document d'enregistrement ou d'un document d'enregistrement universel (cf. Règl. 2017/1129/UE du 14-6-2017 art. 21) ;
– l'information privilégiée publiée en application de l'article 17 du règlement UE 596/2014 du 16 avril 2014 ;
– le communiqué qui précise les modalités de mise à disposition ou de consultation des informations (art. R 225-83) ;
– la déclaration relative au choix de l'AMF comme autorité compétente (cf. Règl. gén. AMF art. 222-1) ;
– les informations publiées en application de l'article 223-21 du règlement général de l'AMF ;
– les informations relatives aux franchissements de seuils (art. L 233-7, II et Règl. gén. AMF art. 223-14, I-al. 1).

Pour les émetteurs qui ont sollicité ou approuvé la négociation de leurs titres financiers sur un SMN opérant sur le territoire français, y compris un SMNO tel Euronext Growth, ou qui ont approuvé la négociation de leurs instruments financiers sur un système organisé de négociation opérant sur le territoire français, l'« information réglementée » s'entend des informations suivantes (Règl. gén. AMF art. 221-1, 1° modifié par arrêté du 15-5-2025) :
– le descriptif des programmes de rachat (Règl. gén. AMF art. 241-2) ;
– le communiqué précisant les modalités de mise à disposition d'un prospectus, d'un document d'enregistrement ou d'un document d'enregistrement universel (cf. Règl. 2017/1129/UE art. 21) ;
– l'information privilégiée publiée en application de l'article 17 du règlement UE 596/2014.

> **Précisions** Sur la communication des émetteurs relative à leurs **indicateurs alternatifs de performance** (résultat retraité, Ebitda, free cash-flow, dette nette, etc.) dans le cadre de l'information réglementée et des prospectus qu'ils publient, voir la Position AMF 2015-12 du 3 décembre 2015 intégrant l'ensemble des orientations de l'Esma 2015/1415057, sur renvoi de la position-recommandation AMF 2016-05 n° 13. Précisons que les orientations émises par une autorité européenne de surveillance peuvent faire l'objet d'un recours préjudiciel en validité (CJUE 15-7-2021 aff. 911/19 ; Rev. sociétés 2022 p. 233).

AUTORITÉ COMPÉTENTE POUR LE CONTRÔLE DE L'INFORMATION RÉGLEMENTÉE

L'AMF est compétente de droit pour les émetteurs de titres de créance dont la valeur nominale est inférieure à 1 000 € ou d'actions dès lors que leur siège social est situé : **66249**
– soit en France (application de la règle du pays d'origine) ;
– soit dans un pays n'appartenant pas à l'EEE mais pour lequel elle est, en vertu de l'article 2, 1-m-iii de la directive « Prospectus » 2003/71, l'autorité compétente.

Elle est compétente, sur option, pour les émetteurs français ou européens qui possèdent des titres donnant accès au capital ou des titres de créance dont la valeur nominale est supérieure ou égale à 1 000 € et qui l'ont choisie comme autorité de supervision.

RÉGIME LINGUISTIQUE DE L'INFORMATION RÉGLEMENTÉE

Sous réserve des exigences du Code de commerce pour le dépôt au greffe de certains documents, l'information réglementée peut être rédigée en français ou dans une autre langue usuelle en matière financière lorsque (Règl. gén. AMF art. 221-2) : **66252**
– l'AMF est compétente pour le contrôle de l'information réglementée relative à des titres financiers admis aux négociations sur un marché réglementé français ou d'un autre État partie à l'accord sur l'EEE ;
– l'AMF n'est pas compétente pour le contrôle de l'information réglementée mais que des titres financiers sont admis aux négociations sur un marché réglementé français.

OBLIGATIONS D'INFORMATION DES SOCIÉTÉS ÉTRANGÈRES

Les émetteurs dont le **siège social** se situe **hors de l'EEE** peuvent être dispensés du respect de certaines obligations d'information périodique lorsqu'ils sont soumis à des exigences équivalentes dans l'État de leur siège social. Dans ce cas, ils doivent diffuser, conserver et déposer les informations jugées équivalentes par l'AMF selon les modalités du régime de diffusion effective et intégrale (art. L 451-1-2, VIII ; Règl. gén. AMF art. 222-10 à 222-15 modifiés par arrêté du 15-5-2025 ; voir nos 66255 s.). **66253**

› Précisions L'AMF arrête et publie régulièrement la **liste des États tiers** dont les dispositions législatives ou réglementaires sont estimées équivalentes (art. L 451-1-2, VIII). Dans l'attente d'une position harmonisée des régulateurs européens sous la forme d'une liste commune des pays tiers dont les obligations seront estimées équivalentes, l'AMF pourra toutefois apprécier au cas par cas cette équivalence à partir des critères d'équivalence prescrits par la directive d'application 2007/14 du 8 mars 2007 (art. 13 à 22).

2. DIFFUSION DE L'INFORMATION RÉGLEMENTÉE

PRINCIPE

66255 L'information réglementée doit faire l'objet d'une **diffusion effective et intégrale,** c'est-à-dire une diffusion permettant d'atteindre le plus large public possible et dans un délai aussi court que possible entre sa diffusion en France et dans les autres États membres de l'UE ou parties à l'accord sur l'EEE (Régl. gén. AMF art. 221-4, II-al. 1). Cela impose, nous semble-t-il, de recourir à des médias dont l'audience n'est pas exclusivement nationale.

Manquent à cette obligation un émetteur et son dirigeant ayant diffusé une information privilégiée incomplète au seul moyen du site internet d'un journal régional et d'une republication sur un forum boursier (AMF comm. sanc. 25-7-2024 n° 2024-08 : Rev. sociétés 2024 p. 600).

CANAUX DE DIFFUSION DE L'INFORMATION RÉGLEMENTÉE

66256 L'émetteur a le choix des modalités de diffusion de son information réglementée soit en procédant lui-même à la diffusion de cette information auprès des médias, soit en recourant à un diffuseur professionnel pour la diffusion effective et intégrale de son information.

Dans le premier cas, les **médias** peuvent être des agences de presse, de systèmes d'information en temps réel destinés aux professionnels ou des moteurs de recherche, des portails et des sites internet accessibles aux diffuseurs qui, pris collectivement, assurent une diversité satisfaisante et qui répondent chacun à certains critères : accès libre et gratuit à l'information, audience substantielle, fiabilité notoire en matière de rapidité de publication et de performance technique de consultation, contenu économique et financier et une couverture substantielle en matière d'information réglementée des sociétés cotées, possibilité de recherches historiques de l'information.

66257 Dans le second cas, l'émetteur transmet l'information réglementée à un **diffuseur professionnel** inscrit sur une liste publiée par l'AMF (Régl. gén. AMF art. 221-4, IV).

Le diffuseur professionnel doit s'engager à transmettre le flux d'information à des médias choisis parmi des agences de presse, des systèmes d'information en temps réel et des sites internet et à déposer l'information réglementée auprès de l'AMF (n° 66262).

Il doit être en mesure, notamment, de recevoir l'information en provenance des émetteurs et de la retransmettre 24 heures sur 24 et 7 jours sur 7, de contrôler l'identité de toute personne ou entité qui lui transmet des informations réglementées, de retransmettre aux médias l'information en texte brut intégral présentée selon une nomenclature définie, de contrôler la réception et la reprise effective de l'information par les médias auxquels elle a été transmise, d'en informer l'émetteur et d'assurer la traçabilité et la confidentialité de l'information à chaque étape de la diffusion, et de disposer d'un système de sauvegarde de l'information permettant de conserver pendant trois années les éléments relatifs à la gestion de chaque information réglementée.

Il s'engage également à transmettre chaque année à l'AMF une déclaration dans laquelle il atteste, sur la base des conclusions d'un audit de l'organisation et des systèmes d'information de l'émetteur réalisé annuellement par une société indépendante, qu'il remplit ces critères.

SÉCURITÉ DE L'INFORMATION RÉGLEMENTÉE

66258 L'information réglementée doit être transmise aux médias dans son intégralité et d'une manière qui garantisse la sécurité de la transmission, minimise le risque de corruption des données et d'accès non autorisé et apporte toute certitude quant à la source de l'information transmise. Elle est communiquée aux médias selon des modalités signalant clairement l'émetteur concerné, l'objet de l'information réglementée ainsi que l'heure et la date de sa transmission par l'émetteur. L'émetteur remédie le plus tôt possible à toute défaillance ou interruption de la transmission des informations réglementées. Il ne peut être tenu responsable des défaillances ou dysfonctionnements systémiques des médias auxquels les informations réglementées ont été transmises (Régl. gén. AMF art. 221-4, II-al. 3 à 6).

CONSEIL

Il convient de désigner au sein de la société une personne responsable de la transmission de l'information réglementée et d'élaborer une procédure écrite consignant notamment les mesures de sécurité et d'authentification retenues. La demande systématique d'accusés de réception nous paraît utile dans un objectif probatoire.

Afin de limiter la possibilité que de faux communiqués puissent être diffusés par des agences de presse, l'AMF incite les émetteurs à (Position-recommandation AMF 2016-05 nº 19.2) :
– sensibiliser en interne les équipes impliquées dans le processus de gestion de la diffusion de l'information réglementée à l'éventualité d'un faux communiqué ;
– envoyer simultanément aux diffuseurs professionnels tout communiqué adressé aux agences de presse ;
– communiquer autant que possible en dehors des périodes de cotation sans pour autant exclure toute communication en séance qui pourrait être indispensable au regard de la réglementation des abus de marché ;
– mettre en place des procédures fiables garantissant une transmission et un accès sécurisés en passant notamment par un diffuseur professionnel et renforcer la sécurité des transmissions électroniques pour les émetteurs qui souhaitent conserver un canal de diffusion complémentaire à destination de certains acteurs (analystes, investisseurs, médias, etc.) ;
– mettre en place un dispositif de veille (identification des noms de domaine proches de celui de l'émetteur, détection de faux sites internet, etc.) ;
– prévoir et tenir à jour une procédure d'urgence permettant de réagir au plus vite (personnes impliquées, communiqué de démenti « type », etc.) ;
– se tenir informés des nouveaux modes de piratage, d'usurpation d'identité, etc. et adapter les dispositifs en conséquence.

DÉPÔT DE L'INFORMATION RÉGLEMENTÉE À L'AMF

Simultanément à sa diffusion effective ou intégrale, l'information réglementée doit faire 66262
l'objet d'un dépôt auprès de l'AMF sous format électronique dans les conditions prévues par l'instruction AMF 2007-03 modifiée le 11 février 2025 (Règl. gén. AMF art. 221-5).

Pour déposer l'information réglementée, l'émetteur doit se connecter à l'aide de son identifiant et de son code confidentiel sur un extranet appelé **« Onde »,** accessible sur le site internet de l'AMF. Un accusé de réception est envoyé automatiquement à l'adresse électronique du contact enregistré dans le compte de l'émetteur lorsque le dépôt de l'information est effectif auprès de l'AMF.

Dans l'attente de la création du point d'accès unique européen (nº 63075), la France a confié l'archivage de l'information réglementée à la Direction de l'information légale et administrative (Dila). La Dila met ainsi gratuitement à la disposition du public, sur un **portail internet** (www.info-financiere.fr), l'information diffusée par les sociétés « cotées » sur Euronext Paris, qui lui est transmise par l'AMF.

MISE EN LIGNE DE L'INFORMATION RÉGLEMENTÉE SUR LE SITE DE L'ÉMETTEUR

L'information réglementée doit être mise en ligne sur le site internet de l'émetteur dès sa 66263
diffusion (cf. Règl. UE 596/2014 du 16-4-2014 art. 17 ; sur les précautions à prendre par les émetteurs dans leur communication sur leur site internet et sur les médias sociaux, voir Position-recommandation AMF 2016-08 et Position-recommandation AMF 2016-05 nº 19.6).

DISPENSES

Dispense de diffusion intégrale Dans un souci d'allégement, la diffusion effective 66266
et intégrale d'un communiqué indiquant les modalités de mise à disposition de certains *documents dispense* l'émetteur de l'obligation de diffuser ces documents dans leur version intégrale. Sont concernés le rapport financier annuel, le rapport financier semestriel, le rapport sur les paiements aux gouvernements des pays où la société exerce une activité extractive ou forestière et les rapports sur le gouvernement d'entreprise (Règl. gén. AMF art. 221-4, V). Le dépôt de ces documents auprès de l'AMF doit quant à lui être fait dans leur intégralité.

Dispense de publication séparée de l'information réglementée L'émetteur 66267
qui inclut une ou plusieurs informations réglementées dans un document d'enregistrement universel ou dans un rapport financier annuel est dispensé de la publication séparée de ces informations si les deux conditions suivantes sont remplies : les informations incluses dans le document d'enregistrement universel ou le rapport financier annuel doivent être publiées

dans les délais requis par les textes et, lors de la diffusion du document, l'émetteur doit préciser la liste des informations qu'il contient (Guide AMF relatif au dépôt de l'information réglementée auprès de l'AMF et à sa diffusion).

COMMUNICATION FINANCIÈRE

66268 L'AMF recommande aux émetteurs de compléter leur communication financière par voie électronique d'une communication financière dans la **presse écrite** selon un rythme et des modalités de présentation adaptés au type de titres financiers émis, à leur actionnariat et à sa taille, ainsi qu'à la circonstance que les titres financiers sont admis aux négociations sur le compartiment professionnel d'Euronext ; à l'occasion de cette diffusion dans la presse écrite, l'émetteur est invité à avertir le lecteur qu'une information complète sur ses résultats est disponible sur son site internet (Position-recommandation AMF 2016-05 n° 19.5).

3. OBLIGATIONS D'INFORMATION PERMANENTE ET PÉRIODIQUE

66269 Les sociétés sont redevables de deux types d'information soumises à un régime commun : l'une dite **« information permanente »** (communiqués publiés par les émetteurs au titre de l'obligation d'information permanente, information mensuelle relative au nombre total de droits de vote et d'actions composant le capital de la société, modalités de mise à disposition du prospectus, communiqué précisant les modalités de mise à disposition des documents préparatoires à l'assemblée générale, descriptif des programmes de rachat d'actions propres, déclarations hebdomadaires de rachat d'actions) et l'autre dite **« information périodique »** de nature comptable et financière (rapport financier annuel, rapport financier semestriel, rapport et information sur le gouvernement d'entreprise).

En revanche, d'autres obligations d'information dont certaines n'entrent pas dans cette définition demeurent soumises à leur régime propre de publication : les **prospectus** relatifs à une offre au public de titres financiers (nos 63050 s.), les déclarations de **franchissement de seuils** (nos 64290 s.) et les déclarations d'**intention** (nos 64470 s.), les **pactes d'actionnaires** (nos 66303 s.) et les déclarations des **opérations sur titres des dirigeants** et des personnes liées (n° 66448).

a. Information permanente

66270 La transparence des marchés des instruments financiers ne peut être assurée efficacement que si, indépendamment de la publication des informations périodiques de natures comptable et financière (comptes, rapports financiers, etc.) et des prospectus d'opérations financières, les investisseurs ont connaissance de tous les faits nouveaux importants susceptibles de provoquer une variation sensible des cours de bourse. Cette obligation d'information, régie par les articles 17 s. du règlement UE 596/2014 du 16 avril 2014 et 223-1 A à 223-10-1 du règlement général de l'AMF et précisée dans la position-recommandation AMF 2016-08, concerne les émetteurs, les personnes préparant une opération financière et celles ayant fait une déclaration d'intention.

> **Précisions** L'AMF a par ailleurs formulé des **recommandations en matière de dialogue actionnarial,** dont certaines visent à une meilleure information du public, à l'attention des émetteurs dont les titres financiers sont admis ou font l'objet d'une demande d'admission aux négociations sur un marché réglementé, un SMN ou un système organisé de négociation opérant sur le territoire français (voir Position-recommandation AMF 2016-08 n° 1.6.6).

INFORMATION PERMANENTE À LA CHARGE DES ÉMETTEURS

66271 Tout émetteur qui a sollicité ou approuvé l'admission de ses instruments financiers à la négociation sur un marché réglementé opérant sur le territoire français, ou, s'il s'agit de titres négociés exclusivement sur de tels systèmes, qui a sollicité ou approuvé la négociation de ses titres financiers sur un SMN opérant sur le territoire français, ou qui a approuvé la négociation de ses instruments financiers sur un système organisé de négociation opérant sur le territoire français, doit rendre publique, en principe dès que possible (voir nos 66276 s.), toute information privilégiée qui le concerne directement (Règl. UE 596/2014 du 16-4-2014 art. 17, 1 ; Règl. gén. AMF art. 223-1 A et 223-2).

L'information donnée au public doit être exacte, précise et sincère (Règl. gén. AMF art. 223-1), caractères qui s'apprécient à la date à laquelle elle est communiquée (Position-recommandation AMF 2016-08 ; pour une sanction prononcée dans un cas où l'information délivrée dans un prospectus d'augmentation de capital n'était ni exacte, ni précise, ni sincère, voir Cass. com. 20-9-2017 n° 15-29.098 FS-PB : RJDA 12/17 n° 813).

› Précisions **a.** Lors d'une émission de titres de capital ou donnant accès au capital ne donnant pas lieu à la publication d'un prospectus, les émetteurs dont les titres sont admis aux négociations sur un marché réglementé ou sur un SMN doivent déterminer les **éléments d'information** en lien avec l'émission susceptibles de constituer des informations privilégiées ; l'AMF recommande aux émetteurs de faire figurer dans le communiqué de presse relatif à l'émission certaines informations relatives, en particulier, à l'utilisation prévue du produit de l'émission et à l'éventuelle incidence d'une limitation de celui-ci ou de la non-réalisation de l'opération notamment en termes de gestion du risque de liquidité et d'horizon de financement ; l'AMF rappelle à cet égard que, dès lors que l'une de ces informations constitue une information privilégiée, sa publication est obligatoire (Position-recommandation AMF 2020-06).

b. À **compter du 5 juin 2026**, les émetteurs devront de façon générale garantir la **confidentialité des informations privilégiées** jusqu'à ce qu'elles soient divulguées (Règl. UE 596/2014 art. 17, 1 bis issu de Règl. UE 2024/2809 du 23-10-2024 et Règl. UE 2024/2809 art. 4, 3).

Notion d'information privilégiée Une information privilégiée est une information à caractère précis qui n'a pas été rendue publique, qui concerne, directement ou indirectement, un ou plusieurs émetteurs ou un ou plusieurs instruments financiers, et qui, si elle était rendue publique, serait susceptible d'influencer de façon sensible le cours des instruments financiers concernés ou le cours d'instruments financiers qui leur sont liés (Règl. UE 596/2014 du 16-4-2014 art. 7, 1). 66272

Elle peut aussi bien concerner un titre ou un émetteur déterminé que revêtir un caractère plus général (par exemple, la modification d'une réglementation ou d'un régime fiscal) et concerner plusieurs titres ou plusieurs émetteurs (Bull. COB juin 1990 p. 21).

› Précisions **a.** La commission des sanctions de l'AMF fait une lecture restrictive de la notion d'information privilégiée, la réservant à une **information** suffisamment détaillée **de nature financière** (par exemple, connaissance de résultats ou de l'imminence d'une opération sur le capital) et excluant les données de nature non financière, industrielle ou technique (AMF comm. sanc. 19-6-2008, 22-1-2009 et 27-11-2009). Pour le Conseil d'État, les travaux d'analyse financière et estimations de bureaux d'analyse et de recherche reconnus peuvent, dans certains cas, revêtir le caractère d'une information privilégiée, notamment s'ils sont destinés à une publication prochaine, attendue par le marché, et révèlent une recommandation, émise pour la première fois ou modifiant celles précédemment émises, concernant des instruments financiers (CE 30-1-2019 n° 412789 : Bull. Joly Bourse mars-avril 2019 p. 21).

b. L'information privilégiée n'est pas nécessairement une information **chiffrée** (CA Paris 24-2-2004 n° 03-12427 : RJDA 8-9/04 n° 993).

c. Peut être qualifiée de privilégiée une **information émanant** non de l'émetteur lui-même, mais **d'un tiers** à celui-ci (voir CJUE 15-3-2022 aff. 302/20 : RJDA 7/22 n° 412 et CA Paris 30-3-2023 n° 18/28497 : RJDA 11/23 n° 587, concernant l'information, émanant d'un journaliste, relative à la publication prochaine d'un article relayant une rumeur d'OPA). En ce cas, selon nous, l'émetteur doit avoir connaissance de l'information en cause pour être tenu des obligations mentionnées n° 66276 et, plus généralement, de celles découlant de la détention d'une information privilégiée.

d. Les **instruments dérivés sur matières premières** font l'objet d'une définition spécifique de l'information privilégiée, prévue à l'article 7, 1-b du règlement UE 596/2014 et précisée par des lignes directrices de l'Esma.

e. Les **crypto-actifs** font l'objet d'une définition spécifique de l'information privilégiée : voir Règl. UE 2023/114 du 31-5-2023 art. 87.

Précision de l'information. Une information est réputée précise si elle fait mention d'un ensemble de circonstances qui existe ou dont on peut raisonnablement penser qu'il existera, ou d'un événement qui s'est produit ou dont on peut raisonnablement penser qu'il se produira, si elle est suffisamment précise pour qu'on puisse en tirer une conclusion quant à l'effet possible de cet ensemble de circonstances ou de cet événement sur le cours des instruments financiers ou des instruments financiers dérivés ou contrats au comptant sur matières premières qui leur sont liés (Règl. UE 596/2014 du 16-4-2014 art. 7, 2). Le caractère précis de l'information implique que celle-ci soit suffisamment concrète et spécifique (CA Paris *2-5-2024 n° 22/09062 : Bull. Joly novembre 2024 p. 28*). Il diffère de celui de son exactitude, une information en elle-même exacte pouvant être imprécise si l'émetteur a par ailleurs omis de communiquer une autre information ou un élément d'information qui aurait été susceptible de modifier l'appréciation de sa situation par le marché (Position-recommandation AMF 2016-08). 66273

Dans le cas d'un **processus se déroulant en plusieurs étapes** et visant à donner lieu à, ou résultant en, certaines circonstances ou un certain événement, ces circonstances futures ou cet événement futur peuvent être considérés comme une information précise, tout comme les étapes intermédiaires de ce processus. Une étape intermédiaire est réputée constituer une information privilégiée si, en soi, elle satisfait aux critères relatifs à l'information privilégiée (Règl. UE 596/2014 art. 7, 2 et 3).

Il n'est pas nécessaire que l'information soit **certaine.** Il suffit qu'elle soit précise, ce qui implique « l'existence d'un projet suffisamment défini entre les parties pour avoir des chances raisonnables d'aboutir, peu important en revanche l'existence d'aléas, inhérents à toute opération de cette nature, quant à la réalisation effective de ce projet » (CA Paris 2-4-1997 : RJDA 10/97 n° 1214 ; Cass. com. 20-9-2011 n° 10-13.591 : RJDA 12/11 n° 1047 ; voir aussi CJUE 15-3-2022 aff. 302/20 : RJDA 7/22 n° 412 et CA Paris 30-3-2023 n° 18/28497 : RJDA 11/23 n° 587, selon lesquelles peut être précise une information suffisamment crédible).

ILLUSTRATIONS

Un projet d'offre publique constitue une information précise (CA Paris 2-4-1997 précité), sans qu'il soit nécessaire qu'un prix ait été arrêté (CA Paris 1-4-2003 n° 02-18762 : RJDA 3/04 n° 321).

De même, constitue une information privilégiée le projet de cession d'une participation majoritaire dans le capital d'une société et d'offre publique obligatoire subséquente, même si un aléa subsiste quant à l'identité de l'acquéreur ainsi qu'au nombre et au prix des titres cédés, dès lors que ce projet est suffisamment défini pour avoir des chances raisonnables d'aboutir (Cass. com. 30-11-2022 n° 20-19.251 F-D : RJDA 11/23 n° 588).

Constitue également une telle information le projet d'acquisition de la majorité du capital d'une société dès lors que le conseil d'administration en avait adopté le principe, le prix et les modalités de financement et qu'aucun obstacle à l'obtention de ce financement n'était signalé, peu important que la société cible ou ses actionnaires de référence n'aient pas réagi favorablement à l'offre, que la structure financière du projet n'ait pas été définitive et que les lettres de confort des banques n'aient pas encore été obtenues (CA Paris 4-6-2020 n° 19/11454 : RJDA 3/21 n° 175 et, sur pourvoi, Cass. com. 24-11-2021 n° 20-18.482 F-D : RJDA 2/22 n° 87).

En revanche, n'est pas précise une offre de fusion assortie d'une évaluation des synergies pouvant en résulter, dès lors que la société cible a pour objectif d'éviter de se faire racheter par l'autre, que l'évaluation des synergies paraît trop vague et que des négociations sensiblement différentes sont par ailleurs engagées avec une troisième société en vue d'un accord tripartite (CA Paris 27-6-2002 n° 01-19629).

De même, ne constitue pas une information privilégiée un projet d'offre publique d'achat dont la faisabilité fait l'objet d'obstacles tenant à l'engagement de certains actionnaires, ainsi qu'à la gouvernance et à la valorisation de la société cible (AMF comm. sanc. 3-8-2021 n° 2021-15 : RJDA 11/21 n° 722).

Une information peut être considérée comme précise même si on ne peut pas déduire avec un degré de probabilité suffisant que, une fois publique, son influence potentielle sur le cours de l'instrument financier concerné s'exercera dans un sens déterminé (CJUE 11-3-2015 aff. 628/13 : RJDA 5/15 n° 354 ; Cass. com. 27-5-2015 n° 12-21.361 : RJDA 10/15 n° 667).

Le caractère précis d'une information est constitué au plus tard au moment de l'offre ferme, et au plus tôt au moment de la lettre d'intention, visant à acquérir une fraction du capital social (AMF comm. sanc. 6-3-2019 : Rev. sociétés 2019 p. 282).

66274 Une information qui, si elle était rendue publique, serait susceptible d'**influencer de façon sensible** le cours des instruments financiers, des instruments financiers dérivés ou des contrats au comptant sur matières premières qui leur sont liés est une information qu'un **investisseur raisonnable** serait susceptible d'utiliser comme l'un des fondements de ses décisions d'investissement (Règl. UE 596/2014 du 16-4-2014 art. 7, 4).

Pour que l'information puisse être qualifiée de privilégiée, il suffit qu'elle soit par nature susceptible d'avoir une influence sensible sur les cours ; un constat positif d'une telle influence n'est pas exigé (CA Paris 28-1-2009 ; voir aussi CA Paris 10-9-1996 : RJDA 12/96 n° 1487).

Il peut en être ainsi en cas d'évolution défavorable des résultats par rapport aux prévisions annoncées, d'obtention ou de perte d'un marché important, de modifications dans l'organisation interne de l'entreprise ou de changement de l'équipe dirigeante. L'annonce par un émetteur que ses prévisions de résultat ne seront pas atteintes est aussi, par nature, susceptible d'avoir une incidence sensible sur le cours des titres émis (CA Paris 15-5-2008) ; un projet d'offre publique d'achat est, par nature, susceptible d'avoir une influence sur le cours de la société cible (CA Paris 2-3-2023 n° 21/00887 : Bull. Joly Bourse juillet-août 2023 p. 17).

De même, en raison de leur impact potentiel sur la valorisation des instruments financiers et dérivés qui leur sont liés, les informations relatives au dividende par action telles que le montant *provisoire* ou *final* du dividende, la nature du versement (dividende ordinaire ou exceptionnel) ou la date de son détachement constituent des informations privilégiées. Ainsi, les émetteurs qui choisissent une date de détachement de dividende sensiblement différente de celle retenue lors de l'exercice précédent doivent communiquer cette nouvelle date dès que possible, permettant aux acteurs des marchés de produits dérivés d'intégrer cette information dans leur modèle de valorisation des instruments financiers et dérivés liés à leur titre de capital. Les mêmes principes s'appliquent lorsque les émetteurs modifient leur politique de distribution de dividendes en prévoyant, par exemple, un ou plusieurs acomptes sur dividendes ou en changeant la date de détachement de ces acomptes (Position-recommandation AMF 2016-08).

Caractère non public de l'information. L'information ne doit pas être publique. La communication d'une information par un dirigeant à des professionnels ne suffit pas à conférer à celle-ci un caractère public et, faute de garantir une égale information des investisseurs, cette communication ne saurait se substituer à la publication d'un communiqué dans la presse (Décision COB du 24-6-1993 : Bull. COB juillet 1993 p. 88). 66275

L'existence de **rumeurs,** aussi précises ou fondées fussent-elles (CA Paris 26-11-2008 n° 07/14613), n'est pas, en elle-même, suffisante à donner un caractère public à l'information (AMF comm. sanc. 23-12-2008). Toutefois, l'information relative à l'imminence d'une offre publique sur la société ne peut être regardée, faute de répondre à la condition de n'avoir pas été publique, comme une information privilégiée dès lors que de nombreux articles de presse faisaient état de cette information, antérieurement à l'acquisition litigieuse (AMF comm. sanc. 10-4-2008).

Publication dès que possible et intégrale de l'information L'information doit être rendue publique **dès que possible** (Règl. UE 596/2014 du 16-4-2014 art. 17, 1). En cas de doute sur le caractère privilégié d'une information, l'AMF encourage les émetteurs à communiquer au plus tôt l'information en cause (Communiqué AMF du 21-12-2018, à propos d'une société confrontée à une accumulation de dysfonctionnements affectant son activité). 66276

La commission des sanctions de l'AMF fait preuve de sévérité en cas de communication tardive d'une information privilégiée, en particulier lorsqu'il s'agit de données financières internes : écart entre la prévision de marge opérationnelle communiquée au marché et les données disponibles en interne, impossibilité avérée d'atteindre un objectif de résultat d'exploitation annoncé au marché, résultat net provisoire fortement déficitaire contrairement aux années précédentes, dégradation à venir du résultat opérationnel annuel (AMF comm. sanc. 18-12-2014, 2-4-2015 et 23-6-2015). Le caractère provisoire de ces éléments importe peu dès lors que les données sont relatives à un événement susceptible de se produire. L'absence de publication antérieure de prévisions de résultats n'est pas une cause d'exonération de responsabilité. Par ailleurs, le fait qu'une information doive faire l'objet d'une communication prochaine au titre de l'information périodique ne dispense pas l'émetteur d'une communication « dès que possible » au titre de l'information permanente (Position-recommandation AMF 2016-08 ; voir aussi AMF comm. sanc. 9-6-2009).

Le fait que l'émetteur ait conclu un accord de composition administrative pour retard de publication d'une information privilégiée ne fait pas obstacle à ce que le président du directoire, représentant légal de la société agissant au nom et pour le compte de celle-ci, soit sanctionné par la commission des sanctions pour les mêmes griefs (AMF comm. sanc. 21-12-2023 n° 2023-18 : Dr. sociétés 2024 comm. n° 37).

Lorsqu'un émetteur, ou une personne agissant au nom ou pour le compte de celui-ci, communique une information privilégiée à un tiers dans l'exercice normal de son travail, de sa profession ou de ses fonctions, il est tenu de rendre cette information **intégralement et effectivement publique,** soit simultanément en cas de communication intentionnelle, soit rapidement en cas de communication non intentionnelle, sauf si la personne qui reçoit l'information est tenue par une obligation de confidentialité, que cette obligation soit légale, réglementaire, statutaire ou contractuelle (Règl. UE 596/2014 art. 17, 8). L'émetteur ne doit pas combiner la publication d'informations privilégiées avec la commercialisation de ses activités, ce qui inclut à notre avis les éléments publicitaires ou commerciaux relatifs à ses activités (Règl. UE 596/2014 art. 17, 1).

› Précisions **a.** Le respect de l'obligation d'information du public n'est pas subordonné à la **constatation** du fait considéré **dans la comptabilité** de l'émetteur ; ainsi doit être sanctionnée la société qui a manqué à son obligation d'information en n'avertissant le public des difficultés de commercialisation d'un nouveau produit que trois mois après les reports et annulations de commandes de celui-ci, une fois ces reports et annulations enregistrés en comptabilité ; ces difficultés de commercialisation constituaient des faits d'autant plus importants que l'essentiel des prévisions de hausse du chiffre d'affaires et des résultats positifs de la société dépendait de la commercialisation de ce produit (Cass. com. 23-6-2004 n° 1014 : RJDA 12/04 n° 1341).

b. En annonçant des résultats bénéficiaires comme la conséquence prévisible de l'activité sociale, alors qu'ils supposaient la réalisation d'une opération aléatoire, et en ne portant pas à la connaissance du public, par un **communiqué rectificatif,** l'inversion de ces résultats résultant de l'échec de la cession projetée, le président-directeur général d'une société porte atteinte à l'égalité de traitement des investisseurs et à leurs intérêts (CA Paris 10-9-1996 : RJDA 12/96 n° 1487).

c. Les dirigeants des sociétés émettrices ne sont pas tenus de contrôler les **informations** que la **presse** choisit de publier, **en dehors de tout communiqué de l'émetteur.** Il ne peut donc pas être reproché à un émetteur de n'avoir pas rectifié les informations publiées dans la presse sur le prix d'émission des actions lors d'une augmentation de capital, informations qui ne reflétaient pas les incertitudes résultant des propos tenus lors de l'assemblée par un administrateur futur président du conseil d'administration de la société (CA Paris 11-1-2000 : RJDA 4/00 n° 427).

d. À compter du 5 juin 2026, les émetteurs ne seront plus tenus de rendre publiques dès que possible les informations privilégiées les concernant relatives aux **étapes intermédiaires d'un processus en plusieurs étapes**, lorsque ces étapes auront partie liée au fait de donner lieu à, ou de résulter en, des circonstances particulières ou un événement particulier ; dans le cadre d'un tel processus, seuls les circonstances ou l'événement finaux devront être divulgués, dès que possible après qu'ils se seront produits (Règl. UE 596/2014 art. 17, 1 modifié par Règl. UE 2024/2809 du 23-10-2024 et art. 7, 2 et 3 ; Règl. UE 2024/2809 art. 4, 3). En cas de fusion, la communication d'informations devrait ainsi avoir lieu dès que possible après que la direction a pris la décision de signer l'accord de fusion, une fois que les éléments essentiels de la fusion ont été approuvés ; plus généralement, en présence d'accords contractuels, l'événement final devrait être réputé s'être produit lorsque les conditions essentielles de ces accords ont été approuvées (Règl. UE 2024/2809 cons. 67). Par exception, les émetteurs demeureront tenus de publier dès que possible toute information privilégiée relative aux étapes intermédiaires du processus lorsque la confidentialité ne sera plus assurée, par exemple en cas de rumeur de marché suffisamment précise faisant explicitement référence à une telle information (Règl. UE 596/2014 art. 17, 7 modifié par Règl. UE 2024/2809). Un acte délégué de la Commission européenne devrait venir clarifier le contour de cette obligation de publication (Règl. UE 596/2014 art. 17, 12 issu de Règl. UE 2024/2809).

66277 **Publication différée de l'information** L'émetteur peut, sous sa propre responsabilité, différer la publication d'une information privilégiée afin de ne pas porter atteinte à ses intérêts légitimes par une publication immédiate, sous réserve que ce retard de publication ne soit pas susceptible d'induire le public en erreur et que l'émetteur soit en mesure d'assurer la confidentialité de l'information, ces trois conditions étant cumulatives (Règl. UE 596/2014 du 16-4-2014 art. 17, 4).

Afin d'assurer la confidentialité de l'information, il est recommandé à l'émetteur de (Position-recommandation AMF 2016-08) :

– mettre en place des dispositions efficaces pour empêcher l'accès à cette information aux personnes dont les fonctions au sein de l'émetteur ne justifient pas un tel accès ou ne le rendent pas indispensable ;

– prendre les mesures nécessaires pour veiller à ce que toute personne ayant accès à cette information connaisse les obligations légales et réglementaires liées à cet accès et soit avertie des sanctions prévues en cas d'utilisation ou de diffusion indue de cette information ;

– mettre en place les dispositions nécessaires permettant une publication immédiate, exacte, précise et sincère de cette information dans le cas où il ne parviendrait plus à en assurer la confidentialité.

› Précisions a. Les **intérêts légitimes** peuvent notamment avoir trait aux situations suivantes (Règl. UE 596/2014, considérant 19 ; Position-recommandation AMF 2016-08) :

– négociations en cours (concernant, par exemple, une fusion, une scission, l'achat ou la cession d'actifs significatifs ou d'une branche d'activité ou encore une réorganisation) ou éléments connexes, lorsque le fait de les rendre publics risquerait d'affecter l'issue ou le cours normal de ces négociations ; un processus administratif d'autorisation de mise sur le marché d'un produit n'est pas assimilable à de telles négociations (CA Paris 2-5-2024 n° 22/09062 : Bull. Joly novembre 2024 p. 28) ;

– *existence d'un danger grave* et imminent menaçant la viabilité financière de l'émetteur, mais n'entrant pas dans le champ d'application du droit applicable en matière d'insolvabilité, la publication immédiate des informations étant susceptible de fortement porter atteinte aux intérêts des actionnaires existants et potentiels en compromettant la conclusion de négociations particulières visant à assurer le redressement financier de l'émetteur ;

– l'information privilégiée concerne des décisions prises ou des contrats conclus par les organes sociaux de l'émetteur, qui nécessitent, en vertu du droit national ou des statuts de l'émetteur, l'approbation d'un autre organe de l'émetteur, autre que l'assemblée générale de ses actionnaires, pour devenir effectifs, sous réserve que la publication immédiate de ces informations avant approbation soit de nature à fausser leur appréciation correcte par le public et que l'émetteur ait pris les mesures nécessaires à la prise d'une décision définitive le plus rapidement possible ;

– mise au point d'un produit ou d'une invention si la publication immédiate de l'information est susceptible de porter atteinte aux droits de propriété intellectuelle de l'émetteur ;

– projet d'achat ou de vente d'une participation significative dans une autre entité si la publication d'une telle information est susceptible de perturber la mise en œuvre de ce plan ;
– opération précédemment annoncée nécessitant l'approbation d'une autorité publique, soumise à des exigences supplémentaires, si la publication immédiate de ces exigences est susceptible de détériorer la capacité de l'émetteur à les respecter et, en conséquence, d'empêcher l'achèvement de l'opération.

En toute hypothèse, l'intérêt social ou un intérêt ou un principe vague et général tel que le secret des affaires ou l'intérêt économique, commercial ou stratégique de l'émetteur ne saurait justifier le différé de publication d'une information privilégiée (Position-recommandation AMF 2016-08). Voir aussi, pour les établissements de crédit soumis au règlement 575/2013/UE et à la directive 2013/36/UE du 26 juin 2013, Orientations de l'Esma 70-159-4966.

b. Le public est susceptible d'être **induit en erreur** notamment lorsque l'information dont l'émetteur compte retarder la publication (Position-recommandation AMF 2016-08 ; pour une application, CA Paris 2-5-2024 précité) :
– est sensiblement différente de l'annonce publique précédemment faite par l'émetteur sur le sujet auquel se rapporte l'information ;
– concerne le fait que les objectifs financiers de l'émetteur ne seront probablement pas atteints, si ces objectifs ont précédemment été annoncés publiquement ;
– est contraire aux attentes du marché fondées sur des signaux que l'émetteur a précédemment envoyés, tels que des entretiens, des tournées de promotion ou tout autre type de communication organisé par l'émetteur ou avec son approbation.

À ce titre, l'AMF recommande aux émetteurs contraints de publier un avertissement sur résultats (« profit warning ») au titre de leur obligation d'information permanente d'être particulièrement vigilants lorsqu'ils constatent que les résultats ou d'autres indicateurs de performance qu'ils anticipent :
– devraient s'écarter de ceux anticipés par le marché même si l'émetteur ne lui a pas communiqué d'objectifs ou de prévisions ou s'il n'existe pas de consensus de marché ;
– sont susceptibles d'influencer de façon sensible le cours des instruments financiers de cet émetteur ou d'instruments financiers dérivés qui leur sont liés.

Le cas échéant, la communication devrait privilégier les éléments qualitatifs et d'ordre stratégique ainsi que les mesures que la société a prévu de prendre afin que le marché puisse apprécier sa capacité à maîtriser les événements. Pour un exemple de sanction d'un dirigeant au titre de communication tardive d'un « profit warning », AMF comm. sanc. 21-12-2023 n° 2023-18 : Dr. sociétés 2024 comm. n° 37.

c. C'est à la société qu'il appartient d'**établir** que **les conditions** qui lui permettaient de différer la publication d'une information privilégiée étaient réunies jusqu'à la date de publication effective de l'information (AMF comm. sanc. 17-4-2019 : Dr. sociétés 2019 comm. n° 112 confirmée par CA Paris 17-9-2020 n° 19/11033 : Banque et droit 194/2020 p. 73 et Cass. com. 21-4-2022 n° 20-21.753 F-D : RJDA 10/22 n° 569).

d. À compter du 5 juin 2026, les **conditions** cumulatives **du différé de publication évoluent** : comme aujourd'hui, la publication immédiate de l'information devra toujours être susceptible de porter atteinte aux intérêts légitimes de l'émetteur et celui-ci devra être en mesure d'assurer la confidentialité de l'information mais, à compter de cette date, l'information dont il entendra différer la publication ne devra pas être en contradiction avec la dernière annonce publique ou un autre type de communication auquel il aura procédé sur la même matière que celle à laquelle ladite information se rapportera (Règl. UE 596/2014 du 16-4-2014 art. 17, 4 modifié par Règl. UE 2024/2809 du 23-10-2024 ; Règl. UE 2024/2809 art. 4, 3). Un acte délégué de la Commission européenne devrait venir préciser cette nouvelle condition de différé (Règl. UE 596/2014 art. 17, 12 issu de Règl. UE 2024/2809 et Règl. UE 2024/2809 cons. 70).

Information de l'AMF. L'émetteur n'a pas à informer systématiquement l'AMF de ses décisions de reports de publication d'informations privilégiées. Pour autant, il doit lui notifier son initiative immédiatement après la publication de l'information (Règl. UE 596/2014 du 16-4-2014 art. 17, 4), en indiquant son identité, l'identité et les coordonnées de l'auteur de la notification, les informations privilégiées dont la publication a été différée, la date et l'heure de la décision de report, ainsi que l'identité de toutes les personnes responsables de cette décision (Règl. UE 2016/1055 art. 4, 3). Ces informations sont à transmettre à l'adresse suivante : *differepublication@amf-france.org* (Inst. AMF 2016-07 du 26-10-2016 art. 1). **66278**

Sur la détermination de l'Autorité à laquelle doit être notifiée la décision de report, voir Règl. délégué UE 2016/522 du 17-12-2015 art. 6.

L'AMF peut demander à l'émetteur des **explications** sur ce différé de publication, lesquelles doivent être apportées sans délai (Règl. UE 596/2014 art. 17, 6-al. 6 ; Règl. gén. AMF art. 223-2). Dans cette perspective, l'émetteur doit mettre en place des procédures internes adéquates lui permettant de sauvegarder les données susceptibles de justifier, sur demande ultérieure, que les conditions requises pour pouvoir différer la publication de l'information privilégiée étaient bien remplies.

› Précisions **a.** L'émetteur dont les instruments financiers ne sont admis à la négociation que sur un **marché de croissance des PME,** tel Euronext Growth, n'est pas tenu de conserver un enregistrement de ces explications, aussi longtemps qu'il est en mesure de justifier sa décision de différer la publication (Règl. UE 596/2014 art. 17, 4-al. 4).
b. **À compter du 5 juin 2026**, les émetteurs ne seront plus tenus de notifier à l'AMF leur décision de ne pas divulguer les informations privilégiées relatives aux **étapes intermédiaires d'un processus en plusieurs étapes** (Règl. UE 596/2014 art. 17, 4 bis issu de Règl. UE 2024/2809 du 23-10-2024 et Règl. UE 2024/2809 art. 4, 3). Ces informations ne feront en effet plus l'objet d'un différé de publication proprement dit puisqu'elles n'auront plus à être diffusées dès que possible (n° 66276, Précision d).

66279 **Anticipation du différé de publication.** Il appartient à l'émetteur d'estimer la date à laquelle il doit publier l'information afin de préparer le contenu de la notification du différé de publication de celle-ci.

Si l'émetteur a différé la publication d'une information et que la **confidentialité** de celle-ci n'est plus assurée, il doit alors la publier dès que possible (Règl. UE 596/2014 du 16-4-2014 art. 17, 7-al. 1).

Sauf circonstances exceptionnelles ou demande de l'AMF, un émetteur n'a pas l'obligation de répondre à des **rumeurs de marché** qui sont sans fondement. Toutefois, il lui appartient de réagir lorsque la rumeur fait explicitement référence à une information privilégiée dont il a différé la publication et que cette rumeur est suffisamment précise pour que la confidentialité de l'information ne soit plus assurée (Règl. UE 596/2014 art. 17, 7-al. 2). En d'autres termes, l'émetteur doit divulguer cette information puisque la précision de la rumeur fait suspecter qu'une fuite s'est produite et que la confidentialité qui conditionne le maintien du différé de publication n'est plus garantie.

Si la réponse à la rumeur parue sur les **réseaux sociaux** conduit l'émetteur à révéler une information privilégiée, ce dernier doit utiliser la voie du communiqué à diffusion effective et intégrale, sans être exclusive de réactions particulières sur les différents réseaux sociaux.

› Précisions En cas de **rumeur liée à un contexte d'offre publique,** les développements précédents ne font pas obstacle à l'application des articles 223-32 à 223-35 du règlement général de l'AMF, relatifs à la déclaration d'intention en cas d'actes préparatoires au dépôt d'une offre publique d'acquisition (Position-recommandation AMF 2016-08).

66280 **Entreprises en difficulté** La confidentialité qui protège les techniques de restauration de la situation financière d'une société sous mandat ad hoc ou en conciliation peut couvrir, sous la responsabilité de l'émetteur, l'existence de la procédure, les étapes de son déroulement et le contenu des accords conclus. En revanche, l'émetteur demeure redevable vis-à-vis du public des obligations d'information périodique (annuelle et semestrielle) et permanente sur sa situation financière.

L'AMF recommande, tout en maintenant la confidentialité de la **procédure de prévention des difficultés** en cours, de tenir le marché informé de l'aggravation de la situation d'endettement et de trésorerie disponible, notamment lors de ses communications périodiques, et de tout fait nouveau dans l'activité (y compris le résultat des négociations en cours compte tenu de son impact sur la situation financière de l'émetteur). Pour autant, l'émetteur engagé dans une procédure préventive doit rester vigilant quant au respect de l'obligation d'information du marché dès que possible à l'issue des négociations avec les créanciers (Position-recommandation AMF 2016-08). Ce principe de confidentialité ne saurait conduire l'émetteur à ne donner aucune information à l'AMF sur sa situation financière. Aussi est-il recommandé qu'il informe l'AMF dès l'ouverture d'une procédure de prévention des difficultés de la société et de son évolution dans le temps.

En revanche, les procédures de **sauvegarde,** de **redressement et** de **liquidation judiciaires,** qui reposent, de par leur nature judiciaire, sur la publicité, en raison de la suspension des poursuites qu'elles emportent, doivent faire l'objet d'une information auprès de l'AMF et du marché dès leur ouverture en précisant leur calendrier prévisionnel (Position-recommandation AMF 2016-08). Lors de chaque échéance significative et, en particulier, à la date limite de réception des offres par l'administrateur judiciaire, ou en cas de modification des échéances de la procédure, l'émetteur devrait envisager, en concertation avec l'administrateur judiciaire, la publication d'une communication financière adéquate. Ainsi, l'information relative au défaut de paiement d'une échéance d'un plan de redressement n'a pas pu être différée sans induire le public en erreur, le mutisme de la société sur ses difficultés de trésorerie ayant en outre conféré à l'information qu'elle avait diffusée par ailleurs un caractère trompeur (AMF comm. sanc. 17-4-2019 : Dr. sociétés 2019 comm. n° 112 confirmée par CA Paris 17-9-2020 n° 19/11033 : Banque et droit 194/2020 p. 73 et Cass. com. 21-4-2022 n° 20-21.753 F-D : RJDA 10/22 n° 569).

Cession ou acquisition d'actifs significatifs En ce qu'elles sont susceptibles de modifier substantiellement le profil d'une société, les cessions et les acquisitions d'actifs significatifs des sociétés dont les actions sont admises aux négociations sur un marché réglementé font l'objet d'un encadrement par l'AMF (Position-recommandation AMF 2015-05 du 15-6-2015). 66281

Ainsi, l'AMF recommande que l'assemblée générale ordinaire soit consultée préalablement à la **cession** (les promesses ou options de vente sont également visées), en une ou plusieurs opérations, représentant au moins la moitié des actifs totaux. Ce seuil est atteint lorsque deux des cinq ratios suivants atteignent ou dépassent 50 % en moyenne sur les deux derniers exercices : chiffre d'affaires des actifs cédés rapporté au chiffre d'affaires consolidé ; prix de cession des actifs rapporté à la capitalisation boursière du groupe ; valeur nette des actifs cédés rapportée au total de bilan consolidé ; résultat courant avant impôts généré par les actifs cédés rapporté au résultat courant consolidé avant impôts ; effectifs salariés de l'activité cédée rapportés aux effectifs mondiaux du groupe.

La consultation doit prendre la forme d'un vote sur une résolution présentée au vu d'un document du conseil d'administration ou de surveillance (ou du directoire). Elle doit être réalisée dans les conditions de quorum et de majorité des assemblées ordinaires, sauf si le conseil en décide autrement. Elle n'a aucun effet contraignant, sauf si les parties à la cession sont convenues de subordonner la réalisation de l'opération à l'approbation de l'assemblée.

Une société qui refuse de consulter l'assemblée devrait expliquer en quoi ce refus est conforme à l'intérêt social. De même, une société ne retenant pas les critères ci-dessus pour apprécier si l'opération porte sur la majorité de ses actifs devrait expliquer pourquoi ces critères ne sont pas pertinents au regard de sa situation et de l'opération envisagée. Elle doit indiquer les critères alternatifs retenus et justifier leur pertinence au regard de sa situation.

Le Code de gouvernance Afep-Medef (art. 6.4) recommande pour sa part de présenter à l'assemblée générale ordinaire, préalablement à l'opération, un rapport sur le contexte et le déroulement de celle-ci, suivi d'un vote consultatif. En cas de vote négatif, le conseil doit se réunir dans les meilleurs délais et publier immédiatement sur le site internet de la société un communiqué sur les suites qu'il entend donner à l'opération. Sur le champ d'application et le caractère contraignant de ce Code, voir n°s 48272 s.

L'AMF estime que les dirigeants des sociétés dont les actions sont admises aux négociations sur un marché réglementé doivent informer le marché et les actionnaires de toute cession d'actifs significatifs, ainsi que sur le contexte et la négociation de l'opération (processus d'instruction par les organes sociaux et critères quantitatifs et qualitatifs en fonction desquels l'offre a été retenue). Cette information doit préciser les circonstances et motifs d'ordre stratégique, économique et financier qui ont conduit à envisager et lancer le processus de cession ou d'acquisition. Elle doit être publiée dans les délais requis pour la tenue de l'assemblée lorsque celle-ci est convoquée pour se prononcer sur l'opération ou, dans les autres cas, dès que possible et au plus tard lorsque la cession fait l'objet d'un accord définitif.

De même, l'AMF considère que les dirigeants de ces sociétés doivent informer le marché et les actionnaires de toute **acquisition** d'actifs significatifs, ainsi que sur le contexte et la négociation de l'opération (processus d'instruction par les organes sociaux et mode de financement). L'information doit préciser les circonstances et motifs d'ordre stratégique, économique et financier qui ont conduit à envisager et lancer le processus d'acquisition. Elle doit être publiée dans les délais requis pour la tenue de l'assemblée lorsque celle-ci est convoquée pour se prononcer sur l'opération (les acquisitions nécessitant souvent une augmentation de capital) ou, dans les autres cas, dès que possible et au plus tard lorsque l'acquisition fait l'objet d'un accord définitif.

INFORMATION À LA CHARGE DES PERSONNES PRÉPARANT UNE OPÉRATION FINANCIÈRE

Toute personne qui prépare, pour son compte, une opération financière susceptible d'avoir une incidence significative sur le cours d'un instrument financier ou sur la situation et les droits des porteurs de cet instrument financier doit, dès que possible, porter à la connaissance du public les caractéristiques de cette opération (Règl. gén. AMF art. 223-6, al. 1). 66282

Pour une application cumulative de l'article 223-6 et de l'article 223-2 du règlement général de l'AMF renvoyant à l'article 17, 1 du règlement UE 596/2014 du 16 avril 2014 (absence de publication d'une information privilégiée) ayant donné lieu à des sanctions sévères à l'encontre de l'initiateur et de son dirigeant, voir AMF comm. sanc. 13-12-2010. Pour une autre application de l'article 223-6, voir AMF comm. sanc. 25-6-2013.

L'application du régime de l'article 223-6 ne nécessite pas que la personne qui étudiait simultanément des solutions alternatives ait opté pour la préparation d'une opération financière précise (Cass. com. 27-5-2015 nº 12-21.361 : RJDA 10/15 nº 667).

La personne en cause peut, sous sa responsabilité, **différer** cette **publication** si la confidentialité est momentanément nécessaire à la réalisation de l'opération et si elle est en mesure de préserver cette confidentialité (art. 223-6, al. 2). Il ne peut s'agir que d'une préservation momentanée de la confidentialité de l'opération, qui ne doit pas excéder un délai raisonnable, et non d'une abstention prolongée (AMF comm. sanc. 13-12-2010 confirmé par CA Paris 31-5-2012 : Bull. Joly Bourse 2012 p. 404 note J.-J. Daigre).

INFORMATION À LA CHARGE DES PERSONNES AYANT FAIT UNE DÉCLARATION D'INTENTION

66284 Les personnes physiques ou morales préparant une opération financière peuvent être amenées à faire des déclarations d'intention soit de leur propre chef, soit en application de dispositions réglementaires (par exemple, en cas d'offre publique, nº 64910 ; en cas de franchissement de seuils, nºs 64470 s.). Si, par la suite, leurs intentions ne sont plus conformes à la déclaration initiale, elles doivent rapidement porter leurs nouvelles intentions à la connaissance du public (Règl. gén. AMF art. 223-7).

b. Information périodique

66285 Les sociétés dont les titres financiers sont admis aux négociations sur un marché réglementé (et leurs filiales) doivent publier périodiquement des informations sur leur activité et sur leur situation financière : rapports financiers annuels, rapports financiers semestriels, informations sur le gouvernement d'entreprise : voir nºs 76830 s.

Par ailleurs, avant leur assemblée générale ordinaire appelée à statuer sur les comptes de l'exercice écoulé, les sociétés dont les instruments financiers sont admis aux négociations sur un marché réglementé ont avantage à établir un document d'enregistrement universel comportant, outre les informations relatives à ces comptes, un ensemble de données économiques, juridiques, financières et comptables nécessaires à la compréhension de l'activité de la société et de son groupe, ce document pouvant notamment être utilisé lors d'opérations financières ultérieures susceptibles, alors, d'être réalisées dans un bref délai sur la base d'une simple note d'opération et d'un résumé (nº 63052).

4. INFORMATION PRÉALABLE AUX OPÉRATIONS FINANCIÈRES

66288 Les sociétés qui envisagent de procéder à des opérations financières doivent établir et soumettre à l'approbation de l'AMF les documents d'information suivants :

a. Un **prospectus** en cas de demande d'admission de titres financiers aux négociations d'un marché réglementé (Euronext Paris) ou en cas d'émission de titres financiers dont l'admission est projetée (nºs 63050 s. pour les actions ; nº 71321 pour les obligations) ;

b. Une **note d'information** en cas d'offre publique d'achat ou d'échange (nºs 64953 s.) ou en cas d'offre publique de retrait (nº 66010) ;

c. Un **communiqué** dans la presse lors du dépôt auprès de l'AMF d'un projet de note d'information sur une offre publique (nº 64950).

5. SANCTIONS

66291 En cas de manquement aux obligations d'information ci-dessus visées (nºs 66240 s.), l'AMF peut infliger une sanction pécuniaire dans la limite de 100 M€ ou du décuple du montant de l'avantage retiré du manquement si celui-ci peut être déterminé et pouvant être assortie d'une majoration dans la limite de 10 % de son montant destinée à financer l'aide aux victimes (C. mon. fin. art. L 621-15, III-e et avant dernier al. modifiés par ord. 2024-936 du 15-10-2024). Elle peut *aussi requérir la suspension des cotations* (C. mon. fin. art. L 421-16).

› Précisions **a.** L'article 221-1 du règlement général de l'AMF, qui permet de **sanctionner les dirigeants** d'une société lorsque cette dernière n'a pas respecté ses obligations en matière de publication d'informations privilégiées, n'est **pas contraire au règlement** UE 596/2014 du 16 avril 2014. En effet, aux termes de l'article 30 du règlement européen, les dispositions de l'article 17 de ce règlement européen (qui ne prévoient pas la responsabilité des dirigeants dans le cas précité) ne constituent que des mesures minimales que les États membres doivent mettre en place pour permettre aux autorités compétentes de prendre les sanctions appropriées pour faire respecter les règles de fonctionnement du marché (Cass. com. 14-11-2018 n° 16-22.845 F-PB : RJDA 2/19 n° 94 ; pour une sanction de dirigeants en raison d'un manquement par la société à son obligation de publication d'informations privilégiées, voir AMF comm. sanc. 17-4-2019 : Dr. sociétés 2019 comm. n° 112 confirmée par CA Paris 17-9-2020 n° 19/11033 : Banque et droit 194/2020 p. 73 et Cass. com. 21-4-2022 n° 20-21.753 F-D : RJDA 10/22 n° 569).

b. Lorsque l'**administrateur judiciaire** est investi d'une mission de pleine administration de la société, il est responsable de l'information communiquée et, à ce titre, sa responsabilité personnelle peut être engagée par la commission des sanctions de l'AMF (Position-recommandation AMF 2016-08).

c. Pour des détails sur ces sanctions pécuniaires, applicables également en cas de **diffusion de fausses informations,** voir n° 66390.

d. Sur la possibilité de porter le montant de la sanction pécuniaire jusqu'à **15 % du chiffre d'affaires** annuel total de la personne sanctionnée, voir n° 63232.

6. INFORMATIONS SUR LE GOUVERNEMENT D'ENTREPRISE

Les SA et les SCA ayant leur siège statutaire en France et dont les titres financiers sont admis aux négociations sur un marché réglementé doivent rendre publics, selon les modalités de l'article 221-3 du règlement général de l'AMF, les rapports sur le gouvernement d'entreprise présentés par le conseil d'administration ou de surveillance et par le commissaire aux comptes (C. mon. fin. art. L 451-1-2, I, II-1° et V et R 451-1, I ; art. L 22-10-10, L 22-10-71 et L 22-10-78, al. 4 ; Règl. gén. AMF art. 222-9, al. 1 et 2). Les autres personnes morales françaises doivent rendre publiques les informations correspondantes dans les mêmes conditions que les SA (sous réserve, le cas échéant, de la dispense d'établissement du rapport du commissaire aux comptes sur le gouvernement d'entreprise : voir n°s 77866 et 77950) si elles sont tenues de déposer leurs comptes au greffe du tribunal de commerce et dès l'approbation des comptes annuels de l'exercice précédent dans le cas contraire (art. 222-9, al. 3). 66292

La loi donne également la possibilité d'étendre cette obligation d'information aux sociétés ayant leur siège statutaire en France et dont les titres financiers sont offerts au public sur un SMNO, à la demande de l'entreprise de marché gestionnaire du système (cf. C. mon. fin. art. L 621-18 modifié par loi 2025-391 du 30-4-2025). Pour l'instant, l'extension à Euronext Growth n'est pas envisagée par Euronext.

Les rapports et les informations ci-dessus sont déposés et archivés auprès de la Direction de l'information légale et administrative. Ils sont accessibles au public pendant les dix années qui suivent leur stockage (C. mon. fin. art. L 451-1-6).

La publication séparée des rapports et informations ci-dessus n'est pas exigée lorsque l'émetteur établit un document d'enregistrement universel (n° 63052) ou un rapport financier annuel (n° 76841) comprenant ces rapports et informations, déposé auprès de l'AMF ou approuvé par elle et rendu public dans les quatre mois de la clôture de l'exercice, conformément, respectivement, aux articles 9, 12 du règlement 2017/1129/UE du 14 juin 2017 et L 451-1-2 du Code monétaire et financier (art. 222-9, al. 4 et 5 modifiés par arrêté du 15-5-2025).

L'AMF **recommande** aux émetteurs dont les titres financiers sont admis ou font l'objet d'une demande d'admission aux négociations sur un marché réglementé, un SMN ou un système organisé de négociation opérant sur le territoire français, que les supports de présentation établis à l'occasion des « roadshows gouvernance » soient mis en ligne sur le site internet de la société ; elle préconise par ailleurs à ces émetteurs, en cas de vote contesté en assemblée générale, de s'interroger sur l'opportunité d'une communication sur les mesures prises par le conseil à la suite de ce vote (Position-recommandation AMF 2016-08 n° 1.6.6).

> **Précisions** Les **sociétés** dont le siège est établi **hors de France** et dont des titres sont admis aux négociations sur un marché réglementé français doivent, dans certains cas, publier un rapport sur le gouvernement d'entreprise (C. mon. fin. art. L 451-1-2, II-2° et 3°, V et VIII et R 451-1, I ; art. L 22-10-10 ; Règl. gén. AMF art. 222-1 et art. 222-10 à 222-15 modifiés par arrêté du 15-5-2025).

B. Obligations d'information particulières

OBLIGATION D'INFORMATION RELATIVE AUX PACTES D'ACTIONNAIRES

Toute clause d'une convention comportant des **conditions préférentielles de cession ou d'acquisition d'actions** admises aux négociations sur un marché réglementé et portant sur au moins 0,5 % du capital ou des droits de vote de la société qui a émis ces actions doit 66303 être transmise à la société et à l'AMF dans un délai de cinq jours de négociation à compter de la signature de la convention ou de l'avenant introduisant la clause concernée (art. L 233-11, al. 1).

Sont visés notamment les pactes de préférence ou de préemption, les promesses ou options de vente ou d'achat.

L'obligation de transmission à l'AMF s'impose quels que soient les signataires de la convention, qu'ils soient actionnaires ou non de la société émettrice.

La société et l'AMF doivent aussi être informées de la date à laquelle la clause prend fin (art. L 233-11, al. 2).

Ces informations sont portées à la connaissance du **public par l'AMF** (Règl. gén. AMF art. 223-18).

66304 Dès le dépôt d'un projet d'**offre publique d'acquisition,** toute clause d'accord conclu par les personnes concernées par l'offre ou leurs actionnaires susceptible d'avoir une incidence sur l'appréciation de l'offre ou son issue doit être portée à la connaissance des personnes concernées par l'offre, de l'AMF et du public ; si, à raison notamment de la date de conclusion de l'accord, la clause n'a pas pu être mentionnée dans la ou les notes d'information, les signataires doivent publier un communiqué précisant le contenu de cette clause, dès la conclusion de l'accord et selon les modalités de diffusion effective et intégrale de l'information réglementée prévues à l'article 221-3 du règlement général de l'AMF (Règl. gén. AMF art. 231-5).

En cas d'inobservation de l'obligation de déclaration, les effets de la clause sont suspendus en période d'offre publique sur les titres qui en sont l'objet et les parties déliées de leurs engagements pendant cette période (art. L 233-11, al. 1), ce qui leur permet de céder ou d'apporter leurs actions à la personne de leur choix. À noter que la période d'offre publique commence à la publication par l'AMF des principales dispositions du projet d'offre (Règl. gén. AMF art. 231-14) et s'achève à la publication des résultats.

Les **pactes « Dutreil »,** qui permettent sous certaines conditions de bénéficier d'une exonération de droits de mutation à titre gratuit (CGI art. 787 B ; voir n° 69103), sont soumis aux dispositions de l'article L 233-11 précité. L'AMF considère que les pactes qui se limitent strictement à l'engagement de conservation des actions ouvrant droit à exonération n'ont pas à lui être communiqués car, lorsqu'ils ne confèrent pas un avantage contractuel particulier (prix ou droit), ils ne peuvent pas être qualifiés intrinsèquement de « clause prévoyant des conditions préférentielles d'acquisition ou de cession » (Position AMF 2004-02).

En revanche, ces accords doivent lui être communiqués lorsqu'ils comportent aussi d'autres clauses, visées par l'article L 233-11 (par exemple, clause de préemption).

En outre, l'AMF considère qu'en application de l'article 231-5 de son règlement général elle doit être informée ainsi que le public car, compte tenu de la signification économique de l'engagement de conservation (l'engagement doit porter, pour les engagements souscrits à compter du 1er janvier 2019, sur au moins 10 % des droits financiers et 20 % des droits de vote et, pour les engagements souscrits avant cette date, sur au moins 20 % du capital et des droits de vote), celui-ci peut avoir une incidence sur l'appréciation ou l'issue d'une offre publique visant la société dont les titres font l'objet de l'engagement. Le texte renvoie aux modalités de diffusion effective et intégrale de l'information réglementée prévues à l'article 221-3 du règlement général de l'AMF.

Que les pactes comportent ou non des engagements « Dutreil », le public doit en être informé dans les conditions prévues par les dispositions du chapitre II du titre I du livre II du règlement général de l'AMF relatives aux informations à diffuser en cas d'admission aux négociations sur un marché réglementé de titres financiers ou d'offre au public de titres.

66305 Le **communiqué** doit comporter la date de signature des engagements de conservation, leur durée et leurs modalités de reconduction ainsi que le pourcentage du capital et des droits de vote soumis aux engagements, arrêté à la date de signature de ceux-ci (Position AMF 2004-02).

Toutefois, pour répondre au souci de discrétion fondé sur les intérêts de nature privée, patrimoniaux ou fiscaux, seuls doivent apparaître dans le communiqué les noms des signataires du pacte ayant la qualité de dirigeant (au sens de l'article L 621-18-2 du Code monétaire et financier, ainsi que les personnes ayant des liens étroits avec ces dirigeants) ou d'associé détenant plus de 5 % du capital ou des droits de vote de la société (ceux-ci étant tenus en toute hypothèse de déclarer ce franchissement de seuil).

Enfin, en cas de conclusion de pactes multiples, le communiqué doit prévoir une présentation consolidée des engagements conclus.

> **Précisions** **a.** L'information du public sur les pactes d'actionnaires est aussi organisée par les articles 17 s. du règlement UE 596/2014 du 16 avril 2014 et 223-1 A à 223-10-1 du règlement général de l'AMF, précisés dans la position-recommandation AMF 2016-08, qui mettent à la charge des sociétés l'obligation de rendre publique, dès que possible, toute **information privilégiée** qui les concerne directement.
> **b.** Sur la possibilité de conclure un pacte d'actionnaires pour un fonds commun de placement d'entreprise (**FCPE**) investi en titres « non cotés » sur un marché réglementé français, européen ou hors EEE mais reconnu, voir Recommandation AMF 2012-10.
> **c.** Les pactes d'actionnaires révèlent une **action de concert** lorsqu'ils sont conclus en vue d'acquérir, de céder ou d'exercer des droits de vote, pour mettre en œuvre une politique commune vis-à-vis de la société ou pour obtenir le contrôle de cette société (art. L 233-10, I ; nos 64170 s.).
> **d.** Pour des **détails** sur les **pactes d'actionnaires,** voir nos 69100 s.

OBLIGATION D'INFORMATION EN CAS DE CESSION TEMPORAIRE D'ACTIONS

Lorsque les actions d'une société dont le siège social est établi en France sont admises aux négociations sur un marché réglementé d'un État membre de l'UE ou d'un autre État partie à l'accord sur l'EEE, toute personne qui détient, seule ou de concert, au titre d'une ou de plusieurs opérations de cession temporaire de ces actions ou de toute opération lui donnant le droit ou lui faisant obligation de revendre ou de restituer ces actions au cédant, **un nombre d'actions représentant plus de 0,5 % des droits de vote** doit **informer** la société et l'AMF, au plus tard le deuxième jour ouvré précédant l'assemblée générale à zéro heure, heure de Paris (cf. art. R 22-10-28, I), et lorsque le contrat organisant cette opération demeure en vigueur à cette date, du nombre total d'actions qu'elle possède à titre temporaire (art. L 22-10-48, I-al. 1 et 2 modifié par ord. 2025-230 du 12-3-2025). Sont implicitement visées, à notre avis, les opérations de prêt, de pension livrée ou de vente à réméré. 66308

Sont exclues du dispositif les actions détenues par un prestataire de services d'investissement dans son portefeuille de négociation répondant aux conditions de l'article L 233-7, IV-3° (art. L 22-10-48, I-al. 1 modifié par ord. 2025-230).

La **déclaration** doit **comporter,** outre le nombre d'actions acquises au titre de l'une des opérations ci-dessus, l'identité du cédant, la date et l'échéance du contrat relatif à l'opération et, s'il y a lieu, la convention de vote.

Les personnes concernées doivent transmettre cette déclaration à l'AMF par voie électronique, à l'adresse suivante : declarationpretsemprunts@amf-france.org, selon un format normé prévu par l'article 2 de l'instruction AMF 2011-04.

L'émetteur doit publier ces informations sur son site internet dans les meilleurs délais et, au plus tard, le jour ouvré suivant leur réception (Règl. gén. AMF art. 223-38 ; Inst. AMF 2011-04).

Sanctions En cas de manquement à l'obligation de déclaration dans les conditions exposées ci-dessus, les actions acquises sont privées (automatiquement) de droit de vote pour l'assemblée d'actionnaires concernée et pour toute assemblée d'actionnaires qui se tiendrait jusqu'à la revente ou la restitution desdites actions. En outre, les délibérations prises par l'assemblée d'actionnaires en violation de cette privation de droit de vote peuvent être annulées (art. L 22-10-48, II modifié par ord. 2025-230 du 12-3-2025). 66309

Le tribunal de commerce dans le ressort duquel la société a son siège social peut, le ministère public entendu, sur demande du représentant de la société, d'un actionnaire ou de l'AMF, prononcer la suspension totale ou partielle, pour une durée ne pouvant excéder cinq ans, de ses droits de vote à l'encontre de tout actionnaire qui n'aurait pas procédé à la déclaration (art. L 22-10-48, III modifié par ord. 2025-230 du 12-3-2025).

VII. RÉPRESSION DES ABUS DE MARCHÉ

A. Délits d'abus de marché

CHAMP D'APPLICATION

Constituent des délits d'abus de marché l'**opération d'initié** consistant en l'utilisation par une personne d'une information privilégiée en réalisant une opération ou en annulant ou en modifiant un ordre passé par cette même personne avant qu'elle ne détienne l'information privilégiée, la **divulgation illicite d'information privilégiée** et la **manipulation de marché** (regroupant le délit de manipulation de cours et le délit de diffusion de fausse information). 66310

66311 Sont concernés les abus portant sur (C. mon. fin. art. L 465-3-4, I et II modifié par ord. 2024-936 du 15-10-2024) :

– les instruments financiers admis à la négociation sur un marché réglementé (**Euronext Paris**) ou sur un SMN, qu'il soit organisé (**Euronext Growth**) ou non (tel **Euronext Access**), ou pour lesquels une demande d'admission à la négociation a été faite ;

– les autres instruments financiers dont le cours ou la valeur dépend du cours ou de la valeur d'un instrument financier ci-dessus, ou dont le cours ou la valeur a un effet sur le cours ou la valeur d'un instrument financier ci-dessus ;

– les quotas d'émission de gaz à effet de serre ;

– les crypto-actifs négociés sur une plate-forme de négociation ou pour lesquels une demande d'admission à la négociation sur une plate-forme de négociation a été présentée ;

– les contrats au comptant sur matières premières qui ne sont pas des produits énergétiques de gros lorsque l'opération, le comportement ou la diffusion a ou est susceptible d'avoir un effet sur le cours ou la valeur d'un instrument financier ci-dessus ;

– les instruments financiers dont le cours ou la valeur a un effet sur le cours ou la valeur d'un contrat au comptant sur matières premières lorsque l'opération, le comportement ou la diffusion a ou est susceptible d'avoir un effet sur le cours ou la valeur du contrat au comptant sur matières premières.

Sont en revanche **exclues** les opérations de rachat d'actions propres et les opérations de stabilisation, lesquelles bénéficient d'une exemption (safe harbor), dès lors qu'elles sont réalisées en conformité avec les dispositions du règlement UE 596/2014 du 16 avril 2014 (art. L 465-3-4, III).

SANCTIONS ENCOURUES EN CAS DE DÉLIT D'ABUS DE MARCHÉ

66312 Sont encourues, quel que soit l'abus de marché commis, les **peines maximales** suivantes (C. mon. fin. art. L 465-1, I modifié par ord. 2024-936 du 15-10-2024 pour le délit d'initié sur renvoi, pour les autres délits, des art. L 465-2 à L 465-3-3 modifiés par ord. 2024-936) : cinq ans d'emprisonnement et 100 M€ d'amende, cette amende pouvant être portée jusqu'au décuple de l'avantage retiré (incluant la perte évitée) sans pouvoir être inférieure à cet avantage (pour une peine d'emprisonnement, assortie notamment d'une amende, prononcée pour délit de manipulation de marché, voir CA Paris 26-6-2024 nº 23/05115 : Dr. sociétés 2024 comm. nº 147).

Lorsque le délit est commis en **bande organisée,** la peine maximale d'emprisonnement est portée à dix ans (C. mon. fin. art. L 465-3-5, II).

Les **personnes morales** peuvent être déclarées pénalement responsables des abus de marché lorsque ceux-ci ont été commis pour leur compte par leurs organes ou représentants (art. L 465-3-5, I modifié par ord. 2024-936). Sur les peines applicables aux personnes morales, voir nºs 4700 s. À noter que l'amende prononcée à l'encontre d'une personne morale peut être portée à 15 % du chiffre d'affaires annuel total tel qu'il ressort des derniers comptes sociaux disponibles ou, s'il en est établi, des derniers comptes consolidés, approuvés par l'assemblée générale (C. mon. fin. art. L 621-15, III ter modifié par ord. 2024-936 et par loi 2025-391 du 30-4-2025).

La **tentative** de ces infractions est passible des mêmes peines (art. L 465-1, I et II pour le délit d'initié sur renvoi, pour les autres délits, des art. L 465-2 à L 465-3-3 modifiés par ord. 2024-936).

Quant à la **complicité,** le droit pénal général (C. pén. art. 121-6 et 121-7) s'applique, sans nécessité d'un texte spécial.

TRIBUNAL COMPÉTENT POUR STATUER SUR LES DÉLITS BOURSIERS

66313 Le procureur de la République financier et les juridictions d'instruction et de jugement de Paris ont seuls compétence pour poursuivre, instruire et juger les délits boursiers (CPP art. 705-1). Sur le rôle de l'AMF en cas d'infraction pénale, voir nº 63237.

DÉLIT D'INITIÉ

66317 Le délit d'initié est constitué par le fait – par le directeur général, le président, un membre du directoire, le gérant, un membre du conseil d'administration ou de surveillance d'un émetteur concerné par une information privilégiée ou par une personne qui exerce une fonction équivalente, par une personne disposant d'une information privilégiée concernant *un émetteur au sein duquel elle* détient une participation, par une personne disposant d'une information privilégiée à l'occasion de sa profession ou de ses fonctions ou à l'occasion de sa participation à la commission d'un crime ou d'un délit, ou par toute autre personne disposant d'une information privilégiée en connaissance de cause (**un initié**) – de **faire usage** de cette **information privilégiée** en réalisant, pour elle-même ou pour autrui, soit directement, soit indirectement, une ou plusieurs opérations ou en annulant ou en modifiant un ou plusieurs ordres passés par cette même personne avant qu'elle ne détienne l'information privilégiée, sur les instruments financiers ou les crypto-actifs émis par cet émetteur ou sur les instruments financiers ou les crypto-actifs concernés par ces informations privilégiées (C. mon. fin. art. L 465-1, I-A modifié par ord. 2024-936 du 15-10-2024 ; sur la notion d'information privilégiée, voir nos 66272 s.).

Par dérogation, certains comportements sont légitimes et échappent à l'incrimination, sous réserve du respect de conditions édictées par l'article 9 du règlement 596/2014 du 16 avril 2014, alors même que leur auteur est en possession d'une information privilégiée (C. mon. fin. art. L 465-1, I-B) : voir no 66363.

Les sanctions pénales peuvent s'appliquer non seulement aux dirigeants sociaux ou assimilés (« initiés de droit »), mais aussi à toutes les autres personnes disposant d'informations privilégiées sur la société (« **initiés de fait** »), que ces personnes soient ou non salariées de la société. **66318**

ILLUSTRATIONS

Ont été condamnés pour usage illicite d'informations privilégiées :
– le concepteur d'une offre publique d'acquisition sur les titres d'une société (T. corr. Paris 29-10-1975 : Rev. sociétés 1976 p. 345 note B. Bouloc) ;
– un journaliste financier ayant acheté des titres de sociétés sur lesquelles il s'apprêtait à attirer l'attention de ses lecteurs (T. corr. Paris 12-5-1976 : JCP 1976 II no 18496 obs. A. Tunc) ;
– le conseiller technique d'une société qui s'apprêtait à conclure avec une autre société un important accord (T. corr. Paris 15-10-1976 : JCP 1977 II no 18543 obs. A. Tunc, 2e esp.).

La loi n'a pas créé une interdiction qui aurait pour conséquence de mettre obstacle d'une manière permanente à la gestion d'un portefeuille, mais elle impose une obligation d'abstention à toute personne ayant connaissance d'une information non encore publique et susceptible d'influer sur le cours d'un titre. **66319**

Toutefois, cette règle doit être nuancée. En effet, pour que le délit soit caractérisé, il faut que les **informations** aient été « précises, confidentielles, de nature à influer sur le cours de la valeur et **déterminantes** des opérations réalisées » (Cass. crim. 26-6-1995 : RJDA 7/95 no 857), ce qui conduit à penser que l'obligation d'abstention n'est pas absolue et que l'initié peut valablement intervenir sur le titre s'il est en mesure de prouver que son intervention a été déterminée non par l'information privilégiée qu'il détenait, mais par d'autres raisons impérieuses et légitimes (pour une solution analogue à propos du manquement d'initié, voir Cass. com. 9-4-1996 : RJDA 5/96 no 645 ; pour un cas où un dirigeant a été exonéré de sa responsabilité pénale compte tenu de la nécessité dans laquelle il se trouvait de rembourser de lourds emprunts immobiliers et des conditions dans lesquelles étaient intervenues les cessions successives de ses titres, voir CA Paris 26-10-1999 : RJDA 11/00 no 995).

La preuve du caractère « déterminant » de l'information a été mise tantôt à la charge de l'accusation (Cass. crim. 14-6-2006 no 05-82.453 : RJDA 1/07 no 58), tantôt à la charge du prévenu (T. corr. Paris 21-1-2011 : Bull. Joly 2011 p. 236).

Pour la Cour de cassation (Cass. crim. 26-6-1995 précité), le **caractère privilégié** des informations ne **résulte** pas de l'analyse que peut faire celui qui les reçoit et les utilise, mais s'apprécie de manière objective, excluant tout arbitraire, et en fonction de leur seul contenu. Ainsi, le délit d'initié n'est pas constitué lorsque l'opération spéculative reprochée ne procède que d'estimations financières effectuées de longue date, à partir de faits et de circonstances connus dans le milieu professionnel.

L'**acquisition d'informations** privilégiées peut résulter « d'un fait matériel, même fortuit, ou d'une confidence, dès l'instant où l'un ou l'autre concerne la marche technique, commerciale ou financière d'une société et est intervenu à l'occasion de l'exercice d'une profession » (T. corr. Paris 15-10-1976 : JCP G 1977 II no 18543 obs. A. Tunc). **66320**

L'obtention indirecte des informations est susceptible de permettre les poursuites (JO déb. AN 11-12-1970 p. 6413 relatifs à la loi 70-1208 du 23-12-1970).

Les juges ne sont pas tenus de détailler les circonstances par lesquelles une information privilégiée est parvenue à une personne poursuivie pour délit d'initié dès lors que la détention de cette information résulte d'éléments graves, précis et concordants (Cass. crim. 30-3-2022 no 21-83.500 F-D : RJDA 7/22 no 411), la présomption de culpabilité de ladite personne ressortant d'un tel faisceau d'éléments étant par ailleurs compatible avec le principe de présomption d'innocence (Cass. crim. QPC 15-12-2021 no 21-83.500 F-D : Dr. sociétés 2022 comm. no 23). Les juges doivent en revanche établir l'existence de tels éléments et l'absence d'explications alternatives des opérations critiquées (Cass. crim. 30-3-2022 précité).

Les procédures de « data room », souvent utilisées dans le cadre des cessions de blocs d'actions de sociétés « cotées », présentent un risque au regard de la réglementation sur la divulgation et l'utilisation d'informations privilégiées, l'accès à ces salles d'information étant limité et les informations qui y sont communiquées étant confidentielles. Pour l'AMF, la « data room » doit donc être spécifiquement justifiée au regard de l'intérêt social, limitée à la cession des seules participations significatives, sécurisée par la conclusion d'accords de confidentialité et réservée aux personnes témoignant d'un intérêt sérieux d'acquérir (Position-recommandation AMF 2016-08).

66321 Sont visées toutes les **opérations,** quelles qu'elles soient (achat, vente, échange, souscription, levée d'option, etc.), qu'elles aient été réalisées sur un marché réglementé ou hors marché, de gré à gré.

Le délit peut être constitué même si les ordres d'achat ou de vente ont été passés à l'**étranger** dès lors qu'un acte caractérisant un de ses éléments constitutifs (en l'espèce, la divulgation d'informations) a été accompli en France (Cass. crim. 3-11-1992 : RJDA 12/92 n° 1145 ; Cass. crim. 26-10-1995 : RJDA 1/96 n° 73 ; voir aussi Cass. crim. 1-4-2020 n°s 19-82.221 FS-D et 19-82.223 FS-D : Bull. Joly Bourse mai-juin 2020 p. 21 concernant des achats de « Contracts for Difference » (CFD), non « cotés » ni soumis au droit français, portant sur des actions admises aux négociations sur le New York Stock Exchange, le délit d'initié ayant été rendu possible par la transmission d'une information privilégiée depuis la France ; sur cette question, voir C. pén. art. 113-2 et CPP art. 689).

66323 Il n'est pas nécessaire, pour que le délit soit constitué, que l'opérateur ait eu une **intention frauduleuse** (T. corr. Paris 30-3-1979 : JCP 1980 II n° 19306 obs. A. Tunc) ou une intention spéculative (Cass. crim. 18-2-1991 : RJDA 5/91 n° 412). Il suffit qu'il ait agi, ou permis d'agir, en sachant que l'information dont il disposait n'était pas encore connue du public (CA Douai 28-5-1991 : Bull. Joly 1991 p. 1120 note P. Le Cannu). Le profit éventuel n'est pris en considération que pour déterminer le montant de l'amende (T. corr. Paris 15-10-1976 : JCP 1977 II n° 18543 obs. A. Tunc, 1e esp.).

Le profit réalisé implique l'encaissement d'une somme excédant le montant des dépenses exposées. Lorsque les titres acquis à l'aide d'une information privilégiée n'ont pas été revendus, la plus-value potentielle ne peut pas être assimilée à un profit réalisé. À défaut de profit réalisé, la peine d'amende encourue ne peut excéder 1,5 M€, de sorte que l'intéressé doit être dispensé de peine s'il a déjà été condamné à une sanction pécuniaire de 1,5 M€ par l'Autorité de marché (cf. T. corr. Paris 3-12-1993 : RJDA 11/94 n° 1152). Pour des exemples où le prévenu a été condamné alors qu'il n'avait pas revendu les actions qu'il avait achetées, voir T. corr. Paris 15-10-1976 précité et T. corr. Paris 28-1-1985 : Gaz. Pal. 1985 p. 287 note Ducouloux-Favard.

> **Précisions** **a.** À le supposer établi, le délit d'initié est susceptible de causer un préjudice personnel direct aux **actionnaires** de la société dont les titres ont fait l'objet du délit, de sorte que ceux-ci peuvent se constituer **partie civile** devant le juge d'instruction en vue de demander réparation du préjudice résultant de ce délit (Cass. crim. 11-12-2002 n° 7399 : RJDA 5/03 n° 857).
b. Le délit d'initié peut constituer un **acte de terrorisme** dès lors qu'il a été intentionnellement commis en relation avec une entreprise individuelle ou collective ayant pour but de troubler gravement l'ordre public par l'intimidation ou la terreur (C. pén. art. 421-1, 7°).

66326 **Incriminations assimilables au délit d'initié** Sont assimilables au délit d'initié et, à ce titre, punissables des mêmes peines (C. mon. fin. art. L 465-2, I à III modifié par ord. 2024-936 du 15-10-2024) les incriminations pénales suivantes :

– le fait pour un initié de **recommander** la réalisation d'une ou de plusieurs opérations sur un instrument financier ou un crypto-actif auquel se rapporte l'information privilégiée ou d'**inciter** à la réalisation de telles opérations sur le fondement de cette information ;

– le fait pour toute personne d'**utiliser cette recommandation ou cette incitation** en sachant qu'elle est fondée sur une information privilégiée ;

– le fait pour toute personne de **communiquer** cette recommandation ou cette incitation en connaissance de cause.

DIVULGATION ILLICITE D'INFORMATION PRIVILÉGIÉE

66330 Le délit de divulgation illicite d'information privilégiée consiste pour un initié à **communiquer** ou tenter de communiquer cette information **à un tiers,** à moins qu'il ne prouve que cette communication intervient dans le cadre normal de sa profession ou de ses fonctions, y compris lorsqu'elle relève d'un sondage de marché (n°s 66369 s.) (C. mon. fin. art. L 465-3, I et II).

MANIPULATION DE MARCHÉ

Manipulation de cours Est punissable le fait, par toute personne, de réaliser une opération, de passer un ordre ou d'adopter un comportement qui donne ou est susceptible de donner des indications trompeuses sur l'offre, la demande, le cours ou le prix d'un instrument financier ou d'un crypto-actif ou qui fixe ou est susceptible de fixer à un niveau anormal ou artificiel le cours d'un instrument financier ou le prix d'un crypto-actif (C. mon. fin. art. L 465-3-1, I-A modifié par ord. 2024-936 du 15-10-2024). 66337

L'infraction n'est pas constituée si l'opération ou le comportement ci-dessus est fondé sur un **motif légitime** et est conforme à une **pratique de marché admise par l'AMF** (art. L 465-3-1, I-B et C modifié par ord. 2024-936). Rappelons que les pratiques de marché admises par l'AMF posent une présomption simple de légitimité des comportements conformes aux règles qu'elles édictent (voir n° 68950).

Constitue également une manipulation de cours le fait, pour toute personne, de réaliser une opération, de passer un ordre ou d'adopter un comportement qui affecte le cours d'un instrument financier ou le prix d'un crypto-actif, en ayant recours à des procédés fictifs ou à toute autre forme de tromperie ou d'artifice (art. L 465-3-1, II modifié par ord. 2024-936).

Un délit de manipulation d'**indice** est également prévu (C. mon. fin. art. L 465-3-3 modifié par ord. 2024-936).

Diffusion de fausses informations Est punissable le fait, par toute personne, de diffuser, par tout moyen, des informations qui donnent des **indications fausses ou trompeuses** sur la situation ou les perspectives d'un émetteur ou sur l'offre, la demande ou le cours ou le prix d'un instrument financier ou d'un crypto-actif ou qui fixent ou sont susceptibles de fixer le cours d'un instrument financier ou le prix d'un crypto-actif à un niveau anormal ou artificiel (C. mon. fin. art. L 465-3-2 modifié par ord. 2024-936 du 15-10-2024). 66339

> **Précisions a.** Conformément au droit commun, les victimes d'un délit de fausse information peuvent se faire indemniser en se constituant **parties civiles** (pour un exemple concernant des actionnaires qui avaient acquis des titres à la suite de la publication de comptes qui s'étaient révélés inexacts, voir T. corr. Paris 17-12-1997 : Bull. Joly 1998 p. 507 note N. Rontchevsky). Sur l'exercice par l'AMF des droits de la partie civile, voir n° 63237.
> **b.** Sur la distinction entre délit de diffusion d'informations fausses ou trompeuses et délits de présentation de **comptes inexacts et** de **faux**, voir Cass. crim. 13-4-2022 n° 20-83.524 F-D : RJDA 10/22 n° 570.

B. Manquements d'abus de marché

CHAMP D'APPLICATION

Le règlement UE 596/2014 du 16 avril 2014 (règlement « Abus de marché » dit « MAR ») prévoit un certain nombre d'interdictions, principalement celles de réalisation d'une opération d'initié, de divulgation illicite d'information privilégiée et de manipulation de marché (regroupant la manipulation de cours et la diffusion de fausses informations). 66350

La violation de l'une de ces interdictions constitue un « manquement d'abus de marché » et expose son auteur à des sanctions pécuniaires et, le cas échéant, à des sanctions disciplinaires prononcées par la commission des sanctions de l'AMF.

Sont concernés les abus portant sur (Règl. UE 596/2014 du 16-4-2014 art. 2) : 66352

– les instruments financiers admis à la négociation sur un marché réglementé (**Euronext Paris**) ou sur un SMN, qu'il soit organisé (**Euronext Growth**) ou non (tel **Euronext Access**), ou sur un système de négociation organisé ou pour lesquels une demande d'admission à la négociation sur ce marché ou système a été faite ;
– les autres instruments financiers dont le cours ou la valeur dépend du cours ou de la valeur d'un instrument financier ci-dessus ou dont le cours ou la valeur a un effet sur le cours ou la valeur d'un instrument financier ci-dessus, y compris, sans s'y limiter, les contrats d'échange sur risque de crédit et les contrats financiers pour différences ;
– les quotas d'émission de gaz à effet de serre ;
– toute transaction, tout ordre ou comportement concernant tout instrument financier ci-dessus, indépendamment du fait que cette transaction, cet ordre ou ce comportement ait lieu ou non sur une **plate-forme de négociation.**

S'agissant des manipulations de cours et de la diffusion de fausses informations, sont aussi concernés :
– les contrats au comptant sur matières premières qui ne sont pas des produits énergétiques de gros lorsque l'opération, le comportement ou la diffusion a ou est susceptible d'avoir un effet sur le cours ou la valeur d'un instrument financier ci-dessus ;
– les types d'instruments financiers, y compris les contrats dérivés ou les instruments dérivés servant au transfert du risque de crédit, pour lesquels la transaction, l'ordre, l'offre ou le comportement a ou est de nature à avoir un effet sur le cours ou la valeur d'un contrat au comptant sur matières premières lorsque le cours ou la valeur dépend du cours ou de la valeur de ces instruments financiers ;
– les indices de référence.

INTERDICTION DES OPÉRATIONS D'INITIÉ (MANQUEMENTS D'INITIÉ)

66355 Une personne ne doit pas **effectuer** ou **tenter** d'effectuer des opérations d'initié, **recommander** à une autre personne d'en effectuer ou l'**inciter** à en effectuer (Règl. UE 596/2014 du 16-4-2014 art. 14). La tentative, constituée dès lors que, manifestée par un commencement d'exécution, elle n'a été suspendue ou n'a manqué son effet qu'en raison de circonstances indépendantes de la volonté de son auteur (C. pén. art. 121-5), est ainsi répréhensible.

Une opération d'initié se produit lorsqu'une personne détient une information privilégiée et en fait usage en **acquérant ou en cédant,** pour son propre compte ou pour le compte d'un tiers, directement ou indirectement, des instruments financiers auxquels cette information se rapporte. L'utilisation d'une information privilégiée pour **annuler ou** pour **modifier un ordre** concernant un instrument financier auquel cette information se rapporte, lorsque l'ordre avait été passé avant que la personne concernée ne détienne l'information privilégiée, est également réputée être une opération d'initié (Règl. UE 596/2014 art. 8, 1).

Est également interdit le fait de **recommander** à une autre personne d'effectuer une opération d'initié, ou le fait d'**inciter** une autre personne à effectuer une opération d'initié, lorsque la personne qui dispose d'une information privilégiée recommande, sur la base de cette information (Règl. UE 596/2014 art. 8, 2) :
– qu'une autre personne acquière ou cède des instruments financiers auxquels cette information se rapporte, ou incite cette personne à procéder à une telle acquisition ou à une telle cession ;
– qu'une autre personne annule ou modifie un ordre relatif à un instrument financier auquel cette information se rapporte, ou incite cette personne à procéder à une telle annulation ou à une telle modification.

ILLUSTRATIONS

Pour un manquement à l'interdiction de recommander d'acquérir, ainsi que d'inciter à acquérir, des titres sur la base d'une information privilégiée, voir AMF comm. sanc. 30-1-2023 n° 2023-02 : RJDA 12/23 n° 662.

En revanche, il n'y a pas eu recommandation de vendre les titres détenus sur son contrat d'assurance-vie par un administrateur d'une société en difficulté financière, dès lors que ces titres avaient déjà été déclarés inéligibles au contrat par la compagnie d'assurance et que les termes d'un mail du courtier de l'administrateur adressé au gestionnaire du contrat lui conseillant de vendre ceux-ci dans une certaine fourchette de prix montrent que la décision de vendre avait déjà été prise par la compagnie d'assurance, le mail se contentant d'en préciser les conditions financières (CA Paris 7-2-2019 n° 18/04069 : RJDA 11/19 n° 694).

L'opération d'initié et, par voie de conséquence, le manquement d'initié sont caractérisés par l'utilisation des recommandations ou des incitations précitées uniquement lorsque la personne qui utilise la recommandation ou l'incitation **sait, ou devrait savoir,** que celle-ci est fondée sur des informations privilégiées (Règl. UE 596/2014 art. 8, 3). La preuve de la détention par cette personne des informations privilégiées n'est en revanche pas nécessaire (pour un exemple, AMF comm. sanc. 30-1-2023 précitée).

› Précisions Pour les mises aux enchères de **quotas d'émission ou d'autres produits fondés sur ces derniers,** organisées en vertu du règlement UE 1031/2010 du 12 novembre 2010, l'utilisation d'informations privilégiées comprend également la soumission, la modification ou le retrait d'une offre par une personne pour son propre compte ou pour le compte d'un tiers.

66357 **Personnes concernées** Les interdictions d'opérations d'initiés s'appliquent à toute personne qui possède une information privilégiée en raison du fait qu'elle (Règl. UE 596/2014 du 16-4-2014 art. 8, 4) :
– est membre des organes d'administration, de gestion ou de surveillance de l'émetteur ;
– détient une participation dans le capital de l'émetteur ;

– a accès aux informations en raison de l'exercice de tâches résultant d'un emploi, d'une profession ou de fonctions ;
– participe à des activités criminelles.

Cette personne doit s'abstenir de communiquer l'information privilégiée à une autre personne en dehors du cadre normal de son travail, de sa profession ou de ses fonctions ou à des fins autres que celles à raison desquelles elle lui a été communiquée.

Ces interdictions s'appliquent également à toute personne qui possède une information privilégiée dans des circonstances autres que celles visées ci-dessus lorsque **cette personne sait ou devrait savoir** qu'il s'agit d'une information privilégiée (Régl. UE 596/2014 art. 8, 4).

Lorsque la personne est une **personne morale,** les interdictions s'appliquent également, conformément au droit national, aux personnes physiques qui participent à la décision de procéder à l'acquisition, à la cession, à l'annulation ou à la modification d'un ordre pour le compte de la personne morale concernée (Régl. UE 596/2014 art. 8, 4).

› Précisions **a.** Des sanctions peuvent être prononcées à l'encontre des **dirigeants** :
– même s'ils ont agi non pour leur compte, mais pour le compte de la société qu'ils dirigent et même s'ils n'ont tiré aucun profit personnel de l'opération (CA Paris 6-4-1994, inédit sur ce point) ;
– même s'ils n'ont pas commis de faute détachable de leurs fonctions, s'agissant non pas d'une action en responsabilité civile, mais d'une action pénale (Cass. com. 31-3-2004 nº 03-14.991 FS-PBI : RJDA 10/04 nº 1132).

b. Des sanctions peuvent être prononcées à l'encontre des **salariés** qui ont utilisé une information relative à la dégradation des résultats du groupe pour céder des titres reçus dans le cadre d'un plan d'attribution gratuite d'actions (AMF comm. sanc. 6-3-2019 : Dr. sociétés 2019 comm. nº 91).

c. Des sanctions peuvent être prononcées à l'encontre des **commissaires aux comptes** de la société émettrice (Cass. com. 11-7-2006 nº 05-18.528 FS-PBIR : RJDA 11/06 nº 1148).

d. Le principe de la personnalité des poursuites et des sanctions s'oppose, en l'absence de dispositions légales contraires, à ce que les **sociétés bénéficiaires d'une scission** répondent des manquements reprochés à la société scindée (Cass. com. 15-6-1999 nº 97-16.439 P : RJDA 8-9/99 nº 949).

Détention d'une information privilégiée À défaut de l'être par une **preuve tangible,** la détention d'une information privilégiée peut être établie par un **faisceau d'indices** graves, précis et concordants, desquels il résulte que seule cette détention peut expliquer les opérations auxquelles les personnes mises en cause ont procédé (CA Paris 21-6-2012 nº 11/08965 : RJDA 11/12 nº 977 ; Cass. com. 13-11-2013 nº 12-21.572 F-D : RJDA 3/14 nº 232 ; CE 10-7-2015 nº 369454 : RJDA 2/16 nº 119). Tel est le cas d'une personne qui a acheté des titres d'une société juste avant que celle-ci ne conclue un contrat stratégique et dont il est établi qu'elle connaissait plusieurs dirigeants de la société, avait épousé l'un d'eux quelques mois après l'opération et avait donné personnellement l'ordre d'achat alors qu'elle n'intervenait pas habituellement dans la gestion de son compte-titres (AMF comm. sanc. 22-5-2008 : RJDA 11/08 nº 1132 ; pour un autre exemple, AMF comm. sanc. 14-12-2018 : RJDA 7/19 nº 508, ayant retenu le caractère opportun de la période d'acquisition, le caractère et le montant atypiques de l'acquisition elle-même, l'absence de justification convaincante de la part des personnes mises en cause et l'existence d'un circuit plausible de transmission de l'information ; voir cependant AMF comm. sanc. 6-3-2019 : Banque et droit 184/2019 p. 94 ayant considéré que la période opportune et le caractère atypique de l'acquisition ne constituaient pas, à eux seuls, un faisceau d'indices graves, précis et concordants permettant d'établir que seule la détention de l'information privilégiée pouvait expliquer les interventions litigieuses). 66359

La détention d'une information peut être présumée dans certains cas. Il en va ainsi des initiés dits « du premier cercle » que sont les **membres des organes d'administration, de direction, de gestion ou de surveillance** de l'émetteur pour lesquels la détention d'une information privilégiée en rapport avec l'émetteur fait l'objet d'une **présomption simple** (AMF comm. sanc. 4-10-2007 nº 2007-03 et 23-10-2008 nº 2009-03 précisant que l'intéressé ne pouvait pas ne pas détenir les informations privilégiées en cause).

La commission des sanctions n'a ni à identifier la source à l'origine de la détention de l'information privilégiée (AMF comm. sanc. 15-5-2024 nº 2024-04), ni à établir précisément les circonstances dans lesquelles cette information est parvenue à la personne qui l'a exploitée (AMF comm. sanc. 10-4-2008), ni à démontrer l'impossibilité d'obtenir une preuve tangible de la transmission ou de l'exploitation de l'information (AMF comm. sanc. 23-12-2008). Elle a ainsi considéré un salarié comme détenant une information privilégiée figurant sur une base de données interne à la société, quand bien même la preuve de la consultation de cette base de données était impossible à rapporter (AMF comm. sanc. 13-3-2019 : Bull. Joly Bourse mai-juin 2019 p. 16).

› Précisions La présomption de culpabilité de l'initié ressortant d'un faisceau d'indices graves, précis et concordants est compatible avec le principe de **présomption d'innocence** (Cass. crim. QPC 15-12-2021 nº 21-83.500 F-D : Dr. sociétés 2022 comm. nº 23, à propos du délit d'initié mais transposable).

66361 **Utilisation d'une information privilégiée** La notion d'utilisation (devenue le fait de « faire usage ») est appréciée de façon objective. La démonstration par la commission des sanctions de l'AMF des deux seuls éléments suivants suffit, sauf établissement d'un comportement légitime (n° 66363) : la détention d'une information privilégiée et l'utilisation de celle-ci par l'acte consommé ou non d'acquisition ou de cession d'un initié primaire. La preuve de l'intention délibérée d'utilisation de cette information n'est pas requise. Le manquement se trouve ainsi constitué par le simple **rapprochement chronologique** entre la détention de l'information et son utilisation sur le marché avant que celle-ci ne soit connue du public et sans qu'il soit nécessaire de démontrer l'existence d'un lien de cause à effet entre ces deux circonstances. Le manquement est aussi caractérisé en cas d'utilisation indirecte d'une information privilégiée par un initié primaire, par l'intermédiaire de sa holding, alors même qu'il n'exerçait aucune fonction de direction dans cette société holding et n'en était que l'actionnaire de référence (CA Paris 27-11-2014 n° 2013/16393 : RJDA 5/15 n° 356). L'information privilégiée ne requiert nullement une intention spéculative de la part de celui qui la détient (CA Paris 26-5-1993 : RJDA 8-9/93 n° 711 ; CA Paris 2-4-1997 n° 96-17670 : RJDA 10/97 n° 1214 ; CA Paris 24-11-2009).

Le fait qu'un initié primaire qui détient une information privilégiée acquiert ou cède ou tente d'acquérir ou de céder, pour son compte propre ou pour le compte d'autrui, soit directement, soit indirectement, les instruments financiers auxquels se rapporte cette information implique qu'il a « utilisé cette information », sous réserve du respect des droits de la défense et, en particulier, du droit de pouvoir renverser cette **présomption** (CJUE 23-12-2009 aff. 45/08 : RJDA 3/10 n° 256 ; pour des exemples d'application de la présomption, voir CA Paris 7-2-2019 n° 18/04069 : RJDA 11/19 n° 694 et, à propos d'un dirigeant faisant valoir sans succès que la cession procédait d'une stratégie décidée avant qu'il ne soit initié, Cass. com. 24-11-2021 n° 20-18.482 F-D : RJDA 2/22 n° 87).

La personne mise en cause peut renverser la présomption en faisant valoir que l'achat de titres pouvait s'expliquer autrement que par la détention effective d'une information privilégiée (CA Paris 2-3-2023 n° 21/00887 : Bull. Joly Bourse juillet-août 2023 p. 17), en apportant la preuve, difficile en pratique, que l'utilisation qu'elle a faite de l'information privilégiée ne porte pas atteinte à l'intégrité du marché et à la confiance des investisseurs (Cass. com. 24-11-2021 précité) ou en justifiant d'un motif impérieux (voir n° 66365).

66363 **Comportements légitimes** Dans certains cas, le simple fait pour une personne d'être ou d'avoir été en possession d'une information privilégiée ne doit pas signifier qu'elle l'a utilisée et a ainsi effectué une opération d'initié sur la base d'une acquisition ou d'une cession. Il en va ainsi (Règl. UE 596/2014 du 16-4-2014 art. 9) :

– lorsqu'une personne morale a établi, mis en œuvre et maintenu à jour des mesures et **procédures internes** appropriées et efficaces pour garantir de manière effective que ni la personne physique qui a pris la décision pour son compte d'acquérir ou de céder des instruments financiers auxquels l'information privilégiée se rapporte, ni aucune autre personne physique qui aurait pu exercer une quelconque influence sur cette décision n'étaient en possession de l'information privilégiée et que cette personne morale n'a pas encouragé, recommandé, incité ou influencé d'une quelconque manière la personne physique qui a, pour son compte, acquis ou cédé des instruments financiers auxquels se rapporte l'information ;

– pour le **teneur de marché** ou la personne habilitée à agir comme **contrepartie,** si l'acquisition ou la cession des instruments financiers auxquels se rapporte l'information s'effectue légitimement dans le cadre normal de l'exercice de ses fonctions pour cet instrument financier ou, pour la personne habilitée à **exécuter des ordres pour le compte de tiers,** si l'acquisition ou la cession des instruments financiers auxquels se rapportent ces ordres s'effectue dans le but légitime d'exécuter ceux-ci dans le cadre normal de l'exercice de son travail, de sa profession ou de ses fonctions ;

– lorsqu'une personne effectue une transaction afin d'acquérir ou de céder des instruments financiers et que cette transaction est effectuée pour assurer l'exécution d'une obligation devenue exigible, en toute bonne foi et non dans le but de contourner l'interdiction d'opération d'initié, si cette obligation résulte d'un **ordre passé ou d'une convention conclue avant** qu'elle ne détienne une information privilégiée ou si cette transaction est effectuée pour satisfaire à une **obligation légale ou réglementaire** née avant qu'elle ne détienne une information privilégiée ;

– lorsqu'une personne a obtenu l'information privilégiée dans le cadre de la réalisation d'une **offre publique d'acquisition** sur une société ou d'une **fusion** avec elle et utilise cette information privilégiée dans le seul but de mener à bien cette opération, sous réserve qu'au moment de l'approbation de l'offre ou de la fusion par les actionnaires de cette société, toutes les informations privilégiées aient été rendues publiques ou aient cessé d'une autre façon d'être des informations privilégiées. Cette légitimité ne s'applique pas au ramassage en bourse.

En outre, le simple fait qu'une personne utilise le fait de savoir qu'elle a décidé d'acquérir ou de céder des instruments financiers dans le cadre de l'acquisition ou de la cession de ces instruments financiers ne constitue pas en soi une utilisation d'informations privilégiées. En d'autres termes, on n'est pas par principe initié sur soi-même.

Toutefois, nonobstant les cas exposés ci-dessus, une violation de l'interdiction des opérations d'initiés peut toujours être réputée avoir eu lieu si l'autorité compétente établit qu'il existait une **raison illégitime** pour les ordres, transactions ou comportements concernés.

Ainsi, pour certains comportements ou opérations dans des conditions qu'il définit, le règlement européen pose une **présomption de légitimité** au regard de l'interdiction des opérations d'initié. Cette présomption a, à notre avis, la nature d'une présomption simple dans la mesure où l'autorité compétente pourra la renverser en démontrant que, en dépit des conditions posées et satisfaites, ces opérations ou comportements visaient un objectif illégitime.

Étendue de l'interdiction En principe, le devoir d'abstention des détenteurs d'une information privilégiée est **absolu.** Cependant, la violation de cette obligation peut être justifiée par un **motif impérieux** qu'il appartient à la personne mise en cause de démontrer. Il s'entend de circonstances extérieures de nature à exclure de la part de l'auteur toute exploitation de la situation (AMF comm. sanc. 1-6-2006), excluant des besoins en trésorerie ou des contraintes patrimoniales mais pouvant résider dans une opération financière dictée par l'intérêt social (CA Paris 2-4-1997 : RJDA 10/97 nº 1214 : cas du dirigeant d'une société qui, connaissant l'imminence du dépôt d'une offre publique d'acquisition sur cette société, avait fait acheter des titres de celle-ci par deux autres sociétés qu'il présidait également). 66365

> **Précisions** Selon la cour d'appel de Paris, le devoir d'abstention du détenteur d'une information privilégiée « ne souffre d'exception que devant un motif impérieux justifiant une **opération dictée par l'intérêt social** ». Tel n'est pas le cas du motif économique tiré du rendement optimal du titre qui était invoqué par l'intéressé pour justifier les acquisitions faites par des Sicav dont il était président (CA Paris 2-4-1997 précité). Tel n'est pas davantage le cas de l'invocation d'un partenariat ou d'une stratégie anti-OPA pour soutenir utilement que l'information détenue à ce sujet n'aurait pas été déterminante de l'acquisition des titres incriminés (CA Paris 11-9-2001 nº 01-9259 : RJDA 12/01 nº 1216).

Interdiction de divulguer des informations privilégiées Une divulgation illicite d'informations privilégiées se produit lorsqu'une personne, physique ou morale, est en possession de telles informations et les divulgue à une autre personne, sauf lorsque cette divulgation a lieu dans le cadre normal de l'exercice d'un travail, d'une profession ou de fonctions (Règl. UE 596/2014 du 16-4-2014 art. 10, 1). 66367

De même, la divulgation ultérieure des recommandations ou incitations (nº 66355) constitue une divulgation illicite d'informations privilégiées lorsque la personne qui divulgue la recommandation ou l'incitation sait, ou devrait savoir, qu'elle était fondée sur des informations privilégiées (Règl. UE 596/2014 art. 10, 2).

ILLUSTRATIONS

Pour un exemple de manquement à l'obligation de s'abstenir de communiquer une information privilégiée, voir CA Paris 2-3-2023 nº 21/00887 : Bull. Joly Bourse juillet-août 2023 p. 17.

Le manquement de transmission d'information privilégiée n'a en revanche pas été retenu lorsque :
– la diffusion de l'information par des salariés d'un prestataire de services d'investissement s'inscrivait dans le cadre normal de leurs fonctions (AMF comm. sanc. 25-4-2019 : JCP E 2019 nº 330) ;
– *il n'était pas établi que la personne* mise en cause savait ou aurait dû savoir qu'elle détenait une information de cette nature (AMF comm. sanc. 13-12-2018 : Banque et droit 183/2019 p. 83) ;
– les éléments de faits étaient insuffisants à caractériser un tel manquement, bien qu'il fût établi que la personne poursuivie détenait l'information privilégiée ensuite exploitée par un tiers (AMF comm. sanc. 15-5-2024 nº 2024-04).

Sondages de marché. Un sondage de marché consiste en la communication d'informations, avant l'annonce d'une transaction, qu'elle ait lieu ou non, afin d'évaluer l'**intérêt d'investisseurs** potentiels **pour une transaction éventuelle** et les conditions attachées à celle-ci, telles que son volume ou ses conditions tarifaires éventuelles, à un ou plusieurs investisseurs potentiels par : 66369
– un émetteur ;

– un offreur secondaire d'un instrument financier, concernant des quantités et valeurs telles que la transaction se distingue des négociations ordinaires et implique une méthode de vente fondée sur l'évaluation préalable de l'intérêt éventuel des investisseurs potentiels ;
– un tiers agissant au nom ou pour le compte de ces personnes.

Il consiste également en la communication d'informations privilégiées, par une personne ayant l'intention de faire une **offre publique d'achat** sur les titres d'une société ou de proposer une **fusion** avec une société, aux parties ayant des droits sur les titres, si ces informations sont nécessaires à leur prise de décision d'apporter leurs titres à l'offre et si la réponse à cette communication par ces personnes est nécessaire à l'initiateur pour prendre la décision de procéder à l'offre publique d'achat ou à la fusion (Règl. UE 596/2014 du 16-3-2014 art. 11, 1 et 2 modifié par Règl. UE 2024/2809 du 23-10-2024).

66370 Le participant au marché doit, préalablement au sondage de marché, déterminer de façon spécifique si celui-ci impliquera la **communication d'informations privilégiées** ; le résultat de cette conclusion doit être consigné par écrit et fourni à l'autorité compétente qui en fait la demande, et ce, pour chaque communication d'informations tout au long du sondage (Règl. UE 596/2014 du 16-3-2014 art. 11, 3).

66371 Le participant au marché est réputé avoir divulgué des informations privilégiées, à l'occasion d'un sondage de marché, dans le **cadre normal de l'exercice d'un travail**, d'une profession ou de fonctions, lorsqu'il a (Règl. UE 596/2014 du 16-3-2014 art. 11, 4 modifié par Règl. UE 2024/2809 du 23-10-2024) :
– obtenu le **consentement** de la personne sondée à recevoir des informations privilégiées et informé cette personne des interdictions qui découlent de cette communication et de l'obligation de confidentialité qui pèse désormais sur elle relativement à ces informations ;
– réalisé, conservé et fourni à l'autorité compétente qui en fait la demande un **enregistrement** de toutes les informations communiquées à la personne sondée, l'identité des investisseurs potentiels auxquels les informations ont été divulguées, et la date et l'heure de chaque communication.

CONSEIL

L'auteur d'un sondage de marché satisfaisant à chacune de ces conditions bénéficie d'une **sécurité juridique** refusée à celui qui n'y satisfait pas. S'il n'y a pas lieu de présumer que ce dernier a divulgué de manière illicite des informations privilégiées (cf. Règl. UE 2024/2809 cons. 65), la prudence commande aux personnes concernées de respecter les conditions précitées afin de se placer sous le régime protecteur ménagé par le règlement UE 596/2014 et se prémunir contre toute critique aisée.

Le participant au marché doit conserver cet enregistrement pendant au moins cinq ans (Règl. UE 596/2014 art. 11, 8).

Sur les obligations des personnes visées par les sondages de marché, voir Position-recommandation AMF 2017-02 du 31-1-2017.

› Précisions **a.** Lorsqu'une offre de titres est réservée à des **investisseurs qualifiés**, la communication d'informations à ces investisseurs aux fins de la négociation des conditions contractuelles de leur participation à une émission d'obligations par une société dont des instruments financiers sont admis à la négociation sur une plate-forme de négociation, ou par toute personne agissant au nom ou pour le compte de celle-ci, est réputée avoir été faite dans le cadre normal de l'exercice d'un travail, d'une profession ou de fonctions, et ne constitue donc pas une divulgation illicite d'informations privilégiées. Cette société, ou la personne agissant en son nom ou pour son compte, doit s'assurer que les investisseurs qualifiés qui reçoivent les informations connaissent les obligations légales et réglementaires correspondantes et ont connaissance des sanctions applicables aux opérations d'initiés et à la divulgation illicite d'informations privilégiées, ce qu'ils doivent reconnaître par écrit (Règl. UE 596/2014 art. 11, 1 bis).

b. L'auteur du sondage de marché n'a pas à informer dès que possible la personne sondée du fait que les **informations** divulguées **cessent d'être privilégiées**, dès lors que lesdites informations ont fait l'objet d'une annonce publique (Règl. UE 596/2014 art. 11, 6 modifié par Règl. UE 2024/2809).

66372 **Échanges entre émetteurs et analystes financiers** Il est fréquent que des *échanges interviennent* entre un émetteur et des analystes financiers pendant la période précédant la publication d'un rapport financier annuel ou semestriel. L'Esma a rappelé que ces échanges ne doivent donner lieu à aucune divulgation d'informations privilégiées et a publié des bonnes pratiques à même de réduire le risque d'une telle divulgation illicite : voir Statement Esma 74-1103241886-945 du 29-5-2024.

INTERDICTION DES MANIPULATIONS DE MARCHÉ

Une personne ne doit pas effectuer des manipulations de marché, ni tenter d'effectuer des manipulations de marché (Règl. UE 596/2014 du 16-4-2014 art. 15). Les manipulations de marché incluent à la fois la **manipulation de cours** et la **diffusion de fausses informations.** 66375

Manipulation de cours Constituent des manquements de manipulation de cours les activités suivantes (Règl. UE 596/2014 du 16-4-2014 art. 12, 1-a et b) : 66377

1. Effectuer une transaction, passer un ordre ou adopter tout autre comportement qui donne ou est susceptible de donner des indications fausses ou trompeuses concernant l'offre, la demande ou le cours d'un instrument financier ou d'un contrat au comptant sur matières premières qui lui est lié, ou qui fixe ou est susceptible de fixer à un niveau anormal ou artificiel le cours d'un ou de plusieurs instruments financiers ou d'un contrat au comptant sur matières premières qui leur est lié (pour un exemple, AMF comm. sanc. 24-1-2024 n° 2024-02 : Dr. sociétés 2024 comm. n° 49). Toutefois, le manquement n'est pas constitué si la personne effectuant une transaction, passant un ordre ou adoptant tout autre comportement établit que cette transaction, cet ordre ou ce comportement a été réalisé pour des **raisons légitimes** et est **conforme aux pratiques de marché admises** (voir n° 66337).

2. Effectuer une transaction, passer un ordre ou effectuer toute autre activité ou adopter tout autre comportement influençant ou susceptible d'influencer le cours d'un ou de plusieurs instruments financiers, d'un contrat au comptant sur matières premières qui leur est lié ou d'un produit mis aux enchères sur la base des quotas d'émission en ayant recours à des procédés fictifs ou à toute autre forme de tromperie ou d'artifice (pour un exemple, AMF comm. sanc. 4-3-2022 n° 2022-02 : Banque et droit 205/2022 p. 45).

Une personne physique qui a donné **procuration à un mandataire** sur ses comptes de titres peut être sanctionnée pour manipulation de cours dès lors que le mandataire a agi au nom et pour le compte de cette personne et l'a tenue régulièrement informée de son activité (Cass. com. 4-11-2008 n° 07-21.312 : RJDA 3/09 n° 234).

Pour une manipulation de cours sanctionnée aux motifs, cumulés, d'indications fausses ou trompeuses, de fixation du cours à un niveau anormal ou artificiel et de recours à des procédés fictifs ou autres formes de tromperie ou d'artifice, voir AMF comm. sanc. 3-2-2025 n° 2025-02 : Bull. Joly Bourse mars-avril 2025 p. 13. Pour une mise hors de cause, voir AMF comm. sanc. 26-2-2021 n° 2021-01 : RJDA 8-9/21 n° 580.

ATTENTION

Le manquement de manipulation de cours peut être caractérisé sans qu'il soit besoin d'établir que l'auteur des faits avait une **intention manipulatoire** (Esma, Final Report – Esma's Technical Advice on Possible Delegated Acts Concerning the Market Abus Regulation 3-2-2015 p. 9 n° 8 ; AMF comm. sanc. 4-12-2015 : Bull. Joly Bourse 2016 p. 143 ; AMF comm. sanc. 16-7-2018 : Bull. Joly Bourse 2018 p. 357).

Diffusion de fausses informations Le manquement de diffusion de fausses informations est constitué par (Règl. UE 596/2014 du 16-4-2014 art. 12, 1-c et d) : 66379

– la diffusion d'informations, que ce soit par l'intermédiaire des médias, dont internet, ou par tout autre moyen, qui donnent ou sont susceptibles de donner des **indications fausses ou trompeuses** en ce qui concerne l'offre, la demande ou le cours d'un instrument financier, d'un contrat au comptant sur matières premières qui lui est lié, ou fixent ou sont susceptibles de fixer à un niveau anormal ou artificiel le cours d'un ou de plusieurs instruments financiers, d'un contrat au comptant sur matières premières qui leur est lié, y compris le fait de répandre des **rumeurs,** alors que la personne ayant procédé à une telle diffusion **savait ou aurait dû savoir** que ces informations étaient fausses ou trompeuses ;

– le fait de transmettre des informations fausses ou trompeuses ou de fournir des données fausses ou trompeuses sur un **indice de référence** lorsque la personne qui a transmis ces informations ou fourni ces données savait ou aurait dû savoir qu'elles étaient fausses ou trompeuses, ou tout autre comportement constituant une manipulation du calcul d'un indice de référence.

Les articles 12, 1-c et 15 du règlement UE 596/2014 ne répriment pas la diffusion d'une information seulement imprécise (AMF comm. sanc. 18-7-2018 : Bull. Joly Bourse 2018 p. 299). En revanche, une information « parcellaire » peut être sanctionnée lorsqu'elle est de nature à induire le public en erreur (AMF comm. sanc. 18-7-2018 précitée, retenant une notion d'information parcellaire proche de la notion d'information imprécise au sens de la position-recommandation AMF 2016-08).

Par ailleurs, l'article 12, 1-c précité prévoit que la diffusion de fausses informations peut intervenir par tout moyen. En conséquence, le dépôt auprès de l'AMF d'une déclaration de franchissement de seuils comportant des informations inexactes est assimilable à une diffusion de fausses informations, peu important que la publication de cette déclaration soit assurée par l'AMF (CA Paris 23-5-2019 nº 18/18638 : Banque et droit 186/2019 p. 85), de même que l'établissement du rapport par lequel un commissaire aux comptes certifie sans réserve les comptes d'un émetteur faute d'analyser l'incidence d'un contrat de financement (AMF comm. sanc. 11-12-2024 nº 2024-11 : Banque et droit 210/2025 p. 57).

66380 Indépendamment de la réalisation d'un profit, la **société** est engagée par les actes de ses dirigeants dans la mesure où ils agissent dans l'exercice de leurs fonctions (CA Paris 27-5-2008 et, sur pourvoi, Cass. com. 23-6-2009 nº 08-17.723).

Le prononcé de sanctions pécuniaires à l'égard du **dirigeant** personne morale n'est pas subordonné à la démonstration d'une faute séparable de ses fonctions : voir nº 66357.

Un dirigeant ne peut voir sa responsabilité engagée du fait d'un manquement à son obligation de bonne information qu'à la condition qu'il soit établi non seulement qu'il a communiqué une information au public non conforme aux exigences d'exactitude, de précision et de sincérité des textes précités, mais également qu'il savait ou, à tout le moins, qu'il aurait dû savoir que les informations communiquées n'étaient pas conformes à la réalité. Cette dernière condition est remplie lorsqu'il résulte de l'instruction que le dirigeant mis en cause, compte tenu des circonstances de l'espèce et au regard des fonctions qu'il exerçait, devait normalement savoir que les informations en cause étaient inexactes (AMF comm. sanc. 29-3-2007 et 5-7-2007). Les tribunaux considèrent en effet que le dirigeant d'une société, de par ses fonctions, est supposé maîtriser la communication de la société (pour un exemple, CA Paris 30-5-2006 nº 05/21197, à propos d'un directeur général).

ATTENTION

Une **délégation de pouvoirs** ne saurait autoriser un dirigeant à se désintéresser totalement de la communication financière de la société et, dès lors, ce dirigeant ne peut pas s'affranchir de la responsabilité qui lui incombe au titre de cette dernière (CA Paris 7-10-2008 nº 08/01096 ; voir aussi CA Paris 30-11-1994 : RJDA 2/95 nº 169 jugeant que la délégation consentie par le président au directeur général et au directeur financier pour la gestion de l'ensemble des participations du groupe n'était pas de nature à l'exonérer de son obligation de veiller à la qualité des informations diffusées sur la société).

Le manquement de communication de fausse information ne peut être retenu à l'encontre d'**administrateurs,** dont il n'est pas démontré qu'ils ont eu le moindre rôle dans la communication incriminée, rien ne permettant d'établir que celle-ci a été préalablement approuvée en conseil d'administration (AMF comm. sanc. 29-9-2005). Il n'est en principe pas possible d'engager la responsabilité individuelle d'un ou de plusieurs membres d'un organe collégial car on ne peut connaître l'identité de ceux qui se sont prononcés en faveur de la décision prise par l'organe. Tel n'est pas le cas cependant dans l'hypothèse où l'organe n'est composé que de deux membres dont aucun n'a de voix prépondérante sur l'autre et où, par conséquent, le manquement est imputable à l'un et à l'autre (AMF comm. sanc. 15-2-2007 nº 2007-10).

Les **commissaires aux comptes** n'encourent une sanction que s'il est établi soit qu'ils savaient que les informations communiquées avec leur aval étaient inexactes, imprécises ou trompeuses, soit que l'accomplissement des diligences normalement exigées par les textes leur aurait permis de le savoir (AMF comm. sanc. 28-2-2008 nº 2008-12).

Dès lors qu'il n'a pas la qualité de dirigeant, un **président du comité des comptes** et administrateur d'un émetteur ne saurait se voir imputer un manquement de fausse information, sauf à ce qu'il ait été investi de pouvoirs particuliers ou qu'il soit démontré qu'il a personnellement communiqué au public une information inexacte, imprécise ou trompeuse (AMF comm. sanc. 24-5-2007 nº 2007-18).

66381 Il n'est pas nécessaire que l'information erronée ait provoqué une **variation du cours** du titre concerné ; il suffit de constater que, par ses imprécisions et inexactitudes, elle a faussé la connaissance que pouvait avoir le marché de l'état de la société (CA Paris 25-1-2000 : RJDA 6/00 nº 676).

ILLUSTRATIONS

A été considérée comme trompeuse l'information diffusée en fin d'année par une société sur le décalage des ventes d'un de ses nouveaux produits (un modem) du troisième au quatrième trimestre et sur le succès sans précédent de ce produit dès lors que la société, qui avait confirmé à cette occasion une prévision de chiffre d'affaires d'un certain montant pour l'année en cours, savait alors que 40 % des **commandes** du modem avaient été **reportées ou annulées** et que celui-ci connaissait de toute évidence des **problèmes d'homologation et de commercialisation** (Cass. com. 23-6-2004 nº 02-17.936 : RJDA 12/04 nº 1341).

La diffusion d'un **communiqué de presse incomplet** peut être sanctionnée, quand bien même les informations manquantes auraient été rendues publiques par d'autres supports tels que le document de référence (désormais document d'enregistrement universel) visé par l'AMF ou la publication des comptes annuels revêtus de l'attestation des commissaires aux comptes au Balo (Cass. com. 18-11-2008 nº 08-10.246 : RJDA 3/09 nº 233).

L'obligation de fournir au public une information exacte, précise et sincère « implique celle d'établir des **comptes** annuels et consolidés satisfaisant à ces exigences, sans préjudice des prescriptions propres aux règles comptables » (Décisions COB du 12-9-1996 : Bull. COB février 1997 p. 49 s., annulées par CA Paris 14-5-1997 : RJDA 10/97 nº 1223 mais pour un autre motif ; pour un manquement de diffusion d'informations fausses ou trompeuses caractérisé au regard de normes comptables, voir AMF comm. sanc. 19-7-2024 nº 2024-07 : RD bancaire et financier 2024 comm. nº 159). 66382

ILLUSTRATIONS

La comptabilisation dans les comptes d'un exercice de plus-values de cessions non réalisées, l'absence ou l'insuffisance de provisions pour risques, le défaut de mention dans l'annexe des comptes d'importants engagements à l'égard de tiers sont de nature à fausser l'information donnée au public sur la situation financière de la société (Décisions COB du 12-9-1996 précitées).

Le recours, licite en lui-même, à des supports d'information différents pour communiquer sur des comptes provisoires et des comptes définitifs ne satisfait à l'exigence d'une information exacte, précise et sincère qu'à la condition que les modalités de sa mise en œuvre ne fassent pas obstacle à ce que l'évolution réelle de l'activité de la société puisse être appréhendée avec une précision suffisante (AMF comm. sanc. 4-10-2007).

Les qualités d'exactitude, de précision et de sincérité de l'information s'apprécient à la date à laquelle elle est donnée au public ; commet un manquement la société qui communique au public des comptes prenant en considération des subventions subordonnées à une autorisation alors qu'elle n'a pas, au sens de la norme comptable IAS 20, d'assurance raisonnable du versement de ces subventions (Cass. com. 13-12-2011 nº 10-28.337 : RJDA 4/12 nº 410).

Autres exemples d'abus de marché Sont notamment considérés comme des abus de marché les comportements suivants (Règl. UE 596/2014 du 16-4-2014 art. 12, 2) : 66383

1. Le fait, pour une ou pour plusieurs personnes agissant de manière concertée, de **s'assurer une position dominante** sur l'offre ou la demande d'un instrument financier, de contrats au comptant sur matières premières qui lui sont liés ou de produits mis aux enchères fondés sur des quotas d'émission, avec pour effet, réel ou potentiel, la fixation directe ou indirecte des prix d'achat ou des prix de vente ou la création, réelle ou potentielle, d'autres conditions de transaction inéquitables (pour un exemple, AMF comm. sanc. 24-1-2024 nº 2024-02 : Dr. sociétés 2024 comm. nº 49).

Pour apprécier une position dominante, la commission des sanctions de l'AMF recherche si les ordres passés ont été à l'origine d'une position dominante, et ensuite, dans l'affirmative, si, concrètement, et compte tenu des caractéristiques propres du marché des titres en cause, cette position dominante a créé pour les tiers des « conditions de transaction inéquitables ».

Une position dominante pouvant être acquise à raison tant des ordres passés que des ordres exécutés, elle est appréciée en combinant des indices relatifs au volume relatif et absolu des ordres passés par les personnes mises en cause, au nombre de décalages de fourchette provoqués par des ordres, à l'importance du volume relatif des ordres situés aux meilleures limites à l'achat et à la vente et, enfin, au volume relatif et absolu représenté par le donneur d'ordre dans les exécutions d'ordres (AMF comm. sanc. 9-4-2009).

La manipulation peut consister à influer sur le cours du titre en « inondant » rapidement et temporairement (ici quelques minutes) le carnet d'ordres soit au moyen d'ordres d'achat, soit au moyen d'ordres de vente, ces ordres étant, pour l'essentiel, annulés peu de temps après leur entrée dans le carnet. Constituent une position dominante les positions qui *témoignent, au moment* où elles ont été prises, d'un contrôle complet de l'offre ou de la demande, par une mainmise sur les meilleurs prix vendeurs ou acheteurs qui constituent la partie du carnet d'ordres susceptible d'établir le cours (AMF comm. sanc. 12-5-2011).

2. Le fait d'**acheter ou** de **vendre** des instruments financiers, **au moment de l'ouverture ou de la clôture du marché,** avec pour effet, réel ou potentiel, d'induire en erreur les investisseurs agissant sur la base des cours affichés, y compris lors de l'ouverture ou de la clôture (pour des applications, Décision COB du 24-11-1992 : Bull. COB novembre 1992 p. 23 et Décision COB du 16-12-1997 : Bull. COB février 1998 p. 9).

3. Le fait de passer des ordres à une plate-forme de négociation, y compris d'annuler ou de modifier ces ordres, en ayant **recours à tout moyen disponible de trading,** y compris des

moyens électroniques, tels que les stratégies de trading algorithmiques et à haute fréquence, lorsque cela a l'un des **effets manipulatoires** (nos 66379 s.) :
– en perturbant ou en retardant, ou en risquant de perturber ou de retarder, le fonctionnement du système de négociation de la plate-forme ;
– en compliquant la reconnaissance par d'autres personnes des véritables ordres dans le système de négociation de la plate-forme ou en étant susceptible d'agir ainsi, y compris en émettant des ordres qui entraînent une surcharge ou une déstabilisation du carnet d'ordres ;
– en créant, ou en étant susceptible de créer, une indication fausse ou trompeuse quant à l'offre, à la demande ou au cours d'un instrument financier, notamment en émettant des ordres visant à initier ou à exacerber une tendance.

4. Le fait de **tirer parti d'un accès** occasionnel ou régulier **aux médias** traditionnels ou électroniques en émettant un avis sur un instrument financier, sur un contrat au comptant sur matières premières qui lui est lié ou sur un produit mis aux enchères sur la base des quotas d'émission (ou indirectement sur son émetteur) après avoir pris des positions sur cet instrument financier, sur un contrat au comptant sur matières premières qui lui est lié ou sur un produit mis aux enchères sur la base des quotas d'émission et de profiter par la suite de l'impact dudit avis sur le cours de cet instrument, de ce contrat au comptant sur matières premières qui lui est lié ou d'un produit mis aux enchères sur la base des quotas d'émission sans avoir simultanément rendu public, de manière appropriée et efficace, ce conflit d'intérêts (pour un exemple, AMF comm. sanc. 4-3-2022 no 2022-02 : Banque et droit 205/2022 p. 45).

› Précisions L'annexe I du règlement 596/2014 contient des **listes** non exhaustives :
– d'**indicateurs** de manipulations relatifs au fait de donner des **indications fausses ou trompeuses** ou de fixer les cours à un niveau anormal ou artificiel (position entraînant une variation sensible du cours de l'instrument financier ; absence de changement de bénéficiaire propriétaire d'un instrument financier ; renversement de positions sur une courte période portant sur une proportion importante du volume quotidien de transactions réalisé sur l'instrument financier concerné ; ordres ou transactions concentrés sur un bref laps de temps durant la séance de négociation et entraînant une variation de cours qui est ensuite inversée ; modification de la représentation des meilleurs prix affichés à l'offre et à la demande d'un instrument financier, etc.) ;
– d'indicateurs de manipulations liés au **recours à des procédés fictifs ou à toute autre forme de tromperie ou d'artifice** (ordres ou transactions précédés ou suivis de la diffusion d'informations fausses ou trompeuses par ces mêmes personnes ou des personnes qui leur sont liées ; ordres ou transactions effectuées par des personnes avant ou après que celles-ci, ou des personnes qui leur sont liées, produisent ou diffusent des recommandations d'investissement qui sont fausses, biaisées ou manifestement influencées par un intérêt significatif).

SANCTION DES MANQUEMENTS D'ABUS DE MARCHÉ

66390 En cas de manquement d'abus de marché (opération d'initié, divulgation illicite d'information privilégiée et manipulation de marché couvrant à la fois la manipulation de cours et la diffusion de fausses informations), les contrevenants encourent une **sanction pécuniaire** prononcée par l'AMF dont le montant peut atteindre 100 M€ ou le décuple du montant de l'avantage retiré du manquement si celui-ci peut être déterminé, une majoration de 10 % pouvant être prononcée en vue de financer l'aide aux victimes (C. mon. fin. art. L 621-15, III-e et avant dernier al. modifié par ord. 2024-936 du 15-10-2024). Le montant de la sanction peut être porté jusqu'à 15 % du chiffre d'affaires annuel total de la personne sanctionnée, en ce que le manquement est relatif aux obligations fixées par le règlement 596/2014 (art. L 621-15, III ter modifié par ord. 2024-936 et par loi 2025-391 du 30-4-2025 demeurant applicable à cette sanction bien que, par inadvertance selon nous, il n'y renvoie désormais plus).

L'avantage économique retiré de l'opération inclut les pertes évitées (Cass. com. 8-2-2011 no 10-10.965 : RJDA 6/11 no 546).

Les montants de la sanction et de la majoration doivent être adaptés en fonction, notamment, de la personne mise en cause (art. L 621-15, III quater modifié par ord. 2024-936 ; voir no 63234). Le montant de la sanction n'a pas à être fixé en considération des seuls profits personnellement appréhendés par l'auteur du manquement (Cass. com. 27-3-2019 no 16-17.186 F-D : RJDA 6/19 no 431 ; voir néanmoins CA Paris 19-12-2019 no 19/00495 : RJDA 3/20 no 153 et, sur pourvoi, Cass. com. 9-6-2021 no 20-13.326 F-D : RJDA 10/21 no 671, annulant la décision de la commission des sanctions de l'AMF qui se borne à examiner la situation financière de l'auteur de manipulations de cours sans apprécier la gravité des manquements retenus contre lui, l'AMF ne satisfaisant pas aux exigences de motivation du prononcé d'une sanction qui a le caractère d'une punition).

Peut être sanctionnée toute personne qui s'est livrée ou a tenté de se livrer à un abus de marché :
– en France ou à l'étranger, dès lors que cet abus concerne soit un instrument financier ou un quota d'émission de gaz à effet de serre négociés sur une **plate-forme de négociation**

située en France (ou pour lesquels une demande d'admission à la négociation sur une telle plate-forme a été présentée), soit un instrument financier ou quota dont le cours ou la valeur dépend du cours ou de la valeur d'un instrument financier ou d'une unité ci-dessus (ou a un effet sur le cours ou la valeur de ceux-ci), soit un contrat au comptant sur matières premières (cf. C. mon. fin. art. L 465-3-4, II-1°) lorsque l'opération, le comportement ou la diffusion est de nature ou est destiné à avoir un effet sur le cours d'un instrument financier ou quota ci-dessus, soit un indice (n°s 66379 s.) (art. L 621-15, II-c ; pour des sanctions de manipulations de cours commises à l'étranger, voir CA Paris 25-3-2021 n° 20/02404 ; voir aussi Cass. com. 12-3-2025 n° 23-20.432 FS : BRDA 7/25 inf. 8 selon lequel l'AMF est compétente pour sanctionner toute personne s'étant livrée à un abus de marché concernant un instrument financier dont le cours ou la valeur dépend du cours ou de la valeur d'un instrument financier négocié sur une plateforme de négociation située en France, que celui-ci soit négocié ou non sur une plate-forme de négociation située à l'étranger) ; **66390** (suite)

– en France, lorsque l'abus concerne soit un instrument financier ou un quota négociés sur une **plate-forme de négociation d'un autre État membre** de l'UE ou de l'EEE (ou pour lesquels une demande d'admission à la négociation sur une telle plate-forme a été présentée), soit un instrument financier ou un quota dont le cours ou la valeur dépend du cours ou de la valeur d'un instrument financier ou d'un quota ci-dessus (ou a un effet sur le cours ou la valeur de ceux-ci), soit un contrat au comptant sur matières premières (cf. art. L 465-3-4, II-1°) lorsque l'opération, le comportement ou la diffusion est de nature ou est destiné à avoir un effet sur le cours d'un instrument financier ou d'un quota ci-dessus, soit un instrument financier ou un quota dont le cours ou la valeur a un effet sur le cours ou la valeur d'un contrat au comptant sur matières premières (cf. art. L 465-3-4, II-2°) lorsque l'opération, le comportement ou la diffusion a ou est susceptible d'avoir un effet sur le cours ou la valeur d'un contrat au comptant ci-dessus, soit un indice (n°s 66379 s.) (art. L 621-15, II-e modifié par ord. 2024-936) ;

– en France ou à l'étranger, lors d'une offre au public de titres financiers (C. mon. fin. art. L 411-1 et, sur renvoi, Règl. 2017/1129/UE du 14-6-2017) ou d'une offre au public ou une demande d'admission à la négociation de crypto-actifs autres que des jetons se référant à un ou des actifs ou des jetons de monnaie électronique au sens du règlement UE 2023/1114 du 31 mai 2023 (art. L 621-15, II-g modifié par ord. 2024-936).

ATTENTION

La commission des sanctions de l'AMF n'est compétente pour connaître d'un manquement qu'à la condition que l'un des **éléments constitutifs** de celui-ci ait été commis **sur le territoire français** ; par lui-même, le lieu de résidence de la personne mise en cause n'est pas l'un de ces éléments constitutifs (AMF comm. sanc. 26-6-2008 n° 2009-16).

Les sanctions peuvent s'appliquer non seulement à des personnes physiques, mais aussi à des personnes morales et aux dirigeants de celles-ci selon la procédure de l'article L 621-15. Ainsi, une société initiatrice d'une prise de contrôle qui, postérieurement à la conclusion d'un accord avec l'actionnaire principal de la société cible mais avant l'acquisition des titres et le lancement d'une offre publique d'achat, avait procédé à un ramassage en bourse à un prix largement inférieur à celui de l'offre a été condamnée à une sanction pécuniaire d'un montant égal à celui de l'avantage qu'elle s'était ainsi procuré de manière injustifiée (CA Paris 15-11-1994 : RJDA 6/95 n° 721).

L'exploitation de l'information est répréhensible même si les transactions sont intervenues hors bourse et de gré à gré, dès lors qu'elles portent sur des valeurs admises à la cote (Cass. com. 18-6-1996 : RJDA 10/96 n° 1207).

De même, le fait que la cession soit intervenue au profit d'un non-résident et que certaines négociations se soient déroulées à l'étranger n'est pas de nature à exclure l'opération du champ d'application de la loi française (Cass. com. 18-6-1996 précité).

› Précisions **a.** Le **collège de l'AMF** peut, après avoir mis la personne concernée par la *procédure de sanction en mesure* de présenter ses explications, ordonner qu'il soit mis fin, en France et à l'étranger, aux manquements aux obligations résultant des règlements européens, des dispositions législatives ou réglementaires ou des règles professionnelles visant à protéger les investisseurs contre les opérations d'initiés ; il dispose également de ces **pouvoirs** à l'encontre des manquements aux obligations résultant des dispositions législatives ou réglementaires visant à protéger les investisseurs et le marché contre les opérations d'initié commises sur le territoire français et concernant des instruments financiers admis aux négociations sur un marché réglementé d'un autre État membre de l'UE ou partie à l'accord sur l'EEE ou pour lesquels une demande d'admission aux négociations sur un tel marché a été présentée (C. mon. fin. art. L 621-14). Ce pouvoir d'injonction est toutefois conditionné à ce que l'AMF soit compétente pour sanctionner les manquements énoncés par le collège (Cass. com. 30-8-2023 n° 21-21.850 FS-B : RJDA 12/23 n° 661, l'AMF n'engageant dès lors pas sa responsabilité en refusant d'enjoindre à un actionnaire de se conformer à une exigence ne relevant pas du droit français).

b. Le principe de « **non bis in idem** » ne fait pas obstacle à ce que, dans le cadre d'une même poursuite conduisant à une même décision de sanction, plusieurs manquements distincts puissent résulter de mêmes faits (CE 6-11-2019 nº 418463 : RJDA 4/20 nº 219 ; pour une sanction prononcée à l'encontre d'une personne ayant procédé à l'acquisition d'actions au titre d'utilisation d'une information privilégiée et d'une recommandation fondée sur cette information privilégiée, voir AMF comm. sanc. 10-11-2023 nº 2023-14 : RJDA 10/24 nº 532).

c. Peut également être sanctionnée toute personne qui, en France ou à l'étranger, s'est livrée ou a tenté de se livrer à une opération d'initié, une manipulation de marché ou une divulgation illicite d'informations privilégiées, ou a incité ou recommandé à une autre personne d'effectuer une opération d'initié, au sens des articles 89 à 91 du règlement UE 2023/1114 portant sur des **crypto-actifs** (art. L 621-15, II-d et f et III-e modifiés par ord. 2024-936 ; voir aussi art. L 621-15, III-d et III bis modifiés par ord. 2024-936 applicables aux prestataires de services sur actifs numériques ou sur crypto-actifs).

d. Sur la **publication des décisions** de sanctions de la commission des sanctions de l'AMF, voir nº 63235.

e. Sur les **voies de recours** contre ces décisions, voir nº 63228.

f. Sur le **relèvement de ces décisions,** voir C. mon. fin. art. L 621-15, VI.

g. Sur le caractère **inassurable** des sanctions pécuniaires prononcées par la commission des sanctions de l'AMF, voir nº 63234, Précision c.

C. Cumul de poursuites administratives et pénales

66400 Le cumul des poursuites pénales et administratives à l'encontre d'une même personne ayant commis des mêmes faits est interdit. Une procédure de concertation entre le parquet national financier et l'AMF, sous l'arbitrage du procureur général près la cour d'appel de Paris, permet de prévenir un tel cumul.

Ainsi, le procureur de la République financier ne peut pas engager de poursuites pour abus de marché si l'AMF a déjà notifié des griefs pour les mêmes faits et à l'égard de la même personne. Symétriquement, l'AMF ne peut pas notifier de griefs à une personne à l'encontre de laquelle l'action publique a été mise en mouvement pour les mêmes faits par le procureur de la République financier. Avant tout engagement de poursuites, l'une de ces deux autorités de poursuite doit informer l'autre de son intention par lettre recommandée AR ou remise contre récépissé. Celle-ci dispose alors d'un délai de deux mois pour faire connaître à la première son intention de procéder à l'engagement de poursuites à l'égard de la même personne pour les mêmes faits. Si la seconde ne fait pas connaître, dans le délai imparti, son intention d'engager des poursuites ou si elle fait connaître qu'elle ne souhaite pas y procéder, la première peut alors engager ces poursuites. Si, en revanche, la seconde fait connaître son intention d'engager des poursuites, la première dispose alors d'un délai de 15 jours pour confirmer son intention et saisir le procureur général près la cour d'appel de Paris. À défaut, l'autre peut engager les poursuites. À compter de sa saisine, le procureur général près la cour d'appel de Paris dispose d'un délai de deux mois pour autoriser ou non le procureur de la République financier à mettre en mouvement l'action publique, après avoir mis en mesure le procureur de la République financier et l'AMF de présenter leurs observations. Si le procureur de la République financier n'est pas autorisé, dans le délai imparti, à mettre en mouvement l'action publique, l'AMF peut notifier les griefs (C. mon. fin. art. L 465-3-6 et R 465-1, al. 1).

La décision du procureur général près la cour d'appel de Paris prévue est définitive et non susceptible de recours. Elle est versée au dossier de la procédure.

L'ensemble de cette procédure suspend la prescription de l'action publique et de l'action de l'AMF pour les faits auxquels elles se rapportent.

Des limitations sont prévues à la plainte avec constitution de partie civile et à la citation directe, par dérogation aux règles du Code de procédure pénale (CPP art. 85 et 551), afin de préserver les procédures de concertation et, le cas échéant, d'arbitrage tant dans leur déroulement que dans leur résultat. Sur la constitution de partie civile par l'AMF, voir nº 63237.

› **Précisions** **a.** Une **visite domiciliaire** effectuée par des enquêteurs de l'AMF, qui a pour *seul but de rechercher la preuve d'agissements* contraires à la loi, ne constitue pas un acte de poursuite et ne méconnaît donc pas l'interdiction de cumul ; les locaux d'une personne faisant l'objet d'une information judiciaire pour délit d'initié peuvent ainsi faire l'objet d'une visite des enquêteurs de l'AMF afin de rechercher la preuve de ce délit (Cass. com. 13-6-2018 nº 16-25.415 FS-D : RJDA 11/18 nº 843).

b. **La notification de griefs** par l'AMF pour manquement de diffusion d'informations fausses ou trompeuses met un terme à l'action publique relative au délit de diffusion de telles informations mais **n'éteint pas les poursuites pénales** des chefs de présentation de comptes annuels inexacts ainsi que de faux et usage qui se fondent sur des faits différents (Cass. crim. 13-4-2022 n° 20-83.524 F-D : RJDA 10/22 n° 570).

c. Est irrecevable à critiquer l'**absence de** mise en œuvre de la procédure de **concertation** la personne qui n'est pas mise en examen pour un des délits d'abus de marché (Cass. crim. 1-4-2020 n° 19-80.900 FS-D : Bull. Joly Bourse mai-juin 2020 p. 21).

d. Seule l'annulation de la condamnation pénale, sans renvoi devant une nouvelle cour, peut faire cesser le **dommage occasionné** à l'intéressé **par le cumul de condamnations** pénales et administratives pour les mêmes faits (E. Dezeuze, Réexamen : Bull. Joly Bourse mars-avril 2021 p. 1).

D. Sanctions civiles

Une action en responsabilité extracontractuelle peut être exercée contre la société émettrice sur le fondement des articles 1240 et 1241 du Code civil. 66410

ILLUSTRATIONS

Engage sa responsabilité la société :

– qui a publié des perspectives de résultats dont elle savait qu'elles n'avaient raisonnablement pas de chance de se réaliser ; le montant de l'indemnisation versée à l'actionnaire trompé par cette information est égal à la différence entre le prix d'achat et le prix de vente des actions acquises après la publication du communiqué litigieux et qu'il n'aurait pas achetées s'il n'avait pas été victime d'informations trompeuses (CA Colmar 14-10-2003 n° 01-3432 : RJDA 5/04 n° 582) ;

– qui a publié sans nécessité immédiate une information financière en elle-même exacte mais qui, compte tenu de l'imminence d'un accord susceptible d'avoir une incidence déterminante sur le cours de l'action, véhiculait un message d'un pessimisme excessif sur les perspectives d'évolution du titre (CA Paris 26-9-2003 n° 01-21885 : RJDA 2/04 n° 181).

La responsabilité de la société et de ses dirigeants peut être engagée à raison de fautes déjà sanctionnées par la commission des sanctions de l'AMF au titre de manquements administratifs (CA Paris 14-9-2023 n° 21/11057 : Dr. sociétés 2023 comm. n° 141). En revanche, les manquements ayant donné lieu à une telle sanction ne sont pas en eux-mêmes et par principe constitutifs d'une faute civile (T. com. Paris 7-7-2021 n° 2012028100, rejetant les demandes en dommages-intérêts formées à l'encontre de l'auteur du manquement ; pour un commentaire critique de cette décision, P.-H. Conac, Plaidoyer pour une évolution du régime de la réparation du préjudice boursier : Rev. sociétés 2022 p. 270).

La méconnaissance d'une position-recommandation de l'AMF, laquelle n'a pas de force obligatoire, ne peut à elle seule constituer une faute civile (Cass. com. 9-7-2025 n° 23-15.492 FS-B).

Sur la responsabilité civile des dirigeants de la société, voir n° 14200.

E. Mesures préventives des abus de marché

GÉNÉRALITÉS

L'essentiel des mesures préventives des abus de marché est issu des textes « Abus de marché » qui, complémentairement à la définition des critères de qualification des manquements boursiers, ont prévu la mise en œuvre de dispositifs de **transparence** à raison de fonctions (dirigeants) ou d'activités (production ou diffusion de recommandations d'investissement, conseil ou audit légal) considérées comme particulièrement exposées à la commission d'abus de marché. Un régime de notification au régulateur d'opérations emportant un soupçon de manquements boursiers a également été instauré à la charge de prestataires de services d'investissement (n° 66480). 66420

1. OPÉRATIONS EFFECTUÉES PAR LES DIRIGEANTS DE SOCIÉTÉS

Poursuivant un objectif préventif des opérations d'initiés, **deux dispositifs d'origine distincte** imposent selon des modalités différentes la transparence sur la détention d'actions admises aux négociations sur un marché réglementé ou sur les opérations réalisées par les dirigeants, certains hauts cadres et personnes qui leur sont proches de sociétés dont les titres financiers sont admis aux négociations sur un marché réglementé ou sur SMN ou sur un système organisé de négociation. 66430

MISE AU NOMINATIF ET DÉPÔT DE TITRES

66433 Les personnes ayant un accès privilégié à des informations sur la vie d'une société ou de sociétés ayant avec celle-ci certains liens de filiation doivent mettre au nominatif ou déposer les actions admises aux négociations sur un marché réglementé qui appartiennent à elles-mêmes ou à leurs enfants mineurs non émancipés dans ces sociétés (art. L 225-109). Ces mesures doivent permettre à l'AMF de détecter les transactions effectuées par ces personnes et d'en contrôler la régularité.

La transparence imposée par l'article L 225-109 a pour but de décourager la réalisation d'opérations d'initiés par des personnes qui exercent des fonctions de direction, d'administration ou de contrôle au sein de la société ou qui à raison de leur proximité avec celles-ci sont susceptibles d'avoir accès à ces informations.

66436 Les **obligations** prévues par l'article L 225-109 (nº 66442) **s'appliquent aux personnes suivantes** :

– le président, les administrateurs, les directeurs généraux (et, à notre avis, les directeurs généraux délégués) ainsi que les membres du directoire et du conseil de surveillance dans les SA et les SE ;

– les gérants et les membres du conseil de surveillance dans les SCA (art. L 226-12, al. 1) ;

– les conjoints non séparés de corps des personnes susvisées (art. L 225-109, al. 2).

Cette transparence s'impose aussi bien aux **personnes morales** qu'aux personnes physiques dès lors qu'elles assument l'une des fonctions énoncées. Les **représentants permanents** des personnes morales administrateurs ou membres du conseil de surveillance (et leur conjoint non séparé de corps) sont également tenus de respecter les obligations légales.

66439 Sont soumises à cette transparence les **actions** de sociétés françaises admises aux négociations sur un marché réglementé (**Euronext Paris**). Le contrôle n'est toutefois applicable qu'aux actions émises par la société dans laquelle l'intéressé exerce certaines fonctions (nº 66436), ainsi qu'à celles émises par ses filiales, sa société mère et les autres filiales de cette dernière.

L'article L 225-109 ne précise pas quel est le sens à donner au mot « filiales ». À notre avis, il convient de retenir la notion fixée par l'article L 233-1 (sociétés dont plus de 50 % du capital est détenu par une autre société) car il s'agit là d'un critère simple permettant aux intéressés – qui sont exposés à des sanctions pénales (nº 66445) – de déterminer sans hésitation s'ils sont ou non soumis à l'article L 225-109.

Le texte ne vise que les actions et doit recevoir une interprétation restrictive, étant pénalement sanctionné (nº 66445). De surcroît, à la faveur de la consécration législative des différentes valeurs mobilières donnant accès au capital (OEA, OCA et BSA) puis de leur abrogation au profit d'un régime unifié en 2004, le législateur n'a pas saisi l'opportunité d'adapter ce régime aux différentes variations de périmètre ou à l'évolution des définitions.

66442 **Délai** Les personnes soumises au contrôle doivent, dans le délai d'un mois à compter de la date à laquelle elles acquièrent la qualité de dirigeant ou de conjoint d'un dirigeant (art. R 225-110) :

– soit convertir au nominatif les actions au porteur qui leur appartiennent ou qui appartiennent à leurs enfants mineurs non émancipés ;

– soit « déposer » ces actions auprès d'un teneur de compte-conservateur d'instruments financiers au sens de l'article L 211-3 du Code monétaire et financier et dont la liste figure à l'article L 542-1 du même Code (par exemple, un établissement de crédit ou une entreprise d'investissement) (art. R 225-112).

En cas d'acquisition d'actions, la mise au nominatif ou le « dépôt » doit intervenir dans les 20 jours de l'entrée en possession des titres (art. R 225-111).

Les obligations et délais ci-dessus s'appliquent également, nous le rappelons, au conjoint non séparé de corps des personnes concernées.

66445 **Sanctions** Les droits de vote et les droits à dividende des actions détenues par toute personne n'ayant pas rempli les obligations ci-dessus sont suspendus jusqu'à régularisation de la situation (art. L 225-109, al. 3). Cette suspension est automatique. Elle s'applique sans délai de préavis ni mise en demeure. La suspension du droit de vote à l'assemblée n'interdit pas à l'actionnaire sanctionné d'y participer et de s'y exprimer. Ses actions n'ayant pas le droit de vote, elles ne sont pas prises en compte pour le calcul du quorum (nº 47551).

Tout vote émis ou tout versement de dividende effectué pendant la suspension est nul (art. L 225-109, al. 3). Cette nullité est de droit et le juge ne peut que la constater.

ATTENTION

Une délibération à l'adoption de laquelle un actionnaire dont le droit de vote est suspendu a participé peut être annulée par le juge (cf. art. L 235-2-1 avant le 1-10-2025 et C. civ. art. 1844-10, al. 3 modifié, à compter du 1-10-2025, par ord. 2025-229 du 12-3-2025 à compter de cette date ; Ord. 2025-229 art. 70).

PUBLICITÉ DES OPÉRATIONS SUR TITRES

Doivent être déclarées à l'AMF par voie électronique et à la société, dans un **délai** de trois jours ouvrés à compter de la date de la transaction, les opérations sur titres réalisées par l'une des trois catégories de personnes suivantes (Règl. UE 596/2014 du 16-4-2014 art. 3 et 19, 1 ; C. mon. fin. art. L 621-18-2 ; Règl. gén. AMF art. 223-22 A s.) : 66448

– parmi les dirigeants : les membres du conseil d'administration ou de surveillance et du directoire, le directeur général, le directeur général unique, le directeur général délégué ou le gérant de cette personne ;

– les hauts cadres non dirigeants : toute personne qui, d'une part, a le pouvoir de prendre des décisions de gestion concernant l'évolution et la stratégie de la société et, d'autre part, a un accès régulier à des informations privilégiées concernant directement ou indirectement cet émetteur ;

– les personnes ayant des liens personnels étroits avec les personnes mentionnées ci-dessus.

La société doit **notifier,** par écrit, aux personnes exerçant des responsabilités dirigeantes (dirigeants et responsables de haut niveau) leurs obligations et établir une **liste** de toutes les personnes exerçant des responsabilités dirigeantes et des personnes qui leur sont étroitement liées.

À leur tour, les personnes exerçant des responsabilités dirigeantes (dirigeants et responsables de haut niveau) doivent notifier, par écrit, aux personnes qui leur sont étroitement liées les obligations de déclaration et conserver une copie de cette notification (Règl. UE 596/2014 art. 19, 5 et Position-recommandation AMF 2016-08).

› Précisions **a.** Il incombe à la société de **déterminer** elle-même les personnes qui, en son sein, répondent à la définition des **hauts cadres non dirigeants.** Le premier des critères cumulatifs de la définition (le pouvoir de prendre des décisions de gestion concernant l'évolution et la stratégie de la société), qui requiert une influence décisionnelle sur la conduite des affaires de la société, impose de réserver cette qualification à un nombre restreint de responsables au sein de la société, à apprécier en fonction de l'organisation interne et de la taille de celle-ci. Certains responsables, tels le directeur financier et plus généralement certains membres du comité exécutif ou de direction, nous paraissent très certainement visés.

b. Par « **personnes étroitement liées** » sont visés (Règl. UE 596/2014 art. 3, 1-26 ; C. mon. fin. art. R 621-43-1) :

– le conjoint non séparé de corps ou le partenaire avec lequel la personne est liée par un Pacs ;

– les enfants sur lesquels la personne exerce l'autorité parentale, ou qui résident chez elle habituellement ou en alternance, ou dont elle a la charge effective et permanente ;

– tout autre parent ou allié résidant à son domicile depuis au moins un an à la date de la transaction concernée ;

– les personnes morales, trusts, fiducies ou partenariats, dans lesquels le dirigeant ou le responsable de haut niveau de la société concernée, ou une personne qui leur est étroitement liée, exerce des responsabilités dirigeantes ou qu'il contrôle directement ou indirectement ou constituée à son bénéfice, ou encore dont les intérêts économiques sont substantiellement équivalents aux siens (pour un manquement à l'obligation de déclaration d'acquisition de titres retenu à l'encontre de personnes morales liées à des administrateurs de la société, voir AMF comm. sanc. 28-4-2021 nº 2021-06 : Bull. Joly Bourse juillet-août 2021 p. 19 s.).

Titres concernés Doivent être déclarées les transactions effectuées pour le compte propre des personnes énumérées nº 66448 et se rapportant aux titres suivants : 66451

– les actions ;

– les titres de créance ;

– *les instruments dérivés* ou les autres instruments financiers qui leur sont liés, que ces derniers soient ou non admis aux négociations sur les marchés ou systèmes ci-dessous, tels les titres pouvant donner accès au capital de la société (OCA, OEA, BSA, etc.), les warrants, les certificats, les instruments financiers à terme fermes ou optionnels, etc.

Les **sociétés** concernées sont les sociétés **françaises** dont les instruments financiers sont admis aux négociations sur un marché réglementé (**Euronext Paris**), un SMN (tels **Euronext Growth** et **Euronext Access**) ou un système organisé de négociation, ou pour lesquels l'admission aux négociations sur un tel marché ou système a été sollicitée ou approuvée (Règl. UE 596/2014 du 16-4-2014 art. 19, 2). Ce régime s'applique indépendamment des modalités d'introduction ou d'inscription sur le marché financier concerné.

› Précisions Si la société a émis des actions admises aux négociations sur le marché réglementé français et a par ailleurs adressé à des investisseurs qualifiés ou à un cercle restreint d'investisseurs une **offre portant sur des instruments financiers non « cotés »** et ne donnant pas accès à son capital (par exemple, des obligations), ces derniers n'entrent pas dans le champ d'application de ce régime et les opérations qui les concernent ne doivent pas donner lieu à déclaration.

66454 **Opérations à déclarer** Doivent être déclarées les opérations suivantes (Règl. UE 596/2014 du 16-4-2014 art. 19, 7 et Règl. délégué UE 2016/522 du 17-12-2015 art. 10) :
– l'acquisition, la cession, la vente à découvert, la souscription ou l'échange ;
– l'acceptation ou l'exercice d'une option d'achat d'actions, y compris d'une option d'achat d'actions accordée aux dirigeants ou aux salariés dans le cadre de leur rémunération, et la cession d'actions issues de l'exercice d'une option d'achat d'actions ;
– la conclusion ou l'exercice de contrats d'échange (swaps) sur actions ;
– les transactions sur ou en rapport avec des instruments dérivés, y compris les transactions donnant lieu à un règlement en espèces ;
– la conclusion d'un contrat pour différences sur un instrument financier de la société concernée ou sur des quotas d'émission ou de produits mis aux enchères fondés sur ces derniers ;
– l'acquisition, la cession ou l'exercice de droits, y compris d'options d'achat et de vente, et de warrants ;
– la souscription à une augmentation de capital ou émission de titres de créance ;
– les transactions sur produits dérivés et instruments financiers liés à un titre de créance de la société concernée, y compris les contrats d'échange sur risque de crédit ;
– les transactions subordonnées à la survenance de certaines conditions et l'exécution effective des transactions ;
– la conversion automatique ou non automatique d'un instrument financier en autre instrument financier, y compris l'échange d'obligations convertibles en actions ;
– les cadeaux et dons effectués ou reçus, et l'héritage reçu ;
– certaines transactions réalisées sur des produits, paniers et instruments dérivés liés à un indice ;
– certaines transactions réalisées sur des actions ou des parts de fonds d'investissement, y compris les fonds d'investissement alternatifs (FIA) visés à l'article 1er de la directive 2011/61 ;
– certaines transactions réalisées par le gestionnaire d'un FIA dans lequel a investi la personne exerçant des responsabilités dirigeantes ou une personne ayant un lien étroit avec elle ;
– les transactions réalisées par un tiers dans le cadre d'un mandat individuel de gestion de portefeuille ou d'actifs au nom ou pour le compte d'une personne exerçant des responsabilités dirigeantes ou d'une personne ayant un lien étroit avec elle ;
– la mise en gage, l'emprunt ou le prêt d'actions ou de titres de créance de la société, ou d'instruments dérivés, ou d'autres instruments financiers qui y sont liés ;
– les transactions effectuées dans le cadre d'un contrat d'assurance-vie dans lequel le preneur d'assurance est un dirigeant ou une personne qui lui est étroitement liée, le risque d'investissement est supporté par le preneur d'assurance et celui-ci a le pouvoir ou est libre de prendre des décisions d'investissement concernant des instruments spécifiques contenus dans cette police d'assurance-vie ou d'exécuter des transactions concernant des instruments spécifiques contenus dans cette police d'assurance-vie.

66455 S'agissant des **attributions gratuites d'actions,** l'AMF, interrogée sur des cas particuliers, considère qu'elles doivent être déclarées à compter de la date à laquelle l'attribution devient certaine au sens où l'entend l'Esma (voir Esma's Questions and Answers on the Market Abuse Regulation du 20-12-2016 n° 7.5).

L'AMF a précisé que la date de déclaration varie selon que l'acquisition définitive des actions gratuites est soumise ou non à des conditions de performance. En présence de telles conditions, la notification devrait intervenir à la date d'acquisition, une fois les conditions réalisées. *En l'absence de telles conditions*, la notification devrait intervenir dès la date d'attribution des actions par l'organe de direction de la société. Dans ce dernier cas, il convient en pratique d'informer en amont les attributaires du court délai de déclaration auquel ils sont soumis (trois jours à compter de l'attribution). Une condition de présence au sein de la société ne permet pas de différer la déclaration au-delà de la date d'attribution.

En revanche, **ne doivent pas faire l'objet d'une déclaration** les opérations suivantes (Règl. UE 596/2014 du 16-4-2014 art. 19, 7 et Position-recommandation AMF 2016-08) : 66457
– les opérations réalisées au sein d'un établissement de crédit ou d'un prestataire de services d'investissement, pour le compte de tiers, lorsque l'établissement de crédit, le prestataire ou un de leurs dirigeants est mandataire social d'une société cotée ;
– les opérations réalisées par les personnes morales mandataires sociales lorsqu'elles agissent pour compte de tiers (par exemple, les opérations réalisées par une société de gestion membre du conseil d'administration ou du conseil de surveillance) ;
– le démembrement d'une action de la part du dirigeant qui en reçoit l'usufruit ;
– le regroupement d'actions ;
– le nantissement ou une sûreté similaire portant sur des instruments financiers dès lors et tant que ce nantissement ou cette sûreté sont destinés à garantir une ligne de crédit particulière.

Il en va également ainsi en matière d'investissement dans un organisme de placement collectif ou d'exposition dans un portefeuille d'actifs, sous certaines conditions de seuil et/ou de diversification (Règl. UE 596/2014 art. 19, 1 bis).

Les opérations réalisées par l'une des personnes assujetties doivent être déclarées lorsque le montant cumulé desdites opérations excède le **seuil** de 20 000 € pour l'année civile en cours, y incluant les opérations des personnes liées au dirigeant ou au haut cadre non dirigeant (Règl. gén. AMF art. 223-23). 66458

Lorsque le montant cumulé des opérations réalisées devient supérieur à 20 000 € au titre de l'année civile en cours, l'obligation de déclaration porte sur toutes les transactions ultérieures (Règl. UE 596/2014 du 16-4-2014 art. 19, 8). Les opérations antérieures, dont le montant cumulé n'excède pas 20 000 €, n'ont donc pas à être déclarées (Guide Ansa n° 18-052 d'avril 2021 p. 33)

› Précisions Le **seuil** mentionné ci-dessus peut être porté à 50 000 € ou ramené à 10 000 € sur **décision de l'AMF**, qui n'a à ce jour pas exercé cette option (Règl. UE 596/2014 art. 19, 9 modifié par Règl. UE 2024/2809 du 23-10-2024).

Modalités de publicité La **déclaration** doit être transmise à l'AMF par voie électronique uniquement via un extranet appelé « **Onde** », accessible sur le site internet de l'AMF (Inst. AMF 2016-06 du 26-10-2016 ; Position-recommandation AMF 2016-08). 66460

Les déclarants y remplissent le **formulaire** de déclaration prévu par le règlement d'exécution UE 2016/523 du 10 mars 2016 et qui comporte les informations suivantes (Règl. UE 596/2014 du 16-4-2014 art. 19, 6) :
– le nom de la personne ;
– le motif de la notification ;
– les coordonnées de l'émetteur ;
– la description et l'identifiant de l'instrument financier ;
– la nature de la ou des transactions (par exemple, acquisition ou cession), en indiquant si elles sont liées à l'exercice de programmes d'options sur actions ou aux opérations spécifiques tels la mise en gage ou le prêt d'instruments financiers, les opérations sous mandat y compris lorsqu'un pouvoir discrétionnaire est exercé ou les transactions effectuées dans le cadre d'une police d'assurance-vie ;
– la date et le lieu de la ou des transactions ;
– le prix et le volume de la ou des transactions.

Dans le cas d'un gage dont les conditions prévoient un changement de valeur, cette information doit être divulguée en même temps que sa valeur à la date du gage.

Les déclarations peuvent être transmises par un tiers pour le compte des personnes tenues aux déclarations. L'identité du tiers doit alors être clairement indiquée dans le formulaire de déclaration (Position-recommandation AMF 2016-08).

Les déclarations sont **mises en ligne par l'AMF** sur son site sans faire l'objet d'un examen a priori (Position-recommandation AMF 2016-08). 66463

L'AMF se réserve le droit de procéder à des contrôles a posteriori.

Chaque déclaration est faite sous l'entière responsabilité du déclarant.

Une copie de chaque déclaration doit être adressée à l'émetteur (C. mon. fin. art. L 621-18-2).

Le **rapport de gestion** annuel présenté par les dirigeants à l'assemblée générale doit comporter un état récapitulatif des opérations mentionnées ci-dessus réalisées au cours du dernier exercice et ayant fait l'objet d'une déclaration (Règl. gén. AMF art. 223-26). 66466

L'état récapitulatif donne une information nominative pour chaque dirigeant. Il est toutefois possible d'agréger les opérations effectuées par un dirigeant et les personnes qui lui sont liées au cours du dernier exercice. L'identité des personnes liées n'est pas mentionnée dans l'état récapitulatif (Position-recommandation AMF 2016-08).

66468 **Fenêtres négatives** Les personnes exerçant des responsabilités dirigeantes (dirigeants et responsables de haut niveau) ne doivent effectuer **aucune transaction** pour leur compte propre ou pour le compte d'un tiers, que ce soit directement ou indirectement, se rapportant aux actions ou à des titres de créance de l'émetteur ou à des instruments dérivés ou autres instruments financiers qui leur sont liés, pendant une **période** de 30 jours précédant l'annonce d'un rapport financier intermédiaire ou d'un rapport de fin d'année que l'émetteur est tenu de rendre public conformément aux règles de la plate-forme de négociation sur laquelle les actions de l'émetteur sont admises à la négociation ou au droit national (Règl. UE 596/2014 du 16-4-2014 art. 19, 11). La date à laquelle l'annonce est faite marque la fin de la période de 30 jours (Esma's Questions and Answers on the Market Abuse Regulation du 13-7-2016 nº 7.2 ; dans le même sens, Communication Ansa nº 17-040 de septembre 2017 p. 10).

L'AMF recommande aux émetteurs d'étendre l'application des fenêtres négatives à toutes les personnes qui ont accès de manière régulière ou occasionnelle à des informations privilégiées (Position-recommandation AMF 2016-08).

Par ailleurs, s'agissant des cas de publication volontaire par l'émetteur d'une information financière ou des comptes trimestriels ou intermédiaires, l'AMF recommande d'instaurer des fenêtres négatives pour les dirigeants et personnes assimilées ainsi que pour toute personne ayant accès de manière régulière ou occasionnelle à des informations privilégiées, au minimum 15 jours calendaires avant la publication de cette information (Position-recommandation AMF 2016-08).

66469 L'émetteur peut néanmoins **autoriser** ces personnes à procéder à de telles **transactions** (Règl. UE 596/2014 art. 19, 12 modifié par Règl. UE 2024/2809 du 23-10-2024 ; pour des précisions, voir Règl. UE 2016/522 du 17-12-2015 art. 7 à 9) :

– au cas par cas en raison de l'existence de circonstances exceptionnelles, telles que de graves difficultés financières, nécessitant la vente immédiate d'actions ou d'autres instruments financiers ;

– en raison des spécificités de la négociation concernée dans le cas soit de transactions n'impliquant pas de changement dans la détention de la valeur en cause, soit de transactions réalisées dans le cadre de, ou ayant trait à, un système d'actionnariat salarié ou d'épargne salariale, ou des programmes en faveur du personnel concernant des instruments financiers autres que des actions, ou encore l'accomplissement de formalités ou l'exercice de droits attachés aux actions ou aux autres instruments financiers.

La demande du dirigeant doit être écrite et motivée. Le dirigeant doit décrire les circonstances exceptionnelles nécessitant la vente immédiate des actions et démontrer que la cession envisagée est la seule alternative raisonnable pour obtenir le financement nécessaire. À cet égard, l'AMF recommande aux émetteurs d'établir et de formaliser, dans un document écrit, une procédure qui décrive les modalités pratiques de mise en œuvre de cette procédure d'autorisation exceptionnelle, à savoir la forme de la demande, la forme de la réponse et les délais dans lesquels cette réponse doit intervenir (Position-recommandation AMF 2016-08).

Il revient également à l'émetteur d'autoriser ces personnes à procéder à de telles opérations dans le cas de transactions ou d'activités commerciales qui ne sont pas liées à des décisions d'investissement actives qu'elles ont prises, ou qui résultent exclusivement de **facteurs externes** ou d'actions de tiers, ou qui sont effectuées sur la base de conditions prédéterminées, y compris l'exercice de produits dérivés ; en ce cas néanmoins, lesdites personnes demeurent tenues aux interdictions d'opérations d'initiés et de divulgation illicite d'informations privilégiées (nos 66355 s.) et de manipulations de marché (nos 66375 s.) (Règl. UE 596/2014 art. 19, 12 bis issu de Règl. UE 2024/2809). Ces transactions et activités peuvent notamment résulter d'accords irrévocables conclus hors période de fenêtres négatives, de mandats discrétionnaires de gestion de portefeuille exécutés par un tiers indépendant, d'autorisations n'impliquant pas de traitement privilégié pour le dirigeant ou responsable concerné, d'acceptation de successions, dons et donations, ou encore de l'exercice d'options, de contrats à terme ou d'autres contrats dérivés souscrits en dehors d'une fenêtre négative (Règl. UE 2024/2809 cons. 76).

Sanctions Des sanctions ont été prononcées pour manquement à l'obligation de déclaration, qu'il s'agisse d'une omission de déclaration pure et simple (notamment, AMF comm. sanc. 17-12-2009 et 17-5-2013) à laquelle est assimilée l'absence de déclaration selon les formes requises (AMF comm. sanc. 21-12-2009) ou d'une déclaration tardive et incomplète (AMF comm. sanc. 17-9-2009 ; AMF comm. sanc. 24-1-2024 n° 2024-02). 66470

2. OBLIGATION DE DÉCLARATION D'OPÉRATIONS SUSPECTES

Les opérateurs de marché, les entreprises d'investissement qui gèrent une plate-forme de négociation et les personnes qui organisent ou exécutent des transactions à titre professionnel doivent établir et maintenir des mesures, systèmes et procédures efficaces visant à prévenir et à détecter les abus de marché. Lorsqu'elles ont des motifs raisonnables de suspecter qu'un ordre ou une transaction portant sur tout instrument financier – que cet ordre ait été passé ou cette transaction exécutée sur ou en dehors d'une plate-forme de négociation – pourrait constituer un abus de marché, elles doivent le notifier sans retard à leur autorité compétente (Règl. UE 596/2014 du 16-4-2014 art. 16). 66480

L'AMF est compétente pour recevoir les notifications des personnes qui organisent ou exécutent des transactions à titre professionnel lorsque celles-ci ont leur siège social ou leur administration centrale ou une succursale en France (Règl. UE 596/2014 art. 16, 3).

Pour un cas où le manquement à l'obligation de déclaration n'a pas été retenu, voir AMF comm. sanc. 3-8-2021 n° 2021-15 : Bull. Joly Bourse novembre-décembre 2021 p. 18.

3. OBLIGATION D'ÉTABLISSEMENT DE LISTES D'INITIÉS

Tout **émetteur** dont les instruments financiers sont admis aux négociations sur un **marché réglementé,** un **SMN ou** un **système organisé de négociation,** ou pour lesquels une demande d'admission aux négociations sur un tel marché ou système a été sollicitée ou approuvée, doit établir, mettre à jour rapidement et communiquer dès que possible par écrit à l'AMF, lorsque cette dernière lui en fait la demande, une liste de toutes les personnes qui ont accès aux informations privilégiées et qui travaillent pour lui en vertu d'un contrat de travail ou exécutent d'une autre manière des tâches leur donnant accès à des informations privilégiées, comme les conseillers, les comptables ou les agences de notation de crédit. Si l'émetteur demande à une autre personne d'établir et de mettre à jour ces listes d'initiés, il demeure pleinement responsable du respect de ces obligations et doit conserver un droit d'accès à ces listes. 66500

Cette obligation s'applique, de façon cumulative, à toute **personne agissant au nom ou pour le compte de l'émetteur** (Règl. UE 596/2014 du 16-4-2014 art. 18). Ces dernières, lorsqu'elles ont un accès régulier ou occasionnel à des informations privilégiées concernant l'émetteur, doivent également établir, mettre à jour et communiquer à l'AMF dans les mêmes conditions une liste des personnes travaillant en leur sein et ayant accès aux informations privilégiées concernant directement ou indirectement l'émetteur, ainsi que des tiers agissant au nom ou pour leur compte ayant accès aux mêmes informations dans le cadre de leurs relations professionnelles avec elles (Position-recommandation AMF 2016-08). L'obligation pour un tiers d'établir une liste d'initiés ne naît, à notre avis, qu'à compter de la réception de la notification par l'émetteur de son inscription sur la liste d'initiés établie par ce dernier. Ce n'est, en effet, qu'à partir de cette date que ces tiers ont nécessairement connaissance du caractère privilégié de l'information transmise.

L'émetteur et toute personne agissant au nom ou pour son compte doivent prendre toutes les mesures raisonnables pour s'assurer que les personnes figurant sur la liste d'initiés reconnaissent par écrit les obligations légales et réglementaires correspondantes et ont connaissance des sanctions applicables aux opérations d'initiés et à la divulgation illicite d'informations privilégiées.

› Précisions **a.** Un **acquéreur potentiel** n'aurait pas à figurer sur la liste d'initiés établie par l'émetteur ni à établir lui-même sa propre liste, car il n'est pas, par principe, réputé agir au nom ou pour le compte de l'émetteur et se trouve donc exclu du champ du dispositif.

b. En application du principe énoncé par l'article 18 du règlement UE 596/2014, et compte tenu du caractère non limitatif des exemples donnés, l'AMF considère que les **commissaires aux comptes** de l'émetteur sont désormais visés par cette obligation (Position-recommandation AMF 2016-08). Cette position nous paraît critiquable s'agissant des interventions de ces derniers dans le cadre de leur mission légale puisque, de par la volonté du législateur, ils agissent alors non pour le compte de l'émetteur mais dans l'intérêt général.

c. Les **émetteurs dont les instruments financiers sont admis à la négociation sur un marché de croissance des PME,** tel Euronext Growth, doivent eux aussi inclure dans leurs listes d'initiés toutes les personnes qui ont accès aux informations privilégiées, et qui travaillent pour eux en vertu d'un contrat de travail ou exécutent d'une autre manière des tâches leur donnant accès à des informations privilégiées, comme les conseillers, les comptables ou les agences de notation de crédit (C. mon. fin. art. L 451-4). Ces listes doivent par ailleurs être fournies à l'AMF dès que possible à la demande de celle-ci (Règl. UE 596/2014 art. 18, 6).

d. Pour un **exemple de manquement** à l'obligation de tenue et de mise à jour de liste d'initiés, voir AMF comm. sanc. 30-1-2023 n° 2023-02 : RJDA 12/23 n° 662.

FORME ET CONTENU DES LISTES D'INITIÉS

66501 Les listes d'initiés doivent être établies dans un **format** électronique conforme aux modèles de l'annexe I du règlement UE 2022/1210 du 13 juillet 2022.

66502 La **liste** d'initiés doit **contenir,** outre la dénomination et l'adresse de l'émetteur concerné, les nom et prénoms, date de naissance, numéros de téléphone professionnels et personnels, adresse personnelle et numéro d'identification national de toute personne ayant accès à des informations privilégiées, la raison pour laquelle cette personne figure sur la liste d'initiés et les fonctions qu'elle exerce, la date et l'heure auxquelles cette personne a eu accès aux informations privilégiées puis a cessé d'y avoir accès et la date et l'heure auxquelles la liste d'initiés a été établie. Elle doit être divisée en différentes sections, chacune se rapportant à un type précis d'information privilégiée. La liste peut comporter une section séparée contenant les informations précitées relatives aux personnes ayant accès en permanence à l'ensemble des informations privilégiées (« initiés permanents ») (Règl. UE 596/2014 du 16-4-2014 art. 18, 3 et Règl. UE 2022/1210 du 13-7-2022 art. 1).

La liste d'initiés doit être **mise à jour** rapidement, y compris la date de la mise à jour, en cas de changement du motif pour lequel une personne a déjà été inscrite sur la liste d'initiés, lorsqu'une nouvelle personne a accès aux informations privilégiées et doit, par conséquent, être ajoutée à la liste d'initiés et lorsqu'une personne cesse d'avoir accès aux informations privilégiées. Chaque mise à jour doit préciser la date et l'heure auxquelles sont survenus les changements entraînant la mise à jour. Elle doit être **conservée** pour une période d'au moins cinq ans après son établissement ou sa mise à jour.

› Précisions **a.** La section « **initiés permanents** » ne correspond pas à une information privilégiée spécifique, ces initiés étant soumis à une obligation totale d'abstention alors même qu'ils pourraient ne pas avoir connaissance de certaines informations privilégiées concernant l'émetteur. Formellement, la création d'une telle section ne devrait pas empêcher d'inscrire une même personne également en tant qu'initié occasionnel, si cela paraît pertinent, notamment en raison de la connaissance ou de la participation de cette personne à une opération caractérisant une information privilégiée. Toutefois, si une section « initiés permanents » est établie, les renseignements relatifs à ces initiés ne sont pas inclus dans les sections correspondant à des informations privilégiées spécifiques (Règl. UE 2022/1210 art. 1, 2 et considérant 4).

b. Les **émetteurs dont les instruments financiers sont admis à la négociation sur un marché de croissance des PME,** tel Euronext Growth, doivent établir des listes d'initiés, contenant une section spécifique à chaque information privilégiée, qui comprennent les renseignements et respectent le format indiqués dans le modèle 1 de l'annexe III du règlement UE 2022/1210. Ces listes peuvent comporter une section séparée, établie selon le format indiqué dans le modèle 2 de l'annexe III précitée, contenant les informations relatives aux « initiés permanents » ; dans ce cas, les données à caractère personnel de ces derniers ne sont pas incluses dans les sections correspondant à des informations privilégiées spécifiques (Règl. UE 2022/1210 art. 2, 2).

c. L'Esma doit soumettre à la Commission européenne, au plus tard le 5 septembre 2025, des **projets de normes techniques d'exécution** relatives au **format allégé des listes** d'initiés propres aux émetteurs admis à la négociation sur un marché de croissance des PME afin d'en étendre l'utilisation à toutes les listes d'initiés, en ce compris celles établies par les émetteurs admis à la négociation sur un marché règlementé (Règl. UE 596/2014 art. 18, 9 modifié par Règl. UE 2024/2809 du 23-10-2024). Aucun calendrier n'est toutefois imposé à la Commission pour adopter les normes techniques révisées.

CHAPITRE 2 LES ACTIONS

SOMMAIRE

SECTION 1

CARACTÉRISTIQUES DES ACTIONS

DÉFINITION DES ACTIONS

67500 Le mot « action » a deux sens :
– d'une part, c'est le **droit de l'associé** dans une SAS, une SA, une SCA ou une SE, lui permettant de participer aux assemblées ou décisions collectives et de se voir attribuer une fraction des bénéfices et du boni de liquidation ;
– d'autre part, c'est le **titre** négociable **qui constate ce droit,** c'est-à-dire l'inscription soit dans un compte ouvert au nom de son titulaire chez la société émettrice ou chez un intermédiaire financier habilité et qui se transmet par simple virement de compte à compte, soit, dans certains cas (voir nos 62180 s.), dans une blockchain. Ce titre financier est dit « valeur mobilière ».

SOCIÉTÉS POUVANT ÉMETTRE DES ACTIONS

67510 Seules les SAS, les SA, les SCA et les SE peuvent émettre des actions.
Il est interdit aux SNC (art. L 221-13), aux SCS (art. L 222-2) et aux SARL (art. L 223-12) de créer des titres négociables. Or la négociabilité est une caractéristique fondamentale de l'action du fait qu'elle est un titre financier (C. mon. fin. art. L 211-1, II-1 et L 211-14).

DIFFÉRENTES SORTES D'ACTIONS

67520 Les actions sont qualifiées selon les critères suivants :
– la nature de l'apport qu'elles représentent (actions de numéraire ou actions d'apport) ;
– l'étendue des droits qui leur sont attachés (actions ordinaires ou actions de préférence ; actions de capital ou actions de jouissance) ;
– leur forme (actions nominatives ou actions au porteur).
Une même action peut présenter plusieurs de ces caractéristiques : par exemple, action de numéraire, de préférence et nominative.

67521 **Actions de numéraire et actions d'apport** Les **actions de numéraire** sont celles (art. L 228-7, al. 1) :
– dont le montant est libéré en espèces ou par compensation de créances ;
– ou dont l'émission est la conséquence d'une incorporation au capital de réserves, bénéfices ou primes d'émission ;
– ou encore dont le montant résulte pour partie d'une incorporation de réserves, bénéfices ou primes d'émission et pour partie d'une libération en espèces.
Sous réserve des règles spécifiques applicables aux actions résultant d'une fusion, d'une scission ou d'un apport partiel d'actifs soumis au régime des scissions, toutes les autres actions sont des **actions d'apport** (art. L 228-7, al. 2). Il s'agit essentiellement des actions qui représentent des apports autres que du numéraire (terrains, constructions, fonds de commerce, brevets, marques, logiciels, matériel, marchandises, actions ou parts sociales, créances, etc.).
Elles doivent être libérées intégralement dès leur émission (art. L 225-3, al. 3), alors que les actions de numéraire peuvent n'être libérées que de la moitié ou du quart de leur montant nominal selon qu'elles sont émises lors de la constitution de la société ou en cours de vie sociale (art. L 225-3, al. 2 et L 225-144, al. 1).
Sur le cas particulier des **« actions d'industrie »** que peuvent émettre les SAS, voir no 60143.

67522 **Actions ordinaires et actions de préférence** Les actions de préférence sont celles qui confèrent des droits particuliers de toute nature par rapport aux autres actions (actions ordinaires). Sur ces droits, voir nos 67780 s.

67523 **Actions avec ou sans droit de vote** Les sociétés par actions peuvent, dans la limite de la moitié de leur capital, ou du quart si leurs actions sont admises aux négociations sur un marché réglementé, émettre des actions de préférence sans droit de vote (art. L 228-11, al. 3).

67524 **Actions à droit de vote simple ou à droit de vote double ou multiple** Sous certaines conditions, il est attribué aux actions un droit de vote double ou multiple de celui auquel elles donnent droit en principe (nos 47717 s. et 67782 s.).

Actions de capital et actions de jouissance À la différence des actions de capital, les actions de jouissance sont celles dont le montant nominal a été remboursé à l'aide de prélèvements sur les réserves. 67525

Les actions de jouissance sont créées à la suite de l'opération appelée « amortissement du capital ». Ces actions sont privées du droit au premier dividende et du droit au remboursement du nominal en fin de société, mais conservent tous les autres droits.

Sur la procédure à suivre pour « reconvertir » les actions de jouissance en actions de capital, voir nos 51540 s.

Actions nominatives et actions au porteur Les actions revêtent la forme nominative si le compte-titres est tenu par la société émettrice ou si les actions sont inscrites, par elle, dans une blockchain ; elles revêtent la forme au porteur si le compte-titres est tenu par un intermédiaire financier ou si les actions sont inscrites, par une infrastructure de marché DLT, dans une blockchain (C. mon. fin. art. R 211-2). 67526

Sur la forme, au porteur ou obligatoirement nominative, des actions, voir nos 62100 s.

Si le titulaire d'actions qui doivent revêtir la forme nominative n'a pas demandé ou fait demander, par l'intermédiaire financier qui tient son compte-titres, son inscription nominative, il s'expose aux **sanctions** suivantes. 67527

1. Suppression des droits attachés aux actions. À l'expiration du délai de six mois imparti pour la « conversion », le titulaire des actions non converties ne peut exercer aucun des droits attachés à ces actions (droit de vote, droit aux dividendes, droit préférentiel de souscription, droit de participer aux assemblées ou aux décisions collectives, droit de communication des documents sociaux, etc.). Cependant, cette suppression n'a pas un caractère définitif. Le titulaire des actions retrouve l'intégralité de ses droits – pour autant, bien entendu, que le délai imparti pour leur exercice ne soit pas expiré – dès qu'il a demandé l'inscription de ces actions en compte nominatif (C. mon. fin. art. L 212-3, II-al. 2).

2. Vente des actions. Dans le délai d'un an qui suit la date de suppression des droits attachés aux actions non converties, la société émettrice doit mettre en vente les droits correspondant à ces actions (art. L 212-3, III ; sur les modalités pratiques de cette vente, voir Décret 82-893 du 18-10-1982).

3. Responsabilité des dirigeants sociaux. Les gérants, ou le président du conseil d'administration ou du directoire (par assimilation, le président et les autres dirigeants dans les SAS), sont, pour l'application des droits de mutation par décès et de l'impôt sur la fortune immobilière, présumés, sauf preuve contraire, être les propriétaires des actions qui ne revêtiraient pas la forme nominative ou qui n'auraient pas été vendues (art. L 212-3, IV).

Ces dispositions sont conformes à la Constitution (Cons. const. 27-1-2012 no 2011-215 QPC : RJDA 4/12 no 461).

Certaines sociétés dont les titres sont admis aux négociations sur un marché réglementé suggèrent à leurs actionnaires, voire leur imposent (en limitant parfois cette obligation aux personnes qui détiennent une fraction déterminée du nombre total des actions ou des droits de vote), de mettre leurs actions sous la forme nominative. 67528

Indépendamment de l'obtention du droit de vote double ou du paiement d'un dividende majoré, cette mise au nominatif présente pour l'actionnaire certains avantages (absence de droits de garde, information personnalisée de la société, paiement rapide du dividende) mais aussi quelques inconvénients, notamment la nécessité d'un délai en cas de revente des titres.

VALEUR NOMINALE DES ACTIONS

Définition de la valeur nominale des actions La valeur nominale d'une action *est la quote-part du capital social que* cette action représente. 67540

EXEMPLE

Dans une société au capital de 2 M€ divisé en 200 000 actions, la valeur nominale de chaque action est de 10 €.

La valeur nominale est encore appelée « **pair** » à l'occasion des augmentations de capital pour faire ressortir si les actions nouvelles sont ou non émises avec prime : actions émises « au pair » (sans prime) ou « au-dessus du pair » (avec prime).

Cette valeur ne correspond pas à la valeur économique de l'action, laquelle est déterminée au moyen de la combinaison de différentes méthodes d'appréciation choisies en fonction de chaque cas d'espèce : actif net réévalué, capitalisation du dividende distribué ou du bénéfice disponible, actualisation de flux (trésorerie, dividendes, création de valeur), comparaisons à partir de transactions antérieures, cours de bourse, etc. Notamment, c'est parce que la valeur économique d'un titre est supérieure à sa valeur nominale que, lors d'une augmentation de capital, les actions nouvelles sont émises « au-dessus du pair », c'est-à-dire à la valeur nominale majorée d'une prime dite « d'émission ».

67542 **Fixation de la valeur nominale** La valeur nominale des actions est librement fixée par les actionnaires. Elle peut être exprimée en euros et centimes d'euro.

67543 **Suppression de la mention de la valeur nominale** La valeur nominale des actions peut ne pas être mentionnée dans les **statuts** (art. L 228-8 a contrario).

En pratique, cela conduit à considérer que chaque action représente une quotité du capital social, le « pair », obtenue en divisant le montant de ce capital par le nombre des actions existantes.

En l'état actuel de notre législation, le « pair » n'est qu'un substitut de la valeur nominale, une valeur nominale non exprimée et qui peut comporter un nombre important de décimales alors que la valeur nominale « affichée » doit, à notre avis, être arrondie au centime d'euro près.

67544 La suppression de la mention de la valeur nominale est une simple faculté, non une obligation.

Cette faculté présente assez peu d'avantages en pratique car, même si la valeur nominale ne présente pas d'intérêt économique, on ne peut pas s'en affranchir pour les opérations portant sur le capital.

La suppression n'est pas irréversible. Les sociétés qui ont usé de cette faculté peuvent y renoncer par la suite.

Mais la suppression doit porter sur la totalité des actions existantes et de celles qui seront émises ultérieurement (art. L 228-8). Il n'est pas permis de faire coexister des actions sans valeur nominale (actions de quotité) et des actions avec valeur nominale affichée.

En revanche, il est possible, à notre avis, de créer des catégories d'actions de quotités différentes, de même qu'il peut exister des catégories d'actions de valeurs nominales différentes. Dans ce cas, les statuts doivent préciser, pour chaque catégorie d'actions émises, le nombre d'actions de cette catégorie et la nature des droits particuliers attachés à celles-ci, ainsi que la part de capital social que la catégorie représente (cf. art. R 224-2, 1°).

67545 Comme toute modification des statuts, la suppression de la mention de la valeur nominale des actions relève, dans la SA et la SCA, de la **compétence** de l'assemblée générale extraordinaire (avec, sauf clause contraire des statuts, accord de tous les commandités dans la SCA) ou, le cas échéant, de la collectivité des associés dans la SAS. Dans la SAS, la décision est prise dans les conditions prévues par les statuts.

La **décision** doit être **publiée** : dépôt au greffe du procès-verbal de l'assemblée ou de la décision collective et des statuts mis à jour ; mais il n'y a pas lieu de procéder à une insertion dans un support d'annonces légales, ni à une inscription modificative au RCS et au RNE.

67546 La **suppression** de la mention de la valeur nominale a le **mérite** de mettre en relief l'autre composante du capital qu'est le nombre des actions existantes.

En effet, c'est à partir du nombre de ses actions au sein d'une même catégorie que l'associé ou actionnaire détermine l'étendue de ses droits pécuniaires et non pécuniaires dans la société.

De même, c'est en fonction du nombre des actions anciennes que sont effectuées les attributions d'actions nouvelles résultant d'opérations de restructuration (fusions, scissions, apports partiels d'actifs, etc.).

Mais, en l'état actuel des textes et particulièrement des directives européennes, on ne saurait s'en tenir uniquement au nombre des actions existantes et supprimer toute notion de valeur nominale, exprimée ou non, car ce serait corrélativement supprimer celle de capital *social*.

67547 L'article L 228-8 se borne à permettre de ne pas mentionner dans les statuts la valeur nominale des actions. Mais de nombreuses autres **dispositions** légales **font allusion à la valeur nominale** ou au montant nominal (conditions de libération des actions, prix d'émission des actions lors de l'exercice des droits attachés aux valeurs mobilières donnant accès au capital ou en cas de paiement du dividende en actions, calcul du montant maximal de la soulte en espèces pouvant être versée lors d'une fusion ou d'une scission, versement aux associés ou actionnaires du produit de la liquidation d'une société dissoute, etc.).

Par conséquent, même si l'on supprime la mention de la valeur nominale, il faudra toujours, lors des augmentations de capital, déterminer le « pair » des actions existantes afin de fixer la part du prix de souscription qui va au capital et celle qui va à la prime.

Enfin, il serait imprudent pour les dirigeants sociaux de se désintéresser du « pair » des actions de leur société, car les difficultés auxquelles ils auraient échappé en ce qui concerne l'expression de la valeur nominale risquent de réapparaître dans l'expression du capital. En effet, en cas d'augmentation du capital, le montant de celle-ci est obtenu en multipliant le « pair » des actions existantes par le nombre des actions nouvelles ; si ce pair comporte de nombreuses décimales, on peut craindre que le montant du capital ne soit pas arrondi. 67548

CONSEIL

Pour pallier cet inconvénient, il conviendra de donner au conseil d'administration ou au directoire (aux dirigeants de SCA ou de SAS), lorsque l'assemblée (ou la collectivité des associés) décide une augmentation du capital, l'autorisation d'incorporer une partie de la prime au capital afin d'arrondir le montant de ce dernier. Cet arrondissement peut aussi être décidé par le conseil d'administration ou le directoire (par les dirigeants de SCA ou de SAS) en vertu des pouvoirs qui lui ont été conférés d'augmenter le capital social sur ses seules délibérations. Cette opération complémentaire entraînera une légère augmentation du pair des actions tant anciennes que nouvelles.

Regroupement d'actions Le regroupement d'actions consiste à échanger des actions d'une valeur nominale déterminée, et très généralement d'un faible montant, contre de nouvelles actions de valeur nominale plus élevée. 67549

EXEMPLE

10 actions de 5 € seront échangées contre 1 action de 50 €.

Il a pour **but** essentiel d'éviter les surcoûts liés à la conservation et à la gestion des opérations sur des actions de faible valeur. Il implique pour les associés ou actionnaires, en cas de rompus, l'obligation de procéder à des achats ou des cessions d'actions et constitue une augmentation de leurs engagements, laquelle ne peut en principe pas leur être imposée sans leur accord. Toutefois, l'assemblée générale extraordinaire peut imposer le regroupement des actions admises aux négociations sur un marché réglementé ou sur un SMN à la condition que la valeur nominale de chacune des actions nouvelles soit au moins égale à 0,76 € (art. L 225-96, al. 1 et Décret 48-1683 du 30-10-1948 art. 6). Elle peut imposer le regroupement des actions non admises sur un marché réglementé ou sur un SMN à la condition qu'elles aient une valeur nominale inférieure ou égale à 3,81 € et que la valeur nominale de chacune des actions nouvelles n'excède pas 15,25 € ; avant la décision de l'assemblée, la société doit obtenir d'un ou plusieurs actionnaires l'engagement de servir, pendant un délai de deux ans et au prix fixé par l'assemblée, la contrepartie tant à l'achat qu'à la vente des offres portant sur les rompus ou des demandes tendant à compléter le nombre de titres appartenant à chacun des actionnaires intéressés (art. L 228-29-1, L 228-29-2 et R 228-27).

› Précisions L'article L 228-29-1, applicable nonobstant toute disposition législative ou statutaire contraire, prévoit que les « regroupements sont décidés par les assemblées générales d'actionnaires statuant dans les conditions prévues pour la modification des statuts ». On peut penser que, dans les **SAS,** le regroupement peut résulter d'une décision collective des associés prise dans les conditions prévues par les statuts (cf. art. L 227-9).

Division d'actions L'opération inverse de division d'actions, couramment appelée « split », consiste à diviser des actions en actions d'un nominal moins élevé. 67550

EXEMPLE

Une action de 50 € sera échangée contre dix actions de 5 €.

Cette opération a pour **but** essentiel d'améliorer la liquidité des titres. Elle n'entraîne en principe pas l'apparition de rompus et ne fait pas l'objet d'une procédure spécifique. Mais si elle devait entraîner des rompus obligeant les associés ou actionnaires ou certains d'entre eux à procéder à des achats ou à des cessions, il conviendrait d'obtenir l'accord des intéressés (application des articles 1836, al. 2 du Code civil et L 225-96).

SECTION 2

DROITS ET OBLIGATIONS ATTACHÉS AUX ACTIONS

I. DROITS DES ASSOCIÉS OU ACTIONNAIRES

ÉGALITÉ DES ASSOCIÉS OU ACTIONNAIRES

67700 En principe, les droits attachés à chaque action sont égaux. En fait, cette règle ne vaut que pour les actions de même catégorie ; la loi admet, en effet, la possibilité de créer des actions de préférence assorties de droits particuliers par rapport aux autres actions.

A. Droits attachés aux actions ordinaires

DROITS NON PÉCUNIAIRES ATTACHÉS AUX ACTIONS ORDINAIRES

67701 Sur cette question, voir nos 7400 s.

DROITS PÉCUNIAIRES ATTACHÉS AUX ACTIONS ORDINAIRES

67720 **Droit aux dividendes** Les associés ou actionnaires ont droit aux bénéfices dans les conditions prévues par les statuts (nos 76430 s.).

Le droit aux dividendes est suspendu à l'encontre des associés ou actionnaires qui négligent de répondre aux appels de fonds destinés à la libération des actions (art. L 228-29, al. 2), pour les actions émises en violation des dispositions réglementant la constitution de la société ou de certaines dispositions réglementant les augmentations de capital (nos 38700 s. et 49950), en cas de non-communication des informations relatives à l'identification des propriétaires d'actions « cotées » (no 63860) ou encore à défaut de mise au nominatif ou de dépôt des actions admises aux négociations sur un marché réglementé détenues par les dirigeants, leur conjoint et leurs enfants mineurs (art. L 225-109, al. 3).

Il peut être supprimé ou limité en cas d'investissement étranger non autorisé (nos 92555 s.).

Il est supprimé pour les actions propres détenues par la société (art. L 225-210, al. 4).

67721 **Droit au remboursement de l'apport et au boni de liquidation** Sur cette question, voir nos 87760 s.

67722 **Droit préférentiel de souscription** Chaque associé ou actionnaire dispose d'un droit préférentiel de souscription lors de toute augmentation de capital à libérer en numéraire (art. L 225-132, al. 2) ainsi que lors de toute émission de valeurs mobilières donnant accès au capital (art. L 228-92, al. 2).

DROIT D'ALIÉNER LES ACTIONS ORDINAIRES

67730 L'associé ou actionnaire peut céder ses actions à tout moment soit à titre onéreux, soit à titre gratuit.

Cependant, la loi limite dans certains cas la libre cessibilité des actions (actionnariat des dirigeants notamment).

En outre, les statuts peuvent imposer un contrôle des cessions à des tiers ou à d'autres associés ou actionnaires (clause d'agrément), mais l'actionnaire qui le désire peut toujours se retirer de la société si l'acquéreur qu'il propose n'est pas agréé (art. L 228-24 ; pour les SAS, voir no 60702).

Si les statuts le prévoient, l'associé ou actionnaire peut aussi sous certaines conditions (actions nominatives, non négociables sur un marché réglementé et non inscrites aux opérations d'un dépositaire central, non soumises à obligation de conservation, etc.) donner ses actions en **location ou** en **crédit-bail** (art. L 239-1, al. 2 et L 239-2 ; voir nos 20000 s.).

B. Actions de préférence

1. DROITS ATTACHÉS AUX ACTIONS DE PRÉFÉRENCE

PRINCIPE

Peuvent être créées des actions de préférence, avec ou sans droit de vote, assorties de droits particuliers de toute nature, à titre temporaire ou permanent. Ces droits sont définis par les **statuts** (art. L 228-11, al. 1). La création d'actions de préférence suppose donc l'existence dans les statuts d'une clause précisant quels droits spécifiques peuvent être attachés à ces actions. 67780

ATTENTION

Dans les **SAS,** les statuts doivent aussi préciser les modalités selon lesquelles les titulaires d'actions de préférence peuvent obtenir l'établissement d'un rapport sur le respect par la société des droits particuliers attachés à leurs actions (nº 67850) ou se prononcent sur les opérations de restructuration (nº 67856). En effet, les articles L 228-17 et L 228-19 qui prévoient la réunion d'une **assemblée spéciale** des porteurs d'actions de préférence en pareil cas sont applicables aux SAS, mais non l'article L 225-99 relatif aux assemblées spéciales de SA, et notamment son alinéa 2 en vertu duquel la décision d'une assemblée générale de modifier les droits relatifs à une catégorie d'actions n'est définitive qu'après approbation par l'assemblée spéciale des actionnaires de cette catégorie (cf. art. L 227-1, al. 3).

Les statuts de la SAS peuvent aussi prévoir l'obligation de consulter les titulaires d'actions de préférence en cas de modification des droits attachés à leurs actions ou en cas de suppression de ces droits et fixer les modalités de cette consultation. À défaut, le consentement individuel des titulaires de ces actions est requis pour procéder à une telle modification (Cass. com. 10-7-2024 nº 22-15.836 FS-B : RJDA 10/24 nº 530) ou suppression.

DROIT DE VOTE ATTACHÉ AUX ACTIONS DE PRÉFÉRENCE

Le droit de vote des actions de préférence peut être **aménagé** pour un délai déterminé ou déterminable ; il peut être suspendu pour une durée déterminée ou déterminable ou supprimé (art. L 228-11, al. 2). La seule exigence légale étant de prévoir un délai ou une durée déterminée ou déterminable, les rédacteurs des statuts bénéficient d'une grande liberté : ils peuvent ainsi, à notre avis, aménager ou suspendre le droit de vote attaché aux actions de préférence pour la durée restant à courir de la société. Ils peuvent supprimer ce droit de vote pour cette même durée ou pour une durée limitée, sans même que les actions dites « de préférence » et ainsi privées de droit de vote aient à être assorties d'autre droit particulier (nº 67795). Ils peuvent aussi limiter le droit de vote des titulaires d'actions de préférence à certains types de décisions seulement ou exiger d'eux la possession des actions pendant une durée déterminée avant de leur accorder le droit de vote (clause de stage). 67781

ATTENTION

La personne qui ne détient que des actions de préférence sans droit de vote ne peut pas, à notre avis, être privée du droit de participer aux décisions collectives reconnu à tout associé par l'article 1844, al. 1 du Code civil, disposition à laquelle les statuts ne peuvent pas déroger (C. civ. art. 1844-10, al. 2). De même, son consentement est requis si l'adoption d'une décision nécessite l'unanimité des associés ou actionnaires ; en effet, l'unanimité s'entend de la totalité des associés de la société (Cass. 3e civ. 5-1-2022 nº 20-17.428 FS-PB : RJDA 4/22 nº 205, à propos d'une société civile mais transposable).

Les **facultés d'aménagement** du droit de vote sont néanmoins **réduites** par plusieurs règles : 67782

– l'obligation de respecter les principes d'encadrement fixés par l'article L 228-11, al. 1 modifié par la loi 2024-537 du 13 juin 2024 (nos 67783 s.) ;

– la limitation du nombre d'actions de préférence sans droit de vote (nº 67813) ; sur la *nécessité de créer des actions de préférence* pour prévoir une suppression du droit de vote dans les SAS, voir nº 60510 ;

– l'impossibilité, à notre avis, d'accorder un droit de veto général, compte tenu notamment du principe de souveraineté des assemblées générales et du caractère d'ordre public des dispositions relatives aux majorités dans ces assemblées (dans le même sens, Communication Ansa, comité juridique nº 05-002 du 5-1-2005).

Encadrement légal du droit de vote attaché aux actions de préférence 67783

Les **actions de préférence non admises** aux négociations **sur un marché** réglementé ou sur un SMN **et émises depuis le 24 mai 2019** (cf. Loi 2019-486 du 22-5-2019 art. 100, II) ne sont pas soumises aux dispositions des articles L 225-122 à L 225-125 (art. L 228-11, al. 1 a contrario).

Il est donc possible de conférer à ces actions un droit de vote multiple ou encore un droit de vote double sans avoir à respecter les conditions prévues par l'article L 225-123. Il est également possible de plafonner les droits de vote qui leur sont attachés sans plafonner ceux attachés aux autres actions.

67784 Les droits attachés aux **actions** de préférence **admises** aux négociations **sur un marché** réglementé ou sur un SMN doivent – sauf exception (n°s 67785 s.) – être définis par les statuts « dans le respect des dispositions des articles L 225-122 à L 225-125 » (art. L 228-11, al. 1 modifié par loi 2024-537 du 13-6-2024). Il en est de même pour les actions de préférence **émises avant le 24 mai 2019** (cf. Loi 2019-486 du 22-5-2019 art. 100, II).

Le droit de vote attaché à ces actions doit donc être **proportionnel** à la quotité de capital que les actions représentent, chaque action donnant droit à une voix au moins (principe de proportionnalité et d'effectivité : art. L 225-122, I).

Le nombre de voix ne peut être **limité** que si la limitation est imposée à toutes les catégories d'actions (principe de plafonnement : art. L 225-125). Il ne nous paraît donc pas possible d'accorder des droits de vote sans lien avec la quotité de capital que ces actions de préférence représentent, ni de plafonner le droit de vote, sauf à plafonner aussi celui des actions ordinaires.

Ces actions peuvent, à notre avis, être assorties d'un **droit de vote double** – mais pas multiple puisque l'article L 225-123, dont l'article L 228-11, al. 1 impose le respect, ne vise que le vote double. Il convient alors de respecter les conditions générales posées par cet article : actions entièrement libérées dont le propriétaire justifie d'une inscription nominative depuis au moins deux ans ; il en résulte qu'en cas d'émission de telles actions le droit de vote double ne peut pas être exercé avant deux ans. En cas de conversion d'actions existantes, le délai de détention déjà couru doit pouvoir être pris en compte par analogie avec les règles exposées n° 47719.

La nécessité d'accorder des droits de préférence « dans le respect » de l'article L 225-123 n'interdit pas, à notre avis, d'accorder un droit de vote double aux seules actions de préférence. Certes, l'article L 225-123 dispose que le droit de vote double doit être attribué « à toutes les actions », ce qui pourrait inviter à penser que les actions de préférence ne peuvent pas être les seules à bénéficier de cet avantage. C'est ce qui a conduit certains auteurs à écarter la possibilité d'émettre des actions de préférence à droit de vote double dans la SA (R. Kaddouch, Le droit de vote attaché aux actions de préférence : Actes pratiques 2005 n° 82 p. 37 ; P. Ledoux, La nature de la préférence : Bull. Joly 2006 p. 1219). Pour notre part, nous pensons que le renvoi à l'article L 225-123 ne vise qu'à exiger le respect des conditions énoncées ci-dessus, faute de quoi l'avantage que le législateur a entendu accorder aux actions de préférence serait vidé d'une partie de sa substance. Sur les droits susceptibles d'être accordés aux actions de préférence, voir aussi B. Mercadal, Que faire des actions de préférence : RJDA 7/06 p. 671.

ATTENTION

Les **SAS** n'étant pas soumises aux dispositions des articles L 225-122 à L 225-125 (art. L 227-1, al. 3), la liberté d'aménagement du droit de vote des actions de préférence émises avant le 24 mai 2019 était déjà plus grande dans ces sociétés (n°s 60141 et 60510).

67785 **Actions de préférence à droit de vote aménagé dans le cadre d'une introduction en bourse** Par exception à la règle selon laquelle le droit de vote attaché aux actions doit être proportionnel à la quotité de capital qu'elles représentent (art. L 225-122), peuvent être créées, dans le cadre d'une **première admission aux négociations** des actions d'une société sur un **marché réglementé ou** sur un **SMN,** au profit d'une ou plusieurs **personnes nommément désignées,** des actions de préférence dont « le droit de vote est aménagé ». En pratique, cette mesure est destinée à favoriser les introductions en bourse en autorisant la création à cette occasion d'actions de préférence à **droit de vote multiple** (art. L 22-10-46-1, I-al. 1 et 2 issu de loi 2024-537 du 13-6-2024).

67786 Ces actions ne bénéficient pas du **droit de vote double** attaché aux actions nominatives entièrement libérées inscrites au nom d'un même titulaire depuis deux ans au moins (art. L 225-123 et L 22-10-46) (art. L 22-10-46-1, I-al. 2 issu de loi 2024-537 du 13-6-2024).

67787 Pour les sociétés dont les **titres** sont **admis à la négociation sur un SMN,** le **ratio** entre les droits de vote attachés à ces actions de préférence et ceux attachés à une action ordinaire *ne peut pas excéder 25* pour un et doit être un nombre entier (art. L 22-10-46-1, I-al. 3 issu de loi 2024-537 du 13-6-2024).

67788 Ces actions de préférence doivent être créées pour une **durée** déterminée ou déterminable qui ne peut pas excéder dix ans. Cette durée pourra être renouvelée une fois, pour une durée n'excédant pas cinq ans, par l'assemblée générale extraordinaire statuant au vu d'un rapport spécial des commissaires aux comptes de la société, dans des conditions qui doivent être définies par un décret à paraître ; à peine de nullité de la délibération, les titulaires desdites actions ne pourront pas prendre part, directement ou indirectement, au vote sur le renouvellement de la durée de ces actions et celles-ci ne seront pas prises en compte pour le calcul du quorum ni de la majorité, « à moins que l'ensemble des actionnaires soient titulaires d'actions de préférence » (art. L 22-10-46-1, II issu de loi 2024-537 du 13-6-2024 et modifié, à compter du 1-10-2025, par ord. 2025-229 du 12-3-2025 excluant l'application du triple test ; Ord. 2025-229 art. 70), ce qui vise à notre avis les seuls porteurs de cette catégorie d'actions de préférence.

Chacune de ces actions de préférence est **convertie en action ordinaire** (art. L 22-10-46-1, III-al. 1 à 3 issu de loi 2024-537 du 13-6-2024) : 67789
– au terme de sa durée d'existence (nº 67788) ou en cas d'ouverture d'une procédure de redressement ou de liquidation judiciaire de la société ;
– en cas de transfert en propriété, de transfert par voie de succession, de liquidation de communauté de biens entre époux ou de donation entre vifs, ou en cas de changement de contrôle ou de dissolution de l'actionnaire personne morale.

Les actions ordinaires ainsi substituées aux actions de préférence confèrent un droit de vote double identique à celui conféré aux autres actions si elles remplissent les conditions requises (actions nominatives entièrement libérées inscrites au nom d'un même titulaire depuis deux ans au moins : cf. art. L 225-123 et L 22-10-46), étant précisé qu'il est tenu compte de la durée de l'inscription au nom du titulaire des actions de préférence converties en actions ordinaires (art. L 22-10-46-1, III-al. 4).

Le **droit de vote multiple** attaché à ces actions de préférence est **neutralisé** pour certaines décisions. Ainsi, chacune de ces actions ne donne droit qu'à une voix lorsque l'assemblée générale statue sur les résolutions relatives (art. L 22-10-46-1, IV-al. 1 à 6 issu de loi 2024-537 du 13-6-2024) : 67790
– à la **désignation des commissaires aux comptes** ;
– à l'**approbation des comptes** annuels ;
– à la **modification des statuts** de la société ne concernant pas les augmentations de capital ;
– aux **conventions réglementées** soumises à l'approbation de l'assemblée « en application des deuxième et troisième alinéas de l'article L 225-40 », ce qui ne vise que les SA à conseil d'administration et, sur renvoi de l'article L 226-10, les SCA mais non les SA à directoire et conseil de surveillance, ce qui résulte manifestement d'une inadvertance ;
– au contrôle des rémunérations des mandataires sociaux des sociétés dont les actions sont admises aux négociations sur un marché réglementé (**say on pay**), que ce soit pour le vote ex ante ou pour le vote ex post.

En outre, les statuts pourront prévoir que chacune de ces actions ne donne droit, en cas d'**offre publique,** qu'à une voix lors de l'assemblée générale qui arrête toute mesure dont la mise en œuvre est susceptible de faire échouer l'offre publique, lorsque les statuts le prévoient, et lors de la première assemblée générale suivant la clôture de l'offre publique lorsque, à l'issue de celle-ci, l'initiateur détient au moins les trois quarts du capital assorti de droits de vote de la société (art. L 22-10-46-1, IV-al. 7 à 9). En pareil cas, les statuts devront prévoir une indemnisation équitable des pertes enregistrées par les titulaires des actions de préférence, dans des conditions et selon des modalités qui doivent être déterminées par un décret à paraître (art. L 22-10-46-1, IV-al. 10). Cette restriction ne pourra, à notre avis, être instituée que lorsque le décret aura été publié ; en effet, les conditions et modalités de l'indemnisation que la loi impose aux statuts de prévoir devant être fixées par ce décret, la loi ne se suffit pas à elle-même et ne peut donc pas être mise en œuvre.

Dans toutes ces situations, si elles remplissent les conditions requises (actions nominatives entièrement libérées inscrites au nom d'un même titulaire depuis deux ans au moins : cf. art. L 225-123 et L 22-10-46), ces actions de préférence confèrent un droit de vote double à celui conféré aux autres actions (art. L 22-10-46-1, V).

Les **informations** relatives au nombre et à la durée de ces actions de préférence, à l'identité de leurs bénéficiaires ainsi qu'aux droits de vote qui leur sont attachés en fonction des résolutions à l'assemblée devront être **publiées** selon des modalités qui doivent être fixées par un décret à paraître (art. L 22-10-46-1, VI issu de loi 2024-537 du 13-6-2024). 67791

DROITS PARTICULIERS ATTACHÉS AUX ACTIONS DE PRÉFÉRENCE

Droits pécuniaires L'expression « droits particuliers de toute nature » employée à l'article L 228-11, al. 1 laisse une grande place à la liberté. Parmi ces droits figurent les droits pécuniaires : **dividende** prioritaire (ou préciputaire) par rapport aux actions ordinaires, 67792 dividende cumulatif (c'est-à-dire prélevé sur les bénéfices ultérieurs lorsque les bénéfices d'une année ne permettent pas de le servir), dividende progressif ou dégressif suivant les résultats de la société, etc.

Le dividende versé aux titulaires d'actions de préférence peut être payé en actions, selon les modalités fixées par l'assemblée générale extraordinaire ou par les statuts (art. L 228-18). Compte tenu des termes employés, il nous paraît possible d'attribuer comme dividende soit des actions ordinaires, soit des actions de préférence. En revanche, il est interdit de prévoir l'octroi d'un intérêt fixe en l'absence de bénéfice (art. L 232-15, al. 1).

Les actions de préférence peuvent aussi conférer un droit « renforcé » dans le **boni de liquidation** (sur les possibilités de répartition inégalitaire du boni de liquidation, voir aussi nº 87770).

Il est également possible de prévoir que les actions de préférence donneront droit, en cas d'**augmentation de capital par incorporation de réserves,** à l'attribution gratuite d'un nombre d'actions supérieur à celui résultant du prorata de leurs droits dans le capital ancien (en ce sens, Bull. CNCC décembre 2008 p. 690).

› Précisions L'aménagement des droits pécuniaires ne doit pas constituer une **clause léonine prohibée** (cf. C. civ. art. 1844-1, al. 2). À cet égard, il nous semble que la nullité des clauses d'exclusion totale des profits pourrait être étendue à celles prévoyant un droit au bénéfice insignifiant. Pour éviter le risque d'une invalidation par le juge, il convient donc, à notre avis, d'accorder aux titulaires d'actions de préférence un droit aux dividendes, même minime, en cours de vie sociale, surtout si la société a une durée longue (en sens contraire, Communication Ansa, comité juridique nº 21-027 du 8-9-2021, selon laquelle il est possible de créer des actions de préférence n'ouvrant droit qu'au boni de liquidation et non aux dividendes).

67793 **Droits non pécuniaires** Des droits non pécuniaires peuvent être accordés aux titulaires d'actions de préférence : information financière renforcée, droit de faire procéder périodiquement à un audit, attribution de sièges dans les organes de gestion ou de contrôle, etc.

ATTENTION

La fourniture des renseignements complémentaires (situation comptable trimestrielle et détaillée, états financiers prévisionnels, projet de budget, plan d'investissement, rapport écrit trimestriel sur l'exécution des prévisions budgétaires et d'investissement, etc.) doit être mise à la charge des dirigeants sociaux. Elle ne saurait être imposée aux **commissaires aux comptes,** qui ne disposent pratiquement d'aucune liberté pour informer les actionnaires en dehors des prescriptions légales puisque la loi leur impose le secret professionnel sur « les faits, actes ou renseignements dont ils ont pu avoir connaissance à raison de leurs fonctions » (art. L 821-35, al. 1). Pour les mêmes raisons, il convient de confier à un expert autre que le commissaire aux comptes les missions de contrôle comptable que les titulaires d'actions de préférence seraient autorisés à faire pratiquer.

Dans les SA, la faculté de prévoir une **majorité renforcée au conseil** d'administration ou de surveillance – par exemple, majorité nécessitant l'accord du titulaire d'actions de préférence – est conforme à la loi puisque les décisions de cet organe sont prises à la majorité des membres présents ou représentés « à moins que les statuts ne prévoient une majorité plus forte » (art. L 225-37, al. 2 et L 225-82, al. 2).

Le droit de préférence peut aussi porter sur la limitation des clauses d'agrément à certaines actions seulement ou sur l'octroi d'un droit de préemption réservé à un ou quelques actionnaires.

67794 **Autres droits** Compte tenu du caractère très général de la formule « droits particuliers de toute nature » employée à l'article L 228-11, al. 1, les sociétés devraient pouvoir accorder aux titulaires d'actions de préférence bien d'autres droits, tels qu'avantages en nature, conditions préférentielles de vente, etc. L'imagination risque toutefois d'être bridée par le nécessaire respect de l'ensemble des réglementations en vigueur, et notamment du droit économique et du droit fiscal, ainsi que bien entendu par l'obligation de ne pas porter atteinte à l'intérêt de la société émettrice, en prenant en considération les enjeux sociaux et environnementaux de son activité, et de se conformer à son objet social.

ACTIONS DE PRÉFÉRENCE ASSORTIES D'OBLIGATIONS PARTICULIÈRES

67795 Les statuts peuvent assortir les actions de préférence d'obligations particulières (agrément et préemption en cas de cession, par exemple).

Il est communément admis que le terme « préférence » attaché aux actions doit être interprété comme visant la « différence », situation que l'investisseur accepte lorsqu'il souscrit ou acquiert ce type d'actions. Même si l'article L 228-11, al. 1 définit les actions de préférence par les droits particuliers qu'elles procurent, il semble que, sous réserve de la fraude à la loi, l'on puisse admettre la possibilité de prévoir des actions de préférence à droits négatifs, c'est-à-dire assorties d'obligations particulières sans contrepartie (sur cette question, voir notamment B. Mercadal, Que faire des actions de préférence : RJDA 7/06 p. 671 § 27). Cela est d'ailleurs corroboré par l'article L 228-11, al. 5, qui prévoit des dispositions particulières pour les actions de préférence sans droit de vote auxquelles est attaché un droit limité de participation aux dividendes, aux réserves ou au partage du patrimoine.

Suppression du droit préférentiel de souscription Il ne nous paraît pas possible de supprimer dans les statuts le droit préférentiel de souscription dont bénéficient les titulaires d'actions de préférence. En effet, faute de dispositions particulières, les actions de préférence sont soumises aux dispositions générales sur les augmentations de capital ; or l'article L 225-135 n'autorise la suppression de ce droit que pour une ou plusieurs augmentations déterminées. Leur droit porte alors, à notre avis, sur les actions émises à l'occasion de ces augmentations de capital, et donc, le cas échéant, sur des actions ordinaires. Au cas par cas, il pourra être envisageable d'aménager ce droit lors de l'émission des actions de préférence en fonction des droits particuliers attachés à ces actions. 67796

Par exception, les actions de préférence auxquelles est attaché un droit limité de participation aux dividendes, aux réserves ou au partage du patrimoine en cas de liquidation sont privées de droit préférentiel de souscription pour toute augmentation de capital en numéraire, sauf clause contraire des statuts (art. L 228-11, al. 5).

› Précisions La CNCC considère que, pour les actions de préférence comportant ces droits financiers limités émises avant le 24 mai 2019 (cf. Loi 2019-486 du 22-5-2019 art. 100, II), la privation du droit préférentiel de souscription ne joue que pour les actions qui n'étaient **pas** assorties de **droit de vote à** leur **émission.** La privation du droit préférentiel de souscription continue à jouer même si, au cours de leur existence, les actions en cause retrouvent leur droit de vote. À l'inverse, dès l'instant où elles ont été émises avec un droit de vote, les actions conservent un droit préférentiel de souscription même si elles sont privées de droit de vote au cours de leur existence (CNCC NI.V t. 5 mars 2023 § 1.41).

ACTIONS DE PRÉFÉRENCE À DROITS EXERÇABLES DANS UNE AUTRE SOCIÉTÉ

Condition de lien majoritaire Sur autorisation de la collectivité des associés ou de l'assemblée générale extraordinaire de chacune des sociétés concernées, « les droits particuliers mentionnés à l'article L 228-11 peuvent être exercés dans la société qui possède directement ou indirectement plus de la moitié du capital de l'émettrice ou dans la société dont l'émettrice possède directement ou indirectement plus de la moitié du capital » (art. L 228-13). 67797

La possession indirecte de plus de la moitié du capital doit à notre avis s'apprécier en fonction d'une chaîne ininterrompue de participations majoritaires (cf. n° 79017) ; ainsi une société A détient indirectement plus de la moitié du capital d'une société C si une société B, dont la société A détient plus de la moitié du capital, détient elle-même plus de la moitié du capital de la société C.

L'article L 228-13 paraît imposer que la **condition de lien majoritaire** qu'elle prévoit soit respectée pendant toute la durée de vie des actions en cause, et il a été affirmé que, en cas de disparition de ce lien, la faculté d'exercer des droits dans la société autre que l'émettrice des actions de préférence devient caduque (en ce sens, A. Viandier, Les actions de préférence : JCP E 2004 n° 1440 § 34).

CONSEIL

Il est recommandé à ceux à qui ces actions sont offertes de se prémunir contre ce risque en obtenant, par exemple, leur adaptation pour un exercice dans une autre société répondant au minimum requis ou le versement d'une compensation ou encore l'engagement de la société émettrice de ne pas vendre sa participation pendant une période déterminée ; l'exercice des droits est lié à la « possession » continue et réelle de la participation minimale mais devrait reprendre si les conditions venaient à être de nouveau réunies, car on ne peut, sans leur consentement, priver les porteurs des actions de préférence de leur droit acquis à un exercice dans les conditions déterminées (B. Mercadal, Que faire des actions de préférence : RJDA 7/06 p. 671 § 27).

Droits pécuniaires La faculté d'exercer des droits particuliers dans une autre société que la société émettrice facilite la création d'**actions traçantes** (ou actions reflet), dont la caractéristique principale est de refléter les résultats d'une activité particulière d'une entreprise, que cette activité soit logée dans une structure juridique indépendante ou non ; 67798 ainsi, le dividende de l'action reflet suivra les performances de cette activité, diminuant ou augmentant en fonction de la baisse ou de la hausse du résultat produit par l'activité reflétée (A. Viandier, Les actions reflet : RJDA 1/01 p. 3) : grâce à ses actions de préférence, l'actionnaire d'une société mère pourra avoir des droits sur les dividendes d'une filiale, correspondant à une branche d'activité filialisée, voire des dividendes correspondant à l'une des branches exploitées par la société mère, la préférence s'exerçant alors dans la société émettrice elle-même.

Compte tenu des termes généraux de la loi, les sociétés émettrices peuvent aussi assortir l'action de préférence d'un **droit sur les dividendes** correspondant aux résultats d'ensemble de toute société contrôlée ou contrôlante à plus de 50 %. Il devrait en être de même pour le droit au boni de liquidation.

67799 **Droits non pécuniaires** Les sociétés émettrices peuvent accorder aux titulaires d'actions de préférence des droits extra-pécuniaires variés dans d'autres sociétés contrôlées à 50 % : droit d'information, droit de consultation lors de certaines décisions, etc.

ATTENTION

Rien ne semble empêcher que des actions de préférence confèrent **certains droits dans une société et d'autres dans une autre** (par exemple, droit à une information financière renforcée dans la société émettrice et dividendes dans la filiale). Il est donc opportun que les statuts, lorsqu'ils définissent la nature des droits conférés par les actions de préférence, précisent expressément quels droits s'exercent dans quelles sociétés.

Le **droit de vote** aux assemblées d'actionnaires d'une société autre que la société émettrice ne nous paraît pas pouvoir être conféré aux titulaires des actions de préférence émises avant le 24 mai 2019 ou admises aux négociations sur un marché réglementé ou sur un SMN. En effet, le lien entre capital et droit de vote constitue un principe général du droit des sociétés, ce que sous-tend l'article L 225-122, I en vertu duquel le droit de vote attaché aux actions de capital est proportionnel à la quotité de capital qu'elles représentent et cet article est expressément applicable à ces actions (nº 67784). En revanche, les actions de préférence non admises aux négociations sur un marché réglementé ou sur un SMN émises depuis cette date n'y sont pas soumises (nº 67783), de même que celles créées dans le cadre d'une introduction en bourse et bénéficiant d'un droit de vote aménagé (nºs 67785 s.), et on pourrait être tenté de soutenir que ces actions peuvent être assorties d'un droit de vote aux assemblées d'une société autre que l'émettrice.

2. ÉMISSION DES ACTIONS DE PRÉFÉRENCE

67805 Les actions de préférence peuvent être émises lors de la constitution de la société ou en cours d'existence (art. L 228-11, al. 1 modifié par loi 2024-537 du 13-6-2024).

En l'absence de dispositions particulières, les actions de préférence souscrites en numéraire peuvent, comme les actions ordinaires, être libérées partiellement lors de leur souscription (libération de la moitié au moins lors de la constitution : art. L 225-3, al. 2 ; libération du quart au moins en cas d'augmentation de capital : art. L 225-144, al. 1).

› Précisions **a.** Sur les modalités de **protection des porteurs de valeurs mobilières donnant accès au capital** en cas de création d'actions de préférence entraînant une modification des règles de répartition des bénéfices ou un amortissement du capital, voir nºs 74360 s. et 74520 s.

b. En cas d'**émission** d'actions de préférence **entraînant modification des droits attachés à une catégorie d'actions** de SA ou de SCA, il est nécessaire de réunir une assemblée spéciale (art. L 225-99, al. 2 et L 226-1, al. 2). Dans les SAS, il convient de consulter les associés titulaires d'autres actions de préférence si les statuts ont prévu l'obligation de consulter les titulaires de ce type d'actions en cas de modification des droits attachés à leurs actions ou en cas de suppression de ces droits et fixé les modalités de cette consultation. À défaut, il convient de recueillir le consentement individuel des titulaires de ces actions à la modification des droits particuliers attachés à celles-ci (Cass. com. 10-7-2024 nº 22-15.836 FS-B : RJDA 10/24 nº 530) ou à la suppression de ces droits.

ACTIONS ÉMISES AU PROFIT DE PERSONNES DÉSIGNÉES

67806 Lors de la constitution d'une société autre qu'une SAS (cf. art. L 227-1, al. 3) ou en cours d'existence de toute société par actions, si les actions sont émises au profit d'une ou plusieurs personnes nommément désignées, leur création donne lieu à l'application des dispositions relatives aux **avantages particuliers** (art. L 225-8, L 225-10, L 225-14, L 225-147, L 22-10-53 et L 22-10-54 sur renvoi de l'art. L 228-15, al. 1).

Le ou les bénéficiaires de l'émission ne peuvent pas prendre part au vote sur la résolution les concernant, ni pour eux-mêmes ni comme mandataires, et leurs actions ne sont pas prises en compte pour le calcul de la majorité (art. L 225-10) ni, par voie de conséquence, pour celui du quorum (voir n° 38543). L'émission des actions de préférence suppose en principe l'établissement d'un rapport d'un commissaire aux apports. Toutefois, dans les sociétés dotées de commissaires aux comptes et lorsque l'émission porte sur des actions de préférence relevant d'une catégorie déjà créée, l'évaluation des avantages particuliers qui en résultent est faite dans le rapport spécial établi par les commissaires aux comptes en application de l'article L 228-12, I-al. 1 (art. L 228-15, al. 3).

› **Précisions** **a.** Avant l'entrée en vigueur de la loi 2019-744 du 19 juillet 2019, la procédure des avantages particuliers, qui n'est pas incompatible avec les dispositions régissant la **SAS,** devait en outre être respectée en cas de **constitution** d'une telle société ; la suppression de cette obligation par la loi 2019-744 ne vaut pas régularisation du non-respect de la procédure (Cass. com. 13-3-2024 n° 22-12.205 F-B : RJDA 7/24 n° 397).

b. Il semble admis que, en raison de la suppression du droit préférentiel de souscription au profit de personnes dénommées, l'émission d'actions de préférence au profit de personnes nommément désignées est soumise aux dispositions de l'article L 225-138, II prévoyant l'établissement d'un **rapport spécial du commissaire aux comptes** de la société ou, dans les sociétés qui n'en sont pas dotées, d'un commissaire aux comptes désigné à cet effet, sur le prix d'émission ou les conditions de sa détermination (en ce sens, Communication Ansa, comité juridique n° 22-025 du 4-5-2022, selon lequel le commissaire aux apports ne peut pas accomplir cette mission, contrairement à ce qui est permis en cas d'apport en nature). On aurait toutefois pu penser que les articles L 228-12 et L 228-15 constituent un régime autonome spécifique et qu'il n'y a donc pas lieu d'appliquer les dispositions générales de l'article L 225-138.

c. Selon le ministre de la justice, en cas d'insertion dans les statuts des caractéristiques d'actions de préférence dont l'**émission ultérieure** est **réservée à des personnes dénommées,** le commissaire aux apports doit intervenir au moment de l'émission des actions et non au moment de l'introduction de ces caractéristiques dans les statuts. En cas d'émission d'une catégorie d'actions de préférence au profit de tous les actionnaires puis d'une nouvelle émission d'actions de la même catégorie au profit d'actionnaires nommément désignés, c'est le commissaire aux apports et non le commissaire aux comptes mentionné à l'article L 228-15, al. 3 qui doit apprécier la valeur des avantages ; en effet, cet alinéa ne trouve à s'appliquer que si la première émission est intervenue dans les conditions prévues à l'alinéa 1 du même article, c'est-à-dire si elle a fait l'objet d'une évaluation par un commissaire aux apports (CNCC NI.V t. 5 mars 2023 § 9.1).

d. Selon l'Ansa, en cas d'**émission** au cours d'une même assemblée **de deux catégories d'actions** de préférence comportant des droits particuliers différents et bénéficiant à des personnes dénommées distinctes, un seul commissaire aux avantages particuliers peut être désigné. En effet, il s'agit d'une opération d'émission d'actions unique décidée au cours d'une même assemblée générale, même s'il existe une pluralité de catégories d'actions de préférence et de bénéficiaires (Communication Ansa, comité juridique n° 25-004 du 5-2-2025).

e. Il ne nous paraît pas nécessaire d'appliquer la procédure en cas d'**émission** d'actions de préférence **au profit d'une catégorie de personnes dont l'assemblée** générale extraordinaire aura **fixé les caractéristiques** (art. L 225-138, I-al. 2) car, dans ce cas, l'attribution est objective et non personnalisée. Il convient toutefois que les actionnaires reçoivent une information suffisante avant de prendre les décisions correspondantes. Selon l'Ansa, cette émission dans une société sans commissaire aux comptes impose de faire évaluer les avantages particuliers et le prix d'émission des actions par deux commissaires ad hoc chargés chacun de l'une de ces missions (Communication Ansa, comité juridique n° 24-005 du 7-2-2024).

Nomination de commissaires aux apports Lorsque la procédure est applicable, un ou plusieurs commissaires aux apports doivent être désignés à l'unanimité des fondateurs ou des associés ou actionnaires ou, à défaut, par décision de justice pour apprécier sous leur responsabilité les avantages particuliers ; il ne peut s'agir que de commissaires aux comptes ne réalisant pas et n'ayant pas réalisé depuis 3 ans de mission au sein de la société (*art. L 228-15, al. 1*). 67807

› **Précisions** **a.** L'article L 228-15 n'interdit pas à un **commissaire** de **cumuler sa mission** avec celle de vérification d'apports en nature (Avis CNCC, EJ n° 2017-60 du 17-9-2019) ou avec les missions suivantes : évaluation d'un actif social vendu dans les deux ans suivant l'immatriculation de la société et ayant une valeur au moins égale à 10 % du capital social ; vérification de l'actif et du passif en cas d'augmentation de capital par offre au public (autre qu'une offre réservée à un cercle restreint d'investisseurs ou à des investisseurs qualifiés, une offre de financement participatif, une offre inférieure à un montant de 8 M€ calculé sur une période de 12 mois – seuil qui devrait être porté à 12 M€ à compter du 5-6-2026 : cf. Règl. UE 2017/1129 du 14-6-2017 art. 3, 2 modifié et 3, 2 bis créé par Règl. UE 2024/2809 du 23-9-2024 et Règl. UE 2024/2809 art. 4, 3 –, une offre portant sur des actions de valeur nominale au moins égale à 100 000 € et une offre dont les bénéficiaires acquièrent des actions pour au moins 100 000 € chacun) dans les deux ans de la constitution de la société ; vérification de l'actif et du passif en cas d'émission d'obligations par une société n'ayant pas établi deux bilans régulièrement approuvés (Avis CNCC précité).

b. Selon l'Ansa, l'émission d'actions de préférence par une **Sasu** au profit d'un tiers lors d'une augmentation de capital impose de désigner un commissaire aux apports, même si l'associé unique est le seul destinataire du rapport de ce commissaire car, l'avantage étant réservé à un tiers, il y a rupture d'égalité dès l'émission de ces actions (Communication Ansa, comité juridique n° 23-026 du 7-6-2023).

67808 **Mission des commissaires aux apports** Les commissaires doivent établir un rapport qui, en cas d'émission en cours de vie sociale, s'ajoute le cas échéant au rapport du commissaire aux comptes (n°s 67814 s.). Ce rapport « décrit et apprécie chacun des avantages particuliers ou des droits particuliers attachés aux actions de préférence. S'il y a lieu, il indique, pour ces droits particuliers, quel mode d'évaluation a été retenu et pourquoi il a été retenu, et justifie que la valeur des droits particuliers correspond au moins à la valeur nominale des actions de préférence à émettre augmentée éventuellement de la prime d'émission » (art. R 225-136, al. 3).

› **Précisions** L'obligation de **justifier** de la **valeur des droits particuliers,** égale au moins au nominal majoré de la prime, est transposée des règles qui s'imposent en matière d'apport en nature ; mais elle s'explique difficilement pour ces droits particuliers et la justification ne sera pas nécessairement aisée à apporter en pratique. Soulignons toutefois qu'interrogé sur l'efficacité de ce rapport, dans la mesure où il sera impossible de conférer une valeur aux avantages conférés par les actions de préférence, et sur les assouplissements qu'il entendait apporter à cette obligation à la lumière de l'expérience déjà relevée en matière d'avantages particuliers, le ministre a répondu que la « disposition (réglementaire) est de nature à lever les incertitudes sur ce point » (Rép. Adnot : Sén. 19-5-2005 n° 13389).

LIMITATION DU NOMBRE D'ACTIONS DE PRÉFÉRENCE SANS DROIT DE VOTE

67813 Les actions de préférence sans droit de vote ne peuvent pas représenter (art. L 228-11, al. 3) :
– plus du quart du capital social des sociétés dont les actions sont admises aux négociations sur un marché réglementé ;
– plus de la moitié du capital social des autres sociétés.

Toute émission ayant pour effet de porter la proportion au-delà des limites ci-dessus peut être annulée (art. L 228-11, al. 4).

Pour le calcul de ces quotités, il est tenu compte des actions à dividende prioritaire sans droit de vote et des certificats d'investissement existant encore. Toutefois, l'application de cette disposition ne fait pas obstacle au maintien des droits des titulaires de titres existants (art. L 228-29-10).

Seules les actions privées de tout droit de vote sont prises en compte pour le calcul de ces quotités (Cass. com. 13-3-2024 n° 22-12.205 F-B : RJDA 7/24 n° 397). Tel n'est pas le cas lorsque le détenteur de 1 % du capital dispose de 25 000 voix tandis que le détenteur de 99 % du capital ne bénéficie que de 2 225 voix (Cass. com. 13-3-2024 précité).

En cas de suspension du droit de vote pour une période déterminée, il est conseillé de prendre en compte les actions correspondantes pour le calcul des plafonds du quart et de la moitié, même si la privation du droit de vote n'a pas vocation à avoir un caractère permanent, car elles sont privées de tout droit de vote pendant la période de suspension (en ce sens, A. Couret et H. Le Nabasque : Valeurs mobilières – Augmentations de capital, Éd. F. Lefebvre 2004 n° 535). En revanche, il n'y a pas lieu de prendre en compte les actions pour lesquelles une disposition légale prévoit expressément une suppression du droit de vote, ce qui vise notamment le cas d'une participation réciproque non encore régularisée (Rép. Huyghe : AN 23-9-2008 n° 11500), ou le cas d'actions d'autocontrôle.

DÉCISION D'ÉMISSION D'ACTIONS DE PRÉFÉRENCE EN COURS DE VIE SOCIALE

67814 Le **capital** social peut être **augmenté** par émission d'actions de préférence (art. L 225-127, al. 1).

L'**assemblée générale extraordinaire** des actionnaires (ou, dans la SAS, la collectivité des associés) est seule compétente pour décider l'émission des actions de préférence au vu d'un rapport spécial des commissaires aux comptes, sauf dans les sociétés qui n'en sont pas dotées. Elle peut toutefois déléguer son pouvoir de décision ou celui de fixer les modalités de l'émission dans les conditions fixées par les articles L 225-129 à L 225-129-6 (art. L 228-12, I-al. 1) et, si les actions de la société sont admises aux négociations sur un marché réglementé ou sur un SMNO, par l'article L 22-10-49 (cf. art. L 22-10-1) (n°s 49620 s.).

› Précisions **a.** L'émission d'actions de préférence est autorisée même lorsque la société a émis auparavant des **valeurs mobilières donnant accès au capital** (art. L 228-98, al. 2). Mais la société doit mettre en place les mesures de protection des porteurs de ces valeurs mobilières décrites n°s 74370 s.

b. La création d'actions de préférence en cours de vie sociale peut aussi résulter de la **conversion d'actions ordinaires** dans les conditions prévues aux articles L 228-15, al. 2 et R 228-18.

Rapport spécial du commissaire aux comptes Dans son rapport, le commissaire aux comptes doit donner son avis sur l'augmentation de capital envisagée, les caractéristiques des actions émises et l'incidence de l'opération sur la situation des titulaires de titres de capital et de valeurs mobilières donnant accès au capital telle que définie à l'article R 225-115 ; le cas échéant, ce rapport doit être conforme à l'article R 225-114 et, selon les cas, aux articles R 225-115 ou R 225-116 et R 22-10-31 (art. R 228-17, al. 2). Il doit aussi évaluer les avantages particuliers résultant de l'émission d'actions de préférence relevant d'une catégorie déjà créée (art. L 228-15, al. 3 ; n° 67806). 67815

› Précisions Selon la CNCC, lorsqu'une société qui a émis des actions de préférence propose à l'assemblée générale de **modifier** l'une des **caractéristiques** de ces **actions,** il est nécessaire de présenter un rapport du commissaire aux comptes : bien que les textes ne le prévoient pas expressément, il est logique que, par symétrie, les modifications soient adoptées selon les mêmes procédures que celles qui régissent l'émission (CNCC NI.V t. 5 mars 2023 § 8.1).

Rapport des organes de gestion L'émission d'actions de préférence doit faire l'objet d'un rapport des organes de gestion (art. L 225-129, al. 1 et L 225-139). Ce rapport doit indiquer les caractéristiques des actions émises et préciser l'incidence de l'opération sur la situation des titulaires d'actions et de valeurs mobilières donnant accès au capital ; il doit être conforme aux articles R 225-113 et R 225-114 et, selon les cas, R 225-115 ou R 225-116 et R 22-10-31 (art. R 228-17, al. 1). 67816

Actions de préférence conférant des droits dans une société tierce En cas d'émission d'actions de préférence conférant des droits particuliers dans une société autre que la société émettrice, l'émission doit être autorisée par la collectivité des associés ou l'assemblée de la société appelée à émettre les actions de préférence et par celle de la société au sein de laquelle les droits sont exercés (art. L 228-13, al. 2). 67817

Les commissaires aux comptes des sociétés intéressées (si elles en sont dotées) doivent établir un rapport spécial (art. L 228-13, al. 3) dont, en l'absence de précision dans le décret, on peut raisonnablement penser que les mentions doivent être identiques à celles visées n° 67815 (dans le même sens, CNCC NI.V t. 5 mars 2023 § 1.22, qui précise que la rédaction de ces rapports doit être adaptée aux particularités de l'opération, notamment pour ce qui concerne le rapport relatif à la société dans laquelle les droits seront exercés puisque l'opération n'emporte pas d'augmentation du capital de celle-ci). Le rapport des organes de gestion de la société émettrice des actions de préférence doit, à notre avis, expliciter la justification pour la société en cause des droits conférés par les actions de préférence dans une tierce société. Bien que l'établissement d'un rapport des organes de gestion de la société dans laquelle les droits seront exercés ne soit pas expressément imposé, il est opportun que ces organes donnent aux associés ou actionnaires des informations suffisantes pour que ceux-ci puissent prendre leur décision en pleine connaissance de cause. Si l'émission est réalisée au profit de personnes nommément désignées, la procédure des avantages particuliers doit en outre être respectée.

3. CONVERSION DES ACTIONS DE PRÉFÉRENCE

Les actions de préférence peuvent être converties en actions ordinaires ou en actions de préférence d'une autre catégorie (art. L 228-12, I-al. 1 et L 228-14, al. 1). Les actions de préférence à droit de vote aménagé dans le cadre d'une introduction en bourse sont automatiquement converties en actions ordinaires dans certaines situations : voir n° 67789. 67825

Lorsque la collectivité des associés ou l'assemblée générale extraordinaire se prononce sur l'inscription dans les statuts des modalités de conversion des actions de préférence, le rapport du conseil d'administration ou du directoire, du président ou des dirigeants désignés à cet effet dans les statuts doit indiquer les modalités de conversion, ainsi que les modalités selon lesquelles les rapports du conseil d'administration (du directoire ou des dirigeants) et du commissaire aux comptes (sauf cas des sociétés qui n'en sont pas dotées) – lequel doit donner son avis sur ces modalités – sont mis à la disposition des associés ou actionnaires ; l'ensemble de ces indications doit être porté dans les statuts (art. R 228-20).

> **Précisions** Pour la CNCC, en cas de **modification** de l'une des **modalités de conversion** stipulées dans les statuts, il convient par symétrie que le commissaire aux comptes présente un rapport à l'assemblée appelée à statuer sur la modification envisagée (CNCC NI.V t. 5 mars 2023 § 8.2).

ORGANE COMPÉTENT POUR DÉCIDER LA CONVERSION DES ACTIONS DE PRÉFÉRENCE

67826 L'**assemblée** générale extraordinaire (ou, dans la SAS, la collectivité des associés) est seule compétente pour décider la conversion des actions de préférence au vu d'un rapport spécial des commissaires aux comptes (sauf cas des sociétés qui n'en sont pas dotées) (art. L 228-12, I-al. 1). « Les modalités de conversion des actions de préférence peuvent également être fixées dans les statuts » (art. L 228-12, I-al. 2). Malgré l'emploi des termes « seule compétente » dans la première proposition, la combinaison de ces textes ambigus – compte tenu notamment de l'usage de l'adverbe « également » – laisse à penser que les **statuts** peuvent prévoir d'autres modalités de conversion des actions de préférence que la décision de l'assemblée, et notamment autoriser les organes de gestion à prendre cette décision.

67827 Lorsque l'assemblée ou la collectivité des associés est appelée à se prononcer sur la conversion des actions de préférence, le **rapport** du conseil d'administration (du directoire ou des dirigeants) doit indiquer les conditions de celle-ci, les modalités de calcul du rapport de conversion et les modalités de sa réalisation, ainsi que l'incidence de l'opération sur la situation des titulaires d'actions et de valeurs mobilières donnant accès au capital telle que définie à l'article R 225-115, al. 1 ; le cas échéant, le rapport doit indiquer les caractéristiques des actions de préférence issues de la conversion (art. R 228-18, al. 1). Le commissaire aux comptes (sauf dans les sociétés qui n'en sont pas dotées) doit donner son avis sur la conversion ainsi que sur son incidence sur la situation des titulaires d'actions et de valeurs mobilières donnant accès au capital ; il doit également indiquer si les modalités de calcul du rapport de conversion sont exactes et sincères (art. R 228-18, al. 2). Si la conversion entraîne une augmentation de capital, la libération du montant nominal des actions ordinaires correspondant à cette augmentation peut avoir lieu par incorporation de réserves, bénéfices ou primes d'émission. En revanche, en l'absence de mention de la valeur nominale des actions dans les statuts, il n'est pas possible de faire varier le « pair » de l'action ordinaire au gré des conversions (Rép. Adnot : Sén. 16-3-2006 nº 13314).

67828 Comme en cas d'émission, l'assemblée générale extraordinaire (ou la collectivité des associés dans la SAS) peut **déléguer** au conseil d'administration ou au directoire (ou, par assimilation, aux dirigeants dans la SAS et la SCA) le pouvoir de décider la conversion, ou encore déléguer à ces organes le pouvoir d'en fixer les modalités (art. L 225-129 à L 225-129-6 sur renvoi de l'art. L 228-12, I-al. 1 et, si les actions de la société sont admises aux négociations sur un marché réglementé ou sur un SMNO, art. L 22-10-49 par application de l'art. L 22-10-1).

Dans leurs rapports, le conseil d'administration (le directoire ou les dirigeants) et le commissaire aux comptes doivent donner les indications prévues par l'article R 228-18 et visées nº 67827.

67829 Les titulaires d'actions devant être converties en actions de préférence de la catégorie à créer ne peuvent, sous peine de nullité de la délibération, prendre part au **vote** sur la création de cette catégorie et les actions qu'ils détiennent ne sont pas prises en compte pour le calcul du quorum et de la majorité, à moins que l'ensemble des actions ne fassent l'objet d'une conversion en actions de préférence (art. L 228-15, al. 2 modifié, à compter du 1-10-2025, par ord. 2025-229 du 12-3-2025 excluant l'application du triple test ; Ord. 2025-229 art. 70). Constitue une conversion au sens et pour l'application de ce texte toute opération emportant modification des droits attachés à des actions de préférence (Cass. com. 10-7-2024 nº 22-15.836 FS-B : RJDA 10/24 nº 530, à propos de la réduction du dividende prioritaire attaché aux actions de préférence).

RENONCIATION DES AUTRES ACTIONNAIRES AU DROIT PRÉFÉRENTIEL DE SOUSCRIPTION

67833 La décision relative à la conversion des actions de préférence emporte renonciation des actionnaires ou associés au droit préférentiel de souscription pour les actions issues de la conversion (art. L 225-132, al. 5).

CONSTATATION DE LA CONVERSION DES ACTIONS DE PRÉFÉRENCE

67834 À tout moment de l'exercice en cours et au plus tard lors de la première réunion suivant la clôture de celui-ci, le conseil d'administration (le directoire, le président ou les dirigeants) constate, s'il y a lieu, le nombre et le montant nominal des actions issues de la conversion des actions de préférence au cours de l'exercice écoulé et apporte les modifications nécessaires aux clauses des statuts relatives au montant du capital social et au nombre des titres qui le composent (art. L 228-12, I-al. 3).

Dans la SA, le directeur général ou le président du directoire peut, sur délégation du conseil d'administration ou du directoire, procéder à ces opérations à tout moment de l'exercice et au plus tard dans le mois qui suit la clôture de l'exercice (art. L 228-12, I-al. 4 et R 225-132).

PROTECTION DES CRÉANCIERS EN CAS DE CONVERSION DES ACTIONS DE PRÉFERENCE

En cas de conversion d'actions de préférence aboutissant à une **réduction de capital non motivée par des pertes,** les créanciers – les créanciers sociaux puisque eux seuls peuvent prétendre à des garanties fournies par la société – dont la créance est antérieure à la date du dépôt au greffe du procès-verbal de la décision des associés ou de l'assemblée générale extraordinaire, ou du conseil d'administration ou du directoire ou encore des dirigeants en cas de délégation peuvent former opposition à la conversion devant le tribunal de commerce dans un délai de 20 jours à compter de la date de dépôt au greffe du procès-verbal de la délibération (art. L 228-14, al. 2 et R 225-152 sur renvoi de l'art. R 228-15, al. 1). Les intérêts à protéger étant identiques à ceux appelant une protection en cas de fusion, l'opposition doit, à notre avis, prendre la forme d'une assignation de la société (cf. Cass. com. 4-6-1996 nº 1078 : RJDA 10/96 nº 1201). 67835

Les opérations de conversion ne peuvent pas commencer pendant le délai d'opposition des créanciers ni, le cas échéant, avant qu'il ait été statué en première instance sur cette opposition (art. L 228-14, al. 3).

Si le juge accueille l'opposition, il doit ordonner soit le remboursement des créances, soit la constitution de garanties si la société en offre et si elles sont jugées suffisantes ; la procédure de conversion est alors immédiatement interrompue jusqu'à la constitution des garanties ou jusqu'au remboursement des créances. En cas de rejet de l'opposition, les opérations de conversion peuvent commencer (art. R 228-15, al. 2 et 3).

4. RACHAT DES ACTIONS DE PRÉFÉRENCE

Les actions de préférence peuvent être rachetées par la société dans les conditions et selon les modalités de **droit commun** prévues aux articles L 225-204 à L 225-214 (art. L 228-12, II) et, si les actions de la société sont admises aux négociations sur un marché réglementé ou sur un SMNO, aux articles L 22-10-61 à L 22-10-65 (cf. art. L 22-10-1) ; elles peuvent être **utilisées** aux fins prévues par ces articles (art. L 228-12-1, I ; voir aussi art. L 22-10-1). Sur ces questions, voir nos 68830 s. 67840

ACTIONS DE PRÉFÉRENCE RACHETABLES

Les statuts peuvent créer une **catégorie d'actions** de préférence rachetables en prévoyant, préalablement à la souscription de ces actions, le principe de leur rachat et en en organisant les modalités. Une copie du procès-verbal de l'assemblée générale (de la décision collective des associés) ayant prévu ce principe et ces modalités doit être déposée au greffe (art. R 123-108, 4º). Outre le respect des conditions de détention par la société de ses propres actions (nos 68920 s.), doivent seules être satisfaites les conditions ci-après (art. L 228-12, III ; nos 67842 s.). 67841

Conditions de l'achat des actions rachetables Dans les sociétés dont les actions sont admises aux négociations sur un marché réglementé, le rachat est à l'**initiative** exclusive de la société ou à l'initiative conjointe de la société et du détenteur de l'action de préférence. Dans les autres sociétés, les statuts doivent déterminer, préalablement à la souscription, si le rachat peut avoir lieu à l'initiative exclusive de la société, à l'initiative conjointe de la société et du détenteur ou à l'initiative exclusive du détenteur ; ils doivent préciser les conditions et délais de ce rachat (art. L 228-12, III-4º). 67842

ATTENTION

Les **actions** de préférence **émises avant** le **24 mai 2019** (cf. Loi 2019-486 du 22-5-2019 art. 100, II) sont rachetables à l'initiative exclusive de la société. Les statuts ont toutefois pu prévoir une clause de rachat automatique des actions de préférence à terme ou en cas de survenance d'événements objectifs ne dépendant pas de la volonté des porteurs des actions (en ce sens, Communication Ansa, comité juridique nº 14-064 du 3-12-2014).

En aucun cas, les opérations relatives au rachat ne peuvent porter atteinte à l'**égalité d'actionnaires** se trouvant dans la même situation (art. L 228-12, III-5º).

67843 Les statuts doivent préciser quel est l'**organe compétent** pour décider le rachat des actions de préférence et mettre en œuvre la procédure.

CONSEIL

Il est opportun que les statuts fixent les règles de détermination du prix de rachat des actions et les modalités de paiement de ce prix, ainsi que les événements de nature à ouvrir à la société la faculté de rachat (en ce sens, R. Mortier, Dispositions relatives au rachat des actions de préférence : Rev. sociétés 2014 p. 627 et Les actions rachetables : Actes pratiques 2015 n° 140 p. 12).

67844 Quel que soit l'organe retenu, le conseil d'administration ou le directoire (ou, sur délégation, le directeur général ou les directeurs généraux délégués, ou encore le président ou un membre du directoire) doit dresser un **avis de rachat** tenu à la disposition des actionnaires, 15 jours au moins avant la réalisation de l'opération, au siège social et au greffe du tribunal de commerce dans le ressort duquel est situé ce siège (art. R 228-22-1, al. 1). Cet avis doit indiquer les modalités essentielles du rachat, dont il est précisé qu'elles doivent être définies en conformité avec les stipulations statutaires, et donner au minimum les indications suivantes (art. R 228-22-1, al. 2 s.) :

– la ou les catégories d'actions de préférence concernées ;
– le nombre maximal d'actions de préférence susceptibles d'être rachetées ;
– le prix de rachat ou ses modalités de détermination ;
– le montant maximal des sommes distribuables susceptibles d'être affectées au rachat ou le montant maximal du produit d'une nouvelle émission de titres de capital effectuée en vue de ce rachat ;
– la valeur maximale de la réserve indisponible constituée en vue de ce rachat ;
– le cas échéant, le montant maximal de la prime prévue en faveur des actionnaires et le montant des sommes distribuables ou de la réserve sur lesquelles cette prime est prélevée.

Dans les **SCA** et dans les **SAS** (cf. art. L 226-7, al. 5 et L 227-1, al. 3), cet avis nous paraît devoir être dressé par le gérant, ou par le président ou les dirigeants désignés à cet effet par les statuts.

67845 L'acquisition ne peut être réalisée qu'au moyen de **sommes distribuables** au sens de l'article L 232-11 (n°s 76400 s.) ou du produit d'une nouvelle émission de titres de capital effectuée en vue de ce rachat (art. L 228-12, III-1°).

La valeur de la **réserve indisponible** dont doit disposer la société est calculée par référence à la valeur nominale des seules actions de préférence rachetées. Sauf en cas de réduction du capital souscrit, cette réserve ne peut pas être distribuée aux actionnaires ; elle ne peut être utilisée que pour augmenter le capital par incorporation de réserves (art. L 228-12, III-2°).

Lorsque les statuts prévoient le versement d'une **prime** en faveur des actionnaires ou associés à la suite du rachat, cette prime ne peut être prélevée que sur des sommes distribuables au sens de l'article L 232-11 ou sur une réserve prévue à cette fin autre que la réserve indisponible visée ci-dessus. Sauf en cas de réduction du capital souscrit, cette réserve ne peut pas être distribuée aux actionnaires ou associés. Elle ne peut être utilisée que pour augmenter le capital souscrit par incorporation de réserves, pour couvrir les frais d'émission d'actions de préférence ou pour effectuer le versement d'une prime en faveur des détenteurs des actions de préférence rachetables (art. L 228-12, III-3°).

67846 **Obligations consécutives à l'achat des actions rachetables** La société qui a racheté ses actions de préférence rachetables est tenue aux obligations suivantes.

1. Tenue d'un registre des achats et des ventes. La société, ou la personne chargée du service de ses titres, doit tenir un registre des achats et des ventes (art. L 225-211, al. 1) relatant séparément les opérations d'achat et les opérations de vente. Ce registre, distinct du registre des achats d'actions propres pour leur attribution aux salariés et du registre des achats et des ventes dans le cadre des programmes de rachat, doit être tenu dans les mêmes conditions que ceux-ci (art. R 225-160-4 ; sur les mentions devant figurer sur le registre, voir art. R 225-160-4, II-al. 2 s.).

2. Rapport du conseil d'administration ou du directoire. Dans son rapport à l'assemblée générale *ordinaire annuelle*, le conseil d'administration ou le directoire doit comporter les indications visées à l'article L 225-211, al. 2 : voir n° 68943.

Dans la **SCA,** l'information des associés est, à notre avis, à la charge du gérant et, dans la **SAS**, à la charge du président ou des autres dirigeants dans les conditions fixées dans les statuts.

Sort des actions achetées Les actions de préférence rachetées conformément aux dispositions de l'article L 228-12, III peuvent recevoir les utilisations suivantes (art. L 228-12-1, II) : 67847
– être **conservées** par la société si les conditions de détention exposées nos 68920 s. sont respectées ;
– être **cédées** ou transférées par tous moyens ;
– si les statuts et le contrat d'émission le prévoient, être **annulées** dans le cadre d'une réduction de capital. Dans ce cas, les **créanciers** peuvent exercer leur **droit d'opposition,** sauf si la réserve indisponible est affectée au remboursement des créanciers ; le solde de la réserve peut ensuite être distribué aux actionnaires.

5. PROTECTION DES TITULAIRES D'ACTIONS DE PRÉFÉRENCE

ASSEMBLÉE SPÉCIALE DES PORTEURS D'ACTIONS DE PRÉFÉRENCE

Les porteurs d'actions de préférence, constitués en assemblée spéciale, ont la faculté de donner mission à l'un des commissaires aux comptes de la société, ce qui exclut les sociétés qui n'en sont pas dotées, d'établir un **rapport spécial sur le respect par la société des droits particuliers** attachés aux actions de préférence. Ce rapport est diffusé à ces porteurs à l'occasion d'une assemblée spéciale (art. L 228-19). Il doit comporter, outre l'avis du commissaire sur le respect de ces droits, la date à partir de laquelle ceux-ci ont, le cas échéant, été méconnus ; les frais relatifs à l'établissement de ce rapport, qui doit être tenu à la disposition des actionnaires au siège social 15 jours au moins avant la date de l'assemblée spéciale au cours de laquelle il doit être présenté, sont à la charge de la société (art. R 228-22). 67850
Cette faculté ne fait pas obstacle au droit pour les titulaires des actions de préférence d'obtenir, selon la procédure de droit commun (art. L 225-231 et L 22-10-68), la désignation d'un expert judiciaire, la juridiction saisie déterminant qui assume la charge de la rémunération de cet expert en fonction de l'issue de l'instance (Rép. Adnot : Sén. 20-1-2005 no 13317).

Les assemblées spéciales des titulaires d'actions de préférence doivent être convoquées dans les mêmes formes et se tenir au plus tard le même jour que l'assemblée générale appelée à modifier les droits de ces titulaires d'actions (art. R 228-16). Les **rapports** du conseil d'administration (du directoire, ou du gérant dans les SCA) et du commissaire aux comptes sur les questions relatives aux actions de préférence doivent être transmis aux assemblées spéciales appelées à se prononcer sur les modifications proposées ; ces rapports doivent être tenus à la disposition des titulaires des actions au siège de la société à compter de la date de la convocation des assemblées spéciales (art. R 228-21). 67852

Les assemblées spéciales sont soumises aux règles de **quorum et** de **majorité** prévues aux articles L 225-99 et L 22-10-33, lesquels ont vocation à s'appliquer aux assemblées spéciales pour toutes catégories d'actions (sur ces règles, voir nos 48830 s.). Selon l'Ansa, une société dont les actions ordinaires sont admises aux négociations sur un marché réglementé n'a pas à publier d'**avis de réunion** avant la tenue d'une assemblée spéciale des porteurs d'actions de préférence si celles-ci ne sont pas elles-mêmes cotées (Communication Ansa, comité juridique no 22-032 du 1-6-2022), ni donc à publier cet avis sur son site internet.

ATTENTION

Par application de l'article L 225-99, al. 2, la décision d'une assemblée générale d'actionnaires de **modifier les droits relatifs aux actions de préférence** ne serait définitive qu'après approbation par l'assemblée spéciale des « actionnaires de préférence ». Pour que la décision de l'assemblée générale des actionnaires prenne effet immédiatement, il convient de faire d'abord voter l'assemblée spéciale des porteurs des actions de préférence.

Dans les **SAS**, auxquelles l'article L 228-19 est applicable mais non l'article L 225-99 relatif aux assemblées spéciales de SA (cf. art. L 227-1, al. 3), il convient de consulter les titulaires d'actions de *préférence si les statuts ont prévu l'obligation* de consulter les titulaires de ce type d'actions en cas de modification des droits attachés à leurs actions ou en cas de suppression de ces droits et fixé les modalités de cette consultation. Lorsque les statuts n'ont rien prévu, il convient de recueillir le consentement individuel des titulaires des actions à la modification des droits particuliers attachés à celles-ci (Cass. com. 10-7-2024 no 22-15.836 FS-B : RJDA 10/24 no 530) ou à la suppression de ces droits.

MODIFICATION ET AMORTISSEMENT DU CAPITAL DE LA SOCIÉTÉ ÉMETTRICE

En cas de modification ou d'amortissement du capital, l'assemblée générale extraordinaire ou la collectivité des associés détermine les incidences de ces opérations sur les droits de porteurs d'actions de préférence. Ces incidences peuvent également être constatées dans les statuts (art. L 228-16). 67855

L'inobservation de cette obligation peut, selon nous, donner lieu à injonction de faire (art. L 238-6, al. 2) : sur demande de tout associé ou actionnaire, le président du tribunal statuant en référé peut enjoindre sous astreinte au président du conseil d'administration ou du directoire (ou, selon le cas, aux gérants de SCA ou aux dirigeants de SAS) de convoquer l'assemblée générale extraordinaire (ou, pour les SAS, de provoquer une décision de la collectivité des associés) ou de désigner un mandataire chargé de procéder à cette convocation. En effet, cette procédure est ouverte à tout actionnaire lorsque l'assemblée générale à laquelle il appartient n'est pas consultée dans les conditions prévues à l'article L 228-16. Or, même si cette formulation est inhabituelle, les porteurs d'actions de préférence ont vocation à « appartenir » non seulement aux assemblées spéciales, mais aussi aux assemblées générales extraordinaires en leur qualité d'actionnaire.

FUSION, SCISSION OU APPORT PARTIEL D'ACTIFS DE LA SOCIÉTÉ ÉMETTRICE

67856 En cas de fusion, de scission ou d'apport partiel d'actifs soumis au régime des scissions, les actions de préférence peuvent être échangées contre des actions des sociétés bénéficiaires de la transmission de patrimoine comportant des droits particuliers équivalents, ou selon une parité d'échange spécifique tenant compte des droits particuliers abandonnés ; en l'absence d'échange contre des actions conférant des droits particuliers équivalents, la fusion ou la scission est soumise à l'approbation de l'assemblée spéciale des titulaires d'actions de préférence (art. L 228-17) ou, dans la SAS, des associés titulaires d'actions de préférence conformément aux modalités prévues par les statuts.

> **Précisions** Selon le ministre de la justice, ce texte permet l'échange d'actions de préférence donnant droit, par exemple, à une attribution de dividende préférentielle ou à la désignation d'un membre du conseil de surveillance contre d'autres actions de préférence donnant droit à une telle attribution ou désignation ; s'il n'existe pas, dans la société absorbante ou issue de la scission, d'actions de préférence disposant de **droits particuliers** équivalents, la parité d'échange devra tenir compte de l'abandon ou de la réduction de ces droits (Rép. Adnot : Sén. 30-9-2004 nº 13316).

II. OBLIGATIONS DES ACTIONNAIRES

A. Libération des actions

1. DATE DE LIBÉRATION DES ACTIONS

LIBÉRATION DES ACTIONS D'APPORT

67910 Les actions d'apport doivent être libérées intégralement au moment de leur émission lors de la constitution de la société (art. L 225-3, al. 3) ou lors d'une augmentation de capital (art. L 225-147, al. 5).

> **Précisions** L'article L 225-147-1, I dispose que, sur décision du conseil d'administration ou du directoire, l'article L 225-147 n'est pas applicable lorsqu'un apport en nature est constitué :
> – de **valeurs mobilières donnant accès au capital** ou d'instruments du marché monétaire s'ils ont été évalués au prix moyen pondéré auquel ils ont été négociés sur un ou plusieurs marchés réglementés durant les trois mois précédant la date de la réalisation effective de l'apport ;
> – d'autres **éléments d'actif** ayant été **évalués,** à l'occasion d'un précédent apport, **par un commissaire aux apports** six mois au plus avant la réalisation effective du nouvel apport (cas de « réapport »).
> Toutefois, même dans ce cas, la libération intégrale des actions représentatives de ces apports s'impose à notre avis. En effet, l'article L 242-17, al. 1 prévoit des sanctions pénales à l'encontre des dirigeants qui auraient émis des actions d'apport sans que celles-ci aient été intégralement libérées avant l'inscription modificative au RCS et ne fait pas d'exception pour le cas qui nous occupe. En outre, il résulte des débats parlementaires relatifs à la loi 2012-387 du 22 mars 2012 qui a institué l'article L 225-147-1 que cette mesure a seulement pour but de dispenser ces catégories d'apports en nature de l'établissement d'un rapport de commissaires aux apports (Rapport AN nº 3787).

LIBÉRATION DES ACTIONS DE NUMÉRAIRE

67911 Les actions de numéraire **émises lors de la constitution** de la société doivent être libérées de la moitié au moins de leur valeur nominale (art. L 225-3, al. 2).

Celles **émises à la suite d'une augmentation de capital** doivent être libérées du quart au moins de leur valeur nominale au moment de leur souscription (art. L 225-144, al. 1) et celles résultant pour partie d'une incorporation de réserves, bénéfices ou primes d'émission et pour partie d'un versement en espèces doivent être intégralement libérées lors de leur souscription (art. L 228-7, al. 1).

Le **surplus** doit être libéré, à la diligence du conseil d'administration ou du directoire, du gérant dans les SCA, ou encore du président ou des dirigeants désignés à cet effet dans les SAS, dans un **délai** de cinq ans à compter : 67912
- de l'immatriculation au RCS, en cas de constitution (art. L 225-3, al. 2) ;
- du jour où l'opération est devenue définitive, en cas d'augmentation du capital (art. L 225-144, al. 1), c'est-à-dire du jour de l'établissement du certificat du dépositaire des fonds ou, si l'augmentation de capital a été réalisée avec garantie de bonne fin, du jour de la signature du contrat de garantie (art. R 225-135).

CONSEIL

À la lettre des textes, il ne suffit pas que les appels de fonds aient eu lieu dans le délai de cinq ans ; il faut aussi, semble-t-il, que les fonds aient été versés après mise en œuvre, le cas échéant, de la procédure d'exécution forcée des actionnaires défaillants pour que le capital soit bien libéré intégralement (sur cette notion, voir n° 49981). Le conseil d'administration (le directoire ou les dirigeants) agira donc prudemment en appelant les fonds restant dus suffisamment à l'avance pour que la libération effective de la totalité du nominal des actions intervienne avant l'expiration du délai prescrit.

Le délai de cinq ans est un maximum et les statuts pourraient valablement prévoir une durée moindre (par exemple, un ou trois ans).

> **Précisions** Aucun texte n'imposant la libération intégrale du capital d'une **SA** avant sa **transformation en SARL,** la transformation n'est pas critiquable si le capital de la société nouvelle est réduit au montant des versements déjà effectués si ceux-ci ont été opérés dans le respect des exigences légales, c'est-à-dire au moment de la souscription du capital et pour la moitié au moins de la valeur nominale des actions (CA Paris 13-10-2009 n° 08/9898 : RJDA 4/10 n° 396).

Injonction Lorsqu'il n'a pas été procédé dans le délai légal aux appels de fonds nécessaires pour réaliser la libération intégrale du capital, tout intéressé peut demander au président du tribunal statuant en référé soit d'enjoindre sous astreinte aux administrateurs, gérants et autres dirigeants de procéder à ces appels de fonds, soit de désigner un mandataire chargé de le faire à leur place (C. civ. art. 1843-3, al. 5). À notre avis, le tribunal compétent est le tribunal de commerce du lieu du siège social (n° 4245). 67913

Cette action n'est pas une action sociale, mais une action propre à tout intéressé dont la recevabilité ne nécessite pas que la société soit mise en cause ; elle ne permet pas d'obtenir du juge la condamnation de l'associé à libérer son apport (Cass. com. 7-7-2009 n° 08-16.433 : RJDA 1/10 n° 46).

Cas particulier En cas d'**augmentation de capital par émission d'actions réservées aux salariés** dans le cadre d'un PEE, il est possible de n'exiger aucun versement lors de la souscription. Mais la libération des actions doit intervenir dans un délai qui ne peut excéder trois ans (art. L 225-138-1, 4°). 67914

2. DÉFAUT DE LIBÉRATION IMMÉDIATE DES ACTIONS DE NUMÉRAIRE

FORME NOMINATIVE DES ACTIONS DE NUMÉRAIRE

Les actions de numéraire qui ne sont pas libérées intégralement au moment de l'émission doivent revêtir la forme nominative et demeurer sous cette forme jusqu'à leur entière libération (art. L 228-9, al. 1). À défaut, elles peuvent être annulées (art. L 228-9, al. 2). 67920

OPÉRATIONS INTERDITES À LA SOCIÉTÉ

Tant que les actions de numéraire ne sont pas intégralement libérées, la société ne peut pas : 67921
- augmenter son capital par émission d'actions nouvelles à libérer en numéraire (art. L 225-131, al. 1) ;
- sauf exception, émettre des obligations (art. L 228-39, al. 4).

3. ÉCHÉANCES DES VERSEMENTS COMPLÉMENTAIRES

DATE DES VERSEMENTS COMPLÉMENTAIRES

67930 Dans la limite du délai maximal défini nº 67912, les versements complémentaires sont effectués :

– en cas de **constitution** de la société, aux dates fixées par le conseil d'administration ou le directoire (art. L 225-3, al. 2), le gérant de SCA (cf. art. L 226-1, al. 2) ou encore le président ou les dirigeants désignés à cet effet de SAS (cf. art. L 227-1, al. 3) ;

– en cas d'**augmentation de capital,** aux dates fixées par les statuts ou l'assemblée générale extraordinaire des actionnaires ou la collectivité des associés, ou encore, en l'absence de dispositions statutaires ou de décision collective, par le conseil d'administration, le directoire ou les dirigeants de SCA ou de SAS.

Lorsqu'il revient au conseil d'administration de procéder aux appels de fonds, la dette correspondante n'est échue qu'au jour de sa décision (Cass. com. 15-7-1992 nº 1359 : RJDA 12/92 nº 1140).

> **Précisions** Contrairement à l'article L 225-3, l'article L 225-144 ne précise pas l'**organe compétent** pour procéder aux **appels de fonds** en vue de libérer les actions émises à l'occasion d'une **augmentation de capital.** Ces modalités peuvent donc être fixées soit par les statuts, soit par l'assemblée générale extraordinaire ou la collectivité des associés. À défaut, ce pouvoir doit, par analogie avec le cas de la constitution, être reconnu au conseil d'administration, au directoire ou aux dirigeants.

VERSEMENTS ANTICIPÉS DES ASSOCIÉS

67931 La société n'est pas tenue d'accepter des associés ou actionnaires un versement anticipé (qui permettrait à ceux-ci de prétendre au premier dividende ou intérêt statutaire sur le montant des sommes versées par anticipation ou à un droit de vote double), à moins que les statuts ou l'assemblée générale extraordinaire ou la collectivité des associés décidant l'augmentation du capital aient expressément prévu une telle possibilité.

Les versements anticipés doivent être considérés comme des apports et ne sauraient être assimilés à des dépôts dont les associés ou actionnaires seraient créanciers jusqu'au jour de l'échéance normale du versement. En effet, ces versements ne sont que l'exécution de l'obligation d'apport ; or l'exécution d'une obligation avant le terme prévu ne change pas la nature de celle-ci.

VERSEMENTS COMPLÉMENTAIRES EN CAS DE PROCÉDURE COLLECTIVE

67932 **Procédure collective ouverte à l'égard de l'associé ou actionnaire** Le fait qu'un associé ou actionnaire soit soumis à une procédure collective ne permet pas à la société d'exiger de sa part le paiement immédiat de la totalité du non-versé. Elle doit déclarer sa créance au mandataire judiciaire (représentant des créanciers) en précisant les dates de versement fixées par le conseil d'administration, le directoire ou les dirigeants ou, à défaut, la date limite à laquelle la libération totale des actions doit intervenir. Toutefois, les versements non encore appelés deviennent exigibles en cas de **liquidation judiciaire** de l'associé ou actionnaire ou d'adoption d'un plan de **cession de son entreprise.**

> **Précisions** Le **jugement d'ouverture** d'une procédure de redressement judiciaire (ou de sauvegarde) ne rend pas exigibles les **créances non échues** à la date de son prononcé (art. L 622-29 et L 631-14). Cette « déchéance du terme » n'existe qu'en cas de liquidation judiciaire du débiteur ou en cas de plan de cession de son entreprise (art. L 643-1).

67933 **Procédure collective ouverte à l'égard de la société** Sur cette question, voir nºs 91305 s.

4. DÉBITEURS DES VERSEMENTS COMPLÉMENTAIRES

PROPRIÉTAIRE DE L'ACTION À LIBÉRER

67940 Le paiement des versements complémentaires incombe en premier lieu au propriétaire *actuel de l'action.* Ce n'est pas forcément le souscripteur d'origine car l'action peut avoir été cédée, ce qui ne libère pas pour autant le souscripteur d'origine.

> **Précisions** L'**identité** du propriétaire actuel est **connue** de la société puisque, l'action devant être nominative jusqu'à son entière libération (art. L 228-9, al. 1), la cession doit avoir été constatée par un virement du compte du cédant à celui de l'acquéreur dans les livres de la société ou dans une blockchain.

SOUSCRIPTEUR ET ACQUÉREURS SUCCESSIFS DES ACTIONS À LIBÉRER

Le souscripteur et les acquéreurs successifs sont **tenus** solidairement avec le propriétaire actuel du montant non libéré de l'action (art. L 228-28, al. 1), mais seulement jusqu'à l'expiration d'un **délai** de deux ans après la date à laquelle les actions ont été virées du compte du cédant à celui de l'acquéreur (art. L 228-28, al. 3), ou enregistrées au nom de celui-ci. 67941

Pendant ce délai, le paiement des versements résultant des appels de fonds peut être demandé indifféremment au propriétaire actuel, au souscripteur ou aux acquéreurs successifs (pour des exemples d'obligation de libération mise à la charge des souscripteurs bien que ceux-ci aient cédé leurs actions, voir Cass. com. 26-5-1999 : RJDA 8-9/99 n° 948 et CA Paris 2-4-1979 : Bull. Joly 1979 p. 288 ; réciproquement, pour un cas dans lequel l'acquéreur d'actions n'a pas été tenu de verser au syndic la partie non libérée de ces actions dès lors que la cession n'avait pas été inscrite sur les registres de la société, voir CA Paris 19-3-1981 : BRDA 9/81 p. 9).

ATTENTION

Le véritable souscripteur dissimulé derrière un **prête-nom** peut être poursuivi si la preuve de la convention de prête-nom est apportée (Cass. req. 8-8-1876 : D. 1878 I p. 131). Mais la société peut aussi s'en tenir à l'acte apparent et réclamer au prête-nom le versement des sommes restant dues (CA Nancy 25-11-1988 : BRDA 18/89 p. 19).

La personne qui a désintéressé la société peut se retourner, pour le tout, contre les titulaires successifs de l'action ; la **charge définitive** de la dette incombe au dernier acquéreur (art. L 228-28, al. 2), c'est-à-dire au propriétaire de l'action le jour où la société a demandé le paiement. 67942

Il semble qu'il n'y ait pas d'ordre à respecter pour le recours, le souscripteur et chaque acquéreur étant garants solidaires les uns des autres. De surcroît, celui qui a payé est subrogé dans les droits de la société. Mais la charge définitive de la dette incombant au dernier titulaire, celui-ci ne peut pas se retourner contre les précédents acquéreurs dès lors que ces derniers ne lui avaient pas dissimulé le fait que les actions cédées n'étaient pas intégralement libérées (CA Paris 10-1-1991 : Bull. Joly 1991 p. 301).

5. MODE DE LIBÉRATION DES ACTIONS

La libération des actions peut s'opérer soit par un versement en **espèces,** chèque ou virement bancaire ou postal, soit par **compensation** avec une créance liquide et exigible de l'associé ou actionnaire sur la société. Les associés ou actionnaires ont tout intérêt à se ménager la preuve, d'une part, du paiement, d'autre part, que ce paiement correspond au montant à libérer (pour un cas dans lequel, faute d'une telle preuve, un actionnaire a été condamné à un nouveau paiement, voir CA Dijon 31-3-2005 n° 04-1012 : RJDA 1/06 n° 38). 67950

Sur la libération par compensation lorsque la société fait l'objet d'une procédure collective, voir n° 91307.

RÉDUCTION DU CAPITAL

Les associés ou actionnaires peuvent se dispenser des versements complémentaires s'ils décident, collectivement ou en assemblée générale extraordinaire, de réduire le capital d'un montant égal à celui des sommes non encore versées (n° 52000). Cette réduction de capital peut être réalisée soit par échange d'actions, soit par réduction de la valeur nominale des actions existantes, et il convient de respecter les dispositions légales relatives à la protection des créanciers (n°s 51930 s.). 67951

6. CONSÉQUENCES DE LA DÉFAILLANCE D'UN ASSOCIÉ

L'associé ou actionnaire est « défaillant » lorsqu'il n'a pas versé, aux époques fixées par le *conseil d'administration,* le directoire ou les dirigeants, les sommes restant dues sur le montant des actions dont il est titulaire. 67960

À défaut d'indication dans les statuts, les actionnaires sont responsables du paiement de ces sommes divisément et non solidairement, la solidarité ne se présumant pas (C. civ. art. 1310 ; CA Dijon 31-3-2005 n° 04-1012 : RJDA 1/06 n° 38).

La défaillance entraîne les conséquences suivantes.

INTÉRÊTS MORATOIRES DUS PAR L'ASSOCIÉ

Les sommes dues sont productives, à compter de la date prévue pour la libération des actions, d'un intérêt au taux fixé par les statuts ou, à défaut de clause statutaire, au taux légal (C. civ. art. 1843-3, al. 5). 67961

CONDAMNATION DE L'ASSOCIÉ À DES DOMMAGES-INTÉRÊTS

67962 Les associés ou actionnaires défaillants peuvent être condamnés en justice à des dommages-intérêts si leur retard a causé un préjudice à la société (C. civ. art. 1843-3, al. 5).

DÉCHÉANCE DU DROIT D'ACCÈS ET DE VOTE AUX ASSEMBLÉES

67963 Les actions sur lesquelles les versements exigibles n'ont pas été effectués à l'expiration d'un délai de 30 jours à compter de la mise en demeure adressée à l'associé ou actionnaire défaillant cessent de donner droit à l'admission aux assemblées d'associés ou actionnaires et au vote à ces assemblées ; il n'est pas tenu compte de ces actions pour le calcul du quorum et de la majorité (art. L 228-29, al. 1 et R 228-26).

> **Précisions** Dans les **SAS,** il nous semble que, par assimilation, cette déchéance s'applique quel que soit le mode de consultation des associés (dans le même sens, M. Germain et P.-L. Périn : La société par actions simplifiée Joly 2023 n° 224). En effet, même si l'article L 228-29, al. 1 ne le prévoit pas expressément, ses dispositions nous paraissent compatibles avec les textes propres à la SAS.

SUSPENSION DU DROIT AUX DIVIDENDES ET DU DROIT PRÉFÉRENTIEL DE SOUSCRIPTION

67964 À l'expiration du délai de 30 jours indiqué n° 67963, les actions non libérées sont provisoirement privées du droit aux dividendes et du droit préférentiel de souscription en cas d'augmentation de capital (art. L 228-29, al. 2).

Ces **droits** sont **recouvrés** après paiement des sommes dues en capital et intérêts (art. L 228-29, al. 3) ; l'associé ou actionnaire peut alors :

– demander le versement des dividendes non prescrits, c'est-à-dire remontant à moins de cinq ans (CGPPP art. L 1126-1, 1°) ;

– exercer le droit préférentiel de souscription si le délai fixé pour l'exercice de ce droit n'est pas expiré.

MISE EN VENTE DES ACTIONS NON LIBÉRÉES

67965 Si l'associé ou actionnaire n'a pas versé les sommes restant dues sur ses actions, la société peut faire vendre lesdites actions (art. L 228-27, al. 2). Ces dispositions ne sont applicables que dans le cas où la libération échelonnée des actions souscrites est admise (Cass. com. 25-6-2013 n° 12-17.583 : RJDA 10/13 n° 809).

La vente est soumise aux règles suivantes.

1. Mise en demeure. La société adresse à l'associé ou actionnaire défaillant une mise en demeure par lettre recommandée AR (art. L 228-27, al. 1 et R 228-24, al. 1). Un mois au moins après cette mise en demeure restée sans effet, la société peut poursuivre sans aucune autorisation de justice la vente des actions (art. L 228-27, al. 2).

67966 **2. Publicité** de la mise en vente des actions non libérées. La société doit à cet effet (art. R 228-24, al. 2) :

– publier dans un support d'annonces légales du département du siège social, 30 jours au moins après la mise en demeure ci-dessus, le nombre d'actions mises en vente ;

– aviser le débiteur et, le cas échéant, le souscripteur et les acquéreurs successifs de la mise en vente, par lettre recommandée contenant l'indication de la date et du numéro du support dans lequel la publication a été effectuée.

67967 **3. Exécution de la vente** des actions non libérées. La vente ne peut avoir lieu moins de 15 jours après l'envoi de la lettre recommandée adressée au débiteur et éventuellement à ses codébiteurs (art. R 228-24, al. 2) : au total donc, la vente ne peut pas intervenir moins de 45 jours après la mise en demeure de l'associé ou actionnaire défaillant.

Rien ne peut faire obstacle à la vente, sauf le cas où l'associé ou actionnaire défaillant fait l'objet d'une procédure collective d'apurement du passif (n° 67969).

La vente des actions admises aux négociations sur un marché réglementé est effectuée en bourse. Celle des autres actions est effectuée aux enchères publiques par un prestataire de services d'investissement autre qu'une société de gestion de portefeuille ou par un notaire dans les conditions prévues à l'article L 211-21 du Code monétaire et financier (art. L 228-27, *al. 3 et R 228-24, al. 2*).

67968 **4. Conséquences de la vente** des actions non libérées.

a. L'inscription en compte de l'associé ou actionnaire défaillant chez la société émettrice est annulée de plein droit ; l'acquéreur est inscrit dans les comptes de la société émettrice et peut se faire délivrer par cette société une attestation de propriété indiquant la libération des versements appelés et portant la mention « duplicatum » (art. R 228-25, al. 1). Ce texte n'a pas été modifié pour prendre en compte la possibilité d'inscrire les actions dans une blockchain ; il appartient à notre avis aux sociétés par actions ayant recours à une blockchain de prévoir les conditions dans lesquelles ces formalités peuvent être accomplies.

b. Le produit net de la vente revient à la société à concurrence de ce qui est dû en principal et intérêts par l'associé ou actionnaire défaillant, et en remboursement des frais qu'elle a exposés pour parvenir à la vente (art. R 228-25, al. 3).

c. L'associé ou actionnaire défaillant reste débiteur ou profite de la différence (art. L 228-27, al. 3 et R 228-25, al. 3). S'il reste débiteur, il pourra être poursuivi pendant cinq ans conformément au droit commun. En tout état de cause, il perd définitivement tous les droits attachés à la qualité d'associé ou d'actionnaire au jour où la vente est réalisée.

d. L'acquéreur devient associé ou actionnaire. Il jouit des droits attachés à l'action et est tenu des versements complémentaires non encore appelés.

5. Cas où l'associé défaillant est sous procédure collective. Si l'associé ou actionnaire **67969** défaillant fait l'objet d'une procédure de sauvegarde ou de redressement judiciaire, la société ne peut pas mettre en vente les actions non libérées. En effet, à partir du jugement d'ouverture, les créanciers ne peuvent procéder à aucune procédure d'exécution sur les biens de leur débiteur (art. L 622-21, II et L 631-14).

À la fin de la période d'observation, si l'associé ou actionnaire défaillant bénéficie d'un plan de sauvegarde ou de redressement judiciaire, la société doit respecter les délais de paiement fixés par le plan et, le cas échéant, mettre en œuvre la procédure prévue par la loi en cas de défaut d'exécution du plan.

Si l'associé ou actionnaire défaillant est mis en **liquidation judiciaire,** les actions non libérées sont mises en vente par le liquidateur et la société peut demander au nouvel acquéreur de libérer ces actions, à défaut de quoi elles sont à nouveau mises en vente.

PAIEMENT DU SOLDE SUR LE FONDEMENT DU DROIT COMMUN

Outre la possibilité de faire mettre en vente les actions non libérées, la société a la faculté, **67970** conformément au droit commun, de poursuivre l'associé ou actionnaire en justice pour obtenir le paiement des sommes qui lui sont dues (CA Rouen 16-6-1983 : BRDA 21/83 p. 11).

Mais, en dehors du cas de liquidation judiciaire de la société émettrice, ce procédé est peu employé car il n'a ni l'efficacité ni la rapidité de la procédure d'exécution des titres décrite plus haut.

7. PRESCRIPTION DE L'ACTION EN PAIEMENT

À défaut de disposition contraire, l'action en paiement de la fraction non libérée des actions **67980** de numéraire se prescrit par cinq ans conformément au droit commun (C. civ. art. 2224). Ce délai court à compter du jour de l'appel de fonds.

Si le conseil d'administration ou le directoire, le président ou les autres dirigeants de SAS ou encore le gérant de SCA n'ont pas procédé aux appels de fonds, le délai de prescription ne commence à courir qu'à l'expiration du délai de cinq ans imparti par les articles L 225-3 et L 225-144 pour la libération des actions de numéraire (CA Paris 19-9-1991 : RJDA 11/91 n° 932 ; CA Paris 17-1-2008 n° 06/20658 : RJDA 6/08 n° 678).

B. Autres obligations à la charge des actionnaires

OBLIGATION DES ACTIONNAIRES AU PASSIF SOCIAL

L'actionnaire, ou l'associé de SAS, ne répond, en principe, du passif social que dans la **68040** mesure de son apport (art. L 225-1, al. 1, L 226-1, al. 1 et L 227-1, al. 1). Il peut, toutefois, être tenu de combler tout ou partie de ce passif, s'il s'est comporté comme un dirigeant de fait (art. L 651-2). Il peut aussi être tenu des dettes sociales dans la mesure où il s'est porté caution de la société (voir nos 15000 s.).

RESTITUTION PAR LES ACTIONNAIRES DES DIVIDENDES FICTIFS

Lorsque des dividendes fictifs ont été distribués, leur restitution peut être exigée des associés **68050** ou actionnaires. Il en est de même pour les sommes qui ont pu leur être attribuées, en l'absence de bénéfices, à titre d'intérêts fixes (art. L 232-17).

SECTION 3

EXERCICE DES DROITS ATTACHÉS AUX ACTIONS

TITULAIRE DE L'EXERCICE DES DROITS

68200 C'est le propriétaire des actions qui a la qualité d'associé ou d'actionnaire, jouit des prérogatives qui sont attachées à cette qualité et en assume les obligations. Cependant, les actions sont des valeurs patrimoniales et, comme telles, sont soumises au même régime que les biens figurant dans un patrimoine ; elles peuvent, par exemple, être aliénées, appartenir à un mineur, faire l'objet d'un usufruit ou d'une location, être données en gage, etc.

Il importe donc de déterminer les répercussions que certains événements touchant la personne ou affectant le patrimoine des propriétaires d'actions peuvent avoir sur la qualité d'associé ou d'actionnaire.

DROITS ATTACHÉS AUX ACTIONS APPARTENANT À UN MINEUR

68201 **Mineur sous administration légale** Les droits attachés aux actions appartenant à un mineur sous administration légale sont exercés par son administrateur légal agissant seul (chacun des deux parents ou celui des deux parents exerçant l'autorité parentale) lorsqu'il s'agit d'un acte d'administration (cf. C. civ. art. 382, 382-1 et 387). Les actes de disposition nécessitent l'intervention des deux parents, ou de celui qui exerce l'autorité parentale, sauf dans le cas d'actes considérés comme particulièrement graves, pour lesquels l'autorisation du juge est requise (C. civ. art. 387-1).

Jusqu'à ce que le mineur ait 16 ans accomplis, le ou les administrateurs légaux disposent du droit de jouissance légale – donc pratiquement d'un usufruit – sur les actions de celui-ci (C. civ. art. 386-1 et 386-2).

Sur la réglementation générale applicable à la gestion des biens des mineurs, voir n°s 310 s.

68202 **Mineur sous tutelle** Sous le régime de la tutelle, c'est le tuteur qui exerce les droits attachés aux actions appartenant à son pupille. Mais la loi prévoit un certain nombre de mesures destinées à protéger les intérêts de celui-ci.

68203 Le tuteur a le pouvoir de **gérer** seul les **actions** du mineur lorsqu'il s'agit d'accomplir les actes regardés comme des actes d'administration relatifs à la gestion courante du patrimoine dénués de risque anormal. Les actes qui engagent le patrimoine de manière durable par une modification importante de son contenu, une dépréciation significative de sa valeur ou une altération durable des prérogatives de son titulaire sont réputés constituer des actes de disposition et requièrent une autorisation du conseil de famille s'il en a été constitué ou du juge (C. civ. art. 496 ; Décret 2008-1484 du 22-12-2008 art. 1 et 2).

68204 Le tuteur ne peut **vendre les actions** appartenant au mineur qu'avec l'autorisation du conseil de famille (C. civ. art. 505). Toutefois, sauf circonstances d'espèce, une telle autorisation n'est pas nécessaire en cas de cession d'actions admises aux négociations sur un marché réglementé incluses dans un portefeuille d'instruments financiers suivie de leur remplacement (C. civ. art. 504 ; Décret 2008-1484 du 22-12-2008 art. 1 et ann. II, colonne 1-I).

L'autorisation du juge peut suppléer celle du conseil de famille lorsque la valeur des actions à céder n'excède pas 50 000 € (C. civ. art. 502 ; Décret 2008-1484 art. 4) ou même, sans limite de montant, s'il y a péril à conserver les titres (C. civ. art. 505).

Sauf circonstances d'espèce, le tuteur ne peut consentir le **nantissement d'instruments financiers** et la mainlevée de ce nantissement qu'avec l'autorisation du juge (Décret 2008-1484 art. 2 et ann. II, colonne 2-I).

> **Précisions** Le décret 2008-1484 donne en annexes une **liste** des actes regardés comme des **actes d'administration ou de disposition** « par nature » (ann. I), et une liste non exhaustive d'actes regardés comme des actes d'administration à moins que les circonstances de l'espèce ne permettent pas au tuteur de considérer qu'ils répondent à la définition de ces actes en raison des conséquences importantes sur le contenu ou la valeur du patrimoine de la personne protégée, sur les prérogatives de celle-ci ou sur son mode de vie (ann. II). Entrent dans cette deuxième catégorie :
> – l'exercice du droit de vote dans les assemblées, sauf lorsque l'assemblée est appelée à statuer sur les ordres du jour suivants : reprise des apports ; fusion, scission, apport partiel d'actifs ; agrément d'un associé ou actionnaire ; augmentation et réduction du capital ; changement

d'objet social ; emprunt et constitution de sûreté ; vente d'un élément d'actif immobilisé ; aggravation des engagements des associés ;
– les demandes d'attribution, de regroupement ou d'échanges de titres ;
– la vente des droits ou des titres formant rompus ;
– la souscription à une augmentation de capital, sous réserve des dispositions prévues par le conseil de famille ou le juge pour le placement des fonds (cf. C. civ. art. 501) ;
– la conversion d'obligations (de valeurs mobilières) convertibles en actions admises aux négociations sur un marché réglementé ;
– l'engagement de conservation d'actions.

L'annexe II donne également une liste non exhaustive d'actes regardés comme des actes de disposition, sauf circonstances d'espèce.

Mineurs émancipés Le mineur émancipé dispose sur ses actions des mêmes droits qu'un majeur puisqu'il a la même capacité que celui-ci pour tous les actes de la vie civile (C. civ. art. 413-6). 68205

DROITS ATTACHÉS AUX ACTIONS APPARTENANT À UN MAJEUR PROTÉGÉ

Les textes applicables au majeur sous tutelle étant les mêmes que ceux applicables au mineur sous tutelle, le majeur **sous tutelle** est dans la même situation que le mineur sous tutelle (n°s 68202 s.), étant précisé toutefois que la capacité du majeur sous tutelle peut être augmentée par une décision de justice à l'ouverture de la tutelle ou dans un jugement postérieur (C. civ. art. 473, al. 2). 68210

Le majeur sous **curatelle** ne peut, sans l'assistance du curateur, faire un acte qui, en cas de tutelle, requerrait une autorisation du juge ou du conseil de famille (C. civ. art. 467, al. 1 ; voir n°s 68203 s.). Il peut faire seul les autres actes, tout en étant autorisé à agir en rescision pour lésion ou en réduction pour excès (C. civ. art. 465, 1° et, sur renvoi, art. 435).

Sur la réglementation générale applicable à l'ensemble des majeurs protégés, voir n°s 360 s.

DROITS ATTACHÉS AUX ACTIONS INDIVISES

Lorsque des actions appartiennent à plusieurs personnes en indivision, les droits qui y sont attachés ne peuvent être exercés qu'à l'unanimité, car l'action est indivisible à l'égard de la société (art. L 228-5). La société peut donc légitimement refuser d'inscrire dans ses registres le transfert des actions à un tiers, lorsque ce transfert est demandé par un seul des indivisaires (pour un exemple, Cass. 1e civ. 10-10-1995 : Dr. sociétés 1996 n° 23 obs. H. Hovasse). 68220

Dans la SA et la SCA, les indivisaires sont tenus de se faire représenter aux assemblées générales par l'un d'eux ou par un mandataire unique (art. L 225-110, al. 2 et, pour la SCA, art. L 226-1, al. 2). Toutefois, chacun d'eux peut exercer individuellement certaines prérogatives attachées à la qualité d'associé, telles que participer aux assemblées (Cass. com. 21-1-2014 n° 13-10.151 : RJDA 5/14 n° 443 ; voir n° 7555), demander en justice l'ajournement d'une assemblée s'il justifie agir à des fins conservatoires dans l'intérêt de l'indivision (Cass. com. 7-7-2020 n° 18-19.330 F-D : RJDA 11/20 n° 571) ou, sous certaines conditions, demander une expertise de gestion (Cass. com. 4-12-2007 n° 05-19.643 : RJDA 3/08 n° 291). Chacun d'eux peut exercer le droit de communication, préalable ou permanent, réservé aux actionnaires (art. L 225-118). Si les actions indivises sont nominatives, chaque indivisaire doit être convoqué aux assemblées (art. R 225-68, al. 2).

Dans la SAS, les indivisaires sont en principe représentés par un mandataire unique choisi parmi les indivisaires ou en dehors d'eux, mais les statuts peuvent valablement prévoir des clauses dérogatoires (C. civ. art. 1844, al. 2 et 4).

DROITS ATTACHÉS AUX ACTIONS GROUPÉES DANS UN FCP

Lorsque les actions appartiennent à plusieurs personnes groupées dans un fonds commun de placement (FCP), les droits attachés à ces actions sont exercés par la société de gestion du fonds puisque celle-ci représente le fonds à l'égard des tiers (C. mon. fin. art. L 214-8-8 et L 214-24-42). 68230

Lorsque les actions sont détenues par un fonds commun de placement d'entreprise, le droit de vote attaché à ces actions peut, dans certains cas, être exercé directement par les membres du fonds (n° 46812).

DROITS ATTACHÉS AUX ACTIONS FAISANT L'OBJET D'UN USUFRUIT

Lorsque les actions sont l'objet d'un usufruit, les droits attachés à ces actions se répartissent comme suit entre l'usufruitier et le nu-propriétaire. 68240

Droits de l'usufruitier Bien qu'il n'ait pas la **qualité d'associé** (Cass. com. avis 1-12-2021 n° 20-15.164 FS-D : RJDA 2/22 n° 79 ; Cass. com. 30-11-2022 n° 20-18.884 FS-B : RJF 2/23 n° 160 ; Cass. 3e civ. 16-2-2022 n° 20-15.164 FS-B : RJDA 5/22 n° 273), certaines prérogatives en principe attachées à cette 68241 qualité sont reconnues à l'usufruitier. Ainsi, il a droit aux fruits de l'action, c'est-à-dire aux bénéfices distribués que sont les **dividendes.** Sur son droit en cas de dividende prélevé sur les réserves, voir nº 76296.

En cas d'augmentation de capital, il peut exercer le **droit préférentiel de souscription** si le nu-propriétaire est négligent (art. L 225-140, al. 1 et R 225-123, al. 1).

Sur le droit de l'usufruitier de participer aux **décisions collectives** et de voter, voir nºs 7563 s. Sur son droit de provoquer une délibération des associés sur une question susceptible d'avoir une incidence directe sur son droit de jouissance, voir Cass. com. avis 1-12-2021 et Cass. 3e civ. 16-2-2022 précités ; voir aussi R. Mortier, « La Cour de cassation tranche enfin : l'usufruitier n'est pas associé » : BRDA 2/22 inf. 29. Sur l'impossibilité pour les statuts de le priver du droit de contester une décision susceptible d'avoir une telle incidence, voir Cass. 3e civ. 11-7-2024 nº 23-10.013 FS-B : RJDA 11/24 nº 592.

68242 Sauf convention contraire, l'usufruitier ne saurait disposer des actions en prétendant exercer sur elles un **quasi-usufruit** (nº 62063).

68243 **Droits du nu-propriétaire** Le nu-propriétaire a droit aux **réserves** qui sont devenues des actifs sociaux (nº 76296). En cas de distribution de réserves, il doit toutefois permettre à l'usufruitier d'exercer son droit de jouissance sur les sommes distribuées (nº 68241). L'usufruitier n'a droit en effet qu'aux bénéfices distribués, car eux seuls ont le caractère de « fruits ». Les sommes mises en réserve ou les primes tendant à rétablir l'égalité entre les nouveaux ou les anciens actionnaires sont des actifs sociaux ou des valeurs en capital.

68244 Le nu-propriétaire a également droit au **remboursement du nominal** de l'action et, éventuellement, au **boni de liquidation,** toujours sous réserve du droit de jouissance de l'usufruitier sur les sommes ainsi remboursées sous la forme d'un quasi-usufruit.

Sur les droits respectifs du nu-propriétaire et de l'usufruitier en cas d'amortissement du capital, voir nº 51533.

Le nu-propriétaire exerce aussi le **droit préférentiel de souscription** en cas d'augmentation de capital en numéraire (nº 50110) et en cas d'émission de valeurs mobilières donnant accès au capital.

68245 Enfin, il exerce toutes les autres prérogatives attachées à la **qualité d'associé.** Toutefois, il ne **vote,** en principe, que lors des assemblées extraordinaires dans les SA et les SCA (nº 7567). Dans les SAS, il vote en principe toutes les décisions autres que celles concernant l'affectation des bénéfices (nº 7563).

Sur son droit de participer aux assemblées dans lesquelles le droit de vote est exercé par l'usufruitier, voir nº 7569.

DROITS ATTACHÉS AUX ACTIONS LOUÉES

68260 Sur cette question, voir nº 20041.

DROITS ATTACHÉS AUX ACTIONS NANTIES

68270 Les actions remises en nantissement restent la propriété du débiteur tant que leur vente ou leur attribution n'est pas intervenue ; c'est donc le débiteur qui continue à exercer tous les droits attachés aux titres, notamment celui de participer aux décisions collectives ou assemblées et d'y voter. Dans la SA et la SCA (cf. art. L 226-1, al. 2), cette solution est expressément prévue par l'article L 225-110, al. 3 qui impose au créancier gagiste de déposer, à la demande de son débiteur, les actions qu'il détient en gage.

Toutefois, le créancier peut veiller à la **conservation** de son **nantissement.**

ILLUSTRATIONS

Une banque, titulaire d'un nantissement portant sur 94 % des actions d'une société, est fondée, lorsque le patrimoine de cette société risque d'être compromis par les opérations financières qu'envisagent ses dirigeants, à obtenir en référé la désignation d'un mandataire de justice chargé de la tenir informée de la gestion de cette société. Pour l'accomplissement de sa mission, le mandataire a été expressément habilité à se faire communiquer tous documents et à assister à *toutes les réunions des organes sociaux* (CA Lyon 30-3-1978 : Rev. sociétés 1979 p. 320 note Ph. Merle).

Par ailleurs, les actions peuvent être mises sous séquestre à la demande du créancier nanti ou d'un autre créancier (cf. CA Versailles 23-10-1979 : Gaz. Pal. 1980 som. p. 605).

Rappelons qu'une société ne peut pas prendre en nantissement ses **propres actions** (art. L 225-215, al. 1).

DROITS ATTACHÉS AUX ACTIONS APPARTENANT À DES ÉPOUX COMMUNS EN BIENS

Lorsque des époux sont mariés sous le régime de la communauté légale, la question de savoir lequel des époux a la qualité d'associé et qui exerce donc les prérogatives attachées à cette qualité dépend de plusieurs critères : la réponse est différente selon que les époux ont souscrit les actions avec des biens propres (nº 6050) ou avec des biens communs en agissant seul (nº 6060) ou en agissant tous les deux (nº 6052). 68280

L'époux au nom duquel les actions sont inscrites peut seul **exercer les droits** attachés à ces actions (participation aux assemblées, perception des dividendes, etc.). 68281

Certes, l'article 1421, al. 1 du Code civil donne pouvoir à chaque époux d'accomplir seul les actes d'administration sur les biens communs. Mais ce pouvoir ne peut pas être exercé sur les actions communes nominatives, la qualité d'associé n'étant établie à l'égard de la société qu'au profit de l'époux au nom duquel les actions sont inscrites, conformément à l'article 222 du Code civil (nº 464). La gestion des actions ne peut être conjointe que si l'inscription en compte ou l'enregistrement est fait au nom des deux époux.

L'époux peut aussi **aliéner** seul les actions puisque le consentement de son conjoint n'est requis que pour la cession des droits sociaux non négociables (C. civ. art. 1424, al. 1).

Un époux commun en biens n'engage, par un **cautionnement** ou un **emprunt,** que ses biens propres et ses revenus. Il ne peut engager les biens communs qu'avec le consentement exprès de son conjoint (C. civ. art. 1415). Il a été jugé à cet égard qu'une **sûreté réelle** consentie pour garantir la dette d'un tiers qui n'implique aucun engagement personnel à satisfaire à l'obligation d'autrui n'est pas un cautionnement, lequel ne se présume pas ; l'article 1415 n'est donc pas applicable au nantissement de titres dématérialisés entrés dans la communauté, en garantie d'un prêt consenti à une société (Cass. ch. mixte 2-12-2005 nº 235 : RJDA 2/06 nº 197). 68282

Jugé aussi, dans un cas où le mari s'était engagé à céder les droits dépendant de la communauté qui lui seraient attribués à la suite de la transformation d'une SARL en SA, que cette promesse portait sur des actions bien qu'elle ait été consentie à un moment où la société avait encore la forme de SARL ; le consentement de l'épouse à cette opération n'était donc pas nécessaire (Cass. com. 19-12-1983 : Bull. Joly 1984 p. 408).

SECTION 4 TRANSMISSION DES ACTIONS

I. CESSION DES ACTIONS ENTRE VIFS

A. Règles générales aux cessions d'actions

CONDITIONS GÉNÉRALES ET EFFETS DES CESSIONS D'ACTIONS

Sur les conditions générales et les effets de la cession d'actions, voir nºs 16570 s., observation faite que la cession d'actions suppose la capacité civile et que le consentement du conjoint n'est pas nécessaire. 68400

Sur les règles spécifiques des cessions d'actions admises aux négociations sur un marché boursier, voir nºs 62500 s.

NÉGOCIABILITÉ DES ACTIONS

Définition La propriété des actions est transmise par simple virement de compte à compte ou par inscription dans une blockchain (art. L 228-1, dernier al. et C. mon. fin. art. L 211-15 et L 211-17 modifiés par ord. 2025-936 du 15-10-2024). 68410

Pour plus de détails, voir nºs 62500 s.

Actions négociables Toutes les actions, qu'il s'agisse d'actions de numéraire ou d'actions d'apport, sont soumises au même régime (art. L 228-10, al. 1) et sont négociables dès leur **émission,** étant observé que celle-ci ne peut intervenir qu'après l'immatriculation de la société au RCS en cas de constitution ou après la réalisation définitive de l'opération en cas d'augmentation de capital. 68411

ATTENTION
L'interdiction de négocier les actions avant l'immatriculation de la société n'empêche pas que celles-ci soient cédées, pendant la même période, selon les modes du droit civil (Cass. com. 26-2-2008 nº 06-17.981 : RJDA 6/08 nº 671).

Toutefois, les actions souscrites par des salariés adhérant à un **PEE** ne sont négociables qu'après avoir été intégralement libérées (art. L 225-138-1, 6º).

68412 En cas de **transformation** d'une société en société par actions, les actions attribuées en échange des parts sociales existantes peuvent, à notre avis, être émises et sont négociables dès que l'opération est définitivement réalisée sans qu'il soit nécessaire d'attendre l'inscription au RCS de la mention modificative constatant cette transformation. En effet, les dispositions de l'article L 228-10 ne subordonnent la négociabilité des actions à l'accomplissement préalable des formalités au RCS qu'en cas de constitution de la société.

Les actions demeurent négociables après la **dissolution de la société** jusqu'à la clôture des opérations de liquidation (art. L 228-21).

En cas d'**annulation** de la société ou de nullité d'une émission d'actions, les négociations intervenues antérieurement à la décision d'annulation sont valables si les titres sont réguliers en la forme. Toutefois, l'acquéreur peut exercer un recours en garantie contre son vendeur (art. L 228-22).

68413 **Promesses d'actions** La négociation de promesses d'actions est interdite, à moins qu'il ne s'agisse d'actions à créer dont l'admission sur un marché réglementé ou désormais sur un SMN a été demandée, ou à l'occasion d'une augmentation de capital d'une société dont les actions anciennes sont déjà admises aux négociations sur un marché réglementé ou désormais sur un SMN. En ce cas, la négociation n'est valable que si elle est effectuée sous la condition suspensive de la réalisation de l'augmentation de capital. À défaut d'indication expresse, cette condition est présumée (art. L 228-10, al. 2 modifié par loi 2024-537 du 13-6-2024).

› **Précisions** **a.** Ne constitue **pas** une **cession de promesses d'actions** la convention prévoyant la cession, après leur création, d'actions à provenir de la fusion de deux sociétés envisagée par cette convention (Cass. com. 27-10-1981 : Bull. civ. IV nº 371).
Jugé aussi qu'il n'y avait pas eu violation de la prohibition des négociations de promesses d'actions dans un cas où une promesse d'achat et une promesse de vente d'actions d'une société en cours de formation avaient certes été signées le même jour mais où elles n'étaient pas intervenues entre les mêmes parties et où les parties s'étaient réservé la faculté de bénéficier ou non de ces promesses (Cass. com. 23-10-1984 : BRDA 2/85 p. 19).
b. Les **valeurs mobilières donnant accès au capital** ne peuvent pas être regardées comme constitutives d'une promesse d'actions soumise à l'interdiction ci-dessus (art. L 228-91, dernier al.).

68414 **Sanctions pénales relatives à la négociation des actions** En cas de négociation d'actions de numéraire pour lesquelles le versement de la moitié n'a pas été effectué à la **constitution,** les fondateurs, le président, les administrateurs, les directeurs généraux ou les directeurs généraux délégués, les membres du directoire, les gérants de SCA ou le président et les autres dirigeants de SAS s'exposent à une amende de 150 000 € (art. L 242-1, al. 1, L 242-30, L 243-1, L 244-1 et L 248-1). Cette peine peut être doublée lorsque les actions ont fait l'objet d'une offre au public autre qu'une offre réservée à des investisseurs qualifiés ou à un cercle restreint d'investisseurs, une offre relevant du financement participatif, une offre portant sur des titres dont la valeur nominale unitaire s'élève au moins à 100 000 €, ou adressée à des investisseurs qui acquièrent ces titres pour un montant total d'au moins 100 000 € par investisseur et par offre distincte, et une offre dont le montant total calculé sur une période de 12 mois est inférieur à 8 M€ (art. L 242-1, al. 2 ; C. mon. fin. art. D 411-2 et D 411-2-1 ; Règl. gén. AMF art. 211-2 ; le seuil de 8 M€ devrait être porté à 12 M€ à compter du 5-6-2026 : cf. Règl. UE 2017/1129 du 14-6-2017 art. 3, 2 modifié et 3, 2 bis créé par Règl. UE 2024/2809 du 23-9-2024 et Règl. UE 2024/2809 art. 4, 3). Les titulaires ou porteurs d'actions qui auront procédé à ces négociations s'exposent aussi à une amende de 150 000 € (art. L 242-3).

En cas d'**augmentation de capital,** les actionnaires qui auraient négocié des actions de *numéraire non libérées* du montant exigible s'exposent à la même peine (art. L 242-3 sur renvoi de l'art. L 242-21).

68415 Par **« négociation »,** il faut entendre tout mode de transmission en usage dans le commerce, c'est-à-dire le transfert, l'endossement ou, s'agissant de valeurs mobilières, leur inscription au nom de l'acheteur dans les comptes de titres ou dans une blockchain. En revanche, une cession effectuée dans les formes civiles, de même qu'une transmission par donation ou testament, n'est pas répréhensible (Cass. com. 26-2-2008 n° 06-17.981 : RJDA 6/08 n° 671, rendu en matière de validité de la négociation d'actions avant l'immatriculation de la société mais a fortiori transposable en matière de sanctions pénales).

RÉGIME FISCAL DES CESSIONS D'ACTIONS

En matière de droits d'enregistrement, les cessions à titre onéreux d'**actions non admises aux négociations sur un marché réglementé ou sur un SMN,** qu'elles soient ou non constatées par un acte, sont soumises (sauf exonération) à un droit de vente au taux proportionnel de 0,1 % (s'il s'agit de participations dans des sociétés non « cotées » à prépondérance immobilière). 68430

Lorsqu'elles sont réalisées par virement de compte à compte, ces cessions doivent faire l'objet, dans le mois de leur date, d'une déclaration au service des impôts du domicile de l'une des parties, en vue de la perception des droits.

Les cessions d'**actions admises aux négociations** sur un marché réglementé ou sur un SMN ne sont soumises au droit de vente (au taux de 0,1 %) que si elles sont constatées par un acte sous signature privée ou notarié.

L'acte de cession peut résulter de tout document ou ensemble de documents qui constitue le titre complet de l'accord des parties sur l'objet et les conditions de la cession et qui est susceptible de servir de base à la poursuite des droits que les contractants tiennent de la vente (BOI-ENR-DMTOM-40-10 n° 10 ; pour des exemples d'actes dont le rapprochement a été considéré comme formant titre de cession, voir Cass. com. 27-10-1992 n° 1553 D : RJF 1/93 n° 159 ; Cass. com. 13-6-1995 n° 1214 D : RJF 10/95 n° 1204 ; Cass. com. 26-1-1999 n° 97-11.206 D : RJF 4/99 n° 495).

Certaines opérations sont **exonérées** de droits de vente. Tel est notamment le cas des cessions soumises à la taxe sur les transactions financières. Sont également exonérées (sauf si elles portent sur des titres de sociétés à prépondérance immobilière) les acquisitions réalisées par une société dans le cadre du rachat de ses propres titres destinés à être cédés aux adhérents d'un PEE, les acquisitions de droits sociaux entre sociétés membres d'un même groupe au sens de l'article L 233-3 ou au sens des articles 223 A et 223 A bis du CGI (intégration fiscale), et les acquisitions intervenant dans les conditions prévues aux articles 210 A (fusions) et 210 B (apports partiels d'actifs et scissions) du CGI. Pour plus de détails, voir Mémento Fiscal n° 67155.

Cas particuliers Les cessions d'actions de sociétés immobilières de copropriété sont soumises, en matière de droits d'enregistrement, au même régime fiscal que les ventes d'immeubles (Mémento Fiscal n° 67195). 68431

Les cessions d'actions (ou de parts) de sociétés « non cotées » à prépondérance immobilière sont soumises à un droit de 5 %, sans abattement d'assiette (Mémento Fiscal n° 67145).

Sur l'application du régime de la TVA à certaines cessions de droits sociaux, voir Mémento Fiscal n° 58810.

À certaines conditions, les cessions d'actions représentatives d'un fonds de commerce bénéficient d'un abattement de 500 000 € : voir Mémento Fiscal n° 65535.

Imposition des plus-values La cession par un actionnaire **personne physique** de tout ou partie de ses droits sociaux entraîne la taxation de la plus-value au prélèvement forfaitaire unique (PFU) de 12,8 % ou, sur option globale du contribuable, au barème progressif de l'impôt sur le revenu. Les plus-values sont également soumises aux prélèvements sociaux au taux de 17,2 %. 68432

Lorsque le contribuable a exercé l'option globale pour l'imposition au barème progressif, les plus-values de cession de titres acquis avant le 1er janvier 2018 sont réduites, le cas échéant, *d'un abattement proportionnel pour durée* de détention de droit commun, ou renforcé s'agissant des PME de moins de dix ans. Par ailleurs, les plus-values de cession de titres réalisées par les dirigeants partant à la retraite sont réduites d'un abattement fixe applicable quelles que soient les modalités d'imposition (PFU ou barème) (n° 68433). L'abattement fixe n'est pas cumulable avec les abattements proportionnels.

Si la cession donne lieu à la constatation d'une moins-value, celle-ci est exclusivement imputable sur les plus-values de même nature réalisées au cours de la même année ou des dix années suivantes.

Les modalités d'imposition des plus-values de cession de titres dont la propriété est démembrée reposent notamment sur une distinction selon que la cession s'opère avec ou sans répartition du prix de vente ou encore après réunion de l'usufruit à la nue-propriété (Mémento Fiscal n° 33155). La première cession à titre onéreux d'un usufruit « temporaire » relève de règles spécifiques (Mémento Fiscal n°s 4780 s.).

Les cessions d'actions (ou de parts) de sociétés à prépondérance immobilière, c'est-à-dire celles dont l'actif est principalement constitué d'immeubles ou de titres de sociétés immobilières, relèvent du régime d'imposition des plus-values immobilières lorsque la société relève du régime des sociétés de personnes. Si elle est assujettie à l'impôt sur les sociétés, c'est le régime des plus-values de cession de valeurs mobilières et droits sociaux qui s'applique (Mémento Fiscal n°s 32520 s.).

ATTENTION

Les gains réalisés par des salariés ou des dirigeants à l'occasion de la cession d'instruments de « **management packages** » sont soumis à un régime spécifique d'imposition. Sur ce régime, voir n° 68436.

68433 En cas d'option globale pour le barème progressif de l'impôt sur le revenu, un **abattement de droit commun** pour durée de détention de 65 % s'applique aux cessions de titres acquis ou souscrits avant le 1er janvier 2018 (Mémento Fiscal n°s 33075 s.). L'abattement s'applique sur le gain net calculé après imputation par le contribuable sur les plus-values réalisées des moins-values de même nature (subies au cours de la même année ou reportées) pour le montant et sur les plus-values de son choix, sans que ce contribuable puisse toutefois décider de l'année d'imputation de ces moins-values (BOI-RPPM-PVBMI-20-10-40 n° 480 ; Mémento Fiscal n° 33065).

À titre dérogatoire, un **abattement à taux majoré** s'applique, sous les mêmes conditions d'option globale pour le barème progressif et d'acquisition des titres avant le 1er janvier 2018, aux cessions de titres de **PME** souscrits ou acquis dans les dix ans de sa création, quels que soient la qualité du cédant et le pourcentage de sa participation (Mémento Fiscal n°s 33100 s.). Le taux de cet abattement est fixé à 85 % du gain net.

Les plus-values réalisées jusqu'au 31 décembre 2031 par les **dirigeants de PME** passibles de l'impôt sur les sociétés à l'occasion de leur **départ en retraite** sont, sous certaines conditions, réduites d'un abattement fixe de 500 000 € (600 000 €, sous certaines conditions, lorsque la cession est consentie à de jeunes agriculteurs), quelles que soient les modalités d'imposition (PFU ou option pour le barème progressif) (CGI art. 150-0 D ter, modifié par l'article 70, II de la loi 2025-127 du 14-2-2025). Les titres cédés doivent avoir été détenus depuis au moins un an à la date de la cession. La cession doit porter sur l'intégralité des titres ou droits détenus ou, lorsque le dirigeant cédant détient plus de 50 % des droits de vote, sur plus de 50 % de ces droits ou, dans le cas où seul l'usufruit est détenu, sur plus de 50 % des droits dans les bénéfices sociaux. Le cédant doit, de manière continue durant les cinq années précédant la cession, avoir été dirigeant (gérant d'une SARL ou d'une SCA, associé en nom d'une société de personnes, président, directeur général, président du conseil de surveillance ou membre du directoire d'une société par actions) de la société dont les titres sont cédés et avoir détenu, soit directement, soit par personne interposée, soit par l'intermédiaire de son groupe familial, au moins 25 % des droits de vote ou des droits financiers de cette société. Il doit également cesser toute fonction de direction ou salariée dans la société et faire valoir ses droits à la retraite dans les deux années suivant ou précédant la cession (par dérogation, ce délai est de trois ans lorsque le cédant a fait valoir ses droits à la retraite entre le 1-1-2019 et le 31-12-2021 et que ce départ à la retraite précède la cession : Loi 2021-1900 du 30-12-2021 art. 19, III). En cas de cession des titres à une société, le cédant ne doit pas, à la date de la cession et pendant les trois années suivantes, être associé de l'entreprise cessionnaire. Pour plus de détails sur les conditions et modalités d'application de cet abattement fixe, voir Mémento Fiscal n°s 33106 s.

Les plus-values de cession de titres de **sociétés holdings animatrices** de leur groupe sont éligibles à l'abattement renforcé des PME de moins de dix ans ou à l'abattement fixe des dirigeants de PME prenant leur retraite, sous réserve de respecter les conditions d'application de ces régimes. Est animatrice une société holding qui a pour activité principale, outre la gestion d'un portefeuille de participations, la participation active à la conduite de la politique du groupe et au contrôle de ses filiales et, le cas échéant et à titre purement interne, la fourniture de services spécifiques administratifs, juridiques, comptables, financiers et immobiliers (*CE plén. 13-6-2018 n^{os}* 395495, 399121, 399122 et 399124 : RJF 10/18 n° 965).

68435 Les cessions d'actions réalisées par les **entreprises** peuvent également bénéficier d'un taux réduit d'imposition fixé à 12,8 % (30 % compte tenu des prélèvements sociaux) lorsque l'entreprise cédante relève de l'impôt sur le revenu. Sur les conditions d'application de cette imposition réduite, voir Mémento Fiscal n°s 18380 s.

Les plus-values nettes réalisées par les sociétés soumises à l'impôt sur les sociétés à raison de la cession de titres qui répondent à la définition fiscale des titres de participation énoncée à l'article 219, I-a quinquies du CGI (Mémento Fiscal nos 18735 s.) et qui sont détenus depuis au moins deux ans sont soumises au taux de 0 %, et donnent lieu à la taxation d'une quote-part de frais et charges qui est comprise dans le résultat ordinaire de l'entreprise. Cette quote-part, fixée forfaitairement à 12 % du montant brut de la plus-value de cession, n'est toutefois imposable que si l'entreprise réalise une plus-value nette à long terme au cours de l'exercice de cession (CE 14-6-2017 no 400855 : RJF 10/17 no 906).

Par exception, les plus-values de cession de titres de participation dans des sociétés à prépondérance immobilière « cotées » relèvent du taux réduit de 19 %. Les titres de sociétés à prépondérance immobilière « non cotées » sont exclus du régime du long terme et relèvent du taux de droit commun de l'IS. Il en va de même des titres de participation dans des sociétés à prépondérance financière.

Pour plus de détails sur le régime fiscal des titres détenus par les sociétés soumises à l'impôt sur les sociétés, voir Mémento Fiscal nos 18710 s.

Imposition des gains issus de « management packages » Le gain net réalisé sur les titres souscrits ou acquis par des salariés ou des dirigeants (ou attribués à ceux-ci) est soumis à un régime hybride d'imposition lorsqu'il est acquis en **contrepartie des fonctions de salarié ou de dirigeant** exercées dans la société émettrice des titres, dans toute société dans laquelle cette dernière détient directement ou indirectement une quote-part du capital, ou dans toute société qui détient directement ou indirectement une quote-part du capital de la société émettrice (CGI art. 163 bis H issu de loi 2025-127 du 14-2-2025 art. 93, applicable aux dispositions, cessions, conversions ou mises en location de titres réalisées depuis le 15-2-2025). 68436

Lorsque les titres cédés présentent un risque de perte du capital souscrit ou acquis et ont été détenus pendant au moins deux ans ou, s'agissant des titres acquis ou souscrits dans le cadre des régimes qualifiés d'actionnariat des salariés et dirigeants (options sur actions : nos 69410 s. ; attributions gratuites d'actions : nos 69980 s. et BSPCE : nos 70410 s.), lorsqu'ils présentent un risque de perte de leur valeur d'acquisition ou de souscription, le gain net est imposé selon les règles des **plus-values de cession de valeurs mobilières et droits sociaux** (nos 68432 s.), dans la limite d'un montant déterminé par application au prix payé pour la souscription ou l'acquisition desdits titres d'un multiple de performance financière (égal à trois fois le ratio entre la valeur réelle de la société émettrice à la date de la cession des titres et la valeur réelle de la société émettrice à la date d'acquisition, de souscription ou d'attribution), diminué du prix payé pour la souscription ou l'acquisition (ou de la valeur d'acquisition en cas d'attributions gratuites).

La fraction du gain net ainsi imposée s'entend hors avantages résultant de l'acquisition ou de la souscription de titres à un prix inférieur à leur valeur réelle à la date d'acquisition ou de souscription ou tiré de la levée d'une option de souscription ou d'achat d'actions (nos 69410 s.), de l'attribution gratuite d'actions (nos 69980 s.) et de l'exercice de BSPCE (nos 70410 s.).

Au-delà de cette limite ou lorsque les conditions d'imposition selon le régime des plus-values de cessions de valeurs mobilières et droits sociaux ne sont pas remplies, le gain net est imposé suivant les règles des **traitements et salaires** au titre de l'année au cours de laquelle le salarié ou le dirigeant a disposé de ses titres ou les a cédés, convertis ou mis en location.

Pour plus de détails sur ce régime d'imposition, voir Mémento Fiscal nos 88840 s.

B. Limitations à la libre cessibilité des actions

CAS D'INCESSIBILITÉ DES ACTIONS

En principe, les actions sont librement cessibles. 68460

Toutefois, il arrive que certaines actions soient **temporairement inaliénables** ou incessibles. Il en est ainsi, en particulier, pour tout ou partie des actions détenues par les dirigeants et issues de levées d'options de souscription ou d'achat d'actions ou d'attributions gratuites.

Des dispositions spécifiques réglementent les cessions d'actions appartenant aux **dirigeants** de droit ou de fait des sociétés faisant l'objet d'une procédure de **redressement judiciaire** (nos 91410 s.), ainsi que certaines opérations portant sur les **actions admises aux négociations** sur un marché boursier qui appartiennent aux dirigeants ou à leurs proches (nos 66430 s.).

68461 Il est possible de prévoir dans les statuts des **clauses limitant la libre cessibilité** des actions : clause d'agrément des acquéreurs proposés ; clause de préemption au profit des actionnaires ; clause d'interdiction de cession avant l'expiration d'un certain délai. Ces clauses ne peuvent qu'aménager les conditions de la cession ; en aucun cas l'actionnaire ne peut être « prisonnier de ses titres » et empêché de se retirer de la société s'il le désire.

Les clauses limitant la libre cessibilité des actions sont très fréquentes dans les statuts des **SAS** où elles font l'objet d'un régime particulier examiné nos 60680 s. Elles sont largement admises dans les sociétés européennes. Elles peuvent aussi figurer dans des pactes extrastatutaires.

1. CLAUSE D'AGRÉMENT DES CESSIONS D'ACTIONS

68465 L'agrément permet d'écarter l'entrée dans la société de personnes dont la présence est, pour une raison quelconque, jugée indésirable.

Dans certaines **sociétés réglementées,** des modalités ou des clauses d'agrément sont imposées par la loi : sociétés exploitant une entreprise de presse (Loi 86-897 du 1-8-1986 art. 4 ; pour une illustration, CA Aix-en-Provence 7-4-2022 nº 22/00785 : RJDA 1/23 nº 30), sociétés de droit commun exerçant certaines activités libérales, par exemple sociétés de commissaires aux comptes (art. L 821-25, al. 3) et sociétés d'architecture (Loi 77-2 du 3-1-1977 art. 13, 4º).

68467 En matière de **professions libérales réglementées,** le législateur a aussi prévu des dispositions particulières en matière d'agrément des cessions d'actions de société d'exercice libéral dans les deux domaines suivants :

– les principes et modalités applicables à la détermination de la valeur des actions en cas de rachat consécutif à un refus d'agrément (Ord. 2023-77 du 8-2-2023 art. 52) ; ces dispositions sont en outre applicables dans les sociétés par actions de droit commun exerçant une profession juridique ou judiciaire car ces sociétés sont soumises à la réglementation des SEL (art. L 811-7, al. 2 et L 812-5, al. 2 pour les administrateurs et mandataires judiciaires, Ord. du 10-9-1817 art. 3-2, al. 2 pour les avocats aux Conseils, Loi 71-1130 du 31-12-1971 art. 8, I-al. 2 pour les avocats, Ord. 45-2590 du 2-11-1945 art. 1 bis, al. 2 pour les notaires et Ord. 2016-728 du 2-6-2016 art. 5, al. 2 et 25, IV-6º pour les commissaires de justice, les huissiers de justice et les commissaires-priseurs judiciaires) ;

– les conditions de majorité requises en matière d'agrément (Ord. 2023-77 art. 76 à 77 et 79 dans les SEL exerçant une profession de santé ; art. 92 à 93 et 95 dans les SEL exerçant une profession technique ; art. 79 sur renvoi de l'art. 65 dans les SEL en commandite par actions exerçant une profession juridique ou judiciaire). Ces conditions sont en outre applicables dans les SCA de droit commun exerçant une profession juridique ou judiciaire car elles sont soumises à la réglementation des SEL (voir ci-dessus). En revanche, ce sont les conditions de droit commun du Code de commerce qui s'appliquent dans les sociétés d'exercice libéral à forme anonyme et dans les sociétés d'exercice libéral par actions simplifiées exerçant une profession juridique ou judiciaire, ainsi que dans les SA et SAS de droit commun exerçant une telle profession, faute de disposition dérogatoire pour ces professions dans l'ordonnance 2023-77.

68470 Sous réserve de ce qui précède en matière de sociétés ou de professions réglementées (nos 68465 s.), l'agrément n'est possible, dans les sociétés par actions, que s'il est prévu par une **clause** des **statuts.** Cette clause est **encadrée par la loi.**

Les clauses d'agrément sont fréquentes dans les sociétés de famille et celles dont le capital est réparti entre différents « groupes » qui désirent maintenir entre eux l'équilibre existant.

a. Champ d'application des clauses d'agrément

OPÉRATIONS POUVANT ÊTRE SOUMISES À AGRÉMENT

68471 **Cessions et opérations assimilables** L'article L 228-23, al. 1, qui détermine le champ d'application des clauses d'agrément, est rédigé ainsi : « Dans une société dont les actions ne sont pas admises aux négociations sur un marché réglementé, la cession d'actions ou de valeurs mobilières donnant accès au capital, à quelque titre que ce soit, peut être soumise à l'agrément de la société par une clause des statuts. »

68472 **Cession d'actions.** Par « cession », il faut entendre tout acte de transmission des actions (ou de valeurs mobilières donnant accès au capital), tel que vente, échange, donation ou apport isolé (sur l'application des clauses d'agrément en cas d'apport, voir Cass. com. 21-1-1970 : JCP 1970 II nº 16541 note B. Oppetit).

> **Précisions** **a.** En cas d'**actions indivises,** chaque indivisaire a la qualité d'actionnaire. La cession des droits indivis à un tiers (dans l'hypothèse où les coïndivisaires n'ont pas exercé leur droit de préemption) est donc, à notre avis, soumise à agrément.

b. Rien n'interdit de viser dans les statuts le cas des **démembrements de propriété** et de prévoir que la cession isolée de la nue-propriété des actions, ou la constitution ou la cession isolée de l'usufruit, sera soumise à la clause d'agrément.

Fusion, scission, apport partiel d'actifs et confusion de patrimoine. Le terme « cession » ne vise pas les apports effectués au titre d'une fusion ou d'une scission (CA Chambéry 26-11-2002 : D. 2003 p. 1216 note Espesson-Vergeact), ou encore d'un apport partiel d'actifs soumis au régime des scissions ou d'une confusion de patrimoine. Rien n'interdit toutefois d'étendre l'application de la clause d'agrément à ces opérations par une mention expresse dans les statuts (Cass. com. 3-6-1986 : Rev. sociétés 1987 p. 52 note Reinhard ; Cass. com. 6-5-2003 n° 750 : RJDA 8-9/03 n° 837 ; CA Paris 9-2-2006 n° 05-3072 : RJDA 7/06 n° 789 et, sur pourvoi, Cass. com. 15-5-2007 n° 06-13.484 : RJDA 11/07 n° 1110). 68473

› Précisions **a.** Les **exceptions** prévues par l'article L 228-23 **à la liberté** des associés **d'introduire** dans leurs statuts une **clause d'agrément** (succession, liquidation de régime matrimonial, etc.) doivent être interprétées restrictivement. Ne figurant pas au nombre de ces exceptions, les apports-fusions peuvent donc valablement être soumis à agrément (Cass. com. 6-5-2003 précité).

b. N'a pas été apportée la preuve concrète que la nature même d'une opération de **fusion** était incompatible avec la détermination d'un prix ou d'une valeur d'un élément précis des patrimoines objets de la fusion et que la clause d'agrément était impossible à mettre en œuvre, faute de pouvoir notifier le prix de cession projeté ; l'annulation de la cession, sanction prévue par l'article L 228-23, et le retour à l'état antérieur n'étant pas possibles en raison de la disparition de la société absorbée et l'allocation de dommages-intérêts ne répondant pas à l'objectif de la clause statutaire d'agrément, il y a lieu d'appliquer le dispositif de rachat prévu à l'article L 228-24 en cas de refus d'agrément car il vise à tirer les conséquences d'un défaut d'agrément, ce qui correspond à la situation de la société absorbante. Le **transfert** des **actions** doit donc être **annulé** et un expert chargé d'évaluer ces actions avant la date du transfert doit être désigné (CA Paris 9-2-2006 précité). L'annulation du transfert a été réputée entraîner notamment les conséquences suivantes : possibilité pour l'absorbante de faire respecter les droits spécifiquement attachés non à la personne de l'actionnaire, mais aux actions litigieuses de « catégorie A » leur conférant des droits renforcés pour la désignation des administrateurs, ce qui constitue un élément de leur valorisation ; non-application de la clause statutaire prévoyant une procédure d'achat des actions après un refus d'agrément, appelée à jouer dans le cas où le cédant déciderait de maintenir son projet de cession et prévoyant un droit de préférence au profit des autres actionnaires ; validation de la décision du conseil d'administration de retenir l'offre d'achat faite par un actionnaire de catégorie A de racheter les actions à un prix très supérieur à celui fixé par l'expert, plutôt que l'offre d'un actionnaire de catégorie B au prix fixé par ledit expert (CA Paris 23-9-2008 n° 07-4849 : RJDA 5/09 n° 441).

Ces décisions soulignent l'opportunité de prévoir les modalités de valorisation des titres lorsqu'un agrément est prévu en cas de fusion, de scission ou d'apport partiel d'actifs soumis au régime des scissions.

Partage de société. Rien n'interdit d'étendre l'application de la clause d'agrément à l'attribution d'actions faisant suite à un partage de société (cf. Cass. com. 12-11-1996 n° 1687 : RJDA 6/97 n° 787, concernant une société civile immobilière mais transposable). 68474

Prise de contrôle d'une société actionnaire. À notre avis, sont licites les clauses statutaires prévoyant que toute modification dans le contrôle du capital ou des droits de vote d'un actionnaire personne morale sera soumise à agrément et qu'à défaut d'agrément les actions détenues par cette personne morale seront acquises par ses coassociés, par la société elle-même ou par des tiers agréés par elle. 68475

ATTENTION

Encore faut-il que ces clauses soient rédigées clairement et notamment qu'elles comportent une définition sans ambiguïté de la notion de contrôle. À cet égard, il est souhaitable de se référer aux dispositions de l'article L 233-3.

De plus, elles ne peuvent être insérées dans les statuts en cours de vie sociale qu'avec l'accord unanime des personnes morales actionnaires puisque, de ce fait, celles-ci s'exposent, contrairement aux autres actionnaires, à être exclues de la société.

Catégories de titres concernés Les clauses d'agrément ne peuvent être prévues que dans les sociétés dont les actions ne sont pas admises aux négociations sur un marché réglementé (art. L 228-23, al. 1). Elles ne peuvent donc pas jouer dans le cadre de transactions sur un tel marché. 68480

En revanche, elles peuvent viser les valeurs mobilières donnant accès au capital (art. L 228-23, al. 1), y compris lorsque la valeur mobilière en cause est un titre de créance.

NON-APPLICATION DE LA CLAUSE D'AGRÉMENT

68491 **Transmissions familiales** La clause d'agrément est écartée en cas de succession, de liquidation du régime matrimonial ou de cession soit à un conjoint, soit à un ascendant ou à un descendant (art. L 228-23, al. 3), sauf actionnariat réservé aux salariés (nº 68501).

68492 **Procédures collectives** Même si elles sont conformes aux conditions requises, les clauses d'agrément sont écartées en cas d'admission de nouveaux actionnaires qui acceptent de participer à une augmentation de capital destinée à assurer le redressement judiciaire d'une société (art. L 631-19, II), ou lorsque le tribunal ordonne la cession forcée de tout ou partie des actions des actionnaires qui se sont opposés à la modification du capital au profit des personnes qui se sont engagées à exécuter le projet de plan (art. L 631-19-2, 2º) ; mais elles sont applicables en cas de sauvegarde (voir nº 91310).

En cas de mise en œuvre d'un plan de cession (voir nºs 91221 s.) concernant des actions dont la cession est soumise à agrément, les organes de la procédure collective doivent respecter la clause d'agrément (Cass. com. 31-1-1995 nº 214 : RJDA 5/95 nº 647 ; Cass. com. 23-1-1996 nº 180 : RJDA 5/96 nº 704, à propos d'une clause de préemption mais transposable).

Pour un cas où la suspension d'une clause d'agrément susceptible de bloquer la cession des actifs de la société détentrice des actions, mise en liquidation judiciaire, a été refusée en référé, voir CA Aix-en-Provence 7-4-2022 nº 22/00785 : RJDA 1/23 nº 30, qui admet toutefois que l'application de la clause pourrait être suspendue pour trouble illicite ou péril imminent mais seulement après un refus d'agrément.

PERSONNES VISÉES PAR LA CLAUSE D'AGRÉMENT

68500 Les clauses d'agrément peuvent être imposées pour les cessions à des **personnes étrangères à la société** comme pour les cessions entre **actionnaires,** ce qui permet de maintenir, dans une société « fermée », l'équilibre entre les différents groupes d'actionnaires.

ATTENTION

Pour appliquer la règle autorisant l'agrément des cessions entre actionnaires aux SA constituées avant que cette règle ne soit instituée, le juge doit rechercher si les rédacteurs de la clause statutaire d'agrément ont eu l'intention de la soumettre à toute modification légale ultérieure (Cass. com. 15-3-2023 nº 21-15.393 F-D : RJDA 7/23 nº 380 et, sur renvoi, CA Paris 3-1-2025 nº 23/07757 : RJDA 6/25 nº 325, ayant écarté l'application de la clause entre actionnaires). Les sociétés dont les statuts comportent des clauses qui, du fait de modifications légales ultérieures, ne correspondraient pas à leurs souhaits doivent prendre en compte ces évolutions et, le cas échéant, modifier leurs statuts.

68501 Par dérogation à l'article L 228-23 al. 3 (nº 68491), les clauses d'agrément peuvent être appliquées même en cas de cession à un **conjoint,** à un **ascendant ou** à un **descendant** (ainsi qu'en cas de succession ou de liquidation de régime matrimonial) à la **condition** (art. L 228-23, al. 4) :

– que ces clauses figurent dans les statuts d'une société dont les actions ne sont pas admises aux négociations sur un marché réglementé (condition qui résulte également de l'article L 228-23, al. 1) et qui réserve des actions à ses salariés ;

– et qu'elles aient pour objet d'éviter que ces actions ne soient dévolues ou cédées à des personnes n'ayant pas la qualité de salarié de la société.

68502 **Cas des partenaires pacsés** La mise en œuvre de la procédure d'agrément se heurte à une contrainte particulière lorsque le futur acquéreur est lié par un Pacs soumis au régime de l'indivision (voir nºs 530 s.). Si les deux partenaires souhaitent entrer dans la société, tous deux doivent être agréés. Si l'un des partenaires effectue l'achat sans avertir ni son partenaire ni la société de l'existence du Pacs, il faut à notre avis distinguer, comme en matière d'apport, le « titre » et la « finance », seul le partenaire agréé ayant la qualité d'associé.

b. Conditions d'efficacité de l'agrément

NÉCESSITÉ D'UNE CLAUSE STATUTAIRE D'AGRÉMENT

68505 Le contrôle de la cession des actions doit résulter d'une disposition expresse des statuts (art. L 228-23, al. 1).

Cette clause doit figurer dans les statuts signés lors de la constitution de la société ou y être insérée en cours de vie sociale par une décision de l'assemblée générale extraordinaire (Cass. com. 22-10-1956 : JCP 1956 II nº 9678 note D. Bastian, sol. impl.). Il ne suffirait pas qu'elle soit portée dans un **autre document,** tel, par exemple, un règlement intérieur.

La clause doit être **rédigée** avec le plus grand soin, les juges interprétant souverainement le sens et la portée de toute clause qu'ils estiment ambiguë. 68507

CONSEIL

Les parties ont intérêt à recourir à un terme général tel que « transmission par quelque moyen que ce soit » (Cass. com. 6-5-2003 n° 750 : RJDA 8-9/03 n° 837, 1e esp.), en évitant des expressions telles que « cessions entre vifs, volontaires ou forcées, à quelque titre ou sous quelque forme que ce soit » (Cass. com. 6-5-2003 n° 749 : RJDA 8-9/03 n° 837, 2e esp. ; voir aussi Cass. com. 12-2-2008 n° 06-20.966 : RJDA 12/08 n° 1275, en matière de société civile mais transposable).

Pour éviter tout litige, lié également à la réticence de certaines cours d'appel (CA Rouen 9-6-2011 n° 10/05530 : RJDA 8-9/11 n° 708), il peut être opportun que les statuts précisent expressément quelles sont les opérations visées par la clause d'agrément.

L'insertion d'une clause d'agrément dans les statuts doit faire l'objet des mesures de **publicité** requises pour toute modification statutaire : voir nos 85510 s. 68509

Ces mêmes formalités doivent être accomplies en cas de suppression d'une clause d'agrément existante, ainsi qu'en cas de modification de la clause (Cass. com. 31-5-2005 n° 817 : RJDA 10/05 n° 1116, à propos de la modification de l'organe compétent pour statuer sur l'agrément).

Il est à notre avis possible, en vertu de la liberté contractuelle dont elles relèvent, de **limiter les clauses d'agrément à certaines actions.** On se trouve alors en présence de deux catégories d'actions, les unes dont la cession est soumise à contrôle, les autres dont la cession est libre, ce qui permet de créer, dans une certaine mesure, un « noyau dur » au sein de la société. 68510

Cette disposition statutaire est, sans aucun doute, licite lorsqu'elle figure dans les statuts d'origine puisque, dans ce cas, tous les actionnaires l'ont acceptée en signant les statuts lors de la constitution de la société. Elle semble également valable lorsqu'elle est introduite dans les statuts en cours de vie sociale sur décision d'une assemblée générale extraordinaire sans qu'il soit nécessaire de recueillir l'accord unanime des actionnaires car elle ne constitue qu'une simple restriction des droits des actionnaires, laquelle ne peut, en soi, être considérée comme l'équivalent d'une augmentation de leurs engagements (cf. Cass. civ. 9-2-1937 : D. 1937 I p. 73 note Besson, en matière de clause de préemption ; sur les réserves que suscite désormais cette solution, voir n° 68603). De surcroît, l'actionnaire auquel cette clause serait imposée ne serait pas fondé à la contester car elle ne porte pas atteinte à son droit de céder ses actions. En effet, en cas de refus d'agrément, le conseil d'administration ou le directoire, ou le gérant dans la SCA, est tenu de faire acheter les actions (art. L 228-24, al. 2).

MODÈLE

Clause d'agrément 68511

Clause « large »

Toute transmission d'actions, même entre actionnaires, à quelque titre que ce soit (à titre gratuit ou onéreux, y compris par voie d'apport, d'échange, de fusion, de scission ou d'adjudication volontaire ou forcée), et alors même que cette transmission ne porterait que sur la nue-propriété ou l'usufruit des actions, doit, pour devenir définitive, être autorisée dans les conditions suivantes...

Clause « limitée »

Toute vente d'actions à un tiers non actionnaire de la société, même lorsque cette vente ne porte que sur la nue-propriété ou l'usufruit des actions, doit, pour devenir définitive, être autorisée dans les conditions suivantes...

ACTIONS OBLIGATOIREMENT NOMINATIVES

Une clause d'agrément ne peut valablement être stipulée « que si les titres sont nominatifs en vertu de la loi ou des statuts » (art. L 228-23, al. 2). 68513

c. Procédure d'agrément des cessions d'actions

Lorsque les statuts contiennent une clause d'agrément, la cession des actions est soumise à la procédure prévue par l'article L 228-24, dont les dispositions sont impératives (Cass. com. 8-4-2008 n° 06-18.362 : RJDA 7/08 n° 809). 68515

PRÉSENTATION DE LA DEMANDE D'AGRÉMENT

68516 Les parties déterminent librement à qui il appartient de présenter la demande d'agrément. À défaut, le juge doit rechercher quelle a été leur commune intention à cet égard ; le plus souvent, il retiendra que cette démarche incombait au cédant car ce dernier, étant actionnaire, se trouvait mieux placé que l'acquéreur pour l'accomplir.

ATTENTION

Si le **cédant** s'est **abstenu** de présenter la **demande,** il ne peut pas se prévaloir de l'absence d'agrément pour prétendre que, même entre les parties, la cession n'a pas pu se réaliser (Cass. com. 27-3-1990 : D. 1991 p. 503 note Bonnard). Il peut en outre être tenu à garantie d'éviction pour omission des formalités d'agrément de l'acquéreur (CA Paris 24-2-2006 n° 04-22666 : RJDA 4/07 n° 367), sauf si celui-ci pouvait éviter l'éviction ou si cette éviction est imputable à sa faute (Cass. 1e civ. 15-10-1996 n° 1667 : RJDA 2/97 n° 290 ; Cass. 1e civ. 21-3-2000 n° 603 : RJDA 6/00 n° 642).

Cette demande doit être adressée à la société et indiquer (art. L 228-24, al. 1) :
– les nom, prénoms et adresse de l'acquéreur ;
– le nombre d'actions ou de valeurs mobilières donnant accès au capital dont la cession est envisagée ;
– le prix offert.

› Précisions **a.** L'**identité de l'acquéreur personne morale** est suffisamment établie lorsque la demande d'agrément mentionne la forme et la dénomination de celle-ci avec l'adresse de son siège social (Cass. com. 26-4-1994 n° 983 : RJDA 8-9/94 n° 932).

b. Jugé qu'une demande d'agrément faite pour un apport d'actions à une **société en formation** était nulle car, dénuée de personnalité morale, une telle société n'était pas identifiable, peu important qu'elle puisse, une fois immatriculée, reprendre les actes passés pour son compte (CA Paris 22-9-2015 n° 14/16486 : RJDA 5/16 n° 375).

c. La demande d'agrément qui mentionne un **prix provisoire** est valable dès lors que ce prix est réel et sincère et que son actualisation lors de la réalisation de la cession ne dépend pas de la volonté des parties (Cass. com. 11-1-2017 n° 15-13.025 F-D : RJDA 4/17 n° 256).

NOTIFICATION DE LA DEMANDE D'AGRÉMENT

68517 La demande doit être notifiée à la société par acte extrajudiciaire ou par lettre recommandée AR (art. R 228-23, al. 1). Il nous semble également possible de procéder à une remise de la demande contre émargement ou récépissé (CPC art. 667), même si le ministre de la justice retient la position contraire (cf. Rép. Candelier : AN 1-10-2013 n° 18357 ; sur les réserves que nous émettons à propos de cette réponse, voir n° 32326).

La demande doit être notifiée préalablement à la réalisation de l'opération entraînant le transfert ; une demande présentée postérieurement est sans effet (Cass. com. 6-5-2003 n° 750 : RJDA 8-9/03 n° 837, à propos d'une demande formulée par la société absorbante après l'opération de fusion-absorption).

DÉCISION DE LA SOCIÉTÉ SUR L'AGRÉMENT

68518 **Organe compétent** En l'absence de disposition législative ou réglementaire sur ce point, ce sont les statuts qui fixent l'organe compétent pour statuer sur l'agrément : assemblée générale ordinaire ou extraordinaire, ou – ce qui est le plus fréquent en pratique – conseil d'administration ou conseil de surveillance, voire gérance pour les SCA.

Du fait de cette liberté contractuelle, rien ne paraît interdire de prévoir dans les statuts que la décision relève d'une commission spécialement composée à cet effet comprenant, le cas échéant, des personnes étrangères au conseil d'administration ou de surveillance.

› Précisions **a.** Le **conseil** d'administration ou de surveillance ne peut statuer que s'il est **régulièrement composé.** Ainsi, l'agrément à une cession d'actions donné par un conseil réduit à deux membres n'est pas valable (Cass. com. 18-11-1974 : Rev. sociétés 1975 p. 273 note Y. Chartier).

b. Le **cédant,** s'il est administrateur ou membre du conseil de surveillance, peut **participer au vote** sur l'agrément de la cession de ses propres actions, aucune interdiction n'étant édictée par la loi sur ce point et son intérêt personnel, dans ce cas, n'étant pas susceptible de s'opposer à l'intérêt social (CA Bordeaux 3-7-1973 et, sur pourvoi, Cass. com. 24-2-1975 : Rev. sociétés 1976 p. 92 note B. Oppetit). Mais il ne saurait se prononcer contre l'agrément, car il évincerait par là même son acquéreur auquel il doit la garantie de son fait personnel.

c. Sur la validité d'une clause statutaire soumettant à la **ratification de l'assemblée générale** la décision du conseil d'administration sur l'agrément de l'acquéreur proposé, voir CA Paris 31-3-1981 : Gaz. Pal. 1981 p. 513. De même, serait licite à notre avis, par analogie avec la solution précédente, une clause statutaire prévoyant la possibilité pour le cédant ou un administrateur de faire « appel » de la décision du conseil devant l'assemblée générale ordinaire. En revanche, il n'est pas possible d'écarter l'actionnaire cédant du droit de voter à l'assemblée (cf. Cass. com. 23-10-2007 nº 06-16.537 : RJDA 1/08 nº 50).

d. En cas de **dissolution** de la société, le **liquidateur** n'est compétent pour statuer sur l'agrément que s'il est expressément habilité à cet effet par les statuts. À défaut, la décision doit être prise par l'assemblée générale (ordinaire, nous semble-t-il, puisqu'il n'y a pas modification des statuts) des actionnaires (CA Paris 22-10-1999 : Dr. sociétés 2000 nº 22 obs. Th. Bonneau et, sur pourvoi, Cass. com. 12-5-2004 nº 771 : RJDA 10/04 nº 1128).

Portée de l'agrément Sauf accord du cédant et de l'acquéreur proposé, l'agrément ne peut pas être **limité** à une **fraction** seulement **des actions** dont la cession est envisagée. En effet, les dispositions législatives et réglementaires relatives au droit d'agrément, qui constituent une entrave à la libre cessibilité des actions et au droit qu'a l'actionnaire de sortir de la société, doivent être interprétées restrictivement. Or la loi ne permet pas à la société d'adapter à sa convenance les modalités de la cession dont le projet lui est soumis pour agrément. Cet agrément (ou son refus) doit donc être global. 68519

L'agrément doit être pur et simple, de sorte que les conditions posées par l'organe social habilité à autoriser la cession sont réputées non écrites ; une cession d'actions ne peut donc pas être remise en cause pour la seule raison que les **conditions d'octroi de l'agrément** imposées par le conseil (signature d'accords entre le cédant et la société) ne sont pas réalisées (Cass. com. 17-1-2012 nº 09-17.212 : RJDA 4/12 nº 409). En effet, il ne faut pas que la liberté du cédant de sortir de la société soit entravée par des risques de pression.

Formalisme de l'agrément L'**agrément** de la cession est **acquis** ou réputé tel dans les trois cas suivants : 68520

– en cas de décision favorable notifiée au demandeur ;

– lorsque la société n'a pas donné de réponse dans un délai de trois mois à compter de la notification de la demande (art. L 228-24, al. 1 ; pour un exemple, Cass. com. 26-4-1994 nº 983 : RJDA 8-9/94 nº 932) ;

– lorsque, après un refus d'agrément, le rachat des actions, selon l'une des modalités précisées ci-après (nºs 68531 s.), n'est pas intervenu dans le délai imparti (art. L 228-24, al. 3).

ATTENTION

En cas d'**inobservation des formes** prévues pour la notification de l'agrément ou de son refus, le délai de trois mois à l'expiration duquel l'agrément est **réputé acquis** ne court pas (T. com. Paris 5-11-1979 : Gaz. Pal. 1980 p. 100).

Contrôle de l'opportunité de l'agrément En principe, il n'appartient pas aux **tribunaux** d'apprécier l'opportunité de la décision d'agrément ou de refus d'agrément. Cette décision peut toutefois être contestée si elle a été prise irrégulièrement ou si elle est entachée de fraude ou d'abus de droit (Cass. com. 21-1-1970 : JCP 1970 II nº 16541 note B. Oppetit). 68521

d. Conséquences du refus d'agrément de la cession

NOTIFICATION DU REFUS D'AGRÉMENT

La société doit notifier son refus d'agrément au demandeur avant l'expiration d'un **délai** de trois mois à compter de la notification de la demande ; à défaut, l'agrément est réputé acquis (art. L 228-24, al. 1). 68524

CONSEIL

Il convient de notifier ce refus dans les mêmes **formes** que la demande d'agrément, c'est-à-dire par acte extrajudiciaire, par lettre recommandée AR ou encore, à notre avis (nº 68517), par remise contre émargement ou récépissé.

DROIT DE REPENTIR DU CÉDANT

Le cédant peut à tout moment renoncer à la cession de ses titres (art. L 228-24, al. 2). Aucune *clause des statuts ne peut empêcher l'actionnaire cédant qui se heurte à un refus d'agré*ment de retirer son offre de vente (Cass. com. 10-3-1976 : Rev. sociétés 1976 p. 332 note J. H. ; voir aussi Cass. com. 27-10-1992 nº 1588 : RJDA 1/93 nº 37, à propos d'une SARL mais transposable). 68525

L'article L 228-24 ne crée pas, en effet, au profit de la société un droit de préemption mais met à sa charge une obligation d'acquérir les actions de la personne qui veut quitter la société.

L'arrêt de la Cour de cassation du 10 mars 1976 précité affirme que le **droit** de repentir de l'actionnaire cédant est **d'ordre public** : selon cet arrêt, « au cas où la société n'agrée pas le cessionnaire proposé par un actionnaire, l'obligation pour les dirigeants sociaux de faire acquérir les actions objet de la cession ne leur confère pas le droit d'évincer l'actionnaire si celui-ci renonce à vendre ses actions ». Dès lors, toute clause des statuts prévoyant que l'actionnaire cédant ne peut pas retirer son offre et que le transfert des actions au nom des personnes désignées par le conseil pourra être effectué sur la seule signature du président ou de son délégué est nulle.

Le cédant peut aussi se rétracter même si, après le refus d'agrément, il a manifesté sa volonté de vendre ses actions et même après la fixation du prix par l'expert.

ACHAT DES ACTIONS DONT LA CESSION N'EST PAS AGRÉÉE

68526 **Délai** Dans les trois mois de la notification du refus d'agrément, le conseil d'administration ou le directoire, ou le gérant dans la SCA, est tenu de faire acheter les actions (art. L 228-24, al. 2).

68527 Ce délai de trois mois peut être **prolongé** à la demande de la société par décision du président du tribunal de commerce statuant en référé et sans recours possible, l'actionnaire cédant et l'acquéreur dûment appelés (art. L 228-24, al. 3 et R 228-23, al. 2). Cette disposition est impérative et les parties ne peuvent pas y déroger en prévoyant un mode autre que la prorogation judiciaire qu'elle prévoit (Cass. com. 8-4-2008 n° 06-18.362 : RJDA 7/08 n° 809).

CONSEIL

En cas de litige sur le montant du prix de cession et, par voie de conséquence, de désignation d'un expert, il est recommandé aux dirigeants sociaux de demander une prolongation du délai, sous peine de se trouver forclos au cas où l'expert ne parviendrait pas à achever sa mission avant l'expiration du délai de trois mois imparti (pour un exemple, Cass. com. 8-4-2008 précité ; voir aussi, en matière de cession de parts de SARL, Cass. com. 4-7-2006 n° 878 : RJDA 12/06 n° 1227 ; Cass. com. 2-11-2011 n° 10-15.887 : RJDA 2/12 n° 170).

Le président du tribunal statue valablement, même après la date d'expiration du délai de trois mois, dès l'instant qu'il a été saisi avant cette date (Cass. com. 13-6-1984 : Bull. civ. IV n° 195).

La loi accordant une faculté de prolongation sans limite de durée, le juge est souverain pour fixer cette prolongation en fonction des circonstances de l'espèce. Il fixe souvent le délai prorogé en fonction du temps nécessaire à l'expert pour établir son rapport : par exemple, 15 jours à compter de l'expédition par l'expert de son rapport aux parties (cf. CA Paris 8-11-1982 : Bull. Joly 1983 p. 171), ou un mois à compter du dépôt de ce rapport (cf. CA Rouen 22-9-1983, inédit), ou encore délai d'acquisition fixé d'emblée à huit mois (cf. Cass. com. 6-5-2003 n° 750 : RJDA 8-9/03 n° 837).

68528 Seule la notification du refus d'agrément fait **courir le délai** de trois mois imparti pour l'achat des actions ; la date de l'assemblée au cours de laquelle le refus d'agrément a été prononcé ne peut pas constituer le point de départ de ce délai, même si le cédant a participé à cette assemblée et a donc eu connaissance de la décision de celle-ci (Cass. com. 18-5-1993 : Bull. civ. IV n° 202).

ATTENTION

Le rachat est réalisé dès que le cédant et l'acquéreur substitué se sont mis d'accord sur le nombre des actions cédées et sur le prix. Par suite, en cas de rachat par la société elle-même, il faut prendre en compte, pour le calcul du délai de trois mois, la date à laquelle est intervenu l'accord entre le cédant et le conseil d'administration de la société, et non pas celle de l'assemblée générale extraordinaire appelée à ratifier cet accord et à décider la réduction corrélative du capital social (Cass. com. 17-10-1989 : Rev. sociétés 1990 p. 270 note Y. Chartier).

68529 **Défaut de rachat** Si, à l'expiration du délai imparti, les actions n'ont pas été achetées, l'actionnaire cédant peut réaliser la cession initialement prévue (art. L 228-24, al. 3). Mais il ne peut pas exiger le rachat de ses actions par la société (Cass. com. 29-11-1982 : Bull. civ. IV n° 379, à propos d'une SARL mais transposable ; CA Angers 26-2-1990 : BRDA 6/91 p. 15 cassé par Cass. com. 25-2-1992 n° 375 : RJDA 5/92 n° 468, mais pour un autre motif ; en sens contraire, CA Paris 2-12-1987 : Rev. sociétés 1989 p. 57 note D. Randoux, qui considère qu'en refusant l'agrément la société se trouve dans l'obligation d'acheter les actions ou de trouver un acquéreur sans possibilité de revenir sur sa décision).

Selon la cour d'appel de Paris (CA Paris 26-10-1971 : Gaz. Pal. 1972 I p. 178 et, sur pourvoi, Cass. com. 3-4-1973 : D. 1973 p. 580 note Lacombe) :

– *par « délai imparti », il* faut entendre non seulement le délai légal de trois mois, mais encore le délai prorogé par décision de justice à la demande de la société ;

– la simple désignation de l'expert dans le délai imparti n'est pas suffisante. Il faut que, avant l'expiration de ce délai, le prix de rachat ait été fixé et que la société ait proposé au cédant des acquéreurs qui offrent de verser ce prix.

› Précisions **a.** L'**acquéreur initial** a intérêt à agir et qualité à faire juger que la cession est parfaite et à **requérir le transfert des actions** (Cass. com. 8-4-2008 n° 07-11.327 : Bull. Joly 2008 p. 679 note J.-F. Barbièri).

b. La **société et** ses **dirigeants** s'exposent à devoir verser des **dommages-intérêts** au cédant lorsque, par des abstentions fautives et des manœuvres de leur part, la cession est devenue impossible (Cass. com. 25-2-1992 précité).

MODALITÉS DE L'ACHAT DES ACTIONS DONT LA CESSION N'EST PAS AGRÉÉE

Deux solutions sont offertes à la société (art. L 228-24, al. 2) : 68531
– acquisition des titres soit par un actionnaire, soit par un tiers ;
– achat par la société elle-même, avec obligation de procéder à une réduction corrélative du capital social (sur le régime fiscal applicable à l'actionnaire concerné, voir n° 52301).

Il est licite, à notre avis, de prévoir dans les statuts que, à défaut d'agrément de l'acquéreur proposé, certaines personnes (le plus souvent, les actionnaires autres que le cédant ou une catégorie d'actionnaires) auront le droit d'**acheter par préférence** les actions dont la cession est envisagée. 68532

› Précisions Les articles L 228-23 et L 228-24 ont essentiellement pour objet de **protéger les droits de l'actionnaire** qui désire se retirer de la société. Plus particulièrement, l'article L 228-24 ouvre une possibilité de faire racheter les actions, au cas où l'acquéreur proposé ne serait pas agréé, par trois catégories d'acheteurs éventuels (actionnaires, tiers étrangers à la société ou société elle-même) qu'il met apparemment sur un pied d'égalité.
En introduisant dans les statuts une faculté d'achat prioritaire au profit de telle ou telle catégorie de bénéficiaires, on se borne à déterminer un ordre de préférence parmi les bénéficiaires du droit de rachat. Par exemple, la priorité pourra être donnée aux actionnaires sur les tiers, ou à un groupe d'actionnaires sur les autres associés, ou encore aux tiers désignés par le conseil d'administration sur les actionnaires, etc.
De telles clauses ne contredisent pas les articles L 228-23 et L 228-24 qu'elles se bornent à préciser. Elles doivent donc être tenues pour valables (toutes autres conditions étant supposées remplies).

Prix d'achat Le prix d'achat est fixé d'un commun accord entre les parties. En cas de désaccord, le prix est déterminé dans les conditions prévues par l'article 1843-4 du Code civil (voir n°s 16790 s.). Toute clause contraire à l'article 1843-4 est réputée non écrite (art. L 228-24, al. 2 et R 228-23, al. 2). 68534

Il convient que l'expert achève sa mission dans le délai imparti pour le rachat des actions, faute de quoi l'agrément serait réputé acquis (Cass. com. 8-4-2008 n° 06-18.362 : RJDA 7/08 n° 809).

Faculté de rétractation de l'acquéreur Les actionnaires ou les tiers qui ont déclaré se porter acquéreurs ne peuvent pas se rétracter s'ils ont proposé au cédant de recourir à la procédure d'expertise et si celui-ci l'a acceptée (cf. Cass. com. 13-10-1992 n° 1490 : RJDA 1/93 n° 36 et Cass. com. 4-1-2023 n° 21-10.035 F-D : RJDA 4/23 n° 198, respectivement à propos d'une cession de parts de SARL et d'une cession d'actions de SAS, mais transposables). 68536

Comme dans les SARL, à défaut d'acceptation de la procédure d'expertise par le cédant, les actionnaires ou les tiers peuvent, à notre avis, renoncer à l'acquisition s'ils estiment que le prix fixé par l'expert est excessif. Dans ce cas, le cédant peut réaliser la cession initialement prévue (cf. art. L 228-24, al. 3). Mais cette solution est controversée (sur les arguments justifiant notre opinion, voir n° 34448 à propos des cessions de parts de SARL).

e. Non-respect de la clause d'agrément

En cas d'inobservation d'une clause d'agrément, la cession est nulle (art. L 228-23, al. 5). 68540

À notre avis, la clause d'agrément, ayant essentiellement pour but de permettre à la société et aux actionnaires de contrôler l'entrée de nouveaux associés dans la société, ou le changement d'équilibre entre les différents groupes d'actionnaires, n'a d'autre objet que la protection d'intérêts privés. La nullité qui sanctionne sa violation ne peut donc être qu'une nullité relative (application de C. civ. art. 1179 ; Cass. com. 11-2-1992 n° 302 : RJDA 5/92 n° 466, à propos d'une SARL mais transposable).

L'**action en nullité** ne peut être exercée que par la société, ou par un ou plusieurs actionnaires autres que le cédant puisque ce sont eux qu'il s'agit de protéger ; elle doit être refusée non seulement aux tiers, mais aussi aux parties à l'acte de cession, le cédant comme l'acquéreur (Cass. com. 14-12-2004 n° 1857 : RJDA 4/05 n° 387 ; Cass. com. 16-10-2019 n° 17-18.494 F-D : RJDA 1/20 n° 21 ; Cass. com. 12-2-2025 n° 23-13.520 F-B : RJDA 5/25 n° 270, à propos d'une SARL mais transposable).

La nullité peut être prononcée même en l'**absence de collusion frauduleuse** entre les parties et même si l'acquéreur prétend n'avoir pas eu connaissance de l'existence de la clause d'agrément. En effet, d'une part, le dernier alinéa de l'article L 228-23 ne met aucune autre condition à la nullité que le non-respect de la clause d'agrément, d'autre part, cette clause figurant dans les statuts déposés au greffe du tribunal de commerce et tenus à la disposition de tout intéressé, nul ne saurait prétendre l'ignorer. Il n'en irait autrement que si cette mesure de publicité n'avait pas été accomplie : ainsi jugé que, en cas de défaut de publicité de la modification d'une clause d'agrément, cette clause était inopposable à l'acquéreur qui n'était pas supposé en avoir eu connaissance, même indirectement ; en conséquence, la demande en annulation de la cession pour non-respect de cette clause a été rejetée (Cass. com. 31-5-2005 n° 817 : RJDA 10/05 n° 1116).

68541 À notre avis, l'action en nullité se **prescrit** par trois ans (art. L 235-9), délai réduit à deux ans à compter du 1er octobre 2025 (C. civ. art. 1844-14 modifié, à compter du 1-10-2025, par ord. 2025-229 du 12-3-2025 ; Ord. 2025-229 art. 70). En effet, elle est fondée sur le vice affectant la décision sociale (n° 89451).

La nullité peut être couverte par une **régularisation** jusqu'à ce que le tribunal ait statué sur le fond en première instance (art. L 235-3 remplacé, à compter du 1-10-2025, par C. civ. art. 1844-13 issu de ord. 2025-229). Conformément au droit commun, cette régularisation ne peut résulter que d'une décision de l'organe compétent pour statuer sur l'agrément.

ATTENTION

Si l'acquéreur des titres n'a pas notifié leur transfert à la société avant l'opération envisagée, la demande qu'il présente postérieurement en vue de régulariser l'opération est sans effet (Cass. com. 6-5-2003 n° 01-12.567 FS-P : RJDA 8-9/03 n° 837).

68542 Si elle est prononcée, l'annulation de la cession produit ses **effets** même dans les rapports entre le cédant et l'acquéreur (nos 17505 s.). Ce dernier est considéré comme n'ayant jamais été actionnaire et il doit restituer au cédant les dividendes qu'il aurait éventuellement perçus dès lors que, ne pouvant ignorer l'existence de la clause en raison de la publication des statuts au greffe du tribunal de commerce, il doit être considéré comme un possesseur de mauvaise foi (C. civ. art. 549).

L'annulation de la cession a un effet rétroactif, ce qui peut avoir des conséquences sur la régularité des assemblées tenues postérieurement à cette cession. À cet égard, il a été jugé que des associés autres que le cédant avaient qualité pour obtenir la nullité de ces assemblées pour défaut de convocation du cédant (Cass. 3e civ. 21-10-1998 n° 1257 : RJDA 12/98 n° 1371). Cette solution pourrait toutefois être remise en cause par l'obligation faite au demandeur, dans le cadre du triple test, de justifier d'un grief résultant d'une atteinte à l'intérêt protégé par la règle dont la violation sera invoquée (n° 89487).

68543 Il a été jugé que l'opération consistant pour un groupe d'actionnaires détenant une minorité de blocage à céder leurs actions à une société déjà actionnaire (et donc non soumise à agrément sous l'empire de la réglementation alors en vigueur) qu'ils contrôlaient à 100 % puis à transférer la totalité des actions de cette société à un tiers a eu pour seul objet, sous couvert de deux cessions en apparence licites, de **tourner frauduleusement la clause** d'agrément figurant dans les statuts. En conséquence, la première cession a été annulée et la seconde, déclarée inopposable à la société émettrice (CA Grenoble 30-6-1988 : JCP 1989 II n° 21238 note B. Oppetit et, sur pourvoi, Cass. com. 27-6-1989 : Bull. civ. IV n° 209). De même, sur le caractère frauduleux de la cession par un associé de parts à sa mère, laquelle a quelques jours plus tard rétrocédé les mêmes parts à sa fille, cette opération ayant eu pour seul objet d'éluder la procédure d'agrément applicable en cas de cession entre collatéraux, voir Cass. com. 21-1-1997 : RJDA 4/97 n° 521, à propos de parts de SARL mais transposable.

Encore faut-il que la fraude existe et qu'elle soit prouvée. Ainsi, il a été jugé que « la prise de participation, même majoritaire, dans le capital d'une ou plusieurs sociétés actionnaires d'une autre société ne constitue pas, par elle seule, une fraude ayant pour objet ou pour effet d'éluder des clauses statutaires de cette société, à défaut d'éléments permettant de caractériser cette fraude » (Cass. com. 13-12-1994 n° 2335 : RJDA 3/95 n° 292).

2. CLAUSE DE PRÉEMPTION EN CAS DE CESSION D'ACTIONS

INTÉRÊT ET VALIDITÉ DES CLAUSES DE PRÉEMPTION DES ACTIONS

68590 Lorsque les actionnaires d'une société souhaitent s'assurer la possibilité d'augmenter leur participation dans celle-ci si l'un d'entre eux désire se retirer, les **statuts** peuvent prévoir une clause de préemption (CA Paris 14-3-1990 : Bull. Joly 1990 p. 353 ; cf. Cass. com. 15-2-1994 n° 460 : RJDA 6/94 n° 671) réservant à une catégorie déterminée d'actionnaires ou à tous les actionnaires, voire au conseil d'administration ou de surveillance (ou au gérant dans les SCA) qui désignera lui-même les acquéreurs, la possibilité d'acheter par priorité toutes les actions dont la cession est envisagée.

La clause de préemption peut aussi être le moyen d'empêcher que les proportions existantes dans la répartition du capital entre certains actionnaires ou groupes d'actionnaires soient modifiées en cas de sortie de la société de l'un d'entre eux. Mais ce résultat peut aussi être obtenu grâce aux clauses d'agrément car celles-ci peuvent être imposées en cas de cession entre actionnaires.

La clause de préemption est constitutive d'un pacte de préférence défini comme le contrat par lequel une partie s'engage à proposer prioritairement à son bénéficiaire de traiter avec lui dans le cas où elle déciderait de contracter (C. civ. art. 1123, al. 1).

La clause de préemption figure plus fréquemment dans les **actes extrastatutaires** (pactes d'actionnaires, pactes de famille, syndicats de blocage ou autres) qui ont l'avantage de la discrétion même si leur efficacité est plus limitée que celle des clauses statutaires. En effet, la convention n'est opposable qu'à ceux qui l'ont signée ; les autres actionnaires n'y sont pas tenus (cf. Cass. com. 12-5-1975 : Rev. sociétés 1976 p. 337 note J. H.). C'est d'ailleurs la seule option dont disposent les actionnaires des sociétés qui demandent l'admission de leurs actions aux négociations sur le marché **Euronext Paris.** En effet, les clauses de préemption ne peuvent pas figurer dans les statuts de ces sociétés (Règles de marché harmonisées d'Euronext du 6-6-2025 art. 6205).

La clause de préemption peut porter sur une **transmission à titre onéreux ou** à titre **gratuit.** 68600

Il est recommandé de rédiger la clause de préemption avec précision car elle constitue une **restriction à la libre négociation** des actions. Elle doit donc être interprétée restrictivement. 68601

ILLUSTRATIONS

Dans un cas où les statuts d'une SA comportaient une clause de préemption en cas de cession d'actions imposant aux actionnaires de notifier le projet de cession à la société et d'indiquer notamment le prix et les autres conditions de la cession projetée et précisant que cette notification vaudrait offre de cession aux prix et conditions mentionnés, la procédure de préemption organisée par cette clause a été déclarée inapplicable aux cessions consenties à titre gratuit en raison de l'absence de prix (Cass. com. 17-3-2009 n° 08-11.268 : RJDA 12/09 n° 1087).

Il semble que la clause de préemption puisse être **introduite** dans les statuts ou modifiée **en cours de vie sociale** sur décision de l'assemblée générale extraordinaire (dans la SCA, avec accord de tous les commandités sauf clause contraire des statuts). En effet, la Cour de cassation a jugé qu'il n'était pas nécessaire de recueillir l'accord unanime des actionnaires car une telle clause ne constitue qu'une simple restriction de leurs droits, laquelle ne peut, en soi, être considérée comme l'équivalent d'une augmentation de leurs engagements (Cass. civ. 9-2-1937 : DP 1937 I p. 73, 1re espèce, note A. Besson). Notons toutefois que, sans revenir sur cette analyse, la Cour de cassation admet désormais l'existence d'une augmentation des engagements des associés dans des hypothèses de réduction de leurs droits (nos 7220 s.). 68603

Par ailleurs, si la préemption est réservée à certains actionnaires nommément désignés, et compte tenu de la faveur qui leur est ainsi octroyée, il convient, nous semble-t-il, de mettre en œuvre la procédure d'approbation des avantages particuliers (ce qui implique l'intervention d'un commissaire aux avantages particuliers et l'interdiction pour les bénéficiaires de participer au vote).

MISE EN ŒUVRE DES CLAUSES DE PRÉEMPTION DES ACTIONS

L'actionnaire qui envisage de céder ses actions doit les proposer aux autres actionnaires. Si ces derniers n'exercent pas leur droit de préemption, le cédant peut vendre ses actions à *l'acquéreur de son choix.* 68610

CONSEIL

Pour éviter toute utilisation abusive de la clause de préemption, il est conseillé de préciser dans les statuts qu'à défaut d'exercice du droit de préemption l'actionnaire cédant retrouve sa liberté de cession mais seulement aux mêmes prix, termes et conditions que ceux contenus dans sa notification initiale.

La plupart des clauses de préemption prévoient l'**obligation** pour le cédant de **notifier** aux autres actionnaires (au conseil d'administration ou de surveillance, voire aux gérants dans les SCA) non seulement le nombre d'actions à céder, le prix et les autres conditions de la cession envisagée, mais aussi le nom de l'acquéreur pressenti (pour un exemple, CA Paris 6-5-2014 68611 n° 14/03884 : RJDA 10/14 n° 773 et, sur pourvoi, Cass. com. 2-2-2016 n° 14-20.747 FS-PB : RJDA 6/16 n° 446). À la différence du régime applicable en cas de clause d'agrément, cette dernière indication n'est à notre avis pas indispensable dans les clauses de préemption, aucune disposition ne l'imposant. Elle a cependant le mérite de permettre aux actionnaires de vérifier la réalité, le sérieux et les modalités du projet de cession (CA Aix-en-Provence 5-12-2003 n° 02-19692 : RJDA 3/05 n° 276). Elle présente aussi l'avantage d'obliger le cédant à trouver un acquéreur avant de mettre le bénéficiaire en mesure d'exercer son droit de préemption, ce qui permet à ce dernier de n'acheter que si un « concurrent » se manifeste.

Les **conditions de forme** prévues par la clause pour la mise en œuvre de la préemption doivent être respectées. Ainsi, une assignation en justice ne vaut pas mise en œuvre régulière du droit de préemption par son bénéficiaire si la clause stipule que ce droit doit être exercé par lettre recommandée AR (Cass. com. 3-10-2006 n° 1108 : RJDA 3/07 n° 266).

68612 **Bénéficiaires** À notre avis, la **clause** de préemption peut être **modulée.** Ainsi, il est parfois prévu :

– que le droit de préemption sera réservé à un ou plusieurs actionnaires nommément désignés dans les statuts ;

– qu'il devra s'exercer selon un ordre déterminé, par exemple en priorité (voire en totalité) par les actionnaires disposant d'un nombre d'actions inférieur à un certain seuil ;

– qu'il ne pourra pas conduire les bénéficiaires à dépasser un pourcentage déterminé du capital ou des droits de vote (pour un exemple d'application d'une telle clause au bénéfice de salariés, voir CA Paris 23-11-2016 n° 14/21110 : RJDA 3/17 n° 183 et, sur pourvoi, Cass. com. 18-9-2019 n° 17-18.143 F-D : RJDA 12/19 n° 758) ;

– que les signataires auront la faculté de céder librement chaque année un nombre d'actions correspondant à une fraction déterminée du capital ou des droits de vote, le droit de préemption ne s'exerçant que pour les cessions réalisées au-delà de cette « franchise », etc.

Lorsque l'**acquéreur** pressenti figure parmi les **bénéficiaires du droit** de préemption, il doit pouvoir exercer son droit concurremment avec les autres actionnaires (cf. CA Paris 14-3-1990 : Bull. Joly 1990 p. 353).

› Précisions a. Il a été soutenu (P. Le Cannu : Bull. Joly 1990 p. 325 n° 22 ; M. Jeantin : Dr. sociétés 1990 n° 23) que la **répartition des titres** entre les actionnaires qui exercent leur droit de préemption doit être rigoureusement **proportionnelle** à leurs droits dans le capital. Toute clause inégalitaire contreviendrait au principe de l'article 1833, al. 1 du Code civil selon lequel une société doit impérativement être constituée « dans l'intérêt commun des associés ». Mais qui, mieux que les associés agissant de façon unanime, peut déterminer quel est leur intérêt commun, d'autant plus qu'une clause inégalitaire peut avoir précisément pour objet de rétablir entre les actionnaires un équilibre qui n'avait pu être obtenu à l'origine ? Par suite, nous pensons que les actionnaires peuvent convenir de clauses de préemption inégalitaires, dès lors qu'ils auront été dûment informés (cf. C. civ. art. 1112-1), qu'ils se seront tous prononcés en connaissance de cause et que leur consentement n'aura pas été obtenu frauduleusement.

b. À notre avis, les statuts ne sauraient permettre aux bénéficiaires du droit de **préemption** de n'exercer ce droit que sur une **partie des titres cédés** car il pourrait en résulter pour le cédant l'impossibilité de céder les titres non préemptés et, partant, une atteinte au principe de libre transmission des actions. Il a d'ailleurs été jugé que le droit de préemption est indivisible (T. com. Roanne 23-10-1935 : Gaz. Pal. 1935 II p. 902).

68613 **Délais** Les actionnaires fixent librement dans les statuts les délais d'exercice du droit de préemption.

Encore faut-il que ces délais ne soient pas d'une durée telle qu'ils conduisent à empêcher toute cession d'actions.

68614 **Prix de rachat** La clause de préemption doit réserver un « juste prix » au cédant : le plus souvent, il est stipulé que la préemption s'exercera aux mêmes prix et conditions que ceux contenus dans le projet de cession notifié aux actionnaires.

À notre avis, cette solution est celle qui correspond le mieux à l'esprit des clauses de préemption. En effet, celles-ci ont pour objet de permettre à ceux qui en sont bénéficiaires de se substituer à l'acquéreur potentiel dans tous les engagements pris par ce dernier envers le cédant. Elle est, nous semble-t-il, la contrepartie indispensable à l'impossibilité pour le cédant de renoncer à la cession en cas d'exercice du droit de préemption (n° 68615).

Cependant, il ne s'agit pas d'une règle d'ordre public et rien ne s'oppose à ce que les actionnaires conviennent que, en cas de désaccord sur le prix, celui-ci sera fixé à dire d'expert désigné dans les conditions de l'article 1592 du Code civil, ou dans celles de l'article 1843-4 du même Code (pour une application, Cass. com. 4-11-1987 : JCP 1988 II n° 21050 note A. Viandier).

Droit de repentir du cédant Contrairement aux règles applicables aux clauses d'agrément, le cédant ne peut pas se prévaloir d'un droit de repentir et renoncer à la cession au cas où les bénéficiaires du droit de préemption manifesteraient l'intention d'exercer ce droit (CA Paris 14-3-1990 : Bull. Joly 1990 p. 353 ; CA Paris 23-6-1987 : Bull. Joly 1987 p. 701 cassé par Cass. com. 7-3-1989 : D. 1989 p. 231 concl. M. Jeol, mais pour un autre motif). En effet, la personnalité de l'acquéreur proposé importe peu en cas de préemption. C'est la décision de vendre prise par l'actionnaire qui met en jeu le droit de préemption et la clause a seulement pour objet de désigner les acquéreurs des actions. Le droit statutaire de préemption serait inopérant si sa mise en œuvre était laissée à la seule discrétion du cédant (CA Paris 14-3-1990 précité). 68615

Toutefois, l'exclusion du droit de repentir n'étant pas une règle d'ordre public, rien ne s'oppose à ce qu'elle soit écartée dans les statuts. Le droit de repentir de l'associé cédant est souvent rétabli lorsque le ou les préempteurs ont la faculté de faire fixer le prix par expert conformément à l'article 1843-4 du Code civil.

VIOLATION DE LA CLAUSE DE PRÉEMPTION DES ACTIONS

En l'absence de collusion frauduleuse entre le cédant et l'acquéreur, la violation de la clause de préemption statutaire n'emporte pas par elle-même **nullité de la cession** conclue entre actionnaires (Cass. com. 11-3-2014 nº 13-10.366 : RJDA 7/14 nº 636, en matière de cession de parts de SARL mais transposable). Le bénéficiaire peut obtenir **réparation du préjudice** qu'il a subi. Lorsque le tiers acquéreur connaissait l'existence du pacte et l'intention du bénéficiaire de s'en prévaloir, ce dernier peut également agir en nullité ou demander au juge de le substituer au tiers dans la cession conclue au mépris de la clause (C. civ. art. 1123, al. 2 ; Cass. ch. mixte 26-5-2006 nº 03-19.376 : RJDA 8-9/06 nº 883 ; Cass. com. 11-3-2014 précité, sol. impl.). 68630

Le bénéficiaire du droit de préemption peut, s'il justifie de l'existence d'un risque de dommage imminent, obtenir en justice la **mise sous séquestre des actions** litigieuses jusqu'au règlement du fond du litige (CA Versailles 28-5-1998 : RJDA 8-9/98 nº 990).

La **cession** est **inopposable** à la société qui peut donc valablement refuser de procéder à l'inscription des actions au nom de l'acquéreur. Cette inopposabilité a été réputée pouvoir être valablement invoquée malgré la cession ordonnée à la suite de la mise en liquidation judiciaire d'une entreprise, dès lors que le liquidateur avait procédé à cette cession sans respecter la clause de préemption figurant dans les statuts de la société émettrice (Cass. com. 23-1-1996 nº 180 : RJDA 5/96 nº 704, à propos des parts d'une société civile immobilière mais transposable).

Informé de l'existence de la clause de préemption, le tiers peut demander par écrit au bénéficiaire de confirmer, dans un délai qu'il fixe et qui doit être raisonnable, s'il entend s'en prévaloir. L'écrit doit mentionner qu'à défaut de réponse dans ce délai le bénéficiaire ne pourra plus solliciter sa substitution à la cession conclue avec le tiers ou la nullité de la cession (C. civ. art. 1123, al. 3 et 4).

Le tiers acquéreur, évincé à la suite de l'exercice irrégulier du droit de préemption, a intérêt à l'annulation de la préemption ; mais, tiers à la convention, il n'a pas qualité pour agir en nullité de la décision de préemption ainsi qu'en cession des actions à son profit. Sur le fondement de la responsabilité extracontractuelle, il peut néanmoins demander réparation du préjudice que lui a causé le manquement à la convention (Cass. com. 2-2-2016 nº 14-20.747 : RJDA 6/16 nº 446). 68631

3. CLAUSE D'INTERDICTION TEMPORAIRE DE CESSION DES ACTIONS

Les statuts peuvent, à notre avis, prévoir qu'aucune cession ne peut intervenir avant l'expiration d'un certain délai. Cette clause, dont l'application nécessite la forme obligatoirement *nominative pour toutes les actions, est valable* si l'interdiction de cession est limitée dans le temps et justifiée par un intérêt légitime conformément au régime de droit commun des clauses d'inaliénabilité (cf. Cass. 1e civ. 31-10-2007 nº 05-14.238 : RJDA 4/08 nº 390). 68660

La clause, qui constitue une restriction à la liberté de transférer les actions, doit être interprétée restrictivement (pour un exemple, CA Grenoble 6-1-2011 nº 09-1686 : RJDA 4/11 nº 316).

4. CLAUSE D'EXCLUSION

Les statuts peuvent, à notre avis, prévoir le rachat forcé des titres d'un actionnaire, c'est-à-dire son exclusion entraînant l'obligation pour lui de céder ses actions contre son gré. Mais 68670 cette clause n'est valable que si elle a été acceptée par tous les actionnaires soit dans les statuts d'origine, soit en cours de vie sociale par décision unanime (CA Paris 27-3-2001 nº 00-12023 : RJDA 10/01 nº 973 ; CA Grenoble 16-9-2010 nº 10-62 : RJDA 6/11 nº 536).

A par ailleurs été déclarée licite la clause des statuts d'une SA prévoyant que les actionnaires salariés perdent la qualité d'actionnaire lorsqu'ils cessent d'être salariés, tout en réservant au conseil d'administration la possibilité d'autoriser le maintien de leur qualité d'actionnaire (Cass. com. 29-9-2015 nº 14-17.343 : RJDA 2/16 nº 127, qui précise que la clause prévoyant l'éviction automatique de l'actionnaire ne pouvait pas être confondue avec une exclusion, laquelle était d'ailleurs prévue par les statuts, mais ne se prononce pas sur la validité de la clause statutaire d'exclusion).

II. TRANSMISSION DES ACTIONS PAR DÉCÈS ET LIQUIDATION DE COMMUNAUTÉ

TRANSMISSION DES ACTIONS PAR DÉVOLUTION SUCCESSORALE

68750 Au décès de l'actionnaire, ses actions passent à ses héritiers qui, jusqu'au partage, en sont les copropriétaires indivis.

Les clauses d'agrément figurant dans les statuts ne sont pas applicables aux héritiers, sauf, dans certaines conditions, si la société réserve une partie de ses actions à ses salariés (art. L 228-23).

› Précisions S'agissant d'un **bloc d'actions constituant une minorité de blocage,** il a été jugé que l'égalité du partage successoral entre les héritiers, qui est la première règle du partage, ne serait pas garantie par le partage en nature des actions et qu'il convenait donc de procéder à la vente aux enchères publiques de toutes les actions indivises en un seul lot afin de répartir le prix de vente entre les héritiers. En effet, la valeur de chaque action à l'intérieur des actions indivises formant ensemble une minorité de blocage était supérieure à celle de chaque action à l'intérieur des lots en nature qui seraient attribués à deux héritiers, lesquels ne posséderaient plus qu'une minorité non qualifiée, à la différence du troisième, dont le lot en nature viendrait s'ajouter à la majorité détenue par son conjoint (CA Paris 2-7-2002 nº 00-19862 : RJDA 1/03 nº 34).

68751 **Attribution préférentielle** Le conjoint survivant ou ceux des héritiers qui participent à l'exploitation de l'entreprise peuvent demander l'attribution préférentielle des actions que le défunt détenait dans la société (C. civ. art. 831).

Cette attribution préférentielle ne peut être demandée que par l'indivisaire cohéritier ou conjoint du coïndivisaire et non par l'indivisaire concubin de ce dernier (Cass. civ. 9-12-2003 nº 1667 : RJDA 4/04 nº 493).

Si l'attribution préférentielle est demandée par un héritier, la condition de participation effective à l'exploitation peut être remplie par son conjoint ou ses descendants (C. civ. art. 831, al. 1).

Sur l'attribution par le tribunal à défaut d'accord amiable, voir nº 24581.

TRANSMISSION DES ACTIONS PAR DÉVOLUTION TESTAMENTAIRE

68760 Si des dispositions testamentaires attribuent les actions à des personnes ayant la qualité d'héritier « ab intestat », il ne nous semble pas qu'un agrément préalable puisse être opposé à ces héritiers (en dehors du cas où la société a réservé une partie de ses actions à ses salariés), car l'article L 228-23, al. 3 tend à assurer le libre accès de la société aux héritiers.

En revanche, si les légataires ne sont pas des personnes ayant la qualité d'héritier ab intestat, il semble que l'on puisse soumettre à agrément leur entrée dans la société, car le législateur paraît avoir voulu seulement favoriser les proches parents.

TRANSMISSION DES ACTIONS PAR LIQUIDATION DU RÉGIME MATRIMONIAL

68770 En cas de partage d'actions communes, à la suite d'une liquidation de régime matrimonial, les actions peuvent être attribuées au conjoint. Dans ce cas, les clauses statutaires prévoyant l'agrément des nouveaux titulaires d'actions ne sont pas applicables au conjoint (art. L 228-23, al. 3).

Voir cependant nº 68501, le cas où les actions ont été attribuées à une personne en raison de sa qualité de salarié de l'entreprise.

Après la dissolution de la communauté et jusqu'à la liquidation de celle-ci, les intérêts patrimoniaux des époux sont soumis aux règles de l'indivision. En conséquence, pendant cette période, l'aliénation d'actions indivises par un époux seul est inopposable à l'autre, de sorte que doit être portée à l'actif de la masse à partager la valeur des actions au jour du partage (Cass. 1e civ. 23-10-2013 nº 12-17.896 : Bull. Joly 2014 p. 144 ; Cass. 1e civ. 7-10-2015 nº 14-22.224 : RJDA 12/15 nº 836). Par ailleurs, les droits de vote attachés aux actions faisant partie de l'ancienne communauté doivent, jusqu'au partage, être exercés par un mandataire unique au besoin désigné en justice (CA Paris 20-10-1999 : RJDA 5/00 nº 543 ; pour une solution inverse, voir CA Versailles 7-12-2000 : RJDA 6/01 nº 689 distinguant entre le « titre » et la « finance » et réservant le droit de vote à l'époux inscrit en compte, qui a seul la qualité d'actionnaire).

III. SOUSCRIPTION, ACHAT OU PRISE EN NANTISSEMENT PAR UNE SOCIÉTÉ DE SES PROPRES ACTIONS

A. Opérations interdites à la société

SOUSCRIPTION PAR LA SOCIÉTÉ DE SES PROPRES ACTIONS

La souscription par une société de ses propres actions est interdite (art. L 225-206, I-al. 1). **68830**
Cette interdiction s'applique tant aux opérations réalisées par la société qu'à celles qui seraient effectuées par un **prête-nom,** c'est-à-dire une personne, physique ou morale, agissant en son propre nom mais pour le compte de la société (art. L 225-206, I-al. 1).

Sanctions Les fondateurs ou, en cas d'augmentation de capital, les membres du conseil d'administration ou du directoire de SA, ou encore les dirigeants de SCA ou de SAS (cf. art. L 226-1, al. 2 et L 227-1, al. 3) sont personnellement tenus de libérer les actions souscrites en violation de l'interdiction faite à la société de souscrire ses propres actions (art. L 225-206, I-al. 2). **68831**

Si les actions ont été souscrites par un prête-nom (nº 68830), celui-ci est tenu, solidairement avec les fondateurs ou les dirigeants sociaux, de les libérer ; en outre, il est réputé avoir souscrit ces actions pour son propre compte (art. L 225-206, I-al. 3). **68832**

› Précisions Les conséquences pratiques de cette disposition, imposée par l'article 59, 2 de la directive 2017/1132 du 14 juin 2017, n'apparaissent pas clairement. Faut-il considérer qu'étant réputé avoir souscrit les actions pour son propre compte le **prête-nom** peut exercer tous les **droits attachés** à ces **actions** ? Nous ne le pensons pas, car, sous couvert du prête-nom, l'infraction à l'interdiction pour la société de détenir ses propres actions subsiste et toutes les conséquences attachées par la loi à cette situation irrégulière doivent être maintenues – obligation pour le prête-nom de vendre les actions dans le délai d'un an ; suppression du droit de vote, du droit aux dividendes et du droit préférentiel de souscription (art. L 225-210 et L 225-214).

Sort des actions souscrites irrégulièrement Les actions souscrites irrégulièrement par la société, ou par la personne ayant agi pour le compte de la société, doivent être cédées dans le délai d'un an à compter de leur souscription (art. L 225-214 et L 22-10-65). **68833**

Pendant ce délai, malgré l'irrégularité commise, ces actions peuvent être conservées en portefeuille par la société. Toutefois, elles sont privées d'un certain nombre de droits pendant tout le temps où la société les détient (nos 68927 s.).

À l'expiration du délai d'un an accordé à la société pour régulariser sa situation, les actions qui n'auraient pas été cédées doivent être annulées (art. L 225-214 et L 22-10-65).

Aucune disposition légale ne prévoit l'annulation automatique des actions à l'expiration du délai d'un an. Cette annulation et la réduction corrélative du capital social ne peuvent résulter que d'une décision collective des associés ou de l'assemblée générale extraordinaire (avec, sauf clause contraire des statuts, accord de tous les commandités dans la SCA), seule compétente pour modifier les statuts (Cass. com. 12-5-2021 nº 19-17.566 F-P : RJDA 8-9/21 nº 578).

Tant que cette annulation n'est pas intervenue, les actions continuent d'exister et peuvent donc faire l'objet d'une cession (Cass. com. 12-5-2021 précité). On doit en tenir compte pour déterminer, dans une société dont les titres financiers sont admis aux négociations sur un marché réglementé ou sur Euronext Growth, si les seuils de capital entraînant l'obligation de mettre en œuvre des procédures d'offre publique obligatoire ont été franchis (cf. Cass. com. 4-7-1995 nº 1506 : RJDA 11/95 nº 1245, à propos de l'ancienne procédure de garantie de cours).

PRÊTS CONSENTIS PAR LA SOCIÉTÉ POUR L'ACHAT DE SES PROPRES ACTIONS

68840 Une société ne peut pas avancer des fonds, accorder des prêts ou consentir une sûreté en vue de la souscription ou de l'achat de ses propres actions par un tiers (art. L 225-216, al. 1). Cette disposition interdit notamment aux dirigeants d'utiliser les moyens financiers de leur société pour empêcher la réussite d'une OPA ou d'une OPE dont cette société serait l'objet.

L'interdiction concerne non seulement les souscriptions ou achats réalisés par des personnes étrangères à la société, mais aussi les opérations effectuées par les associés ou actionnaires eux-mêmes. En effet, le but de la loi étant d'empêcher qu'une société parvienne, par quelque moyen que ce soit, à acquérir ses propres actions, le terme « tiers » doit s'entendre de toute personne autre que la société.

En revanche, le dirigeant d'une société mère qui fait verser à celle-ci le prix de vente d'un actif d'une filiale pour financer l'achat des titres de la filiale par la mère ne tombe pas sous le coup de cette interdiction. En effet, cette opération ne constitue ni une avance de fonds faite par la filiale, ni un prêt accordé par elle en vue de la souscription ou de l'achat de ses propres actions (Cass. com. 12-6-2019 n° 16-25.025 F-D : RJDA 10/19 n° 638).

68841 Par **dérogation,** l'interdiction pour la société d'avancer des fonds, d'accorder des prêts ou de consentir une sûreté en vue de la souscription ou de l'achat de ses propres actions par un tiers ne s'applique pas (art. L 225-216, al. 2) :

– aux opérations courantes des établissements de crédit et des sociétés de financement ;

– aux opérations effectuées en vue de l'acquisition par les salariés d'actions de la société, de l'une de ses filiales ou d'une société comprise dans le champ d'un plan d'épargne de groupe.

Cette seconde dérogation appelle trois remarques.

a. Le plan d'épargne de groupe est celui prévu à l'article L 3344-1, al. 1 du Code du travail, c'est-à-dire, à notre avis, celui formé par la société et les sociétés ayant avec elle des « liens financiers et économiques ».

b. À notre avis, le terme « acquisition » est ici un terme générique qui vise toute forme d'appropriation des actions par les salariés et s'applique non seulement aux achats, mais aussi aux souscriptions, la loi tendant à favoriser la participation des salariés au capital.

c. Comme toute dérogation à un principe sanctionné pénalement, la disposition permettant à la société de consentir un prêt à ses salariés doit être interprétée restrictivement. Elle ne saurait, nous semble-t-il, être étendue à un prêt en faveur d'une personne morale, même si cette personne morale est constituée exclusivement entre des salariés de la société.

Pour un exemple de validité d'un prêt à une société, garanti par un nantissement sur son fonds de commerce, en vue de permettre à cette société d'acheter 10 % de ses propres actions pour les distribuer à ses salariés, voir Cass. com. 15-11-1994 n° 2073 : RJDA 2/95 n° 159. Voir aussi, dans une affaire concernant une prise de contrôle, Cass. com. 19-12-2000 n° 2238 : RJDA 4/01 n° 455.

68842 **Sanctions** En cas de violation de l'interdiction ci-dessus (n° 68840), le président, les administrateurs, les membres du directoire, les directeurs généraux ou les directeurs généraux délégués de SA, les gérants de SCA ou encore le président et les autres dirigeants de SAS s'exposent à une **amende** de 150 000 € (art. L 242-24, al. 2, L 242-30, L 243-1, al. 2, L 244-1 et L 248-1).

En outre, l'article L 225-216 pouvant être considéré comme une disposition impérative, le prêt ou la sûreté irrégulièrement consentis sont susceptibles d'être **annulés** (Cass. com. 19-12-2000 n° 2238 : RJDA 4/01 n° 455 ayant annulé la sûreté irrégulièrement consentie par la société, mais non le prêt consenti par le tiers que cette sûreté garantissait).

PRISE EN NANTISSEMENT PAR LA SOCIÉTÉ DE SES PROPRES ACTIONS

68850 La prise en nantissement par une société de ses propres actions, que ce soit directement ou par l'intermédiaire d'une personne agissant en son propre nom mais pour le compte de la société, est interdite (art. L 225-215, al. 1). Toutefois, cette interdiction ne s'applique pas aux opérations courantes réalisées par des établissements de crédit et des sociétés de financement (art. L 225-215, al. 3).

Les actions prises en nantissement par la société doivent être restituées à leur propriétaire dans le délai d'un an (deux ans si le transfert du nantissement à la société résulte d'une transmission de patrimoine à titre universel, par exemple d'une fusion, ou d'une décision de justice). À défaut de restitution dans les délais impartis, le contrat de nantissement est nul de plein droit (art. L 225-215, al. 2).

B. Achat par une société de ses propres actions

AUTORISATION D'ACHAT D'ACTIONS PROPRES SOUS CONDITIONS

L'achat par une société de ses propres actions est autorisé dans les conditions et selon les modalités prévues par la loi (art. L 225-206, II-al. 1). 68910

Cette **autorisation de principe** est encadrée par des règles communes à toutes les sociétés et par des dispositions spécifiques qui diffèrent selon que les actions sont ou non admises aux négociations sur un marché boursier et selon les finalités du rachat.

Que la société soit « cotée » ou non, l'achat est possible pour procéder à une **réduction** 68911
de capital conformément aux dispositions de l'article L 225-207 en vertu desquelles « l'assemblée générale qui a décidé une réduction de capital non motivée par des pertes peut autoriser le conseil d'administration ou le directoire, selon le cas, à acheter un nombre déterminé d'actions pour les annuler ». Les modalités de cette opération sont examinées nos 52070 s. Soulignons que cet achat, qui entraîne immédiatement et automatiquement annulation des actions, ne s'inscrit pas dans le cadre d'une possession des actions par la société mais dans celui d'une réduction du capital social. Corrélativement, les conditions imposées pour la détention par la société de ses actions n'ont pas, selon nous, à être respectées.

La société peut acquérir ses propres actions et les **conserver sans** être tenue de les **annuler** 68912
immédiatement ou à terme si l'achat est réalisé :
– par les sociétés dont les actions sont admises aux négociations sur un marché réglementé ou sur un SMNO (tel Euronext Growth) dans le cadre d'un programme de rachat leur permettant notamment d'améliorer la gestion financière de leurs fonds propres, de favoriser la liquidité des titres ou d'attribuer des actions à leurs salariés ou dirigeants (art. L 22-10-62) ;
– par les sociétés dont les actions ne sont admises aux négociations ni sur un marché réglementé, ni sur un SMNO, pour attribuer des actions aux salariés ou dirigeants de la société (art. L 225-208 et L 22-10-61) ;
– par les sociétés dont les actions ne sont admises aux négociations ni sur un marché réglementé, ni sur un SMNO pour les attribuer aux salariés ou dirigeants, pour faciliter une opération de croissance externe, de fusion, de scission ou d'apport ou encore pour les offrir à leurs actionnaires dans le cadre d'une procédure de mise en vente (art. L 225-209-2 et L 22-10-63).

Sur la possibilité pour les sociétés dont les actions ne sont admises aux négociations ni sur un marché réglementé, ni sur un SMNO de retenir, en cas de rachat d'actions destinées à être attribuées aux salariés ou dirigeants, soit la procédure de l'article L 225-208, soit la mise en place d'un programme de rachat soumis aux dispositions de l'article L 225-209-2, voir no 68940.

La société peut aussi conserver momentanément les actions qu'elle aurait acquises à l'occa- 68913
sion d'une **transmission universelle de patrimoine** (par exemple, une fusion ou une scission) ou encore à la suite d'une décision de justice (art. L 225-213).

1. RÈGLES COMMUNES À TOUS LES ACHATS D'ACTIONS PROPRES

a. Conditions de détention d'actions propres

PLAFOND DE DÉTENTION D'ACTIONS PROPRES

La société ne peut pas posséder plus de 10 % du total de ses propres actions ni, s'il existe plu- 68920
sieurs catégories d'actions, plus de 10 % des actions de chaque catégorie (art. L 225-210, al. 1).

Pour déterminer si le plafond de 10 % est ou non atteint, il faut faire masse des actions que la société possède directement et de celles qui seraient détenues par des prête-noms (art. L 225-210, al. 1).

› Précisions Sur la **qualification de prête-nom,** voir no 68830, étant observé que la possession par prête-nom peut être retenue même si la convention dont elle résulte est postérieure à la souscription ou à l'achat des actions, puisque l'interdiction frappe ici la détention et non pas la souscription ou l'achat : tel sera le cas, par exemple, si un actionnaire d'une société, désireux de vendre ses actions, vient à accepter de les conserver pour le compte de cette société.

MAINTIEN DES CAPITAUX PROPRES DE LA SOCIÉTÉ ACHETEUSE

68923 L'acquisition d'actions de la société ne doit pas avoir pour effet d'abaisser les capitaux propres à un montant inférieur à celui du capital augmenté des réserves non distribuables (art. L 225-210, al. 2), à savoir la réserve légale et, s'il en existe, les réserves statutaires.

RÉSERVES INDISPONIBLES DE LA SOCIÉTÉ ACHETEUSE

68924 La société doit disposer de réserves, autres que la réserve légale, d'un **montant** au moins égal à la valeur de l'ensemble des actions qu'elle possède, directement ou par l'intermédiaire de prête-noms (art. L 225-210, al. 3). Aux réserves peuvent être assimilées les primes d'émission, d'apport ou de fusion. En revanche, l'écart de réévaluation, qui ne correspond pas à des bénéfices conservés par l'entreprise, ne peut pas être pris en compte dans les réserves pour déterminer si la société peut acheter ses propres actions (dans le même sens, Bull. COB janvier 1980 p. 8).

Les sommes correspondantes sont indisponibles pendant toute la **durée** de la détention par la société de ses propres actions. Elles ne peuvent donc pas être distribuées aux actionnaires, ni être affectées à l'apurement des pertes. En revanche, elles peuvent, à notre avis, être incorporées au capital car, ce faisant, leur indisponibilité se trouve renforcée (en sens contraire, J. Hémard, F. Terré et P. Mabilat, Soc. com. t. 2 nº 710). Cette incorporation est expressément autorisée pour la réserve constituée lorsque la société a émis des actions de préférence rachetables (art. L 228-12, III-2º).

Si cette obligation, respectée à l'origine, ne pouvait plus l'être ultérieurement, par exemple en raison de pertes sociales qui viendraient entamer les réserves indisponibles, la détention par la société de ses propres actions deviendrait irrégulière et ces actions devraient être cédées dans le délai d'un an ou, à défaut, annulées. En effet, bien que les dispositions des articles L 225-214 et L 22-10-65 prévoyant un délai d'un an pour la cession des actions possédées par la société ne s'appliquent littéralement qu'en cas d'irrégularités commises lors de l'acquisition des actions, il nous semble que, par analogie, ce même délai d'un an doit être accordé à la société lorsque, les conditions requises pour l'acquisition des actions propres ayant été respectées, ce sont les conditions de détention de ces actions qui viennent à ne plus l'être.

FORME NOMINATIVE DES ACTIONS AUTODÉTENUES

68925 Les actions acquises par la société doivent être mises sous la forme nominative dès leur acquisition. Toutefois, cette **obligation** est **écartée** lorsque les actions sont rachetées pour favoriser la liquidité des titres de la société (art. L 225-210, al. 1).

Elles doivent, sans exception, être entièrement **libérées.** Si cette condition n'était pas remplie, les membres du conseil d'administration ou du directoire de SA, ou les dirigeants de SCA ou de SAS (cf. art. L 226-1, al. 2 et L 227-1, al. 3), seraient personnellement tenus de procéder aux versements nécessaires pour cette libération (art. L 225-210, al. 1).

Les règles applicables pour la répartition de cette obligation entre les administrateurs ou les membres du directoire sont les mêmes que celles relatives aux conséquences de leur responsabilité civile (art. L 225-251 et L 225-256, al. 1 sur renvoi de l'art. L 225-210, al. 1 ; nos 42040 s.).

SANCTION DU NON-RESPECT DES CONDITIONS DE DÉTENTION

68926 Les actions possédées par la société en violation des dispositions qui précèdent doivent être cédées dans le délai d'un an à compter de leur acquisition. À défaut, elles doivent être annulées (art. L 225-214 et L 22-10-65). Pour plus de détails sur la mise en œuvre de ces dispositions, voir nº 68833.

b. Limitation des droits attachés aux actions autodétenues

68927 La société ne peut exercer aucun des principaux droits attachés aux actions qu'elle détient.

DROIT DE VOTE ATTACHÉ AUX ACTIONS PROPRES

68928 La société ne peut pas voter avec ses propres actions (art. L 225-210, al. 4). Il n'est pas tenu compte de ces actions pour le calcul du quorum (art. L 225-111).

ATTENTION

Dans les sociétés dont les titres sont admis aux négociations sur un marché réglementé ou sur un SMNO, cette suppression entraîne une modification du nombre total des droits de vote et éventuellement l'obligation pour certains actionnaires de déclarer un franchissement de seuil, voire de demander à l'AMF une dérogation à l'obligation de déposer un projet d'offre publique.

DROIT AUX DIVIDENDES ATTACHÉ AUX ACTIONS PROPRES

Les actions possédées par la société ne donnent pas droit aux dividendes (art. L 225-210, al. 4). 68929

Comme le nombre des actions détenues par la société ne peut être connu avec exactitude qu'au moment de la mise en paiement du dividende, la collectivité des associés ou l'assemblée générale ordinaire annuelle n'est pas en mesure de déterminer la somme qu'il convient, en application de l'article L 225-210, al. 4, de déduire des dividendes distribués. Rien ne s'oppose, nous semble-t-il, à ce que les associés ou l'assemblée fixent le montant global des dividendes distribués en tenant compte de toutes les actions existantes et précisent que, au cas où, lors de la mise en paiement, la société détiendrait certaines de ses propres actions, la somme correspondant aux dividendes non versés en raison de ces actions sera affectée au compte « report à nouveau ».

DROIT PRÉFÉRENTIEL DE SOUSCRIPTION ATTACHÉ AUX ACTIONS PROPRES

En cas d'augmentation du capital par souscription d'actions en numéraire, la société ne peut pas exercer elle-même les droits attachés aux actions qu'elle détient (art. L 225-210, al. 5). 68930

La collectivité des associés ou l'assemblée générale extraordinaire peut décider de ne pas tenir compte de ces actions pour la détermination des droits préférentiels de souscription attachés aux autres actions. À défaut d'une telle décision, les droits attachés aux actions détenues par la société doivent, avant la clôture du délai de souscription, soit être vendus en bourse, soit être répartis entre les associés ou actionnaires au prorata des droits de chacun (art. L 225-210, al. 5).

En revanche, dans le silence des textes, les actions possédées par la société conservent l'intégralité de leurs droits d'attribution en cas d'**augmentation de capital par incorporation de réserves,** que cette opération soit réalisée par élévation du nominal des actions existantes ou par création de nouvelles actions.

c. Interdiction de l'achat d'actions propres par prête-nom

Les achats d'actions par une personne physique ou morale agissant pour le compte de la société émettrice sont interdits sauf s'il s'agit d'un prestataire de services d'investissement ou d'un membre du marché réglementé sur lequel les actions sont admises aux négociations (art. L 225-206, II-al. 2). 68931

C'est au moment de l'acquisition qu'il convient de se placer pour déterminer si cette opération a été ou non réalisée pour le compte de la société émettrice.

À défaut de présomption légale, la qualité de prête-nom doit, conformément au droit commun de la simulation, être établie dans chaque cas particulier. 68932

On ne saurait, par exemple, considérer qu'il y a nécessairement convention de prête-nom lorsque les actions ont été souscrites ou achetées par une **société** faisant partie **d'un groupe contrôlé par la société émettrice.** Encore faut-il, pour que l'infraction soit établie, apporter la preuve que la « filiale » a agi sur instructions de la société mère. Dès lors que la société dispose d'une complète autonomie de gestion (cas fréquent dans les groupes importants contrôlés par une holding purement financière) et qu'elle a pris sa décision d'achat dans son intérêt personnel et sans contrainte d'aucune sorte de la part de la société émettrice, elle ne saurait être considérée comme ayant agi en qualité de prête-nom de celle-ci.

De même, lorsque l'acquisition a été réalisée par une **société n'ayant apparemment aucun *lien avec la société émettrice,*** *il y aura lieu de prouver*, à partir de tous indices susceptibles de révéler leur intention, que ces deux sociétés se sont entendues pour dissimuler que cette acquisition a été faite, en réalité, pour le compte de la société émettrice.

SANCTION DU NON-RESPECT DE L'INTERDICTION

Les actions acquises irrégulièrement doivent être cédées dans le délai d'un an à compter de leur acquisition. À l'expiration de ce délai, elles doivent être annulées (art. L 225-214 et L 22-10-65). 68933

Pour plus de détails sur la mise en œuvre de ces dispositions, voir nº 68833.

2. RÈGLES PARTICULIÈRES À CHAQUE CAS DE RACHAT D'ACTIONS

a. Attribution d'actions propres aux salariés

68940 Les sociétés dont les actions ne sont admises aux négociations ni sur un marché réglementé ni sur un SMNO peuvent acheter leurs propres actions pour les attribuer à leurs salariés dans les cas suivants (art. L 225-208 et L 22-10-61) :
– participation aux résultats de l'entreprise (C. trav. art. L 3321-1 s. ; Documentation sociale Francis Lefebvre PB-I-500 s.) ;
– options d'achat d'actions (art. L 225-177 s.) ;
– attribution gratuite d'actions (art. L 225-197-1 s.).

Les options d'achat et les attributions gratuites peuvent être octroyées, sous certaines conditions, non seulement à des salariés de la société, mais aussi à des **dirigeants** sociaux (art. L 225-185, al. 4 et 5 et L 225-197-1, II).

Pour les attributions aux salariés ou dirigeants, et compte tenu de la liberté laissée par la loi à cet égard, les sociétés ci-dessus peuvent donc choisir entre ce régime et celui de l'article L 225-209-2 ou même pratiquer concurremment ces deux régimes.

En pratique, la procédure prévue par l'article L 225-208 est plus souple, compte tenu notamment des contraintes relatives aux modalités de fixation du prix dans le cadre des programmes de rachat. Mais dans le cadre de ces programmes, les actions peuvent être utilisées pour des finalités diverses et pas seulement pour leur attribution aux salariés ou dirigeants.

Le rachat, qui constitue une décision de gestion, relève de la compétence des organes de direction en l'absence de disposition spécifique de la loi à cet égard. Mais si les actions sont destinées à faire l'objet d'options d'achat ou d'attributions gratuites, l'opération doit être autorisée par l'assemblée générale extraordinaire ou par la collectivité des associés (art. L 225-179, al. 1 et L 225-197-1, I-al. 1).

CONDITIONS DE L'ACHAT D'ACTIONS PROPRES

68941 L'achat des actions doit être réalisé dans le respect des règles générales exposées n°s 68920 s.

OBLIGATIONS CONSÉCUTIVES À L'ACHAT D'ACTIONS PROPRES

68942 **Tenue d'un registre des achats** La société, ou la personne chargée du service de ses titres, doit tenir un registre des achats (art. L 225-211, al. 1) indiquant, dans l'ordre des négociations réalisées (art. R 225-159) :
– la date de chaque opération ;
– le cours d'achat ou, à défaut, le prix unitaire d'achat ;
– le nombre des actions achetées à chaque cours ;
– le coût total de l'achat incluant le montant des frais.

Ce registre doit aussi mentionner le nombre des actions détenues à la fin de chaque exercice et leur coût global ainsi que le nombre des actions attribuées aux salariés et la date de chaque attribution (art. R 225-159, dernier al.).

68943 **Rapport de gestion** Dans le rapport de gestion à l'assemblée générale ordinaire annuelle, le conseil d'administration ou le directoire doit indiquer (art. L 225-211, al. 2) :
– le nombre des actions achetées et vendues au cours de l'exercice par application des articles L 225-208, L 225-209-2, L 228-12 et L 228-12-1 ;
– les cours moyens des achats et des ventes ;
– le montant des frais de négociation ;
– le nombre des actions inscrites au nom de la société à la clôture de l'exercice et leur valeur évaluée au cours d'achat, ainsi que leur valeur nominale ;
– pour chacune des finalités, le nombre des actions utilisées, les éventuelles réallocations dont elles ont fait l'objet et la fraction du capital qu'elles représentent.

› **Précisions** **a.** Les dispositions de l'article *L 225-211 n'ayant pas été rectifiées* pour tenir compte de la possibilité réservée aux **sociétés « non cotées »** d'acheter leurs propres actions, ces sociétés doivent remplacer les mentions relatives **au cours des actions** par le prix d'achat unitaire de celles-ci.

b. C'est, nous semble-t-il, par le fruit d'une erreur de plume que l'article L 225-211 prévoit de mentionner dans le rapport de gestion, à propos des actions inscrites au nom de la société à la clôture de l'exercice, « leur **valeur nominale pour chacune des finalités** ». Par ailleurs, la rédaction du texte nous conduit à penser que la fraction du capital que représentent les actions utilisées doit être ventilée par finalités.

c. Par assimilation, l'information des associés ou actionnaires est, à notre avis, à la charge du président ou des autres dirigeants dans les conditions fixées par les statuts dans la **SAS**, et du gérant dans la **SCA.**

SORT DES ACTIONS ACHETÉES PAR LA SOCIÉTÉ

Les actions achetées dans le cadre de l'article L 225-208 doivent être attribuées ou les options consenties dans le délai d'un an à compter de leur acquisition. À défaut, le président, les administrateurs, les membres du directoire, les directeurs généraux ou les directeurs généraux délégués de SA, le gérant de SCA ou encore le président ou les autres dirigeants de SAS sont passibles d'une amende de 150 000 € (art. L 242-24, al. 1, L 242-30, L 243-1, al. 2, L 244-1 et L 248-1). 68944

Sur le régime applicable aux actions pendant le temps où la société les détient, voir nos 68927 s.

b. Programme de rachat d'actions « cotées »

ACTIONS ADMISES AUX NÉGOCIATIONS SUR UN MARCHÉ RÉGLEMENTÉ OU SUR UN SMNO

Les sociétés dont les actions sont admises aux négociations sur un marché réglementé (en pratique, sur Euronext Paris) ou sur un SMNO (en pratique, sur Euronext Growth) sont autorisées à racheter leurs propres actions, notamment pour améliorer la gestion financière de leurs fonds propres, pour favoriser la liquidité des titres ou pour attribuer des actions à leurs salariés ou dirigeants (art. L 22-10-62). 68945

Les conditions de mise en œuvre de ces programmes de rachat d'actions sont encadrées par le **règlement UE** 596/2014 du 16 avril 2014 modifié par le règlement UE 2024/2809 du 23 octobre 2024 et par les règlements délégués UE 2016/1052 du 8 mars 2016 et 2022/1959 du 13 juillet 2022, par l'article L 451-3 du Code monétaire et financier, par les articles 241-1 s. du règlement général de l'AMF, par l'instruction AMF 2017-03 du 2 février 2017 et par la décision AMF 2021-01 du 22 juin 2021 sur les contrats de liquidité. Elles sont précisées dans la position-recommandation AMF 2017-04.

Conditions de l'achat Outre les règles générales exposées nos 68920 s., le rachat par une société dont les actions sont admises aux négociations sur un marché réglementé ou sur un SMNO doit être autorisé par l'assemblée générale ordinaire. 68946

CONSEIL

L'achat par une société de ses propres actions n'entraîne pas modification des statuts, ce qui justifie la compétence de l'assemblée ordinaire. Mais, comme le conseil d'administration ou le directoire (le gérant dans la SCA) doit pouvoir disposer de ces actions au mieux des intérêts de la société, il faut qu'il puisse aussi les annuler. Or, seule l'assemblée générale extraordinaire peut l'autoriser à procéder à cette annulation (art. L 22-10-62, al. 7). En pratique, l'achat par une société de ses propres actions en vue de la gestion financière de ses fonds propres nécessite la tenue d'une **assemblée mixte** ordinaire et extraordinaire.

Information préalable du marché L'information préalable du public sur les programmes de rachat d'actions se fait au moyen d'un document non visé par l'AMF, mais dans des conditions et selon des modalités fixées par le règlement général de l'AMF (Règl. UE 596/2014 du 16-4-2014 art. 5 modifié par Règl. UE 2024/2809 du 23-10-2024 ; Règl. délégué UE 2016/1052 du 8-3-2016 art. 2, 1 ; C. mon. fin. art. L 451-3 ; Règl. gén. AMF art. 241-1 s.). 68947

Ce document, appelé « **descriptif du programme** », doit être publié préalablement à la réalisation de tout programme de rachat selon les modalités prévues pour la diffusion de l'information réglementée : obligation pour la société de s'assurer de la diffusion effective et intégrale de l'information ; mise en ligne sur son site internet (Règl. gén. AMF art. 221-3 sur renvoi de l'art. 241-2, I-al. 1). Il doit contenir les indications suivantes (Règl. délégué UE 2016/1052 art. 2, 1) :

– l'objectif du programme de rachat ;
– le montant pécuniaire maximal alloué au programme de rachat ;
– le nombre maximal d'actions à acquérir ;
– la durée du programme de rachat.

La société est toutefois **dispensée** de la publication du descriptif du programme lorsque le rapport financier annuel (dont la diffusion s'impose aux sociétés dont les titres financiers sont admis aux négociations sur un marché réglementé : cf. C. mon. fin. art. L 451-1-2, I), le document d'enregistrement universel (Règl. UE/2017/1129 du 14-6-2017 art. 9) ou le document d'enregistrement (Règl. UE/2017/1129 art. 20) comprend l'intégralité des informations devant figurer dans le descriptif du programme ; mais la société doit alors diffuser, conformément à l'article 221-3 du règlement général de l'AMF, un communiqué précisant les modalités de mise à disposition de ce descriptif (Règl. gén. AMF art. 241-3).

Pendant la réalisation du programme de rachat, toute **modification** de l'une des informations énumérées dans le descriptif doit être portée le plus tôt possible à la connaissance du public selon les modalités décrites ci-avant (Règl. gén. AMF art. 241-2, II).

68948 **Décision de l'assemblée** L'assemblée doit déterminer les **finalités de l'opération** (rééquilibrage du capital, correction d'un excès de fonds propres, attribution aux salariés, etc.) ainsi que les modalités de celle-ci (art. L 22-10-62, al. 1).

Elle doit aussi fixer le **montant maximal** de l'opération et le nombre maximal des titres pouvant être acquis (art. R 225-151). Ce nombre ne peut pas représenter plus de 10 % du capital (art. L 22-10-62, al. 1). Si les actions sont rachetées pour favoriser la liquidité dans les conditions définies par le règlement général de l'AMF (en pratique, dans le cadre d'un contrat de liquidité), le nombre d'actions pris en compte pour le calcul de cette limite de 10 % correspond au nombre d'actions achetées, déduction faite du nombre d'actions revendues pendant la durée de l'autorisation (art. L 22-10-62, al. 2). Pour les achats effectués dans le cadre des contrats de liquidité, le calcul se fait donc en net, déduction faite des reventes.

Lorsque les actions sont acquises par la société en vue de leur conservation et de leur remise ultérieure en paiement ou en échange dans le cadre d'une opération de **fusion,** de scission ou d'apport, la limitation est non de 10, mais de 5 % du capital (art. L 22-10-62, al. 6).

L'assemblée doit préciser la **durée** de son autorisation, laquelle ne peut pas dépasser 18 mois (art. L 22-10-62, al. 1).

CONSEIL

Si une nouvelle autorisation est donnée alors qu'une autorisation précédente est susceptible de continuer à produire ses effets, il peut être utile, pour éviter la concomitance des autorisations, de spécifier que la seconde autorisation frappe de caducité la première (cf. Communication Ansa, comité juridique n° 23-043 du 6-12-2023, selon laquelle la nouvelle autorisation ne rend pas caduque de plein droit une précédente autorisation ayant le même objet, sauf si cela a été indiqué expressément).

Le **comité social et économique** des sociétés d'au moins 50 salariés doit être informé de la résolution adoptée par l'assemblée (art. L 22-10-62, al. 1 ; ce texte n'a pas été actualisé pour tenir compte du remplacement progressif du comité d'entreprise par le comité social et économique, mais il nous semble logique que celui-ci dispose également de ce droit d'information).

Le conseil d'administration peut **déléguer** au directeur général, ou en accord avec ce dernier à un ou plusieurs directeurs généraux délégués, les pouvoirs nécessaires pour réaliser l'opération. Le directoire peut déléguer à son président, ou avec son accord à un ou plusieurs de ses membres, les pouvoirs nécessaires pour la réaliser. Les personnes ainsi désignées doivent rendre compte au conseil d'administration ou au directoire de l'utilisation faite de ce pouvoir dans les conditions prévues par ces derniers (art. L 22-10-62, al. 3).

Les actions achetées par la société en **violation des dispositions** qui précèdent doivent être cédées dans le délai d'un an à compter de leur acquisition ; à défaut, elles doivent être annulées (art. L 22-10-65). Pour plus de détails sur la mise en œuvre de cette sanction, voir n° 68833.

68949 **Modalités des achats** Pour échapper aux interdictions en matière d'abus de marché, les opérations réalisées sur les actions admises aux négociations sur un marché réglementé ou sur un SMNO dans le cadre des programmes de rachat doivent respecter les modalités fixées par l'article 5 du règlement UE 596/2014 du 16 avril 2014 modifié par le règlement UE 2024/2809 du 23 octobre 2024 et l'article 3 du règlement délégué UE 2016/1052 du 8 mars 2016 et précisées par les articles 241-1 s. du règlement général de l'AMF, ainsi que par la position-recommandation AMF 2017-04.

En application de ces textes, les actions doivent être achetées sur une **plateforme** sur laquelle elles sont admises à la négociation ou négociées ; pour les actions négociées en continu, les ordres ne doivent pas être passés durant une phase d'enchères et les ordres passés avant le début d'une phase d'enchères ne doivent pas être modifiés durant celle-ci ; pour les actions uniquement négociées par enchères sur une plateforme de négociation, les ordres doivent être passés et modifiés par la société durant les enchères pour autant que les autres acteurs du marché aient suffisamment de temps pour réagir.

La société ne peut pas acheter d'actions à un **prix** supérieur à la plus élevée des deux valeurs suivantes : prix de la dernière opération indépendante ou offre indépendante actuelle la plus élevée sur la plateforme de négociation où l'achat est effectué (y compris lorsque les actions sont négociées sur différentes plateformes).

Elle ne peut pas acheter sur une journée de négociation plus de 25 % du **volume** moyen des actions échangées sur la plateforme où l'achat est effectué.

Ces interventions ne doivent pas avoir pour objet d'entraver le fonctionnement régulier du marché et d'induire autrui en erreur. Elles bénéficient d'une **présomption irréfragable de légitimité** (« safe harbor ») lorsque le programme de rachat a pour objectif de réduire le capital de la société, de satisfaire aux obligations résultant de titres de créance échangeables en titres de propriété (tels qu'Oceane ou bons d'acquisition) ou de lui permettre d'attribuer des actions aux salariés ou aux dirigeants, notamment à la suite d'une levée de stock-options (Règl. UE 596/2014 art. 5, 2).

Rachat d'actions effectué dans le cadre d'un contrat de liquidité. Conformément au règlement UE 596/2014 du 16 avril 2014 (art. 13, 2) et par application de son règlement général (art. 241-6), l'AMF a admis la **pratique de marché** relative aux rachats d'actions effectués dans le cadre d'un contrat de liquidité sur actions conclu avec un prestataire de services d'investissement autre qu'une société de gestion de portefeuille (Décision AMF 2021-01 du 22-6-2021). 68950

Les rachats réalisés dans le cadre de cette pratique sont soumis à des restrictions en termes de **volume** : au-delà de 25 000 € d'achat et de vente au cours d'une même journée, le prestataire de services d'investissement ne peut pas négocier plus d'un certain pourcentage du volume quotidien des titres échangés, ce pourcentage étant fixé en fonction du niveau de liquidité du titre concerné (30 % pour les titres de capital non liquides, 20 % pour les titres liquides et 5 % pour les titres très liquides). Les ordres d'achat et de vente sont soumis à des limites de **prix.** Les ressources en espèces ou en titres allouées par la société à la mise en œuvre du contrat doivent être proportionnées et adaptées aux objectifs de celui-ci, et tenir compte de la liquidité du marché de l'action concernée.

Ces rachats ne bénéficient que d'une **présomption simple de légitimité** contre laquelle l'AMF peut apporter la preuve contraire. La société qui effectue des transactions sur ses propres titres doit respecter les exigences prévues par la décision de l'AMF qui a instauré la pratique de marché admise ; elle doit déclarer ces transactions à l'AMF et les publier dans les conditions prévues par cette pratique et selon des modalités précisées dans une information disponible sur le site de l'AMF et qui devraient faire l'objet d'une instruction à paraître (Règl. gén. AMF art. 241-6 et 241-7).

Par ailleurs, les sociétés dont les titres sont admis à la négociation sur un **marché de croissance des PME** – en pratique, sur Euronext Growth – peuvent conclure avec un intermédiaire financier (banque notamment) des contrats de liquidité pour leurs actions dans les conditions prévues à l'article 13, 12 du règlement UE 596/2014 précité. C'est ainsi que l'intermédiaire doit être agréé et enregistré en tant que membre du marché auprès d'Euronext Growth. Le contrat de liquidité doit respecter le modèle issu du règlement délégué UE 2022/1959 du 13 juillet 2022 en mentionnant notamment l'ouverture par le fournisseur de liquidité d'un compte de liquidité spécifique au contrat, sur lequel doivent être inscrites les ressources en espèces et actions affectées à son exécution, les limites de volume quotidien d'actions échangées, les règles relatives à l'introduction des ordres de négociation par le fournisseur de liquidité, les limites à la rémunération variable de celui-ci, l'obligation pour la société émettrice de respecter l'indépendance du fournisseur de liquidité et les limites de prix applicables aux opérations effectuées. Euronext Growth doit accuser réception par écrit auprès de la société d'un exemplaire du contrat de liquidité et marquer son accord avec les modalités et conditions dudit contrat. La société doit, avant l'entrée en vigueur du contrat, au cours de son exécution et après sa cessation, s'engager à publier sur son site internet, et à mettre à jour régulièrement, les informations énumérées à l'article 3.2.2 du règlement délégué UE 2022/1959 (identité de la société et du fournisseur de crédit ; identification des actions et du marché concernés ; ressources en espèces et en actions allouées au contrat sur le compte de liquidité ; une fois par semestre, chiffres agrégés par jour de l'activité de négociation exécutée au titre du contrat, etc.).

Autres opérations de rachat. Les opérations de rachat effectuées dans un autre cadre qu'un contrat de liquidité ne sont pas interdites mais ne bénéficient d'**aucune présomption de légitimité.** On notera à cet égard que bien qu'expressément prévu par l'article L 22-10-62, le rachat d'actions par la société en vue de leur conservation et de leur remise ultérieure en paiement ou en échange dans le cadre d'une opération de **fusion,** de scission ou d'apport ne bénéficie d'aucune présomption de légitimité. La société doit donc être à même de justifier que ses interventions sont motivées par des raisons légitimes. 68951

68952 **Exécution du programme** L'acquisition des actions, comme leur cession ou leur transfert peuvent être effectués « **par tous moyens** » (art. L 22-10-62, al. 4).

Toutefois, quel que soit l'objectif du programme et pendant toute la durée de celui-ci, les sociétés doivent **s'abstenir de revendre** leurs actions sauf si elles ont mis en place un programme de rachat planifié ou si le programme est exécuté par un prestataire de services d'investissement agissant de façon indépendante (Règl. UE 2016/1052 du 8-3-2016 art. 4, 2).

Pendant toute la durée du programme, la société doit assurer une parfaite « traçabilité des flux ».

Les sociétés émettrices – et leurs dirigeants – doivent respecter les **obligations d'abstention** imposées par les articles 8 et 14 du règlement UE 596/2014 du 16 avril 2014 à toute personne qui détient une information privilégiée (voir n°s 66355 s.). Pour une sanction prononcée à l'encontre d'une société qui n'avait pas respecté cette obligation, voir Cass. com. 29-3-2011 n° 10-15.866 : RJDA 6/11 n° 545.

Lorsque la société émettrice a décidé de soumettre statutairement ses dirigeants au principe de neutralité (n° 65430), en cas d'**offre publique d'acquisition** réglée intégralement en numéraire, la société peut poursuivre l'exécution d'un programme de rachat d'actions pendant les périodes de préoffre et d'offre dès lors que la résolution de l'assemblée générale qui a autorisé le programme l'a expressément prévu ; s'il s'agit d'une mesure susceptible de faire échouer l'offre, sa mise en œuvre doit faire l'objet d'une approbation ou d'une confirmation par l'assemblée générale (Règl. gén. AMF art. 231-40, II et III). La société émettrice des titres de capital rémunérant une offre publique peut poursuivre ses interventions sur ses propres titres dans le cadre d'un programme de rachat d'actions (Règl. gén. AMF art. 231-41, al. 4).

68953 **Information du marché sur les opérations exécutées** Pour bénéficier du « safe harbor », la société doit déclarer à l'AMF, par voie électronique, l'ensemble des opérations liées au programme de rachat, au plus tard à la fin de la septième journée boursière suivant leur date d'exécution, selon les modalités précisées dans l'instruction AMF 2017-03 du 2 février 2017 et en recourant au modèle type présenté dans la position-recommandation AMF 2017-04 ; ces déclarations doivent faire l'objet d'une diffusion effective et intégrale (Règl. UE 2016/1052 du 8-3-2016 art. 2, 2 et 3 ; Règl. gén. AMF art. 241-4, I).

Par dérogation à ces dispositions, toute société effectuant des transactions sur ses propres titres dans le cadre d'une pratique de marché admise par l'AMF doit déclarer ces transactions à l'AMF et les publier dans les conditions prévues par la pratique de marché concernée et selon des modalités et un format précisés dans une information disponible sur le site de l'AMF qui devraient faire l'objet d'une instruction à paraître (Règl. gén. AMF art. 241-7). En cas de rachat dans le cadre d'un contrat de liquidité, la société doit informer le public en publiant tous les six mois sur son site internet le bilan de la mise en œuvre du contrat, le nombre de transactions exécutées et le volume de titres échangé ; lorsqu'il est mis fin au contrat, la société doit en informer le public en précisant les raisons de la cessation du contrat (Décision AMF 2021-01 du 22-6-2021).

La société doit en outre déclarer à l'AMF les opérations qu'elle envisage d'effectuer en application des dispositions de l'article L 22-10-62, obligation réputée remplie lorsqu'elle a informé le marché dans les conditions permettant de bénéficier d'une présomption de légitimité. Elle doit lui rendre compte, chaque mois, des acquisitions, cessions, annulations et transferts qu'elle a réalisés ; cette déclaration mensuelle doit être effectuée par voie électronique selon les modalités définies dans l'instruction AMF 2017-03 (art. L 22-10-64, al. 1 ; C. mon. fin. art. L 451-3, II-al. 1 ; Règl. gén. AMF art. 241-4, II).

Les personnes qui détiennent, seules ou de concert, plus de 10 % du capital de la société ainsi que les dirigeants de celle-ci doivent informer mensuellement l'AMF du nombre de titres qu'ils ont cédés à cette société (Règl. gén. AMF art. 241-5).

Pour une sanction prononcée à l'encontre d'un émetteur qui n'avait pas respecté ses obligations déclaratives, voir AMF comm. sanc. 26-5-2011 n° 2011-11.

68954 L'AMF peut demander à la société déclarante toutes les explications ou les justifications qu'elle juge nécessaires (art. L 22-10-64, al. 2).

S'il n'est pas satisfait à ces demandes, ou si elle constate des irrégularités dans les transactions effectuées par la société au regard des dispositions de l'article L 22-10-62, l'AMF peut prendre toutes mesures pour empêcher l'exécution des ordres transmis directement ou indirectement par la société (art. L 22-10-64, al. 3).

Obligations consécutives à l'achat La société qui a acheté ses propres actions dans le cadre de programmes de rachat, ou la personne chargée du service de ses titres, doit tenir un **registre des achats et des ventes** (art. L 225-211, al. 1) relatant séparément les opérations d'achat et les opérations de vente (art. R 225-160, al. 1 ; pour les mentions qui doivent figurer sur le registre, voir art. R 225-160, al. 2 s.). 68955

Dans le **rapport de gestion** à l'assemblée générale ordinaire annuelle, le conseil d'administration ou le directoire (ou, dans la SCA, le gérant) doit comporter les indications visées à l'article L 225-211, al. 2 : voir n° 68943. 68956

Sort des actions achetées Le conseil d'administration ou le directoire (le gérant de SCA) doit utiliser les actions achetées conformément aux finalités et selon les modalités déterminées par l'assemblée générale. 68957

Ces actions peuvent être **attribuées aux salariés** au titre de leur participation aux fruits de l'expansion de l'entreprise ou en cas d'attribution gratuite d'actions ou de levée d'options d'achat ou encore dans le cadre d'un PEE, ainsi qu'aux **dirigeants** en cas d'attribution gratuite d'actions (art. L 22-10-62, al. 5).

Elles peuvent être **attribuées aux titulaires de titres de créance donnant accès au capital** (Règl. UE 596/2014 du 16-4-2014 art. 5, 2-b) ou être utilisées afin de faciliter une prise de participation ou une prise de contrôle par voie d'échange des titres (art. L 22-10-62, al. 6), ce qui permet d'éviter la création de nouvelles actions et, par voie de conséquence, la dilution du capital.

Les actions achetées par la société peuvent être **cédées** ou transférées **« par tous moyens »** (art. L 22-10-62, al. 4) : cession en bourse, apport, échange, etc.

Annulation des actions Les actions achetées par la société peuvent être annulées par voie de réduction de capital (art. L 22-10-62, al. 7). Cette réduction de capital doit être décidée ou autorisée par l'**assemblée générale** extraordinaire qui peut déléguer au conseil d'administration ou au directoire, ou encore au gérant, tous pouvoirs pour la réaliser. En pratique, dans la plupart des cas, l'autorisation de l'assemblée extraordinaire pour l'annulation des actions est donnée en même temps que celle de l'assemblée ordinaire pour l'achat de ces mêmes actions. 68958

ATTENTION

La loi ne prévoyant pas cette faculté, le conseil d'administration ne peut pas **subdéléguer** à son président le pouvoir de réaliser l'annulation des actions ; mais il peut, à notre avis, lui subdéléguer le pouvoir de procéder à la simple exécution matérielle de cette annulation en procédant avant la date limite prévue par le conseil aux formalités nécessaires.

Si la société est dotée de **commissaires aux comptes,** un **rapport** spécial de ceux-ci sur le projet d'annulation doit être communiqué aux actionnaires 15 jours au moins avant la réunion de l'assemblée appelée à statuer sur l'autorisation d'annulation (art. L 22-10-62, al. 7 et R 225-150).

Conformément au droit commun, ce rapport doit être envoyé aux actionnaires qui en ont fait la demande et tenu à la disposition des actionnaires au siège social ou au lieu de la direction administrative (art. R 225-150).

Les actions ne peuvent être annulées que dans la **limite** de 10 % du capital de la société par périodes de 24 mois (art. L 22-10-62, al. 4).

La différence entre le prix de rachat des titres annulés et leur valeur nominale doit être imputée sur un poste de primes ou de réserves disponibles.

L'AMF a donné des indications précises sur les **modalités de calcul des annulations** d'actions, qui sont fonction des résolutions adoptées par l'assemblée générale extraordinaire (Position-recommandation AMF 2017-04).

Après annulation des actions, le conseil d'administration ou le directoire, ou le gérant, doit procéder aux formalités d'**enregistrement** et de **publicité** : dépôt au greffe du procès-verbal constatant la réduction de capital et des statuts mis à jour, insertion dans un support d'annonces légales et inscription modificative au RCS et au RNE. 68959

En revanche, il n'y a pas lieu, à notre avis, de mettre en œuvre la procédure permettant aux créanciers de faire opposition à une réduction de capital non motivée par des pertes (dans le même sens, A. Viandier : OPA-OPE Éd. Francis Lefebvre 2014 n° 555 ; A. Couret : Bull. Joly 1998 p. 728 n° 52 ; Communication Ansa, comité juridique n° 22-016 du 6-4-2022). En effet, alors qu'il aurait pu se borner à renvoyer expressément ou tacitement aux règles applicables en cas de réduction de capital non motivée par des pertes, ce qui eût entraîné l'obligation de mettre en œuvre la **procédure d'opposition des créanciers,** le législateur a pris soin de fixer dans l'article L 22-10-62, al. 7 les règles à suivre en cas d'annulation des actions achetées dans le cadre du programme de rachat. Il s'agit donc d'une procédure autonome même si les dispositions de l'article L 22-10-62, al. 7 sont analogues à celles de l'article L 225-204 (compétence de l'assemblée générale extraordinaire, rapport des commissaires aux comptes). Dès lors qu'elles ne réaffirment pas le droit d'opposition des créanciers (art. L 225-205), celui-ci doit, nous semble-t-il, être écarté.

On observera d'ailleurs que si le rachat d'actions en vue de leur annulation intervient en dehors de la procédure prévue par l'article L 22-10-62 (cas, par exemple, où le rachat doit porter sur plus de 10 % du capital), il convient de suivre les règles de droit commun des réductions de capital non motivées par des pertes. Ainsi, en cas de mise en œuvre d'une offre publique de rachat d'actions, les créanciers sociaux doivent en être informés et peuvent y faire opposition. Il en est de même en cas d'annulation d'actions de préférence rachetables (art. L 228-12-1, II-al. 3).

68960 Les sociétés doivent **rendre compte** chaque mois à l'**AMF** des annulations qu'elles ont effectuées dans les conditions visées ci-dessus (n° 68953).

68962 **Sanctions** L'inobservation du règlement général de l'AMF peut entraîner pour ses auteurs des sanctions pécuniaires (n°s 63232 s.).

L'AMF, compétente pour connaître des manquements de nature à porter atteinte à la protection des investisseurs ou au bon fonctionnement des marchés (C. mon. fin. art. L 621-14 et L 621-15), peut sanctionner l'inobservation par les sociétés de leur obligation d'informer le marché sur leur programme de rachat d'actions. En revanche, elle ne peut pas sanctionner la violation des autres dispositions régissant les rachats d'actions car elles portent sur le respect des prérogatives de l'assemblée générale et visent à prévenir le risque de fictivité du capital social par la limitation du pourcentage de détention par les sociétés de leurs propres titres (AMF comm. sanc. 5-7-2018 : RJDA 1/19 n° 22).

ACTIONS « COTÉES » SUR EURONEXT ACCESS

68965 Les sociétés dont les actions sont admises aux négociations sur un SMN non organisé (en pratique sur Euronext Access) sont autorisées à racheter leurs propres actions pour les offrir ou les attribuer dans le cadre des **finalités** suivantes exposées n° 68975 : attribution aux salariés ou dirigeants, remise en paiement d'actifs lors d'une opération de croissance externe ou de restructuration ou offre de vente aux actionnaires (art. L 225-209-2 ; voir aussi art. L 22-10-63 et art. 12 du projet de loi AN n° 3726 du 6-1-2021 de ratification de l'ordonnance 2020-1142 du 16-9-2020 prévoyant de corriger une erreur matérielle figurant à l'article L 22-10-63, qui n'excluent pas ces sociétés du champ d'application de l'article L 225-209-2). Les actions rachetées peuvent aussi être annulées (n° 68983).

Ces rachats doivent être effectués en respectant les **conditions** fixées par l'article L 225-209-2 : procédure applicable, plafonnement des achats, fixation du prix, en particulier. Sur ces conditions, voir n°s 68976 s.

La société qui a racheté ses propres titres doit respecter un certain nombre d'**obligations** : tenue d'un registre des achats et des ventes et mentions dans le rapport de gestion (art. L 225-211), ainsi qu'établissement d'un rapport spécial du commissaire aux comptes, s'il en existe, à l'assemblée générale ordinaire annuelle (art. L 225-209-2, al. 14). Sur ces obligations, voir n°s 68980 s.

Les actions rachetées qui n'auraient pas été utilisées conformément aux finalités initialement prévues peuvent être annulées ou réaffectées à une autre finalité (art. L 225-209-2, al. 10, 15 et 16 ; n° 68983).

68966 Pour bénéficier d'une **présomption irréfragable de légitimité,** les opérations de rachat doivent être affectées aux objectifs autorisés par l'article 5 du règlement UE 596/2014 du 16 avril 2014 et respecter les modalités fixées par cet article et par l'article 3 du règlement délégué UE 2016/1052 du 8 mars 2016. Sur ces objectifs et modalités, voir n°s 68945 s.

Elles bénéficient d'une présomption simple de légitimité lorsqu'elles sont réalisées dans les conditions posées par une pratique de marché admise (n° 68950).

Les opérations de rachat pour d'autres objectifs ne sont pas interdites mais ne bénéficient d'aucune présomption de légitimité. Tel sera le cas si le rachat est autorisé en vue d'une opération de croissance externe ou de restructuration, ou encore d'une offre de vente aux actionnaires. La société qui procède à ce type de rachat doit alors pouvoir justifier que ses interventions sont motivées par des raisons légitimes et sont réalisées en conformité avec la réglementation applicable.

Les sociétés dont les actions font l'objet d'une demande d'admission aux négociations ou sont négociées sur Euronext Access sont soumises à des **obligations d'information** du marché (Règl. UE 596/2014 du 16-4-2014 art. 5 ; Règl. UE 2016/1052 du 8-3-2016 art. 3 ; Règl. gén. AMF art. 241-1 s.). 68967

Elles doivent publier un descriptif du programme de rachat préalablement à sa réalisation dans les conditions prévues par les articles 241-2 et 241-3 du règlement général de l'AMF (nº 68947).

Elles doivent déclarer dans les sept jours de bourse à l'AMF les opérations liées au programme de rachat et publier cette information sur leur site (Règl. gén. AMF art. 241-4, I ; nº 68953). Elles doivent en outre déclarer chaque mois les acquisitions, cessions, annulations et transferts qu'elles ont réalisés (Règl. gén. AMF art. 241-4, II ; nº 68953).

c. Programme de rachat d'actions non cotées

Les sociétés dont les actions ne sont pas admises aux négociations sur un marché boursier sont autorisées à racheter leurs propres actions pour les offrir ou les attribuer (art. L 225-209-2, al. 1 à 4 et R 225-160-1 à R 225-160-3) : 68975

– dans l'année de leur rachat, aux salariés et dirigeants bénéficiaires d'une opération mentionnée à l'article L 225-208 (nºs 68940 s.) ou bénéficiaires d'une opération intervenant dans le cadre des articles L 3332-1 s. du Code du travail relatifs aux PEE ;

– dans les deux ans de leur rachat, en paiement ou en échange d'actifs acquis par la société dans le cadre d'une opération de croissance externe, de fusion, de scission ou d'apport ;

– dans les cinq ans de leur rachat, aux associés ou actionnaires qui manifesteraient à la société l'intention de les acquérir à l'occasion d'une procédure de mise en vente organisée par la société elle-même dans les trois mois qui suivent chaque assemblée générale ordinaire annuelle (ou, dans la SAS, chaque décision collective d'approbation des comptes).

CONDITIONS DE L'ACHAT D'ACTIONS PROPRES

Outre les règles générales exposées nºs 68920 s., les conditions suivantes doivent être respectées. 68976

L'assemblée générale ordinaire (ou, le cas échéant, la collectivité des associés dans les SAS) doit **autoriser** le conseil d'administration ou le directoire (ou les dirigeants de SAS ou de SCA) à acheter les actions (art. L 225-209-2, al. 1). La société n'est pas tenue de faire une offre de rachat à tous les associés ou actionnaires.

Le **nombre d'actions** acquises par la société ne peut excéder (art. L 225-209-2, al. 5 à 7) :

– 10 % du capital de la société lorsque le rachat est autorisé en vue d'une opération d'attribution aux salariés ou d'offre aux associés ou actionnaires ;

– 5 % lorsque le rachat est autorisé en vue d'une opération de croissance externe ou de restructuration.

En outre, quelles que soient les finalités poursuivies, la société ne peut pas posséder plus de 10 % du total de ses propres actions ni, s'il existe plusieurs catégories d'actions, plus de 10 % de chaque catégorie d'actions (art. L 225-210, al. 1).

L'**assemblée générale** ordinaire (la collectivité des associés) doit préciser les finalités de l'opération. Elle peut autoriser le conseil d'administration ou le directoire (ou les dirigeants de SCA ou de SAS) à utiliser les actions rachetées pour une autre finalité que celle initialement prévue. Elle doit définir le nombre maximal d'actions dont elle autorise l'acquisition, la durée de cette autorisation, qui ne peut pas excéder 12 mois, et le prix ou les modalités de fixation de ce prix. Elle statue au vu d'un rapport établi par un expert indépendant et sur un rapport spécial des commissaires aux comptes de la société ou, dans les sociétés qui n'en sont pas dotées, d'un commissaire désigné à cet effet faisant connaître leur appréciation sur les conditions de fixation du prix d'acquisition (art. L 225-209-2, al. 8 et 11). 68977

L'**expert indépendant** doit être désigné à l'unanimité des associés ou actionnaires ou, à défaut, par le président du tribunal de commerce statuant sur requête à la demande des dirigeants sociaux ; il doit être choisi parmi les commissaires aux comptes ou parmi les experts inscrits sur les listes établies par les cours et tribunaux et ne doit pas présenter avec la société des liens portant atteinte à son indépendance au sens de l'article L 821-31 (art. R 225-160-1).

Le rapport de l'expert doit mentionner « les actions faisant l'objet de l'offre de rachat en application du huitième alinéa de l'article L 225-209-2 », et donc en pratique le nombre maximal d'actions dont l'assemblée autorise l'acquisition ; il doit indiquer les modalités d'évaluation adoptées pour déterminer la valeur minimale et la valeur maximale du prix de rachat de ces actions et les motifs pour lesquels elles ont été retenues (art. R 225-160-2). Il doit être déposé au siège social 15 jours au moins avant la date de l'assemblée générale (de la décision collective) appelée à se prononcer sur le rachat ; il doit être tenu à la disposition des associés ou actionnaires et des commissaires aux comptes qui peuvent en prendre connaissance ou obtenir la délivrance d'une copie intégrale ou partielle (art. R 225-160-3).

Sur les modalités d'exercice de leur mission par l'expert indépendant et par les commissaires aux comptes, voir les avis techniques de la CNCC du 8 décembre 2021.

68978 Le **prix d'acquisition** ne peut, à peine de nullité (à notre avis, de l'opération de rachat), être supérieur à la valeur la plus élevée, ni inférieur à la valeur la moins élevée figurant dans le rapport d'évaluation de l'expert indépendant (art. L 225-209-2, al. 12).

Le prix des actions rachetées doit être « acquitté au moyen d'un prélèvement sur les réserves dont l'assemblée générale a la disposition » en vertu de l'article L 232-11, al. 2 (art. L 225-209-2, al. 9). Cette disposition a été présentée comme imposant à la société de prélever ce prix sur les bénéfices distribuables et non par endettement ou par ponction sur sa trésorerie, afin de mettre les actionnaires face à leurs responsabilités : si la société rachète ses propres actions, elle distribuera moins de bénéfices (Rapport Sén. nº 390 relatif à la loi 2012-354 du 14-3-2012). Toutefois, sur le plan comptable, la société ne peut procéder au paiement d'un prix qu'avec des sommes qu'elle a en trésorerie et non par prélèvement sur un compte de réserve. Par ailleurs, l'article L 225-210, al. 3 impose déjà à la société de disposer de réserves autres que la réserve légale d'un montant égal à la valeur de l'ensemble des actions qu'elle possède.

68979 Le conseil d'administration peut **déléguer** au directeur général ou, en accord avec ce dernier, à un ou plusieurs directeurs délégués les pouvoirs nécessaires pour réaliser ces opérations. Le directoire peut déléguer à son président ou, avec son accord, à un ou plusieurs de ses membres les pouvoirs nécessaires à l'effet de les réaliser. Les personnes désignées doivent rendre compte au conseil d'administration ou au directoire de l'utilisation faite de ce pouvoir dans les conditions prévues par ces derniers (art. L 225-209-2, al. 13).

OBLIGATIONS CONSÉCUTIVES À L'ACHAT D'ACTIONS PROPRES

68980 **Tenue d'un registre des achats et des ventes** La société qui a acheté ses propres actions, ou la personne chargée du service de ses titres, doit tenir un registre des achats et des ventes (art. L 225-211, al. 1) relatant séparément les opérations d'achat et les opérations de vente (art. R 225-160, al. 1 ; pour les mentions qui doivent figurer sur le registre, voir art. R 225-160, al. 2 s.).

68981 **Rapport de gestion** Dans le rapport de gestion à l'assemblée générale ordinaire annuelle, le conseil d'administration ou le directoire doit comporter les indications visées à l'article L 225-211, al. 2 : voir nº 68943.

Par assimilation, l'information des associés ou actionnaires est, à notre avis, à la charge du président ou des autres dirigeants dans les conditions fixées dans les statuts dans la **SAS,** et du gérant dans la **SCA.**

68982 **Rapport des commissaires aux comptes** Les commissaires aux comptes, s'il en existe, doivent présenter à l'assemblée générale ordinaire annuelle un rapport spécial sur les conditions dans lesquelles les actions ont été rachetées et utilisées au cours du dernier exercice clos (art. L 225-209-2, al. 14 ; sur les modalités d'établissement de ce rapport, voir Avis technique CNCC du 8-12-2021).

SORT DES ACTIONS ACHETÉES PAR LA SOCIÉTÉ

68983 Le conseil d'administration ou le directoire (ou les dirigeants) doit utiliser les actions rachetées conformément aux finalités prévues par l'assemblée (ou par la décision collective) et dans les délais requis ou, s'il y a été autorisé par l'assemblée, pour une autre finalité que celle initialement prévue (art. L 225-209-2, al. 8). À défaut, les actions sont annulées de plein droit (art. L 225-209-2, al. 10). Par dérogation à cette disposition, les actions rachetées mais non utilisées peuvent, sur décision de l'assemblée générale ordinaire, être utilisées pour une autre des finalités (art. L 225-209-2, dernier al.) ; cette dérogation ne devrait trouver à s'appliquer que si l'assemblée n'a pas à l'origine autorisé le conseil d'administration ou le directoire (ou les dirigeants) à utiliser les actions pour une autre finalité que celle initialement prévue.

En outre les actions rachetées peuvent être annulées dans la limite de 10 % du capital de la société par périodes de 24 mois. En cas d'annulation des actions achetées, la réduction de capital doit être autorisée ou décidée par l'assemblée générale extraordinaire (par décision collective des associés), qui peut déléguer au conseil d'administration ou au directoire (aux dirigeants) tous pouvoirs pour la réaliser (art. L 225-209-2, al. 15).

› Précisions **a.** Les sociétés qui le souhaitent peuvent s'inspirer des indications données dans la position-recommandation AMF 2017-04 pour les **modalités de calcul des annulations** d'actions.
b. En cas de réduction de capital non motivée par des pertes, les **actions à dividende prioritaire sans droit de vote** (s'il en subsiste) doivent être achetées et annulées avant les actions ordinaires. L'achat d'actions ordinaires qui ne respecterait pas cette obligation peut être annulé (art. L 228-35-9, al. 3). Par suite, semble-t-il, d'une inadvertance du législateur, cette obligation n'a pas été écartée pour les réductions de capital réalisées dans le cadre de l'article L 225-209-2 alors qu'elle l'est expressément pour celles réalisées dans le cadre de l'article L 22-10-62. On peut toutefois raisonnablement penser que le juge éventuellement saisi refuserait de prononcer une annulation du rachat sur ce fondement.

FORMALITÉS EN CAS D'ANNULATION D'ACTIONS PROPRES

Après annulation des actions, le conseil d'administration ou le directoire (les dirigeants) doit, dans les mêmes conditions que celles exposées n° 68959, procéder à un certain nombre de formalités d'enregistrement et de publicité, sans avoir à mettre en œuvre la procédure d'opposition des créanciers. 68984

d. Acquisition d'actions propres par transmission de patrimoine ou décision de justice

La réglementation relative à l'achat par une société de ses propres actions ne s'applique pas aux actions entièrement libérées acquises à la suite d'une transmission universelle de patrimoine ou encore à la suite d'une décision de justice (par exemple, une adjudication sur saisie des actions possédées par un débiteur de la société) (art. L 225-213, al. 1). 69050

La transmission universelle s'entend de celle portant sur un ensemble de biens, droits et obligations considérés comme formant un tout. Tel est le cas de celle résultant d'une fusion, d'une scission ou d'un apport partiel d'actifs soumis au régime des scissions. Pour une application, T. com. Paris réf. 21-6-1988 : Bull. Joly 1989 p. 890 note M. Jeantin qui a rejeté une action tendant à la mise sous séquestre d'actions d'autocontrôle résultant d'un apport partiel d'actifs effectué depuis moins de deux ans par une filiale à sa société mère.

Ces actions peuvent être conservées indéfiniment par la **société** si elle **ne possède pas plus de 10 % de son capital.** Les conditions exposées plus haut (nos 68920 s.) pour la régularité de la détention des actions doivent être respectées. Notamment, la société bénéficiaire de l'apport ne peut conserver ses actions que si elle dispose de réserves, autres que la réserve légale, d'un montant au moins égal à la valeur de ces actions. À défaut, elle doit soit annuler, soit céder dans le délai d'un an (cf. art. L 225-214 et L 22-10-65) celles qui n'auraient pas leur contrepartie dans les réserves. 69051

Outre le respect des conditions visées ci-dessus, lorsque la **société possède plus de 10 %** de son capital, les actions qui excèdent ce seuil doivent être cédées dans le délai de deux ans à compter de la date de leur acquisition. Celles qui n'auraient pas été cédées à l'expiration de ce délai doivent être annulées (art. L 225-213, al. 2). 69052

ATTENTION
En l'absence de dispositions particulières à cet égard, il convient, pour déterminer si la société détient ou non 10 % de son capital, de prendre en compte toutes les actions propres détenues par la société, quelles que soient leur origine ou leur destination (attribution aux salariés, gestion des fonds propres, etc.).

SECTION 5 PACTES D'ACTIONNAIRES

A. Conclusion du pacte d'actionnaires

DÉFINITION DU PACTE D'ACTIONNAIRES

On entend par « pactes d'actionnaires » les conventions extrastatutaires destinées à régler, parfois pour une longue période, le contrôle de la conduite des affaires et de la composition du capital de la société. 69100

Le pacte peut être conclu par tous les actionnaires (ou associés) ou, ce qui est plus fréquent en pratique, par certains d'entre eux.

Les diverses clauses qui mettent en œuvre les objectifs poursuivis par les parties s'articulent autour de deux axes majeurs : d'une part, l'attribution aux minoritaires – personnes physiques ou sociétés de capital-risque, notamment – des moyens d'intervenir dans la gestion de la société ; d'autre part, l'organisation d'une procédure de sortie de la société pouvant profiter à tout actionnaire partie au pacte.

La **SAS** permet de prendre en compte ces objectifs et de les concrétiser par des clauses statutaires. Mais cette forme de société ne peut pas être adoptée si la société entend procéder à une offre au public de titres financiers, sauf exceptions (voir n° 60110), ou à l'admission de ses actions aux négociations sur un marché réglementé (art. L 227-2) ; or les accords entre actionnaires sont nombreux dans les sociétés qui utilisent ce type de procédés.

De plus, certaines conventions sont d'une durée limitée et ne nécessitent donc pas la mise en œuvre d'une structure juridique particulière pour les abriter. Enfin, il arrive souvent que les cocontractants souhaitent garder secret le contenu de leurs accords. Aussi les pactes d'actionnaires, surtout s'ils concernent des personnes physiques, ont-ils vocation à demeurer largement utiles et pratiqués.

69101 Bien que n'ayant pas la personnalité morale, les **fonds communs de placement d'entreprises** investis dans les parts ou titres de la société ou de toute société qui lui est liée sont autorisés, lorsque ces parts ou titres ne sont pas admis aux négociations sur un marché réglementé, à être parties à un pacte d'actionnaires afin de favoriser la transmission de l'entreprise, la stabilité de l'actionnariat ou la liquidité du fonds (C. mon. fin. art. L 214-165, dernier al.). Le pacte est alors négocié et signé par l'intermédiaire de la société de gestion qui représente le fonds à l'égard des tiers (C. mon. fin. art. L 214-8-8).

OBLIGATIONS SPÉCIFIQUES À CERTAINS PACTES D'ACTIONNAIRES

69102 Les clauses des pactes d'actionnaires comportant des conditions préférentielles de cession ou d'acquisition d'actions admises aux négociations sur un marché réglementé et portant sur 0,5 % au moins du capital ou des droits de vote de la société qui a émis ces actions doivent être transmises à la société et à l'AMF dans les conditions précisées n°s 66303 s.

La conclusion d'un pacte d'actionnaires portant sur des **titres admis aux négociations sur un marché réglementé ou sur Euronext Growth** entraîne de lourdes conséquences lorsque ce pacte révèle une action de concert, c'est-à-dire lorsqu'il a été conclu en vue d'acquérir, de céder ou d'exercer des droits de vote, pour mettre en œuvre une politique commune vis-à-vis de la société ou pour obtenir le contrôle de cette société (art. L 233-10, I). Dans ce cas, les membres du pacte sont solidairement tenus aux obligations qui leur sont faites par la loi et les règlements (notamment, déclaration de franchissement de seuils, mise en œuvre d'une offre publique d'achat obligatoire ou d'une offre publique de retrait) et s'exposent, en conséquence, aux sanctions civiles, pénales ou réglementaires applicables en cas d'inobservation de ces obligations.

69103 Une catégorie particulière de pactes d'actionnaires préalable à une **transmission d'entreprise** et à but exclusivement fiscal (couramment dénommé « **pacte Dutreil** ») peut aussi permettre aux héritiers ou donataires d'un associé d'être exonérés de droits de mutation à titre gratuit à concurrence des trois quarts de la valeur des parts ou actions leur revenant. Ce régime de faveur, qui s'applique y compris aux donations d'usufruit ou avec réserve d'usufruit, est subordonné au respect des conditions suivantes (CGI art. 787 B) :

– les titres doivent avoir fait l'objet avant leur transmission d'un engagement de conservation d'une durée de deux ans au moins pris par le défunt ou le donateur, pour lui et ses ayants cause à titre gratuit, avec un ou plusieurs autres associés, personnes physiques ou morales (engagement collectif). L'engagement de conservation peut également être pris par une personne seule, pour elle et ses ayants cause à titre gratuit, sous les mêmes conditions (engagement unilatéral). En l'absence d'engagement pris avant la transmission par décès, l'engagement peut encore être conclu dans les six mois du décès par un ou des héritiers ou légataires entre eux ou avec d'autres associés (ou par un héritier ou légataire seul : BOI-ENR-DMTG-10-20-40-10 n° 220). Cet engagement doit porter sur au moins 17 % des droits financiers et 34 % des droits de vote de la société émettrice (34 % des droits financiers et des droits de vote pour les engagements souscrits avant 2019), ces taux étant respectivement ramenés à 10 et 20 % si la société est « cotée » en bourse (20 % des droits financiers et des droits de vote pour les engagements souscrits avant 2019). L'engagement de conservation est réputé acquis lorsque le défunt (ou donateur) seul ou avec son conjoint, partenaire de Pacs ou concubin notoire détient, directement ou indirectement (dans la limite de deux niveaux d'interposition : BOI-ENR-DMTG-10-20-40-10 n° 230) depuis deux ans au moins, le quota de titres requis pour la conclusion de cet engagement et que l'un d'eux exerce dans la société depuis plus de deux ans son activité professionnelle ou, lorsque la société est soumise à l'IS, l'une des fonctions de direction énumérées à l'article 975, III-1-1° du CGI ;

– lors de la transmission, chacun des héritiers ou donataires doit à son tour s'engager, pour lui et ses ayants cause à titre gratuit, à conserver les titres transmis pendant quatre ans à compter de la date d'expiration du pacte d'actionnaires (ou de la transmission si l'engagement est réputé acquis) ;

– l'un des associés signataires du pacte ou l'un des héritiers ayant pris l'engagement individuel doit exercer dans la société soit son activité principale (sociétés de personnes), soit des fonctions de direction (sociétés soumises à l'IS) pendant la durée du pacte et les trois années qui suivent la transmission.

Pour les donations avec réserve d'usufruit, les droits de vote de l'usufruitier doivent statutairement être limités aux décisions concernant l'affectation des bénéfices.

Avant la transmission, les associés liés par l'engagement collectif peuvent effectuer entre eux des cessions ou donations de titres soumis à l'engagement. De nouveaux associés peuvent adhérer à un pacte déjà conclu à condition que l'engagement collectif (ou devenant collectif) soit reconduit pour une durée minimale de deux ans.

En cas de départ de l'un des signataires pendant les deux premières années (cession de titres à un non-signataire), les autres signataires échappent à la remise en cause de l'exonération s'ils conservent leurs titres jusqu'au terme initialement prévu et si les seuils de détention restent atteints ou si le cessionnaire s'associe au pacte à raison des titres cédés, ce pacte étant alors reconduit pour une durée minimale de deux ans pour tous les signataires. Par ailleurs, en cas de cession ou de donation d'une partie seulement des titres transmis, l'exonération n'est remise en cause à l'égard du cédant ou du donateur qu'à hauteur des seuls titres cédés ou donnés si le cessionnaire ou le donataire est un autre associé du pacte (signataire de l'engagement ou ayant cause à titre gratuit sur les titres reçus de ce dernier : BOI-ENR-DMTG-10-20-40-20 n° 50).

L'exonération n'est pas non plus remise en cause lorsque le non-respect des engagements collectifs ou individuels de conservation résulte de l'apport – à titre pur et simple ou partiellement rémunéré par la prise en charge d'une soulte consécutive à un partage – de ces titres à une société holding dont la valeur réelle de l'actif brut est, à l'issue de l'apport et jusqu'au terme des engagements de conservation, composée à plus de 50 % de participations dans la société soumises à ces engagements. La société holding doit, à l'issue de l'apport, être détenue à hauteur de 75 % au moins du capital et des droits de vote par les personnes soumises aux obligations de conservation et être dirigée directement par une ou plusieurs de ces personnes. Elle doit, de même que les héritiers, prendre l'engagement de conserver les titres apportés et les titres reçus en contrepartie de l'apport jusqu'au terme des engagements de conservation. L'exonération partielle peut également s'appliquer à la transmission des titres d'une société interposée entre le contribuable et l'entreprise dont les titres font l'objet de l'engagement, à hauteur de la fraction de la valeur réelle de l'actif brut représentative de la valeur de cette participation indirecte.

L'exonération partielle n'est pas remise en cause en cas de fusion, de scission, d'augmentation de capital, d'offre publique d'échange (OPE) préalable à une fusion ou une scission dès lors que cette fusion ou cette scission est opérée dans l'année qui suit la clôture de l'OPE (sous réserve que les titres reçus en contrepartie soient conservés jusqu'au terme de l'engagement), ou d'annulation des titres pour cause de pertes ou de liquidation judiciaire.

Les transmissions de parts ou d'actions de **sociétés holdings animatrices** de groupe peuvent bénéficier de l'exonération partielle « directe » (BOI-ENR-DMTG-10-20-40-10 n° 55).

Pour plus de **détails,** voir Mémento Fiscal n°s 68090 s.

B. Contenu du pacte d'actionnaires

LIBERTÉ DE RÉDACTION DU PACTE D'ACTIONNAIRES

Les parties déterminent librement le contenu du pacte qu'elles vont signer à condition de respecter les règles de droit commun de validité des contrats (pour une illustration à propos d'un pacte fixant le sort d'un bien futur d'une succession, Cass. 1e civ. 25-1-2023 n° 19-25.478 FS-B : RJDA 5/23 n° 262) et de ne pas enfreindre une règle d'ordre public du régime des sociétés (Cass. com. 7-1-2004 n° 00-11.692 F-D : RJDA 7/04 n° 840 ; voir aussi Cass. com. 12-10-2022 n° 21-15.382 F-B : RJDA 1/23 n° 35). 69105

Le pacte comporte généralement un **préambule** qui explicite la volonté des parties et éclaire sur les mobiles qui les animent. Il doit définir avec précision les droits et obligations des parties car c'est en fonction de son contenu que seront appréciés leurs engagements respectifs (pour des exemples, CA Paris 14-12-2010 n° 10/11125 : RJDA 4/11 n° 320 ; CA Paris 29-9-2016 n° 15/07864 : RJDA 12/16 n° 866).

On trouve fréquemment dans les pactes des dispositions qui auraient pu faire l'objet de clauses statutaires, le recours à une convention extrastatutaire s'expliquant par diverses raisons : limitation de l'accord à certains actionnaires seulement, souci de discrétion, caractère complexe des obligations respectives des parties, durée limitée de la convention, sanctions particulières, etc.

Le pacte peut consister en de simples promesses de cession et/ou d'acquisition d'actions.

Le pacte peut aussi contenir des clauses très diverses, qui se combinent alors entre elles. Il peut être constitutif d'un concert entre ses signataires, notamment lorsqu'il comporte des engagements sur la composition des organes sociaux ou sur une concertation préalable à la prise de certaines décisions importantes.

› Précisions En cas de pacte non daté dont l'existence n'est pas contestée, la **preuve de cette date** entre les parties peut être apportée par tout moyen (Cass. com. 20-3-2024 n° 23-11.844 F-B : RJDA 6/24 n° 374, à propos d'un pacte mettant à la charge des signataires une clause de non-concurrence à compter de la date de signature du pacte).

1. CLAUSES GÉNÉRALES DU PACTE D'ACTIONNAIRES

69110 Parmi les clauses de portée générale, outre le choix du droit applicable (en cas de pacte régissant les rapports entre parties relevant d'États différents), figurent très généralement des dispositions relatives à la durée du pacte et à la recherche de solutions autres que judiciaires en cas de litige. On y trouve aussi parfois des engagements de non-concurrence.

DURÉE DU PACTE

69111 Les parties ont intérêt à fixer une durée au pacte. À défaut, celui-ci est à **durée indéterminée,** ce qui ouvre à chaque partie le droit d'y mettre fin à tout moment sous réserve de respecter le délai de préavis contractuellement prévu ou, à défaut, un délai raisonnable (C. civ. art. 1211 ; auparavant, Cass. 1e civ. 18-1-2000 n° 98-10.378 P : Bull. civ. I n° 16 ; Cass. com. 21-9-2022 n° 20-16.994 F-B : RJDA 1/23 n° 31).

ILLUSTRATIONS

A été considéré comme conclu pour une durée indéterminée un pacte prévoyant qu'il s'appliquerait aussi longtemps que les parties ou leurs substitués demeureraient ensemble actionnaires ; il en résultait, en effet, que ce pacte n'avait été affecté d'aucun terme, même incertain (CA Paris 15-12-2006 n° 06/18133 : RJDA 5/07 n° 496 et, sur pourvoi, Cass. com. 6-11-2007 n° 07-10.620 : RJDA 2/08 n° 155 ; dans le même sens, Cass. com. 20-12-2017 n° 16-22.099 F-D : RJDA 5/18 n° 435).

Un pacte à durée indéterminée signé entre deux actionnaires, l'un majoritaire et l'autre minoritaire, comportait des promesses croisées d'achat et de vente de droits sociaux ; le majoritaire, qui s'était engagé sous certaines conditions à acheter les titres du minoritaire si celui-ci entendait sortir de la société, avait décidé unilatéralement la résolution sans préavis du pacte ; le minoritaire ayant levé l'option dans un délai raisonnable (deux mois) après la résolution du pacte, le majoritaire a été condamné à exécuter sa promesse d'achat (Cass. com. 27-9-2017 n° 16-13.112 F-D : RJDA 2/18 n° 133).

Lorsque le pacte comporte des engagements de nature différente, rien n'interdit de fixer des **durées différenciées** pour ces engagements, par exemple une durée plus courte pour les clauses d'inaliénabilité ou les conventions de vote que pour les autres engagements.

Le pacte peut être conclu pour une **durée fixe.** A ainsi été déclaré valide un pacte conclu pour une durée de 20 ans et stipulant notamment un droit de préemption, dès lors qu'il prévoyait qu'il cesserait de produire effet à l'égard de tout actionnaire qui viendrait à perdre cette qualité et laissait en fait à chacun des actionnaires la faculté de céder ses titres à tout moment, ce qui excluait qu'il soit d'une durée excessive (Cass. com. 27-10-2005 n° 1138 : RJDA 12/05 n° 1359, 1e esp.). Il a aussi été jugé que sont à durée déterminée un pacte conclu entre des associés personnes physiques pour la durée restant à courir de la société (soit 58 ans), même s'il prévoit qu'il sera renouvelé en cas de prorogation de cette durée (Cass. 1e civ. 25-1-2023 n° 19-25.478 FS-B : RJDA 5/23 n° 262 et chron. C. de Cabarrus p. 7, rendu après délibéré de la chambre commerciale), et un pacte destiné à régler les relations contractuelles entre deux associés personnes morales pour la durée de la société, fixée à 99 ans (CA Paris 15-12-2020 n° 20/00220 : RJDA 4/21 n° 246).

Si elles ont retenu une durée fixe, les parties doivent exécuter le pacte jusqu'à son terme et nul ne peut exiger son renouvellement (C. civ. art. 1212 ; jurisprudence constante). Toutefois, elles peuvent le continuer dans les mêmes termes en manifestant la volonté de le **proroger** avant son expiration (C. civ. art. 1213). Elles doivent alors fixer la durée de cette prorogation ; sinon le pacte devient à durée indéterminée et chaque partie peut y mettre fin unilatéralement à tout moment.

Les parties peuvent décider de **renouveler** le pacte, ce qui donne naissance à un nouveau contrat dont le contenu est identique au précédent mais dont la durée est indéterminée (C. civ. art. 1214). Lorsqu'à l'expiration du terme du pacte les parties continuent d'en exécuter les obligations, il y a **tacite reconduction** qui produit les mêmes effets que le renouvellement (C. civ. art. 1215). Ces dispositions ne nous paraissent toutefois pas interdire de prévoir pour quelle durée le pacte est renouvelé ou reconduit, ce qui évite que le pacte ne devienne à durée indéterminée et qu'il puisse y être mis fin unilatéralement à tout moment.

En cas de **novation** du pacte résultant de la conclusion de nouveaux accords, le pacte initial n'a plus vocation à s'appliquer et les signataires ne peuvent plus s'en prévaloir (pour un exemple, CA Paris 1-2-2012 nº 11/01362 : RJDA 6/12 nº 601).

Les parties ont intérêt à prévoir si la **nullité d'une clause** entraînera celle du pacte tout entier. Il convient aussi qu'elles indiquent si, en cas de **cession d'actions** par l'une d'elles, le tiers acquéreur des actions devra prendre l'engagement de le respecter. En effet, ce dernier ne succède pas de plein droit aux obligations personnelles résultant pour le cédant des stipulations du pacte (CA Versailles 22-5-2012 nº 11/04433 : RJDA 10/12 nº 862).

Il peut également être utile de préciser si la survenance de certains événements (tels que l'admission aux négociations sur un marché réglementé ou la fusion) entraînera la **caducité** du pacte. On notera toutefois que, même si rien n'est prévu à cet égard, le pacte devient caduc lorsque son exécution est devenue impossible en raison de la disparition, indépendamment de la volonté des parties, d'un de ses éléments essentiels (C. civ. art. 1186 ; Cass. com. 7-7-2004 nº 1156 : RJDA 11/04 nº 1222 ; Cass. com. 4-10-2011 nº 10-10.548 : RJDA 1/12 nº 63 ; CA Paris 15-12-2020 précité). Ainsi, un pacte prévoyant la répartition entre ses signataires du temps de travail, des congés, des revenus et des bénéfices au sein de la société ne s'applique qu'autant que les intéressés y travaillent encore effectivement (Cass. com. 11-1-2017 nº 15-18.613 F-D : RJDA 4/17 nº 257).

Illustrations Parmi les pactes publiés par l'AMF, on relève les **clauses prévoyant la cessation du pacte** dans les conditions suivantes : 69112

– s'agissant d'un pacte conclu pour une durée fixe de cinq ans, obligation pour les signataires de se rencontrer avant l'échéance en vue d'examiner une éventuelle reconduction du pacte (Décision 224C2019 du 21-10-2024) ;

– dans le cadre d'un pacte constitutif d'une action de concert conclu pour une durée de 15 ans et ayant pour objet d'organiser les relations des membres du concert au sein de la société à l'issue d'une offre publique d'achat simplifiée portant sur les titres de la société que ces membres ne détiennent pas déjà, et du retrait obligatoire le cas échéant, résiliation automatique du pacte en cas d'absence de mise en œuvre du retrait obligatoire au plus tard au troisième anniversaire de la date de règlement-livraison de l'offre (Décision 223C0873 du 13-6-2023) ;

– cessation anticipée d'un pacte constitutif d'une action de concert en cas de manquement à une obligation significative, telle qu'un vote à l'assemblée ou au conseil d'administration en contradiction avec une position commune convenue lors de la procédure de concertation imposée aux concertistes pour un certain nombre de décisions stratégiques ou avec les stipulations du pacte, ou en cas de violation de ses dispositions en matière de transfert de titres (Décision 220C4199 du 9-10-2020) ;

– caducité et résiliation par anticipation sans préavis ni pénalité d'un pacte constitutif d'une action de concert destiné à renforcer les liens des actionnaires familiaux (plus de 260 personnes) et la stabilité du capital de la société, si les parties au pacte venaient à détenir moins de 10 % du capital de la société (Décision 219C0415 du 7-3-2019) ;

– caducité d'un pacte prévoyant l'incessibilité des actions dans le cadre d'un programme d'intéressement au capital en cas de cessation des fonctions de dirigeants de personnes nommément désignées et possibilité de mettre fin au pacte de manière anticipée à tout moment par décision prise aux deux tiers des droits de vote des parties au pacte (Décision 210C0495 du 7-6-2010) ;

– caducité d'un pacte conclu à la suite d'une augmentation de capital souscrite par un groupe d'investisseurs afin de participer au développement d'un groupe familial, en cas de désaccord persistant entre ces deux groupes signataires du pacte sur une opération de croissance externe d'un montant supérieur à une somme prédéterminée (Décision 207C1776 du 7-8-2007).

RÈGLEMENT DES DIFFÉRENDS NÉS DU PACTE

69113 Les parties conviennent fréquemment que les litiges auxquels le pacte pourrait donner lieu, concernant notamment son interprétation, sa validité, son exécution ou sa résolution, ne seront pas immédiatement portés devant les tribunaux mais feront d'abord l'objet de procédures de règlement amiable telles que **médiation** ou **conciliation,** ou encore **convention de procédure participative** régie par les articles 2062 à 2068 du Code civil.

Elles choisissent parfois aussi de soumettre leurs litiges à une procédure d'**arbitrage** en le stipulant clairement dans le pacte, ce qui les oblige à porter le litige devant les arbitres choisis par elles et leur interdit de saisir une juridiction étatique.

› Précisions La clause d'un pacte invitant les signataires à « coopérer avec diligence et bonne foi en vue de trouver une solution amiable à leur différend, et ce, dans un délai de 45 jours à compter de la naissance de ce différend » n'impose pas le recours préalable à un médiateur, conciliateur ou arbitre. En raison de son **caractère non contraignant,** cette clause ne fait pas obstacle au droit des signataires de saisir directement les tribunaux (Cass. com. 20-10-2021 nº 20-13.819 F-D : RJDA 2/22 nº 118).

ENGAGEMENT DE NON-CONCURRENCE PRÉVU PAR LE PACTE

69114 Les signataires du pacte ou certains d'entre eux s'engagent parfois à ne pas s'intéresser à des activités de même nature que celles développées par la société, voire à ne pas acquérir de participations dans des sociétés concurrentes, ou se portent fort que certaines sociétés dans lesquelles ils ont une participation importante ne développeront pas d'activités concurrentes de celles de la société. **Pour être valable,** la clause de non-concurrence ne doit pas interdire à ses signataires l'exercice de toute activité professionnelle ou les empêcher de réaliser leur objet social. Elle doit être limitée dans le temps et dans l'espace et proportionnée aux intérêts légitimes à protéger (Cass. com. 11-3-2014 nº 12-12.074 F-D : RJDA 6/14 nº 537 ; Cass. com. 30-3-2022 nº 19-25.794 F-D : RJDA 7/22 nº 405).

La révélation d'une clause de non-concurrence prévue par un pacte contenant une clause de **confidentialité** est de nature à engager la responsabilité contractuelle du signataire du pacte et extracontractuelle de la société (CA Paris 3-6-2014 nº 12/21265 : RJDA 10/14 nº 777).

En revanche, le fait que la **société** a **signé le pacte** conclu entre plusieurs investisseurs et son actionnaire historique et dans lequel celui-ci s'engage à ne pas la concurrencer ne confère pas à la société la qualité de partie au regard de cette obligation de non-concurrence s'il s'avère qu'elle est seulement intervenue à l'acte, d'une part, afin de prendre connaissance des dispositions régissant les rapports entre les actionnaires, d'autre part, en qualité de mandataire chargé de la gestion du pacte ; la demande formée par l'actionnaire tendant à l'annulation de l'obligation de non-concurrence ne peut donc pas être formée contre la société (CA Paris 8-2-2022 nº 19/04499 : RJDA 5/22 nº 280 ; sur l'opportunité de faire intervenir la société comme partie au pacte plutôt que de le conclure en sa présence ou de lui donner un rôle de mandataire du pacte, voir J. Delvallée et A. Reygrobellet, Société partie à un pacte d'associés ou pacte signé en présence de la société, quelles différences ? : BRDA 22/22 inf. 21).

69115 Lorsqu'elle a pour effet d'entraver la liberté de se rétablir d'un **actionnaire salarié,** la clause de non-concurrence doit en outre être indispensable – et pas simplement proportionnée – à la protection des intérêts légitimes de la société, tenir compte des spécificités de l'emploi du salarié et comporter l'obligation pour la société de lui verser une contrepartie financière ; ces conditions sont cumulatives (Cass. com. 15-3-2011 nº 10-13.824 : RJDA 6/11 nº 549).

› Précisions **a.** Si l'engagement de non-concurrence pris dans un pacte par l'associé salarié d'une SAS est disproportionné et ne contient pas de contrepartie financière, la clause du pacte prévoyant le **rachat forcé** de ses actions en cas de violation de cet engagement ne peut pas être mise en œuvre (CA Paris 21-10-2021 nº 18/21284 : RJDA 1/22 nº 20, en matière de SAS mais transposable).

b. N'a pas droit à indemnité l'actionnaire salarié qui a démissionné sans **signer l'avenant** à son **contrat de travail** alors que le pacte conclu avec des investisseurs imposait aux actionnaires salariés de signer un tel avenant mettant à leur charge une obligation de non-concurrence en cas de cessation de leurs fonctions salariées moyennant une contrepartie financière ; en effet, seule la signature de l'avenant faisait naître l'obligation de non-concurrence et donnait droit à l'indemnité correspondante (CA Paris 24-1-2012 nº 10/19478 : RJDA 5/12 nº 507).

c. L'**action en nullité** de la clause d'un pacte interdisant à un salarié devenu associé de concurrencer la société pendant la durée de détention de ses titres puis deux ans après leur cession **se prescrit** à compter de la signature du pacte (CA Paris 22-1-2019 nº 17/01196 : RJDA 5/19 nº 343).

d. Sur la possibilité pour la **société** de se **prévaloir** d'une **clause** d'exclusivité insérée dans un pacte signé entre ses actionnaires, bien qu'elle ne soit pas partie au pacte, voir nº 69304.

e. Sur la **caducité** de la clause en cas d'impossibilité de la respecter, voir nº 69111.

CONFIDENTIALITÉ DU PACTE

Les parties peuvent prévoir que le pacte a un caractère confidentiel et s'interdire d'en divulguer le contenu, sauf accord exprès des autres signataires. Elles peuvent en outre se porter fort du respect de cette confidentialité par des tiers au pacte, leurs salariés et prestataires de services en particulier. 69116

La clause de confidentialité peut concerner l'existence même du pacte ou certaines de ses dispositions seulement. Elle peut viser les informations dont les parties ont eu connaissance lors de la négociation ou de la conclusion du pacte, ou au cours de son exécution.

Il est opportun de prévoir la durée pendant laquelle l'obligation de confidentialité devra être observée ; si l'obligation se prolonge au-delà de l'expiration du pacte, il convient de préciser que cette obligation existe quelle que soit la cause pour laquelle il est mis fin au pacte.

CONSEIL

Le **non-respect** de la clause de confidentialité ne peut donner lieu qu'à des dommages-intérêts, et non à exécution forcée en nature, compte tenu des obligations qu'elle impose et qui par hypothèse seront violées. Prévoir le principe et les modalités de calcul d'une indemnisation pour sanctionner cette violation (cf. C. civ. art. 1231-5) peut donc s'avérer une sage précaution.

2. CLAUSES DU PACTE RELATIVES À LA GESTION DE LA SOCIÉTÉ

CONVENTIONS DE VOTE

Les plus notables des clauses relatives à la gestion de la société concernent le droit de vote. Elles prévoient, par exemple, un accord unanime ou un droit de veto pour des décisions importantes (notamment certaines modifications statutaires ; Décisions AMF 212C0011 du 3-1-2012, 220C2184 du 26-6-2020 et 222C2222 du 16-9-2022) ou des opérations ayant un impact sur le capital, l'endettement ou les cessions d'actifs de la société (Décisions AMF 211C0543 du 29-4-2011, 221C3466 du 14-12-2021 et 223C2042 du 13-12-2023) limitativement énumérées, la soumission à la loi de la majorité dégagée au sein d'un syndicat de blocage (Décision AMF 219C2587 du 4-12-2019), des quorums et majorités renforcés pour l'adoption de certaines décisions du conseil d'administration (Décisions AMF 221C1716 du 8-7-2021 et 221C2631 du 7-10-2021) et des assemblées, l'engagement d'élire un nombre déterminé d'administrateurs parmi les porteurs d'une certaine catégorie d'actions, la renonciation à l'exercice du droit de vote pendant une période donnée, la renonciation au droit de vote double, etc. Ces conventions de vote sont licites dès lors qu'elles respectent les règles d'ordre public et qu'elles ne contrarient pas l'intérêt social (n°s 7740 s.). 69120

Parfois aussi, les pactes imposent une autorisation ou une approbation préalable d'un organe déterminé avant que ne soient prises les décisions qu'ils définissent. Les parties au pacte ont intérêt à bien préciser les opérations visées par cette obligation pour éviter tout litige ultérieur (pour des exemples, Cass. com. 24-10-2018 n° 15-26.416 F-D : RJDA 3/19 n° 241 et CA Paris 16-6-2015 n° 14/02590 : RJDA 11/15 n° 752).

Quelquefois, les pactes sont moins contraignants et contiennent seulement des promesses de porte-fort de certains actionnaires envers les autres sur la réalisation de tel ou tel objectif. Les promettants ne sont tenus qu'à des dommages-intérêts si les résultats promis ne sont pas atteints (C. civ. art. 1204). 69121

Est valable la convention par laquelle une personne s'engage à faire en sorte que son cocontractant soit nommé président de la société, dès lors qu'un tel engagement n'entraîne aucune restriction aux pouvoirs du conseil d'administration, au cas où celui-ci nommerait l'intéressé comme président, de le révoquer à tout moment et sans indemnité (CA Paris 31-3-1995 : RJDA 12/95 n° 1380).

Illustrations Parmi les pactes publiés par l'AMF, on relève les clauses suivantes : 69125

– dans le cadre d'un pacte constitutif d'une action de concert conclu lors de la restructuration financière de la société, mise en place d'un conseil de gérance auquel seront soumises les décisions importantes pour l'avenir de la société (indiquées de façon non limitative) en amont de leur adoption par le conseil d'administration, les administrateurs, à l'exception des administrateurs indépendants, se conformant à la position exprimée par le conseil de gérance (Décision 224C0462 du 28-3-2024) ;

– dans le cadre d'un pacte constitutif d'une action de concert entre les actionnaires familiaux, réunion avant chaque assemblée générale de la société d'une assemblée des parties au pacte afin de décider de l'exercice des droits de vote attachés à leurs actions (Décision 222C0301 du 4-2-2022), ou engagement des parties de se concerter avant toute assemblée

générale de la société en vue d'un exercice concordant de leurs droits de vote (Décision 222C2674 du 13-12-2022) ;
– dans le cadre d'une société holding animatrice, organisation de la représentation respective des parties au sein du conseil d'administration et obligation pour le conseil de statuer sur première convocation à l'unanimité des membres présents pour l'adoption de certaines décisions importantes (Décision 215C0430 du 13-4-2015) ;
– à l'occasion de l'acquisition par l'une des parties d'actions représentant 5,70 % du capital et 3,83 % des droits de vote d'une SA, engagement du majoritaire, se portant fort de la société, de faire en sorte qu'aucune émission de valeurs mobilières sans droit préférentiel de souscription au profit des actionnaires ne soit décidée sans l'accord préalable de l'acquéreur (Décision 208C1844 du 9-10-2008) ;
– à la suite de la caducité d'un précédent pacte familial et dans le cadre des opérations de reclassement des titres détenus par les membres de la famille au profit d'une société contrôlée par l'un de ces membres, engagement des actionnaires parties au nouveau pacte de faire en sorte que le président-directeur général, le directeur général délégué et l'un des administrateurs nommément désignés conservent leurs fonctions, et engagement des actionnaires familiaux de se concerter pour toute modification des organes de direction et pour toute proposition de nomination d'un nouvel administrateur (Décision 207C2090 du 14-9-2007) ;
– pour assurer une parité de participation et de représentation des deux actionnaires détenant de concert 91,04 % du capital et des droits de vote à la suite d'un apport d'actifs à la société, outre une clause de stabilité des participations respectives de ces actionnaires, représentation paritaire des deux actionnaires au sein du conseil de surveillance et présidence assurée alternativement par un représentant de l'un des deux actionnaires, la vice-présidence étant assurée par un représentant de l'actionnaire n'assurant pas la présidence, engagement de se concerter avant chaque assemblée générale en vue d'arrêter dans la mesure du possible une position commune et, sous réserve de l'existence de bénéfices distribuables, engagement de proposer à l'assemblée de procéder à une distribution de dividendes d'un montant au moins égal à 50 % du résultat net consolidé au titre de chaque exercice et de voter en faveur d'une telle distribution (Décision 206C2187 du 4-12-2006).

AUTRES CLAUSES DU PACTE RELATIVES À LA GESTION DE LA SOCIÉTÉ

69130 Certaines clauses ouvrent simplement un droit de consultation, d'information ou de contrôle complémentaire au profit des minoritaires.

Les **clauses d'information** doivent mettre la fourniture des renseignements visés (situation comptable trimestrielle et détaillée, états financiers prévisionnels, projet de budget, plan d'investissement, etc.) à la charge des dirigeants sociaux. Elles ne sauraient imposer des obligations particulières aux commissaires aux comptes qui ne sont pas parties au pacte et qui ne peuvent donc être obligés par lui. De plus, les commissaires aux comptes ne disposent pratiquement d'aucune liberté pour informer des actionnaires en dehors des prescriptions légales puisque la loi leur impose le secret professionnel sur « les faits, actes ou renseignements dont ils ont pu avoir connaissance à raison de leurs fonctions » (art. L 821-35, al. 1).

De même, il convient de confier à un expert autre que le commissaire aux comptes les missions de **contrôle comptable** que les minoritaires seraient autorisés à faire pratiquer.

> **Précisions** Pour un exemple de pacte liant les actionnaires d'une SA répartis en deux groupes (un groupe d'investisseurs et un groupe « management » dont faisait partie le président) et obligeant le président à organiser des réunions périodiques avec le **groupe d'investisseurs** durant lesquelles le président devait fournir des **informations sur la marche des affaires sociales,** voir CA Paris 27-3-2007 n° 05-19892 : RJDA 1/08 n° 47.

3. CLAUSES DU PACTE RELATIVES À L'ACTIONNARIAT

a. Clauses financières

69150 Les clauses financières sont destinées à préserver les droits des minoritaires. Elles se rencontrent dans les domaines suivants.

Répartition des bénéfices : il s'agit d'assurer un dividende aux minoritaires, les majoritaires s'engageant notamment à la distribution d'un premier dividende si les bénéfices le permettent.

Droit de souscription : en cas d'augmentation de capital, les minoritaires se voient reconnaître un droit prioritaire de souscription jusqu'à un certain niveau, souvent pour maintenir leur participation au même seuil (« clause anti-dilution ») ou un droit préférentiel aux mêmes conditions que celles offertes par un investisseur financier (« clause pari passu »).

Stabilité des capitaux propres : les majoritaires s'engagent, si les capitaux propres deviennent inférieurs à une fraction déterminée du capital social, à régulariser le montant de ces capitaux d'une valeur au moins égale.

b. Clauses de sortie

CLAUSE DE CONTRÔLE DES CESSIONS D'ACTIONS

Les clauses de contrôle des cessions ont pour but notamment de permettre aux actionnaires de référence de conserver la position qu'ils détiennent dans la société au moment de la conclusion du pacte. Elles peuvent aussi assurer un blocage temporaire d'actions provenant de mécanismes d'intéressement au capital (pour un exemple, Décision AMF 210C0495 du 7-6-2010). **69165**

À cet effet, les pactes contiennent essentiellement les clauses examinées ci-après.

Clause de préemption Les clauses de préemption figurant dans un pacte d'actionnaires obéissent au même régime que celles qui sont incluses dans les statuts (nos 68590 s.). **69167**

Le pacte d'actionnaires qui contient un droit de préemption doit être interprété restrictivement car il constitue une limitation au principe de libre négociation des actions.

ILLUSTRATIONS

Même si le pacte définit largement le champ d'application du droit de préemption en visant les cession, échange, apport en société, nantissement ou donation, il n'évoque qu'une cession isolée et ne saurait donc concerner le cas de transmission à titre universel résultant d'une fusion (CA Paris 18-2-2000 : RJDA 6/00 n° 662 et, sur pourvoi, Cass. com. 28-4-2004 n° 672 : RJDA 8-9/04 n° 983).

La convention par laquelle les actionnaires de plusieurs sociétés appartenant à un groupe se sont consenti un droit de préemption mutuel « en cas de cession » de leurs actions respectives ne peut pas utilement être invoquée en cas d'apport en société (Cass. com. 15-12-2009 n° 08-21.037 : RJDA 4/10 n° 377 et rapport R. Salomon p. 324).

Un pacte de préemption qui vise les opérations emportant de quelque manière que ce soit transfert de la propriété des titres d'une SA a été déclaré inapplicable lors de la cession des titres d'une société actionnaire de la SA (Cass. com. 15-9-2009 n° 08-11.627 : RJDA 2/10 n° 154).

Un pacte conférant un droit de préemption en cas de cession d'actions assurant le contrôle de la société a été déclaré inapplicable à la cession de 49 % du capital de celle-ci (Cass. com. 26-2-2013 n° 12-13.721 : RJDA 5/13 n° 421).

Le pacte qui soumet à un droit de préemption tout transfert de titres de la société par l'un de ses signataires n'englobe pas les augmentations de capital réservées (CA Paris 24-11-2015 n° 14/15626 : RJDA 2/16 n° 124).

Toutefois, un pacte conférant un droit de préemption aux actionnaires en cas de cession d'actions a été déclaré applicable à un prêt de consommation qui a été assimilé à une cession (CA Paris 2-7-2002 n° 01-19901 : RJDA 1/03 n° 35). Il a aussi été jugé que le pacte qui comportait un droit de préemption était applicable à des cessions d'actions conclues dans le cadre d'un plan de continuation (CA Aix-en-Provence 5-12-2003 n° 02-19692 : RJDA 3/05 n° 276).

Jugé par ailleurs que même non soumise à un droit de préemption visant les seules cessions de contrôle, la cession d'une participation minoritaire constitue une fraude à ce droit si elle s'accompagne de modifications statutaires donnant le contrôle, serait-il seulement conjoint, à l'acquéreur (Cass. com. 15-3-2017 n° 15-20.440 F-D : RJDA 6/17 n° 412).

Aucune raison d'ordre public n'impliquant de contrer la liberté contractuelle, rien n'interdit, à notre avis, d'étendre l'application de la clause de préemption à toutes opérations entraînant transfert de la propriété des actions par une **clause expresse** en ce sens. Pour que la clause soit pleinement efficace, les parties ont tout intérêt à indiquer précisément quelles opérations elles entendent lui soumettre. **69168**

MODÈLE

Clause de préemption

En cas de projet de transfert des actions de l'actionnaire X, à quelque titre que ce soit (à titre gratuit ou onéreux, y compris par voie d'apport, d'échange, de fusion, de scission ou d'adjudication volontaire ou forcée), et alors même que ce transfert ne porterait que sur la nue-propriété ou l'usufruit des actions, l'actionnaire Y bénéficie d'un droit de préemption sur ces actions ou, selon le cas, sur leur nue-propriété ou leur usufruit.

Échappent à l'exercice de la préemption les nantissements de titres ainsi que les attributions de titres effectuées au profit d'héritiers ou d'un conjoint en cas de liquidation de communauté entre époux.

69170 **Clause d'inaliénabilité** Les clauses d'inaliénabilité obéissent au droit commun en la matière.

Une clause de ce type peut permettre d'organiser le blocage des actions que les parties détiennent ou viendront à détenir dans le cadre d'un programme d'intéressement au capital par attributions d'actions gratuites ou levées de stock-options (cf. Décision AMF 210C0495 du 7-6-2010).

Pour un exemple de clause d'incessibilité temporaire, assortie d'une clause de perte de la qualité d'actionnaire en cas de perte de celle de salarié de la SA, voir CA Poitiers 12-11-2002 : RJDA 10/03 n° 966.

Sur le tribunal compétent pour connaître des litiges relatifs à la mise en œuvre des pactes signés par les associés par ailleurs salariés, voir n° 4270.

69171 **Clause de limitation des participations** Pour maintenir l'équilibre entre les participations, des membres du pacte, minoritaires en principe mais parfois majoritaires, s'engagent à ne pas acquérir de nouvelles actions au-delà d'un seuil déterminé : en particulier, le ou les minoritaires s'engagent à ne pas prendre directement ou indirectement le contrôle de la société ou à ne pas dépasser le seuil au-delà duquel, dans les sociétés dont les actions sont admises aux négociations sur un marché réglementé ou sur Euronext Growth, l'offre publique d'achat devient obligatoire. Cette autolimitation est pratiquement toujours prévue pour une durée limitée. Le caractère temporaire de la clause est, à notre avis, une condition de validité de celle-ci, laquelle attire les mêmes objections que la clause d'inaliénabilité : elle est un obstacle à la libre circulation des richesses qui est un élément de l'ordre public de la liberté du commerce. Il est donc plus sûr, pour éviter toute contestation, de lui appliquer les conditions de validité imposées à la clause d'inaliénabilité : existence d'un **intérêt légitime** et **limitation dans le temps** en fonction de cet intérêt. Il est aussi opportun de fixer une durée pour éviter que le signataire ne puisse mettre fin à tout moment à son engagement pris pour une durée indéterminée (C. civ. art. 1211).

ILLUSTRATIONS

Parmi les pactes publiés par l'AMF, on relève les clauses suivantes :

– dans le cadre d'un pacte de famille constitutif d'une action de concert, engagement des parties de ne pas faire franchir au concert les seuils de 30 % du capital et/ou des droits de vote de la société et obligation d'information préalable de chacune des parties à l'égard des autres parties en cas d'accroissement de sa participation avec un préavis de dix jours de bourse (Décision 222C2674 du 13-12-2022) ;

– dans le cadre d'un partenariat stratégique supposant un actionnariat stable, l'une des parties à laquelle avaient été attribués 5,78 % du capital et des droits de vote de la cible s'est engagée, dans le pacte d'une durée limitée à trois ans, à ne pas franchir à la hausse, seule ou de concert, le seuil de 8 % du capital ou des droits de vote de cette société avec, d'une part, ajustement de ce seuil à la hausse en cas de paiement du dividende en actions, d'augmentation de participation « passive » ou d'exercice de droits préférentiels de souscription, d'autre part, suspension du plafonnement en cas d'annonce d'un projet d'offre publique (Décision 210C0336 du 19-4-2010).

Pour un pacte organisant la parité entre ses signataires, voir Cass. com. 24-5-2011 n° 10-24.869 : RJDA 10/11 n° 816.

69172 **Clause de maintien du niveau de participation** Pour assurer la pérennité des équilibres en présence, les parties s'engagent à maintenir leur niveau de participation, le cas échéant avec droit de sortie conjointe (n° 69176) en cas de non-respect de cet engagement.

Pour un exemple, dans le cadre de la poursuite d'une politique de croissance au travers d'une société holding animatrice, voir Décision AMF 215C0430 du 13-4-2015. Pour un exemple dans le cadre d'un pacte constituant une action de concert conclu entre les membres de quatre familles et visant à s'assurer de l'existence d'un noyau stable d'actionnaires, voir Décision AMF 218C0779 du 23-4-2018. Pour un exemple dans le cadre d'un pacte destiné à préserver les valeurs communes ayant animé les relations historiques en ses signataires tout en sauvegardant le rendement de leurs participations respectives, voir Décision AMF 219C2633 du 9-12-2019.

› Précisions Il a été fait droit à la demande *de dommages-intérêts formée* par un actionnaire qui avait été évincé par l'effet d'un **coup d'accordéon** (réduction du capital à zéro suivie d'une augmentation de celui-ci) et qui invoquait la violation du pacte lui accordant un droit permanent au maintien de sa participation à hauteur de la quotité du capital qu'il détenait lors de son entrée dans la société. Bien que le pacte ait précisé qu'il prendrait fin à l'égard d'une partie qui ne détiendrait plus aucun titre de la société mais resterait en vigueur à l'égard des autres parties, il a été relevé que le coup d'accordéon ne pouvait s'analyser qu'en une opération unique, que la réduction du capital à zéro s'était faite sous la condition suspensive de l'augmentation subséquente, et que c'est au moment où celle-ci avait été votée que la réduction du capital avait été réalisée. Par ailleurs, même si l'intérêt social justifiait une telle opération, le demandeur critiquait non pas le principe de la recapitalisation de la société mais uniquement la violation du pacte (CA Paris 27-3-2014 n° 13/06816 : RJDA 7/14 n° 642).

Des associés qui se sont engagés dans un pacte à ce qu'un cosignataire du pacte conserve une certaine part du capital jusqu'à sa sortie de la société commettent une faute à son égard en votant en faveur d'un coup d'accordéon (Cass. com. 7-5-2019 n° 17-16.675 F-D : RJDA 8-9/19 n° 559).

Autres clauses Parmi les autres clauses que l'on trouve dans les pactes de contrôle des cessions, signalons les suivantes : 69173

– les clauses d'**introduction en bourse,** qui reconnaissent aux minoritaires le droit de mettre sur le marché un nombre de titres déterminé, en même temps que le majoritaire ;

– les clauses réglant le comportement des membres du pacte au cas où la société serait la cible d'une **offre publique** d'achat, telles qu'engagements d'apport à l'offre dont la validité a été admise (T. com. Paris 28-7-1986 : Rev. sociétés 1987 p. 58 note J.-J. Daigre ; cf. CA Paris 13-7-1988 : D. 1989 p. 160 note P. Le Cannu) ;

– les clauses subordonnant l'exercice d'une **promesse de vente** d'actions à la survenance d'événements tels qu'offre publique portant sur les titres de l'émetteur à laquelle le promettant apporterait ses titres (cf. Décision AMF 211C0151 du 9-2-2011) ou décès de l'une des parties (Décision AMF 222C1076 du 11-5-2022) ;

– les clauses de **droit de première offre** donnant à leur bénéficiaire, dans certaines circonstances déterminées telles que la fin d'un engagement de conservation ou d'une période d'inaliénabilité, la faculté de se porter acquéreur des titres dont la cession serait envisagée par un ou plusieurs autres membres du pacte (pour des exemples, Décisions AMF 217C1631 du 19-7-2017, 220C0569 du 12-2-2020 et 2024C1415 du 7-9-2024) ;

– les clauses de **cession ordonnée,** appelées à jouer en cas de transfert libre ou de cession d'actions qui n'auraient pas été acquises dans le cadre de l'exercice du droit de première offre, imposant aux membres du pacte de ne céder des actions sur le marché que de manière ordonnée afin de ne pas peser sur le cours de bourse (Décisions AMF 219C1208 du 18-7-2019, 219C2519 du 2-12-2019 et 221C2808 du 20-10-2021) ;

– les clauses subordonnant à la survenance d'événements déterminés la faculté pour les porteurs de **valeurs mobilières donnant accès au capital,** en pratique des investisseurs financiers, d'exercer le droit de conversion ou de souscription attaché à leurs titres (pour un exemple de pacte imposant à un porteur de BSA de souscrire les actions qui lui seraient réservées, voir CA Paris 1-10-2004 n° 03-21420 : RJDA 12/05 n° 1359, 3e esp.) ;

– les clauses de **portage** prévoyant qu'en cas de rachat, par un membre du pacte, des actions d'un autre membre, ces actions pourront être « portées » par un établissement financier déterminé si l'acquéreur n'a pas les moyens de payer immédiatement le prix ;

– les clauses **anti-dilution** permettant à l'une des parties de conserver une participation en capital et en droits de vote au moins égale à celle qu'elle détient au moment de la signature du pacte par des mécanismes de promesse d'achat ou de vente consentie par l'actionnaire majoritaire (pour un exemple, Décision AMF 207C2510 du 14-11-2007) ou de maintien du droit préférentiel de souscription en cas d'émission d'actions nouvelles ou de titres donnant accès au capital (pour un exemple, Décision AMF 219C1044 du 28-6-2019).

CLAUSE DE RUPTURE

Les clauses de rupture permettent à chaque membre du pacte de se dégager de la société par la cession de ses actions à un autre membre qui est tenu de les lui acheter. 69174

Leur présence est systématique lorsque les parties au pacte sont par ailleurs engagées dans une coopération interentreprises. Chacune est ainsi assurée de pouvoir mettre un terme à l'action commune. En pratique, il suffit souvent que la partie non défaillante menace d'invoquer la clause de rupture pour que l'autre accepte de régler amiablement le différend, de sorte que de nombreuses clauses de ce type ne sont jamais mises en œuvre.

ATTENTION

Les clauses de rupture dont l'application est susceptible d'affecter le libre jeu de la **concurrence** ou de tomber sous le coup de la réglementation sur les **investissements étrangers** doivent être soumises aux autorités nationales ou européennes compétentes.

69175 **Causes de la rupture** Selon les clauses, la rupture peut être provoquée par chaque partie ou seulement l'une d'elles, à tout moment ou après une période convenue, à la discrétion des intéressés ou en cas de survenance d'événements prédéfinis. Si elles manquent de précision, ces clauses nécessitent l'interprétation des tribunaux.

ILLUSTRATIONS

En présence d'une clause selon laquelle, « en cas de cession partielle ou totale comme en cas d'introduction sur un marché de valeurs mobilières, les majoritaires s'engagent à faire en sorte que les minoritaires puissent à leur convenance céder prioritairement tout ou partie des titres qu'ils détiennent », la clause doit s'appliquer même en cas de cession n'entraînant pas de changement de contrôle de la société (CA Versailles 14-10-2004 n° 03-4586 : RJDA 5/05 n° 574).

Un actionnaire qui a promis de céder l'intégralité de ses actions à un autre en cas de démission, de révocation ou de licenciement pour quelque motif que ce soit n'a pas à exécuter cette promesse en cas de rupture de son contrat de travail par la société pendant la période d'essai (CA Paris 14-12-2004 n° 03-21818 : RJDA 12/05 n° 1359, 2e esp.), cette rupture n'étant pas assimilée à un licenciement.

À l'inverse, l'un des fondateurs d'une SA, par ailleurs salarié et mandataire social, qui a promis en cas de cessation de ses fonctions de salarié et/ou de mandataire social de céder ses actions aux majoritaires, ceux-ci pouvant exercer la promesse pendant six mois à compter de la date de son départ, doit respecter son engagement pendant la période de préavis qui suit son licenciement (CA Paris 11-2-2014 n° 12/20835 : RJDA 6/14 n° 536).

Si un actionnaire majoritaire s'est engagé à racheter les actions d'un minoritaire, par ailleurs dirigeant de la société, en cas de révocation de celui-ci sauf pour « inconduite grave », le majoritaire ne peut s'opposer au rachat que s'il invoque un motif d'inconduite grave au moment de la révocation et non à la date, postérieure, où le minoritaire demande le rachat de ses titres (CA Paris 14-12-2010 n° 10-11125 : RJDA 4/11 n° 320).

L'engagement pris par l'actionnaire majoritaire d'acquérir les actions des minoritaires si sa participation tombe en deçà d'un certain seuil du fait d'une opération financière quelconque doit être respecté si la dilution résulte d'une augmentation de capital (CA Paris 20-12-2012 n° 11/22841 : RJDA 4/13 n° 329).

Même en présence d'une clause leur reconnaissant un droit de sortie sans condition, les parties ne sauraient exercer ce droit à contretemps et de mauvaise foi. En effet, la liberté contractuelle ne peut faire échec à la règle d'ordre public selon laquelle nul ne peut abuser de son droit et à l'interdiction de renoncer par avance à une protection d'ordre public.

69176 **Modalités de la rupture** Le désengagement peut être organisé par différentes voies : droit de retrait reconnu à une partie qui peut obliger l'autre à lui racheter ses actions ; droit pour chaque membre du pacte, si un autre membre vend ses actions, de vendre également les siennes au même acquéreur et dans les mêmes conditions (clause de sortie conjointe ou « tag along »), au besoin avec répartition proportionnelle si l'acquéreur entend limiter son investissement ; obligation pour chaque membre du pacte de céder ses actions au tiers acquéreur des actions d'un autre membre si ce tiers acquéreur l'exige (clause de cession forcée ou « drag along ») ; en cas de cession totale ou de liquidation de la société, droit pour certains actionnaires (en pratique les investisseurs), de recevoir une partie du prix de cession en priorité par rapport aux autres actionnaires (clause dite « de liquidation préférentielle ») ; etc.

Ont ainsi été prévues des clauses prévoyant :

– le rachat forcé par les membres du groupe majoritaire des actions du groupe minoritaire au cas où ce dernier perdrait sa minorité de blocage (CA Paris 10-12-1998 : D. aff. 1999 p. 299) ;

– le rachat forcé par le majoritaire des actions du minoritaire en cas de cessation du mandat social de celui-ci pendant la durée du pacte (Cass. com. 7-5-2019 n° 17-16.066 F-D : RJDA 7/19 n° 509, écartant la possibilité pour le majoritaire de remettre en cause la cession s'il n'a pas contesté le prix de cession dans les délais fixés par le pacte) ;

– l'engagement des majoritaires de racheter la participation d'un minoritaire à la demande de celui-ci, avec faculté de se substituer un tiers (CA Versailles 9-7-2020 n° 19/02770 : RJDA 11/20 n° 576 ; au cas d'espèce, le tiers ayant racheté seulement la moitié de la participation, les majoritaires ont été condamnés à racheter l'autre moitié) ;

– l'engagement des majoritaires de faire en sorte qu'en cas de cession partielle ou totale, comme en cas d'introduction sur un marché de valeurs mobilières, les minoritaires puissent à leur convenance céder prioritairement tout ou partie des titres qu'ils détiendraient (CA Versailles 14-10-2004 n° 03-4586 : RJDA 5/05 n° 574) ;

– l'engagement irrévocable d'un actionnaire, en cas d'introduction en bourse de la société et au jour de cette introduction, de faire en sorte de permettre à un autre actionnaire de diffuser dans le public tout ou partie des actions que ce dernier possédait dans le capital de cette société (Cass. com. 9-10-2012 n° 11-14.498 : RJDA 2/13 n° 133).

MODÈLE

Clause de sortie conjointe (« tag along »)

Si l'actionnaire... (*par hypothèse l'actionnaire majoritaire*) projette de céder tout ou partie de ses actions à un tiers non actionnaire, il s'oblige, lorsque cette cession donne accès à la majorité du capital ou des droits de vote de la société, à proposer aux autres actionnaires (*ou à tel actionnaire ou telle catégorie d'actionnaires*) de céder leurs actions aux mêmes conditions et fait son affaire de la mise en œuvre de cette cession vis-à-vis du cessionnaire.
(*Mise en œuvre de la clause à préciser en fonction de chaque situation : modalités des notifications, délais, etc.*)

Les clauses de retrait ou de sortie conjointe, que l'on peut dire « classiques », sont valables si le **prix** est déterminé ou déterminable. Tel est généralement le cas, un expert étant chargé de fixer ce prix. **69177**
Ne constitue pas une clause léonine prohibée la clause accordant à un investisseur un droit de rachat de ses actions à un prix prédéterminé dans le cas où certains événements expressément énumérés se réaliseraient sans son accord (CA Paris 3-7-2012 n° 11/08630 : RJDA 12/12 n° 1072).
A été déclarée valable la clause imposant au signataire du pacte, par ailleurs salarié de la société, de céder ses actions en cas de licenciement autre que pour faute grave ou lourde, à un prix fixé à dire d'expert dégradé d'un coefficient de 0,5. Cette clause ne s'analysait pas en une sanction financière prohibée (cf. C. trav. art. L 1331-2) car elle ne visait pas à sanctionner un agissement du salarié considéré comme fautif par son employeur dès lors qu'elle s'appliquait à tout licenciement autre que disciplinaire (Cass. com. 7-6-2016 n° 14-17.978 FS-PB : RJDA 10/16 n° 696).

Souvent, la rupture est envisagée par une **clause d'offre alternative** (« buy or sell »). Cette clause prévoit que l'une des parties a la faculté d'offrir à son cocontractant de lui acheter ses titres au prix qu'elle fixe ; en cas de refus du cocontractant, celui-ci est tenu de vendre, au même prix, ses propres titres à l'auteur de l'offre initiale, qui est obligé de les lui acheter. Elle permet d'organiser la sortie de l'un de ses signataires en cas de conflit ou de situation de blocage de nature à remettre en cause la présence commune des intéressés au sein de la société. Il convient de définir de façon objective et avec précision les circonstances de nature à entraîner sa mise en œuvre. **69178**
La clause d'offre alternative s'analyse en une offre de vente. Pour lui assurer un caractère contraignant, elle est fréquemment assortie d'une double promesse : une promesse de vente du bénéficiaire qui refuserait d'acheter les titres qui lui sont offerts ; une promesse d'achat de l'auteur de l'offre.
La **validité** de principe de ce type de clause est désormais admise par les tribunaux (Cass. com. 20-9-2011 n° 10-27.186 F-D : Bull. Joly 2012 p. 198 note Th. Massart ; Cass. com. 29-9-2015 n° 14-15.040 F-D : RJDA 3/16 n° 198 ; Cass. com. 21-6-2023 n° 21-25.952 F-B : RJDA 11/23 n° 589 qualifiant une telle clause de promesse unilatérale de vente sous la condition suspensive de la survenance d'un événement déterminé). Les modalités de détermination du **prix** d'achat ou de vente des titres constituent un élément essentiel de la clause et doivent être indépendantes de la volonté des parties pour éviter tout risque de nullité (jurisprudence constante sur la vente). Il en est incontestablement ainsi lorsque la clause prévoit qu'à défaut d'accord entre les parties, le prix sera fixé par expert.

> ***Précisions*** **a.** *Dans le cas où les parties* sont convenues de se faire des **offres croisées** de leurs titres en acceptant par avance le prix le plus élevé proposé sans pouvoir surenchérir, la vente est formée au profit de celui qui a fait l'offre la plus forte (Cass. com. 29-9-2015 n° 14-15.040 F-D : RJDA 3/16 n° 198).
> **b.** L'associé **signataire** d'une clause de « buy or sell » de droits sociaux qui n'a **pas répondu à l'offre** de cession de l'autre signataire est tenu de lui vendre ses parts au prix prévu par l'offre, dès lors que les conditions de déclenchement de la clause sont remplies et que le prix est déterminable à partir du prix proposé par l'associé qui a offert de céder ses titres, prix qui sert de référence au bénéficiaire de l'offre ; sauf stipulation contraire de la clause, il ne peut pas être exigé de l'associé qui la met en œuvre une communication spontanée de tous les documents utiles à l'appréciation de l'offre (Cass. com. 12-2-2025 n° 23-16.290 FS-B : RJDA 6/25 n° 327, en matière de parts de SARL mais transposable).

c. La clause, intitulée « buy or sell », qui prévoit qu'en cas d'**offre d'achat** du capital **par un tiers** un actionnaire peut vendre ses titres au tiers ou racheter les titres de ses coactionnaires, comporte deux options alternatives. L'exercice de la première interdit d'exercer la seconde (CA Paris 10-3-2015 n° 13/21286 : RJDA 7/15 n° 503).

d. L'**exécution de mauvaise foi** de la clause peut entraîner de lourdes conséquences financières. Ainsi, des majoritaires, qui s'étaient engagés à céder à un tiers la totalité des actions d'une SA sous condition d'un rachat préalable des actions des minoritaires avec lesquels ils avaient conclu une convention buy or sell, ont été considérés comme ayant exécuté de mauvaise foi leur obligation à l'égard du tiers et comme ayant, de leur fait, empêché l'accomplissement de la condition en proposant un prix manifestement sous-évalué pour l'exécution de la convention buy or sell, de sorte que les minoritaires s'étaient portés acquéreurs des actions à ce prix sous-évalué. La condition assortissant l'obligation dont les majoritaires étaient débiteurs à l'égard du tiers acquéreur a été réputée accomplie (C. civ. art. 1304-3) et ils ont été condamnés à lui verser d'importants dommages-intérêts (Cass. com. 20-9-2011 précité).

C. Inexécution du pacte d'actionnaires

RESPONSABILITÉ ET RÉSOLUTION DU PACTE

69300 **Responsabilité contractuelle** Les parties peuvent prévoir des sanctions contractuelles classiques, telles que clause fixant le montant de la pénalité et clause résolutoire de plein droit, à la condition qu'elles ne soient pas contraires à une règle d'ordre public.

ILLUSTRATIONS

A été annulée la clause d'un pacte de cession conjointe qui précisait que si l'un des signataires cédait ses actions sans l'accord des autres signataires, ces derniers pourraient à la majorité simple, l'intéressé étant exclu du vote, soit lui appliquer une pénalité financière dont le montant était fixé à la même majorité, soit décider l'exclusion du signataire, au motif que cette clause ignorait les droits à la défense et à un procès équitable, le montant de la pénalité n'étant en outre enfermé dans aucune limite (CA Paris 4-12-2012 n° 11/15313 : RJDA 4/13 n° 331).

69301 **Condamnation judiciaire** Même en l'absence de clause spécifique, en cas d'inexécution ou d'exécution imparfaite du pacte par l'une des parties, l'autre partie peut demander en justice la **résolution** du pacte et/ou la condamnation du responsable à des **dommages-intérêts** (C. civ. art. 1217 et 1227).

ILLUSTRATIONS

Le minoritaire qui, au mépris du pacte de cession conjointe qu'il avait signé, avait accepté de céder unilatéralement ses actions au majoritaire a été condamné à réparer 60 % de la différence entre le prix auquel le mandataire commun était chargé de vendre les actions et celui auquel les autres signataires les avaient effectivement vendues (CA Paris 29-9-2009 n° 08/14331 : RJDA 2/10 n° 157).

L'investisseur qui, dans un pacte d'actionnaires, s'était engagé à financer l'exploitation d'une société à hauteur de 10 M€ sur trois ans n'a pas respecté cet engagement en apportant en compte courant 500 000 € sur sept mois. Il a été condamné à verser 600 000 € à la société, mise entre-temps en liquidation judiciaire, en réparation du préjudice de celle-ci consistant dans la perte de chance d'éviter l'aggravation de son passif depuis la conclusion du pacte (plus de 4 M€ selon le liquidateur) (CA Paris 19-12-2017 n° 14/15424 : RJDA 3/18 n° 240).

69302 Pour que la condamnation soit prononcée, il faut en principe que la **preuve** du préjudice causé par la violation du pacte soit rapportée (Cass. com. 9-4-2002 : JCP G 2003 II 10067 note Tengang). Il faut également établir la **violation d'une obligation.**

ILLUSTRATIONS

L'actionnaire qui, bien que s'étant engagé irrévocablement envers un autre actionnaire en cas d'introduction en bourse de la société et au jour de cette introduction à faire en sorte de permettre à celui-ci de diffuser dans le public tout ou partie de ses actions de cette société, n'a pas personnellement informé le bénéficiaire de l'entrée en bourse de la société concernée a commis une faute et l'a privé de la possibilité de céder ses titres lors de cette introduction (Cass. com. 9-10-2012 n° 11-14.498 : RJDA 2/13 n° 133).

En revanche, dans un cas où un pacte prévoyait des réunions périodiques d'information qui *n'avaient pas eu lieu*, la demande de résolution du pacte a été rejetée car l'actionnaire demandeur avait reçu du président les informations correspondantes réputées seules essentielles ; mais, de façon surprenante, la société a été condamnée à réparer le préjudice moral causé à cet actionnaire alors qu'elle n'était pas, en principe, partie au pacte. Cette solution ne se comprend que si le dirigeant s'était engagé à organiser les réunions non pas en tant qu'actionnaire partie au pacte, mais en tant que représentant légal (CA Paris 27-3-2007 n° 05/19892 : RJDA 1/08 n° 47).

Résolution unilatérale Pour les pactes conclus depuis le 1er octobre 2016 (date d'entrée en vigueur de l'ordonnance 2016-131 du 10-2-2016), et en cas d'inexécution suffisamment grave (cf. C. civ. art. 1124), qu'elle devra le cas échéant prouver devant le juge, la partie victime du manquement peut, à ses risques et périls, résoudre le pacte par voie de notification. Sauf urgence, elle doit préalablement mettre en demeure son cocontractant de satisfaire à ses engagements dans un délai raisonnable ; lorsque l'inexécution persiste, elle lui notifie la résolution du pacte et les raisons qui la motivent ; le cocontractant peut à tout moment saisir le juge pour contester la résolution (C. civ. art. 1226). 69303

Responsabilité extracontractuelle Bien que non partie à un pacte d'actionnaires comportant une clause d'exclusivité à la charge d'un dirigeant actionnaire par ailleurs salarié, une **SA émettrice** a été réputée pouvoir invoquer, sur le fondement de la responsabilité extracontractuelle, un manquement à cette clause, manquement qui lui avait causé un dommage (Cass. com. 18-12-2007 n° 05-19.397 : RJDA 3/08 n° 232) ; par la suite, l'engagement du dirigeant a toutefois été réputé caduc car, révoqué et licencié à l'initiative de la société, il avait été mis dans l'impossibilité de le respecter (Cass. com. 4-10-2011 n° 10-10.548 : RJDA 1/12 n° 63). 69304

De même, lorsqu'un pacte d'actionnaires prévoit que le licenciement de certains **salariés** de la société doit être autorisé par un organe social à une majorité déterminée, les salariés concernés, même s'ils ne sont pas partie au pacte, sont en droit de se prévaloir de cette clause dont l'inexécution par la société prive leur licenciement de cause réelle et sérieuse (Cass. soc. 18-3-2009 n° 07-45.212 : RJDA 6/09 n° 552).

De même encore, en l'état d'un pacte d'associés prévoyant que la révocation du **président de la société** ne peut intervenir qu'après une décision du comité exécutif, les signataires du pacte engagent leur responsabilité à l'égard du président lorsqu'il n'est pas établi que la révocation a été précédée de cette décision (Cass. com. 18-9-2024 n° 22-23.075 F-D : RJDA 2/25 n° 122).

EXÉCUTION FORCÉE DU PACTE

Les mesures décrites ci-dessus (nos 69300 s.) n'équivalent pas à l'exécution forcée. Un tel résultat peut être obtenu en cas d'aliénation des titres au profit d'un tiers en violation d'un droit de préemption. Le bénéficiaire du pacte peut certes obtenir la réparation du préjudice qu'il a subi ; mais il peut aussi agir en nullité du contrat passé avec le tiers en méconnaissance de ses droits (Cass. com. 27-6-2018 n° 16-14.097 F-D : RJDA 12/18 n° 919, dans un cas où les statuts prévoyaient l'annulation des cessions intervenant en violation du pacte), ou obtenir du juge qu'il le substitue au tiers acquéreur, si ce tiers connaissait l'existence du pacte et l'intention du bénéficiaire de s'en prévaloir (C. civ. art. 1123, al. 2 ; Cass. ch. mixte 26-5-2006 n° 240 : RJDA 8-9/06 n° 883 et chron. P. Chauvin p. 796). Précisons d'ailleurs que le tiers peut demander par écrit au bénéficiaire de confirmer, dans un délai qu'il fixe et qui doit être raisonnable, l'existence de la clause de préemption et s'il entend s'en prévaloir. L'écrit doit mentionner qu'à défaut de réponse dans ce délai le bénéficiaire ne pourra plus solliciter sa substitution à la cession conclue avec le tiers ou la nullité de la cession (art. 1123, al. 3 et 4). 69310

Le bénéficiaire du pacte ne peut toutefois pas obtenir l'exécution forcée **en nature** si cette exécution est impossible ou, pour les pactes conclus depuis le 1er octobre 2016 (date d'entrée en vigueur de l'ordonnance 2016-131 du 10-2-2016), s'il existe une disproportion manifeste entre l'intérêt qu'elle présente pour lui et son coût pour le tiers acquéreur de bonne foi (C. civ. art. 1221).

Pour rechercher la **preuve** que ces conditions sont remplies, le bénéficiaire peut demander au juge d'ordonner des mesures d'instruction sur le fondement de l'article 145 du Code de procédure civile (Cass. com. 8-12-2009 n° 08-21.253 : RJDA 3/10 n° 312, Rev. sociétés 2010 p. 158 note J.-F. Barbièri). Mais s'il n'apporte pas cette preuve, la sanction de la violation du pacte demeure l'allocation de dommages-intérêts en réparation du préjudice qu'il a subi (art. 1123, al. 2 ; Cass. 3e civ. 31-1-2007 n° 05-21.071 : RJDA 6/07 n° 597).

L'exécution forcée en nature de clauses de rupture entraînant une **obligation de rachat** a déjà été admise dans des cas où les titres n'avaient pas été cédés à un tiers. 69311

ILLUSTRATIONS

Cette sanction a été prononcée :

– à l'encontre d'un groupe d'actionnaires majoritaires qui s'était engagé à racheter des actions du groupe minoritaire au cas où celui-ci perdrait sa minorité de blocage (CA Paris 10-12-1998 : Bull. Joly 1999 p. 482 note J.-J. Daigre) ;

– dans un cas où une convention conclue entre les actionnaires d'une SA accordait un droit de sortie à l'actionnaire minoritaire en cas de cession partielle ou totale comme en cas d'introduction sur un marché de valeurs mobilières, le majoritaire s'engageant à faire en sorte que les minoritaires puissent à leur convenance céder prioritairement tout ou partie des titres qu'ils détenaient. Il a été relevé que si l'obligation découlant de la convention d'actionnaires s'analysait comme une obligation de faire, il n'était pas établi que l'exécution forcée de cette obligation se heurterait à une impossibilité matérielle, juridique ou morale ; en conséquence, l'actionnaire majoritaire a été condamné à racheter les actions du minoritaire, au prix auquel il avait lui-même cédé ses actions (CA Versailles 14-10-2004 nº 03-4586 : RJDA 5/05 nº 574) ;

– en présence d'une clause de limitation des participations interdisant à deux actionnaires égalitaires d'acquérir les titres des minoritaires ; l'actionnaire égalitaire qui, au mépris de cette clause, avait acquis de tels titres a été condamné sous astreinte à en revendre la moitié à son cocontractant (CA Versailles 27-7-2010 nº 10-559 : RJDA 7/11 nº 635) ;

– dans un cas où les signataires du pacte s'étaient engagés à céder leurs actions à la demande de l'actionnaire majoritaire ; en effet, aucune impossibilité matérielle, juridique ou morale ne faisait obstacle à cette exécution forcée (CA Paris 21-12-2001 nº 01-9384 : RJDA 6/02 nº 643). Ce pacte, qui regroupait tous les actionnaires d'une SA, prévoyait que si les actionnaires représentant 51 % des titres notifiaient au conseil d'administration leur volonté de faire procéder à une cession globale de la totalité des titres de la société, le conseil la recommanderait et qu'à cet effet chaque actionnaire s'engageait « dès à présent » irrévocablement à céder la totalité de ses titres aux conditions de la cession globale ; les conditions requises pour l'application du pacte étant réunies, une banque actionnaire a été condamnée, sous astreinte, à céder ses titres pour un franc.

Par ailleurs, l'exécution forcée en nature d'une clause de rupture entraînant une **obligation de cession** a été admise pour un pacte d'actionnaires prévoyant que, en cas d'exercice d'une activité concurrente, un actionnaire minoritaire par ailleurs salarié de la société promet irrévocablement de céder ses actions à un ou plusieurs actionnaires déterminés à un prix minimum sans préjudice pour les parties, en cas de désaccord sur le prix, de faire déterminer le prix de cession par un expert. Il a été relevé que le juge des référés, qui constate que les conditions de cette promesse sont remplies et que l'obligation n'est donc pas sérieusement contestable, peut ordonner la cession forcée des actions sur le fondement de l'article 873, al. 2 du Code de procédure civile, bien que les parties soient en désaccord sur le prix de cession définitif (Cass. com. 13-1-2021 nº 19-11.726 F-D : RJDA 4/21 nº 245).

69312 Dans un cas où le bénéficiaire d'une clause de préemption prévue par un pacte avait notifié son intention d'exercer son droit dans les conditions prévues par le pacte puis s'était rétracté deux mois plus tard, cette **rétractation** a été réputée sans effet car la cession était devenue parfaite et l'acquéreur ne pouvait plus la remettre en cause unilatéralement. Le cédant a été déclaré fondé à en demander l'exécution forcée par application des règles de droit commun sur l'exécution forcée en nature (ancien article 1184, al. 2 devenu l'article 1221 du Code civil) (CA Versailles 25-6-2013 nº 12/01016 : RJDA 11/13 nº 904).

69313 Sur les difficultés liées à l'exécution forcée en nature des **conventions de vote,** voir nº 7764.

SECTION 6

ACTIONNARIAT DES SALARIÉS ET DIRIGEANTS

DIVERSITÉ DES RÉGIMES D'ACTIONNARIAT

69400 Au cours des 50 dernières années, les mesures destinées à faciliter aux salariés l'accès à la qualité d'actionnaire de la société qui les emploie se sont multipliées. Les dirigeants peuvent bénéficier de ces mécanismes mais sont soumis à des conditions plus strictes.

Certaines de ces mesures sont liées à des dispositions tendant, de manière plus générale, à **intéresser les travailleurs aux résultats de leur entreprise.** Tel est le cas des articles L 3311-1 s. du Code du travail relatifs à l'intéressement, à la participation des salariés et à l'épargne salariale (voir Mémento Social nos 33700 s.). Toutefois, dans ces textes, l'attribution directe d'actions de la société n'est, parmi d'autres (comptes courants, fonds commun de placement, Sicav), qu'une des formules possibles pour l'emploi des droits des salariés ou dirigeants. On doit d'ailleurs constater que cette formule est rarement utilisée.

69401 D'autres visent plus directement l'actionnariat en tant que tel et ont pour seul objet de favoriser la souscription ou l'acquisition par les salariés d'actions de leur société. Il s'agit :
– des **options de souscription ou d'achat d'actions,** encore appelées « stock-options » ;
– des **attributions d'actions gratuites** ;

– des **bons de souscription de parts de créateur d'entreprise** (BSPCE) ;
– des **offres de titres** financiers par les **SAS** à leurs salariés ou dirigeants ou aux salariés ou dirigeants des sociétés qui leur sont liées ;
– des allégements apportés aux règles applicables en cas d'augmentation du capital lorsque l'émission des actions nouvelles est réservée aux salariés adhérant à un **PEE.**

Indépendamment de ces régimes légaux assortis d'avantages fiscaux et sociaux, certaines sociétés utilisent des mécanismes incitatifs basés sur l'octroi d'actions ordinaires ou de préférence, ou encore sur des émissions de valeurs mobilières donnant accès au capital et en particulier sur l'émission d'obligations à bons de souscription ou d'achat d'actions remboursables. En cas d'attribution de bons de souscription d'actions à des administrateurs non dirigeants, l'AMF recommande d'émettre les bons à des conditions de marché afin de respecter les dispositions de l'article L 225-44 relatives à la rémunération des mandataires sociaux (Communiqué AMF du 5-6-2018).

ACTIONNARIAT DES DIRIGEANTS SOCIAUX

Conditions d'attribution des options ou des actions gratuites L'attribution d'options ou d'actions gratuites à leurs dirigeants par les **sociétés dont les actions sont admises** aux négociations **sur un marché réglementé** est soumise à la procédure de contrôle des actionnaires de ces sociétés, dite « **say on pay** » (art. L 22-10-57 et art. L 22-10-59, III modifié par loi 2024-537 du 13-6-2024). Sur cette question, voir nos 53040 s. pour la SA et no 56775 pour la SCA. 69402

Les sociétés dont les titres sont admis aux négociations sur un marché réglementé qui se réfèrent au **Code de gouvernance Afep-Medef** doivent, lorsqu'elles attribuent des options ou des actions gratuites à leurs dirigeants, non seulement appliquer les principes relatifs aux rémunérations de long terme (Code de gouvernance Afep-Medef art. 26.3.3), mais aussi respecter les prescriptions ci-après (art. 26.3.3 et Guide d'application du Code Afep-Medef mars 2024 p. 22) : 69403
– l'attribution d'options ou d'actions gratuites, dites « actions de performance », doit correspondre à une politique d'association au capital, c'est-à-dire d'alignement des intérêts des bénéficiaires avec ceux des actionnaires, avec la part d'aléa qui s'y attache ;
– le conseil doit veiller à procéder à des attributions aux mêmes périodes calendaires, par exemple après la publication des comptes de l'exercice et de préférence chaque année.

S'agissant des mandataires sociaux exécutifs, il convient :
– de veiller à ce que les options et les actions de performance représentent un pourcentage proportionné par rapport à l'ensemble des rémunérations attribuées à chaque dirigeant ;
– d'éviter que les dirigeants ne bénéficient d'une trop forte concentration de l'attribution ; un pourcentage maximal d'options et d'actions pouvant être attribuées aux dirigeants par rapport à l'enveloppe globale votée par l'assemblée doit être fixé et l'autorisation de l'assemblée doit mentionner ce pourcentage sous forme d'un sous-plafond d'attribution pour les dirigeants ;
– d'être cohérent avec les pratiques antérieures de la société pour la valorisation des options et des actions attribuées ;
– de n'appliquer aucune décote lors de l'attribution d'options aux dirigeants.

En outre, un dirigeant ne peut pas se voir attribuer des options d'actions ou des actions de performance au moment de son départ (art. 26.5.1).

Le **Code de gouvernance Middlenext** recommande (rec. 21) :
– de ne pas concentrer à l'excès sur les dirigeants l'attribution d'options ou d'actions gratuites ;
– de ne pas procéder à cette attribution à des dirigeants mandataires sociaux à l'occasion de leur départ ;
– que l'exercice de tout ou partie des options ou l'attribution définitive de tout ou partie des *actions gratuites* au bénéfice des dirigeants soient soumis à des conditions de performance pertinentes traduisant l'intérêt à moyen terme de l'entreprise et appréciées sur une période d'au moins trois ans.

Sur le champ d'application et le caractère contraignant des Codes de gouvernance Afep-Medef et Middlenext, voir nos 48272 s.

Sur l'encadrement de la rémunération de ces dirigeants, voir aussi nos 40573 s.

Obligation de conservation des actions Lorsqu'une **société par actions** consent des **options de souscription ou d'achat** d'actions à ses dirigeants – président du conseil d'administration, directeur général, directeurs généraux délégués, membres du directoire ou gérant (cas des SCA) –, le conseil d'administration ou de surveillance doit soit décider que 69405 les options ne peuvent pas être levées par les intéressés avant la cessation de leurs fonctions, soit fixer la quantité des actions qu'ils sont tenus de conserver au nominatif jusqu'à la cessation de leurs fonctions ; l'information correspondante doit être publiée dans le rapport sur le gouvernement d'entreprise (art. L 225-185, al. 4). Pour les options consenties au président ou aux autres dirigeants de SAS et par assimilation, c'est l'organe auquel sont dévolues les attributions du conseil qui doit prendre la décision.

En cas d'attribution d'**actions gratuites** aux dirigeants visés ci-dessus, le conseil d'administration ou de surveillance (ou l'organe auquel sont dévolues les missions du conseil dans les SAS) doit soit décider que ces actions ne peuvent pas être cédées par les intéressés avant la cessation de leurs fonctions, soit fixer la quantité de ces actions qu'ils sont tenus de conserver au nominatif jusqu'à la cessation de leurs fonctions ; l'information correspondante doit être publiée dans le rapport sur le gouvernement d'entreprise (art. L 225-197-1, II-al. 5).

En pratique, c'est la seconde solution – fixation d'une quantité d'actions que les dirigeants sont tenus de conserver au nominatif – qui est le plus fréquemment retenue. Il ne nous paraît pas interdit de prévoir une formule permettant de déterminer la quantité d'actions que les dirigeants doivent conserver en fonction de certains paramètres – tels qu'évolution de la rémunération des dirigeants, ancienneté dans leurs fonctions, gain net d'acquisition ou date de levée des options – sans nécessairement fixer un nombre en valeur absolue. Le conseil d'administration ou de surveillance peut fixer cette quantité en tenant compte des actions déjà soumises à l'obligation de conservation en application de plans précédents, et fixer une quantité réduite, voire nulle, de titres à conserver en exécution des plans à venir (en ce sens, Communication Ansa, comité juridique n° 18-048 du 3-10-2018).

Pour les dirigeants de **sociétés dont** les **titres sont admis aux négociations sur un marché réglementé,** le Code de gouvernance Afep-Medef recommande (art. 24) :
– que le conseil d'administration fixe une quantité minimale d'actions que les dirigeants doivent conserver au nominatif jusqu'à la fin de leurs fonctions, cette décision devant être réexaminée au moins à chaque renouvellement de leur mandat ;
– que le conseil retienne soit une référence à la rémunération annuelle, soit un nombre d'actions déterminé, soit un pourcentage de la plus-value nette des prélèvements sociaux et fiscaux et des frais relatifs à la transaction, soit une combinaison de ces références ;
– que tant que cet objectif de détention d'actions n'est pas atteint, les dirigeants consacrent à cette fin une part des levées d'options ou des attributions d'actions de performance déterminée par le conseil.

Le rapport sur le gouvernement d'entreprise doit contenir des informations sur ce point.

L'AMF recommande de présenter les obligations de conservation des titres des dirigeants issus des levées d'options ou des attributions gratuites d'actions et que ces obligations soient suffisamment contraignantes pour permettre une réelle prise en compte des performances de la société à long terme (Recommandation 2012-02 § 26.3.3).

Pour établir que l'obligation de conservation a bien été respectée, il peut être opportun d'isoler les actions à conserver dans un sous-compte afin d'assurer leur traçabilité.

Les dirigeants qui ne respecteraient pas leur obligation de conservation engageraient leur responsabilité. En outre, on ne peut pas écarter le risque d'annulation de la cession s'agissant d'une obligation d'origine légale et donc en principe connue de tous.

69406 **Attributions d'options et d'actions gratuites dans une société liée.** L'article L 225-185, al. 5 prévoit la possibilité pour les dirigeants visés ci-dessus de se voir également « attribuer, dans les mêmes conditions, des **options** donnant droit à la **souscription ou** à l'**achat d'actions** d'une société qui est liée dans les conditions prévues à l'article L 225-180, sous réserve que les actions de cette dernière soient inscrites aux négociations sur un marché réglementé ». On s'est interrogé sur la portée de l'obligation de conservation à la charge des dirigeants en pareil cas. Lors des débats sur la loi portant diverses dispositions intéressant la Banque de France, la ministre déléguée au commerce extérieur a indiqué que les mots « dans les mêmes conditions » figurant dans le cinquième alinéa de l'article L 225-185 sur les options attribuées par les sociétés liées se réfèrent à la seule première phrase de l'alinéa précédent, qui prévoit que les dirigeants peuvent se voir attribuer « des options donnant droit à la souscription ou à l'achat d'actions dans les conditions prévues aux articles L 225-177 à L 225-184 » (*et désormais L 22-10-58*), qui sont précisément les conditions d'attribution génériques et pas les dispositions particulières de blocage (JO déb. Sén. 15-2-2007 p. 1505). En conséquence, un amendement qui tendait à la suppression des mots « dans les mêmes conditions » a été retiré. S'appuyant sur ce fondement, l'administration fiscale considère également que l'obligation de conservation ne s'applique « qu'aux propres dirigeants des sociétés émettrices des options, et non aux dirigeants de leurs sociétés liées. Par suite, les dirigeants des sociétés françaises bénéficiaires d'options sur titres attribuées par des sociétés liées françaises ou étrangères ne sont pas concernés » (BOI-RSA-ES-20-10-10 nº 260). On peut toutefois regretter qu'il n'ait pas été procédé à la suppression des termes « dans les mêmes conditions », car la solution aurait été plus sûre et aurait évité des doutes sur le champ d'application de l'obligation d'amélioration de la situation des salariés.

En cas d'**attribution gratuite d'actions,** et compte tenu des termes « par dérogation aux dispositions précédentes pour les actions ainsi attribuées » aux dirigeants employés par l'article L 225-197-1, II-al. 5, dispositions parmi lesquelles figurent les attributions d'actions d'une société liée, l'obligation de conservation vise à notre avis, en l'état actuel des textes, les actions attribuées gratuitement aux dirigeants, qu'elles soient émises par la société elle-même ou par une société du groupe.

Obligation d'amélioration Dans les **sociétés** dont les **titres sont admis aux négociations sur un marché réglementé,** des options ouvrant droit à la souscription ou à l'achat d'actions ne peuvent être attribuées aux dirigeants visés ci-dessus que si la société remplit au moins une des conditions suivantes au titre de l'exercice au cours duquel sont attribuées ces options (art. L 22-10-58) : 69407

– la société procède à une attribution d'options ou à une attribution gratuite d'actions au bénéfice de l'ensemble de ses salariés et d'au moins 90 % de l'ensemble des salariés de ses filiales françaises ;

– elle met en place un accord d'intéressement ou un accord de participation dérogatoire ou volontaire au bénéfice de ses salariés et d'au moins 90 % des salariés de ses filiales françaises.

De même, l'attribution d'actions gratuites aux dirigeants est subordonnée à la mise en œuvre, au titre de l'exercice au cours duquel elle intervient, de l'une des mesures d'amélioration de la situation des salariés décrites ci-dessus ou d'un versement effectué par la société sur le PEE de l'ensemble de ses salariés et d'au moins 90 % de l'ensemble des salariés de ses filiales françaises (art. L 22-10-60).

L'article L 22-10-58 visant les options attribuées « aux personnes mentionnées au quatrième alinéa de l'article L 225-185 », c'est-à-dire les dirigeants de la société qui octroie les **options,** on peut être tenté de soutenir que l'obligation d'amélioration ne s'applique pas en cas d'attribution dans le cadre des **sociétés liées.** Reste toutefois l'incertitude résultant des termes « dans les mêmes conditions » figurant à l'alinéa 5 de cet article (nº 69406). 69408

L'article L 22-10-60 visant les **attributions gratuites** aux dirigeants « dans le cadre des premier et deuxième alinéas du II de l'article L 225-197-1 », l'obligation d'amélioration s'impose, à notre avis, que le dirigeant se voie attribuer des actions de la société dans laquelle il exerce ses fonctions (al. 1) ou de **sociétés liées** (al. 2).

> **Précisions** Lorsqu'une société « cotée » ayant attribué gratuitement des actions à ses salariés en cours d'année en attribue d'autres à ses dirigeants quelques mois plus tard, elle n'a pas à attribuer gratuitement des actions aux **salariés embauchés entre-temps.** Si la société **acquiert une filiale** dans laquelle il n'existe pas d'accord d'intéressement, c'est uniquement à la date de l'attribution gratuite des actions aux dirigeants qu'il faut se placer pour savoir si l'ensemble des salariés de la société et 90 % des salariés des filiales sont couverts par un accord d'intéressement ; cet accord doit être en vigueur au titre de l'exercice en cours et il importe peu que, par la suite, une acquisition de filiale modifie le périmètre de cette couverture (en ce sens, Communiqué Ansa, comité juridique nº 18-062 du 5-12-2018).

I. OPTIONS DE SOUSCRIPTION OU D'ACHAT D'ACTIONS

EN BREF *L'attribution d'options de souscription ou d'achat d'actions (« stock-options ») a pour objectif affiché de permettre à des salariés de souscrire ou d'acheter, à des conditions avantageuses, des actions de la société qui les emploie.* 69410

Le mécanisme est le suivant : après autorisation de l'assemblée générale extraordinaire, le conseil d'administration (ou le directoire) offre à tout ou partie du personnel salarié ou aux dirigeants de la société le droit de souscrire ou d'acheter des actions à un prix déterminé qui ne peut pas être modifié pendant la durée de l'option (sauf ajustement en cas d'opérations financières ultérieures ayant des répercussions sur la valeur du titre). Les bénéficiaires ont un certain délai pour lever leur option. Ainsi, en cas de hausse de la valeur de l'action, ils peuvent souscrire ou acquérir des titres à un prix inférieur à leur valeur du moment.

Dans l'esprit des auteurs de cette mesure, les options sur actions se présentaient comme un mode de rémunération à long terme des personnels des entreprises, en particulier des cadres, comme un moyen de les faire participer à la propriété et de les intéresser à la gestion de leur société. Elles sont un moyen de fidéliser les salariés auxquels l'entreprise tient et d'accroître la motivation personnelle des intéressés lors de la mise en œuvre de plans de redressement ou de plans de développement à moyen terme. On observera toutefois que le régime fiscal et social auquel elles sont assujetties est de moins en moins attractif et que les actionnaires en place ne sont pas toujours favorables à l'octroi d'options de souscription en raison de l'effet dilutif de l'opération.

A. Règles générales d'octroi des options

1. SOCIÉTÉS POUVANT CONSENTIR DES OPTIONS

69420 Toutes les SA, SCA et SAS peuvent consentir à leur personnel des options de souscription ou d'achat d'actions (art. L 225-177 et L 225-179 ; cf. art. L 226-1, al. 2 et L 227-1, al. 3).

Les sociétés en difficulté financière doivent prendre en considération le fait que tombent sous le coup des nullités de la période suspecte toute autorisation et toute levée d'options (art. L 632-1, I-9°).

69421 En pratique, la mise en œuvre des plans d'options dans les sociétés dont les **titres** ne sont **pas admis** aux négociations **sur un marché boursier** soulève des difficultés en raison de l'absence de marché sur les titres concernés, d'où une incertitude sur la valeur réelle de ces titres et surtout une quasi-impossibilité pour les bénéficiaires des options de revendre leurs actions. C'est pourquoi il est souvent prévu qu'une personne physique ou morale (non filiale directe de la société émettrice en raison de l'interdiction des participations croisées) ou un fonds commun de placement constitué dans le cadre d'un PEE se portera acheteur de toutes les actions dont les bénéficiaires des options souhaiteraient se défaire. La clause organisant cette « contrepartie » doit préciser les modalités de fixation du prix de rachat et les conditions de paiement de ce prix.

L'engagement unilatéral de créer la contrepartie oblige celui qui l'a pris.

ILLUSTRATIONS

En adressant aux bénéficiaires des options une lettre annonçant la mise en place d'un système de contrepartie au sein du groupe dont elle fait partie, une société assume une responsabilité personnelle à l'égard des bénéficiaires ; si la contrepartie n'est pas en mesure de racheter les actions, cette société doit procéder elle-même au rachat ou indemniser les bénéficiaires (CA Paris 8-6-2001 : RJDA 10/01 n° 977).

Toutefois, dans un cas où la convention permettait la cession des actions souscrites à une autre société du groupe sans préciser les modalités de fixation du prix de cession, a été rejetée la demande de certains salariés bénéficiaires des options visant à fixer ce prix à la valeur « réelle » de l'action au jour de la cession ; en effet, le choix d'un prix au moyen d'éléments extérieurs à l'acte de cession serait revenu à opérer une fixation judiciaire du prix contraire à l'article 1591 du Code civil ; il ne pouvait qu'être donné acte à la contrepartie de sa proposition de rachat des actions de ces salariés au prix qu'elle avait fixé en fonction de la valeur nette consolidée de la société (CA Versailles 26-9-2003 n° 00-7141 : RJDA 5/04 n° 573).

Quel que soit le nombre des bénéficiaires, l'attribution d'options de souscription ou d'achat d'actions, admises ou non aux négociations sur un marché réglementé, n'est pas subordonnée à l'établissement d'un prospectus, mais l'attribution des actions est soumise à la mise à disposition d'un document contenant des informations sur le nombre et la nature des actions ainsi que sur les raisons et les modalités de l'offre ou de l'attribution (Règl. UE/2017/1129 du 14-6-2017 art. 1, 4-i issu du Règl. UE/2024/2809 du 23-10-2024).

2. BÉNÉFICIAIRES DES OPTIONS

OPTIONS AU BÉNÉFICE DES SALARIÉS DE LA SOCIÉTÉ

69430 Les options de souscription ou d'achat d'actions sont, en principe, réservées aux membres du personnel salarié de la société. Elles peuvent d'ailleurs n'être offertes qu'à certains d'entre eux (art. L 225-177, al. 1), par exemple à l'ensemble des cadres ou même seulement à ceux des cadres qui sont investis d'un pouvoir de décision.

OPTIONS AU BÉNÉFICE DES MANDATAIRES SOCIAUX

Les **dirigeants sociaux,** président, directeur général, directeurs généraux délégués, membres du directoire, ou gérants s'il s'agit d'une SCA, ou encore, à notre avis, président, directeurs généraux et directeurs généraux délégués (n° 60361) dans les SAS peuvent, comme les salariés, bénéficier des options de souscription ou d'achat d'actions (art. L 225-185, al. 4), sous réserve des restrictions et contraintes précisées nos 69402 s. 69431

Les **autres mandataires sociaux,** notamment les simples administrateurs ou membres du conseil de surveillance, sont en principe exclus du bénéfice des options. 69432

Toutefois, par dérogation à cette règle, les mandataires sociaux non dirigeants peuvent participer à un plan d'options :

– s'ils cumulent leurs fonctions avec un contrat de travail puisque ce contrat leur confère la qualité de salarié de la société ;

– s'ils exercent des fonctions de président, de directeur général, de directeur général délégué, de membre du directoire ou de gérant d'une société appartenant au même groupe que la société qui consent les options (art. L 225-185, al. 4 et 5) ;

– ou, s'agissant d'options donnant droit à la souscription d'actions, s'ils participent avec des salariés à la constitution d'une société, ou à sa reprise par voie de rachat de la majorité des droits de vote en vue d'assurer sa continuation. Cette dérogation est réservée aux personnes physiques et elle est limitée dans le temps : les options doivent être consenties aux mandataires sociaux dans les deux ans qui suivent l'immatriculation de la société ou le rachat de la majorité des droits de vote (art. L 225-185, al. 1 et 2).

> Précisions **a.** L'article L 225-185, al. 4 et 5, qui autorise expressément l'**attribution d'options aux dirigeants des sociétés mère, filiales,** sous-filiales ou sœurs de la société émettrice, ne comporte aucune restriction. Les options peuvent donc être consenties à ces dirigeants même s'ils sont **par ailleurs administrateurs de la société émettrice** car ils ne les reçoivent pas en cette qualité d'administrateur.

Mais ces options ne peuvent porter que sur des titres admis aux négociations sur un marché réglementé (art. L 225-185, al. 5).

b. En cas d'attribution d'options à des dirigeants, il n'y a pas lieu, à notre avis, de mettre en œuvre la procédure de contrôle des **conventions réglementées.** D'ailleurs, ces attributions sont encadrées dans une procédure au moins aussi stricte que celle des conventions réglementées et l'assemblée dispose d'informations nominatives sur les options consenties aux mandataires sociaux (JO déb. Sén. 13-10-2000 relatifs à la loi du 15-5-2001 p. 5062).

c. Pour l'Ansa, les options de souscription d'actions peuvent bénéficier à tous les mandataires sociaux qui ont effectué des apports **au cours des deux années suivant l'immatriculation de la société,** même si ces apports n'ont pas été réalisés au moment de la constitution de la société. En effet, il est possible de retenir une conception large de la constitution de la société au sens de l'article L 225-185 car cette disposition a pour objectif de favoriser la création d'entreprise (en ce sens, Communication Ansa, comité juridique n° 21-042 du 6-10-2021).

PLAFOND DE DÉTENTION DES ACTIONNAIRES BÉNÉFICIAIRES DES OPTIONS

Le droit aux options est refusé aux **salariés ou mandataires sociaux qui détiennent plus de 10 % du capital** social (art. L 225-182, al. 2). 69434

Conformément au texte de l'article L 225-182, al. 2, c'est au moment où les options sont « consenties » que la limite de 10 % doit être appliquée. Un salarié ou un dirigeant peut donc valablement, à notre avis, se voir attribuer des options qui, compte tenu des titres qu'il détient déjà, lui donneront, s'il les exerce, une participation dans le capital supérieure à 10 % dès lors qu'au moment de cette attribution sa participation ne dépassait pas cette limite.

Pour apprécier si la limite de 10 % est atteinte ou non, il y a lieu de tenir compte, en cas de **démembrement de propriété de l'action,** uniquement des titres détenus en nue-propriété (BOI-RSA-ES-20-10-10 n° 100).

À notre avis, seule une **détention directe** de plus de 10 % du capital doit être prise en compte. En effet, contrairement à d'autres dispositions (art. L 225-180 : options dans les groupes de sociétés ; art. L 233-3 : notion de contrôle ; art. L 233-16 : consolidation, etc.), l'article L 225-182 ne vise pas la détention indirecte pour déterminer si le seuil de 10 % est franchi ou non. Il n'y a donc pas lieu, sauf cas de fraude, de tenir compte des participations détenues par d'autres sociétés, même si ces sociétés sont contrôlées par le salarié ou le mandataire social intéressé.

En cas d'attribution d'options dans les deux ans de la création de la société ou du rachat de la majorité de son capital par ses salariés ou mandataires sociaux, le pourcentage maximal de détention est porté de 10 % au **tiers du capital** social (art. L 225-185, al. 3). 69435

› Précisions Pour l'Ansa, cette mesure est autonome et peut donc s'appliquer à **tout bénéficiaire** ayant vocation à recevoir des options au cours de ces deux années, et pas seulement aux salariés ou mandataires sociaux participant à la création de la société (en ce sens, Communication Ansa, comité juridique nº 21-042 du 6-10-2021).

OCTROI D'OPTIONS DANS UN GROUPE DE SOCIÉTÉS

69436 **Salariés des sociétés du groupe** Les options peuvent être consenties au personnel salarié des sociétés (ou GIE) (art. L 225-180) :
– dont 10 % au moins du capital ou des droits de vote sont détenus, directement ou indirectement, par la société consentant les options (cas des « sociétés filiales » au sens large) ;
– détenant, directement ou indirectement, au moins 10 % du capital ou des droits de vote de la société consentant les options (cas des « sociétés mères » au sens large) ;
– dont 50 % au moins du capital ou des droits de vote sont détenus, directement ou indirectement, par une société détenant elle-même, directement ou indirectement, au moins 50 % du capital de la société consentant les options (cas des « sociétés sœurs »).

Toutefois, ces dispositions ne sont pleinement applicables que si les titres sur lesquels portent les options sont admis aux négociations sur un marché réglementé. Dans le cas contraire, les options ne peuvent être consenties qu'aux salariés de la société qui les attribue et à ceux des sociétés dont 10 % du capital ou des droits de vote sont détenus, directement ou indirectement, par cette société (art. L 225-177, al. 5 et L 225-179, al. 3).

69437 Il était fréquemment admis que la **détention indirecte** d'une participation devait s'apprécier non pas en fonction du produit des pourcentages successifs de participation, mais à partir d'une chaîne ininterrompue de participations majoritaires détenues, ensemble ou séparément, par la société concernée, ses filiales et ses sous-filiales (voir nos 74030 s.).

EXEMPLE

Une société A qui détient 30 % du capital d'une société B, laquelle détient 60 % du capital d'une société C, ne pourrait pas consentir des options aux salariés de la société C, bien qu'elle soit « financièrement » réputée détenir plus de 10 % (en fait 18 %) du capital de cette dernière.

On observera toutefois que telle n'est pas l'interprétation de l'administration fiscale. Celle-ci considère en effet qu'il convient d'effectuer le produit des participations pour apprécier si le minimum de 10 % est atteint (BOI-RSA-ES-20-10-10 nº 330).

La loi étant muette à cet égard, on peut, à notre avis, soutenir que les sociétés choisissent librement la méthode de calcul qu'elles entendent retenir.

69438 Peuvent également bénéficier d'options les salariés des entreprises contrôlées, directement ou indirectement, exclusivement ou conjointement, par un ou des organes centraux (Crédit agricole SA, Confédération nationale du crédit mutuel, Organe central des caisses d'épargne et des banques populaires) ou par les établissements de crédit ou les sociétés de financement qui lui ou leur sont affiliés, ainsi que les salariés des entités dont le capital est détenu pour plus de 50 %, directement ou indirectement, exclusivement ou conjointement, par cet ou ces organes centraux ou ces établissements ou sociétés (art. L 225-180, III).

69439 **Dirigeants des sociétés du groupe** La possibilité d'extension du bénéfice des options aux salariés des sociétés du groupe s'applique également aux dirigeants sociaux (art. L 225-185, al. 4 et 5), de sorte que, par exemple, le directeur général d'une SA peut participer à un plan d'options ouvert par la société mère ou filiale (à 10 %) de la société qu'il dirige.

Mais les dirigeants sociaux ne peuvent se voir attribuer des options portant sur des actions émises par une société liée que si ces actions sont admises aux négociations sur un marché réglementé. Contrairement au régime applicable aux salariés, cette règle s'impose même si la société dont ils sont dirigeants est une « filiale » de la société qui consent les options (art. L 225-185, al. 5).

Seuls les dirigeants sociaux sont visés par l'article L 225-185. Cette mesure ne peut donc pas, nous semble-t-il, être étendue aux dirigeants des GIE qui feraient partie du groupe.

69440 **Sociétés du groupe situées à l'étranger** En l'absence de disposition légale ou réglementaire contraire, les options peuvent, sous les mêmes réserves concernant les titres non admis aux négociations sur un marché réglementé, être consenties à des salariés ou dirigeants des sociétés mères, filiales, sous-filiales ou sœurs de la société émettrice qui sont situées à l'étranger.

3. AUTORISATION D'OCTROI DES OPTIONS

COMPÉTENCE POUR AUTORISER L'OCTROI D'OPTIONS

Options pour la souscription d'actions En cas d'options pour la souscription d'actions, l'opération doit être autorisée par décision collective ou par l'assemblée générale extraordinaire statuant sur rapport du conseil d'administration (du directoire ou, par assimilation, du gérant dans les SCA et du président ou des autres dirigeants dans les SAS) et sur rapport spécial des commissaires aux comptes, sauf cas des sociétés qui n'en sont pas dotées (art. L 225-177, al. 1). 69445

L'autorisation peut être utilisée par le conseil d'administration (le directoire, le gérant ou les dirigeants de SAS) pendant un **délai,** fixé par la décision collective ou l'assemblée, qui ne peut pas être supérieur à 38 mois (art. L 225-177, al. 1).

Si la collectivité des associés ou l'assemblée générale extraordinaire entend **déléguer** sa **compétence** au conseil d'administration (au directoire ou aux dirigeants), une résolution particulière doit être présentée aux associés ou actionnaires pour l'émission des actions et l'augmentation de capital qui en résulte (art. L 225-129-2, al. 3). 69446

Il ne semble pas interdit, en l'état actuel des textes, que la collectivité des associés ou l'assemblée générale extraordinaire fixe un délai pouvant aller jusqu'à 38 mois pour l'exercice par le conseil d'administration (le directoire ou les dirigeants) de la compétence qui lui est déléguée. On peut en effet considérer que le délai spécial de 38 mois de l'article L 225-177, al. 1 prédomine sur le délai de 26 mois prévu par l'article L 225-129-2, al. 1 pour la résolution générale de délégation de compétence. On peut penser que les délégations particulières de compétence pourraient « devenir autonomes et vivre leur vie propre (sinon dans leur montant, du moins dans leur durée) par rapport – notamment – à la délégation votée au titre du premier alinéa de l'article L 225-129-2, si l'assemblée le décidait expressément » (A. Couret et H. Le Nabasque : Valeurs mobilières – Augmentations de capital Éd. F. Lefebvre 2004 nº 135).

L'autorisation donnée par la collectivité des associés ou l'assemblée comporte, au profit des bénéficiaires des options, **renonciation** expresse des associés ou actionnaires à leur **droit préférentiel de souscription** pour les actions qui seront émises au fur et à mesure des levées d'options (art. L 225-178, al. 1). 69447

Les associés ou actionnaires doivent en outre se prononcer sur un projet de résolution tendant à réaliser une augmentation de capital réservée aux salariés adhérant à un **PEE** (art. L 225-129-6, al. 1).

À noter que les options peuvent être consenties – et levées – alors même que le **capital** social n'aurait **pas** été **intégralement libéré** (art. L 225-177, al. 3), ce qui constitue une dérogation au principe énoncé par l'article L 225-131, al. 1, qui exige la libération du capital avant toute émission d'actions nouvelles à libérer en numéraire.

> **Précisions** Le **comité d'entreprise** devait être consulté préalablement à toute décision portant sur les modes de rémunération (C. trav. art. L 2323-46 ancien). Il en résultait, à notre avis, que ce comité devait être consulté préalablement à la mise en place de certains plans d'options et, en particulier, si le plan concernait de nombreux salariés ou entraînait une augmentation importante du capital social. Les textes relatifs au **comité social et économique** (CSE) des entreprises d'au moins 50 salariés sont moins précis : l'article L 2312-8 du Code du travail fait certes obligation de le consulter sur les conditions d'emploi et de travail, mais sans viser expressément les décisions portant sur les modes de rémunération. Dans ces conditions, on peut se demander si cette obligation de consultation préalable persiste à l'égard du CSE, sauf, bien entendu, si elle est prévue par accord. Si l'on considère qu'il n'existe plus d'obligation de consultation préalable, la question pourrait entrer dans l'obligation de consultation a posteriori dans le cadre de la consultation annuelle sur la politique sociale, les conditions de travail et d'emploi.

Options pour l'achat d'actions Comme dans le cas des options pour la souscription d'actions (nos 69445 s.), seule la collectivité des associés ou l'assemblée générale extraordinaire peut autoriser le conseil d'administration, le directoire ou les dirigeants à consentir des options au personnel de la société. 69451

La collectivité des associés ou l'assemblée doit fixer un délai pendant lequel le conseil d'administration, le directoire ou les dirigeants peuvent consentir des options d'achat, ce délai ne devant pas être supérieur à 38 mois (art. L 225-179, al. 1).

Il n'y a pas lieu à renonciation des associés ou actionnaires à un droit quelconque puisqu'il s'agit seulement d'autoriser les dirigeants à acheter des actions de la société qui seront ensuite revendues aux salariés. L'opération ne modifie en rien le capital social, de telle sorte que la compétence de l'assemblée ordinaire aurait été tout aussi concevable.

CONTENU DE L'AUTORISATION D'OCTROI D'OPTIONS

69452 En pratique, la collectivité des associés ou l'assemblée générale extraordinaire donne souvent une large délégation de pouvoir au conseil d'administration (au directoire ou aux dirigeants) et lui laisse le soin de fixer non seulement la nature des options qui seront offertes (options de souscription ou options d'achat), mais aussi les conditions d'attribution de ces options et les modalités selon lesquelles elles pourront être exercées. Cependant, elle doit obligatoirement se prononcer :

– sur les modalités de fixation du **prix** de souscription ou d'achat des actions ;
– sur le **délai** pendant lequel les options pourront être exercées.

Dans la plupart des cas, la collectivité des associés ou l'assemblée impose au conseil d'administration, au directoire ou aux dirigeants un **plafond** (en nombre d'actions ou en pourcentage du capital) pour les actions nouvelles susceptibles d'être souscrites ou achetées au titre des options, mais ce n'est pas une obligation. En l'absence d'un tel plafond, le conseil d'administration, le directoire ou les dirigeants sont seulement tenus de respecter la limitation légale du tiers du capital social (art. L 225-182, al. 1 et R 225-143).

RAPPORT DES ORGANES DIRIGEANTS

69453 La décision de l'assemblée doit être précédée d'un rapport du conseil d'administration ou du directoire contenant les indications suivantes (art. R 225-144, al. 1) :

– motifs de l'ouverture des options ;
– modalités proposées pour la fixation du prix de souscription ou d'achat.

Dans les SAS, ce rapport est de la compétence du président ou des dirigeants désignés à cet effet dans les statuts (cf. art. L 227-1, al. 3). Dans les SCA, il est de la compétence du gérant (cf. art. L 226-7, al. 5).

Comme le permet l'article R 225-144, al. 1, dans la plupart des cas, les noms des bénéficiaires éventuels des options et le nombre des titres sur lesquels portent ces options ne sont pas précisés.

CAS OÙ IL EXISTE DES VALEURS MOBILIÈRES DONNANT ACCÈS AU CAPITAL

69455 Dès lors que l'autorisation donnée par la collectivité des associés ou l'assemblée au conseil d'administration (au directoire ou aux dirigeants) de consentir des options de souscription comporte renonciation expresse des actionnaires à leur droit préférentiel de souscription aux actions qui seront émises au fur et à mesure des levées d'options (art. L 225-178, al. 1), il n'y a pas lieu de réserver les droits, ni même de consulter les titulaires de valeurs mobilières donnant accès au capital.

PUBLICITÉ DE L'AUTORISATION D'OCTROI DES OPTIONS

69456 Une copie, certifiée conforme par l'un des représentants légaux, du procès-verbal de la décision collective ou de l'assemblée ayant autorisé l'ouverture d'**options de souscription** doit être déposée au greffe du tribunal de commerce dans le délai d'un mois à compter de la date de l'assemblée (cf. art. R 123-107).

Ce dépôt n'est pas nécessaire lorsque est seule autorisée l'attribution d'**options d'achat** puisque, dans ce cas, la levée des options n'entraîne pas une augmentation du capital social.

4. INFORMATION DES ACTIONNAIRES SUR L'OCTROI DES OPTIONS

69470 Chaque année, la collectivité des associés ou l'assemblée générale ordinaire doit être informée par un **rapport spécial** des opérations réalisées en vertu des dispositions prévues aux articles L 225-177 à L 225-186 (art. L 225-184, al. 1).

Ce rapport doit aussi rendre compte (art. L 225-184, al. 2 à 5) :

– du nombre, des dates d'échéance et du prix des options de souscription ou d'achat d'actions qui, durant l'année et à raison des mandats et fonctions exercés dans la société, ont été consenties à chacun des mandataires sociaux par la société et par celles qui lui sont liées ;
– du nombre, des dates d'échéance et du prix des options de souscription ou d'achat d'actions qui ont été consenties durant l'année à chacun de ces mandataires, à raison des mandats et fonctions qu'ils y exercent par les sociétés contrôlées au sens de l'article L 233-16 (contrôle exclusif ou conjoint) ;

– du nombre et du prix des actions souscrites ou achetées durant l'exercice par les mandataires sociaux de la société en levant une ou plusieurs des options détenues sur les sociétés visées aux deux alinéas précédents.

La lettre du texte ne permet pas d'écarter l'obligation d'information lorsque les options portent sur des actions émises par une société mère étrangère (dans le même sens, Communication Ansa, comité juridique n° 3113 du 9-1-2002).

Le rapport doit indiquer également (art. L 225-184, al. 6 à 8) :
– le nombre, le prix et les dates d'échéance des options de souscription ou d'achat d'actions consenties, durant l'année, par la société et par les sociétés ou groupements qui lui sont liés, à chacun des dix salariés de la société non mandataires sociaux dont le nombre d'options ainsi consenties est le plus élevé ; si plus de dix salariés sont concernés à égalité, il convient de donner la liste nominative de tous les intéressés ;
– le nombre et le prix des actions qui, durant l'année, ont été souscrites ou achetées, en levant une ou plusieurs options détenues sur les sociétés susvisées, par chacun des dix salariés de la société non mandataires sociaux dont le nombre d'actions ainsi souscrites ou achetées est le plus élevé.

Il doit enfin indiquer le nombre, le prix et les dates d'échéance des options de souscription ou d'achat d'actions consenties, durant l'année, par la société et les sociétés qui lui sont liées, à l'ensemble des salariés bénéficiaires ainsi que le nombre de ceux-ci et la répartition des options consenties entre les catégories de ces bénéficiaires (art. L 225-184, al. 9). Pour procéder à cette répartition, les sociétés peuvent notamment se référer aux catégories prévues par la convention collective applicable dans l'entreprise.

L'établissement de ce rapport spécial nous paraît relever de la **compétence** du conseil d'administration ou du directoire, ou encore du gérant de SCA (art. L 226-7, al. 5) ou du président ou des dirigeants désignés à cet effet dans les statuts de SAS (art. L 227-1, al. 3). **69471**

En l'absence de disposition spécifique à cet égard, le rapport n'a pas à être **déposé au greffe.** Mais il doit être **communiqué aux actionnaires** et donc adressé aux actionnaires nominatifs qui en font la demande (CA Paris 5-2-2019 n° 17/03710 : RJDA 7/19 n° 512).

Lorsque la **société qui consent les options est contrôlée** majoritairement, directement ou indirectement, par une autre société, ces informations doivent aussi être portées à la connaissance des associés ou actionnaires de cette autre société lors de leur assemblée générale ordinaire (art. L 225-180, II). **69472**

Par analogie avec les dispositions de l'article L 233-3, le contrôle majoritaire doit, à notre avis, être apprécié en fonction des droits de vote et non du capital.

L'information s'impose même si la société contrôlante n'a pas consenti d'options.

Sur la possibilité pour la société contrôlante dont les mandataires n'ont reçu d'options ni de cette société, ni des sociétés contrôlées, seuls les mandataires de ces sociétés en ayant reçu, de se borner à une information globale et non nominative de l'ensemble des options accordées, voir Communication Ansa, comité juridique n° 3138 du 15-5-2002.

Aucune **sanction** n'est prévue en cas de défaut d'établissement du rapport spécial ou de rapport incomplet. Le non-établissement du rapport constitue néanmoins une irrégularité dont le commissaire aux comptes de la société doit faire mention dans son rapport général (art. A 821-97 : NEP 9510 § 20). **69474**

Sur le **contrôle** par les actionnaires des rémunérations des mandataires sociaux des sociétés dont les titres sont admis aux négociations sur un marché réglementé, y compris sous forme d'attribution d'options, voir n°s 53040 s. **69475**

B. Conditions d'octroi des options

NATURE JURIDIQUE DES OPTIONS

C'est au conseil d'administration ou au directoire, au gérant de SCA (cf. art. L 226-7, al. 5) ou encore au président ou aux dirigeants désignés à cet effet par les statuts de SAS (cf. art. L 227-1, al. 3) qu'il appartient, dans le cadre de l'autorisation donnée par la décision collective ou l'assemblée, de fixer les conditions dans lesquelles sont consenties les options (art. L 225-177, al. 2). **69530**

Ils ne sont pas tenus d'offrir les options dès que la collectivité des associés ou l'assemblée a pris sa décision. Ils peuvent différer cette offre ou y renoncer s'ils estiment qu'elle est inopportune. En effet, ils ont reçu une autorisation (cf. art. L 225-177, al. 1) qu'ils sont libres d'utiliser ou non.

69531 Une fois consentie, l'option est irrévocable. En effet, elle s'analyse, à notre avis, en un engagement unilatéral de la société.

ATTENTION

En offrant les options, la société crée un droit au profit des bénéficiaires des options. Elle est tenue d'exécuter l'engagement qu'elle a pris sans **rétractation** possible (solution confirmée par C. civ. art. 1116).

69532 L'octroi d'une option à un **salarié** constitue un accessoire du contrat de travail qui, en cas de litige, relève de la compétence du conseil de prud'hommes (Cass. soc. 21-6-2005 n° 1503 : RJDA 10/05 n° 1014 ; Cass. soc. 8-1-2025 n° 23-15.044 F-D : RJDA 6/25 n° 326).

En cas de licenciement et sauf stipulation expresse contraire, les droits éventuels que le salarié peut tenir des options ne sont pas affectés par la transaction destinée à régler les conséquences du licenciement (Cass. soc. 8-12-2009 n° 08-41.554 : RJDA 3/10 n° 255).

Mais les différends pouvant s'élever par la suite entre la société et le salarié devenu actionnaire, indépendamment des conditions d'acquisition de ses actions, sont de la compétence de la juridiction commerciale (Cass. soc. 16-9-2008 n° 07-20.444 : RJDA 12/08 n° 1277 ; Cass. soc. 24-9-2013 n° 12-15.678 : RJDA 1/14 n° 42). En effet, le salarié n'agit alors qu'en qualité d'actionnaire et le litige ne présente plus de lien avec le contrat de travail.

OBJET DES OPTIONS

69540 Le plus souvent, la collectivité des associés ou l'assemblée générale laisse au conseil d'administration ou au directoire, ou aux dirigeants, le soin d'apprécier s'il convient d'accorder des options d'achat ou des options de souscription. À cet égard, le conseil (le directoire ou les dirigeants) doit tenir compte des **avantages** et des **inconvénients,** brièvement rappelés ci-dessous, que chacun des deux systèmes présente pour les diverses parties intéressées.

Pour les **bénéficiaires des options,** les deux formules sont équivalentes. Dans l'un et l'autre cas, ils peuvent, s'ils le désirent et sans que ce soit une obligation pour eux, obtenir des actions de leur société moyennant un prix fixé à l'avance.

Pour la **société émettrice,** les options de souscription sont plus avantageuses que les options d'achat. Dans le premier cas, en effet, la société peut augmenter ses fonds propres sans charge excessive (essentiellement les frais d'augmentation de capital). En revanche, en cas d'ouverture d'options d'achat, elle est tenue d'acheter, avant l'ouverture des options, le nombre d'actions nécessaire pour répondre aux demandes qui seront présentées, ce qui entraîne une immobilisation de capitaux que la société ne pourra récupérer qu'après la levée des options. De plus, si la croissance et les résultats sont insuffisants ou si, pour les sociétés dont les actions sont admises aux négociations sur un marché boursier, les cours sont en baisse, les options ne seront vraisemblablement pas levées et la société devra alors en principe revendre à perte les actions qu'elle avait mises en réserve. Elle pourra toutefois les attribuer gratuitement à ses salariés ou dirigeants dans les conditions prévues aux articles L 225-197-1 à L 225-197-3 et, si les actions de la société sont admises aux négociations sur un marché réglementé ou sur un SMNO, à l'article L 22-10-59 (art. L 225-209-2, al. 2 et L 22-10-62, al. 5).

Pour les associés ou **actionnaires,** le choix des options de souscription est de nature à entraîner une dilution du capital et donc une baisse de la valeur des actions.

DATE D'OCTROI DES OPTIONS

69550 Dans le délai fixé par la décision collective ou l'assemblée (qui ne peut excéder 38 mois : cf. art. L 225-177, al. 1 et L 225-179, al. 1), le conseil d'administration ou le directoire, ou les dirigeants de SCA ou de SAS, arrêtent la date à partir de laquelle les options sont offertes.

En l'absence de dispositions légales ou réglementaires contraires, rien ne s'oppose à ce que l'autorisation donnée par la décision collective ou l'assemblée soit utilisée en plusieurs **tranches,** à des dates et des conditions différentes et pour des bénéficiaires différents.

69551 **Sociétés « cotées »** Dans les sociétés dont les **actions** sont **admises aux négociations sur un marché réglementé,** les options de souscription ou d'achat d'actions ne peuvent être consenties (art. L 22-10-56 et L 225-179, al. 2) :

– ni dans le délai de dix séances de bourse précédant la date à laquelle les comptes consolidés annuels et intermédiaires ou, à défaut, les comptes annuels et semestriels sont rendus publics, ainsi que le jour de la publication ;

– ni dans le délai compris entre la date à laquelle les organes sociaux de la société ont connaissance d'une information privilégiée et la date à laquelle cette information est rendue publique.

Il en résulte en pratique que les options ne peuvent pas être consenties par le conseil d'administration ou le directoire (ou par le gérant) qui arrête les comptes. Il ne paraît toutefois pas interdit que le conseil ou le directoire pose le principe de l'octroi des options mais n'attribue pas celles-ci dans la fenêtre d'interdiction et subdélègue l'exécution de sa décision au directeur général ou au président du directoire. En effet, celui-ci se borne alors à mettre en œuvre la décision dont le conseil ou le directoire a arrêté le principe sans pour cela, nous semble-t-il, contrevenir à l'interdiction visée ci-dessus.

Aucune option ne peut être consentie moins de 20 séances de bourse après le « détachement des actions d'un coupon » donnant droit à un dividende ou à une augmentation de capital (art. L 225-177, al. 4). Cette mesure permet d'éviter les difficultés que susciterait ce détachement durant la période prise en compte pour le calcul du prix de souscription ou d'achat.

Pour l'attribution des options aux **dirigeants** mandataires sociaux, il est recommandé de procéder à des attributions aux mêmes périodes calendaires, par exemple après la publication des comptes de l'exercice précédent et de préférence chaque année (Code de gouvernance Afep-Medef art. 26.3.3). 69552

CHOIX DES BÉNÉFICIAIRES DES OPTIONS

Dans les limites fixées par la loi (nos 69430 s.) et, éventuellement, celles imposées par la décision collective ou l'assemblée, le **nombre** et la **qualité** des bénéficiaires des options de souscription ou d'achat sont librement déterminés par le conseil d'administration (le directoire ou les dirigeants) sur délégation de l'assemblée générale extraordinaire ou de la collectivité des associés. 69560

La collectivité des associés ou l'assemblée peut fixer avec précision les conditions requises pour l'obtention du droit aux options, et même désigner nommément les bénéficiaires de ce droit, mais ce n'est pas une obligation. Le plus souvent, elle s'en remet sur ce point au conseil d'administration ou au directoire, ou encore aux dirigeants, auxquels elle délègue tous pouvoirs à cet effet.

Sur les principes à respecter lorsque des bénéficiaires sont des dirigeants, voir nos 69402 s.

NOMBRE D'ACTIONS OFFERTES

Le conseil d'administration ou le directoire, ou les dirigeants, déterminent librement, sauf décision contraire de l'assemblée ou de la collectivité des associés, le nombre maximal des actions qui pourront être souscrites ou achetées par chacun des bénéficiaires des options, sous réserve toutefois du cas des dirigeants des sociétés dont les titres sont admis aux négociations sur un marché réglementé (nos 69402 s.). Ce nombre devra être ajusté si la société procède à certaines opérations financières pendant la durée de l'option (voir nos 69690 s.). 69570

Toutefois, le nombre total des options de souscription consenties et non encore levées ne peut donner droit à souscrire un nombre d'actions excédant le tiers du capital social (art. L 225-182, al. 1 et R 225-143).

ATTENTION

Cette limite doit à notre avis être appréciée au moment de l'octroi des options en tenant compte non seulement des options nouvelles ainsi offertes, mais aussi de celles qui résulteraient d'une ou de plusieurs décisions antérieures d'octroi d'options de souscription qui n'auraient pas encore été levées.

Aucune disposition légale ne fixe expressément de limite aux options d'achat pouvant être consenties par la société. En pratique cependant, ces options ne peuvent donner droit à plus de 10 % du total des actions émises par la société en tenant compte des actions propres déjà détenues par celle-ci. En effet, les actions à remettre aux bénéficiaires qui exerceront leur option doivent avoir été achetées préalablement à l'ouverture des options (art. L 225-179). Or, il est de principe qu'une société ne peut pas posséder plus de 10 % du total de ses propres actions (art. L 225-210, al. 1). 69571

CONDITIONS D'EXERCICE DES OPTIONS

Le conseil d'administration ou le directoire, ou les dirigeants, doivent fixer le **prix** d'achat ou de souscription des actions en cas de levée des options ainsi que les **modalités** selon lesquelles les bénéficiaires de ces options pourront exercer leurs droits. Le conseil d'administration étant le seul organe investi du pouvoir de fixer les conditions dans lesquelles les options 69580 sont consenties, un courrier du président du conseil assurant à un bénéficiaire d'options qu'il pourrait lever celles-ci même s'il n'est plus en fonctions n'engage pas la société (Cass. com. 23-3-2010 n° 09-12.207 : RJDA 7/10 n° 761).

Dans les sociétés dont les titres sont admis aux négociations sur un marché réglementé, le Code de gouvernance Afep-Medef recommande que, outre le respect des principes généraux applicables aux rémunérations de long terme relatifs en particulier aux conditions de performance que doivent satisfaire les dirigeants (n° 40577), il soit fixé des périodes précédant la publication des comptes annuels et intermédiaires, pendant lesquelles l'exercice des options d'actions n'est pas possible. Il appartient au conseil de fixer ces périodes et, le cas échéant, de déterminer la procédure que doivent suivre les dirigeants avant d'exercer des options sur actions, pour s'assurer qu'ils ne disposent pas d'informations (informations privilégiées) susceptibles d'empêcher cet exercice (art. 26.3.3). Certaines sociétés choisissent de n'appliquer cette règle qu'aux levées d'options suivies immédiatement de la vente des actions ; c'est au conseil qu'il revient d'apprécier le degré de rigueur qu'il veut appliquer à l'encadrement des opérations portant sur les options ; en tout état de cause, il doit présenter clairement les règles retenues (Guide d'application du Code Afep-Medef mars 2024 p. 22).

Le Code de gouvernance Middlenext recommande que l'exercice de tout ou partie des stock-options au bénéfice des dirigeants soit soumis à des conditions de performance pertinentes traduisant l'intérêt à moyen/long terme de l'entreprise appréciées sur une période d'au moins trois ans (rec. 21).

Sur le champ d'application et la force contraignante de ces Codes, voir nos 48272 s.

L'AMF considère que la présence du bénéficiaire au moment de l'exercice des options ne saurait être considérée comme un critère de performance exigeant (Recommandation 2012-02 § 26.3.3).

69581 Le conseil d'administration, le directoire ou les dirigeants peuvent assortir l'exercice de ces droits de **conditions particulières** telles que :
– la réalisation préalable d'objectifs économiques déterminés, par exemple une augmentation du chiffre d'affaires ou du bénéfice d'exploitation ;
– l'obligation pour les bénéficiaires d'avoir la qualité de salariés (ou de dirigeants) au moment de la levée de l'option ;
– la possibilité pour les dirigeants sociaux de suspendre les droits attachés aux options en cas d'opérations financières entraînant modification du capital social ;
– la modification ou la suppression des droits attachés aux options en cas d'opérations financières non prévues par la réglementation (cas notamment de l'absorption de la société émettrice) ;
– l'interdiction de lever les options avant l'expiration d'un délai déterminé (par exemple, deux ans) à compter de l'attribution de celles-ci ;
– l'obligation de fractionner les levées d'options (par exemple, sur trois ans à concurrence d'un tiers chaque année) ;
– la date à partir de laquelle les actions nouvelles porteront jouissance ;
– l'incessibilité temporaire des actions souscrites ou achetées au moyen des options.

Ces conditions particulières peuvent être différentes selon les tranches offertes. De même, elles peuvent être personnalisées, telle attribution étant, par exemple, subordonnée à la réalisation par le bénéficiaire de certains objectifs déterminés.

L'ensemble de ces conditions est, le plus souvent, rappelé dans un document, le **règlement du plan,** remis à chacun des bénéficiaires. Il est d'usage d'indiquer également dans le règlement, à titre d'information, le régime fiscal applicable en cas de revente des titres souscrits ou achetés au moyen des options.

ACHAT DES ACTIONS OFFERTES

69590 Lorsque le conseil d'administration ou le directoire, ou encore les dirigeants, envisagent d'offrir des options d'achat, ils doivent, préalablement à l'ouverture de celles-ci, faire acheter par la société les actions qui seront attribuées aux bénéficiaires s'ils lèvent leurs options (art. L 225-179, al. 1).

Selon le ministre de la justice (Rép. Mesmin : AN 15-3-1993 n° 62474), par « **ouverture des options** », il faut entendre la date à laquelle les salariés peuvent lever leurs options et non pas celle à laquelle les options sont consenties par le conseil d'administration ou le directoire. Ainsi, la société pourrait acheter ses actions la veille du jour où les salariés ont la possibilité de lever leurs options.

Le rachat et la détention par la société des titres qui seront attribués aux bénéficiaires des options s'effectuent dans les conditions et selon les modalités décrites n°s 68910 s. 69591

INFORMATION DES BÉNÉFICIAIRES DES OPTIONS

Aucune **forme** particulière n'est requise pour l'information des bénéficiaires. Celle-ci peut donc être faite par tous moyens. Le plus souvent, la société adresse (ou remet contre décharge) à chacun des bénéficiaires un document l'avisant de l'option qui lui est offerte et une copie du règlement du plan exposant les conditions dans lesquelles il pourra en profiter. 69600

L'option s'analysant en un engagement unilatéral de la société, il n'est pas nécessaire d'obtenir la signature des bénéficiaires pour que les offres produisent effet. La société est engagée dès qu'elle a notifié sa proposition aux intéressés (solution confirmée par C. civ. art. 1116).

> **Précisions** **a.** La société doit être à même d'apporter la **preuve** que le bénéficiaire a bien eu **connaissance** de ces conditions, faute de quoi celui-ci ne peut pas se les voir opposer (cf. Cass. soc. 15-1-2002 n° 175 : RJDA 6/02 n° 644 et Cass. soc. 2-2-2006 n° 328 : RJDA 5/06 n° 542).
> **b.** Si la **décision d'attribution** prise par le conseil d'administration n'est **pas communiquée au bénéficiaire** des options, le délai fixé par l'assemblée pour lever les options ne court pas (Cass. com. 9-6-2009 n° 08-15.592 : RJDA 4/10 n° 382). Mais un plan d'options de souscription d'actions, même rédigé en anglais, doit être réputé opposable à un salarié dès lors que ce plan lui a été communiqué et que l'intéressé, qui l'avait signé, maîtrisait parfaitement l'anglais (Cass. soc. 16-5-2007 n° 05-45.281 : RJDA 8-9/07 n° 850, 1e esp.).
> **c.** La société n'a pas à **informer** les **héritiers** du bénéficiaire, sauf si le règlement du plan le prévoit expressément (Cass. com. 10-12-2013 n° 12-17.724 : RJDA 4/14 n° 340).

C. Prix de souscription ou d'achat des actions

DÉTERMINATION DU PRIX DES ACTIONS

Le prix des actions doit être **fixé** au **jour** où l'option est consentie (art. L 225-177, al. 4 et L 225-179, al. 2), c'est-à-dire au jour où le conseil d'administration ou le directoire, ou les dirigeants, arrêtent les conditions générales de l'offre (nature des options, dates d'ouverture, désignation des bénéficiaires, etc.). 69660

Il est fixé par le conseil d'administration ou le directoire, ou les dirigeants, mais selon les **modalités** déterminées par la collectivité des associés ou l'assemblée générale extraordinaire, laquelle statue sur rapport des commissaires aux comptes de la société ou, dans celles qui n'en sont pas dotées, d'un commissaire aux comptes désigné à cet effet (art. L 225-177, al. 4, L 225-179, al. 2 et R 225-144, al. 2).

> **Précisions** Ces dispositions ne paraissent pas interdire de retenir un « **prix glissant** », déterminable en fonction de critères objectifs définis précisément lors de l'octroi des options mais qui ne seront connus qu'à la ou aux dates convenues pour l'exercice des options. Il faut toutefois que les conditions ci-dessous n°s 69661 s. soient respectées.

Actions admises aux négociations sur un marché réglementé Si les actions de la société sont admises aux négociations sur un marché réglementé, le prix de souscription ou d'achat ne peut pas être inférieur à 80 % de la moyenne des cours cotés aux 20 séances de bourse précédant ce jour (art. L 225-177, al. 4 et L 225-179). 69661

La loi n'imposant pas de méthode particulière pour calculer cette moyenne et ne renvoyant pas à un texte d'application sur ce point, les organes sociaux disposent d'une grande liberté à cet égard, pourvu que les critères retenus soient objectifs (en ce sens, Communication Ansa, comité juridique n° 07-49 du 5-12-2007).

En outre, s'agissant uniquement d'options d'achat, le prix d'achat ne doit pas être inférieur *à 80 % du cours moyen d'achat des actions* détenues par la société au titre des articles L 225-208 et L 22-10-62, et donc en vue de l'attribution à leurs salariés ou dirigeants et, le cas échéant, dans le cadre d'un programme de rachat de ses propres actions (art. L 225-179, al. 2 ; signalons que, par application de l'article L 22-10-61, les sociétés dont les actions sont admises aux négociations sur un marché réglementé ne sont pas autorisées à détenir leurs actions selon la procédure de l'article L 225-208 ; il conviendrait donc que le renvoi à l'article L 225-208 soit supprimé de l'article L 225-179, al. 2).

En cas d'attribution aux dirigeants mandataires sociaux, il est recommandé que la société n'applique aucune décote. Ces dirigeants doivent prendre l'engagement formel de ne pas recourir à des opérations de couverture de leur risque tant sur les options que sur les actions issues des levées d'options, et ce, jusqu'à la fin de la période de conservation des actions fixée par le conseil (Code de gouvernance Afep-Medef art. 26.3.3). L'interdiction de recourir à des opérations de couverture figure souvent dans les plans d'attribution ; toutefois, cette interdiction ne peut pas remplacer l'engagement ferme du dirigeant de ne pas recourir à ces opérations (Guide d'application du Code Afep-Medef mars 2024 p. 22). Par ailleurs, l'AMF recommande que la société précise que, à sa connaissance, aucun instrument de couverture n'est mis en place (Recommandation 2012-02 § 26.3.3).

Sur le **régime fiscal et social** de la fraction du rabais excédant 5 % de la valeur de l'action, voir n°s 69820 s.

69662 **Actions non admises aux négociations sur un marché réglementé** Si les actions de la société ne sont pas admises aux négociations sur un marché réglementé, le prix de souscription ou d'achat est déterminé conformément aux méthodes objectives retenues en matière d'évaluation d'actions en tenant compte, selon une pondération appropriée à chaque cas, de la situation nette comptable, de la rentabilité et des perspectives d'activité de l'entreprise. Ces critères sont appréciés, le cas échéant, sur une base consolidée ou, à défaut, en tenant compte des éléments financiers issus des filiales significatives. À défaut, le prix de souscription ou d'achat est déterminé en divisant par le nombre de titres existants le montant de l'actif net réévalué, calculé d'après le bilan le plus récent (art. L 225-177, al. 4 et L 225-179, al. 2).

AJUSTEMENT DU PRIX DES ACTIONS SOUS OPTION

69670 Le prix fixé pour la souscription ou l'achat des actions ne peut pas être modifié pendant la durée de l'option (art. L 225-181, al. 1).

Toutefois, lorsque la société procède à des opérations financières susceptibles d'influer sur la valeur du titre, le conseil d'administration (le directoire ou les dirigeants) doit, pour tenir compte de l'incidence de chaque opération, procéder à un ajustement du prix des actions correspondant aux options consenties. Les **opérations visées** sont les suivantes (art. L 225-181, al. 2) :

- amortissement ou réduction du capital ;
- modification de la répartition des bénéfices ;
- attribution gratuite d'actions ;
- incorporation au capital de réserves, bénéfices ou primes d'émission ;
- distribution de réserves ;
- émission de titres de capital ou de titres donnant droit à l'attribution de titres de capital comportant un droit de souscription réservé aux actionnaires.

La société « doit prendre les mesures nécessaires à la protection des intérêts des bénéficiaires des options dans les conditions prévues à l'article L 228-99 » (art. L 225-181, al. 2) relatif à la protection des intérêts des titulaires de titres de capital ou de valeurs mobilières y donnant accès. Les conditions d'ajustement, destinées à tenir compte de l'incidence des opérations visées ci-dessus sur la valeur des actions sous option, sont celles prévues par l'article R 228-91 relatif aux modalités de protection des porteurs de valeurs mobilières donnant accès au capital, sous réserve des dispositions « de la présente sous-section » (art. R 225-137), c'est-à-dire des articles R 225-139 s. ainsi que, sur renvoi, de l'article R 22-10-37 spécifiques aux options de souscription ou d'achat d'actions et qui concernent les augmentations de capital par incorporation de réserves, les réductions de capital motivées par des pertes et le rachat de ses propres actions par une société « cotée » à un prix supérieur au cours de bourse.

69671 Les diverses opérations examinées ci-après entraînent le plus souvent une diminution de la valeur de l'action et, corrélativement, une diminution du prix de souscription ou d'achat. Toutefois, l'ajustement du prix de souscription ne peut jamais avoir pour effet de ramener ce **prix au-dessous du montant du nominal de l'action** (art. R 225-141).

› Précisions a. Les dispositions relatives aux options ne comportent que des méthodes d'ajustement du prix des actions, puis de leur nombre, et non des **méthodes de réservation des droits des bénéficiaires** (contrairement au régime des valeurs mobilières composées). Mais si les conditions de délai ne s'y opposent pas, aucune disposition, à notre connaissance, ne fait obstacle à la faculté de prévoir, dans le règlement du plan et sur autorisation de la collectivité des associés ou de l'assemblée (art. L 225-183, al. 1), que dans le cas des opérations visées ci-dessus les bénéficiaires pourront lever par anticipation leurs options avant la réalisation de ces opérations et, partant, que les mécanismes d'ajustement n'auront pas à être appliqués.

b. Il n'y a lieu, à notre avis, à ajustement que si l'**opération** en cause **concerne l'ensemble des associés** ou actionnaires, qu'elle leur profite ou affecte leurs droits. En effet, la protection accordée par la loi aux bénéficiaires des options n'est pas destinée à leur conférer plus de prérogatives que s'ils étaient associés ou actionnaires, ce qui serait le résultat d'un ajustement consécutif à une opération réservée à un ou quelques associés ou actionnaires.

c. Le conseil d'administration ou le directoire doit rendre compte des éléments de calcul et des résultats de l'ajustement dans le **rapport** annuel **de gestion** suivant (art. R 228-91, dernier al.). Dans les SCA et les SAS et par assimilation (cf. art. L 226-7, al. 5 et L 227-1, al. 3), les dirigeants doivent, nous semble-t-il, donner cette information à la collectivité des associés appelée à approuver les comptes sociaux.

Augmentation de capital en numéraire Lorsque la société procède à une augmentation de capital en numéraire avec droit préférentiel de souscription réservé aux associés ou actionnaires, l'ajustement du prix de souscription ou d'achat des actions sous option doit égaliser, au centième d'action près, la valeur des actions qui seront obtenues en cas d'exercice des options après la réalisation de cette opération et la valeur des actions qui auraient été obtenues en cas d'exercice des options avant la réalisation de l'opération (art. L 228-99, 3° sur renvoi de l'art. L 225-181, al. 2 ; art. R 228-91, al. 1 sur renvoi de l'art. R 225-137). 69672

Les nouvelles bases d'exercice des options doivent être calculées en tenant compte (art. R 228-91, 1°) :

– soit du rapport entre, d'une part, la valeur du droit préférentiel de souscription et, d'autre part, la valeur de l'action après détachement de ce droit telles que ces valeurs ressortent de la moyenne des premiers cours cotés pendant toutes les séances de bourse incluses dans la période de souscription ;

– soit du nombre de titres émis auxquels donne droit une action ancienne, du prix d'émission de ces titres et de la valeur des actions avant détachement du droit de souscription, cette valeur étant égale à la moyenne pondérée des cours des trois dernières séances de bourse au moins qui précèdent le jour du début de l'émission.

Si les actions ne sont pas admises aux négociations sur un marché réglementé, il convient de prévoir les modalités d'ajustement et notamment les modalités de détermination de la valeur de l'action à prendre en compte (art. R 228-91, al. 10) ; il semble opportun de prévoir ces modalités dans le règlement du plan.

Sur l'ajustement du nombre des actions pour permettre aux bénéficiaires des options d'investir la somme prévue au moment où ils ont accepté l'option, voir n° 69690.

Émission de valeurs mobilières donnant accès au capital En cas d'émission de valeurs mobilières donnant accès au capital comportant un droit de souscription réservé aux associés ou actionnaires, il convient de procéder comme en matière d'augmentation de capital en numéraire (cf. art. L 228-99, 3° sur renvoi de l'art. L 225-181, al. 2 ; art. R 228-91, al. 1 sur renvoi de l'art. R 225-137). 69673

Augmentation de capital par incorporation de réserves En cas d'augmentation de capital par incorporation de réserves, bénéfices ou primes d'émission et **distribution d'actions gratuites,** le prix de souscription ou d'achat des actions sous option, tel qu'il était fixé avant cette opération, doit être ajusté en faisant le produit de ce prix par le rapport entre le nombre des actions anciennes et le nombre total des actions anciennes et nouvelles. Pour l'établissement de ce rapport, il doit être tenu compte, le cas échéant, de l'existence de plusieurs catégories d'actions anciennes et nouvelles (art. R 225-139). 69674

Il convient en outre d'égaliser, au centième d'action près, la valeur des actions qui seront obtenues en cas d'exercice des options après la réalisation de l'opération et la valeur des actions qui auraient été obtenues en cas d'exercice des options avant cette réalisation (art. R 228-91, al. 1 sur renvoi de l'art. R 225-139).

ATTENTION

Encore faut-il, lorsqu'il s'agit d'un **plan de souscription,** que le nouveau prix de souscription soit au moins égal au montant nominal des actions (cf. art. R 225-141). Dans le cas contraire, comme il n'est pas possible d'exiger des bénéficiaires des options un versement supérieur au prix fixé par le conseil d'administration ou le directoire, ou par les dirigeants, il convient à notre avis de procéder de la manière suivante : lors de l'augmentation du capital, l'assemblée ou la collectivité des associés décide de virer à un compte de réserve indisponible la somme nécessaire pour couvrir la différence entre la valeur nominale et le nouveau prix de souscription ; lors de la levée des options, les actions nouvelles sont libérées par les versements des souscripteurs et, pour le solde, par incorporation au capital d'une somme prélevée sur la réserve indisponible.

Lorsque l'augmentation du capital est réalisée par **élévation du nominal** des actions, il n'y a pas lieu à ajustement du prix de souscription ou d'achat puisque la valeur réelle de l'action reste inchangée.

> **Précisions** **a.** L'article L 225-181 vise le cas où la société réalise « une **attribution gratuite d'actions** » sans autre précision ; on peut toutefois penser que les mesures d'ajustement ne concernent que les augmentations de capital, ce qui est corroboré par les dispositions de l'article R 225-139, dans l'hypothèse où l'opération est générale et est destinée à l'ensemble des associés ou actionnaires. Il ne semble pas qu'il y ait lieu de mettre en place des mécanismes de protection des bénéficiaires d'options lorsque l'opération est partielle, par exemple en cas d'attribution gratuite d'actions à certains salariés ou dirigeants, une telle protection ne paraissant pas correspondre à l'esprit des textes qui ne visent pas à conférer à ces bénéficiaires plus de droits que s'ils étaient associés ou actionnaires.
> **b.** Sur l'**ajustement du nombre des actions** pour permettre aux bénéficiaires des options d'investir la somme prévue au moment où ils ont accepté l'option, voir n° 69690.

69675 **Distribution de réserves en espèces ou en titres** Outre la nécessité d'égaliser, au centième d'action près, la valeur des actions qui seront obtenues en cas d'exercice des options après la distribution et la valeur des actions qui auraient été obtenues en cas d'exercice des options avant cette distribution, les nouvelles bases d'exercice des options doivent être calculées en tenant compte du rapport entre le montant par action de la distribution et la valeur de l'action avant la distribution. Cette valeur est égale à la moyenne pondérée des cours des trois dernières séances de bourse au moins qui précèdent le jour de la distribution (art. R 228-91, 3°) ; si les actions ne sont pas admises aux négociations sur un marché réglementé, elle doit être déterminée conformément à des modalités qui pourraient être prévues par le plan d'options (art. R 228-91, al. 10).

Sur l'ajustement du nombre des actions pour permettre aux bénéficiaires des options d'investir la somme prévue au moment où ils ont accepté l'option, voir n° 69690.

69676 **Réduction de capital** En cas de réduction de capital motivée par des pertes réalisée par voie d'annulation d'actions, le prix de souscription ou d'achat des actions sous option, fixé avant cette opération, doit être ajusté en faisant le produit de ce prix par le rapport entre le nombre des actions anciennes et le nombre des actions subsistant après réduction ; pour l'établissement de ce rapport, il est tenu compte, le cas échéant, de l'existence de plusieurs catégories d'actions anciennes ou nouvelles. Il est procédé à un ajustement du nombre des actions offertes de telle sorte que le total des prix de souscription ou d'achat reste constant, avec arrondissement du nombre ajusté à l'unité supérieure (art. R 225-142, al. 1 et 2).

S'il n'y a pas modification du nombre d'actions, il n'y a pas lieu à ajustement (art. R 225-142, al. 3). En revanche, et bien que l'article L 225-181 vise le cas où la société « réalise une réduction du capital » sans autre précision, rien n'est prévu en cas de réduction non motivée par des pertes par voie d'annulation d'actions. Il appartient donc aux dirigeants sociaux de rechercher la formule la plus satisfaisante pour que les droits des titulaires d'options soient respectés dans le cas où cette réduction concerne l'ensemble des actionnaires.

69677 **Amortissement du capital** En cas d'amortissement du capital, outre la nécessité d'égaliser, au centième d'action près, la valeur des actions qui seront obtenues en cas d'exercice des options après l'amortissement et la valeur des actions qui auraient été obtenues en cas d'exercice des options avant l'amortissement, les nouvelles bases d'exercice des options doivent être calculées en tenant compte du rapport entre le montant par action de l'amortissement et la valeur de l'action avant l'amortissement. Cette valeur est égale à la moyenne pondérée des cours des trois dernières séances de bourse au moins qui précèdent le jour de l'amortissement (art. R 228-91, 5°) ; si les actions ne sont pas admises aux négociations sur un marché réglementé, elle doit être déterminée conformément à des modalités qui pourraient être prévues par le plan d'options (art. R 228-91, al. 10).

69678 **Modification de la répartition des bénéfices** En cas de modification de la répartition des bénéfices, outre la nécessité d'égaliser, au centième d'action près, la valeur des actions qui seront obtenues en cas d'exercice des options après cette modification et la valeur des actions qui auraient été obtenues en cas d'exercice des options avant la modification, les nouvelles bases d'exercice des options doivent être calculées en tenant compte du rapport entre la réduction par action du droit aux bénéfices et la valeur de l'action avant cette modification. Cette valeur est égale à la moyenne pondérée des cours des trois dernières séances de bourse au moins qui précèdent le jour de la modification (art. R 228-91, 4°) ; si les actions ne sont pas admises aux négociations sur un marché réglementé, elle doit être déterminée conformément à des modalités qui pourraient être prévues par le plan d'options (art. R 228-91, al. 10).

AJUSTEMENT DU NOMBRE DES ACTIONS SOUS OPTION

Pour permettre au bénéficiaire d'investir, lors de la levée de l'option, une somme identique à celle envisagée au moment où il a accepté cette option, il est prévu, après l'ajustement du prix, un ajustement du nombre des actions sous option, de telle sorte que le total du prix de souscription ou d'achat reste constant. Toutefois, le nombre ajusté est arrondi à l'unité supérieure (art. R 225-140 et R 225-142, al. 2). 69690

EXEMPLE

Si un salarié bénéficie d'une option sur 100 actions de sa société au prix de 26 € par action et si à la suite de diverses opérations énumérées ci-dessus le prix unitaire des actions est ajusté à 21 €, il pourra souscrire (ou acheter) à ce nouveau prix de 21 € par action :
100 × 26/21 = 123,8 arrondi à 124 actions.

Achat par une société « cotée » de ses propres actions Lorsqu'une société dont les **actions** sont **admises aux négociations sur un marché réglementé** rachète ses propres actions à un prix supérieur au cours de bourse, elle doit procéder à un ajustement du nombre d'actions que les options de souscription ou d'achat qu'elle a attribuées permettent d'obtenir. Cet ajustement doit garantir, au centième d'action près, que la valeur des actions qui seront obtenues en cas de levée d'options après la réalisation de l'opération sera identique à la valeur de celles qui auraient été obtenues en cas de levée d'options avant cette opération. À cet effet, les nouveaux droits de souscription ou d'achat d'actions sont calculés en tenant compte du rapport entre, d'une part, le produit du pourcentage du capital racheté par la différence entre le prix de rachat et une moyenne pondérée des cours des trois dernières séances de bourse au moins qui précèdent le rachat et, d'autre part, ladite moyenne (art. R 22-10-37). 69691

SORT DES OPTIONS EN CAS D'ABSORPTION DE LA SOCIÉTÉ

Aucune **disposition légale** ne règle le sort des options de souscription ou d'achat en cas d'absorption de la société « émettrice » par une autre société. 69700

Il est généralement prévu dans le **traité de fusion** que la société absorbante se substituera à la société absorbée pour les engagements contractés par cette dernière à l'égard des bénéficiaires d'options. Ces options portent alors sur les actions de la société absorbante en appliquant au nombre et au prix des actions sous option le rapport d'échange retenu pour la fusion.

Cette solution a été expressément consacrée en matière de cotisations sociales : une société ayant attribué des options de souscription d'actions avait été absorbée avant l'expiration du délai de levée des options ; la société absorbante a pu valablement appliquer au prix de souscription fixé lors de l'attribution des options la parité d'échange retenue lors de la fusion sans que cet ajustement constitue une modification du prix justifiant un redressement de cotisations (Cass. 2e civ. 27-11-2014 no 13-25.715 : RJDA 4/15 no 281).

En pratique, la collectivité des associés ou l'assemblée générale extraordinaire de la société absorbante appelée à statuer sur la fusion prendra acte des obligations qu'entraîne pour la société cette reprise des engagements de la société absorbée en ce qui concerne les plans d'options et, s'il s'agit d'options de souscription, renoncera au droit préférentiel de souscription aux actions qui seront émises du fait de l'exercice de ces options (cf. art. L 225-177 et R 225-144). Elle statuera sur rapports du conseil d'administration, du directoire ou des dirigeants (sauf dispense d'établissement de ce rapport, voir no 83262) et des commissaires aux comptes de la société ou, dans les sociétés qui n'en sont pas dotées, d'un commissaire aux comptes désigné à cet effet (voir no 83251). 69701

En cas de **reprise d'un plan d'options d'achat,** la société absorbante va devoir détenir un *certain nombre de ses propres actions* pour satisfaire aux levées d'options éventuelles. À notre avis, ces actions peuvent être émises en échange de celles détenues par la société absorbée et qui étaient réservées aux bénéficiaires des options. 69702

Certes, un tel procédé peut sembler contraire aux dispositions de l'article L 236-3, II qui interdit à la société absorbante d'émettre des actions nouvelles en contrepartie d'actions « propres » détenues par la société absorbée. Mais ces dispositions ne s'appliquent pas, à notre avis, aux actions réservées aux titulaires des options. En effet, la société absorbée détenait ces actions en raison des engagements qu'elle avait contractés envers les bénéficiaires des options. Reprenant ces engagements, la société absorbante doit reprendre également cette contrepartie, sauf à lui appliquer la parité d'échange convenue dans le traité de fusion.

D. Levée des options

1. CONDITIONS GÉNÉRALES DE LEVÉE DES OPTIONS

BÉNÉFICIAIRES DES LEVÉES D'OPTIONS

69750 En principe, les titulaires des options peuvent exercer leurs droits même s'ils ont quitté la société depuis l'attribution de ces options et quelles que soient les raisons de leur départ (CA Paris 23-9-1999 : RJDA 5/00 n° 542).

Mais, le plus souvent, il est stipulé dans le règlement du plan une **clause de présence** en vertu de laquelle les intéressés ne peuvent exercer leurs droits que s'ils font partie de la société au moment où ils lèvent leurs options. Des dérogations sont parfois prévues en faveur des retraités ou des personnes ayant dû cesser leur activité par suite d'invalidité.

› Précisions **a.** La clause de présence subordonnant la levée des options à la **condition** que son bénéficiaire ait conservé la qualité de salarié ne constitue pas une condition dont la réalisation dépend de la **seule volonté de la société** (C. civ. art. 1304-2) car la présence du bénéficiaire au sein de la société n'est pas subordonnée à la seule volonté de celle-ci (CA Versailles 29-10-2009 n° 08-4584 : RJDA 5/10 n° 525).

b. Dans le cas d'un plan de stock-options d'une **société mère française** précisant que les salariés qui en bénéficient perdent le droit de lever leurs options en cas de licenciement, le **salarié d'une filiale étrangère** à qui la société mère a attribué des options conserve le droit de les lever après son départ de la filiale si ce départ résulte non pas d'un licenciement mais d'une « convention de résiliation » conclue avec la filiale conformément au droit étranger dont relève cette filiale (CA Paris 13-4-2010 n° 08/21345 : RJDA 8-9/10 n° 855).

69752 **Dirigeant** L'AMF recommande au conseil d'administration ou de surveillance, lorsqu'il décide dans le cadre du **départ** d'un dirigeant de dispenser ce dernier de la condition de présence prévue dans le plan, de rappeler précisément le nombre d'options dont il est bénéficiaire au titre de ce plan et d'évaluer le montant de l'avantage ainsi consenti (Recommandation 2012-02 § 26.3.3).

La clause de présence produit ses effets en cas de **révocation** du bénéficiaire des options si le règlement du plan prévoit cette hypothèse (CA Versailles 19-11-2009 n° 08-3777 : RJDA 6/10 n° 631 som. ; voir aussi Cass. com. 23-3-2010 n° 09-12.207 : RJDA 7/10 n° 761).

ILLUSTRATIONS

Le membre du directoire qui a bénéficié de l'attribution gratuite d'actions du groupe, mais qui ne doit en devenir pleinement propriétaire qu'au terme de quatre années sous réserve de sa présence effective dans le groupe à cette date, n'a pas droit à indemnisation s'il a fait l'objet d'une révocation pour juste motif avant cette date (CA Paris 3-10-2013 n° 12/18860 : RJDA 3/14 n° 245, transposable aux options).

69753 **Salarié** L'efficacité de la clause de présence n'est pas totale en cas de **licenciement** du salarié bénéficiaire des options, comme l'illustre une jurisprudence fournie.

Ainsi, la privation de la faculté de lever les options en cas de licenciement pour faute (grave ou non) constitue une sanction pécuniaire prohibée par l'article L 1331-2 du Code du travail (Cass. soc. 21-10-2009 n° 08-42.026 : RJDA 3/10 n° 254) ; pour qu'elle produise effet, il faut que la clause prévoyant cette privation ne soit pas assortie d'une quelconque condition et, en particulier, qu'elle ne fasse aucune référence à la notion de faute.

La société qui se prévaut de la clause doit apporter la preuve que cette clause a été portée à la connaissance du bénéficiaire des options (Cass. soc. 15-1-2002 n° 175 : RJDA 6/02 n° 44).

Si les conditions ci-dessus sont remplies, la clause fait obstacle au droit du salarié de lever ses options même si le licenciement est prononcé sans cause réelle et sérieuse ; mais le salarié subit un préjudice dont la société lui doit réparation (Cass. soc. 29-9-2004 n° 1767 : RJDA 1/05 n° 44 ; Cass. soc. 1-12-2005 n° 2614 : RJDA 3/06 n° 284 et, sur renvoi, CA Paris 6-3-2007 n° 06-2987 : RJDA 8-9/07 n° 851 ; Cass. soc. 2-2-2006 n° 328 : RJDA 5/06 n° 542).

Ce préjudice consiste dans la perte d'une chance de réaliser une plus-value entre la valeur d'achat ou de souscription et le prix éventuel de vente des actions (CA Versailles 28-6-2002 *n° 01-3823 : RJS 11/02 n° 1222*). Toutefois, s'agissant de droits à exercer dans le futur, ce préjudice est aléatoire et doit être évalué en fonction de probabilités (CA Paris 4-9-2007 n° 06-10196 : RJDA 2/08 n° 150). Même s'il existe à compter du licenciement illégitime, le préjudice n'est pas nécessairement calculé en retenant la valeur des actions au jour du licenciement (CA Toulouse 20-11-2009 n° 08-4925 : RJDA 7/10 n° 754).

Bénéficiaire marié Les droits résultant de l'attribution pendant le mariage à un époux commun en biens d'une option de souscription ou d'achat d'actions forment des biens propres par nature, alors que les actions acquises par l'exercice de ces droits entrent dans la communauté lorsque l'option est levée avant la dissolution de celle-ci (Cass. 1e civ. 9-7-2014 nº 13-15.948 FS-PBI : RJDA 10/14 nº 774 ; Cass. 1e civ. 25-10-2023 nº 21-23.139 FS-B : RJDA 4/24 nº 222). Lorsqu'elles se retrouvent en nature dans l'**actif communautaire** au jour de cette dissolution, ces actions doivent être valorisées à leur prix de cession pendant l'indivision post-communautaire (Cass. 1e civ. 9-7-2014 précité). 69754

Décès du bénéficiaire En cas de décès du bénéficiaire, ses **héritiers** disposent d'un délai de six mois à compter du décès pour **exercer l'option** (art. L 225-183, al. 3). Cette disposition déroge, à notre avis, à l'alinéa 1er du même article selon lequel l'assemblée générale extraordinaire fixe le délai pendant lequel les options doivent être exercées. En conséquence, même si le délai fixé par la décision collective ou l'assemblée pour la levée des options n'est pas encore expiré, les héritiers doivent exercer leurs droits dans les six mois du décès. Pour les mêmes raisons, si les options ont été consenties sous condition et si la condition n'est pas réalisée dans le délai de six mois à compter du décès, les héritiers ne nous paraissent pas pouvoir exercer les options (dans le même sens, Communication Ansa, comité juridique nº 3160 du 3-7-2002). 69755

Le délai de six mois est un délai de forclusion qui a impérativement pour point de départ le décès du bénéficiaire et qui court même contre les mineurs non émancipés (Cass. com. 10-12-2013 nº 12-17.724 : RJDA 4/14 nº 340).

Par transposition de la solution applicable en matière d'actif communautaire (nº 69754), on peut penser que les options non encore levées au jour du décès de leur bénéficiaire n'entrent pas dans l'**actif successoral.** L'administration fiscale a d'ailleurs admis que les options n'ont pas à figurer dans l'actif soumis au droit de partage prévu à l'article 746 du CGI (Rép. de Robien : AN 18-6-2001 nº 58031 ; Rép. Marini : Sén. 23-8-2001 nº 31920). Cette doctrine n'a toutefois pas été reprise dans la documentation administrative la plus récente.

INCESSIBILITÉ DES OPTIONS

Jusqu'à ce que l'option ait été exercée, les droits correspondants sont incessibles (art. L 225-183, al. 2). 69758

FRACTIONNEMENT DE LA LEVÉE DES OPTIONS

Pour les bénéficiaires, la levée des options est toujours facultative. Sauf clause contraire du règlement du plan, elle peut être réalisée en totalité ou partiellement, en une seule fois ou par fractions successives, au choix de l'intéressé. Afin d'alléger les charges administratives, il est parfois stipulé dans le règlement que toute levée d'options devra porter sur un pourcentage minimal de celles-ci (par exemple, 20 ou 30 %). 69760

DÉLAI D'EXERCICE DES OPTIONS

Les options doivent être levées dans le délai librement fixé par la collectivité des associés ou l'assemblée (art. L 225-183, al. 1). 69762

Certaines sociétés, soucieuses de fidéliser davantage les bénéficiaires des options, prévoient une période de blocage (par exemple, deux ou trois ans à compter de la date de l'offre) pendant laquelle les options ne peuvent pas être exercées.

> **Précisions** Si la **décision d'attribution** prise par le conseil d'administration n'est **pas communiquée au bénéficiaire** des options, le délai fixé par l'assemblée générale pour lever les options ne court pas (Cass. com. 9-6-2009 nº 08-15.592 : RJDA 4/10 nº 382).

Suspension du délai Le conseil d'administration ou le directoire, ou les dirigeants, *peuvent suspendre, pendant un délai maximal fixé par décret*, l'exercice des droits attachés aux options de souscription d'actions en cas d'émission de nouveaux titres de capital ou de nouvelles valeurs mobilières donnant accès au capital ainsi qu'en cas de fusion ou de scission de la société appelée à émettre de tels titres (art. L 225-149-1, al. 1). 69763

L'article R 225-133, al. 1 a fixé à trois mois « la durée maximale de suspension de la possibilité d'obtenir des titres de capital par l'exercice de droits attachés aux valeurs mobilières donnant accès au capital, prévue à l'article L 225-149-1 », sans viser l'exercice des droits attachés aux options de souscription d'actions. On peut penser qu'il s'agit d'une inadvertance lors de la rédaction du décret et que le délai de trois mois est également applicable dans ce deuxième cas.

> **Précisions** Dans les sociétés dont les titres de capital sont admis aux négociations sur un marché réglementé ou sur un SMNO, le conseil d'administration ou le directoire peut **déléguer son pouvoir de suspendre** l'attribution de nouveaux titres par l'exercice du droit attaché à des options de souscription d'actions ; en revanche, cette délégation n'est pas possible dans les autres sociétés, faute de texte le prévoyant (en ce sens, Communication Ansa, comité juridique n° 20-038 du 7-10-2020).

69764 **Prorogation du délai** Selon le ministre de l'économie, une décision de prorogation du délai relève de la seule compétence de l'assemblée générale extraordinaire des actionnaires – ou de la collectivité des associés –, puisque celle-ci est compétente pour fixer le délai pendant lequel les options doivent être exercées ; en outre, une telle prérogative ne semble pas devoir être admise lorsque des options ont déjà été levées ou lorsque l'assemblée n'a pas prévu dans la résolution d'origine une éventuelle prolongation de leur délai d'exercice (Rép. Myard : AN 23-11-2004 n° 25717).

LEVÉES D'OPTIONS ET RÈGLES PARTICULIÈRES AUX MARCHÉS BOURSIERS

69766 L'obligation de publier un **prospectus** ne s'applique pas à l'offre au public d'actions offertes, attribuées ou devant être attribuées aux salariés ou dirigeants pour autant qu'un document contenant des informations sur le nombre et la nature de ces actions et sur les raisons et les modalités de l'offre ou de l'attribution soit « mis à disposition » (Règl. UE/2017/1129 du 14-6-2017 art. 1, 4-i issu du Règl. UE/2024/2809 du 23-10-2024 ; voir n°s 63033 s.).

69767 Dans le cadre des mesures destinées à **éviter** d'éventuels **délits** ou manquements **d'initiés,** les levées des options et la vente des titres provenant de ces levées doivent faire l'objet, s'il s'agit de titres admis aux négociations sur un marché réglementé, un SMN ou un système organisé de négociation, d'une déclaration à l'AMF de la part des dirigeants, des personnes qui leur sont assimilées et des personnes qui leur sont étroitement liées (Règl. délégué UE 2016/522 du 17-12-2015 art. 10, 2-b ; C. mon. fin. art. L 621-18-2).

L'Ansa estime que c'est lors de l'exercice des options que le bénéficiaire doit effectuer cette déclaration puisque seuls cet exercice et le paiement du prix des actions qui l'accompagne entraînent l'acquisition des titres et leur transfert de propriété (Communication Ansa, comité juridique n° 18-003 du 10-1-2018).

2. SORT DES OPTIONS EN CAS DE RETRAIT OBLIGATOIRE

69770 En cas de mise en œuvre d'une procédure de retrait obligatoire, cette procédure s'applique à tous les actionnaires, y compris ceux qui viennent d'acquérir ou de souscrire leurs actions grâce aux options qui leur ont été consenties.

Les **options** attribuées mais **non encore levées,** qui constituent de simples droits de créance sur la société, ne sont pas concernées par le retrait obligatoire. Mais cette opération et la radiation des titres qui en résultera vont entraîner une disparition de la liquidité des titres, de sorte que, s'ils lèvent leurs options, les titulaires de celles-ci auront de grandes difficultés pour vendre leurs actions, d'où l'intérêt pour eux de négocier avec le majoritaire soit la renonciation à leurs droits moyennant une indemnité (solution coûteuse fiscalement), soit le rachat, moyennant un prix convenu, des titres qu'ils auront souscrits ou acquis. Toutefois, dès lors qu'elles entraînent modification du contrat initial, aucune de ces solutions ne peut être imposée aux bénéficiaires des options ; elles doivent être acceptées par chacun d'eux.

3. MODALITÉS DES OPTIONS DE SOUSCRIPTION

AUGMENTATION DU CAPITAL EN CAS DE LEVÉE D'OPTIONS

69780 Les **formalités** d'augmentation du capital en cas de levée des options donnant droit à la souscription d'actions nouvelles sont **allégées** (art. L 225-178, al. 2 et R 225-145, al. 1) :
– pas de publicité préalable ;
– pas de dépôt des fonds ;
– pas d'arrêté de compte visé par les commissaires aux comptes en cas de paiement par *compensation.*

69781 Le délai de cinq ans, à compter de la décision de l'assemblée ou de la collectivité des associés d'augmenter le capital ou de déléguer sa compétence au conseil d'administration ou au directoire, ou aux dirigeants, pour réaliser l'augmentation de capital n'est pas applicable aux augmentations à réaliser à la suite des levées d'options (art. L 225-129, al. 2).

L'augmentation du capital est définitivement réalisée du seul fait de la **déclaration de levée d'options,** accompagnée du bulletin de souscription (établi de manière simplifiée, cf. art. R 225-145) et du paiement (en numéraire ou par compensation) de la somme correspondante (art. L 225-178, al. 2), cette somme devant être immédiatement versée dans la caisse sociale.

Il s'ensuit que le capital augmente au fur et à mesure des levées d'options. Comme les valeurs mobilières donnant accès au capital, les options de souscription constituent une exception au principe de la fixité du capital social.

À noter que l'établissement d'un bulletin de souscription n'est pas nécessaire lorsque la souscription est effectuée par l'intermédiaire d'un établissement de crédit ou d'un prestataire de services d'investissement (art. L 225-143, al. 2).

La plupart des règlements prévoient que les **actions** doivent être intégralement **libérées** lors de leur souscription. Mais la société peut consentir un prêt à ses salariés en vue de la souscription à ses actions (art. L 225-216, al. 2).

MODIFICATION DES STATUTS CONSÉCUTIVE À LA LEVÉE D'OPTIONS

Lors de sa première réunion suivant la clôture de chaque exercice, le conseil d'administration ou le directoire constate, s'il y a lieu, le nombre et le montant des actions émises pendant la durée de l'exercice à la suite des levées d'options et apporte les modifications nécessaires aux clauses des statuts relatives au montant du capital social et au nombre des actions qui les représentent. Le conseil d'administration peut aussi déléguer au directeur général ou, en accord avec ce dernier, à un ou plusieurs directeurs généraux délégués le pouvoir de procéder à ces opérations dans le mois qui suit la clôture de l'exercice. Le directoire peut déléguer ce pouvoir à son président ou, en accord avec ce dernier, à un ou plusieurs de ses membres. 69782

Le conseil d'administration, le directoire ou les personnes qui ont reçu délégation peuvent également ne pas attendre la clôture de l'exercice et procéder à la modification des statuts en cours d'exercice s'ils le jugent préférable (art. L 225-178, al. 3).

Dans les SAS, cette mesure relève de la compétence du président ou des dirigeants désignés à cet effet par les statuts (cf. art. L 227-1, al. 3). Dans les SCA, elle relève de la compétence du gérant (cf. art. L 226-7, al. 5).

Puis, dans un nouveau délai d'un mois, le conseil d'administration ou le directoire ou encore les dirigeants doivent procéder aux formalités de **publicité** requises : insertion dans un support d'annonces légales, dépôt au greffe, inscription modificative au RCS (art. R 225-145, al. 2) et au RNE (cf. art. L 123-37, 1°). 69783

Sur la publication du nouveau montant du capital dans les actes et documents destinés aux tiers, voir n° 37553.

4. MODALITÉS DE LEVÉE DES OPTIONS D'ACHAT

En cas d'options d'achat, lors de la levée de l'option, le bénéficiaire se voit remettre le nombre d'actions convenu moyennant le paiement du prix fixé à l'origine, sauf ajustement. Ce paiement peut être réalisé, en tout ou partie, au moyen d'une **avance ou** d'un **prêt par la société** puisque la règle selon laquelle une société ne peut avancer des fonds ou accorder des prêts en vue de l'achat de ses propres actions par un tiers ne s'applique pas aux opérations effectuées en vue de l'acquisition par les salariés d'actions de la société ou de l'une de ses filiales (art. L 225-216, al. 2). 69790

5. CONSÉQUENCES DE LA LEVÉE DES OPTIONS

DROIT DE JOUISSANCE DES ACTIONS ISSUES DES OPTIONS

En principe, dès qu'ils ont levé leurs options et que les actions sont inscrites à leur nom, les bénéficiaires peuvent exercer tous les droits attachés à celles-ci : droit de participer aux assemblées et d'y voter, droit aux dividendes, droit de communication, etc. 69800

Notamment, sauf stipulation contraire lors de la fixation des modalités d'exercice des options en ce qui concerne la date de jouissance des actions nouvelles, celles-ci donnent droit à la totalité du dividende mis en distribution postérieurement à la date de levée de l'option (CA Paris 29-11-1996 : RJDA 4/97 n° 513).

EXEMPLE

Même si l'option est levée en décembre 2025, l'attributaire aura droit intégralement au dividende qui sera versé en 2026 au titre de l'exercice 2025.

CESSION DES ACTIONS ISSUES DES OPTIONS

69801 Conformément au régime de droit commun (art. L 228-10, al. 1), les **actions** sont **négociables** – et peuvent donc être cédées par simple virement de compte à compte ou par inscription dans une blockchain dès la levée de l'option, même s'il s'agit d'options de souscription.

Toutefois, le conseil d'administration ou le directoire, ou les dirigeants, peuvent **interdire** la **revente immédiate** par les bénéficiaires des actions qu'ils ont souscrites ou achetées sans que le délai ainsi imposé pour la conservation des titres puisse excéder trois ans à compter de la date de levée de l'option (art. L 225-177, al. 2).

Dans les sociétés dont les actions ne sont pas admises aux négociations sur un marché boursier, les bénéficiaires des options qui souhaitent revendre leurs actions à l'issue de la période d'incessibilité peuvent rencontrer des difficultés pour trouver des acheteurs. Aussi est-il souvent prévu dans les règlements de plans un système de contrepartie (n° 69421).

Dans les sociétés « cotées », les bénéficiaires des options doivent prendre garde de ne pas s'exposer au risque de **délit d'initié** lorsque, au moment où ils envisagent de revendre leurs actions, ils ont connaissance d'une information confidentielle qui, si elle était rendue publique, serait susceptible d'influencer le cours des actions de leur société.

› Précisions **a.** Le conseil d'administration ou le directoire, ou les dirigeants, peuvent assortir l'**interdiction temporaire** de cession de toutes **dérogations** qu'ils jugent utiles.

b. Sur la validité d'une clause du règlement d'un plan comportant l'engagement irrévocable des **salariés** bénéficiaires de **céder** les **actions** issues des levées d'options aux actionnaires familiaux de la société émettrice en cas de **cessation** de leur **activité** au sein de la société, voir CA Paris 18-10-2012 n° 11/15521 : RJDA 1/13 n° 43.

c. Sur les obligations de conservation par les **dirigeants** des actions dont ils sont bénéficiaires, voir n°s 69405 s.

6. SORT DES ACTIONS RESTANT DÉTENUES PAR LA SOCIÉTÉ

69810 Les actions détenues par la société et pour lesquelles les options d'achat n'ont pas été exercées peuvent être conservées en respectant les conditions de détention par la société de ses propres actions et utilisées conformément aux finalités prévues pour le rachat par la société de ses actions.

En cas d'annulation des actions, la différence entre la valeur nominale des actions annulées et le prix d'acquisition doit être portée au débit du compte prime d'émission ou d'un compte de réserve distribuable (voir n° 52083).

7. RÉGIMES FISCAL ET SOCIAL DES PLANS D'OPTIONS

RÉGIME FISCAL DES PLANS D'OPTIONS

69820 Lorsque le plan d'options respecte le régime défini par le Code de commerce, un régime fiscal spécifique s'applique. La fraction du **rabais** excédant 5 % de la valeur de l'action est imposée comme un salaire dès la levée de l'option (CGI art. 80 bis). Les conditions d'imposition de l'avantage tiré de la levée d'options (ou **plus-value d'acquisition**) réalisée par le bénéficiaire varient selon la date d'attribution des options.

Pour les **options attribuées depuis le 28 septembre 2012**, l'avantage correspondant à la différence entre la valeur réelle de l'action à la date de levée de l'option et le prix de souscription ou d'achat est taxé lors de la cession des titres selon le régime des traitements et salaires, quelle que soit leur durée de détention. Le rabais excédentaire taxé lors de la levée de l'option vient en diminution de la plus-value ainsi imposée.

Pour les **options attribuées avant le 28 septembre 2012** (et depuis le 27 avril 2000), si les actions acquises revêtent la forme nominative et sont cédées plus de quatre années après la date d'attribution de l'option (condition d'indisponibilité forcément respectée en cas de cession depuis 2017), la plus-value d'acquisition est imposée au taux spécifique de 30 % (47,2 % compte tenu des prélèvements sociaux) pour la fraction n'excédant pas 152 500 € et au taux de 41 % (58,2 % avec les prélèvements sociaux) au-delà. Une option pour l'imposition au barème progressif des traitements et salaires est possible. Ces taux spécifiques sont ramenés respectivement à 18 et 30 % si le bénéficiaire a conservé ses titres pendant un délai minimum de deux ans qui commence à courir à compter de la levée de l'option ou à compter de l'achèvement de la période d'indisponibilité de quatre ans si l'option a été levée avant cette date.

Quant à la **plus-value de cession** (différence entre le prix de cession et la valeur du titre lors de la levée de l'option), elle est soumise au régime de taxation de droit commun des plus-values sur valeurs mobilières (n°s 68432 s.).

Ce régime fiscal spécifique s'applique également aux options accordées par une société étrangère aux salariés de sa filiale ou mère française (CGI art. 80 bis et 163 bis C).

Pour plus de détails, voir Mémento Fiscal n°s 88780 s.

ATTENTION

Pour les cessions et opérations assimilées réalisées depuis le 15 février 2025, l'application de ce régime spécifique doit être combinée avec celle du régime exposé nº 68436 applicable aux gains issus d'instruments de « management packages ».

Lorsque le bénéficiaire des options a changé d'État de résidence après l'attribution, les gains sont imposables dans le ou les États dans lesquels l'activité qui a justifié l'attribution des options a été exercée. **69822**

Sous réserve des conventions internationales, une retenue à la source s'applique aux gains de source française résultant de la levée d'options sur actions réalisés par les personnes non domiciliées en France lors de la cession des titres (voir Mémento Fiscal nº 88790).

Pour les **sociétés ayant consenti les options,** les charges exposées ou les moins-values subies du fait de la levée des options par leurs salariés peuvent être déduites pour la détermination de leurs résultats fiscaux (CGI art. 217 quinquies). Lorsque les options sont consenties au profit de salariés de sociétés liées, la déduction est subordonnée à la facturation des sommes en cause à la société liée (BOI-BIC-PTP-20-60 nº 80). **69823**

En cas d'offre d'**options d'achat** d'actions existantes, la société doit constituer dès la décision d'attribution des options une provision, déductible du résultat imposable, à hauteur de la moins-value qu'elle subira lors de la remise des actions aux salariés. Si l'exercice des options d'achat est subordonné à la présence des salariés dans l'entreprise à l'issue du plan, cette provision est étalée linéairement sur la période d'acquisition des droits (BOI-BIC-PROV-30-20-30 nº 30). Cette provision peut également être constituée à raison des options consenties au personnel de sociétés ou groupements liés si la convention de refacturation des charges ou moins-values afférentes à l'attribution d'options d'achat au personnel de la société liée entraîne la comptabilisation de produits à recevoir de même montant que la provision (BOI-BIC-PROV-30-20-30 nº 110).

En cas de levée d'**options de souscription** d'actions, la société émettrice ne subit aucune moins-value au sens de l'article 217 quinquies, I du CGI qu'elle serait susceptible d'inscrire dans ses comptes et de déduire fiscalement (CE 16-1-2006 nº 260150 : RJF 4/06 nº 36). Toutefois, dans le cadre d'un plan bénéficiant à l'ensemble des salariés, l'entreprise peut pratiquer une déduction extracomptable au titre de l'exercice au cours duquel elle émet des actions nouvelles, égale à la différence entre la valeur des titres à la date de l'augmentation de capital et leur prix de souscription par les salariés, lorsque les options sont attribuées ou consenties soit de manière uniforme, soit proportionnellement à la durée de présence dans l'entreprise au cours de l'exercice ou aux salaires, soit enfin par combinaison de ces critères (CGI art. 217 quinquies, II). Lorsque des actions sont émises par une société implantée en France au profit de salariés de sociétés liées, l'administration admet sous certaines conditions que chaque entreprise liée puisse pratiquer la déduction à raison des actions émises au profit de ses propres salariés, sans refacturation préalable de ladite déduction par la société émettrice (BOI-BIC-PTP-20-70-20 n°s 50 s.).

La société doit délivrer, au plus tard le 1er mars de l'année de dépôt de la déclaration des revenus du bénéficiaire souscrite au titre de l'année de levée des options, un état individuel qui doit comporter un certain nombre de mentions obligatoires (CGI ann. III art. 38 septdecies pour les options attribuées depuis le 28-9-2012 ou ann. II art. 91 bis pour les options attribuées avant cette date). Cet état doit être conservé par le contribuable afin de le présenter, le cas échéant, à la demande de l'administration. Par ailleurs, l'employeur du bénéficiaire des options transmet certaines informations à l'administration fiscale, dans la déclaration des salaires (DSN) lors de la levée des options (CGI ann. III art. 39, 2º-i).

RÉGIME SOCIAL DES PLANS D'OPTIONS

La fraction du **rabais** excédant 5 % de la valeur de l'action est considérée comme un salaire passible des cotisations de sécurité sociale lors de la levée de l'option (cf. CSS art. L 242-1, II-6º). Cet avantage est également assujetti à la CSG et à la CRDS sur revenus d'activité (sans déduction forfaitaire pour frais professionnels) (CSS art. L 136-1-1, II-5º). **69824**

Pour les **options attribuées depuis le 28 septembre 2012,** l'avantage correspondant à la différence entre la valeur du titre à la date de la levée de l'option et le prix de souscription ou d'achat payé par le bénéficiaire (**plus-value d'acquisition**) échappe aux cotisations sociales. Cette exonération est subordonnée à la notification par l'employeur à l'Urssaf lors de la levée de l'option via la déclaration sociale nominative (DSN) de l'identité de ses salariés ou mandataires sociaux auxquels des actions ont été attribuées et du nombre et de la valeur des actions attribuées à chacun d'eux. À défaut, l'employeur est tenu au paiement de la totalité des cotisations sur la valeur de cet avantage, y compris pour leur part salariale. Ce dispositif d'exonération sous condition s'applique également lorsque l'attribution est effectuée par une société dont le siège est situé à l'étranger et qui est mère ou filiale de l'entreprise dans laquelle l'attributaire exerce son activité (CSS art. L 242-1, II-6° et L 242-14).

La cession des actions déclenche l'exigibilité sur la plus-value d'acquisition de la CSG et de la CRDS aux taux applicables aux revenus d'activité (sans application de la déduction pour frais professionnels, mais sur une assiette réduite, le cas échéant, de la fraction du rabais excédant 5 %), étant précisé que ces contributions sont néanmoins établies, recouvrées et contrôlées comme celles frappant les revenus du patrimoine, c'est-à-dire sans intervention de l'employeur (cf. CSS art. L 242-1, II-6°, L 136-2, I-1° et L 136-5, II bis).

La plus-value d'acquisition est assujettie à des contributions sociales spécifiques (n° 69825), mais échappe, en contrepartie, au forfait social de 20 % (CSS art. L 137-15, 1°).

Pour les **options attribuées avant le 28 septembre 2012,** les conditions de l'exonération de cotisations sociales de la plus-value d'acquisition sont différentes : il faut que les titres soient nominatifs et que la condition d'indisponibilité (n° 69820) soit respectée. La CSG et la CRDS sont dues selon le régime des revenus du patrimoine (s'y ajoute alors le prélèvement de solidarité sur les revenus du capital) si les conditions de forme et d'indisponibilité requises ont été respectées et selon le régime des revenus d'activité dans le cas contraire.

Pour plus de détails, voir Mémento Social n°s 34690 s.

69825 Les options de souscription et d'achat d'actions consenties **depuis le 16 octobre 2007** sont assujetties à des contributions sociales patronale et salariale spécifiques (CSS art. L 137-13 et L 137-14).

L'assiette de la **contribution patronale** est égale, au choix de l'employeur (CSS art. L 137-13) :
– soit à la juste valeur des options telle qu'elle est estimée pour l'établissement des comptes consolidés pour les sociétés appliquant les normes comptables internationales adoptées par le règlement 1606/2002 du 19 juillet 2002 sur l'application des normes comptables internationales. Il n'est pas admis d'appliquer à cette juste valeur un abattement tenant compte des départs prévisibles de salariés (Cass. 2e civ. 28-5-2020 n° 19-10.273 F-D : RJS 8-9/20 n° 429) ;
– soit à 25 % de la valeur des actions sur lesquelles portent ces options, à la date de décision d'attribution des options.

Le choix de l'employeur vaut pour la durée de l'exercice pour l'ensemble des options consenties ; il est irrévocable durant cette période.

Le taux de la contribution patronale est de 30 % (CSS art. L 137-13).

La contribution est exigible dans le mois suivant la date de la décision d'attribution des options (CSS art. L 137-13). Il est toutefois admis que les employeurs bénéficient d'un délai supplémentaire d'un mois au cours duquel les pénalités ne seront pas appliquées. La date d'attribution est celle à laquelle le conseil d'administration ou le directoire désigne les bénéficiaires des options de souscription ou d'achat d'actions (Circ. DSS 2007-199 du 8-4-2008 : BOSS 5/08). Lorsque les options sont attribuées par une entreprise (mère ou filiale) autre que celle employant les bénéficiaires, c'est cette dernière qui est redevable de la contribution (Circ. DSS 2007-199 du 8-4-2008 : BOSS 5/08).

Lorsque la levée des options est subordonnée à des conditions, la société peut obtenir de l'Urssaf la restitution de cette contribution pour les options non levées (en ce sens, Cons. const. 28-4-2017 n° 2017-627/628 QPC : RJS 7/17 n° 508 et Cass. 2e civ. 17-3-2022 n° 20-19.247 F-B : RJS 5/22 n° 264). Cette action se prescrit par trois ans à compter de la date à laquelle il est constaté que ces conditions ne sont pas réunies (en ce sens, Cass. 2e civ. avis 22-4-2021 n° 21-70.003 P : RJS 6/21 n° 329).

Pour plus de détails, voir Mémento Social n° 34680.

L'assiette de la **contribution salariale** est constituée par l'avantage tiré de la levée de l'option telle que définie au I de l'article 80 bis du Code général des impôts (différence entre la valeur de l'action à la date de levée de l'option et le prix de souscription ou d'acquisition, diminué le cas échéant de la fraction du rabais soumis à cotisations lors de la levée de l'option). Son taux est de 10 % (CSS art. L 137-14).

Cette contribution, qui est due au titre de l'année de cession des actions, est établie, recouvrée et contrôlée dans les conditions et selon les modalités prévues à l'article L 136-6, III du

Code de la sécurité sociale pour la CSG sur les revenus du patrimoine (CSS art. L 137-14). Ce texte prévoit que la contribution est assise, contrôlée et recouvrée selon les mêmes règles et sous les mêmes sûretés, privilèges et sanctions que l'impôt sur le revenu.
Pour plus de détails, voir Mémento Social n° 34685.

II. ATTRIBUTION GRATUITE D'ACTIONS

INTÉRÊT DU DISPOSITIF

L'attribution gratuite d'actions au profit des salariés et mandataires sociaux, qui peut être consentie par toutes les sociétés par actions, est soumise à un régime juridique largement inspiré de celui des options de souscription ou d'achat d'actions avec lequel il coexiste : les deux systèmes peuvent d'ailleurs être mis en place simultanément dans la même société ou dans le même groupe. Elle s'en distingue toutefois sur un point essentiel : elle n'entraîne aucune prise de risque pour les bénéficiaires, qui n'ont aucun versement à effectuer ; elle constitue une forme de rémunération, même si son montant est inconnu au moment où le mécanisme est mis en place. **69980**

Par ailleurs, on constate en pratique que les actionnaires des sociétés importantes, en particulier les investisseurs institutionnels, préfèrent cette attribution à l'octroi d'options de souscription d'actions dont ils craignent l'effet dilutif.

Enfin, les actions gratuites sont souvent considérées comme attribuées de façon plus démocratique que ne sont octroyées les options de souscription ou d'achat d'actions et les pouvoirs publics y semblent plus favorables.

Outre leur champ d'application plus large – elles ne sont pas réservées à certaines sociétés (voir n°s 70412 s.) –, les attributions gratuites d'actions se distinguent des bons de souscription de parts de créateur d'entreprise (BSPCE) notamment parce qu'elles sont gratuites alors que les bénéficiaires des bons doivent verser le prix prévu lors de l'attribution des bons lorsqu'ils exercent leur droit de souscrire les actions que leur confèrent ces bons. Pour une position déplorant que, face à l'essor des BSPCE, l'attribution gratuite d'actions reste trop peu utilisée, voir L. Podjarny Faerman et J. Prost, Les actions gratuites : un mécanisme vertueux à revaloriser face aux BSPCE : BRDA 6/23 inf. 23.

A. Champ d'application de l'attribution

SOCIÉTÉS POUVANT ATTRIBUER LES ACTIONS

Toutes les SAS, SA et SCA peuvent attribuer gratuitement des actions à leurs salariés et dirigeants (art. L 225-197-1 et, par renvoi, art. L 226-1, al. 2 et L 227-1, al. 3). Néanmoins, comme en matière de plans d'options et pour les mêmes raisons (n° 69421), les bénéficiaires d'actions gratuites non admises aux négociations sur un marché boursier pourront avoir des difficultés à revendre leurs actions sauf si un système approprié de contrepartie est mis en place. **69990**

BÉNÉFICIAIRE DES ATTRIBUTIONS GRATUITES

Salariés L'assemblée générale extraordinaire, ou la collectivité des associés dans les SAS (cf. art. L 227-9, al. 2), peut autoriser l'attribution gratuite des actions au profit des membres du personnel salarié de la société ou de certaines catégories d'entre eux (art. L 225-197-1, I-al. 1), par exemple aux cadres investis de certains pouvoirs de décision ou aux salariés exerçant des activités commerciales ou encore à ceux justifiant d'au moins x années d'ancienneté. **70000**

Compte tenu des termes ainsi employés, l'assemblée générale extraordinaire ou la collectivité *des associés nous paraît libre* d'autoriser l'attribution des actions pour l'ensemble des salariés ou de la restreindre à une ou plusieurs catégories qu'elle doit alors définir de façon objective. Dans le cadre des limites éventuellement fixées par cet organe, le conseil d'administration ou le directoire, ou encore les dirigeants, ont compétence pour choisir librement les bénéficiaires soit parmi l'ensemble du personnel salarié, soit dans la ou les catégories ainsi définies.

Mandataires sociaux Le président du conseil d'administration, le directeur général, les directeurs généraux délégués, les membres du directoire, ou les gérants s'il s'agit d'une SCA, peuvent eux aussi bénéficier de l'attribution gratuite d'actions (art. L 225-197-1, II-al. 1). **70001**

Les directeurs généraux et directeurs généraux délégués de SAS entrent dans l'énumération de l'article L 225-197-1, II-al. 1 et peuvent bénéficier d'actions gratuites, cet article ne distinguant pas selon que la société est une SA ou une SAS. Le président de la SAS n'est pas expressément visé par l'énumération limitative ci-dessus : il n'est en effet pas à proprement parler président du conseil d'administration ; on peut toutefois soutenir qu'il y a droit également, s'il est une personne physique, compte tenu du renvoi de l'article L 227-1, al. 3 qui permet l'application, sauf exception, des règles concernant les SA aux SAS dans la mesure où elles sont compatibles avec les dispositions particulières prévues pour ces dernières. Cette solution a été confirmée par l'administration fiscale (BOI-RSA-ES-20-20-10-10 n° 90).

Toutefois, il est prévu des restrictions et contraintes précisées nos 69402 s. et 70240 en cas d'attribution d'actions gratuites aux dirigeants.

70002 Les autres mandataires sociaux, et en particulier les administrateurs ou les membres du conseil de surveillance, ne peuvent pas bénéficier des attributions gratuites sous réserve toutefois des dérogations ci-après :
– les intéressés cumulent leurs fonctions avec un contrat de travail, ce qui leur confère la qualité de salariés de la société ;
– ils exercent des fonctions de président du conseil d'administration, de directeur général, de directeur général délégué, de membre du directoire ou de gérant (ou, à notre avis, de président) d'une société appartenant au même groupe que la société qui attribue les actions, à condition soit que les actions de cette dernière soient admises aux négociations sur un marché réglementé, soit, si elles ne le sont pas, que cette société détienne au moins 10 % du capital ou des droits de vote de la société dans laquelle le mandataire exerce ses fonctions (art. L 225-197-1, II-al. 2 et 3).

L'article L 225-197-1, II-al. 2 et 3 qui autorise expressément l'attribution d'actions aux dirigeants des sociétés liées à la société émettrice ne comporte aucune restriction à cet égard. Ces dirigeants peuvent donc se voir attribuer des actions même s'ils sont par ailleurs administrateurs de la société émettrice car ils ne les reçoivent pas en cette qualité d'administrateurs.

70003 Comme en matière de stock-options et pour les mêmes raisons (n° 69432), en cas d'attribution gratuite d'actions à des dirigeants, il n'y a pas lieu à notre avis de mettre en œuvre la procédure de contrôle des **conventions réglementées.**

70004 **Attributaires déjà actionnaires** Il ne peut pas être attribué d'actions gratuites aux salariés et aux mandataires sociaux possédant plus de **10 % du capital** social ou qui viendraient à posséder plus de 10 % du capital à la suite de l'attribution (art. L 225-197-1, II-al. 4).

ATTENTION

Sont seuls pris en compte pour le calcul de ce pourcentage les **titres** de la société **détenus directement depuis moins de sept ans** par un salarié ou un mandataire social (art. L 225-197-1, II-al. 4). Un salarié ou un mandataire social ayant atteint le plafond de 10 % pourra de nouveau bénéficier d'une attribution gratuite d'actions au bout de sept ans.

Compte tenu des termes employés, c'est au moment de l'attribution des actions, c'est-à-dire au moment de la décision du conseil d'administration ou du directoire, ou des dirigeants, qui détermine l'identité des bénéficiaires, qu'il faut à notre avis se placer pour apprécier le seuil de 10 % applicable à chaque bénéficiaire (dans le même sens, BOI-RSA-ES-20-20-10-10 n° 120) ; pour déterminer si l'attribution pourrait avoir pour effet qu'un bénéficiaire vienne à détenir plus de 10 % du capital – et limiter en conséquence l'attribution puisqu'en ce qui concerne les attributaires, et contrairement aux dispositions applicables pour apprécier au niveau de la société le montant maximal du capital pouvant être attribué (art. L 225-197-1, I-al. 2 et 3), la loi impose un deuxième plafond en prévoyant que l'attribution ne doit pas aboutir à ce que les intéressés détiennent plus de 10 % du capital, ce qui, semble-t-il, conduit à prendre en compte les événements futurs prévisibles –, il paraît raisonnable de tenir compte non seulement des actions qu'il possède déjà, mais aussi des droits qui lui donnent accès à terme au capital, et notamment des options de souscription ou d'achat qui lui ont été consenties et des valeurs mobilières donnant accès au capital dont il est titulaire. L'administration fiscale admet toutefois que l'on ne retienne pas les options sur titres non encore levées pour l'appréciation de ces limites (BOI-RSA-ES-20-20-10-10 n° 120).

En cas de démembrement de l'action, on peut ne tenir compte que des titres détenus en nue-propriété (en ce sens, BOI précité n° 120).

ATTRIBUTION D'ACTIONS DANS UN GROUPE DE SOCIÉTÉS

70010 Les actions peuvent être attribuées au **personnel salarié** des sociétés ou des GIE dont 10 % au moins du capital ou des droits de vote sont détenus, directement ou indirectement, par

la société qui attribue les actions ; en outre, lorsqu'elles sont admises aux négociations sur un marché réglementé, les actions peuvent également être attribuées (art. L 225-197-2, I) :
– aux membres du personnel salarié des sociétés ou des GIE détenant, directement ou indirectement, au moins 10 % du capital ou des droits de vote de la société qui attribue les actions ;
– aux membres du personnel salarié des sociétés ou des GIE dont 50 % au moins du capital ou des droits de vote sont détenus, directement ou indirectement, par une société détenant elle-même, directement ou indirectement, au moins 50 % du capital de la société qui attribue les actions.

Sont ainsi visées les sociétés mères et filiales (au sens large) et les sociétés sœurs.

De même, lorsqu'elles sont admises aux négociations sur un marché réglementé, les actions peuvent être attribuées aux **dirigeants** mentionnés ci-dessus (n° 70001), lorsqu'ils exercent leurs fonctions (art. L 225-197-1, II-al. 2) : **70011**
– dans les sociétés dont 10 % au moins du capital ou des droits de vote sont détenus, directement ou indirectement, par la société qui attribue les actions ;
– dans les sociétés détenant, directement ou indirectement, au moins 10 % du capital ou des droits de vote de la société qui attribue les actions ;
– dans les sociétés dont 50 % au moins du capital ou des droits de vote sont détenus, directement ou indirectement, par une société détenant elle-même, directement ou indirectement, au moins 50 % du capital de la société qui attribue les actions.

Les actions non admises aux négociations sur un marché réglementé peuvent être attribuées aux mêmes dirigeants d'une société dont 10 % au moins du capital ou des droits de vote sont détenus, directement ou indirectement, par la société qui attribue les actions (art. L 225-197-1, II-al. 3 et, sur renvoi, art. L 225-197-2, I-1°).

Il était fréquemment admis que la notion de **détention indirecte** du capital ou des droits de vote devait s'apprécier en fonction d'une chaîne ininterrompue de participations majoritaires et non en fonction du produit des pourcentages de participation. Toutefois, l'administration fiscale n'a pas retenu cette interprétation et a considéré en matière d'options de souscription ou d'achat d'actions qu'il convient d'effectuer le produit des participations (critère dit « financier ») pour apprécier si le minimum de 10 % est atteint (BOI-RSA-ES-20-10-10 n° 330). La loi étant muette à cet égard, on peut à notre avis soutenir que les sociétés choisissent librement la méthode de calcul qu'elles entendent retenir.

Sur les règles et contraintes à respecter en cas d'attribution gratuite d'actions aux dirigeants, voir n°s 69402 s.

En l'absence de disposition contraire, les attributions gratuites d'actions peuvent être consenties, sous les mêmes réserves concernant les titres non cotés, à des salariés ou dirigeants des filiales, sous-filiales, sociétés sœurs ou **sociétés** mères **situées à l'étranger** par la société française émettrice. Toutefois, le régime fiscal et social applicable aux attributaires des actions sera celui de leur lieu de résidence si celle-ci est située à l'étranger. L'assemblée peut, sous condition d'une durée minimale de la période d'acquisition, ne pas fixer de délai de conservation (n° 70076), ce qui devrait faciliter pour les entreprises françaises l'attribution gratuite d'actions dans le cadre de plans mondiaux. Sur la situation inverse, c'est-à-dire l'attribution gratuite à des salariés ou dirigeants de la société française par les sociétés du groupe situées à l'étranger, voir n° 70380. **70012**

> **Précisions** Peuvent également bénéficier d'une attribution gratuite d'actions les salariés des entreprises contrôlées, directement ou indirectement, exclusivement ou conjointement, par un ou des **organes centraux** (Crédit agricole SA ; Confédération nationale du crédit mutuel ; Organe central *des caisses d'épargne et des banques populaires*) ou par les **établissements de crédit** ou les **sociétés de financement** qui lui ou leur sont affiliés, ainsi que les salariés des entités dont le capital est détenu pour plus de 50 %, directement ou indirectement, exclusivement ou conjointement, par cet ou ces organes centraux ou ces établissements de crédit ou sociétés (art. L 225-197-2, II).

B. Procédure d'autorisation de l'attribution

ORGANE COMPÉTENT POUR AUTORISER L'ATTRIBUTION GRATUITE D'ACTIONS

La décision d'attribuer gratuitement des actions est de la compétence de l'**assemblée générale extraordinaire,** statuant sur rapport du conseil d'administration ou du directoire et sur rapport spécial des commissaires aux comptes de la société ou, si la société n'en est pas dotée, d'un commissaire aux comptes désigné à cet effet : l'assemblée autorise le conseil ou le directoire à attribuer les actions (art. L 225-197-1, I-al. 1). **70070**

Cette autorisation peut être **utilisée par le conseil** d'administration ou par le directoire pendant un délai qui doit être fixé par l'assemblée et qui ne peut pas être supérieur à 38 mois (art. L 225-197-1, I-al. 4).

Sur les organes compétents dans les SCA et les SAS, voir nos 70080 et 70255 s.

CONTENU ET CONDITIONS DE L'AUTORISATION D'ATTRIBUTION D'ACTIONS

70071 Les actions attribuées peuvent être des **actions existantes ou** des actions **à émettre** (art. L 225-197-1, I-al. 1), et donc :

– des actions autodétenues par la société : il peut s'agir non seulement d'actions provenant d'un rachat préalable ou d'opérations telles qu'une fusion, mais aussi d'actions qu'elle rachète à cette fin en application de l'article L 225-208, ou dans le cadre d'un programme de rachat régi par les articles L 225-209-2 ou L 22-10-62, ou encore d'actions de préférence rachetées conformément aux dispositions de l'article L 228-12, II ;

– des actions à émettre : il ne peut, semble-t-il, s'agir que d'une augmentation de capital par incorporation de réserves, bénéfices ou primes d'émission. Cette augmentation de capital doit faire l'objet d'une résolution particulière lorsque l'assemblée générale extraordinaire délègue sa compétence au conseil d'administration (ou au directoire) (art. L 225-129-2, al. 3).

Comme en matière d'option de souscription d'actions et pour les mêmes raisons (no 69446), il nous paraît possible de soutenir que l'assemblée peut fixer un délai pouvant aller jusqu'à 38 mois pour l'exercice par le conseil d'administration (ou le directoire) de la compétence qui lui est déléguée.

Le vote de l'assemblée générale extraordinaire vaut renonciation des actionnaires à leur droit préférentiel de souscription (art. L 225-197-1, I-al. 5). Compte tenu du caractère particulier de cette augmentation de capital par incorporation de réserves qui bénéficie aux seuls attributaires des actions gratuites, et non à tous les actionnaires, il ne nous semble pas impératif de préserver les droits des titulaires de valeurs mobilières donnant accès au capital (art. L 228-99) ou d'options de souscription ou d'achat d'actions (art. L 225-181).

Le délai de cinq ans, à compter de la décision de l'assemblée d'augmenter le capital ou de déléguer sa compétence au conseil d'administration ou du directoire, pour réaliser l'augmentation de capital n'est pas applicable aux augmentations à réaliser du fait de l'attribution définitive des actions (art. L 225-129, al. 2). L'augmentation de capital correspondante est définitivement réalisée du seul fait de cette attribution définitive aux bénéficiaires (art. L 225-197-1, I-al. 5). Mais, contrairement au régime applicable aux options de souscription d'actions, il n'est pas prévu d'allégement aux formalités d'augmentation du capital et les mesures de publicité de droit commun doivent donc être suivies.

70072 La société concernée doit être en mesure de **livrer les actions** aux bénéficiaires de l'attribution à l'issue de la période d'acquisition. Elle doit donc prendre les dispositions nécessaires pour remplir cette obligation – par exemple, constitution d'une couverture dans l'hypothèse d'une attribution d'actions existantes ou virement à un compte spécial de réserves indisponibles dans l'hypothèse d'une attribution d'actions à émettre – ou faire de la possibilité d'acquérir les actions existantes ou de l'existence de réserves suffisantes pour procéder à l'augmentation de capital nécessaire une condition de l'attribution définitive des actions, en prenant soin que la réalisation de cette condition ne dépende pas de la seule volonté de la société (C. civ. art. 1304-2).

70073 Dans le cas d'une attribution d'actions existantes, le **rachat** et la détention par la société de ses propres actions pour les attribuer gratuitement s'effectuent dans les conditions et selon les modalités décrites ci-dessus (nos 68910 s.). Il n'y a pas à effectuer de **publicité** au greffe du tribunal puisque l'attribution n'entraîne pas d'augmentation du capital social.

70074 Rien n'interdit à l'assemblée d'autoriser le conseil d'administration (ou le directoire) à utiliser les deux mécanismes : attribution d'actions existantes et/ou à émettre. Pour les bénéficiaires des attributions, les deux formules sont équivalentes : dans l'une et l'autre, ils obtiennent gratuitement des actions de leur société.

Le texte n'écartant pas cette faculté, il nous paraît possible d'attribuer non seulement des actions ordinaires, mais aussi des **actions de préférence** – par exemple, des actions à dividende majoré. S'il s'agit d'actions de préférence à émettre, il convient de respecter la procédure d'émission de ce type d'actions, et en particulier la procédure des avantages particuliers si les actions de préférence sont émises au profit d'actionnaires nommément désignés (art. L 228-15, al. 1 et R 22-10-7, al. 2 et 3, sur renvoi de l'art. R 225-136, al. 2 et 3).

Plafond de l'autorisation L'assemblée générale extraordinaire doit fixer le pourcentage maximal du capital social pouvant être attribué. Le nombre total des actions attribuées gratuitement ne peut **en principe** pas excéder 15 % du capital social à la date de la décision de leur attribution par le conseil d'administration ou le directoire (art. L 225-197-1, I-al. 2). 70075

Par dérogation, dans les sociétés dont les actions ne sont pas admises aux négociations sur un marché réglementé et qui ne dépassent pas à la clôture d'un exercice social les seuils fixés par la recommandation 2003/361/CE définissant les **PME** européennes (effectif inférieur à 250 salariés et total de bilan n'excédant pas 43 M€ ou montant hors taxe de chiffre d'affaires n'excédant pas 50 M€), les statuts peuvent prévoir un pourcentage plus élevé ne dépassant pas toutefois 20 % du capital (art. L 225-197-1, I-al. 2 et L 22-10-59, I).

ATTENTION

En transférant une partie des dispositions de l'article L 225-197-1, I-al. 2 à l'article L 22-10-59, I, l'ordonnance 2020-1142 du 16 septembre 2020 a omis d'exclure du champ de cette dérogation statutaire les sociétés dont les actions sont admises aux négociations sur un SMN, alors qu'elles en étaient exclues auparavant (cf. art. L 225-197-1, I-al. 2 ancien). Le rapport au Président de la République relatif à l'ordonnance 2020-1142 indiquant expressément que la codification a été réalisée à droit constant et le projet de loi de ratification de l'ordonnance prévoyant de corriger cette erreur matérielle (Projet AN n° 3726 du 6-1-2021 art. 11, 1°), il nous semble prudent de ne pas tenir compte de cette erreur et de continuer à exclure les sociétés dont les actions sont admises aux négociations sur un SMN du champ de la dérogation, comme si l'article L 22-10-59, I avait déjà été rectifié.

Ne sont pas prises en compte dans le **calcul** des pourcentages ci-dessus les actions qui n'ont pas été définitivement attribuées au terme de la période d'acquisition ainsi que les actions qui ne sont plus soumises à l'obligation de conservation (art. L 225-197-1, I-al. 2). L'administration fiscale avait déjà indiqué que, par mesure de tempérament, les actions gratuites non effectivement attribuées n'étaient pas prises en compte pour l'appréciation des seuils (BOI-RSA-ES-20-20-10-10 n° 140).

Enfin, en cas d'**attribution gratuite « démocratique »,** c'est-à-dire profitant à une partie importante ou à la totalité des salariés de la société, les pourcentages maximaux de 15 et 20 % sont portés (art. L 225-197-1, I-al. 3) :

– à 30 % lorsque l'attribution bénéficie à des salariés de la société représentant, d'une part, au moins 50 % du personnel salarié de la société et, d'autre part, au moins 25 % des salaires bruts pris en compte pour l'assiette des cotisations de sécurité sociale et versés lors du dernier exercice social ;

– à 40 % lorsque l'attribution bénéficie à l'ensemble des membres du personnel salarié de la société.

Au-delà du pourcentage de 15 ou de 20 %, l'écart entre le nombre d'actions distribuées à chaque salarié ne doit pas être supérieur à un rapport de 1 à 5 (art. L 225-197-1, I-al. 3). Cet écart ne s'applique pas lorsque la distribution bénéficie non pas à l'ensemble des membres du personnel salarié de la société, mais seulement à certaines catégories de ses membres (Cons. const. 27-3-2014 n° 2014-692 : JO 1-4-2014 p. 6232).

› Précisions a. Pour la **détermination des seuils** relatifs au total des salaires bruts et à l'effectif salarié, sont pris en compte :

– en cas d'attribution au sein d'un **groupe** (n° 70011), les rémunérations brutes et l'effectif de toutes les sociétés et GIE dont sont salariés les bénéficiaires du plan d'attribution (art. L 225-197-2, I-al. 5) ;

– en cas d'attribution à des **mandataires sociaux**, les rémunérations brutes et le nombre de mandataires sociaux de la société émettrice (art. L 225-197-1, II-al. 1).

b. Il semble raisonnable de tenir compte uniquement du capital existant et non du **capital différé** (options de souscription et valeurs mobilières donnant accès à terme au capital notamment). Une réduction de capital postérieure ne remettra pas en cause l'attribution puisque l'on se place au moment où cette attribution intervient pour apprécier si le plafond est respecté. Lorsque le seuil est atteint, une nouvelle décision d'attribution ne sera en revanche possible qu'en cas d'augmentation du capital et en proportion du montant de cette augmentation.

Périodes d'acquisition et de conservation L'assemblée détermine la période d'acquisition dont la durée minimale ne peut pas être inférieure à un an (art. L 225-197-1, I-al. 6) ; elle peut fixer la durée minimale d'une période de conservation pendant laquelle les bénéficiaires ont l'obligation de conserver les actions (art. L 225-197-1, I-al. 7). Mais la durée cumulée des périodes d'acquisition et de conservation ne peut pas être inférieure à deux ans (art. L 225-197-1, I-al. 8). 70076

PROCÉDURE D'AUTORISATION DANS LES SCA ET LES SAS

70080 En cas d'attribution gratuite d'actions par une **SCA,** l'assemblée générale extraordinaire autorise l'attribution gratuite des actions sur le rapport du gérant et sur rapport spécial des commissaires aux comptes de la société ou, si la société n'en est pas dotée, d'un commissaire aux comptes désigné à cet effet (art. L 225-197-1, I-al. 1 ; cf. art. L 226-1, al. 2).

L'autorisation d'attribuer gratuitement des actions dans une **SAS** relève également, à notre avis, de la compétence de la collectivité des associés, sur rapport du président ou des dirigeants que les statuts auront désignés à cet effet, et sur rapport spécial des commissaires aux comptes de la société ou, si la société n'en est pas dotée, d'un commissaire aux comptes désigné à cet effet (art. L 225-197-1, I-al. 1 ; cf. art. L 227-1, al. 3). Il en est bien évidemment ainsi si les actions en cause sont des actions à émettre puisque l'opération implique une augmentation de capital (art. L 227-9). Mais même en cas d'attribution d'actions existantes, une décision de la collectivité des associés nous paraît requise, en application de l'article L 225-197-1, I-al. 1.

CONSULTATION DU COMITÉ SOCIAL ET ÉCONOMIQUE

70090 La question de savoir si les sociétés d'au moins 50 salariés dotées d'un comité social et économique sont tenues de consulter ce comité préalablement à la mise en place d'un plan d'attribution gratuite d'actions prête à hésitation : on pourra se reporter sur ce point aux indications données nº 69447 à propos des options de souscription ou d'achat d'actions, qui valent tout autant pour les attributions gratuites d'actions.

C. Information des actionnaires sur l'attribution

RAPPORT SPÉCIAL SUR LES ATTRIBUTIONS GRATUITES D'ACTIONS

70150 Un rapport spécial doit informer chaque année l'**assemblée générale ordinaire** des opérations d'attribution d'actions réalisées en vertu des articles L 225-197-1 à L 225-197-3 (art. L 225-197-4, al. 1). À notre avis, il faut entendre par « assemblée générale ordinaire » l'assemblée annuelle au cours de laquelle sont approuvés les comptes de l'exercice.

Ce rapport doit également rendre compte (art. L 225-197-4, al. 2 à 4) :

– du nombre et de la valeur des actions qui, durant l'année et à raison des mandats et fonctions exercées dans la société, ont été attribuées gratuitement à chacun des mandataires sociaux par la société et par celles qui lui sont liées dans les conditions prévues à l'article L 225-197-2 ;

– du nombre et de la valeur des actions qui ont été attribuées gratuitement durant l'année à chacun de ces mandataires, à raison des mandats et fonctions qu'ils y exercent, par les sociétés contrôlées au sens de l'article L 233-16.

Il doit en outre indiquer le nombre et la valeur des actions qui, durant l'année, ont été attribuées gratuitement par la société et par les sociétés ou groupements qui lui sont liés dans les conditions prévues à l'article L 225-197-2, à chacun des dix salariés de la société non mandataires sociaux dont le nombre d'actions attribuées gratuitement est le plus élevé (art. L 225-197-4, al. 5).

Enfin, ce rapport doit indiquer le nombre et la valeur des actions qui, durant l'année, ont été attribuées gratuitement par la société et les sociétés qui lui sont liées à l'ensemble des salariés bénéficiaires ainsi que le nombre de ceux-ci et la répartition des actions attribuées entre les catégories de ces bénéficiaires (art. L 225-197-4, dernier al.). Les sociétés peuvent se référer aux catégories prévues par la convention collective applicable dans l'entreprise pour procéder à cette répartition.

Faute de précision dans les textes, le rapport nous paraît de la compétence du conseil d'administration ou du directoire, du gérant de SCA, ou encore du président ou des dirigeants désignés à cet effet par les statuts de SAS ; il n'a pas à être soumis à la certification des commissaires aux comptes.

En l'absence de disposition spécifique, le rapport n'a pas à être déposé au greffe. Mais il doit être communiqué aux actionnaires et donc adressé aux actionnaires nominatifs qui en font la demande (CA Paris 5-2-2019 nº 17/03710 : RJDA 7/19 nº 512, à propos du rapport spécial sur les stock-options, mais transposable).

L'assemblée générale ordinaire de la **société contrôlant** majoritairement, directement ou indirectement, celle qui attribue gratuitement les actions est également **informée** dans les conditions prévues ci-dessus (art. L 225-197-5). Compte tenu des termes ainsi employés, cette obligation s'impose même si la société n'a pas elle-même attribué d'actions gratuites. Par ailleurs, la notion de contrôle majoritaire doit à notre avis s'apprécier en fonction des droits de vote et non des droits en capital (cf. par analogie art. L 233-3).

Les mesures d'information visées ci-dessus sont applicables dans les SA, dans les SCA (cf. art. L 226-1, al. 2) ainsi que dans les SAS à notre avis lors de la décision des associés relative à l'approbation des comptes annuels (cf. art. L 227-1, al. 3).

> **Précisions** **a.** Aucune sanction n'est prévue en cas de **défaut d'établissement du rapport** spécial ou de rapport incomplet. L'absence de rapport constitue une irrégularité dont le commissaire aux comptes doit faire mention dans son rapport général (art. A 823-97 : NEP 9510 § 20).
> **b.** Sans doute par inadvertance du législateur, la possibilité d'obtenir le rapport sur les attributions gratuites dans le cadre de la **procédure d'injonction de faire** de l'article L 238-1 n'est pas prévue, alors que cette procédure peut être utilisée pour obtenir le rapport sur les stock-options prévu à l'article L 225-184. Néanmoins, ce rapport est établi par les dirigeants et doit être soumis à l'assemblée ; il doit donc être communiqué aux actionnaires par application de l'article L 225-115, 2° (CA Paris 5-2-2019 précité). Sur ce fondement, le défaut de communication du rapport peut, à notre avis, donner lieu à la procédure d'injonction.
> **c.** Sur le **contrôle** par les actionnaires de la **rémunération des mandataires sociaux** des sociétés dont les titres sont admis aux négociations sur un **marché réglementé,** y compris sous forme d'attribution d'actions, voir n°s 53040 s.

DOCUMENTS SOUMIS À L'APPROBATION DE L'AMF

Des informations concernant les plans d'attribution gratuite d'actions doivent être données dans les documents soumis à l'approbation de l'AMF (prospectus ou document d'enregistrement universel). L'AMF recommande que les obligations de conservation des titres soient présentées et soient suffisamment contraignantes pour permettre une réelle prise en compte des performances de la société à long terme (Recommandation 2012-02 § 26.3.3). 70151

L'obligation de publier un **prospectus** ne s'applique pas à l'offre au public d'actions offertes, attribuées ou devant être attribuées aux salariés ou dirigeants pour autant qu'un document contenant des informations sur le nombre et la nature de ces actions et sur les raisons et les modalités de l'offre ou de l'attribution soit « mis à disposition » (Règl. UE/2017/1129 du 14-6-2017 art. 1, 4-i issu du Règl. UE/2024/2809 du 23-10-2024 ; voir nos 63033 s.).

Sur l'obligation pour les dirigeants des sociétés dont les actions sont admises aux négociations sur un marché réglementé et des sociétés dont les titres financiers sont admis aux négociations sur un SMN ou sur un système organisé de négociation et pour leurs proches de déclarer à l'AMF les attributions gratuites d'actions, voir n° 66455.

D. Attribution des actions gratuites

ATTRIBUTION DES ACTIONS DANS LES SA

Décision du conseil d'administration ou du directoire Lorsqu'il utilise l'autorisation qui lui a été donnée par l'assemblée générale extraordinaire, le conseil d'administration ou le directoire « détermine l'identité des bénéficiaires des attributions d'actions mentionnées au premier alinéa. Il fixe les conditions et, le cas échéant, les critères d'attribution des actions » (art. L 225-197-1, I-dernier al.). Par application du principe d'organisation hiérarchique des pouvoirs, il n'est à notre avis pas possible que l'assemblée prive le conseil d'administration ou le directoire de la mission qui lui est attribuée par la loi, en déterminant elle-même l'identité des bénéficiaires des actions gratuites ou en fixant les conditions et critères d'attribution. L'assemblée pourrait certes déterminer un plafond particulier d'actions à attribuer aux mandataires sociaux, mais ne saurait prévoir les autres conditions précises d'attribution (en ce sens, Communication Ansa, comité juridique n° 20-040 du 4-11-2020). 70220

Le conseil d'administration ou le directoire peut aussi, s'il l'estime opportun, décider de ne pas utiliser l'autorisation donnée par l'assemblée. Mais une fois qu'elle est consentie, l'attribution est, à notre avis, irrévocable. En effet, lorsqu'elle est précise et complète en raison des conditions fixées par le conseil d'administration ou le directoire, l'attribution revêt selon nous les caractéristiques d'une obligation juridique et constitue de ce fait un engagement unilatéral pour la société. La suppression des attributions, ou même la modification de leurs conditions essentielles (telles que le délai d'acquisition ou d'indisponibilité des actions), ne peut donc intervenir qu'avec l'accord des bénéficiaires (solution confirmée par C. civ. art. 1116).

Il ne nous paraît toutefois pas interdit de prévoir la résolution de plein droit du plan d'attribution en cas de modification substantielle de la réglementation en vigueur (en particulier de la réglementation fiscale ou sociale qui entraînerait un alourdissement des charges financières de l'opération) à la condition que la clause résolutoire soit prévue dès l'origine au stade de l'autorisation de principe donnée par l'assemblée : cette clause fait alors partie intégrante de l'engagement pris par la société.

CONSEIL

Les sociétés concernées ont intérêt à bien **préciser** les **modalités** qui conditionneront l'**attribution** définitive des actions, notamment pour éviter d'être tenues à cette attribution alors qu'elles ne seraient plus en mesure de le faire. Sur les mesures à prendre pour remplir l'obligation de livrer les actions aux bénéficiaires de l'attribution à l'issue de la période d'acquisition, voir n° 70072.

Si l'assemblée lui a délégué ce pouvoir, le conseil d'administration ou le directoire choisit entre l'attribution d'actions existantes ou à émettre. En cas d'attribution gratuite d'actions à émettre, il n'a pas à établir le rapport complémentaire prévu par l'article L 225-129-5 en matière d'augmentation de capital avec délégation, l'attribution obéissant à un régime autonome (en ce sens, Communication Ansa, comité juridique n° 24-036 du 5-6-2024).

70230 **Choix des attributaires** Compte tenu de la généralité des termes employés par l'article L 225-197-1, I-dernier al., les pouvoirs du conseil d'administration ou du directoire nous paraissent très larges : dans les limites fixées par la loi et celles éventuellement fixées par l'assemblée (certaines catégories de salariés ou dirigeants), il choisit librement les attributaires des actions ; en outre, rien ne lui interdit à notre avis de procéder à des attributions inégalitaires. En effet, contrairement à d'autres mécanismes, tels que le PEE, les textes n'imposent pas que le mécanisme d'attribution gratuite d'actions soit collectif.

Aucune forme particulière n'est requise pour l'information des attributaires, laquelle peut donc être faite par tous moyens. La société peut ainsi adresser à chacun des attributaires un document l'avisant de l'attribution qui lui est faite et des conditions et critères de celle-ci (qui peuvent être intégrés dans un document tel qu'un « règlement du plan »). La société a tout intérêt à se ménager la preuve que chaque intéressé a bien reçu cette information.

Sur les principes à respecter lorsque les bénéficiaires sont des dirigeants, voir n°s 69402 s.

70240 **Conditions et critères d'attribution** Le conseil d'administration ou le directoire « fixe les conditions et, le cas échéant, les critères d'attribution des actions » (art. L 225-197-1, I-dernier al.). La fixation des conditions d'attribution est donc impérative alors que la fixation de critères d'attribution est facultative.

La distinction entre conditions et critères n'est pas évidente. En respectant les durées minimales prévues par l'assemblée, le conseil d'administration ou le directoire fixe la durée de la période d'acquisition et, le cas échéant, celle de la période de conservation. Il peut prévoir toutes autres conditions (critères), telles que : obligation pour les attributaires d'être encore salariés ou dirigeants de la société au moment de l'attribution définitive des titres, c'est-à-dire à l'expiration de la période d'acquisition (n° 70300), étant observé que la lettre du texte n'impose pas nécessairement qu'il en soit ainsi ; dérogation à cette obligation en cas de révocation ou de licenciement autre que pour faute lourde ; sort d'une attribution faite aux salariés ou dirigeants d'une société qui ne ferait plus partie du groupe ; conditions de performance individuelle des bénéficiaires et/ou de performance financière ou boursière de la société dont les actions sont attribuées ; mode de détention des actions pendant la période de conservation ; etc.

En cas d'attribution d'actions de performance aux dirigeants de sociétés dont les titres sont admis aux négociations sur un marché réglementé, outre les conditions décrites n°s 69402 s., l'AMF recommande que l'attribution définitive de la totalité de ces actions soit soumise à des conditions de performance internes et, lorsque cela est possible et pertinent, des critères de performance externes. Elle recommande que la présence du bénéficiaire au moment de l'attribution définitive des actions ne soit pas considérée comme un critère de performance exigeant (Recommandation 2012-02 § 26.3.3).

70241 Comme en matière d'options de souscription ou d'achat d'actions, l'ensemble de ces conditions est généralement rappelé dans un document, le **règlement du plan d'attribution**, remis à chacun des attributaires ; la société a tout intérêt à se ménager la preuve de cette remise, notamment en se faisant renvoyer le document revêtu de la signature du bénéficiaire précédée de la mention « bon pour accord ».

Sur les solutions dégagées en matière de clauses de présence dans les règlements de stock-options mais transposables, à notre avis, aux attributions gratuites d'actions, voir n°s 69750 s.

ATTRIBUTION DES ACTIONS DANS LES SCA ET LES SAS

Dans les **SCA,** le gérant est compétent pour déterminer l'identité des bénéficiaires des attributions et fixer les conditions et, le cas échéant, les critères d'attribution des actions (art. L 225-197-1, I-dernier al. ; cf. art. L 226-7, al. 5). 70255

Dans les **SAS,** le président ou les dirigeants désignés à cet effet par les statuts sont compétents pour déterminer l'identité des bénéficiaires des attributions et fixer les conditions et, le cas échéant, les critères d'attribution des actions (art. L 225-197-1, I-dernier al. ; cf. art. L 227-1, al. 3). 70256

> **Précisions** Les dispositions de l'article L 225-197-1, I confèrent à l'**organe d'administration** le pouvoir de fixer les conditions d'attribution des actions. Malgré la souplesse du régime des SAS, il semble hasardeux de s'exonérer de cette prescription et de prévoir dans les statuts que ces conditions seront fixées par la collectivité des associés (en ce sens, Communication Ansa, comité juridique nº 20-040 du 4-11-2020).

E. Acquisition des actions gratuites

PÉRIODE D'ACQUISITION DES ACTIONS GRATUITES

Droits des attributaires L'attribution des actions à leurs bénéficiaires est définitive au terme d'une période d'acquisition dont la durée minimale, qui ne peut être inférieure à un an, est déterminée par l'assemblée générale extraordinaire ou par la collectivité des associés. Toutefois, l'assemblée ou la collectivité des associés peut prévoir l'attribution définitive des actions avant le terme de cette période en cas d'invalidité du bénéficiaire le rendant absolument incapable d'exercer une profession quelconque (art. L 225-197-1, I-al. 6). 70300

La durée cumulée de la période d'acquisition et de la période de conservation ne peut pas être inférieure à deux ans (art. L 225-197-1, I-al. 8).

Pendant la **période d'acquisition** des actions, fixée par le conseil d'administration (le directoire, ou les dirigeants) en respectant le minimum prévu par l'assemblée et jusqu'à leur attribution définitive à l'issue de cette période, les attributaires ne bénéficient à notre avis que d'un simple droit de créance personnel ; il est en outre expressément précisé que les droits résultant de l'attribution gratuite sont incessibles jusqu'au terme de la période d'acquisition (art. L 225-197-3, al. 1).

Pendant cette période, les **attributaires** ne sont **pas propriétaires** des actions et n'ont aucun droit d'associé. En particulier, ils ne bénéficient ni du droit aux dividendes ni du droit aux informations communiquées aux associés ou actionnaires en leur qualité.

Il n'est pas prévu de dérogation au respect de la période d'acquisition en cas de **licenciement ou** de **mise à la retraite.** Notamment, en cas de licenciement sans cause réelle et sérieuse avant le terme de la période d'acquisition, un salarié attributaire ne peut prétendre qu'à l'indemnisation de la perte de chance d'acquérir définitivement les actions, et non à l'attribution des actions et à la reconnaissance de la qualité d'actionnaire (Cass. soc. 26-2-2025 nº 23-15.072 F-D : RJDA 7/25 nº 377). Le montant de l'indemnisation est souverainement fixé par le juge (Cass. soc. 11-9-2024 nº 23-10.115 F-D : RJDA 5/25 nº 271).

Les attributaires ne bénéficient pas des mesures de protection applicables aux porteurs de valeurs mobilières donnant accès au capital. Toutefois, la société émettrice peut souhaiter **préserver** leurs **droits en cas d'opérations sur** son **capital** (réduction de capital, fusion, apport partiel d'actifs, offre publique d'échange, etc.) : les textes étant muets à cet égard, il peut être opportun que l'assemblée ou la collectivité des associés autorise le conseil d'administration, le directoire ou les dirigeants à procéder à un ajustement du nombre des actions qui seront attribuées, et que le règlement du plan précise les modalités de cet ajustement ; *rien n'interdit à cet égard de s'inspirer des mesures prévues en matière d'options de* souscription ou d'achat d'actions (nºs 69690 s.). Le règlement du plan peut également écarter par avance toute mesure correctrice, ce qui aura l'avantage de couper court à toute revendication des attributaires. 70301

> **Précisions** Selon l'**administration fiscale,** en cas d'opérations sur le capital de la société pendant la phase d'acquisition, l'assemblée peut autoriser le conseil d'administration (ou le directoire) à adapter le nombre d'actions gratuites attribuées en vue de garantir la neutralité de ces opérations sur les droits des attributaires ; sous réserve qu'il n'ait pour objet et pour seul effet que de préserver à l'identique ces droits, l'ajustement ne remet pas en cause la validité de l'attribution initiale ; les actions gratuites nouvelles en résultant sont soumises aux mêmes

conditions et critères que ceux portant sur les droits initiaux (BOI-RSA-ES-20-20-10-20 n° 180). L'administration a précisé que l'ajustement peut être autorisé pour toute opération financière visée à l'article L 225-181, al. 2 concernant la protection des bénéficiaires de stock-options (n° 69670) et qu'il doit être réalisé en transposant les règles prévues en cette matière. Ainsi, en cas de distribution de réserves ou de primes d'émission, l'ajustement peut être réalisé en tenant compte du rapport entre le montant de la distribution par action et la valeur de l'action avant distribution. Elle a ajouté qu'aucun versement en espèces ne doit avoir lieu, notamment pour compenser d'éventuels rompus, et que le bénéficiaire doit renoncer expressément à toutes les indemnités qui pourraient lui être attribuées en compensation de l'ajustement (BOI-RSA-ES-20-20-10-20 n° 190).

70302 **Décès du bénéficiaire au cours de la période d'acquisition** Mesure particulière au profit des héritiers, il est prévu que, « en cas de décès du bénéficiaire, ses héritiers peuvent demander l'attribution des actions dans un délai de six mois à compter du décès » (art. L 225-197-3, al. 2). Cette formule est ambiguë et ne règle pas les problèmes que pourrait notamment entraîner un décès en début de période d'attribution (par hypothèse plus de six mois avant l'expiration de la période d'attribution) si l'acquisition définitive est assortie de conditions collectives liées non à la personne mais, par exemple, aux performances de la société : l'acquisition définitive intervient-elle à la date à laquelle les héritiers demandent l'attribution ou à celle de l'expiration de la période générale d'attribution, date à laquelle l'on saura de façon certaine si les héritiers bénéficient réellement de cette attribution et si oui, pour combien de titres ? L'esprit du texte nous faisait opter pour la seconde solution. Mais l'administration fiscale considère qu'en cas de décès l'attribution des actions est définitive au moment de la demande et que, par suite, les héritiers ne sont plus tenus au respect du délai d'acquisition restant à courir (BOI-RSA-ES-20-20-10-20 n° 60).

70303 **Restructuration de la société au cours de la période d'acquisition** En cas d'échange sans soulte d'actions résultant d'une opération de **fusion ou** de **scission** réalisée conformément à la réglementation en vigueur pendant la période d'acquisition, les dispositions de l'article L 225-197-1, et notamment cette période pour sa durée restant à courir à la date de l'échange, restent applicables aux droits à attribution reçus en échange (art. L 225-197-1, III-al. 1).

Rien n'interdit de prévoir dans le **traité de fusion** les **conditions** dans lesquelles la société absorbante se substituera ainsi à la société absorbée pour les engagements contractés par celle-ci à l'égard des bénéficiaires d'actions gratuites – régime analogue à celui applicable en cas d'émission de valeurs mobilières donnant accès à des titres de capital (cf. art. L 228-101). Il convient alors d'appliquer au nombre de ces nouvelles actions le rapport d'échange retenu pour la fusion. L'assemblée générale extraordinaire ou la collectivité des associés de la société absorbante appelée à statuer sur la fusion, après rapport du conseil d'administration (du directoire ou des dirigeants), sauf décision des associés écartant l'obligation de le présenter (n° 83262), et rapport des commissaires aux comptes de la société ou, dans les sociétés qui n'en sont pas dotées, d'un commissaire aux comptes désigné à cet effet (cf. art. L 225-197-1, I-al. 1), prendra acte des obligations qu'entraîne pour la société cette reprise des engagements de la société absorbée en ce qui concerne les plans d'attribution gratuite.

En cas de **reprise d'un plan d'attribution d'actions existantes,** la société absorbante détiendra un certain nombre de ses propres actions pour satisfaire à ces attributions. À notre avis, ces actions peuvent être émises en échange de celles détenues par la société absorbée et réservées aux bénéficiaires des actions gratuites. Certes, un tel procédé peut sembler contraire aux dispositions de l'article L 236-3 qui interdisent à la société absorbante d'émettre des actions nouvelles en contrepartie d'actions propres détenues par la société absorbée. Mais ces dispositions nous semblent pouvoir être écartées pour les actions réservées aux bénéficiaires d'attributions gratuites. En effet, la société absorbée détenait ces actions pour le compte des attributaires desdites actions et en contrepartie des engagements qu'elle avait contractés envers eux, les actions étant en quelque sorte « affectées » aux attributaires. Reprenant ces engagements, la société absorbante doit reprendre également cette contrepartie, sauf à lui appliquer la parité d'échange convenue dans le traité de fusion.

TRANSFERT DES ACTIONS GRATUITES

70305 À la fin de la période d'acquisition fixée par le conseil d'administration, le directoire ou les dirigeants, la société doit, conformément à ses engagements, transférer le nombre d'actions convenu à l'origine (éventuellement ajusté si le plan d'attribution a prévu cette possibilité).

Si elles sont attribuées à l'ensemble des salariés de l'entreprise, ces actions peuvent être versées sur un **PEE** dans la limite d'un montant égal à 7,5 % du plafond annuel de la sécurité sociale par adhérent (C. trav. art. L 3332-14). La répartition des actions entre les salariés doit faire l'objet d'un accord d'entreprise ou, à défaut (c'est-à-dire en cas d'échec des négociations : Circ. DSS DGT 2007-199 du 15-5-2017), d'une décision du conseil d'administration, du directoire ou du chef d'entreprise. Elle peut être uniforme, proportionnelle à la durée de présence dans l'entreprise au cours de l'exercice ou proportionnelle aux salaires ; elle peut aussi combiner ces différents critères. Ces actions gratuites ne sont disponibles qu'à l'expiration d'un délai minimal de cinq ans à compter de leur versement sur le plan. Voir aussi Mémento Social n° 34730.

ATTENTION

La question se pose de savoir si l'article L 3332-14 du Code du travail ouvre la possibilité de prévoir aussi l'affectation des actions à un plan d'épargne retraite d'entreprise collectif (**Pereco**). Bien que l'article L 224-13 du Code monétaire et financier le permette formellement, nous penchons néanmoins pour la négative en raison des termes de l'article L 3332-14 rendant les actions disponibles cinq ans après leur versement, ce qui nous semble incompatible avec la finalité du Pereco, qui est de constituer des droits à la retraite liquidables, sauf accident de la vie, à la fin de l'activité professionnelle.

Le Code de commerce n'impose pas de **forme** particulière pour les actions qui viennent d'être définitivement attribuées à la fin de la période d'acquisition : ces actions peuvent donc revêtir la forme au porteur (et faire l'objet d'une inscription sur un marché réglementé) comme la forme nominative. 70306

PÉRIODE DE CONSERVATION DES ACTIONS GRATUITES

Blocage des actions L'assemblée ou la collectivité des associés peut fixer la durée minimale de l'obligation de conservation, qui court à compter de l'attribution définitive des actions (art. L 225-197-1, I-al. 7). 70310

Toutefois, les actions sont librement cessibles en cas d'**invalidité** du bénéficiaire le rendant absolument incapable d'exercer une profession quelconque (art. L 225-197-1, I-al. 7). En cas de **décès** du bénéficiaire, les actions dont les héritiers ont demandé l'attribution sont elles aussi librement cessibles (art. L 225-197-3, al. 2).

> **Précisions** Selon l'Ansa, les actions gratuites admises aux négociations sur un marché réglementé échappent à la mise en œuvre d'une **offre publique de retrait obligatoire** pendant leur période de conservation en raison de leur indisponibilité, mais l'initiateur du retrait peut prévoir contractuellement leur rachat à l'issue de cette période (Communication Ansa, comité juridique n° 25-005 du 5-2-2025).

Restructuration pendant la période de conservation En cas d'échange sans soulte d'actions résultant d'une opération de **fusion** ou de **scission** réalisée conformément à la réglementation en vigueur pendant la période de conservation, les dispositions de l'article L 225-197-1, et notamment cette période pour sa durée restant à courir à la date de l'échange, restent applicables aux actions reçues en échange. Il en est de même de l'échange résultant d'une opération d'**offre publique,** de **division** ou de **regroupement** (art. L 225-197-1, III-al. 1). 70311

En cas d'apport à une société ou à un fonds commun de placement dont l'actif est composé exclusivement de titres de capital ou donnant accès au capital émis par la société qui a attribué des actions gratuites ou une société qui lui est liée, l'obligation de conservation reste applicable, pour la durée restant à courir à la date de l'apport, aux actions ou parts reçues en contrepartie de l'apport (art. L 225-197-1, III-al. 2).

> **Précisions** Afin de faciliter la gestion ultérieure des comptes-titres en cas d'attribution d'actions « cotées » à un très grand nombre de salariés, il ne semble pas interdit de prévoir dans le *règlement du plan* l'**apport automatique des actions à un FCPE** : sur la base de cette convention, les bénéficiaires donnent par anticipation leur consentement à l'apport au FCPE des actions qu'ils recevront au terme de la période d'acquisition (en ce sens, Communication Ansa n° 09-059 du 4-11-2009).

Droits des attributaires Même si leurs actions sont momentanément indisponibles, les attributaires ont la **qualité d'actionnaire** dès l'attribution définitive des actions et pendant toute la période de conservation ; ils peuvent exercer les droits attachés aux actions qui leur sont attribuées : droit de communication, droit de participer aux assemblées et d'y voter, droit aux dividendes. Toutefois, rien ne semble interdire de retenir une **date de jouissance différente,** à la condition de le prévoir explicitement (cf. CA Paris 29-11-1996 : RJDA 4/97 n° 513, en matière d'options de souscription d'actions mais transposable). 70312

Par ailleurs, à titre d'information, le règlement du plan peut préciser le régime des droits résultant des actions soumises à l'obligation de conservation en cas d'opérations telles qu'attribution gratuite d'actions de droit commun, augmentation de capital avec maintien du droit préférentiel de souscription ou paiement d'un dividende en actions.

Il convient également de tenir compte de l'existence des attributaires d'actions en cas d'**absorption de la société émettrice** ou de mise en œuvre d'une **procédure de retrait obligatoire** pendant la période de conservation.

› Précisions a. L'administration fiscale admet que, en cas d'augmentation de capital pendant la période de conservation, les **actions résultant de l'exercice du droit préférentiel de souscription** (DPS) attaché aux actions gratuites ne suivent pas le régime de celles-ci et qu'à défaut d'exercice par les attributaires le DPS est librement cessible (BOI-RSA-ES-20-20-20 n° 210).

b. Selon l'Ansa, le règlement d'un plan d'attribution gratuite d'actions peut prévoir de reporter la mise en paiement des **dividendes** attachés aux actions gratuites au terme de la période de conservation et plus sans que cela contrevienne à l'obligation de paiement du dividende dans les neuf mois de la décision de distribution, et même supprimer le droit aux dividendes pendant cette même période sans que cela tombe sous le coup de la prohibition des clauses léonines puisqu'il s'agit d'une privation temporaire (Communication Ansa, comité juridique n° 21-024 du 7-7-2021).

70313 **Disponibilité des actions** À l'issue de la période de conservation, les actions deviennent disponibles et peuvent notamment être cédées (cf. art. L 225-197-1, I).

Toutefois, le conseil d'administration ou de surveillance ou les dirigeants doivent interdire aux dirigeants de céder les actions qui leur sont attribuées gratuitement jusqu'à la cessation de leurs fonctions ou fixer la quantité d'actions qu'ils sont tenus de conserver au nominatif jusqu'à la cessation de leurs fonctions (nos 69405 et 69406).

Afin d'éviter les délits ou manquements d'initiés, à l'expiration de la période de conservation et s'agissant d'actions admises aux négociations sur un marché réglementé, il est en outre prévu que les actions ne peuvent pas être cédées (art. L 22-10-59, II) :

– dans le délai de 30 jours calendaires avant l'annonce d'un rapport financier intermédiaire ou d'un rapport de fin d'année que la société est tenue de rendre public ;

– par les membres du conseil d'administration ou de surveillance, par les membres du directoire, par le directeur général, par le directeur général délégué et par les salariés ayant connaissance d'une information privilégiée qui n'a pas été rendue publique.

Lorsqu'ils cèdent leurs actions, les dirigeants et les personnes qui leur sont assimilées, ainsi que les personnes qui leur sont étroitement liées, doivent, s'il s'agit de titres admis aux négociations sur un marché réglementé, un SMN ou un système organisé de négociation, en faire la déclaration à l'AMF (Règl. UE 2016/522 du 17-12-2015 art. 10, 2-b ; C. mon. fin. art. L 621-18-2).

F. Régimes fiscal et social des attributions

RÉGIME FISCAL DES ATTRIBUTIONS GRATUITES D'ACTIONS

70370 Lorsque les actions ont été attribuées dans les conditions définies aux articles L 225-197-1 à L 225-197-5 et aux articles L 22-10-59 et L 22-10-60, **l'avantage tiré de l'attribution** gratuite des actions (gain d'acquisition) est imposé au titre de l'année de cession des actions, à titre gratuit ou à titre onéreux, selon des modalités qui varient selon la date d'attribution (CGI art. 80 quaterdecies) :

– pour les actions attribuées en vertu d'une **autorisation de l'assemblée générale extraordinaire intervenant depuis le 1er janvier 2018,** le gain d'acquisition (ou la fraction du gain d'acquisition) qui n'excède pas une limite annuelle de 300 000 € est imposé selon le barème progressif de l'impôt sur le revenu après application d'un abattement de 50 % ou, le cas échéant, de l'abattement fixe de 500 000 € visé à l'article 150-0 D ter du CGI (réservé, sous conditions, aux dirigeants partant à la retraite) et pour le surplus d'un abattement de 50 % (l'abattement fixe s'impute en priorité sur la plus-value de cession puis, pour le reliquat éventuel, sur la plus-value d'acquisition) ; ce gain est assujetti aux prélèvements sociaux sur revenus du patrimoine sans aucun abattement. La fraction du gain qui excède 300 000 € est imposée comme un salaire, selon le barème progressif de l'impôt sur le revenu, sans application d'aucun abattement, et soumise aux prélèvements sociaux sur revenus d'activité ;

– pour les actions attribuées en vertu d'une **autorisation de l'assemblée générale extraordinaire intervenue du 31 décembre 2016 au 31 décembre 2017,** l'avantage (ou la fraction de l'avantage) qui n'excède pas une limite annuelle de 300 000 € est imposé selon le barème progressif de l'impôt sur le revenu après application, le cas échéant, d'abattements pour durée de détention ou de l'abattement fixe « dirigeants » susvisé et soumis aux prélèvements sociaux sur les revenus du patrimoine. La fraction de l'avantage qui excède cette limite est imposée comme un salaire, sans application d'aucun abattement, et soumise aux prélèvements sociaux sur revenus d'activité ;

– pour les actions attribuées en vertu d'une **autorisation de l'assemblée générale extraordinaire intervenue du 8 août 2015 au 30 décembre 2016,** le gain d'acquisition est imposé en totalité selon le barème progressif de l'impôt sur le revenu avec application, le cas échéant, d'abattements pour durée de détention ou de l'abattement fixe « dirigeants » susvisé et soumis aux prélèvements sociaux sur les revenus du patrimoine ;

– pour les **actions attribuées à compter du 28 septembre 2012 en vertu d'une autorisation de l'assemblée générale extraordinaire intervenue avant le 8 août 2015,** le gain d'acquisition est soumis à l'impôt sur le revenu dans la catégorie des traitements et salaires et à la CSG et la CRDS sur les revenus d'activité ;

– s'agissant des **actions attribuées avant le 28 septembre 2012,** lorsqu'elles sont demeurées indisponibles, sans être données en location, pendant une période minimale de deux ans à compter de leur attribution définitive, l'avantage est imposé au taux forfaitaire de 30 %, sauf option pour l'imposition à l'impôt sur le revenu selon les règles applicables aux traitements et salaires. Dans les deux cas, les prélèvements sociaux sur les revenus du patrimoine sont dus.

En cas d'échange d'actions sans soulte qui résulte d'une opération d'offre publique, de fusion, de scission, de division ou de regroupement, l'imposition du gain d'acquisition est reportée à l'année de cession des titres reçus en échange.

Lorsque l'attributaire des actions gratuites n'est pas fiscalement domicilié en France au titre de l'année de la cession, l'avantage est soumis à une retenue à la source.

La **plus-value de cession** des actions, égale à la différence entre le prix de cession et la valeur des actions au jour de l'acquisition, est imposée selon le régime des plus-values mobilières exposé n°s 68432 s., quelle que soit la date d'attribution des actions (CGI art. 80 quaterdecies, V). La plus-value est également soumise aux prélèvements sociaux sur revenus du patrimoine au taux de 17,2 %. La moins-value de cession éventuelle est déduite du montant de l'avantage tiré de l'attribution des actions.

Pour plus de détails, voir Mémento Fiscal n°s 88825 s.

ATTENTION

Pour les cessions et opérations assimilées réalisées depuis le 15 février 2025, l'application de ce régime spécifique doit être combinée avec celle du régime exposé n° 68436 applicable aux gains issus d'instruments de « management packages ».

La **société attributrice** peut déduire de son résultat imposable les charges qu'elle subit du fait de l'attribution gratuite ainsi que la moins-value résultant du rachat de ses actions (CGI art. 217 quinquies). Dans le cas où l'attribution porte sur des **actions existantes,** elle doit constituer dès la décision d'attribution une provision, déductible du résultat imposable, à hauteur de la moins-value qu'elle subira lors de la remise des actions. Lorsque l'attribution est subordonnée à la présence des salariés dans l'entreprise à l'issue du plan, cette provision est étalée linéairement sur la période d'acquisition des droits (BOI-BIC-PROV-30-20-30 n° 30). 70371

Lorsqu'une société attribue gratuitement des actions existantes aux salariés de sociétés qui lui sont liées, elle peut déduire de son bénéfice imposable les provisions comptabilisées à raison du personnel salarié des sociétés liées à condition que la convention de refacturation des charges et moins-values afférentes à l'attribution gratuite d'actions au personnel de la société liée entraîne la comptabilisation de produits à recevoir de même montant que la provision (BOI-BIC-PROV-30-20-30 n° 110). La provision constituée par la société liée devra être déterminée suivant les mêmes modalités que celles prévues pour une société attribuant ses propres titres. Les charges engagées à l'occasion de l'opération peuvent être déduites du bénéfice imposable à condition que les sommes en cause soient refacturées par la société attributrice (BOI-BIC-PTP-20-60 n° 80).

Lorsque l'attribution porte sur des **actions nouvelles** (après émission autorisée par l'assemblée générale extraordinaire), la société peut pratiquer une déduction extracomptable égale à la différence entre la valeur des titres à la date de l'augmentation de capital et leur prix de souscription par les salariés à condition que l'attribution gratuite profite à l'ensemble des salariés et que les critères de répartition des actions soient identiques pour l'ensemble des bénéficiaires (CGI art. 217 quinquies, II).

Lorsque l'émission est effectuée par une société implantée en France au profit de salariés de sociétés liées, l'administration admet sous certaines conditions que chaque entreprise liée puisse pratiquer la déduction à raison des actions émises au profit de ses propres salariés, sans refacturation préalable de ladite déduction par la société émettrice (BOI-BIC-PTP-20-70-20 nos 50 s.).

Les obligations déclaratives des sociétés attributrices sont identiques à celles prévues pour les options sur actions (no 69823) ; les entreprises doivent remettre avant le 1er mars un état individuel particulier aux bénéficiaires des actions attribuées gratuitement. Les déclarations destinées à l'administration, dont le contenu est fixé par l'article 39, 2°-j de l'annexe III au CGI, s'opèrent sur la déclaration des salaires (DSN).

RÉGIME SOCIAL DES ATTRIBUTIONS GRATUITES D'ACTIONS

70372 L'avantage tiré de l'attribution gratuite est exonéré de **cotisations sociales** (CSS art. L 242-1, II-6°). Cette exonération est subordonnée, d'une part, au respect des conditions d'attribution fixées par le conseil d'administration ou le directoire, conformément aux dispositions des articles L 225-197-1 à L 225-197-5 et L 22-10-59 et L 22-10-60, d'autre part, à l'indication par la société sur la déclaration sociale nominative (DSN) de l'identité de ses salariés ou mandataires sociaux auxquels des actions gratuites ont été définitivement attribuées au cours de l'année civile précédente ainsi que le nombre et la valeur à la date d'expiration de la période d'acquisition des actions attribuées à chacun d'eux. À défaut de cette déclaration, la société est tenue au paiement de la totalité des cotisations sociales, y compris pour leur part salariale (sanction jugée conforme à la Constitution : Cons. const. 22-2-2019 no 2018-767 QPC : RJS 4/19 no 240).

L'avantage est soumis à la **CSG et à la CRDS** au moment de la cession des actions, mais selon des modalités qui diffèrent selon la date de l'attribution :

– pour des actions gratuites dont l'attribution a été autorisée par une décision de l'assemblée générale extraordinaire postérieure au 30 décembre 2016 (Loi 2016-1917 du 29-12-2016 art. 61), le gain d'acquisition est soumis pour la part n'excédant pas 300 000 € à la CSG et à la CRDS sur revenus du patrimoine, ainsi qu'au prélèvement de solidarité au taux global de 17,2 % ; pour la part excédentaire, ce sont la CSG et la CRDS sur revenus d'activité (au taux global de 9,7 %, sans application de la déduction pour frais professionnels) qui sont dues, étant précisé que ces contributions sont néanmoins établies, recouvrées et contrôlées comme celles frappant les revenus du patrimoine, c'est-à-dire sans intervention de la société ;

– pour les attributions autorisées entre le 7 août 2015 et cette date, ce sont la CSG et la CRDS sur revenus du patrimoine qui sont dues, ainsi que le prélèvement de solidarité au taux global de 17,2 % ;

– pour les attributions autorisées entre le 28 septembre 2012 et cette date, la CSG et la CRDS sont dues au taux applicable aux revenus d'activité (sans application de la déduction pour frais professionnels), étant précisé que ces contributions sont néanmoins établies, recouvrées et contrôlées comme celles frappant les revenus du patrimoine, c'est-à-dire sans intervention de la société (CSS art. L 136-2, I-1° et L 136-5, II bis).

Le **forfait social** n'est pas dû (CSS art. L 137-15, 1°).

Pour les attributions antérieures au 28 septembre 2012, l'avantage est exclu de l'assiette des cotisations sociales et de la CSG et de la CRDS sur revenus d'activité. Cette exonération est subordonnée non seulement à la notification à l'Urssaf, mais aussi au respect d'une durée de conservation des actions identique à celle requise pour l'application du régime fiscal de faveur (no 70370). La CSG et la CRDS, ainsi que le prélèvement de solidarité sur les revenus du capital, sont dus au taux et selon les modalités applicables aux revenus du patrimoine.

ATTENTION

En cas de non-respect par la société des conditions auxquelles est subordonnée l'exonération de cotisations, celles-ci sont dues à la date de l'attribution définitive des actions au terme de la période d'acquisition, l'indisponibilité des titres au cours de la période de conservation ne faisant pas obstacle au transfert de propriété au bénéfice des intéressés. Et l'avantage assujetti à cotisations doit être évalué à la date de cette acquisition en fonction de l'économie réalisée par le bénéficiaire (Cass. 2e civ. 5-9-2024 no 22-18.293 F-B : RJS 11/24 no 613).

70373 Les actions gratuites dont l'attribution a été autorisée par une décision de l'assemblée générale extraordinaire postérieure au 7 août 2015 sont soumises à une **contribution patronale spécifique** (CSS art. L 137-13).

Cette contribution est fixée à 30 % (20 % pour les contributions dues avant le 1-3-2025) de la valeur des actions attribuées, appréciée à la date de leur acquisition. Elle est exigible le mois suivant la date d'acquisition des actions par le bénéficiaire (CSS art. L 137-13).

ATTENTION

Par exception, une **exonération** de cette contribution est accordée aux **PME** au sens de l'annexe à la recommandation 2003/361/CE (celles qui occupent moins de 250 personnes et dont le chiffre d'affaires annuel n'excède pas 50 M€ ou dont le total du bilan annuel n'excède pas 43 M€)

n'ayant procédé à aucune distribution de dividendes depuis leur création. Cette exonération, dont les conditions sont appréciées à la date de la décision d'attribution, est limitée, par salarié, au montant du plafond annuel de la sécurité sociale (limite appliquée à la masse des actions gratuites dont l'acquisition est intervenue pendant l'année en cours et les trois années précédentes). Elle est subordonnée au respect du règlement UE 1407/2013, relatif à l'application des articles 107 et 108 du Traité sur le fonctionnement de l'UE aux aides de minimis. Pour les actions dont l'attribution a été autorisée par l'assemblée générale des actionnaires depuis le 1er janvier 2021, cette exonération est étendue aux mêmes conditions et limites aux entreprises de taille intermédiaire (ETI), au sens de l'article 51 de la loi 2008-776 du 4 août 2008, c'est-à-dire celles employant entre 250 et moins de 5 000 salariés et dont le chiffre d'affaires n'excède pas 1,5 Md€ ou dont le total de bilan n'excède pas 2 Md€ (CSS art. L 137-13).

Les actions gratuites dont l'attribution a été autorisée par une décision de l'assemblée générale extraordinaire postérieure au 30 décembre 2016 sont soumises à une **contribution salariale spécifique** (CSS art. L 137-14). Celle-ci ne frappe que la part de l'avantage excédant 300 000 € qui est imposée à l'impôt sur le revenu selon le droit commun des salaires (Mémento Social nº 34740). Cette contribution est fixée à 10 % de la valeur des actions attribuées, appréciée à la date de leur acquisition. Elle est recouvrée l'année suivant celle de la cession des actions selon les mêmes modalités que la CSG sur les revenus du patrimoine, c'est-à-dire sans intervention de la société. **70374**

Les actions gratuites attribuées en vertu d'une autorisation donnée par l'assemblée générale extraordinaire entre le 8 août 2015 et le 30 décembre 2016 ne sont pas soumises à cette contribution salariale. Celles attribuées depuis le 16 octobre 2007 en vertu d'une autorisation antérieure au 8 août 2015 y sont intégralement soumises.

ATTRIBUTION GRATUITE D'ACTIONS PAR DES SOCIÉTÉS ÉTRANGÈRES

Le régime fiscal spécifique s'applique aux attributions effectuées dans les mêmes conditions que celles prévues aux articles L 225-197-1 à L 225-197-5 et aux articles L 22-10-59 et L 22-10-60 par des sociétés dont le siège est situé à l'étranger et qui sont mères ou filiales de l'entreprise dans laquelle l'attributaire des actions exerce son activité (CGI art. 80 quaterdecies, IV). **70380**

L'article L 242-14 du Code de la sécurité sociale confirme cette extension en matière sociale. Ce texte conditionne l'exonération de cotisations sociales de l'avantage attribué dans ces conditions à la notification par l'employeur des bénéficiaires à son organisme de recouvrement des mêmes informations que pour les attributions consenties par les sociétés ayant leur siège en France (nº 70372).

III. BONS DE SOUSCRIPTION DE PARTS DE CRÉATEUR D'ENTREPRISE

CARACTÉRISTIQUES DES BSPCE

Certaines **sociétés par actions** ont la faculté d'attribuer à leurs **salariés,** à leurs **dirigeants** soumis au régime fiscal des salariés (président, directeur général, directeurs généraux délégués et membres du directoire) et aux membres de leur conseil d'administration ou de leur conseil de surveillance ou, dans les SAS, aux membres de tout organe statutaire équivalent des bons de souscription de parts de créateur d'entreprise (BSPCE) assortis d'un régime social et fiscal avantageux (CGI art. 163 bis G). **70410**

Ces sociétés peuvent également attribuer ces bons aux membres du personnel salarié et aux dirigeants des sociétés dont elles détiennent au moins 75 % du capital ou des droits de vote sous réserve que ces sociétés remplissent les conditions exposées nos 70412 s., à l'exception de celle relative à la détention du capital et étant précisé que le respect du plafond de capitalisation boursière de la société attributrice des bons doit être apprécié en faisant masse de sa propre capitalisation et de celle de ses filiales dont le personnel a bénéficié de distributions au cours des 12 derniers mois.

Les **sociétés étrangères** dont le siège est établi dans un État de l'UE ou dans un État ou territoire ayant conclu avec la France une convention fiscale contenant une clause d'assistance administrative en vue de lutter contre la fraude ou l'évasion fiscale peuvent attribuer des bons à leurs employés en France (CGI art. 163 bis G, III bis).

Les **sociétés issues d'une concentration, d'une restructuration, d'une extension ou d'une reprise d'activités préexistantes** peuvent émettre des bons, sous réserve du respect des conditions suivantes (CGI art. 163 bis G, II bis-3°) : toutes les sociétés prenant part à l'opération doivent répondre aux conditions exposées ci-après ; le respect de la capitalisation boursière à la suite de l'opération est apprécié en faisant masse de la capitalisation de l'ensemble des sociétés issues de l'opération ; l'âge de la ou des sociétés issues de l'opération est apprécié en tenant compte de la date la plus ancienne des sociétés ayant pris part à l'opération (l'opération n'efface donc pas l'ancienneté des sociétés participantes).

Ces bons, qui sont incessibles, donnent accès au capital de la société émettrice, dans les conditions prévues à l'article 163 bis G du CGI.

SOCIÉTÉS POUVANT ATTRIBUER DES BSPCE

70412 L'émission des bons est réservée aux sociétés par actions (CGI art. 163 bis G, II-al. 1) :
– dont les titres ne sont pas admis aux négociations sur un marché d'instruments financiers français ou étranger dont le fonctionnement est assuré par une entreprise de marché ou un prestataire de services d'investissement ou tout autre organisme similaire étranger ;
– dont les titres sont admis aux négociations sur un tel marché d'un État partie à l'accord sur l'EEE, dès lors que leur capitalisation boursière est inférieure à 150 M€. En cas de dépassement de ce seuil, l'attribution de bons est cependant encore possible pendant trois ans.

Les modalités d'évaluation de la capitalisation boursière sont fixées par l'article 91 ter A de l'annexe II du CGI. Lorsque la société attribue des BSPCE aux salariés ou dirigeants d'une filiale, le respect de la condition tenant à la capitalisation boursière est apprécié en faisant masse de sa propre capitalisation et de celle de ses filiales dont le personnel a bénéficié de distributions de la part de la société attributrice au cours des 12 derniers mois.

70413 La société doit avoir été immatriculée au RCS depuis moins de 15 ans et être passible en France de l'impôt sur les sociétés (ou, s'il s'agit d'une société étrangère, être passible dans l'État ou le territoire de son siège d'un impôt équivalent à l'impôt sur les sociétés). Son capital doit être détenu directement et de manière continue pour 25 % au moins par des personnes physiques ou par des personnes morales détenues pour 75 % au moins de leur capital par des personnes physiques. Pour l'appréciation de ce seuil de détention, il n'est pas tenu compte des participations des sociétés de capital-risque, des sociétés de développement régional, des sociétés financières d'innovation, des fonds communs de placement à risques, des fonds professionnels spécialisés, des fonds professionnels de capital investissement, des sociétés de libre partenariat, des fonds d'investissement de proximité ou des fonds communs de placement dans l'innovation ainsi que de celles de structures étrangères équivalentes établies dans un État membre de l'UE ou dans un pays ayant conclu avec la France un accord d'assistance administrative.

EXERCICE DES BSPCE

70415 L'**émission** des bons doit être **autorisée** par l'assemblée générale extraordinaire (par la collectivité des associés de SAS) conformément aux articles L 225-129 à L 225-129-6 relatifs aux augmentations de capital (voir n°s 49570 s.). Celle-ci se prononce, sur le rapport du conseil d'administration ou du directoire, du gérant dans les SCA ou encore du président ou des dirigeants désignés à cet effet par les statuts dans les SAS, et sur le rapport spécial des commissaires aux comptes (s'agissant de ce rapport spécial, il nous semble que l'utilisation de l'article défini « des » plutôt que l'article indéfini « de » vise les commissaires aux comptes en fonction dans la société et conduit à n'exiger de rapport de commissaires aux comptes que pour les sociétés qui en sont dotées ; voir toutefois, en cas de suppression du droit préférentiel de souscription, CNCC NI.V t. 6 septembre 2022 § 1.72, Questions-réponses CNCC relatives à l'application de la loi « Pacte » juillet 2019 n° 4.1 et Communication Ansa, comité juridique n° 23-021 du 5-4-2023). Lorsque ces bons sont attribués aux membres du conseil d'administration ou de surveillance, ou de tout organe statutaire équivalent dans les SAS, les membres bénéficiaires ne peuvent pas participer à la décision de l'organe statuant sur l'opération (CGI art. 163 bis G, II-al. 3 et 4 modifié par loi 2025-127 du 14-2-2025).

L'assemblée ou la collectivité des associés doit également fixer le **délai** pendant lequel les bons peuvent être exercés (CGI art. 163 bis G, III-al. 2).

Elle peut **déléguer** au conseil d'administration ou au directoire, ou aux dirigeants, le soin de fixer la liste des bénéficiaires de bons. Dans ce cas, le conseil d'administration ou le directoire, ou les dirigeants, indiquent le nom des attributaires desdits bons et le nombre de titres attribués à chacun d'eux (CGI art. 163 bis G, III-al. 2).

Le **prix** d'acquisition des titres peut également être fixé par le conseil d'administration ou le directoire, ou par les dirigeants. Lorsque la société émettrice a procédé dans les six mois précédant l'attribution des bons à une augmentation de capital par émission de titres conférant des droits équivalents à ceux résultant de l'exercice du bon, le prix d'acquisition, en principe au moins égal au prix d'émission des titres concernés alors fixé, peut toutefois, pour les bons attribués depuis le 23 mai 2019, être diminué, le cas échéant, d'une décote correspondant à la perte de valeur économique du titre depuis cette émission. Lorsque les droits des titres résultant de l'exercice des bons ne sont pas au moins équivalents à ceux des titres émis lors d'une telle augmentation de capital, le prix d'émission retenu pour l'augmentation de capital peut, pour déterminer le prix d'acquisition des titres souscrits en exercice des bons depuis le 1er janvier 2020, être diminué, le cas échéant, d'une décote correspondant à cette différence (CGI art. 163 bis G, III-al. 1 ; BOI-RSA-ES-20-40-20 nos 150 s.).

En cas de **décès du bénéficiaire**, ses héritiers pourront exercer les bons dans un délai de six mois à compter du décès (CGI art. 163 bis G, II bis-2°).

RÉGIMES FISCAL ET SOCIAL DES BSPCE

Le **gain** réalisé par le bénéficiaire des bons lors de la cession des titres souscrits en exercice des bons est imposé à l'**impôt** sur le revenu selon les modalités suivantes : 70417

1. titres souscrits à compter du 1er janvier 2025 en exercice de bons (quelle que soit la date d'attribution des bons) : il y a lieu de distinguer deux types de gains (CGI art. 163 bis G modifié par loi 2025-127 du 14-2-2025 art. 92) :

– le gain d'exercice, de nature salariale, correspondant à la différence entre la valeur du titre souscrit au jour de l'exercice du bon et le prix d'acquisition du titre fixé lors de l'attribution du bon : il est imposé au taux forfaitaire de 12,8 % ou, sur option, selon les règles de droit commun des traitements et salaires avec application du barème de droit commun de l'impôt sur le revenu ; si le bénéficiaire exerce son activité dans la société depuis moins de 3 ans à la date où il dispose, cède, convertit au porteur ou met en location les titres souscrits en exercice des bons, il est imposé au taux de 30 % ;

– le gain de cession des titres issus des bons, de nature patrimoniale, correspondant à la différence entre le prix de cession du titre souscrit au moyen du bon et la valeur de ce titre au jour de l'exercice du bon. Il est imposé dans les conditions du droit commun des plus-values de cession de valeurs mobilières (no 68432) ;

2. bons attribués à compter du 1er janvier 2018 et titres souscrits en exercice des bons jusqu'au 31 décembre 2024 : le gain net est soumis au taux forfaitaire de 12,8 % ou, sur option, au barème de droit commun de l'impôt sur le revenu, avec application, le cas échéant, de l'abattement fixe (réservé, sous conditions, aux dirigeants prenant leur retraite) prévu à l'article 150-0 D ter du CGI. Si le bénéficiaire exerce son activité depuis moins de trois ans à la date de la cession, le gain de cession est soumis à un taux forfaitaire de 30 %, sans aucun abattement et sans possibilité d'option ;

3. bons attribués jusqu'au 31 décembre 2017 et titres souscrits en exercice des bons jusqu'au 31 décembre 2024 : le gain net est imposé, sans aucun abattement, au taux de 19 %, ou de 30 % lorsque l'intéressé exerce son activité dans la société depuis moins de 3 ans à la date de la cession. Ce gain ne peut bénéficier ni de l'abattement fixe ni d'aucun abattement pour durée de détention.

Le gain d'exercice et le gain de cession (titres souscrits à compter du 1er janvier 2025) ainsi que le gain net (titres souscrits jusqu'au 31 décembre 2024) sont soumis aux prélèvements sociaux sur les revenus du patrimoine.

Lorsque les gains sont réalisés par des personnes non domiciliées en France, une retenue à la source s'applique.

Pour plus de détails, voir Mémento Fiscal no 88805.

ATTENTION

Pour les cessions et opérations assimilées réalisées depuis le 15 février 2025, l'application de ce régime spécifique doit être combinée avec celle du régime exposé no 68436 applicable aux gains *issus d'instruments de « management packages »*.

Ces gains ne sont pas pris en compte pour l'application de la **législation du travail** et de la **sécurité sociale** (Loi 97-1269 du 30-12-1997 art. 76, II). Ils échappent donc aux cotisations et contributions sociales sur les salaires.

La **société émettrice** doit délivrer au plus tard le 1er mars de l'année suivant celle au cours de laquelle des titres sont souscrits en exercice des bons un état individuel à chaque souscripteur, qui le conserve afin de le présenter à l'administration fiscale sur demande (CGI ann. III art. 41 V bis). Les déclarations à destination du service des impôts s'opèrent sur la DSN (CGI ann. III art. 39, 2°-k). Par ailleurs, le **souscripteur** mentionne sur sa déclaration de revenus souscrite au titre de l'année de cession des titres le montant du gain net réalisé.

Si les conditions prévues par l'article 163 bis G du CGI ne sont pas réunies, les gains nets réalisés lors de la cession des titres souscrits en exercice des bons constituent un complément de salaire soumis à l'impôt sur le revenu en tant que tel, compris dans l'assiette des cotisations de sécurité sociale et dans celle des taxes et participations assises sur les salaires.

IV. OFFRE DE TITRES DE SAS

70425 Toute SAS peut adresser une offre de titres financiers à ses « administrateurs » ou **salariés** anciens ou existants ou à ceux des sociétés qui lui sont liées, pour autant qu'un document contenant des informations sur le nombre et la nature des valeurs mobilières ainsi que sur les raisons et les modalités de l'offre ou de l'attribution soit mis à disposition (art. L 227-2 et, sur renvoi, Règl. UE/2017/1129 du 14-6-2017 art. 1, 4-i issu du Règl. UE/2024/2809 du 23-10-2024). Précisons que même si le règlement européen retient le terme « administrateurs », il convient à notre avis, et si l'on se fie aux autres versions linguistiques de ce règlement, de considérer que l'offre peut concerner tous les **dirigeants** de la SAS.

V. PLAN D'ÉPARGNE D'ENTREPRISE

DÉFINITION DU PEE

70440 Le plan d'épargne d'entreprise (PEE) est un **système d'épargne collectif** qui permet aux salariés d'une entreprise de participer, avec l'aide de celle-ci, à la constitution d'un portefeuille de valeurs mobilières (C. trav. art. L 3332-1 s.).

Les présidents, directeurs généraux, gérants ou membres du directoire peuvent aussi participer à un PEE, même s'ils ne bénéficient pas d'un contrat de travail, à condition que leur entreprise emploie au moins un et moins de 250 salariés (art. L 3332-2).

Pour des développements sur la mise en place, le fonctionnement et les modalités d'alimentation des PEE, voir Documentation sociale Francis Lefebvre PB-I-31000 s. Signalons toutefois que l'épargne recueillie par le PEE peut être investie, en tout ou partie, dans des valeurs mobilières émises par l'entreprise et souscrites ou acquises par les salariés soit individuellement, soit par l'intermédiaire d'un fonds commun de placement.

a. Consultation des actionnaires

70442 Lors de toute **décision d'augmentation du capital** par apport en numéraire, l'assemblée générale extraordinaire doit se prononcer sur un projet de résolution tendant à la réalisation d'une augmentation de capital dans les conditions prévues aux articles L 3332-18 à L 3332-24 du Code du travail (relatifs aux augmentations de capital réservées aux adhérents d'un PEE), lorsque la société a des salariés (art. L 225-129-6, al. 1).

SOCIÉTÉS CONCERNÉES

70444 L'obligation de consultation s'impose à toutes les sociétés par actions, y compris les SAS (nº 60556), qu'elles soient ou non déjà dotées d'un PEE (Circ. intermin. 14-9-2005 ; T. com. Bordeaux 15-11-2002 : RJDA 7/03 nº 730 ; Rép. Marini : Sén. 22-11-2001 nº 34056).

ATTENTION

Dans les **sociétés non dotées d'un PEE,** si l'assemblée ou la collectivité des associés décide le principe d'une augmentation de capital réservée aux salariés, il convient, préalablement à la mise en œuvre de cette décision, de mettre en place ce PEE.

70445 L'obligation ne s'applique pas aux **sociétés contrôlées** au sens de l'article L 233-16 par une société ayant décidé ou autorisé une augmentation de capital réservée aux adhérents d'un plan d'épargne salariale dont peut bénéficier l'ensemble des salariés de ces sociétés (art. L 225-129-6, al. 2).

OPÉRATIONS CONCERNÉES

70446 L'obligation de consultation s'impose en cas de décision d'augmentation de capital en numéraire (art. L 225-129-6, al. 1). Elle doit aussi, à notre avis, être respectée en cas d'octroi d'options de souscription d'actions (art. L 225-177). En effet, l'augmentation du capital qu'entraîne la levée des options s'effectue par apport en numéraire et elle ne résulte pas d'une émission au préalable de valeurs mobilières donnant accès au capital car les options de souscription ne sont pas des valeurs mobilières.

Ne visant que les augmentations de capital par apport en numéraire, l'article L 225-129-6 n'est applicable ni en cas d'augmentation de capital réalisée par incorporation de réserves ou par apport en nature, ni en cas de fusion, de scission ou d'apport partiel d'actifs soumis au régime des scissions.

La loi écarte expressément l'obligation de consultation en cas d'augmentation de capital différée résultant d'une émission préalable de valeurs mobilières donnant vocation à des titres de capital (art. L 225-129-6, al. 1). En revanche, cette obligation doit être respectée lorsque l'assemblée autorise l'émission de ces valeurs mobilières, y compris, à notre avis, lorsque le titre primaire n'est pas une action car la lettre du texte ne permet pas de l'écarter (en ce sens, CNCC NI.V t. 4 décembre 2021 § 1.31.7 ; en sens contraire, Communication Ansa, comité juridique n° 04-024 du 3-3-2004).

On a pu craindre que le respect de l'obligation de consultation des actionnaires ne pose des problèmes pratiques lorsque l'assemblée « délègue au conseil d'administration ou au directoire sa compétence pour décider de l'augmentation de capital » (art. L 225-129-2, al. 1) ou autorise le conseil d'administration ou le directoire à consentir des options de souscription d'actions (art. L 225-177, al. 1), l'article L 225-129-6, al. 1 imposant à l'assemblée générale extraordinaire de se prononcer « lors de toute décision d'augmentation du capital par apport en numéraire ». C'est pourquoi ce texte a été complété pour prévoir que l'assemblée « se prononce sur le projet de résolution relatif à l'augmentation de capital réservée aux salariés lorsqu'elle **délègue** sa **compétence pour réaliser l'augmentation de capital** conformément à l'article L 225-129-2 » (art. L 225-129-6, al. 1). Il aurait d'ailleurs été préférable de viser la délégation de compétence non pour « réaliser » l'augmentation de capital mais pour la décider. 70447

L'article L 225-129-6, al. 2 prévoit que la dérogation pour les sociétés contrôlées (n° 70445) s'applique « lorsque l'assemblée générale de la société qui les contrôle a décidé ou a autorisé, par délégation, une augmentation de capital » réservée aux adhérents d'un plan d'épargne de groupe, mais sans viser les décisions prises par les sociétés hors groupe ; cette précision ne corrige pas formellement dans tous les cas l'imprécision évoquée ci-dessus.

SANCTIONS

L'inobservation de l'obligation de consultation des actionnaires entraîne la **nullité** de la décision d'augmentation du capital prise avant le 1er octobre 2025 (art. L 225-149-3, al. 2) ; pour les décisions d'augmentation du capital prises à compter de cette date, la nullité devient facultative (C. civ. art. 1844-10, al. 3 modifié par ord. 2025-229 du 12-3-2025 ; Ord. 2025-229 art. 70). 70452

L'action en nullité se prescrit :

– si l'augmentation de capital est décidée avant le 1er octobre 2025, par trois mois à compter de la date de l'assemblée générale qui suit la décision d'augmentation du capital (art. L 235-9, al. 3) ;

– si l'augmentation de capital est décidée à compter du 1er octobre 2025, par trois mois à compter de la date de la décision ou, en cas de délégation de pouvoir ou de compétence, de la date de l'assemblée générale au cours de laquelle le rapport sur les conditions définitives de l'opération est porté à la connaissance des actionnaires (art. L 225-149-4, al. 2 issu de ord. 2025-229).

En outre, la nullité peut être couverte ou faire l'objet d'une régularisation dans les conditions exposées nos 89460 s. (pour un exemple de régularisation, voir T. com. Versailles 30-4-2004 n° 02-F120 : RJDA 8-9/04 n° 995).

> **Précisions** **a.** Compte tenu du risque d'annulation de la décision d'augmentation du capital, il semble prudent de **renouveler l'inscription à l'ordre du jour** de la résolution concernant *les salariés lors de chaque autorisation* d'augmenter le capital (en ce sens, Communication Ansa, comité juridique n° 05-011 du 9-2-2005 ; voir aussi CNCC NI.V t. 4 décembre 2021 § 1.31.9).
> Il a toutefois été jugé que lorsque les associés d'une SAS décident une augmentation de capital en numéraire sans se prononcer sur un projet d'augmentation réservée aux salariés, ils peuvent **régulariser** l'opération en votant ultérieurement sur cette seule résolution (Cass. com. 28-11-2018 n° 16-28.358 FS-PB : RJDA 12/19 n° 760).
> **b.** Le non-respect de l'obligation de consultation des actionnaires peut aussi donner lieu à **injonction de faire** (art. L 225-149-3) et à **suspension** des **droits de vote** et **des droits à dividende** attachés aux actions émises irrégulièrement (art. L 225-150).

b. Augmentation de capital réservée aux salariés

Pour faciliter la réalisation des augmentations de capital réservées aux salariés adhérant à un PEE, des **dispositions spécifiques** sont prévues par l'article L 225-138-1, ainsi que par les 70460 articles L 3332-18 à L 3332-23 du Code du travail dont l'application est étendue aux cessions par une société de ses titres, dans la limite de 10 % du total des titres qu'elle a émis, aux adhérents d'un PEE (C. trav. art. L 3332-24).

Exclusivement dédié aux PEE, ce dispositif spécial d'augmentations de capital réservées n'est pas applicable aux plans d'épargne retraite collectifs d'entreprise (C. mon. fin. art. L 224-13).

Pour des développements sur ces dispositions, voir Documentation sociale Francis Lefebvre PB-I-37700 s. Signalons toutefois les spécificités suivantes.

Le **prix** de souscription des actions, s'il s'agit de **titres admis aux négociations** sur un marché réglementé, ne peut être ni supérieur à la moyenne des cours cotés aux 20 séances de bourse précédant le jour de la décision fixant la date d'ouverture de la souscription, ni inférieur de plus de 30 % à cette moyenne, ce taux étant porté à 40 % lorsque la durée d'indisponibilité prévue par le plan en application des articles L 3332-25 et L 3332-26 est au moins égale à dix ans (C. trav. art. L 3332-19, al. 4). Le prix de cession est fixé d'après les cours de bourse (art. L 3332-19, al. 1).

Lorsque les **titres** ne sont **pas admis aux négociations** sur un marché réglementé, le prix de cession doit être déterminé conformément aux méthodes objectives retenues en matière d'évaluation d'actions en tenant compte, selon une pondération appropriée à chaque cas, de la situation nette comptable, de la rentabilité et des perspectives d'activité de l'entreprise. Ces critères doivent être appréciés, le cas échéant, sur une base consolidée ou, à défaut, en tenant compte des éléments financiers issus de filiales significatives. À défaut, le prix de cession est déterminé en divisant par le nombre de titres existants le montant de l'actif net réévalué d'après le bilan le plus récent. Ce prix doit être ainsi déterminé à chaque exercice sous le contrôle du commissaire aux comptes. À compter du troisième exercice clos, le prix de cession des titres émis par des entreprises employant moins de 500 salariés peut être déterminé, au choix de l'entreprise, selon l'une des deux méthodes précédentes. Le prix de souscription ne peut être ni supérieur au prix de cession ainsi déterminé, ni inférieur de plus de 30 % à celui-ci, ce taux étant porté à 40 % lorsque la durée d'indisponibilité prévue par le plan en application des articles L 3332-25 et L 3332-26 du Code du travail est au moins égale à dix ans (C. trav. art. L 3332-20).

70461 Le **délai de réalisation de l'émission** est de cinq ans conformément au droit commun des augmentations de capital (cf. art. L 225-129, al. 2), les dispositions relatives aux augmentations de capital avec suppression du droit préférentiel de souscription au profit de personnes dénommées (art. L 225-138, III prévoyant un délai de 18 mois) n'étant pas visées par l'article L 225-138-1, al. 1.

Aucune disposition légale ou réglementaire ne fixe un délai maximal pour l'exercice du droit de souscription des salariés au titre d'un PEE.

À notre avis, le conseil d'administration ou le directoire, ou le gérant dans les SCA, ou encore le président ou les dirigeants désignés à cet effet dans les SAS, agissant sur délégation de l'assemblée ou de la collectivité des associés, peuvent valablement fixer, en début d'année et pour l'année entière, les **conditions de souscription** des actions réservées aux salariés adhérant à un PEE. Sur la délégation conférée par l'assemblée au conseil d'administration ou au directoire, voir nos 50251 s.

70462 Les **formalités** sont allégées (art. L 225-138-1, 2°) :
- pas de publicité préalable ;
- pas de dépôt des fonds ;
- pas d'intervention du commissaire aux comptes en cas de libération par compensation.

L'**augmentation de capital** est **réalisée** à concurrence des actions souscrites même si le montant de cette augmentation est inférieur aux trois quarts de l'augmentation décidée (art. L 225-138-1, 2°), contrairement au régime de droit commun.

70463 Il est possible de n'exiger aucun **versement** des salariés **lors de la souscription.** Les actions peuvent être libérées, à la demande de la société ou du souscripteur, soit par des versements périodiques, soit par des prélèvements égaux et réguliers sur le salaire de l'intéressé (*art. L 225-138-1, 5°*). En contrepartie, le délai accordé aux salariés pour libérer leurs titres est ramené de cinq à trois ans (art. L 225-138-1, 4°).

Les **titres** ne **sont négociables** qu'après avoir été intégralement libérés (art. L 225-138-1, 6°). Cette disposition vise notamment le cas des actions dont les salariés pourraient demander le déblocage anticipé (cf. C. trav. art. L 3332-25).

Par dérogation aux dispositions de l'article L 225-131, al. 1, les actions réservées aux adhérents d'un PEE peuvent être émises alors même que le **capital** social n'aurait **pas** été **intégralement libéré** (art. L 225-138-1, 7°-al. 1). Même si les actions souscrites par les salariés dans le cadre d'un PEE ne sont pas intégralement libérées, la société peut procéder à l'émission de titres de capital à libérer en numéraire (art. L 225-138-1, 7°-al. 2) ou émettre des obligations en vue de les attribuer aux salariés (art. L 228-39, al. 4). 70464

Attribution gratuite d'actions L'assemblée qui décide l'augmentation de capital peut également prévoir l'attribution gratuite d'actions ou d'autres titres donnant accès au capital, sous condition de plafond de l'avantage total résultant de cette attribution et, le cas échéant, des décotes visées ci-dessus n° 70460 (C. trav. art. L 3332-21). 70465

c. Information des salariés sur le PEE

Le règlement du PEE doit déterminer les conditions dans lesquelles les salariés sont informés de son existence et de son contenu, ainsi que les conditions de mise en œuvre d'une aide à la décision pour les bénéficiaires (C. trav. art. L 3332-7). 70480

En outre, tout bénéficiaire d'un PEE doit recevoir un **relevé annuel de situation** établi par la personne chargée de la tenue du registre des comptes administratifs (C. trav. art. L 3332-7-1) et dont le contenu est détaillé par l'article D 3332-16-1 du Code du travail.

SECTION 7

MISE EN VENTE DES ACTIONS NON RÉCLAMÉES OU EN DÉSHÉRENCE

De nombreuses opérations financières (fusion, réduction de capital, regroupement ou division d'actions, etc.) donnent lieu à des échanges ou à des attributions d'actions. Or, il arrive fréquemment que, pour diverses raisons (ignorance, négligence, décès, etc.), certains actionnaires ou leurs héritiers ne réclament pas les actions auxquelles ils ont droit. 70600

Pour éviter à la société de devoir conserver indéfiniment les actions revenant aux attributaires inconnus, ce qui est pour elle une source de complications, surtout lorsqu'elle procède à de nouvelles opérations financières, les articles L 228-6 et L 228-6-1 permettent à la société de mettre en vente les actions nouvelles dont les ayants droit ne se sont pas fait connaître à l'issue d'un certain délai (**actions « non réclamées »**).

De même, les actions dont les titulaires, malgré le respect des formalités de convocation aux assemblées générales, sont inconnus du teneur de compte ou n'ont pas été atteints par les convocations aux assemblées générales depuis plus de dix ans (**actions « en déshérence »**) peuvent être vendues (art. L 228-6-3 et R 228-14).

Les **modalités pratiques de la mise en vente** des actions non réclamées ou en déshérence sont les mêmes que celles de la mise en vente des actions correspondant à des droits formant rompus : voir nos 82985 s.

CHAPITRE 3 LES OBLIGATIONS

SOMMAIRE

SECTION 1

CARACTÉRISTIQUES DES OBLIGATIONS

DÉFINITION DES OBLIGATIONS

Les obligations sont des titres négociables qui, dans une même émission, confèrent les mêmes droits de créance pour une même valeur nominale (C. mon. fin. art. L 213-5). Le terme « obligation » désigne donc, d'une part, le **titre** négociable émis par la société pour constater l'existence contre elle d'une créance et, d'autre part, cette **créance** elle-même. 71000

Les obligations présentent les caractéristiques suivantes. 71011

1. Les obligations sont des **instruments financiers,** appartenant à la catégorie des **titres financiers** (C. mon. fin. art. L 211-1) auxquels sont applicables les articles L 211-3 à L 211-19 du Code monétaire et financier. Parmi les titres financiers, les obligations sont plus particulièrement des **titres de créance,** qui représentent chacun un droit de créance sur la personne morale qui les émet (C. mon. fin. art. L 211-1, L 213-0-1 et L 213-5).

2. Les obligations sont des **titres négociables** (C. mon. fin. art. L 213-5) : elles se transmettent par simple virement de compte à compte ou par inscription dans une blockchain (C. mon. fin. art. L 211-15 modifié par ord. 2024-936 du 15-10-2024 ; nº 71312).

3. Les obligations sont **fongibles** : dans une même émission, elles confèrent les **mêmes droits** de créance pour une même valeur nominale (C. mon. fin. art. L 213-5), de sorte qu'elles sont également des **valeurs mobilières** (art. L 228-1). La fongibilité d'obligations émises à des dates différentes mais ayant les mêmes caractéristiques peut être réalisée par le moyen de l'assimilation (nº 71500).

4. L'emprunt obligataire a un **caractère collectif** : sauf exceptions (nº 72370), les obligataires d'une même émission sont groupés en une **masse** pour la défense de leurs intérêts communs, agissant selon un principe majoritaire.

5. Contrairement à des actions, les obligations ne donnent **aucun droit politique** dans la gestion de la société. Le droit de vote attaché aux obligations n'est exerçable que dans les assemblées d'obligataires.

DISTINCTION DES OBLIGATIONS AVEC D'AUTRES INSTRUMENTS FINANCIERS

Obligations et TCN Les obligations doivent être distinguées des **titres de créance négociables** (TCN), à savoir les titres négociables à court terme et les titres négociables à moyen terme, qui sont des titres financiers émis au gré de l'émetteur, négociables sur une plateforme de négociation ou de gré à gré, qui représentent chacun un droit de créance (C. mon. fin. art. L 213-1), contrairement aux obligations qui confèrent une fraction d'un même droit de créance sur l'émetteur. 71012

Les titres négociables à court terme (dont l'appellation commerciale est « negotiable European commercial paper » ou « Neu CP ») ont une durée initiale inférieure ou égale à un an et les titres négociables à moyen terme (dont l'appellation commerciale est « negotiable European medium term note » ou « Neu MTN ») ont une durée initiale supérieure à un an.

Le principal critère de distinction entre les obligations et les TCN réside dans le caractère collectif de l'émission obligataire, qui s'oppose au caractère individuel de la relation contractuelle entre l'émetteur d'un TCN et le souscripteur.

Si la frontière entre les obligations et les TCN est ténue, les régimes juridiques sont assez différents :

– les TCN sont soumis à l'exigence d'un montant unitaire minimal, ce qui n'est pas le cas pour les obligations. Ce montant unitaire minimal des TCN est de 150 000 €, sauf si la documentation financière est établie en anglais, auquel cas le montant minimal est de 200 000 € ;

– en matière d'autorisation sociale, le régime est plus souple pour les TCN : l'émission de TCN ne nécessite pas d'autorisation préalable du conseil d'administration ou du directoire (pour les obligations, voir nºs 71290 s.), mais relève de la compétence du représentant légal ou de toute personne investie d'une délégation de pouvoirs à cet effet ;

– l'organisation des porteurs d'obligations selon un principe majoritaire, le cas échéant dans le cadre d'une masse, ne se retrouve pas pour les porteurs de TCN ;

– les obligations demeurent majoritairement des supports d'émission à long terme alors que les TCN sont usuellement assortis de termes plus courts ; rien n'interdit toutefois d'émettre

des obligations ayant une maturité inférieure à un an et des titres négociables à moyen terme ayant une maturité de plusieurs années ;
– le marché des TCN est supervisé par la Banque de France, à laquelle la documentation financière actualisée du programme de TCN doit être communiquée chaque année (C. mon. fin. art. D 213-12).

Comme les obligations, les TCN peuvent être inscrits dans un compte-titres ou dans une blockchain (C. mon. fin. art. L 213-2 modifié par ord. 2024-936 du 15-10-2024 et art. R 211-1 ; voir n°s 62170 s.).

71013 **Obligations et bons de caisse** Les bons de caisse sont des titres nominatifs et non négociables comportant engagement par un commerçant de payer à échéance déterminée, délivrés en contrepartie d'un prêt (C. mon. fin. art. L 223-1). Leur durée maximale est de sept ans (C. mon. fin. art. L 223-3). Ils ne peuvent, dans une même émission, conférer des droits de créance identiques pour une même valeur nominale, ne rentrent pas dans la catégorie des titres financiers (C. mon. fin. art. L 213-1) et ne peuvent pas être admis aux négociations sur un quelconque marché. Cette absence de fongibilité et de caractère collectif les distingue des obligations.

71015 **Obligations et titres de créance innomés** La pratique a créé des titres représentatifs d'un droit de créance innomés, qui se distinguent des obligations, tels les warrants financiers, les certificats financiers et les certificats de valeur garantie (CVG). Leur existence a été consacrée à l'article L 228-36-A, qui pose un principe de liberté d'émission, en permettant aux sociétés par actions d'émettre toutes valeurs mobilières représentatives d'un droit de créance dans les conditions prévues par les statuts ou, le cas échéant, par le contrat d'émission.

71016 **Obligations et crypto-actifs** Des jetons, définis comme des biens incorporels représentant, sous forme numérique, un ou plusieurs droits pouvant être émis, inscrits, conservés ou transférés au moyen d'une blockchain permettant d'identifier, directement ou indirectement, le propriétaire dudit bien, peuvent être offerts au public. Mais les instruments financiers, et donc les obligations, sont exclus de ce régime particulier applicable aux crypto-actifs (C. mon. fin. art. L 552-1 s. modifiés par ord. 2024-936 du 15-10-2024) : voir n°s 63007 s. Les obligations émises, inscrites, conservées ou transférées au moyen d'une blockchain (« **Security Tokens** ») doivent donc être distinguées des actifs numériques visés à l'article L 54-10-1 du Code monétaire et financier modifié par l'ordonnance 2024-936 ; l'offre de telles obligations reste régie par le droit commun des offres de titres financiers, notamment la réglementation « prospectus » (n° 71321).

PARTICULARITÉS DE CERTAINES OBLIGATIONS

71020 **Obligations donnant accès au capital** Les obligations donnant accès à des titres de capital obéissent à un régime commun à toutes les valeurs mobilières donnant accès au capital (art. L 228-91 s.). Même si le titre primaire est une obligation, les titres donnant ou pouvant donner accès au capital ou aux droits de vote sont qualifiés de « titres de capital » (C. mon. fin. art. L 212-1 A). Sur ces questions, voir n°s 74010 s.

71025 **Obligations donnant droit à l'attribution de titres de créance** Les obligations peuvent donner droit à l'attribution de titres de créance (art. L 228-91, al. 1). On peut aussi imaginer des obligations à bons de souscription d'obligations, instruments qui demeurent rares.

71026 **Obligations vertes, sociales ou durables** Les obligations vertes (Green Bonds) et les obligations sociales (Social Bonds) sont des obligations dont le produit de l'émission est affecté par l'émetteur exclusivement au financement ou au refinancement de projets présentant des bénéfices environnementaux ou, selon le cas, sociaux. Lorsque les projets présentent des bénéfices à la fois environnementaux et sociaux, on parle d'obligations durables (Sustainability Bonds).

› **Précisions** L'International Capital Market Association (ICMA) a publié des lignes directrices – les **Green Bonds Principles**, les **Social Bond Principles** et les **Sustainability Bonds Guidelines** – auxquelles les émetteurs peuvent se soumettre et qui s'organisent autour de quatre principes essentiels : la description de *l'utilisation* des fonds, le processus de sélection et d'évaluation des projets, la gestion des fonds et le reporting. Les émetteurs sont par ailleurs encouragés à mettre en place un cadre d'émission (framework) et à faire procéder à une revue externe indépendante de la conformité de leurs obligations aux quatre principes essentiels. Le règlement UE 2020/852 du 18 juin 2020, dit « règlement Taxonomie », a défini des critères permettant de déterminer si une activité économique peut être considérée comme durable sur le plan environnemental. Le règlement UE 2023/2631 du 22 novembre 2023 a par ailleurs établi un cadre commun pour les émetteurs d'obligations vertes qui souhaitent se soumettre, sur une base volontaire, à des exigences uniformes leur permettant d'utiliser l'appellation « obligations vertes européennes » (ou « EuGB »).

Obligations liées au développement durable Les obligations liées au développement durable (Sustainability-Linked Bonds) sont des obligations dont le produit de l'émission n'est pas affecté à un usage particulier, mais dont les caractéristiques peuvent varier (par exemple sous la forme d'une diminution ou d'une augmentation du taux d'intérêt ou du paiement d'une prime) selon que l'émetteur atteint ou non des objectifs ambitieux préalablement fixés pour un certain nombre d'indicateurs clés de performance en matière environnementale, sociale et/ou de gouvernance (ESG), par exemple une diminution de son volume d'émissions de CO_2. 71027

> **Précisions** L'International Capital Market Association (ICMA) a publié des lignes directrices – les **Sustainability-Linked Bond Principles** – qui reposent sur cinq principes essentiels : la sélection des indicateurs clés de performance, le calibrage des objectifs de performance de durabilité, l'impact sur les caractéristiques des obligations, le reporting et la vérification externe et indépendante par un évaluateur qualifié.

SECTION 2 ÉMISSION DES OBLIGATIONS

A. Conditions préalables

SOCIÉTÉS POUVANT ÉMETTRE DES OBLIGATIONS

Les sociétés par actions et certaines SARL (n° 73100) peuvent émettre des obligations. 71200

LIBÉRATION DU CAPITAL EN VUE DE L'ÉMISSION D'OBLIGATIONS

Dans les sociétés par actions, l'émission d'obligations n'est possible que si le capital social est intégralement libéré (art. L 228-39, al. 4), ce qui, à notre avis, suppose non seulement qu'il a été procédé à tous les appels de fonds, mais encore que ces fonds ont été effectivement versés (n° 49981). 71210

Toutefois, l'émission est possible, quoique le capital ne soit pas entièrement libéré (art. L 228-39, al. 4), si les actions non libérées ont été réservées aux salariés adhérents à un PEE (nos 70440 s.) ou si l'émission est faite en vue de l'attribution aux salariés d'obligations émises au titre de leur participation aux résultats de l'entreprise.

EXIGENCE DE DEUX BILANS POUR ÉMETTRE DES OBLIGATIONS

Principe Pour pouvoir émettre des obligations, une société par actions doit avoir établi **deux bilans régulièrement approuvés** par ses actionnaires (art. L 228-39, al. 1). 71220

Vérification de l'actif et du passif de la société À défaut d'avoir établi deux bilans, la société doit faire procéder à une vérification de son actif et de son passif avant de pouvoir émettre des obligations (art. L 228-39, al. 1). 71221

Cette vérification de la situation financière de la société doit être faite par un commissaire désigné par l'organe de la société ayant qualité pour décider ou autoriser l'émission d'obligations (art. L 228-39, al. 2). Ce commissaire, soumis aux incompatibilités prévues à l'article L 821-31, doit établir un rapport sur la valeur des actifs et des passifs de la société, qui doit être soumis à l'organe de la société ayant qualité pour décider ou autoriser l'émission d'obligations préalablement à sa décision ou à son autorisation.

> **Précisions** **a.** En cas d'**autorisation donnée** par l'organe délibérant **de procéder en une ou plusieurs fois** à l'émission d'obligations, la question se pose de savoir si la ***vérification*** de l'actif et du passif doit être faite **une seule fois** avant l'autorisation de l'organe délibérant ou si elle doit être **renouvelée** avant chaque émission. L'Autorité de marché a considéré que c'est bien au moment où l'assemblée générale (à une époque à laquelle l'autorisation était de sa compétence) autorise l'émission d'obligations que cette vérification doit être effectuée (Bull. COB octobre 2001 p. 29). Cette solution peut être transposée à une autorisation donnée par le conseil d'administration ou le directoire. L'interprétation inverse aboutirait à méconnaître la volonté du législateur, qui a souhaité alléger les contraintes pesant sur les émetteurs.
>
> **b.** Si une **nouvelle autorisation** est adoptée par l'organe décidant ou autorisant l'émission d'obligations, l'Ansa considère que cette décision sociale doit être précédée d'une nouvelle vérification de l'actif et du passif ; le rapport de vérification de l'actif et du passif peut alors être établi par le même commissaire aux comptes (Communication Ansa, comité juridique n° 25-040 du 4-6-2025).

c. Pour l'Ansa, en cas d'émission d'obligations convertibles en actions (mais cette réponse vaut pour n'importe quel type d'obligations), le **commissaire aux comptes de la société ou** celui **désigné** pour établir le rapport en cas de suppression du droit préférentiel de souscription peut également vérifier l'actif et le passif de la société (Communication Ansa, comité juridique n° 20-036 du 7-10-2020, transposable à n'importe quel type d'obligations).

71222 **Garantie** Une société par actions qui n'a pas encore établi deux bilans est dispensée de procédure de vérification de l'actif et du passif si les obligations bénéficient de la garantie d'une société ayant elle-même établi deux bilans régulièrement approuvés par les actionnaires (art. L 228-39, al. 3). Il en va de même si les obligations sont gagées par des titres de créance sur l'État, sur les autres collectivités publiques ou sur des entreprises concessionnaires de l'État ou de toute autre collectivité publique ou subventionnées par ces mêmes collectivités et ayant établi le bilan de leur premier exercice (art. précité).

SANCTION DE LA VIOLATION DES CONDITIONS D'ÉMISSION DES OBLIGATIONS

71224 Le non-respect des règles posées par l'article L 228-39 (nos 71200 s.) est sanctionné par la nullité des contrats conclus et des obligations émises (cf. art. L 228-39, al. 1).

› **Précisions** Selon l'Ansa, la nullité de la décision sociale autorisant, à compter du 1er octobre 2025, l'émission d'obligations en l'absence de vérification de l'actif et du passif suppose la satisfaction du **triple test** qui conditionne la nullité (C. civ. art. 1844-12-1 issu de ord. 2025-229 du 12-3-2025 ; Ord. 2025-229 art. 70) ; la nullité du contrat d'émission n'est en revanche pas conditionnée au triple test (Communication Ansa, comité juridique n° 25-039 du 4-6-2025).

RESTRICTION D'OFFRE DANS LE CAS DE LA SAS

71225 Une SAS ne peut procéder à une offre au public d'obligations que dans le cadre d'une offre réservée à des investisseurs qualifiés ou à un cercle restreint d'investisseurs, d'une offre de financement participatif, d'une offre qui porte sur des obligations dont la valeur nominale unitaire s'élève au moins à 100 000 € ou est adressée à des investisseurs qui acquièrent ces obligations pour un montant total d'au moins 100 000 € par investisseur et par offre distincte ou dans le cadre de certaines attributions d'obligations aux administrateurs ou salariés par leur employeur ou par une entreprise liée (art. L 227-2). La violation de cette disposition est sanctionnée par la nullité des contrats conclus et des obligations émises (C. mon. fin. art. L 411-1, al. 1).

Les obligations d'une SAS peuvent être admises aux négociations sur un marché, y compris sur un marché réglementé (l'interdiction posée par l'article L 227-2 ne vise que les actions).

OBLIGATIONS À LOTS

71230 L'émission d'obligations à lots, qui permettent à des obligataires tirés au sort de recevoir un lot (par exemple une prime), doit être autorisée par une loi (C. mon. fin. art. L 213-6, al. 1), à peine de nullité pouvant être demandée par le ministère public ou par tout intéressé et de mise en cause de la responsabilité des mandataires sociaux (art. L 213-6, al. 2).

B. Réalisation de l'émission d'obligations

1. COMPÉTENCE

PRINCIPE

71290 Le conseil d'administration, le directoire, le ou les gérants ont qualité pour décider ou autoriser l'émission d'obligations, sauf si les statuts réservent ce pouvoir à l'assemblée générale ou si celle-ci décide de l'exercer (art. L 228-40, al. 1).

DÉLÉGATION DU POUVOIR D'ÉMETTRE DES OBLIGATIONS

71291 Le conseil d'administration ou le directoire **peut déléguer, à toute personne de son choix,** les pouvoirs nécessaires pour réaliser, dans un délai d'un an, l'émission d'obligations et en arrêter les modalités (art. L 228-40, al. 2). À notre avis, le délai d'un an court à compter de la date de la réunion du conseil d'administration ou du directoire déléguant ces pouvoirs. Le plus souvent, un montant maximal d'émission est fixé par le conseil d'administration ou le directoire.

Les personnes désignées doivent rendre compte au conseil d'administration ou au directoire dans les conditions prévues par ces organes (art. L 228-40, al. 3).

Le délégué ne peut pas subdéléguer à un tiers le pouvoir de décider l'émission, mais il peut déléguer le **pouvoir de signature** de la documentation d'une émission qu'il a lui-même décidée et dont il a fixé les caractéristiques.

> Précisions La faculté de **déléguer** la réalisation de l'émission permet au conseil d'administration ou au directoire de confier le pouvoir d'émettre, dans les limites qu'il aura fixées, au représentant légal, mais aussi, par exemple, au directeur financier ou au trésorier, **afin de** pouvoir **saisir** à tout moment d'éventuelles **opportunités** de marché et fixer les modalités (prix, durée, taux, etc.) des émissions aux meilleures conditions du moment. En pratique, le conseil d'administration ou le directoire fixe souvent une enveloppe d'émission.

ÉMISSION D'OBLIGATIONS DONNANT ACCÈS AU CAPITAL

L'émission d'obligations donnant accès au capital doit être autorisée par l'assemblée générale extraordinaire (art. L 228-92 ; n°s 74145 s.). 71292

2. ÉGALITÉ DE DROITS

Les obligations d'une même émission doivent conférer les mêmes droits de créance pour une même valeur nominale (C. mon. fin. art. L 213-5). 71306

Une émission d'obligations négociables ne satisfaisant pas à cette condition d'égalité est sanctionnée par une amende de 9 000 € à la charge du président, des administrateurs, des directeurs généraux, des gérants (art. L 245-9), des membres du directoire ou du conseil de surveillance (art. L 245-17) ou des directeurs généraux délégués (art. L 248-1) qui y auraient procédé.

En outre, si l'infraction a été commise frauduleusement en vue de priver les obligataires ou certains d'entre eux d'une part des droits attachés à leurs titres de créance, l'amende peut être portée à 18 000 € et un emprisonnement de cinq ans peut être prononcé (art. L 245-15).

Enfin, l'emprunt pourra être annulé, le principe d'égalité apparaissant certainement comme impératif (art. L 235-1, al. 2 remplacé, à compter du 1-10-2025, par C. civ. art. 1844-10, al. 3 modifié par ord. 2025-229 du 12-3-2025 ; Ord. 2025-229 art. 70 ; n°s 89330 s. et 89380 s.).

3. MODALITÉS DES OBLIGATIONS

Les relations contractuelles entre l'émetteur et les obligataires sont régies par le **contrat d'émission** (on parle également de « **modalités des obligations** »). 71307

Outre les éléments examinés ci-dessous, les modalités des obligations définissent notamment le paiement d'intérêts (n°s 72570 s.), les modalités de remboursement du principal (n°s 72610 s.) ou encore les modalités de représentation des obligataires (n°s 71500 s.).

> Précisions D'autres clauses peuvent bien évidemment être incluses dans les modalités des obligations. Ainsi, la société peut consentir des « sûretés négatives » comme un engagement de limiter le paiement de dividendes, de ne pas contracter de nouveaux emprunts ou de ne pas céder certains actifs, ou l'engagement de respecter certains ratios financiers ou d'atteindre certains objectifs environnementaux ou sociaux, etc.

RANG DE CRÉANCE

Dans l'endettement d'une société, il est possible d'organiser différents rangs de créance et d'instituer, au sein d'un même rang, un ordre de priorité des paiements (art. L 228-97). 71308

Dans la hiérarchie des créances, on distingue ainsi :

– les obligations bénéficiant d'un privilège légal, **obligations foncières** (C. mon. fin. art. L 513-2) et **obligations de financement de l'habitat** (C. mon. fin. art. L 513-30) ;

– les obligations assorties d'une sûreté réelle (n° 71309) ;

– *les obligations de rang* ***chirographaire,*** *également* appelées « **obligations seniors** » ; les établissements de crédit peuvent également émettre des **obligations seniors non privilégiées** (leur rang est fixé à l'article L 613-30-3, I-4° du Code monétaire et financier) ;

– les **obligations subordonnées** : titres subordonnés remboursables (**TSR**) et titres subordonnés à durée indéterminée (**TSDI**), le cas échéant de dernier rang pour les titres super-subordonnés à durée indéterminée (**TSSDI**) (n° 72617).

> Précisions Les **TSSDI** peuvent être constitués par des **CoCos** (obligations contingentes convertibles, « Contingent Convertibles Instruments ») décrits par l'AMF dans son rapport annuel 2014 (p. 86), émis pour l'essentiel par des établissements financiers. Ces instruments hybrides peuvent, dès lors que les fonds propres de la banque émettrice descendent en dessous d'un certain seuil (« trigger ») défini à l'avance, soit être automatiquement convertis en actions, soit intégrer un mécanisme d'absorption des pertes par réduction du nominal, accompagné d'un retour à meilleure fortune par restauration du nominal. Ces instruments sont comptabilisés en capital d'un point de vue prudentiel et considérés juridiquement comme des instruments de dette. À ces caractéristiques générales peuvent s'ajouter pour une catégorie de CoCos dits « additional Tier One » ou « AT1 » un mécanisme de suspension des coupons pouvant aller jusqu'à l'annulation.

SÛRETÉS CONSENTIES AUX PORTEURS D'OBLIGATIONS

71309 Pour apporter plus de sécurité aux porteurs d'obligations, et ainsi faciliter le placement, les obligations peuvent être assorties de sûretés, **réelles ou personnelles.**

Les sûretés réelles peuvent être constituées avant, après, mais aussi concomitamment à l'émission des obligations, pour le compte de la masse des obligataires (art. L 228-77). L'acceptation résulte du seul fait des souscriptions. Elle rétroagit à la date de l'inscription pour les sûretés soumises à inscription et à la date de leur constitution pour les autres sûretés.

Si les sûretés réelles sont constituées postérieurement à l'émission des obligations, elles sont acceptées par le représentant de la masse (art. L 228-81).

> Précisions **a.** En cas de **constitution des sûretés avant l'émission,** donc à un moment où la masse n'a pas encore d'existence juridique puisque les obligations n'ont pas encore été créées, le représentant de la masse peut être partie au contrat de sûreté pour le compte de la masse des obligataires en formation (art. L 228-79). Cette faculté facilite la signature des contrats de sûretés, qui sont en pratique souvent signés avant l'émission : un contrat de souscription, auquel les modalités des obligations sont annexées, est généralement signé quelques jours avant la date d'émission, ce qui permet d'identifier le représentant de la masse qui pourra accepter les sûretés pour le compte de la masse en formation.

b. Les modalités de **mainlevée des sûretés** accordées aux obligataires sont déterminées dans le contrat d'émission (art. L 228-80). Hors les cas prévus au contrat d'émission, la **mainlevée totale ou partielle des sûretés ne peut être donnée** par le représentant de la masse **qu'après** constatation du remboursement de l'emprunt, versement entre ses mains de l'intégralité du prix d'aliénation des biens à dégrever ou décision de l'assemblée générale des obligataires (art. R 228-83).

c. Les modalités des obligations intègrent souvent une clause dite « **pari passu** », par laquelle la société émettrice s'engage à traiter ses porteurs d'obligations de la même manière que ses autres créanciers de même rang. Cette clause pari passu est souvent complétée par une clause de maintien de l'emprunt à son rang (« **negative pledge** »), par laquelle la société émettrice s'interdit de consentir des sûretés à d'autres créanciers sans en faire également bénéficier les porteurs d'obligations.

VALEUR NOMINALE DES OBLIGATIONS

71310 La valeur nominale d'une obligation est la quote-part du capital de l'emprunt représentée par cette obligation.

Elle est librement fixée par la société émettrice. Fixer la valeur nominale à au moins 100 000 € permet de bénéficier de l'une des exceptions à l'obligation d'établir un prospectus d'offre au public (nº 71323) et d'être soumis à un régime légal assoupli (nº 71501).

Aucune disposition légale ou réglementaire n'interdit, à notre connaissance, que les obligations d'une même émission aient des valeurs nominales différentes, à condition toutefois que chaque obligataire ait, pour le même montant nominal, les mêmes droits que les autres obligataires (nº 71011).

Cette valeur nominale se distingue :

– du prix d'émission ou du prix de remboursement dans le cas des obligations « à prime » ;
– de la valeur vénale ou de la valeur de marché, qui varie en fonction de l'offre et de la demande et de l'évolution des taux de marché.

MONNAIE DE PAIEMENT DES OBLIGATIONS

71311 Le contrat d'émission définit généralement la monnaie de paiement des obligations. À défaut, le remboursement de l'obligation et le paiement des intérêts doivent être faits dans la monnaie qui est libératoire de la dette au lieu où le versement est effectué, soit en euros *en cas de paiement sur le* territoire français. Toutefois, le paiement peut avoir lieu sur le territoire français en une autre devise si l'obligation ainsi libellée procède d'un contrat international ou d'un jugement étranger. Les parties peuvent également convenir que le paiement aura lieu en devises s'il intervient entre professionnels, lorsque l'usage d'une monnaie étrangère est communément admis pour l'opération concernée (C. civ. art. 1343-3).

De nombreuses sociétés françaises lèvent des financements sur les marchés internationaux de capitaux et peuvent, pour faciliter le placement de leurs obligations ou obtenir des devises, libeller leurs emprunts en monnaies étrangères (dollar, livre sterling, yen, franc suisse, renminbi, etc.).

FORME DES OBLIGATIONS

Comme les autres valeurs mobilières, les obligations doivent faire l'objet d'une **inscription** en compte ou dans une blockchain (art. L 228-1, al. 6 s. ; C. mon. fin. art. L 211-3 modifié par ord. 2024-936 du 15-10-2024 et art. R 211-1). 71312

Les obligations dématérialisées peuvent revêtir la forme de titres au porteur ou de titres au nominatif, pur ou administré. Les **titres au porteur** sont inscrits dans un compte-titres tenu par un intermédiaire (C. mon. fin. art. R 211-2) alors que les **titres au nominatif** sont inscrits dans un compte-titres tenu directement par l'émetteur ou une personne agissant pour son compte, ou inscrits par l'émetteur dans une blockchain (art. R 228-7 et R 228-8 ; C. mon. fin. art. R 211-2). La différence entre le **nominatif pur** et le **nominatif administré** tient au fait que le porteur de titres au nominatif pur est inscrit directement dans le compte-titres tenu par l'émetteur ou dans la blockchain, alors que le porteur de titres au nominatif administré charge un intermédiaire de gérer son compte au nominatif ouvert chez l'émetteur ou d'administrer les inscriptions figurant dans une blockchain (C. mon. fin. art. R 211-4). La société émettrice doit tenir à jour la liste des personnes titulaires d'obligations nominatives, avec l'indication du domicile déclaré par chacune d'elles (art. R 228-7).

> **Précisions** **a.** Sur le **marché obligataire international,** la forme au porteur est privilégiée et l'émetteur ne connaît donc souvent pas l'identité des titulaires de ses obligations, sauf à lancer une procédure d'identification (n° 71313). Sur ce marché, l'anonymat des investisseurs est en effet la règle.
> **b.** Sur le **marché Euro PP,** l'émetteur peut souhaiter connaître à tout moment l'identité des titulaires de ses obligations pour leur transmettre des informations (états financiers, certificat relatif au respect de ratios financiers, etc.), voire pour convoquer la masse des obligataires s'il veut proposer une modification des modalités de l'emprunt. Avec des titres au porteur, l'anonymat contraint l'émetteur à effectuer ses notifications par l'intermédiaire des systèmes de règlement-livraison ou par des publications. Avec des titres au nominatif, l'émetteur peut s'assurer que les communications destinées aux porteurs ne seront adressées qu'à eux.
> **c.** Les **titres financiers digitaux (security tokens)** désignent les titres financiers inscrits par l'émetteur dans une blockchain (sur une telle inscription, voir n°s 62170 s.). Lorsqu'ils sont admis aux opérations d'une infrastructure de marché DLT, les titres financiers digitaux peuvent également être inscrits au porteur dans une blockchain, dans les conditions fixées par le règlement 2022/858/UE du 30 mai 2022.
> **d.** L'obligation de **dématérialisation** s'applique aux obligations émises en territoire français (C. mon. fin. art. L 211-3). Si elles sont émises hors de France, l'émission d'obligations de droit français matérialisées est autorisée.

IDENTIFICATION DES OBLIGATAIRES

Sauf clause contraire du contrat d'émission et nonobstant le silence des statuts, toute personne morale émettrice d'obligations au porteur, autre que les personnes morales de droit public, a la faculté de demander l'identification des **porteurs** de ces obligations ; l'identification des obligataires intervient dans les conditions et suivant les modalités prévues à l'article L 228-2, I à III (n°s 63800 s.) (art. L 228-2, IV). 71313

Sur l'identification des obligataires **non résidents,** voir n°s 62193 et 63830.

MATURITÉ DES OBLIGATIONS

Aucune disposition légale ou réglementaire n'impose de maturité minimale ou maximale pour les obligations, qui peuvent même être à durée indéterminée (voir n° 72617). 71314

4. PLACEMENT DE L'ÉMISSION

OFFRE AU PUBLIC D'OBLIGATIONS

Il y a offre au public lorsqu'une communication est adressée sous quelque forme et par quelque moyen que ce soit à des personnes en présentant une information suffisante sur les conditions de l'offre et sur les obligations à offrir, de manière à mettre un investisseur en mesure de décider d'acheter ou de souscrire ces obligations ; il y a également offre au public si les obligations sont placées par des intermédiaires financiers (Règl. UE 2017/1129 du 14-6-2017 art. 2, d). 71320

71321 **Prospectus** Lorsqu'une société procède à une **offre au public** ou à une **admission aux négociations sur un marché réglementé** de ses obligations, elle doit, sauf cas de dispense (nos 71323 et 63030 s.), publier et tenir à la disposition de toute personne intéressée un prospectus. Le **prospectus** contient les informations nécessaires qui sont importantes pour permettre à un investisseur d'évaluer en connaissance de cause l'actif et le passif, les profits et pertes, la situation financière et les perspectives de l'émetteur et des garants éventuels, les droits attachés aux obligations et les raisons de l'émission et son incidence sur l'émetteur. Sur cette question, voir nos 63053 s.

71322 **Communications à caractère promotionnel** Les communications à caractère promotionnel se rapportant à une offre au public (sauf exceptions : offre réservée à des investisseurs qualifiés ou à un cercle restreint d'investisseurs, offre de financement participatif ou offre qui porte sur des obligations dont la valeur nominale unitaire s'élève au moins à 100 000 € ou est adressée à des investisseurs qui acquièrent ces obligations pour un montant total d'au moins 100 000 € par investisseur et par offre distincte) ou à une admission à la négociation sur un marché réglementé, quels que soient leur forme et leur mode de communication, doivent être transmises à l'AMF préalablement à leur diffusion et mentionner l'existence du prospectus (no 71321) (Règl. UE 2017/1129 du 14-6-2017 art. 22 et Règl. gén. AMF art. 212-28).

Les informations qu'elles contiennent ne doivent pas être inexactes ou trompeuses et doivent être cohérentes avec les informations contenues dans le prospectus (Règl. UE 2017/1129 art. 22, 3).

PLACEMENT PRIVÉ D'OBLIGATIONS

71323 L'obligation de publier un prospectus ne s'applique pas à certaines offres au public, notamment (Règl. UE 2017/1129 du 14-6-2017 art. 1 ; C. mon. fin. art. L 411-2-1 et D 411-2-1) :

– si l'offre n'est faite qu'à des **investisseurs qualifiés** ou à un **cercle restreint d'investisseurs** (moins de 150 personnes),

– si l'offre porte sur des obligations dont la valeur nominale unitaire s'élève au moins à **100 000 €** ou est adressée à des investisseurs qui acquièrent ces obligations pour un montant total d'au moins 100 000 € par investisseur et par offre distincte, ou

– si le montant total de l'offre calculé sur une période de 12 mois est inférieur à **8 M€** (seuil qui devrait être porté à 12 M€ à compter du 5-6-2026 : cf. Règl. UE 2017/1129 du 14-6-2017 art. 3, 2 modifié et 3, 2 bis créé par Règl. UE 2024/2809 du 23-9-2024 et Règl. UE 2024/2809 art. 4, 3).

71324 **Euro PP** Le besoin de diversification des sources de financement conduit des entreprises de taille intermédiaire à faire appel au marché des placements privés obligataires (opérations d'« Euro Private Placements » ou « Euro PP »).

Une opération d'Euro PP est une opération de financement à moyen ou long terme entre une entreprise, cotée ou non, et un nombre limité d'investisseurs institutionnels, qui repose sur une documentation ad hoc négociée entre l'emprunteur et les investisseurs.

La Charte Euro PP fournit un cadre non contraignant regroupant les bonnes pratiques pour l'émission d'un Euro PP. Elle a été publiée en juin 2014 et mise à jour en octobre 2019 par le comité Euro PP (www.euro-privateplacement.com), qui regroupe, sous le parrainage de la Banque de France, de la Direction générale du Trésor et de la chambre de commerce et d'industrie de Paris Île-de-France, dix associations professionnelles représentant les emprunteurs, les investisseurs et les arrangeurs. Le comité Euro PP a également publié des contrats types en janvier 2015 (mis à jour en octobre 2019).

71325 **Document d'information synthétique** Lorsque la dispense de prospectus est fondée sur le fait que l'offre est d'un montant inférieur à 8 M€ (seuil qui devrait passer à **12 M€** à compter du 5 juin 2026 : voir no 71323) (et sauf si l'offre est exclusivement réalisée par l'intermédiaire d'un site internet de financement participatif ou qu'elle porte sur des obligations qui sont ou seront admises aux négociations sur un marché réglementé ou un SMN), l'émetteur a l'obligation de rédiger un document d'information synthétique (DIS). Le DIS doit être transmis à toute personne intéressée préalablement à toute souscription ou acquisition d'obligations et doit être déposé à l'AMF préalablement à la réalisation de l'offre (C. mon. fin. art. L 411-2-1 et Règl. gén. AMF art. 212-44).

› Précisions *L'article 212-44 du règlement général de l'AMF et l'instruction AMF 2018-07 précisent le* ***contenu du DIS.*** *Celui-ci doit notamment présenter l'émetteur et décrire son activité, son projet et l'usage des fonds levés. Il doit fournir des informations sur les levées de fonds précédemment effectuées, sur les financements et la trésorerie de l'émetteur et sur les droits attachés aux obligations offertes. Le DIS doit également décrire de manière succincte* les principaux risques spécifiques à l'activité et au projet de l'émetteur. Enfin, par le biais de liens hypertextes, le DIS doit renvoyer vers un certain nombre d'informations complémentaires publiées sur le site de l'émetteur, notamment les derniers comptes et un tableau d'échéancier de l'endettement sur cinq ans. L'émetteur est responsable du caractère complet, exact et équilibré des informations fournies.

Tableau d'amortissement Pour toute émission ayant donné lieu soit à une intervention ou à une autorisation de l'État, soit à une insertion au Balo, la société émettrice doit, à peine d'amende, faire procéder à ses frais à l'insertion du tableau d'amortissement au Journal officiel un mois au plus tard après la clôture de la souscription (Loi du 13-7-1925 art. 101 et Décret 49-301 du 28-2-1949 art. 1). 71326

› **Précisions** **En pratique,** cette formalité est devenue très rare car, pour la grande majorité des émissions, le remboursement intervient non pas de manière échelonnée (ce qui justifierait l'établissement d'un tableau d'amortissement), mais en totalité au terme de l'emprunt.

5. SOUSCRIPTION DES OBLIGATIONS

BULLETIN DE SOUSCRIPTION D'OBLIGATIONS

La signature d'un bulletin de souscription n'est pas nécessaire pour souscrire à des obligations. 71330
En pratique, l'établissement de bulletins de souscription est rare. Si un bulletin est prévu, sa rédaction est libre ; elle s'inspire généralement de celle prévue pour les souscriptions d'actions.

VERSEMENT DES FONDS LORS DE LA SOUSCRIPTION D'OBLIGATIONS

La société détermine librement les conditions de versement des fonds. Le plus souvent, 71331
l'intégralité de la somme due est versée au moment de la souscription. On rencontre cependant des emprunts, dits « à paiement échelonné » ou « à libération fractionnée », prévoyant un premier versement à l'émission des titres et le solde par un ou plusieurs versements échelonnés.

Conformément au droit commun (C. civ. art. 1347-1) et en l'absence de disposition légale contraire, les souscriptions peuvent être libérées par compensation avec une créance certaine, liquide et exigible du souscripteur sur la société émettrice.

SECTION 3

REPRÉSENTATION DES OBLIGATAIRES

MASSE DES OBLIGATAIRES

Principe Les obligataires d'une même émission sont en principe groupés de plein droit 71500
pour la défense de leurs intérêts communs en un groupement, dit « **masse** », qui jouit de la personnalité civile (art. L 228-46, al. 1).

Le régime de la **masse légale** (ou **masse complète**) prévu aux articles L 228-46 s. s'applique sauf exceptions (voir nos 71501 et 71506).

La masse agit par l'intermédiaire d'un représentant (nos 71510 s.) et de décisions collectives des obligataires, prises notamment en assemblée générale d'obligataires (nos 71910 s.).

La masse comprend l'ensemble des porteurs dont les obligations présentent les mêmes caractéristiques (taux, maturité, etc.). Si la société a émis deux emprunts obligataires ayant des caractéristiques différentes, il y a deux masses distinctes.

En cas d'émissions successives d'obligations ayant les mêmes caractéristiques (à l'exception de leur date d'émission), la société peut, lorsqu'une clause de chaque contrat d'émission le prévoit, grouper en une masse unique les porteurs de ces obligations ayant des droits identiques (art. L 228-46, al. 2).

› **Précisions** L'**assimilation en une masse unique** de porteurs d'obligations issues d'émissions successives peut être effectuée dès la réalisation de la seconde émission en faisant payer à ses souscripteurs un prix d'émission majoré du coupon couru correspondant à la période entre la dernière date de paiement d'intérêt de la première émission et la date d'émission de la seconde.

ÉMISSIONS « WHOLESALE »

71501 **Définition** Le contrat d'émission des obligations dont la valeur nominale unitaire à l'émission est **au moins égale à 100 000 €** peut exclure l'application de tout ou partie des dispositions législatives et réglementaires relatives à la masse des obligataires, aux représentants de la masse et aux assemblées générales d'obligataires (C. mon. fin. art. L 213-6-3, I-al. 1 et R 213-16-1). Il en va de même pour les obligations qui ne peuvent être acquises que pour un montant par investisseur et par opération au moins égal à 100 000 € (C. mon. fin. art. L 213-6-3, I-al. 2 et R 213-16-1).

Cette faculté n'est toutefois pas ouverte pour les obligations donnant accès à des titres de capital.

> **Précisions** Le seuil de 100 000 € permet déjà de **distinguer** les **émissions obligataires « wholesale »** (marché de gros), qui bénéficient d'un régime plus souple, des **émissions « retail »** (investisseurs de détail) dans le règlement 2017/1129 du 14 juin 2017 concernant le prospectus à publier en cas d'offre publique de valeurs mobilières ou en vue de l'admission de valeurs mobilières à la négociation sur un marché réglementé. La reprise de ce seuil dans l'article L 213-6-3 du Code monétaire et financier vise à limiter le champ de cet article aux émissions « wholesale », placées essentiellement auprès d'investisseurs institutionnels du fait de leur valeur nominale élevée. Dans une émission « retail » d'obligations d'une valeur nominale inférieure à 100 000 € davantage destinée à des investisseurs particuliers, la masse légale (nos 71510 s.) reste obligatoire.

71502 **Option** En pratique, pour les émissions « wholesale » (obligations d'une valeur nominale d'au moins 100 000 €), le contrat d'émission peut soumettre les relations entre la société émettrice et les obligataires au régime de la **masse légale** (ou masse complète) (nos 71510 s.), à un régime de **masse contractuelle** (ou masse allégée) (n° 72370) ou à un **régime purement contractuel sans masse** (nos 72380 s.).

71503 **Vote avec d'autres créanciers** Outre l'option relative au mode de représentation des obligataires (n° 71502), si les obligations ont une valeur nominale d'au moins 100 000 €, il est possible de prévoir que les obligataires pourront voter avec d'autres créanciers si un accord entre les créanciers conclu préalablement a défini les conditions de ce vote (C. mon. fin. art. L 213-6-3, II). Dans cette hypothèse, tous les créanciers de l'emprunteur, obligataires ou non, peuvent donc voter ensemble, par exemple pour décider de la réalisation d'une sûreté partagée.

71504 **Correction d'une erreur matérielle** Dans une émission « wholesale », la société émettrice a la faculté de modifier le contrat d'émission sans le consentement des obligataires afin de corriger une erreur matérielle (C. mon. fin. art. L 213-6-3, V).

71505 **Anglais** Dans le cas d'une émission « wholesale », le contrat d'émission ainsi que tout autre document contractuel afférent à l'émission des obligations, à leur service financier ou à leur couverture peuvent être rédigés en anglais (C. mon. fin. art. L 213-6-3, I-al. 3).

EMPRUNTS OBLIGATAIRES ÉMIS À L'ÉTRANGER

71506 Les dispositions légales relatives au groupement des obligataires en une **masse** ne sont pas applicables, sauf clause contraire du contrat d'émission, aux emprunts émis à l'étranger (art. L 228-90).

> **Précisions** L'article L 228-90 permet de recourir à une **masse contractuelle** (n° 72370) même pour les obligations d'une valeur nominale inférieure à 100 000 €, à condition qu'elles soient émises à l'étranger. Ce n'est toutefois qu'une option et il est possible d'appliquer le régime de la **masse légale** (nos 71510 s.) à un emprunt émis à l'étranger. On considère généralement qu'un emprunt est émis à l'étranger si la majorité de l'émission est souscrite par des investisseurs situés hors de France.

OBLIGATAIRE UNIQUE

71507 L'organisation de la masse suppose une pluralité d'obligataires. Lorsque toutes les obligations appartiennent à une même personne, physique ou morale, cette masse n'existe pas. *L'obligataire unique* exerce personnellement les pouvoirs attribués par la loi aux assemblées d'obligataires (nos 72340 s.) et, a priori, au représentant de la masse (nos 71610 s.).

Même en présence d'un seul obligataire, aucune disposition légale n'interdit aux parties au contrat d'émission de prévoir la **désignation d'un représentant** de la « masse » et de le soumettre au régime impératif prévu par le Code de commerce. Dans ce cas, l'obligataire doit désigner un représentant (qui peut être lui-même), faute de quoi son action en remboursement pourrait être déclarée irrecevable d'office par le juge (CA Paris 12-5-2011 nº 10/04181 : RJDA 12/11 nº 1044), à moins que le contrat d'émission n'ait stipulé que le représentant n'entrerait en fonctions qu'en cas de pluralité de porteurs.

Il nous paraît prudent de garder une trace, en les reproduisant sur le registre des **procès-verbaux** des assemblées d'obligataires (nº 72270), des décisions prises par l'obligataire unique qui relèvent de la compétence de l'assemblée des obligataires, afin que ces décisions puissent être connues d'un futur acquéreur d'obligations.

I. MASSE LÉGALE ET REPRÉSENTANTS DE LA MASSE

A. Désignation des représentants de la masse

NOMBRE DE REPRÉSENTANTS DE LA MASSE DES OBLIGATAIRES

Plusieurs représentants peuvent être nommés pour une même masse, mais le plus fréquent est de ne nommer qu'un seul titulaire. 71510

Il est par ailleurs courant de désigner un suppléant appelé à remplacer le représentant de la masse titulaire en cas d'empêchement de ce dernier.

CONDITIONS DE NOMINATION DES REPRÉSENTANTS DE LA MASSE DES OBLIGATAIRES

Nationalité et domicile Le mandat de représentant de la masse ne peut être confié qu'à des personnes ressortissantes d'un État membre de l'UE ou domiciliées dans un État membre de l'UE (art. L 228-48). 71515

Le représentant de la masse peut ne pas être un obligataire.

Personne physique ou morale Le représentant de la masse peut être une personne physique ou une personne morale (association ou société). 71520

Représentation Le représentant de la masse peut **déléguer** une partie de ses pouvoirs à un tiers, qui est soumis aux mêmes règles d'incompatibilités que lui (art. L 228-53 ; nº 71522). Conformément au droit commun du mandat, le représentant ne peut déléguer l'intégralité de ses pouvoirs. 71521

Incompatibilités Ne peuvent être choisis comme représentants de la masse (art. L 228-49) : 71522
- la société débitrice ;
- les sociétés garantes de tout ou partie des engagements de la société débitrice ;
- les gérants, administrateurs, membres du directoire et du conseil de surveillance, directeurs généraux, directeurs généraux délégués, commissaires aux comptes ou employés des sociétés ci-dessus, ainsi que leurs ascendants, descendants et conjoint ;
- les sociétés possédant au moins 10 % du capital de la société débitrice ou dont celle-ci possède au moins 10 % du capital ;
- les personnes auxquelles l'exercice de la profession de banquier est interdit ou qui sont déchues du droit de diriger, administrer ou gérer une société à un titre quelconque.

Sur la faculté pour le censeur d'être représentant de la masse des obligataires, voir nº 42990.

Sanctions pénales. Le président, les administrateurs, les directeurs généraux, les directeurs généraux délégués (art. L 248-1), les gérants, les commissaires aux comptes, les membres du directoire ou du conseil de surveillance (art. L 245-17), les employés de la société débitrice ou de la société garante de tout ou partie des engagements de la société débitrice, ainsi que leurs ascendants, descendants ou conjoint qui auraient accepté d'être les représentants de la masse des obligataires s'exposeraient à une amende de 6 000 € (art. L 245-12, 1º). 71523

Si l'infraction a été commise frauduleusement en vue de priver les obligataires ou certains d'entre eux d'une part des droits attachés à leur titre de créance, l'amende peut être portée à 18 000 € et un emprisonnement de cinq ans peut en outre être prononcé (art. L 245-15).

MODE DE NOMINATION DES REPRÉSENTANTS DE LA MASSE DES OBLIGATAIRES

71530 Les représentants de la masse sont désignés dans le **contrat d'émission** ou par l'assemblée générale des obligataires ou, à défaut, par décision de justice à la demande de tout intéressé (art. L 228-51, al. 1). Pour éviter d'avoir à convoquer une assemblée générale, il est recommandé de nommer le représentant de la masse directement dans le contrat d'émission.

La désignation des premiers représentants de la masse dans le contrat d'émission est obligatoire en cas d'**offre au public**, sauf dans le cas d'une offre réservée à des investisseurs qualifiés et à un cercle restreint d'investisseurs, d'une offre de financement participatif, d'une offre qui porte sur des obligations dont la valeur nominale unitaire s'élève au moins à 100 000 €, ou est adressée à des investisseurs qui acquièrent ces obligations pour un montant total d'au moins 100 000 € par investisseur et par offre distincte ou d'une offre dont le montant total sur une période de 12 mois est inférieur à 8 M€ (seuil qui devrait être porté à 12 M€ à compter du 5 juin 2026 : voir nº 71323) (art. L 228-51, al. 2).

71531 **Décision de justice** En cas d'urgence, les représentants de la masse peuvent être désignés par le président du tribunal judiciaire statuant en référé à la demande de tout intéressé (art. L 228-50 et R 228-60, al. 1). L'ordonnance du président du tribunal nommant un représentant de la masse doit être publiée dans les conditions et délais indiqués nº 71550 (art. R 228-61, al. 2).

Les frais d'instance sont à la charge de la société débitrice (art. L 228-71).

PUBLICITÉ DE LA NOMINATION DES REPRÉSENTANTS DE LA MASSE DES OBLIGATAIRES

71550 La décision de l'assemblée générale relative à la désignation ou au remplacement des représentants de la masse doit être (art. R 228-61, al. 1) :

– notifiée par ces derniers à la société débitrice (par tous moyens : lettre simple ou recommandée, exploit d'huissier ou de commissaire de justice, etc.) ;

– portée à la connaissance des obligataires, à la diligence de la société débitrice, dans le délai d'un mois à compter de la délibération de l'assemblée et selon les modalités prévues au contrat d'émission ; à défaut de précision dans le contrat d'émission, la décision doit être publiée dans un support d'annonces légales du département du siège social et, si les obligations de la société sont admises aux négociations sur un marché réglementé ou si toutes ses obligations ne revêtent pas la forme nominative, au Balo.

Lorsque le mandat de représentant de la masse est confié à une association ou à une société, les nom, prénoms et domicile des personnes habilitées à agir au nom de cette association ou société sont indiqués dans la notification et la publication (art. R 228-61, al. 3).

À juste titre, l'article R 228-61 ne prescrit l'accomplissement de formalités de publicité qu'en cas de désignation des représentants en assemblée ou en justice. Ces formalités ne s'imposent pas lorsque les représentants de la masse ont été désignés dans le contrat d'émission (nº 71530). Dans ce cas, en effet, l'identité des représentants de la masse est connue des souscripteurs des obligations, puisqu'elle figure dans le contrat d'émission.

71551 **Communication au siège social** Tout intéressé a le droit d'obtenir, au siège de la société débitrice, les noms et adresses des représentants de la masse (art. R 228-64).

B. Pouvoirs des représentants de la masse

POUVOIR GÉNÉRAL DES REPRÉSENTANTS DE LA MASSE DES OBLIGATAIRES

71610 Les représentants de la masse des obligataires ont le pouvoir d'accomplir au nom de celle-ci tous **actes de gestion** pour la **défense des intérêts communs** des obligataires (art. L 228-53).

Les représentants peuvent, notamment, être parties pour le compte de la masse au contrat régissant les sûretés dont sont assorties les obligations et accepter toute sûreté réelle constituée postérieurement à l'émission (art. L 228-79 et L 228-81).

L'assemblée générale des obligataires peut toutefois **restreindre le pouvoir** des représentants (art. L 228-53). Dans ce cas, elle doit préciser les actes qu'elle entend soustraire au pouvoir de principe des représentants et les conditions qu'elle prescrit pour leur accomplissement.

TENUE DES ASSEMBLÉES D'OBLIGATAIRES

71620 **Convocations** Les représentants de la masse sont habilités à convoquer les assemblées d'obligataires (art. L 228-58, al. 1).

Présidence Le ou l'un des représentants de la masse préside les assemblées d'obligataires, autres que celles convoquées par mandataire de justice (art. L 228-64 ; n° 72231), sauf à déléguer ce pouvoir à un tiers soumis aux mêmes règles d'incompatibilités que le représentant de la masse (art. L 228-53). 71621

SURVEILLANCE DE LA SOCIÉTÉ DÉBITRICE

Les représentants de la masse ont accès aux assemblées générales d'actionnaires de la société émettrice, mais sans voix délibérative (art. L 228-55, al. 1). 71630

Ils ont le droit d'obtenir communication, dans les mêmes conditions que les actionnaires, des documents mis à la disposition de ceux-ci (art. L 228-55, al. 2 ; n°s 46540 s., 46650 s. et, si les actions de la société sont admises aux négociations sur un marché réglementé, 46590 s.).

Le contrat d'émission peut imposer à la société d'autres obligations d'information.

Toutefois, les représentants de la masse ne peuvent pas s'immiscer dans la gestion des affaires sociales (art. L 228-55, al. 1).

ACTIONS EN JUSTICE IMPLIQUANT LA MASSE

Actions intentées au nom de la masse des obligataires Sur autorisation de l'assemblée générale des obligataires, les représentants de la masse sont seuls habilités à intenter au nom des obligataires (art. L 228-54, al. 1) : 71640

– les actions en **nullité de la société** ou des **actes et délibérations** postérieurs à sa constitution ;

– les autres actions en justice ayant pour objet la **défense des intérêts communs des obligataires** ; il en est ainsi des actions dont les effets profitent ou nuisent à tous les obligataires.

› Précisions Ont notamment pour objet la défense des intérêts communs des obligataires les actions :

– tendant à faire ordonner la liquidation « légale » de la société (art. L 237-14 sur renvoi de l'art. L 228-54, al. 1) ;

– en déclaration d'une procédure collective de la société (Cass. com. 9-12-1969 n° 67-14.404 : Bull. civ. IV n° 373) ;

– en responsabilité intentée à l'encontre non de la société émettrice, mais d'anciens administrateurs de celle-ci, auxquels il est reproché d'avoir eu un rôle prépondérant dans la décision de recourir à l'emprunt obligataire sur des bases fausses et d'avoir ainsi trompé les obligataires dont les titres ont perdu toute valeur, une telle action intéressant non seulement les souscripteurs d'origine, mais aussi leurs ayants droit (Cass. com. 15-6-1999 n° 96-20.843 : RJDA 8-9/99 n° 939 et, sur renvoi, CA Paris 15-5-2002 n° 99/17008 : RJDA 12/02 n° 1282) ;

– en réparation formée à l'encontre de la société émettrice pour non-réajustement des bases de conversion d'obligations convertibles en actions à la suite d'une opération financière ayant une incidence sur les fonds propres de la société (Cass. com. 10-12-2013 n° 12-24.198 : RJDA 3/14 n° 341) ;

– en vue de voir ordonner, sur le fondement de l'article 145 du Code de procédure civile, une mesure d'instruction avant un procès (Cass. com. 9-10-2024 n° 23-10.645 F-B : RJDA 1/25 n° 25).

En revanche, toute **action,** même fondée sur un droit commun à l'ensemble des obligataires, **qui n'intéresserait que certains obligataires** ne doit pas être exercée par les représentants de la masse, mais par les intéressés eux-mêmes. C'est le cas, par exemple : 71641

– de l'action en remboursement de titres sortis au tirage au sort ;

– de l'action en remboursement de certaines obligations, lorsque la loi le prévoit (n°s 72353 s.) ou lorsque le contrat d'émission le permet (ainsi, la clause donnant aux obligataires l'option de demander le remboursement anticipé de leurs obligations en cas de changement de contrôle affectant la société est souvent stipulée comme un droit individuel de chaque obligataire).

Les représentants de la masse n'ont pas vocation à exercer les droits particuliers de tel ou tel obligataire.

Les obligataires peuvent en outre agir individuellement en nullité des délibérations de leurs assemblées (Cass. com. 13-6-1995 n° 94-21.003 : RJDA 7/95 n° 856).

Actions intentées contre la masse des obligataires Les actions en justice dirigées contre l'ensemble des obligataires d'une même masse ne peuvent être intentées que contre le représentant de cette masse (art. L 228-54, al. 2). 71642

Sanctions Doit être déclarée irrecevable toute action en justice intentée en méconnaissance des dispositions légales exposées n°s 71640 s. (art. L 228-54, al. 3). 71643

C. Rémunération des représentants de la masse

71700 La rémunération des représentants de la masse est **fixée** dans le contrat d'émission ou par l'assemblée générale des obligataires. À défaut, elle est fixée par le président du tribunal judiciaire, statuant sur requête, à la demande de la société ou du représentant de la masse intéressé (art. L 228-56 et R 228-63, al. 1).

Les décisions qui accorderaient au représentant de la masse des obligataires une rémunération ne correspondant pas à celle fixée par l'assemblée générale des obligataires, par le contrat d'émission ou par décision de justice, seraient nulles (art. L 228-56, al. 3).

71701 Cette rémunération est à la **charge** de la société débitrice (art. L 228-56, al. 1). Au cas où celle-ci estimerait que le montant de la rémunération fixée par l'assemblée est excessif, elle pourrait en demander la réduction au président du tribunal judiciaire statuant en référé (art. L 228-56, al. 2 et R 228-63, al. 2).

D. Responsabilité des représentants de la masse

71760 En l'absence de dispositions spéciales et conformément au droit commun, les représentants de la masse sont responsables des fautes commises dans l'accomplissement de leur mission.

La responsabilité du représentant de la masse s'apprécie conformément aux règles du mandat car le représentant agit pour le compte et au nom des obligataires (cf. art. L 228-47 et L 228-48).

E. Cessation de fonctions des représentants de la masse

71820 Les fonctions de représentant de la masse des obligataires prennent fin par le **décès** ou la survenance d'une **incapacité** ou d'une **incompatibilité** (nº 71522).

71830 Le **terme** des fonctions des représentants de la masse est librement fixé dans le contrat d'émission ou, dans le silence de celui-ci, par l'assemblée générale des obligataires (cf. art. L 228-65, I). En l'absence de précision dans le contrat ou de décision de l'assemblée sur ce point, le mandat est de durée non limitée.

Lorsque les représentants ont été désignés en justice (nº 71531), leurs fonctions prennent fin lors de la première réunion de l'assemblée générale ordinaire des obligataires suivant cette désignation. L'assemblée peut alors nommer les mêmes représentants (art. R 228-60, al. 2).

71840 La **révocation** des représentants de la masse peut, à tout moment, être prononcée par l'assemblée générale des obligataires (art. L 228-52).

Une révocation abusive (intempestive ou vexatoire) pourrait donner lieu à dommages-intérêts au profit du représentant révoqué.

71850 Le représentant de la masse peut démissionner de ses fonctions. Il doit alors notifier sa **démission** à la société émettrice par lettre recommandée AR (art. R 228-62).

Au cas où cette démission causerait un préjudice à la société ou à la masse des obligataires, le représentant qui ne pourrait invoquer un motif légitime pour justifier sa décision s'exposerait à devoir réparer ce préjudice par des dommages-intérêts.

II. MASSE LÉGALE ET DÉCISIONS COLLECTIVES DES OBLIGATAIRES

PRINCIPE

71910 L'assemblée des obligataires réunit les obligataires d'une même masse en vue de délibérer et de prendre les décisions relatives à la défense de leurs intérêts communs.

POSSIBILITÉ POUR LES OBLIGATAIRES DE PRENDRE DES DÉCISIONS PAR ÉCRIT

La réunion d'une assemblée générale ne constitue pas le seul moyen pour les obligataires de prendre une décision collective. En effet, les décisions peuvent également être prises à l'issue d'une consultation écrite, y compris par voie électronique, si le contrat d'émission le prévoit (art. L 228-46-1). Les modalités de délai et de forme de la consultation écrite doivent alors être définies dans le contrat d'émission. 71911

A. Convocation des assemblées d'obligataires

1. ÉPOQUE DES RÉUNIONS

L'assemblée générale des obligataires d'une même masse peut être réunie à toute époque (art. L 228-57) ; la loi n'impose aucune réunion périodique (par exemple, une tous les ans), contrairement à ce qu'elle prévoit pour les assemblées d'actionnaires. En dehors d'hypothèses telles qu'une demande de la société de modifier le contrat d'émission ou d'autoriser une fusion ou une scission, l'assemblée générale des obligataires n'est donc que rarement réunie. 71920

2. DROIT DE CONVOQUER L'ASSEMBLÉE DES OBLIGATAIRES

CONVOCATION PAR LA SOCIÉTÉ DÉBITRICE

L'assemblée générale des obligataires peut être convoquée par le conseil d'administration, le directoire ou le représentant légal de la société débitrice ; en période de liquidation, la convocation peut émaner des liquidateurs (art. L 228-58, al. 1). 71930

CONVOCATION PAR LES REPRÉSENTANTS DE LA MASSE

L'assemblée générale des obligataires peut être convoquée par les représentants de la masse (art. L 228-58, al. 1). 71931

CONVOCATION PAR LES OBLIGATAIRES

Un ou plusieurs obligataires, réunissant au moins le trentième des titres d'une masse, peuvent adresser à la société débitrice et au représentant de la masse une demande tendant à la convocation de l'assemblée (art. L 228-58, al. 2). Pour s'assurer qu'ils détiennent bien le trentième des obligations, les demandeurs peuvent obtenir de la société débitrice l'indication du nombre des obligations émises et celui des titres non encore remboursés (art. R 228-77). 71932

La demande doit être formulée par acte extrajudiciaire ou par lettre recommandée AR. Elle doit indiquer l'ordre du jour à soumettre à l'assemblée (art. R 228-65, al. 1).

Si l'assemblée générale n'a pas été convoquée dans le délai de deux mois à compter de la demande, les obligataires demandeurs peuvent charger l'un d'entre eux d'obtenir du président du tribunal judiciaire statuant en référé, d'une part, la désignation d'un mandataire chargé de convoquer l'assemblée et, d'autre part, la fixation de l'ordre du jour (art. L 228-58, al. 3 et R 228-65, al. 2). 71933

À notre avis :

– le point de départ du délai de deux mois doit s'entendre du jour de la réception de la demande et non pas de celui de l'envoi ;
– le tribunal compétent est celui du lieu du siège de la société débitrice ;
– la demande de désignation du mandataire doit être dirigée contre le ou les représentants de la société et le ou les représentants de la masse puisque, par hypothèse, les uns et les autres se sont abstenus de procéder à la convocation.

3. FORMES DE LA CONVOCATION DE L'ASSEMBLÉE DES OBLIGATAIRES

PRINCIPE

La convocation des assemblées d'obligataires est faite dans les mêmes conditions de forme que celles prévues pour les assemblées d'actionnaires, sauf stipulation contraire du contrat d'émission (art. L 228-59, al. 1). Ce renvoi aux conditions de forme de convocation des 71940 assemblées d'actionnaires ne porte que sur la convocation proprement dite de l'assemblée. Par suite, la convocation des assemblées d'obligataires n'entraîne pas les formalités préliminaires à celle des assemblées d'actionnaires relatives à l'avis de réunion et au dépôt par les actionnaires de points ou de projets de résolution (cf. art. R 228-70).

À défaut de stipulation particulière du contrat d'émission fixant les modalités de convocation de l'assemblée générale des obligataires (nº 71941), celle-ci est réalisée par l'insertion d'un avis de convocation dans un support d'annonces légales dans le département du siège social et, en outre, si les obligations sont admises aux négociations sur un marché réglementé ou si elles ne revêtent pas toutes la forme nominative, au Balo (art. R 228-67, al. 2).

Si toutes les obligations émises par la société sont nominatives, la ou les insertions prévues ci-dessus peuvent être remplacées par une lettre ordinaire ou recommandée adressée à chaque obligataire aux frais de la société. La convocation peut également être transmise par un moyen électronique de télécommunication mis en œuvre dans les mêmes conditions que celles applicables aux assemblées d'actionnaires (art. R 228-67, al. 3 ; nºs 46235 s.).

Lorsque les droits des copropriétaires indivis sont constatés par une inscription nominative, la convocation doit être adressée à chacun des copropriétaires (art. R 228-67, al. 3).

Lorsque les obligations nominatives sont grevées d'usufruit, la lettre de convocation doit être adressée au nu-propriétaire (art. R 228-67, al. 3), seul titulaire du droit de vote (art. L 228-66).

FIXATION DES MODALITÉS DE CONVOCATION DE LA MASSE DES OBLIGATAIRES PAR LE CONTRAT D'ÉMISSION

71941 Le contrat d'émission peut définir des conditions de forme de convocation de l'assemblée générale des obligataires différentes de celles prévues par défaut par le Code de commerce (art. L 228-59).

EXEMPLE

Il peut être prévu que les convocations seront adressées par l'intermédiaire de systèmes de règlement-livraison (notamment Euroclear France, Euroclear et Clearstream, si les obligations sont admises aux opérations de ces systèmes), via une publication dans un quotidien de large diffusion, sur une plateforme électronique dédiée ou sur le site internet de l'émetteur, voire par courrier électronique.

L'organe chargé de convoquer les obligataires doit alors pouvoir justifier à tout moment que l'avis a été délivré conformément aux stipulations du contrat d'émission (art. R 228-67).

4. CONTENU DE L'AVIS DE CONVOCATION

71950 L'avis de convocation doit contenir les indications suivantes (art. L 228-59, al. 1, R 225-66 et R 228-66) :
- la dénomination sociale, éventuellement suivie du sigle de la société ;
- la forme de la société ;
- le montant du capital social ;
- l'adresse du siège social ;
- le numéro unique d'identification de la société accompagné de la mention RCS et du nom de la ville où se trouve le greffe auprès duquel elle est immatriculée ;
- les jour, heure et lieu de l'assemblée ;
- la nature de l'assemblée ;
- l'ordre du jour de l'assemblée (nºs 71952 s.) ;
- les conditions dans lesquelles les obligataires peuvent voter par correspondance et les lieux et conditions dans lesquels ils peuvent obtenir les formulaires nécessaires et les documents qui y sont annexés ;
- l'indication de l'emprunt souscrit par les obligataires dont la masse est convoquée en assemblée ;
- le nom et le domicile de la personne qui a pris l'initiative de la convocation et la qualité en laquelle elle agit ;
- le cas échéant, la date de la décision de justice désignant le mandataire chargé de convoquer l'assemblée.

ATTENTION

Bien qu'aucun texte ne le spécifie, les lettres de convocation qui peuvent être substituées aux insertions lorsque toutes les obligations sont nominatives et les convocations adressées conformément au contrat d'émission (nºs 71940 et 71941) doivent contenir les mêmes renseignements que ceux énumérés ci-dessus.

LIEU DE RÉUNION DE L'ASSEMBLÉE DES OBLIGATAIRES

Sauf clause contraire du contrat d'émission, l'assemblée des obligataires est réunie au siège de la société débitrice ou en tout autre lieu du même département (art. R 228-72, al. 1). 71951

Par exception à cette règle, pour les obligations dont la valeur nominale unitaire est au moins égale à 100 000 €, l'assemblée peut être réunie dans tout État membre de l'UE ou partie à l'accord sur l'EEE, à la condition que tous les moyens et toutes les informations nécessaires pour permettre aux obligataires d'exercer leurs droits soient disponibles dans cet État (art. R 228-72, al. 2).

> **Précisions** **a.** La France étant un État membre de l'UE, l'assemblée relative à des obligations dont la valeur nominale unitaire est au moins égale à 100 000 € peut se tenir sur l'**ensemble du territoire français,** sans être limitée au département du siège de l'émetteur.
> **b.** Si les titres toujours en cours ont été admis aux négociations sur un marché réglementé **avant le 31 décembre 2010,** la valeur nominale unitaire à partir de laquelle la société a le choix du lieu de réunion de l'assemblée est fixée à 50 000 € (Décret 2012-1242 du 8-11-2012 art. 2).

ORDRE DU JOUR DE L'ASSEMBLÉE DES OBLIGATAIRES

Auteur de l'ordre du jour **Convocation par la société émettrice ou le représentant de la masse.** En cas de convocation par la société ou le représentant, c'est l'**auteur de la convocation** qui arrête l'ordre du jour (art. L 228-60, al. 1). 71952

Si un ou plusieurs **obligataires** réunissant au moins le trentième des titres ont demandé la convocation de l'assemblée (nº 71932) et ont requis l'inscription à l'ordre du jour de **projets de résolution,** ceux-ci doivent être inscrits à l'ordre du jour (art. L 228-60, al. 2). A contrario, lorsqu'ils n'ont pas pris l'initiative de la convocation, les obligataires ne peuvent pas présenter de projets.

> **Précisions** En l'**état actuel de la réglementation,** on ne voit pas quelle autre **solution** pourrait être retenue. Il s'agit, selon les termes mêmes de l'article L 228-60, al. 2, d'inscrire les projets des obligataires à l'ordre du jour ; il faut donc que ces projets soient connus avant l'établissement de cet ordre du jour. Pour cela, il est indispensable que l'obligataire désireux de présenter un projet soit informé du projet de réunion de l'assemblée ; si l'initiative de la réunion n'émane pas de lui, il ne peut le savoir que si le projet de convocation est porté à sa connaissance ; or, d'une part, aucune disposition ne prévoit une quelconque information des obligataires sur ce point ; bien au contraire, l'article R 228-70 écarte, pour les assemblées d'obligataires, les dispositions réglementaires relatives à l'avis de réunion préalable à la convocation proprement dite ; d'autre part, le ou les obligataires intéressés ne savent pas à qui envoyer leurs projets de résolution puisqu'ils ignorent l'identité de l'auteur de la convocation (représentant de la société débitrice ou représentant de la masse).
> Il ne reste donc, pour régler l'application de l'article L 228-60, al. 2, qu'à combiner ses dispositions avec celles de l'article L 228-58, al. 2 : les obligataires peuvent présenter des projets de résolution lorsqu'ils demandent à la société et au représentant la convocation d'une assemblée. Si la société ou le représentant défère à cette demande, les projets doivent être obligatoirement portés à l'ordre du jour ; dans le cas contraire, les obligataires pourront demander en justice la réunion d'une nouvelle assemblée et la fixation de l'ordre du jour (nº 71933).

Convocation par un mandataire de justice. En cas de convocation par mandataire de justice (nº 71933), l'ordre du jour est fixé par le président du tribunal judiciaire (art. R 228-65, al. 2), qui est libre de retenir ou d'écarter les projets de résolution des obligataires. Il s'agit en effet, dans ce cas, d'une convocation faite dans les conditions de l'article L 228-58, al. 3, et non de l'article L 228-58, al. 2, seule hypothèse dans laquelle les obligataires ont le droit de présenter des projets de résolution (voir nº 71952). 71953

Libellé des questions L'ordre du jour doit être rédigé de telle sorte que le contenu et la portée des questions qui y sont inscrites apparaissent clairement, sans qu'il y ait lieu de se reporter à d'autres documents (art. R 225-66, al. 2). 71954

Limitation des débats aux questions figurant à l'ordre du jour L'assemblée ne peut pas délibérer sur une question qui n'est pas inscrite à l'ordre du jour de la réunion (art. L 228-60, al. 3). 71955

À défaut, la décision sociale pourrait être annulée (art. L 235-1, al. 2 remplacé, à compter du 1-10-2025, par C. civ. art. 1844-10, al. 3 modifié par ord. 2025-229 du 12-3-2025 ; Ord. 2025-229 art. 70).

5. DÉLAI DE CONVOCATION

PRINCIPE

71960 Le délai de convocation des assemblées d'obligataires est le même que pour les assemblées d'actionnaires, sauf stipulation contraire du contrat d'émission (art. L 228-59, al. 1).

Sur **première convocation,** l'assemblée ne peut être réunie au plus tôt que 15 jours après la date soit de l'insertion dans un support d'annonces légales, soit de l'envoi des lettres de convocation ou de la transmission des convocations par voie électronique (art. R 225-69 sur renvoi de l'art. R 228-69).

Sur **seconde convocation,** l'assemblée ne peut être réunie au plus tôt que dix jours après la date soit de l'insertion dans un support d'annonces légales, soit de l'envoi de lettres de convocation ou de la transmission des convocations par voie électronique (art. R 225-69 sur renvoi de l'art. R 228-69).

> **Précisions** L'obligataire a le droit, pendant le délai de 15 jours qui précède la réunion de l'assemblée générale, de **prendre connaissance** ou copie du texte des **résolutions** proposées et des rapports présentés à l'assemblée générale (art. L 228-69 et R 228-76). Ce délai de 15 jours ne nous semble pas faire obstacle à la tenue de l'**assemblée sur seconde convocation dix jours après la date de la convocation.** Comme l'ordre du jour de l'assemblée sur seconde convocation doit être identique à celui établi lors de la première convocation (art. L 228-60, al. 4), le texte des résolutions proposées et des rapports était bien disponible au moins 15 jours avant la réunion de l'assemblée générale, du fait de la première convocation.

STIPULATION CONTRAIRE DU CONTRAT D'ÉMISSION

71961 Le contrat d'émission peut prévoir des délais de convocation des assemblées d'obligataires, sur première comme sur seconde convocation, différents des délais légaux. En cas de délais plus courts, la convocation doit être effectuée dans un délai suffisant avant la tenue de l'assemblée générale pour permettre aux obligataires d'analyser les points inscrits à l'ordre du jour (art. L 228-59 et R 228-67, al. 1).

6. INCIDENTS DE CONVOCATION

AJOURNEMENT D'UNE ASSEMBLÉE D'OBLIGATAIRES

71970 Comme les assemblées d'actionnaires, les assemblées d'obligataires peuvent être ajournées. En cas d'ajournement par décision de justice, le juge peut modifier les délais habituels de convocation (art. R 225-69 sur renvoi de l'art. R 228-69).

Le régime élaboré par la jurisprudence à propos des assemblées d'actionnaires (nos 46290 s.) peut être ici transposé.

DÉFAUT DE QUORUM DANS UNE ASSEMBLÉE D'OBLIGATAIRES

71971 Une deuxième convocation est nécessaire lorsque le quorum n'a pas été atteint lors de la première assemblée (art. R 225-70 sur renvoi de l'art. R 228-69).

La deuxième convocation doit être effectuée dans les mêmes formes que la première (no 71940) et doit reproduire toutes les mentions prévues à l'article R 228-66 (no 71950). Elle doit en outre indiquer la date de la première assemblée (art. R 225-70, al. 1 sur renvoi de l'art. R 228-69).

L'ordre du jour de l'assemblée doit être identique à celui établi lors de la première convocation (art. L 228-60, al. 4).

Sauf stipulation contraire du contrat d'émission, la réunion de l'assemblée ne pourra se tenir que dix jours au moins après la date de la convocation (nos 71960 et 71961).

7. SANCTIONS RELATIVES À LA CONVOCATION

71980 Toute assemblée irrégulièrement convoquée peut être annulée (art. L 228-59, al. 2).

Il en va de même en cas de dépassement, lors de l'assemblée, de l'**ordre du jour** ou de *modification, dans une* assemblée réunie sur deuxième convocation, de l'ordre du jour annoncé sur première convocation.

71981 L'**action en nullité** pour convocation irrégulière de l'assemblée tenue avant le 1er octobre 2025 n'est pas recevable si tous les obligataires étaient présents ou représentés (art. L 228-59, al. 2). Cette assemblée peut toutefois être remise en cause si les règles sur le droit de communication ont été violées (nº 72070). Si l'assemblée s'est tenue à compter du 1er octobre 2025, l'action en nullité obéit au régime des articles 1844-10 à 1844-17 du Code civil (art. L 228-59, al. 3 modifié par ord. 2025-229 du 12-3-2025).

B. Droit de communication des obligataires

PRINCIPES

Les obligataires peuvent obtenir communication des documents qui seront présentés à l'assemblée pour laquelle ils sont convoqués (art. R 228-76, al. 1). Il s'agit là d'un droit de communication **temporaire,** car il ne peut s'exercer que pendant le délai de 15 jours précédant la réunion. 72040

Les obligataires jouissent aussi d'un droit de communication **permanent** (nos 72500 s.).

ÉTENDUE DU DROIT DE COMMUNICATION DES OBLIGATAIRES

Avant toute assemblée d'une masse d'obligataires, les obligataires de cette masse peuvent avoir communication des **documents** suivants (art. L 228-69, al. 1 et R 228-76, al. 1) : 72050

– texte des résolutions qui seront proposées au vote de l'assemblée ;
– rapports qui seront présentés à cette assemblée.

› **Précisions** **a.** En ce qui concerne les **résolutions proposées,** l'article L 228-69, al. 1 vise, à notre avis, non seulement celles proposées par la société débitrice ou le représentant de la masse, mais aussi les projets émanant d'obligataires (nos 71952 s.).

b. Aucune disposition législative ou réglementaire n'imposant la présentation de **rapports** devant les assemblées d'obligataires, les rapports dont la communication est exigée sont ceux qui, le cas échéant, ont pu être établis par les auteurs de projets de résolutions afin de défendre ces projets.

EXERCICE DU DROIT DE COMMUNICATION DES OBLIGATAIRES

Bénéficiaires Les bénéficiaires du droit de communication sont, au premier chef, les obligataires de la masse dont la réunion est envisagée. Chaque obligataire peut donc demander à consulter les documents énumérés ci-dessus (nº 72050). L'obligataire peut exercer son droit de communication soit personnellement, soit par l'intermédiaire de toute personne de son choix, sans qu'il soit nécessaire que ce mandataire ait lui-même la qualité d'obligataire (art. R 228-76, al. 1). 72060

Lorsque l'obligation n'appartient pas en pleine propriété à une seule personne, il semble, dans le silence de la loi, que l'on peut, en raison de l'analogie des situations, appliquer les règles prévues pour les actions par l'article L 225-118. Ainsi :

– en cas d'obligations indivises, le droit appartient à chacun des copropriétaires ;
– en cas d'obligations grevées d'usufruit, le droit appartient tant à l'usufruitier qu'au nu-propriétaire.

Délai d'exercice Le droit de communication peut être exercé dans le délai de 15 jours qui précède la réunion de l'assemblée (art. R 228-76, al. 1). En cas de réunion d'une assemblée sur nouvelle convocation (défaut de quorum, ajournement, assemblée prorogée), les obligataires ont, à notre avis, la possibilité d'exercer à nouveau leur droit de consultation, sans toutefois faire courir un nouveau délai de 15 jours puisque le texte des résolutions et les rapports étaient déjà disponibles 15 jours avant la première convocation. 72061

Lieu de communication La consultation des documents peut se faire au siège de la société débitrice, au lieu de la direction administrative ou, le cas échéant, en tout autre lieu fixé par la convocation (art. R 228-76, al. 1). 72062

Compte tenu du souci du législateur de favoriser l'information des obligataires, il nous semble qu'il y a lieu de considérer que, dès lors qu'un obligataire demande la communication des documents en l'un ou l'autre lieu prévu par la loi, la société doit accéder à sa demande.

Copie L'obligataire ou son mandataire est autorisé à prendre copie des documents qui lui sont présentés (art. R 228-76, al. 1). 72063

SANCTIONS

La violation des règles relatives au droit de communication des obligataires peut entraîner la nullité de l'assemblée pour violation d'une disposition impérative (art. L 235-1, al. 2 remplacé, à 72070 compter du 1-10-2025, par C. civ. art. 1844-10, al. 3 modifié par ord. 2025-229 du 12-3-2025 ; Ord. 2025-229 art. 70).

Les obligataires peuvent demander au président du tribunal de commerce statuant en référé d'enjoindre sous astreinte aux dirigeants sociaux de leur communiquer les documents auxquels ils ont droit ou de désigner un mandataire chargé de procéder à cette communication (art. L 238-1, al. 1).

C. Accès aux assemblées d'obligataires

1. DROIT D'ACCÈS DES OBLIGATAIRES

72130 Tout obligataire a le droit de participer à l'assemblée ou de s'y faire représenter par un mandataire de son choix (art. L 228-61, al. 2).

S'il existe plusieurs masses d'obligataires, celles-ci ne peuvent délibérer au sein d'une assemblée commune (art. L 228-61, al. 1).

Le droit de participer aux assemblées est protégé pénalement. En effet, l'article L 245-11, 1° punit d'un emprisonnement de deux ans et d'une amende de 9 000 € le fait d'empêcher un obligataire de participer à une assemblée générale d'obligataires.

Les porteurs d'obligations amorties et non remboursées, par suite de la défaillance de la société débitrice ou à raison d'un litige portant sur les conditions de remboursement, peuvent participer aux assemblées (art. L 228-61, al. 6).

72131 Une société qui détient au moins 10 % du capital de la société débitrice ne peut pas voter à l'assemblée avec les obligations qu'elle détient (art. L 228-61, al. 7). Est puni d'une amende de 6 000 € le fait pour les présidents, administrateurs, directeurs généraux, directeurs généraux délégués (cf. art. L 248-1), gérants ou membres du directoire ou du conseil de surveillance (cf. art. L 245-17) de sociétés détenant au moins 10 % du capital de la société débitrice de prendre part à l'assemblée à raison des obligations qu'elles détiennent (art. L 245-12, 2°).

Si l'infraction a été commise frauduleusement en vue de priver les obligataires ou certains d'entre eux d'une part des droits attachés à leur titre de créance, l'amende peut être portée à 18 000 € et un emprisonnement de cinq ans peut en outre être prononcé (art. L 245-15).

> **Précisions** La société qui détient au moins 10 % du capital de la société débitrice peut-elle néanmoins **participer aux assemblées** des obligataires de celle-ci **sans voter** ? L'Ansa a répondu par la négative. Certes, l'article L 228-61, al. 2 ne prévoit aucune exception au droit pour tout obligataire de participer à l'assemblée et ce droit, distinct du droit de vote, permet à l'obligataire d'être consulté et informé ; la Cour de cassation opère d'ailleurs une distinction entre le droit des associés de participer à une assemblée et le droit d'y voter (nos 7533 s.). Mais il convient d'interpréter l'article L 245-12 de manière littérale : « prendre part » signifie « assister », que l'on vote ou non, de sorte que l'interdiction prévue par ce texte couvre également celle de participer à l'assemblée. En outre, le régime des assemblées d'associés n'est pas transposable à celui des assemblées d'obligataires, les qualités d'associé et d'obligataire ne répondant pas aux mêmes fonctions (prise de décisions collectives pour la gestion de la société d'un côté ; adoption de décisions spécifiques à la créance obligataire de l'autre). Or, la réglementation vise à écarter tout risque de conflit d'intérêts entre les actionnaires significatifs de la société et les obligataires (Communication Ansa, comité juridique n° 20-033 du 9-9-2020, à propos d'obligations convertibles en actions, mais transposable à tout type d'obligation).

2. REPRÉSENTATION DES OBLIGATAIRES

REPRÉSENTATION LÉGALE

72140 Les règles relatives à la représentation légale des actionnaires aux assemblées d'actionnaires (nos 46870 s.) sont transposables à la représentation des obligataires aux assemblées les concernant.

REPRÉSENTATION CONVENTIONNELLE

72141 **Mandataire** Tout obligataire a le **droit de se faire représenter** aux assemblées par un mandataire de son choix (art. L 228-61, al. 2). Cette disposition paraît impérative : les statuts ou le contrat d'émission ne sauraient y déroger. Certes, l'article L 228-61, al. 2 n'interdit pas expressément (comme le fait l'article L 225-106, III-al. 4 pour le droit de l'actionnaire) les clauses écartant la possibilité pour un obligataire de se faire représenter. Cependant, il y a là une sorte de droit irréductible dont jouit tout porteur de titres.

Incompatibilités Ne peuvent pas être choisis comme mandataires les gérants, administrateurs, membres du directoire et du conseil de surveillance, directeurs généraux, commissaires aux comptes ou employés de la société débitrice ou des sociétés garantes de tout ou partie des engagements de cette société, ainsi que leurs ascendants, descendants ou conjoint (art. L 228-62). La violation de cette interdiction par ces mêmes personnes ainsi que par le président ou les directeurs généraux délégués de la société débitrice est punie d'une amende de 6 000 € (art. L 245-12, 1° et L 248-1). En outre, si cette infraction a été commise frauduleusement en vue de priver les obligataires ou certains d'entre eux d'une part des droits attachés à leur titre de créance, l'amende peut être portée à 18 000 € et un emprisonnement de cinq ans peut être prononcé (art. L 245-15). 72142
Ne peuvent pas non plus être choisies les personnes auxquelles l'exercice de la profession de banquier est interdit ou qui sont déchues du droit de diriger, administrer ou gérer une société à un titre quelconque (art. L 228-63).

Forme des pouvoirs Les procurations doivent être données par écrit et revêtues de la signature, le cas échéant électronique, du mandant ; elles doivent indiquer les nom, prénom usuel et domicile de celui-ci ainsi que, éventuellement, le nom du mandataire choisi (art. R 225-79, al. 1, sur renvoi de l'art. R 228-75). 72143

Conditions d'exercice du mandat Les règles exposées à propos des conditions d'exercice du mandat de représentation des actionnaires (nos 46950 s.) sont transposables aux obligataires (art. R 225-79, sur renvoi de l'art. R 228-75, et art. R 22-10-24). 72144

TITRES AU PORTEUR DÉTENUS PAR DES NON-RÉSIDENTS

Les obligataires non résidents peuvent se faire représenter par un intermédiaire selon la même procédure que les actionnaires non résidents (voir nos 47052 et 47830). 72145
L'intermédiaire inscrit bénéficiaire d'un mandat général de gestion de titres peut transmettre ou émettre sous sa signature les votes des obligataires. Les mandats et procurations sont conservés durant un délai de trois ans à compter de l'assemblée générale au cours de laquelle sont exercés les droits de vote (art. R 228-6).

3. JUSTIFICATION DE LA QUALITÉ D'OBLIGATAIRE

Il est justifié du droit de participer aux assemblées d'obligataires par l'inscription des obligations, **au jour de l'assemblée générale,** soit dans les comptes de titres nominatifs tenus par la société, soit dans les comptes de titres au porteur tenus par un intermédiaire financier (principalement un établissement de crédit ou une entreprise d'investissement) ; toutefois, une disposition spéciale du contrat d'émission peut prévoir qu'il sera justifié du droit de participer aux assemblées d'obligataires par l'inscription des obligations dans les mêmes comptes **au deuxième jour ouvré précédant l'assemblée** à zéro heure, heure de Paris (art. R 228-71, al. 1). 72150

L'obligataire qui a déjà exprimé son vote à distance ou envoyé un pouvoir peut à tout moment **céder** tout ou partie de **ses obligations.** En cas de transfert de propriété intervenant avant le jour de l'assemblée ou, si le contrat d'émission le prévoit, avant le deuxième jour ouvré précédant l'assemblée à zéro heure, heure de Paris, et sauf dispositions particulières du contrat d'émission, la société invalide ou modifie en conséquence, avant l'ouverture de la séance de l'assemblée, le vote exprimé à distance ou le pouvoir de cet obligataire, et l'intermédiaire teneur de compte doit à cette fin notifier la cession à la société ou à son mandataire et lui transmettre les informations nécessaires (art. R 228-71, al. 2).

> **Précisions** L'option pour une **date d'enregistrement à J – 2,** qui **aboutit à** limiter le droit d'accès aux assemblées des nouveaux obligataires à la détention des obligations avant le deuxième jour ouvré qui précède l'assemblée, permet de faciliter les opérations de vérification et l'établissement de la feuille de présence dans les sociétés ayant de nombreux obligataires.

D. Réunion des assemblées d'obligataires

1. FEUILLE DE PRÉSENCE

72220 À chaque assemblée d'obligataires, il doit être tenu une feuille de présence (art. L 228-60-1, al. 1). Les mentions que doit comporter la feuille de présence sont identiques à celles requises pour les assemblées d'actionnaires (art. R 225-95 sur renvoi de l'art. R 228-73).

Sur les conditions d'émargement et de certification de la feuille de présence et les pouvoirs à y annexer, voir nos 47521 s.

Sur la communication de la feuille de présence, voir n° 72500.

Sur la valeur probante de la feuille de présence, voir nos 47524 s.

2. BUREAU DE L'ASSEMBLÉE DES OBLIGATAIRES

COMPOSITION DU BUREAU

72230 Le bureau de l'assemblée comprend un président et deux scrutateurs.

72231 **Président** L'assemblée est présidée par un représentant de la masse (art. L 228-64, al. 1), qui peut déléguer son pouvoir (art. L 228-53).

En cas d'absence des représentants ou en cas de désaccord entre eux, l'assemblée désigne « une personne » (c'est-à-dire l'un des obligataires présents) pour exercer les fonctions de président (art. L 228-64, al. 1).

Si les représentants de la masse n'ont pas encore été désignés, l'assemblée est ouverte sous la présidence provisoire (jusqu'à ce que les représentants aient été nommés) du porteur détenant ou du mandataire représentant le plus grand nombre d'obligations (art. L 228-64, al. 2).

En cas de **convocation par un mandataire de justice,** l'assemblée est présidée par ce dernier (art. L 228-64, al. 1).

72232 **Scrutateurs** Sont scrutateurs les deux membres de l'assemblée disposant du plus grand nombre de voix et acceptant cette fonction (art. R 225-101, al. 1, sur renvoi de l'art. R 228-73).

Pour la **détermination du « plus grand nombre de voix »,** il faut tenir compte non seulement des voix attachées aux obligations appartenant à l'intéressé, mais également de celles dont il dispose éventuellement en qualité de mandataire d'autres obligataires.

Les **personnes morales** peuvent, au même titre que les personnes physiques, être désignées comme scrutateurs. Elles agissent alors par l'intermédiaire de leur représentant à l'assemblée.

Ne peuvent être scrutateurs que les personnes acceptant ces fonctions. En cas de **refus du titulaire du plus grand nombre de voix,** la fonction est proposée à celui qui vient après lui dans l'ordre d'importance du nombre de voix et ainsi de suite jusqu'à acceptation.

72233 **Secrétaire** Le bureau de l'assemblée en désigne le secrétaire. Sauf disposition contraire des statuts, celui-ci peut être choisi en dehors des obligataires (art. R 225-101, al. 2, sur renvoi de l'art. R 228-73).

ATTRIBUTIONS DU BUREAU

72234 Les membres du bureau doivent :

– vérifier et certifier l'exactitude de la feuille de présence (art. R 225-95, al. 3, sur renvoi de l'art. R 228-73) ;

– veiller au bon déroulement de la réunion et contrôler le vote des résolutions ;

– signer le procès-verbal de la réunion (n° 72270).

3. QUORUM DANS LES ASSEMBLÉES D'OBLIGATAIRES

72240 L'assemblée générale ne peut valablement délibérer **sur première convocation** que si les obligataires présents ou représentés possèdent au moins le **cinquième** des obligations ayant droit de vote ; sur deuxième convocation, aucun quorum n'est requis (art. L 225-98, al. 2, sur renvoi de l'art. L 228-65, II).

Cette règle s'applique quelle que soit la nature des décisions à prendre.

À notre avis, ces conditions de quorum revêtent un caractère impératif en cas de masse légale (voir au contraire nº 72370 pour le cas d'une masse contractuelle).

CALCUL DU QUORUM

Le quorum est calculé d'après le nombre d'obligations ayant le droit de vote au sein de la masse pour laquelle la réunion a été convoquée (sur les obligations privées du droit de vote et devant être déduites lors du calcul du quorum, voir nº 72252). 72241

Le quorum doit subsister pendant toute la durée de l'assemblée. Si, en raison du départ d'obligataires en cours de séance, le quorum n'était plus atteint, la séance devrait être levée.

DÉFAUT DE QUORUM

Si, à défaut du quorum requis, l'assemblée ne peut délibérer régulièrement, il en est dressé procès-verbal par le bureau de cette assemblée (art. R 225-107 sur renvoi de l'art. R 228-73). 72242

L'assemblée générale qui délibérerait sans que le quorum requis fût atteint serait, nous semble-t-il, entachée d'une cause de nullité pour violation d'une disposition impérative (art. L 235-1, al. 2 remplacé, à compter du 1-10-2025, par C. civ. art. 1844-10, al. 3 modifié par ord. 2025-229 du 12-3-2025 ; Ord. 2025-229 art. 70).

4. VOTE DES RÉSOLUTIONS DANS LES ASSEMBLÉES D'OBLIGATAIRES

LIMITATION DES DÉBATS À L'ORDRE DU JOUR

Les assemblées d'obligataires ne peuvent délibérer que sur les questions figurant à leur ordre du jour (art. L 228-60, al. 3). 72250

Toute violation de cette règle peut entraîner la nullité de l'assemblée pour violation d'une disposition impérative (art. L 235-1, al. 2 remplacé, à compter du 1-10-2025, par C. civ. art. 1844-10, al. 3 modifié par ord. 2025-229 du 12-3-2025 ; Ord. 2025-229 art. 70).

TITULAIRES DU DROIT DE VOTE

Le droit de vote est un attribut essentiel de l'obligation. Seuls les obligataires jouissent de ce droit. 72251

Lorsque les **obligations** sont **grevées d'usufruit,** le droit de vote est exercé, dans toutes les assemblées et quelle que soit la nature des décisions à prendre, par le nu-propriétaire (art. L 228-66).

Sont **privées du droit de vote** : 72252

- les obligations rachetées par la société émettrice (art. L 228-74 ; C. mon. fin. art. L 213-0-1) ;
- les obligations amorties et remboursées (art. L 228-61, al. 6) ;
- les obligations amorties et non encore remboursées, sauf si le non-remboursement est dû à la défaillance de la société débitrice ou s'il existe un litige relatif aux conditions de remboursement (art. L 228-61, al. 6) ;
- les obligations détenues par les sociétés qui possèdent 10 % au moins du capital de la société débitrice (art. L 228-61, al. 7 ; sur les sanctions pénales encourues par les dirigeants de telles sociétés qui prendraient part à l'assemblée, voir nº 72131).

> Précisions **a.** Il avait été jugé que l'**interdiction de participer au vote pour toute société qui possède 10 % au moins du capital de la société débitrice** devait être étendue à toutes les **filiales de cette société** puisque celles-ci ne jouissent pas d'une totale indépendance à l'égard de leur société mère et ne font qu'exprimer la volonté de cette dernière (CA Versailles 17-11-1994 : RJDA 1/95 nº 36). Mais cette décision a été cassée au motif que l'interdiction faite à une société qui détient 10 % du capital de la société débitrice de voter à l'assemblée des obligataires « ne peut résulter que de sa participation directe dans le capital de cette société » (Cass. com. 13-6-1995 nº 94-21.003 : RJDA 7/95 nº 856). Chacune des sociétés filiales ayant une personnalité morale distincte de celle de la société mère, on ne saurait, sauf cas de fraude, leur étendre l'interdiction de vote qui frappe cette dernière, dès lors qu'elles-mêmes ne détiennent pas individuellement plus de 10 % du capital de la société débitrice. En l'espèce, l'arrêt relevait qu'il n'était pas établi que les filiales s'étaient vu imposer « des décisions contraires à leur intérêt social, en particulier, portant une atteinte illégitime à leurs droits d'obligataires ».
> **b.** Pour un cas où la fraude a été retenue pour annuler la **délibération** d'une assemblée d'obligataires **dans laquelle avait voté une sous-filiale de la société émettrice,** porteuse de 88 % des obligations émises par celle-ci, voir Cass. com. 31-1-2018 nº 15-14.028 FS-D : RJDA 4/18 nº 331.

NOMBRE DE VOIX

72253 Le nombre de voix attachées aux obligations est obligatoirement proportionnel à la quotité du montant de l'emprunt que ces obligations représentent (ou, ce qui revient au même, à leur valeur nominale) et chaque obligation donne droit à une voix au moins (art. L 228-67).

En l'absence de dispositions expresses permettant, comme pour les actions, de limiter ou d'augmenter le nombre de voix attachées aux obligations, il faut, à notre avis, rejeter toutes les modifications conventionnelles en ce sens qui pourraient être incluses dans le contrat d'émission.

EXERCICE DU DROIT DE VOTE

72254 Comme pour les actions, et en vertu des mêmes principes fondamentaux, le droit de vote attaché aux obligations doit pouvoir être exercé librement (sur la validité des conventions de vote, voir n°s 7740 s.).

De même, le droit de vote ne doit pas être exercé de façon abusive (voir n°s 7790 s.).

Ceux qui se seront fait accorder, garantir ou promettre des avantages particuliers pour voter dans un certain sens ou pour ne pas participer au vote, ainsi que ceux qui auront accordé, garanti ou promis ces avantages s'exposent à un emprisonnement de deux ans et à une amende de 9 000 € (art. L 245-11, 2°).

Tout obligataire peut **voter par correspondance,** au moyen d'un formulaire établi dans les mêmes conditions que pour le vote dans les assemblées d'actionnaires (n°s 47370 s.), les dispositions contraires des statuts étant réputées non écrites (art. L 228-61, al. 3 et R 228-68).

> **ATTENTION**
>
> Pour le calcul du quorum, il n'est tenu compte que des formulaires qui ont été reçus par la société avant la réunion de l'assemblée (art. L 228-61, al. 4 modifié par loi 2024-537 du 13-6-2024).

Si les statuts ou le contrat d'émission le prévoient, les obligataires peuvent par ailleurs participer à l'assemblée par un moyen de télécommunication permettant leur identification, dans les mêmes conditions que dans les assemblées d'actionnaires (art. L 228-61, al. 5 et R 228-68).

5. MAJORITÉ DANS LES ASSEMBLÉES D'OBLIGATAIRES

72260 Les décisions sont prises à la **majorité des deux tiers** des voix exprimées par les obligataires présents ou représentés. Les voix exprimées ne comprennent pas celles attachées aux obligations pour lesquelles l'obligataire n'a pas pris part au vote, s'est abstenu ou a voté blanc ou nul (art. L 228-65, II modifié par loi 2024-537 du 13-6-2024).

Comme pour le quorum (n° 72240), il nous semble que cette règle de majorité revêt un caractère impératif en cas de masse légale (voir au contraire n° 72370 pour le cas d'une masse allégée ou contractuelle).

6. PROCÈS-VERBAL DES ASSEMBLÉES D'OBLIGATAIRES

72270 Les décisions prises à chaque assemblée sont constatées par procès-verbal signé par les membres du bureau (art. L 228-60-1, al. 2).

Les mentions que doit comporter le procès-verbal sont identiques à celles requises pour les assemblées d'actionnaires (art. R 225-106 sur renvoi de l'art. R 228-73).

Il en va de même en ce qui concerne :
- le mode de conservation des procès-verbaux (n° 47991) ;
- leur valeur probante (n° 47995).

72271 Toutefois, certaines **règles particulières** aux assemblées d'obligataires sont applicables.

Les procès-verbaux, de même que les feuilles de présence et les pouvoirs des obligataires, doivent être déposés au lieu fixé par l'assemblée générale des obligataires (art. R 228-74, al. 1). Ce n'est donc pas nécessairement au siège de la société débitrice.

Les copies ou extraits des procès-verbaux sont valablement certifiés par un représentant de la masse ou le secrétaire de l'assemblée (art. R 228-74, al. 2).

Les obligataires ont, à toute époque de l'année, le droit d'obtenir communication de tous les procès-verbaux des assemblées générales de la masse à laquelle ils appartiennent (n° 72500).

SANCTIONS PÉNALES

72272 Est puni d'une amende de 4 500 € le fait, pour le président de l'assemblée générale des obligataires, de ne pas procéder à la constatation des décisions de toute assemblée générale d'obligataires par un procès-verbal mentionnant la date et le lieu de la réunion, le mode de convocation, l'ordre du jour, la composition du bureau, le nombre d'obligataires participant au vote et le quorum atteint, les documents et rapports soumis à l'assemblée, un résumé des débats, le texte des résolutions mises aux voix et le résultat des votes (art. L 245-13).

Si l'infraction a été commise frauduleusement en vue de priver les obligataires ou certains d'entre eux d'une part des droits attachés à leur titre de créance, l'amende peut être portée à 18 000 € et un emprisonnement de cinq ans peut être prononcé (art. L 245-15).

7. IMPUTATION DES FRAIS DE RÉUNION DE L'ASSEMBLÉE DES OBLIGATAIRES

Les frais de convocation, de tenue des assemblées générales d'obligataires, de publicité de leurs décisions, ainsi que les frais résultant de la procédure de nomination en justice des représentants de la masse sont à la charge de la société débitrice (art. L 228-71, al. 1). 72280

Les autres dépenses de gestion décidées par l'assemblée générale de la masse peuvent être retenues sur les intérêts servis aux obligataires et leur montant peut être fixé par le président du tribunal judiciaire statuant par ordonnance sur requête non susceptible de recours. Mais ces retenues ne peuvent pas excéder le dixième de l'intérêt annuel (art. L 228-71 et R 228-78).

E. Attributions des assemblées d'obligataires

1. DÉCISIONS INTERDITES

Certaines décisions ne relèvent pas de la compétence de l'assemblée des obligataires, et ne peuvent être adoptées qu'à l'unanimité des obligataires. Ces décisions interdites à l'assemblée d'obligataires, portant atteinte à des droits considérés comme essentiels, sont les suivantes (art. L 228-68) : 72340

- **accroître les charges** des obligataires ;
- établir un **traitement inégal** entre les obligataires d'une même masse ;
- **convertir** des obligations ordinaires en actions.

Toute clause contraire est réputée non écrite.

En outre, comme pour les actionnaires (nº 48524), les prérogatives de l'assemblée ne sauraient porter **atteinte aux droits individuels de l'obligataire.**

› Précisions L'**accroissement des charges des obligataires suppose** une aggravation des obligations contractées par les souscripteurs envers la société émettrice (versements supplémentaires, avance de la période fixée pour la libération des obligations, interdiction de se libérer par compensation, etc.) (Communication Ansa, comité juridique nº 10-026 du 7-4-2010).

2. DÉCISIONS DE LA COMPÉTENCE DE L'ASSEMBLÉE

L'assemblée générale des obligataires est compétente pour délibérer sur toutes mesures ayant pour objet la **défense des intérêts communs des obligataires** ainsi que sur toute proposition tendant à la **modification du contrat d'émission** (art. L 228-65, I). 72341

L'assemblée générale est notamment compétente pour autoriser l'exercice, par les représentants de la masse, des **actions en justice** d'intérêt commun à tous les obligataires et, partant, pour y renoncer.

Elle se prononce également sur la nomination des **représentants de la masse** (sauf dans le cas où ils auraient été désignés dans le contrat d'émission ou par décision de justice : nos 71530 s.), la durée de leurs fonctions, la fixation, s'il y a lieu, de leur rémunération, leur révocation éventuelle, etc.

Sur le cas de la société faisant l'objet d'une **procédure collective,** voir nos 72904 s.

3. MODIFICATION DU CONTRAT D'ÉMISSION

L'assemblée des obligataires dispose d'une compétence générale concernant la modification du contrat d'émission (art. L 228-65, I), sauf pour les décisions interdites visées à l'article L 228-68 (nº 72340). Mais la portée des décisions prises par l'assemblée des obligataires varie selon que les modifications proposées concernent les conditions de l'emprunt ou la situation de la société. Il convient donc de distinguer ces deux sortes de décisions. 72342

› Précisions **a.** La **proposition de modification** du contrat d'émission devrait, par respect du parallélisme des formes, émaner de l'organe de la société émettrice ayant décidé l'émission (dans les SA, conseil d'administration ou directoire, ou leur délégataire : nº 71290). Néanmoins, le directeur général ou le président du directoire devrait pouvoir proposer la plupart des modifications car il s'agit généralement d'un acte d'administration (restructuration de dettes). Dans le cas contraire, le directeur général ou le président du directoire ne pourrait agir que sur délégation du conseil d'administration ou du directoire (Communication Ansa, comité juridique nº 10-050 du 8-9-2010).

b. La **notion de modification** du contrat d'émission implique évidemment que le titre subsiste ; l'abandon total de toute créance exigerait ainsi l'accord individuel de tous les obligataires (Communication Ansa, comité juridique nº 10-026 du 7-4-2010).

c. Selon l'Ansa, l'assemblée est compétente pour autoriser la **substitution à la société émettrice d'une autre société.** En effet, la substitution pourrait s'analyser en une cession de contrat, laquelle n'emporte pas la conclusion d'un nouveau contrat mais la cession de la qualité de partie au contrat d'origine. L'accord à la substitution peut donc être donné par l'assemblée, compétente pour défendre les droits collectifs des porteurs d'obligations : en dehors des cas visés à l'article L 228-68, un vote majoritaire de l'assemblée suffit (majorité des deux tiers : art. L 228-65, II), étant précisé que ce vote ne doit pas porter atteinte à l'intérêt commun des obligataires (Communication Ansa, comité juridique nº 18-026 du 4-7-2018). Si la faculté de substitution a été prévue dès l'origine dans le contrat d'émission, l'autorisation de l'assemblée n'est pas nécessaire.

a. Décisions concernant les conditions de l'emprunt

DÉCISIONS VISÉES

72343 L'**assemblée** générale des obligataires est notamment **compétente** pour approuver ou refuser les mesures suivantes :
– abandon total ou partiel des garanties conférées aux obligataires (art. L 228-65, I-5º) ;
– modification des modalités d'amortissement (art. L 228-65, I-5º) ;
– modification du taux des intérêts (art. L 228-65, I-5º) ;
– report de l'échéance du paiement des intérêts (art. L 228-65, I-5º) ;
– compromis ou transaction sur des droits litigieux (le droit est litigieux dès qu'il est contesté au fond en justice : C. civ. art. 1700) ou ayant fait l'objet de décisions judiciaires (art. L 228-65, I-2º).

Cette **énumération n'est pas limitative.** Toute modification du contrat d'émission relève de la compétence de l'assemblée générale des obligataires. L'utilisation de l'adverbe « notamment » dans l'article L 228-65, I confère incontestablement à l'assemblée un pouvoir de principe pour décider de toute modification du contrat non expressément interdite.

› Précisions La **transaction** reste possible même si une **décision définitive** a été **rendue au profit d'un obligataire** et non au profit de la masse, car il n'y a pas alors chose jugée à l'égard de cette dernière, mais elle ne peut pas porter atteinte aux droits acquis par l'obligataire bénéficiaire de la décision définitive (Cass. com. 16-12-1952 : JCP 1953 II nº 7787 note D. Bastian).

72344 **Clause d'ajustement** La compétence de principe de l'assemblée générale n'interdit pas d'insérer dans le contrat d'émission des clauses permettant à l'émetteur de procéder à certains ajustements du contrat d'émission sans avoir à obtenir l'accord de l'assemblée générale. Ces clauses, sous réserve qu'elles ne soient pas purement potestatives (C. civ. art. 1304-2) et que les ajustements soient déterminés ou déterminables (C. civ. art. 1163), permettent une adaptation des conditions de l'émission sans qu'il soit nécessaire de solliciter l'assemblée générale des obligataires, puisqu'il ne s'agit pas de modifier mais seulement d'exécuter le contrat.

EXEMPLE

De telles clauses peuvent être insérées dans les émissions d'**obligations subordonnées,** pour permettre à l'émetteur, si les règles comptables ou prudentielles venaient à changer, d'effectuer les ajustements nécessaires pour maintenir le traitement comptable ou prudentiel des obligations. Ces clauses sont également utilisées en matière d'obligations liées au développement durable (nº 71027), pour permettre à l'émetteur de faire évoluer ses objectifs de performance ESG en cas de changement de périmètre, de changement de lois ou réglementations, etc.

CONSÉQUENCE DU REFUS PAR LES OBLIGATAIRES DE MODIFIER LES CONDITIONS DE L'EMPRUNT

72345 Si l'assemblée générale des obligataires refuse les propositions de modification des conditions de l'emprunt, la société ne peut que s'incliner et renoncer aux modifications envisagées.

Toute modification du contrat d'émission non approuvée pourrait être annulée au titre de la violation des dispositions qui régissent les contrats (en l'occurrence défaut de consentement ; art. L 235-1, al. 2 remplacé, à compter du 1-10-2025, par C. civ. art. 1844-10, al. 3 modifié par ord. 2025-229 du 12-3-2025 ; Ord. 2025-229 art. 70).

b. Décisions concernant la situation de la société

DÉCISIONS VISÉES

Les **obligataires** sont appelés à donner leur avis sur des décisions de la société débitrice qui sont susceptibles de porter **indirectement atteinte à leurs droits.** Il en est ainsi dans les cas suivants : 72350

– modification de l'objet ou de la forme de la société (art. L 228-65, I-1°) ;

– absorption ou scission de la société, à moins que le remboursement des titres ne soit offert aux obligataires sur simple demande de leur part (art. L 228-65, I-3°, L 236-14 et L 236-18), auxquelles il faut, semble-t-il, assimiler les apports partiels d'actifs soumis au régime des scissions (dans le même sens, Bull. COB avril 1980 p. 9) ;

– transfert du siège d'une SE dans un autre État membre (art. L 228-65, I-6°), à moins que le remboursement des titres ne soit offert aux obligataires sur simple demande de leur part (art. L 229-2, al. 5 ; voir n° 99263) ;

– émission de nouvelles obligations assorties d'une sûreté réelle ne bénéficiant pas aux obligataires composant la masse (art. L 228-65, I-4°).

› Précisions Il est fréquent qu'une clause de maintien de l'emprunt à son rang (« **negative pledge** ») définisse dans le contrat d'émission des hypothèses limitées dans lesquelles l'émetteur est autorisé à consentir des sûretés à d'autres créanciers, y compris obligataires, sans en faire bénéficier les obligataires existants, par dérogation à l'interdiction de principe. Dans ces hypothèses prévues au contrat d'émission, il n'est pas nécessaire de solliciter l'autorisation des obligataires.

REFUS DE LA DÉCISION PAR L'ASSEMBLÉE

Faculté de passer outre le refus Le refus par l'assemblée des obligataires des modifications énumérées n° 72350 ne lie pas la société. Le conseil d'administration, le directoire ou les gérants de la société peuvent décider de passer outre (art. L 228-72 et L 228-73). 72351

La décision de passer outre est portée à la **connaissance des obligataires** selon les modalités prévues au contrat d'émission. Si de telles modalités ne sont pas prévues dans le contrat d'émission, la décision est publiée dans un support d'annonces légales dans lequel a ou aurait été inséré l'avis de convocation de l'assemblée et, si les obligations sont admises aux négociations sur un marché réglementé ou si elles ne revêtent pas toutes la forme nominative, au Balo avec mention du titre et du lieu de publication du support d'annonces légales dans lequel a été effectuée la première insertion, ainsi que la date de celle-ci (art. R 228-79, al. 1 et R 228-80).

Si la convocation a été faite par lettre ou transmise par voie électronique (faculté offerte lorsque toutes les obligations sont nominatives : cf. art. R 228-67, al. 3), il est évident que la publication ne peut pas être effectuée dans le support habilité « dans lequel a été inséré l'avis de convocation ». Dans ce cas, le choix du support est libre, sous réserve que ce support soit habilité à recevoir les annonces légales dans le département du siège social (art. R 228-67, al. 2).

› Précisions L'article R 228-79 vise la décision « du conseil d'administration, du directoire ou du représentant légal de la société ». Toutefois, comme les articles L 228-72 et L 228-73 ne visent que « le conseil d'administration, le directoire ou les gérants », il nous semble qu'un **représentant légal autre qu'un gérant** ne peut **prendre seul la décision de passer outre.**

Effets de la décision de passer outre le refus La décision de passer outre entraîne certaines conséquences qui diffèrent selon la nature de la décision refusée. 72352

En cas de refus de **modification de l'objet ou de la forme** de la société ou de refus d'**émission d'obligations assorties d'une sûreté réelle,** le conseil d'administration, le directoire ou les gérants ne peuvent passer outre à la décision de l'assemblée des obligataires qu'en offrant de rembourser ces derniers (art. L 228-72). 72353

Les obligataires qui désirent obtenir le remboursement de leur créance disposent d'un délai de trois mois à compter de l'insertion prévue n° 72351 pour en faire la demande à la société débitrice (art. R 228-79, al. 2).

La société doit rembourser les obligataires qui en ont fait la demande dans un délai de 30 jours à compter de chaque demande (art. R 228-79, al. 3).

72354 En cas de refus d'une **fusion,** d'une **scission ou** d'un **apport partiel d'actifs** soumis au régime des scissions de la société débitrice, la décision de passer outre n'entraîne pas automatiquement l'obligation d'offrir aux obligataires le remboursement de leurs titres.

En principe, les obligataires conservent leur qualité dans la société absorbante ou dans les sociétés bénéficiaires des apports résultant de la scission ou de l'apport partiel d'actifs soumis au régime des scissions (art. L 228-73, al. 2). Mais l'assemblée générale des obligataires peut donner mandat aux représentants de la masse de former opposition à l'opération dans les mêmes conditions et sous les mêmes effets qu'un créancier ordinaire (art. L 228-73, al. 3 ; sur les modalités de cette opposition et ses effets, voir nos 83953 s.). Le tribunal saisi de l'opposition peut notamment ordonner soit le remboursement de toutes les obligations, soit la constitution de garanties si la société absorbante est à même d'en offrir.

72355 En cas de refus du **transfert du siège d'une SE,** l'assemblée générale des obligataires peut également donner mandat aux représentants de la masse de former opposition à l'opération (art. L 228-73, al. 3).

III. MASSE CONTRACTUELLE

72370 Dans une émission « wholesale » (obligations d'une valeur nominale au moins égale à 100 000 € ou qui ne peuvent être acquises que pour un montant au moins égal à 100 000 €, voir no 71501), le contrat d'émission peut prévoir une représentation purement contractuelle des obligataires (voir nos 72380 s.) (C. mon. fin. art. L 213-6-3 et R 213-16-1) ou maintenir le principe du regroupement des obligataires en une masse disposant de la personnalité civile. Cette possibilité existe également lorsque l'emprunt est émis à l'étranger au sens de l'article L 228-90 (voir no 71506).

Le contrat d'émission peut alors librement aménager le régime légal de la masse, en allant donc bien au-delà des options ouvertes par les articles L 228-46 et suivants pour la masse légale (on parle alors de « **masse contractuelle** » ou de « **masse allégée** »).

EXEMPLE

Le contrat peut prévoir des modalités différentes de celles prévues par défaut dans le Code de commerce **en écartant l'application d'articles,** tels que les articles L 228-59 et R 228-69 (modalités et délais de convocation aux assemblées générales), R 228-63 (fixation de la rémunération du représentant de la masse par le juge) ou L 228-65, II (quorum d'un cinquième sur première convocation et vote à la majorité des deux tiers pour l'assemblée générale).

Des **règles** de quorum et de majorité **différentes** peuvent être fixées pour l'ensemble des résolutions, voire en distinguant **selon que la résolution** porte sur un point extraordinaire (tel que la mainlevée d'une sûreté ou la modification du taux d'intérêt) ou au contraire sur un point ordinaire (comme l'autorisation d'une fusion).

La règle de **compétence de l'assemblée générale** figurant à l'article L 228-65, I peut aussi être **aménagée** : en écartant l'application du 1° de cet article, l'émetteur peut par exemple modifier l'objet ou la forme de la société sans avoir à consulter la masse.

La masse contractuelle (ou allégée) permet donc de conserver les avantages de la masse, mais en y apportant les aménagements dont les parties peuvent avoir besoin.

IV. REPRÉSENTATION CONTRACTUELLE DES OBLIGATAIRES

72380 Dans une émission « wholesale » (obligations d'une valeur nominale au moins égale à 100 000 € ou qui ne peuvent être acquises que pour un montant au moins égal à *100 000 €, voir no 71501*), le contrat d'émission peut prévoir de ne pas constituer de masse et organiser les relations entre la société émettrice et les obligataires sur une base purement contractuelle.

Dans ce cas, les porteurs d'obligations ne sont pas groupés en une masse jouissant de la personnalité civile et aucun représentant de la masse n'est nommé.

Il appartient alors au contrat d'émission de définir dans le détail le **régime applicable** aux relations entre la société et ses porteurs d'obligations et, le cas échéant, de prévoir des règles de majorité pouvant lier les obligataires minoritaires (C. mon. fin. art. L 213-6-3, I-al. 1).

Si une personne est chargée de représenter les obligataires, les incompatibilités prévues pour le représentant de la masse aux articles L 228-49, L 228-62 et L 228-63 lui sont applicables (voir n°s 71522 s.) (C. mon. fin. art. L 213-6-3, III).

L'**avantage** d'une organisation purement contractuelle est de bénéficier d'une très grande liberté pour organiser les relations entre la société émettrice et les obligataires ; son **inconvénient** est de devoir définir dans le contrat d'émission, en détail et sans rien omettre, l'intégralité de cette organisation. **72382**

L'organisation des relations entre la société émettrice et les obligataires pourra, par **exemple,** s'inspirer des structures avec agent financier en **droit anglais** : le contrat prévoit ainsi traditionnellement la possibilité pour les obligataires de prendre des décisions en assemblée ou par consultation écrite et définit en conséquence dans le détail l'organe compétent pour convoquer l'assemblée (l'émetteur ou un certain pourcentage, souvent 10 %, d'obligataires), les pouvoirs de l'assemblée, les modalités et délais de convocation de l'assemblée, la possibilité pour un porteur de donner un pouvoir pour le représenter, les modalités de tenue de l'assemblée, les règles de quorum et de majorité applicables, qui diffèrent généralement selon que la décision est qualifiée d'extraordinaire ou d'ordinaire (il est fréquent d'avoir un quorum de 10 % et une majorité de la moitié pour une décision ordinaire et un quorum de la moitié ou des trois quarts et une majorité des trois quarts pour une décision extraordinaire, avec parfois des règles encore plus strictes pour les décisions qui portent sur des points particulièrement sensibles tels qu'une modification de l'échéancier ou du montant des paiements de principal et d'intérêts), les modalités de vote (vote à main levée ou vote en proportion du montant nominal de titres détenus, avec souvent la possibilité à l'issue d'un vote à main levée de demander un vote en proportion du montant nominal), les règles de tenue et de communication du procès-verbal, etc.

ATTENTION

Il convient de noter que les règles contractuellement définies dans les émissions d'obligations soumises au droit anglais sont sur certains points, par exemple en matière de quorum et de majorité, fréquemment plus contraignantes pour l'émetteur que les règles équivalentes applicables à la masse de droit commun en droit français, de sorte qu'un émetteur doit être particulièrement vigilant au moment de s'inspirer du droit anglais pour organiser sa représentation contractuelle des porteurs en droit français.

En l'absence de masse et d'un représentant, lorsque la société participe à une opération de **fusion, de scission, de réduction de capital non motivée par des pertes** ou, si la société est constituée sous forme de société européenne, de **transfert du siège social dans un autre État membre,** les obligataires bénéficient des mêmes droits que les créanciers non obligataires (C. mon. fin. art. L 213-6-3, IV-al. 1). **72385**

L'Ansa considère qu'en cas de fusion, si le contrat d'émission a fait le choix d'une représentation contractuelle des obligataires sans prévoir ni la désignation d'un représentant, ni de clause relative à la fusion, chaque obligataire peut faire opposition à la fusion dans les conditions de droit commun (Communication Ansa, comité juridique n° 23-015 du 1-3-2023).

Le contrat d'émission peut prévoir que les obligataires désignent un mandataire chargé de les représenter lorsque la société émettrice fait l'objet d'une **procédure de prévention ou de règlement des difficultés des entreprises** régie par le Livre VI du Code de commerce, *ou d'une procédure similaire* de droit étranger. Ce mandataire procède à la déclaration des créances obligataires (C. mon. fin. art. L 213-6-3, IV-al. 2). **72388**

SECTION 4

DROITS INDIVIDUELS DES OBLIGATAIRES

A. Droit d'information des obligataires

DROIT DE COMMUNICATION PERMANENT

72500 À toute époque, chaque obligataire a le droit de se faire communiquer les procès-verbaux et les feuilles de présence des assemblées générales de la masse à laquelle il appartient (art. L 228-69, al. 2).

ATTENTION

Contrairement aux actionnaires (art. L 225-117), les obligataires peuvent demander communication des procès-verbaux et des feuilles de présence de toutes les assemblées et pas seulement de celles des trois derniers exercices.

72501 Le droit de communication permanent peut être exercé par un **mandataire** (art. R 228-76, al. 2).

La consultation des documents s'exerce au **lieu** de dépôt fixé par l'assemblée (art. R 228-76, al. 2).

Le droit de consulter les documents tenus à la disposition des obligataires emporte celui de **prendre copie** de ces documents (art. R 228-76, al. 2).

72503 Les obligataires peuvent recourir à une procédure judiciaire d'**injonction** si leurs droits ne sont pas respectés (n° 72070).

DROIT DE COMMUNICATION TEMPORAIRE

72510 Avant toute assemblée d'obligataires, ces derniers ont le droit d'obtenir communication du texte des résolutions et des rapports qui y seront présentés (voir nos 72040 s.).

DROIT D'INFORMATION CONTRACTUEL

72511 Le contrat d'émission peut mettre à la charge de la société émettrice d'autres obligations d'information.

EXEMPLE

En matière d'Euro PP, il est courant que l'émetteur s'engage à transmettre des informations aux obligataires, et notamment ses états financiers accompagnés du rapport des commissaires aux comptes, un certificat relatif au respect de ratios financiers, etc. Il peut aussi s'engager à organiser tous les ans une réunion d'information avec les obligataires pour les informer de l'évolution de l'activité de la société.

CONTRÔLE DE LA SOCIÉTÉ DÉBITRICE : ABSENCE DE DROIT INDIVIDUEL

72520 Sauf clause particulière du contrat d'émission (n° 72511), les obligataires ne sont pas admis individuellement à exercer un contrôle sur les opérations de la société débitrice ou à demander communication des documents sociaux (art. L 228-70).

Ce contrôle est exercé par les représentants de la masse qui ont le même droit de communication que les actionnaires de la société émettrice (art. L 228-55, al. 2 ; voir nos 46540 s., 46590 s., 46650 s. et 71630).

B. Droit au paiement des intérêts

MODALITÉS DIVERSES DE FIXATION ET DE VERSEMENT DU TAUX D'INTÉRÊT

72570 Le taux d'intérêt est déterminé par la société émettrice et les investisseurs, en fonction des conditions de marché au moment de l'émission et est fixé dans le contrat d'émission.

ATTENTION

Les dispositions des articles L 314-6 s. du Code de la consommation interdisant les prêts usuraires – c'est-à-dire les prêts dont le taux effectif global excède de plus du tiers le taux effectif moyen pratiqué au cours du trimestre précédent par les établissements de crédit et les sociétés de financement pour des opérations de même nature comportant des risques analogues – ne sont pas applicables aux prêts accordés à une personne morale se livrant à une activité industrielle, commerciale, artisanale, agricole ou professionnelle non commerciale (C. consom. art. L 314-9). Elles ne sont donc pas applicables aux émissions d'obligations (Rép. Marini : Sén. 2-1-2003 nº 01827, excluant déjà l'application sous l'empire du droit antérieur).

Le taux d'intérêt peut ne pas refléter le rendement réel de l'obligation. Celui-ci est exprimé par le taux effectif, encore appelé « **taux actuariel** », qui est déterminé en fonction non seulement de l'intérêt nominal, mais aussi d'autres facteurs tels que le prix d'émission de l'obligation, le mode de remboursement, le prix de remboursement, etc. **72571**

Certaines émissions prévoient un **démembrement** des obligations en plusieurs titres négociables, l'un représentatif du capital, les autres représentant chacun le droit au paiement d'un coupon d'intérêt. **72572**

TAUX DES INTÉRÊTS DE L'EMPRUNT OBLIGATAIRE

Le taux des intérêts, déterminé au moment de l'émission, peut être fixe ou variable. **72573**

En cas de **taux fixe,** le taux est exprimé comme un pourcentage défini dans le contrat d'émission. Les intérêts sont calculés en appliquant ce taux fixe au montant nominal des obligations, même si le prix d'émission est différent du nominal (obligations émises en-dessous ou au-dessus du pair).

Un **taux variable** se compose généralement d'un taux de référence et d'une marge à ajouter ou à soustraire, selon le cas, à ce taux de référence. Le contrat d'émission fixe le taux de référence applicable et la périodicité (mensuelle, trimestrielle, semestrielle, annuelle ou autre) à laquelle il sera ajusté en fonction de l'évolution du taux de référence sur le marché. Les intérêts dus au titre d'une période d'intérêt sont calculés en multipliant le montant nominal des obligations par le taux de référence applicable à cette période d'intérêt, augmenté ou diminué de la marge.

Le montant des intérêts peut également être **indexé,** comme le principal (nº 72614).

> **Précisions** **a.** Il est possible de prévoir dans le contrat d'émission que le **taux** applicable aux obligations sera **augmenté** (« step up ») ou **réduit** (« step down ») pendant la vie de l'emprunt en cas de survenance de certains événements, par exemple, si le niveau de certains ratios financiers applicables à l'émetteur est atteint ou si certains indicateurs clés de performance ESG sont atteints (nº 71027).

b. Les taux du marché interbancaire ont longtemps servi de **référence aux taux variables** de l'ensemble des emprunteurs, les sociétés s'endettant à taux variable se voyant ainsi appliquer des « Interbank Offered Rates » (Ibor) augmentés d'une marge correspondant au risque de crédit de l'emprunteur. Une réglementation stricte des indices de référence et de leurs administrateurs a été mise en place (Règl. UE 2016/1011 du 8-6-2016) pour faire évoluer l'ensemble du marché des Ibor vers des taux « sans risques » alternatifs.

En cas de disparition de l'indice de référence, et en l'absence de stipulations particulières dans le contrat d'émission, le Code civil prévoit que l'indice est remplacé par l'indice qui s'en rapproche le plus (C. civ. art. 1167).

c. Le **Comité de normalisation obligataire** (CNO) s'est interrogé, dans un contexte de taux bas, sur le cas où l'application des formules de calcul de coupon ferait apparaître des **intérêts négatifs.** L'analyse reposant en dernière instance sur les dispositions du Code civil en matière d'emprunt d'argent, qui disposent qu'il ne peut y avoir d'emprunt à perte, le CNO y voit un plancher implicite à zéro. Il relève par ailleurs que le contrat d'émission d'obligations pourrait prévoir un taux ou un rendement négatif, mais que l'émission ne serait alors plus un emprunt, mais un dépôt où le dépositaire se fait rémunérer par le déposant pour la conservation de son argent (Comité de normalisation obligataire CNO, 1-9-2015, Taux négatifs, rendements négatifs et émissions obligataires en droit français). Ce contexte de taux bas a conduit l'**AMF** à s'interroger également sur la possibilité pour un emprunt obligataire d'être assorti d'un taux de coupon nominal négatif et sur l'existence d'un plancher implicite à zéro. Sans se prononcer en droit sur la problématique de taux d'intérêt négatifs, le régulateur a précisé à cette occasion ses attentes en matière d'information à donner aux investisseurs dans les prospectus d'émission de titres de créance à taux variables : à défaut de prévoir contractuellement un taux plancher à 0 %, les modalités de mise en œuvre d'un éventuel taux négatif devront être précisées (notamment son mode de calcul et d'imputation) et un facteur de risque ajouté dans le prospectus (Communiqué AMF du 27-6-2017).

Modification du taux des intérêts L'assemblée générale des obligataires peut, en accord avec la société émettrice, décider en cours d'emprunt une modification du taux des intérêts convenu dans le contrat d'émission (art. L 228-65, I-5° ; nº 72343). **72574**

PAIEMENT DES INTÉRÊTS DE L'EMPRUNT OBLIGATAIRE

72575 **Date de paiement** Les intérêts sont versés annuellement, semestriellement, trimestriellement, ou selon tout autre échéancier fixé dans le contrat d'émission.

Il peut ne pas y avoir de versement périodique, notamment dans le cas :
– des **obligations « à coupon zéro »,** qui ne comportent le versement d'aucun intérêt mais qui, en contrepartie, sont émises à un prix inférieur à celui auquel elles seront remboursées ;
– des **obligations « à coupon unique »,** dont les intérêts sont capitalisés et versés en une seule fois lors du remboursement.

72576 **Lieu de paiement** Le lieu de paiement des intérêts est fixé dans le contrat d'émission, par exemple au siège social et aux guichets des banques désignés par la société. Pour les titres dématérialisés, le paiement sera le plus souvent effectué par transfert sur un compte bancaire désigné par le titulaire du titre ou, si les titres sont admis aux opérations d'Euroclear France, par transfert sur un compte ouvert auprès d'un intermédiaire financier habilité à détenir des comptes-titres, directement ou indirectement, auprès d'Euroclear France, au profit du titulaire de titres.

72577 **Montant du paiement** Le paiement doit être égal au montant des intérêts arrondi au centime d'euro inférieur. Les conditions d'application de cette règle sont fixées par les articles 13 et 18 du décret 48-1683 du 30 octobre 1948.

72578 **Prescription** Les intérêts non perçus sont prescrits au profit de l'État à l'expiration d'un délai de cinq ans (C. civ. art. 2224 ; CGPPP art. L 1126-1, 1° et L 1126-2).

72589 **Paiement indu** Si la société débitrice a (par erreur) continué à payer les produits d'obligations devenues remboursables à la suite d'un tirage au sort, elle ne peut réclamer ces sommes lorsque ces obligations sont présentées au remboursement. Toute clause contraire est réputée non écrite (art. L 228-45).

RÉGIME FISCAL DES INTÉRÊTS

72600 Les intérêts des emprunts sont passibles de l'impôt sur le revenu ou de l'impôt sur les sociétés.

Les intérêts d'obligations encaissés par des entités soumises à l'impôt sur les sociétés sont passibles de cet impôt dans les conditions de droit commun.

Les intérêts d'obligations encaissés par des particuliers résidents fiscaux français sont soumis au prélèvement forfaitaire unique (PFU) de 12,8 % ou sur option globale au barème progressif de l'impôt sur le revenu. Le débiteur ou l'établissement payeur est tenu d'opérer lors du versement des intérêts un prélèvement forfaitaire non libératoire (PFNL) au taux de 12,8 %, imputable sur l'impôt dû l'année suivante ou, en cas d'excédent, restituable (CGI art. 125 A et 125 D). Les intérêts sont également soumis aux prélèvements sociaux au taux global de 17,2 %.

De manière générale, la France n'impose pas de retenue à la source sur les intérêts versés à des non-résidents. Toutefois, un prélèvement obligatoire au taux de 75 %, libératoire de l'impôt sur le revenu, s'applique aux intérêts payés dans un État ou territoire non coopératif (ETNC), sauf si le débiteur démontre que les opérations auxquelles correspondent ces produits ont principalement un objet et un effet autres que de permettre la localisation de ces produits dans un ETNC (CGI art. 125 A, III).

Pour plus de détails, voir Mémento Fiscal n°s 7960 (pour les entreprises) et 25100 s. (pour les particuliers).

C. Droit au remboursement des obligations

MODALITÉS DIVERSES DE REMBOURSEMENT DES OBLIGATIONS

72610 Le plus souvent, le contrat d'émission prévoit que les obligations sont remboursées à leur échéance **au pair,** c'est-à-dire à leur valeur nominale.

La qualification d'obligation n'est toutefois pas subordonnée à la garantie du remboursement du principal (Cass. 2e civ. 23-11-2017 n° 16-22.620 FS-PBI : RJDA 3/18 n° 236).

Le souci de rendre l'emprunt attrayant et de prémunir les porteurs contre l'érosion monétaire incite parfois les sociétés à offrir aux souscripteurs une **formule plus avantageuse** pour eux **que le simple remboursement** en fin de contrat du capital prêté, d'où les diverses formules exposées ci-après.

Obligations à prime On rencontre **deux types** d'obligations à prime : 72611
– les obligations émises en dessous du nominal fixé, autrement dit en dessous du pair, et remboursables à leur montant nominal ;
– les obligations émises au pair et remboursables à un montant plus élevé (on parle alors de « prime de remboursement »).

Les obligations à prime sont licites et ne tombent pas sous le coup de la loi prohibant les loteries.

Il peut y avoir **cumul** des deux sortes de primes (obligations dites « à double prime »), l'obligation étant à la fois émise au-dessous du pair et remboursable au-dessus (voir également nº 72575 pour les obligations à coupon zéro et les obligations à coupon unique).

Obligations participantes Le capital remboursé des obligations participantes varie avec la marche de l'entreprise, par exemple avec le chiffre d'affaires, le volume de la production ou le montant des bénéfices bruts ou nets. 72613

Obligations indexées Le capital à rembourser peut être librement indexé (C. mon. fin. art. L 112-3-1). 72614

EXEMPLE

L'État émet régulièrement des OAT indexées sur l'indice français des prix à la consommation (hors tabac) et sur l'indice harmonisé des prix de la zone euro (hors tabac), pour protéger leurs porteurs des effets de l'inflation.

Le jeu de l'indexation peut conduire l'émetteur à rembourser un montant inférieur à la valeur nominale de l'obligation, sans remettre en cause la qualification d'obligation (voir nº 72610). Le montant à rembourser peut aussi être calculé en fonction de l'évolution du cours de bourse des actions de la société émettrice pendant une période déterminée. 72615

Obligations « à fenêtres » Les obligations « à fenêtres », généralement amortissables à longue échéance, peuvent, pendant certaines périodes (les fenêtres), être remboursées par anticipation sur demande soit de la société, soit de l'obligataire. Ces remboursements anticipés sont souvent assortis de pénalités (prime de remboursement si le remboursement est demandé par la société, coupon réduit s'il est demandé par le souscripteur) fixées dans le contrat d'émission et variables selon la date à laquelle ils interviennent. 72616

Obligations à durée indéterminée Les obligations à durée indéterminée, généralement émises sous la forme de « **titres subordonnés à durée indéterminée** » (TSDI), ne sont remboursables qu'à la liquidation de la société et après désintéressement des autres créanciers, à l'exclusion de ou y compris des titulaires de prêts participatifs ou de titres participatifs (art. L 228-97 ; nº 71308). 72617

N'étant remboursables qu'à la liquidation de la société et étant subordonnés, les TSDI peuvent sous certaines conditions être traités d'un point de vue comptable et prudentiel comme des « quasi-fonds propres ». Leur émission présente l'avantage de renforcer le « haut de bilan » de la société émettrice.

Ces obligations intègrent toutefois souvent une option de remboursement anticipé à la main de l'émetteur (call) exerçable un certain nombre d'années après leur émission.

Obligations convertibles synthétiques Les « obligations convertibles synthétiques » ou « obligations convertibles remboursables en numéraire sans effet dilutif » sont des obligations qui offrent une exposition à la performance des actions de l'émetteur, en permettant à leurs porteurs de convertir les obligations en un montant en numéraire déterminé par référence au cours de l'action de l'émetteur, mais sans que l'émission ni la conversion ne donnent lieu à une émission d'actions nouvelles par l'émetteur (l'émetteur couvre son exposition en achetant en parallèle de l'émission des options d'achat d'actions dénouables en numéraire). L'émission des obligations n'a donc aucun effet dilutif sur les actions. 72618

AMORTISSEMENT DE L'EMPRUNT OBLIGATAIRE

Les conditions de remboursement de l'emprunt doivent être précisées dans le contrat d'émission. 72660

Le contrat d'émission peut prévoir que le remboursement de l'emprunt se fera en une seule fois au terme convenu (**paiement in fine**). Ce procédé est le plus courant.

Mais le contrat peut aussi prévoir que la société procédera par voie d'**amortissement,** en remboursant à chaque date d'amortissement une fraction de la valeur nominale de chaque titre (nº 72661) ou en procédant à un tirage au sort (nº 72662).

Parfois, les sociétés émettrices stipulent dans les conditions de l'emprunt que le remboursement s'effectuera après un certain « **différé** », c'est-à-dire qu'il ne commencera qu'à l'expiration d'un délai déterminé : par exemple, emprunt sur dix ans, avec un différé d'amortissement de cinq ans, les obligations étant remboursées par fractions égales au cours de chacune des cinq dernières années. En pareil cas, la société n'a à faire face, pendant la période du différé, qu'au paiement des intérêts.

À noter que dans certaines émissions (titres subordonnés à durée indéterminée), et à défaut d'exercice par l'émetteur d'une option de remboursement anticipé, les obligations ne sont remboursables qu'à la liquidation de la société (nº 72617).

72661 **Remboursement d'une fraction de la valeur nominale** En cas de remboursement partiel, le contrat d'émission peut prévoir que l'amortissement s'appliquera à l'ensemble des obligations par la réduction d'une même fraction de leur valeur nominale. Il s'agit de la solution la plus simple, qui permet de traiter les obligataires de manière complètement égalitaire.

72662 **Tirage au sort** Le contrat d'émission peut prévoir, au lieu du remboursement d'une même fraction de la valeur nominale de chaque obligation, qu'un tirage au sort décidera des obligations qui seront remboursées.

Si les obligations sont groupées par séries égales dont le nombre correspond à celui des annuités d'amortissement, chaque série est désignée par une lettre et, à chaque échéance, la société rembourse la totalité des obligations d'une série déterminée par tirage au sort. Lorsque les obligations ne sont pas groupées en séries identifiées, leur amortissement est, pour les titres admis aux négociations sur un marché réglementé, soumis au régime de répartition proportionnelle des titres amortis (RPTA) fixé par l'article R 213-16 du Code monétaire et financier.

72664 Le contrat d'émission doit comporter un **tableau d'amortissement** fixant le nombre d'obligations devant être tirées au sort chaque année en vue de leur amortissement.

72665 Tous les tirages de titres émis avec l'intervention ou l'autorisation de l'État ou qui ont fait l'objet d'une insertion au Balo doivent être **publiés** au Journal officiel à la charge et aux frais de la société émettrice.

Cette insertion, qu'il faut effectuer au moins 20 jours avant la date de remboursement des titres, doit indiquer les numéros des titres sortis au dernier tirage et rappeler les numéros des titres sortis aux tirages précédents et non encore remboursés.

Les modalités d'application de cette publicité sont précisées par l'article 101 de la loi du 13 juillet 1925 et le décret 49-301 du 28 février 1949.

72666 Le tirage au sort entraîne les **conséquences** suivantes.

1. La société doit rembourser les titres sortis au tirage à la date convenue dans le contrat d'émission. Toutefois, conformément à l'article 1343-5 du Code civil, les tribunaux peuvent accorder un délai de grâce à la société pour se libérer (CA Paris 30-3-1928 : Gaz. Pal. 1928 I p. 746).

2. Les titres sortis au tirage cessent de porter intérêt. Néanmoins, si la société émettrice a continué à payer des produits d'obligations devenues remboursables par suite de tirage au sort, elle ne peut exiger la restitution de ces sommes lorsque lesdites obligations sont présentées au remboursement. Toute clause contraire est réputée non écrite (art. L 228-45).

3. La négociation d'obligations sorties au tirage est nulle.

4. Les propriétaires de titres amortis ne peuvent plus, sauf exception, participer aux assemblées d'obligataires (nº 72130).

5. Les obligations sorties au tirage et remboursées doivent être annulées et ne peuvent être remises en circulation (art. L 228-74 ; nºs 72690 et 72691).

REMBOURSEMENT ANTICIPÉ DES OBLIGATIONS

72680 *En principe, la société* ne peut pas imposer – ni les obligataires exiger – le remboursement anticipé des obligations. Mais, en pratique, les **cas de remboursement** anticipé sont fréquents.

Le **contrat d'émission** peut ainsi prévoir une faculté de remboursement anticipé au bénéfice de la société émettrice à des dates prédéfinies ou à tout moment. La pratique tend d'ailleurs à multiplier les clauses de « make-whole call » qui sont des options de remboursement anticipé à la main de l'émetteur, moyennant le paiement aux obligataires d'une pénalité, par exemple une somme égale aux flux futurs de principal et d'intérêts qui auraient été dus en l'absence de remboursement anticipé, actualisée sur la base du taux de rendement d'un titre de référence (par exemple, une OAT de maturité comparable) augmenté d'une marge.

Le contrat d'émission peut aussi prévoir une option de remboursement anticipé à la main des porteurs. Une telle option est généralement consentie aux porteurs en **cas de défaut** dans l'exécution du contrat obligataire (défaut de paiement, non-respect d'un engagement), en cas de survenance d'événements particuliers affectant l'émetteur ou ses filiales, voire en cas de changement de contrôle de la société.

En dehors des cas prévus au contrat d'émission, le remboursement anticipé est permis dans les situations suivantes :

– en cas de déchéance du terme lorsque la société a, par son fait, diminué les garanties qu'elle avait accordées aux obligataires dans le contrat d'émission (C. civ. art. 1305-4) ;

– en cas de dissolution anticipée de la société, non provoquée par une fusion ou une scission. En pareil cas, l'assemblée générale des obligataires peut exiger le remboursement des obligations et la société peut l'imposer (art. L 228-76).

RACHAT DES OBLIGATIONS

Principe La société peut acheter ses propres obligations, sous réserve de parvenir à un accord avec l'obligataire cédant auquel la cession ne peut pas être imposée. Dans ce cas, la société doit en principe **annuler** les obligations rachetées et il lui est interdit de les remettre en circulation (art. L 228-74). 72690

Exceptions Par dérogation à l'article 1349 du Code civil et à l'article L 228-74, les sociétés dont les obligations sont admises aux négociations sur un marché réglementé ou sur un SMNO ainsi que les sociétés ayant le statut d'établissement de crédit, d'entreprise d'investissement ou de société de financement peuvent acquérir ces obligations et les conserver aux fins de **favoriser leur liquidité** (C. mon. fin. art. L 213-0-1, 2° et 3°). 72691

La société ne peut toutefois pas détenir plus de 15 % d'une même émission et ne peut **conserver** les obligations que pendant une durée maximale d'un an à compter du rachat (art. L 213-0-1). Pendant le temps de leur conservation, tous les droits attachés aux obligations (participation à la masse des obligataires, droit de vote aux assemblées des obligataires, droit à percevoir les intérêts) sont suspendus.

> **Précisions** Si la société émettrice a le statut d'**établissement de crédit,** d'**entreprise d'investissement** ou de **société de financement,** elle peut en outre **souscrire** (et non seulement acquérir) ses obligations pour les conserver pour les besoins de leur placement, dans ce cas pour une durée maximale de 60 jours calendaires (C. mon. fin. art. L 213-0-1, al. 2).

TRANSPARENCE ET PROCÉDURE D'ACQUISITION ORDONNÉE D'OBLIGATIONS

Transparence des acquisitions obligataires Lorsqu'un émetteur de titres de créance **admis aux négociations** sur un marché réglementé (**Euronext Paris**) ou un SMNO français (**Euronext Growth**) a acquis sur le marché ou hors marché en une ou plusieurs fois plus de **10 %** de titres représentant un même emprunt obligataire ne donnant pas accès au capital, il doit en informer le marché dans un délai de quatre jours de négociation par le biais d'un communiqué (Règl. gén. AMF art. 238-1 et 238-2). Tout rachat en une ou plusieurs fois portant sur chaque tranche supplémentaire de 10 % du même emprunt fait l'objet de la même information. 72700

En outre, lorsque l'émetteur a racheté des titres au cours du semestre écoulé, il doit publier pour chacun de ses emprunts obligataires le nombre de titres restant en circulation et le nombre de titres qu'*il* détient (Règl. gén. AMF art. 238-2-1).

> **Précisions** Le **seuil** de 10 % est **calculé** sur la base du nombre de titres émis, en tenant compte des éventuelles émissions successives conférant des droits identiques aux porteurs. Le nombre de titres pris en compte pour le calcul du seuil susmentionné correspond au nombre de titres rachetés, déduction faite du nombre de titres revendus.

Procédure d'acquisition ordonnée Un émetteur, son mandataire ou un tiers peut mettre en place un dispositif centralisé lui permettant d'offrir à l'ensemble des porteurs de titres de créance **admis aux négociations** sur un marché réglementé (**Euronext Paris**) ou un SMNO français (**Euronext Growth**) la faculté de céder ou d'échanger tout ou partie des 72701 titres de créance qu'ils détiennent, en assurant l'égalité de traitement des porteurs (Règl. gén. AMF art. 238-3).

Le projet d'acquisition ordonnée doit donner lieu à un **communiqué de presse** diffusé de manière effective et intégrale et respectant les règles en matière d'abus de marché (Règl. gén. AMF art. 238-4).

72702 Lorsque la procédure d'acquisition ordonnée porte sur des titres de créance ayant fait l'objet d'une **offre au public** de titres en France (à l'exception d'une offre réservée à des investisseurs qualifiés ou à un cercle restreint d'investisseurs, d'une offre qui relève du financement participatif, d'une offre dont le montant total calculé sur une période de 12 mois est inférieur à 8 M€ – seuil qui devrait être porté à 12 M€ à compter du 5 juin 2026 : voir nº 71323 –, d'une offre qui porte sur des titres dont la valeur nominale unitaire s'élève au moins à 100 000 € ou dont les bénéficiaires acquièrent les titres pour un montant total d'au moins 100 000 € par investisseur et par offre distincte), le communiqué de presse doit suivre les règles posées par une **instruction AMF** (Règl. gén. AMF art. 238-5), s'agissant du **contenu** du communiqué (Inst. AMF 2010-02 du 31-8-2010 art. 2), de sa diffusion au plus tard le jour d'ouverture de la procédure d'acquisition (Inst. AMF 2010-02 art. 1) et de sa **transmission préalable à l'AMF** accompagné de tout document à caractère promotionnel relatif à la procédure d'acquisition (Inst. AMF 2010-02 art. 3).

D. Droit d'aliéner les obligations

TRANSFERT DES OBLIGATIONS

72750 Les obligations sont des **titres négociables** (C. mon. fin. art. L 213-5). Leur transfert s'opère par virement de compte à compte, chez la société émettrice s'il s'agit de titres nominatifs, chez un intermédiaire financier (principalement un établissement de crédit ou une entreprise d'investissement) s'il s'agit de titres au porteur (nºs 62230 s.), ou par inscription dans une blockchain (nºs 62500 s.).

72751 **Clauses d'agrément** En tant que titres négociables, les obligations doivent être cessibles. Toutefois, il ne nous paraît pas interdit de prévoir parmi les conditions d'émission de l'emprunt, d'une part, que toutes les obligations seront obligatoirement nominatives et, d'autre part, que les cessions d'obligations seront soumises à l'agrément d'un organe déterminé de la société (par exemple, le conseil d'administration ou le conseil de surveillance).

De telles clauses d'agrément ne doivent pas en pratique interdire toute cession, les obligations devant rester des titres négociables.

Si les obligations sont admises aux négociations sur un marché, les règles applicables au marché imposent généralement que les obligations soient librement négociables, ce qui interdit les clauses d'agrément.

72752 Dans la plupart des cas, contrôler les cessions d'obligations offre un intérêt limité pour la société émettrice : simples créanciers de la société, les obligataires n'ont aucun droit de regard sur la gestion de celle-ci et leur accord sur telle ou telle opération ne doit être sollicité par les dirigeants sociaux que dans la mesure où cette opération est susceptible de porter atteinte à leurs droits (nºs 72342 s.). Toutefois, lorsqu'une société souscrit dans le contrat d'émission l'engagement de transmettre certaines informations confidentielles, notamment financières, la clause d'agrément peut présenter un intérêt.

NANTISSEMENT D'OBLIGATIONS

72760 Les obligations peuvent, comme toutes valeurs mobilières, être données en nantissement par leur propriétaire : voir nºs 62610 s. Un émetteur ne peut toutefois pas donner ses propres obligations en nantissement (art. L 228-44).

SECTION 5

PROCÉDURE COLLECTIVE DE LA SOCIÉTÉ DÉBITRICE

REPRÉSENTATION DES OBLIGATAIRES EN CAS DE PROCÉDURE COLLECTIVE

En cas de procédure collective de la société émettrice des obligations, les obligataires ne peuvent pas convenir individuellement avec la société ou les organes de la procédure des modalités de remboursement de leurs titres et du paiement d'intérêts : ce sont les **représentants de la masse** qui représentent les obligataires (art. L 228-83) et agissent pour leur compte selon les indications de l'assemblée générale. L'ouverture d'une procédure collective à l'encontre de la société débitrice ne met en effet pas fin au fonctionnement et au rôle de l'**assemblée générale** des obligataires (art. L 228-88). 72900

› **Précisions** **a.** Sur la **désignation d'un mandataire** chargé d'assurer la représentation de la masse, voir n° 72902.
b. Dans une **émission « wholesale »** (obligations dont la valeur nominale à l'émission est au moins égale à 100 000 €), pour laquelle il est possible de ne pas créer de masse (voir nos 72370 s.), le contrat d'émission peut désigner un mandataire chargé de représenter les obligataires lorsque la société émettrice fait l'objet d'une procédure de prévention ou de règlement des difficultés des entreprises régie par le Livre VI du Code de commerce ou d'une procédure similaire de droit étranger.

DÉCLARATION DE LA CRÉANCE DES OBLIGATAIRES

Les **représentants de la masse** déclarent au passif de la sauvegarde, du redressement ou de la liquidation judiciaire de la société, pour tous les obligataires composant cette masse, le montant en principal des obligations restant en circulation augmenté pour mémoire des coupons d'intérêts échus et non payés, dont le décompte est établi par le mandataire judiciaire. Ils ne sont pas tenus de fournir les titres de leurs mandants à l'appui de cette déclaration (art. L 228-84). 72902

La déclaration doit intervenir dans le **délai** de deux mois à compter de la publication au Bodacc du jugement d'ouverture de la procédure collective (art. L 622-24, R 622-24, al. 1, L 631-14, al. 1 et L 641-3, dernier al.).

› **Précisions** Si les représentants de la masse n'ont pas déclaré la créance dans ce délai, le mandataire judiciaire doit demander au président du tribunal de commerce statuant sur requête la nomination d'un **mandataire chargé d'assurer la représentation de la masse** et d'en déclarer la créance (art. L 228-85 et R 228-85, al. 1). Il en va de même si les représentants de la masse n'ont pas été désignés (Cass. com. 2-6-2004 n° 01-16.825 : Bull. civ. IV n° 111). Le mandataire dispose d'un délai de 15 jours à compter de sa désignation pour déclarer la créance (art. R 228-85, al. 2).

CONSULTATION DES OBLIGATAIRES EN VUE DE L'ADOPTION DU PLAN

Consultation en l'absence de constitution de classes de parties affectées Le **mandataire judiciaire** transmet aux représentants de la masse les **propositions** qu'il a reçues de la société ou de l'administrateur judiciaire en ce qui concerne les modalités de règlement des obligations. 72904

Les représentants de la masse ne peuvent se prononcer sur ces propositions ou faire des contre-propositions que dans le sens défini par l'assemblée générale ordinaire des obligataires convoquée à cet effet (art. L 228-86). S'ils donnent au mandataire judiciaire un avis différent de celui exprimé par l'assemblée, ils s'exposent à une action en dommages-intérêts.

Consultation en présence de classes de parties affectées En cas de sauvegarde (y compris accélérée) ou de redressement judiciaire de la société émettrice, le plan est voté par les seules « parties affectées » par celui-ci (y compris les créanciers – et donc les obligataires – dont les droits sont directement affectés par le projet de plan). Pour ce vote, les parties affectées sont regroupées en **classes** représentatives d'une communauté d'intérêt économique, qui distinguent notamment les créanciers titulaires de sûretés réelles sur les biens de la société émettrice des autres créanciers et qui tiennent compte des accords de subordination conclus avant l'ouverture de la procédure (art. L 626-29 s.). La constitution de ces classes est obligatoire dans certains cas (n° 91061). Les obligataires sont répartis au sein d'une ou de plusieurs classes de parties affectées (art. R 626-61, qui fixe les modalités de leur convocation). 72905

Le plan proposé (par la société émettrice en cas de sauvegarde ou, dans un redressement judiciaire, par l'administrateur ou un membre d'une classe de parties affectées) doit être adopté par chaque classe à la **majorité** des deux tiers des voix détenues par les membres ayant exprimé un vote (art. L 626-30-2, al. 4 et 5 et R 626-60). Il est ensuite arrêté par le tribunal dans les conditions exposées nº 91155.

IMPUTATION DES FRAIS

72909 Les frais entraînés par la représentation des obligataires au cours d'une **procédure de sauvegarde ou de redressement judiciaire** de la société incombent à celle-ci. Ils sont considérés comme des frais d'administration judiciaire et constituent dès lors une créance privilégiée (art. L 228-87).

> **Précisions** L'article L 228-87, qui ne vise pas le cas où la société est en **liquidation judiciaire** (contrairement à d'autres dispositions du Code de commerce réglementant le sort des obligataires en cas de procédure collective de la société), ne permet pas de mettre à la charge d'une telle société les frais de représentation de la masse de ses obligataires par un mandataire ad hoc ; il importe peu que le contrat d'émission des obligations, applicable seulement lorsque la société est « in bonis », ait prévu que les frais de fonctionnement de la masse soient à la charge de la société (CA Paris 20-3-2018 nº 16/15911 : RJDA 7/18 nº 582).

SECTION 6 OBLIGATIONS ÉMISES PAR LES SARL

CONDITIONS PRÉALABLES À L'ÉMISSION D'OBLIGATIONS PAR UNE SARL

73100 Une SARL ne peut émettre des obligations que si elle a désigné un **commissaire aux comptes** et si ses comptes des **trois derniers exercices** de 12 mois ont été régulièrement **approuvés** par les associés (art. L 223-11, al. 1).

Le Code de commerce ne précise pas si les comptes des trois derniers exercices doivent avoir été audités par le commissaire aux comptes. Il nous semble qu'une SARL qui émettrait des obligations sans avoir de comptes audités et nommerait un commissaire aux comptes juste avant l'émission irait à l'encontre de l'esprit du texte ; en revanche, celui-ci serait respecté si le commissaire aux comptes nouvellement nommé certifie les comptes des trois derniers exercices.

À peine de nullité de l'émission, les obligations ne doivent **pas** être **offertes au public,** sauf à des investisseurs qualifiés ou à un cercle restreint d'investisseurs (art. L 223-11, al. 1 ; pour des précisions, voir nºs 63000 s.). Les obligations émises par une SARL peuvent être admises aux négociations sur un marché, y compris un marché réglementé.

Les obligations émises par la SARL doivent avoir la forme d'**obligations nominatives** (art. L 223-11, al. 1).

ÉMISSION DES OBLIGATIONS PAR UNE SARL

73120 **Compétence** L'émission d'obligations est décidée par l'**assemblée des associés,** conformément aux dispositions applicables aux assemblées générales d'actionnaires (art. L 223-11, al. 2).

73121 **Interdiction de garantir une émission de valeurs mobilières** À peine de nullité de la garantie, il est interdit à une SARL de garantir une émission de valeurs mobilières, sauf si l'émission est faite par une société de développement régional ou s'il s'agit d'une émission d'obligations bénéficiant de la garantie subsidiaire de l'État (art. L 223-11, al. 4). À notre avis, cette interdiction couvre tant l'octroi d'une sûreté personnelle que celui d'une sûreté réelle.

APPLICATION DES DISPOSITIONS RELATIVES AUX SOCIÉTÉS PAR ACTIONS

73130 Les règles relatives aux obligations émises par les sociétés par actions, exposées dans les sections 2 à 5 ci-dessus, sont applicables aux obligations émises par les SARL, à l'exclusion de celles prévues par les articles L 228-39, L 228-40 et L 228-51 (nºs 71210 s., 71290 s. et 71530) (art. L 223-11, al. 2).

Sont en particulier applicables aux émissions d'obligations réalisées par les SARL les dispositions suivantes de la partie réglementaire du Code de commerce relatives aux émissions d'obligations par les sociétés par actions (art. R 223-10) :
– l'article R 228-60 sur la désignation en justice des représentants de la masse des obligataires en cas d'urgence (nos 71531 et 71830) ;
– les articles R 228-61 à R 228-64 sur la publicité de la nomination de ces représentants, sur leur rémunération et sur leur démission (nos 71550 s., 71700 s. et 71850) ;
– les articles R 228-65 à R 228-69 et R 228-72 à R 228-80 sur les assemblées d'obligataires et le droit de communication de ceux-ci (nos 71910 s. et 72500 s.) ;
– l'article R 228-83 sur la mainlevée des sûretés réelles constituées pour garantir le remboursement des obligations (no 71309) ;
– les articles R 228-84 à R 228-86 sur les effets d'une procédure de sauvegarde, de redressement ou de liquidation judiciaire ouverte à l'encontre de la société (nos 72900 s.).

CAS PARTICULIER DES OBLIGATIONS CONVERTIBLES EN PARTS SOCIALES

La question de la possibilité pour une SARL d'émettre des obligations convertibles en parts sociales s'analyse au regard de la nature des obligations émises par les SARL. Ces titres constituent, à notre sens, des valeurs mobilières, c'est-à-dire des titres transmissibles par inscription en compte, qui confèrent des droits identiques par catégorie et donnent accès à un droit de créance général sur le patrimoine de la société émettrice. L'article L 223-11, al. 2 précise que l'émission d'obligations par une SARL doit être décidée par l'assemblée des associés conformément aux dispositions applicables aux assemblées générales d'actionnaires. Ces titres sont soumis aux dispositions relatives aux obligations émises par les sociétés par actions, à l'exclusion de celles prévues par les articles L 228-39, L 228-40 et L 228-51. Enfin, l'article L 241-2 interdit au gérant de SARL d'émettre des valeurs mobilières à l'exception des obligations émises dans les conditions déterminées par l'article L 223-11. **73140**

Dès lors que ces obligations sont des valeurs mobilières, une SARL peut-elle émettre des obligations convertibles en parts sociales ? Rien dans la lettre de l'article L 223-11 ne permet d'exclure la possibilité d'émettre de tels titres. De surcroît, si ces derniers constituent des valeurs mobilières donnant accès au capital, le fait que le Code de commerce prévoit un dispositif spécifique applicable aux valeurs mobilières émises par les seules sociétés par actions ne permet pas d'en déduire une interdiction pour les SARL d'émettre des obligations autres que simples. Cet avis est partagé par la CNCC et par l'Ansa, qui considèrent qu'une SARL peut émettre des obligations convertibles en titres de capital (Bull. CNCC décembre 2017 p. 543 ; Communication Ansa, comité juridique no 23-013 du 1-3-2023). La seule conséquence est qu'une SARL ne peut pas bénéficier du régime simplifié prévu pour les sociétés par actions et doit nécessairement respecter les règles beaucoup plus contraignantes des augmentations de capital, ce qui constitue un obstacle souvent dissuasif à l'émission d'obligations convertibles. **73141**

CHAPITRE 4

LES VALEURS MOBILIÈRES DONNANT ACCÈS AU CAPITAL OU DONNANT DROIT À L'ATTRIBUTION DE TITRES DE CRÉANCE

SOMMAIRE

GÉNÉRALITÉS

74000 Les valeurs mobilières donnant droit à l'attribution d'autres valeurs mobilières (valeurs mobilières composées) se sont développées de manière assez extraordinaire depuis quelques années. Elles ont permis le développement d'un « sur-mesure » financier particulièrement apprécié par les entreprises.

Certaines d'entre elles ont connu et connaissent toujours un **succès** remarquable : obligations convertibles en actions (OC), obligations avec bons de souscription d'actions (Obsa), obligations convertibles en actions assorties de bons de souscription d'actions (Ocabsa), obligations convertibles et/ou échangeables en actions nouvelles ou existantes (Oceane), obligations remboursables en actions (ORA), obligations remboursables en numéraire ou en actions nouvelles et existantes (Ornane), obligations remboursables en numéraire ou en actions nouvelles et existantes assorties de bons de souscription d'actions (Ornanebsa), obligations à option de remboursement en numéraire et/ou en actions existantes (Ornae), obligations à bons de souscription d'actions remboursables (Obsar), obligations à bons de souscription et/ou d'acquisition d'actions remboursables (Obsaar), obligations subordonnées remboursables en actions (Osra) et obligations échangeables en actions.

A. Principes relatifs aux valeurs mobilières composées

SOCIÉTÉS AUTORISÉES À ÉMETTRE DES VALEURS MOBILIÈRES COMPOSÉES

74010 Toutes les **sociétés par actions** peuvent émettre des valeurs mobilières donnant accès au capital ou donnant droit à l'attribution de titres de créance (art. L 228-91, al. 1). Sur la possibilité *pour les* ***SARL*** *d'émettre des obligations* convertibles en parts sociales, voir n° 73140.

APPLICATION DU RÉGIME DES OBLIGATIONS AUX OBLIGATIONS COMPOSÉES

74011 Bien que le législateur ait eu le souci de construire un régime juridique autonome, lorsque la **valeur composée** émise est **d'abord une obligation,** les règles spécifiques aux obligations nous paraissent devoir s'appliquer. À titre d'exemple, il n'est pas possible d'émettre des obligations donnant accès au capital ou donnant droit à l'attribution de titres de créance dès lors que la société émettrice n'a pas établi deux bilans régulièrement approuvés par ses actionnaires comme requis par l'article L 228-39 (sauf à procéder à une vérification de son actif et de son passif par un commissaire aux comptes ou à ce que les obligations soient garanties par une société ayant elle-même établi deux bilans régulièrement approuvés par ses actionnaires, voir n°s 71220 s.).

> **Précisions** **a.** L'émission d'obligations composées donnant droit à des titres de capital à émettre étant de la compétence de l'assemblée générale extraordinaire (art. L 228-92, al. 1), la vérification de l'actif et du passif en application de l'article L 228-39 pour les **sociétés n'ayant pas deux ans d'existence** impose donc de réunir deux fois l'assemblée. Selon l'Ansa, il n'est pas possible d'éviter la seconde réunion pour désigner le commissaire chargé de vérifier l'actif et le passif de la société en faisant signer un acte de nomination par tous les actionnaires, car l'article L 228-39 vise expressément une décision de l'« organe de la société », qui n'équivaut pas à une décision unanime des actionnaires (Communication Ansa, comité juridique n° 18-020 du 2-5-2018). La tenue d'une seule assemblée appelée à la fois à décider l'émission et à désigner le commissaire n'est pas non plus possible : la désignation doit nécessairement précéder la décision d'émission puisque c'est au vu du rapport du commissaire que les actionnaires pourront prendre cette décision en connaissance de cause.
> **b.** Même si les **titres donnant accès au capital** sont classés dans les titres de capital par l'article L 212-1-A du Code monétaire et financier, la Cour de cassation a confirmé s'agissant d'obligations convertibles en actions (OCA) que, jusqu'à leur conversion, elles sont des obligations ayant la **nature** de titres de créance et non pas des actions (Cass. com. 18-9-2024 n° 22-23.054 FS-B : RJDA 1/25 n° 26).

TITRE PRIMAIRE ET TITRE SECONDAIRE

En matière de valeurs mobilières composées, on distingue usuellement le **titre primaire,** qui désigne la valeur mobilière émise à l'origine et qui peut être un titre de capital ou un titre de créance, du **titre secondaire,** qui correspond au titre de capital ou au titre de créance auquel donne droit le titre primaire par le jeu de la conversion, de l'échange, du remboursement ou de l'exercice de l'option. **74012**

> **Précisions** **a. Par rapport à une obligation sèche,** une obligation donnant accès au capital donne à son porteur la **possibilité de bénéficier** d'une appréciation de la valeur de la société (dans le cas d'une obligation convertible en actions, le porteur aura intérêt à convertir son obligation en actions si la valeur des actions auxquelles l'obligation donne droit devient supérieure à la valeur nominale de l'obligation) et permet à son émetteur de diminuer son coût de financement (le taux d'intérêt d'une obligation convertible en actions est inférieur à celui qui aurait été appliqué pour une obligation sèche, la valeur de l'option d'accès au capital venant réduire le montant d'intérêt dû).
> **b.** Sur les **obligations convertibles synthétiques,** voir n° 72618.
> **c.** Les titres primaires et secondaires peuvent être constitués par des **actions de préférence.**

UTILISATION DE VALEURS MOBILIÈRES COMPOSÉES POUR RÉMUNÉRER UN APPORT EN NATURE

Des valeurs mobilières donnant accès au capital ou conférant un droit de créance sur le patrimoine de la société émettrice peuvent à notre avis rémunérer les **apports en nature** effectués à l'occasion d'une augmentation de capital : voir n° 51020. **74020**

UTILISATION DE VALEURS MOBILIÈRES COMPOSÉES AU SEIN D'UN GROUPE

Une société par actions peut émettre des valeurs mobilières donnant accès à des titres de capital à émettre par la société qui possède directement ou indirectement plus de la moitié de son capital ou par la société dont elle possède directement ou indirectement plus de la moitié du capital (art. L 228-93, al. 1). Une filiale peut donc attribuer des titres de capital de sa société mère et une société mère peut attribuer des titres de capital de sa filiale. **74030**

> **Précisions** **a.** Selon l'Ansa, l'article L 228-93 *ne s'oppose pas à ce qu'une société* émette des valeurs mobilières complexes permettant au **titulaire,** à son gré, d'exercer son droit d'accès au capital dans l'une des **sociétés du groupe** de son **choix,** dans les conditions prévues au contrat d'émission (Communication Ansa, comité juridique n° 10-048 du 8-9-2010).
> **b.** Il est possible pour une société par actions d'émettre des valeurs mobilières donnant accès à des titres de capital existants ou donnant droit à l'attribution de titres de créance d'une autre **société en dehors de tout lien de contrôle** avec celle-ci ; les conditions et modalités d'accès ou d'attribution de ces titres sont définies par le contrat d'émission (art. L 228-94, al. 1).

Notion de détention indirecte Dans le silence des textes, la notion de « détention indirecte » employée à l'article L 228-93, al. 1 doit, à notre avis, s'apprécier non pas en multipliant les pourcentages de participation, mais en cascade, société par société. La société **74031**

mère se substitue purement et simplement à la société qui constitue le « maillon » suivant, chaque fois qu'il y a participation majoritaire. Ainsi, une société A est réputée détenir indirectement à plus de 50 % une autre société C dès l'instant qu'elle détient plus de la moitié du capital d'une société B détenant elle-même plus de la moitié du capital de C.

› Précisions Cette **interprétation** avait d'ailleurs été **retenue** à propos de la loi 80-834 du 24 octobre 1980 sur la distribution d'actions en faveur des salariés qui, pour cette distribution, assimilait aux salariés de la société ceux des sociétés dont celle-ci détenait « directement ou indirectement plus de la moitié du capital ». Commentant cette disposition, l'**administration** avait **précisé** qu'il devait être tenu compte des participations détenues personnellement par la société distributrice ainsi que de celles qu'elle détenait par l'intermédiaire d'une société dans laquelle elle disposait, selon les mêmes modalités d'appréciation, de plus de la moitié du capital. L'administration donnait le cas suivant : A détient 80 % du capital de B qui détient 70 % du capital de C qui détient elle-même 30 % du capital de D. A détient également 30 % du capital de D.

Doivent être considérées comme filiales de la société A :

— de manière directe : la société B ;

— de manière indirecte :

• la société C par l'intermédiaire de B,

• la société D par addition de la participation directe de A et de la participation que A détient indirectement par l'intermédiaire de C.

On remarquera que, si l'on faisait le produit des pourcentages, A détiendrait indirectement 80 % × 70 % × 30 % = 16,80 % du capital de D, et directement 30 % de ce capital, soit au total 46,80 % seulement.

Les termes de l'article L 228-93 étant identiques à ceux de la loi 80-834 du 24 octobre 1980, il convient de les interpréter de la même façon que ces derniers. L'adverbe « indirectement » permettant étymologiquement l'interprétation la plus extensive, aucune raison n'interdit aux tribunaux de suivre celle proposée par l'administration en matière de distribution d'actions aux salariés. De plus, il serait regrettable que, sauf motif d'ordre public, les mêmes expressions n'aient pas le même sens.

En tout état de cause, on ne saurait, à notre avis, utiliser la notion de contrôle fixée par l'article L 233-3 pour déterminer si la chaîne des participations est rompue ou non. En effet, ce texte définit la notion de « contrôle » et non celle de « détention » d'une fraction du capital d'une société par une personne. Or, ces deux notions ne peuvent être tenues pour équivalentes car la loi les distingue l'une de l'autre selon l'objet des dispositions dans lesquelles elle s'y réfère. Ainsi, certaines dispositions sont applicables à la seule condition de la détention directe ou indirecte d'une fraction du capital (art. L 228-93), d'autres à la condition soit d'une détention directe, soit d'un contrôle (art. L 233-6), d'autres encore à la condition soit d'une détention directe ou indirecte d'une fraction du capital ou des droits de vote, soit d'un contrôle direct ou indirect exclusif ou conjoint (art. L 225-180), d'autres, enfin, à la seule condition d'un contrôle direct ou indirect (art. L 233-3, I).

MISE À L'ÉCART DE LA RÉGLEMENTATION DES PROMESSES D'ACTIONS

74040 L'émission de valeurs mobilières donnant accès au capital ou donnant droit à l'attribution de titres de créance ne constitue **pas** une **promesse d'actions** dont la négociation est interdite (art. L 228-91, al. 4 ; nº 68413).

DURÉE DES VALEURS MOBILIÈRES DONNANT ACCÈS AU CAPITAL

74050 Il est possible de procéder à l'émission de valeurs mobilières donnant accès au capital constituées d'éléments de maturités différentes : par exemple, des bons de souscription d'actions peuvent être émis pour une durée plus longue que celle de la valeur mobilière dont ils sont susceptibles d'être détachés.

AGRÉMENT DES CESSIONS DE VALEURS MOBILIÈRES DONNANT ACCÈS AU CAPITAL

74060 Dans les sociétés dont les actions ne sont pas admises aux négociations sur un marché réglementé, la cession de valeurs mobilières donnant accès au capital peut être soumise à l'agrément de la société par une **clause des statuts** (art. L 228-23, al. 1). Cette disposition vise à empêcher qu'une personne indésirable n'entre dans la société en achetant des obligations puis en demandant leur conversion, leur remboursement ou leur échange en titres de capital (cf. art. L 228-103, al. 5). Sur la prévention de ce risque au moment de l'émission, voir nº 74153.

POSSIBILITÉ D'ENVISAGER DES CESSIONS « LIÉES »

74070 Il est possible de prévoir dans le contrat d'émission que les valeurs mobilières et les titres de capital ou de créance auxquels elles donnent droit ne peuvent être cédés et négociés qu'ensemble (art. L 228-91, al. 2). Dans ce cas, si le titre émis à l'origine est un titre de capital, celui-ci ne constitue pas une catégorie particulière d'actions qui obligerait, en application de l'article L 225-99, à réunir des assemblées spéciales des porteurs de ces titres.

› Précisions La **clause d'indivisibilité** entre le titre primaire et le titre secondaire surprend un peu. Elle semble frapper, en premier lieu, le titre primaire d'inaliénabilité temporaire tant que le titre secondaire n'a pas été émis. Elle interdit, en deuxième lieu, une fois le titre secondaire créé, de céder ou de négocier l'un des deux titres sans l'autre. Elle pénalise, en dernier lieu, le souscripteur, dont on voit mal qu'il puisse trouver un **intérêt** à souscrire un titre primaire qui, par la seule vertu du contrat d'émission, se trouvera indivisiblement lié au titre auquel il doit donner naissance.
Reste que cette indivisibilité peut contribuer à rendre attractif un instrument financier hybride : une obligation portant intérêt à un taux fixe réduit sera attractive, par exemple, parce qu'elle ouvre droit à une action de préférence à revenu privilégié mais variable ; une action de préférence sans droit de vote n'attirera l'investisseur que parce qu'elle porte un droit (de souscription, par exemple) à une action ordinaire assortie du droit de vote, etc.

CONVERSION DE TITRES DE CAPITAL

Un titre de capital ne peut être converti ou transformé en valeur mobilière représentative d'un droit de créance (art. L 228-91, al. 3). Le législateur veut ainsi éviter qu'à l'approche d'une procédure collective les titulaires de titres de capital ne recherchent la position plus favorable de créancier ; il n'entend pas non plus encourager la réduction des fonds propres de l'entreprise. **74080**

Les clauses qui contreviennent à cette interdiction sont réputées non écrites (art. L 228-91, al. 3).

Seules la conversion et la transformation étant interdites, sont envisageables diverses combinaisons donnant accès à des droits dérivés de créance. Il en va ainsi des valeurs mobilières représentatives de capital assorties de bons de souscription à des valeurs représentatives de créances.

RACHAT OU REMBOURSEMENT FORCÉ DES TITRES

Sauf stipulations spéciales du contrat d'émission et hors le cas de dissolution anticipée ne résultant pas d'une fusion ou d'une scission, la société ne peut imposer aux titulaires de valeurs mobilières donnant accès à son capital le rachat ou le remboursement de leurs droits (art. L 228-102). **74090**

Le contrat d'émission peut toutefois librement organiser les modalités de rachat ou de remboursement des titres, comme pour les obligations (art. L 228-75).

INFORMATION DES SALARIÉS EN CAS DE CESSION DE VALEURS MOBILIÈRES DONNANT ACCÈS À LA MAJORITÉ DU CAPITAL D'UNE SOCIÉTÉ PAR ACTIONS

Sur cette question, voir n°s 18035 s. **74091**

B. Émission des valeurs mobilières composées

ÉMISSION DE VALEURS MOBILIÈRES DONNANT ACCÈS AU CAPITAL DE LA SOCIÉTÉ ÉMETTRICE

Organe compétent pour autoriser l'émission L'émission de **titres de capital donnant accès à d'autres titres de capital** et l'émission de **valeurs mobilières donnant accès à des titres de capital à émettre** sont autorisées par l'assemblée générale extraordinaire ; celle-ci se prononce sur le rapport du conseil d'administration ou du directoire et sur le rapport spécial du commissaire aux comptes (art. L 228-92, al. 1). S'agissant du rapport spécial du commissaire aux comptes, il nous semble que l'utilisation de l'article défini « du » plutôt que l'article indéfini « un » vise le commissaire aux comptes en fonction dans la société et conduit à n'exiger de rapport de commissaire aux comptes que pour les sociétés qui en sont dotées. **74145**

L'émission de ***titres de créance donnant accès à des titres de capital existants*** est autorisée dans les conditions prévues par l'article L 228-40 si le titre primaire est une obligation ou un titre participatif (sauf si les statuts réservent ce pouvoir à l'assemblée générale, l'émission peut être décidée par le conseil d'administration, le directoire ou les gérants, avec la possibilité pour le conseil d'administration ou le directoire de déléguer à toute personne de son choix les pouvoirs nécessaires pour réaliser l'émission dans un délai d'un an ; voir n°s 71290 s.) ; dans les autres cas, elle est autorisée dans les conditions que détermine la société émettrice conformément aux dispositions de l'article L 228-36-A (art. L 228-92, al. 3).

S'agissant enfin des « **bons d'offre** », la décision d'émission est prise aux conditions de quorum et de majorité des assemblées ordinaires (n° 65460).

› Précisions Selon l'Ansa, la liberté offerte aux **SAS** par l'article L 227-9, al. 1 de fixer dans les statuts des règles spécifiques pour la prise des décisions collectives permet de déroger aux dispositions de l'article L 228-92 imposant la réunion d'une assemblée générale extraordinaire ; il est donc possible de faire prendre toute décision d'augmenter le capital, y compris au moyen de l'émission de valeurs mobilières donnant accès au capital, par un acte écrit signé de tous les associés (Communication Ansa, comité juridique n° 19-004 du 9-1-2019).

Dans le même sens, l'Ansa considère que les règles de quorum et de majorité applicables pour la décision d'augmentation du capital par incorporation des réserves sont celles prévues par les statuts de la SAS (art. L 227-9, al. 2) et non celles des assemblées générales ordinaires prévues par l'article L 225-130 pour les SA (Communication Ansa, comité juridique n° 18-053 du 7-11-2018).

74152 **Contenu des rapports** Qu'il soit demandé ou non aux actionnaires de renoncer à leur droit préférentiel de souscription, le contenu des rapports du conseil d'administration (ou du directoire) et du commissaire aux comptes (si la société en est dotée) à l'assemblée générale appelée à autoriser une émission de valeurs donnant accès au capital est le même qu'en cas d'augmentation de capital (art. R 225-113 à R 225-116 et art. R 22-10-31, sur renvoi de l'art. R 225-117, al. 1). Le commissaire aux comptes doit donner son avis sur l'émission proposée ainsi que sur le choix des éléments de calcul du prix d'émission et son montant lorsque l'augmentation de capital a lieu avec maintien du droit préférentiel de souscription (art. R 225-117, al. 3). Doivent en outre être indiquées les caractéristiques des valeurs mobilières donnant accès au capital ou donnant droit à l'attribution de titres de créance, les modalités d'attribution des titres de capital ou de créance auxquels ces valeurs mobilières donnent droit, ainsi que les dates auxquelles peuvent être exercés les droits d'attribution (art. R 225-117, al. 2).

› Précisions Pour l'Ansa, si des **actionnaires** minoritaires déposent un **projet de résolution** ayant pour objet l'**émission de bons de souscription d'actions** avec maintien du droit préférentiel de souscription, le conseil d'administration n'ayant pas agréé le projet de résolution doit établir le rapport donnant les informations prévues aux articles R 225-114 s. ; à défaut, les administrateurs pourraient engager leur responsabilité civile dans les conditions de droit commun (art. L 225-251, al. 1) (Communication Ansa, comité juridique n° 19-007 du 6-2-2019).

74153 **Droit préférentiel de souscription des actionnaires** Lorsque les titres émis sont des titres de capital donnant accès à d'autres titres de capital ou donnant droit à l'attribution de titres de créance ou encore des valeurs mobilières donnant accès à des titres de capital à émettre, les actionnaires ont, proportionnellement au montant de leurs actions, un droit de préférence à la souscription de ces valeurs mobilières. La souscription de ces valeurs mobilières s'exerce selon les mêmes règles que celles applicables au droit préférentiel de souscription aux augmentations de capital fixées par les articles L 225-132 à L 225-141 (art. L 228-92, al. 2) et, si les titres de capital de la société sont admis aux négociations sur un marché réglementé, par les articles L 22-10-51 et L 22-10-52 (art. L 22-10-1).

Dès lors, une émission de valeurs mobilières donnant accès au capital peut être décidée avec **suppression du droit préférentiel** de souscription des actionnaires et une société dont les titres de capital sont admis aux négociations sur un marché réglementé peut proposer aux actionnaires de remplacer ce droit préférentiel de souscription par un **délai de priorité.** Pour un cas où, à l'occasion d'une émission d'Oceane sans droit préférentiel de souscription, il a été demandé à des sociétés de procéder à l'ouverture d'un délai de priorité, seul à même de permettre un traitement équitable de tous les actionnaires en leur permettant de participer à l'opération proportionnellement à leur quote-part de capital, voir Rapport AMF 2009 p. 134.

Le **non-respect du droit préférentiel** de souscription ou des règles qui organisent sa mise en œuvre entraîne la nullité des décisions prises (art. L 228-95 modifié, à compter du 1-10-2025, par ord. 2025-229 du 12-3-2025 rendant cette nullité facultative ; Ord. 2025-229 art. 70).

Par dérogation, les **actions de préférence sans droit de vote** auxquelles est attaché un droit limité de participation aux dividendes, aux réserves ou au partage du patrimoine en cas de liquidation sont privées de droit préférentiel de souscription pour toute augmentation de capital en numéraire, sous réserve de stipulations contraires des statuts (art. L 228-11, al. 5).

› Précisions **a.** En raison du renvoi général fait par l'article L 228-92 au régime du droit préférentiel de souscription attaché aux titres de capital, les dispositions visées et prévues en cas de suppression du droit préférentiel de souscription lors de l'émission d'actions (art. L 225-135 s.) deviennent applicables en cas d'**émission sans droit préférentiel de souscription de valeurs mobilières donnant accès au capital** (à émettre). Il en est de même de celles prévues par les articles L 22-10-51 et L 22-10-52, par application de l'article L 22-10-1. Il y a donc lieu de transposer ces dispositions au moment de l'émission de la valeur primaire pour la **détermination du prix d'émission du titre de capital** auquel celle-ci donne droit.

b. La question se pose de savoir si l'on peut accorder un **droit de souscription à titre réductible** (art. L 225-133) pour la souscription des valeurs mobilières donnant accès au capital. Manifestement, la disposition du Code de commerce qui vise le droit réductible n'est pas applicable dans ce cas, mais l'assemblée générale, ou le conseil en cas de délégation, a la possibilité de le stipuler expressément, ces dispositions étant alors prises sur un fondement contractuel (Communication Ansa, comité juridique n° 05-059 du 5-10-2005).

Renonciation automatique des actionnaires au droit de souscrire les titres de capital différé La décision d'émission de valeurs mobilières donnant accès au capital emporte renonciation des actionnaires à leur droit préférentiel de souscription aux titres de capital auxquels les valeurs mobilières émises donnent droit (art. L 225-132, al. 6). 74154

Droit préférentiel de souscription des porteurs de certificats d'investissement Lorsqu'il existe des certificats d'investissement, les titulaires de ces certificats ont un droit préférentiel à la souscription des valeurs mobilières émises, mais celles-ci ne sauraient leur permettre de devenir pleinement actionnaires. Elles ne peuvent leur donner vocation qu'à la souscription d'actions de préférence (art. L 228-34) sans droit de vote. 74155

L'article L 228-35, al. 1 donne aux porteurs de certificats d'investissement un droit de souscrire à titre irréductible en cas d'émission d'obligations convertibles en actions. Ces obligations ne pourront être converties qu'en actions de préférence sans droit de vote et assorties des mêmes droits que les certificats d'investissement (art. L 228-35, al. 2).

Montant de l'émission L'assemblée générale peut prévoir dans sa résolution une limite en deçà de laquelle l'opération ne sera pas réalisée (dans le même sens, Communication Ansa, comité juridique n° 08-036 du 3-9-2008). 74156

Lorsque les valeurs mobilières donnent droit à l'**attribution d'actions de préférence sans droit de vote,** les modalités de cette attribution doivent être déterminées de telle sorte que la fraction du capital social représentée par les actions de préférence dépourvues de droit de vote n'excède pas la moitié ou le quart du capital, selon que les actions de la société sont ou non admises aux négociations sur un marché réglementé (art. L 228-11, al. 3). Toute émission ayant pour effet de porter la proportion au-delà de cette limite peut être annulée (art. L 228-11, al. 4).

Avis d'information Un **avis** doit informer les actionnaires d'une émission de valeurs donnant accès au capital, lorsque cette émission est susceptible d'entraîner une augmentation de capital : outre les mentions prescrites par l'article R 225-120 en cas d'augmentation de capital (notamment, dénomination sociale, forme de la société, montant du capital), cet avis doit contenir les principales **caractéristiques des valeurs émises,** notamment les modalités d'attribution des titres de capital auxquels elles donnent droit, ainsi que les dates auxquelles les droits d'attribution peuvent être exercés (art. R 225-120, al. 2). Il est **diffusé aux actionnaires** dans les mêmes conditions qu'en cas d'augmentation de capital (n° 50560). Sur la publication d'une notice au Balo, voir n° 50591. 74157

ÉMISSION DE VALEURS MOBILIÈRES DONNANT ACCÈS AU CAPITAL D'UNE AUTRE SOCIÉTÉ

Organe compétent pour autoriser l'émission Trois situations doivent être distinguées. 74170

1. Émission par une société par actions de **valeurs mobilières donnant accès à des titres de capital à émettre** par la société qui possède directement ou indirectement plus de la moitié de son capital ou par la société dont elle possède directement ou indirectement plus de la moitié du capital (voir n° 74030) : l'émission doit être autorisée par l'assemblée générale extraordinaire de la société appelée à émettre ces valeurs mobilières et par celle de la société au sein de laquelle les droits sont exercés dans les conditions exposées nos 74145 et 74152 ; à défaut l'émission peut être annulée (art. L 228-93, al. 2 modifié, à compter du 1-10-2025, par ord. 2025-229 du 12-3-2025).

2. Émission par une société par actions de **titres de capital donnant accès à d'autres titres de capital existants** : l'émission doit simplement être autorisée par l'assemblée générale extraordinaire des actionnaires de la société émettrice du titre primaire conformément aux articles L 225-129 à L 225-129-6 (sur renvoi des art. L 228-93, al. 3 et L 228-94, al. 2) et L 22-10-49 (art. L 22-10-1).

3. Émission par une société par actions de **titres de créance donnant accès à des titres de capital existants** : l'émission est autorisée dans les conditions prévues par l'article L 228-40 si les titres primaires sont des obligations ou des titres participatifs (sauf si les statuts réservent ce pouvoir à l'assemblée générale, l'émission peut être décidée par le conseil d'administration, le directoire ou les gérants, avec la possibilité pour le conseil d'administration ou le directoire de déléguer à toute personne de son choix les pouvoirs nécessaires pour réaliser l'émission dans un délai d'un an ; voir n°s 71290 s.) ou, dans les autres cas, dans les conditions que détermine la société émettrice conformément aux dispositions de l'article L 228-36-A (art. L 228-93, al. 6 et L 228-94, al. 3).

› Précisions Dans le cas d'une émission de valeurs mobilières donnant accès à des titres de capital à émettre, l'Ansa a estimé que les termes **« société au sein de laquelle les droits sont exercés »** visent la société à l'égard de laquelle est mis en œuvre le procédé donnant accès au capital (souscription, attribution, transfert) et non pas forcément la société émettrice du titre « secondaire ». Ainsi, dans le cas d'une sous-filiale émettant des obligations remboursables en actions de la société mère qu'elle détient déjà (actions d'autocontrôle), seule l'assemblée générale de cette sous-filiale est appelée à se réunir pour autoriser à la fois l'émission des titres « primaires » (obligations remboursables) et le transfert des titres « secondaires » (actions d'autocontrôle) ; l'assemblée générale extraordinaire de la société mère émettrice des actions n'a pas à être réunie (Communications Ansa, comité juridique n°s 10-025 du 7-4-2010 et 10-035 du 2-6-2010).

74171 **Rapport du commissaire aux comptes** En cas d'émission par une société de titres de capital donnant accès à des titres de capital existants ou à des titres de créance d'une autre société, un rapport du commissaire aux comptes de la société émettrice, si la société en est dotée, doit-il être établi lorsque le droit préférentiel de souscrire les titres émis est maintenu ?

La CNCC a répondu à cette **question** en envisageant deux cas : celui où la société émettrice ne contrôle pas ou n'est pas contrôlée par l'autre société et le cas, inverse, où la société émettrice contrôle ou est contrôlée par l'autre société (Avis CNCC 2015-30 du 15-12-2016 : Bull. CNCC décembre 2016 p. 605).

Dans le premier cas, les **titres** auxquels donnent droit les titres émis sont ceux **d'une société qui ne détient pas la majorité du capital de la société émettrice ou dont la majorité du capital n'est pas détenue par celle-ci.** Le régime de ce type d'émission est défini à l'article L 228-94, dont l'alinéa 2 prévoit que « les émissions de valeurs [...] qui sont des titres de capital donnant accès à d'autres titres de capital existants ou donnant droit à l'attribution de titres de créance sont autorisées par l'assemblée générale extraordinaire des actionnaires conformément aux articles L 225-129 à L 225-129-6 » relatifs aux augmentations de capital. Or, constate la CNCC, ces textes ne requièrent pas l'établissement d'un rapport du commissaire aux comptes lorsque l'augmentation de capital s'accompagne du maintien du droit préférentiel de souscription (celui-ci n'étant requis qu'en cas de suppression de ce droit : art. L 225-135). En conséquence, l'émission en question ne nécessite pas l'établissement d'un rapport du commissaire de la société émettrice.

La CNCC estime que la même solution doit être retenue dans le second cas, où les titres auxquels donnent droit les titres émis sont ceux **d'une société qui détient la majorité du capital de la société émettrice ou dont la majorité du capital est détenue par celle-ci.** Le régime de ce type d'émission est défini à l'article L 228-93, dont la CNCC fait la lecture suivante : l'alinéa 1 concerne les valeurs mobilières donnant accès à des titres de capital à émettre par l'autre société (hypothèse non envisagée ici). L'article L 228-93, al. 3 s'applique aux « titres de capital donnant accès à d'autres titres de capital existants ou donnant droit à l'attribution de titres de créance ». Les émissions entrant dans cette deuxième catégorie de titres « sont autorisées par l'assemblée générale extraordinaire des actionnaires conformément aux articles L 225-129 à L 225-129-6 », comme dans le cas exposé ci-dessus. L'émission de cette catégorie de titres est autorisée par l'assemblée des actionnaires dans les mêmes conditions que celles régissant, de manière générale, les augmentations de capital. Lorsque l'émission s'effectue avec maintien du droit préférentiel de souscription, le commissaire aux comptes n'a pas à établir de rapport. La CNCC en déduit que, dans ce cas, le rapport du commissaire de la société émettrice n'est pas requis.

› Précisions Selon la CNCC, ces solutions sont conformes aux **objectifs de simplification et de modulation des procédures d'émission visant à prendre en compte les effets dilutifs de chaque émission.** Ainsi, l'effet dilutif d'une émission de titres de capital donnant accès à des titres de capital existants ou à des titres de créance d'autres sociétés qui ne sont ni contrôlées ni contrôlantes n'a pas d'autre incidence que celle attachée à cette émission ; il est identique à celui d'une augmentation de capital « classique » réalisée par émission d'actions ordinaires, d'où la solution de l'article L 228-94, al. 2 précité.

L'émission de valeurs mobilières donnant accès à des titres de capital à émettre dans une société contrôlante ou contrôlée est celle dont l'effet dilutif est le plus difficile à apprécier, car différé en raison de l'accès à des titres de capital non encore émis. Les émissions de ces titres font l'objet de mesures de protection renforcées : décision de l'assemblée générale extraordinaire prise sur rapports du conseil d'administration ou du directoire et du commissaire aux comptes. À l'inverse, en cas d'émission de titres de capital donnant accès à des titres de capital existants ou à l'attribution de titres de créance d'une société contrôlée ou contrôlante, l'effet dilutif est immédiat et comparable à celui d'une augmentation de capital par émission d'actions ordinaires. Le régime de celle-ci est applicable aux émissions de titres de la deuxième catégorie.

Exercice du droit préférentiel de souscription Dans le cas d'une émission par une société par actions de **valeurs mobilières donnant accès à des titres de capital à émettre** par la société qui possède directement ou indirectement plus de la moitié de son capital ou par la société dont elle possède directement ou indirectement plus de la moitié du capital, les actionnaires de la société appelée à émettre les titres de capital ont, proportionnellement au montant de leurs actions, un droit de préférence à la souscription de ces valeurs mobilières (art. L 228-93, al. 4). Ce droit obéit aux mêmes règles que celles qui régissent le droit préférentiel de souscription attaché aux titres de capital (art. L 225-132 à L 225-141 sur renvoi de l'art. L 228-93, al. 4 et, si les titres de capital de la société sont admis aux négociations sur un marché réglementé, art. L 22-10-51 et L 22-10-52 par application de l'art. L 22-10-1). Sa méconnaissance entraîne la nullité des décisions prises (art. L 228-95 modifié, à compter du 1-10-2025, par ord. 2025-229 du 12-3-2025 rendant cette nullité facultative ; Ord. 2025-229 art. 70). 74172

Lorsque le titre primaire est une action, les actionnaires de la société émettrice du titre primaire bénéficient également d'un droit préférentiel de souscription.

Dans les cas où l'application de ces règles aboutirait à conférer un droit préférentiel de souscription concurrent aux actionnaires de plusieurs sociétés, les assemblées qui autorisent ces émissions doivent autoriser la suppression du droit préférentiel de souscription des actionnaires dans l'une ou plusieurs de ces sociétés ; à défaut, la décision d'émission peut être annulée (art. L 228-93, al. 5).

Sur le calcul de la valeur théorique du droit préférentiel de souscription en cas d'émission de titres complexes ou hybrides, voir Rapport AMF 2015 p. 70 s.

Droit préférentiel des porteurs de certificats d'investissement En cas d'émission par une filiale de valeurs mobilières composées donnant droit à des titres émis par la société mère, les titulaires de certificats d'investissement de la filiale ont un droit préférentiel – auquel ils peuvent renoncer en assemblée spéciale – à la souscription de ces valeurs mobilières, mais ils ne pourront recevoir de la société mère que des actions de préférence (art. L 228-34) sans droit de vote. 74173

ÉMISSION DE VALEURS MOBILIÈRES COMPOSÉES LORS DE LA CONSTITUTION DE LA SOCIÉTÉ

Selon l'**Ansa,** le fait que la loi ne prévoit l'émission de titres de capital donnant accès à d'autres titres de capital ou donnant droit à l'attribution de titres de créance et de valeurs mobilières donnant accès à des titres de capital à émettre que sur décision de l'assemblée générale extraordinaire n'interdit pas aux fondateurs, lors de la constitution de la société, de décider l'émission de valeurs mobilières par un acte annexé aux statuts (Communication Ansa, comité juridique n° 11-049 du 6-7-2011). 74175

En cas d'émission réservée à certains fondateurs ou à des tiers, il y a rupture d'égalité et un commissaire aux avantages particuliers doit en rendre compte dans un rapport spécial (art. L 225-8). En signant les statuts, les fondateurs sont en situation d'unanimité ; ils sont censés être éclairés sur la portée de leur engagement et agir en connaissance de cause. Cette adhésion unanime se substitue à l'assemblée générale extraordinaire pour l'émission des valeurs mobilières.

BULLETIN DE SOUSCRIPTION DES VALEURS ÉMISES

Le contrat de souscription à des valeurs mobilières donnant accès au capital est constaté par un bulletin de souscription ; un tel bulletin de souscription n'est toutefois pas exigé des établissements de crédit et des prestataires de services d'investissement qui reçoivent mandat d'effectuer une souscription, à charge pour ces mandataires de justifier de leur mandat (art. L 225-143). 74180

Le bulletin de souscription est établi selon les modalités de l'article R 225-128 (n° 50721), à l'exception des mentions prévues aux 6° (montant et modalités de l'augmentation de capital) et 7° (montant à souscrire en actions de numéraire et montant libéré par les apports en nature) (art. R 228-93).

ORGANE COMPÉTENT POUR AUTORISER L'ÉMISSION DE VALEURS MOBILIÈRES DONNANT DROIT À L'ATTRIBUTION DE TITRES DE CRÉANCE

74190 **Titres de créance de la société émettrice** Deux situations doivent être distinguées.

1. L'émission de **titres de capital donnant droit à l'attribution de titres de créance** est autorisée par l'assemblée générale extraordinaire ; celle-ci se prononce sur le rapport du conseil d'administration ou du directoire et, si la société est dotée d'un commissaire aux comptes, sur le rapport spécial de ce dernier (art. L 228-92, al. 1).

2. L'émission de **titres de créance donnant droit à l'attribution d'autres titres de créance** est autorisée dans les conditions prévues par l'article L 228-40 si le titre primaire est une obligation ou un titre participatif (sauf si les statuts réservent ce pouvoir à l'assemblée générale, l'émission peut être décidée par le conseil d'administration, le directoire ou les gérants, avec la possibilité pour le conseil d'administration ou le directoire de déléguer à toute personne de son choix les pouvoirs nécessaires pour réaliser l'émission dans un délai d'un an ; voir n°s 71290 s.), ou, dans les autres cas, dans les conditions que détermine la société émettrice conformément aux dispositions de l'article L 228-36-A (art. L 228-92, al. 3).

74191 **Titres de créance d'une autre société** Deux situations doivent être distinguées.

1. Émission de **titres de capital donnant droit à l'attribution de titres de créance** d'une autre société : l'émission doit être autorisée par l'assemblée générale extraordinaire des actionnaires de la société émettrice du titre primaire conformément aux articles L 225-129 à L 225-129-6 (sur renvoi des art. L 228-93, al. 3 et L 228-94, al. 2) et L 22-10-49 (art. L 22-10-1).

2. Émission de **titres de créance donnant droit à l'attribution de titres de créance** d'une autre société : l'émission est autorisée dans les conditions prévues par l'article L 228-40 si le titre primaire est une obligation ou un titre participatif (sauf si les statuts réservent ce pouvoir à l'assemblée générale, l'émission peut être décidée par le conseil d'administration, le directoire ou les gérants, avec la possibilité pour le conseil d'administration ou le directoire de déléguer à toute personne de son choix les pouvoirs nécessaires pour réaliser l'émission dans un délai d'un an ; voir n°s 71290 s.), ou, dans les autres cas, dans les conditions que détermine la société émettrice conformément aux dispositions de l'article L 228-36-A (art. L 228-93, al. 6 et L 228-94, al. 3).

C. Réalisation de l'augmentation de capital différée

FORMALITÉS SIMPLIFIÉES

74250 **Formalités liées à la réalisation de l'augmentation de capital** L'augmentation de capital qui résulte de l'exercice des droits attachés aux valeurs mobilières donnant accès au capital (quelle que soit la nature de ces droits) ne donne pas lieu aux formalités de publicité préalable, de publication de l'avis d'information, de dépôt des fonds ou d'établissement du certificat du dépositaire (art. L 225-149, al. 1 et R 228-93).

74251 **Formalités liées à la constatation de l'augmentation de capital** À tout moment de l'exercice en cours et au plus tard lors de la première réunion suivant la clôture de celui-ci, le conseil d'administration ou le directoire constate, s'il y a lieu, le nombre et le montant nominal des actions créées au profit des titulaires des droits au cours de l'exercice écoulé et apporte les modifications nécessaires aux clauses des statuts relatives au montant du capital social et au nombre des titres qui le composent (art. L 225-149, al. 3).

Sur délégation du directoire ou du conseil d'administration de la société émettrice, le président ou un membre du directoire, le directeur général ou un directeur général délégué peut également procéder à ces mêmes opérations à tout moment de l'exercice et, au plus tard, dans le mois qui suit la clôture de l'exercice (art. L 225-149, al. 4 et R 225-132).

DATE DE RÉALISATION DE L'AUGMENTATION DE CAPITAL DIFFÉRÉE

74260 Dans tous les cas de figure, l'augmentation de capital différée est réputée définitivement réalisée du seul fait de l'**exercice du droit** attaché au titre primaire, quelle que soit la nature de ce droit (art. L 225-149, al. 2). Simplement, si ce droit est un droit de souscription, ou un droit de conversion que le titulaire exerce, le cas échéant, après que la société a procédé à une augmentation de son capital, il y a lieu, forcément, à versements correspondants.

ROMPUS

Lorsque le titulaire d'une valeur mobilière donnant accès au capital n'a pas droit à un nombre entier de titres, la fraction formant rompu fait l'objet d'un versement en espèces, ce versement étant égal au produit de la fraction d'action formant rompu par la valeur de l'action (art. L 225-149, al. 1 et R 228-94, al. 1). 74270

EXEMPLE

Si le contrat d'émission prévoit qu'un droit est attaché à chaque valeur émise et qu'il faut 5 droits pour pouvoir souscrire une action, un porteur de 22 valeurs ne peut souscrire que 4 actions ; la fraction d'action formant rompu est alors de 2/5, qu'il convient de multiplier par la valeur de l'action pour obtenir le montant de l'indemnisation versée à ce porteur.

Dans les **sociétés dont les actions sont admises aux négociations sur un marché réglementé,** cette valeur est celle du cours coté lors de la séance de bourse du jour qui précède celui du dépôt de la demande d'exercice des droits ; dans les autres sociétés, cette valeur est fixée conformément aux stipulations du contrat d'émission soit sur la base des cours figurant au relevé quotidien des valeurs non admises aux négociations sur un marché réglementé, soit sur la base des capitaux propres de la société (art. R 228-94, al. 2 et 3).

› Précisions Le contrat d'émission peut prévoir que le titulaire des droits attachés aux valeurs mobilières donnant accès au capital a le droit de **demander la délivrance du nombre entier d'actions,** à condition de verser à la société la valeur de la fraction d'action supplémentaire demandée (art. R 228-94, al. 4).

SUSPENSION DE L'ATTRIBUTION DES TITRES DE CAPITAL

En cas d'émission de nouveaux titres de capital ou de nouvelles valeurs mobilières donnant accès au capital, ainsi qu'en cas de fusion ou de scission de la société appelée à émettre de tels titres, le conseil d'administration ou le directoire pourra **suspendre,** pendant un délai maximal de trois mois, la possibilité d'obtenir l'attribution de titres de capital par l'exercice du droit attaché à la valeur primaire (art. L 225-149-1, al. 1 et R 225-133, al. 1). Aucune distinction n'étant faite par la loi, il en est ainsi quelle que soit la nature de ce droit ou celle du titre primaire auquel il se trouve attaché. 74280

Sauf disposition contraire du contrat d'émission, les titres de capital obtenus, à l'issue de la période de suspension, par l'exercice des droits attachés aux valeurs mobilières donnent droit aux **dividendes** versés au titre de l'exercice au cours duquel ils ont été émis (art. L 225-149-1, al. 2).

› Précisions Pour l'Ansa, le conseil d'administration ou le directoire d'une société dont les titres de capital sont admis aux négociations sur un marché réglementé ou sur un SMNO peut **déléguer le pouvoir de suspendre** l'obtention de titres de capital par l'exercice du droit attaché à des valeurs mobilières donnant accès au capital ; en revanche, cette délégation n'est pas possible dans les autres sociétés, faute de texte le prévoyant (Communication Ansa, comité juridique n° 20-038 du 7-10-2020).

Information des titulaires de valeurs Les indications contenues dans l'**avis suspendant l'exercice des droits** doivent être portées à la connaissance des titulaires de valeurs mobilières donnant accès au capital par lettre recommandée AR, sept jours au moins avant la date d'entrée en vigueur de la suspension ; toutefois, si les valeurs mobilières de la société donnant accès au capital sont admises aux négociations sur un marché réglementé ou si toutes ses valeurs mobilières donnant accès au capital ne revêtent pas la forme nominative, il suffit que l'avis soit inséré, dans le même délai, dans une notice publiée au Balo *(art. R 225-133, al. 2 et R 22-10-36).* 74290

SORT DES DROITS UTILISÉS OU ACQUIS PAR LA SOCIÉTÉ ÉMETTRICE

Les droits attachés aux titres donnant accès au capital qui ont été utilisés ou qui ont été acquis par la société émettrice ou par la société appelée à émettre de nouveaux titres de capital sont annulés par la société émettrice (art. L 225-149-2). 74300

D. Protection des porteurs de valeurs mobilières donnant accès au capital

1. PROTECTION DES DROITS INDIVIDUELS DES PORTEURS

74360 La loi a entendu assurer aux porteurs de valeurs mobilières donnant accès au capital que l'appréciation qu'ils ont faite, au jour de la souscription, de la valeur des titres escomptés ne soit pas dévaluée par des opérations décidées ensuite par la société. Ainsi, des mesures particulières de protection, spécifiquement adaptées à chaque situation, sont prévues en faveur de ces porteurs.

Sur l'application de ces mesures particulières de protection en cas d'émission de valeurs mobilières donnant accès au capital d'une autre société, voir Communication Ansa, comité juridique n° 13-011 du 6-2-2013.

OPÉRATIONS INTERDITES À LA SOCIÉTÉ ÉMETTRICE

74370 **Principe** À dater de l'émission de valeurs mobilières donnant accès à des titres de capital et aussi longtemps qu'il existe des droits attachés à chacun des éléments de ces valeurs, la société appelée à attribuer ces titres se voit en principe interdire de (art. L 228-98, al. 1 et 2 et L 228-100) :
– modifier sa forme ou son objet ;
– modifier les règles de répartition de ses bénéfices ;
– amortir son capital ;
– créer des actions de préférence entraînant une modification des règles de répartition de ses bénéfices ou un amortissement de son capital.

> **› Précisions** L'Ansa considère que l'**interdiction de créer des actions de préférence** entraînant une modification des règles de répartition des bénéfices s'applique à une société qui émet des actions de préférence conférant un privilège dans la répartition des dividendes lorsque ces actions relèvent de la même catégorie que d'autres actions de préférence déjà émises (Communication Ansa, comité juridique n° 17-045 du 4-10-2017).

74371 **Autorisations** Les interdictions exposées n° 74370 n'ont qu'un caractère relatif. Tout d'abord, les opérations en cause peuvent avoir été autorisées dès le départ par le contrat d'émission. Ensuite, les émetteurs peuvent passer outre à l'interdiction en obtenant l'autorisation de la masse des porteurs de titres (n° 74570). Sauf pour la modification de la forme ou de l'objet de la société, l'autorisation doit, en outre, être assortie de la mise en œuvre de l'un des procédés de protection définis n° 74381.

AUGMENTATION DU CAPITAL SOCIAL, DISTRIBUTION DE RÉSERVES ET MODIFICATION DES RÈGLES DE RÉPARTITION DES BÉNÉFICES

74380 **Principes** La société appelée à attribuer les titres de capital ou les valeurs mobilières y donnant accès doit prendre les mesures nécessaires à la protection des intérêts des titulaires des droits ainsi créés si elle décide de procéder à l'émission, sous quelque forme que ce soit, de **nouveaux titres de capital** avec droit préférentiel de souscription réservé à ses actionnaires, de distribuer des **réserves,** en espèces ou en nature, et des **primes** d'émission ou de modifier la **répartition de ses bénéfices** par la création d'actions de préférence (art. L 228-99, al. 1).

> ATTENTION
> La référence aux « primes d'émission » ne doit pas tromper et doit être entendue au sens générique du terme. À côté des primes d'émission, il est usuel de distribuer des primes d'apport ou des primes de fusion. C'est en fait la distribution de l'ensemble de ces primes qui est visée.

74381 Afin de **protéger les intérêts des titulaires des droits** attachés aux valeurs mobilières donnant accès au capital, la société qui a créé ces droits doit (art. L 228-99, al. 2 à 5) :
– soit mettre les titulaires de ces droits en mesure de les exercer, si la période prévue au contrat d'émission n'est pas encore ouverte, de telle sorte qu'ils puissent immédiatement participer aux opérations mentionnées ci-dessus ou en bénéficier ;
– soit prendre les dispositions qui leur permettront, s'ils viennent à exercer leurs droits ultérieurement, de souscrire à titre irréductible les nouvelles valeurs mobilières émises, ou en obtenir l'attribution à titre gratuit, ou encore de recevoir des espèces ou des biens semblables à ceux qui ont été distribués, dans les mêmes quantités ou proportions ainsi qu'aux mêmes conditions, sauf en ce qui concerne la jouissance, que s'ils avaient été, lors de ces opérations, actionnaires ;
– soit procéder à un ajustement des conditions de souscription, des bases de conversion, des modalités d'échange ou d'attribution initialement prévues de façon à tenir compte de l'incidence des opérations mentionnées ci-dessus.

Sauf stipulations différentes du contrat d'émission, la société peut prendre simultanément les deux premières mesures ; elle peut, dans tous les cas, les remplacer par l'ajustement prévu par la troisième mesure ; cet ajustement est organisé par le contrat d'émission lorsque les titres de capital ne sont pas admis aux négociations sur un marché réglementé (art. L 228-99, al. 6).

En cas de réalisation d'une opération nécessitant l'une des mesures de protection visées ci-dessus, la société doit en **informer les titulaires des droits** attachés aux valeurs mobilières donnant accès au capital intéressées par un avis comportant certaines mentions (notamment, dénomination sociale, forme de la société, montant du capital, nature de l'opération, mesure de protection adoptée) et adressé par lettre recommandée AR 14 jours au moins avant la date prévue de clôture de la souscription en cas d'émission de titres ou dans les 15 jours suivant la décision relative à l'opération envisagée, dans les autres cas ; toutefois, si les valeurs mobilières de la société donnant accès au capital sont admises aux négociations sur un marché réglementé ou si toutes ses valeurs mobilières donnant accès au capital ne revêtent pas la forme nominative, il suffit que l'avis soit inséré, dans le même délai, dans une notice publiée au Balo (art. R 228-92).

› Précisions **a.** **En cas d'ajustement des conditions de souscription,** les **nouvelles bases** d'exercice des droits attachés aux valeurs mobilières donnant accès au capital doivent être **calculées** en tenant compte d'un certain nombre de paramètres qui diffèrent selon la nature de l'opération envisagée (opération comportant un droit préférentiel de souscription, attribution d'actions gratuites, distribution de réserves ou de primes d'émission, modification de la répartition des bénéfices, amortissement du capital) ; il doit être rendu compte des éléments de calcul et des résultats de l'ajustement dans le rapport de gestion suivant (art. R 228-91).

b. Le contrat d'émission peut prévoir des **mesures de protection supplémentaires** destinées à tous les porteurs de valeurs mobilières donnant accès à des titres de capital (art. L 228-99, al. 7). Pour l'Ansa, ces mesures peuvent porter sur des **opérations non mentionnées** par les articles L 228-98 et L 228-99 (par exemple, changement de contrôle de l'émetteur ou transfert de son siège à l'étranger) et selon des **modalités** qui ne sont pas nécessairement celles prévues par le Code de commerce (par exemple, un droit au rachat des valeurs mobilières) (Communication Ansa, comité juridique n° 22-045 du 7-12-2022).

c. **Engage sa responsabilité la société** qui, après avoir émis des bons de souscription d'actions dont une partie avait été acquise par un établissement financier réalisant des opérations d'arbitrage sur les marchés, s'est abstenue de procéder à un ajustement des conditions de souscription des actions suite à une distribution de dividendes pour partie prélevés sur des primes d'apport ; l'établissement financier, qui n'avait pas vocation à conserver les titres issus de l'exercice des bons, ne saurait ni tirer profit ni souffrir de la variation du cours de l'action depuis la date de l'exercice des bons, si bien que la société a été condamnée à lui allouer une indemnité égale à la contre-valeur des actions dont il a été privé en retenant le cours de l'action au jour de l'exercice des bons (CA Paris 25-11-2008 n° 07/14331 : RJDA 4/09 n° 356 et, sur pourvoi, Cass. com. 7-4-2010 n° 09-11.196 : RJDA 7/10 n° 755).

Émission de nouveaux titres de capital avec droit préférentiel de 74382
souscription Si les droits attachés aux valeurs mobilières donnant accès au capital ne peuvent s'exercer qu'à certaines dates, la société doit ouvrir une période exceptionnelle pour permettre aux titulaires des droits attachés à des valeurs mobilières donnant accès au capital qui exerceraient ces droits de souscrire des titres nouveaux ; si les droits attachés aux valeurs mobilières donnant accès au capital peuvent être exercés à tout moment, la société doit prendre les dispositions nécessaires pour permettre aux titulaires qui exerceraient ces droits de souscrire des titres nouveaux (art. R 228-87).

Attribution gratuite d'actions La **société qui procède à l'attribution** gratuite 74383
d'actions doit virer à un compte de réserve indisponible la somme nécessaire pour attribuer gratuitement les actions aux titulaires des droits attachés aux valeurs mobilières donnant accès au capital qui exerceraient leur droit ultérieurement, cette somme devant permettre d'attribuer un nombre d'actions égal à celui que les titulaires de valeurs auraient reçu s'ils avaient été actionnaires au moment de l'attribution principale (art. R 228-88).

Distribution de réserves La **société qui procède à une distribution de réserves** (en 74384
espèces ou en nature) **ou de primes d'émission** doit virer à un compte de réserve indisponible la somme et, le cas échéant, conserver les biens en nature pour les remettre aux titulaires des droits attachés aux valeurs mobilières donnant accès au capital qui exerceraient leur droit ultérieurement, cette somme ou ces biens devant correspondre à ceux qu'ils auraient reçus s'ils avaient été actionnaires au moment de la distribution (art. R 228-89).

RÉDUCTION DU CAPITAL SOCIAL

74390 **Réduction motivée par des pertes** En cas de réduction du capital motivée par des pertes et réalisée par la diminution du montant nominal ou du nombre des titres composant le capital, les droits des titulaires des valeurs mobilières donnant accès au capital sont réduits en conséquence, comme s'ils les avaient exercés avant la date à laquelle la réduction de capital est devenue définitive (art. L 228-98, al. 4). Les porteurs de titres ne sont donc pas protégés : ils subissent la réduction dans des conditions comparables à celles applicables aux actionnaires.

Cette disposition s'applique aussi longtemps qu'il existe des droits attachés à chacun des éléments de ces valeurs mobilières donnant accès au capital (art. L 228-100).

En cas de réduction du capital à zéro suivie immédiatement d'une augmentation de capital (coup d'accordéon), la réduction du capital à zéro et la constatation consécutive de l'annulation d'obligations remboursables en actions (ORA) précédemment émises nécessitent, en application de l'article L 228-103, la consultation préalable de l'assemblée des titulaires de ces valeurs (CA Paris 28-6-2011 n° 10/19746 : RJDA 1/12 n° 62, cassé par Cass. com. 10-7-2012 n° 11-22.898 : RJDA 11/12 n° 975, mais sur un autre point). S'agissant d'obligations convertibles en actions (OCA), il a en revanche été jugé que leurs titulaires ne peuvent pas s'opposer au coup d'accordéon : en application de l'article L 228-103, si les porteurs d'obligations convertibles doivent autoriser les modifications du contrat d'émission des obligations, les décisions touchant aux conditions de souscription ou d'attribution des titres de capital déterminées au moment de l'émission ne sont soumises qu'à leur consultation (Cass. com. 22-11-2023 n° 22-16.362 F-B).

74391 **Réduction non motivée par des pertes** La loi n'envisage pas la réduction du capital non motivée par des pertes. Dans le silence des textes, il est recommandé aux sociétés émettrices de fixer elles-mêmes lors de l'émission des valeurs les mesures qui permettront aux titulaires des bons exerçant leurs droits de souscription, par exemple, de se trouver dans la même situation que s'ils avaient été actionnaires au moment de la réduction de capital.

RACHAT D'ACTIONS

74400 Lorsqu'il existe des valeurs mobilières donnant accès au capital, la société appelée à émettre ces titres de capital doit procéder, lorsqu'elle acquiert ses propres actions dans les conditions prévues aux articles L 225-207, L 225-208 « ou L 225-209 » (devenu art. L 22-10-62), et si le prix d'acquisition est supérieur au cours de bourse, à un ajustement des conditions de souscription, des bases de conversion, des modalités d'échange ou d'attribution initialement prévues, de façon à garantir que la valeur des titres de capital qui seront obtenus en cas d'exercice des droits attachés aux valeurs donnant accès au capital après la réalisation de l'opération sera identique à la valeur des titres de capital qui auraient été obtenus en cas d'exercice des mêmes droits avant cette opération (art. L 228-99, al. 8 ; sans doute par inadvertance, ce texte n'a pas été modifié pour tenir compte du transfert des dispositions de l'ancien article L 225-209 à l'article L 22-10-62 par l'ordonnance 2020-1142 du 16-9-2020). Lorsque les titres de la société sont admis aux négociations sur un marché réglementé, l'ajustement doit garantir au centième d'action près que la valeur des actions qui seront obtenues en cas d'exercice des droits attachés aux valeurs mobilières donnant accès au capital après la réalisation de l'opération sera identique à la valeur de celles qui auraient été obtenues en cas d'exercice de droits avant cette opération (art. R 228-90, al. 1 et 2). À cet effet, les nouvelles bases d'exercice des droits doivent être calculées en tenant compte du rapport entre, d'une part, le produit du pourcentage du capital racheté par la différence entre le prix de rachat et une moyenne pondérée des cours des trois dernières séances de bourse au moins qui précèdent le rachat ou la faculté de rachat et, d'autre part, ladite moyenne ; les éventuels ajustements successifs doivent être effectués à partir de la parité qui précède immédiatement, arrondie comme il est dit ci-dessus (art. R 228-90, al. 3).

Il doit être rendu compte des éléments de calcul et des résultats de l'ajustement dans le rapport de gestion suivant (art. R 228-90, al. 4).

Selon l'Ansa, sont seuls visés les rachats d'actions lorsque le prix d'acquisition est supérieur au cours de bourse ; il est donc nécessaire et suffisant qu'un cours de bourse soit publié par *une entreprise de marché* ou une personne gérant un SMN (Communication Ansa, comité juridique n° 15-010 du 4-2-2015).

FUSION OU SCISSION

74410 Lorsque la société appelée à émettre les titres de capital est absorbée par une autre société, ou fusionne avec une ou plusieurs autres sociétés pour former une société nouvelle, ou procède à une scission, les titulaires de valeurs mobilières donnant accès au capital exercent leurs droits dans la ou les sociétés bénéficiaires des apports ; sauf disposition contraire du contrat d'émission, l'assemblée générale des obligataires n'a pas à délibérer (art. L 228-101, al. 1).

Le nombre de titres de capital de la ou des sociétés absorbantes ou nouvelles auquel ils peuvent prétendre est déterminé en corrigeant le nombre de titres qu'il est prévu d'émettre ou d'attribuer au contrat d'émission en fonction du nombre d'actions à créer par la ou les sociétés bénéficiaires des apports ; le commissaire aux apports émet un avis sur le nombre de titres ainsi créés (art. L 228-101, al. 2).

ATTENTION

Pour l'Ansa, l'article L 228-101 constitue une disposition spéciale dérogeant à l'article L 236-14 y compris lorsque le titre primaire est une obligation. En cas d'émission d'OCA ou d'ORA par la société par la suite absorbée, il est dès lors inutile de réunir une assemblée générale des porteurs de ces titres ou de leur proposer le remboursement, le rapport d'échange des actions s'appliquant conformément à l'article L 228-101 et au traité de fusion (Communication Ansa, comité juridique n° 23-014 du 1-3-2023).

L'approbation du projet de fusion ou de scission par les actionnaires de la ou des sociétés bénéficiaires des apports ou de la ou des sociétés nouvelles emporte renonciation, par les actionnaires et, le cas échéant, par les titulaires de certificats d'investissement de ces sociétés, au droit préférentiel de souscription au profit des titulaires de valeurs mobilières donnant accès de manière différée au capital (nos 74155 et 74172) (art. L 228-101, al. 3). 74411

La ou les sociétés bénéficiaires des apports ou la ou les nouvelles sociétés sont substituées de plein droit à la société émettrice dans ses obligations envers les titulaires desdites valeurs mobilières (art. L 228-101, al. 4).

› Précisions Le **droit préférentiel de souscription** objet de la renonciation est celui mentionné à l'article L 228-35 (droit préférentiel des porteurs de certificats d'investissement) ainsi que celui accordé aux actionnaires par le deuxième alinéa de l'article L 228-9.

APPORT PARTIEL D'ACTIFS

À notre avis, les dispositions ci-dessus (n° 74410) ne peuvent pas être étendues aux apports partiels d'actifs même « soumis au régime des scissions ». En effet, s'il est possible que la société bénéficiaire des apports reprenne à sa charge l'emprunt obligataire contracté par la société apporteuse (nos 83980 s.), aucune disposition légale ne permet d'imposer, par exemple aux titulaires de bons de souscription, le report sur la société bénéficiaire de l'exercice de leur droit de souscription. 74420

L'opération paraît d'ailleurs difficilement réalisable (sauf accord individuel des intéressés, mais il y aurait alors novation et, en pratique, émission de nouveaux bons par la société bénéficiaire des apports) car, dans un apport partiel d'actifs, il n'y a pas échange entre les titres de la société apporteuse et ceux de la société bénéficiaire, donc pas de rapport d'échange susceptible de s'appliquer pour les bons. Les bons de souscription devront, comme avant l'apport, être exercés dans la société apporteuse selon les conditions fixées lors du contrat d'émission.

PROCÉDURE COLLECTIVE DE LA SOCIÉTÉ ÉMETTRICE

Lorsqu'une procédure de sauvegarde ou de redressement judiciaire est ouverte à l'égard d'une société émettrice de valeurs mobilières donnant accès au capital, le délai prévu pour l'exercice du droit à attribution d'une quote-part de capital social est ouvert dès le jugement arrêtant le **plan de sauvegarde ou de redressement judiciaire,** au gré de chaque titulaire, et dans les conditions prévues par ce plan (art. L 228-106). 74430

DROIT DE COMMUNICATION DES PORTEURS

Les titulaires de valeurs mobilières donnant accès au capital disposent, auprès de la société émettrice des titres qu'ils ont vocation à recevoir, d'un droit de communication des **documents sociaux** transmis par la société aux actionnaires ou aux titulaires de certificats d'investissement ou mis à leur disposition (art. L 228-105, al. 1). 74450

Ce droit de communication est collectif (nos 74520 s.) et non individuel (art. L 228-105, al. 2 et 3) :

– lorsque les droits à l'attribution d'une quote-part du capital social sont incorporés ou attachés à des obligations, il est exercé par le représentant de la masse des obligataires ;

– après détachement des droits du titre d'origine, il est exercé par le représentant de la masse des titulaires de droits (nos 74520 s.).

Le droit s'exerce dans les conditions prévues aux articles R 225-92 à R 225-94 (notamment, communication des documents au siège social, recours à un expert) (art. R 228-95).

DROIT D'ACCÈS AUX ASSEMBLÉES

74460 Dans tous les cas, les représentants des différentes masses (nos 74520 s.) disposent d'un droit d'accès à l'assemblée générale des actionnaires, mais sans voix délibérative ; ils ne peuvent en aucune façon s'immiscer dans la gestion des affaires sociales (art. L 228-105, al. 4).

2. ORGANISATION DES PORTEURS EN UNE MASSE

PRINCIPE

74520 Les titulaires de valeurs mobilières donnant accès à terme au capital après détachement, s'il y a lieu, des droits du titre d'origine sont groupés de plein droit, pour la défense de leurs intérêts communs, en une masse jouissant de la personnalité civile et soumise, pour l'essentiel, aux mêmes règles que la masse des obligataires (art. L 228-103, al. 1).

CARACTÈRE OBLIGATOIRE DE LA MASSE DES PORTEURS

74521 Contrairement à ce qui peut être fait pour des obligations sèches, il n'est pas possible d'opter pour une masse contractuelle (no 72370) ou pour un régime de représentation contractuelle sans masse (nos 72380 s.) pour des obligations donnant accès à des titres de capital à émettre (C. mon. fin. art. L 213-6-3, VI), sauf si l'emprunt est soumis à un régime légal spécial, est garanti par l'État, un département, une commune ou un établissement public, ou est émis à l'étranger (art. L 228-90) (no 71506).

MOMENT DE L'APPARITION DE LA MASSE DES PORTEURS

74530 À notre avis, la masse doit apparaître dès le détachement de droits attachés à une valeur donnant accès au capital. Selon les alinéas 2 et 3 de l'article L 228-105, en effet, « lorsque les droits à l'attribution d'une quote-part du capital social sont incorporés ou attachés à des obligations, le droit de communication est exercé par le représentant de la masse des obligataires […]. Après détachement de ces droits du titre d'origine, le droit de communication est exercé par les représentants de la masse constituée conformément à l'article L 228-103 ». Le détachement a donc des effets juridiques indiscutables : il est le fait générateur de la masse.

ÉVENTUELLE PLURALITÉ DE MASSES DES PORTEURS

74540 S'il y a lieu, une masse distincte peut être formée pour chaque nature de titres donnant les mêmes droits (art. L 228-103, al. 1 in fine).

La question est toutefois assez délicate en pratique. On peut raisonner à partir de l'exemple des Obsa, l'hypothèse étant que le contrat d'émission a stipulé que le bon est détachable dès l'origine. Combien de masses faut-il créer dans ce cas ? Il ne fait guère de doute qu'il faut au moins deux masses : celle des porteurs de bons après détachement et celle des porteurs d'obligations. Mais ne faut-il pas aller plus loin et en créer trois : celle des porteurs de bons ; celle des porteurs d'Obsa ; celle des porteurs d'obligations au fur et à mesure des détachements ? Certains auteurs considèrent que dans l'hypothèse envisagée, trois masses doivent apparaître : « la masse historique » des titulaires d'Obsa n'ayant pas encore détaché les bons qui étaient attachés à leurs obligations ; la masse des titulaires de bons de souscription d'actions détachés ; la masse des obligataires ayant détaché leurs bons, tout au moins dès lors que deux obligataires ont procédé au détachement (RD bancaire et financier 2005 § 71 p. 39). Le comité juridique de l'Ansa, doutant de l'existence d'un intérêt distinct du porteur de la valeur mobilière complète de celui du porteur d'un élément de la valeur mobilière, s'est prononcé en faveur de la constitution de deux masses (Communication Ansa, comité juridique no 05-004 du 20-1-2005). Cette position nous paraît devoir être retenue. Après l'émission apparaît une première masse, qui est la masse des obligataires. Après le détachement apparaît une deuxième masse, celle des porteurs de bons détachés : tous les porteurs de bons qui ont les mêmes droits entrent dans cette masse.

> **Précisions** Si les porteurs de bons de souscription d'actions de plusieurs émissions successives sont normalement groupés en masses distinctes pour chaque émission, le contrat d'émission peut prévoir la **réunion de ces masses** et l'assimilation des bons si les conditions suivantes sont réunies (Communication Ansa, comité juridique no 14-065 du 3-12-2014) :
> – chaque bon donne droit à la même quotité d'actions de même catégorie ;
> – les périodes d'exercice des bons se superposent : ils sont tous exerçables au moment de la réunion de la masse unifiée et le terme est le même ;
> – les modalités de calcul du prix d'exercice sont identiques.

DÉSIGNATION DES REPRÉSENTANTS DE LA MASSE DES PORTEURS

L'article L 228-103 renvoie aux articles L 228-47 à L 228-64, L 228-66 et L 228-90 concernant les obligations. Il s'ensuit que : 74550

– la société émettrice des titres ainsi que la majorité des personnes qui lui sont liées sont exclues ;

– un seul représentant suffit ;

– ne peut être désignée comme représentant de la masse qu'une personne ressortissante d'un État membre de l'UE ou domiciliée dans un État membre de l'UE, ainsi qu'une association ou société y ayant son siège.

CONVOCATION DE L'ASSEMBLÉE GÉNÉRALE DE LA MASSE DES PORTEURS

L'assemblée est convoquée par le directoire, le conseil d'administration ou le représentant légal de la société, selon les mêmes formes et le même délai de convocation que pour l'assemblée générale des actionnaires sauf stipulation contraire du contrat d'émission (art. L 228-58 et L 228-59 sur renvoi de l'art. L 228-103). Cependant, les avis de convocation doivent contenir des mentions spéciales précisées dans l'article R 228-66. 74560

Il n'y a pas lieu de convoquer à ces assemblées les commissaires aux comptes s'il en existe car le régime des assemblées d'obligataires ne prévoit pas une telle convocation ; de même n'y a-t-il pas lieu, dans les sociétés d'au moins 50 salariés, de permettre aux représentants du comité social et économique d'exercer leurs droits, l'article L 2312-77 du Code du travail n'organisant ces droits que dans les assemblées générales d'actionnaires ou d'associés.

> **Précisions** L'absence de renvoi à l'article L 228-46-1 dans l'article L 228-103 pose la question de savoir si le contrat d'émission peut permettre qu'une décision de la masse des titulaires de valeurs mobilières donnant accès au capital soit prise par **consultation écrite** (n° 71911), éventuellement réalisée par voie électronique, plutôt qu'en assemblée générale. Lorsque le titre primaire est une obligation (OCA, ORA), il est fait application des dispositions relatives aux obligations simples tant que le droit d'accès au capital n'a pas été exercé ; il est donc permis de considérer que le dernier alinéa de l'article L 228-103 renvoie au régime des assemblées générales des obligataires, ce qui inclut implicitement les dispositions de l'article L 228-46-1 concernant la consultation écrite. En revanche, lorsque la valeur mobilière donnant accès au capital n'a pas pour titre primaire une obligation (BSA, Absa, etc.) ou n'est pas l'une de celles mentionnées par le dernier alinéa de l'article L 228-103 (Obsa), il n'y a aucun moyen de faire application des dispositions relatives aux obligations simples pour le fonctionnement des assemblées générales réunissant la masse de ces porteurs ; leurs décisions collectives doivent être prises en assemblée générale en recourant aux modalités prévues par l'article L 228-61, sans qu'il soit possible de recourir à la consultation écrite (Communication Ansa, comité juridique n° 19-053 du 4-9-2019).

COMPÉTENCES DE LA MASSE DES PORTEURS

Les assemblées générales des titulaires de valeurs mobilières sont appelées à autoriser toutes modifications au contrat d'émission et à statuer sur toutes décisions touchant aux conditions de souscription ou d'attribution de titres de capital déterminées au moment de l'émission (art. L 228-103, al. 2). 74570

> **Précisions** La **proposition de modification du contrat d'émission** faite à l'assemblée générale des titulaires de valeurs mobilières devrait, par strict respect du parallélisme des formes, émaner de l'organe ayant décidé l'émission (n° 74145). Néanmoins, dans le cas où cette émission a été décidée par l'assemblée générale extraordinaire, le conseil d'administration ou le directoire devrait pouvoir proposer les modifications dès lors qu'il s'agit d'actes d'administration n'ayant pas d'incidence sur le montant du capital. À l'inverse, si la proposition ne constitue manifestement pas un acte d'administration (notamment en ce qui concerne sa répercussion sur l'émetteur), seul l'organe qui a arrêté la clause devant être modifiée sera compétent (Communication Ansa, comité juridique n° 10-050 du 8-9-2010).

VOTE DES PORTEURS

Chaque valeur mobilière donnant accès au capital donne droit à une voix (art. L 228-103, al. 3). 74580

Les conditions de **quorum** et de **majorité** sont les mêmes que pour les assemblées générales extraordinaires des actionnaires de SA. L'assemblée ne peut donc délibérer que si elle réunit au moins le quart des valeurs mobilières sur première convocation ou le cinquième de celles-ci sur seconde convocation (ou le quorum plus élevé éventuellement prévu par les statuts) ; les décisions sont prises à la majorité des deux tiers des voix exprimées (art. L 225-96 et L 228-103, al. 3).

› Précisions Pour l'Ansa, lorsque l'émetteur des valeurs mobilières donnant accès au capital est une **SAS,** les statuts et le contrat d'émission ne peuvent pas déroger à ces règles de quorum et de majorité, qui restent celles applicables aux assemblées générales extraordinaires des actionnaires de SA (Communication Ansa, comité juridique n° 22-024 du 1-6-2022).

FRAIS DE LA MASSE

74590 Les divers frais d'assemblée ainsi que, d'une façon générale, tous les frais afférents au fonctionnement des différentes masses sont à la charge de la société appelée à émettre ou à attribuer de nouvelles valeurs mobilières représentatives de son capital social (art. L 228-103, al. 4).

SANCTIONS

74600 Les délibérations ou stipulations prises avant le 1er octobre 2025 en violation des dispositions de l'article L 228-103 énoncées ci-dessus sont nulles (art. L 228-104). À compter de cette date, la nullité devient facultative (art. L 228-104 modifié, à compter du 1-10-2025, par ord. 2025-229 du 12-3-2025 ; Ord. 2025-229 art. 70).

OBLIGATIONS CONVERTIBLES OU REMBOURSABLES EN TITRES DE CAPITAL OU ÉCHANGEABLES CONTRE DES TITRES DE CAPITAL

74610 Le dernier alinéa de l'article L 228-103 dispose que, lorsque les valeurs mobilières émises « sont des obligations destinées à être converties ou remboursées en titres de capital ou échangées contre des titres de capital, les dispositions des deuxième, troisième et quatrième alinéas du présent article sont applicables à la masse créée en application de l'article L 228-46 ».

Une lecture rapide de l'article L 228-103 suscite une fausse difficulté. À lire son dernier alinéa (« lorsque les valeurs mobilières émises [...] sont des obligations »), on est tenté de penser que les quatre premiers alinéas intéressent, de facto, les titulaires des bons de souscription d'actions ou de valeurs mobilières donnant accès au capital dont le titre primaire est – déjà – un titre de capital. Dès lors, les Obsa, qui ne sont pas visées par le dernier alinéa, sortiraient entièrement du champ d'application du texte. La masse de leurs titulaires devrait donc être organisée en application de l'article L 228-46. Cette interprétation la priverait cependant du droit de statuer « sur toute décision touchant aux conditions de souscription des actions », ce qui est aberrant. L'énormité de cette conséquence oblige donc à relire le texte... à l'endroit. Les quatre alinéas intéressent l'ensemble des valeurs mobilières donnant accès au capital, y compris les Obsa. Simplement, les titulaires d'obligations convertibles, échangeables ou remboursables en actions doivent être organisés en masses « en application de l'article L 228-46 », car ces titres ne sont – finalement – que des obligations (c'est là la raison d'être du dernier alinéa de l'article L 228-103). L'Obsa, en revanche, inclut par construction un bon qui justifie que la masse de ses titulaires soit organisée en application de l'article L 228-103 (et non plus de l'article L 228-46). C'est, selon nous, pour cette raison qu'elles ne sont pas visées au dernier alinéa.

PARTIE 7

Règles communes aux différents types de sociétés

CHAPITRE 1 LES COMPTES SOCIAUX

SOMMAIRE

SECTION 1 ÉTABLISSEMENT DES COMPTES SOCIAUX

A. Obligations comptables

OBLIGATION DE TENIR UNE COMPTABILITÉ RÉGULIÈRE

Comme tout commerçant, les sociétés commerciales doivent, même si elles exercent une activité civile, tenir une comptabilité régulière. Pour plus de détails, voir Mémento Comptable n°s 7000 s. 76000

ATTENTION

La tenue irrégulière de la comptabilité peut (entre autres conséquences, d'ordre fiscal notamment) entraîner, en cas de redressement ou de liquidation judiciaire de la société, l'application aux dirigeants sociaux des peines de la banqueroute (art. L 654-2).

Les sociétés commerciales doivent donc (art. L 123-12 et L 232-1, I) :
– enregistrer chronologiquement les mouvements affectant le patrimoine de l'entreprise ;
– contrôler, au moins une fois tous les 12 mois, au moyen d'un inventaire, l'existence et la valeur des éléments actifs et passifs qui composent le patrimoine de l'entreprise ;
– établir, à la clôture de l'exercice, au vu des enregistrements comptables et de l'inventaire, des comptes annuels.

> **Précisions** Pour respecter ces trois obligations comptables fondamentales, les sociétés commerciales doivent suivre un certain nombre de **règles** qui figurent :
> – dans le Livre I du Code de commerce (art. L 123-12 s. et R 123-172 s.) ;
> – dans le Livre II du Code de commerce (art. L 232-1 s. et R 232-1 s.) ;
> – dans le plan comptable général établi par l'Autorité des normes comptables (Règl. ANC 2014-03 modifié en dernier lieu par Règl. ANC 2024-07 du 6-12-2024).

OBLIGATIONS RELATIVES AUX DOCUMENTS COMPTABLES

76002 Les sociétés dont le siège social est situé sur le territoire français doivent établir en euros et en langue française leurs documents comptables (art. L 123-22, al. 1).

Les documents comptables et les pièces justificatives doivent être conservés pendant dix ans (art. L 123-22, al. 2).

Les documents comptables relatifs à l'enregistrement des opérations et à l'inventaire doivent être établis et tenus sans blanc ni altération d'aucune sorte (art. L 123-22, al. 3).

> **ATTENTION**
> Les sociétés françaises **filiales de groupes internationaux** tenant leur comptabilité selon les besoins de leur société mère étrangère doivent respecter les prescriptions des textes comptables français. À défaut, la valeur probante de leur comptabilité peut être mise en doute et elles s'exposent, en particulier, au refus de déduction fiscale des charges et déficits reportables (CAA Bordeaux 16-11-2021 n° 19BX02894 : FRC 2/22 inf. 3).

B. Durée de l'exercice social

DURÉE DE PRINCIPE DE L'EXERCICE SOCIAL

76005 Les résultats de l'activité de toute société commerciale sont appréciés périodiquement à la fin de chaque exercice.

La durée des exercices sociaux est, en principe, fixée à **12 mois.** L'article L 123-12, al. 2 dispose en effet que tout commerçant doit dresser un inventaire des éléments actifs et passifs du patrimoine de son entreprise au moins une fois tous les 12 mois.

Cette durée peut exceptionnellement être inférieure ou supérieure à un an pour le premier exercice social et lorsque, au cours de la vie sociale, la date de clôture des exercices est modifiée.

Le plus souvent, les exercices sociaux coïncident avec l'**année civile.** Mais ce n'est pas une obligation : nombre de sociétés, surtout celles ayant une activité saisonnière, clôturent leurs exercices à une date autre que le 31 décembre.

> **Précisions** **a.** Fixer la durée du **premier exercice social** entre 18 et 23 mois ne constitue pas une irrégularité justifiant un refus d'inscription au RCS si cette durée correspond aux clauses des statuts sur ce point (Avis CCRCS 2015-015 du 29-9-2015).
> **b.** Il ne peut être **dérogé à la périodicité fixe** des exercices sociaux qu'à titre exceptionnel : une société ne saurait, de manière permanente, fixer les dates d'ouverture et de clôture de ses exercices « à la fin du mois de mars ou au début du mois d'avril » (CA Paris 21-3-2000 : RJDA 9-10/00 n° 876).

MODIFICATION DE LA DURÉE DE L'EXERCICE SOCIAL

76006 Il arrive fréquemment que, pour des **raisons** d'opportunité et de commodité (caractère saisonnier plus marqué de l'activité sociale, alignement de la société sur les autres sociétés du même groupe, etc.), les associés ou actionnaires d'une société commerciale décident de modifier les dates d'ouverture et de clôture des exercices. Dans ce cas, pour permettre l'ajustement sur la nouvelle périodicité, la durée de l'exercice en cours est soit prolongée, soit réduite.

Parfois aussi, la modification envisagée n'a qu'un caractère temporaire car elle tient seulement à un événement conjoncturel (par exemple, la modification d'un système informatique, une réorganisation de la comptabilité ou la volonté de faire partie d'un groupe d'intégration fiscale) qui impose de prolonger occasionnellement la durée de l'exercice en cours et, par voie de conséquence, lorsqu'on veut revenir à l'ancienne périodicité, de réduire la durée de l'exercice suivant.

Compétence À notre avis, la décision de modifier la durée de l'exercice, qui modifie les statuts, relève de la compétence exclusive de l'**assemblée** générale extraordinaire et ne peut donc en aucun cas être prise par les **organes de direction** de la société, ni par l'assemblée générale ordinaire. Dans les SAS, elle doit être prise dans les conditions prévues par les statuts. 76007

Lorsqu'il s'agit d'une décision occasionnelle ne concernant qu'une période déterminée (par exemple, un exercice de 18 mois suivi d'un exercice de 6 mois pour revenir au cours normal antérieur), il est de pratique courante de ne pas **modifier** les **statuts.** Mais, même dans ce cas, la décision constitue une modification du pacte social qui relève de la compétence exclusive de l'assemblée générale extraordinaire ou de la collectivité des associés, la loi n'ayant pas fait de distinction selon que la modification est permanente ou purement temporaire (cf. art. L 223-30, al. 2 et L 225-96, al. 1).

> **Précisions** La **pratique** consistant à ne pas modifier les statuts en cas de décision occasionnelle est **contestée par certains greffes** de tribunaux de commerce qui considèrent que tout changement de la date de clôture d'un exercice doit donner lieu à une modification des statuts soumise à publicité.

Conditions La modification de la durée des exercices sociaux n'est possible que dans la mesure où la décision est prise avant l'expiration de l'**exercice** social **en cours.** Si l'exercice concerné est déjà arrivé à son terme, aucun changement ne peut plus lui être apporté ; notamment, les dispositions légales imposant la réunion de l'assemblée générale ordinaire dans les six mois de la clôture doivent être respectées (cf. art. L 223-26, al. 1 et L 225-100, I-al. 1), sauf dans les SAS pour lesquelles l'application de cette dernière disposition est expressément exclue (art. L 227-1, al. 3). 76008

En revanche, si l'exercice n'est pas encore clos, il est possible de le prolonger ou de le réduire.

En cas de **réduction de la durée** de l'exercice social, se pose la question de savoir si la décision de l'assemblée générale extraordinaire ou de la collectivité des associés peut être prise postérieurement à la nouvelle date de clôture. 76009

Soit, par exemple, une société dont l'exercice coïncide avec l'année civile. Les dirigeants envisagent, en 2026, de proposer aux associés ou actionnaires de fixer au 30 juin de chaque année la date de clôture des exercices sociaux. Dans ce cas, deux possibilités peuvent être offertes aux associés ou actionnaires pour la période transitoire : ou bien proroger exceptionnellement de six mois la durée de l'exercice social en cours qui aura ainsi une durée de 18 mois, ou bien la réduire de 6 mois (1er janvier-30 juin 2026). Dans ce dernier cas, la décision des associés ou actionnaires sera-t-elle valable si elle intervient après le 30 juin 2026, étant observé qu'en tout état de cause l'assemblée devra être tenue avant le 31 décembre 2026 ?

A priori, cet **effet rétroactif** ne nous paraît pas illicite mais l'opération n'est pas sans écueils pour les raisons suivantes : d'abord, la nouvelle date de clôture de l'exercice n'est en principe opposable aux tiers qu'après publication de la modification statutaire au RCS (cf. art. L 123-9, R 123-53, 8° et R 123-66), sous réserve d'assouplissements acceptés par l'administration fiscale, notamment en matière d'intégration. Ensuite, la date de l'assemblée générale extraordinaire doit être fixée en tenant compte de l'obligation de réunir l'assemblée générale ordinaire annuelle dans les six mois de la nouvelle clôture et, éventuellement, de respecter le délai (un mois au moins avant la convocation de l'assemblée) fixé par la loi pour la communication des comptes aux commissaires aux comptes. Enfin, et ce n'est pas la moindre difficulté, il faut que les comptes annuels donnent une image fidèle de la situation de la société, ce qui *suppose notamment que l'inventaire* physique requis pour certains éléments d'actif a été fait à la nouvelle date de clôture, à une époque où les associés n'ont pas encore pris leur décision, d'où la nécessité pour les dirigeants sociaux d'avoir « anticipé » sur cette décision.

Sur une opinion mettant en doute la possibilité de donner un caractère rétroactif aux décisions concernant le fonctionnement de la société, voir Rép. Sergheraert : AN 14-12-1979 n° 20385.

Quelle que soit la modification envisagée, l'exercice social ne peut pas être **prolongé** de telle façon que les dispositions légales prévoyant, dans les SA et par assimilation dans les SCA (cf. art. L 226-1, al. 3), la réunion de l'assemblée générale ordinaire au moins une fois par an (art. L 225-100, I-al. 1) ne soient plus respectées. 76010

76011 **Conséquences** La modification des exercices sociaux nécessite une certaine **vigilance** de la part des dirigeants en ce qui concerne le **renouvellement des mandats** des administrateurs ou des membres du conseil de surveillance.

Quelles que soient les modifications apportées aux dates d'ouverture et de clôture des exercices sociaux, le mandat des administrateurs ou des membres du conseil de surveillance prend fin « à l'issue de la réunion de l'assemblée générale ordinaire des actionnaires ayant statué sur les comptes de l'exercice écoulé et tenue dans l'année au cours de laquelle expire le mandat » de l'intéressé (art. R 225-15 et R 225-41).

EXEMPLE

Si un administrateur a été nommé pour six ans en 2020, ses fonctions cesseront automatiquement à l'issue de l'assemblée ordinaire annuelle tenue en 2026 ; peu importent la date de cette assemblée et la date de clôture de l'exercice sur lequel elle statue.

La question se pose également pour les membres du directoire puisque la durée de leurs fonctions peut se calculer soit de quantième à quantième, soit de la même manière que pour les administrateurs (nos 43663 s.).

Quant aux commissaires aux comptes et aux OTI, ils sont nommés pour un mandat de trois ou six exercices (art. L 821-44, al. 1, L 821-46 et L 822-20) selon le cas. La décision de prorogation ou de réduction d'un exercice social entraîne corrélativement augmentation ou diminution de la durée de leurs fonctions.

76012 **Publicité** Toute modification de la date de clôture des exercices sociaux doit faire l'objet d'un dépôt au greffe du tribunal de commerce du lieu du siège social (cf. art. R 123-105) et, s'il s'agit d'une société tenue de publier ses comptes annuels (pour l'essentiel une société par actions ou une SARL), d'une inscription modificative au RCS (cf. art. R 123-53, 8° et R 123-66) et au RNE (art. R 123-252, 7° et R 123-263, al. 1). En revanche, il n'y a pas lieu de procéder à une insertion dans un support d'annonces légales.

› Précisions Pour le **report** d'une année de la **clôture du premier exercice** sans modification de sa date, le CCRCS a admis que ce report fasse l'objet non pas d'une inscription modificative du RCS, mais d'un simple dépôt au greffe du procès-verbal de l'assemblée l'ayant décidé (Avis CCRCS 01-30 du 22-10-2001).

En revanche, le CCRCS considère que cette inscription est requise en cas de **prorogation exceptionnelle** d'un exercice car la décision de changer les dates d'ouverture et de clôture d'un exercice constitue une modification des statuts relevant de la compétence exclusive de la collectivité des associés en application des articles L 223-30, al. 2 et L 225-96, al. 1 qui ne distinguent pas selon l'importance les conséquences sur l'avenir de la société ou le caractère exceptionnel de la modification statutaire (Avis CCRCS 2013-011 du 27-3-2013). Cette position nous paraît critiquable lorsque la rédaction de la clause statutaire est telle que le report de la clôture de l'exercice n'en entraîne pas la modification.

C. Établissement des comptes annuels

1. OBLIGATION D'ÉTABLISSEMENT DES COMPTES ANNUELS

a. Obligation générale

76015 À la clôture de chaque exercice, le conseil d'administration, le directoire ou les gérants doivent établir des comptes annuels (art. L 232-1, I). Dans la SAS, cette obligation s'impose à notre avis au président ou aux dirigeants désignés à cet effet par les statuts (cf. art. L 227-1, al. 3).

Ces comptes annuels comprennent obligatoirement un bilan, un compte de résultat et une annexe (art. L 123-12, al. 3).

Ces trois documents forment un « tout indissociable » (art. L 123-12, al. 3), ce qui signifie qu'ils se complètent et se lisent à la lumière les uns des autres (JO déb. Sén. 21-12-1982 p. 7129).

› Précisions a. En cas de **pluralité de gérants,** les comptes sociaux doivent être établis par tous les gérants (Cass. com. 21-3-1995 n° 617 : RJDA 6/95 n° 724 ; n° 22252).

b. Engage sa **responsabilité** à l'égard de la société dont il est l'**expert-comptable** le professionnel qui, ayant constaté une surcharge anormale des engagements de la société, s'abstient d'appeler l'attention du conseil d'administration sur ce point lors des réunions de présentation des comptes auxquelles il participe, cautionnant ainsi la présentation incomplète faite par le directeur général (Cass. com. 1-12-1998 n° 1907 : RJDA 4/99 n° 428).

b. Obligations allégées en fonction de la taille de l'entreprise

CATÉGORIES D'ENTREPRISES EN MATIÈRE DE COMPTES ANNUELS

Les articles L 123-16, L 123-16-1 et D 123-200 (modifié par décret 2024-152 du 28-2-2024) prévoient des mesures de simplification pour l'établissement des comptes annuels des sociétés commerciales en fonction de leur taille et définissent à cet effet des catégories d'entreprises, selon des **critères** de seuils de chiffre d'affaires net, de total de bilan et de nombre de salariés. Ces seuils ont été rehaussés par le décret 2024-152. 76017

Il résulte de la combinaison de ces textes qu'est qualifiée de :
– **micro-entreprise** la société qui ne dépasse pas deux des trois seuils suivants : total du bilan : 450 000 € (contre 350 000 € précédemment) ; montant net du chiffre d'affaires : 900 000 € (contre 700 000 € précédemment) ; nombre moyen de salariés au cours de l'exercice : 10.
– **petite entreprise** la société qui ne dépasse pas deux des trois seuils suivants : total du bilan : 7,5 M€ (contre 6 M€ précédemment) ; montant net du chiffre d'affaires : 15 M€ (contre 12 M€ précédemment) ; nombre moyen de salariés au cours de l'exercice : 50.
– **moyenne entreprise** la société qui ne dépasse pas deux des trois seuils suivants : total du bilan : 25 M€ (contre 20 M€ précédemment) ; montant net du chiffre d'affaires : 50 M€ (contre 40 M€ précédemment) ; nombre moyen de salariés au cours de l'exercice : 250.

Ces **seuils** doivent être **appréciés** (à la hausse ou à la baisse) à la clôture du dernier exercice, selon la méthode définie à l'article D 123-200, al. 5 s. (voir n° 28).
Lorsqu'une société dépasse ou cesse de dépasser deux de ces trois seuils, cette circonstance n'a d'incidence que si elle se produit pendant deux exercices consécutifs (art. L 123-16, al. 5 et L 123-16-1, al. 3).

ENTRÉE EN VIGUEUR DES NOUVEAUX SEUILS

Le décret 2024-152 du 28 février 2024, qui a relevé les seuils de total du bilan et de chiffre d'affaires prévus par l'article D 123-200, est entré en vigueur le 1er mars 2024 (Décret 2024-152 art. 4, al. 1), mais s'applique aux comptes afférents aux exercices ouverts depuis le 1er janvier 2024 (Décret 2024-152 art. 4, al. 2) alors que les articles L 123-16 et L 123-16-1 n'ont pas été modifiés. Pour les exercices ouverts depuis le 1er janvier 2024, et à la clôture de ces exercices, il faut donc prendre en compte les seuils rehaussés (Décret 2024-152 art. 4, al. 1). 76018

Pour autant, les sociétés pouvaient-elles bénéficier des seuils rehaussés dès 2025 pour les comptes se rapportant à l'exercice 2024 si elles ne répondaient pas à la définition de l'une des catégories selon les anciens seuils mais y répondent compte tenu des nouveaux ? Les articles L 123-16, al. 5 et L 123-16-1, al. 3, selon lesquels, lorsqu'une entreprise dépasse ou cesse de dépasser deux des trois seuils, cette circonstance n'a d'incidence que si elle se produit pendant deux exercices consécutifs, leur imposent-ils au contraire d'attendre la clôture du second exercice consécutif pour apprécier si les seuils ne sont pas dépassés, ce qui impliquerait qu'elles ne pourraient bénéficier des mesures d'allégement qu'au plus tôt à compter de 2026 ?

Il convient, à notre avis, de retenir une interprétation souple des textes. En effet, en prévoyant qu'il s'applique « aux comptes et rapports se rapportant aux exercices ouverts à compter du 1er janvier 2024 », le décret 2024-152 peut être lu comme autorisant la société à apprécier sa situation aux 31 décembre 2023 et 2024 au regard des nouveaux seuils pour déterminer si elle peut bénéficier des mesures d'allégement au titre de l'exercice 2024. Cette lecture nous semble d'ailleurs conforme à l'objectif fixé par la directive déléguée UE 2023/2775 du 17 octobre 2023 dont les dispositions ont été transposées par le décret 2024-152 et qui tend à permettre aux entreprises de bénéficier dès que possible des seuils ajustés (cf. Dir. déléguée UE 2023/2775 considérant 6).

PRÉSENTATION SIMPLIFIÉE DES COMPTES DES MOYENNES ENTREPRISES

Une présentation simplifiée du **compte de résultat** peut être adoptée par les « moyennes entreprises » (art. L 123-16, al. 2 ; sur la notion de moyenne entreprise, voir n° 76017). 76020

Les sociétés par actions qui adoptent cette présentation simplifiée doivent mentionner dans l'annexe la liste des transactions effectuées entre, d'une part, la société et ses principaux actionnaires ou associés et, d'autre part, la société et les membres de ses organes d'administration et de surveillance, si ces transactions présentent une importance significative et n'ont pas été conclues à des conditions normales de marché (art. R 123-197-1, L 226-1, al. 2 et L 227-1, al. 3).

Les **modalités de présentation** simplifiée du compte de résultat sont précisées par le règlement ANC 2019-02 du 7 juin 2019.

› Précisions **a.** La **faculté** d'adopter une présentation simplifiée du compte de résultat n'est **pas ouverte** aux établissements financiers (banques, sociétés de financement, etc.), aux entreprises d'assurance et assimilées (réassureurs, mutuelles, etc.), aux sociétés dont les titres financiers sont admis aux négociations sur un marché réglementé et aux personnes faisant appel à la générosité du public (art. L 123-16-2).

b. Pour l'Ansa, une société peut bénéficier de cette faculté dès sa **constitution,** le délai de deux exercices consécutifs prévu par l'article L 123-16, al. 5 ne s'appliquant que pour la perte de ladite faculté (Communication Ansa, comité juridique n° 23-009 du 1-2-2023).

PRÉSENTATION SIMPLIFIÉE DES COMPTES DES PETITES ENTREPRISES

76021 Une présentation simplifiée des **comptes annuels** peut être adoptée par les « petites entreprises » (art. L 123-16, al. 1 ; sur la notion de petite entreprise, voir n° 76017).

Les sociétés par actions qui adoptent cette présentation simplifiée doivent mentionner dans l'annexe la liste des transactions effectuées entre, d'une part, la société et ses principaux actionnaires ou associés et, d'autre part, la société et les membres de ses organes d'administration et de surveillance, si ces transactions présentent une importance significative et n'ont pas été conclues à des conditions normales de marché (art. R 123-197-1, L 226-1, al. 2 et L 227-1, al. 3).

› Précisions **a.** La **faculté** d'adopter une présentation simplifiée des comptes annuels n'est **pas ouverte** aux établissements financiers (banques, sociétés de financement, etc.), aux entreprises d'assurance et assimilées (réassureurs, mutuelles, etc.), aux sociétés dont les titres financiers sont admis aux négociations sur un marché réglementé et aux personnes faisant appel à la générosité du public (art. L 123-16-2).

b. Pour l'Ansa, une société peut bénéficier de cette faculté dès sa **constitution,** le délai de deux exercices consécutifs prévu par l'article L 123-16, al. 5 ne s'appliquant que pour la perte de ladite faculté (Communication Ansa, comité juridique n° 23-009 du 1-2-2023).

PRÉSENTATION SIMPLIFIÉE DES COMPTES DES MICRO-ENTREPRISES

76022 **Annexe** Les micro-entreprises ne sont **pas tenues d'établir** d'annexe (art. L 123-16-1, al. 1 ; sur la notion de micro-entreprise, voir n° 76017).

› Précisions **a.** La **faculté** de ne pas établir d'annexe n'est **pas ouverte** aux sociétés dont l'activité consiste à gérer des titres de participations ou des valeurs mobilières, ni aux établissements financiers (banques, sociétés de financement, etc.), aux entreprises d'assurance et assimilées (réassureurs, mutuelles, etc.), aux sociétés dont les titres financiers sont admis aux négociations sur un marché réglementé et aux personnes faisant appel à la générosité du public (art. L 123-16-1, al. 1 et L 123-16-2).

b. Pour l'Ansa, une société peut bénéficier de cette faculté dès sa **constitution,** le délai de deux exercices consécutifs prévu par l'article L 123-16-1, al. 3 ne s'appliquant que pour la perte de ladite faculté (Communication Ansa, comité juridique n° 23-009 du 1-2-2023).

76023 **Bilan et compte de résultat** Les micro-entreprises définies n° 76017 peuvent établir un bilan et un compte de résultat **abrégés** lorsqu'elles n'emploient aucun salarié et ont effectué une inscription de cessation totale et temporaire d'activité (mise en sommeil) (art. L 123-28-2). Cette dérogation n'est plus applicable en cas de reprise de l'activité et au plus tard à l'issue du deuxième exercice suivant la date de l'inscription de cessation temporaire d'activité. Elle ne s'applique pas lorsqu'il est procédé à des opérations modifiant la structure du bilan – entrée ou sortie significative de trésorerie, dotation ou reprise de provision pour risques et charges, augmentation ou réduction du capital, distribution de dividendes – au cours de l'exercice considéré. La condition d'absence de salarié s'apprécie à la date de clôture du dernier exercice précédant la date d'inscription de la cessation d'activité et l'embauche d'un salarié après cette date de clôture met fin à la dérogation (art. L 123-28-2 et D 123-208-01, III). Par analogie avec les règles prévues pour les commerçants personnes physiques, les sociétés doivent à notre avis établir un bilan et un compte de résultat non abrégés à la clôture de l'exercice au cours duquel la dérogation a pris fin.

2. CONTENU DES COMPTES ANNUELS

BILAN

76025 Le bilan décrit séparément les éléments actifs et passifs de l'entreprise et doit faire apparaître de façon distincte les capitaux propres (art. L 123-13, al. 1).

Cette notion de capitaux propres est retenue pour l'application de nombreuses dispositions de la loi sur les sociétés commerciales : obligation de consultation des associés ou actionnaires si, du fait des pertes constatées, le montant des capitaux propres devient inférieur à la moitié du capital social (art. L 223-42, al. 1 et L 225-248, al. 1) ; possibilité pour les associés de décider la transformation d'une SARL en SA à la majorité des parts sociales si les capitaux propres excèdent 750 000 € (art. L 223-43, al. 2) ; transformation d'une SA en société d'une autre forme (art. L 225-244, al. 1) ; etc.

COMPTE DE RÉSULTAT

Le compte de résultat récapitule les produits et les charges de l'exercice, sans qu'il soit tenu compte de leur date d'encaissement ou de paiement, et fait apparaître, par différence, après déduction des amortissements, des dépréciations et des provisions, le bénéfice ou la perte de l'exercice (art. L 123-13, al. 2). **76026**

Aucune compensation ne peut être opérée entre les postes de charges et de produits, sauf dans des cas exceptionnels prévus par un règlement de l'ANC (art. L 123-19, al. 2), cas, par exemple, des rabais, remises et ristournes obtenus sur achats.

ANNEXE

L'annexe complète et commente l'information donnée par le bilan et le compte de résultat (art. L 123-13, al. 4). Elle a donc pour objet non seulement d'apporter les explications nécessaires à la compréhension de ces comptes, mais aussi de compléter les informations qui y figurent. **76027**

Doivent figurer dans l'annexe (art. L 232-1, I-al. 1 s. et L 233-15) :

– un état des cautionnements, avals et garanties donnés par la société, ce document n'étant toutefois pas requis des sociétés exploitant un établissement de crédit, une société de financement ou une entreprise d'assurance ;

– un état des sûretés consenties par la société ;

– et, si la société a des filiales ou des participations, un tableau faisant apparaître la situation de ces filiales et participations.

L'annexe doit en outre comporter « toutes les informations d'importance significative sur la situation patrimoniale et financière et sur le résultat de l'entreprise » (art. R 123-195). Les articles R 123-195 à R 123-199-1 donnent une liste de ces informations (voir aussi PCG art. 831-1 s.).

Pour plus de détails sur les objectifs et le contenu de l'annexe, voir Mémento Comptable nos 64525 s.

› Précisions **a.** Sur la nécessité de faire prévaloir le caractère significatif des **informations** qui doivent figurer dans l'annexe sur leur caractère obligatoire tel qu'il résulte de l'article R 123-195 précité, voir Mémento Comptable n° 64545.

Sur les informations à donner dans l'annexe au titre des engagements de retraite, voir Mémento Comptable nos 17970 s.

Sur la mention dans l'annexe ou à l'actif du bilan des engagements financiers d'un montant significatif existant à la clôture de l'exercice (notamment les opérations de portage), voir Mémento Comptable nos 37355 s.

b. Les **micro-entreprises** au sens de l'article L 123-16-1 (n° 76017), à l'exception de celles dont l'activité consiste à gérer des titres de participation et des valeurs mobilières, sont dispensées d'établir une annexe à leurs comptes annuels (art. L 123-16-1, al. 1).

c. Les **sociétés dont** les **actions** sont admises aux négociations **sur un marché réglementé** doivent annexer à leurs comptes annuels un tableau relatif à la répartition et à l'affectation des sommes distribuables qui seront proposées à l'assemblée générale (art. L 232-7, al. 1).

3. QUALITÉS DES COMPTES ANNUELS

a. Régularité et sincérité des comptes annuels

Les comptes annuels doivent être réguliers et sincères (art. L 123-14, al. 1). **76030**

La **régularité** est la conformité aux règles et procédures en vigueur (PCG art. 121-3). Elle s'apprécie en pratique par rapport aux règles posées par l'Autorité des normes comptables.

La **sincérité** est l'application de bonne foi de ces règles et procédures en fonction de la connaissance que les responsables de l'établissement des comptes ont de la réalité et de l'importance relative des événements enregistrés (PCG art. 121-3).

Les commissaires aux comptes doivent certifier que les comptes annuels sont réguliers et sincères : voir n° 76037.

› Précisions L'absence de sincérité des comptes, liée à l'adoption d'une méthode inadaptée dès le départ à la nature de l'activité de la société, ne peut échapper ni au principal dirigeant ni aux administrateurs avertis dont l'attention a été attirée par les commissaires aux comptes, lesquels ont émis des réserves sur le problème essentiel de la valorisation des encours. Ces **dirigeants** engagent leur **responsabilité** en retenant délibérément les informations qui auraient été susceptibles de remettre en cause l'image de la société telle qu'elle se présentait au regard des comptes qui avaient été communiqués (Cass. com. 9-3-2010 n° 08-21.547 : RJDA 6/10 n° 637).

b. Image fidèle des comptes annuels

76035 Les comptes annuels doivent donner une image fidèle du patrimoine, de la situation financière et du résultat de l'entreprise (art. L 123-14, al. 1). La notion d'image fidèle correspond à l'obligation pour le responsable de l'établissement des comptes de rechercher si, après application de bonne foi des règles comptables, les solutions qu'il a adoptées sont bien celles qui permettent d'avoir une vue correcte de l'entreprise.

Pour plus de détails sur la notion d'image fidèle, voir Mémento Comptable nos 8280 s.

En application de ce principe, il est expressément prévu que :

– lorsque l'application d'une prescription comptable ne suffit pas pour donner une image fidèle du patrimoine, de la situation financière et du résultat de l'entreprise, des informations complémentaires doivent être fournies dans l'annexe (art. L 123-14, al. 2) ;

– si, dans un cas exceptionnel, l'application d'une prescription comptable se révèle impropre à donner cette image fidèle, il doit y être dérogé ; cette dérogation doit être mentionnée à l'annexe et dûment motivée, avec l'indication de son influence sur le patrimoine, la situation financière et le résultat de l'entreprise (art. L 123-14, al. 3).

ILLUSTRATIONS

Ne donnent pas une image fidèle du résultat :

– des bilans affectés par des manipulations comptables ayant consisté à dissimuler des prélèvements injustifiés d'associés en les enregistrant comme des créances de la société sur des tiers (Cass. crim. 1-7-2009 n° 08-88.308 : RJDA 11/09 n° 975) ;

– des comptes pour lesquels n'a pas été constituée une provision en rapport avec le montant d'un redressement notifié par l'Urssaf, redressement qui n'a pas été mentionné dans l'annexe (Cass. crim. 25-2-2009 n° 08-85.596 : Bull. Joly 2009 p. 1010 note J.-F. Barbièri) ;

– des comptes pour lesquels les provisions pour dépréciation des titres n'ont pas été constituées, les pertes d'exploitation subies entre la date d'arrêté des comptes et celle de l'assemblée n'ayant en outre pas été mentionnées dans l'annexe (Cass. crim. 17-10-2007 n° 07-81.033 : RJDA 3/08 n° 294).

Les dirigeants qui ne sont pas en mesure de présenter dans le délai légal des comptes donnant une image fidèle de la société sont en droit de demander en justice un report de l'assemblée générale ordinaire annuelle (CA Paris 2-8-2001 n° 01-12698 : RJDA 6/02 n° 647). Même plus, il leur appartient d'obtenir le report de l'assemblée si le retraitement des comptes nécessite un délai (Cass. crim. 17-10-2007 n° 07-81.033 : RJDA 3/08 n° 294).

76037 Les **commissaires aux comptes** doivent certifier non seulement que les comptes annuels sont réguliers et sincères, mais aussi qu'ils donnent une image fidèle de la situation de l'entreprise (art. L 821-53, al. 1).

› Précisions Bien que n'étant tenu qu'à une obligation de moyen, le commissaire aux comptes doit cependant mettre en œuvre les **diligences** lui permettant d'obtenir l'assurance raisonnable que les comptes annuels ne comportent pas d'erreurs significatives (CA Rouen 29-9-2004 n° 01-1553 : RJDA 4/05 n° 404 som.).

COMPTES ANNUELS NE DONNANT PAS UNE IMAGE FIDÈLE

76038 La présentation de comptes sociaux ne donnant pas une image fidèle de la situation de la société expose les dirigeants sociaux à de lourdes **sanctions pénales.** En effet, le président, les administrateurs, les directeurs généraux, les directeurs généraux délégués ou les membres du directoire d'une SA, les gérants d'une SARL ou d'une SCA, ainsi que le président et les dirigeants de SAS qui, même en l'absence de toute distribution de dividendes, *auraient présenté aux actionnaires ou associés* ou, dans les sociétés par actions, auraient publié « des comptes annuels ne donnant pas, pour chaque exercice, une image fidèle du résultat des opérations de l'exercice, de la situation financière et du patrimoine à l'expiration de cette période en vue de dissimuler la véritable situation de la société » s'exposeraient à un emprisonnement de cinq ans et à une amende de 375 000 € (art. L 241-3, 3°, L 242-6, 2°, L 242-30, al. 1, L 243-1, L 244-1 et L 248-1).

La présentation des **comptes** annuels **consolidés** n'entre pas dans le champ d'application du délit de présentation de comptes infidèles ; mais elle pourrait, en cas de survalorisation frauduleuse des actifs, être qualifiée de « faux » ou « usage de faux » (Cass. crim. 17-2-2021 n° 20-82.068 F-PBI : RJDA 7/21 n° 485).

La notion d'absence d'image fidèle a remplacé celle de bilan inexact.

ILLUSTRATIONS

Le délit a été retenu à l'encontre :
– des administrateurs en fonctions lors de la présentation du bilan et qui connaissaient le caractère inexact de celui-ci, même s'ils n'ont pas participé à la délibération du conseil arrêtant les comptes et à celle de l'assemblée les approuvant (Cass. crim. 20-7-1977 : Bull. crim. n° 267) ; il en est ainsi a fortiori si les administrateurs ont participé à la délibération du conseil (pour un exemple, Cass. crim. 29-11-2000 n° 99-80.324 : RJDA 10/01 n° 981) ;
– du président d'une SA qui avait présenté à l'assemblée un bilan établi avant sa nomination mais dont il connaissait l'inexactitude (Cass. crim. 16-9-1985 : Bull. Joly 1985 p. 1039) ;
– d'un dirigeant de fait (Cass. crim. 22-6-1981 : BRDA 21/81 p. 9 ; T. corr. Paris 10-1-1980 : Gaz. Pal. 1980 p. 712) ;
– du directeur administratif d'une SA chargé de la comptabilité générale qui s'était rendu complice du délit de présentation de bilans inexacts en prenant, en pleine connaissance de cause, la responsabilité des irrégularités comptables qui avaient permis l'établissement de faux bilans (Cass. crim. 14-1-1980 : Bull. crim. n° 21) ;
– du commissaire aux comptes qui avait décelé certaines anomalies mais avait néanmoins proposé l'approbation des comptes « pour ne pas nuire à la marche de l'entreprise », se rendant ainsi complice des agissements délictueux des dirigeants sociaux (Cass. crim. 3-1-1983, inédit sur ce point).

Le délit suppose soit la **présentation d'un bilan** aux associés ou actionnaires, soit, dans les sociétés par actions, sa **publicité**. Par suite, son existence doit être écartée, bien qu'un bilan inexact ait été communiqué à l'acquéreur de la majorité du capital d'une SA, dès lors que, d'une part, il n'était pas établi que ce bilan avait été présenté à l'assemblée générale et que, d'autre part, la communication à un seul destinataire n'est pas suffisante pour caractériser la publication (Cass. crim. 15-10-1990 : BRDA 23/90 p. 9). Ce délit suppose en outre que la présentation ait été faite sciemment en vue de dissimuler la véritable situation de la société (Cass. crim. 29-11-2000 n° 99-80.324 : RJDA 10/01 n° 981 ; Cass. crim. 9-2-2022 n° 20-86.560 F-D : RJDA 6/22 n° 343).

Le principe **« non bis in idem »** n'empêche pas de poursuivre pour délit de présentation de comptes infidèles un dirigeant condamné par l'AMF pour diffusion d'informations trompeuses (Cass. crim. 13-4-2022 n° 20-83.524 F-D : RJDA 10/22 n° 570).

L'acquéreur de la majorité des parts ou actions d'une société peut se porter **partie civile** en cas d'absence d'image fidèle même si le bilan concerné a été approuvé alors que l'intéressé n'était pas encore associé, dès lors que ce bilan a servi de base à l'évaluation des parts ou actions qu'il a acquises (Cass. crim. 5-11-1991 n° 90-82.605 : RJDA 2/92 n° 154 ; Cass. crim. 16-4-2008 n° 07-84.713 : RJDA 2/09 n° 114 ; pour une solution voisine, rendue sur demande d'un minoritaire, Cass. crim. 30-1-2002 n° 663 : RJDA 6/02 n° 646). Il en est de même d'un banquier qui avait accordé à une SA d'importants concours financiers au vu d'un bilan favorable, certifié par le commissaire aux comptes, mais qui s'était révélé inexact (Cass. crim. 13-2-1997 n° 883 : RJDA 10/97 n° 1217). En revanche, la constitution de partie civile de banques qui avaient prêté des fonds à une société mise par la suite en redressement judiciaire a été déclarée irrecevable, faute qu'elles aient établi avoir subi un préjudice distinct de celui invoqué par le commissaire à l'exécution du plan pour l'ensemble des créanciers (Cass. crim. 17-11-2004 n° 6480 : RJDA 4/05 n° 403). Il en a été de même pour celle d'un syndicat dès lors que le préjudice indirect qui serait porté à l'intérêt collectif de la profession par ce délit ne se distingue pas du préjudice, lui-même indirect, qu'auraient pu subir individuellement les salariés de l'entreprise (Cass. crim. 29-11-2000 n° 99-80.324 : RJDA 10/01 n° 981). 76039

L'**action publique se prescrit** par six ans (CPP art. 8, al. 1) à compter du jour où le délit est apparu et a pu être constaté dans des conditions permettant la mise en mouvement ou l'exercice de l'action publique, sans toutefois que le délai de prescription puisse excéder 12 ans (CPP art. 9-1, al. 2). 76040

› **Précisions** Il a été jugé, à propos de la présentation de bilan inexact, que le délai de prescription de l'action publique court **à compter** non pas de la **date** de l'assemblée à laquelle les comptes sont présentés mais du jour où ces comptes sont mis à la disposition des actionnaires pour l'exercice de leur droit de communication (CA Paris 12-6-1984 : Gaz. Pal. 1984 p. 587 note J.-P. Marchi). Toutefois, la publication du bilan inexact postérieurement à sa présentation aux actionnaires pourrait faire courir un nouveau délai de prescription (cf. Cass. crim. 31-10-2000 : JCP E 2001 p. 807 note J.-H. Robert).

4. MÉTHODE D'ÉTABLISSEMENT DES COMPTES ANNUELS

PRUDENCE POUR L'ÉTABLISSEMENT DES COMPTES ANNUELS

76043 Les comptes doivent respecter le principe de prudence (art. L 123-20, al. 1).

En conséquence, il doit être procédé aux **amortissements,** dépréciations et **provisions** nécessaires même en cas d'absence ou d'insuffisance du bénéfice (art. L 123-20, al. 2 et R 123-179).

Il doit aussi être tenu compte des **passifs** qui ont pris naissance au cours de l'exercice ou d'un exercice antérieur, même s'ils sont connus entre la date de la clôture de l'exercice et celle de l'établissement des comptes (art. L 123-20, al. 3).

Seuls les **bénéfices** réalisés à la date de clôture d'un exercice peuvent être inscrits dans les comptes annuels. Cependant, peut également être inscrit le bénéfice réalisé sur une opération partiellement exécutée et acceptée par le cocontractant lorsque sa réalisation est certaine et qu'il est possible, au moyen de documents comptables prévisionnels, d'évaluer avec une sécurité suffisante le bénéfice global de l'opération (art. L 123-21).

Si la **valeur** d'un élément de l'**actif** immobilisé devient inférieure à sa valeur nette comptable, cette dernière doit être ramenée à la valeur d'inventaire à la clôture de l'exercice, que la dépréciation soit définitive ou non (art. L 123-18, al. 2).

La plus-value constatée entre la valeur d'inventaire d'un bien et sa valeur d'entrée ne doit pas être comptabilisée (art. L 123-18, al. 4).

D'une façon plus générale, la comptabilité doit être établie « sur la base d'appréciations prudentes, pour éviter le risque de transfert, sur des périodes à venir, d'incertitudes présentes susceptibles de grever le patrimoine et le résultat de l'entité » (PCG art. 121-4).

Pour plus de détails, voir Mémento Comptable n° 3555.

CONTINUITÉ DE L'EXPLOITATION POUR L'ÉTABLISSEMENT DES COMPTES ANNUELS

76044 Pour l'établissement des comptes, la société est présumée poursuivre ses activités (art. L 123-20, al. 1).

PERMANENCE DES MÉTHODES D'ÉTABLISSEMENT DES COMPTES ANNUELS

76045 Les méthodes comptables retenues et la structure du bilan et du compte de résultat ne peuvent pas être modifiées d'un exercice à l'autre, sauf dans des cas exceptionnels afin de donner une image fidèle du patrimoine, de la situation financière et du résultat de l'entreprise et dans les conditions prévues par l'article 121-5 du plan comptable général (art. L 123-17). En outre, le **changement** de méthodes n'est justifié que s'il permet d'obtenir une meilleure information financière (PCG art. 122-1 s.).

Dans ce cas, les modifications doivent être décrites et justifiées dans l'annexe et, le cas échéant, signalées dans le rapport des commissaires aux comptes (art. L 123-17).

> **Précisions** Il convient de distinguer les changements de méthodes comptables (évaluation et présentation des comptes) des **changements d'estimations** et de modalités d'application, ainsi que des **changements d'options fiscales** et des corrections d'erreurs qui relèvent de conditions et de traitements différents. Pour plus de détails, voir Mémento Comptable n°s 8455 s.

5. VIOLATION DES RÈGLES D'ÉTABLISSEMENT DES COMPTES ANNUELS

76050 Les gérants de SARL et de SCA, les présidents, administrateurs, directeurs généraux, directeurs généraux délégués et membres du directoire de SA, ainsi que le président et les dirigeants de SAS qui n'auraient pas, pour chaque exercice, dressé un inventaire et établi des comptes annuels (ainsi que, sauf dispense, un rapport de gestion) s'exposeraient à une **amende** de 9 000 € (art. L 241-4, L 242-8, L 242-30, al. 1, L 243-1, L 244-1 et L 248-1).

Par ailleurs, sont passibles d'un **emprisonnement** de deux ans et d'une amende de 9 000 € les présidents, les administrateurs, les directeurs généraux (et, par assimilation, les directeurs généraux délégués et les membres du directoire : cf. art. L 248-1 et L 247-9) ou les gérants de toute société qui n'auront pas inclus dans l'annexe le tableau sur la situation des filiales et participations (art. L 247-1, I-3°).

76055 Les irrégularités commises dans l'établissement des comptes annuels (et des comptes consolidés) exposent les **sociétés dont les titres sont admis aux négociations sur un marché boursier et leurs dirigeants** à des **sanctions pécuniaires** lorsque ces irrégularités sont de nature à fausser de manière significative l'information donnée au public sur la situation financière de la société (voir n°s 66379 s.).

6. COMMUNICATION DES COMPTES ANNUELS

COMMUNICATION DES COMPTES AUX COMMISSAIRES AUX COMPTES

Dans les sociétés dotées d'un commissaire aux comptes, les comptes annuels (bilan, compte de résultat, annexe) et, le cas échéant, les comptes consolidés doivent être mis à la disposition des commissaires aux comptes un mois au moins avant la convocation de l'assemblée des associés ou des actionnaires appelés à statuer sur ces documents (art. L 232-1, III et R 232-1, al. 1). Dans les SAS, les décisions ne sont pas nécessairement prises en assemblée précédée d'une convocation ; les dispositions précitées peuvent donc être inadaptées ; mais les dirigeants doivent avertir les commissaires aux comptes, si la société en est dotée, en temps suffisant pour leur permettre d'exercer leur mission. 76060

Selon le ministre de la justice (Rép. Valbrun : AN 20-10-1976 nº 29456 ; Rép. Bouquerel : Sén. 21-10-1976 nº 20439), ce **délai** est impératif et le commissaire aux comptes ne saurait y renoncer ; en outre, son inobservation constitue une faute susceptible d'engager la responsabilité civile ou pénale des dirigeants sociaux pour entrave à l'exercice de la mission du commissaire aux comptes. Ces solutions nous paraissent excessives. Le délai a été prévu dans l'intérêt des commissaires aux comptes pour leur permettre de donner un avis autorisé sur les documents qui leur sont soumis. Ils peuvent donc en exiger le respect et, éventuellement, demander le report de l'assemblée générale ou refuser la certification des comptes s'ils n'ont pas eu satisfaction. Ils peuvent aussi, dans les cas extrêmes, mettre en cause la responsabilité civile et pénale des dirigeants. Mais rien ne s'oppose, nous semble-t-il, à ce que, compte tenu des informations qui leur ont déjà été fournies par la société, les commissaires estiment que l'irrégularité résultant de l'inobservation du délai n'a entraîné aucune gêne sensible pour l'accomplissement de leur mission et qu'il n'y a pas lieu de relever cette irrégularité (voir Bull. CNCC 1976 p. 541).

Copie des documents précités – ainsi que du rapport de gestion et éventuellement du rapport sur la gestion du groupe – doit être remise aux commissaires s'ils en font la demande (art. R 232-1, al. 2).

COMMUNICATION DES COMPTES AUX ASSOCIÉS

Les modalités d'exercice du droit de communication des associés ou actionnaires sur les comptes sociaux sont exposées à l'occasion de l'étude des règles propres à chaque type de société, auxquelles on se reportera. 76061

COMMUNICATION DES COMPTES AU COMITÉ SOCIAL ET ÉCONOMIQUE

Dans les sociétés commerciales d'au moins 50 salariés, l'employeur est tenu de mettre à la disposition du comité social et économique (CSE) les documents obligatoirement transmis annuellement à l'assemblée générale des actionnaires ou à l'assemblée des associés, les communications et les copies transmises aux actionnaires ou aux associés : bilan, compte de résultat et annexe, rapport de gestion, rapports des commissaires aux comptes, rapport de certification des informations de durabilité pour les sociétés tenues de publier de telles informations, rapports sur les opérations d'option de souscription ou d'achat d'actions et sur les opérations d'attribution gratuite d'actions, etc. (C. trav. art. L 2312-25, II-2º). 76062

> **Précisions** **a.** Cette obligation de communication vise à préparer la **consultation périodique** du CSE **sur la situation économique et financière** de l'entreprise.
> Il est possible de conclure un accord d'entreprise modifiant, notamment, la périodicité de la consultation (sans pouvoir dépasser une périodicité triennale), ainsi que son contenu et la liste et le contenu des *informations nécessaires* (C. trav. art. L 2312-19).
> **b.** L'avis rendu par le CSE n'a plus à être transmis à l'organe chargé de l'administration ou de la surveillance de l'entreprise, cette obligation, auparavant prévue à l'article L 2312-25, I du Code du travail, ayant disparu dans la version de cet article issue de la loi 2017-1837 du 30 décembre 2017 entrée en vigueur le 1er janvier 2019.
> Pour rendre cet avis, le CSE peut se faire **assister par un expert-comptable** aux frais exclusifs de l'entreprise (C. trav. art. L 2315-80 et L 2315-88). Il peut aussi convoquer les **commissaires aux comptes** pour recevoir leurs explications sur les différents postes des documents communiqués ainsi que sur la situation financière de l'entreprise (C. trav. art. L 2312-25, II-2º). Le commissaire aux comptes doit seulement répondre aux *questions* qui lui sont posées sur ces deux points. Il ne saurait fournir d'explications aux membres du CSE en dehors des réunions de cet organe, ni à un membre du CSE à titre individuel, et il n'a pas à rendre compte de son programme de travail. Enfin, il ne doit pas donner de renseignements confidentiels qui pourraient être exploités par des tiers et il doit se garder d'exprimer le moindre jugement de valeur sur la conduite de la gestion de l'entreprise par les dirigeants sociaux (Bull. CNCC juin 1995 p. 208).

c. Le **défaut de communication** des documents ou le refus de permettre à l'expert-comptable désigné par le CSE d'exercer sa mission d'assistance peuvent constituer le délit d'entrave au fonctionnement régulier du CSE, passible d'une amende de 7 500 € (C. trav. art. L 2317-1, al. 2).

d. Pour plus de détails sur l'obligation de mise à disposition du CSE des **informations de durabilité,** voir nos 77305 s.

76063 **Modalités de mise à disposition des documents** La mise à disposition des documents s'effectue par versement dans la **base de données économiques, sociales et environnementales** (BDESE) (C. trav. art. L 2312-25, II).

› Précisions **a.** La BDESE est la base de données que l'article L 2312-18 du Code du travail fait **obligation à l'employeur de constituer et de mettre** régulièrement **à jour** à l'intention des représentants du personnel. Le versement des documents dans cette base de données vaut communication au CSE (C. trav. art. L 2312-18, al. 2). À défaut de versement des documents dans la base, le délai imparti au CSE pour rendre son avis ne court pas (Cass. soc. 28-3-2018 nº 17-13.081 FS-PB : RJS 6/18 nº 426, à propos de la consultation sur les orientations stratégiques de l'entreprise, mais transposable à toutes les consultations récurrentes du CSE).

b. Les informations figurant dans la base de données portent sur l'**année** en cours, sur les deux années précédentes et, telles qu'elles peuvent être envisagées, sur les trois années suivantes, sauf s'il en est disposé autrement par accord (C. trav. art. R 2312-10).

D. Documents de gestion prévisionnelle

SOCIÉTÉS CONCERNÉES

76070 Toutes les sociétés commerciales, quelle que soit leur forme, doivent établir des documents de gestion prévisionnelle dès lors que, à la clôture de leur exercice social, elles ont employé au moins 300 salariés ou ont réalisé un chiffre d'affaires net d'au moins 18 M€ (art. L 232-2, al. 1 et R 232-2, al. 1).

Pour le calcul du **nombre des salariés,** il convient de prendre en compte les salariés à temps plein qui sont liés, par un contrat de travail à durée indéterminée, à la société et aux sociétés dont cette dernière détient directement ou indirectement plus de la moitié du capital (art. L 232-2, al. 3, R 232-2, al. 3 et D 210-21). Le nombre des salariés à retenir correspond à la moyenne de personnes employées au cours de chacun des mois de l'année civile précédente ou du dernier exercice comptable lorsque celui-ci ne correspond pas à l'année civile précédente (art. D 210-21 et, sur renvoi, art. D 123-200, lequel renvoie à l'art. L 130-1, I du CSS).

Le montant net du **chiffre d'affaires** s'entend du montant des ventes de produits et services liés à l'activité courante de la société diminué des réductions sur ventes, de la taxe sur la valeur ajoutée et des taxes assimilées (art. R 232-2, al. 4).

76072 Les **sociétés cessent d'être tenues** d'établir les documents de gestion prévisionnelle lorsqu'elles ne remplissent aucune des conditions liées à l'effectif ou au chiffre d'affaires pendant deux exercices successifs (art. R 232-2, al. 2).

DOCUMENTS À ÉTABLIR

76073 Dans les sociétés répondant aux critères ci-dessus indiqués (nº 76070), le conseil d'administration, le directoire ou les gérants, ou encore le président ou les dirigeants désignés à cet effet dans les SAS (cf. art. L 227-1, al. 3), doivent établir les documents suivants (art. L 232-2, al. 1) :
– une situation de l'actif réalisable et disponible (valeurs d'exploitation exclues) et du passif exigible ;
– un tableau de financement (tableau des emplois et des ressources) ;
– un compte de résultat prévisionnel ;
– un plan de financement prévisionnel.

76074 **Périodicité** Les documents de gestion prévisionnelle doivent être établis selon la périodicité suivante (art. R 232-3).

Dans les **quatre mois de l'ouverture de l'exercice** :
– le plan de financement et le compte de résultat prévisionnels de l'exercice en cours, étant précisé que les prévisions de résultat doivent porter sur l'ensemble de l'exercice mais qu'elles seront revues au cours du second semestre (voir ci-dessous) ;
– le tableau de financement pour l'exercice écoulé, étant observé que ce tableau doit être établi en même temps que les comptes annuels ;
– la situation de l'actif réalisable et disponible (valeurs d'exploitation exclues) et du passif exigible du second semestre de l'exercice écoulé.

ATTENTION

Dans les **sociétés à directoire,** les comptes annuels doivent être soumis au conseil de surveillance dans les trois mois de la clôture de l'exercice (art. L 225-68, al. 5 et R 225-55). Ce même délai de trois mois s'impose, dans ces sociétés, pour l'établissement du tableau de financement.

Dans les **quatre mois qui suivent la clôture du premier semestre** de l'exercice :
– la situation de l'actif réalisable et disponible (valeurs d'exploitation exclues) et du passif exigible du premier semestre de l'exercice ;
– une révision du compte de résultat prévisionnel établi six mois auparavant.

Présentation et contenu Les règles de **présentation** et les méthodes utilisées pour l'élaboration des documents ne peuvent pas être modifiées d'une période à l'autre sans qu'il en soit justifié dans les rapports des organes d'administration ou de gestion (art. R 232-5, al. 1). 76075

Pour le **contenu** des documents de gestion prévisionnelle, voir Mémento Comptable nos 65695 s.

On notera que le compte de résultat prévisionnel peut comporter une ou plusieurs variantes lorsque des circonstances particulières le justifient (art. R 232-5, al. 5).

RAPPORTS DES DIRIGEANTS SUR LES DOCUMENTS

Les documents de gestion prévisionnelle doivent être analysés par le conseil d'administration, le directoire ou les gérants, ou encore le président ou les dirigeants de SAS (par renvoi de l'art. L 227-1, al. 3), dans des rapports écrits sur l'évolution de la société (art. L 232-3 et L 232-4). 76076

Ces rapports doivent compléter et commenter les informations chiffrées contenues dans ces documents. Ils doivent décrire les conventions comptables suivies, les méthodes utilisées, les hypothèses retenues et en justifier la pertinence et la cohérence (art. R 232-4, al. 2).

En cas de modifications apportées soit au mode de présentation des documents, soit aux méthodes d'évaluation, les rapports doivent donner les raisons de ces modifications et décrire les incidences de celles-ci (art. R 232-5, al. 1).

Les rapports doivent être joints aux documents qu'ils concernent (art. R 232-4, al. 1).

Signalons que rien n'interdit au conseil d'administration, au directoire, ou aux dirigeants, de regrouper dans un seul rapport les analyses et commentaires portant sur les documents établis à la même date.

COMMUNICATION DES DOCUMENTS

Les documents de gestion prévisionnelle et les rapports qui y sont joints doivent être communiqués, dans les huit jours de leur établissement, au commissaire aux comptes (si la société en est dotée), au comité social et économique (CSE) et, s'il en existe, au conseil de surveillance (art. L 232-3, L 232-4 et R 232-6 ; C. trav. art. L 2312-25, II-3°). 76077

En revanche, aucune disposition légale ou réglementaire n'impose de porter ces documents à la connaissance des associés ou actionnaires.

De même, les documents de gestion prévisionnelle n'ont pas à être déposés au greffe.

La loi prescrit seulement la communication des documents de gestion prévisionnelle et des rapports qui y sont annexés dans les huit jours de leur établissement. Cela n'entraîne pas l'obligation de réunir le CSE ou le conseil de surveillance dans ce délai. Il suffit que les documents soient remis au président du conseil de surveillance et versés dans la base de données économiques, sociales et environnementales mentionnée n° 76063.

› Précisions a. Les documents communiqués au **CSE** servent, parmi d'autres, de support à la consultation annuelle du CSE sur la situation économique et financière de l'entreprise prévue par l'article L 2312-17, 2° du Code du travail.

Les informations relatives aux documents de gestion sont réputées confidentielles, ce qui astreint le CSE à une obligation de discrétion (C. trav. art. L 2312-25, II-3°).

b. Afin de se ménager la **preuve** que les documents ont été communiqués dans le délai prescrit, les dirigeants ont intérêt à les adresser à leurs destinataires par lettre recommandée ou à les leur remettre en main propre contre récépissé. Cette remarque ne vaut pas pour la communication au CSE, puisque celle-ci se fait par versement dans la base de données.

RAPPORT DU COMMISSAIRE AUX COMPTES SUR LES DOCUMENTS

Si les dirigeants sociaux n'exécutent pas les obligations qui leur incombent (établissement des documents de gestion, analyse de ces documents, communication au commissaire aux comptes et au CSE), ou si les informations données dans leurs rapports appellent des observations de sa part, le commissaire aux comptes chargé d'un audit classique des comptes doit le signaler dans un rapport écrit adressé au conseil d'administration, au directoire ou aux 76079 gérants ainsi qu'au CSE (voir nº 76077), dans le mois qui suit l'expiration des délais fixés (nº 76074) pour l'établissement des documents (art. L 232-3, al. 2, L 232-4, al. 2 et R 232-7, al. 1 ; C. trav. art. L 2312-25, II-3º).

› Précisions **a.** Lorsque le commissaire aux comptes est chargé d'un **audit allégé,** il est dispensé de l'établissement de ce rapport (art. L 821-57, al. 2).
b. Sur les **diligences** incombant au **commissaire aux comptes** en ce qui concerne le contrôle des documents prévisionnels, voir CNCC NI.III avril 2022 § 2.3.

76080 **Suites données au rapport** Dans les SA, le rapport du commissaire aux comptes doit être porté à la connaissance des actionnaires lors de l'assemblée générale ordinaire annuelle suivante (art. L 232-3, al. 2 et R 225-83, 6º-b ; par inadvertance, l'article R 225-83, 6º-b n'a pas été modifié pour tenir compte du transfert des dispositions de l'article R 823-7 vers l'article R 821-180 par le décret 2023-1394 du 30-12-2023).

Dans les sociétés autres que les SA, les observations du commissaire aux comptes peuvent être reprises dans son rapport annuel. Mais le commissaire peut aussi exiger que ses observations soient adressées aux associés ou actionnaires ou qu'il en soit donné connaissance à l'assemblée des associés ou actionnaires (art. L 232-4, al. 2). Si le commissaire demande que son rapport soit communiqué aux associés ou actionnaires avant l'assemblée annuelle, les gérants (ou, dans la SAS, le président ou les dirigeants désignés à cet effet par les statuts) doivent y procéder dans le délai de huit jours à compter de la réception du rapport (art. R 232-7, al. 2).

Le commissaire aux comptes peut aussi mettre en œuvre la procédure d'alerte (nºs 90511 s.).

NON-RESPECT DES RÈGLES SUR LES DOCUMENTS

76081 Aucune **sanction pénale** n'est prévue à l'encontre des dirigeants sociaux qui ne respecteraient pas les dispositions légales relatives aux documents de gestion prévisionnelle.

Il a toutefois été jugé que le défaut de communication ou la communication tardive de ces documents au comité d'entreprise (désormais CSE) constitue le délit d'entrave (Cass. crim. 18-11-1997 nº 6015 : RJDA 2/98 nº 180, à propos de la révision du compte de résultat prévisionnel).

La **responsabilité civile** des dirigeants pourra être engagée dans les conditions de droit commun.

SECTION 2 AFFECTATION DES RÉSULTATS

DÉTERMINATION DU RÉSULTAT DE L'EXERCICE

76200 Le **bénéfice ou,** le cas échéant, la **perte** de l'exercice apparaît dans le compte de résultat par différence entre les produits et les charges de l'exercice et après déduction des amortissements, des dépréciations et des provisions (art. L 123-13, al. 2). Mais cette définition est insuffisante car le résultat peut aussi être apprécié en fonction de la variation des capitaux propres entre le début et la fin de l'exercice.

Pour plus de détails sur les règles à suivre en ce qui concerne la détermination du résultat, voir Mémento Comptable nºs 52305 s.

AFFECTATION DU RÉSULTAT DE L'EXERCICE

76201 Après approbation des comptes annuels et constatation de l'existence de sommes distribuables, la collectivité des associés ou l'assemblée générale ordinaire annuelle détermine la part des bénéfices sociaux de l'exercice écoulé attribuée aux associés sous forme de dividendes et celle destinée à la constitution des réserves. Très généralement, les modalités de l'affectation du résultat sont prévues par les **statuts** ; dans les sociétés par actions, il s'agit d'ailleurs d'une mention qui doit y figurer (art. R 224-2, 7º). Mais même si les statuts n'ont rien prévu à cet égard, les associés sont libres, à notre avis, de décider à la majorité simple la mise en réserve de tout ou partie du résultat : en effet, sauf abus de majorité (nº 76288), la mise en réserve est une décision de saine gestion prise pour sauvegarder les intérêts légitimes de la société en assurant sa pérennité financière et ses capacités d'autofinancement ;

par ailleurs, relevant de l'affectation du résultat, cette décision entre dans le « bloc de compétence » de la collectivité des associés ou de l'assemblée statuant aux conditions de majorité prévues pour les décisions ordinaires.

A. Constitution de réserves

DÉFINITION DES RÉSERVES

On entend par « réserve » toute somme prélevée sur les bénéfices et affectée à une destination déterminée ou, tout simplement, conservée à la disposition de la société. 76260

L'article 1211-10 du PCG dispose que les réserves à inscrire au **compte** 106 sont des bénéfices affectés durablement à la société jusqu'à décision contraire des organes compétents.

Ce compte est **crédité**, lors de l'affectation des bénéfices, des montants destinés :
– à la réserve légale ;
– aux réserves indisponibles, par exemple les réserves pour actions propres ;
– aux réserves statutaires ou contractuelles ;
– aux réserves réglementées ;
– aux autres réserves.

Ce compte est **débité** des prélèvements sur les réserves concernées pour les incorporer au capital, les distribuer aux associés et amortir les pertes.

> **Précisions** Les **provisions,** qui correspondent à des charges, doivent être distinguées des réserves. Il en est de même des **primes d'émission** (d'apport ou de fusion) ; en effet, elles constituent un apport supplémentaire laissé à la libre disposition de la société (Cass. com. 9-7-1952 : JCP 1953 II n° 7742) et ne sont pas prélevées sur les bénéfices. Toutefois, lorsque l'assemblée décide la mise en distribution d'un dividende prélevé sur les primes liées au capital, la société doit préserver les droits des titulaires de valeurs mobilières donnant accès au capital même si l'article L 225-154 ne prévoit cette obligation qu'en cas de distribution de réserves (CA Paris 19-5-1999 : RJDA 10/99 n° 1084 et, sur pourvoi, Cass. com. 27-2-2001 n° 417 : RJDA 6/01 n° 696).

1. RÉSERVE LÉGALE

CARACTÈRE OBLIGATOIRE DE LA RÉSERVE LÉGALE

Dans les sociétés par actions et les SARL, une fraction du bénéfice doit obligatoirement être portée à un compte de réserve intitulé « réserve légale », à peine de nullité de toute délibération contraire (art. L 232-10, al. 1 modifié, à compter du 1-10-2025, par ord. 2025-229 du 12-3-2025, excluant l'application du triple test ; Ord. 2025-229 art. 70). 76270

MASSE DE CALCUL DE LA DOTATION À LA RÉSERVE LÉGALE

La réserve légale est dotée par un prélèvement sur le bénéfice de l'exercice diminué, le cas échéant, des pertes antérieures (art. L 232-10). 76271

Le bénéfice s'entend de l'excédent des produits de l'exercice sur les frais généraux et autres charges. Lorsque la rémunération de certains membres du personnel (notamment le personnel de direction) est calculée en fonction d'un pourcentage sur les bénéfices, cette rémunération ne perd pas son caractère de charge sociale. Elle doit donc être déduite pour la détermination du bénéfice distribuable et le calcul de la dotation à la réserve légale.

La participation des salariés aux résultats de l'entreprise constitue, elle aussi, une charge de l'exercice grevant le bénéfice (art. R 123-193, 1°) et réduisant d'autant la masse de calcul de la dotation à la réserve légale.

Il va de soi que le prélèvement pour la réserve légale ne porte pas sur le report à nouveau bénéficiaire puisque les sommes figurant à ce compte ont déjà supporté ce prélèvement au titre du ou des exercices antérieurs.

MONTANT DE LA DOTATION À LA RÉSERVE LÉGALE

Le prélèvement pour la dotation à la réserve légale est de 5 % au moins du bénéfice. Il cesse d'être obligatoire lorsque la réserve atteint 10 % du capital social (art. L 232-10, al. 2). 76272

Ces seuils constituent un minimum : les **statuts** peuvent valablement prévoir un prélèvement annuel supérieur à 5 % et/ou un plafond supérieur à 10 % du capital. Lorsque le plafond statutaire est supérieur à 10 % du capital, les sommes excédant la fraction légale (10 % du capital) doivent être assimilées à une réserve statutaire et suivre le même sort que celle-ci.

76273 **Cas particuliers** En cas d'**augmentation du capital** social, la dotation à la réserve légale doit être poursuivie (ou reprise si la réserve était déjà constituée « à plein ») jusqu'à ce que soit atteint le plafond correspondant à 10 % du nouveau capital. Cette dotation complémentaire est effectuée, comme avant l'augmentation de capital, au moyen d'un prélèvement annuel de 5 % au moins sur le bénéfice de chaque exercice.

En cas de **réduction du capital** par suite de pertes, la réserve légale qui aura disparu par imputation d'une fraction des pertes devra être reconstituée par prélèvements annuels sur les bénéfices nouveaux jusqu'à ce qu'elle atteigne 10 % du montant du nouveau capital.

Si la réduction du capital n'est pas motivée par des pertes mais résulte de remboursements ou de rachats de parts ou d'actions, la fraction de la réserve légale qui excède 10 % du capital après réduction devient disponible et peut recevoir toute autre affectation, par décision de la collectivité des associés ou de l'assemblée générale ordinaire.

Lorsqu'une **augmentation ou** une **réduction du capital** est **devenue définitive entre** la date de **clôture** de l'exercice **et** la date de la décision collective ou de l'**assemblée** appelée à statuer sur les comptes de cet exercice, le plafond de 10 % à prendre en considération pour le calcul de la dotation à la réserve légale doit, à notre avis, être déterminé en fonction de l'ancien capital et non pas du nouveau. En effet, la période de référence pour l'établissement des comptes sociaux et pour l'appréciation de leur régularité est l'exercice. Ainsi, l'assemblée générale ordinaire délibère et statue sur toutes les questions relatives aux comptes de l'exercice écoulé (art. L 225-100, I-al. 5). Donc, si elle devait prendre en considération l'augmentation de capital, elle sortirait des limites de sa compétence car elle statuerait en fonction d'une opération de l'exercice en cours et non pas de l'exercice écoulé.

76274 En cas de fusion ou d'augmentation de capital, il est fréquemment proposé à la collectivité des associés ou à l'assemblée générale qui statue sur l'opération d'**utiliser** une partie de la **prime de fusion ou** de la prime **d'émission** pour doter « à plein » la réserve légale, compte tenu du nouveau montant du capital social. Ce procédé est licite puisque la collectivité des associés ou l'assemblée qui fixe la prime peut souverainement décider de son affectation (n° 49725).

EMPLOI DE LA RÉSERVE LÉGALE

76275 La réserve légale constitue, comme le capital dont elle est le prolongement, une garantie pour les tiers qui traitent avec la société. À ce titre, elle ne peut ni être distribuée aux associés ou actionnaires, ni être utilisée au rachat ou au remboursement de parts ou d'actions de la société.

Son utilité apparaît en cas de pertes : elle sert à combler les déficits constatés par les bilans annuels lorsque ces déficits ne peuvent pas être imputés sur d'autres réserves.

La réserve légale peut, à notre avis, être incorporée au capital (dans le même sens, T. corr. Seine 22-12-1962 : D. 1963 p. 446 note Dalsace).

76276 Lorsque la réserve légale a été régulièrement entamée (à la suite d'une compensation de pertes ou d'une incorporation au capital), elle doit être reconstituée par prélèvement annuel de 5 % des bénéfices jusqu'à ce qu'elle atteigne à nouveau 10 % du capital : on ne saurait exiger sa reconstitution immédiate, la loi n'envisageant qu'une formation progressive de cette réserve.

2. RÉSERVES STATUTAIRES OU FACULTATIVES

76280 Indépendamment du fonds de réserve légale, les statuts autorisent, ou parfois imposent, la formation de réserves supplémentaires. On distingue ainsi les réserves statutaires et les réserves facultatives.

RÉSERVES STATUTAIRES

76281 Les réserves statutaires sont des réserves dont la **dotation** est prescrite par les statuts et s'impose à la collectivité des associés ou à l'assemblée générale ordinaire annuelle appelée à répartir les bénéfices sociaux de l'exercice écoulé. Tout dividende qui serait distribué sans que cette dotation ait été effectuée, au rythme et dans les conditions prévus par les statuts, constituerait un dividende fictif et exposerait les dirigeants sociaux à des sanctions pénales (nos 76530 s.).

Les réserves statutaires ne peuvent être **utilisées** ni pour une distribution aux associés ou actionnaires, ni pour un achat ou un remboursement de parts ou d'actions de la société (cf. art. L 232-11). En revanche, sauf disposition contraire des statuts, elles peuvent être affectées à l'apurement des pertes ou à une augmentation du capital social.

Les clauses statutaires imposant la constitution obligatoire d'une réserve sont, en raison de leur caractère contraignant, extrêmement rares en pratique.

Contrairement à la réserve légale, l'obligation de doter les comptes de réserves statutaires et l'interdiction de distribuer les sommes figurant à ces comptes n'ont pas un caractère définitif. En effet, comme toutes autres dispositions statutaires, elles peuvent être supprimées sur décision des associés ou actionnaires prise dans les conditions prévues pour les modifications des statuts, cette **suppression** n'étant toutefois opposable aux tiers qu'après accomplissement des formalités de publicité (insertion dans un support d'annonces légales et dépôt au greffe). 76282

Les anciennes réserves statutaires devenues ainsi disponibles peuvent recevoir toute autre affectation et, notamment, être distribuées aux associés ou actionnaires.

RÉSERVES FACULTATIVES

Dans la plupart des **statuts,** il est prévu la possibilité pour la collectivité des associés ou pour l'assemblée générale ordinaire de prélever sur le bénéfice toutes sommes qu'elle juge convenable de fixer en vue de leur affectation à un ou plusieurs comptes de réserves (appelés, par exemple, « réserve extraordinaire » ou « réserve de prévoyance » ou encore « réserve générale »). Ce prélèvement nous paraît d'ailleurs possible même en l'**absence de clause statutaire** en ce sens (nº 76201). 76285

> **Précisions** Jugé, dans un cas où l'assemblée générale ordinaire avait décidé d'affecter en réserve des résultats bénéficiaires, initialement distribués et placés en compte courant d'associé, que, en l'**absence de transcription dans les comptes** de la société régulièrement approuvés par les associés à l'occasion de chaque examen annuel, cette décision était restée inappliquée et par conséquent sans effet (Cass. com. 5-4-2005 nº 585 : RJDA 12/05 nº 1352).

Risque d'abus de droit L'application de la clause ou de la décision relative aux réserves facultatives suscite parfois des conflits entre des associés majoritaires, qui imposent la mise en réserve de la quasi-totalité des bénéfices afin d'assurer par autofinancement les investissements nécessaires au développement de la société ou de constituer une masse de manœuvre en vue de dépenses exceptionnelles, et des minoritaires qui, frustrés du dividende qu'ils escomptaient, s'estiment victimes d'un abus de droit. Pour annuler la décision d'affectation des bénéfices aux réserves, la jurisprudence exige qu'il soit démontré qu'elle a été prise **contrairement à l'intérêt général de la société** et dans l'unique dessein de **favoriser** les membres de la **majorité** au détriment de ceux de la minorité (Cass. com. 23-6-1987 : Bull. civ. IV nº 160 ; Cass. com. 22-1-1991 : RJDA 5/91 nº 410 ; Cass. com. 10-6-2020 nº 18-15.614 F-D : RJDA 10/20 nº 499). Il existe quelques cas où les tribunaux ont annulé des décisions considérées comme abusives (Cass. com. 6-6-1990 : Bull. civ. IV nº 171 ; Cass. com. 1-7-2003 nº 1077 : RJDA 11/03 nº 1074, 1e esp. ; Cass. com. 20-2-2019 nº 17-12.050 F-D : RJDA 7/19 nº 503). 76288

> **Précisions** **a.** À la différence de l'action en nullité, l'action en **responsabilité** pour le préjudice subi par les minoritaires du fait de l'adoption de la décision abusive doit être intentée non pas contre la société, mais contre les **associés** majoritaires car eux seuls doivent répondre de l'abus qu'ils ont commis en adoptant la résolution litigieuse (Cass. com. 6-6-1990 précité).
>
> **b.** La **responsabilité** d'une société ayant une activité de **concédant** a été déclarée engagée **envers un concessionnaire**, dès lors que cette société avait distribué à ses actionnaires des dividendes prélevés sur les bénéfices pour un montant qui, à lui seul, s'il avait été conservé, lui aurait permis de contribuer à la survie de l'entreprise de ses concessionnaires face à un effondrement du marché concerné (Cass. com. 15-1-2002 nº 95 : RJDA 6/02 nº 627).
>
> **c.** Une **répartition inégalitaire des bénéfices** votée par les associés d'une société familiale ne constitue pas un abus de majorité, dès lors que la quote-part des majoritaires dans les bénéfices et les réserves a diminué au profit des minoritaires et que cette répartition n'est pas contraire à l'intérêt social (Cass. 3e civ. 18-4-2019 nº 18-11.881 F-D : RJDA 7/19 nº 502, en matière de société civile mais transposable).
>
> **d.** La mise en réserve de plus de 500 000 € des bénéfices d'une SA ne suffit pas à constituer une rupture d'égalité au préjudice de l'actionnaire minoritaire, même s'il était privé de tout dividende alors que les **majoritaires** percevaient une **rémunération et** bénéficiaient d'**avantages en nature** au titre des fonctions de direction qu'ils exerçaient au sein de la société. Encore faut-il établir que le montant des rémunérations et les avantages en nature en cause sont **injustifiés** au regard des fonctions exercées par les majoritaires (Cass. com. 30-8-2023 nº 22-10.108 F-D : RJDA 3/24 nº 102). La cour de renvoi a considéré que tel était bien le cas en l'espèce, l'un des majoritaires occupant sans contrepartie, à titre de logement de fonction, une villa avec piscine appartenant à la société (CA Nîmes 22-11-2024 nº 24/01180 : RJDA 3/25 nº 141).

Affectation subordonnée à une distribution Si les **statuts** prévoient que les affectations à des comptes de réserves (autres que la réserve légale, bien entendu) ne peuvent intervenir qu'après attribution aux associés ou actionnaires du « premier 76294 dividende » ou « dividende statutaire » (nos 76430 s.), l'assemblée générale ordinaire est tenue de distribuer le premier dividende, si les bénéfices le permettent, après dotation de la réserve légale et, le cas échéant, des réserves statutaires. Seule l'assemblée générale extraordinaire (la collectivité des associés dans les conditions prévues pour la modification des statuts), compte tenu de son omnipotence, pourrait, par modification implicite des statuts, écarter cette distribution et porter la totalité des bénéfices en réserves, dans la mesure où sa décision ne serait pas entachée d'abus de droit.

76295 **Emploi des réserves facultatives** Les réserves facultatives peuvent recevoir les affectations suivantes :
– apurement des pertes ;
– distribution aux associés ou actionnaires sur décision de la collectivité des associés ou de l'assemblée générale ordinaire ;
– augmentation du capital social ;
– rachat de parts sociales ou d'actions.

Les réserves dont une société par actions doit disposer lorsqu'elle détient ses propres actions (n° 68924) sont indisponibles pendant toute la durée de cette détention. En conséquence, elles ne peuvent faire l'objet d'aucune des affectations énumérées ci-dessus sauf, nous semble-t-il, l'augmentation du capital social.

AYANTS DROIT AUX RÉSERVES DISTRIBUABLES

76296 Les bénéfices réalisés par la société ne participent de la nature des fruits que lors de leur attribution sous forme de dividendes, lesquels n'ont pas d'existence juridique avant l'approbation des comptes de l'exercice par l'assemblée générale, la constatation par celle-ci de l'existence de sommes distribuables et la détermination de la part qui est attribuée à chaque associé (Cass. com. 10-2-2009 n° 07-21.806 : RJDA 5/09 n° 433 ; Cass. com. 14-12-2010 n° 09-72.267 : RJDA 2/11 n° 147).

Le caractère de fruit est ainsi lié à la décision prise lors de l'assemblée annuelle (ou, le cas échéant, à la décision collective des associés de SAS) de distribuer tout ou partie du bénéfice sous forme de dividendes. Les bénéfices distribuables qui ne sont pas attribués à la suite de la constatation de leur existence, mais sont mis en réserve, prennent la nature d'éléments d'actif social (en ce sens, Cass. 1e civ. 22-6-2016 n° 15-19.471 : RJDA 10/16 n° 690). En conséquence, ont droit à ces réserves ceux qui ont droit aux éléments d'actif, à savoir :
– les **ayants droit au boni de liquidation** ;
– le nu-propriétaire si les parts ou actions sont grevées d'**usufruit** (Cass. com. 27-5-2015 n° 14-16.246 : RJDA 8-9/15 n° 564, sol. impl. ; Cass. com. 24-5-2016 n° 15-17.788 : RJDA 8-9/16 n° 618, sol. impl. ; Cass. 1e civ. 22-6-2016 précité) ; toutefois, en cas de distribution de ces réserves, l'usufruitier a un droit de jouissance qui s'exerce, sauf convention contraire entre lui et le nu-propriétaire, sous la forme d'un quasi-usufruit sur les sommes distribuées (Cass. com. 27-5-2015 et Cass. com. 24-5-2016 précités), si bien qu'il peut disposer de ces sommes, mais à charge de les restituer en fin d'usufruit (C. civ. art. 587) ;
– le bailleur si les **parts** sont **louées**, celui-ci étant considéré comme nu-propriétaire et le locataire comme usufruitier pour l'exercice de leurs droits (voir n° 20041).

› Précisions **a.** Après le **décès de l'usufruitier,** sa dette de restitution, d'origine légale, est déductible de l'actif successoral (Cass. com. 27-5-2015 précité).

b. La troisième chambre civile de la Cour de cassation a jugé que, sauf convention contraire, les dividendes prélevés sur le produit de la **vente** de la **totalité des actifs** immobiliers **d'une SCI** reviennent au nu-propriétaire, le droit de jouissance de l'usufruitier s'exerçant sur la somme distribuée sous la forme d'un quasi-usufruit ; en effet, une telle distribution affecte la substance des parts sociales grevées d'usufruit *en ce qu'elle compromet la* poursuite de l'objet social et l'accomplissement du but poursuivi par les associés (Cass. 3e civ. 19-9-2024 n° 22-18.687 FS-B : RJDA 1/25 n° 24, rendu après avis de la chambre commerciale). La première chambre civile avait justifié l'attribution au profit du nu-propriétaire par l'idée sous-jacente que les dividendes prélevés sur les réserves ne sont plus des fruits mais un accroissement de l'actif social (Cass. 1e civ. 22-6-2016 n° 15-19.471 F-PB : RJDA 10/16 n° 690). La troisième chambre civile reprend cette répartition dans un cas où le prix de vente n'avait pas été affecté aux réserves. Pour justifier sa solution, elle adopte une nouvelle approche du **critère de l'atteinte à la substance** des droits sociaux : la substance des droits sociaux n'est plus assimilée à l'actif social mais à la poursuite de l'objet social et à l'accomplissement du but poursuivi par les associés.

Cette nouvelle approche se fonde sur la définition de la société donnée par l'article 1832 du Code civil. Si elle est appliquée à d'autres sociétés que les sociétés civiles, elle donnera vraisemblablement lieu à une **appréciation au cas par cas** de l'atteinte à la substance aux droits sociaux. On peut en effet supposer que d'**autres distributions de dividendes** seront susceptibles d'altérer la substance des droits sociaux, par exemple en cas de dividende prélevé sur le prix d'un actif isolé mais essentiel à la société.

Il en résulte que la faculté de **déroger par convention** à la répartition des dividendes, affirmée par la troisième chambre civile, imposera au nu-propriétaire et à l'usufruitier d'identifier avec soin les situations dans lesquelles la distribution de dividendes sera de nature à compromettre la poursuite de l'objet social et l'accomplissement du but poursuivi par les associés.

3. AUTRES RÉSERVES

RÉSERVE SPÉCIALE DE PARTICIPATION

Les dispositions légales (C. trav. art. L 3322-1 s.) relatives à la participation des salariés aux résultats de l'entreprise prescrivent l'affectation des sommes revenant au personnel de l'entreprise à un compte particulier, intitulé « réserve spéciale de participation ». 76310

En réalité, il ne s'agit pas d'une réserve mais d'une dette de la société à l'égard de ses salariés ; elle ne saurait donc être traitée comme les réserves statutaires ou facultatives. La somme correspondante figure d'ailleurs au passif du bilan dans un compte de tiers et non pas dans les capitaux propres.

Pour plus de détails sur la participation des salariés, voir Mémento Social nos 33730 s.

RÉSERVES LATENTES OU OCCULTES

Les réserves latentes ou occultes sont des plus-values résultant soit d'une sous-évaluation des éléments d'actif, soit d'amortissements ou de provisions excessifs. 76311

Le mot « occulte » ayant une nuance intentionnelle que n'a pas le mot « latent », il est d'usage de qualifier plutôt de réserves latentes celles qui correspondent aux plus-values d'éléments d'actif résultant de causes extérieures à la société (dépréciation monétaire, plus-values boursières, etc.).

Les réserves latentes ou occultes ne peuvent pas être capitalisées ni, bien entendu, distribuées. Il n'en est même pas tenu compte pour déterminer si la société (société par actions ou SARL) a ou non « perdu plus de la moitié de son capital », pas davantage pour écarter le caractère fictif d'une distribution de dividendes puisque la collectivité des associés ou l'assemblée doit indiquer les postes de réserves sur lesquels les sommes distribuées sont prélevées.

En revanche, elles doivent être prises en considération lorsqu'il s'agit de fixer la valeur des parts ou actions de la société. Elles constituent également un élément non négligeable d'appréciation de la solvabilité d'une entreprise.

4. REPORT À NOUVEAU DU RÉSULTAT

En principe, le report à nouveau représente une partie des bénéfices que la collectivité des associés ou l'assemblée décide de laisser **en instance** d'affectation jusqu'à une prochaine décision collective ou assemblée générale ordinaire. Le plus souvent, il s'agit de sommes d'un faible montant. 76320

L'année suivante, le report à nouveau est rattaché aux bénéfices de l'exercice et contribue à la détermination du bénéfice distribuable sur la répartition duquel la collectivité des associés ou l'assemblée générale ordinaire est appelée à se prononcer. Il doit donc être distingué des réserves en ce qu'il revêt un caractère temporaire, les sommes qui y sont portées étant, tous les ans, remises en question. Sur l'organe compétent pour distribuer le report à *nouveau, voir* no 76411.

Le **report** à nouveau peut être **déficitaire** (cas où les résultats de la société se traduisent par des pertes).

5. ÉCARTS DE RÉÉVALUATION

DÉFINITION DES ÉCARTS DE RÉÉVALUATION

À la différence des réserves (légales, statutaires ou facultatives), les écarts de réévaluation ne correspondent pas à une accumulation de bénéfices non distribués : ils sont la contrepartie au passif du bilan des majorations apportées à la valeur de certains éléments d'actif 76330 (immeubles et matériel notamment) pour tenir compte des effets de la dépréciation de la monnaie.

La possibilité de réévaluer le bilan d'une entreprise est expressément prévue par l'article L 123-18, al. 4, qui en fixe les modalités.

Pour des précisions, voir Mémento Comptable n°s 56665 s.

RÉGIME DES ÉCARTS DE RÉÉVALUATION

76333 Les écarts de réévaluation figurent au bilan parmi les **capitaux propres** (art. R 123-190, al. 2). Ils doivent donc être pris en compte chaque fois que la loi exige que ceux-ci atteignent un montant déterminé.

Ils peuvent, en tout ou partie, être **incorporés au capital** ; en revanche, ils ne sont pas **distribuables** (art. L 232-11, al. 4). Toutefois, lorsqu'une immobilisation réévaluée est cédée et que la « plus-value » dégagée lors de la réévaluation est réalisée, la fraction de l'écart de réévaluation correspondant à cette « plus-value » devient disponible (cf. Dir. UE 2013/34 du 26-6-2013 art. 7, 2).

76335 Les écarts de réévaluation ne peuvent pas être utilisés pour **compenser des pertes** (art. L 123-18, al. 4). Cette disposition interdit une imputation directe des pertes sur les écarts de réévaluation mais ne s'oppose pas, à notre avis, à ce que ces pertes soient apurées au moyen d'une réduction du capital faisant suite à une augmentation par incorporation des écarts de réévaluation, opération communément appelée « coup d'accordéon » (dans le même sens, PCG art. 214-27).

À partir du moment où ils ont été capitalisés, les écarts de réévaluation se sont fondus dans le capital avec les autres éléments (apports, réserves, primes, etc.) qui ont constitué celui-ci. Isoler ces écarts reviendrait, au point de vue juridique, à rompre le principe d'unicité du capital.

76336 En cas d'absorption d'une société filiale par sa mère, l'écart de réévaluation dégagé par la société mère lors de la réévaluation des titres de sa filiale doit, s'il n'a pas déjà été capitalisé, être viré au compte **« prime de fusion »,** ce qui permet de clarifier le bilan de la société mère en supprimant, au passif, un écart de réévaluation correspondant à des actions qui n'existent plus en portefeuille (Bull. COB mai 1981 p. 11).

76338 Sur le **plan fiscal,** l'écart de réévaluation constitue en principe un produit imposable au taux de droit commun en application de l'article 38, 2 du CGI. Par exception, les conséquences fiscales de la première réévaluation libre portant sur des immobilisations corporelles et financières réalisée au cours d'un exercice clos entre le 31 décembre 2020 et le 31 décembre 2022 ont pu, sur option, être neutralisées (CGI art. 238 bis JB). L'écart de réévaluation afférent à des immobilisations amortissables doit en conséquence être réintégré de manière échelonnée au titre de chacun des exercices suivant la réévaluation selon des modalités proches de celles prévues pour les opérations de fusion. L'écart de réévaluation afférent à des immobilisations non amortissables est, quant à lui, réintégré lors de la cession de l'immobilisation. Les entreprises doivent joindre à leurs déclarations de résultat de l'exercice de réévaluation et des exercices suivants un état mentionnant les renseignements nécessaires au calcul des amortissements, provisions et plus ou moins-values afférents aux immobilisations réévaluées ainsi que, pour les exercices clos à compter du 31 décembre 2025, le montant de l'écart de réévaluation non encore réintégré à la clôture de l'exercice (Loi 2025-127 du 14-2-2025 art. 15). Le défaut de production de cet état ou son caractère incomplet ou inexact est sanctionné par l'application d'une amende, qui peut dans certains cas ne pas être appliquée, sous réserve de régularisation (Mémento Fiscal n° 19420).

B. Distribution des bénéfices

BÉNÉFICE DISTRIBUABLE

76400 On entend par « bénéfice distribuable » (art. L 232-11, al. 1) le bénéfice de l'exercice :
– diminué des pertes antérieures ainsi que des sommes à porter en réserve en application de la loi, essentiellement la réserve légale, ou des statuts ;
– augmenté du report bénéficiaire.

RÉSERVES DISTRIBUABLES

Outre le bénéfice distribuable, la collectivité des associés ou l'assemblée générale peut décider la mise en distribution de sommes prélevées sur les réserves dont elle a la disposition (ce qui exclut notamment la réserve légale, les réserves statutaires et les écarts de réévaluation). Dans ce cas, la décision doit indiquer expressément les postes de réserve sur lesquels les prélèvements sont effectués (art. L 232-11, al. 2). 76410

Toutefois, les dividendes doivent être prélevés par priorité sur le bénéfice distribuable de l'exercice (art. L 232-11, al. 2).

› Précisions **a.** **L'article L 232-11, al. 2** aurait eu pour **but** de faire échec à une pratique utilisée par certains dirigeants qui, peu assurés de l'existence du bénéfice distribuable, estiment plus prudent, afin de ne pas s'exposer au délit de répartition de dividendes fictifs, de faire porter la distribution sur tout ou partie des réserves disponibles (JO déb. Sén. 21-12-1982 relatif à la loi 83-353 du 30-4-1983 p. 7137).

b. Les dividendes prélevés sur les réserves doivent être **enregistrés en comptabilité** à la **date** à laquelle le prélèvement est décidé sans qu'il y ait lieu de tenir compte de son paiement effectif. Ils diminuent donc à cette date le montant des capitaux propres (Cass. com. 30-5-2018 n° 16-23.482 F-D : RJDA 10/18 n° 726).

Distribution en dehors de l'assemblée annuelle Bien qu'aucun texte ne prévoie expressément une telle possibilité, rien ne nous paraît interdire de décider une distribution de réserves en dehors de l'assemblée générale ordinaire annuelle et de convoquer à cet effet, même en dehors de la période normale d'approbation des comptes (six mois à compter de la clôture de l'exercice), une assemblée générale ordinaire réunie extraordinairement. 76411

Mais cette possibilité ne doit pas être utilisée dans le but de tourner les dispositions relatives au délai de mise en paiement des dividendes (n° 76501). Les dirigeants sociaux pourraient engager leur responsabilité si, après avoir proposé à l'assemblée ordinaire annuelle le report à nouveau ou l'affectation à un compte de réserves des bénéfices de l'exercice, ils provoquaient, plus de neuf mois après la clôture de cet exercice, la réunion d'une nouvelle assemblée (ou faisaient prendre une nouvelle décision collective) au cours de laquelle serait décidée la **distribution** d'une somme, prélevée sur les **réserves ou le report à nouveau**, d'un montant sensiblement égal à celui des dividendes couramment répartis par la société.

En revanche, si l'assemblée ou la collectivité des associés décide la distribution exceptionnelle d'une somme importante, sans commune mesure avec les dividendes habituels, prélevée sur les réserves, l'opération ne nous semble pas critiquable car elle s'analyse alors non comme une distribution de dividendes mais comme une répartition d'actif.

Infirmant un jugement du tribunal de commerce de Paris (T. com. Paris 23-9-2022 n° J2021000542 : RJDA 5/23 n° 261 ; pour une critique de cette décision, voir R. Mortier, La distribution de réserves, primes ou report à nouveau, hors assemblée annuelle d'approbation des comptes : BRDA 7/23 inf. 21 ; voir aussi B. Dondero, La distribution des bénéfices en dehors de l'assemblée approuvant les comptes de l'exercice : RJDA 5/23 p. 13), la cour d'appel de Paris a retenu qu'aucune disposition légale ou réglementaire n'interdit à une assemblée autre que l'assemblée annuelle de distribuer des dividendes prélevés sur le report à nouveau bénéficiaire ou les réserves, l'article L 232-11, al. 2 imposant seulement d'approuver les comptes avant toute distribution sans exiger que ces deux décisions soient prises par la même assemblée (CA Paris 30-1-2025 n° 22/17478).

S'agissant de la distribution du report à nouveau, la Cour de cassation a retenu une solution contraire à celle dégagée par la cour d'appel de Paris en jugeant qu'il résulte des articles L 232-11, al. 1 et L 232-12, al. 1, lesquels sont impératifs, que le report bénéficiaire d'un exercice est inclus dans le bénéfice distribuable de l'exercice suivant et que, par voie de conséquence, seule l'assemblée approuvant les comptes de cet exercice peut décider son affectation et, le cas échéant, sa distribution. Elle en a déduit qu'encourt la nullité la délibération d'une assemblée générale, autre que celle approuvant les comptes de l'exercice, décidant la distribution d'un dividende prélevé sur le **report à nouveau** bénéficiaire d'un **exercice précédent** (Cass. com. 12-2-2025 n° 23-11.410 FS-B : RJDA 5/25 n° 266). Cet arrêt remet-il en cause la possibilité d'une distribution de réserves par une assemblée autre que l'assemblée annuelle ? La lecture de l'arrêt suggère une réponse négative. C'est en effet comme composante du bénéfice distribuable que la distribution du report bénéficiaire relève de la compétence de l'assemblée annuelle, alors que les réserves ne font pas partie de ce bénéfice distribuable. Le risque d'extension de la solution aux réserves ne peut cependant pas être totalement écarté, dès lors que la Cour de cassation ne s'est pas prononcée expressément sur leur sort.

CLAUSE D'INTÉRÊT FIXE

76412 Dans toutes les sociétés commerciales (y compris les SNC), il est interdit de stipuler un intérêt fixe ou intercalaire payable aux associés même en l'absence de bénéfices. Toute clause contraire est réputée non écrite (art. L 232-15, al. 1).

Cette interdiction ne concerne que les rapports entre les associés et la société. Elle ne s'applique pas à la stipulation d'intérêts insérée dans une promesse de cession d'actions, qui oblige le seul acquéreur et non la société (Cass. com. 27-9-2005 nº 1165 : RJDA 7/06 nº 777).

L'article L 232-15, al. 1 n'est pas applicable, dans les sociétés par actions, lorsque l'État a accordé aux actions la garantie d'un dividende minimal (art. L 232-15, al. 2).

1. DÉCISION DE DISTRIBUER DES DIVIDENDES

a. Conditions de la distribution

76415 L'assemblée générale ou la collectivité des associés ne peut décider la distribution d'un dividende qu'après avoir (art. L 232-12, al. 1) :

– d'une part, approuvé les comptes de l'exercice écoulé ;

– d'autre part, constaté l'existence de sommes distribuables (bénéfice distribuable augmenté le cas échéant des réserves mises en distribution).

L'inobservation de ces dispositions est sanctionnée pénalement (nº 76531).

Il faut aussi que les postes « frais d'établissement » (frais de constitution, frais de premier établissement, frais d'augmentation de capital et d'opérations diverses) et « frais de développement » figurant au bilan aient été apurés ou qu'il existe des réserves libres d'un montant au moins égal à celui des frais restant à amortir (art. R 123-187, al. 2).

ATTENTION

Parmi les frais d'établissement figurent les frais de constitution (droits d'enregistrement sur les apports, honoraires, débours résultant des formalités légales de publicité). L'article L 232-9, al. 1 impose l'amortissement de ces frais avant toute distribution de dividendes sans aucune exception. Il s'ensuit que, même s'il existe des réserves libres d'un montant au moins égal à celui des frais de constitution restant à amortir, la distribution de dividendes est interdite.

Par ailleurs, dans les sociétés par actions, hors le cas de réduction du capital, aucune distribution ne peut être faite aux associés ou actionnaires si elle a pour effet de rendre les capitaux propres inférieurs au montant du capital augmenté des réserves légale et statutaire (art. L 232-11, al. 3).

b. Compétence pour décider de distribuer des dividendes

76416 Étant donné les termes de l'article L 232-12 (l'assemblée « détermine » le montant du dividende), et en raison du principe d'organisation hiérarchique dans les SA et les SCA, il ne nous paraît pas possible que le conseil d'administration, le directoire ou les gérants reçoivent, même de l'assemblée, le pouvoir de fixer ce dividende. Il en est de même pour le président ou les autres dirigeants de SAS, puisqu'en vertu de l'article L 227-9, al. 2, les attributions dévolues aux assemblées générales ordinaires des SA en matière de comptes annuels et de bénéfices sont, dans les conditions prévues par les statuts, exercées collectivement par les associés.

En revanche, il ne nous semble pas illicite que l'assemblée ou la collectivité des associés, après avoir déterminé le montant du dividende, autorise les dirigeants sociaux à réduire ce montant dans une certaine limite, si l'état de la trésorerie n'en permet pas le paiement. Dans ce cas, en effet, la décision de distribution ne relève pas du pouvoir discrétionnaire des dirigeants, ceux-ci ayant à tenir compte des conditions fixées par l'assemblée ou par la collectivité des associés et ne pouvant agir que dans les limites d'une « fourchette » également fixée par l'assemblée ou par la décision collective.

› Précisions Les dirigeants commettent une faute s'ils proposent à l'assemblée ou aux associés de décider la distribution de dividendes d'un montant tel que cette distribution porte **atteinte à l'intérêt social** en compromettant la survie de la société. À la suite de la mise en liquidation judiciaire de la société, cette faute justifie la condamnation du dirigeant au paiement de tout ou partie de l'insuffisance d'actif : nº 91546.

c. Acomptes sur dividendes

DÉFINITION ET PÉRIODICITÉ DES ACOMPTES SUR DIVIDENDES

Les acomptes sur dividendes sont des sommes versées avant l'approbation des comptes et la fixation par l'assemblée ou la collectivité des associés du dividende définitif réparti au titre d'un exercice déterminé. 76420

En l'absence de texte l'interdisant, il est possible de verser plusieurs acomptes au cours d'un même exercice.

CONDITIONS DE VERSEMENT D'ACOMPTES

Le versement d'acomptes sur dividendes est licite sous réserve du respect des conditions suivantes (art. L 232-12, al. 2) : 76421

– les acomptes sur dividendes ne peuvent être versés que si un bilan établi au cours ou à la fin de l'exercice et certifié par un commissaire aux comptes fait apparaître que la société, depuis la clôture de l'exercice précédent, après constitution des amortissements et provisions nécessaires, déduction faite s'il y a lieu des pertes antérieures ainsi que des sommes à porter aux réserves légale et statutaire et compte tenu du report à nouveau bénéficiaire, a réalisé un bénéfice d'un montant au moins égal à celui des acomptes. Dans les sociétés qui ne sont pas dotées d'un commissaire aux comptes, cette distribution rend obligatoire la désignation d'un commissaire aux comptes chargé de réaliser cette mission ponctuelle de certification (en ce sens, CNCC NI.XII octobre 2012 partie 1 § 2.11) ;

– contrairement aux dividendes dont le montant peut être prélevé sur les réserves, seule la réalisation d'un bénéfice depuis la clôture de l'exercice précédent ou l'existence d'un report à nouveau bénéficiaire permet la distribution d'un acompte sur dividende. Si ce bénéfice et/ou ce report à nouveau sont insuffisants, la distribution n'est pas possible, même si la société dispose par ailleurs de réserves disponibles d'un montant excédant celui de l'acompte.

ATTENTION

La CNCC considère que la distribution d'acomptes sur dividendes au titre de l'exercice N+1 avant que l'assemblée n'ait statué sur les comptes de l'exercice N n'est pas possible si ces comptes ne sont pas encore arrêtés et si le commissaire aux comptes n'a pas terminé ses travaux d'audit des comptes. Si ces comptes sont arrêtés et si les travaux d'audit réalisés par le commissaire aux comptes lui ont permis de collecter les éléments suffisants et appropriés pour fonder son opinion, le montant maximal des acomptes distribuables au titre du bénéfice N+1 est égal au bénéfice dégagé depuis l'ouverture de cet exercice minoré, le cas échéant, du report à nouveau négatif et des pertes figurant dans les comptes de l'exercice N et des sommes à porter en réserve en application de la loi ou des statuts au titre du résultat de l'exercice N+1 (CNCC NI.XII précitée ; sur cette question, voir aussi Mémento Comptable nº 54052).

Tout acompte versé dont le montant serait supérieur au bénéfice net constaté comme il est dit ci-dessus constituerait un dividende fictif (art. L 232-12, al. 3) susceptible d'être restitué à la société (art. L 232-17).

La distribution d'un acompte sur dividende pour des raisons suspectes justifie que soit ordonnée une expertise de gestion (CA Paris 30-9-1994 : RJDA 12/94 nº 1304 som.).

Un ou plusieurs associés ou actionnaires peuvent, à notre avis, renoncer aux acomptes sur dividendes comme aux dividendes eux-mêmes et pour les mêmes raisons (nºs 76457 s.).

COMPÉTENCE POUR DÉCIDER LE VERSEMENT D'ACOMPTES

Le conseil d'administration, le directoire ou les gérants, selon le cas, ont qualité pour décider de répartir l'acompte ainsi que pour en fixer le montant et la date de répartition (art. R 232-17). 76422

Dans les SAS, ce sont le président ou les dirigeants désignés à cet effet par les statuts qui ont cette compétence (cf. art. L 227-1, al. 3).

Leur compétence est exclusive (CA Toulouse 7-2-2002 nº 01-34 : RJDA 2/03 nº 144), sous réserve du cas du paiement d'un acompte sur dividende en actions (nº 76425).

MISE EN ŒUVRE DE LA DISTRIBUTION D'ACOMPTES

La distribution peut avoir lieu soit en cours d'exercice, soit, ce qui est fréquent, après la clôture de l'exercice mais avant l'approbation des comptes. 76423

À compter de la réunion de l'assemblée appelée à statuer sur les comptes (qu'elle les approuve ou non) et sur l'affectation des résultats de l'exercice au cours duquel ont été réalisés les bénéfices concernés, les dirigeants perdent la faculté de décider la distribution d'un acompte (CA Toulouse 7-2-2002 nº 01-34 : RJDA 2/03 nº 144).

Les acomptes sur dividendes appartiennent aux personnes qui sont propriétaires – ou, plus exactement, qui ont la jouissance – des actions à la date de la mise en distribution (CA Paris 6-5-1993 : Bull. Joly 1993 p. 737 note A. Couret).

PAIEMENT DE L'ACOMPTE EN ACTIONS

76424 Les sociétés par actions peuvent offrir à leurs associés ou actionnaires la possibilité de recevoir leurs acomptes sous la forme d'actions (art. L 232-18, al. 1).

Les règles à suivre sont les mêmes que celles applicables en cas de paiement du dividende en actions : existence d'une clause statutaire prévoyant cette forme de paiement ; autorisation de l'assemblée générale ordinaire ou de la collectivité des associés, etc. (n°s 76465 s.).

76425 La **nécessité d'une autorisation** de la collectivité des associés ou de l'assemblée générale ordinaire statuant sur les comptes de l'exercice (cf. art. L 232-18, al. 1) se concilie mal avec le fait que, contrairement aux dividendes, les acomptes sur dividendes sont versés en cours d'exercice et en dehors de toute assemblée ou de toute décision collective. La question se pose alors de savoir si l'autorisation doit être donnée par la collectivité des associés ou l'assemblée qui statue avant le paiement des acomptes ou si elle peut être donnée par la collectivité des associés ou par l'assemblée qui statue après ce paiement et qui fixe le montant définitif du dividende.

À notre avis, l'autorisation doit être préalable au paiement des acomptes puisque, notamment, elle doit fixer le prix d'émission des actions ou les conditions de détermination de ce prix (dans le même sens, Bull. COB mars 1992 p. 22, qui considère en outre que, si l'assemblée a autorisé la mise en œuvre de l'option pour l'exercice en cours, le conseil d'administration qui décidera de verser un acompte devra proposer l'option aux bénéficiaires de celui-ci et ne pourra pas imposer un versement uniquement en numéraire, cette option étant « un droit acquis résultant de la décision de l'assemblée générale s'étant prononcée sur l'exercice précédent »).

Bien entendu, l'autorisation doit être donnée sous réserve du respect par le conseil d'administration, le directoire ou les dirigeants des conditions requises pour la validité du versement des acomptes (existence d'un bénéfice d'un montant au moins égal à celui des acomptes).

76426 À notre avis, malgré le silence des textes, il convient, par analogie, d'adapter aux acomptes sur dividendes les dispositions de l'article L 232-20 relatives aux conditions d'**exercice de l'option et** aux **modalités d'attribution des actions** nouvelles prévues pour le paiement du dividende en actions :

– fixation par la collectivité des associés ou par l'assemblée générale du délai d'exercice du droit d'option à partir de la date à laquelle le conseil d'administration, le directoire ou les dirigeants décident la mise en paiement de l'acompte ;
– réalisation de l'augmentation de capital du seul fait de la demande de paiement de l'acompte en actions ;
– constatation par les organes dirigeants du nombre des actions nouvelles émises et modification des statuts en conséquence.

RESTITUTION DES ACOMPTES VERSÉS

76427 Il peut arriver que, lors de la mise en paiement d'acomptes versés en cours d'exercice, la situation de la société, telle qu'elle résulte du bilan intercalaire arrêté pour cette distribution, soit florissante et qu'elle se dégrade ultérieurement au point que les **résultats de l'exercice** soient **déficitaires.** En pareil cas, les acomptes régulièrement versés échappent à toute restitution et ne peuvent pas être considérés comme des dividendes fictifs : en effet, la distribution a porté sur des bénéfices qui existaient réellement au jour où elle est intervenue, et ce, en vertu d'une autorisation expresse de la loi.

2. DIVIDENDES PARTICULIERS

a. Premier dividende

DÉFINITION DU PREMIER DIVIDENDE

76430 Il est parfois stipulé dans les statuts que les associés ou actionnaires auront droit, à titre de « premier dividende » ou « dividende statutaire », à une certaine fraction des bénéfices calculée sur le montant libéré et non remboursé des actions (art. L 232-16).

Il s'agit là, en quelque sorte, d'un intérêt sur les sommes investies dans le capital.

EXEMPLE

Dans une société au capital de 4 M€ entièrement libéré, divisé en 400 000 actions de 10 €, dont les statuts prévoient un premier dividende de 5 %, les actionnaires doivent, si les bénéfices de l'exercice le permettent, recevoir au moins une somme globale de 200 000 €, soit 0,50 € par action.

Supposons maintenant que ce capital de 4 M€ soit intégralement libéré à concurrence de 3 M€ et que le surplus (1 M€) résultant d'une augmentation en numéraire récente ne soit libéré que de moitié.

La masse globale du dividende statutaire sera de : (5 % 3 M€) + (5 % 1 M€/2) = 175 000 €.

Les propriétaires des actions anciennes recevront au titre du premier dividende 0,50 € par action, les propriétaires des actions nouvelles, 0,25 € par action.

Le premier dividende suppose l'existence d'un bénéfice distribuable, ce en quoi il se distingue des **clauses d'intérêt fixe** (prohibées par la loi : art. L 232-15, al. 1) en vertu desquelles le pourcentage sur le capital est versé même en l'absence de bénéfices.

SOCIÉTÉS POUVANT VERSER UN PREMIER DIVIDENDE

Les dispositions de l'article L 232-16 relatives au versement d'un premier dividende ne font allusion qu'aux actions. Elles peuvent néanmoins être étendues aux parts de SARL ou de toute autre forme de société dont le capital n'est pas divisé en actions (SNC ou SCS), car elles peuvent être mises en œuvre dans ces sociétés dans les mêmes termes et aucune disposition les concernant ne s'oppose à l'instauration d'un premier dividende. **76431**

MISE EN ŒUVRE DE LA CLAUSE PRÉVOYANT UN PREMIER DIVIDENDE

Sauf disposition contraire des statuts, les réserves ne sont pas prises en compte pour le **calcul** du premier dividende (art. L 232-16). **76432**

Dans la plupart des cas, le premier dividende est stipulé « **non cumulatif** », c'est-à-dire que, si les bénéfices de l'exercice n'en permettent pas le paiement intégral, les associés ou actionnaires ne peuvent pas réclamer le prélèvement sur les bénéfices ultérieurs de la partie non versée. Les clauses contraires sont néanmoins licites.

Les **actions de jouissance** n'ont pas droit au premier dividende (art. L 225-199).

b. Superdividende

En pratique, on appelle « superdividende » la somme attribuée aux associés ou actionnaires par la collectivité des associés ou par l'assemblée générale sur le bénéfice distribuable en sus du premier dividende, s'il en existe. **76433**

À la différence du premier dividende, le superdividende est versé à toutes les actions, qu'elles soient entièrement ou partiellement libérées, qu'elles soient ou non partiellement ou totalement amorties.

L'expression « superdividende » ne doit pas prêter à confusion : en dehors du mode de calcul et des bénéficiaires (les propriétaires d'actions de jouissance ont droit au superdividende alors qu'ils n'ont pas droit au premier dividende), il n'y a aucune différence entre le premier dividende et le superdividende. Tous deux contribuent à former une masse globale, le dividende, et sont soumis aux mêmes règles juridiques quant à leurs modalités de répartition.

c. Dividende inégalitaire

Les statuts peuvent retenir une base de **répartition** des bénéfices **autre que proportionnelle** aux apports des associés ou actionnaires (n° 7040), dès l'instant que la clause ne prive pas un ou plusieurs d'entre eux de tout droit aux bénéfices (prohibition des clauses léonines : C. civ. art. 1844-1, al. 2). Dans les sociétés par actions, ils peuvent aussi prévoir que certaines actions, dites *« actions de préférence »*, *conféreront à leurs* titulaires un droit dans les bénéfices supérieur ou inférieur à celui des autres actions. **76434**

DIVIDENDE MAJORÉ

Certaines sociétés, soucieuses d'avantager leurs associés ou actionnaires fidèles, ont inséré dans leurs statuts une clause prévoyant que toute action inscrite sous la forme nominative au nom d'un même titulaire pendant une durée déterminée donnerait droit à un dividende majoré par rapport à celui versé aux autres actions. **76435**

Afin d'éviter les abus, le versement de ce dividende majoré est réglementé, dans les sociétés par actions, par l'article L 232-14, al. 1.

› Précisions Même si leur intérêt est limité, en particulier du fait du plafonnement à 10 % du montant de la majoration du dividende, rien n'interdit d'appliquer les dispositions de l'article L 232-14, al. 1 dans les **SAS** en y apportant, le cas échéant, les aménagements nécessaires (tels que fixation dans les statuts des conditions requises pour instituer ou supprimer la majoration).

76436 **Bénéficiaires** Seuls peuvent bénéficier de cette mesure les associés ou actionnaires (personnes physiques ou morales) détenant leurs **actions** sous la **forme nominative** depuis deux ans au moins à la clôture de l'exercice et les ayant encore sous cette forme à la date de mise en paiement du dividende (art. L 232-14, al. 1). L'appréciation du respect de cette condition peut se révéler délicate dans le cadre du régime des intermédiaires inscrits pour le compte d'**actionnaires non résidents** (voir Communication Ansa, comité juridique n° 3264 du 4-6-2003 ; sur le régime des intermédiaires, voir n° 62193).

Si des **actions** sont **transférées ou converties au porteur** avant la date de mise en paiement, le supplément de dividende leur revenant pourra être versé au compte « report à nouveau », par analogie avec ce qui est le plus souvent pratiqué en ce qui concerne les dividendes revenant aux actions autodétenues.

76437 **Actions démembrées ou louées.** En cas de **démembrement** des actions entre un nu-propriétaire et un usufruitier, la durée de détention des actions doit, à notre avis, être calculée en la personne du nu-propriétaire puisque ces actions restent inscrites à son nom (n° 62332). Par suite, si une personne consent un usufruit sur des actions qu'elle détient depuis plus de deux ans, l'usufruitier profitera immédiatement du dividende majoré au lieu et place du nu-propriétaire. Cette solution est transposable en cas de **location** des actions (cf. art. L 239-3, al. 2), la durée de détention des actions étant calculée sur la personne du bailleur et le locataire pouvant immédiatement profiter du dividende majoré sur les actions louées si le bailleur les détenait depuis plus de deux ans.

76438 **Actions transmises.** Lorsqu'un associé ou un actionnaire, qui détient des actions dont certaines donnent droit au dividende majoré et les autres non, en raison d'une durée de détention insuffisante, en cède une partie, les **cessions** doivent, selon nous, être réputées porter, à défaut de précision contraire, sur les actions acquises le plus récemment car cette imputation est conforme au principe général qui favorise le droit le plus ancien (« prior tempore, potior jure »).

À notre avis, le droit au dividende majoré disparaît en cas de **succession,** de **liquidation de communauté de biens** entre époux ou de **donation** entre vifs au profit d'un conjoint ou d'un parent au degré successible. En effet, contrairement au droit de vote double (cf. art. L 225-124, al. 1), aucune disposition légale ne permet le maintien du dividende majoré lorsque intervient l'un de ces modes de transmission des actions.

76439 **Majoration** Le **taux** de majoration du dividende, qui doit être fixé dans les statuts par la collectivité des associés ou l'assemblée générale extraordinaire, ne peut pas excéder 10 % (art. L 232-14, al. 1).

Dans les sociétés dont les titres de capital sont admis aux négociations sur un marché réglementé, le nombre de titres donnant vocation au dividende majoré ne peut pas excéder, pour un même actionnaire, 0,5 % du capital de la société (art. précité). La loi ne précise pas à quelle date ce seuil doit être apprécié. Il semble conforme à l'esprit de la mesure de retenir la date de mise en paiement du dividende, plutôt que la date de clôture de l'exercice ou que celle de l'assemblée générale qui a décidé la distribution du dividende, car le droit de l'actionnaire est fixé au jour du paiement.

Aucune majoration du dividende ne peut être attribuée avant la clôture du deuxième exercice suivant la modification des statuts (art. L 232-14, al. 2).

Afin d'éviter une pénalisation trop forte des titulaires d'actions ne remplissant pas les conditions requises pour pouvoir bénéficier du versement du dividende majoré, certaines sociétés **subordonnent le versement** du dividende majoré à la **condition** que le dividende « normal » soit au moins égal à celui de l'année précédente.

76440 **Existence de valeurs mobilières donnant accès au capital** L'institution d'un *dividende majoré en cours de vie sociale* n'est possible qu'en respectant les dispositions protégeant les titulaires de valeurs mobilières donnant accès au capital (n°s 74370 s.).

76441 **Suppression du dividende majoré** L'assemblée générale des actionnaires ou la collectivité des associés ne peut, à notre avis, supprimer le droit au dividende majoré qu'avec l'approbation d'une assemblée spéciale des titulaires de ce droit (cf. art. L 225-99, al. 2). En effet, bien que toutes les actions aient vocation au droit au dividende majoré, seules certaines d'entre elles, qui remplissent les conditions requises, en sont pourvues. Elles constituent donc une catégorie particulière d'actions. Dès lors, les droits qui y sont attachés ne peuvent être modifiés qu'avec le consentement de leurs titulaires réunis en assemblée spéciale ou, dans les SAS, consultés conformément aux modalités prévues par les statuts. Lorsque les statuts d'une SAS n'ont rien prévu, il convient de recueillir le consentement individuel des associés à la modification des droits particuliers attachés à leurs actions (Cass. com. 10-7-2024 nº 22-15.836 FS-B : RJDA 10/24 nº 530).

Publicité L'institution du dividende majoré n'est soumise à aucune formalité de publicité particulière, autre que celle imposée pour toute modification statutaire : voir nºs 85510 s. 76442

3. AYANTS DROIT AUX DIVIDENDES

Les ayants droit aux dividendes sont les associés ou actionnaires. 76450

En cas de **communauté entre époux,** si des titres non négociables – en pratique des parts sociales – ont été acquis avec des biens communs, seul l'époux associé a la qualité pour percevoir les dividendes ; le versement des dividendes effectué entre les mains de son conjoint ne libère pas la société (Cass. 1e civ. 5-11-2014 nº 13-25.820 : RJDA 10/15 nº 660). Mais les dividendes provenant de parts sociales acquises durant le mariage que l'époux associé perçoit après son divorce durant l'indivision postcommunautaire sont des fruits accroissant l'indivision même si la qualité d'associé attachée aux parts ne relève pas de l'indivision (Cass. 1e civ. 28-3-2018 nº 17-16.198 F-PB : RJDA 7/18 nº 575).

Si les **actions ou parts** sont **grevées d'usufruit,** les dividendes reviennent à l'usufruitier. Si elles sont **louées,** les dividendes reviennent au locataire.

Le **droit** aux dividendes ne **naît** qu'après approbation des comptes, constatation de l'existence de sommes distribuables et détermination de la part qui est attribuée à chaque associé (Cass. com. 28-11-2006 nº 04-17.486 : RJDA 2/07 nº 152). En conséquence : 76451

– si un créancier a fait procéder à une saisie-attribution entre les mains de la société dont son débiteur est associé, la responsabilité de la société pour défaut de renseignement du créancier doit être écartée en l'absence de décision de distribution pour l'exercice en cause (Cass. com. 13-9-2017 nº 16-13.674 FS-PBI : RJDA 12/17 nº 804 à propos d'une société civile, mais transposable ; pour une solution voisine à propos d'une Selarl, Cass. 2e civ. 23-11-2006 nº 1934 F-D : RJDA 4/07 nº 357) ;

– les bénéfices réalisés par la société ne deviennent des fruits ou des revenus de biens propres, susceptibles de constituer des acquêts de communauté, que lorsqu'ils sont attribués sous forme de dividendes (Cass. 1e civ. 12-12-2006 nº 1774 : RJDA 5/07 nº 483) ;

– bien qu'imposable sur sa quote-part des bénéfices réalisés par la société même si ces bénéfices n'ont pas été mis en distribution, un associé de SNC ne peut pas obtenir la condamnation de la société à lui verser les sommes correspondantes (Cass. com. 14-12-2010 nº 09-72.267 : RJDA 2/11 nº 147) ;

– en participant à la décision collective qui modifie la répartition de la part de chaque associé dans les bénéfices, l'usufruitier de parts sociales n'a pu consentir aucune donation ayant pour objet les dividendes attribués aux nus-propriétaires dès lors qu'il n'est titulaire d'aucun droit, fût-il affecté d'un terme suspensif, sur ces dividendes (Cass. com. 18-12-2012 nº 11-27.745 : RJDA 5/13 nº 413 et chronique B. Hatoux p. 347, à propos d'une société civile mais transposable) ; il en est de même s'il participe à l'assemblée générale qui décide d'affecter les bénéfices à un compte de réserve (Cass. com. 10-2-2009 nº 07-21.806 : RJDA 5/09 nº 433) ;

– l'actionnaire, exclu d'une SA d'audit conformément à la clause des statuts prévoyant que sa mise à la retraite entraînera de plein droit la perte de sa qualité d'actionnaire et l'obligation pour lui de céder ses actions, perd sa qualité d'actionnaire et son droit aux dividendes dès la date de la cession forcée de ses actions même si le prix de cession est déterminé après (Cass. com. 13-3-2019 nº 17-28.504 FS-D : RJDA 6/19 nº 437).

Il résulte de l'article 1844-1 du Code civil que chaque action de valeur nominale identique d'une SA donne droit au même montant de dividendes, sauf disposition ou stipulation contraire ; c'est donc à tort que, pour rejeter la demande formée par le titulaire d'**actions** « cotées » nouvelles **issues de la levée d'options de souscription** en réparation de son préjudice financier résultant du refus par la société émettrice de lui verser les dividendes votés par l'assemblée, une cour d'appel s'est fondée sur les motifs suivants : ces actions sont distinctes des actions ordinaires et n'ouvrent pas les mêmes droits que celles-ci car elles sont inscrites sur une ligne de cotation spécifique, avec un n° ISIN (code international d'identification des valeurs boursières) distinct de celui des actions ordinaires et ne se négocient pas au même prix que ces dernières (Cass. com. 12-2-2025 n° 23-16.179 F-B : RJDA 5/25 n° 262).

76452 Dès que la décision de répartition est prise, l'associé ou actionnaire est **créancier du dividende** (CA Paris 2-5-1935 : Gaz. Pal. 1935 II p. 113 ; CA Paris 15-11-1976 : JCP 1979 II n° 19129 note Évesque). En effet, en décidant la distribution d'un dividende, la collectivité des associés ou l'assemblée générale d'une société consacre au profit de l'associé ou actionnaire un droit de créance qui, même lorsque la date du paiement n'a pas encore été fixée, ne peut être supprimé que si le bénéfice, régulier à l'origine, apparaît ultérieurement fictif, ou si, par suite d'indisponibilités résultant de circonstances imprévisibles et indépendantes de la volonté de la société, la distribution du dividende ne pourrait être opérée sans enfreindre des prescriptions légales ; en dehors de ces hypothèses, le conseil d'administration est tenu de mettre en paiement le dividende et celui-ci ne peut pas être annulé par une assemblée ultérieure (CA Paris 2-5-1935 précité).

L'associé ou actionnaire peut donc :
– déclarer sa créance en cas d'ouverture d'une procédure collective à l'encontre de la société ;
– faire courir les intérêts moratoires à compter du jour de la mise en paiement.

76453 Le **droit** aux dividendes est **suspendu** à titre de sanction à l'encontre des propriétaires d'actions qui n'ont pas libéré leurs titres des versements exigibles au terme du délai de mise en demeure (art. L 228-29, al. 2). Il est également suspendu pour les actions émises en violation des dispositions réglementant la constitution de la société ou de certaines dispositions réglementant les augmentations de capital, en cas de non-communication des informations relatives à l'identification des propriétaires de titres « cotés » ou encore à défaut de mise au nominatif ou de dépôt des actions admises aux négociations sur un marché réglementé détenues par les dirigeants, leur conjoint et leurs enfants mineurs (n°s 38700 s., 49950, 63860 et 66445). Il peut être supprimé ou suspendu en cas d'investissement étranger non autorisé (n°s 92555 s.). Il est **supprimé** pour les actions détenues par la société (art. L 225-210, al. 4).

AYANT DROIT EN CAS DE CESSION DE DROITS SOCIAUX

76454 En cas de cession de parts ou d'actions, l'acquéreur a droit aux dividendes non échus, c'est-à-dire à ceux dont la distribution n'a pas encore été décidée à la date de l'échange des consentements qui a rendu la cession parfaite entre les parties. En effet, la Cour de cassation a jugé que les dividendes sont des fruits au regard du droit de la vente, du moins l'a-t-elle affirmé pour faire application de l'article 1652 du Code civil à une cession de droits sociaux (Cass. com. 5-10-1999 n° 1443 : RJDA 1/00 n° 34 ; Cass. com. 5-12-2000 n° 2054 : RJDA 3/01 n° 327). Par extension de cette solution, l'acquéreur peut se prévaloir de l'article 1614 du même Code aux termes duquel, depuis le jour de la vente, tous les fruits appartiennent à l'acquéreur. Dès lors, dans l'hypothèse où une cession, bien que parfaite entre les parties, n'a pas encore été rendue opposable à la société alors que celle-ci procède à une distribution de dividendes et les attribue au cédant, et si les parties n'ont pas précisé expressément leur volonté sur le sort de ces dividendes, l'acquéreur peut en demander la restitution au cédant.

Les parties à la cession peuvent **convenir d'une répartition** différente, par exemple que les dividendes de l'exercice au cours duquel la cession est intervenue seront répartis entre elles au prorata du temps pendant lequel chacune est restée associée. Mais si elles conviennent du paiement au cédant, avant la clôture de l'exercice en cours et avant la décision statuant sur les comptes, d'une partie des bénéfices de cet exercice estimés et chiffrés, les sommes correspondantes constituent en réalité un élément du prix de cession qui, sur le plan fiscal, doit être pris en compte pour déterminer l'assiette des droits de mutation à titre onéreux (Cass. com. 28-11-2006 n° 04-17.486 : RJDA 2/07 n° 152). En effet, c'est en principe celui qui a la qualité d'associé au jour où est décidée la distribution des bénéfices sous forme de dividendes, et non pas au moment de la réalisation de ces bénéfices, qui est titulaire de la créance de dividendes à l'égard de la société. Si l'acquéreur s'engage à rétrocéder au cédant une fraction des sommes qui lui ont été versées, il s'agit là de l'exécution de son engagement contractuel à l'égard du cédant et non d'un versement de dividendes à proprement parler.

Il est nécessaire de prévoir avec précision, dans l'acte de cession, le sort des dividendes non échus pour éviter tout litige. Le fait que des parts sociales aient été cédées à un prix inférieur au montant des bénéfices réalisés par la société à la date de la cession ne prouve pas que la cession soit intervenue après cette date. Les cédants n'ont donc aucun droit sur ces bénéfices (CA Aix-en-Provence 20-7-2017 n° 15/06423 : RJDA 12/17 n° 812).

› Précisions **a.** Même qualifiés de fruits, les dividendes ne sont pas des « **fruits civils** » réputés s'acquérir jour par jour (C. civ. art. 586). En effet, le droit des associés aux dividendes ne prend naissance que du jour où leur mise en distribution a été décidée (Cass. com. 23-10-1990 : D. 1991 p. 173 note Y. Reinhard ; Cass. com. 9-6-2004 nº 904 : RJDA 10/04 nº 1121 ; CA Paris 13-3-2012 nº 10/16731 : RJDA 11/12 nº 971). De plus, les dividendes sont fonction du résultat dégagé chaque année par la société, ce qui leur confère un caractère aléatoire et indéterminé qui s'oppose à la périodicité et à la fixité caractérisant les fruits civils (CA Versailles 23-2-1990 : Bull. Joly 1992 p. 552).

b. Dans un cas où une **cession** des titres nominatifs régulièrement constatée sur le registre des transferts de la société avait été **annulée,** il a été jugé que le cédant ne pouvait pas reprocher à la société d'avoir versé à l'acquéreur les dividendes correspondant aux actions litigieuses dès lors qu'il avait omis de faire rectifier le registre (Cass. com. 8-3-1983 : BRDA 11/83 p. 11). Pour que les effets de la nullité soient opposables à la société, tiers de bonne foi, il aurait fallu que le cédant ou l'acquéreur lui demandent de constater cette nullité dans ses registres.
Sur le sort des dividendes en cas de restitution des droits sociaux à la suite de l'annulation de la cession, voir nº 17535.

AYANT DROIT EN CAS DE DÉCÈS DU TITULAIRE DES DROITS SOCIAUX

Les **héritiers** d'un associé décédé, lorsqu'ils ne deviennent pas associés, n'ont droit qu'à la valeur des parts de leur auteur ; ils n'ont donc pas qualité pour percevoir les dividendes même si le **légataire** des parts ne peut pas y prétendre non plus avant la délivrance du legs (Cass. 1e civ. 2-9-2020 nº 19-14.604 FS-PB : RJDA 4/21 nº 250, à propos d'une société civile mais transposable). **76455**

En cas de décès du titulaire des parts sociales ou des actions, il n'y a pas lieu de faire entrer dans la **masse successorale** (soumise aux droits de mutation) une somme correspondant à la fraction courue, au jour du décès, de dividendes dont la mise en distribution a été décidée par une assemblée tenue postérieurement à ce décès (Cass. com. 23-10-1990 : D. 1991 p. 173 note Y. Reinhard).

4. RENONCIATION AUX DIVIDENDES

Un associé ou actionnaire peut renoncer totalement ou partiellement à son dividende lorsqu'il s'agit des **bénéfices d'un exercice écoulé,** cette renonciation s'analysant en effet comme l'abandon d'une créance certaine, liquide et exigible (CA Paris 8-10-1993 : RJDA 1/94 nº 35 et, sur pourvoi, Cass. com. 13-2-1996 nº 315 : RJDA 6/96 nº 788). **76457**

Cet abandon n'est pas neutre sur le plan fiscal. Il a ainsi été jugé que l'abandon par le titulaire d'un compte courant d'associé d'une partie des sommes inscrites au crédit de ce compte est un acte de disposition du revenu, quelle que soit la situation de trésorerie de l'entreprise ; par suite, pour déterminer la part éventuelle des dividendes inscrits sur son compte courant dont cet associé n'aurait pas eu la disposition en raison de la situation de trésorerie de la société, il y a lieu de comparer la situation financière de la société à la clôture de l'exercice au seul solde du compte courant, une fois déduite la somme correspondant à la créance abandonnée (CE 31-7-2009 nº 301191 : RJF 11/09 nº 905).

À notre avis, la renonciation peut aussi porter sur des **résultats à venir** à condition qu'elle ne soit pas d'une durée telle qu'elle aboutisse à priver l'associé ou actionnaire de tout droit dans les bénéfices, auquel cas elle serait réputée non écrite comme constituant une clause léonine prohibée (C. civ. art. 1844-1, al. 2). Il est constant, en effet, qu'il peut être dérogé à une règle, même d'ordre public, dès lors que cette dérogation a une durée limitée.

ATTENTION

Pour être efficace, la renonciation doit être expresse et ne saurait résulter du désintérêt apparent d'un associé qui n'avait pas formulé de réclamation contre de précédentes délibérations le privant *de sa part* de bénéfices (Cass. com. 26-5-2004 nº 829 : RJDA 10/04 nº 1120).

Lorsque la **renonciation** est consentie **en faveur d'une ou de plusieurs personnes,** elle s'analyse en une cession à titre onéreux ou gratuit selon qu'elle est intervenue moyennant rémunération ou non. **76458**

5. FORME DU DIVIDENDE

En général, les dividendes sont versés en **numéraire.** Toutefois, il peut être envisagé de les régler par la remise de **biens en nature,** par exemple des titres en portefeuille. Ce mode de règlement peut, à notre avis, être imposé aux associés ou actionnaires par l'assemblée **76460** générale (ou par la collectivité des associés) qui décide la distribution du dividende, même s'il n'a pas été prévu par les statuts.

L'assemblée (ou la collectivité des associés), à qui il appartient, conformément à l'article L 232-12, de déterminer la forme selon laquelle le dividende sera payé et les modalités de ce paiement (en ce sens, Ph. Derouin, note sous Cass. com. 6-6-1990 n° 88-17.133 P : Bull. Joly 1990 p. 813 ; H. Hovasse, Actes pratiques juillet 1992), peut aussi offrir aux associés ou actionnaires le choix entre un dividende en nature ou en numéraire (pour un exemple où le choix avait été laissé entre des espèces et l'attribution de droits immobiliers, les associés ayant opté pour cette seconde solution, voir Cass. com. 6-6-1990 précité).

ATTENTION

La distribution du dividende en nature n'est valable que si chaque associé ou actionnaire peut recevoir un nombre entier des biens mis en distribution et si ces biens sont de même nature (par exemple, des titres d'une même société). À défaut, il y aurait **rupture de l'égalité entre** les **associés** et la distribution du dividende en nature nécessiterait alors l'accord unanime des associés.

La distribution peut aussi être déclarée inopposable à un actionnaire, précédemment évincé de la société, si elle constitue une **fraude paulienne** à son encontre (CA Paris 7-7-2020 n° 17/17830 : RJDA 12/20 n° 649 et, sur pourvoi, Cass. com. 12-10-2022 n° 20-18.855 F-D : RJDA 1/23 n° 51, qui précise que le fait, pour l'associé évincé d'une sous-filiale à qui celle-ci doit une certaine somme, d'exercer l'action paulienne n'interdit pas d'agir exclusivement contre la société mère complice de la fraude en réparation de la perte de chance de recouvrer la créance).

76461 Le paiement du dividende sous la forme de biens en nature ne s'analyse pas en une **cession** de ces biens (Cass. com. 6-6-1990 n° 88-17.133 P : Bull. Joly 1990 p. 813 note Ph. Derouin ; Cass. com. 12-2-2008 n° 05-17.085 : RJDA 5/08 n° 524, qui précise qu'une décision de distribution de dividendes constitue un acte unilatéral et non un contrat).

ILLUSTRATIONS

Le paiement des dividendes aux actionnaires sous la forme de remise d'**actions détenues en portefeuille** ne constitue pas une cession passible du droit de vente de droits sociaux prévu à l'article 726 du CGI (Cass. com. 31-5-1988 n° 87-10.134 P : Bull. civ. IV n° 181 ; BOI-ENR-DMTOM-40-10 n° 20).

Le paiement du dividende sous la forme d'une remise d'un **immeuble** ou de droits sur un immeuble appartenant à la société ne constitue pas une cession de cet immeuble ou de ces droits au sens des articles 682 et 683 du CGI (Cass. com. 6-6-1990 : Bull. civ. IV n° 166 ; Cass. com. 12-2-2008 n° 05-17.085 : RJDA 5/08 n° 524).

Le paiement du dividende sous la forme d'une remise de **parts d'une société civile immobilière** ne constitue pas une cession des droits de jouissance correspondants visée par l'article 728 du CGI (Cass. com. 6-4-1993 n°s 90-21.940 et 90-21.941 : RJF 7/93 n° 1071).

6. PAIEMENT DU DIVIDENDE EN ACTIONS

76465 Une société peut offrir à chacun de ses associés ou actionnaires la possibilité de percevoir les dividendes (ou les acomptes sur dividendes) auxquels il a droit sous la forme d'actions nouvelles. Mais ce n'est pas une obligation ; chaque associé ou actionnaire peut, s'il le juge préférable, ne pas donner suite à cette offre et demander que son dividende lui soit réglé en numéraire.

La particularité de la formule réside dans ce **choix laissé à chaque associé** ou actionnaire entre un paiement en numéraire et un paiement en actions. En effet, tandis que la capitalisation des bénéfices sociaux est une décision collective qui s'impose à tous, même aux opposants, le montant de la capitalisation résulte, en cas de paiement des dividendes sous forme d'actions, des décisions prises individuellement par les associés ou actionnaires en fonction de leur intérêt personnel.

Quant à la société, elle peut, par ce moyen, concilier dans une certaine mesure ces deux objectifs apparemment contradictoires que sont la distribution de dividendes et l'augmentation des fonds propres.

Toutefois, lorsque la société dispose d'une trésorerie importante et n'a pas de projet d'investissements immédiats, le paiement du dividende en actions devient inopportun surtout lorsque les taux d'intérêt à court terme sont faibles.

Par ailleurs, de nombreuses sociétés à participations étrangères renoncent au paiement de leur dividende en actions sous la pression de leurs actionnaires anglo-saxons hostiles à ce procédé en raison de son effet dilutif sur le bénéfice par action.

SOCIÉTÉS POUVANT PAYER LE DIVIDENDE EN ACTIONS

Toutes les sociétés par actions (SA, SCA et SAS) peuvent payer le dividende en actions, que leurs titres soient ou non admis aux négociations sur un marché boursier, pourvu que leur capital soit intégralement libéré (cf. art. L 225-131, al. 1). Les autres formes de sociétés ne bénéficient pas d'un dispositif équivalent. 76466

COMPÉTENCE POUR OFFRIR UN DIVIDENDE EN ACTIONS

La décision d'offrir aux actionnaires ou associés le choix entre un paiement du dividende en numéraire ou en actions est prise par l'**assemblée générale** ordinaire statuant sur les comptes de l'exercice écoulé (art. L 232-18, al. 1) ou par la collectivité des associés (cf. art. L 227-1, al. 3 et L 227-9, al. 2). 76467

Toutefois, le paiement du dividende en actions n'est possible que s'il a été expressément prévu par les **statuts** (art. L 232-18, al. 1). L'autorisation ainsi donnée par les statuts n'a pas un caractère définitif ; comme toute autre clause statutaire, elle peut être supprimée par décision d'une assemblée générale extraordinaire (ou par décision collective « extraordinaire » dans les SAS).

L'autorisation des actionnaires peut aussi, nous semble-t-il, être donnée « au coup par coup » à l'occasion de chaque assemblée annuelle, mais cela implique soit la réunion préalable d'une assemblée extraordinaire, soit la tenue d'une assemblée mixte. Certes, en pareil cas, les statuts n'autorisent pas formellement le paiement du dividende en actions. À notre avis, ce procédé est néanmoins licite car il sert encore mieux que l'autorisation statutaire l'objectif recherché par la loi. Il permet en effet aux actionnaires minoritaires de manifester leur point de vue, non pas de manière définitive, mais chaque fois que se posera la question d'un éventuel paiement du dividende en actions. Ce procédé est d'ailleurs expressément autorisé pour les actions de préférence (art. L 228-18).

La décision de la collectivité des associés ou de l'assemblée n'a pas un **caractère permanent** ; elle ne vaut que pour les dividendes distribués au titre de l'exercice dont les comptes sont soumis à l'approbation de cette assemblée. L'article L 232-18, al. 1 dispose, en effet, que l'assemblée habilitée à offrir le paiement du dividende en actions est celle qui statue « sur les comptes de l'exercice ».

OPTIONS OFFERTES AUX ASSOCIÉS

L'offre de paiement du dividende en actions doit être faite simultanément à tous les associés ou actionnaires (art. L 232-18, al. 3) de sorte qu'il n'est pas possible, même en vertu d'une clause statutaire, de la **limiter à un associé** ou actionnaire **ou à une catégorie d'associés** ou d'actionnaires. Mais seuls les associés ou actionnaires peuvent en bénéficier. Sur les droits respectifs des nus-propriétaires et usufruitiers et des bailleurs et locataires, voir n° 76482. 76468

La décision collective ou l'assemblée peut **limiter** l'option **à une partie** seulement **du dividende** distribué (cf. art. L 232-18, al. 1).

Lorsqu'il existe des **catégories différentes d'actions,** la collectivité des associés ou l'assemblée générale ordinaire peut décider que les actions souscrites seront de la même catégorie que celles donnant droit au dividende (art. L 232-18, al. 2). 76469

Par exemple, lorsqu'il existe des actions de préférence, les titulaires de ces actions peuvent, si l'assemblée générale ordinaire en a décidé ainsi, recevoir en paiement de leur dividende de nouvelles actions de préférence. Faute d'accord de l'assemblée, ils ne pourraient recevoir que des actions ordinaires.

PRIX D'ÉMISSION DES ACTIONS À ATTRIBUER AUX ASSOCIÉS

Le prix d'émission des actions à attribuer aux associés ou actionnaires qui accepteront l'offre de la société ne peut pas être inférieur au montant nominal des actions (art. L 232-19, al. 1). 76470

Ce prix doit être fixé par la collectivité des associés ou par l'assemblée générale ordinaire dans les **conditions** suivantes.

Sociétés « cotées » Dans les **sociétés dont les actions sont admises aux négociations sur un marché réglementé,** le prix d'émission des actions ne peut pas être inférieur à 90 % de la moyenne des cours cotés aux 20 séances de bourse précédant le jour de la décision de mise en distribution (et non celui de la mise en paiement) diminuée du montant net du dividende (art. L 232-19, al. 2). 76471

> Précisions a. Pendant la période précédant la mise en paiement du dividende, l'**action** est **cotée « dividende attaché ».** Il convient donc de déduire le montant du dividende, faute de quoi l'actionnaire qui opterait pour le paiement en actions risquerait de payer le dividende qu'il reçoit par ailleurs.
b. La **décision de mise en distribution** étant prise par l'assemblée ordinaire annuelle, c'est seulement le **jour** de cette assemblée que pourra être établie la moyenne des cours cotés à partir de laquelle devra être fixé le prix d'émission (dans le même sens, Bull. COB mai 1983 p. 5).
c. L'assemblée peut **déléguer** aux organes dirigeants le **pouvoir de fixer le montant de la décote** par rapport à la moyenne des cours. En effet, chaque actionnaire reste libre d'exercer l'option pour le paiement en actions au vu de ce montant, qui doit lui être communiqué avant le début de la période pendant laquelle l'option est ouverte (en ce sens, Communication Ansa, comité juridique n° 15-012 du 4-2-2015).

76472 **Autres sociétés** Dans les sociétés dont les actions ne sont pas admises aux négociations sur un marché réglementé, le prix d'émission des actions est fixé au choix de la société, mais sous le contrôle des commissaires aux comptes (sauf cas des sociétés qui n'en sont pas dotées), lesquels doivent présenter un rapport spécial à l'assemblée ou à la collectivité des associés sur ce point (art. L 232-19, al. 3) :
– soit à dire d'expert, celui-ci étant désigné en justice à la demande du président du conseil d'administration ou du directoire, du gérant dans les SCA (cf. art. L 226-7, al. 5) ou encore du président ou des dirigeants désignés dans les statuts dans les SAS (cf. art. L 227-1, al. 3) ;
– soit en divisant l'actif net ou, plus exactement croyons-nous, le montant des capitaux propres, calculé d'après le bilan le plus récent (en pratique, celui sur lequel l'assemblée ou la collectivité des associés vient de se prononcer), par le nombre de titres existants (avant l'attribution).

> Précisions a. Aucune disposition réglementaire ne précise les **conditions dans lesquelles l'expert est désigné.** À notre avis, dès lors qu'il n'existe pas de partie adverse identifiable, la demande ne peut être faite que sur requête, laquelle est portée devant le président du tribunal de commerce conformément à la pratique habituelle.
b. Dans la réglementation comptable, la **notion d'actif net** a fait place à celle de **capitaux propres.** C'est pourquoi l'article 8 de la loi 83-353 du 30 avril 1983 a remplacé, dans de nombreuses dispositions de la loi de 1966 (devenue le Livre II du Code de commerce), les mots « actif net » par les mots « capitaux propres ». Il est fâcheux que, dans l'énumération des textes ainsi modifiés, le législateur ait omis d'insérer l'article 352 (devenu l'article L 232-19). Ne trouvant pas de justification à cette omission, nous pensons qu'elle résulte d'une inadvertance qu'il convient de redresser.
Si la société opte pour la seconde formule de fixation du prix, elle doit, à notre avis, prendre en considération le montant des capitaux propres tels qu'ils résultent du bilan sans tenir compte des plus-values latentes ou occultes. En effet, toute appréciation de ces plus-values ne peut être faite qu'à dire d'expert.
Si une opération financière, notamment une augmentation ou une réduction du capital social, est intervenue entre la date de clôture de l'exercice ayant servi de base pour l'établissement du dernier bilan et celle de la décision collective des associés ou de l'assemblée ordinaire annuelle, il convient, nous semble-t-il, de rectifier le montant des capitaux propres qui figure à ce bilan de telle sorte que le capital social soit en rapport avec le nombre de titres existants.

76473 **Traitement des rompus** Lorsque le montant des dividendes auquel il a droit ne correspond **pas** à un **nombre entier d'actions,** l'associé ou actionnaire reçoit le nombre d'actions immédiatement inférieur complété d'une soulte en espèces. Il peut aussi obtenir le nombre d'actions immédiatement supérieur en versant la différence en numéraire mais cette possibilité ne peut être mise en œuvre que si elle a été autorisée par la collectivité des associés ou par l'assemblée générale (art. L 232-19, al. 4).
L'associé ou actionnaire qui opte pour cette seconde formule doit verser le complément en numéraire dès qu'il demande le paiement de son dividende en actions.

76474 **Attribution gratuite d'actions** Interrogée sur les conditions d'un paiement du dividende en actions en même temps qu'une attribution gratuite d'actions, l'Autorité de marché a précisé qu'il lui paraissait préférable de retarder cette attribution jusqu'à la réalisation définitive de l'émission des actions destinées au paiement du dividende. Dans le cas contraire, elle estime que, ces actions se trouvant privées du bénéfice de l'attribution gratuite, leur prix d'émission doit être calculé d'après la valeur théorique de l'action après ladite attribution et non d'après la valeur constatée sur le marché (Bull. COB avril 1986 p. 5).

76475 **Pluralités de catégories d'actions** Lorsqu'il existe plusieurs catégories d'actions (actions de préférence et actions ordinaires) et qu'il a été décidé par les actionnaires ou associés que les actions nouvelles attribuées en paiement du dividende doivent être de même catégorie que les anciennes (cf. art. L 232-18, al. 2), il convient d'établir un prix de souscription pour chaque catégorie et d'en retrancher le montant net du dividende versé aux actions de cette catégorie.

EXERCICE DE L'OPTION PAR LES ASSOCIÉS

La demande de paiement du dividende en actions doit intervenir dans le **délai** fixé par la décision collective ou l'assemblée générale ordinaire, lequel ne peut pas être supérieur à trois mois à compter de la date de cette assemblée (art. L 232-20, al. 1). **76476**

Toutefois, le paiement du dividende en actions peut être suspendu en cas d'augmentation du capital, sur décision du conseil d'administration ou du directoire (ou, par assimilation, des dirigeants dans les SCA et les SAS ; cf. art. L 226-7, al. 5 et L 227-1, al. 3), pendant un délai de trois mois au maximum (art. L 232-20, al. 2).

Dans les conditions examinées n° 47043, les **sociétés dont les actions sont admises aux négociations sur un marché réglementé** établi ou opérant dans l'UE doivent transmettre aux intermédiaires qui interviennent sur ces actions les **informations** que ceux-ci doivent transmettre aux actionnaires pour leur permettre d'exercer l'option qui leur est offerte, à moins que ces informations n'aient été envoyées directement aux actionnaires (art. L 228-29-7-1 et L 228-29-7-2). Dans les **autres sociétés,** en l'absence de dispositions légales ou réglementaires prévoyant ces conditions, il appartient aux dirigeants sociaux de prendre les mesures nécessaires pour que cette information soit correctement assurée (communiqués sur le site internet de la société ou dans la presse financière, lettre individuelle aux associés ou actionnaires dont les titres sont nominatifs, etc.). **76477**

ATTENTION

Au cas où, par suite d'une **information insuffisante,** un associé ou actionnaire n'aurait pas été en mesure d'exercer son option, il pourrait mettre en cause la responsabilité des dirigeants sociaux et leur demander réparation du préjudice qu'il aurait subi.

La demande de paiement du dividende en actions doit être accompagnée, s'il y a lieu, du versement en numéraire correspondant aux **rompus** (n° 76473). **76481**

L'article L 232-20 renvoie au versement prévu au « deuxième alinéa » de l'article L 232-19, ce qui est manifestement une erreur puisque cet alinéa concerne le calcul du prix d'émission. En fait, il s'agit du versement prévu en cas de rompus qui faisait l'objet du second alinéa de l'article 352 de la loi du 24 juillet 1966 (devenu l'article L 232-19) dans sa rédaction initiale.

À notre avis, lorsque les actions font l'objet d'un **usufruit,** l'usufruitier doit informer le nu-propriétaire de la faculté d'opter pour le paiement du dividende en actions. Ce dernier peut alors, selon nous, exiger de l'usufruitier que celui-ci lui cède les actions nouvelles contre le versement d'une somme égale au prix d'émission de ces actions. **76482**

Certes, c'est l'usufruitier qui est titulaire de la créance sur la société correspondant au dividende et en contrepartie de laquelle sont attribuées les actions nouvelles. Cependant, plusieurs raisons s'opposent, nous semble-t-il, à ce qu'il puisse exercer le droit d'option.

D'une part, l'usufruitier n'a pas la qualité d'associé ou actionnaire (Cass. com. avis 1-12-2021 n° 20-15.164 FS-D : RJDA 2/22 n° 79 ; Cass. com. 30-11-2022 n° 20-18.884 FS-B : RJF 2/23 n° 160 ; Cass. 3e civ. 16-2-2022 n° 20-15.164 FS-B : RJDA 5/22 n° 273) ; or, seuls les associés ou actionnaires peuvent bénéficier de ce droit (cf. art. L 232-18, al. 3).

D'autre part, le droit pour l'usufruitier de jouir du bien concerné a comme contrepartie l'obligation pour lui de conserver la substance de ce bien (C. civ. art. 578). Or, la dilution du capital qu'engendre le paiement du dividende en actions et les avantages fréquemment consentis par les sociétés émettrices aux associés ou actionnaires qui acceptent un paiement de cette nature entraînent une diminution de la substance de l'action, donc une diminution des droits du nu-propriétaire dans le capital. Le droit d'option doit donc être assimilé au droit de souscription ou au droit d'attribution. Comme eux, il constitue une valeur en capital ; comme eux également (nos 50110 et 51225), il appartient au nu-propriétaire et non à l'usufruitier.

L'usufruitier ne peut donc « souscrire » les actions nouvelles qu'avec l'accord du nu-propriétaire. S'il passe outre, il s'expose à devoir restituer ces actions au nu-propriétaire contre remboursement de leur prix d'émission (dans le même sens, CNCC NI.XII octobre 2012 partie 2 § 1.74).

Cette position est transposable à la **location d'actions** (cf. art. L 239-3, al. 2), le locataire devant informer le bailleur qui peut exiger que le locataire lui cède les actions nouvelles contre le versement d'une somme égale au prix d'émission de ces actions.

76483 Alors que la collectivité des associés ou l'assemblée peut limiter l'option à une partie du dividende distribué (art. L 232-18, al. 1), l'**associé** ou actionnaire doit exercer son **option en totalité.** Il ne peut pas accepter l'offre pour une partie de ses droits et demander un versement en numéraire pour le solde.

> **Précisions** L'Assemblée nationale a écarté un amendement proposé par le Sénat et tendant à permettre à l'associé ou **actionnaire** de **fractionner son droit** (JO déb. AN 8-12-1982 p. 8035).
> L'Autorité de marché considère que l'assemblée ne pourrait même pas accorder à l'associé ou actionnaire une telle possibilité de fractionnement (Bull. COB mai 1983 p. 5), mais cette opinion nous paraît discutable, aucune disposition légale n'interdisant expressément à l'assemblée de fixer comme elle l'entend les conditions d'exercice de l'option.

AUGMENTATION DU CAPITAL EN VUE DE PAYER LE DIVIDENDE EN ACTIONS

76484 Pour faire face à la demande des associés ou actionnaires qui ont opté pour le paiement de leur dividende en actions, la société doit procéder à une augmentation de son capital.

À cet égard, il convient tout d'abord de préciser que cette opération s'analyse en une **augmentation de capital en numéraire** par voie de souscription d'actions à titre onéreux et non pas en une augmentation de capital par incorporation de bénéfices avec attribution gratuite d'actions (dans le même sens, Bull. COB mai 1983 p. 5). En effet, à compter de la mise en distribution décidée par la collectivité des associés ou par l'assemblée, le dividende devient une dette de la société à l'égard des associés ou actionnaires (nº 76452). Il ne peut donc plus être considéré comme un bénéfice non distribué susceptible d'être capitalisé en tant que tel.

Indépendamment de ses conséquences fiscales (nº 76495), cette analyse devrait entraîner l'obligation pour la société d'accomplir toutes les **formalités** prévues en cas d'augmentation du capital par émission d'actions souscrites en numéraire. Mais ces formalités sont allégées. L'augmentation du capital est définitivement réalisée du seul fait de la demande de paiement du dividende en actions et, le cas échéant, du versement prévu en cas de rompus sans qu'il soit nécessaire de procéder à une publicité préalable ni à un dépôt de fonds (art. L 232-20, al. 1).

> **ATTENTION**
> Comme pour toute augmentation de capital en numéraire, la société ne peut proposer à ses associés ou actionnaires un paiement de leur dividende sous forme d'actions que si son **capital** est intégralement **libéré** (art. L 225-131, al. 1). L'inobservation de cette obligation entraîne la nullité de l'augmentation de capital (art. L 225-149-3, al. 2). En revanche, aucune sanction pénale n'est applicable aux dirigeants sociaux (cf. art. L 242-17, al. 3).

76485 L'option pour le paiement du dividende en actions doit être matérialisée par la signature d'un **bulletin de souscription** (Bull. COB mai 1983 p. 5), sauf si elle est exercée par l'intermédiaire d'un établissement de crédit ou d'un prestataire de services d'investissement. En effet, en l'absence de disposition légale particulière l'écartant expressément, l'article L 225-143 – qui prévoit, sauf exception, la signature d'un bulletin de souscription en cas d'augmentation de capital en numéraire – s'applique lorsque cette augmentation résulte du paiement des dividendes en actions.

76487 Lorsqu'il existe des **rompus** et que les associés ou actionnaires ont demandé à bénéficier de la possibilité de souscrire le nombre d'actions immédiatement supérieur à celui auquel ils avaient droit en versant la différence en numéraire, l'augmentation du capital n'est définitivement réalisée qu'après ce versement (art. L 232-20, al. 1).

Si des associés ou actionnaires n'ont pas procédé aux versements leur incombant, leurs souscriptions aux actions supplémentaires sont réputées non avenues et les intéressés se voient attribuer le nombre entier d'actions immédiatement inférieur à celui auquel correspondent leurs droits, complété par une soulte en espèces (Bull. COB mai 1983 p. 6). À notre avis, sauf clause statutaire ou décision contraire de la collectivité des associés ou de l'assemblée, la défaillance de l'associé ou actionnaire ne saurait entraîner la résolution de la totalité de son option. En effet, cette défaillance ne porte que sur la souscription supplémentaire destinée à parfaire le nombre d'actions auquel son dividende lui donne droit.

76488 Bien que le paiement du dividende en actions se traduise par une augmentation de capital en numéraire, il n'y a pas lieu, à notre avis, de réserver les **droits des titulaires de valeurs mobilières** donnant accès au capital (ou de procéder à un ajustement des conditions de souscription ou des bases de conversion). Il en est de même pour les titulaires d'options de souscription ou d'achat d'actions et, a fortiori, pour les bénéficiaires d'une attribution gratuite d'actions selon le régime décrit ci-dessus (nºs 69980 s.) (dans le même sens, CNCC NI.XII octobre 2012 partie 2 § 4.3). En effet, les personnes qui optent pour le paiement de leur dividende en actions n'exercent pas un droit comparable au droit préférentiel de souscription dont elles

jouissent en cas d'augmentation de capital par émission d'actions de numéraire. Elles acceptent de recevoir en nature sous la forme d'actions de la société débitrice le dividende auquel elles ont droit. L'augmentation de capital à laquelle procède la société n'est que la conséquence immédiate et nécessaire de ce mode de paiement du dividende. Elle a pour seul objet de permettre la création des titres indispensables à ce paiement.
De même, il n'y a pas lieu, à notre avis, de présenter un projet de résolution tendant à réaliser une augmentation de capital réservée aux **salariés** : outre le fait que l'augmentation de capital n'est que la conséquence immédiate du paiement du dividende en actions, il n'y a pas de décision de l'assemblée générale extraordinaire d'augmenter le capital et l'opération ne se situe pas dans le champ d'application de l'article L 225-129-6 (dans le même sens, Communication Ansa 7-5-2003 ; CNCC NI.XII précitée).

Conformément au régime de droit commun, les **actions** nouvelles **attribuées** en paiement du dividende sont **négociables** dès leur émission. 76489

Lors de sa première réunion suivant l'expiration du délai d'exercice de l'option (n° 76476), le conseil d'administration ou le directoire constate le nombre des actions nouvelles émises et apporte les **modifications** nécessaires aux clauses **des statuts** relatives au montant du capital social et au nombre des actions qui le représentent. Il peut aussi déléguer au directeur général ou à un directeur général délégué, ou au président ou à un membre du directoire le pouvoir de procéder à ces opérations dans le mois qui suit l'expiration du délai fixé par l'assemblée (art. L 232-20, al. 3). 76490

Ces formalités incombent au gérant dans les SCA et au président ou aux dirigeants désignés à cet effet dans les statuts dans les SAS (cf. art. L 226-7, al. 5 et L 227-1, al. 3).

Il convient ensuite de procéder aux formalités de publicité.

RÉGIME FISCAL DES DIVIDENDES PAYÉS EN ACTIONS

La loi ne contient aucune disposition précisant le régime fiscal des dividendes payés en actions. L'analyse de l'opération (n° 76484) conduit aux conséquences suivantes : 76495
– imposition de l'actionnaire sur un revenu égal au montant des dividendes qu'il perçoit, quelle que soit la forme du paiement (numéraire ou remise d'actions) qu'il aura choisie ;
– dispense d'enregistrement du procès-verbal du conseil constatant l'augmentation du capital ou enregistrement gratuit en cas de présentation volontaire à la formalité (CGI art. 810, I).

7. MISE EN PAIEMENT DES DIVIDENDES

Les modalités de mise en paiement des dividendes votés par la collectivité des associés ou par l'assemblée générale sont fixées par elle ou, à défaut, par le conseil d'administration, le directoire ou les gérants, ou encore le président ou les dirigeants de la SAS désignés à cet effet dans les statuts (cf. art. L 227-1, al. 3), selon le cas (art. L 232-13, al. 1). 76500

DÉLAI DE MISE EN PAIEMENT DES DIVIDENDES

La mise en paiement des dividendes doit avoir lieu dans un délai de neuf mois au maximum après la clôture de l'exercice. Toutefois, ce délai peut être prolongé par ordonnance du président du tribunal de commerce statuant sur requête des gérants, du conseil d'administration ou du directoire (art. L 232-13, al. 2 et R 232-18) ou encore du président ou des dirigeants habilités de SAS (cf. art. L 227-1, al. 3). 76501

Aucune disposition légale ou réglementaire ne prévoit de sanction particulière en cas d'**inobservation du délai** de mise en paiement des dividendes. Toutefois, cette irrégularité constituant une faute de la part des administrateurs (ou des membres du directoire, ou encore du président ou des dirigeants de la SAS, ou des gérants de SARL ou de SCA), ces derniers s'exposent à une action en dommages-intérêts conformément aux règles du droit commun.

MODALITÉS DU PAIEMENT DES DIVIDENDES

Dans les sociétés par actions, le paiement des dividendes est fait **directement à** l'associé ou **actionnaire,** s'il est titulaire d'actions inscrites dans un compte « nominatif pur » ; s'il s'agit d'actions au porteur ou d'actions inscrites en compte « nominatif administré », le paiement des dividendes est fait globalement, pour compte de tiers, aux **intermédiaires financiers** 76502 chargés de la gestion de ces actions, qui les répartissent ensuite entre les différents ayants droit. Dans les sociétés autres que les sociétés par actions, le montant des dividendes est envoyé ou remis aux associés.

76503 Sauf en ce qui concerne les titres émis par l'État, les dividendes revenant aux titulaires de parts sociales ou d'actions nominatives doivent être payés par **chèque** barré ou **virement** lorsqu'ils dépassent 1 000 € (C. mon. fin. art. L 112-6, I et D 112-3, I-1°).

76504 Le montant du dividende est payé avec arrondissement du coupon au centime inférieur. Les **fractions de centime** non payées aux actions constituent une masse qui s'ajoute au montant net de la prochaine distribution (Décret 48-1683 du 30-10-1948 art. 5).

76505 Les dividendes revenant aux actions pour un exercice déterminé doivent être payés **en une seule fois** sauf dérogation spéciale accordée par le ministre des finances (Décret 48-1683 art. 4). Cette disposition n'étant pas applicable aux acomptes sur dividendes, sa portée se trouve limitée au paiement fractionné d'un dividende déjà voté.

> **Précisions** En cas de différend relatif au paiement à un associé de sa part des dividendes dont la distribution a été décidée par l'assemblée générale, ce litige est un litige entre la société, seule débitrice des sommes dues, et cet associé ; celui-ci peut donc exercer une **action en paiement** dirigée uniquement contre la société, même si un différend l'oppose par ailleurs à un autre associé relativement à ces dividendes (Cass. com. 20-12-2023 n° 21-18.748 F-D : RJDA 4/24 n° 217, en matière de société civile mais transposable).

8. PRESCRIPTION DES DIVIDENDES

DÉLAI DE PRESCRIPTION DES DIVIDENDES

76510 Les dividendes non réclamés afférents à des **parts sociales** sont prescrits, conformément au droit commun, à l'issue d'un délai de cinq ans. Ce délai commence à courir à compter de la décision de distribuer tout ou partie des bénéfices sous forme de dividendes qui, seule, confère à ceux-ci l'existence juridique (Cass. com. 19-9-2006 n° 1004 : RJDA 2/07 n° 153).

Les dividendes afférents à des **actions** sont eux aussi prescrits à l'issue d'un délai de cinq ans (CGPPP art. L 1126-1, 1°).

BÉNÉFICIAIRE DE LA PRESCRIPTION DES DIVIDENDES

76511 Les dividendes afférents à des **actions** et atteints par la prescription quinquennale sont prescrits au profit de l'État et doivent être reversés au Trésor public (CGPPP art. L 1126-1, 1° et L 1126-2, 1°). Les sociétés doivent remettre au comptable spécialisé du domaine de leur siège social, dans les 20 premiers jours du mois de janvier de chaque année, les dividendes atteints par la prescription pendant l'année précédente (CGPPP art. R 1126-2).

En revanche, pour les produits de **parts sociales** (parts de SARL, de SNC ou de SCS), la prescription profite à la société débitrice elle-même. En effet, l'article L 1126-1, 1° du Code général de la propriété des personnes publiques ne vise que le montant des coupons, intérêts ou dividendes « afférents à des actions, parts de fondateur, obligations ou autres valeurs mobilières négociables », ce qui exclut donc les revenus des autres droits sociaux.

9. RESTITUTION DES DIVIDENDES

CAS DE RESTITUTION DES DIVIDENDES

76520 Aucune restitution de dividendes à la société par suite d'une irrégularité ne peut être exigée des associés ou actionnaires sauf dans les **cas suivants** (art. L 232-17) :
– distribution d'un dividende (ou d'un acompte sur dividende) fictif ;
– distribution résultant de clauses d'intérêt fixe illégales.

En outre, la société doit prouver que les bénéficiaires de la distribution avaient **connaissance du caractère irrégulier** de la distribution au moment où celle-ci est intervenue, ou ne pouvaient pas l'ignorer « compte tenu des circonstances » (art. L 232-17, 2°).

Toutefois, cette condition n'est pas applicable aux associés de SARL. Ces associés, même s'ils sont de bonne foi, doivent restituer à la société les dividendes qu'ils ont perçus dès lors que ces derniers ne correspondent pas à des bénéfices réellement acquis (art. L 223-40, al. 1).

PRESCRIPTION DE L'ACTION EN RESTITUTION DES DIVIDENDES

Dans les **SARL,** l'action en restitution est prescrite trois ans après la mise en distribution (c'est-à-dire, à notre avis, la mise en paiement) des dividendes (art. L 223-40, al. 2). En l'absence de dispositions particulières à cet égard, dans les **autres formes de sociétés,** les règles du droit commun de la prescription sont applicables et le délai de prescription est donc de cinq ans. 76521

10. DIVIDENDES FICTIFS

DÉFINITION DES DIVIDENDES FICTIFS

Tout dividende distribué en violation des règles de l'article L 232-12, al. 1 (approbation préalable des comptes et constatation de l'existence de sommes distribuables) constitue un dividende fictif (art. L 232-12, al. 3). 76530

L'approbation préalable des comptes n'appelle pas de remarques particulières.

La constatation de l'existence de sommes distribuables implique :
– l'établissement de comptes annuels donnant une image fidèle du résultat des opérations de l'exercice et de la situation de la société ;
– l'imputation préalable sur les bénéfices des pertes des exercices antérieurs, s'il en existe ;
– la dotation à la réserve légale d'une somme calculée conformément à la loi (nos 76272 s.) ;
– le cas échéant, la dotation des comptes de réserves statutaires dans les conditions fixées par les statuts ;
– en cas de prélèvements sur les réserves, une décision expresse de la collectivité des associés ou de l'assemblée indiquant les postes de réserves sur lesquels ces prélèvements sont effectués.

SANCTIONS PÉNALES EN CAS DE DIVIDENDES FICTIFS

En cas de distributions de dividendes fictifs, des sanctions pénales (emprisonnement de cinq ans et amende de 375 000 €) peuvent être prononcées à l'encontre des gérants de SARL, des présidents, administrateurs, directeurs généraux, directeurs généraux délégués ou membres du directoire de SA, des gérants de SCA ou du président et des dirigeants de SAS (art. L 241-3, 2°, L 242-6, 1°, L 242-30, al. 1, L 243-1, L 244-1 et L 248-1). Sont aussi visés les dirigeants de fait (cf. art. L 244-4 et L 245-16). 76531

Pour que le délit soit constitué, il faut :
– qu'il y ait eu absence d'inventaire ou inventaire frauduleux ;
– que des dividendes fictifs aient été distribués ;
– et que cette distribution ait été faite en connaissance de cause (C. pén. art. 121-3 ; pour un exemple où il n'était pas établi de manière indubitable que le président avait eu conscience d'agir contre les intérêts de la société, voir CA Paris 14-6-1995 : Dr. sociétés 1995 no 219 obs. D. Vidal).

SANCTIONS CIVILES EN CAS DE DIVIDENDES FICTIFS

Responsabilité civile La distribution de dividendes fictifs engage la responsabilité civile des gérants, administrateurs, membres du directoire, présidents ou autres **dirigeants** de la société. 76532

Les **commissaires aux comptes** engagent également leur responsabilité civile si, ayant eu connaissance de l'infraction commise par les dirigeants et mandataires sociaux, ils ne l'ont pas révélée dans leur rapport à l'assemblée générale ou à la collectivité des associés (art. L 821-37, al. 3).

Restitution des dividendes fictifs Les actionnaires ou associés doivent restituer à la société les dividendes fictifs qu'ils ont perçus s'il est prouvé qu'ils avaient connaissance de l'irrégularité de la distribution au moment de celle-ci ou qu'ils ne pouvaient l'ignorer compte tenu des circonstances, ou même en l'absence d'une telle preuve s'il s'agit d'associés de SARL (art. L 223-40, al. 1). 76533

11. RÉGIME FISCAL DES DISTRIBUTIONS DE DIVIDENDES

Les dividendes distribués par les sociétés sont passibles, selon le régime fiscal du bénéficiaire, soit de l'impôt sur le revenu, soit de l'impôt sur les sociétés. 76540

SITUATION DES PERSONNES MORALES

76541 Les dividendes perçus par les personnes morales sont imposés selon des modalités différentes selon qu'il s'agit de sociétés soumises à l'impôt sur les sociétés ou à l'impôt sur le revenu (Mémento Fiscal nº 7955).

Une exonération d'impôt sur les sociétés s'applique aux revenus encaissés par les **sociétés mères** par suite des distributions effectuées par les filiales dont elles détiennent au moins 5 % du capital, sous réserve de l'imposition d'une quote-part de frais et charges (nº 81500).

SITUATION DES PERSONNES PHYSIQUES

76542 Les dividendes et distributions assimilées perçus par des personnes physiques domiciliées en France sont soumis à l'impôt sur le revenu au prélèvement forfaitaire unique (PFU) de 12,8 % ou, sur option globale du contribuable, au barème progressif. En cas d'option pour le barème progressif, un abattement de 40 % est, le cas échéant, applicable (CGI art. 158, 3-2º à 4º). Ils sont également soumis aux prélèvements sociaux, au taux global de 17,2 %.

L'abattement de 40 % est applicable à tous les revenus distribués au sens des articles 108 à 123 bis du CGI en vertu d'une décision régulière des organes compétents de la société (distributions de dividendes, répartition de réserves, remboursement consécutif à une réduction de capital, boni de liquidation, etc.). En sont principalement exclus les remboursements d'apports ou de primes d'émission, les intérêts excédentaires de comptes courants, les rémunérations attribuées aux administrateurs ou aux membres du conseil de surveillance au titre de leurs fonctions, les distributions occultes et les revenus réputés distribués imposés au nom de l'associé à la suite d'un redressement.

Une décision n'est irrégulière que si elle n'a pas été prise par l'organe compétent, si elle est le résultat d'une fraude ou si elle n'entre dans aucun des cas pour lesquels le Code de commerce autorise la distribution de sommes prélevées sur les bénéfices (CE 11-5-2015 nºs 369257 et 369261 : RJF 8-9/15 nº 691). En particulier, sont sans effet sur la régularité de la décision au sens du droit fiscal et, par suite, sur le bénéfice de l'abattement les irrégularités suivantes : convocation tardive des associés à l'assemblée générale, procurations irrégulières, quorum non rempli, informations insuffisantes, etc.

L'abattement bénéficie aux distributions de cette nature effectuées par les sociétés passibles de l'impôt sur les sociétés, même si elles n'y sont pas effectivement soumises (entreprises bénéficiant d'un régime d'exonération, par exemple). Il s'applique également aux bénéfices et réserves réputés distribués au sens de l'article 111 bis du CGI en cas de changement de régime fiscal.

Avant d'être imposés au PFU ou, en cas d'option globale, au barème progressif de l'impôt sur le revenu, les dividendes et autres revenus distribués font l'objet, sur leur montant brut, d'un prélèvement forfaitaire non libératoire (PFNL) au taux de 12,8 % opéré en règle générale par l'établissement payeur du revenu (CGI art. 117 quater). Ce prélèvement constitue un acompte d'impôt sur le revenu imputable sur l'impôt dû l'année suivante et, en cas d'excédent, restituable. Peuvent toutefois, à leur demande, être dispensées du prélèvement les personnes appartenant à un foyer fiscal dont le revenu fiscal de référence est inférieur à un certain seuil.

Le PFNL n'est pas applicable aux revenus pris en compte pour la détermination du bénéfice imposable d'une entreprise industrielle, commerciale, artisanale ou agricole, ou d'une profession non commerciale, aux revenus afférents à des titres détenus dans un PEA, ou encore aux revenus exonérés d'impôt sur le revenu distribués par les fonds communs de placement à risque (FCPR), les fonds professionnels de capital investissement (FPCI), les sociétés de capital-risque (SCR) et les sociétés unipersonnelles d'investissement à risque (Suir).

Pour plus de détails sur ce régime, voir Mémento Fiscal nºs 24540 s.

Des régimes particuliers sont par ailleurs prévus pour les dividendes versés par certaines sociétés telles que les sociétés mobilières d'investissement (Mémento Fiscal nºs 26360 s.), sociétés de capital-risque (Mémento Fiscal nºs 26380 s.), sociétés immobilières d'investissement (SII) (Mémento Fiscal nº 35695) ou sociétés d'investissement immobilier cotées (SIIC) (Mémento Fiscal nºs 30975 s.).

SITUATION DES NON-RÉSIDENTS

76543 Les dividendes distribués par des sociétés françaises à des non-résidents sont, en principe, soumis à une retenue à la source, sous réserve de certaines dérogations prévues par la loi ou les conventions internationales (CGI art. 119 bis, 2 ; Mémento Fiscal nºs 24845 s.).

Sont en particulier **exonérés** de retenue à la source, sous certaines conditions, les dividendes versés à une société mère située dans un État de l'EEE (UE, Islande, Norvège et Liechtenstein) lorsque celle-ci détient 10 % au moins du capital de la société distributrice (taux ramené à 5 % lorsque la société mère détient des participations satisfaisant aux conditions d'application du régime mère-fille prévues à l'article 145 du CGI et qu'elle ne peut pas imputer la retenue à la source dans son État de résidence) (CGI art. 119 ter : voir Mémento Fiscal n° 24875).

Le **taux** de la retenue à la source varie selon la qualité du bénéficiaire. 76544

Pour les bénéficiaires **personnes physiques,** le taux est fixé à 12,8 %. Ce taux s'applique y compris lorsque les personnes physiques sont bénéficiaires au terme d'une chaîne de participations (BOI-RPPM-RCM-30-30-10-20 n° 15).

Pour les bénéficiaires **personnes morales** ou organismes, quelle que soit leur forme, le taux de la retenue à la source s'élève à 15 % pour les dividendes qui bénéficient à certains organismes sans but lucratif ayant leur siège dans un État de l'EEE (UE, Islande, Norvège et Liechtenstein), et à 25 % pour les autres revenus distribués.

Le taux de la retenue à la source est porté à 75 % pour les revenus payés dans un **État ou territoire non coopératif,** sauf si le débiteur apporte la preuve que les distributions n'ont ni pour objet ni pour effet de permettre, dans un but de fraude fiscale, leur localisation dans un tel État ou territoire.

La retenue à la source s'applique au montant brut décaissé par la société.

› Précisions a. Les sommes dues doivent être versées au service des impôts des entreprises dont dépend l'établissement payeur au plus tard le **15 du mois suivant** celui de leur prélèvement (CGI ann. III art. 381 A). La retenue due au titre du mois de décembre fait l'objet d'un **acompte** à payer au plus tard le 15 octobre égal à 90 % du montant de la retenue due au titre du mois de décembre de l'année précédente (CGI art. 1678 quater, II).

b. Les **personnes morales étrangères déficitaires** peuvent, sous certaines conditions, demander la **restitution** de la retenue à la source. Lorsqu'elles peuvent justifier qu'elles font l'objet d'une procédure comparable à la procédure de **liquidation judiciaire** ou qu'elles sont en état de cessation des paiements, elles sont **exonérées** (Mémento Fiscal n°s 24889 s.).

c. Les **personnes morales étrangères** peuvent, sous certaines conditions, demander la **restitution** de la retenue à la source à hauteur de la différence entre cette imposition et celle déterminée à partir d'une base nette des **charges** d'acquisition et de conservation directement rattachées aux revenus distribués (Mémento Fiscal n° 24893).

C. Sort des pertes sociales

1. CAS GÉNÉRAL

En cas de pertes, la collectivité des associés ou l'assemblée générale peut : 76600

– soit laisser subsister cette perte dans un compte « report à nouveau », lequel, bien que « débiteur », figure au passif du bilan, mais en déduction du total des autres comptes de situation nette (capital, réserves, primes d'émission) ;

– soit l'imputer sur les comptes de réserves (y compris la réserve légale mais non les écarts de réévaluation) s'il en existe.

Si la société adopte la première solution (affectation au compte « report à nouveau »), les bénéfices ultérieurs devront être utilisés par priorité à l'apurement de ce compte, avant même la dotation à la réserve légale, et c'est seulement une fois que ce compte sera soldé (ou redevenu créditeur) que les distributions de bénéfices pourront être reprises. En effet, l'article L 232-12, al. 1 subordonne la distribution des dividendes à la constatation de l'existence de « sommes distribuables », ce qui suppose un bénéfice distribuable correspondant lui-même au bénéfice diminué des pertes antérieures (art. L 232-11, al. 1).

2. PERTE DE LA MOITIÉ DU CAPITAL

RÉGLEMENTATION SPÉCIFIQUE

La « perte de la moitié du capital » fait l'objet d'une réglementation particulière en ce qui concerne les SARL et les SA, auxquelles on doit assimiler les SCA (cf. art. L 226-1, al. 2), les SAS (cf. art. L 227-1, al. 3) et les SE (cf. art. L 229-1, al. 2). 76610

Cette réglementation prévoit :
– la consultation des associés ou actionnaires à l'effet de statuer sur la dissolution éventuelle de la société ;
– diverses mesures de publicité ;
– si la dissolution est écartée, l'obligation de reconstituer les capitaux propres de la société dans un délai de deux ans.

Cette réglementation n'est **pas applicable** aux sociétés en procédure de sauvegarde ou de redressement judiciaire ou qui bénéficient d'un plan de sauvegarde ou de redressement judiciaire (art. L 223-42, al. 7 et L 225-248, al. 7).

Elle n'est pas non plus applicable aux SNC et aux SCS qui ne sont tenues à aucune obligation si leur capital vient à être entamé par des pertes.

NOTION DE « PERTE DE LA MOITIÉ DU CAPITAL »

76611 La consultation des associés ou actionnaires est obligatoire « si, du fait de pertes constatées dans les documents comptables, les capitaux propres de la société deviennent inférieurs à la moitié du capital social » (art. L 223-42, al. 1 pour les SARL et L 225-248, al. 1 pour les sociétés par actions).

76612 **Montant des capitaux propres** Le montant des capitaux propres correspond à la somme des apports (capital et primes d'émission, d'apport ou de fusion), des écarts de réévaluation, des réserves, du report à nouveau créditeur, du bénéfice non distribué de l'exercice, des subventions d'investissement et des provisions réglementées sous déduction des pertes (report à nouveau débiteur et perte de l'exercice) (art. R 123-191). Parmi les capitaux propres figure également, s'il est positif, l'écart global pouvant résulter, dans les sociétés qui établissent des comptes consolidés, de la mise en équivalence des titres des sociétés qu'elles contrôlent (art. L 232-5, al. 2 ; n°s 81465 s.).

Bien que, pour des raisons financières, ils soient assimilés à des fonds propres (C. mon. fin. art. L 313-14, al. 2), les prêts participatifs sont juridiquement des dettes pour la société qui les reçoit. Ils ne peuvent donc pas être inclus dans les capitaux propres pour déterminer si cette société a perdu la moitié de son capital ou si elle a régularisé sa situation (dans le même sens, Rép. Marette : AN 8-8-1983 n° 30263).

Les capitaux propres doivent être pris en compte tels qu'ils apparaissent au passif du bilan, sans y apporter aucune correction. Notamment, il n'y a pas lieu de déduire les frais d'établissement ou les charges à répartir.

Pour plus de détails, voir Mémento Comptable n°s 55030 s.

76613 **Montant du capital** Le montant du capital est son montant nominal. Peu importe que ce capital soit libéré ou non, amorti ou non.

Mais s'agit-il du capital à la clôture de l'exercice ? Ne faudrait-il pas retenir plutôt son montant à la **date** de l'approbation des comptes, ou même au moment de la consultation des associés ou actionnaires sur l'opportunité de prononcer la dissolution ? Pour notre part, nous estimons que la comparaison entre les capitaux propres et le capital doit se faire sur la base des chiffres figurant au bilan et qu'ainsi c'est le capital existant à la clôture de l'exercice qu'il faut prendre en considération.

Cette interprétation peut paraître rigoureuse car elle conduit à consulter les associés ou actionnaires et à publier leur décision même si, avant l'approbation des comptes, la situation s'est trouvée régularisée par suite soit d'une augmentation de capital résultant de nouveaux apports (en nature ou en numéraire), soit d'une réduction de capital par imputation des pertes antérieures. Mais cette régularisation n'empêche pas que, au moment de la clôture de l'exercice, la société avait bien perdu la moitié de son capital, ce dont les tiers doivent être informés.

CONSULTATION DES ASSOCIÉS

76614 **Délai de consultation** En cas de « perte de la moitié du capital », le gérant, le conseil d'administration ou le directoire ou encore, dans les SAS, le président ou les dirigeants désignés à cet effet dans les statuts sont tenus, dans les quatre mois qui suivent l'approbation des comptes ayant fait apparaître cette perte, de consulter les associés ou actionnaires à *l'effet de décider s'il y a lieu à dissolution anticipée de la société.*

CONSEIL

L'article L 225-248 impose au conseil d'administration de « convoquer » l'assemblée. Par prudence, nous conseillons néanmoins de ne pas se contenter de convoquer l'assemblée mais bien de tenir celle-ci dans le délai imparti.

Contrairement au régime applicable au délai de réunion de l'assemblée générale ordinaire annuelle, aucun texte ne prévoit la possibilité de demander la **prolongation du délai** de quatre mois imparti pour la consultation des associés.

› Précisions **a.** Pour la CNCC, puisqu'elle doit suivre l'approbation des comptes, cette convocation doit être postérieure à l'assemblée générale ordinaire annuelle, ce qui exclut la **réunion des deux assemblées, ordinaire et extraordinaire, le même jour** ou la tenue d'une assemblée mixte (Bull. CNCC septembre 1997 p. 427). Cette interprétation littérale de l'article L 225-248 nous paraît exagérément formaliste et nous ne voyons pas quelle disposition d'ordre public interdirait, dans un souci de simplification des formalités et de diminution des coûts, de tenir le même jour les deux assemblées. L'utilisation de ce procédé est d'ailleurs incontestable dans les SARL puisque, contrairement à l'article L 225-248, l'article L 223-42 fait référence non pas à la convocation de l'assemblée, mais à la décision des associés.

b. La consultation des associés est requise du seul fait de la constatation au bilan de l'exercice écoulé d'un montant des capitaux propres inférieur à la moitié du capital social. Elle s'impose donc même si, avant la décision collective ou la tenue de l'assemblée générale appelée à statuer sur les comptes de cet exercice ou avant l'expiration du délai de quatre mois suivant cette décision ou assemblée, les associés ont régularisé la situation, par exemple au moyen d'une augmentation de capital (cf. Rép. Icart : AN 7-2-1970 n° 9331 ; Rép. Vannson : AN 28-11-2006 n° 104752). Compte tenu de la gravité de la situation résultant de la perte de la moitié du capital social, il serait, à notre avis, contraire à la volonté du législateur que, par le moyen d'une **régularisation anticipée,** les formalités de consultation des associés et de publicité à l'intention des tiers puissent être éludées.

Objet de la consultation Par application des articles L 223-42, al. 1 et L 225-248, al. 1, la résolution soumise au vote des associés doit porter sur la dissolution de la société (et non pas sur la poursuite de l'activité sociale). Il s'ensuit que la « minorité de blocage » (un peu plus du tiers du capital dans les SA et, en principe, dans les SARL constituées après le 3 août 2005) suffit pour écarter cette dissolution et, par voie de conséquence, pour maintenir l'exploitation sociale. 76615

Modalités de la consultation S'il s'agit d'une **SA** ou d'une **SE** (cf. art. L 229-1, al. 2), c'est l'assemblée générale extraordinaire qui doit être consultée (art. L 225-248, al. 1). Il en est de même lorsqu'il s'agit d'une **SCA** (cf. art. L 226-1, al. 2) ; toutefois la dissolution implique une modification des statuts et exige donc, sauf clause contraire, l'accord de tous les commandités (art. L 226-11, al. 1). 76616

S'il s'agit d'une **SARL,** la dissolution ne peut être prononcée (en assemblée ou sur consultation écrite) qu'à la majorité exigée pour la modification des statuts (art. L 223-42, al. 2).

S'il s'agit d'une **SAS,** la dissolution ne peut être prononcée que par décision collective des associés dans les conditions prévues par les statuts (art. L 227-9, al. 2).

Sanctions Si le gérant (ou le commissaire aux comptes) d'une **SARL** n'a pas provoqué une décision des associés ou si ces derniers n'ont pu délibérer valablement, tout intéressé peut demander au tribunal de commerce la dissolution de la société (art. L 223-42, al. 6 et R 210-15). 76618

De même, en ce qui concerne les **sociétés par actions,** tout intéressé peut demander au tribunal de commerce la dissolution de la société, à défaut de décision collective ou de réunion de l'assemblée générale extraordinaire comme dans le cas où celle-ci n'aurait pu délibérer valablement (art. L 225-248, al. 6 et R 210-15).

Le tribunal peut accorder à la société un délai maximal de six mois pour procéder à la consultation des associés ou actionnaires. En tout état de cause, il ne peut pas prononcer la dissolution de la société si, le jour où il statue sur le fond, cette consultation a eu lieu (art. L 223-42, al. 6 et L 225-248, al. 6).

› Précisions La seule qualité de **créancier de la société** ne suffit pas à caractériser l'intérêt exigé par la loi à l'appui d'une demande en dissolution (CA Paris 18-2-1994 : Bull. Joly 1994 p. 531, décision concernant une SARL mais transposable aux sociétés par actions en raison de l'analogie des textes applicables).

PUBLICITÉ DE LA DÉCISION DES ASSOCIÉS

Quelle qu'elle soit (dissolution ou maintien de l'activité), la décision prise doit être (art. L 223-42, al. 3 et R 223-36 pour les SARL ; art. L 225-248, al. 3 et R 225-166 pour les sociétés par actions ; art. L 123-37, 1°) : 76621

- publiée dans un support d'annonces légales ;
- inscrite au RCS et au RNE, et déposée au greffe du tribunal de commerce du lieu du siège social.

Il n'est pas nécessaire de réitérer ces formalités de publicité lors de chaque exercice suivant si les capitaux propres demeurent inférieurs à la moitié du capital social (Avis CCRCS 03-71 : Bull. CCRCS 25/2004).

76622 **Délai** Aucun texte ne précise le délai imparti aux dirigeants sociaux pour procéder aux formalités de publicité. Il a été jugé cependant que la décision des associés devait être publiée très rapidement car cette publicité a essentiellement pour objet de protéger les intérêts des créanciers sociaux (T. corr. Paris 20-11-1981 : Bull. Joly 1982 p. 484).

Sur la nécessité de publier la décision même si la situation a été régularisée avant l'assemblée, voir Rép. Icart : AN 7-2-1970 n° 9331 ; Rép. Vannson : AN 28-11-2006 n° 104752.

RÉGULARISATION DE LA SITUATION DE LA SOCIÉTÉ

76623 Si la dissolution est écartée, la société dispose d'un **délai** expirant à la clôture du deuxième exercice suivant celui au cours duquel la constatation des pertes est intervenue pour régulariser sa situation (art. L 223-42, al. 2 et L 225-248, al. 2) :

– soit en reconstituant ses capitaux propres à concurrence d'une valeur au moins égale à la moitié du capital social ;

– soit en réduisant son capital du montant nécessaire pour que la valeur des capitaux propres soit au moins égale à la moitié de son montant.

> **Précisions** Lorsque les associés ou actionnaires ont décidé de poursuivre l'exploitation sociale, il n'est pas nécessaire de les consulter à nouveau si les **résultats des exercices clos pendant le délai** de deux ans accordé à la société pour régulariser sa situation **continuent à être déficitaires** (CA Paris 25-3-1991 : BRDA 14/91 p. 18 ; Rép. Cornet : AN 30-4-1976 n° 27757). Mais cette régularisation doit porter sur toutes les pertes, aussi bien celles constatées avant leur décision que celles constatées après. En effet, leur consultation n'est imposée par la loi que si le montant des capitaux propres « devient » inférieur à la moitié du capital. Si, pendant la période de régularisation, de nouvelles pertes apparaissent, elles ne font que confirmer une situation (capitaux propres inférieurs à la moitié du capital) sur laquelle ils se sont déjà prononcés.
>
> Ce n'est qu'une fois la régularisation accomplie, en tenant compte de la totalité des pertes constatées au bilan, que la procédure devra éventuellement être reprise si les associés ou actionnaires se trouvent à nouveau devant une perte de la moitié du capital. Toutefois, lorsque les nouvelles pertes sont d'une importance telle que le redressement de la société ne peut être espéré à bref délai, les dirigeants sociaux agiront prudemment, à notre avis, en envisageant une procédure de sauvegarde et, à défaut, en consultant à nouveau les associés ou actionnaires sur l'opportunité de dissoudre la société. Le défaut de consultation risque de constituer, aux yeux d'un tribunal, une faute de gestion (poursuite téméraire d'une exploitation en difficulté) de la part des dirigeants, dont les conséquences peuvent être particulièrement graves si la société vient à faire l'objet d'une liquidation judiciaire (n°s 91460 s.).
>
> Cette situation pourrait en outre justifier le déclenchement d'une procédure d'alerte par le commissaire aux comptes (en ce sens, CNCC NI.III avril 2022 § 1.26.2).

76624 **Calcul du délai de régularisation** Le délai imparti pour régulariser la situation doit être calculé, semble-t-il, à partir de l'approbation des comptes de l'exercice ayant fait apparaître la perte et non pas à partir de la date de clôture de cet exercice (dans le même sens, Rép. Courroy : Sén. 28-10-1971 n° 10735). En effet, la « constatation » des pertes est le fait de la décision collective des associés qui approuve, le cas échéant après les avoir modifiés, les comptes de l'exercice écoulé. L'assemblée ordinaire annuelle doit, rappelons-le, être tenue dans les six mois de la clôture de l'exercice (sauf dans les SAS, n° 60530).

> EXEMPLE
>
> Si l'exercice clos le 31 décembre 2025 (approuvé en 2026) se solde par des pertes telles que le montant cumulé des pertes de cet exercice et de celles des exercices antérieurs est supérieur à la moitié du capital, la régularisation devra intervenir avant le 31 décembre 2028 et non avant le 31 décembre 2027.

Sauf régularisation antérieure, la situation de la société doit être appréciée au vu du bilan de l'exercice clos au terme du délai imparti (soit, pour reprendre l'exemple ci-dessus, au 31 décembre 2028). Cette solution se déduit des termes mêmes des articles L 223-42 et L 225-248 qui fixent l'expiration du délai de régularisation « au plus tard à la clôture » du *deuxième exercice suivant celui* au cours duquel la constatation des pertes est intervenue.

Il faut donc prendre en considération les capitaux propres (y compris le résultat de l'exercice) à cette date et le montant du capital à cette même date.

Lorsque la **situation** de la société a été **régularisée avant l'expiration du délai** imparti, les conditions auxquelles la loi soumet le capital étant satisfaites, cette régularisation est définitive et il n'y a pas lieu d'attendre la clôture du deuxième exercice suivant celui de la constatation des pertes pour apprécier si elle est intervenue ou non. Toutefois, si les comptes de l'exercice au cours duquel il a été procédé à la régularisation font apparaître à nouveau un montant de capitaux propres inférieur à la moitié du capital social, une nouvelle procédure de consultation des associés ou actionnaires et de régularisation de la situation devra être mise en œuvre.

Reconstitution des capitaux propres La reconstitution des capitaux propres à concurrence d'une valeur au moins égale à la moitié du capital social peut être réalisée par tous **moyens** : réalisation de bénéfices suffisants, abandon de créances, augmentation du capital par apport en nature ou en numéraire, réduction du capital, ces différents procédés pouvant être combinés (cas, en particulier, du « coup d'accordéon » consistant en une réduction de capital suivie d'une augmentation de capital ou inversement). 76625

En cas de **régularisation sous forme d'augmentation de capital,** les associés ou actionnaires doivent avoir à leur disposition tous les documents leur permettant de se prononcer en connaissance de cause. Notamment, le rapport des dirigeants ou du conseil d'administration doit comporter « des informations claires, spécifiques et circonstanciées sur les motifs, l'importance et l'utilité de cette opération au regard des perspectives d'avenir de la société » (Cass. com. 27-5-1997 n° 1393 : RJDA 8-9/97 n° 1046 : en l'espèce, nécessité de présenter un budget prévisionnel et les mesures de redressement envisagées ; voir aussi CA Versailles 20-5-1999 : RJDA 2/00 n° 166 : vérification de l'exactitude et de la sincérité des informations données à l'assemblée sur la situation de la société). 76626

La responsabilité du minoritaire qui refuserait de façon injustifiée de voter l'augmentation du capital alors que celle-ci est indispensable à la survie de la société pourrait être engagée (n°s 7830 s.).

S'il est décidé une augmentation de capital en numéraire, il n'est pas indispensable que les actions nouvelles soient intégralement libérées. Seul importe, en effet, le montant du nouveau capital (Bull. CNCC décembre 1999 p. 680). Il convient de retenir, pour la détermination tant du capital que des capitaux propres, le capital souscrit et non le capital libéré (Bull. CNCC juin 2002 p. 255), sans préjudice bien entendu de l'obligation de respecter les règles de droit commun applicables en matière de libération (n°s 67911 s. pour les sociétés par actions).

À notre avis, bien que l'article L 123-18, al. 4 interdise d'utiliser l'écart de réévaluation pour compenser les pertes, la régularisation peut aussi résulter d'une **réévaluation des éléments d'actif immobilisé** (dans le même sens, Rép. Longuet : AN 6-4-1981 n° 36326). En effet, après réévaluation, les fonds propres, désormais augmentés du montant des écarts de réévaluation, peuvent permettre de constater que le montant des capitaux propres correspond au moins à la moitié du capital social. Or, les articles L 223-42 et L 225-248 exigent seulement une reconstitution des capitaux propres ; ils n'imposent pas, en outre, l'apurement des pertes. 76627

Les réévaluations doivent porter sur l'ensemble des immobilisations corporelles et financières de la société (cf. art. L 123-18, al. 4). En conséquence, les dirigeants sociaux ne sauraient procéder à une réévaluation partielle limitée à certaines immobilisations choisies de telle façon que l'écart de réévaluation n'excède pas le montant nécessaire pour que la situation de la société soit régularisée.

Par ailleurs, sans exclure totalement la possibilité d'une réévaluation des actifs des sociétés déficitaires, l'Autorité de marché invite les dirigeants de ces sociétés à la prudence ; elle considère que cette réévaluation doit être opérée avec la plus grande circonspection puisqu'il s'agit d'attribuer une valeur accrue à des biens dont l'utilisation a été génératrice de pertes. À son avis, elle n'est possible que dans la mesure où les immobilisations représentent une potentialité de profits futurs ou si elles sont dissociables de l'activité de la société *(Bull. COB octobre 1982 p. 7)*.

La **régularisation par abandon de créance** est un procédé souvent employé dans les relations entre une société mère et ses filiales en difficulté. Elle est soumise à un régime fiscal différent selon que la société mère entretient ou non des relations commerciales avec sa filiale. Lorsque l'abandon de créance a un **caractère commercial** et comporte une contrepartie pour la société qui le consent, il constitue une perte déductible pour la société mère et un profit pour la filiale. Cette contrepartie n'est pas exigée pour les abandons de créance à caractère commercial consentis ou supportés dans le cadre d'un plan de sauvegarde ou de redressement ainsi que ceux consentis en application d'un accord de conciliation constaté ou homologué dans les conditions prévues à l'article L 611-8. 76628

Les abandons de créances à **caractère non commercial** accordés dans le cadre d'une procédure de sauvegarde, de redressement ou de liquidation judiciaire ou lors d'une procédure de conciliation en application d'un accord constaté ou homologué dans les conditions prévues à l'article L 611-8 ne sont déductibles qu'à hauteur de la situation nette négative de la filiale et pour le montant excédant cette situation nette négative, à proportion du capital détenu par d'autres sociétés. L'administration étend cette mesure aux abandons de créance consentis dans le cadre d'une procédure d'insolvabilité mentionnée à l'annexe A du règlement CE 1346/2000 du 29 mai 2000 (BOI-BIC-BASE-50-20-10 nº 63), étant précisé que cette annexe a été remplacée par le règlement UE 2017/353 du 15 février 2017. Cette déduction est subordonnée à l'existence d'un intérêt (notamment financier) de la société versante à consentir l'aide. Lorsqu'ils sont consentis en dehors de ces procédures, les abandons de créances ne sont pas déductibles, alors même que l'aide est consentie dans l'intérêt de la société qui l'octroie, notamment pour maintenir la valeur de son patrimoine financier.

Le montant de l'abandon de créance non déductible chez la société mère n'est pas pris en compte pour la détermination des résultats imposables de la filiale à la double condition que cette dernière s'engage à augmenter son capital, avant la clôture du second exercice suivant, au profit de la société mère, d'une somme au moins égale à ce montant et que la participation détenue présente les caractéristiques posées à l'article 145 du CGI relatif au régime des sociétés mères et filiales. Pour plus de détails sur ce régime fiscal, voir Mémento Fiscal nºs 8950 s.

76629 La **régularisation** de la situation **par voie de réduction du capital** est expressément autorisée dans les conditions suivantes (art. L 223-42, al. 2 et 4 et L 225-248, al. 2 et 4) : la société doit réduire son capital du montant nécessaire pour que la valeur des capitaux propres soit au moins égale à la moitié du capital ; si avant la clôture du deuxième exercice suivant celui au cours duquel la constatation des pertes est intervenue (sur le calcul de ce délai, voir nº 76624), la société n'a pas reconstitué ses capitaux propres à concurrence d'une valeur au moins égale à la moitié du capital alors que celui-ci est supérieur à l'un des seuils fixés par les articles R 223-37 ou R 225-166-1, elle dispose d'un nouveau délai expirant à la clôture du deuxième exercice suivant cette échéance pour réduire son capital afin de le ramener à une valeur inférieure ou égale à ce seuil.

Ces seuils sont les suivants :

– pour les SARL et les SAS, 1 % du total du bilan constaté lors de la dernière clôture d'exercice ;

– pour les SA et les SCA, la valeur la plus élevée entre 1 % du total du bilan constaté lors de la dernière clôture d'exercice et 37 000 €, montant minimal requis du capital social pour ces formes sociales ;

– pour les SE, la valeur la plus élevée entre 1 % du total du bilan constaté lors de la dernière clôture d'exercice et 120 000 €, montant minimal requis du capital social pour la SE.

Si la société a réduit son capital social sans pour autant que ses fonds propres aient été reconstitués et procède par la suite à une augmentation de capital, elle devra se remettre en conformité avec le seuil réglementaire avant la clôture du deuxième exercice suivant celui au cours duquel a eu lieu cette augmentation (art. L 223-42, al. 5 et L 225-248, al. 5). Pour réduire son capital, la société dispose donc d'un nouveau délai dont le terme est fixé à la clôture du deuxième exercice suivant celui fixé pour le terme du premier délai de régularisation. Ce n'est qu'en l'absence de réduction du capital à l'expiration de ce nouveau délai que la dissolution pourra être prononcée ; en pratique, la société échappera à tout risque de dissolution si elle ramène son capital au niveau du seuil réglementaire alors même que ses capitaux propres ne sont pas reconstitués à hauteur de la moitié du capital et, si elle n'agit pas, elle disposera de deux exercices supplémentaires avant d'encourir la dissolution.

Les SA et les SCA ne peuvent réduire leur capital social à un montant inférieur au minimum légal de 37 000 € que sous la condition suspensive d'une augmentation destinée à le porter à un montant au moins égal à ce minimum (art. L 224-2 et L 225-248, al. 4).

> Précisions Pour le calcul de l'**impôt sur le revenu** dû par l'associé personne physique, les moins-values résultant de l'annulation des titres sont, sous certaines conditions et dans certaines limites, imputables sur les plus-values sur *valeurs mobilières et droits sociaux* réalisées au cours de la même année et, le cas échéant, des dix années suivantes lorsque les pertes sont égales ou supérieures aux capitaux propres contraignant la société à réduire son capital à zéro (CGI art. 150-0 D, 12 et 13 ; Mémento Fiscal nº 33067).

Pour une **entreprise associée,** l'annulation de titres consécutive à une réduction de capital motivée par des pertes n'est pas assimilable à une cession de titres et n'autorise donc pas la déduction d'une perte. L'entreprise peut seulement constater la perte de valeur des titres par le biais d'une provision pour dépréciation (Mémento Fiscal nº 19100).

Publicité de la régularisation Lorsque la société a régularisé sa situation, elle peut demander que la mention de la perte de la moitié du capital soit supprimée du RCS. Elle doit alors déposer au greffe le procès-verbal de l'assemblée générale constatant la reconstitution de ses capitaux propres (Avis CCRCS 2013-034 du 17-12-2013). Cette formalité, qu'aucun texte ne prévoit, se justifie car il peut être fâcheux pour la société que l'inscription au RCS continue à mentionner la perte de la moitié du capital alors que la situation a été redressée depuis longtemps. 76630

Il n'est pas nécessaire que cette inscription modificative soit précédée d'une insertion dans un support d'annonces légales (T. com. Paris req. 17-1-1979 : JCP G 1979 II n° 19167 note Y. Guyon).

Sanctions du défaut de régularisation À défaut de reconstitution des capitaux propres de la société dans les délais impartis – qui pourront aller jusqu'à la clôture du sixième exercice suivant celui au cours duquel la constatation des pertes est intervenue en cas de régularisation par voie de réduction du capital (n° 76629) –, tout intéressé peut demander au tribunal de commerce de prononcer la **dissolution** de la société. Toutefois, le tribunal peut accorder à la société un délai maximal de six mois pour régulariser sa situation. En outre, il ne peut pas prononcer la dissolution si, au jour où il statue sur le fond, cette régularisation a eu lieu (art. L 223-42, al. 6 et R 210-15 pour les SARL ; art. L 225-248, al. 6 et R 210-15 pour les sociétés par actions). 76631

ATTENTION

L'ajout, par la loi 2023-171 du 9 mars 2023, d'un nouvel alinéa 4 aux dispositions des articles L 223-42 et L 225-248 pour y introduire un délai supplémentaire de régularisation en faveur des seules sociétés dont le capital dépasse le seuil réglementaire (n° 76629) a créé une incertitude sur le champ d'application de la sanction de la dissolution judiciaire prévue à l'alinéa 6 des textes précités. Ce dernier texte prévoit désormais que la dissolution est encourue lorsque « les dispositions du quatrième alinéa n'ont pas été appliquées ». Or les sociétés dont le capital ne dépasse pas le seuil réglementaire ne bénéficient que du délai de régularisation initial prévu aux articles L 223-42, al. 2 et L 225-248, al. 2 et pas du délai supplémentaire prévu à l'alinéa 4. Ces sociétés risquent-elles une dissolution judiciaire à défaut d'avoir régularisé leur situation à l'issue du délai initial ?

Pour l'Ansa, le champ d'application de la dissolution judiciaire est limité aux seules sociétés qui, dépassant le seuil réglementaire, profitent du délai supplémentaire de régularisation prévu aux articles L 223-42, al. 4 et L 225-248, al. 4, ce qui exclut, a contrario, les sociétés dont le capital ne dépasse pas le seuil réglementaire, une sanction aussi lourde que la dissolution judiciaire d'une société ne pouvant résulter que d'une disposition précise (Communication Ansa, comité juridique n° 23-038 du 4-10-2023). L'interprétation restrictive de l'Ansa est d'ailleurs confortée par les travaux parlementaires de la loi 2023-171, qui précisent que la nouvelle procédure de régularisation a bien pour effet de soustraire à la sanction de la dissolution judiciaire les sociétés ne dépassant pas le seuil réglementaire qui n'ont pas régularisé leur situation à l'issue du délai initial (Rapport AN n° 748 relatif à la loi 2023-171).

Selon une autre interprétation, la sanction de la dissolution judiciaire prévue aux articles L 223-42, al. 6 et L 225-248, al. 6 pourrait concerner non seulement les sociétés qui, bien que dépassant le seuil réglementaire, se sont abstenues d'appliquer les dispositions de l'alinéa 4, auquel elles sont assujetties, mais aussi les sociétés ne dépassant pas le seuil, tenues de reconstituer leurs capitaux propres au plus tard à l'échéance mentionnée à l'alinéa 2, ainsi qu'il ressort de l'alinéa 4. La prudence recommande aux sociétés ne dépassant pas le seuil de régulariser leur situation à la clôture du deuxième exercice suivant celui au cours duquel les pertes ont été constatées afin d'éviter tout risque de dissolution eu égard aux lourdes conséquences qu'entraînerait une telle sanction.

Jugé que les dispositions prévoyant la dissolution de la société en l'absence de reconstitution *des capitaux propres sont d'ordre public* ; dès lors, le juge n'a pas de pouvoir d'appréciation et doit prononcer la dissolution (CA Versailles 25-11-1987 : Bull. Joly 1988 p. 82).

La qualité de créancier d'une société ne suffit pas à caractériser l'intérêt exigé par la loi à l'appui d'une demande en dissolution (CA Paris 18-2-1994 : Bull. Joly 1994 p. 531). Un concurrent peut valablement agir en dissolution de la société, à condition d'avoir un intérêt personnel, né et actuel au succès de sa prétention (application du CPC art. 31 ; CA Paris 27-3-2014 n° 13/14014 : RJDA 7/14 n° 641).

La circonstance qu'un actionnaire s'est opposé à l'adoption d'une résolution destinée à permettre la régularisation de la situation d'une SA n'est pas de nature à le priver de la faculté de demander la dissolution de la société (Cass. com. 31-10-2006 n° 1176 : RJDA 3/07 n° 271).

76632 Indépendamment de la dissolution, la **responsabilité** civile **des dirigeants** sociaux peut être mise en cause au cas où leur inaction aurait causé un préjudice à la société (cf. Rép. Briane : AN 13-3-1976 n° 25656 ; Rép. Guillard : Sén. 22-2-1977 n° 22217).
L'inaction des dirigeants peut être retenue comme faute de gestion justifiant leur condamnation à combler le passif social si la société a fait l'objet d'une procédure de liquidation judiciaire (CA Paris 22-10-2015 n° 14/26208 : RJDA 2/16 n° 137 ; voir aussi Cass. com. 8-9-2021 n° 19-23.187 F-D : RJDA 11/21 n° 733).

SECTION 3

PUBLICITÉ DES COMPTES SOCIAUX

A. Dépôt des comptes et rapports annuels

1. SOCIÉTÉS TENUES AU DÉPÔT

76800 Certaines sociétés doivent, chaque année, déposer au greffe du tribunal de commerce dont elles relèvent différents documents concernant les comptes de l'exercice écoulé.
Cette obligation concerne :
– les sociétés par actions (SA, SCA et SAS, y compris les Sasu) (art. L 232-23) ;
– les SARL, y compris les EURL (art. L 232-22) ;
– les SNC (ou les SCS : cf. art. L 222-2) dont tous les associés en nom (ou commandités) sont des SARL ou des sociétés par actions ou encore des SNC ou des SCS dont tous les associés en nom (ou commandités) sont des SARL ou des sociétés par actions (art. L 232-21).

> **Précisions** **a.** Pour l'application de l'article L 232-21, sont assimilées aux SARL ou aux sociétés par actions les **sociétés étrangères** d'une forme juridique comparable (art. L 232-21, IV).
> **b.** Les **sociétés dépourvues d'activité et radiées du RCS** doivent néanmoins déposer leurs comptes car la radiation ne fait pas disparaître la personnalité morale de la société (Cass. com. 24-6-2020 n° 18-14.248 F-D : RJDA 10/20 n° 497).
> **c.** Sur la possibilité pour la société de charger son **commissaire aux comptes** de **déposer** les documents **au greffe,** voir n° 85745.

2. DOCUMENTS À DÉPOSER AU GREFFE

76801 Le dépôt porte sur les documents suivants.
1. Les **comptes** annuels (bilan, compte de résultat et annexe) (art. L 232-21, I-1°, L 232-22, I-1° et L 232-23, I-1°). Sur la faculté pour les micro-entreprises d'obtenir, sous certaines conditions, que leurs comptes ainsi déposés ne soient pas rendus publics, faculté étendue aux petites entreprises pour leur seul compte de résultat, voir n°s 76806 s. Sur la faculté pour les entreprises moyennes, autorisées à adopter une présentation simplifiée de leur compte de résultat (n° 76020), d'obtenir que ne soit rendue publique qu'une présentation simplifiée de leur bilan et de leur annexe, voir n° 76808.
2. Le **rapport de gestion,** s'il s'agit d'une société dont les titres sont admis aux négociations sur un marché réglementé ou sur Euronext Growth, cette condition s'appréciant à la date du dépôt des comptes au greffe (Avis CCRCS 2012-034 des 26-9-2012 et 25-10-2012), ou s'il s'agit d'une société par actions tenue de publier des informations de durabilité ou des informations consolidées de durabilité (art. L 232-23, I-1° modifié par loi 2025-391 du 30-4-2025). Sur la possibilité de retirer du rapport déposé au greffe les informations de durabilité de nature à nuire à la position commerciale de la société, voir n° 76998.
Dans les autres sociétés, le rapport de gestion n'a pas à être déposé mais une copie doit être délivrée, au siège de la société, à toute personne sur simple demande (art. L 232-21, I-dernier al., L 232-22, I-dernier al. et L 232-23, I-dernier al. ; art. R 232-19-1, R 232-20-1 et R 232-21-1). Les frais de délivrance sont à la charge du demandeur, lequel doit avoir communication de leur montant total lors de sa demande ; ces frais ne peuvent pas excéder le coût de reproduction du rapport ; leur paiement préalable peut être exigé par la société (art. R 232-19-1, R 232-20-1 et R 232-21-1).

Même si les dispositions ci-dessus ne le précisent pas, l'obligation de mise à disposition du rapport de gestion ne peut pas être imposée aux sociétés dispensées de l'établir.

L'obligation pour les sociétés tenues d'établir des comptes consolidés de déposer au greffe le rapport sur la gestion du groupe est maintenue. La dispense de dépôt au greffe du rapport de gestion ne peut donc pas jouer, à notre avis, lorsque le rapport sur la gestion du groupe est présenté dans le même document que le rapport de gestion.

3. Le **rapport du conseil de surveillance** de la SCA (dans la SA, les observations du conseil de surveillance figurent dans le rapport de celui-ci sur le gouvernement d'entreprise) (art. L 232-23, I-1°).

4. Le **rapport des commissaires aux comptes** (le cas échéant) sur les comptes annuels, éventuellement complété de leurs observations sur les modifications apportées par la collectivité des associés ou l'assemblée (ou par l'associé unique s'il s'agit d'une Sasu ou d'une EURL) aux comptes qui lui ont été soumis (art. L 232-21, I-1°, L 232-22, I-1° et L 232-23, I-1°). Ces articles visent le rapport des commissaires sur « les comptes annuels », c'est-à-dire le rapport général. Il n'y a donc lieu de déposer au greffe ni le rapport spécial sur les conventions réglementées (nos 32000 et 52815) ni, à notre avis, le rapport sur les risques financiers, comptables et de gestion établi par le commissaire aux comptes dans le cadre de l'audit légal allégé (n° 77945).

5. Dans les sociétés tenues de publier des **informations de durabilité** ou des informations consolidées de durabilité, le **rapport de certification** de ces informations (art. L 232-21, I-1°, L 232-22, I-1° et L 232-23, I-1°).

6. La proposition d'**affectation du résultat** soumise à la collectivité des associés ou à l'assemblée (ou à l'associé unique, le cas échéant) et la résolution votée (ou la décision prise, le cas échéant) (art. L 232-21, I-2°, L 232-22, I-2° et L 232-23, I-2°).

7. S'il s'agit d'une société tenue d'établir des comptes consolidés, les **comptes consolidés,** le rapport sur la gestion du groupe (sauf s'il est présenté dans le même document que le rapport de gestion, auquel cas c'est ce rapport qui doit, à notre avis, être déposé, voir ci-dessus) et le rapport des commissaires aux comptes (art. L 232-21, I-1°, L 232-22, I-1° et L 232-23, I-1°).

Les sociétés dont les instruments financiers sont admis aux négociations sur un marché réglementé ou sur un SMNO (tel Euronext Growth) qui établissent un **document d'enregistrement ou** un **document d'enregistrement universel** peuvent déposer ce document, ce qui vaut dépôt des documents mentionnés ci-dessus. Le document d'enregistrement ou le document d'enregistrement universel doit alors comporter une table permettant au greffier d'identifier ces documents. Si certains de ces documents ne sont pas inclus dans le document d'enregistrement ou le document d'enregistrement universel ou si la table ne permet pas de les identifier, ils doivent être déposés en même temps que le document d'enregistrement ou le document d'enregistrement universel (art. L 232-23, III).

ATTENTION

En cas de **refus d'approbation** des comptes, il convient de déposer non pas les documents ci-dessus mais une copie de la délibération de la collectivité des associés ou de l'assemblée (art. L 232-21, II, L 232-22, II et L 232-23, II ; art. R 123-102 et R 123-111). Les sociétés ne sont pas tenues de déposer la totalité du procès-verbal de l'assemblée. Elles peuvent se contenter de fournir un extrait de ce procès-verbal mentionnant la seule résolution relative au refus d'approbation des comptes (Rép. Médecin : AN 16-1-1984 n° 36709).

DOCUMENTS COMPLÉMENTAIRES À DÉPOSER

Aux **documents** ci-dessus (n° 76801) doivent être **joints** : 76802

– s'il s'agit d'une SA ou d'une SCA tenue de déposer son rapport de gestion, le rapport sur le gouvernement d'entreprise, à moins que, dans les SA à conseil d'administration, ce rapport ne soit intégré dans le rapport de gestion (art. L 225-37, al. 6 et L 225-100, I-al. 2) ;

– s'il s'agit d'une SA ou d'une SCA dotée de commissaires aux comptes chargés d'un audit légal classique des comptes et dont les actions sont admises aux négociations sur un marché réglementé ou sur un SMN ou d'une SCA dotée de commissaires aux comptes chargés d'un audit allégé et dont les actions sont admises aux négociations sur un SMN, le rapport de ceux-ci présentant leurs observations sur le rapport sur le gouvernement d'entreprise (art. L 22-10-1, L 22-10-71, L 22-10-78 et L 821-57 ; voir aussi Lettre de la Chancellerie à la CNCC du 18-2-2004 : Bull. CNCC mars 2004 p. 51 et 169) ; il nous semble opportun de joindre ce rapport même dans les SA dotées de commissaires aux comptes chargés d'un audit légal classique des comptes et dont les actions ne sont pas admises aux négociations sur un marché réglementé ou sur un SMN (voir n° 77866) ; signalons par ailleurs que, depuis sa modification par l'ordonnance

2020-1142 du 16 septembre 2020, l'article L 226-10-1 ne prévoit plus, dans les SCA dotées de commissaires aux comptes chargés d'un audit légal classique des comptes (cf. art. L 821-57) et dont les actions ne sont pas admises aux négociations sur un marché réglementé ou sur un SMN, que le rapport de ceux-ci (ou, à la lettre du texte, leur attestation) sur le gouvernement d'entreprise est un document joint au rapport de gestion ;
– la déclaration du commissaire aux comptes sur les prêts interentreprises qui doit être jointe au rapport de gestion si celui-ci fait l'objet d'un dépôt au greffe (C. mon. fin. art. R 511-2-1-3) ;
– le tableau des résultats des cinq derniers exercices (art. R 225-102).

Les documents joints doivent, selon nous, suivre le même régime de **publicité** que le rapport de gestion et ne doivent donc être déposés au greffe que si le rapport de gestion fait lui-même l'objet d'un tel dépôt.

Seules les pièces énumérées ci-dessus doivent, à notre avis, être déposées, cette obligation ne nous paraissant pas pouvoir être étendue à des documents non visés par les textes. Ainsi, les documents de gestion prévisionnelle et les rapports spéciaux sur les options de souscription ou d'achat d'actions et sur les attributions gratuites d'actions n'ont pas à être déposés.

76803 **Cas particuliers** Certains **établissements financiers** (établissements de crédit, compagnies financières holdings et compagnies financières holdings mixtes, ainsi que certaines entreprises d'investissement) doivent déposer des **informations relatives à leurs implantations et activités pays par pays,** sauf si ces informations figurent dans le rapport de gestion ou dans le rapport sur la gestion du groupe déposé au greffe (C. mon. fin. art. L 511-45, L 533-2-1 et R 511-16-4).

Ces informations doivent figurer dans deux tableaux présentés l'un après l'autre. Le premier regroupe les informations relatives aux implantations, pays par pays, des établissements en indiquant le nom des implantations, la nature d'activité et la localisation géographique ; le second comporte, par État ou territoire, les informations suivantes (art. L 511-45, III et R 511-16-4, I) :
– le produit net bancaire et le chiffre d'affaires ;
– les effectifs, en équivalent temps plein ;
– le bénéfice ou la perte avant impôt ;
– le montant des impôts sur les bénéfices dont les implantations sont redevables, en distinguant les impôts courants des impôts différés ;
– les subventions publiques reçues.

Les établissements financiers sont dispensés d'établir ces tableaux lorsque toutes ces informations sont publiées par la société qui les contrôle de façon exclusive ou conjointe, selon les mêmes modalités si la société consolidante est établie en France ou en application d'un dispositif équivalent si elle est établie dans un autre État membre de l'UE (art. R 511-16-4, I).

Les deux tableaux doivent être publiés (art. R 511-16-4, II) :
– dans le rapport de gestion ou, le cas échéant, dans le rapport sur la gestion du groupe pour les établissements financiers tenus de déposer au greffe leur rapport de gestion (établissements dont les titres sont admis aux négociations sur un marché réglementé ou sur Euronext Growth ou, à notre avis, établissements dont les titres n'y sont pas admis dont le rapport sur la gestion du groupe et le rapport de gestion sont présentés dans le même document) et pour ceux qui déposent au greffe un rapport sur la gestion du groupe ;
– en annexe à leurs comptes annuels pour les autres établissements financiers.

Ces tableaux doivent en outre être publiés sur le site internet de l'établissement financier dans les huit mois de la clôture de l'exercice et y être maintenus pendant cinq ans (art. R 511-16-4, III).

76804 Toute société commerciale qui ne contrôle pas et n'est pas contrôlée (au sens de l'article L 233-16, II et III) par une autre société, dont le chiffre d'affaires net excède, à la clôture de deux exercices consécutifs, un seuil de 750 M€ et qui dispose d'un établissement stable à l'étranger doit établir et publier un **rapport relatif à l'impôt sur les bénéfices** (art. L 232-6, I et D 232-8-1, I). Sont toutefois exclus de cette obligation les établissements financiers visés nº 76803, ainsi que les SNC et les SCS dont les associés indéfiniment responsables ne sont *pas tous des sociétés par actions*, des SARL ou des sociétés de droit étranger d'une forme juridique comparable (art. L 221-7-1 et L 222-2). Pour l'essentiel, ce rapport doit comprendre, pour l'ensemble des activités de la société et **pays par pays,** des informations sur la nature de ces activités, le nombre de salariés, le chiffre d'affaires net, le montant du bénéfice ou des pertes avant impôt sur les bénéfices, le montant de l'impôt sur les bénéfices dû, le montant de l'impôt sur les bénéfices acquitté et le montant des bénéfices non distribués (art. L 232-6, II, R 232-8-2 et A 232 s.).

Sont également soumises à cette obligation les sociétés qui revêtent une forme juridique comparable aux sociétés par actions et aux SARL et qui sont établies dans un État qui n'est ni membre de l'UE ni partie à l'accord sur l'EEE, dont le chiffre d'affaires net excède, à la clôture de deux exercices consécutifs, le seuil de 750 M€ et qui disposent d'une succursale en France dont le chiffre d'affaires net excède, à la clôture de deux exercices consécutifs, le seuil de 15 M€ (art. L 232-6-1 et art. D 232-8-1, II modifié par décret 2024-152 du 28-2-2024).

Les sociétés consolidantes qui ne sont pas contrôlées (au sens de l'article L 233-16, II et III) par une autre société et dont le chiffre d'affaires net consolidé excède, à la clôture de deux exercices consécutifs, un seuil de 750 M€ sont elles aussi soumises à cette obligation, sauf lorsque ni elles ni les sociétés qu'elles contrôlent comprises dans la consolidation ne disposent à l'étranger d'un établissement stable (art. L 233-28-1 et art. D 232-8-1, I, sur renvoi de l'art. D 233-16-1, I). Il en est de même pour les sociétés qui ne sont ni une micro-entreprise ni une petite entreprise (au sens de l'article L 230-1 : nº 26) et qui sont contrôlées par une société ne disposant pas d'un siège social dans un État membre de l'UE ou partie à l'accord sur l'EEE, ainsi que pour toute société qui est comprise dans les comptes consolidés d'une société établie hors de l'UE ou EEE, dont le chiffre d'affaires consolidé excède 750 M€ et qui dispose d'une succursale en France dont le chiffre d'affaires excède 15 M€ (art. L 233-28-2, I et II et art. D 232-8-1, II, sur renvoi de l'art. D 233-16-1, II).

Le rapport doit être déposé au greffe dans un délai de 12 mois à compter de la clôture de l'exercice, pour être annexé au RCS et au RNE, et il doit être mis gratuitement à la disposition du public pendant au moins cinq années consécutives (art. R 232-23 et R 123-266).

Certaines **sociétés ayant une activité extractive ou forestière** ont l'obligation de déposer un rapport sur les paiements effectués au profit des autorités des États dans lesquels elles exercent ces activités (art. L 232-6-2 modifié par loi 2025-391 du 30-4-2025 et art. R 232-8-3). 76805

CONFIDENTIALITÉ OU PUBLICITÉ SIMPLIFIÉE DES COMPTES ANNUELS

Micro-entreprises Les sociétés répondant à la définition des micro-entreprises au sens de l'article L 123-16-1 (nº 76017) peuvent déclarer au greffe que les **comptes** qu'elles déposent ne seront pas rendus publics (art. L 232-25, al. 1). 76806

Les micro-entreprises qui utilisent cette faculté doivent accompagner les documents comptables qu'elles déposent d'une déclaration de confidentialité établie conformément au modèle figurant en annexe 1-5 à l'article A 123-61-1 (art. R 123-111-1, al. 1).

Les autorités judiciaires et administratives ont accès à l'intégralité des comptes de ces sociétés ; il en est de même de la Banque de France, ainsi que des organismes de prêt ou de financement relevant des catégories définies à l'article A 123-68-1, I (art. L 232-25, al. 5).

Le greffier ne peut pas délivrer copie des comptes dont le dépôt est accompagné d'une déclaration de confidentialité même s'il apparaît que la société ne remplissait pas les conditions requises pour en bénéficier. Mais il lui appartient d'en informer sans délai le procureur de la République en application de l'article 40, al. 2 du Code de procédure pénale (Avis CCRCS 2016-015 du 5-7-2016).

Lorsque la société est dotée d'un commissaire aux comptes, le rapport de celui-ci sur les comptes n'est pas rendu public (art. L 232-26, al. 1).

› Précisions **a.** La **faculté** d'opter pour la confidentialité de leurs comptes annuels n'est **pas ouverte** aux sociétés dont l'activité consiste à gérer des titres de participations ou des valeurs mobilières (art. L 232-25, al. 1) ; les micro-entreprises qui détiennent des filiales ou participations ne sont exclues du bénéfice de cette mesure que si elles se livrent, à titre exclusif ou non, à une activité de gestion des titres ou valeurs concernées (Avis CCRCS 2019-011 du 19-12-2019 ; pour une position selon laquelle sont seules exclues du bénéfice de cette faculté les micro-entreprises qui se livrent à titre exclusif à cette activité, voir C. Barillon, La confidentialité des comptes annuels dans les groupes de sociétés : BRDA 1/23 inf. 24).
Cette faculté n'est pas non plus ouverte aux établissements financiers (banques, sociétés de financement, etc.), aux entreprises d'assurance et assimilées (réassureurs, mutuelles, etc.), aux sociétés dont les titres financiers sont admis aux négociations sur un marché réglementé et aux personnes faisant appel à la générosité du public (art. L 123-16-2, sur renvoi de l'art. L 232-25, al. 1).

b. Pour l'Ansa, une société peut bénéficier de cette faculté dès sa **constitution,** le délai de deux exercices consécutifs prévu par l'article L 123-16-1, al. 3 ne s'appliquant que pour la perte de ladite faculté (Communication Ansa, comité juridique nº 23-009 du 1-2-2023).

c. Sur les conséquences du dépôt d'une **fausse déclaration de confidentialité** au greffe, voir nº 76807.

76807 **Petites entreprises** Les sociétés répondant à la définition des petites entreprises au sens de l'article L 123-16 (n° 76017) et qui sont autorisées à adopter une présentation simplifiée de leurs comptes annuels peuvent demander que le **compte de résultat** qu'elles déposent ne soit pas rendu public (art. L 232-25, al. 2). Sont toutefois exclues de cette faculté les sociétés appartenant à un groupe au sens de l'article L 233-16 (art. L 232-25, al. 2), ce qui vise, à notre avis, les sociétés contrôlées comme les sociétés contrôlantes (dans le même sens, Communication Ansa, comité juridique n° 23-020 du 5-4-2023 ; pour une position selon laquelle sont seules exclues du bénéfice de cette faculté les petites entreprises qui sont des sociétés mères établissant des comptes consolidés, voir C. Barillon, La confidentialité des comptes annuels dans les groupes de sociétés : BRDA 1/23 inf. 24).

Les petites entreprises qui utilisent cette faculté doivent accompagner les documents comptables qu'elles déposent d'une déclaration de confidentialité établie conformément au modèle figurant en annexe 1-5-1 à l'article A 123-61-1 (art. R 123-111-1, al. 2).

Les documents rendus publics ne sont pas accompagnés du rapport des commissaires aux comptes mais doivent comporter une mention précisant si les commissaires aux comptes ont certifié les comptes sans réserve, avec réserves, s'ils ont refusé de les certifier, s'ils ont été dans l'incapacité de les certifier ou si leur rapport fait référence à quelque question que ce soit sur laquelle ils ont attiré spécialement l'attention sans pour autant assortir la certification de réserves (art. L 232-26, al. 2).

> **Précisions** **a.** La **faculté** d'opter pour la confidentialité de leur compte de résultat n'est **pas ouverte** aux établissements financiers (banques, sociétés de financement, etc.), aux entreprises d'assurance et assimilées (réassureurs,mutuelles, etc.), aux sociétés dont les titres financiers sont admis aux négociations sur un marché réglementé et aux personnes faisant appel à la générosité du public (art. L 123-16-2, sur renvoi de l'art. L 232-25, al. 2).
> **b.** Pour l'Ansa, une société peut bénéficier de cette faculté dès sa **constitution**, le délai de deux exercices consécutifs prévu par l'article L 123-16, al. 5 ne s'appliquant que pour la perte de ladite faculté (Communication Ansa, comité juridique n° 23-009 du 1-2-2023).
> **c.** Selon la CNCC, le Code de commerce n'incrimine pas spécifiquement le dépôt d'une **fausse déclaration de confidentialité** au greffe ; mais ce fait délictueux constitue un faux et un usage de faux que le commissaire aux comptes doit révéler au procureur de la République s'il en a connaissance, sans avoir toutefois à réaliser de recherche active de cette infraction (CNCC EJ 2024-36 décembre 2024).

76808 **Moyennes entreprises** Les sociétés répondant à la définition des moyennes entreprises au sens de l'article L 123-16 (n° 76017) peuvent demander que ne soit rendue publique qu'une **présentation simplifiée** de leur **bilan** et de leur **annexe** dans des conditions fixées par l'article 810-7 du PCG. Sont toutefois exclues de cette faculté les sociétés appartenant à un groupe au sens de l'article L 233-16 (art. L 232-25, al. 3 ; sur cette notion d'appartenance à un groupe, voir n° 76807).

La présentation simplifiée n'a pas à être accompagnée du rapport des commissaires aux comptes mais doit être accompagnée d'une mention précisant le caractère abrégé de cette publication, le registre auprès duquel les comptes annuels ont été déposés, si un avis sans réserve, un avis avec réserves ou un avis défavorable a été émis par les commissaires aux comptes, ou s'ils se sont trouvés dans l'incapacité d'émettre un avis et si leur rapport fait référence à quelque question que ce soit sur laquelle ils ont attiré spécialement l'attention sans pour autant assortir la certification de réserves (art. L 232-25, al. 3 et 4).

Les sociétés qui optent pour cette faculté doivent joindre aux documents comptables qu'elles déposent un bilan et une annexe simplifiés ainsi qu'une déclaration de publication simplifiée établie conformément au modèle figurant en annexe 1-5-2 à l'article A 123-61-1 (art. R 123-111-1) et comportant les informations suivantes :

– leur dénomination, leur numéro d'identification au RCS, ainsi que l'identité et la qualité du représentant légal signataire de la déclaration ;
– l'exercice social qui fait l'objet de la déclaration ;
– une attestation sur l'honneur de l'exactitude des renseignements fournis, précisant notamment que la société répond à la définition des moyennes entreprises et qu'elle ne fait pas partie des sociétés exclues du régime.

> **Précisions** **a.** La **faculté** d'opter pour une présentation simplifiée de leur bilan et de leur annexe n'est **pas ouverte** aux établissements financiers (banques, sociétés de financement, etc.), aux entreprises d'assurance et assimilées (réassureurs, mutuelles, etc.), aux sociétés dont les titres financiers sont admis aux négociations sur un marché réglementé et aux personnes faisant appel à la générosité du public (art. L 123-16-2, sur renvoi de l'art. L 232-25, al. 3).
> **b.** Pour l'Ansa, une société peut bénéficier de cette faculté dès sa **constitution**, le délai de deux exercices consécutifs prévu par l'article L 123-16, al. 5 ne s'appliquant que pour la perte de ladite faculté (Communication Ansa, comité juridique n° 23-009 du 1-2-2023).

3. MODALITÉS DU DÉPÔT AU GREFFE

DÉLAI DE DÉPÔT AU GREFFE

Le dépôt doit être effectué dans le mois qui suit l'approbation des comptes par la collectivité des associés ou l'assemblée générale ordinaire annuelle, délai porté à deux mois si le dépôt est effectué par voie électronique (art. L 232-21, I, L 232-22, I et L 232-23, I). 76810

FORME DU DÉPÔT AU GREFFE

Lorsqu'il s'agit de copies, les documents à déposer doivent, préalablement à leur dépôt, être certifiés conformes par le représentant légal de la société ou par toute personne habilitée par les textes régissant la société en cause à effectuer cette certification (art. R 123-102, al. 1). 76811

Le dépôt des documents comptables, accompagnés, le cas échéant, de la déclaration de confidentialité, peut aussi – mais ce n'est pas une obligation – être effectué par voie électronique (art. R 123-111, al. 2 et R 123-77, al. 2) auprès du guichet unique électronique des formalités d'entreprises (formalites.entreprises.gouv.fr) ; la réception des documents, les demandes de complément et la validation du dépôt sont effectuées par l'intermédiaire du guichet unique (art. A 123-61).

4. SANCTIONS DU DÉFAUT DE DÉPÔT AU GREFFE

INJONCTIONS DE DÉPOSER LES COMPTES AU GREFFE

Tout intéressé ou le ministère public peut **demander** au président du tribunal de commerce, statuant en référé, d'enjoindre sous astreinte aux dirigeants sociaux de procéder au dépôt des documents ou de désigner un mandataire chargé d'effectuer cette formalité (art. L 123-5-1). 76813

En outre, le **président du tribunal** peut, de sa propre initiative, adresser aux dirigeants sociaux une injonction de procéder à bref délai au dépôt des comptes, sous astreinte (art. L 611-2, II-al. 1). Le greffier qui constate le défaut de dépôt des comptes doit en informer le président du tribunal, pour qu'il puisse mettre en œuvre la procédure d'injonction, ainsi que le représentant de l'État dans le département – en pratique, le préfet (art. L 232-24).

Si l'**injonction** n'est **pas suivie d'effet** dans le délai d'un mois à compter de la notification ou de la signification de l'ordonnance, le président peut obtenir communication des renseignements de nature à lui donner une exacte information sur la situation économique et financière de la société de la part des commissaires aux comptes, des membres et représentants du personnel, des administrations publiques, des organismes de sécurité et de prévoyance sociales ainsi que des services chargés de la centralisation des risques bancaires et des incidents de paiement (art. L 611-2, II-al. 2 et R 611-13).

L'ordonnance liquidant l'**astreinte** doit, sous peine de nullité, comporter l'indication du nom et la signature d'un greffier (Cass. com. 29-9-2009 n° 08-14.146 : RJDA 5/10 n° 528).

› **Précisions** **a.** Saisi d'une **demande d'injonction** fondée sur l'article L 123-5-1, le président du tribunal n'a pas à rechercher si la production des comptes sociaux est nécessaire à la défense des intérêts du demandeur (Cass. com. 15-6-1999 n° 1241 : RJDA 8-9/99 n° 944, 1e esp.). La demande ne peut pas être soumise à des **conditions** qu'elle ne comporte pas, telles que l'intérêt légitime à agir (Cass. com. 6-12-2005 n° 1588 : RJDA 3/06 n° 293) ou l'existence d'un intérêt particulier du demandeur (Cass. com. 3-4-2012 n° 11-17.310 : RJDA 7/12 n° 683).

b. Des risques d'exploitation des informations par des concurrents, invoqués par le représentant légal d'une SA pour **justifier** son **refus de déposer les comptes** sociaux, n'ont pas été jugés suffisants pour justifier une violation délibérée de l'article L 232-23 et l'astreinte a été fixée à 60 € par jour de retard (TGI Avesnes-sur-Helpe 15-11-2007 n° 07-80 : JCP E 2008 n° 1282 note C. Delattre).

c. La possibilité pour le **président du tribunal** de **se saisir d'office** pour enjoindre aux dirigeants de déposer les comptes n'est pas contraire à la Constitution ; en effet, le **principe d'impartialité** des juridictions ne s'oppose pas à la saisine d'office d'une juridiction non dotée de pouvoirs répressifs, dès lors que le dispositif est justifié par des motifs d'intérêt général tout en étant entouré de garanties suffisantes (Cons. const. 1-7-2016 n° 2016-548 QPC : RJDA 10/16 n° 700 ; voir aussi Cass. com. QPC 15-1-2013 n° 12-40.086 : RJDA 4/13 n° 333 ; Cass. com. QPC 3-9-2013 n° 13-40.033 : RJDA 11/13 n° 909).

d. Lorsqu'il est fait droit à une demande d'injonction fondée sur l'article L 611-2, II, le **dirigeant** est **condamné à titre personnel.** Un acte de procédure établi par le dirigeant en sa qualité de représentant légal en vue de contester la condamnation au paiement de l'astreinte est donc irrecevable (Cass. com. 7-5-2019 n° 17-21.047 FS-PBI : RJDA 1/20 n° 23).

e. La demande d'injonction formée en référé sur le fondement de l'article L 123-5-1 n'est pas soumise au délai de **prescription** de droit commun de cinq ans de l'article 2224 du Code civil car l'obligation de dépôt, destinée à l'information des tiers, perdure pendant toute la vie de la société (Cass. com. 25-1-2023 nº 21-17.592 F-B : RJDA 4/23 nº 196). Cette demande est donc imprescriptible.

f. Une **demande** d'injonction de dépôt des comptes annuels d'une société peut être formée sur le fondement des dispositions du **droit commun** qui font obligation à la société de déposer ses comptes et de l'article 873, al. 1 du Code de procédure civile qui autorise le président du tribunal de commerce à prescrire en référé toute mesure conservatoire destinée à faire cesser un trouble manifestement illicite. L'action doit être exercée contre la société et non contre les dirigeants et suppose que le demandeur justifie d'un intérêt légitime à agir. Elle n'est pas soumise à la **prescription** triennale de l'article 1844-14 du Code civil (Cass. com. 3-3-2021 nº 19-10.086 F-P : RJDA 6/21 nº 404), ni à la prescription de droit commun de cinq ans (Cass. com. 25-1-2023 précité, transposable à notre avis).

76814 **Régime particulier** Une procédure spécifique – mais différant peu de la procédure de droit commun – s'applique aux dirigeants des sociétés commerciales **transformant des produits agricoles, commercialisant des produits alimentaires, exploitant** directement ou indirectement un ou plusieurs magasins de **commerce de détail de produits de grande consommation** ou intervenant dans le secteur de la distribution comme **centrale de référencement ou d'achat** d'entreprises de commerce de détail qui n'auraient pas déposé leurs comptes : le président du tribunal de commerce peut adresser à la société une injonction de procéder à ce dépôt à bref délai sous astreinte. Le montant de cette astreinte ne peut pas excéder 2 % du chiffre d'affaires journalier moyen hors taxe réalisé en France par la société au titre de cette activité, par jour de retard à compter de la date fixée par l'injonction (art. L 123-5-2).

SANCTIONS PÉNALES POUR DÉFAUT DE DÉPÔT AU GREFFE

76816 Le défaut de dépôt des comptes annuels et consolidés et des rapports présentés aux associés (nºs 76801 et 76802) est sanctionné par une amende de 1 500 € portée à 3 000 € en cas de récidive (C. pén. art. 131-13, 5º sur renvoi de l'art. R 247-3).

La contravention est commise au jour imposé pour le dépôt des comptes sociaux, de façon instantanée et indépendamment de la permanence de ses effets. En l'absence de tout acte interruptif du délai de prescription, elle est prescrite un an après la date à laquelle les comptes auraient dû être déposés (CA Amiens 31-8-2007 nº 06-1246 : Bull. Joly 2008 p. 191, note J. Lefebvre).

Sur les conséquences d'une fausse déclaration de confidentialité au greffe, voir nº 76807.

5. DÉPÔT AU RNE

76818 Les comptes et rapports annuels doivent faire l'objet d'un dépôt au RNE, réalisé par l'intermédiaire du guichet unique électronique des formalités d'entreprises (art. R 123-266).

6. MENTION DU DÉPÔT AU BODACC

76820 Le dépôt des comptes et rapports annuels doit faire l'objet d'un avis au Bodacc, mais cet avis incombe au greffier du tribunal de commerce et non à la société (art. R 232-19 à R 232-22).

B. Publications à la charge des sociétés « cotées »

PRINCIPE

76830 Les **sociétés dont les titres financiers** – actions ou titres de créance – **sont admis** aux négociations **sur un marché réglementé** sont tenues de diffuser par voie électronique et de déposer auprès de l'AMF un rapport financier annuel et un rapport financier semestriel (C. mon. fin. art. L 451-1-2 ; Règl. gén. AMF art. 221-1 et 222-1 s. modifiés par arrêté du 15-5-2025).

Si elles le souhaitent, les sociétés dont les actions sont admises aux négociations sur un marché réglementé peuvent décider de publier une information trimestrielle ou intermédiaire accompagnée d'un commentaire.

Pour plus de détails sur ces questions, voir Positions-recommandations AMF 2016-05 et 2021-02. Voir aussi Mémento Comptable nºs 81820 s.

Sur l'information réglementée en général, voir nºs 66240 s.

PUBLICATIONS ANNUELLES DES SOCIÉTÉS « COTÉES »

Les sociétés dont les titres financiers sont admis aux négociations sur un marché réglementé doivent publier et déposer auprès de l'AMF un **rapport financier annuel** dans les quatre mois qui suivent la clôture de l'exercice ; ce rapport doit être tenu à la disposition du public pendant dix ans (C. mon. fin. art. L 451-1-2, I-al. 1 et 2). Ce rapport doit être établi selon un format d'information électronique unique (Esef) défini par le règlement délégué UE 2019/815 du 17 décembre 2018. 76841

Ce rapport doit comporter (C. mon. fin. art. L 451-1-2, I-al. 3 s. et R 451-1, I) :
– les comptes annuels ;
– le cas échéant, les comptes consolidés ;
– le rapport de gestion et, le cas échéant, le rapport sur la gestion du groupe ;
– le rapport sur le gouvernement d'entreprise ;
– une déclaration des personnes physiques qui assument la responsabilité du rapport financier attestant la régularité des documents ci-dessus ;
– le rapport des commissaires aux comptes (ou des contrôleurs légaux) sur les comptes annuels et, le cas échéant, consolidés ;
– le cas échéant, le rapport de certification des informations de durabilité.

Le rapport des commissaires aux comptes présentant leurs observations sur le rapport du conseil sur le gouvernement d'entreprise n'est pas visé, mais on peut penser qu'il s'agit d'une inadvertance.

L'information doit, comme toute information réglementée, être diffusée et déposée auprès de l'AMF conformément aux dispositions des articles 221-3 s. du règlement général : transmission par voie électronique à un diffuseur professionnel qui respecte les modalités de diffusion décrites dans le règlement UE 596/2014 du 16 avril 2014 et qui est inscrit sur une liste publiée par l'AMF ; mise en ligne sur le site internet des sociétés dès leur diffusion ; dépôt sous format électronique auprès de l'AMF (n°s 66255 s.).

L'AMF recommande aux sociétés de publier, dès que possible après la clôture de l'exercice et au plus tard fin février, ou dans un délai de 60 jours suivant cette clôture, l'information sur le chiffre d'affaires annuel de l'exercice écoulé accompagnée d'un comparatif, à défaut d'avoir publié leurs résultats annuels à cette date, tout en leur laissant la possibilité de ne pas procéder à cette publication isolée du chiffre d'affaires si elles estiment qu'elle n'est pas pertinente, notamment en raison de la nature de leur activité, ou qu'elle risque d'induire le marché en erreur (Position-recommandation AMF 2016-05).

Dans les 45 jours qui suivent l'approbation des comptes par l'assemblée générale ordinaire annuelle, les sociétés dont les actions sont admises, en tout ou en partie, aux négociations sur un marché réglementé doivent publier **au Balo** les documents suivants (art. R 232-11) : 76842
– les comptes annuels approuvés, revêtus de l'attestation des commissaires aux comptes ;
– la décision d'affectation des résultats ;
– les comptes consolidés, s'il en existe, revêtus de l'attestation des commissaires.

Les informations de l'annexe aux comptes consolidés relatives aux entreprises incluses dans le périmètre de consolidation (art. R 233-14, 5° à 8° dans sa version antérieure au décret 2015-903 du 23-7-2015) peuvent être omises si elles figurent dans les comptes consolidés déposés au greffe du tribunal de commerce. L'insertion au Balo doit alors faire mention de ce dépôt au greffe (art. R 232-11, al. 4 et 5).

ATTENTION

Le décret 2015-903 a supprimé de l'article R 233-14 précité, auquel renvoie l'article R 232-11, la mention relative à ces informations. Celles-ci sont néanmoins prescrites par le règlement 2016-08 de l'Autorité des normes comptables, de sorte que l'esprit des textes reste inchangé. La dispense de publicité de ces informations au Balo continue donc à notre avis à s'appliquer dès lors qu'elles *figurent dans* les comptes consolidés.

Pour bénéficier de cette dispense en cas de dépôt des comptes par voie électronique, ce dépôt doit intervenir dans les 45 jours de l'assemblée et non dans les deux mois de celle-ci, comme le permet l'article L 232-23, I-al. 1.

Si ces documents sont les mêmes que ceux ayant fait l'objet de la publication du rapport financier annuel – cas, très fréquent en pratique, où l'assemblée générale a approuvé, sans les modifier, les projets qui lui ont été soumis –, les sociétés peuvent se borner à publier au Balo un avis mentionnant la référence à cette publication et contenant l'attestation des commissaires aux comptes (art. R 232-11, al. 6) ainsi que, éventuellement, la mention du dépôt au greffe des comptes consolidés.

› Précisions Par suite vraisemblablement d'une inadvertance, le renvoi à « l'alinéa précédent » n'a été modifié ni lorsque l'article 296 du décret du 23 mars 1967 (devenu art. R 232-11) a été complété par deux alinéas relatifs aux comptes consolidés par le décret 86-221 du 17 février 1986, ni lorsque le législateur a modifié les règles de computation des alinéas. On peut regretter que cette **imperfection** subsiste dans l'**article R 232-11.**

PUBLICATION SEMESTRIELLE DES SOCIÉTÉS « COTÉES »

76843 Les sociétés dont les titres financiers sont admis aux négociations sur un marché réglementé doivent publier et déposer auprès de l'AMF, dans les trois mois qui suivent la fin du premier semestre de leur exercice, un **rapport financier semestriel** qui doit être tenu à la disposition du public pendant dix ans (C. mon. fin. art. L 451-1-2, III).

Ce rapport financier semestriel doit comporter (C. mon. fin. art. L 451-1-2, III et R 451-2) :

– des comptes complets ou condensés, présentés, le cas échéant, sous forme consolidée, pour le semestre écoulé ;

– un rapport semestriel d'activité indiquant notamment les événements importants survenus pendant le semestre écoulé et leur incidence sur les comptes semestriels ainsi qu'une description des principaux risques et incertitudes pour le semestre suivant ;

– une déclaration des personnes physiques assumant la responsabilité du rapport financier semestriel attestant la régularité des documents ;

– le rapport des commissaires aux comptes (des contrôleurs légaux ou statutaires) sur l'examen limité des comptes visés ci-dessus.

NON-RESPECT DES OBLIGATIONS DE PUBLICATION DES SOCIÉTÉS « COTÉES »

76850 Le non-respect des obligations de publication prévues à l'article R 232-11 (nº 76842) expose les présidents, les administrateurs, les directeurs généraux ou les gérants des sociétés concernées par ces dispositions à une **amende pénale** de 1 500 € portée à 3 000 € en cas de récidive (C. pén. art. 131-13, 5º sur renvoi de l'art. R 247-1).

Les dirigeants sont en outre soumis aux dispositions du règlement général de l'AMF relatives à l'information périodique et permanente et à sa diffusion (Règl. gén. AMF art. 221-1, dernier al.) et donc responsables de cette information. En cas de manquement à leurs obligations, ils s'exposent à des **sanctions pécuniaires** prononcées par la commission des sanctions de l'AMF.

CHAPITRE 2 INFORMATIONS DE DURABILITÉ

SOMMAIRE

DE NOUVELLES OBLIGATIONS DE REPORTING ET DE CERTIFICATION

Certaines sociétés doivent présenter dans leur rapport de gestion (ou leur rapport sur la gestion du groupe) des informations sur les **enjeux environnementaux, sociaux et de gouvernance** (« informations de durabilité ») et faire certifier ces informations par un professionnel habilité. *Ces obligations, dont l'entrée en vigueur* est progressive, sont issues de la directive UE 2022/2464 du 14 décembre 2022 (« CSRD »), transposée dans notre droit par l'ordonnance 2023-1142 du 6 décembre 2023 (modifiée par loi 2025-391 du 30-4-2025) et ses textes d'application (Décret 2023-1394 du 30-12-2023 modifié par décret 2024-60 du 31-1-2024, Décret 2024-152 du 28-2-2024 et Arrêtés JUSC2335258A et JUSC2335250A du 28-12-2023). 76900

ATTENTION

La loi 2025-391 du 30 avril 2025 a **reporté** de deux ans l'**entrée en application** de ce dispositif pour les sociétés qui n'y sont pas encore soumises (sauf pour les sociétés établies hors de l'UE et leurs filiales) (Loi 2025-391 art. 7, I-1°), conformément au nouveau calendrier prévu par la directive UE 2025/794 du 14 avril 2025 (dite « Stop the clock »). Cette directive est le premier volet d'un train de mesures présenté par la Commission européenne le 26 février 2025 (dit « Omnibus I »), qui inclut aussi une proposition de directive prévoyant de modifier le champ d'application du reporting de durabilité, de sorte à réduire le nombre de sociétés qui y seront soumises et à alléger sur le fond les informations à établir (sur les mesures Omnibus I, voir Th. Saupin et J.-B. Barbiéri, Le projet « Omnibus » inverse la vapeur : quel avenir pour le « triangle Taxonomie, CSRD, CS3D » ? : BRDA 8/25 inf. 26 ; voir aussi Commission européenne, Questions/réponses sur le train de mesures « Omnibus » du 26-2-2025 et Avis A-2025-5 du 20-5-2025 de la Commission nationale consultative des droits de l'Homme sur la proposition de directive Omnibus I : Résister à la dérégulation opérée au détriment de la protection des droits humains et de l'environnement : JO 6-6-2025).

Bien que ce dispositif ait principalement pour vocation d'imposer des obligations de transparence, il oblige les sociétés concernées à **adapter** leur **gouvernance,** leurs outils de collecte des données et de reporting ainsi que leur système de contrôle et d'analyse de leurs activités.

SECTION 1 SOCIÉTÉS TENUES D'ÉTABLIR DES INFORMATIONS DE DURABILITÉ

A. Informations de durabilité sur une base individuelle

SOCIÉTÉS FRANÇAISES

76903 **Sociétés déjà tenues au reporting de durabilité** Doivent inclure des informations de durabilité dans leur rapport de gestion les **sociétés** dont les **titres** (actions ou obligations) sont **admis** aux négociations sur un **marché réglementé,** qui sont des **grandes entreprises** au sens de l'article L 230-1 **et** dont le **nombre moyen de salariés** est **supérieur à 500** (Ord. 2023-1142 du 6-12-2023 art. 33, II).

Les sociétés appartenant à un groupe sont toutefois dispensées d'établir des informations de durabilité individuelles dans les conditions présentées nos 76930 s.

76905 **Sociétés non encore tenues au reporting de durabilité** Les sociétés (autres que celles visées no 76903) répondant à la définition des **grandes entreprises** au sens de l'article L 230-1 devront établir des informations de durabilité au titre des exercices ouverts à compter du 1er janvier 2027 (premier rapport en 2028) (art. L 232-6-3 ; Ord. 2023-1142 du 6-12-2023 art. 33, II-2° modifié par loi 2025-391 du 30-4-2025). Seront concernées les SA, SCA, SE et SAS, que leurs titres (actions ou obligations) soient ou non admis aux négociations sur un marché réglementé, les SARL ainsi que les SNC et SCS entièrement détenues par des sociétés par actions, des SARL ou des sociétés de droit étranger ayant une forme comparable (art. L 232-6-3 et L 221-7, al. 4). Une société qui répond à ces critères et dont l'exercice se clôture le 30 septembre devra donc, pour la première fois, établir des informations de durabilité au titre de son exercice ouvert le 1er octobre 2027 et clos le 30 septembre 2028.

ATTENTION

La **proposition de directive** COM(2025) 81 du 26 février 2025 (incluse dans le train de mesures « Omnibus I » : no 76900) prévoit de limiter le champ d'application du reporting de durabilité individuel aux seules sociétés répondant à la catégorie des grandes entreprises employant plus de **1 000 salariés** (art. 2, 2).

Sur la dispense d'obligation d'établir des informations de durabilité pour les sociétés appartenant à un groupe, voir nos 76930 s.

76907 Les **sociétés** dont les **titres** sont **admis aux négociations sur un marché réglementé** qui *sont des **petites** ou des **moyennes*** entreprises au sens de l'article L 230-1 devront établir des informations de durabilité au titre des exercices ouverts à compter du 1er janvier 2028 (premier rapport en 2029) (art. L 22-10-36, I et, sur renvoi, art. L 232-6-3 ; Ord. 2023-1142 du 6-12-2023 art. 33, II-2° modifié par loi 2025-391 du 30-4-2025). Sont concernées les SA, SCA, SE et, pour les titres autres que les actions, les SAS (cf. art. L 227-2).

ATTENTION

La proposition de directive COM(2025) 81 du 26 février 2025 (incluse dans le train de mesures « Omnibus I » : n° 76900) prévoit de soustraire définitivement les petites et moyennes entreprises de l'obligation de produire un reporting de durabilité (art. 2, 2).

La loi 2025-391 n'a pas modifié l'article 33, II-al. 9 de l'ordonnance 2023-1142, selon lequel les sociétés qui sont des petites ou des moyennes entreprises peuvent décider de ne pas satisfaire à l'exigence d'établir des informations de durabilité au titre des exercices ouverts avant le 1er janvier 2028, pour autant qu'elles justifient brièvement de cette décision dans leur rapport de gestion ; cette disposition est désormais devenue sans objet, ces sociétés n'étant plus tenues au reporting de durabilité avant cette date.

› Précisions À la lettre de l'article L 221-7, al. 4, les **SNC** « relevant du Chapitre X » du Titre II du Livre II du Code de commerce (Des sociétés dont les titres sont admis aux négociations sur un marché réglementé ou sur un SMN) doivent appliquer l'article L 22-10-36. Il s'agit là, selon nous, d'une inadvertance : ce texte ne s'applique qu'aux sociétés dont les titres sont admis aux négociations sur un marché réglementé, ce qui ne peut pas être le cas d'une SNC.

Sociétés particulières tenues au reporting de durabilité Les sociétés **coopératives** (hors coopératives agricoles : Ord. 2023-1142 du 6-12-2023 art. 33, III) dont les titres sont admis aux négociations sur un marché réglementé, qui sont des grandes entreprises au sens de l'article L 230-1 et dont le nombre moyen de salariés employés au cours de l'exercice excède 500 doivent faire figurer des informations de durabilité dans le compte-rendu d'activité présenté à l'assemblée générale (Loi 47-1775 du 10-9-1947 art. 8). 76908

Les autres sociétés coopératives et les **sociétés coopératives agricoles** y seront tenues à compter des exercices suivants (Loi 47-1775 art. 8 et C. rur. art. L 524-2-1 et L 524-6-7 ; Ord. 2023-1142 art. 33, II et III modifié par loi 2025-391 du 30-4-2025) :

– sociétés qui sont des grandes entreprises au sens de l'article L 230-1 : exercices ouverts à compter du 1er janvier 2027 et suivants (premier rapport en 2028) ;

– sociétés dont les titres sont admis aux négociations sur un marché réglementé et qui sont des petites ou moyennes entreprises au sens de l'article L 230-1 : exercices ouverts à compter du 1er janvier 2028 et suivants (premier rapport en 2029).

Les **établissements de crédit** qui répondent à la catégorie des grandes entreprises au sens de l'article L 230-1 et dont le nombre moyen de salariés excède 500 sont déjà soumis à l'obligation d'établir des informations de durabilité ; les autres établissements de crédit seront concernés selon le même calendrier que celui exposé n°s 76903 et 76905 pour les grandes entreprises et les petites et moyennes entreprises dont les titres sont admis aux négociations sur un marché réglementé, étant précisé que les établissements de crédit de petite taille et non complexes (cf. Règl. UE 575/2013 du 26-6-2013 art. 4, 1-point 145) seront assimilés à ces dernières (C. mon. fin. art. L 511-35-1, I ; Ord. 2023-1142 art. 33, II). 76910

Sont également soumis au reporting de durabilité certaines **entreprises d'assurances,** certains **fonds de retraite supplémentaires** et certaines **mutuelles** et **institutions de prévoyance** (C. ass. art. L 310-1-1-1, C. mut. art. L 114-17 et L 114-46-4 et CSS art. L 931-7-3). Des dispositions particulières s'appliquent pour l'entrée en vigueur de ces règles (Ord. 2023-1142 art. 33, II et III).

En revanche, ne sont pas concernés les **organismes de placement collectif en valeurs mobilières** et les **fonds d'investissement alternatifs** (C. mon. fin. art. L 214-1, III).

› Précisions **a.** Pour déterminer la catégorie à laquelle appartient un **établissement de crédit,** le seuil de **chiffre d'affaires net** s'entend du résultat global des intérêts et produits assimilés, des revenus de titres, des commissions perçues, du bénéfice provenant d'opérations financières *et des autres produits d'exploitation* (C. mon. fin. art. L 511-35-1, I-al. 2).

b. Les **établissements de crédit** (ainsi que, le cas échéant, les entreprises qu'ils contrôlent au sens de l'article L 233-16, II ou III) sont **dispensés** de préparer des informations de durabilité s'ils sont inclus dans les informations consolidées de durabilité de l'organisme central qui les surveille (cf. Règl. UE 575/2013 art. 10) dans les mêmes conditions que celles exposées n°s 76930 s. (art. L 511-35-1, III).

SOCIÉTÉS ÉTRANGÈRES TENUES AU REPORTING DE DURABILITÉ

Sociétés étrangères dont les titres sont admis aux négociations sur un marché réglementé français Les sociétés établies hors de France dont des titres sont admis aux négociations sur un marché réglementé français (en pratique, Euronext Paris) et qui doivent publier et déposer auprès de l'AMF un **rapport financier annuel** doivent inclure des informations de durabilité dans le rapport de gestion figurant dans ce rapport (C. mon. fin. art. L 451-1-2, I et II et R 451-1, I-2°). 76915

Sont déjà concernées les sociétés qui sont des grandes entreprises et dont le nombre moyen de salariés au cours de l'exercice excède 500 (Décret 2023-1394 du 30-12-2023 art. 22, II). Ce texte n'a pas été modifié pour tenir compte de la directive UE 2025/794 du 14 avril 2025 qui a reporté de deux ans l'entrée en application de ces obligations pour les sociétés qui n'y sont pas encore soumises (directive dite « Stop the clock », déjà transposée en droit français pour la partie législative : nº 76900). Il serait souhaitable qu'un décret soit pris rapidement pour transposer ces dispositions.

Dans l'attente de ce décret, cette obligation est donc toujours prévue pour **s'appliquer** aux **exercices ouverts à compter** (Décret 2023-1394 art. 22, II) :

– du 1er janvier 2025 pour les grandes entreprises autres que celles visées à l'alinéa précédent (premier rapport en 2026) ;

– du 1er janvier 2026 pour les petites et moyennes entreprises (premier rapport en 2027) ; ces sociétés pourront toutefois décider de ne pas établir d'informations de durabilité au titre des exercices ouverts avant le 1er janvier 2028 (au titre des exercices 2026 et 2027) à condition de justifier brièvement cette décision dans leur rapport de gestion.

76917 **Sociétés de pays tiers ayant une succursale en France** Les sociétés qui n'ont pas leur siège dans l'UE ou l'EEE mais qui ont une succursale en France devront publier un « **rapport sur les enjeux de durabilité** » si les **conditions** suivantes sont réunies (art. L 232-6-4 et D 232-8-7) :

– la société étrangère a réalisé un chiffre d'affaires net supérieur à 150 M€ dans l'EEE pour chacun des deux derniers exercices (seuil que la proposition de directive COM(2025) 81 du 26-2-2025 prévoit de porter à 450 M€ : art. 2, 12) ;

– la succursale française a réalisé un chiffre d'affaires net supérieur à 40 M€ pour l'exercice précédent, ce chiffre d'affaires étant apprécié au niveau mondial (seuil qui pourrait être porté à 50 M€ si la proposition de directive est adoptée et transposée : art. 2, 12) ;

– la société étrangère a une forme sociale comparable à celle d'une société par actions ou d'une SARL ;

– la société étrangère n'est pas contrôlée par une autre société et elle ne contrôle pas de sociétés au sens de l'article L 233-16, II ou III (contrôle exclusif ou contrôle conjoint).

Cette obligation s'appliquera aux **exercices** ouverts à compter du 1er janvier 2028 (premier rapport en 2029) (Ord. 2023-1142 du 6-12-2023 art. 33, II-4º).

76918 Le rapport sur les enjeux de durabilité devra être publié à la **diligence** du représentant légal de la société en France ou de la personne ayant le pouvoir de l'y engager (art. L 232-6-4, I). Si les informations nécessaires ne sont pas disponibles, ils devront les demander à la société étrangère ; à défaut de réponse, ils devront établir et publier le rapport avec les informations en leur possession, ainsi qu'une déclaration mentionnant que la société de pays tiers n'a pas fourni les informations requises (art. L 232-6-4, V). Sur les modalités de la publication, voir nº 76955.

Les sociétés concernées devront joindre au rapport sur les enjeux de durabilité un rapport contenant l'**avis sur la conformité de ces informations,** qui devra être émis par un commissaire aux comptes ou un OTI habilité à certifier les informations de durabilité en France (nos 77003 s.) ou encore par un professionnel habilité au titre du droit applicable à la société étrangère (art. L 232-6-4, IV). Si cette dernière ne fournit pas le rapport contenant l'avis sur la conformité, le représentant légal (ou la personne ayant le pouvoir de l'engager) devra l'indiquer dans une déclaration (art. L 232-6-4, V).

› **Précisions** **a.** L'article L 221-7-1 prévoit l'application de ces dispositions aux **SNC** françaises entièrement détenues par des sociétés par actions, des SARL ou des sociétés étrangères de droit comparable. À notre avis, il s'agit d'une inadvertance. En effet, l'article L 232-6-4 ne s'applique pas aux sociétés françaises ; par ailleurs, la directive UE 2013/34 du 26 juin 2013 ne prévoit pas que ces dispositions s'appliquent aux succursales des SNC et SCS (Dir. UE 2013/34 art. 1.5 et ann. I).

b. Le **rapport** sur les enjeux de durabilité pourra être **établi** par la **société mère** étrangère, la filiale n'ayant que l'obligation de le publier (Communication UE C/2024/6792 du 13-11-2024 point 42).

B. Informations de durabilité consolidées

SOCIÉTÉS CONSOLIDANTES ÉTABLIES EN FRANCE TENUES AU REPORTING DE DURABILITÉ

76920 Les **sociétés** dont les **titres** (actions ou obligations) sont **admis** aux négociations sur un **marché réglementé** et qui sont des **sociétés consolidantes d'un grand groupe** au sens de l'article L 230-2 doivent inclure des informations de durabilité dans leur rapport de gestion si le nombre moyen de salariés employés par le groupe au cours de l'exercice est supérieur à 500 (art. L 233-28-4, I).

Les autres sociétés consolidantes d'un grand groupe y seront tenues au titre des exercices ouverts à compter du 1er janvier 2027 (premier rapport en 2028) (Ord. 2023-1142 du 6-12-2023 art. 33, II modifié par loi 2025-391 du 30-4-2025).

ATTENTION

La proposition de directive COM(2025) 81 du 26 février 2025 (incluse dans le train de mesures « Omnibus I » : n° 76900) prévoit de limiter le champ d'application du reporting de durabilité aux seules sociétés consolidantes de grands groupes employant plus de 1 000 salariés (art. 2, 2).

Seront concernées les SA, les SCA, les SE, les SAS, les SARL ainsi que les SNC et SCS dont le capital est entièrement détenu par des sociétés par actions, des SARL ou des sociétés de droit étranger de forme comparable (cf. art. L 221-7, al. 4 et L 222-2).

› Précisions **a.** L'article 33, II de l'ordonnance 2023-1142 ne précise pas que le **seuil de 500 salariés** s'apprécie au niveau consolidé. À notre avis, c'est bien ainsi qu'il faut le comprendre (cf. Dir. UE 2022/2464 art. 5, 2-al. 16, que l'ordonnance 2023-1142 transpose).

b. Sont concernées, si elles sont des sociétés consolidantes ou combinantes d'un grand groupe, les **sociétés coopératives** et les **sociétés coopératives agricoles** (Loi 47-1775 du 10-9-1947 art. 8 ; C. rur. art. L 524-2-1 et L 524-6-7), de même que les **établissements de crédit** et certains **fonds de retraite supplémentaire,** entreprises d'**assurance,** mutuelles et institutions de prévoyance (C. mon. fin. art. L 511-35-1, I ; C. ass. art. L 310-1-1-1 ; C. mut. art. L 114-17 et L 114-46-4 et CSS art. L 931-7-3). Des dispositions spécifiques s'appliquent pour l'entrée en vigueur de ces obligations (Ord. 2023-1142 art. 33, II et III).

Dispense d'établir des informations individuelles Lorsqu'elles établissent des informations de durabilité consolidées, les sociétés consolidantes sont dispensées de préparer leurs propres informations de durabilité individuelles (art. L 232-6-3, V-al. 1). 76921

ATTENTION

À la différence de la dispense dont peuvent bénéficier les sociétés contrôlées (n° 76930), cette dispense s'applique même aux sociétés répondant à la définition des grandes entreprises et dont les titres sont admis aux négociations sur un marché réglementé (art. L 22-10-36, III).

SOCIÉTÉS CONSOLIDANTES ÉTRANGÈRES « COTÉES » EN FRANCE TENUES AU REPORTING DE DURABILITÉ

Les sociétés étrangères dont les **titres sont admis aux négociations sur un marché réglementé français** (en pratique, Euronext Paris) et qui sont tenues de publier et de déposer auprès de l'AMF un **rapport financier annuel** (cf. C. mon. fin. art. L 451-1-2) doivent insérer dans le rapport sur la gestion du groupe qui y est inclus des informations consolidées de durabilité si elles sont des sociétés consolidantes d'un grand groupe au sens de l'article L 230-2 dont le nombre moyen de salariés employés au cours de l'exercice est supérieur à 500 (C. mon. fin. art. L 451-1-2, I et II et R 451-1, I-2° et 4° ; sur l'appréciation du seuil de salariés, voir n° 76920, précision a). 76922

Pour les sociétés consolidantes d'un grand groupe n'excédant pas ce seuil, cette obligation s'applique aux exercices ouverts à compter du 1er janvier 2025 (premier rapport en 2026) (Décret 2023-1394 du 30-12-2023 art. 22, II, qui n'a pas été modifié pour tenir compte du report de deux ans du reporting de durabilité : voir n° 76915).

FILIALES FRANÇAISES DE SOCIÉTÉS DE PAYS TIERS TENUES AU REPORTING DE DURABILITÉ

Outre les éventuelles obligations de reporting de durabilité qui lui incomberont individuellement (ou sur une base consolidée pour elle et ses filiales), une société française qui est contrôlée (au sens de l'art. L 233-16, II et III) par une société consolidante n'ayant pas son siège social dans l'UE ou dans l'EEE devra publier un « **rapport consolidé relatif aux enjeux de durabilité** » au niveau du groupe de cette dernière société au titre des exercices ouverts à compter du 1er janvier 2028 (premier rapport en 2029) si les **conditions** suivantes sont remplies (art. L 233-28-5, L 22-10-36, II et D 233-16-6 ; Ord. 2023-1142 du 6-12-2023 art. 33, II-4°) : 76925

– la société contrôlée française est soit une grande entreprise, soit une petite ou moyenne entreprise dont les titres sont admis aux négociations sur un marché réglementé (signalons que la proposition de directive COM(2025) 81 du 26-2-2025 prévoit que seules les grandes entreprises seraient concernées : art. 2, 12) ;

– la société consolidante a une forme sociale comparable à celle d'une société par actions ou d'une SARL ;

– la société consolidante a réalisé dans l'EEE un chiffre d'affaires net consolidé de plus de 150 M€ pour chacun des deux derniers exercices (seuil qui pourrait être porté à 450 M€ si la proposition de directive est adoptée et transposée : art. 2, 12) ;

– la société consolidante n'est pas contrôlée par une autre société au sens de l'article L 233-16, II et III ;

– la société consolidante établit des comptes consolidés dans lesquels les actifs, passifs, fonds propres, produits et charges sont présentés comme étant ceux d'une seule entité ;

De plus, la société française devra revêtir l'une des formes sociales suivantes : SA, SCA, SAS, SARL, ou encore SNC ou SCS dont la totalité du capital est détenue par des sociétés par actions, des SARL ou des sociétés de droit étranger de forme comparable (cf. art. L 221-7-1).

Ce rapport pourra être établi par la société mère étrangère, la filiale n'ayant que l'obligation de le publier (Communication UE C/2024/6792 du 13-11-2024 point 42 ; sur le dépôt du rapport au greffe, voir nº 76955).

Sur le **régime transitoire** permettant l'établissement d'informations consolidées par une filiale d'une société étrangère au titre des exercices ouverts avant le 7 janvier 2030, afin de permettre aux sociétés de ce groupe de bénéficier d'une dispense, voir nºs 76940 s.

76926 Le rapport consolidé sur les enjeux de durabilité devra être publié à la **diligence** du conseil d'administration, du directoire ou du gérant (ou encore, à notre avis, du président ou du dirigeant désigné à cet effet par les statuts, s'il s'agit d'une SAS) ; lorsque les informations nécessaires ne seront pas disponibles, il leur reviendra de les demander et, le cas échéant, d'établir et de publier les rapports et déclarations selon les mêmes modalités que celles exposées nº 76917 pour les succursales de sociétés de pays tiers (art. L 233-28-5, V).

Au rapport consolidé sur les enjeux de durabilité devra être joint un rapport contenant un **avis sur la conformité des informations de durabilité** ; ce dernier devra être émis par un commissaire aux comptes ou un OTI habilité en France à certifier les informations de durabilité (nºs 77003 s.) ou encore par un professionnel habilité au titre du droit applicable à la société étrangère (art. L 233-28-5, IV).

SUCCURSALES EN FRANCE D'UNE SOCIÉTÉ ÉTRANGÈRE CONTRÔLÉE PAR UNE SOCIÉTÉ D'UN PAYS TIERS TENUES AU REPORTING DE DURABILITÉ

76928 Les obligations visées nºs 76925 s. s'appliqueront aussi aux sociétés étrangères contrôlées par une société consolidante n'ayant pas son siège dans l'UE ou l'EEE et qui disposent en France d'une succursale ayant réalisé, à la date de clôture de l'exercice, un **chiffre d'affaires net** supérieur à 40 M€ (art. L 233-28-5, L 22-10-36, II et D 233-16-6 ; signalons que la proposition de directive COM(2025) 81 du 26-2-2025 prévoit de porter ce seuil à 50 M€ : art. 2, 12). Ces exigences seront applicables aux **exercices** ouverts à compter du 1er janvier 2028 (premier rapport en 2029) (Ord. 2023-1142 art. 33, II-4º).

Toutefois, ces **obligations** ne **s'appliqueront pas** si la société consolidante établie dans un pays tiers (société mère ultime) dispose d'une filiale dans l'UE ou l'EEE qui est une grande entreprise au sens de l'article L 230-1 ou, sous réserve que ses titres soient admis aux négociations sur un marché réglementé européen, une petite ou moyenne entreprise au sens de ce texte (art. L 233-28-5, VI ; signalons que la proposition de directive prévoit que seules les grandes entreprises seraient concernées : art. 2, 12). Le rapport sera alors établi par cette filiale conformément aux lois de l'État membre dans lequel elle est implantée et transposant la directive UE 2022/2464 du 14 décembre 2022.

Ces obligations ne s'appliqueront pas non plus si l'une des conditions suivantes est remplie (art. L 233-28-5, VI) :

– la société qui a une succursale en France (et qui est contrôlée par une société consolidante établie dans un pays tiers) a son siège dans l'UE ou l'EEE ;

– cette société revêt une forme sociale qui n'est pas comparable aux sociétés par actions ou aux SARL ;

– la société consolidante établie dans un pays tiers ne remplit pas les conditions exposées nº 76925.

Le rapport devra être publié à la **diligence** du représentant légal de la société étrangère ayant une succursale en France ou de la personne ayant le pouvoir de l'y engager (*art. L 233-28-5, I-al. 2*).

Il devra faire l'objet d'une **certification** dans les mêmes conditions que celles présentées nº 76918 (art. L 233-28-5, VI et, sur renvoi, art. L 232-6-4, V).

C. Exemption des sociétés contrôlées

PRINCIPE DE L'EXEMPTION DU REPORTING DE DURABILITÉ

Une société est exemptée de son obligation d'établir des informations de durabilité individuelles si elle est incluse (ainsi que, le cas échéant, les sociétés qu'elle contrôle) dans les **informations de durabilité consolidées** établies par l'entreprise consolidante qui la contrôle (art. L 232-6-3, V-al. 2 modifié par loi 2025-391 du 30-4-2025). De même, une société mère d'un grand groupe est dispensée d'établir des informations de durabilité consolidées si le groupe est inclus dans les informations de durabilité consolidées d'une entreprise consolidante qui exerce un contrôle sur les entreprises du groupe (au sens de l'article L 233-16 : contrôle exclusif ou conjoint) (art. L 233-28-4, V modifié par loi 2025-391). 76930

Toutefois, l'exemption des sociétés contrôlées ne bénéficie pas aux **sociétés** dont les titres sont admis aux négociations sur un **marché réglementé,** dès lors qu'elles sont des **grandes entreprises** ou des sociétés consolidantes d'un **grand groupe** (art. L 22-10-36, III).

› Précisions Ce régime d'exemption fonctionne indépendamment de celui applicable aux **états financiers** et au **rapport de gestion consolidés** : la filiale d'une société mère établie hors de l'UE peut, d'une part, être exemptée de l'obligation d'établir ces derniers car cette société mère ultime établit de tels documents sur une base consolidée conformément au droit de l'UE ou de normes comptables jugées équivalentes, mais, d'autre part, ne pas être exemptée de l'obligation d'établir des informations de durabilité consolidées car la société mère n'établit pas d'informations de durabilité consolidées conformément aux normes applicables aux sociétés établies dans l'UE ou de normes équivalentes (Dir. UE 2022/2464 du 14-12-2022 considérant 26).

CONDITIONS DE L'EXEMPTION DU REPORTING DE DURABILITÉ

L'exemption est soumise aux conditions suivantes, qui tiennent à l'existence et au contenu d'informations de durabilité consolidées ainsi qu'au contenu du rapport de gestion de la société exemptée (art. R 232-8-5 et R 233-16-4). 76932

Informations de durabilité consolidées Lorsque la **société consolidante a son siège en France** ou dans un autre pays de l'**UE** ou de l'**EEE,** l'exemption ne peut bénéficier aux sociétés contrôlées que si la société consolidante a établi un rapport sur la gestion du groupe conformément aux lois de son État incluant la société exemptée et, le cas échéant, les sociétés que cette dernière contrôle ; ce rapport doit inclure les informations de durabilité dans une section spécifique, qui doit mentionner la liste des sociétés exemptées (art. R 232-8-5, II et R 233-16-4, I-al. 2 et II, qui n'ont pas encore été modifiés pour remplacer le terme « société consolidante » par celui d'« entreprise consolidante » comme dans l'art. L 232-6-3, V modifié par loi 2025-391 du 30-4-2025). 76933

Les sociétés contrôlées par une **société consolidante qui n'a pas de siège social dans l'UE ou l'EEE** ne peuvent bénéficier de l'exemption que si un « rapport consolidé relatif aux enjeux de durabilité », incluant la société exemptée et, le cas échéant, les sociétés que cette dernière contrôle, est établi conformément aux normes applicables aux informations de durabilité consolidées des grandes entreprises de l'UE (voir n°s 76960 s.) ou à des normes jugées équivalentes par la Commission européenne (voir n° 76980) (art. R 232-8-5, III et R 233-16-4, III ; voir aussi Dir. UE 2004/109 du 15-12-2004 art. 23, qui habilite la Commission à adopter des mesures visant à déterminer l'équivalence des normes, Communication UE C/2023/305 du 20-10-2023 point 10 et Communication UE C/2024/6792 du 13-11-2024 point 44). En revanche, ce rapport ne peut pas être établi selon les normes allégées propres aux sociétés de pays tiers (mentionnées n° 76978). Un rapport contenant un avis sur la conformité des informations de durabilité doit en outre être émis par un professionnel habilité au titre du droit dont relève la société consolidante (art. R 232-8-5, III-al. 2 et R 233-16-4, III-al. 2). Le rapport consolidé relatif aux enjeux de durabilité doit être établi selon le format mentionné n° 76952 (art. R 232-8-5, III-al. 3 et R 233-16-4, III-al. 3).

Contenu du rapport de gestion de la société exemptée Pour bénéficier de l'exemption, la société exemptée doit inclure dans son propre rapport de gestion (ou, le cas échéant, son rapport sur la gestion du groupe) les **informations** suivantes (art. R 232-8-5, IV et R 233-16-4, IV) : 76935

– une mention selon laquelle elle est exemptée d'établir ses propres informations de durabilité ;

– le nom et le siège de la société qui établit les informations consolidées de durabilité ;

– un lien vers le site internet sur lequel est mis à disposition le rapport sur la gestion du groupe ou le rapport consolidé relatif aux enjeux de durabilité, selon le cas, de la société qui établit les informations de durabilité consolidées et vers le rapport de certification de ces informations ;

– les données « taxonomie » (nos 76964 s.) si celles-ci ne figurent pas dans le rapport sur la gestion du groupe ou le rapport consolidé sur les enjeux de durabilité établi par la société consolidante.

› Précisions Pour la Commission européenne, lorsque le **rapport** sur la gestion du groupe ou le rapport consolidé sur les enjeux de durabilité de la société consolidante n'est **pas encore disponible** à la date à laquelle la société contrôlée établit son rapport de gestion, cette dernière peut y mentionner un site internet général où ce rapport (ainsi que le rapport de certification) figureront à l'avenir. Cette société peut envisager de publier avec son rapport de gestion une déclaration de la société mère dans laquelle celle-ci s'engage à publier ce rapport sur ce site dans les délais qui lui sont applicables (Communication UE C/2024/6792 du 13-11-2024 point 20).

D. Régime transitoire : consolidation artificielle par une filiale européenne

76940 Un régime transitoire s'applique aux rapports des sociétés françaises contrôlées (au sens de l'article L 233-16 : contrôle exclusif ou conjoint) par une société n'ayant pas son siège social dans l'UE ou l'EEE afférents aux **exercices ouverts avant le 7 janvier 2030** (Ord. 2023-1142 du 6-12-2023 art. 35, VII). Ce régime permet de préparer des informations de durabilité portant sur l'ensemble formé par toutes les sociétés de l'UE qui sont contrôlées par cette société étrangère et qui sont tenues d'établir des informations de durabilité ou des informations consolidées de durabilité en application de la directive UE 2022/2464 du 14 décembre 2022, ainsi que par leurs propres filiales (Ord. 2023-1142 art. 35, II).

Chacune des sociétés de cet ensemble est alors **dispensée** d'établir ses propres informations de durabilité ou les informations de durabilité consolidées pour elle et ses filiales (Ord. 2023-1142 art. 35, I et VI ; Dir. UE 2013/34 du 26-6-2013 art. 48 decies).

76942 Les informations de durabilité consolidées portant sur l'ensemble défini nº 76940 doivent être établies par la **société qui a réalisé le plus important chiffre d'affaires net** (ou chiffre d'affaires net consolidé) dans l'EEE au cours des cinq derniers exercices (Ord. 2023-1142 du 6-12-2023 art. 35, IV).

Les informations de durabilité de cet ensemble doivent figurer dans une section spécifique du **rapport de gestion** de la société qui les établit ou, le cas échéant, de son **rapport sur la gestion du groupe.** Cette section doit comporter la liste des sociétés dispensées d'établir leurs informations de durabilité ; peuvent aussi y figurer les données « taxonomie » (nos 76964 s.) pour l'ensemble de ces sociétés (Ord. 2023-1142 art. 35, I et III).

Les informations consolidées pour l'ensemble doivent être établies conformément aux **normes applicables aux sociétés de l'UE** soit en application de l'article L 232-6-3 (nº 76960) si la société qui les prépare a son siège en France, soit en application des lois équivalentes de l'État membre où elle a son siège transposant l'article 48 decies de la directive UE 2013/34 du 26 juin 2013 (Ord. 2023-1142 art. 35, VI, qui mentionne erronément l'article 48 decies de la directive UE 2022/2464).

Ces informations doivent être **certifiées** dans les conditions exposées nos 77000 s. (Ord. 2023-1142 art. 35, V et, sur renvoi, art. L 233-28-4, III et IV).

SECTION 2 SUPPORT ET FORMAT DES INFORMATIONS DE DURABILITÉ

LOCALISATION DES INFORMATIONS DE DURABILITÉ

76950 Les informations de durabilité préparées sur une base individuelle doivent figurer dans une **section spécifique** du **rapport de gestion** (art. L 232-6-3, I), appelée « état de durabilité » (Règl. délégué UE 2023/2772 du 31-7-2023 ann. I, ESRS 1 § 110 rectifié le 31-7-2024). Celles qui sont préparées sur une base consolidée doivent figurer dans une section spécifique du **rapport sur la**

gestion du groupe (art. L 233-28-4, I, « état de durabilité consolidé »). Les informations de durabilité consolidées établies par une société française contrôlée par une société d'un pays tiers en application du régime transitoire (nº 76940) doivent figurer dans une section spécifique du rapport de gestion de la société qui les établit ou, le cas échéant, de son rapport sur la gestion du groupe (Ord. 2023-1142 du 6-12-2023 art. 35, I et III).

Les informations de durabilité que devront préparer les sociétés établies hors de l'UE ou de l'EEE ou, le cas échéant, leurs filiales devront, quant à elles, figurer dans un « **rapport relatif aux enjeux de durabilité** » ou dans un « rapport consolidé relatif aux enjeux de durabilité » (art. L 232-6-4, I et L 233-28-5, I).

FORMAT DES INFORMATIONS DE DURABILITÉ

Les sociétés tenues de faire figurer des informations de durabilité dans leur rapport de gestion ou leur rapport sur la gestion du groupe doivent établir ce dernier sous le format d'information électronique européen unique (**Esef**) prévu par le règlement UE 2019/815 du 17 décembre 2018 (art. R 232-8-6, R 233-16-4, III et R 233-16-5), c'est-à-dire un fichier XHTML. 76952

Ces sociétés devront en outre **baliser** leurs informations de durabilité ainsi que les données « taxonomie » (nºs 76964 s.), c'est-à-dire ajouter des balises ou « tags » XBRL à l'aide de la technologie iXBRL, conformément au règlement UE 2019/815 qui sera complété à cet effet. Dans l'attente de la publication de ce texte modificateur, l'obligation de balisage ne s'applique pas (Communication UE C/2024/6792 du 13-11-2024 point 38 : JOUE du 13-11-2024 ; Proposition de directive COM(2025) 81 du 26-2-2025 art. 2, 8 ; voir aussi Esma Public Statement du 5-7-2024 : Off to a good start : first application of ESRS by large issuers).

> **Précisions** **a.** Les exigences de format Esef et de balisage ne s'appliquent pas lorsque la **société** est **dispensée** d'établir des informations de durabilité car elle est incluse dans les informations de durabilité consolidées établies au niveau du groupe auquel elle appartient (Communication UE C/2024/6792 précitée point 23), à moins qu'elle intègre dans son rapport de gestion les données « taxonomie », comme cela est exigé lorsque ces informations ne figurent pas dans le rapport sur la gestion du groupe ou le rapport consolidé sur les enjeux de durabilité de la société consolidante (nº 76935) (art. R 232-8-6, al. 2, R 233-16-4, III et R 233-16-5, al. 2).
>
> **b.** Le fichier Excel présentant la **liste exhaustive des informations** de durabilité applicables aux grandes entreprises mis en ligne par l'Efrag sur son site internet (nº 76970) ne représente pas la taxonomie XBRL ; il ne peut pas être utilisé pour respecter les exigences de format de ces informations (Implementation Guidance Efrag IG 3, List of ESRS data points du 31-5-2024, explanatory note § 15 s. et ann. A). Précisons que la notion de taxonomie XBRL ne doit pas être confondue avec le règlement UE 2020/852 dit « règlement taxonomie ».

ACCÈS AUX INFORMATIONS DE DURABILITÉ

Les informations de durabilité incluses dans une section spécifique du **rapport de gestion** ou du **rapport sur la gestion du groupe** sont accessibles selon les règles de communication aux associés ou actionnaires, de publicité et de mise à disposition des tiers qui régissent l'accès à ces rapports selon chaque forme sociale, étant précisé que le rapport de gestion de toute société par actions publiant des informations de durabilité doit être déposé au greffe (art. L 232-23, I). Sur la possibilité de ne pas déposer au greffe les informations confidentielles, voir nº 76998. 76955

Le **rapport relatif aux enjeux de durabilité et** le **rapport consolidé** sur les enjeux de durabilité que devront préparer les sociétés établies hors de l'UE ou de l'EEE ou, le cas échéant, leurs filiales (nºs 76917 s., 76925 s. et 76928) devront être déposés au greffe dans un délai de 12 mois à compter de la clôture de l'exercice, par l'intermédiaire du guichet unique électronique des formalités d'entreprises, pour être annexés au RCS (art. R 232-25) et au RNE (cf. art. L 123-37). Il en ira de même du rapport de certification de ces rapports établi par le professionnel chargé de leur vérification (ou, le cas échéant, de la déclaration indiquant son absence) (même art.). Ces documents devront, le cas échéant, être traduits en français et certifiés conformes (art. R 232-25). Ce dépôt fera l'objet d'un avis publié au Bodacc à la charge du greffier du tribunal de commerce (art. R 232-26).

> **Précisions** **À compter du 10 juillet 2026**, les informations de durabilité des sociétés dont les titres sont admis aux négociations sur un marché réglementé seront rendues accessibles sur le **point d'accès unique européen** (Esap) établi en vertu du règlement UE 2023/2859 du 13 décembre 2023 (Dir. UE 2004/109 du 15-12-2004 art. 23 bis modifié par Dir. UE 2023/2864 du 13-12-2023). Soulignons que le Gouvernement est habilité à mettre en cohérence par ordonnance, d'ici le 30 janvier 2026, le droit français avec le règlement UE 2023/2859 (Loi 2025-391 du 30-4-2025 art. 1).

SECTION 3

CONTENU DES INFORMATIONS DE DURABILITÉ

A. Teneur des informations de durabilité

CARACTÉRISTIQUES PRINCIPALES DES INFORMATIONS DE DURABILITÉ

76959 Les informations de durabilité doivent permettre de comprendre les **incidences** de l'activité de la société **sur les « enjeux de durabilité »,** c'est-à-dire les enjeux environnementaux, sociaux et de gouvernement d'entreprise, ainsi que la **manière** dont **ces enjeux influent sur** l'évolution de ses **affaires,** de ses résultats et de sa situation ; lorsqu'elles sont établies sur une base consolidée, elles doivent être relatives au groupe auquel elles se rapportent (art. L 232-6-3, I et L 233-28-4, I). Ces informations doivent répondre au principe de la « double matérialité » exposé nº 76995.

Le Code de commerce fixe le contenu, la présentation et le format des informations de durabilité en renvoyant, dans une large mesure, aux textes européens.

› Précisions Pour l'AMF, la mise en œuvre de ces nouvelles obligations de transparence représente un **défi majeur.** Des efforts humains et financiers importants devant être fournis pour répondre à ces exigences denses et complexes, elle recommande notamment de travailler en mode « projet » en mobilisant différentes compétences (financières, juridiques, opérationnelles, etc.) au sein d'une organisation transversale et d'anticiper la collecte fiable des données qui seront nécessaires en adaptant les outils et canaux de reporting (Actualité et dossier AMF du 20-6-2023, mis à jour le 7-2-2024).

1. GRANDES ENTREPRISES ET SOCIÉTÉS CONSOLIDANTES DE GRANDS GROUPES ÉTABLIES EN FRANCE

76960 Les informations de durabilité des grandes entreprises et des sociétés consolidantes de grands groupes doivent comporter les **descriptions et mentions suivantes** (art. L 233-28-4, I-al. 2 et R 232-8-4, I et II) :

a. le modèle commercial et la stratégie de la société (ou du groupe) en indiquant notamment :

– le degré de résilience du modèle commercial et de la stratégie en ce qui concerne les risques liés aux enjeux de durabilité,

– les opportunités que recèlent les enjeux de durabilité pour la société (ou le groupe),

– les plans définis par la société (ou le groupe), y compris les actions prises ou envisagées et les plans financiers et d'investissement connexes, pour assurer la compatibilité de son modèle commercial et de sa stratégie avec la transition vers une économie durable, la limitation du réchauffement climatique à 1,5°C conformément à l'accord de Paris du 12 décembre 2015, l'objectif de neutralité climatique d'ici à 2050, tel qu'il est établi dans le règlement UE 2021/1119 du 30 juin 2021, et, le cas échéant, l'exposition à des activités liées au charbon, au pétrole et au gaz,

– la manière dont le modèle commercial et la stratégie de la société (ou du groupe) tiennent compte des intérêts des parties prenantes et des incidences de la société (ou du groupe) sur les enjeux de durabilité,

– la manière dont la stratégie est mise en œuvre en ce qui concerne les enjeux de durabilité ;

b. les objectifs assortis d'échéances que s'est fixés la société (ou le groupe) en matière de durabilité, y compris, le cas échéant, les objectifs absolus de réduction des émissions de gaz à effet de serre au moins pour 2030 et 2050, et les progrès accomplis dans la réalisation de ces objectifs, ainsi qu'une déclaration indiquant si ces objectifs reposent sur des preuves scientifiques concluantes ;

c. le rôle des organes d'administration, de direction ou de surveillance concernant les enjeux de durabilité, leurs compétences et expertise à cet égard ou les possibilités qui leur sont offertes pour les acquérir ;

d. les politiques de la société (ou du groupe) en ce qui concerne les enjeux de durabilité ;

e. les incitations liées aux enjeux de durabilité octroyées aux membres des organes d'administration, de direction ou de surveillance ;

f. la procédure de vigilance raisonnable mise en œuvre concernant les enjeux de durabilité et les incidences négatives recensées dans ce cadre, le cas échéant, en application de la législation de l'UE ;

g. les principales incidences négatives potentielles ou réelles, les mesures prises pour les recenser, les surveiller, les prévenir, les éliminer ou les atténuer, ainsi que les résultats obtenus ;

h. les principaux risques pour la société (ou le groupe) liés aux enjeux de durabilité, y compris les principales dépendances et la manière dont ces risques sont gérés.

Chacune de ces informations doit être accompagnée d'**indicateurs.**

NORMES ESRS

Les informations de durabilité doivent être établies conformément aux **normes d'information en matière de durabilité** (normes dites « ESRS ») fixées par le règlement délégué UE 2023/2772 du 31 juillet 2023 et rectifié le 19 avril 2024 et le 26 juillet 2024 puis le 7 janvier 2025 (art. R 232-8-4, III et L 233-28-4, I ; Dir. UE 2013/34 du 26-6-2013 art. 29 ter). Ce règlement, applicable à toutes les sociétés quel que soit leur secteur d'activité, liste les informations à faire figurer dans le rapport de gestion ou le rapport sur la gestion du groupe, en suivant le principe de la double matérialité (nº 76995), ainsi que la structure de leur présentation. 76961

ATTENTION

Les normes ESRS incluent diverses **mesures transitoires** pour permettre aux sociétés de s'adapter à ces exigences, récapitulées dans un appendice. Certaines données peuvent ainsi être omises au titre de la première année de reporting, ou pendant les deux ou trois premières années, selon le cas ; certaines de ces dispositions ne s'appliquent qu'aux sociétés ne dépassant pas un nombre moyen de 750 salariés (Règl. délégué UE 2023/2772 ann. I, ESRS 1 § 130 s. et appendice C). Depuis sa modification par la loi 2025-391 du 30 avril 2025, l'article 33 de l'ordonnance 2023-1142 du 6 décembre 2023 prévoit que les sociétés peuvent omettre les données de cet appendice dans les rapports afférents aux « trois premiers exercices ouverts à compter du 1er janvier 2024 » (c'est-à-dire les exercices 2024, 2025 et 2026) en tenant compte des seuils de salariés. Cette disposition n'était pas indispensable car l'appendice C est directement applicable en droit français ; en outre, elle en constitue un doublon imparfait car elle prévoit une dispense pour trois exercices alors que les mesures transitoires de l'appendice C sont parfois prévues seulement pour la première ou les deux premières années de reporting. À notre avis, ce sont bien les dispositions de l'appendice C qui doivent alors être respectées, le règlement délégué ayant une valeur supérieure à la loi dans la hiérarchie des normes.

Les normes ESRS devraient être **simplifiées.** La Commission européenne s'est en effet engagée à réviser les normes dans le but de réduire le nombre de points de données, de clarifier certaines dispositions et d'améliorer la cohérence avec d'autres actes législatifs (Commission européenne, Questions/réponses sur le train de mesures « Omnibus » du 26-2-2025 nº 5). Elle a chargé l'Efrag, qui est à l'origine de ces normes sur mandat européen, d'en proposer une nouvelle version (version définitive attendue pour début 2026).

Par ailleurs, un règlement délégué européen était attendu avant le 30 juin 2026 pour fixer les **normes** dites « **sectorielles** », applicables aux sociétés selon leur secteur d'activité (Dir. UE 2013/34 du 26-6-2013 art. 29 ter modifié par dir. UE 2024/1306 du 29-4-2024). Ces normes ne devraient pas voir le jour, la proposition de directive COM(2025) 81 du 26 février 2025 prévoyant de les supprimer.

DONNÉES « TAXONOMIE »

Sociétés concernées Les grandes entreprises et les sociétés mères de grands groupes tenues d'établir des informations de durabilité doivent y inclure les informations requises par le règlement UE 2020/852 du 18 juin 2020 (« règlement taxonomie ») et ses actes délégués (Règl. UE 2020/852 art. 8 et, sur renvoi, Dir. UE 2013/34 du 26-6-2013 art. 19 bis et 29 bis ; Règl. délégué UE 2023/2772 du 31-7-2023 ann. I, ESRS 1 § 113). 76964

La proposition de directive COM(2025) 81 du 26 février 2025 (incluse dans le train de mesures *« Omnibus I » : nº 76900*) prévoit de rendre facultative la publication des données « taxonomie » pour les sociétés tenues d'établir des informations de durabilité mais dont le chiffre d'affaires net ne dépasse pas 450 M€ ; ces sociétés n'auraient à établir ces données que si elles affirment que leurs activités sont alignées sur la taxonomie ou que leurs activités remplissent au moins certaines exigences de ce règlement ; un acte européen délégué devrait fixer les données à publier par ces sociétés ; il en irait de même pour les sociétés mères d'un grand groupe dont le chiffre d'affaires net n'excède pas 450 M€ (art. 2, 3 et 2, 4). La Commission européenne a rendu publics le 4 juillet 2025 son projet d'acte délégué ainsi qu'un jeu de questions-réponses (C(2025) 4568 final ; Questions et réponses sur les simplifications de la taxonomie de l'UE visant à réduire les formalités administratives pour les entreprises).

> **Précisions** **a.** Des dispositions spécifiques sont prévues pour les **entreprises financières** (établissements de crédit, gestionnaires d'actifs, entreprises d'investissement, entreprises d'assurance et de réassurance).
b. Les données « taxonomie » doivent être fournies **au niveau de la société** si celle-ci prépare des informations non financières individuelles et au niveau du **groupe** si elle prépare des informations non financières consolidées (Règl. délégué UE 2021/2178 du 6-7-2021 ann. I, 2-f).
c. Pour l'application des obligations de transparence issues du règlement taxonomie, les catégories d'entreprises et de groupes sont celles définies par l'article 3 de la directive UE 2013/34 du 26 juin 2023. Si les seuils des grandes entreprises sont identiques à ceux caractérisant les grandes entreprises au sens de l'article L 230-1, ceux caractérisant les **grands groupes** au sein de la directive UE 2013/34 (groupes ne dépassant pas deux des trois critères suivants : total du bilan de 25 M€ ; chiffre d'affaires net de 50 M€ ; 250 salariés en moyenne au cours de l'exercice) ne sont pas identiques à ceux fixés par l'article D 230-2.
d. Avant la disparition de la **DPEF** (nº 48205), les données « taxonomie » devaient figurer en son sein pour les sociétés tenues d'en établir une. Rappelons qu'une **filiale** était **exemptée** de préparer une DPEF ou une DPEF consolidée (incluant le reporting taxonomie) si ces informations figuraient dans une DPEF consolidée établie par sa société mère (Dir. UE 2013/34 art. 19 bis, 3 et 29 bis, 3 avant leur modification par dir. UE 2022/2464 ; voir aussi art. L 225-102-1, IV avant son abrogation par ord. 2023-1142 du 6-12-2023), alors que, dans le régime du reporting de durabilité, les filiales ne bénéficient pas de cette exemption si elles sont des grandes entreprises ou des sociétés mères d'un grand groupe lorsque leurs titres sont admis aux négociations sur un marché réglementé (Dir. UE 2013/34 art. 19 bis, 10 et 29 bis, 9 modifié par dir. UE 2022/2464 ; voir aussi art. L 22-10-36, III).

76965 **Objet du reporting** Les données « taxonomie » portent sur la manière dont les **activités** de l'entreprise sont associées à des activités économiques pouvant être considérées comme **durables sur le plan environnemental** (ou « alignées sur la taxonomie »). Une activité économique est considérée comme telle si tout à la fois (Règl. UE 2020/852 art. 3) :
– elle fait partie des activités décrites dans des actes délégués (activités « éligibles ») ;
– elle est conforme aux critères d'examen technique établis par ces actes délégués permettant d'établir qu'elle contribue substantiellement à l'un des six objectifs environnementaux fixés par le règlement (atténuation du changement climatique, adaptation à ce changement, utilisation durable et protection des ressources aquatiques et marines, transition vers une économie circulaire, prévention et réduction de la pollution et protection et restauration de la biodiversité et des écosystèmes) et ne cause de préjudice important à aucun des autres objectifs (critères « DNSH » ou « do not significant harm ») ;
– elle est exercée dans le respect des garanties minimales (notamment principes directeurs de l'OCDE à l'intention des entreprises multinationales et des Nations unies relatifs aux entreprises et aux droits de l'Homme).

Les activités éligibles et les critères relatifs aux objectifs d'atténuation du changement climatique et d'adaptation à ce changement ont été fixés par le règlement délégué UE 2021/2139 du 4 juin 2021 (dit « règlement délégué climat ») et ceux relatifs aux quatre autres objectifs par le règlement délégué UE 2023/2486 du 27 juin 2023 (dit « règlement délégué environnement »).

76966 **Contenu et emplacement des données « taxonomie »** Les entreprises non financières doivent divulguer la part de leur chiffre d'affaires provenant de produits ou services associés à leurs activités éligibles, non éligibles et alignées, la part de leurs dépenses d'investissement et opérationnelles liées à des actifs ou processus associés à de telles activités (**indicateurs clés de performance**), ainsi que des **informations narratives** se rapportant à l'exercice annuel de l'année civile précédant la date de publication ; ces données doivent être publiées en utilisant des modèles de tableaux prédéfinis (Règl. UE 2020/852 du 18-6-2020 art. 8, Règl. délégués UE 2021/2139 du 4-6-2021, 2023/2485 et 2023/2486 du 27-6-2023 et Règl. délégué UE 2021/2178 du 6-7-2021 art. 2 et 8 et ann. I et II dit « acte délégué article 8 »). Les indicateurs clés de performance se rapportant à l'exercice annuel antérieur doivent être fournis **à titre comparatif** (Règl. délégué UE 2021/2178 art. 8 et ann. I et II). Les indicateurs clés de performance doivent être présentés sous forme de tableaux à l'aide des modèles figurant en annexe au règlement délégué UE 2021/2178.

Les indicateurs clés de performance et données narratives que doivent fournir les entreprises financières (gestionnaires d'actifs, établissements de crédit, entreprises d'investissement, entreprises d'assurance et de réassurance) varient en fonction de leur catégorie (Règl. UE 2021/2178 art. 3 s. et ann. III s.). Jusqu'au 31 décembre 2025, seuls les indicateurs clés de performance et données d'éligibilité sont requis au titre des activités prévues dans les règlements délégués UE 2023/2385 et UE 2023/2486 du 27 juin 2023 (Règl. délégué UE 2021/2178 art. 10).

ATTENTION
La Commission européenne a proposé de simplifier et de réduire les données « taxonomie » à publier (Proposition de directive COM(2025) 81 du 26-2-2025 art. 2, 3 et 2, 5 modifiant la dir. UE 2022/2464 du 14-12-2022 et Proposition d'acte délégué Ares (2025) 1581066 du 27-2-2025 modifiant les règl. 2021/2178, 2021/2139 et 2023/2486, propositions incluses dans le train de mesures « Omnibus I » : nº 76900 ; voir aussi Commission européenne, Questions/réponses sur le train de mesures « Omnibus » du 26-2-2025 nos 2, 3 et 12).
La Commission prévoit aussi de permettre aux sociétés qui ne remplissent pas tous les critères d'alignement de publier volontairement des informations d'alignement partiel (art. 2, 3 et 2, 5).

Les données « taxonomie » doivent être intégrées de manière clairement identifiables au sein de la **section environnementale des informations de durabilité** (Règl. délégué UE 2023/2772 du 31-7-2023 ann. I, ESRS 1 § 113, sur renvoi des art. R 232-8-4, II et L 233-28-4, I). Elles doivent répondre aux exigences de format électronique et d'insertion de balises présentées nos 76964 s. En revanche, elles ne sont pas soumises aux autres dispositions des normes « ESRS » (Règl. délégué UE 2023/2772 ann. I, ESRS 1 § 113, sur renvoi des art. R 232-8-4, II et L 233-28-4, I), ce qui signifie, à notre avis, qu'elles ne doivent notamment pas faire l'objet de l'évaluation de double matérialité présentée nº 76995.

› Précisions Les sociétés peuvent se référer aux **règles d'interprétation** de la Commission européenne (Communication UE 2022/C 385/01 : JOUE du 6-10-2022 sur le règlement délégué « article 8 » et Foire aux questions du 20-12-2021 ; Foire aux questions du 2-2-2022 sur les indicateurs d'éligibilité ; Communications UE du 19-12-2022 sur les règlements délégués « climat » et « article 8 » ; Communication UE 2023/C 211/01 du 16-6-2023 : JOUE du 16-6-2023 sur le respect des garanties minimales et les liens avec le règlement UE 2019/2088 sur la publication d'information en matière de durabilité dans le secteur des services financiers, dit « SFRD » ; Communications UE C/2023/267 et C/2023/305 du 20-10-2023 : JOUE du 16-6-2023 ; Communication UE 2024/C/6691 du 8-11-2024 : JOUE du 8-11-2024 sur le reporting taxonomie des entreprises financières), à son guide de vulgarisation (A user guide to navigate the EU Taxonomie for sustainable activities de juin 2023) ainsi qu'à ses outils de navigation en ligne « Navigator », « Compass » et « Calculator » (ec.europa.eu/sustainable-finance-taxonomy). L'AMF, l'Esma, la CNCC, l'Afep et la Plateforme européenne sur la finance durable (Plateform on sustainable finance) ont aussi publié, sur leurs sites internet respectifs, un certain nombre de **recommandations ou bonnes pratiques** auxquelles les sociétés peuvent utilement se reporter.

AUTRES MENTIONS À INCLURE DANS LES INFORMATIONS DE DURABILITÉ

S'il y a lieu, les informations de durabilité doivent aussi contenir des **renvois** vers les autres mentions du rapport de gestion (ou du rapport sur la gestion du groupe) et vers les montants prévus dans les comptes annuels (ou les comptes consolidés) et fournir des explications supplémentaires à ces mentions et montants (art. R 232-8-4, II et R 233-16-3, II ; voir aussi Règl. délégué UE 2023/2772 du 31-7-2023 ann. I, ESRS 1 § 119 s.). **76967**

Le **processus** mis en œuvre par la société pour déterminer les informations de durabilité à inclure dans le rapport de gestion ou le rapport sur la gestion du groupe (c'est-à-dire la manière dont a été conduite l'analyse de double matérialité : nº 76995) doit, lui aussi, être décrit (art. R 232-8-4, II-al. 2 et L 233-28-4, I ; Règl. délégué UE 2023/2772 ann. I, ESRS 2 § 50 s.).

Enfin, les sociétés qui ont bénéficié d'une prise de participation de l'État au titre de la loi 2020-473 du 25 avril 2020 doivent intégrer dans la section de leur rapport de gestion dédiée aux informations de durabilité le **rapport annuel** sur les **engagements de réduction des émissions de gaz à effet de serre** qu'elles étaient tenues de prendre si elles avaient réalisé un chiffre d'affaires de plus de 500 M€ lors du dernier exercice clos, incluant notamment une trajectoire de réduction de ces émissions et un plan d'action (Loi 2020-935 du 30-7-2020 art. 66 et Arrêté TRED2127861A du 2-11-2021 art. 1). À notre avis, cette mention n'est pas soumise à l'analyse de double matérialité (nº 76995) et est donc obligatoire. **76968**

SPÉCIFICITÉ EN CAS D'INFORMATIONS DE DURABILITÉ CONSOLIDÉES

La **société consolidante** d'un grand groupe doit indiquer, dans les informations de durabilité qu'elle prépare au niveau consolidé, la liste des sociétés incluses dans la consolidation qui sont exemptées de préparer des informations de durabilité (sur cette exemption, voir nos 76930 s.) (art. R 233-16-3, I-al. 2). Par ailleurs, si les incidences ou les risques liés aux enjeux de durabilité d'une ou de plusieurs des sociétés incluses dans la consolidation présentent des différences importantes par rapport à ceux des autres sociétés de ce groupe, il convient de présenter des informations permettant de comprendre ces incidences et risques (art. R 233-16-3, I-al. 1). **76969**

De son côté, le rapport de gestion des **sociétés exemptées** doit contenir un certain nombre de mentions (nom et siège de la société consolidante, lien internet vers le rapport consolidé, mention de l'exemption, etc. : voir nº 76935).

GUIDE ET RECOMMANDATIONS POUR LA MISE EN ŒUVRE DU REPORTING DE DURABILITÉ

76970 Afin d'aider dans la mise en œuvre du reporting de durabilité, l'Efrag, la Commission européenne, l'Esma, l'AMF, l'Autorité des normes comptables, la H2A, la CNCC, l'Agence française anticorruption et le Committee of European Auditing Oversight Bodies (CEAOB) ont publié, sur leurs sites internet respectifs, un certain nombre de guides et recommandations auxquels les sociétés peuvent utilement se référer. Pour les données « taxonomie », voir nº 76966.

2. PETITES ET MOYENNES ENTREPRISES « COTÉES » ÉTABLIES EN FRANCE

76971 Les informations de durabilité que devront établir les sociétés qui sont des petites ou moyennes entreprises au sens de l'article L 230-1 et dont les **titres sont admis aux négociations sur un marché réglementé** (si cette obligation est maintenue : voir nº 76907) pourront se limiter aux **mentions** suivantes (art. R 22-10-29) :
– le modèle commercial et la stratégie de la société ;
– les politiques de la société en ce qui concerne les enjeux de durabilité ;
– les principales incidences négatives, réelles ou potentielles, de la société sur les enjeux de durabilité, et les mesures prises pour les recenser, les surveiller, les prévenir, les atténuer ou les corriger ;
– les principaux risques pour la société liés aux enjeux de durabilité et la manière dont elle les gère ;
– les indicateurs clés nécessaires pour l'ensemble des informations ci-dessus.

L'ordonnance 2023-1142 du 6 décembre 2023 prévoit que les **sociétés qui décident de ne pas préparer** des informations de durabilité au titre des exercices ouverts avant le 1er janvier 2028 devront par ailleurs expliquer brièvement, dans leur rapport de gestion, les **raisons** de cette décision (Ord. 2023-1142 art. 33, II-al. 9), disposition désormais devenue sans objet (nº 76907).

76972 Les informations de durabilité devront être établies conformément à des normes « ESRS » spécifiques aux petites et moyennes entreprises cotées, qui auraient dû être fixées par un **acte européen délégué** avant le 30 juin 2024 (Dir. UE 2013/34 du 26-6-2013 art. 29 quater sur renvoi de l'art. R 22-10-29).

ATTENTION

Cet acte délégué ne devrait toutefois pas être publié : la proposition de directive COM(2025) 81 du 26 février 2025 (incluse dans le train de mesures « Omnibus I » : nº 76900), qui envisage de soustraire les petites et moyennes entreprises du champ d'application du reporting de durabilité, prévoit en conséquence de supprimer l'article 29 quater précité (art. 2, 7). Cet acte délégué serait remplacé par un acte délégué fixant des **normes** pour les sociétés choisissant d'établir des informations de durabilité à titre **volontaire**, qui devrait se fonder sur le projet de normes volontaires élaborées par l'Efrag (normes dites « VSME » ; Commission européenne, Questions/réponses sur le train de mesures « Omnibus » du 26-2-2025 nos 5 et 8 ; voir Efrag Voluntary Sustainability Reporting Standard for non-listed SMEs du 17-12-2024). Dans l'attente de la publication de cet acte, la Commission européenne a publié une recommandation sur la base des normes volontaires de l'Efrag (C(2025) 4984 final du 30-7-2025).

3. AUTRES SOCIÉTÉS

CONTENU DES INFORMATIONS DE DURABILITÉ DES SOCIÉTÉS ÉTRANGÈRES « COTÉES » SUR UN MARCHÉ RÉGLEMENTÉ FRANÇAIS

76974 Les sociétés étrangères dont les titres sont admis aux négociations sur un marché réglementé français et qui sont tenues de préparer des informations de durabilité (nº 76922) devront préparer ces dernières conformément aux règles exposées nos 76960 s. si elles sont des **grandes entreprises** ou des sociétés **consolidantes de grands groupes** (C. mon. fin. art. R 451-1).

Si elles sont des **petites ou** des **moyennes entreprises,** elles pourront préparer des informations de durabilité conformément aux règles allégées exposées nº 76971 (même art.).

Ces sociétés devront établir les données « **taxonomie** » (même art.). Sur ces informations, voir nos 76964 s.

CONTENU DES INFORMATIONS DE DURABILITÉ DES SUCCURSALES OU FILIALES D'UNE SOCIÉTÉ ÉTABLIE HORS DE L'UE

Informations de durabilité allégées Les sociétés établies hors de l'UE ou de l'EEE, qui disposent d'une succursale dans l'UE et qui seront donc tenues d'établir un « **rapport sur les enjeux de durabilité** » sur une base individuelle (voir n° 76917), n'auront pas à y introduire toutes les informations listées n° 76960. Elles pourront en effet ne pas inclure les données suivantes (art. R 232-8-8) : 76976

– le degré de résilience du modèle commercial et de la stratégie de la société (ou du groupe) en ce qui concerne les risques liés aux enjeux de durabilité ;
– les opportunités que recèlent les enjeux de durabilité pour la société (ou le groupe) ;
– les principaux risques pour la société liés aux enjeux de durabilité, y compris ses principales dépendances et la manière dont la société (ou le groupe) gère ces risques ;
– les indicateurs relatifs aux informations listées ci-dessus.

Il en ira de même des sociétés françaises contrôlées par une société mère établie hors de l'UE et des succursales de sociétés contrôlées par une telle société mère, et qui seront tenues d'établir un « **rapport consolidé relatif aux enjeux de durabilité** » au niveau du groupe de cette dernière (art. R 233-16-7 ; sur les sociétés concernées, voir nos 76925 et 76928).

Les **normes spécifiques** aux informations de durabilité à établir par les entreprises de pays tiers seront définies par un règlement européen délégué attendu avant le 30 juin 2026 (art. R 232-8-8, II et R 233-16-7, II et, sur renvoi, Dir. UE 2013/34 du 26-6-2013 art. 40 ter modifié par dir. UE 2024/1306 du 29-4-2024). 76978

Possibilité de suivre les normes ESRS complètes Les sociétés visées n° 76976 pourront établir leur rapport sur les enjeux de durabilité individuel ou consolidé conformément aux normes applicables aux sociétés de l'UE qui répondent à la catégorie des **grandes entreprises** ou sociétés consolidantes de **grands groupes** exposées nos 76960 s. 76980

Ces informations pourront également être préparées en suivant des **normes** jugées **équivalentes** à ces dernières par la Commission européenne (art. R 232-8-8, II et R 233-16-7, II ; Dir. UE 2004/109 du 15-12-2004 art. 23 ; voir aussi Communication UE C/2023/305 du 20-10-2023 point 10 et Communication UE C/2024/6792 du 13-11-2024 point 44).

La préparation des informations selon ces normes ou ces normes équivalentes permettra aux sociétés faisant partie de la consolidation de bénéficier d'une **exemption** de préparer leurs propres informations de durabilité (art. R 232-8-5, III et R 233-16-4, III ; sur cette exemption, voir nos 76930 s.).

› **Précisions** La directive UE 2022/2464 du 14 décembre 2022 habilite la Commission européenne à adopter des mesures visant à déterminer l'**équivalence des normes** (Dir. UE 2004/109 art. 23), comme c'est déjà le cas des normes comptables (cf. Règl. CE 1569/2007 du 21-12-2007).

4. RECOURS AU RÉGIME TRANSITOIRE

En cas de recours à la « consolidation artificielle » permise par le régime transitoire (nos 76940 s.), ce sont les normes applicables aux **grandes entreprises** et sociétés consolidantes de **grands groupes** (nos 76960 s.) qui doivent être appliquées par la société préparant les informations de durabilité consolidées pour toutes les sociétés de l'UE contrôlées par cette société étrangère ; à défaut, ces dernières ne peuvent pas être dispensées de préparer leurs propres informations de durabilité (Ord. 2023-1142 du 6-12-2023 art. 35). 76982

Les informations de durabilité consolidées en vertu de ce régime transitoire doivent préciser la **liste des sociétés incluses** dans les informations consolidées. Elles peuvent par ailleurs inclure les données « **taxonomie** » (voir nos 76964 s.) pour l'ensemble de ces sociétés (Ord. 2023-1142 art. 35, I et III).

B. Périmètre et sélection des informations de durabilité

CHAÎNE DE VALEUR

Les informations de durabilité doivent porter non seulement sur les **activités propres** à la société (ou au groupe), mais aussi, s'il y a lieu, sur sa chaîne de valeur, y compris ses **produits et services,** ses **relations d'affaires** et sa **chaîne d'approvisionnement** 76990 (art. R 232-8-4, I-dernier al. et L 233-28-4, I ; Règl. délégué UE 2023/2772 du 31-7-2023 ann. I, ESRS 1 § 63 s.). Les informations concernant la chaîne de valeur doivent être fournies lorsque cela est nécessaire pour permettre aux utilisateurs de comprendre les enjeux de durabilité importants ou pour produire un ensemble d'informations répondant aux exigences qualitatives des informations (ESRS 1 § 65). Il n'est pas exigé que les informations soient fournies pour chacun des acteurs de la chaîne de valeur (ESRS 1 § 73).

Lorsque les informations concernant la chaîne de valeur ne sont pas toutes disponibles au titre des **trois premiers exercices** pour lesquels la société prépare des informations de durabilité (le cas échéant consolidées), la société peut expliquer dans son rapport les efforts déployés pour les obtenir, les raisons pour lesquelles elles n'ont pas pu être obtenues et les actions qu'elle envisage pour les obtenir à l'avenir (Décret 2023-1394 art. 23 ; Règl. délégué UE 2023/2772 ann. I, ESRS 1 § 132 s.).

› Précisions **a.** La chaîne de valeur s'entend à un **niveau mondial** (Dir. UE 2022/2464 du 14-12-2022 considérant 33).

b. L'**Efrag** a publié sur son site internet un **guide** sur la chaîne de valeur (Implementation Guidance Efrag IG 2, Value Chain du 31-5-2024). Elle y est définie comme l'ensemble des activités, des ressources et des relations liées au modèle d'affaires de l'entreprise et à l'environnement externe dans lequel elle évolue ; la chaîne de valeur englobe les activités, les ressources et les relations sur lesquelles l'entreprise s'appuie pour créer ses produits ou services, de la conception à la livraison, en passant par la consommation et la fin de vie (Implementation Guidance Efrag IG 2 précité § 23).

c. La proposition de directive COM(2025) 81 du 26 février 2025 (incluse dans le train de mesures « Omnibus I » : voir nº 76900) prévoit que les informations qu'une société pourrait demander aux **entreprises de moins de 1 000 salariés** faisant partie de sa chaîne de valeur ne pourraient pas aller au-delà de celles fixées par le règlement délégué applicable à la publication d'**informations de durabilité à titre volontaire** par ces entreprises, à l'exception des informations supplémentaires communément partagées entre les entreprises du secteur concerné (art. 2, 2 et 2, 4 ; principe du « plafond de la chaîne de valeur » ou « bouclier » : Commission européenne, Questions/réponses sur le train de mesures « Omnibus » du 26-2-2025 nºs 5 et 8). Sur les normes volontaires (dites « VSME »), voir nº 76972.

HORIZON TEMPOREL

76992 La **période de référence** des informations de durabilité doit correspondre à celle des états financiers (Règl. délégué UE 2023/2772 du 31-7-2023 ann. I, ESRS 1 § 73).

Les informations de durabilité doivent se référer à des horizons temporels à **court, moyen et long terme,** selon le cas (art. R 232-8-4, I).

La société doit mettre en évidence les liens appropriés entre les **informations rétrospectives et prospectives,** le cas échéant, afin de bien faire comprendre le rapport entre ces informations et présenter des informations **comparatives** au fil du temps (ESRS 1 § 74 s.).

› Précisions L'horizon à **court terme** est la période choisie par l'entreprise comme période de référence dans ses états financiers ; l'horizon à **moyen terme** s'étend jusqu'à cinq ans à compter de la fin de la période de référence ; l'horizon à **long terme** est celui au-delà de cinq ans (ESRS 1 § 77 s.).

ANALYSE DE DOUBLE MATÉRIALITÉ

76995 Les informations à divulguer doivent permettre de comprendre les **incidences de l'activité de la société** sur les enjeux de durabilité et la manière dont **ces enjeux influent sur l'évolution des affaires,** les résultats et la situation de la société (art. L 232-6-3, I).

Ces informations doivent ainsi répondre au principe de « double matérialité » (ou « double importance ») (Règl. délégué UE 2023/2772 du 31-7-2023 ann. I, ESRS 1 § 2 et 21 s.), qui implique aussi que les sociétés ne doivent inclure dans leur rapport de gestion que les informations sur les **enjeux de durabilité** qu'elles auront jugées **importants** au regard de leur **situation propre** (ou de celle du groupe) et de leur chaîne de valeur (ESRS 1 § 2, § 25 s. et ann. D).

Sur les enjeux de durabilité importants qu'elle a identifiés, la société doit présenter dans son rapport de gestion les informations requises par les normes ESRS (nº 76961), mais seulement si elles sont **pertinentes,** c'est-à-dire si elles présentent un intérêt pour décrire ou expliquer l'enjeu de durabilité ou répondent aux besoins des utilisateurs (investisseurs, prêteurs, partenaires, organisations syndicales, etc.) (ESRS 1 § 2 et 30 s.).

76996 Certaines **informations** de durabilité doivent toutefois être divulguées sans que le principe de double matérialité s'applique. Tel est le cas des informations transverses prévues par les normes dites « ESRS 2 » (Règl. délégué UE 2023/2772 du 31-7-2023 ann. I, ESRS 1 § 29 ; sur ces informations, voir Règl. délégué UE 2023/2772 ann. I, ESRS 2). Certaines autres informations sont **obligatoires** (par exemple, le descriptif du processus mis en œuvre pour identifier les informations de durabilité à faire figurer dans le rapport de gestion, la conclusion de l'évaluation de double matérialité sur le changement climatique, un tableau récapitulatif de l'information dont les acteurs financiers ont besoin pour remplir leurs propres obligations de transparence en application du règlement UE 2019/2088 du 27 novembre 2019 [« règlement SFDR »] ou encore, sur les thèmes jugés importants, les informations relatives aux politiques, actions et cibles ou la mention qu'il n'en existe pas).

Par ailleurs, si une société considère qu'une information n'est pas suffisamment couverte par les normes ESRS mais revêt de l'importance en raison de circonstances qui lui sont propres, elle doit en faire état (ESRS 1 § 11).

> Précisions **a.** L'**Efrag** a publié sur son site internet un **guide** sur l'évaluation de la double matérialité (Implementation Guidance Efrag IG 1, Materiality Assessment du 31-5-2024).
b. Pour l'**AMF**, les sociétés gagneront à mettre en œuvre rapidement leur processus d'évaluation de double matérialité, qui peut nécessiter un **travail conséquent** ; la description claire par les entreprises de leur démarche et de leurs hypothèses et arbitrages sera importante, en particulier pour les premiers exercices de reporting (Actualité et dossier AMF du 7-2-2024).

INFORMATIONS CONFIDENTIELLES

Secrets d'affaires Les informations portant sur des **évolutions imminentes** ou des **affaires en cours de négociation** peuvent être omises dans des cas exceptionnels, lorsque leur publication nuirait gravement à la position commerciale de la société ou du groupe (art. L 232-6-3, II, L 232-6-4, III, L 233-28-4, II et L 233-28-5, III). Cette dispense est subordonnée à un avis dûment motivé du conseil d'administration, du directoire ou du gérant (ou, à notre avis, du président ou du dirigeant désigné à cet effet dans les statuts des SAS), ou encore, le cas échéant, du représentant légal en France de la société étrangère (mêmes art.). L'omission de l'information ne doit pas faire obstacle à la compréhension juste et équilibrée de l'évolution des affaires de la société (ou du groupe), de ses résultats, de sa situation et des incidences de ses activités (mêmes art.). 76998

ATTENTION

Depuis sa modification par la loi 2025-391 du 30 avril 2025, l'article L 232-23, I-1° prévoit une disposition similaire pour les sociétés par actions françaises : lorsque, selon l'avis dûment motivé du conseil, du directoire ou du gérant, la publication de certaines informations de durabilité est de nature à **nuire gravement à la position commerciale** de la société, elles peuvent être omises du rapport de gestion ou du rapport sur la gestion du groupe déposé au greffe, à condition que cette omission ne fasse pas obstacle à la compréhension juste et équilibrée de la situation de la société et des incidences de son activité et que ces informations soient transmises à l'AMF. Plusieurs différences sont à noter avec les dispositions préexistantes : l'article L 232-23, I-1° ne s'applique qu'aux sociétés par actions françaises ; il ne limite pas la possibilité d'omettre des informations à celles qui portent sur des évolutions imminentes ou des affaires en cours de négociation ; il impose une condition supplémentaire (la transmission des informations à l'AMF, ce qui, d'ailleurs, peut surprendre, dans la mesure où des sociétés non « cotées » seront soumises au reporting de durabilité pour les exercices ouverts à compter du 1er janvier 2027).

> Précisions **a.** Aux termes des normes ESRS, une société qui publie des informations sur sa stratégie, ses plans et ses actions peut omettre une information particulière relative à la **propriété intellectuelle,** au **savoir-faire** ou à des **résultats d'innovations** dans la mesure où celle-ci est secrète, où elle a de ce fait une valeur commerciale et où l'entreprise a pris des mesures raisonnables pour la garder secrète (Règl. délégué UE 2023/2772 du 31-7-2023 ann. I, ESRS 1 § 106).
b. Selon l'exposé des motifs de la directive CSRD, il n'est pas exigé des sociétés qu'elles divulguent un capital intellectuel, une propriété intellectuelle, un savoir-faire ou des résultats d'innovations pouvant être qualifiés de **secrets d'affaires** (Dir. UE 2022/2464 du 14-12-2022 considérant 34). Est qualifiée de secret d'affaires toute information répondant aux critères suivants : elle n'est pas, en elle-même ou dans la configuration et l'assemblage exacts de ses éléments, généralement connue ou aisément accessible pour les personnes familières de ce type d'informations en raison de leur secteur d'activité ; elle revêt une valeur commerciale, effective ou potentielle, du fait de son caractère secret ; elle fait l'objet de la part de son détenteur légitime de mesures de protection raisonnables, compte tenu des circonstances, pour en conserver le caractère secret (art. L 151-1 ; voir Mémento Droit commercial nos 13652 s.).

Informations classifiées ou sensibles Même si ces informations sont considérées comme importantes, une société n'est pas tenue de divulguer des informations « classifiées » (c'est-à-dire définies comme telles dans la décision du Conseil européen 2013/488 du 23-9-2013) ou « sensibles » (au sens du règlement UE 2021/697 du 29-4-2021) (Règl. délégué UE 2023/2772 du 31-7-2023 ann. I, ESRS 1 § 105 et ann. II-tableau 2). Il s'agit des données dont la diffusion pourrait nuire à certains intérêts protégés (intérêts de l'UE ou des États membres, par exemple). 76999

SECTION 4

CERTIFICATION DES INFORMATIONS DE DURABILITÉ

SOCIÉTÉS TENUES DE DÉSIGNER UN VÉRIFICATEUR DES INFORMATIONS DE DURABILITÉ

77000 Afin de garantir la fiabilité des informations de durabilité, les sociétés tenues d'établir ces informations doivent désigner un vérificateur dont la mission est de certifier ces informations (art. L 232-6-3, III et L 233-28-4, III).

> **Précisions** Le vérificateur peut être désigné **de façon volontaire** (art. L 821-46 pour les commissaires aux comptes et L 822-20, al. 4 pour les OTI). À notre avis, cette possibilité a été prévue dans le cas où une société établirait **volontairement des informations de durabilité,** aucune disposition n'imposant dans un tel cas à une société de désigner un vérificateur afin de certifier ces informations (dans le même sens, Communication UE C/2024/6792 du 13-11-2024 point 77).

A. Choix des vérificateurs des informations de durabilité

1. PERSONNES POUVANT CERTIFIER LES INFORMATIONS DE DURABILITÉ

77003 Qu'il soit nommé volontairement ou non, le **commissaire aux comptes** désigné afin de certifier les informations de durabilité peut, en l'absence de dispositions contraires, être celui en charge de la certification des comptes de la société (dans le même sens, Foire aux questions de la H2A sur la mission de certification des informations en matière de durabilité).

Si le vérificateur est un **OTI** (art. L 822-1, II-1°), c'est-à-dire une personne morale accréditée par le Cofrac (art. L 822-1, II-1°), la mission doit être réalisée par un auditeur des informations de durabilité, personne physique également accréditée par le Cofrac, associée, actionnaire, dirigeante, y compris comme membre d'un organe de gestion, d'administration ou de surveillance, ou salariée de cet OTI (art. L 822-1).

L'**auditeur des informations de durabilité** signe le rapport de certification des informations de durabilité et ne peut exercer cette mission qu'au nom d'un seul OTI dont il est associé, actionnaire, dirigeant ou salarié (art. L 822-6, al. 2). Par dérogation à ce qui précède, un auditeur des informations de durabilité associé, actionnaire ou dirigeant d'un OTI peut exercer cette mission simultanément au sein d'un groupe de sociétés inscrites sur la liste visée n° 77005, formé par une société et les sociétés qu'elle contrôle au sens de l'article L 233-16, II et III. L'exercice de la mission est également possible simultanément au sein de deux sociétés inscrites sur la liste précitée dans le cas où la moitié au moins de leurs associés ou actionnaires sont communs (art. L 822-6, al. 3 modifié par loi 2025-391 du 30-4-2025).

2. VÉRIFICATEURS DES INFORMATIONS DE DURABILITÉ INSCRITS

77005 Pour pouvoir certifier les informations de durabilité, le vérificateur doit être inscrit sur une des **listes** suivantes tenues par la H2A :

– liste des commissaires aux comptes personnes physiques inscrits habilités à réaliser une mission de certification des informations de durabilité visée à l'article L 821-13, II ;

– liste des OTI visée à l'article L 822-3 ;

– liste des auditeurs des informations de durabilité visée à l'article L 822-4.

Toute clause contractuelle qui limite le choix de l'assemblée générale ou de l'organe exerçant une fonction analogue compétent à certaines catégories ou listes de commissaires aux comptes ou d'OTI est réputée non écrite (art. L 821-40, I-al. 6 pour les commissaires aux comptes et L 822-17, al. 4 pour les OTI).

Les délibérations prises sur le rapport d'un commissaire aux comptes demeuré en fonctions bien qu'il ne soit plus inscrit sur une liste sont nulles (nº 77650 ; art. L 821-5, al. 1 modifié, à compter du 1-1-2027, par ord. 2025-229 du 12-3-2025 afin de rendre cette nullité facultative et de l'étendre aux auditeurs des informations de durabilité ; Ord. 2025-229 art. 70).

En outre, l'exercice illégal de la profession de commissaire aux comptes ou de l'activité d'auditeur des informations de durabilité est puni d'un an d'emprisonnement et de 15 000 € d'amende (art. L 821-7, 2° pour les commissaires aux comptes et L 822-41, 2° pour les auditeurs des informations de durabilité).

Le **retrait de l'accréditation** par le Cofrac emporte le retrait de l'OTI et des auditeurs des informations de durabilité qui lui sont rattachés de leur liste respective (art. R 822-5, al. 3).

3. INDÉPENDANCE DU VÉRIFICATEUR DES INFORMATIONS DE DURABILITÉ ET INCOMPATIBILITÉS

INCOMPATIBILITÉS GÉNÉRALES LIÉES À LA PROFESSION DU VÉRIFICATEUR DES INFORMATIONS DE DURABILITÉ

Sur les incompatibilités générales liées à l'exercice de la profession de **commissaire aux** 77007
comptes, voir nº 77575. Aucune incompatibilité générale similaire n'a été prévue par le Code de commerce s'agissant des **OTI** et des auditeurs des informations de durabilité.

INCOMPATIBILITÉS RELATIVES À LA SOCIÉTÉ CONTRÔLÉE

Interdiction de certification dans les EIP Le vérificateur ne peut pas accepter 77010
une mission de certification des informations de durabilité dans une EIP lorsque, au cours de l'**exercice précédant** celui au titre duquel la mission est réalisée, ce dernier ou tout membre du réseau auquel il appartient a fourni, directement ou indirectement, certains services à l'EIP ou aux sociétés qui la contrôlent ou qui sont contrôlées par elle dans l'UE au sens de l'article L 233-3, I et II (art. L 821-28, I pour les commissaires aux comptes et L 822-13, al. 1 pour les OTI). Pour plus de détails sur cette interdiction, qui est identique pour les commissaires aux comptes et les OTI, voir nº 77577.

Services interdits dans les EIP dont les informations de durabilité sont 77012
contrôlées Comme le **commissaire aux comptes** en charge d'une mission de certification des informations de durabilité, l'**OTI** d'une EIP et les membres du réseau auquel il appartient ne peuvent pas fournir certains services à cette EIP et aux sociétés qui la contrôlent ou qui sont contrôlées par elle au sens de l'article L 233-3, I et II et dont le siège social est situé dans l'UE (art. L 822-13, al. 2) : voir nº 77583.

Lorsqu'un membre du réseau auquel appartient l'**OTI** d'une EIP fournit une prestation inter- 77014
dite à une société contrôlée par cette EIP au sens de l'article L 233-3, I et II et dont le siège est situé hors de l'UE, l'OTI doit suivre les mêmes règles que celles exposées nº 77584 pour le **commissaire aux comptes** (art. L 822-13, al. 4).

L'OTI d'une EIP ou les membres du réseau auquel il appartient peuvent fournir à celle-ci ou 77016
aux sociétés qui la contrôlent ou qui sont contrôlées par elle au sens de l'article L 233-3, I et II des **services** autres que la certification des informations de durabilité **qui ne sont pas interdits** dans les mêmes conditions que les commissaires aux comptes (art. L 822-13, al. 5 ; nº 77585). Outre les sanctions applicables à l'OTI, le non-respect de cette obligation peut entraîner des sanctions pour l'EIP concernée et pour ses dirigeants (nº 77142).

Services interdits dans une société autre qu'une EIP Comme le **commissaire** 77018
aux comptes (nº 77586), l'**OTI** d'une société autre qu'une EIP ne peut pas accepter ou poursuivre une mission de certification des informations de durabilité lorsqu'il existe un risque que cette mission le conduise à apprécier une prestation qu'il aurait lui-même fournie à cette société ou que son indépendance est compromise et que des mesures de sauvegarde appropriées ne peuvent pas être mises en œuvre (art. L 822-13, al. 3).

Autres interdictions De la même façon qu'un commissaire aux comptes (nºs 77587 s.), 77020
un OTI ou un auditeur des informations de durabilité ne peut pas **prendre, recevoir ou conserver,** directement ou indirectement, un **intérêt** auprès de la société pour laquelle il exerce une mission de certification, ou auprès d'une société qui la contrôle ou qui est contrôlée par elle au sens de l'article L 233-3, I et II (art. L 822-8, al. 1).

Les OTI et les auditeurs des informations de durabilité sont également soumis à des incompatibilités issues du **Code de déontologie** des commissaires aux comptes (nos 77588 s.), qui leur est applicable (art. L 822-7) ; précisons que ce Code n'a pas été modifié, à la date de mise à jour des présents développements, pour tenir compte de la nouvelle mission de certification des informations de durabilité.

> Précisions Les associés, actionnaires, dirigeants, salariés de l'OTI qui participent à la mission de certification, ainsi que toute **autre personne** participant à la mission de certification des informations de durabilité, de même que les personnes qui leur sont étroitement liées ou qui sont étroitement liées à l'auditeur des informations de durabilité au sens de l'article 3, 26 du règlement UE 596/2014 du 16 avril 2014, ne peuvent détenir d'intérêt substantiel et direct dans la société pour laquelle ils exercent une mission, ni réaliser de transaction portant sur un instrument financier émis, garanti ou autrement soutenu par cette société, sauf s'il s'agit d'intérêts détenus par l'intermédiaire d'organismes de placement collectif diversifiés, y compris de fonds gérés tels que des fonds de pension ou des assurances sur la vie (art. L 822-8, al. 2). La même interdiction s'applique s'agissant des associés et des salariés d'un commissaire aux comptes (no 77587).

INCOMPATIBILITÉS TEMPORAIRES ET INTERDICTIONS

77022 **Exercice par un vérificateur de fonctions dans la société contrôlée** Comme les commissaires aux comptes et les membres signataires d'une société de commissaires aux comptes, les auditeurs des informations de durabilité ne peuvent pas exercer certaines fonctions au sein d'une société pour laquelle ils ont exercé une mission de certification des informations de durabilité ou d'une société contrôlée ou qui contrôle cette société au sens de l'article L 233-3, I et II pendant une période de **trois ans** après la cessation de cette mission (art. L 822-9, al. 1 et 2).

Cette même interdiction s'applique à toute personne inscrite sur la liste des personnes physiques qui remplissent les conditions pour exercer la mission de certification des informations de durabilité autre que les auditeurs des informations de durabilité pendant une durée d'**un an** suivant sa participation à la mission (art. L 822-9, al. 3).

Sur ces questions, voir no 77600.

77024 **Nomination comme vérificateur d'un ancien dirigeant ou salarié de la société contrôlée** Les personnes ayant été dirigeants ou salariés d'une société ne peuvent pas, pendant une certaine période, certifier les informations de durabilité de cette société, ou de certaines sociétés ayant des liens capitalistiques avec elle (art. L 821-33 pour les commissaires aux comptes et L 822-10 pour les OTI et les auditeurs des informations de durabilité ; pour plus de détails, voir no 77602).

77026 **Obligation de rotation dans les EIP** Comme les commissaires aux comptes **personnes physiques** exerçant à titre individuel (no 77603), les auditeurs des informations de durabilité d'EIP sont soumis à une obligation de rotation (art. L 822-12).

De même, si une EIP désigne un commissaire aux comptes unique **personne morale** ou un OTI unique, ce vérificateur ne peut plus certifier ses informations de durabilité au-delà d'une certaine période (art. L 821-45 pour les commissaires aux comptes et L 822-21 pour les OTI).

Pour plus de détails, voir no 77604.

SANCTIONS DES INCOMPATIBILITÉS

77030 **Sanctions civiles** Les délibérations prises sur le rapport d'un commissaire aux comptes nommé ou demeuré en fonctions malgré une incompatibilité sont nulles (art. L 821-5, al. 1 modifié, à compter du 1-1-2027, par ord. 2025-229 du 12-3-2025 afin de rendre cette nullité facultative et de l'étendre aux auditeurs des informations de durabilité ; Ord. 2025-229 art. 70 ; voir nos 77650 s.).

Aucune disposition similaire à l'article L 821-5 n'a été prévue dans le chapitre du Code de commerce consacré aux OTI. Les délibérations de l'assemblée générale ordinaire n'encourent donc pas la nullité si elles ont été prises sur le rapport d'un OTI nommé ou demeuré en fonctions malgré une incompatibilité.

77032 **Sanctions pénales** La violation des incompatibilités légales par un vérificateur l'expose à une sanction pénale (art. L 821-8 pour les commissaires aux comptes et L 822-42 pour les auditeurs des informations de durabilité). Sur cette sanction, qui est identique pour les commissaires aux comptes et les auditeurs des informations de durabilité, voir nos 77607 s.

77034 **Sanctions administratives** Outre des sanctions disciplinaires applicables aux vérificateurs, le Code de commerce prévoit des sanctions prononcées par la H2A à l'encontre des sociétés contrôlées et de leurs dirigeants pour certains manquements aux règles d'incompatibilité (nos 77142 et 77150).

B. Désignation des vérificateurs des informations de durabilité

MODE DE DÉSIGNATION DES VÉRIFICATEURS DES INFORMATIONS DE DURABILITÉ

Le vérificateur doit être désigné conformément aux dispositions du Titre II du Livre VIII du Code de commerce (art. L 232-6-3, III et L 233-28-4, III). 77040

Ainsi, en cours de vie sociale, l'organe compétent pour désigner le vérificateur est l'assemblée générale ordinaire pour les sociétés dotées de cette instance ou l'organe exerçant une fonction analogue compétent pour les autres sociétés (art. L 821-40, I-al. 2 pour les commissaires aux comptes et L 822-17, al. 1 pour les OTI).

Le vérificateur peut également être désigné par les statuts lorsque la nomination est réalisée au moment de la constitution de la société (art. L 821-40, I-al. 2 pour les commissaires aux comptes et L 822-17, al. 1 pour les OTI).

Pour des précisions sur les modalités de désignation des vérificateurs, qui sont identiques qu'il s'agisse d'un commissaire aux comptes ou d'un OTI, voir nos 77612 s.

INFORMATIONS À FOURNIR AVANT LA DÉSIGNATION DU VÉRIFICATEUR

L'**OTI** affilié à un réseau, national ou international, qui n'a pas pour activité exclusive la réalisation de missions de certification des informations de durabilité, et dont les membres ont un intérêt économique commun, doit informer par écrit la société pour le compte de laquelle la mission serait réalisée de cette situation. Le cas échéant, il doit l'informer également de la nature des services, autres que la réalisation de la mission de certification des informations de durabilité, fournis par ce réseau à la société, aux sociétés qui la contrôlent ou qui sont contrôlées par elle au sens de l'article L 233-3, I et II, ainsi que du montant global des sommes perçues par ce réseau au titre de ces services (art. L 822-16, I-al. 1). 77042

Les informations relatives au **montant global des sommes** perçues sont intégrées aux documents mis à la disposition des actionnaires avant le vote. Actualisées chaque année par l'OTI, elles sont mises à la disposition des associés ou actionnaires au siège de la société pour laquelle il envisage de réaliser une mission (art. L 822-16, I-al. 1).

Dans les EIP, le détail des services fournis peut être communiqué, à sa demande, au comité d'audit ou, selon le cas, à l'organe chargé de l'administration ou à l'organe de surveillance (art. L 822-16, I-al. 3).

Le commissaire aux comptes doit fournir des informations similaires (voir no 77613).

Le vérificateur doit également vérifier et consigner certains éléments avant d'accepter une mission de certification des informations de durabilité (art. L 821-4, I pour les commissaires aux comptes et L 822-16, I pour les OTI ; sur ces éléments, qui sont identiques pour les commissaires aux comptes et les OTI, voir no 77614). 77043

RÈGLES PARTICULIÈRES À LA NOMINATION D'UN VÉRIFICATEUR DANS UNE EIP

Les vérificateurs désignés auprès d'une EIP ou d'une société de financement doivent publier sur leur site internet, dans les quatre mois suivant la clôture de l'exercice, un **rapport de transparence** (art. D 821-197 pour les commissaires aux comptes et R 822-30 pour les OTI ; sur cette obligation, qui est identique pour les commissaires aux comptes et les OTI, voir no 77617). 77044

PUBLICITÉ DE LA NOMINATION DU VÉRIFICATEUR

La nomination des commissaires aux comptes doit être publiée dans les conditions décrites no 77623. En revanche, aucune disposition ne prévoit une telle publicité s'agissant de la nomination des OTI. 77046

OBLIGATION DE DÉSIGNER UN VÉRIFICATEUR SUPPLÉANT

Si le vérificateur nommé par la société est un commissaire aux comptes **personne physique ou une société unipersonnelle,** la société doit désigner dans les mêmes conditions un ou plusieurs commissaires aux comptes suppléants (art. L 821-40, I-al. 3). 77048

Si le vérificateur est un OTI qui ne comporte qu'**un seul auditeur** des informations de durabilité, un ou plusieurs commissaires aux comptes suppléants et/ou un ou plusieurs OTI suppléants doivent être désignés dans les mêmes conditions par la société (art. L 822-17, al. 2).

Sur les modalités de désignation du suppléant et les cas dans lesquels il est amené à remplacer le titulaire, qui sont identiques qu'il s'agisse d'un commissaire aux comptes ou d'un OTI, voir nos 77555 s.

ATTENTION

Si le suppléant d'un OTI peut être un commissaire aux comptes (art. L 822-17, al. 2), il n'est pas prévu à l'article L 821-40, I-al. 3 que le suppléant d'un commissaire aux comptes puisse être un OTI.

NOMBRE DE VÉRIFICATEURS DES INFORMATIONS DE DURABILITÉ

77050 Les sociétés qui doivent établir des **informations consolidées** de durabilité peuvent ne nommer qu'un seul vérificateur. Elles ont néanmoins la possibilité de nommer soit plusieurs commissaires aux comptes, soit plusieurs OTI, soit un commissaire aux comptes et un OTI (art. L 821-41, al. 2 pour les commissaires aux comptes et L 822-18, al. 1 pour les OTI).

C. Durée et prise des fonctions des vérificateurs des informations de durabilité

77052 Le vérificateur est nommé pour un mandat de six exercices (art. L 821-44, al. 1 pour les commissaires aux comptes et L 822-20, al. 1 pour les OTI).

Cependant, un **dispositif dérogatoire** permet de nommer le vérificateur pour une durée plus courte (Ord. 2023-1142 du 6-12-2023 art. 38 ; voir nº 77628).

Enfin, lorsque le vérificateur est désigné par une société de manière volontaire, cette dernière peut décider de limiter son mandat à **trois exercices** (art. L 821-46 pour les commissaires aux comptes et L 822-20, al. 4 pour les OTI).

Les règles relatives à la date d'entrée en fonctions (nº 77631) et au terme des fonctions (nº 77632) des commissaires aux comptes sont applicables aux OTI.

D. Défaut de nomination d'un vérificateur des informations de durabilité

DÉSIGNATION EN JUSTICE DU VÉRIFICATEUR DES INFORMATIONS DE DURABILITÉ

77054 À défaut de nomination d'un **commissaire aux comptes** pour la certification des informations de durabilité par l'assemblée générale ou l'organe compétent, tout associé peut demander en référé au président du tribunal de commerce la désignation d'un commissaire aux comptes (nº 77640). À notre avis, cette demande ne pourra pas aboutir si un OTI a été désigné afin de certifier les informations de durabilité.

Aucune disposition similaire à l'article L 821-47 n'a été prévue dans le chapitre du Code de commerce consacré aux **OTI.** En cas de défaut de désignation d'un vérificateur, les associés devront donc demander au juge de désigner un commissaire aux comptes et non un OTI.

SANCTIONS DU DÉFAUT DE DÉSIGNATION D'UN VÉRIFICATEUR DES INFORMATIONS DE DURABILITÉ

77056 **Sanctions civiles** Sont nulles les délibérations des assemblées générales ordinaires prises à défaut de désignation régulière des **commissaires aux comptes** ou sur le rapport de commissaires nommés ou demeurés en fonctions contrairement aux dispositions légales (art. L 821-5, al. 1 ; voir nºs 77650 s.).

Faute de distinction à l'article L 821-5, la nullité semble encourue à défaut de nomination ou de nomination irrégulière du commissaire aux comptes chargé de certifier les informations de durabilité et s'agissant du rapport de certification des informations de durabilité établi par un commissaire irrégulièrement nommé ou demeuré en fonctions.

On regrette que l'article L 821-5 n'écarte pas expressément la nullité pour défaut de nomination d'un commissaire chargé de certifier les informations de durabilité lorsqu'un OTI a été nommé pour effectuer cette mission. Si aucun commissaire aux comptes ni OTI n'a été nommé pour certifier les informations de durabilité, tout risque de nullité ne peut pas être écarté sur le fondement de cet article.

En revanche, aucune disposition similaire à l'article L 821-5, al. 1 ne figure dans le Chapitre du Code de commerce consacré aux **OTI.** Les délibérations de l'assemblée générale ordinaire n'encourent donc pas la nullité si un OTI a été irrégulièrement désigné ou si les délibérations ont été prises sur un rapport de certification établi par un OTI nommé ou demeuré en fonctions contrairement aux dispositions légales.

› Précisions La **CNCC** (CNCC EJ 2024-17 décembre 2024) et l'**Ansa** (Communication Ansa, comité juridique n° 25-007 du 5-2-2525) estiment pour leur part que la nullité des délibérations ne peut pas être encourue en cas de défaut de désignation d'un commissaire aux comptes pour certifier les informations de durabilité. En tout état de cause, la loi prévoira expressément, **à compter du 1er janvier 2027,** que sera encourue la nullité des délibérations prises en l'absence de désignation d'un commissaire aux comptes chargé de certifier les informations de durabilité et étendra cette nullité aux auditeurs des informations de durabilité (art. L 821-5 modifié, à compter du 1-1-2027, par ord. 2025-229 du 12-3-2025 ; Ord. 2025-229 art. 70).

Sanctions pénales Les sanctions pénales encourues par les dirigeants qui n'auraient pas désigné un vérificateur alors que leur société y est tenue ont été supprimées (art. L 821-6, 2° pour les commissaires aux comptes et L 822-40 pour les OTI abrogés par loi 2025-391 du 30-4-2025). Un doute subsiste néanmoins s'agissant de l'efficacité de cette mesure concernant les commissaires aux comptes (voir n° 77654). **77058**

Sanctions administratives Outre des sanctions disciplinaires applicables aux vérificateurs, le Code de commerce prévoit des sanctions prononcées par la H2A à l'encontre des sociétés contrôlées et de leurs dirigeants pour certains manquements aux règles de nomination des vérificateurs (nos 77142 et 77150). **77059**

E. Cessation des fonctions des vérificateurs des informations de durabilité

TERME DES FONCTIONS DU VÉRIFICATEUR DES INFORMATIONS DE DURABILITÉ

Terme des fonctions du vérificateur titulaire Les fonctions du vérificateur, désigné lors de la constitution de la société ou postérieurement, prennent fin après la délibération de l'assemblée générale ou de l'organe compétent ayant statué sur les comptes du sixième exercice (art. L 821-44, al. 1 pour les commissaires aux comptes et L 822-20, al. 1 pour les OTI), quelle que soit la date de cette délibération (pour plus de détails sur le terme des fonctions du vérificateur, qui est identique qu'il s'agisse d'un commissaire aux comptes ou d'un OTI, voir nos 77700 s.). **77060**

Le vérificateur dont le renouvellement de mandat n'est pas proposé à l'assemblée ou à l'organe compétent peut, s'il le demande, être entendu par cette assemblée ou cet organe (art. L 821-51 pour les commissaires aux comptes et L 822-23 pour les OTI). **77062**

Terme des fonctions du vérificateur suppléant Si un vérificateur suppléant a été nommé (voir n° 77048), celui-ci est nommé pour le même nombre d'exercices que le titulaire (art. L 821-40 pour les commissaires aux comptes et L 822-17 pour les OTI). Ses fonctions prennent donc fin à la date d'expiration du mandat confié au titulaire. **77064**
Lorsque le suppléant est appelé aux fonctions de titulaire, il convient de désigner un nouveau suppléant qui, nommé en remplacement de l'ancien vérificateur, demeure en fonctions jusqu'à l'expiration du mandat de ce dernier (art. L 821-44, al. 2 pour les commissaires aux comptes et L 822-20, al. 2 pour les OTI).

Terme des fonctions du commissaire désigné en justice Sur le terme des fonctions du commissaire aux comptes désigné en justice pour certifier les informations de durabilité, voir n° 77704. **77066**

DÉMISSION DES VÉRIFICATEURS DES INFORMATIONS DE DURABILITÉ

Les vérificateurs doivent, en principe, exécuter leur mission jusqu'à son terme puisqu'ils en *ont pris* l'engagement. Toutefois, ils peuvent démissionner de leurs fonctions pour **motifs légitimes,** dont le Code de déontologie des commissaires aux comptes (C. déont. com. art. 28), applicable aux OTI (art. L 822-7) mais non modifié, à la date de mise à jour des présents développements, pour tenir compte de la nouvelle mission de certification des informations de durabilité, dresse une liste (voir n° 77720). **77068**

RÉCUSATION DES VÉRIFICATEURS DES INFORMATIONS DE DURABILITÉ

Un ou plusieurs vérificateurs peuvent être récusés pour **juste motif** dans les conditions exposées nos 77710 s., qui sont identiques pour les commissaires aux comptes et pour les OTI (art. L 821-49, L 22-10-67 et R 821-176 pour les commissaires aux comptes ; art. L 822-22, I et R 822-19 pour les OTI). **77070**

RELÈVEMENT JUDICIAIRE DES VÉRIFICATEURS DES INFORMATIONS DE DURABILITÉ

77072 En cas de **faute** ou d'**empêchement,** les vérificateurs peuvent être relevés de leur mission avant l'expiration normale de celle-ci dans les conditions exposées nos 77750 s., qui sont identiques pour les commissaires aux comptes et pour les OTI (art. L 821-50, L 22-10-70 et R 821-176 pour les commissaires aux comptes ; art. L 822-22, II et R 822-19, I pour les OTI).

EMPÊCHEMENT DES VÉRIFICATEURS DES INFORMATIONS DE DURABILITÉ

77074 Comme le commissaire aux comptes (no 77730), l'OTI peut être en situation d'empêchement **définitif ou temporaire** (art. L 822-17, al. 3). Dans les deux cas, il est remplacé par son suppléant s'il en a été désigné un (no 77048).

77076 **Incapacité des vérificateurs ou incompatibilité avec leurs fonctions** En cas de survenance d'une incapacité ou d'une incompatibilité, le vérificateur doit cesser immédiatement sa mission, sous peine de sanctions pénales (no 77032) ; à défaut, il peut être **relevé** de sa mission car il y a empêchement au sens de l'article L 821-50 pour les commissaires aux comptes, sur renvoi de l'article L 822-22, II pour les OTI et même **faute** de sa part s'il laisse se prolonger une situation irrégulière.

77080 **Omission et retrait de la liste des vérificateurs** Tout **auditeur des informations** de durabilité peut demander à être omis provisoirement de la liste des personnes physiques habilitées à certifier les informations de durabilité visée à l'article L 822-4 (art. R 822-13, I-al. 4).

L'**OTI** peut être retiré de la liste des personnes morales habilitées à certifier les informations de durabilité visée à l'article L 822-3 par la H2A en cas de non-déclaration du montant total des sommes qu'il a facturées au cours de l'année civile précédente aux sociétés dont il a certifié les informations de durabilité ou en cas de non-paiement de ses cotisations professionnelles (art. R 822-12, I-al. 3).

Le retrait de la liste mentionnée à l'article L 822-3 emporte interdiction de faire état de la qualité d'OTI pour la certification des informations de durabilité ainsi que le retrait des auditeurs des informations de durabilité qui lui sont rattachés de la liste des personnes physiques habilitées à certifier les informations de durabilité mentionnée à l'article L 822-4 (art. R 822-12, II).

Sur l'omission et le retrait provisoire des listes des **commissaires aux comptes,** voir nos 77732 et 77733.

77082 **Interdiction temporaire et suspension provisoire du vérificateur** L'interdiction temporaire est une sanction disciplinaire qui prive l'**OTI ou l'auditeur des informations de durabilité,** pendant la durée de la sanction, de la possibilité d'exercer sa mission (art. R 822-40, al. 1). L'interdiction temporaire peut être prononcée par la H2A et ne peut pas excéder trois ans (art. L 822-31, L 822-37 et R 822-40).

Une suspension provisoire d'une durée maximale de six mois peut être prononcée par la H2A à l'encontre d'un auditeur des informations de durabilité lorsque des faits d'une particulière gravité apparaissent de nature à justifier des sanctions pénales ou disciplinaires (art. L 821-76 sur renvoi de l'art. L 822-35).

Sur l'interdiction temporaire et la suspension provisoire du **commissaire aux comptes,** voir no 77734.

77084 **Radiation de la liste des vérificateurs** La radiation de la liste peut intervenir à la demande de l'**OTI** ou de l'**auditeur des informations de durabilité** (par exemple, en cas de départ à la retraite), à son décès ou à titre de sanction prononcée par la H2A (art. L 822-37). Lorsqu'elle constitue une sanction, et à la différence de l'interdiction temporaire ou de la suspension provisoire, elle est définitive, de sorte que l'OTI ou l'auditeur des informations de durabilité radié n'est plus susceptible de reprendre un jour son activité (art. R 822-40) et il ne peut plus solliciter sa réinscription sur la liste. En conséquence, le suppléant, lorsqu'il en a été désigné un (voir no 77048), remplace l'OTI pour toute la durée de son mandat restant à courir.

Sur la radiation des **commissaires aux comptes,** voir no 77735.

77086 **Effets des mesures d'empêchement du vérificateur** L'**OTI** temporairement interdit ou radié doit en informer sans délai, à compter du caractère définitif de la décision, les sociétés auprès desquelles il exerce sa mission. Il doit également restituer à ces sociétés les documents qu'il détient pour le compte de celles-ci ainsi que les sommes déjà perçues qui ne correspondent pas au remboursement des frais engagés ou à un travail effectivement accompli (art. R 822-41).

Sur les effets des mesures d'empêchement du **commissaire aux comptes,** voir nº 77737.

CONSÉQUENCES DE LA CESSATION DES FONCTIONS DU VÉRIFICATEUR DES INFORMATIONS DE DURABILITÉ

Publicité de la cessation des fonctions du vérificateur Si la cessation des fonctions du commissaire aux comptes doit donner lieu à la réalisation de formalités de publicité (nº 77780), aucune disposition similaire n'est prévue pour les OTI. 77088

Information du nouveau vérificateur L'OTI ou l'auditeur des informations de durabilité dont le mandat est expiré, qui a été révoqué, relevé de ses fonctions, suspendu, interdit temporairement d'exercer, radié, omis ou a donné sa démission permet à l'OTI, à l'auditeur des informations de durabilité ou au commissaire aux comptes lui succédant d'accéder à toutes les informations et à tous les documents pertinents concernant la société objet de sa mission (art. L 822-20, al. 3). 77090

La même obligation s'applique au **commissaire aux comptes** (nº 77785).

F. Mission de certification des informations de durabilité

LETTRE DE MISSION DES VÉRIFICATEURS DES INFORMATIONS DE DURABILITÉ

Une lettre de mission doit être établie par le commissaire aux comptes préalablement à la réalisation de sa mission. Elle doit préciser notamment les engagements des parties et le montant des honoraires, qui tient compte de l'importance des diligences à mettre en œuvre (art. R 821-195). Aucune disposition similaire n'est prévue par le Code de commerce s'agissant des OTI. Ce dernier doit, à notre avis, tout de même établir une telle lettre (dans le même sens, Lignes directrices H2A du 2-10-2024 sur la mission de certification des informations en matière de durabilité). 77092

En l'**absence de norme d'exercice professionnel homologuée** déterminant le contenu de la lettre de mission devant être établie par le vérificateur dans le cadre de sa mission de certification des informations de durabilité à la date de mise à jour des présents développements, il convient de se référer aux **Lignes directrices** précitées de la H2A pour déterminer le contenu de cette lettre, lesquelles précisent que, avant d'engager ses travaux, le vérificateur doit établir une lettre de mission qui définit les termes et conditions de ses travaux et qui doit contenir les éléments suivants :

– l'objectif et l'étendue de la mission de certification des informations de durabilité et de contrôle des exigences de publication des informations prévues par le référentiel taxonomie ;
– le calendrier d'intervention ;
– le cas échéant, la répartition des travaux entre les covérificateurs ;
– le nom du ou des signataires du rapport de certification des informations de durabilité et de contrôle des exigences de publication des informations prévues par le référentiel taxonomie ;
– le cas échéant, l'examen des travaux d'assurance réalisés par le ou les vérificateurs des informations de durabilité des entités comprises dans le périmètre de l'information consolidée de durabilité ;
– l'éventuel recours, sous la responsabilité du vérificateur, pour la réalisation de certains travaux, à des collaborateurs externes et/ou des experts ;
– la nécessité de mettre à la disposition du vérificateur tout document, pièce justificative ou autre information demandée dans le cadre de ses travaux ;
– la nécessité de laisser au vérificateur libre accès aux personnes physiques au sein de la société ou externes à celle-ci auprès desquelles le vérificateur considère qu'il est nécessaire de recueillir des informations ;
– la demande d'une confirmation écrite du représentant légal de la société, usuellement qualifiée de lettre d'affirmation, qui concerne les déclarations faites au vérificateur et nécessaires à sa mission ;
– le budget d'honoraires de la mission d'assurance limitée ainsi que, le cas échéant, la répartition de ce budget entre les covérificateurs et les conditions de facturation.

Le vérificateur doit demander au représentant légal de la société d'accuser réception de la lettre de mission et de confirmer son **accord sur les modalités** exposées et si cela s'avère nécessaire au cours de sa mission il doit revoir les termes de la lettre de mission initiale et demander au représentant légal de la société son accord sur les modalités révisées (H2A, Lignes directrices précitées).

Dans le cas où la mission de certification des informations, le cas échéant consolidées, de durabilité est confiée à **plusieurs vérificateurs,** ceux-ci établissent soit une lettre de mission conjointe, soit des lettres de mission individuelles, après avoir échangé entre eux (H2A, Lignes directrices précitées).

1. OBLIGATIONS DES VÉRIFICATEURS DES INFORMATIONS DE DURABILITÉ

CERTIFICATION DES INFORMATIONS DE DURABILITÉ

77094 **Émission d'un avis par les vérificateurs des informations de durabilité** Les vérificateurs doivent émettre un avis portant sur le respect de l'obligation d'établir des informations, le cas échéant consolidées, de durabilité, y compris sur (art. L 821-54, II pour les commissaires aux comptes et L 822-24 pour les OTI modifiés par loi 2025-391 du 30-4-2025) :

– les normes d'information de durabilité (normes ESRS) adoptées par la Commission européenne en application des articles 29 ter et 29 quater de la directive UE 2013/34 du 26 juin 2013 (directive « comptable ») ;

– les exigences découlant de ces normes en ce qui concerne le processus mis en œuvre par la société pour déterminer les informations publiées, qui incluent, lorsque la société y est soumise, l'obligation de consultation mentionnée à l'article L 2312-17, al. 6 du Code du travail (consultation du comité social et économique sur les informations, le cas échéant consolidées, de durabilité) ;

– les exigences de balisage de l'information, le cas échéant consolidée, de durabilité conformément au format Esef (n° 76952) ;

– le respect des exigences de publication des données « taxonomie » (n°s 76964 s.).

77096 L'avis est émis conformément aux **normes d'assurance** adoptées par la Commission européenne, étant précisé que la directive CSRD prévoit que cette adoption doit intervenir par actes délégués au plus tard le 1er octobre 2026 pour les normes d'assurance limitée. Tant que la Commission européenne n'a pas adopté ces normes, les auditeurs de durabilité doivent se conformer aux normes adoptées par la H2A et homologuées par arrêté du garde des Sceaux (art. L 821-59 pour les commissaires aux comptes, sur renvoi de l'art. L 822-24, al. 7 pour les OTI).

En l'absence d'homologation de telles normes à la date de mise à jour des présents développements, les vérificateurs peuvent se référer aux lignes directrices publiées par la H2A le 2 octobre 2024 sur la mission de certification des informations en matière de durabilité, décrivant les travaux attendus et la manière dont les conclusions des vérificateurs doivent être exprimées.

L'audit des informations de durabilité doit être effectué, dans un premier temps, selon une norme d'**assurance limitée.** La conclusion d'une mission d'assurance limitée est généralement exprimée sous forme négative et le professionnel « déclare n'avoir constaté aucun élément lui permettant de conclure que l'objet de l'audit est entaché d'inexactitudes significatives » (Dir. UE 2022/2464 du 14-12-2022 considérant 60).

Cette vérification pourrait, dans le futur, être renforcée pour permettre l'émission d'une **assurance raisonnable** avec une conclusion qui est généralement exprimée sous une forme positive, déclaration par laquelle le vérificateur conclut que les informations objet de ses travaux ne comportent pas d'inexactitudes susceptibles d'influencer les décisions que pourraient prendre les lecteurs desdites informations (même niveau d'assurance que pour la certification des comptes).

› Précisions **a.** La directive UE 2022/2464 n'interdit pas à une société de **décider volontairement** de demander un audit sur la base d'une assurance raisonnable sur l'ensemble ou certaines parties de l'information de durabilité dès lors qu'une norme d'assurance raisonnable prévoit un niveau *d'assurance plus élevé qu'une mission* d'assurance limitée ; cette décision revient à la société et non au vérificateur des informations de durabilité (Communication UE C/2024/6792 du 13-11-2024 point 76).

b. Dans le cadre de la proposition de directive COM(2025) 84 (« **Omnibus I** »), la mission d'assurance raisonnable pourrait être supprimée (voir T. Saupin et J.-B. Barbièri, Le projet « Omnibus » inverse la vapeur : quel avenir pour le « triangle Taxonomie, CSRD, CS3D » ? : BRDA 8/25 inf. 26).

77098 **Établissement du rapport de certification des informations de durabilité** L'avis émis par les vérificateurs dans le cadre de la certification des informations, le cas échéant consolidées, de durabilité doit faire l'objet d'un rapport de certification **destiné à**

l'organe chargé de statuer sur les comptes (art. L 821-54, II-al. 6 pour les commissaires aux comptes et L 822-24, al. 6 pour les OTI).

Les vérificateurs doivent **indiquer** dans ce rapport (art. R 821-105 et D 821-182 pour les commissaires aux comptes ; art. R 822-20 et R 822-22 pour les OTI) :
– la dénomination de la société de commissaires aux comptes ou de la société OTI accompagnée de la désignation de société de commissaires aux comptes ou d'OTI complétée par l'indication de sa forme juridique ;
– l'identité de la société faisant l'objet de la mission de certification ;
– si les informations de durabilité sont établies sur une base individuelle ou consolidée, la date et la période qu'elles couvrent, ainsi que le cadre de présentation de l'information qui a été appliqué pour leur établissement ;
– l'étendue de la mission, ainsi que les normes conformément auxquelles il a été procédé à la certification des informations, le cas échéant consolidées, de durabilité ;
– l'avis mentionné nº 77094.

Le vérificateur formule également s'il y a lieu toute observation utile.

Ce rapport doit être signé et daté par le commissaire aux comptes, personne physique, ou l'auditeur des informations de durabilité.

ATTENTION

La possibilité offerte par l'article 28 bis, 5 de la directive CE 2006/43 issu de la directive CSRD d'imposer que le commissaire aux comptes intervenant à la fois pour la certification des comptes et la certification des informations de durabilité fasse **un seul rapport** d'audit avec des sections distinctes n'a pas été retenue par le droit français. Dans une telle situation, deux rapports distincts doivent donc être établis.

Ce rapport doit être déposé au greffe (voir nº 76801) et inclus dans le rapport financier annuel qui doit être **déposé et publié** auprès de l'AMF par certaines sociétés (C. mon. fin. art. L 451-1-2, I et II et R 451-1, I-2°).

Faute de publication, à la date de mise à jour des présents développements, d'une norme européenne ou nationale d'audit limité (voir nº 77096), il est possible de se référer aux lignes directrices publiées par la H2A en octobre 2024 sur la mission de certification des informations en matière de durabilité afin de déterminer la **forme et le contenu** du rapport. **77099**

Selon ces lignes directrices, le rapport doit comporter, outre une partie introductive comportant des informations d'ordre général (notamment qualité du vérificateur, obligations revenant à la société, limites de la mission), trois parties dédiées chacune à un axe de mission du vérificateur qui correspondent aux informations devant être émises dans l'avis du vérificateur (nº 77094) :
– contrôle de la conformité aux normes ESRS du processus destiné à déterminer les informations de durabilité publiées et contrôle du respect de l'obligation de consultation du comité social et économique ;
– contrôle de la conformité des informations de durabilité avec les exigences des articles L 232-6-3 ou L 233-28-4, y compris avec les normes ESRS ;
– contrôle du respect des exigences de publication des informations prévues par le référentiel taxonomie.

Concernant les deux premiers axes de la mission, le vérificateur doit formuler soit un avis de conformité, soit un avis de conformité assorti de réserves motivées, soit un avis motivé de non-conformité, soit une impossibilité motivée d'émettre un avis.

S'agissant du troisième axe, le vérificateur doit émettre soit un avis de respect des exigences, soit un avis de respect assorti de réserves motivées, soit un avis motivé de non-respect des exigences, soit une impossibilité motivée d'émettre un avis.

ATTENTION

La mission de certification s'articule en principe autour de quatre axes de vérification mais, les normes de balisage n'ayant pas été adoptées à la date de mise à jour des présents développements, la mission de vérification de la conformité du balisage de l'information de durabilité, le cas échéant consolidée, au format Esef n'est pas traitée par les lignes directrices publiées par la H2A.

Lorsqu'il a été procédé à la certification des informations, le cas échéant consolidées, de durabilité par **plusieurs commissaires aux comptes**, par plusieurs **OTI** ou encore par un ou plusieurs commissaires aux comptes et un ou plusieurs OTI, ces derniers doivent établir un rapport commun. En cas de désaccord, le rapport indique les différentes opinions exprimées (art. D 821-184 sur renvoi de l'art. D 821-182 pour les commissaires aux comptes et de l'art. R 822-22 pour les OTI). **77100**

En pratique, il est possible de se référer aux lignes directrices publiées par la H2A en octobre 2024 sur la mission d'assurance limitée en matière de durabilité, qui précisent les principes qui s'appliquent lorsque la mission est réalisée par plusieurs vérificateurs, notamment en termes :
– de prise de connaissance de la société et de son environnement et d'appréciation des éléments collectés réalisée individuellement ;
– de définition concertée des vérifications à réaliser ;
– de lettre de mission conjointe ou individuelle (après échange entre les vérificateurs) ;
– de répartition équilibrée des vérifications à réaliser ;
– d'examen critique des vérifications effectuées par le ou les autres vérificateurs ;
– de rapport établi et signé conjointement ;
– de communication concertée avec la direction de la société et ses organes de gouvernance, y compris, le cas échéant, le comité d'audit ;
– de documentation individuelle appropriée.

INFORMATION DE L'ASSEMBLÉE GÉNÉRALE PAR LE VÉRIFICATEUR DES INFORMATIONS DE DURABILITÉ

77101 Le vérificateur doit révéler à la plus prochaine assemblée générale ou réunion de l'organe compétent les irrégularités et inexactitudes relevées par lui au cours de l'accomplissement de sa mission (art. L 821-10, al. 1 pour les commissaires aux comptes et L 822-25, al. 1 pour les OTI).

INFORMATION DES DIRIGEANTS SOCIAUX PAR LE VÉRIFICATEUR DES INFORMATIONS DE DURABILITÉ

77102 Les vérificateurs doivent porter à la connaissance, selon le cas, de l'**organe** collégial **d'administration** (conseil d'administration de SA ; organe d'administration des SAS qui en sont dotées) ou de l'organe **de direction** (selon le cas, directoire, directeur général, président ou gérance) et de l'organe **de surveillance** (conseil de surveillance de SA ou de SCA ; organe de surveillance des SAS, s'il en existe un), ainsi que, le cas échéant, du comité d'audit les renseignements suivants (art. L 821-63, I pour les commissaires aux comptes et L 822-28, I pour les OTI modifiés par loi 2025-391 du 30-4-2025) :
– le **programme général de travail** mis en œuvre et les différents sondages auxquels ils se sont livrés ;
– les **modifications** qui leur paraissent devoir être apportées aux **informations de durabilité,** en faisant toutes observations utiles sur les méthodes d'évaluation utilisées pour leur établissement ;
– les modifications qui leur paraissent devoir être apportées aux autres éléments objets de leur contrôle ;
– les **irrégularités** et les **inexactitudes** qu'ils auraient découvertes à l'occasion de leur mission ;
– les **conclusions** auxquelles conduisent les observations et rectifications ci-dessus sur le rapport de certification des informations de durabilité de la période comparées à celui de la période précédente.

Quand le vérificateur d'une EIP relève au cours de sa mission des irrégularités et inexactitudes, il doit aussi inviter cette société à **enquêter** conformément aux dispositions de l'article 7 du règlement UE 537/2014 du 16 avril 2014 (art. L 821-10, al. 1 pour les commissaires aux comptes et L 822-25, al. 1 pour les auditeurs des informations de durabilité).

INFORMATION DU COMITÉ D'AUDIT PAR LE VÉRIFICATEUR DES INFORMATIONS DE DURABILITÉ

77104 Le vérificateur nommé par une société dotée d'un comité d'audit doit fournir à ce comité diverses informations : voir n°s 42915 (informations relatives à son indépendance) et 42935.

INFORMATION DU CSE PAR LE VÉRIFICATEUR DES INFORMATIONS DE DURABILITÉ

77105 *Dans les sociétés d'au moins* 50 salariés, les commissaires aux comptes peuvent être convoqués par le comité social et économique (CSE) afin de recevoir ses explications sur le rapport de certification des informations de durabilité (C. trav. art. L 2312-25, II-2°).

L'article précité ne visant que le commissaire aux comptes, il ne semble pas possible pour le CSE de convoquer l'auditeur des informations de durabilité.

OBLIGATION D'INFORMATION DE L'AMF À LA CHARGE DU VÉRIFICATEUR DES INFORMATIONS DE DURABILITÉ

Dans les **sociétés** dont les **titres** financiers sont **admis aux négociations sur un marché réglementé** ou **offerts au public sur un SMNO,** l'AMF peut demander aux vérificateurs tous renseignements sur les sociétés dont ils contrôlent les informations de durabilité (C. mon. fin. art. L 621-22, II-al. 3 et VI). **77106**

Les vérificateurs doivent communiquer à l'AMF, dans les sociétés visées nº 77106, toute information dont ils ont eu connaissance à l'occasion de l'exercice de leur mission de certification des informations de durabilité et qui peut entraîner (C. mon. fin. art. L 621-22, II-al. 4 et VI) : **77108**

– une **violation** significative des **dispositions** législatives, réglementaires ou administratives qui fixent, le cas échéant, les conditions d'agrément ou qui régissent, de manière spécifique, la poursuite des activités de la société ou un **risque** ou un doute sérieux concernant la **continuité de l'exploitation** de la société ;
– un **refus** ou une **impossibilité** de **certifier** les informations de durabilité, ou un **rapport** de certification assorti de **réserves.**

Les vérificateurs doivent également communiquer toute information mentionnée ci-dessus dont ils ont eu connaissance au cours de leur mission de certification des informations de durabilité d'une société ayant des liens étroits avec une société visée nº 77106 (art. L 621-22, II-dernier al.).

> **Précisions** Le **lien étroit** est défini comme une situation dans laquelle deux personnes physiques ou morales, ou plus, sont liées par (Règl. UE 575/2013 du 26-6-2013 art. 4, 1-38) :
> – une participation, c'est-à-dire le fait de détenir, directement ou par le biais d'un lien de contrôle, 20 % ou plus des droits de vote ou du capital d'une société ;
> – un lien de contrôle ;
> – un lien de contrôle durable à une même tierce personne.

OBLIGATION DE RÉVÉLATION DES FAITS DÉLICTUEUX PAR LE VÉRIFICATEUR DES INFORMATIONS DE DURABILITÉ

Le vérificateur doit, sous peine de sanctions pénales (nº 77136), révéler au procureur de la République les faits délictueux dont il a eu connaissance à l'occasion de sa mission (art. L 821-9, al. 2 pour les commissaires aux comptes et L 822-43 pour les auditeurs des informations de durabilité). **77110**
Les dispositions régissant cette obligation, similaires pour les commissaires aux comptes et les auditeurs des informations de durabilité, sont exposées nºs 77900 s.

RESPECT DU SECRET PROFESSIONNEL PAR LE VÉRIFICATEUR DES INFORMATIONS DE DURABILITÉ

Les **OTI et les auditeurs des informations de durabilité** sont tenus au secret professionnel pour tous les faits, actes ou renseignements dont ils ont pu avoir connaissance dans l'exercice de leur mission (art. L 822-2, al. 1). **77112**
Cependant, un OTI ou un auditeur des informations de durabilité peut communiquer des informations strictement nécessaires à un autre OTI, à un auditeur des informations de durabilité ou à un commissaire aux comptes pour l'exercice par ces derniers d'une mission de certification des informations consolidées de durabilité ou de certification des comptes, lorsque cette mission est exercée pour le compte de la société dont il certifie les informations de durabilité ou auprès d'une société qui la contrôle ou qui est contrôlée par elle au sens de l'article L 233-3, I et II (art. L 822-2, al. 2).

L'**obligation** au secret professionnel des OTI **ne s'applique pas** à la révélation des faits délictueux au procureur de la République (nº 77110).

Elle ne s'applique pas non plus aux renseignements qui peuvent être demandés par :
– les autorités de contrôle professionnel (art. L 820-17, dernier al.) ;
– l'ACPR et la Banque centrale européenne (C. mon. fin. art. L 612-44, III) ;
– l'AMF à propos des sociétés dont les titres financiers sont admis aux négociations sur un marché réglementé ou offerts au public sur un SMNO (C. mon. fin. art. L 621-22, V et VI). L'AMF peut également demander aux OTI tous renseignements sur les personnes qu'ils contrôlent, lorsque ces personnes procèdent à une opération d'offre au public autre qu'une offre réservée à des investisseurs qualifiés ou à un cercle restreint d'investisseurs, une offre relevant du financement participatif, une offre portant sur des titres dont la valeur nominale unitaire s'élève au moins à 100 000 € ou adressée à des investisseurs qui acquièrent ces titres pour un montant total d'au moins 100 000 € par investisseur et par offre distincte, et une offre dont le montant total calculé sur une période de 12 mois est inférieur à 8 M€ (art. L 621-22, VII). La responsabilité des OTI ne peut pas être engagée pour les informations

données à la demande de l'AMF (C. mon. fin. art. L 621-22, V ; le seuil de 8 M€ devrait être porté à 12 M€ à compter du 5-6-2026 : cf. Règl. UE 2017/1129 du 14-6-2017 art. 3, 2 modifié et 3, 2 bis créé par Règl. UE 2024/2809 du 23-9-2024 et Règl. UE 2024/2809 art. 4, 3).

L'obligation au secret professionnel s'applique non seulement aux OTI et aux auditeurs des informations de durabilité, mais aussi à leurs collaborateurs et aux experts auxquels ils auraient pu faire appel (art. L 822-2, al. 1).

S'agissant du respect du secret professionnel par un **commissaire aux comptes** exerçant une mission de certification des informations de durabilité, voir nos 77910 s.

AUTRES OBLIGATIONS PROFESSIONNELLES DU VÉRIFICATEUR DES INFORMATIONS DE DURABILITÉ

77114 Chaque vérificateur doit tenir à jour une **liste des sociétés** auprès desquelles il accomplit une mission et constituer pour chacune d'elles un **dossier** et un **dossier de travail** (art. D 821-186, I, II et IV pour les commissaires aux comptes et R 822-26, I à III pour les OTI). Le dossier de travail du commissaire aux comptes qui certifie les informations de durabilité d'une société peut être inclus dans celui relatif à la mission de certification des comptes s'il procède aux deux missions (art. D 821-186, IV).

Il doit encore établir une **comptabilité spéciale** (art. D 821-186, V pour les commissaires aux comptes et R 822-26-1 pour les OTI).

Le vérificateur doit enfin établir chaque année une **déclaration d'activité** qui est transmise, s'agissant des commissaires aux comptes, à la compagnie régionale des commissaires aux comptes, laquelle en transmet un exemplaire à la CNCC qui en transmet elle-même une copie à la H2A et, s'agissant des OTI, directement à la H2A (art. D 821-186, VI pour les commissaires aux comptes et R 822-26-1, al. 2 s. pour les OTI).

Ces obligations, communes aux OTI et aux commissaires aux comptes, sont exposées no 77920.

77115 Les vérificateurs doivent établir par écrit un **plan de mission et** un **programme de travail** (art. D 821-187 pour les commissaires aux comptes, sur renvoi de l'art. R 822-27, al. 1 pour les OTI).

Pour des précisions sur ces obligations, communes aux commissaires aux comptes et aux OTI, voir no 78062.

2. DROITS DES VÉRIFICATEURS DES INFORMATIONS DE DURABILITÉ

DROIT D'INVESTIGATION DES VÉRIFICATEURS DES INFORMATIONS DE DURABILITÉ

77116 Les vérificateurs, qu'ils agissent ensemble ou séparément, peuvent, à toute époque de l'année, opérer les vérifications ou contrôles qu'ils jugent opportuns, étant précisé :

– d'une part, qu'ils peuvent **se faire communiquer** sur place les pièces qu'ils estiment nécessaires à l'exercice de leur mission (art. L 821-60, al. 1 pour les commissaires aux comptes et L 822-26, al. 1 pour les OTI) ;

– d'autre part, qu'ils ont la faculté, sous leur responsabilité, de **se faire assister** ou représenter par des experts ou collaborateurs de leur choix, nommément désignés à la société, lesquels disposent des mêmes droits d'investigation qu'eux-mêmes (art. L 821-60, al. 2 pour les commissaires aux comptes et L 822-26, al. 2 pour les OTI).

77118 **Entrave à l'exercice de la mission des vérificateurs** Les **sanctions pénales** encourues par les dirigeants faisant obstacle à l'exercice du droit de vérification ou de contrôle des vérificateurs ont été supprimées (art. L 821-6, 3° pour les commissaires aux comptes et L 822-40, 2° pour les OTI abrogés par loi 2025-391 du 30-4-2025).

ÉTENDUE DU DROIT D'INVESTIGATION DES VÉRIFICATEURS DES INFORMATIONS DE DURABILITÉ

77120 L'OTI peut mener les investigations prévues no 77116 dans les mêmes conditions que le commissaire aux comptes (art. L 822-27 et R 822-24 ; nos 77990 et 77992 s.), à ceci près que l'OTI peut, lorsqu'il procède à la certification des informations consolidées de durabilité, mener ces investigations auprès de l'ensemble des sociétés comprises dans la consolidation (art. L 822-27, al. 1) alors que tel ne semble pas être le cas pour le **commissaire aux comptes,** l'article L 821-61, al. 1 précisant que cette possibilité ne lui est offerte que pour l'application de l'article L 821-53, al. 2, c'est-à-dire dans le cadre de sa mission de certification des comptes consolidés.

PARTICIPATION DES VÉRIFICATEURS DES INFORMATIONS DE DURABILITÉ AUX RÉUNIONS DES ORGANES SOCIAUX ET AUX ASSEMBLÉES

Participation aux réunions des organes sociaux Les vérificateurs doivent être convoqués à toutes les réunions du conseil d'administration ou du directoire et du conseil de surveillance, ou de l'organe collégial d'administration ou de direction et de l'organe de surveillance qui examinent et adoptent le rapport sur les informations communiquées en matière de durabilité (art. L 821-65 pour les commissaires aux comptes et L 822-18, al. 2 pour les OTI). **77122**

Sur les modalités de cette convocation qui sont identiques pour les commissaires aux comptes et les OTI (art. D 821-185 pour les commissaires aux comptes et R 822-25 pour les OTI), voir nº 78000.

Participation aux assemblées générales Les vérificateurs doivent être convoqués à toutes les assemblées d'actionnaires ou d'associés (art. L 821-65 pour les commissaires aux comptes et R 822-25 pour les OTI). **77124**

Les sanctions pénales encourues par les dirigeants qui n'auraient pas convoqué un vérificateur à une assemblée générale ont été supprimées (art. L 821-6, 2º pour les commissaires aux comptes et L 822-40 pour les OTI abrogés par loi 2025-391 du 30-4-2025). Un doute subsiste néanmoins s'agissant de l'efficacité de cette mesure concernant les commissaires aux comptes (voir nº 77654).

CONVOCATION DES ASSEMBLÉES ET DÉPÔT D'ACTES AU GREFFE PAR LE VÉRIFICATEUR

Le **commissaire aux comptes** chargé d'une mission de certification des informations de durabilité peut, dans certains cas, convoquer l'assemblée générale des SARL, SA et SCA (nºs 32314 et 46040) et adresser directement au greffe du tribunal certains documents (nº 85745). **77126**

Aucune disposition du Code de commerce ne confère de telles prérogatives aux **OTI.**

G. Rémunération des vérificateurs des informations de durabilité

Le montant des **sommes dues** aux vérificateurs doit être fixé d'un commun accord entre le vérificateur et la société, eu égard à l'importance effective du travail nécessaire à l'accomplissement de la mission (art. R 821-194, al. 16 pour les commissaires aux comptes et R 822-28 pour les OTI). **77128**

L'information sur le montant des sommes versées à chacun des vérificateurs doit être mise à disposition des actionnaires ou associés (art. L 821-4, I-al. 2 pour les commissaires aux comptes et L 822-16, I-al. 2 pour les OTI).

Les **litiges** entre les dirigeants sociaux et les commissaires aux comptes sur le montant de leur rémunération doivent faire l'objet d'une tentative de conciliation préalable (nº 78090). Aucune disposition similaire n'est prévue s'agissant des OTI, de sorte que ces litiges sont soumis aux juridictions de droit commun. **77130**

H. Responsabilité des vérificateurs des informations de durabilité et des sociétés contrôlées

1. RESPONSABILITÉ CIVILE DU VÉRIFICATEUR DES INFORMATIONS DE DURABILITÉ

Les vérificateurs sont responsables, tant à l'égard de la société que des tiers, des conséquences dommageables résultant des **fautes** ou des **négligences** qu'ils commettent dans l'exercice de leur mission. Leur responsabilité ne peut toutefois être engagée à raison des informations ou divulgations de faits auxquelles ils procèdent en exécution de leur mission (art. L 821-37, al. 1 et 2 pour les commissaires aux comptes et L 822-14 pour les OTI). **77132**

Pour plus de détails sur la responsabilité civile des commissaires aux comptes, voir nºs 78145 s.

L'action en responsabilité contre le vérificateur se **prescrit** par trois ans à compter de la date du fait dommageable ou, s'il a été dissimulé, de sa révélation ; toutefois, lorsque le fait est qualifié de « crime », l'action se prescrit par dix ans (art. L 225-254 sur renvoi de l'art. L 821-38 pour les commissaires aux comptes et de l'art. L 822-15 pour les OTI). **77134**

2. RESPONSABILITÉ PÉNALE DU VÉRIFICATEUR DES INFORMATIONS DE DURABILITÉ

77136 Les vérificateurs peuvent se rendre coupables des infractions suivantes dans l'exercice de leur mission de vérification des informations de durabilité :
– non-révélation des faits délictueux au procureur de la République et communication d'informations mensongères sur la situation de la société (art. L 821-9 pour les commissaires aux comptes et L 822-42 et L 822-43 pour les auditeurs des informations de durabilité ; n°s 78163 et 78165) ;
– violation du secret professionnel (art. L 821-7, 2°-al. 2 pour les commissaires aux comptes et L 822-41, 2°-al. 2 pour les OTI et les auditeurs des informations de durabilité ; n° 78166).

3. SANCTIONS ADMINISTRATIVES DU VÉRIFICATEUR DES INFORMATIONS DE DURABILITÉ ET DES SOCIÉTÉS CONTRÔLÉES

POUVOIRS DE LA H2A

77138 La H2A, autorité publique indépendante, est le superviseur des commissaires aux comptes et des OTI.

À ce titre, la H2A peut :
– effectuer des **contrôles,** le cas échéant, avec le concours de l'AMF ou de l'ACPR s'agissant des commissaires aux comptes (art. L 820-14, al. 3) et, s'agissant des OTI et des auditeurs des informations de durabilité, avec le concours des deux autorités mentionnées ci-avant ainsi que du Cofrac (art. L 820-15, al. 3) ;
– mener des **enquêtes** (art. L 821-74 à L 821-77 pour les commissaires aux comptes, sur renvoi de l'art. L 822-35 pour les OTI et les auditeurs des informations de durabilité) ;
– prononcer des **sanctions** par le biais d'une procédure de composition administrative (art. L 821-78 pour les commissaires aux comptes, sur renvoi de l'art. L 822-36 pour les OTI et les auditeurs des informations de durabilité), d'une procédure de sanction dite « normale » (art. L 821-80 pour les commissaires aux comptes, sur renvoi de l'art. L 822-37, al. 2 pour les OTI et les auditeurs des informations de durabilité) ou d'une procédure de sanction dite « simplifiée » (art. L 821-81 et L 821-82 pour les commissaires aux comptes, sur renvoi de l'art. L 822-38 modifié par loi 2025-391 du 30-4-2025 pour les OTI et les auditeurs des informations de durabilité).

Sur les enquêtes pouvant être menées par la H2A et les différentes procédures qu'elle peut mener, qui sont identiques, sous réserve de quelques adaptations, pour les commissaires aux comptes et les OTI, voir n°s 78184 à 78188.

SANCTIONS PÉCUNIAIRES ET INTERDICTIONS APPLICABLES DANS LE CADRE DE LA CERTIFICATION DES INFORMATIONS DE DURABILITÉ

77140 **Sanctions applicables aux vérificateurs** Les vérificateurs sont passibles de sanction pour les **fautes disciplinaires** qu'ils commettent. Constituent une faute disciplinaire passible d'une sanction disciplinaire tout manquement aux conditions d'exercice de la profession, toute négligence grave et tout fait contraire à la probité ou à l'honneur (art. L 821-70, I pour les commissaires aux comptes et L 822-30, I pour les OTI et les auditeurs des informations de durabilité). Un délai de prescription de six ans s'applique à ces manquements (art. L 821-73, dernier al. pour les commissaires aux comptes et L 822-33, dernier al. pour les OTI).

Les **sanctions disciplinaires** encourues par les vérificateurs (commissaires aux comptes, OTI et auditeurs des informations de durabilité) sont, outre l'avertissement, le blâme, l'interdiction temporaire, la radiation de la liste et, s'agissant des commissaires aux comptes, le retrait de l'honorariat (art. L 821-70, I et L 821-71 pour les commissaires aux comptes et L 822-30, I et L 822-31 pour les OTI et les auditeurs des informations de durabilité) :
– la publication d'une déclaration indiquant que le rapport de certification des informations de durabilité présenté à l'assemblée générale ne remplit pas les exigences imposées par le Code de commerce ;
– l'interdiction, pour une durée n'excédant pas trois ans, d'exercer des fonctions d'administration ou de direction au sein d'une société de commissaires aux comptes ou d'un OTI et d'une *EIP* ;
– le paiement, à titre de sanction pécuniaire, d'une somme ne pouvant excéder 250 000 € pour une personne physique et, pour les personnes morales (société de commissaires aux comptes et OTI), la plus élevée des sommes suivantes : 1 M€ ou, lorsque la faute intervient dans le cadre d'une mission de certification des informations de durabilité, la moyenne

annuelle des honoraires facturés par le vérificateur à la société dont il est chargé de certifier les informations de durabilité, au titre de l'exercice durant lequel la faute a été commise et des deux exercices précédant celui-ci, ou, à défaut, le montant des honoraires facturés par le vérificateur à la société au titre de l'exercice au cours duquel la faute a été commise.

Pour un certain nombre de manquements, des sanctions sont aussi prévues :
– s'agissant des **commissaires aux comptes,** à l'encontre de leurs associés et salariés ainsi que de toute autre personne participant à la mission de certification des informations de durabilité, de personnes qui leur sont étroitement liées et des membres des organes de direction des sociétés de commissaires aux comptes et des autres personnes physiques au sein de ces sociétés du fait de leur implication personnelle dans les manquements visés (art. L 821-70, II et L 821-72, I) ;
– s'agissant des **OTI,** à l'encontre de toute autre personne participant à la mission de certification des informations de durabilité et de personnes qui leur sont étroitement liées à l'auditeur des informations de durabilité (art. L 822-30, II et L 822-32, I).

Sanctions applicables aux EIP et à leurs organes Le Code de commerce prévoit des sanctions prononcées par la H2A à l'encontre des EIP, de leurs gérants, administrateurs ou membres du directoire ou du conseil de surveillance, du fait de manquements aux dispositions de l'article L 822-21 relatives à la désignation et à la durée des mandats des **OTI,** aux dispositions de l'article L 822-13 et de l'article 5 du règlement UE 537/2014 du 16 avril 2014 relatifs aux services fournis par les OTI (art. L 822-30, II-2° et L 822-32, I-2° b et d ; sur les sanctions en question, qui sont identiques pour les commissaires aux comptes et les OTI, voir n° 78200). 77142

S'agissant des **commissaires aux comptes** exerçant une mission de certification des informations de durabilité, voir n° 78200.

Sanctions applicables en cas d'opposition au contrôle de la H2A Des sanctions sont aussi applicables aux **sociétés** soumises à l'obligation de certification de leurs informations de durabilité, **leurs gérants, administrateurs ou membres du directoire ou du conseil de surveillance** lorsqu'ils s'opposent à l'exercice des fonctions confiées aux agents de la **H2A** en matière de **contrôles** et d'**enquêtes** (art. L 821-70, II-3° pour les commissaires aux comptes et L 822-30, II-3° pour les OTI). Sur ces sanctions, identiques pour les commissaires aux comptes et les OTI, voir n° 78202. 77146

Sanctions applicables à toute société et à ses organes Des sanctions sont encore prévues pour **tout dirigeant, administrateur, membre du conseil de surveillance ou toute personne occupant un poste de direction** au sein d'une société ainsi qu'à cette **société,** du fait d'un manquement aux dispositions sur l'interdiction pour un vérificateur d'exercer des **fonctions dans la société contrôlée** avant un certain délai (art. L 821-32 pour les commissaires aux comptes et L 822-30, II-4° pour les OTI). Ces personnes sont passibles d'une interdiction d'exercer des fonctions d'administration ou de direction au sein d'une EIP et des fonctions de commissaire aux comptes ou une mission de certification des informations de durabilité pour une durée n'excédant pas trois ans, ainsi que d'une sanction pécuniaire n'excédant pas 250 000 € pour les personnes physiques et 500 000 € pour les personnes morales (art. L 821-72, I pour les commissaires aux comptes et L 822-32, I-2°-b et c pour les OTI). 77150

SECTION 5 CONTRÔLE PARALLÈLE DES INFORMATIONS DE DURABILITÉ

DÉPÔT D'UN PROJET DE RÉSOLUTION À L'ASSEMBLÉE GÉNÉRALE

Un ou plusieurs actionnaires ou associés des sociétés tenues d'établir des informations de durabilité représentant au moins 5 % du capital ou des droits de vote peuvent requérir l'inscription à l'ordre du jour de l'assemblée générale d'un projet de résolution exigeant qu'une personne morale accréditée prépare un rapport sur certaines informations en matière de durabilité ; cette personne morale ne doit pas appartenir à la même société de commissaires 77300 aux comptes, ni au même OTI (ou au même réseau de commissaires aux comptes ou d'OTI) que celui désigné pour certifier les comptes ou les informations de durabilité (art. L 232-6-3, IV et L 233-28-4, IV).

Sur l'appréciation de la **condition de détention** de 5 % du capital ou des droits de vote et les **modalités de la demande,** voir nos 46195 (SA, SCA et SE, cf. art. L 226-1, L 229-1, L 229-8 et Règl. UE 2157/2001 art. 9, 1-c-ii) et 60502 (SAS).

77301 En l'absence de précision dans les textes, c'est à notre avis aux associés ou actionnaires demandeurs qu'il revient de **définir,** dans leur projet de résolution, celles des **informations de durabilité** sur lesquelles ils souhaitent l'élaboration d'un rapport.

Dès lors que les conditions de la demande sont remplies, le projet doit, selon nous, être **inscrit à l'ordre du jour,** sans que les dirigeants puissent se faire juges de son opportunité.

> **Précisions** Les textes ne précisent pas si le rapport peut porter sur les raisons pour lesquelles la société a décidé de ne pas intégrer certaines informations de durabilité dans son rapport de gestion (**informations écartées** à la suite de l'analyse de double matérialité, par exemple).

ÉTABLISSEMENT ET MISE À DISPOSITION DU RAPPORT DU PROFESSIONNEL DÉSIGNÉ

77304 Le rapport émis par la personne morale désignée doit être mis à la disposition des membres de l'assemblée générale (art. L 232-6-3 et L 233-28-4, IV). Par définition, il ne peut pas s'agir de l'assemblée à l'ordre du jour de laquelle le projet de résolution a été inscrit.

CONSEIL

Aucune **modalité pratique** n'étant prévue par les textes (délai pour établir le rapport, date et modalités de la mise à disposition, etc.), nous conseillons de faire établir le rapport dans un délai raisonnable et de le mettre à disposition des associés ou actionnaires dès qu'il est établi.

Tout associé ou actionnaire qui n'a pas pu obtenir ce rapport peut demander au président du tribunal statuant en référé (art. L 238-1, al. 3) :
– soit d'enjoindre à la société ou à l'organe compétent pour la communication la production ou la transmission de ce rapport de le communiquer sous astreinte ;
– soit de désigner un mandataire chargé de procéder à une telle communication.

Lorsqu'il est fait droit à la demande, l'astreinte et les frais de procédure sont à la charge de la société ou de l'organe mis en cause (art. L 238-1, al. 4).

SECTION 6 INFORMATION ET CONSULTATION DU CSE

CONSULTATION DU CSE SUR LES INFORMATIONS DE DURABILITÉ

77305 Le comité social et économique (CSE) doit être consulté sur les informations de durabilité et sur les moyens de les obtenir et de les vérifier (C. trav. art. L 2312-17, al. 6 à 8).

77312 **Sociétés concernées** L'obligation de consulter le CSE sur les informations de durabilité s'applique aux sociétés françaises tenues d'établir des informations de durabilité (ou des informations de durabilité consolidées) en application des articles L 232-6-3, I et L 233-28-4, I (C. trav. art. L 2312-17, al. 6 à 8), c'est-à-dire aux sociétés qui sont des grandes entreprises ou des sociétés consolidantes de grands groupes, ou encore, si leurs titres sont admis aux négociations sur un marché réglementé, des petites ou moyennes entreprises, l'article L 232-6-3, I leur étant applicable sur renvoi de l'article L 22-10-36.

L'obligation de consulter le CSE s'applique aussi à des sociétés qui n'établissent pas d'informations de durabilité. Y sont en effet aussi tenues les sociétés contrôlées dispensées d'établir des informations de durabilité (C. trav. art. L 2312-17, al. 6 à 8 et, sur renvoi, art. L 232-6-3, V-al. 2 et L 233-28-4, V).

L'obligation d'établir des informations de durabilité **entrant en vigueur** de manière **progressive,** l'obligation de consulter le CSE sur ces informations s'applique, en pratique, à compter de la première année durant laquelle la société établit de telles informations.

> Précisions La mise en œuvre de l'obligation de consulter le CSE sur les informations de durabilité (le cas échéant consolidées) soulève des **difficultés** pour les **filiales dispensées** d'établir des informations de durabilité, puisqu'elles devront consulter leur CSE sur des informations figurant dans le rapport sur la gestion du groupe établi par une autre société. Par ailleurs, les textes ne précisent pas si ces sociétés devront consulter le CSE sur l'ensemble des informations de durabilité consolidées ou seulement sur la partie de ces informations les concernant spécifiquement (ce qui supposerait que ces dernières puissent être isolées au sein du rapport sur la gestion du groupe). L'Ansa estime que, dans cette situation, la consultation doit porter sur les informations de durabilité consolidées établies par la société mère ; ces dernières étant souvent présentées par zone géographique, type de produits ou enjeux, sans distinction selon les filiales, la consultation du CSE doit porter plus spécifiquement sur les données qui concernent la société contrôlée (Communication Ansa, comité juridique n° 24-041 du 4-12-2024).

Cadre de la consultation La consultation doit avoir lieu, au choix de l'employeur, au cours de l'une au moins des trois **consultations récurrentes** du CSE, concernant respectivement les orientations stratégiques, la situation économique et financière et la politique sociale de l'entreprise (C. trav. art. L 2312-17, al. 6 modifié par loi 2025-391 du 30-4-2025). 77314

ATTENTION

N'est pas supprimée, pour les sociétés tenues de consulter le CSE sur les informations de durabilité, l'obligation d'**informer** ce dernier des **conséquences environnementales** de l'activité sociale (art. L 2312-17, al. 5). Bien que cette information ait partiellement le même objet que la consultation sur les informations de durabilité, les sociétés doivent se conformer cumulativement aux deux exigences.

Contenu de la consultation La consultation du CSE doit porter sur (C. trav. art. L 2312-17, al. 6 à 8) : 77315

– les **informations de durabilité** prévues aux articles L 232-6-3 et L 233-28-4 : voir n°s 76960 s. et 76971 s. ;

– les « **moyens de les obtenir** et de les **vérifier** » ; cette expression, qui est la simple reprise de la directive UE 2022/2464 du 14 décembre 2022, pourrait viser soit les moyens utilisés par la société pour obtenir et vérifier les informations de durabilité (manière dont la société s'est procuré les informations relatives à sa chaîne de valeur et, le cas échéant, celles relatives aux sociétés qu'elle contrôle, processus mis en œuvre pour l'évaluation de double matérialité, avis du commissaire aux comptes ou de l'OTI), soit, plus vraisemblablement à notre avis, les moyens pour le CSE d'obtenir et de vérifier les informations pertinentes à son niveau, dans l'idée d'un droit effectif à l'information-consultation.

> Précisions Au cas où la société choisit de consulter le CSE sur les informations de durabilité dans le cadre de la consultation sur sa situation économique et financière, l'Ansa estime que ce sont les informations de durabilité incluses dans le **rapport de gestion définitif** qui doivent être transmises au CSE. En effet, en vue de cette consultation, l'employeur doit mettre à sa disposition les documents obligatoirement transmis à l'assemblée générale des actionnaires ou des associés (ce qui inclut le rapport de gestion arrêté) ainsi que le rapport de certification des informations de durabilité (C. trav. art. L 2312-25, II-2°) ; pour l'Ansa, les éventuelles **observations du CSE** pourront être prises en compte lors de la préparation des informations de durabilité de **l'année suivante** ; les sociétés sont néanmoins libres d'**organiser en amont** une ou plusieurs réunions du CSE ayant pour objet les informations en cours d'élaboration (Communication Ansa, comité juridique n° 24-041 du 4-12-2024).

CONTENU DE LA BDESE

Doivent être mis à disposition du CSE en vue de sa consultation sur la situation économique et sociale de la société les documents qui doivent être transmis annuellement à l'assemblée générale des actionnaires ou des associés, les communications et les copies transmises aux actionnaires dans les conditions prévues aux articles L 225-100 à L 225-102, L 225-108 et L 225-115 à L 225-118, ainsi que le rapport des commissaires aux comptes et, le cas échéant, le **rapport de certification des informations de durabilité** (C. trav. art. L 2312-25, II-2°), au moyen de la base de données économiques, sociales et environnementales (BDESE : C. trav. art. L 2312-18). Dans les sociétés tenues d'établir des **informations de durabilité,** l'obligation de mettre celles-ci à la disposition du CSE résulte de ce que ces informations figurent dans les documents qui doivent être transmis annuellement à l'assemblée des associés ou actionnaires. Cette obligation s'applique en pratique selon le même calendrier que celui exposé n° 77312. 77318

Par ailleurs, doit être mis à la disposition du CSE, le cas échéant, le **rapport sur les enjeux de durabilité** et le rapport consolidé sur les enjeux de durabilité (C. trav. art. L 2312-25, II-al. 7), c'est-à-dire le rapport que devront établir les filiales françaises de soiétés établies hors de l'UE ou de l'EEE et certaines sociétés établies hors de l'UE ou de l'EEE ayant une succursale en France au titre des exercices ouverts à compter du 1er janvier 2028 (nos 76917, 76925 et 76928).

› Précisions Les articles R 2312-7 à R 2312-9 du Code du travail, qui définissent le **contenu de la BDESE,** n'ont pas été modifiés pour tenir compte de la suppression en deux temps de la **DPEF** et de l'obligation d'établir des informations de durabilité. À notre sens, il s'agit d'un oubli.

SECTION 7

SANCTIONS DU NON-RESPECT DE L'OBLIGATION D'ÉTABLIR DES INFORMATIONS DE DURABILITÉ

77330 À compter du 1er janvier 2026, pourront être **exclues** de la procédure de passation des **marchés publics** ou des **contrats de concession** les sociétés tenues de publier des informations de durabilité (ou des informations consolidées de durabilité) qui n'auront pas satisfait à leur obligation pour l'année qui précède l'année de publication de l'avis d'appel à la concurrence, de l'avis de concession ou d'engagement de la consultation (CCP art. L 2141-7-1, 2° et L 3123-7-1, 2°).

Sur la **procédure d'injonction** ouverte à toute personne lorsque le rapport de gestion ne comporte pas les informations de durabilité, voir n° 48226. Sur celle qui s'applique au rapport de certification des informations de durabilité, voir n° 89820.

L'absence des informations de durabilité dans le rapport de gestion ou dans le rapport sur la gestion du groupe n'entraîne pas la **nullité** de l'assemblée tenue avant le 1er octobre 2025 ; les assemblées tenues à compter de cette date pourraient être annulées si le juge considérait que l'obligation d'établir ces informations est prévue par des dispositions impératives (cf. C. civ. art. 1844-10, al. 3 modifié, à compter du 1-10-2025, par ord. 2025-229 du 12-3-2025 ; Ord. 2025-229 art. 70). Sur la nullité des décisions de l'assemblée générale prise à défaut de désignation régulière d'un vérificateur des informations de durabilité, et les sanctions pénales et administratives dans ce cas, voir nos 77056 s. Sur les sanctions applicables en cas de violation des règles d'indépendance de ce vérificateur, voir nos 77030 s.

CHAPITRE 3

LE CONTRÔLE DE LA GESTION SOCIALE PAR LES COMMISSAIRES AUX COMPTES

SOMMAIRE

GÉNÉRALITÉS SUR LA PROFESSION DE COMMISSAIRE AUX COMPTES

77500 Chargés de permettre aux associés de se prononcer en connaissance de cause sur les comptes sociaux, les commissaires aux comptes sont aussi investis d'une mission d'**intérêt général** de contrôle et de surveillance au profit non seulement des associés, mais aussi de toutes les personnes (créanciers, fournisseurs, banquiers, investisseurs éventuels, voire salariés) qui ont à apprécier la situation financière de la société et qui, pour cela, doivent pouvoir se fier aux documents comptables et financiers la concernant. Les commissaires aux comptes peuvent désormais aussi être chargés de permettre aux associés de se prononcer en connaissance de cause sur les informations de durabilité.

Ils doivent en outre, lorsqu'ils relèvent des faits de nature à compromettre la **continuité de l'exploitation,** intervenir auprès des dirigeants sociaux (et, en cas de carence de ces derniers, auprès des associés) pour qu'ils prennent les mesures de redressement nécessaires (n°s 90511 s.).

La loi comporte un certain nombre de mesures tendant à accroître leur **compétence** (aptitude professionnelle sanctionnée par un examen, inscription sur des listes, etc.) et à assurer leur **indépendance** à l'égard de la société contrôlée et des dirigeants de celle-ci, de sorte qu'il convient d'admettre que les commissaires exercent des fonctions de caractère institutionnel et ne peuvent pas être considérés comme liés à la société par un contrat (n° 78092).

77502 **Définition de la profession de commissaire aux comptes** La profession de commissaire aux comptes est définie comme consistant en l'exercice de missions et la fourniture de prestations (art. L 821-3).

Le terme « **mission** » désigne les missions de certification des comptes ou de certification des informations de durabilité ou toute autre mission confiée au commissaire aux comptes par la loi ou le règlement (art. L 821-2, III).

Le terme « **prestation** » désigne la fourniture de services et d'attestations qui ne relèvent pas d'une mission (art. L 821-2, IV).

77504 **Textes réglementant la profession** Les textes réglementant la profession de commissaire aux comptes et son exercice, quelle que soit la personne morale dans laquelle sont nommés les commissaires, sont regroupés au Titre II du Livre VIII du Code de commerce, à l'annexe 8-1 de la partie réglementaire du Livre VIII, qui comprend le Code de déontologie des commissaires aux comptes, lequel n'a pas été modifié pour tenir compte de la nouvelle mission de certification des informations de durabilité à la date de mise à jour des présents développements (annexe à l'art. R 821-69), ainsi qu'aux annexes 8-7 à 8-9 de la partie A du même Livre (annexes aux art. A 821-1, A 821-7 et A 821-56).

Le contrôle légal des comptes des entités d'intérêt public (EIP) – sociétés dont les titres financiers sont admis aux négociations sur un marché réglementé, établissements de crédit, entreprises d'assurance (cf. art. L 821-2, II, L 821-42 et D 821-1) – obéit à des exigences particulières posées par le règlement UE 537/2014 du 16 avril 2014.

SECTION 1

NOMINATION DES COMMISSAIRES AUX COMPTES

A. Nomination par les associés d'un commissaire chargé du contrôle des comptes

1. NOMINATION OBLIGATOIRE D'UN COMMISSAIRE

a. Nomination d'un commissaire en cas de dépassement de certains seuils

NOMINATION D'UN COMMISSAIRE DANS UNE SOCIÉTÉ PRISE INDIVIDUELLEMENT

Nous présentons, sous forme de tableau, les conditions dans lesquelles les sociétés commerciales doivent nommer au moins un commissaire aux comptes afin de faire certifier les comptes (ci-après désigné CAC) à raison de leur taille. Sur le cas des groupes de sociétés, voir nos 77515 s. Sur la nomination d'un commissaire aux comptes à la demande des associés, voir no 77524. **77511**

SA[1], SCA[2], SAS et Sasu[3], SARL et EURL[4], SNC[5], SCS[6] (hors EIP)
Obligation de nommer au moins un CAC lorsque deux des trois **seuils** suivants, qui ont été rehaussés par le décret 2024-152 du 28 février 2024, sont **dépassés** à la clôture d'un exercice : – total de bilan : 5 M€ ; – chiffre d'affaires hors taxe : 10 M€ ; – nombre moyen de salariés : 50. La société n'est plus tenue de désigner un commissaire aux comptes dès lors qu'elle n'a pas dépassé les chiffres fixés pour deux de ces trois critères pendant les deux exercices précédant l'expiration du mandat du commissaire aux comptes. Ces nouveaux seuils sont applicables, qu'il s'agisse de déterminer si la société doit nommer un commissaire aux comptes ou renouveler son mandat, aux assemblées générales tenues en 2025 et postérieurement (dans le même sens, CNCC EJ 2024-40 février 2025). Ainsi, une société dotée d'un commissaire aux comptes dont le mandat arrive à expiration lors d'une assemblée générale d'approbation des comptes réunie en 2026 doit apprécier si elle a ou non dépassé les seuils au titre des deux derniers exercices (2024 et 2025) eu égard aux nouveaux seuils. **Remarques** : **1.** Le CAC doit rester en fonctions pendant toute la durée prévue par la loi (six exercices), même si la **société cesse,** peu de temps après la nomination, **de répondre aux conditions** fixées pour la désignation obligatoire d'un CAC. **2.** En cas de dépassement de deux de ces trois seuils, il n'est pas obligatoire de nommer un CAC pour le contrôle des **comptes de l'exercice au cours duquel les seuils ont été dépassés** puisque l'obligation naît à la clôture de l'exercice (Bull. CNCC décembre 2005 p. 700). **3.** Les **refacturations de stocks entre sociétés du même groupe** sont incluses dans le chiffre d'affaires à prendre en compte pour apprécier si la société atteint le seuil rendant obligatoire la nomination d'un CAC (CNCC EC 2016-53 du 15-2-2017). **4.** Les sociétés tenues de désigner un CAC dans ce cadre ne peuvent pas opter pour une **limitation du mandat** du commissaire aux comptes à **trois exercices** en application de l'article L 821-46.

GIE[7]
En principe, les membres d'un GIE sont libres de déterminer, dans leur contrat, les **modalités** selon lesquelles sera assuré le contrôle des comptes : conditions et mode de nomination des contrôleurs, étendue de leur mission, durée de leurs fonctions, fixation de leur rémunération, etc. Toutefois, l'intervention d'un ou plusieurs CAC est **obligatoire** dans les deux cas suivants : – le GIE émet des **obligations** (possibilité réservée aux GIE composés exclusivement de sociétés habilitées elles-mêmes à procéder à une telle émission : art. L 251-7) ; – le GIE compte au moins **100 salariés** à la clôture de l'exercice. L'obligation de désigner un CAC disparaît si, pendant les deux exercices précédant l'expiration du mandat du CAC, le nombre des salariés du groupement est inférieur à 100.
EIP
Les EIP doivent nommer au moins un commissaire aux comptes (art. L 821-42).
1. Art. L 225-218, al. 2, D 225-164-1, D 221-5 modifié par décret 2024-152 du 28-2-2024 et D 210-21. Sont notamment constituées sous forme de SA les **sociétés européennes** (Règl. 2157/2001 du 8-10-2001 art. 61). 2. Art. L 226-6, al. 2, D 221-5 et D 210-21. 3. Art. L 227-9-1, al. 2, D 227-1 et D 221-5 et D 210-21. 4. Art. L 223-35, al. 2, D 223-27, D 221-5 et D 210-21. 5. Art. L 221-9, al. 2, D 221-5 et D 210-21. 6. Art. L 221-9, al. 2, sur renvoi de l'art. L 222-2, D 221-5 et D 210-21. 7. Art. L 251-12, al. 3, R 251-1 et D 210-21.

Les **seuils** doivent être appréciés selon la méthode définie à l'article D 123-200, al. 5 s. sur renvoi, pour le nombre de salariés, de l'article D 210-21, al. 1 : voir nº 28.

NOMINATION D'UN COMMISSAIRE DANS UN PETIT GROUPE

77515 **Nomination par une société contrôlante** Doivent désigner un commissaire aux comptes les sociétés contrôlantes qui forment avec les sociétés qu'elles contrôlent au sens de l'article L 233-3 un ensemble qui dépasse au cours d'un exercice deux des trois seuils suivants (art. L 821-43, al. 1 et D 821-171 et art. D 221-5 modifié par décret 2024-152 du 28-2-2024) :
– total cumulé de bilan : 5 M€ ;
– montant cumulé du chiffre d'affaires hors taxe : 10 M€ ;
– nombre moyen cumulé de salariés : 50.

Ces **montants** sont déterminés en additionnant le total du bilan, le montant hors taxe du chiffre d'affaires et le nombre moyen de salariés, définis conformément à l'article D 123-200 (voir nº 28), des entités comprises dans le groupe (art. D 821-171).

Toutefois, la société n'est pas tenue de désigner un commissaire aux comptes en tant que société contrôlante si elle est **elle-même contrôlée** par une personne ou une entité qui en a désigné un (art. L 821-43, al. 2).

La société contrôlante n'est plus tenue de désigner un commissaire aux comptes dès lors que l'ensemble qu'elle forme avec les sociétés qu'elle contrôle n'a pas dépassé les chiffres cumulés fixés pour deux de ces trois seuils pendant les deux exercices précédant l'expiration du mandat du commissaire aux comptes (art. D 821-171, al. 3).

La société contrôlante peut opter pour une **limitation de la durée du mandat** du commissaire aux comptes à trois exercices (art. L 821-46), ce qui implique qu'elle sera soumise à un audit allégé (aussi appelé audit légal « petites entreprises »).

Enfin, les **EIP** et les **sociétés astreintes à publier des comptes consolidés** sont exclues de ce régime (art. L 821-43, al. 1).

› Précisions **a.** Pour la **CNCC**, les **sociétés étrangères contrôlées** doivent être prises en compte pour déterminer si l'ensemble dont elles font partie dépasse deux des trois seuils visés ci-dessus ; en effet, l'article L 821-43 fait référence à l'ensemble formé par la société tête de groupe et les sociétés qu'elle contrôle sans donner de précision sur la nationalité de celles-ci (Communication CNCC octobre 2019, question 2.5).

b. *La CNCC estime que, si la **société française contrôlante** est une société **contrôlée** par une personne ou entité **étrangère** dotée d'un contrôleur légal des comptes, la société n'a pas l'obligation de désigner un commissaire aux comptes en application de l'article L 821-43, al. 2 car il convient de retenir une conception générique du terme « commissaire aux comptes » au sens de cet article (sauf si cette société dépasse elle-même les seuils de désignation obligatoire dans les sociétés contrôlées)* (Communication CNCC octobre 2019, question 2.6).

c. Pour la CNCC, en cas de **contrôle conjoint** (cf. art. L 233-3, III) d'une société C par des sociétés A et B, celles-ci doivent être considérées comme deux sociétés contrôlantes distinctes ; le dépassement des seuils doit donc être apprécié en retenant, non pas l'ensemble formé par les sociétés A, B et C, mais celui formé par les sociétés A et C, d'une part, et celui formé par les sociétés B et C, d'autre part (CNCC EJ 2022-41 avril 2023).

Nomination par une société contrôlée significative Au sein des petits groupes, les sociétés contrôlées (au sens de l'article L 233-3) doivent désigner un commissaire aux comptes si elles sont significatives au sein du groupe, c'est-à-dire si elles dépassent à la clôture d'un exercice deux des trois seuils suivants (art. L 821-43, al. 3 et art. D 821-172, al. 1 modifié par décret 2024-152 du 28-2-2024) : 77518
– total de bilan : 2,5 M€ ;
– montant du chiffre d'affaires hors taxe : 5 M€ ;
– nombre moyen de salariés : 25.

Le Code de commerce est muet sur les modalités de **détermination des seuils.** À notre avis, il convient, comme pour les sociétés contrôlantes, d'appliquer les règles énoncées à l'article D 123-200.

La société contrôlée n'est **plus tenue de désigner un commissaire aux comptes** dès lors qu'elle n'a pas dépassé les chiffres fixés pour deux de ces trois critères pendant les deux exercices précédant l'expiration du mandat du commissaire aux comptes (art. D 821-172, al. 2).

Les sociétés contrôlées soumises à l'obligation de désigner un commissaire aux comptes peuvent opter pour une **limitation de la durée du mandat** du commissaire à trois exercices (art. L 821-46), ce qui implique qu'elles seront soumises à un audit allégé.

› Précisions **a.** La CNCC estime que des **sociétés contrôlées** par une même **personne physique** ou par une **société civile** doivent désigner un commissaire aux comptes si chacune d'elles dépasse deux des trois seuils « 2,5/5/25 » et si l'ensemble qu'elles forment dépasse deux des trois seuils « 5/10/50 » car l'article L 821-43 fait référence aux « personnes et entités » contrôlant une ou plusieurs sociétés sans distinguer entre les personnes physiques et morales. La désignation d'un commissaire aux comptes dans une société contrôlée dépassant deux des trois seuils « 2,5/5/25 » est obligatoire même si la personne qui la contrôle est une personne physique non dotée d'un commissaire aux comptes (en ce sens, Communication CNCC octobre 2019, questions 2.2 et 2.3).

b. La CNCC considère que pour déterminer si une société est contrôlée au sens de l'article L 233-3, il convient de prendre en compte les droits de vote détenus par un **nu-propriétaire** ou un **usufruitier** (CNCC EJ 2020-06 du 11-12-2020). Par exemple, si une société B est détenue à 58 % en nue-propriété par une société A et que les statuts prévoient que le droit de vote appartient au nu-propriétaire, sauf pour les décisions concernant l'affectation des résultats, où il est réservé à l'usufruitier, la société A doit être considérée comme contrôlant la société B.

c. Pour la CNCC, une **société française contrôlée par une société tête de groupe étrangère** doit désigner un commissaire aux comptes si elle dépasse deux des trois seuils « 2,5/5/25 » ci-dessus et si l'ensemble qu'elle forme avec la société étrangère dépasse deux des trois seuils « 5/10/50 » car l'article L 821-43 fait référence aux « personnes et entités » contrôlant une société sans donner de précision sur leur nationalité (en ce sens, Communication CNCC octobre 2019, question 2.5).

d. Pour la CNCC, lorsque la société dépasse les seuils susvisés et est contrôlée directement ou indirectement par une **société contrôlante astreinte à publier des comptes consolidés,** elle n'a pas à désigner un commissaire aux comptes, l'article L 821-43, al. 3 visant les sociétés contrôlées directement ou indirectement par les personnes ou entités visées au premier alinéa, lequel n'est pas applicable à une entité qui est tenue de publier des comptes consolidés (Communication CNCC octobre 2019, questions 2.9 et 2.10).

Moment de la désignation du commissaire La société contrôlante ou contrôlée n'a pas à nommer un commissaire aux comptes pour le contrôle des **comptes de l'exercice au cours duquel les seuils ont été dépassés** puisque l'obligation naît à la clôture de l'exercice (Bull. CNCC décembre 2005 p. 700). Le dépassement des seuils devant être apprécié lors de chaque arrêté des comptes annuels de la société contrôlante, sur la base des comptes annuels des sociétés composant le petit groupe à la date de clôture de l'exercice pour lequel les comptes annuels de la société contrôlante sont arrêtés, la modification de la composition du petit groupe intervenant après la clôture d'un exercice ne doit pas être prise en compte par l'assemblée de la société contrôlante statuant sur les comptes de cet exercice (CNCC EJ 2020-06 du 11-12-2020). 77520

Le **même commissaire aux comptes** peut être désigné dans la société contrôlante et dans la société contrôlée (art. L 821-43, al. 3).

› Précisions **a.** Selon la CNCC, si une société **perd le contrôle** d'une ou plusieurs filiales avant la date de clôture de l'exercice au cours duquel le dépassement des seuils lui imposant de désigner un commissaire aux comptes en qualité de société tête d'un petit groupe aurait dû être constaté, la société n'a pas à désigner de commissaire. En revanche, si la perte de contrôle intervient entre la date de clôture de l'exercice et l'assemblée générale d'approbation des comptes, la société doit en désigner un (CNCC EJ 2020-17 septembre 2023).

b. Les EIP ne sont pas expressément exclues du régime des **sociétés contrôlées significatives** par l'article L 821-43, al. 3, contrairement aux **sociétés contrôlantes** (art. L 821-43, al. 1). Cependant, le commissaire aux comptes des EIP étant nommé en application de l'article L 821-42, texte qui leur est propre, et non en application de l'article L 821-43, elles sont à notre avis exclues de fait du régime de l'article L 821-46 qui vise uniquement la désignation d'un commissaire aux comptes de façon volontaire ou en application des premier ou dernier alinéas de l'article L 821-43, ce qui implique qu'elles ne peuvent opter pour une limitation de la durée du mandat à trois exercices (cf. art. L 821-46).

b. Nomination d'un commissaire demandée par les associés

77524 Les sociétés commerciales sont tenues de désigner un commissaire aux comptes pour trois exercices dès lors qu'un ou plusieurs associés ou actionnaires représentant au moins le tiers du capital en font la demande (art. L 221-9, dernier al. pour les SNC, sur renvoi, pour les SCS, de l'art. L 222-2 ; art. L 223-35, dernier al. pour les SARL ; art. L 225-218, dernier al. pour la SA ; art. L 226-6, dernier al. pour les SCA ; art. L 227-9-1, dernier al. pour les SAS). S'agissant d'une nomination pour trois exercices, ces sociétés sont soumises à l'audit allégé.

À notre avis, cette demande doit être adressée au dirigeant de la société qui, comme en cas de dépassement de seuils, n'a pas d'autre choix que d'organiser la désignation du commissaire aux comptes.

c. Nomination obligatoire d'un commissaire en vertu des statuts

77526 La société peut être tenue de désigner un commissaire aux comptes, en dehors de toute obligation légale, si une **clause statutaire** le lui impose (voir n° 1780 et, à propos des commissaires aux comptes suppléants, n° 77555).

2. NOMINATION VOLONTAIRE D'UN COMMISSAIRE

77531 Rien n'interdit à une **société** qui n'y est pas tenue en vertu de la loi de désigner un commissaire aux comptes de manière volontaire.

Dans ce cas, la proposition de désignation émane du dirigeant ou, dans les formes sociales où cela est autorisé, des associés, par le biais d'une demande d'inscription de projet de résolution à l'ordre du jour. Cette nomination doit être décidée par les associés dans les mêmes conditions qu'en cas de désignation obligatoire (voir n° 77612).

Le commissaire aux comptes nommé volontairement est soumis aux mêmes obligations, exerce les mêmes pouvoirs et encourt les mêmes responsabilités civile et pénale qu'un commissaire nommé obligatoirement et la société peut opter pour une limitation de la durée de son mandat à trois exercices (art. L 821-46), ce qui implique qu'elle sera soumise à l'audit allégé.

77532 Il est également possible de prévoir dans les statuts d'un **GIE** la nomination d'un commissaire aux comptes en dehors des cas où celle-ci est obligatoire et en l'absence de disposition expresse en ce sens dans le Code de commerce. En effet, l'article L 251-12, al. 3, destiné à renforcer le contrôle dans les groupements les plus importants, n'interdit pas de prévoir dans les statuts la nomination d'un commissaire aux comptes dans un GIE employant moins de 100 salariés (CA Paris 5-11-1999 : RJDA 4/00 n° 439).

B. Nomination par le juge d'un commissaire aux comptes chargé du contrôle des comptes

77533 Même si elle n'est pas obligatoire, la nomination d'un commissaire chargé d'une mission de certification des comptes peut être demandée en justice par des **associés ou actionnaires minoritaires.**

Ainsi, la nomination d'un commissaire aux comptes peut être imposée par jugement du **président du tribunal de commerce statuant selon la procédure accélérée au fond** :

– dans les **SNC** ou les **SCS,** à la demande d'un associé, quelle que soit sa participation dans le capital social (art. L 221-9, al. 3 et D 221-5, al. 3) ;

– dans les **SARL** et les **sociétés par actions,** à la demande d'un ou plusieurs associés ou actionnaires représentant au moins **10 % du capital** (art. L 223-35, al. 3 et D 221-5, al. 3, sur renvoi de l'art. D 223-27 pour les SARL ; art. L 227-9-1, al. 3 et D 227-1, dernier al. pour les SAS ; art. L 225-218, al. 3 et D 225-164-1 pour les SA ; art. L 226-6, al. 3 pour les SCA).

Le juge dispose d'un pouvoir souverain d'appréciation pour accéder ou non, en fonction de l'intérêt social, à la demande des associés minoritaires (CA Paris 24-5-2002 : Bull. CNCC mars 2003 p. 150 obs. Ph. Merle).

> Précisions **a.** Dans les SAS et les SARL, la référence faite par la loi au capital et non pas aux parts ou actions conduit – à supposer même qu'il s'agisse d'une inadvertance du législateur – à refuser à l'**apporteur en industrie** le droit de demander en justice la désignation d'un commissaire aux comptes puisque ses parts ou actions ne sont pas représentatives d'une fraction du capital (C. civ. art. 1843-2, al. 2).

b. La **demande** de désignation présentée devant le **juge des référés** est irrecevable (cf. Cass. 3e civ. 28-5-2025 n° 23-20.769 FS-B : RJDA 8-9/25 n° 447, à propos de la désignation d'un mandataire chargé de provoquer une délibération des associés d'une société civile mais, à notre avis, transposable).

c. La **participation dans le capital** est la seule condition requise pour justifier la demande de désignation du commissaire aux comptes. Dans le cadre de la procédure accélérée au fond (CPC art. 481-1), le président du tribunal n'a pas à constater que les conditions requises pour une procédure de référé de droit commun (urgence et absence de contestation sérieuse : cf. CPC art. 872) sont remplies.

d. Il a été jugé que la nomination d'un commissaire peut être demandée en justice même après la **dissolution** de la société (CA Paris 22-1-1971 : D. 1971 p. 517 note Y. Guyon).

e. Il appartient au juge saisi d'une **demande** de désignation d'un commissaire aux comptes d'apprécier si elle est **justifiée.** Tel est le cas lorsque les comptes sociaux n'ont pas été établis pendant trois exercices consécutifs (CA Paris 20-10-1995 n° 94-16100, inédit).

f. Lorsqu'il est fait droit à la demande de nomination judiciaire, le commissaire aux comptes est nommé, selon nous, pour la **durée** légale **des fonctions** de commissaire aux comptes. Cette durée est obligatoirement de six exercices car il ne s'agit pas là d'une désignation volontaire pour trois exercices au sens de l'article L 821-46 (dans le même sens, CNCC, La nomination et la cessation des fonctions du commissaire aux comptes : Études juridiques CNCC département édition, juin 2022 n° 210).

g. Les **autres circonstances** susceptibles d'entraîner la nomination judiciaire d'un commissaire aux comptes sont l'omission de nomination (n° 77640) et la récusation du commissaire aux comptes (nos 77710 s.).

C. Nomination d'un commissaire aux comptes chargé de certifier les informations de durabilité

Les sociétés tenues d'établir des informations de durabilité (le cas échéant consolidées) doivent désigner un professionnel habilité à certifier ces informations (nos 77000 s.), qui peut être un commissaire aux comptes. 77540

Une société peut également désigner **de façon volontaire** un commissaire aux comptes habilité chargé de cette mission et peut, dans ce cas, décider de limiter son mandat à trois exercices (art. L 821-46). À notre avis, cette disposition a été prévue pour le cas où une société établirait volontairement des informations de durabilité, aucune disposition n'imposant alors à la société de faire certifier ces informations.

Qu'il soit nommé volontairement ou non, le commissaire aux comptes désigné afin de certifier les informations de durabilité peut, en l'absence de disposition contraire des textes, être celui **en charge de la certification des comptes** de la société (dans le même sens, Foire aux questions de la H2A sur la mission de certification des informations de durabilité).

D. Nombre de commissaires aux comptes

NOMBRE DE COMMISSAIRES TITULAIRES

Les textes légaux et réglementaires prévoient généralement que les **personnes morales soumises au contrôle légal des comptes** sont tenues de nommer **au moins** un commissaire aux comptes. 77550

Toutefois, les **sociétés astreintes à publier des comptes consolidés,** quelle que soit leur forme, doivent en nommer au moins deux (art. L 821-41), même si elles ne sont pas tenues de désigner un commissaire aux comptes pour la certification de leurs comptes annuels (Bull. CNCC mars 2002 p. 91 ; Bull. CNCC décembre 2003 p. 661 et Bull. CNCC septembre 2008 p. 556).

Le second commissaire doit être nommé à une date qui lui permette de remplir sa mission, c'est-à-dire de préférence au plus tard avant la date de clôture du premier exercice qu'il devra contrôler (CNCC, La nomination et la cessation des fonctions du commissaire aux comptes : Études juridiques CNCC département édition, juin 2022 n° 34). Les deux **commissaires** doivent appartenir à des structures d'exercice professionnel distinctes, c'est-à-dire qui n'ont pas de dirigeants communs, n'entretiennent pas entre elles de liens capitalistiques ou financiers et n'appartiennent pas à un même réseau (C. déont. com. art. 24). Il en résulte qu'ils sont **indépendants** l'un par rapport à l'autre.

Les commissaires aux comptes doivent se livrer ensemble à un examen contradictoire des conditions et des modalités d'établissement des comptes selon les prescriptions énoncées par une norme d'exercice professionnel (art. L 821-62 et art. A 821-65 : NEP 100).

En revanche, les **sociétés tenues d'établir des informations consolidées de durabilité** n'ont pas l'obligation de désigner deux commissaires aux comptes ou un commissaire aux comptes et un OTI (ou encore deux OTI) chargés de certifier ces informations (art. L 821-41, al. 2 pour les commissaires aux comptes et art. L 822-18, al. 1 pour les OTI).

› Précisions **a.** Le **défaut de désignation** du second commissaire pour certifier les comptes expose les dirigeants à des sanctions pénales (n° 77654) et le commissaire en exercice doit révéler au procureur de la République le délit ainsi commis (Cass. crim. 6-12-1982 : Bull. Joly 1983 p. 77).

b. Les **sociétés qui émettent des valeurs mobilières admises aux négociations sur un marché réglementé ou des titres de créances négociables** doivent, même si elles sont sous le contrôle d'une autre société, avoir au moins deux commissaires aux comptes titulaires chargés de certifier leurs comptes. En effet, la dispense de consolidation concernant les sous-groupes ne leur est pas applicable (art. L 233-17).

NOMBRE DE COMMISSAIRES SUPPLÉANTS

77555 Un ou plusieurs commissaires aux comptes suppléants, appelés à **remplacer** les titulaires chargés de certifier les comptes ou les informations de durabilité en cas de refus, d'empêchement, de démission, de retrait de la liste ou de décès de ces derniers, doivent être désignés lorsque le commissaire titulaire est une personne physique ou une société unipersonnelle (art. L 821-40, I-al. 3), que le titulaire ait été désigné volontairement ou en application d'une disposition légale ou statutaire (Cass. com. 21-6-2023 n° 21-19.985 F-B : RJDA 10/23 n° 527). Si une société de commissaires aux comptes pluripersonnelle devient unipersonnelle, un commissaire suppléant doit être nommé (CNCC EJ 2022-42 octobre 2022).

Dans le cadre d'une mission de certification des informations de durabilité, si un commissaire aux comptes peut être nommé suppléant d'un OTI titulaire, un OTI ne peut pas être nommé suppléant d'un commissaire aux comptes titulaire (voir n° 77048).

Lorsque le commissaire titulaire est une personne morale autre qu'une EURL ou une Sasu, la désignation d'un suppléant n'est requise que si une clause statutaire ou des dispositions particulières à l'entité le prévoient expressément en dehors de toute référence à l'article L 821-40 (cf. art. L 821-1 ; en ce sens, Bull. CNCC juin 2017 p. 324 et Avis CCRCS 2018-014 du 19-12-2018).

Aux différents cas énumérés ci-dessus de remplacement automatique du titulaire par le suppléant, il convient d'ajouter :

– le relèvement judiciaire du titulaire (art. R 821-176, dernier al.) ;

– les sanctions disciplinaires (interdiction temporaire, suspension provisoire et radiation) prononcées à l'encontre de celui-ci.

En revanche, le suppléant ne remplace pas de plein droit le titulaire en cas de récusation de ce dernier.

ATTENTION

En l'absence de commissaire aux comptes suppléant, lorsqu'une sanction de suspension provisoire, d'interdiction temporaire ou de radiation est prononcée à l'encontre d'une société de commissaires aux comptes inscrite sur la liste des personnes habilitées à exercer la profession de commissaire aux comptes, le président de la compagnie régionale dont relève cette société désigne, après avoir sollicité l'avis des sociétés auprès desquelles le commissaire aux comptes exerçait ses fonctions, pour chacune d'elles, un autre commissaire aux comptes avec l'accord de ce dernier pour poursuivre la mission du commissaire aux comptes sanctionné jusqu'à la fin de son mandat ou, si l'empêchement a un caractère temporaire, jusqu'à l'approbation des comptes suivant la fin de la période de suspension ou d'interdiction (art. R 821-230, al. 2).

Appelé à succéder au titulaire dès la défaillance de ce dernier, le suppléant est définitivement nommé au jour de sa désignation par l'assemblée. En conséquence, l'assemblée générale n'a pas à le **confirmer** dans ses fonctions de titulaire lorsque le commissaire en exercice devient défaillant. Elle ne peut pas non plus nommer un remplaçant du titulaire et empêcher de ce fait le suppléant d'entrer en fonctions (Bull. CNCC 1971 n° 2 p. 88). Mais elle doit alors nommer un nouveau suppléant.

77556 Le commissaire suppléant est, pour sa **nomination,** soumis aux mêmes règles que le titulaire : incompatibilités, mode de nomination, publicité. Il en va de même pour sa récusation.

La loi ne prévoyant pas un statut spécial pour le commissaire aux comptes suppléant, tout en disposant par ailleurs que ce dernier est appelé à remplacer le titulaire, elle conduit à considérer que le **statut** du suppléant doit être aligné sur celui du titulaire. Ainsi, lorsqu'un commissaire aux comptes est suspendu de ses fonctions, cette sanction disciplinaire s'applique aussi bien pour ses mandats de titulaire que pour ceux de suppléant (Bull. CNCC 1997 p. 432).

En revanche, les règles relatives à l'**exercice des fonctions** de commissaire (mission, information, participation aux réunions des organes sociaux, rémunération, responsabilité) ne sont applicables aux suppléants qu'à partir du jour où ils deviennent titulaires. Ainsi, à la différence du titulaire, le commissaire suppléant n'est pas tenu, à notre avis, de révéler au procureur de la République les faits délictueux dont il aurait eu connaissance.

À notre avis, l'assemblée doit nommer un suppléant par titulaire. **77557**

Certes, aucune disposition légale ne détermine le nombre des suppléants, de sorte que l'on pourrait envisager, en cas de **pluralité de titulaires,** la nomination d'un seul suppléant ayant vocation à assurer le premier remplacement se présentant. Cependant, il nous semble plus opportun de considérer qu'à chaque titulaire il faut un suppléant, d'autant que l'éventualité d'une cessation simultanée de fonctions par tous les commissaires titulaires (par exemple, à la suite de sanctions disciplinaires) ne saurait être exclue. Or, l'obligation de désigner des suppléants montre que le législateur a entendu éviter toute rupture de continuité dans le contrôle des sociétés ; cet objectif pourrait ne pas être atteint si, pour plusieurs commissaires titulaires, un seul suppléant était nommé.

Signalons enfin que le président d'une société de commissaires aux comptes ne peut pas être simultanément suppléant de cette société (Cass. com. 28-1-1992 : Rev. sociétés 1992 p. 727 note D. Vidal).

E. Choix des commissaires aux comptes

1. COMMISSAIRES INSCRITS

Seules les personnes physiques ou les sociétés inscrites sur la liste des personnes habilitées à exercer la profession de commissaire aux comptes établie par la H2A peuvent exercer cette profession (art. L 821-13, I). **77570**

Parmi ces personnes, celles habilitées à certifier les informations de durabilité figurent sur une seconde liste tenue par la H2A (art. L 821-13, II).

Toute clause contractuelle qui limite le choix de l'assemblée générale (ou de tout autre organe compétent) à certaines catégories ou listes de commissaires aux comptes est réputée non écrite (art. L 821-40, I-al. 6). **77572**

Les délibérations prises sur le rapport de commissaires aux comptes demeurés en fonctions bien qu'ils ne soient pas inscrits sur une liste des commissaires sont nulles (n° 77650).

En outre, l'exercice illégal de la profession de commissaire aux comptes est puni d'un an d'emprisonnement et de 15 000 € d'amende (art. L 821-7, 2°).

> **Précisions** Dans les **sociétés de commissaires aux comptes**, les missions sont exercées, au nom de la société, par les commissaires personnes physiques associés, actionnaires ou dirigeants de cette société (art. L 821-25, al. 1 s'agissant de la certification des comptes et L 821-26 s'agissant de la certification des informations de durabilité).
> La profession de commissaire aux comptes ne peut être exercée qu'au sein d'une seule société de commissaires aux comptes (art. L 821-25, al. 2 modifié par loi 2025-391 du 30-4-2025). Par dérogation, l'exercice de la profession est possible simultanément au sein d'un groupe de sociétés de commissaires aux comptes formé par une société et les sociétés qu'elle contrôle au sens de l'article L 233-16, II et III ou simultanément au sein de deux sociétés de commissaires aux comptes dans le cas où la moitié au moins de leurs associés ou actionnaires sont communs (art. L 821-25, al. 5 modifié par loi 2025-391).
> En outre, ces sociétés sont soumises à un régime particulier destiné à préserver leur caractère professionnel (voir art. L 821-25).

2. INDÉPENDANCE DU COMMISSAIRE ET INCOMPATIBILITÉS

INCOMPATIBILITÉS GÉNÉRALES LIÉES À L'EXERCICE DE LA PROFESSION

Le principe général d'indépendance auquel est soumis le commissaire aux comptes lui interdit, sauf exceptions, l'accès à **toutes les activités,** en particulier commerciales (qu'elles soient exercées directement ou par personne interposée), et aux **emplois salariés,** jugés incompatibles avec l'exercice de cette profession (art. L 821-27). **77575**

> Précisions **a.** L'exercice d'une activité commerciale s'entend de la réalisation de plusieurs **actes de commerce** tels que définis aux articles L 110-1 et L 110-2 ; l'interdiction ne vise pas les actes de commerce réalisés dans le cadre des stricts besoins de la vie courante (Avis H3C 2021-01 du 15-4-2021).

b. L'exercice d'une activité commerciale **par personne interposée** implique l'intervention d'un tiers qui peut être une personne physique agissant sous l'influence et au bénéfice du commissaire aux comptes ou une personne morale ou un groupement dont le commissaire aux comptes maîtrise les décisions, que ce soit en vertu de l'exercice de droits de vote ou d'un mandat social, d'une convention ou d'un pouvoir de fait (Avis H3C 2021-01 précité).

INCOMPATIBILITÉS RELATIVES À LA SOCIÉTÉ CONTRÔLÉE

77577 **Interdiction de certification dans une EIP** Il est interdit à un commissaire aux comptes d'accepter une mission de certification des comptes ou de certification des informations de durabilité dans une EIP lorsque, au cours de l'**exercice précédant** celui au titre duquel la mission est réalisée, ce dernier ou tout membre du réseau auquel il appartient a fourni, directement ou indirectement, à l'EIP ou aux sociétés qui la contrôlent ou qui sont contrôlées par elle dans l'UE, au sens de l'article L 233-3, I et II, des services de conception et mise en œuvre de **procédures de contrôle interne ou de gestion de risques** en rapport avec la préparation ou le contrôle de l'information financière ou encore a conçu et mis en œuvre des **systèmes techniques relatifs à l'information financière** au profit de cette EIP ou des sociétés qui la contrôlent ou qui sont contrôlées par elle dans l'UE (art. L 821-28, I et Règl. UE 537/2014 du 16-4-2014 art. 5, 1-e). Outre les sanctions applicables aux commissaires aux comptes, le non-respect de cette obligation peut entraîner des sanctions pour l'EIP concernée et pour ses dirigeants (n° 78200).

77578 **Autres services réglementés dans une EIP** **Services réglementés en cas de certification des comptes.** Il est interdit au commissaire aux comptes et aux membres du réseau auquel il appartient de fournir directement ou indirectement à l'EIP dont il certifie les comptes, et aux sociétés qui la contrôlent ou qui sont contrôlées par elle au sens de l'article L 233-3, I et II, les services dont la liste figure à l'article 5,1 du règlement UE 537/2014 du 16 avril 2014 (art. L 821-28, II-al. 1). Outre les sanctions applicables aux commissaires aux comptes, le non-respect de cette obligation peut entraîner des sanctions pour l'EIP concernée et pour ses dirigeants (n° 78200).

77579 Sont **interdits par l'article 5, 1 du règlement UE 537/2014 du 16 avril 2014** les services fiscaux (calcul de l'impôt, établissement des déclarations, conseils fiscaux, assistance lors de contrôles fiscaux, etc.), la comptabilité, les services de paie, les services de ressources humaines ayant trait aux membres de direction, les services juridiques ayant trait à la fourniture de conseils généraux, la négociation au nom de l'entité contrôlée, l'exercice d'un rôle de défenseur dans le cadre de la résolution d'un litige, les services liés à la fonction d'audit interne, la promotion, le commerce ou la souscription de parts de l'entité contrôlée.

77580 Le règlement UE 537/2014 du 16 avril 2014 laisse aux **États membres** la **faculté d'autoriser** la fourniture de certains de ces **services interdits** par l'article 5, 1, pour autant qu'ils soient fournis dans des conditions énumérées par le règlement et garantissant l'indépendance du commissaire aux comptes. Pour tenir compte de cette possibilité, lorsqu'un membre du réseau auquel appartient le commissaire aux comptes de l'EIP située en France fournit à une **société qui contrôle ou qui est contrôlée** par l'EIP, et dont le siège social est situé **dans l'UE,** des services mentionnés aux i et iv à vii du a et au f de l'article 5, 1 (notamment l'établissement des déclarations fiscales, la fourniture de conseils fiscaux) dans un État membre qui les autorise, le commissaire aux comptes doit analyser les risques pesant sur son indépendance et appliquer les mesures de sauvegarde appropriées (art. L 821-28, II).

77581 Lorsqu'un membre du réseau auquel appartient le commissaire aux comptes d'une EIP fournit à une **société contrôlée** par cette EIP et dont le siège est situé **hors de l'UE** une prestation interdite, le commissaire aux comptes doit apprécier si son indépendance est compromise et mettre en œuvre les mesures mentionnées à l'article 5, 5 du règlement UE 537/2014, pouvant aller jusqu'à la cessation de ses fonctions (art. L 821-29, I).

77582 Le commissaire aux comptes d'une EIP ou les membres du réseau auquel il appartient peuvent fournir à celle-ci ou aux sociétés qui la contrôlent ou qui sont contrôlées par elle, au sens de l'article L 233-3, I et II, des **services** autres que la certification des comptes **qui ne sont pas interdits** (n°s 77578 s.), à condition d'être approuvés par le **comité d'audit** (art. L 821-30, I).

Ce comité doit se prononcer après avoir analysé les risques pesant sur l'indépendance du commissaire aux comptes et les mesures de sauvegarde appliquées par celui-ci (art. L 821-30, I).

Outre les sanctions applicables aux commissaires aux comptes, le non-respect de cette obligation peut entraîner des sanctions pour l'EIP concernée et pour ses dirigeants (n° 78200).

> **Précisions** **a.** Pour l'Ansa, seules les prestations que la société est en droit de confier à un autre professionnel que son commissaire aux comptes sont soumises à approbation préalable du comité d'audit : ne sont donc **pas concernées par la procédure** d'autorisation les missions que le commissaire aux comptes est tenu d'accomplir en vertu d'une obligation légale interne, même si elles ne relèvent pas de la certification des comptes au sens strict (Communication Ansa, comité juridique n° 16-028 du 7-9-2016).
> **b.** Le **Code de gouvernance Middlenext** (rec. 2) recommande que les services autres que la certification des comptes soient en principe confiés à un cabinet différent de celui du commissaire aux comptes de l'entreprise. Sur le champ d'application et le caractère contraignant de ce Code, voir n°s 48272 s.

Services réglementés en cas de certification des informations de durabilité. Il est interdit au commissaire aux comptes et aux membres du réseau auquel il appartient de fournir, directement ou indirectement, à l'EIP dont il certifie les informations de durabilité, et aux sociétés qui la contrôlent ou qui sont contrôlées par elle au sens de l'article L 233-3, I et II et dont le siège social est situé dans l'UE, les services dont la liste figure à l'article 5,1-al. 2 b, c et e à k du règlement UE 537/2014 du 16 avril 2014 (services qui supposent d'être associé à la gestion ou à la prise de décision de l'entité contrôlée, comptabilité et préparation de registres comptables et d'états financiers, certains services de ressources humaines, etc.). Cette interdiction porte sur la période s'écoulant entre le commencement de la période faisant l'objet de la certification d'informations de durabilité et la publication du rapport de certification (art. L 821-28, III). Outre les sanctions applicables aux commissaires aux comptes, le non-respect de cette obligation peut entraîner des sanctions pour l'EIP concernée et pour ses dirigeants (n° 78200). **77583**

Lorsqu'un membre du réseau auquel appartient le commissaire aux comptes d'une EIP fournit à une **société contrôlée** par cette EIP et dont le siège est situé **hors de l'UE** une prestation interdite, le commissaire aux comptes doit suivre les règles exposées n° 77581. **77584**

Le commissaire aux comptes d'une EIP ou les membres du réseau auquel il appartient peuvent fournir à celle-ci ou aux sociétés qui la contrôlent ou qui sont contrôlées par elle, au sens de l'article L 233-3, I et II, des **services** autres que la certification des informations de durabilité **qui ne sont pas interdits** (n° 77583), à condition d'être approuvés par le **comité d'audit** (art. L 821-30, II). Outre les sanctions applicables aux commissaires aux comptes, le non-respect de cette obligation peut entraîner des sanctions pour l'EIP concernée et pour ses dirigeants (n° 78200). **77585**

Services interdits dans une société autre qu'une EIP **77586**

Il est interdit au commissaire aux comptes d'une société autre qu'une EIP d'accepter ou de poursuivre une mission de certification des comptes ou des informations de durabilité lorsqu'il existe un risque d'autorévision ou que son indépendance est compromise et que des mesures de sauvegarde appropriées ne peuvent être mises en œuvre (art. L 821-28, IV).

Le Code de déontologie précise (art. 5) que l'indépendance du commissaire aux comptes garantit qu'il émet des conclusions exemptes de tout parti pris, conflit d'intérêts et influence ; elle garantit aussi l'absence de risque d'autorévision conduisant le commissaire aux comptes à se prononcer ou à porter une appréciation sur des éléments résultant de missions ou de prestations fournies par lui-même, la société à laquelle il appartient, un membre de son réseau ou toute autre personne qui serait en mesure d'influer sur le résultat de la mission ou de la prestation.

> ***Précisions*** ***a.*** La CNCC (Foire aux questions de la commission d'éthique professionnelle de la CNCC du 29-4-2021) a établi une **liste** de services et missions présentant selon elle un **risque d'autorévision et/ou un risque d'atteinte à l'indépendance** du commissaire aux comptes de la société chargé d'une mission de certification des comptes et qu'il doit donc refuser de fournir, notamment le commissariat aux apports et à la fusion, le maniement ou le séquestre de fonds, les prestations d'externalisation (prise en charge, totale ou partielle, en toute autonomie, d'une activité ou d'une fonction qui est en principe assumée par l'entreprise) ; elle a aussi établi une liste de missions pour lesquelles il existe une **présomption d'absence d'incompatibilité** avec la mission de certification des comptes, notamment l'évaluation de l'efficacité du contrôle interne comptable et financier, l'audit financier contractuel, l'attestation de la conformité sociale, la vérification du respect de dispositions liées à la forme juridique de l'entité (sous réserve de respecter le monopole des autres

professions : C. déont. com. art. 17, I et II), l'appréciation de la conformité des dispositifs de lutte contre le blanchiment des capitaux et le terrorisme.

b. Comme pour les EIP, le **Code de gouvernance Middlenext** (rec. 2) recommande que les services autres que la certification des comptes soient en principe confiés à un cabinet différent de celui du commissaire aux comptes de l'entreprise. Sur le champ d'application et le caractère contraignant de ce Code, voir n°s 48272 s.

77587 **Prise d'intérêt** Le **commissaire aux comptes** ne doit pas **prendre, recevoir ou conserver,** directement ou indirectement, un **intérêt** auprès de la société pour laquelle il exerce une mission ou une prestation (sur ces notions, voir n° 77502), ou auprès d'une société qui la contrôle ou qui est contrôlée par elle, au sens de l'article L 233-3, I et II (art. L 821-31, I-al. 1).

Les associés et les salariés du commissaire aux comptes qui participent à la mission de certification, toute **autre personne** participant à la mission de certification où à la mission d'assurance de la communication d'information de durabilité ainsi que les personnes qui leur sont étroitement liées ou qui sont étroitement liées au commissaire aux comptes au sens de l'article 3, 26 du règlement UE 596/2014 du 16 avril 2014 ne peuvent détenir d'intérêt substantiel et direct dans la société pour laquelle ils exercent une mission, ni réaliser de transaction portant sur un instrument financier émis, garanti ou autrement soutenu par cette société, sauf s'il s'agit d'intérêts détenus par l'intermédiaire d'organismes de placement collectif diversifiés, y compris de fonds gérés tels que des fonds de pension ou des assurances sur la vie (art. L 821-31, II).

› Précisions Le Code de déontologie des commissaires aux comptes **définit les liens** personnels, financiers et professionnels, concomitants ou antérieurs à la mission ou à la prestation, incompatibles avec l'exercice de celle-ci (n°s 77588 s.). Il précise en particulier les situations dans lesquelles l'indépendance du commissaire aux comptes est affectée, lorsqu'il appartient à un réseau pluridisciplinaire, national ou international, dont les membres ont un intérêt économique commun, par la fourniture de prestations de services à une personne ou à une entité contrôlée ou qui contrôle la société pour laquelle une mission ou une prestation est envisagée (art. L 821-31, I-al. 2).

77588 **Liens personnels** L'exercice de la mission de contrôle légal est **incompatible** avec tout lien personnel entre, d'une part, une personne occupant une fonction sensible au sein de la société dont les comptes sont certifiés et, d'autre part (C. déont. com. art. 32) :

– le commissaire aux comptes ;

– l'un des membres de la direction de la société de commissaires aux comptes ;

– ou, si l'existence de ces liens pourrait conduire un tiers objectif et raisonnable à douter de l'indépendance de l'auditeur, un associé, un salarié du commissaire aux comptes, tout membre de son réseau ou toute autre personne qui participe à la mission de certification.

La **notion** de lien personnel vise les ascendants au premier degré, les collatéraux au premier degré, les conjoints et les partenaires d'un Pacs ou les concubins (C. déont. com. art. 32, I). Cette énumération n'étant pas limitative (art. A 821-55, 19-al. 3), la filiation adoptive demeure un cas d'incompatibilité possible même si le Code de déontologie n'y fait plus expressément référence.

Sont réputés exercer des **fonctions « sensibles »** au sein de la société dont les comptes sont certifiés (C. déont. com. art. 31) :

– toute personne ayant la qualité de mandataire social ;

– tout préposé de la société chargé de tenir les comptes ou d'élaborer les états financiers et les documents de gestion ;

– tout cadre dirigeant pouvant exercer une influence sur l'établissement de ces états et documents.

Quant au **membre de la direction d'une société de commissaires aux comptes,** il s'agit de toute personne pouvant influer sur les opinions exprimées dans le cadre de la mission de contrôle légal ou qui dispose d'un pouvoir décisionnel en ce qui concerne la gestion, la rémunération, la promotion ou la supervision des membres de l'équipe chargée de cette mission (C. déont. com. art. 31).

Sur l'applicabilité de la notion de liens personnels à la mission de certification des informations de durabilité, voir n° 77594.

77590 ***Liens financiers*** **Constituent** des liens financiers incompatibles avec l'exercice d'une mission de contrôle légal des comptes (C. déont. com. art. 33, I) :

– l'acquisition ou la détention, directe ou indirecte, d'actions ou de tous autres titres donnant ou pouvant donner accès, directement ou indirectement, au capital ou aux droits de vote de la personne ou entité dont les comptes sont certifiés ;

– l'acquisition ou la détention, directe ou indirecte, d'instruments financiers définis par l'article L 211-1 du Code monétaire et financier.

Entrent également dans le champ d'application de l'incompatibilité attachée à l'existence de liens financiers, lorsqu'elles n'ont pas été réalisées ou souscrites aux conditions habituelles du marché, les opérations portant sur :

– tout dépôt de fonds à terme ;
– l'octroi ou le maintien de tout prêt ou avance ;
– la souscription d'un contrat d'assurance sur la vie ;
– l'octroi ou l'obtention de sûretés et garanties.

Les liens financiers ci-dessus définis sont **incompatibles** avec l'exercice de la mission de contrôle légal **lorsqu'ils sont établis entre,** d'une part, la société dont les comptes sont certifiés ou une société qui la contrôle ou qui est contrôlée par elle et, d'autre part (C. déont. com. art. 33, I) :

– le commissaire aux comptes ;
– la société de commissaires aux comptes à laquelle appartient le commissaire ;
– les associés et les salariés du commissaire aux comptes qui participent à la mission de certification ou toute autre personne participant à la mission de certification ainsi que les personnes qui leur sont liées au sens du règlement européen sur les abus de marché (Règl. UE 596/2014 du 16-4-2014 art. 3, 26), auxquelles s'ajoutent les concubins (C. déont. com. art. 32, I-3° sur renvoi de l'art. 33, I).

Ces liens sont également incompatibles avec l'exercice de la mission de contrôle légal lorsqu'ils sont établis entre la société dont les comptes sont certifiés et le commissaire aux comptes après sa nomination ou sa désignation (C. déont. com. art. 33, II-al. 6).

Enfin, sont incompatibles avec l'exercice de la mission de contrôle légal les liens financiers ci-dessus mentionnés établis entre, d'une part, la société dont les comptes sont certifiés et, d'autre part, les membres du réseau auquel appartient le commissaire aux comptes, les personnes qui contrôlent la société de commissaires aux comptes ou qui sont contrôlées par elle (au sens de l'art. L 233-3, I et II), si l'existence de ces liens peut amener un tiers « objectif, raisonnable et informé » à conclure que, malgré les mesures de sauvegarde appliquées, l'indépendance du commissaire aux comptes est compromise (C. déont. com. art. 33, III).

Sur l'applicabilité de la notion de liens financiers à la mission de certification des informations de durabilité, voir n° 77594.

Liens professionnels Il **existe** un lien professionnel entre deux personnes lorsqu'elles sont liées par un contrat de travail ou une relation d'affaires qui n'est pas une opération courante conclue à des conditions habituelles de marché (C. déont. com. art. 34). 77593

Est **incompatible** avec l'exercice de la mission de contrôle légal tout lien professionnel **entre,** d'une part, la société dont les comptes sont certifiés ou ses dirigeants et, d'autre part :

– le commissaire aux comptes ;
– l'un des membres de la direction de la société de commissaire aux comptes ;
– les personnes qui leur sont étroitement liées au sens du règlement sur les abus de marché (Règl. UE 596/2014 du 16-4-2014 art. 3, 26).

Certaines personnes ne génèrent par ailleurs de situation d'incompatibilité qu'à la condition que l'existence des liens professionnels qu'elles entretiennent avec la société dont les comptes sont certifiés ou ses dirigeants soit de nature à amener un tiers objectif, raisonnable et informé à conclure que, malgré les mesures de sauvegarde appliquées, l'indépendance du commissaire aux comptes est compromise. Il s'agit des associés et salariés du commissaire aux comptes qui participent à la mission de certification, de toute autre personne participant à cette mission, ainsi que des personnes qui leur sont étroitement liées au sens du règlement sur les abus de marché (Règl. UE 596/2014 art. 3, 26).

Sur l'applicabilité de la notion de liens professionnels à la mission de certification des informations de durabilité, voir n° 77594.

Applicabilité des incompatibilités issues du Code de déontologie à la mission de certification des informations de durabilité Les incompatibilités visées n°s 77588 à 77593 sont applicables à la mission de certification des informations de durabilité, même si le Code de déontologie des commissaires aux comptes n'a pas été mis à jour pour tenir compte de cette nouvelle mission à la date de mise à jour des présents développements. 77594

INCOMPATIBILITÉS TEMPORAIRES ET INTERDICTIONS

77600 **Exercice par un commissaire de fonctions dans la société contrôlée**
Les commissaires aux comptes et les membres signataires d'une société de commissaires aux comptes ne peuvent pas être **nommés dirigeants, administrateurs, membres du conseil de surveillance ou occuper un poste de direction** des sociétés pour lesquelles ils ont exercé une mission moins de **trois ans** après la cessation de cette mission ; pendant ce même délai, ils ne peuvent pas exercer les mêmes fonctions dans une société contrôlée ou qui contrôle, au sens de l'article L 233-3, I et II, la société pour laquelle ils ont exercé leur mission. La même interdiction s'applique à toute personne inscrite sur la liste des personnes habilitées à exercer la profession de commissaires aux comptes et sur celle des commissaires habilités à certifier les informations de durabilité et membre d'une société de commissaires aux comptes autre que les membres signataires pendant une durée d'un an suivant sa participation à la mission (art. L 821-32). Outre les sanctions applicables aux commissaires aux comptes, le non-respect de cette obligation pourra entraîner des sanctions pour la société contrôlée et pour ses dirigeants (nº 78204).

> **Précisions** Le commissaire aux comptes doit être considéré comme **occupant un poste de direction** dans une entité contrôlée dès qu'il conclut avec cette dernière un contrat de travail relatif à ce poste, même s'il n'a pas encore commencé à exercer effectivement ses fonctions audit poste (CJUE 24-3-2021 aff. 950/19 : RJDA 7/21 nº 484).

77602 **Nomination comme commissaire d'un ancien dirigeant ou salarié de la société contrôlée** Les personnes ayant été dirigeants ou salariés d'une société ne peuvent pas, moins de **cinq ans** après la cessation de leurs fonctions, exercer des missions de commissaire aux comptes pour le compte de cette société, ou des sociétés possédant au moins 10 % du capital de celle-ci, ou dont celle-ci possédait au moins 10 % du capital lors de la cessation de leurs fonctions ; la même interdiction est applicable aux sociétés de commissaires aux comptes dont ces personnes seraient associées, actionnaires ou dirigeantes (art. L 821-33).

> **Précisions** Les **administrateurs** doivent être considérés comme des dirigeants au sens de l'article L 821-33 (en ce sens, Bull. CNCC décembre 2003 p. 648) puisque le conseil d'administration peut s'occuper de toutes les questions intéressant la bonne marche de la société.

77603 **Obligations de rotation dans les EIP** **Commissaires aux comptes personnes physiques et associés signataires.** Un commissaire aux comptes personne physique exerçant à titre individuel ou le membre signataire d'une société de commissaires aux comptes ne peut pas **certifier les comptes** ou les **informations de durabilité** d'une EIP durant plus de six exercices consécutifs, dans la limite de **sept années** ; il peut à nouveau **participer à une telle mission** à l'expiration d'un délai de **trois ans** à compter de la date de clôture du sixième exercice ayant fait l'objet de la mission. La même limite s'applique à la certification des comptes ou des informations de durabilité des **filiales importantes** d'une EIP ayant le même commissaire aux comptes que sa mère (art. L 821-34).

77604 **Sociétés de commissaires aux comptes.** Lorsqu'une EIP désigne un commissaire aux comptes unique personne morale, ce commissaire ne peut pas procéder à la certification des comptes ou des informations de durabilité de celle-ci pendant une période supérieure à **dix ans.** Au terme de cette période, il peut toutefois être nommé pour un nouveau mandat d'une durée de six exercices, à condition qu'une procédure de sélection (nº 77615) soit organisée (art. L 821-45, I).

Cette durée de dix ans peut être **prolongée** jusqu'à une durée maximale de 24 ans lorsque, au terme de cette période de 10 ans, l'EIP, de manière volontaire ou en application d'une obligation légale, recourt à plusieurs commissaires aux comptes ou à un OTI et à un commissaire aux comptes, dès lors qu'ils présentent un rapport conjoint sur la certification des comptes ou des informations de durabilité (art. L 821-45, II pour les commissaires aux comptes et art. L 822-21, II pour les OTI).

À l'issue des mandats, la **H2A** peut, à titre exceptionnel, autoriser une EIP à prolonger le mandat du commissaire aux comptes pour une durée supplémentaire qui ne peut pas excéder deux années (art. L 821-45, III). L'EIP qui sollicite cette autorisation doit adresser à la H2A une lettre recommandée AR ou utiliser tout autre moyen permettant de s'assurer de la date de réception de la demande qui doit intervenir six mois au plus tard avant l'expiration du mandat (art. D 821-178, qui précise aussi les mentions que la demande doit comporter).

Le commissaire aux comptes ou, le cas échéant, un membre de son réseau au sein de l'UE ne peut accepter de **nouveau mandat** auprès de l'EIP dont il a certifié les comptes ou les informations de durabilité avant l'expiration d'une période de **quatre ans** suivant la fin de son mandat (art. L 821-45, IV).

Outre les sanctions applicables aux commissaires aux comptes, le non-respect de cette obligation peut entraîner des sanctions pour la société contrôlée et pour ses dirigeants (n° 78200).

› **Précisions a.** Dans les EIP, la durée du mandat des commissaires aux comptes étant obligatoirement de six exercices, est-il possible de renouveler le mandat alors que la durée maximale des fonctions de dix ou 24 ans doit survenir pendant la période renouvelée ? Pour l'Ansa (Communication Ansa, comité juridique n° 18-006 du 7-2-2018), si la durée maximale est de **dix ans,** le mandat renouvelé prend fin de plein droit à l'issue de l'assemblée générale statuant sur les comptes de la quatrième année du mandat renouvelé (6 + 4). Si la durée maximale du mandat est de **24 ans,** son renouvellement peut intervenir quatre fois sans difficulté, à moins que la clôture de certains des exercices concernés n'ait été repoussée. Dans ce cas, soit l'assemblée renouvelant le commissaire est informée que le mandat n'arrivera pas à son terme parce qu'il excédera 24 ans et la réponse donnée pour la durée maximale de dix ans s'applique, soit il s'agit d'un prolongement de quelques mois en raison d'un changement de date de clôture ayant entraîné, au cours du dernier mandat, un allongement de la durée d'un ou plusieurs exercices et l'EIP peut demander à la H2A une dérogation pour prolonger le mandat en cours de quelques mois (cf. art. L 821-45, III).

b. Pour l'Ansa, un commissaire aux comptes chargé à la fois de certifier les comptes et les informations de durabilité d'une société et qui a atteint la durée maximale de son mandat au titre de la certification des comptes ne peut pas obtenir un **nouveau mandat de certification des informations de durabilité** au terme de celui-ci si les deux missions prennent fin à la même date. En effet, en alignant et en harmonisant les règles de durée maximale des mandats des commissaires aux comptes certifiant les informations de durabilité sur celles concernant la certification des comptes, le législateur considère que les règles de viduité et de rotation des mandats doivent être identiques et s'appliquer réciproquement (Communication Ansa, comité juridique n° 25-001 du 8-1-2025).

SANCTIONS DES INCOMPATIBILITÉS

Sanctions civiles Les délibérations prises sur le rapport de commissaires aux comptes nommés ou demeurés en fonctions malgré une incompatibilité sont nulles (art. L 821-5, al. 1). 77606
À compter du 1er janvier 2027, encourront la nullité les décisions prises en cas de désignation ou de maintien d'un commissaire aux comptes malgré une incompatibilité (art. L 821-5 modifié, à compter du 1-1-2027, par ord. 2025-229 du 12-3-2025 ; Ord. 2025-229 art. 70).

Sanctions pénales Toute personne qui, soit en son nom personnel, soit à titre d'associé d'une société de commissaires aux comptes, aura exercé la profession de commissaire aux comptes nonobstant les incompatibilités légales est passible d'un emprisonnement de six mois et d'une amende de 7 500 € (art. L 821-8). 77607

ATTENTION

Cette infraction est un délit continu qui persiste jusqu'à la cessation effective des fonctions du commissaire aux comptes et ce n'est qu'à compter de cette cessation que court la prescription de trois ans (TGI Saintes 3-2-1983 : Bull. CNCC 1983 p. 225 note E. du Pontavice).

Les sanctions pénales encourues sont, à notre avis, applicables à la violation des incompatibilités générales (art. L 821-27) et des incompatibilités relatives à la société pour laquelle le commissaire exerce une mission de certification des comptes ou des informations de durabilité (art. L 821-28), ou une mission ou une prestation (art. L 821-31), car l'incrimination sanctionne sans distinction les « incompatibilités légales ».

Ces sanctions sont également applicables, à notre avis, aux incompatibilités temporaires ou interdictions visant les dirigeants qui viendraient à être nommés commissaires aux comptes *(art. L 821-33), les commissaires qui certifieraient pendant plus de six exercices les comptes ou les informations de durabilité d'une EIP ou les commissaires d'une EIP qui ignoreraient les* délais de viduité (art. L 821-34).

En revanche, le principe d'application stricte du droit pénal, ainsi que la rédaction de l'article L 821-8, en exclut l'application aux personnes qui accepteraient, avant que ne se soit écoulé un délai de trois ans, des fonctions dans une société en violation de l'article L 821-32. Les commissaires aux comptes, associés, actionnaires ou dirigeants de sociétés de commissaires aux comptes qui prendraient prématurément des fonctions dans une société contrôlée n'entrent pas dans le cadre de l'article L 821-8, qui ne vise que l'exercice de la profession de commissaire aux comptes.

77608 Les sanctions pénales sont applicables même si l'irrégularité est commise au sein d'une filiale située à l'étranger (en ce sens, E. du Pontavice, Bull. CNCC 1985 p. 263). En effet, les délits sont punissables si un acte caractérisant un seul de leurs éléments constitutifs a été accompli sur le territoire de la République (C. pén. art. 113-2, al. 2). Or, l'un des éléments du délit visé par l'article L 821-8 (exercice des fonctions de commissaire aux comptes) est accompli en France.

77609 **Sanctions administratives** Outre des sanctions disciplinaires applicables au commissaire aux comptes, le Code de commerce prévoit des sanctions prononcées par la H2A à l'encontre des sociétés contrôlées et de leurs dirigeants pour certains manquements aux règles d'incompatibilité (nos 78200 s.).

3. DÉSIGNATION DES COMMISSAIRES

77612 Les commissaires aux comptes, qu'ils exercent une mission de certification des comptes ou des informations de durabilité, sont désignés par l'**assemblée générale ordinaire ou** par l'**organe** exerçant une fonction analogue **compétent** (art. L 821-40, I-al. 2). Pour la mission de certification des comptes, dans les **EIP,** une procédure d'appel d'offres doit en outre être organisée avant le vote de l'organe compétent (no 77615).

Toute clause contractuelle qui limite le **choix** de l'assemblée générale ou de l'organe compétent à certaines catégories ou listes de commissaires aux comptes est réputée non écrite (art. L 821-40, I-al. 6). Il en est ainsi de la clause d'un pacte d'associés prévoyant que le commissaire aux comptes de la société restera le même tant que l'associé minoritaire de la société demeurera au capital (CA Paris 18-11-2021 no 18/19179 : RJDA 3/22 no 153).

Le tableau ci-dessous présente l'organe compétent pour désigner les commissaires dans chaque type de société.

	Textes	Organe social nommant les CAC
SNC	Art. L 221-6 sur renvoi de l'art. L 221-9, al. 1	Décision des associés[1]
SCS	Art. L 221-6 sur renvoi des art. L 221-9, al. 1 et L 222-2	Décision des associés[1]
SARL	Art. L 223-29 sur renvoi de l'art. L 223-35, al. 1	Décision des associés[1]
EURL	Art. L 223-31, al. 3	Associé unique
SA	Art. L 225-228	Assemblée générale ordinaire sur proposition du conseil d'administration (ou du conseil de surveillance) ou, sous certaines conditions, des actionnaires (nos 46180 s.)[2]
SCA	Art. L 226-6, al. 1	Assemblée générale ordinaire
SAS	Art. L 227-9, al. 2, art. L 225-228 sur renvoi de l'art. L 227-1	Décision collective des associés prise sur proposition du président ou d'un autre organe de direction désigné par les statuts
Sasu	Art. L 227-9, al. 2 et L 227-1, al. 2	Associé unique

1. Le fait de proposer un nom de commissaire aux comptes différent de celui figurant à l'ordre du jour adressé avec la convocation à une assemblée générale de SARL constitue une résolution nouvelle sur laquelle l'assemblée ne peut pas valablement délibérer (Cass. com. 14-2-2018 no 15-16.525 F-PB : RJDA 6/18 no 513).

2. La nomination des commissaires doit figurer à l'**ordre du jour** de l'assemblée de SA. À défaut, la décision de nomination pourrait être annulée par le juge. L'article L 225-105, al. 3 (dont l'inobservation peut entraîner la nullité de l'assemblée en application de l'article L 225-121) précise que l'assemblée ne peut pas délibérer sur une question qui n'est pas inscrite à l'ordre du jour. On ne saurait par ailleurs prétendre rattacher la nomination des commissaires aux « questions diverses » puisque celles-ci ne doivent présenter qu'une minime importance (art. R 225-66, al. 2).

77613 **Informations à fournir avant la désignation du commissaire** En vue de sa *désignation pour réaliser une mission,* le commissaire aux comptes **affilié à un réseau,** national ou international, qui n'a pas pour activité exclusive la réalisation de missions et dont les membres ont un intérêt économique commun, doit informer par écrit la société pour le compte de laquelle la mission serait réalisée de cette situation. Le cas échéant, il doit l'informer également de la nature des services, autres que la réalisation de missions, fournis par ce réseau à la société, aux sociétés qui la contrôlent ou qui sont contrôlées par elle, au sens de l'article L 233-3, I et II, ainsi que du montant global des sommes perçues par ce réseau au titre de ces services.

Les informations relatives au **montant global des sommes** perçues sont intégrées aux documents mis à la disposition des actionnaires avant le vote (art. L 821-4, I-al. 1 modifié par loi 2025-391 du 30-4-2025).

Dans les EIP, le détail des missions et des prestations fournies peut être communiqué, à sa demande, au comité d'audit ou, selon le cas, à l'organe chargé de l'administration ou à l'organe de surveillance (art. L 821-4, I-al. 3).

Par ailleurs, lorsque le commissaire aux comptes a vérifié, au cours des deux derniers exercices, les **opérations d'apports ou de fusion** de la société ou des sociétés que celle-ci contrôle au sens de l'article L 233-16, II et III (nos 81402 s.), le projet de résolution le désignant doit en faire état (art. L 821-40, I-al. 5 ; la loi vise les opérations d'apports ou de fusion des sociétés contrôlées au sens de l'article L 233-16, I et II, mais il s'agit manifestement d'une erreur du législateur).

Avant d'accepter une mission ou une prestation, ou leur renouvellement, **le commissaire aux comptes doit vérifier et consigner** les éléments (art. L 821-4, II) : **77614**
– relatifs au respect des conditions de son indépendance prévues par l'article L 821-31 (nos 77587 s.) et par le Code de déontologie et, le cas échéant, les mesures de sauvegarde nécessaires pour atténuer les risques pesant sur son indépendance ;
– établissant qu'il dispose des ressources humaines et matérielles nécessaires à la bonne exécution de la mission ou de la prestation.

Lorsque la mission de contrôle légal des comptes concerne une personne ou une entité qui établit des comptes consolidés, le commissaire aux comptes doit s'efforcer d'obtenir les informations nécessaires sur les commissaires aux comptes des sociétés incluses dans le périmètre de la consolidation et sur le cadre réglementaire auquel ces derniers sont soumis (C. déont. com. art. 21).

Le commissaire aux comptes d'une **EIP** doit en outre se conformer à certaines exigences complémentaires de préparation au contrôle légal des comptes et d'évaluation des risques pesant sur son indépendance qui sont prévues par l'article 6 du règlement UE 537/2014 du 16 avril 2014 (art. L 821-4, III).

De surcroît, lorsqu'une EIP envisage de désigner un commissaire aux comptes appartenant à un réseau, le comité d'audit ou, selon le cas, l'organe d'administration ou de surveillance peut demander à celui-ci de lui communiquer le détail des missions et des prestations fournies par le réseau (art. L 821-4, I-al. 3).

Règles particulières à la nomination d'un commissaire dans une EIP **77615**

La nomination des commissaires aux comptes des EIP pour une **mission de certification des comptes** est soumise à une **procédure spéciale** (Règl. UE 537/2014 du 16-4-2014 art. 16, sur renvoi de l'art. L 821-40, II-al. 1), qui comporte schématiquement les étapes suivantes :
– organisation par le **comité d'audit** de la société concernée d'une procédure de sélection par **appel d'offres** ;
– **recommandation** présentée par ce comité **à l'organe d'administration ou de surveillance** comportant au moins deux choix possibles et indiquant la préférence motivée du comité ;
– **proposition** de l'organe d'administration ou de surveillance **à l'assemblée générale** contenant la recommandation du comité et exposé motivé si cet organe ne suit pas la préférence du comité.

ATTENTION

Cette procédure s'applique également à la désignation du commissaire aux comptes **suppléant,** l'article L 821-40 ne distinguant pas selon qu'il s'agit du commissaire aux comptes titulaire ou du suppléant (en ce sens, Foire aux questions du H2A du 27-5-2025 § 1.8). Le non-respect de la procédure *s'agissant du suppléant* n'entraîne cependant aucune conséquence vis-à-vis du titulaire régulièrement nommé (Communication Ansa, comité juridique n° 23-036 du 4-10-2023).

En revanche, la procédure spéciale ne s'applique pas à la **désignation statutaire** d'un commissaire aux comptes en vue de l'immatriculation d'une société, à la désignation judiciaire d'un commissaire aux comptes, à la désignation dans les Sicav, les Sicaf et les sociétés de libre partenariat, et à la désignation par l'ACPR dans les institutions bancaires et financières (art. L 821-40, II-al. 2).

Par ailleurs, si l'EIP est une SA dont les **actions sont admises aux négociations sur un marché réglementé,** le **conseil d'administration** doit choisir les commissaires aux comptes qu'il envisage de proposer pour une mission de certification des comptes ou des informations de durabilité, sans que prennent part au vote le directeur général et le directeur général délégué, s'ils sont administrateurs (art. L 22-10-66). **77616**

77617 Les **commissaires aux comptes** désignés auprès d'une EIP ou d'une société de financement pour une mission de certification des comptes ou des informations de durabilité doivent publier sur leur site internet, dans les quatre mois suivant la clôture de l'exercice, un **rapport de transparence** relatif notamment à leur propre structure, établi conformément aux dispositions de l'article 13 du règlement UE 537/2014 du 16 avril 2014. Les commissaires aux comptes doivent informer la H2A de cette publication et, le cas échéant, de la mise à jour du rapport. Ils doivent en informer également l'**AMF** ou l'ACPR lorsqu'ils sont désignés auprès d'une entité assujettie à leur contrôle. Le rapport doit pouvoir être consulté sur le site internet pendant au moins cinq ans à compter du jour de sa publication.

Si les commissaires aux comptes sont associés ou salariés d'une société de commissaires aux comptes, l'établissement et la publication du rapport de transparence incombent à celle-ci (art. D 821-197).

4. ACCEPTATION DES FONCTIONS PAR LE COMMISSAIRE

77620 L'acceptation de leurs fonctions par les commissaires aux comptes est **constatée** soit au moyen de la signature du procès-verbal de l'assemblée par les intéressés, soit au moyen d'une lettre séparée adressée par eux au dirigeant de la société.

› Précisions **a.** Le fait que le commissaire ait été nommé dans les statuts ou lors d'une assemblée générale et que cette nomination ait été régulièrement publiée au RCS ne permet pas aux dirigeants d'échapper aux sanctions pénales qu'ils encourent pour défaut de nomination des commissaires (n° 77654), dès lors que ce commissaire n'a jamais été **informé de sa nomination** et n'a jamais été invité à opérer les contrôles pour lesquels il était prétendument mandaté (T. corr. Paris 2-11-1979 : Rev. sociétés 1980 p. 796 note B. Bouloc ; voir aussi TGI Mulhouse 12-4-1985 : Bull. CNCC 1985 p. 479 note E. du Pontavice).

b. Le commissaire peut toujours **refuser sa nomination** en raison du caractère libéral de la profession (CNCC EJ 2019-83 du 15-4-2022).

5. PUBLICITÉ DE LA NOMINATION DU COMMISSAIRE

77623 La nomination des commissaires aux comptes titulaires et, le cas échéant, suppléants doit être publiée dans les conditions suivantes :

– insertion dans un **support d'annonces légales** du lieu du siège social (art. R 210-9 ; sur la nécessité de publier dans un support d'annonces légales et au RCS la nomination du commissaire aux comptes suppléant en même temps que celle du titulaire, voir Rép. Godfrain : AN 30-9-1985 n° 68563) ;

– inscription modificative au **RCS** et au **RNE** par l'intermédiaire du guichet unique électronique des formalités d'entreprises (art. R 123-66 et R 123-263, al. 1), la demande devant être accompagnée de la lettre du commissaire aux comptes acceptant sa désignation ;

– insertion au **Bodacc** par les soins du greffier du tribunal de commerce (art. R 123-159 et R 123-161).

À notre avis, à défaut de précision des textes, cette obligation de publication s'applique que le commissaire aux comptes ait été nommé pour une mission de certification des comptes ou pour une mission de certification des informations de durabilité.

Pour plus de détails sur ces diverses formalités, voir n°s 85500 s.

En outre, tout commissaire aux comptes chargé d'une mission de certification des comptes ou des informations de durabilité auprès d'une société doit notifier sa nomination au **conseil régional de la compagnie** dont il est membre, soit par lettre recommandée AR, soit par voie électronique, dans un délai de huit jours (art. D 821-173, al. 1).

Dans les **SA** et les **SCA** ayant nommé un commissaire aux comptes, toute personne, même non actionnaire, a le droit, à toute époque de l'année, de se faire communiquer au **siège social** la liste des commissaires aux comptes en exercice (art. R 225-109).

Sur les formalités de publicité dans les GIE, voir n° 97031.

F. Durée et prise des fonctions des commissaires aux comptes

DURÉE DU MANDAT DU COMMISSAIRE

77625 **Mission de certification des comptes** En principe, pour l'exercice d'une mission de certification des comptes, les commissaires aux comptes sont nommés pour **un mandat de six exercices** (art. L 821-44, al. 1) dans toutes les sociétés ou EIP, que la nomination soit obligatoire ou volontaire (art. L 821-1 ; Avis H3C 2011-07 du 7-4-2011). Cette durée concerne les mandats de commissaire aux comptes titulaire et suppléant.

Toutefois, les sociétés suivantes peuvent opter pour une limitation de la durée des nouveaux mandats de commissaire aux comptes à **trois exercices** en application de l'article L 821-46 :
– société contrôlante devant désigner un commissaire aux comptes en application de l'article L 821-43, al. 1 (nº 77515) ;
– société contrôlée significative devant désigner un commissaire aux comptes en application de l'article L 821-43, al. 3 (nº 77518) ;
– société ayant volontairement désigné un commissaire aux comptes (nº 77531).

En outre, la durée du mandat du commissaire aux comptes désigné par une société suite à la demande présentée par un ou plusieurs associés ou actionnaires représentant au moins un tiers du capital est obligatoirement de trois exercices (nº 77524).

La durée légale du mandat du commissaire aux comptes est **impérative** et ne saurait être affectée par les causes possibles d'**interruption** de ce mandat (démission ou relèvement). En conséquence, le commissaire aux comptes qui démissionne (ou est relevé) doit être remplacé pour la durée du mandat restant à courir (Cass. com. 10-5-2024 nºs 22-16.158 F-B et 22-23.883 F-D : RJDA 8-9/24 nº 467), sans qu'il y ait lieu de distinguer selon que sa nomination est obligatoire ou volontaire et il ne peut pas être procédé à sa radiation du RCS avant son remplacement (Cass. com. 6-11-2012 nº 11-30.648 : RJDA 1/13 nº 47).

› Précisions **a.** Selon la CNCC, si les **statuts** fixent la durée du mandat du commissaire aux comptes à six exercices, il est impossible de nommer un commissaire aux comptes pour trois exercices tant que les statuts n'ont pas été modifiés (en ce sens, CNCC, La nomination et la cessation des fonctions du commissaire aux comptes : Études juridiques CNCC département édition, juin 2022 nº 198). Cette position peut toutefois être nuancée, à notre avis, si ces dispositions statutaires peuvent être considérées comme un rappel des textes, par exemple si elles indiquent que le commissaire aux comptes est nommé pour six exercices en application de la loi ou de l'article L 821-44, pour les raisons exposées nº 1780.

b. Pour la CNCC, une société qui a volontairement désigné un commissaire aux comptes pour six exercices ne peut pas **mettre fin à son mandat** à l'issue du troisième exercice en raison du caractère intangible de la durée du mandat du commissaire. En outre, une assemblée générale ne peut pas **annuler la désignation non obligatoire** d'un commissaire aux comptes, cette désignation ayant été publiée au RCS, le Kbis en faisant état, et la mission du commissaire ayant reçu un commencement d'exécution du fait même de son acceptation (CNCC EJ 2024-54 février 2025).

Mission de certification des informations de durabilité Pour l'exercice d'une mission de certification des informations de durabilité, les commissaires aux comptes sont nommés pour un **mandat de six exercices** (art. L 821-44, al. 1). 77628

ATTENTION

Un **dispositif dérogatoire** permet toutefois une entrée progressive des commissaires aux comptes sur le marché et d'aligner la durée des mandats de certification des informations de durabilité et celle des mandats de certification des comptes. Ainsi, pour sa nomination pour l'exercice de sa première mission intervenant après l'entrée en vigueur de l'ordonnance 2023-1142 du 6 décembre 2023, le commissaire aux comptes peut être nommé soit pour la durée du mandat restant à courir au titre de la mission de certification des comptes, soit pour un mandat de trois exercices. Dans cette seconde hypothèse, à l'expiration du premier mandat, la société peut nommer le commissaire aux comptes soit pour un mandat de six ans, soit pour la durée du mandat restant à courir au titre de la mission de certification des comptes (Ord. 2023-1142 art. 38 modifié par loi 2025-391 du 30-4-2025).

Enfin, lorsque le commissaire aux comptes est désigné par une société de manière volontaire, cette dernière peut décider de limiter son mandat à **trois exercices** (art. L 821-46).

DÉBUT DES FONCTIONS DU COMMISSAIRE

La date d'entrée en fonctions du commissaire aux comptes, qu'il soit nommé pour une mission de certification des comptes ou des informations de durabilité, correspond en principe au jour de sa nomination. S'il est **nommé en cours d'exercice,** il doit vérifier les comptes ou les informations de durabilité de l'intégralité de l'exercice au cours duquel il a été désigné. 77631

En conséquence, le commissaire aux comptes pourrait, par exemple, être tenu pour responsable s'il n'avait pas signalé une convention à soumettre à l'autorisation du conseil d'administration en application de l'article L 225-38 ou s'il n'avait pas révélé un fait délictueux survenu durant cette période.

En revanche, il n'est pas tenu d'effectuer de contrôle au titre de l'exercice clos avant sa nomination (Rép. Le Douarec : AN 24-6-1975 nº 19198). Si, par exemple, une société dont l'exercice social coïncide avec l'année civile nomme un commissaire aux comptes en 2026, ce commissaire n'a pas à se prononcer sur les comptes ou les informations de durabilité de l'exercice clos le 31 décembre 2025. Ce principe n'est cependant pas absolu. Il y a des cas (par exemple, décès ou démission du précédent titulaire) où le nouveau commissaire doit exercer son contrôle sur des comptes arrêtés antérieurement à son entrée en fonctions ou sur des informations de durabilité établies antérieurement à cette date.

Sur les conséquences de la **transformation de la société** pour les commissaires aux comptes chargés d'une mission de certification des comptes, voir n°s 77764 s.

> **Précisions** La solution selon laquelle le commissaire aux comptes nommé en cours d'exercice doit vérifier l'intégralité des comptes ou des informations de durabilité de cet exercice s'accorde avec la **lettre des textes.** L'article L 821-44, al. 1 précise en effet la date de cessation des fonctions mais non celle de la prise des fonctions. Celle-ci se déduit donc du nombre d'exercices pour lequel le commissaire est nommé. Devant couvrir six exercices, sa mission commence au jour du début du premier de ces six exercices. Le commissaire doit, par conséquent, faire remonter ses investigations au commencement de l'exercice, même s'il a été nommé six mois plus tard. Cette solution s'applique également, à notre avis, aux mandats limités à trois exercices, même si l'article L 821-44, al. 1 ne vise que les mandats de six exercices.

FIN DES FONCTIONS DU COMMISSAIRE

77632 Les fonctions des commissaires aux comptes s'achèvent après la délibération de l'assemblée générale ou de l'organe compétent qui statue sur les comptes du sixième exercice (art. L 821-44, al. 1 ; voir n° 77700).

Cette règle s'applique également, à notre avis, aux mandats limités à trois exercices, même si l'article L 821-44, al. 1 ne vise que les mandats de six exercices.

G. Défaut de nomination des commissaires aux comptes

DÉSIGNATION EN JUSTICE DU COMMISSAIRE

77640 À défaut de nomination, par l'assemblée générale ou l'organe compétent, d'un commissaire aux comptes chargé de certifier les comptes ou les informations de durabilité, tout associé peut demander en référé au président du tribunal de commerce la désignation d'un commissaire aux comptes, le représentant légal de la société dûment appelé (art. L 821-47 et D 821-174). Le mandat ainsi conféré prend fin lorsqu'il a été pourvu par l'assemblée générale ou l'organe compétent à la nomination du ou des commissaires (art. L 821-47).

> **Précisions** **a.** Les dispositions de l'article L 821-47, qui visent à réparer l'omission d'une nomination légalement obligatoire et nécessaire au fonctionnement régulier de la société, ne s'appliquent pas à la désignation d'un **cocommissaire aux comptes,** au choix d'un actionnaire, en exécution d'une stipulation d'un pacte d'actionnaires (Cass. com. 12-10-2010 n° 09-13.006 : RJDA 1/11 n° 52).
> **b.** L'associé qui demande la **désignation judiciaire** d'un commissaire aux comptes sur le fondement des articles L 821-47 et D 821-174 peut valablement suggérer le nom du commissaire aux comptes précédemment titulaire (CA Lyon 1-4-2014 : Dr. sociétés 2014 comm. n° 116).

SANCTIONS DU DÉFAUT DE DÉSIGNATION D'UN COMMISSAIRE

77641 Sur les sanctions applicables en cas de défaut de nomination des commissaires aux comptes, voir n°s 77650 s.

Le défaut de désignation des commissaires aux comptes constitue une faute de gestion susceptible d'entraîner, en cas de liquidation judiciaire de la société, la condamnation des dirigeants au comblement du passif social (CA Paris 18-11-1997 : RJDA 3/98 n° 299).

H. Sanctions des règles de nomination des commissaires aux comptes

NULLITÉ DE L'ASSEMBLÉE

77650 Sont nulles les délibérations des assemblées générales ordinaires prises à défaut de désignation régulière des commissaires ou sur le rapport de commissaires nommés ou demeurés en fonctions contrairement aux dispositions légales (art. L 821-5, al. 1 et s'agissant des délibérations prises avant le 1-10-2025, Cass. com. 21-6-2023 n° 21-19.985 F-B : RJDA 10/23 n° 527).

L'expression « à défaut de désignation régulière » vise non seulement le cas où la société n'a pas de commissaire, mais aussi celui où elle n'est dotée que d'un seul commissaire alors qu'elle devrait en avoir deux (Rép. Cornet : AN 6-6-1975 n° 18778 ; pour une application, CA Paris 19-10-1979 : Rev. sociétés 1980 p. 480 note J.-L. Sibon).

> **Précisions** **À compter du 1er janvier 2027,** encourront la nullité les décisions des assemblées générales ordinaires prises à défaut de désignation ou en cas de désignation ou de maintien, dans des conditions contraires aux dispositions légales, d'un commissaire aux comptes lorsque sa mission lui est confiée par la loi ou le règlement (art. L 821-5 modifié, à compter du 1-1-2027, par ord. 2025-229 du 12-3-2025 ; Ord. 2025-229 art. 70).

Champ d'application de la nullité La nullité des assemblées ne peut être prononcée qu'à défaut de nomination ou en cas de nomination irrégulière des commissaires **titulaires.** Elle ne saurait s'appliquer lorsque l'omission concerne les **suppléants** (Cass. com. 21-6-2023 n° 21-19.985 F-B : RJDA 10/23 n° 527). En effet, la désignation d'un commissaire titulaire permet à elle seule de remplir l'objectif fixé par la loi, qui est de permettre aux associés de se prononcer après avoir été éclairés par le rapport d'un commissaire aux comptes (Cass. com. 21-6-2023 précité). 77651

La nullité s'applique à toutes les décisions, même celles pour lesquelles l'intervention des commissaires aux comptes n'est pas requise (cas, par exemple, des décisions relatives à la nomination de nouveaux administrateurs) (Cass. com. 21-6-2023 précité).

Cette nullité s'applique que la désignation du commissaire titulaire soit **volontaire** ou **imposée** par la loi ou les statuts (Cass. com. 21-6-2023 précité).

À défaut de précision à l'article L 821-5, cette nullité est, à notre avis, encourue que le défaut de nomination ou la nomination irrégulière concerne un commissaire aux comptes chargé d'une mission de **certification des comptes** ou des **informations de durabilité** et que le rapport du commissaire irrégulièrement nommé ou demeuré en fonctions ait été établi dans le cadre de l'une ou l'autre de ces missions (dans le même sens, Rapport au Président de la République relatif à l'ordonnance 2025-229 du 12-3-2025).

> **Précisions** Selon l'Ansa, en cas de **remplacement d'un commissaire aux comptes titulaire par un suppléant irrégulièrement nommé,** les délibérations des assemblées tenues à compter de ce remplacement pourraient toutefois être annulées (Communication Ansa, comité juridique n° 23-036 du 4-10-2023, à propos d'un commissaire suppléant d'EIP nommé sans que la procédure d'appel d'offres ait été respectée).

Exercice de l'action en nullité Pour l'exercice de l'action en nullité, le défaut de commissaire ou l'incapacité de celui-ci s'apprécie au jour de l'assemblée. 77652

L'action en nullité est éteinte si la délibération irrégulière a été expressément confirmée par une assemblée générale sur le rapport de commissaires régulièrement désignés (art. L 821-5, al. 2).

> **Précisions** **À compter du 1er janvier 2027,** l'action en nullité sera éteinte dans les conditions de droit commun, c'est-à-dire lorsque la cause de nullité aura cessé d'exister le jour où le tribunal statuera sur le fond en première instance (C. civ. art. 1844-11 modifié, à compter du 1-10-2025, par ord. 2025-229 du 12-3-2025, sur renvoi de l'art. L 821-5, al. 2 modifié, à compter du 1-1-2027, par ord. 2025-229 ; Ord. 2025-229 art. 70).

SANCTIONS PÉNALES

Tout dirigeant de société tenue d'avoir un commissaire aux comptes et qui n'a pas provoqué sa désignation est passible d'un emprisonnement de deux ans et d'une amende de 30 000 € (art. L 821-6, 1° modifié par loi 2025-391 du 30-4-2025 ; pour des exemples d'application de ces sanctions pénales, voir T. corr. Paris 2-11-1979 : Rev. sociétés 1980 p. 796 note B. Bouloc ; CA Paris 19-11-1981 : Rev. sociétés 1982 p. 533 note E. du Pontavice). 77654

ATTENTION

> *L'article L 821-6 a été modifié par* la loi 2025-391 afin de supprimer les sanctions pénales applicables en cas de défaut de désignation d'un commissaire aux comptes chargé de certifier les informations de durabilité. Néanmoins, on peut se demander si l'objectif n'est pas manqué. En effet, avant l'abrogation, par la loi 2025-391, de l'article L 821-6, 2°, c'est ce texte qui s'appliquait à la **mission de certification des informations de durabilité** du commissaire aux comptes, de sorte que le 1°, qui prévoyait les mêmes sanctions pour les mêmes faits sans préciser la mission concernée, ne s'appliquait qu'à la mission de certification des comptes. Désormais, l'absence de précision, à l'article L 821-6, 1°, sur la mission concernée peut conduire à considérer que les sanctions prévues par le 1° s'appliquent quelle que soit la mission du commissaire.

À notre avis, ces sanctions pénales ne sont pas applicables au défaut de désignation des commissaires aux comptes **suppléants,** lorsque la loi impose cette désignation (voir n° 77555).

› Précisions **a.** Certes, l'article L 821-6 vise le fait de ne pas provoquer la **désignation du commissaire aux comptes,** sans distinguer s'il s'agit du titulaire ou du suppléant, mais il vise ensuite, une fois le commissaire désigné, le fait de ne pas « le » convoquer aux assemblées ; l'énoncé de ces incriminations l'une à la suite de l'autre laisse penser que chacune d'elles concerne les mêmes commissaires. Or, seuls les titulaires doivent être convoqués aux assemblées, les suppléants, qui n'exercent pas de fonctions effectives, n'ayant pas à l'être tant que les titulaires sont en mesure de remplir leur mission. Les dirigeants ne sont donc punissables que s'ils n'ont pas provoqué la désignation des titulaires (dans le même sens, Bull. CNCC juin 1999 p. 256 relatif à l'interprétation de l'ancien article 455 de la loi de 1966, à notre avis transposable).

b. L'absence de nomination d'un commissaire aux comptes au sein d'une **société contrôlée significative** étant constitutive d'un fait délictueux, le commissaire aux comptes de la « tête de petit groupe » qui en a eu connaissance au cours de l'accomplissement de sa mission au sein de cette dernière doit le révéler au procureur de la République (CNCC EJ 2023-27 septembre 2023).

c. L'absence de désignation de commissaires aux comptes dans une **société holding d'un groupe tenue d'établir des comptes consolidés** constitue un fait délictueux, de sorte que le commissaire aux comptes d'une filiale de ce groupe, qui en a eu connaissance au cours de l'accomplissement de sa mission de certification des comptes de cette filiale, doit le révéler au procureur de la République (CNCC EJ 2023-56 mars 2024).

SANCTIONS ADMINISTRATIVES

77660 Outre des sanctions disciplinaires applicables au commissaire aux comptes, le Code de commerce prévoit des sanctions prononcées par la H2A à l'encontre des sociétés contrôlées et de leurs dirigeants pour certains manquements aux règles de nomination des commissaires aux comptes (n°s 78200 s.).

SECTION 2 CESSATION DES FONCTIONS DES COMMISSAIRES AUX COMPTES

A. Arrivée du terme

TERME DES FONCTIONS DU COMMISSAIRE TITULAIRE

77700 Les fonctions des commissaires aux comptes, désignés pour l'exercice des missions de certification des comptes ou des informations de durabilité lors de la constitution de la société ou postérieurement, prennent fin après la délibération de l'assemblée générale ou de l'organe compétent ayant statué sur les comptes du sixième exercice (art. L 821-44, al. 1), quelle que soit la date de cette délibération. À notre avis, la règle est identique dans les cas où le commissaire aux comptes est nommé pour trois exercices, même si l'article précité ne vise que les mandats de six exercices. Dans les deux cas, ils doivent donc exercer leur mission jusqu'à cette délibération.

77701 Le **non-renouvellement du mandat** venu à expiration n'a pas à être motivé et la loi n'impose aucun libellé précis des résolutions constatant le changement de commissaire (Rép. Fouqueteau : AN 16-7-1977). Toutefois, le commissaire aux comptes dont le renouvellement de mandat de certification des comptes ou des informations de durabilité n'est pas proposé à l'assemblée ou à l'organe compétent peut, s'il le demande, être entendu par cette assemblée ou cet organe (art. L 821-51).

Dans les sociétés autres que les EIP, les commissaires sont indéfiniment rééligibles. Le **renouvellement** doit être décidé par l'assemblée générale ou par l'organe compétent, dans les mêmes conditions que lors de leur première nomination (n° 77612). Une reconduction tacite des commissaires dans leurs fonctions serait inopérante et pourrait entraîner, outre l'annulation des décisions prises par l'organe compétent ou les assemblées ultérieures (n° 77650), l'application de sanctions pénales (n° 77654). De même, la décision d'une assemblée ou de l'organe compétent de renouveler par anticipation le mandat des commissaires aux comptes ne saurait être valable car elle est de nature à influencer la liberté d'appréciation du commissaire (en ce sens, Bull. CNCC décembre 2003 p. 654) et peut entraîner l'annulation des décisions prises par l'organe compétent ou les assemblées ultérieures.

Le renouvellement des fonctions des commissaires aux comptes n'entraîne, à notre avis, aucune formalité de publicité (dans le même sens, Rép. Rickert : AN 17-5-1972 nº 23022).

Les commissaires aux comptes personnes physiques exerçant à titre individuel et, dans les sociétés de commissaires aux comptes, le ou les associés ou dirigeants signataires ne peuvent certifier durant plus de six exercices consécutifs, dans la limite de sept années, les comptes ou les informations de durabilité des **EIP.** Ils ne peuvent pas participer à nouveau à une mission de contrôle des comptes ou des informations de durabilité de ces sociétés avant l'expiration d'un délai de trois ans à compter de la date de clôture du sixième exercice dont ils ont certifié les comptes ou les informations de durabilité (art. L 821-34, I et II).

Ces dispositions sont applicables à la certification des comptes et des informations de durabilité des filiales importantes d'une EIP lorsque celle-ci et sa filiale ont désigné le même commissaire aux comptes (art. L 821-34, III).

L'interdiction ne concerne que les personnes physiques. Les mandats confiés aux sociétés de commissaires aux comptes peuvent donc être renouvelés à condition de procéder à une rotation des associés chargés de la mission.

TERME DE LA MISSION DU COMMISSAIRE SUPPLÉANT

Dans les sociétés dans lesquelles un commissaire aux comptes suppléant a été nommé (voir nº 77555), celui-ci est nommé pour le même nombre d'exercices que le titulaire (art. L 821-40). **77702**
Sa mission prend donc fin à la date d'expiration du mandat confié au titulaire. En l'absence de disposition légale ou réglementaire contraire, le régime applicable au suppléant doit en effet être le même que celui du titulaire. Toutefois, l'obligation de rotation des commissaires aux comptes applicable dans les sociétés dont les titres financiers sont admis aux négociations sur un marché réglementé ne vise pas les suppléants.

Lorsque le commissaire titulaire vient à cesser sa mission en cours de mandat, le commissaire suppléant accède de plein droit à la qualité de titulaire et il doit poursuivre la mission jusqu'à la date à laquelle devait expirer le mandat de son prédécesseur. Toutefois, si le titulaire n'a été contraint de cesser sa mission qu'en raison d'un empêchement temporaire, il peut reprendre la mission après l'approbation des comptes par l'assemblée générale ou l'organe compétent (art. L 821-40, I-al. 4).

La nomination du commissaire aux comptes suppléant fait l'objet des mêmes formalités de publicité que celle du commissaire aux comptes titulaire (nº 77623).

Commissaire remplaçant Lorsque le suppléant est appelé aux fonctions de titulaire, il convient de désigner un **nouveau suppléant** qui, nommé en remplacement de l'ancien commissaire aux comptes ou OTI s'agissant de la mission de certification des informations de durabilité, demeure en fonctions jusqu'à l'expiration du mandat de ce dernier (art. L 821-44, al. 2). **77703**

Les fonctions du nouveau suppléant cesseront de plein droit en même temps que celles du titulaire si ce dernier n'exerce ses fonctions que provisoirement, par exemple à la suite d'un empêchement temporaire du précédent titulaire.

TERME DU MANDAT DU COMMISSAIRE DÉSIGNÉ EN JUSTICE

Le mandat du commissaire désigné en justice à **défaut de nomination** par l'assemblée générale ou par l'organe compétent d'un commissaire aux comptes chargé de la certification des comptes ou des informations de durabilité (art. L 821-47 et D 821-174) cesse dès que l'assemblée générale ou l'organe compétent a nommé un ou plusieurs commissaires (art. L 821-47). **77704**

Il en est de même lorsque le commissaire a été désigné en justice à la suite d'une **récusation** (*art. L 821-49, al. 4) : sa mission prend* fin dès qu'un nouveau commissaire a été nommé par l'assemblée ou l'organe compétent et est entré en fonctions, c'est-à-dire en pratique dès que ce nouveau commissaire a accepté sa mission.

TERME DU MANDAT D'UNE SOCIÉTÉ DE COMMISSAIRES ABSORBÉE

Lorsqu'une société de commissaires aux comptes est absorbée par une autre société de commissaires aux comptes, la société absorbante poursuit le mandat confié à la société absorbée jusqu'à la date d'expiration de ce dernier ; toutefois, l'assemblée générale ou l'organe compétent de la société contrôlée peut, lors de sa première réunion postérieure à l'absorption, délibérer sur le maintien du mandat, après avoir entendu le commissaire aux comptes (art. L 821-48), pour tenir compte notamment d'une situation d'incompatibilité qui **77705** peut apparaître à l'occasion de la fusion ou de l'absorption des cabinets. Si l'assemblée générale ou l'organe compétent ne maintient pas le commissaire aux comptes en fonctions, c'est le commissaire suppléant, lorsqu'il en a été désigné un (voir nº 77555), qui devient titulaire du mandat.

B. Récusation des commissaires aux comptes

PRINCIPE DE RÉCUSATION DU COMMISSAIRE

77710 Le Code de commerce permet de **demander en justice** la récusation d'un ou plusieurs commissaires aux comptes et la désignation d'un ou plusieurs autres commissaires qui exerceront leur mandat au lieu et place des commissaires récusés (art. L 821-49, al. 1). Cette faculté – qui porte atteinte au pouvoir souverain de l'assemblée générale des associés – ne peut être exercée que dans les **conditions** strictement définies par les textes.

DEMANDE DE RÉCUSATION DU COMMISSAIRE

77711 La récusation des commissaires aux comptes peut être demandée par un ou plusieurs actionnaires ou associés représentant au moins 5 % du capital social, le comité social et économique (CSE) des sociétés d'au moins 50 salariés, le ministère public et, dans les sociétés dont les titres financiers sont admis aux négociations sur un marché réglementé, l'AMF (art. L 821-49, al. 1, texte qui n'a pas été modifié pour tenir compte du remplacement du comité d'entreprise par le CSE mais à notre avis transposable).

Dans les sociétés dont les actions sont admises aux négociations sur un marché réglementé, cette demande peut également être formulée par une association d'actionnaires de la société, représentative des petits porteurs (art. L 22-10-67 et L 22-10-44).

MOTIFS DE RÉCUSATION DU COMMISSAIRE

77712 La demande de récusation du commissaire doit être fondée sur un **juste motif** (art. L 821-49, al. 1), c'est-à-dire un fait permettant de suspecter sérieusement sa compétence, son honorabilité, son impartialité ou son indépendance à l'égard de la majorité qui l'a désigné. Il doit s'agir d'un reproche visant personnellement le commissaire dont le remplacement est demandé et contestant son aptitude à exercer correctement et objectivement ses fonctions.

Une **divergence d'appréciation** sur un traitement comptable, sur un élément d'information de durabilité ou sur une procédure de contrôle ne peut pas constituer un motif fondé de récusation (art. L 821-49, al. 3).

La procédure spéciale de récusation n'est pas applicable lorsque la contestation porte sur la validité de la délibération de l'assemblée générale ayant nommé ledit commissaire ; il y a lieu alors de demander l'annulation de cette assemblée.

COMMISSAIRES RÉCUSABLES

77713 En l'absence de distinction dans les textes, tous les commissaires (titulaires ou suppléants) peuvent être récusés, peu important qu'ils aient été désignés au moment de la constitution de la société, au cours de la vie sociale ou par décision de justice.

ACTION EN RÉCUSATION DU COMMISSAIRE

77714 La demande en récusation doit être portée devant le **président du tribunal** de commerce qui statue selon la procédure accélérée au fond (art. R 821-176, al. 1).

Elle doit être présentée dans le **délai** de 30 jours à compter de la date de la désignation contestée (art. R 821-176, al. 1), c'est-à-dire de la date de l'assemblée ayant nommé le commissaire intéressé.

L'article R 821-176 ne faisant pas de distinction entre le commissaire titulaire et le suppléant, la récusation de ce dernier doit, elle aussi, être demandée dans les 30 jours de sa nomination et il n'y a pas lieu de tenir compte de la date à laquelle l'intéressé accède aux fonctions de titulaire.

L'**assignation** doit être formée contre le commissaire aux comptes et contre la société elle-même (art. R 821-176, al. 1).

Lorsque la demande de récusation émane du procureur de la République, elle est présentée sous la forme d'une requête (art. R 821-176, al. 2).

Le président du tribunal de commerce apprécie les motifs de récusation présentés et décide soit le **rejet,** soit l'**acceptation de la demande.** Dans le second cas, il désigne un commissaire aux comptes qui demeure en fonctions jusqu'à l'entrée en fonctions d'un nouveau commissaire nommé par l'assemblée (art. L 821-49, al. 4 ; n° 77704).

Conformément au droit commun, la récusation d'un commissaire entraîne la cessation de ses fonctions à compter du jour où la décision du président du tribunal de commerce lui est signifiée.

Il peut être fait **appel** de la décision du président du tribunal de commerce, dans le délai de 15 jours à compter de sa signification (art. R 821-176, al. 3 et CPC art. 481-1, dernier al.).

Comme en matière de relèvement (n° 77757), le commissaire récusé restera en fonctions jusqu'à ce que la cour d'appel ait statué (sauf si le demandeur a obtenu le bénéfice de l'exécution provisoire).

> **Précisions** **a.** Si un **commissaire aux comptes suppléant** a été désigné par la société (n° 77555), il ne remplace pas de plein droit le titulaire en cas de récusation de ce dernier ; en revanche, rien ne s'oppose à ce qu'il soit désigné par la suite comme nouveau titulaire.
> **b.** Une **demande** en récusation présentée devant le **juge des référés** est irrecevable (cf. Cass. 3e civ. 28-5-2025 n° 23-20.769 FS-B : RJDA 8-9/25 n° 447, à propos de la désignation d'un mandataire chargé de provoquer une délibération des associés d'une société civile mais, à notre avis, transposable).

C. Démission des commissaires aux comptes

Les commissaires aux comptes doivent, en principe, exécuter leur mission jusqu'à son terme puisqu'ils en ont pris l'engagement. Toutefois, ils peuvent démissionner de leurs fonctions pour **motifs légitimes,** dont le Code de déontologie des commissaires aux comptes dresse la liste : cessation définitive d'activité ; motif personnel impérieux, notamment lié à l'état de santé ; difficultés d'accomplissement de la mission auxquelles il n'est pas possible de remédier ; survenance d'un événement de nature à compromettre le respect des règles applicables à la profession et, notamment, à porter atteinte à l'indépendance ou à l'objectivité du commissaire aux comptes (C. déont. com. art. 28). 77720

Le commissaire ne peut pas démissionner pour **se soustraire à ses obligations** légales (notamment mise en œuvre d'une procédure d'alerte ou de signalement prévue à l'article 12 du règlement UE 537/2014 du 16 avril 2014, révélation de faits délictueux au parquet, déclarations de sommes d'origine illicite, émission d'une opinion sur les comptes) ; il ne peut pas non plus démissionner dans des **conditions génératrices de préjudice** pour la société (C. déont. com. art. 28).
Enfin, le commissaire aux comptes ne peut pas mettre fin à une mission ou à une prestation pour se soustraire à la déclaration de sommes ou d'opérations soupçonnées d'être d'origine illicite (C. déont. com. art. 11).

Toute démission donnée de manière intempestive, notamment dans des circonstances de forme ou de temps fautives, exposerait le commissaire à devoir indemniser la société pour le préjudice qu'il lui a causé (CA Nîmes 27-3-1973 : Rev. sociétés 1974 p. 327 note E. du Pontavice).

Rappelons qu'en cas de démission du commissaire aux comptes titulaire, le commissaire aux comptes **suppléant,** lorsqu'il en a été désigné un (voir n° 77555), accède de plein droit aux fonctions de ce dernier pour la durée restant à courir du mandat de celui-ci (art. L 821-40, I-al. 4). L'assemblée ou l'organe compétent ne peut donc pas nommer un autre commissaire pour remplacer l'ancien titulaire, mais seulement désigner un nouveau suppléant (n° 77703). En cas de pluralité de commissaires, il est d'usage, lorsque la nomination des suppléants n'est pas rattachée à celle des titulaires, que ce soit le commissaire suppléant le plus ancien dans la société qui remplace le titulaire démissionnaire (Bull. CNCC 1991 p. 247).

> **Précisions** **a.** Le H3C (devenu la H2A) a estimé que le commissaire aux comptes qui a ***accepté de devenir l'expert-comptable*** de la société dont il certifie les comptes ne peut pas démissionner de ses fonctions en invoquant comme motif légitime la survenance d'un événement de nature à compromettre le respect des règles applicables à la profession et notamment à porter atteinte à son indépendance ou à son objectivité. En effet, en choisissant de devenir l'expert-comptable de cette société, le commissaire a pris une décision dont il sait qu'elle le place en contravention avec les dispositions légales et réglementaires s'il demeure en fonctions (Avis H3C 2011-22 du 15-12-2011).
> **b.** Selon la CNCC, le fait qu'une société dotée d'un commissaire aux comptes passe en **dessous des seuils de nomination** d'un commissaire n'est pas non plus un motif légitime de démission (Bull. CNCC 2009 p. 618 s., à propos d'une SAS).
> **c.** Le commissaire aux comptes qui démissionne doit en **informer la H2A** et lui indiquer les motifs de sa démission. Il doit également en informer **l'AMF ou l'ACPR** lorsque la société concernée relève de ces autorités (C. déont. com. art. 28, III).

D. Empêchement des commissaires aux comptes

PRINCIPES

77730 L'empêchement vise toutes les situations dans lesquelles le commissaire aux comptes se trouve dans l'incapacité de poursuivre sa mission dans les conditions et délais requis. Cet empêchement peut être de **nature physique** (par exemple, maladie, éloignement, surcharge d'activité, etc.) **ou juridique** (incompatibilité, omission, interdiction temporaire, suspension provisoire ou radiation).

L'empêchement peut être **définitif ou temporaire.** Dans le premier cas, il met fin aux fonctions du commissaire aux comptes, qui est remplacé jusqu'au terme de sa mission par le suppléant, lorsqu'il en a été désigné un (voir nº 77555) ; dans le second cas, lorsque l'empêchement a cessé, le titulaire reprend sa mission après l'approbation des comptes par l'assemblée générale ou l'organe compétent (art. L 821-40, I-al. 4).

INCAPACITÉ DU COMMISSAIRE OU INCOMPATIBILITÉ AVEC SES FONCTIONS

77731 En cas de survenance d'une incapacité ou d'une incompatibilité, le commissaire aux comptes doit cesser immédiatement sa mission, sous peine de sanctions pénales (nº 77607) ; à défaut, il peut être relevé de sa mission de certification des comptes ou de certification d'informations de durabilité car il y a empêchement au sens de l'article L 821-50 (nº 77750) et même faute de sa part s'il laisse se prolonger une situation irrégulière.

Toutefois, lorsque le commissaire aux comptes ne peut plus exercer sa mission dans une société pour cause d'incompatibilité, les incompatibilités étant de droit strict, il peut continuer à exercer sa mission dans les sociétés où il ne se trouve pas en situation d'incompatibilité (en ce sens, CNCC, La nomination et la cessation des fonctions du commissaire aux comptes : Études juridiques CNCC département édition, juin 2022 nºs 257 s.).

OMISSION DE LA LISTE DES COMMISSAIRES INSCRITS

77732 L'omission de la liste des personnes habilitées à exercer la profession de commissaire aux comptes (cf. art. L 821-13) peut être **demandée par le commissaire** aux comptes **à titre provisoire,** notamment pour exercer une autre activité (art. R 821-76). Au jour où son omission devient effective, le commissaire aux comptes n'est plus membre de la profession et ne peut plus exercer en son nom et sous sa responsabilité la profession de commissaire aux comptes, ni faire usage de ce titre (art. R 821-77, al. 2).

L'omission de la liste des personnes habilitées à exercer la profession de commissaire aux comptes entraîne celle de la liste des commissaires habilités à certifier les informations de durabilité (art. R 821-76, al. 1). Le commissaire aux comptes peut toutefois demander à n'être omis que de la liste des commissaires habilités à certifier les informations de durabilité (art. R 821-76, al. 1 et R 821-77, al. 4).

RETRAIT DE LA LISTE DES COMMISSAIRES INSCRITS

77733 La H2A peut retirer le commissaire aux comptes de la liste des personnes habilitées à exercer la profession de commissaire aux comptes (cf. art. L 821-13) en cas de non-déclaration du montant total des honoraires qu'il a facturés au cours de l'année civile précédente aux sociétés dont il a certifié les comptes ou les informations de durabilité, ou en cas de non-paiement de ses cotisations professionnelles (art. R 820-20 et R 821-75, I-al. 3 et II-al. 2). Cette mesure emporte pour l'intéressé l'interdiction de faire état de la qualité de commissaire aux comptes et d'exercer sa profession (art. R 821-75, III-al. 1).

Le retrait de la liste des personnes habilitées à exercer la profession de commissaire aux comptes entraîne le retrait de la liste des commissaires aux comptes habilités à certifier les informations de durabilité (art. R 821-75, III-al. 1).

INTERDICTION TEMPORAIRE ET SUSPENSION PROVISOIRE DU COMMISSAIRE

77734 L'**interdiction temporaire** est une sanction disciplinaire qui prive le commissaire aux comptes de la possibilité d'exercer sa profession ou, si la sanction ne porte que sur la liste des commissaires aux comptes habilités à certifier les informations de durabilité, la mission de certification des informations de durabilité (art. R 821-228, al. 1). Elle est expressément qualifiée d'empêchement par le Code de commerce (art. R 821-230, al. 4). L'interdiction temporaire peut être prononcée par la H2A et ne peut pas excéder trois ans (art. L 821-71, L 821-79 et R 821-228).

Une **suspension provisoire** d'une durée maximale de six mois peut être prononcée par la H2A à l'encontre d'un commissaire aux comptes lorsque des faits d'une particulière gravité apparaissent de nature à justifier des sanctions pénales ou disciplinaires (art. L 821-76).

RADIATION DE LA LISTE DES COMMISSAIRES INSCRITS

La radiation de la liste peut intervenir à la demande du commissaire aux comptes (par exemple, en cas de départ à la retraite), à son décès ou à titre de sanction prononcée par la H2A (art. L 821-79). Lorsqu'elle constitue une sanction, et à la différence du commissaire interdit ou suspendu, le commissaire radié n'est plus susceptible de reprendre un jour son activité (art. R 821-228) et il ne peut plus solliciter sa réinscription sur la liste des commissaires aux comptes. En conséquence, le suppléant, lorsqu'il en a été désigné un (voir n° 77555), le remplace pour toute la durée de son mandat restant à courir. **77735**

La radiation de la liste des personnes habilitées à exercer la profession de commissaire aux comptes entraîne automatiquement la radiation de la liste des commissaires aux comptes habilités à certifier les informations de durabilité (art. R 821-228, al. 2).

EFFETS DES MESURES D'EMPÊCHEMENT DU COMMISSAIRE

En cas de radiation, de retrait de la liste, de suspension provisoire ou d'interdiction temporaire, le président de la compagnie régionale des commissaires aux comptes à laquelle appartient l'intéressé doit en **informer les personnes** auprès desquelles le commissaire exerçait ses fonctions (art. R 821-230, al. 1, sur renvoi de l'art. R 821-75, III-al. 1 s'agissant du retrait de la liste). **77737**

Le commissaire aux comptes temporairement interdit ou radié doit **restituer aux sociétés** dont il était chargé de certifier les comptes ou les informations de durabilité les documents qu'il détient pour le compte de celles-ci ainsi que les sommes déjà perçues qui ne correspondent pas au remboursement des frais engagés ou à un travail effectivement accompli (art. R 821-229).

L'annulation d'une sanction disciplinaire frappant un commissaire aux comptes n'a pas pour effet de rendre **nulles** de plein droit les **assemblées générales** régulièrement tenues, sur le rapport du commissaire aux comptes suppléant, avant cette annulation (Cass. com. 12-3-1996 n° 538 : RJDA 8-9/96 n° 1060). Sur les conséquences de l'absence de commissaire suppléant en cas de prononcé de mesures d'empêchement à l'encontre d'un commissaire titulaire, voir n° 77755.

E. Relèvement judiciaire des commissaires aux comptes

PRINCIPE

En cas de **faute** ou d'**empêchement,** les commissaires aux comptes peuvent être relevés de leur mission de certification des comptes ou des informations de durabilité avant l'expiration normale de celles-ci mais seulement par décision de justice (art. L 821-50, al. 1). **77750**

Si le commissaire est relevé de ses fonctions, il est remplacé par le **suppléant,** lorsqu'il en a été désigné un : voir n° 77555 (art. R 821-176, dernier al.).

RELÈVEMENT DU COMMISSAIRE POUR FAUTE

Le commissaire aux comptes commet une faute lorsqu'il n'exécute pas ou exécute mal la mission qui lui a été confiée. Pour qu'une faute soit retenue à la charge du commissaire dans l'accomplissement de ses diverses missions et justifie son relèvement, il faut démontrer qu'il a agi avec **mauvaise foi,** autrement dit dans l'intention de nuire à la société ou à ses organes (Cass. com. 3-12-1991 n° 90-14.592 : RJDA 3/92 n° 255) ; la seule mésentente opposant le commissaire et les dirigeants n'est, en principe, pas suffisante (E. du Pontavice, note sous Cass. com. 3-12-1991 précité : Bull. CNCC mars 1992 p. 142 s.). Peut également justifier le relèvement la faute qui révèle soit un **manquement délibéré** du commissaire à ses obligations légales, réglementaires ou déontologiques, soit son **incurie** (voir CNCC, La nomination et la cessation des fonctions du commissaire aux comptes : Études juridiques CNCC département édition, juin 2022 n° 288). **77751**

Il ressort en outre de la jurisprudence que deux sortes de griefs opposés sont formulées à l'encontre des commissaires aux comptes : une **carence** dans l'accomplissement de leurs devoirs professionnels et, plus rarement, un **excès de zèle.**

La faute du commissaire doit être **suffisamment grave** pour fonder cette demande (Cass. com. 24-1-2024 n° 22-12.340 F-B : RJDA 6/24 n° 344).

77752

Existence d'une faute
Commissaire aux comptes qui s'est prêté en toute connaissance de cause à une **manœuvre** ayant permis à une société concurrente de devenir actionnaire de la société dont il vérifiait les comptes (CA Paris 26-5-1976 : Bull. CNCC 1976 p. 175)
Commissaire aux comptes qui s'est abstenu de procéder à des vérifications complémentaires après avoir constaté l'existence d'importants écarts sur un compte fournisseur qui, en réalité, dissimulait de nombreux **détournements** au préjudice de la société (Cass. com. 6-2-1990 : Rev. sociétés 1990 p. 433 note D. Vidal)
Commissaire aux comptes qui, sous prétexte de l'existence d'irrégularités, **refuse de déposer son rapport et empêche** ainsi **la tenue** régulière **des assemblées générales** (Cass. com. 22-10-1991 : RJDA 12/91 nº 1042)
Commissaire aux comptes qui s'est livré à des **actes d'immixtion dans la gestion** en cherchant à déstabiliser la direction générale par des critiques personnelles de nature à ruiner l'autorité de celle-ci au sein de l'entreprise ; est également justifié le relèvement des mandats du même commissaire aux comptes dans les filiales dès lors que les dirigeants étaient communs et que la situation conflictuelle créée par l'intéressé affectait autant les filiales que la société mère (Cass. com. 18-10-1994 : RJDA 12/94 nº 1309)
Commissaire aux comptes qui a, dans diverses démarches (mise en œuvre injustifiée de la procédure d'alerte, envoi de nombreuses lettres au procureur de la République qui ont été classées sans suite, refus d'établir le rapport spécial requis pour la transformation de la société), agi avec **mauvaise foi** (Cass. com. 14-11-1995 : RJDA 2/96 nº 235)
Commissaire aux comptes qui a **induit la société en erreur** sur le caractère conventionnel du montant de sa rémunération (Cass. com. 4-1-2023 nº 21-14.547 F-D : RJDA 3/23 nº 149)

77753

Absence de faute
Commissaire aux comptes qui **refuse d'exécuter sa mission** de contrôle en raison du non-règlement de ses honoraires (CA Rouen 11-6-2002 nº 01-978 : RJDA 12/02 nº 1289)
Commissaire aux comptes qui a commis des **erreurs d'appréciation** en accordant, à l'instar des banques, sa confiance au dirigeant de la société qui a dévoyé les sécurités du logiciel comptable de la société pour établir une double comptabilité et a réussi à masquer ses agissements frauduleux pour présenter des comptes cohérents (CA Versailles 17-11-2011 nº 10/09159 : Bull. CNCC décembre 2012 p. 128 note Ph. Merle)
Commissaire aux comptes qui a **certifié les comptes** d'une SA **sans avoir eu connaissance de ceux d'une société en participation** dont elle était associée dès lors que ces comptes ont été certifiés avec des réserves, afin d'attirer l'attention des actionnaires sur l'annexe comptable faisant état d'incertitudes quant à la continuité de l'exploitation de la société en participation et quant à la créance détenue sur elle par la SA (Cass. com. 21-3-2018 nº 16-18.697 F-D : RJDA 6/18 nº 509)

RELÈVEMENT DU COMMISSAIRE POUR EMPÊCHEMENT

77754 Lorsque l'empêchement est **définitif** et que le commissaire aux comptes ne met pas un terme à ses fonctions, il peut faire l'objet d'un relèvement judiciaire.

Lorsque l'empêchement est **temporaire,** le juge peut ordonner le relèvement judiciaire des fonctions du commissaire si ce dernier, au terme de la période de suspension, a adopté une attitude incompatible avec la reprise de ses fonctions (en ce sens, CNCC, La nomination et la cessation des fonctions du commissaire aux comptes : Études juridiques CNCC département édition, juin 2022 nº 300).

ATTENTION

L'introduction d'une **action en responsabilité** à l'égard d'un commissaire aux comptes ne constitue pas en tant que telle un empêchement justifiant son relèvement (Cass. com. 24-1-2024 nº 22-12.340 F-B : RJDA 6/24 nº 344).

DEMANDE DE RELÈVEMENT DU COMMISSAIRE

77755 Le relèvement du commissaire aux comptes de ses missions de certification des comptes ou des informations de durabilité peut être demandé par (art. L 821-50, al. 1) :

– l'organe collégial chargé de l'administration (conseil d'administration ou directoire) ;

– l'organe chargé de la direction (gérants de SNC, SCS, SARL et SCA ; directeur général et directeurs généraux délégués de SA ; président de SAS et éventuellement autres dirigeants prévus par les statuts) ;

– un ou plusieurs actionnaires ou associés représentant au moins 5 % du capital social ;

– le comité social et économique (CSE) des sociétés d'au moins 50 salariés (le texte n'a pas été actualisé pour tenir compte du remplacement du comité d'entreprise par le CSE mais est à notre avis transposable) ;

– le ministère public ;
– l'AMF pour les sociétés dont les titres financiers sont admis aux négociations sur un marché réglementé.

Dans les sociétés dont les actions sont admises aux négociations sur un marché réglementé, une association d'actionnaires peut également demander le relèvement du commissaire (art. L 22-10-70 et L 22-10-44).

La société contrôlée n'a en revanche pas qualité pour agir en relèvement de son commissaire aux comptes (Cass. com. 10-2-2015 n° 13-24.312 : RJDA 6/15 n° 438).

ACTION EN RELÈVEMENT DU COMMISSAIRE

La demande de relèvement de fonctions du commissaire aux comptes doit être présentée devant le **président du tribunal** de commerce qui statue selon la procédure accélérée au fond (art. R 821-176, al. 1). 77757

Les **conditions de forme** à respecter sont les mêmes qu'en cas de demande de récusation (assignation si la demande émane de personnes autres que le ministère public).

Le président du tribunal de commerce compétent est celui du tribunal de commerce dans le ressort duquel se situe le siège social, quand bien même le commissaire serait domicilié dans le ressort d'un autre tribunal (cf. Cass. com. 24-3-1998 n° 800 : RJDA 6/98 n° 735).

Le **jugement** prononçant le relèvement est exécutoire à titre provisoire, à moins que le président du tribunal de commerce n'en décide autrement (CPC art. 481-1, 6° et 514-1).

L'**appel** n'est pas suspensif, le premier président de la cour d'appel pouvant tout de même, s'il a été saisi à cet effet et sous certaines conditions, faire cesser l'exécution provisoire de la décision (CPC art. 514-3).

Le délai d'appel est, comme en matière de récusation, de 15 jours à compter de la signification de la décision prononçant ou écartant le relèvement (CPC art. 481-1, dernier al.).

Si la **demande** de relèvement est **abusive,** le commissaire aux comptes peut obtenir réparation du préjudice qu'il a subi.

> **Précisions a.** Lorsque le relèvement intervient à la demande du conseil d'administration ou du directoire, l'action en justice doit être introduite par le **représentant légal** de la société, ces organes ne disposant pas de la personnalité morale (Cass. com. 3-10-2006 n° 05-12.410 F-PB : RJDA 2/07 n° 170).
> **b.** Comme en matière de récusation, une **demande** présentée devant le **juge des référés** est, à notre avis, irrecevable (n° 77714).

F. Autres causes de cessation des fonctions du commissaire aux comptes

DÉCÈS DU COMMISSAIRE

Le décès du commissaire aux comptes met fin au mandat et investit le commissaire suppléant, lorsqu'il en a été désigné un (voir n° 77555) (art. L 821-40, I-al. 3). 77760

OUVERTURE D'UNE PROCÉDURE COLLECTIVE À L'ENCONTRE DE LA SOCIÉTÉ CONTRÔLÉE

L'ouverture d'une procédure collective à l'encontre de la société n'entraînant pas sa dissolution, celle-ci subsiste avec tous ses organes : le commissaire conserve donc ses fonctions. 77762

DISSOLUTION DE LA SOCIÉTÉ CONTRÔLÉE

En cas de liquidation « légale » (n° 86800), le commissaire aux comptes demeure en fonctions pendant la période de liquidation (art. L 237-16). 77763

Il en est de même en cas de liquidation « conventionnelle » (n° 87400), sauf si les statuts ou l'assemblée en décident autrement. En effet, les dispositions concernant la liquidation « légale » doivent, à notre avis, être appliquées en cas de liquidation « conventionnelle » comme supplétives de la volonté des parties et sauf décision contraire de celles-ci (n° 86503).

Mettent fin de manière anticipée aux fonctions du commissaire aux comptes :
– l'absorption de la société contrôlée ;
– le transfert du siège de la société contrôlée à l'étranger, lorsqu'il se traduit par une dissolution de l'entité française et la création d'une nouvelle entité soumise au droit étranger ; dans ce cas, la mission du commissaire ne prend fin qu'à compter de l'immatriculation de la société dans le nouvel État et de sa radiation en France, même si le transfert a déjà eu lieu d'un point de vue opérationnel (Bull. CNCC décembre 2013 p. 652).

TRANSFORMATION D'UNE SOCIÉTÉ DONT LES COMPTES SONT CONTRÔLÉS

77764 **Sociétés tenues d'être dotées d'un commissaire** La transformation d'une société tenue d'avoir un commissaire aux comptes n'a pas d'incidence sur les fonctions du commissaire. En effet, les règles imposant la désignation d'un commissaire aux comptes et le statut des commissaires aux comptes sont identiques pour toutes les formes sociales (voir nos 77511 s.).

Par conséquent, les fonctions du commissaire expirent à la date initialement prévue en tenant compte du temps accompli dans la société sous son ancienne forme.

77766 **Société ayant désigné volontairement un commissaire** Lorsque la désignation d'un commissaire aux comptes dans l'ancienne forme est intervenue volontairement, cette désignation a été prise dans le cadre d'une forme de société donnée induisant un certain type d'organisation et de répartition de pouvoirs ; ces caractéristiques étant modifiées par la transformation, le mandat du commissaire désigné volontairement s'arrête avec la transformation (CNCC NI.VI juillet 2018 § 1.431).

Lorsqu'une société a désigné un premier commissaire aux comptes car elle y était légalement tenue et en a désigné un **second de façon volontaire,** sa transformation en une nouvelle forme sociale ne met pas fin au mandat des deux commissaires aux comptes, ce mandat devant se poursuivre jusqu'à son terme. En effet, les deux commissaires formaient, avant la transformation, l'organe de contrôle de la société et cet organe doit être maintenu après cette transformation (CNCC EJ 2022-35 septembre 2023).

77767 L'**ancien commissaire** peut, aussitôt après la transformation, accepter de la société toute mission rémunérée compatible avec l'exercice de sa profession, par exemple, celle d'expert-comptable (Rép. Sergheraert : AN 12-11-1979 n° 19331). Il lui est toutefois interdit pendant trois ans de devenir salarié ou dirigeant de la société (n° 77600).

G. Conséquences de la cessation des fonctions du commissaire aux comptes

PUBLICITÉ DE LA CESSATION DES FONCTIONS DU COMMISSAIRE

77780 La cessation des fonctions d'un commissaire aux comptes doit donner lieu aux mêmes formalités de publicité que sa nomination (n° 77623).

Ces formalités incombent normalement aux représentants légaux de la société. Mais, en cas de défaillance de ceux-ci, le commissaire peut demander au président du tribunal de commerce statuant en référé la désignation d'un mandataire chargé d'accomplir les formalités (nos 85521 s. ; pour une application, voir Rép. Braconnier : Sén. 7-11-1978 n° 27412).

INFORMATION DU NOUVEAU COMMISSAIRE

77785 Le commissaire aux comptes dont le mandat de contrôle légal des comptes ou de certification des informations de durabilité a cessé pour quelque cause que ce soit (expiration, récusation, relèvement, suspension, interdiction temporaire d'exercer, radiation, omission, retrait de la liste ou démission) doit permettre au commissaire aux comptes ou, le cas échéant, à l'OTI lui succédant d'accéder à toutes les informations et à tous les documents pertinents concernant la société objet de la certification (art. L 821-44, al. 3). Les commissaires aux comptes des EIP doivent en outre transmettre à leurs successeurs les informations prévues à l'article 18 du règlement UE 537/2014 du 16 avril 2014 (art. L 821-44, al. 4).

SECTION 3 MISSION DES COMMISSAIRES AUX COMPTES

LETTRE DE MISSION DU COMMISSAIRE

77830 Le commissaire aux comptes définit les termes et conditions de ses interventions et les consigne dans une lettre de mission qui doit faire l'objet d'un **accord de la société contrôlée.** La lettre doit être établie par le commissaire la première année de son mandat et communiquée à la société préalablement à la mise en œuvre de ses travaux de vérification et de contrôle (art. A 821-62 : NEP 210).

Elle doit **contenir** notamment les éléments suivants (art. A 821-62 précité : NEP 210 point 6) :
– l'objectif et l'étendue du contrôle légal et des autres interventions dont la réalisation est connue au moment de son établissement et que le commissaire entend mener en application des dispositions légales et réglementaires ;
– la mention selon laquelle d'autres interventions requises par les dispositions légales ou réglementaires seront susceptibles d'être réalisées selon les circonstances ou la survenance d'événements affectant la société ;
– le calendrier d'intervention ;
– le nom des signataires ;
– l'éventuel recours, sous la responsabilité du commissaire, pour la réalisation de certains travaux, à des collaborateurs externes et/ou des experts ;
– le devoir de la société de communiquer au commissaire les informations et documents prévus par les dispositions légales et réglementaires ;
– la nécessité de mettre à la disposition du commissaire tout document, pièce justificative ou autre information demandée dans le cadre de ses travaux ;
– la nécessité de laisser au commissaire libre accès aux personnes physiques au sein de la société ainsi qu'aux tiers mentionnés à l'article L 821-61, auprès desquels le commissaire considère qu'il est nécessaire de recueillir des informations (sur ces tiers, voir n° 77993) ;
– la demande d'une confirmation écrite du représentant légal de la société pour ce qui concerne les déclarations faites au commissaire nécessaires à sa mission ;
– le rappel de l'obligation de communication avec les organes mentionnés à l'article L 821-63 (sur ces organes, voir n°s 77858 s.) ;
– le budget d'honoraires de la mission de contrôle légal et des autres interventions dont la réalisation est connue au moment de l'établissement de la lettre de mission.

Le commissaire aux comptes doit demander à la société d'**accuser réception** de la lettre de mission et de **confirmer son accord** sur les termes et conditions exposés. Au cours de son mandat, lorsque les circonstances entraînent des modifications importantes des modalités de sa mission (changements intervenus au sein de la direction ou de l'actionnariat, changements dans la nature, l'importance, l'organisation ou la localisation des activités de la société, etc.), le commissaire aux comptes révise son contenu (art. A 821-62 : NEP 210 point 8).

Le commissaire aux comptes doit également établir une lettre préalable pour ses **missions autres que la certification des comptes** (donc y compris, le cas échéant, pour sa mission de certification des informations de durabilité) et pour ses prestations (art. R 821-195 et art. A 821-62 : NEP 210). Elle précise notamment les engagements des parties et le montant des honoraires, qui tient compte de l'importance des diligences à mettre en œuvre (art. R 821-195).

Sur la lettre de mission devant être établie par le commissaire aux comptes nommés pour une mission de certification des informations de durabilité, voir n° 77092.

A. Obligations des commissaires aux comptes

1. CONTRÔLE DES COMPTES DANS LE CADRE D'UN AUDIT LÉGAL « CLASSIQUE »

a. Obligation de contrôle

CONTRÔLE DE LA COMPTABILITÉ PAR LE COMMISSAIRE

Les commissaires aux comptes ont pour mission permanente (art. L 821-54, I-al. 1 et 2) : 77840
– de vérifier les valeurs et les **documents comptables** de la société ;
– de contrôler la **conformité** de la comptabilité **aux règles** en vigueur ;
– de vérifier la concordance avec les comptes annuels et la **sincérité des informations** données dans le rapport de gestion du conseil d'administration, du directoire ou de tout organe de direction et dans les documents adressés aux associés sur la situation financière et les comptes de la société.

Sur le caractère permanent de la mission de contrôle des commissaires aux comptes et l'obligation pour eux d'exercer cette mission dès leur nomination, voir Cass. com. 19-10-1999 : RJDA 1/00 n° 36 ; Cass. com. 24-10-2000 n° 1760 : Bull. civ. IV n° 160.

Les commissaires aux comptes ne doivent en aucun cas s'immiscer dans la gestion de la société (art. L 821-54, I-al. 1).

Certes, compte tenu de certaines obligations mises à sa charge (analyse des documents de gestion prévisionnelle, intervention auprès des dirigeants en cas de constatation d'un fait de nature à compromettre la continuité de l'exploitation), le commissaire peut être conduit à porter un jugement sur les conséquences de la gestion pour l'avenir de la société. Mais il ne doit pas, pour autant, même s'il estime préoccupantes les perspectives d'avenir, intervenir dans la mise en œuvre de telle ou telle mesure de redressement, ni mettre en cause la compétence des dirigeants sociaux ; la mission de certification ne consiste pas à garantir la viabilité ou la qualité de la gestion de la société (art. L 821-55).

Jugé que ne constitue pas une immixtion abusive dans la gestion de la société le fait par le commissaire aux comptes de convoquer une assemblée afin de lui soumettre des solutions propres à mettre fin aux graves dissentiments existant entre les dirigeants sociaux (CA Paris 22-2-1980 : Gaz. Pal. 1980 p. 359 concl. Écoutin).

En cas d'établissement de **comptes consolidés,** les commissaires doivent vérifier la sincérité et la concordance avec ces comptes consolidés des informations données dans le rapport sur la gestion du groupe (art. L 821-54, I-al. 3 ; n° 81438).

Les commissaires doivent également indiquer si la société est soumise à l'obligation d'établir un **rapport relatif à l'impôt sur les bénéfices** et, si tel est le cas, ils doivent attester que le rapport de l'exercice précédant celui pour lequel les comptes sont certifiés a bien été publié et mis à la disposition du public (art. L 821-54, III ; n° 76804).

Ils doivent en outre attester de la présence de la **déclaration de performance extra-financière** (DPEF) ou de la DPEF consolidée dans le rapport de gestion ou dans le rapport sur la gestion du groupe, selon le cas, des sociétés tenues d'établir cette déclaration (art. L 823-10 ancien, encore applicable dans les sociétés qui restent tenues d'établir une DPEF au titre de l'exercice 2024 : Ord. 2023-1142 du 6-12-2023 art. 34, III modifié par loi 2025-391 du 30-4-2025 ; voir n° 48205).

› Précisions **a.** Le commissaire aux comptes doit exercer sa mission conformément aux **normes** d'audit internationales adoptées par la Commission européenne dans les conditions définies par l'article 26 de la directive européenne 2006/43 du 17 mai 2006 ainsi que, le cas échéant, aux normes françaises venant compléter ces normes (art. L 821-11, I).

b. Figurent dans le rapport de gestion des **informations relatives à la situation financière et aux comptes de la société,** c'est-à-dire des informations extraites des comptes ou qui peuvent être rapprochées des données ayant servi à l'établissement de ces comptes (art. A 821-97 : NEP 9510 § 5), et d'**« autres informations »** qui, a contrario, ne sont pas extraites des comptes annuels ou qui ne peuvent pas être rapprochées de données ayant servi à l'établissement de ces comptes (art. A 821-97 : NEP 9510 § 7). Le commissaire n'a pas à vérifier les « autres informations » du rapport de gestion mais il doit procéder à leur lecture afin de relever, le cas échéant, les informations qui lui apparaîtraient manifestement incohérentes (art. A 821-97 : NEP 9510 § 8). Font notamment partie des « autres informations » les informations relatives à la DPEF, quand elle doit encore être établie.

CONTRÔLE PAR LE COMMISSAIRE DE L'ÉGALITÉ ENTRE LES ASSOCIÉS

77841 Les commissaires aux comptes doivent s'assurer que l'égalité a été respectée entre les associés (art. L 821-56).

EXEMPLE

Il appartient au commissaire de vérifier que toutes les actions comprises dans une même catégorie ont bien bénéficié des mêmes droits (répartition des dividendes, droits de souscription ou d'attribution à l'occasion des augmentations de capital, accès aux assemblées, droit de vote, etc.).

CONTRÔLES DU COMMISSAIRE SPÉCIFIQUES AUX SOCIÉTÉS PAR ACTIONS

77842 Les commissaires aux comptes doivent, sous leur responsabilité :

– veiller au respect des dispositions relatives aux **actions** que les **administrateurs** ou les membres du conseil de surveillance doivent, si les statuts le prévoient, détenir dans leur société (art. L 225-25, al. 1 et L 225-72, al. 1 ; n°s 39100 et 44270) et en dénoncer toute violation dans leur rapport à l'assemblée générale annuelle (art. L 225-26 et L 225-73) ;

– en cas de **paiement du dividende** ou d'un acompte sur dividende **en actions** dans les sociétés dont les actions ne sont pas admises aux négociations sur un marché réglementé, vérifier le calcul du prix d'émission des actions (art. L 232-19, al. 3 ; n° 76472) ;

– dans les sociétés soumises à cette obligation, vérifier que les **documents de gestion prévisionnelle** et les rapports du conseil d'administration ou du directoire dans les SA, du gérant dans les SCA, ou encore du président ou du dirigeant désigné par les statuts dans les SAS analysant ces documents ont bien été établis (art. L 232-2 s. ; nos 76070 s.) ;
– dans les sociétés dont les actions sont admises aux négociations sur un marché réglementé, vérifier la sincérité des comptes condensés figurant dans le **rapport financier semestriel** par rapport aux informations contenues dans le rapport semestriel d'activité et faire état de leurs observations dans un rapport d'examen limité annexé à celui-ci (C. mon. fin. art. L 451-1-2, III sur renvoi de l'art. L 232-7, al. 2 ; n° 76843) ;
– en cas d'**émission de titres** non admis aux négociations sur un marché réglementé réservée aux salariés adhérents d'un PEE, vérifier que le prix de souscription des actions nouvelles a été calculé conformément à la loi (C. trav. art. L 3332-20 ; n° 70460) ;
– dans les SA et les SCA, présenter, dans un rapport joint au rapport sur les comptes annuels (n° 77861), leurs observations et attestations sur le rapport du conseil d'administration ou de surveillance sur le gouvernement d'entreprise dans les conditions exposées n° 77867.

Sur les obligations spécifiques d'information des commissaires aux comptes des sociétés dotées d'un comité d'audit, voir nos 42915 (informations relatives à son indépendance) et 42935.

b. Certifications réalisées par le commissaire

CERTIFICATION DES COMPTES ANNUELS

Les commissaires aux comptes doivent certifier que les comptes annuels (bilan, compte de résultat et annexe) sont réguliers et sincères et qu'ils donnent une **image fidèle** du résultat des opérations de l'exercice écoulé ainsi que de la situation financière et du patrimoine de la société à la fin de cet exercice, en justifiant de leurs appréciations (art. L 821-53, al. 1 et R 821-180 ; sur les notions de régularité, de sincérité et d'image fidèle, voir n° 76030). Deux normes d'exercice professionnel précisent les modalités de la justification des appréciations portées par les commissaires dans les EIP et dans les sociétés non EIP (art. A 821-93 : NEP 701 et 702). **77845**

La mission de certification des comptes ne consiste pas à garantir la viabilité ou la qualité de la gestion de la société contrôlée (art. L 821-55).

Si les **commissaires refusent de certifier** la régularité et la sincérité des comptes annuels, ils doivent faire état, dans leur rapport à l'assemblée générale, des motifs pour lesquels ils ont cru devoir refuser cette certification (art. R 821-180). L'assemblée générale reste libre néanmoins d'approuver les comptes (dans le même sens, Rép. Braconnier : Sén. 12-2-1976 n° 18666).

La certification n'est pas une condition de validité de l'approbation des comptes. Elle tend seulement à éclairer la décision des associés. D'ailleurs, le refus de certification est, en soi, suffisant pour attirer leur attention.

Les commissaires peuvent aussi assortir leur certification de **réserves** (art. R 821-180), par exemple lorsqu'ils ont décelé des erreurs ou des irrégularités mais que celles-ci n'altèrent pas l'image de la situation de l'entreprise donnée par les comptes. Dans ce cas, ils doivent préciser dans leur rapport les motifs de leurs réserves (art. R 821-180).

Les commissaires aux comptes peuvent déclarer être dans l'impossibilité de certifier les comptes ; ils doivent alors en préciser les motifs (art. R 821-180).

En cas de **pluralité de commissaires** aux comptes, si seulement certains d'entre eux refusent de certifier les documents précités, il y a lieu d'établir un rapport commun qui indiquera les différences d'opinions exprimées (art. D 821-184, al. 2).

Dans les **sociétés dont les titres financiers sont admis aux négociations sur un marché réglementé** ou **offerts au public sur un SMNO,** les commissaires doivent communiquer à l'AMF certaines informations obtenues à l'occasion de leur mission de certification des comptes : voir n° 77872.

Les commissaires aux comptes peuvent être poursuivis pour **complicité de présentation de comptes ne donnant pas une image fidèle** si leur approbation résulte d'une entente frauduleuse avec les dirigeants sociaux et l'expert-comptable qui a participé sciemment à l'élaboration du bilan inexact. Tel est le cas d'un commissaire qui donne des conseils aux dirigeants pour présenter un bilan inexact à l'assemblée générale (Cass. crim. 26-5-1986 : Bull. CNCC mars 1987 p. 82).

Dans les **sociétés** ayant désigné un commissaire aux comptes volontairement (voir n° 77531) ou en application des dispositions sur les petits groupes (voir nos 77515 et 77518) mais **qui ont choisi de ne pas opter pour un mandat de trois exercices** et qui ne sont donc pas soumises **77847** à l'audit allégé, une norme d'exercice professionnel (art. A 821-94 : NEP 912) prévoit des **diligences simplifiées** pour les commissaires aux comptes.

Cette norme s'applique uniquement aux mandats de six exercices, les sociétés ayant opté pour un mandat de trois exercices étant soumises à une norme professionnelle spécifique (n°s 77930 s.).

L'application des diligences simplifiées permet au commissaire d'adapter, s'il y a lieu, la nature, le calendrier et l'étendue des travaux à mettre en œuvre pour tenir compte de la taille et de la complexité de la société, afin de fonder son opinion sur les comptes (art. A 821-94 : NEP 912 point 9).

Si la société publie volontairement des **comptes consolidés,** la norme d'exercice professionnel applicable prévoit que le commissaire doit certifier et émettre un rapport sur ces comptes (art. A 821-94 : NEP 912).

CERTIFICATION DES COMPTES CONSOLIDÉS

77851 Lorsqu'une société ayant des filiales ou des participations établit des comptes consolidés (n°s 81400 s.), les commissaires aux comptes doivent certifier que ces comptes consolidés sont réguliers et sincères et donnent une **image fidèle** du patrimoine, de la situation financière ainsi que des résultats de l'ensemble des entreprises comprises dans la consolidation, en justifiant de leurs appréciations (art. L 821-53, al. 2 et R 821-180 ; voir aussi art. A 821-64 : NEP 600).

L'intervention des commissaires s'impose, à notre avis, pour toutes les sociétés qui établissent des comptes consolidés, même celles qui n'y sont pas tenues par une disposition législative ou réglementaire (n° 81415). En effet, l'article L 821-53, al. 2 ne fait pas de distinction selon que la société est soumise ou non à l'obligation de présenter des comptes consolidés.

La lecture des normes d'exercice professionnel applicables en cas d'audit allégé (voir n°s 77847 et 77930 s.) confirme d'ailleurs cette solution : elles prévoient que le commissaire doit certifier les comptes consolidés lorsque la société décide, sur une base volontaire, de publier de tels comptes. Pour ce faire, le commissaire doit se référer à la norme d'exercice professionnel relative à l'audit des comptes consolidés et l'appliquer de manière adaptée à la taille et à la complexité de l'ensemble consolidé (art. A 821-94 : NEP 911 et 912).

Comme pour les comptes annuels, la certification des comptes consolidés peut être assortie de réserves (n° 77845).

AUTRES CERTIFICATIONS RÉALISÉES PAR LE COMMISSAIRE

77852 Les commissaires aux comptes doivent certifier exacts :

– le montant global des **rémunérations versées** aux personnes les mieux rémunérées, le nombre de ces personnes étant de dix ou de cinq selon que l'effectif du personnel excède ou non 250 salariés (art. L 225-115, 4° ; n° 46543) ;

– le montant global des versements ouvrant droit à réduction d'impôt, correspondant aux **dons ou subventions** accordés par la société (art. L 225-115, 5° ; n° 46543).

77853 Ils interviennent à l'occasion des **augmentations de capital** en numéraire lorsque les actions nouvelles sont libérées par compensation avec les dettes de la société. Ils doivent, en effet, contrôler et certifier l'arrêté de compte établi par le conseil d'administration ou le directoire (art. R 225-134 ; n° 50772). En cas de **suppression du droit préférentiel** de souscription, ils doivent certifier que les éléments de calcul du prix d'émission des actions nouvelles sont exacts et sincères (art. R 225-114, dernier al. ; n°s 50273 et 50343).

Ils sont habilités à établir l'attestation du montant du bénéfice net et de celui des capitaux propres à partir desquels est calculée la **participation des salariés** aux résultats de l'entreprise (C. trav. art. L 3326-1 ; Mémento Social n° 33865). Les énonciations qui figurent dans cette attestation ne peuvent être contestées ni par la société ni par les salariés en cas de litige sur la participation.

Ils doivent ainsi attester la sincérité des informations comptables données dans la communication financière que les sociétés émettrices de titres de créance négociables doivent déposer à la Banque de France lors de la première émission de ces titres (C. mon. fin. art. D 213-9, 4°).

Enfin, lorsqu'une entreprise est soumise à une procédure collective, le juge-commissaire peut demander au commissaire aux comptes d'une société créancière de cette entreprise d'apposer son visa sur la **déclaration de créance** que cette société doit adresser au représentant des créanciers (art. L 622-25, al. 3).

› Précisions Le **visa** de la déclaration de créance n'est **pas nécessaire** lorsque la créance résulte d'un titre exécutoire (par exemple, un jugement ou un acte authentique revêtu de la formule exécutoire). Dans les autres cas, il n'est pas obligatoire et seulement subordonné à une demande du juge-commissaire.

c. Obligation d'information à la charge du commissaire

INFORMATION DES DIRIGEANTS SOCIAUX PAR LE COMMISSAIRE

Les commissaires aux comptes chargés d'une mission de certification des comptes doivent porter à la connaissance, selon le cas, de l'**organe** collégial **d'administration** (conseil d'administration des SA ; le cas échéant, organe d'administration des SAS) ou de l'organe **de direction** (selon le cas, directoire, directeur général, président ou gérance) et de l'organe **de surveillance** (conseil de surveillance des SA et des SCA ; le cas échéant, organe de surveillance des SAS), ainsi que, le cas échéant, du comité d'audit les renseignements suivants (art. L 821-63, I) : **77858**
– le **programme général de travail** mis en œuvre et les différents sondages auxquels ils se sont livrés ; ces indications doivent être fournies dans tous les cas, même si aucune anomalie n'a été relevée ;
– les **modifications** qui leur paraissent devoir être apportées **aux comptes** devant être arrêtés ou aux autres documents comptables, ainsi que les observations sur les méthodes d'évaluation utilisées pour l'établissement de ces documents ;
– les modifications qui leur paraissent devoir être apportées aux éléments objets de leur contrôle ;
– les **irrégularités** et les **inexactitudes** qu'ils auraient découvertes à l'occasion de leur mission ou de leur prestation ;
– les **conclusions** auxquelles conduisent les observations et rectifications ci-dessus sur les éléments relatifs à la période contrôlée.

Les conditions de cette communication sont précisées par une norme d'exercice professionnel (art. A 821-67 : NEP 260).

Quand les commissaires aux comptes d'une EIP relèvent au cours de l'accomplissement de leur mission ou prestations des irrégularités et inexactitudes, ils doivent aussi inviter cette société à **enquêter** conformément aux dispositions de l'article 7 du règlement UE 537/2014 du 16 avril 2014 (art. L 821-10, al. 1).

Le commissaire aux comptes doit préciser aux organes destinataires de l'information quels seront la **forme,** le **contenu des éléments à communiquer,** ainsi que le **calendrier** de cette communication. Indépendamment du calendrier prévu, le commissaire doit procéder à ces communications au moment qu'il juge approprié selon l'importance du sujet et les actions éventuelles à entreprendre par les organes concernés (art. A 821-67 : NEP 260 points 8 et 9). **77859**

En pratique, dans les **SA,** les commissaires communiquent leurs observations aux dirigeants **avant la date de la réunion** du conseil d'administration ou du directoire au cours de laquelle doivent être arrêtés le bilan et les comptes de l'exercice écoulé, de telle sorte que ces documents puissent être rectifiés avant d'être soumis aux administrateurs ou aux membres du directoire.

En tout état de cause, puisque le Code de commerce prévoit que le commissaire aux comptes doit être convoqué à toutes les réunions du conseil d'administration ou du directoire et du conseil de surveillance qui examinent ou arrêtent les comptes annuels ou intermédiaires (art. L 821-65), il est souhaitable qu'il y assiste ou s'y fasse représenter pour y effectuer les communications que la loi lui impose **au cours de ces réunions.**

Il en est de même dans les **sociétés autres que les SA** dès lors qu'elles sont dotées d'un organe collégial chargé d'arrêter ou d'examiner les comptes.

Dans tous les cas, lorsque le commissaire aux comptes envisage de formuler une observation dans son rapport annuel, une certification avec réserve, un refus de certifier ou une impossibilité de certifier, il en communique les motifs aux dirigeants sociaux (art. A 821-92 : NEP 700).

La **communication** peut être **orale** sauf si le commissaire considère qu'un tel mode de communication ne serait pas approprié ; de même, la communication doit être faite **par écrit** lorsque les éléments à communiquer concernent son indépendance ou encore lorsque des dispositions légales ou réglementaires le prévoient spécifiquement (art. A 821-67 : NEP 260 point 10).

Ainsi, dans les sociétés tenues d'établir des documents de gestion prévisionnelle, les commissaires aux comptes doivent signaler, dans un rapport au conseil d'administration ou au directoire, les irrégularités qu'ils auraient pu constater en ce qui concerne l'établissement de ces documents et, éventuellement, les observations que les rapports d'analyse joints à ces documents appellent de leur part (art. L 232-3, al. 2).

› Précisions a. Il a été jugé, à l'occasion d'une action en responsabilité engagée contre un commissaire aux comptes par les anciens dirigeants d'une société, que les textes ne précisent pas les formes dans lesquelles il doit être procédé à la **communication** et que s'il aurait été judicieux que le commissaire adresse ses observations par lettre recommandée, la lettre simple constituait une **preuve** suffisante (CA Paris 28-3-2003 nº 01-21297 : RJDA 5/04 nº 577).

b. Sur la mise en œuvre par les commissaires aux comptes d'une **procédure d'alerte** lorsqu'ils relèvent des faits de nature à compromettre la continuité de l'exploitation, voir nos 90511 s.

INFORMATION DU COMITÉ D'AUDIT PAR LE COMMISSAIRE

77860 Le commissaire aux comptes d'une société dotée d'un comité d'audit doit fournir à ce comité diverses informations : voir nos 42915 (informations relatives à son indépendance) et 42935.

INFORMATION DES ASSOCIÉS PAR LE COMMISSAIRE

77861 **Assemblée générale ordinaire annuelle** Les commissaires doivent établir, à l'occasion de l'assemblée générale ordinaire annuelle, plusieurs rapports : un rapport sur les comptes annuels qui concerne toutes les sociétés, le cas échéant un rapport sur les comptes consolidés, un rapport spécial sur les conventions réglementées dans toutes les sociétés par actions et dans les SARL et un rapport sur le gouvernement d'entreprise dans les SA et les SCA.

77862 **Rapport sur les comptes annuels.** Dans ce rapport, les commissaires rendent compte des vérifications que la loi leur impose (nos 77840 s.). Ils font état, le cas échéant, des observations que les comptes de l'exercice appellent de leur part et, éventuellement, des motifs pour lesquels ils refusent leur certification, l'assortissent de réserves ou sont dans l'impossibilité de certifier. Ils doivent aussi mentionner leurs observations sur la sincérité des informations données dans le rapport de gestion (si la société en a établi un) et dans les documents adressés aux associés sur la situation financière de la société ainsi que sur la concordance de ces informations avec les comptes annuels (art. R 821-180).

Les commissaires aux comptes doivent justifier de leurs appréciations ; lorsque la mission de certification porte sur les comptes d'une EIP, cette justification doit consister en une description des risques d'anomalies significatives les plus importants (qualifiés de « points clés de l'audit » : cf. art. A 821-93 : NEP 701), y compris lorsque ceux-ci sont dus à une fraude, et indiquer les réponses apportées pour faire face à ces risques (art. R 821-180 et A 821-93 précités). La certification des comptes d'une EIP doit en outre respecter les exigences prévues à l'article 10 du règlement UE 537/2014 du 16 avril 2014 (art. R 821-180, al. 18).

Dans les sociétés dont les actions sont admises aux négociations sur un marché réglementé, les commissaires aux comptes doivent spécialement attester de l'exactitude et de la sincérité de certaines informations relatives au « say on pay » figurant dans le rapport sur le gouvernement d'entreprise (art. R 821-180, al. 16 ; sur les informations concernées, voir nº 53110, points 1, 4 et 5).

Dans les sociétés dont les titres financiers sont admis aux négociations sur un marché réglementé, le rapport doit également comporter les conclusions des commissaires aux comptes sur le respect, dans la présentation des comptes inclus dans le rapport financier annuel, du format d'information électronique unique défini par le règlement UE 2019/815 du 17 décembre 2018 (art. R 821-180, al. 17).

En cas de présentation de comptes consolidés, ces informations doivent aussi être données pour les comptes consolidés (nos 81400 s.).

77863 Le rapport sur les comptes annuels des commissaires doit également signaler aux associés certains faits concernant la vie sociale.

Certaines vérifications auxquelles doivent procéder les commissaires aux comptes concernent **toutes les sociétés** :

– irrégularités et inexactitudes relevées par les commissaires au cours de l'accomplissement de leur mission (art. L 821-10, al. 1 ; sur l'éventuelle information de l'AMF sur ce point, voir nº 77872) ;

– prise de participation significative dans le capital d'une autre société ayant son siège social sur le territoire de la République française ou prise du contrôle d'une telle société (art. L 233-6), et ce, à peine de sanctions pénales (art. L 247-1, III) ;

– aliénations d'actions intervenues pour mettre fin aux participations croisées interdites (art. L 233-29, L 233-30 et R 233-19, al. 2) ;

– attestation sur la sincérité et la concordance avec les comptes annuels des informations relatives aux **délais de paiement** (sur ces informations, voir nº 48219) et, le cas échéant, présentation d'observations (art. D 821-181). Si la société est une grande entreprise ou une entreprise de taille intermédiaire (au sens du décret 2008-1354 du 18-12-2008) et si les commissaires relèvent des manquements significatifs et répétés aux dispositions relatives aux plafonds légaux fixés pour les délais de paiement conventionnels ou aux délais fixés par des accords interprofessionnels, ils adressent cette attestation au **ministre de l'économie** (art. L 441-14, al. 2 ; précisons qu'est une grande entreprise celle qui, d'une part, emploie au moins 5 000 salariés et, d'autre part, a un chiffre d'affaires annuel d'au moins 1,5 Md€ ou un total de bilan d'au moins 2 Md€, tandis qu'est une entreprise de taille intermédiaire celle d'au moins 250 salariés et de 5 000 salariés au plus et dont le chiffre d'affaires annuel est d'au moins 50 M€ et au plus de 1,5 Md€ ou dont le total du bilan est d'au moins 43 M€ et d'au plus 2 Md€ : Décret 2008-1354 art. 3).

D'autres vérifications ne visent que les **sociétés par actions** :
– infractions aux éventuelles dispositions concernant les actions que les administrateurs ou les membres du conseil de surveillance doivent détenir dans leur société (art. L 225-26 et L 225-73) ;
– indications relatives à la répartition du capital et, s'il en existe, aux actions d'autocontrôle (art. L 233-13), et ce, à peine de sanctions pénales (art. L 247-2, IV) ;
– frais généraux non déductibles des bénéfices assujettis à l'impôt sur les sociétés (CGI art. 223 quinquies ; nº 48170) lorsqu'ils n'ont pas été mentionnés dans le rapport du conseil d'administration ou du directoire.

Les commissaires doivent révéler, dans leur rapport à l'assemblée, les infractions commises par les dirigeants et mandataires sociaux dont ils ont eu connaissance, faute de quoi ils sont civilement responsables de ces infractions (art. L 821-37, al. 3).

Attestation. Le commissaire aux comptes doit délivrer une attestation portant sur les **prêts** de moins de trois ans **consentis par la société** à des micro-entreprises, à des PME ou à des entreprises de taille intermédiaire (au sens de l'article 3 du décret 2008-1354 du 18-12-2008), avec lesquelles la société entretient des liens économiques justifiant ces prêts (C. mon. fin. art. L 511-6, 3 bis-al. 2). 77864

Rapport spécial sur les conventions réglementées. Ce rapport concerne les **sociétés par actions** (art. L 225-40, L 225-88, L 226-10 et L 227-10) et les **SARL** (art. L 223-19). Les commissaires doivent y présenter les **conventions** conclues entre la société et l'un de ses dirigeants ou principaux associés dont ils ont été avisés (nos 32000 et 52805 s.). 77865

Si le commissaire **omet de mentionner** dans son rapport une convention qui s'avère préjudiciable pour la société, sa responsabilité ne peut pas être engagée au titre du dommage causé par la convention puisque l'omission n'est pas la cause du préjudice né de la conclusion de cette convention ; la responsabilité du commissaire peut en revanche être engagée si la société démontre que l'omission l'a privée d'une chance de ne pas approuver la convention (Cass. com. 26-2-2013 nº 11-22.531 : RJDA 5/13 nº 426).

Rapport relatif au rapport sur le gouvernement d'entreprise. À la lettre des textes, ce rapport concerne les **SA dont les actions sont admises aux négociations sur un marché réglementé ou sur un SMN et** les **SCA** (art. L 22-10-71 et L 22-10-1 pour les SA ; art. L 226-10-1, al. 3 et L 22-10-78, al. 4 pour les SCA, étant précisé que pour les SCA dont les actions ne sont pas admises aux négociations sur un marché réglementé ou sur un SMN, l'article L 226-10-1, al. 3 parle d'attestation et non de rapport). 77866

ATTENTION

Par suite d'une inadvertance, l'article L 225-235, dont les dispositions ont été transférées à l'article L 22-10-71, a été abrogé en totalité par l'ordonnance 2020-1142 du 16 septembre 2020. L'article L 22-10-71 n'étant applicable qu'aux seules SA dont les actions sont admises aux négociations sur un marché réglementé ou sur un SMN (cf. art. L 22-10-1), le Code de commerce ne prévoit plus, dans les **SA dont les actions ne sont pas admises aux négociations sur un marché réglementé ou sur un SMN,** l'obligation pour le commissaire aux comptes chargé d'un audit légal classique des comptes d'établir un rapport relatif au rapport sur le gouvernement d'entreprise.

Toutefois, le rapport au Président de la République relatif à l'ordonnance 2020-1142 indiquant expressément que la codification a été réalisée à droit constant et le projet de loi de ratification de l'ordonnance prévoyant de corriger cette erreur matérielle (Projet AN nº 3726 du 6-1-2021 art. 8), *il nous semble opportun de ne pas tenir compte* de cette erreur et que le commissaire aux comptes continue à établir un rapport relatif au rapport sur le gouvernement d'entreprise même dans ces sociétés, comme si l'article L 225-235 avait déjà été rétabli.

Dans toutes les SA, de même que dans les SCA dont les actions sont admises aux négociations sur un marché réglementé ou sur un SMN, ce rapport est joint au rapport de gestion (art. L 22-10-71 et L 22-10-78, al. 4 et, sur renvoi, art. L 225-100 ; voir aussi Projet AN nº 3726 du 6-1-2021 art. 8 ; signalons que, depuis sa modification par l'ordonnance 2020-1142, l'article L 226-10-1 ne le prévoit plus pour les autres SCA). Les commissaires aux comptes doivent y présenter leurs observations sur les mentions du rapport sur le gouvernement d'entreprise établi par le conseil d'administration ou de surveillance concernant les **éléments susceptibles d'avoir une incidence en cas d'offre**

publique (mentions requises des seules sociétés dont les titres sont admis aux négociations sur un marché réglementé ; sur ces informations, voir n° 48261) ; ils doivent en outre attester dans ce rapport des **autres informations** requises dans le rapport sur le gouvernement d'entreprise, à l'exception de celles relatives à la politique de rémunération de la société (art. L 22-10-71 et L 22-10-78, al. 4). Une norme d'exercice professionnel définit les principes relatifs à l'établissement du rapport du commissaire et précise que les conclusions du commissaire aux comptes sur les informations relevant du rapport sur le gouvernement d'entreprise doivent figurer dans l'une des parties de son rapport sur les comptes annuels (art. A 821-97 : NEP 9510).

Ce rapport doit être porté à la connaissance du public (Règl. gén. AMF art. 222-9, al. 1 et 2). Sur les modalités de cette communication, voir n° 66292.

77867 **Assemblées générales extraordinaires** Pour de nombreuses opérations financières (transformation de la société en une société d'une autre forme, augmentation du capital avec suppression du droit préférentiel de souscription, réduction du capital, etc.), un rapport des commissaires aux comptes est exigé : voir n°s 33030 s. et 48583 la **liste des opérations** pour lesquelles les commissaires aux comptes ont à intervenir.

77868 La loi n'oblige pas les commissaires à **assister aux assemblées** et à donner personnellement lecture de leurs rapports. Cependant, leur absence serait fautive et pourrait justifier, le cas échéant, leur relèvement si elle avait pour conséquence de priver les actionnaires des compléments d'information indispensables pour qu'ils puissent avoir une vue exacte de la situation de la société.

La présence des commissaires aux comptes aux assemblées s'impose particulièrement lorsqu'ils rendent compte de leur mission dans un « rapport court ».

INFORMATIONS PARTICULIÈRES À LA CHARGE DU COMMISSAIRE

77869 Dans une société tenue d'établir des **documents de gestion prévisionnelle,** le commissaire aux comptes peut être conduit à établir un rapport au conseil d'administration ou au directoire dans les SA soit en raison du non-respect des dispositions réglementaires relatives à l'établissement de ces documents, soit en raison des observations qu'appellent de sa part les analyses faites dans ces documents (art. L 232-3). Dans les autres sociétés, ce rapport est adressé aux gérants (art. L 232-4) ou au président, selon le cas. Dans les GIE, il est adressé aux administrateurs (art. L 251-14). Ce rapport doit être communiqué aux actionnaires de SA lors de l'assemblée générale ordinaire annuelle (art. L 232-3 et R 225-83, 6° ; nos 76079 et 76080). Pour les autres sociétés, le commissaire peut demander que son rapport soit adressé aux associés ou qu'il en soit donné connaissance à l'assemblée des associés (art. L 232-4). Dans les GIE, le commissaire peut demander que son rapport soit adressé aux membres du groupement ou communiqué à l'assemblée de ceux-ci (art. L 251-14).

Il en est de même du rapport spécial d'**alerte** que le commissaire aux comptes établit lorsqu'il constate que les dirigeants de SA n'ont pas, malgré sa demande, appelé le conseil d'administration ou de surveillance à délibérer sur les faits préoccupants pour l'avenir de l'entreprise qu'il a relevés au cours de sa mission, ou dans les autres sociétés et les GIE si le dirigeant n'a pas répondu ou n'a pas envoyé une copie de la demande et de sa réponse au comité social et économique (cette disposition n'a pas été modifiée pour tenir compte du remplacement du comité d'entreprise et des délégués du personnel par le comité social et économique mais est à notre avis transposable) et, s'il en existe, au conseil de surveillance, ou encore dans toutes les sociétés et les GIE lorsque, en dépit des décisions prises, la continuité de l'exploitation demeure compromise (art. L 234-1, al. 3 et R 225-83, 6° pour les SA, L 234-2 et R 234-5 pour les autres sociétés, L 251-15 et R 251-3 pour les GIE ; nos 90511 s.).

Enfin, s'il est envisagé, lors de l'assemblée générale ordinaire annuelle d'une société dont les actions ne sont pas admises sur un marché réglementé, de proposer aux actionnaires le paiement de leur **dividende en actions,** le commissaire aux comptes doit présenter un rapport spécial sur les modalités de détermination du prix d'émission des actions (art. L 232-19, al. 3).

INFORMATION DU COMITÉ SOCIAL ET ÉCONOMIQUE PAR LE COMMISSAIRE

77870 Dans les sociétés d'au moins 50 salariés, les commissaires aux comptes peuvent être convoqués par le comité social et économique :

– pour *lui* donner toutes explications sur les différents postes des documents soumis à l'assemblée des associés ainsi que sur la situation financière de l'entreprise (C. trav. art. L 2312-25, II-2° ; Bull. CNCC juin 1995 p. 208) ;

– lorsque le comité, après avoir constaté une évolution préoccupante de la situation économique de l'entreprise, décide d'établir un rapport (C. trav. art. L 2312-64).

OBLIGATION D'INFORMATION DE L'AMF À LA CHARGE DU COMMISSAIRE

Dans les **sociétés** dont les **titres** financiers sont **admis aux négociations sur un marché réglementé** ou **offerts au public sur un SMNO,** l'AMF peut demander aux commissaires aux comptes tous renseignements sur les sociétés dont ils contrôlent les comptes ou les informations de durabilité (C. mon. fin. art. L 621-22, II-al. 1 et 3 et VI). 77871

Les commissaires aux comptes doivent par ailleurs transmettre à l'AMF les conclusions du rapport qu'ils envisagent de présenter à l'assemblée générale sur les **irrégularités et les inexactitudes** qu'ils ont relevées lors de leur mission (art. L 621-22, IV et VI). D'une manière plus générale, ils doivent transmettre à l'AMF les irrégularités et inexactitudes signalées soit dans le rapport sur les comptes annuels présenté à l'assemblée annuelle, soit dans un rapport à une autre assemblée, ou encore dans un rapport spécifique (conventions réglementées, prévention des difficultés des entreprises, etc.) (Guide des relations entre l'AMF et les commissaires aux comptes avril 2022, solution transposable, à notre avis, au rapport de certification des informations de durabilité).

Ils doivent aussi communiquer à l'AMF toute information dont ils ont eu connaissance à l'occasion de l'exercice de leur mission de certification des comptes ou des informations de durabilité et qui peut entraîner (art. L 621-22, II-al. 2 et VI et, sur renvoi, Règl. UE 537/2014 du 16-4-2014 art. 12, 1 s'agissant de la mission de certification des comptes ; art. L 621-22, II-al. 3 et VI s'agissant de la mission de certification des informations de durabilité) :

– s'agissant des missions de certification des comptes et des informations de durabilité, une **violation** significative des **dispositions** législatives, réglementaires ou administratives qui fixent, le cas échéant, les conditions d'agrément ou qui régissent, de manière spécifique, la poursuite des activités de la société ou un **risque** ou un doute sérieux concernant la **continuité de l'exploitation** de la société ;

– s'agissant de la mission de certification des comptes, un **refus** d'émettre un **avis** d'audit sur les états financiers ou l'émission d'un avis **défavorable** ou d'un avis assorti de **réserves** ;

– s'agissant de la mission de certification des informations de durabilité, un **refus** ou une **impossibilité** de **certifier** les informations de durabilité, ou un **rapport** de certification assorti de **réserves.**

Enfin, les commissaires doivent communiquer à l'AMF une copie de l'écrit transmis au président du conseil d'administration ou du directoire de SA ou au gérant de SCA lorsqu'ils ont relevé des faits de nature à compromettre la continuité de l'exploitation (procédure d'alerte, voir n°s 90511 s. pour les SA et 90520 s. pour les autres sociétés) ainsi que les conclusions qu'ils envisagent de présenter à l'assemblée générale sur les irrégularités et inexactitudes relevées au cours de leur mission.

AUDITION DU COMMISSAIRE PAR LE TRIBUNAL

En cas de **cession** de tout ou partie de l'**actif d'une société en liquidation** à une personne ayant eu dans cette société la qualité d'associé en nom, de commandité, de gérant, d'administrateur, de directeur général, de membre du conseil de surveillance, de membre du directoire, de commissaire aux comptes ou de contrôleur, le commissaire aux comptes, s'il en existe un, doit être entendu par le tribunal de commerce appelé, à défaut de consentement unanime des associés, à autoriser ladite cession (art. L 237-6 ; n° 86928). 77872

d. Obligation d'alerte à la charge du commissaire

Lorsque les commissaires aux comptes relèvent, à l'occasion de l'exercice de leur mission, un **fait de nature à compromettre la continuité de l'exploitation,** ils sont tenus de mettre en œuvre la procédure exposée n°s 90511 s., dite « procédure d'alerte ». 77880

e. Obligations liées à la lutte contre le blanchiment et le terrorisme

Les commissaires aux comptes chargés de certifier les comptes sont tenus de mettre en œuvre les obligations relatives à la lutte contre le blanchiment des capitaux et le financement du terrorisme définies par les articles L 561-2, 12° bis s. du Code monétaire et financier (art. L 821-10, al. 3) : obligation de vigilance à l'égard de la clientèle (C. mon. fin. art. L 561-5 s.) et obligation de déclarer à Tracfin les sommes ou opérations qu'ils soupçonnent d'être d'origine illicite (C. mon. fin. art. L 561-15 s.). 77890

Une norme d'exercice professionnel détermine les obligations du commissaire aux comptes dans ce domaine (art. A 821-98 : NEP 9605).

f. Obligation pour le commissaire de révéler les faits délictueux

CHAMP D'APPLICATION DE L'OBLIGATION DE RÉVÉLATION DU COMMISSAIRE

77900 Les commissaires aux comptes doivent, sous peine de sanctions pénales (n° 78165), révéler au procureur de la République les faits délictueux dont ils ont eu connaissance à l'occasion de leur mission ou prestation (art. L 821-10, al. 2).

Par « faits délictueux », on doit entendre tous les **faits susceptibles** de recevoir une qualification pénale, **quelles que soient** leur qualification juridique (délit ou contravention), leur nature, leur gravité ou leurs conséquences, pourvu que le commissaire en ait eu connaissance dans le cadre de l'accomplissement de sa mission ou prestation (Circ. du 18-4-2014 et Pratique professionnelle de la CNCC annexée, identifiée comme bonne pratique par le H3C).

Seules sont **exclues du périmètre de l'obligation** de révélation au parquet :

– les infractions sans lien avec cette mission ou cette prestation, tels les infractions routières ou les faits constitutifs de harcèlement (Pratique professionnelle de la CNCC art. 4.2 ; un tableau annexé à la pratique professionnelle rappelle les principales infractions en lien avec la mission des commissaires aux comptes) ;

– les simples irrégularités ou inexactitudes ne procédant manifestement pas d'une intention frauduleuse (Circ. art. 1).

Le commissaire n'a pas à tenir compte des **questions de prescription, d'amnistie ou de territorialité de l'infraction.** Il n'est pas dispensé de son obligation de révélation lorsque les faits sont déjà connus du parquet.

L'irrégularité constatée doit être révélée au procureur de la République même si sa **qualification pénale** ne peut en l'état être définie avec précision (Cass. crim. 15-9-1999 n° 5219 : RJDA 2/00 n° 178).

Encore faut-il que le commissaire ait eu **connaissance** d'une manière précise et certaine **de ces faits** (CA Besançon 11-4-2000 : RJDA 2/01 n° 173 ; CA Nancy 29-6-1982 : Rev. sociétés 1982 p. 840 note E. du Pontavice). La négligence qu'il aurait montrée dans l'exercice de ses fonctions ne suffit pas à justifier les poursuites engagées contre lui (CA Dijon 24-7-1980 : Bull. CNCC 1980 p. 312 ; CA Versailles 11-5-1988 : Bull. CNCC 1988 p. 480 note E. du Pontavice).

77901 En cas de **doute,** le commissaire aux comptes doit soit révéler le fait, soit s'adresser à un magistrat du parquet compétent pour la révélation.

Selon la CNCC, doivent être révélés au procureur de la République :

– les faits délictueux (notamment l'absence de nomination d'un commissaire aux comptes) constatés dans une **société contrôlée significative** d'un petit groupe (n° 77518) par le commissaire de la société contrôlante de ce petit groupe au cours de l'accomplissement de sa mission (CNCC EJ 2023-27 septembre 2023) ;

– les faits délictueux constatés dans les **filiales d'un groupe** par le commissaire de la société tête de groupe à l'occasion de ses travaux relatifs à l'élaboration du rapport sur les risques (n°s 77930 s.) (CNCC EJ 2022-68 septembre 2023) ;

– les faits délictueux (absence d'établissement et de publication de comptes consolidés et de désignation de commissaires aux comptes) constatés dans la **société holding d'un groupe** par le commissaire d'une filiale de ce groupe (CNCC EJ 2023-56 mars 2024).

> **Précisions** **a.** La CNCC considère que la fonction de **gérant de fait** n'est pas en soi un fait délictueux (sauf toutefois si l'intéressé tombe sous le coup d'une interdiction de gérer et d'administrer au sens de l'article 434-40-1 du Code pénal), la loi n'ayant pas sanctionné pénalement l'« usurpation » des pouvoirs de direction d'une société. En revanche, lorsque le commissaire aux comptes constate que le gérant de fait a commis une infraction, celle-ci doit être révélée (Bull. CNCC 2002 p. 596), si elle est imputée par la loi au dirigeant de fait, ce qui est le cas le plus fréquent.
>
> **b.** Pour la CNCC, le fait pour une société de déposer une **déclaration de confidentialité** afin de demander, en application de l'article L 232-25, al. 2, que son compte de résultat ne soit pas rendu public **alors qu'elle ne respecte pas les conditions** légales permettant de bénéficier de cette dispense n'est pas incriminé spécifiquement par le Code de commerce mais est une fausse déclaration qui constitue l'infraction de faux et d'usage de faux (C. pén. art. 441-1) ; le commissaire n'a à réaliser aucune recherche active de cette infraction mais il doit la révéler au procureur de la République s'il en a connaissance (CNCC EJ 2024-36 décembre 2024).

PRESCRIPTION DU DÉLIT DE NON-RÉVÉLATION

77902 Le délit de non-révélation des faits délictueux est une infraction instantanée dont la prescription (de six ans) court du jour où le commissaire a eu connaissance de ces faits (Cass. crim. 24-3-1999 n° 1072 : RJDA 8-9/99 n° 943, 1e esp. ; Cass. crim. 10-3-2013 n° 12-82.351 : RJDA 1/14 n° 45).

Lorsqu'il est établi que le commissaire aux comptes a eu connaissance de faits délictueux avant qu'il certifie les comptes mais que le moment où il en a eu connaissance n'a pas pu être défini avec précision, la prescription court au plus tard à compter de cette date de certification (Cass. crim. 9-3-1999 nº 648 : RJDA 8-9/99 nº 943, 2e esp.).

ACTION CIVILE DU COMMISSAIRE CONTRE LES DIRIGEANTS

L'obligation de dénoncer les faits délictueux n'emporte pas pour les commissaires aux comptes le droit de se constituer partie civile contre des dirigeants sociaux (Cass. crim. 29-11-1960 : JCP 1961 II nº 12136 note Bouzat), ni l'obligation de déférer à la demande d'un procureur de la République de lui remettre un rapport sur la situation de la société (CA Paris 22-2-1988 : Bull. CNCC 1988 p. 308 note E. du Pontavice). 77903

La **responsabilité des commissaires** aux comptes n'est pas engagée par la révélation des faits délictueux au procureur de la République (art. L 821-10, al. 2), même si l'information provoquée par cette révélation aboutit à un non-lieu (TGI Lyon 22-11-1977 : Bull. CNCC 1977 p. 351). 77904

Le commissaire aux comptes ne saurait être poursuivi pour dénonciation calomnieuse dès lors « qu'il s'est soumis à l'obligation légale qui était la sienne en se bornant à faire connaître, sans les déformer ni les interpréter, des faits susceptibles d'une coloration pénale à l'autorité qui paraissait investie du pouvoir de les poursuivre » (CA Paris 26-6-1984 : Bull. CNCC 1984 p. 342 note E. du Pontavice).

Cette immunité cède lorsque la révélation procède d'une **intention malveillante** du commissaire aux comptes (pour une illustration de révélation jugée abusive, Cass. com. 15-3-2017 nº 14-26.970 F-PBI : RJDA 7/17 nº 469).

g. Respect du secret professionnel par le commissaire

Les commissaires aux comptes sont tenus au secret professionnel pour tous les faits, actes ou renseignements dont ils ont pu avoir connaissance **dans l'exercice de leur profession.** Cette obligation s'applique également à leurs collaborateurs et aux experts auxquels ils auraient pu faire appel (art. L 821-35, al. 1). 77910

Les commissaires aux comptes sont également astreints au secret professionnel lorsqu'ils procèdent à une **revue indépendante** ou contribuent au dispositif de **contrôle de qualité interne** (art. L 821-35, al. 5).

Le commissaire aux comptes est lié par le secret professionnel **à l'égard des tiers** : notamment créanciers de la société ; agents de l'administration fiscale ; agents de l'Autorité de la concurrence, même si les visites et saisies qu'ils opèrent dans le cadre de leur pouvoir d'enquête sont autorisées par le juge des libertés et de la détention conformément à l'article L 450-4 (CNCC EJ 2021-56 mai 2022) ; commissaire aux apports ou à la fusion (Bull. CNCC septembre 2005 p. 498) ou, en cas d'absorption de la société pour laquelle il a été nommé, à l'égard du commissaire aux comptes de la société absorbante (Bull. CNCC mars 2014 p. 95). Il est aussi lié à l'égard des associés pris individuellement, la loi n'ayant prévu qu'une obligation d'informer les organes de la société nommément désignés. 77911

EXEMPLE

Dans les SA, le commissaire aux comptes n'a de rapport qu'avec le conseil d'administration et l'assemblée générale en tant qu'organes collégiaux. Il n'est pas tenu de répondre à un actionnaire ou à un administrateur isolé qui l'interrogerait directement en dehors de l'assemblée générale ou du conseil d'administration (dans le même sens, Bull. CNCC 1991 p. 268).

Enfin, il est lié **à l'égard d'un ancien salarié** de la société, quand bien même la communication des informations sollicitées pourrait s'avérer particulièrement utile à ce dernier dans la perspective d'une instance prud'homale (Cass. com. 8-2-2005 nº 204 : RJDA 5/05 nº 580, à propos du secret professionnel d'un expert-comptable, mais transposable).

Signalons aussi que le commissaire aux comptes d'une société pour laquelle il est intervenu en qualité de commissaire à la transformation précédemment à sa nomination de commissaire aux comptes reste lié par le secret professionnel à l'égard du **nouveau dirigeant** pour les éléments qu'il a eu à connaître au cours de sa mission de commissaire à la transformation (Bull. CNCC mars 2014 p. 93).

L'**obligation** du commissaire au secret professionnel **ne s'applique** évidemment **pas** à la révélation des faits délictueux au procureur de la République (art. L 821-10, al. 2), ni à l'avis aux associés des irrégularités ou inexactitudes relevées par les commissaires lors de l'accomplissement de leur mission (nº 77863), ni aux informations qu'ils pourraient donner en cas de mise en œuvre de la procédure d'alerte (art. L 234-1 s.). 77912

Elle ne s'applique pas non plus aux renseignements qui peuvent être demandés par :
– les autorités de contrôle professionnel (art. L 820-17, dernier al.) ;
– la Commission nationale des comptes de campagne et des financements politiques et du juge de l'élection (art. L 821-35, dernier al.) ;
– la Commission des participations et des transferts (Ord. 2014-948 du 20-8-2014 art. 27, I-al. 4) ;
– l'ACPR et la Banque centrale européenne (C. mon. fin. art. L 612-44, III) ;
– les commissions des finances de l'Assemblée nationale et du Sénat (Loi 2001-692 du 1-8-2001 art. 57, al. 3), les autres commissions d'enquête et commissions parlementaires permanentes ne pouvant pas bénéficier de cette dérogation (CNCC EJ 2022-28 mai 2022) ;
– le président du tribunal de commerce lors d'une enquête sur la société (art. L 611-2, I) ;
– l'AMF à propos des sociétés dont les titres financiers sont admis aux négociations sur un marché réglementé (C. mon. fin. art. L 621-22, V) ou offerts au public sur un SMNO (art. L 621-22, VI). L'AMF peut également demander aux commissaires aux comptes tous renseignements sur les personnes qu'ils contrôlent, lorsque ces personnes procèdent à une opération d'offre au public autre qu'une offre réservée à des investisseurs qualifiés ou à un cercle restreint d'investisseurs, une offre relevant du financement participatif, une offre portant sur des titres dont la valeur nominale unitaire s'élève au moins à 100 000 €, ou adressée à des investisseurs qui acquièrent ces titres pour un montant total d'au moins 100 000 € par investisseur et par offre distincte, et une offre dont le montant total calculé sur une période de 12 mois est inférieur à 8 M€ (art. L 621-22, VII ; le seuil de 8 M€ devrait être porté à 12 M€ à compter du 5-6-2026 : cf. Règl. UE 2017/1129 du 14-6-2017 art. 3, 2 modifié et 3, 2 bis créé par Règl. UE 2024/2809 du 23-9-2024 et Règl. UE 2024/2809 art. 4, 3). La responsabilité des commissaires ne peut pas être engagée pour les informations données à la demande de l'AMF (art. L 621-22, V).

Le **commissaire** aux comptes est **délié de son obligation** au secret professionnel à l'égard du rapporteur désigné par le président de la cour de discipline budgétaire et financière pour instruire une affaire ; il peut être entendu oralement ou par écrit en qualité de témoin concernant les travaux qu'il a réalisés et/ou les raisons qui l'ont conduit à établir ou non un rapport, sans que sa responsabilité soit engagée (Bull. CNCC décembre 2012 p. 124).

En outre, malgré le secret professionnel auquel ils sont tenus dans l'intérêt de la société, les commissaires aux comptes peuvent, dans une instance ayant pour objet d'établir leur responsabilité à raison des conséquences dommageables des fautes et négligences qui leur sont reprochées dans l'exercice de leurs fonctions, **produire les documents** permettant de vérifier les contrôles et diligences qu'ils ont effectués au sein de la société (Cass. com. 14-11-1995 n° 1904 : RJDA 2/96 n° 236, 1e esp.).

De même, lorsqu'une mesure d'instruction est ordonnée en vue d'établir, avant tout procès, la preuve des conditions dans lesquelles ils ont exercé leurs fonctions au sein d'une société dont le cours des actions s'est effondré en dépit d'informations financières optimistes publiées avec leur aval, les commissaires aux comptes ne peuvent invoquer le secret professionnel pour refuser de produire les documents qui leur sont demandés (Cass. com. 14-11-1995 n° 1905 : RJDA 2/96 n° 236, 2e esp.).

77915 Il ne saurait **pas** non plus y avoir obligation au **secret professionnel** entre les **commissaires aux comptes d'une même société,** ni entre les commissaires aux comptes successifs de la société. De même, le commissaire aux comptes qui certifie les comptes et celui (ou l'OTI) qui **certifie les informations de durabilité** d'une même société sont, l'un à l'égard de l'autre, libérés de leur secret professionnel (art. L 821-35, al. 2).

Lorsqu'une société établit des **comptes consolidés** ou des informations de durabilité consolidées, les commissaires aux comptes de la société consolidante et ceux des sociétés consolidées sont, les uns à l'égard des autres, libérés du secret professionnel (art. L 821-35, al. 1 et 3), cette levée du secret professionnel devant se limiter, selon la CNCC, à la mission légale de certification tant au niveau de la société consolidante que des sociétés consolidées (Bull. CNCC décembre 2012 p. 719). Les commissaires aux comptes sont également déliés de leur secret professionnel à l'égard des OTI qui procèdent à la certification du rapport de durabilité au sein de l'entité consolidante ou consolidée (art. L 821-35, al. 3).

Enfin, les commissaires aux comptes des sociétés contrôlantes à la tête d'un « **petit groupe** » (voir nos 77515 s.) et ceux des sociétés qu'elles contrôlent au sens de l'article L 233-3 *sont, les uns à l'égard* des autres, libérés du secret professionnel (art. L 821-35, al. 4).

À noter que, la levée du secret professionnel étant un principe d'interprétation stricte, il faut considérer que l'article L 821-61, al. 1 ne prévoit pas la possibilité d'échanges d'informations entre les commissaires aux comptes des sociétés mères et filiales (Bull. CNCC décembre 2012 p. 719), hors les cas de consolidation des comptes et celui des petits groupes.

h. Autres obligations professionnelles du commissaire

Chaque commissaire aux comptes doit tenir à jour une **liste des sociétés** auprès desquelles il accomplit des missions ou des prestations et constituer pour chacune d'elles un **dossier** (art. D 821-186, I et II). 77920

Le commissaire doit aussi constituer pour chaque **mission de certification** des comptes un **dossier de travail** qui doit notamment contenir les éléments consignés préalablement à sa nomination et actualisés (nº 77613) ainsi que tous les documents reçus de la société contrôlée et ceux qui sont établis par lui : plan de mission, programme de travail, date, durée, lieu et objet de chaque intervention, etc. (art. D 821-186, III et IV).

Il doit encore établir une **comptabilité spéciale** de l'ensemble des rémunérations qu'il perçoit de la part des entreprises auprès desquelles il exerce des missions ou des prestations (art. D 821-186, V-al. 1). Cette obligation est renforcée pour le commissaire aux comptes d'une EIP (art. D 821-186, V-2º s.).

Le commissaire doit enfin établir chaque année une **déclaration d'activité** qu'il doit transmettre à la compagnie régionale des commissaires aux comptes, laquelle en transmet un exemplaire à la CNCC qui en transmet elle-même une copie à la H2A (art. D 821-186, VI).

2. CONTRÔLE DES COMPTES DANS LE CADRE D'UN AUDIT ALLÉGÉ

Lorsque le commissaire aux comptes chargé de certifier les comptes a été nommé dans un petit groupe par une **société contrôlante** (nº 77515) ou une **société contrôlée significative** (nº 77518) ou lorsqu'il a été désigné **volontairement** (nº 77531), la société peut décider de limiter la durée de son mandat à trois exercices (art. L 821-46). 77930

Dans ce cas, la mission du commissaire aux comptes suit un régime d'audit allégé (aussi appelé audit légal « petites entreprises »).

En outre, si le commissaire aux comptes est désigné par la société **à la demande d'un ou plusieurs associés** ou actionnaires représentant au moins le tiers du capital, la durée de son mandat est obligatoirement de trois exercices et sa mission doit donc être exercée conformément à l'audit allégé (nº 77524).

Une norme d'exercice professionnel délimite le champ d'application de la mission, les diligences à accomplir, ainsi que le formalisme qui s'attache à la réalisation de la mission du commissaire aux comptes nommé pour trois exercices (art. A 821-94 : NEP 911).

CONSEIL

La résolution de l'assemblée générale doit préciser clairement que le commissaire aux comptes est nommé pour trois exercices car, s'agissant d'une option offerte à la société, si rien n'est précisé, c'est le principe d'une nomination pour six exercices qui s'applique.

CERTIFICATION DES COMPTES PAR LE COMMISSAIRE

Dans le cadre de l'audit allégé, le commissaire aux comptes doit certifier les comptes et établir un **rapport sur les comptes annuels.** Le contenu du rapport doit respecter la norme d'exercice professionnel relative aux rapports sur les comptes (art. A 821-92 : NEP 700) avec la possibilité d'adopter une rédaction succincte pour la justification des appréciations. 77940

Si la société publie volontairement des **comptes consolidés,** le commissaire aux comptes doit certifier et émettre un rapport sur ces comptes (art. A 821-94 : NEP 911).

RAPPORT SUR LES RISQUES ÉTABLI PAR LE COMMISSAIRE

Dans le cadre de l'audit allégé, le commissaire aux comptes doit établir un rapport identifiant *les risques financiers, comptables et de gestion* auxquels la société est exposée (art. L 821-57). 77945

Pour une société à la **tête d'un petit groupe,** ce rapport doit porter sur l'ensemble que la société forme avec les sociétés qu'elle contrôle (art. L 821-57). Pour ce faire, le commissaire aux comptes demande aux commissaires aux comptes des sociétés contrôlées la communication des rapports sur les risques de ces sociétés (art. A 821-94 : NEP 911).

Contrairement au rapport sur les comptes, le contenu du rapport sur les risques n'est pas précisément défini par la norme d'exercice professionnel. La forme du rapport doit être adaptée à la société, sur la base des risques identifiés. S'il le juge nécessaire, le commissaire aux comptes formule dans ce rapport des recommandations visant à réduire les risques identifiés et tenant compte de la taille de la société et de ses caractéristiques, dans le respect des règles d'indépendance et de

non-immixtion dans la gestion. Il échange alors avec le dirigeant sur les risques identifiés pour s'assurer de la pertinence des recommandations formulées.
Le rapport sur les risques est établi à destination des dirigeants et tout ou partie de ce rapport peut être communiqué aux autres organes visés à l'article L 821-63 (organe d'administration, organe de surveillance, comité d'audit), en fonction de l'importance des risques (art. A 821-94 : NEP 911).

› Précisions Le rapport identifiant les risques financiers, comptables et de gestion doit être **signé** par le commissaire aux comptes, remis aux dirigeants et tenu par ceux-ci à la **disposition** des organes d'administration ou de surveillance de la société ou de leurs membres (art. R 821-183).

AUTRES RAPPORTS ET DILIGENCES À LA CHARGE DU COMMISSAIRE

77950 La mission du commissaire aux comptes chargé d'un audit allégé comprend toutes les diligences légales qui lui sont confiées par le législateur, étant précisé que cette mission est tout de même réduite car le commissaire aux comptes est expressément **dispensé de la réalisation des diligences et rapports suivants** (art. L 821-57) :
– rapport sur les conventions réglementées dans les SARL, SAS, SA et SCA (art. L 223-19, L 227-10, L 225-40, L 225-88 et L 226-10) ;
– rapport en vue de régulariser une convention réglementée non régulièrement autorisée dans les SA et les SCA (art. L 225-42, L 225-90 et L 226-10) ;
– convocation de l'assemblée générale en cas de carence des dirigeants dans les SA, les SCA (art. L 225-103, sur renvoi de l'art. L 226-1, al. 2 pour les SCA) et les SARL (art. L 223-27, al. 2) et convocation de l'assemblée générale de SARL afin de désigner un gérant si la société en est dépourvue (art. L 223-27, al. 8) ;
– rapport relatif à l'appréciation sur les causes et conditions de la réduction de capital dans les SARL (art. L 223-34) ;
– en cas de capitaux propres devenus inférieurs à la moitié du capital d'une SARL, convocation de l'assemblée générale des associés destinée à réduire le capital (art. L 223-42) ;
– certification des rémunérations versées aux personnes les mieux rémunérées et de certains versements effectués en application du Code général des impôts ainsi que de la liste des actions nominatives de parrainage et de mécénat dans les SA et les SCA (art. L 225-115, sur renvoi de l'art. L 226-1, al. 2 pour les SCA) ;
– rapports à réaliser en application de l'article L 225-135 en cas d'augmentation de capital avec suppression du droit préférentiel de souscription dans les SA, les SCA et les SAS (sur renvoi de l'art. L 226-1, al. 2 pour les SCA et de l'art. L 227-1, al. 3 pour les SAS) ;
– rapport (ou attestation) relatif au rapport du conseil sur le gouvernement d'entreprise établi dans les SA ainsi que dans les SCA dont les actions ne sont pas admises aux négociations sur un marché réglementé ou sur un SMN (art. L 22-10-71 et L 226-10-1 ; voir aussi Projet AN n° 3726 du 6-1-2021 art. 16 et nos remarques n° 77867) ; signalons que l'article L 22-10-78 n'a pas été ajouté par l'ordonnance 2020-1142 du 16 septembre 2020 à la liste des textes visés par l'article L 821-57, si bien que le commissaire aux comptes chargé d'un audit allégé d'une SCA dont les actions sont admises aux négociations sur un SMN n'est plus, depuis le 1er janvier 2021 (date d'entrée en vigueur de l'ordonnance 2020-1142 : cf. Ord. art. 19), dispensé d'établir le rapport relatif au rapport sur le gouvernement d'entreprise prévu par ce texte (sur le contenu de ce rapport, voir n° 77867) ;
– rapport établi dans les SA, les SCA et les SAS en cas de transformation et attestant que les capitaux propres de la société sont au moins égaux au capital social (art. L 225-244, sur renvoi de l'art. L 226-1, al. 2 pour les SCA et de l'art. L 227-1, al. 3 pour les SAS) ;
– rapport établi si les dirigeants n'exécutent pas les obligations leur incombant concernant les documents de gestion prévisionnelle (art. L 232-3 et L 232-4) ;
– mention dans le rapport sur les comptes annuels des prises de participation de la société (art. L 233-6) ;
– mention dans le rapport sur les comptes annuels des informations relatives à l'identité des personnes physiques ou morales détenant le capital social ou les droits de vote et à l'autocontrôle (art. L 233-13) ;
– audition du commissaire aux comptes par le tribunal de commerce en cas de cession de *tout ou partie de l'actif* d'une société en liquidation à certaines personnes (art. L 237-6) ;
– certification de l'évaluation des actions ou parts louées (art. L 239-2).
Pour autant, le commissaire aux comptes **reste notamment soumis** aux obligations relatives à la procédure d'alerte, au signalement des irrégularités, à la révélation des faits délictueux ou à la lutte contre le blanchiment des capitaux et le financement du terrorisme.

3. CERTIFICATION DES INFORMATIONS DE DURABILITÉ

Dans les sociétés tenues d'établir des **informations de durabilité** – le cas échéant consolidées –, un ou plusieurs commissaires aux comptes (ou OTI) nommés à cet effet doivent émettre un **avis** portant sur le respect des exigences prévues par les textes en la matière. Cet avis fait l'objet d'un **rapport** de certification destiné à l'organe statuant sur les comptes (art. L 821-54, II). Sur la mission de certification des informations de durabilité, voir n°s 77092 s. 77960

B. Droits des commissaires aux comptes

1. DROIT D'INFORMATION DU COMMISSAIRE

De nombreuses dispositions du Code de commerce prescrivent aux dirigeants sociaux de communiquer aux **commissaires aux comptes chargés du contrôle des comptes** certains **documents sur la situation de la société,** notamment : 77980

– les comptes annuels (bilan, compte de résultat, annexe) et, éventuellement, les comptes consolidés (art. R 232-1 ; n° 76060) ;
– le rapport de gestion (art. R 232-1 ; n°s 32820, 48185 s. et 60542) ;
– les documents de gestion prévisionnelle et les rapports du conseil d'administration ou du directoire analysant ces documents (art. L 232-3 ; n°s 76073 s.) ;
– les réponses aux questions écrites des associés ou des actionnaires sur les faits de nature à compromettre la continuité de l'exploitation sociale (art. L 223-36 et L 225-232 ; voir aussi art. L 22-10-69 ; n°s 90530 s.) ou à celles des actionnaires sur des opérations de gestion (art. L 225-231 ; voir aussi art. L 22-10-68 ; n°s 53010 s.) ;
– les demandes d'explication du comité social et économique (CSE) des sociétés d'au moins 50 salariés en cas d'évolution préoccupante de la situation de la société, et les réponses fournies à ces demandes (art. L 234-3, texte qui n'a pas été modifié pour tenir compte du remplacement du comité d'entreprise par le CSE mais à notre avis transposable ; n°s 90542 s.) ;
– le rapport du ou des experts chargés d'examiner une ou plusieurs opérations de gestion (art. L 223-37 et L 225-231 ; n° 53032).

2. DROITS D'INVESTIGATION DU COMMISSAIRE

INVESTIGATIONS DU COMMISSAIRE AUPRÈS DE LA SOCIÉTÉ

Les commissaires aux comptes, qu'ils exercent une mission de certification des comptes ou des informations de durabilité et qu'ils agissent ensemble ou séparément, peuvent, à toute époque de l'année, opérer les vérifications ou contrôles qu'ils jugent opportuns, étant précisé : 77990

– d'une part, qu'ils peuvent **se faire communiquer** sur place les pièces qu'ils estiment nécessaires à l'exercice de leur mission, notamment tous contrats, livres, documents comptables et registres de procès-verbaux (art. L 821-60, al. 1) ;
– d'autre part, qu'ils ont la faculté, sous leur responsabilité, de **se faire assister** ou représenter par des experts ou collaborateurs de leur choix, nommément désignés à la société, lesquels disposent des mêmes droits d'investigation qu'eux-mêmes (art. L 821-60, al. 2 ; sur les conditions d'intervention des experts, voir art. A 821-90 : NEP 620).

Le ministre de la justice a précisé que les commissaires aux comptes ne peuvent pas exiger la communication des relevés bancaires privés des dirigeants, car il ne s'agit pas de documents liés à l'exploitation de la société ; toutefois, « s'il apparaissait au commissaire aux comptes qu'une confusion critiquable a été faite entre des comptes professionnels et des comptes privés, il lui appartiendrait d'attirer l'attention des associés et du parquet sur ces irrégularités *justifiant l'ouverture d'une enquête* » (Rép. Sergheraert : AN 10-3-1979 n° 9886).

En revanche, ils peuvent se faire communiquer tous les documents existant au jour de leur intervention, même si ces documents sont postérieurs à la clôture des comptes qu'ils examinent (Rép. Delfosse : AN 21-1-1980 n° 21886).

Les commissaires peuvent aussi accéder à la base informatisée du personnel de la société, peu important que celle-ci contienne des informations privées telles que la situation de famille ou l'évaluation des performances individuelles (Bull. CNCC 2005 p. 493).

Une norme d'exercice professionnel relative aux conditions d'obtention et d'utilisation par le commissaire aux comptes des **déclarations de la direction** lors de l'audit des comptes précise les conditions dans lesquelles le commissaire peut demander au dirigeant une formulation écrite des déclarations qu'il estime nécessaires pour tirer des conclusions sur les assertions qu'il souhaite vérifier : objet des déclarations (possibilité de demander au dirigeant d'attester qu'il a pris les mesures nécessaires pour prévenir et détecter les erreurs et les fraudes, qu'il a respecté les textes législatifs et réglementaires, qu'il a signalé les fraudes au commissaire, etc.) et forme des déclarations (lettre du dirigeant, procès-verbal d'un organe d'administration) ; la norme insiste en outre sur la nécessité pour le commissaire de tirer les conséquences d'un éventuel refus du dirigeant de fournir une déclaration écrite (art. A 821-79 : NEP 580).

Il a été jugé que le commissaire aux comptes n'est pas un tiers vis-à-vis de l'entreprise dans laquelle il exerce ses fonctions et qu'un salarié ne peut être considéré comme ayant commis une faute grave lorsque, sans l'accord de son supérieur hiérarchique, il a pris l'initiative de révéler au commissaire aux comptes des « situations intérimaires » à usage interne (Cass. soc. 24-3-1988 : Bull. civ. V n° 209).

Le droit de communication des commissaires aux comptes emporte celui de prendre **copie** des documents mais les commissaires ne peuvent pas exiger de la société qu'elle leur délivre ces copies (Rép. Kaspereit : AN 12-11-1979 n° 18238).

77991 **Entrave à l'exercice de la mission des commissaires** Les dirigeants sociaux ne peuvent pas faire obstacle à l'exercice du droit de vérification des commissaires aux comptes en charge de la certification des comptes. En effet, est puni d'un emprisonnement de cinq ans et d'une amende de 75 000 € le fait pour les dirigeants ou toute personne au service de la société de mettre **obstacle aux vérifications** ou contrôles des commissaires aux comptes ou de leur refuser la communication sur place de toutes les pièces utiles à l'exercice de leur mission, notamment de tous contrats, livres, documents comptables et registres de procès-verbaux (art. L 821-6, 3° modifié par loi 2025-391 du 30-4-2025).

Il n'est pas nécessaire que le refus de communication soit absolu, « la simple **réticence** à fournir des explications, l'atermoiement inexcusable, la production partielle caractérisent l'infraction dès lors qu'ils ont été commis sciemment » (CA Rennes 30-9-1974 : Rev. sociétés 1976 p. 521 note P. Mabilat).

Une volonté du dirigeant d'entraver la mission du commissaire n'a pas à être caractérisée : le simple **refus volontaire de communiquer** sur place les documents demandés suffit à établir le délit, même si ces documents ont été envoyés au commissaire le lendemain de sa visite (Cass. crim. 28-2-2024 n° 23-81.826 F-B : RJDA 5/24 n° 290).

Lorsque le commissaire fait l'objet d'une procédure de relèvement, le refus par le dirigeant de lui communiquer des documents comptables est punissable tant que la décision judiciaire de relèvement n'est pas devenue définitive (Cass. crim. 12-9-2001 n° 5589 : RJDA 1/02 n° 56).

Jugé, en revanche, que le **silence** opposé par le président à une lettre du commissaire aux comptes demandant de lui faire parvenir certains livres sociaux ne saurait être assimilé à une obstruction délibérée de sa part aux vérifications du commissaire dès lors que la communication des documents sociaux doit se faire là où ils sont tenus (CA Paris 29-1-1976 : Bull. Joly 1976 p. 142).

INVESTIGATIONS DU COMMISSAIRE AUPRÈS DES SOCIÉTÉS MÈRES OU FILIALES

77992 Les investigations prévues n° 77990 peuvent être menées auprès tant de la société au sein de laquelle le commissaire exerce une mission que des sociétés qui la contrôlent ou qui sont contrôlées par elle au sens de l'article L 233-3, I et II (contrôle exclusif : voir n°s 79013 s.) (art. L 821-61, al. 1). En revanche, le commissaire aux comptes d'une société ne peut pas mener d'investigations dans les sociétés qui la contrôlent conjointement (Cass. soc. 5-2-2020 n° 18-24.174 F-D : RJDA 7/20 n° 374, à propos d'un expert-comptable de comité d'entreprise mais transposable aux commissaires aux comptes).

En cas d'établissement de comptes consolidés, les commissaires chargés de certifier lesdits comptes peuvent procéder à des investigations dans toutes les entreprises comprises dans la consolidation (art. L 821-61, al. 1).

INVESTIGATIONS DU COMMISSAIRE AUPRÈS DES TIERS

77993 Les commissaires peuvent recueillir toutes informations utiles à leur mission auprès des *« tiers qui ont accompli des opérations* pour le compte » de la société (art. L 821-61, al. 2).

Cette disposition vise les **mandataires** de la société ou ses **auxiliaires,** tels que les experts-comptables, banquiers, prestataires de services d'investissement, commissionnaires à la vente ou à l'achat, etc. (sur les principes relatifs à l'utilisation des travaux d'un expert-comptable par le commissaire aux comptes, voir art. A 821-91 : NEP 630).

Mais les commissaires aux comptes ne sauraient exiger des renseignements de la part des **clients** ou des **fournisseurs** car ceux-ci n'agissent pas « pour le compte de la société » (Rép. Schumann : Sén. 15-10-1975 n° 17562), ni obtenir des agents de l'**administration fiscale** la communication de pièces relatives à la société (Rép. Dumortier : AN 7-10-1971 n° 16079 ; Rép. Sergheraert : AN 29-12-1980 n° 37074).

Sur l'impossibilité pour les commissaires aux comptes d'exiger une réponse aux demandes de confirmation de soldes qu'ils adressent aux clients et aux fournisseurs de la société qu'ils contrôlent, voir Rép. Schumann précitée ; Rép. Braconnier : Sén. 12-2-1976 n° 18666 ; Rép. Sergheraert : AN 6-10-1980 n° 32230.

Les commissaires n'ont qu'un droit d'information. Ils ne peuvent donc exiger la **communication** des pièces, contrats et documents quelconques détenus par les tiers que s'ils ont obtenu l'autorisation du président du tribunal de commerce statuant en référé (art. L 821-61, al. 2 et D 821-175).

Le **secret professionnel** ne peut pas être opposé aux commissaires aux comptes, sauf par les auxiliaires de justice (art. L 821-61, al. 3), c'est-à-dire notamment les avocats, greffiers des tribunaux de commerce, huissiers ou commissaires de justice, administrateurs judiciaires, mandataires judiciaires.

N'étant pas auxiliaires de justice, les notaires ne peuvent pas se prévaloir du secret professionnel à l'égard des commissaires aux comptes (Rép. Lebas : AN 25-11-1969 n° 7772), sauf s'il s'agit d'une affaire dans laquelle ils ont été commis judiciairement (Rép. Bajeux : Sén. 4-3-1980 n° 31925).

3. PARTICIPATION DU COMMISSAIRE AUX RÉUNIONS ET AUX ASSEMBLÉES

PARTICIPATION DU COMMISSAIRE AUX RÉUNIONS DES ORGANES SOCIAUX

Les commissaires aux comptes doivent être convoqués à toutes les réunions du conseil **78000** d'administration ou du directoire et du conseil de surveillance, ou de l'organe collégial d'administration ou de direction et de l'organe de surveillance qui examinent ou arrêtent des comptes annuels ou intermédiaires, qu'il s'agisse des comptes annuels ou des comptes consolidés (Bull. CNCC septembre 2001 p. 468), ou qui examinent et adoptent le rapport sur les informations de durabilité (art. L 821-65 ; n° 40662). Ils peuvent être convoqués à toute autre réunion du conseil d'administration, du directoire et du conseil de surveillance.

ATTENTION

Par « comptes intermédiaires », il faut entendre les comptes trimestriels ou semestriels complets (bilan, compte de résultat et annexe, même simplifiée) et non tout élément de nature comptable et financière (par exemple, tableaux de bord, indicateurs financiers, etc.) ; les documents de gestion prévisionnelle que les sociétés importantes doivent établir en vertu de l'article L 232-2 ne peuvent pas être assimilés à des comptes annuels ou intermédiaires (Bull. CNCC mars 2004 p. 161).

Les commissaires doivent être convoqués aux réunions dans lesquelles les comptes sont appréciés à l'état de projet (Bull. CNCC mars 2004 p. 161).

Ils ne sont pas tenus d'assister à cette réunion mais leur présence y est souhaitable, surtout s'ils ont des observations à formuler sur le bilan et les comptes (nos 77858 s.).

Selon la CNCC, lorsque la réunion au cours de laquelle les comptes sont examinés ou arrêtés porte également sur d'autres sujets, la convocation ne peut pas être limitée à la seule partie de cette réunion relative aux comptes (Bull. CNCC mars 2004 p. 161, à notre avis transposable à la mission de certification des informations de durabilité). Cette solution nous paraît contestable car aucun argument de texte n'interdit de limiter la convocation à l'examen ou à l'établissement des comptes, quand bien même l'ordre du jour définitif de la réunion ne serait fixé qu'au dernier moment ; au contraire, la convocation n'a été prévue que pour permettre au commissaire d'obtenir les informations nécessaires à l'accomplissement de sa mission et non des informations étrangères à celle-ci. Au demeurant, en dehors de l'examen des comptes, le conseil d'administration, le directoire ou le conseil de surveillance sont toujours libres de demander aux commissaires d'assister à une réunion.

Les commissaires invités à participer aux réunions des organes collégiaux d'administration ou de direction et de l'organe de surveillance doivent être convoqués en même temps que ces organes (art. D 821-185, al. 2).

La convocation des commissaires aux comptes à ces diverses réunions doit être faite par lettre recommandée AR (art. D 821-185, al. 3). Sur la possibilité de remplacer la lettre recommandée par une remise contre émargement ou récépissé, voir nº 32326.

PARTICIPATION DU COMMISSAIRE AUX ASSEMBLÉES GÉNÉRALES

78001 Les commissaires aux comptes, qu'ils soient chargés de certifier les comptes ou les informations de durabilité, doivent être convoqués à toutes les assemblées d'actionnaires ou d'associés (art. L 821-65), à peine de sanctions pénales.

Tout dirigeant de société ayant un commissaire aux comptes chargé d'une telle mission qui ne l'aura pas convoqué à toute assemblée générale sera puni d'un emprisonnement de deux ans et d'une amende de 30 000 € (art. L 821-6, 1º modifié par loi 2025-391 du 30-4-2025).

> Précisions **a.** L'article L 821-6 a été modifié par la loi 2025-391 afin de **supprimer les sanctions pénales applicables en cas de défaut de convocation** d'un commissaire aux comptes chargé de certifier les informations de durabilité. Néanmoins, on peut se demander si l'objectif n'est pas manqué, pour les raisons exposées nº 77654.

b. Dans les **EURL**, les décisions de l'associé unique n'étant pas prises en assemblée, il ne paraît pas nécessaire de convoquer le commissaire aux comptes à toutes les délibérations de l'associé unique. Cependant, il conviendrait qu'il soit avisé à l'avance de la décision envisagée dans un délai raisonnable (Bull. CNCC décembre 2003 p. 644). La même solution s'applique à notre avis dans les Sasu.

c. Lorsque les statuts de la **SAS** prévoient que les fonctions de direction sont assurées par le président et non par un organe collégial ou stipulent que les comptes sont approuvés autrement que par une assemblée (par exemple, consultation écrite, acte sous signature privée, conférence téléphonique), il n'y a pas lieu de convoquer le commissaire aux comptes (Bull. CNCC juin 2009 p. 411 s.). La même solution s'impose lorsque les statuts de **SNC** ou de **SARL** stipulent que les associés peuvent être consultés par voie de consultation écrite (nºs 23090 et 32650) ou que les statuts de **SARL** stipulent que la décision peut résulter du consentement de tous les associés exprimé dans un acte (nº 32720). Dans tous les cas, il convient toutefois que soit instaurée une concertation permettant au commissaire aux comptes d'exercer sa mission.

d. La **nullité** prévue par l'article L 821-5, qui frappe les délibérations des assemblées ordinaires prises à défaut de désignation régulière des commissaires aux comptes ou sur présentation d'un rapport par des commissaires nommés ou maintenus en fonctions contrairement aux dispositions légales, n'est pas applicable en cas de défaut de convocation du commissaire aux assemblées générales (Cass. com. 10-2-2021 nº 18-24.302 F-D : RJDA 7/21 nº 483).

COMMISSAIRE ET MASSE DES OBLIGATAIRES

78002 **Interdictions** Les commissaires aux comptes d'une société ayant émis un emprunt obligataire ou d'une société garante de cet emprunt, ainsi que leurs conjoints, ascendants ou descendants, ne peuvent pas être choisis comme représentants de la masse des obligataires (art. L 228-49, 4º), ni comme mandataires lors de la réunion des assemblées générales d'obligataires (art. L 228-62).

Ces dispositions s'appliquent dans les sociétés par actions, mais aussi dans les SARL (voir nº 71200).

78003 **Sanctions pénales** Les commissaires aux comptes qui accepteraient un tel mandat s'exposeraient à une amende de 6 000 € (art. L 245-12, 1º).

4. CONVOCATION DES ASSEMBLÉES PAR LE COMMISSAIRE

78010 En cas de carence des dirigeants sociaux, les commissaires aux comptes chargés d'un audit classique des comptes sont habilités à convoquer l'assemblée générale, le commissaire aux comptes chargé d'un audit allégé étant dispensé de le faire (nºs 32314 et 46040).

5. DÉPÔT D'ACTES AU GREFFE PAR LE COMMISSAIRE

78015 Le commissaire aux comptes peut être habilité par les associés de la société contrôlée à adresser directement au greffe du tribunal les rapports devant faire l'objet d'un dépôt et les documents qui y sont joints ainsi que la copie des documents relatifs à l'acceptation de sa mission de certification des comptes ou de certification des informations de durabilité ou à sa démission (art. L 821-52 ; nº 85745).

SECTION 4

RÉMUNÉRATION DES COMMISSAIRES AUX COMPTES

A. Rémunération des commissaires aux comptes chargés du contrôle des comptes

GÉNÉRALITÉS

Le commissaire aux comptes chargé de certifier les comptes est rémunéré par des honoraires régis par les dispositions des articles D 821-187 à R 821-196. **78060**

Sauf cas exceptionnels (nos 78080 s.), cette rémunération est déterminée à la **vacation** en fonction du nombre d'heures de travail consacrées au contrôle légal.

À cet effet, les commissaires aux comptes qui réalisent des travaux de contrôle légal doivent établir par écrit un **plan de mission et** un **programme de travail** annuels qui tiennent compte de la forme juridique de la société, de sa taille, de la nature de ses activités, du contrôle éventuellement exercé par l'autorité publique, de la complexité de la mission, de la méthodologie et des technologies spécifiques utilisées par les commissaires (art. D 821-187, al. 1). **78062**

Le plan de mission doit décrire l'approche générale des travaux (art. D 821-187, al. 2).

Le programme de travail doit définir la nature et l'étendue des diligences estimées nécessaires, au cours de l'exercice, à la mise en œuvre du plan, compte tenu des prescriptions légales et des normes d'exercice professionnel ; il doit indiquer le nombre d'heures de travail affectées à l'accomplissement de ces diligences (art. D 821-187, al. 3).

Le montant des honoraires des commissaires aux comptes est fixé globalement, quel que soit le nombre des commissaires. **78064**

En cas de **pluralité de commissaires,** ceux-ci se répartissent entre eux ces honoraires comme ils l'entendent.

> **Précisions** Pour les **missions autres que la certification des comptes** et pour les prestations réalisées par le commissaire aux comptes, le montant des honoraires doit tenir compte de l'importance des diligences à mettre en œuvre et doit être précisé dans une lettre de mission établie par les parties préalablement à la réalisation de la mission ou de la prestation (art. R 821-195 et art. A 821-62 : NEP 210).

ESTIMATION DU NOMBRE D'HEURES DE TRAVAIL DU COMMISSAIRE

Le nombre d'heures de travail estimé doit être fixé dans la fourchette suivante (art. D 821-188) : **78071**

Montant total du bilan, des produits d'exploitation et des produits financiers hors taxe	Nombre normal d'heures de travail
Jusqu'à 305 000 €	20 à 35
De 305 000 à 760 000 €	30 à 50
De 760 000 à 1 525 000 €	40 à 60
De 1 525 000 à 3 050 000 €	50 à 80
De 3 050 000 à 7 622 000 €	70 à 120
De 7 622 000 à 15 245 000 €	100 à 200
De 15 245 000 à 45 735 000 €	180 à 360
De 45 735 000 à 122 000 000 €	300 à 700

Au-delà de 122 M€, les honoraires sont fixés d'un commun accord entre le commissaire et les dirigeants (no 78080).

En cas de mise en œuvre de la **procédure d'alerte** entraînant l'intervention du commissaire aux comptes (art. L 234-1), le nombre d'heures prévu par le programme de travail peut être augmenté au plus du tiers (art. D 821-189).

S'il doit procéder à des investigations conduisant à la **révélation de faits délictueux** (art. L 821-10), le commissaire aux comptes doit être rémunéré par la société pour les heures qu'il y a consacrées à condition qu'il ait eu connaissance de ces faits dans le cadre de sa mission (Cass. com. 18-5-2005 nº 748 : RJDA 8-9/05 nº 994).

Si le **nombre d'heures** de travail normalement nécessaire à la réalisation du programme de travail du commissaire apparaît **excessif ou insuffisant,** les dirigeants ou le commissaire doivent saisir, avant la réalisation de la mission, le président de la compagnie régionale des commissaires aux comptes d'une demande de dérogation. Cette décision peut faire l'objet d'un recours devant le président de la CNCC. La décision du président de la CNCC peut elle-même faire l'objet d'un recours devant le bureau de la H2A (art. D 821-190).

La demande de dérogation n'est pas nécessaire lorsque le commissaire aux comptes et les dirigeants sociaux sont d'accord sur le dépassement des limites ci-dessus fixées.

MONTANT DE LA VACATION HORAIRE DU COMMISSAIRE

78072 Le montant de la vacation horaire est fixé d'un commun accord entre le ou les commissaires et les dirigeants sociaux préalablement à la réalisation de la mission de certification des comptes (art. R 821-192).

Les **frais de déplacement et de séjour** engagés par les commissaires aux comptes dans l'exercice de leurs fonctions sont à la charge de la société sur justification (art. précité).

INFORMATION DES ASSOCIÉS SUR LA RÉMUNÉRATION DU COMMISSAIRE

78073 L'information sur le montant des sommes versées à chacun des commissaires aux comptes, actualisée chaque année, doit être mise à la disposition des associés ou actionnaires au siège de la société contrôlée (art. L 821-4, I-al. 2). Sur les informations qui doivent être données aux associés lorsque le commissaire est affilié à un réseau, voir nº 77613.

Les sociétés dont les titres financiers sont admis aux négociations sur un marché réglementé et dont les comptes consolidés sont établis en IFRS doivent également mentionner dans l'annexe des comptes consolidés le montant total des honoraires figurant au compte de résultat consolidé de l'exercice pour chaque commissaire certifiant les comptes en séparant les honoraires afférents à la certification des comptes de ceux afférents à la certification des informations de durabilité (Règl. ANC 2016-09 art. 2 modifié par règl. ANC 2025-01 du 7-2-2025).

B. Honoraires conventionnels du commissaire aux comptes

78080 Les sociétés dont le bilan augmenté du montant des produits d'exploitation et des produits financiers excède 122 M€, les sociétés qui émettent des valeurs mobilières admises aux négociations sur un marché réglementé, les sociétés exerçant une activité financière (sociétés d'assurance, établissements de crédit, compagnies financières, sociétés d'investissement), les sociétés de développement régional, les associations et fondations, certains organismes à statut spécial (notamment offices d'HLM, sociétés d'économie mixte de construction, institutions de prévoyance et de retraite complémentaire) et les administrateurs et mandataires judiciaires ne sont pas soumis aux règles ci-dessus (nºs 78060 s.). Ils débattent les honoraires des commissaires aux comptes de gré à gré avec ceux-ci selon l'**importance du travail** de contrôle (art. R 821-194).

Il en est de même pour les travaux particuliers effectués par les commissaires dans le cadre de la certification des comptes consolidés (art. R 821-193).

En outre, lorsque le commissaire fournit à une **EIP** dont il est chargé de certifier les comptes, ou à la personne qui la contrôle ou qui est contrôlée par elle au sens de l'article L 233-3, I et II, des **services autres que la certification** des comptes, le total des honoraires facturés pour ces autres services doit se limiter à 70 % de la moyenne des honoraires facturés au cours des trois derniers exercices pour le contrôle légal des comptes et des états financiers consolidés de cette EIP et, le cas échéant, de la personne qui la contrôle ou qui est contrôlée par elle. Les services autres que la certification des comptes qui sont requis par la législation de l'UE ou par une disposition législative ou réglementaire sont exclus de ce calcul (art. L 821-66, II).

À la demande du commissaire aux comptes, la H2A peut l'autoriser, à titre exceptionnel, à dépasser le plafond de 70 % pendant une période n'excédant pas deux exercices (art. L 821-66, III). Le Code de commerce prévoit les documents que le commissaire doit produire à l'appui de sa demande. Parmi ceux-ci doit figurer un exposé établi par le comité d'audit sur les raisons justifiant qu'à titre exceptionnel ces prestations doivent être fournies par le commissaire aux comptes (art. R 821-199).

› Précisions **a.** Lorsque les honoraires reçus d'une EIP par un commissaire aux comptes au cours de trois exercices consécutifs représentent plus de **15 % du total des honoraires reçus** par ce commissaire ou son cabinet, le commissaire aux comptes doit en outre appliquer les dispositions destinées à s'assurer de son indépendance, prévues par l'article 4, 3 du règlement UE 537/2014 du 16 avril 2014 (art. L 821-66, II-al. 3).
b. Outre les sanctions applicables aux commissaires aux comptes, le non-respect des obligations de l'article L 821-66 peut entraîner des **sanctions pour la société** contrôlée et pour ses dirigeants (n° 78200).

C. Rémunération des commissaires aux comptes chargés de certifier les informations de durabilité

Le montant des honoraires du commissaire aux comptes chargé de certifier les informations de durabilité doit être fixé d'un commun accord entre le commissaire aux comptes et la société, eu égard à l'importance effective du travail nécessaire à l'accomplissement de la mission (art. R 821-194, al. 16). En effet, les dispositions des articles R 821-188 à R 821-192 ne sont pas applicables à la mission de certification des informations de durabilité. 78085

Comme en matière de certification des comptes, le commissaire aux comptes doit établir un plan de mission et un programme de travail (n° 78062) permettant notamment de définir le montant de sa rémunération.

L'information sur le montant des sommes versées à chacun des commissaires aux comptes est mise à disposition des actionnaires ou associés dans les mêmes conditions que pour la mission de certification des comptes (n° 78073).

La lettre de mission établie par le commissaire aux comptes doit comporter le budget d'honoraires de sa mission (voir n° 77092).

D. Litiges relatifs à la rémunération du commissaire aux comptes

CONTESTATION DU MONTANT DE LA RÉMUNÉRATION DU COMMISSAIRE

Les litiges entre les dirigeants sociaux et le ou les commissaires aux comptes sur le montant de la rémunération revenant à ces derniers pour leur mission doivent faire l'objet d'une tentative de **conciliation** devant le président de la compagnie régionale des commissaires saisi par la partie intéressée (art. R 821-196, al. 1). Le président de la compagnie régionale dispose d'un délai de trois mois pour parvenir à une conciliation. À défaut, il notifie aux parties l'**échec** de la conciliation par lettre recommandée AR (art. R 821-196, al. 3). En cas d'échec de la conciliation, le contentieux est transféré aux juridictions de droit commun. 78090

RECOUVREMENT DES HONORAIRES DU COMMISSAIRE

L'**action en paiement d'honoraires dont le montant n'est pas contesté** relève des juridictions de droit commun (Cass. com. 16-12-1997 n° 2566 : RJDA 2/98 n° 181 ; Cass. com. 9-3-2010 n° 09-12.247 : BRDA 7/10 inf. 4). 78092

Pour le recouvrement de ses honoraires, le commissaire aux comptes ne peut pas prétendre à la qualité de créancier privilégié (CA Paris 18-5-1999 : RJDA 11/99 n° 1219).

Les commissaires aux comptes exercent des fonctions de caractère institutionnel (CA Paris 20-3-1975 : Bull. CNCC décembre 1976 p. 449, en matière de relèvement abusif) et ne peuvent pas être considérés comme liés à la société par un contrat, notamment un mandat (CA Nîmes 27-3-1973 : Rev. sociétés 1974 p. 327). En conséquence, une société ne peut pas refuser de payer les honoraires de son commissaire en raison de manquements qui ne peuvent être pris en compte que dans le cadre d'une action en responsabilité exercée à l'encontre du commissaire sur le fondement de l'article L 821-37, au titre du préjudice subi et non de l'exception d'inexécution que la nature institutionnelle des fonctions de commissaire aux comptes ainsi que l'autonomie nécessaire dans l'exercice de sa mission excluent (CA Paris 10-3-2006 n° 04-13651 : RJDA 12/06 n° 1232).

› Précisions Si la juridiction de droit commun est compétente pour statuer sur la demande en recouvrement des honoraires formée par un commissaire aux comptes contre la personne ou l'entité contrôlée, elle doit, en cas de contestation de ceux-ci, **surseoir à statuer** dans l'attente de l'accomplissement de la procédure de contestation du montant de la rémunération prévue par l'article R 821-196 (en ce sens, Cass. com. 21-3-2018 n° 16-18.697 F-D : RJDA 6/18 n° 509).

SECTION 5

RESPONSABILITÉ DES COMMISSAIRES AUX COMPTES ET DES SOCIÉTÉS CONTRÔLÉES

PRÉSENTATION GÉNÉRALE DE LA RESPONSABILITÉ DU COMMISSAIRE

78140 Dans l'exercice de leur profession, les commissaires aux comptes peuvent engager, outre leurs responsabilités civile (nos 78145 s.) et pénale (nos 78160 s.), leur **responsabilité disciplinaire.** En effet, toute infraction aux lois et règlements, au Code de déontologie et aux normes d'exercice professionnel, ainsi qu'aux bonnes pratiques identifiées par la H2A, toute négligence grave, tout fait contraire à la probité et à l'honneur commis par un commissaire aux comptes, personne physique ou société, même ne se rattachant pas à l'exercice de la profession, constituent une faute disciplinaire passible d'une sanction disciplinaire : avertissement, blâme, interdiction temporaire, radiation de la liste, retrait de l'honorariat (art. L 821-70, I, L 821-71, I-1° à 5° et R 821-81).

Les pouvoirs de la H2A en matière de contrôles, enquêtes et sanctions sont fixés à la section 4 du Chapitre I du Titre II du Livre VIII du Code de commerce (art. L 821-70 à L 821-87). Ce chapitre contient des sanctions pour **différents manquements** relatifs au commissariat aux comptes. Certaines sanctions s'appliquent aux sociétés contrôlées et à leurs dirigeants (nos 78180 s.). La procédure est précisée par les articles R 821-201 s. Un délai de prescription de six ans s'applique à ces manquements (art. L 821-73, dernier al.).

› Précisions **a.** Outre l'avertissement, le blâme, l'interdiction temporaire, la radiation de la liste, le retrait de l'honorariat et des sanctions pécuniaires, les **commissaires aux comptes** peuvent faire l'objet des **sanctions** suivantes (art. L 821-71, II) :
– publication d'une déclaration indiquant que le rapport sur les comptes annuels ou consolidés ou le rapport de certification des informations de durabilité présenté à l'assemblée générale ne remplit pas les exigences imposées par le Code de commerce ou, le cas échéant, par l'article 10 du règlement UE 537/2014 du 16 avril 2014 ;
– interdiction, pour une durée n'excédant pas trois ans, d'exercer des fonctions d'administration ou de direction au sein d'une société de commissaires aux comptes et d'une EIP ;
– paiement, à titre de sanction pécuniaire, d'une somme ne pouvant excéder 250 000 € pour une personne physique et, pour les personnes morales, la plus élevée des sommes suivantes : 1 M€ ou, lorsque la faute intervient dans le cadre d'une mission de certification des comptes ou des informations de durabilité, la moyenne *annuelle des honoraires* facturés au titre de l'exercice durant lequel la faute a été commise et des deux exercices précédant celui-ci, par le commissaire, à la société dont il est chargé de certifier les comptes ou des informations de durabilité ou, à défaut, le montant des honoraires facturés par le commissaire à la société au titre de l'exercice au cours duquel la faute a été commise ;
– par dérogation aux sanctions pécuniaires prévues ci-dessus, en cas de violation des dispositions relatives à la lutte contre le blanchiment et le financement du terrorisme (obligations définies aux sections 3 à 6 du Chapitre Ier du Titre VI du Livre V du Code monétaire et financier), la sanction ne peut excéder le double du montant de l'avantage tiré de l'infraction ou, lorsqu'il n'est pas possible de déterminer celui-ci, la somme de 1 M€.

b. Pour un certain nombre de manquements, des sanctions sont aussi prévues à l'encontre des **associés et salariés du commissaire aux comptes,** ainsi que de toute autre personne participant à la mission de certification des comptes ou des informations de durabilité, de personnes qui sont étroitement liées au commissaire aux comptes et des membres des organes de direction des sociétés de commissaires aux comptes et des autres personnes physiques au sein de ces sociétés du fait de leur implication personnelle dans les manquements visés (art. L 821-70, II et L 821-72, I).

A. Responsabilité civile du commissaire aux comptes

CONDITIONS DE MISE EN ŒUVRE DE LA RESPONSABILITÉ DU COMMISSAIRE

Les commissaires aux comptes sont responsables, tant à l'égard de la société que des tiers, des conséquences dommageables résultant des **fautes** ou des **négligences** qu'ils commettent dans l'exercice de leur profession (art. L 821-37, al. 1). 78145

Le commissaire aux comptes est en principe tenu d'une **obligation de moyens** et non de résultat (Cass. com. 28-1-1992 nº 173 : RJDA 4/92 nº 357 ; CA Paris 13-9-2018 nº 16/24867 : RJDA 1/19 nº 26). 78146

Par **exception,** il est tenu d'une **obligation de résultat** lorsqu'il accomplit certaines de ses missions légales. C'est ce qui résulte de certaines décisions de cours d'appel. Il en serait ainsi pour :

– la certification du montant global des rémunérations perçues par les personnes les mieux rémunérées de la société (art. L 225-115, 4° ; CA Bordeaux 7-3-1990 : Dr. sociétés 1991 nº 225) ;

– l'information des dirigeants et de l'assemblée en cas de découverte d'irrégularités ou d'inexactitudes (art. L 821-10 et L 821-63 ; CA Orléans 18-12-1990 : Rev. jur. Centre-Ouest 1992 p. 182 note G.-J. Nana) ;

– le contrôle de la régularité des modifications statutaires (art. L 210-8, al. 2) ou le contrôle du respect de l'obligation statutaire pour chaque administrateur ou membre du conseil de surveillance d'être propriétaire d'un certain nombre d'actions (art. L 225-26 et L 225-73) ;

– l'attestation d'exactitude et de sincérité des informations relatives aux rémunérations et avantages versés à chaque mandataire social (art. L 821-54, I-al. 2).

Le constat du défaut de régularité et de sincérité des comptes certifiés ne suffit pas, par lui-même, à établir que le commissaire aux comptes a commis une faute. Il faut apporter la preuve qu'il ne s'est pas comporté en « professionnel normalement diligent » (CA Paris 20-3-2000 ; Bull. Joly 2000 p. 685 note J.-F. Barbièri).

La responsabilité du commissaire aux comptes peut être retenue pour ne pas avoir révélé les **malversations** commises par un **dirigeant** telles que des détournements d'actifs (CA Paris 2-6-2003 nº 01-17616 : RJDA 4/04 nº 434), le versement à son profit d'une rémunération non autorisée (Cass. com. 31-3-2021 nº 19-12.045 F-P : RJDA 7/21 nº 482) ou celles commises par le comptable, **employé** de la société (Cass. com. 6-10-1992 nº 1379 : RJDA 12/92 nº 1142 ; CA Paris 5-6-2007 nº 05-22575 : RJDA 2/08 nº 159). 78147

Le commissaire aux comptes qui, en l'absence de diligences approfondies pour cause d'insuffisance de rémunération et manque de temps, certifie néanmoins sans réserves la régularité et la sincérité du bilan et des comptes engage sa **responsabilité envers un tiers repreneur,** celui-ci étant en droit de prendre un bilan contrôlé comme élément sûr et sérieux d'appréciation de la situation de la société (CA Paris 1-2-1984 : Rev. sociétés 1984 p. 779 note D. Schmidt et, sur pourvoi, Cass. com. 20-5-1986 : BRDA 14/86 p. 20 ; voir également Cass. com. 3-6-2014 nº 13-19.350 : RJDA 2/15 nº 112 sur la responsabilité d'un commissaire ayant certifié sans réserves les comptes d'une société alors que la situation alarmante de celle-ci n'avait pas pu lui échapper). 78148

Pour d'autres exemples de responsabilité du commissaire aux comptes à l'égard d'un souscripteur à une augmentation de capital ou d'un repreneur dès lors que les comptes certifiés par lui ne correspondaient pas à la réalité, voir Cass. com. 17-10-1984 : Bull. civ. IV nº 269 ; Cass. com. 11-2-2003 nº 251 : RJDA 11/03 nº 1080.

Le commissaire aux comptes peut être responsable de ses négligences dans sa mission de contrôle à l'égard des **créanciers** sociaux pour les avoir maintenus dans l'ignorance de la situation réelle de la société (Cass. com. 27-10-1992 nº 1589 : RJDA 3/93 nº 230 ; voir aussi Cass. crim. *6-9-2000 nº 4808 : RJDA 6/01 nº 698,* statuant sur la recevabilité d'une constitution de partie civile d'une banque qui avait accordé à une société d'importantes facilités de trésorerie ou un prêt au vu d'un bilan comptable favorable certifié à tort par le commissaire aux comptes de la société). 78149

Lorsque les négligences d'un commissaire aux comptes dans sa mission de contrôle et la certification erronée de la régularité des comptes sociaux pendant deux exercices consécutifs ont, en accréditant des bilans bénéficiaires, facilité la poursuite d'une activité déficitaire et retardé la constatation de la cessation des paiements, ce commissaire doit réparation à **un dirigeant social** du dommage que ses fautes lui ont causé, la société ayant été mise en liquidation judiciaire et ce dirigeant condamné au comblement du passif (CA Paris 13-11-1998 nº 96-88487 : RJDA 3/99 nº 300). 78150

78151 En outre, les commissaires sont civilement responsables des infractions commises par les dirigeants et les mandataires sociaux s'ils ne les ont pas révélées dans leur rapport à l'assemblée générale alors qu'ils en avaient connaissance (art. L 821-37, al. 3).

78153 En revanche, la responsabilité d'un commissaire aux comptes à l'égard d'une **société** victime de détournements de fonds réalisés par son comptable doit être écartée :
– lorsqu'il est démontré que celle-ci a commis une faute absorbant celle du commissaire en s'abstenant de surveiller son préposé (Cass. com. 14-12-2004 n° 1828 : RJDA 5/05 n° 578) ;
– lorsque le commissaire a demandé à la société de mettre en place un certain nombre de mesures de contrôle sur les pouvoirs accordés au comptable salarié et que ce contrôle n'a commencé à être exercé que trois ans plus tard (Cass. com. 3-3-2009 n° 07-18.614 : RJDA 5/09 n° 448) ;
– lorsque le commissaire d'une société dont le redressement judiciaire a été étendu à des filiales a signalé à plusieurs reprises l'existence de flux financiers anormaux entre ces sociétés et a déclenché deux procédures d'alerte en l'espace de quatre ans (Cass. com. 8-11-2011 n° 10-20.626 : RJDA 2/12 n° 185) ;
– lorsque l'existence des détournements ne pouvait pas être relevée par voie de sondages et supposait une vérification exhaustive de la comptabilité qui sortait du cadre de la mission du commissaire (Cass. com. 23-6-2015 n° 14-14.242 : RJDA 10/15 n° 671).

Sur l'absence de responsabilité du commissaire qui n'a pas mentionné une convention réglementée dans son rapport, voir n° 77866.

78154 Conformément au droit commun de la responsabilité extracontractuelle, la faute ou la négligence des commissaires aux comptes ne sont génératrices de dommages-intérêts au profit des associés ou des tiers que si ces derniers justifient avoir subi un **préjudice** résultant de cette faute ou de cette négligence (sur l'importance de ce « lien de causalité », voir notamment Cass. com. 21-11-1989 : Bull. CNCC 1990 p. 240 note E. du Pontavice ; CA Amiens 20-6-1988 : Bull. CNCC 1988 p. 317 note E. du Pontavice).

Le préjudice dont le commissaire doit réparation consiste en la **perte de chance** subie par la victime du dommage (Cass. com. 19-10-1999 n° 1546 : RJDA 1/00 n° 36).

78155 Les juges du fond procèdent à une répartition de la réparation entre les **coresponsables** (pour des illustrations, CA Rouen 29-2-2004 n° 01-1553 : RJDA 4/05 n° 404 ; CA Reims 31-7-1996 : Bull. CNCC 1996 p. 482 note Ph. Merle).

En cas de **pluralité de commissaires,** leur responsabilité est, en principe, individuelle. Ils peuvent néanmoins être tenus solidairement de réparer le préjudice qu'ils ont causé si leur faute est commune et indivisible.

En application du droit commun, les **héritiers d'un commissaire** aux comptes décédé peuvent être tenus de réparer les conséquences dommageables des négligences commises par ce dernier (pour des exemples, CA Paris 23-2-1978 : Rev. sociétés 1979 p. 92 note E. du Pontavice et CA Bordeaux 8-11-1983 : Bull. CNCC 1983 p. 488 note E. du Pontavice).

78156 Lorsque le **commissaire aux comptes titulaire du mandat est une société,** la **personne physique signataire des rapports** (qui doit être un associé, un actionnaire ou un dirigeant de la société ; art. L 821-25) engage sa **responsabilité personnelle** pour les fautes commises. En conséquence, l'action en responsabilité formée à titre personnel contre le commissaire associé qui a signé les rapports de certification au nom et pour le compte de la société de commissaires est recevable (Cass. com. 23-3-2010 n° 09-10.791 : RJDA 7/10 n° 759).

> **› Précisions** La CNCC a toujours considéré que seule la **société, titulaire du mandat,** engageait sa **responsabilité extracontractuelle** puisque la signature est apposée pour son compte (Bull. CNCC 2003 p. 519). Cette analyse avait convaincu certaines cours d'appel selon lesquelles la responsabilité de la personne physique qui signe les rapports, pour le compte d'une société de commissaires, seule titulaire du mandat, ne pouvait pas être recherchée à titre personnel en l'absence de « faute séparable des fonctions » (notamment CA Rennes 16-9-2005 n° 03-6260 : RJDA 4/06 n° 421).

ACTION EN RESPONSABILITÉ CONTRE LE COMMISSAIRE

78157 **Tribunal compétent** Les fonctions de commissaire aux comptes n'ayant pas un caractère commercial, l'action en responsabilité doit être portée devant le tribunal judiciaire (Cass. com. 11-12-1979 : Bull. civ. IV n° 331 et CA Reims 24-11-1981 : Bull. CNCC 1981 p. 483, à propos du tribunal de grande instance mais transposables). Il en est ainsi même si la société est en liquidation judiciaire, dès lors que la faute invoquée concerne l'exercice de la mission avant l'ouverture de la procédure collective (Cass. com. 15-11-2017 n° 16-12.941 F-D : RJDA 2/18 n° 146).

Prescription de l'action L'action en responsabilité contre le commissaire aux comptes se prescrit par trois ans à compter de la date du fait dommageable ou, s'il a été dissimulé, de sa révélation ; toutefois, lorsque le fait est qualifié de « crime », l'action se prescrit par dix ans (art. L 225-254 sur renvoi de l'art. L 821-38). En l'absence de précision du texte, ce **délai** de prescription s'applique à la mission de certification des comptes ou des informations de durabilité. 78158

ATTENTION

La prescription abrégée de trois ans ne s'applique qu'aux seules diligences effectuées par le commissaire aux comptes à l'occasion de sa mission légale de contrôle des comptes (CA Paris 30-6-2006 n° 04-23203 : Bull. Joly 2006 p. 1364, transposable, à notre avis, à la mission de certification des informations de durabilité).

Dans les autres cas, le délai de prescription de droit commun de cinq ans doit être appliqué (Cass. com. 24-11-2015 n° 14-17.014 : RJDA 3/16 n° 202). Il en est de même en cas d'action en responsabilité engagée à l'encontre du commissaire à la transformation choisi sur la liste des commissaires aux comptes (Cass. com. 4-11-2021 n° 19-25.451 F-D : RJDA 1/22 n° 19 ; Cass. com. 8-11-2023 n° 22-12.978 F-B : RJDA 2/24 n° 105, solution à notre avis transposable au commissaire à la fusion ou aux apports). Ces deux dernières solutions pourraient être remises en cause. En effet, elles se fondent sur l'article L 820-1 dans sa version antérieure à la loi 2019-486 du 22 mai 2019 (ce que la Haute Juridiction a pris le soin de préciser dans la seconde décision), lequel rendait l'article L 821-38 applicable aux commissaires « quelle que soit la nature de la certification prévue dans leur mission ». Cet article (devenu l'article L 821-1) rend aujourd'hui l'article L 821-38 applicable aux commissaires « dans l'exercice de leur activité professionnelle, quelle que soit la nature des missions ou des prestations qu'ils fournissent » (dans le même sens, Ph. Merle, note sous Cass. com. 4-11-2021 n° 19-25.451 F-D : Rev. sociétés 2022 p. 99 ; en sens contraire, J.-F. Barbièri, note sous Cass. com. 4-11-2021 n° 19-25.451 F-D : Bull. Joly janvier 2022 p. 13). Notons qu'une telle solution reviendrait à retenir un délai de prescription différent selon que le commissaire à la transformation est choisi, compte tenu de l'option offerte par l'article R 22-10-7, al. 1, parmi les commissaires aux comptes ou parmi les experts inscrits sur l'une des listes établies par les cours et tribunaux.

Lorsque la société fait l'objet d'une **procédure collective,** l'action en responsabilité exercée par les organes de la procédure collective contre les commissaires aux comptes de la société est soumise au délai de prescription de trois ans et l'ouverture de cette procédure est sans effet sur le point de départ de la prescription (Cass. com. 13-2-2007 n° 03-13.577 : RJDA 6/07 n° 627).

La **dissimulation** implique la volonté du commissaire aux comptes de cacher les irrégularités dont il a eu connaissance par la certification des comptes (Cass. com. 17-12-2002 n° 2141 : RJDA 7/03 n° 732 ; Cass. com. 28-6-2005 n° 974 : RJDA 2/06 n° 159 ; Cass. com. 15-9-2009 n° 08-18.876 : RJDA 1/10 n° 49). Selon le ministre de la justice, le caractère intentionnel de la dissimulation, condition fixée par la Cour de cassation pour le report du point de départ de la prescription, est conforme à la volonté du législateur et la simple **négligence** est insuffisante à justifier un régime de prescription dérogatoire (Rép. Le Déaut : AN 3-3-2009 n° 33317). La preuve de la volonté de dissimuler les faits incombe au plaignant. Les juges du fond ont le pouvoir discrétionnaire de refuser la demande du plaignant tendant à la communication des documents de travail du commissaire pour établir la preuve de la dissimulation (Cass. com. 15-9-2009 précité). 78159

En l'absence de dissimulation, le fait dommageable donnant ouverture à l'action en responsabilité résulte de la certification des comptes (Cass. 1e civ. 3-3-1993 : Bull. CNCC mars 1994 p. 98 note Ph. Merle ; Cass. com. 17-12-2002 précité). En conséquence, le délai de prescription commence à courir à partir de la date du rapport dans lequel figure cette certification et non pas de la date à laquelle les inexactitudes ont été découvertes (CA Versailles 10-5-1994 : Bull. CNCC décembre 1994 p. 710 note Ph. Merle). Lorsque la certification fautive s'est répétée sur plusieurs exercices, chaque certification peut constituer un fait dommageable et faire courir un nouveau délai de prescription (Cass. com. 27-9-2017 n° 16-17.725 F-D : RJDA 3/18 n° 244).

B. Responsabilité pénale du commissaire aux comptes

INFRACTIONS RELATIVES AU STATUT DE COMMISSAIRE

Outre l'usage illicite du titre et l'exercice illégal de la profession, les infractions peuvent résulter de la violation par le commissaire aux comptes des incompatibilités légales (voir nos 77607 s.). 78160

Pour de plus amples informations sur ces infractions, voir Mémento Audit et commissariat aux comptes nos 13595 s.

INFRACTIONS RELATIVES À L'EXERCICE DE LA PROFESSION DE COMMISSAIRE

78161 De nombreuses infractions sont liées à l'exercice de la profession de commissaire aux comptes :
– rapport sur les comptes annuels incomplet (nº 78162) ;
– communication d'informations mensongères sur la situation de la société (nº 78163) ;
– présentation des comptes sociaux ne donnant pas une image fidèle de la société (nº 77845) ;
– indications inexactes sur la suppression du droit préférentiel de souscription (nº 78164) ;
– non-révélation des faits délictueux au procureur de la République (nº 78165) ;
– représentation des obligataires par le commissaire aux comptes (nºs 78002 s.) ;
– violation du secret professionnel (nº 78166).

> **Précisions** Cette liste ne couvre pas l'ensemble des délits qu'un commissaire aux comptes peut commettre dans l'exercice de sa profession et, notamment, ceux que sanctionnent des textes qui ne visent **pas spécifiquement le contrôleur légal.** Ainsi, le commissaire qui s'abstiendrait de répondre à la convocation du comité social et économique des sociétés d'au moins 50 salariés émise en application de l'article L 2312-25 du Code du travail s'exposerait-il à l'amende de 7 500 € prévue par l'article L 2317-1 du Code du travail pour sanctionner le délit d'entrave au fonctionnement du comité.

78162 **Rapport sur les comptes annuels incomplet** Les commissaires aux comptes qui omettraient de signaler dans leur rapport les prises de participation significatives ou les prises de contrôle par la société dans d'autres sociétés ayant leur siège social sur le territoire français seraient passibles d'un emprisonnement de deux ans et d'une amende de 9 000 € (art. L 247-1, III).

78163 **Informations mensongères sur la situation de la société** Toute personne exerçant la profession de commissaire aux comptes qui aurait donné ou confirmé des informations mensongères sur la situation de la société s'exposerait à un emprisonnement de cinq ans et à une amende de 75 000 € (art. L 821-9 ; pour des applications, Cass. crim. 2-4-1990 : Bull. crim. nº 142 ; Cass. crim. 8-4-1991 : Bull. Joly 1991 p. 710 note Baraderie ; Cass. crim. 2-2-2000 nº 1003 : RJDA 7-8/00 nº 770).

À la suite très certainement d'un oubli du législateur, l'article L 251-12, al. 3 renvoie à l'article L 242-27 aujourd'hui abrogé et non à l'article L 821-9 qui en a repris les dispositions. Cette omission rend à notre avis les sanctions pénales inapplicables.

Sur les sanctions administratives applicables en cas de diffusion de fausses informations, voir nºs 66379 s.

78164 **Indications inexactes en cas de suppression du droit préférentiel de souscription** L'article L 242-20 punit d'un emprisonnement de deux ans et d'une amende de 18 000 € les commissaires aux comptes qui auront donné ou confirmé des indications inexactes dans le rapport présenté à l'assemblée générale appelée à décider la suppression du droit préférentiel de souscription des actionnaires.

78165 **Non-révélation de faits délictueux au procureur de la République** Est passible d'un emprisonnement de cinq ans et d'une amende de 75 000 € toute personne exerçant la profession de commissaire aux comptes qui n'aura pas révélé au procureur de la République les faits délictueux dont il aura eu connaissance (art. L 821-9 ; nºs 77900 s.).

En outre, le commissaire qui certifierait en connaissance de cause et de manière réitérée des comptes dissimulant des faits délictueux s'expose à des sanctions pénales pour complicité de l'infraction non révélée (en ce sens, dans un cas d'escroquerie, Cass. crim. 25-2-2004 nº 1447 : RJDA 7/05 nº 826 et, dans la même affaire, Cass. crim. 31-1-2007 nº 06-81.258 : RJDA 5/07 nº 498).

> **Précisions** Est recevable à se **constituer partie civile** devant le juge d'instruction, pour demander réparation du préjudice résultant du délit de présentation de comptes annuels infidèles et de non-révélation de faits délictueux au parquet par un commissaire aux comptes, un créancier d'une société qui a fait valoir que les comptes falsifiés de celle-ci, qui lui ont été présentés à sa demande, ont justifié le maintien de ses relations contractuelles avec cette société (Cass. crim. 8-3-2006 nº 1520 : RJDA 10/06 nº 1042).

78166 **Secret professionnel** L'article 226-13 du Code pénal punissant d'un emprisonnement d'un an et d'une amende de 15 000 € les personnes qui enfreindraient le secret professionnel (nºs 77910 s.) et l'article 226-14 du même Code prévoyant des exceptions sont applicables aux commissaires aux comptes (art. L 821-7, dernier al.).

C. Sanctions administratives

POUVOIRS DE LA HAUTE AUTORITÉ DE L'AUDIT

La H2A – autorité publique indépendante qui, depuis le 1er janvier 2024, a remplacé le H3C – peut effectuer des contrôles et diligenter des enquêtes sur les manquements aux dispositions du Code de commerce relatives au commissariat aux comptes (Titre II du Livre VIII) et à celles du règlement UE 537/2014 du 16 avril 2014 concernant les EIP ; elle peut prononcer des sanctions (art. L 820-1, I-6° et 7°). 78180

Précisons que la H2A peut déléguer à la CNCC la réalisation des contrôles de l'activité professionnelle des commissaires aux comptes n'exerçant pas de missions auprès d'EIP (art. L 820-1, II).

Contrôles Les contrôles peuvent être effectués avec le concours de l'**AMF ou** de l'**ACPR** (art. L 820-14). 78182

Les agents de la H2A peuvent obtenir de toute personne des **informations** liées à la mission de certification des comptes, à la mission de certification des informations de durabilité ou à toute autre prestation fournie par le commissaire aux comptes aux sociétés dont il certifie les comptes ou les informations de durabilité ; ils peuvent procéder à des contrôles **sur place** et recourir à des experts, afin notamment de procéder à des vérifications (art. L 820-17).

Enquêtes Les enquêtes sont menées par un **rapporteur général** qui est saisi de tout fait susceptible de justifier l'engagement d'une procédure de sanction (art. L 821-73). 78184

Le rapporteur général et les enquêteurs qu'il a éventuellement désignés peuvent notamment **obtenir** de toute personne **tout document,** exiger copie des documents, convoquer et **entendre toute personne** susceptible de leur fournir des informations, accéder aux **locaux à usage professionnel** (art. L 821-74). Toute personne entendue pour les besoins de l'enquête peut **se faire assister** par un conseil de son choix (art. L 821-74, dernier al.).

À l'issue de l'enquête, le rapporteur général doit établir un **rapport d'enquête.** Il sollicite des observations écrites de la personne intéressée sur ce rapport d'enquête qu'il doit adresser à la H2A accompagné des éventuelles observations écrites de la personne intéressée (art. L 821-77).

Lorsque les faits justifient l'engagement d'une procédure de sanction, la H2A doit **arrêter les griefs** qui doivent être notifiés par son président à la personne concernée. La **notification** doit exposer les faits passibles de sanction ainsi que les principaux éléments susceptibles de fonder les griefs. La personne intéressée peut consulter le dossier et présenter ses **observations.** Elle peut se faire assister par un conseil de son choix à toutes les étapes de la procédure (art. L 821-77, dernier al.). 78185

Procédure de composition administrative Après avoir arrêté les griefs, la H2A peut adresser à la personne intéressée une proposition d'entrée en voie de composition administrative, mode de règlement alternatif des procédures (**transaction** simplifiée). Lorsque la personne intéressée l'accepte, le président de la H2A doit lui proposer une ou plusieurs des sanctions prévues aux articles L 821-71 et L 821-72 (notamment avertissement, blâme, radiation de la liste, sanction pécuniaire). En cas d'accord entre la H2A et la personne intéressée sur la proposition de sanction, cet accord doit être soumis à la formation plénière du collège de la H2A puis, s'il est validé par celle-ci, à la commission des sanctions qui peut décider de l'homologuer. L'accord homologué doit être publié sur le site internet de la H2A (art. L 821-78, al. 3). La décision d'homologation ou de refus d'homologation peut faire l'objet d'un recours de pleine juridiction devant le Conseil d'État (art. L 821-85 sur renvoi de l'art. L 821-78, al. 5). En l'absence d'accord homologué ou si celui-ci n'est pas respecté, la procédure de sanction reprend son cours dans les conditions exposées n° 78185 (art. L 821-78, al. 4). 78186

Procédure de sanction En **principe,** la commission des sanctions de la H2A doit **convoquer** la personne poursuivie à une audience qui doit se tenir deux mois au moins après la notification des griefs (art. L 821-80, al. 1). Lorsqu'il existe une raison sérieuse de mettre en doute l'impartialité d'un membre de la formation, sa **récusation** doit être prononcée à la demande de la personne poursuivie ou du président de la H2A (art. L 821-80, al. 2). 78187

L'**audience** est **publique.** Toutefois, d'office ou à la demande de la personne intéressée, le président peut interdire au public l'accès de la salle pendant tout ou partie de l'audience dans l'intérêt de l'ordre public ou lorsque la protection des secrets d'affaires ou de tout autre secret protégé par la loi l'exige. La personne poursuivie peut être **assistée ou représentée** par le conseil de son choix. Le président de la compagnie régionale des commissaires aux comptes dont relève la personne poursuivie est avisé de la date d'audience et peut demander à être entendu ou présenter ses observations. Le **président** de la H2A peut décider d'entendre toute personne dont l'audition lui paraît utile. Le **rapporteur général** (ou la personne qu'il désigne pour le représenter) doit assister à l'audience. Le président de la H2A doit également assister à l'audience et représenter le collège devant la commission des sanctions. Il doit présenter des observations au soutien des griefs notifiés et proposer une sanction. Il peut être assisté ou représenté par un membre du collège, le rapporteur général ou un des membres de son service (art. L 821-80).

La commission des sanctions délibère hors la présence des parties et du rapporteur général. Elle peut enjoindre à la personne intéressée de mettre un terme au manquement et de s'abstenir de le réitérer. Elle doit rendre une décision motivée (art. L 821-80, dernier al.).

La décision de la H2A doit être publiée sur son site internet, dans certaines circonstances sous forme anonyme (art. L 821-84).

78188 La formation plénière de la H2A peut toutefois décider de recourir à la **procédure simplifiée** de sanction pour les **manquements répétés** aux obligations déclaratives relatives aux honoraires et à l'obligation de formation continue, lorsqu'il résulte d'un rapport établi par le président de la H2A, ou par son délégataire, que ces derniers sont simples et établis, que les renseignements concernant la situation et la capacité financière de la personne intéressée sont suffisants pour permettre la détermination du montant de la sanction pécuniaire et qu'il n'apparaît pas nécessaire de prononcer une des sanctions mentionnées à l'article L 821-71, notamment avertissement, blâme, radiation de la liste, sanction pécuniaire (art. L 821-81, I et II).

La formation plénière de la H2A doit **saisir le président de la commission** des sanctions en lui adressant le rapport établi par le président de la H2A, les éléments établissant les manquements, ainsi qu'une proposition de sanction pécuniaire dont le montant ne peut excéder 15 000 €. Le président de la commission des sanctions doit **statuer** sans débat préalable. Lorsqu'il estime que les manquements sont caractérisés, il doit prononcer une sanction pécuniaire dont le montant ne peut pas excéder celui proposé par la formation plénière de la H2A. Lorsqu'il estime que les manquements ne sont pas caractérisés, il doit rendre une décision disant n'y avoir lieu à sanction. Lorsqu'il estime qu'un débat contradictoire est utile, il doit renvoyer la procédure à la formation plénière du collège qui avise de la suite à lui donner. La décision du président de la commission des sanctions doit être notifiée à la personne poursuivie et au président de la H2A. Ils sont informés qu'ils disposent d'un délai de 30 jours à compter de cette notification pour former opposition. En l'absence d'opposition dans ce délai, la décision devient définitive (art. L 821-81 précité).

En cas d'**opposition à la décision** du président de la commission des sanctions formée par la personne poursuivie ou le président de la H2A, l'affaire doit être examinée par la commission des sanctions, qui doit convoquer la personne poursuivie à une audience, laquelle doit se tenir un mois au moins après la réception de l'opposition. Lorsqu'il existe une raison sérieuse de mettre en doute l'impartialité d'un membre de la formation, sa récusation est prononcée à la demande de la personne poursuivie. L'audience est publique et la personne poursuivie peut être assistée ou représentée par le conseil de son choix. Le président de la H2A assiste à l'audience et représente le collège devant la commission des sanctions. Il présente des observations et propose une sanction. Il peut être assisté ou représenté par un membre du collège. La commission des sanctions délibère hors la présence des parties. Elle doit rendre une décision motivée (art. L 821-82).

La décision de la H2A doit être publiée sur son site internet, dans certaines circonstances sous forme anonyme (art. L 821-84 sur renvoi de l'art. L821-82, II-al. 2).

78189 **Appréciation des sanctions** Les **sanctions** doivent être déterminées en **tenant compte** (art. L 821-83) :

– de la gravité et de la durée de la faute ou du manquement reprochés ;
– de la qualité et du degré d'implication de la personne intéressée ;
– de la situation et de la capacité financière de la personne intéressée, au vu notamment de son patrimoine et, s'agissant d'une personne physique, de ses revenus annuels, s'agissant d'une personne morale, de son chiffre d'affaires total ;
– de l'importance soit des gains ou avantages obtenus, soit des pertes ou coûts évités par la personne intéressée, dans la mesure où ils peuvent être déterminés ;
– du degré de coopération dont a fait preuve la personne intéressée dans le cadre de l'enquête ;

– des manquements commis précédemment par la personne intéressée ;
– en cas de manquement aux dispositions des sections 3 à 6 du Chapitre Ier du Titre VI du Livre V du Code monétaire et financier (obligations relatives à la lutte contre le blanchiment des capitaux et le financement du terrorisme), de l'importance du préjudice subi par les tiers.

La personne sanctionnée ou le président de la H2A peut former un **recours** devant le Conseil d'État (art. L 821-85).

SANCTIONS PÉCUNIAIRES ET INTERDICTIONS APPLICABLES AU COMMISSAIRE

Les sanctions des fautes disciplinaires, applicables aux seuls commissaires aux comptes, et des manquements concernant les associés et salariés du commissaire aux comptes ainsi que toute autre personne participant à la mission de certification et les personnes qui sont étroitement liées au commissaire aux comptes sont exposées n° 78140. **78200**

Des sanctions sont en outre prévues pour les **EIP, leurs gérants, administrateurs ou membres du directoire ou du conseil de surveillance,** du fait de manquements aux dispositions suivantes (art. L 821-70, II-2°) :
– articles L 821-28, L 821-29 et L 821-30 et article 5 du règlement UE 537/2014 du 16 avril 2014, relatifs aux services fournis par les commissaires aux comptes (nos 77577 s. et 77580 s.) ;
– article L 821-40, concernant leur désignation (nos 77612 s.) ;
– article L 821-45 et article 17 du règlement UE 537/2014, sur la durée de leur mandat (nos 77603 s.) ;
– article L 821-66 et article 4 du règlement UE 537/2014, relatifs à leurs honoraires (n° 78080).

Pour ces manquements, les personnes concernées sont passibles des sanctions suivantes (art. L 821-72, I) :
– interdiction pour une durée n'excédant pas trois ans d'exercer des fonctions d'administration ou de direction au sein d'une EIP et des fonctions de commissaire aux comptes ;
– pour les personnes physiques, sanction pécuniaire n'excédant pas 250 000 € ;
– pour les personnes morales, sanction pécuniaire n'excédant pas la plus élevée des sommes suivantes : 1 M€ ou, lorsque le manquement intervient dans le cadre d'une mission de certification, la moyenne annuelle des honoraires facturés à la personne morale au titre de l'exercice durant lequel le manquement a été commis et des deux exercices précédant celui-ci, ou, à défaut, le montant des honoraires facturés par le commissaire aux comptes à cette personne morale au titre de l'exercice au cours duquel le manquement a été commis.

Des sanctions sont aussi applicables aux **sociétés** soumises à l'obligation de certification de leurs comptes ou de leurs informations de durabilité, **leurs gérants, administrateurs ou membres du directoire ou du conseil de surveillance** lorsqu'ils s'opposent de quelque façon que ce soit à l'exercice des fonctions confiées aux agents de la **H2A** en matière de **contrôles** et d'**enquêtes** prévus par le Code de commerce et par l'article 23 du règlement UE 537/2014 du 16 avril 2014 (art. L 821-70, II-3°). **78202**

Les personnes concernées sont passibles d'une interdiction d'exercer des fonctions d'administration ou de direction au sein d'une EIP et des fonctions de commissaire aux comptes pour une durée n'excédant pas trois ans, ainsi que d'une sanction pécuniaire n'excédant pas 50 000 € pour les personnes physiques et 500 000 € pour les personnes morales (art. L 821-72, I).

Des sanctions sont encore prévues pour **tout dirigeant, administrateur, membre du conseil de surveillance ou personne occupant un poste de direction** au sein d'une société ainsi qu'à cette **société,** du fait d'un manquement aux dispositions sur l'interdiction pour un commissaire aux comptes d'exercer des **fonctions dans la société contrôlée** avant un certain délai (art. L 821-32 ; n° 77600). Ces personnes sont passibles d'une interdiction d'exercer des fonctions d'administration ou de direction au sein d'une EIP et des fonctions de commissaire aux comptes pour une durée n'excédant pas trois ans, ainsi que d'une sanction pécuniaire n'excédant pas 50 000 € pour les personnes physiques et 500 000 € pour les personnes morales (art. L 821-72, I). **78204**

En cas de **manquement réitéré** dans les cinq années à compter de la date à laquelle la sanction pécuniaire précédemment prononcée est devenue définitive, le montant de la sanction pécuniaire prononcée ne peut excéder le double des montants énoncés ci-dessus nos 78200 s. (art. L 821-72, I). **78206**

Si la sanction est assortie d'un **sursis,** la commission d'un nouveau délit entraînant le prononcé d'une seconde sanction dans les cinq ans du prononcé de la première sanction entraîne, sauf décision motivée, l'exécution de la première sanction sans confusion possible avec la seconde (art. L 821-72, II).

78208 Enfin, des sanctions sont prévues pour les **membres des organes de direction des sociétés de commissaires aux comptes et les autres personnes physiques au sein de ces sociétés,** du fait de leur implication personnelle dans des manquements aux dispositions des sections 3 à 6 du Chapitre Ier du Titre VI du Livre V du Code monétaire et financier (dispositif de lutte contre le blanchiment des capitaux et le financement du terrorisme) : sanction pécuniaire égale au double du montant de l'avantage tiré de l'infraction ou, lorsqu'il n'est pas possible de déterminer celui-ci, la somme de 1 M€ (art. L 821-72, I-2°-e). Ces mêmes personnes peuvent faire l'objet d'une injonction de cesser le comportement constitutif du manquement (art. L 821-72, III).

CHAPITRE 4

LES GROUPES DE SOCIÉTÉS

SOMMAIRE

CARACTÉRISTIQUES ET IMPORTANCE DES GROUPES

79000 On appelle « groupe de sociétés » l'ensemble constitué par plusieurs **sociétés** ayant chacune leur existence juridique propre mais unies entre elles par des **liens divers** en vertu desquels l'une d'elles, dite « société mère », qui tient les autres sous sa dépendance, exerce un contrôle sur l'ensemble et fait prévaloir une unité de décision.

L'expression « groupe de sociétés » a toutefois une **signification** plus **économique** que juridique ; en particulier, le groupe de sociétés n'a pas la personnalité morale : il n'est pas un sujet de droit.

ILLUSTRATIONS

Il a été jugé que :
— un groupe de sociétés ne peut, faute de personnalité morale, être titulaire de droits et d'obligations et se voir infliger une condamnation (Cass. com. 15-11-2011 n° 10-21.701 : RJDA 3/12 n° 336) ;
— une convention d'ouverture d'un compte courant souscrite au nom du « redressement judiciaire du groupe X » est nulle dès lors que, un groupe de sociétés étant dépourvu de la personnalité morale et de la capacité de contracter, l'une des conditions essentielles pour la validité de cette convention faisait défaut (Cass. com. 2-4-1996 : RJDA 8-9/96 n° 1052).

79001 Jusqu'à ce jour, il n'y a jamais eu, en droit français, de réglementation d'ensemble des groupes de sociétés.

Une législation spéciale pourrait cependant être opportune car l'existence de ces groupes, très nombreux, soulève des problèmes juridiques particuliers, notamment pour la protection des actionnaires et celle des créanciers, tant de la société mère que des sociétés contrôlées. À défaut d'une véritable législation spécifique, il convient cependant d'observer que les dispositions juridiques et les solutions jurisprudentielles intégrant la notion de groupe tendent à se multiplier, mais en retenant des critères variables pour identifier cette notion.

Notons que figure dans le Code de commerce une classification des groupes en fonction de leur taille : voir nos 79070 s.

79002 Les groupes de sociétés ont aujourd'hui une très grande **importance économique** ; quelques dizaines d'entre eux assurent la plus grande partie de l'activité industrielle et commerciale des principaux pays industriels et même du monde ; les sociétés dites « multinationales » ont des filiales dans plusieurs pays et leur puissance économique et financière dépasse largement celle de bien des États.

79003 L'apparition des groupes est liée à la stratégie de développement des entreprises. En effet, lorsque la production devient très diversifiée ou lorsque l'implantation sur des marchés étrangers est envisagée, les dirigeants de l'entreprise sont conduits à opérer un choix entre deux possibilités : ou bien conserver à la société son unité juridique et créer des succursales ou des « départements » (encore appelés « divisions »), ou bien créer des sociétés filiales spécialisées ayant leur autonomie juridique, mais étant contrôlées étroitement par la société mère. Le même problème se pose au moment d'une concentration d'entreprises concurrentes ou complémentaires : il faut opter entre la fusion, qui fait disparaître l'une des entreprises dont les usines ou agences deviennent des établissements secondaires de la société absorbante, et la prise de participation, qui laisse à la société passant sous le contrôle d'une autre sa personnalité juridique propre.

SECTION 1 CRITÈRES DISTINCTIFS DU GROUPE

a. Différents liens existant entre les sociétés

79005 *Les liens* qui unissent des sociétés les unes aux autres sont extrêmement diversifiés. Sous la pression des faits et de l'ingéniosité des dirigeants d'entreprise et de leurs conseils, ils sont en perpétuels adaptation et renouvellement. On peut, pour une présentation schématique, relever qu'on rencontre aujourd'hui des modalités tendant à lier des sociétés au sein d'un groupe et des modalités tendant à lier des groupes ou des sociétés indépendantes.

LIENS AU SEIN D'UN GROUPE DE SOCIÉTÉS

Les liens entre sociétés formant un groupe reposent sur l'existence d'une société principale, chef du groupe, « société mère » (au sens général du terme), qui détient directement ou indirectement des participations dans les sociétés qui lui sont subordonnées et qui sont ses « filiales ». Il se forme ainsi autour de quelques sociétés un véritable tissu de participations, dont l'inventaire est aujourd'hui systématiquement recherché et porté à la connaissance du public. On trouve ces renseignements, pour la France, notamment sur le site internet www.dafsaliens.fr. 79006

Il n'y a pas dans le Code de commerce de définition de la société mère. Dès lors que référence est faite par le législateur à la société mère pour l'application de certaines règles, le doute est permis sur l'identité de la mère et, plus particulièrement, lorsque la mère française d'un sous-groupe est elle-même contrôlée par une mère étrangère.

L'organisation interne des groupes est variable : la **société mère** n'y joue pas toujours un **rôle** identique et les liens établis entre les diverses sociétés du groupe sont aussi différents d'un groupe à l'autre. 79007

La société mère peut jouer à la fois un rôle industriel et financier : elle regroupe alors des activités économiques identiques, proches ou complémentaires, tout en exerçant elle-même une activité industrielle et en conservant des actifs industriels. Parfois, elle conserve ses actifs mais n'assume pas elle-même leur gestion : elle confie celle-ci à une société de mandat.

Le plus souvent, la société mère joue un rôle exclusivement financier ; elle porte alors le nom de « holding ». La holding n'exerce aucune activité industrielle ou commerciale ; elle se borne à gérer les multiples participations financières qu'elle possède dans diverses sociétés. Cependant, la holding assume aujourd'hui de plus en plus, indépendamment de son rôle financier, une action de direction et de gestion (holding « animatrice »). On s'accorde à considérer que le régime de la holding favorise la mobilisation et le rendement du capital, la politique d'investissement du groupe, l'appréciation des résultats obtenus par les sociétés opérationnelles, les opérations de fusion ou d'échange de participations, la décentralisation des responsabilités. La fiducie peut toutefois également permettre la gestion de participations au sein de groupes de sociétés, ce qui évite la constitution d'une société holding.

Les **liens entre les sociétés d'un même groupe** sont divers : les participations entre elles peuvent être radiales, pyramidales ou circulaires. De plus, certaines sociétés du groupe sont liées à d'autres ou à toutes les autres par des contrats qui les obligent à fournir certains services de gestion : ainsi, il peut exister dans le groupe une société dite « de gestion » qui assume pour toutes les filiales le service financier, la documentation, l'informatique, etc. ; il peut exister aussi une société commune de recherches.

LIENS ENTRE SOCIÉTÉS INDÉPENDANTES OU ENTRE GROUPES DE SOCIÉTÉS

Il s'agit là de formules tendant à rapprocher des sociétés indépendantes ou des groupes de sociétés en vue d'une action commune déterminée ou pour obtenir certains services déterminés. 79008

On appelle « **filiale commune** » une société dont le capital est détenu par plusieurs sociétés indépendantes. Généralement, ces sociétés appartiennent à des groupes concurrents.

La filiale commune est constituée selon les règles du type de société choisi : société civile, SNC, SARL, SCS ou SCA, société en participation, SA, SAS ou SE.

Elle exerce l'activité que les sociétés mères lui confient : il s'agit parfois de la gestion d'un secteur industriel déterminé. En ce cas, les actifs industriels restent la propriété des sociétés mères, le capital de la filiale étant réduit au minimum nécessaire à ses opérations de crédit courantes. Les sociétés mères continuent d'exploiter séparément leurs usines, mais elles mettent en commun leurs recherches et leurs investissements par l'intermédiaire de la filiale commune de gestion.

Certaines sociétés ont pour objet de fournir divers services aux sociétés « participantes ». Ces **sociétés de services communs** revêtent les formes juridiques les plus diverses (sociétés avec ou sans personnalité morale, sociétés de personnes, sociétés par actions). Parfois, il est créé un GIE. 79009

b. Définitions d'après l'objectif recherché

L'achat ou la souscription par une société de parts sociales ou d'actions d'une autre société répond en général à l'un des trois objectifs suivants (classés dans leur ordre d'importance progressive) : 79010

- le simple placement de capitaux ;
- la prise de participation ;
- le « contrôle ».

PLACEMENT DE CAPITAUX

79011 Dans le cas du placement de capitaux, la société qui achète ou souscrit des actions n'a pas pour but d'exercer une influence particulière sur la société émettrice de ces actions. Il s'agit seulement pour elle de tirer un revenu et, éventuellement, une plus-value du placement de ses capitaux disponibles.

PRISE DE PARTICIPATION

79012 À la différence du simple placement, la prise de participation suppose la volonté de créer des liens durables avec la société dont les parts sociales ou les actions sont souscrites ou achetées et d'exercer sur cette société une certaine influence dans le but d'en retirer un avantage. Très souvent celui-ci est d'ordre économique : facilités d'approvisionnement en matières premières ou en produits finis, obtention de services, accroissement des débouchés, etc.

Mais, contrairement au cas où la prise de participation aboutit au contrôle (nº 79013), la société n'exerce pas une influence directe sur la gestion de la société dont elle détient une fraction des titres.

CONTRÔLE

79013 **Notion de contrôle** La prise de contrôle répond pour la société à l'intention d'exercer une influence déterminante sur la gestion de la société dont elle acquiert ou souscrit les parts sociales ou actions. On dit alors que la société contrôlée est la « filiale » de la première, qui est appelée « société mère ». Il s'agit ici du sens général de ces expressions qui, on le verra ci-après, ont aussi, en vertu du Code de commerce, un sens plus étroit.

Le Code de commerce définit la notion de contrôle. Une société est considérée comme en contrôlant une autre (art. L 233-3, I) :

– lorsqu'elle détient directement ou indirectement une fraction du capital lui conférant la majorité des droits de vote dans les assemblées générales de cette société ;

– ou lorsqu'elle dispose seule de la majorité des droits de vote en vertu d'un accord conclu avec d'autres associés ou actionnaires ;

– ou lorsque, compte tenu des circonstances (par exemple, une large diffusion des titres dans le public), elle a en fait, par les droits de vote dont elle dispose, la possibilité de faire prévaloir son point de vue lors des assemblées générales (contrôle de fait) ;

– ou encore lorsqu'elle est associée ou actionnaire de cette société et dispose du pouvoir de nommer ou de révoquer la majorité des membres des organes d'administration, de direction ou de surveillance de cette société.

> **Précisions** **a.** L'**accord** avec d'autres associés ou actionnaires conférant la **majorité des droits de vote** ne peut, compte tenu de l'impossibilité d'organiser la cession du droit de vote, avoir pour objet qu'un engagement de vote (sauf à imaginer une cession d'usufruit) ; cet accord ne doit pas être contraire à l'intérêt de la société (art. L 233-3, I-2º), faute de quoi il constitue une convention de vote prohibée (nº 7752).
>
> **b.** Pour la détermination du **contrôle de fait,** les droits de vote dont la société dispose s'entendent de ceux qu'elle détient directement, indirectement ou par l'intermédiaire d'autres sociétés qu'elle contrôle (JO déb. AN 28-6-1985 p. 2099 ; JO déb. Sén. 29-6-1985 p. 1816). La cour d'appel de Paris a jugé qu'il convient de prendre en compte les droits de vote exercés dans les assemblées générales, ainsi qu'un ensemble de circonstances, telles que, notamment, la qualité de principal actionnaire de celui dont le contrôle est allégué, son éventuelle position stratégique au sein de l'assemblée, la notoriété dont il est susceptible de bénéficier et l'éventuelle dispersion des titres dans le public (CA Paris 22-4-2025 nº 24/19036 : BRDA 13/25 inf. 6).

79014 **Présomption de contrôle** Le contrôle est présumé lorsque la société dispose, directement ou indirectement, d'une fraction des droits de vote supérieure à 40 % et qu'aucun autre associé ou actionnaire ne détient, directement ou indirectement, une fraction supérieure à la sienne (art. L 233-3, II).

79015 **Appréciation du contrôle** Le contrôle doit être apprécié non pas en fonction de la participation dans le capital social, mais en fonction des droits de vote.

Ainsi, il convient de prendre en compte les droits de vote double s'il en existe et d'écarter, le cas échéant, les actions de préférence sans droit de vote, les actions d'autocontrôle, les actions détenues par la société dans son propre capital, etc.

À noter que les sociétés par actions doivent, au moins une fois par an, informer leurs actionnaires du nombre total des droits de vote existant dans la société ; néanmoins, sont dispensées de cette information les sociétés dont les actions ne sont pas admises aux négociations sur un marché réglementé lorsque le nombre de droits de vote est inchangé depuis la dernière assemblée générale ordinaire (art. L 233-8, I).

Contrôle conjoint Le contrôle d'une société peut être exercé conjointement par plusieurs personnes, physiques ou morales, dans le cadre d'une action de concert (art. L 233-3, III). Toutefois, le contrôle conjoint n'existe que si les concertistes déterminent en fait les décisions prises en assemblée générale, particulièrement les décisions stratégiques (CE 6-12-2021 nº 439650 : RJDA 5/22 nº 278). **79016**

L'action de concert peut résulter d'un accord en vue d'acquérir, de céder ou d'exercer des droits de vote, pour mettre en œuvre une politique commune vis-à-vis de la société ou pour obtenir le contrôle de cette société (nº 64177).

En revanche, un simple parallélisme des comportements lors d'une assemblée générale ne saurait, à notre avis, justifier à lui seul l'existence d'un contrôle conjoint. En effet, celui-ci suppose que les concertistes aient réussi à imposer en assemblée une politique sur laquelle ils s'étaient mis d'accord.

ATTENTION

Il peut y avoir contrôle conjoint d'une société par deux actionnaires agissant de concert même si l'un d'eux dispose d'une fraction de droits de vote qui, en l'absence d'un tel accord, lui permettrait de déterminer seul les décisions des assemblées générales de cette société (CE 20-10-2004 nº 260898 : RJDA 1/05 nº 42 et concl. D. Chauvaux p. 3 ; Cass. com. 29-6-2010 nº 09-16.112 : RJDA 12/10 nº 1159).

Contrôle indirect Le contrôle peut être direct ou indirect, ce qui implique les conséquences suivantes : **79017**

a. Pour déterminer si une société en contrôle une autre, il faut faire masse des droits de vote qu'elle détient dans cette société et de tous ceux détenus par d'autres sociétés qu'elle contrôle directement ou indirectement, quelles que soient la forme juridique ou la nationalité de ces sociétés.

À cet égard, toute participation, même inférieure à 10 %, détenue par une société contrôlée est considérée comme détenue indirectement par la société qui contrôle cette société (art. L 233-4).

b. Dans le cas des sous-filiales, le contrôle est déterminé en fonction d'une chaîne ininterrompue de contrôles successifs et non pas en procédant au produit des participations.

c. Une société est considérée comme exerçant le contrôle d'une autre même si elle ne détient aucune participation directe dans cette société, dès lors que des sociétés qu'elle contrôle disposent ensemble dans cette dernière de participations dont l'adjonction est suffisante pour caractériser le contrôle (Bull. COB août-septembre 1985 p. 9).

EXEMPLE

Soit le schéma suivant :

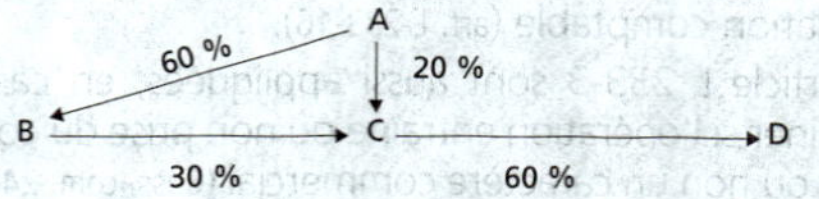

Dans ce schéma, la société A contrôle les trois sociétés B, C et D :
– directement la société B (participation directe de 60 %) ;
– indirectement la société C (participation directe de 20 % à laquelle s'ajoute une participation indirecte de 30 % par l'intermédiaire de B qu'elle contrôle directement) ;
– indirectement la société D (participation indirecte de 60 % par l'intermédiaire de C qu'elle contrôle indirectement) bien qu'elle n'ait aucune participation directe dans cette société. À noter que la société D est aussi sous le contrôle de la société C.

Modification dans la répartition des droits de vote L'existence ou non du contrôle doit être réexaminée chaque fois qu'intervient une modification dans la répartition des droits de vote, à la suite par exemple d'une augmentation ou d'une réduction du capital social, de l'attribution ou de la suppression du droit de vote double, de cessions de titres entre actionnaires ou à des tiers, etc. **79018**

Certaines de ces opérations peuvent rester ignorées des intéressés. Selon l'Autorité de marché (Bull. COB août-septembre 1985 p. 10), « l'application des dispositions légales devrait être considérée comme régulière lorsqu'elle est faite conformément aux principes suivants :

« L'appréciation du contrôle doit se faire de bonne foi au regard des éléments dont la société peut disposer sans difficulté particulière.

« Les modifications intervenues dans l'actionnariat d'une société n'entraînent pas automatiquement l'application des obligations légales attachées à la notion de contrôle indirect ; ces obligations résultent également des circonstances de fait, notamment le caractère durable de cette situation, qu'un actionnaire a la volonté d'assumer ce contrôle ou d'en accepter la charge ».

79019 **Contestations** En cas de contestations, le ministère public et l'AMF pour les sociétés dont les actions sont admises aux négociations sur un marché réglementé ou sur un marché d'instruments financiers autre qu'un marché réglementé, à la demande de la personne qui gère ce marché d'instruments financiers, sont habilités à agir en justice pour faire constater l'existence d'un contrôle sur une ou plusieurs sociétés (art. L 233-5).

> **Précisions** Au cours des débats parlementaires, il a été affirmé que seuls le **ministère public** et l'**AMF** auraient le droit de saisir les tribunaux pour faire constater en justice l'existence d'un contrôle et que toutes les autres personnes intéressées devraient nécessairement passer par leur intermédiaire (JO déb. Sén. 25-6-1985 p. 1589). Mais cette interprétation nous paraît discutable car cette compétence exclusive, qui ne résulte pas clairement du texte de l'article L 233-5, porterait atteinte au principe fondamental selon lequel la faculté de recourir à la justice est une liberté dont nul ne peut être privé dès lors qu'il a un intérêt à agir (CPC art. 31 et CEDH art. 6).

79020 **Remarque sur le champ d'application** À la lettre du texte, la définition du contrôle retenue par l'article L 233-3 ne concerne que les notifications ou informations requises en cas de prise de participations significatives (art. L 233-7), la présomption d'action de concert (art. L 233-10, II), la suppression du droit de vote en cas d'autocontrôle (art. L 233-31) et la réglementation des offres publiques.

Mais cette définition tend à servir de référence pour de nombreux autres textes. Tel est le cas, par exemple, de ceux concernant :
– les conventions réglementées dans les sociétés par actions (art. L 225-38, al. 1, L 225-86, al. 1 pour les SA, art. L 226-10 pour les SCA et art. L 227-10 pour les SAS) ;
– les conventions conclues entre un dirigeant ou un actionnaire significatif et une société contrôlée (art. L 225-37-4, 2° et L 225-68 pour les SA et art. L 226-10-1 pour les SCA) ;
– les demandes d'expertise de gestion (art. L 225-231, al. 1) ;
– le changement de contrôle d'une société associée dans une SAS (art. L 227-17, al. 1) ;
– le retraitement des charges financières liées à l'achat de titres d'une société en vue de son intégration fiscale (CGI art. 223 B : Mémento Fiscal nos 40510 s.) ;
– le régime fiscal de faveur réservé aux « quartiers généraux » (BOI-SJ-RES-30-10 n° 130) ;
– l'exonération de droit de vente sur les cessions de droits sociaux entre sociétés membres d'un même groupe (CGI art. 726, II : Mémento Fiscal n° 67155) ;
– les comités de groupe (nos 79810 s.), étant précisé que, pour ceux-ci, le législateur a retenu l'application cumulative des critères de l'article L 233-3 et de ceux, légèrement différents, concernant la consolidation comptable (art. L 233-16).

Les dispositions de l'article L 233-3 sont aussi appliquées, en cas de cession de parts ou d'actions, pour déterminer si l'opération entraîne ou non prise du contrôle de la société émettrice et, par suite, revêt ou non un caractère commercial (Cass. com. 24-11-1992 : RJDA 2/93 n° 124).

Ces dispositions peuvent ainsi être considérées comme constituant le critère du droit commun du contrôle, applicables chaque fois que la loi se réfère au contrôle sans en donner une définition spécifique valable pour l'application de la mesure qui en dépend.

> **Précisions** **a.** Sur la notion de contrôle au regard des dispositions relatives aux **opérations de concentration** des entreprises, voir l'article L 430-1, III, qui a aligné la définition de la notion de concentration en droit interne sur celle du droit européen.
> **b.** Sur la notion de contrôle au regard des dispositions relatives à la **consolidation comptable** (art. L 233-16), voir nos 81402 s.
> **c.** Sur les aspects particuliers des **cessions de contrôle,** voir nos 17700 s.

c. Définitions d'après la seule importance de la participation

79030 Le Code de commerce donne aux termes « filiale » et « participation » un sens étroit en fonction exclusivement du pourcentage détenu par une société dans le capital d'une autre, abstraction faite du délai de possession des titres, de l'intention qui a motivé l'achat ou la souscription et des pouvoirs réels de la société participante.

DÉFINITION DE LA FILIALE

79031 Est réputée « filiale » toute société dont plus de la moitié du capital appartient à une autre société (art. L 233-1), à l'exclusion, le cas échéant, de la fraction de ce capital correspondant à des actions à dividende prioritaire sans droit de vote (art. L 228-35-11).

› Précisions **a.** Du point de vue **fiscal,** la notion de filiale est beaucoup plus large, puisque le régime de faveur dit « des sociétés mères » est accordé automatiquement aux sociétés détenant 5 % au moins du capital d'une autre société (Mémento Fiscal n° 40915).
b. Bien qu'aucune disposition ne le spécifie expressément, il semble logique de considérer que l'exclusion des actions à dividende prioritaire pour la détermination de la qualité de filiale devrait avoir pour corollaire l'exclusion des **actions de préférence sans droit de vote.** Toutefois, une telle analogie n'est acceptable que si l'action de préférence est totalement privée de droit de vote, l'article L 228-11 autorisant les simples aménagements de ce droit.

NOTION DE PARTICIPATION

Il y a « participation » lorsqu'une société détient dans une autre société une fraction du capital comprise entre 10 et 50 % (art. L 233-2), étant précisé que, pour le calcul de ces pourcentages, il n'est pas tenu compte du montant du capital correspondant à des actions à dividende prioritaire sans droit de vote (art. L 228-35-11). 79032

› Précisions **a.** L'interprétation a contrario de l'article L 233-1 conduit à considérer que la **détention de 50 % exactement** du capital d'une société constitue une simple participation, un pourcentage supérieur à 50 % étant nécessaire pour qu'il y ait filiale.
b. À s'en tenir à la définition de l'article L 233-2, on devrait considérer que la détention de **moins de 10 %** d'une autre société constitue dans tous les cas un simple placement, tandis que celle égale ou supérieure à 10 % correspond à une participation. En fait, ce critère mathématique n'est pas significatif. Il permettait autrefois de fixer à partir de quel pourcentage commence l'obligation pour la société participante d'informer ses actionnaires (n°s 79730 s.). Mais il est bien certain que la détention de 4 %, par exemple, du capital d'une importante société dont les titres sont admis aux négociations sur un marché réglementé constitue bien souvent davantage une **participation au sens général de ce terme** qu'un simple placement de capitaux. À l'inverse, acquérir 15 ou 20 % du capital d'une société « fermée » ne suffit pas toujours pour exercer une influence au sein de cette société.
c. Sur la prise en compte des **actions de préférence,** voir n° 79031.

d. Indépendance des sociétés du groupe

PRINCIPE D'INDÉPENDANCE DES SOCIÉTÉS DU GROUPE

En principe, les sociétés intégrées à un groupe sont juridiquement indépendantes : il s'agit de sociétés comme les autres, jouissant de la personnalité morale et participant à la vie juridique comme tout sujet de droit. 79040

Dès lors, par exemple :
– les sociétés exerçant leur activité au sein d'un groupe demeurent des personnes morales juridiquement distinctes ; les clients qui ont traité avec l'une des sociétés n'ont aucun lien avec les autres sociétés du groupe, même si ces dernières interviennent dans l'exécution du contrat à la demande de la première (Cass. com. 18-10-1994 : RJDA 12/94 n° 1298) ; il en va ainsi même entre société mère et filiale contrôlée à 99 % en l'absence de relations financières anormales constitutives d'une confusion de patrimoines (Cass. com. 19-4-2005 n° 866 : RJDA 1/06 n° 43) ;
– un engagement de rachat portant sur des actions d'une société (A) ne saurait s'appliquer également aux actions d'une société (B) issue de la restructuration de la société A et qui avaient été attribuées au bénéficiaire de la promesse de rachat en échange d'une partie de ses actions A (Cass. 1e civ. 18-7-1995 : RJDA 2/96 n° 229) ;
– il n'existe pas de devoir général de prudence qui obligerait une société mère à soutenir sa filiale tout au long de sa vie au-delà des engagements qu'elle a souscrits (CA Paris 17-9-2013 n° 12/02203 : RJDA 1/14 n° 41 et, sur pourvoi, Cass. com. 12-5-2015 n° 13-27.716 : RJDA 8-9/15 n° 568) ou à s'assurer, avant de céder les parts qu'elle détient dans le capital social d'une filiale en cessation des paiements, que le cessionnaire dispose d'un projet de reprise garantissant la viabilité économique et financière de la filiale (Cass. com. 1-3-2023 n° 21-14.787 FS-B : RJDA 6/23 n° 317) ;
– l'administration fiscale ne peut qualifier d'excessive la fraction des intérêts qu'une société verse auprès d'autres sociétés du même groupe en se fondant uniquement, pour retenir des éléments de comparaison, sur la note attribuée par une agence de notation à la société mère, sans prendre en compte la note intrinsèque de la filiale (CE 19-6-2017 n° 392543 : RJF 10/17 n° 909) ;
– un crédit-bailleur ne peut revendiquer le matériel donné en crédit-bail à une société qui l'a ensuite confié à une autre société de son groupe qu'à la condition de démontrer que celle-ci le détient pour le compte de la première société ; faute d'une telle preuve, il est indifférent que la société en possession du matériel litigieux appartienne au même groupe que la société débitrice et qu'elle ait le même représentant légal (Cass. com. 8-3-2017 n° 15-18.614 F-D : RJDA 5/17 n° 356) ;
– l'appartenance à un groupe ne dispense pas de l'obligation de dépôt des comptes individuels (CA Rouen 26-10-2017 n° 16/04223 : Bull. Joly 2018 p. 102 note G. Grundeler), de même que

l'existence d'un groupe et la présentation de comptes consolidés au niveau de ce groupe ne sauraient dispenser les sociétés concernées de présenter des comptes sincères (Cass. crim. 4-3-2020 n° 18-86.189 F-D : Dr. sociétés 2020 n° 56 note R. Salomon).

La qualité de tiers que les sociétés d'un groupe ont les unes à l'égard des autres peut aboutir à des conséquences paradoxales. Ainsi, les tribunaux admettent qu'un tiers se prévale, sur le fondement de la responsabilité extracontractuelle, du préjudice que lui cause l'inexécution d'un contrat, si bien qu'une société mère peut demander réparation du préjudice causé à sa filiale par la rupture abusive d'un contrat conclu par celle-ci (Cass. com. 21-10-2008 n° 07-18.487 : RJDA 2/09 n° 72) : la société mère reçoit la qualité à agir non de sa qualité de mère, mais de celle de simple tiers.

Le groupe, de son côté, n'a pas de personnalité juridique propre (n° 79000).

PRISE EN COMPTE DE L'EXISTENCE DU GROUPE

79045 L'indépendance juridique de principe concorde mal avec la réalité caractérisée par le contrôle qu'exerce sur ces sociétés la société mère, chef du groupe, et la communauté d'intérêts qui cimente le groupe. Dans certains domaines, il est difficile d'ignorer la **dimension économique du groupe** derrière l'indépendance juridique des sociétés.

Ainsi, une **filiale** condamnée à verser 1 M€ de dommages-intérêts à un concurrent pour concurrence déloyale par un jugement assorti de l'exécution provisoire n'a pas pu obtenir l'arrêt de l'exécution provisoire en faisant valoir que celle-ci compromettait sa solvabilité dès lors qu'elle appartenait à un groupe solide ayant une surface financière importante, qui lui avait apporté un **soutien financier** constant depuis sa création et lui avait permis de continuer son exploitation malgré des résultats toujours négatifs (CA Paris 15-4-2011 n° 11-5714 : RJDA 8-9/11 n° 703).

De même, s'agissant de **marchés publics,** pour apprécier si la société dominante d'un groupe répond aux critères de capacités économique, financière et technique lui permettant d'obtenir son inscription sur la liste des entreprises agréées d'un État membre de l'UE (cf. Dir. 93/37 du 14-6-1993 art. 24 s. ; désormais Dir. 2014/24 du 26-2-2014 art. 64), il doit être tenu compte non seulement des qualifications que cette société possède elle-même, mais aussi de celles possédées par les autres sociétés du groupe « pour autant que la personne morale en cause établit qu'elle a effectivement la disposition des moyens de ces sociétés qui sont nécessaires à l'exécution des marchés » (CJCE 14-4-1994 : Rec. 1289).

De même encore, le devoir de **loyauté de l'administrateur commun** à une société mère et à sa filiale l'oblige, lorsqu'une décision est votée par le conseil d'administration de la mère, à voter dans le même sens au sein du conseil d'administration de la filiale, sauf lorsque la décision est contraire à l'intérêt social de cette dernière (Cass. com. 22-5-2019 n° 17-13.565 FS-PBR : RJDA 8-9/19 n° 562).

79047 Il est recouru à la notion d'**unité économique du groupe** pour déterminer si le **comportement anticoncurrentiel d'une filiale** – participation à une entente illicite (TFUE art. 101 ; art. L 420-1) ou abus de position dominante (TFUE art. 102 ; art. L 420-2) – peut être **imputé à la société mère** (CJCE 14-7-1972 aff. 48/69 ; TPICE 15-9-2005 aff. 325/01). Il y a unité économique lorsque la société mère exerce une influence déterminante sur la politique commerciale de sa filiale (CJCE 10-9-2009 aff. 97/08 : RJDA 12/09 n° 1123). Si tel est le cas, la société mère peut être déclarée solidairement responsable pour le **paiement de la sanction pécuniaire** infligée à sa filiale (CJUE 10-4-2014 aff. 231/11 P à 233/11 P ; Cass. com. 6-1-2015 n° 13-21.305 F-PB : RJDA 3/15 n° 222).

ATTENTION

Lorsqu'une **société mère détient la totalité ou la quasi-totalité du capital de sa filiale,** l'influence déterminante est présumée ; cette présomption peut alors être écartée par la mère en apportant tout élément relatif aux liens organisationnels, économiques et juridiques avec sa filiale de nature à démontrer que cette dernière avait un comportement autonome sur le marché (CJCE 10-9-2009 aff. 97/08 : RJDA 12/09 n° 1123 ; CJUE 17-9-2015 aff. 597/13 ; Cass. com. 6-1-2015 n° 13-21.305 F-PB : RJDA 3/15 n° 222 ; Cass. com. 18-10-2017 n° 16-19.120 F-PB : RJDA 3/18 n° 283). La présomption est cependant difficile à renverser. Ainsi, il ne suffit pas à la société mère d'invoquer sa nature de holding (CJUE 29-9-2011 aff. 521/09) ou la violation d'une instruction expresse donnée à sa filiale de ne pas participer à des pratiques anticoncurrentielles sur un marché donné (CJUE 16-6-2016 aff. 155/14) ou encore le fait qu'elle et sa filiale aient choisi des stratégies procédurales *différenciées (Cass. com.* 18-10-2017 n° 16-19.120 F-PB : RJDA 3/18 n° 283).

La notion d'unité économique permet aussi à la **victime** d'une pratique anticoncurrentielle d'**agir en réparation** indifféremment contre la société mère sanctionnée ou contre une filiale, même si celle-ci n'est pas visée par la décision de sanction, à condition de prouver, non seulement les liens économiques, organisationnels et juridiques qui unissent les deux sociétés, mais aussi l'existence d'un lien concret entre l'activité économique de cette filiale et l'objet du comportement anticoncurrentiel dont la société mère a été tenue responsable (CJUE 6-10-2021 aff. 882/19 : RJDA 3/22 n° 172).

Pour l'application des textes régissant la **responsabilité du fait des produits défectueux,** société mère et filiale sont assimilées. Ainsi, pour déterminer la date de mise en circulation d'un produit, le juge doit vérifier si les liens entre la société mère productrice et la filiale à 100 % distributrice sont à ce point étroits que la notion de producteur englobe également la filiale et si le transfert du produit de l'une à l'autre n'emporte pas mise en circulation (CJCE 9-2-2006 aff. 127/04 : RJDA 4/07 n° 426). De même a-t-il été jugé que la victime d'un dommage causé par un produit défectueux, qui agit par erreur contre le fournisseur, filiale détenue à 100 % par le producteur, dans le délai de prescription, peut demander la substitution de la société mère à la filiale (CJUE 2-12-2009 aff. 358/08 : RJDA 2/10 n° 187). 79052

Ainsi encore, la question des **conflits d'intérêts** a conduit le juge et le législateur à s'interroger sur la possibilité de tenir pour indépendantes les diverses entités d'un même groupe. Le Conseil d'État a fait sienne la théorie de la personnalité juridique du groupe de sociétés, en matière de contentieux des sanctions de l'AMF, dans une affaire où un membre de la commission des sanctions de l'AMF également membre du comité exécutif d'une société avait eu à connaître d'une procédure de sanction à l'encontre du président d'une société qui avait par ailleurs un différend financier avec la filiale de la première (CE 30-5-2007 n° 288538 : RJDA 2/08 n° 152 ; voir aussi CE 27-10-2006 n° 276069 : RJDA 4/07 n° 370). 79053

De la même manière, aux termes de l'article 321-48 du règlement général de l'AMF, lorsqu'une société de gestion de portefeuille appartient à un groupe, la politique de gestion des conflits d'intérêts doit également prendre en compte les circonstances, qui sont connues ou devraient être connues par la société, susceptibles de provoquer un conflit d'intérêts résultant de la structure et des activités professionnelles des autres membres du groupe. La théorie de l'indépendance des diverses entités juridiques du groupe ne résiste donc pas à l'examen des occurrences de conflits d'intérêts (pour une illustration de manquements à ces règles, voir AMF comm. sanc. 4-5-2023 n° 2023-06).

De même enfin, l'**immixtion** d'une société dans les affaires d'une autre peut affecter cette indépendance (voir n° 81101). 79054

CONSÉQUENCES PROCÉDURALES DE L'INDÉPENDANCE DES SOCIÉTÉS DU GROUPE

Action en justice Pour l'exercice d'une action en justice, chaque société du groupe conserve sa personnalité morale propre : aucune autre société du groupe ne peut la représenter en justice, sauf à disposer d'un mandat spécifique (Cass. com. 17-12-1991 : Bull. Joly 1992 p. 186 note Hannoun ; Cass. com. 18-5-1999 : RJDA 11/99 n° 1215). 79060

Dès lors, un jugement condamnant l'une des sociétés du groupe ne peut pas être valablement notifié à une autre, même si leurs sièges sont identiques (Cass. 2e civ. 21-1-2016 n° 15-10.108 : RJDA 6/16 n° 444).

De même, les filiales d'un groupe jouissant de l'autonomie juridique, est irrecevable l'action sociale engagée par un actionnaire contre le dirigeant d'une société mère en raison de fautes de gestion commises par des filiales lors de l'exécution de conventions de prestations avec des tiers portant sur des services fournis jusque-là par la mère (CA Paris 26-11-2013 n° 12/05351 : RJDA 5/14 n° 434).

Une assignation en justice destinée à une société peut toutefois être délivrée à l'adresse d'une filiale, dès lors qu'elle a été remise à une personne qui s'est déclarée habilitée à la recevoir (Cass. com. 8-11-2016 n° 14-27.223 F-D : RJDA 2/17 n° 81).

Arbitrage La clause d'arbitrage figurant dans un contrat conclu par une société appartenant à un groupe ne s'impose pas aux autres sociétés du groupe. Néanmoins, ces dernières peuvent être attraites à la procédure d'arbitrage, dès lors que les documents contractuels et l'exécution postérieure du contrat font présumer qu'elles avaient connaissance de cette clause et qu'elles l'avaient implicitement acceptée (Cass. com. 28-11-1989 : Bull. Joly 1990 p. 192 ; CA Paris 30-11-1988 : Rev. arb. 1989 p. 691 note Tschanz ; sentence CCI 6519 en 1991, Clunet 1991 p. 1065 obs. Derains ; voir aussi CA Paris 31-10-1989 : Rev. arb. 1992 p. 90 ; CA Versailles 15-9-2005 n° 05-2131 : RJDA 3/06 n° 353). Il en est de même lorsque les sociétés en cause sont liées dans une unité économique soumise à un pouvoir unique (CA Paris 11-1-1990 : Rev. arb. 1992 p. 95 note Cohen). 79061

› Précisions L'appartenance de sociétés à un groupe peut affecter l'**indépendance de l'arbitre** désigné par l'une d'elles si celui-ci a déjà été choisi par les autres sociétés du groupe. Jugé, par exemple, que le caractère systématique de la désignation d'une personne par les sociétés d'un même groupe, sa fréquence et sa régularité sur une longue période, dans des contrats comparables, ont créé les conditions d'un courant d'affaires entre cette personne et les sociétés du groupe parties à la procédure, de sorte que l'arbitre était tenu de révéler l'intégralité de cette situation à l'autre partie afin de la mettre en mesure d'exercer son droit de récusation (Cass. 1e civ. 20-10-2010 nos 09-68.131 et 09-68.997 : RJDA 2/11 no 196).

e. Distinction des groupes en fonction de leur taille

79070 Les articles L 230-2 et D 230-2 (modifié par décret 2024-152 du 28-2-2024) définissent des **catégories de groupes** de sociétés en fonction de leur taille, valant « au sens du [Livre II] » du Code de commerce consacré aux sociétés commerciales et aux GIE, auxquelles sont attachées diverses obligations (obligation de recueillir des informations de durabilité, notamment). Au sens de ces textes, le groupe est entendu comme l'ensemble formé par une société et les entreprises qu'elle contrôle, au sens de l'article L 233-16, II et III (contrôle exclusif ou contrôle conjoint).

Il résulte de la combinaison de ces textes qu'est qualifié de :

– **petit groupe** l'ensemble qui ne dépasse pas deux des trois seuils suivants : total du bilan : 9 M€ ; chiffre d'affaires net : 18 M€ ; nombre moyen de salariés employés au cours de l'exercice : 50 ;

– **moyen groupe** l'ensemble qui ne dépasse pas deux des trois seuils suivants : total du bilan : 30 M€ ; chiffre d'affaires net : 60 M€ ; nombre moyen de salariés employés au cours de l'exercice : 250 ;

– **grand groupe** l'ensemble qui dépasse deux des trois seuils suivants : total du bilan : 30 M€ ; chiffre d'affaires net : 60 M€ ; nombre moyen de salariés employés au cours de l'exercice : 250.

79072 Sauf disposition contraire, ces **seuils**, qui ont été rehaussés par le décret 2024-152 du 28 février 2024, sont réputés **franchis** (à notre avis, à la hausse ou à la baisse) « à la date de clôture de deux exercices consécutifs » sur la base des derniers comptes annuels arrêtés ; ils doivent être **appréciés** à la clôture du dernier exercice, de la façon suivante (art. D 230-2) :

– le **total du bilan** est égal à la somme des montants nets des éléments d'actif ;

– le **montant net du chiffre d'affaires** est égal au montant des ventes de produits et services liés à l'activité courante, diminué des réductions sur ventes, de la TVA et des taxes assimilées ;

– le **nombre moyen de salariés** correspond à la moyenne du nombre de personnes employées au cours de chacun des mois de l'année civile précédente ou sur le dernier exercice comptable lorsque celui-ci ne correspond pas à l'année civile précédente (CSS art. L 130-1, I et R 130-1 ; sur le calcul de l'effectif mensuel permettant de déterminer cette moyenne, voir Mémento Social nos 31570 s.).

SECTION 2

CONSTITUTION DU GROUPE

A. Prises de participation

1. MODALITÉS DES PRISES DE PARTICIPATION

79200 La prise de participation (dans l'acception large du terme) d'une société dans une autre peut se réaliser par les différents moyens suivants, tous tirés des techniques traditionnelles du droit des sociétés :

– **Constitution de société.** La société mère prend l'initiative de constituer une nouvelle société et accomplit toutes les opérations de constitution ; on suit alors les règles de constitution propres au type de société choisi, en faisant appel éventuellement à une ou plusieurs autres personnes physiques ou morales, afin de parvenir au nombre minimal d'associés requis par la loi.

– **Apport partiel d'actifs.** Une société peut faire apport d'une partie de ses actifs à une autre société et, grâce aux actions ou parts sociales qui lui sont attribuées en rémunération de cet apport, prendre le contrôle de cette société.

– **Souscription à une augmentation de capital en numéraire.** Le plus souvent, cette souscription est réservée à la société qui doit prendre le contrôle de la société procédant à l'augmentation de son capital, ce qui implique une renonciation des actionnaires de cette société à leur droit préférentiel de souscription (nos 50250 s.).

– **Achat d'actions ou de parts sociales.** Cet achat peut être réalisé soit de gré à gré avec les actionnaires ou associés majoritaires de la société dans laquelle la prise de participation est envisagée, soit sous la forme d'une offre publique d'achat lancée par une société sur les actions d'une autre société, dont la première entend prendre le contrôle.

> **Précisions** **a.** Un groupe peut se constituer par la mise en place d'une **structure faîtière** (holding « par le haut ») ou par la **filialisation** de départements d'une entreprise (holding « par le bas »).
> **b.** Les **fusions, scissions** et **apports partiels d'actifs** sont aussi utilisés pour la constitution ou la réorganisation des groupes de sociétés.
> **c.** Sur les conditions dans lesquelles les **établissements de crédit** peuvent prendre des participations dans le capital des sociétés, voir les articles L 511-2 et L 511-12-2 du Code monétaire et financier, l'arrêté FCPT1619247A du 4 août 2016 relatif aux conditions dans lesquelles les établissements de crédit peuvent acquérir tout ou partie d'une branche d'activité significative et l'arrêté FCPT1620703A du même jour relatif aux prises de participation des établissements de crédit dans des filiales à caractère financier ou des filiales d'assurance ou de réassurance ou dans des entités comparables ayant leur siège social en dehors de l'EEE.

2. PRISES TEMPORAIRES DE PARTICIPATION : OPÉRATIONS DE PORTAGE

NOTION DE PORTAGE D'ACTIONS

Le portage d'actions est la convention par laquelle une personne physique ou morale, le plus souvent un organisme financier, convient avec une autre personne qu'elle souscrira ou achètera des actions pour le compte de celle-ci, à charge pour elle de les lui **racheter** au terme d'une période déterminée et moyennant un **prix convenu** d'avance. Cette convention de portage ne constitue pas un contrat nommé : sa définition et son régime ne résultent pas de la loi. **79230**

Plusieurs **raisons** peuvent être à l'origine des conventions de portage :
– dissimuler l'identité de l'acquéreur réel des actions pendant une période déterminée (portage-acquisition) ;
– faire financer l'acquisition des actions par l'organisme financier, qui les détient ainsi en garantie jusqu'au remboursement du prix (portage-sûreté) ;
– permettre au donneur d'ordre, après l'acquisition d'un bloc d'actions important, de les « geler » momentanément en vue d'un reclassement ultérieur ;
– permettre à une société désireuse de se procurer des moyens de financement à court terme de vendre, pour une durée déterminée, des titres qu'elle détient en portefeuille.

La convention de portage revêt le plus souvent la forme d'une **promesse unilatérale** d'achat par le donneur d'ordre, assortie parfois d'une promesse unilatérale de vente du porteur, sous réserve de certaines précautions pour que les promesses ne puissent pas être considérées comme constituant une promesse synallagmatique valant vente définitive (nos 16951 s.). Les parties conviennent également, dans les promesses, des conditions d'exercice du droit de vote attaché aux actions « portées » (le plus souvent, ce droit de vote est exercé par le porteur dans le sens indiqué par le donneur d'ordre) et du sort des dividendes qui seront versés pour ces actions (imputation ou non de ces dividendes sur les sommes dues par le donneur d'ordre).

> **Précisions** **a.** Jugé que la **condition essentielle** d'une convention de portage ne réside pas dans la promesse faite par la banque de vendre les titres à une personne désignée, mais dans la **promesse d'achat** faite par le donneur d'ordre suivant des modalités précises (CA Paris 15-11-1994, inédit sur ce point).
> **b.** Le portage ne saurait être confondu avec un simple **prêt rémunéré.** Constitue un prêt et non un portage l'opération par laquelle l'acquéreur de titres émis par une société les revend le jour même à celle-ci pour un prix supérieur payable à terme (Cass. com. 23-1-2007 no 05-15.652 : RJDA 5/07 no 492).
> **c.** La loi permet d'utiliser la **fiducie** pour réaliser le même objectif qu'une opération de portage : une personne peut transférer la propriété de titres à un tiers fiduciaire, à charge pour celui-ci de lui restituer les titres dans un délai qui peut être fixé à 99 ans au plus (C. civ. art. 2011 s.). Il n'est pas évident que le recours à la fiducie constitue un avantage considérable par rapport à l'utilisation classique des promesses unilatérales. Toutefois, en cas de défaillance du fiduciaire (qui assume le rôle de porteur), les droits du constituant (donneur d'ordre) sur les titres mis en fiducie ne seront plus menacés si le fiduciaire fait l'objet d'une procédure collective. En effet, l'ouverture d'une procédure collective au profit du fiduciaire n'affecte pas le patrimoine fiduciaire (C. civ. art. 2024).

CONDITIONS DE VALIDITÉ DU PORTAGE

79231 La **convention** de portage est **licite** dès lors qu'elle ne constitue pas une fraude à la loi par la voie d'une interposition de personnes (pour une décision reconnaissant implicitement la validité d'une convention de portage au regard du droit des contrats, voir Cass. com. 20-9-2016 n° 15-15.369 F-D : Bull. Joly 2016 p. 717 note P.-L. Périn). En effet, lorsqu'il s'agit de fixer la validité d'une convention, sa qualification juridique importe peu car tout contrat, quel qu'il soit, est valable, pourvu qu'il n'enfreigne pas une règle d'ordre public. Or, l'achat pour le compte d'un tiers, en vue de lui revendre le bien acheté, n'a en soi rien d'illicite. La simulation étant licite par principe, le portage ne peut donc être sanctionné que dans la mesure où il devient frauduleux, c'est-à-dire lorsqu'il tend à éviter l'application d'une règle d'ordre public.

La fixation d'une qualification juridique ne s'avère utile que pour, éventuellement, combler les lacunes de la convention, en empruntant à la qualification déterminée les règles qui n'y ont pas été prévues et qui font défaut. Ainsi jugé que le portage constitue une véritable prise de participation si la rémunération convenue cesse d'être exigible avant que les actions aient été rachetées car, après cette cessation, l'organisme financier n'a plus alors la certitude d'une rémunération fixe et se trouve exposé à ne recevoir, comme tout actionnaire soumis aux aléas sociaux, qu'un éventuel dividende (CA Paris 9-6-1983 : D. 1984 IR p. 81 obs. Vasseur).

Jugé également que, même en l'absence d'une promesse de vente de la part de l'établissement financier, celui-ci peut être tenu, à raison de la cohérence d'ensemble des dispositions contractuelles, de vendre les actions à l'expiration de la période de portage (Cass. com. 15-2-1994 : Bull. Joly 1994 p. 508).

EFFETS DU PORTAGE EN DROIT DES SOCIÉTÉS

79232 Au regard du droit des sociétés, la convention de portage appelle les observations suivantes.

a. Elle ne peut jamais entraîner la nullité de la société pour défaut d'**affectio societatis** du porteur, au motif qu'il ne détient pas les actions avec la volonté d'être associé, puisque l'absence d'affectio societatis ne constitue pas une cause de nullité des sociétés par actions (nos 89137 s. et 89145).

b. Le fait que le prix de rachat des actions soit fixé de telle manière que le porteur soit à l'abri de tout risque de contribution aux pertes sociales n'entraîne pas pour autant application à la convention de la prohibition des **clauses léonines,** ceci étant particulièrement incontestable lorsque le donneur d'ordre n'a pas lui-même la qualité d'associé ou d'actionnaire.

c. La participation du porteur n'a pas à être incluse dans les **comptes** consolidés de celui-ci, puisqu'elle est détenue en vue d'une cession ultérieure (n° 81420).

Chez le donneur d'ordre, l'engagement de rachat des titres doit, en principe, être signalé dans l'annexe parmi les engagements financiers, s'il revêt une importance significative (n° 81432).

d. Le promettant est tenu de payer le prix convenu même si les **actions** ont, à l'issue du portage, **perdu** toute **valeur,** à condition que cette perte ne soit pas imputable à une faute du porteur (Cass. com. 7-12-1993 : RJDA 4/94 n° 417).

79233 **Cas des actions « cotées »** S'il s'agit d'actions admises aux négociations sur un marché réglementé, les règles suivantes s'appliquent.

a. Les actions « portées » sont à prendre en compte par le donneur d'ordre pour établir les **franchissements de seuils** dont la loi impose la déclaration (art. L 233-7), puisqu'il s'agit :

– soit d'actions possédées par d'autres pour le compte d'une personne déterminée ;

– soit d'actions qu'une personne (le donneur d'ordre) a le droit d'acquérir à sa seule initiative en vertu d'un accord.

b. La convention de portage constitue une **action de concert** car, même si elle est analysée comme une opération complexe dont l'élément essentiel est le service financier rendu par le porteur, il n'en reste pas moins qu'il y a bien « un accord en vue d'acquérir, de céder ou d'exercer des droits de vote », comme le prévoit l'article L 233-10 (CA Paris 24-6-1991 : RJDA 8-9/91 n° 720). Jugé d'ailleurs que le concert « peut recouvrir, outre un transfert des voix, une *simple* concertation ou un portage » (CA Paris 20-10-1998 : RJDA 12/98 n° 1365).

c. Toute convention de portage concernant au moins 0,5 % du capital ou des droits de vote doit être transmise à l'**AMF** à fin de **publicité** : assurant le bénéficiaire du portage qu'il acquerra les actions, elle lui confère pratiquement un droit de préférence à leur acquisition (nos 66303 s.).

d. Sur la condamnation à une **sanction** pécuniaire d'un **dirigeant** de société qui avait sciemment omis de révéler, dans les documents diffusés à l'occasion d'une OPA portant sur les actions de la société et d'une augmentation de capital, d'importants engagements financiers résultant de conventions de portage, par ailleurs non mentionnés dans l'annexe des comptes annuels de la société, et contribué ainsi à fausser le fonctionnement du marché, voir CA Paris 6-4-1994 : RJDA 11/94 n° 1155 cassé par Cass. com. 18-6-1996 : RJDA 10/96 n° 1206, mais pour un autre motif.

3. RÉGLEMENTATION DES PARTICIPATIONS RÉCIPROQUES

Les participations réciproques entre deux sociétés peuvent conduire à deux sortes d'**abus.** 79260
Tout d'abord, elles peuvent avoir pour effet de gonfler artificiellement l'actif apparent des sociétés en cause, dans la mesure où chaque société se trouve indirectement, par l'intermédiaire de l'autre, propriétaire de ses propres parts ou actions. Cet inconvénient a toutefois largement été atténué avec l'obligation qui est faite aux sociétés d'établir des comptes consolidés (nos 81400 s.) puisque la consolidation nécessite un retraitement des données comptables à l'effet d'éliminer les participations réciproques.

Ensuite, il peut se produire un « verrouillage » de la direction des sociétés lorsque chacune des sociétés détient dans le capital de l'autre une participation suffisante pour en avoir le contrôle. Les dirigeants sociaux deviennent pratiquement irrévocables.

Pour **pallier** ces **inconvénients,** des mesures ont été prises à l'effet de réglementer les parti- 79261
cipations réciproques directes entre deux sociétés dont l'une au moins est une société par actions (n° 79262) ainsi que l'autocontrôle (nos 79280 s.).

Signalons que les participations réciproques sont **libres** quand **aucune** des sociétés en cause n'a la forme de **société par actions.**

PARTICIPATIONS RÉCIPROQUES DIRECTES

Entre sociétés par actions Une société par actions (A) ne peut posséder d'actions 79262
d'une autre société (B) si B détient une fraction du capital de A supérieure à 10 % (art. L 233-29, al. 1).

La société dans laquelle est prise la participation a nécessairement connaissance de cette situation soit par les informations qui doivent lui être données en pareil cas s'il s'agit d'une société dont les titres sont admis aux négociations sur un marché réglementé (art. L 233-7), soit, dans le cas contraire, par l'obligation qui lui est faite de constater dans ses comptes ou dans un dispositif d'enregistrement électronique partagé telle une blockchain l'inscription résultant de l'opération puisque celle-ci porte alors obligatoirement sur des titres nominatifs (cf. C. mon. fin. art. R 211-2).

À notre avis, la réglementation n'est applicable que si les sociétés intéressées ont leur siège social en France. Elle ne l'est pas lorsque l'une des sociétés a son siège hors de France. Il est, en effet, difficile de soumettre, en la matière, les sociétés étrangères aux impératifs de la loi française (application du principe dit « de territorialité des lois »).

À défaut d'accord entre les sociétés intéressées pour **régulariser** leur situation, celle qui 79263
détient la fraction la plus faible du capital de l'autre doit aliéner son investissement. Si les investissements réciproques sont de même importance, chacune des sociétés doit réduire le sien de telle sorte qu'il n'excède pas 10 % du capital de l'autre (art. L 233-29, al. 2).

Lorsqu'une société est tenue d'aliéner les actions d'une autre société, cette aliénation doit être effectuée dans le délai d'un an à compter de la notification qui lui a été faite de la prise de participation dans son capital (art. L 233-29, al. 3 et R 233-17) et portée à la connaissance des actionnaires par le rapport de gestion ainsi que par celui des commissaires aux comptes (art. R 233-19, al. 2).

Jusqu'à leur aliénation, les actions sont privées du droit de vote (art. L 233-29, al. 3).

Les actions concernées ne changent pas pour autant de nature. S'il s'agit d'actions ordinaires, elles le demeurent avec l'ensemble des droits, autres que le droit de vote, qui leur sont attachés. Elles ne sont donc pas comptées avec les actions de préférence sans droit de vote qui, en vertu de l'article L 228-11, al. 3, ne peuvent pas représenter plus de la moitié du capital social ou plus du quart dans les sociétés dont les actions sont admises aux négociations sur un marché réglementé (Rép. Huyghe : AN 23-9-2008 n° 11500). La même solution s'applique, à notre avis, dans tous les cas où la loi prévoit une suppression du droit de vote, notamment pour les actions non libérées des versements exigibles (art. L 228-29), les actions d'autocontrôle (art. L 233-31) ou les actions excédentaires en cas de franchissement de seuil non déclaré (art. L 233-14).

79264 La cession conduisant à une participation croisée directe n'est pas frappée de nullité, aucune disposition légale ne prévoyant une telle **sanction** (Cass. com. 3-1-1996 : RJDA 4/96 n° 512). En revanche, les dirigeants sociaux s'exposent à des sanctions pénales s'ils ne mettent pas fin à cette irrégularité (n° 79267).

79265 **Entre une société par actions et une autre société** Les participations réciproques sont aussi réglementées lorsqu'une société autre qu'une société par actions (SARL, SNC, SCS et même, à notre avis, société civile) compte parmi ses associés une société par actions. En effet, selon le ministre de la justice, par « société autre qu'une société par actions », il faut entendre « toute société, quels que soient sa forme et son objet » (Rép. Narquin : AN 31-10-1974 n° 13711).

79266 L'article L 233-30 envisage deux hypothèses.

1er cas : la société par actions (A) détient plus de 10 % du capital de l'autre société (B). En ce cas, la société B ne peut posséder aucune action de la société A (art. L 233-30, al. 1). Si elle vient à en posséder :

– elle doit les aliéner dans le délai d'un an à compter de la date à laquelle ces actions sont entrées dans son patrimoine (art. L 233-30, al. 2 et R 233-18) ;

– elle ne peut, de leur chef, exercer le droit de vote aux assemblées d'actionnaires (art. L 233-30, al. 2).

2nd cas : la société par actions (A) détient une fraction égale ou inférieure à 10 % du capital de l'autre société (B). En ce cas, la société B ne peut posséder une fraction supérieure à 10 % des actions émises par la société A (art. L 233-30, al. 3). Si elle vient à posséder une fraction plus importante :

– elle doit aliéner l'excédent dans le délai d'un an à compter de la date à laquelle ces actions sont entrées dans son patrimoine (art. L 233-30, al. 4 et R 233-18) ;

– elle ne peut, du chef de cet excédent, exercer le droit de vote (art. L 233-30, al. 4).

Les aliénations d'actions intervenues en application des dispositions qui précèdent doivent être portées à la connaissance des associés par le rapport de gestion et, éventuellement, par celui du commissaire aux comptes (art. R 233-19, al. 2).

Comme pour les participations croisées directes entre sociétés par actions, la réglementation exposée ci-dessus n'est, à notre avis, applicable que si les sociétés intéressées ont leur siège social en France.

79267 **Sanctions pénales** Les présidents, les administrateurs, les membres du directoire, les directeurs généraux, les directeurs généraux délégués (art. L 248-1) ou les gérants de toute société commerciale qui n'auraient pas pris les mesures nécessaires pour mettre fin aux participations réciproques irrégulières s'exposeraient à une amende de 18 000 € (art. L 247-3).

AUTOCONTRÔLE

79280 **Définition** Il y a autocontrôle lorsqu'une société assure son propre contrôle par l'intermédiaire d'une ou de plusieurs autres sociétés, dont elle détient elle-même directement ou indirectement le contrôle (au sens indiqué ci-dessus n° 79013).

Les actions détenues dans la société mère par les sociétés contrôlées sont dites « actions d'autocontrôle ».

Compte tenu de la réglementation des participations réciproques directes, une société par actions (A) ne peut pas assurer son propre contrôle par l'intermédiaire d'une filiale (B), que cette dernière soit une société par actions (n° 79262) ou une société d'une autre forme (n° 79266, 1er cas).

La société A peut en revanche organiser son autocontrôle par l'intermédiaire d'une troisième société (C), selon le schéma suivant : C est filiale de B, elle-même filiale de A, cette société étant quant à elle filiale de C. Dans ce schéma de participations circulaires, la société A « s'autocontrôle » à hauteur de la fraction de ses propres actions détenues par C puisqu'elle a cette société C sous son contrôle par l'intermédiaire de la société B.

Les effets de cet autocontrôle sont toutefois partiellement neutralisés.

Limitation des effets de l'autocontrôle Afin de limiter les effets de l'autocontrôle et notamment d'empêcher le verrouillage, au profit des dirigeants en place, du pouvoir de décision au sein des assemblées générales, le droit de vote attaché aux actions d'autocontrôle est supprimé (art. L 233-31). 79281

Cette disposition appelle les **remarques** suivantes :

1. L'article L 233-31 ne concerne que l'autocontrôle au sein des sociétés par actions (SA, SCA, SAS ou SE). En revanche, peu importe la forme juridique (SA, SARL, société civile, etc.) ou la nationalité des sociétés par l'intermédiaire desquelles l'autocontrôle est assuré. L'existence d'une société étrangère dans une « boucle » d'autocontrôle ne saurait en effet interrompre la chaîne des contrôles successifs puisque ceux-ci peuvent être appréciés en fait.

2. Il s'applique à toutes les sociétés par actions, que leurs titres soient cotés ou non, qu'elles relèvent du secteur public ou du secteur privé.

3. Seul le droit de vote attaché aux actions d'autocontrôle est supprimé. Tous les autres droits subsistent : notamment, les sociétés titulaires de ces actions peuvent percevoir les dividendes mis en paiement par la société émettrice.

En outre, contrairement aux règles applicables en cas d'acquisition par une société de ses propres actions, les sociétés ne sont pas tenues de vendre les titres qu'elles détiennent, même au-delà du seuil de 10 % fixé par la loi. Signalons que la détention indirecte par une société de ses propres actions peut conserver un intérêt car elle permet de disposer d'un volume d'actions pouvant être rapidement échangées contre des titres d'une autre société dont on souhaite prendre le contrôle.

4. Les actions d'autocontrôle ne doivent pas être prises en compte pour le calcul du quorum et de la majorité.

5. Les actions d'autocontrôle ne peuvent revêtir sur le plan fiscal le caractère de titres de participation que dans certains cas (BOI-BIC-PVMV-30-10 n° 190).

6. La participation majoritaire d'un actionnaire dans le capital de la société détenant les titres d'autocontrôle n'exclut pas l'existence d'un contrôle conjoint. Ainsi, une participation d'autocontrôle doit être privée du droit de vote dès l'instant que la société qui ne détient qu'une participation minoritaire contrôle, de concert avec d'autres partenaires, la société qui la détient (Cass. com. 29-6-2010 n° 09-16.112 : RJDA 12/10 n° 1159).

Sanctions pénales Les présidents, administrateurs, membres du directoire, directeurs généraux, directeurs généraux délégués (art. L 248-1) ou gérants de toute société commerciale contrevenant aux dispositions ci-dessus exposées relatives à la limitation des effets de l'autocontrôle s'exposent à une amende de 18 000 € (art. L 247-3, al. 1). 79282

Si les actions de la société concernée sont admises aux négociations sur un marché réglementé, les poursuites pénales ne peuvent être engagées qu'après que l'avis de l'AMF a été demandé (art. L 247-3, al. 2).

Sanctions civiles En application des règles du droit commun (C. civ. art. 1240 ; art. L 225-252), les actionnaires minoritaires peuvent demander en justice des dommages-intérêts au cas où une décision prise au mépris de la limitation du droit de vote attaché aux actions d'autocontrôle leur aurait causé un préjudice. 79283

À notre avis, cette décision pourrait aussi être annulée, si elle est prise avant le 1er octobre 2025, en application de l'article L 235-2-1, qui prévoit que les délibérations prises en violation des dispositions régissant les droits de vote attachés aux actions peuvent être annulées ou, si elle est prise à compter de cette date, sur le fondement de l'article 1844-10, al. 3 du Code civil modifié par l'ordonnance 2025-229 du 12 mars 2025.

B. Financement des prises de participation par la cible

GÉNÉRALITÉS

Les prises de participation importantes (au sens large) sont fréquemment réalisées par l'intermédiaire d'une ou de plusieurs sociétés holdings. Il peut être tentant d'assurer le financement de cette prise de participation au moyen des actifs ou du crédit de la société cible. Les procédés utilisés à cet effet sont nombreux : garantie par la cible des emprunts contractés 79390 pour la prise de contrôle, surfacturation de prestations de services, rémunérations exagérées versées aux nouveaux dirigeants, etc.

Outre leurs conséquences fiscales, de tels procédés se heurtent, dans les sociétés par actions, à diverses interdictions.

PRATIQUES INTERDITES

79400 **Abus de biens sociaux** Les sanctions pénales prévues en cas d'abus de biens sociaux (art. L 242-6, 3° et L 242-30, al. 1 pour la SA, sur renvoi de l'art. L 244-1, al. 1 pour la SAS et de l'art. L 243-1, al. 1 pour la SCA, et art. L 241-3, 4° pour la SARL) peuvent s'appliquer aux personnes qui exercent dans la société cible des fonctions d'administration ou de direction lorsque des actifs de cette société leur sont indûment transférés ou sont indûment transférés à la holding qu'elles contrôlent.

Pour une application de ces sanctions à l'actionnaire majoritaire d'une société qui avait financé l'acquisition d'une filiale, dont il était devenu le président-directeur général, au moyen de la trésorerie de celle-ci, voir Cass. crim. 24-6-1991 : RJDA 11/91 n° 926 ; voir aussi Cass. crim. 5-5-1997 : RJDA 12/97 n° 1493.

79410 **Prêts consentis par la société cible** Aux termes de l'article L 225-216, une société par actions ne peut avancer des fonds, accorder des prêts ou consentir une sûreté en vue de la souscription ou de l'achat de ses propres actions par un tiers.

Ces dispositions pouvant être considérées comme impératives, le prêt ou la garantie irrégulièrement consentis peuvent être annulés par décision de justice (n°s 89330 s. et 89380 s.). En outre, la violation de l'interdiction est sanctionnée pénalement (art. L 242-24, al. 2).

Cependant, cette interdiction ne s'applique ni aux opérations courantes des établissements de crédit et des sociétés de financement, ni aux opérations effectuées en vue de l'acquisition par les salariés d'actions de la société, d'une de ses filiales ou d'une société comprise dans le champ d'un plan d'épargne de groupe prévu à l'article L 3344-1 du Code du travail.

À la lettre du texte de l'article L 225-216, les avances ou prêts ne sont répréhensibles que s'ils ont été consentis « en vue » de l'acquisition des actions. Faut-il en déduire que la prohibition concerne seulement des opérations réalisées antérieurement ou simultanément au rachat, mais non celles qui interviennent postérieurement à celui-ci ? Une telle interprétation doit, nous semble-t-il, être écartée car l'opération forme un tout. Dès lors que l'intervention de la cible a été « programmée » pour assurer le financement de l'acquisition, peu importe la date, antérieure ou postérieure au rachat, à laquelle elle intervient. On ne saurait admettre que, au moyen d'un montage frauduleux, par exemple un crédit relais, on puisse tourner les dispositions de l'article L 225-216 et priver ce texte de toute efficacité.

DISTRIBUTION DE DIVIDENDES

79420 Le remboursement des emprunts contractés par la société holding et par les membres de celle-ci pour financer la prise de participation dans la société cible peut-il être assuré par des distributions substantielles de dividendes et éventuellement de réserves par cette dernière ?

Une telle décision, qui relève du pouvoir souverain de l'assemblée générale de la société cible, ne nous paraît pas critiquable. Elle peut toutefois être annulée pour **abus de majorité,** ce qui suppose :

– d'une part, qu'il existe encore des actionnaires minoritaires, hypothèse à écarter dans le cas, relativement courant en pratique, où la totalité des actions a été transférée ;

– d'autre part, que la décision ait été prise contrairement à l'intérêt social et dans l'unique dessein de favoriser les majoritaires au détriment des minoritaires. Tel serait le cas si la distribution massive de dividendes ou de réserves mettait en péril le développement et les investissements de l'entreprise ou faisait courir à celle-ci des risques économiques excessifs.

La distribution, si elle est financée par de la trésorerie disponible de la filiale, ne doit pas priver celle-ci de sommes dont elle pourrait avoir besoin. À défaut, la **responsabilité des dirigeants** pourrait être mise en cause.

ILLUSTRATIONS

Le dirigeant et actionnaire majoritaire d'une société mère a été condamné à combler le passif de deux filiales car leurs conseils d'administration, qu'il présidait, avaient décidé et fait entériner par les assemblées une distribution exceptionnelle de dividendes prélevés sur leurs réserves et affectés *au remboursement d'une partie* significative de la dette de la société mère, ce qui les avait privées d'une partie importante de leurs réserves tandis que leur passif n'était pas réglé, et ce, dans un contexte de baisse d'activité ; une mesure de faillite personnelle a par ailleurs été prononcée à l'encontre de ce dirigeant car l'opération ainsi réalisée était contraire à l'intérêt des filiales et lui avait permis de favoriser la société mère dans laquelle il était directement intéressé (Cass. com. 25-10-2011 n° 10-23.322 : RJDA 3/12 n° 322).

> L'actionnaire majoritaire du groupe qui contraint une filiale à financer le groupe pour des montants hors de proportion avec ses moyens financiers a vu sa responsabilité engagée par des salariés lui reprochant la déconfiture de la filiale et la disparition des emplois qui en a résulté (Cass. soc. 24-5-2018 nº 16-22.881 FS-PB : RJDA 11/18 nº 839, 1e esp.).
>
> La décision de verser des dividendes doit être prise au regard de la situation de l'entreprise et de sa trésorerie, quand bien même ces dividendes devraient être affectés dans le cadre d'un LBO ; dès lors, commet une faute de gestion le dirigeant d'une société qui contribue à l'insuffisance d'actif en permettant la remontée de dividendes de la société vers la holding de reprise (Cass. com. 9-9-2020 nº 18-12.444 F-D : RJDA 11/20 nº 587).

On observe d'ailleurs que, dans la plupart des cas, les échecs constatés sur les reprises d'affaires ont pour cause une appréciation trop optimiste des possibilités de dégager dans la société cible des profits distribuables d'un montant suffisant pour rembourser les emprunts contractés en vue du rachat.

FUSION RAPIDE

On entend par « fusion rapide » une fusion intervenant dans un délai assez bref entre la société cible et la société holding, afin que les intérêts de l'emprunt souscrit par la holding pour la prise de participation puissent être payés grâce à la trésorerie de la cible. Cette question suscite des controverses : est-il possible de **fusionner la société holding et la société cible** tant que les emprunts contractés par la holding pour la prise de contrôle de la cible n'ont pas été remboursés ? **79430**

Dans ce cas, en effet, il se produit une confusion des patrimoines des deux sociétés et, par conséquent, une utilisation des actifs de la cible, notamment de sa trésorerie, pour rembourser les emprunts contractés par la holding en vue de la prise de participation. Cette confusion de patrimoines profitant indirectement aux détenteurs des titres de la holding, n'y a-t-il pas violation des dispositions de l'article L 225-216 qui prohibent les avances ou les prêts consentis par une société à un tiers en vue de l'achat ou de la souscription de ses propres actions (nº 79410), voire un abus de biens sociaux (nº 79400) si les acquéreurs étaient administrateurs de la cible au moment de la fusion ?

La fusion est une opération courante qui fait l'objet de règles précises destinées à sauvegarder les intérêts des associés et des créanciers sociaux. Elle n'est donc pas en soi critiquable même si elle a pour objet de rapprocher deux sociétés dont l'une vient de prendre le contrôle de l'autre.

Encore faut-il qu'elle ne soit pas entachée de **fraude** et, au cas particulier, qu'elle n'ait pas été réalisée dans le but de contourner la prohibition de l'article L 225-216. Ainsi, la constitution, aussitôt après la réalisation de la fusion, d'une garantie sur les anciens actifs de la cible au profit des prêteurs de l'ancienne holding, ou la vente d'actifs importants pourtant nécessaires au développement de l'entreprise, afin de permettre le remboursement des emprunts contractés par l'ancienne holding, risquent fort d'apparaître comme des indices sérieux d'une intention frauduleuse. De même, le fait que la fusion soit dépourvue de toute justification économique pour les sociétés concernées et qu'elle apparaisse comme dictée moins par l'intérêt social que par l'intérêt personnel de certains associés peut inviter les juges à rechercher si l'opération ne recèle pas une intention frauduleuse. **79431**

Bien entendu, s'il existe dans la société cible des actionnaires minoritaires, la fusion pourra être annulée pour **abus de majorité** s'il apparaît que l'opération a été réalisée contrairement à l'intérêt de la société et dans l'unique dessein de favoriser les majoritaires au détriment des minoritaires.

De même, le dirigeant de la société cible peut être poursuivi pour **abus de pouvoirs** (art. L 242-6, 3º) s'il s'avère que la fusion, avantageuse pour lui dès lors qu'elle lui permet de devenir directement et personnellement actionnaire de cette société pratiquement sans *bourse délier, est dépourvue* de toute justification économique et lésionnaire pour cette société (Cass. crim. 10-7-1995 : RJDA 5/96 nº 640). **79432**

Toutes ces observations sur la validité de la fusion rapide valent, à notre avis, quel que soit le **sens de la fusion.** Le plus souvent, c'est la holding qui absorbe la cible. Mais il peut être préférable de procéder de manière inverse (absorption de la holding par la cible), par exemple lorsque la cible détient des concessions juridiquement non transmissibles ou des immeubles soumis à un droit de préemption. **79433**

Les risques de contestation d'une fusion rapide sur le terrain de l'**abus de droit fiscal** semblent limités, dès lors que la jurisprudence admet la faculté de tirer parti de l'effet de levier fiscal d'une telle opération. L'existence d'un abus a, par exemple, été écartée aux **79434** motifs que la création de la société holding a permis à ses associés de mettre en commun les moyens dont ils disposaient pour prendre le contrôle de la cible et que la fusion a facilité le financement de la charge d'emprunt (CAA Lyon 26-5-1992 n°s 102 et 110 : RJF 10/92 n° 1408). Le fait de laisser s'écouler un délai même court entre la création de la société holding et sa fusion avec la société cible représente une mesure de précaution souhaitable bien qu'il puisse avoir pour conséquence de réduire l'effet de levier retiré de l'opération.

La réalisation d'une fusion rapide doit également prendre en considération l'exclusion du régime de faveur qui s'applique aux opérations ayant pour objectif principal ou l'un de leurs objectifs principaux la **fraude ou l'évasion fiscales** (n° 84415, précision a).

Sur le terrain de l'**acte anormal de gestion,** l'administration fiscale a indiqué que la qualification d'une fusion rapide résulte de la prise en considération d'un faisceau d'indices : délai entre l'acquisition de la cible et la fusion, niveau de capitalisation de la société holding, importance des dettes d'acquisition subsistant au moment de la fusion par rapport au financement initial, exercice ou non par la société acquéreur avant la fusion d'une activité autre que la détention des titres de la société acquise, etc. (BOI-IS-FUS-10-40 n°s 1 à 20). Elle accepte d'examiner l'ensemble de ces éléments et, à notre avis, ne devrait pas remettre en cause les conséquences fiscales de l'opération s'il est établi qu'elle a permis d'assurer la pérennité ou le renforcement de la situation économique des entités concernées.

C. Compatibilité avec la libre concurrence

PRATIQUES ANTICONCURRENTIELLES

79500 **Ententes** Les ententes anticoncurrentielles sont interdites (art. L 420-1 ; TFUE art. 101).

La **prise de participation** d'une société dans le capital d'une entreprise concurrente peut constituer une entrave à la libre concurrence au sein de l'UE si, par cette opération ou par des stipulations accessoires de l'accord, la société est en mesure d'influencer réellement ou potentiellement le comportement commercial de l'autre entreprise (CJCE 17-11-1987 aff. 142 et 156/84). Pour plus de détails, voir Mémento Concurrence Consommation n° 43460.

La création d'une **filiale commune** par deux sociétés concurrentes peut fausser le jeu de la concurrence au sein de l'UE lorsqu'elle est un instrument de coordination du comportement concurrentiel des sociétés fondatrices, ou entre celles-ci et la filiale commune (voir Mémento Concurrence Consommation n°s 43470 s.).

79510 **Abus de position dominante** La création d'un groupe de sociétés peut conduire à un abus de position dominante prohibé par l'article L 420-2 et l'article 102 du TFUE. Comme pour toute société en position dominante sur un marché, il peut s'agir soit d'un abus d'éviction consistant à empêcher l'entrée d'un concurrent sur ce marché ou à l'en exclure, soit d'un abus d'exploitation consistant à profiter d'une position dominante pour pratiquer, par exemple, des prix excessifs (sur l'identification d'une position dominante et la notion d'abus, voir Mémento Concurrence Consommation n°s 45200 s.).

CONTRÔLE DES CONCENTRATIONS

79511 La prise de participation ou la création d'une filiale commune accomplissant « de manière durable toutes les fonctions d'une entité économique autonome » (art. L 430-1, II ; Règl. CE 139/2004 du 20-1-2004 art. 3, 4) constitue une concentration économique soumise au contrôle préalable de l'Autorité de la concurrence ou à celui de la Commission européenne dès que l'opération franchit certains seuils de chiffres d'affaires (voir n°s 82690 s. ; pour plus de détails, voir aussi Mémento Concurrence Consommation n°s 8000 s.).

ATTENTION

Une **opération** de concentration, dépourvue de dimension européenne et située **en dessous des seuils de contrôle préalable** prévus par le droit national et n'ayant pas donné lieu à un renvoi à la Commission européenne en application de l'article 22 du règlement 139/2004 précité, peut être analysée par une autorité nationale de concurrence comme étant constitutive d'un **abus de position dominante** interdit par l'article 102 du TFUE au regard de la structure de la concurrence *sur un marché de dimension nationale.* L'autorité de concurrence saisie doit vérifier que l'acquéreur qui est en position dominante sur un marché donné et qui a pris le contrôle d'une autre entreprise sur ce marché a, par ce comportement, entravé substantiellement la concurrence sur ledit marché en ne laissant subsister que des entreprises dépendantes, dans leur comportement, de l'entreprise dominante (CJUE 16-3-2023 aff. 449/21 : RJDA 8-9/23 n° 463).

SECTION 3

RÈGLES DIVERSES CONCERNANT LES GROUPES

A. Obligations d'information liées à l'existence d'un groupe

1. INFORMATION DES SOCIÉTÉS

FRANCHISSEMENT DE SEUILS

À peine de lourdes sanctions, tant civiles que pénales, toute personne physique ou morale, agissant seule ou de concert, qui vient à posséder plus de 5, 10, 15, 20, 25, 30, 33,33, 50, 66,66, 90 ou 95 % du capital ou des droits de vote d'une société ayant son siège sur le territoire de la République française et dont les actions sont négociées sur un marché réglementé ou sur un marché d'instruments financiers admettant aux négociations des actions pouvant être inscrites en compte chez un intermédiaire habilité doit informer cette société du nombre total d'actions ou de droits de vote de celle-ci qu'elle possède (art. L 233-7, I-al. 1). Pour plus de détails, voir nos 64290 s. **79700**

NOTIFICATIONS DES PARTICIPATIONS À LA CHARGE DES SOCIÉTÉS CONTRÔLÉES

Afin de faciliter l'application de la réglementation sur l'autocontrôle (nos 79280 s.), le législateur impose aux sociétés contrôlées directement ou indirectement par une société par actions de notifier à cette dernière et à chacune des sociétés participant au contrôle le montant des participations qu'elle détient directement ou indirectement dans leur capital respectif (art. L 233-12, al. 1). **79701**

Cette notification, qui est requise également en cas de variation de ces participations à la suite notamment d'une acquisition ou d'une cession de titres, doit être faite dans le délai d'un mois à compter (art. L 233-12, al. 2) :

– du jour où la prise de contrôle a été connue de la société pour les titres qu'elle détenait avant cette date ;

– du jour de l'opération pour les acquisitions ou aliénations ultérieures.

> **Précisions** **a.** La loi soumet à l'obligation de notification les sociétés contrôlées par une société par actions sans distinction. Peu importe donc la **forme juridique** de ces sociétés et, lorsque le contrôle est indirect, celle des sociétés par l'intermédiaire desquelles ce contrôle est assuré.
>
> **b.** Les dispositions relatives à l'obligation de notification constituent une simple **mesure d'information.** Elles ne suppriment pas l'interdiction des participations croisées directes prévue par les articles L 233-29 et L 233-30 (nos 79262 s.).

Sanctions pénales L'inobservation des dispositions de l'article L 233-12 est punie d'une amende de 18 000 € (art. L 247-2, II). **79705**

2. INFORMATION DES ASSOCIÉS

Les règles relatives à l'information des associés sont applicables à toutes les sociétés *commerciales dotées de la personnalité morale* dès l'instant où la participation dépasse 5 % du capital d'une autre société. Cette information est particulièrement détaillée lorsque la participation excède 50 %. **79730**

L'application généralisée de l'information des associés au sein d'un groupe tend à prévenir :

– le « glissement » des bénéfices d'une société dans une autre, notamment dans une société étrangère si le groupe est international ;

– la sous-évaluation des titres de la société mère due au défaut de connaissance exacte de l'actif social ; lorsque la société mère est une holding, on ne trouve en effet au bilan qu'une ou deux lignes mentionnant simplement l'existence de participations et le prix de revient de celles-ci, lequel peut être très inférieur à leur valeur réelle.

ÉLÉMENTS DU RAPPORT DE GESTION RELATIFS AU GROUPE

79731 **Prises de participation significatives et prises de contrôle** Le rapport de gestion présenté à l'assemblée annuelle par le conseil d'administration, le directoire, les gérants sur les opérations de l'exercice écoulé doit faire état de toute prise de participation, intervenue au cours dudit exercice, dans une société et représentant plus de 5, 10, 20, 33,33 ou 50 % du capital de cette société ou de toute prise du contrôle d'une telle société (art. L 233-6, al. 1). Dans la SAS, cette obligation relève à notre avis du président ou des dirigeants désignés à cet effet par les statuts (cf. art. L 227-1, al. 3).

ATTENTION

Comme l'a souligné l'Ansa (Communication 2919 septembre-octobre 1997 p. 8), l'application littérale de l'article L 233-6 conduit à considérer que seules les prises de participation directes doivent être signalées ; en revanche, les prises de contrôle doivent être appréciées en tenant compte des détentions directes ou indirectes de droits de vote.

Les prises de participation doivent être déclarées lorsque les seuils sont franchis non seulement en capital, mais aussi en droits de vote.

De plus, un seuil des deux tiers s'ajoute aux cinq seuils prévus à l'article L 233-6. Cette mesure résulte non pas de l'article L 233-6, al. 1, mais des dispositions pénales qui répriment l'inobservation de ce texte (art. L 247-1, I-1°). Cette omission regrettable semble résulter d'une confusion quant au champ d'application de l'article L 247-1, I-1°, celui-ci concernant l'article L 233-6, al. 1, et non pas, comme certains paraissent le croire (Rapport AN n° 563 p. 112 relatif à la loi 89-531 du 2-8-1989), l'article L 233-7.

79732 La liste de ces seuils est plus restreinte que celle prévue pour les déclarations en cas de franchissement de seuils (art. L 233-7) et, contrairement à ces dernières et en l'absence de dispositions particulières à cet égard, les informations ci-dessus relatives aux prises de participation ou aux prises de contrôle doivent être données dans toutes les sociétés, que leurs titres soient admis aux négociations sur un marché boursier ou non.

Seules doivent être indiquées les acquisitions aboutissant, compte tenu le cas échéant des titres déjà possédés, à une participation significative et les prises de contrôle direct ou indirect (n° 79017) dans des sociétés ayant leur siège « sur le territoire de la République française », c'est-à-dire en France métropolitaine, ainsi que dans les collectivités territoriales, ce qui exclut l'obligation de mentionner les prises de participation dans les sociétés ayant leur siège dans les pays étrangers.

79733 L'article L 233-6 ne fait aucune distinction quant à la forme juridique de la société dans laquelle sont pris le contrôle ou la participation. Par conséquent, il vise aussi bien les sociétés civiles que les sociétés commerciales, dès lors que leur siège social est en France.

En cas de prise de contrôle indirect, peu importent la forme juridique et la nationalité des sociétés par l'intermédiaire desquelles ce contrôle est assuré : par exemple, le fait qu'une société étrangère figure dans la chaîne de contrôle ne dispense pas les dirigeants de la société mère française de signaler dans leur rapport la prise de contrôle dès lors que celle-ci visait une société française.

79734 **Activités et résultats des sociétés contrôlées** Le conseil d'administration, le directoire ou les gérants doivent rendre compte, dans le rapport annuel de gestion, de l'activité et des résultats des filiales de la société et des sociétés contrôlées par elle (art. L 233-6, al. 2). Dans la SAS, cette obligation s'impose à notre avis au président ou aux dirigeants désignés à cet effet par les statuts (cf. art. L 227-1, al. 3).

Les informations relatives à l'activité et aux résultats doivent être présentées par branche d'activité. Mais cette présentation doit être faite au niveau de l'ensemble des sociétés du groupe (y compris la société mère) et non pas société par société.

Lorsque la société établit et publie des comptes consolidés, les informations relatives à l'activité du groupe peuvent figurer dans le rapport sur la gestion du groupe (art. L 233-6, al. 2).

› Précisions **a.** Le rapport d'activité ne concerne que les « filiales » (au sens large ; voir n° 79013) *et non pas les sociétés dans lesquelles* la société intéressée n'a qu'une simple participation ne lui donnant pas la **majorité du capital** ou le **contrôle.**

b. La généralité des termes de l'article L 233-6, al. 2 impose, semble-t-il, aux dirigeants de rendre compte de l'activité de toutes les **filiales ou sociétés contrôlées, même étrangères,** alors qu'ils ne sont pas tenus de mentionner dans leur rapport l'acquisition de plus de la moitié du capital ou la prise de contrôle d'une société étrangère.

Suppression des participations croisées Le rapport de gestion doit informer les associés des aliénations d'actions qui ont été effectuées en vue de mettre fin aux participations croisées illicites (art. R 233-19, al. 2). 79735

Identité des titulaires de participations significatives et d'actions d'autocontrôle En fonction des informations qu'ils ont reçues (nos 64290 s. et 79700 s.), les dirigeants doivent, dans leur rapport de gestion (art. L 233-13) : 79736

– mentionner l'identité des personnes physiques ou morales détenant directement ou indirectement plus de 5, 10, 15, 20, 25, 33,33, 50, 66,66, 90 ou 95 % du capital social ou des droits de vote aux assemblées générales ;

– faire apparaître les modifications intervenues au cours de l'exercice dans la liste qui précède, même si elles se sont traduites par un simple « aller et retour » des actions ;

– indiquer la dénomination des sociétés contrôlées directement ou indirectement par leur société et la part du capital de leur société que celles-ci détiennent (seules doivent être signalées les sociétés qui détiennent des actions d'autocontrôle ; il n'est pas nécessaire de mentionner la dénomination des sociétés contrôlées lorsque celles-ci ne possèdent aucune participation dans la société).

Cette dernière indication concerne toutes les sociétés par actions (mais non les sociétés d'une autre forme), que leurs titres soient cotés ou non. En revanche, il nous semble que les deux premières (identité des personnes détenant une participation significative dans la société et modifications intervenues au cours de l'exercice) ne sont requises que dans les rapports des sociétés dont les actions sont admises aux négociations sur un marché réglementé ou sur un marché d'instruments financiers admettant aux négociations des actions pouvant être inscrites en compte chez un intermédiaire habilité. En effet, l'article L 233-13 prescrit les mentions ci-dessus « en fonction des informations reçues en application des articles L 233-7 et L 233-12 ». Or, si la notification des actions d'autocontrôle doit être faite aux sociétés, que leurs titres soient cotés ou non sans distinction (art. L 233-12), celle concernant les participations significatives (art. L 233-7) est supprimée lorsqu'il s'agit de sociétés dont les actions ne sont pas admises aux négociations sur un marché réglementé ou sur un marché d'instruments financiers admettant aux négociations des actions pouvant être inscrites en compte chez un intermédiaire habilité. Par suite, les dirigeants de ces dernières ne sont pas tenus de faire figurer cette information dans leur rapport de gestion.

À notre avis, les informations doivent être fournies au vu d'une situation arrêtée non pas à la date d'établissement du rapport mais à la date de clôture de l'exercice. En effet, l'article L 233-13 prescrit de faire apparaître dans le rapport « les modifications intervenues au cours de l'exercice », ce qui implique, nous semble-t-il, que l'on n'a pas à tenir compte des opérations intervenues entre la date de clôture de l'exercice et celle de l'établissement du rapport. Toutefois, si ces opérations constituent des « événements importants » dans la vie de la société, elles doivent être signalées dans le rapport de gestion en application de l'article L 232-1, II. 79737

L'identité des personnes détenant une participation significative dans la société, d'une part, la dénomination des sociétés contrôlées et la part du capital de la société que celles-ci détiennent, d'autre part, doivent figurer chaque année dans le rapport de gestion même si elles n'ont pas varié d'une année à l'autre. En revanche, l'information relative aux modifications intervenues au cours de l'exercice est purement ponctuelle ; elle ne doit donc être fournie que dans le rapport de gestion relatif à l'exercice concerné (Rép. Belcour : Sén. 18-12-1986 no 03261). 79738

***Déclaration* de performance extra-financière** Certaines grandes SA, SCA et SNC doivent, dans leur rapport de gestion, établir une déclaration de performance extra-financière, appelée à être progressivement remplacée par le rapport de durabilité : voir nos 23033 et 48205. 79740

Plan de vigilance Les SA, les SCA et désormais les SAS employant, à la clôture de deux exercices consécutifs, au moins 5 000 salariés en leur sein et dans leurs filiales françaises directes ou indirectes ou au moins 10 000 salariés en leur sein et dans leurs filiales françaises et étrangères directes ou indirectes (art. L 225-102-1, I-al. 1) doivent établir un **plan de vigilance.** Ce plan et un **compte rendu de sa mise en œuvre effective** doivent être inclus dans le rapport de gestion et publiés (à notre avis, sur le site internet de la société) (art. L 225-102-1, I-al. 10). 79745

Les filiales ou sociétés contrôlées qui dépassent les seuils mentionnés ci-dessus sont réputées satisfaire aux obligations nouvelles si la société qui les contrôle (au sens de l'article L 233-3) établit et met en œuvre un plan de vigilance (art. L 225-102-1, I-al. 2).

Pour des précisions sur le contenu du plan, voir nos 48216 s. ; sur les sanctions, voir nos 48228 s.

ÉLÉMENTS DU RAPPORT DES COMMISSAIRES AUX COMPTES RELATIFS AU GROUPE

79750 Le rapport des commissaires aux comptes doit mentionner les prises de participation significatives dans d'autres sociétés ou leur prise de contrôle et, s'il s'agit d'une société par actions, les renseignements relatifs à la répartition du capital social et à l'autocontrôle (art. L 233-6, al. 1 et L 233-13). Toutefois, cette dernière mention n'est pas nécessaire si elle figure déjà dans le rapport de gestion des dirigeants (Bull. CNCC juin 1986 p. 215).

Le rapport des commissaires aux comptes doit aussi porter à la connaissance des actionnaires ou associés les aliénations d'actions intervenues au cours de l'exercice écoulé (art. R 233-19, al. 2).

Pour l'établissement de leur rapport aux actionnaires, les commissaires aux comptes peuvent procéder à des investigations, non seulement auprès de la société qu'ils contrôlent, mais aussi auprès des sociétés mères ou filiales de cette dernière (art. L 821-61, al. 1).

TABLEAU RELATIF AUX FILIALES ET PARTICIPATIONS ANNEXÉ AU BILAN

79760 Le conseil d'administration, le directoire ou les gérants doivent inclure dans l'annexe un tableau faisant apparaître la situation des filiales et des participations (art. L 233-15).

SANCTIONS PÉNALES DU DÉFAUT D'INFORMATION DES ASSOCIÉS SUR LE GROUPE

79770 S'exposent à un emprisonnement de deux ans et à une amende de 9 000 € les présidents, les administrateurs (les membres du directoire), les directeurs généraux, les gérants ou les directeurs généraux délégués (art. L 248-1) de toute société commerciale qui (art. L 247-1, I) :
– n'ont pas fait mention, dans le rapport de gestion présenté aux associés sur les opérations de l'exercice, d'une prise de participation dans une société ayant son siège sur le territoire de la République française représentant plus de 5, 10, 20, 33,33, 50 ou 66,66 % du capital ou des droits de vote aux assemblées générales de cette société ou de la prise du contrôle direct ou indirect d'une telle société ;
– n'ont pas dans le même rapport rendu compte de l'activité et des résultats de l'ensemble de la société, des filiales de la société et des sociétés qu'elle contrôle, par branche d'activité ;
– n'ont pas inclus dans l'annexe de la société le tableau faisant apparaître la situation des filiales et des participations.

Les mêmes peines sont applicables aux commissaires aux comptes, au cas où ceux-ci omettent de mentionner dans leur rapport les prises de participation significatives dans le capital d'une société ayant son siège sur le territoire de la République française ou la prise de contrôle d'une telle société (art. L 247-1, III).

79771 Par ailleurs, les présidents, les administrateurs, les membres du directoire, les gérants, les directeurs généraux ou les directeurs généraux délégués (art. L 248-1) d'une société qui ont omis de faire mention, dans le **rapport de gestion présenté aux actionnaires**, de l'identité des personnes détenant des participations significatives dans cette société, des modifications intervenues au cours de l'exercice, du nom des sociétés contrôlées et de la part du capital de la société que ces sociétés détiennent, dans les conditions prévues par l'article L 233-13, sont passibles d'une amende de 18 000 € (art. L 247-2, III).

Pour les sociétés dont les actions sont admises aux négociations sur un marché réglementé ou sur un marché d'instruments financiers autre qu'un marché réglementé, et si la personne qui gère ce marché d'instruments financiers en a fait la demande, les poursuites ne peuvent être engagées qu'après que l'avis de l'AMF a été demandé (art. L 247-2, V).

Les mêmes peines sont applicables aux commissaires aux comptes qui n'ont pas mentionné ces informations dans leur rapport (art. L 247-2, IV).

3. *INFORMATION DES SALARIÉS*

a. Information directe des salariés

79790 Une information préalable des salariés est imposée par la loi en cas de cession de contrôle afin de faciliter la reprise de la société par les salariés : voir nos 18035 s.

b. Comité social et économique

MODIFICATION DE L'ORGANISATION ÉCONOMIQUE OU JURIDIQUE DE L'ENTREPRISE

Dans toute entreprise d'au moins 50 salariés, le comité social et économique (CSE) doit être informé et consulté sur la modification de l'organisation économique ou juridique de celle-ci (C. trav. art. L 2312-8, II-2°), ainsi que sur les conséquences environnementales de celle-ci (art. L 2312-8, III). 79791

Le contenu et les modalités de la consultation peuvent être précisés par accord d'entreprise (C. trav. art. L 2312-55) ; il est également possible de décider par accord de groupe que la consultation s'effectue au niveau du groupe (nº 79813).

À défaut d'accord, il y a lieu de considérer que :

1. Les **cas devant donner lieu à information et consultation** du CSE sont, par exemple, les fusions, cessions, modifications importantes des structures de production de l'entreprise, l'acquisition ou la cession de filiales, etc.

Selon la doctrine administrative, la modification dans l'organisation économique de l'entreprise vise notamment la création, la transformation, la fermeture d'un département, d'un service, d'une agence ou d'un établissement, une modification dans l'organisation interne des différents départements ou services de l'entreprise, les projets de recourir à la sous-traitance ou de constituer un GIE. La modification dans l'organisation juridique de l'entreprise recouvre également les cas de scission, transformation du fonds ou dissolution (Circ. DRT 12 du 30-11-1984, réputée abrogée mais conservant, à notre sens, une valeur indicative).

Une société est considérée comme une filiale lorsque plus de la moitié de son capital est détenue par une autre (art. L 233-1, définition à laquelle renvoyait l'ancien article L 2323-33 du Code du travail et qui, bien que ne figurant pas dans l'article L 2312-8 du même Code, demeure pertinente).

En cas de fusion, l'employeur est tenu de communiquer le traité de fusion et les statuts de la future société dès lors qu'il dispose de ces documents (Cass. crim. 28-11-1984 nº 88-93.094).

2. Les **règles générales de consultation** définies à l'article L 2312-15 du Code du travail (délai d'examen suffisant, informations écrites transmises ou mises à disposition par l'employeur, réponse motivée de celui-ci aux observations du CSE) s'appliquent. En toute hypothèse, le principe selon lequel la consultation doit précéder la décision (C. trav. art. L 2312-14) doit être respecté. Le CSE peut recourir à un expert-comptable, les frais d'expertise étant alors entièrement à sa charge, sur sa subvention de fonctionnement.

L'inobservation des obligations d'information et de consultation du CSE expose les dirigeants aux **sanctions pénales** prévues pour entrave au fonctionnement régulier du comité, soit à une amende de 7 500 € (C. trav. art. L 2317-1). Le CSE peut aussi saisir le juge des référés afin d'obtenir la suspension du projet jusqu'à la régularisation de la procédure de consultation et, si le juge l'estime justifié, une provision à valoir sur la réparation du trouble manifestement illicite constitué par le défaut de consultation (Cass. soc. 27-11-2024 nº 23-13.806 F-B : RJS 2/25 nº 100).

ATTENTION

Dans les SA, l'obligation de communiquer l'avis du comité à l'**assemblée des actionnaires** appelée à délibérer sur les modifications, prévue pour le comité d'entreprise par l'article L 225-105, n'a pas été transposée au CSE. Pour autant, il nous semble logique que les actionnaires conservent cette information dans les sociétés où existe un CSE.

Le délai imparti au CSE pour rendre son avis, à l'expiration duquel il est réputé avoir été consulté et avoir rendu un avis négatif, est encadré par la loi qui pose des règles valant non seulement pour les consultations auxquelles doivent donner lieu les opérations visant à modifier la configuration des groupes de sociétés, mais plus généralement pour l'ensemble des consultations du CSE prévues par le Code du travail. 79792

Ce délai est fixé par accord d'entreprise (ou, en l'absence de délégué syndical, par accord *entre l'employeur et le CSE adopté* à la majorité des membres titulaires de la délégation du personnel du CSE) ou, à défaut d'accord, par le Code du travail (C. trav. art. L 2312-16).

› Précisions a. Le **délai** fixé par le Code du travail, **à défaut d'accord,** est d'un mois à compter de la communication par l'employeur des informations prévues par ce Code pour la consultation (ou, le cas échéant, à compter de l'information par l'employeur de leur mise à disposition dans la base de données visée nº 76063). Ce délai est porté à deux mois en cas d'intervention d'un expert et à trois mois en cas d'intervention d'une ou plusieurs expertises dans le cadre d'une consultation se déroulant à la fois au niveau du comité central et d'un ou plusieurs comités d'établissement (C. trav. art. R 2312-6, I). Lorsqu'il y a lieu de consulter à la fois le CSE central et un ou plusieurs comités d'établissement, l'avis du CSE central est rendu dans les mêmes délais et celui de chaque comité d'établissement est transmis au CSE central au plus tard sept jours avant l'expiration du délai imparti à ce dernier ; ces dispositions ne s'appliquent qu'à défaut d'accord fixant un ordre et des délais de consultation différents (art. R 2312-6, II).

b. En tant que de besoin, il est également possible de décider d'une **prolongation** conventionnelle de **délai** par accord d'entreprise (ou, dans les entreprises sans délégué syndical, par accord conclu entre l'employeur et la majorité des membres titulaires élus du CSE). Même en l'absence d'accord formel en ce sens, employeur et CSE peuvent s'accorder de manière informelle pour prolonger le délai réglementaire à l'occasion d'une consultation déterminée (Cass. soc. 8-7-2020 n° 19-10.987 FS-PBI : RJS 10/20 n° 477), étant précisé qu'un tel accord excluant l'application des délais réglementaires, le CSE ne peut, lors de la consultation ainsi reportée, que rendre un avis ou à défaut être réputé avoir rendu un avis négatif, sans pouvoir, sur le fondement des dispositions réglementaires, se considérer insuffisamment informé et désigner un expert (Cass. soc. 29-6-2022 n° 21-11.077 FS-B : RJS 10/22 n° 524).

c. Le CSE qui estime ne pas disposer d'**éléments suffisants** pour rendre son avis peut saisir le président du tribunal judiciaire statuant selon la procédure accélérée au fond pour qu'il ordonne la communication par l'employeur des éléments manquants. Sauf décision contraire de sa part, cette saisine ne prolonge pas le délai dont dispose le CSE pour rendre son avis (C. trav. art. L 2312-15).

d. L'employeur n'a pas l'obligation de consulter immédiatement le CSE sur les **mesures envisagées à l'égard des salariés.** Il reste néanmoins tenu de le consulter avant de mettre en œuvre ces mesures si elles affectent les conditions de travail ou d'emploi (C. trav. art. L 2312-8, II-3°) ou impliquent une restructuration ou une compression des effectifs (C. trav. art. L 2312-39). Mais il peut le faire dans un deuxième temps.

OFFRES PUBLIQUES ET OPÉRATIONS DE CONCENTRATIONS

79793 Des procédures spécifiques d'information et/ou de consultation du CSE des entreprises d'au moins 50 salariés sont prévues :

– en cas de dépôt d'**offre publique d'achat ou d'échange** portant sur l'entreprise : voir n°s 64930 s. ;

– ou lorsqu'une entreprise est partie à une **opération de concentration** telle que définie à l'article L 430-1 (n°s 82690 s.) de dimension nationale ou européenne. L'article L 2312-41 du Code du travail fait ainsi obligation à l'employeur de réunir le CSE au plus tard dans un délai de trois jours à compter de la publication du communiqué relatif à la notification du projet de concentration, émanant soit de l'autorité administrative française en application de l'article L 430-3, soit de la Commission européenne en application du règlement CE 139/2004 du 20 janvier 2004 sur les concentrations. Au cours de cette réunion, le CSE ou, le cas échéant, la commission économique peut proposer le recours à un expert-comptable. Dans ce cas, le CSE ou la commission économique tient une deuxième réunion afin d'entendre les résultats des travaux de l'expert.

› Précisions **a.** La notion d'**entreprise partie à l'opération** de concentration vise l'ensemble des entités économiques qui sont affectées, directement ou indirectement, par la prise de contrôle, par exemple des sociétés filiales qui sont indirectement la cible de l'opération lorsque celle-ci a une incidence sur la situation de ses salariés (Cass. soc. 26-10-2010 n° 09-65.565 FS-PBR : RJDA 2/11 n° 186). En revanche, une société n'est pas partie à une opération de concentration s'il n'est pas établi que celle-ci aura une incidence certaine, actuelle ou future, mais nécessaire ou prévisible et pas seulement éventuelle ou hypothétique, sur la situation de ses salariés (Cass. soc. 2-7-2014 n° 13-17.361 FS-D : RJS 10/14 n° 704).

b. Même si l'article L 430-6, ouvrant au comité d'entreprise le droit de saisir l'**Autorité de la concurrence,** n'a pas été étendu au CSE, celui-ci est bien en droit de contester la décision de l'Autorité autorisant une opération de concentration au moyen de tout argument fondé sur une atteinte à la concurrence. En revanche, il n'est pas recevable à fonder son recours sur le défaut de respect par l'employeur de ses obligations en matière d'information et de consultation du CSE (CE 9-3-2021 n° 433214 : RJDA 6/21 n° 426).

c. En cas de recours à un **expert-comptable,** celui-ci a accès aux documents de toutes les sociétés intéressées par l'opération (C. trav. art. L 2315-93). Les frais d'expertise doivent être pris en charge pour 20 % au moins par le CSE sur son budget de fonctionnement (sauf insuffisance de celui-ci), l'employeur étant redevable du solde (C. trav. art. L 2315-80). Les délais auxquels sont soumis, à défaut d'accord, l'expert-comptable pour rendre son rapport et l'employeur pour lui fournir les informations nécessaires sont fixés par les articles L 2315-85 et R 2315-47 du Code du travail.

INFORMATION DES NOUVEAUX ÉLUS

79794 Un mois après chaque élection du CSE (donc tous les quatre ans, sauf dérogation par voie d'accord de branche, de groupe ou d'entreprise), les dirigeants de la société doivent fournir au CSE une documentation économique et financière précisant notamment la position de l'entreprise au sein du groupe et, compte tenu des informations dont dispose la société, la répartition du capital entre les actionnaires détenant plus de 10 % du capital et la position de l'entreprise dans la branche d'activité à laquelle elle appartient. Cette information peut être adaptée, voire supprimée par accord (C. trav. art. L 2312-57). L'inobservation de cette obligation expose les dirigeants sociaux à une amende de 7 500 € pour délit d'entrave (C. trav. art. L 2317-1).

CONSULTATION PÉRIODIQUE SUR LES ORIENTATIONS STRATÉGIQUES

La consultation annuelle du CSE sur les orientations stratégiques de l'entreprise, imposée par l'article L 2312-17, 1° du Code du travail, s'effectue séparément dans chaque entreprise du groupe (sauf si un accord prévoit de l'effectuer au niveau du comité de groupe : voir nº 79812) et, comme le requiert l'article L 2332-1 du Code du travail, le comité de groupe reçoit communication des avis rendus sur cette question par les CSE. **79795**

Au cours de cette consultation, le CSE est informé des conséquences environnementales de l'activité de l'entreprise. Il est aussi possible que ce soit au cours de la même consultation que le CSE soit consulté sur les informations en matière de durabilité (nᵒˢ 77305 s.).

Si le CSE d'une des sociétés du groupe décide de se faire assister pour cette consultation par un **expert-comptable** comme l'y autorisent les articles L 2315-80 et L 2315-87 du Code du travail, les frais d'expertise sont à hauteur de 80 % à la charge de l'entreprise et pour 20 % à la charge du CSE sur sa subvention de fonctionnement, sauf insuffisance de celle-ci (art. L 2315-80).

› Précisions **a.** En cas de désignation d'un expert-comptable, la question se pose du **périmètre des investigations** de cet expert dans la mesure où, dans un groupe, les orientations stratégiques sont le plus souvent, au moins pour partie, définies au niveau du groupe. Sur cette question, non tranchée par la Cour de cassation, plusieurs cours d'appel ont admis que, dès lors que le fonctionnement du groupe démontre une très forte imbrication entre la société mère et ses filiales et que les données stratégiques sont, pour l'essentiel, définies et contrôlées dans leur application par le groupe, l'expert-comptable d'une filiale ne peut pas se voir refuser l'accès aux éléments d'information stratégique du groupe (CA Lyon 8-1-2016 nº 14/09041 : RJS 4/16 nº 260 ; CA Paris 15-7-2016 nº 15/24432 : RJS 11/16 nº 704) ; en revanche, il n'est pas en droit d'exiger l'organisation d'un entretien avec des interlocuteurs du groupe (CA Lyon 8-1-2016 précité).

b. La **consultation ponctuelle sur la modification de l'organisation économique ou juridique de l'entreprise** ou en cas de restructuration et compression des effectifs n'est pas subordonnée au respect préalable par l'employeur de l'obligation de consulter le CSE sur les orientations stratégiques de l'entreprise ; le juge n'a donc pas à suspendre un projet de modification de l'organisation ou de restructuration dans l'attente de la mise ou de la remise en œuvre de la consultation sur les orientations stratégiques (Cass. soc. 21-9-2022 nº 20-23.660 FS-BR : RJS 11/22 nº 572).

c. Comité de groupe

DÉFINITION DU GROUPE

Constitue un groupe, au sens des règles applicables au comité de groupe, l'ensemble formé par une entreprise dominante, dont le siège social est situé sur le territoire français, et les sociétés qu'elle **contrôle** directement ou indirectement dans les conditions définies aux articles L 233-1 (nº 79031), L 233-3, I et II (nᵒˢ 79013 s.) et L 233-16, II (nº 81402) (C. trav. art. L 2331-1, I). L'entreprise dominante peut être une société mais aussi une personne physique (Cass. soc. 22-11-2023 nº 22-19.282 FS-B : RJS 2/24 nº 101). **79810**

Il en est de même lorsqu'une société exerce une **influence dominante** sur une autre société dont elle détient au moins 10 % du capital et que la permanence et l'importance de leurs relations établissent qu'elles appartiennent à un même ensemble économique (C. trav. art. L 2331-1, II).

L'existence d'une influence dominante est présumée établie, sauf preuve contraire, lorsqu'une société, directement ou indirectement (art. L 2331-1, II-al. 2 à 5) :

– *peut nommer* plus de la moitié des membres des organes d'administration, de direction ou de surveillance de l'autre société ;
– ou dispose de la majorité des voix attachées aux parts ou actions émises par elle ;
– ou détient la majorité de son capital.

› Précisions **a.** La notion de **contrôle conjoint** ne doit pas être prise en compte pour la constitution du comité de groupe (C. trav. art. L 2331-1, II-al. 6 ; Cass. soc. 9-2-1994 nº 91-11.429 : RJDA 5/94 nº 533).

b. La **configuration du groupe** est définie soit par accord des parties intéressées, soit, à défaut, par décision de justice (C. trav. art. L 2333-5).

c. L'**accord collectif** instituant le comité de groupe conclu avant la création du comité social et économique conserve sa valeur : dans ses clauses visant les anciennes institutions, il suffit de substituer la référence à ce comité aux références aux anciennes institutions (Cass. soc. 27-1-2021 nº 19-24.400 F-PI : RJS 4/21 nº 223).

ATTRIBUTIONS DU COMITÉ DE GROUPE

79811 Le comité de groupe – qui ne se substitue pas aux CSE pouvant exister dans chacune des sociétés du groupe – a pour **mission** d'assurer aux représentants du personnel une information à un niveau supérieur à celui de la société dans laquelle ces derniers exercent leurs fonctions.

Le comité de groupe centralise les informations sur l'activité, la situation financière, l'évolution et les prévisions d'emploi annuelles ou pluriannuelles et les actions éventuelles de prévention envisagées, compte tenu de ces prévisions dans le groupe et dans chacune des entreprises qui le composent. Il est informé, dans ces domaines, des perspectives économiques du groupe pour l'année à venir. Il reçoit communication, lorsqu'ils existent, des comptes et du bilan consolidés ainsi que du rapport du commissaire aux comptes correspondant (C. trav. art. L 2332-1).

De même, en cas d'offre publique d'achat ou d'échange portant sur l'entreprise dominante du groupe, il peut demander à l'initiateur de l'offre de venir prendre connaissance des observations que suscite de sa part l'examen du projet d'offre (cf. C. trav. art. L 2332-2).

Le comité de groupe peut se faire assister par un expert-comptable rémunéré par l'entreprise dominante et qui a accès aux mêmes documents que les commissaires aux comptes des entreprises constitutives du groupe (C. trav. art. L 2334-4), et notamment aux informations relatives à toutes les entreprises comprises dans la consolidation, y compris les entreprises étrangères (Cass. soc. 6-12-1994 : RJS 1/95 n° 38).

79812 Par dérogation au principe selon lequel la consultation annuelle du CSE sur les **orientations stratégiques** se fait en principe au niveau de chacune des entreprises d'au moins 50 salariés du groupe, un accord de groupe peut prévoir qu'elle s'effectue au niveau du comité de groupe. Cet accord doit alors prévoir, dans les entreprises d'au moins 50 salariés, les modalités de transmission de l'avis de ce comité aux CSE des sociétés du groupe (qui restent consultés sur les conséquences de ces orientations stratégiques) et à l'organe chargé de l'administration de l'entreprise dominante du groupe, telle que définie à l'article L 2331-1 du Code du travail : voir n° 79810 (C. trav. art. L 2312-20). À défaut d'un tel accord, le comité de groupe est destinataire des avis rendus, dans les entreprises d'au moins 50 salariés, par les CSE du groupe (C. trav. art. L 2332-1).

79813 De la même manière, un accord de groupe peut décider d'effectuer au niveau du groupe la consultation sur la **modification de l'organisation économique ou juridique** imposée par l'article L 2312-8, II-2° du Code du travail (n° 79791) ; il doit alors prévoir les modalités de transmission de l'avis du comité de groupe, d'une part, à chaque CSE des entreprises d'au moins 50 salariés du groupe (qui reste consulté sur les conséquences des projets sur l'entreprise) et, d'autre part, à l'organe chargé de l'administration de l'entreprise dominante du groupe telle que définie à l'article L 2331-1 du Code du travail : voir n° 79810 (C. trav. art. L 2312-56).

79814 En matière de **désignation des administrateurs ou des membres du conseil de surveillance représentant les salariés,** si le législateur octroie au CSE et au comité de groupe des pouvoirs formellement alternatifs sans indiquer si un choix est possible ou non (art. L 225-27-1 et L 225-79-2), la Cour de cassation a fait application en ce domaine du principe de concordance pour privilégier la compétence du comité de groupe (Cass. soc. 23-11-2022 n° 21-19.944 FS-B : RJDA 4/23 n° 202).

79815 Pour **plus de détails** sur les comités de groupe, voir Mémento Social n°s 9800 s.

d. Comité d'entreprise européen

79820 Dans les groupes de dimension européenne, les salariés ont un droit à l'information et à la consultation à l'échelon européen sur les questions transnationales, c'est-à-dire celles qui concernent l'ensemble de l'entreprise ou du groupe d'entreprises de dimension européenne ou au moins deux entreprises ou établissements de l'entreprise ou du groupe situés dans deux États membres. Ce droit est assuré par la mise en place d'un comité d'entreprise européen ou d'une procédure d'information, d'échange de vues et de dialogue (C. trav. art. L 2341-1 s.).

Les groupes d'entreprises ayant mis en place un comité d'entreprise européen peuvent décider, par accord passé au sein du groupe (ou au sein du groupe spécial de négociation), et sous réserve d'un vote favorable du comité de groupe, d'aménager les conditions de fonctionnement du comité de groupe ou même de supprimer ce comité en transférant ses attributions au comité d'entreprise européen (C. trav. art. L 2343-19 et L 2345-2).

L'articulation de l'information-consultation du comité d'entreprise européen avec celles des autres institutions représentatives du personnel existant au niveau national est réglée par la loi (C. trav. art. L 2341-9).

4. INFORMATION DU PUBLIC

PUBLICATION DES COMPTES AU BALO

Sur l'obligation pour les sociétés dont les actions sont admises aux négociations sur un marché réglementé de publier leurs comptes annuels, la décision d'affectation du résultat ainsi que les comptes consolidés, s'il en existe, voir n° 76842. **79850**

FRANCHISSEMENTS DE SEUILS

Toute personne, physique ou morale, agissant seule ou de concert avec une autre, qui vient à posséder, directement ou indirectement, 5, 10, 15, 20, 25, 30, 33,33, 50, 66,66, 90 ou 95 % du capital ou des droits de vote d'une société dont les titres sont admis aux négociations sur un marché réglementé doit en informer l'AMF dans un délai de quatre jours de négociation (art. L 233-7 ; Règl. gén. AMF art. 223-14, I-al. 1). Il en est de même de toute personne, physique ou morale, agissant seule ou de concert avec une autre, qui vient à posséder 50 ou 90 % du capital ou des droits de vote d'une société dont les titres sont admis aux négociations sur Euronext Growth (art. L 233-7 ; Règl. gén. AMF art. 223-14, I-al. 1 sur renvoi de l'art. 223-15-1). L'information est portée à la connaissance du public par l'AMF dans les trois jours de négociation suivant la date de réception de la déclaration (Règl. gén. AMF art. 223-14, VI). **79851**
Pour des précisions, voir n°s 64290 s.

INFORMATION DU PUBLIC SUR L'ACTIONNARIAT DE LA SOCIÉTÉ

Les sociétés dont les titres de capital sont admis aux négociations sur un marché réglementé doivent informer le public, à l'occasion de la réunion d'une assemblée générale, du nom des actionnaires qui détiennent directement ou indirectement plus de 5 % de leur capital (n° 79736). **79852**

B. Règles concernant les dirigeants

CUMUL DES MANDATS SOCIAUX AU SEIN D'UN GROUPE

Lorsqu'une SA est contrôlée, au sens de l'article L 233-16, par d'autres SA, des **dérogations** sont apportées aux règles relatives à la limitation du nombre de mandats pouvant être exercés dans les SA. Sur cette réglementation, voir n°s 37200 s. **79930**

CONVENTIONS AU SEIN D'UN GROUPE

Les conventions conclues entre une société appartenant à un groupe et son dirigeant sont, comme pour toute société, soumises à une **procédure de contrôle** particulière : sur cette procédure de contrôle des conventions réglementées, voir n°s 52500 s. pour les SA, n°s 60431 s. pour les SAS et n°s 31910 s. pour les SARL. **79960**

Lorsque la société mère est une SA ou une SCA, le **rapport sur le gouvernement d'entreprise** du conseil d'administration ou de surveillance doit mentionner les conventions intervenues, directement ou par personne interposée, entre (art. L 225-37-4, 2° et L 225-68, al. 6 pour les SA et L 226-10-1, al. 1 pour les SCA) :

– d'une part, l'un des membres du directoire ou du conseil de surveillance, le directeur général, l'un des directeurs généraux délégués, l'un des administrateurs, le gérant ou l'un des actionnaires disposant d'une fraction des droits de vote supérieure à 10 %, de la société mère ;

– d'autre part, une autre société contrôlée par la société au sens de l'article L 233-3.

Sont néanmoins exclues les conventions portant sur des opérations courantes et conclues à des conditions normales.

Sur le respect de la procédure des conventions réglementées pour les contrats conclus entre sociétés ayant des dirigeants communs, voir n°s 80500 s.

OPÉRATIONS SUR TITRES EFFECTUÉES PAR LES DIRIGEANTS DES SOCIÉTÉS DU GROUPE

Les président, administrateurs, directeurs généraux, membres du directoire ou du conseil de surveillance ainsi que leur conjoint non séparé de corps sont tenus de mettre au nominatif ou de « déposer » en banque les actions qui leur appartiennent ou qui appartiennent à leurs **80000** enfants mineurs non émancipés dans la société elle-même, ses filiales, la société dont elle est elle-même filiale et les autres filiales de cette dernière lorsqu'il s'agit de titres admis aux négociations sur un marché réglementé (nos 66430 s.).

ATTRIBUTION D'OPTIONS OU D'ACTIONS GRATUITES AU SEIN D'UN GROUPE

80030 Des **options de souscription ou d'achat d'actions** peuvent être consenties dans les groupes de sociétés par des entités du groupe à des mandataires sociaux d'autres entités (voir nos 69436 s. et 80491).

Des **actions gratuites** peuvent être attribuées dans des conditions voisines de celles concernant les options aux mandataires sociaux (nos 70010 s.).

DÉLÉGATION DE POUVOIRS AU SEIN D'UN GROUPE

80060 Le dirigeant de la société dominante d'un groupe de sociétés peut déléguer ses pouvoirs en matière d'**hygiène et de sécurité** pour l'ensemble des sociétés du groupe à un membre d'une filiale placé sous son autorité hiérarchique. Dans ce cas, il est exonéré de sa responsabilité pénale de chef d'entreprise dès lors que le délégataire est pourvu de la compétence, de l'autorité et des moyens nécessaires pour exercer effectivement les pouvoirs qui lui ont été délégués (Cass. crim. 26-5-1994 nos 93-83.180 et 93-82.213 : RJDA 1/95 no 28 ; Cass. crim. 7-2-1995 : RJS 6/95 no 657).

› **Précisions** **a.** Pour plus de **détails** sur la responsabilité pénale du représentant légal de la société, voir nos 4670 s.
b. Sur la délégation du pouvoir de **déclarer des créances** au sein d'un groupe, voir nos 4370 s.
c. Sur la compétence du directeur des ressources humaines de la société mère pour procéder au **licenciement des salariés des sociétés du groupe,** voir no 80280.

PRÉVENTION DE LA CORRUPTION

80100 Le président, les directeurs généraux, les gérants et les membres du directoire d'une société employant au moins 500 salariés ou appartenant à un **groupe** dont la société mère a son siège en France et dont l'effectif comprend **au moins 500 salariés,** et dont le chiffre d'affaires est supérieur à 100 M€, sont tenus de prendre les mesures ci-après, destinées à prévenir et à détecter, en France comme à l'étranger, les faits de corruption ou de trafic d'influence (Loi 2016-1691 du 9-12-2016 art. 17 ; C. pén. art. 131-39-2, II) :
– un code de conduite définissant et illustrant les différents types de comportements à proscrire comme étant susceptibles de caractériser des faits de corruption ou de trafic d'influence ;
– un dispositif d'alerte interne destiné à permettre le recueil des signalements émanant d'employés et relatifs à l'existence de conduites ou de situations contraires au code de conduite de la société ;
– une cartographie des risques prenant la forme d'une documentation régulièrement actualisée et destinée à identifier, analyser et hiérarchiser les risques d'exposition de la société à des sollicitations externes aux fins de corruption, en fonction notamment des secteurs d'activité et des zones géographiques dans lesquels la société exerce son activité ;
– des procédures d'évaluation de la situation des clients, fournisseurs de premier rang et intermédiaires au regard de la cartographie des risques ;
– des procédures de contrôles comptables, internes ou externes, destinées à s'assurer que les livres, registres et comptes ne sont pas utilisés pour masquer des faits de corruption ou de trafic d'influence, ces contrôles pouvant être réalisés soit par les services de contrôle comptable et financier propres à la société, soit en ayant recours à un auditeur externe à l'occasion de l'accomplissement des audits de certification des comptes ;
– un dispositif de formation destiné aux cadres et aux personnels les plus exposés aux risques de corruption et de trafic d'influence ;
– un régime disciplinaire permettant de sanctionner les salariés de la société en cas de violation du code de conduite de celle-ci.

Lorsque la société établit des **comptes consolidés,** cette obligation de prévention porte sur la société elle-même ainsi que sur l'ensemble de ses filiales (au sens de l'article L 233-1 ; no 79031) et des sociétés qu'elle contrôle (au sens de l'article L 233-3) ; celles d'entre elles qui excèdent les seuils ci-dessus sont alors réputées satisfaire aux obligations de prévention (Loi 2016-1691 art. 17, I-al. 5).

› **Précisions** L'exigence que la société mère ait son siège en France suscite une difficulté d'interprétation. On a parfois considéré qu'il fallait mettre à l'écart de l'application de cette obligation le **sous-groupe établi en France** appartenant à un groupe établi à l'étranger. L'Ansa considère pour sa part que le texte doit s'appliquer conformément à l'article L 233-1 : une société qui possède une ou plusieurs filiales est une société mère au regard de la réglementation française, peu important qu'elle soit elle-même contrôlée par une société étrangère (Communication Ansa, comité juridique n° 17-029 du 3-5-2017). Cette position mérite, à notre sens, d'être nuancée : le sous-groupe français a vocation à entrer dans le champ d'application de la réglementation dès lors que la société française à la tête du sous-groupe est astreinte à établir et publier des comptes consolidés ou dès lors qu'elle a décidé de le faire volontairement. En effet, l'article 17 de la loi 2016-1691 fait référence à des sociétés dont le chiffre d'affaires ou le chiffre d'affaires consolidé est supérieur à 100 M€.

Sanctions Les dirigeants et la société peuvent être déclarés responsables en cas de manquements ; la sanction de ces manquements est confiée à l'Agence française anticorruption qui peut notamment adresser un avertissement aux représentants de la société, enjoindre à la société et à ses représentants d'adapter les procédures ou leur infliger une sanction pécuniaire dont le montant, qui doit être proportionné à la gravité des manquements constatés et à la situation financière de leur auteur, ne peut pas excéder 200 000 € pour les personnes physiques et 1 M€ pour les personnes morales (Loi 2016-1691 du 9-12-2016 art. 17, IV et V). 80103

Ce texte soulève la délicate question des **responsabilités respectives des dirigeants** de la société mère et des dirigeants de la filiale : les dirigeants du groupe engagent leur responsabilité dans toutes les situations puisque les obligations imposées par la loi portent sur la société mère et l'ensemble des filiales ; les dirigeants des filiales ne sont pas pour autant exonérés, plus particulièrement lorsque la politique définie par le groupe ne trouve pas véritablement application dans la filiale.

C. Règles concernant les actionnaires

PROTECTION DES INTÉRÊTS MINORITAIRES DU GROUPE

Abus du droit de vote La majorité qui contrôle un groupe de sociétés ne peut abuser de sa position pour imposer à une des sociétés contrôlées, au nom des intérêts généraux du groupe, une décision contraire aux intérêts particuliers de cette société. 80140

Ainsi, des conventions de gestion et de trésorerie conclues entre une société mère et sa filiale peuvent être annulées s'il apparaît qu'elles sont sans contrepartie réelle pour cette filiale (Cass. com. 21-1-1997 : RJDA 4/97 n° 525).

De même, en présence d'une majorité ayant imposé à la filiale d'un groupe de surseoir à l'exécution d'un contrat, la cour d'appel de Paris (CA Paris 22-5-1965 : JCP 1965 II n° 14274 bis) a nommé un administrateur judiciaire à cette filiale pour protéger la minorité au sein de celle-ci contre l'exécution d'une décision susceptible de conséquences catastrophiques pour elle. La majorité d'un groupe ne pourrait donc méconnaître les intérêts légitimes de la minorité.

› **Précisions** L'abus du droit de vote (abus de minorité) est parfois apprécié, **au niveau de la société holding**, en prenant en compte également l'intérêt des filiales (CA Bourges 23-11-2023 n° 23/00727 : Bull. Joly mars 2024 p. 54 note L. Camensuli-Feuillard).

Nomination d'un administrateur provisoire Un actionnaire d'une société dont le dirigeant fait l'objet de poursuites pénales peut obtenir la désignation d'un administrateur provisoire non seulement pour cette société, mais aussi pour toutes les autres sociétés du groupe auquel elle appartient, dès lors que le président poursuivi est le principal animateur de ce groupe (Cass. com. 5-2-1985 : JCP 1985 II n° 20492 note A. Viandier). 80141

Une décision des juges du fond s'est montrée toutefois plus restrictive en considérant qu'une société mère n'était pas associée de la sous-filiale et n'avait donc aucun lien de droit direct avec celle-ci, si bien qu'elle n'avait pas qualité pour solliciter la désignation d'un administrateur provisoire (CA Paris 1-6-2007 n° 07-5278 : RJDA 3/08 n° 278). La Cour de cassation apparaît plus attachée, en sa dernière jurisprudence, à rechercher si le demandeur a bien intérêt à agir (Cass. com. 22-1-2025 n° 22-20.526 FS-B : RJDA 4/25 n° 206, jugeant que toute personne justifiant d'un intérêt légitime à agir est recevable à demander la désignation d'un administrateur provisoire).

Nomination d'un expert L'actionnaire d'une société peut, sous certaines conditions, demander la nomination d'un expert chargé d'examiner certaines opérations accomplies par des filiales de cette société (art. L 225-231 et L 22-10-68 ; CA Rennes 9-1-2024 n° 22/06321 : Bull. Joly avril 2024 p. 13 note B. Dondero ; n° 53007). En revanche, l'actionnaire d'une filiale qui demande une 80142 expertise sur une convention conclue par celle-ci avec sa société mère ne peut agir que contre la filiale et non contre la société mère (Cass. com. 21-3-2018 nº 16-20.879 F-D : RJDA 7/18 nº 585).

EXERCICE DES DROITS PARTICULIERS ATTACHÉS AUX ACTIONS DE PRÉFÉRENCE

80170 Les droits particuliers des actionnaires titulaires d'actions de préférence peuvent être exercés dans la société qui possède directement ou indirectement plus de la moitié du capital de l'émettrice ou dans la société dont l'émettrice possède directement ou indirectement plus de la moitié du capital social (nos 67797 s.).

EXERCICE DES DROITS ATTACHÉS À DES VALEURS MOBILIÈRES DONNANT ACCÈS AU CAPITAL

80200 Une société par actions peut émettre des valeurs mobilières donnant accès au capital de la société qui possède directement ou indirectement plus de la moitié de son capital ou de la société dont elle possède directement ou indirectement plus de la moitié du capital (pour de plus amples développements, voir nos 74030 s.).

D. Règles concernant les salariés des sociétés d'un même groupe

1. RUPTURE DU CONTRAT DE TRAVAIL

COMPÉTENCE POUR LICENCIER AU SEIN DU GROUPE

80280 Le directeur des ressources humaines d'une **société mère,** qui n'est pas une personne étrangère aux filiales, peut recevoir mandat pour procéder au licenciement d'un salarié employé par ces filiales, sans qu'il soit nécessaire que la délégation de pouvoir soit donnée par écrit (Cass. soc. 19-1-2005 nº 02-45.675 : RJDA 5/05 nº 560 ; Cass. soc. 23-9-2009 nº 07-44.200 : RJDA 4/10 nº 373 ; Cass. soc. 16-1-2013 nº 11-26.398 : RJDA 4/13 nº 324). De même, est régulier le licenciement d'un salarié d'une filiale par le directeur général de la société mère qui supervise ses activités, en sorte qu'il n'est pas une personne étrangère à cette filiale, quand bien même aucune délégation de pouvoir n'aurait été passée par écrit (Cass. soc. 13-6-2018 nº 16-23.701 FS-PB : RJDA 10/18 nº 734) ou par le directeur financier d'une société mère titulaire d'une délégation de pouvoir en matière de gestion du personnel établie par le dirigeant de cette filiale (Cass. soc. 30-6-2015 nº 13-28.146 : RJDA 12/15 nº 834). Le directeur d'une **filiale** n'est pas non plus une personne étrangère à une autre filiale du même groupe dès lors qu'il a réorganisé les processus de cette filiale dans le cadre d'une mission de vérification du système de contrôle interne et qu'il a reçu mandat d'y exercer notamment des fonctions de management et de gestion des ressources humaines (Cass. soc. 28-6-2023 nº 21-18.142 FS-B : RJDA 12/23 nº 657).

En revanche, le directeur des ressources humaines d'une **filiale** ne saurait être valablement mandaté par une autre filiale pour procéder à des licenciements dans cette dernière s'il n'est pas démontré qu'il y a également la charge de la gestion des ressources humaines ou qu'il exerce un pouvoir sur sa direction (Cass. soc. 20-10-2021 nº 20-11.485 F-D : RJS 2/22 nº 63).

> **Précisions** **a.** Le **licenciement** décidé, mis en œuvre et notifié **par une personne incompétente** est sans cause réelle et sérieuse, sauf à être régularisé de façon expresse ou tacite par ratification ou approbation de la mesure, par la personne ayant cette compétence (Cass. soc. 10-11-2009 nº 08-41.076 FS-PB : RJS 1/10 nº 18).
>
> **b.** N'est pas valable le **licenciement d'un salarié notifié** par une lettre signée par le dirigeant de la société employeur mais **en qualité de représentant légal d'une autre société** dont il assurait aussi la direction (Cass. soc. 9-12-2015 nº 14-14.145 F-D ; Cass. soc. 15-6-2022 nº 21-11.466 F-D : RJS 8-9/22 nº 438).

COEMPLOI

80282 Hors l'existence d'un lien de subordination, une société d'un groupe (principalement une ***société mère***) *ne peut* être qualifiée de coemployeur du personnel employé par une autre (pour l'essentiel, une filiale) que s'il existe, au-delà de la nécessaire coordination des actions économiques entre les sociétés du groupe et de l'état de domination économique que cette appartenance peut engendrer, une « **immixtion** permanente de cette société dans la gestion économique et sociale de la société employeur, conduisant à la **perte totale d'autonomie**

d'action de cette dernière » (Cass. soc. 25-11-2020 n° 18-13.769 FP-PBRI : RJDA 4/21 n° 241 ; voir aussi Cass. soc. 23-11-2022 n° 20-23.206 FS-B : RJDA 2/23 n° 87). **80282** (suite)

Seule la perte totale d'autonomie d'action de la filiale, qui ne dispose pas du pouvoir réel de conduire ses affaires dans le domaine de la gestion économique et sociale, est déterminante dans la caractérisation d'une immixtion permanente anormale de la société mère.

ILLUSTRATIONS

Est caractérisée la situation de coemploi entre une SAS de transport et sa société mère, dès lors que cette dernière s'est substituée à la SAS dans la gestion de son personnel (gestion des plannings des chauffeurs, congés maladies, etc.) et en a assuré la gestion comptable et financière et que la SAS s'est retrouvée sous la totale dépendance économique de la société mère, n'ayant plus de client propre (Cass. soc. 23-11-2022 précité).

En revanche, ne suffit pas à caractériser une situation de coemploi le fait, pour la société dont l'immixtion dans la gestion d'une filiale est invoquée, d'avoir notamment réalisé des rapports sur la situation de la filiale, géré des litiges commerciaux et signé divers contrats (location, maintenance, lettres d'embauche et de rupture de contrats de travail) ainsi qu'un accord salarial pour son compte sans consigne particulière de celle-ci (Cass. soc. 25-11-2020 précité).

Il en a été jugé de même pour :

– le fait que la société mère ait pris dans le cadre de la politique du groupe des décisions affectant le devenir d'une filiale et se soit engagée à garantir l'exécution des obligations de celle-ci liées à la fermeture d'un de ses sites et à la suppression des emplois de ce site (Cass. soc. 6-7-2016 n° 14-27.266 : RJDA 11/16 n° 789, 1e esp.) ;

– la centralisation de services supports, des remontées de dividendes, des conventions de trésorerie et de compensation, des dettes non réglées à la filiale, des facturations de prestations de services partiellement sans contrepartie pour ladite filiale, la maîtrise de la facturation de celle-ci durant une période limitée dans le temps et l'octroi d'une prime exceptionnelle aux salariés de la filiale (Cass. soc. 9-10-2019 n° 17-28.150 FS-PB : RJDA 4/20 n° 218) ;

– le fait que les dirigeants de la filiale proviennent du groupe et agissent en étroite collaboration avec la société mère, que la politique du groupe déterminée par cette dernière ait une incidence sur la politique de développement ou la stratégie commerciale et sociale de sa filiale et que la société mère se soit engagée au cours du redressement judiciaire à prendre en charge le financement du plan de sauvegarde de l'emploi (Cass. soc. 6-7-2016 n° 14-26.541 : RJDA 11/16 n° 789, 2e esp.).

En cas de coemploi, la rupture des contrats de travail par l'une des sociétés coemployeurs produit effet à l'égard de toutes les autres (notamment Cass. soc. 1-6-2004 n° 01-47.165 ; Cass. soc. 22-6-2011 n° 09-69.021 : RJS 10/11 n° 742), ce qui emporte les conséquences suivantes :

– les salariés d'une société peuvent demander aux autres le versement des **indemnités de rupture** qui leur sont dues (Cass. soc. 22-1-1992 n° 338 : RJS 3/92 n° 241) ;

– en cas de **licenciement économique** prononcé par l'une d'elles, toutes sont tenues à l'obligation de reclassement (Cass. soc. 28-9-2011 n° 10-12.278 : RJS 12/11 n° 929) ; le cas échéant, l'obligation d'établir un plan de sauvegarde de l'emploi pèse sur l'ensemble des coemployeurs (Cass. soc. 22-6-2011 précité) et le plan doit être établi en tenant compte des moyens de chacun d'eux. En revanche, la question du coemploi n'intervient pas dans le contrôle administratif de la procédure d'élaboration du plan et de son contenu, sauf cas extrêmes où l'ingérence excessive de la société mère aurait fait perdre sa qualité d'employeur à la société ayant établi le plan (CE 17-10-2016 n° 386306 : RJS 1/17 n° 21) ;

– la question de savoir si la cessation d'activité d'une des sociétés coemployeurs constitue un motif de licenciement économique de son personnel s'apprécie au regard de la situation de son secteur d'activité dans l'ensemble formé par tous les coemployeurs (Cass. soc. 18-1-2011 n° 09-69.199 : RJS 3/11 n° 207).

La date à laquelle a été reconnue la qualité de coemployeurs des sociétés en cause est indifférente puisque la décision qui constate une confusion d'entreprises a un effet simplement déclaratif, de sorte que ses effets remontent au jour où cet état de confusion est né (en ce sens, Cass. soc. *28-9-2010 n° 09-41.243 : RJS 12/10 n°* 897 ; Cass. soc. 28-9-2011 n° 10-12.278 : RJS 12/11 n° 929).

> Précisions **a.** Si un salarié est simultanément lié à plusieurs sociétés d'un même groupe par des **contrats de travail distincts** et s'il n'existe entre elles aucune immixtion, les sociétés ne sont pas coemployeurs, de sorte que, si un contrat de travail est résilié par l'une d'elles, les autres sociétés ne sont pas tenues d'en supporter les conséquences (Cass. soc. 3-11-2011 n° 10-17.533 : RJS 2/12 n° 99).

b. Le coemploi des salariés n'est pas une dérogation au délit de **prêt de main-d'œuvre illicite** (Cass. crim. 9-9-2020 n° 18-82.746 F-PBI : RJDA 1/21 n° 18).

c. Le regroupement de sociétés dans une **unité économique et sociale** ne fait pas automatiquement de l'ensemble des sociétés des coemployeurs (Cass. soc. 22-11-2000 n° 98-42.229 F-D ; Cass. soc. 12-7-2006 n° 04-40.331 FS-PB : Bull. civ. V n° 254).

LICENCIEMENT POUR CAUSE ÉCONOMIQUE

80290 **Appréciation de la cause économique** En application de l'article L 1233-3 du Code du travail, la cause économique du licenciement (difficultés économiques, mutations technologiques ou nécessité de sauvegarder la compétitivité de l'entreprise) s'apprécie au niveau du **secteur d'activité** commun à cette entreprise et aux entreprises du groupe auquel elle appartient, établies sur le territoire national. Dans les groupes de dimension internationale, on ne tient pas compte, sauf fraude, des entreprises situées hors de France.

Le secteur d'activité permettant d'apprécier la cause économique du licenciement est caractérisé, notamment, par la nature des produits, biens ou services délivrés, la clientèle ciblée, ainsi que les réseaux et modes de distribution, se rapportant à un même marché.

La **notion de groupe** s'entend des entreprises contrôlées par une même personne morale ou physique dans les conditions définies aux articles L 233-1, L 233-3, I et II et L 233-16.

> **Précisions** Dans une organisation comportant **plusieurs pyramides de sociétés contrôlées par une même personne physique,** le secteur d'activité dans lequel s'apprécie la cause économique doit être recherché dans l'ensemble des entités constituant ces pyramides (CE 14-6-2021 n° 417940 : RJS 8-9/21 n° 463).

80292 **Procédure** Les **conditions** d'effectif et de nombre des licenciements déterminant la procédure de licenciement économique s'apprécient au niveau de la seule société employeur et non à celui du groupe (Cass. soc. 26-2-2003 n° 01-41.030 : RJS 5/03 n° 589) ou de l'unité économique et sociale (Cass. soc. 28-1-2009 n° 07-45.481 : RJS 4/09 n° 331) dont elle est membre. Par exception, elles s'apprécient au niveau de l'unité économique et sociale si c'est à ce niveau qu'a été prise la décision de licencier (Cass. soc. 16-11-2010 n° 09-69.485 : RJS 2/11 n° 117 ; Cass. soc. 9-3-2011 n° 10-11.581 : RJS 5/11 n° 408 ; Cass. soc. 8-1-2020 n° 18-16.945 F-D : RJS 3/20 n° 133).

Si, en principe, l'obligation de **reclassement** n'incombe qu'à l'employeur (Cass. soc. 9-2-2000 n° 97-44.023 : RJS 3/00 n° 261), même s'il fait partie d'un groupe (Cass. soc. 27-5-2009 n° 07-44.022 : RJS 8-9/09 n° 700 ; Cass. soc. 13-1-2010 n° 08-15.776 : RJS 3/10 n° 247), l'employeur est néanmoins tenu de rechercher le reclassement dans tout emploi disponible situé sur le territoire national au sein des entreprises du groupe (défini comme pour l'appréciation du motif économique) dont l'organisation, les activités ou le lieu d'exploitation assurent la permutation de tout ou partie du personnel (C. trav. art. L 1233-4, al. 1), alors même qu'elles n'appartiendraient pas au même secteur d'activité (Cass. soc. 13-12-2011 n° 10-21.745 : RJS 2/12 n° 151 ; Cass. soc. 8-11-2023 n° 22-18.784 F-B : RJS 1/24 n° 19). Sauf fraude, l'existence d'un groupe au sein duquel la recherche de reclassement doit s'effectuer s'apprécie au plus tard à la date du licenciement (Cass. soc. 1-6-2010 n° 09-40.421 FS-PB : RJS 8-9/10 n° 652). En cas de contestation sur la consistance ou le périmètre du groupe de reclassement, le juge forme sa conviction au vu de l'ensemble des éléments fournis par les deux parties (Cass. soc. 16-11-2016 n° 14-30.063 FS-PBRI : RJS 1/17 n° 19 ; Cass. soc. 16-11-2016 n° 15-19.927 FS-PBRI : RJS 1/17 n° 20).

S'agissant des licenciements devant donner lieu à un **plan de sauvegarde de l'emploi,** seule la société procédant au licenciement est tenue d'établir le plan (Cass. soc. 13-1-2010 n° 08-15.776 : RJS 3/10 n° 247), bien que le champ des reclassements visant à éviter les licenciements ou à en limiter le nombre s'étende aux autres entreprises du groupe (Cass. soc. 17-5-1995 n° 94-10.535 : RJS 6/95 n° 632 ; Cass. soc. 13-7-2010 n° 09-43.028 : RJS 10/10 n° 740) et bien que les moyens financiers du groupe, entendu comme pour l'appréciation du motif économique (CE 7-2-2018 n° 397900 : RJS 4/18 n° 260), soient un des éléments d'appréciation du caractère suffisant des mesures prévues par le plan (CE 22-7-2015 n° 383481 : RJS 10/15 n° 632 ; CE 17-10-2016 n° 386306 : RJS 1/17 n° 21). L'employeur n'est pas tenu d'attendre les réponses des entreprises du groupe qu'il a sollicitées pour soumettre le plan de sauvegarde de l'emploi à l'administration en vue de son homologation. Cette circonstance ne peut pas, à elle seule, faire obstacle à l'homologation, dès lors que les recherches de reclassement ont été sérieuses (CE 1-6-2022 n° 434225 : RJS 8-9/22 n° 442).

Il en résulte qu'une **société relevant du même groupe** que l'employeur n'est pas, en cette seule qualité, débitrice envers les salariés au service de ce dernier d'une **obligation de reclassement** et qu'elle ne répond pas, à leur égard, des conséquences d'une insuffisance des mesures de reclassement prévues dans le plan (Cass. soc. 13-1-2010 n° 08-15.776 : RJS 3/10 n° 247), sauf si elle a, par ses décisions, **empêché le financement du plan** : cas, par exemple, d'une société mère ayant pris dans le seul intérêt de son actionnaire principal des décisions ayant aggravé la situation économique d'une filiale, la privant ainsi des moyens de financer le plan (CA Douai 31-1-2017 n°s 13/03934 et 15/01620 : RJS 4/17 n° 242).

› Précisions **a.** La recherche de **reclassement** dans le groupe doit être suffisamment **personnalisée** pour être efficace : à défaut, le licenciement peut être jugé sans cause réelle et sérieuse. Répond à cette exigence de personnalisation la lettre de demande de recherche de postes de reclassement adressée par l'employeur aux sociétés du groupe comportant un tableau récapitulant, par département de l'entreprise, l'emploi occupé par les salariés à reclasser et le nombre de salariés concernés pour chacun de ces emplois (Cass. soc. 1-7-2020 n° 18-24.608 F-D : RJS 11/20 n° 538).

b. La société du groupe qui **méconnaît l'engagement** qu'elle a pris de **reclasser** des salariés d'une autre société du groupe engage sa responsabilité extracontractuelle et est tenue solidairement avec leur employeur au paiement des sommes qui leur seraient allouées à titre de dommages-intérêts (Cass. soc. 15-2-2012 n° 10-13.897 : RJS 5/12 n° 410).

c. L'obligation de réintégration d'un salarié dont le licenciement est nul pour cause de **nullité du plan de sauvegarde de l'emploi** ne pèse que sur la société employeur et ne s'étend pas aux autres sociétés du groupe (Cass. soc. 9-7-2008 n° 07-41.845 : RJS 10/08 n° 980).

d. À condition d'avoir été signé par chacune des entreprises constituant une unité économique et sociale (**UES**), ou par l'une d'entre elles expressément mandatée par les autres, l'accord majoritaire portant plan de sauvegarde de l'emploi peut être conclu au niveau de l'UES (CE 2-3-2022 n° 438136 : RJS 5/22 n° 246).

e. Des solutions particulières s'appliquent en cas de **coemploi** de salariés par plusieurs sociétés : voir n° 80282.

Cessation d'activité La cessation d'activité totale et définitive d'une entreprise constitue en soi un motif économique de licenciement des salariés (C. trav. art. L 1233-3), sauf emploi conjoint de salariés par plusieurs sociétés (n° 80282) ou si elle est liée à une faute de l'employeur ou à sa légèreté blâmable (Cass. soc. 16-1-2001 n° 98-44.647 : RJS 3/01 n° 294). La cessation d'activité s'apprécie au niveau de l'**entreprise,** et ce, même si l'entreprise appartient à un groupe, sous réserve que les salariés ne soient pas dans une situation de coemploi à l'égard d'une autre société de ce groupe (Cass. soc. 18-1-2011 nos 09-69.199 FS-PBR et 09-70.662 FS-D : RJS 3/11 n° 207). En conséquence, la seule circonstance que d'autres entreprises du groupe aient poursuivi une activité de même nature ne fait pas, par elle-même, obstacle à ce que la cessation d'activité de la société ayant prononcé les licenciements économiques soit regardée comme totale et définitive (Cass. soc. 6-4-2022 nos 20-23.234 F-D et 20-19.305 F-D : RJS 6/22 n° 289). 80295

Dans les groupes, la faute ou la légèreté blâmable ayant provoqué la disparition d'une filiale peut être le fait de la **société mère.** Dans ce cas, l'indemnisation des salariés de la filiale peut, même en l'absence de coemploi, être mise à la charge de la société mère. Ainsi jugé lorsque celle-ci a pris dans son seul intérêt ou dans celui de ses actionnaires des décisions dommageables pour sa filiale, concourant ainsi à sa disparition (Cass. soc. 8-7-2014 n° 13-15.573 : RJDA 11/14 n° 841 ; Cass. soc. 24-5-2018 nos 16-22.881 FS-PB et 16-18.621 FS-PB : RJS 8-9/18 n° 530 ; Cass. soc. 1-6-2023 n° 21-22.857 FS-B : RJS 8-9/23 n° 462) ou, à plus forte raison, lorsqu'elle met fin à l'activité d'une filiale économiquement viable à seule fin d'améliorer sa propre rentabilité (Cass. soc. 1-2-2011 n° 10-30.045 : RJS 4/11 n° 305). La juridiction à saisir d'une telle action à l'encontre de la société mère est le tribunal judiciaire (Cass. soc. 13-6-2018 n° 16-25.873 FS-PB : RJS 8-9/18 n° 562, à propos du tribunal de grande instance mais transposable), sauf situation d'emploi conjoint qui rendrait compétent le juge prud'homal.

Dans le même ordre d'idées, l'**ancienne société mère** peut, elle aussi, être mise en cause par les salariés d'une ancienne filiale dont le cessionnaire, extérieur au groupe, a été mis en liquidation judiciaire peu de temps après, privant ainsi les salariés concernés d'une chance de reclassement dans le groupe auquel ils appartenaient auparavant (Cass. soc. 14-11-2007 n° 05-21.239 : RJDA 4/08 n° 439).

2. MANDAT SOCIAL ET CONTRAT DE TRAVAIL

Un cas classique de cumul entre contrat de travail et mandat social à l'intérieur d'un groupe de sociétés est celui où un mandataire social d'une société du groupe est également salarié de la même société. Il convient alors d'appliquer les règles générales exposées nos 11500 s. 80310

Mais il existe d'autres situations où la question du cumul se pose de façon particulière aux groupes de sociétés. Il en est ainsi :

– lorsque le salarié d'une société du groupe se voit attribuer un mandat social dans une autre société du groupe (ou plusieurs) ;

– ou lorsqu'une société mère recrute une personne dans le but de lui confier des fonctions de mandataire social dans une filiale.

80315 **Cas particulier des sociétés « cotées »** Le **Code de gouvernance Afep-Medef** recommande aux dirigeants des sociétés dont les titres financiers sont admis aux négociations sur un marché réglementé de mettre fin au contrat de travail qui les lie à la société (nº 11505) ou à une société du groupe (Code de gouvernance Afep-Medef art. 23.1). Mais cette recommandation ne vise pas les collaborateurs qui, au sein d'un groupe de sociétés, exercent des fonctions de mandataire social dans une filiale du groupe, qu'elle soit « cotée » ou non (art. 23.3).

L'**AMF** a au contraire proposé l'application de la règle de non-cumul aux collaborateurs bénéficiant d'un contrat de travail dans la société mère d'un groupe et qui exercent un mandat social dans une filiale « cotée » du même groupe (Recommandation AMF 2012-02 § 2.2.2) ou dans une société du groupe située à l'étranger (Rapport AMF 2010 sur le gouvernement d'entreprise p. 54). Cette divergence de vues peut mettre les intéressés dans une situation délicate ; il peut donc être opportun que la société « cotée » donne des informations sur les raisons de ce cumul.

L'AMF préconise également que le conseil d'administration ou de surveillance apprécie l'opportunité d'exercer des fonctions de dirigeant mandataire social dans une entreprise cotée tout en bénéficiant d'un contrat de travail avec une autre société du groupe (Recommandation AMF 2010-15 du 7-12-2010 p. 36).

a. Salarié nommé mandataire dans une filiale du groupe

80320 Lorsqu'un salarié d'une société du groupe est nommé dirigeant mandataire d'une autre société du groupe (ou de plusieurs), la question peut se poser de savoir s'il conserve son contrat de travail.

Deux cas sont à distinguer, selon que l'intéressé continue ou non d'exercer des fonctions techniques au sein de la société dont il est salarié.

MAINTIEN DE FONCTIONS SALARIÉES DANS LA SOCIÉTÉ D'ORIGINE

80321 Lorsque l'intéressé continue d'exercer des fonctions techniques au sein de la société dont il est salarié, les mandats sociaux qui lui sont confiés viennent s'ajouter, de manière le plus souvent accessoire, au contrat de travail initial.

Celui-ci reste en vigueur, et se cumule donc avec les mandats sociaux, dès lors qu'il continue de correspondre à un emploi effectif (nºs 11510 s.). Cela suppose notamment que le salarié dirigeant conserve des fonctions techniques dans la société d'origine et demeure placé, dans l'exercice de ces fonctions, dans un état de subordination à l'égard de celle-ci.

Le contrat de travail est normalement suspendu (sur cette notion, voir nº 11940) si ces conditions ne sont pas remplies.

CESSATION DES FONCTIONS SALARIÉES DANS LA SOCIÉTÉ D'ORIGINE

80322 Lorsque l'intéressé cesse d'exercer des fonctions techniques dans la société d'origine, le lien de **subordination** juridique, qui caractérise le statut de salarié, peut éventuellement subsister avec celle-ci en dépit d'une nomination en qualité de mandataire social. Dans ce cas, le **contrat de travail** est corrélativement **maintenu,** bien que se trouvant nécessairement modifié par l'effet de cette nomination dès lors que son objet devient l'exercice du mandat social ; il se cumule donc avec le mandat social. Il a été ainsi jugé, dans le cas d'un cadre d'une société nommé président de filiale, que l'intéressé, malgré ce mandat social, était resté le salarié de la société, étant donné que celle-ci, qui avait fixé sa rémunération, avait conservé à son égard les prérogatives de l'employeur, et que le mandataire social se trouvait sous sa subordination juridique (Cass. soc. 11-3-2003 nº 01-40.813 : RJDA 6/03 nº 596).

La situation, en l'occurrence, est comparable à celle du salarié recruté par une société mère pour diriger une filiale (nºs 80330 s.).

80323 Lorsqu'il ne peut être maintenu en raison de la disparition du lien de subordination, le contrat de travail du salarié devenu dirigeant social, sauf convention contraire, est **suspendu** pendant le temps d'exercice du mandat social. Il reprend son cours après la cessation de ce mandat, peu important que les nouvelles fonctions soient différentes de celles exercées auparavant (nº 11940).

Il peut arriver enfin que le salarié accepte de **renoncer à son contrat de travail** au moment de sa nomination comme mandataire social. En compensation, la société d'origine peut lui consentir une **garantie de réintégration** (au sein de son personnel ou dans l'une des sociétés du groupe). Mais cette garantie est nulle si elle a pour effet de faire échec au principe de libre révocabilité des mandataires sociaux, ce qui serait en particulier le cas si les avantages qu'elle accorde à l'intéressé sont d'une importance telle qu'ils peuvent dissuader la holding de révoquer son mandat. C'est ainsi qu'a été déclarée nulle la convention par laquelle une société mère s'était engagée envers le gérant d'une de ses filiales, si celui-ci était révoqué avant une date déterminée, à le réintégrer au sein du groupe avec un salaire mensuel déterminé pour le temps restant à courir jusqu'à cette date tout en se réservant la faculté de substituer à cette réintégration le versement d'une somme forfaitaire. En effet, vu son impact par rapport aux capacités financières de la société mère et du groupe (qui se trouvaient en situation difficile), cette convention était de nature à dissuader cette société de prononcer la révocation (Cass. com. 2-6-1987 : Bull. civ. IV n° 131).

En tout état de cause, il est recommandé de déterminer avec précision dans la convention les conditions de la réintégration, telles que la nature du poste qui sera proposé à l'intéressé, le montant de sa rémunération, éventuellement la reprise de l'ancienneté acquise lors de l'exercice du mandat social, etc.

Licenciement Le licenciement du salarié dirigeant doit se fonder sur des **motifs** propres à l'exécution de son contrat de travail. Le licenciement fondé sur une faute commise dans le cadre du mandat social serait dépourvu de cause réelle et sérieuse (Cass. soc. 9-12-1997 n° 95-42.619 : RJS 1/98 n° 117 ; Cass. soc. 28-6-2000 n° 98-43.100 : RJS 11/00 n° 1066), sauf dans le cas, rare en pratique, où l'interférence sur le contrat de travail est établie (en ce sens, Cass. soc. 23-1-1991 n° 88-44.041 ; Cass. soc. 7-4-1993 n° 91-42.914 : RJS 6/93 n° 673 ; Cass. soc. 15-12-2010 n° 09-71.288 : RJS 2/11 n° 182). 80324

ILLUSTRATIONS

Est dépourvu de cause réelle et sérieuse le licenciement d'un salarié d'une société mère qui a, en sa qualité d'administrateur d'une filiale, provoqué une réunion du conseil d'administration de cette filiale et pris rendez-vous avec le président du tribunal de commerce en raison de la mauvaise situation financière de la filiale, cette initiative s'inscrivant dans le cadre de son mandat d'administrateur, en dehors du contrat de travail qui le liait à la société mère (Cass. soc. 15-2-2012 : RJDA 7/12 n° 686).

En revanche, le fait pour le salarié d'une société mère de demander que soit ouverte, à l'égard d'une filiale que la société mère l'a chargé de diriger, une procédure de sauvegarde dont il n'est pas établi qu'elle était justifiée a été considéré comme une cause de licenciement, cette procédure étant susceptible de créer des inquiétudes et des réactions négatives de la part des partenaires et des salariés de la filiale (Cass. soc. 2-6-2016 n° 14-29.727 : RJDA 11/16 n° 790).

La révocation du mandat social par la filiale ne justifie pas le licenciement du salarié par la société mère, notamment pour motif économique, en l'absence de toute tentative de reclassement par celle-ci (Cass. soc. 30-11-1999 n° 97-41.431 : RJDA 3/00 n° 272). Il en va autrement si les faits ayant conduit à la révocation du mandat social peuvent également justifier la rupture du contrat de travail : tel est le cas lorsque les désaccords entre un mandataire social et les autres dirigeants de la société, ayant motivé la révocation de son mandat social, ont également eu des répercussions au niveau de l'encadrement du personnel de nature à entraver la poursuite de l'activité de l'entreprise (Cass. soc. 23-1-1991 n° 88-44.041) ou lorsque le mandataire social a délibérément entretenu la confusion entre des actes effectués en qualité de mandataire et ceux effectués en qualité de salarié (Cass. soc. 15-12-2010 n° 09-71.288 : RJS 2/11 n° 182).

À l'inverse, le licenciement du salarié ne constitue pas un juste motif de révocation des mandats sociaux exercés dans les filiales, les deux statuts étant distincts et les intérêts de la société mère ne pouvant pas être confondus avec ceux des filiales en raison de l'indépendance des personnes morales (CA Versailles 25-1-2007 n° 06-440 : RJDA 5/07 n° 552 ; CA Paris 24-10-2013 n° 12-15029 : RJDA 3/14 n° 227 et, sur pourvoi, Cass. com. 3-3-2015 n° 14-12.036 : RJDA 7/15 n° 494). La solution n'est différente que si les mandats sociaux ne constituent que l'accessoire du contrat de travail (Cass. com. 12-6-2007 n° 06-13.900 : RJDA 12/07 n° 1242). Mais, même dans ce cas, la révocation du mandat social doit se faire dans le respect de l'obligation de loyauté mentionnée n°s 12553 s. (CA Paris 6-12-2016 n° 15/23119 : RJDA 3/17 n° 182).

La démission par le salarié d'une société mère du mandat social exercé dans une filiale n'est pas non plus un motif de licenciement (Cass. soc. 4-12-2002 n° 00-45.819 : RJDA 4/03 n° 390).

b. Personne recrutée par la société mère pour exercer un mandat social dans une filiale

La pratique envisagée, qui n'est pas rare, est celle par laquelle une société mère recrute une personne avec laquelle elle conclut un contrat de travail « en vue d'exercer des fonctions de direction au sein d'une filiale ». Elle a pour but d'assurer à des cadres dont la position est souvent plus fragile que celle des autres salariés un statut plus protecteur que celui de mandataire social. 80330

La Cour de cassation admet sous certaines conditions la validité du contrat de travail entre le salarié et la société mère, ce contrat ayant pour objet exclusif l'exercice du mandat social dans la filiale.

ATTENTION

Si cette pratique présente des avantages du point de vue du statut social des intéressés, elle peut être de nature à favoriser la reconnaissance de la qualité de dirigeant de fait de la société mère, notamment en cas de procédure collective de celle-ci.

CONDITIONS DE VALIDITÉ DU CONTRAT DE TRAVAIL AVEC LA SOCIÉTÉ MÈRE

80331 Trois conditions doivent être réunies : il doit exister un lien de subordination entre le mandataire social et la société mère ; l'intéressé doit être rémunéré par la société mère ; il doit exercer les fonctions pour lesquelles il a été engagé.

On notera que les juridictions se sont toujours prononcées jusqu'à présent sur des situations où, préalablement à l'exercice du mandat social, une convention avait été conclue entre la société mère et le salarié prévoyant que celui-ci dirigerait la filiale. Aucune décision n'a été rendue à notre connaissance déduisant l'existence d'un contrat de travail entre le mandataire social responsable d'une filiale et une société mère du seul lien de subordination, en l'absence de toute espèce de convention.

80332 **Lien de subordination** La constatation d'un lien de subordination entre le salarié dirigeant de la filiale et la société mère constitue le **critère prépondérant** auquel s'attachent les juges pour retenir la validité du contrat de travail.

L'existence de ce lien de subordination peut notamment se traduire par le fait que l'intéressé reçoit de la société mère des directives pour l'exécution de son mandat et qu'il est tenu de rendre compte aux dirigeants de celle-ci de toute question importante tenant à l'exercice de ses fonctions de mandataire au sein de la filiale (Cass. soc. 2-10-1991 n° 87-45.668 : RJDA 12/91 n° 1041).

Peut aussi caractériser ce lien de subordination le fait que la société mère a engagé à l'encontre du mandataire une procédure de licenciement pour motif économique (CA Versailles 25-11-1994 : RJS 3/95 n° 312) ou qu'elle l'a licencié pour n'avoir pas suivi ses instructions (Cass. soc. 4-3-1997 n° 93-44.805 : RJDA 6/97 n° 781).

Il est donc tenu compte de la situation réelle des intéressés. Ce qui fonde le lien de subordination, c'est le fait que la société mère conserve à leur égard les prérogatives de l'employeur (Cass. soc. 11-3-2003 n° 01-40.813 : RJDA 6/03 n° 596 ; Cass. soc. 24-1-2007 n° 05-42.366 : Bull. Joly 2007 p. 606 note P. Le Cannu).

En l'**absence d'une subordination directe,** le seul fait d'être mandataire social d'une société contrôlée directement ou indirectement par une autre ne donne pas à l'intéressé la qualité de salarié de la société mère (Cass. soc. 28-6-2001 n° 99-43.364 : RJS 10/01 n° 1225).

L'existence d'**instructions** ou d'un certain **contrôle** de la société mère vis-à-vis de l'intéressé n'entraîne pas automatiquement la reconnaissance d'un lien de subordination. En effet, un mandataire social est normalement soumis au contrôle des actionnaires de la société. Pour qu'il y ait lien de subordination entre le mandataire social responsable d'une filiale et la société mère, il faut donc que, dans leurs relations avec l'intéressé, les dirigeants de la société mère sortent des limites du contrôle normalement exercé par l'actionnaire majoritaire d'une société sur le mandataire social responsable de celle-ci et portent atteinte au pouvoir de direction du mandataire (Cass. soc. 19-3-1997 n° 94-41.444 D).

80333 **Rémunération par la société mère** Pour caractériser l'existence d'un contrat de travail, les tribunaux retiennent également le versement par la société mère au mandataire social responsable de la filiale d'une rémunération (Cass. soc. 2-10-1991 n° 87-45.668 : RJDA 12/91 n° 1041) ou d'une prime (Cass. soc. 6-10-1993 n° 90-44.561 : RJS 11/93 n° 1147).

Ce critère ne semble pas toutefois revêtir la même importance que celui du lien de subordination, si l'on en juge par une décision qui a reconnu l'existence d'un contrat de travail entre le directeur général de la filiale française d'une société américaine et ladite société alors même que l'intéressé ne percevait qu'une rémunération versée par la filiale française (Cass. soc. 4-3-1997 n° 93-44.805 : RJDA 6/97 n° 781).

80334 **Exercice des fonctions pour lesquelles l'intéressé a été engagé** Il faut que l'objet même du contrat soit l'exercice d'un mandat social dans une filiale (Cass. soc. 2-10-1991 n° 87-45.668 : RJDA 12/91 n° 1041 ; Cass. soc. 6-10-1993 n° 90-44.561 : RJS 11/93 n° 1147).

Il n'est pas exigé en l'occurrence que le contrat de travail corresponde à des fonctions techniques distinctes du mandat social, contrairement aux règles posées pour le cumul d'un mandat social et d'un contrat de travail dans la même société (Cass. soc. 4-3-1997 nº 93-44.805 : RJDA 6/97 nº 781).

Incidence de la résiliation du contrat de travail sur la révocation des fonctions de dirigeant La question s'est posée de savoir si la résiliation du contrat avec la société mère entraînait révocation des fonctions de dirigeant de la filiale. Il a été jugé qu'il n'était pas concevable pour une filiale de maintenir sa confiance pour la poursuite du mandat social à un salarié licencié par la société mère en raison de la détérioration de ses relations avec les dirigeants du groupe résultant d'un contentieux qu'il avait engagé devant le conseil de prud'hommes à propos des modifications de son contrat de travail avec la société mère (Cass. com. 12-6-2007 nº 06-13.900 : RJDA 12/07 nº 1242). 80335

Dans deux autres affaires où le salarié d'une société mère avait été désigné gérant de plusieurs filiales, il a au contraire été jugé que le licenciement du salarié par la société mère ne constituait pas un **juste motif** de révocation des mandats de gestion (CA Versailles 25-1-2007 nº 06-440 : RJDA 5/07 nº 502 ; CA Paris 24-10-2013 nº 12/15029 : RJDA 3/14 nº 227 et, sur pourvoi, Cass. com. 3-3-2015 nº 14-12.036 : RJDA 7/15 nº 494). Il est vrai que, contrairement à ce qui était advenu dans le cas précédent, le comportement du salarié n'avait pas, dans ces deux affaires, été à l'origine du licenciement décidé par la société mère.

Enfin, s'agissant des **modalités** de révocation d'un président de filiale préalablement licencié par la société mère, il a été jugé que la circonstance qu'il existe une unité entre ses fonctions salariées et son mandat social n'est pas susceptible de dispenser la filiale de l'aviser des conséquences de la rupture de son contrat de travail sur son mandat social et de recueillir ses observations sur sa révocation préalablement à celle-ci (CA Paris 6-12-2016 nº 15/23119 : RJDA 3/17 nº 182).

3. EFFETS DES CONTRATS ET CONVENTIONS

CLAUSE DE NON-CONCURRENCE À LA CHARGE DU SALARIÉ DANS UN GROUPE

Les clauses de non-concurrence figurant dans les contrats de travail doivent être interprétées strictement. Par suite, lorsqu'un salarié ne contracte qu'avec une société d'un groupe, la clause de non-concurrence ne peut profiter qu'à cette société et non pas aux autres sociétés du groupe. 80370

Il en résulte notamment qu'il ne saurait être reproché à un ancien salarié d'exercer une activité différente de celle de son ancienne société mais concurrente de l'activité d'une société sœur de cette dernière (Cass. soc. 22-5-1995 nº 93-41.719 : RJS 7/95 nº 778).

Il ne saurait non plus être soutenu, sauf disposition contractuelle expresse en ce sens, que la clause de non-concurrence figurant dans le contrat de travail initial d'un salarié engagé ensuite par une autre société du même groupe pouvait être invoquée par cette dernière (Cass. soc. 17-12-1997 nº 95-42.862, inédit). Si elle ne saurait faire obstacle à l'embauche d'un salarié d'une société par une autre société du groupe, même exerçant une activité similaire, les deux sociétés n'étant pas, du fait de leur appartenance à un même groupe, en situation réelle de concurrence et le passage du salarié de l'une à l'autre étant le résultat d'une entente entre celui-ci et ses deux employeurs successifs, elle reprend ses effets lors de la rupture du second contrat (Cass. soc. 3-6-1997 nº 94-44.848 : RJDA 11/97 nº 1353 ; Cass. soc. 29-1-2014 nº 12-22.116 : RJS 4/14 nº 318), sans toutefois que le délai pendant lequel le salarié ne peut pas faire concurrence à la première société puisse s'en trouver reporté ou allongé (Cass. soc. 12-9-2018 nº 17-10.853 FS-PB : RJDA 12/18 nº 912).

ATTENTION

La **suspension de la clause** de non-concurrence est donc **écartée** pendant la période où le salarié est en service dans la seconde société. Si cette période excède la durée d'application de la clause, le salarié, délié de son obligation de non-concurrence à l'expiration du second contrat de travail, ne peut pas alors obtenir le versement de l'indemnité de non-concurrence. Dans le cas contraire, le salarié est tenu de respecter son obligation à l'égard du premier employeur pour la période d'application de la clause restant à courir à compter de la rupture du second contrat, ce qui l'autorise à demander à la première société le versement d'une indemnité réduite, selon nous, au prorata de cette période. Pour éviter cette situation, le premier employeur a intérêt à délier le salarié de son obligation dès que celui-ci passe à l'autre entreprise.

L'incidence des mises à la disposition d'autres sociétés du groupe sur la clause de non-concurrence stipulée entre l'employeur et le salarié est examinée nº 80412.

APPLICATION DES CONVENTIONS COLLECTIVES AU SEIN D'UN GROUPE

80371 L'appartenance à un groupe est sans incidence sur les conventions et accords collectifs applicables. Chacune des sociétés du groupe doit appliquer à son **propre personnel** les conventions et accords collectifs dont elle relève. Elle peut toutefois être amenée à appliquer les mêmes conventions de branche ou les mêmes accords professionnels ou interprofessionnels que tout ou partie des autres sociétés du groupe si les conditions qui en déterminent l'application, tenant à l'activité exercée ou à l'affiliation aux organisations patronales signataires, qui s'apprécient séparément pour chaque société, conduisent à ce résultat (Cass. soc. 7-11-1973 : Bull. civ. V n° 552 ; voir aussi Cass. soc. 20-3-1980 n° 77-13.976 : D. 1980 p. 526 note Langlois ; Cass. soc. 30-1-1991 n° 87-43.487 : RJS 3/91 n° 360).

À plus forte raison, les conventions et accords d'entreprise conclus par chaque société du groupe ne s'appliquent qu'à son propre personnel. Il n'y a donc pas de règle permettant au salarié d'une société du groupe de se prévaloir des conventions et accords collectifs en vigueur dans une autre entité du groupe du seul fait de l'appartenance de celle-ci au groupe.

Cet état de choses peut conduire à des disparités importantes de statuts collectifs d'une société à une autre, peu favorables à la mobilité des salariés au sein du groupe. Pour y remédier, la loi offre la possibilité de conclure des **accords collectifs de groupe** couvrant, au choix des négociateurs, tout ou partie des entreprises du groupe (C. trav. art. L 2232-30 s.). Cette solution est plus simple à mettre en œuvre que l'aménagement par chaque société de ses accords d'entreprise en vue de les faire converger avec ceux des autres sociétés du groupe.

Mais, attention ! Un accord n'est un accord de groupe que si, conformément à l'article L 2232-30, il définit précisément son champ d'application, qui peut être constitué de tout ou partie des entreprises du groupe. À défaut d'une telle mention, il ne peut pas être créateur de droits pour les salariés des entreprises du groupe autres que celle qui l'a conclu. Il en est ainsi même s'il a été conclu par la société mère représentée par son directeur des ressources humaines groupe et contient des engagements au bénéfice des salariés transférés dans une société du groupe (Cass. soc. 21-3-2018 n° 16-21.741 FS-PB : RJS 6/18 n° 435).

› Précisions **a.** Les accords de groupe peuvent donc **déroger aux textes conventionnels de niveau supérieur** dans les mêmes conditions et limites que les accords d'entreprise (C. trav. art. L 2232-11), ce qui est utile dans les groupes d'entreprises relevant de branches différentes.

b. La loi autorise l'insertion dans les accords de groupe d'une **clause** prévoyant que ses stipulations se substituent à celles ayant le même objet des conventions ou accords conclus antérieurement ou postérieurement dans les entreprises ou établissements compris dans son périmètre, ce qui permet à un accord de groupe de **prévaloir sur des accords d'entreprise** ou d'établissement plus favorables aux salariés (C. trav. art. L 2253-5). En l'absence d'une telle clause, les accords de groupe ne l'emportent sur les accords des entreprises du groupe que dans leurs clauses plus favorables aux salariés. À cet égard, un accord de groupe « donnant-donnant » prévoyant la renonciation des salariés du groupe à des avantages salariaux en contrepartie d'engagements de maintien de l'activité et de l'emploi peut être jugé globalement plus favorable et donc prévaloir sur les accords signés antérieurement dans les entreprises du groupe sous réserve que ces engagements soient tenus (Cass. soc. 8-1-2020 n° 18-17.708 F-PB : RJS 3/20 n° 143).

4. MOBILITÉ DES SALARIÉS AU SEIN DU GROUPE

80400 La mobilité des salariés au sein du groupe est chose courante.

Seule l'entreprise, et non le groupe, peut avoir la qualité d'employeur, chacune des sociétés conservant sa personnalité juridique distincte, peu important son intégration au groupe (voir toutefois n° 80282 le cas particulier du coemploi).

L'incidence sur le contrat de travail de la mutation d'un salarié dépend donc de la nature juridique de l'opération : s'agit-il d'une simple mise à disposition (ou détachement), qui se caractérise par son caractère temporaire et par le maintien du contrat de travail conclu avec la société d'origine ? Ou s'agit-il d'un transfert pur et simple, qui suppose le passage définitif d'une société à l'autre avec changement d'employeur se traduisant soit par la rupture du contrat de travail initial et la conclusion d'un nouveau contrat, soit par la poursuite du contrat initial avec un nouvel employeur qui reprend à son compte les obligations du précédent ?

C'est au cas par cas, en fonction des faits de l'espèce, que s'apprécie l'incidence de cette opération sur le contrat de travail.

> Précisions **a.** La mobilité des salariés à l'intérieur du groupe n'est pas nécessairement le fait de l'employeur : elle peut aussi résulter d'une initiative des salariés. Afin de faciliter ces initiatives, la loi propose un dispositif dit « de **mobilité volontaire sécurisée** », réservé aux salariés des entreprises et groupes d'entreprises d'au moins 300 salariés, qui leur permet de demander individuellement à leur employeur une suspension de leur contrat de travail afin d'exercer une activité dans une autre entreprise, avec la garantie d'une réintégration à l'issue de leur mobilité. Ce dispositif n'est pas réservé aux groupes de sociétés, mais peut trouver à s'y appliquer (C. trav. art. L 1222-12 à L 1222-16). Pour plus de détails, voir Mémento Social nos 12300 s.

b. Le dispositif spécifique visant à faciliter le prêt de main-d'œuvre entre une **grande entreprise et une « start-up »** (C. trav. art. L 8241-3) est inapplicable entre entreprises d'un même groupe.

MISE À DISPOSITION DE SALARIÉS AU SEIN D'UN GROUPE

Conditions La mise à disposition (ou détachement) de salariés entre sociétés d'un même groupe est une forme de prêt de main-d'œuvre. Elle doit donc respecter les conditions de licéité de ces opérations strictement encadrées par la loi, sous peine de sanctions parfois pénales. Ces conditions sont résumées ci-après. 80410

L'opération doit être **dépourvue de but lucratif.** Cette exigence est satisfaite lorsque l'entreprise prêteuse ne facture à l'entreprise utilisatrice, pendant la mise à disposition, que les salaires versés au salarié, les charges sociales afférentes et les frais professionnels remboursés à l'intéressé au titre de la mise à disposition (C. trav. art. L 8241-1).

La mise à disposition requiert l'**accord du salarié** prêté, qui ne peut être sanctionné, licencié ou faire l'objet d'une mesure discriminatoire pour l'avoir refusée. Elle donne lieu à **avenant** à son contrat de travail et à l'établissement entre les sociétés concernées d'une **convention de mise à disposition** (C. trav. art. L 8241-2).

L'entreprise prêteuse et le salarié peuvent convenir d'une **période probatoire** au cours de laquelle il peut être mis fin à la mise à disposition à la demande de l'une des parties. Cette période probatoire est obligatoire lorsque le prêt de main-d'œuvre entraîne la modification d'un élément essentiel du contrat de travail. La cessation de la mise à disposition à l'initiative de l'une des parties avant la fin de la période probatoire ne peut, sauf faute grave du salarié, constituer un motif de sanction ou de licenciement (C. trav. art. L 8241-2).

L'opération doit donner lieu à information-consultation des **représentants du personnel** de l'entreprise prêteuse et de l'entreprise utilisatrice (voir Mémento Comité social et économique et autres représentants du personnel no 52395).

Pour plus de détails, voir Mémento Social nos 33035 s.

Situation pendant la mise à disposition Pendant la mise à disposition, le **contrat de travail** qui lie le salarié à l'entreprise prêteuse n'est ni rompu ni suspendu. Le salarié continue d'appartenir au personnel de l'entreprise prêteuse ; il conserve le bénéfice de l'ensemble des dispositions conventionnelles dont il aurait bénéficié s'il avait exécuté son travail dans l'entreprise prêteuse (C. trav. art. L 8241-2). 80411

Toutefois, le salarié mis à disposition est soumis aux **dispositions** applicables dans l'**entreprise d'accueil** en ce qui concerne la durée du travail, le travail de nuit, le repos hebdomadaire et les jours fériés, la santé et la sécurité au travail, le travail des femmes et des jeunes travailleurs, et c'est l'entreprise utilisatrice qui est responsable de leur bonne application au salarié mis à disposition (C. trav. art. L 1251-21), mais celui-ci peut agir contre son employeur en réparation de son préjudice d'anxiété s'il est exposé à des agents toxiques dans l'entreprise d'accueil (Cass. soc. 30-9-2020 no 19-10.352 FS-PB : RJS 12/20 no 596). Celui-ci a accès, dans l'entreprise utilisatrice, dans les mêmes conditions que les salariés de cette entreprise, aux moyens de transport collectifs et aux installations collectives, notamment de restauration, dont peuvent bénéficier ces salariés (C. trav. art. L 1251-24).

L'**ancienneté** du salarié démarre à compter de son embauche et continue à courir pendant les mises à disposition d'autres sociétés du groupe (Cass. soc. 14-12-2005 no 03-47.485 : RJS 2/06 no 160 ; voir aussi Cass. soc. 25-4-2001 no 98-46.294). Ce principe trouve notamment à s'appliquer pour le calcul du préavis, du droit aux indemnités de rupture et du montant de celles-ci (Cass. soc. 12-12-1985 no 83-41.868 ; Cass. soc. 26-5-2004 no 01-44.814 : RJS 8-9/04 no 910).

Il continue à être comptabilisé dans les **effectifs** de son entreprise d'origine, ce qui n'exclut pas une comptabilisation concomitante dans celui de l'entreprise d'accueil sous certaines conditions (C. trav. art. L 1111-2, 2o) et peut, sous certaines conditions également, choisir de participer aux élections des représentants du personnel dans l'entreprise d'accueil (C. trav.

art. L 2314-23). Son employeur doit lui permettre d'avoir accès aux informations syndicales de son entreprise d'origine (Cass. soc. 17-3-2021 n° 19-21.486 FS-P : RJS 6/21 n° 320).

En cas d'**accident du travail** dans l'entreprise utilisatrice, ce sont les dispositions prévues pour le travail temporaire (CSS art. L 412-3 à L 412-7) qui s'appliquent (C. trav. art. L 8241-2).

80412 **Situation à l'issue de la mise à disposition** À l'issue de sa mise à disposition, le salarié retrouve son **poste** de travail ou un poste équivalent chez son employeur sans que l'évolution de sa carrière ou de sa rémunération ne soit affectée par la mise à disposition (C. trav. art. L 8241-2). Le refus par le salarié du poste équivalent offert par son employeur au terme de la mise à disposition justifie son licenciement (Cass. soc. 7-2-2018 n° 16-18.946 F-D : RJS 4/18 n° 296). Il en va de même en cas de refus de retour au lieu d'affectation d'origine (Cass. soc. 24-6-2015 n° 13-25.522 : RJS 11/15 n° 699).

En revanche, s'il est mis fin à la mise à disposition en raison de difficultés économiques de l'entreprise d'accueil, l'employeur ne peut, pour ce seul motif, prononcer le **licenciement** du salarié : il doit invoquer un motif qui lui est propre ; à défaut, le licenciement est sans cause réelle et sérieuse (Cass. soc. 20-6-2000 n° 98-42.126 : RJS 9-10/00 n° 919 ; Cass. soc. 18-5-1999 n° 96-45.439 : RJS 10/99 n° 1311). Il ne saurait licencier le salarié pour une insuffisance professionnelle ou une faute constatée dans le poste de détachement, sauf si la gravité ou la nature particulière des fautes commises par le salarié au cours de la mise à disposition rendent impossible son maintien dans son entreprise d'origine (Cass. soc. 17-11-2010 n° 09-42.695 : RJS 3/11 n° 274).

Les mises à disposition sont sans effet sur la **clause de non-concurrence** stipulée entre l'employeur et le salarié si elle n'a pas été modifiée par les avenants successifs au contrat de travail. Le salarié est donc fondé à s'en prévaloir lors de son licenciement pour réclamer la contrepartie financière de cette clause (Cass. soc. 15-4-1992 n° 89-40.874 : RJS 10/92 n° 1100).

> **Précisions** **a.** Sur les obligations imposées par la loi à une société française à l'égard d'un salarié qu'elle a mis à la disposition d'une **filiale étrangère** en cas de **licenciement** par celle-ci, voir Mémento Social n°s 78455 s.
> **b.** Sur les **détachements de personnel à l'étranger,** voir Mémento Social n°s 78240 s.

TRANSFERT DE SALARIÉS AU SEIN D'UN GROUPE

80415 Hors le cas du transfert prévu par l'article L 1224-1 du Code du travail, le transfert d'un salarié requiert nécessairement l'**accord de l'intéressé** puisque le changement d'employeur impliqué par l'opération est une modification du contrat de travail (notamment Cass. soc. 28-3-2000 n° 97-44.410 : RJS 5/00 n° 494 ; Cass. soc. 10-10-2006 n° 04-46.134 : RJS 1/07 n° 13). Cet accord doit être exprès et ne saurait se déduire de la seule poursuite du travail (Cass. soc. 10-10-2006 précité ; Cass. soc. 17-6-2009 n° 08-42.615 : RJS 10/09 n° 769). Le refus du salarié ne peut justifier son licenciement, sauf motif économique (Cass. soc. 10-12-1996 n° 94-40.300 : RJS 1/97 n° 6).

Le nouveau contrat conclu à l'occasion d'une mutation peut-il comporter une **période d'essai** ? La réponse est négative si les fonctions exercées sont les mêmes (Cass. soc. 28-9-2005 n° 03-47.214 : RJS 12/05 n° 1164) et positive dans le cas contraire (Cass. soc. 21-6-2006 n° 05-40.556 F-D ; Cass. soc. 20-10-2010 n° 08-40.822 : RJS 1/11 n° 1). Ces solutions s'expliquent par la finalité de la période d'essai, qui est de vérifier l'adéquation au poste offert des compétences du salarié, lesquelles sont censées être connues par les diverses entités du groupe.

Si le transfert s'est réalisé sans rupture du contrat, le salarié conserve son **ancienneté** (Cass. soc. 14-12-2005 n° 03-47.485 : RJS 2/06 n° 160). Dans le cas contraire, elle est perdue, sauf dispositions conventionnelles ou contractuelles contraires ou situation de coemploi (n° 80282 ; Cass. soc. 20-10-2010 n° 08-40.822 : RJS 1/11 n° 1).

Le salarié transféré en dehors de toute modification de la situation juridique de l'entreprise devient immédiatement soumis au **statut collectif** de son nouvel employeur, qu'il soit plus ou moins favorable (usages et engagements unilatéraux de l'employeur, accords d'entreprise et, le cas échéant, convention de branche, si son nouvel employeur relève d'une branche différente) et cesse simultanément de pouvoir se prévaloir de celui de son ancien employeur, sauf bien entendu si le nouvel employeur a manifesté son intention de lui en maintenir l'application (Cass. soc. 17-2-1982 n° 80-40.115 : Bull. civ. V n° 102). S'il y a conclusion d'un nouveau contrat de travail, celui-ci devra donc être conforme au statut collectif en vigueur chez le nouvel employeur (pour une application à une convention individuelle de forfait jours, voir Cass. soc. 15-5-2014 n° 12-14.993 : RJS 7/14 n° 567).

Le salarié licencié par la société dans laquelle il a été transféré n'a, en principe, aucun droit à **réintégration** dans la société d'origine : celle-ci n'est plus son employeur et n'a pas d'obligation en ce sens vis-à-vis de l'intéressé (Cass. soc. 20-10-2010 n° 08-40.822 : RJS 1/11 n° 1), pas plus qu'elle ne saurait être tenue au paiement des indemnités de rupture solidairement avec le nouvel employeur. Il en va autrement si elle a pris un engagement en ce sens : en pareil cas, le refus d'honorer cet engagement se résout en dommages-intérêts.

› Précisions **a.** L'**accord du salarié** sur le principe de son transfert à une autre société est requis peu important que ces sociétés aient à leur tête le même dirigeant (Cass. soc. 5-5-2004 nº 02-42.580 : RJS 7/04 nº 794) ou que le transfert porte en même temps sur plusieurs salariés (Cass. soc. 10-10-2006 précité) ou, encore, que le salarié soit lié par une clause de mobilité l'obligeant à accepter toute mutation dans une autre société du groupe, une telle clause étant nulle (Cass. soc. 23-9-2009 nº 07-44.200 : RJS 12/09 nº 898 ; Cass. soc. 16-2-2012 nº 10-26.542, inédit ; Cass. soc. 19-5-2016 nº 14-26.588 FS-PB : RJS 8-9/16 nº 550).

b. La rupture d'un commun accord du contrat de travail initial prévue par la **convention tripartite** organisant le transfert du salarié au sein du groupe n'est pas une rupture conventionnelle homologuée et n'est donc pas soumise aux dispositions applicables à ce type de rupture, car une telle convention a pour objet la poursuite de la relation de travail avec un autre employeur, alors que la rupture conventionnelle homologuée ne s'applique qu'en cas de rupture entraînant la perte définitive de l'emploi (Cass. soc. 8-6-2016 nº 15-17.555 : RJS 8-9/16 nº 555 ; Cass. soc. 17-11-2021 nº 20-13.851 F-D : RJS 1/22 nº 11).

c. La mention d'une ancienneté sur le **bulletin de paie** vaut présomption au profit du salarié, que l'employeur peut renverser en apportant la preuve contraire (Cass. soc. 12-9-2018 nº 17-11.177 : RJS 11/18 nº 660).

d. La **charte de mobilité** en vigueur dans un groupe qui prévoit une reprise d'ancienneté en cas de transfert au sein du groupe ne s'applique pas rétroactivement aux changements d'employeur antérieurs à sa date d'effet (Cass. soc. 20-6-2013 nº 12-14.957 : RJS 10/13 nº 653).

5. REPRÉSENTANTS DU PERSONNEL

Lorsque plusieurs entreprises juridiquement distinctes forment néanmoins une unité économique et sociale regroupant au moins 11 salariés, elles doivent mettre en place un **comité social et économique** (CSE) **commun** (C. trav. art. L 2313-8). **80430**

Lorsque plusieurs sociétés d'un même groupe constituent une unité économique et sociale, il doit être constitué un CSE commun auxdites sociétés et non un comité de groupe (Cass. soc. 22-10-1984 nº 83-63.121 : Bull. civ. V nº 395).

En revanche, lorsque seules certaines sociétés du groupe forment une unité économique et sociale, un comité de groupe doit être mis en place au niveau du groupe et un CSE doit être constitué dans le cadre de l'unité économique et sociale (Cass. soc. 30-5-2001 nº 00-60.111 : RJS 8-9/01 nº 1032). Si plusieurs établissements distincts peuvent être distingués à l'intérieur de cette unité économique et sociale, il y a lieu de constituer des CSE d'établissement et un CSE central.

Les membres du CSE central peuvent être désignés pour assister aux conseils d'administration tenus même par celles des sociétés du groupe dont ils ne sont pas salariés (CA Paris 12-1-1982 : BRDA 9/82 p. 11).

La loi ne précise pas ce qu'il faut entendre par « **unité économique et sociale** » mais il s'agit là d'une notion dont les traits essentiels ont été dégagés par les tribunaux et qui suppose la réunion des éléments de fait suivants : similarité ou complémentarité des activités, concentration du pouvoir de direction et communauté de travailleurs avec statut social et conditions de travail similaires (Cass. soc. 18-7-2000 nº 99-60.353 : RJS 11/00 nº 1107 ; Cass. soc. 15-1-2002 nº 00-60.256 : RJS 4/02 nº 452). **80431**

Une unité économique et sociale ne peut être reconnue qu'entre des entités juridiques distinctes prises dans l'ensemble de leurs établissements et de leurs personnels (Cass. soc. 7-5-2002 nº 00-60.424 : RJS 7/02 nº 835). Elle ne peut donc être constituée par le regroupement d'une partie seulement des établissements d'une ou de plusieurs entreprises (Cass. soc. 13-1-1999 nº 97-60.782 : RJS 2/99 nº 230) ou par une société et l'un des établissements d'une autre société (Cass. soc. 21-11-1990 nº 89-61.217 : RJS 1/91 nº 44 ; Cass. soc. 2-4-1996 nº 95-60.665 : RJS 5/96 nº 555) ou encore entre une filiale de deux sociétés et les services chargés de sa gestion au sein de ces sociétés (Cass. soc. 22-1-1992 : RJS 3/92 nº 313). Par exception, lorsqu'elle est reconnue au sein d'un groupe de sociétés, elle peut comprendre des entités dépourvues de la personnalité morale, comme une simple succursale (Cass. soc. 21-11-2018 nº 16-27.690 : RJS 2/19 nº 110).

Lorsque les éléments constitutifs d'une unité économique et sociale sont réunis entre les filiales, l'intégration de la société holding détentrice du pouvoir au sein de cette unité est justifiée (Cass. soc. 26-1-2005 nº 189 : RJDA 6/05 nº 710). Ainsi, ces critères sont réunis entre une société holding n'employant que les cadres et une société filiale occupant la majorité des salariés, cette situation masquant en réalité une seule et même entreprise composée de différentes catégories de personnels complémentaires (Cass. soc. 14-6-2005 nº 1239 : RJS 10/05 nº 1001).

La constatation de l'existence d'une unité économique et sociale entre plusieurs entreprises résulte soit d'une convention, soit d'une décision de justice (C. trav. art. L 2313-8). Une fois l'unité économique et sociale reconnue, sa pérennité ainsi que sa composition et son périmètre doivent être réexaminés lors de chaque échéance électorale (Cass. soc. 31-3-2009 nº 08-60.494 : RJS 6/09 nº 559).

80435 La notion d'unité économique et sociale est aussi appliquée par les tribunaux à la désignation des **délégués syndicaux.**

Jugé que les critères de l'unité économique et sociale sont les mêmes, quelles que soient les institutions concernées. Il est donc possible de se référer à un précédent jugement ayant constaté l'existence de cette unité en ce qui concerne une instance représentative du personnel (CSE) pour reconnaître son existence à propos d'une autre instance (délégués syndicaux) dès lors qu'aucune modification n'est intervenue dans les rapports entre les sociétés (Cass. soc. 1-12-1998 nº 5416 : RJS 1/99 nº 65).

Pour plus de détails, voir Mémento Social nºs 62340 s.

6. PARTICIPATION DES SALARIÉS

PARTICIPATION, INTÉRESSEMENT ET ÉPARGNE SALARIALE DANS UN GROUPE

80490 La condition d'emploi d'au moins 50 salariés, qui déclenche l'obligation de mettre en œuvre un régime de participation des salariés aux résultats de l'entreprise, s'apprécie séparément dans chaque entreprise du groupe. Par exception, en présence d'une unité économique et sociale (nº 80431), il y a lieu de faire masse des **effectifs** des entreprises qui la constituent (C. trav. art. L 3322-2).

Qu'il y ait ou non unité économique et sociale, les entreprises membres d'un groupe ont le choix de conclure un **accord de groupe ou des accords séparés,** société par société. La loi permet en effet la mise en place, au moyen de la conclusion d'un accord de groupe, d'un régime de participation des salariés aux résultats commun à toutes les sociétés du groupe ou à seulement une partie d'entre elles. Cette possibilité est également ouverte pour l'intéressement et les plans d'épargne salariale.

Pour l'application de ces dispositions, le groupe est **défini** comme un ensemble d'entreprises juridiquement indépendantes mais ayant établi entre elles des liens économiques et financiers (C. trav. art. L 3344-1).

Une définition du groupe plus restrictive trouve cependant à s'appliquer pour les opérations suivantes :

– les augmentations de capital réservées aux adhérents d'un plan d'épargne d'entreprise (nºs 70460 s.) ;

– la majoration du plafond d'abondement au plan d'épargne d'entreprise prévu à l'article L 3332-11 du Code du travail pour l'acquisition d'actions ou de certificats d'investissement émis par l'entreprise ou une entreprise du groupe.

En effet, ces dispositifs ne peuvent s'appliquer qu'au sein d'un groupe d'entreprises incluses dans le même périmètre de consolidation ou de combinaison des comptes en application de l'article L 233-16 (nºs 81402 s.) (C. trav. art. L 3344-1).

ACTIONNARIAT DES SALARIÉS

80491 Des **options de souscription ou d'achat d'actions** peuvent être proposées par la société non seulement à ses propres salariés, mais aussi aux salariés des sociétés dont elle détient au moins 10 % du capital ou des droits de vote ainsi que, lorsque les titres sont admis aux négociations sur un marché réglementé, à ceux des sociétés qui détiennent au moins 10 % de son capital ou des droits de vote et à ceux de sociétés « sœurs » (nº 69436).

De même, les salariés adhérant à un PEE peuvent **acquérir,** sous certaines conditions, des **actions émises par une autre entreprise** du même groupe.

De même encore, les sociétés membres d'un groupe peuvent attribuer des **actions gratuites** à des salariés membres d'autres entités du groupe (voir nºs 70010 s.).

E. Responsabilité pour dommage environnemental ou minier

RESPONSABILITÉ POUR DOMMAGE ENVIRONNEMENTAL

Une société mère peut être condamnée à financer tout ou partie des mesures de **réhabilitation des installations classées d'une filiale** (au sens de l'article L 233-1 ; n° 79031) en liquidation judiciaire. Le tribunal ayant mis la filiale en liquidation ne peut prononcer cette condamnation que si le demandeur (liquidateur, ministère public ou préfet) établit l'existence d'une faute « caractérisée » de la société mère qui a contribué à une insuffisance d'actif de la filiale (C. envir. art. L 512-17, al. 1). 80495

Si la société mère est condamnée mais qu'elle n'est pas en mesure de financer la réhabilitation des installations, cette action peut être engagée aux mêmes conditions contre la société dont elle est elle-même la filiale, c'est-à-dire contre sa propre société mère. Et si cette dernière n'est pas non plus en mesure de financer la réhabilitation des installations, l'action peut être dirigée contre sa propre société mère (C. envir. art. L 512-17, al. 2).

› Précisions **a.** Cette mesure ne s'applique qu'en cas de **liquidation judiciaire de la filiale.** Elle ne remet donc pas en cause la solution de la Cour de cassation selon laquelle la société mère n'est pas tenue de réparer les dommages environnementaux d'une filiale qui n'est pas en cessation des paiements et dont elle a décidé la dissolution (Cass. com. 26-3-2008 n° 07-11.619 : RJDA 7/08 n° 804).

b. La loi limitant la chaîne des responsabilités à la **société mère de « 3e niveau »,** aucun recours n'est ouvert si cette dernière est elle aussi dans l'impossibilité d'exécuter la condamnation prononcée contre elle.

c. Au cours des débats parlementaires de la loi 2010-788 du 12 juillet 2010 dont est issue cette disposition, il a été précisé que, « afin de confirmer l'ambition du texte, il est apparu nécessaire de [...] prévoir également l'hypothèse où la **maison** dite **mère** est elle-même filiale d'une personne morale non vertueuse et par extension à une aïeule à la condition que la faute intentionnelle soit démontrée à chaque étape de la filiation » (Amendement AN n° 1640). Cette précision éclaire peu sur la portée de l'article L 512-17, al. 2 du Code de l'environnement. Pour que la mère de la mère (ou l'aïeule) soit poursuivie, faut-il que sa fille soit elle **aussi en liquidation judiciaire** ? Si la réponse devait être négative, on comprendrait mal alors pourquoi la faute de la mère ou de l'aïeule doit avoir contribué à l'insuffisance d'actif de sa filiale, condition prévue pour l'action tendant à la condamnation au paiement des remises en état.

RESPONSABILITÉ POUR DOMMAGE MINIER

Une société mère peut être condamnée à financer tout ou partie des mesures d'**arrêt des travaux des sites en fin d'activité ou** des mesures nécessaires à la réparation des **dommages causés par l'activité minière d'une filiale** en liquidation judiciaire, dans les mêmes conditions qu'en cas de remise en état des installations classées d'une filiale ; comme dans ce dernier cas, si la société mère est condamnée, mais qu'elle n'est pas en mesure de financer ces mesures, l'action en justice peut être engagée contre la société détenant plus de la moitié du capital de celle-ci ou encore contre sa propre société mère (C. minier art. L 171-3 ; n° 80495). 80496

CONTRÔLE DES CONVENTIONS RÉGLEMENTÉES EN CAS DE DOMMAGE ENVIRONNEMENTAL OU MINIER

Les **décisions** par lesquelles la **société mère** prend à sa charge, en cas de défaillance de sa filiale, tout ou partie des obligations de prévention et de réparation des dommages industriels ou miniers causés par la filiale à l'environnement sont soumises à la procédure des conventions réglementées (art. L 233-5-1). 80498

Sont visées les décisions émanant d'une SARL ou d'une société par actions au bénéfice d'une société contrôlée au sens de l'article L 233-3 (n° 79013) ou dans le capital de laquelle la SARL ou la société par actions détient une participation, majoritaire (art. L 233-1 ; n° 79031) ou non (art. L 233-2 ; n° 79032).

› Précisions **a.** L'article L 233-5-1 visant une « décision » de prise en charge des obligations de la filiale par la société mère, il ne s'agit pas d'une convention mais d'un engagement unilatéral, de sorte que la **procédure** des conventions réglementées ne doit être appliquée que dans la **société mère** et non dans la filiale (CNCC, Les conventions réglementées et courantes, février 2014 p. 23).

b. La loi ne le prévoit pas, mais en cas d'**inobservation de la procédure** ou de **refus** de ratification ou d'approbation, les dirigeants de la société mère s'exposent à devoir prendre en charge les conséquences dommageables de la décision concernée, comme c'est le cas pour toute convention réglementée non approuvée.

F. Contrôle Urssaf

80499 Dans le cadre d'un contrôle Urssaf, l'agent de contrôle est en droit de se fonder sur les documents et informations obtenus lors du contrôle de toute personne appartenant au même groupe (au sens des articles L 233-1 et L 233-3) que la personne qu'il contrôle. Il doit informer celle-ci de la teneur et de l'origine de ces documents et informations dans la lettre d'observations et lui fournir, si elle en fait la demande, copie de ces documents (CSS art. L 243-7-4 et R 243-59-10, I).

Cette demande, faite dans le délai de 30 ou 60 jours de la réception de la lettre d'observation (CSS art. R 243-59, III-al. 8), qui constitue la période contradictoire préalable à l'envoi d'une mise en demeure ou d'un avertissement, suspend cette période contradictoire, qui prend fin à la date d'envoi de la copie, sauf si cette date précède celle d'envoi par l'agent de contrôle de sa réponse au cotisant (CSS art. R 243-59-10, II).

> **Précisions** En l'**absence de demande de copie,** la fin de la période contradictoire demeure la date d'expiration du délai de 30 ou 60 jours précité ou, en cas de réponse du cotisant, la date d'envoi par l'agent de contrôle de sa réponse à celui-ci (CSS art. R 243-59, III-al. 11).

SECTION 4 CONTRATS ENTRE SOCIÉTÉS DU GROUPE

A. Contrôle des conventions réglementées

PRINCIPE

80500 Fréquemment, les sociétés mères et filiales (au sens large) ont des dirigeants communs. Dans ce cas, les conventions passées entre les sociétés concernées sont soumises à une procédure de contrôle particulière : voir n°s 52500 s. pour les SA, n°s 60431 s. pour les SAS et n°s 31910 s. pour les SARL.

Dans les SA et les SAS, même en l'absence de dirigeants communs (hypothèse en pratique peu fréquente), la procédure de contrôle des conventions passées entre la société mère et sa filiale doit être suivie – au moins dans la filiale – puisque cette procédure s'applique aussi aux conventions intervenant entre une société par actions et une autre société lorsque cette dernière dispose de plus de 10 % des droits de vote de la première. La procédure est toutefois inapplicable dans les SA aux conventions conclues entre deux sociétés dont l'une détient, directement ou indirectement, la totalité du capital de l'autre, le cas échéant déduction faite du nombre minimum d'actions requis pour satisfaire aux exigences de pluralité d'associés (par exemple, nécessité d'avoir au moins sept actionnaires dans une SA dont les titres sont admis aux négociations sur un marché réglementé) (art. L 225-39, al. 1 et L 225-87, al. 1).

Sont néanmoins exclues les conventions portant sur des opérations courantes et conclues à des conditions normales.

OPÉRATIONS COURANTES CONCLUES À DES CONDITIONS NORMALES DANS UN GROUPE

80510 Sauf si les conventions sont conclues entre deux sociétés dont l'une détient la totalité du capital de l'autre (n° 80500), il n'est possible d'éviter la procédure des conventions réglementées dans les groupes que s'il s'agit de « conventions portant sur des opérations courantes et conclues à des conditions normales ». En effet, il est désormais unanimement admis que l'existence du groupe doit être prise en considération pour déterminer si une convention intervenant entre deux sociétés d'un même groupe porte sur une opération courante et a été conclue à des conditions normales.

80515 Dans une **étude** sur les conventions réglementées et courantes, la CNCC, après consultation de l'Afep et du Medef et en concertation avec le H3C (devenu la H2A) ainsi que l'AMF, a énuméré un certain nombre de conventions courantes à l'intérieur d'un groupe et indiqué, pour chacune d'elles, les conditions qui pourraient être considérées comme normales (CNCC, Les conventions réglementées et courantes, février 2014 p. 20 s.).

L'étude porte sur les **conventions suivantes** :
– conventions intragroupe réglementées (abandons de créances, subventions et prêts sans intérêts ; cautions et garanties données par une société mère au bénéfice de tiers en faveur d'une filiale ; conventions de trésorerie ; engagements pris au bénéfice de dirigeants de sociétés cotées contrôlantes ou contrôlées ; prise en charge par une société mère des dommages environnementaux causés par une filiale) ;
– conventions intragroupe soulevant des interrogations (transactions commerciales habituelles ; frais communs du groupe ; personnel détaché ; transactions sur immobilisations ; transactions financières ; intégration fiscale).

Par **exemple,** les opérations relevant de l'activité habituelle de l'entreprise concernée (achats, ventes, sous-traitances, prestations, etc.) sont des transactions commerciales courantes. Selon la CNCC, pour apprécier le caractère normal de la convention, il convient de s'attacher non seulement au marché, mais aussi aux conséquences internes de l'opération (réalisation ou non d'une marge, par exemple) ainsi qu'aux contreparties éventuelles liées à l'intérêt du groupe (à ne pas confondre avec l'intérêt personnel de certains actionnaires ou dirigeants). 80520

De même, lorsque la société mère, ou une filiale créée à cet effet, prend en charge un certain nombre de tâches fonctionnelles (organisation générale, contrôle interne, comptabilité, informatique, juridique, formation du personnel, publicité, frais de recherche, locations immobilières, etc.), les facturations qui en résultent sont, par définition, caractéristiques d'une opération habituelle au sein d'un groupe. En ce qui concerne le prix de facturation, est normale soit la facturation au coût de revient (CA Paris 17-10-2003 nº 02-3107 : RJDA 3/04 nº 314), soit la facturation avec une marge bénéficiaire raisonnable destinée, notamment, à couvrir des frais indirects non affectés.

De même encore, le caractère courant des transactions financières, qu'il s'agisse de prêts, d'avances, de cautionnements, de gestion d'un pool de trésorerie, etc., doit être présumé au sein d'un groupe. En revanche, l'appréciation du caractère normal des conditions de la transaction est plus délicate ; ce caractère devra être recherché en fonction, d'une part, de l'importance des montants en cause au regard de la situation des sociétés en présence (notamment des possibilités financières de la société qui en supporte la charge) et, d'autre part, du taux appliqué compte tenu des conditions en vigueur tant à l'intérieur qu'à l'extérieur du groupe.

En revanche, toujours selon la CNCC, les abandons de créances, qu'il y ait ou non clause de retour à meilleure fortune, les prêts sans intérêts et les subventions entre sociétés d'un même groupe constituent, dans tous les cas, des conventions réglementées.

Signalons aussi qu'il a été jugé qu'une convention de trésorerie entre les sociétés d'un groupe qui tend à la constitution d'un pool de trésorerie géré par une société holding en fonction des autorisations de découvert de chacune des sociétés du groupe et donnant lieu à paiement d'intérêts ne saurait présenter, par nature, un caractère inhabituel dans un groupe de sociétés ; en conséquence, si elle n'est pas passée à des conditions anormales, elle n'est pas soumise à la procédure de contrôle des conventions réglementées (CA Versailles 2-4-2002 nº 00-3930 : RJDA 11/02 nº 1150).

En principe, le **cautionnement des engagements d'une filiale par la société mère** ne relève pas de la procédure des conventions réglementées. En effet, le contrat de cautionnement est une convention entre le créancier et la caution (C. civ. art. 2288) ; il ne lie pas la caution au débiteur garanti et l'avantage que constitue pour la filiale un **cautionnement non rémunéré** n'est pas pour autant une « convention » au sens de cette procédure (Bull. CNCC mars 2003 p. 168 ; dans le même sens, à propos du cautionnement par une SA des engagements d'une autre SA avec laquelle elle avait des administrateurs communs, CA Pau 29-5-2001 nº 00-1698). Les cautionnements consentis par une ***SA*** *sont toutefois soumis à* ***autorisation préalable*** du conseil d'administration ou de surveillance, avec des aménagements particuliers pour les garanties portant sur les engagements de sociétés contrôlées (nos 40905 s.). 80530

La CNCC n'a écarté la qualification de convention réglementée que dans l'hypothèse où le cautionnement n'est pas rémunéré. Si la société cautionnée verse à la caution une **rémunération,** il est à notre avis légitime de considérer cette **prestation de services** comme une convention au sens de la procédure des conventions réglementées, au moins chez la société cautionnée. Toutefois, la CNCC classe les cautionnements dans la catégorie des transactions financières dont le caractère courant doit être présumé au sein d'un groupe. L'appréciation du caractère normal des conditions dépendra de chaque cas d'espèce.

80540 Les **conventions d'intégration fiscale** constituent des opérations courantes lorsque les sociétés adhèrent à un régime de droit commun et elles peuvent être considérées comme conclues à des conditions normales lorsqu'elles entraînent une neutralité parfaite pour les filiales intégrées, et ce, non seulement pendant la durée de vie de l'intégration, mais aussi lors de la sortie du régime (CNCC, Les conventions réglementées et courantes, février 2014 p. 29 s.).

B. Droit de la concurrence

ENTENTES ILLICITES

80550 Même si elle possède une personnalité juridique distincte de la société mère, une filiale ne constitue une entreprise, au sens du droit de la concurrence, que si elle possède une autonomie économique réelle (CJCE 31-10-1974 aff. 15/74 ; Cons. conc. 9-11-1988 nº 88-D-44). Il en résulte qu'échappe à l'interdiction des ententes illicites entre entreprises (TFUE art. 101 ; art. L 420-1) l'**accord entre une société et sa filiale** lorsque celle-ci ne dispose **pas** d'une **autonomie réelle** dans la détermination de sa ligne d'action sur le marché et forme une unité économique avec sa société mère (CJCE 31-10-1974 aff. 15/74 ; TPICE 12-1-1995 aff. 102/92, confirmé par CJCE 24-10-1996 aff. 73/95 P ; Cons. conc. 7-11-2002 nº 02-D-67). Sur la notion d'unité économique, voir aussi nº 79047.

En revanche, une entente illicite peut résulter d'un accord entre des sociétés d'un même groupe lorsque ces sociétés disposent de leur **pleine liberté commerciale** (Rapport Autorité de la concurrence pour 2012).

SANCTIONS DES PRATIQUES ANTICONCURRENTIELLES

80560 Les sanctions pécuniaires qui peuvent être infligées aux entreprises par l'**Autorité de la concurrence** en cas d'ententes illicites (au maximum 10 % du montant du chiffre d'affaires mondial hors taxe le plus élevé réalisé au cours d'un des exercices clos suivant celui au cours duquel ces pratiques ont été mises en œuvre) doivent être calculées en fonction du chiffre d'affaires de chaque entreprise sanctionnée. Toutefois, lorsque les comptes de cette entreprise font l'objet d'une consolidation, elles sont déterminées à partir du chiffre d'affaires figurant dans les comptes consolidés de la société mère (art. L 464-2, I-al. 6), quand bien même cette dernière et ses autres filiales n'auraient pas concouru effectivement aux pratiques prohibées.

Les sanctions pécuniaires prononcées sur le fondement de l'article L 464-2 sont **déterminées individuellement** pour chaque entreprise et de façon motivée pour chaque sanction, de sorte qu'est exclu, à l'égard d'une entreprise ayant agi de manière autonome, le relèvement automatique de la sanction en raison de sa seule appartenance à un groupe (Cass. com. 21-10-2014 nº 13-16.602 : RJDA 1/15 nº 51).

80562 La **Commission européenne** peut infliger à chaque entreprise ayant participé à une entente illicite une amende d'un montant maximal de 10 % du chiffre d'affaires total de l'entreprise ayant réalisé au cours de l'exercice social précédent pour chacune des entreprises concernées (Règl. CE 1/2003 du 16-12-2002 art. 23, 2).

C. Risque pénal

ABUS DE BIENS SOCIAUX

80570 Sont punis d'un emprisonnement de cinq ans et d'une amende de 375 000 € les dirigeants qui ont fait, de mauvaise foi, des biens ou du crédit de la société un usage qu'ils savaient contraire à l'intérêt de celle-ci, à des fins personnelles ou pour favoriser une autre entreprise dans laquelle ils étaient intéressés directement ou indirectement (art. L 242-6, 3º et L 242-30, al. 1 pour la SA, et, sur renvoi de l'art. L 244-1, al. 1 pour la SAS et de l'art. L 243-1, al. 1 pour la SCA ; art. L 241-3, 4º pour la SARL).

Les **avances de trésorerie** consenties par une société à une autre société du même groupe ne constituent toutefois pas un abus de biens sociaux lorsque les conditions suivantes sont réunies (Cass. crim. 4-2-1985 : D. 1985 p. 478 note D. Ohl ; Cass. crim. 13-2-1989 : Rev. sociétés 1989 p. 692 note B. Bouloc).

1. Les deux sociétés doivent appartenir au **même groupe,** ce qui suppose l'existence de liens structurels entre les sociétés membres du groupe et la mise en œuvre d'une stratégie commune en vue de la réalisation d'un objectif commun (cf. Cass. crim. 23-4-1991 : Bull. crim. nº 193 ; Cass. crim. 24-6-1991 : RJDA 11/91 nº 926).

ILLUSTRATIONS

Cette condition n'est pas remplie :
– lorsque le prétendu groupe résulte de sociétés fermées dont les liens financiers dépendent du seul pouvoir des dirigeants qui ont choisi, selon des critères personnels, l'orientation économique d'entreprises juridiquement indépendantes dont ils sont les principaux actionnaires et dont ils ont le contrôle absolu (T. corr. Mulhouse 25-3-1983 : D. 1984 p. 285 note C. Ducouloux-Favard) ;
– lorsqu'il n'existe aucune complémentarité des activités des établissements composant le prétendu groupe (T. corr. Paris 29-4-1983 : Gaz. Pal. 1983 p. 425 note J.-P. Marchi) ;
– lorsque aucune stratégie commune n'a été définie entre les sociétés concernées, la seule similitude des activités exercées par elles ne pouvant suffire à caractériser l'existence d'un groupe (CA Paris 17-12-1990 : Gaz. Pal. 1991 p. 359 note J.-P. Marchi) ;
– lorsque les sociétés en cause ne sont liées entre elles que par des « jeux d'écriture » et qu'il n'existe aucune politique décidée en conseil d'administration ou en assemblée générale, les opérations financières critiquées étant dissimulées dans la comptabilité par des artifices sous le couvert de contrats commerciaux fictifs (Cass. crim. 23-4-1991 précité).

2. L'opération doit être dictée par un **intérêt économique, social ou financier commun,** apprécié au regard d'une politique élaborée pour l'ensemble du groupe.

Pour un exemple dans lequel l'unité économique des sociétés du groupe n'était pas établie, voir Cass. crim. 2-7-1998 : RJDA 1/99 n° 52.

3. Le concours financier ne doit pas être dépourvu de **contrepartie** ou rompre l'**équilibre** entre les engagements respectifs des diverses sociétés concernées, ni excéder les possibilités financières de celle qui en supporte la charge.

ILLUSTRATIONS 80575

Il a été jugé qu'une « surfacturation » faite par une société au profit de sa filiale n'était **pas** constitutive d'**abus** de biens sociaux, dès lors que cette aide n'avait pas compromis la situation financière de la société mère et qu'elle constituait une opération « normale » entre mère et filiale, excluant toute intention frauduleuse du dirigeant, qui n'en avait retiré aucun profit personnel (Cass. crim. 20-10-1986 : BRDA 23/86 p. 11 ; voir aussi T. corr. Lyon 20-6-1985 : Gaz. Pal. 1986 p. 782 note J.-P. Marchi à propos de l'établissement de fausses factures au profit d'une filiale en difficulté).

Pour d'autres exemples où les conditions ont été considérées comme remplies, voir CA Rennes 6-1-2005 n° 04-618 : RJDA 5/06 n° 545 ; Cass. crim. 6-4-2016 n° 15-80.150 : RJDA 8-9/16 n° 626.

En revanche, le **délit** d'abus de biens **sociaux** est constitué si les avances ont été accordées sans contrepartie à d'autres sociétés du groupe dans lesquelles les dirigeants de la société prêteuse avaient des intérêts personnels (Cass. crim. 9-1-1984 : Bull. Joly 1984 p. 413 ; Cass. crim. 4-9-1996 : RJDA 1/97 n° 58 ; Cass. crim. 20-3-2007 n° 05-85.253 : RJDA 10/07 n° 978).

Il en est de même lorsque les opérations critiquées étaient effectuées au profit d'une société et au préjudice d'une autre, au gré des circonstances, sans plan d'ensemble ni justification économique, à la faveur du désordre régnant dans les comptabilités respectives des entreprises et qu'elles tendaient en outre à masquer la réalité de la situation désastreuse de chacune de ces sociétés (Cass. crim. 9-12-1991 : RJDA 5/92 n° 463).

De même encore, se rend coupable d'abus de biens sociaux le président d'une société A qui a prélevé dans la trésorerie de cette société, au profit d'une société holding B dont il était gérant, des sommes destinées à rembourser un emprunt contracté pour le rachat des actions de la société A et à acquérir les parts d'une société C. L'intéressé ne pouvait pas invoquer l'intérêt du groupe formé par les trois sociétés A, B et C pour s'exonérer de sa responsabilité car la société B ne disposait à l'évidence pas des ressources suffisantes pour faire face au remboursement des avances et prêts dont elle avait bénéficié, lesquels avaient été consentis sans contrepartie réelle et au bénéfice exclusif de l'intéressé, qui détenait la majorité du capital de la société B (Cass. crim. 5-5-1997 : RJDA 12/97 n° 1493).

A été condamné pour abus de biens sociaux le président de deux sociétés mère et filiale en raison d'avances de trésorerie consenties par la première à la seconde, dès lors que la société mère, soumise par la suite à une procédure de redressement judiciaire, avait accordé sans contrepartie une aide financière dépassant ses possibilités et donc contraire à son intérêt (Cass. crim. 18-1-1993 : RJDA 6/93 n° 515).

Les conditions d'exclusion énoncées ci-dessus (n° 80570) s'appliquent également aux 80580
« **mandats de service** » conclus entre deux sociétés d'un même groupe ayant des administrateurs communs, ainsi qu'aux **engagements de caution** consentis à l'occasion d'une prise de participation de sociétés du groupe dans une tierce société (CA Paris 29-5-1986 : Gaz. Pal. 1986 jur. p. 479 note J.-P. Marchi).

Jugé qu'avait commis un abus de biens sociaux le dirigeant d'une société faîtière d'un groupe qui avait fait verser pendant quatre ans par deux sociétés membres du groupe des redevances en exécution de conventions de prestation de services sans que la réalité de ces prestations soit établie de manière convaincante, peu important que l'exécution des conventions litigieuses ait entraîné un développement incontestable du groupe (Cass. crim. 25-10-2006 nº 5538 : RJDA 2/07 nº 167).

On observera que le respect de la procédure d'approbation des conventions réglementées ne suffit pas, à lui seul, pour écarter toute atteinte à l'intérêt social.

BANQUEROUTE

80585 En cas de détournement des éléments d'actif d'une société au profit de ses filiales étrangères (notamment au moyen de contrats fictifs), les dirigeants de cette société, mise en redressement judiciaire, peuvent être condamnés pour banqueroute, même si, n'ayant tiré aucun profit personnel de ces détournements, ils ne se sont pas rendus coupables du délit d'abus de biens sociaux (cf. Cass. crim. 21-4-1980 : D. 1981 p. 33 note Cosson).

En outre, l'auteur de la banqueroute ne peut pas s'exonérer de sa responsabilité en invoquant l'intérêt du groupe (Cass. crim. 27-4-2000 nº 2703 : RJDA 11/00 nº 1025).

RÉGLEMENTATION ÉCONOMIQUE ET FISCALE

80590 Les présidents de deux sociétés françaises filiales d'une société américaine ont été condamnés pour infraction à la **législation des douanes et des changes** au motif que leur société avait importé à un prix majoré un produit vendu par la société mère et permis à celle-ci de rapatrier, sous forme de supplément de prix, les bénéfices résultant de l'utilisation par ses deux filiales de brevets concédés par la société mère et de l'importation du produit de base (Cass. crim. 10-11-1970 : Bull. crim. nº 293).

De même, des sanctions pénales pour **fraude fiscale** ont été prononcées à l'encontre du dirigeant d'une société française qui avait accepté une surfacturation des ventes à cette société de produits fabriqués à l'étranger dans l'unique dessein de faire échapper la société à l'impôt qu'elle devait sur le territoire national (Cass. crim. 6-10-1986 : Bull. Joly 1986 p. 1050).

80595 L'article L 442-5, qui réprime la **revente à perte,** ne faisant aucune distinction entre les opérateurs, doit être condamné, en application de ce texte, le président d'une société qui a revendu à ses filiales de distribution des appareils électroménagers à des prix inférieurs à ceux de leur achat auprès des fabricants, et ce, même s'il s'agissait de filiales à 100 % et même si le prix de revente au consommateur était supérieur au prix d'achat aux fournisseurs (Cass. crim. 21-6-1993 : RJDA 8-9/93 nº 720).

D. Contrats usuels

CONTRATS DE GESTION

80600 Il arrive souvent que la société mère passe avec chacune de ses filiales des contrats par lesquels elle s'engage à leur fournir diverses prestations de caractère administratif moyennant des redevances calculées généralement en fonction d'un pourcentage sur le chiffre d'affaires de la filiale. L'Autorité de marché a rappelé que cette rémunération ne doit pas être disproportionnée par rapport au coût des prestations fournies et qu'elle ne doit pas aboutir en fait à un transfert des bénéfices des filiales à la société mère (Bull. COB août-septembre 1980 p. 3).

Cette disproportion, si elle existait, pourrait, dans le cas fréquent en pratique où les sociétés ont des administrateurs communs, entraîner l'application à ces administrateurs des sanctions pénales prévues en cas d'**abus des biens** et du crédit de la société (nºs 80570 s.).

Il a été jugé que, pour échapper à cette qualification, « la convention doit être dictée par un intérêt économique, social ou financier commun apprécié au regard d'une politique élaborée pour l'ensemble du groupe ou à tout le moins en commun, et donner lieu à la conclusion d'engagements équilibrés, le cas échéant révisables et adaptables aux circonstances ». Ces engagements doivent être établis en tenant compte, d'une part, « de la réalité et de l'efficacité des prestations fournies […] et, d'autre part, en ce qui concerne le prix fourni en retour, des liens historiques et de solidarité unissant les sociétés et des possibilités financières de celle qui en supporte la charge » (CA Paris 29-5-1986 : Gaz. Pal. 1986 jur. p. 479 note J.-P. Marchi).

Ces engagements peuvent aussi être considérés comme des conventions non soumises à la procédure de contrôle des **conventions réglementées** dans la mesure où ils constituent des opérations courantes au sein d'un groupe et s'ils ont été conclus à des conditions normales. Ne seraient pas des conditions normales une tarification forfaitaire non fondée sur des éléments objectifs de coûts ou des clés de facturation différenciées selon les sociétés du groupe (CNCC, Les conventions réglementées et courantes, février 2014 p. 27).

Par ailleurs, la convention pourrait être annulée pour atteinte à l'intérêt social et **abus de majorité,** ce qui entraînerait l'obligation pour la société mère de restituer les sommes versées en exécution de cette convention (pour un exemple, Cass. com. 21-1-1997 : RJDA 4/97 n° 525).

MODÈLE

Convention d'animation et de prestation de services 80620

Le prestataire (la société mère) s'engage à fournir à la filiale une assistance et une coordination en matière de management, de politique commerciale et de développement d'activité. Il aura pour rôle d'appuyer les actions de la filiale en faisant jouer toutes les synergies de nature à renforcer son image, soutenir sa croissance, optimiser les services rendus à ses clients, capitaliser les expériences et les savoir-faire, mobiliser les compétences de ses collaborateurs et activer son développement.

À cette fin, le prestataire s'engage à fournir son assistance et ses conseils pour l'accomplissement des opérations énumérées ci-dessous dans les domaines suivants : ... (*à préciser et à adapter en fonction de chaque situation et des moyens humains et matériels dont dispose la société mère : gestion commerciale, comptabilité, gestion financière, ressources humaines, informatique, etc.*).

OPÉRATIONS DE TRÉSORERIE

Il est fréquent que les excédents de trésorerie dont peuvent disposer certaines sociétés d'un groupe soient mis à la disposition d'autres sociétés du même groupe. Ces opérations sont réalisées soit directement, soit par l'intermédiaire d'une « société pivot », le plus souvent la société mère, chargée de collecter puis de redistribuer ou de placer les fonds disponibles. 80700

Bien que relevant de l'activité bancaire et comme tels soumis au monopole des établissements de crédit, ces « pools de trésorerie » ou **« prêts intragroupe »** sont autorisés par l'article L 511-7 du Code monétaire et financier aux termes duquel une entreprise, quelle que soit sa nature, peut « procéder à des opérations de trésorerie avec des sociétés ayant avec elle, directement ou indirectement, des liens de capital conférant à l'une des entreprises liées un pouvoir de contrôle effectif sur les autres ».

Ce texte permet d'éviter, dans les groupes de sociétés, la création artificielle de sociétés financières qui seraient soumises à la réglementation bancaire alors qu'elles sont constituées uniquement pour gérer la trésorerie du groupe.

Par « opération de trésorerie », il faut entendre toute **opération de crédit,** quelle que soit sa nature (prêt, avance en compte courant, cautionnement, etc.) et quelle que soit sa durée (court, moyen ou long terme). 80710

Cette acception large est celle qui a été retenue par le Comité de la réglementation bancaire, désormais le Comité consultatif de la législation et de la réglementation financière (Rapport CRB pour 1987 p. 47).

Le « **pouvoir de contrôle effectif** » – qui, selon l'article L 511-7 du Code monétaire et financier, doit résulter uniquement d'une relation de capital – existe lorsqu'une société détient directement ou indirectement plus de la moitié du capital des autres sociétés du groupe. Mais cette condition nous paraît remplie également, même si la participation de la société mère n'est pas majoritaire, dès lors qu'aucun autre actionnaire ou groupe d'actionnaires ne détient directement ou indirectement une participation susceptible d'empêcher la société mère d'exercer sa domination sur la ou les sociétés concernées. En effet, le législateur n'a pas fixé un pourcentage minimal de participation pour justifier le pouvoir de contrôle et il est bien connu que, dans les sociétés dont les titres sont largement diffusés dans le public, le contrôle peut être assuré avec une participation très inférieure à 50 %. A ainsi été considérée comme exerçant un contrôle effectif la société qui détient plus de 40 % du capital d'une filiale (CA Paris 12-6-1996 : RD bancaire et bourse 1996 p. 233 obs. Crédot et Gérard). Une promesse synallagmatique de cession et d'achat de la totalité du capital d'une société peut conduire à reconnaître un contrôle effectif sur cette société (Cass. com. 5-2-2025 n° 23-10.953 F-B : RJDA 5/25 n° 277). 80711

Pour l'Ansa, lorsque plusieurs sociétés actionnaires d'une autre société, agissant de concert, contrôlent conjointement cette société, ces sociétés actionnaires doivent être considérées comme exerçant un contrôle effectif sur la société contrôlée, de sorte que chacune d'elles peut participer à une convention de trésorerie (Communication Ansa, comité juridique nº 25-015 du 2-4-2025)

Le contrôle peut être exercé par une personne physique (Cass. com. 10-12-2003 nº 1795 : RJDA 4/04 nº 430).

80712 Les **opérations** de trésorerie peuvent intervenir non seulement entre la société mère et ses filiales ou sous-filiales, mais aussi directement **entre** une **filiale** ou sous-filiale et une **société sœur.** En effet, le lien en capital n'est exigé qu'à l'égard de la société dominante. Il caractérise l'existence du groupe. Au sein de ce groupe, les opérations de trésorerie échappent à la réglementation bancaire même si les sociétés concernées n'ont, entre elles, pas d'autre lien que celui d'être sous le contrôle de la même société dominante (Rapport CRB pour 1987 p. 47 ; en ce sens également, Cass. com. 10-12-2003 nº 1795 : RJDA 4/04 nº 430).

80713 Une convention de trésorerie peut échapper à la procédure de contrôle des **conventions réglementées** si elle constitue une opération courante au sein d'un groupe et si elle a été conclue à des conditions normales. En revanche, la renonciation aux intérêts fixés par la convention de trésorerie du groupe constitue généralement une convention soumise à autorisation préalable. En effet, le caractère habituel et courant de ce type de renonciation ne peut pas être présumé. Dès lors, la convention en cause perd son caractère de convention conclue à des conditions normales dans la mesure où la stipulation d'intérêts initialement arrêtés est abandonnée. Cette modification, qui constitue une nouvelle convention, doit être soumise à la procédure des conventions réglementées (CNCC, Les conventions réglementées et courantes, février 2014 p. 24).

80714 La convention de trésorerie ne saurait par principe fonder la **transmission d'une obligation de paiement** de la société mère à sa filiale, à défaut de stipulation en ce sens (Cass. com. 12-3-2025 nº 23-23.961 F-B : RJDA 6/25 nº 321). Le fait que la convention stipule que les parties restent indépendantes et continueront d'assumer de façon autonome la direction et la gestion de leurs responsabilités et de leurs obligations contribue à éloigner le risque de la reconnaissance d'une telle transmission (Cass. com. 12-3-2025 précité).

80715 Sur le risque de qualification d'**abus de biens sociaux,** voir nºs 80570 s.

80740 MODÈLE

Convention de gestion de trésorerie

Les sociétés signataires de la présente convention conviennent de faire usage, de façon permanente et systématique, de la possibilité de pratiquer entre elles des opérations de trésorerie et, à cet effet, de placer les opérations financières des sociétés filiales sous la direction du service de trésorerie du groupe, organisé par la société centralisatrice (*par exemple, la société mère*) et chargé d'assurer la coordination et la centralisation de l'ensemble des besoins et excédents de trésorerie du groupe afin de permettre à chaque société filiale de bénéficier :
– d'une optimisation de sa gestion de trésorerie ;
– d'une diminution du coût de ses financements et, en conséquence, de ses frais financiers ;
– d'une juste rémunération de ses excédents de trésorerie.

Les sociétés filiales donnent mandat à la société centralisatrice, qui l'accepte, de gérer la trésorerie du groupe conformément à la présente convention, au mieux de l'intérêt commun de l'ensemble des parties et, à cet effet :
– de recevoir, sous forme d'avances, de la part de celles des sociétés filiales disposant d'excédents de trésorerie, les fonds correspondant à ces excédents et de les gérer au mieux en les plaçant de façon adéquate ;
– de mettre, sous forme d'avances, à la disposition de celles des sociétés filiales présentant des besoins de trésorerie, les fonds permettant de couvrir ces besoins ;
– de rechercher les meilleures conditions, auprès de tous établissements de crédit et/ou sur les marchés financiers, concernant les ressources à court ou moyen terme nécessaires à la couverture des besoins de trésorerie constatés au niveau du groupe ;
– ... (*à compléter et à adapter au besoin en fonction de la situation du groupe*).

Les sociétés signataires restent pleinement indépendantes et continueront d'assumer de façon autonome la direction et la gestion de leurs responsabilités et de leurs obligations.

DOMICILIATION DES FILIALES

80900 En cas de domiciliation de plusieurs sociétés dans un même local, un contrat de domiciliation doit être établi entre le propriétaire ou le titulaire du bail des locaux et chaque société domiciliée ; il doit être mentionné au RCS (art. R 123-167 et R 123-169) et au RNE (art. R 123-252, 4º).

Ce contrat n'est toutefois pas exigé lorsqu'une société et ses filiales installent leur siège dans le même local dont l'une a la jouissance (art. R 123-170).

Pour l'application de cette disposition, une société ne peut, conformément à l'article L 233-1, être considérée comme filiale d'une autre société que si plus de la moitié de son capital est détenue par cette société.

Une filiale domiciliée dans les locaux de la société mère peut justifier de la réalité de son siège auprès du RCS en fournissant une simple attestation de mise à disposition des locaux établie par cette dernière ; cette attestation est suffisante lorsque ces locaux sont ceux dans lesquels la société mère a fixé son siège, car la réalité de celui-ci a fait l'objet d'un contrôle préalable du greffe du tribunal. Mais si les locaux ne correspondent pas au siège de la société mère, l'attestation doit être accompagnée d'un justificatif de leur jouissance établi au nom de celle-ci (Avis CCRCS 2014-19 du 1-7-2014).

SECTION 5

RÈGLEMENT DU PASSIF DES SOCIÉTÉS DU GROUPE

A. Droits des créanciers à l'égard des sociétés du groupe

INDÉPENDANCE DES SOCIÉTÉS DU GROUPE À L'ÉGARD DES CRÉANCIERS

En raison du principe de relativité des contrats, le simple fait qu'une société détienne le contrôle d'une autre ne permet pas, en soi, de la condamner à exécuter les **engagements contractuels** pris par cette société (Cass. com. 6-4-1993 : RJDA 8-9/93 n° 705 ; Cass. com. 26-4-1994 : RJDA 8-9/94 n° 930 ; Cass. com. 2-12-1997 : RJDA 4/98 n° 438). 81100

ILLUSTRATIONS

Les sociétés exerçant leur activité au sein d'un groupe demeurent des personnes morales juridiquement distinctes ; les clients qui ont traité avec l'une des sociétés n'ont aucun lien avec les autres sociétés du groupe, même si ces dernières interviennent dans l'exécution du contrat à la demande de la première (Cass. com. 18-10-1994 : RJDA 12/94 n° 1298) ; il en va ainsi même entre société mère et filiale contrôlée à 99 % en l'absence de relations financières anormales constitutives d'une confusion de patrimoines (Cass. com. 19-4-2005 n° 866 : RJDA 1/06 n° 43).

Le créancier qui a traité avec une filiale ne peut demander le paiement de sa créance qu'à la filiale, dès lors qu'il n'est pas prétendu qu'elle est fictive ou que son patrimoine est confondu avec celui de la société mère, sauf s'il démontre que la société s'est immiscée dans l'exécution de l'obligation de la filiale de façon à créer pour le créancier une apparence trompeuse propre à lui faire croire que la société mère était aussi son contractant (Cass. ass. plén. 9-10-2006 n° 542 : RJDA 1/07 n° 50 ; Cass. com. 12-6-2012 n° 11-16.109 : RJDA 11/12 n° 968 ; Cass. com. 9-11-2022 n° 20-22.063 F-B : RJDA 2/23 n° 86).

Celui qui, à l'occasion de l'exécution d'un contrat, a été averti de l'existence, à côté de la société contractante, de deux autres sociétés ayant la même dénomination sociale que celle-ci et le même animateur ne peut mettre en cause ces sociétés avec lesquelles il n'a pas conclu de contrat (Cass. com. 6-5-1991 : Bull. Joly 1991 p. 697).

Signalons qu'une société peut être condamnée pour avoir manqué à ses engagements *contractuels* **par l'intermédiaire de filiales.** Tel a été le cas d'une société qui, ayant souscrit un engagement de non-concurrence lors de la cession de son fonds de commerce d'agence immobilière, avait créé plusieurs filiales exploitant des agences dans la zone couverte par la clause de non-concurrence (Cass. com. 11-3-2003 n° 465 : RJDA 6/03 n° 595).

IMMIXTION D'UNE SOCIÉTÉ DANS LA GESTION D'UNE AUTRE SOCIÉTÉ DU GROUPE

Les créanciers d'une société du groupe peuvent demander à une autre société du même groupe le paiement de leur créance lorsque l'immixtion de la seconde société a été de nature à créer, pour eux, une **apparence trompeuse** propre à leur permettre de croire légitimement qu'elle prenait part à l'engagement de la première société (théorie dite « de l'apparence » consacrée par C. civ. art. 1156, al. 1 ; Cass. ass. plén. 9-10-2006 n° 542 : RJDA 1/07 n° 50 ; Cass. com. 12-6-2012 81101

81101 (suite) nº 11-16.109 : RJDA 11/12 nº 968 ; Cass. com. 9-11-2022 nº 20-22.063 F-B : RJDA 2/23 nº 86). L'apparence peut être invoquée sans qu'il soit nécessaire d'établir l'existence d'une faute de la part de la société qui a créé la situation d'apparence (Cass. ass. plén. 13-12-1962 : D. 1963 p. 277 note J. Calais-Auloy). En revanche, le seul paiement partiel de la dette d'une filiale par la société mère n'autorise pas à croire que celle-ci s'est substituée à la filiale dans l'exécution du contrat dont la dette est issue (Cass. com. 9-11-2022 F-B précité).

ILLUSTRATIONS

Jugé qu'il y avait eu **immixtion** :

– pour plusieurs sociétés de construction, lorsque la société mère s'était interposée entre ses filiales, sur lesquelles elle avait toujours gardé un contrôle absolu, et chaque acheteur (Cass. civ. 13-12-1967 : D. 1968 p. 337) ;

– pour deux sociétés dont l'une se déclarait en droit simple administrateur de l'autre mais s'identifiait en fait avec elle (Cass. com. 27-4-1970 : Bull. civ. IV nº 136) ;

– pour deux sociétés dont l'une (société civile immobilière) avait acheté un immeuble et le louait à l'autre (société commerciale), dès lors que les deux sociétés, composées des mêmes associés, n'avaient pas de capitaux ou de créanciers parfaitement distincts et qu'il apparaissait qu'en réalité l'achat de l'immeuble par la société civile avait eu pour but essentiel de faire échapper celui-ci aux créanciers de la société commerciale (CA Rouen 17-3-1972 : Bull. Joly 1973 p. 366) ;

– pour une société mère qui avait laissé croire qu'elle participait étroitement aux activités de sa filiale dont l'absence d'autonomie avait été soulignée (Cass. com. 5-2-1991 : RJDA 4/91 nº 303 ; voir aussi Cass. com. 15-6-1993 : RJDA 11/93 nº 907 ; Cass. com. 17-10-1995 : RJDA 1/96 nº 68) ;

– pour deux sociétés en commandite allemandes qui avaient la même adresse, le même objet social, le même dirigeant, le même commanditaire, les tiers qui traitaient avec l'une d'elles ne pouvant se rendre compte qu'il s'agissait de deux sociétés différentes (Cass. com. 15-11-1977 : Bull. civ. IV nº 265) ;

– pour une société mère et sa filiale qui avaient les mêmes numéro de téléphone, siège social, adresse internet et président, dès lors qu'il existait entre elles des flux importants de trésorerie et que la société mère avait repris les activités de la filiale (Cass. com. 26-2-2008 nº 06-20.310 : RJDA 7/08 nº 803) ;

– pour une société mère qui avait laissé croire au cocontractant d'une filiale qu'elle se substituerait à celle-ci dans l'exécution du contrat en intervenant au stade du paiement pour discuter le montant des sommes dues et tenter d'obtenir un arrangement amiable (Cass. com. 3-2-2015 nº 13-24.895 : RJDA 5/15 nº 347) ;

– pour une société mère ayant laissé croire qu'elle s'était substituée à la filiale dans l'exécution du bail conclu par celle-ci (Cass. 3e civ. 12-12-2019 nº 18-23.223 F-D : RJDA 3/20 nº 150).

À l'inverse, il a été jugé que :

– un bailleur de locaux commerciaux ne pouvait pas avoir cru que la société locataire était dépourvue d'autonomie de gestion alors même que la mère de cette dernière avait pris en charge l'ensemble des démarches pour l'implantation d'un établissement, avait signé le contrat de bail commercial puis un avenant neuf mois plus tard, en faisant établir pour elle-même le projet d'aménagement et en désignant le cabinet d'architecte auquel avait été confiée la maîtrise d'œuvre (Cass. 3e civ. 13-12-2006 nº 1305 : RJDA 4/07 nº 363) ;

– le créancier d'une filiale ne pouvait pas, pour déduire l'immixtion d'une société mère dans la gestion de sa filiale et lui demander le règlement des dettes de cette dernière, faire valoir qu'un dirigeant de la mère présidait la filiale, que le logo du groupe était apposé sur les documents commerciaux de la filiale et que les deux sociétés avaient établi entre elles un flux de marchandises et de services, alors que ces mouvements avaient fait l'objet de contreparties financières équilibrées et comptablement constatées (CA Versailles 7-1-2010 nº 08-7984 : RJDA 5/10 nº 521) ;

– dans un cas où, après avoir conclu avec une société mère un protocole organisant les modalités d'un futur partenariat avec une filiale de celle-ci au sein d'une « joint-venture », une entreprise avait signé avec la filiale un pacte d'actionnaires régissant leurs rapports au sein de la joint-venture, l'entreprise ne pouvait pas reprocher à la société mère son immixtion dans les affaires de la filiale à propos de l'évolution du partenariat, car cette immixtion n'avait pas été de nature à induire l'entreprise en erreur sur l'identité de l'autre partie au pacte d'actionnaires. En effet, l'entreprise ayant participé dès l'origine à la mise en place du partenariat, elle avait une parfaite connaissance de son historique, des conventions successives intervenues et des rôles respectifs de la société mère et de la filiale (CA Paris 6-6-2017 nº 16/02731 : RJDA 11/17 nº 722).

De manière plus singulière, il a été jugé que le fait pour une société mère d'avoir décidé la *cessation d'activité d'une filiale* et, par ricochet, la résiliation du bail commercial de la filiale ne caractérisait pas un acte d'immixtion dans l'exécution du bail commercial de cette dernière et que, dès lors, la société mère n'était pas tenue de payer les loyers et les charges impayés, alors même que son dirigeant participait aux réunions du conseil d'administration de la filiale, que les deux sociétés utilisaient les mêmes logo et marque et que le principal interlocuteur du bailleur était l'un des membres du directoire de la mère (Cass. 3e civ. 25-2-2004 nº 240 : RJDA 6/04 nº 715).

COMPENSATION ENTRE DETTES ET CRÉANCES DE SOCIÉTÉS D'UN GROUPE À L'ÉGARD D'UN MÊME CRÉANCIER

Le créancier de la société mère qui est en même temps débiteur d'une de ses filiales – ou, réciproquement, le créancier d'une filiale qui est en même temps débiteur de la société mère – peut se prévaloir de la compensation légale entre sa créance sur la société mère et sa dette à l'égard de la filiale de ladite société, s'il démontre que, sous l'apparence de deux sociétés distinctes, il n'existait qu'une seule personne morale ou que les patrimoines de ces sociétés étaient confondus (Cass. com. 9-5-1995 : RJDA 11/95 nº 1262 ; voir aussi Cass. com. 28-5-1991 : RJDA 8-9/91 nº 716). 81110

Cependant, il a été refusé à une société mère d'opposer à un directeur général, qui lui demandait des dommages-intérêts, la créance qu'auraient eue ses filiales sur ledit directeur général auquel celles-ci auraient fait des versements indus (CA Paris 29-11-1962 : D. 1963 p. 648 note Verdier).

B. Garanties accordées au sein du groupe

1. GARANTIE DES ENGAGEMENTS DES FILIALES

La société mère est souvent appelée à garantir les engagements de ses filiales à l'égard des tiers. Cette garantie peut revêtir diverses formes mais les plus couramment pratiquées sont le cautionnement, la garantie autonome et la lettre d'intention. 81150

Dans les SA, le cautionnement comme la garantie autonome ou la lettre d'intention ne peuvent être accordés que s'ils ont été autorisés par le conseil d'administration ou de surveillance ; les conditions d'octroi de l'autorisation sont plus souples lorsqu'il s'agit de garantir les engagements pris par une société contrôlée (art. L 225-35, al. 4 et L 225-68, al. 2 ; nºs 40905 s.).

Le fait que des sociétés soient filiales (à 100 %) d'une autre ne les empêche pas d'avoir des personnalités morales distinctes et ne dispense pas le président de la société mère d'obtenir l'autorisation de son conseil d'administration pour garantir les engagements contractés par ces filiales à l'égard de tiers (Cass. com. 28-4-1987 : Bull. civ. IV nº 102 ; Cass. com. 9-12-1997 : RJDA 4/98 nº 437).

Par ailleurs, si la société mère et la filiale garantie ont des dirigeants communs, il convient de suivre éventuellement la procédure de contrôle des conventions réglementées (nºs 80500 s.).

Sur les règles applicables lorsque la société filiale est une SARL, voir nºs 31910 s.

CAUTIONNEMENT DES DETTES D'UNE FILIALE

En se portant caution, la société mère s'engage envers le créancier à exécuter l'obligation à la charge de sa filiale si cette dernière ne le fait pas elle-même (C. civ. art. 2288). 81160

Le cautionnement présente un caractère accessoire puisque c'est l'obligation même de la filiale que la société mère s'engage, le cas échéant, à exécuter. Il en résulte les conséquences suivantes :

– elle ne peut devoir plus que la filiale elle-même (C. civ. art. 2296, al. 1), mais elle peut devoir moins si elle a donné cautionnement d'un montant limité ;

– si le cautionnement a été consenti depuis le 1er janvier 2022, elle peut opposer au créancier toutes les exceptions, personnelles ou inhérentes à la dette, qui appartiennent à la filiale mais elle ne peut toutefois pas se prévaloir des mesures légales ou judiciaires dont bénéficie la filiale en conséquence de sa défaillance, sauf disposition spéciale contraire (C. civ. art. 2298 ; Ord. 2021-1192 art. 37, I) ; lorsqu'elle a souscrit le cautionnement avant cette date, la société mère peut invoquer les exceptions inhérentes à la dette mais pas celles qui sont purement personnelles à la filiale (C. civ. ex-art. 2313, al. 2 ; Ord. 2021-1192 art. 37, II) ;

– l'extinction de la dette principale la décharge de ses obligations (C. civ. art. 2313, al. 2).

GARANTIE AUTONOME

La garantie autonome est l'engagement par lequel le garant s'oblige, en considération d'une obligation souscrite par un tiers, à verser une somme soit à première demande, soit suivant des modalités convenues (C. civ. art. 2321, al. 1). 81170

À la différence du cautionnement, la garantie autonome (ou à première demande) est, comme son nom l'indique, indépendante de l'obligation principale (pour un exemple, Cass. com. 24-3-2021 nº 19-14.082 F-D : RJDA 7/21 nº 520).

Les modalités de sa mise en œuvre et les conditions dans lesquelles le garant pourra se retourner contre le donneur d'ordre résultent uniquement de la convention des parties. Notamment, le garant ne peut opposer aucune exception tenant à l'obligation garantie (art. 2321, al. 3).

LETTRE D'INTENTION

81180 Traditionnellement, la lettre d'intention, encore appelée « lettre de parrainage » ou « lettre de confort », est un document adressé par une société mère à un créancier de sa filiale (le plus souvent une banque) dans lequel cette société assure ce créancier du respect des engagements contractés par sa filiale. La portée de ce document et l'étendue de l'obligation de la société mère dépendent des termes employés dans la lettre.

L'article 2322 du Code civil définit la lettre d'intention comme « l'engagement de faire ou de ne pas faire ayant pour objet le soutien apporté à un débiteur dans l'exécution de son obligation envers son créancier ».

Cette définition législative suscite deux conséquences :

– une simple déclaration ne saurait constituer une lettre d'intention (sur cette déclaration, voir n° 81190) ;

– quelle que soit la qualification de la lettre en termes d'obligation de moyens ou de résultat, elle doit être autorisée par le conseil d'administration ou le conseil de surveillance dans les SA (n°s 40907 s.).

81181 Malgré son caractère unilatéral, la lettre d'intention peut constituer un engagement contractuel quand elle a été acceptée par son destinataire (Cass. com. 21-12-1987 : JCP G 1988 II n° 21113 concl. Montanier) soit expressément, soit tacitement du fait de son comportement (par exemple, parce qu'il a attendu de recevoir cette lettre pour remplir ses propres obligations à l'égard de la filiale ou que les termes de la lettre ont été arrêtés d'un commun accord entre les parties).

La société mère se trouve alors tenue soit à une « obligation de moyens », soit à une « obligation de résultat », étant observé que c'est au créancier qui réclame la réparation de l'inexécution de l'obligation d'en établir la nature et le contenu (Cass. com. 15-1-1991 : Bull. civ. IV n° 28).

La distinction entre l'obligation de moyens et l'obligation de résultat est délicate et engendre une certaine insécurité juridique dans la mesure où elle donne parfois lieu à des solutions fluctuantes.

› Précisions **a.** La distinction entre obligation de moyens et obligation de résultat est utile s'agissant d'apprécier la portée même des engagements. Néanmoins, la question reste ouverte de savoir si l'emploi du terme « **soutien** » à l'article 2322 du Code civil ne la remet pas en cause : ce terme signifiant l'action d'empêcher de défaillir, toute lettre d'intention dont la formulation permettrait de constater qu'elle renferme la promesse d'un « soutien » comporterait, de ce seul fait, une obligation qui ne pourrait être que de résultat.

b. La distinction entre obligation de moyens et obligation de résultat était essentielle antérieurement à l'entrée en vigueur de l'ordonnance 2006-346 du 23 mars 2006 qui a introduit l'article 2322 dans le Code civil. Selon que l'obligation était une obligation de moyens ou de résultat, la lettre d'intention devait ou non faire l'objet d'une **délibération du conseil d'administration.** La rédaction de l'article 2322 doit inciter désormais à suivre cette procédure, quel que soit le contenu des obligations souscrites.

c. La **cession** par la société mère de sa **participation** dans la filiale ne rend pas son engagement caduc (Cass. com. 3-7-2019 n° 17-27.820 F-D : RJDA 10/19 n° 658).

81182 **Obligation de moyens** La société mère est tenue à une obligation de moyens lorsqu'elle n'a promis dans la lettre qu'une **diligence** et n'a donc pas pris d'engagement précis imposant un résultat.

ILLUSTRATIONS

Il a été jugé qu'il en était ainsi des lettres d'intention dans lesquelles la société mère, auteur de la lettre :

– s'est engagée à **faire tous ses efforts** pour que sa filiale dispose d'une trésorerie suffisante pour faire face à ses engagements envers le créancier (CA Paris 10-3-1989 : D. 1989 p. 436, 4e esp.) ;

– s'est engagée à **veiller très étroitement** à ce que les engagements pris par sa filiale à l'égard d'une banque ayant octroyé un crédit à celle-ci soient tenus (Cass. com. 19-3-1991 n° 509 : RJDA 7/91 n° 608) ou à ce que sa filiale puisse disposer d'une trésorerie suffisante pour assurer le paiement des loyers mensuels de conventions de crédit-bail (Cass. com. 15-10-1996 : D. 1997 p. 330) ;

– s'est engagée à **faire tout son possible** pour que sa filiale puisse poursuivre son activité afin qu'elle puisse notamment tenir ses engagements à l'égard de la banque créancière (Cass. com. 4-10-1994 n° 1746 : RJDA 2/95 n° 194) ;
– s'est contentée d'affirmer la capacité de sa filiale à faire face à ses engagements envers une banque et s'est obligée à **surveiller la gestion** de celle-ci (CA Versailles 7-3-2002 n° 00-6958 : RJDA 7/02 n° 814) ;
– s'est engagée à **faire les meilleurs efforts** pour que sa filiale dispose d'une trésorerie suffisante lui permettant de faire face à ses obligations au titre des concours bancaires que lui avait accordés la banque (CA Paris 22-1-2009 n° 07-2283 : RJDA 6/09 n° 576).

Si elle ne respecte pas cette obligation de diligence, la société mère peut être condamnée à verser au créancier des dommages-intérêts, le cas échéant d'un montant égal à la créance de l'intéressé, mais à la condition que celui-ci établisse qu'elle a commis une faute et que cette faute est en relation directe avec le préjudice qu'il a subi.

C'est ainsi qu'il ne peut lui être reproché de s'abstenir d'apporter à sa filiale une aide susceptible de compromettre sa propre survie (Cass. com. 17-10-1995 : RJDA 1/96 n° 110).

À l'inverse, sa responsabilité peut être engagée alors même qu'elle a déjà consenti à sa filiale des aides d'un montant bien supérieur à celui de la créance en cause (CA Paris 24-2-1989 : Rev. Banque 1989 p. 863). Contrairement à l'idée communément admise, les conséquences pécuniaires résultant d'une lettre d'intention peuvent donc être beaucoup plus lourdes que celles résultant d'un cautionnement.

Obligation de résultat La lettre d'intention est considérée comme une obligation de résultat lorsque son auteur s'engage à un résultat précis et déterminé, dépourvu d'**aléa.** 81183

Les tribunaux déterminent au cas par cas, en fonction des termes employés dans la lettre d'intention, si l'engagement souscrit peut être qualifié d'obligation de résultat.

ILLUSTRATIONS

Ont été qualifiés d'obligations de résultat les engagements suivants :
– l'engagement pris par une société mère envers un créancier de **prendre toutes les dispositions nécessaires** pour que la filiale remplisse ses obligations et de **ne pas céder** sa participation (CA Versailles 17-6-1999 n° 96-8341 : RJDA 10/99 n° 1083) ;
– l'engagement d'une société mère envers des banques d'**assurer l'intégralité des besoins financiers** de sa filiale **par apports en compte** courant (Cass. com. 24-10-2000 n° 1861 : RJDA 2/01 n° 164) ;
– l'engagement pris par une société mère d'**apporter son soutien** à sa filiale pour que celle-ci puisse restituer des dommages-intérêts en cas d'infirmation d'un jugement les lui ayant alloués (Cass. com. 3-7-2019 n° 17-27.820 F-D : RJDA 10/19 n° 658) ;
– l'engagement pris par une société de **faire le nécessaire** pour qu'une de ses filiales dispose d'une trésorerie suffisante pour faire face à ses engagements à l'égard d'une banque (Cass. com. 26-2-2002 n° 484 : RJDA 7/02 n° 815 ; Cass. com. 18-12-2019 n° 18-12.287 F-D : RJDA 3/20 n° 176) ou pour mener à bonne fin l'opération conclue par sa filiale envers un créancier (Cass. com. 9-7-2002 n° 1414 : RJDA 1/03 n° 75) ;
– l'engagement pris, par une société mère à l'égard d'une banque, de **faire en sorte** que la situation financière de sa filiale, bénéficiaire d'un crédit accordé par cette banque, lui permette de remplir ses engagements à tout moment soit en agissant directement, soit par l'intermédiaire de cette filiale (Cass. com. 17-5-2011 n° 09-16.186 : RJDA 8-9/11 n° 735) ;
– l'engagement pris par la société mère de **solder** les **débits** de sa filiale envers une banque **dès** qu'elle en recevrait la **demande écrite** (Cass. com. 19-4-2005 n° 660 : RJDA 7/05 n° 831) ;
– l'engagement souscrit par les actionnaires majoritaires d'une société qui s'engageaient à transférer 20 % du capital et « à faire en sorte que les besoins de trésorerie de la société soient assurés au mieux » pendant une durée d'une année : cet engagement constituait la promesse d'un résultat (Cass. com. 20-2-2007 n° 05-18.882 : RJDA 6/07 n° 626, en matière de pacte d'actionnaires mais transposable).

Peuvent également être qualifiées d'obligations de résultat les **obligations de ne pas faire,** *notamment l'obligation prise par une société* de ne pas céder sa participation dans la filiale débitrice. De telles obligations peuvent figurer dans les lettres d'intention parmi des obligations de faire (pour un exemple, CA Versailles 17-6-1999 précité) ou constituer le seul engagement du signataire.

Si le **résultat** promis n'est **pas atteint,** le créancier peut obtenir des dommages-intérêts.

Le créancier n'a pas à prouver que la société mère a commis une faute. Celle-ci ne peut alors se dégager de sa responsabilité que si elle arrive à établir que l'exécution de son obligation a été empêchée par la force majeure (C. civ. art. 1231-1), ce qui ne saurait, à notre avis, couvrir l'hypothèse où elle serait elle-même en situation financière difficile.

Concernant l'autorisation par le conseil d'administration des lettres d'intention dans une SA, voir n° 40909.

SIMPLES INDICATIONS DE LA SOCIÉTÉ MÈRE

81190 À côté des garanties autonomes et des lettres d'intention, on relève, dans la pratique, de simples indications données par la société mère qui ne constituent qu'un constat et n'entraînent pas d'obligation juridique à sa charge.

ILLUSTRATIONS

Tel est le cas lorsque la société mère, après avoir mentionné le montant de sa participation, se borne à indiquer qu'elle porte de l'intérêt aux affaires de sa filiale ou qu'elle approuve l'opération envisagée par sa filiale ou que la situation financière de sa filiale permettra à celle-ci de faire face à ses engagements (cf. CA Paris 4-5-1993 : Bull. Joly 1993 p. 729 ; CA Bordeaux 16-10-1985 : D. 1989 p. 436).

De même, ne constitue pas un engagement pour l'avenir la lettre adressée par une société mère à un créancier de sa filiale indiquant que les difficultés financières rencontrées par celle-ci avaient été régularisées et ajoutant « notre groupe a pris toutes les dispositions pour que les règlements et les encours des fournisseurs soient assurés et qu'il n'y ait plus d'incident de paiement », peu important que cette lettre précise « désormais, les suivis comptables et financiers [de la filiale] seront assurés par notre société » (CA Versailles 27-4-2006 n° 05-3260 : RJDA 10/06 n° 1072).

Toutefois, en cas d'indication erronée, la responsabilité de la société mère pourrait être engagée sur le fondement du droit commun (C. civ. art. 1240).

2. GARANTIE PAR LA FILIALE DES ENGAGEMENTS DE LA MÈRE

81220 Le fait pour un créancier d'obtenir d'une filiale qu'elle garantisse les engagements pris par sa mère peut se révéler risqué. Il a été ainsi jugé que la caution hypothécaire consentie par une filiale au profit de sa mère avait eu pour effet de priver cette filiale de ressources éventuelles, sans aucune contrepartie, et en grevant lourdement son patrimoine immobilier, de sorte que la souscription de cette sûreté n'était pas valable puisque contraire à l'**intérêt de la filiale** (Cass. com. 13-11-2007 n° 06-15.826 : RJDA 2/08 n° 137, 2e esp.).

Néanmoins, n'a pas été considéré comme contraire à l'intérêt d'une société civile immobilière le fait d'avoir accepté de donner son seul bien immobilier en garantie des dettes de sociétés commerciales du groupe auquel elle appartenait car cette garantie visait à assurer la procédure de sauvegarde dont ces sociétés bénéficiaient (Cass. com. 10-2-2015 n° 14-11.760 : RJDA 5/15 n° 360).

Cette condition de validité reposant sur la conformité à l'intérêt social nous paraît requise pour les sociétés civiles, les SNC et les SCS, mais pas pour les SARL et les sociétés par actions. En effet, la loi encadre le contrôle des garanties que ces dernières sociétés accordent et il serait peu conforme à la volonté du législateur d'ajouter à ces dispositions spéciales une règle générale soumettant la validité des garanties à l'absence de contrariété à l'intérêt social. Le droit européen (Dir. UE 2017/1132 du 14-6-2017) s'oppose également à une telle restriction de leur capacité.

La garantie souscrite par une SAS au profit de son associé unique peut cependant être annulée en présence non seulement d'une contrariété à l'intérêt de la société garante, mais également d'un dépassement de son **objet social** que le créancier bénéficiaire de la garantie ne peut pas ignorer (Cass. com. 14-2-2018 n° 16-16.013 F-D : RJDA 6/18 n° 508).

Par ailleurs, une société ne peut consentir une sûreté en vue de la souscription ou de l'achat de ses propres actions par un tiers, et ce, à peine de sanction pénale (nos 68840 s.).

C. Procédures collectives d'apurement du passif

APPRÉCIATION DES DIFFICULTÉS DE LA SOCIÉTÉ INDÉPENDAMMENT DU GROUPE

81270 En principe, les difficultés d'une société sont appréciées au regard de sa seule situation, indépendamment de son appartenance à un groupe (nos 90900 s. pour la sauvegarde et 90910 s. pour le redressement ou la liquidation judiciaire). Voir toutefois, sur la prise en compte du groupe pour apprécier la possibilité ou non d'un redressement, n° 90940.

L'existence d'un groupe de sociétés a cependant des répercussions importantes et diverses sur les procédures collectives.

EXTENSION DE LA PROCÉDURE COLLECTIVE

81280 La procédure collective affectant une société membre d'un groupe peut être étendue à d'autres sociétés du groupe. Il en est ainsi lorsque les sociétés en cause ont confondu leurs patrimoines ou lorsqu'il apparaît que l'une d'elles est fictive (art. L 621-2, al. 2, L 631-7 et L 641-1, I).

› Précisions **a.** Lorsque la **fictivité** (ou la confusion de patrimoines) est **établie,** il n'est pas nécessaire de prouver, en outre, la confusion de patrimoines (ou la fictivité) (Cass. com. 8-2-1994 : Bull. Joly 1994 p. 394).

b. En cas d'extension de la procédure collective d'une société à une autre société, le président du tribunal peut ordonner toute **mesure conservatoire** utile sur les biens de la seconde société (art. L 621-2, al. 4, L 631-7 et L 641-1, I). Le juge-commissaire pourra ensuite autoriser la vente des biens concernés dans les conditions exposées nos 92020 s. (art. L 663-1-1).

Sociétés fictives Ont été considérées comme des sociétés fictives : 81281

– deux sociétés qui, malgré l'apparente location-gérance d'un fonds de commerce de l'une par l'autre, ne formaient qu'une seule et même personne morale (Cass. com. 2-4-1979 : Bull. civ. IV n° 120) ;

– quatre sociétés sous le couvert desquelles leur dirigeant commun a poursuivi la même activité commerciale en se servant de cadres juridiques différents (Cass. com. 8-2-1994 : Bull. Joly 1994 p. 394).

En revanche, le fait que, outre la similitude des sigles et l'identité des dirigeants et du siège social, une société a été incapable d'assumer son rôle financier de holding à l'égard de sa filiale dont elle dépendait totalement ne suffit pas à caractériser la fictivité de cette société (Cass. com. 27-10-1998 : RJDA 1/99 n° 42). De même, n'est pas fictive la filiale d'un groupe dont la comptabilité et la facturation sont assurées par la société mère, dont les dirigeants ont exercé des fonctions au sein d'autres sociétés du groupe et dont le siège est le même que celui de la société mère (CA Paris 1-3-2011 n° 10-19932 : RJDA 12/11 n° 1039).

Confusion de patrimoines La confusion des patrimoines de diverses sociétés d'un groupe est établie lorsque est relevée entre elles l'existence de relations financières ou de flux financiers anormaux. Pour que les relations financières soient qualifiées d'anormales, il suffit qu'elles soient incompatibles avec des obligations contractuelles réciproques normales, même en l'absence d'imbrication des éléments d'actif et de passif des sociétés concernées (Cass. com. 27-9-2016 n° 14-29.278 F-PB : RJDA 12/16 n° 880 ; Cass. com. 16-1-2019 n° 17-20.725 F-D : RJDA 5/19 n° 352). Peu importe alors que le commissaire aux comptes de l'une des sociétés ait certifié les comptes de celle-ci sans réserve (Cass. com. 27-9-2016 précité). Il n'est pas nécessaire non plus de démontrer que les relations financières en cause ont augmenté le passif du débiteur (Cass. com. 16-6-2015 n° 14-10.187 : RJDA 10/15 n° 677). 81282

Existence d'une confusion des patrimoines
Concentration des biens des diverses sociétés entre les mains des membres d'une même famille qui, de surcroît, en qualité de dirigeants de celles-ci, avaient disposé des biens sociaux comme de leurs biens propres (Cass. com. 6-11-1985 : Bull. civ. IV n° 265)
Après acquisition de 50 % du capital d'une société par une autre, prise en location-gérance du fonds de commerce de la première par la seconde et mise en commun de divers moyens de gestion ; état d'imbrication et désordre général des comptes des deux sociétés créé par l'exécution partielle de divers contrats conclus entre elles (Cass. com. 24-10-1995 : RJDA 2/96 n° 266)
Gestion commune de deux sociétés dont les comptes étaient si imbriqués que le gérant était incapable d'imputer les paiements effectués par l'une ou l'autre, la première ayant en outre, sans contrepartie, réalisé des avances de fonds au profit de la seconde et mis son personnel à la disposition de celle-ci (Cass. com. 3-4-2001 n° 719 : RJDA 8-9/01 n° 874)
Associés et siège social communs à deux sociétés dont les salariés travaillaient indifféremment pour chacune d'elles, dont les charges étaient supportées indistinctement par les deux et dont l'une n'avait pas déclaré *une créance de 400 000 € au passif de l'autre* (Cass. com. 16-6-2009 n° 08-15.883 : RJDA 1/10 n° 60)
Commandes d'une société établies au nom d'une autre société puis refacturées par celle-ci à la première avec une marge ne correspondant à aucune prestation (Cass. com. 13-3-2012 n° 13-13.004 : RJDA 7/12 n° 692)
Paiements récurrents d'une EURL à sa société mère, qui avait le même siège social et le même gérant, non justifiés par la convention de trésorerie qu'elles invoquaient, l'existence de cette convention à la date des paiements n'étant corroborée par aucun élément, et absence de comptabilité de l'EURL (CA Paris 7-9-2021 n° 20/18226 : RJDA 12/21 n° 782)

81283

Absence de confusion des patrimoines
Seule affirmation que des sociétés sont étroitement liées en raison de l'identité des dirigeants et de l'existence de services administratifs et comptables communs (Cass. com. 7-1-1981 : Bull. civ. IV n° 16)
Prise en charge par une société des déficits d'une autre société, existence d'une communauté d'intérêts, d'objectifs et de moyens entre elles (Cass. com. 20-10-1992 n° 1542 : RJDA 1/93 n° 59)
Identité de dirigeants ou d'associés, d'objet social, de clientèle, centralisation de la gestion et constance des relations commerciales entre trois sociétés qui avaient conservé une activité indépendante, un actif et un passif propres, aucun flux financier anormal n'ayant existé entre elles (Cass. com. 11-5-1993 : RJDA 11/93 n° 948)
Avances en compte courant entre filiales dans le cadre d'une convention de trésorerie avec pour contrepartie la facturation d'intérêts et sans que les avances excèdent les possibilités financières des sociétés (CA Versailles 2-4-2002 n° 00-3930 : RJDA 11/02 n° 1150)
Société rendant des prestations de services communes à un ensemble de sociétés exerçant des activités industrielles, le tout sous le contrôle d'une holding (CA Versailles 6-2-2003 n° 02-3584 : RJDA 3/04 n° 335)
Abandon par une société mère d'une créance de 100 M€ sur sa filiale assorti d'une clause de retour à meilleure fortune et omission de facturer les frais et certaines prestations à la filiale insuffisants pour caractériser des relations financières anormales (Cass. com. 10-1-2006 n° 38 : RJDA 4/06 n° 427)
Dirigeants communs à deux sociétés, détention de 98 % du capital de l'une par l'autre et existence de versements faits sans contrepartie, mais sans qu'il soit démontré qu'ils ont procédé d'une volonté systématique (Cass. com. 2-5-2007 n° 06-12.378 : RJDA 10/07 n° 985)
Existence entre les sociétés d'un groupe d'une convention de trésorerie, d'activités communes ou de remontées de fonds au profit de la société mère et présentation d'une demande de conciliation au niveau du groupe (Cass. com. 16-12-2014 n° 13-24.161 : RJDA 3/15 n° 201)
Vente d'un immeuble par une société d'un groupe à une autre société sans versement du prix, dès lors que le prix de vente a été payé par compensation avec une créance que l'associé commun détenait sur la société vendeuse (Cass. com. 29-5-2019 n° 18-11.613 F-D : RJDA 10/19 n° 643)

81284 **Montage SCI – société d'exploitation** L'opération consistant à créer une société civile immobilière (SCI) pour acquérir des immeubles au moyen d'emprunts et les louer à une société commerciale y exerçant son activité est un montage classique en son principe qui, à lui seul, ne suffit pas à établir la confusion des patrimoines des deux sociétés (Cass. com. 28-6-1994 n° 1537 : RJDA 11/94 n° 1206). Il en est de même lorsque les immeubles ont été mis à la disposition de la société d'exploitation dans le cadre d'une convention de crédit-bail (pour une solution inverse au motif que le terrain et les travaux avaient été payés par la SCI à l'aide de fonds prêtés par la société commerciale, voir Cass. com. 24-11-1998 : RJDA 1/99 n° 62).

L'existence de dirigeants ou d'associés communs et l'identité des sièges sociaux ne suffisent pas à caractériser une confusion des patrimoines d'une société commerciale et d'une société civile (Cass. com. 14-3-1995 n° 529 : RJDA 7/95 n° 886 ; Cass. com. 25-6-1996 n° 1207 : RJDA 12/96 n° 1481). La confusion ne peut davantage être déduite du seul défaut de paiement des loyers (Cass. com. 15-2-2000 n° 397 : RJDA 6/00 n° 681 ; Cass. com. 19-2-2013 n° 12-11.546 F-D : RJDA 5/13 n° 434), ni de la facturation des loyers à des dates qui semblent n'obéir qu'à des considérations d'opportunité (Cass. com. 10-5-2005 n° 697 : RJDA 10/05 n° 1126 ; pour un autre cas où la confusion n'a pas été caractérisée, voir Cass. com. 11-2-2014 n° 13-12.270 : RJDA 5/14 n° 454). Un loyer minoré payé par une société commerciale à une SCI ne caractérise pas non plus une relation anormale entre elles si ce loyer tient compte des charges auxquelles est tenue la société commerciale en vertu du bail (CA Paris 14-4-2015 n° 14/2233 : RJDA 7/15 n° 508).

Des **relations financières anormales,** c'est-à-dire incompatibles avec des obligations contractuelles réciproques normales (Cass. com. 27-9-2016 n° 14-29.278 : RJDA 12/16 n° 880), caractérisent en revanche une confusion des patrimoines, sans que l'inscription en compte courant d'associé des virements et retraits effectués sans contrepartie soit de nature à en exclure l'anormalité (Cass. com. 13-9-2023 n° 21-21.693 F-D : RJDA 12/23 n° 668).

81284 (suite)

Situations ayant justifié une extension de procédure
Nantissement du fonds de commerce de la société commerciale pour garantir l'emprunt souscrit par la SCI afin d'acquérir l'immeuble, financement de travaux dans l'immeuble et paiement d'un loyer exorbitant destiné au remboursement de l'emprunt, les deux sociétés dirigées par deux époux formant une seule entreprise dont le patrimoine immobilier a été constitué grâce aux ressources de la société commerciale et la SCI ayant pour unique finalité de soustraire l'immeuble aux poursuites des créanciers de la société commerciale (Cass. com. 1-10-1997 : RJDA 12/97 n° 1497 ; dans le même sens, Cass. com. 28-3-1995 n° 703 : RJDA 8-9/95 n° 1031 ; Cass. com. 13-11-2002 n° 1862 : RJDA 2/03 n° 151)
Dépôt de garantie supérieur au quart de la valeur locative de l'immeuble et à deux ans de loyers et pour le paiement duquel la société commerciale a souscrit un emprunt cautionné par la SCI (Cass. com. 14-3-2000 n° 639 : RJDA 6/00 n° 681, 2e esp.)
Absence de comptabilité dans les deux sociétés dont les créanciers adressaient leurs factures au gérant de la SCI faute de pouvoir les différencier, mise à disposition des immeubles au profit de la société commerciale sans contrepartie pendant trois ans, découvert en compte courant consenti aux deux sociétés de façon « conjointe et solidaire » et garanti par une hypothèque de la SCI, alors que les fonds n'avaient profité qu'à la société commerciale (Cass. com. 4-7-2000 n° 1482 : RJDA 1/01 n° 36)
Loyers non versés et cautionnement donné par la SCI à la société commerciale en vue de garantir l'apurement du passif de celle-ci (Cass. com. 3-4-2002 n° 732 : RJDA 6/02 n° 654)
Loyer diminué dans l'attente de l'achèvement par la SCI de travaux dont la réception est subordonnée à l'accord de la société commerciale par un avenant au contrat de bail laissant à la seule convenance de celle-ci la décision de revenir au loyer initial, ce loyer anormalement diminué ne permettant pas à la SCI de rembourser ses charges d'emprunt (Cass. com. 19-11-2003 n° 1602 : RJDA 2/04 n° 184)
Loyers dus par la société commerciale non recouvrés par la SCI alors qu'elle ne disposait pas d'autres ressources et négociation par la société commerciale de la dette de la SCI avec ses créanciers (Cass. com. 14-1-2004 n° 105 : RJDA 5/04 n° 587 ; dans le même sens, Cass. com. 15-2-2005 n° 215 : RJDA 6/05 n° 726)
Financement par la société commerciale de travaux sur l'immeuble excédant ses possibilités et dépendance à l'égard de la SCI qui a attendu un an avant de réclamer le paiement des loyers impayés et de résilier le bail (Cass. com. 26-5-2010 n° 09-66.615 : RJDA 8-9/10 n° 865)
Financement par la société commerciale de travaux d'aménagement représentant plusieurs années de loyer sans versement d'indemnité (Cass. com. 13-9-2011 n° 10-24.536 : RJDA 11/11 n° 935)
Abandon de son droit au bail par la société commerciale pour permettre à la SCI propriétaire des locaux de percevoir une indemnité d'expropriation plus élevée que si les locaux étaient loués (CA Paris 23-10-2014 n° 14/12672 : RJDA 2/15 n° 119)
Encaissement par la SCI de moins de 500 000 € de loyers sur 1,3 M€ facturés, la différence (800 000 €) ayant été soldée dans la comptabilité de la société commerciale par le débit fictif du compte fournisseur de la SCI (réduit à zéro) et l'inscription concomitante d'une créance du même montant au crédit du compte courant d'associé du dirigeant commun des deux sociétés (Cass. com. 27-9-2016 n° 14-29.278 : RJDA 12/16 n° 880)
Hausse anormale de loyer décidée par la SCI et poursuite du paiement du loyer par la société commerciale malgré son état de cessation des paiements (Cass. com. 12-7-2017 n° 16-10.542 F-D : RJDA 11/17 n° 734)
Non-recouvrement des loyers pendant près de dix ans et encaissement par la SCI de sommes revenant à la société d'exploitation (Cass. com. 28-2-2018 n° 16-26.735 F-D : RJDA 6/18 n° 515)
Réduction par la SCI de la surface des biens loués à la société d'exploitation sans modification du loyer et vente par celle-ci de matériel à la SCI en « paiement » de loyers impayés (pour 287 000 €) alors que la société d'exploitation n'était pas redevable d'une telle somme et que la valeur du matériel était inférieure *à ce prix (Cass. com.* 16-1-2019 n° 17-20.725 F-D : RJDA 5/19 n° 352)
Absence de recouvrement par la société bailleresse d'une créance locative de 377 032 € résultant du versement aléatoire pendant sept années d'un loyer mensuel de 7 500 €, aucune démarche pour résilier le bail n'ayant été entreprise auprès de la société locataire (Cass. com. 20-10-2021 n° 20-17.124 F-D : RJDA 1/22 n° 24)
Avance de fonds par une SARL au bénéfice de la SCI ayant le même associé et dirigeant, règlements multiples et réitérés sur plusieurs exercices de charges incombant à la SCI ou virements au profit de cette dernière sans contreparties justifiées et absence de recouvrement de la dette de la SCI (CA Angers 8-2-2022 n° 21/00136 : RJDA 10/22 n° 573)

81285 **Conditions de mise en œuvre de l'extension** Pour que la procédure collective d'une société du groupe puisse être étendue à une autre société du groupe, il faut que la confusion des patrimoines ait existé à la date du jugement d'ouverture de la procédure (Cass. com. 28-11-2000 : RJDA 2/01 n° 168 ; Cass. com. 16-10-2012 n° 11-23.036 F-D : RJDA 1/13 n° 51 ; sur le cas particulier de l'extension d'une liquidation judiciaire ouverte après résolution d'un plan, voir Cass. com. 17-5-2017 n° 15-28.871 F-D : RJDA 8-9/17 n° 567). Tel n'est pas le cas lorsque la société à l'égard de laquelle l'extension est demandée a été cédée à des tiers étrangers et que les nouveaux associés ont géré le patrimoine de cette société de manière autonome (CA Aix 30-3-1979 : Bull. cour d'Aix 1979/2 p. 102).

L'action en extension de procédure est irrecevable après l'adoption d'un plan de cession totale (Cass. com. 5-4-2016 n° 14-19.869 : RJDA 6/16 n° 458) ou partielle (Cass. com. 5-12-2018 n° 17-25.664 FS-PBRI : RJDA 2/19 n° 104), d'un plan de sauvegarde ou de redressement (Cass. com. 4-1-2000 n° 97-11.712 P : RJDA 3/00 n° 302) ou après clôture de la liquidation judiciaire (Cass. com. 11-7-1995 n° 93-15.525 : Bull. civ. IV n° 208).

81286 L'extension d'une procédure collective est possible même si la société visée ne remplit pas les conditions d'ouverture de la procédure collective à étendre (Cass. com. 11-10-1994 : RJDA 2/95 n° 200 ; Cass. com. 7-1-2003 n° 00-13.192 FS-P : RJDA 6/03 n° 609). Ainsi, le redressement ou la liquidation judiciaire d'une personne peut être étendu à une autre sans qu'il y ait lieu au préalable de constater la cessation des paiements de cette dernière (Cass. com. 3-4-2001 n° 98-16.070 F-D : RJDA 8-9/01 n° 874).

81287 **Unité de procédure** L'extension de la procédure collective entraîne la soumission de toutes les sociétés concernées à une procédure unique. Il en résulte notamment une unicité d'actif et de passif entre les sociétés, sans création d'une indivision ni disparition de la personnalité morale de chacune d'elles (Cass. com. 30-6-2009 n° 08-15.715 F-D : RJDA 11/09 n° 980). La date de cessation des paiements est aussi unique ; elle est fixée à partir de la comparaison entre le passif exigible et l'actif disponible des sociétés concernées (Cass. com. 7-1-2003 n° 00-15.316 FS-P : RJDA 5/03 n° 511 ; Cass. com. 16-6-2004 n° 01-17.234 FS-PB : RJDA 12/04 n° 1346).

La déclaration de créance faite entre les mains du représentant des créanciers vaut pour n'importe laquelle des sociétés du groupe dont les passifs ont été confondus (Cass. com. 1-10-1997 : RJDA 3/98 n° 311), sauf si la déclaration a été effectuée avant la constatation de la confusion des patrimoines (Cass. com. 19-2-2002 n° 439 FS-P : RJDA 7/02 n° 786).

L'issue de la procédure est commune : ainsi, en cas d'extension d'un redressement judiciaire, le tribunal ne peut pas prononcer une liquidation judiciaire partielle (Cass. com. 17-2-1998 : RJDA 6/98 n° 749) ; l'une des sociétés ne peut pas prétendre à un redressement judiciaire au motif qu'elle jouit de perspectives de rétablissement alors que les autres doivent être mises en liquidation judiciaire (Cass. com. 22-10-1996 : RJDA 2/97 n° 262).

Toutefois, le jugement prononçant l'extension ne rétroagit pas au jour du jugement initial d'ouverture (Cass. com. 29-9-2004 n° 1317 : RJDA 2/05 n° 162) ; en conséquence, en cas d'extension d'une liquidation judiciaire, la date de dessaisissement de chacune des sociétés débitrices de ses droits et actions (art. L 641-9) est distincte : pour l'une, la date du jugement ouvrant la liquidation judiciaire, pour l'autre, la date du jugement d'extension (Cass. com. 29-9-2004 précité).

Signalons enfin que le dirigeant d'une société poursuivi en comblement de passif peut être condamné à payer les dettes d'autres personnes morales auxquelles la procédure collective de la société a été étendue lorsqu'il en est également le dirigeant (Cass. com. 8-3-2017 n° 15-22.337 F-PB : RJDA 5/17 n° 360).

81288 Après clôture de la procédure unique de sauvegarde ou de redressement judiciaire, chaque société redevient maître des biens qui étaient les siens à l'ouverture de la procédure, ou du moins des biens subsistants. Celle dont tous les biens ont été vendus pour apurer le passif de l'ensemble n'a aucun droit sur le patrimoine de l'autre (cf. Cass. com. 30-6-2009 n° 08-15.715 F-D : RJDA 11/09 n° 980).

81289 **Tribunal compétent** Le tribunal qui a ouvert la première procédure collective est compétent pour prononcer l'extension de la procédure à une autre société (art. L 621-2, al. 5, L 631-7 et L 641-1, I), même si celle-ci, compte tenu de sa taille, relève d'un tribunal de *commerce spécialisé* (Cass. com. 11-3-2020 n° 18-22.960 FS-PB : RJDA 11/20 n° 578). L'ensemble de la procédure est donc regroupé devant un tribunal unique.

> **Précisions** Si la **procédure** est **régie par le règlement** UE 2015/848 du 20 mai 2015 **relatif aux procédures d'insolvabilité,** les règles de compétence propres à ce texte doivent être respectées (Cass. com. 13-9-2023 n° 22-12.855 F-B : RJDA 12/23 n° 674).

TRAITEMENT PROCÉDURAL DES GROUPES DE SOCIÉTÉS

Indépendamment des situations d'extension de procédure, le tribunal compétent en cas de procédures collectives distinctes ouvertes contre des sociétés d'un même groupe (n° 90972) peut nommer un administrateur judiciaire et un mandataire judiciaire communs à l'ensemble des procédures (art. L 662-8). 81290

RESPONSABILITÉ DE LA SOCIÉTÉ MÈRE POUR INSUFFISANCE D'ACTIF D'UNE FILIALE

En cas de mise en liquidation judiciaire d'une société filiale, la société mère peut être condamnée à supporter tout ou partie des dettes de sa filiale si elle s'est comportée comme un dirigeant de fait de celle-ci (nos 91460 s.). 81300

La société mère ne saurait, pour échapper à toute sanction, soutenir qu'elle était elle-même sous la direction de fait de la holding du groupe auquel elle appartenait (CA Paris 23-5-1997 : RJDA 10/97 n° 1277).

L'insuffisance d'actif d'une société holding s'apprécie au regard de son actif et de son passif propres, sans référence aux comptes consolidés du groupe (Cass. com. 18-5-2016 n° 14-16.895 : RJDA 10/16 n° 716).

SECTION 6

RÉGIME COMPTABLE DES GROUPES DE SOCIÉTÉS

A. Consolidation des comptes

1. PRINCIPE

Sous réserve des exceptions indiquées plus loin, concernant notamment les « petits groupes », les sociétés commerciales, quelle que soit leur forme, placées à la tête d'un groupe doivent, indépendamment de leurs comptes annuels, établir et publier des comptes consolidés (art. L 233-16 s.). 81400

En complément des articles L 233-16 s., les règles à suivre pour l'établissement des comptes consolidés font l'objet du règlement 2020-01 de l'Autorité des normes comptables du 9 octobre 2020.

ENTREPRISES CONCERNÉES PAR LA CONSOLIDATION DES COMPTES

L'obligation de procéder à une consolidation des comptes – et, nous le verrons (n° 81422), la méthode de consolidation à suivre – dépend de l'étendue du contrôle exercé par la société dominante sur les autres sociétés du groupe : contrôle exclusif, contrôle conjoint ou influence notable. 81402

Contrôle exclusif Le contrôle exclusif résulte (art. L 233-16, II) : 81403

– soit de la détention directe ou indirecte de la majorité des droits de vote dans une autre société (contrôle de droit) ;

– soit du droit d'exercer une influence dominante sur une société en vertu d'un contrat ou de clauses statutaires, lorsque le droit applicable le permet (contrôle contractuel) ;

– soit de la désignation, pendant deux exercices successifs, de la majorité des membres des *organes d'administration, de direction ou de surveillance* d'une autre société, la société consolidante étant présumée avoir effectué cette désignation lorsqu'elle a disposé au cours de cette période dans l'autre société, directement ou indirectement, d'une fraction supérieure à 40 % des droits de vote, et qu'aucun autre associé ou actionnaire ne détient, directement ou indirectement, une fraction supérieure à la sienne (contrôle de fait). Dans ce dernier cas, l'existence du contrôle est, en principe, appréciée sans tenir compte de l'importance de la participation détenue dans la société réputée contrôlée, le critère retenu étant celui de la désignation effective pendant deux exercices consécutifs de la majorité des dirigeants ; mais, en pratique, la présomption de contrôle de fait des sociétés contrôlées à 40 % au moins sera difficile à combattre par la société consolidante lorsque celle-ci en sera le principal associé.

81405 **Contrôle conjoint** Le contrôle conjoint « est le partage du contrôle d'une entreprise exploitée en commun par un nombre limité d'associés ou d'actionnaires, de sorte que les décisions résultent de leur accord » (art. L 233-16, III).

Cette disposition concerne en particulier les filiales communes (n° 79007), les sociétés de services communs (qui ont pour objet de fournir divers services aux sociétés participantes) et certaines sociétés en participation.

L'article 211-4 du règlement ANC 2020-01 précise que cette forme de contrôle suppose, d'une part, un nombre limité d'associés ou d'actionnaires, aucun n'étant susceptible d'exercer à lui seul un contrôle exclusif, d'autre part, un accord prévoyant l'exercice du contrôle conjoint sur l'activité économique de la société exploitée en commun et établissant les décisions qui sont essentielles à la réalisation des objectifs de cette société et qui nécessitent le consentement de tous.

Il a été jugé qu'il n'y avait pas contrôle conjoint dès lors que l'un des associés était en mesure d'imposer certaines décisions à l'autre (CA Paris 28-6-2005 n° 05-2333 : RJDA 11/05 n° 1234, cassé par Cass. com. 19-12-2006 n° 1467 : RJDA 4/07 n° 369, 1e esp., mais sur un autre point).

81406 **Influence notable** L'influence notable sur la gestion et la politique financière d'une société est présumée lorsqu'une autre société dispose, directement ou indirectement, d'une fraction au moins égale à 20 % des droits de vote de la première (art. L 233-17-2).

L'influence notable est le pouvoir de participer aux politiques financière et opérationnelle d'une entreprise sans en détenir le contrôle (Règl. ANC 2020-01 art. 211-5).

ENTREPRISES DISPENSÉES D'ÉTABLIR DES COMPTES CONSOLIDÉS

81408 **Sous-groupes** L'obligation d'établir des comptes consolidés est écartée (art. L 233-17) pour les sociétés – autres que celles dont les valeurs mobilières sont négociées sur un marché réglementé et celles qui émettent des titres de créance négociables – qui, bien que rentrant dans l'une des catégories ci-dessus, sont elles-mêmes sous le contrôle d'une personne morale, française ou étrangère, qui les inclut dans ses comptes consolidés et publiés.

Cette exception est toutefois conditionnée à une absence d'opposition de la part d'un ou de plusieurs associés ou actionnaires représentant au moins 10 % du capital de l'entreprise contrôlée. Elle est par ailleurs subordonnée à des conditions particulières en ce qui concerne la consolidation de l'ensemble des entreprises dans lequel les sociétés exemptées sont incluses : respect des dispositions de la directive UE 2013/34 du 26 juin 2013 ou des principes et des règles offrant un niveau d'exigence équivalant aux dispositions des articles L 233-16 à L 233-28 ou à celles de ladite directive, contrôle par des professionnels qualifiés, information des actionnaires ou associés de la société exemptée, etc. (art. R 233-15).

81410 **Dispense liée à la taille du groupe** L'obligation d'établir des comptes consolidés est écartée lorsque l'ensemble constitué par la société mère et les entreprises qu'elle contrôle ne constitue **pas un grand groupe** au sens des articles L 230-2 et D 230-2 (modifié par décret 2024-152 du 28-2-2024) : voir nos 79070 s. (art. L 233-17, 2°).

Les chiffres doivent être calculés globalement pour l'ensemble des entreprises concernées, selon la méthode définie à l'article D 230-2, al. 4 s. (n° 79070). La CNCC considère que ce calcul doit être fait pour les deux exercices précédant le dernier exercice clos (CNCC EJ 2024-30 février 2025 ; voir aussi M.-J. Morvan et A. Gérard, Exemption de comptes consolidés : l'éclairage de la CNCC sur les seuils à ne pas dépasser : BRDA 12/25 inf. 20). Pour autant, le fait de ne pas prendre en compte le dernier exercice clos ne repose pas sur une base légale expresse. En effet, l'article D 230-2, dernier al. indique que les seuils sont par principe réputés franchis à la date de clôture de deux exercices consécutifs sur la base des derniers comptes annuels arrêtés.

Le dépassement des seuils doit s'apprécier sur la base des chiffres tels qu'ils ressortent des comptes individuels arrêtés de la société mère et des entreprises contrôlées, à l'exclusion de celles faisant l'objet d'une influence notable. La CNCC a indiqué que les chiffres utilisés devaient s'entendre à l'état brut, avant toute élimination de flux et de soldes intragroupe ; de même, ne saurait être pris en compte un quelconque prorata en cas de prise de contrôle intervenue en cours d'exercice (Bull. CNCC septembre 1997 p. 434).

>Précisions **a.** *L'exemption* d'établir des comptes consolidés pour les groupes répondant aux critères ci-dessus ne s'applique que si aucune de ces **sociétés** ou entreprises n'appartient à l'une des **catégories définies à l'article L 123-16-2** : établissements de crédit et sociétés de financement, établissements de paiement et de monnaie électroniques, entreprises d'assurance et de réassurance, organismes de sécurité sociale, institutions de prévoyance, mutuelles, personnes et entités dont les titres sont admis aux négociations sur un marché réglementé, personnes et entités qui font appel à la générosité du public (art. L 233-17, 2°).

b. La CNCC a considéré que, lorsqu'une société civile holding détient à 99 % un ensemble de sociétés commerciales et qu'elle est **transformée** en SAS, la société transformée a l'obligation d'établir des comptes consolidés à compter de l'exercice au cours duquel la transformation est intervenue (Bull. CNCC décembre 2006 p. 705). Cette solution est très contestable car elle aboutit à dénier la permanence de la personnalité morale de la société transformée, permanence qui à notre sens permet à celle-ci de se prévaloir de l'absence de dépassement des seuils constatée au cours des deux exercices précédant la transformation.

Intérêt négligeable À ces exceptions il convient d'ajouter celle résultant du fait que toutes les filiales et participations d'une société, prises individuellement ou comme un ensemble, ne représentent qu'un intérêt négligeable au regard de l'image fidèle de l'ensemble du groupe (art. L 233-19, II-2°). 81412

Le règlement ANC 2020-01 renvoie expressément aux conditions légales d'exclusion. À propos du périmètre de consolidation (n° 81420), il précise qu'une société doit entrer dans ce périmètre dès lors que sa consolidation, ou celle du sous-groupe dont elle est la société consolidante, présente, seule ou avec d'autres sociétés en situation d'être consolidées, un caractère significatif par rapport aux comptes consolidés de l'ensemble des sociétés incluses dans le périmètre de consolidation (Régl. ANC 2020-01 art. 211-1).

Par ailleurs, sous réserve d'en justifier dans l'annexe, une société n'est pas tenue d'établir des comptes consolidés et un rapport sur la gestion du groupe lorsque toutes les entreprises qu'elle contrôle de manière exclusive ou conjointe présentent, tant individuellement que collectivement, un intérêt négligeable par rapport à la nécessité de donner une image fidèle de l'ensemble du groupe (art. L 233-17-1).

ATTENTION

Les personnes morales ayant une activité commerciale qui, bien qu'elles n'y soient pas tenues (en raison notamment de la taille de leur groupe), établissent et publient des comptes consolidés doivent respecter les règles de consolidation prévues par la loi et, si elles font certifier leurs comptes annuels par un commissaire aux comptes, doivent également faire certifier leurs comptes consolidés par celui-ci (art. L 233-28).

SANCTIONS PÉNALES EN CAS D'ABSENCE DE COMPTES CONSOLIDÉS

Les administrateurs, les membres du directoire ou les gérants des sociétés tenues à la consolidation qui n'auraient pas établi des comptes consolidés s'exposent à une amende de 9 000 €. En outre, le tribunal peut ordonner l'insertion du jugement, aux frais du condamné, dans un ou plusieurs supports (art. L 247-1, II). 81415

2. PÉRIMÈTRE DE CONSOLIDATION

En principe, toutes les filiales et participations placées sous le contrôle direct ou indirect de la société dominante ou sur lesquelles celle-ci exerce une influence notable doivent être comprises dans la consolidation. 81418

Toutefois, l'article L 233-19 prévoit une exception de droit et trois exceptions facultatives à ce principe, la société consolidante devant, le cas échéant, justifier dans son annexe des raisons pour lesquelles telle ou telle entreprise a été écartée de la consolidation.

OBLIGATION D'EXCLUSION DU PÉRIMÈTRE DE CONSOLIDATION

Une filiale ou une participation doit être laissée en dehors de la consolidation lorsque des restrictions sévères et durables remettent en cause substantiellement le contrôle ou l'influence exercé par la société consolidante sur cette filiale ou cette participation ou les possibilités de transfert de fonds par la filiale ou la participation. Cette exception vise essentiellement les filiales implantées dans des États présentant des risques d'instabilité politique ou économique. 81419

POSSIBILITÉS D'EXCLUSION DU PÉRIMÈTRE DE CONSOLIDATION

Une filiale ou une participation peut être laissée en dehors de la consolidation : 81420

– lorsque la filiale ou la participation ne représente, seule ou avec d'autres, qu'un intérêt négligeable par rapport à l'objectif consistant à donner une image fidèle de l'ensemble du groupe ;

– ou lorsque les informations nécessaires à l'établissement des comptes consolidés ne peuvent être obtenues sans frais excessifs ou dans des délais compatibles avec ceux requis

pour la transmission des comptes consolidés aux commissaires aux comptes (cas notamment des filiales situées dans des pays éloignés ou dont les comptes sont établis sur des bases différentes nécessitant des retraitements disproportionnés à l'utilité de leur intégration) ;
– ou lorsque les actions ou parts de cette société ne sont détenues qu'en vue de leur cession ultérieure ; par exemple, la société qui a acquis des titres dans le cadre d'un contrat de « portage » peut ne pas inclure cette participation (quel que soit le pourcentage qu'elle représente) dans la consolidation.

Signalons que le règlement ANC 2020-01 précise que lorsque les titres de la société contrôlée ou sous influence notable sont détenus uniquement en vue d'une cession ultérieure et que le projet de cession porte seulement sur une fraction des titres, le contrôle ou l'influence notable est défini par référence à la fraction destinée à être durablement possédée (Règl. ANC 2020-01 art. 212-1).

3. MÉTHODES DE CONSOLIDATION

81422 Les comptes doivent être consolidés selon l'une des trois méthodes suivantes en fonction de la situation de contrôle en cause (art. L 233-18 et R 233-3 ; Règl. ANC 2020-01 art. 221-1) :

1. Intégration globale des sociétés placées sous le contrôle exclusif de la société consolidante (sur cette notion de contrôle exclusif, voir nº 81402). L'intégration globale consiste à inclure dans les comptes de la société consolidante tous les éléments de patrimoine et d'exploitation des sociétés contrôlées, après réalisation des retraitements et éliminations nécessaires (notamment pour les créances et dettes croisées).

2. Intégration proportionnelle des sociétés contrôlées conjointement (voir nº 81405). Dans cette méthode, les éléments du bilan et du compte de résultat des sociétés contrôlées sont repris dans les comptes consolidés au prorata des intérêts de chacune des sociétés participantes.

3. Mise en équivalence pour les sociétés sur lesquelles la société consolidante exerce une influence notable (voir nº 81406). Cette méthode consiste à substituer au coût d'acquisition des titres détenus la part de capitaux propres (y compris le résultat de l'exercice) qu'ils représentent dans la société sur laquelle l'influence notable est exercée.

Pour plus de détails sur le processus de consolidation, voir Mémento Comptes consolidés nºs 4500 s.

4. ÉTABLISSEMENT DES COMPTES CONSOLIDÉS

81425 Comme les comptes sociaux annuels, les comptes consolidés comprennent un bilan consolidé, un compte de résultat consolidé et une annexe, l'ensemble formant un « tout indissociable » (art. L 233-20, al. 1).

Le régime est le suivant (art. L 233-25) :
– sous réserve d'en justifier dans l'annexe, les comptes consolidés peuvent être établis à une date différente de celle des comptes annuels de la société consolidante si cette date est retenue par la majorité des entreprises comprises dans la consolidation pour leurs comptes sociaux ;
– dans ce cas, il est tenu compte, pour l'établissement des comptes consolidés, des événements importants qui ont concerné l'actif ou le passif des entreprises comprises dans la consolidation et qui sont survenus entre la date de clôture de leur bilan et la date de clôture du bilan consolidé ;
– si la date de clôture de l'exercice d'une entreprise comprise dans la consolidation est antérieure ou postérieure de plus de trois mois à la date de clôture de l'exercice de consolidation, ceux-ci sont établis sur la base de comptes intérimaires contrôlés par un commissaire aux comptes ou, s'il n'en est point, par un professionnel chargé du contrôle des comptes.

La CNCC considère que l'arrêté des comptes consolidés relève de la compétence du conseil d'administration et doit donc faire l'objet d'une délibération du conseil dûment constatée par un procès-verbal (Bull. CNCC juin 1997 p. 290).

PRINCIPES COMPTABLES ET RÈGLES D'ÉVALUATION APPLICABLES AUX COMPTES CONSOLIDÉS

81428 Comme les comptes annuels, les comptes consolidés doivent être réguliers et sincères et donner une image fidèle du patrimoine, de la situation financière ainsi que du résultat de l'ensemble constitué par les sociétés comprises dans la consolidation (art. L 233-21).

Les principes comptables et les règles d'évaluation prévus pour l'établissement des comptes annuels sont applicables aux comptes consolidés, sous réserve des aménagements nécessités par les caractéristiques propres aux comptes consolidés par rapport aux comptes annuels et de la présentation de l'ensemble consolidé comme une entité économique unique (art. L 233-22, al. 1). Les éléments d'actif et de passif ainsi que les éléments de charge et de produit compris dans les comptes consolidés doivent être évalués selon des méthodes homogènes, sauf si les retraitements nécessaires sont de coût disproportionné et d'incidence négligeable sur le patrimoine, la situation financière et le résultat consolidé (art. L 233-22, al. 2).

Toutefois, par dérogation aux principes ci-dessus, la société consolidante peut, sous réserve d'en justifier dans l'annexe, faire usage, dans les conditions prévues à l'article L 123-17 (permanence des méthodes d'évaluation et justification en cas de changement de ces méthodes), de règles d'évaluation spéciales (notamment, évaluation des biens fongibles en considérant que le premier bien sorti est le dernier bien rentré) (art. L 233-23 et R 233-10). **81430**

ANNEXE DES COMPTES CONSOLIDÉS

L'annexe des comptes consolidés doit comporter toutes les informations d'importance significative permettant aux lecteurs d'avoir une juste appréciation du patrimoine, de la situation financière et du résultat de l'ensemble constitué par les entreprises comprises dans la consolidation (art. R 233-14). **81432**

Pour plus de détails sur l'annexe, voir Mémento Comptes consolidés nos 55200 s.

> **Précisions** L'annexe doit donner pour les membres de chacun des organes d'administration, de direction et de surveillance (Règl. ANC 2020-01 art. 282-16) de la société consolidante :
> – le montant des **rémunérations** de l'exercice allouées par la société consolidante et par les sociétés placées sous son contrôle, au titre de l'exercice, à raison de leurs fonctions dans des sociétés contrôlées, le montant étant donné de façon globale pour les membres de chacun de ces organes ;
> – les engagements en matière de **pensions et indemnités assimilées** dont bénéficient les membres et les anciens membres de ces organes, là encore de façon globale ;
> – les **avances et crédits** accordés aux membres de ces organes par la société consolidante et par les sociétés placées sous son contrôle, avec l'indication des conditions consenties, également de façon globale pour les membres de chacun de ces organes.

5. RAPPORT SUR LA GESTION DU GROUPE

Les dirigeants de la société consolidante, quelle que soit sa forme, doivent établir un rapport sur la gestion du groupe dont le contenu, calqué sur celui du rapport de gestion (art. L 233-26), a évolué depuis le 1er janvier 2025. Le rapport sur la gestion du groupe peut d'ailleurs être présenté dans le même document que le rapport de gestion (art. L 233-26). **81434**

Le rapport sur la gestion du groupe doit comprendre les informations suivantes relatives à l'ensemble constitué par les entreprises comprises dans la consolidation, **quelle que soit la forme de la société** qui l'établit (sous réserve, pour les SNC et SCS, qu'elles soient entièrement détenues par des sociétés par actions, des SARL ou des sociétés de droit étranger d'une forme juridique comparable : art. L 221-7, al. 4), et donc y compris s'il s'agit d'une SAS (art. L 233-26 et, sur renvoi, art. L 232-1, II) : **81435**

– un **exposé de la situation de l'ensemble constitué par les sociétés comprises dans la consolidation,** comprenant une analyse objective et exhaustive de l'évolution des affaires, des résultats et de la situation de cet ensemble, notamment de sa situation d'endettement, au regard du volume et de la complexité des affaires ;
– l'évolution prévisible de cette situation ;
– les événements importants survenus entre la date d'arrêté des comptes consolidés et la date à laquelle ces derniers sont établis ;
– les activités de l'ensemble des sociétés comprises dans la consolidation en matière de *recherche et de développement* ;
– les succursales existantes ;
– dans la mesure nécessaire à la compréhension de l'évolution des affaires, des résultats ou de la situation du groupe, des indicateurs clés de performance de nature financière et, le cas échéant, de nature non financière ayant trait à son activité spécifique, notamment des informations relatives aux questions d'environnement et de personnel ;
– une description des principaux risques et incertitudes auxquels le groupe est confronté ;
– lorsque cela est pertinent pour l'évaluation de l'actif du groupe, de son passif, de sa situation financière et de ses pertes ou profits, des indications sur ses objectifs et sa politique concernant la couverture de chaque catégorie principale de transactions prévues pour

lesquelles il est fait usage de la comptabilité de couverture, ainsi que sur l'exposition du groupe aux risques de prix, de crédit, de liquidité et de trésorerie ; ces indications comprennent l'utilisation par l'entreprise d'instruments financiers ;
– si la société qui établit le rapport est une grande entreprise au sens de l'article L 230-1 (nº 26), des informations sur les ressources incorporelles essentielles du groupe, la manière dont son modèle commercial dépend fondamentalement de ces ressources et en quoi elles constituent une source de création de valeur pour lui.

ATTENTION

Les **indicateurs clés de performance de nature extra-financière** n'ont pas à figurer dans le rapport dans deux cas (art. L 233-26, al. 2, L 233-28-4, I et V et R 233-16-4) :
– lorsque la société est tenue d'inclure des informations consolidées de durabilité au sein d'une section distincte de son rapport sur la gestion du groupe (société consolidante d'un grand groupe) ;
– lorsque la société est dispensée de fournir ces mêmes informations (groupe inclus dans les informations consolidées en matière de durabilité d'une autre société consolidante qui exerce un contrôle sur les entreprises de ce groupe).

Si les **titres** de la société qui établit le rapport sur la gestion du groupe sont **admis aux négociations sur un marché réglementé,** le rapport doit aussi mentionner les incidences des activités de l'ensemble des entreprises comprises dans la consolidation sur la lutte contre l'évasion fiscale et leurs actions visant à promouvoir le lien entre la Nation et l'armée et à soutenir l'engagement dans les réserves (art. L 22-10-35, al. 4).

81437 Le rapport sur la gestion du groupe établi par la **société consolidante d'un grand groupe** (sur cette notion, voir nº 79070) doit, si, d'une part, les titres de la société consolidante sont admis aux négociations sur un marché réglementé ou si celle-ci relève de certaines catégories particulières (établissements de crédit, entreprises d'assurance, etc.) et si, d'autre part, le nombre moyen de salariés employés par le groupe au cours de l'exercice est supérieur à 500, inclure des **informations consolidées de durabilité,** au sein d'une section distincte du rapport (art. L 233-28-4, I). Les autres sociétés consolidantes de grands groupes seront soumises à cette obligation à compter des **rapports établis en 2028** afférents aux exercices ouverts à compter du 1er janvier 2027 (Ord. 2023-1142 art. 33, II-2º modifié par loi 2025-391 du 30-4-2025 ayant reporté de deux ans l'entrée en vigueur de l'obligation).

Le **contenu** des informations consolidées de durabilité est, pour l'essentiel, fixé par des normes européennes dites « ESRS », mais il inclut aussi d'autres données, telles les informations requises par le règlement UE 2020-852 du 18 juin 2020 (« règlement taxonomie ») : voir nos 76960 s. Ces informations doivent être **certifiées** dans les conditions exposées nos 77000 s.

› Précisions **a.** Les sociétés tenues de faire figurer dans leur rapport sur la gestion du groupe des informations consolidées de durabilité, de même que celles tenues d'inclure dans leur rapport les informations requises par le règlement taxonomie, doivent établir leur rapport dans un **format particulier** et en **balisant certaines informations** (art. R 233-16-4, III-al. 3 et IV-al. 4 et R 233-28-5 ; voir nº 76952).

b. Sur les obligations d'information en matière de durabilité qui pèseront, à compter du 1er janvier 2028 (rapports établis à compter de 2029), d'une part, sur certaines sociétés **contrôlées par une société consolidante n'ayant pas son siège social dans l'UE ou dans l'EEE** et, d'autre part, sur certaines sociétés étrangères contrôlées par une société consolidante n'ayant pas son siège dans l'UE ou l'EEE et qui disposent d'une succursale en France, voir nos 76925 s.

c. Certains **établissements financiers** doivent publier chaque année des **informations sur leurs implantations et leurs activités,** incluses dans le périmètre de consolidation, dans chaque État ou territoire (C. mon. fin. art. L 511-45, L 533-2-1 et R 511-16-4). Ces informations sont susceptibles de figurer dans le rapport sur la gestion du groupe : voir nº 76803.

d. Les sociétés consolidantes qui ne sont **pas des établissements financiers** visés par l'article L 511-45, II du Code monétaire et financier, qui ne sont pas contrôlées (au sens de l'article L 233-16, II et III) par une autre société et dont le chiffre d'affaires net consolidé excède à la clôture de deux exercices consécutifs un seuil de 750 M€ doivent, pour les **exercices ouverts depuis le 22 juin 2024** (Ord. 2023-483 du 21-6-2023 art. 8), publier un **rapport relatif à l'impôt sur les bénéfices** (art. L. 232-6, I) sauf lorsque ni elles ni les sociétés qu'elles contrôlent comprises dans la consolidation ne disposent à l'étranger d'un établissement stable (art. L 233-28-1) : voir nº 76804.

6. CONTRÔLE DES COMPTES CONSOLIDÉS

81438 Les sociétés astreintes à publier des comptes consolidés doivent désigner au moins deux **commissaires aux comptes** chargés de certifier les comptes (art. L 821-41). Les commissaires aux comptes se livrent ensemble à un examen contradictoire des conditions et des modalités d'établissement des comptes (art. L 821-62). Ils doivent, en justifiant de leurs appréciations, certifier que les comptes consolidés sont réguliers et sincères et donnent une image fidèle du patrimoine, de la situation financière ainsi que du résultat de l'ensemble constitué par les entreprises comprises dans la consolidation. Ils doivent en outre vérifier la sincérité et la concordance avec les comptes consolidés des informations données dans le rapport sur la gestion du groupe (art. L 821-54, I-al. 3).

Dans leur rapport à l'assemblée générale ordinaire annuelle, les commissaires doivent aussi faire état de leurs observations sur la sincérité des informations données dans le rapport de gestion et dans les documents adressés aux actionnaires ou associés sur la situation financière de l'ensemble des sociétés comprises dans la consolidation ainsi que sur la concordance de ces informations avec les comptes consolidés (art. R 821-180, al. 15).

Indépendamment de la possibilité qu'ils ont de procéder à toutes investigations utiles auprès de l'ensemble des sociétés comprises dans la consolidation (art. L 821-61, al. 1), les commissaires ne doivent certifier les comptes consolidés qu'après examen des travaux des commissaires aux comptes des sociétés comprises dans la consolidation ou, s'il n'en existe pas, des professionnels chargés des comptes desdites sociétés (art. L 821-53, al. 3). Ceux-ci sont libérés du secret professionnel à l'égard des commissaires aux comptes de la société consolidante (art. L 821-35, al. 3 ; pour plus de détails, voir n°s 77910 s.).

Les comptes consolidés et, s'il fait l'objet d'un document distinct du rapport de gestion, le rapport sur la gestion du groupe doivent être tenus à la disposition des commissaires aux comptes au siège social, un mois au moins avant la convocation de l'assemblée générale ordinaire annuelle des associés ou actionnaires (art. R 232-1, al. 1). Une copie de ces comptes et rapport doit être remise aux commissaires s'ils en font la demande (art. R 232-1, al. 2). **81440**

7. COMMUNICATION DES COMPTES CONSOLIDÉS

Les gérants des SNC, des SCS et des SARL tenues d'établir des comptes consolidés doivent communiquer ces comptes et le rapport sur la gestion du groupe (s'il n'est pas inclus dans le rapport de gestion annuel) aux associés avant l'assemblée annuelle dans les mêmes conditions que les comptes annuels (nº 23031 pour les SNC et les SCS ; nºs 32400 s. pour les SARL). **81442**

Dans les sociétés par actions, les comptes consolidés et le rapport sur la gestion du groupe doivent, en même temps que les autres documents sociaux, être communiqués aux actionnaires qui en auraient fait la demande (art. L 225-115).

L'inobservation des dispositions relatives à la communication des comptes consolidés est sanctionnée pénalement : les administrateurs, les membres du directoire ou les gérants des sociétés tenues à la consolidation qui n'auraient pas établi et adressé aux actionnaires ou associés, dans les délais prévus par la loi, des comptes consolidés s'exposeraient à une **amende** de 9 000 €, sans préjudice de la possibilité pour le tribunal d'ordonner l'insertion du jugement, aux frais du condamné, dans un ou plusieurs supports (art. L 247-1, II). **81445**

Les associés ou les actionnaires peuvent aussi demander au président du tribunal de commerce statuant en référé d'**enjoindre sous astreinte** aux dirigeants sociaux **de leur communiquer** les comptes consolidés et le rapport sur la gestion du groupe ou de désigner un mandataire chargé de procéder à cette communication (art. L 238-1).

> **› Précisions** Les comptes consolidés et le rapport sur la gestion du groupe figurent dans l'énumération des articles L 223-26 et L 225-115 auxquels renvoie l'article L 238-1. Mais, contrairement au régime applicable au droit de communication sur les comptes individuels (nº 46610) et par suite vraisemblablement d'une inadvertance du législateur, les sanctions pénales pour **défaut d'envoi des comptes consolidés** n'ont pas été corrélativement supprimées.

8. APPROBATION DES COMPTES CONSOLIDÉS

Dans les SA, les SCA (art. L 226-1, al. 2) et les SE (art. L 229-1, al. 2), les comptes consolidés doivent être présentés à l'assemblée générale ordinaire en même temps que les comptes individuels (art. L 225-100, I-al. 2) en vue de leur approbation. En effet, l'article L 225-100, I-al. 4 prévoit que l'assemblée doit délibérer sur « toutes les questions relatives aux comptes annuels et, le cas échéant, aux comptes consolidés de l'exercice écoulé ». Le législateur n'a pas envisagé la possibilité de faire approuver ces comptes par deux assemblées successives (en ce sens, Bull. CNCC mars 2003 p. 127). **81450**

Dans les autres formes de sociétés, les comptes consolidés doivent être communiqués aux associés (nº 81442) mais il n'est pas nécessaire que ces derniers les approuvent.

À noter enfin que, contrairement au droit de communication (nº 81445), le fait pour les dirigeants des SA, des SCA ou des SE de ne pas soumettre les comptes consolidés à l'approbation des actionnaires n'est pas sanctionné pénalement.

9. PUBLICATION DES COMPTES CONSOLIDÉS

81458 Les sociétés par actions et les SARL, de même que les SNC (ou les SCS : cf. art. L 222-2) dont tous les associés en nom (ou commandités) sont des SARL ou des sociétés par actions ou encore les SNC ou les SCS dont tous les associés en nom (ou commandités) sont des SARL ou des sociétés par actions doivent, dès lors qu'elles sont tenues d'établir des comptes consolidés, **déposer au greffe** du tribunal de commerce, en vue d'une publication en annexe au RCS, dans le mois qui suit l'assemblée générale ordinaire annuelle ou dans les deux mois suivant cette approbation lorsque ce dépôt est effectué par voie électronique, les comptes consolidés, le rapport sur la gestion du groupe, le rapport des commissaires aux comptes sur les comptes consolidés ainsi que, dans les sociétés tenues de publier des informations consolidées de durabilité, le rapport de certification de ces informations (art. L 232-21, L 232-22, L 232-23 et R 123-111, al. 1). Ces documents doivent aussi faire l'objet d'un dépôt en annexe au RNE (art. R 123-266, 3°).

Dans l'hypothèse où, de l'avis dûment motivé du conseil, du directoire ou du gérant, la publication de certaines **informations de durabilité** serait de nature à nuire gravement à la position commerciale de la société, ces informations peuvent être **omises** du rapport déposé au greffe à deux **conditions** : cette omission ne doit pas faire obstacle à la compréhension juste et équilibrée de la situation de la société et des incidences de son activité et ces informations doivent être transmises à l'AMF (art. L 232-23, I-1° modifié par loi 2025-391 du 30-4-2025).

Sur les obligations d'information périodique pesant par ailleurs sur les **sociétés** dont les actions sont admises aux négociations sur un **marché réglementé,** voir nºs 76830 s.

81460 Enfin, l'Autorité de marché a rappelé que, « au titre de l'information permanente qui incombe aux sociétés cotées, celles-ci doivent publier un communiqué comportant les éléments significatifs des comptes consolidés et les commentaires appropriés avant la première séance de bourse suivant la réunion du conseil d'administration ou du directoire ayant établi les comptes consolidés annuels » (Bull. COB novembre 1987 p. 7). Ce communiqué doit suivre le régime de l'information permanente (nºs 66255 s.).

81462 Les irrégularités commises dans l'établissement des comptes consolidés exposent les sociétés émettrices et leurs dirigeants à des **sanctions** pécuniaires lorsque ces irrégularités sont de nature à fausser de manière significative l'information donnée au public sur la situation financière de la société (voir nºs 66379 s.).

B. Évaluation par équivalence des titres de participation

81465 Les sociétés qui établissent des comptes consolidés peuvent, dans leurs comptes annuels, évaluer par équivalence les titres des sociétés qu'elles contrôlent de manière exclusive au sens de l'article L 233-16 (nº 81402) (art. L 232-5 et R 232-8).

L'évaluation par équivalence consiste à inscrire les titres en cause à l'actif du bilan en fonction de la quote-part de capitaux propres qu'ils représentent (et non à leur coût d'acquisition), ce qui aboutit en pratique à leur réévaluation annuelle et à la possibilité de compenser les appauvrissements constatés sur certains titres par les enrichissements acquis sur d'autres.

81468 Seuls les titres des sociétés **contrôlées** de manière **exclusive** (contrôle de droit, de fait ou contractuel, nº 81402) peuvent être mis en équivalence. Si les sociétés dont les titres sont mis en équivalence contrôlent, elles aussi, de manière exclusive, d'autres sociétés, elles doivent mettre en équivalence dans leur propre bilan les titres de ces autres sociétés (cas, par *exemple, des titres de sous-filiales* détenus par des filiales) (art. L 232-5, al. 3).

La mise en équivalence ne peut pas être partielle. Si elle est utilisée, elle doit porter sur l'**ensemble des titres** répondant aux conditions ci-dessus (art. L 232-5, al. 1). En outre, conformément au principe de permanence des méthodes, elle doit être poursuivie à la clôture des exercices suivants.

L'écart global dégagé par la mise en équivalence, s'il est positif, doit être inscrit distinctement dans les **capitaux propres.** Il n'est pas pris en compte pour la détermination du résultat et ne peut ni être distribué ni être utilisé pour compenser des pertes. S'il est négatif, la société doit constituer, par le débit du compte de résultat, une provision pour dépréciation globale du portefeuille (art. L 232-5, al. 2 et R 232-8, al. 6).

L'option de la société pour la mise en équivalence des titres de participation qu'elle détient doit être mentionnée dans l'**annexe.**

› Précisions **a.** Dans le **régime de droit commun,** les titres de participation détenus par une société sont obligatoirement inscrits au bilan pour leur coût d'acquisition ; les moins-values font l'objet d'une provision pour dépréciation (soumise au régime fiscal des moins-values à long terme), aucune compensation ne pouvant être pratiquée avec les plus-values des titres en hausse.
b. Pour **plus de détails** sur l'évaluation par équivalence, voir Mémento Comptable nos 36210 s.

SECTION 7 RÉGIME FISCAL DES GROUPES DE SOCIÉTÉS

SOCIÉTÉS MÈRES ET FILIALES

Un **régime optionnel** est applicable lorsqu'une société soumise à l'impôt sur les sociétés (y compris au taux réduit des PME) détient, en pleine propriété ou en nue-propriété, au moins 5 % du capital d'une autre société également soumise à l'impôt sur les sociétés ou exonérée. Ce seuil minimal de détention est abaissé à 2,5 % du capital et 5 % des droits de vote de la société émettrice lorsque la société mère est contrôlée par un ou plusieurs organismes à but non lucratif mentionnés à l'article 206, 1 bis du CGI (CGI art. 145). **81500**

Le **pourcentage de détention** est apprécié à la date de mise en paiement du dividende. Il n'est pas exigé que des droits de vote soient attachés à chacun des titres détenus par la société mère, ni que les droits de vote détenus soient strictement proportionnels à la quotité de capital qu'ils représentent. Ainsi, le régime s'applique dès lors que la société mère détient 5 % du capital de la filiale même si le pourcentage de droits de vote est inférieur à 5 % (CE 5-11-2014 n° 370650 : RJF 1/15 n° 9), notamment en raison des droits de vote double octroyés à d'autres actionnaires (CE 3-12-2014 n° 363819 : RJF 3/15 n° 191).

Les titres détenus en usufruit n'ouvrent pas droit au régime mère-fille même dans le cas où la société détient d'autres titres de la même filiale en pleine propriété (CE 20-2-2012 n° 321224 : RJF 5/12 n° 454 ; CE 23-3-2012 n° 335860 : RJF 7/12 n° 688). Les titres ayant fait l'objet d'un prêt ou d'une remise en garantie ainsi que ceux mis en pension ne peuvent être pris en compte.

Ce régime prévoit l'**exonération d'impôt sur les sociétés** chez la société mère de la fraction de ses bénéfices qui provient des dividendes de la filiale, française ou étrangère, à l'exception d'une quote-part de frais et charges fixée forfaitairement à 5 % du produit total des participations, crédits d'impôt étrangers compris. Pour les produits de participation versés entre des sociétés membres d'un même groupe d'intégration fiscale (ou par certaines filiales européennes), le taux de cette quote-part de frais et charges est fixé à 1 % sous réserve que la société distributrice appartienne au même groupe d'intégration fiscale que la société mère ou satisfasse aux conditions d'appartenance à ce groupe autres que l'assujettissement à l'impôt sur les sociétés, depuis plus d'un exercice. Le taux de 1 % s'applique également aux *produits de participation perçus* par une société non membre d'un groupe intégré fiscalement à raison de participations dans des filiales européennes répondant à certaines conditions : voir Mémento Fiscal n° 40970.

Les titres doivent être conservés pendant deux ans. Cette **obligation de conservation** pendant deux ans ne concerne que les titres de participation représentant 5 % du capital de la société émettrice qui donnent droit à la qualité de société mère (CE 15-12-2014 n° 380942 : RJF 3/15 n° 190 ; BOI-IS-BASE-10-10-10-20 n° 210). Ce délai est porté à cinq ans pour les sociétés mères contrôlées par un ou plusieurs organismes sans but lucratif qui bénéficient de l'exonération des dividendes grâce à une détention limitée à 2,5 % du capital et 5 % des droits de vote de la filiale.

En cas de non-respect de l'obligation de conservation, la société mère est tenue de verser au Trésor, dans les trois mois suivant la cession, une somme égale au montant de l'impôt dont elle a été exonérée, majoré de l'intérêt de retard.

› Précisions **a.** Le **prêt de titres,** qui entraîne leur transfert de propriété, vaut rupture de l'engagement de conservation même si aucun dividende n'a été versé pendant la période concernée (CE 26-9-2014 nº 363555 : RJF 12/14 nº 1088).
b. L'obligation de conservation des titres durant deux ans fait l'objet d'atténuation en cas de **regroupement ou division d'actions** ou de réalisation de certaines opérations de restructuration (voir Mémento Fiscal nºs 41000 s.).
c. Les **acomptes sur dividendes** peuvent bénéficier de l'exonération dans leur totalité, même si leur montant s'avère supérieur au montant des sommes distribuables par la filiale constaté à la clôture de l'exercice (CE 12-4-2019 nº 410315 : RJF 7/19 nº 634).
d. Afin d'éviter une double déduction ou certains abus du dispositif d'exonération, certains **dividendes** sont **exclus** du régime des sociétés mères et filiales : produits émanant de certaines sociétés dotées d'un statut spécial, dividendes provenant de filiales établies dans un État ou territoire non coopératif, produits issus de bénéfices déductibles de la filiale dans la proportion où les bénéfices distribués sont déductibles du résultat imposable de celle-ci et produits des titres de participation distribués dans le cadre d'un montage (ou d'une série de montages) mis en place pour obtenir, à titre d'objectif principal ou au titre d'un des objectifs principaux, un avantage fiscal allant à l'encontre de l'objet ou de la finalité du régime de faveur et ne reflétant pas la réalité économique.
e. Pour **plus de détails** sur ce régime, voir Mémento Fiscal nºs 40850 s.

INTÉGRATION FISCALE

81510 Une société mère peut, sur simple option, se constituer seule redevable de l'impôt sur les sociétés à raison du résultat d'ensemble réalisé par le groupe qu'elle forme avec ses filiales (intégration « verticale ») ou avec ses sociétés sœurs établies en France détenues par une même entité européenne (intégration « horizontale »).

Dans une **intégration verticale,** les filiales doivent être détenues par la société mère à 95 %. La détention peut être directe ou indirecte, étant précisé que la détention indirecte s'apprécie en multipliant les taux de participations détenues par les sociétés qui appartiennent à une même chaîne de participations. Toutefois, pour cette appréciation, une société qui détient 95 % au moins du capital d'une autre société est considérée comme détenant ce capital en totalité.

Dans une **intégration horizontale,** les sociétés filiales, sœurs ou cousines françaises doivent être détenues à 95 % au moins par une entité mère non résidente, directement ou indirectement par l'intermédiaire de sociétés étrangères. L'entité mère non résidente ainsi que les sociétés étrangères doivent être soumises à un impôt équivalant à l'impôt sur les sociétés dans un État de l'UE, en Islande, au Liechtenstein ou en Norvège. À la différence d'un groupe « vertical », la formation d'un groupe horizontal permet, sous conditions, d'intégrer dans le groupe certaines sociétés que la société mère ne détient pas à 95 % au moins directement ou indirectement.

› Précisions **a.** Le **résultat d'ensemble** est affecté de correctifs destinés à éviter les doubles impositions ou déductions au niveau du groupe ainsi qu'à neutraliser certaines opérations internes au groupe (cessions d'immobilisations, notamment).
b. Pour **plus de détails,** voir Mémento Fiscal nºs 40150 s.

AUTRES PARTICULARITÉS

81511 La détention de titres de sociétés est prise en compte pour l'application d'un certain nombre de règles fiscales, particulièrement en matière d'imposition des résultats. Outre le traitement des charges financières (nº 1955), des aides aux filiales en difficulté (nº 76628), ou des plus-values de cession de certains titres de participation (nº 68435), il s'agit notamment des régimes suivants.

1. Le régime spécial d'imposition, sur option, de certains **produits de la propriété industrielle** s'applique dans les groupes sous réserve d'un certain nombre de particularités : si le résultat net imposable des **concessions** de droits bénéficie du taux réduit de 10 % (majoré des prélèvements sociaux pour les entreprises relevant de l'IR) même s'il existe des « liens de dépendance » directs ou indirects entre l'entreprise concédante et l'entreprise concessionnaire, les plus-values de **cession** des droits n'en bénéficient pas et sont taxées dans les conditions de droit commun. L'existence de tels liens empêche également l'entreprise concessionnaire de déduire, pour une fraction de leur montant, les redevances versées à une entreprise établie hors de l'UE et de l'EEE qui n'est pas soumise à raison de ces mêmes redevances à un impôt sur le revenu ou sur les bénéfices dont le taux effectif est au moins égal à 25 % (pour plus de détails, voir Mémento Fiscal nºs 10420 s.).

Selon l'article 39, 12 du CGI, des **liens de dépendance** sont réputés exister entre deux entreprises : 81511 (suite)
– lorsque l'une détient directement ou par personne interposée la majorité du capital social de l'autre ou y exerce en fait le pouvoir de décision ;
– lorsqu'elles sont placées l'une et l'autre, dans les conditions définies à l'alinéa précédent, sous le contrôle d'une même tierce entreprise.

2. À noter également la possibilité pour les entreprises multinationales françaises ou étrangères d'obtenir l'accord de l'administration fiscale sur la méthode de fixation de leurs **prix de transfert,** c'est-à-dire des prix qui seront pratiqués lors des futures transactions intragroupe.

Indépendamment de cette faculté, les entreprises dont le chiffre d'affaires annuel hors taxe ou l'actif brut au bilan est au moins égal à 150 M€ sont tenues de mettre à la disposition de l'administration une documentation normalisée permettant de justifier la politique de prix de transfert pratiquée dans le cadre de leurs transactions réalisées avec les entreprises associées. Cette obligation s'applique également aux entreprises qui détiennent directement ou indirectement plus de la moitié du capital ou des droits de vote d'une entité juridique satisfaisant à l'une de ces conditions, à celles détenues de la même manière par une telle entité et à celles appartenant à un groupe intégré qui comprend au moins une société satisfaisant à l'une des conditions précédentes : voir Mémento Fiscal n° 8967. En cas de non-respect de cette obligation après mise en demeure, l'entreprise encourt, pour chaque exercice vérifié, une amende pouvant atteindre 0,5 % du montant des transactions non documentées ou 5 % des bénéfices transférés se rapportant à de telles transactions si ce montant est plus élevé, avec un minimum de 50 000 €.

Les entreprises dont le chiffre d'affaires annuel ou l'actif brut est au moins égal à 50 M€ sont également tenues de souscrire par voie électronique une déclaration spéciale dans les six mois de la date limite de dépôt de leur déclaration de résultat, qui se présente comme une version allégée de leur documentation en matière de prix de transfert (CGI art. 223 quinquies B). Cette obligation s'applique également aux entreprises qui détiennent directement ou indirectement plus de la moitié du capital ou des droits de vote d'une entité juridique satisfaisant à l'une de ces conditions, à celles détenues de la même manière par une telle entité et à celles appartenant à un groupe intégré qui comprend au moins une société satisfaisant à l'une des conditions précédentes : voir Mémento Fiscal n° 8970.

Enfin, les entreprises détenant des filiales ou succursales étrangères, qui établissent des comptes consolidés et réalisent un chiffre d'affaires consolidé au moins égal à 750 M€, doivent produire une déclaration spéciale dans les 12 mois suivant la clôture de l'exercice lorsqu'elles ne sont pas détenues par une entité française ou étrangère elle-même soumise à cette obligation. La déclaration comporte la répartition pays par pays des bénéfices du groupe, des agrégats économiques, comptables et fiscaux ainsi que des informations sur la localisation et l'activité des entités membres (CGI art. 223 quinquies C : voir Mémento Fiscal n° 8972).

Pour plus de détails sur ces obligations, voir Mémento Fiscal n°s 8965 s.

3. Signalons également l'application d'un **régime optionnel de groupe TVA.** Les personnes assujetties établies en France et étroitement liées sur les plans financier, économique et de l'organisation peuvent demander à constituer un seul assujetti, quel que soit le secteur d'activité économique concerné. L'option pour ce régime de l'assujetti unique doit être formulée au plus tard le 31 octobre de l'année qui précède son application (pour plus de précisions sur ce régime, voir Mémento Fiscal n°s 46545 s.).

4. Enfin, relevons que les groupes multinationaux d'entreprises disposant d'une implantation en France, réalisant un chiffre d'affaires annuel consolidé supérieur ou égal à 750 M€ au cours d'au moins deux des quatre exercices précédents, ainsi que les groupes nationaux respectant le même seuil de chiffre d'affaires sont redevables d'une **imposition minimale *annuelle***. L'imposition minimale annuelle prend la forme d'un impôt complémentaire distinct de l'impôt sur les sociétés (pour plus de précisions sur ce régime, voir Mémento Fiscal n°s 41100 s.).

CHAPITRE 5

LES FUSIONS, SCISSIONS ET APPORTS PARTIELS D'ACTIFS

SOMMAIRE

EN BREF *Dans le cadre de leur stratégie de croissance, les entreprises peuvent être amenées à se regrouper par des fusions qui leur permettent de renforcer leur capacité concurrentielle. Il est en effet nécessaire d'atteindre un certain seuil de chiffre d'affaires pour dégager des bénéfices permettant les investissements indispensables à l'équipement, à la rationalisation de la production, à la recherche de nouveaux produits ou au perfectionnement des produits existants. Les fusions permettent aussi d'abaisser les prix de revient en améliorant les conditions de production, celles de la distribution et celles des études et recherches. Elles sont parfois un moyen de réorganiser la structure d'un groupe : la société mère absorbe certaines filiales, une filiale en absorbe d'autres, certaines filiales fusionnent entre elles pour donner naissance à une nouvelle filiale. Enfin et surtout les fusions permettent aux entreprises d'augmenter leurs parts de marché dans les secteurs où elles souhaitent développer leurs activités. On notera que ces objectifs peuvent aussi être atteints par d'autres procédés, tels que prises de contrôle (qui laissent subsister la personnalité juridique des sociétés intégrées) et accords de coopération interentreprises.* 82500

Lorsqu'elle aboutit à diviser une société en deux ou plusieurs sociétés nouvelles, la scission apparaît a priori comme ayant un but contraire à la concentration des entreprises. Mais les scissions de sociétés s'opèrent généralement au profit de sociétés existantes ; la scission aboutit bien alors à une concentration d'entreprises car deux sociétés succèdent à trois.

Il en est de même de l'apport partiel d'actifs, surtout lorsqu'il porte sur un ensemble de biens constituant une branche d'activité.

Ces opérations de restructuration ont, le plus souvent, des conséquences importantes sur la vie des sociétés en cause : elles nécessitent une préparation minutieuse et doivent faire l'objet d'une anticipation suffisante pour être menées à bien dans les délais souhaités.

RÉFORME DU RÉGIME DES FUSIONS, SCISSIONS ET APPORTS PARTIELS D'ACTIFS DOMESTIQUES ET TRANSFRONTALIERS

L'ordonnance 2023-393 du 24 mai 2023, complétée par son décret d'application 2023-430 du 2 juin 2023, a transposé dans le Code de commerce les dispositions de la directive UE 2017/1132 du 14 juin 2017 modifiée par la directive UE 2019/2121 du 27 novembre 2019 relatives aux **opérations transfrontalières** ; elle a en outre aménagé de manière significative les textes du Code de commerce régissant les **opérations** de fusion, scission et apport partiel d'actifs **domestiques,** notamment pour les harmoniser avec certaines règles applicables aux opérations transfrontalières. Ces dispositions s'appliquent, précise l'ordonnance, aux opérations domestiques et transfrontalières dont le **projet** a été **déposé au greffe du tribunal de commerce depuis le 1er juillet 2023** (Ord. 2023-393 art. 13 ; Décret 2023-430 art. 10). 82505

La loi 2024-364 du 22 avril 2024 a ratifié l'ordonnance 2023-393 en y apportant un certain nombre de corrections et de compléments. Les dispositions de cette loi sont entrées en vigueur le 24 avril 2024 et, faute d'autres précisions sur ce point, s'appliquent aux opérations qui ont débuté à compter de cette date, soit, nous semble-t-il, celles dont le projet a été signé à compter du 24 avril 2024 sans qu'il y ait lieu de tenir compte de la date du dépôt du projet au greffe ; en raison de leur nature contractuelle, on peut penser que les opérations dont le projet a été déposé depuis le 1er juillet 2023 mais qui n'étaient pas achevées le 24 avril 2024 restent soumises au régime résultant de l'ordonnance 2023-393 avant sa modification par la loi 2024-364, sauf si la modification concerne des effets de l'opération prenant leur source dans la loi et non dans la volonté des parties (en ce sens, C. Barillon, Les apports de la loi de ratification de la réforme des fusions, scissions et apports partiels d'actifs : JCP E 2024 nº 1160 § 3), cas notamment des règles sur l'obligation aux dettes des sociétés participant à un apport partiel d'actifs ou à une scission partielle (nº 83933).

Les opérations dont le **projet a été déposé avant le 1er juillet 2023** restent soumises au régime antérieur à l'ordonnance 2023-393 et au décret 2023-430.

SECTION 1 RÈGLES GÉNÉRALES

A. Définitions

DÉFINITION DE LA FUSION

82510 La fusion est l'opération par laquelle deux sociétés se réunissent pour n'en plus former qu'une seule. La fusion peut résulter soit de la création d'une société nouvelle par plusieurs sociétés existantes, soit de l'absorption d'une société par une autre (art. L 236-1, al. 1).

Le procédé de la « fusion-absorption » a été et reste encore beaucoup plus utilisé que celui de la fusion par création d'une société nouvelle. Cela tient notamment à ce que les sociétés fusionnantes étant souvent d'importance inégale, la plus puissante absorbe les autres. Cela tient aussi aux inconvénients d'ordre juridique résultant de l'absence de personnalité morale des sociétés nouvelles avant leur immatriculation au RCS. En outre, certaines opérations, qui supposent une certaine durée d'existence de la société, deviennent momentanément irréalisables.

DÉFINITION DE LA SCISSION

82520 Il y a scission lorsque le patrimoine d'une société « scindée » est transmis à plusieurs sociétés existantes ou nouvelles (art. L 236-18, al. 1).

Il n'est pas indispensable que les sociétés bénéficiaires soient toutes des sociétés existantes ou toutes des sociétés nouvelles. La scission peut aussi être réalisée par voie de transmission du patrimoine de la société scindée au profit d'une (ou de plusieurs) société nouvelle et d'une (ou de plusieurs) société existante.

DÉFINITION DE L'APPORT PARTIEL D'ACTIFS

82530 L'apport partiel d'actifs est l'opération par laquelle une société fait apport à une ou plusieurs autres (nouvelles ou déjà créées) d'une partie de son actif et, le cas échéant, d'une partie de son passif (art. L 236-27, al. 1) et reçoit, en échange, des titres émis par la ou les sociétés bénéficiaires des apports.

L'apport partiel d'actifs peut porter sur un ou plusieurs éléments isolés (par exemple, un immeuble ou des titres en portefeuille) ou sur un ensemble de biens (par exemple, les éléments actifs et passifs d'une branche d'activité déterminée). Dans ce second cas, l'opération est comparable à une fusion ou à une scission en ce qui concerne l'actif apporté.

L'apport partiel d'actifs permet notamment de « filialiser » une ou plusieurs branches d'activité de l'entreprise et de leur donner une existence juridique autonome. Il est aussi un moyen de concentration des entreprises, par exemple en permettant la réunion au sein d'une même société de branches d'activité identiques exercées par des sociétés appartenant à un même groupe, voire par des sociétés concurrentes.

Les sociétés participant à l'opération peuvent décider de soumettre l'opération aux dispositions relatives aux scissions (art. L 236-27, al. 1) et l'on parle alors d'« apport partiel d'actifs soumis au régime des scissions ».

B. Caractéristiques des fusions, scissions et apports partiels d'actifs

TRANSMISSION UNIVERSELLE DE PATRIMOINE

82580 Les opérations de **fusion** et de **scission** ont pour caractéristique commune la transmission de l'ensemble des éléments d'actif et de passif composant le patrimoine d'une société (société absorbée ou scindée) au profit d'une ou de plusieurs autres sociétés qui le recueillent en tout ou en partie (art. L 236-3, I et L 236-19). Il s'ensuit notamment que le passif de la société absorbée ou scindée est pris en charge par les sociétés absorbantes ou nouvelles selon les modalités définies au contrat de fusion ou de scission.

L'effet de transmission universelle de patrimoine résultant d'un **apport partiel d'actifs** soumis au régime des scissions est également consacré dans le Code de commerce : voir n° 83802.

Le caractère universel attaché à la transmission du patrimoine de la société absorbée, scindée ou apporteuse entraîne un certain nombre de conséquences en ce qui concerne les effets de la fusion, de la scission ou de l'apport partiel d'actifs à l'égard des tiers : voir nos 83800 s.

En cas de scission ou d'apport partiel d'actifs soumis au régime des scissions, le contrat doit prévoir la répartition du passif de la société scindée ou apporteuse entre les sociétés bénéficiaires des apports ; ce partage est, en principe, fonction des éléments d'actif apportés à chacune d'elles. Néanmoins, ces sociétés sont solidairement responsables envers les créanciers de la société scindée ou apporteuse (art. L 236-25, al. 1 et art. L 236-29, al. 1 modifié par loi 2024-364 du 22-4-2024). **82581**

Pour les scissions, le montant de la responsabilité solidaire de chaque société est limité à la valeur, à la date à laquelle la scission prend effet, des actifs nets qui lui sont attribués (art. L 236-25, al. 2) ; pour les sociétés bénéficiaires d'un apport partiel d'actifs, il est également limité à cette valeur (art. L 236-29, al. 2 modifié par loi 2024-364 du 22-4-2024, les dispositions de la loi à cet égard nous paraissant applicables aux opérations en cours à la date de son entrée en vigueur : voir no 82505).

DISSOLUTION DE LA SOCIÉTÉ ABSORBÉE OU SCINDÉE

Les **fusions ou scissions** entraînent obligatoirement dissolution de la société absorbée ou scindée (art. L 236-3, I et L 236-19). **82590**

Elles se distinguent en cela de l'**apport partiel d'actifs.**

Contrairement aux autres cas de dissolution, il n'y a pas lieu de procéder à la **liquidation** de la société absorbée ou scindée (art. L 236-3, I et L 236-19), ni, par voie de conséquence, de nommer un liquidateur. Toutefois, il est d'usage de faire nommer par l'assemblée générale extraordinaire ou par décision collective des associés de la société absorbée ou scindée un ou plusieurs « mandataires » chargés notamment d'établir tous les actes qui seraient nécessaires, par exemple, pour constater la réalisation de conditions suspensives affectant l'opération, pour accomplir certaines formalités de publicité, etc. **82591**

ÉCHANGE DE DROITS SOCIAUX DES SOCIÉTÉS CONCERNÉES

Pour qu'il y ait fusion, scission ou apport partiel d'actifs, il faut que les associés de la société absorbée, scindée ou apporteuse deviennent associés de la société absorbante ou bénéficiaire des apports et se voient **attribuer des parts ou actions** de cette société (art. L 236-1, al. 3, L 236-18, al. 3 et L 236-27). Autrement dit, il ne peut pas y avoir fusion, scission ou apport partiel d'actifs si l'actif net transmis (après déduction du passif pris en charge par la ou les sociétés bénéficiaires) est rémunéré par des biens autres que des actions ou des parts sociales. Sur le cas particulier de la scission partielle avec attribution directe des parts ou actions aux associés de la société apporteuse, voir no 83626. **82600**

Toutefois, par **dérogation** à cette règle, le versement d'une **soulte** en espèces ne fait pas perdre à l'opération son caractère de fusion, de scission ou d'apport partiel d'actifs soumis au régime des scissions à condition que cette soulte ne dépasse pas 10 % de la valeur nominale des droits sociaux attribués (art. précités). La loi visant expressément le versement de la « soulte en espèces », il n'est, à notre avis, pas possible de payer la soulte par remise de biens en nature tels que des titres détenus en portefeuille (dans le même sens, Communication Ansa, comité juridique no 04-029 du 7-4-2004).

Par ailleurs, il n'est **pas** procédé à l'**échange** de parts ou d'actions de la société bénéficiaire contre des parts ou actions des sociétés qui disparaissent lorsque ces parts ou actions sont détenues (art. L 236-3, II, L 236-19 et L 236-27, al. 1) :

– directement ou par l'intermédiaire d'un prête-nom, par la société bénéficiaire, par la société qui disparaît ou par une société qui détient 100 % des parts ou actions de la société bénéficiaire et de la société qui disparaît ;

– par les associés des sociétés qui fusionnent dans les mêmes proportions dans toutes les sociétés qui fusionnent lorsque ces proportions sont conservées à l'issue de l'opération ou, à notre avis, par transposition, par les associés qui détiennent dans les mêmes proportions les titres des sociétés bénéficiaires des apports et ceux de la société scindée, et que ces proportions sont conservées à l'issue de l'opération.

> **Précisions** Cette disposition pourrait faciliter la réalisation de **fusions triangulaires** impliquant un échange avec des titres autres que ceux émis par la société absorbante (en particulier avec des titres émis par la société mère du groupe, spécialement si cette dernière est « cotée »). Pour un argumentaire en faveur de ce type d'opérations, voir Ph. Derouin, Les fusions triangulaires de sociétés : Bull. Joly 2008 p. 1026 ; voir aussi A. Kalaan, Les fusions triangulaires : vers une intégration dans le droit positif français : JCP E 2016 no 1573.

82605 **Attribution d'actions autodétenues** L'attribution aux associés ou actionnaires de la société absorbée d'actions autodétenues par la société absorbante antérieurement à la décision de fusion ne nous paraît pas interdite. En effet, il est communément admis que la fusion constitue une opération spécifique, fondamentalement distincte d'une augmentation de capital par apport en nature ; cette solution est confirmée par l'article L 225-128, al. 2 qui précise que les titres de capital sont libérés « soit [...] par apport en nature [...], soit en conséquence d'une fusion ou d'une scission ». Le critère déterminant pour qualifier la fusion est l'échange de titres, et non l'émission d'actions nouvelles à remettre aux associés de l'absorbée. Bien plus, dépassant le concept classique d'apport pour retenir un concept plus économique, les textes réglementant les rachats d'actions par la société émettrice autorisent expressément la société à racheter ses actions en vue de les attribuer en échange d'actifs acquis par elle dans le cadre d'une fusion (art. L 225-209-2, al. 3 et L 22-10-62, al. 6). Enfin, l'administration fiscale admet que la société bénéficiaire des apports rémunère les associés de la société absorbée par des actions autodétenues (BOI-IS-FUS-20-10 n°s 80 et 90).

Les développements qui précèdent sont transposables en cas de scission ou d'apport partiel d'actifs.

82610 **Droits sociaux démembrés, loués ou acquis avant le mariage** Lorsque des titres de la société absorbée font l'objet d'un démembrement de propriété entre un nu-propriétaire et un usufruitier, les effets de la convention d'**usufruit** se poursuivent sur les titres de l'absorbante remis en échange par application du mécanisme de la subrogation réelle, sauf décision contraire expresse du nu-propriétaire et de l'usufruitier.

Il devrait en être de même si les parts ou actions de l'absorbée font l'objet d'un **contrat de location** ; mais cela suppose que les statuts de l'absorbante prévoient la faculté de mise en location des parts ou actions qu'elle a émises (art. L 239-1, al. 1), et il est conseillé que le contrat de location précise les conditions de la protection du locataire en cas d'opérations le privant de la possibilité d'exercer ses prérogatives.

Le mécanisme de la subrogation réelle s'applique aussi aux titres remis en échange de **parts ou d'actions acquises** par un associé **avant** son **mariage** sous le régime de la communauté : celles-ci étant des biens propres, les titres qui les remplacent le sont aussi par l'effet de la subrogation, si bien que leur valeur n'a pas à être réintégrée dans l'actif de communauté à partager à la fin du mariage (Cass. 1e civ. 13-12-2017 n° 16-24.772 F-D : RJDA 5/18 n° 429).

C. Conditions de validité des fusions, scissions et apports partiels d'actifs

SOCIÉTÉS PARTICIPANTES

82660 Les fusions, scissions et apports partiels d'actifs soumis au régime des scissions peuvent être réalisés entre des sociétés de forme différente (art. L 236-2, al. 1, L 236-19 et L 236-27, al. 1).

Ainsi, une SARL peut absorber une SNC, une SA peut se scinder au profit d'une autre SA nouvelle et d'une SARL existante, etc.

Toutefois, de nombreuses règles ne sont applicables qu'en cas d'opérations réalisées entre sociétés par actions et/ou SARL.

82662 **Sociétés en liquidation** Une société dissoute et en cours de liquidation peut, quelle que soit sa forme juridique, participer à une fusion ou à un apport partiel d'actifs ou encore se scinder à condition que, depuis l'ouverture de la liquidation, il n'ait été procédé à aucune répartition d'actif entre les associés ou actionnaires (art. L 236-1, al. 2, L 236-18, al. 2 et L 236-27, al. 1).

Cette condition vise notamment le cas où des fonds devenus disponibles en cours de liquidation auraient été distribués entre les associés (n°s 86937 s.). Dans ce cas, la fusion, la scission ou l'apport partiel d'actifs n'est pas possible et la liquidation de la société doit être menée à son terme.

82663 ***Sociétés faisant l'objet d'une procédure collective*** Une société qui bénéficie d'un plan de sauvegarde ou de redressement judiciaire peut être absorbée, ce qui transfère à la société absorbante les obligations résultant du plan mais ne la soumet pas pour autant à une procédure collective. Une telle opération suppose un contrôle strict de la juridiction qui a arrêté le plan et le non-respect des obligations qui subsistent peut justifier une demande de dommages-intérêts à l'absorbante par le commissaire à l'exécution du plan (Rép. Montebourg : AN 17-5-2005 nº 52523, à propos d'un plan de continuation mais transposable au régime actuel).

Le CCRCS considère qu'une société en redressement ou en liquidation judiciaire ne peut pas faire l'objet d'une fusion-absorption tant qu'une décision judiciaire emportant clôture de la procédure avec désintéressement des créanciers n'est pas intervenue ; en cas de plan de redressement par continuation, la fusion doit entrer dans les prévisions du plan initialement adopté ou tel que modifié en cours d'exécution par décision judiciaire ; en aucun cas, les mentions relatives à la procédure collective concernant la société absorbée ne peuvent être reportées au dossier de l'absorbante (Avis CCRCS 2015-03 du 5-2-2015).

EURL Les EURL peuvent, comme toute autre société, participer à une fusion soit comme société absorbante, soit comme société absorbée, ou procéder à leur scission ou à un apport partiel d'actifs au profit de plusieurs autres sociétés : en effet, les EURL sont des SARL, de sorte que, sauf dispositions légales contraires, toutes les règles concernant les SARL leur sont applicables. 82664

SAS Les SAS peuvent participer à une fusion, à une scission ou à un apport partiel d'actifs. Dans ce cas, il convient, en principe, de suivre les mêmes règles que celles prévues pour les SA. 82665

Toutefois, en raison des particularités de la SAS, ces opérations appellent les remarques suivantes.

1. Si la SAS est absorbée, scindée ou apporteuse, la décision doit, pour cette société, être prise aux conditions de majorité fixées dans les statuts.

2. Si la SAS est absorbante, et par assimilation au régime de transformation en SAS, la fusion doit être décidée dans la société absorbée à l'unanimité des associés ou actionnaires (Cass. com. 19-12-2006 nº 1497 : RJDA 3/07 nº 264 et rapport V. Michel-Amsellem p. 227). Toutefois, si une SAS absorbe une autre SAS, il n'y a pas transformation en SAS et la décision peut donc en principe être prise conformément aux dispositions statutaires relatives aux modifications des statuts dans l'absorbée ; l'unanimité reste néanmoins requise si l'opération aboutit à une augmentation des engagements des associés ou si les statuts de l'absorbante, à la différence de ceux de l'absorbée, comportent une clause restreignant la cession dont l'adoption requiert l'unanimité (en ce sens, Communication Ansa, comité juridique nº 18-021 du 2-5-2018).

3. Les Sasu sont des SAS et, sauf dispositions légales contraires, toutes les règles concernant les SAS leur sont applicables. Les Sasu peuvent donc participer à une fusion soit comme société absorbante, soit comme société absorbée, ou procéder à leur scission ou à un apport partiel d'actifs au profit de plusieurs autres sociétés.

ABSENCE DE FRAUDE

Si la fusion, la scission ou l'apport partiel d'actifs était fait pour frauder les droits des créanciers de la société absorbée, scindée ou apporteuse, les créanciers lésés pourraient invoquer la fraude au titre des principes généraux du droit et exercer l'action paulienne afin que l'opération leur soit déclarée inopposable (C. civ. art. 1341-2). 82680

RESPECT DE LA LIBRE CONCURRENCE

Contrôle des concentrations par l'Autorité de la concurrence Les fusions et apports, comme d'ailleurs les opérations de concentration résultant d'une prise de contrôle sous quelque forme que ce soit, sont soumis à la réglementation prévue par le Code de commerce sur le contrôle des concentrations et nécessitent une autorisation de l'Autorité de la concurrence (art. L 430-1 s.). Cette réglementation tend à éviter que le renforcement de la puissance économique d'entreprises ne fausse le jeu de la concurrence. Les scissions sont visées lorsqu'elles peuvent aboutir à augmenter l'influence d'opérateurs économiques sur le marché. 82690

L'Autorité de la concurrence a publié, le 23 juillet 2020, des lignes directrices (disponibles sur son site internet : www.autoritedelaconcurrence.fr) destinées à donner aux entreprises des précisions sur l'étendue et les modalités de son contrôle.

Ce contrôle ne s'exerce en principe que si les deux **seuils suivants** sont atteints (art. L 430-2, I) : 82691

– le chiffre d'affaires total mondial hors taxe des parties à la concentration est supérieur à 150 M€ ;

– le chiffre d'affaires total hors taxe réalisé en France par deux au moins des parties à la concentration est supérieur à 50 M€.

Ces seuils sont respectivement de 75 et 15 M€ :
– lorsque deux au moins des parties à l'opération exploitent un ou plusieurs magasins de commerce de détail (art. L 430-2, II) ;
– lorsque l'une au moins des parties à l'opération exerce tout ou partie de son activité dans un ou plusieurs départements d'outre-mer, à Mayotte, dans les îles Wallis-et-Futuna ou à Saint-Pierre-et-Miquelon, Saint-Martin et Saint-Barthélemy (art. L 430-2, III). Dans ces départements et collectivités, le second seuil est de 5 M€ lorsque l'opération intervient dans le secteur du commerce de détail (art. L 430-2, III-al. 3).

Le contrôle est en revanche écarté lorsque les opérations entrent dans le champ d'application du contrôle des concentrations européennes (nos 82694 s.), à moins, bien entendu, que la Commission européenne ne décide de le renvoyer aux autorités françaises.

82692 L'**opération** doit être **notifiée** à l'Autorité de la concurrence conjointement par toutes les parties concernées avant sa réalisation ; la notification peut intervenir dès lors que celles-ci sont en mesure de présenter un projet suffisamment abouti pour permettre l'instruction du dossier, et notamment lorsqu'elles ont conclu un accord de principe (art. L 430-3).

La réalisation effective de l'opération est suspendue jusqu'à l'obtention de l'accord de l'Autorité de la concurrence ou de celui du ministre de l'économie lorsqu'il a évoqué l'affaire dans les conditions prévues par l'article L 430-7-1 qui permettent au ministre de statuer sur l'opération pour des motifs d'intérêt général autres que le maintien de la concurrence (art. L 430-4). Compte tenu de la subordination de la réalisation de l'opération à l'accord de l'Autorité de la concurrence ou, le cas échéant, du ministre, les opérations notifiées doivent être conclues sous la condition suspensive de l'autorisation.

ATTENTION

Les sociétés qui réalisent une fusion, une scission ou un apport sans notification ou sans attendre l'accord s'exposent à une sanction pécuniaire d'un montant maximal de 5 % du chiffre d'affaires hors taxe réalisé en France lors du dernier exercice clos, augmenté le cas échéant de celui réalisé en France durant la même période par la société acquise (art. L 430-8).

82693 **À l'issue du contrôle,** l'Autorité de la concurrence (ou, le cas échéant, le ministre) peut autoriser l'opération, éventuellement sous certaines conditions, ou enjoindre aux entreprises de prendre, dans un délai déterminé, telle ou telle mesure appropriée (abandon du projet de concentration, modification de l'opération, etc.). L'inobservation de ces injonctions expose les entreprises aux mêmes sanctions pécuniaires qu'en cas de réalisation de l'opération sans notification (no 82692).

82694 **Contrôle des concentrations par la Commission européenne** Conformément au règlement 139/2004 du 20 janvier 2004, les opérations de concentration, qu'elles résultent d'une fusion ou d'une prise de contrôle durable sous quelque forme que ce soit (achat d'actions, OPA, acquisition d'actifs, convention des parties, etc.), sont soumises au contrôle préalable de la Commission européenne lorsque les **deux seuils** suivants sont atteints (Règl. 139/2004 art. 1, 2) :
– d'une part, le chiffre d'affaires mondial réalisé par toutes les entreprises concernées (y compris leurs filiales et les entreprises qu'elles contrôlent ou qui les contrôlent) représente un montant supérieur à 5 Md€ ;
– et, d'autre part, deux au moins de ces entreprises réalisent chacune dans l'UE un chiffre d'affaires d'un montant supérieur à 250 M€.

Toutefois, le **contrôle** est **écarté,** même si les deux montants ci-dessus sont atteints, lorsque chacune des entreprises concernées réalise plus des deux tiers de son chiffre d'affaires total dans l'UE à l'intérieur d'un seul et même État membre.

82695 Même si les montants ci-dessus ne sont pas atteints, une opération de concentration doit être notifiée à la Commission dès lors que les **quatre seuils** cumulatifs ci-après sont atteints (Règl. 139/2004 du 20-1-2004 art. 1, 3) :
– *le chiffre d'affaires total* réalisé sur le plan mondial par l'ensemble des entreprises concernées représente un montant supérieur à 2,5 Md€ ;
– dans chacun d'au moins trois États membres, le chiffre d'affaires total réalisé par toutes les entreprises concernées est supérieur à 100 M€ ;

– dans chacun des États membres ci-dessus, le chiffre d'affaires total réalisé individuellement par au moins deux des entreprises concernées est supérieur à 25 M€ ;
– le chiffre d'affaires total réalisé individuellement dans l'UE par au moins deux des entreprises concernées représente un montant supérieur à 100 M€.

Le **contrôle** est en revanche **écarté** en cas d'application de la règle des deux tiers énoncée nº 82694.

Lorsque les conditions ci-dessus sont remplies, l'opération de concentration relève de la compétence exclusive de la Commission européenne ; les États membres ne peuvent donc pas appliquer parallèlement leurs législations nationales relatives au contrôle des concentrations (Règl. 139/2004 du 20-1-2004 art. 21, 1 à 3 ; art. L 430-2, I-dernier al.). **82696**

Pour être licite, la concentration ne doit pas entraver de manière significative une concurrence effective dans le Marché intérieur ou dans une partie substantielle de celui-ci, du fait notamment de la création ou du renforcement d'une **position dominante** (Règl. 139/2004 du 20-1-2004 art. 2, 3). **82697**

Dans son appréciation, la Commission tient compte des éléments suivants : position sur le marché et puissance économique et financière des entreprises concernées, possibilités de choix des fournisseurs et des utilisateurs, accès aux sources d'approvisionnement ou aux débouchés, existence de barrières à l'entrée, évolution de l'offre et de la demande des produits et services concernés, intérêts des consommateurs intermédiaires et finals, évolution du progrès technique et économique pour autant que celle-ci soit à l'avantage des consommateurs et ne constitue pas un obstacle à la concurrence (Règl. 139/2004 art. 2, 1).

Les **opérations** de concentration doivent être **notifiées** à la Commission avant leur réalisation. Les entreprises peuvent **également** notifier leurs **projets,** sous réserve toutefois de démontrer à la Commission leur intention de conclure un accord ou d'avoir déjà annoncé publiquement leur intention de faire une offre publique d'achat ou d'échange (Règl. 139/2004 du 20-1-2004 art. 4). **82698**

Les opérations qui sont peu susceptibles de soulever des problèmes de concurrence, compte tenu du chiffre d'affaires des entreprises concernées, de leur part de marché ou des marchés de produits et géographiques visés peuvent faire l'objet d'une **notification simplifiée** (pour la liste des opérations concernées, voir Communication CE du 5-5-2023 : JOUE 2023 C 160 p. 1). Dans ce cas, la Commission doit prendre une décision abrégée déclarant la concentration compatible dans les 25 jours ouvrables à compter de la notification (Règl. 139/2004 art. 6).

En cas de **notification normale,** la procédure se déroule en deux phases. Lors d'une « phase 1 », la Commission dispose en principe d'un délai de 25 jours ouvrables à compter de cette notification pour décider si elle engage ou non la procédure d'examen approfondi. Ce délai est porté à 35 jours ouvrables notamment lorsque les parties proposent des engagements. En cas d'ouverture de la procédure, qui ouvre une « phase 2 », la Commission doit en principe se prononcer dans un délai de 90 jours ouvrables à compter de sa décision d'ouverture, ce délai pouvant également être prorogé notamment pour la même raison que précédemment (Règl. 139/2004 art. 10).

ATTENTION

Avant de répondre à d'éventuels griefs de la Commission, le président du conseil d'administration doit en informer les administrateurs et, si le règlement intérieur le prévoit, convoquer le conseil pour délibérer sur cette question relative aux orientations stratégiques de l'activité (CA Paris 31-8-2006 nº 06-15395 : RJDA 3/07 nº 272 et, sur pourvoi, Cass. com. 29-1-2008 nº 06-20.311 : Bull. Joly 2008 p. 392 note B. Saintourens).

Lorsque la Commission déclare une concentration incompatible avec le Marché intérieur et que l'opération a néanmoins déjà été réalisée (« gun jumping »), elle peut ordonner la séparation des entreprises ou des actifs regroupés ou la cessation du contrôle commun ou *toute autre action appropriée pour rétablir une concurrence effective* (Règl. 139/2004 du 20-1-2004 art. 4). **82699**

Elle peut aussi infliger des amendes en cas de violation des dispositions du règlement.

› Précisions Outre la communication citée nº 82698, les **modalités d'application** du règlement 139/2004 sont **précisées** notamment par le règlement d'exécution UE 2023/914 du 20 avril 2023, une communication de la Commission européenne du 21 février 2009 (JOUE 2009 C 43 p. 10) et des lignes directrices sur l'appréciation des concentrations horizontales et non horizontales, respectivement publiées aux JOUE 2004 C 31 p. 5 et 2008 C 265 p. 6.

SECTION 2

RÉALISATION DES FUSIONS, SCISSIONS ET APPORTS PARTIELS D'ACTIFS

I. PRÉPARATION DES OPÉRATIONS

CALENDRIER DES OPÉRATIONS

82900 Les fusions, scissions et même apports partiels d'actifs nécessitent de respecter un calendrier précis pour qu'ils puissent prendre effet aux dates souhaitées : en effet, ces opérations supposent fréquemment une préparation longue et minutieuse au cours de laquelle chaque partie – après avoir donné les **informations** d'importance déterminante pour le consentement de l'autre partie et que celle-ci ignore légitimement (C. civ. art. 1112-1 consacrant un devoir précontractuel d'information) – étudie et précise les conditions financières de l'opération. Il convient en outre d'anticiper les éventuels délais d'obtention d'autorisations ou agréments administratifs.

Les conditions financières de l'opération peuvent être consignées dans un document appelé « **protocole** », mais celui-ci n'est pas un élément indispensable de la fusion, de la scission ou de l'apport : il ne saurait remplacer le projet de fusion, de scission ou d'apport, qui est le seul document ayant valeur juridique pour constater l'opération envisagée.

Une réduction des délais peut être rendue nécessaire par la situation économique des entreprises concernées ou résulter de la simplicité des opérations en cause, cas en particulier de restructurations internes.

A. Conditions financières de l'opération

MÉTHODES D'APPRÉCIATION DES CONDITIONS FINANCIÈRES

82910 Pour déterminer les conditions financières de l'opération, il est possible d'appliquer les méthodes traditionnelles pratiquées en cas d'**apports en nature,** c'est-à-dire :
– évaluation des biens apportés à leur valeur vénale ;
– évaluation des titres à attribuer en rémunération des apports ;
– division de la valeur nette des biens apportés par la valeur réelle des actions ou des parts de la société bénéficiaire des apports.

82911 Ces méthodes sont encore utilisées dans les fusions intéressant les sociétés dont la comparaison ne peut se faire que sur la base des actifs nets, notamment pour l'estimation de sociétés de portefeuille ou de sociétés immobilières. Mais elles ne correspondent pas parfaitement à la finalité des fusions chaque fois que celles-ci ont pour but d'obtenir une amélioration de la rentabilité économique des entreprises fusionnées. On doit alors, pour déterminer aussi exactement que possible la **valeur économique** des entreprises en cause, recourir à d'autres critères : volume de production, rentabilité, cours de bourse, perspectives d'avenir, etc. Dans cette conception, ce n'est pas tant l'évaluation de l'actif net de la société absorbée, scindée ou apporteuse qui importe que la comparaison du « poids » respectif des sociétés intéressées. Cette comparaison donne un rapport objectif d'échange des titres des sociétés concernées.

Cependant, ce n'est pas nécessairement ce rapport qui sera en définitive retenu comme base de l'opération. Chaque partie a, en effet, une optique propre qui l'amène à corriger en baisse ou en hausse le résultat des évaluations. C'est seulement après ces ultimes **négociations** que le rapport d'échange se trouve définitivement fixé.

ÉVALUATION DES SOCIÉTÉS PARTICIPANT À L'OPÉRATION

82920 L'évaluation doit porter sur les sociétés dans leur ensemble plus que sur les éléments individuels constituant leur actif et leur passif.

Les **méthodes d'évaluation** sont multiples : souvent, elles combinent, de façon variable, la valeur intrinsèque ou mathématique (actif net réévalué), la valeur de rendement (résultat d'exploitation, marge brute d'autofinancement, bénéfice net, dividendes distribués par la société) et la valeur boursière (cours moyen de l'action si elle est admise aux négociations sur un marché boursier ou cours des valeurs de sociétés comparables).

Les sociétés françaises absorbantes ou bénéficiaires des apports doivent en outre, quelles que soient la forme ou la nationalité des sociétés absorbées ou apporteuses, respecter les **prescriptions comptables** fixées par les articles 710-1 s. du plan comptable général. Ces dispositions imposent d'évaluer les biens apportés :
– à leur valeur comptable pour les opérations impliquant des sociétés sous contrôle commun ou réalisées à l'envers entre sociétés sous contrôle distinct ;
– à leur valeur réelle, d'une part, pour les opérations réalisées à l'endroit entre sociétés sous contrôle distinct et, d'autre part, pour les opérations sous contrôle conjoint ou aboutissant au contrôle conjoint et qui n'impliquent pas des sociétés sous contrôle commun sauf si le contrôle conjoint existe avant et après l'opération.

> **Précisions** **a.** Une **fusion** est réalisée **à l'envers** lorsque, après la fusion, l'actionnaire principal de la société absorbée prend le contrôle de la société absorbante. Un apport est réalisé à l'envers lorsque, après l'apport, la société apporteuse prend le contrôle de la société bénéficiaire des apports, ou renforce son contrôle sur celle-ci (PCG art. 742-2).
b. Pour des **détails** sur cette **réglementation,** voir Mémento Fusions et acquisitions n°s 7005 s.

Recommandations de l'Autorité de marché Dans le cadre d'opérations de fusion, de scission ou d'apport partiel d'actifs, les sociétés doivent fournir à leurs actionnaires invités à approuver ces opérations toutes les informations utiles à la bonne compréhension de l'opération et à ses incidences. Pour ce faire, l'AMF recommande aux sociétés d'utiliser une approche multicritères afin de déterminer les valeurs retenues. Les différentes méthodes communément admises doivent être clairement décrites et l'éventuelle exclusion de certaines méthodes doit être justifiée (Position-recommandation AMF 2020-06, 3e partie § 6). 82921

Date d'arrêté des comptes Pour établir les conditions de l'opération et notamment pour procéder aux estimations, les sociétés se réfèrent à des comptes arrêtés le plus souvent à une même date. 82926

La date retenue est en général celle de la clôture du dernier exercice social, ce qui évite d'avoir à dresser, pour la société absorbée, scindée ou apporteuse, une situation en cours d'exercice. Lorsque la date retenue se situe en cours d'exercice, il convient, à notre avis, d'arrêter dans chacune des sociétés concernées une situation comptable qui reste un document interne destiné à déterminer les bases financières de l'opération ; il n'a pas à être soumis aux associés ou actionnaires de ces sociétés.

La date ainsi retenue sera celle à laquelle est réputée, au moins entre associés ou actionnaires, prendre effet la fusion, la scission ou l'apport : toutes les opérations portant sur les biens apportés seront prises en charge à compter de cette date par la ou les sociétés bénéficiaires des apports.

> **Précisions** **a.** L'article R 236-1, 6° prévoit l'indication dans le projet de fusion des « dates auxquelles ont été arrêtés les comptes des sociétés intéressées utilisés pour établir les conditions de l'opération ». Le pluriel employé semble autoriser des **dates différentes.** On ne saurait cependant retenir des dates qui ne permettent pas une juste et équitable comparaison des sociétés.
b. Sur les problèmes que soulève la **période intercalaire** entre la date de prise d'effet et la date de réalisation définitive de l'opération, voir n°s 83880 s.

DÉTERMINATION DES PARITÉS D'ÉCHANGE DES TITRES

La valeur globale de chaque société résultant de la combinaison des différents critères d'estimation adoptés est divisée par le nombre d'actions ou de parts composant le capital, de telle sorte que soit déterminée une valeur unitaire de chaque titre. 82940

> **ATTENTION**
> Lorsque la société absorbée, scindée ou apporteuse a émis des **valeurs mobilières donnant accès au capital,** la valeur unitaire des actions de cette société doit être calculée après « dilution », c'est-à-dire en considérant que tous les droits de souscription ou de conversion attachés à ces valeurs mobilières seront exercés.

Le rapprochement de ces valeurs unitaires donne une parité théorique d'échange des titres. C'est alors que le rapport d'échange définitif peut être arrêté. Cela exige souvent de minutieuses études et des discussions où interviennent non seulement les estimations retenues, mais encore diverses autres considérations : nécessité de parvenir à un rapport d'échange aussi simple que possible, importance de la prime à dégager, date de jouissance des titres, etc., sans oublier les arguments d'ordre psychologique pouvant justifier telle ou telle solution.

82941 De la parité retenue résulte le nombre des parts ou actions nouvelles émises par la société absorbante ou bénéficiaire des apports en vue de leur attribution aux associés ou actionnaires de la société absorbée, scindée ou apporteuse.

EXEMPLE

Absorption par une société A au capital de 4 200 000 € divisé en 168 000 actions de 25 € d'une société B au capital de 1 400 000 € divisé en 140 000 actions de 10 €.

Par hypothèse, les différentes estimations ont abouti au résultat suivant : valeur de l'action A : 46 € ; valeur de l'action B : 13 €.

Le rapport théorique d'échange s'établit à : A/B = 46/13 = 3,538.

Pour diverses raisons, notamment les commodités d'échange des titres, la parité retenue est, en définitive, de 3,5 ou encore de 2 actions A pour 7 actions B.

La société A devra donc créer : 140 000 × 2/7 = 40 000 actions nouvelles.

Si, au lieu d'une absorption de la société B par la société A, il est prévu la création d'une société nouvelle C, le même rapport (2 A pour 7 B) doit être conservé. L'équilibre sera maintenu si, les actionnaires de la société B recevant une action C pour une action B, ceux de la société A reçoivent 7 actions C pour 2 actions A.

82942 Lorsque la société absorbée, scindée ou apporteuse a émis des **actions de préférence,** celles-ci peuvent être échangées contre des actions de la société absorbante ou bénéficiaire des apports comportant des droits particuliers équivalents, ou selon une parité d'échange spécifique tenant compte des droits particuliers abandonnés. En l'absence d'échange contre des actions conférant des droits particuliers équivalents, l'opération est soumise à l'approbation de l'assemblée spéciale des porteurs d'actions de préférence de la catégorie en cause (art. L 228-17), ou dans les conditions prévues par les statuts dans les SAS (n° 67780).

Selon le ministre de la justice, l'article L 228-17 permet l'échange d'actions de préférence donnant droit, par exemple, à une attribution de dividende préférentielle ou à la désignation d'un membre du conseil de surveillance contre d'autres actions de préférence donnant droit à une telle attribution ou désignation. S'il n'existe pas, dans la société absorbante ou issue de la scission, d'actions de préférence disposant de droits particuliers équivalents, la parité d'échange devra tenir compte de l'abandon ou de la réduction de ces droits (Rép. Adnot : Sén. 30-9-2004 n° 13316).

82943 **Création d'un compte de « prime de fusion »** La différence entre la valeur d'apport des biens reçus au titre de la fusion et le montant de l'augmentation du capital de la société absorbante doit être portée au passif du bilan à un compte de « prime de fusion », analogue à la « prime d'émission » créée à l'occasion d'une augmentation de capital (n°s 49720 s.).

EXEMPLE

En reprenant l'exemple ci-dessus (n° 82941), la société A doit, on l'a vu, créer 40 000 actions nouvelles. A et B étant, par hypothèse, deux sociétés sous contrôle distinct et l'opération étant réalisée à l'endroit, les biens transmis par la société B doivent être évalués à leur valeur réelle (voir n° 82920), soit 1 820 000 € (ce qui correspond à la valeur totale de B : 140 000 actions × 13 €).

Dans ces conditions, A :

– augmentera son capital de : 40 000 × 25 (valeur nominale) = 1 000 000 € ;

– et portera au compte « prime de fusion » la différence entre la valeur nette des biens qui lui sont transmis et le montant de l'augmentation de son capital, soit : 1 820 000 – 1 000 000 = 820 000 €.

La prime de fusion n'est que le résultat arithmétique de la différence entre la valeur nette de l'apport et celle nominale des actions nouvellement créées pour la rémunération (CA Versailles 27-1-2005 n° 03-4697 : RTD com. 2005 p. 368 obs. P. Le Cannu, cassé par Cass. com. 19-12-2006 n° 1497 : RJDA 3/07 n° 264 mais sur un autre point).

82944 Une prime de fusion est parfois créée sans que cela soit indispensable (cas, par exemple, d'une fusion par création de société, la valeur des actions ou parts nouvelles étant égale au nominal). Un tel procédé – qui permet notamment de limiter le montant du capital sur lequel est calculé le premier dividende – n'est pas interdit, à notre avis, la prime de fusion pouvant comme la prime d'émission (n° 49723) être librement fixée (sauf abus). Mais il faut que la parité n'en soit pas changée, ce qui implique de calculer la prime de fusion correspondant aux apports de *chaque société dans les mêmes* proportions que celles retenues pour la parité.

82945 Les dirigeants de la société absorbante ou bénéficiaire des apports proposent souvent à leurs associés ou actionnaires que la **prime de fusion** soit **utilisée** de l'une des manières suivantes :

– pour l'imputation des frais relatifs à la fusion ou à la scission ;

– pour la dotation « à plein » de la réserve légale ;

– pour permettre la reprise au bilan des provisions et réserves fiscales (provision pour hausse des prix, par exemple) figurant au bilan de la société absorbée ;
– pour une distribution ;
– pour la constitution de provisions ou de réserves particulières (par exemple, provision pour dépréciation du portefeuille-titres reçu en apport).
Sur ces pratiques et notamment les réserves qu'appelle la constitution de provisions par prélèvement sur la prime de fusion, voir Mémento Fusions et acquisitions n° 8117.

Cas où la valeur réelle des titres de la société absorbante est inférieure à la valeur nominale S'il n'est pas possible de changer le sens de la fusion (la société absorbante devenant société absorbée), il est fréquent que l'absorbante assainisse sa situation par une réduction de capital préalable, de telle sorte que la valeur réelle de ses actions ou parts soit au moins égale à leur nominal. 82946
À défaut, l'absorbante ne pouvant pas émettre des parts ou actions nouvelles au-dessous de leur valeur nominale, il serait nécessaire d'accorder aux associés de la société absorbée une compensation pour le préjudice qu'ils subiraient par suite de la rémunération de leurs apports au moyen de droits sociaux de valeur inférieure à celle retenue pour l'échange des titres. Cette compensation pourrait être obtenue par l'attribution d'actions de préférence jouissant d'avantages particuliers par rapport aux autres droits sociaux.

B. Conditions d'échange des titres des sociétés concernées

1. EXISTENCE DE PARTICIPATIONS ENTRE LES SOCIÉTÉS

Il est fréquent que l'une des sociétés qui envisagent leur fusion ait une participation dans l'autre. Il s'agit le plus souvent de la société absorbante. Mais l'inverse peut se présenter. 82960

PARTICIPATION DE LA SOCIÉTÉ ABSORBANTE DANS LA SOCIÉTÉ ABSORBÉE

Si la société absorbante détient une participation dans la société absorbée, elle a une double qualité : d'une part, elle reçoit le patrimoine de l'absorbée, patrimoine qu'elle doit rémunérer par une attribution de parts ou d'actions nouvelles ; d'autre part, en tant que membre de l'absorbée, elle a vocation à recevoir une fraction des parts ou actions nouvelles qu'elle doit émettre. Or, l'attribution à une société de ses propres parts ou actions en échange de sa participation dans la société absorbée, scindée ou apporteuse est interdite (art. L 236-3, II, L 236-19 et L 236-27, al. 1). Pour respecter cette règle, deux solutions sont concevables : fusion-renonciation ou fusion-allotissement. 82961

› Précisions a. L'interdiction de recevoir des parts ou actions que la société bénéficiaire détient dans la société absorbée, scindée ou apporteuse, ou que celle-ci détient sur elle-même, s'étend aux parts ou **actions détenues** « par une personne agissant en son propre nom mais **pour le compte** » de ces sociétés (art. L 236-3, II). À défaut de présomption légale, cette qualité de prête-nom doit, à notre avis, être établie dans chaque cas particulier conformément au droit commun. En pratique, les sociétés agiront prudemment en dénouant, avant la fusion, les participations qu'elles détiendraient par l'intermédiaire de prête-noms dans les sociétés qu'elles se proposent d'absorber.
b. Lorsque l'**absorbante détient toutes les** parts ou **actions de l'absorbée,** il n'est procédé à aucune émission de titres nouveaux et la fusion peut être soumise à un régime simplifié (nos 83280 s.). Il en est de même en cas de **fusion,** de **scission ou** d'**apport partiel d'actifs entre sociétés sœurs** détenues à 100 % par une même société mère (nos 83280 s.). Le régime simplifié s'applique également en cas d'**absorption d'une filiale à 90 %** (nos 83285 s.).
c. Quel que soit le procédé choisi, fusion-renonciation ou fusion-allotissement, l'opération bénéficie, à notre avis, dans les deux cas d'une **exonération d'impôt de distribution.** En effet, l'article 115, 1 du CGI couvre la situation dans laquelle l'associé, en contrepartie de l'annulation de sa participation, reçoit non pas des titres, mais des sommes ou valeurs de l'actif de la société absorbée. Même si, sur le plan juridique, la fusion-allotissement est considérée comme un partage d'actif à hauteur des droits détenus au sein de la société absorbée, il semble que cette opération, qui répond à la définition fiscale des fusions donnée par l'article 210-0 A du CGI, puisse prétendre à l'exonération totale d'impôt de distribution. La position de l'administration fiscale selon laquelle seule l'attribution gratuite d'actions ou de parts sociales est exonérée (BOI-RPPM-RCM-10-20-30-30 n° 50), fondée sur l'ancienne rédaction de l'article 115, 1 du CGI qui ne visait que l'attribution gratuite de titres représentatifs de l'apport aux membres de la société apporteuse, nous semble avoir été maintenue à tort.

82962 **Fusion-renonciation** Il est de pratique courante que la société absorbante se borne à créer les droits sociaux nécessaires à la rémunération des associés de la société absorbée autres qu'elle-même. Ce procédé est dit « fusion-renonciation », car l'absorbante « renonce » à émettre les actions ou parts qui devaient lui revenir.

Sur les régimes particuliers applicables lorsque l'absorbante détient toutes les parts ou actions de l'absorbée, voir nos 83280 s. ; pour les opérations réalisées entre sociétés par actions et/ou SARL lorsque l'absorbante détient au moins 90 % des parts ou des autres titres conférant un droit de vote de l'absorbée, voir nos 83285 s.

82963 Lorsque la participation que détient la société absorbante dans la société absorbée a une valeur comptable inférieure à la valeur d'apport de la fraction de l'actif net de l'absorbée correspondant aux droits de l'absorbante, la différence constitue un **boni de fusion.** Pour des précisions sur cette question, voir Mémento Fusions et acquisitions n° 8460.

EXEMPLE

Soit une société A au capital de 2 400 000 € divisé en 240 000 actions de 10 € dont la valeur unitaire réelle est de 18 €. Dans le portefeuille de la société A figurent 30 000 actions d'une société B achetées pour 330 000 € (soit 11 € par action).

La société B a un capital de 1 200 000 € divisé en 120 000 actions de 10 € ayant une valeur réelle de 12 €.

La fusion entre les deux sociétés est envisagée, A absorbant B qui lui transmet un actif net évalué à la valeur réelle de 1 440 000 €. Par hypothèse, les deux sociétés sont sous contrôle distinct et la fusion est réalisée à l'endroit (n° 82920).

Le rapport d'échange (sur la base des valeurs réelles) s'établit comme suit :
– valeur action A/valeur action B = 18/12 = 3/2, d'où un rapport de 2 actions A pour 3 actions B.

La société A devrait donc créer 80 000 actions nouvelles (120 000 × 2/3), dont 20 000 resteraient sa propriété puisqu'elle détient le quart des actions B (30 000 sur 120 000).

Pour éviter ce résultat, la société A déclare dans l'acte de fusion « renoncer » à la fraction de l'augmentation de capital (20 000 × 10 = 200 000 €) qui correspond à ses propres droits (1/4) dans l'apport de la société B.

La société A limite donc son émission à 60 000 actions nouvelles attribuées aux actionnaires de la société B autres qu'elle-même à raison de 2 actions A pour 3 actions B, d'où :
– une augmentation du capital de 600 000 € (60 000 × 10, valeur nominale de l'action A) ;
– une prime de fusion de 480 000 € (différence entre la valeur réelle de la fraction d'actif net apportée par les actionnaires de la société B et rémunérée et l'augmentation de capital de la société A, soit (3/4 × 1 440 000) – 600 000).

Quant à la fraction de l'actif net transféré par B qui correspond à la participation de la société A, soit 360 000 € (1 440 000 × 1/4), elle aura pour contrepartie comptable dans les écritures de la société A :
– d'une part, l'annulation de sa participation dans la société B, soit 330 000 € ;
– d'autre part, un boni de fusion complémentaire de 30 000 €.

82965 Il n'est pas satisfaisant de bloquer dans un même compte la prime de fusion correspondant à la prime d'apport afférente à l'augmentation du capital de la société absorbante et celle qui correspond à la plus-value constatée sur sa participation dans la société absorbée. Selon l'Autorité des normes comptables, le boni doit donc être comptabilisé dans le résultat financier à hauteur de la quote-part des résultats accumulés par l'entité absorbée depuis l'acquisition et non distribués, et dans les capitaux propres, pour le montant résiduel ou si les résultats accumulés ne peuvent être déterminés de manière fiable (PCG art. 745-2).

82966 L'annulation de la participation de la société absorbante dans la société absorbée peut faire apparaître une moins-value. Cette moins-value, ou **« mali de fusion »,** doit être virée au compte de résultat de l'absorbante car la dépréciation à laquelle elle correspond aurait dû être constatée dans les comptes de cette société avant l'opération de fusion. Il n'en est toutefois ainsi que pour le vrai mali représentatif d'une dépréciation de la participation non traduite dans les comptes. Le mali technique, généralement constaté pour les fusions évaluées *à la valeur comptable* lorsque la valeur nette des titres de l'absorbée figurant à l'actif de l'absorbante (valeur brute – provision) est supérieure à l'actif net comptable, doit être comptabilisé à l'actif du bilan de l'absorbante, en fonction des différentes natures d'actifs sous-jacents auxquels il a été affecté (PCG art. 745-3 s. ; pour plus de détails sur cette question, voir Mémento Fusions et acquisitions nos 8320 s.).

Fusion-allotissement Dans le cas où la société absorbante détient une participation dans la société absorbée, les deux parties peuvent convenir du système suivant : attribution en partage à l'absorbante de la fraction du patrimoine de l'absorbée qui correspond aux droits de l'absorbante, le surplus seul faisant l'objet d'un véritable apport-fusion. 82967

La « fusion-allotissement » aboutit mathématiquement au même résultat que la « fusion-renonciation ».

EXEMPLE

Si l'on reprend l'exemple présenté ci-dessus (n° 82963), la société absorbante reçoit toujours un actif net d'une valeur réelle de 1 440 000 € et elle limite son augmentation de capital à 600 000 € (60 000 actions nouvelles de 10 €).

Mais, cette fois, l'annulation de la participation de 330 000 € détenue par la société A dans la société B est réputée faite antérieurement à la fusion proprement dite, en raison de l'attribution en partage à la société A de la fraction de l'actif de la société B correspondant à ses droits, soit : 1 440 000 × 1/4 = 360 000 €. Le profit en découlant (30 000 €) n'a donc plus réellement le caractère d'un boni de fusion, mais est néanmoins à traiter comme tel (voir Mémento Fusions et acquisitions n° 8304). La différence (480 000 €) entre l'apport-fusion véritable (1 440 000 × 3/4 = 1 080 000 €) et l'augmentation de capital (600 000 €) constitue une prime de fusion.

En d'autres termes, la « fusion-allotissement » s'analyse juridiquement en une liquidation partielle de société suivie, un instant de raison après, d'une fusion.

PARTICIPATION DE LA SOCIÉTÉ ABSORBÉE DANS LA SOCIÉTÉ ABSORBANTE

Si la société absorbée détient une participation dans la société absorbante, cette dernière va trouver ses propres parts ou actions dans le patrimoine qui lui est transmis par l'absorbée. 82969

Conservation d'actions « propres » Si la société absorbante est une société par actions, elle peut conserver ces actions en portefeuille à condition que, compte tenu des autres actions « propres » qu'elle détiendrait déjà, elle ne possède pas plus de 10 % de son capital. Dans le cas contraire, elle est tenue de céder les actions excédentaires dans le délai de deux ans à compter de leur acquisition, c'est-à-dire de la date de réalisation définitive de la fusion, ou après l'expiration de ce délai de les annuler (art. L 225-213 ; voir nos 69050 s.). 82970

› Précisions a. En vertu de l'article L 225-213, la société est autorisée à conserver ses propres actions lorsqu'elles ont été « acquises à la suite d'une transmission de patrimoine à titre universel » et, contrairement au cas où l'absorbante détient une participation dans l'absorbée, **aucune disposition** légale propre aux fusions **n'interdit** à une société la **conservation** de ses propres actions lorsqu'elle les trouve dans le patrimoine de l'absorbée.

b. Sur le **régime applicable aux actions « propres » pendant le temps où la société les détient,** voir nos 68927 s.

Autres procédés Les actionnaires de la société absorbante, surtout s'il s'agit d'une société dont les actions ne sont pas admises aux négociations sur un marché boursier, peuvent ne trouver aucun intérêt à ce que leur société détienne ses propres actions. Ils sont alors conduits à prendre des mesures particulières comme les sociétés autres que les sociétés par actions, qui, faute d'un texte analogue à l'article L 225-213, sont tenues de respecter le principe selon lequel une société ne peut détenir ses propres droits sociaux. 82971

Pour cela, différents procédés peuvent être envisagés en dehors de la vente préalable des droits sociaux. La société absorbée peut notamment distribuer entre ses associés les actions ou parts qu'elle détient dans l'absorbante et n'apporter à celle-ci que le reste de son actif ; mais ce procédé est peu usité en raison des charges fiscales qu'est susceptible d'impliquer une telle distribution.

Plus fréquemment, la société absorbée transmet tous ses éléments actifs et passifs, y compris les actions ou parts qu'elle détient dans la société absorbante, actions ou parts qui, comme les autres éléments transférés, doivent être évaluées à leur valeur réelle pour ne pas fausser la détermination du rapport d'échange des titres. En représentation de ce transfert, l'absorbante augmente son capital dans les conditions habituelles, puis le réduit d'un montant égal à la valeur nominale de ses propres actions ou parts qui lui ont été transférées et qui se trouvent, de ce fait, annulées ; la différence entre la valeur nominale des titres ainsi annulés et leur valeur d'apport (valeur comptable ou valeur réelle, n° 82920) est imputée sur les réserves disponibles, y compris la prime de fusion (Avis du comité d'urgence du CNC n° 2005-C question 11 ; pour plus de détails, voir Mémento Fusions et acquisitions n° 8492). 82972

EXEMPLE

Soit une société A au capital de 3 000 000 € divisé en 300 000 actions de 10 € dont la valeur réelle est de 16 €, et une société B au capital de 2 000 000 € divisé en 100 000 actions de 20 € valant 32 €. Dans le portefeuille de la société B figurent 40 000 actions A.

La société A ne contrôlant pas la société B préalablement à la fusion et cette opération étant réalisée à l'endroit, l'actif net apporté est évalué à la valeur réelle (n° 82920).

La valeur réelle de l'actif net (après déduction du passif) de la société B a été estimée à 3 200 000 €, observation faite que dans cette somme sont comprises les 40 000 actions A évaluées à leur valeur réelle de 16 € l'une, soit à 640 000 €.

Le rapport d'échange s'établit comme suit :
– action A/action B = 16/32 = 1/2, soit 2 actions A pour 1 action B.

La société A va donc créer 200 000 actions nouvelles (100 000 × 2/1) qui seront attribuées aux actionnaires de la société B à raison de 2 actions A pour 1 action B, d'où :
– une augmentation du capital de 2 000 000 € (200 000 × 10 €) ;
– une prime de fusion de 1 200 000 € [3 200 000 (valeur réelle des actifs apportés par B) – 2 000 000 (augmentation de capital de A)].

Mais, comme la société A ne souhaite pas détenir ses propres actions, elle doit supprimer de son actif les 40 000 actions A qui lui ont été apportées et qui ont été évaluées à 640 000 €.

Pour cela, la société A réduit immédiatement son capital de 400 000 € (40 000 × 10 €) et peut imputer sur la prime de fusion la différence entre la valeur d'apport et la valeur nominale des actions annulées, soit 240 000 € (40 000 × 6 €).

En définitive, le capital social est seulement augmenté de 1 600 000 € (2 000 000 – 400 000) avec une prime de fusion de 960 000 € (1 200 000 – 240 000).

À notre avis, il n'y a pas lieu, lorsque l'absorbante est une société par actions, de suivre la procédure prévue par l'article L 225-205 en cas de réduction de capital non motivée par des pertes. En effet, la réglementation des fusions donne aux associés et aux créanciers de l'absorbante une protection équivalant à celle résultant des dispositions de l'article L 225-205 (intervention d'experts indépendants de la société et possibilité pour les créanciers de faire opposition). Par ailleurs, si la solution que nous proposons n'était pas retenue, nous ne voyons pas comment pourrait être respectée l'obligation faite par l'article L 225-205, al. 3 de ne pas commencer les opérations de réduction du capital avant que le sort des oppositions des créanciers ait été réglé puisque, dans le cas particulier des fusions, il n'est procédé à aucune distribution au titre de la réduction de capital, celle-ci n'étant en fait qu'un simple ajustement comptable.

En cas d'**absorption de la mère par sa filiale,** la réduction du capital de la filiale résultant de l'annulation de ses propres actions qui lui ont été transmises par l'effet de la fusion n'a pas à être précédée du rapport du commissaire aux comptes imposé par l'article L 225-204 pour toute réduction de capital autorisée ou décidée par l'assemblée générale extraordinaire d'une société par actions dotée d'un commissaire aux comptes. En effet, dans ce cas, l'annulation des actions autodétenues est prévue par le traité de fusion ; elle constitue une modalité de la fusion et ne résulte pas d'une décision spécifique de réduction de capital, seule envisagée par l'article L 225-204 ; les associés ou actionnaires se prononcent seulement sur ce traité et ses modalités dans le cadre de la procédure d'approbation de la fusion, leur information étant assurée par le rapport du commissaire à la fusion, lequel donne son avis sur les modalités de l'opération incluant l'annulation des actions (Communication Ansa, comité juridique n° 18-055 du 7-11-2018).

PARTICIPATIONS RÉCIPROQUES DES SOCIÉTÉS CONCERNÉES

82973 Sauf recours au régime de faveur de l'article L 225-213 permettant aux sociétés par actions de conserver momentanément leurs propres actions, dans le cas où les sociétés absorbée et absorbante détiennent des participations réciproques, on applique cumulativement les procédés indiqués ci-dessus (nos 82962 s. et 82969 s.), c'est-à-dire, le plus souvent, une fusion-renonciation et une réduction de capital pour éviter que la société absorbante ne devienne propriétaire de ses propres actions ou parts.

EXEMPLE

Soit une société A au capital de 4 000 000 € divisé en 400 000 actions de 10 € chacune. Dans le portefeuille de la société A figurent 10 000 actions de 20 € d'une société B achetées 230 000 € (soit 23 € par action).

La société B a un capital de 3 000 000 € divisé en 150 000 actions de 20 €. Cette société B détient 5 000 actions de la société A.

La société A doit absorber la société B. L'opération étant réalisée à l'endroit entre sociétés sous contrôle distinct, les apports sont évalués à la valeur réelle (n° 82920).

Par hypothèse, la valeur réelle de l'actif net de la société A, après déduction du passif mais sans tenir compte de la valeur de sa participation dans la société B, a été estimée à 5 320 000 €. Par ailleurs, la valeur réelle de l'actif net de la société B, après déduction du passif mais sans tenir compte de la valeur de sa participation dans la société A, a été estimée à 4 130 000 €.

En désignant par a la valeur unitaire des actions de la société A et par b celle des actions de la société B, l'actif net de chacune des sociétés, après réévaluation de sa participation dans l'autre, s'établit à :
– société A : 5 320 000 + 10 000 b = 400 000 a ;
– société B : 4 130 000 + 5 000 a = 150 000 b.
Cela donne les valeurs suivantes : a = 14 € et b = 28 €.

La valeur réelle de l'actif net de chaque société ressort donc à :
– société A : 5 320 000 + (10 000 × 28) = 5 600 000 € ;
– société B : 4 130 000 + (5 000 × 14) = 4 200 000 €.

Le rapport d'échange s'établit comme suit : action A/action B = 14/28 = 1/2, soit 2 actions A pour 1 action B.

La société A devrait donc créer 300 000 actions nouvelles au titre de la fusion (150 000 × 2) dont 20 000 devraient lui revenir puisqu'elle détient 10 000 actions de la société B. Comme nous l'avons dit (n° 82962), la société A va renoncer à ces 20 000 actions et se bornera à créer 280 000 actions nouvelles qui seront attribuées aux actionnaires de la société B autres qu'elle-même, d'où :
– une augmentation de capital de 2 800 000 € (280 000 × 10 €, valeur nominale de l'action A) ;
– une prime de fusion de 1 120 000 € [valeur réelle de la quote-part d'actif net apportée par les actionnaires de B et rémunérée (140 000/150 000 × 4 200 000) – augmentation de capital de A (2 800 000)] ;
– l'annulation de la participation de la société A dans la société B, soit 230 000 € ;
– un boni de fusion de 50 000 € [(10 000 × 28 €) – 230 000].

Mais la société A va trouver dans l'actif apporté par la société B 5 000 de ses propres actions, évaluées 70 000 € (5 000 × 14 €), qu'elle doit annuler.

Elle va donc réduire son capital de 50 000 € (5 000 × 10 €, valeur nominale de l'action A) et peut imputer la différence entre la valeur d'apport (70 000 €) et la valeur nominale (50 000 €) des actions annulées, soit 20 000 €, sur la prime de fusion.

En définitive, le capital social sera augmenté de 2 750 000 € (2 800 000 – 50 000) avec une prime de fusion de 1 100 000 € (1 120 000 – 20 000) et un boni de fusion de 50 000 €.

2. SORT DES ACTIONS PROPRES DE L'ABSORBÉE

Lorsque la société absorbée détient une partie de ses propres actions, ces actions ne peuvent pas être échangées contre des actions ou parts de la société absorbante (art. L 236-3, II), sous réserve toutefois des cas de reprise d'un plan d'options d'achat d'actions (n° 69702) ou d'un programme d'attribution gratuite d'actions (n° 70303) mis en place dans l'absorbée. 82980

En pratique, l'absorbante se borne à créer le nombre de titres nécessaire pour remplir de leurs droits les associés ou actionnaires de l'absorbée autres que cette dernière.

3. NÉGOCIATION DES ROMPUS

Il est très rare que le rapport d'échange des titres à l'occasion d'une fusion **ou** d'une **scission** permette d'attribuer un nombre entier d'actions ou de parts nouvelles pour chaque action ou part ancienne. Le plus souvent, il faut détenir plusieurs actions ou parts pour prétendre à un nombre entier de droits sociaux nouveaux : par exemple, le rapport d'échange peut être de 1 action ou part nouvelle pour 2 actions ou parts anciennes, ou de 2 pour 3, ou de 3 pour 5, etc. Il en résulte, pour les associés qui ne possèdent pas le nombre de titres prescrit pour obtenir les actions ou parts nouvelles (ou un multiple de ce nombre), l'obligation d'acheter ou de céder les droits formant rompus. La valeur mathématique de chaque droit est égale à la fraction de la valeur de l'action ou de la part à laquelle ce droit donne vocation. 82982

EXEMPLE

Si 2 actions d'une société A absorbée donnent droit à 3 actions nouvelles d'une société B absorbante d'une valeur unitaire de 12 €, chaque droit vaut théoriquement 18 € (12 × 3/2).

ROMPUS NON RÉCLAMÉS

82985 Des dispositions spécifiques sont prévues lorsque les actions correspondant à des droits formant rompus n'ont pas pu être attribuées individuellement.

82986 **Actions admises aux négociations sur un marché réglementé ou sur un SMN** Les actions admises aux négociations sur un marché réglementé ou sur un SMN sont vendues (art. L 228-6-1 ; cf. art. R 228-12, al. 1 à 3). Il résulte de ce texte que la vente a lieu automatiquement, sans que l'assemblée générale extraordinaire qui a autorisé l'opération ait à le prévoir ou puisse l'écarter. Cette vente a lieu à l'issue d'une période qui ne peut pas excéder 30 jours à compter de la plus tardive des dates d'inscription, au compte des titulaires des droits, du nombre entier d'actions attribuées. La vente est réalisée par la société émettrice des titres ou par les intermédiaires habilités (teneurs de comptes-conservateurs visés à l'article L 542-1, 2° à 7° du Code monétaire et financier) sur le marché réglementé ou sur le SMN sur lequel les titres sont admis (art. R 228-12, al. 1 à 3).

82987 **Actions admises aux opérations d'un dépositaire central sans être admises aux négociations sur un marché réglementé ou sur un SMN** L'assemblée générale extraordinaire ayant autorisé l'opération peut décider la vente des actions non attribuées individuellement correspondant aux droits formant rompus en vue de la répartition des fonds entre les titulaires de ces droits. Cette vente a lieu soit selon les mêmes modalités que celle des actions admises aux négociations sur un marché réglementé (n° 82986), soit selon les modalités prévues à l'article L 228-6 relatif à la vente des actions qui ne sont admises ni aux négociations sur un marché réglementé ou un SMN, ni aux opérations d'un dépositaire central (voir nos 82988 s.) (art. L 228-6-1, al. 2 et R 228-12, al. 4).

82988 **Autres actions** Nonobstant toutes stipulations statutaires contraires, les actions qui ne sont admises ni aux négociations sur un marché réglementé ou un SMN, ni aux opérations d'un dépositaire central peuvent être vendues par la société émettrice à la condition qu'elle ait procédé à la publication d'un avis préalable dans deux journaux à diffusion nationale ; cet avis met en demeure les titulaires des droits de faire valoir leurs droits dans un délai d'un an, les informe qu'elle procédera à la vente à l'expiration de ce délai et qu'elle tiendra le produit net de la vente des actions à leur disposition pendant dix ans sur un compte bloqué dans un établissement de crédit. La vente peut aussi être faite aux enchères publiques par un prestataire de services d'investissement ou par un notaire (art. L 228-6 et R 228-11).

CONSEIL

Bien que pris à la lettre, l'article R 228-11 n'impose pas d'indiquer dans l'avis le nom de l'établissement de crédit qui sera dépositaire des fonds, cette indication nous paraît souhaitable car elle constitue une information importante pour les titulaires des droits.

82989 À dater de la vente, les titulaires des anciennes actions ne peuvent plus prétendre qu'à la répartition en numéraire du produit net de la vente (art. L 228-6, al. 2).

Cette disposition appelle les **remarques** suivantes.

a. S'agissant du produit « net » de la vente, la somme à répartir doit être déterminée sous déduction des frais de négociation ou de vente aux enchères.

b. Il n'est pas nécessaire d'ouvrir autant de comptes bloqués qu'il y a d'ayants droit. Le produit global de la vente peut être versé à un seul compte, la masse ainsi constituée étant répartie entre les intéressés au prorata du nombre des actions anciennes dont ils justifient qu'ils sont propriétaires.

c. À notre avis, les dividendes et autres produits échus et non prescrits attachés aux actions mises en vente, accessoires des actions, appartiennent aux ayants droit et doivent donc être versés dans le compte bloqué pour être répartis dans les mêmes conditions que le produit de la vente.

d. Les fonds restent dans l'établissement de crédit dépositaire à la disposition des ayants droit pendant dix ans (art. R 228-11, al. 2). À l'expiration de ce délai, ils sont versés à la *Caisse des dépôts et consignations* (Loi 77-4 du 3-1-1977 art. 2) où les ayants droit peuvent demander le versement des sommes leur revenant pendant encore 20 ans. 30 ans après la vente des actions, les fonds sont acquis à l'État (CGPPP art. L 1126-1, 3°). Le délai de prescription au profit de l'État est réduit à cinq ans pour les sommes qui correspondent aux dividendes non réclamés (art. L 1126-1, 1°).

RAPPORT D'ÉCHANGE NE CORRESPONDANT PAS À UNE PARITÉ SIMPLE

Indépendamment du cas des titres qui n'ont pas pu être attribués, et chaque fois que le rapport d'échange ne correspond pas à une parité arithmétique simple, les procédés suivants peuvent être envisagés pour éviter la négociation de nombreux rompus. 82992

1. Renonciation par un associé ou actionnaire de la société absorbée à exercer son droit sur quelques titres, ce qui est un moyen fréquemment utilisé en pratique.

2. Achat par la société (absorbante ou absorbée) de ses propres actions suivi d'une réduction de capital pour annuler ces actions. En principe, il faudrait alors faire une offre d'achat à tous les actionnaires (art. R 225-153 à R 225-155 et R 22-10-38). Mais l'article R 225-156 dispense de procéder à cette offre d'achat lorsque l'opération a pour but de faciliter une fusion ou une scission. Il suffit que la décision collective des associés ou l'assemblée générale autorise les dirigeants, le conseil d'administration ou le directoire à acheter un petit nombre d'actions (pas plus de 0,25 % du capital au cours d'un même exercice) en vue de les annuler. Les commissaires aux comptes – sauf dans les sociétés qui n'en sont pas dotées – doivent, dans un rapport sur l'opération projetée, donner leur avis sur l'opportunité et les modalités de l'achat d'actions envisagé.

La loi ne contenant aucune autre disposition particulière, le régime normal de la réduction du capital (n°s 51790 s.) reste applicable, notamment :

– la communication aux associés ou actionnaires du rapport des commissaires aux comptes (s'il en est établi un) sur le projet de réduction de capital, 15 jours au moins avant la décision collective des associés ou la réunion de l'assemblée appelée à statuer sur ce projet (art. R 225-150) ;

– la possibilité pour les créanciers de faire opposition à la réduction du capital dans les 20 jours qui suivent le dépôt au greffe du procès-verbal de la décision collective des associés ou de l'assemblée ayant décidé ou autorisé l'opération (art. L 225-205, al. 1 et R 225-152) ;

– la suspension des opérations de réduction du capital tant que le sort des oppositions, s'il en existe, n'a pas été réglé (art. L 225-205, al. 3).

3. Versement d'une soulte. Ce versement ne fait pas perdre à l'opération son caractère de fusion, ou de scission, à condition qu'il n'excède pas 10 % de la valeur nominale des droits sociaux attribués en rémunération des apports (art. L 236-1, al. 3 et L 236-18, al. 3).

4. Division du nominal des parts ou actions de la société absorbante, éventuellement après augmentation du capital par incorporation de réserves ou de primes d'émission, afin de diminuer la valeur de chacune d'elles et corrélativement d'augmenter le nombre de parts ou d'actions attribuées aux associés ou actionnaires de la société absorbée.

Un autre procédé peut consister à diviser le nominal des parts ou actions de la société absorbée.

> **Précisions** Il n'y a pas lieu d'**indemniser** l'actionnaire minoritaire d'une SA absorbée pour la **perte** de ses actions formant rompus (en l'espèce, 0,025 % du capital) dès lors qu'il a refusé avant la fusion plusieurs offres de rachat émanant de la société absorbante pour un prix raisonnable (Cass. com. 2-12-2020 n° 18-20.116 F-D : RJDA 3/21 n° 171).

4. PARTS OU ACTIONS PARTIELLEMENT LIBÉRÉES

PARTS OU ACTIONS PARTIELLEMENT LIBÉRÉES DANS L'ABSORBANTE

L'existence de parts ou d'actions partiellement libérées dans la société absorbante n'est pas un obstacle à la fusion. Mais comme les parts ou actions nouvelles émises en contrepartie de la transmission du patrimoine de la société absorbée sont des parts ou actions d'apport entièrement libérées, le capital de l'absorbante sera momentanément représenté par deux catégories de parts ou d'actions, les unes partiellement libérées, les autres intégralement libérées, ce qui n'a pas d'incidence sur les droits des associés ou actionnaires. 82995

PARTS OU ACTIONS PARTIELLEMENT LIBÉRÉES DANS L'ABSORBÉE

Si les parts ou actions non intégralement libérées sont des parts ou actions de la société absorbée, la fusion est possible mais il convient de fixer le sort de la créance correspondant aux sommes restant dues par les associés ou actionnaires. 83000

Réduction du capital Préalablement à la fusion, il peut être procédé à la réduction du capital de la société absorbée par remise du non-versé et annulation de la créance de la société sur ses associés ou actionnaires. La mise en œuvre de cette solution soulève des difficultés s'il existe des parts ou actions partiellement libérées et d'autres intégralement libérées. 83001

Afin de respecter le principe d'égalité entre les associés, la réduction du capital doit en principe porter sur toutes les parts ou actions et être réalisée par remise du non-versé pour les parts ou actions partiellement libérées et par voie de remboursement pour les autres. Toutefois, cette opération peut entraîner des coûts fiscaux ; il est, à notre avis, possible de limiter la réduction au montant non libéré du capital et de la faire supporter seulement par les titulaires des parts ou actions non libérées ; mais ce procédé, qui porte atteinte à l'égalité entre les associés, ne peut être mis en œuvre qu'avec l'accord unanime des titulaires des parts ou actions entièrement libérées.

83002 **Transfert de la créance** Une autre solution peut consister à transmettre à la société absorbante la créance correspondant à la fraction non libérée du capital de la société absorbée. Cette solution est sans conséquence pour les associés ou actionnaires de l'absorbée ; qu'ils aient ou non intégralement libéré leurs parts ou actions, ils doivent être placés sur un pied d'égalité et recevoir des parts ou actions de l'absorbante dans la proportion de leurs droits dans le capital de l'absorbée. Simplement, les titulaires des parts ou actions anciennes non libérées deviennent débiteurs de l'absorbante qui peut, à tout moment, leur demander le paiement de la créance qui lui est ainsi transmise.

5. ÉVALUATION DES APPORTS

83010 Les valeurs d'apport fixées dans le contrat de fusion, de scission ou d'apport partiel d'actifs sont souvent différentes de celles retenues pour la détermination des parités. Il est fréquent, en effet, que les apports soient réalisés sur la base des valeurs comptables alors que, pour le calcul de la parité, les éléments d'actif ont été appréciés à leur valeur économique. Des règles applicables tant en cas d'apports évalués à la valeur comptable qu'en cas d'apports évalués à la valeur réelle ont été fixées par les autorités comptables (PCG art. 740-1 s. ; pour des détails sur cette question, voir Mémento Fusions et acquisitions n°s 7505 s.).

6. FUSIONS IMPLIQUANT DES SOCIÉTÉS « COTÉES »

83020 En cas de projet de fusion d'une société dont les actions sont admises aux négociations sur un marché réglementé avec la société qui en détient le contrôle au sens de l'article L 233-3 ou avec une autre société contrôlée par celle-ci (société sœur), le ou les actionnaires qui contrôlent la société doivent en avertir l'AMF qui décide alors s'il y a lieu ou non de mettre en œuvre une offre publique de retrait (OPR) (C. mon. fin. art. L 433-4, I-3° ; Règl. gén. AMF art. 236-6, 2° ; nos 65970 s.). Les autres fusions peuvent être appréhendées au titre des modifications significatives des statuts visées à l'article 236-6, 1° du règlement général de l'AMF.

La mise en œuvre de cette offre publique, qui permet aux actionnaires minoritaires de la société absorbée de se retirer de leur société moyennant une indemnisation équitable, est particulièrement souhaitable lorsque les actions de la société absorbante ne sont pas admises aux négociations sur un marché réglementé et que l'actionnaire majoritaire de celle-ci n'envisage pas de demander cette admission.

C. Projet de fusion, de scission ou d'apport

1. DIRIGEANTS HABILITÉS À ÉTABLIR LE PROJET

83080 Avant toute autre formalité, il appartient aux dirigeants des sociétés intéressées (conseil d'administration, directoire ou gérants, ou encore président ou dirigeants désignés dans les statuts s'il s'agit d'une SAS : cf. art. L 227-1, al. 3) d'arrêter le projet de fusion, de scission ou d'apport (art. L 236-6, al. 1, L 236-19 et L 236-27, al. 1 et art. R 236-1, al. 1).

> Précisions **a.** *En pratique,* dans les **SA,** le conseil d'administration ou le directoire de chaque société, réuni spécialement à cet effet, arrête les termes du projet et **délègue** à l'un de ses membres le pouvoir de le signer.

b. Sur la non-application de la **procédure des conventions réglementées** lorsque les sociétés concernées ont des administrateurs ou des actionnaires à plus de 10 % communs, y compris en cas de fusion simplifiée avec une société détenue à 100 %, voir n° 52630.

2. CONSULTATION DES REPRÉSENTANTS DU PERSONNEL

Préalablement à la décision des dirigeants ou à la réunion du conseil d'administration ou du directoire appelée à arrêter définitivement le projet de fusion, de scission ou d'apport, il appartient aux dirigeants de chaque société intéressée employant au moins 50 salariés d'**informer et** de **consulter** leur comité social et économique (CSE) (C. trav. art. L 2312-8), ce qui implique notamment de lui indiquer les motifs de l'opération projetée et de le consulter sur les mesures envisagées à l'égard des salariés lorsque ces modifications comportent des conséquences pour ceux-ci. Dans ce cas, il y a deux consultations distinctes : la première sur l'aspect juridique de la restructuration et la seconde sur les conséquences du projet en matière d'emploi (Circ. DRT 12 du 30-11-1984 ; Cass. soc. 9-7-1996 n° 94-19.722 : RJS 8-9/96 n° 940). À défaut de l'une ou de l'autre de ces consultations, la mise en œuvre du projet peut être suspendue par les juges (n° 83083). 83082

Les dirigeants doivent prendre en compte les **délais** que le respect de cette obligation peut entraîner pour établir le calendrier de l'opération. En effet, pour lui permettre de formuler un avis motivé, le CSE doit disposer d'informations précises et écrites, d'un délai d'examen suffisant et de la réponse motivée de la direction à ses propres observations (C. trav. art. L 2312-15). Même si les délais de consultation sont encadrés par la loi, il demeure loisible au juge de les prolonger s'il estime que le CSE n'a pas été suffisamment informé ou, à plus forte raison, que le caractère préalable de la consultation n'a pas été respecté. 83083

ILLUSTRATIONS

Après avoir prorogé une procédure d'information et de consultation du comité, et corrélativement reporté la tenue du conseil d'administration (TGI Paris ord. réf. 7-11-2006 n° 06-58798 : RJDA 6/07 n° 620, 1e esp.), un tribunal a ordonné la poursuite ou la reprise de la procédure assortie de l'interdiction de prendre toute décision relative au projet de fusion tant que le comité ne serait pas en mesure de donner son avis sur le projet (TGI Paris 22-1-2008 n° 07-16562 : RJDA 4/08 n° 418, 1e esp.). De même, une caisse d'épargne régionale s'est vu enjoindre de fournir à son comité des informations et documents complets sur un projet de fusion et il lui a été interdit de poursuivre la mise en œuvre de ce projet sous astreinte de 100 000 € par jour tant qu'elle n'aurait pas rempli ses obligations d'information (CA Paris 31-7-2009 n° 09-14577 : RJDA 11/09 n° 969).

Le CSE ne peut pas demander l'**assistance d'un expert-comptable** rémunéré en partie par l'employeur pour les besoins de la consultation sur les modalités juridiques de l'opération projetée (Cass. soc. 30-6-1993 : RJS 10/93 n° 998, 1e esp.), sauf s'il en résulte une opération de concentration au sens de l'article L 430-1 (nos 82690 s.) : dans ce cas, il y a lieu à information du CSE et, sur la demande de ce dernier, à son assistance par un expert-comptable dont le coût est supporté par l'employeur à hauteur de 80 %, les 20 % restants étant à la charge du budget de fonctionnement du CSE, sauf insuffisance de celui-ci (C. trav. art. L 2312-41 et L 2315-80). En dehors des opérations de concentration, le CSE a la faculté de missionner un expert-comptable rémunéré sur sa subvention de fonctionnement (C. trav. art. L 2315-81). 83084

Chaque fois que l'opération projetée peut être analysée en un projet important susceptible de modifier les conditions de santé et de sécurité ou les conditions de travail des salariés, le CSE peut décider de recourir à un **expert habilité** en qualité du travail et de l'emploi (C. trav. art. L 2315-78 et L 2315-94). Les frais de cette expertise sont alors partagés entre l'employeur et le CSE comme dans le cas des opérations de concentration (C. trav. art. L 2315-80).

Dans les SA et les SCA (mais non dans les SAS, pour lesquelles l'application de ces dispositions est écartée par l'article L 227-1, al. 3), l'avis du CSE doit être communiqué à l'**assemblée des actionnaires** des sociétés absorbée et absorbante (art. L 225-105, al. 5, texte qui n'a pas été modifié pour tenir compte du remplacement du comité d'entreprise par le CSE, mais à notre avis transposable). Les délibérations prises par l'assemblée en violation de cette obligation peuvent être annulées (art. L 225-121, al. 3). 83085

Sur le droit de communication des **administrateurs,** y compris de ceux représentant les salariés, *voir nos 40950 s.*

Le cas échéant, le **comité d'entreprise européen** doit lui aussi être consulté (CA Paris 21-11-2006 n° 06-20033 : RJDA 6/07 n° 620, 2e esp. et, sur pourvoi, Cass. soc. 16-1-2008 n° 07-10.597 : RJDA 4/08 n° 418, 2e esp.). 83086

3. CONTENU DU PROJET DE FUSION, DE SCISSION OU D'APPORT

Le projet de fusion, de scission ou d'apport partiel d'actifs soumis au régime des scissions doit contenir au moins les **indications suivantes** (art. R 236-1, al. 2 s., R 236-17 et R 236-19) : 83090

– la forme, la dénomination et le siège social de toutes les sociétés participantes ;

– les motifs, buts et conditions de la fusion, de la scission ou de l'apport ;
– la désignation et l'évaluation de l'actif et du passif dont la transmission aux sociétés absorbantes ou nouvelles est prévue ; on observera toutefois qu'en pratique le projet ne contient que l'indication de grandes masses (immobilisations, stocks, valeurs réalisables, etc.), le détail étant renvoyé à des annexes ;
– les modalités de remise des parts ou actions et la date à partir de laquelle ces parts ou actions donnent droit aux bénéfices, ainsi que toute modalité particulière relative à ce droit, cette indication n'étant pas requise en cas d'apport partiel d'actifs ;
– la date à partir de laquelle les opérations de la société absorbée, scindée ou apporteuse seront, du point de vue comptable, considérées comme accomplies par la ou les sociétés bénéficiaires des apports ;
– les dates auxquelles ont été arrêtés les comptes des sociétés intéressées utilisés pour établir les conditions de l'opération ;
– le rapport d'échange des droits sociaux et, le cas échéant, le montant de la soulte, cette indication n'étant pas requise en cas d'apport partiel d'actifs ;
– le montant prévu de la prime de fusion, de scission ou d'apport ;
– les droits accordés aux associés ayant des droits spéciaux et aux porteurs de titres autres que des actions ainsi que, le cas échéant, tous avantages particuliers, cette indication n'étant pas requise en cas d'apport partiel d'actifs.

En cas de « **scission partielle** », le projet doit en outre indiquer les modalités de répartition des parts ou actions attribuées directement aux associés ou actionnaires de la société apporteuse et certaines modalités comptables de l'opération : voir nº 83626.

83091 Doivent également figurer dans le projet les engagements requis pour pouvoir bénéficier du **régime fiscal de faveur** réservé, sous certaines conditions, aux fusions, scissions ou apports partiels d'actifs (nos 84412 s.).

83092 En cas de **fusion,** de **scission ou d'apport partiel d'actifs simplifiés** (nos 83280 s., 83463 et 83625), le projet n'a pas à mentionner les indications suivantes : modalités de remise des parts ou actions ; date à partir de laquelle ces parts ou actions donnent droit aux bénéfices et modalités particulières relatives à ce droit ; dates auxquelles ont été arrêtés les comptes des sociétés intéressées ; rapport d'échange et, le cas échéant, montant de la soulte (art. R 236-1, dernier al., R 236-17 et R 236-19).

En revanche, il y a lieu de préciser dans le projet la date d'effet juridique de l'opération qui permet de calculer les délais de publicité (nº 83281).

83093 Les traités de fusion, de scission ou d'apport contiennent de nombreuses **autres clauses** concernant la situation de la société absorbée, scindée ou apporteuse, les charges et conditions de la transmission de son patrimoine, les obligations de confidentialité à la charge de chacune des parties, la couverture des risques de non-conformité, les modalités de reprise de ses engagements à l'égard des titulaires de valeurs mobilières donnant accès au capital ainsi que, le cas échéant, à l'égard des bénéficiaires d'options de souscription ou d'achat d'actions ou de droits à l'attribution gratuite d'actions, les conditions suspensives auxquelles l'opération pourrait être subordonnée (agrément fiscal, autorisation administrative, réalisation préalable d'une opération financière), etc.

› Précisions **a.** Sur la **clause « material adverse change »** en matière de fusion autorisant « l'acquéreur » à ne pas achever la fusion convenue ou à renégocier les conditions en cas de survenance d'événements qui en bouleversent l'économie, voir chronique B. Mercadal : RJDA 2/03 p. 83. Avoir prévu une clause de ce type peut se révéler une précaution particulièrement opportune en période de crise financière. Toutefois, pour les projets signés depuis le 1er octobre 2016 et même en l'absence de clause en ce sens, l'article 1195 du Code civil permet d'imposer la renégociation sous certaines conditions : en cas de *changement de circonstances imprévisible* lors de la signature du projet rendant l'exécution excessivement onéreuse pour l'une des parties qui n'avait pas accepté d'en assumer le risque, cette partie peut demander à l'autre la renégociation des modalités de l'opération ; elle doit continuer à exécuter ses obligations durant la renégociation. En cas de refus ou d'échec de la renégociation, les parties peuvent abandonner leur projet ou demander d'un commun accord au juge de procéder à son adaptation. À défaut d'accord dans un délai raisonnable, le juge peut, à la demande de l'une des parties, réviser le projet ou y mettre fin à la date et aux conditions qu'il fixe.

b. Sur la **protection du secret des affaires** au cours des opérations de fusion, notamment par la mise en place d'un accord de confidentialité, voir C. Cathiard, La protection du secret des affaires dans les fusions-acquisitions : BRDA 5/25 inf. 23.

4. SIGNATURE DU PROJET DE FUSION, DE SCISSION OU D'APPORT

Le projet de fusion, de scission ou d'apport partiel d'actifs soumis au régime des scissions doit être signé par le représentant de chacune des sociétés participant à l'opération, c'est-à-dire : 83094
– en cas de fusion, la société absorbante, la ou les sociétés absorbées ou encore, s'il s'agit d'une fusion par création d'une société nouvelle, chacune des sociétés fusionnantes ;
– en cas de scission, la société scindée et les sociétés bénéficiaires (ou leurs fondateurs s'il s'agit de sociétés nouvelles) ;
– en cas d'apport partiel d'actifs, la société apporteuse et la société bénéficiaire (ou ses fondateurs).

5. PUBLICITÉ DU PROJET DE FUSION, DE SCISSION OU D'APPORT

DÉPÔT DU PROJET AU GREFFE

Une fois établi et signé, le projet de fusion, de scission ou d'apport partiel d'actifs soumis au régime des scissions doit être déposé au greffe du tribunal de commerce du lieu du siège social de chacune des sociétés participant à l'opération pour être **annexé au RCS** (art. L 236-6, al. 2, L 236-19 et L 236-27, al. 1). Le projet est aussi annexé au **RNE** (art. R 123-266, 7°). 83100

Le dépôt doit être accompli 30 jours au moins avant la date de la première assemblée générale (de la première décision collective des associés) appelée à statuer sur l'opération ou, en cas d'opération concernant des sociétés détenues à 100 %, 30 jours au moins avant que l'opération ne prenne effet (art. R 236-2, al. 9). Toutefois, lorsque l'approbation de la fusion par l'assemblée générale extraordinaire de la société absorbante n'est pas requise car elle a délégué sa compétence ou ses pouvoirs, le dépôt doit avoir lieu un mois au moins avant la date de l'assemblée générale de l'autre société ou des autres sociétés qui fusionnent (art. R 236-2, dernier al.), cette disposition étant transposable pour les scissions et les apports partiels d'actifs dont le projet a été signé depuis le 24 avril 2024 (n° 82505) qui peuvent également bénéficier de cette faculté de délégation (n°s 83502 et 83635).

INSERTIONS AU BODACC ET AU BALO

Le projet de fusion, de scission ou d'apport partiel d'actifs soumis au régime des scissions doit faire l'objet d'un avis inséré au **Bodacc** par chacune des sociétés participant à l'opération (art. L 236-6, al. 2, L 236-19 et L 236-27, al. 1 et art. R 236-2, al. 1, R 236-17 et R 236-19). 83101

Chaque société participant à l'opération doit demander au greffe dont elle dépend de transmettre un avis à publier aux services du Bodacc.

EXEMPLE

Lorsqu'une société dont le siège est à Paris absorbe deux sociétés dont le siège est également à Paris, deux sociétés dont le siège est à Marseille et une société dont le siège est à Lyon, trois publicités sont requises au greffe de Paris, deux publicités sont requises au greffe de Marseille et une publicité est requise au greffe de Lyon.

L'obligation de publication au Bodacc par chacune des sociétés doit être soigneusement respectée ; c'est ainsi qu'une société bénéficiaire d'une scission n'a pas pu opposer à un salarié de la société scindée les modalités de l'opération contenues dans le projet de scission, celui-ci ayant fait l'objet d'une publication par les deux sociétés bénéficiaires mais non par la société scindée (Cass. com. 11-5-2023 n° 21-17.644 F-D : RJDA 8-9/23 n° 432).

Si les actions de l'une au moins des sociétés participant à l'opération sont admises aux négociations *sur un marché réglementé* ou si toutes les actions de l'une d'entre elles au moins ne revêtent pas la forme nominative, un avis identique doit en outre être publié au **Balo** (art. L 236-6, al. 2, L 236-19 et L 236-27, al. 1 et art. R 236-2, al. 1, R 236-17 et R 236-19).

Ces **formalités** doivent être **accomplies** 30 jours au moins **avant** la date de la première **assemblée générale** (de la première décision collective des associés) appelée à statuer sur l'opération ou, en cas d'opération concernant des sociétés détenues à 100 %, 30 jours au moins avant que l'opération ne prenne effet (art. R 236-2, al. 9). Toutefois, lorsque l'approbation de la fusion par l'assemblée générale extraordinaire de la société absorbante n'est pas requise car elle a délégué sa compétence ou ses pouvoirs (n° 83265), le dépôt au greffe de la publication doit avoir lieu un mois au moins avant la date de l'assemblée générale de l'autre 83102 société ou des autres sociétés qui fusionnent (art. R 236-2, dernier al.), cette disposition étant transposable pour les scissions et les apports partiels d'actifs dont le projet a été signé depuis le 24 avril 2024 (n° 82505), qui peuvent également bénéficier de cette faculté de délégation (n° 83502).

83103 **Contenu de l'avis** L'avis doit contenir les **mentions** suivantes (art. L 236-6, al. 2, L 236-19 et L 236-27, al. 1 et art. R 236-2, al. 2 s., R 236-17 et R 236-19) :
– la dénomination sociale suivie, le cas échéant, du sigle de la société, la forme, l'adresse du siège, le montant du capital de chacune des sociétés participant à l'opération, ainsi que leur numéro unique d'identification et la mention RCS suivie du nom de la ville où se trouve le greffe où elles sont immatriculées ;
– la dénomination sociale suivie, le cas échéant, du sigle de la société, la forme, l'adresse du siège et le montant du capital des sociétés nouvelles qui résulteront de l'opération ou le montant de l'augmentation du capital des sociétés existantes ;
– l'évaluation de l'actif et du passif dont la transmission aux sociétés absorbantes, bénéficiaires ou nouvelles est prévue, étant observé qu'une évaluation globale suffit ; il n'est pas nécessaire d'énumérer les éléments d'actif et de passif en question, contrairement à ce qui est prévu dans le projet déposé au greffe ;
– le rapport d'échange des droits sociaux ;
– le montant prévu de la prime de fusion, de scission ou d'apport ;
– la date du projet de fusion, de scission ou d'apport ainsi que les date et lieu des dépôts aux greffes de ce projet.

› Précisions **a.** Alors qu'en cas de **fusion**, de **scission ou** d'**apport partiel d'actifs simplifié**, le dernier alinéa de l'article R 236-1 relatif au contenu du projet écarte expressément l'obligation de mentionner le rapport d'échange des droits sociaux, l'article R 236-2 ne réserve pas cette hypothèse. Il s'agit toutefois, à notre avis, d'une inadvertance car cette indication n'a pas d'objet en cas d'opération n'entraînant pas d'échange de parts ou d'actions. Son omission ne peut donc pas faire grief et celui qui s'en prévaudrait n'aurait pas d'intérêt à agir.
b. En cas d'**apport partiel d'actifs** soumis au régime des scissions, la clause d'exclusion de solidarité ne fait pas partie des indications qui doivent figurer dans cet avis ; elle peut donc être opposée à un créancier de la société apporteuse malgré l'absence de cette mention (CA Paris 24-3-2006 n° 04-23205 : RJDA 8-9/06 n° 907, transposable aux scissions).

83104 **Régime dérogatoire en cas de publication sur internet** L'insertion au Bodacc n'est pas requise lorsque, pendant une **période** ininterrompue commençant au plus tard 30 jours avant la date fixée pour l'assemblée générale (ou pour la décision collective) appelée à se prononcer sur le projet de fusion, de scission ou d'apport, ou, lorsque l'assemblée générale n'est pas appelée à se prononcer, avant la date à laquelle l'organe compétent a décidé l'opération, la société publie ce projet sur son site internet principal dans des conditions de nature à garantir la sécurité et l'authenticité des documents (art. R 236-3, al. 1). Cette dérogation vise aussi, selon nous, la publication au Balo puisqu'il s'agit de la même insertion sur deux supports distincts.

Chaque société participant à l'opération doit disposer d'un site propre pour pouvoir bénéficier de cette faculté, même si l'opération est réalisée entre sociétés du même groupe, dès l'instant que les dispositions réglementaires ne prévoient pas de dispositions dérogatoires à cet égard et se bornent à renvoyer au site internet principal de la société. On peut toutefois penser que répond à cette exigence un site contenant une page d'accueil renvoyant par un lien à un autre site plus spécialisé d'une autre société du groupe (en ce sens, Communication Ansa, comité juridique n° 11-069 du 7-12-2011).

Le maintien de la publicité sur le site après la réalisation de l'opération n'est pas exigé.

› Précisions Lorsque le **site internet** n'est **plus accessible** pendant une période ininterrompue d'au moins 24 heures, le projet doit faire l'objet d'un avis publié, sans délai, au Bodacc et, le cas échéant, au Balo ; cet avis doit contenir les mentions énumérées n° 83103 et doit pouvoir être consulté sans frais (art. R 236-3, al. 2 et 3). *À la lettre du texte, c'est le délai minimal* d'un mois précédant la date de l'assemblée générale de l'autre société ou des autres sociétés qui fusionnent – et non comme précédemment le délai de 30 jours avant la date de la première assemblée générale (n° 83102) – qui serait suspendu jusqu'à cette publication, mais on peut raisonnablement penser qu'il s'agit d'une erreur de renvoi entre les deux derniers alinéas de l'article R 236-2.
Selon l'Ansa, une panne informatique affectant plusieurs sociétés ne devrait pas avoir d'effet différencié selon les émetteurs même si la panne n'entraîne pas une suspension identique du délai de publication pour chaque société. L'opération doit en réalité être considérée dans sa globalité et les créanciers doivent

tous être traités de la même manière : les délais de 30 jours (ou d'un mois) doivent exister pour toutes les sociétés ; un cas de suspension pour l'une vaut également pour les autres qui sont liées entre elles en raison de l'opération de fusion. Si en raison du délai de suspension la période de 30 jours (d'un mois) n'est pas atteinte, il y a lieu en principe de repousser d'autant la date de l'assemblée générale extraordinaire (ou de l'effet juridique en cas de fusion ou de scission simplifiée), même si un retard de deux ou trois jours, au regard de cette période de 30 jours (d'un mois), n'est pas de nature, à lui seul, à faire annuler la fusion ou la scission.

C'est sur le demandeur que repose la charge de la preuve du caractère inaccessible du site durant au moins 24 heures, mais il ne faut pas en conclure que l'émetteur peut rester passif. Lorsqu'une personne juridiquement intéressée apporte des éléments de preuve témoignant d'un problème d'accès au site, l'émetteur sera obligé pour se défendre de rapporter la preuve contraire, sans doute grâce à l'intervention d'un prestataire extérieur. Dans cette situation, c'est en effet au débiteur de l'obligation de faire la preuve de l'exécution de celle-ci durant la période litigieuse (Communication Ansa, comité juridique n° 11-069 du 7-12-2011).

6. INFORMATION DU MARCHÉ SUR LE PROJET

Lorsque les **titres** de la société **absorbante ou bénéficiaire** des apports sont **admis aux négociations sur un marché réglementé,** cette société est dispensée de l'établissement d'un prospectus lors de l'offre au public ou de la demande d'admission des titres financiers offerts, attribués ou devant être attribués à l'occasion d'une fusion ou d'une scission, si elle établit, et met à la disposition du public dans les mêmes conditions qu'un prospectus, un document (document valant dispense ou document d'exemption) contenant des informations décrivant l'opération et son incidence sur sa situation et à condition que l'opération ne soit pas considérée comme une acquisition inversée au sens du paragraphe B19 de la norme IFRS 3 et que les titres de capital de la société absorbante ou scindée aient déjà été admis à la négociation sur un marché réglementé avant l'opération (Règl. UE/2017/1129 du 14-6-2017 art. 1, 4-g, 1, 5-f et 1, 6 ter ; sur le contenu de ce document, voir Règl. délégué UE/2021/528 du 16-12-2020 ; sur la mise à disposition du public du document, voir Inst. AMF 2019-21 modifiée le 11-2-2025 et Position-recommandation AMF 2020-06). **83110**

Lorsque la fusion, la scission ou l'apport partiel d'actifs donne lieu à l'admission aux négociations sur un marché réglementé d'un nombre de **titres représentant au moins 20 %** des titres de même catégorie déjà admis, la société émettrice doit établir soit un prospectus, soit un document d'exemption. Si elle retient le document d'exemption, elle doit transmettre ce document à l'AMF 45 jours avant la date prévue pour la tenue de la première assemblée appelée à se prononcer sur l'opération ou avant la date de réalisation de l'opération si aucune assemblée n'est appelée à se prononcer. Le dossier accompagnant cette transmission doit comprendre les pièces complémentaires relatives aux offres au public ou cotations ultérieures mentionnées par l'article 7 de l'instruction 2019-21, ainsi que la convention d'apport, le traité de fusion, les projets de résolutions soumis aux assemblées appelées à approuver l'opération, la délibération des organes dirigeants et, le cas échéant, les rapports des commissaires à la fusion ou aux apports et une copie des publications légales correspondantes (C. mon. fin. art. L 621-8, IV ; Règl. gén. AMF art. 212-34, al. 1 et 2 ; Inst. AMF 2019-21 modifiée le 11-2-2025 art. 15 et Position-recommandation AMF 2020-06). **83111**

Le document d'exemption doit être mis à la disposition du public, dans les mêmes conditions qu'un prospectus (Règl. UE/2017/1129 du 14-6-2017 art. 1, 5-f), dans un délai de 15 jours (en cas d'apport partiel d'actifs) ou d'un mois (en cas de fusion ou de scission) précédant la date des assemblées appelées à autoriser l'opération ou la date de réalisation de l'opération (C. mon. fin. art. L 621-8, IV ; Règl. gén. AMF art. 212-34, al. 1 et 2).

En deçà du seuil **de 20 %** visé n° 83111, la société concernée n'est tenue d'aucune obligation de publication de prospectus ou de mise à disposition du document d'exemption (voir n° 63045). Le document d'exemption que la société souhaiterait néanmoins établir n'a pas à être déposé auprès de l'AMF (cf. C. mon. fin. art. L 621-8, IV et Position-recommandation AMF 2020-06). Il doit en revanche être mis à la disposition du public dans les mêmes conditions qu'un prospectus (Règl. UE/2017/1129 du 14-6-2017 art. 1, 4-g et 5-f). **83112**

II. EXÉCUTION DES FUSIONS, SCISSIONS ET APPORTS PARTIELS D'ACTIFS

A. Exécution des fusions

1. SITUATION DE LA SOCIÉTÉ ABSORBÉE

a. Intervention des commissaires à la fusion

DÉSIGNATION DES COMMISSAIRES À LA FUSION

83140 L'intervention d'un commissaire à la fusion **s'impose,** sauf dispense (n° 83142), lorsque la fusion est réalisée entre des sociétés par actions et/ou des SARL (art. L 236-8 et L 236-10, I).

Faute de texte la prévoyant expressément, l'intervention d'un commissaire à la fusion **est écartée** lorsque la fusion est réalisée entre une SA, une SCA, une SAS ou une SARL et une société d'une autre forme, par exemple une SNC (CA Paris 21-9-2001 n° 01-7363 : RJDA 1/02 n° 48) ou une société civile (Avis CCRCS 08-08 du 10-2-2009).

CONSEIL

Dans ce cas et bien qu'elle ne soit requise par aucun texte, la désignation, par les dirigeants sociaux, d'un **expert indépendant** chargé de présenter un rapport sur les modalités de la fusion nous paraît souhaitable afin que les associés ou les actionnaires des sociétés participant à l'opération puissent se prononcer en connaissance de cause sur celle-ci.

83142 **Dispenses de désignation** L'intervention des commissaires à la fusion est écartée :
- en cas d'absorption d'une filiale à 100 % de la société absorbante (nos 83280 s.) ;
- sous certaines conditions, en cas d'absorption d'une filiale à 90 % au moins de la société absorbante (nos 83285 s.) ;
- en cas d'opération entre deux filiales d'une même société mère à 100 % ou à au moins 90 % (nos 83280 et 83285 s.).

Elle est également écartée lorsque les associés ou actionnaires le décident à l'unanimité dans toutes les sociétés participant à l'opération. À cette fin, les associés ou actionnaires doivent être consultés avant que ne commence à courir le délai exigé pour la remise du rapport préalablement à la décision collective des associés ou à l'assemblée appelée à se prononcer sur le projet de fusion (n° 83177) ou, le cas échéant, à la décision du conseil d'administration ou du directoire (ou des dirigeants) de la société absorbante prise sur délégation de l'assemblée (n° 83265) (art. L 236-10, I-al. 1 et II).

ATTENTION

Cette faculté doit être mise en œuvre suffisamment tôt pour que, si l'unanimité requise n'est pas obtenue, il soit matériellement possible de faire désigner un commissaire à la fusion et de lui laisser le temps nécessaire à l'établissement de son rapport dans des délais permettant que soit respectée l'obligation de communiquer ce document aux associés ou actionnaires dans les délais requis par les articles L 236-10, IV et R 236-4 (sur ces délais, voir n° 83177).

La consultation n'ayant d'effet juridique que si elle aboutit à une décision unanime, elle peut, à notre avis, être librement organisée, sans recourir à la tenue d'une assemblée ; en cas de contestation d'une unanimité ainsi proclamée, le droit commun de l'expression et des vices du consentement suffirait pour mettre à néant une décision qui se révélerait irrégulière.

83145 **Demande de désignation** Les dirigeants de la société absorbée (ainsi que ceux de la société absorbante, n° 83240) doivent demander au président du tribunal de commerce statuant sur requête la désignation d'un ou de plusieurs commissaires à la fusion (art. R 22-10-7 sur renvoi de l'art. R 236-9, al. 1).

Le tribunal compétent est celui du lieu du siège social. En effet, il est de principe qu'en matière de sociétés le tribunal du siège social est compétent pour toutes les actions propres *à celles-ci* (*CA Paris 26-5-1993 : Bull.* CNCC 1994 p. 276 obs. Ph. Merle).

83146 Dans le cas, le plus fréquent en pratique, où toutes les sociétés participantes décident de soumettre l'opération au contrôle des mêmes commissaires, la demande de nomination doit être présentée sous la forme d'une **requête conjointe** de toutes ces sociétés (art. R 236-9, al. 2).

CONSEIL

Lorsque les sociétés participant à l'opération relèvent de tribunaux de commerce différents, il convient de déposer la requête conjointe devant le président d'un seul de ces tribunaux au choix des parties. En effet, la faculté de recourir à la requête conjointe implique, nous semble-t-il, l'établissement d'une seule requête présentée devant un seul tribunal. La présentation de plusieurs requêtes conjointes devant des juridictions différentes pourrait aboutir à une multiplication du nombre des commissaires susceptible de rendre pratiquement impossible l'établissement d'un rapport unique.

Choix des commissaires à la fusion Les commissaires à la fusion doivent être choisis parmi les commissaires aux comptes ou parmi les experts inscrits sur l'une des listes établies par les cours et tribunaux (art. R 22-10-7 sur renvoi de l'art. R 236-9, al. 1). 83147

Afin de préserver leur indépendance, ils sont soumis aux incompatibilités prévues à l'article L 821-31 pour les commissaires aux comptes (art. L 236-10, I). Sur celles-ci, voir nos 77577 s.

L'AMF recommande que les commissaires à la fusion intègrent, dès l'acceptation de leur mission, une analyse des situations de conflits d'intérêts potentiels ou existants et lui transmettent une lettre justifiant cette analyse (Position-recommandation 2020-06).

Rôle des commissaires aux comptes Lorsque la société en est dotée, les commissaires aux comptes n'ont en principe pas à intervenir. 83148

Toutefois, lorsque la fusion intervient au cours du second semestre de l'exercice, le commissaire aux comptes doit, selon nous, vérifier la sincérité de l'état comptable intermédiaire mis à la disposition des actionnaires (n° 83190). L'article L 821-54, al. 2 prévoit en effet que les commissaires aux comptes doivent vérifier la sincérité des informations données dans les documents adressés aux actionnaires ou associés sur la situation financière et les comptes annuels. On notera néanmoins que la CNCC considère que cette disposition ne s'applique pas aux documents adressés aux actionnaires en cours d'année, à d'autres occasions que l'assemblée générale appelée à statuer sur les comptes annuels, et que l'intervention du commissaire aux comptes n'est donc pas obligatoire (Bull. CNCC septembre 2012 p. 581 et Guide professionnel de la CNCC « Commissariat aux apports et commissariat à la fusion » de juin 2012 actualisé par fiche thématique « Périmètre d'intervention des commissaires aux apports et des commissaires à la fusion » de novembre 2022).

MISSION DES COMMISSAIRES À LA FUSION

Les commissaires à la fusion doivent établir et présenter aux actionnaires ou associés de la société absorbée (comme à ceux de la société absorbante) deux **rapports** (art. L 236-10 et L 236-8), l'un sur les modalités de la fusion, l'autre sur la valeur des apports en nature et les avantages particuliers. 83175

À notre avis, le libellé de l'article L 236-10, III selon lequel le commissaire à la fusion « établit [...] le rapport prévu à l'article L 225-147 » et les modalités de communication différentes selon la nature des informations données conduisent à considérer que le commissaire à la fusion doit rendre compte de sa double mission par deux rapports distincts.

> **Précisions** **a.** Sous le régime antérieur à la loi 94-126 du 11 février 1994, les actionnaires ou associés de l'absorbante devaient statuer sur la valeur des apports en nature au vu du rapport d'un commissaire aux apports (Loi du 24-7-1966 ancien art. 378). Cette disposition a été abrogée mais le législateur a cru devoir maintenir un contrôle de la valeur des apports en nature en confiant cette mission au commissaire à la fusion et en le chargeant d'établir un rapport à cet effet mais sans préciser, comme auparavant, que ce rapport ne concernait que les actionnaires ou associés de l'absorbante.
>
> Figurant dans l'article L 236-10, qui énumère l'ensemble des missions incombant au commissaire à la fusion, le **rapport** sur la valeur des apports en nature doit donc, nous semble-t-il, être **communiqué** aussi bien **aux actionnaires ou associés** de la société absorbée qu'à ceux de la société absorbante.
>
> **b.** Les rapports doivent être établis conformément aux **prescriptions** édictées par le guide professionnel de la **CNCC** « Commissariat aux apports et commissariat à la fusion » de juin 2012, actualisé par la fiche thématique CNCC « Périmètre d'intervention des commissaires aux apports et des commissaires à la fusion » de novembre 2022, et aux deux avis techniques de la CNCC du 2 décembre 2010. Pour des détails sur cette réglementation, voir Mémento Fusions et acquisitions nos 13005 s.

RAPPORT SUR LES MODALITÉS DE LA FUSION

Les commissaires à la fusion doivent vérifier que les valeurs relatives attribuées aux actions ou parts des sociétés participant à l'opération sont pertinentes et que le rapport d'échange des droits sociaux est équitable. À cette fin, ils peuvent obtenir auprès de chaque société participante communication de tous documents utiles et procéder à toutes vérifications 83176 nécessaires (art. L 236-10, I-al. 2). Ils peuvent se faire assister par un ou plusieurs experts de leur choix (art. R 22-10-7, al. 3 sur renvoi de l'art. R 236-9, al. 1).

Le ou les rapports des commissaires à la fusion doivent indiquer (art. L 236-10, I-al. 3 s.) :
– la ou les méthodes suivies pour la détermination du rapport d'échange proposé ;
– le caractère adéquat de ces méthodes et les valeurs auxquelles conduit chacune d'elles, un avis étant donné sur l'importance relative accordée à chacune de ces méthodes dans la détermination de la valeur retenue ;
– les difficultés particulières d'évaluation s'il en existe.

Les commissaires à la fusion, ou aux apports le cas échéant (n° 83178), doivent examiner l'ensemble des données fournies par l'émetteur avec un regard critique. Leur rapport doit être détaillé tant sur la pertinence des méthodes retenues que sur leur mise en œuvre concrète, afin de permettre aux actionnaires d'apprécier les conditions de rémunération de l'opération qui leur est proposée. Ils expriment un avis sur le caractère équitable du rapport d'échange. Le rapport des commissaires à la fusion ou aux apports doit être établi en conformité avec les avis techniques de la CNCC relatifs au commissariat aux apports et au commissariat à la fusion (Position-recommandation AMF 2020-06).

83177 **Communication du rapport** Le rapport des commissaires à la fusion doit être mis à la disposition des actionnaires ou associés, au siège social, 30 jours au moins avant la date à laquelle l'assemblée générale (ou les associés statuant collectivement) ou l'organe compétent est appelé à se prononcer sur le projet de fusion (art. L 236-10, I-al. 3 et R 236-4, al. 1 et 2°). En outre, si les associés d'une SARL sont consultés par écrit, ce rapport doit être joint au projet de résolution qui leur est soumis (art. R 236-4, dernier al.).

Si l'approbation de la fusion par l'assemblée générale extraordinaire de la société absorbante n'est pas requise parce qu'elle a délégué sa compétence ou ses pouvoirs de décider l'opération ou d'en fixer les modalités (n° 83265), le rapport des commissaires à la fusion doit être fourni un mois au moins avant la date de l'assemblée de la ou des autres sociétés qui fusionnent (art. L 236-10, IV).

CONSEIL

L'articulation de ces textes pouvant soulever des difficultés pour l'appréciation du décompte à rebours des délais à respecter – qui n'ont pas tous le même point de départ, ni forcément la même durée selon le nombre de jours du mois considéré –, il est prudent de retenir la date qui permet la communication aux actionnaires ou associés le plus tôt avant la date à laquelle l'opération sera décidée.

RAPPORT SUR LA VALEUR DES APPORTS EN NATURE

83178 Les commissaires à la fusion doivent établir un rapport dans lequel ils apprécient, sous leur responsabilité, la valeur des apports en nature (art. L 223-9, al. 1 sur renvoi de l'art. L 223-33 et, implicitement, des art. L 236-8, al. 2 et L 236-10, III pour les SARL ; art. L 225-147, al. 2 sur renvoi de l'art. L 236-10, III pour les sociétés par actions).

S'il s'agit d'une société par actions, les commissaires à la fusion doivent indiquer dans leur rapport quel mode d'évaluation des apports a été adopté et pourquoi il a été retenu (art. R 22-10-8, sur renvoi de l'art. R 225-136, al. 1).

Ils doivent aussi apprécier la valeur des **avantages particuliers** éventuellement transférés à la société absorbante (art. L 236-10, III). Jugé à cet égard, dans une opération de fusion par laquelle une société mère absorbait sa filiale, que la réception par l'absorbante de l'actif de la société absorbée résulte de la transmission universelle du patrimoine prévue par la loi et que cette transmission d'actif ne saurait donc constituer à elle seule, en faveur du majoritaire de l'absorbée, un avantage particulier (CA Douai 7-7-1994 : RJDA 12/94 n° 1297).

Ils doivent, en outre, vérifier que le montant de l'actif net apporté par la ou les absorbées est au moins égal au montant de l'augmentation du capital de l'absorbante (art. R 236-10).

ATTENTION

Si, par **décision unanime** des associés ou actionnaires (n° 83142), il n'a **pas** été désigné de **commissaire à la fusion** et si l'opération comporte des apports en nature (ce qui est généralement le cas) ou des avantages particuliers, un commissaire aux apports doit être désigné dans les *conditions prévues à l'article* L 225-8 pour établir ce rapport (art. L 236-10, III et L 236-8, al. 2). Cet article prévoit, en cas de constitution d'une SA, que le ou les commissaires aux apports sont désignés à l'unanimité des fondateurs ou, à défaut, par décision de justice. Transposée au cas de fusion, l'unanimité requise pour désigner le commissaire aux apports impose-t-elle l'unanimité des associés ou actionnaires de toutes les sociétés participant à l'opération – absorbée comme absorbante – ou uniquement de ceux de l'absorbante ? Le rapport sur l'évaluation des apports en nature étant, à notre avis (n° 83175), destiné aussi bien aux associés ou actionnaires de l'absorbée qu'à ceux de l'absorbante, nous estimons que l'unanimité requise est celle de tous les associés ou actionnaires des sociétés participant à l'opération, unanimité qui s'impose déjà pour écarter l'intervention du commissaire à la fusion. Si l'on considère au contraire que le commissaire aux apports intervient dans l'intérêt exclusif des actionnaires de l'absorbante et que son rapport n'a pas à être communiqué aux associés ou actionnaires de l'absorbée, on peut soutenir que ceux-ci n'ont pas à intervenir pour sa désignation. Tant que la réponse à cette question, qui fait l'objet d'analyses divergentes, n'est pas tranchée, et s'ils veulent éviter que ne soit désigné un commissaire aux apports choisi par les actionnaires de la seule absorbante, les associés ou actionnaires de l'absorbée ont toujours la faculté de désigner un commissaire à la fusion.

Communication du rapport Le rapport sur la valeur des apports en nature, qui complète le rapport sur les modalités de la fusion, doit être mis à la disposition des actionnaires ou associés, au siège social, dans les mêmes conditions que le rapport sur les modalités de la fusion (n° 83177). En effet, l'article R 236-4, 2° prévoit le dépôt au siège social des rapports mentionnés à l'article L 236-10 sans faire de distinction selon qu'il s'agit du rapport sur les modalités de la fusion ou du rapport sur la valeur des apports en nature ; il convient donc de soumettre ces deux rapports au même régime en ce qui concerne leur communication aux actionnaires ou associés. 83179

Il nous semble qu'il n'y a pas lieu d'appliquer les dispositions réglementaires concernant les augmentations de capital avec apports en nature et notamment les dispositions des articles R 123-106 et R 123-107 prévoyant le dépôt au greffe du rapport du commissaire aux apports. En effet, les fusions sont des opérations autonomes, distinctes des augmentations de capital avec apports en nature et soumises à une réglementation qui leur est propre. À noter cependant que le CCRCS, s'en tenant à la conception traditionnelle de la fusion considérée comme une augmentation de capital par apports en nature, a émis l'avis que le rapport du commissaire à la fusion sur la valeur des apports en nature (mais non celui sur les modalités de la fusion) doit être déposé au greffe en cas de fusion par absorption (Avis 98-02 bis : Bull. RCS 6/1999 p. 7).

RESPONSABILITÉ DES COMMISSAIRES À LA FUSION

Les commissaires à la fusion (ou aux apports) sont responsables, à l'égard tant de la société que des associés ou actionnaires ou des tiers, des conséquences dommageables résultant des fautes par eux commises dans l'exercice de leur mission. 83180

ILLUSTRATIONS

Est recevable l'action en responsabilité engagée contre les commissaires aux apports et à la fusion par un minoritaire qui invoque le préjudice qu'il a subi du fait de la surévaluation d'un apport (Cass. com. 28-6-2005 n° 983 : RJDA 10/05 n° 1107).

L'action en responsabilité contre les commissaires à la fusion (ou aux apports) doit être portée devant le tribunal judiciaire. Elle se prescrit par cinq ans, conformément à l'article 2224 du Code civil, même si ces commissaires ont été choisis sur la liste réglementaire des commissaires aux comptes (Cass. com. 4-11-2021 n° 19-25.451 F-D : RJDA 1/22 n° 19 et Cass. com. 8-11-2023 n° 22-12.978 F-B : RJDA 2/24 n° 105, à propos d'un commissaire à la transformation mais, à notre avis, transposables ; sur la portée de ces décisions, voir n° 78158).

› Précisions Conformément aux règles de droit commun de la responsabilité extracontractuelle, la responsabilité des commissaires ne peut être retenue que si une faute peut être prouvée à leur encontre et si cette faute a été génératrice d'un **préjudice** pour celui qui l'invoque. Ainsi, le commissaire qui a fautivement approuvé la surévaluation d'un apport n'est tenu d'indemniser les créanciers sociaux, trompés par la solvabilité apparente de la société absorbante, qu'à hauteur de l'aggravation de l'insuffisance d'actif qu'il a contribué à créer par cette surévaluation ; le préjudice résultant pour les créanciers de la poursuite de l'activité de l'absorbante après la fusion n'a pas à être pris en compte (Cass. com. 7-1-2014 n° 12-23.640 : RJDA 5/14 n° 430 ; pour un exemple où la preuve de l'existence d'une faute a été écartée, voir CA Paris 19-2-1999 : Bull. Joly 1999 p. 674 note L. Grosclaude).

b. Décision des associés de l'absorbée

La décision des associés doit être prise dans les conditions prévues pour la modification des statuts (art. L 236-2, al. 2). Il convient donc d'appliquer les règles propres à chaque type de société pour les décisions collectives extraordinaires en ce qui concerne le mode de consultation des associés ou actionnaires (assemblée générale, consultation par écrit ou acte), les délais de convocation, l'information des associés, les conditions de quorum et de majorité, la rédaction des procès-verbaux, etc. Ces règles sont indiquées à l'occasion de l'étude particulière à chaque forme de société. 83185

› Précisions L'assemblée ou les associés décidant collectivement ne sont pas tenus d'adopter ou de rejeter « en bloc » les **évaluations et** la **parité** fixées dans le traité de fusion. Ils peuvent aussi les **modifier,** avec l'accord de l'assemblée ou de la collectivité des associés de la société absorbante, pour tenir compte, par exemple, des observations présentées par les commissaires à la fusion ou de faits nouveaux intervenus depuis la signature du traité de fusion (Cass. com. 6-10-2015 nº 14-11.680 FS-PB : RJDA 12/15 nº 832) : l'assemblée ou les associés ne font alors qu'user du pouvoir souverain dont ils disposent pour rectifier les projets qui leur sont soumis.

FUSION NE CONCERNANT QUE DES SOCIÉTÉS PAR ACTIONS

83186 Des règles particulières doivent être respectées lorsque la fusion intéresse uniquement des sociétés par actions (cf. art. L 236-8).

83188 **Rapport des dirigeants** Le conseil d'administration ou le directoire, le gérant (SCA) ou le président ou les dirigeants désignés à cet effet par les statuts (SAS) de chacune des sociétés participant à l'opération doivent établir et mettre à la disposition des associés ou actionnaires un rapport écrit sur l'opération envisagée (art. L 236-9, I-al. 4). Toutefois, l'obligation d'établir un rapport peut être écartée si les associés ou actionnaires le décident à l'unanimité dans toutes les sociétés participant à l'opération (art. L 236-9, I-al. 4 et, sur renvoi, art. L 236-10, II ; sur la possibilité de ne pas réunir d'assemblée pour prendre cette décision, voir nº 83142).

Dans ce rapport, les dirigeants sociaux doivent expliquer et justifier le projet de fusion de manière détaillée, du point de vue juridique et économique, notamment en ce qui concerne le rapport d'échange des actions et les méthodes d'évaluation utilisées (lesquelles doivent être concordantes pour les sociétés concernées) ainsi que, le cas échéant, les difficultés particulières d'évaluation (art. R 236-6, al. 1).

Lorsque les **titres financiers** de la société sont **admis aux négociations sur un marché réglementé,** le rapport doit comporter en annexe un certain nombre de mentions complémentaires. Ces informations sont le plus souvent regroupées dans le document ou le communiqué diffusé au marché (nºˢ 83110 s.).

83190 **Information des actionnaires** Toute société par actions participant à une opération de fusion doit mettre à la disposition de ses associés ou actionnaires, au siège social, 30 jours au moins avant la date de la décision collective des associés ou de l'assemblée générale extraordinaire appelée à se prononcer sur le projet de fusion, les documents suivants (art. R 236-4) :

– le projet de fusion ;
– le cas échéant, le rapport des dirigeants sur l'opération envisagée ;
– le cas échéant, les rapports des commissaires à la fusion ou, à défaut, du commissaire aux apports ;
– les comptes annuels approuvés par les associés ou actionnaires ainsi que les rapports de gestion des trois derniers exercices des sociétés participant à l'opération ;
– un état comptable intermédiaire établi selon les mêmes méthodes et suivant la même présentation que le dernier bilan annuel, arrêté à une date qui, si les derniers comptes annuels se rapportent à un exercice dont la fin est antérieure de plus de six mois à la date du projet de fusion, doit être antérieure de moins de trois mois à la date de ce projet. Cet état peut être remplacé par le rapport financier semestriel prévu à l'article L 451-1-2, III du Code monétaire et financier, lorsque celui-ci est publié.

Les associés ou actionnaires peuvent, sur simple demande de leur part et sans frais, obtenir copie de tout ou partie des documents tenus à leur disposition, sauf lorsque le site internet de la société leur permet de les télécharger et de les imprimer sans frais (art. R 236-4, al. 7 et R 236-5, al. 3).

› Précisions a. La demande d'actionnaires minoritaires tendant à l'ajournement des assemblées convoquées pour se prononcer sur un apport partiel d'actifs pour non-respect de la communication des **rapports des commissaires à la scission** a été rejetée car, les rapports ayant été établis à une date compatible avec leur mise à la disposition des actionnaires dans le délai légal, il appartenait aux minoritaires de prouver que la consultation leur en avait été refusée (Cass. com. 8-7-2003 nº 1182 : RJDA 11/03 nº 1073).

b. Les associés ou actionnaires doivent avoir communication non seulement des **comptes annuels** de leur société, mais aussi de ceux de toutes les autres sociétés par actions participant à l'opération.

Lorsque la fusion intervient au cours des premiers mois de l'exercice alors que les comptes annuels du dernier exercice n'ont pas encore été approuvés ou ne l'ont été que depuis moins d'un mois, il convient de mettre à la disposition des associés ou actionnaires (art. R 236-4, al. 6) :
– les comptes annuels approuvés des deux exercices précédents ainsi que les rapports de gestion correspondants (sauf dispense d'établissement de ces rapports : voir nºˢ 48186 s. et 60531) ;
– les comptes arrêtés et non approuvés du dernier exercice certifiés par le commissaire aux

comptes ou, si ces comptes n'ont pas encore été arrêtés par le conseil d'administration ou le directoire ou par les dirigeants, un état comptable intermédiaire datant de moins de trois mois ou encore le rapport financier semestriel s'il est publié.

Dérogation en cas de publication sur internet. Mesure calquée sur celles relatives à la publication du projet de fusion (nº 83104), la mise à disposition au siège social des documents visés ci-dessus n'est pas requise lorsque, pendant une période ininterrompue commençant au plus tard 30 jours avant la date fixée pour l'assemblée générale (ou la décision collective des associés) ou pour la réunion de l'organe compétent devant se prononcer sur le projet de fusion et ne s'achevant pas avant la fin de cette assemblée (ou de cette réunion), la société les publie sur son site internet principal dans des conditions de nature à garantir la sécurité et l'authenticité des documents. Lorsque le site internet n'est plus accessible pendant une période ininterrompue d'au moins 24 heures, les documents doivent être mis à la disposition des actionnaires au siège social. Dans ce cas, le délai de 30 jours est suspendu jusqu'à cette mise à disposition (art. R 236-5, al. 1 et 2). 83192

> **Précisions** Par suite d'une inadvertance, l'article R 236-5, al. 2 prévoit la **suspension** du « **délai** mentionné au premier alinéa de l'article L 236-3 », qui précise les caractéristiques de la fusion (transmission universelle de patrimoine et en principe échange de titres) et qui ne mentionne aucun délai. On peut raisonnablement penser que le délai visé est celui de l'article R 236-5, al. 1.

Modification de l'actif ou du passif. Les conseils d'administration ou les directoires (les gérants dans les SCA ou les dirigeants dans les SAS) des sociétés participant à l'opération doivent informer leurs associés ou actionnaires respectifs, avant la date de leurs assemblées générales (ou, le cas échéant, de la décision collective des associés dans les SAS) appelées à décider l'opération, de toute modification importante de leur actif et de leur passif intervenue entre la date de l'établissement du projet de fusion et la date de la réunion des assemblées (ou de la décision collective) (art. L 236-9, I-al. 5). Les modalités de mise en œuvre de ces informations sont précisées par l'article R 236-7, al. 1 aux termes duquel, « sauf si les actionnaires de chacune des sociétés participant à la fusion en décident autrement dans les conditions prévues au II de l'article L 236-10 » (c'est-à-dire à l'unanimité), cette information doit être communiquée aux actionnaires par un avis publié au Bodacc et, le cas échéant, au Balo ou sur le site internet principal de la société conformément aux dispositions des articles R 236-2 ou R 236-3 (nºs 83101 s.) ; cette communication doit intervenir à compter du jour où les organes de direction en ont eu connaissance. 83193

Les dirigeants des sociétés concernées doivent également informer d'une telle modification les conseils d'administration ou les directoires (les gérants ou les dirigeants) des autres sociétés participant à l'opération. Cette information doit être transmise sans délai par tous moyens contre accusé de réception à ces dirigeants, lesquels doivent en informer leurs propres associés ou actionnaires selon les modalités visées ci-dessus (art. L 236-9, I-al. 5 et 6 et R 236-7, al. 2).

La modification doit en outre faire l'objet d'une information lors des assemblées générales (des décisions collectives des associés) de chacune des sociétés participant à l'opération (art. R 236-7, al. 3).

> **Précisions** Alors que l'alinéa 4 de l'article L 236-9, I prévoit la possibilité d'une **décision contraire des actionnaires** ou associés pour l'établissement du rapport des dirigeants, l'alinéa 5 n'envisage pas cette possibilité de décision contraire et dispose que l'information sur les modifications importantes doit être donnée avant la date de l'assemblée. Le décret va donc au-delà des prévisions de la loi en réservant aux actionnaires ou associés la faculté de décision contraire. On ne voit toutefois pas quelle sanction, sans être disproportionnée, pourrait être prononcée dans le cas où les actionnaires ou associés, statuant par hypothèse à l'unanimité dans chacune des sociétés participant à l'opération, décideraient d'aménager les modalités de cette information, notamment en prévoyant de la donner au cours de l'assemblée.

Filiale à 100 % Lorsque la société absorbée est une filiale à 100 % de la société absorbante, ou en cas d'absorption par une filiale à 100 % d'une autre filiale à 100 % d'une même société mère, il n'y a pas lieu de tenir une assemblée ou d'obtenir une décision collective des associés de l'absorbée pour approuver la fusion (nº 83280). 83194

> **Précisions** La clause des **statuts** d'une SAS prévoyant que la fusion de la société doit être approuvée par une décision collective des associés fait **échec à la dispense** prévue par le Code de commerce et l'opération de fusion simplifiée doit faire l'objet d'une décision collective des associés conformément aux statuts ; il n'en va autrement que si la clause statutaire prévoit expressément soit une exception à la consultation des associés en cas de fusion simplifiée, soit que les associés sont consultés sur les projets de fusion dans les conditions légales (en ce sens, Communication Ansa, comité juridique nº 25-003 du 8-1-2025).

CONSULTATION DES TITULAIRES D'ACTIONS PARTICULIÈRES

83195 Dans les SA et les SCA ayant émis des **actions de diverses catégories,** la fusion est soumise à la ratification des assemblées spéciales réunissant les titulaires de chaque catégorie d'actions (art. L 225-99, L 228-15, L 228-17 et L 236-9, I-al. 2) ; dans les SAS, auxquelles l'article L 228-17 est applicable mais non l'article L 225-99, les associés titulaires d'actions de préférence doivent être consultés selon les modalités prévues par les statuts (n° 67856).

AUGMENTATION DES ENGAGEMENTS DES ASSOCIÉS

83196 Si l'opération projetée a pour effet d'augmenter les engagements d'associés ou d'actionnaires, elle ne peut être décidée qu'à l'unanimité desdits associés ou actionnaires (art. L 236-5). Tel serait le cas si une SA était absorbée par une SNC, car la responsabilité des actionnaires de l'absorbée deviendrait indéfinie et solidaire du fait de la forme juridique de l'absorbante. L'accord de tous les actionnaires de la SA serait alors nécessaire.

De même, l'absorption d'une SA de droit commun par une société à capital variable (au cas d'espèce, une société coopérative de production) nécessite l'accord unanime des actionnaires de l'absorbée. En effet, conformément au statut des sociétés à capital variable, ces actionnaires s'exposent, en cas d'exclusion ou de retrait volontaire de la société, à être tenus pendant cinq ans, envers les autres associés et envers les tiers, de toutes les obligations existant au moment de leur départ (art. L 231-6), ce qui suffit à caractériser l'augmentation de leurs engagements résultant de la fusion (CA Paris 24-11-1980 : Bull. Joly 1980 p. 701).

ATTENTION

Même si l'**absorption d'une SA par une SAS** peut être considérée, compte tenu des circonstances, comme n'ayant entraîné aucune augmentation des engagements des actionnaires (pour un exemple, CA Versailles 27-1-2005 n° 03-4697 : RJDA 5/05 n° 557 cassé, mais pour un autre motif, par Cass. com. 19-12-2006 n° 1497 : RJDA 3/07 n° 264), cette opération doit être décidée dans la société absorbée à l'unanimité des associés ou actionnaires (n° 82665).

ABUS DE MAJORITÉ

83197 Sous peine d'être entachée d'abus de majorité, la décision de fusion doit être prise dans l'intérêt de la société et non pas uniquement en vue de favoriser l'intérêt d'un associé ou d'un groupe d'associés majoritaires au détriment des minoritaires.

ILLUSTRATIONS

A été annulée la décision de faire absorber une SARL, dont l'actif représentait 800 000 F, par une SA au capital de 10 000 F (à l'époque des faits, il n'existait pas de capital minimal pour les SA) qui avait été constituée en vue de cette absorption, l'opération ayant en réalité pour but de faire échec au droit de rachat de parts dont bénéficiait un associé minoritaire (Cass. com. 11-10-1967 : D. 1968 p. 136).

En revanche, a été réputé ne pas avoir commis un abus de minorité un associé qui avait émis un vote défavorable à un projet de fusion qui ne constituait pas une opération essentielle pour la société (CA Paris 4-12-2007 n° 06-12554 : RJDA 4/08 n° 422).

SOCIÉTÉS EN LIQUIDATION

83198 Lorsque la société est en liquidation, l'apport de l'actif de cette société par voie de fusion ne peut être effectué par le liquidateur que s'il a obtenu l'autorisation des associés statuant aux conditions de majorité prévues par l'article L 237-8 (n° 86929).

Rappelons que les sociétés en liquidation ne peuvent être absorbées que s'il n'a été procédé à aucune répartition d'actif entre les associés (art. L 236-1, al. 2).

c. Consultation des obligataires

83210 Le projet de fusion doit en principe être soumis aux assemblées d'obligataires des sociétés absorbées, sauf s'il a été proposé aux obligataires de les rembourser (n°s 83980 s.). Il en est ainsi même lorsque la société émettrice est filiale à 100 % de la société absorbante (n° 83281).

2. SITUATION DE LA SOCIÉTÉ ABSORBANTE

a. Intervention des commissaires à la fusion

83240 Lorsque l'opération est réalisée entre des sociétés par actions et/ou des SARL, un ou plusieurs commissaires à la fusion désignés par le président du tribunal de commerce statuant sur requête doivent établir et présenter aux actionnaires ou associés de la société absorbante deux rapports, l'un sur les modalités de la fusion, l'autre sur la valeur des apports en nature, dans les mêmes conditions que celles prévues pour la société absorbée (art. L 236-8 et L 236-10). Toutefois, cette désignation est écartée lorsque les associés ou actionnaires le décident à l'unanimité dans toutes les sociétés participant à l'opération (art. L 236-10, I-al. 1 et II ; nº 83142) ; en pareil cas, et si l'opération comporte des apports en nature ou des avantages particuliers, un commissaire aux apports doit être désigné (art. L 236-10, III).

Sur le régime applicable en cas d'absorption d'une filiale à 100 % ou à au moins 90 %, ou en cas de fusion entre sociétés détenues à 100 % ou à au moins 90 % par une même société mère, voir nos 83280 s. et 83285 s.

Sur les modalités de désignation et la mission des commissaires à la fusion, voir nos 83140 s. ; sur celles du commissaire aux apports, voir nº 83178.

Dans la plupart des cas, toutes les sociétés participant à l'opération demandent la désignation des mêmes commissaires à la fusion de sorte que ces derniers établissent leurs rapports pour l'ensemble de l'opération et des sociétés concernées (cf. art. R 236-9, al. 2).

b. Intervention des commissaires aux comptes

En principe, les commissaires aux comptes, lorsque la société en est dotée, n'ont pas à intervenir dans les opérations de fusion, sauf pour quelques cas particuliers. 83250

Ainsi, en cas de reprise par la société absorbante des engagements résultant d'options de souscription consenties par la société absorbée à certains de ses salariés ou mandataires sociaux, le commissaire aux comptes de la société ou, si la société n'en est pas dotée, un commissaire désigné à cet effet doit présenter un rapport sur les modalités de calcul du nouveau prix de souscription (art. L 225-177, al. 4). 83251

De même, dans les sociétés dotées d'un commissaire aux comptes, lorsque la fusion intervient au cours du second semestre de l'exercice, celui-ci doit, à notre avis (voir nº 83148), vérifier la sincérité de l'état comptable intermédiaire mis à la disposition des associés ou actionnaires.

c. Décision des associés de l'absorbante

La décision des associés de la société absorbante doit être prise dans les conditions prévues pour la modification des statuts (art. L 236-2, al. 2). Comme pour la société absorbée, il convient donc d'appliquer les règles propres à chaque type de société pour les décisions collectives extraordinaires concernant le mode de consultation des associés (assemblée générale, consultation écrite ou acte), les délais de convocation, le droit de communication des associés, les conditions de quorum et de majorité, les procès-verbaux, etc. Sur la possibilité pour les associés de modifier les évaluations et la parité fixées dans le traité de fusion, voir nº 83185. 83260

FUSION NE CONCERNANT QUE DES SOCIÉTÉS PAR ACTIONS

Des règles particulières doivent être respectées lorsque la fusion intéresse uniquement des sociétés par actions (art. L 236-8, al. 1). 83261

Rapport des dirigeants Le conseil d'administration ou le directoire, le gérant (SCA) ou le président ou les dirigeants désignés à cet effet par les statuts (SAS) doivent établir et mettre à la disposition des associés ou actionnaires un rapport écrit sur l'opération envisagée. Toutefois, cette obligation peut être écartée si les associés ou actionnaires le décident à l'unanimité dans toutes les sociétés participant à l'opération (art. L 236-9, I-al. 4 et, sur renvoi, art. L 236-10, II ; art. R 236-7, al. 1). Il nous paraît possible de ne pas réunir d'assemblée pour prendre cette décision (voir nº 83142). 83262

Les mentions à faire figurer dans ce rapport sont les mêmes que celles prévues pour la *société absorbée (voir nº 83188).*

Lorsque les **titres** de la société sont **admis aux négociations sur un marché réglementé,** diverses informations complémentaires doivent être données soit dans le rapport, soit, cas le plus fréquent, dans un document annexé à ce rapport (nº 83110).

Information des actionnaires 30 jours au moins avant la date de la décision collective des associés ou de l'assemblée générale appelée à se prononcer sur le projet de fusion, les associés ou actionnaires de la société absorbante doivent avoir communication d'un certain nombre de documents sur l'opération envisagée et sur la situation financière de toutes les sociétés participant à cette opération (art. R 236-4). Les règles à suivre, y compris en cas de 83263 modification importante de l'actif ou du passif des sociétés participant à l'opération, sont les mêmes que celles concernant l'information des associés ou actionnaires de la société absorbée et appellent les mêmes remarques (voir nos 83190 s.).

83264 **Nomination de nouveaux membres du conseil** La nomination des nouveaux membres du conseil d'administration ou de surveillance peut être faite au cours de l'assemblée générale extraordinaire statuant sur la fusion (art. L 225-18, al. 1 et L 225-75, al. 1).

83265 **Délégation de compétence ou de pouvoir** L'assemblée générale extraordinaire (la collectivité des associés) de la société absorbante peut déléguer sa compétence au conseil d'administration ou au directoire (au gérant ou aux dirigeants) pour **décider une fusion-absorption** pendant une durée qu'elle fixe et qui ne peut pas excéder 26 mois ; si elle décide une fusion-absorption, elle peut déléguer au conseil d'administration ou au directoire (au gérant ou aux dirigeants) le pouvoir de **déterminer les modalités** définitives du projet pour une durée qu'elle fixe et qui ne peut pas excéder cinq ans (art. L 236-9, II-al. 1). Lorsqu'il sollicite l'une ou l'autre de ces délégations, le conseil d'administration ou le directoire (le gérant ou tout autre dirigeant) doit établir un rapport écrit qui est mis à la disposition des actionnaires (art. L 236-9, II-al. 2).

Si la fusion nécessite une **augmentation de capital,** l'assemblée (la collectivité des associés) peut également déléguer au conseil d'administration ou au directoire (au gérant ou aux dirigeants) le pouvoir ou la compétence de décider l'augmentation permettant d'attribuer des titres de capital aux associés ou actionnaires de la ou des sociétés absorbées. L'assemblée (la collectivité des associés) doit prendre une résolution particulière et statuer selon les modalités prévues pour les délégations de compétence ou de pouvoir en matière d'augmentation de capital (art. L 236-9, II-al. 3).

ATTENTION

Un ou plusieurs associés ou actionnaires de l'absorbante réunissant au moins 5 % du capital social peuvent toutefois, dans un délai de 20 jours, demander en justice la désignation d'un mandataire aux fins de convoquer l'assemblée générale extraordinaire de l'absorbante pour qu'elle se prononce sur l'approbation de la fusion ou du projet de fusion (art. L 236-9, II-al. 4 et R 236-8). Ce délai court à compter soit de la dernière insertion d'un avis sur le projet de fusion au Bodacc ou, le cas échéant, au Balo, soit de la publication du projet de fusion sur le site internet de la société (art. R 236-8 précité).

ADMISSION DE NOUVEAUX ASSOCIÉS

83266 Une fusion de sociétés entraîne, en général, l'**entrée d'associés** ou d'actionnaires de la société absorbée **dans la société absorbante.** La question se pose alors de savoir s'il faut, à cette occasion, appliquer les dispositions légales ou statutaires relatives à l'agrément des nouveaux associés.

À notre avis, quelle que soit la forme de la société absorbante, cet agrément n'est pas nécessaire (dans le même sens, Bull. COB décembre 1980 p. 6). En effet, la fusion emportant transmission universelle du patrimoine de l'absorbée à l'absorbante, celle-ci se trouve automatiquement tenue d'assumer les obligations qui étaient à la charge de l'absorbée, à l'égard tant des créanciers que des associés de cette dernière. Or, parmi ces obligations figure notamment celle de remplir les associés de leurs droits. L'absorbante ne peut pas, sous couvert d'agrément, se soustraire à cette obligation fondamentale qu'implique la transmission universelle.

83267 La question de la mise en œuvre des dispositions relatives à l'agrément des nouveaux associés se rencontre également lorsque, dans le patrimoine de la société absorbée transmis à la société absorbante, figurent des parts ou des actions d'une **tierce société** dont la cession est soumise à agrément. À ce propos, il a été jugé qu'en principe ces dispositions ne sont pas applicables en cas de fusion mais que les statuts de la société émettrice peuvent comporter une clause contraire (nos 34431 et 68473). En outre, l'agrément nous paraît requis lorsque la société émettrice est une SNC (no 24430) ou, pour les mêmes raisons, une SCS.

CONSULTATION DES TITULAIRES D'ACTIONS PARTICULIÈRES

83268 Lorsqu'il existe des **actions de diverses catégories,** la fusion est soumise à la ratification des assemblées spéciales réunissant les titulaires d'actions de chaque catégorie (art. L 225-99, *L 228-15, L 228-17* et *L 236-9, I-al. 2*) ou, dans les SAS, auxquelles l'article L 228-17 est applicable mais non l'article L 225-99, des associés titulaires d'actions de préférence consultés selon les modalités prévues par les statuts (no 67856).

Toutefois, cette ratification ne s'impose, à notre avis, que si la fusion porte atteinte aux droits particuliers des associés ou actionnaires de chaque catégorie.

› Précisions L'article L 225-99 auquel renvoient les articles L 228-17 et L 236-9, I ne prescrit la réunion d'une **assemblée spéciale des titulaires d'actions d'une catégorie** déterminée qu'en cas de modification des droits relatifs à cette catégorie. S'agissant des actions de préférence, l'article L 228-17 précise d'ailleurs que celles-ci peuvent être échangées contre des actions de la société absorbante ou bénéficiaire des apports comportant des droits particuliers équivalents, ou selon une parité spécifique tenant compte des droits particuliers abandonnés ; ce n'est qu'en l'absence d'échange contre des actions conférant des droits particuliers équivalents que la fusion est soumise à l'approbation de l'assemblée spéciale ou à la consultation des porteurs d'actions de préférence.

ABSORPTION D'UNE SOCIÉTÉ AYANT ÉMIS DES VALEURS MOBILIÈRES DONNANT ACCÈS AU CAPITAL

Sur cette question, voir nos 74410 s. 83269

d. Absorption d'une filiale à 100 % ou à 90 % ou d'une société sœur

ABSORPTION D'UNE FILIALE À 100 % OU D'UNE SOCIÉTÉ SŒUR

Régime simplifié L'absorption par une société par actions ou une SARL d'une ou de plusieurs de ses filiales à 100 % autres que des SNC ou SCS bénéficie de mesures dérogatoires (art. L 236-8 et L 236-11) : 83280

a. Pas de décision collective ou de réunion d'une assemblée des sociétés participant à l'opération ; toutefois, un ou plusieurs associés ou actionnaires de la société absorbante réunissant au moins 5 % du capital peuvent demander en justice la désignation d'un mandataire aux fins de convoquer l'assemblée de l'absorbante (ou, s'il s'agit d'une SAS, de provoquer une décision collective des associés) pour qu'elle se prononce sur l'approbation de la fusion. Cette demande doit être formée dans un délai de 20 jours à compter soit de la dernière insertion d'un avis sur le projet de fusion au Bodacc ou, le cas échéant, au Balo, soit de la publication du projet de fusion sur le site internet de la société (art. R 236-8, al. 2). Elle doit être introduite en référé contre la société en se fondant soit sur un trouble manifestement illicite (CPC art. 873), soit sur l'urgence (CPC art. 872), et il n'est pas possible de déroger au principe du contradictoire (en ce sens, Communication Ansa, comité juridique n° 23-041 du 8-11-2023). Sur l'obligation de consulter les associés de SAS si les statuts le prévoient, voir n° 83194.

b. Pas d'intervention d'un commissaire à la fusion.

c. Pas d'intervention d'un commissaire aux apports.

d. Pas de rapport du conseil d'administration, du directoire, des gérants, ou du président ou des dirigeants désignés à cet effet dans les statuts, sur la fusion.

Ce régime simplifié est également applicable entre sociétés sœurs, lorsque la totalité des actions représentant la totalité du capital de la société absorbante et des sociétés absorbées est détenue par la même société mère (art. L 236-11, al. 1).

Il n'est pas nécessaire d'indiquer dans le projet de fusion les mentions ci-après, qui n'ont d'utilité que si l'opération entraîne un échange de parts ou d'actions (art. R 236-1, dernier al.) : modalités de remise des parts ou actions ; date à partir de laquelle ces parts ou actions donnent droit aux bénéfices et modalités particulières relatives à ce droit ; dates auxquelles ont été arrêtés les comptes des sociétés intéressées utilisés pour établir les conditions de l'opération ; rapport d'échange des droits sociaux et, le cas échéant, montant de la soulte.

› Précisions **a.** Ce régime simplifié ne peut être mis en œuvre qu'à la **condition** que l'**absorbante détienne** en permanence, depuis le dépôt au greffe du projet de fusion jusqu'à la réalisation de l'opération, la **totalité des actions** *(ou des parts sociales) représentant* la totalité du capital des absorbées ou que la société mère remplisse cette condition pour l'absorbante et les absorbées (art. L 236-11, al. 1).

b. La dispense des rapports du commissaire à la fusion (ou aux apports) et des dirigeants n'est pas remise en cause lorsque les associés minoritaires de la société absorbante ont obtenu que l'**opération** soit **approuvée par l'assemblée** générale extraordinaire ou par décision collective ; en effet, aucune disposition de la directive européenne ou du droit interne n'impose d'établir ces rapports dans une telle situation, et cette obligation fait l'objet d'une exemption de principe en cas d'opération simplifiée (en ce sens, Communication Ansa précitée qui précise que les associés doivent toutefois recevoir une information suffisante sur les enjeux de l'opération).

Publicité Outre le dépôt au greffe du projet de fusion, l'**insertion au Bodacc** et, le cas échéant, au Balo de l'avis de fusion doit avoir lieu 30 jours au moins avant que l'opération ne prenne effet (art. R 236-2, al. 9). Lorsque l'assemblée générale n'est pas appelée à se prononcer, ce qui est le cas pour une fusion à 100 % (sauf demande des minoritaires de l'absorbante : voir 83281 n° 83280), l'insertion n'est pas requise lorsque, pendant une période ininterrompue commençant au plus tard 30 jours avant la date à laquelle l'organe compétent a décidé la fusion, la société publie le projet sur son site internet principal (art. R 236-3 : voir n° 83104).

Les articles R 236-4 et R 236-5 relatifs à la **communication des documents** au siège ou sur le site internet de la société fixent le délai de mise à disposition des documents à 30 jours avant la date de l'assemblée ou de l'organe compétent appelé à se prononcer sur le projet. Il convient donc de procéder à cette communication dans toutes les sociétés participant à l'opération, étant rappelé qu'il n'y a lieu ni d'établir ni, par voie de conséquence, de communiquer les rapports des dirigeants et des commissaires à la fusion ou aux apports.

> Précisions **a.** En cas d'absorption d'une **société ayant émis des valeurs mobilières donnant accès au capital,** l'obligation de désigner un commissaire aux apports subsiste puisque la détermination du nombre de titres de capital de la société absorbante auquel les porteurs des valeurs mobilières peuvent prétendre se fait sur avis du commissaire aux apports (art. L 228-101, al. 2). La possibilité de ne pas réunir d'assemblée générale ne permet pas, à notre avis, de déroger à cette obligation destinée à protéger les porteurs concernés contre une évaluation ne respectant pas leurs droits.

b. La CNCC a admis la possibilité pour une société d'absorber une filiale à 100 % même si les dettes de celle-ci excèdent son actif – **actif net négatif** – puisque, en l'absence d'échange d'actions, il n'y a pas d'augmentation de capital et qu'il n'y a donc pas d'apport « positif » obligatoire (Bull. CNCC 1994 p. 596 ; voir aussi Bull. CNCC 2000 p. 99 et Guide professionnel de la CNCC « Commissariat aux apports et commissariat à la fusion » de juin 2012 actualisé par la fiche thématique CNCC « Périmètre d'intervention des commissaires aux apports et des commissaires à la fusion » de novembre 2022).

c. Rien ne s'oppose, à notre avis, à ce que la **date d'effet** de l'opération soit **différée** par le traité de fusion au premier jour de l'exercice suivant celui au cours duquel le traité a été établi, sous réserve de respecter l'écoulement du délai d'opposition des créanciers (en ce sens, Communication Ansa, comité juridique n° 18-044 du 5-9-2018).

d. En l'absence d'un texte dérogatoire les concernant en cas d'absorption d'une filiale à 100 %, les **obligataires** de la société absorbée, s'il en existe, doivent en principe être réunis en assemblée pour statuer sur le projet de fusion et, à défaut, se voir offrir le remboursement de leurs titres (n°s 83980 s.).

e. En cas d'**absorption d'une SCA** par une SA qui en est à la fois commandité et commanditaire, il n'y a pas lieu, pour l'Ansa, de **rémunérer** la SA à raison de sa qualité de **commandité** par une attribution de ses propres actions puisque la loi interdit l'échange des actions de l'absorbée détenues par l'absorbante contre des actions de cette dernière (art. L 236-3, II) ; en revanche, si le commandité n'est pas la SA commanditaire, le traité de fusion peut prévoir soit la renonciation du commandité à toute rémunération, soit sa rémunération selon différentes modalités, notamment par la remise d'actions autodétenues par l'absorbante et ce, sans perdre le bénéfice du régime de la fusion simplifiée (Communication Ansa, comité juridique n° 20-025 du 1-7-2020, qui précise que la rémunération du commandité en numéraire et non en titres ne remet pas en cause la nature juridique de l'opération mais que le traitement fiscal de cette rémunération est « à considérer »).

ABSORPTION D'UNE FILIALE À 90 %

83285 En cas de fusion réalisée entre **sociétés par actions** et/ou **SARL** (art. L 236-8), lorsque, depuis le dépôt au greffe du projet de fusion et jusqu'à la réalisation de l'opération, la société absorbante détient en permanence au moins 90 % des parts ou des autres titres conférant un droit de vote de la ou des sociétés absorbées ou qu'une même société détient en permanence au moins 90 % des parts ou des autres titres conférant un droit de vote de la société absorbante et des sociétés absorbées, sans en détenir la totalité, et que les dispositions de l'article L 236-11 ne sont pas applicables (ce qui vise le cas d'une fusion entre sociétés sœurs lorsque la société mère détient la totalité des droits de vote de l'une des sociétés absorbées), il n'y a **pas** lieu à approbation de la fusion par l'**assemblée générale extraordinaire** (ou par les associés de SAS) de l'absorbante, sauf demande des minoritaires de cette société formée dans les conditions exposées n° 83280 (art. L 236-12, al. 1 et 2 et R 236-8).

ATTENTION

La détention d'au moins 90 % ne s'apprécie plus en droits de vote mais en parts ou titres conférant un droit de vote. Elle doit donc, nous semble-t-il, être appréciée en titres de capital conférant un droit de vote, sans prendre en considération les droits de vote double ou multiple attachés aux titres mais en excluant les titres de capital privés de droit de vote de façon permanente tels que les actions de préférence sans droit de vote. On peut en revanche s'interroger pour les titres privés de droit de vote de façon temporaire, cas, par exemple, des actions autodétenues.

Sur l'obligation de consulter les associés de SAS si les statuts le prévoient, voir n° 83194.

83286 Il n'y a **pas** lieu non plus à établissement des **rapports des commissaires à la fusion et des dirigeants** lorsque les associés ou actionnaires minoritaires de la société absorbée se sont vu proposer, préalablement à la fusion, le rachat de leurs actions par la société absorbante à un prix correspondant à la valeur de celles-ci. Ce prix est déterminé, selon le cas (art. L 236-12, al. 3 s.) :

a. dans les conditions prévues à l'article 1843-4 du Code civil (nos 16790 s.) si les actions de l'absorbée ne sont pas admises aux négociations sur un marché réglementé ;

b. dans le cadre d'une offre publique initiée dans les conditions et selon les modalités fixées par le règlement général de l'AMF si les actions de l'absorbée sont admises aux négociations sur un marché réglementé ;

c. dans le cadre d'une offre répondant aux conditions du a ou du b ci-dessus si les actions de l'absorbée sont admises aux négociations sur un SMNO (tel Euronext Growth).

Les minoritaires de l'absorbée qui n'acceptent pas l'offre de rachat doivent recevoir des actions de l'absorbante en échange de leurs actions de l'absorbée (art. L 236-1, al. 3), ce qui implique en principe une augmentation de capital (sauf remise d'actions autodétenues). Malgré cette augmentation de capital, l'opération relève de l'article L 236-12 et devrait donc, à notre avis, pouvoir intervenir sans réunion de l'assemblée générale extraordinaire de l'absorbante (dans le même sens, R. Dalmau, Réforme du droit des fusions : Bull. Joly septembre 2023 p. 41 § 12, qui relève toutefois les conséquences négatives que cela pourrait entraîner pour les associés de l'absorbante notamment par une dilution de leur participation et qui estime que le recours à l'assemblée ne semble pas prohibé).

› Précisions **a.** Le renvoi à l'article 1843-4 implique que la **désignation d'un expert** se justifie uniquement en cas de contestation émanant d'actionnaires ou associés de l'absorbée. En l'absence de contestation, la société peut faire une proposition de rachat à ses minoritaires, éventuellement assortie d'une expertise libre hors champ de l'article 1843-4 (en ce sens, Communication Ansa, comité juridique n° 11-057 du 12-10-2011).

b. Selon l'Ansa, lorsque les seules **actions** de l'absorbée qui ne sont pas **détenues** par l'absorbante le sont **par l'absorbée elle-même** pour son propre compte, il n'y a **pas de minoritaires à qui adresser une proposition** de rachat de leurs actions et il est donc inutile de formaliser une telle proposition qui n'aurait aucun effet. Il suffit de mentionner cette circonstance dans le traité de fusion (Communication Ansa, comité juridique n° 23-042 du 6-12-2023).

c. Selon l'Ansa, en cas de fusion semi-simplifiée entre deux **sociétés sœurs,** la **société mère** doit recevoir des titres de l'absorbante conformément au rapport d'échange fixé dans le projet de fusion ; en effet, faute de disposition dérogatoire expresse, la **rémunération** des associés de l'absorbée est de droit et elle doit correspondre à la totalité des participations détenues (Communication Ansa, comité juridique n° 24-027 du 5-6-2024).

3. FUSION PAR CRÉATION D'UNE SOCIÉTÉ NOUVELLE

PRINCIPE

Dans l'hypothèse, rare en pratique, où une société nouvelle est spécialement créée pour **83310**
recevoir les apports-fusions de deux ou plusieurs sociétés existantes, cette société nouvelle doit être constituée selon les règles propres à la forme de société adoptée (art. L 236-2, al. 3). Une procédure simplifiée est prévue lorsque la société nouvelle est une SARL ou une société par actions constituée sans autres apports que ceux des sociétés par actions et/ou des SARL qui fusionnent (cf. art. L 236-8).

CONSTITUTION D'UNE SARL

La constitution d'une SARL résultera d'un acte signé par les représentants des sociétés **83320**
fusionnées réputées associées de la société nouvelle (cf. art. L 223-6).

La société nouvelle ne jouit de la personnalité morale qu'à partir de son immatriculation au RCS (art. L 210-6, al. 1). Jusqu'à cette immatriculation, elle ne peut pas être propriétaire des biens qui lui sont transférés au titre de la fusion (n° 83871). Il est nécessaire que ces biens restent la propriété des sociétés fusionnées, lesquelles doivent alors subsister jusqu'à l'immatriculation de la société nouvelle. Ce sont donc ces sociétés qui seront momentanément associées de la SARL nouvelle. Les associés des sociétés fusionnées ne deviennent, à notre avis, associés de la société nouvelle qu'à partir du jour où celle-ci a obtenu son immatriculation au RCS.

Une fois l'immatriculation obtenue, les statuts de la société nouvelle doivent être modifiés pour tenir compte de la répartition effective des parts de cette société entre les associés des sociétés fusionnées.

Les statuts ne peuvent être signés qu'au vu du **rapport d'un commissaire aux apports** dési- **83321**
gné d'un commun accord entre les représentants des sociétés fondatrices ou, à défaut d'accord, par décision de justice. Dans son rapport, le commissaire aux apports doit vérifier

notamment que le montant de l'actif net apporté par les sociétés absorbées est au moins égal au montant du capital de la société nouvelle issue de la fusion (art. R 236-10).

Sur les modalités de constitution de la société nouvelle, voir nos 30161 s. relatifs aux règles applicables à toute constitution de SARL avec apports en nature.

83322 Lorsque la fusion est réalisée par apports à une société nouvelle, celle-ci peut être constituée **sans autres apports que ceux des sociétés qui fusionnent** ; les associés de ces sociétés peuvent agir de plein droit en qualité de fondateurs de la société nouvelle et il est procédé conformément aux dispositions régissant la constitution des SARL (art. L 236-13, al. 1 et 2). Par suite, les statuts de la société nouvelle, auxquels il convient d'annexer le rapport des commissaires aux apports, doivent être signés par tous les associés (cf. art. L 223-6).

CONSTITUTION D'UNE SOCIÉTÉ PAR ACTIONS

83330 Lorsqu'une fusion est réalisée par création d'une société par actions nouvelle, celle-ci peut être constituée sans autres apports que ceux des sociétés qui fusionnent (art. L 236-13, al. 1).

83331 Le projet de statuts de la société nouvelle doit être approuvé par décision collective des associés ou par l'assemblée générale extraordinaire de chacune des sociétés qui disparaissent et il n'est pas nécessaire de réunir les associés ou actionnaires de ces sociétés en assemblée générale de la société nouvelle pour approuver l'opération (art. L 236-13, al. 3).

83332 Il résulte de cette **dispense de réunion de l'assemblée** que la collectivité des associés ou l'assemblée générale extraordinaire de chacune des sociétés fusionnantes doit statuer à la fois sur l'approbation de la fusion après rapports d'un ou de plusieurs commissaires à la fusion et du conseil d'administration ou du directoire, ou des dirigeants, et sur l'approbation des statuts de la société nouvelle.

Mais elle doit aussi statuer sur l'évaluation des apports en nature après rapport d'un commissaire aux apports, ce rapport devant être annexé aux statuts (cf. art. L 225-14, al. 1). Comme cette approbation des apports en nature n'est pas soumise à une assemblée de la société nouvelle, ce sont les associés collectivement ou les assemblées des sociétés fusionnantes qui doivent se prononcer. Or, l'application de cette solution soulève quelques difficultés tenant au fait que la réglementation relative à l'approbation des apports en nature vise la société bénéficiaire des apports et non la société apporteuse. À notre avis, la société nouvelle devant être protégée d'une surévaluation, comme le révèle la volonté formelle du législateur, et cette société étant appelée à regrouper tous les associés de toutes les sociétés fusionnantes après sa constitution et son immatriculation, ce sont les associés de chacune de ces sociétés qui doivent se prononcer. Tous les associés peuvent exercer leur droit de vote, car le risque de conflit d'intérêts qui motive l'exclusion du vote de l'apporteur individuel (art. L 225-10, al. 1) n'existe pas. En effet, ils ont le même intérêt à ne pas surévaluer, voire à le faire le cas échéant.

4. PUBLICITÉ DE LA FUSION

83370 En l'absence de dispositions – autres que celles relatives à la déclaration de conformité – imposant des formalités de publicité spéciales à la suite d'une fusion, il suffit de suivre, conformément au **droit commun** :

– pour la société absorbée, les règles applicables aux dissolutions de société (nos 86210 s.) ;
– pour la société absorbante, les règles applicables aux modifications des statuts (nos 85500 s.) ;
– pour la société nouvelle, les règles applicables aux constitutions de sociétés (nos 3040 s.).

Les fusions entraînant dissolution sans liquidation de la société absorbée, il y a lieu d'écarter toutes les mentions relatives à la liquidation et notamment celles prévues par l'article R 237-2 en ce qui concerne l'insertion dans un support d'annonces légales ; en pratique, il suffit pour cette insertion d'appliquer l'article R 210-9.

83371 Toujours conformément au droit commun, la fusion n'est opposable aux tiers qu'à partir du moment où elle a été publiée au RCS (pour des applications, Cass. soc. 27-4-1977 : Bull. civ. V no 274 ; *Cass. com.* 29-6-1993 : RJDA 11/93 no 918 ; Cass. com. 23-1-2007 no 83 : RJDA 4/07 no 361).

83372 Lors de l'immatriculation ou de l'**inscription modificative** au RCS de chacune des sociétés concernées, il convient de mentionner la dénomination, la forme et le siège social de toutes les sociétés ayant participé à l'opération (art. R 123-56, 1 et R 123-69, 3°). L'inscription modificative au RCS – et au RNE (art. R 123-263) – est donc requise même en cas d'absorption d'une filiale à 100 %, bien que cette opération n'entraîne pas d'augmentation du capital de la société absorbante (voir Bull. RCS 5/99 p. 11).

Les mêmes mentions doivent figurer dans l'insertion que le greffier doit faire paraître au Bodacc (art. R 123-159).

Sur l'absence de publicité spéciale en cas d'apport de fonds de commerce, voir n° 83840.

DÉCLARATION DE CONFORMITÉ

Les **SA** participant à une fusion doivent déposer au greffe du tribunal de commerce une déclaration de conformité à peine de nullité de l'opération (art. L 236-17 modifié, à compter du 1-10-2025, par ord. 2025-229 du 12-3-2025 rendant cette nullité facultative ; Ord. 2025-229 art. 70). 83373

ATTENTION

Même si elles ne sont pas expressément visées par l'article L 236-17, les **SE** sont également tenues à ce dépôt, l'article L 236-17 leur étant applicable en vertu de l'article L 229-1. En revanche, les **SCA et** les **SAS** ne sont pas tenues de déposer une telle déclaration, l'article L 236-17 étant expressément exclu des dispositions applicables à ces sociétés (art. L 226-1, al. 2 et L 227-1, al. 3).

La déclaration de conformité doit être établie par toutes les SA ou SE ayant participé à l'opération, y compris les sociétés qui disparaissent.

Elle doit contenir, d'une part, une relation de tous les actes effectués en vue de procéder à la fusion, d'autre part, l'affirmation que cette opération a été réalisée en conformité avec la loi et les règlements (art. L 236-17).

Elle doit être signée par au moins un représentant légal de chacune des sociétés participantes ou son délégataire (art. R 236-16, al. 2). Pour éviter toute difficulté pratique, il peut être opportun de désigner par avance plusieurs personnes habilitées à signer la déclaration.

La déclaration de conformité doit être déposée avec la demande d'inscription modificative au RCS du siège de l'une des sociétés bénéficiaires (art. R 236-16, al. 1). 83374

Une copie doit être déposée au greffe du siège de chaque SA ou SE participante qui fait l'objet d'une inscription modificative (art. R 236-16, al. 3). Il en est ainsi même en cas de fusion simplifiée (Avis CCRCS 00-09 : Bull. RCS 7-8/99 p. 59).

Le greffier du tribunal de commerce doit s'assurer de la conformité de la déclaration avec les dispositions légales (art. L 236-17).

> **Précisions** Ces formalités sont respectées lorsque les deux sociétés qui ont participé à l'opération ont fait une **déclaration commune** de conformité (Cass. com. 27-5-2008 n° 07-11.428 : RJDA 8-9/08 n° 899 ; CA Paris 16-11-2010 n° 08-16014 : RJDA 6/11 n° 518).

B. Exécution des scissions

1. SITUATION DE LA SOCIÉTÉ SCINDÉE

INTERVENTION DES COMMISSAIRES À LA SCISSION

Lorsque la scission ne concerne que des sociétés par actions et/ou des SARL, un ou plusieurs commissaires à la scission doivent être désignés en justice à l'effet, d'une part, de vérifier la pertinence des valeurs relatives attribuées aux actions ou parts des sociétés participant à l'opération et le caractère équitable du rapport d'échange, d'autre part, d'apprécier la valeur des apports en nature et, le cas échéant, les avantages particuliers accordés (art. L 236-10, L 236-20 et L 236-21, al. 2 modifiés par loi 2024-364 du 22-4-2024). 83450

ATTENTION

Le texte de l'article L 236-10 qui détermine la mission des commissaires à la fusion ou à la scission *conduit à considérer que le rapport* de ces commissaires doit être présenté aussi bien devant les actionnaires ou associés de la société scindée que devant ceux des sociétés bénéficiaires de la scission.

Comme en matière de fusion et dans les mêmes conditions (n°s 83142 et 83178), les associés ou actionnaires statuant à l'unanimité dans toutes les sociétés participant à l'opération peuvent décider d'**écarter la désignation d'un commissaire** à la scission mais avec obligation de désigner un commissaire aux apports si l'opération comporte des apports en nature ou des avantages particuliers (art. L 236-10). 83451

Par ailleurs, il n'y a pas lieu à intervention d'un commissaire à la scission lorsque les sociétés bénéficiaires détiennent la totalité des parts sociales ou actions représentant la totalité du capital de la société scindée ou lorsqu'une même société détient la totalité des parts sociales ou actions représentant la totalité du capital de la société scindée et des sociétés bénéficiaires (art. L 236-11, al. 1, L 236-20 et L 236-21, al. 2).

Enfin, l'intervention des commissaires à la scission est écartée lorsque les deux conditions suivantes sont réunies (art. L 236-20 et L 236-22, al. 1 et 2 modifiés par loi 2024-364 du 22-4-2024) :
– d'une part, la scission est réalisée par création de sociétés nouvelles constituées sans autres apports que ceux de la société scindée ;
– d'autre part, les actions ou parts de chacune des sociétés nouvelles sont attribuées aux actionnaires ou associés de la société scindée proportionnellement à leurs droits dans le capital de cette société.

Dans ce dernier cas, l'intervention d'un commissaire aux apports est également écartée, l'article L 236-22, al. 2 précité dispensant de l'établissement du rapport mentionné à l'article L 236-10, ce qui concernait à notre avis aussi bien le rapport des commissaires à la fusion que celui des commissaires aux apports (en ce sens, sous le régime antérieur à l'ordonnance, Communication Ansa, comité juridique n° 19-005 du 9-1-2019). Cet article, modifié par la loi 2024-364, écarte désormais l'établissement des rapports mentionnés à l'article L 236-10, ce qui lève toute incertitude.

83452 Rien ne s'oppose à ce que les **parts ou actions** des sociétés nouvelles soient **attribuées** aux associés ou actionnaires de la société scindée dans des **proportions différentes** de celles de leurs droits dans cette société. Ce procédé permet, lorsqu'il existe deux groupes d'associés qui souhaitent se séparer, de scinder le patrimoine social par apports à deux sociétés nouvelles et d'attribuer aux associés de l'un des groupes uniquement des parts ou actions de l'une des sociétés nouvelles, ceux de l'autre groupe recevant uniquement des parts ou actions de l'autre. Cette solution – qui est susceptible de porter atteinte à l'égalité entre les associés et nécessite alors, à notre avis, qu'elle soit acceptée par chacun des associés auxquels un sacrifice est demandé – est possible mais elle ne permet pas de se dispenser du rapport du commissaire à la scission (ou du commissaire aux apports si les associés ont décidé d'écarter la désignation d'un commissaire à la scission dans les conditions visées n° 83451).
De plus, la scission ne peut, dans un tel cas, bénéficier du régime fiscal de faveur.

83453 Les commissaires à la scission ou, le cas échéant, aux apports exercent leur **mission** dans les mêmes conditions qu'en cas de fusion (voir n°s 83140 s.).

DÉCISION DES ASSOCIÉS DE LA SOCIÉTÉ SCINDÉE

83460 La décision des associés doit être prise dans les conditions requises pour la modification des statuts (art. L 236-2, al. 2 et L 236-19).

83461 Lorsque la scission ne concerne que des sociétés par actions et/ou des SARL, les indications fournies à propos des sociétés absorbées (n°s 83185 s.) sont applicables aux sociétés scindées (art. L 236-20 et L 236-21 modifiés par loi 2024-364 du 22-4-2024).

83462 Comme en cas de fusion, si la **scission ne concerne que des sociétés par actions,** la décision collective des associés ou l'assemblée générale extraordinaire des actionnaires de la société scindée est soumise à des règles particulières en ce qui concerne :
– le contenu du rapport des dirigeants (conseil d'administration, directoire, gérants, ou encore président ou dirigeants désignés dans les statuts de la SAS) des sociétés participant à l'opération (art. L 236-9 et L 236-21, al. 1 modifiés par loi 2024-364 du 22-4-2024 ; n° 83188) ;
– les documents à tenir à la disposition des associés ou actionnaires avant la décision collective ou l'assemblée appelée à statuer sur l'opération (art. R 236-4 et R 236-17 ; n° 83190).

83463 Lorsque la scission ne concerne que des sociétés par actions et/ou des SARL, il n'y a pas lieu à décision collective ou réunion d'une assemblée générale des sociétés participant à l'opération, sauf demande des associés ou actionnaires des sociétés bénéficiaires dans les mêmes conditions que celles prévues en cas de fusion (n° 83142), lorsque les sociétés bénéficiaires détiennent la totalité des parts sociales ou actions représentant la totalité du capital de la société scindée ou lorsqu'une même société détient la totalité des parts sociales ou actions représentant la totalité du capital de la société scindée et des sociétés bénéficiaires (art. L 236-11, al. 1, L 236-20 et L 236-21, al. 2 modifiés par loi 2024-364 du 22-4-2024).

CONSULTATION DES OBLIGATAIRES DE LA SOCIÉTÉ SCINDÉE

83470 Lorsque la scission ne concerne que des sociétés par actions et/ou des SARL, le projet de scission doit être soumis aux assemblées d'obligataires de la société scindée sauf si le remboursement de leurs titres leur est proposé (art. L 236-20 et L 236-23 modifiés par loi 2024-364 du 22-4-2024 ; n°s 83980 s.).

2. SITUATION DES SOCIÉTÉS BÉNÉFICIAIRES DES APPORTS

SOCIÉTÉS BÉNÉFICIAIRES EXISTANTES

Lorsque la scission ne concerne que des sociétés par actions et/ou des SARL et que les sociétés bénéficiaires des apports sont des sociétés existantes, il convient d'appliquer les règles énoncées plus haut (nos 83240 s.) à propos des sociétés absorbantes en cas de fusion et notamment de faire en principe intervenir un **commissaire à la scission** chargé d'établir deux **rapports** (art. L 236-10, L 236-20 et L 236-21, al. 2 modifiés par loi 2024-364 du 22-4-2024) : 83500
– l'un, sur les modalités de la scission ;
– l'autre, sur la valeur des apports en nature et, s'il en existe, sur les avantages particuliers accordés.

Comme en cas de fusion, si la **scission ne concerne que des sociétés par actions,** la décision collective des associés ou l'assemblée générale extraordinaire des sociétés bénéficiaires est soumise à des règles particulières en ce qui concerne : 83501
– le contenu du rapport des dirigeants (conseil d'administration, directoire, gérants, ou encore président ou dirigeants désignés dans les statuts de la SAS) des sociétés bénéficiaires (art. L 236-9, I, L 236-21, al. 1, R 236-6 et R 236-18 ; no 83188), l'article R 236-18 précisant que ce rapport doit mentionner l'établissement du rapport des commissaires à la fusion sur la valeur des apports en nature et des avantages particuliers (no 83500) et le fait qu'il sera déposé au greffe ;
– les documents à tenir à la disposition des associés ou actionnaires avant la décision collective ou l'assemblée appelée à statuer sur l'opération (art. R 236-4 et R 236-17 ; no 83190).

Comme en cas de fusion, si le contrat d'apport contient des dispositions qui portent atteinte aux droits des titulaires d'une **catégorie particulière d'actions,** il doit, dans les SA et les SCA, être soumis à la ratification d'une assemblée spéciale de ces titulaires (art. L 236-9, I-al. 2 sur renvoi de l'art. L 236-21, al. 1 ; art. L 225-99 et L 228-17) ou, dans les SAS, auxquelles l'article L 228-17 est applicable, mais non l'article L 225-99, des associés titulaires d'actions de préférence consultés selon les modalités prévues par les statuts (no 67856).

En cas de fusion entre sociétés par actions, l'article L 236-9, II permet à l'assemblée générale de la société absorbante de **déléguer** au conseil d'administration ou au directoire (aux dirigeants) le **pouvoir** de décider une fusion-absorption ou d'en déterminer les modalités définitives (no 83265). Cette faculté est également ouverte en cas de scission (art. L 236-21, al. 1 modifié par la loi 2024-364 du 22-4-2024 ayant rétabli cette faculté pour les projets signés depuis le 24-4-2024). 83502

Lorsque la société scindée a émis des **valeurs mobilières donnant accès au capital,** les titulaires de ces valeurs mobilières exercent leurs droits dans les sociétés bénéficiaires des apports dans les conditions visées nos 74410 s. (art. L 228-101). 83503

SOCIÉTÉS BÉNÉFICIAIRES NOUVELLES

Chacune des sociétés nouvelles qui reçoit une fraction du patrimoine de la société scindée doit être constituée selon les règles propres à la forme de société adoptée (art. L 236-2, al. 3 et L 236-19). Cette disposition appelle les remarques suivantes en ce qui concerne les SARL et les SA. 83510

SARL nouvelles Lorsque les SARL nouvelles sont constituées avec des apports provenant non seulement de la société scindée, mais aussi d'autres personnes morales ou physiques, ou encore lorsque la scission ne concerne que des SARL, peu important que les SARL nouvelles soient constituées sans autre apport que ceux effectués par la SARL scindée, la procédure normale de constitution des SARL doit être respectée. Ainsi, les statuts des sociétés nouvelles doivent être signés par les représentants de la société scindée et les autres associés après dépôt des fonds représentatifs des apports en numéraire, s'il en existe, et rapport d'un commissaire aux apports désigné à l'unanimité des fondateurs ou, à défaut, par décision de justice. 83511

Lorsque la scission ne concerne que des sociétés par actions et/ou des SARL et que chacune des SARL nouvelles est constituée sans autre apport que celui effectué par la société scindée, les associés de la société scindée agissent de plein droit en qualité de fondateurs de chacune des sociétés nouvelles et les parts sociales représentant le capital de ces sociétés leur sont directement attribuées. Pour le surplus, les règles ordinaires de constitution des SARL sont applicables, y compris l'intervention d'un commissaire aux apports (art. L 236-20 modifié par loi 2024-364 du 24-5-2024 et art. L 236-22, al. 1 et 3). 83512

83513 **Sociétés par actions nouvelles** En principe, les règles indiquées nos 37800 s., 55580 s. et 60090 s. à l'occasion de l'étude des modalités de constitution des SA, des SCA et des SAS avec apports en nature sont applicables.

Toutefois, lorsque la scission ne concerne que des sociétés par actions et/ou des SARL, et que chacune des sociétés par actions nouvelles est constituée sans autre apport que celui de la société scindée, les projets de statuts de ces sociétés nouvelles sont approuvés par la collectivité des associés ou l'assemblée générale extraordinaire de la société scindée et il n'y a pas lieu à approbation de l'opération par l'assemblée générale de chacune des sociétés nouvelles ; si les actions de chacune des sociétés nouvelles sont attribuées aux associés ou actionnaires de la société scindée proportionnellement à leurs droits dans le capital de cette société, il n'y a pas lieu à établissement des rapports des dirigeants et des commissaires à la scission (art. L 236-20 et L 236-22, al. 1, 2 et 4 modifiés par loi 2024-364 du 22-4-2024).

Ces dispositions appellent les mêmes remarques qu'en cas de fusion par création d'une société nouvelle sans autres apports que ceux des sociétés fusionnées (nos 83330 s.).

3. PUBLICITÉ DE LA SCISSION

83540 À l'issue des décisions collectives ou des assemblées constatant la réalisation de la scission, il convient de procéder aux formalités de publicité suivantes :

– pour la société scindée, formalités prévues en cas de dissolution, sous réserve d'adaptation (no 83370) ;

– pour les sociétés bénéficiaires des apports, formalités prévues en cas de modification des statuts si ces sociétés ont été constituées avant la scission et formalités prévues en cas de constitution s'il s'agit de sociétés nouvelles issues de la scission.

83541 Comme en cas de fusion, lors de l'immatriculation ou de l'inscription modificative au RCS et au RNE, il convient de mentionner la dénomination, la forme et le siège social de toutes les sociétés ayant participé à l'opération (art. R 123-56, 1, R 123-69, 3° et R 123-263).

Sur la publicité spéciale des apports de fonds de commerce, voir no 83840.

Comme en cas de fusion, une déclaration de conformité doit être établie par toutes les SA ou SE ayant participé à l'opération (nos 83373 s.).

C. Exécution des apports partiels d'actifs

1. ADOPTION FACULTATIVE DU RÉGIME DES SCISSIONS

83620 La société qui apporte une partie de son actif et, le cas échéant, une partie de son passif et la ou les sociétés bénéficiaires des apports existantes ou nouvelles peuvent soumettre, d'un commun accord, cet apport partiel d'actifs au régime des scissions (art. L 236-27, al. 1).

Il s'agit là d'une simple faculté qui, très généralement **en pratique,** n'est utilisée qu'en cas de **transmission d'une branche complète d'activité.** En effet, les apports partiels d'actifs ne peuvent bénéficier du régime fiscal de faveur que s'ils portent sur une branche complète d'activité ou sur des éléments assimilés et non pas sur des éléments isolés à moins que l'opération n'ait bénéficié d'un agrément administratif préalable (CGI art. 210 B et ann. II art. 301 E).

En outre, la Cour de cassation nous avait paru lier implicitement la transmission universelle de patrimoine résultant d'un apport partiel d'actifs à l'apport d'une branche d'activité (Cass. com. 16-2-1988 : Bull. civ. IV no 69 ; Cass. com. 5-3-1991 : RJDA 7/91 no 605 ; Cass. com. 23-6-2004 no 02-13.115 F-D : JCP E 2004 no 1774 note A. Viandier ; Cass. com. 3-3-2021 no 19-11.582 F-D : RJDA 8-9/21 no 576). Toutefois, la définition actuelle de l'apport partiel d'actifs donnée par l'article L 236-27, al. 1 nous conduit à penser que désormais, et d'un strict point de vue juridique, l'option pour le régime des scissions et l'effet de transmission universelle de patrimoine qui lui est lié peuvent concerner un apport partiel d'actif isolé.

Lorsque les sociétés n'adoptent pas le régime des scissions, c'est le régime des augmentations de capital (ou des constitutions si la bénéficiaire est une société nouvelle) avec apports en nature qui est seul applicable.

> **Précisions** **a.** En matière fiscale, le **régime de faveur** est attaché, non pas à l'adoption du régime juridique des scissions, mais au simple fait que l'opération porte sur une branche complète d'activité de sorte qu'il est applicable même si les parties ont renoncé à la faculté qui leur est

offerte par l'article L 236-27. À l'inverse, il est possible de placer l'opération sous le régime juridique des scissions tout en renonçant au régime fiscal de faveur.
Il n'y a pas apport partiel d'actifs au sens du droit européen (Dir. 90/434 du 23-7-1990 devenue Dir. 2009/133 du 19-10-2009) lorsqu'une transaction prévoit le maintien, chez l'apporteuse, du produit d'un emprunt important contracté par cette société et le transfert à la bénéficiaire de l'apport des obligations y afférentes (CJCE 15-1-2002 aff. 43/00 : RJF 4/02 n° 458).
b. Avant de réaliser une opération emportant le transfert d'un ensemble d'actifs et de passifs constitutif d'une branche d'activité et soumise au régime juridique des scissions, les sociétés concernées doivent prendre en compte les conséquences fiscales liées aux articles 743-1 s. du plan comptable général, imposant dans un certain nombre d'hypothèses la **transcription des apports aux valeurs comptables.**
c. Comme en matière de fusion et pour les mêmes raisons (n° 82605), il n'est pas interdit de **rémunérer les associés de l'apporteuse par des actions autodétenues** par la bénéficiaire de l'apport antérieurement à la décision d'apport. Cette possibilité est en outre expressément admise par l'administration (BOI-IS-FUS-20-10 n°s 80 et 90).

SOCIÉTÉS POUVANT OPTER POUR LE RÉGIME DES SCISSIONS

L'option pour le régime des scissions peut être utilisée en cas d'apports partiels d'actifs **entre toutes les formes de sociétés commerciales** (art. L 236-27). 83621

FORMALISME DE L'OPTION POUR LE RÉGIME DES SCISSIONS

Il est d'usage de mentionner dans le traité d'apport l'option pour le régime des scissions. Bien que non expressément prévue par les textes, cette mention permet de constater l'accord des parties pour soumettre l'apport partiel d'actifs au régime des scissions et évite des contentieux. 83622
Il a ainsi été jugé :
– qu'il appartient au juge de rechercher même d'office si le traité d'apport a été placé sous le régime des scissions (Cass. 3e civ. 16-1-2008 n° 04-20.218 : RJDA 8-9/08 n° 918 ; Cass. com. 26-5-2009 n° 08-16.417 : RJDA 8-9/09 n° 747) ;
– que la preuve de cet accord peut résulter du seul choix de la procédure prévue par la loi (art. L 236-18 à L 236-26) (CA Versailles 3-10-1996 : RJDA 1/97 n° 60) ;
– que, dans un cas où une société mère avait fait apport de la totalité de ses actifs à trois de ses filiales, bien que l'un des trois traités d'apport n'ait pas précisé l'option pour le régime des scissions, les trois apports devaient néanmoins être soumis à ce régime. En effet, de nombreuses clauses du troisième traité étaient identiques à celles des deux premiers et révélaient un accord pour une substitution complète dans les droits et obligations concernant les actifs cédés (CA Paris 13-5-2005 n° 03-15724 : Bull. Joly 2005 p. 1364 note J.-J. Daigre).
À défaut de preuve d'un tel accord, la transmission universelle ne peut pas intervenir et l'apport est traité comme un apport pur et simple entraînant notamment l'obligation de signifier la transmission du bail au propriétaire des locaux (CA Paris 27-2-1992 : RJDA 6/92 n° 588).

APPORTS PARTIELS D'ACTIFS SOUMIS AU RÉGIME SIMPLIFIÉ

L'apport partiel d'actifs réalisé entre sociétés par actions et/ou SARL dont l'une est **filiale à 100 %** de l'autre bénéficie d'un régime simplifié (art. L 236-28, al. 1 modifié par loi 2024-364 du 22-4-2024) : lorsque la société qui apporte une partie de son actif détient la totalité des parts ou des actions représentant la totalité du capital de la ou des sociétés bénéficiaires de l'apport (apport réalisé par la société mère au profit de filiale à 100 %) ou que la société bénéficiaire de l'apport détient la totalité des parts ou des actions représentant la totalité du capital de la société qui apporte une partie de son actif (apport réalisé par la filiale à 100 % au profit de sa mère), il n'y a lieu ni à approbation de l'opération par l'assemblée générale extraordinaire des sociétés participant à l'opération sauf demande des associés minoritaires de la société apporteuse formée dans les mêmes conditions qu'en cas de fusion (n° 83280), ni à établissement des rapports des dirigeants et du commissaire à la scission ou aux apports (art. L 236-28 et R 236-8). Ce régime simplifié est applicable aux apports réalisés entre sociétés dont la totalité des actions – ou, à notre avis, des parts sociales même si le texte ne le mentionne pas – représentant la totalité du capital est détenue par une même société, c'est-à-dire en cas d'apport entre sociétés sœurs (art. L 236-28, al. 1 modifié par loi 2024-364). 83625

ATTENTION

Ce régime simplifié ne peut être mis en œuvre que si la **condition de détention** de la totalité des parts ou actions représentant la totalité du capital est remplie **en permanence,** depuis le dépôt au greffe du projet d'apport jusqu'à la réalisation de l'opération (art. L 236-28, al. 1).

SCISSIONS PARTIELLES

83626 Le projet d'apport partiel d'actifs soumis au régime des scissions peut prévoir que les parts ou actions de la société apporteuse, de la ou des sociétés bénéficiaires ou à la fois de l'apporteuse et de la ou des bénéficiaires représentant la contrepartie de l'apport seront attribuées directement aux associés ou actionnaires de la société apporteuse (art. L 236-27, al. 2). Le projet doit alors indiquer la répartition envisagée, au bénéfice de ceux-ci, des parts ou actions soit des bénéficiaires, soit de l'apporteuse, soit à la fois des bénéficiaires et de l'apporteuse, attribuées en contrepartie de l'apport, ainsi que les critères sur lesquels cette répartition est fondée ; si l'attribution est réalisée soit par réduction de capital, soit par imputation sur les capitaux propres de l'apporteuse, il convient de préciser les modalités comptables de l'opération (art. R 236-19, II).

› **Précisions** **a.** Est ainsi **consacré dans le Code de commerce** le mécanisme de la scission partielle défini par la directive 2009/133 du 19 octobre 2009 comme l'opération par laquelle une société transfère, sans être dissoute, une ou plusieurs branches d'activité à une ou plusieurs sociétés préexistantes ou nouvelles, en laissant au moins une branche d'activité dans la société apporteuse, en échange de l'attribution à ses associés, au prorata, de titres représentatifs du capital des sociétés qui bénéficient des éléments d'actif et de passif et, éventuellement, d'une soulte en espèces ne dépassant pas 10 % de la valeur nominale ou, à défaut de valeur nominale, du pair comptable de ces titres. Comme l'indique le rapport au Président de la République sur l'ordonnance 2023-393 du 24 mai 2023, ce mécanisme n'était jusqu'alors pas consacré au niveau national et contraignait les praticiens à procéder en deux étapes successives, à savoir un apport partiel d'actifs suivi, par exemple, d'une distribution en nature par la société apporteuse à ses actionnaires.

b. Concernant la première des mentions précitées à faire figurer dans le projet, l'indication tenant à « la répartition envisagée » et aux « critères sur lesquels cette répartition est fondée » pourrait être entendue comme ouvrant la voie à une **attribution de parts ou d'actions** aux associés ou actionnaires de la société apporteuse **non proportionnelle** à leurs droits dans le capital de l'apporteuse (C. Barillon, Réforme du droit des fusions, scissions et apports partiels d'actifs entre sociétés commerciales : JCP E 2023 n° 1183 § 21 s., qui relève toutefois qu'une telle attribution conduirait à porter atteinte au droit de propriété des associés de l'apporteuse). Il nous semble que l'article R 236-19, II doit être lu à la lumière de l'article L 236-27, al. 2 qui, on l'a vu, permet d'attribuer aux associés de l'apporteuse, dans le cadre d'une scission partielle, des parts ou actions de la ou des sociétés bénéficiaires ou des parts ou actions de la société apporteuse ou encore à la fois des parts ou actions de l'apporteuse et de la ou des bénéficiaires. Ainsi, la mention à faire figurer dans le projet consisterait à indiquer la répartition envisagée entre les parts ou actions de l'apporteuse et/ou celles de la ou des bénéficiaires et à préciser les critères ayant fondé le choix opéré.

c. Les règles de **comptabilisation** des scissions partielles sont fixées par les articles 747-1 et 747-2 du plan comptable général. Pour des précisions sur cette question, voir Mémento Fusions et acquisitions n°s 9510 et 9700 s.

2. DÉROULEMENT DES APPORTS PARTIELS D'ACTIFS

CONTRAT D'APPORT

83630 Les représentants de la société apporteuse et ceux de la société bénéficiaire doivent établir un **projet** de contrat d'apport contenant l'indication de la branche d'activité apportée, la désignation des éléments actifs et passifs dont la transmission est prévue ainsi que la plupart des autres mentions requises par l'article R 236-1, al. 2 s. (voir n° 83090) (art. R 236-19, I).

Les parties peuvent **exclure certains biens** ou dettes de la branche d'activité apportée, sous réserve d'en faire mention dans le contrat d'apport et à condition que ce retrait n'aboutisse pas à vider de sa substance cette branche d'activité et soit régulièrement publié (Cass. com. 21-2-1995 : RJDA 6/95 n° 718). L'exclusion doit être sans équivoque.

ILLUSTRATIONS

Dans un cas où une société apporteuse, qui exerçait une action en concurrence déloyale en défense d'une de ses agences, avait prétendu que cette agence n'était pas incluse dans l'apport, cette exclusion n'était pas suffisamment établie par les éléments suivants : l'agence n'était jamais citée dans les annexes du contrat d'apport comportant la liste des agences ; l'extrait du RCS relatif à la nouvelle dénomination de l'apporteuse mentionnait diverses enseignes dont celle de cette agence (Cass. com. 7-10-2008 n° 07-17.731 : RJDA 12/08 n° 1263).

83631 Si, parmi les biens **apportés,** figurent des **actions de la société bénéficiaire** des apports, celle-ci peut les conserver à condition qu'elle ne détienne pas plus de 10 % de son propre capital (art. L 225-213).

La détention par une société de ses propres actions est en effet licite, sous certaines conditions (examinées nos 69050 s.), lorsque l'acquisition de ces actions résulte d'une transmission de patrimoine à titre universel, ce qui suppose notamment que l'apport partiel d'actifs soit soumis au régime des scissions.

Publicité du projet Le projet de contrat d'apport doit faire l'objet des mêmes mesures de publicité que celles prévues en cas de scission (nos 83100 s.). 83632

COMMISSAIRE « À LA SCISSION »

Lorsque l'apport partiel d'actifs ne concerne que des sociétés par actions et/ou des SARL, les dirigeants sociaux doivent demander au président du tribunal de commerce statuant sur requête la désignation d'un commissaire qui devra présenter aux associés ou actionnaires de la société apporteuse comme à ceux de la ou des sociétés bénéficiaires un rapport sur les modalités de l'opération, dans les mêmes conditions qu'en cas de scission (nos 83450 s.) (art. L 236-10, L 236-20, L 236-21, al. 2 et L 236-27, al. 1 modifiés par loi 2024-364 du 22-4-2024). 83633

L'**intervention** du commissaire à la scission peut être **écartée** lorsque les associés ou actionnaires de toutes les sociétés participant à l'opération le décident à l'unanimité sous réserve de l'obligation de désigner ou de faire désigner un commissaire aux apports (art. précités).

Elle est écartée lorsque l'apport partiel d'actifs est réalisé au profit d'une société nouvelle et sous réserve que les parts ou actions de cette société soient attribuées aux actionnaires ou associés de la société apporteuse proportionnellement à leurs droits dans le capital de celle-ci (art. L 236-22, al. 1 et 2 et L 236-27, al. 1 ; sur l'intervention d'un commissaire aux apports dans ce cas, voir no 83451).

L'intervention du commissaire à la scission est aussi écartée lorsque la bénéficiaire détient la totalité des actions ou des parts sociales représentant la totalité du capital de l'apporteuse ou lorsque l'apporteuse détient la totalité des actions ou des parts représentant la totalité du capital de la bénéficiaire, ou encore lorsqu'une même société détient la totalité des actions ou, à notre avis, des parts, même si le texte ne le précise pas, représentant la totalité du capital de la société apporteuse et de la ou des sociétés bénéficiaires (art. L 236-28, al. 1 modifié par loi 2024-364 du 22-4-2024).

SITUATION DE LA SOCIÉTÉ APPORTEUSE

Le projet d'apport partiel d'actifs doit être soumis aux associés ou actionnaires de la société apporteuse statuant dans les conditions requises pour la modification des statuts. 83634

Comme en cas de scission, l'assemblée générale ou la collectivité des associés ne peuvent en principe statuer (art. L 236-9, L 236-10, L 236-20, L 236-21, al. 2 et L 236-27, al. 1 modifiés par loi 2024-364 du 22-4-2024) :

– si l'apport partiel d'actifs ne concerne que des sociétés par actions, qu'après examen du rapport du conseil d'administration ou du directoire, du gérant ou encore du président ou des dirigeants désignés par les statuts (no 83188) ;

– si l'apport partiel d'actifs ne concerne que des sociétés par actions et/ou des SARL, qu'après examen du rapport du commissaire à la scission (nos 83450 s.).

Ces obligations sont toutefois écartées si l'apport partiel d'actifs est réalisé par une société par actions et/ou une SARL au profit d'une autre société par actions et/ou SARL qui détient la totalité des actions ou des parts représentant la totalité de son capital ou dont elle détient la totalité des actions ou parts représentant la totalité de son capital ou encore lorsqu'une même société détient la totalité des actions ou, à notre avis, des parts, même si le texte ne le précise pas, représentant la totalité du capital de la société apporteuse et de la ou des sociétés bénéficiaires (art. L 236-28, al. 1 modifié par loi 2024-364).

Dans les sociétés par actions, les associés ou actionnaires de l'apporteuse doivent avoir communication, 30 jours au moins avant l'assemblée ou la date de la décision collective, des documents énumérés par l'article R 236-4 (no 83190). Dans les SARL, le rapport du commissaire à la scission doit être mis à la disposition des associés, au siège social, 30 jours au moins avant la date de l'assemblée appelée à se prononcer sur le projet ; en cas de consultation écrite, ce rapport doit être adressé aux associés avec le projet de résolution qui leur est soumis (art. R 236-4, dernier al. et R 236-17).

Sur les droits des titulaires de valeurs mobilières donnant accès au capital, voir no 74420.

SITUATION DE LA SOCIÉTÉ BÉNÉFICIAIRE DES APPORTS

Société bénéficiaire existante Si la société bénéficiaire de l'apport partiel d'actifs est une société existante, il convient de suivre les mêmes règles qu'en cas de scission selon les sociétés participant à l'opération et sauf dispense, intervention d'un commissaire à la 83635 scission, rapport du conseil d'administration, du directoire ou des dirigeants, communication aux associés ou actionnaires d'informations particulières concernant les sociétés participantes, réunion d'une assemblée générale extraordinaire ou décision collective des associés, etc. (nos 83500 s.).

Dans le cas, exceptionnel en pratique, où l'apport partiel d'actifs porterait atteinte aux droits d'une catégorie d'associés ou actionnaires de la société bénéficiaire, l'opération devrait être approuvée par une assemblée spéciale de ces actionnaires ou, dans les SAS, auxquelles l'article L 228-17 est applicable mais non l'article L 225-99, par ces associés consultés selon les modalités prévues par les statuts (n° 67856).

83636 **Société bénéficiaire nouvelle** Si la société bénéficiaire des apports est une société nouvelle, les règles exposées nos 83510 s. à propos des scissions au profit de sociétés nouvelles sont applicables.

83637 L'apport partiel d'actifs peut être fait à une **société unipersonnelle** (EURL ou Sasu), la société apporteuse conservant en portefeuille la totalité des parts ou actions émises par la société nouvelle en contrepartie de l'apport.

La société nouvelle est alors constituée sans autre apport que celui de la société apporteuse. Si l'apport ne concerne que des sociétés par actions et/ou des SARL, une décision collective ou l'assemblée générale des associés ou actionnaires de l'apporteuse doit donc approuver les statuts de la Sasu ou de l'EURL (cf. art. L 236-20, L 236-22 et L 236-27, al. 1 modifiés par loi 2024-364 du 22-4-2024).

PROTECTION DES CRÉANCIERS DES SOCIÉTÉS PARTICIPANTES

83638 Sur la protection des créanciers **non obligataires,** voir n° 83933 ; sur celle des créanciers **obligataires,** voir nos 83980 s.

SECTION 3

CONSÉQUENCES DES FUSIONS, SCISSIONS ET APPORTS PARTIELS D'ACTIFS

A. Transmission universelle de patrimoine

PRINCIPE

83800 Les **fusions** et les **scissions** entraînent la transmission universelle du patrimoine de la société qui disparaît (société absorbée, fusionnée ou scindée) au profit des sociétés existantes ou nouvelles qui le recueillent en tout ou en partie (art. L 236-3, I et L 236-18). Ces sociétés se substituent à la société absorbée ou scindée dans tous les biens, droits ou obligations de cette dernière.

83802 L'effet de transmission universelle de patrimoine résultant d'un **apport partiel d'actifs** soumis au régime des scissions est également consacré dans le Code de commerce par l'article L 236-27, al. 1 lorsqu'il vise « la société qui apporte une partie de son actif et, le cas échéant, une partie de son passif à une ou plusieurs sociétés existantes ou nouvelles ».

Sauf dérogation expresse prévue dans le traité d'apport, il en est ainsi même s'il s'agit de biens, droits et obligations qui ne figurent pas dans le traité par suite d'une erreur, d'un oubli ou de toute autre cause (Cass. com. 4-2-2004 n° 261 : RJDA 6/04 n° 713 ; Cass. com. 12-2-2013 n° 11-23.895 : RJDA 5/13 n° 418) ; mais il faut qu'ils soient compris dans la branche apportée (Cass. com. 3-6-2003 n° 915 : RJDA 3/04 n° 311 ; Cass. com. 20-1-2015 n° 14-10.010 : RJDA 4/15 n° 275).

BIENS ET DROITS TRANSMIS

83805 La transmission universelle intervient de plein droit et porte même sur les biens de la société absorbée qui, par suite d'une erreur, d'un oubli ou pour toute autre cause, ne figureraient pas dans le traité de fusion.

Cette transmission a vocation à s'appliquer à tous droits et biens.

Exemples de biens et de droits transmis
Droit de se constituer partie civile contre le dirigeant de fait de la société absorbée poursuivi en abus de biens sociaux pour s'être indûment fait rembourser des frais par cette dernière (Cass. crim. 25-5-1987 : Bull. crim. nº 215 ; voir aussi Cass. crim. 7-4-2004 nº 2017 : RJDA 10/04 nº 1118)
Droit d'une société de crédit-bail à se prévaloir des formalités de publicité effectuées par la société qu'elle a absorbée pour obtenir la restitution d'une machine auprès du preneur mis en redressement judiciaire, même si la modification de l'identité du propriétaire n'a pas été publiée en marge de l'inscription existante (Cass. com. 5-7-2005 nº 1042 : RJDA 12/05 nº 1370)
Droit de se prévaloir de la garantie de passif bénéficiant à l'absorbée, en l'absence de stipulations contraires et bien que la clause n'ait pas été mentionnée dans le traité de fusion (Cass. com. 10-7-2007 nº 05-14.358 : RJDA 1/08 nº 45)
Droit de se prévaloir d'une déclaration de franchissement de seuils effectuée par l'absorbée au titre de l'acquisition des actions transmises par l'effet de la fusion (Cass. com. 26-3-2008 nº 06-20.156 : RJDA 6/08 nº 665)
Dès la date d'effet de la fusion, qualité pour agir en paiement d'une créance de l'absorbée (Cass. com. 7-7-2021 nº 19-11.906 F-D : RJDA 11/21 nº 720 ; Cass. com. 30-11-2022 nº 20-19.184 F-B : RJDA 2/23 nº 85) et qualité de partie aux instances antérieurement engagées par l'absorbée ainsi que droit de se prévaloir des condamnations prononcées au profit de celle-ci (Cass. com. 21-10-2008 nº 07-19.102 : RJDA 2/09 nº 104)
Droit à indemnisation au titre du refus de concours de la force publique, sans avoir à renouveler la demande présentée contre l'État par l'absorbée avant l'opération de fusion (CE 28-11-2008 nº 301548 : RJDA 3/09 nº 227)
Autorisation administrative (relative au calcul de la durée du travail dans une entreprise de transport routier de marchandises) délivrée par l'inspecteur du travail à l'absorbée, cette autorisation continuant à bénéficier à la nouvelle personne morale employeur jusqu'à son éventuel retrait (Cass. soc. 6-10-2010 nº 08-42.728 : RJDA 1/11 nº 44)

Le principe de la transmission universelle est étendu, en vertu d'une disposition expresse de l'article 220 quinquies, II du CGI, à la créance sur le Trésor détenue par la société absorbée du fait du report en arrière de ses déficits (Mémento Fiscal nº 39565). Le bénéfice du régime fiscal de faveur des marchands de biens n'est transmis à l'absorbante que si elle a respecté l'engagement de revente pris par l'absorbée, et la transmission de l'immeuble à l'absorbante du fait de la fusion ne peut pas être assimilée à une revente (Cass. com. 7-4-2010 nº 09-65.899 : RJDA 7/10 nº 745). 83810

Exceptions La transmission universelle ne saurait porter sur des **biens** qu'une disposition légale a rendus **intransmissibles** (cf. Cass. com. 23-4-1976 : Rev. sociétés 1977 p. 69 note Y. Guyon à propos d'un bail rural ; Cass. 3e civ. 29-2-2012 nº 10-27.259 : RJDA 5/12 nº 502 à propos d'un mandat de syndic). 83811

Elle ne peut pas non plus porter sur une **garantie autonome** : sauf convention contraire, cette garantie, qui ne suit pas l'obligation garantie, n'est pas transmise en cas de scission (ou de fusion) de la société qui en bénéficie (Cass. com. 31-1-2017 nº 15-19.158 FS-PBRI : RJDA 4/17 nº 250).

L'intransmissibilité peut aussi résulter de la volonté des parties exprimée dans l'acte ou du caractère **« intuitu personae »** des contrats conclus, c'est-à-dire fondés sur la personnalité de celui qui doit exécuter la prestation convenue. La reprise de tels contrats par la société absorbante est subordonnée à l'accord du cocontractant (en ce sens, à propos d'un contrat d'agent commercial, Cass. com. 29-10-2002 nº 1720 : RJDA 3/03 nº 263 ; à propos d'un contrat d'agent revendeur, Cass. com. 13-12-2005 nº 1668 : RJDA 4/06 nº 413 ; à propos d'un contrat de franchise, Cass. com. 3-6-2008 *nos 06-18.007 et 06-13.761 : RJDA 12/08 nº 1262* et Cass. com. 24-11-2009 nº 08-16.428 : RJDA 4/10 nº 371 ; à propos de l'application à l'occasion d'un apport partiel d'actifs de la clause prévue dans un contrat de crédit-bail, Cass. com. 6-9-2011 nº 10-21.079 : Bull. Joly 2012 p. 54 note X. Vamparys). À l'inverse, l'absorbante ne peut pas se prévaloir de ce qu'un contrat a été conclu par la société absorbée en considération de la personne de son cocontractant pour en écarter la reprise (Cass. com. 8-11-2017 nº 16-17.296 F-D : RJDA 2/18 nº 129, rendu pour une transmission universelle résultant de la dissolution sans liquidation d'une société unipersonnelle, mais transposable à une fusion).

La règle de principe selon laquelle les **contrats administratifs** sont incessibles sans l'accord préalable de l'autorité administrative compétente entraîne la nécessité d'obtenir cet accord en cas de fusion ou de scission (solution transposable aux apports partiels d'actifs), faute de quoi la transmission du contrat serait inopposable à l'administration qui pourrait même le résilier. La notion de contrat administratif incessible est large (cf. CJUE 13-4-2010 aff. 91/08 : Dr. adm. 2010 n° 109 ; Avis CE 8-7-2000 n° 364803 ; Rép. Nègre : Sén. 1-7-2010 n° 12375).

83812 **Transmission des cautionnements** En cas de **dissolution,** par l'effet d'une fusion ou d'une scission, **de la société absorbée** dont le **paiement des créances** est **garanti par un cautionnement,** la caution demeure tenue pour les créances nées avant que l'opération ne soit devenue opposable aux tiers (C. civ. art. 2318, al. 1 ; Cass. com. 18-12-1984 : Bull. civ. IV n° 351 ; Cass. com. 22-2-2017 n° 14-26.704 F-D : RJDA 5/17 n° 340).

Mais la caution ne garantit celles nées postérieurement que si elle y a consenti à l'occasion de la fusion ou de la scission (C. civ. art. 2318, al. 1 ; Cass. com. 30-6-2009 n° 08-10.719 : RJDA 11/09 n° 967 ; Cass. com. 16-9-2014 n° 13-17.779 : RJDA 1/15 n° 19) ou, pour les opérations affectant la société créancière, si elle s'est engagée par avance à maintenir son engagement (C. civ. art. 2318, al. 1).

> **Précisions** **a.** Une caution qui s'est engagée envers une banque par la suite absorbée a **manifesté sa volonté** de s'engager envers la banque absorbante en lui payant les sommes réclamées pour des dettes nées après la fusion (Cass. com. 25-9-2019 n° 18-13.686 F-D : RJDA 1/20 n° 20).
> **b.** Les règles dégagées ci-dessus sont applicables au **sous-cautionnement,** l'obligation de la sous-caution n'étant maintenue pour la garantie du paiement des créances nées postérieurement à l'opération de restructuration (en l'espèce, un apport partiel d'actifs soumis au régime des scissions) que dans le cas d'une manifestation expresse de volonté de cette sous-caution de garantir les dettes du débiteur envers la société bénéficiaire de la transmission (Cass. com. 8-3-2017 n° 15-14.290 F-D : RJDA 8-9/17 n° 587).
> **c.** Les **apports partiels d'actifs,** même soumis au régime des scissions, ne sont pas visés par l'article 2318 du Code civil puisqu'ils n'entraînent pas la dissolution de la société créancière. Mais les tribunaux leur appliquent les solutions dégagées en matière de fusion ou de scission lorsque la transposition est possible malgré l'absence de dissolution des sociétés parties à l'opération (voir Cass. com. 8-3-2017 précité).

DETTES TRANSMISES

83813 La société absorbante ou bénéficiaire des apports est responsable des dettes de la société absorbée ou scindée, y compris celles qui ne seraient pas mentionnées dans le traité de fusion ou de scission. Il appartient au juge du fond d'apprécier les dettes transmises.

83814 **Amendes pénales** La société absorbante est responsable des amendes et frais de justice auxquels la société absorbée a été condamnée, puisque cette dernière n'est pas liquidée (cf. C. pén. art. 133-1).

Selon la **Cour de justice de l'UE,** l'absorbante peut aussi être condamnée pénalement pour des infractions commises par l'absorbée avant la fusion : une fusion entraîne la transmission à l'absorbante de l'obligation de payer une amende infligée par décision définitive après cette fusion pour des infractions (en l'espèce, au droit du travail) commises auparavant par l'absorbée. En effet, la fusion entraîne non seulement la transmission universelle de l'ensemble du patrimoine actif et passif de l'absorbée à l'absorbante, mais aussi la disparition de l'absorbée (Dir. 2017/1132 du 14-6-2017 art. 105) ; or, si l'obligation de payer l'amende n'était pas transmise comme élément du passif de celle-ci, sa responsabilité pénale serait éteinte, ce qui serait contraire à la nature même d'une fusion. Si le transfert de responsabilité pénale était écarté, la fusion constituerait un moyen pour une société d'échapper aux conséquences des infractions qu'elle a commises (CJUE 5-3-2015 aff. 343/12 : RJDA 7/15 n° 496 et chron. Ch. Soulard p. 491).

La chambre criminelle de la **Cour de cassation** a retenu la même solution : en cas de fusion-absorption entrant dans le champ de la directive 2017/1132 – fusion à laquelle sont parties des sociétés par actions –, l'absorbante peut être condamnée à une peine d'amende ou de confiscation pour une infraction commise par l'absorbée avant l'opération (Cass. crim. 25-11-2020 n° 18-86.955 FS-PBI : RJDA 2/21 n° 96 et avis R. Salomon p. 87 ; voir aussi B. Dondero, Fusion : imputation de la responsabilité pénale de l'absorbée à l'absorbante : BRDA 24/20 inf. 24). Elle a étendu cette solution au cas où une SARL en absorbe une autre (Cass. crim. 22-5-2024 n° 23-83.180 FS-B : RJDA 8-9/24 n° 459 précisant que la solution – raisonnablement prévisible depuis l'arrêt du 25-11-2020 – est applicable aux fusions-absorptions conclues après cette date ; la solution est transposable, à notre avis, aux fusions-absorptions par des SNC ou des SCS). Le juge pénal peut également condamner toute société absorbante, qu'elle entre ou non dans le champ de la directive, à tout type de peine pour des faits délictueux commis par l'absorbée lorsque, en fraude à la loi, la fusion a eu pour objectif de faire échapper cette dernière à sa responsabilité pénale (Cass. crim. 25-11-2020 précité ; Cass. crim. 13-4-2022 nº 21-80.653 FS-B : RJDA 8-9/22 nº 481, selon lequel le juge doit procéder, au besoin d'office, à des investigations pour s'assurer de l'absence de fraude).

› Précisions **a.** La chambre criminelle estime que la **continuité** économique et fonctionnelle **de la personne morale** conduit à ne pas considérer l'absorbante comme distincte de l'absorbée (Cass. crim. 25-11-2020 et Cass. crim. 22-5-2024 précités), de sorte que l'article 6 de la convention européenne de sauvegarde des droits de l'Homme, garantissant le droit à un procès équitable, ne s'oppose pas à ce que l'article 121-1 du Code pénal (nul n'est responsable pénalement que de son propre fait) soit interprété comme permettant que la première soit condamnée pour une infraction commise par la seconde avant la fusion (Cass. crim. 25-11-2020 précité).

b. Il résulte des solutions dégagées par la chambre criminelle que, en cas de fraude, l'absorbante n'encourt pas uniquement une peine d'amende ou de confiscation mais toutes les peines énumérées à l'article 131-39 du Code pénal, parmi lesquelles figurent notamment la dissolution de la société ou l'exclusion des marchés publics.

c. En cas d'absorption d'une société ayant été déclarée préalablement coupable d'un délit, l'absorbante, qui vient aux droits et obligations de l'absorbée, peut être condamnée par le juge pénal à payer des **dommages-intérêts** aux parties civiles (Cass. crim. 28-2-2017 nº 15-81.469 FS-PB : RJDA 7/17 nº 464).

d. En cas de condamnation au pénal de deux sociétés suivie de l'absorption de l'une par l'autre, l'**appel** formé par la société absorbante à l'encontre de sa condamnation s'étend à la condamnation de la société absorbée dès lors qu'il ne résulte d'aucune mention de l'acte d'appel que l'absorbante ait limité l'objet et les effets de son appel à la seule déclaration de culpabilité la concernant, à l'exclusion de celle relative aux faits commis par l'absorbée avant la date de son absorption (Cass. crim. 29-4-2025 nº 24-81.555 FS-B : RJDA 7/25 nº 373).

Sanctions administratives Le **Conseil d'État** a jugé que le principe de la personnalité des poursuites et des sanctions (Convention européenne de sauvegarde des droits de l'Homme art. 6) ne fait pas obstacle à ce que, en cas de **fusion-absorption,** l'AMF prononce une sanction pécuniaire à l'encontre d'une société absorbante pour manquement à ses obligations professionnelles par une société absorbée (CE 30-5-2007 nº 293423 : RJDA 2/08 nº 151 ; CE 17-12-2008 nº 316000 : RJDA 4/09 nº 358, 2e esp.). Mais ce principe fait obstacle à ce que l'autorité disciplinaire ordonne la publication de la sanction pécuniaire infligée à l'absorbante en raison de manquements commis par une autre société qu'elle a entre-temps absorbée (CE 17-12-2008 précité). Plus récemment, le Conseil d'État a indiqué que, compte tenu des objectifs de prévention et de répression de la fraude et de l'évasion fiscale auxquels répondent les pénalités fiscales, ce principe ne fait pas obstacle à ce que, à l'occasion d'une fusion **ou** d'une **scission,** ces sanctions soient mises à la charge de l'absorbante, d'une nouvelle société créée pour réaliser la fusion ou de sociétés issues de la scission en raison des manquements commis, avant l'opération, par la société absorbée, fusionnée ou scindée (Avis CE 4-12-2009 nº 329173 : RJDA 3/10 nº 248). 83816

La chambre commerciale de la **Cour de cassation** a d'abord jugé que, en application du principe de la personnalité des peines, la société issue d'une scission ne saurait devoir répondre des **manquements à des règlements administratifs** pécuniairement sanctionnés commis par la société scindée, dès lors que la scission n'a pas été réalisée dans le but avéré d'éluder toute poursuite (Cass. com. 15-6-1999 : RJDA 8-9/99 nº 949, à propos d'un manquement à l'ancien règlement COB 90-02 mais précisant qu'il en est ainsi « en l'absence de dispositions dérogatoires expresses »). Puis elle a jugé qu'une entreprise dont les moyens humains et matériels ont concouru à la mise en œuvre d'une **entente** ou d'un **abus de domination illicite** peut faire l'objet de sanctions pécuniaires tant qu'elle conserve une personnalité juridique, indépendamment de la cession desdits moyens matériels et humains ; elle en a déduit qu'une société qui en a absorbé une autre peut valablement se voir infliger des sanctions pécuniaires en raison d'une entente illicite commise par l'absorbée, et ce, bien que celle-ci ait cédé tous ses actifs à une filiale après avoir commis les agissements anticoncurrentiels (Cass. com. 20-11-2001 nº 1915 : JCP E 2002 p. 1146 note Arcelin). On peut toutefois penser que, ce faisant, la Cour de cassation n'a pas renoncé à la règle qu'elle *avait précédemment adoptée et que sa décision* est dictée par la primauté de la jurisprudence européenne qui retient cette solution. Peu après, elle a jugé que l'assiette de la sanction avait pu être calculée sur la base du chiffre d'affaires de l'absorbante au jour où le Conseil de la concurrence avait statué (Cass. com. 28-1-2003 nº 191 : RJDA 6/03 nº 652).

Plus récemment, elle a jugé que les principes énoncés par la jurisprudence des juridictions de l'UE relative à la détermination de l'entité devant supporter la sanction infligée pour **violation des règles de concurrence de l'UE** sont seuls applicables pour déterminer l'entité tenue de réparer le préjudice causé par une telle violation. Or, il ressort de cette jurisprudence qu'il incombe à la personne physique ou morale qui dirigeait l'entreprise en cause au moment où l'infraction a été commise de répondre de celle-ci, même si, au jour de la décision constatant l'infraction, l'exploitation de l'entreprise a été placée sous la responsabilité d'une autre personne. En effet, si des entreprises, responsables du préjudice causé par une infraction aux règles de concurrence de l'UE, pouvaient échapper à leur responsabilité par le simple fait que leur identité a été modifiée par suite de restructurations, de cessions ou d'autres changements juridiques ou organisationnels, l'objectif poursuivi par ces règles ainsi que l'effet utile desdites règles seraient compromis. Il en résulte que la personne morale qui dirigeait l'exploitation de l'entreprise en cause est tenue de réparer le préjudice causé par un abus de position dominante lorsqu'elle continue d'exister juridiquement. Ainsi, dans le cadre d'un **apport partiel d'actifs,** la société apporteuse qui a enfreint les règles européennes et nationales de la concurrence, qui exploitait l'entreprise en cause au moment où l'infraction a été commise et qui n'a pas disparu doit répondre des conséquences indemnitaires de cette infraction, sans préjudice de l'application des conventions entre apporteuse et bénéficiaire de l'apport dans le cadre de leurs relations (Cass. com. 20-3-2024 n° 22-11.648 FS-B : RJDA 8-9/24 n° 489).

83817 **Dettes diverses** L'**amende civile** pour pratique commerciale abusive prévue par l'article L 442-6 s'applique à toute entreprise indépendamment du statut juridique de celle-ci ; le principe de la personnalité des peines ne s'oppose pas à ce qu'elle soit imputée à une société qui a absorbé celle qui est l'auteur des faits (Cass. com. 21-1-2014 n° 12-29.166 : RJDA 4/14 n° 385 et chron. J. Riffault-Silk p. 283 ; Cons. const. 18-5-2016 n° 2016-542 QPC : RJDA 8-9/16 n° 649 ; CEDH 1-10-2019 n° 37858/14 : RJDA 3/20 n° 148).

Le caractère personnel d'une **astreinte** ne s'oppose pas à ce que sa liquidation puisse être poursuivie à l'encontre d'une société absorbante pour des faits commis par l'absorbée avant la fusion (Cass. 2e civ. 1-9-2016 n° 15-19.524 F-PB : RJDA 1/17 n° 19).

En sa qualité d'ayant cause universel, l'absorbante peut se voir opposer l'**autorité de la chose jugée** à l'égard de l'absorbée (Cass. com. 18-2-2004 n° 356 : RJDA 7/04 n° 823, à propos d'une condamnation au paiement d'une somme d'argent ; Cass. soc. 13-5-2014 n° 12-29.012 : RJS 7/14 n° 586, à propos de l'admission de la créance d'un salarié dans le cadre de la vérification du passif de l'absorbée mise en redressement judiciaire).

L'absorbante peut être tenue de **remettre en état un site** que l'absorbée avait cessé d'exploiter et vendu avant la fusion (CE 10-1-2005 n° 252307 : RJDA 10/05 n° 1110).

En présence d'une scission, il appartient aux juges du fond d'apprécier si la société ou l'établissement issu de cette scission a repris le **risque d'accident du travail** ou de maladie professionnelle (Cass. 2e civ. 10-9-2009 n° 08-15.510 : RJS 2/10 n° 215).

> **Précisions** Si les dettes de responsabilité de l'absorbée pour des faits commis par celle-ci avant la fusion sont transmises à l'absorbante, l'**assurance de responsabilité** souscrite par cette dernière avant la fusion ne les garantit pas, sauf clause contraire du contrat d'assurance (Cass. 3e civ. 26-11-2020 n° 19-17.824 FS-PBI : RJDA 3/21 n° 172).

TRANSMISSION RÉSULTANT D'UN APPORT PARTIEL D'ACTIFS

83819 **Effets pour la société bénéficiaire de l'apport** Il résulte de la transmission universelle qu'une société bénéficiaire d'un apport partiel d'actifs soumis au régime des scissions comprenant une créance litigieuse peut se prévaloir de la décision de justice reconnaissant à la société apporteuse la qualité de créancier pour **déclarer** la **créance** au passif du redressement judiciaire du débiteur, peu important que cette décision ait été rendue après la réalisation de l'apport (Cass. com. 15-11-2017 n° 16-20.168 F-D : RJDA 2/18 n° 128).

Il s'ensuit également que la société bénéficiaire peut interjeter **appel** d'une décision condamnant la société apporteuse dans un litige concernant la branche d'activité qui a fait l'objet de l'apport (Cass. com. 16-2-1988 : Bull. civ. IV n° 69 ; Cass. 2e civ. 25-10-1995 n° 1409 : RJDA 2/96 n° 225 ; Cass. com. 3-3-2021 n° 19-11.582 F-D : RJDA 8-9/21 n° 576). Elle acquiert de plein droit la qualité de partie aux instances précédemment engagées par l'apporteuse à laquelle elle se trouve ainsi substituée, notamment en ce que celle-ci a comparu ; par suite, l'appel qu'elle a formé au-delà du délai de deux ans à compter du jugement qui n'a pas été notifié est irrecevable (application de l'article 528-1 du CPC), peu important que le jugement ait été rendu au profit de l'apporteuse après la réalisation de l'apport (Cass. 2e civ. 7-1-2010 n° 08-18.619 : Bull. Joly 2010 p. 361 note X. Vamparys).

> **Précisions** **a.** *Un* **actif** *(ou une dette)* **non mentionné dans le traité** est également transféré à la *société bénéficiaire* lorsqu'il est visé dans la demande d'octroi du régime fiscal de faveur présentée à l'administration fiscale (CA Paris 4-2-2014 n° 12/16545 : RJDA 5/14 n° 439, à propos d'un pacte d'actionnaires déclaré de ce fait « transmissible » à la société mentionnée comme bénéficiaire dans cette demande).
> **b.** Sur l'absence de **valeur probante d'un listing** dactylographié énumérant les créances prétendument objet de l'apport, voir Cass. com. 14-12-2004 n° 1814 : RJDA 4/05 n° 388.

Effets pour la société apporteuse L'apporteuse ne peut plus être poursuivie pour des **fautes** qu'elle a personnellement commises dans le cadre de l'activité apportée (Cass. com. 10-12-2003 : RJDA 3/04 n° 312). Les actions en responsabilité nées de cette branche d'activité, notamment les actions nées du manquement de l'apporteuse à son obligation de sécurité à l'égard des salariés, doivent être dirigées contre la bénéficiaire de l'apport, y compris pour les créances nées d'un contrat de travail rompu avant la conclusion du traité d'apport (Cass. soc. 10-12-2014 n° 13-22.430 : RJDA 2/15 n° 101, 1e esp.). 83820

Toutefois, dans le cadre spécifique d'une action en reconnaissance de la faute inexcusable de l'employeur fondée sur les dispositions de l'article L 452-4 du Code de la sécurité sociale, l'action peut être dirigée contre l'apporteuse. En effet, même soumis au régime des scissions, l'apport partiel d'actifs ne fait pas disparaître la personne morale qui avait été l'employeur, lequel demeure responsable sur son patrimoine personnel des conséquences de sa faute (Cass. 2e civ. 17-3-2011 n° 09-17.439 F-PB : RJDA 5/11 n° 426) : le salarié peut donc agir contre l'apporteuse ou contre la bénéficiaire. Par exception, l'article L 1224-2 du Code du travail s'oppose à ce qu'une telle action soit dirigée contre le nouvel employeur pour des pathologies antérieures au transfert du contrat de travail dans les cas de transfert sans convention entre les employeurs successifs (changement de titulaire de marché, en l'espèce) (Cass. 2e civ. 17-9-2015 n° 14-24.534 F-PB : RJS 12/15 n° 751).

Cas où la transmission universelle est écartée Il n'y a pas transmission universelle en cas de **dérogation expresse** prévue par les parties dans le traité d'apport, de communauté ou de confusion d'intérêts, ou de fraude (Cass. com. 5-3-1991 n° 638 : RJDA 7/91 n° 605 ; Cass. com. 23-6-2004 n° 1013 : JCP E 2004.1774 note A. Viandier ; Cass. com. 22-2-2005 n° 302 : RJDA 6/05 n° 708 et, sur renvoi, CA Versailles 23-5-2006 n° 05-2450 : RJDA 4/07 n° 362). 83821

La dérogation doit être précise : ainsi, la clause d'un traité d'apport prévoyant que les créances clients sont transmises pour une valeur brute et nette identique n'implique pas que sont seules transmises les créances non provisionnées, c'est-à-dire les créances non douteuses (Cass. com. 31-3-2015 n° 14-16.339 : RJDA 6/15 n° 424).

Comme le souligne la Cour de cassation (« droits, biens et obligations pour la branche d'activité faisant l'objet de l'apport », Cass. com. 5-3-1991 précité), la transmission universelle ne concerne que les obligations afférentes à la branche d'activité apportée (Cass. com. 3-6-2003 n° 915 : RJDA 3/04 n° 311 ; cf. Cass. com. 4-2-2004 n° 261 : RJDA 6/04 n° 713).

CONSEIL

En cas d'apports partiels d'actifs, la transmission universelle est en pratique susceptible d'entraîner des controverses quant à l'**étendue exacte** des biens, droits et obligations transférés ou, au contraire, conservés par la société apporteuse. Les parties agiront prudemment en indiquant avec précision ces biens, droits et obligations dans le contrat d'apport.

Certaines de ces obligations peuvent exceptionnellement être écartées de l'apport sous réserve qu'il en soit fait mention dans le traité d'apport (pour un exemple de clause limitant les dettes transférées à la société bénéficiaire de l'apport, voir Cass. com. 21-2-1995 : RJDA 6/95 n° 718). Mais, dans ce cas, le régime fiscal de faveur est subordonné à la délivrance d'un agrément du ministre chargé du budget (n° 84415).

Lorsque les deux sociétés sont unies par une communauté ou une **confusion d'intérêts,** la société apporteuse peut être poursuivie en paiement des dettes transmises à la société bénéficiaire de l'apport, car elle s'est alors personnellement obligée en créant aux yeux des tiers l'apparence de son engagement (voir n° 81101). Cette situation ne doit pas être assimilée à la **confusion des patrimoines** qui justifie l'ouverture d'une procédure collective à l'encontre des deux sociétés confondues (art. L 621-2, al. 2, L 631-7, al. 1 et L 641-1, I-al. 1). 83822

Quant à la **fraude,** elle résultera de la preuve que les deux sociétés ont réalisé l'apport partiel d'actifs pour permettre à l'apporteuse d'échapper au paiement de ses créanciers (pour une décision écartant l'existence d'une telle fraude, voir CA Versailles 23-5-2006 n° 05-2450 : RJDA 4/07 n° 362).

Cette fraude peut aussi intervenir à l'égard de la bénéficiaire, par exemple lorsque l'existence d'un litige en cours lui a été dissimulée par l'apporteuse qui doit alors supporter seule les conséquences dommageables de ce litige (Cass. com. 18-10-1994 : Bull. Joly 1994 p. 1300 note A. Couret).

OPPOSABILITÉ AUX TIERS DE LA TRANSMISSION DU PATRIMOINE

Opposabilité soumise à formalités Les apports de certains biens ne sont opposables aux tiers qu'après accomplissement de formalités particulières (nos 2112 s.). 83830

Ces formalités doivent être respectées en cas de fusion, de scission ou d'apport partiel d'actifs.

Ainsi, l'apport d'un immeuble doit être publié au service chargé de la publicité foncière, l'apport de brevets ou de marques à l'Inpi (pour des exemples à propos d'une transmission de marques, voir CA Paris 12-12-1997 : RJDA 4/98 nº 435 ; CA Paris 13-10-2004 nº 04-7508 : RJDA 3/05 nº 266).

De même, une société qui reçoit en apport des titres nominatifs ne peut opposer aux tiers son droit sur ces titres qu'après avoir demandé l'inscription de leur transfert à son profit (Cass. com. 13-12-1967 : Bull. civ. III nº 416).

› Précisions Dans un cas où une demande de **transmission d'un brevet** à la société absorbante avait été déposée par la société absorbée qui n'avait plus d'existence légale, et non pas par un représentant de l'absorbante, la publication opérée au registre national des brevets a été déclarée sans effet (Cass. com. 14-3-2006 nº 334 : Dr. sociétés 2006 nº 76 note H. Hovasse).

83831 **Opposabilité non soumise à formalités** Il a été jugé que « la société absorbante vient activement et passivement au lieu et place de la société absorbée » et qu'en conséquence les règles concernant les cessions de créances (C. civ. art. 1322 s.) ou l'agrément des cessions de parts de SARL ne sont pas applicables aux apports-fusions portant sur de tels biens (Cass. com. 19-4-1972 : D. 1972 p. 538 ; Cass. civ. 25-4-1974 : Gaz. Pal. 1974 II p. 635 ; Cass. 2e civ. 11-5-1977 : Bull. civ. II nº 124 ; Cass. com. 1-6-1993 nº 1003 : RJDA 7/93 nº 622 ; Cass. 2e civ. 12-7-2001 nº 1390 : JCP E 2003 nº 281 note J.-J. Daigre). Cette solution doit être étendue au cas où dans l'actif apporté figurent des actions de SA ou de SAS dont la cession est soumise à agrément.

Il a aussi été jugé que ces règles ne sont pas applicables aux créances comprises dans un apport partiel d'actifs soumis au régime des scissions portant sur une branche d'activité, cette opération entraînant transfert d'une universalité de biens et non pas simplement cession de créances (Cass. com. 15-3-1994 nº 738 : RJDA 6/94 nº 658 ; voir aussi Cass. 2e civ. 12-7-2001 : Bull. civ. II nº 137).

› Précisions **a.** Un apport partiel d'actifs comportant une créance a pour effet, lorsqu'il est soumis au régime des scissions, d'investir la société bénéficiaire de l'apport de tous les avantages et accessoires de la créance transmise, telle une **hypothèque.** L'apport emporte une modification de la personne du titulaire de l'inscription d'hypothèque n'aggravant pas la situation du débiteur. En conséquence, la transmission de l'hypothèque est opposable à ce dernier sans que la bénéficiaire ait à mentionner l'apport en marge de l'inscription (Cass. 3e civ. 17-11-2010 nº 09-70.452 : RJDA 2/11 nº 151). De même, une inscription d'hypothèque dont était titulaire une société absorbée peut valablement être renouvelée par l'absorbante sans mentionner le changement d'identité du créancier sur le bordereau de renouvellement (Cass. 3e civ. 11-10-2006 nº 1041 : RJDA 3/07 nº 263).

Toutefois, dans le cas où la société créancière bénéficiaire d'une hypothèque est absorbée avant la mise en liquidation judiciaire de son débiteur, le liquidateur n'a pas à délivrer à l'absorbante l'avertissement d'avoir à déclarer sa créance, destiné aux créanciers titulaires de sûretés publiées, dès lors que le livre foncier mentionne comme créancier l'absorbée ; en effet, le liquidateur n'est pas juge de la régularité des inscriptions et peut se fier aux mentions du livre foncier (Cass. com. 17-4-2019 nº 17-27.058 F-PB : RJDA 8-9/19 nº 574). Les créanciers hypothécaires parties à une opération de restructuration doivent veiller à la mise à jour des mentions du livre foncier.

b. Des **copies exécutoires à ordre** ont été considérées comme transmises à la bénéficiaire par l'effet de l'opération d'apport partiel d'actifs soumis au régime des scissions sans qu'il soit nécessaire de respecter les formalités d'endossement prévues par la loi 76-519 du 15 juin 1976 (Cass. com. 5-10-2004 nº 00-21.955 : RJDA 3/05 nº 267 ; pour une solution identique rendue en matière de fusion, Cass. com. 13-3-2024 nº 21-20.417 F-B : RJDA 7/24 nº 396).

c. Si l'absorbée détient des titres grevés d'un **nantissement,** l'absorbante est substituée de plein droit à l'absorbée sans que la mainlevée du créancier gagiste soit nécessaire ; en effet, le transfert opéré par la fusion ne constitue pas un acte de disposition des titres nantis qui relèverait de l'article L 211-20, IV du Code monétaire et financier (Communication Ansa, comité juridique nº 21-017 du 5-5-2021, qui précise que le créancier gagiste bénéficie seulement du droit d'opposition prévu par les dispositions de droit commun des fusions).

d. Sur l'opposabilité au bailleur du transfert du **droit au bail** des locaux où s'exerce l'activité des sociétés absorbées, scindées ou apporteuses, voir nos 84040 s.

TRANSMISSION DU FONDS DE COMMERCE

83840 L'article L 141-21 relatif aux ventes et nantissements de fonds de commerce prévoit une publicité spéciale à l'apport du fonds. Cette formalité est écartée en cas de fusion entre sociétés par actions et/ou SARL ou, pour les opérations ne concernant que des sociétés par *actions et/ou des SARL*, en cas de scission ou d'apport partiel d'actifs soumis au régime des scissions (art. L 141-21 et art. L 141-22 et, sur renvoi, art. L 236-8 s., art. L 236-20 modifié par loi 2024-364 du 22-4-2024 et art. L 236-27).

L'article L 141-22 prévoit pour sa part une procédure de déclaration des créances au greffe du tribunal de commerce du lieu de situation du fonds, conditionnée par l'accomplissement de cette publicité spéciale, pouvant aboutir soit à la nullité de la transmission du fonds, soit à la solidarité de l'apporteur et du bénéficiaire de l'apport du fonds à l'égard des créanciers de l'apporteur. Cette procédure n'est toutefois pas applicable lorsque le créancier bénéficie du régime de solidarité prévu par le droit des fusions, scissions ou apports partiels d'actifs soumis au régime des scissions (sur ce régime, voir nos 83930 s.).

Sur l'éventuel **droit de préemption des communes,** voir no 84068.

B. Date d'effet de la fusion, de la scission ou de l'apport partiel d'actifs

SOCIÉTÉS EXISTANTES

Lorsque la fusion, la scission ou l'apport partiel d'actifs soumis au régime des scissions ne concerne que des sociétés existantes, elle prend effet, en principe, à la date de la dernière assemblée générale ou de la dernière décision collective ayant approuvé l'opération. Toutefois, le contrat de fusion, de scission ou d'apport peut prévoir une date d'effet différente pourvu que celle-ci ne soit (art. L 236-4, 2°, L 236-19 et L 236-27, al. 1) : 83870

– ni antérieure à la date de clôture du dernier exercice clos de la société absorbée, scindée ou apporteuse, en cas d'**effet rétroactif** ;

– ni postérieure à la date de clôture de l'exercice en cours de la ou des sociétés bénéficiaires, en cas d'**effet différé.**

La clause de rétroactivité n'a d'**effet qu'entre les sociétés parties** à l'opération. Elle ne concerne pas les tiers, qui ne peuvent pas s'en prévaloir et qui doivent s'en tenir à la date de réalisation définitive de l'opération, celle à laquelle s'opère la transmission universelle du patrimoine (Cass. com. 23-3-1999 no 702 : RJDA 6/99 no 678 ; Cass. com. 29-1-2002 no 219 : RJDA 5/02 no 505 ; CA Orléans 18-11-2004 no 03-3103 : RJDA 2/05 no 145).

ILLUSTRATIONS

Une caution est tenue envers l'absorbante des sommes dues à l'absorbée en vertu d'un contrat de crédit-bail, même si la dette est devenue exigible pendant la période intercalaire (Cass. com. 23-3-1999 précité).

Pour des précisions sur les dates d'effet fiscal et comptable des opérations de fusion, scission et apport partiel d'actifs auxquelles participent des sociétés existantes, voir Mémento Fiscal no 39470 et Mémento Fusions et acquisitions nos 10505 s.

SOCIÉTÉS NOUVELLES

Un effet rétroactif (ou un effet différé) ne peut être donné à la fusion, à la scission ou à l'apport partiel d'actifs soumis au régime des scissions que si les sociétés bénéficiaires sont des sociétés existantes (cf. art. L 236-4, 2°, L 236-19 et L 236-27, al. 1). Elle doit donc être écartée lorsque l'opération est réalisée au profit d'une ou de plusieurs sociétés nouvelles. Il n'en reste pas moins que, même dans ce cas, un certain délai s'écoule nécessairement entre la date d'arrêté des comptes ayant servi de base à l'opération et la date de réalisation définitive de celle-ci. Pendant ce délai, le patrimoine de la société absorbée, scindée ou apporteuse évolue et cette évolution doit être constatée par des écritures comptables dans les livres de la société bénéficiaire, même si celle-ci est une société nouvelle. 83871

Lorsque l'opération entraîne création d'une ou de plusieurs sociétés nouvelles (c'est-à-dire dont la création résulte de l'opération), elle prend effet à la date d'**immatriculation au RCS** de la nouvelle société ou de la dernière d'entre elles (art. L 236-4, 1°, L 236-19 et L 236-27, al. 1).

Il n'y a pas société nouvelle dans le cas, fréquent en pratique, où il est procédé à la constitution et à *l'immatriculation préalables* d'une « **société coquille** ». Dans ce cas, il convient d'appliquer le régime propre aux opérations concernant des sociétés existantes : la fusion, la scission ou l'apport peut alors être réalisé avec un effet rétroactif remontant jusqu'à la date d'ouverture de l'exercice en cours de la société absorbée, scindée ou apporteuse même si, pensons-nous, la société absorbante ou bénéficiaire n'était pas encore immatriculée à cette date. Pour une opinion contraire à propos d'un apport partiel d'actifs, voir Bull. CNCC 1995 p. 204.

Par ailleurs, le Conseil d'État a jugé que les dispositions ci-dessus ne font obstacle ni à ce que les parties à une opération entrant dans le champ d'application de l'article L 236-4 lui donnent effet à une date antérieure à celle à laquelle la personnalité de la société nouvelle est acquise, ni à ce que cet effet rétroactif soit pris en compte sur le plan fiscal. Cet effet peut rétroagir fiscalement à une date antérieure à l'acquisition de la personnalité morale par la société bénéficiaire dans la limite du jour d'ouverture de l'exercice au cours duquel elle a été immatriculée au RCS, cette clause de rétroactivité restant sans incidence sur le bilan de clôture du dernier exercice arrêté par la société apporteuse (CE 29-6-2011 n° 317212 : RJF 10/11 n° 1036 ; BOI-IS-FUS-40-10-20 n°s 60 et 70).

PÉRIODE INTERCALAIRE

83880 La réalisation d'une fusion ou d'une scission, voire d'un apport partiel d'actifs soumis au régime des scissions, entraîne l'accomplissement de formalités complexes impliquant des délais relativement longs. Une période de plusieurs mois s'écoule ainsi entre la date à laquelle ont été arrêtées les bases de l'opération (consistance et évaluation du patrimoine transféré, établissement du rapport d'échange des actions ou parts) et la date de réalisation définitive de l'opération (dernière décision collective ou dernière des assemblées ayant approuvé l'opération).

Or, pendant cette période intercalaire, la société appelée à disparaître poursuit ses activités : la consistance de son actif et de son passif s'en trouve nécessairement modifiée de telle sorte que, au jour de la réalisation définitive de l'opération, la situation de la société n'est plus la même qu'au jour de l'arrêté du « bilan de fusion ». La valeur des titres devant être émis par la société absorbante ou bénéficiaire des apports peut, elle aussi, évoluer et pas forcément dans le même sens. Il en résulte que l'évaluation des apports et le calcul des parités risquent d'être remis en cause au moment de la réalisation définitive de l'opération.

83881 Mais la loi dispose que le patrimoine des sociétés absorbées, scindées ou apporteuses est transmis aux sociétés bénéficiaires « dans l'état où il se trouve à la date de réalisation définitive de l'opération » (art. L 236-3, I, L 236-19 et L 236-27, al. 1).

Cette règle a pour conséquence que la société absorbante ou les sociétés bénéficiaires doivent recueillir le patrimoine de la ou des sociétés qui disparaissent tel qu'il est au jour de la réalisation définitive de l'opération, quelle que soit la date à laquelle ont été évalués les biens apportés ; sauf décision contraire de la collectivité des associés ou des assemblées appelées à statuer sur l'opération, les parités d'échange des droits sociaux fixées dans le projet de fusion, de scission ou d'apport demeurent inchangées même si les actifs nets des sociétés en cause ont varié pendant la période intercalaire.

Il n'est pas nécessaire de réunir les associés ou actionnaires des sociétés absorbée, scindée ou apporteuse pour leur soumettre le bilan et les comptes des opérations réalisées au cours de la période intercalaire (cf. Rép. Cornet : AN 26-11-1975 n° 23088).

83882 **Du point de vue comptable et financier,** la société bénéficiaire doit reprendre dans ses livres toutes les opérations actives et passives effectuées par la société absorbée, scindée ou apporteuse pendant la période intercalaire.

La « date à partir de laquelle les opérations de la société absorbée ou scindée [ou apporteuse] seront, du point de vue comptable, considérées comme accomplies par la ou les sociétés bénéficiaires des apports » doit d'ailleurs être indiquée dans le projet de fusion, de scission ou d'apport partiel d'actifs (art. R 236-1, R 236-17 et L 236-19). En l'absence de disposition particulière à cet égard, ce texte s'applique à toutes les opérations, y compris celles réalisées au profit d'une ou de plusieurs sociétés nouvelles.

Les créances et dettes réciproques ainsi que les produits et charges réciproques doivent être éliminés en totalité. Il en est de même des profits et pertes ainsi que des plus et moins-values réciproques (PCG art. 752-2 et 752-3).

Pour plus de précisions sur cette obligation, voir Mémento Fusions et acquisitions n°s 10600 s.

83884 **Sur le plan fiscal,** en cas de fusion avec effet rétroactif, la société absorbante peut englober dans ses résultats les bénéfices ou les pertes réalisés par la société absorbée pendant la période intercalaire, à condition que la date d'effet de la fusion ne remonte pas au-delà du premier jour de l'exercice de la société absorbante au cours duquel l'opération est intervenue (Mémento Fiscal n° 39470).

83885 **Existence de pertes pendant la période intercalaire** Selon l'Autorité des normes comptables (PCG art. 751-2 et 751-3), lorsque la valeur donnée aux apports à la date d'effet de l'opération risque de devenir, du fait d'une perte intercalaire, supérieure à la valeur réelle globale de la société à la date de réalisation de l'opération, une **provision pour perte de rétroactivité** doit être constatée au passif pris en charge dans le traité d'apport, réduisant d'autant le montant des apports pour répondre à l'obligation de libération du capital. La société absorbante l'inscrit dans un sous-compte de la prime de fusion, et non en provision pour risques et charges. En effet, elle ne doit pas reprendre en résultat une provision qui n'a jamais été dotée comptablement.

Lors de l'affectation du résultat de l'absorbante, la perte de l'absorbée constatée durant la période intercalaire est imputée sur le sous-compte de la prime de fusion. Après cette imputation, le solde du sous-compte de la prime de fusion est intégré à la prime de fusion.

Toutefois, l'existence d'une perte intercalaire ne conduit pas systématiquement à la constatation d'une provision ; en effet :
– lorsque les apports sont évalués à la valeur réelle, la valeur d'utilité de chacun des apports est estimée en tenant compte des flux de trésorerie futurs. Ces prévisions de trésorerie intègrent nécessairement les résultats prévisionnels des quelques mois entre la date d'effet de la fusion et sa date de réalisation. La perte de rétroactivité est par conséquent déjà intégrée dans l'évaluation des apports. Sauf événements significatifs non prévus durant la période intercalaire, qui remettraient en cause les évaluations faites, la provision pour perte ne se justifie pas dans le traité d'apport aux valeurs réelles ;
– lorsque les apports sont évalués à la valeur comptable, la valeur totale des apports inscrite dans le traité est en général inférieure à la valeur globale de la société absorbée.

À notre avis, cette position, qui était déjà celle de la COB (Bull. COB février 1982 p. 6), est critiquable. 83886
Exiger la constitution d'une « provision » réduisant l'actif net apporté revient à vider de son sens l'article L 236-3, I selon lequel le patrimoine des sociétés absorbées (scindées ou apporteuses) est transmis aux sociétés bénéficiaires « dans l'état où il se trouve à la date de réalisation définitive de l'opération », donc quelles que soient les conséquences, bénéficiaires ou déficitaires, des opérations intervenues sur ce patrimoine pendant la période intercalaire. Ces conséquences ont été par avance acceptées et, le plus souvent, prises en compte pour le calcul du rapport d'échange des titres de la société absorbante contre ceux de l'absorbée.

Comme cela a été démontré (B. Solle, Traitement juridique de la perte subie par la société absorbée durant la 83887
période intercalaire : histoire d'un malentendu : RJDA 5/92 p. 335 s. ; J.-P. Bouère, Fusions et scissions, le problème des résultats intercalaires : JCP E 1992 I n° 163 et 1993 I n° 258), la date à laquelle doit être apprécié l'ensemble de l'opération est celle que, conformément à la loi (art. L 236-4), les parties ont fixée pour la prise d'effet de la fusion (de la scission ou de l'apport partiel d'actifs) et c'est à cette date de prise d'effet, non à celle de l'approbation par les associés ou actionnaires, qu'il convient de se placer pour apprécier si le rapport d'échange est pertinent et si les parts ou actions nouvelles sont libérées.

EFFET DIFFÉRÉ DE L'OPÉRATION

La loi permet expressément de donner à la fusion, à la scission ou à l'apport partiel d'actifs 83900
soumis au régime des scissions une date d'effet postérieure à celle de la dernière assemblée générale (ou de la dernière décision collective) ayant approuvé l'opération pourvu que l'on ne dépasse pas la date de clôture de l'exercice en cours de la ou des sociétés bénéficiaires (art. L 236-4, 2°, L 236-19 et L 236-27, al. 1).

En pratique, cet effet différé est assez rare lorsqu'il s'agit d'une fusion ; on le rencontre plutôt lors des scissions et, plus encore, en cas d'apport partiel d'actifs soumis au régime des scissions. Il est alors précisé, dans le traité d'apport, que la société bénéficiaire n'aura la jouissance des biens transférés qu'à une date déterminée, le plus souvent celle de la clôture de l'exercice en cours de la société apporteuse. Il ne semble d'ailleurs pas interdit de stipuler un terme (cf. C. civ. art. 1305), l'opération ne prenant effet qu'à la date ainsi fixée, par hypothèse postérieure à celle de l'assemblée générale extraordinaire ou de la décision collective des associés, ce qui permettrait un transfert de propriété lui aussi différé (en ce sens, Communication Ansa, comité juridique n° 04-041 du 5-5-2004), sous réserve toutefois d'un mécanisme permettant de se prémunir contre une éventuelle perte de période intercalaire (cf. n° 83903).

Encore faut-il, nous l'avons vu, que la date ainsi fixée ne soit pas postérieure à la date de clôture de l'exercice en cours de la ou des sociétés bénéficiaires (cf. art. L 236-4).

> **Précisions** En cas de **fusion simplifiée,** où l'opération n'a pas à être approuvée en assemblée générale, rien ne s'oppose, à notre avis, à ce que le traité de fusion fixe la date d'effet de l'opération au premier jour de l'exercice suivant celui au cours duquel le traité a été établi, sous réserve de respecter l'écoulement du délai d'opposition des créanciers (en ce sens, Communication Ansa, comité juridique n° 18-044 du 5-9-2018).

Intérêt de la clause Indépendamment de l'allègement des formalités administratives 83901
liées au transfert d'une ou de plusieurs branches d'activité puisque celles-ci seront faites à la clôture d'un exercice, l'effet différé permet de n'intégrer les résultats afférents à la

branche d'activité apportée dans ceux de la société bénéficiaire qu'à partir de la date où celle-ci en aura la jouissance et de ne faire participer la société apporteuse (ou ses associés ou actionnaires s'il s'agit d'une scission) aux résultats de la bénéficiaire qu'à partir de cette même date. Cet avantage ne produit son plein effet que si les sociétés en cause clôturent leurs exercices sociaux à la même date. Lorsque tel n'est pas le cas, les parties conviennent fréquemment, pour des raisons de commodité, que les parts ou actions émises en contrepartie des apports auront jouissance à compter rétroactivement du premier jour de l'exercice de la bénéficiaire et tiennent compte de cette rétroactivité pour le calcul de la rémunération des apports.

Par ailleurs, en matière de participation du personnel aux résultats de l'entreprise, l'effet différé permet de calculer les droits des salariés pour l'exercice en cours en fonction de leurs régimes respectifs, les salariés attachés à la branche d'activité transférée n'étant soumis au régime de la bénéficiaire qu'à partir de la date d'effet de la scission ou de l'apport partiel.

83902 **Libération des actions nouvelles** Il convient de s'assurer que, compte tenu éventuellement de la prime d'apport, la fraction du capital correspondant aux parts ou actions nouvelles est intégralement libérée à la date de prise d'effet de l'opération. En effet, même si économiquement elle est largement devenue obsolète, la règle de la réalité du capital social, gage des créanciers, reste encore actuellement un des piliers du droit français des sociétés de capitaux.

83903 **Garantie** Dans le cas, fréquent en pratique, où l'apport comprend une masse de biens chiffrée qui constitue un élément déterminant pour la valorisation de cet apport, la société apporteuse doit garantir la société bénéficiaire de l'existence de ces biens ou de leurs équivalents à la date de prise d'effet de l'opération. Il est alors prévu dans le traité d'apport qu'au cas où le chiffre retenu ne se retrouverait pas lors de l'arrêté des comptes à cette date, l'apporteuse devra verser à la bénéficiaire une somme en espèces correspondant à la différence constatée.

Dans le cas, inverse du précédent, où la différence serait positive, il est souvent prévu dans le traité d'apport que le complément ainsi constaté sera porté en prime d'apport.

ATTENTION

Le versement par la bénéficiaire à l'apporteuse d'une somme correspondant à ce complément est déconseillé car il risque d'être considéré comme une soulte susceptible d'entraîner, du point de vue juridique et fiscal, une disqualification de l'opération dès lors que cette soulte dépasserait 10 % de la valeur nominale des parts ou actions attribuées (cf. art. L 236-1, al. 3).

C. Protection des créanciers non obligataires

PRINCIPES

83930 **Fusion** En cas de fusion entre sociétés par actions et/ou SARL, la société absorbante ou nouvelle devient débitrice des créanciers non obligataires de la société absorbée en lieu et place de celle-ci (art. L 236-15, al. 1).

Cette substitution n'emporte pas « novation » de la créance, c'est-à-dire que celle-ci est reprise sans **aucune modification,** notamment quant à ses garanties, ses modalités de remboursement, le taux d'intérêt convenu, etc.

Les **cautions** garantissant les dettes de l'absorbée restent tenues des dettes nées avant que la fusion ne soit devenue opposable aux tiers (C. civ. art. 2318, al. 1). Il en est ainsi même si ces dettes n'étaient pas encore exigibles au moment de la fusion (Cass. com. 16-10-2001 n° 1745 : RJDA 2/02 n° 154 ; Cass. com. 21-1-2003 n° 145 : RJDA 6/03 n° 593 ; Cass. com. 28-6-2017 n° 15-27.605 F-D : RJDA 12/17 n° 809). Mais elles ne garantissent les dettes nées postérieurement que si elles y ont consenti à l'occasion de la fusion (C. civ. art. 2318, al. 1).

ILLUSTRATIONS

En cas de dissolution d'une société par voie de fusion-absorption par une autre société, l'engage*ment de la caution garantit le* paiement de loyers dus par la première demeure pour les obligations nées avant la dissolution de celle-ci. La caution est donc tenue de garantir le paiement des loyers dus en exécution d'un bail souscrit par l'absorbée avant sa dissolution, la dette étant née avant la fusion, peu important qu'elle n'ait pas été exigible à cette date (Cass. com. 8-11-2005 n° 1403 : RJDA 2/06 n° 142, 2e esp.).

Encore faut-il que l'opération ait été régulièrement publiée (Cass. com. 9-12-2008 n° 07-15.977 : Bull. Joly 2009 p. 399 note A. Couret). C'est ainsi qu'une SARL qui avait transféré son activité informatique à une autre société mais qui n'avait pas procédé aux formalités de publicité requises a été tenue du paiement des dettes nées de cette activité antérieurement au transfert (CA Paris 24-5-1984 : BRDA 15/84 p. 18).

La caution qui s'est engagée envers un créancier à garantir toutes les dettes de la société débitrice même futures à hauteur d'un plafond et pour une durée déterminés (**cautionnement** dit « **omnibus** ») est tenue de garantir les dettes envers le même créancier d'une autre société absorbée par la suite par la société débitrice (Cass. com. 28-2-2018 n° 16-18.692 F-PBI : RJDA 5/18 n° 428).

Lorsqu'une société qui s'est portée caution des dettes d'un tiers est par la suite absorbée, toutes les obligations issues du cautionnement sont transmises (C. civ. art. 2318, al. 2). La société absorbante est tenue d'exécuter cet engagement dans les termes de celui-ci (Cass. com. 7-1-2014 n° 12-20.204 : RJDA 4/14 n° 338, à propos d'un sous-cautionnement mais transposable au cautionnement). Peu importe que les dettes cautionnées soient nées avant ou après la fusion : seule compte la date à laquelle a été souscrit le cautionnement. 83931

ATTENTION

La règle, posée en des termes impératifs à l'article 2318, al. 2, selon laquelle « toutes les obligations issues du cautionnement sont transmises » semble rendre inefficaces les stipulations aboutissant à limiter l'engagement de l'absorbante « succédant au patrimoine » de la société absorbée (en ce sens, R. Mortier, Réforme : le sort du cautionnement en cas de fusion (et de TUP) scellé dans le Code civil : Dr. sociétés 2021 comm. n° 132 ; C.-A. Michel, Société et cautionnement : entre clarifications par l'ordonnance du 15 septembre 2021 et perspectives d'évolution : JCP N 2021 n° 1338 § 17).

Scission En cas de scission ne concernant que des sociétés par actions et/ou des SARL, les sociétés bénéficiaires des apports résultant de la scission sont débitrices solidaires des créanciers non obligataires de la société scindée en lieu et place de celle-ci, et sans novation. Le montant maximal de la responsabilité solidaire de toute société concernée par la scission est cependant limité à la valeur, à la date à laquelle la scission prend effet, des actifs nets qui lui sont attribués (art. L 236-20 modifié par loi 2024-364 du 22-4-2024 et art. L 236-25). 83932

Sous réserve de ce plafond, les créanciers de la société scindée peuvent demander le remboursement de leur créance à l'une ou à l'autre des sociétés issues de la scission (étant entendu que la société qui règle une dette incombant à une autre peut ensuite se retourner contre celle-ci).

Il peut toutefois être stipulé que les sociétés bénéficiaires des apports ne seront tenues que de la partie du passif de la société scindée mise à leur charge respective et sans solidarité entre elles (art. L 236-26, al. 1). Sur les conséquences de cette stipulation d'absence de solidarité, voir n° 83951.

> **Précisions** La responsabilité solidaire des sociétés bénéficiaires de la scission s'applique aux éléments de **passif constatés** ou **évalués après la scission** (tels les dommages environnementaux), à condition qu'ils résultent de comportements de la société scindée antérieurs à la scission (CJUE 29-7-2024 aff. 713/22 : RJDA 12/24 n° 653).

Apport partiel d'actifs et scission partielle En cas d'apport partiel d'actifs soumis au régime des scissions y compris en cas de scission partielle (n° 83626), quelle que soit la forme des sociétés commerciales participant à l'opération, la ou les sociétés bénéficiaires des apports et la société apporteuse sont débitrices solidaires des créanciers non obligataires de la société apporteuse sans que cette substitution emporte novation à leur égard (art. L 236-29, al. 1 modifié par loi 2024-364 du 22-4-2024, applicable selon nous sur ce point aux opérations dont le projet a été signé même avant le 24-4-2024, voir n° 82505). Il en résulte que les bénéficiaires deviennent débitrices solidaires des créanciers de l'apporteuse, la société apporteuse restant toutefois solidairement tenue envers ceux-ci. Cette interprétation rejoint la solution retenue par la Cour de cassation, qui avait jugé que la société apporteuse demeure solidairement responsable avec la société bénéficiaire de l'apport en dépit de la lettre du texte applicable aux scissions qui ne visait que les sociétés bénéficiaires (Cass. com. 12-12-2006 n° 1428 : RJDA 3/07 n° 265 ; Cass. com. 8-2-2011 n° 10-12.273 : RJDA 5/11 n° 425 ; CE 9-10-2019 n° 414122 : RJDA 2/20 n° 78 qui, à propos de l'impôt dû sur l'actif apporté et né avant l'apport, précise que, comme la société apporteuse, la société bénéficiaire est recevable à contester cet impôt devant le juge). 83933

Le montant maximal de la responsabilité solidaire des sociétés bénéficiaires est cependant limité à la valeur, à la date à laquelle l'opération prend effet, des actifs nets qui lui sont attribués (art. L 236-29, al. 2 modifié par loi 2024-364).

Il peut toutefois être stipulé que la société apporteuse ne sera pas solidaire des sociétés bénéficiaires et que chaque société bénéficiaire ne sera tenue que de la partie du passif de l'apporteuse correspondant à l'actif qui lui est apporté, sans solidarité entre les bénéficiaires (art. L 236-30). Sur les conséquences de cette stipulation d'absence de solidarité, voir nº 83951.

DROIT D'OPPOSITION DES CRÉANCIERS

83950 Afin de permettre aux créanciers des sociétés par actions et SARL participant à une opération de fusion, de scission ou d'apport partiel d'actifs soumis au régime des scissions de sauvegarder leurs droits, la loi a institué à leur profit un droit d'opposition qui s'exerce dans les conditions ci-après.

> **› Précisions** En cas d'**apport partiel d'actifs,** les créanciers de la société apporteuse peuvent aussi obtenir, par la voie de l'**action paulienne** (C. civ. art. 1341-2) que l'apport leur soit déclaré inopposable (CA Paris 7-1-2020 nº 17/09864 : RJDA 6/20 nº 309 ; CA Douai 16-9-2021 nº 19/00866 : RJDA 3/22 nº 143 écartant toutefois l'inopposabilité, le demandeur n'ayant pas établi que l'apport entraînait une atteinte frauduleuse à ses droits). Cette action n'est pas contraire à la réglementation européenne (CJUE 30-1-2020 aff. 394/18 : RJDA 7/20 nº 372).

83951 **Bénéficiaires du droit d'opposition** Le droit d'opposition est accordé aux créanciers non obligataires de toutes les sociétés participant à une **fusion** entre sociétés par actions et/ou SARL (art. L 236-15, al. 2).

Ce droit leur est également accordé en cas de **scission** entre sociétés par actions et/ou SARL (à notre avis même pour les scissions entre SARL dont le projet a été signé avant le 24 avril 2024 : voir nº 82505) à condition toutefois qu'il ait été stipulé dans le contrat de scission que les sociétés bénéficiaires ne seront tenues que du passif de la société scindée mis à la charge de chacune d'elles et sans solidarité entre elles (art. L 236-26, al. 2). Il résulte des dispositions de l'article L 236-26, al. 2 que le droit de faire opposition à l'opération est ouvert non seulement aux créanciers de la société scindée, mais aussi à ceux des bénéficiaires.

Il en est de même en cas d'**apport partiel d'actifs** soumis au régime des scissions, quelle que soit la forme des sociétés commerciales participant à l'opération, s'il a été stipulé que les sociétés bénéficiaires ne seront tenues que du passif de l'apporteuse mise à leur charge respective et sans solidarité entre elles (art. L 236-30, al. 2).

83952 **Peuvent** seules **faire opposition** les personnes titulaires de créances de sommes d'argent liquides et exigibles (Cass. com. 16-7-1985 : Bull. civ. IV nº 218 ; Cass. com. 15-7-1992 nº 1357 : RJDA 10/92 nº 920 ; Cass. com. 21-1-2004 nº 145 : RJDA 6/04 nº 712), ce qui exclut notamment les créances portant sur une obligation de faire et les créances non encore liquidées.

83953 **Exercice du droit d'opposition** Le droit d'opposition des créanciers non obligataires s'exerce dans les **conditions** suivantes.

1. Seules peuvent former opposition à l'opération les personnes dont la créance est antérieure à la publicité donnée au projet de fusion, de scission ou d'apport (art. L 236-15, al. 2, L 236-26 et L 236-30), c'est-à-dire à la dernière des insertions au Bodacc ou au Balo (si les actions de l'une au moins des sociétés participant à l'opération sont admises aux négociations sur un marché réglementé ou si toutes les actions de l'une d'entre elles au moins ne revêtent pas la forme nominative), ou encore à l'insertion, sur le site internet principal de la société, de l'avis relatif à ce projet (nºs 83101 s.).

2. L'opposition doit être formée dans un délai de 30 jours à compter de la dernière des insertions prévues ci-dessus (art. R 236-11, al. 1).

Faute d'avoir fait opposition dans le délai requis, les créanciers ne peuvent plus contester l'opération (CA Paris 6-12-1984 : Bull. Joly 1985 p. 322).

En revanche, le délai ne court pas lorsque l'insertion mentionne une adresse erronée du siège social de la société absorbée (Cass. com. 4-6-1996 nº 1078 : RJDA 10/96 nº 1201).

3. Contrairement à ce qui est prévu en cas de réduction de capital non motivée par des pertes, l'opposition formée par un créancier n'a pas pour effet d'interdire la poursuite de l'opération (art. L 236-15, al. 4, L 236-26 et L 236-30). Le CCRCS en conclut que le greffe du tribunal saisi d'une demande d'inscription relative à l'opération pendant le délai d'opposition ne peut pas la rejeter (Avis CCRCS 2016-016 du 15-9-2016).

83954 **4.** L'opposition doit être présentée devant le tribunal de commerce (art. R 236-11, al. 3). Bien que le texte ne le précise pas, le tribunal compétent est en principe celui du lieu du siège social de la société débitrice (nº 4240).

L'opposition doit revêtir la forme d'une demande en justice contre la société (Avis CCRCS 2019-007 du 22-11-2019 en matière de dissolution d'une société unipersonnelle mais transposable) introduite par une assignation (cf. Cass. com. 4-6-1996 n° 1078 : RJDA 10/96 n° 1201). Une simple déclaration du créancier au greffe du tribunal ne vaut donc pas opposition (Avis CCRCS précité).

5. Le tribunal saisi de l'opposition peut (art. L 236-15, al. 2, L 236-26 et L 236-30) :
– soit rejeter l'opposition ;
– soit ordonner le remboursement des créances ;
– soit ordonner la constitution de garanties si la société absorbante (ou celle dans le patrimoine de laquelle la dette a été transférée) en offre et si elles sont jugées suffisantes.

L'alternative offerte au juge implique le caractère contradictoire de l'instance ; dans le cas où une opposition se rattachait à un litige latent dans le cadre de procédures contentieuses antérieures introduites en référé par le créancier contre les sociétés parties à un apport partiel d'actifs, l'opposition ne pouvait donc être formalisée que dans le cadre d'une procédure contentieuse et l'intervention volontaire des sociétés apporteuse et bénéficiaire de l'apport a été déclarée recevable (Cass. com. 21-1-2004 n° 145 : RJDA 6/04 n° 712).

6. Si la société ne se soumet pas à la décision lui imposant le remboursement ou la constitution de garanties, la fusion, la scission ou l'apport sera inopposable aux créanciers opposants (art. L 236-15, al. 3, L 236-26 et L 236-30) qui conserveront donc sur le patrimoine apporté à la société absorbante ou bénéficiaire un droit préférentiel à l'égard des créanciers de cette société. Ils pourront recouvrer leur créance en saisissant les fonds de l'absorbante même si celle-ci est en redressement judiciaire (Cass. com. 7-10-2020 n° 19-14.755 FS-PB : RJDA 1/21 n° 24).

Si les créanciers opposants sont ceux de la société absorbante, ou bénéficiaire des apports, ils pourront se faire payer sur les biens de cette société par préférence aux créanciers de la société absorbée, scindée ou apporteuse.

7. Au moment du dépôt au greffe du procès-verbal de fusion, de scission ou d'apport partiel d'actifs soumis au régime des scissions, il n'y a pas lieu de produire au RCS un certificat de non-opposition des créanciers ou tout autre document analogue (Avis CCRCS 01-17 : Bull. RCS 13/2001 p. 17).

DROIT DES CRÉANCIERS AU REMBOURSEMENT IMMÉDIAT

Si les conventions entre la société débitrice et le créancier autorisent ce dernier à exiger le remboursement immédiat de sa créance en cas de fusion, de scission ou d'apport partiel d'actifs soumis au régime des scissions, cette clause pourra être appliquée sans que le créancier ait à former une opposition en justice dans les conditions exposées n° 83950 (art. L 236-15, al. 5, L 236-20 et L 236-27, al. 1). **83960**

Une clause de ce type pourrait être exigée par le bénéficiaire d'un cautionnement consenti par une société dont il craint qu'elle fasse l'objet d'une absorption par une société qui se révélerait moins solvable. Certains bénéficiaires exigent même qu'aucune opération de restructuration ne soit effectuée sans leur accord préalable.

D. Protection des obligataires

OBLIGATAIRES DE LA SOCIÉTÉ ABSORBÉE, SCINDÉE OU APPORTEUSE

En cas de fusion, de scission ou d'apport partiel d'actifs entre sociétés par actions et/ou SARL, la société absorbée, scindée ou apporteuse qui a émis un emprunt obligataire peut adopter l'une ou l'autre des solutions suivantes (art. L 236-14, L 236-23 et L 236-27, al. 1 et art. L 236-20 modifié par loi 2024-364 du 22-4-2024) : **83980**
– soumettre le projet de fusion, de scission ou d'apport à l'assemblée générale des obligataires (voir n°s 72350 s.) ;
– ne pas consulter les obligataires mais leur proposer de les rembourser.

Sur le régime applicable lorsque la société absorbée, scindée ou apporteuse a émis des obligations donnant accès à son capital, voir n°s 74410 s.

Cas où les obligataires sont consultés Deux hypothèses sont à distinguer en fonction du vote des obligataires : **83981**
– **si les obligataires approuvent la fusion, la scission ou l'apport,** ils deviennent, aux mêmes conditions, créanciers obligataires de la société absorbante ou des sociétés bénéficiaires, la décision prise étant opposable à tous, y compris aux absents ou dissidents ;

– **si les obligataires repoussent le projet,** l'opération n'est pas pour autant bloquée. Le conseil d'administration, le directoire ou les gérants, ou encore le président ou les dirigeants désignés dans les statuts dans les SAS peuvent passer outre au refus des obligataires, mais ces derniers ont alors la possibilité de demander en justice soit le remboursement des obligations, soit la constitution de garanties (art. L 228-73 et, sur renvoi, art. L 236-15).

83982 Dans ce second cas, la **procédure** est alors la suivante.

a. La décision du conseil d'administration, du directoire ou des dirigeants de passer outre au refus des obligataires est portée à la connaissance des obligataires selon les modalités prévues au contrat d'émission ; à défaut, elle est publiée dans le support d'annonces légales dans lequel a été inséré l'avis de convocation de l'assemblée des obligataires et, si les obligations de la société sont admises aux négociations sur un marché réglementé ou si elles ne revêtent pas toutes la forme nominative, au Balo (art. R 228-79).

L'insertion au Balo doit mentionner le titre, le lieu et la date du support d'annonces légales dans lequel a été effectuée la première insertion (art. R 228-79, al. 1 sur renvoi de l'art. R 228-80).

b. Les représentants de la masse disposent d'un délai de 30 jours, à compter de la publication de la décision des dirigeants de la société de passer outre au refus des obligataires, pour former opposition, devant le tribunal de commerce, à la fusion, à la scission ou à l'apport (art. R 236-12 et R 236-17).

Les représentants de la masse ne peuvent agir que s'ils en ont reçu mandat par l'assemblée générale des obligataires (art. L 228-73, al. 3).

c. Le tribunal saisi statue sur l'opposition des représentants de la masse de la même manière qu'à l'égard des créanciers ordinaires (art. L 236-15 sur renvoi de l'art. L 228-73) : il décide soit le rejet de l'opposition, soit le remboursement des obligations, soit la constitution de garanties si la société en offre et si elles sont jugées suffisantes (n° 83954).

83983 Les obligataires conservent leur qualité dans la société absorbante ou dans les sociétés bénéficiaires des apports qui doivent supporter la charge du remboursement des obligations (art. L 228-73, al. 2) à moins, bien entendu, que le tribunal n'ait ordonné ce remboursement.

83984 **Cas où les obligataires ne sont pas consultés** Lorsque la société débitrice s'est abstenue de consulter l'assemblée générale des obligataires, elle doit offrir à ces derniers le remboursement de leurs titres sur simple demande de leur part (art. L 236-14, al. 1, L 236-23, al. 1 et L 236-27, al. 1).

La société absorbante ou les sociétés bénéficiaires des apports résultant de la scission ou de l'apport partiel d'actifs (ces dernières étant tenues solidairement) sont débitrices à l'égard des obligataires qui demandent le remboursement (art. L 236-14, al. 2, L 236-20, L 236-23, al. 2 et L 236-27, al. 1).

83985 L'offre de remboursement doit être portée à la connaissance des obligataires selon les modalités prévues au contrat d'émission. Lorsque le contrat d'émission ne prévoit pas ces modalités, elle doit être publiée, d'une part, au Balo, d'autre part, à deux reprises, dans deux supports d'annonces légales du département du siège social, le délai entre les deux insertions étant de dix jours au moins ; au total, la société doit donc alors effectuer cinq insertions (art. R 236-14, al. 1).

En outre, les titulaires d'obligations nominatives doivent être informés de l'offre de remboursement selon les modalités prévues au contrat d'émission ou, à défaut, par lettre simple ou recommandée au choix de la société. Si toutes les obligations sont nominatives, la publicité par insertion au Balo et dans deux supports d'annonces légales est facultative (art. R 236-14, al. 2).

83986 Les obligataires disposent d'un délai de trois mois à compter de la dernière formalité de publicité ou de l'envoi de la lettre prévue ci-dessus pour demander le remboursement de leurs titres (art. R 236-15 et R 236-17). Tout obligataire qui n'a pas demandé son remboursement dans le délai ci-dessus prévu conserve sa qualité dans la société absorbante aux conditions fixées par le contrat de fusion (art. L 236-14, al. 3).

En cas de scission ou d'apport partiel d'actifs soumis au régime des scissions, la loi (art. L 236-23 et L 236-27, al. 1) n'impose pas aux obligataires de la société scindée ou apporteuse de présenter leur demande de remboursement dans un certain délai. Malgré l'illogisme de cette solution, l'absence de précision conduit à admettre que les obligataires pourront à tout moment demander leur remboursement. En effet, la scission, en dispersant entre plusieurs sociétés le patrimoine de la société débitrice, diminue le gage des obligataires ; ceux-ci ne peuvent donc être tenus d'accepter cette situation et de respecter certains délais pour la sauvegarde de leurs droits que si la loi le leur impose explicitement.

OBLIGATAIRES DE LA SOCIÉTÉ ABSORBANTE

Il n'est pas nécessaire de soumettre aux assemblées d'obligataires de la société absorbante ou des sociétés bénéficiaires des apports le projet de fusion, de scission ou d'apport partiel d'actifs soumis au régime des scissions (art. L 236-16, L 236-20, L 236-24 et L 236-27). **84000**

Toutefois, l'assemblée générale des obligataires peut donner mandat aux représentants de la masse de faire opposition à l'opération dans les mêmes conditions et avec les mêmes effets que celle formée par les créanciers ordinaires (art. précités ; nos 83953 s.).

E. Conséquences diverses des fusions, scissions et apports partiels d'actifs

TRANSFERT DES CONTRATS DE TRAVAIL

Les contrats de travail conclus par la **société absorbée ou scindée** existant à la date du transfert sont transmis de plein droit à la société absorbante ou nouvelle, qui doit en respecter l'économie (C. trav. art. L 1224-1), ce qui prive d'effet les licenciements économiques prononcés par le cédant à l'occasion du transfert. **84025**

La société bénéficiaire des apports est tenue vis-à-vis des salariés transférés des obligations qui incombaient à la société apporteuse lors de la réalisation de la fusion, de la scission ou de l'apport partiel d'actifs. Le premier employeur rembourse les sommes acquittées par le nouvel employeur, dues à la date de la modification, sauf s'il a été tenu compte de la charge résultant de ces obligations dans la convention intervenue entre eux (C. trav. art. L 1224-2). Voir Mémento Social nº 74840.

En cas de **transfert partiel d'entreprise** (cas notamment des apports partiels d'actifs), le principe du maintien des contrats de travail s'applique aux seuls emplois rattachés à l'activité transférée (Cass. soc. 17-3-1988 nº 85-45.444 ; Cass. soc. 12-11-1997 nº 95-43.605). En principe, le salarié affecté partiellement au secteur d'activité cédé doit passer au service du nouvel employeur pour la partie de l'activité qu'il consacrait à ce secteur (Cass. soc. 22-6-1993 nº 90-44.705 : RJS 8-9/93 nº 844 ; Cass. soc. 2-5-2001 nº 99-41.960 : RJS 7/01 nº 854 ; Cass. soc. 8-7-2009 nº 08-42.912 : RJS 11/09 nº 835), sauf lorsque la scission de son contrat de travail est impossible, entraîne une détérioration des conditions de travail de l'intéressé ou porte atteinte au maintien de ses droits garantis par la directive 2001/23/CE du 12 mars 2001 (Cass. soc. 30-9-2020 nº 18-24.881 FS-PBRI : RJS 12/20 nº 582). Toutefois, si le salarié consacrait l'essentiel de son activité au secteur cédé, il passe en totalité au service du nouvel employeur (Cass. soc. 30-3-2010 nº 08-42.065 : RJS 6/10 nº 489) et, à l'inverse, le salarié qui n'exerçait pas l'essentiel de son activité dans le secteur cédé reste entièrement au service du cédant (Cass. soc. 21-9-2016 nº 14-30.056 FS-PB : RJS 12/16 nº 761). **84026**

Les salariés protégés (délégués syndicaux, représentants de section syndicale, membres du comité social et économique, représentants syndicaux au comité social et économique, etc.) ne peuvent être compris dans le transfert que sur autorisation de l'inspecteur du travail, celui-ci devant s'assurer que les intéressés n'ont pas fait l'objet d'une mesure discriminatoire (C. trav. art. L 2421-9, al. 1). Si l'autorisation est accordée, le juge judiciaire ne peut, sans violer le principe de séparation des pouvoirs, remettre en cause l'appréciation par l'autorité administrative de l'application de l'article L 1224-1 du Code du travail et le changement d'employeur s'impose au salarié (Cass. soc. 3-3-2010 nº 08-40.895 : RJS 5/10 nº 404, 2e esp.). Si l'autorisation est refusée, l'employeur doit proposer aux salariés concernés un emploi similaire assorti d'une rémunération équivalente dans un autre établissement ou une autre partie de l'entreprise (C. trav. art. L 2421-9, al. 2).

Ces règles ne suppriment pas le droit de la société absorbante ou nouvelle de déterminer ses besoins réels en personnel. C'est pourquoi des **licenciements consécutifs à la fusion** peuvent n'avoir aucun caractère abusif s'ils interviennent dans le cadre d'une réorganisation de l'entreprise et dans le respect des règles prévues par la loi, la convention collective et, éventuellement, le contrat de travail. Encore faut-il que la réorganisation invoquée ait été effectuée pour sauvegarder la compétitivité de l'entreprise ou du secteur d'activité du groupe auquel elle appartient (Cass. soc. 5-4-1995 nº 93-42.690 : RJS 5/95 nº 497 ; Cass. soc. 11-1-2006 **84027** n°s 04-46.201 et 05-40.977 : RJS 3/06 n° 322). Les juges veillent à ce que le recours au licenciement ne constitue pas un détournement de procédure destiné à faire échec au transfert des contrats de travail. De tels licenciements seraient sans cause réelle et sérieuse (Cass. soc. 22-9-1993 n° 91-45.103 : RJS 11/93 n° 1072).

84028 Par ailleurs, les anciens salariés de la société absorbée ou scindée sont soumis à la **convention collective** de leur nouvel employeur, et ce, à compter du jour de la réalisation de la fusion ou de la scission (cf. Cass. soc. 24-1-1996 n° 93-40.745 : RJS 3/96 n° 315 ; Cass. soc. 10-2-2010 n° 08-44.454 : RJS 4/10 n° 361). Une nouvelle négociation doit s'engager dans l'entreprise, à la demande d'une des parties intéressées, dans les trois mois du transfert, soit pour l'adaptation aux dispositions conventionnelles nouvellement applicables, soit pour l'élaboration de nouvelles dispositions (C. trav. art. L 2261-14). L'**accord dit « de substitution »** ainsi conclu a pour objet de créer un cadre conventionnel commun, tout en pouvant contenir des clauses de maintien d'avantages acquis au seul profit des salariés de la société absorbée, de telles clauses étant présumées justifiées au regard du principe d'égalité de traitement (Cass. soc. 5-2-2025 n° 22-24.000 FS-B : RJS 4/25 n° 173).

Il est également possible de conclure des **accords de transition ou d'adaptation** avant la prise d'effet de la fusion, dès que celle-ci est envisagée (C. trav. art. L 2261-14-2 et L 2261-14-3 : Mémento Social n° 74785).

À défaut d'accord, les salariés transférés peuvent continuer à se prévaloir d'une garantie de rémunération sur le fondement de leur ancienne convention dans les conditions définies par l'article L 2261-14 du Code du travail (Mémento Social n°s 74780 s.). Étant imposé par la loi, ce maintien ne peut constituer, à lui seul, ni une pratique discriminatoire à l'encontre des autres salariés de l'entreprise (Cass. soc. 11-2-2005 n° 02-45.608 : RJS 3/05 n° 299), ni une violation du principe « à travail égal, salaire égal » (Cass. soc. 4-12-2007 n° 06-44.041 : RJDA 4/08 n° 417). Ce principe ne s'oppose pas non plus à ce que le nouvel employeur décide par engagement unilatéral d'étendre à tout le personnel d'un site rejoint par des salariés transférés une prime dont ces derniers bénéficiaient chez leur précédent employeur, afin d'unifier les conditions de rémunération sur ce site, sans pour autant octroyer la même prime au personnel des autres sites (Cass. soc. 23-6-2021 n° 19-21.771 FS-B : RJS 10/21 n° 532). Le nouvel employeur peut aussi décider de maintenir par engagement unilatéral aux salariés transférés les conventions et accords de l'absorbée, l'effet de cet engagement étant alors limité à leurs dispositions plus favorables que celles des accords en vigueur dans l'absorbante (Cass. soc. 24-3-2021 n° 19-15.920 FS-PI : RJS 6/21 n° 328).

ATTENTION

Le nouvel employeur ne peut pas subordonner le bénéfice des accords collectifs, usages ou engagements unilatéraux applicables dans son entreprise à la renonciation par les salariés transférés à des droits dont ils bénéficiaient chez leur ancien employeur, tel le droit au maintien de la rémunération annuelle due en application de l'accord mis en cause par le transfert (Cass. soc. 13-10-2016 n° 14-25.411 FS-PB : RJS 12/16 n° 777).

84029 Le **règlement intérieur** de la société absorbée ou scindée n'est pas transféré avec les contrats de travail des salariés concernés ; il ne leur est donc plus applicable (Cass. soc. 17-10-2018 n° 17-16.465 FS-PB : RJDA 3/19 n° 193). Si la société bénéficiaire de l'opération n'est pas déjà dotée d'un tel règlement, il lui appartient d'en élaborer un, sous réserve de remplir la condition d'effectif requise.

Les salariés de l'entité transférée dont le contrat est en cours au moment du transfert, à l'exclusion de ceux embauchés ultérieurement (Cass. soc. 7-12-2005 n° 04-44.594 FS-PBRI : RJS 2/06 n° 172), peuvent se prévaloir chez le nouvel employeur des **usages** (Cass. soc. 23-9-1992 n° 89-45.656 PF : RJS 11/92 n° 1318 ; Cass. soc. 9-10-2001 n° 99-43.661 FS-PB : RJS 12/01 n° 1447), des **accords atypiques** (Cass. soc. 16-12-1992 n° 88-43.834 P : RJS 2/93 n° 167 ; Cass. soc. 23-2-1994 n° 91-42.947 D : RJS 4/94 n° 443) et des **engagements unilatéraux à caractère collectif** (Cass. soc. 4-2-1997 n° 95-41.468 P : RJS 3/97 n° 256 ; Cass. soc. 12-3-2008 n° 06-45.147 F-PB : RJS 5/08 n° 519 ; Cass. soc. 16-9-2015 n° 14-16.158 F-D : RJS 12/15 n° 749) en vigueur chez l'ancien employeur au jour du transfert, la différence de traitement qui en résulte par rapport aux autres salariés étant justifiée (Cass. soc. 11-1-2012 n° 10-14.614 FS-PB : RJS 3/12 n° 219). Ils cessent de s'appliquer soit en cas de dénonciation par le nouvel employeur (Cass. soc. 16-12-1992 n° 88-43.834 P : RJS 2/93 n° 167 ; Cass. soc. 21-9-2005 n° 03-43.532 F-PB : RJS 12/05 n° 1173), soit en cas d'entrée en vigueur d'une *convention* ou d'un accord collectif ayant le même objet.

TRANSFERT DES MANDATS DES REPRÉSENTANTS DU PERSONNEL

84030 **Maintien des mandats** Le Code du travail fixe les conditions du maintien des mandats chez le nouvel employeur des représentants du personnel – délégués syndicaux, représentants de section syndicale, membres élus du comité social et économique (CSE) et représentants syndicaux au CSE – compris dans une opération de transfert entrant dans le champ d'application de l'article L 1224-1 du Code du travail.

Lorsque le **transfert** porte sur la **totalité de l'entreprise,** les mandats subsistent chez le nouvel employeur si l'entité transférée conserve au moins une autonomie de fait, peu important qu'elle ait perdu son autonomie juridique (Cass. soc. 18-12-2000 n° 99-60.381 : RJS 3/01 n° 310 ; Cass. soc. 3-5-2007 n° 06-40.119 : RJS 7/07 n° 861 ; Cass. soc. 21-10-2009 n° 08-41.764 : RJS 1/10 n° 58). Tel sera le cas, en pratique, si elle devient un établissement distinct (au sens de la représentation du personnel) de l'entreprise bénéficiaire du transfert.

Lorsqu'ils subsistent après la modification, les mandats des délégués syndicaux de l'entreprise transférée se poursuivent dans le même périmètre géographique qu'auparavant. Si l'entreprise devient un établissement distinct, le CSE d'entreprise devient un comité d'établissement.

Le mandat des représentants élus se poursuit jusqu'à son terme, sauf à être réduit ou prorogé pour tenir compte de la date habituelle des élections dans l'entreprise d'accueil. Le mandat des délégués syndicaux et des représentants syndicaux auprès du CSE subsiste jusqu'aux élections professionnelles suivantes.

En cas de **transfert partiel d'entreprise,** le Code du travail ne prévoit le maintien des mandats que si l'opération de transfert au sens de l'article L 1224-1 porte sur un ou plusieurs établissements distincts conservant ce caractère. Les mandats sont alors maintenus dans les mêmes conditions de durée qu'en cas de transfert total d'entreprise. Dans le cas contraire, le transfert emporte cessation immédiate des mandats (Cass. soc. 18-11-2009 n° 08-42.920 : RJS 2/10 n° 192), mais leurs titulaires bénéficient de la protection spéciale en tant qu'anciens représentants du personnel. 84031

Paiement des créances du CSE Après une opération de fusion-absorption et le transfert des salariés de la société absorbée à la société absorbante, le CSE de celle-ci peut-il lui demander le paiement de sommes dues au comité de l'absorbée pour les années antérieures à la fusion ? 84032

La réponse est affirmative car le CSE de l'absorbée peut décider la dévolution de son patrimoine au CSE de l'absorbante ; ainsi, lorsque le CSE d'une société absorbée a dévolu, par suite de sa dissolution, son patrimoine au CSE de l'absorbante, au sein de laquelle les salariés ont été transférés, l'ensemble de ses biens et droits ont été transmis à celui-ci, y compris l'action en paiement des sommes dues au CSE de l'absorbée (Cass. soc. 16-1-2019 n° 17-26.993 F-PB : RJDA 6/19 n° 427). Il importe alors peu que les conditions de forme entourant les cessions de créances (C. civ. art. 1322) n'aient pas été respectées.

SORT DES RÉGIMES COMPLÉMENTAIRES ET SUPPLÉMENTAIRES DE RETRAITE

En cas de modification de la situation juridique de l'entreprise, il est possible, voire obligatoire, de procéder à une unification des régimes de **retraite complémentaire** en présence et de modifier les conditions initiales d'adhésion au régime unique Agirc-Arrco afin d'aligner les règles applicables à l'ensemble des salariés concernés. Ces questions étant d'une grande complexité, les entreprises concernées sont invitées à se rapprocher de leurs institutions. 84033

S'agissant de la **retraite supplémentaire,** le maintien des droits acquis par les salariés concernés avant l'opération est garanti par la loi. Celle-ci frappe, en effet, de nullité, les clauses des actes instituant la retraite supplémentaire qui stipuleraient la perte par les salariés ou anciens salariés des droits acquis ou en cours d'acquisition en cas de transfert d'entreprise, d'établissement ou de partie d'établissement par voie de cession ou de fusion (CSS art. L 913-2).

En cas de modification survenue dans la situation juridique d'une entreprise ayant mis en place un **plan d'épargne retraite d'entreprise** collectif ou obligatoire rendant impossible la poursuite de l'ancien plan, les sommes qui y étaient affectées peuvent être transférées dans le plan de la nouvelle entreprise : voir Mémento Social n° 34605, d.

SORT DE L'ÉPARGNE SALARIALE

En cas de modification survenue dans la situation juridique d'une entreprise ayant mis en place un régime de **participation** ou d'**intéressement** ou encore un **PEE,** notamment par fusion ou scission, ces régimes continuent en principe de s'appliquer chez le nouvel employeur. 84034

Des dispositions particulières sont prévues lorsque la modification de la situation juridique de l'employeur rend impossible l'application de l'accord de participation ou d'intéressement ou la poursuite de l'ancien PEE chez le nouvel employeur : voir Mémento Social nos 33800 (participation), 34430, b (PEE) et 34170 (intéressement).

› Précisions Une disposition spécifique aux accords d'**intéressement** prévoit que, en cas de modification dans la situation juridique de l'entreprise nécessitant la mise en place de nouvelles institutions représentatives du personnel, l'accord d'intéressement se poursuit ou peut être renouvelé selon les modalités initiales de négociation. Toutefois, si l'accord s'avère inapplicable, il cesse de produire ses effets (C. trav. art. L 3313-4, al. 1).

SORT DES BAUX COMMERCIAUX EN COURS

84040 En cas de **fusion,** de **scission** ou d'**apport partiel d'actifs** soumis au régime des scissions, la société absorbante ou les sociétés bénéficiaires sont, nonobstant toute stipulation contraire, substituées à celle au profit de laquelle le bail était consenti dans tous les droits et obligations découlant de ce bail (art. L 145-16, al. 2).

Sur l'éventuel droit de préemption des communes, voir nº 84068.

84041 Le bailleur ne peut pas, à notre avis, subordonner la validité du transfert du bail au respect des clauses particulières relatives à la cession de celui-ci (agrément du successeur, intervention du propriétaire à l'acte, établissement d'un acte authentique, etc.) dès lors que, par l'effet de l'opération, ce transfert s'est opéré de plein droit (Cass. 3e civ. 19-2-1997 nº 337 : RJDA 4/97 nº 518 ; CA Versailles 4-6-1992 : RJDA 6/93 nº 514).

Par ailleurs, il n'est pas nécessaire de signifier au bailleur la transmission du bail de la société absorbée à la société absorbante (Cass. com. 1-6-1993 nº 1003 : RJDA 7/93 nº 622).

84042 En cas d'**apport partiel d'actifs,** la substitution en faveur de la société bénéficiaire de l'apport est subordonnée à la décision commune des sociétés intéressées de soumettre l'opération au régime des scissions (CA Versailles 3-10-1996 : RJDA 1/97 nº 60). En l'absence d'une telle décision, la substitution de plein droit ne peut pas jouer et les clauses du bail relatives à la cession de celui-ci doivent être respectées (CA Paris 24-5-1971 : JCP 1972 IV nº 147) ; par ailleurs, l'apport du droit au bail ne peut être opposé au bailleur que s'il lui a été régulièrement signifié (CA Paris 27-2-1992 : RJDA 6/92 nº 588).

84044 Si l'obligation de **garantie** que comportait le bail à l'égard du bailleur ne peut plus être assurée dans les termes du contrat, le tribunal peut y substituer toutes garanties qu'il jugera suffisantes (art. L 145-16, al. 3). La substitution de garantie constitue une simple faculté pour le juge. De plus, aucun délai n'est prévu pour la saisine du tribunal, laquelle peut intervenir après la réalisation de l'opération (cf. Cass. 3e civ. 13-11-1997 nº 1530 : RJDA 1/98 nº 24).

Les clauses contractuelles de garantie visant le transfert du bail doivent être respectées. Ainsi, la clause stipulant qu'en cas de cession le preneur resterait garant solidairement avec l'acquéreur du paiement des loyers et des charges jusqu'à l'expiration du bail a été déclarée applicable dans le cas de cession du droit au bail par voie d'apport partiel d'actifs (Cass. 3e civ. 11-4-2019 nº 18-16.121 FS-PBI).

84045 Le bailleur peut former **opposition** à la fusion, à la scission ou à l'apport partiel d'actifs dans les mêmes conditions qu'un créancier ordinaire (art. R 236-13 ; voir aussi Cass. com. 12-12-2006 nº 1428 : RJDA 3/07 nº 265 ; sur les conditions du droit d'opposition, voir nºs 83950 s.).

84046 Pour que la société bénéficiaire d'un apport partiel d'actifs soumis au régime des scissions (la société absorbante ou la société bénéficiaire dans le cadre d'une fusion ou d'une scission) puisse se prévaloir des dispositions de l'article L 145-16, al. 2, il faut qu'elle soit **immatriculée au RCS** pour les locaux loués : en effet, cet article ne comporte à cet égard aucune dérogation au principe de l'immatriculation du locataire qui conditionne l'application du statut (Cass. 3e civ. 7-11-2001 nº 1581 : RJDA 2/02 nº 137).

Cette condition doit être remplie à la date de délivrance du congé ou de la demande de renouvellement, pendant toute la procédure de renouvellement ou de fixation de l'indemnité d'éviction et, plus généralement, à la date de revendication de l'application du statut (Cass. 3e civ. 22-1-2014 nº 12-26.179 : RJDA 7/14 nº 604).

Pour plus de détails, voir Mémento Baux commerciaux nºs 43020 s.

AUTRES CONSÉQUENCES DES FUSIONS, SCISSIONS OU APPORTS

84060 **Négociabilité des actions d'apport** Conformément au droit commun, les actions émises à l'occasion d'une fusion, d'une scission ou d'un apport partiel d'actifs sont immédiatement négociables.

84062 **Contentieux** Il résulte de la dissolution sans liquidation d'une **société** absorbée ou scindée que cette société, ayant perdu sa personnalité morale après la dernière assemblée générale ayant approuvé la fusion, ne peut plus **agir en justice,** peu important que la fusion n'ait pas encore été publiée au RCS (CA Montpellier 26-1-2023 n° 20/01507 : RJDA 8-9/23 n° 431). L'assignation délivrée par une personne morale inexistante est en effet nulle et la société absorbante ne peut pas intervenir volontairement en cours d'instance pour régulariser la procédure (Cass. com. 6-5-2003 n° 728 : RJDA 8-9/03 n° 833 ; Cass. 2e civ. 12-2-2004 n° 210 : RJDA 6/04 n° 707 ; Cass. com. 22-2-2005 n° 266 : RJDA 6/05 n° 698 ; Cass. 2e civ. 27-9-2012 n° 11-22.278 : RJDA 1/13 n° 33). De même, l'absorbée ne peut pas interjeter appel d'une décision judiciaire prononcée contre elle (Cass. com. 11-2-1986 : Bull. civ. IV n° 15 ; CA Paris 30-6-1998 : RJDA 11/98 n° 1231 ; CA Versailles 14-1-1999 : RJDA 4/99 som. n° 418).

Un **créancier** de l'absorbée ne peut plus assigner celle-ci en vue de l'ouverture à son égard d'une procédure de redressement judiciaire (CA Paris 17-12-1993 : Rev. sociétés 1994 p. 106 note Y. Chaput).

> Précisions a. Lorsqu'une **opération** de fusion-absorption **se réalise en cours d'instance,** l'intervention de l'absorbante permet d'écarter la fin de non-recevoir tirée de la disparition du droit d'agir de l'absorbée, mais elle ne dispense pas l'autre partie de présenter ses demandes à l'encontre de l'absorbante (Cass. com. 18-9-2024 n° 23-13.453 F-B : RJDA 12/24 n° 654).

b. Sur les **solutions** jurisprudentielles en matière de procédure, **fondées sur le principe de la transmission universelle de patrimoine,** voir nos 83800 s.

Dirigeants Les fusions et scissions (mais non les apports partiels d'actifs) mettent **fin** aux **fonctions** des dirigeants des sociétés absorbées ou scindées puisque ces opérations entraînent la dissolution de ces sociétés et la perte de leur personnalité morale (nos 82590 s.). 84064

ATTENTION

Le maintien, dans la société absorbante ou bénéficiaire des apports, des **délégations de pouvoirs** consenties par les dirigeants de la société absorbée ou scindée est aléatoire (n° 13620). Il convient donc de renouveler ces délégations.

En cas de fusion de deux SA de type moniste ou de deux SA de type dual, le **nombre** des **administrateurs** ou des **membres du conseil de surveillance** peut être porté à 24 pendant un délai de trois ans (art. L 225-95). Ce délai ne déroge pas aux articles L 225-18-1, L 225-69-1, L 22-10-3 et L 22-10-21, imposant la mixité au sein du conseil d'administration ou de surveillance et dont les échéances doivent être respectées (dans le même sens, Communication Ansa, comité juridique n° 16-029 du 7-9-2016). Aucune disposition légale, analogue à celles concernant les administrateurs ou les membres du conseil de surveillance, ne permet, en cas de fusion, d'augmenter le nombre des membres du **directoire** au-delà du maximum légal.

Sur la nécessité pour une société absorbée dont les actions sont admises aux négociations sur un marché réglementé qui souhaite assurer le versement à ses dirigeants de leurs **rémunérations** soumises au vote ex post de tenir une assemblée statuant sur ce point avant celle se prononçant sur la fusion, voir n° 53125.

Obligations liées à la taille des sociétés participantes Les fusions, scissions ou apports partiels d'actifs peuvent faire **franchir** aux sociétés parties à l'opération, à la hausse ou à la baisse, des **seuils** leur **imposant le respect de certaines obligations ou** leur permettant de **s'en dispenser.** C'est le cas, par exemple, en matière de désignation d'un ou plusieurs commissaires aux comptes, de publication d'informations de durabilité, de mixité dans les organes de gestion dans les SA de grande taille, de représentation des salariés dans les conseils d'administration ou de surveillance, ou encore de faculté de présentation de comptes simplifiés dans les petites et moyennes entreprises. 84065

Réglementation boursière Lorsqu'une fusion, une scission ou un apport partiel d'actifs entraîne, directement ou indirectement, une modification de la répartition du capital ou des droits de vote dans une société dont les titres sont admis aux négociations sur un *marché réglementé* ou sur Euronext Growth, il convient de s'assurer que les dispositions légales et réglementaires tendant à assurer la transparence du marché boursier ont été respectées. Ces dispositions concernent notamment les déclarations de franchissement de seuils, les offres publiques d'achat ou d'échange autres que celles exclues de la réglementation et les offres et demandes de retrait. 84067

Réglementation de l'urbanisme Lorsque parmi les biens apportés figurent des immeubles situés en zone de droit de préemption urbain ou dans une zone d'aménagement différé, il n'est pas nécessaire d'adresser à la mairie du lieu de situation de l'immeuble une **déclaration d'intention d'aliéner** portant sur ces immeubles (cf. C. urb. art. L 213-1 s.). Il en est de même, à notre avis, si figurent parmi les biens apportés des immeubles situés dans des 84068 zones exposées au recul du trait de côte, pour lesquels a été institué un droit de préemption au profit de certaines communes (cf. C. urb. art. L 219-1 s. et art. R 219-1 s. modifiés par décret 2024-638 du 27-6-2024 et Décret 2022-750 du 29-4-2022 modifié par décret 2024-531 du 10-6-2024). En effet, il a été jugé pour l'application du droit de préemption urbain prévu par l'article L 211-2 du Code de l'urbanisme dans sa rédaction antérieure à la loi du 31 décembre 1975 – qui visait l'aliénation volontaire à titre onéreux d'immeuble, notamment par vente de gré à gré, adjudication volontaire, échange ou apport en société – que la fusion qui porte sur l'universalité des biens de la société absorbée, dont les immeubles ne constituent qu'un élément parmi d'autres, n'entrait pas dans le champ d'application de ce texte (Cass. 3e civ. 3-5-1979 nº 78-10.274 ; dans le même sens, Rép. Türk : Sén. 1-7-1993 nº 67 ; Rép. Serge : AN 3-1-1994 nº 5734).

La même solution a été retenue à l'occasion d'un apport partiel d'actifs soumis au régime des scissions, cet apport ne portant pas sur un élément isolé mais sur des éléments actifs et passifs d'une branche d'activité déterminée (TA Cergy-Pontoise 10-4-2008 nº 07-8561 : RJDA 11/08 nº 1126).

Par analogie, les positions dégagées ci-dessus peuvent, à notre avis, être transposées en matière de droit de préemption des communes prévu en cas d'aliénation à titre onéreux de fonds artisanaux, de fonds de commerce, de baux commerciaux ou de terrains portant ou destinés à porter des commerces d'une surface de vente comprise entre 300 et 1 000 m^2 (C. urb. art. L 214-1).

84069 **Cartes grises** La société absorbante ou bénéficiaire d'un apport partiel d'actifs doit faire immatriculer à son nom les véhicules compris dans les biens transférés et acquitter la taxe correspondante.

SECTION 4

SANCTIONS DES IRRÉGULARITÉS EN MATIÈRE DE FUSION, DE SCISSION OU D'APPORT PARTIEL D'ACTIFS

PRINCIPE

84200 Conformément aux directives européennes, le régime des nullités en matière de fusion ou de scission fait l'objet de règles particulières examinées ci-dessous.

Lorsqu'elles ne permettent pas la mise en œuvre d'une action en nullité, les irrégularités constatées peuvent donner lieu à une action en régularisation (art. L 210-7) et, éventuellement, à une action en dommages-intérêts (art. L 210-8).

CAUSES DE NULLITÉ

84210 La nullité d'une fusion ou d'une scission ne peut résulter que de deux causes (art. L 235-8, al. 1 remplacé, à compter du 1-10-2025, par art. L 236-2-1 issu de ord. 2025-229 du 12-3-2025 et art. L 236-19 ; Ord. 2025-229 art. 70) :

– la nullité de la délibération de l'une des assemblées ou, par assimilation, de l'une des décisions collectives, qui ont décidé l'opération ;

– le défaut de dépôt de la déclaration de conformité par les SA et les SE.

La nullité d'un apport partiel d'actifs soumis au régime des scissions ne peut résulter que des mêmes causes (art. L 236-2-1 issu de ord. 2025-229 du 12-3-2025 et art. L 236-27 à compter du 1-10-2025 ; pour l'apport partiel d'actifs antérieur à cette date, les juges appliquent sans restriction la prescription abrégée de six mois exposée nº 84220 et retiennent ainsi en bloc le régime de nullité des scissions).

Pour les décisions ou assemblées ayant décidé la fusion, la scission ou l'apport partiel d'actifs **avant le 1er octobre 2025** et conformément aux règles de droit commun fixées par l'article L 235-1, la nullité peut résulter d'une **disposition expresse** de la loi sur les sociétés commerciales, d'une des dispositions qui régissent la nullité des contrats (par exemple, vice du consentement ; CA Paris 29-6-2004 n° 03-19704 : RJDA 1/05 n° 36 qui a toutefois considéré qu'en l'espèce la preuve du vice du consentement n'était pas rapportée) ou de la violation des principes généraux du droit (par exemple, fraude ou abus de majorité ; CA Rouen 6-7-2004 n° 02-3307 : RJDA 2/05 n° 146 ; CA Paris 26-3-2009 n° 07-4287 : RJDA 11/09 n° 968 ; toutefois, dans ces deux affaires, l'abus de majorité a été considéré comme n'étant pas établi).

Pour les décisions ou assemblées ayant décidé la fusion, la scission ou l'apport partiel d'actifs **à compter du 1er octobre 2025** et conformément aux règles de droit commun fixées par l'article 1844-10, al. 3 du Code civil modifié par l'ordonnance 2025-229, la nullité peut résulter d'une **disposition impérative** de droit des sociétés (nos 89382 s.), de l'une des causes de nullité des contrats en général ou de la violation des principes généraux du droit.

ACTION EN NULLITÉ

Prescription L'action en nullité d'une fusion ou d'une scission se prescrit par six mois à compter de la date de la dernière inscription au RCS rendue nécessaire par l'opération (art. L 235-9, al. 2 remplacé, à compter du 1-10-2025, par art. L 236-2-1 issu de ord. 2025-229 du 12-3-2025 et art. L 236-19 ; Ord. 2025-229 art. 70). 84220

Cette prescription abrégée est applicable aux **apports partiels d'actifs** soumis au régime des scissions (Cass. com. 3-6-2003 n° 931 : RJDA 10/03 n° 963 ; Cass. com. 30-11-2004 n° 1720 : RJDA 3/05 n° 263 avant le 1-10-2025 ; art. L 236-2-1 issu de ord. 2025-229 et art. L 236-27 à compter de cette date).

La prescription abrégée de six mois éteint l'action en nullité mais laisse subsister l'**exception de nullité** (Cass. com. 10-7-1978 : Bull. civ. IV n° 195 ; Cass. 3e civ. 25-3-1998 n° 467 : RJDA 6/98 n° 722 ; Cass. com. 30-11-2004 n° 1720 : RJDA 3/05 n° 263). La prescription peut être **interrompue** ou **suspendue** dans les conditions fixées par les articles 2233 s. du Code civil.

Régularisation Sur la régularisation de la situation irrégulière, voir n° 89465 et, sur les conséquences de cette régularisation, voir n° 89462. 84221

Publicité Lorsque la décision judiciaire prononçant la nullité est devenue définitive, elle doit faire l'objet d'une publicité dont les modalités doivent être fixées par décret (art. L 235-11, al. 1 remplacé, à compter du 1-10-2025, par art. L 236-2-1, al. 3 issu de ord. 2025-229 du 12-3-2025 et art. L 236-19 et L 236-27 ; Ord. 2025-229 art. 70). Le décret, prévu par la loi 88-17 du 5 janvier 1988, n'est jamais paru. 84222

EFFETS DE LA NULLITÉ

Absence d'effet rétroactif Les décisions prononçant la nullité sont sans effet sur les obligations nées à la charge ou au profit des sociétés auxquelles le ou les patrimoines sont transmis entre la date de prise d'effet de l'opération et celle de la publication de la décision prononçant la nullité (art. L 235-11, al. 2 remplacé, à compter du 1-10-2025, par art. L 236-2-1, al. 4 issu de ord. 2025-229 du 12-3-2025 et art. L 236-19 et L 236-27 ; Ord. 2025-229 art. 70). 84230

Il n'est, à notre avis, pas possible de fixer une date pour cette publication, le décret devant en préciser les modalités n'ayant jamais été publié. La décision d'annulation reste donc sans effet sur les obligations des sociétés bénéficiaires.

Responsabilité des sociétés participantes En cas d'annulation d'une fusion, toutes les sociétés ayant participé à l'opération sont solidairement responsables de l'exécution des obligations à la charge de la société absorbante nées entre la date d'effet de l'opération et la date de publication de la décision ayant prononcé la nullité (art. L 235-11, al. 3 remplacé, à compter du 1-10-2025, par art. L 236-2-1, al. 5 issu de ord. 2025-229 du 12-3-2025 et art. L 236-19 et L 236-27 ; Ord. 2025-229 art. 70). 84231

Il en est de même en cas de scission ou d'apport partiel d'actifs soumis au régime des scissions. La société scindée ou apporteuse est responsable solidairement avec les sociétés bénéficiaires de toutes les obligations nées à la charge de ces sociétés. Chacune des sociétés bénéficiaires répond des obligations à sa charge nées entre la date de prise d'effet de la scission ou de l'apport et celle de la publication de la décision ayant prononcé la nullité (art. L 235-11, al. 3 remplacé, à compter du 1-10-2025, par art. L 236-19-1 issu de ord. 2025-229 et art. L 236-27).

Sur les réserves résultant de la non-parution du décret devant fixer les modalités de cette publication, voir n° 84230.

SECTION 5

RÉGIME FISCAL DES FUSIONS, SCISSIONS ET APPORTS PARTIELS D'ACTIFS

a. Droits d'enregistrement

FUSION

84400 Les actes constatant les opérations de fusion auxquelles participent exclusivement des sociétés passibles de l'IS, ainsi que la prise en charge du passif dont sont grevés les apports mentionnés dans ces actes, sont enregistrés gratuitement (CGI art. 816). Les droits de mutation sont en revanche exigibles lorsque l'opération comporte des apports à titre onéreux autres que ceux résultant de la prise en charge du passif (Mémento Fiscal n° 39630).

Toutes les opérations de fusion, qu'elles soient ou non réalisées avec ou sans échange de titres, peuvent bénéficier du régime de faveur (CGI ann. II art. 301 F).

SCISSION

84401 Comme en cas de fusion, les actes constatant les scissions sont enregistrés gratuitement (CGI art. 817). Cette disposition s'applique également aux opérations de scission réalisées entre sociétés détenues par une même société mère et ne donnant pas lieu à échanges de titres (CGI ann. II art. 301 F).

APPORT PARTIEL D'ACTIFS

84402 Lorsque l'apport partiel d'actifs porte sur un ensemble d'éléments formant une ou plusieurs branches complètes d'activité, qu'il ait été ou non soumis au régime juridique des scissions, les mesures de faveur prévues pour les fusions sont applicables de plein droit (enregistrement gratuit) (CGI art. 817 et 817 A).

L'administration retient au regard des droits d'enregistrement, comme en matière d'impôts directs, la définition de la branche d'activité issue de l'article 2, i de la directive européenne 90/434 du 23 juillet 1990 (recodifiée par la directive 2009/133 du 19-10-2009) concernant le régime fiscal commun applicable aux opérations de fusions, scissions, apports d'actifs et échanges d'actions intracommunautaires. Il s'agit donc de « l'ensemble des éléments d'actif et de passif d'une division d'une société qui constituent, du point de vue de l'organisation, une exploitation autonome, c'est-à-dire un ensemble capable de fonctionner par ses propres moyens ».

Il en résulte notamment que la prise en charge d'un passif non attaché à la branche apportée, quel qu'en soit le montant, fait obstacle à l'application de plein droit du régime de faveur des fusions.

Jugé que ne constitue pas une branche complète et autonome d'activité l'apport de différents éléments d'exploitation (matériel, agencements, stock, clientèle) dès lors que la marque, élément essentiel du fonds de commerce et sous laquelle plus de 90 % de la production était commercialisée, avait été exclue de l'apport (Cass. com. 13-5-1980 : RJF 1/81 n° 101).

Toutefois, le Conseil d'État a jugé que le fait qu'une marque ne soit pas apportée en pleine propriété mais sous la forme d'un droit d'usage ne fait pas obstacle à ce que la branche d'activité soit regardée comme complète et autonome dès lors que ce droit est concédé sans aucune réserve (CE 6-12-2013 n° 346809 : RJF 3/14 n° 226).

Pour plus de détails sur la notion de branche complète d'activité, voir Mémento Fiscal n°s 39245 s.

Peuvent également être enregistrés gratuitement les actes constatant des apports partiels d'actifs qui ne portent pas sur une branche complète d'activité, lorsqu'ils bénéficient du régime spécial prévu en matière d'impôts directs à l'article 210 B du CGI en vertu d'un agrément administratif (CGI art. 817 B).

La Cour de cassation a remis en cause l'application du régime de faveur à un apport-cession *sur le fondement de l'abus* de droit en cas d'apport d'un fonds de commerce immédiatement suivi d'une cession de la totalité des titres (Cass. com. 20-3-2007 n° 05-20.599 : RJF 8-9/07 n° 993).

Les opérations entrant dans le champ de l'article 210 B du CGI sont par ailleurs expressément exclues du droit de vente d'actions ou de parts sociales autres que de sociétés à prépondérance immobilière (CGI art. 726, II).

b. Impôt sur les sociétés

RÉGIME DE DROIT COMMUN

La fusion ou la scission s'analyse au regard de la société absorbée ou scindée en une **dissolution.** Cette société est donc immédiatement imposable à l'impôt sur les sociétés (ou à l'impôt sur le revenu s'il s'agit d'une société non soumise à l'impôt sur les sociétés) : **84410**

– sur le bénéfice d'exploitation de la période écoulée entre la date d'ouverture du dernier exercice social et la date de prise d'effet de la fusion ou de la scission, sous réserve que cette date de prise d'effet ne remonte pas au-delà du premier jour de l'exercice de la société absorbante au cours duquel l'opération est intervenue (n° 83884) ;

– sur les bénéfices des exercices antérieurs dont l'imposition avait été différée, en particulier les provisions précédemment constituées ;

– sur les plus-values d'actif dégagées lors de l'apport-fusion ou de l'apport-scission.

En contrepartie, la société bénéficiaire des apports n'a aucun engagement particulier à prendre et se trouve dans la même situation fiscale que si elle avait reçu un apport ordinaire ; notamment, les plus-values ultérieures dégagées sur les éléments non amortissables apportés seront calculées d'après la valeur **réelle** de ces éléments **à la date de l'apport** et non pas par rapport à la « valeur fiscale » qu'ils avaient dans la société absorbée ou scindée. **84411**

La transcription des apports dans les comptes de la société bénéficiaire doit obligatoirement être réalisée dans le respect des règles comptables (n° 83010). En cas de fusion transcrite aux valeurs nettes comptables, l'assujettissement à l'impôt de la plus-value d'apport n'a pas pour contrepartie l'accroissement de la base d'amortissement des biens reçus par la société absorbante. L'administration accepte néanmoins que lors de leur cession ultérieure, la plus-value imposable soit calculée en prenant en compte la valeur réelle qui a été retenue pour l'imposition de la plus-value d'apport (BOI-IS-FUS-30-20 n°s 180 et 190).

RÉGIME SPÉCIAL

Afin de favoriser les concentrations d'entreprises, les **fusions** de sociétés passibles de l'IS bénéficient d'un régime fiscal particulier. Elles sont définies par l'article 210-0 A du CGI comme les opérations par lesquelles une ou plusieurs sociétés absorbées transmettent, par suite et au moment de leur dissolution sans liquidation, l'ensemble de leur patrimoine à une société absorbante moyennant l'attribution à leurs associés de titres de la société absorbante (et éventuellement d'une soulte en numéraire ne dépassant pas 10 % de la valeur nominale de ces titres). Les opérations de **dissolution-confusion** visées à l'article 1844-5 du Code civil (n° 86095) et d'absorption par une société mère d'une filiale dont elle détient la totalité du capital, pour lesquelles il n'est pas procédé à l'échange de titres, peuvent également être placées sous le régime spécial des fusions. **84412**

Il en est de même des opérations entre **sociétés sœurs,** lorsque la totalité des actions représentant la totalité du capital de la société absorbante et de la société absorbée est détenue par la même société mère (n° 83280), qui peuvent également être réalisées sans échange de titres ainsi que des fusions entre sociétés sœurs détenues dans les mêmes proportions par leurs associés lorsque ces proportions sont conservées à l'issue de l'opération (n° 82600) (Loi 2025-127 du 14-2-2025 art. 65).

Le régime spécial est applicable également en cas d'**apport partiel d'actif**, défini par l'article 210-0 A du CGI comme l'opération par laquelle une société apporte, sans être dissoute, l'ensemble ou une ou plusieurs branches complètes de son activité à une ou plusieurs autres sociétés, moyennant la remise de titres représentatifs du capital social de la société bénéficiaire de l'apport. Il s'applique de plein droit si l'apport porte sur une branche complète d'activité (sur la notion de branche complète d'activité, voir Mémento Fiscal n° 39245) ou des éléments assimilés. Bénéficient de cette assimilation les apports de participations qui représentent *plus de 50 % du capital de la société* concernée ou, si un tel pourcentage est déjà détenu par la société bénéficiaire, les apports venant renforcer cette détention, sous réserve que la soulte éventuellement perçue en numéraire n'excède ni 10 % de la valeur des titres attribués, ni la plus-value réalisée. Il en est de même des apports qui confèrent à la société bénéficiaire la détention directe de plus de 30 % des droits de vote si aucun associé ne détient une fraction supérieure ainsi que ceux effectués au profit de sociétés détenant déjà 30 % de ces droits de vote si le bénéficiaire acquiert de ce fait la fraction des droits de vote la plus élevée dans la société (CGI art. 210 B). Lorsque les apports concernent des titres de participation au sens de l'article 219, I-a quinquies du CGI détenus depuis au moins deux ans, l'application du régime de droit commun permet de bénéficier d'une taxation au taux de **84413**

0 % de la plus-value d'apport, une quote-part de frais et charges devant toutefois, le cas échéant, être réintégrée au résultat imposable au taux de droit commun (Mémento Fiscal nº 18865). Mais la renonciation au régime spécial entraîne la remise en cause du régime d'exonération des dividendes (régime des sociétés mères et filiales) en cas de cession des titres reçus dans les deux ans suivant l'apport (Mémento Fiscal nºs 41000 s.).

Notons qu'aucun engagement de conservation des titres n'est exigé pour bénéficier du régime spécial de plein droit (ce qui n'est pas le cas lorsque le régime s'applique sur agrément, voir nº 84415).

84414 Le régime spécial s'applique aussi de plein droit en cas de réalisation d'une **scission,** définie par l'article 210-0 A du CGI comme l'opération par laquelle la société scindée transmet, par suite et au moment de sa dissolution sans liquidation, l'ensemble de son patrimoine à deux ou plusieurs sociétés préexistantes ou nouvelles moyennant l'attribution aux associés de la société scindée, proportionnellement à leurs droits dans le capital, de titres des sociétés bénéficiaires des apports (et éventuellement d'une soulte en numéraire ne dépassant pas 10 % de la valeur nominale de ces titres). La mise en œuvre du régime de faveur est subordonnée à la condition que la société scindée comporte au moins deux branches complètes d'activité et que les sociétés bénéficiaires reçoivent chacune une ou plusieurs de ces branches (CGI art. 210 B). Ce régime s'applique également à la scission sans échange de titres d'une société dont le capital est détenu en totalité par une société mère au profit de sociétés détenues en totalité par cette même société mère. Il en est de même pour les opérations réalisées dans les conditions prévues à l'article L 236-3, II-4º, lorsque plusieurs associés détiennent dans les mêmes proportions les titres des sociétés bénéficiaires des apports et ceux de la société scindée, et que ces proportions sont conservées à l'issue de l'opération (nº 82600) (Loi 2025-127 du 14-2-2025 art. 65).

Certaines scissions partielles définies à l'article L 236-27, al. 2 peuvent également être réalisées sous un régime de neutralité fiscale. Il s'agit des opérations par lesquelles une société apporte à une ou plusieurs sociétés existantes ou nouvelles une partie de son actif et, le cas échéant, une partie de son passif, en contrepartie de l'attribution directe à ses associés de titres de la société bénéficiaire des apports (nº 83626) (Loi 2025-127 art. 65).

84415 **› Précisions** **a.** Sont expressément exclues du régime spécial les opérations ayant comme objectif principal ou comme un de leurs objectifs principaux la **fraude** ou l'**évasion fiscales,** c'est-à-dire qui ne sont pas effectuées pour des motifs économiques valables, tels que la restructuration ou la rationalisation des activités des sociétés participantes (CGI art. 210-0 A, III). Les entreprises peuvent sécuriser leurs opérations en consultant l'administration au préalable (LPF art. L 80 B, 9º).

b. Même si elles ne répondent pas aux conditions requises pour profiter de plein droit du régime spécial, les opérations d'apport partiel d'actifs et de scission peuvent en bénéficier si elles ont fait l'objet d'un **agrément** préalable du ministre chargé du budget (CGI art. 210 B). Tel est le cas notamment lorsque l'apport ne porte pas sur une branche complète d'activité (par exemple, si la société apporteuse conserve certains éléments de passif). L'obtention de l'agrément suppose, entre autres conditions, que l'opération soit justifiée par un motif économique, se traduisant notamment par l'exercice par la société bénéficiaire de l'apport d'une activité autonome et l'amélioration des structures, ainsi que par une association entre les parties, formalisée par un engagement de conservation pendant trois ans des titres remis en contrepartie de l'apport. Pour les scissions, cette obligation de conservation n'est exigée que des associés qui détiennent dans la société scindée, à la date d'approbation de la scission, 5 % au moins des droits de vote ou qui y exercent ou y ont exercé dans les six mois précédant cette date, directement ou par l'intermédiaire de leurs mandataires sociaux ou préposés, des fonctions de direction, d'administration ou de surveillance et détiennent au moins 0,1 % des droits de vote dans la société. Pour plus de détails sur l'agrément, voir Mémento Fiscal nº 39265.

84416 **Incidence des règles de transcription des apports** La transcription des apports dans les comptes de la société bénéficiaire doit obligatoirement être réalisée dans le respect des règles comptables (PCG art. 740-1 à 743-3). Les valeurs à retenir résultent impérativement de la situation de contrôle au moment de l'opération et du sens dans lequel elle est réalisée (PCG art. 740-1 à 742-2) (pour plus de détails sur cette réglementation, voir Mémento Fusions et acquisitions nºs 7600 s.). Le Conseil d'État a entériné la portée fiscale de ces règles comptables *de transcription des apports* (CE 8-6-2005 nº 270967 : RJF 8-9/05 nº 885). Dès lors qu'aucune disposition fiscale ne permet d'y déroger, il convient de se conformer à ces règles qui doivent être appliquées par les entreprises qui y sont soumises (BOI-IS-FUS-30-20 nº 1).

Par ailleurs, le **faux mali de fusion** (ou « mali technique ») doit, en vertu de l'article 745-5 du PCG, faire l'objet d'une affectation comptable au bilan de la société absorbante. De plus, il fait l'objet d'un amortissement lorsque l'actif sous-jacent auquel il est affecté est amortissable (pour plus de détails sur cette réglementation, voir Mémento Fusions et acquisitions n°s 8320 s.).

Sur le plan fiscal, lorsque l'opération de fusion est placée sous le régime de faveur, l'inscription du mali technique de fusion au bilan de la société absorbante ne donne lieu en revanche à aucune déduction fiscale ultérieure, que ce soit sous forme d'amortissement, de provision pour dépréciation ou de sortie de l'actif, dès lors que les plus-values latentes existant chez la société absorbée auxquelles ce mali correspond ne sont pas imposées lors de la fusion (CGI art. 210 A, 1-al. 3).

Portée du régime spécial Sous le régime spécial que les entreprises ont tout particulièrement intérêt à choisir lorsqu'elles ont l'obligation de transcrire leurs apports aux valeurs comptables (n° 84411), la société absorbée n'est imposable que sur le bénéfice d'exploitation du dernier exercice augmenté des provisions devenues sans objet, s'il en existe. **84417**

En contrepartie, la société absorbante doit, dans l'acte de fusion, s'engager de façon expresse à respecter plusieurs obligations mises à sa charge dans le cadre du régime spécial. L'article 210 A du CGI lui impose en particulier de réintégrer dans ses bénéfices imposables les **plus-values** afférentes aux **éléments amortissables** reçus en apport, de manière échelonnée sur cinq ans lorsqu'elles se rapportent à des équipements et, en principe, sur 15 ans pour celles afférentes à des biens immobiliers. Aucune réintégration n'a bien entendu à être effectuée dans l'hypothèse où les apports sont transcrits aux valeurs comptables. Dans ce cas, s'agissant des actifs immobilisés reçus, la société bénéficiaire des apports doit **reprendre à son bilan** les valeurs d'origine, les amortissements et provisions qui figuraient au bilan de la société apporteuse (BOI-IS-FUS-30-20 n° 10), et peut poursuivre les plans d'amortissement en cours dans les écritures de celle-ci. Elle est donc tenue par les règles de décomposition des éléments d'actif retenues par la société absorbée. Cette contrainte ne s'imposera pas lorsque la fusion est transcrite aux valeurs réelles.

La société absorbante doit également reprendre au passif de son bilan les **provisions** constituées par la société absorbée et se substituer à elle pour la réintégration des plus-values dont l'imposition a été différée lors de la réalisation de la fusion.

En cas de cession ultérieure des **immobilisations non amortissables,** la société absorbante devra calculer les plus-values d'après la « valeur fiscale » que ces biens avaient au bilan de la société absorbée.

Elle peut être dispensée de l'imposition du profit constaté lors de la fusion sur les éléments **d'actif circulant** détenus par la société absorbée à condition de les inscrire à son bilan pour la valeur fiscale qu'ils avaient dans les écritures de la société absorbée. À défaut, elle doit en principe comprendre dans ses résultats de l'exercice au cours duquel intervient l'opération le profit correspondant à la différence entre la nouvelle valeur de ces éléments et la valeur qu'ils avaient du point de vue fiscal dans les écritures de la société absorbée.

Le report d'imposition **des plus-values d'apport** entraîne aussi l'obligation pour les entreprises d'établir deux documents particuliers : un état de suivi des plus-values et un registre de suivi des plus-values sur éléments non amortissables donnant lieu à report d'imposition (Mémento Fiscal n° 39310).

Lorsque la société absorbante a acquis les titres de la société absorbée moins de deux ans avant la fusion, la **moins-value à court terme** réalisée à l'occasion de l'annulation de ces titres de participation n'est pas déductible à hauteur du montant des distributions qui ont ouvert droit au régime mère-fille (exonération des dividendes) depuis leur acquisition. Lorsque la fusion intervient plus de deux ans après l'acquisition des titres, aucune imputation n'est possible lorsque les titres ont la nature de titres de participation puisqu'ils sont placés *sous un régime d'exonération,* sauf lorsque la société absorbée est à prépondérance immobilière. Si la société est à prépondérance financière, la déduction de la moins-value est restreinte (Mémento Fiscal n° 39545).

c. Impôt de distribution

La distribution entre les associés de la société absorbée des actions ou parts sociales émises à l'occasion d'un apport-**fusion** n'est pas considérée comme un revenu mobilier imposable, quel que soit le régime fiscal sous lequel l'opération est placée (CGI art. 115, 1). **84430**

Cette règle s'applique également en cas de **scission,** y compris lorsqu'elle est placée sous le régime de droit commun.

La même exonération est accordée en cas de répartition entre ses membres par une société auteur d'un **apport partiel d'actif** représentatif d'une branche complète d'activité, de tout ou partie des actions ou parts qui lui ont été remises en contrepartie de son apport. Cette exonération est toutefois subordonnée à la condition que l'apport soit placé sous le régime de faveur, que la société dispose encore au moins d'une branche complète d'activité après l'opération d'apport et que l'attribution des titres, proportionnelle aux droits des associés, soit faite dans le délai d'un an à compter de la réalisation de l'apport. L'exonération est également applicable dans les mêmes conditions aux associés résidents d'une société étrangère qui réalise un apport placé sous un régime comparable à celui de l'article 210 A du CGI ainsi qu'aux opérations de scission partielle lorsque les titres de la société bénéficiaire des apports sont directement attribués aux associés de l'apporteuse (Loi 2025-127 du 14-2-2025 art. 65). Lorsque l'apport n'est pas représentatif d'une branche complète d'activité ou lorsque la société apporteuse ne dispose plus d'au moins une branche complète d'activité après l'apport, la neutralité fiscale peut être obtenue sur agrément préalable à l'opération : certaines conditions doivent être remplies, notamment un engagement de conservation des titres de la société apporteuse et des titres remis en contrepartie de l'apport par certains de ses associés pendant trois ans à compter de la réalisation de l'apport (CGI art. 115, 2 bis). Un agrément permettant l'exonération d'impôt de distribution peut être obtenu dans les mêmes conditions pour les opérations de scission partielle. Pour plus de détails, voir Mémento Fiscal n°s 39595 s.

Plusieurs modalités juridiques de mise en œuvre de cette opération sont envisageables : distribution ou réduction de capital (sur cette question, voir Communications Ansa, comité juridique n° 3235 du 2-4-2003 et n° 04-029 du 7-4-2004 ; Mémento Fusions et acquisitions n° 10040).

ATTENTION

Lorsqu'une entreprise membre d'une société absorbée ou scindée reçoit, en échange des titres de cette société figurant à son actif, des titres de la société absorbante, elle peut, si elle le désire, **différer** la **prise en compte du profit ou de la perte résultant de l'échange** jusqu'à la cession ultérieure des titres reçus en échange (CGI art. 38, 7 bis). Ce choix permet le maintien du régime mère-fille à raison des dividendes distribués par la société dont les titres sont échangés moins de deux ans après leur acquisition (Mémento Fiscal n° 41005). Sur l'intérêt à renoncer au sursis d'imposition, voir Mémento Fiscal n° 19070.

Les plus-values d'échange de titres réalisées par les associés personnes physiques bénéficient en principe d'un sursis d'imposition (CGI art. 150-0 B), sauf en cas d'apport de titres à une société contrôlée par l'apporteur (CGI art. 150-0 B ter) (Mémento Fiscal n°s 33300 s.).

SECTION 6

FUSIONS, SCISSIONS ET APPORTS PARTIELS D'ACTIFS TRANSFRONTALIERS AU SEIN DE L'UNION EUROPÉENNE

A. Règles générales

OPÉRATIONS TRANSFRONTALIÈRES AUTORISÉES

84600 **Fusion transfrontalière** La fusion transfrontalière est l'opération par laquelle une ou plusieurs sociétés par actions ou SARL ayant leur siège social en France fusionnent avec une ou plusieurs sociétés relevant du droit d'un ou de plusieurs autres États membres de l'UE pour n'en former plus qu'une seule. La fusion peut résulter soit de la **création d'une société nouvelle** par plusieurs sociétés existantes, soit de l'**absorption d'une société par une autre** *(art. L 236-31 et L 236-1). Comme en droit interne, il semble que le procédé de « fusion-absorption » est le plus souvent utilisé.*

La fusion transfrontalière, qui a les mêmes effets que la fusion interne, est caractérisée par la transmission universelle de l'ensemble des éléments d'actif et de passif composant le patrimoine d'une ou de plusieurs sociétés (la société absorbée ou les sociétés apporteuses) au profit d'une autre société (la société absorbante ou nouvelle) qui le recueille, les associés ou actionnaires de l'absorbée ou de l'apporteuse se voyant attribuer des parts ou des actions de la société absorbante ou nouvelle sous réserve de la possibilité d'une soulte en espèces (art. L 236-33, al. 1).

Sont également concernées les fusions dites « simplifiées », dans lesquelles il n'est pas procédé à l'échange de parts ou d'actions de la société bénéficiaire contre des parts ou des actions des sociétés qui disparaissent lorsque ces parts ou actions sont détenues (art. L 236-3, II, sur renvoi de l'art. L 236-31) :

– par la société bénéficiaire, par la société qui disparaît ou par une société qui détient 100 % des parts ou des actions de la société bénéficiaire et de la société qui disparaît ;

– par les associés des sociétés qui fusionnent dans les mêmes proportions dans toutes les sociétés qui fusionnent, lorsque ces proportions sont conservées à l'issue de l'opération.

Scission transfrontalière La scission transfrontalière est l'opération par laquelle une société par actions ou une SARL ayant son siège social en France participe à une scission avec une ou plusieurs sociétés relevant du droit d'un ou de plusieurs autres États membres de l'UE, la société scindée transmettant son patrimoine à plusieurs sociétés existantes ou nouvelles (art. L 236-46, al. 1 et L 236-18, al. 1). 84603

Apport partiel d'actifs transfrontalier L'apport partiel d'actifs transfrontalier est l'opération par laquelle une société par actions ou une SARL ayant son siège social en France participe, avec une ou plusieurs sociétés relevant du droit d'un ou de plusieurs autres États membres de l'UE, à l'opération par laquelle l'une des sociétés fait apport d'une partie de son actif et de son passif, à une ou plusieurs autres existantes ou nouvelles ; lorsque l'apport ne comprend qu'une partie de l'actif, l'apporteuse et la ou les bénéficiaires peuvent décider d'un commun accord – mais ce n'est pas une obligation – de soumettre l'opération au régime des apports partiels d'actifs transfrontaliers (art. L 236-48, al. 1 et 3 modifié par loi 2024-364 du 22-4-2024, et art. L 236-27). 84606

Confusion par décision de l'associé unique La directive 2017/1132 du 14 juin 2017 prévoit qu'on entend par fusion transfrontalière, notamment, « l'opération par laquelle une société transfère, par suite et au moment de sa dissolution sans liquidation, l'ensemble de son patrimoine, actif et passif, à la société qui détient la totalité des titres ou des parts représentatifs de son capital social » (art. 119, 2-c). Malgré les termes larges de ce texte, il n'est pas, à notre avis, interdit de recourir au mécanisme de l'article 1844-5 du Code civil – confusion par décision de l'associé unique (nos 86082 s.) – pour réaliser une opération de dissolution sans liquidation d'une société française au profit de son associé unique situé dans un autre État membre de l'UE, à condition toutefois que cela soit envisageable du point de vue de la loi de cet État. Le mécanisme prévu par l'article 1844-5 nous paraît subsister, indépendamment du régime de la fusion transfrontalière prévu par la directive 2017/1132 et les articles L 236-1 s. En effet, la législation française dissocie toujours les deux mécanismes, laissant ainsi coexister deux procédures emportant les mêmes conséquences (en ce sens, J.-E. Cros, Les « TUP » de société après la transposition de la directive sur les fusions transfrontalières : Option Finance 30-3-2009). 84612

SOCIÉTÉS POUVANT PROCÉDER À UNE OPÉRATION DE RESTRUCTURATION TRANSFRONTALIÈRE

Les sociétés par actions et les SARL ayant leur siège **en France** peuvent participer, aussi bien comme société absorbante ou bénéficiaire que comme société absorbée, scindée ou apporteuse, à l'opération de restructuration avec une ou plusieurs **sociétés relevant du droit de** *l'un ou de plusieurs* ***autres États membres*** de l'UE et, en ce qui concerne les fusions transfrontalières, ressortissant du champ d'application du paragraphe 1 de l'article 119 de la directive UE 2017/1132 (art. L 236-31 modifié par loi 2024-364 du 22-4-2024) : sont concernées les sociétés ayant l'une des formes figurant dans l'annexe II de cette directive ou qui ont un capital social, jouissent de la personnalité juridique, possèdent un patrimoine séparé qui répond à lui seul des dettes de la société et qui sont soumises par leur législation nationale aux conditions de garantie prévues par la directive pour protéger les intérêts tant des associés que des tiers. Les articles L 236-46 et L 236-48, relatifs respectivement aux scissions et aux apports partiels d'actifs transfrontaliers, renvoient au paragraphe 1 de l'article 160 ter de la directive qui vise les mêmes sociétés. 84620

Sur l'application du régime des fusions transfrontalières aux fusions réalisées entre une société française et une société établie dans un État partie à l'accord sur l'EEE mais non membre de l'UE, voir toutefois B. Dondero et J. Delvallée, Directives fusion : application aux sociétés ressortissantes d'un État partie à l'accord sur l'EEE : BRDA 15-16/20 inf. 25.

84621 Sont toutefois **exclus** du champ d'application des dispositions sur les opérations transfrontalières (art. L 236-32) :

– les sociétés en liquidation lorsque la répartition de leurs actifs entre les associés a fait l'objet d'un début d'exécution ;

– les sociétés du secteur financier soumises à la procédure de résolution des conflits devant l'ACPR ;

– les organismes de placements collectifs agréés et les fonds d'investissement alternatif.

Par ailleurs, les **sociétés de personnes,** tant civiles que commerciales, et les sociétés **dépourvues de personnalité morale** ne sont pas concernées par le dispositif relatif aux opérations transfrontalières. Elles pourraient, à notre avis, invoquer la décision de la Cour de justice des Communautés européennes selon laquelle le principe de liberté d'établissement couvre les opérations de fusion transfrontalière car « elles répondent aux nécessités de coopération et de regroupement entre sociétés établies dans les États membres différents. Elles constituent des modalités particulières d'exercice de la liberté d'établissement, importantes pour le bon fonctionnement du Marché intérieur […] » et pour lesquelles les États membres ne peuvent pas mettre en place des restrictions qui ne jouent pas en cas de fusion de droit interne (CJCE 13-12-2005, aff. 411/03 : RJDA 1/07 n° 52, 2e esp., à propos d'un refus d'inscription au registre du commerce de la société absorbante allemande d'une opération d'absorption d'une société établie au Luxembourg). Cette argumentation vaut, les raisons étant les mêmes, pour les scissions et les apports partiels d'actifs. Mais elle laisse entières les difficultés qui, en pratique, font obstacle à ce type d'opérations et qui sont liées en particulier à la nécessité de régler les conflits résultant du cumul de lois nationales applicables, difficultés que les textes relatifs aux opérations transfrontalières ont précisément pour objet d'aplanir.

RÉGLEMENTATION APPLICABLE AUX OPÉRATIONS TRANSFRONTALIÈRES

84630 Le Code de commerce étend aux opérations transfrontalières les **mécanismes** de droit interne **régissant les opérations domestiques** (art. L 236-31 modifié par loi 2024-364 du 22-4-2024, art. L 236-46 et L 236-48).

Ainsi, les **fusions transfrontalières** sont régies en France non seulement par les mesures spécifiques prévues par les articles L 236-31 à L 236-45 modifiés par la loi 2024-364 et R 236-20 à R 236-34, mais aussi par les dispositions non contraires des articles L 236-1 à L 236-17 modifiés par la loi 2024-364 consacrés aux fusions domestiques, exposées nos 82660 s.

Les scissions transfrontalières sont régies en France non seulement par les mesures spécifiques prévues par les articles L 236-46 à L 236-47 et R 236-35 à R 236-36, mais aussi par les dispositions non contraires des articles L 236-18 à L 236-26 modifiés par la loi 2024-364 consacrés aux scissions domestiques, ainsi que, par voie de conséquence, par de nombreuses dispositions relatives aux fusions domestiques, exposées nos 82660 s., ainsi que par les dispositions non contraires des articles L 236-31 à L 236-45 consacrés aux fusions transfrontalières.

Les apports partiels d'actifs transfrontaliers sont régis en France non seulement par les mesures spécifiques prévues par les articles L 236-48 à L 236-49 modifiés par la loi 2024-364 et R 236-37 à R 236-38, mais aussi par les dispositions non contraires des articles L 236-27 à L 236-30 consacrés aux apports partiels d'actifs domestiques, ainsi que, par voie de conséquence, par de nombreuses dispositions relatives aux scissions domestiques et aux fusions domestiques, exposées nos 82660 s., ainsi que par les dispositions non contraires des articles L 236-46 à L 236-47 relatives aux scissions transfrontalières.

Ces dispositions s'appliquent aux opérations dont le **projet** a été **déposé au greffe du tribunal de commerce depuis le 1er juillet 2023,** sauf celles résultant de la loi 2024-364 applicables, à notre avis (n° 82505), aux opérations dont le projet a été **signé depuis le 24 avril 2024** (Ord. 2023-393 art. 13 ; Décret 2023-430 art. 10).

B. Réalisation des opérations transfrontalières

1. RÉALISATION DES FUSIONS TRANSFRONTALIÈRES

DÉROULEMENT DES OPÉRATIONS

Projet de fusion Un projet commun de fusion doit être arrêté par l'organe de gestion, d'administration ou de direction de chacune des sociétés participant à l'opération (art. R 236-21, al. 1). Il doit contenir les indications mentionnées à l'article R 236-21, al. 2 s. (forme, dénomination et siège des sociétés participantes et de la société issue de la fusion ; motifs, buts et conditions de la fusion transfrontalière ; rapport d'échange des titres et, le cas échéant, montant de la soulte ; date à partir de laquelle les opérations des sociétés qui fusionnent seront, du point de vue comptable, considérées comme accomplies pour le compte de la société issue de la fusion ; effets probables de la fusion sur l'emploi ; modalités de l'offre d'attribution de titres aux associés ayant voté contre l'opération ; garanties offertes aux créanciers sociaux ; etc.). 84650

Le projet, qui doit être publié après l'avis rendu, le cas échéant, par les instances représentatives du personnel (n° 84662) (art. L 236-34), doit être déposé au greffe pour être **annexé au RCS et au RNE** un mois au moins avant la date de l'assemblée (de la décision collective des associés) ou, en cas d'opération concernant des sociétés détenues à 100 %, 30 jours au moins avant que l'opération ne prenne effet (art. R 236-22, dernier al. et R 123-266, 7°) ou encore, lorsque l'approbation de la fusion par l'assemblée générale extraordinaire de la société absorbante n'est pas requise car elle a délégué sa compétence ou ses pouvoirs (n° 83265), un mois au moins avant la date de l'assemblée générale de l'autre société ou des autres sociétés qui fusionnent (art. R 236-22, dernier al.).

ATTENTION

Les sociétés par actions françaises doivent **mettre à la disposition** de leurs **actionnaires**, au moins 30 jours avant que l'organe compétent ne se prononce sur l'opération de fusion transfrontalière, les comptes annuels approuvés par les assemblées générales ainsi que les rapports de gestion des trois derniers exercices de toutes les sociétés qui participent à la fusion (art. R 236-4 sur renvoi de l'art. R 236-20). Selon l'Ansa, il incombe aux sociétés françaises participantes de fournir ces documents, à charge pour elles de les obtenir au préalable des sociétés étrangères, étant observé que les sociétés françaises devraient avoir eu communication de ces documents dans le cadre de la préparation du projet de fusion (Communication Ansa, comité juridique n° 24-040 du 4-12-2024).

Par dérogation à l'article L 236-1, lorsque la législation d'au moins un des États membres concernés par la fusion le permet, le traité de fusion peut prévoir le **versement** en espèces **d'une soulte supérieure à 10 % de la valeur nominale** ou, à défaut, du pair comptable des titres, parts ou actions attribués. Le pair comptable est défini comme la quote-part du capital social représentée par une action ou part sociale (art. L 236-33). 84651

Il conviendrait de modifier le **régime fiscal** pour donner pleine efficacité à cette autorisation car, actuellement, les sociétés participant à une opération de fusion prévoyant le versement d'une soulte supérieure à 10 % ne peuvent pas bénéficier du régime de neutralité fiscale institué par l'article 210-0 A du CGI (n° 84750).

Avis relatif au projet de fusion Chacune des sociétés participant à l'opération qui sont immatriculées en France doit déposer au greffe un avis relatif au projet de fusion (art. L 236-25 et R 236-22, al. 1). Cet avis est déposé en annexe au RCS et au RNE et transmis par le greffe pour publication dans un support d'annonces légales et au Bodacc (art. R 236-22, al. 13 et R 123-266, 7°). 84652

L'avis doit contenir les indications mentionnées à l'article R 236-22 (identification des sociétés participantes ; rapport d'échange ; modalités d'exercice des droits des créanciers et, le cas échéant, des associés minoritaires ; etc.). Il a pour objet, en particulier, d'informer les *associés, les créanciers et les « délégués du personnel »* – en pratique les institutions représentatives du personnel – ou, à défaut, les salariés eux-mêmes qu'ils peuvent présenter à la société des observations concernant le projet de fusion jusqu'à cinq jours ouvrables avant la date de l'assemblée générale ou, lorsque l'assemblée n'est pas requise (en cas de délégation de la compétence pour décider la fusion ou du pouvoir d'en fixer les modalités définitives, ou en cas de fusion bénéficiant du régime simplifié ou semi-simplifié), avant la date de la décision de l'opération ou de la constatation de sa réalisation par l'organe compétent (art. L 236-35 modifié par loi 2024-364 du 24-6-2024 ; art. R 236-22, 9°).

Cette publicité doit être faite dans les délais visés n° 84650 pour le dépôt du projet de fusion (art. R 236-22, dernier al.).

84661 **Rapports des dirigeants** L'organe de gestion, d'administration ou de direction de chacune des sociétés participant à l'opération doit établir un rapport écrit (art. L 236-36, al. 1) qui doit expliquer et justifier le projet de fusion de manière détaillée, en ses aspects juridiques et économiques, ainsi que les conséquences du projet pour les associés, les créanciers et les salariés ; il doit comprendre les deux sections suivantes (art. R 236-24) :

– une section à l'intention des associés, comportant les indications mentionnées à l'article R 236-24, II, cette section n'étant pas requise dans les sociétés à associé unique (Sasu ou EURL) et n'étant pas obligatoire dans les sociétés dont tous les associés ont accepté de renoncer à cette exigence ;

– une section à l'intention des salariés, comportant les indications mentionnées à l'article R 236-24, III, cette section n'étant pas obligatoire si la société et ses éventuelles filiales n'ont pas d'autres salariés que ceux appartenant à l'organe d'administration ou de direction.

La société peut toutefois décider de rédiger deux rapports distincts, respectivement à l'intention des associés et des salariés (art. R 236-24, I).

Le rapport doit être mis à la disposition des associés ou actionnaires et remis aux institutions représentatives du personnel ou, à défaut, aux salariés eux-mêmes, après avis éventuellement rendu par ces instances (nº 84662), accompagné du projet de fusion par voie électronique six semaines au moins avant la date de l'assemblée générale (de la décision collective des associés) appelée à se prononcer sur le projet de fusion transfrontalière ou, lorsque l'approbation de la fusion par l'assemblée générale extraordinaire de la société absorbante n'est pas requise car elle a délégué sa compétence ou ses pouvoirs (nº 83265) ou s'il s'agit d'une fusion bénéficiant du régime simplifié ou semi-simplifié (nºs 83280, 83285, 83625 et 83634), six semaines au moins avant la date de l'assemblée générale de l'autre société ou des autres sociétés qui fusionnent (art. L 236-36 modifié par loi 2024-363 du 22-4-2024 et art. R 236-24, IV-al. 1 et 2). Lorsque le projet de fusion transfrontalière est dispensé de toute approbation par une assemblée (ou décision collective des associés) en application du régime simplifié prévu dans les cas visés nº 83280, l'Ansa estime que le rapport des dirigeants doit être mis à disposition des associés et remis aux institutions représentatives du personnel ou aux salariés six semaines avant la date de réalisation de la fusion telle que constatée par un mandataire délégué à cet effet par la société absorbante (Communication Ansa, comité juridique nº 23-033 du 6-9-2023).

Lorsqu'il est transmis six semaines au moins avant l'assemblée générale, l'avis du comité social et économique ou des institutions représentatives du personnel doit être annexé au rapport des dirigeants (art. L 236-36, al. 3 et R 236-24).

84662 **Information du CSE** Dans les sociétés d'au moins 50 salariés, le respect des obligations d'information et de consultation du comité social et économique (CSE) (C. trav. art. L 2312-8) s'impose comme en matière de fusion interne. En outre, le rapport des dirigeants doit être mis à la disposition des institutions représentatives du personnel ou, à défaut, des salariés eux-mêmes (nº 84661). L'avis du CSE doit non seulement être communiqué à l'assemblée conformément au droit interne, mais aussi, sous réserve d'une transmission dans les délais requis (nº 84661), être annexé à ce rapport (art. L 236-36, al. 2 et 3 et R 236-24, IV).

84663 **Rapport du commissaire à la fusion** L'établissement d'un rapport d'un ou de plusieurs commissaires à la fusion s'impose en cas de fusion impliquant des sociétés françaises ; outre les mentions requises en cas de fusion interne (nº 83176), ce rapport doit donner des indications sur les modalités de l'offre de rachat faite aux associés ou aux actionnaires qui n'ont pas approuvé la fusion et exercent leur droit de retrait (nº 84665) : méthodes utilisées pour déterminer le montant de l'offre ; caractère adéquat de ces méthodes et valeur auxquelles elles conduisent ; difficultés particulières d'évaluation s'il en existe (art. L 236-37).

84664 **Décision des associés** La décision doit être prise dans les conditions prévues pour la modification des statuts (art. L 236-2, al. 2 et L 236-31). Toutefois, les statuts des SARL, quelle que soit la date de leur constitution, ne peuvent pas prévoir une **majorité** supérieure à 90 % des voix dont disposent les associés présents ou représentés et les statuts des SAS doivent prévoir une majorité comprise entre les 2/3 et 90 % des voix dont disposent les associés *présents ou représentés (art. L 236-38* modifié par loi 2024-364 du 22-4-2024).

Par ailleurs, si l'opération projetée a pour effet une **augmentation des engagements** d'associés ou d'actionnaires, elle ne peut être décidée qu'à l'unanimité desdits associés ou actionnaires (art. L 236-5 et L 236-31) à l'exception de ceux qui sont en mesure d'exercer leur droit de céder leurs parts ou actions dans le cadre du droit de retrait (nº 84665).

Les associés ou actionnaires qui décident la fusion peuvent subordonner la réalisation de celle-ci à leur approbation des modalités décidées pour la **participation des salariés** (nos 84710 s.) dans la société issue de la fusion transfrontalière (art. L 236-39).

Droit de retrait des associés opposants Dans la ou les sociétés absorbées, les associés ou les actionnaires ayant voté contre le projet de fusion, les porteurs d'actions sans droit de vote et les associés dont les droits de vote sont temporairement suspendus bénéficient du droit de céder leurs parts ou leurs actions, sous réserve que le projet de fusion prévoie qu'ils détiendront, à l'issue de l'opération, des actions ou des parts sociales dans une société régie par le droit d'un autre État membre (art. L 236-40, al. 1 modifié par loi 2024-364 du 22-4-2024). Ce droit de retrait s'exerce sur l'ensemble des parts ou des actions détenues par l'associé ou l'actionnaire au jour de sa **demande,** laquelle doit être formée dans un **délai** de dix jours à compter de la date de la décision d'approbation de la fusion ; elle doit être adressée à la société, par voie électronique, à l'adresse indiquée par celle-ci ou par lettre recommandée AR adressée au lieu de son siège social (art. R 236-25 et R 236-26, I). 84665

ATTENTION

Alors que l'article 126 bis, 1 de la directive 2017/1132 du 14 juin 2017 donne la faculté aux États membres d'exiger la mise en place d'un système d'enregistrement des oppositions expresses pouvant servir de justificatif pour la mise en œuvre du droit de retrait, une telle exigence n'a pas été introduite dans le droit français. Il appartient donc, à notre avis, à la société de mettre en place un système permettant de **déterminer** quels sont **les associés ou actionnaires qui ont voté contre** le projet de fusion.

La société doit formuler une offre de rachat de ces parts ou actions à chacun des associés ou actionnaires ayant fait part de sa demande dans les dix jours de cette demande, par voie électronique ou par lettre recommandée AR à l'adresse indiquée par chaque associé (art. L 236-40, al. 2 et R 236-26, II). Le **prix** proposé par la société aux associés ou actionnaires détenant des parts ou actions d'une même catégorie doit être identique (art. R 236-26, II). L'offre doit comporter le prix offert par part ou action, le mode de paiement proposé, le délai pendant lequel l'offre est maintenue qui ne peut pas être inférieur à dix jours à compter de la date de réception de l'offre et le lieu où elle peut être acceptée (art. R 236-26, II). Lorsque les titres sont admis aux négociations sur un marché réglementé, leur évaluation doit être faite conformément à la procédure prévue en cas de retrait obligatoire des minoritaires (art. R 236-26, II ; sur cette procédure, voir no 66076). L'offre de rachat « est versée » – ce qui signifie à notre avis que le prix offert doit être réglé conformément au mode de paiement convenu – dans les deux mois de la prise d'effet de la fusion (art. R 236-27).

Toute **contestation sur le prix** formulé dans l'offre de rachat doit être portée devant le tribunal dans le ressort duquel est situé le siège de la société – à notre avis, le siège de la société absorbée conformément à ce que prévoit l'article 126 bis de la directive UE 2017/1132 – dans le délai du maintien de l'offre visé ci-dessus. Tous les associés ou actionnaires intéressés par la cession de leurs parts ou actions doivent être mis en cause par la société dans les conditions prévues par les articles 331 et 333 du Code de procédure civile en matière d'intervention forcée, ce qui implique notamment la nécessité de les appeler en temps utile pour faire valoir leur défense et l'impossibilité pour eux de décliner la compétence de la juridiction saisie de la demande originaire, même en invoquant une clause attributive de compétence (art. R 236-28, I-al. 1 et 2). L'éventuel complément de prix est déterminé selon les modalités prévues par les articles 1843-4 du Code civil et 17 du décret 78-704 du 3 juillet 1978 (art. R 236-28, I-al. 3 ; sur ces modalités, voir nos 16790 s.).

› Précisions **a.** Le droit pour les associés ou actionnaires d'invoquer le fait que la fusion projetée a pour effet d'**augmenter** leurs **engagements** et qu'elle ne peut donc être décidée qu'à l'unanimité desdits associés ou actionnaires (art. L 236-5) est expressément exclu pour les associés ou actionnaires qui sont en mesure d'exercer leur droit de retrait (art. L 236-40, al. 3).

b. Selon l'Ansa, l'offre de **rachat** peut être faite indifféremment par la société absorbée – ce qui semble le plus adéquat s'agissant d'un rachat – ou par la société absorbante, les textes visant « la société » sans restreindre le choix des associés ou actionnaires retrayants ; ce rachat n'est pas soumis aux règles de droit commun des rachats d'actions (examinées nos 68910 s.) car il relève d'un régime autonome qui déroge à ces règles (Communication Ansa, comité juridique no 23-037 du 4-10-2023).

c. Le fait que la société absorbée sera dissoute et que l'absorbante ne relèvera pas de la loi française est susceptible d'entraîner des difficultés d'**exécution forcée** des décisions du tribunal français appelé à statuer en matière de contestation sur le prix proposé aux retrayants.

Contestation du rapport d'échange Sous réserve qu'il n'ait pas eu de droit de retrait ou qu'il n'ait pas exercé ce droit, un associé ou actionnaire qui estime que le rapport d'échange des parts ou des actions est insuffisant peut contester ce rapport en demandant 84666 que la société lui verse une soulte en espèce, sans que cela fasse obstacle à la prise d'effet de la fusion transfrontalière. Sa demande doit être portée devant le tribunal dans le ressort duquel est situé le siège de la société – à notre avis, le siège de la société absorbée – dans le délai de dix jours à compter soit de l'expiration du délai de maintien de l'offre s'il n'a pas exercé son droit de retrait, soit de la décision d'approbation de la fusion s'il n'a pas eu de droit de retrait. Tous les associés ou actionnaires doivent être mis en cause par la société dans les conditions prévues par les articles 331 et 333 du Code de procédure civile en matière d'intervention forcée (sur ces conditions, voir nº 84665) (art. L 236-41 et R 236-28, II).

84667 **Droit d'opposition des créanciers** L'opposition d'un créancier à la fusion transfrontalière s'exerce dans les conditions prévues par l'article L 236-15 (nos 83950 s.) ; elle doit être formée dans le **délai** de trois mois à compter de la dernière insertion ou de la mise à disposition du public du projet de fusion transfrontalière sur le site internet de chacune des sociétés immatriculées en France participant à l'opération (nº 84650) (art. R 236-34, al. 1). L'opposition des représentants de la masse des obligataires à la fusion transfrontalière, dans les conditions prévues par l'article L 236-16 (nos 83980 s.), doit être formée dans le même délai (art. R 236-34, al. 2).

Dans tous les cas, les créanciers et les représentants de la masse « peuvent engager une action contre la société » devant la juridiction dans le ressort de laquelle celle-ci avait son siège social avant la fusion transfrontalière, dans un délai de deux ans à compter de la date de prise d'effet de l'opération (art. R 236-34, al. 3). La ou les sociétés absorbées n'ayant plus d'existence juridique, l'action doit, à notre avis, être formée contre la société absorbante, l'article R 236-34, al. 3 permettant que l'action soit portée soit devant le tribunal du lieu du siège social de la société absorbée (tribunal français), soit devant le tribunal compétent de l'État membre où est située la société absorbante.

PUBLICITÉ DE LA FUSION TRANSFRONTALIÈRE

84668 Lors de l'immatriculation ou de l'**inscription modificative** au RCS et au RNE des sociétés ayant leur siège en France concernées par la fusion transfrontalière, il convient de fournir, outre les indications requises en cas de fusion domestique (nº 83372), les indications suivantes (art. R 123-56, 3º, R 123-69, 3º et R 123-263) :

– pour les sociétés résultant de la fusion transfrontalière, l'opération dont l'immatriculation résulte ;

– la cause de dissolution ou d'augmentation de capital, ainsi que la raison sociale ou dénomination, la forme juridique et le siège des personnes morales ayant participé à l'opération.

CONTRÔLES DE LA CONFORMITÉ ET DE LA LÉGALITÉ DE LA FUSION

84670 Conformément aux dispositions de la directive 2017/1132 (art. 127 et 128), la fusion transfrontalière est soumise, sous peine de nullité, à un double contrôle, qu'elle soit absorbée ou absorbante, l'un de conformité des actes et des formalités préalables à la fusion, l'autre de légalité de l'opération (art. L 236-42, I). Tout recours contre les décisions du greffier au titre de ces opérations de contrôle est porté devant le juge commis à la surveillance du RCS, qui statue par ordonnance (art. R 123-139 sur renvoi de l'art. R 236-33).

84671 **Contrôle de conformité** Le greffier du tribunal dans le ressort duquel la société est immatriculée est chargé, sous sa responsabilité, d'une **triple mission** (art. L 236-42, II) :

1. Examiner l'ensemble des documents et informations transmis par la société participant à l'opération, laquelle doit lui remettre un dossier comportant les pièces énumérées par l'article R 236-29 (projet de fusion mentionnant notamment les informations relatives aux procédures permettant de déterminer la participation des salariés et le nombre de salariés au jour de la mise à disposition de ce projet ; statuts de la société issue de la fusion ; rapport des dirigeants ; liste des filiales précisant le pays dans lequel chacune est immatriculée ; respect des engagements de la société envers les organismes publics ; etc.).

2. Vérifier que l'opération n'est pas réalisée à des fins abusives ou frauduleuses menant ou visant à se soustraire au droit de l'UE ou au droit français ou à le contourner, ou à des fins criminelles. À cette fin, le greffier doit tenir compte de l'ensemble des faits et circonstances dont il a connaissance dans le cadre des opérations de contrôle, peut solliciter des autorités compétentes toute information qu'il estime nécessaire, y compris auprès de l'autorité chargée de contrôler la légalité de l'opération dans l'État membre de destination, et faire appel à un expert indépendant qu'il désigne et dont la rémunération est prise en charge par la société.

3. Vérifier que l'opération n'est pas réalisée aux fins de priver les salariés de leurs droits en matière de participation (nos 84710 s.).

Le **secret professionnel** ne peut pas lui être opposé en ce qui concerne les informations nécessaires à l'exercice de sa mission (art. L 236-42, II-al. 5).

Ce contrôle doit être réalisé dans un **délai** de trois mois à compter de la réception de la copie du procès-verbal de l'assemblée extraordinaire approuvant l'opération, ou, en l'absence d'assemblée, à compter de la date à laquelle l'organe compétent a décidé l'opération. Lorsque le greffier estime nécessaire de mener des enquêtes supplémentaires ou d'obtenir des informations complémentaires pour accomplir sa mission de contrôle, il peut proroger le délai prévu au premier alinéa pour une durée n'excédant pas trois mois ; dans ce cas, il doit informer la société, avant l'expiration du premier délai de trois mois, de la durée et des motifs de cette prorogation. Lorsqu'en raison de la complexité de l'opération, le contrôle ne peut être achevé dans le délai prorogé, le greffier peut à nouveau le proroger pour une durée d'un mois et, dans la mesure où une nouvelle prorogation est nécessaire à l'accomplissement de sa mission, il peut renouveler, pour la même durée, la nouvelle prorogation (art. R 236-30, I). La durée totale du contrôle peut donc être de huit mois.

Au terme de son contrôle, lorsqu'il constate que la fusion transfrontalière respecte les conditions et procédures qu'il a vérifiées, le greffier délivre un **certificat de conformité.** Lorsqu'il constate que ces conditions et procédures ne sont pas respectées, il informe la société des motifs du refus de délivrance du certificat de conformité. Toutefois, lorsque cela est possible, il autorise la société à régulariser la situation, dans un délai raisonnable sans que l'échéance de ce délai puisse être postérieure à la date de clôture de l'exercice au cours duquel il a été saisi ; faute pour la société de régulariser la situation dans ce délai, il refuse la délivrance du certificat de conformité (art. L 236-42, III et R 236-36, II).

Le certificat de conformité est partagé au moyen du système d'interconnexion des registres avec les autorités désignées pour procéder au contrôle de légalité qui pourront y accéder gratuitement comme les registres des États membres de l'UE y participant (art. L 236-42, IV).

Contrôle de légalité Le greffier du tribunal dans le ressort duquel la société issue de la fusion sera immatriculée (ou est immatriculée, si elle existe déjà) doit contrôler la légalité de la réalisation de la fusion et, le cas échéant, de la constitution de la société nouvelle issue de la fusion (art. L 236-43, al. 1). Un notaire ne peut plus être chargé de cette mission. 84672

Le greffier doit en particulier contrôler que les sociétés qui fusionnent ont approuvé un projet de fusion dans les mêmes termes et que les modalités relatives à la participation des salariés (nos 84710 s.) ont été fixées conformément aux dispositions légales (art. L 236-43, al. 1 et 2). Il doit recevoir de chaque société participant à la fusion un dossier contenant, outre le certificat de conformité délivré par l'autorité compétente et datant de moins de six mois, le projet de fusion transfrontalière approuvé par l'organe compétent de chacune des sociétés qui fusionnent (art. R 236-31). Il doit accomplir ce contrôle de légalité dans un délai de 15 jours à compter de la réception de l'ensemble de ces documents (art. R 236-32 qui vise par erreur les documents mentionnés par l'article R 236-32 mais dont on peut raisonnablement penser qu'il s'agit des documents mentionnés par l'article R 236-31).

Au terme de son contrôle, le greffier communique à la société issue de la fusion la décision par laquelle, lorsqu'il constate que la fusion transfrontalière respecte les conditions et procédures qu'il a vérifiées, il approuve l'opération ou, lorsqu'il constate que ces conditions et procédures ne sont pas respectées, la décision par laquelle il la désapprouve (art. L 236-43, al. 3).

DATE D'EFFET DE LA FUSION TRANSFRONTALIÈRE

La fusion transfrontalière prend effet (art. L 236-44, al. 1 à 3) : 84680

– en cas de **création d'une société nouvelle,** à la date d'immatriculation de cette société au RCS (art. L 236-4, sur renvoi de l'art. L 236-44, 1°) ;

– en cas de **transmission à une société existante,** selon les prévisions du projet de fusion. Toutefois, la date d'effet ne peut être ni postérieure à la date de clôture de l'exercice en cours de la société bénéficiaire pendant lequel a été réalisé le contrôle de légalité, ni antérieure à ce contrôle ou à la réception du certificat de conformité par l'autorité compétente du siège de chaque société ayant participé à l'opération (art. L 236-44, al. 4).

Cette date d'effet est importante en matière de validité de l'opération puisque l'article L 236-44, al. 4 dispose que la nullité de la fusion transfrontalière ne peut pas être prononcée après la prise d'effet de l'opération. Contrôle et validité sont ainsi liés. Mais il conviendrait en pratique que cela n'interdise pas de prévoir une « **clause de rétroactivité de la fusion** » purement comptable, en vertu de laquelle les opérations actives et passives effectuées par la ou les sociétés absorbées pendant la période intercalaire comprise entre la date d'arrêté des comptes ayant servi de base à la fusion et la date de réalisation définitive de l'opération seront, du seul point de vue comptable, prises en charge par la société absorbante. Sur le **plan fiscal,** l'**absorption d'une société française par une société étrangère** entraîne la création d'un établissement stable français de la société absorbante. Sous certaines conditions, l'opération peut bénéficier du régime spécial des fusions. Un effet rétroactif peut être donné à l'opération mais l'administration a adopté une position restrictive en indiquant qu'il ne peut être antérieur à la date d'ouverture du premier exercice de l'établissement stable, ce dernier devant être constitué avant la date de la dernière assemblée générale ayant approuvé l'opération (BOI-IS-FUS-40-10-20 n° 75).

2. RÉALISATION DES SCISSIONS TRANSFRONTALIÈRES

84690 Outre quelques dispositions spécifiques exposées n°s 84693 s., la scission transfrontalière à laquelle participe une société par actions ou une SARL ayant son siège social en France est soumise, nous l'avons vu (n° 84630), aux dispositions relatives aux scissions domestiques, ainsi que, par voie de conséquence, à de nombreuses dispositions relatives aux fusions domestiques et aux dispositions consacrées aux fusions transfrontalières.

ATTENTION

Sont expressément **exclues** pour les scissions transfrontalières les **dispositions** relatives à la dispense des rapports du commissaire à la scission et, le cas échéant, des dirigeants en cas de réalisation de la scission par apport à des sociétés nouvelles constituées sans autre apport que celui de la société scindée avec attribution proportionnelle aux actionnaires de la société scindée (n°s 83451 et 83513) (art. L 236-46, al. 2).

RÉPARTITION SPÉCIFIQUE DE CERTAINS ÉLÉMENTS D'ACTIF ET DE PASSIF

84693 Les éléments d'actif et de passif non expressément attribués par le projet de scission transfrontalière à l'une ou l'autre des sociétés participant à l'opération doivent être répartis, lorsque l'interprétation du projet de scission ne permet pas de décider de leur répartition, proportionnellement à l'actif net attribué à chacune des sociétés bénéficiaires (art. L 236-47).

CONTENU DU PROJET DE SCISSION

84696 Outre les indications requises en cas de fusion transfrontalière (n° 84650), le projet de scission doit contenir les indications mentionnées à l'article R 236-36 : calendrier indicatif de l'opération envisagée ; dates à partir desquelles les opérations de la société scindée sont considérées, du point de vue comptable, comme étant celles des sociétés bénéficiaires ; statuts des sociétés bénéficiaires ; description précise des éléments d'actif et de passif de la société scindée et description de la répartition de ces éléments entre les sociétés bénéficiaires ; informations concernant l'évaluation des éléments d'actif et de passif alloués à chaque société ; date d'arrêté des comptes de la société scindée.

PUBLICITÉ DE LA SCISSION TRANSFRONTALIÈRE

84697 Lors de l'immatriculation ou de l'**inscription modificative** au RCS et au RNE des sociétés ayant leur siège en France concernées par la scission transfrontalière, il convient de fournir, outre les indications requises en cas de scission domestique (n° 83541), les indications suivantes (art. R 123-56, 3°, R 123-69, 3° et R 123-263) :

– pour les sociétés résultant de la scission transfrontalière, l'opération dont l'immatriculation résulte ;

– la cause de dissolution ou d'augmentation de capital, ainsi que la raison sociale ou dénomination, la forme juridique et le siège des personnes morales ayant participé à l'opération.

3. RÉALISATION DES APPORTS PARTIELS D'ACTIFS TRANSFRONTALIERS

84700 Outre quelques dispositions spécifiques exposées n°s 84703 s., l'apport partiel d'actifs transfrontalier auquel participe une société par actions ou une SARL ayant son siège social en France est soumis, nous l'avons vu (n° 84630), aux dispositions relatives aux apports partiels d'actifs domestiques, ainsi qu'aux dispositions relatives aux scissions transfrontalières.

CONTENU DU PROJET D'APPORT

84703 Le projet d'apport partiel d'actifs doit contenir les indications requises en cas de scission transfrontalière (n° 84696) – à l'exception de certaines mentions telles que rapport d'échange des parts ou actions ou modalités de remise des parts ou actions et date à partir de laquelle

ces parts ou actions donnent droit aux bénéfices – ainsi que les deux mentions spécifiques suivantes (art. R 236-38, I) :
– toute modification des statuts de la société apporteuse ;
– une description précise des éléments d'actif et de passif de la société apporteuse et une description de la répartition de ces éléments entre la société apporteuse, pour ce qu'elle conserve, et la ou les sociétés bénéficiaires.

Comme pour les scissions domestiques (nº 83626), le projet d'apport partiel d'actifs transfrontalier peut prévoir que les parts ou actions de la société apporteuse, de la ou des sociétés bénéficiaires ou à la fois de l'apporteuse et de la ou des bénéficiaires représentant la contrepartie de l'apport seront attribuées directement aux associés ou aux actionnaires de la société apporteuse (**scission partielle**) (art. L 236-48, al. 4 modifié par loi 2024-364 du 22-4-2024). Le projet doit alors contenir, outre les mentions requises en cas de scission transfrontalière sans exception et les deux mentions spécifiques indiquées nº 84703, les mentions suivantes (art. R 236-38, II) : 84706
– la répartition envisagée, au bénéfice des associés de l'apporteuse, des parts ou actions soit des bénéficiaires, soit de l'apporteuse, soit à la fois des bénéficiaires et de l'apporteuse, attribuées en contrepartie de l'apport, ainsi que les critères sur lesquels cette répartition est fondée ;
– si l'attribution est réalisée soit par réduction de capital, soit par imputation sur les capitaux propres de l'apporteuse, des précisions sur les modalités comptables de l'opération.

DROIT DE RETRAIT DES ASSOCIÉS OPPOSANTS

Le droit de retrait prévu au profit des associés opposants à une fusion transfrontalière ou à une scission transfrontalière (nº 84665) n'est pas applicable en cas d'apport partiel d'actifs transfrontalier, sauf si le projet prévoit que l'opération constitue une scission partielle (nº 84706) (art. L 236-49). 84709

C. Participation des salariés des sociétés et établissements situés en France

SOCIÉTÉS SOUMISES AU RÉGIME DE PARTICIPATION DES SALARIÉS

L'**obligation** de prendre en compte le droit des salariés de participer aux organes d'administration ou de surveillance et, le cas échéant, la nécessité d'instituer un groupe spécial de négociation ne **s'imposent** que lorsque l'une des sociétés parties à l'opération de fusion est soumise à un système de participation. En effet, conformément au considérant 13, l'article L 2371-2 du Code du travail prévoit que « la société issue d'une fusion transfrontalière n'est pas tenue d'instituer des règles relatives à la participation des salariés si, à la date de son immatriculation, aucune société participant à la fusion n'est régie par ces règles ». Mais si, au moins, l'une quelconque d'entre elles l'est, les mesures relatives à la mise en œuvre de cette participation (C. trav. art. L 2371-1 à L 2375-1) s'appliquent (C. trav. art. L 2371-1 modifié par loi 2024-364 du 22-4-2024) : 84710
– aux sociétés ayant leur siège en France issues d'une opération de fusion, de scission, d'apport partiel d'actifs ou de transformation transfrontalière ;
– aux sociétés participant à une opération de fusion, de scission, d'apport partiel d'actifs ou de transformation transfrontalière et ayant leur siège en France ;
– aux filiales et établissements situés en France d'une société issue d'une opération de fusion, de scission, d'apport partiel d'actifs ou de transformation transfrontalière située dans un autre État membre de l'UE.

› Précisions **a.** *Pour les sociétés françaises,* la **participation** s'entend de « l'influence exercée par l'organe représentant les salariés ou par les représentants des salariés sur les affaires d'une société sous les formes suivantes (C. trav. art. L 2351-6 sur renvoi de l'art. L 2371-3) :
« – soit en exerçant leur droit d'élire ou de désigner certains membres de l'organe de surveillance ou d'administration de la société ;
– soit en exerçant leur droit de recommander la désignation d'une partie ou de l'ensemble des membres de l'organe de surveillance ou d'administration de la société ou de s'y opposer ».
Sont **à notre avis visées,** outre les sociétés relevant du secteur public en l'absence de disposition contraire, les SA qui ont opté pour la faculté de prévoir dans leurs statuts la présence au sein du conseil d'administration ou de surveillance de membres élus par les salariés de la société et, le cas échéant, des filiales directes et indirectes dont le siège social est situé sur le territoire français (art. L 225-27, L 225-79, L 22-10-6), ainsi que

les sociétés dont les titres sont admis aux négociations sur un marché réglementé dont les salariés et les salariés du groupe détiennent plus de 3 % du capital et qui, de ce fait, doivent nommer au conseil d'administration ou de surveillance un ou plusieurs représentants des salariés actionnaires (art. L 225-23, L 225-71, L 22-10-5 et L 22-10-22) et les sociétés tenues de désigner des représentants des salariés en raison de leur taille (art. L 225-27-1, L 225-79-2, L 22-10-7 et L 22-10-24).

b. Le décompte des **effectifs** des sociétés participantes, filiales ou établissements concernés situés en France est effectué conformément à l'article L 1111-2 du Code du travail (C. trav. art. L 2371-5).

MISE EN ŒUVRE DE LA PARTICIPATION DES SALARIÉS

84720 Les modalités de la participation des salariés sont arrêtées par accord conclu entre les dirigeants des sociétés participant à l'opération transfrontalière et les représentants des salariés ou, à défaut d'accord, selon le régime organisé par les articles L 2373-1 à L 2373-8 du Code du travail.

Par dérogation à cette règle, les dirigeants des sociétés participant à une fusion transfrontalière peuvent, lorsqu'au moins une des sociétés participant à l'opération dispose d'un système de participation des salariés, choisir de mettre en place, sans négociation préalable, les modalités de participation des salariés selon le régime organisé par les articles L 2373-1 à L 2373-8 du Code du travail.

Les dirigeants des sociétés participant à l'opération transfrontalière communiquent aux représentants du personnel ou, en leur absence, aux salariés eux-mêmes leur choix d'engager des négociations ou d'appliquer sans négociation préalable le régime organisé par les articles L 2373-1 à L 2373-8 du Code du travail ainsi que, dans le premier cas, le résultat des négociations (C. trav. art. L 2371-3).

Les règles de participation des salariés applicables avant l'opération transfrontalière continuent de s'appliquer jusqu'à la date d'application de toute règle convenue d'un commun accord ultérieurement ou, en l'absence d'accord, jusqu'à la mise en place du comité mentionné n° 84722 (C. trav. art. L 2371-3-1).

84721 En cas d'accord, la participation des salariés est mise en œuvre conformément aux articles L 225-28 à L 225-56, L 225-79 à L 225-93, L 22-10-8 à L 22-10-17 et L 22-10-23 à L 22-10-30 (C. trav. art. L 2372-1, al. 1), c'est-à-dire conformément aux règles de droit commun des SA relatives à la représentation des salariés au sein des conseils d'administration ou de surveillance (cf. Rapport Sén. n° 347 relatif à la loi 2008-649 du 3-7-2008).

Toutefois, par dérogation, un **groupe spécial de négociation** doit être institué dès que possible après la publication du projet d'opération transfrontalière si l'une des conditions suivantes est remplie (C. trav. art. L 2372-1, al. 2 s.) :

– au moins une des sociétés participant à l'opération transfrontalière applique des règles relatives à la participation et a employé pendant les six mois qui précèdent cette publication un nombre moyen de salariés équivalent à 80 % au moins du seuil à partir duquel les règles relatives à la participation des travailleurs sont applicables dans l'État membre de départ ;

– la société issue de l'opération transfrontalière ne garantit pas au moins le même niveau de participation des salariés, apprécié en fonction de la proportion de représentants parmi les membres du conseil d'administration ou de surveillance ou du comité de la société issue de la fusion, que le niveau de participation des salariés qui s'applique aux sociétés parties à l'opération transfrontalière préalablement à la prise d'effet de cette dernière ;

– la société issue de l'opération transfrontalière ne garantit pas que les salariés de ses établissements situés dans un État membre de l'UE autre que celui de destination bénéficient des mêmes droits que les salariés de ses établissements situés dans l'État membre de destination.

Les modalités de désignation et de fonctionnement du groupe spécial de négociation sont voisines de celles prévues en cas de constitution d'une SE (nos 98760 s.). Ce groupe a pour mission d'aboutir avec les dirigeants à un accord qui doit déterminer les sociétés et établissements concernés par l'accord, les modalités de participation (y compris le nombre de membres de l'organe d'administration ou de surveillance que les salariés ont le droit d'élire, de désigner, de recommander ou à la désignation desquels ils peuvent s'opposer, et les procédures à suivre), la date d'entrée en vigueur de l'accord et sa durée, ainsi que les cas dans lesquels l'accord est renégocié et la procédure à suivre pour sa renégociation ; l'accord doit prévoir, pour toutes les règles relatives à la participation des salariés, un niveau au moins équivalent à celui qui existe dans la société scindée ou qui doit être transformée (C. trav. art. L 2372-6 s.).

À défaut d'accord, ou lorsque le groupe spécial de négociation n'a pas décidé d'appliquer à la société issue de l'opération transfrontalière les dispositions relatives à la participation en vigueur dans l'État sur le territoire duquel cette société aura son siège, ou encore si les dirigeants des sociétés choisissent sans négociation préalable de mettre en place les modalités de la participation, un **comité** doit être institué dans la société issue de l'opération transfrontalière (C. trav. art. L 2373-1). Ce comité a les mêmes attributions, est composé et fonctionne de la même façon que le comité de la SE (n° 98784) pour la mise en œuvre des modalités de la participation (C. trav. art. L 2373-3). Il a donc en particulier compétence pour renégocier les modalités d'implication des salariés. **84722**

Les **modalités de la participation des salariés au conseil** d'administration ou de surveillance sont encadrées par les articles L 2373-4 à L 2373-8 du Code du travail : examen comparatif des formes de participation existant au sein des sociétés parties à l'opération transfrontalière par le groupe spécial de négociation ou par le comité de la société issue de l'opération transfrontalière dans certaines hypothèses ; détermination de la forme de participation applicable à cette société, y compris en l'absence de groupe spécial de négociation ; modalités de mise en œuvre de la forme de participation retenue ; répartition des sièges entre les salariés des États membres. **84723**

Lorsqu'un système de participation existe dans la société issue de l'opération transfrontalière, celle-ci est tenue, pendant un délai de quatre ans après la fusion, de prendre les mesures nécessaires à la protection de la participation des salariés en cas d'opérations nationales ultérieures (C. trav. art. L 2374-2).

D. Régime fiscal de l'opération transfrontalière

Le régime fiscal de faveur prévu à l'article 210 A du CGI en matière d'impôts directs s'applique en principe à toute opération transfrontalière ou étrangère qui entre dans la définition fiscale d'une scission (n° 84414) ou d'une fusion, et donc notamment aux confusions de patrimoines (n° 84412). **84750**

Pour les opérations réalisées au profit d'une société étrangère, le régime spécial s'applique à condition que les éléments apportés soient effectivement rattachés à un établissement stable de la personne morale étrangère situé en France. Par ailleurs, la société apporteuse doit souscrire, par voie électronique, dans le même délai que sa déclaration de résultat de l'exercice au cours duquel l'opération a été réalisée, une déclaration spéciale permettant d'apprécier les motivations et conséquences de cette opération (CGI art. 210-0 A, IV), dont le contenu est fixé par l'article 46 quater-0 ZS ter de l'annexe III au CGI. Le non-respect de cette obligation déclarative entraîne l'application, pour chaque opération, d'une amende de 10 000 € (CGI art. 1760 bis).

› Précisions **a.** Les mesures destinées à assurer la neutralité fiscale des fusions, scissions et apports partiels d'actifs en matière d'**impôts directs** ne s'appliquent pas aux opérations auxquelles participe une société qui a son siège dans un État ou territoire n'ayant pas conclu avec la France une **convention fiscale** comportant une clause d'assistance administrative en vue de lutter contre la fraude et l'évasion fiscales. Cette restriction comporte une dérogation en faveur des opérations placées dans le champ de la directive 2009/133 du 19 octobre 2009, qui définit les principes applicables aux fusions ou opérations assimilées réalisées entre des sociétés d'États membres différents.
En matière de **droits d'enregistrement,** le régime spécial est en revanche susceptible de s'appliquer, en principe, quelle que soit la nationalité des sociétés participant à l'opération.

b. Opérations ayant comme objectif la **fraude ou l'évasion fiscales** : voir n° 84415, a.

c. La **réglementation comptable** relative aux modalités de **transcription des apports** (n° 82920) ne s'applique pas dans le cas où une société française fait un apport ou est absorbée par une société étrangère, que celle-ci dispose ou non d'un établissement stable en France, dès lors qu'elle n'est pas soumise aux règles comptables françaises (PCG art. 710-1 et commentaire IR 2 sous cet article).

CHAPITRE 6

LES FORMALITÉS DE PUBLICITÉ AU COURS DE LA VIE SOCIALE

SOMMAIRE

FORMALITÉS À ACCOMPLIR EN COURS DE VIE SOCIALE

85500 Les formalités de publicité incombant aux sociétés commerciales durant leur existence sont nombreuses et variées. Les développements qui suivent sont limités à la publicité des actes ou événements touchant à la **structure de la société** (modification des statuts et changements dans les organes d'administration, de direction, de contrôle ou de surveillance). Les **autres formalités** de publicité (convocation aux assemblées, publication des bilans et comptes, avis d'émission de valeurs mobilières, communication des documents sociaux, etc.) sont examinées à l'occasion de l'étude des opérations auxquelles elles se rapportent.

85510 Toute modification des statuts ou de la composition des organes sociaux entraîne une publicité dont les modalités varient selon la nature de cette modification.

En principe, les formalités sont les suivantes :

– insertion dans un **support d'annonces légales** du lieu du siège social (journal ou support de presse en ligne) ;

– dépôt d'une demande d'inscription modificative au **RCS** et au **RNE** par l'intermédiaire du guichet unique électronique des formalités d'entreprises ;

– insertion au **Bodacc,** cette insertion étant effectuée à la diligence des greffiers des tribunaux de commerce.

L'ensemble de ces formalités n'est cependant pas imposé pour toutes les modifications : notamment, l'insertion dans un support d'annonces légales n'est pas obligatoire dans tous les cas. En outre, certaines décisions modifiant les statuts ne nécessitent pas une inscription modificative au RCS et au RNE : seul le **dépôt** de la décision en annexe au RCS et au RNE par l'intermédiaire du guichet unique est alors requis (nos 85720 et 85760).

À noter que seules peuvent figurer au RCS les **mentions et pièces** prévues par les textes qui réglementent strictement la tenue de ce registre (CA Paris 21-3-2000 : RJDA 9-10/00 no 867). Aucune autre information ou pièce justificative ne peut donc être demandée au déclarant (art. A 123-2).

Sur la publicité des **bénéficiaires effectifs,** voir no 85700.

> **Précisions** L'insertion dans le support d'annonces légales doit être complétée par une **insertion numérique dans une base de données** centrale (Loi 55-4 du 4-1-1955 art. 1, al. 2). Cette insertion est à la charge de l'éditeur du support et non pas à celle de la société. L'annonce doit être mise en ligne dans les sept jours de sa réception et comprendre l'intégralité des mentions figurant dans le support (Décret 2012-1547 du 28-12-2012 art. 3).

ORGANES HABILITÉS À ACCOMPLIR LES FORMALITÉS

Les formalités de publicité doivent être effectuées à la diligence et sous la responsabilité des **représentants légaux** de la société (art. R 210-18, al. 1). Si ces derniers ne s'exécutent pas, un mandataire peut être désigné en justice (nos 85521 s.). 85520

Sur le dépôt d'actes par le **commissaire aux comptes,** voir no 85745.

> **Précisions** En cas de **redressement judiciaire,** la désignation d'un administrateur chargé d'assurer seul l'administration de l'entreprise ne prive pas les représentants légaux du pouvoir d'effectuer les formalités de publicité concernant le fonctionnement de la société (Cass. com. 7-2-1995 : RJDA 5/95 no 579).

DÉFAUT D'ACCOMPLISSEMENT DES FORMALITÉS DE PUBLICITÉ

Désignation d'un mandataire de justice Lorsqu'une **formalité** de publicité a été **omise ou irrégulièrement accomplie,** tout intéressé peut, un mois après avoir vainement mis la société en demeure de régulariser sa situation, demander au président du tribunal de commerce, statuant en référé, de désigner un mandataire chargé d'effectuer cette formalité (art. R 210-18, al. 2). 85521

Toutefois, cette procédure ne s'applique pas aux omissions ou irrégularités affectant une modification des statuts (art. R 210-18, al. 2) ; dans ce cas, une action en régularisation est ouverte à tout intéressé (nos 89800 s.).

En pratique, cette procédure est surtout utilisée à l'occasion de **modifications dans la composition des organes sociaux.** Les personnes ayant cessé d'être administrateurs ou dirigeants d'une société ont, en effet, intérêt, lorsque les représentants légaux tardent à accomplir les formalités de publicité concernant cette cessation de fonctions, à demander au président du tribunal de commerce la désignation d'un mandataire chargé d'effectuer ces formalités, afin de pouvoir dégager leur responsabilité à l'égard des tiers pour tous les actes intervenus postérieurement à leur départ (pour une application de cette procédure à un cas de cessation des fonctions d'un gérant de société civile, voir CA Versailles 22-2-2001 : RJDA 12/01 no 1215). 85522

Cette procédure peut également être mise en œuvre lorsque, contrairement à une disposition légale ou réglementaire, une société a omis de procéder au **dépôt** de pièces ou **d'actes au RCS** (art. L 123-5-1). 85523

L'article L 123-5-1 ne vise que les formalités au RCS. Il n'est donc pas applicable en ce qui concerne les insertions à publier dans un support d'annonces légales.

Sanctions civiles Le défaut d'accomplissement (ou l'accomplissement irrégulier) d'une formalité de publicité d'une **décision sociale** intervenue avant le 1er octobre 2025 peut entraîner la **nullité** de la décision seulement dans les SNC et les SCS (art. L 235-2 abrogé, à compter du 1-10-2025, par ord. 2025-229 du 12-3-2025 ; Ord. 2025-229 art. 63 et 70). Une décision intervenue à compter de cette date et non publiée peut être annulée si le juge estime que les dispositions qui prévoient la formalité sont impératives (C. civ. art. 1844-10, al. 3 modifié, à compter du 1-10-2025, par ord. 2025-229). En outre, le défaut d'accomplissement (ou l'accomplissement irrégulier) d'une formalité prescrite pour la modification des statuts peut donner lieu à une action en **régularisation** (nos 89800 s.) et à une action en **responsabilité** (nos 89830 s.). 85530

Le défaut d'inscription modificative au RCS et l'omission de dépôt d'un acte au greffe du tribunal peuvent également donner lieu à une **injonction** du juge (nos 85690 et 85750).

Sur les conséquences du défaut d'immatriculation d'une **succursale** au RCS, voir no 85674.

A. Avis modificatif dans un support d'annonces légales

OBJET DE L'INSERTION DANS UN SUPPORT D'ANNONCES LÉGALES

Si l'une des **mentions de l'avis de constitution** de la société paru dans un support d'annonces légales est **frappée de caducité** par suite de la modification des statuts ou d'un autre acte, délibération ou décision, la modification intervenue doit être publiée dans un support habilité à recevoir les annonces légales dans le département du siège social (art. R 210-9). 85540

Par conséquent, seules sont soumises à insertion les modifications apportées aux mentions comprises dans l'énumération de l'article R 210-4 (voir nos 3060 s.) : par exemple, modification de l'objet, du capital ou de la dénomination sociale, changement dans la composition du conseil d'administration, du directoire ou du conseil de surveillance, nomination ou cessation de fonctions des gérants, du président, des directeurs généraux ou de toute personne ayant le pouvoir d'engager à titre habituel la société ainsi que des commissaires aux comptes, admission ou retrait d'un associé en nom, etc.

En outre, dans les **SA à conseil d'administration,** l'extrait du procès-verbal contenant la décision relative au choix de l'**organe exerçant la direction générale** (exercice par le président ou par un directeur général) doit faire l'objet d'un avis inséré dans un support d'annonces légales du département du siège social (art. R 225-27).

> **Précisions** Toute **modification** statutaire qui ne **porterait pas** sur l'une des **mentions énumérées à l'article R 210-4** n'a pas à être publiée : tel serait le cas, notamment, du changement des dates d'ouverture et de clôture des exercices sociaux, des modifications apportées au nombre des gérants, administrateurs ou membres du conseil de surveillance ou aux pouvoirs attribués aux organes d'administration ou de direction, etc.

CONTENU DE L'INSERTION DANS UN SUPPORT D'ANNONCES LÉGALES

85550 L'avis d'insertion, qui peut être établi selon le modèle indiqué ci-après, doit contenir les **mentions** suivantes (art. R 210-9, al. 3) :
- la dénomination sociale suivie, le cas échéant, de son sigle ;
- la forme de la société ;
- le montant du capital social ;
- l'adresse du siège social ;
- le numéro d'identification de la société et son RCS ;
- l'indication des modifications intervenues, reproduisant l'ancienne mention à côté de la nouvelle.

MODÈLE

Avis de modification statutaire

Société à responsabilité limitée/anonyme/en nom collectif... (*mention à adapter en fonction de la forme sociale*)... (*dénomination sociale*)
au capital de... €
Siège social : ...
(*numéro d'identification et RCS*)

Par décision en date du..., les associés/les actionnaires/la gérance (*dans les SARL ou les SNC*)/le conseil d'administration/de surveillance (*dans les SA*) ont/a décidé de transférer le siège social du... (*adresse de l'ancien siège*), au... (*adresse du nouveau siège*).
En conséquence, les statuts ont été modifiés comme suit :
« Article... – Siège social »
Ancienne mention : « Le siège social est fixé au... » (*ancienne adresse*)
Nouvelle mention : « Le siège social est fixé au... » (*nouvelle adresse*)

SIGNATURE DE L'AVIS À PUBLIER DANS UN SUPPORT D'ANNONCES LÉGALES

85560 Si l'acte modificatif a été établi sous la forme notariée ou s'il a été déposé au rang des minutes d'un notaire, l'avis doit être signé par ce **notaire.** Dans les autres cas (procès-verbal sous signature privée), il doit l'être par les **représentants légaux** de la société (art. R 210-9, al. 2).

Le pluriel figurant dans le texte de l'article R 210-9, al. 2 (« les représentants légaux ») conduit à penser que l'avis doit être signé par tous les représentants légaux.

DÉLAI DE PUBLICATION DANS UN SUPPORT D'ANNONCES LÉGALES

85570 L'insertion doit être publiée **avant** le dépôt de la demande d'**inscription modificative au RCS** (laquelle doit intervenir dans le mois de la date de l'acte modificatif : art. R 123-66).

PUBLICITÉ LÉGALE EN PRÉSENCE DE SUCCURSALES

85580 Une société qui a des **succursales dans le ressort d'autres tribunaux** n'est tenue de procéder à aucune insertion dans des supports d'annonces légales du lieu de ces succursales. L'insertion au lieu du siège social suffit (dans le même sens, Rép. Belcour : Sén. 18-7-1985 n° 24430). Seules des formalités d'inscription modificative au RCS devront être effectuées, le cas échéant (n° 85673).

PUBLICITÉ LÉGALE DU TRANSFERT DE SIÈGE SOCIAL

85590 Sur la publicité particulière à respecter en cas de **transfert** du siège social **dans le ressort d'un autre tribunal,** voir n° 20570.

B. Inscription modificative au RCS

MODIFICATIONS À INSCRIRE AU RCS

Comme pour l'insertion dans un support d'annonces légales, tout acte ou toute décision ne donne pas nécessairement lieu à une inscription modificative au RCS. 85620

Seules doivent être l'objet d'une telle inscription les modifications des mentions prescrites par les articles R 123-53 s. lors de l'immatriculation de la société (voir nos 3145 s.) : modification des activités principales, du capital ou de la dénomination sociale, changement de dirigeant, transfert du siège social, etc. (art. R 123-66).

> Précisions a. Même si l'article R 123-53 impose de mentionner, le cas échéant, le fait que la société est constituée d'un associé unique, une **société à capital variable** constituée entre plusieurs associés et **devenue unipersonnelle** à la suite du retrait de certains d'entre eux n'a pas à indiquer qu'elle n'a plus qu'un seul associé : la réunion des droits sociaux en une seule main est une situation provisoire, liée au jeu de la variabilité du capital, qui ne nécessite pas d'être portée à la connaissance des tiers (CA Chambéry 29-1-2013 no 12/01827 : RJDA 8-9/13 no 733).

b. Lorsque **plusieurs inscriptions modificatives** sont **connexes** et concernent la même immatriculation, elles peuvent être effectuées sur la même déclaration, dans la mesure où elles sont réalisées dans les délais (art. A 123-43). Une déclaration portant sur de telles inscriptions ne donne lieu qu'au paiement d'**un seul émolument** au greffier en rémunération de sa prestation (Avis CCRCS 2015-08 du 19-3-2015 ; Avis CCRCS 2018-003 des 25-4 et 19-12-2018). Sont connexes les inscriptions qui entretiennent « un lien étroit » entre elles (Avis CCRCS précités). Tel n'est pas le cas, dans « l'absolu », d'un changement de dirigeant social et d'une modification de la dénomination sociale ; mais n'en est-il pas autrement si ces modifications interviennent à la suite du changement de contrôle de la société ? La réponse reste pour l'heure laissée à l'appréciation des greffes.

PRÉSENTATION DE LA DEMANDE D'INSCRIPTION AU RCS

Toute demande d'inscription modificative doit être effectuée par voie électronique auprès du **guichet unique électronique des formalités d'entreprises,** accessible sur le site formalites.entreprises.gouv.fr, dans les mêmes conditions qu'en cas d'immatriculation de la société (no 3140) (art. L 123-33 et R 123-77). 85625

La demande est transmise au greffe du tribunal de commerce par le guichet unique (art. R 123-84, al. 1 ; voir toutefois, en cas d'interruption de service, art. R 123-12 et A 123-4).

Afin d'assurer la continuité du service en cas de **difficulté grave de fonctionnement** du guichet unique, une procédure dérogatoire est prévue (voir no 3143).

Signature et établissement de la demande Le déclarant doit **signer** sa **déclaration** au moyen d'une signature électronique qui respecte au moins les exigences de la signature électronique avancée (voir no 23160) ; toutefois, en cas de connexion au guichet unique au travers du dispositif FranceConnect +, une signature électronique simple vaut signature électronique avancée (art. R 123-5). 85635

Les demandes d'inscription modificative sont signées par le **représentant légal** de la société ou par un **mandataire** muni d'une procuration spéciale, celle-ci n'étant pas nécessaire lorsqu'il résulte des actes ou pièces déposés à l'appui de la demande que le mandataire dispose du pouvoir d'effectuer la déclaration (art. R 123-85).

Les demandes peuvent aussi être établies et signées par **toute personne** y ayant intérêt (art. R 123-87, al. 1). Ainsi, en cas de défaillance des représentants légaux pour l'accomplissement des formalités au RCS, tout intéressé peut effectuer lui-même ces formalités.

> Précisions a. Les **formats de signature** électronique autorisés sont XAdES, CAdES ou PAdES ; le signataire peut utiliser le dispositif de création de signature électronique de son choix (art. A 123-3, II). L'Agence nationale de la sécurité des systèmes d'information (Anssi) a établi une liste des organismes de certification pouvant être qualifiés de prestataires de services de confiance.

b. La **demande du mandataire** doit être accompagnée d'une copie du justificatif de son identité revêtue d'une mention manuscrite attestant sur l'honneur de la conformité à l'original, d'une date et de la signature manuscrite du mandataire (Avis CCRCS 2015-024 du 27-11-2015).

c. La faculté pour **toute personne y ayant un intérêt** d'établir et de signer la demande d'inscription modificative peut être utilisée notamment par les personnes ayant cessé d'être administrateur ou dirigeant d'une société afin de dégager leur responsabilité à l'égard des actes intervenant après la cessation de leurs fonctions (en ce sens, Cass. com. 11-10-1971 no 69-13.694 P : Bull. civ. IV no 235 ; CA Rouen 5-1-1995 : RJDA 4/95 no 438). Notamment, un président démissionnaire peut faire publier au RCS la cessation de ses fonctions, même en l'absence de délibération du conseil sur sa démission et son remplacement (Avis CCRCS 00-20 : Bull. RCS 9-10/2000 p. 19).

DÉLAI D'ACCOMPLISSEMENT DE LA FORMALITÉ AU RCS

85640 La demande d'inscription modificative doit être déposée dans le délai d'un **mois** à compter de la date du fait ou de l'acte rendant nécessaire cette modification (art. R 123-66).

Le dépôt d'un dossier régulier et complet auprès du guichet unique électronique des formalités d'entreprises vaut déclaration auprès du greffe (art. L 123-33, al. 2).

À **défaut d'accomplissement de la formalité dans le délai,** la modification intervenue prendra effet à l'égard des tiers, non pas à la date à laquelle elle est intervenue, mais à la date du dépôt de la demande d'inscription modificative (ou de radiation). Pour un exemple concernant la cessation d'activité d'un établissement secondaire, voir CA Aix-en-Provence 28-9-1995 : RJDA 2/96 n° 228.

PIÈCES ET ACTES À JOINDRE À LA DEMANDE D'INSCRIPTION AU RCS

85650 Si les changements faisant l'objet de la demande ont entraîné une **modification des actes déposés lors de la constitution de la société** (c'est-à-dire, pour l'essentiel, s'ils ont entraîné une modification des statuts ou un changement de dirigeant), ce qui est le cas de presque tous les changements à inscrire au RCS, la délibération ou la décision modifiant ces actes doit être jointe à la demande présentée au guichet unique électronique des formalités d'entreprises en vue de son dépôt en annexe au RCS. Le cas échéant, il convient de joindre les **statuts** mis à jour (art. R 123-3 et R 123-105).

Les **pièces justificatives** à produire à l'occasion de la demande sont celles exigées pour l'immatriculation (n°s 3195 s.) et établissant, d'une part, les changements et adjonctions intervenus et, d'autre part, lorsque celle-ci est requise, la parution d'une annonce légale.

Les pièces numériques ou numérisées doivent être jointes au dossier remis au guichet unique, sauf si ces pièces doivent être fournies en original et établies sur support papier (art. R 123-3, 3°). Dans ce cas, la société doit en joindre une copie numérisée au dossier transmis au guichet unique et déposer les originaux accompagnés d'une édition de l'accusé de réception électronique au greffe (art. R 123-6, al. 5).

85651 **Actes modificatifs** Les actes (ou procès-verbaux) modificatifs peuvent être soit les **originaux,** soit de simples **copies** certifiées conformes par le représentant légal de la société ou par toute personne habilitée par les textes régissant la forme de société en cause à effectuer cette certification (art. R 123-102, al. 1), ce qui est le cas, par exemple, du secrétaire de l'assemblée s'il s'agit d'une copie du procès-verbal d'une assemblée générale d'actionnaires (art. R 225-108). En pratique, le recours obligatoire au guichet unique des formalités d'entreprises pour tout dépôt d'acte ou de pièce au RCS sauf lorsque l'acte ou la pièce doit être fourni en original et a été établi sur support papier (art. L 123-33 et R 123-77, al. 1) impose le dépôt d'une copie.

> **› Précisions** Si l'acte modificatif constate une **opération** obligatoirement **soumise à l'enregistrement** (par exemple, transformation de la société ou augmentation de capital par apports en nature : CGI art. 635, 1-5°), cet acte doit aussi être enregistré (CGI art. 862).

85652 **Statuts mis à jour** Lors de toute modification des statuts, il y a lieu de déposer une version de ces statuts tenant compte des modifications apportées. Cette version doit être **certifiée conforme** par le représentant légal de la société ou par toute personne habilitée par les textes régissant la société en cause à effectuer cette certification (art. R 123-105, al. 2). Les statuts mis à jour sont classés en annexe au RCS.

85653 Le nom des **premiers gérants, administrateurs, membres du conseil de surveillance et commissaires aux comptes** mentionnés dans les statuts peut ne pas figurer dans les statuts mis à jour, sans qu'il y ait lieu, sauf dispositions statutaires contraires, de les remplacer par le nom des personnes qui leur ont succédé dans ces fonctions (art. R 210-10, al. 1). Ainsi, en cas de changement d'un gérant statutaire, il n'y a pas lieu de déposer les statuts mis à jour (Avis CCRCS 99-69 : Bull. RCS 7-8/1999 p. 45).

De même, les indications relatives à l'**identité des signataires des statuts** et celles concernant les **apports en nature** peuvent être supprimées dans les statuts mis à jour, à condition que la société soit immatriculée au RCS depuis plus de cinq ans (art. R 210-10, al. 2). Mais cette faculté est réservée aux sociétés par actions.

EXAMEN DE LA DEMANDE D'INSCRIPTION AU RCS

85660 Le **greffier** doit s'assurer de la régularité de la demande et de la conformité de celle-ci avec les dispositions législatives et réglementaires. Il doit aussi vérifier :

– que les modifications apportées aux statuts de la société sont conformes aux dispositions législatives et réglementaires qui les régissent (art. R 123-94 et R 123-95) ;

– que le représentant légal de la société n'est pas inscrit au fichier national des interdits de gérer (art. R 123-95, al. 3).

Le **refus** par le **greffier** de procéder à une inscription modificative au RCS au motif que la modification statutaire serait irrégulière peut être contesté par la société ou son représentant devant le président du tribunal de commerce dans les mêmes conditions qu'en cas de constitution de la société (n° 3276).

IMMATRICULATION AU RCS DES ÉTABLISSEMENTS SECONDAIRES

Toute société qui ouvre un établissement secondaire doit demander au greffe du tribunal (par l'intermédiaire du guichet unique électronique des formalités d'entreprises) dans le ressort duquel est situé cet établissement : 85670
– une **immatriculation secondaire,** si elle n'est pas déjà immatriculée dans le ressort de ce tribunal (art. R 123-63, al. 1) ;
– une **inscription complémentaire,** dans le cas contraire (art. R 123-67, al. 1).

Par « établissement secondaire », il faut entendre tout établissement permanent (**succursale, agence, bureau,** etc.), distinct du siège social ou de l'établissement principal et dirigé par un préposé ou une personne ayant le pouvoir de lier des rapports juridiques avec les tiers (art. R 123-40) : n° 1230.

> **Précisions** Le fait pour une société d'utiliser, dans une ville autre que celle de son siège social, les services d'une **agence de domiciliation** chargée de recevoir son courrier et de le lui réexpédier n'entraîne pas création d'un établissement secondaire soumis à immatriculation (Rép. Cornet : AN 10-9-1977 n° 38028).

Contenu de la demande La demande d'immatriculation secondaire ou d'inscription complémentaire doit contenir les mentions suivantes. 85671

1. En ce qui concerne la société (art. R 123-65 et R 123-86) :
– la dénomination sociale ;
– la forme juridique ;
– le siège social ;
– le numéro d'identification de la société et son RCS.

2. En ce qui concerne l'établissement secondaire (art. R 123-38 sur renvoi des art. R 123-64 et R 123-68) :
– la ou les activités exercées correspondant à la nomenclature définie par décret ;
– l'adresse de l'établissement ;
– la date de commencement d'activité ;
– le nom commercial et l'enseigne ;
– certaines indications sur l'origine du fonds (création, acquisition, etc.) ;
– en cas de propriété indivise des éléments d'exploitation, les nom, éventuellement nom d'usage, pseudonyme, prénoms et domicile des indivisaires ou, s'il s'agit de personnes morales, leur dénomination sociale et leur adresse ;
– en cas de location-gérance, certaines indications sur le propriétaire du fonds et la durée du contrat ;
– en cas de gérance-mandat, certaines indications sur le cocontractant (mandant ou gérant-mandataire selon le cas) et la durée du contrat ;
– les nom, éventuellement nom d'usage, pseudonyme, prénoms, date et lieu de naissance, domicile et nationalité des personnes ayant le pouvoir d'engager à titre habituel, par leur signature, la responsabilité de la société.

La demande peut indiquer (ce n'est pas une obligation) le nom de domaine du **site internet** de l'établissement (art. R 123-38). En présence de plusieurs établissements, il est possible de déclarer le nom de domaine d'autant de sites qu'il y a d'établissements ; la déclaration doit alors donner lieu à une demande d'inscription par établissement (Avis CCRCS 2012-033 des 26-9 et 25-10-2012).

> **Précisions** **a.** La société peut demander, pour des **raisons de sécurité** (notamment en raison des risques particuliers liés à son activité), que l'**adresse de son établissement secondaire** soit remplacée sur son extrait Kbis par l'adresse du siège social (CA Paris 12-2-2013 n° 12/08903 : RJDA 5/13 n° 412).
> **b.** Il n'y a pas lieu de justifier, à l'appui de la demande, de la **jouissance du local** où est exploité l'établissement (Avis CCRCS 98-74 : Bull. RCS 5/1999 p. 21).
> **c.** L'indication du **nom d'un fondé de pouvoir** d'un établissement secondaire n'est requise que s'il a été investi du pouvoir d'engager la société « à titre habituel ». Si le représentant local de la société a reçu non pas une telle habilitation mais seulement des pouvoirs limités, il n'y a pas lieu de mentionner son nom sur la demande d'immatriculation secondaire.

Délai La demande doit être présentée dans le délai d'un **mois** avant ou après l'ouverture de l'établissement secondaire (art. R 123-41 sur renvoi des art. R 123-63 et R 123-67). 85672

85673 **Mise à jour des mentions** En cas de survenance d'un fait ou d'un acte entraînant un changement dans les **mentions relatives à l'établissement secondaire** (nº 85671), il convient – dans le délai d'un mois à compter de la date de ce fait ou de cet acte – de procéder, par l'intermédiaire du guichet unique électronique des formalités d'entreprises, à une inscription modificative au RCS du lieu de l'établissement secondaire (art. R 123-66).

Aucune autre formalité n'incombe à la société. En effet, la mise à jour des références relatives aux immatriculations secondaires, qui figurent dans l'immatriculation principale, est effectuée d'office par le greffier de l'immatriculation principale sur notification du greffier de l'immatriculation secondaire (art. R 123-71, 1º).

De même, la mise à jour des **renseignements relatifs à l'identification de la société** figurant dans l'immatriculation secondaire est effectuée d'office par le greffier de l'immatriculation secondaire sur notification du greffier de l'immatriculation principale (art. R 123-71, 2º).

Enfin, la mise à jour, dans l'immatriculation d'une société par actions ou d'une SARL, des **énonciations relatives aux établissements de cette société situés dans un État membre de l'UE,** est effectuée d'office par le greffier de l'immatriculation principale qui est informé au moyen d'un système d'interconnexion par le teneur du registre de l'État membre ayant immatriculé ou radié l'établissement concerné (art. R 123-71, 3º).

85674 **Défaut d'immatriculation** Le défaut d'immatriculation d'une succursale expose la société propriétaire, même régulièrement immatriculée au titre de son établissement principal, au risque de se voir refuser le **bénéfice** du **statut des baux commerciaux** (droit au renouvellement du bail ou obtention d'une indemnité d'éviction) pour les locaux dans lesquels cette succursale est exploitée (pour des exemples, Cass. 3e civ. 12-7-1995 : RJDA 11/95 nº 1205 ; Cass. 3e civ. 13-10-1999 : RJDA 12/99 nº 1302 ; CA Paris 3-7-2008 nº 07-18111 : RJDA 12/08 nº 1225).

Par ailleurs, une société qui n'a pas demandé l'immatriculation d'une succursale employant des salariés ou qui a poursuivi l'activité de celle-ci après un refus d'immatriculation s'expose à des **poursuites pénales pour travail dissimulé** par dissimulation d'activité si la succursale exerce une activité de production, de transformation, de réparation ou de prestation de services ou encore si elle accomplit des actes de commerce (cf. C. trav. art. L 8221-3, 1º ; pour une illustration, Cass. crim. 28-3-2017 nº 16-81.944 F-PB : RJDA 8-9/17 nº 549).

> **Précisions** Avant de retenir qu'un **établissement** n'a **pas à être immatriculé,** le juge doit rechercher s'il constitue une implantation permanente dirigée par une personne ayant le pouvoir de lier des rapports juridiques avec des tiers (Cass. 3e civ. 18-10-1989 : Rev. loyers 1990 p. 83).

INSCRIPTION AU RCS DU TRANSFERT DU SIÈGE SOCIAL

85680 Sur les formalités particulières en cas de **transfert** du siège social **dans le ressort d'un autre tribunal,** voir nos 20575 s.

INJONCTION DE PUBLIER UNE MODIFICATION AU RCS

85690 À défaut d'accomplissement de la formalité, le **juge commis à la surveillance du RCS** peut, soit d'office, soit à la demande du ministère public ou de toute personne justifiant y avoir intérêt, ordonner aux représentants légaux de la société, le cas échéant sous astreinte, de faire inscrire les modifications au RCS (art. L 123-3, al. 2). Ce pouvoir d'injonction porte uniquement sur les mentions inscrites au RCS et non sur les énonciations des actes et pièces justificatives au vu desquels le greffier procède aux inscriptions requises (Cass. com. 1-6-2023 nº 21-22.446 F-B : RJDA 8-9/23 nº 488).

L'associé d'une société a, au sens de ce texte, un **intérêt à saisir le juge** pour faire procéder à la rectification de déclarations inexactes de la société (Cass. com. 9-9-2020 nº 19-15.422 F-PB : RJDA 5/21 nº 313).

C. Inscription modificative au registre des bénéficiaires effectifs

85700 La société doit faire inscrire au registre des bénéficiaires effectifs tout changement intervenu par rapport à la déclaration antérieure de ses bénéficiaires déposée au greffe du tribunal de commerce ; à cet effet, il lui appartient d'adresser au greffe, par l'intermédiaire du guichet unique électronique des formalités d'entreprises, une déclaration modificative **dans les 30 jours** du fait ou de l'acte rendant nécessaire la rectification ou le complément des informations précédemment déclarées (C. mon. fin. art. R 561-55).

Le **dépôt** de la déclaration modificative s'impose dans les cas suivants (cf. art. R 561-56) :
– changement de dénomination ou de forme de la société ou encore transfert du siège social ;
– changement de bénéficiaire effectif ou modification de l'adresse ou de la nationalité d'un bénéficiaire déclaré ;
– changement concernant la nature, les modalités ou l'étendue du contrôle exercé par un bénéficiaire sur la société.

La déclaration modificative est soumise aux mêmes règles que la déclaration déposée lors de la demande d'immatriculation de la société : voir nº 3362.

À défaut de dépôt de la déclaration modificative (ou en cas de déclaration inexacte ou incomplète), le président du tribunal de commerce peut enjoindre à la société de régulariser la situation et, depuis le 15 juin 2025, date d'entrée en vigueur de la loi 2025-532 du 13 juin 2025, le greffier du tribunal de commerce peut radier d'office la société du RCS (nºs 3370 s.). Ces irrégularités sont par ailleurs pénalement sanctionnées (nº 3375).

> **Précisions** À compter du 10 juillet 2027, les sociétés devront **déclarer** toute modification des informations sur leurs bénéficiaires effectifs sans retard injustifié et, en tout état de cause, dans un **délai de 28 jours** calendaires à compter de la modification (Règl. UE 2024/1624 du 31-5-2024 art. 63).

D. Dépôt d'actes au greffe du tribunal

DÉCISIONS DE LA SOCIÉTÉ À DÉPOSER AU GREFFE

Décisions modifiant les statuts Il résulte de l'article R 123-105 que **toute modification** des statuts, quelle que soit son importance, doit faire l'objet d'un dépôt au greffe, même si cette modification n'est soumise à aucune autre formalité de publicité (par exemple, modification dans la répartition des bénéfices). 85720

Si la **modification** intervenue doit aussi faire l'objet d'une **inscription** modificative **au RCS,** il y a lieu de déposer au guichet unique électronique des formalités d'entreprises un dossier d'inscription modificative comprenant notamment l'acte modificatif (nºs 85625 s.), le guichet unique transmettant ensuite ce dossier au greffe destinataire. Si, **à l'inverse,** la modification n'entraîne pas d'inscription au RCS, seul l'acte modificatif, accompagné des statuts mis à jour, doit, dans les mêmes conditions, faire l'objet d'un dépôt (art. R 123-77 et R 123-102, al. 1 et 3). Pour plus de détails sur ce dépôt, voir nºs 85651 et 85652.

Autres décisions L'article R 123-106, 1º prescrit le dépôt de la copie du procès-verbal de la délibération des associés de SARL approuvant le principe d'une **augmentation** ou d'une **réduction de capital.** De même, la copie du procès-verbal de l'assemblée générale des sociétés par actions ayant décidé ou autorisé une telle opération doit être déposée au greffe du tribunal, ainsi que la copie de la décision du conseil d'administration, du directoire ou des gérants de réaliser l'opération (art. R 123-107, 1º et 2º) (dans les SAS, il y a lieu de déposer les copies de la décision des associés et de la décision du président ou du dirigeant désigné à cet effet par les statuts). En cas d'augmentation du capital d'une SARL ou d'une société par actions décidée par apport en nature, le rapport des commissaires aux apports (ou, dans la société par actions, la décision de dispense d'évaluation d'apports par un commissaire et les documents relatifs à la description et à l'évaluation de ceux-ci) doit aussi être déposé (art. R 123-106, 2º et R 123-107, 3º et 4º). C'est seulement une fois l'augmentation ou la réduction de capital réalisée que la société doit faire inscrire au RCS le montant du nouveau capital en présentant une demande d'inscription modificative au guichet unique électronique des formalités d'entreprises mentionné nº 85625. 85730

L'article R 123-108 impose aussi le dépôt, pour les sociétés par actions :
– de la copie du procès-verbal de l'assemblée générale (ou, dans les SAS, de la décision des associés) ayant autorisé l'**émission d'obligations** avec bon de souscription d'actions, d'obligations convertibles en actions ou d'obligations échangeables contre des actions ;
– de la copie du procès-verbal de l'assemblée générale instituant un droit de **vote double** ;
– de la copie du procès-verbal de l'assemblée générale (ou, dans les SAS, de la décision des associés) ayant prévu le principe et les modalités du rachat d'**actions de préférence.**

Les SA à conseil d'administration sont également tenues de déposer l'extrait du procès-verbal contenant la décision relative au choix de l'**organe exerçant la direction générale** (exercice par le président ou par un directeur général) une fois l'avis concernant cette décision inséré dans un support d'annonces légales (art. R 123-109).

Les actes ci-dessus doivent être déposés par l'intermédiaire du guichet unique (art. R 123-77) qui les transmet au greffe du tribunal dans le ressort duquel est situé le siège social ; les copies doivent être certifiées conformes par le représentant légal de la société ou par toute personne habilitée par les textes régissant la forme de société en cause à effectuer cette certification (art. R 123-102, al. 1). À notre avis, le dépôt par voie électronique s'impose bien que l'article R 123-102, al. 3 prévoie une simple faculté. En effet, le recours au guichet unique pour tout dépôt d'acte ou de pièce au RCS est obligatoire, sauf lorsque l'acte ou la pièce doit être fourni en original et a été établi sur support papier (art. L 123-33 et R 123-77, al. 1).

> **Précisions** Le droit de vote double institué par l'assemblée dont la copie du procès-verbal doit être déposée est celui conféré par l'assemblée, en application de l'article L 225-123, aux actions nominatives entièrement libérées. Ce texte étant au nombre de ceux qui ne s'appliquent pas à la **SAS** (art. L 227-1, al. 2), le dépôt de la copie d'une décision instituant des **actions de préférence à droit de vote double** ou multiple dans ces sociétés n'est pas obligatoire.

DÉLAI DE DÉPÔT D'UN ACTE AU GREFFE DU TRIBUNAL

85740 Le dépôt des actes et délibérations énumérés ci-dessus doit être effectué dans le délai d'**un mois** à compter de leur date (art. R 123-105, al. 1), à l'exception du rapport des commissaires aux apports établi en cas d'augmentation de capital par apport en nature et de la décision de dispense d'évaluation d'apports par un commissaire et des documents relatifs à la description et à l'évaluation de ceux-ci, lesquels doivent être déposés au moins **huit jours** avant l'assemblée des associés appelée à décider l'augmentation (art. R 123-106, 2° et R 123-107, 3° et 4°).

Le **non-respect du délai d'un mois** n'affecte pas la validité de la décision prise dans l'acte ou la délibération publiée avec retard et n'a pas pour effet de rendre irrégulière cette publication au RCS (CA Paris 22-2-2018 n° 16/25208 : RJDA 5/18 n° 423). Mais **attention** : même si aucune sanction n'est prévue, le risque existe dans ce cas que le greffe refuse le dépôt.

DÉPÔT D'ACTES AU GREFFE PAR LE COMMISSAIRE AUX COMPTES

85745 Si la société est dotée d'un ou de plusieurs commissaires aux comptes, l'assemblée générale ordinaire de la société (ou, dans les SAS, la collectivité des associés) peut autoriser ceux-ci, sur proposition de l'organe chargé de l'administration ou de la direction (gérance, conseil d'administration, directoire, président), à adresser directement au greffe du tribunal « les **rapports devant faire l'objet d'un dépôt** et les **documents** qui y sont **joints** » ainsi que la copie des documents relatifs à l'**acceptation de** la **mission** de certification des comptes ou de certification des informations de durabilité ou à leur **démission de cette mission** ; il peut être mis un terme à cette autorisation selon les mêmes formes (art. L 821-52).

L'intention du législateur était de permettre à la société de transférer aux commissaires aux comptes la charge de déposer au greffe leurs rapports, attestations et certifications sans pour autant dispenser le commissaire de les adresser à la société, qui est la première concernée par leur contenu (Rapport AN n° 3787 sur la loi 2012-387 du 22-3-2012 p. 149 s.). Le ministère de la justice en a déduit que seuls les **rapports et documents établis par le commissaire** sont concernés par ce dépôt et non ceux dont il n'est pas l'auteur, tel le rapport de gestion (Lettre du 16-10-2012 : Bull. CNCC décembre 2012 p. 670). Toutefois, admettre une telle restriction priverait la mesure d'intérêt pour la société, qui ne serait pas déchargée de l'obligation de dépôt des actes qu'elle a dressés et soumis à l'assemblée. En outre, cette restriction se heurte à la lettre du texte, qui ne limite pas le dépôt d'actes par le commissaire aux comptes aux seuls rapports et documents qu'il a établis. Nous pensons donc que l'assemblée ou, dans la SAS, la collectivité des associés devrait pouvoir autoriser le commissaire à déposer tout document qui lui a été soumis.

Rien ne s'oppose à ce que l'organe d'administration ou de direction demande à l'assemblée (ou à la collectivité des associés) de se prononcer sur la question sans que cette demande ait été précédée d'une **demande du commissaire** en ce sens. Celui-ci est libre d'accepter ou de refuser la mission ; s'il accepte, il est tenu d'une obligation de résultat (Bull. CNCC décembre 2012 p. 716).

Seuls les documents visés à l'article R 123-111 (notamment les comptes annuels, le cas échéant le rapport de gestion, le rapport du commissaire aux comptes sur les comptes annuels ; sur ces documents, voir n°s 76801 s.) peuvent faire l'objet d'un dépôt physique au greffe par le commissaire aux comptes. En effet, sauf exception, le dépôt de tout autre document doit être réalisé par l'intermédiaire du guichet unique électronique des formalités d'entreprises (art. R 123-77).

INJONCTION DE DÉPOSER UN ACTE AU GREFFE

Tout intéressé ou le ministère public peut demander au **président du tribunal** de commerce, statuant en référé, d'enjoindre sous astreinte au dirigeant de toute personne morale de procéder au dépôt des pièces et actes au RCS auquel celle-ci est tenue par une disposition législative ou réglementaire (art. L 123-5-1). 85750

› **Précisions** **a.** L'article L 123-5-1 ne vise que la possibilité d'enjoindre au dirigeant de déposer les pièces et actes prévus par les lois et règlements. En conséquence, un **bailleur** ne peut pas se fonder sur ce texte pour **demander à une société** à qui il a loué des locaux de lui **communiquer les comptes annuels** qu'elle n'a pas publiés (CA Paris 11-6-2003 n° 03-2992 : RJDA 5/04 n° 578).
b. La demande d'injonction fondée sur l'article L 123-5-1 n'est pas soumise au délai de prescription cinq ans de l'article 2224 du Code civil, car l'obligation de dépôt, destinée à l'information des tiers, perdure pendant toute la vie de la société (Cass. com. 25-1-2023 n° 21-17.592 F-B : RJDA 4/23 n° 196). Cette demande est donc imprescriptible.

E. Inscription et dépôt au RNE

L'ensemble des informations, actes et pièces figurant au RCS et les informations relatives aux bénéficiaires effectifs doivent faire l'objet d'une inscription au **RNE** (n° 3315) ou d'un dépôt pour y être annexés (art. R 123-252 s.). 85760

L'inscription ou le dépôt au RNE n'est pas effectué directement par la société mais **par l'intermédiaire du guichet unique électronique des formalités d'entreprises** qui a été destinataire de ces informations (art. L 123-50). Signalons d'ailleurs que toute demande d'inscription ou de dépôt présentée au RCS par l'intermédiaire du guichet unique vaut demande d'inscription ou de dépôt au RNE (art. R 123-242).

› **Précisions** **a.** Si une société constate des **divergences entre les informations** et pièces figurant **au RNE** et celles inscrites **au RCS,** elle peut demander à l'Inpi de procéder à la rectification des données la concernant, des pièces justificatives complémentaires pouvant lui être demandées à cette occasion (art. R 123-293-1).
b. Lorsque les **informations** devant figurer au RNE sont **manquantes** et que le guichet unique ne peut pas les obtenir en raison d'une impossibilité technique, toute société dont l'immatriculation à ce registre a été réalisée au 1er janvier 2023 par la reprise d'informations et de pièces issues de répertoires et registres existants ou dont la modification de situation a été réalisée en application de la procédure dérogatoire (voir n° 3143) doit déclarer ces informations avant ou en même temps que sa demande d'inscription modificative ou de radiation (art. R 123-242-1). À notre avis, le déclarant ne peut pas réaliser ses formalités d'inscription modificative ou de radiation tant qu'il n'a pas fourni les informations manquantes.

F. Avis modificatif au Bodacc

Toute **modification** entraînant un **changement des mentions portées dans l'avis de constitution** de la société paru au Bodacc (notamment la dénomination sociale, le montant du capital, l'adresse du siège social et l'identité des dirigeants) doit faire l'objet d'une nouvelle insertion dans ce bulletin, sauf pour les EURL et les Sasu dont l'associé unique personne physique assume personnellement la gérance ou la présidence (art. R 123-159). 85780

L'avis est établi par le **greffier du tribunal** de commerce dans les huit jours de l'inscription correspondante au RCS (art. R 123-161, al. 1).

G. Opposabilité des actes ou délibérations soumis à publicité

CONDITIONS D'OPPOSABILITÉ DES ACTES PUBLIÉS

En principe, les sociétés ne peuvent, dans l'exercice de leur activité commerciale, opposer aux **tiers** et aux administrations publiques – qui peuvent néanmoins s'en prévaloir – les faits et **actes sujets à mention au RCS** que si ces faits et actes y ont été publiés (art. L 123-9, al. 1). Cette disposition s'applique même si les actes modificatifs ont fait l'objet d'une autre publicité légale 85810 (art. L 123-9, al. 3 ; pour des applications, Cass. com. 29-6-1993 : RJDA 11/93 n° 918 ; Cass. com. 20-9-2011 n° 10-15.068 : RJDA 12/11 n° 1038), sous réserve de la dérogation prévue à l'article L 210-5 pour les SARL et les sociétés par actions (n° 85820).

ILLUSTRATIONS

La clôture de la liquidation d'une société et la décharge du mandat du liquidateur non mentionnées au RCS ne sont pas opposables aux tiers. Par suite, l'assignation en paiement de diverses factures formée par un fournisseur de la société et délivrée au liquidateur est valable (CA Paris 27-4-1988 : D. 1988 IR p. 167).

85811 Les sociétés ne peuvent opposer aux tiers et aux administrations – qui peuvent néanmoins s'en prévaloir – les **actes** ou délibérations **soumis à un dépôt au greffe** que si ce dépôt a été effectué (art. L 123-9, al. 2).

› **Précisions** L'**inobservation des formalités** de publicité est seulement **sanctionnée** par l'inopposabilité aux tiers des faits et actes non publiés ; ceux-ci ne sont donc pas nuls (Cass. com. 23-6-1987 : Bull. Joly 1987 p. 632). Cette inopposabilité ne concernant que les engagements de la société à l'égard des tiers, le défaut de publicité de la nomination ou de la cessation de fonctions d'un dirigeant n'a aucune incidence sur l'appréciation de sa responsabilité personnelle (n° 13031). De même, le défaut de publicité de sa nomination n'a pas d'incidence sur sa qualité à représenter la société en justice (n° 13032).

85812 **Connaissance de l'acte par les tiers** Même s'ils n'ont pas fait l'objet des formalités requises, les faits ou actes sujets à mention au RCS ou à dépôt au greffe sont opposables aux tiers et aux administrations si la **société prouve** que ceux-ci en avaient personnellement connaissance (art. L 123-9, al. 3 ; pour un cas où la transformation d'une société absorbante, même non encore publiée au RCS à la date de la fusion, a été déclarée opposable à l'actionnaire minoritaire de la société absorbée, voir Cass. com. 2-12-2020 n° 18-20.116 F-D : RJDA 3/21 n° 171).

› **Précisions** En cas de litige entre la société et un cocontractant, la connaissance de l'acte peut résulter de sa **notification au cocontractant** par la société au cours de la procédure qui les oppose (Cass. 3e civ. 5-4-2018 n° 17-12.584 F-D : RJDA 6/18 n° 500). En revanche, l'**accomplissement** par la société d'une **formalité de caractère général,** par exemple une insertion dans un support d'annonces légales, ne constitue pas une preuve suffisante, s'il n'est pas établi, en outre, que le tiers ou l'administration a eu connaissance du contenu de cette formalité.

CAS PARTICULIER DES SARL ET DES SOCIÉTÉS PAR ACTIONS

85820 En principe, les opérations concernant les SARL et les sociétés par actions sont opposables aux tiers immédiatement après avoir fait l'objet de la mesure de publicité correspondante au RCS. Toutefois, le **point de départ de l'opposabilité** peut être **retardé** si les tiers prouvent qu'ils ont été dans l'impossibilité d'avoir connaissance de la modification : dans ce cas, la modification ne leur est pas opposable avant le 16e jour suivant celui de sa publication au Bodacc (art. L 210-5, al. 1).

Ce délai de 16 jours court à compter de l'inscription de la modification au RCS pour les EURL et les Sasu dont l'associé unique personne physique assume personnellement la gérance ou la présidence (art. L 210-5, al. 2).

› **Précisions** La cour d'appel de Paris a jugé que, en application de l'article L 210-5, al. 1, seule la publication des indications au Bodacc rend celles-ci immédiatement opposables aux tiers, sauf s'ils prouvent qu'ils ont été dans l'impossibilité d'en avoir eu connaissance, auquel cas cette publication ne leur est opposable qu'à compter du 16e jour qui l'a suivie (CA Paris 28-3-1990 : D. 1990 p. 428). Or, en l'**absence de preuve** que le tiers a été dans l'**impossibilité de connaître la modification,** celle-ci lui est opposable par sa publication au RCS (art. L 123-9, al. 1). C'est donc à tort que la cour d'appel de Paris a déduit de l'article L 210-5 précité que seule la publication au Bodacc rend la modification immédiatement opposable.

85821 **Mentions opposables** En cas de **discordance entre** le texte déposé au **RCS et** le texte publié au **Bodacc,** ce dernier ne peut pas être opposé aux tiers ; en revanche, ceux-ci peuvent s'en prévaloir à moins que la société ne prouve qu'ils ont eu connaissance du texte déposé au RCS (art. L 210-5, al. 3).

CHAPITRE 7

DISSOLUTION, LIQUIDATION ET PARTAGE DES SOCIÉTÉS COMMERCIALES

SOMMAIRE

SECTION 1

DISSOLUTION DES SOCIÉTÉS COMMERCIALES

A. Causes de dissolution

1. ARRIVÉE DU TERME

86000 À l'arrivée du terme, la société est dissoute (C. civ. art. 1844-7, 1°).

Les associés peuvent éviter cette dissolution en décidant la **prorogation de la société** (nos 20800 s.).

S'ils ne le font pas et continuent l'exploitation au lieu de procéder à la liquidation, une **société de fait** apparaît entre eux pour les activités exercées postérieurement à l'arrivée du terme (CA Paris 29-10-1990 : Bull. Joly 1991 p. 46 note Derruppé et, sur pourvoi, Cass. com. 12-11-1992 : RJDA 3/93 n° 225 ; Cass. 1e civ. 13-12-2005 n° 1702 : RJDA 4/06 n° 414 ; Cass. 3e civ. 23-10-2013 n° 12-30.129 : RJDA 2/14 n° 116). En effet, la société ne jouit plus de la **personnalité morale** puisque celle-ci ne survit, après la dissolution, que pour les **besoins de la liquidation.** Or, une société dissoute qui poursuit son activité comme auparavant sort, par hypothèse, des besoins de la liquidation. Les opérations nouvelles doivent alors être considérées comme effectuées non pas pour le compte de la société dissoute, mais pour celui d'une nouvelle société, nécessairement société de fait puisque dépourvue de la personnalité morale. Les dispositions statutaires de la société dissoute continuent néanmoins de régir les rapports entre les associés (Cass. 1e civ. 13-12-2005 précité, à propos des dispositions statutaires relatives au droit de retrait des associés), de sorte qu'une décision de gestion peut être adoptée par les dirigeants de l'ancienne société désignés conformément aux statuts (Cass. 3e civ. 23-10-2013 précité).

86001 En l'absence de prorogation de la société décidée par les associés, la **dissolution** d'une société par survenance du terme peut être **mentionnée d'office** au RCS par le greffier (art. R 123-124, 4°).

2. RÉALISATION OU EXTINCTION DE L'OBJET SOCIAL

86020 La société est dissoute en cas de réalisation ou d'extinction de son objet (C. civ. art. 1844-7, 2°).

DISSOLUTION PAR RÉALISATION DE L'OBJET SOCIAL

86023 Il y a réalisation de l'objet social lorsque l'opération pour laquelle la société a été constituée est définitivement achevée, et ce, même si le terme fixé pour la durée de la société n'est pas encore atteint.

Lorsque les rédacteurs des statuts, comme il est usuel en pratique, donnent un cadre très large à l'activité sociale, la dissolution pour cause de réalisation de l'objet peut ne pas être prononcée alors même que la société n'a plus d'activité commerciale et génère des pertes.

ILLUSTRATIONS

Est **dissoute de plein droit** une société fondée pour effectuer certains travaux (assèchement de marais) lorsque les travaux sont terminés et ont été reçus par l'administration ; la dissolution résulte du seul fait de l'établissement des procès-verbaux de réception (Cass. civ. 8-2-1847 : S. 1848 I p. 43).

N'est **pas dissoute** une SARL sans activité commerciale et générant des pertes mais dont l'objet était défini largement comme « l'exploitation, en France métropolitaine ou à l'étranger, par tous moyens directs ou indirects, de toutes maisons de retraite, de repos, de convalescence, d'accueil de personnes des troisième et quatrième âges et, généralement, toutes opérations commerciales, industrielles ou financières, mobilières ou immobilières, pouvant se rattacher directement ou indirectement à cet objet ou à tous objets similaires ou connexes pouvant en faciliter l'extension ou le développement » (Cass. com. 20-11-2012 n° 11-27.835 : RJDA 2/13 n° 124).

DISSOLUTION PAR EXTINCTION DE L'OBJET SOCIAL

86025 Il y a extinction de l'objet social lorsque l'activité pour laquelle la société a été constituée est devenue impossible.

Il en est ainsi en cas d'annulation de la vente faite à la société des immeubles industriels qu'elle avait pour objet unique et nécessaire d'exploiter (CA Paris 23-7-1894 : S. 1895 II p. 105), d'annulation d'un contrat de licence de marque qui avait imposé la constitution de la société dont l'objet exclusif était la mise en œuvre du savoir-faire concédé (T. com. Marseille 22-1-2001 : RJDA 4/02 n° 387), de radiation d'une SARL de l'ordre des experts-comptables pour non-respect des règles imposant la présence d'un nombre minimal de professionnels, même si cette société exerçait encore une activité de conseil, dès lors qu'elle ne pouvait plus réaliser les travaux relevant de la profession qui constituait l'objet social fixé par les statuts (Cass. com. 3-5-1995 : Bull. Joly 1995 p. 746 note Barbièri), de cessation définitive d'exploitation d'un fonds de commerce alimentaire à une adresse déterminée, seule activité admise par la clause définissant l'objet social (Cass. com. 30-3-2016 n° 14-13.729 : RJDA 6/16 n° 443), ou de vente des terrains apportés en jouissance à une société décidée à l'unanimité des associés sans engagement de quiconque de faire de nouveaux apports, alors que leur exploitation constituait l'unique objet de la société (Cass. com. 8-11-2016 n° 14-23.461 F-D : RJDA 2/17 n° 87).

La société serait également dissoute si des brevets, formant l'unique objet de l'exploitation sociale, étaient annulés ou si une autorisation administrative nécessaire à l'exploitation venait à être retirée.

Tel serait aussi le cas d'une société constituée à compter du 1er octobre 2025 dont les statuts comporteraient un objet social illicite : une telle clause étant réputée non écrite (C. civ. art. 1833, al. 1 et art. 1844-10, al. 2 modifié par ord. 2025-229 du 12-3-2025 ; Ord. 2025-229 art. 70), il en résulterait une disparition de l'objet social.

Cependant, la dissolution n'est acquise que si l'objet social a disparu dans sa totalité. Si l'**extinction** n'est que **partielle** (possibilité d'exercer des activités autres que celle ayant disparu), la société subsiste. 86031

ILLUSTRATIONS

Dans un cas où une société avait pour tout actif les actions d'une société tierce, il a été jugé que la cession de ces actions n'avait pas eu pour conséquence de dissoudre la société par extinction de son objet dès lors que celui-ci ne se limitait pas à la gestion des seules actions cédées mais s'étendait, plus largement, à l'acquisition, la gestion et l'administration de titres de sociétés (Cass. com. 7-10-2008 n° 07-18.635 : RJDA 1/09 n° 29, à propos d'une société civile mais transposable).

En pratique, sauf dans les sociétés exerçant une activité libérale et les petites sociétés familiales, l'extinction de l'objet est une cause de dissolution qui trouve rarement à s'appliquer car les rédacteurs des statuts prennent soin de donner un cadre relativement large à l'activité sociale.

CARACTÈRE AUTOMATIQUE DE LA DISSOLUTION

La dissolution de la société pour réalisation ou extinction de l'objet social intervient de plein droit. Les associés n'ont pas à se prononcer sur son bien-fondé ; il leur appartient seulement de tirer les conséquences de cette dissolution et de mettre en œuvre la liquidation de la société. 86032

L'assemblée des associés qui constate l'extinction de l'objet social peut décider, à la majorité simple, de demander en justice la désignation d'un liquidateur (CA Paris 14-4-1995 : RJDA 7/95 n° 849).

Mais les associés ne peuvent pas obtenir en justice un délai pour régulariser leur situation en modifiant l'objet social (Cass. com. 3-5-1995 : Bull. Joly 1995 p. 746 note Barbièri).

CESSATION D'ACTIVITÉ DE LA SOCIÉTÉ

La simple cessation d'activité n'est pas, en principe, une cause de dissolution de plein droit dès lors qu'elle n'est pas motivée par la **réalisation** ou l'**extinction de l'objet social.** Ainsi, une SARL qui a pour objet, outre l'exploitation de maisons de retraite, toutes opérations commerciales, industrielles, financières et immobilières pouvant s'y rattacher ne peut pas être dissoute pour réalisation de celui-ci au motif qu'elle n'a plus d'activité commerciale et génère des pertes (Cass. com. 20-11-2012 n° 11-27.835 : RJDA 2/13 n° 124). 86033

› **Précisions** **a.** Si, pour une raison quelconque (difficultés économiques momentanées, événements politiques, perte provisoire de l'immeuble social, celui-ci pouvant toutefois être reconstruit ou remplacé grâce aux indemnités d'assurances, etc.), les associés décident ou se trouvent contraints de « **mettre en sommeil** » leur société, il n'en résulte pas la dissolution de celle-ci. Dès que les associés le jugent opportun, l'activité peut être reprise. S'ils estiment, au contraire, que la situation est sans issue et que la dissolution s'impose, ils peuvent alors prendre une décision expresse en ce sens (n° 86145).

b. L'absence d'activité d'une société au cours d'un exercice ne dispense pas le représentant légal d'**établir les comptes sociaux,** de convoquer ou de solliciter le report de l'assemblée générale pour les approuver et de convoquer le commissaire aux comptes à cette assemblée (CA Paris 19-2-2007 n° 06-9065 : RJDA 12/07 n° 1250).

Publicité La cessation d'activité doit faire l'objet d'une **inscription modificative au RCS et au RNE** par l'intermédiaire du guichet unique électronique des formalités d'entreprises (art. R 123-69, 1° et R 123-263). Elle est en principe faite **par la société.** 86034

Si, au terme d'un délai de deux ans après la mention au RCS de la cessation totale d'activité, le greffier constate l'absence d'inscription modificative relative à une reprise d'activité, il peut procéder, après en avoir informé la société par lettre recommandée AR adressée à son siège social, à sa radiation d'office. Celle-ci doit alors être portée à la connaissance du ministère public (art. R 123-130).

Ainsi, la persistance d'une cessation totale d'activité pendant deux ans est considérée par les pouvoirs publics comme indiquant une disparition de fait de la société. Cela s'explique par la nécessité de pallier les défaillances des dirigeants sociaux qui omettent souvent de procéder à la radiation de la société.

L'inscription modificative peut aussi être portée **d'office** au RCS **par le greffier** du tribunal de commerce lorsqu'il a été informé de la cessation d'activité et qu'il a pu vérifier que la société ne se trouve plus à l'adresse qu'elle avait déclarée (cf. art. R 123-125). Le greffier peut alors radier d'office la société du RCS à l'expiration d'un délai de trois mois à compter de l'inscription d'office (art. R 123-136). La société peut demander au greffier de rapporter sa radiation dès lors qu'elle démontre avoir régularisé sa situation. En cas de refus du greffier ou en l'absence de réponse de sa part dans les 15 jours de la demande, la société peut saisir le juge commis à la surveillance du RCS en vue de rapporter sa radiation (art. R 123-138).

Le greffier doit informer l'Inpi, par l'intermédiaire du guichet unique, de la radiation d'office de la société afin qu'elle soit également radiée du RNE (art. R 123-312, al. 1). La radiation d'office d'une société au RCS vaut radiation de celle-ci au RNE (art. R 123-312, al. 2).

› Précisions a. La faculté pour le **greffier** de procéder à la **radiation d'office** de la société deux ans après la mention au RCS de sa cessation d'activité n'est pas discrétionnaire : elle doit être **mise en œuvre** en fonction de la réalité de la situation en cause, telle qu'elle ressort des éléments versés au dossier par la société en réponse à la lettre recommandée du greffier. Celui-ci peut aussi se fonder sur des éléments d'information qui lui ont été communiqués par l'administration, notamment l'administration fiscale (Avis CCRCS 2015-025 du 27-11-2015).

b. La **radiation du RCS entraîne** pour la société la perte du droit au renouvellement de son bail commercial (pour un exemple, Cass. 3e civ. 20-3-1984 : Bull. civ. III n° 72) même s'il s'agit d'une erreur administrative (cf. Cass. com. 12-1-1999 : RJDA 3/99 n° 260 ; voir aussi Cass. 3e civ. 12-7-2000 : RJDA 11/00 n° 961). Mais la radiation n'a pas pour effet de mettre fin aux fonctions du dirigeant de la société (Cass. com. 4-3-2020 n° 19-10.501 F-PB : RJDA 6/20 n° 308, à propos d'une SARL mais applicable aux autres formes sociales).

3. RÉUNION DE TOUS LES DROITS SOCIAUX DANS UNE MÊME MAIN

86050 Lorsque toutes les parts, auxquelles il convient d'assimiler les actions puisque le texte s'applique à tous les types de sociétés, se trouvent réunies entre les mains d'une seule personne, par exemple à la suite d'une cession ou d'une transmission successorale, la société n'est pas dissoute, mais tout intéressé peut demander la dissolution si la situation n'a pas été régularisée dans le délai d'un an (C. civ. art. 1844-5, al. 1).

Cette disposition n'est pas applicable :
– aux **SARL** et aux **SAS**, l'associé unique étant, dans ce cas, immédiatement et automatiquement soumis au régime des SARL unipersonnelles (art. L 223-4) ou des SAS unipersonnelles (art. L 227-4) ;
– lorsque, dans une société composée de deux associés, l'un n'a fait qu'un **apport en industrie** (Cass. 1e civ. 30-3-2004 n° 530 : RJDA 7/04 n° 853) ;
– lorsqu'une même personne détient l'**usufruit** de toutes les parts ou actions (C. civ. art. 1844-5, al. 2).

En revanche, lorsqu'une seule personne détient la **nue-propriété** de toutes les parts ou actions d'une société, il y a, à notre avis, réunion de tous les droits sociaux dans une même main, quel que soit le nombre d'usufruitiers puisque ces derniers n'ont pas la qualité d'associé (cf. Cass. com. avis 1-12-2021 n° 20-15.164 FS-D : RJDA 2/22 n° 79 ; Cass. 3e civ. 16-2-2022 n° 20-15.164 FS-B : RJDA 5/22 n° 273 ; Cass. com. 30-11-2022 n° 20-18.884 FS-B : RJF 2/23 n° 160).

a. Régularisation en cas d'associé unique

MODALITÉS DE RÉGULARISATION

86060 En pratique, la régularisation peut être opérée même **après l'expiration du délai d'un an.**
L'article 1844-5 du Code civil dispose en effet que le tribunal :
– d'une part, ne peut pas prononcer la dissolution si, au jour où il statue sur le fond, la situation de la société a été régularisée ;
– d'autre part, peut accorder à la société un délai maximal de six mois pour procéder à cette régularisation.

Il résulte de cette importante précision qu'une société, même ne revêtant pas la forme d'une SARL ou d'une SAS, peut fonctionner **indéfiniment avec un seul associé.** Ce n'est que si une action en dissolution est introduite que l'associé unique devra se préoccuper de régulariser sa situation.

La société subsiste donc valablement avec un seul associé aussi longtemps que sa dissolution n'a pas été prononcée.

La **régularisation** peut être **effectuée** par voie de cession par l'associé unique d'une partie de ses droits sociaux à une ou plusieurs personnes ou par voie d'augmentation de capital avec entrée de nouveaux associés. Les nouveaux associés ne doivent pas être de simples prête-noms de l'associé unique. Si tel était le cas, la « régularisation » serait inopérante : la société serait toujours considérée comme ne comportant qu'un seul associé et resterait exposée à une demande en dissolution (n° 86070).

La régularisation peut aussi résulter de la transformation en EURL ou en Sasu d'une société, autre qu'une SARL ou une SAS, devenue unipersonnelle, dès lors qu'aucun texte ne l'interdit, mais sous réserve que les conditions préalables à l'opération soient remplies.

› Précisions **a.** L'**EURL** et la **Sasu** ne sont pas des **formes de société** distinctes mais respectivement une SARL et une SAS dont la loi admet qu'elles puissent ne compter qu'un seul associé (nos 35500 et 61000). Dès lors, ce que, par commodité de langage, on appelle « transformation en EURL ou en Sasu » n'est juridiquement qu'une transformation en SARL ou en SAS.

b. Il résulte du maintien de la société avec un seul associé que le **legs d'un immeuble social consenti par l'associé unique** est nul dès lors qu'à défaut de dissolution, ce bien appartenait toujours à la société (CA Paris 20-5-2009 n° 08-10923 : RJDA 1/10 n° 38).

MAINTIEN DE LA SOCIÉTÉ

Dans l'attente de la régularisation, la société doit fonctionner comme auparavant. 86061

Si l'**associé unique** est **dirigeant,** il représente la société (cf. CA Paris 23-9-1997 : RJDA 12/97 som. n° 1494). Il doit respecter toutes les obligations mises à la charge des organes sociaux dont il assume les fonctions : publicité des modifications statutaires, dépôt au greffe du bilan et des comptes annuels s'il s'agit d'une société par actions ou d'une SARL, etc.

La réunion de toutes les parts dans une même main ne mettant pas fin à la mission des organes sociaux, s'il existe des **dirigeants non associés,** ceux-ci restent en place.

L'associé unique prend seul toutes les décisions qui relèvent de la compétence des **assemblées générales** ; il peut même modifier les statuts dans toutes leurs dispositions. Mais il est opportun qu'il prenne soin de préciser, pour chaque acte de la vie sociale, qu'il agit au nom de la société, de telle façon qu'il n'y ait pas confusion avec son patrimoine personnel. 86062

Étant donné la situation exceptionnelle résultant de l'existence d'un associé unique, il ne semble pas nécessaire de respecter les dispositions légales et réglementaires applicables en cas de pluralité d'associés : par exemple, il paraît inutile que l'associé unique procède à la tenue d'assemblées ; celles-ci seront remplacées par des décisions unilatérales (cf. Rép. Ruais : AN 15-7-1972 n° 24966). Il est néanmoins prudent de reproduire ces décisions sur le registre des délibérations.

Enfin, le fait que l'associé unique a réuni entre ses mains la totalité des parts ou actions de la société ne le rend pas automatiquement responsable sur ses biens personnels des **dettes sociales.** Aucun changement n'est apporté à l'étendue de cette responsabilité qui, comme auparavant, dépend du type de la société concernée. 86063

b. Dissolution en cas d'associé unique

INITIATIVE DE LA DISSOLUTION

La dissolution d'une société dont tous les droits sociaux sont réunis dans une même main peut survenir dans les deux cas suivants : 86070

– **par décision de l'associé unique,** l'associé ou l'actionnaire entre les mains duquel sont réunies toutes les parts ou actions de la société pouvant dissoudre cette société à tout moment par déclaration au greffe du tribunal de commerce (art. R 210-14) ;

– **par décision de justice.** En effet, si à l'expiration du délai d'un an le nombre des associés n'a pas été porté au minimum légal, tout intéressé peut demander en justice la dissolution de la société (C. civ. art. 1844-5, al. 1). Le créancier de la société fait partie des personnes intéressées au sens de ce texte et a qualité pour agir en dissolution sans avoir à justifier d'un intérêt particulier (Cass. com. 3-12-2013 n° 12-23.787 : RJDA 3/14 n° 224).

EFFETS DE LA DISSOLUTION

86080 **Associé unique personne physique** Si l'associé unique est une personne physique, il doit procéder à la liquidation de sa société (art. L 237-2, al. 1).

La personnalité morale de la société survit pour les besoins de la liquidation et jusqu'à la clôture de celle-ci (art. L 237-2, al. 2).

Les **règles générales prescrites pour la liquidation** sont applicables, sous réserve de certains aménagements (n°s 86504 et 86930).

> **Précisions** Les dispositions de l'article 1844-5, al. 3 du Code civil prévoyant la **transmission universelle du patrimoine** de la société dissoute à l'associé unique et l'absence de liquidation ne sont pas applicables lorsque cet associé unique est une personne physique (art. 1844-5, al. 4). Néanmoins, il dispose d'un droit propre et personnel sur la créance de la société dont il est devenu titulaire à la clôture de la liquidation et d'un intérêt personnel à agir pour obtenir le recouvrement de cette créance (Cass. com. 5-5-2009 nº 08-12.601 : RJDA 8-9/09 nº 748 ; Cass. com. 4-12-2024 nº 23-13.213 F-D : RJDA 4/25 nº 207).

86082 **Associé unique personne morale** Si l'associé unique est une personne morale, la dissolution de la société entraîne la transmission universelle du patrimoine de la société à l'associé unique et il n'y a pas lieu de procéder à la liquidation de celle-ci (C. civ. art. 1844-5, al. 3 et 4).

ATTENTION

La transmission universelle et l'absence de liquidation étant réservées au cas de dissolution d'une société unipersonnelle, elles ne peuvent pas, nous semble-t-il, être invoquées par un associé qui ne serait devenu associé unique qu'après la dissolution de la société et pendant la liquidation de celle-ci. Dans ce cas, la liquidation doit être menée à son terme.

Les créanciers peuvent faire opposition à la dissolution (art. précité).

Les dispositions de l'article 1844-5, al. 3, communes à la dissolution sur déclaration de l'associé unique et sur décision de justice (cf. Rép. Proriol : AN 29-8-1988 nº 745), appellent les observations exposées n°s 86083 s.

86083 **1. Absence de liquidation.** Aucune des règles prescrites pour la liquidation des sociétés commerciales (désignation d'un liquidateur, affectation de l'actif social au paiement des dettes sociales, établissement et dépôt au greffe des comptes de liquidation, accomplissement de formalités de publicité tant à l'ouverture qu'à la clôture de la liquidation) n'est ici applicable. De même, les actions qui naissent de la dissolution, par exemple l'action d'une banque en remboursement d'un compte courant ouvert au nom de la société demeuré débiteur dans ses comptes, se prescrivent selon le délai de droit commun de l'article L 110-4, les délais spéciaux prévus pour la liquidation étant inapplicables (CA Pau 17-1-2005 nº 02-1203 : RJDA 1/06 nº 30).

L'absence de liquidation et la transmission universelle de patrimoine qui en est la cause s'appliquent de plein droit sans qu'il soit possible de les écarter. L'article 1844-5, al. 3 du Code civil ne donne en effet aucun choix à l'associé unique personne morale quant à l'opportunité de procéder ou non à la liquidation (Cass. soc. 12-1-2016 nº 14-21.533 : RJDA 4/16 nº 292 ; CA Douai 14-11-1996 : RJDA 3/97 nº 372).

Par **exception,** la transmission universelle de patrimoine sans liquidation n'est pas applicable lorsque la société fait l'objet d'une procédure collective dès lors qu'à compter du jugement d'ouverture de cette procédure, le patrimoine du débiteur ne peut être cédé ou transmis que selon les règles d'ordre public applicables au redressement ou à la liquidation judiciaire des entreprises en difficulté (Cass. com. 12-7-2005 n°s 1236 et 1237 : RJDA 1/06 nº 29, solutions rendues sous l'empire de la législation antérieure à l'ordonnance 2014-326 du 12-3-2014 mais transposables). Il en est de même lorsque la dissolution intervient après l'adoption d'un plan de redressement prévoyant l'inaliénabilité de certains actifs (Cass. com. 2-10-2024 nº 23-14.912 F-B : RJDA 2/25 nº 84, transposable, à notre avis, au plan de sauvegarde). Qu'en est-il si le plan ne prévoit pas l'inaliénabilité d'actifs ? Compte tenu du droit d'opposition des créanciers sociaux prévu par l'article 1844-5 (n°s 86090 s.), la transmission universelle ne serait sans doute possible que si elle est prévue dans le cadre d'une modification substantielle du plan, obtenue dans les conditions de l'article L 626-26 ou de l'article L 626-31-1 en l'absence de réunion des classes de parties affectées (cf. Avis CCRCS 2015-03 du 5-2-2015, à propos *de la fusion-absorption d'une société bénéficiant d'un plan de redressement*).

86084 Même en l'absence de liquidation, la personnalité morale de la société subsiste au moins pendant le délai ouvert aux créanciers sociaux pour faire opposition (n°s 86090 s.). Pendant cette période, il est nécessaire que la société soit représentée et cette **représentation** peut, à notre avis, être assumée par ses dirigeants. En effet, bien qu'elle soit une conséquence de la dissolution (en ce sens, Cass. com. 29-1-2020 nº 18-17.131 F-D : RJDA 5/20 nº 271), la cessation des fonctions des dirigeants n'est liée par aucune disposition législative ou réglementaire à la date de la décision de dissolution et, en l'absence d'une période de liquidation – et donc de nomination d'un liquidateur chargé de représenter la société pendant cette période –, force est de considérer que la représentation de la société reste exercée par les dirigeants jusqu'à la disparition de la personnalité morale.

Il appartient aux dirigeants d'assurer la **gestion courante de la société,** de la représenter en justice, notamment en cas d'opposition d'un créancier, d'arrêter la situation comptable des biens et dettes transférés à l'associé unique, de constater la date à partir de laquelle s'opèrent la transmission du patrimoine et la disparition de la personne morale et d'accomplir les formalités de publicité.

2. Transmission universelle du patrimoine social. L'associé unique personne morale recueille l'intégralité du patrimoine social. 86085

Il se substitue à la société dissoute dans tous les biens, droits et obligations de celle-ci. Ainsi, lorsque la personne morale a disparu, il prend la suite de la société dans l'**action en justice en cours** au moment de la dissolution de celle-ci et doit être appelé à l'instance (Cass. com. 7-4-2010 nº 09-11.002 : RJDA 6/10 nº 642). Si une société, devenue actionnaire unique d'une deuxième société qui elle-même détenait les parts d'une troisième société, a successivement décidé la dissolution de ces deux sociétés, le mandataire-liquidateur de la première société a qualité pour poursuivre l'action en paiement d'une créance engagée par la troisième société (CA Versailles 21-11-2003 nº 01-8389 : RJDA 7/04 nº 824). Il en va de même d'une action indemnitaire qui n'est pas mentionnée dans les comptes de la société auxquels se référait l'acte de dissolution pour la transmission des droits dès lors que cet acte précisait que tous les droits et obligations de la société dissoute seraient transférés à l'associé unique et que celui-ci serait subrogé à la société dans tous ses droits et obligations (Cass. com. 21-3-2018 nº 16-17.901 F-D : RJDA 6/18 nº 502).

L'associé unique personne morale peut se voir opposer un **jugement** rendu contre la société avant la dissolution. Le paiement d'une créance de dommages-intérêts reconnue à un salarié après la dissolution incombe également à l'associé unique dès lors que le fait générateur de cette créance était antérieur à la dissolution, de sorte que l'obligation en résultant avait été incluse dans le passif transmis à l'associé (Cass. com. 2-2-2010 nº 09-11.938 : RJDA 5/10 nº 532).

L'associé unique peut également se prévaloir des effets d'un jugement. Il peut ainsi opposer à un ancien salarié qui le poursuit personnellement le jugement écartant l'action que ce salarié avait auparavant engagée contre la société en raison des mêmes faits (Cass. soc. 25-10-2007 nº 06-42.238 : RJDA 6/08 nº 682) et profiter des délais de recours ayant commencé à courir contre les décisions de justice rendues à l'égard de la société avant la dissolution (Cass. 3e civ. 12-3-2008 nº 07-15.278 : RJDA 6/08 nº 666).

Par exception à la transmission universelle du patrimoine social à l'associé unique, un contrat conclu en considération de la personne de la société (**contrat conclu « intuitu personae »**) prend fin au plus tard par l'effet de la dissolution de celle-ci (Cass. com. 7-6-2006 nº 753 : RJDA 11/06 nº 1149), sauf accord des cocontractants pour que le contrat soit transmis. Dans ce cas, un accord tacite peut suffire (par exemple, Cass. com. 27-5-2021 nº 19-16.363 F-D : RJDA 12/21 nº 803). Si le contrat disparaît pour l'avenir, l'associé unique n'en recueille pas moins les créances et les dettes antérieurement nées dans le patrimoine social au titre de ce contrat (Cass. com. 7-6-2006 précité), peu important que celles-ci ne soient pas encore liquides et exigibles (Cass. com. 11-3-2020 nº 18-20.064 F-D : RJDA 7/20 nº 373). 86086

ATTENTION

Seul le cocontractant de la société peut se prévaloir du caractère intuitu personae du contrat. À l'inverse, l'associé unique ne peut pas se prévaloir de ce qu'un contrat a été conclu par la société en considération de la personne de son cocontractant pour en écarter la reprise (Cass. com. 8-11-2017 nº 16-17.296 F-D : RJDA 2/18 nº 129).

La substitution s'effectue sans qu'il y ait novation des créances et des dettes, c'est-à-dire que celles-ci sont reprises sans aucune modification, notamment quant à leurs garanties, leurs modalités de remboursement, le taux d'intérêt convenu, etc. L'engagement de la **caution garantissant une dette de la société dissoute** demeure pour les dettes nées avant que l'opération ne soit devenue opposable aux tiers (C. civ. art. 2318, al. 1 ; Cass. com. 19-11-2002 nº 1907 : RJDA 2/03 nº 140 ; Cass. com. 5-5-2004 nº 720 : RJDA 8-9/04 nº 984). La caution ne garantit les dettes nées postérieurement que si elle y a consenti à l'occasion de la dissolution ou si elle s'est engagée par avance à maintenir son engagement (art. 2318, al. 1). Si la société dissoute s'était portée caution d'une dette, toutes les obligations issues du cautionnement sont transmises à l'associé unique (art. 2318, al. 2).

86087 De même, il n'y a pas lieu d'observer les **formalités** prescrites par la loi et les règlements ou par la convention des parties **en cas de cession d'un droit.** Notamment :
– les dispositions relatives à l'opposabilité aux tiers des cessions de parts de SARL (nº 34415) ne sont pas applicables ;
– lorsque l'actif social transmis à l'associé unique comporte des créances, les règles concernant les cessions de créances (C. civ. art. 1321 s.) ne sont pas applicables ;
– les formalités de publicité et d'enregistrement requises en cas de cession ou d'apport d'un fonds de commerce (art. L 141-12 s.) ne sont pas nécessaires.

Ces solutions, dégagées par les tribunaux à l'occasion de fusions ou de scissions (nºs 83800 s.) sur le fondement de la transmission universelle qui s'opère en pareil cas, peuvent être transposées, par identité de motif, au cas de dissolution à la suite de la réunion de toutes les parts ou actions en une seule main (en ce sens, CA Versailles 12-2-1998 : RJDA 6/98 nº 723).

86088 Le bénéficiaire de la transmission universelle du patrimoine réalisée dans les conditions de l'article 1844-5 du Code civil est, malgré toute clause contraire, substitué à la société au profit de laquelle le **bail commercial** était consenti dans tous les droits et obligations en découlant (art. L 145-16, al. 2).

86089 En principe, cette **transmission** universelle du patrimoine social, avec la disparition de la personne morale et la confusion de patrimoines qui en résultent, est réalisée 30 jours après la publication de la dissolution, sauf lorsque des créanciers sociaux font opposition à la dissolution (nºs 86090 s.).

À compter de la réalisation de la transmission universelle du patrimoine, les créanciers ne peuvent plus agir contre la société dissoute, mais seulement contre l'associé unique ; ainsi, est irrecevable le pourvoi en cassation formé par un créancier plus de 30 jours après la publication de la dissolution d'une société dans un journal d'annonces légales, aucune opposition n'étant par ailleurs alléguée (Cass. 3e civ. 20-6-2007 nº 06-13.514 : RJDA 2/08 nº 143).

En l'absence d'opposition des créanciers, la **date** de la transmission du patrimoine est fixée au jour suivant l'expiration du délai d'opposition à zéro heure (Avis CCRCS 2012-026 du 30-5-2012).

Selon l'Autorité des normes comptables, la date d'effet d'une confusion de patrimoines ne peut pas être antérieure à la date d'expiration du délai d'opposition des créanciers. Selon ce même avis, la clause de **rétroactivité** qui serait contenue dans une décision de confusion devrait rester sans effet sur le plan comptable (Règl. ANC 2014-03 du 5-6-2014 art. 770-3).

Cette position semble limiter la faculté de prévoir, par analogie avec les usages en cas de fusion, que toutes les opérations actives et passives intervenues depuis une date déterminée sont réputées avoir été accomplies pour le compte de l'associé unique. Elle nous semble contestable car la clause ne vise pas à faire rétroagir la transmission universelle du patrimoine de la société confondue au profit de la société confondante, mais seulement à permettre la prise en compte anticipée des conséquences comptables de l'opération dans le résultat des sociétés concernées (en ce sens, Communication Ansa, comité juridique nº 04-056 du 7-7-2004).

En ce qui concerne le régime fiscal, voir nºs 86094 s.

86090 **3. Droit d'opposition des créanciers.** Afin de permettre aux créanciers sociaux de sauvegarder leurs droits et d'éviter que la confusion du patrimoine social avec celui de la personne morale associé unique ne leur porte préjudice, l'article 1844-5, al. 3 du Code civil organise une procédure, analogue à celle mise en place dans les fusions (nºs 83950 s.), prévoyant la possibilité pour eux de faire opposition à la dissolution.

ATTENTION

La dissolution peut être annulée lorsqu'elle s'accompagne de **manœuvres visant à priver d'efficacité le droit d'opposition** des créanciers : par exemple, dissolution faisant suite à la cession précipitée de la totalité des parts sociales à une société étrangère constituée pour la circonstance et silence de la société dissoute sur la décision de dissolution devant le juge saisi d'une mise en liquidation judiciaire demandée contre elle (Cass. com. 11-9-2012 nº 11-11.141 : RJDA 12/12 nº 1078), dissolution menée sans en avertir un créancier poursuivant, pendant la période estivale et avec précipitation (CA Paris 8-3-2016 nº 15/07932 : RJDA 6/16 nº 442), ou dissolution précipitée en profitant de la radiation par la juridiction saisie d'une demande de mise en liquidation judiciaire à la suite d'une proposition de paiement du créancier poursuivant par l'associé unique (CA Paris 27-11-2018 nº 18/03294 : RJDA 3/19 nº 194).

86091 Le droit d'opposition des créanciers s'exerce dans les **conditions** suivantes.

a. Il est accordé aux créanciers de la société dissoute puisque ce sont eux qu'il convient de protéger au premier chef. Mais la question se pose de savoir s'il ne peut pas également être exercé par les créanciers de l'associé unique, car ces derniers peuvent aussi être lésés par l'opération, notamment lorsque la société dissoute est en difficulté et que sa reprise risque d'entraîner une diminution du patrimoine de l'associé unique. En faveur d'une réponse affirmative à cette question, on peut relever que l'article 1844-5, al. 3 du Code civil vise « les créanciers » sans autre précision, mais cette solution est controversée.

b. Les créanciers doivent être titulaires d'une créance certaine, au moins dans son principe, et née antérieurement à la décision de dissolution (CA Paris 18-11-2021 n° 21/03938 : RJDA 3/22 n° 146).

c. L'opposition doit être formée dans un **délai** de 30 jours à compter de la publication de la dissolution au Bodacc visée n° 86092 (art. 1844-5, al. 3 ; Décret 78-704 du 3-7-1978 art. 8, al. 2 modifié par décret 2024-751 du 7-7-2024). Le délai d'opposition commence à courir le lendemain du jour de publication de la dissolution (CPC art. 641, al. 1 ; Avis CCRCS 2012-26 du 30-5-2012).

d. L'opposition doit être présentée devant le tribunal de commerce du lieu du siège social de la société dissoute (cf. Avis CCRCS 2014-002 du 4-2-2014) et mettre en cause le représentant légal de la société, la personne morale subsistant pendant le cours du délai prévu pour faire opposition. L'opposition doit revêtir la forme d'une demande en justice contre la société (Avis CCRCS 2019-007 du 22-11-2019) introduite par une assignation ou une requête conjointe (Cass. 1e civ. 18-12-2024 n° 22-10.331 F-D : RJDA 5/25 n° 267). Ne peuvent donc valoir opposition une simple déclaration du créancier au greffe du tribunal (Avis CCRCS 2019-007 précité) ou une lettre recommandée AR adressée par le créancier au greffe (Cass. 1e civ. 18-12-2024 précité).

e. Le tribunal saisi peut soit (art. 1844-5, al. 3) :
– rejeter l'opposition ;
– ordonner le remboursement des créances ;
– ordonner la constitution de garanties si la société (ou plus exactement l'associé unique) en offre et si elles sont jugées suffisantes.

f. En cas d'opposition, la transmission à l'associé unique du patrimoine de la société et la disparition de la personnalité morale de celle-ci n'interviennent que si l'opposition a été rejetée en première instance ou le remboursement des créances effectué, ou encore si les garanties ont été constituées, selon la décision prise par le tribunal. L'opposition faisant obstacle à la disparition de la personne morale, la société peut faire appel (CA Rouen 22-6-2000 : RJDA 12/00 n° 1114). Si l'opposition a été rejetée en première instance, la disparition survient, l'appel n'étant pas suspensif. Il en va différemment si le tribunal a ordonné le remboursement des créances ou des garanties puisque, dans ce cas, la disparition ne survient qu'après exécution, de sorte que l'appel est nécessairement suspensif.

g. L'absence d'opposition d'un créancier à la transmission universelle de patrimoine ne vaut pas présomption de renonciation par lui à son droit (Cass. com. 25-3-2020 n° 18-20.079 F-D : RJDA 8-9/20 n° 430).

4. Formalités de publicité. La dissolution de la société doit faire l'objet des mesures de publicité suivantes : **86092**
– insertion dans un **support d'annonces légales** (art. R 210-9) ;
– inscription modificative au **RCS** et au **RNE** réalisée par l'intermédiaire du guichet unique électronique des formalités d'entreprises (art. R 123-66 et R 123-263), la demande devant notamment être accompagnée de la déclaration de dissolution ;
– insertion au **Bodacc** par les soins du greffier du tribunal de commerce (art. R 123-159 et R 123-161).

Lorsque la personne morale disparaît (après expiration du délai d'opposition des créanciers ou, s'il en existe, règlement du sort des oppositions), il convient de procéder à la **radiation** de la société du RCS et du RNE. Cette radiation doit être requise par l'associé unique auprès du guichet unique dans le délai d'un mois à compter de la réalisation du transfert du patrimoine (art. R 123-75 pour le RCS et R 123-265, al. 3 pour le RNE). Elle entraîne disparition de la personne morale.

La disparition de la société n'est **opposable aux tiers,** et notamment aux créanciers, que par la publication au RCS des actes l'ayant entraînée, peu important qu'ils aient eu personnellement connaissance de ces actes avant l'accomplissement de cette formalité (Cass. com. 11-9-2012 n° 11-11.141 : RJDA 12/12 n° 1078 ; Cass. com. 23-10-2019 n° 18-15.475 F-D : RJDA 2/20 n° 79). Peu importe également que ces actes aient fait l'objet d'une autre publicité légale (comme la publication de la dissolution dans un support d'annonces légales). Un créancier qui n'a pas fait opposition dans le délai requis peut donc demander l'ouverture d'une procédure collective à l'encontre de la société tant que la dissolution de celle-ci n'a pas été publiée au RCS (Cass. com. 20-9-2011 n° 10-15.068 : RJDA 12/11 n° 1038).

En revanche, les **tiers** qui en ont eu connaissance peuvent **se prévaloir** de la perte de la personnalité de la société avant même que sa dissolution ne soit publiée au RCS (Cass. com. 11-3-2014 n° 13-10.557 : RJDA 6/14 n° 530).

86093 La radiation de la société du RCS entraîne automatiquement celle de tous les établissements secondaires de la société dissoute, sur notification du greffier du siège de cette société. En cas de poursuite de l'exploitation de ces établissements, l'ancien associé unique doit procéder à leur réimmatriculation (Avis CCRCS 99-33 : Bull. RCS 7-8/99 p. 23).

À l'issue du délai laissé aux créanciers pour faire opposition, le greffier doit, sur demande de l'associé, délivrer un **certificat de non-opposition** constatant que le tribunal n'a pas été saisi dans ce délai d'une opposition à la dissolution de la part des créanciers sociaux (art. R 123-75, al. 4).

Ce certificat n'a pas à être produit au soutien de la demande de radiation (Avis CCRCS 2012-019 du 30-5-2012).

86094 **5. Régime fiscal.** L'appropriation de l'actif par l'associé unique ne donne en principe ouverture à aucun droit de mutation, ni au droit de partage. Toutefois, si des immeubles figurent parmi les biens transférés, l'acte doit être publié auprès du service chargé de la publicité foncière, ce qui entraîne notamment la perception de la taxe de publicité foncière au taux de 0,70 % (auquel s'ajoutent 2,14 % de prélèvement pour frais d'assiette et de recouvrement calculés sur le montant de la TPF), soit un taux global d'environ 0,715 %. En outre, lorsque des biens ont été apportés à la société confondue par des associés autres que la société confondante, la confusion de patrimoines peut entraîner dans certains cas l'exigibilité des droits de mutation dont l'apport initial avait été dispensé (application de la théorie de la mutation conditionnelle des apports : Mémento Fiscal n°s 67100 s.).

Au regard des impôts directs, la transmission du patrimoine de la société à l'associé unique entraîne en principe l'imposition des bénéfices et des plus-values non encore taxés et, s'il s'agit d'une société soumise à l'impôt des sociétés, l'imposition du boni de liquidation entre les mains de l'associé unique.

86095 Les opérations de dissolution-confusion sans liquidation visées à l'article 1844-5 du Code civil ouvrent droit au régime spécial des fusions en matière d'impôt sur les sociétés (notamment l'exonération des plus-values d'apport) et d'impôt de distribution (n°s 84412 s.). En revanche, elles ne peuvent pas bénéficier du régime spécial en matière de droits d'enregistrement (Cass. com. 26-5-2004 n° 836 F-D : RJF 10/04 n° 1049).

L'administration considère qu'une confusion de patrimoines est réalisée à la date de la transmission du patrimoine, c'est-à-dire à l'expiration du délai d'opposition des créanciers. Un effet rétroactif exclusivement fiscal fixé à l'ouverture de l'exercice en cours à la date d'expiration de ce délai peut être donné à l'opération si une clause de rétroactivité figure dans la décision de dissolution. Dans le cas où la confusion est publiée au cours du dernier mois de l'exercice de la société confondante, il est admis que l'effet rétroactif fiscal fixé remonte jusqu'au premier jour de l'exercice en cours à la date de la décision sans toutefois remonter au-delà de l'ouverture de l'exercice en cours de la société dissoute (BOI-IS-FUS-40-40 n°s 20 à 140).

Par ailleurs, la transcription d'une confusion doit obligatoirement être opérée pour la valeur nette comptable des éléments d'actif recueillis par la société confondante (PCG art. 743-1).

4. DISSOLUTION JUDICIAIRE POUR JUSTES MOTIFS

CAUSES DE DISSOLUTION POUR JUSTES MOTIFS

86130 L'article 1844-7, 5° du Code civil laisse aux juges le soin d'apprécier si le motif invoqué présente un caractère de gravité suffisant pour justifier qu'il soit mis fin à la société. Il donne néanmoins deux exemples qui correspondent d'ailleurs aux cas sur lesquels les tribunaux ont le plus souvent à se prononcer : l'**inexécution par un associé de ses obligations** et, surtout, la **mésentente entre associés.**

86131 La dissolution de la société ne peut être prononcée par le juge que s'il constate une **paralysie du fonctionnement** de celle-ci. Cette condition, grammaticalement rattachée dans le texte de l'article 1844-7, 5° du Code civil à l'hypothèse de la mésintelligence entre les associés, est requise dans tous les cas de dissolution pour justes motifs, car elle est précisément un élément de ces justes motifs (Cass. com. 21-6-2011 n° 10-21.928 F-PB : Bull. civ. IV n° 106 ; Cass. com. *3-5-2018 n° 15-23.456* F-D : RJDA 8-9/18 n° 644, à propos d'une dissolution prononcée pour inexécution par un associé de ses obligations).

En l'**absence de paralysie,** la dissolution ne peut pas être prononcée, même en cas de mésintelligence grave entre les associés ne permettant pas de poursuivre l'activité des associés (Cass. com. 19-3-2013 n° 12-15.283 : RJDA 6/13 n° 533).

Absence de justes motifs
Mésentente liée au défaut d'envoi de documents à un associé et à l'absence de convocation de ce dernier à plusieurs AG ne paralysant pas le fonctionnement de la société, son opposition n'empêchant pas la prise de décision (CA Paris 24-10-2003 nº 02-16467 : RJDA 2/04 som. nº 169)
Disparition de l'affectio societatis n'entraînant pas une paralysie du fonctionnement de la société (Cass. 3e civ. 16-3-2011 nº 10-15.459 FS-PB : RJDA 6/11 nº 541 ; Cass. 3e civ. 17-11-2021 nº 19-13.255 F-D : RJDA 3/22 nº 144 ; en sens contraire, CA Versailles 7-12-1995 : Bull. Joly 1996 p. 308, estimant que la disparition de l'affectio societatis ne peut que nuire au bon fonctionnement de la société)
Mise en sommeil de la société depuis de nombreuses années dès lors que l'impossibilité de fonctionnement normal de la société n'était pas établie (Cass. com. 23-3-2010 nº 08-22.073 : RJDA 10/10 nº 960)
Mésentente ne provoquant pas une paralysie actuelle du fonctionnement de la société (Cass. com. 13-7-2010 nº 09-16.103 : RJDA 11/10 nº 1080 ; dans le même sens, Cass. com. 17-3-2015 nº 13-14.113 : RJDA 5/15 nº 346)
Mésintelligence grave entre associés et comportement fautif du gérant, qui a agi dans son intérêt propre et dans celui de son conjoint en profitant de la majorité des voix que représentent leurs parts respectives, ne permettant pas de poursuivre l'activité sociale mais sans paralysie du fonctionnement de la société (Cass. com. 19-3-2013 nº 12-15.283 : RJDA 6/13 nº 533)
Mésentente entre les deux associés égalitaires d'une SNC, des ex-époux, dès lors que la société fonctionnait depuis plusieurs années malgré leur divorce, que la comptabilité était tenue et qu'une AG d'approbation des comptes pouvait être convoquée par chacun des ex-époux, qui étaient cogérants (CA Rennes 28-6-2022 nº 20/02742 : RJDA 1/23 nº 33)
Mésentente entre deux blocs d'associés égalitaires dès lors que la société continue de fonctionner, chaque associé jouissant d'un droit de retrait et l'un d'eux disposant d'une voix prépondérante en AG (Cass. 1e civ. 18-1-2023 nº 19-24.671 F-B : RJDA 5/23 nº 290)

86132

Existence de justes motifs
Impossibilité pour les associés d'une SCS de s'entendre pour remplacer le gérant, seul commandité, démissionnaire pour raison de santé (CA Rennes 3-5-1977 : RTD com. 1978 p. 391 obs. C. Champaud)
Dissentiments profonds entre deux groupes d'associés égalitaires provoquant la perte de légitimité du gérant et rendant impossible la prise de décision, même en l'absence de péril économique (CA Versailles 19-1-1989 : Bull. Joly 1989 p. 327 obs. P. Le Cannu)
Divergences fondamentales, quant à la politique d'investissement, entre associé commandité, seul gérant d'une SCA, et actionnaires commanditaires, et échec des tentatives pour mettre fin à cette situation de blocage paralysant le fonctionnement de la société (CA Paris 8-7-1994 : Bull. Joly 1994 p. 1093 note P. Le Cannu)
Impossibilité pour les associés de remplacer le conseil d'administration ayant démissionné depuis plusieurs années, aucune majorité ne se dégageant pour faire fonctionner la société, alors même que les comptes sociaux étaient positifs (CA Paris 27-6-2003 nº 02-11435 : RJDA 12/03 som. nº 1183)
Manquements à ses obligations par un associé qui, en violation des statuts, s'était retiré de la société et avait repris ses apports en nature sans plus répondre aux convocations aux AGE visant à régulariser la situation après son départ (CA Besançon 2-3-2004 nº 02-1258 : RJDA 1/05 nº 37)
Mésentente entre deux associés qui, en raison de l'unanimité requise pour l'adoption de certaines décisions sociales, amenait l'associé gérant à prendre seul ces décisions en violation des statuts, violation qui établissait que la société ne pouvait plus fonctionner normalement et était paralysée (Cass. com. 10-5-2011 nº 10-16.323 : RJDA 7/11 nº 629)
Mésentente caractérisée par les poursuites disciplinaires à l'encontre d'un associé qui avait tenu des propos agressifs et qui manquait également à son obligation de contribuer aux charges de la société, désorganisant le secrétariat commun tout en empêchant par son absence la tenue d'une AGE (Cass. com. 21-6-2011 nº 10-21.928 : RJDA 11/11 nº 920)
Mésentente et animosité familiale entre deux groupes d'associés égalitaires empêchant l'approbation des comptes sociaux, l'adoption de toute décision collective et provoquant le blocage des comptes bancaires malgré la désignation d'un administrateur provisoire (Cass. com. 10-9-2013 nº 12-20.523 : RJDA 11/13 nº 902)
Mésentente permanente et générale entre deux associés égalitaires d'une SAS, source d'un grand nombre de litiges, qui compromet le fonctionnement normal de la société en empêchant l'adoption des décisions collectives, la consultation du comité de direction et la mise en œuvre de la procédure statutaire de sortie d'un associé (CA Reims 9-4-2013 nº 11/02807 : RJDA 7/13 nº 631 et, sur pourvoi, Cass. com. 9-12-2014 nº 13-24.083 : RJDA 3/15 nº 191)

86133

Existence de justes motifs
Mésentente entre les associés d'une société qui ne pouvait plus fonctionner, depuis huit ans, que grâce à un administrateur provisoire (CA Paris 15-12-2015 n° 14/23489 : RJDA 3/16 n° 195)
Mésentente entre associés d'une société dans laquelle une profonde confusion résultait notamment du défaut de tenue des AG, du recours contesté à des consultations écrites, du défaut d'approbation des comptes et des anomalies affectant ceux-ci ; cette confusion marquait la disparition de l'affectio societatis et portait atteinte de façon irréversible au fonctionnement des organes de gestion (Cass. 3e civ. 25-1-2018 n° 17-10.353 F-D : RJDA 4/18 n° 328)
Mésentente entre deux associés qui traduisait une perte d'affectio societatis et entraînait un blocage du fonctionnement d'une société, celle-ci n'ayant tenu ni comptabilité ni AG pendant dix ans, aucune décision ne pouvant être prise eu égard à l'égalité des voix entre les associés et à l'existence d'une clause statutaire imposant une décision de l'AG pour toute dépense supérieure à 150 € (Cass. 3e civ. 17-12-2020 n° 19-15.694 F-D : RJDA 3/21 n° 173)

ACTION EN DISSOLUTION POUR JUSTES MOTIFS

86135 **Droit d'agir en dissolution** Seul un associé peut demander la dissolution pour justes motifs (Cass. com. 28-9-2004 n° 1287 : RJDA 1/05 n° 39 ; CA Orléans 22-9-2005 n° 04-2603 : RJDA 1/06 n° 31 ; sur la faculté pour l'usufruitier de droits sociaux de présenter cette demande, voir R. Mortier, La Cour de cassation tranche enfin : l'usufruitier n'est pas associé ! : BRDA 2/22 inf. 29 n° 24). L'associé est recevable à agir même s'il est à l'origine de la mésentente (Cass. com. 16-9-2014 n° 13-20.083 : RJDA 12/14 n° 908). Mais si le seul motif qu'il invoque est cette mésentente, la dissolution sera écartée (Cass. com. 16-9-2014 précité).

En revanche, le juge peut prononcer la dissolution s'il n'est pas possible de déterminer à qui la mésentente est imputable (Cass. com. 13-2-1996 : RJDA 5/96 n° 641 ; Cass. com. 10-4-2019 n° 17-20.506 F-D : RJDA 8-9/19 n° 560) ou si l'associé demandeur n'est pas seul responsable de la mésentente (CA Bordeaux 10-1-2023 n° 22/01177 : RJDA 7/23 n° 375).

86136 Le droit de demander la dissolution est, pour chaque associé, une prérogative d'ordre public et ne peut donc être soumis à aucune **restriction** dans les statuts (Cass. com. 23-1-1950 : D. 1950 p. 300 ; Cass. com. 12-6-1961 : Gaz. Pal. 1961 II p. 176).

Cependant, il est possible d'inclure dans les statuts une clause compromissoire renvoyant à des arbitres le soin de statuer sur l'action en dissolution (Cass. com. 30-1-1967 : JCP 1967 II n° 15215). Il est aussi possible de prévoir que la dissolution pourra être évitée si les associés rachètent les droits sociaux du demandeur en dissolution.

86137 Il n'est pas nécessaire que les comptes sociaux aient été préalablement établis pour que l'action en dissolution pour mésintelligence entre les associés soit recevable, cette condition ne reposant sur aucun texte (CA Paris 12-9-2003 n° 02-13335 : RJDA 8-9/04 n° 985).

L'action en dissolution pour mésintelligence entre les associés doit être écartée lorsque les faits invoqués, bien que connus des demandeurs, n'ont suscité de leur part aucune objection pendant une longue période (dix ans au cas d'espèce jugé par CA Paris 5-7-1988 : Bull. Joly 1988 p. 674). Elle doit être dirigée contre le ou les associés auxquels est imputable la cause de dissolution, mais aussi contre la société elle-même (Cass. 1e civ. 4-7-1995 : RJDA 10/95 n° 1100, à propos d'une société civile), étant précisé qu'elle ne doit pas être exercée de façon abusive sous peine de dommages-intérêts à la charge du demandeur (Cass. com. 14-12-2004 n° 1823 : RJDA 4/05 n° 391 et, pour un rejet de la demande de dommages-intérêts, Cass. com. 13-2-1996 : RJDA 5/96 n° 641).

86138 **Tribunal compétent** L'action en dissolution relève de la compétence du tribunal de commerce (art. R 210-15), y compris lorsqu'elle concerne une société de fait à activité commerciale (Cass. com. 8-7-1970 : Rev. sociétés 1971 p. 154), mais non du juge des référés (CA Paris 28-10-1987 : Bull. Joly 1987 p. 858).

> **› Précisions** **a.** Pour un cas où le tribunal de commerce a été déclaré incompétent compte tenu de la **clause d'arbitrage** incluse dans un protocole d'accord en contradiction avec les statuts d'une société constituée ultérieurement entre les parties, dès lors que celles-ci avaient prévu que les termes du protocole devaient prévaloir, voir Cass. 1e civ. 27-2-2013 n° 12-16.328 : RJDA 11/13 n° 964.
> **b.** Sur la compétence du **bâtonnier** pour statuer sur la dissolution d'une société, voir Cass. 1e civ. 6-12-2023 n° 22-19.372 F-D : RJDA 4/24 n° 231, à propos d'une société civile mais, à notre avis, transposable.

86139 **Pouvoirs du tribunal** Les juges doivent apprécier la valeur des motifs allégués en se plaçant au moment même où ils rendent leur décision (Cass. com. 4-12-1968 : JCP 1969 IV p. 23). Ils disposent d'un pouvoir souverain d'**appréciation** (Cass. com. 25-2-1964 : Bull. civ. III n° 98).

Les juges ne peuvent pas rejeter la demande en dissolution et ordonner l'exclusion de l'associé demandeur en l'obligeant à céder ses parts ou actions à ses coassociés (Cass. com. 12-3-1996 : RJDA 7/96 n° 926 ; Cass. com. 18-11-1997 : RJDA 2/98 n° 174, dans un cas où la mésentente ne pouvait pas être imputée à l'un des associés en particulier).

Toutefois, la possibilité de rachat est, à notre avis, licite lorsqu'elle résulte d'une clause statutaire acceptée par tous les associés soit dans les statuts d'origine, soit en cours de vie sociale sur décision unanime de leur part (n° 8100 ; cf. Cass. com. 3-6-1966 : Bull. civ. III n° 282), auquel cas le juge sera tenu par ces dispositions statutaires.

Le jugement prononçant la dissolution pour justes motifs produit **effet** au jour où il est rendu, sans rétroagir au jour de la demande (cf. Cass. req. 2-6-1947 : Gaz. Pal. 1947 II p. 96). Sur la possibilité de demander l'exécution provisoire de ce jugement, voir Cass. 2e civ. 23-1-1985 : Bull. civ. II n° 18. **86140**

Preuve Le juge peut tenir compte d'une **preuve obtenue à l'insu d'une personne,** à condition que cette production soit indispensable à l'administration de la preuve et que l'atteinte soit strictement proportionnée au but poursuivi (Cass. ass. plén. 22-12-2023 n° 20-20.648 BR : RJDA 4/24 n° 266). **86141**

De même, la production en justice d'**enregistrements** laissés par l'associé d'une société sur le répondeur **téléphonique** de son coassocié et transcrits par un huissier ou un commissaire de justice constitue un mode de preuve admissible pour établir la mésentente entre associés, dès lors que l'interlocuteur a procédé lui-même en connaissance de cause à l'enregistrement de ses propos, que ceux-ci concernaient l'activité professionnelle des intéressés et que leur divulgation dans le cadre d'une instance en dissolution d'une société pour mésentente ne se heurtait à aucune prohibition (CA Paris 16-12-2008 n° 07-4770 : RJDA 3/10 n° 249).

5. AUTRES CAUSES DE DISSOLUTION

DISSOLUTION SUR DÉCISION DES ASSOCIÉS

Les associés peuvent, à tout moment, décider la dissolution anticipée de la société (C. civ. art. 1844-7, 4°). Cette décision n'appartient qu'aux associés (CA Rouen 14-4-2004 n° 02-372 : RJDA 1/05 n° 39). Elle doit être prise à la majorité requise pour les modifications des statuts, majorité qui est différente selon chaque type de société (pour une application à la dissolution d'une SARL, voir Cass. com. 18-6-1973 : Rev. sociétés 1974 p. 312 note J. H.). **86145**

CAUSES STATUTAIRES DE DISSOLUTION

Les associés peuvent prévoir dans les statuts des causes de dissolution de la société autres que celles exposées ci-dessus (nos 86000 s. ; C. civ. art. 1844-7, 8°). Par exemple, il peut être convenu, même dans une SA ou une SARL, que la société sera dissoute en cas de **survenance d'un événement déterminé** : suppression d'un régime fiscal ou administratif privilégié, modification de la situation juridique ou financière de l'un des associés, cessation des fonctions d'un ou de plusieurs dirigeants nommément désignés de sociétés associées, etc. Ces clauses se rencontrent en particulier dans les filiales communes de SA. **86150**

De même, les statuts peuvent reconnaître à un associé le droit de demander la dissolution de la société dans des circonstances déterminées, par exemple à l'**expiration d'une certaine période** (n° 965).

Corrélativement à ce droit, les statuts permettent généralement aux autres associés d'éviter la dissolution en offrant de racheter les droits sociaux du demandeur à un prix qui, en cas de contestation et si les statuts ne permettent pas de le déterminer, doit être fixé par un expert (cf. C. civ. art. 1843-4, II-al. 1).

Les associés sont les seuls à pouvoir demander la dissolution de la société en application d'une clause statutaire et le juge ne peut pas autoriser un créancier exerçant l'action oblique à se substituer à eux dans cette décision (CA Rouen 14-4-2004 n° 02-372 : RJDA 1/05 n° 39).

DISSOLUTION EN CAS DE LIQUIDATION JUDICIAIRE DE LA SOCIÉTÉ

Le jugement de **clôture** de la liquidation judiciaire pour insuffisance d'actif emporte dissolution automatique de la société (C. civ. art. 1844-7, 7°). **86160**

En revanche, le jugement d'**ouverture** de la procédure de liquidation judiciaire n'entraînant pas la dissolution de plein droit de la société, il n'a pas pour effet de rendre sans objet une demande de dissolution pour extinction de l'objet social ou pour justes motifs (Cass. com. 21-4-2022 n° 20-13.625 F-D : RJDA 7/22 n° 423).

DISSOLUTION EN CAS D'ANNULATION DE LA SOCIÉTÉ

86161 L'annulation du contrat de société est une cause de dissolution des sociétés (C. civ. art. 1844-7, 3°), ce qui est la conséquence logique de la règle selon laquelle l'annulation de la société n'est jamais rétroactive et ne produit, à l'égard de la personne morale, que les effets d'une dissolution (C. civ. art. 1844-15 ; art. L 235-10 ; n° 89570).

DISSOLUTION EN CAS D'ANNULATION DE TOUS LES APPORTS

86162 La nullité de tous les apports faits à une société à compter du 1er octobre 2025, lors de sa constitution ou postérieurement à celle-ci, entraîne sa dissolution ; dans ce cas, il est procédé à sa liquidation conformément aux dispositions des statuts et des articles L 237-1 s., sous réserve de l'application des dispositions de l'article 1844-5, al. 3 du Code civil relatives à la dissolution sans liquidation de la société devenue unipersonnelle (C. civ. art. 1844-10-1, al. 3 issu de ord. 2025-229 du 12-3-2025 ; Ord. 2025-229 art. 70).

DISSOLUTION PRONONCÉE À TITRE DE SANCTION

86163 **Dissolution prononcée à titre de sanction pénale** La dissolution de la société peut être prononcée lorsque celle-ci a été créée ou – en cas de crime ou de délit puni en ce qui concerne les personnes physiques d'une peine d'emprisonnement d'au moins trois ans – détournée de son objet pour commettre une infraction spécialement sanctionnée par cette mesure (C. pén. art. 131-39, 1°).

La dissolution est aussi encourue à titre de sanction, notamment dans les cas suivants :
– trafic de stupéfiants (C. pén. art. 222-42) ;
– proxénétisme (C. pén. art. 225-12) ;
– escroquerie (C. pén. art. 313-9) ;
– abus de faiblesse (C. pén. art. 223-15-5) ;
– abus de confiance (C. pén. art. 314-12) ;
– recel (C. pén. art. 321-12).

La décision prononçant la dissolution de la personne morale « comporte le renvoi de celle-ci » devant le tribunal de commerce compétent pour procéder à la liquidation (C. pén. art. 131-45).

86165 **Dissolution pour non-respect de règles spécifiques aux sociétés exerçant une activité réglementée** Dans les **sociétés d'exercice libéral** (SEL), la dissolution peut intervenir en cas de non-respect des règles de détention du capital et des droits de vote applicables à celles-ci : si la société n'a pas régularisé sa situation dans le délai d'un an, tout intéressé peut demander en justice sa dissolution ; le tribunal peut accorder à la société un délai maximal de six mois pour se mettre en conformité et il ne pourra pas prononcer la dissolution si, au jour où il statue sur le fond, cette régularisation a eu lieu (Ord. 2023-77 du 8-2-2023 art. 53).

Le non-respect des règles de gouvernance régissant les SEL est sanctionné de la même façon (Ord. 2023-77 art. 53).

La dissolution des **SARL, SA, SAS et SCA de droit commun** exerçant une profession juridique ou judiciaire est encourue, dans les mêmes conditions, tant en cas de non-respect des règles de détention du capital et des droits de vote qu'en cas de violation des règles de gouvernance puisque ces sociétés sont soumises au même régime que les SEL (art. L 811-7, al. 2 et L 812-5, al. 2 pour les administrateurs et mandataires judiciaires, Ord. du 10-9-1817 art. 3-2, al. 2 pour les avocats aux Conseils, Loi 71-1130 du 31-12-1971 art. 8, I-al. 2 pour les avocats, Ord. 45-2590 du 2-11-1945 art. 1 bis, al. 2 pour les notaires et Ord. 2016-728 du 2-6-2016 art. 5, al. 2 et 25, IV-6° pour les commissaires de justice, les huissiers de justice et les commissaires-priseurs judiciaires).

CAUSES DE DISSOLUTION PROPRES À CERTAINES FORMES DE SOCIÉTÉS

86170 Outre les cas de dissolution examinés nos 86000 s., il en est qui sont propres à certaines formes de sociétés. Ils sont examinés lors de l'étude de chaque type de société.

B. Régime de la dissolution

DISSOLUTION IRRÉGULIÈRE

86200 La dissolution décidée par la collectivité des associés ou par l'associé unique ne doit pas être animée par une intention frauduleuse ou constituer un abus de droit, à peine de nullité ou de dommages-intérêts.

La **fraude** est notamment constituée quand :
– la dissolution est décidée avec précipitation juste après l'assignation en liquidation judiciaire de la société et sans prévenir le créancier poursuivant pour éluder les règles sur les procédures collectives (CA Paris 19-11-2011 nº 10/08992 : RJDA 11/11 nº 921) ;
– la cession des parts de la société, suivie de la dissolution avec transfert universel de son patrimoine à une autre société, est réalisée avec précipitation, à l'insu des créanciers sociaux, dans le seul but d'éluder le débat sur l'éventuelle ouverture d'une procédure collective (Cass. com. 11-9-2012 nº 11-11.141 : RJDA 12/12 nº 1078) ;
– la dissolution est décidée après la condamnation de la société en première instance en menant avec célérité les opérations de liquidation avant de créer une nouvelle société dans le but de frustrer les créanciers de leurs droits (Cass. com. 21-9-2004 nº 1273 : RJDA 2/05 nº 147) ;
– la dissolution est menée sans avertir un créancier poursuivant, pendant la période estivale et avec précipitation, afin de priver d'efficacité la faculté d'opposition des créanciers dans le délai de 30 jours et de se soustraire aux dispositions d'ordre public des procédures collectives (CA Paris 8-3-2016 nº 15/07932 : RJDA 6/16 nº 442).

En revanche, dans un cas où la dissolution d'une société avait été menée avec célérité sans en aviser un créancier poursuivant, n'ont pas suffisamment caractérisé la fraude les juges du fond qui ont considéré que la publication de la dissolution dans un support d'annonces légales était en pratique illusoire pour informer le créancier (Cass. com. 25-5-2022 nº 19-24.470 F-D : RJDA 10/22 nº 565).

La dissolution d'une société caractérise un **abus de majorité** lorsque la décision de l'associé majoritaire est contraire à l'intérêt social et a été prise dans l'unique but de se soustraire à son engagement de racheter les parts sociales d'un associé minoritaire (Cass. com. 8-2-2011 nº 10-11.788 : RJDA 5/11 nº 427).

DATE DE LA DISSOLUTION

Lorsque la dissolution est décidée par les associés, **sa date d'effet** est celle de l'assemblée au cours de laquelle les associés ont décidé de dissoudre la société (Cass. com. 9-1-2019 nº 17-17.141 F-D : RJDA 3/19 nº 203). Toutefois, les associés peuvent retenir une date **postérieure** à celle de cette **assemblée** (Avis CCRCS 02-75 : Bull. RCS 21-22/03 p. 21). Il n'est en revanche pas possible de prévoir une date d'effet **rétroactive** (Avis CCRCS 2012-025 du 30-5-2012), sauf dans le cas d'une dissolution pour fusion ou scission (nº 83870). La rétroactivité n'est pas non plus envisageable lorsque la dissolution est décidée par l'associé unique (CA Versailles 18-4-2008 nº 06/04515). **86201**

NON-RÉTABLISSEMENT D'UNE SOCIÉTÉ DISSOUTE

Une fois dissoute, une société ne peut plus être rétablie par la volonté des associés (CA Amiens 6-1-1969 : D. 1969 p. 266 ; CA Paris 5-7-2002 nº 02-6359 : RJDA 12/02 nº 1278). Il en est ainsi alors même que la dissolution n'a pas été publiée. À partir de la décision de dissolution, la société a perdu sa pleine capacité juridique puisque celle dont elle jouissait ne survit que pour les besoins de la liquidation. Cette conséquence, qui résulte de la loi (art. L 237-2, al. 2), ne saurait être remise en cause par la volonté, fût-elle unanime, des associés. Si ces derniers veulent reprendre l'exploitation sociale, ils doivent constituer une nouvelle société, sous peine d'être considérés, pour les opérations nouvelles, comme des membres d'une société de fait (nº 86000). **86202**

De même, une société dissoute ne peut pas être **transformée** en société d'une autre forme (Cass. com. 25-1-1956 : Bull. civ. III nº 38 ; Cass. com. 12-11-1992 : RJDA 3/93 nº 225).

Au point de vue **fiscal,** la « transformation » d'une société dissoute est regardée comme emportant création d'un être moral nouveau, ce qui entraîne l'exigibilité des droits d'enregistrement applicables en cas de formation de société nouvelle et l'imposition des plus-values *réputées réalisées par la société transformée* (CE 30-10-1974 nº 91126 : BOI-RPPM-RCM-10-20-40 nº 20 ; BOI-ENR-AVS-20-30-10 nº 90).

OUVERTURE DE LA LIQUIDATION

Sauf réunion de toutes les parts ou actions dans le patrimoine d'une personne morale (C. civ. art. 1844-5, al. 3 et 4) ou fusion ou scission (art. L 236-3, I et L 236-19), la dissolution entraîne la liquidation de la société (art. L 237-2, al. 1). La **personnalité morale** subsiste, mais seulement pour les besoins de la liquidation jusqu'à la clôture de celle-ci (art. L 237-2, al. 2). **86205**

Pendant toute la période de liquidation, la raison ou la **dénomination sociale** doit être suivie de la mention « société en liquidation » (art. L 237-2, al. 1).

RÉGIME FISCAL DE LA DISSOLUTION

86206 L'acte ou le procès-verbal constatant la dissolution qui ne porte aucune transmission de biens meubles ou immeubles entre les associés ou autres personnes est dispensé d'enregistrement. Lorsqu'il est présenté volontairement à la formalité, il est enregistré gratuitement (CGI art. 811, 2° ; Mémento Fiscal n° 67070).

Sur les droits applicables en cas de partage, voir n° 87960.

PUBLICITÉ DE LA DISSOLUTION

86210 La dissolution fait l'objet des mesures de publicité habituelles en cas de modification des statuts (pour plus de détails, voir n°s 85500 s.).

1. Insertion dans un support d'annonces légales (art. R 210-9). Dans la généralité des cas, la décision de dissolution contient également la nomination du ou des liquidateurs ; aussi les mentions particulières suivantes doivent-elles figurer dans l'insertion (art. L 237-3 et R 237-2) :
– la dénomination sociale suivie, le cas échéant, de son sigle ;
– la forme de la société, suivie de la mention « en liquidation » ;
– le montant du capital social ;
– l'adresse du siège social ;
– le numéro d'identification de la société suivi de la mention RCS et du nom de la ville où se trouve le greffe où la société est immatriculée ;
– la cause de la liquidation ;
– les nom, prénom usuel et domicile des liquidateurs ;
– le cas échéant, les limitations apportées à leurs pouvoirs.

Sont en outre indiqués dans la même insertion :
– le lieu où la correspondance doit être adressée et celui où les actes et documents concernant la liquidation doivent être notifiés (siège de la liquidation) ;
– le tribunal de commerce au greffe duquel sera effectué, en annexe au RCS, le dépôt des actes et pièces relatifs à la liquidation.

86211 À la diligence du liquidateur, les mêmes indications doivent être portées, par simple lettre, à la connaissance des **titulaires d'actions et d'obligations nominatives** (art. R 237-2, dernier al. ; sur l'interprétation restrictive de cette règle et l'impossibilité pour les porteurs de parts de SARL de s'en prévaloir, voir CA Paris 28-5-1973 : Bull. Joly 1973 p. 657).

Si les actions de la société sont admises aux négociations sur un marché réglementé ou si elles ne revêtent pas toutes la forme nominative, l'insertion ci-dessus doit également être publiée au **Balo** (art. R 237-2).

Lorsque la dissolution est postérieure à la date de l'assemblée générale extraordinaire l'ayant décidée, l'insertion ci-dessus doit également préciser la **date d'effet** de la dissolution (Avis CCRCS 02-75 : Bull. RCS 21-22/03 p. 21).

86212 **2. Inscription modificative au RCS et au RNE,** par l'intermédiaire du guichet unique électronique des formalités d'entreprises (art. R 123-66, sur renvoi de l'art. R 123-70, et art. R 123-263, 5°). La demande doit être accompagnée notamment de la décision de dissolution (art. R 123-105 pour le RCS et R 123-266, 2° pour le RNE).

La **déclaration** doit contenir l'indication des nom, nom d'usage, pseudonyme, prénoms et domicile des liquidateurs, de l'étendue de leurs pouvoirs et de la référence du support d'annonces légales dans lequel leur nomination a été publiée ainsi que l'adresse de la liquidation (art. R 123-70 pour le RCS et R 123-263, 5° pour le RNE).

86213 **Remarques** :

a. La dissolution de la société n'entraîne pas **radiation** de celle-ci du **RCS.** Cette radiation n'est, en principe, obtenue qu'après la clôture des opérations de liquidation sur demande du liquidateur (sur la possibilité pour les associés de constater la dissolution et la clôture de la liquidation lors de la même assemblée, voir n° 87221).

Cependant, afin d'éviter le maintien au RCS d'une société n'ayant plus d'existence, l'article R 123-131, al. 1 prévoit la radiation d'office de la société au terme du délai fixé par les statuts pour la durée de la liquidation ou, à défaut, trois ans après la date de la mention au RCS de la dissolution. Pour éviter cette radiation d'office, le ou les liquidateurs doivent demander la **prorogation de l'immatriculation** pour les besoins de la liquidation par voie d'inscription modificative. Cette prorogation est valable un an ; mais elle peut être renouvelée d'année en année aussi longtemps que durent les opérations de liquidation.

La radiation d'office peut aussi résulter d'une cessation totale d'activité depuis plus de deux ans (n° 86034).

La radiation du RCS fait perdre la propriété commerciale (pour un exemple, Cass. 3e civ. 20-3-1984 : Bull. civ. III no 72). Mais elle est sans incidence sur la personnalité morale de la société, celle-ci subsistant aussi longtemps que les droits et obligations de la société n'ont pas été liquidés (no 86634).

b. La **radiation d'office** d'une société du RCS vaut radiation de celle-ci du **RNE,** le greffier devant porter la radiation d'office du RCS à la connaissance de l'Inpi, par l'intermédiaire du guichet unique électronique des formalités d'entreprises, aux fins d'inscription au RNE (art. R 123-312).

c. Les **dirigeants** de la société dissoute n'ont pas, par principe, le droit d'obtenir l'**effacement de leurs données personnelles** après l'écoulement d'un certain délai suivant la dissolution. L'accès à ces données pourrait cependant, estime la Cour de justice de l'UE, être exceptionnellement limité par le droit interne à l'expiration d'un délai suffisamment long après la dissolution, et ce, pour des raisons prépondérantes et légitimes tenant à la situation de la personne concernée (CJUE 9-3-2017 aff. 398/15 : RJDA 6/17 no 406). Une telle limitation n'existe pas en droit français.

3. Insertion au Bodacc par les soins du greffier du tribunal de commerce (art. R 123-161). Toutefois, elle n'est pas requise en cas de dissolution d'une EURL ou d'une Sasu dont l'associé unique personne physique assume personnellement la gérance ou la présidence (art. R 123-159). **86215**

Sanctions de l'inaccomplissement des formalités de publicité Tant que la dissolution n'a pas été publiée au RCS, elle ne produit aucun **effet à l'égard des tiers** (art. L 237-2, al. 3 ; pour des applications, Cass. soc. 27-4-1977 : Bull. civ. V no 274 ; CA Versailles 9-11-1995 : RJDA 2/96 no 226 ; CA Paris 12-6-1997 : Bull. Joly 1997 p. 892 note P. Le Cannu). En revanche, les tiers peuvent se prévaloir d'une dissolution non publiée dont ils auraient eu connaissance (cf. art. L 123-9, al. 1). **86216**

En outre, si le **liquidateur** ne publie pas sa nomination dans un support d'annonces légales et ne dépose pas au greffe la décision de dissolution de la société, le président du tribunal statuant en référé peut l'y enjoindre, le cas échéant sous astreinte, à la demande du ministère public ou de toute personne intéressée (art. L 237-3, al. 2).

Par ailleurs, si les **actionnaires ou associés** ne peuvent pas obtenir la communication des actes ou procès-verbaux décidant la dissolution de la société et désignant le ou les liquidateurs, ils peuvent demander au président du tribunal de commerce statuant en référé d'enjoindre sous astreinte au liquidateur de communiquer ces documents ou de désigner un mandataire chargé de procéder à cette communication (art. L 238-1, al. 1). S'il est fait droit à la demande, l'astreinte et les frais de procédure sont à la charge du liquidateur (art. L 238-1, al. 4).

SECTION 2

LIQUIDATION DES SOCIÉTÉS COMMERCIALES

DÉFINITION DE LA LIQUIDATION

La liquidation est l'ensemble des opérations qui, après dissolution d'une société, ont pour objets la **réalisation des éléments d'actif** et le **paiement des créanciers** sociaux, en vue de procéder au **partage** entre les associés de l'actif net subsistant. **86500**

Sur les écritures comptables à passer lors de la liquidation et du partage, voir Mémento Comptable nos 62020 s.

NÉCESSITÉ DE LA LIQUIDATION

En principe, la liquidation de la société s'impose dès l'instant que la dissolution a été prononcée. **86501**

Mais il en va autrement en cas de **fusion** ou de **scission** (no 82591), ou en cas de dissolution après **réunion de toutes les parts ou actions entre les mains d'une personne morale** (nos 86082 s.), ces opérations entraînant instantanément transfert global du patrimoine social au profit des sociétés absorbantes ou nouvelles ou au profit de l'associé unique.

> Précisions **a.** L'**obligation d'ouvrir une phase de liquidation** dès le prononcé de la dissolution se déduit de l'article 1844-8 du Code civil qui dispose que « la dissolution de la société entraîne sa liquidation ». L'ouverture de la liquidation impose alors la nomination d'un liquidateur seul habilité à représenter la société (CA Paris 16-9-2003 n° 03-5897 : RJDA 2/04 n° 171), même si celle-ci n'a plus ni actif ni passif (Avis CCRCS 05-51 du 13-1-2006). Par suite, faute d'avoir nommé un liquidateur, les associés sont sans qualité pour agir en recouvrement d'une créance de la société sur un tiers et ils ne peuvent pas, même à l'unanimité, décider qu'il n'y a pas lieu à liquidation et au partage d'une société dissoute (Cass. com. 24-10-1989 : Bull. civ. IV n° 257).

b. Si la **société exerce son activité au-delà** de ce qui est **nécessaire à sa liquidation,** elle devient une société créée de fait (nos 95500 s.).

OUVERTURE DE LA LIQUIDATION

86502 Dès l'instant de sa dissolution, pour quelque cause que ce soit, la société est en liquidation (art. L 237-2, al. 1).

Cependant, **à l'égard des tiers,** cette dissolution ne produit ses effets qu'à compter de la date à laquelle elle est publiée au RCS (art. L 237-2, al. 3).

RÉGLEMENTATION APPLICABLE À LA LIQUIDATION

86503 La réglementation applicable à la liquidation est contenue dans deux séries de **dispositions.**

1. Les unes (art. L 237-2 à L 237-13 et R 237-1 à R 237-9) sont impératives et doivent être respectées en tout état de cause.

2. Les autres (art. L 237-14 à L 237-31 et R 237-10 à R 237-18), qui complètent les précédentes, ne sont applicables que sur décision de justice ou « à défaut de clauses statutaires ou de convention expresse entre les parties » (art. L 237-14) :

– elles constituent un régime légal de liquidation, dont les dispositions sont impératives, nonobstant toute clause contraire des statuts (art. L 237-14, III), lorsque leur mise en œuvre a été ordonnée par **décision de justice** dans certaines circonstances particulières (n° 86800) ;

– dans les autres cas, elles n'ont qu'un caractère supplétif de la **volonté des parties** et peuvent être écartées par les associés, entièrement ou seulement sur certains points.

La formule de l'article L 237-14, I, « à défaut de clauses statutaires ou de convention expresse entre les parties », paraît laisser aux associés une grande liberté. C'est pourquoi, si les clauses statutaires se prononcent seulement sur certains points de la liquidation, on doit considérer, à notre avis, que les statuts ont entendu se référer aux dispositions légales pour le surplus (dans le même sens, Rép. Cornet : AN 21-12-1977 n° 40712).

86504 Si la société en liquidation a un **associé unique personne physique,** ces règles sont aménagées pour tenir compte du fait qu'il n'y a plus qu'un seul associé et que celui-ci peut assumer les fonctions de liquidateur. Ainsi, l'approbation des comptes de liquidation, le quitus au liquidateur et la constatation de la clôture de la liquidation doivent faire l'objet d'une déclaration de l'associé unique soumise à publicité (nos 87210 s.). Lorsque l'associé unique est en même temps liquidateur, l'établissement des comptes de liquidation par ses soins emporte, il va de soi, approbation de ceux-ci. Il n'est donc pas nécessaire de faire intervenir le tribunal de commerce, comme le prévoit l'article L 237-10, lorsque l'assemblée de clôture n'a pas pu délibérer ou a refusé d'approuver les comptes du liquidateur (n° 87212).

I. CONDITION JURIDIQUE DE LA SOCIÉTÉ EN LIQUIDATION

A. Maintien de la personnalité morale

CAPACITÉ JURIDIQUE DE LA SOCIÉTÉ EN LIQUIDATION

86505 La société ne se survit que pour les **besoins de sa liquidation** (art. L 237-2, al. 2). Ainsi, elle ne peut pas être transformée en une société d'une autre forme (n° 86202). De même, elle ne peut pas entreprendre une nouvelle activité.

ILLUSTRATIONS

Le liquidateur ne peut pas demander en justice le paiement du prix de prestations fournies par la société dès lors que celles-ci résultaient d'un contrat conclu postérieurement à la dissolution de la société et que ce contrat constituait une affaire nouvelle étrangère aux besoins de la liquidation (CA Paris 26-10-1993 : Bull. Joly 1994 p. 62 note P. Le Cannu).

Cette **limitation de la capacité juridique de la société** s'impose même à l'assemblée générale des **associés ou actionnaires.** Celle-ci ne peut prendre que des décisions se rattachant aux opérations que commande la liquidation. 86506

ILLUSTRATIONS

Même l'assemblée générale extraordinaire n'a pas le pouvoir d'attribuer à l'ancien président de la société une indemnité destinée à compenser la gratuité de ses fonctions avant la dissolution de la société (Cass. com. 21-7-1983 : Rev. sociétés 1984 p. 321 note Bouloc).

Le **liquidateur** doit se borner à terminer les **affaires en cours.** Ce n'est qu'exceptionnellement qu'il peut les poursuivre ou engager de nouvelles affaires ; encore faut-il une autorisation des associés (n° 86932). Ainsi en est-il en cas de continuation de l'exploitation d'un ou de plusieurs établissements pour les besoins de la liquidation (Avis CCRCS 03-70 du 28-4-2004) ou de mise en location-gérance d'un fonds de commerce répondant aux besoins de la liquidation en tant que préalable à la cession de ce fonds (Avis CCRCS 2013-016 du 27-3-2013). 86507

Sous cette réserve, la société conserve sa pleine capacité juridique. Elle peut notamment ester en justice, mais seulement par l'intermédiaire de son liquidateur (n° 86918). 86508

DÉNOMINATION DE LA SOCIÉTÉ EN LIQUIDATION

Pendant le temps de sa liquidation, la société continue d'être désignée par sa dénomination sociale ; mais cette dénomination doit désormais être suivie de la **mention « société en liquidation »** (art. L 237-2, al. 1). 86511

La mention « société en liquidation » ainsi que le nom du ou des liquidateurs doivent figurer sur tous les actes et documents émanant de la société et destinés aux tiers, notamment sur toutes **lettres, factures,** annonces et publications diverses (art. R 237-1). Toute infraction à cette disposition est punie d'une amende de 1 500 € (art. R 247-4). Certes, l'article R 123-237, 4° impose à toute personne immatriculée au RCS de faire figurer la mention de son « état de liquidation » sur ses factures, notes de commande, tarifs et documents publicitaires ainsi que sur toutes correspondances et tous récépissés concernant son activité et signés par elle ou en son nom sous peine d'une amende de 750 € mais, à notre avis, c'est la peine prévue à l'article R 247-4 précité qui doit s'appliquer en cas de défaut de mention de la liquidation de la société, et ce, en vertu du principe selon lequel la règle spéciale déroge à la règle générale. 86512

En outre, le **liquidateur** peut être déclaré personnellement **responsable** du préjudice causé aux tiers par ce **défaut d'information** (Cass. com. 16-3-1976 : Bull. civ. IV n° 104 ; CA Paris 19-9-1990 : BRDA 21/90 p. 12). Ainsi, le liquidateur d'une société a été condamné au paiement de dommages-intérêts au profit d'un fournisseur de la société auquel il avait omis d'indiquer que celle-ci était en liquidation non seulement lors de la passation de la commande, mais aussi lorsqu'il avait sollicité un délai de paiement, dès lors que cette abstention a fait courir au fournisseur un risque qui s'est en partie réalisé puisque celui-ci n'a pas été entièrement réglé de ses fournitures par suite de la mise en liquidation judiciaire de la société (CA Paris 19-9-1990 précité).

L'**assignation en justice** délivrée à la requête d'une société est nulle dès lors qu'elle ne faisait pas état de ce que la société était en liquidation (CA Paris 6-1-1995 : RJDA 4/95 n° 440).

SIÈGE DE LA SOCIÉTÉ EN LIQUIDATION

La société en liquidation conserve son **siège social.** Celui-ci peut même être transféré pendant la période de liquidation. 86520

Les associés peuvent, tout en maintenant le siège social, décider de fixer dans un autre lieu le **siège de la liquidation,** c'est-à-dire celui où la correspondance doit être adressée et les *actes ou autres documents notifiés (cf. C. civ. art. 111).*

PATRIMOINE DE LA SOCIÉTÉ EN LIQUIDATION

Jusqu'à la clôture de la liquidation, la société dissoute continue d'avoir un patrimoine social qui demeure le gage de ses seuls **créanciers** à l'exclusion des créanciers personnels des associés. 86540

Les **associés** ne deviennent donc pas copropriétaires indivis de l'actif social et leurs héritiers ne peuvent pas, en principe, faire apposer les scellés sur les biens de la société (Cass. com. 7-8-1951 : Bull. civ. II n° 280). Dans un cas où le liquidateur amiable avait décidé qu'au jour de la dissolution, l'immeuble social était devenu la propriété indivise des associés, la demande d'un associé tendant à ce qu'il soit procédé aux opérations de compte, liquidation et partage de la société a été accueillie (CA Paris 24-11-2009 n° 08-15092 : RJDA 6/10 n° 626).

La société en liquidation peut exercer toutes **actions en justice** tendant à la défense de son patrimoine : par exemple, action en concurrence déloyale contre un tiers pour détournement de clientèle et usurpation de sa dénomination sociale ou de son enseigne (Cass. com. 20-5-1974 : Bull. civ. IV n° 162), action en recouvrement de créances (CA Paris 11-3-1988 : Bull. Joly 1988 p. 479).

PARTS OU ACTIONS DE LA SOCIÉTÉ EN LIQUIDATION

86550 Pendant la liquidation, et jusqu'à la clôture de celle-ci, les parts ou actions des associés conservent leur **caractère mobilier,** et peuvent donc être cédées ou saisies (Cass. com. 3-10-2006 n° 04-14.611 : RJDA 2/07 n° 193). Il a été jugé que la cession des parts d'une SARL à une personne étrangère à la société demeurait soumise à l'**agrément** des coassociés du cédant (Cass. com. 15-11-1950 : JCP 1951 II n° 6146 note Bastian).

Le caractère mobilier des droits sociaux est lié à la personnalité morale de la société de sorte que, à compter de la clôture de la liquidation, date à laquelle la personnalité morale disparaît, et jusqu'au partage, les associés ne disposent plus que de droits indivis sur les biens à partager.

Lorsqu'une **cession de parts** conclue avant la dissolution de la société est **annulée** en cours de liquidation, la restitution des parts au cédant peut être ordonnée jusqu'à la publication de la clôture de la liquidation (Cass. com. 21-4-2022 n° 20-10.809 FS-B : RJDA 7/22 n° 422, rendu dans un cas de liquidation judiciaire mais transposable, à notre avis, à toutes les causes de dissolution de l'article 1844-7 du Code civil entraînant la liquidation de la société).

> **› Précisions** La Cour de cassation a autrefois jugé que les droits sociaux conservaient leur caractère mobilier jusqu'au partage (Cass. civ. 27-10-1971 : Rev. sociétés 1972 p. 269 note Sortais). Cette solution ne vaut que pour les cas, fréquents en pratique, où la **clôture de la liquidation** et le **partage** interviennent **simultanément.**

PROCÉDURE COLLECTIVE DE LA SOCIÉTÉ DISSOUTE

86560 Quoique dissoute, la société peut faire l'objet d'une procédure de redressement ou de liquidation judiciaire dans les conditions et sous les réserves exposées n° 90821.

FUSION OU SCISSION DE LA SOCIÉTÉ EN LIQUIDATION

86565 Une société dissoute et en cours de liquidation peut, quelle que soit sa forme juridique, participer à une fusion ou se scinder à condition que, depuis l'ouverture de la liquidation, il n'ait été procédé à aucune répartition d'actif entre les associés, auquel cas la fusion ou la scission est interdite et la liquidation doit être menée à son terme (art. L 236-1, al. 2 et L 236-18, al. 2). Sur la participation d'une société en liquidation à une opération transfrontalière, voir n° 84621.

SORT DES CONTRATS EN COURS PENDANT LA LIQUIDATION

86570 **Contrats administratifs** La dissolution de la société ne suffit pas à justifier la résolution des contrats administratifs en cours et la société est en droit d'exiger leur continuation (CE 18-12-1936 : Rec. Lebon 1128).

86571 **Baux** La dissolution de la société n'entraîne pas de plein droit la résiliation des baux des immeubles utilisés pour l'activité sociale, ni celle des locaux d'habitation dépendant de ces immeubles (art. L 237-5, al. 1).

Si la **société décide de céder son bail** et que, par suite de la dissolution, l'obligation de garantie à l'égard du propriétaire ne peut plus être assurée dans les termes du bail, une décision de justice peut y substituer toute garantie offerte par l'acquéreur du bail ou même un tiers, si cette garantie est jugée suffisante (art. L 237-5, al. 2). La décision est prise en référé par le président du tribunal judiciaire du lieu de la situation de l'immeuble (art. R 237-4).

86572 **Contrat de crédit-bail** La dissolution d'une société entraîne de plein droit la résolution du contrat de crédit-bail qu'elle avait conclu, sauf autorisation donnée au liquidateur par les associés ou clause contraire du contrat. Par suite, le crédit-bailleur ne peut pas poursuivre la personne qui s'était portée caution du remboursement des loyers du matériel loué pour obtenir le paiement de ceux nés postérieurement à la dissolution (CA Paris 19-5-2000 : *RJDA 12/00 n° 1104*).

86573 **Convention de compte courant** Un compte courant ouvert au nom d'une société dans les livres d'une banque est nécessairement clôturé à la dissolution de cette société, sauf prorogation de son fonctionnement pour les besoins des opérations de la liquidation (Cass. com. 15-11-1994 : RJDA 3/95 n° 307).

B. Disparition de la personnalité morale

CLÔTURE DE LA LIQUIDATION

La personnalité morale, maintenue pour les besoins de la liquidation, disparaît à la clôture de cette liquidation (art. L 237-2, al. 2). 86630

La clôture de la liquidation est, en principe, fixée au **jour** où elle est constatée soit par l'assemblée des associés (art. L 237-9, al. 1), soit par décision de justice (art. L 237-10). Cependant, ces modalités de clôture ne sont pas, à notre avis, les seules : il nous semble que le tribunal, saisi d'une difficulté née de la liquidation et qui est appelé à dire si la personnalité morale subsiste ou non, peut, à défaut de clôture constatée dans les formes ci-dessus mentionnées, fixer la clôture à la date où les conditions en sont effectivement réunies et conclure à la disparition de la personnalité morale. On peut avancer en ce sens que la disparition de la personnalité morale est, à la lettre, liée à la « clôture » et non à la décision elle-même constatant la clôture. En effet, on conçoit difficilement que le sort de la personnalité morale dépende du bon vouloir des associés de prononcer la clôture ou de l'intérêt éventuel d'un tiers à la faire prononcer en justice. Or, parfois, rien n'est fait pour hâter une liquidation qui s'éternise. On doit du reste observer que la clôture est « constatée » (art. L 237-9) : la délibération des associés ou la décision de justice n'est donc pas constitutive de la clôture mais simplement déclarative. 86631

La clôture de la liquidation doit intervenir dans un **délai** de trois ans à compter de la dissolution. À défaut, le ministère public ou tout intéressé peut saisir le tribunal de commerce pour que celui-ci fasse procéder à la liquidation ou, si celle-ci a été commencée, à son achèvement (C. civ. art. 1844-8, al. 4). Cette disposition est applicable aux sociétés commerciales car aucune règle particulière à ces sociétés ne fixe un délai pour achever la liquidation (C. civ. art. 1834). Certes, l'article L 237-21 prévoit que la durée du mandat du liquidateur peut être renouvelée au-delà de trois ans, mais cette faculté ne fait pas obstacle à ce que tout intéressé à une liquidation plus rapide demande au tribunal d'ordonner l'achèvement de cette liquidation dans un délai déterminé. 86632

La clôture de la liquidation ne peut être prononcée que si les **comptes** ont été apurés et les **dettes** intégralement payées. En effet, la liquidation amiable d'une société impose l'apurement intégral du passif (Cass. com. 23-3-1993 : RJDA 4/94 n° 412 ; Cass. com. 9-5-2001 : RJDA 8-9/01 n° 863). 86633

CONSÉQUENCES DE LA CLÔTURE DE LA LIQUIDATION

Conséquences pour la société La clôture de la liquidation entraîne la disparition de la personnalité morale de la société (art. L 237-2, al. 2). 86634

Toutefois, celle-ci n'est opposable aux tiers qu'après accomplissement des **formalités de publicité** et radiation de la société au RCS.

Par ailleurs, même si ces formalités de publicité ont été effectuées, « la **personnalité morale** d'une société subsiste aussi longtemps que les droits et obligations à caractère social ne sont pas liquidés » (Cass. com. 26-1-1993 : RJDA 5/93 n° 403, 1e esp. ; Cass. com. 10-12-1996 : RJDA 2/97 n° 212 ; Cass. 2e civ. 6-5-1999 : Bull. Joly 1999 p. 990 note P. Le Cannu), sous réserve que ces droits et obligations soient nés avant la liquidation (Cass. com. 11-7-1988 n° 87-11.927 : Bull. civ. IV n° 248 ; Cass. com. 16-5-2018 n° 16-16.498 FS-PB : RJDA 10/18 n° 735).

ILLUSTRATIONS

La personnalité morale subsiste ainsi lorsque la société est engagée dans une instance judiciaire (Cass. com. 13-2-1996 : RJDA 6/96 n° 793 ; Cass. com. 2-11-2011 n° 10-25.130 : RJDA 3/12 n° 295 ; Cass. com. 20-9-2023 n° 21-14.252 F-B : RJDA 1/24 n° 30), ou lorsqu'il existe un élément de passif dont le liquidateur n'a pas tenu compte (Cass. com. 2-5-1985 n° 83-17.409 : Bull. civ. IV n° 139).

En revanche, une société est irrecevable à agir en nullité des assemblées d'approbation des comptes *d'une autre société dont elle détenait des parts*, dès lors que ces assemblées ont été tenues après sa liquidation (cf. Cass. com. 16-5-2018 précité).

Conséquences pour le liquidateur La clôture des opérations de liquidation met fin au mandat du liquidateur (n° 87232). 86635

Conséquences pour les associés Lorsque la personnalité morale a disparu, les associés deviennent **copropriétaires indivis** des éléments de l'actif social restant après apurement des dettes, y compris ceux qui viendraient à se révéler postérieurement à la radiation de la société. Chaque associé peut agir pour le recouvrement de ces éléments d'actif ignorés puisque, en tant qu'indivisaire, il peut prendre les mesures nécessaires à la conservation des 86636 biens indivis (C. civ. art. 815-2 ; dans ce sens, CA Paris 17-2-1989 : BRDA 10/89 p. 19 et CA Versailles 27-10-1994 : RJDA 2/95 n° 152) ou représenter ses coïndivisaires selon les règles de la gestion d'affaires (C. civ. art. 815-4, al. 2).

› **Précisions** **a.** Sur l'**application des règles de l'indivision** pour le recouvrement de créances non comprises dans l'actif social partagé, voir Cass. com. 31-5-1988 : Bull. civ. IV n° 188 ; Cass. com. 24-3-1998 : RJDA 6/98 n° 743.
b. Un arrêt de la Cour de cassation a toutefois écarté la possibilité pour les anciens associés d'une société dont la clôture de la liquidation avait été publiée d'agir en justice en vue d'obtenir une indemnité d'assurance, étant observé qu'en l'espèce l'**action en justice** avait été **engagée par la société** et **poursuivie,** après la clôture des opérations de liquidation de celle-ci, **par un mandataire ad hoc** (Cass. com. 1-2-2000 : Dr. sociétés 2000 n° 86 obs. Bonneau).

II. LIQUIDATION « LÉGALE »

A. Domaine de la liquidation « légale »

86800 La liquidation s'effectue conformément aux règles énoncées n°s 86860 s., **à défaut de clause statutaire ou de convention expresse** entre les parties (art. L 237-14, I) ou lorsqu'elle est **prononcée par décision de justice** à la demande (art. L 237-14, II et L 228-54, al. 1) :

– de la majorité des associés dans les SNC ;
– d'associés représentant au moins 5 % du capital dans les autres formes de sociétés dotées de la personnalité morale ;
– des créanciers sociaux ;
– du représentant de la masse des obligataires.

La décision est prise par le président du tribunal de commerce statuant en référé (art. R 237-10).

› **Précisions** L'article R 237-10 donne expressément **compétence** au président du tribunal de commerce lorsque la **demande est formée par** les personnes visées à l'article L 237-14, II. Or, parmi ces personnes, ne figure pas le **représentant de la masse des obligataires** auquel l'article L 228-54, al. 1 donne pourtant formellement pouvoir de « requérir la mesure prévue à l'article L 237-14 ». Faut-il en déduire que, dans ce cas, le président du tribunal de commerce n'est pas compétent ? On ne voit pas de raison de l'écarter et on ne voit pas, à défaut, qui serait compétent. En effet, si le président du tribunal judiciaire est souvent compétent pour trancher les demandes introduites au nom des obligataires, sa compétence ne paraît pas de principe car elle est toujours affirmée par une disposition spéciale.

B. Liquidateurs

1. CESSATION DES FONCTIONS DES ANCIENS ORGANES DE GESTION

86860 Les pouvoirs du conseil d'administration, du directoire, des gérants ou du président prennent fin à la date de la décision de justice imposant le respect des dispositions légales pour la liquidation ou à celle de la dissolution de la société si cette dissolution est postérieure à la décision de justice (art. L 237-15 sur renvoi, pour la SAS, de l'art. L 227-1, al. 3). Bien que le directeur général ne soit pas expressément visé par l'article L 237-15, cette disposition lui est, à notre avis, applicable puisqu'une fois nommé, le liquidateur est seul habilité à représenter la société (art. L 237-24).

Dès lors qu'elle est la conséquence de la dissolution de la société, la cessation des fonctions d'un dirigeant ne constitue pas une décision de **révocation** qui serait dépourvue de motif ou **abusive** (Cass. com. 29-1-2020 n° 18-17.131 F-D : RJDA 5/20 n° 271 ; CA Paris 28-6-2007 n° 06-14224 : RJDA 12/07 n° 1240). La dissolution ne doit toutefois pas avoir été décidée frauduleusement, dans le but d'évincer le dirigeant (CA Paris 28-6-2007 précité).

2. CHOIX DES LIQUIDATEURS

86870 Le liquidateur peut être choisi parmi les **associés** ou les **tiers** ; il doit avoir la capacité juridique de représenter la société (n°s 11110 s.).

En l'absence d'une disposition législative ou réglementaire contraire, les fonctions de liquidateur peuvent être confiées à une **personne morale.** Dans un tel cas, la survenance de la liquidation amiable de la personne morale n'a pas pour effet de mettre un terme à sa mission (Cass. com. 20-11-2001 : RJDA 2/02 nº 156).

Les fonctions de liquidateur peuvent aussi être confiées à un **étranger** titulaire, le cas échéant, d'un titre de séjour (nºs 92680 s.).

› Précisions **a.** La cour d'appel de Paris a jugé que le **liquidateur personne morale** est tenu de désigner un représentant permanent personne physique (CA Paris 2-3-2017 nº 16/02149 : RJDA 6/17 nº 407). Sur les réserves que suscite cette décision, voir nº 86961.

b. L'associé ou le tiers qui envisage d'acheter des biens appartenant à la société dissoute doit **refuser les fonctions de liquidateur** au cas où celles-ci lui seraient proposées. En effet, l'article L 237-7 interdit, à peine de sanctions pénales, la cession totale ou partielle des biens composant l'actif social au liquidateur ou à ses proches (nº 86924).

INTERDICTION DE NOMINATION AUX FONCTIONS DE LIQUIDATEUR

Ne peuvent pas être nommées liquidateurs les personnes auxquelles l'exercice des fonctions de directeur général, d'administrateur, de gérant, de président, de membre du directoire ou du conseil de surveillance est interdit ou qui sont déchues du droit d'exercer de telles fonctions (art. L 237-4 sur renvoi, pour la SAS, de l'art. L 227-1, al. 3). **86871**

Cette interdiction est assortie de **sanctions pénales.** En effet, selon l'article L 247-5, serait passible d'un emprisonnement de deux ans et d'une amende de 9 000 € :

– quiconque contreviendrait à l'interdiction d'exercer les fonctions de liquidateur ;

– toute personne qui, ayant été condamnée en application de l'alinéa précédent, aurait été employée à quelque titre que ce soit par la société dans laquelle elle aurait exercé les fonctions prohibées. En outre, l'employeur, s'il a eu connaissance de l'interdiction, est passible des mêmes peines.

3. NOMBRE DE LIQUIDATEURS

Le nombre des liquidateurs n'est pas fixé par la loi ; il est donc possible d'en nommer plusieurs ou de n'en nommer qu'un seul. **86880**

Sauf disposition contraire de l'acte de nomination, si **plusieurs liquidateurs** ont été nommés, ils peuvent exercer leurs fonctions séparément. Toutefois, ils établissent et présentent un **rapport** commun (art. R 237-13).

› Précisions Une **répartition de principe des tâches** entre les liquidateurs pour l'exécution de leur mission commune ne supprime pas, par elle-même, le pouvoir d'agir seuls qui leur a été, par ailleurs, reconnu d'une manière générale lors de leur nomination (Cass. soc. 23-5-1973 : Bull. civ. V nº 332).

4. DÉSIGNATION DES LIQUIDATEURS

DÉSIGNATION DES LIQUIDATEURS EN CAS DE DISSOLUTION JUDICIAIRE

Lorsque la dissolution de la société a été prononcée par décision de justice, cette décision doit également nommer le ou les liquidateurs (art. L 237-20), à moins que la dissolution résulte d'un jugement ordonnant la clôture de la liquidation judiciaire pour insuffisance d'actif (cf. Cass. com. 10-3-2004 nº 487 : RJDA 7/04 nº 864, 2e esp.). **86885**

DÉSIGNATION DES LIQUIDATEURS EN DEHORS DE LA DISSOLUTION JUDICIAIRE

Dans les autres cas de dissolution, le liquidateur est nommé conformément aux dispositions des statuts ou, dans le silence de ceux-ci, par les associés ou, si les associés n'ont pas pu procéder à cette nomination, par décision de justice (C. civ. art. 1844-8, al. 2). **86890**

Désignation par les statuts Lorsque les dispositions statutaires prévoient les conditions dans lesquelles le liquidateur doit être désigné, elles s'appliquent en premier lieu. **86891**

MODÈLE

Clauses de désignation des liquidateurs

À la dissolution de la société, les fonctions de liquidateur seront remplies par le... (*à préciser : selon le cas, gérant, directeur général, président, etc.*) en exercice au moment de la dissolution.

Ou

À la dissolution de la société, tous les associés seront liquidateurs (*cette clause présente l'avantage de la souplesse et favorise une liquidation rapide lorsque les associés se répartissent efficacement les tâches à accomplir ; en revanche, elle présente des inconvénients en cas de rapports conflictuels entre associés car sa mise en œuvre entraîne alors des problèmes d'ordre pratique : risque d'inaction d'un des liquidateurs, opposition entre certains sur la façon de mener à bien les opérations, etc.*).

86892 **Désignation sur décision des associés** Lorsque la dissolution résulte du terme statutaire ou lorsqu'elle est décidée par les associés, l'article L 237-18, II prévoit des conditions spéciales de majorité pour la validité de cette nomination, conditions qui diffèrent selon la forme juridique de la société dissoute :

– SNC : unanimité des associés ;
– SCS : unanimité des commandités et majorité en capital des commanditaires ;
– SARL : majorité en capital des associés ;
– SA : conditions de quorum et de majorité prévues pour les assemblées ordinaires (nos 48350 s.) ;
– SCA : conditions de quorum et de majorité prévues pour les assemblées ordinaires (les mêmes que pour les SA) et unanimité des commandités ;
– SAS : unanimité des associés, sauf clause contraire des statuts.

Dans le silence des statuts, le liquidateur est nommé par les associés, et ce, aux conditions de majorité prévues à cet effet dans les statuts ou, à défaut, sur décision unanime des associés (C. civ. art. 1852).

La décision des associés de dissoudre et de liquider la société s'impose à tous les associés et l'un d'eux ne peut pas tirer argument de l'imminence d'un éventuel état de cessation des paiements pour faire obstacle à la désignation d'un liquidateur amiable (CA Versailles 7-3-2002 no 01-6194 : RJDA 7/02 no 771).

86893 **Désignation par décision de justice** Si les associés n'ont pas pu nommer un liquidateur, celui-ci est désigné par ordonnance du président du tribunal de commerce statuant sur requête de tout intéressé (art. L 237-19 et R 237-12, al. 1).

Cette ordonnance peut être frappée d'opposition dans le délai de 15 jours à compter de sa publication. Le tribunal de commerce statue alors sur l'opposition et peut désigner un autre liquidateur (art. R 237-12, al. 2).

Toute voie de recours contre la décision du président du tribunal de commerce, autre que l'opposition, est irrecevable. Ainsi jugé à propos de l'appel (Cass. com. 20-2-1973 : Bull. civ. IV no 89) et de la rétractation (Cass. com. 27-11-2019 no 18-20.479 F-PB : RJDA 2/20 no 80).

L'annulation du jugement désignant un liquidateur amiable entraîne celle de tous les actes accomplis par celui-ci et le pourvoi formé par la société qu'il représentait est irrecevable dès lors que la situation n'a pas été régularisée par l'intervention d'un autre liquidateur (Cass. com. 19-11-2003 no 1557 : RJDA 7/04 no 825).

› Précisions Sont **intéressés à la désignation** en justice d'un liquidateur :
– l'administrateur judiciaire de la succession de deux époux actionnaires d'une SA dissoute par l'arrivée du terme fixé dans les statuts (Cass. com. 28-4-1981 : BRDA 13/81 p. 9) ;
– un mandataire de justice désigné en qualité de liquidateur d'une SARL et dont les fonctions sont arrivées à expiration (CA Paris 6-7-1993 : RJDA 12/93 no 1041) ;
– l'ancien représentant légal d'une société dissoute par l'effet d'un plan de cession totale de ses actifs (Cass. com. 2-6-2004 no 876 : RJDA 8-9/04 no 986).

PUBLICITÉ DE LA NOMINATION DES LIQUIDATEURS

86894 La nomination des liquidateurs est soumise aux formalités de publicité exposées nos 86210 s. Elle n'est opposable aux tiers qu'à compter de sa publication (C. civ. art. 1844-8, al. 2). Cependant, l'inaccomplissement des formalités de publicité est sans incidence sur la faculté pour le liquidateur d'une société de la représenter en justice.

Par analogie avec les règles applicables aux membres des organes de gestion (art. L 210-9), l'article 1844-8, al. 2 précise que ni la société ni les tiers ne peuvent, pour se soustraire à leurs engagements, se prévaloir d'une irrégularité dans la nomination ou dans la révocation du liquidateur dès lors que celle-ci a été régulièrement publiée. Cette règle est toutefois écartée en cas de collusion frauduleuse entre le tiers et le liquidateur irrégulièrement nommé (Cass. 3e civ. 26-10-2023 no 21-17.937 FS-B : RJDA 3/24 no 160, à propos de la nomination d'un gérant de société civile mais transposable aux SNC et aux SCS ; pour les SARL et les sociétés par actions, voir no 13010).

5. CESSATION DES FONCTIONS DU LIQUIDATEUR

DURÉE DU MANDAT DU LIQUIDATEUR

86900 Le législateur a voulu mettre un terme aux liquidations qui se prolongent exagérément. Aussi le mandat du liquidateur est-il, dans la liquidation « légale », limité à trois ans (art. L 237-21, al. 1) à compter de la date de désignation de l'intéressé (CA Paris 28-5-1973 : JCP 1973 IV p. 434). À l'issue de cette période, toute personne intéressée peut demander au président du tribunal de commerce statuant en référé d'enjoindre sous astreinte au liquidateur resté en place de solliciter le renouvellement de ses fonctions (art. L 238-2).

› Précisions a. La **règle des trois ans** s'applique également, à titre supplétif, en cas de **liquidation « conventionnelle »,** lorsque les associés ou les statuts ont omis de fixer une durée pour les fonctions des liquidateurs (pour un exemple, voir Cass. com. 23-11-1993 : RJDA 2/94 n° 174). Il en est de même lorsque le liquidateur a été désigné « pour la durée de la liquidation », sans autre précision (Cass. com. 3-5-2006 n° 525 : RJDA 12/06 n° 1233 ; Cass. com. 18-1-2011 n° 10-11.624 : RJDA 5/11 n° 433 et Cass. com. 21-6-2011 n° 10-19.070 : Bull. Joly 2011 p. 853 note P. Rubellin, à propos d'un liquidateur nommé par les associés ; Cass. com. 3-5-2016 n° 14-25.213 : RJDA 7/16 n° 549, à propos d'un liquidateur nommé en justice).
Dans ses arrêts des 21 juin 2011 et 3 mai 2016, la Cour de cassation a justifié sa décision par le seul fait que l'article L 237-21 dispose que la durée du mandat du liquidateur amiable ne peut pas excéder trois ans. Faut-il en déduire qu'elle a entendu conférer un caractère impératif à l'article L 237-21 interdisant de nommer le liquidateur pour une durée précise supérieure à trois ans (par exemple, cinq ans) ? Tant que la question n'est pas expressément tranchée par la Cour de cassation, la prudence commande de nommer le liquidateur pour une durée fixe ne dépassant pas trois ans et de le renouveler dans ses fonctions si sa mission n'est pas terminée dans ce délai.
b. Bien que le mandat du liquidateur puisse être renouvelé au-delà de trois ans, si la **clôture de la liquidation n'est pas intervenue** dans un délai de trois ans à compter de la dissolution, tout intéressé peut **saisir le tribunal** pour que celui-ci fasse procéder à la liquidation ou, si celle-ci a été commencée, à son achèvement (C. civ. art. 1844-8, al. 4). Dans ce cas, le liquidateur défaillant nommé par les associés peut valablement être remplacé par un autre liquidateur désigné en justice (Cass. 1e civ. 4-10-1988 n° 86-11.320 : Bull. civ. I n° 271 ; Cass. com. 11-12-2007 n° 06-15.563 : RJDA 12/08 n° 1266).

RENOUVELLEMENT DU MANDAT DU LIQUIDATEUR

Le renouvellement du mandat est possible, mais il faut alors que le liquidateur indique les raisons pour lesquelles la liquidation n'a pas pu être clôturée dans le délai de trois ans, les mesures qu'il envisage de prendre et les délais que nécessite l'achèvement de la liquidation (art. L 237-21, al. 3). Tout intéressé peut demander au président du tribunal de commerce statuant en référé d'enjoindre sous astreinte au liquidateur de respecter ces obligations (art. L 238-2). 86901

Ce renouvellement est décidé soit par :
– le **président du tribunal de commerce,** si le liquidateur a été nommé par décision de justice (art. L 237-21, al. 1) ;
– les **associés,** s'ils ont eux-mêmes nommé le liquidateur (art. L 237-21, al. 1 ; CA Lyon 14-10-1982 : Bull. Joly 1983 p. 379) ;
– le président du tribunal de commerce, statuant sur requête du liquidateur, si l'assemblée des associés n'a pas pu être valablement réunie (art. L 237-21, al. 2 et R 237-15, al. 1).

Le renouvellement des fonctions du liquidateur n'entraîne, à notre avis (cf. n° 39714), aucune **formalité de publicité** (dans le même sens, Rép. Rickert : AN 16-5-1972 n° 23022).

› Précisions a. Aucune disposition réglementaire ne précise les **conditions** dans lesquelles le **renouvellement** est **décidé par le président du tribunal de commerce.** À notre avis, dès lors qu'il n'existe pas de partie adverse identifiable, la demande ne peut être faite que sur requête unilatérale.
b. Le liquidateur dont le mandat est renouvelé par une **assemblée irrégulièrement convoquée** n'a plus le pouvoir de représenter la société (*Cass. com.* 3-5-2006 n° 525 : RJDA 12/06 n° 1233).
c. En cas de **refus des associés** de procéder au renouvellement, le liquidateur ne peut plus demander au président du tribunal de commerce le renouvellement de son mandat ; si les opérations de liquidation ne sont pas terminées, c'est aux associés ou aux créanciers qu'il appartient, en application des articles L 237-14 et R 237-10, de demander contradictoirement en référé au président du tribunal de commerce de désigner un nouveau liquidateur (en ce sens, CA Paris 1-6-2005 n° 05-144 : RJDA 6/06 n° 658).
d. Les associés ne peuvent pas décider le **renouvellement rétroactif** des fonctions du liquidateur amiable (Cass. com. 8-11-2005 n° 1404 : RJDA 4/06 n° 422).

RÉVOCATION DU LIQUIDATEUR

Les **associés** peuvent révoquer le liquidateur et le remplacer selon les formes prévues pour sa nomination (art. L 237-22 ; nos 86885 s.). 86903

S'il n'accomplit pas ses obligations à l'ouverture de la liquidation (n° 87130) ou au cours de celle-ci (nos 87140 s.), le liquidateur peut être révoqué par le tribunal de commerce (art. L 237-23, al. 2 et L 237-25, al. 4).

Tout associé peut aussi demander **en justice** la révocation du liquidateur en cas de faute de l'intéressé dans l'accomplissement de sa mission (Cass. com. 24-11-1992 : RJDA 2/93 n° 123 ; Cass. com. 26-11-2003 n° 1661 : RJDA 3/04 n° 325).

› Précisions À s'en tenir à la lettre de l'article L 237-22, le liquidateur désigné par les associés ne peut être révoqué et remplacé que par eux. Toutefois, sans se prononcer de manière aussi nette que la cour d'appel de Paris (CA Paris 24-3-1987 : Bull. Joly 1987 p. 389) sur la possibilité d'**obtenir en justice la révocation** pour motif légitime d'un liquidateur nommé par décision collective des associés, la Cour de cassation admet implicitement ce mode de révocation. Cette solution est d'ailleurs opportune car elle permet de protéger les intérêts des associés minoritaires lorsque le liquidateur, lui-même associé, est en mesure d'empêcher toute décision de l'assemblée tendant à sa révocation (pour un exemple, CA Paris 24-3-1987 précité).

DÉMISSION DU LIQUIDATEUR

86904 Le liquidateur peut démissionner de ses fonctions. Toutefois, une démission **intempestive ou de mauvaise foi** causant un préjudice à la société peut donner lieu à l'ouverture d'une action en dommages-intérêts contre l'intéressé.

Si le **liquidateur** a été **nommé en justice,** il doit demander à l'autorité qui l'a nommé de le décharger de ses fonctions. Dès lors, si le liquidateur a été nommé par le tribunal de commerce, ce qui est le cas lorsque la dissolution de la société a été prononcée par décision de justice (n° 86885), c'est ce tribunal, et non son président, qui est compétent pour le remplacer (CA Reims 27-9-1976 : JCP 1977 IV p. 269).

ÉVÉNEMENTS AFFECTANT LA PERSONNE DU LIQUIDATEUR

86905 Bien entendu, le **décès** du liquidateur met fin à ses fonctions.

En outre, les pouvoirs du liquidateur cessent lorsque celui-ci est mis en **faillite personnelle,** frappé d'**interdiction de gérer** ou atteint d'une **incapacité** (mise sous sauvegarde de justice, curatelle, tutelle, habilitation familiale ou prise d'effet d'un mandat de protection future) (C. civ. art. 1160 et 1146). Cette cessation des pouvoirs du liquidateur intervient de plein droit et met fin à sa qualité de représentant de la société.

6. RÔLE DU LIQUIDATEUR

86910 Le liquidateur effectue les diverses opérations nécessaires pour réaliser l'actif social, payer les créanciers de la société et répartir le solde disponible entre les associés.

OPÉRATIONS PRÉLIMINAIRES

86915 À son entrée en fonctions, le liquidateur doit accomplir les diverses **formalités de publicité** consécutives à sa nomination (n°s 86210 s.).

Il dresse un **inventaire** des éléments de l'actif et du passif social et, à cette occasion, se fait remettre les livres et documents sociaux. Le défaut d'inventaire peut engager la responsabilité du liquidateur à l'égard des tiers (Cass. com. 23-11-1954 : Bull. civ. III n° 361).

Dans les six mois de sa nomination, délai pouvant être porté à 12 mois par décision de justice, le liquidateur doit convoquer les associés en **assemblée** afin de les mettre au courant de la situation de la société et leur exposer les conditions dans lesquelles il envisage de procéder à la liquidation (n° 87130).

S'il apparaît que les **éléments d'actif** seront **insuffisants** pour désintéresser les créanciers sociaux (autres que ceux, notamment les associés, qui accepteraient de renoncer à leur créance), le liquidateur doit, sans tarder, déposer le bilan de la société et demander l'ouverture d'une procédure de redressement ou de liquidation judiciaire à l'encontre de celle-ci.

REPRÉSENTATION DE LA SOCIÉTÉ EN LIQUIDATION

86916 Le liquidateur est seul habilité à **représenter la société** (art. L 237-24, al. 1). Il agit au nom de celle-ci et l'engage pour tous les actes de la liquidation.

Si plusieurs liquidateurs ont été nommés, ils peuvent exercer leurs fonctions séparément, sauf disposition contraire de l'acte les ayant désignés (art. R 237-13).

À défaut de désignation d'un liquidateur, la société dissoute n'a plus de représentant légal à compter de cette dissolution, de sorte que le renouvellement de la marque dont elle était propriétaire, effectué ultérieurement par une personne sans qualité pour le faire, est nul (Cass. com. 12-11-1992 : RJDA 3/93 n° 225).

De même, c'est au liquidateur que doivent être signifiés les actes concernant la société en liquidation (Cass. civ. 3-4-1979 : Bull. civ. II n° 116).

Le liquidateur est habilité à **représenter la société en justice** dès sa nomination, même si celle-ci n'a pas été publiée au RCS (Cass. com. 6-11-2012 nº 11-20.354 : RJDA 2/13 nº 125 ; voir déjà, à propos d'une déclaration de créance qui équivaut à une demande en justice, Cass. com. 12-7-2004 nº 03-14.557 : RJDA 2/05 nº 168, 1e esp.). Ainsi, les associés d'une société régulièrement assignée en la personne de son gérant devenu liquidateur ont été représentés à l'instance opposant la société à un créancier et ne peuvent dès lors pas former tierce opposition au jugement ayant condamné cette dernière, aucune collusion n'étant par ailleurs établie entre le liquidateur et le créancier (Cass. com. 23-5-2006 nº 666 : RJDA 10/06 nº 1032). 86917

Le liquidateur a seul qualité pour **agir en justice au nom de la société** devant toutes les juridictions tant en demande qu'en défense. 86918

Les associés ne sauraient se substituer à lui (Cass. com. 2-5-1968 : Bull. civ. IV nº 144 ; Cass. 1e civ. 2-10-2002 nº 1418 : RJDA 12/02 nº 1280), pas plus que l'ancien dirigeant social même si ce dernier prétend remplir un mandat au nom des actionnaires (Cass. com. 6-6-1990 : Bull. Joly 1990 p. 866 ; voir aussi CA Paris 6-1-1995 : RJDA 4/95 nº 440).

Même en cas d'inaction du liquidateur, un associé ne peut pas agir contre ses coassociés en paiement de ce que ceux-ci doivent à la société (Cass. com. 15-12-1977 : Rev. sociétés 1978 p. 725 note Chartier).

De même, un associé ne peut pas agir contre les débiteurs de la société par la voie de l'« action oblique » (C. civ. art. 1341-1) car il ne peut pas justifier d'un intérêt né et actuel (nº 87120).

MESURES CONSERVATOIRES PRISES PAR LE LIQUIDATEUR

Le liquidateur doit veiller à la conservation de l'actif social. À cet effet, il accomplit tous actes conservatoires : renouvellement des baux commerciaux ou des polices d'assurance, inscription de privilèges et hypothèques, interruption des prescriptions, maintien de l'immatriculation au RCS (nº 86213), etc. 86920

RECOUVREMENT DES CRÉANCES DE LA SOCIÉTÉ EN LIQUIDATION

Le liquidateur recouvre les sommes dues à la société par les **tiers** ou par les **associés.** Notamment, si le paiement des dettes sociales l'impose, il procède aux appels de fonds correspondant, le cas échéant, à la fraction non libérée des actions composant le capital social. 86921

RÉALISATION DE L'ACTIF DE LA SOCIÉTÉ EN LIQUIDATION

Le liquidateur est investi des pouvoirs les plus étendus pour réaliser l'actif social, même à l'amiable. 86923

ILLUSTRATIONS

Le liquidateur peut valablement demander en justice la résolution d'un bail grevant un immeuble de la société afin de pouvoir céder cet immeuble à un meilleur prix (CA Versailles 17-9-1999 : RJDA 1/00 nº 38). Il peut aussi agir en recouvrement d'une créance de dommages-intérêts au nom de la société sans autorisation spécifique (Cass. com. 8-6-2010 nº 09-15.550 : RJDA 10/10 nº 961).

Aucune **restriction** de ces pouvoirs, qu'elle résulte des statuts ou de l'acte de nomination, n'est opposable aux tiers (art. L 237-24, al. 1).

Cependant, le législateur a pris un certain nombre de **précautions** destinées à éviter les opérations frauduleuses. Ces mesures, applicables même en cas de liquidation « conventionnelle », sont présentées nos 86924 s.

Cession au liquidateur et à ses proches La cession totale ou partielle de biens composant l'actif social au liquidateur ou à ses employés ou à leurs conjoints, ascendants ou descendants est interdite (art. L 237-7). Le liquidateur qui violerait cette disposition serait passible d'un emprisonnement de cinq ans et d'une amende de 9 000 € (art. L 247-8, 2º). Selon le ministre de la justice, cette interdiction est applicable même si le liquidateur démissionne de ses fonctions (Rép. Buot : AN 24-7-1971 nº 18868). Une telle opinion nous paraît contestable car elle méconnaît le principe d'interprétation stricte des interdictions légales. Cependant, une démission donnée frauduleusement et dans le seul but de réaliser la cession interdite pourrait être pénalement sanctionnée. 86924

L'interdiction de cession d'un actif aux proches du liquidateur concerne toute cession, qu'elle soit directe ou indirecte (voir Cass. crim. 8-12-1999 : RJDA 5/00 nº 539, pour une application au liquidateur d'une société qui a vendu à sa tante un immeuble appartenant à sa société puis l'a racheté moyennant une rente viagère).

Lorsque la fonction de **liquidateur** est confiée à un associé, celui-ci peut, en sa qualité d'**associé,** se faire attribuer en nature tout ou partie des biens subsistant dans l'actif social une fois le passif intégralement payé ou, tout au moins, suffisamment certain pour que la part de chacun 86925 des associés dans la répartition de l'actif soit connue. En effet, cette attribution en nature relève alors des règles juridiques applicables au partage et non pas de celles relatives à la liquidation puisque celle-ci est, au sens strict, la réalisation de l'actif et le paiement du passif. Mais, comme toute opération de partage, elle suppose l'accord unanime des associés (en ce sens, Rép. Bayou : AN 4-2-1978 n° 40921, qui estime cependant que la prohibition prévue par l'article L 237-7 pourrait s'appliquer si l'attribution en nature s'effectuait avec soulte à la charge de l'associé liquidateur).

86926 **Cession à une personne ayant participé à la direction ou au contrôle de la société** Toute cession, totale ou partielle, de l'actif de la société en liquidation à une personne ayant eu dans cette société la qualité d'associé en nom, de commandité, de gérant, d'administrateur, de directeur général, de membre du conseil de surveillance, de membre du directoire, de président ou dirigeant de SAS, de commissaire aux comptes ou de contrôleur est subordonnée, sauf consentement unanime des associés, à l'**autorisation du tribunal** de commerce ; le tribunal statue après audition du liquidateur et, s'il en existe, du commissaire aux comptes ou du contrôleur (art. L 237-6 sur renvoi, pour la SAS, de l'art. L 227-1, al. 3). L'audition du commissaire aux comptes n'est toutefois pas requise lorsque ce dernier est chargé d'un audit allégé (art. L 821-57, al. 2).

La cession réalisée de mauvaise foi par le liquidateur en violation des dispositions de l'article L 237-6 est pénalement sanctionnée (art. L 247-8, 2°).

86927 **Cession globale de l'actif** Aux termes de l'article L 237-8, la cession globale de l'actif d'une société en liquidation doit, étant donné l'importance de cette opération, être **autorisée** dans :
– les SNC, par l'unanimité des associés ;
– les SCS, par l'unanimité des commandités et par la majorité en nombre et en capital des commanditaires ;
– les SARL, par la majorité exigée pour la modification des statuts ;
– les sociétés par actions, aux conditions de quorum et de majorité prévues pour les assemblées extraordinaires ; en outre, dans les SCA, l'accord unanime des commandités est nécessaire.

Les dispositions de l'article L 237-8 sont impératives et s'appliquent à la SAS, mais leur transposition à cette forme sociale est délicate. Si les statuts ne précisent pas les conditions dans lesquelles les associés autorisent les cessions d'actif, mais établissent une distinction entre décisions ordinaires et extraordinaires, la cession doit, à notre avis, être prise dans les conditions prévues pour les décisions extraordinaires. Dans les autres cas, il nous semble raisonnable de subordonner la décision à l'unanimité des associés. L'unanimité apparaît en effet comme la règle subsidiaire en la matière (art. L 237-18, II-6° et L 237-27, I-3°) ; elle est en outre conforme au caractère contractuel de la SAS.

86928 Cette autorisation ne dispense pas de l'application des règles énoncées n°s 86924 et 86926. Si la cession globale de l'actif est faite à l'une des personnes ayant participé à la direction ou au contrôle de la société, il faut soit le consentement unanime des associés, soit, outre l'autorisation des associés, celle du tribunal de commerce.

> **Précisions** Il a été jugé que la **cession d'actions** appartenant à une SNC et **représentant 91 % de son actif** ne constituait pas une cession globale de l'actif au sens de l'article L 237-8 et qu'elle avait donc pu valablement être consentie par l'associé liquidateur sans l'accord de son coassocié (Cass. com. 24-2-1987 : Bull. civ. IV n° 55).

86929 **Apport de l'actif à une autre société** Les règles d'unanimité ou de majorité édictées par l'article L 237-8 s'appliquent également en cas d'apport de l'actif à une autre société, notamment par voie de **fusion.** Ce texte vise « l'apport de l'actif » à une autre société. Cette expression concerne-t-elle l'apport de l'ensemble de l'actif ou l'apport d'un quelconque élément d'actif ? Pour notre part, nous penchons pour la première interprétation, l'« actif » d'une société comprenant nécessairement l'ensemble des éléments le composant (en faveur de l'opinion selon laquelle l'article L 237-8 s'applique même en cas d'apport d'éléments isolés, voir Hémard, Terré et Mabilat : Soc. com. t. 3 n° 1224 et Cathelineau-Roulaud : J.-Cl. Sociétés fasc. 31-20 n° 101).

86930 Si la société en liquidation a un **associé unique personne physique,** les règles décrites *n° 86929* sont applicables. Cependant :
– le consentement unanime des associés, requis en cas de cession totale ou partielle de l'actif à une personne ayant eu dans la société la qualité d'associé en nom ou ayant exercé des fonctions de direction ou de contrôle (art. L 237-6), est remplacé par l'accord de l'associé unique, celui-ci étant investi, comme on l'a dit (n° 86062), des prérogatives attribuées à la collectivité des associés ;

– l'interdiction de céder tout ou partie de l'actif social au liquidateur, à ses employés ou à leurs conjoints, ascendants ou descendants (art. L 237-7) s'applique, à notre avis, même lorsque l'associé unique est seul liquidateur (contra, Hémard, Terré et Mabilat, Soc. com. t. 1 n° 235).

En effet, s'il est vrai que, en cas de réunion de tous les droits sociaux dans une même main, les associés n'ont plus à être protégés, il reste utile de veiller à ce que la cession de l'actif ne se fasse pas au détriment des créanciers, d'autant plus que ces derniers, contrairement au régime applicable lorsque l'associé unique est une personne morale (n°s 86090 s.), ne peuvent pas faire opposition à la liquidation.

CONTINUATION DES AFFAIRES EN COURS

Le **liquidateur** ne peut continuer les affaires en cours ou en engager de nouvelles pour les besoins de la liquidation que s'il y a été **autorisé** soit par les associés, soit par le président du tribunal de commerce statuant sur requête lorsqu'il a été désigné en justice (art. L 237-24, al. 3 et R 237-15, al. 1). **86932**

Le liquidateur peut, en conséquence, accomplir tous les actes nécessaires à l'achèvement de ces affaires pour parvenir à la liquidation.

PAIEMENT DES CRÉANCIERS DE LA SOCIÉTÉ EN LIQUIDATION

Le liquidateur est habilité à payer les créanciers de la société (art. L 237-24, al. 2). **86933**

Ces derniers peuvent demander en justice que les sommes provenant de la liquidation soient réparties entre eux conformément aux **règles** fixées par le Code de procédure civile (cf. CPC art. 1281-1 s.). Aucune disposition de la loi sur les sociétés ne s'oppose en effet à l'utilisation de cette procédure de droit commun.

S'ils ne le font pas, à défaut de règles contraires spécifiques à la liquidation et de dispositions législatives imposant une procédure d'apurement collectif du passif dans les sociétés en liquidation, les créanciers sont désintéressés au fur et à mesure qu'ils se présentent (cf. CA Montpellier 1-6-1954 : JCP 1955 II n° 8680 note Toujas). Toutefois, lorsqu'ils sont connus, le liquidateur commettrait une faute engageant sa responsabilité s'il procédait sciemment au paiement de certains d'entre eux à l'exclusion des autres en sachant que l'actif ne peut pas suffire à régler la totalité du passif (pour un exemple, CA Dijon 19-6-1986 : Bull. Joly 1986 p. 1142 et, sur pourvoi, Cass. com. 2-2-1988 : Bull. Joly 1988 p. 273).

Les créances litigieuses sur la société doivent, jusqu'au terme des procédures en cours, faire l'objet d'une provision (Cass. com. 9-5-2001 : RJDA 8-9/01 n° 863). Lorsque, faute d'actif social suffisant, la provision nécessaire pour garantir une créance litigieuse ne peut pas être constituée, le liquidateur doit différer la clôture de la liquidation et solliciter, le cas échéant, l'ouverture d'une procédure collective à l'égard de la société ; à défaut, le liquidateur pourrait engager sa responsabilité (Cass. com. 11-10-2005 n° 1219 : RJDA 3/06 n° 277 ; Cass. com. 26-6-2007 n° 05-20.569 : RJDA 2/08 n° 144 ; Cass. com. 10-11-2009 n° 08-22.137 : RJDA 3/10 n° 252).

Si les créanciers sont en même temps débiteurs de la société, ils peuvent opposer au liquidateur la compensation entre leur dette et leur créance (cf. Cass. com. 20-7-1976 : Rev. sociétés 1977 p. 75 note Atias). Cette compensation est possible alors même que d'autres créanciers ont formé opposition entre les mains du liquidateur (Cass. civ. 17-10-1973 : D. 1975 p. 157 note Steinmetz). **86934**

Les **créanciers à terme** ne peuvent pas exiger un paiement immédiat. Ils ne pourraient le faire que si la liquidation avait pour effet de diminuer les sûretés que la société leur avait consenties (C. civ. art. 1305-4), par exemple dans le cas où le liquidateur vendrait l'immeuble hypothéqué. **86935**

En ce qui concerne les **créanciers obligataires,** la dissolution anticipée de la société émettrice, non provoquée par une fusion ou une scission, entraîne la possibilité pour l'assemblée générale des obligataires d'exiger le remboursement des obligations et pour la société celle d'imposer ce remboursement (art. L 228-76).

ACOMPTES SUR LIQUIDATION

Le liquidateur peut décider de distribuer les fonds devenus disponibles en cours de liquidation (art. L 237-31, al. 1). **86937**

Si le liquidateur refuse de procéder à une telle répartition, tout intéressé peut, après une mise en demeure infructueuse adressée au liquidateur, demander au président du tribunal de commerce, statuant en référé, de se prononcer sur l'opportunité de cette répartition (art. L 237-31, al. 2 et R 237-15, al. 2).

En tout état de cause, la distribution est faite « **sous réserve des droits des créanciers** » (art. L 237-31, al. 1). On doit, nous semble-t-il, déduire de cette disposition qu'au cas où des sommes seraient distribuées en cours de liquidation avant désintéressement des créanciers sociaux, ceux-ci pourraient réclamer le paiement de leurs créances aux associés attributaires et jouir à cet effet d'un droit de préférence par rapport aux créanciers personnels desdits associés (dans le même sens, Cass. civ. 2-12-1885 : D. 1886 I p. 881).

86938 La **décision de répartition** des fonds doit être **publiée** dans le support d'annonces légales dans lequel a été faite la publicité de l'acte de nomination du ou des liquidateurs et, en outre, si les actions de la société sont admises aux négociations sur un marché réglementé ou si toutes ses actions ne revêtent pas la forme nominative, au Balo (art. L 237-31, al. 3 et R 237-16, al. 1).

De surcroît, elle doit être **notifiée** individuellement aux titulaires de titres nominatifs (art. R 237-16, al. 2).

ATTENTION

Bien que le Code de commerce ne fasse allusion qu'aux titulaires de « titres » nominatifs, il semble que, dans les **sociétés autres que les sociétés par actions,** la notification doit être adressée également aux porteurs de parts sociales ; ce sont en effet des titulaires nominatifs.

86939 S'il subsiste des **actions à dividende prioritaire** sans droit de vote, les acomptes sur liquidation doivent être versés aux titulaires de ces actions, par préférence à tous les autres, d'abord en règlement, le cas échéant, du dividende prioritaire qui ne leur aurait pas été intégralement payé, ensuite en remboursement de la valeur nominale de leurs actions (cf. art. L 237-30).

La violation de ces dispositions peut entraîner l'annulation du remboursement opéré (art. L 237-30, al. 3).

86940 La répartition d'acomptes sur liquidation entraîne l'impossibilité de procéder ensuite à l'**absorption** ou à la **scission** de la société (art. L 236-1, al. 2 et L 236-18, al. 2).

MODALITÉS DES RÉPARTITIONS EN CAS DE LIQUIDATION

86941 Les sommes affectées aux répartitions entre les associés et les créanciers doivent être déposées, dans un délai de 15 jours à compter de la décision de répartition, sur un compte ouvert dans une banque au nom de la société en liquidation. Elles peuvent être retirées sur la signature d'un seul liquidateur et sous sa responsabilité (art. R 237-17).

Le liquidateur qui ne respecte pas cette obligation de **dépôt préalable** s'expose à une amende de 150 000 € (art. L 247-7, 1°).

86942 Si les sommes attribuées à des créanciers ou à des associés n'ont pas pu leur être versées, faute d'avoir été réclamées par eux, elles doivent être déposées à la Caisse des dépôts et consignations, à l'expiration du délai d'un an à compter de la clôture de la liquidation (art. R 237-18). L'inobservation de cette disposition par le liquidateur est également sanctionnée par une amende de 150 000 € (art. L 247-7, 2°).

RÉUNIONS DES ASSOCIÉS DE LA SOCIÉTÉ EN LIQUIDATION

86943 Le liquidateur est tenu de réunir périodiquement les associés afin de les informer de l'état des opérations de liquidation (nos 87140 s.).

MISSIONS DIVERSES DU LIQUIDATEUR

86944 Au cours de la liquidation de la société, le liquidateur accomplit, sous sa responsabilité, les **formalités de publicité** incombant aux représentants légaux de la société. En particulier, toute décision entraînant la modification des mentions publiées lors de la nomination (n° 86210) doit être publiée dans les mêmes conditions (art. R 237-3).

Par ailleurs, il est habilité à certifier conformes aux originaux les **copies des procès-verbaux** des délibérations d'associés ou d'actionnaires (art. R 221-4, al. 1, R 223-24, al. 3 et R 225-108, al. 2).

7. RÉMUNÉRATION DU LIQUIDATEUR

86950 La rémunération du liquidateur est fixée par la décision qui le nomme. À défaut, elle est fixée par le président du tribunal de commerce, statuant sur requête, à la demande du liquidateur intéressé (art. R 237-14).

ILLUSTRATIONS

Dans un cas où un liquidateur amiable alléguait avoir conclu une convention d'honoraires avec les associés mais n'était pas parvenu à la prouver, la cour d'appel de Paris a fixé la rémunération de ce dernier selon les règles résultant des articles 86 s. du décret 59-708 du 29 mai 1959 régissant les tarifs des administrateurs judiciaires liquidateurs, alors applicables (CA Paris 2-7-1981, inédit).

À l'inverse, dans une autre affaire, elle a rejeté la demande tendant à appliquer au liquidateur amiable le tarif réglementé des liquidateurs judiciaires à défaut d'accord des associés sur sa rémunération, cette application n'étant pas obligatoire, et a fixé les honoraires de ce dernier en fonction des missions accomplies, de la complexité et de la durée de son mandat (CA Paris 14-2-2023 nº 22/00210 : RJDA 8-9/23 nº 433).

Le juge doit prononcer la **déchéance** de tout ou partie du **droit à rémunération** du liquidateur qui n'a pas convoqué l'assemblée des associés dans les six mois de sa nomination (nº 87130). 86952

En outre, le liquidateur **peut être déchu** de son droit à rémunération lorsqu'il n'a pas :

– établi l'inventaire, les comptes annuels et un rapport écrit dans les trois mois de la clôture de chaque exercice (nº 87140) ;

– convoqué une assemblée des associés pour statuer sur les comptes annuels au moins une fois par an et dans les six mois de la clôture de l'exercice (nº 87141).

8. RESPONSABILITÉ DU LIQUIDATEUR

RESPONSABILITÉ CIVILE DU LIQUIDATEUR

Le liquidateur est responsable, tant **à l'égard de la société** qu'**à l'égard des tiers,** des conséquences dommageables des fautes commises par lui dans l'exercice de ses fonctions (art. L 237-12, al. 1). Conformément au droit commun de la responsabilité, l'application de l'article L 237-12 nécessite une faute, un dommage et un lien de causalité entre eux. Ainsi, et même si le liquidateur a commis une faute dans l'exercice de ses fonctions, sa responsabilité ne peut pas être retenue tant que les créanciers n'établissent pas l'existence d'un préjudice résultant de cette faute (CA Paris 13-1-2015 nº 13/15082 : RJDA 4/15 nº 277). 86958

De plus, sa responsabilité envers les tiers est engagée même s'il n'a pas commis une faute grave séparable de ses fonctions (Cass. com. 11-6-2013 nº 12-18.853 : RJDA 12/13 nº 1015).

Cas où la responsabilité du liquidateur a été retenue
Liquidateur, ancien gérant, qui, après avoir usé de tous les moyens pour empêcher une ancienne employée d'obtenir l'indemnité à laquelle elle avait droit, a liquidé tous les éléments de l'actif social et réglé toutes les dettes de la société sans tenir compte des droits de celle-ci (Cass. 2e civ. 1-4-1974 : Bull. civ. II nº 124)
Liquidateur qui a sciemment fait échec aux droits d'un créancier en renonçant au droit de renouvellement du bail d'un local loué à la société et dont il était personnellement propriétaire (Cass. com. 6-3-1979 : JCP 1979 IV p. 170)
Liquidateur, ancien gérant, qui a procédé à la clôture de la liquidation sans avoir résolu un contrat de location de matériel dont il ne pouvait pas ignorer l'existence, sans restituer le matériel et sans inclure dans les comptes de liquidation l'indemnité de résolution contractuellement prévue au bénéfice du loueur, privant ce dernier de tout recours contre la société (CA Paris 3-5-2002 : RJDA 10/02 nº 1035)
Liquidateur qui avait clôturé les opérations de liquidation sans avoir accompli les obligations déclaratives qui lui incombaient, ni pourvu à la sauvegarde des droits de l'administration fiscale, alors qu'il ne pouvait pas ignorer que la société, dont il avait été l'unique gérant, s'était frauduleusement soustraite à l'établissement et au paiement de l'impôt (Cass. com. 29-9-2009 nº 08-18.804 : RJDA 1/10 nº 39)
Liquidateur qui néglige de payer les créanciers sociaux, le fait d'avoir vendu le fonds de commerce de la société et d'avoir procédé aux formalités de publicité leur permettant de faire opposition sur le prix de cession ne le dispensant pas de ce paiement, y compris auprès des créanciers non opposants, dès lors que la société n'est pas en état de cessation des paiements (Cass. com. 9-11-1993 : Bull. civ. IV nº 400)
Liquidateur qui omet d'inclure dans les comptes de liquidation une créance sur la société dont il avait connaissance (Cass. com. 23-3-1993 : RJDA 4/94 nº 412 ; Cass. com. 20-11-2007 nº 06-19.286 : RJDA 12/08 nº 1280)
Liquidateur qui néglige de provisionner une créance litigieuse sur la société (Cass. com. 9-5-2001 : RJDA 8-9/01 nº 863 et Cass. com. 11-10-2005 nº 1219 : RJDA 3/06 nº 277)
Liquidateur qui n'a pas indiqué sur le papier à lettres de la société la mention « société en liquidation » (nº 86512)
Liquidateur qui n'a pas signalé à un créancier que la société était en liquidation, l'empêchant ainsi de pourvoir à la sauvegarde de ses droits, et qui a laissé l'assemblée de clôture se dérouler sans que le passif ait été apuré (CA Paris 14-4-1995 : RJDA 7/95 nº 851 som.)

Cas où la responsabilité du liquidateur a été retenue
Liquidateur amiable qui n'a pas déclaré la cessation des paiements d'une société de personnes, alors que cela est susceptible de causer un préjudice à l'associé poursuivi par un créancier en paiement des dettes sociales (Cass. com. 19-3-2013 nº 12-15.604 : RJDA 7/13 nº 632)
Liquidateur, associé unique d'une EURL, qui a clôturé les opérations de liquidation alors que la société était sous le coup d'une injonction assortie d'une astreinte, ce qui faisait échec à la liquidation de l'astreinte (CA Paris 13-1-2015 nº 13/21099 : RJDA 4/15 nº 276)
Liquidateur qui n'est pas intervenu à l'action paulienne engagée par un créancier de la société pour contester la vente, survenue avant la dissolution, du seul actif social et qui n'a entrepris aucune démarche pour trouver une solution, compromettant durablement les droits du créancier (Cass. com. 3-3-2021 nº 19-10.589 F-D : RJDA 6/21 nº 392)
Liquidateur amiable qui a clôturé les opérations de liquidation sans prendre en compte le litige engagé contre la société par l'un de ses cocontractants, de sorte que ce dernier ne pouvait plus être désintéressé (Cass. com. 15-2-2023 nº 21-21.294 F-D : RJDA 5/23 nº 258)

86959 Le liquidateur est aussi responsable **à l'égard des associés** en raison du préjudice personnel que sa faute peut leur causer (Cass. civ. 9-4-1951 : Bull. civ. II nº 128), celui-ci devant être distinct du préjudice social (CA Paris 11-9-2014 nº 13/13435 : RJDA 2/15 nº 104, cassé par Cass. com. 21-6-2016 nº 14-26.370 FS-PB : RJDA 11/16 nº 788 mais pour un autre motif). En effet, il ne semble pas que l'article L 237-12, qui ne vise que la responsabilité à l'égard de la société et des tiers, puisse exclure cette responsabilité qui n'est que l'application des règles du droit commun.

86960 S'ils sont **plusieurs,** les **liquidateurs** ne sont pas, en principe, tenus solidairement à la réparation des dommages causés par l'un d'eux. Cependant, ils peuvent être tenus pour le tout (obligation « in solidum ») lorsqu'il n'est pas possible de déterminer pour quelle part la faute de chacun a contribué aux dommages.

86961 Dans un arrêt isolé, la cour d'appel de Paris a retenu la responsabilité du président du conseil d'administration d'une SA nommée liquidateur pour des fautes commises par elle dans le cadre de la liquidation, transposant au **liquidateur personne morale** les dispositions de l'article L 225-20 qui impose à la personne morale administrateur de SA de désigner un représentant permanent personne physique « qui est soumis aux mêmes [...] obligations et qui encourt les mêmes responsabilités civile et pénale que s'il était administrateur en son nom propre, sans préjudice de la responsabilité solidaire de la personne morale qu'il représente » (CA Paris 2-3-2017 nº 16/02149 : RJDA 6/17 nº 407). On peut s'étonner de cette solution. En effet, lorsque le législateur a entendu étendre la responsabilité du dirigeant personne morale d'une société commerciale au représentant permanent ou dirigeant de cette personne morale, il a pris soin de le prévoir expressément (notamment art. L 225-20, al. 1 et L 225-76, al. 1 pour le représentant permanent d'une personne morale administrateur ou membre du conseil de surveillance d'une SA ; art. L 227-7 pour le dirigeant d'une personne morale dirigeante de SAS). Or, aucun texte ne prévoit une telle règle pour le liquidateur et la Cour de cassation a déjà refusé d'étendre au liquidateur des règles spécifiquement prévues pour les dirigeants de sociétés commerciales (Cass. com. 21-6-2016 nº 14-26.370 FS-PB : RJDA 11/16 nº 788, à propos d'une action sociale ut singuli ; Cass. com. 11-6-2013 nº 12-18.853 F-PB : RJDA 12/13 nº 1015, à propos d'une faute grave séparable des fonctions). La solution retenue par la cour d'appel ne pourra donc être tenue pour certaine que lorsqu'elle sera confirmée par la Cour de cassation.

86963 Sur la condamnation d'un liquidateur amiable au **paiement d'une partie du passif** d'une société mise en liquidation judiciaire, voir Cass. com. 15-1-1979 nº 77-12.656 : Bull. civ. IV nº 17 et CA Bourges 9-8-2018 nº 17/00361 : RJDA 3/19 nº 214 (rendu en matière d'association mais transposable).

86964 **Action en responsabilité contre le liquidateur** La mise en œuvre de l'action en responsabilité contre le liquidateur appelle les remarques suivantes.

86965 **Droit d'agir.** L'action en responsabilité du **préjudice causé à la société** ne peut pas être exercée par un ou plusieurs associés (Cass. com. 21-6-2016 nº 14-26.370 FS-PB : RJDA 11/16 nº 788 ; Cass. com. 6-12-2017 nº 16-21.005 F-D : RJDA 2/18 nº 130). Les associés conservent néanmoins la possibilité, si la liquidation est clôturée, de demander en justice la désignation d'un mandataire ad hoc chargé d'agir contre le liquidateur (Cass. com 26-11-2013 nº 12-28.038 : RJDA 2/14 nº 117). Ils peuvent aussi révoquer le liquidateur et en nommer un nouveau qui pourra agir contre lui.

Toutefois, l'action « sociale » en responsabilité ne peut pas, à notre avis, être exercée contre le liquidateur lorsque les associés lui ont donné **quitus** de sa gestion, le cas de fraude excepté, et sous réserve que ce quitus ait été donné en connaissance de cause. On ne saurait, en effet, appliquer par analogie la règle selon laquelle la responsabilité des administrateurs peut être engagée nonobstant le quitus donné par les associés (art. L 225-253, al. 2), car il s'agit là d'une règle exceptionnelle dont le champ d'application ne peut pas être étendu en dehors des cas prévus par le législateur. Cependant, ce quitus ne vaut décharge de responsabilité que pour les faits et actes qu'il couvre (Cass. 1e civ. 9-7-1974 : Bull. civ. I no 221). De plus, il n'exclut que l'action sociale et n'interdit pas à un tiers d'exercer une action en responsabilité contre le liquidateur (pour un exemple, CA Paris 28-5-1993 : RJDA 3/94 no 292). 86966

L'action pour **préjudice causé aux créanciers sociaux** ou pour **préjudice personnel d'un associé** est exercée par les intéressés et ne profite qu'à eux.

Tribunal compétent. L'action est portée devant le tribunal de commerce comme l'action en responsabilité contre les dirigeants sociaux en cours de vie sociale (Cass. com. 14-11-2018 no 16-26.115 F-PBI : RJDA 5/19 no 344). 86967

Prescription. L'action en responsabilité contre le liquidateur pour une **faute commise** par ce dernier **dans l'exercice de ses fonctions** se prescrit par trois ans ; toutefois, lorsque la faute du liquidateur est qualifiée de crime, l'action se prescrit par dix ans (art. L 225-254, sur renvoi de l'art. L 237-12, al. 2). 86968

Le **point de départ** de la prescription est le fait dommageable ou, s'il a été dissimulé, sa révélation (art. L 225-254, sur renvoi de l'art. L 237-12, al. 2). Le plus souvent, la faute reprochée au liquidateur est la clôture précipitée des opérations de liquidation, sans qu'ait été garanti le paiement du passif ; la prescription court alors à compter de la publication de la clôture de la liquidation qui permet la révélation aux tiers du fait dommageable (Cass. com. 11-7-2000 no 97-21.783 : RJDA 12/00 no 1111 ; Cass. com. 29-9-2009 no 08-18.804 : RJDA 1/10 no 39 ; CA Paris 17-2-2022 no 19/10916 : RJDA 8-9/22 no 482). Toutefois, si les droits de la victime n'ont été établis qu'après cette date, le point de départ de la prescription s'en trouve reporté à la décision de justice reconnaissant définitivement les droits de la victime (Cass. com. 23-3-1993 no 91-13.430 : RJDA 12/93 no 1046 ; Cass. com. 7-12-1993 no 91-15.605 : RJDA 4/94 no 413), c'est-à-dire à une décision passée en force de chose jugée (Cass. com. 25-6-2013 no 12-19.173 : RJDA 12/13 no 1016 ; Cass. com. 20-2-2019 no 16-24.580 F-PB : RJDA 5/19 no 337 ; Cass. com. 7-7-2021 no 20-12.030 F-D : RJDA 10/21 no 665).

ILLUSTRATIONS

Dans un cas où le liquidateur d'une SARL avait investi à titre personnel les sommes provenant de la liquidation au mépris des intérêts des associés, il a été jugé que, ce liquidateur ayant toujours **dissimulé** l'utilisation de ces sommes et n'ayant jamais rendu les comptes définitifs de liquidation, la prescription n'avait commencé à courir que du jour où un rapport d'expertise avait retracé les opérations de liquidation et fait apparaître tant les agissements du liquidateur que le montant des sommes auxquelles les associés pouvaient prétendre (CA Paris 2-7-1981 : BRDA 19/81 p. 9 et, sur pourvoi, Cass. com. 1-3-1983 : Bull. Joly 1983 p. 617).

Le délai de prescription d'une action en responsabilité contre le liquidateur pour **défaut de restitution d'un apport** ne peut courir qu'à partir du moment où les comptes de liquidation ont été adressés aux associés (CA Poitiers 14-2-1983 : Bull. Joly 1984 p. 528).

La prescription de l'action en responsabilité intentée par un ancien salarié à l'encontre du liquidateur qui n'avait pas constitué une provision couvrant le **paiement d'indemnités de licenciement** auxquelles ce salarié pouvait prétendre ne commence à courir qu'à partir du jour où la décision de justice reconnaissant la qualité de créancier de l'intéressé et fixant le montant des sommes qui lui étaient dues est devenue définitive (Cass. com. 23-3-1993 précité).

Lorsque l'action en responsabilité est engagée par une **société étrangère créancière** de la société liquidée, ce délai court du jour où les droits de la société étrangère ont été définitivement reconnus par une décision de justice, c'est-à-dire, en l'espèce, du jour où le jugement d'exequatur est devenu définitif (Cass. com. 7-12-1993 précité).

Dans un cas où le liquidateur d'une société avait cédé les actions qu'elle détenait dans le capital d'une autre société en **violation du droit de préemption des actionnaires** et où un jugement avait annulé la cession, l'action en responsabilité engagée par l'acquéreur à l'encontre du liquidateur amiable a été déclarée prescrite, cet acquéreur ayant été informé par courrier du liquidateur amiable plus de trois ans avant l'action que sa demande en **restitution du prix** au prorata des droits et actions irrégulièrement acquis mais payés ne pouvait pas être satisfaite, de sorte que le fait dommageable invoqué était né au plus tard à la date de ce courrier (CA Paris 13-5-2014 no 13/06922 : RJDA 8-9/14 no 713).

La prescription de l'action en responsabilité contre le liquidateur d'une société en raison d'un préjudice résultant d'un **acte nécessitant une publication au RCS** court à compter de cette publication, l'acte en cause ne constituant pas un fait dissimulé (CA Versailles 19-12-2002 nº 01-2649 : RJDA 4/03 nº 389 pour la radiation d'une société ; CA Paris 5-11-2013 nº 12-21500 : RJDA 2/14 nº 118 pour la clôture des opérations de liquidation).

Le **délai** de prescription de l'action contre le liquidateur peut être **interrompu** conformément au droit commun (C. civ. art. 2241 s. ; sur les actes susceptibles d'interrompre cette prescription, voir Mémento Droit commercial nºs 71753 s.).

La prescription triennale de l'article L 225-254 ne concerne que le liquidateur de droit à l'exclusion des personnes qui n'ont pas été régulièrement désignées liquidateur de la société dissoute (Cass. com. 23-3-2010 nº 09-13.666 : RJDA 6/10 nº 640) ; pour elles, la prescription est de cinq ans à compter de la connaissance du fait, conformément au droit commun. La prescription triennale ne s'applique pas non plus lorsque la responsabilité du liquidateur est recherchée pour une faute commise après le terme de ses fonctions ; seul le délai de droit commun de cinq ans est applicable (Cass. com. 1-6-2023 nº 21-13.716 F-B : RJDA 8-9/23 nº 439).

86969 **Indemnisation.** Lorsque le liquidateur a clôturé la liquidation sans prendre en compte toutes les créances et s'il ressort de la liquidation que l'**actif est suffisant** pour payer la créance omise, la réparation de cette omission doit correspondre au montant de cette créance, la conséquence dommageable du défaut de provisionnement de celle-ci étant le non-recouvrement des sommes dues au créancier (Cass. com. 9-7-2002 nº 99-12.219 : RJDA 1/03 nº 33 ; Cass. com. 21-10-2014 nº 10-18.039 : RJDA 1/15 nº 20).

Si cet **actif est insuffisant,** le préjudice doit s'analyser en une perte de chance. Cette perte de chance donne lieu à des dommages-intérêts d'un montant obligatoirement inférieur à celui de la créance, compte tenu de l'aléa qui existe quant à son recouvrement (Cass. com. 7-12-1993 : RJDA 4/94 nº 413 ; Cass. com. 26-6-2007 nº 05-20.569 : RJDA 2/08 nº 144).

Il appartient au liquidateur de **prouver** l'insuffisance d'actif (Cass. com. 21-10-2014 nº 10-18.039 : RJDA 1/15 nº 20 ; Cass. com. 20-10-2015 nº 13-17.049 : RJDA 1/16 nº 31 ; Cass. com. 14-4-2021 nº 19-15.077 F-D : RJDA 8-9/21 nº 575).

> **Précisions** Le seul fait que les comptes de liquidation fassent apparaître un **solde négatif** ne suffit pas à écarter la responsabilité du liquidateur qui n'a pas provisionné une créance litigieuse avant la clôture de la liquidation amiable ni demandé l'ouverture d'une procédure collective ; il convient de démontrer que le créancier n'a pas été privé d'une chance de recouvrer sa créance dans le cadre de la procédure collective qui aurait dû être ouverte (Cass. com. 10-2-2021 nº 18-26.716 F-D : RJDA 6/21 nº 393).

RESPONSABILITÉ PÉNALE DU LIQUIDATEUR

86980 Indépendamment des sanctions pénales attachées à l'inobservation de certaines obligations qui sont exposées à propos de chaque cas particulier, le liquidateur est passible d'un emprisonnement de cinq ans et d'une amende de 9 000 € si, de mauvaise foi, il a fait des biens ou du crédit de la société en liquidation un usage qu'il savait contraire à l'intérêt de celle-ci, à des fins personnelles ou pour favoriser une autre société ou entreprise dans laquelle il est intéressé directement ou indirectement (art. L 247-8, 1º ; pour un exemple, CA Bordeaux 2-3-1993 : Dr. pén. 1994 nº 13).

RESPONSABILITÉ FISCALE DU LIQUIDATEUR

86990 Le liquidateur ne doit procéder à une distribution entre les associés qu'après avoir vérifié que les impôts directs dus par la société ont été payés (LPF art. L 265). À défaut, il engagerait sa responsabilité personnelle et s'exposerait à une condamnation à des dommages-intérêts envers le Trésor public.

C. Organes de contrôle de la société en liquidation

COMMISSAIRES AUX COMPTES ET CONSEIL DE SURVEILLANCE

87050 Sous le régime de la liquidation légale, les commissaires aux comptes et le conseil de surveillance existant en cours de vie sociale continuent, **après la dissolution,** d'exercer leurs **fonctions** comme auparavant (art. L 237-16).

Ainsi, ils doivent vérifier la régularité et la sincérité des comptes annuels et présenter un rapport lors de l'assemblée générale appelée à statuer sur ces comptes (n° 87141).

En revanche, aucune disposition légale ne leur impose de vérifier les comptes définitifs au vu desquels sera constatée la clôture de la liquidation (n° 87210).

CONTRÔLEURS DE LA LIQUIDATION

Désignation des contrôleurs En l'**absence de commissaires aux comptes,** et quelle que soit la forme de la société, un ou plusieurs contrôleurs peuvent être désignés : 87060
– soit par les associés, dans les conditions prévues n° 87144 (art. L 237-17, al. 1) ;
– soit par le président du tribunal de commerce, statuant sur requête à la demande du liquidateur ou en référé à la demande de tout intéressé, le liquidateur dûment appelé (art. L 237-17, al. 1 et R 237-11).

Les **contrôleurs** peuvent être **choisis** parmi les commissaires aux comptes (art. R 237-11, al. 2), mais ce n'est pas une obligation.

L'acte de nomination des contrôleurs est publié dans les mêmes conditions et délais que celui des liquidateurs (nos 86210 s.) (art. R 237-11, al. 3).

Statut des contrôleurs L'acte de nomination des contrôleurs fixe leurs pouvoirs, **obligations** et **rémunérations** ainsi que la **durée** de leurs fonctions (art. L 237-17, al. 2). 87061

Les contrôleurs encourent la même **responsabilité** que les commissaires aux comptes (art. L 237-17, al. 2).

D. Droits des associés de la société en liquidation

RÈGLES GÉNÉRALES

Les associés jouissent de larges prérogatives de contrôle et d'information pendant la liquidation de la société. Cependant, ils ne peuvent pas exercer l'« action oblique » (Cass. com. 2-5-1968 : Bull. civ. IV n° 144), conformément à l'article 1341-1 du Code civil qui permet à un créancier d'exercer les droits et actions de son débiteur lorsque celui-ci néglige d'en faire usage, pour obtenir l'annulation d'un acte passé par le liquidateur, dès lors qu'ils ne détiennent qu'une créance à terme (ce terme étant le partage de l'actif social) et sous condition (à savoir le paiement intégral du passif) (CA Versailles 19-2-1992 : BRDA 12/92 p. 17 ; voir aussi Cass. 1e civ. 2-10-2002 : RJDA 12/02 n° 1280, concernant une société civile et CA Paris 10-3-1992 : JCP 1992 IV p. 2003). 87120

Sous le régime de la liquidation « légale », le liquidateur est tenu de se conformer aux prescriptions énoncées nos 87130 s. applicables à l'ouverture de la liquidation ou au cours de celle-ci.

DROITS DES ASSOCIÉS À L'OUVERTURE DE LA LIQUIDATION

Le liquidateur doit, en principe dans les six mois de sa nomination : 87130
– **convoquer l'assemblée des associés** ; s'il n'y procède pas, cette assemblée peut être convoquée soit par l'organe de contrôle (s'il en existe un), soit par un mandataire désigné par le président du tribunal de commerce statuant sur requête à la demande de tout intéressé et le liquidateur est déchu de tout ou partie de son droit à rémunération pour l'ensemble de sa mission par le juge, lequel peut aussi le révoquer (art. L 237-23, al. 1 et 2 et R 237-15, al. 1) ;
– **présenter** à l'assemblée **un rapport** sur la situation active et passive de la société, sur la poursuite des opérations de liquidation et le délai nécessaire pour les terminer (art. L 237-23, al. 1), le délai imparti au liquidateur pour présenter ce rapport pouvant être porté à douze mois par décision du président du tribunal de commerce statuant sur requête de l'intéressé (art. L 237-23, al. 1 et R 237-15, al. 1) ;
– **demander** à l'assemblée **les autorisations** qui pourraient être nécessaires pour aboutir à la liquidation ; si la réunion de l'assemblée est impossible ou si aucune décision n'a pu être prise, le liquidateur peut demander ces autorisations au président du tribunal de commerce statuant sur requête (art. L 237-23, al. 3 et R 237-15, al. 1).

Tout intéressé peut demander au président du tribunal de commerce statuant en référé d'enjoindre sous astreinte au liquidateur de remplir les obligations ci-dessus (art. L 238-2).

La loi ne prévoit pas les **conditions de quorum et de majorité** requises pour la validité des décisions de l'assemblée. À notre avis, les règles prescrites pour les réunions annuelles s'appliquent (n° 87144). En effet, la personnalité morale persiste pour les besoins de la liquidation et la société continue d'exister, si bien que sont transposables à la société en liquidation les règles appliquées avant la dissolution. 87135

› Précisions L'article L 237-23 visant une « convocation » des associés, ceux-ci doivent-ils nécessairement être réunis en assemblée lorsqu'il s'agit d'une **SAS** ? On sait en effet que, dans ces sociétés, les cas dans lesquels les décisions des associés doivent être adoptées collectivement sont énumérés limitativement par la loi (n°s 60490 s.) et que celle-ci ne vise pas cette situation. À notre avis, sauf disposition expresse des statuts sur ce point, les associés doivent être réunis en assemblée, par l'effet de l'article L 237-23.

DROITS DES ASSOCIÉS AU COURS DE LA LIQUIDATION

87140 **Comptes** Dans les trois mois de la clôture de chaque exercice, le liquidateur est tenu d'établir l'**inventaire,** les **comptes annuels** (bilan, compte de résultat et annexe) et un **rapport** écrit dans lequel il rend compte des opérations de liquidation au cours de l'exercice écoulé (art. L 237-25, al. 1).

Ce rapport de liquidation est présenté, en principe, à l'assemblée des associés ; cependant, lorsque le liquidateur a été dispensé par décision de justice de convoquer cette assemblée, son rapport doit être déposé au greffe du tribunal de commerce et communiqué à tout intéressé (art. L 237-25, al. 3).

Tout intéressé peut demander au président du tribunal de commerce statuant en référé d'enjoindre sous astreinte au liquidateur de remplir ces obligations et de le déchoir de tout ou partie de son droit à rémunération pour l'ensemble de sa mission ; il peut aussi demander au président de le révoquer (art. L 237-25, al. 4 et L 238-2).

La recevabilité de la demande de révocation n'est pas subordonnée à la saisine préalable, aux fins d'injonction, du président du tribunal de commerce statuant en référé en application de l'article L 238-2 (Cass. com. 7-7-2015 n° 14-13.195 : RJDA 10/15 n° 672).

87141 **Assemblée annuelle** Au moins une fois par an et dans les six mois de la clôture de l'exercice, le liquidateur doit convoquer une assemblée des associés à l'effet de statuer sur les comptes annuels, donner les autorisations éventuellement nécessaires, renouveler, le cas échéant, le mandat des contrôleurs, commissaires aux comptes ou membres du conseil de surveillance (art. L 237-25, al. 2).

La réunion de cette assemblée est obligatoire **en cas de continuation de l'exploitation** (art. L 237-28). À défaut de convocation par le liquidateur, tout intéressé pourrait demander aux commissaires aux comptes, au conseil de surveillance, aux contrôleurs, ou même à un mandataire désigné par le président du tribunal de commerce statuant en référé, de procéder à cette convocation (art. L 237-28 et R 237-15, al. 2).

Si le liquidateur ne respecte pas ces obligations, le président du tribunal de commerce statuant en référé peut, à la demande de tout intéressé (art. L 237-25, al. 4 et L 238-2) :
- enjoindre sous astreinte au liquidateur de respecter ces obligations ;
- le déchoir de tout ou partie de son droit à rémunération ;
- révoquer le liquidateur.

La recevabilité de la demande de révocation n'est pas subordonnée à la saisine préalable, aux fins d'injonction, du président du tribunal de commerce statuant en référé en application de l'article L 238-2 (Cass. com. 7-7-2015 n° 14-13.195 : RJDA 10/15 n° 672).

87142 **Si l'exploitation n'est pas poursuivie,** le président du tribunal de commerce, statuant sur requête, peut dispenser le liquidateur de convoquer l'assemblée annuelle (art. L 237-25, al. 2 et R 237-15, al. 1). L'article L 237-28 prévoit spécialement l'hypothèse de la poursuite de l'activité de la société et impose dans ce cas la convocation de l'assemblée sans dérogation possible. Il résulte de ces dispositions que la dispense prévue à l'article L 237-25, al. 2 ne peut être obtenue qu'en l'absence de continuation de l'activité.

87143 **Convocation de l'assemblée.** L'assemblée est convoquée « selon les modalités prévues par les statuts » (art. L 237-25, al. 2). Ce renvoi aux statuts dans un régime de liquidation applicable en l'absence de clause statutaire ou en cas de décision de justice écartant les clauses statutaires est assez singulier. Entendue strictement, la formule précitée vise en effet, en premier lieu, les règles fixées par les statuts pour la convocation des assemblées d'associés au cours de la période de liquidation. Elle autorise donc les rédacteurs des statuts à introduire des règles spéciales de convocation des assemblées postérieures à la dissolution. Il est rare cependant que les statuts prévoient de telles règles. Aussi faut-il considérer que la formule de l'article L 237-25, al. 2 renvoie aux modalités adoptées par les statuts pour la convocation des assemblées en cours de vie sociale, avant la dissolution. Dans la SAS, à défaut de dispositions statutaires spécifiques, il convient à notre avis de retenir les règles prévues par les statuts pour la décision collective d'approbation des comptes annuels puisqu'il y a lieu à approbation des comptes (art. L 227-9, al. 2).

Quorum et majorité. L'assemblée délibère dans les conditions suivantes (art. L 237-27, I) : 87144
– dans les SNC, les SCS ou les SARL : majorité des associés en capital ;
– dans les SA ou les SCA : conditions de quorum et de majorité prévues aux articles L 225-98 et L 22-10-32 pour les assemblées ordinaires (nos 48350 s.) ;
– dans les SAS : unanimité des associés, sauf clause contraire des statuts.

Si la majorité requise ne peut pas être réunie, il est statué par le président du tribunal de commerce, sur requête du liquidateur ou de tout intéressé (art. L 237-27, II et R 237-15, al. 1).

Les **liquidateurs,** s'ils sont **associés,** peuvent prendre part au vote (art. L 237-27, IV).

› **Précisions** Contrairement aux règles applicables en cours de vie sociale, l'article L 237-27 prévoit que la majorité requise pour les décisions collectives dans les **SARL** en liquidation doit être calculée en capital et non en fonction des parts sociales. Toutefois, nous pensons qu'il s'agit là d'une inadvertance du législateur (no 32790).

Modification des statuts En cas de modification des statuts pendant le cours de la liquidation, la décision doit être prise dans les conditions prescrites à cet effet pour chaque forme de société (art. L 237-27, III). 87145

Les **associés liquidateurs** peuvent participer au vote (art. L 237-27, IV).

Information des associés En période de liquidation, les associés disposent d'un **droit de communication** sur les documents sociaux dans les mêmes conditions qu'avant la dissolution de la société (art. L 237-26). 87146

La loi ne l'ayant prévu qu'« en période de liquidation », ce droit de communication disparaît dès que l'assemblée a constaté la clôture de la liquidation (CA Paris 29-11-1985 : BRDA 4/86 p. 21).

En cas d'inobservation du droit de communication des associés, ceux-ci peuvent demander au président du tribunal de commerce statuant en référé d'enjoindre sous astreinte au liquidateur de leur communiquer les documents auxquels ils ont droit ou de désigner un mandataire chargé de procéder à cette communication (art. L 238-1).

Droit aux distributions En cours de liquidation, si le liquidateur refuse de procéder à la **répartition d'acomptes,** tout intéressé peut, après une mise en demeure infructueuse adressée au liquidateur, demander au président du tribunal de commerce de statuer en référé sur l'opportunité de cette répartition (art. L 237-31, al. 2 et R 237-15, al. 2). 87147

E. Clôture de la liquidation

DÉCISION DE CLÔTURE DE LA LIQUIDATION

Assemblée de clôture Tous les associés, y compris les titulaires d'actions à dividende prioritaire s'il en existe, doivent être convoqués en fin de liquidation pour statuer sur le compte définitif de liquidation, le quitus à donner au liquidateur et la décharge de son mandat (art. L 237-9, al. 1). Cette disposition déroge à l'article L 228-35-3, al. 3 qui empêche les titulaires d'actions à dividende prioritaire de participer aux assemblées générales (voir notamment Rapport de la commission mixte paritaire AN no 487 du 30-6-1978 p. 26). 87210

La même assemblée constate la clôture de la liquidation (art. L 237-9, al. 1).

À défaut de convocation, tout associé peut demander au président du tribunal de commerce, statuant en référé, la désignation d'un mandataire chargé de procéder à la convocation (art. L 237-9, al. 2 et R 237-5).

La loi ne prévoit pas les **conditions de quorum et de majorité** requises pour l'approbation du compte définitif de liquidation. Il convient donc d'appliquer les règles prévues pour les assemblées annuelles (Cass. com. 8-3-1983 : Bull. civ. IV no 101) ; sur ces règles, voir no 87144. 87211

Toutefois, ces règles n'étant prescrites que pour les assemblées annuelles, elles ne sauraient être considérées, à notre avis, comme impératives pour l'assemblée de clôture. Les statuts peuvent donc valablement, nous semble-t-il, prévoir des conditions de quorum et de majorité propres à cette assemblée.

Décision de justice **Si l'assemblée de clôture ne peut pas délibérer, ou** si elle **refuse d'approuver les comptes** du liquidateur, celui-ci doit déposer ses comptes au greffe du tribunal de commerce où tout intéressé peut en prendre connaissance et obtenir à ses frais la délivrance d'une copie (art. L 237-10 et R 237-6, al. 1). 87212

À la demande du liquidateur (ou de tout intéressé), le tribunal de commerce statue sur ces comptes et, le cas échéant, sur la clôture de la liquidation en lieu et place de l'assemblée (art. L 237-10 et R 237-6, al. 2).

› Précisions Le **tribunal** saisi dispose des mêmes **pouvoirs** que l'assemblée générale des associés de sorte qu'il ne peut pas, sans excéder ses pouvoirs, statuer sur la validité des statuts ou modifier la répartition du capital fixé par ceux-ci (CA Chambéry 17-6-2008 nº 07-1327 : RJDA 5/09 nº 437, à propos d'une société civile mais transposable).

PUBLICITÉ DE LA CLÔTURE DE LIQUIDATION DE LA SOCIÉTÉ

87220 **Insertion dans un support d'annonces légales** Le liquidateur doit publier un **avis de clôture** de la liquidation dans le même support d'annonces légales que celui dans lequel a paru sa nomination (nº 86210). Si les actions de la société sont admises aux négociations sur un marché réglementé ou si toutes ses actions ne revêtent pas la forme nominative, cet avis de clôture doit être répété au Balo (art. L 237-11 et R 237-8, al. 1).

Cet avis doit contenir les **mentions** suivantes (art. R 237-8, al. 2 s.) :
- la dénomination sociale suivie, le cas échéant, de son sigle ;
- la forme de la société, suivie de la mention « en liquidation » ;
- le montant du capital social ;
- l'adresse du siège social ;
- le numéro d'identification de la société et la mention du RCS (suivie du nom de la ville où se trouve le greffe) où elle est immatriculée ;
- les nom, prénom usuel et domicile des liquidateurs ;
- la date et le lieu de réunion de l'assemblée de clôture (si les comptes des liquidateurs ont été approuvés par elle) ou, à défaut, la date de la décision de justice ayant statué au lieu et place de l'assemblée, ainsi que l'indication du tribunal qui l'a prononcée ;
- le greffe du tribunal où sont déposés les comptes des liquidateurs.

La seule publication de cet avis ne suffit pas à rendre la **liquidation opposable** aux tiers (Cass. com. 18-12-2007 nº 06-18.936 : RJDA 6/08 nº 680).

87221 **Radiation du RCS** Sur justification de l'accomplissement de la formalité d'insertion prévue ci-dessus, le liquidateur présente au guichet unique électronique des formalités d'entreprises une demande visant à faire radier celle-ci du RCS (art. R 237-9). Il dispose pour cela d'un **délai** d'un mois à compter de la publication de la clôture de la liquidation (art. R 123-75, al. 1).

Doivent notamment **être joints** à la demande de radiation (art. R 237-7 modifié par décret 2024-751 du 7-7-2024) :
- les comptes définitifs établis par le liquidateur ;
- la décision de l'assemblée ayant statué sur ces comptes, sur le quitus de la gestion du liquidateur et la décharge de son mandat ou, à défaut, la décision de justice ayant statué au lieu et place de l'assemblée ;
- l'attestation prévue à l'article L 243-15 du Code de la sécurité sociale et le certificat fiscal exigé par l'article R 2143-7 du Code de la commande publique.

La mention de la radiation du RCS est nécessaire pour rendre la **liquidation opposable** aux tiers (Cass. com. 18-12-2007 nº 06-18.936 : RJDA 6/08 nº 680 ; Cass. com. 20-9-2011 nº 10-15.068 : RJDA 12/11 nº 1038, dans un cas de dissolution par réunion de toutes les parts en une seule main).

› Précisions a. Le **greffier** ne peut **procéder à la radiation** que si les formalités de publicité relatives à la dissolution ont été effectuées au RCS, la perte des actes ou procès-verbaux de dissolution ne dispensant pas le liquidateur d'effectuer ces formalités (Avis CCRCS 03-11 : Bull. RCS 21-22/03 p. 29). La radiation nécessite que deux actes distincts soient déposés : d'une part, les comptes établis par le liquidateur ; d'autre part, la décision des associés sur ces comptes. Le dépôt de la seule décision des associés ne suffit pas, même si elle intègre les *comptes du liquidateur* (Avis CCRCS 2016-022 des 18-10 et 2-12-2016). La société ne peut pas être radiée si la décision des associés ne donne pas quitus de sa gestion au liquidateur ou ne le décharge pas de son mandat (Avis CCRCS 2018-11 du 19-12-2018).

b. Se fondant sur l'article 23 du décret du 30 mai 1984 relatif à la publicité au RCS (désormais art. R 123-70), une cour d'appel a estimé que, même si la société dissoute est sans activité, les **décisions de dissolution et de clôture** doivent donner lieu à deux **assemblées distinctes** et faire l'objet de publicités séparées au RCS : la première, pour cause de dissolution, par voie d'inscription modificative, la seconde à l'initiative du liquidateur dans le délai d'un mois à compter de la publication de la clôture de la liquidation, aux fins de radiation de l'immatriculation, laquelle met fin à la personnalité morale de la société (CA Lyon 13-6-1997 : RJDA 10/97 nº 1219 ; dans le même sens, Avis CCRCS 05-78 et 2015-014 ; voir aussi CA Aix 1-10-1986 : Gaz. Pal. 1987 p. 96). À l'inverse, une autre cour d'appel a jugé qu'aucun texte n'exige la tenue de deux assemblées distinctes lorsque la liquidation s'est

clôturée immédiatement après la décision de dissolution (CA Paris 16-9-2003 nº 03-5897 : RJDA 2/04 nº 171).
c. Le greffier en charge du RCS peut rejeter une demande de radiation présentée par une société qui soutient qu'elle est dans l'impossibilité d'obtenir l'**attestation prévue à l'article L 243-15 du Code de la sécurité sociale** du fait qu'elle n'a pas de salariés (Cass. com. avis 12-3-2025 nº 24-70.013 D : RJDA 6/25 nº 329, 3e esp.), et ce, même si elle produit à la place une impression du site de l'Urssaf faisant apparaître que son compte est à jour (Cass. com. avis 12-3-2025 nº 24-70.012 D : RJDA 6/25 nº 329, 2e esp.) ou une attestation de non-inscription (Cass. com. avis 12-3-2025 nº 24-70.011 D : RJDA 6/25 nº 329, 1e esp.). En effet, le décret 2024-751, qui a imposé la production de ce document au guichet unique, n'a prévu aucun cas permettant de s'en dispenser ni de pièce susceptible de le remplacer, notamment dans le cas où la société n'a pas de salarié. En pratique, d'après nos informations, si la société n'emploie pas ou plus de personnel, elle peut tout de même demander une « Attestation d'entreprise sans salarié » qui serait acceptée par le greffe (en ce sens, Urssaf des Pays de la Loire, Transmission d'une attestation au greffe : ce qu'il faut savoir : actualité du 21-11-2024).

Radiation du RNE La société est radiée du **RNE** par l'intermédiaire du guichet unique électronique des formalités d'entreprises (art. R 123-265, al. 1). 87222

Insertion au Bodacc Dans les huit jours de la radiation, le **greffier** du tribunal de commerce doit faire insérer dans le Bodacc un avis de radiation contenant les diverses mentions énumérées à l'article R 123-160 (références de l'immatriculation, dénomination et forme de la société, adresse du siège social). 87223

EFFETS DE LA DÉCISION DE CLÔTURE DE LIQUIDATION

Disparition de la personnalité morale À partir du moment où la clôture de la liquidation a été prononcée, la personnalité morale disparaît (art. L 237-2, al. 2). 87230

La décision de clôture entraîne également cessation des **fonctions du liquidateur.** Notamment, celui-ci n'a plus qualité pour représenter la société dissoute (Cass. com. 25-1-1983 : Rev. sociétés 1984 p. 51 note Sortais ; Cass. com. 15-6-1993 : RJDA 11/93 nº 906 ; Cass. com. 18-1-2000 : RJDA 4/00 nº 423). Est également dépourvue de toute valeur juridique la nomination d'un nouveau liquidateur par les associés postérieurement à la clôture de la liquidation de la société (Cass. com. 26-11-2013 nº 12-28.038 : RJDA 2/14 nº 117). 87232

La **société** ne peut être **représentée** que par un mandataire ad hoc désigné en justice (Cass. com. 26-1-1993 : RJDA 5/93 nº 403 ; Cass. com. 10-12-1996 : RJDA 2/97 nº 212 ; Cass. com. 26-11-2013 précité) à la demande des associés, par exemple pour agir contre l'ancien liquidateur (Cass. com. 26-11-2013 précité), ou d'un créancier qui entendrait faire rouvrir la liquidation (Cass. com. 26-1-1993 précité) ou poursuivre une action en justice contre la société (Cass. com. 10-12-1996 précité).

› Précisions **a.** Dans une instance en cours, le **mandataire ad hoc** peut être **désigné** à tout **moment** (Cass. 3e civ. 31-5-2000 nº 98-19.435 FS-PB : Bull. civ. III nº 120) ; l'appel formé par une société liquidée et radiée du RCS en cours de première instance contre un jugement rendu en sa défaveur est donc recevable si cet appel est régularisé par la désignation ultérieure d'un mandataire ad hoc (Cass. com. 20-9-2023 nº 21-14.252 F-B : RJDA 1/24 nº 30).
b. Pour le cas où des **recettes ou dépenses** surviendraient **après la clôture de la liquidation,** il est parfois prévu, dans le procès-verbal de l'assemblée de clôture, que l'associé ou l'actionnaire principal de la société fera son affaire personnelle de ces recettes ou dépenses.

Versement des fonds non réclamés Le liquidateur est tenu de déposer à la Caisse des dépôts et consignations, dans le **délai** d'un an à compter de la clôture de la liquidation, les sommes attribuées à des créanciers ou à des associés et non réclamées par eux (art. R 237-18). S'il omet ce dépôt, il est passible d'une amende de 150 000 € (art. L 247-7, 2º). 87234

III. LIQUIDATION « CONVENTIONNELLE »

LIBERTÉ D'ORGANISATION DE LA LIQUIDATION « CONVENTIONNELLE »

Les dispositions examinées à propos de la liquidation « légale » sont applicables sur décision de justice à la demande d'associés ou de créanciers (nº 86800). Dans les autres cas, elles n'ont, à notre avis, qu'un caractère supplétif de la volonté des parties qui n'auraient pas pleinement usé de la faculté de fixer le régime de la liquidation (nº 86503). 87400

L'article L 237-1 reconnaît en effet aux associés la **liberté d'organiser** comme ils l'entendent, **dans les statuts, la liquidation** de leur société. Cependant, le législateur a énoncé un certain nombre de **règles impératives** (nos 87402 s.) auxquelles il n'est pas possible de déroger.

87401 Il en résulte que les associés ont le choix entre les trois **possibilités** suivantes :
– déterminer dans les statuts ou lors de l'assemblée décidant la dissolution de la société (cf. Hémard, Terré et Mabilat, Soc. com. t. 3 n° 1148) l'ensemble des conditions dans lesquelles le liquidateur sera nommé, exercera sa mission et en rendra compte, à la condition de respecter les règles énoncées par les articles L 237-2 à L 237-13 ;
– arrêter quelques règles particulières, toujours sous réserve du respect des dispositions impératives des articles L 237-2 à L 237-13 ; dans ce cas, pour toutes les questions non tranchées par les statuts, il convient de se référer aux dispositions supplétives de la liquidation « légale » (n°s 86800 s.) ;
– enfin, se référer purement et simplement au régime de la liquidation « légale ».

RÈGLES IMPÉRATIVES APPLICABLES À LA LIQUIDATION « CONVENTIONNELLE »

87402 Les règles impératives prévues aux articles L 237-2 à L 237-13 sont applicables à la liquidation « conventionnelle ».

Elles concernent :
– la **situation juridique de la société** en cours de liquidation (art. L 237-2 ; n°s 86505 s.) ;
– la **publicité** de la **nomination** des **liquidateurs** (art. L 237-3 ; n°s 86210 s.) ;
– les **interdictions** d'exercer les fonctions de liquidateur (art. L 237-4 ; n° 86871) ;
– le sort des **baux** des immeubles utilisés pour l'activité sociale (art. L 237-5 ; n° 86571) ;
– les **cessions ou apports d'actif** (art. L 237-6 à L 237-8 ; n°s 86923 s.) ;
– la réunion des associés pour statuer sur les comptes définitifs et constater la **clôture de la liquidation** ou, à défaut, l'intervention du tribunal de commerce (art. L 237-9 et L 237-10 ; n°s 87210 s.) ;
– la **publicité de la clôture** de liquidation (art. L 237-11 ; n°s 87220 s.) ;
– la **responsabilité** civile et pénale des **liquidateurs** (art. L 237-12, L 247-5 à L 247-8 ; n°s 86958 s.).

› Précisions **L'amende** prévue à **l'article L 247-7** lorsque le liquidateur omet de déposer sur un compte bancaire les sommes à répartir entre les associés et les créanciers à l'issue de la liquidation ou omet de déposer à la Caisse des dépôts les sommes non réclamées par ceux-ci est applicable « en cas de liquidation judiciaire », c'est-à-dire quand la liquidation intervient sur décision de justice mais aussi à défaut de clause statutaire ou de convention expresse entre les parties (cf. Cass. crim. 9-5-1977 : Rev. sociétés 1977 p. 719 note Bouloc ; Cass. crim. 7-3-1994 n° 93-84.587 : Bull. crim. n° 90).
Toutefois, il ne semble pas que cette sanction pénale soit applicable aux liquidateurs, en cas de liquidation « conventionnelle » organisée, lorsque les mesures auxquelles elle se rapporte n'ont pas fait l'objet de clauses particulières et ont un caractère supplétif de la volonté des parties (CA Nancy 3-5-1978 : Rev. sociétés 1979 p. 113 note Guilberteau sur renvoi de Cass. crim. 9-5-1977 précité). Ce serait, en effet, permettre aux associés de décider de l'application d'une sanction pénale. Encore faut-il que, même sans entrer dans tous les détails, les associés aient pris le soin de fixer dans les statuts ou lors de la dissolution les règles applicables au fonctionnement de la société pendant la période de liquidation. Lorsque les statuts sont muets et qu'aucune décision des associés n'a été prise à cet égard ou même lorsque les associés se sont bornés à rejeter le régime légal sans le remplacer par quoi que ce soit, les dispositions prévues en cas de liquidation sur décision de justice mais aussi à défaut de clause statutaire ou de convention expresse entre les parties deviennent applicables et l'amende correspondante peut être mise en œuvre (en ce sens, Cass. crim. 7-3-1994 précité).

87403 **Prescription des actions contre les associés** Les règles relatives à la prescription quinquennale des actions contre les associés non liquidateurs (art. L 237-13 ; n°s 88100 s.) sont applicables aussi bien en cas de liquidation « conventionnelle » qu'en cas de liquidation « légale ».

SECTION 3

PARTAGE DES SOCIÉTÉS COMMERCIALES

GÉNÉRALITÉS

87600 Le partage a lieu, en principe, après clôture de la liquidation. Il peut alors porter sur les éléments suivants :
– l'actif restant, en nature ou en espèces, après extinction totale du passif ;
– le passif restant après réalisation totale de l'actif ;
– les éléments d'actif non réalisés et les dettes sociales non encore payées à la clôture de la liquidation.

› Précisions **a.** L'hypothèse d'un partage du **passif restant** après réalisation totale de l'actif n'est à envisager que pour les sociétés comprenant des **associés indéfiniment responsables** (cas notamment des SNC).
Lorsque la **responsabilité des associés** est **limitée** au montant de leurs apports (SA ou SARL notamment), l'insuffisance d'actif pour le paiement des dettes peut conduire le liquidateur à déposer le bilan. Le passif peut aussi être apuré au-delà des apports des associés mais à condition que ceux-ci y consentent, dès lors qu'il s'agit d'une augmentation de leurs engagements (C. civ. art. 1836, al. 2). L'actionnaire majoritaire qui, de sa propre initiative, avait versé en compte courant la somme nécessaire à l'apurement des dettes d'une société en cours de liquidation ne peut donc pas imposer aux minoritaires de contribuer à cet apurement à proportion de leur part dans le capital (Cass. com. 19-10-1999 : RJDA 2/00 n° 165).
b. En principe, il ne devrait plus exister ni d'**éléments d'actifs non réalisés,** ni de **dettes sociales non payées.** Liquider, c'est en effet réaliser l'actif social pour éteindre les dettes sociales. Donc, quand il reste des dettes à éteindre et que subsistent des éléments d'actif, il faut poursuivre la liquidation. Cependant, on ne peut pas exclure que des associés décident – parce qu'ils y trouvent intérêt – de clore la liquidation par anticipation et de procéder à un partage définitif de l'actif et du passif subsistant à cette date. Ce partage sera valable entre eux mais inopposable aux créanciers sociaux, qui pourront demander la réouverture de la liquidation (n° 86635).

A. Réglementation applicable au partage

Le Code de commerce ne contient qu'un seul article se référant expressément au partage : l'article L 237-29, qui fixe les droits des associés dans le boni de liquidation (n° 87770). 87610

Pour les autres aspects du régime du partage, il faut, conformément à l'article 1834 du Code civil, se reporter aux dispositions prévues par l'article 1844-9 du même Code qui renvoient notamment aux règles prescrites pour le partage des successions.

B. Mise en œuvre du partage

DEMANDE EN PARTAGE APRÈS LA CLÔTURE DE LA LIQUIDATION

La demande en partage peut être faite dès le jour de la naissance de l'indivision post-sociale, c'est-à-dire à la clôture de la liquidation qui marque la disparition de la personnalité morale de la société. 87670

Toutefois, le **partage** peut être **différé** soit par décision de justice, soit par convention entre les indivisaires (n° 87681). 87671

Les **créanciers** de la société qui n'auraient pas encore été désintéressés peuvent demander à intervenir dans le partage pour éviter que celui-ci soit fait en fraude de leurs droits (C. civ. art. 882 ; Cass. civ. 18-7-1899 : D. 1900 I p. 17).

Par ailleurs, les créanciers personnels des associés ont le droit de provoquer le partage sur le fondement de l'article 815-17, al. 3 du Code civil (Mémento Droit commercial n° 30163). À défaut de disposition expresse de la législation des sociétés écartant le droit commun de l'indivision, celui-ci est en effet applicable (cf. C. civ. art. 1105, al. 2 et 3).

Ils peuvent aussi, au moyen de l'action « paulienne », attaquer tout partage fait en fraude de leurs droits (Cass. civ. 17-11-1890 : D. 1891 I p. 25).

MAINTIEN DE L'INDIVISION APRÈS LA CLÔTURE DE LA LIQUIDATION

Les associés (ou certains d'entre eux) peuvent ne pas provoquer le partage et demeurer dans l'indivision pour tout ou partie des biens sociaux, leurs rapports étant alors régis par les dispositions relatives à l'indivision (C. civ. art. 1844-9, al. 4). Il en résulte que les associés peuvent signifier à un débiteur de la société un jugement prononçant sa condamnation à payer une créance non prise en compte avant la liquidation de la société (CA Paris 13-2-2003 n° 02-11847 : RJDA 7/04 n° 827). 87680

Mais le maintien dans l'indivision est précaire : aux termes de l'article 815 du Code civil, « nul ne peut être contraint à demeurer dans l'indivision et le partage peut toujours être provoqué ». 87681

Toutefois, il peut être **sursis au partage** :

– soit par décision de justice, notamment lorsque le partage risque de porter atteinte à la valeur des biens indivis, la durée du sursis ne pouvant alors pas excéder deux ans (C. civ. art. 820, al. 1), ou lorsqu'il est possible de procéder à un partage partiel et d'attribuer à celui qui demande le partage de ses droits, dans l'indivision, en nature ou en argent (art. 824) ;

– soit par convention, la durée de celle-ci ne pouvant pas excéder cinq ans, renouvelable par décision expresse des parties ; elle peut aussi être conclue pour une durée indéterminée mais, dans ce cas, le partage peut être provoqué à tout moment par un indivisaire pourvu que ce ne soit pas de mauvaise foi ou à contretemps (C. civ. art. 1873-3).

87682 **Gestion des biens indivis** En principe, tous les **actes relatifs aux biens indivis** (actes d'administration aussi bien que de disposition) requièrent le **consentement** unanime des indivisaires. Mais le législateur a tempéré cette règle :
– d'une part, en lui apportant quelques **assouplissements** : possibilité pour tout indivisaire de prendre les mesures nécessaires à la conservation des biens indivis (C. civ. art. 815-2) ; possibilité de donner, à un ou plusieurs indivisaires ou un tiers, un mandat général d'administration des biens indivis (art. 815-3, 2°) ; validité des actes d'administration passés par un indivisaire au su des autres et sans opposition de leur part (mandat tacite ; art. 815-3, dernier al.) ;
– d'autre part, en appliquant aux indivisions certaines mesures prévoyant la possibilité d'**obtenir en justice** l'**autorisation** de représenter un indivisaire hors d'état de manifester sa volonté (art. 815-4, al. 1) ou celle de passer outre au refus d'un indivisaire de donner son consentement à un acte lorsque ce refus « met en péril l'intérêt commun » des indivisaires (art. 815-5). En outre, le président du tribunal judiciaire peut prescrire ou autoriser « toutes les mesures urgentes que requiert l'intérêt commun » (art. 815-6).

87683 **Indivision conventionnelle** En ce qui concerne l'indivision conventionnelle, les articles 1873-5 à 1873-11 du Code civil précisent :
– les règles qu'il convient de respecter pour la nomination et la révocation des gérants, la détermination de leurs pouvoirs et le contrôle de leur gestion ;
– les conditions dans lesquelles les indivisaires peuvent écarter la règle de l'unanimité pour les décisions qui excèdent les pouvoirs des gérants (absence de mineurs non émancipés et de majeurs protégés, opérations autres que des aliénations d'immeubles).

87684 **Dispositions diverses applicables aux biens indivis** Sur les modalités de **cession des droits indivis,** voir les articles 815-14 s. du Code civil ; sur le **paiement des dettes** relatives aux biens indivis, voir les articles 815-17 et 1873-15 du Code civil.

FORMES DU PARTAGE DE LA SOCIÉTÉ

87690 **Partage amiable ou judiciaire de l'actif social** Le partage est en principe amiable. Il n'est judiciaire que **si les associés ne s'entendent pas** (C. civ. art. 840).

Si au nombre des copartageants se trouvent des **mineurs sous administration légale,** le partage amiable doit être effectué et l'état liquidatif approuvé par le parent exerçant seul l'autorité parentale ou par les deux parents agissant en commun lorsque ceux-ci sont tous les deux administrateurs légaux (cf. C. civ. art. 382, 382-1 et 387-1 ; Décret 2008-1484 du 22-12-2008 art. 2 et ann. 1, colonne 2-V). Un administrateur ad hoc peut néanmoins être nommé par le juge pour conclure ce partage en cas d'opposition des intérêts du mineur avec ceux du parent exerçant seul l'autorité parentale ou de ses parents tous deux administrateurs légaux (C. civ. art. 383, al. 1). Si les intérêts d'un seul des deux parents administrateurs légaux sont en opposition avec ceux du mineur, le juge peut autoriser l'autre parent à représenter le mineur (art. 383, al. 2).

En présence de **mineurs ou de majeurs sous tutelle,** le tuteur peut conclure seul le partage amiable, sauf s'il existe une opposition d'intérêts entre lui et le mineur ou le majeur : le partage doit alors être autorisé par le conseil de famille ou, à défaut, par le juge ; dans tous les cas, l'état liquidatif doit être approuvé par le conseil de famille ou, à défaut, par le juge (C. civ. art. 507, al. 1 et 2).

Aucune règle particulière n'est prévue lorsque l'un des indivisaires est sous **curatelle,** sous simple **sauvegarde de justice** ou sous **habilitation familiale.** Un partage amiable peut donc être réalisé dans les conditions du droit commun : le majeur sous sauvegarde de justice ou sous curatelle peut y participer seul (C. civ. art. 836, al. 2 et 435, 467 et 507, al. 1) ; pour le majeur placé sous **habilitation familiale,** si le partage n'entre pas dans le champ d'application de l'habilitation, c'est le majeur qui y participe ; s'il y entre, le majeur peut également agir seul si la personne habilitée a pour mission de l'assister car, dans ce cas, il a les mêmes pouvoirs qu'un majeur sous curatelle ; en revanche si celle-ci a pour mission de le représenter, c'est *elle qui doit participer au partage* (C. civ. art. 836, al. 2, 494-1, 494-6 et, sur renvoi, art. 467).

87691 Lorsque les biens à partager comprennent des **immeubles,** l'acte de partage doit revêtir la forme authentique (Décret 55-22 du 4-1-1955 art. 4, al. 1 et 28, 1° et C. civ. art. 710-1, al. 1).

Lorsque parmi les éléments d'actif à partager figurent des **parts de SARL** ou des **actions** dont la cession est soumise à **agrément,** l'associé attributaire doit se faire agréer dans les conditions fixées par la société émettrice (Cass. com. 12-11-1996 : RJDA 6/97 n° 787). En effet, la dissolution de la société n'entraîne pas une transmission universelle de patrimoine qui seule pourrait justifier la dispense d'agrément.

Partage en valeur ou en nature de l'actif social Le partage se fait en principe en espèces, ce qui résulte implicitement des termes de l'article L 237-24 donnant mission au liquidateur de « réaliser l'actif » puis d'en « répartir le solde disponible ». Mais, sauf clause statutaire contraire, rien n'empêche de procéder à un partage en nature si les éléments à partager s'y prêtent et si cette modalité est opportune compte tenu des intérêts en cause. 87692
À l'occasion de la dissolution d'une société holding, le partage des actions qu'elle détenait dans le capital d'une filiale a ainsi été écarté car il aurait compromis la pérennité de la filiale en y déplaçant le conflit entre les associés de la holding qui était à l'origine de la dissolution de celle-ci (Cass. com. 6-2-2019 n° 17-31.034 FS-D : RJDA 5/19 n° 338).

En cas de **partage en nature avec soulte** (somme versée par l'attributaire d'un lot d'une valeur excédant ses droits), lorsque le débiteur de la soulte a obtenu des **délais de paiement,** et que, par suite des circonstances économiques, la valeur des biens mis dans son lot a augmenté ou diminué de plus du quart depuis le partage, les sommes restant dues augmentent ou diminuent dans la même proportion ; toutefois, les parties peuvent écarter cette variation et convenir que le montant de la soulte restera inchangé (C. civ. art. 828).

C. Réalisation du partage

PRINCIPE

Les opérations de partage tendent à fixer la part de chaque associé dans les valeurs actives et, éventuellement, passives qui ressortent du compte définitif de liquidation. 87750

Toutefois, ces opérations sont écartées dans les trois cas examinés nos 87751 s. :
- attribution conventionnelle des biens à partager ;
- reprise d'apports ;
- attribution préférentielle légale.

ATTRIBUTION CONVENTIONNELLE DES BIENS À PARTAGER

Les associés peuvent convenir, soit dans les statuts, soit par une décision ou un acte distinct, que certains biens seront attribués à certains d'entre eux (C. civ. art. 1844-9, al. 3). 87751

À défaut de disposition statutaire, cette attribution conventionnelle requiert l'**accord unanime** des associés (Cass. com. 30-5-2007 n° 05-13.851 : RJDA 12/07 n° 1239).

Ils peuvent également convenir qu'un seul ou plusieurs d'entre eux conserveront l'intégralité de l'actif, à charge pour eux de désintéresser les autres associés ou leurs héritiers.

L'attribution de tout ou partie de l'actif est une **opération de partage** : elle est donc soumise à tous les effets du partage (nos 87840 s.). Elle doit aussi, à notre avis, lorsque les droits dans les biens à partager sont administrés par un **mandataire légal** (administrateur légal, tuteur, etc.), être spécialement autorisée dans les conditions prescrites par la loi pour la validité des partages des biens dont il a l'administration (n° 87690). On ne saurait soutenir, en effet, que l'autorisation donnée au mandataire légal de faire un apport en société vaut par elle-même approbation du partage car ce serait exclure l'application des mesures spécifiques prévues par la loi en cas de partage. 87752

REPRISE D'APPORT APRÈS LA LIQUIDATION

Lorsqu'un bien apporté à la société se retrouve en nature dans la masse à partager et *qu'aucune attribution de ce bien n'a* été conventionnellement prévue par les associés, l'apporteur peut, sur simple demande de sa part, en obtenir la restitution (C. civ. art. 1844-9, al. 3). Cette reprise d'apport s'effectue à charge pour l'associé de verser une soulte à ses coassociés si la valeur attribuée à ce bien (d'un commun accord entre les associés ou, à défaut d'accord, par décision de justice) excède le montant des droits de l'intéressé dans le capital social et dans le boni de liquidation. 87753

ATTRIBUTION PRÉFÉRENTIELLE LÉGALE DES BIENS À PARTAGER

L'attribution préférentielle des biens sociaux à partager peut aussi être demandée dans les mêmes conditions que celles prévues en cas de partage des indivisions successorales (C. civ. art. 1844-9, al. 2). 87754

Toutefois, elle ne peut être exercée que si le bien concerné n'a pas fait l'objet d'une reprise d'apport (art. 1844-9, al. 3).

Sur les règles relatives à l'attribution préférentielle, voir les articles 831 s. du Code civil.

REMBOURSEMENT DU CAPITAL APRÈS LA LIQUIDATION

87760 Si l'**actif** a été **entièrement réalisé et** le **passif réglé,** il ne reste à partager entre les associés qu'une somme d'argent. En admettant que cette somme soit au moins égale au capital, chacun reçoit alors une part égale au nominal de chaque part sociale ou action non amortie qu'il détient.

Si l'actif n'a pas été entièrement réalisé, les biens apportés ou certains d'entre eux peuvent se retrouver dans la masse partageable. Sauf attribution conventionnelle, l'associé qui a fait apport d'un corps certain (immeuble, matériel, etc.) peut en exiger la reprise en nature, sauf à désintéresser ses associés au cas où la valeur de reprise excéderait le montant de ses droits dans le capital et le boni de liquidation (C. civ. art. 1844-9, al. 3).

87761 S'il existe des **biens ayant fait l'objet d'un apport en jouissance ou en usufruit,** les apporteurs peuvent les reprendre purement et simplement puisqu'ils n'ont pas cessé d'en être propriétaires, mais à la condition que l'apport n'ait pas été fait pour une durée supérieure à la durée de la société. Si l'apport en jouissance a été fait pour un laps de temps déterminé, non encore expiré au moment de la dissolution, ce droit de jouissance subsiste jusqu'à la date d'expiration convenue ; il fait alors partie de l'actif social à liquider ou à partager.

> **› Précisions** Sur les difficultés à déterminer la **durée du droit de jouissance** lorsque l'apport a été consenti « pour la durée de la société » et que celle-ci est dissoute par anticipation avant l'arrivée du terme, voir CA Aix 31-5-1951 : JCP 1952 II n° 6792 note Bastian.

87762 **Remboursement des actions à dividende prioritaire** S'il subsiste des actions à dividende prioritaire sans droit de vote, le remboursement de ces actions et du dividende qui y est attaché doit s'effectuer avant celui des actions ordinaires (n° 86939).

RÉPARTITION DU BONI DE LIQUIDATION

87770 Les droits des associés dans le boni de liquidation sont, en général, fixés par les statuts.

Sauf disposition contraire des statuts, le boni de liquidation est réparti entre les associés en proportion de leurs droits dans le capital (art. L 237-29) ; cette règle de l'article L 237-29 figure dans les dispositions relatives à la liquidation « légale », mais elle s'applique aussi, à notre avis, en cas de liquidation « conventionnelle », à titre supplétif de la volonté des parties.

Pour que le partage soit effectué selon des **proportions différentes aux droits des associés dans le capital,** il faut une clause expresse des statuts portant spécialement, à notre avis, sur le partage du boni : on ne saurait prétendre que des règles statutaires relatives à une répartition non proportionnelle des bénéfices annuels doivent être étendues au partage du boni de liquidation en cas de silence des statuts sur les modalités de ce partage, dès lors que le boni de liquidation n'est pas exclusivement constitué de bénéfices non distribués. À notre avis, il en va de même pour la reprise des apports.

À noter que, d'un commun accord, les associés peuvent convenir de se répartir le boni de liquidation dans des proportions différentes de celles correspondant à leurs droits dans le capital et que la prohibition des clauses léonines n'est pas applicable si la convention intervient après la dissolution de la société (Cass. com. 12-11-1962 : Bull. civ. III n° 442 ; CA Paris 5-12-1983 : D. 1984 som. p. 52).

À notre avis, la **renonciation** de certains associés **à tout droit dans le boni de liquidation** est licite dès lors qu'elle ne constitue pas une clause léonine ayant pour effet de priver ces associés de tout droit dans les bénéfices ou de leur reconnaître une part insignifiante, ce qui serait le cas si, en cours de vie sociale, les associés concernés ne percevaient aucun dividende.

87771 **Parts ou actions grevées d'usufruit** Lorsque les parts ou actions étaient grevées d'usufruit, le boni de liquidation – comme le remboursement des apports – revient au nu-propriétaire mais, sauf convention contraire des parties, reste soumis à l'usufruit. Par suite, dans le cas, le plus fréquent en pratique, où le partage est effectué en valeur, les sommes correspondantes doivent être versées à l'usufruitier qui peut en disposer librement, à charge pour lui de les restituer au nu-propriétaire à la fin de l'usufruit (« quasi-usufruit » ; C. civ. art. 587).

> **› Précisions** Sauf convention contraire des parties, la dissolution de la société n'est pas une cause d'extinction de l'**usufruit.** Mais celui-ci ne peut plus **s'exercer sur** les droits sociaux puisque ceux-ci disparaissent ; il se trouve reporté sur les biens attribués aux associés (cf. Cass. 1e civ. 8-3-1988 n° 86-11.144 : Bull. civ. I n° 67), à notre avis par subrogation réelle. Lorsqu'il s'agit d'une somme d'argent, l'usufruit dégénère en quasi-usufruit.

RAPPORT DES DETTES À LA MASSE À PARTAGER

Comme en matière successorale, la masse à partager comprend non seulement les biens existants de la société, meubles ou immeubles, mais encore les sommes ou valeurs dont les associés peuvent être débiteurs envers elle. 87780

CONTRIBUTION AUX PERTES

Si le passif est supérieur à l'actif, les **associés tenus solidairement et indéfiniment des dettes sociales** devront désintéresser les créanciers non payés. 87781

Dans le cas où le passif reste inférieur à l'actif mais où cependant le capital est entamé, le surplus d'actif disponible après paiement des créanciers est partagé entre les associés dans les proportions fixées aux statuts ou, si les statuts n'ont rien prévu, en proportion de leur part dans le capital social (C. civ. art. 1844-1, al. 1). Les apports ne seront donc remboursés que partiellement.

Les **associés dont la responsabilité est limitée** (associés de SARL, commanditaires de SCS ou de SCA, actionnaires de SA ou associés de SAS) ne sont tenus des dettes sociales qui se révéleraient impayées qu'à concurrence de leurs apports et des biens qui leur auraient été attribués au titre de leur part dans le boni de liquidation (Cass. com. 17-12-1979 : Rev. sociétés 1981 p. 81 note Sortais ; Cass. com. 13-6-1984 : Bull. civ. IV n° 196 ; Cass. com. 3-7-2001 n° 1298 : RJDA 12/01 n° 1221).

> **Précisions** **Après la clôture de la liquidation,** l'ancien associé est tenu à l'égard des créanciers sociaux non désintéressés dans la mesure de ce qu'il a pu percevoir indûment lors des opérations de partage ; il importe peu que la société n'ait pas été avertie de l'existence de la dette avant la clôture ou que l'associé poursuivi n'ait commis aucune faute dans la détermination du passif social (Cass. com. 8-10-2013 n° 12-24.825 : RJDA 12/13 n° 1025).

D. Effets du partage

EFFET DÉCLARATIF DU PARTAGE DE LA SOCIÉTÉ

Le partage de société, comme le partage successoral, a un effet déclaratif (C. civ. art. 883) : chaque associé est censé succéder immédiatement à la société pour tous les biens qui lui sont attribués et n'avoir jamais eu aucun droit sur ceux attribués à ses coassociés. Dès lors, chacun des associés peut tenir pour inopposables à son égard toutes les **opérations effectuées, pendant la durée de l'indivision** consécutive à la clôture de la liquidation, par les autres indivisaires sur les biens mis dans son lot ; inversement, les droits qu'il a pu conférer sur ces biens se trouvent rétroactivement consolidés. 87840

Toutefois, tous les **actes valablement accomplis** soit en vertu d'un mandat des coïndivisaires, soit en vertu d'une autorisation judiciaire ne peuvent pas être remis en cause lors de la cessation de l'indivision et conservent leurs effets, quel que soit, lors du partage, l'attributaire des biens qui en ont fait l'objet (art. 883, al. 3).

L'effet déclaratif du partage, remontant au jour où l'indivision a commencé (art. 883, al. 1), se produit à la **date** de la clôture de la liquidation. À cette date, en effet, la personnalité morale de la société disparaît pour laisser place à une indivision entre les associés.

GARANTIE APPLICABLE AU PARTAGE DE LA SOCIÉTÉ

Chaque associé jouit de la **garantie** due par les copartageants (C. civ. art. 884). Ainsi, lorsque le lot d'un associé comprend le fonds de commerce de la société, les autres associés ne peuvent pas lui faire concurrence. 87841

Chaque associé jouit également d'une **hypothèque légale spéciale** sur l'immeuble qui faisait partie de l'indivision en garantie du paiement des sommes dont les autres copartageants pourraient être débiteurs à son égard (C. civ. art. 2402, 4°).

E. Sanctions du partage

NULLITÉ DU PARTAGE DE LA SOCIÉTÉ

Comme le partage des successions, le partage des sociétés peut être annulé pour **vice de forme** (partage amiable qui aurait dû être judiciaire) ou pour **incapacité** de l'un des copartageants. 87900

Il peut aussi être annulé pour **violence ou dol** (C. civ. art. 887, al. 1). Il peut encore être annulé pour **erreur,** si celle-ci a porté sur l'existence ou la quotité des droits des copartageants ou sur la propriété des biens compris dans la masse partageable (art. 887, al. 2). En cas de violence, de dol ou d'erreur, s'il apparaît que les conséquences de ce vice peuvent être réparées autrement que par l'annulation du partage, le tribunal peut, à la demande de l'une des parties, ordonner un partage complémentaire ou rectificatif (art. 887, al. 3).

À noter aussi que les créanciers peuvent demander la nullité d'un **partage frauduleux** en vertu de l'action paulienne (Cass. req. 28-5-1895 : S. 1895 I p. 385), pendant cinq ans.

PARTAGE LÉSIONNAIRE DE LA SOCIÉTÉ

87901 En cas de partage lésionnaire de plus du quart, un complément de part est fourni à l'associé lésé, au choix des autres associés, soit en numéraire, soit en nature (C. civ. art. 889, al. 1).

L'action en complément de part n'est plus admise lorsqu'une transaction est intervenue à la suite du partage (C. civ. art. 890, al. 2).

F. Régime fiscal du partage

ENREGISTREMENT

87960 L'acte constatant la **dissolution** n'est pas soumis à la formalité obligatoire de l'enregistrement (n° 86206). S'agissant des ventes de biens réalisées pendant la période de liquidation, elles sont réputées faites par la société elle-même et sont soumises aux droits de vente selon la nature des biens. Quant à l'acte de **partage,** il donne, en principe, ouverture à un droit proportionnel de 2,50 %. Ce droit est perçu sur l'intégralité de l'actif net partagé (sous déduction des soultes, le cas échéant), sans qu'il y ait lieu de tenir compte de la personne de l'attributaire (apporteur ou autre associé). Lorsqu'il en existe, les soultes sont taxées comme des ventes et soumises au droit de mutation selon la nature des biens.

C'est toutefois le **droit de mutation à titre onéreux** qui s'applique (et non le droit de partage) lorsque, dans les sociétés non soumises à l'impôt sur les sociétés, un bien apporté en nature est attribué à une personne autre que l'apporteur. Il en est de même dans les sociétés soumises à l'IS, mais seulement en ce qui concerne les biens (fonds de commerce, clientèle, droit à un bail ou à une promesse de bail et, sous certaines conditions, immeubles ou droits immobiliers) qui ont bénéficié, lors de leur apport, du régime fiscal de faveur (application de la théorie de la mutation conditionnelle des apports : Mémento Fiscal n°s 67090 s.).

IMPÔTS DIRECTS

87961 La dissolution d'une société est, au regard des impôts directs, assimilée à une **cessation d'entreprise** et entraîne l'imposition immédiate des bénéfices et plus-values non encore taxés (Mémento Fiscal n°s 11400 s.). L'**imposition des bénéfices et revenus** varie selon que la société était, ou non, passible de l'impôt sur les sociétés.

1. Société non passible de l'impôt sur les sociétés. Les bénéfices et les sommes en sursis d'imposition sont imposés entre les mains des associés au prorata de leurs droits soit à l'impôt sur le revenu s'ils relèvent de cet impôt (particulier ou entreprise), soit à l'impôt sur les sociétés s'ils sont passibles de cet impôt. Les plus-values nettes à long terme constatées ou réalisées sur les éléments d'actif immobilisé sont taxées selon le régime des plus-values professionnelles (Mémento Fiscal n°s 17500 s.).

2. Société passible de l'impôt sur les sociétés. Les résultats du dernier exercice ainsi que les sommes en sursis d'imposition (provisions notamment) sont taxés au taux de droit commun ou au taux réduit en faveur des PME et le cas échéant aux taux réduits de 10, 15 et 19 %. S'y ajoute éventuellement la contribution sociale de 3,3 %.

87962 Quant au **boni de liquidation,** déterminé selon des méthodes complexes, il est imposé entre les mains des associés comme un revenu distribué (Mémento Fiscal n°s 24510 s.). Le cas échéant, il bénéficie de l'exonération attachée au régime des sociétés mères et filiales. Lorsque le bénéficiaire est une personne physique, le montant imposable n'est réduit de l'abattement de 40 % que si le contribuable a exercé l'option globale pour le barème progressif (n° 76542).

SECTION 4

PRESCRIPTION DES ACTIONS CONTRE LES ASSOCIÉS

DOMAINE DE LA PRESCRIPTION DES ACTIONS CONTRE LES ASSOCIÉS

L'article L 237-13 prévoit que « toutes actions contre les **associés non liquidateurs** ou leurs conjoint survivant, héritiers ou ayants cause se prescrivent par cinq ans à compter de la publication de la dissolution de la société au registre du commerce et des sociétés ». **88100**

Cette prescription trouve à s'appliquer lorsque les associés sont poursuivis après la clôture de la liquidation en paiement de dettes sociales non réglées.

En pratique, courent le risque d'être poursuivis les associés tenus indéfiniment au passif social (associés en nom) mais également les associés dont la responsabilité est limitée. Dans ce second cas, les associés ne sont tenus que dans la limite de ce qu'ils ont reçu de la société (Cass. com. 17-12-1979 : Rev. sociétés 1981 p. 81 ; Cass. com. 13-6-1984 : Rev. sociétés 1985 p. 405 ; Cass. com. 3-7-2001 nº 98-20.720 : RJDA 12/01 nº 1221), c'est-à-dire ce qu'ils ont obtenu au titre du remboursement de leurs apports et au titre de la répartition du boni de liquidation, lesdits associés ne pouvant être tenus au-delà du montant de leurs apports.

Ces dispositions ne sont pas applicables aux **sociétés créées de fait** (Cass. com. 19-1-1981 : JCP 1982 II nº 19816 note Chartier). **88101**

Elles ne s'appliquent pas non plus à l'action par laquelle un **associé,** qui a payé des dettes sociales en exécution d'un engagement de **caution** qu'il avait contracté, réclame à d'autres associés qui s'étaient également portés caution avec lui leur part des sommes payées (Cass. com. 16-6-1981 : Bull. civ. IV nº 274).

Enfin, la prescription quinquennale ne s'applique qu'aux **actions intentées par des tiers** (créanciers sociaux) **contre des associés pris individuellement.** Elle ne joue donc pas en cas d'action d'un associé contre la société, un autre associé ou le liquidateur, ni en cas d'action par la société contre un associé, ni en cas d'action par un créancier contre la société ou le liquidateur pris en cette qualité.

> **Précisions** **a.** La prescription quinquennale ne joue pas en cas d'**action d'un créancier personnel** d'un associé contre celui-ci (CA Paris 15-3-2002 : Dr. sociétés 2002 nº 149, à propos d'une action en recouvrement de cotisations sociales propres à l'associé).
>
> **b.** Pour une application de la prescription quinquennale à une **action intentée par l'administration fiscale** contre les anciens associés d'une SARL et tendant au paiement d'impôts dus au titre d'exercices antérieurs à la dissolution, voir CA Paris 21-1-1987 : BRDA 9/87 p. 12.

POINT DE DÉPART DE LA PRESCRIPTION DES ACTIONS CONTRE LES ASSOCIÉS

Le délai de prescription ne court qu'à compter du jour de l'inscription au RCS constatant la dissolution de la société (art. L 237-13). **88102**

Aucune disposition légale ne fixe un point de départ différent selon que le créancier a ou non un titre contre la société débitrice (Cass. 3e civ. 9-6-1999 nº 97-19.181 : RJDA 3/00 nº 298 ; Cass. 3e civ. 26-9-2007 nº 05-18.842 : RJDA 1/08 nº 51).

Lorsqu'une créance naît après la date de publication de la dissolution, le point de départ de la prescription n'est pas pour autant modifié (Cass. com. 13-12-2011 nº 11-10.008 : RJDA 4/12 nº 416, à propos d'une société civile mais transposable par analogie des règles applicables). Cette solution de la Cour de cassation revient à considérer ce délai plutôt comme une forclusion que comme une prescription, ce qui va dans le sens d'une plus grande sécurité juridique des associés.

Toutefois, lorsque la société est dissoute par l'effet d'un jugement de clôture pour insuffisance d'actif (C. civ. art. 1844-7, 7º), la prescription ne court qu'à compter de la publication de ce jugement au Bodacc (Cass. com. 8-3-2005 nº 393 : RJDA 6/05 nº 723 ; Cass. com. 12-12-2006 nº 04-17.187 : RJDA 5/07 nº 486, décisions rendues sous l'empire du régime antérieur à l'ordonnance 2014-326 du 12-3-2014 qui prévoyait la dissolution de la société dès le jugement ordonnant la liquidation judiciaire mais transposables).

INTERRUPTION DE PRESCRIPTION DES ACTIONS CONTRE LES ASSOCIÉS

La prescription est interrompue, selon le droit commun, par une assignation, une saisie, une reconnaissance de dette, etc. Après chaque acte interruptif, un nouveau délai de cinq ans recommence à courir (C. civ. art. 2231). **88103**

CHAPITRE 8

LES SANCTIONS CIVILES DES IRRÉGULARITÉS

SOMMAIRE

DIVERSITÉ DES SANCTIONS CIVILES

89000 Soucieux de limiter les annulations en matière de sociétés commerciales, le législateur a prévu qu'il n'y a **nullité** ou annulabilité de l'acte vicié que dans la mesure où les textes le prévoient et la Cour de cassation contrôle l'existence du fondement juridique justifiant les décisions d'annulation.

En l'absence de texte prévoyant une nullité, les **autres sanctions civiles** des irrégularités sont variées :

– l'énonciation incomplète des mentions devant figurer dans les statuts, soit à la constitution de la société, soit à la suite d'une modification statutaire, ainsi que l'omission ou l'accomplissement irrégulier d'une formalité prescrite pour la constitution de la société ou pour une modification statutaire ouvrent à tout intéressé une action en régularisation et une action en responsabilité contre les auteurs de l'irrégularité ;

– le non-respect par les dirigeants de leurs obligations, notamment d'information des associés, permet à tout intéressé d'obtenir une injonction de faire ;

– les irrégularités autres que celles affectant l'acte constitutif de la société ou les actes modificatifs des statuts ouvrent à tout intéressé une action en responsabilité contre les auteurs du vice, soit en vertu des règles de responsabilité des dirigeants sociaux, soit en vertu du droit commun de la responsabilité ;

– l'absence d'acte constitutif écrit ou le défaut d'immatriculation de la société au RCS donne lieu, en cas d'exercice d'une activité commerciale, à apurement de la situation de fait qu'a pu créer la réunion de plusieurs personnes qui se sont comportées effectivement comme des associés ; la sanction consiste alors dans l'application du régime des sociétés *dites « de fait »* ou des sociétés en participation « ostensibles » ;

– les droits de vote et les droits à dividende attachés aux titres sont suspendus ou supprimés en cas de violation d'un certain nombre de dispositions, notamment en cas d'émission d'actions en violation des règles de constitution ou d'augmentation de capital des SA, ou encore de non-communication des informations relatives à l'identification des propriétaires de titres « cotés » ;

– les clauses statutaires contraires à une disposition impérative dont la violation n'est pas sanctionnée par la nullité de la société sont réputées non écrites ;
– le non-respect de la proportion légale d'hommes et de femmes au conseil d'administration ou de surveillance des SA de grande taille ou dont les actions sont admises aux négociations sur un marché réglementé peut entraîner la suspension du versement de la rémunération des membres du conseil ;
– le non-respect de l'obligation d'établir un plan de vigilance comportant les mesures requises ou de publier des informations de durabilité par une société qui y est tenue peut entraîner l'exclusion de cette société des contrats de la commande publique.

RÉFORME DU RÉGIME DES NULLITÉS

L'**ordonnance 2025-229 du 12 mars 2025** réforme en profondeur le régime des nullités en droit des sociétés. Elle a pour ambition de simplifier et de clarifier ce régime afin de **renforcer la sécurité juridique** de la constitution des sociétés, de leurs actes et de leurs délibérations en réduisant le risque de nullité en cette matière et les incertitudes du régime antérieur. À cet égard, on peut toutefois douter que l'abandon de la nécessité d'une nullité expressément prévue par la loi comme cause de nullité des décisions emportant modification statutaire dans les sociétés commerciales permette de réduire ce risque. **89002**

Sur le plan formel, l'ordonnance réorganise les dispositions régissant les nullités en prévoyant, d'une part, des **dispositions** « de droit commun des nullités » **applicables à toutes les sociétés**, tant civiles que commerciales, regroupées dans le Code civil (art. 1844-10 s.) et, d'autre part, des dispositions applicables **aux seules sociétés commerciales**, qui figurent dans le Code de commerce et qui, pour certaines, dérogent aux dispositions de droit commun du Code civil. Parallèlement, les articles L 235-1 à L 235-14, qui fixent le régime général de nullité pour les sociétés commerciales, sont abrogés (Ord. 2025-229 art. 63).

Entrée en vigueur Exception faite des dispositions relatives à la désignation irrégulière des auditeurs chargés de contrôler les informations de durabilité qui entreront en vigueur à compter du 1er janvier 2027, l'ordonnance 2025-229 du 12 mars 2025 se borne à préciser qu'elle « **s'applique à compter du 1er octobre 2025** » (art. 70). **89003**

Il résulte, à notre avis, de cette formulation que les dispositions nouvelles relatives aux **causes de nullité** ne s'appliqueront pas aux actes – constitution de la société ou décisions sociales – accomplis avant cette date (dans le même sens, B. Dondero, L'ordonnance réformant les nullités en droit des sociétés : JCP E 2025 n° 1115 § 14). En effet, en vertu d'une jurisprudence constante, les conditions de validité d'un contrat ou d'une clause d'un contrat sont régies par la loi en vigueur au jour de sa conclusion (par exemple, Cass. 3e civ. 7-10-1980 n° 79-12.267 : Bull. civ. III n° 152 ; Cass. 1e civ. 12-6-2013 n° 12-15.688 FS-PB : Bull. civ. I n° 125 ; Cass. com. 16-2-2022 n° 20-20.429 F-B : RJDA 5/22 n° 262). Et, par application de l'article 1100-1, al. 2 du Code civil, les actes juridiques obéissent, en tant que de raison, pour leur validité et leurs effets, aux règles qui gouvernent les contrats.

S'agissant des **clauses statutaires réputées non écrites** (n° 89840), on peut, nous semble-t-il, considérer que, à compter du 1er octobre 2025 et en vertu de la théorie des effets légaux du contrat, les dispositions nouvelles seront applicables aux statuts même signés avant cette date en transposant la jurisprudence dégagée par la Cour de cassation. En effet, la Cour a jugé que les dispositions de la loi 2019-744 du 19 juillet 2019 qui ont supprimé, à l'article L 227-19, l'exigence d'unanimité pour l'adoption ou la modification d'une clause statutaire d'exclusion dans les SAS, ont pour objet et pour effet de régir les effets légaux du contrat de société et qu'elles sont donc applicables aux SAS créées antérieurement à l'entrée en vigueur de cette loi (Cass. com. QPC 12-10-2022 n° 22-40.013 FS-B : RJDA 12/22 n° 698 ; dans le même sens à propos de la modification de l'article 1843-4 du Code civil sur la fixation du prix de cession de parts sociales, Cass. com. 18-11-2020 n° 19-13.402 FS-PB : Dr. sociétés 2021 comm. n° 17 note R. Mortier et CA Paris 4-3-2025 n° 24/04291 : RJDA 7/25 n° 375).

De même, s'agissant de la possibilité de **prévoir dans les statuts de SAS** la nullité de **décisions sociales** prises en violation de leurs dispositions (n° 60600), on peut considérer que les statuts des SAS préexistantes pourront prévoir cette nullité qui sera applicable aux violations commises à compter du 1er octobre 2025 (dans le même sens, E. Guégan, Ordonnance « Nullités » : présentation et entrée en vigueur : ELnet Droit des affaires, Veille permanente 29-4-2025).

Il est possible que, même pour les actes accomplis avant le 1er octobre 2025, les **juges** saisis d'une action en nullité soient tentés de leur **appliquer** certaines **dispositions nouvelles,** telles que celles relatives au mécanisme du triple test (n° 89487) ou limitant les nullités en cascade (nos 89579 s.) (dans le même sens, B. Dondero, L'ordonnance réformant les nullités en droit des sociétés : JCP E 2025 n° 1115 § 15 ; E. Guégan, précité).

Sur l'application dans le temps du nouveau **délai de prescription** de l'action en nullité, voir n° 89450.

SECTION 1

NULLITÉS

CARACTÉRISTIQUES DES NULLITÉS

89100 Les nullités sont considérées dans la législation sur les sociétés comme une **sanction exceptionnelle** des irrégularités commises dans la constitution et le fonctionnement de la société. En effet, les causes de nullité sont limitativement déterminées par la loi ; en outre, l'exercice de l'action en nullité est lui-même enfermé dans une réglementation étroite tendant à éviter, le plus possible, le prononcé de la nullité.

I. CAUSES DE NULLITÉ

PRINCIPE

89110 Sous le **régime antérieur au 1er octobre 2025**, date d'entrée en vigueur de l'ordonnance de 2025 (Ord. 2025-229 du 12-3-2025 art. 70), les causes de nullité sont déterminées par la loi (art. L 235-1) en fonction d'une distinction fondamentale entre, d'une part, l'acte constitutif de la société et les modifications des statuts et, d'autre part, les actes ou délibérations autres que les précédents : les actes constitutifs de sociétés ainsi que les actes modificatifs des statuts sont susceptibles d'être annulés moins fréquemment que les autres actes ou délibérations.

À compter du 1er octobre 2025, cette distinction est abandonnée et tous ces actes ou délibérations sont soumis au même régime.

CAS DES FUSIONS ET SCISSIONS

89111 Que ce soit avant ou après le 1er octobre 2025, date d'entrée en vigueur de l'ordonnance 2025-229 du 12 mars 2025 (Ord. art. 70), les fusions, scissions et apports partiels d'actifs domestiques font l'objet d'un régime particulier : leur nullité ne peut résulter que de la nullité de la délibération de l'une des assemblées ayant décidé l'opération ou du défaut de dépôt au greffe de la déclaration de conformité par une SA ou une SE (nº 84210). Pour les opérations transfrontalières, le double contrôle de conformité et de légalité s'impose sous peine de nullité de l'opération (nos 84670 s.).

A. Causes de nullité de la société

PRINCIPE

89120 Les causes de nullité d'une **société constituée avant le 1er octobre 2025** sont déterminées par l'article L 235-1, al. 1 (abrogé à compter de cette date : Ord. 2025-229 du 12-3-2025 art. 63 et 70), aux termes duquel « la nullité d'une société […] ne peut résulter que d'une disposition expresse du présent Livre ou des lois qui régissent la nullité des contrats. En ce qui concerne les SARL et les sociétés par actions, la nullité de la société ne peut résulter ni d'un vice de consentement ni de l'incapacité, à moins que celle-ci n'atteigne tous les associés fondateurs. La nullité de la société ne peut non plus résulter de la nullité des clauses prohibées par l'article 1844-1 du Code civil ». Ainsi, en l'absence de texte contraire, le défaut d'immatriculation d'une société au RCS n'entraîne pas la nullité de cette société (Cass. com. 4-5-1981 : Bull. civ. IV nº 203).

Pour les **sociétés constituées à compter du 1er octobre 2025**, la nullité de la société ne peut *résulter que de l'incapacité* de tous les fondateurs ou de la violation des dispositions fixant un nombre minimal de deux associés (C. civ. art. 1840-10, al. 1 modifié par ord. 2025-229).

Nous examinons successivement ces causes de nullité. En vertu des principes généraux du droit, il convient d'en ajouter une autre – la fraude – appelée à jouer avant comme après le 1er octobre 2025, que nous traiterons ensuite.

1. SOCIÉTÉ CONSTITUÉE AVANT LE 1ER OCTOBRE 2025

DISPOSITION EXPRESSE DU LIVRE II DU CODE DE COMMERCE

SNC et SCS Dans les SNC et les SCS, seul l'accomplissement des formalités de publicité est requis à peine de nullité de la société (art. L 235-2). En pratique d'ailleurs, cette nullité paraît devoir être exceptionnelle, car l'article L 210-7, al. 2 prévoit expressément qu'une régularisation est possible si une « formalité » a été omise. 89121

SARL et sociétés par actions La loi n'édicte aucune cause expresse de nullité pour ces formes de sociétés. 89122

Certes, l'article L 225-8, al. 4 applicable à certaines constitutions de SA avec offre au public et comportant des apports en nature ou des avantages particuliers dispose que, « à défaut d'approbation expresse des apporteurs et des bénéficiaires d'avantages particuliers, mentionnée au procès-verbal, la société n'est pas constituée ». Mais, à supposer que cette disposition constitue un cas de nullité de la société, elle ne peut recevoir application puisque la société par actions ne peut pas être annulée pour défaut de consentement (art. L 235-1, al. 1).

Texte autre que le Livre II du Code de commerce L'article L 235-1, al. 1 visant le Livre II du Code de commerce, toute cause de nullité d'une société commerciale prévue par un texte extérieur à ce Livre II doit être considérée comme non avenue. Il en est ainsi notamment de la nullité de la société prévue par l'article L 141-22, al. 2 en cas d'opposition à l'apport d'un fonds de commerce par un créancier de l'apporteur (n° 2087). 89123

DISPOSITIONS LÉGALES QUI RÉGISSENT LA NULLITÉ DES CONTRATS

Cette seconde catégorie de nullités comprend : 89130
– d'une part, la nullité résultant de la violation des règles générales de validité des contrats ;
– d'autre part, la nullité résultant de la violation des règles spéciales au contrat de société. Cette cause de nullité est expressément visée par l'article 1844-10 du Code civil, qui est applicable à toutes les sociétés s'il n'en a pas été autrement disposé (C. civ. art. 1834). Or, l'article L 235-1, al. 1 n'est pas contraire à ce texte puisqu'en se référant aux dispositions légales qui régissent la nullité des contrats il n'écarte pas celles qui concernent spécialement le contrat de société.

Nullité résultant de la violation des règles générales de validité des contrats Il s'agit de la nullité pour violation des conditions de droit commun de validité des contrats énumérées par l'article 1128 du Code civil : consentement des parties (des futurs associés) à l'acte ; capacité juridique des parties ; contenu licite et certain du contrat. Ces conditions ne sont toutefois pas sanctionnées par la nullité dans toutes les circonstances où elles font défaut : il convient, à cet égard, d'établir des distinctions en fonction du type de société. 89131

SNC et SCS. Dans les SNC et les SCS, la violation de l'une des conditions de validité des contrats constitue une cause de nullité. Ainsi, la société peut être annulée pour défaut ou vice du consentement, incapacité d'un ou plusieurs associés ou encore défaut de contenu licite et certain du contrat (sur cette notion, voir nos 87 s.). 89132

SARL et sociétés par actions. La nullité d'une SARL ou d'une société par actions ne peut résulter ni d'un **vice du consentement,** ni d'une **incapacité** à moins que celle-ci n'atteigne tous les associés fondateurs, ce qui est une hypothèse théorique (art. L 235-1, al. 1). 89133

À s'en tenir à l'article L 235-1, al. 1, la nullité pourrait résulter des autres causes de nullité relevant du droit commun des contrats : **défaut de consentement ou défaut de contenu licite et certain** (C. civ. art. 1128). Mais cette solution doit être écartée car elle est contraire à *l'article* 11 de la directive UE 2017/1132 du 14 juin 2017 aux termes duquel les seuls cas dans lesquels la législation d'un État membre de l'UE peut prévoir la nullité d'une SARL ou d'une société par actions sont : 89134
– le défaut d'acte constitutif ou l'inobservation, soit des formalités de contrôle préventif, soit de la forme authentique ;
– le caractère illicite ou contraire à l'ordre public de l'objet de la société ;
– l'absence, dans l'acte constitutif ou dans les statuts, de toute indication au sujet soit de la dénomination de la société, soit des apports, soit du montant du capital souscrit, soit de l'objet social ;
– l'inobservation des dispositions de la législation nationale relatives à la libération minimale du capital social ;

– l'incapacité de tous les associés fondateurs ;
– le fait que, contrairement à la législation nationale régissant la société, le nombre des associés fondateurs est inférieur à deux.

En dehors de ces cas, précise la directive, « les sociétés ne sont soumises à aucune cause d'inexistence, de nullité absolue, de nullité relative ou d'annulabilité ».

89135 Les dispositions nationales relatives aux nullités de sociétés doivent être interprétées « à la lumière du texte et de la finalité de la directive », ce qui exclut la possibilité de prononcer la nullité d'une SARL ou d'une société par actions pour des motifs autres que ceux limitativement énoncés à l'article 11 de la directive UE 2017/1132 du 14 juin 2017 (CJCE 13-11-1990 : RJDA 1/91 n° 80).

Par suite, indépendamment de l'incapacité de tous les associés fondateurs déjà visée par l'article L 235-1, al. 1, seul peut être cause de nullité au titre du droit commun des contrats le caractère illicite ou contraire à l'ordre public de l'objet social tel qu'il est décrit dans les statuts. Ainsi, une SARL constituée en vue d'opérations de chantage mais ayant un objet statutaire licite ne peut pas être annulée (Cass. com. 10-11-2015 n° 14-18.179 : RJDA 2/16 n° 125) ; la nullité d'une SARL ne peut pas être prononcée à raison de sa fictivité (CA Paris 21-9-2001 n° 99-244 : RJDA 6/02 n° 641).

› Précisions **a.** Les dispositions de l'article 11 de la directive européenne 2017/1132 ne doivent pas être considérées comme des cas de nullité devant obligatoirement être appliqués dans les droits nationaux. Elles constituent seulement le maximum de ce que la législation de chaque État membre peut retenir. Doivent donc être écartées les **causes** de nullité **prévues par la directive mais non reprises dans la loi française** (notamment l'absence, dans les statuts, de toute indication sur la dénomination de la société, les apports, le montant du capital ou l'objet social).
b. Sur l'appréciation du **caractère illicite de l'objet social**, voir n°s 895 s. et 916.

89137 **Nullité résultant de la violation des règles spécifiques au contrat de société** En principe, la violation de l'une des règles spéciales au contrat de société, telles qu'elles ressortent de la définition de l'article 1832 du Code civil, est une cause de nullité de la société. Il en est ainsi dans les cas suivants : absence d'au moins deux associés, sauf dans l'hypothèse où la loi prévoit que la société peut être instituée par la volonté d'une seule personne ; absence ou fictivité d'un apport ; défaut d'affectio societatis ; défaut de participation aux résultats de l'exploitation.

89138 Mais, là encore, la directive UE 2017/1132 du 14 juin 2017 conduit à distinguer selon le type de la société concerné.

Les causes de nullité ci-dessus énoncées ne sont applicables en totalité qu'aux SNC et aux SCS.

Elles doivent être écartées lorsqu'il s'agit d'une SARL ou d'une SAS, dès lors qu'elles ne figurent pas dans l'énumération de l'article 11 de la directive ; s'agissant des SA et des SCA, seule la constitution par un associé unique, visée à l'article 11 de la directive, pourrait entraîner la nullité de la société et les autres causes de nullité ne peuvent pas être retenues.

2. SOCIÉTÉ CONSTITUÉE À COMPTER DU 1ER OCTOBRE 2025

89145 La nullité de la société constituée à compter du 1er octobre 2025 ne peut résulter que de l'une des deux causes suivantes (C. civ. art. 1844-10, al. 1 modifié par ord. 2025-229 du 12-3-2025 ; Ord. 2025-229 art. 70) :
– l'**incapacité** de tous les fondateurs ;
– la violation des dispositions fixant un **nombre minimal de deux associés**, ce qui devrait écarter la nullité en cas de non-respect d'une règle légale imposant un nombre minimal supérieur à deux et notamment l'article L 22-10-2 qui dispose que le nombre des associés dans une SA dont les actions sont admises aux négociations sur un marché réglementé ou sur un SMN ne peut pas être inférieur à sept ou l'article L 226-1, al. 1 qui dispose que le nombre des associés commanditaires dans une SCA ne peut pas être inférieur à trois.

La nullité de la société ne peut pas être prononcée pour violation des règles générales de validité des contrats – défaut ou vice du consentement, incapacité d'un ou plusieurs associés (mais non de tous les associés) ou encore défaut de contenu licite et certain du contrat – ou des règles spécifiques au contrat de société – défaut d'affectio societatis, absence ou fictivité d'un apport ou défaut de participation aux résultats de l'exploitation – ou encore pour non-respect de l'obligation prévue par l'article 1833, al. 1 du Code civil que la société ait un objet social licite ou soit constituée dans l'intérêt commun des associés.

3. NULLITÉ POUR FRAUDE

SARL ET SOCIÉTÉS PAR ACTIONS

Les SARL et les sociétés par actions ne peuvent pas être annulées pour fraude, puisque la fraude n'est **pas visée** dans l'article 11 de la directive UE 2017/1132 du 14 juin 2017 et que la Cour de justice européenne a interprété ce texte comme excluant les mobiles qui ont conduit les fondateurs à créer la société (nº 89135). Cette solution, qui peut surprendre tant le principe de la nullité des actes frauduleux semble universellement établi, s'explique par le souci des autorités européennes de limiter, autant que possible, les causes de nullité des sociétés régulièrement immatriculées afin d'assurer la sécurité juridique dans les rapports entre la société et les tiers ou entre les associés eux-mêmes. 89150

Au surplus, ces mesures ne concernent que la société elle-même en tant qu'être moral. Par exemple, un apport frauduleux reste illicite et les créanciers peuvent, par l'action paulienne, obtenir l'inopposabilité à leur égard d'un apport fait en fraude de leurs droits. Mais cette inopposabilité, quelle que soit l'importance de l'apport et même si ce dernier était déterminant pour l'engagement des autres associés, n'entraînera pas la nullité de la société.

AUTRES SOCIÉTÉS

À défaut de dispositions comparables à celles applicables aux SARL et aux sociétés par actions, la nullité des autres sociétés peut être prononcée s'il y a fraude. Certes, la fraude n'est pas expressément prévue comme une cause de nullité par les textes, mais il est constant qu'elle fait exception à toutes les règles (« fraus omnia corrumpit »). Toutefois, la nullité ne peut être prononcée que si tous les associés ont participé à la fraude (cf. Cass. com. 28-1-1992 : RJDA 4/92 nº 350). 89152

B. Causes de nullité des décisions sociales

DOUBLE RÉGIME

La réforme du régime des nullités opérée par l'ordonnance 2025-229 du 12 mars 2025, entrée en vigueur le 1er octobre 2025 (Ord. art. 70), conduit à distinguer selon que la décision dont l'annulation est recherchée est intervenue avant ou à compter de cette date. 89200

1. DÉCISIONS ANTÉRIEURES AU 1ER OCTOBRE 2025

a. Actes ou délibérations modifiant les statuts

PRINCIPE

Aux termes de l'article L 235-1, al. 1, la nullité des actes ou délibérations antérieurs au 1er octobre 2025 et modifiant les statuts « ne peut résulter que d'une disposition expresse du présent Livre ou des lois qui régissent la nullité des contrats ». 89210

ATTENTION

Les restrictions aux causes de nullité prévues par l'article L 235-1, al. 1 et par la directive UE 2017/1132 du 14 juin 2017 en faveur des SARL et des sociétés par actions sont strictement limitées à la « nullité de la société » ; elles ne visent en aucune façon la nullité des actes modificatifs des statuts.

DOMAINE D'APPLICATION DE LA NULLITÉ

Les actes annulables sont essentiellement les **décisions collectives extraordinaires et les décisions des assemblées** générales **extraordinaires,** en principe seules compétentes pour *modifier les statuts*. Ce sont aussi les décisions prises par d'**autres organes** de la société lorsque la loi les a habilités à modifier les statuts, cas, par exemple, du conseil d'administration ou du directoire autorisé par l'assemblée à réaliser une augmentation ou une réduction de capital, ou à décider une fusion-absorption, une scission ou un apport partiel d'actifs soumis au régime des scissions, ou encore du conseil d'administration ou de surveillance décidant le transfert du siège social. 89220

Aux décisions des assemblées générales extraordinaires on doit assimiler, selon nous, dans les SA et les SCA, les décisions des **assemblées spéciales** lorsqu'elles se rapportent à des modifications statutaires. En effet, ce n'est qu'après approbation de l'assemblée spéciale que la modification des statuts votée par l'assemblée générale extraordinaire est définitivement acquise. 89221

Il est donc indispensable, pour que la modification statutaire ne soit pas remise en question, en dehors des cas expressément prévus par la loi, que l'annulation de l'assemblée spéciale soit soumise au même régime que l'annulation des modifications statutaires.

> **Précisions** Les causes de nullité des décisions ne modifiant pas les statuts sont plus nombreuses que celles prévues pour les modifications des statuts. Dès lors, les assemblées spéciales pourraient être plus souvent annulées que les **assemblées générales extraordinaires** si on ne les soumettait pas au **même régime** que celles-ci, au moins lorsque leurs décisions ont pour objet d'approuver une modification des statuts. Les causes de nullité des modifications statutaires que la loi a voulu limitativement fixer seraient alors indirectement élargies.

DISPOSITION EXPRESSE DE LA LOI SUR LES SOCIÉTÉS

89230 Les cas de nullité expressément prévus par le Livre II du Code de commerce sont signalés lors de l'examen de chacune des règles qu'ils sanctionnent.

89233 La notion de **nullité expresse** est interprétée strictement par la Cour de cassation. Ainsi, une modification des statuts d'une SARL ne peut pas être annulée pour publicité irrégulière (Cass. com. 23-6-1987 : Bull. Joly 1987 p. 632). De même, la réduction du capital d'une SA ne peut pas être annulée pour défaut de rapport du commissaire aux comptes (Cass. com. 15-3-2017 n° 15-50.021 F-PB : RJDA 7/17 n° 459).

DISPOSITIONS QUI RÉGISSENT LA NULLITÉ DES CONTRATS

89240 Les **règles générales** qui sanctionnent les conditions de validité des contrats sont le défaut ou le vice du consentement, l'incapacité ou le défaut de contenu licite et certain de la décision (C. civ. art. 1128).

La violation des **règles spéciales au contrat de société** (C. civ. art. 1832 s.) est expressément visée par l'article 1844-10, al. 3 du Code civil (dans sa rédaction en vigueur avant le 1-10-2025), applicable à toutes les sociétés s'il n'en a pas été autrement disposé (C. civ. art. 1834). L'article L 235-1, al. 1 n'est pas contraire à ce texte puisqu'en se référant aux dispositions légales qui régissent la nullité des contrats, il n'écarte pas celles qui concernent spécialement le contrat de société. Ces règles spécifiques sont, par exemple, les suivantes : augmentation des engagements des associés sans leur accord, atteinte à la vocation des associés au partage des bénéfices ou à leur contribution aux pertes, ou encore obstacle au droit pour tout associé et, en cas de démembrement de propriété de droits sociaux, pour l'usufruitier de participer aux décisions collectives.

ILLUSTRATIONS

La souscription d'un actionnaire à une augmentation de capital a été annulée pour **dol,** dès lors que ce sont les manœuvres frauduleuses des représentants légaux de la société qui ont amené l'actionnaire à souscrire (Cass. com. 27-11-1972 n° 70-12.609 : Bull. civ. IV n° 308).

L'assemblée générale extraordinaire portant sur une modification statutaire encourt la nullité si le **curateur** de l'un des associés n'a pas été **convoqué** à cette **assemblée** (Cass. com. 18-9-2024 n° 22-24.646 F-B : RJDA 1/25 n° 22).

NULLITÉ POUR FRAUDE OU ABUS DU DROIT

89250 La modification statutaire entachée de **fraude** peut être annulée car, même si la fraude n'est pas expressément prévue comme une cause de nullité par l'article L 235-1, al. 1, il est constant qu'elle fait exception à toutes les règles.

ILLUSTRATIONS

Ont été annulées :

– une assemblée générale extraordinaire, au motif que des actionnaires (qui représentaient 45 % du capital) avaient été exclus de la réunion « par ruse et artifice », le président de la société ayant prétexté, pour les éliminer, que le certificat délivré par la banque dépositaire de leurs actions n'était pas valable (Cass. com. 6-7-1983 : Bull. civ. IV n° 206) ;

– une assemblée générale de SARL ayant décidé une augmentation de capital qui avait entraîné la dilution de la participation d'un associé, car elle avait été réunie alors que la société, qui était en relation avec lui, savait qu'il était en voyage et n'avait pas pris soin de l'avertir (CA Aix-en-Provence 13-12-2012 n° 11-16034 : RJDA 4/13 n° 328) ;

– une assemblée générale extraordinaire de SAS ayant décidé un coup d'accordéon qui *n'était pas nécessaire à la survie de la société*, les pertes de l'exercice précédent ne reflétant pas la situation réelle de la société, et alors que le délai imposé à l'associé minoritaire pour souscrire à l'augmentation de capital était anormalement bref, ce dont il se déduisait que l'opération avait pour objectif d'exclure celui-ci et non de préserver l'intérêt social (Cass. com. 7-5-2019 n° 17-18.785 F-D : RJDA 8-9/19 n° 559 ; pour un autre exemple, Cass. com. 11-1-2017 n° 14-27.052 F-D : RJDA 3/17 n° 181) ;

– une assemblée générale extraordinaire de SAS ayant modifié les règles statutaires de majorité pour la conclusion, la résiliation ou la modification de tout contrat de licence de marque par la société, cette assemblée ayant été convoquée en violation grossière d'une ordonnance du juge des référés ajournant une précédente assemblée qui avait en partie le même ordre du jour (CA Bordeaux 10-1-2023 nº 22/01177 : RJDA 7/23 nº 375).

En revanche, n'a pas été annulée une assemblée générale de SAS ayant décidé une augmentation de capital car cette décision n'avait pas été prise en fraude des droits du minoritaire demandeur. En effet, il avait été convoqué à l'assemblée et n'avait pas été empêché de souscrire ; en outre, la dilution de sa participation avait été faible (Cass. com. 5-4-2018 nº 16-18.772 F-D : RJDA 8-9/18 nº 651).

Lorsque la fraude tend à porter atteinte aux droits de tiers et notamment de créanciers, ceux-ci peuvent obtenir en justice que la modification statutaire leur soit déclarée **inopposable** (C. civ. art. 1341-2 ; pour un exemple, Cass. 1e civ. 6-7-2022 nº 21-15.886 F-D : RJDA 11/22 nº 656, à propos d'une société civile mais transposable), étant précisé que, contrairement à la nullité, l'inopposabilité ne remet pas en cause la modification statutaire qui produit pleinement ses effets à l'égard de toutes les personnes autres que celles au profit desquelles cette inopposabilité est prononcée.

En outre, une délibération modifiant les statuts peut être annulée s'il y a **abus de droit** (abus de majorité). Tel a été le cas de la transformation d'une SA en SCS (T. com. Paris 29-6-1981 : Gaz. Pal. 1981 p. 687). 89252

b. Actes ou délibérations ne modifiant pas les statuts

PRINCIPE

Aux termes de l'article L 235-1, al. 2, « la nullité d'actes ou délibérations [pris avant le 1er octobre 2025] autres que ceux prévus à l'alinéa précédent (constitution ou modification des statuts) ne peut résulter que de la violation d'une disposition impérative du présent Livre, à l'exception de la première phrase du premier alinéa de l'article L 225-35 et de la troisième phrase du premier alinéa de l'article L 225-64, ou des lois qui régissent les contrats ». 89310
Il convient donc d'analyser successivement les actes annulables en vertu de cette disposition, le sens de la formule « dispositions impératives des lois qui régissent les contrats » ainsi que la possibilité d'admettre la nullité pour fraude ou abus du droit.
Signalons deux particularités que présente cette formule par rapport à celle de l'alinéa 1 du même article relative à la nullité de la société ou des actes modifiant les statuts :
– le premier cas de nullité ne résulte pas d'une « disposition expresse » du Livre II du Code de commerce ; il consiste dans la « violation d'une disposition impérative » de ce Livre ;
– le second cas de nullité ne résulte pas des dispositions légales « qui régissent la nullité des contrats » ; il consiste dans la violation des dispositions légales (impératives) « qui régissent les contrats ».
Soulignons en outre que les dispositions relatives à la prise en compte de l'intérêt social et des enjeux sociaux et environnementaux de l'activité (art. L 225-35, al. 1-première phrase et L 225-64, al. 1-troisième phrase) sont expressément qualifiées d'exceptions et que leur violation n'est donc pas sanctionnée par la nullité des actes ou délibérations sociales.

DOMAINE D'APPLICATION DE LA NULLITÉ

Par « **actes** », il faut considérer, conformément à la définition classique, toute manifestation de volonté émanant d'une société commerciale destinée à produire des effets de droit dans les rapports avec les associés. 89320
Par « **délibérations** », il faut entendre toutes les décisions émanant d'organes délibérants des sociétés commerciales : décisions collectives ou assemblées d'associés, conseils d'administration, directoires, conseils de surveillance. En ce qui concerne les décisions des *assemblées d'actionnaires, il s'agit* de celles des assemblées ordinaires, mais aussi de celles des assemblées générales extraordinaires et des assemblées spéciales qui ne portent pas sur des modifications statutaires.

VIOLATION DES DISPOSITIONS IMPÉRATIVES DU LIVRE II DU CODE DE COMMERCE

Notion de « dispositions impératives » Au sens strict, est impérative toute disposition que le législateur qualifie expressément d'ordre public en interdisant toute pratique contraire. 89330
Sont impératives les dispositions que la loi sanctionne **expressément** par la nullité. Il en est ainsi notamment des délibérations des organes de direction et d'administration des sociétés

par actions qui n'ont pas été constatées par des procès-verbaux (art. L 235-14). À ce cas s'ajoutent ceux qui ont été signalés lors de l'examen de chacune des règles qu'ils sanctionnent.

Soulignons que le fait qu'une disposition légale autorise l'**aménagement statutaire** de la règle qu'elle édicte ne suffit pas à la priver d'une portée impérative (Cass. com. 18-5-2010 nº 09-14.855 FS-PBIR : RJDA 8-9/10 nº 850 ; Cass. com. 10-2-2015 nº 13-25.588 F-D : RJDA 6/15 nº 429 ; Cass. 3e civ. 5-1-2022 nº 20-17.428 FS-B : RJDA 4/22 nº 205 et Cass. com. 12-10-2022 nº 21-15.407 F-D : RJDA 1/23 nº 36, à propos de sociétés civiles mais transposables).

En revanche, une disposition **pénalement sanctionnée** n'est pas nécessairement une disposition impérative dont la méconnaissance entraîne un risque d'annulation (Cass. 1e civ. 17-12-2009 nº 08-12.344 : RJDA 8-9/10 nº 853). Dans cette décision, la première chambre civile de la Cour de cassation, qui a sollicité l'avis de la chambre commerciale, a jugé que la méconnaissance de l'interdiction qui pèse sur les sociétés par actions de faire acheter leurs actions par un prête-nom n'est pas sanctionnée par la nullité de l'achat, rejetant l'argument selon lequel est nul tout contrat conclu au mépris de dispositions d'ordre public sanctionnées pénalement (sanction pénale aujourd'hui abrogée). Jugé aussi qu'une cession d'actions conduisant à une participation croisée interdite ne peut pas être annulée faute de texte prévoyant une telle sanction (Cass. com. 3-1-1996 nº 93-20.406 : RJDA 4/96 nº 512), et ce, quand bien même les dirigeants sociaux s'exposent à des sanctions pénales s'ils ne mettent pas fin à cette situation irrégulière.

89331 Dans le cas qui nous occupe, l'expression « disposition impérative » nous paraît avoir un sens plus large. En effet, elle a été introduite dans la loi pour qu'existe une cause de nullité générale permettant au juge de suppléer aux oublis éventuels du législateur (cf. Rapport AN nº 1886 relatif à la loi 66-537 du 24-7-1966 p. 46).

On doit donc admettre que la nullité est susceptible d'être prononcée, en l'absence d'une disposition expresse la prévoyant, dès lors que l'irrégularité commise compromet un intérêt important que la disposition violée tendait à protéger. C'est pourquoi, à notre avis, c'est au **juge** qu'il appartient de dire si telle ou telle disposition de la loi doit être considérée comme impérative au sens de l'article L 235-1, al. 2. Les dispositions impératives ne sont donc connues avec exactitude qu'au fur et à mesure que les tribunaux sont appelés à se prononcer.

89332 C'est chose faite, par **exemple,** en ce qui concerne :

– l'interdiction pour un administrateur en fonction dans une « grosse » société d'obtenir un contrat de travail dans celle-ci (cf. Cass. com. 7-3-1989 : Bull. Joly 1989 p. 435 ; Cass. soc. 25-6-1996 : RJDA 11/96 nº 1349 ; Cass. com. 26-1-1999 : RJDA 5/99 nº 565) ;

– la majorité absolue requise par l'article 59, al. 1 de la loi du 24 juillet 1966 (devenu l'art. L 223-29, al. 1) pour les décisions collectives ordinaires sur première consultation dans les SARL (CA Paris 8-6-1994 : RJDA 11/94 nº 1155) ;

– la compétence exclusive du conseil de surveillance pour fixer la rémunération des membres du directoire et leur attribuer une pension de retraite complémentaire (CA Paris 1-3-1996 : RJDA 8-9/96 nº 1065) ;

– la décision prise par une assemblée autre que l'assemblée générale ordinaire annuelle approuvant les comptes de l'exercice de distribuer un dividende prélevé sur le report à nouveau bénéficiaire d'un précédent exercice (Cass. com. 12-2-2025 nº 23-11.410 FS-B : RJDA 5/25 nº 266).

En revanche, l'impossibilité pour l'associé exclu de s'expliquer devant l'organe décidant son exclusion n'est pas une cause de nullité de la délibération ayant décidé son exclusion car il n'existe aucune disposition impérative du droit des sociétés qui impose le respect de la contradiction pour cette décision (Cass. com. 13-7-2010 nº 09-16.156 : RJDA 1/11 nº 58 ; dans le même sens, Cass. com. 17-3-2015 nº 14-12.407 : RJDA 6/15 nº 425). De même, le seul motif de la contrariété à l'intérêt social d'une délibération octroyant au gérant d'une SARL une rémunération manifestement excessive n'entraîne pas la nullité de cette délibération si l'existence d'une fraude ou d'un abus de majorité n'est pas établie (Cass. com. 13-1-2021 nº 18-21.860 F-P : RJDA 4/21 nº 237).

En tout état de cause, il appartient au **juge** de donner le fondement juridique justifiant l'annulation de l'acte dont la régularité est contestée (en ce sens, Cass. com. 20-9-2017 nº 15-22.735 F-D : RJDA 1/18 nº 36).

89350 ***« Présent Livre »*** *La nullité ne peut résulter, précise l'article L 235-1, al. 2, que de la* violation d'une disposition impérative « du présent Livre » (c'est-à-dire le Livre II de la **partie législative** du Code de commerce consacré aux sociétés commerciales et aux GIE).

Elle n'est donc pas applicable à la violation des dispositions impératives du décret du 23 mars 1967, repris dans la **partie réglementaire** du Code de commerce (Cass. com.

15-4-1982 : Bull. civ. IV n° 122), sauf si elles sont une condition d'application d'une disposition légale impérative.

Cette solution est confirmée par l'interprétation a contrario de l'article L 225-121, al. 2 (dans sa rédaction antérieure à l'ordonnance 2025-229 du 12-3-2025), texte qui précise que la nullité d'une assemblée générale de SA peut être prononcée pour violation non seulement des dispositions des articles L 225-115 et L 225-116 (relatives au droit de communication temporaire des actionnaires), mais aussi de celles du décret pris pour l'application des règles légales. Ce n'est que lorsque la loi l'admet, par renvoi exprès (cf. Cass. com. 15-4-1982 précité), que la nullité pour violation des dispositions de la partie réglementaire du Code de commerce peut être prononcée.

Pour des exemples de refus d'annulation d'actes ou de décisions malgré la violation de dispositions réglementaires au motif que ces dispositions n'étaient pas sanctionnées par la nullité, voir CA Paris 22-3-1977 : D. 1978 p. 157 note Gourlay ; CA Aix-en-Provence 31-1-1979 : Rev. sociétés 1980 p. 497 note Guilberteau ; CA Paris 22-5-1992 : Bull. Joly 1992 p. 1087 ; CA Paris 3-12-1993 : RJDA 3/94 n° 294. Pour une solution contraire, voir CA Pau 3-4-2012 n° 11/00429 : RJDA 12/12 n° 1089.

Une décision rendue par la chambre mixte de la Cour de cassation en matière de société civile ne contredit pas, à notre avis, la solution que nous soutenons. Sur le fondement des articles 1844, al. 1 et 1844-10, al. 3 du Code civil et de l'article 40 du décret 78-704 du 3 juillet 1978, la chambre mixte a jugé que les associés de sociétés civiles sont convoqués, à peine de nullité en cas de grief, 15 jours au moins avant la réunion de l'assemblée, par lettre recommandée (Cass. ch. mixte 16-12-2005 n° 236 : RJDA 3/06 n° 297). En effet, l'article 1844, al. 1, aux termes duquel tout associé a le droit de participer aux décisions collectives, est une disposition impérative et l'article 40 du décret 78-704, qui définit les règles de forme devant être observées pour permettre aux associés de participer valablement aux décisions collectives lorsqu'elles sont prises en assemblée, en est le prolongement.

L'article L 821-5, qui figure au **Livre VIII** du Code de commerce, frappe de nullité les délibé- **89351**
rations des assemblées ordinaires prises à défaut de désignation régulière des **commissaires aux comptes** ou sur présentation d'un rapport par des commissaires nommés ou maintenus en fonctions contrairement aux dispositions légales. Ces dispositions sont applicables, nonobstant toute disposition contraire, aux sociétés commerciales sous réserve des règles propres à celles-ci (art. L 821-1). Ce texte déroge à la règle édictée par l'article L 235-1, al. 2, qui ne vise que les dispositions du Livre II, et est d'ordre public ; il s'applique que la désignation du commissaire aux comptes titulaire soit volontaire ou imposée par la loi ou les statuts (Cass. com. 21-6-2023 n° 21-19.985 F-B : RJDA 10/23 n° 527, qui précise que la nullité s'applique à toutes les délibérations des assemblées ordinaires mais qu'elle n'est pas encourue à défaut de désignation d'un commissaire aux comptes suppléant).

VIOLATION DES DISPOSITIONS LÉGALES QUI RÉGISSENT LES CONTRATS

La formule de l'article L 235-1, al. 2 vise « les contrats », c'est-à-dire les contrats en général **89360**
et le contrat de société.

Les dispositions de caractère impératif régissant l'**ensemble des contrats** s'entendent en principe de celles qui ont trait aux conditions de leur validité : défaut ou vice du consentement, incapacité ou encore défaut de contenu licite et certain de la décision (C. civ. art. 1128 ; relève d'une cause de nullité des contrats en général la demande d'annulation pour défaut d'objet – désormais de contenu licite et certain – formée par un ancien dirigeant contre la décision collective qui l'a révoqué alors qu'il avait déjà démissionné : Cass. com. 4-4-2024 n° 22-20.482 F-D : RJDA 2/25 n° 85).

Comme les délibérations entraînant modification des statuts et pour les mêmes raisons (n° 89240), les délibérations ne modifiant pas les statuts peuvent être annulées si elles sont prises en violation des dispositions impératives des articles 1832 s. du Code civil régissant *spécifiquement le **contrat de société**. Est ainsi* nulle une décision d'exclusion d'un associé de SAS prise en méconnaissance du droit reconnu à tout associé de participer aux décisions collectives par l'article 1844, al. 1 de ce Code (en ce sens, Cass. com. 23-10-2007 n° 06-16.357 : RJDA 1/08 n° 50, rapport B. Petit p. 9 ; Cass. com. 9-7-2013 n° 11-27.235 : RJDA 10/13 n° 813 ; Cass. com. 29-5-2024 n° 22-13.158 FS-B : RJDA 8-9/24 n° 468).

ATTENTION

La nullité de la décision d'exclusion peut être prononcée sans qu'il y ait lieu de rechercher si l'irrégularité a été de nature à influer sur le résultat du processus de décision (sur l'application de ce critère, voir n° 89482), et donc quel que soit le niveau de participation de l'associé privé de son droit de vote.

Les actes ou délibérations (non modificatifs des statuts) qui ne violent aucune disposition impérative du Livre II du Code de commerce ou des articles 1832 s. du Code civil (notamment, droit de participation des associés aux décisions collectives) sont ainsi susceptibles d'être frappés de nullité s'ils sont entachés d'un défaut ou d'un vice du consentement (CA Paris 12-6-2007 nº 07-5264 : RJDA 11/07 nº 1122), d'une incapacité ou d'une absence de contenu licite et certain (Cass. com. 4-4-2024 précité).

89361 Ces causes de nullité ne sont pas les seules. En effet, la Cour de cassation considère que, sous réserve des cas dans lesquels il a été fait usage de la faculté ouverte par une disposition impérative d'aménager conventionnellement la règle posée par celle-ci, le **non-respect** des stipulations contenues dans les **statuts ou** le **règlement intérieur** n'est pas sanctionné par la nullité (Cass. com. 18-5-2010 nº 09-14.855 FS-PBIR : RJDA 8-9/10 nº 850, dit « Larzul 1 » ; Cass. com. 10-2-2015 nº 13-25.588 F-D : RJDA 6/15 nº 429 ; Cass. com. 7-5-2025 nº 23-21.508 F-B : RJDA 8-9/25 nº 440). La nullité est donc encourue en cas de non-respect d'une clause des statuts qui constitue le prolongement d'une disposition légale impérative. Il en est ainsi en cas de cession des parts d'une SARL conclue entre des associés lorsque l'agrément n'a pas été donné à la majorité renforcée prévue par les statuts conformément aux articles L 223-14 et L 223-16 (Cass. com. 10-2-2015 précité). Il en va de même en cas de violation des règles statutaires de majorité posées pour l'adoption des décisions collectives de SNC excédant les pouvoirs des gérants (Cass. 3e civ. 8-7-2015 nº 13-14.348 FS-PB : RJDA 10/15 nº 663, Cass. 3e civ. 5-1-2022 nº 20-17.428 FS-B : RJDA 4/22 nº 205 et Cass. com. 12-10-2022 nº 21-15.407 F-D : RJDA 1/23 nº 36, à propos de sociétés civiles mais transposables).

La nullité pourrait aussi être prononcée en cas de violation des stipulations des statuts d'une SA renforçant les règles de majorité pour les décisions du conseil d'administration ou allongeant le délai de détention des actions au nominatif pour bénéficier du droit de vote double ou du dividende majoré.

Dans les SAS, l'article L 227-9, al. 4 (dans sa rédaction antérieure à l'ordonnance 2025-229 du 12-3-2025) institué pour compléter le régime de droit commun permet à tout intéressé de poursuivre l'annulation des décisions prises en violation de l'alinéa 1 du même article – en vertu duquel les statuts déterminent les décisions qui doivent être prises collectivement par les associés dans les formes et conditions qu'ils prévoient – lorsque cette violation est de nature à influer sur le résultat du processus de décision (Cass. com. 15-3-2023 nº 21-18.324 FS-BR : RJDA 5/23 nº 263, dit « Larzul 2 »).

En revanche, n'est pas sanctionnée par la nullité la violation des stipulations des statuts d'une SARL renforçant les règles de majorité pour les décisions des assemblées ne modifiant pas les statuts (Cass. com. 20-2-2019 nº 17-12.050 F-D : RJDA 7/19 nº 503) ou des statuts d'une SAS prévoyant l'obligation pour son président personne morale de désigner un représentant permanent (Cass. com. 19-1-2022 nº 20-14.089 F-D : RJDA 4/22 nº 203).

NULLITÉ POUR FRAUDE OU ABUS DU DROIT

89370 Les règles exposées nº 89250 à propos de l'annulation pour **fraude** des actes modifiant les statuts sont applicables dans les mêmes conditions aux actes ou délibérations qui ne les modifient pas.

ILLUSTRATIONS

Est nulle pour avoir éludé frauduleusement une clause d'agrément figurant dans les statuts d'une société A la cession d'actions A à une société B déjà actionnaire de A et de ce fait non soumise à agrément, suivie du transfert de la totalité des titres de B à un tiers non actionnaire de A (CA Grenoble 30-6-1988 : JCP 1989 II nº 15471 obs. B. Oppetit et, sur pourvoi, Cass. com. 27-6-1989 : Bull. civ. IV nº 209 ; voir aussi Cass. com. 21-1-1997 : RJDA 4/97 nº 521).

89372 Les délibérations ne modifiant pas les statuts peuvent être annulées en cas d'**abus de droit.**

ILLUSTRATIONS

Est abusive, ce qui en justifie l'annulation, la décision d'une assemblée générale d'**exclure un associé** alors que l'assemblée a été convoquée pour prendre acte de la démission de cet associé, cette décision étant motivée par la volonté de résister aux prétentions financières de l'intéressé (Cass. 1e civ. 3-2-2021 nº 16-19.691 FS-P : RJDA 5/21 nº 316, rendu sur le fondement de l'article 1844-10 du *Code civil mais transposable*).

Le seul motif de la contrariété à l'intérêt social d'une délibération octroyant au gérant d'une SARL une **rémunération manifestement excessive** n'entraîne pas la nullité de cette délibération si l'existence d'une fraude ou d'un abus de majorité n'est pas établie (Cass. com. 13-1-2021 nº 18-21.860 F-P : RJDA 4/21 nº 237).

Signalons que si l'article L 235-1, al. 2 (dans sa rédaction antérieure à l'ordonnance 2025-229 du 12-3-2025) prévoit que l'inobservation de l'obligation de gérer la société dans son intérêt social n'est pas sanctionnée par la nullité des actes ou délibérations des organes de la société, cette disposition n'interdit pas, à notre avis, d'annuler une délibération pour abus de majorité : voir nos 7792 s.

2. DÉCISIONS PRISES À COMPTER DU 1ER OCTOBRE 2025

PRINCIPE

Contrairement au régime antérieur, le régime issu de l'ordonnance 2025-229 du 12 mars 2025, applicable à compter du 1er octobre 2025, ne distingue pas entre les **décisions sociales** emportant modification des statuts et celles ne modifiant pas les statuts : quelles que soient les décisions, leur nullité ne peut résulter que de la violation d'une disposition impérative de droit des sociétés, à l'exception des dispositions relatives à la prise en compte de l'intérêt social et des enjeux sociaux et environnementaux de l'activité de la société, ou de l'une des causes de nullité des contrats en général (C. civ. art. 1844-10, al. 3 modifié par ord. 2025-229 ; Ord. 2025-229 art. 70). 89380

En outre, la nullité d'un **apport** ne peut résulter que des causes prévues par l'alinéa 3 visé ci-dessus (C. civ. art. 1844-10-1, al. 1 issu de ord. 2025-229). Sur les conséquences de la nullité des apports, voir no 89574.

ATTENTION

Bien que les rédacteurs de l'ordonnance 2025-229 n'aient pas envisagé expressément la question, la **fraude et** l'**abus de droit** demeurent selon nous, comme auparavant (nos 89250 s. et 89370 s.), des causes de nullité des décisions sociales.

DÉCISIONS SOCIALES

Il résulte des termes « décisions sociales » que le régime des nullités s'applique uniquement aux **actes décisionnels internes de la société**, à l'exclusion des conventions passées par la société avec les tiers, ainsi que des avis, opinions ou recommandations émis par toute instance collective instituée au sein de la société par la loi, les statuts ou de toute autre manière (Rapport au Président de la République relatif à l'ordonnance 2025-229 du 12-3-2025). 89381

VIOLATION D'UNE DISPOSITION IMPÉRATIVE DE DROIT DES SOCIÉTÉS

Précision donnée dans l'article 1844-10, al. 3 du Code civil, est visée par la nullité la violation d'une disposition impérative de droit des sociétés sans que soit précisée la **localisation** de cette **disposition**, contrairement au régime antérieur qui vise le Titre IX du Livre III du Code civil ou le Titre III du Livre II du Code de commerce. Cela met fin aux incertitudes telles celle qui était née à la suite du transfert du Livre II vers le Livre VIII de la disposition prévoyant la nullité des délibérations des assemblées ordinaires prises à défaut de désignation régulière des commissaires aux comptes ou sur présentation d'un rapport par des commissaires nommés ou maintenus en fonctions contrairement aux dispositions légales dans les sociétés tenues d'en désigner un par une ordonnance de 2005 : il a fallu attendre un arrêt de la Cour de cassation de 2023 (Cass. com. 21-6-2023 no 21-19.985 F-B : RJDA 10/23 no 527) pour que soit arrêtée la solution selon laquelle la nullité des délibérations restait applicable. 89382

Pourrait aussi être visée la violation de textes dont on peut considérer qu'ils comportent des dispositions impératives de droit des sociétés tels que Code monétaire et financier, Code des assurances, Code du travail, loi 47-1775 du 10 septembre 1947 portant statut de la coopération ou ordonnance 2023-77 du 8 février 2023 relative à l'exercice en société des professions libérales réglementées.

La nullité est-elle encourue en cas de violation d'une **disposition réglementaire** impérative ? L'article 1844-10, al. 3 du Code civil ne distinguant plus selon la localisation de la disposition qui n'aura pas été respectée, une décision prise en violation d'une disposition réglementaire de droit des sociétés pourrait être annulée, à la condition toutefois que le juge considère que cette disposition est impérative (en ce sens, J. Delvallée, Réforme du régime des nullités en droit des sociétés : Dalloz Actualité 27-3-2025 no 27-2 ; B. Dondero, L'ordonnance réformant les nullités en droit des sociétés : JCP E 2025 no 1116 § 21 ; Communication Ansa, comité juridique no 25-017 du 2-4-2025). 89384

On peut même se demander si la nullité ne pourrait pas sanctionner la violation de dispositions contenues dans le règlement général de l'AMF.

89386 Aux termes de l'alinéa 4 de l'article 1844-10 du Code civil issu de l'ordonnance 2025-229 du 12 mars 2025, sauf si la loi en dispose autrement, la **violation des statuts** ne constitue pas une cause de nullité.

Depuis un arrêt du 18 mai 2010, dit « Larzul 1 », la Cour de cassation juge que la nullité est encourue en cas de non-respect d'une clause des statuts qui constitue le prolongement d'une disposition légale impérative (n° 89361).

Cette solution est-elle remise en cause par le nouvel alinéa 4 de l'article 1844-10 ? On peut en douter. En effet, le juge pourrait considérer qu'elle n'est pas formellement en contradiction avec cet alinéa en retenant que le non-respect des statuts aboutit à violer la disposition légale elle-même et que c'est cette violation – dont on pourrait soutenir qu'elle correspond à ce que la décision litigieuse soit prise alors que la loi en dispose autrement – qu'il convient de sanctionner par la nullité et non la violation des statuts. Par exemple, l'article 1852 du Code civil, qui est impératif, dispose que les décisions qui excèdent les pouvoirs reconnus aux gérants de sociétés civiles sont prises selon les dispositions statutaires ou, en l'absence de telles dispositions, à l'unanimité des associés ; si une telle décision est prise sans respecter la règle de majorité prévue par les statuts et a fortiori le principe d'unanimité, c'est la violation de la règle légale posée par l'article 1852 lui-même, et non celle de la clause des statuts, qui pourrait fonder l'annulation de la décision. Il conviendra toutefois que la jurisprudence confirme cette position, qui fait l'objet de divergences (en faveur du maintien de la solution actuelle, J. Delvallée, Réforme du régime des nullités en droit des sociétés : Dalloz Actualité 27-3-2025 n° 27-2, qui relève en outre que son abandon aboutirait à un régime de sanctions à deux vitesses, selon que la règle violée aurait été aménagée ou non, et E. Guégan, Ordonnance « Nullités » : nullité des décisions sociales : ELnet Droit des affaires, Veille permanente 6-5-2025, qui espère que la Cour de cassation maintiendra sa position ; contre le maintien de cette solution, Communication Ansa n° 25-013 § 31 ; pour une position selon laquelle cette solution semble condamnée par l'ajout opéré à l'article 1844-10 du Code civil, sauf à ce qu'elle soit réactivée par la Cour de cassation, B. Dondero, L'ordonnance réformant les nullités en droit des sociétés : JCP E 2025 n° 1116 § 24).

Sur le régime spécifique qui pourra être retenu par les statuts de SAS en cas de violation des règles qu'ils auront établies, voir n° 60600.

II. ACTION EN NULLITÉ

A. Droit d'agir en nullité

PERSONNES HABILITÉES À AGIR EN NULLITÉ

89420 Conformément au droit commun de la procédure, l'action est ouverte à tous ceux qui ont un **intérêt légitime** au succès ou au rejet d'une prétention, sous réserve des cas dans lesquels la loi attribue le droit d'agir aux seules personnes qu'elle qualifie pour élever ou combattre une prétention, ou pour défendre un intérêt déterminé (CPC art. 31). Par application de cet article, est ouverte à toute personne justifiant d'un intérêt légitime l'action tendant à faire déclarer la nullité d'un acte ou d'une délibération d'une société commerciale affecté d'un vice de portée générale, tandis que la nullité ayant pour objet la protection d'intérêts particuliers ne peut être invoquée que par la personne ou le groupe de personnes dont la loi assure la protection (C. civ. art. 1179 à 1181 ; Cass. com. 17-1-1989 n° 86-18.966 : Bull. Joly 1989 p. 247 note P. Le Cannu).

89426 **Nullité absolue** Lorsque la nullité sanctionne un vice de portée générale, toute personne justifiant d'un intérêt légitime peut agir en nullité (C. civ. art. 1180, al. 1). Ainsi, les **associés** ou actionnaires peuvent exercer l'action en nullité absolue s'ils justifient d'un intérêt légitime à agir.

ILLUSTRATIONS

En vertu du principe général du droit selon lequel la fraude corrompt tout, doit être déclarée **recevable** l'action en nullité des délibérations d'un conseil d'administration intentée par un actionnaire non administrateur dès lors que ce dernier invoque le contexte frauduleux dans lequel s'est tenue la réunion du conseil ayant permis l'agrément d'un nouvel actionnaire (CA Versailles 29-6-2000 : RJDA 1/01 n° 44).

Il a aussi été jugé qu'était recevable l'action en nullité d'une augmentation de capital formée par des actionnaires minoritaires pour violation des dispositions de l'article L 225-129, VII (désormais, art. L 225-129-6, al. 1) faisant obligation à l'assemblée de se prononcer sur une augmentation de capital en faveur des salariés au motif que ces dispositions relèvent de l'ordre économique sanctionné par la nullité absolue (T. com. Bordeaux 15-11-2002 nº 01-1055 : RJDA 7/03 nº 730).

À l'inverse, ont été déclarées **irrecevables** :

– la demande en annulation d'une décision de prorogation prise irrégulièrement, au motif que le demandeur ne justifiait pas d'un intérêt légitime ; en effet, si elle était prononcée, l'annulation de la prorogation de la société irait directement à l'encontre de ses droits d'actionnaire (CA Paris 10-7-1987 : BRDA 21/87 p. 9) ;

– l'action en annulation de la vente de terrain d'une SARL formée par un associé qui n'avait pas établi l'existence d'un préjudice personnel qui ne serait pas le corollaire de celui subi par la société ; en effet, il se prévalait uniquement de l'illicéité de la cause (désormais du but, cf. C. civ. art. 1162) de ces ventes constitutives, selon lui, d'un abus de biens sociaux (Cass. com. 25-1-2017 nº 14-29.726 F-D : RJDA 4/17 nº 259).

Les **créanciers,** les **dirigeants** et les autres mandataires sociaux peuvent aussi exercer l'action en nullité absolue s'ils établissent leur intérêt légitime à agir. Il en est de même des **commissaires aux comptes,** mais leur intérêt légitime à agir ne peut pas consister dans le maintien de leur mandat (Cass. com. 7-10-1997 nº 95-20.017 : Bull. Joly 1997 p. 1053 note P. Le Cannu). 89427

La **société elle-même** peut demander l'annulation d'un acte passé en son nom en cas de fraude (CA Versailles 29-6-2000 nº 98-1864 : RJDA 1/01 nº 44).

Le **ministère public** est expressément habilité à agir (C. civ. art. 1180, al. 1).

Nullité relative Lorsque la nullité a pour objet la protection d'intérêts particuliers, ceux d'une personne déterminée ou ceux d'un groupe de personnes, seule la personne dont la loi a voulu assurer la protection peut agir en nullité (C. civ. art. 1181, al. 1). Ce droit pourrait aussi être reconnu aux créanciers se prévalant de l'action oblique (C. civ. art. 1341-1). 89432

ILLUSTRATIONS

La nullité d'une délibération d'assemblée générale pour abus de majorité peut être demandée tant par les **associés minoritaires** que par les **représentants légaux** de la société (Cass. 3e civ. 11-7-2024 nº 23-10.013 FS-B : RJDA 11/24 nº 592).

Seul le **majeur sous curatelle ou son curateur** peut agir en nullité d'une assemblée générale extraordinaire portant sur une modification statutaire pour défaut de convocation du curateur à l'assemblée (Cass. com. 18-9-2024 nº 22-24.646 F-B : RJDA 1/25 nº 22).

Le **commissaire aux comptes** d'une SARL n'est pas habilité à demander la nullité de l'absorption de cette société par une SA en se fondant sur le fait que cette opération avait pour résultat de le priver de son mandat dans la société absorbée (Cass. com. 17-1-1989 : Bull. civ. IV nº 29 ; voir aussi Cass. com. 7-10-1997 : RJDA 1/98 som. nº 59).

Le **bénéficiaire d'une augmentation de capital** réservée ne peut pas demander la nullité de l'opération pour inobservation des règles relatives à la suppression du droit préférentiel de souscription (CA Pau 9-6-1987 : BRDA 12/88 p. 19).

Un **dirigeant non associé** est irrecevable à invoquer la violation des dispositions relatives à l'ordre du jour des assemblées (CA Paris 15-2-2008 nº 07-14454 : RJDA 7/08 nº 818) ou à contester la validité des pouvoirs de la personne ayant représenté un associé à une assemblée, seuls les associés pouvant agir en nullité (Cass. com. 17-12-2002 nº 2140 : RJDA 5/03 nº 506). De même, un dirigeant de SAS qui a **démissionné** de ses fonctions n'est pas recevable à demander l'annulation, pour défaut d'objet (aujourd'hui de contenu licite et certain), de la délibération de l'assemblée générale qui l'a révoqué de son mandat après sa démission (Cass. com. 4-4-2024 nº 22-20.482 F-D : RJDA 2/25 nº 85). Mais tout **associé** est habilité à contester la validité des pouvoirs d'une personne ayant représenté un associé lors de l'adoption d'une décision collective (Cass. com. 13-11-2003 nº 1518 : RJDA 5/04 nº 561), sans que puisse être opposée au demandeur sa qualité de tiers aux rapports existant entre l'associé représenté et son représentant.

L'**héritier d'un associé** de SARL décédé, qui n'a pas été agréé dans les conditions prévues par les statuts et n'est pas associé, n'a pas qualité pour agir en nullité des délibérations d'une assemblée générale de la SARL (Cass. com. 27-3-2019 nº 17-23.886 F-D : RJDA 7/19 nº 506).

Le **locataire d'un immeuble** donné en location par une société en violation d'une clause statutaire soumettant la conclusion du bail à l'autorisation des associés ne peut, pas plus qu'un associé de la société, agir en nullité du bail pour défaut de consentement de la société : la nullité d'une convention pour absence de consentement, qui vise à protéger l'intérêt de la partie dont le consentement n'a pas été valablement donné, étant une nullité relative, seule la société peut l'invoquer (Cass. com. 23-10-2019 nº 18-11.425 F-D : RJDA 3/20 nº 149).

Une **société concurrente** n'a pas qualité à agir en nullité d'une Sasu créée par une association sur le fondement de la violation de l'objet de l'association, cette violation relevant du fonctionnement de l'association et ne préjudiciant qu'à celle-ci ou à ses membres (CA Paris 23-2-2023 nº 22/04753 : RJDA 7/23 nº 377).

Même si la personne qui agit en nullité est présumée, selon le droit commun, avoir intérêt à agir, les tribunaux retiennent parfois le défaut d'intérêt pour rejeter l'action. A ainsi été écartée l'action en nullité d'une émission d'Obsa car les actionnaires demandeurs n'établissaient « ni la plausibilité de quelconques bénéfices financiers envisagés par eux pour le cas d'annulation de l'émission litigieuse, ni l'atteinte prétendue au crédit de la société, excluant par là même, en l'absence de toute autre obligation précise sur ce point, l'existence d'un intérêt moral » (Cass. com. 15-7-1992 : RJDA 11/92 nº 1032, 2e esp.).

CONDITIONS D'EXERCICE DE L'ACTION EN NULLITÉ

89433 L'action en nullité peut être exercée même si le **demandeur** n'était **pas encore associé** à l'époque où la décision litigieuse a été prise (Cass. com. 4-7-1995 : RJDA 8-9/95 nº 994). De même, le fait d'avoir voté la résolution litigieuse n'interdit pas à un associé d'en demander ultérieurement l'annulation (Cass. 3e civ. 19-7-2000 nº 1535 : RJDA 12/00 nº 1122 ; Cass. com. 13-11-2003 nº 1535 : RJDA 5/04 nº 560 ; Cass. com. 4-12-2012 nº 11-27.667 : RJDA 2/13 nº 138).

Dans un cas où un associé de SARL avait été réintégré dans la société après l'annulation de la cession de ses parts, et pour la fixation du point de départ du délai de prescription de l'action en nullité des assemblées tenues après la cession, il a toutefois été jugé que l'action devait émaner d'un associé ayant cette qualité au jour de la demande et que ce délai n'avait commencé à courir, pour les assemblées générales tenues après la cession et avant la réintégration de l'associé, qu'à compter du jugement annulant la cession (CA Paris 5-1-2016 nº 14/21649 : RJDA 4/16 nº 293).

89434 L'application de la théorie du **vote utile**, selon laquelle la nullité d'une délibération devrait être refusée par le juge lorsque l'associé ou actionnaire demandeur a une participation en droits de vote trop faible pour emporter la décision, ne fait pas l'objet d'une jurisprudence unanime. En matière de délibérations prises par des conseils d'administration, la chambre commerciale de la Cour de cassation a annulé les délibérations d'un conseil auxquelles avaient pris part des administrateurs dont la nomination avait été annulée pour abus de majorité même si, abstraction faite des voix de ces administrateurs, les conditions de quorum et de majorité requises pour l'adoption des délibérations étaient réunies (Cass. com. 24-4-1990 nº 88-17.218 : Bull. civ. IV nº 125). Plus récemment, elle a adopté une position plus souple en jugeant que les délibérations auxquelles avait participé un administrateur démissionnaire d'office n'encouraient pas la nullité, dès lors que le quorum était atteint et qu'elles avaient été adoptées à la majorité requise (Cass. com. 12-10-2022 nº 19-18.945 FS-PB : RJDA 2/23 nº 92).

On notera par ailleurs que la chambre commerciale tient désormais compte de l'incidence de l'irrégularité sur le résultat du processus de décision en cas de demande d'annulation des délibérations d'assemblées et qu'à compter du 1er octobre 2025 le juge devra rechercher si l'irrégularité a eu une influence sur le sens de la décision avant de l'annuler (nº 89487).

89435 L'action peut être déclarée recevable, bien que le **demandeur** ait **pris part à l'irrégularité** (Cass. com. 26-5-2009 nº 08-13.611 : Bull. Joly 2009 p. 965 note J.-F. Barbièri). Au cas particulier, l'action en nullité d'une augmentation de capital par apport en nature était fondée sur le défaut d'indépendance du commissaire aux apports désigné à l'occasion de cette opération. Après avoir relevé que ce défaut d'indépendance est sanctionné par une nullité d'ordre public qui n'a pas pour seul objet la protection de la société bénéficiaire de l'apport ou de ses associés, la Cour de cassation en a déduit qu'il importait peu que l'associé qui avait formé l'action en nullité ait lui-même demandé en connaissance de cause la désignation de ce commissaire aux apports. Sur le cas de l'associé qui a voté en faveur d'une délibération dont il demande la nullité pour abus de majorité, voir nº 7794.

89436 L'action en nullité doit être exercée de bonne foi et le demandeur ne doit pas **abuser** de son **droit d'agir** en justice. A ainsi été condamné à verser des dommages-intérêts à sa société le minoritaire qui avait agi en nullité d'une assemblée dans l'unique dessein de nuire à la société (Cass. com. 3-6-2003 nº 931 FS-P : RJDA 10/03 nº 963).

89438 L'action en nullité pour irrégularité dans la convocation d'une assemblée générale d'associés *ou d'obligataires d'une SARL ou encore* d'actionnaires ou d'obligataires d'une SA ou d'une SCA n'est pas recevable lorsque **tous les associés**, actionnaires ou obligataires de la masse intéressée étaient **présents ou représentés** (art. L 223-27, dernier al., L 225-104, al. 2, L 226-1, al. 2 et L 228-59, al. 2). Il en est de même pour les assemblées d'obligataires dans les SAS (art. L 228-59, al. 2). À compter du 1er octobre 2025, cette irrecevabilité est supprimée pour les assemblées d'obligataires, mais l'action est soumise aux dispositions de droit commun des articles 1844-10 à 1844-17 du Code civil (art. L 228-59, al. 2 modifié par ord. 2025-229 du 12-3-2025), et notamment au triple test (nº 89487).

RENONCIATION À L'EXERCICE DE L'ACTION DE NULLITÉ

L'action en nullité doit être écartée lorsque celui qui l'exerce est censé y avoir renoncé : en effet, une partie peut toujours, après la naissance de son droit, renoncer à l'application d'une loi, fût-elle d'ordre public (Cass. 3e civ. 27-10-1975 : Bull. civ. III nº 310 ; CA Paris 4-7-1991 : Dr. sociétés 1991 nº 476). 89440

Si l'action en nullité relative a plusieurs titulaires, la renonciation de l'un n'empêche pas les autres d'agir (C. civ. art. 1181, al. 3).

La **confirmation** de l'acte nul peut être tacite et résulter de l'exécution volontaire de l'acte annulable faite en pleine connaissance de cause (Cass. com. 8-1-2002 nº 31 : RJDA 5/02 nº 504).

Une telle confirmation n'est possible qu'en cas de nullité relative (C. civ. art. 1181, al. 2), par exemple en cas d'abus de majorité (Cass. 3e civ. 11-7-2024 nº 23-10.013 FS-B : RJDA 11/24 nº 592). En revanche, dans le cas de conventions passées par une société avant son immatriculation au RCS, ces conventions sont frappées de nullité absolue pour avoir été conclues par une société dépourvue d'existence juridique. Ces dernières ne sont pas susceptibles de confirmation ou de rectification, si bien que leur irrégularité ne peut pas être couverte par des actes d'exécution intervenus après l'immatriculation de la société (Cass. com. 21-2-2012 nº 10-27.630 : RJDA 5/12 nº 499).

B. Prescription de l'action en nullité

DÉLAI DE PRESCRIPTION DE L'ACTION EN NULLITÉ

Avant le 1er octobre 2025, l'action en nullité est prescrite à l'expiration d'un délai de trois ans (art. L 235-9, al. 1 abrogé à compter du 1-10-2025 par ord. 2025-229 du 12-3-2025 ; Ord. art. 63 et 70), délai réduit à deux ans à compter de cette date (C. civ. art. 1844-14 modifié par ord. 2025-229). 89450

ATTENTION

Pour les **délais en cours**, il résulte de l'article 2222, al. 2 du Code civil qu'en cas de réduction de la durée du délai de prescription le nouveau délai court à compter du jour de l'entrée en vigueur du texte nouveau, sans que la durée totale puisse excéder la durée prévue par le texte antérieur. Par exemple, pour un acte accompli le 1er août 2025, l'action en nullité sera prescrite le 1er octobre 2027 – soit deux ans après l'entrée en vigueur de l'ordonnance – et non le 1er août 2028, date à laquelle l'action aurait été prescrite sous le régime antérieur à l'ordonnance.

Ce délai court **à compter** du jour où la nullité est encourue (art. L 235-9, al. 1 abrogé par ord. 2025-229 à compter du 1-10-2025 et C. civ. art. 1844-14 modifié par ord. 2025-229).

L'action en **nullité d'une délibération sociale** se prescrit à compter du jour où la délibération litigieuse est prise, sauf **dissimulation** entraînant une impossibilité d'agir (Cass. com. 4-7-1995 nº 93-17.969 P : RJDA 8-9/95 nº 994 pour une délibération de conseil d'administration ; Cass. com. 25-1-2017 nº 14-29.726 F-D : RJDA 4/17 nº 259 ; Cass. com. 26-9-2018 nº 16-13.917 F-D : RJDA 1/19 nº 18 pour une délibération d'assemblée). En cas de dissimulation, le point de départ du délai est reporté au jour où la délibération est révélée à l'associé qui en demande l'annulation.

› Précisions **a.** Le fait pour l'associé de ne pas avoir été convoqué à une assemblée ne suffit pas à **établir la dissimulation** de celle-ci (Cass. com. 26-9-2018 précité), laquelle implique un élément intentionnel caractérisé par la volonté de cacher la tenue de l'assemblée à l'associé demandeur.

b. L'action en nullité pour **vice du consentement** se prescrit, en cas de violence, à compter du jour où celle-ci a cessé (C. civ. art. 1144 ; CA Paris 3-11-1998 : Bull. Joly 1999 p. 289 note B. Saintourens) et, en cas d'erreur ou de dol, du jour où le vice a été découvert (C. civ. art. 1144 ; CA Paris 1-12-1992 : Bull. Joly 1993 p. 323 note B. Saintourens). L'action en nullité d'une cession de parts engagée par une partie pour **absence de consentement** se prescrit à compter de la date à laquelle celle-ci a eu connaissance de la cession et non de celle à laquelle elle aurait pu en avoir connaissance compte tenu de la publication de l'acte au RCS (Cass. 3e civ. 25-5-2022 nº 21-12.238 FS-B : RJDA 10/22 nº 545, à propos d'une société civile, mais transposable).

c. Un **associé, réintégré** dans la société **après l'annulation de la cession de ses parts**, avait demandé l'annulation des assemblées irrégulièrement convoquées depuis la cession ; il a été jugé qu'une telle demande devait émaner d'une personne ayant la qualité d'associé au jour où il la formait, de sorte que la prescription n'avait commencé à courir qu'à compter du jugement annulant la cession, soit 27 ans plus tard (CA Paris 5-1-2016 nº 14/21649 : RJDA 4/16 nº 293).

d. Le **délai** peut être **interrompu** (C. civ. art. 2241). Il peut aussi être **suspendu**.

89451 **Application du délai abrégé de prescription** Le délai de prescription de trois ou deux ans est, en principe, applicable à **toutes les actions en nullité.** Cependant, il ne concerne que les actions fondées sur une irrégularité affectant la **société** elle-même ou un acte ou une **délibération** (à compter du 1er octobre 2025, une décision sociale) postérieurs à la constitution de la société, indépendamment de la date à laquelle celle-ci a été immatriculée au RCS (Cass. com. 27-11-2024 n° 23-21.822 F-D : RJDA 4/25 n° 208). Cette prescription s'applique ainsi, notamment, à l'action en nullité d'une cession de parts fondée sur l'irrégularité affectant la décision sociale s'étant prononcée sur l'agrément exigé par la loi ou les statuts (Cass. com. 9-11-1993 n° 91-19.724 : RJDA 2/94 n° 175 ; Cass. 3e civ. 6-10-2004 n° 01-00.896 : RJDA 12/04 n° 1330, à propos d'une cession de parts d'une société civile, mais transposable).

En revanche, le **délai de trois ou deux ans** n'est **pas applicable** :
– aux actions concernant une fusion, une scission ou un apport partiel d'actifs (n° 84220) ;
– aux actions concernant une augmentation du capital d'une société par actions (nos 49923 s.) ;
– à l'action qui tend à la nullité d'une clause de non-concurrence en cas de cessation des fonctions du gérant, même adoptée par une résolution de l'assemblée générale, car les conditions relatives au fondement d'une telle clause sont propres à la validité de celle-ci et ne concernent pas la validité de la délibération (CA Versailles 16-3-2000 : RJDA 1/01 n° 33) ;
– à l'action en nullité d'une cession de parts sociales ou d'actions pour vice du consentement (Cass. 3e civ. 6-10-2004 précité ; CA Paris 19-9-2003 n° 01-19651 : RJDA 7/04 n° 829), pour absence de consentement (Cass. 3e civ. 25-5-2022 n° 21-12.238 FS-B : RJDA 10/22 n° 545, à propos d'une cession de parts de société civile, mais transposable) ou pour vileté ou indétermination du prix (Cass. com. 22-3-2016 n° 14-14.218 : RJDA 5/16 n° 359) ;
– à l'acte de rachat par la société des parts ou actions d'un associé qui se retire, la demande d'annulation de l'acte étant fondée non sur une irrégularité préexistante de la délibération ayant autorisé sa conclusion, mais sur un vice affectant l'acte lui-même (Cass. com. 20-3-2012 n° 11-13.534 : RJDA 6/12 n° 596, à propos du retrait d'un associé de société civile, mais transposable).

89453 La prescription triennale ou biennale s'applique-t-elle même lorsque l'irrégularité résulte d'un **abus de droit ou** d'une **fraude** ? La Cour de cassation a répondu par l'affirmative (Cass. com. 30-5-2018 n° 16-21.022 FS-PB : RJDA 10/18 n° 731, à propos de l'action en nullité d'une délibération sociale pour abus de majorité ; Cass. 3e civ. 15-10-2015 n° 14-17.517 : RJDA 1/16 n° 32, à propos d'une société civile mais transposable, estimant que l'article 1844-14 du Code civil ne distingue pas selon le caractère relatif ou absolu de la nullité, ni selon que l'irrégularité procède d'une simple omission ou d'une fraude).

En revanche, la prescription quinquennale de droit commun s'applique à l'action en **réparation du préjudice** causé par l'abus (Cass. com. 30-5-2018 précité).

89454 **Cas particulier** L'action en nullité des **délibérations** du conseil d'administration, du directoire et du conseil de surveillance des sociétés par actions antérieures au 1er octobre 2025 et qui n'ont **pas** été **constatées par des procès-verbaux** peut être exercée seulement jusqu'à l'approbation du procès-verbal de la deuxième réunion qui suit celle dont les délibérations sont susceptibles d'être annulées (art. L 235-14, al. 3 abrogé à compter du 1-10-2025 ; Ord. 2025-229 du 12-3-2025 art. 63 et 70).

IMPRESCRIPTIBILITÉ DE L'EXCEPTION DE NULLITÉ

89455 Même si l'action en nullité est prescrite, celui à qui l'exécution de l'acte irrégulier est demandée peut refuser de s'exécuter en invoquant l'exception de nullité, laquelle est imprescriptible (C. civ. art. 1185 ; Cass. com. 10-7-1978 : Bull. civ. IV n° 195 ; Cass. 3e civ. 25-3-1998 : RJDA 6/98 n° 722 ; Cass. com. 28-3-2006 n° 441 : RJDA 6/06 n° 659).

Mais l'exception ne peut plus jouer lorsque l'**acte vicié** a été **exécuté** (C. civ. art. 1185 ; Cass. 1e civ. 1-12-1998 : RJDA 4/99 n° 379 ; Cass. com. 3-4-2007 n° 06-10.834 : RJDA 7/07 n° 733) ou a commencé à l'être (Cass. com. 31-1-2017 n° 14-29.474 FP-PBI : RJDA 4/17 n° 225), à la condition toutefois que cette exécution soit régulière. A ainsi été cassé l'arrêt qui avait rejeté l'exception de nullité de la convention relative à un complément de retraite passée entre un administrateur, directeur salarié, et la société, sans rechercher si l'exécution du contrat – que les juges du fond retenaient à l'appui d'une situation acquise – avait été faite avec l'intervention de l'organe social, seul capable de confirmer cet acte (Cass. com. 13-12-1976 : D. 1977 p. 375 note M. Jeantin).

› *Précisions* ***a.*** *Pour que l'exception* de nullité soit accueillie, il n'est pas exigé que l'**action en exécution** de l'acte litigieux ait été **introduite** après l'expiration du délai de prescription de l'action en nullité (Cass. com. 31-1-2017 précité ; Cass. com. 18-3-2020 n° 18-16.099 F-D : RJDA 6/20 n° 310). L'associé contre lequel la société agit en exécution de l'acte irrégulier avant l'expiration du délai de prescription peut soulever l'exception de nullité de l'acte une fois ce délai expiré (Cass. com. 18-3-2020 précité).

b. Une **condition suspensive** faisant dépendre l'obligation souscrite d'un événement futur et incertain mais ne constituant pas l'objet de l'obligation, la réalisation de la condition ne constitue pas l'exécution de cette obligation et ne peut donc pas faire échec au caractère perpétuel d'une exception de nullité (Cass. com. 19-1-2022 nº 24-14.010 F-B : RJDA 4/22 nº 199, à propos d'une cession de parts conclue sous la condition du remboursement des comptes courants par la société).

C. Régularisation des actes litigieux

CHAMP D'APPLICATION DE LA RÉGULARISATION

Toutes les nullités peuvent être couvertes, à l'exception pour les sociétés constituées avant le 1er octobre 2025, de celles fondées sur l'illicéité de l'objet social (art. L 235-3 abrogé à compter du 1-10-2025 ; Ord. 2025-229 du 12-3-2025 art. 63 et 70). Pour les sociétés constituées à compter de cette date, il n'y a plus lieu à régularisation puisque la nullité n'est plus encourue (C. civ. art. 1844-11 modifié par ord. 2025-229 ; nº 89145). 89460

La publicité donnée à des délibérations irrégulièrement votées ne fait pas obstacle à la reprise, dans des conditions cette fois régulières, de l'opération viciée (CA Paris 26-11-2013 nº 12/18725 : RJDA 3/14 nº 242 et, sur pourvoi mais sur d'autres points de droit, Cass. com. 31-3-2015 nº 14-11.735 : RJDA 6/15 nº 423).

MOMENT OÙ LA NULLITÉ PEUT ÊTRE COUVERTE

Une nullité peut être couverte jusqu'à ce que le tribunal ait statué sur le fond en première instance (art. L 235-3, remplacé, à compter du 1-10-2025, par C. civ. art. 1844-11 modifié par ord. 2025-229 du 12-3-2025 ; Ord. 2025-229 art. 63 et 70). En outre, pour favoriser la régularisation, sont prévues les mesures suivantes (art. L 235-4, remplacé, à compter du 1-10-2025, par C. civ. art. 1844-13). 89461

1. Le tribunal ne peut prononcer la nullité que deux mois au moins après la date de l'exploit introductif d'instance.

2. Le tribunal peut, même d'office, fixer un délai pour permettre de couvrir la nullité (pour un exemple, Cass. com. 12-5-1975 nº 74-10.802 : Bull. civ. IV nº 131).

3. Le tribunal peut accorder par jugement le délai nécessaire pour que les associés puissent prendre une décision lorsque, pour couvrir une nullité, il est indispensable de réunir une assemblée. Mais il faut alors justifier de la convocation régulière de cette assemblée ou de l'envoi aux associés du texte des projets de décision accompagné des documents qui doivent leur être communiqués.

CONSÉQUENCES DE LA RÉGULARISATION

L'action en **nullité** n'est plus recevable lorsque le vice a été réparé. L'acte est validé à l'égard de tous et il est tenu pour valable dès l'origine. Ainsi, lorsqu'elle porte sur la désignation ou le renouvellement d'un mandataire social, la régularisation entraîne la ratification rétroactive des actes passés par ce mandataire entre la date de l'assemblée qui l'a irrégulièrement désigné et la date de celle qui a régularisé la situation (CA Paris 12-12-2006 nº 05-24397 : RJDA 5/07 nº 508). 89462

Mais la disparition de la cause de nullité ne met pas obstacle à l'exercice d'une action en **dommages-intérêts** tendant à la réparation du préjudice causé par le vice dont l'acte ou la délibération était entaché (art. L 235-13, al. 2, remplacé, à compter du 1-10-2025, par C. civ. art. 1844-17, al. 2 modifié par ord. 2025-229 du 12-3-2025 ; Ord. 2025-229 art. 70). Cette réparation doit normalement englober les frais de justice relatifs à l'action en nullité intentée par le demandeur avant la régularisation, frais dont, précédemment, la loi prévoyait expressément le dédommagement.

La mise en jeu de l'action en dommages-intérêts est ouverte pendant trois ans à compter du jour où la nullité a été couverte (mêmes articles).

CAS PARTICULIERS DE RÉGULARISATION

Vice du consentement ou incapacité d'un associé Une procédure particulière de régularisation s'applique en cas de vice du consentement ou d'incapacité d'un associé survenu **avant le 1er octobre 2025** et susceptible d'être régularisé (par exemple, accord de l'associé dont le consentement était vicié), procédure régie par l'article L 235-6 (abrogé à compter de cette date : Ord. 2025-229 du 12-3-2025 art. 63 et 70). Selon cet article, la procédure se déroule en deux phases. 89463

Première phase : Tout intéressé peut mettre en demeure (par acte extrajudiciaire ou par lettre recommandée AR : art. R 235-1) la personne susceptible d'opérer la régularisation soit de régulariser, soit d'agir en nullité dans un délai de six mois à peine de forclusion. Cette mise en demeure est, en outre, dénoncée à la société.

Deuxième phase : À défaut de régularisation, la société ou un associé peut soumettre au tribunal saisi de l'action en nullité toute mesure susceptible de supprimer l'intérêt du demandeur, notamment le rachat de ses droits sociaux. Le tribunal peut alors soit prononcer la nullité, soit rendre obligatoires les mesures proposées à condition toutefois que ces mesures aient été préalablement adoptées par la société aux conditions prévues pour les modifications statutaires, le vote du demandeur en nullité n'étant pas pris en considération.

En cas de contestation, la valeur des droits sociaux à rembourser au demandeur en nullité est déterminée par expert, conformément aux dispositions de l'article 1843-4 du Code civil.

À compter du 1er octobre 2025, cette procédure spécifique, basée sur un mécanisme d'action interrogatoire et très peu utilisée, est abrogée (Ord. 2025-229 art. 63 et 70).

89464 **Défaut de publicité** Lorsque la nullité d'**actes** et de délibérations postérieurs à la constitution d'une SNC ou d'une SCS et **antérieurs au 1er octobre 2025** est fondée sur la violation des règles de publicité, toute personne ayant intérêt à la régularisation peut mettre la société en demeure d'y procéder (art. L 235-7 abrogé à compter du 1-10-2025 : Ord. 2025-229 du 12-3-2025 art. 63 et 70). La société dispose d'un délai de 30 jours à compter de la mise en demeure pour procéder à la publicité omise (art. R 235-2, al. 1).

À défaut de régularisation dans ce délai, tout intéressé peut demander au président du tribunal de commerce, statuant en référé, la désignation d'un mandataire chargé d'accomplir la formalité (art. L 235-7 et R 235-2, al. 2).

Cette procédure de régularisation ne peut pas être mise en œuvre pour les actes et délibérations intervenus **à compter du 1er octobre 2025**.

89465 **Fusion, scission ou apport partiel d'actifs** Lorsqu'il est possible de porter remède à l'irrégularité susceptible d'entraîner la nullité d'une fusion, le tribunal saisi de l'action en nullité doit accorder aux sociétés intéressées un délai pour régulariser la situation (art. L 235-8 remplacé, à compter du 1-10-2025, par art. L 236-2-1, al. 1 issu de ord. 2025-229 du 12-3-2025). Cette disposition est transposable en cas de scission ou d'apport partiel d'actifs soumis au régime des scissions (art. L 236-19 et L 236-27, al. 1).

D. Prononcé de la nullité

1. RÉGIME APPLICABLE AVANT LE 1ER OCTOBRE 2025

CAS DE PRONONCÉS DE LA NULLITÉ PRÉVUS PAR LA LOI

89480 Dans certains cas, la loi oblige le juge à prononcer la nullité lorsqu'il a constaté l'irrégularité. Cette « **nullité de droit** » résulte de la rédaction des textes en cause, qui affirment que les actes ou décisions contraires à leurs dispositions « sont nuls » ou que leurs dispositions doivent être respectées « à peine de nullité ».

89481 Dans d'autres cas, la loi laisse le **juge libre d'apprécier l'opportunité** d'annuler ou de maintenir la décision. Cette liberté résulte de la rédaction des textes en cause qui prévoient que les actes ou délibérations contraires à leurs dispositions « peuvent être annulés ». Le juge statue alors en fonction des circonstances et, bien entendu, de la demande qui lui est présentée.

ILLUSTRATIONS

L'annulation d'une **assemblée irrégulièrement convoquée** n'a pas été prononcée, au motif que l'irrégularité n'avait causé aucun préjudice aux actionnaires, la décision ayant été prise à une majorité de plus de 99 % (CA Amiens 8-11-1977 : Gaz. Pal. 1979 I p. 254 note APS et, sur pourvoi, Cass. com. 23-10-1979 : Rev. sociétés 1980 p. 91, pour des exemples voisins, voir CA Paris 8-4-1986 : Bull. Joly 1986 p. 613 ; CA Paris 15-11-1988 : BRDA 8/89 p. 19 ; CA Paris 12-11-2009 n° 08-22448 : RJDA 5/10 n° 517).

En revanche, a été annulée une assemblée dont le procès-verbal indiquait qu'elle avait été convoquée verbalement mais sans que l'un des associés ait même fait l'objet d'une telle convocation et ait assisté à l'assemblée ; en effet, la société avait gravement porté atteinte au droit de cet associé d'assister à l'assemblée et de participer aux délibérations (CA Paris 26-3-1986 : Rev. jur. com. 1986 p. 332 note J.-J. Daigre).

Dans un cas où un groupe d'actionnaires avait été privé par le bureau de l'assemblée d'une partie significative de ses **droits de vote** pour des motifs qui le présentaient comme participant à un concert en vue d'exercer une action sur la politique de la société, les délibérations de l'assemblée ont été annulées car le bureau avait ainsi influé sur les décisions prises par celle-ci (CA Versailles 28-10-2010 nº 09-8083 : RJDA 4/11 nº 323 et, sur pourvoi, Cass. com. 15-5-2012 nº 10-28.151 : RJDA 10/12 nº 868 ; pour une solution voisine, voir Cass. com. 10-2-2015 nº 13-14.778 : RJDA 6/15 nº 431).

POUVOIRS DU JUGE DANS LE SILENCE DE LA LOI

Dans les cas autres que ceux visés ci-dessus, la loi ne précise pas les pouvoirs du juge. Celui-ci doit, **en principe, annuler** l'acte vicié (société, acte ou délibération) dès l'instant où il a constaté l'existence d'une cause de nullité (cf. C. civ. art. 1178, al. 1). La première chambre civile de la Cour de cassation a ainsi jugé que la participation d'un non-associé à une assemblée générale d'une association d'avocats à responsabilité professionnelle individuelle (Aarpi, société créée de fait soumise au régime des sociétés en participation et caractérisée par un très fort intuitus personae) au cours de laquelle a été prise une décision collective constitue une cause de nullité de cette décision collective (Cass. 1e civ. 24-4-2024 nº 22-24.667 FS-B : RJDA 8-9/24 nº 470). La chambre commerciale adopte une position plus **nuancée** : elle a jugé que la nullité d'une assemblée de SARL à laquelle a participé un non-associé ne doit être prononcée que si l'irrégularité est de nature à influer sur le résultat du processus de décision (Cass. com. 11-10-2023 nº 21-24.646 FS-B : RJDA 1/24 nº 37), reprenant une formule déjà énoncée dans un autre contexte (Cass. com. 15-3-2023 nº 21-18.324 FS-B : RJDA 5/23 nº 263, dit « Larzul 2 »). Elle a retenu le même critère notamment à propos de la convocation irrégulière d'un associé de SARL à une assemblée (Cass. com. 29-5-2024 nº 21-21.559 F-B : RJDA 8-9/24 nº 458). Ce faisant, la chambre commerciale invite les juges du fond à rechercher concrètement si, même en présence d'une irrégularité ne concernant que des intérêts minoritaires, le processus de décision aurait pu s'en trouver affecté. Pour apprécier si la violation est « de nature à influer sur le résultat du processus de décision », le demandeur n'a pas à démontrer que la décision collective aurait été différente si les règles avaient été respectées, mais seulement qu'il existait une possibilité qu'il en soit ainsi ; pourraient ainsi être pris en compte des éléments tels que l'existence d'accords (pactes d'associés, notamment) ou des positions exprimées. 89482

Avant même ces décisions, on pouvait déceler un **pouvoir d'appréciation** des juges en la matière. Il est en effet conforme aux dispositions générales régissant les sociétés commerciales d'éviter les annulations non indispensables. Il en est ainsi en particulier pour les nullités fondées sur la violation d'une disposition impérative de la loi ou des dispositions qui régissent les contrats, cas où la loi paraît plutôt indiquer au juge une cause possible de nullité que lui prescrire de prononcer la nullité. Les juges tiennent alors compte du caractère déterminant de l'irrégularité pour celui qui en a été victime et de l'importance du préjudice éventuel qu'elle lui a causé pour prononcer ou non la nullité.

ILLUSTRATIONS

La violation des dispositions de l'article 40 78-704 du décret du 3 juillet 1978 prévoyant les modalités de convocation des associés de société civile est sanctionnée par la nullité s'il en résulte un préjudice (Cass. ch. mixte 16-12-2005 nº 236 : RJDA 3/06 nº 297).

A été rejetée l'action en annulation des délibérations d'assemblées générales d'une société civile de moyens tenues hors de la présence de l'associé demandeur, lequel avait invoqué le défaut de communication des documents et pièces prévus par la réglementation en vigueur qui auraient dû lui être adressés avec la convocation aux assemblées, dès lors que, ayant décidé de ne pas participer aux décisions collectives, les irrégularités qu'il alléguait n'avaient pas pu lui faire grief (Cass. com. 21-6-2011 nº 10-21.928 : RJDA 11/11 nº 920).

La délibération d'un conseil d'administration à laquelle a participé un administrateur réputé démissionnaire, à défaut de détenir le nombre d'actions requis par les statuts, n'encourt pas la nullité si les conditions de quorum et de majorité nécessaires à l'adoption des délibérations ont été respectées, abstraction faite de l'administrateur démissionnaire (Cass. com. 12-10-2022 nº 19-18.945 FS-B : RJDA 2/23 nº 92).

2. RÉGIME APPLICABLE À COMPTER DU 1ER OCTOBRE 2025

NULLITÉ OBLIGATOIRE

Il résulte des dispositions du Code de commerce issues de l'ordonnance 2025-229 du 12 mars 2025 applicables à compter du 1er octobre 2025 (Ord. art. 70) que certaines irrégularités entraînent automatiquement l'annulation de la décision sociale, sans **pouvoir d'appréciation** des juges ; il en est ainsi lorsqu'il est expressément stipulé que « l'article 1844-12-1 89485 du Code civil n'est pas applicable » (sur cet article instituant le « triple test », voir nº 89487). Tel est le cas, par exemple, des articles L 223-43, L 225-18, L 225-22, L 225-47, L 225-121, al. 2 ou L 228-15 modifiés.

> Précisions L'application du **triple test** est **écartée** par de très nombreuses dispositions relatives à des causes de nullité dont le rapport au Président de la République relatif à l'ordonnance 2025-229 indique qu'« il apparaissait nécessaire de [les] faire échapper au contrôle du juge ». Cela semble impliquer qu'en pareil cas, le juge saisi d'une action en nullité de droit (nº 89480) est tenu de prononcer la nullité (en ce sens, J. Delvallée, Réforme du régime des nullités en droit des sociétés : Dalloz Actualité 27-3-2025 nº 36). En revanche, la solution est incertaine lorsque l'application du triple test n'est pas expressément écartée pour une action en nullité de droit (J. Delvallée, précité et B. Dondero, L'ordonnance réformant les nullités en droit des sociétés : JCP E 1117 nº 8 qui souhaitent tous les deux une précision de la loi de ratification).

NULLITÉ FACULTATIVE

89487 L'article 1844-12-1 du Code civil issu de l'ordonnance 2025-229 du 12 mars 2025 écarte l'automaticité du prononcé de la nullité par les juges en instituant un principe de **triple test** auquel doit se livrer le juge saisi d'une action en nullité d'une décision sociale avant de faire droit à la demande, toute clause statutaire contraire étant réputée non écrite par application de l'article 1844-10, al. 2 (nº 89840).

Le juge ne peut prononcer la nullité que si les trois conditions suivantes sont remplies.

1. Le demandeur doit justifier d'un **grief** résultant d'une atteinte à l'intérêt protégé par la règle dont la violation est invoquée. Il doit donc prouver non seulement que l'irrégularité existe, mais aussi qu'elle lui cause un préjudice qui résulte du non-respect de la règle violée : en d'autres termes, il doit établir qu'il a un intérêt légitime à agir. Cela pourrait par exemple remettre en cause certaines solutions dégagées par la Cour de cassation, notamment celle selon laquelle tout associé peut se prévaloir du défaut de convocation d'un autre associé pour obtenir l'annulation d'une assemblée (Cass. 3e civ. 21-10-1998 nº 96-16.537 PF : RJDA 12/98 nº 1371, rapport C. Daum p. 993 et chron. P. Le Cannu p. 987).

2. L'irrégularité doit avoir eu une **influence sur le sens de la décision.** Cette condition s'apparente à celle posée par la chambre commerciale de la Cour de cassation selon laquelle certaines irrégularités ne peuvent être sanctionnées par la nullité que si elles sont de nature à influer sur le résultat du processus de décision (nº 89482). Toutefois, la règle nouvelle est plus exigeante car le demandeur doit établir que l'irrégularité a bien eu une influence sur le sens de la décision et pas simplement qu'elle était de nature à l'avoir. On peut craindre que cela entraîne une application renforcée par les juges de la théorie du vote utile selon laquelle la nullité d'une délibération devrait être refusée par le juge lorsque l'associé ou l'actionnaire demandeur a une participation en droits de vote trop faible pour emporter la décision.

3. Les **conséquences** de la nullité pour l'intérêt social ne doivent **pas** être **excessives,** au jour de la décision la prononçant, au regard de l'atteinte à l'intérêt dont la protection est invoquée. Ce contrôle de proportionnalité offre au juge une très grande marge d'appréciation. Il revient à faire peser sur le demandeur la charge d'une preuve négative : celle de l'absence de conséquences excessives de la nullité (en ce sens, E. Guégan, Ordonnance « Nullités » : régime de la nullité : ELnet Droit des affaires, Veille permanente 6-5-2025).

3. JUGEMENT PRONONÇANT LA NULLITÉ D'UNE SOCIÉTÉ

PUBLICITÉ DU JUGEMENT

89490 La nullité de la société doit être mentionnée au RCS et au RNE dans le mois du prononcé du jugement (art. R 123-66, sur renvoi de l'art. R 123-70, et art. R 123-263, 5º). Le jugement donne aussi lieu à publication d'un avis au Bodacc (art. R 123-159, dernier al.) à la diligence du greffier (art. R 123-161). Ce jugement n'est opposable aux tiers qu'à compter du jour où il a été publié au RCS (art. L 123-9). Toutefois, lorsqu'il prononce la nullité d'une SARL ou d'une société par actions, il n'est opposable aux tiers que 16 jours après sa publication au Bodacc si les tiers prouvent qu'ils n'ont pas pu en avoir connaissance (art. L 210-5, al. 1). Ce délai de 16 jours court à compter de la publication au RCS pour les EURL et les Sasu dont l'associé unique personne physique assume la gérance ou la présidence (art. L 210-5, al. 2).

TIERCE OPPOSITION

89491 La tierce opposition contre les décisions prononçant la nullité d'une société n'est recevable que pendant un délai de six mois à compter de la publication de la décision judiciaire au Bodacc (art. R 235-3, à notre avis remplacé, à compter du 1-10-2025, par Décret 78-704 du 3-7-1978 art. 16 ; Ord. 2025-229 du 12-3-2025 art. 70).

III. EFFETS DE LA NULLITÉ

EN BREF *Le succès d'une action en nullité entraîne en principe l'anéantissement de l'acte irrégulier à l'égard de tous les intéressés et, éventuellement, la responsabilité de ceux auxquels l'irrégularité est imputable.* 89550

En matière de société, ces principes sont inégalement consacrés : le droit d'invoquer la nullité est limité, les conséquences de l'annulation sur l'acte lui-même sont très atténuées, tandis que le principe de la responsabilité de l'auteur de l'irrégularité est nettement reconnu.

DROIT D'INVOQUER LA NULLITÉ

Ni la société ni les associés ne peuvent se prévaloir d'une nullité **à l'égard des tiers** de bonne foi ; par dérogation à ce principe, la nullité résultant d'un vice du consentement ou d'une incapacité peut être opposée aux tiers, même de bonne foi, mais uniquement par l'incapable (et ses représentants légaux) ou par l'associé dont le consentement a été surpris par erreur, dol ou violence (art. L 235-12 remplacé, à compter du 1-10-2025, par C. civ. art. 1844-16 ; Ord. 2025-229 du 12-3-2025 art. 70). 89560

› Précisions **a.** Pour un exemple de rejet de la demande d'annulation d'Obsa et des actions découlant de leur exercice dès lors que la **mauvaise foi** des possesseurs des titres n'était pas établie, voir CA Paris 26-4-1990 : Bull. Joly 1990 p. 536 et, sur pourvoi mais sur d'autres points de droit, Cass. com. 15-7-1992 n° 90-15.589 : RJDA 11/92 n° 1032, 2e espèce.

b. Sur l'**interprétation restrictive** qu'il convient de donner à l'**article L 235-12** du Code de commerce et le rejet d'une action en nullité d'une vente d'immeuble par une société sur autorisation d'une assemblée frappée de nullité pour défaut de convocation d'un associé, voir Cass. 3e civ. 21-10-1998 : RJDA 12/98 n° 1372, à propos d'une société civile, mais transposable.

SORT DE L'ACTE NUL

Nullité de la société Que ce soit avant ou après la réforme du régime des nullités opérée par l'ordonnance 2025-229 du 12 mars 2025, la nullité d'une société ne produit pas d'**effet rétroactif.** Ce principe se déduit de l'article L 235-10, applicable avant le 1er octobre 2025, aux termes duquel, lorsque la nullité de la société est prononcée, il est procédé à sa liquidation conformément aux dispositions légales et statutaires. Il est expressément énoncé par l'article 1844-15, al. 1 du Code civil, modifié par l'ordonnance 2025-229, applicable à compter de cette date, précisant que la nullité de la société met fin, sans rétroactivité, à l'exécution du contrat. 89570

Les articles L 235-10 et 1844-15, al. 1 du Code civil ne font aucune distinction entre les tiers et les **associés** eux-mêmes. Par conséquent, en vertu de l'absence d'effet rétroactif, la société est, à l'égard des associés, considérée comme ayant existé valablement jusqu'à la date de son annulation, laquelle est assimilée à une dissolution et entraîne la liquidation. Les textes applicables à compter du 1er octobre 2025 précisent que, sous réserve, le cas échéant, de l'application des dispositions de l'alinéa 3 de l'article 1844-5 du Code civil (relatives à la dissolution sans liquidation de la société devenue unipersonnelle), il est procédé à la **liquidation** de la société conformément aux dispositions des statuts et à celles des articles L 237-1 s. relatifs à la liquidation des sociétés commerciales ; à l'égard de la personne morale qui aura pu prendre naissance, la nullité produit les effets d'une dissolution prononcée en justice (C. civ. art. 1844-15, al. 2 et 3 modifiés par ord. 2025-229 du 12-3-2025 ; Ord. 2025-229 art. 70). 89573

› Précisions **a.** Il a été jugé, à propos de la nullité d'un GIE, mais la solution est transposable à la nullité d'une société en raison de l'identité des textes applicables, qu'il appartient aux représentants légaux de procéder aux **formalités de publicité** requises en cas de dissolution (CA Paris 21-3-2006 n° 03-21006 : RJDA 10/06 n° 1046).

b. Sur la liquidation des **sociétés « de fait »,** voir n°s 95600 s.

Nullité des apports La nullité d'un **apport isolé** effectué à compter du 1er octobre 2025 entraîne l'annulation des parts sociales ou des actions émises en contrepartie et la restitution par la société des engagements exécutés par l'apporteur dans les conditions prévues aux articles 1352 à 1352-9 du Code civil (restitution en nature ou en valeur, absence de prise en compte des bénéfices, restitution de la valeur de jouissance, etc.) (C. civ. art. 1844-10-1, al. 2 issu de ord. 2025-229 du 12-3-2025 ; Ord. 2025-229 art. 70). On notera que rien n'est prévu en matière de restitution à la charge de l'apporteur. 89574

La nullité de **tous les apports**, qu'ils soient souscrits lors de la constitution ou postérieurement à celle-ci, entraîne la dissolution de la société. Il est alors procédé à sa liquidation conformément aux dispositions des statuts et aux dispositions des articles L 237-1 s. relatifs à la liquidation des sociétés commerciales, sous réserve, le cas échéant, de l'application des dispositions de l'alinéa 3 de l'article 1844-5 du Code civil relatives à la dissolution sans liquidation de la société devenue unipersonnelle (art. 1844-10-1, al. 3).

› Précisions Pour l'application de cette disposition, on peut penser que la nullité de tous les **apports**, même **postérieurement à la constitution**, vise l'annulation des apports consentis lors de la constitution car on voit mal dans quel cas il pourrait y avoir annulation de tous les apports, y compris les apports initiaux, en cours de vie sociale.

89575 Nullité d'un acte ou d'une délibération antérieur au 1er octobre 2025

Sauf cas de fusion ou de scission (art. L 235-11, al. 2 applicable avant le 1-10-2025 ; Ord. 2025-229 du 12-3-2025 art. 63 et 70), l'acte ou la délibération, modifiant ou non les statuts, dont la nullité a été prononcée est censé n'avoir jamais existé (cf. C. civ. art. 1178, al. 2) et doit être considéré comme n'ayant produit aucun effet, sauf à l'égard de ceux à qui la nullité est inopposable.

Toutes les conséquences de cet acte ou de cette délibération doivent être en principe supprimées et la situation remise dans l'état où elle se trouvait avant l'acte ou la délibération litigieux. Si la décision a été exécutée, les actes portant exécution de cette décision doivent disparaître par application du principe selon lequel « ce qui est nul ne produit aucun effet ».

ILLUSTRATIONS

En cas d'annulation de la décision transformant une SA en SNC et désignant un gérant, le conseil d'administration de la SA se trouve réinvesti dans ses anciennes fonctions et il peut valablement convoquer une assemblée générale (CA Versailles 9-10-2003 n° 02-2624 : RJDA 3/04 n° 313).

L'annulation de l'exclusion d'un associé permet à ce dernier de demander l'annulation des assemblées tenues entre l'exclusion et son annulation au motif qu'il n'y a pas été convoqué (Cass. com. 18-6-2025 n° 23-20.593 F-D, à propos d'une société civile de construction-vente, mais transposable).

En revanche, l'annulation de l'assemblée générale d'une SARL au cours de laquelle le gérant a démissionné n'entraîne pas la nullité de cette démission, laquelle constitue un acte juridique unilatéral et, sauf stipulation contraire des statuts, produit tous ses effets dès lors qu'elle a été portée à la connaissance de la société (Cass. com. 8-6-2017 n° 14-29.618 F-D : RJDA 8-9/17 n° 553).

89576 Les effets d'une irrégularité sont parfois neutralisés afin d'éviter les **nullités en cascade** (pour des exemples, voir n° 40790).

Les juges eux-mêmes limitent parfois ces nullités en cascade.

ILLUSTRATIONS

Ont été rejetées les demandes d'annulation :

– de tous les actes et contrats conclus par le président d'une SAS irrégulièrement désigné car la validité de ces actes ne pouvait être appréciée qu'à propos de chacun d'eux (Cass. com. 27-1-2009 n° 07-20.402 : RJDA 12/09 n° 1085) ;

– de toutes les assemblées irrégulièrement convoquées car elles avaient été tenues entre la cession des parts d'un associé et sa réintégration dans la SARL à la suite de l'annulation de la cession ; en effet, ces décisions n'étaient pas contraires à l'intérêt social puisque la société s'était développée durant cette période (CA Paris 5-1-2016 n° 14/21649 : RJDA 4/16 n° 293). Au cas particulier, ce sont les décisions collectives sur une période de près de 30 ans qui étaient remises en cause.

De surcroît, si la nomination a été publiée, ni la société ni les tiers ne peuvent se prévaloir de l'irrégularité (art. L 210-9, al. 2).

89579 Nullité d'une décision sociale prise à compter du 1er octobre 2025

Sauf cas de fusion ou de scission (art. L 236-2-1, al. 4 issu de ord. 2025-229 du 12-3-2025 et art. L 236-19), la décision sociale dont la nullité a été prononcée est censée, comme auparavant, n'avoir jamais existé (cf. C. civ. art. 1178, al. 2) et doit être considérée comme n'ayant produit aucun effet, sauf à l'égard de ceux à qui la nullité sera inopposable. Toutefois l'article 1844-15-2 du Code civil issu de l'ordonnance 2025-229 limite les **nullités en cascade** : lorsque la rétroactivité de la nullité d'une décision sociale est de nature à produire des effets manifestement excessifs pour l'intérêt social, les **effets** de cette **nullité** peuvent être **différés**. Ce texte, de portée générale, autorise le juge à différer dans le temps les effets de la nullité et, par conséquent, à la priver de son effet rétroactif (Rapport au Président de la République relatif à l'ord. 2025-229).

On peut même concevoir qu'il permette de prononcer une annulation dont les effets seraient non seulement dépourvus de rétroactivité, mais aussi décalés dans le temps : par exemple la décision annulée ne serait remise en cause que pour l'exercice suivant celui au cours duquel la nullité sera prononcée (en ce sens, B. Dondero, L'ordonnance réformant les nullités en droit des sociétés : JCP E 2025 n° 1116 § 37).

L'article 1844-15-1 du Code civil issu de l'ordonnance 2025-229 du 12 mars 2025 érige en principe général la règle selon laquelle « sauf disposition législative contraire, la nullité de la **nomination ou le maintien irrégulier** d'un organe ou d'un membre d'un **organe de la société** n'entraîne pas la nullité des décisions prises par celui-ci ». Ce texte, qui permet d'échapper aux **nullités en cascade** résultant d'une irrégularité de la désignation ou du maintien en fonction d'un organe ou d'un membre d'un organe social, concerne toutes les décisions sociales, sauf si la loi prévoit expressément le contraire (ce qui, nous semble-t-il, n'est le cas d'aucune disposition légale en vigueur). **89580**

On peut penser que l'article 1844-15-1 ne vise pas les **décisions d'associés** car tel n'était pas l'objectif poursuivi par les rédacteurs de l'ordonnance (Rapport au Président de la République relatif à l'ord. 2025-229), et il paraît difficile de transposer aux associés les hypothèses de nomination ou de cessation des fonctions sous-jacentes au texte (en ce sens, J. Delvallée, Réforme du régime des nullités en droit des sociétés : Dalloz Actualité 27-3-2025 n° 31-1 ; B. Dondero, L'ordonnance réformant les nullités en droit des sociétés : JCP E 2025 n° 1116 § 52 ; E. Guégan, Ordonnance « Nullités » : régime de la nullité : ELnet Droit des affaires, Veille permanente 6-5-2025).

Par ailleurs, l'article 1844-15-1 mentionne les nomination et maintien irrégulier, mais non la **composition irrégulière** des organes sociaux. On peut craindre qu'il ne vise pas la nullité des délibérations prises par un organe social irrégulièrement composé parce qu'une nomination imposée par les textes n'est pas intervenue, telle que celle d'un administrateur représentant les salariés ou les salariés actionnaires ou encore celle d'un membre du conseil permettant de se mettre en conformité avec les règles de mixité (en ce sens, B. Dondero, L'ordonnance réformant les nullités en droit des sociétés : JCP E 2025 n° 1116 § 51, qui souhaite une précision de la loi de ratification pour apporter aux sociétés la sécurité nécessaire). Dans un tel cas, la nullité des délibérations prises par ces organes est encourue si les juges estiment que les dispositions violées revêtent un caractère impératif (cf. C. civ. art. 1844-10, al. 3 modifié par ord. 2025-229).

RESPONSABILITÉ EN CAS D'ANNULATION

Personnes responsables L'annulation de la société ou des actes et délibérations postérieurs peut engager la responsabilité de ceux à qui elle est imputable. Aucun texte n'affirme cette règle aussi catégoriquement, mais plusieurs l'admettent de façon implicite et certaine (art. L 223-10 et L 225-249, al. 1 ; art. L 235-13, al. 2 remplacé, à compter du 1-10-2025, par C. civ. art. 1844-17, al. 2 modifié par ord. 2025-229 du 12-3-2025 ; Ord. 2025-229 art. 70). **89590**

Dans les **SARL,** les premiers gérants et les associés auxquels la nullité de la société est imputable sont solidairement responsables, envers les autres associés et les tiers, du dommage résultant de l'annulation (art. L 223-10).

Dans les **SA,** les fondateurs de la société auxquels la nullité est imputable et les administrateurs, ou les membres du directoire (art. L 225-256, al. 1), en fonction au moment où celle-ci a été encourue peuvent être déclarés solidairement responsables du dommage résultant pour les actionnaires ou pour les tiers de l'annulation de la société (art. L 225-249, al. 1). La même responsabilité solidaire peut être prononcée contre ceux des actionnaires dont les apports ou les avantages n'ont pas été vérifiés et approuvés (art. L 225-249, al. 2).

Les dispositions de l'article L 225-249 relatives aux SA sont étendues aux **SCA** en ce qui concerne les gérants et les membres du conseil de surveillance (art. L 226-12, al. 1). Il en est de même pour le président et les dirigeants d'une **SAS** (art. L 227-8).

En revanche, aucun texte n'édicte une responsabilité solidaire dans les **SNC ou SCS.**

Prescription L'action en responsabilité fondée sur l'annulation de la société ou des actes et délibérations postérieurs à la constitution se prescrit par trois ans à compter du jour où la décision d'annulation est passée en force de chose jugée (art. L 235-13, al. 1 remplacé, à compter du 1-10-2025, par C. civ. art. 1844-17, al. 1 modifié par ord. 2025-229 du 12-3-2025 ; Ord. 2025-229 art. 70). **89591**

RESPONSABILITÉ EN CAS DE COUVERTURE DU VICE

Si la cause de nullité a disparu par réparation du vice dont la société, la décision sociale ou l'apport était entaché, l'action en dommages-intérêts tendant à la réparation du préjudice causé par le vice est néanmoins recevable. Elle se prescrit par trois ans du jour où la nullité a été couverte (art. L 235-13, al. 2 remplacé, à compter du 1-10-2025, par C. civ. art. 1844-17, al. 1 modifié par ord. 2025-229 du 12-3-2025 ; Ord. 2025-229 art. 70). **89600**

SECTION 2 SANCTIONS AUTRES QUE LA NULLITÉ

ACTION EN RÉGULARISATION

89800 L'article L 210-7 institue une action ayant pour objet de faire régulariser les **actes constitutifs de sociétés et** les actes **modificatifs des statuts.**

Cette action est ouverte si ces actes ne contiennent pas toutes les énonciations exigées par la loi et les règlements ou si une formalité prescrite par ceux-ci pour la constitution de la société (ou la modification des statuts) a été omise ou irrégulièrement accomplie (art. L 210-7, al. 2 et 3).

L'action pourra donc être exercée, d'abord, lorsque les indications dont nous avons donné la liste pour chaque type de société n'auront pas été mentionnées dans les statuts ou l'auront été incomplètement.

Elle pourra l'être, ensuite, en cas d'omission ou d'irrégularité dans l'accomplissement d'une « formalité », ce mot devant être pris ici dans son sens le plus large. Cette acception large nous paraît d'autant plus s'imposer que l'action en régularisation est, dans l'esprit de la loi, une mesure destinée à compenser la large suppression des nullités en matière de sociétés commerciales. C'est dans bien des cas, en effet, le seul moyen de faire disparaître les irrégularités.

Notons que l'action en régularisation de l'article L 210-7 ne peut pas être exercée lorsque l'**irrégularité** constitue une **cause de nullité** (par exemple, absence ou fictivité d'un apport) puisque la loi prévoit dans ce cas un régime spécial de régularisation (n°s 89460 s.).

89801 Tout intéressé, y compris le ministère public, est **recevable à demander** en justice que soit ordonnée, sous astreinte, **la régularisation** de la constitution ou de la modification statutaire (art. L 210-7, al. 2 et 3).

L'**action se prescrit** par trois ans à compter soit de l'immatriculation de la société au RCS, soit de l'inscription modificative à ce registre et du dépôt, en annexe audit registre, des actes modifiant les statuts (art. L 210-7, al. 4).

INJONCTION DE FAIRE

89820 Les articles L 238-1 à L 238-5 permettent à tout intéressé ou, dans certains cas, à toute personne (s'agissant, par exemple, des informations de durabilité, des mentions obligatoires du rapport sur le gouvernement d'entreprise ou du rapport relatif à l'impôt sur les bénéfices) d'obtenir des dirigeants ou des organes compétents (ce qui permet d'inclure les organes de droit étranger) qu'ils respectent leurs obligations, notamment d'information des associés, en autorisant le président du tribunal statuant en référé à le leur **enjoindre sous astreinte ou** à **nommer un mandataire** chargé de les exécuter.

Cette procédure d'injonction permet notamment :

– d'obtenir **communication des documents** qui doivent être remis aux associés, d'une formule de procuration et des renseignements exigés en vue de la tenue des assemblées (art. L 238-1) ;

– de contraindre le liquidateur à demander le renouvellement de son mandat à l'expiration de celui-ci, d'établir les comptes annuels et de **réunir** chaque année les **associés** (art. L 238-2) ;

– de faire **porter** sur les actes et documents émanant de la société la **dénomination** sociale suivie de la mention de sa forme et de l'indication du capital (art. L 238-3), de faire modifier la dénomination d'une société utilisant de façon irrégulière le sigle SE (art. L 238-3-1) ou de faire **supprimer** la **mention « société à mission »** si la société ne respecte pas les obligations imposées à ces sociétés (art. L 210-11) ;

– d'obtenir la **transcription des procès-verbaux** des réunions des organes de direction et d'administration, ainsi que des assemblées des actionnaires ou des obligataires, sur le registre spécial (art. L 238-4 et L 238-5).

Par ailleurs, toute personne intéressée (cas des SARL), tout actionnaire (cas des SA et des SCA) ou encore le ministère public peut demander en référé au président du tribunal d'enjoindre, le cas échéant sous astreinte, aux dirigeants de convoquer l'assemblée ou de désigner un mandataire pour y procéder en cas de défaut de **réunion de l'assemblée**

d'approbation des comptes dans les SARL, les SA et les SCA (art. L 223-26, al. 1 et L 225-100, I-al. 1). Une procédure analogue est prévue dans les sociétés en liquidation pour l'assemblée qui doit être tenue en principe dans les six mois de la nomination du liquidateur et pour l'assemblée annuelle d'approbation des comptes (art. L 237-23, L 237-25 et L 238-2).

Enfin, des injonctions de faire sont spécifiquement prévues en cas de signification ou d'arrivée à terme d'un contrat de **bail d'actions** ou de parts sociales (art. L 239-5 ; n° 20060), ainsi que, notamment, en matière d'**augmentation de capital** (art. L 225-149-3 et L 22-10-55, al. 1 ; n°s 49910 s.), de **publication des comptes sociaux** (n°s 76810 s.), de publicité des **conventions réglementées** (art. L 22-10-13 et L 22-10-30 ; n° 52797), de communication des informations sur l'**identification des actionnaires** (art. L 228-2, III-al. 2 et L 228-3-3 ; n° 63860) et sur les **bénéficiaires effectifs** (C. mon. fin. art. L 561-48 ; n° 3370), ainsi que d'obligation pour les grosses sociétés par actions d'élaborer et de mettre en œuvre un **plan de vigilance** (art. L 225-102-1 ; n° 48228).

ATTENTION

Bien que non expressément visé par l'article L 238-1, al. 3, le **rapport de certification des informations de durabilité** pourrait faire l'objet, dans les sociétés tenues d'établir de telles informations, d'une demande d'injonction par tout intéressé en vertu de l'article L 238-1, al. 1, car il fait partie des documents soumis à l'assemblée (art. L 821-54, II-al. 6 et L 822-24, al. 6).

Lorsque la procédure d'injonction est ouverte à tout intéressé, et même s'il n'est pas expressément visé en cette qualité, le **demandeur** est intéressé dès l'instant où il est associé ou actionnaire ; son action est donc recevable (Cass. com. 23-6-2009 n° 08-14.117 : RJDA 10/09 n° 863). **89821**

ATTENTION

La **notion d'intéressé** est plus large que celle d'associé et vise, à notre avis, toute personne habilitée à demander la communication des documents, tels les commissaires aux comptes, les membres du conseil de surveillance ou les membres du comité social et économique. Sur la jurisprudence dégagée à cet égard en matière de publication des comptes sociaux, voir n° 76813.

Les intéressés ou toute personne, selon le cas, ne peuvent pas obtenir communication de **documents** et renseignements qui ne sont **pas énumérés par l'article L 238-1** (ou par les autres articles prévoyant la procédure d'injonction). Cette énumération est limitative (Cass. com. 23-6-2009 n° 08-14.117 : RJDA 10/09 n° 863, à propos d'une demande de communication du registre de présence et de la copie des procès-verbaux des réunions du conseil d'administration ; CA Paris 26-3-2003 n° 02-20751 : RJDA 8-9/03 n° 841, à propos d'une demande de communication de factures et bons de livraison). De même, les actionnaires ayant le droit d'obtenir la communication de la liste des actionnaires dans les 15 jours qui précèdent l'assemblée, une demande de communication formée après la réunion de l'assemblée est irrecevable (Cass. com. 26-2-2008 n° 07-15.269 : RJDA 7/08 n° 821). **89822**

Mais ils peuvent agir sur le fondement des dispositions de l'**article L 123-5-1** qui prévoient la possibilité pour tout intéressé de demander au président du tribunal d'enjoindre aux dirigeants de procéder au dépôt au RCS des pièces ou actes auquel la société est tenue ou de désigner un mandataire chargé d'accomplir la formalité (Cass. com. 25-1-2023 n° 21-17.592 F-B : RJDA 4/23 n° 196 qui précise que cette action n'est pas soumise au délai de prescription de droit commun de cinq ans de l'article 2224 du Code civil car l'obligation de dépôt, destinée à l'information des tiers, perdure pendant toute la vie de la société).

Ils peuvent aussi agir sur le fondement des dispositions de **droit commun** des articles 145 et 873 du Code de procédure civile si les conditions posées par ces textes sont remplies, en particulier concernant la preuve de leur intérêt à agir (Cass. com. 3-3-2021 n° 19-10.086 F-P : RJDA 6/21 n° 404). L'article 145 permet d'obtenir la communication des documents destinés à établir avant un procès la preuve de faits dont pourrait dépendre l'issue d'un litige. L'article 873 autorise le président du tribunal de commerce, même en présence d'une contestation sérieuse, à prescrire en référé les mesures conservatoires qui s'imposent pour prévenir un dommage imminent ou pour faire cesser un trouble manifestement illicite ; dans le cas où l'existence de l'obligation n'est pas sérieusement contestable, il peut ordonner l'exécution de l'obligation même s'il s'agit d'une obligation de faire. Le droit commun a en effet vocation à s'appliquer dans tous les cas et il ne peut être écarté que si une disposition spéciale l'évince expressément (cf. CA Lyon 3-12-1980 : JCP G 1981 IV p. 378).

ILLUSTRATIONS

Dans un cas où une SAS n'avait pas déposé ses comptes annuels au greffe, a été déclarée recevable l'action formée par des distributeurs des produits de la société tendant à obtenir, selon la procédure de droit commun (CPC art. 873), qu'il soit mis fin à ce trouble manifestement illicite par la publication desdits comptes. Les juges n'ont pas retenu l'argument de la société selon lequel aurait seule été recevable une action fondée sur les dispositions spécifiques de l'article L 123-5-1 (Cass. com. 3-3-2021 précité).

La faculté donnée à un actionnaire minoritaire de solliciter la désignation d'un expert chargé de présenter un rapport sur une ou plusieurs opérations de gestion (art. 226 de la loi du 24-7-1966 repris avec des aménagements par les art. L 225-231 et L 22-10-68) ne fait pas obstacle à l'exercice par les minoritaires d'une action en référé-expertise sur le fondement des articles 872 s. du Code de procédure civile (CA Versailles 5-5-1988 : Bull. Joly 1988 p. 595, action toutefois rejetée faute pour le demandeur de justifier de l'existence d'un cas d'urgence ou d'un péril imminent).

89823 Lorsqu'il est fait droit à une demande d'injonction fondée sur l'article L 238-1, l'**astreinte et** les **frais de procédure** sont à la charge de la personne ou de l'organe mis en cause (art. L 238-1, al. 4). La **demande** doit donc être engagée contre la personne (ou l'organe) prise en son nom personnel et non contre la société (Cass. com. 1-7-2008 n° 07-20.643 F-PB : RJDA 11/08 n° 1137 ; Cass. com. 21-4-2022 n° 20-11.850 F-D : RJDA 8-9/22 n° 489).

Lorsque, en application de l'article L 611-2, II, le président du tribunal ayant enjoint sous astreinte à un dirigeant de déposer ses comptes annuels constate le défaut d'exécution et liquide l'astreinte, le dirigeant est condamné à titre personnel ; en conséquence, un acte de procédure établi par le dirigeant en sa qualité de représentant légal pour contester la condamnation est irrecevable, car cet acte est présenté au nom de la société qui n'est pas partie à l'instance (Cass. com. 7-5-2019 n° 17-21.047 FS-PBI : RJDA 1/20 n° 23).

En revanche, si la demande d'injonction de dépôt des comptes annuels est formée sur le fondement des dispositions du droit commun des articles L 232-23, qui fait obligation à la société de déposer ses comptes, et 873 du Code de procédure civile, qui autorise le président du tribunal de commerce à prescrire en référé toute mesure conservatoire destinée à faire cesser un trouble manifestement illicite, l'action doit être exercée contre la société et non contre les dirigeants (Cass. com. 3-3-2021 n° 19-10.086 F-P : RJDA 6/21 n° 404).

89825 L'article L 238-6 permet à certaines personnes spécifiquement désignées – très généralement les actionnaires – de demander une injonction tendant à la **convocation d'une assemblée.**

Cet article permet en effet à tout actionnaire de demander la convocation de l'assemblée générale ou spéciale à laquelle il appartient si celle-ci n'a pas été consultée dans les conditions prévues aux articles L 225-99 relatif aux assemblées spéciales et L 228-16 relatif à l'obligation de déterminer l'incidence des opérations de modification ou d'amortissement du capital sur les droits des porteurs d'actions de préférence.

Il permet à tout titulaire de valeurs mobilières donnant accès au capital de demander la convocation de l'assemblée spéciale à laquelle il appartient lorsque cette assemblée n'a pas été consultée dans les conditions prévues à l'article L 228-103 (n°s 74560 s.).

Il permet aussi à tout actionnaire de demander la convocation de l'assemblée spéciale des actionnaires à dividende prioritaire si cette assemblée n'a pas été consultée dans les conditions prescrites par la loi (art. L 228-35-6, L 228-35-7 et L 228-35-10).

La demande doit être présentée au président du tribunal statuant en référé. Celui-ci peut enjoindre sous astreinte aux dirigeants de convoquer l'assemblée ou désigner un mandataire chargé de procéder à cette convocation.

Malgré l'absence de disposition particulière dans l'article L 238-6 sur la charge de l'astreinte et des frais de procédure, les demandes doivent être formées contre le dirigeant ou exercées par lui à titre personnel (Cass. com. 7-5-2019 n° 17-21.047 FS-PBI : RJDA 1/20 n° 23).

ACTION EN RESPONSABILITÉ

89830 **Action en responsabilité contre les fondateurs ou les dirigeants** Les irrégularités des statuts ou des modifications statutaires donnent lieu, indépendamment de l'action en régularisation, à une action en responsabilité (art. L 210-8).

Cette action est **dirigée,** en cas d'irrégularité dans la constitution, **contre** les fondateurs de la société, ainsi que contre les premiers membres des organes de gestion, d'administration, de direction et de surveillance en cas d'irrégularité dans la constitution (art. L 210-8, al. 1). En cas d'irrégularité d'une modification statutaire, elle est dirigée contre les membres des organes de gestion, d'administration, de direction, de surveillance et de contrôle en fonctions lors de ladite modification (art. L 210-8, al. 2).

89831 L'action est **ouverte** à la partie lésée.

À notre avis, les règles spéciales tendant à assurer le libre **exercice de l'action** sociale en responsabilité contre les dirigeants peuvent être étendues à l'action en responsabilité en cas d'irrégularité des statuts ou des modifications statutaires. C'est ainsi qu'est réputée non écrite toute clause des statuts ayant pour effet de subordonner l'exercice de l'action à l'avis préalable ou à l'autorisation de l'assemblée générale, ou qui comporterait par avance renonciation à l'exercice de cette action (art. L 223-22, al. 4 et L 225-253, al. 1) et qu'aucune décision de l'assemblée générale ne peut avoir pour effet d'éteindre une action en responsabilité contre le dirigeant pour faute commise dans l'accomplissement de son mandat (art. L 223-22, al. 5 et L 225-253, al. 2).

L'action en responsabilité se **prescrit** par dix ans à compter soit de l'immatriculation au RCS, soit de l'inscription modificative à ce registre et du dépôt, en annexe audit registre, des actes modifiant les statuts (art. L 210-8, al. 3).

Action en responsabilité contre les associés Sur cette question, voir nos 7850 s. **89835**

CLAUSES STATUTAIRES RÉPUTÉES NON ÉCRITES

Les clauses statutaires **contraires** à une disposition impérative du droit des sociétés dont la violation n'est pas sanctionnée par la nullité de la société sont réputées non écrites (C. civ. art. 1844-10, al. 2 modifié par ord. 2025-229 du 12-3-2025). **89840**

Avant l'ordonnance 2025-229, l'article 1844-10, al. 2 ne visait que les clauses statutaires contraires aux dispositions impératives des articles 1832 à 1844-9 du Code civil ; depuis le 1er octobre 2025 (Ord. 2025-229 art. 70), quelle que soit la date de signature des statuts (no 89003), sont concernées toutes les dispositions impératives du droit des sociétés sans que soit précisée la localisation de ces dispositions. Le champ d'application de cette sanction s'en trouve très élargi.

Seule peut être réputée non écrite une clause des statuts d'origine, et non un acte ou une délibération postérieur (Cass. com. 3-4-2007 no 06-10.834 : RJDA 7/07 no 733).

Seule est réputée non écrite la stipulation d'une clause statutaire partiellement contraire à une disposition impérative, et non la clause dans sa totalité (Cass. com. 29-5-2024 no 22-13.158 FS-B : RJDA 8-9/24 no 468).

Lorsqu'il constate qu'une clause statutaire (ou une stipulation d'une clause) est contraire à une disposition impérative, le juge n'a pas le pouvoir de se substituer aux organes de la société en ordonnant la modification de cette clause (Cass. com. 9-7-2013 no 12-21.238 : RJDA 10/13 no 813, 2e esp.), fût-ce pour prévenir un dommage imminent (Cass. com. 24-10-2018 no 15-27.911 FS-D : RJDA 5/19 no 348). Par ailleurs, il n'a pas à appliquer la règle du triple test (no 89487), puisque celle-ci ne vise que le prononcé de la nullité (en ce sens, J. Delvallée, Réforme du régime des nullités en droit des sociétés : Dalloz Actualité 27-3-2025 no 7).

Les statuts ne pouvant pas déroger aux **règles d'ordre public** (C. civ. art. 6 et 1102, al. 2), serait pareillement non écrite une clause ayant pour objet ou pour effet de porter atteinte à la liberté contractuelle et à la liberté de la concurrence (Cass. com. 30-5-2012 no 11-18.024 : RJDA 10/12 no 861). **89841**

La **prescription** ne peut pas être opposée à la demande tendant à faire constater qu'une clause est réputée non écrite (Cass. civ. 9-3-1988 : D. 1989 p. 143 note Atias ; Cass. 3e civ. 7-5-2008 no 07-13.409 : D. 2008 p. 1413 obs. Rouquet ; Cass. 1e civ. 13-3-2019 no 17-23.169 F-PB : RJDA 11/19 no 716). **89842**

CHAPITRE 9

ENTREPRISES EN DIFFICULTÉ

SOMMAIRE

EXPÉRIMENTATION DES TRIBUNAUX DES ACTIVITÉS ÉCONOMIQUES

90500 À titre expérimental et pour une durée de quatre ans, 12 **tribunaux de commerce** (Avignon, Auxerre, Le Havre, Le Mans, Limoges, Lyon, Marseille, Nancy, Nanterre, Paris, Saint-Brieuc et Versailles) ont, depuis le 1er janvier 2025, des compétences élargies en matière de prévention et de traitement des difficultés des entreprises, ces tribunaux étant **renommés** « tribunaux des activités économiques » (TAE ; Loi 2023-1059 du 20-11-2023 art. 26, I ; Décret 2024-674 du 3-7-2024 ; Arrêté JUSB2418778A du 5-7-2024 art. 1 et 2). Cette extension de compétence concerne seulement des entreprises qui relevaient auparavant du tribunal judiciaire. Elle n'a donc pas d'incidence pour les sociétés commerciales – qui relevaient déjà de la compétence des tribunaux de commerce pour la prévention et le traitement de leurs difficultés – si ce n'est le changement de nom de la juridiction pour les sociétés ayant leur siège (ou le centre principal de leurs intérêts) dans le ressort des TAE. La répartition de compétence entre le TAE et son président est la même que celle applicable à tout tribunal de commerce.

› **Précisions** La **contribution pour la justice économique,** somme à payer pour pouvoir agir devant les TAE, ne s'applique pas aux demandes qui ont pour objet l'ouverture d'une procédure de prévention ou de traitement des difficultés des entreprises ou qui sont formées à l'occasion de cette procédure (Décret 2024-1225 du 30-12-2024 art. 1, II).

SECTION 1

PRÉVENTION DES DIFFICULTÉS DES ENTREPRISES

I. PROCÉDURE D'ALERTE SUR LES DIFFICULTÉS DE LA SOCIÉTÉ

EN BREF *Indépendamment de l'obligation faite aux sociétés d'une certaine taille d'établir des documents de gestion prévisionnelle, le Code de commerce prévoit plusieurs dispositifs d'alerte internes ou externes à la société tendant à appeler l'attention des dirigeants sociaux, en cas d'évolution préoccupante de la situation de l'entreprise, sur la nécessité de prendre des mesures en vue de redresser cette situation.* 90505

A. Alerte par le commissaire aux comptes

ALERTE DU COMMISSAIRE AUX COMPTES DANS LES SA

Dans les SA dotées d'un commissaire aux comptes, celui-ci est tenu d'appeler l'attention des dirigeants sociaux sur tous « **faits de nature à compromettre la continuité de l'exploitation** » qu'il aura constatés lors de l'accomplissement de sa mission, à moins que les dirigeants n'aient déjà engagé une procédure de conciliation ou de sauvegarde (art. L 234-1, al. 1 et L 234-4). 90511

La procédure d'alerte est organisée en **quatre phases** successives dont la mise en œuvre dépend de l'inertie des organes sociaux.

› Précisions **a.** Le commissaire aux comptes doit prendre en considération non seulement les informations qu'il peut tirer de l'analyse des différents **états financiers** établis par la société (telle l'apparition de pertes : Cass. com. 8-11-2011 n° 10-20.626 : RJDA 2/12 n° 185), mais également tous autres **événements** pouvant avoir des effets importants sur l'évolution de l'entreprise : contentieux en cours (pour un exemple, T. com. Lille 5-5-1987 : Rev. jur. com. 1987 p. 255 note Derrida), sous-activité notable, conflits sociaux graves et répétés, perte de brevets ou de licences, perte de clients ou fournisseurs importants, départ des principaux animateurs, dirigeants ou cadres, troubles sociaux ou politiques graves sur les principaux marchés de l'entreprise, etc.

b. La **responsabilité du commissaire** ne peut pas être engagée pour les informations ou divulgations de faits auxquelles il procède dans le cadre de l'alerte (art. L 821-37, al. 2). Il est délié du **secret professionnel** à l'égard du président du tribunal de commerce lorsqu'il applique la procédure (art. L 821-35, al. 1).

c. Sur les particularités de l'alerte dans une **SEML et** les **sociétés contrôlées** par celle-ci, voir CGCT art. L 1524-8, al. 3 à 5.

Information du président du conseil d'administration ou du directoire Le commissaire aux comptes doit, dans un premier temps, informer le président du conseil d'administration ou du directoire des faits qu'il a relevés, sans délai, par lettre recommandée AR. Le président du conseil d'administration ou le directoire est tenu de lui répondre par lettre recommandée AR dans les 15 jours qui suivent (art. L 234-1, al. 1 et R 234-1). 90512

› Précisions Dans les **sociétés dont les titres financiers sont admis aux négociations sur un marché réglementé ou** offerts au public sur un **SMNO,** les commissaires aux comptes (s'il en existe) doivent communiquer à l'AMF une copie de la lettre transmise au président du conseil d'administration ou au directoire (C. mon. fin. art. L 621-22, IV et VI).

Réunion du conseil d'administration ou de surveillance À défaut de réponse, ou s'il juge que la réponse donnée ne permet pas d'être assuré de la continuité de l'exploitation, le commissaire aux comptes doit, par lettre recommandée AR dont copie est transmise au président du tribunal de commerce, inviter le président ou le directoire à réunir le conseil d'administration ou de surveillance pour qu'il délibère sur les faits relevés ; il doit être convoqué à cette réunion (art. L 234-1, al. 2). 90513

La convocation doit être faite dans les huit jours qui suivent la réception de la lettre du commissaire et le conseil doit délibérer dans les 15 jours de cette réception (art. R 234-2). Un extrait du procès-verbal des délibérations du conseil d'administration ou de surveillance est communiqué au commissaire aux comptes, au président du tribunal de commerce et au comité social et économique (CSE), par lettre recommandée AR, dans les huit jours qui suivent la réunion du conseil (art. L 234-1, al. 2 et R 234-2, textes qui n'ont pas été actualisés pour tenir compte du remplacement du comité d'entreprise et des délégués du personnel par le CSE mais, à notre avis, transposables).

Le commissaire peut demander à être entendu par le président du tribunal de commerce qui dispose alors, sans avoir à convoquer préalablement le dirigeant, du pouvoir d'investigation exposé nº 90561 (art. L 234-1, al. 2).

90514 **Réunion de l'assemblée générale** Lorsque le conseil d'administration ou de surveillance n'a pas été réuni pour délibérer sur les faits relevés ou lorsque le commissaire aux comptes n'a pas été convoqué à cette séance ou si, malgré les décisions prises, le commissaire constate que la continuité de l'exploitation demeure compromise, il invite le président du conseil d'administration ou du directoire à faire délibérer une assemblée générale sur les faits relevés. Cette demande est faite par lettre recommandée AR dans le délai de 15 jours à compter de la réception de la délibération du conseil ou de l'expiration du délai imparti pour celle-ci. Elle est accompagnée d'un **rapport spécial du commissaire aux comptes** (art. L 234-1, al. 3 et R 234-3). Ce rapport spécial, qui sera présenté à l'assemblée, est communiqué au CSE par le président du conseil d'administration ou du directoire, dans les huit jours qui suivent sa réception (art. R 234-3, texte qui n'a pas été actualisé pour tenir compte du remplacement du comité d'entreprise et des délégués du personnel par le CSE mais, à notre avis, transposable).

Le conseil d'administration ou le directoire doit **convoquer l'assemblée** générale dans les huit jours qui suivent la demande faite par le commissaire aux comptes et l'assemblée doit, en tout état de cause, être réunie au plus tard dans le mois suivant la date de notification de cette demande (art. R 234-3).

En cas de **carence du conseil** d'administration ou du directoire, le commissaire aux comptes convoque l'assemblée générale dans un délai de huit jours à compter de l'expiration du délai imparti au conseil d'administration ou au directoire et en fixe l'ordre du jour (art. R 234-3). Il peut, en cas de nécessité, choisir un lieu de réunion autre que celui éventuellement prévu par les statuts, mais situé dans le même département. Dans tous les cas, les frais entraînés par la réunion de l'assemblée sont à la charge de la société (art. R 234-3).

90515 **Avis au président du tribunal de commerce** Si, à l'issue de la réunion de l'assemblée générale, le commissaire aux comptes constate que les décisions prises ne permettent pas d'assurer la continuité de l'exploitation, il doit, sans délai, informer de ses démarches le président du tribunal de commerce et lui en communiquer les résultats (art. L 234-1, al. 4 et R 234-4).

> **Précisions** **a.** L'**information du président du tribunal** de commerce est faite par lettre recommandée AR. Elle comporte la copie de tous les documents utiles à l'information du président du tribunal ainsi que l'exposé des raisons qui ont conduit le commissaire aux comptes à constater l'insuffisance des décisions prises (art. R 234-4). Le président du tribunal peut alors convoquer le dirigeant (nos 90560 s.).
> **b.** Le **commissaire aux comptes** peut demander à être **entendu** par le président du tribunal de commerce qui dispose alors, et sans avoir à convoquer préalablement le dirigeant, du pouvoir d'investigation exposé nº 90561 (art. L 234-1, al. 2).

90516 **Reprise de la procédure** Le commissaire aux comptes qui déclenche puis arrête une procédure d'alerte peut en reprendre le cours au point où il y avait mis un terme lorsque, malgré les éléments ayant motivé sa décision de l'arrêter, la continuité de l'exploitation demeure compromise.

Cette reprise est soumise à deux **conditions** : elle doit intervenir dans un délai de six mois à compter du déclenchement de la procédure ; l'urgence doit commander l'adoption de mesures immédiates (art. L 234-1, al. 5).

ALERTE DU COMMISSAIRE AUX COMPTES DANS LES SOCIÉTÉS AUTRES QUE LES SA

90520 Dans les sociétés autres que les SA (SNC, SARL, SCS, SCA ou SAS) dotées d'un commissaire aux comptes, la procédure d'alerte peut être mise en œuvre par celui-ci même s'il a été nommé par les associés alors que cette nomination n'était pas obligatoire. Il est délié du secret professionnel à l'égard du président du tribunal de commerce (art. L 821-35, al. 1).

La procédure d'alerte, exclue si les dirigeants ont déjà engagé une procédure de conciliation ou de sauvegarde (art. L 234-4), comporte **deux phases**.

Demande d'explications au dirigeant Première phase, le commissaire aux comptes demande des explications au dirigeant sur les faits de nature à compromettre la continuité de l'exploitation, sans délai, par lettre recommandée AR (art. L 234-2, al. 1 et R 234-5). Dans les 15 jours qui suivent la réception de cette demande, le **dirigeant** doit répondre au commissaire par lettre recommandée AR, en donnant une analyse de la situation et en précisant, le cas échéant, les mesures envisagées. Copie de la demande et de la réponse doit être adressée (dans les mêmes formes et délais que pour celle au commissaire) au **CSE** et, s'il en existe, au **conseil de surveillance.** À noter que ces textes n'ont pas été actualisés pour tenir compte du remplacement du comité d'entreprise et des délégués du personnel par le CSE mais, à notre avis, celui-ci dispose également de ce droit de communication. 90521

Le commissaire aux comptes informe le **président du tribunal** de commerce de la réponse dès réception de celle-ci ou de l'absence de réponse à l'issue du délai de 15 jours (art. L 234-2, al. 1 et R 234-5).

Le commissaire aux comptes peut en outre demander à être entendu par le président du tribunal de commerce qui dispose alors, et sans avoir à convoquer préalablement le dirigeant, du pouvoir d'investigation exposé n° 90561 (art. L 234-1, al. 2).

> **Précisions** Dans les **SCA dont les titres financiers sont admis aux négociations sur un marché réglementé ou** offerts au public sur un **SMNO,** les commissaires aux comptes (s'il en existe) doivent communiquer à l'AMF une copie de la lettre transmise au gérant de la société (C. mon. fin. art. L 621-22, IV et VI).

Réunion de l'assemblée générale Seconde phase, à défaut de réponse du dirigeant ou si, en dépit des décisions prises, la continuité de l'exploitation demeure compromise, le commissaire aux comptes établit un **rapport spécial** et invite, dans les 15 jours qui suivent la réception de la réponse du dirigeant ou la date d'expiration du délai imparti pour celle-ci, le dirigeant à faire délibérer une assemblée générale sur les faits relevés. Copie de cette invitation est adressée au président du tribunal, sans délai et par lettre recommandée AR (art. L 234-2, al. 2 et R 234-6, al. 1). 90522

Dans les huit jours de leur réception, le dirigeant communique l'invitation et le rapport au CSE et procède à la **convocation de l'assemblée.** L'assemblée doit, en tout état de cause, être réunie au plus tard dans le mois suivant la date de l'invitation faite par le commissaire (art. R 234-6, al. 2, texte qui n'a pas été actualisé pour tenir compte du remplacement du comité d'entreprise et des délégués du personnel par le CSE mais, à notre avis, transposable).

En cas de **carence du dirigeant,** le commissaire aux comptes convoque l'assemblée générale dans un délai de huit jours à compter de l'expiration du délai imparti au dirigeant (art. R 234-6, al. 3). Il fixe l'ordre du jour de l'assemblée et peut, en cas de nécessité, choisir un lieu de réunion autre que celui éventuellement prévu par les statuts, mais situé dans le même département. Dans tous les cas, les frais entraînés par la réunion de l'assemblée sont à la charge de la société (art. précité).

Avis au président du tribunal de commerce Si, à l'issue de l'assemblée générale, le commissaire aux comptes constate que les décisions prises ne permettent pas d'assurer la continuité de l'exploitation, il doit informer de ses démarches le président du tribunal de commerce et lui en communiquer les résultats, sans délai, par lettre recommandée AR (art. L 234-2, al. 3 et R 234-7). Le président du tribunal peut alors convoquer le dirigeant (nos 90560 s.). 90523

Le commissaire aux comptes peut en outre demander à être entendu par le président du tribunal de commerce qui dispose alors, et sans avoir à convoquer préalablement le dirigeant, du pouvoir d'investigation exposé n° 90561 (art. L 234-1, al. 2).

Reprise de la procédure Le commissaire aux comptes qui déclenche puis arrête une procédure d'alerte peut en reprendre le cours dans les conditions exposées n° 90516 (art. L 234-2, al. 4 et, sur renvoi, art. L 234-1, al. 5). 90524

ALERTE DU COMMISSAIRE AUX COMPTES DANS LES GIE

Lorsque le GIE est doté d'un commissaire aux comptes, une procédure d'alerte semblable à celle ci-dessus est applicable (art. L 251-15 et R 251-3). Le commissaire aux comptes doit **demander** des **explications aux administrateurs** du GIE sur tout fait de nature à compromettre la continuité de l'exploitation ; la réponse est communiquée au CSE et le président du tribunal de commerce en est informé. Si la continuité de l'exploitation demeure compromise ou si les administrateurs ne répondent pas à ses demandes d'explications, le commissaire aux 90525 comptes doit établir un **rapport spécial** qui est communiqué au CSE ; il doit inviter par écrit les administrateurs à faire délibérer la prochaine assemblée générale sur les faits relevés. Si les décisions prises ne permettent pas d'assurer la continuité de l'exploitation, le commissaire aux comptes en informe le **président du tribunal de commerce.**

À noter que ces textes n'ont pas été actualisés pour tenir compte du remplacement du comité d'entreprise par le CSE mais, à notre avis, celui-ci dispose de ce droit de communication dans les GIE d'au moins 50 salariés.

La loi ne donne pas la possibilité au commissaire de demander aux administrateurs la convocation d'une **assemblée** générale spécifique pour statuer sur les faits relevés.

ALERTE DU COMMISSAIRE AUX COMPTES EN CAS D'URGENCE

90528 Lorsque l'urgence commande l'adoption de mesures immédiates et que le dirigeant s'y refuse ou fait savoir qu'il envisage des mesures que le **commissaire aux comptes** estime insuffisantes, ce dernier peut en **informer le président du tribunal** parallèlement à la demande d'explications sur les faits de nature à compromettre la continuité de l'exploitation qu'il adresse au président du conseil d'administration ou de surveillance ou au dirigeant, en application des articles L 234-1, L 234-2 et L 251-15 exposés ci-dessus (art. L 611-2-2, al. 1).

Cette information, faite par tout moyen et sans délai, porte sur les constats et démarches du commissaire aux comptes, expose les raisons qui ont conduit celui-ci à constater l'insuffisance des décisions prises et peut être accompagnée de la copie de tout document utile (art. L 611-2-2, al. 2). À son initiative ou à la demande du président du tribunal, le commissaire aux comptes communique à ce dernier tout **renseignement** complémentaire de nature à donner une exacte information sur la situation économique et financière de l'entreprise (art. précité, al. 3).

Le commissaire aux comptes peut aussi, à tout moment, demander à **être entendu,** avec les dirigeants, par le président du tribunal (art. L 611-2-2, al. 4).

Le commissaire aux comptes est délié du **secret professionnel** à l'égard du président du tribunal lorsqu'il applique cette procédure (art. L 821-35, al. 1).

B. Alerte par les associés

ALERTE PAR LES ASSOCIÉS DANS LES SOCIÉTÉS PAR ACTIONS

90530 Dans les SA, les SAS et les SCA, un ou plusieurs actionnaires représentant au moins 5 % du capital social ou, s'il s'agit d'une société dont les actions sont admises aux négociations sur un marché réglementé, une association d'actionnaires de la société peuvent, deux fois par exercice, **poser par écrit des questions** « sur tout fait de nature à compromettre la continuité de l'exploitation » (art. L 225-232 et L 22-10-69 pour les SA et, sur renvoi des art. L 226-1, al. 2 et L 227-1, al. 3, pour les SCA et les SAS). Les questions sont adressées selon le cas au président du conseil d'administration, au directoire, au président ou au gérant.

Celui-ci doit, dans le délai d'un mois, donner sa **réponse** par écrit et adresser copie de la question et de la réponse au commissaire aux comptes, s'il en existe (art. L 225-232 et R 225-164).

90531 Aucune disposition légale ne permet aux actionnaires de **saisir le conseil d'administration** ou de surveillance, voire **l'assemblée générale,** si les réponses à leurs questions ne leur donnent pas satisfaction. Mais, ces réponses étant communiquées au commissaire aux comptes, ce dernier peut engager lui-même la procédure d'alerte s'il n'est pas, lui aussi, satisfait des réponses données par le président du conseil d'administration ou le directoire.

ALERTE PAR LES ASSOCIÉS DANS LES SARL

90532 Les associés de SARL peuvent, deux fois par exercice, **poser** par écrit **des questions** au gérant « sur tout fait de nature à compromettre la continuité de l'exploitation » (art. L 223-36). Cette faculté est ouverte à tous les associés non gérants, quelle que soit la proportion de leurs droits dans le capital.

Dans un délai d'un mois, le **gérant** doit **répondre** par écrit aux questions qui lui sont posées et adresser copie de la question et de sa réponse au commissaire aux comptes, s'il en existe (art. L 223-36 et R 223-29).

Les associés ne peuvent pas saisir l'assemblée générale si les réponses du gérant ne les satisfont pas. Toutefois, ces réponses étant transmises au commissaire aux comptes, s'il en existe, ce dernier peut engager lui-même une procédure d'alerte s'il les juge insuffisantes.

C. Alerte économique par le CSE

SOCIÉTÉS DANS LESQUELLES LE CSE DISPOSE D'UN DROIT D'ALERTE

Dans les entreprises d'au moins 50 salariés, le comité social et économique (CSE) dispose du droit de mettre en œuvre une procédure d'alerte des dirigeants sociaux (C. trav. art. L 2312-63, al. 1), quelle que soit la forme juridique de l'entreprise. 90540

Dans les entreprises comportant des **établissements distincts,** l'exercice du droit d'alerte est réservé au CSE central d'entreprise, les comités d'établissement n'étant pas investis de cette prérogative (Cass. soc. 12-10-2005 nº 04-15.794 : RJDA 2/06 nº 162 ; Cass. soc. 15-6-2022 nº 21-13.312 F-B : RJS 8-9/22 nº 457), même en cas de carence du CSE central d'entreprise (Cass. soc. 15-6-2022 nº 21-13.312 F-B : RJS 8-9/22 nº 457).

En cas d'**abus** de son **droit** de mettre en œuvre la procédure d'alerte, le CSE peut engager sa responsabilité, conformément au droit commun (cf. Cass. soc. 18-1-2011 nº 10-30.126 : RJDA 4/11 nº 321).

FAITS PERMETTANT AU CSE DE DÉCLENCHER L'ALERTE

Le CSE peut enclencher une procédure d'alerte s'il a connaissance « de **faits de nature à affecter** de manière préoccupante **la situation économique** de l'entreprise » (C. trav. art. L 2312-63, al. 1). Contrairement aux autres procédures d'alerte, il n'est pas requis que la continuité de l'exploitation soit compromise. 90541

Le CSE peut notamment invoquer, au-delà des éléments comptables et financiers, « des difficultés économiques telles qu'une baisse importante et durable des commandes, un fléchissement substantiel des investissements, un gonflement important et durable des stocks pouvant s'accompagner de plans de restructuration et de licenciement » (Rép. Dermaux : AN 29-9-1986 nº 4136).

ILLUSTRATIONS

La simple existence d'un projet de **restructuration,** en l'espèce une fusion, ne justifie pas à elle seule le déclenchement de la procédure (Cass. soc. 30-6-1993 : RJS 10/93 nº 998).

En revanche, justifient celui-ci :
– le projet de restructuration dont l'ampleur et les modalités sont de nature à affecter à court ou moyen terme les perspectives et les résultats de la branche d'activité concernée (CA Versailles 2-10-1997 : RJS 1/98 nº 61) ;
– la réorganisation de l'activité ingénierie d'une entreprise au niveau mondial, visant à la constitution d'un groupe d'ingénierie de 2 800 personnes après acquisition d'une société étrangère (Cass. soc. 18-1-2011 nº 10-30.126 : RJDA 4/11 nº 321) ;
– les **difficultés d'une branche d'activité** représentant moins de 2 % du chiffre d'affaires de l'entreprise mais stratégique pour son développement (Cass. soc. 27-11-2012 nº 11-21.566 : RJDA 4/13 nº 334).

De même, les **difficultés** financières **d'une filiale** et son degré de dépendance par rapport à la société mère peuvent rendre indispensable l'obtention par le CSE de la filiale d'informations sur la stratégie de la société mère à l'égard de celle-ci (Cass. soc. 21-9-2016 nº 15-17.658 FS-PB : RJDA 12/16 nº 873, dans un cas où la société mère avait apporté entre 350 000 et 400 000 € par mois à la filiale pour le paiement des salaires et les besoins de trésorerie).

PROCÉDURE DE L'ALERTE PAR LE CSE

Lorsqu'il constate de tels faits, le CSE peut **demander au dirigeant** de lui fournir **des explications.** Cette demande doit être satisfaite dès la prochaine séance du CSE (C. trav. art. L 2312-63, al. 1 et 2). 90542

S'il estime la réponse insuffisante ou si cette réponse confirme le caractère préoccupant de la situation, le CSE (ou, dans les entreprises d'au moins 1 000 salariés, sa commission économique) établit un **rapport** qui doit être transmis au dirigeant et, s'il en existe, au commissaire aux comptes *(art. L 2312-63, al. 3 et 4).*

Le CSE peut se faire assister, une fois par exercice, d'un **expert-comptable** (C. trav. art. L 2315-92, I-2º et L 2312-64), les frais de cette expertise étant partagés entre lui, à hauteur de 20 %, et l'entreprise, pour le reste (art. L 2315-80). Il peut aussi convoquer le **commissaire aux comptes** de la société et s'adjoindre, avec voix consultative, deux **salariés** de l'entreprise **non membres du CSE** (C. trav. art. L 2312-64).

Le CSE décide ensuite s'il convient de **saisir** des conclusions de ce rapport le **conseil d'administration ou de surveillance** (pour les sociétés qui en sont dotées) ou de faire **communiquer** par les dirigeants ce **rapport aux associés** (s'il s'agit d'une autre forme de société) ou aux membres du groupement (s'il s'agit d'un GIE) (C. trav. art. L 2312-65). 90543

Si le CSE décide de saisir le conseil d'administration ou de surveillance, la question doit être inscrite à l'ordre du jour de la prochaine réunion du conseil à condition que celui-ci ait pu être saisi au moins 15 jours à l'avance (art. L 2312-66). Si ce délai ne peut être respecté, la question doit être examinée lors de la réunion suivante. En tout état de cause, le conseil doit le faire dans le mois de sa saisine par le CSE (C. trav. art. R 2312-29).

Dans les sociétés qui ne sont pas dotées d'un conseil d'administration ou de surveillance et dans les GIE, le rapport du CSE est communiqué aux associés par le gérant ou, dans les GIE, les administrateurs (art. L 2312-66, al. 3).

90544 La **réponse** du conseil d'administration ou de surveillance aux conclusions du rapport du CSE doit être motivée (C. trav. art. L 2312-66). Un extrait du procès-verbal des délibérations du conseil contenant cette réponse doit être adressé au CSE dans le mois qui suit la réunion (C. trav. art. R 2312-29).

Lorsque le CSE n'a pas eu de réponse du conseil, il peut demander en justice la désignation d'un mandataire chargé de convoquer l'assemblée générale de la société (pour un exemple, T. com. Marseille réf. 7-11-2001 nº 2001R906 : RJDA 2/02 nº 162).

90545 Tous les documents échangés entre le CSE et les organes de la société (demandes d'explications par le CSE, réponses du président du conseil d'administration ou du directoire, rapport du CSE au conseil d'administration ou de surveillance, réponse du conseil) doivent être **communiqués au commissaire aux comptes** (art. L 234-3, al. 2, texte qui n'a pas été actualisé pour tenir compte du remplacement du comité d'entreprise par le CSE mais, à notre avis, transposable).

90546 Les informations concernant l'entreprise communiquées à l'occasion de la mise en œuvre de la procédure d'alerte ont un **caractère confidentiel** ; toute personne qui y a accès est tenue à une obligation de discrétion (C. trav. art. L 2312-67).

D. Alerte par le président du tribunal de commerce

CONVOCATION DU DIRIGEANT DE LA SOCIÉTÉ

90560 Lorsqu'il résulte de tout acte, document ou procédure qu'une société commerciale ou un GIE connaît des **difficultés de nature à compromettre** la continuité de **l'exploitation,** ses dirigeants peuvent être convoqués par le président du tribunal de commerce (ou du TAE ; nº 90500) pour que soient envisagées les mesures propres à redresser la situation (art. L 611-2, I-al. 1).

L'**entretien** est confidentiel (cf. CA Versailles 26-1-1995 : RJDA 7/95 nº 884 excluant la possibilité d'une audience publique ; art. R 611-11 écartant la présence du greffier). Il donne lieu à l'établissement par le président du tribunal d'un procès-verbal ne mentionnant que la date, le lieu de l'entretien et l'identité des personnes présentes. Il est signé par ces dernières et par le président du tribunal (art. R 611-11, al. 1).

Si le représentant légal de la personne morale ne répond pas à la convocation, un **procès-verbal de carence** est dressé le jour même par le greffier. Il est notifié sans délai par le greffier au représentant légal par lettre recommandée AR.

> **Précisions** **a.** Le président du **tribunal compétent** est celui du lieu du siège social (art. R 600-2).
> **b.** Le président fait convoquer par le greffier le représentant légal de la personne morale par lettre recommandée AR et par lettre simple (cette double convocation résulte, semble-t-il, d'une erreur de rédaction). La **convocation** doit reproduire les articles L 611-2, I, R 611-11 et R 611-12. Elle est envoyée un mois au moins à l'avance et est accompagnée d'une note par laquelle le président du tribunal expose les faits qui ont motivé son initiative (art. R 611-10).

SUITES DONNÉES PAR LE PRÉSIDENT DU TRIBUNAL

90561 **Pouvoir d'enquête** Dès l'envoi de la convocation, le président du tribunal peut obtenir communication, par les commissaires aux comptes, les membres du comité social et économique, les administrations publiques, les organismes de sécurité et de prévoyance sociales ainsi que les services chargés de centraliser les risques bancaires et les incidents de paiement, des **renseignements** de nature à lui donner une exacte information **sur la situation économique et financière** de la société ou du GIE (art. L 611-2, I-al. 2). Le droit de communication peut être exercé « nonobstant toute disposition législative ou réglementaire contraire » (art. L 611-2, I-al. 2), de sorte que les personnes ou organismes énumérés ci-dessus ne peuvent pas opposer le secret professionnel au président.

> **Précisions** La **demande de renseignements** doit être adressée dans le délai de trois mois au plus tard à compter de la date de l'envoi de la convocation ; elle doit être accompagnée de la copie de la lettre de convocation et de la note par laquelle le président expose les faits qui ont motivé son initiative (art. R 611-12, al. 1). À défaut, les personnes et organismes interrogés ne sont pas tenus de répondre ; si la demande est conforme, ils doivent fournir les informations dans un délai d'un mois (art. R 611-12, al. 2).

Autres pouvoirs Le président du tribunal ne peut pas **contraindre** le dirigeant **à prendre des mesures** propres à mettre un terme aux difficultés rencontrées par la société ou le GIE (cf. art. L 611-2 aux termes duquel des mesures sont « envisagées » lors de l'entretien). Notamment, il ne peut pas imposer la désignation d'un mandataire ad hoc ou l'ouverture d'une conciliation, ces mesures ne pouvant être mises en œuvre qu'à l'initiative du dirigeant (art. L 611-3, al. 1 et L 611-6). **90565**

Le tribunal ne peut pas non plus se saisir d'office de l'**ouverture d'une procédure** de sauvegarde, de redressement ou de liquidation judiciaire (nº 90985). Toutefois, s'il a eu connaissance d'éléments faisant apparaître que la société ou le GIE remplit les conditions pour faire l'objet d'un redressement ou d'une liquidation judiciaire (éléments recueillis lors de l'entretien ou de l'enquête ou communiqués par le commissaire aux comptes), le président du tribunal en informe le ministère public (art. L 631-3-1 et L 640-3-1) qui, lui, peut demander l'ouverture d'une telle procédure.

II. MANDAT AD HOC

DEMANDE DE DÉSIGNATION D'UN MANDATAIRE AD HOC

Le dirigeant d'une société peut demander au président du tribunal de commerce (ou du TAE ; nº 90500) la désignation d'un mandataire dont la mission est déterminée par ce magistrat (art. L 611-3, al. 1 et 2). Cette mission peut notamment consister à aider le dirigeant à **négocier un accord avec les principaux créanciers sociaux** pour obtenir des délais de paiement. **90590**

Le dirigeant peut proposer le nom d'un mandataire, dans les limites prévues par l'article L 611-13 (art. L 611-3, al. 1). Le président du tribunal n'est pas tenu de faire droit à la demande (cf. art. L 611-3, al. 1 : le président « peut » désigner).

Le dirigeant n'a pas l'obligation d'informer le comité social et économique de la désignation du mandataire (art. L 611-3, al. 3). Mais elle est communiquée aux commissaires aux comptes lorsqu'il en a été désigné (al. 1).

Sur la **confidentialité de la procédure,** sauf le cas échéant à l'égard de l'AMF, voir les règles de la procédure de conciliation exposées nº 90690 qui sont applicables au mandat ad hoc (art. L 611-15).

> **Précisions** La demande de désignation du mandataire ad hoc, qui doit exposer les raisons qui la motivent, est présentée par écrit et déposée au greffe (art. R 611-18) du **tribunal** dans le ressort duquel la société a son siège ou, à défaut de siège en France, du tribunal dans le ressort duquel la société a le centre principal de ses intérêts en France (art. R 600-1).

CONSÉQUENCES DU MANDAT AD HOC

La désignation d'un mandataire ad hoc ne suspend pas les éventuelles **poursuites engagées par les créanciers** contre la société. Celle-ci peut toujours demander au juge des délais de paiement en application de l'article 1343-5 du Code civil. Un créancier appelé à négocier dans le cadre d'une procédure de mandat ad hoc n'est pas tenu d'accepter les propositions du mandataire (Cass. com. 22-9-2015 nº 14-17.377 F-PB : RJDA 1/16 nº 42). **90595**

Cette procédure n'exonère pas le **dirigeant** de son obligation de **déclarer l'état de cessation des paiements** de la société dans les 45 jours de sa survenance (nº 90981).

III. PROCÉDURE DE CONCILIATION

90620 EN BREF *La procédure de conciliation tend à favoriser le redressement d'une entreprise en difficulté grâce à l'intervention d'un conciliateur qui a pour mission d'obtenir la conclusion d'un accord entre les dirigeants de l'entreprise et les créanciers de celle-ci sur des délais de paiement ou des remises de dettes, voire de préparer la cession de l'entreprise.*

Elle peut aussi permettre la préparation avec les créanciers d'un plan tendant à assurer la pérennité de l'entreprise et susceptible d'être rapidement adopté dans le cadre d'une procédure de sauvegarde accélérée.

Cette procédure n'affecte pas les pouvoirs de gestion du dirigeant et ne constitue pas un obstacle aux poursuites des créanciers contre l'entreprise sauf pour ceux qui ont conclu un accord constaté ou homologué par le juge.

ENTREPRISES POUVANT BÉNÉFICIER D'UNE CONCILIATION

90630 La conciliation est ouverte à toute personne exerçant une activité commerciale ou artisanale – et donc à toute société commerciale – qui éprouve une **difficulté** juridique, économique ou financière, avérée ou prévisible et qui ne se trouve pas en **cessation des paiements** depuis plus de 45 jours (art. L 611-4).

OUVERTURE DE LA PROCÉDURE DE CONCILIATION

90635 **Tribunal compétent** La procédure de conciliation relève du tribunal de commerce (ou du TAE ; n° 90500) dans le ressort duquel est situé le siège de la société concernée (art. R 600-1, al. 1).

Toutefois, le dirigeant d'une société répondant aux critères exposés n° 90974 peut saisir un des tribunaux de commerce spécialisés (art. L 721-8, 4°) dont la liste et les ressorts figurent dans les annexes 7-1-1 et 7-1-2 du Code de commerce (art. D 721-19). Le dossier peut aussi être transféré à l'un de ces tribunaux à la demande du procureur de la République ou par décision du président du tribunal (art. L 721-8, 4° et R 611-23-1).

90640 **Dépôt de la demande** Le représentant légal de la société en difficulté doit présenter par écrit sa demande de conciliation au président du tribunal, en exposant la situation financière, économique et sociale de la société, ses besoins financiers et, le cas échéant, les moyens d'y faire face (art. L 611-6, al. 1 ; sur les pièces à joindre à la demande, voir art. R 611-22).

90642 **Nomination d'un conciliateur** S'il considère que la situation de la société et les propositions des dirigeants le permettent, le président du tribunal ouvre la conciliation et désigne un conciliateur pour une **durée** n'excédant pas quatre mois mais qui peut être prorogée à la demande de celui-ci, la durée totale de la procédure ne pouvant pas dépasser cinq mois (art. L 611-6, al. 2).

Le dirigeant de la société peut **proposer un conciliateur** – dans les limites posées par l'article L 611-13 – tout comme il peut récuser celui qui a été désigné (art. L 611-6, al. 1 et 4 et R 611-27 s.).

La **décision d'ouverture** de la conciliation est **communiquée** au ministère public et, si la société est soumise au contrôle légal de ses comptes, aux commissaires aux comptes (art. L 611-6, al. 3). Le dirigeant n'est pas tenu d'informer le comité social et économique de l'ouverture de la procédure (art. L 611-6, al. 3).

La décision ouvrant la procédure est susceptible d'**appel** de la part du seul ministère public (art. L 611-6, al. 3), tandis que celle refusant la désignation du conciliateur peut faire l'objet d'un appel de la part de la société (art. R 611-26).

90643 **Enquête** Après l'ouverture de la procédure de conciliation, le président du tribunal peut obtenir tout renseignement lui permettant d'apprécier la **situation** économique, financière, sociale et patrimoniale **de la société et ses perspectives** de règlement, auprès des commissaires aux comptes, des experts-comptables, des notaires, des membres et représentants du personnel, des administrations et organismes publics, des organismes de sécurité et de prévoyance sociales, ainsi qu'auprès des établissements de crédit, de monnaie électronique, de paiement, des sociétés de financement, des services chargés de centraliser les risques bancaires et les incidents de paiement et auprès des assureurs-crédit (art. L 611-6, al. 5). Le droit de communication pouvant être exercé « nonobstant toute disposition législative ou réglementaire contraire », les personnes et organismes précités ne peuvent pas opposer le **secret professionnel** à l'enquête du président.

Le président du tribunal peut aussi demander à un **expert** d'établir un rapport sur la situation économique, financière, sociale et patrimoniale de l'entreprise (art. L 611-6, al. 5).

Le président communique au conciliateur les renseignements qu'il a obtenus à la suite de ses enquêtes et, le cas échéant, le résultat de l'expertise (art. L 611-7, al. 2).

EFFETS DE L'OUVERTURE DE LA CONCILIATION

La conciliation n'emporte pas la suspension des **poursuites** individuelles **des créanciers** contre la société (Cass. 3e civ. 10-12-2008 nº 07-19.899 : RJDA 2/09 nº 77). Toutefois, avant la conclusion d'un accord avec les créanciers, la société peut demander au juge de lui octroyer des **délais de paiement** en application de l'article 1343-5 du Code civil si un créancier l'a mise en demeure ou poursuivie ou s'il n'a pas accepté, dans le délai imparti par le conciliateur, la demande faite par ce dernier de suspendre l'exigibilité de la créance ; s'il fait droit à la demande, le juge peut reporter ou échelonner le règlement des créances non échues dans la limite de la durée de la mission du conciliateur ; il peut en outre subordonner la durée des délais qu'il octroie à la conclusion d'un accord amiable (art. L 611-7, al. 5). **90650**

Le **redressement** et la **liquidation judiciaires** ne pouvant être demandés ni par un créancier, ni par le ministère public si une conciliation est en cours (art. L 631-4 et L 640-5), la demande de conciliation permet à la société d'échapper à ces procédures jusqu'à la clôture de la procédure de conciliation et, au plus, pendant six mois et demi après la cessation des paiements (45 jours, plus cinq mois de procédure). En revanche, même si elle a donné lieu à un accord amiable, elle n'interdit pas au dirigeant de solliciter l'ouverture d'une procédure collective. L'existence d'une conciliation est une condition d'ouverture d'une procédure de **sauvegarde** accélérée (nº 90905).

› Précisions **a.** Sur les modalités et les effets de la **demande de délais** de paiement, voir art. R 611-35.

b. L'ouverture d'une procédure de conciliation n'est pas l'un des signes d'absence probable de paiement par la société débitrice et constitue une information confidentielle qui ne peut pas justifier une **déclaration de défaut auprès de la Banque de France** (Cass. com. 3-7-2024 nº 22-24.068 FS-B : RJDA 11/24 nº 601).

c. Les **coobligés** et les **personnes ayant consenti une sûreté** personnelle (tel un cautionnement) ou ayant affecté ou cédé un bien en garantie d'une dette sociale, ce qui est souvent le cas du dirigeant, peuvent se prévaloir des délais de paiement accordés par le juge en application des dispositions précitées (art. L 611-10-3).

d. Sur le cas où la **cessation des paiements** atteint **plus de 45 jours au cours de la conciliation,** voir nº 90981.

CONCLUSION D'UN ACCORD AMIABLE

Mission du conciliateur La mission du conciliateur est de favoriser la conclusion, entre la société et ses principaux créanciers et, le cas échéant, ses cocontractants habituels, d'un accord amiable destiné à **mettre fin** aux **difficultés** de la société (art. L 611-7, al. 1). **90660**
Peuvent ainsi être appelés à participer à la conciliation les garants susceptibles de donner leur accord sur de nouveaux financements ou sur des délais de paiement qui les engagent pour une durée allongée, les fournisseurs non créanciers qui peuvent accepter des délais de paiement ou encore les actionnaires, actuels ou nouveaux, qui peuvent apporter des avances en compte courant, s'engager à recapitaliser l'entreprise ou accepter l'incorporation de leurs créances au capital (Rapport AN nº 2095 relatif à la loi 2005-845 du 26-7-2005). L'administration fiscale et les organismes sociaux peuvent accorder des remises dans les conditions fixées par les articles L 626-6 et D 626-9 s.

Le conciliateur peut aussi être chargé par le président du tribunal, à la demande du débiteur et après avis des créanciers participants, d'organiser la **cession** partielle ou totale de l'entreprise qui pourrait être mise en œuvre, le cas échéant, dans le cadre d'une procédure ultérieure de sauvegarde, de redressement ou de liquidation judiciaire (art. L 611-7, al. 1 ; sur les modalités de cette demande, voir art. R 611-26-1).

Absence d'accord entre les parties Si les parties à la conciliation ne parviennent pas à un accord, le conciliateur en informe le président du tribunal qui met fin à la procédure (art. L 611-7, al. 6). Un créancier (ou le ministère public) peut alors demander que la société soit mise en redressement ou en liquidation judiciaire mais seulement si elle est en cessation des paiements. **90663**

Toutefois, le dirigeant de la société peut passer outre à l'opposition de certains créanciers. Il peut demander l'ouverture d'une sauvegarde accélérée si le soutien des autres créanciers permet l'adoption rapide de cet accord comme plan de sauvegarde (nos 90905 s.).

CONSTATATION OU HOMOLOGATION DE L'ACCORD PAR LE JUGE

90670 L'**accord** obtenu sous l'égide du conciliateur peut être soit constaté, soit homologué par le juge. Ces deux **procédures se distinguent** par leur publicité. En outre, seule l'homologation met un terme à l'interdiction bancaire frappant la société et permet à certains créanciers de bénéficier d'un privilège particulier.

90671 **Constatation judiciaire de l'accord** La constatation de l'accord par le président du tribunal se fait à la requête conjointe des parties et donne force exécutoire à l'accord ; elle ne fait l'objet ni de **publicité** ni de voie de **recours** et met fin à la procédure (art. L 611-8, I).

ATTENTION

Une obligation de **confidentialité** pesant sur les personnes appelées à la conciliation et sur celles en ayant connaissance par leurs fonctions (nº 90690), le contenu de l'accord n'est pas communicable aux créanciers qui n'y ont pas été appelés. Dès lors, si l'accord et ses annexes sont déposés au greffe du tribunal de commerce, des copies ne peuvent être délivrées qu'aux parties et aux personnes qui peuvent se prévaloir de l'accord (art. R 611-39, al. 2).

90672 **Effets sur les recours des créanciers.** Pendant la durée de son exécution, l'accord constaté interrompt ou interdit toute action en justice et arrête ou interdit toute **poursuite** individuelle sur les biens **de la société** de la part des créanciers participants pour obtenir le paiement des créances objet de l'accord (art. L 611-10-1). Il interrompt, pour la même durée, les délais impartis aux créanciers parties à l'accord à peine de déchéance ou de résolution des droits afférents aux créances mentionnées par l'accord (art. précité).

Si un créancier appelé à la conciliation met en demeure ou poursuit la société pour une créance non visée par l'accord, le dirigeant peut demander des délais de paiement dans les conditions prévues par le Code civil (art. 1343-5) au président du tribunal ayant ouvert la procédure (art. L 611-10-1, al. 2). Aucun délai ne peut toutefois être imposé à l'administration fiscale et aux organismes sociaux (même art.).

> **Précisions** Les **coobligés** et les **personnes ayant consenti une sûreté** personnelle (tel un cautionnement) ou ayant affecté ou cédé un bien en garantie, ce qui est souvent le cas du dirigeant, peuvent se prévaloir de l'accord constaté et des délais de paiement consentis à la société débitrice pendant la phase de conciliation, ainsi que ceux octroyés au cours de l'exécution de l'accord (art. L 611-10-2, al. 1 et, sur renvoi, art. L 611-7, al. 5 et L 611-10-1, al. 2).

90673 **Inexécution de l'accord par la société.** En cas d'inexécution des engagements résultant de l'accord, le président du tribunal prononce, à la demande de l'une des parties, la **résolution** de l'accord ; il peut aussi prononcer la déchéance des délais de paiement, qu'ils aient été accordés au cours de la conciliation ou de l'exécution de l'accord (art. L 611-10-3, al. 1 et 3). La décision prononçant la résolution fait l'objet d'une insertion au Bodacc et d'un avis dans un support d'annonces légales du lieu du siège social (art. R 611-46, al. 3).

L'inexécution de l'accord ne permet pas, à elle seule, aux créanciers de demander la mise en **redressement ou** en **liquidation judiciaire de la société** ; il faut en outre que les conditions d'ouverture de ces procédures soient remplies, notamment que la société soit en cessation des paiements.

La résolution de l'accord amiable ne prive pas d'**effets** les clauses dont l'objet est d'en organiser les conséquences (art. L 611-10-4).

90674 **Homologation de l'accord** Lorsque le dirigeant demande au tribunal d'homologuer l'accord, il **informe le comité social et économique** du contenu de celui-ci (art. L 611-8-1).

L'accord est homologué si les **conditions** suivantes sont remplies (art. L 611-8, II) :

- la société n'est plus en état de cessation des paiements ou l'accord met fin à cet état ;
- l'accord est de nature à assurer la pérennité de l'activité de la société ;
- l'accord ne porte pas atteinte aux droits des créanciers non signataires.

Le **jugement** d'homologation – qui ne reprend pas les termes de l'accord mais mentionne les garanties et privilèges constitués pour en assurer l'exécution et précise les montants garantis par le « privilège de conciliation » (nº 90702) (art. R 611-40, al. 2) – est déposé au greffe du tribunal où tout intéressé peut en prendre connaissance (art. L 611-10, al. 2 et R 611-43). Le greffier du tribunal procède à la **publicité** requise (insertion au Bodacc ; publication d'un avis dans un support d'annonces légales du lieu du siège social) et, si la société est soumise au contrôle légal des comptes, il communique le jugement au **commissaire aux comptes** (art. L 611-10, al. 2, R 611-43 et R 611-44).

L'homologation de l'accord a les mêmes **effets** que la constatation judiciaire de celui-ci (n° 90672), mais elle protège mieux les intérêts des créanciers si la société fait ensuite l'objet d'une procédure collective (n°s 90702 s.). En outre, elle emporte la levée de plein droit de l'interdiction d'émettre des chèques mise en œuvre à l'occasion du rejet d'un chèque émis avant l'ouverture de la conciliation (art. L 611-10-2, al. 2). 90675

L'**inexécution** de l'accord homologué est sanctionnée dans les conditions exposées n° 90673.

CONFIDENTIALITÉ DE LA PROCÉDURE DE CONCILIATION

Toute personne appelée à une procédure de conciliation ou qui, par ses fonctions, en a connaissance est tenue à la confidentialité (art. L 611-15) et s'expose, en cas de révélation, à une action en responsabilité civile et, le cas échéant, aux sanctions pénales prévues par l'article 226-13 du Code pénal (un an d'emprisonnement et 15 000 € d'amende) si elle est par ailleurs soumise au secret professionnel (cas par exemple des avocats et des établissements de crédit). L'obligation de confidentialité s'impose également aux journalistes, sauf nécessité d'informer le public sur une question d'intérêt général (Cass. com. 15-12-2015 n° 14-11.500 : RJDA 3/16 n° 210 ; Cass. com. 13-2-2019 n° 17-18.049 FS-PBI : RJDA 5/19 n° 351 ; Cass. com. 13-6-2019 n° 18-10.688 FS-PB : RJDA 10/19 n° 642). Elle ne cesse pas avec l'ouverture d'une procédure collective (CA Versailles 15-9-2016 n° 16/01505 : RJDA 12/16 n° 878) et s'applique à l'égard des tiers, mais aussi entre les parties à la conciliation (Cass. com. 5-10-2022 n° 21-13.108 F-B : RJDA 1/23 n° 40 ; CA Versailles 15-9-2016 précité). 90690

> **Précisions** Les **sociétés « cotées »** qui font l'objet d'une procédure de conciliation sont invitées, au titre de l'obligation d'information financière des marchés qui pèse sur elles, à en informer l'AMF dans des conditions fixées par la position-recommandation AMF 2016-08.

OUVERTURE D'UNE PROCÉDURE COLLECTIVE EN COURS D'EXÉCUTION DE L'ACCORD

L'**accord** adopté dans le cadre de la procédure de conciliation **prend fin** de plein droit lorsque la société qui en bénéficiait est mise sous sauvegarde, en redressement ou en liquidation judiciaire (art. L 611-12). Les créanciers qui étaient tenus par cet accord recouvrent l'intégralité de leurs **créances** et des sûretés qui les garantissent, déduction faite des sommes perçues en exécution de l'accord (art. précité). Ils conservent le bénéfice des **garanties** obtenues pour les nouveaux financements consentis à la société dans le cadre et pour les besoins de l'accord, mais ils perdent le bénéfice des sûretés obtenues en contrepartie de délais de paiement ou d'abandon de créances (Cass. com. 26-10-2022 n° 21-12.085 FS-B : RJDA 1/23 n° 39 ; Cass. com. 8-3-2023 n° 21-19.202 F-D : RJDA 5/23 n° 265). 90700

La caducité de l'accord ne prive pas d'effets les clauses dont l'objet est d'en organiser les conséquences (art. L 611-10-4).

Les créanciers qui ont consenti à la société, dans le cadre d'un accord homologué, un **nouvel apport en trésorerie** (ou la fourniture d'un nouveau bien ou service) en vue d'assurer la poursuite et la pérennité de l'activité sociale bénéficient d'un **privilège** de paiement dans la procédure collective de la société. Ils seront en effet payés dans le cadre de cette procédure, à hauteur du montant de l'apport (ou du prix du bien ou du service), avant toutes les autres créances à l'exception notamment de certaines créances salariales et des frais de justice afférents à cette procédure (art. L 611-11, al. 1 et, sur renvoi, art. L 622-17 et L 643-8, 5°). Le plan de sauvegarde ou de redressement ne pourra leur imposer, sans leur consentement, ni les délais de paiement uniformes que le tribunal peut prescrire à certains créanciers récalcitrants (art. L 626-20, I-3°), ni les délais et remises votés par les classes de parties affectées (art. L 626-30-2, al. 2). 90702

ATTENTION

Ce **privilège,** dit « de conciliation » ou de « new money », **ne profite pas** (art. L 611-11) :
– aux associés et actionnaires ayant consenti des apports dans le cadre d'une augmentation de capital ;
– aux créanciers signataires pour leurs concours antérieurs à l'ouverture de la conciliation (pour une application, CA Montpellier 2-2-2010 n° 09/07510 : JCP E 2010 n° 1875 note Ch. Lebel) ;
– aux personnes ayant procédé à un apport ou à une fourniture de biens ou de services si l'accord amiable n'a fait l'objet que d'une constatation judiciaire.

Le privilège ne peut être invoqué par le créancier que s'il l'a porté à la connaissance des organes de la procédure collective dans un délai dont la durée varie selon la nature de la procédure ouverte (art. L 622-17, IV en cas de sauvegarde ou de redressement judiciaire ; art. L 641-13, III en cas de liquidation judiciaire).

90705 Dans la mesure où la date de cessation des paiements ne peut pas être reportée, sauf cas de fraude, à une date antérieure à la décision définitive d'homologation de l'accord (art. L 631-8, al. 2), les actes contenus dans celui-ci ne peuvent pas tomber sous le coup des **nullités de la période suspecte** si la société est ensuite mise en redressement ou en liquidation judiciaire.

SECTION 2

PROCÉDURE COLLECTIVE DE TRAITEMENT DES DIFFICULTÉS DES ENTREPRISES

90800 EN BREF *Les trois procédures collectives d'apurement du passif – sauvegarde, redressement et liquidation judiciaires – répondent chacune à un degré différent de gravité des difficultés rencontrées par la société.*

Ainsi, une société peut faire l'objet d'une sauvegarde « classique » si elle n'est pas en cessation des paiements mais éprouve des difficultés qu'elle n'est pas en mesure de surmonter. Mais la cessation des paiements ne fait pas obstacle à une sauvegarde accélérée si la société a déjà préparé avec ses principaux créanciers, dans le cadre d'une procédure de conciliation, un plan de sauvegarde susceptible d'être rapidement adopté.

Une société ayant cessé ses paiements peut aussi faire l'objet soit d'un redressement judiciaire si sa situation permet d'envisager un plan de redressement, y compris par voie de cession, soit d'une liquidation judiciaire si le redressement est manifestement impossible.

Selon la procédure, la société est plus ou moins privée de son autonomie de gestion et le dirigeant peut encourir des sanctions personnelles. Les associés peuvent être soumis à certaines contraintes.

Par ailleurs, jusqu'en novembre 2025, les petites sociétés peuvent bénéficier d'une procédure simplifiée de « traitement de sortie de crise », partiellement soumise au régime de la sauvegarde et du redressement judiciaire.

I. OUVERTURE D'UNE PROCÉDURE COLLECTIVE

A. Sociétés pouvant faire l'objet d'une procédure collective

PERSONNES MORALES DU SECTEUR PRIVÉ

90820 La procédure de sauvegarde, de redressement ou de liquidation judiciaire est applicable à « toute personne morale de droit privé » (art. L 620-2, L 631-2 et L 640-2), donc notamment à toutes les sociétés et aux GIE, sous réserve des distinctions ci-après.

Sur l'extension de la procédure au sein d'un **groupe** de sociétés, voir n°s 81270 s.

SOCIÉTÉS DISSOUTES OU LIQUIDÉES

90821 Une **société dissoute** peut faire l'objet d'une procédure de redressement ou de liquidation judiciaire aussi longtemps qu'elle conserve sa personnalité morale, même si la cessation de ses paiements est postérieure à la dissolution (Cass. com. 27-1-1958 : D. 1958 p. 349 ; CA Aix-en-Provence 17-3-1978 : Bull. cour d'Aix 1978/2 p. 86). Celui qui, procédant aux opérations de liquidation après dissolution, constate une insuffisance d'actif pour régler l'intégralité du passif social doit différer la clôture de la liquidation et demander l'ouverture de la procédure collective (Cass. com. 11-10-2005 n° 03-19.161 F-PB : RJDA 3/06 n° 277).

À la **clôture de la liquidation,** la société perd la personnalité morale (art. L 237-2, al. 2), de sorte qu'elle ne peut plus demander l'ouverture d'une procédure collective. Mais elle peut encore être mise en redressement ou en liquidation judiciaire sur assignation de l'un de ses créanciers. Ceux-ci peuvent saisir le tribunal à cette fin pendant le délai d'un an qui suit la radiation de la société du RCS consécutive à la publication de la clôture des opérations de liquidation (art. L 631-5, al. 2-1° et L 640-5, al. 2-1° ; pour une application stricte de ce délai, Cass. com. 26-3-2025 n° 24-12.020 F-D : RJDA 7/25 n° 383).

Une **société** devenue **unipersonnelle** et dont l'associé unique est une personne morale ne peut plus, en cas de dissolution, faire l'objet d'une procédure collective après l'expiration, sans opposition d'un créancier, du délai de 30 jours qui a suivi la publication de sa dissolution dans un support d'annonces légales car, à cette date, elle a perdu de plein droit sa personnalité morale en application de l'article 1844-5, al. 3 du Code civil (Cass. com. 20-5-2014 n° 13-14.933 : Bull. Joly 2014 p. 497 ; Cass. com. 23-9-2014 n° 13-17.171 : RJDA 12/14 n° 916).

› Précisions **a.** Une société dissoute ne peut pas, à notre avis, demander le bénéfice d'une **procédure de sauvegarde.** Cette procédure est destinée à faciliter la réorganisation de l'entreprise afin de permettre la poursuite de l'activité économique, le maintien de l'emploi et l'apurement du passif ; elle vise à l'adoption d'un plan destiné à sauvegarder l'entreprise (art. L 620-1 et L 626-1). Or, la personnalité morale de la société dissoute ne subsiste que pour les besoins de sa liquidation (art. L 237-2, al. 2) ; la société ne peut effectuer que les opérations nécessaires à sa liquidation et elle ne peut donc pas poursuivre son activité (cf. art. L 237-24). Selon nous, un tempérament doit toutefois être apporté à ce principe : la société dissoute pourrait faire l'objet d'une procédure de sauvegarde si son patrimoine était confondu avec celui d'une autre société bénéficiant d'une procédure de sauvegarde ou si elle était fictive (cf. art. L 621-2, al. 2).

b. La **radiation du RCS** ne fait courir le **délai** d'un an que si elle fait suite à la publication de la clôture des opérations de liquidation et à la disparition de la personnalité morale (Cass. com. 12-7-2016 n° 14-19.694 F-PB : RJDA 11/16 n° 801). Si la radiation est demandée prématurément, voire prononcée d'office, le délai d'un an ne court pas et, malgré sa radiation, la société, qui a conservé sa personnalité morale (n° 86634), peut faire l'objet d'une procédure de redressement ou de liquidation judiciaire (Cass. com. 12-7-2016 précité pour une radiation faite avant clôture de la liquidation ; CA Paris 6-1-2009 n° 08-10649 : RJDA 4/09 n° 366 pour une radiation d'office).

c. La **dissolution** d'une **société** devenue **unipersonnelle** et dont l'associé unique est une personne morale ne donne lieu à aucune opération de liquidation de la société mais à la transmission universelle de son patrimoine à la personne morale associée (C. civ. art. 1844-5, al. 3). Ces principes ne s'appliquent pas si l'associé unique est une personne physique (art. 1844-5, al. 4) ; la société unipersonnelle peut alors faire l'objet d'une procédure collective dans les conditions précitées.

SOCIÉTÉS NON IMMATRICULÉES

Les sociétés non immatriculées au RCS ne peuvent pas être soumises à une procédure collective puisqu'elles sont dépourvues de personnalité morale (cf. Cass. com. 11-12-1984 : Bull. civ. IV n° 341 ; Cass. com. 1-2-2000 : RJDA 5/00 n° 553 ; Cass. com. 23-11-2004 n° 02-14.262 : RJDA 4/05 n° 381). 90830

Mais peuvent être l'objet d'une procédure collective, à condition qu'elles aient ainsi personnellement exercé une activité commerciale, artisanale, agricole ou libérale (art. L 620-2, al. 1, L 631-2, al. 1 et L 640-2, al. 1), les personnes qui ont agi pour le compte de la **société en formation** (Cass. com. 15-1-1991 : Bull. Joly 1991 p. 395 note Calendini ; CA Paris 22-9-1987 : Gaz. Pal. 1988 p. 86) et celles qui se sont comportées comme des **associés de fait** (CA Aix-en-Provence 22-5-2001 n° 97-17855 : RJDA 7/02 n° 762 ; CA Poitiers 14-5-2002 : Dr. sociétés 2002 comm. n° 45 et, sous le régime de la loi du 13-7-1967 mais transposable, Cass. com. 7-10-1986 : Bull. Joly 1986 p. 958 ; Cass. com. 27-4-1993 : RJDA 10/93 n° 833).

› Précisions Une procédure collective peut aussi être ouverte à l'encontre de chacun des **associés** d'une société non immatriculée, même si ces derniers n'ont accompli eux-mêmes **aucun acte de commerce,** lorsque ces actes ont été passés par le mandataire commun qu'ils avaient désigné (CA Paris 31-5-1983 : BRDA 15/83 p. 16, rendu sous l'empire de la loi du 13-7-1967 mais, à notre avis, transposable au régime actuel).

SOCIÉTÉS NULLES

Une société nulle peut faire l'objet d'une procédure collective (cf. Cass. com. 5-4-1994 n° 92-15.118 D : RJDA 8-9/94 n° 941, à propos d'un GIE mais transposable à une société). 90840

Lorsqu'il apparaît qu'une société soumise à une procédure collective est fictive, cette procédure peut être étendue à la personne physique ou morale qui se dissimulait derrière la société (art. L 621-2, al. 2, L 631-7, al. 1 et L 641-1, I ; pour des applications, voir n° 81281).

SOCIÉTÉS FAISANT DÉJÀ L'OBJET D'UNE PROCÉDURE COLLECTIVE

Une société ne peut pas faire l'objet simultanément de **plusieurs procédures collectives.** 90850
Ainsi, une procédure de sauvegarde, de redressement ou de liquidation judiciaire ne peut pas être ouverte si la société est déjà soumise à une telle procédure et s'il n'a pas été mis

fin aux opérations du plan de sauvegarde ou de redressement ou si la procédure de liquidation n'a pas été clôturée (art. L 620-2, al. 2, L 631-2, al. 2 et L 640-2, al. 2).

Sur le cas de la société ayant obtenu l'ouverture d'une conciliation, voir nº 90650 ; sur celui des sociétés implantées en France mais faisant déjà l'objet d'une procédure d'insolvabilité dans un autre État membre de l'UE, voir nº 90975.

B. Difficultés justifiant l'ouverture de la procédure collective

SAUVEGARDE

90900 **Sauvegarde de droit commun** Quelle que soit sa taille, une société peut demander le bénéfice d'une procédure de sauvegarde si, sans être en état de cessation des paiements, elle justifie de **difficultés** qu'elle n'est **pas en mesure de surmonter** (art. L 620-1, al. 1).

La loi ne précise pas la nature des difficultés susceptibles d'être invoquées. Elles peuvent être tant juridiques que financières ou économiques mais il n'est pas nécessaire qu'elles soient de nature à conduire la société à la cessation des paiements. Il n'est pas non plus requis qu'elles affectent l'activité économique de la société (Cass. com. 8-3-2011 nº 10-13.988 : RJDA 5/11 nº 437 et, sur renvoi, CA Versailles 19-1-2012 nº 11-03519 : RJDA 5/12 nº 522). Sauf fraude, l'ouverture de la procédure ne peut être refusée à la société pour la seule raison qu'elle chercherait ainsi à échapper à ses obligations contractuelles (Cass. com. 8-3-2011 précité ; CA Paris 12-9-2017 nº 17/08723 : RJDA 1/18 nº 42). Il suffit que la société ne soit pas en mesure de surmonter seule les difficultés invoquées (pour un cas où les difficultés étaient surmontables nonobstant une forte baisse du chiffre d'affaires et des capitaux propres, voir CA Paris 5-11-2013 nº 13/9354 : RJDA 2/14 nº 139).

> **Précisions** Si la **société appartient à un groupe,** les difficultés invoquées sont appréciées au regard de la situation de la seule société (Cass. com. 26-6-2007 nº 06-20.820 : RJDA 1/08 nº 56, 2e esp.). A ainsi été jugée frauduleuse la demande de sauvegarde présentée par une société pour protéger non ses propres intérêts mais ceux d'une de ses filiales (CA Paris 12-9-2017 précité). Le comportement du groupe peut toutefois être pris en considération dans la mesure où il constitue une difficulté insurmontable (diminution ou rupture des crédits intragroupe, vote de distribution de dividendes disproportionnés par rapport aux résultats, etc.) (CA Versailles 15-6-2006 nº 06-1994 : RJDA 11/06 nº 1152 et, sur pourvoi, Cass. com. 26-6-2007 nº 06-17.821 : RJDA 1/08 nº 56, 1e esp.).

90905 **Sauvegarde accélérée** Une société peut demander l'ouverture d'une procédure de sauvegarde accélérée si elle répond cumulativement aux conditions suivantes (art. L 628-1 et L 628-8) :

– être engagée dans une procédure de **conciliation** et avoir élaboré un projet de plan tendant à assurer la pérennité de l'entreprise et susceptible de recueillir, de la part des parties affectées à l'égard desquelles l'ouverture de la procédure produira effet, un soutien suffisamment large pour rendre vraisemblable son adoption dans un délai maximal de quatre mois à compter du jugement d'ouverture ;

– avoir des comptes certifiés par un commissaire aux comptes ou établis par un expert-comptable.

L'état de **cessation des paiements** de la société ne fait pas obstacle à l'ouverture de la procédure s'il n'est pas antérieur de plus de 45 jours à la demande d'ouverture de la conciliation (art. L 628-1, al. 5). S'il apparaît après ouverture de la sauvegarde accélérée que la cessation des paiements est plus ancienne, le ministère public demandera au tribunal de mettre un terme à la procédure (art. L 628-5). La société pourra alors être mise en redressement ou en liquidation judiciaire, sur demande du ministère public ou d'un créancier ou encore de sa propre initiative.

Contrairement à la sauvegarde de droit commun qui **affecte** tous les créanciers sociaux, la sauvegarde accélérée n'a d'effet qu'envers les **créanciers** sociaux et les **détenteurs de capital** directement affectés par le projet de plan préparé dans le cadre de la conciliation (*art. L 628-6*). *Toutefois, lorsque les comptes sociaux font apparaître que la nature de l'endettement rend vraisemblable l'adoption d'un plan par les seuls créanciers ayant la qualité de* sociétés de financement, d'**établissements de crédit** et assimilés, ainsi que par tous les titulaires d'une créance acquise auprès de ceux-ci ou d'un fournisseur de biens ou de services et, s'il y a lieu, des obligataires, la société peut demander l'ouverture d'une procédure de sauvegarde accélérée dont les effets sont limités à ces créanciers (art. L 628-1, al. 3).

REDRESSEMENT OU LIQUIDATION JUDICIAIRE

État de cessation des paiements de la société Une société ne peut être mise en redressement ou en liquidation judiciaire que si elle est en état de cessation des paiements, c'est-à-dire dans l'**impossibilité de faire face à son passif** exigible **avec son actif** disponible (art. L 631-1, al. 1 et L 640-1, al. 1). Tel n'est pas le cas si les réserves de crédit ou les moratoires dont la société bénéficie de la part de ses créanciers lui permettent de faire face au passif exigible avec son actif disponible (art. précités). 90910

La **preuve** de l'état de cessation des paiements pèse sur celui qui demande l'ouverture de la procédure (Cass. com. 5-5-2015 nº 14-11.381 : RJDA 8-9/15 nº 587).

Si la cessation des paiements est établie, le juge ne peut pas refuser d'ouvrir la procédure collective en raison des **mobiles de la société** débitrice (Cass. com. 8-3-2011 nº 10-13.988 FS-PBRI : RJDA 5/11 nº 437 ; Cass. com. 3-7-2012 nº 11-18.026 FS-PB : RJDA 10/12 nº 872), y compris en cas de fraude (Cass. com. 15-11-2017 nº 16-19.690 F-PBI : RJDA 2/18 nº 144), puisque la société est légalement tenue de déclarer la cessation des paiements.

> **Précisions** La cessation des paiements d'une **société faisant partie d'un groupe** est appréciée au regard des seuls actifs et passifs de celle-ci (Cass. com. 8-6-1999 nº 95-14.723 : RJDA 8-9/99 nº 958 ; Cass. com. 3-7-2012 nº 11-18.026 : RJDA 10/12 nº 872 ; CA Paris 28-2-2017 nºs 16/04921, 16/04975, 16/04971 et 16/04957 : RJDA 7/17 nº 474), sans tenir compte des capacités financières du groupe, sauf engagement de la société mère envers la société ou constatation d'une confusion de patrimoines justifiant l'ouverture d'une procédure unique (Cass. com. 7-1-2003 nº 00-15.316 FS-P : RJDA 5/03 nº 511).

Détermination du passif. Le passif à prendre en considération pour caractériser l'état de cessation des paiements est le passif **exigible,** c'est-à-dire toute dette qui n'a pas donné lieu de la part du créancier à un moratoire ou à des facilités de paiement (art. L 631-1, al. 1 et L 640-1, al. 1 ; Cass. com. 12-11-1997 nº 94-15.829 : RJDA 1/98 nº 68 ; Cass. com. 27-2-2007 nº 06-10.170 : RJDA 7/07 nº 746), peu important que le paiement n'en ait pas été effectivement exigé (Cass. com. 27-2-2007 précité ; Cass. com. 15-2-2011 nº 10-13.625 : RJDA 5/11 nº 436). Ne sont pas prises en considération les créances litigieuses, c'est-à-dire celles qui ont été contestées par la société (Cass. com. 27-2-2007 précité ; Cass. com. 5-5-2015 nº 14-11.381 : RJDA 8-9/15 nº 587 ; Cass. com. 19-4-2023 nº 20-19.401 F-D). Il en est ainsi des créances fiscales si elles ont été contestées selon les modalités prévues par le Livre des procédures fiscales (Cass. com. 11-4-2018 nº 16-23.019 F-PBI : RJDA 8-9/18 nº 655). En revanche, en cas d'action en report de la date de cessation des paiements (sur ce report, voir nº 91051), la créance contestée par la société en défense à cette action n'en est pas pour autant litigieuse et doit être prise en compte (Cass. com. 22-11-2023 nº 22-19.768 F-D : RJDA 3/24 nº 170). 90911

Il convient de retenir le passif exigible à la **date** où le juge statue, exception faite du passif rendu exigible en raison de l'ouverture de la liquidation judiciaire (Cass. com. 8-7-2003 nº 1144 : RJDA 1/04 nº 61 ; Cass. com. 18-5-2017 nº 15-23.541 F-D : RJDA 8-9/17 nº 561).

Détermination de l'actif. Font partie de l'actif disponible la **trésorerie** et les **réserves de crédit** de la société (art. L 631-1, al. 1 et L 640-1, al. 1). 90920

ILLUSTRATIONS

Sont **comptabilisés** dans l'actif disponible :
– les découverts en compte autorisés, facilités de caisse et lignes de mobilisation Dailly dont bénéficie la société et qui n'ont pas été dénoncés par la banque qui les a consentis (CA Paris 28-2-2017 nºs 16/04975 et 16/04971 : RJDA 7/17 nº 474) ;
– les avances en compte courant des associés qui ne sont pas bloquées ou dont le remboursement n'a pas été demandé (Cass. com. 12-5-2009 nº 08-13.741 : RJDA 10/09 nº 867) ;
– l'apport en trésorerie effectué par un associé, mis sous séquestre et libérable sous condition (Cass. com. 29-11-2016 nº 15-19.474 F-D : RJDA 3/17 nº 196) ;
– un chèque de banque émis au profit de la société même s'il n'est pas encore encaissé (Cass. com. 18-12-2007 nº 06-16.350 : RJDA 8-9/08 nº 929 ; Cass. com. 5-2-2013 nº 11-28.194 : RJDA 4/13 nº 463) ;
– *la trésorerie, même si elle provient majoritairement* de fonds reçus par des investisseurs et non destinés à payer les charges courantes, dès lors qu'elle a permis de régler des dettes exigibles (Cass. com. 14-6-2023 nº 21-20.130 F-D : RJDA 1/24 nº 42).

En revanche, est **exclu** de l'actif disponible le capital social non libéré qui est une créance de la société sur ses associés (Cass. com. 23-4-2013 nº 12-18.453 : RJDA 7/13 nº 648).

Les **fonds apportés par le dirigeant ou par un associé** sont pris en considération à moins que ce financement soit anormal (Cass. com. 13-6-1989 nº 87-20.204 P : Bull. Joly 1989 p. 725 ; Cass. com. 17-5-2011 nº 10-30.425 F-D : RJDA 11/11 nº 936 ; Cass. com. 1-7-2020 nº 19-12.068 F-D : RJDA 11/20 nº 579). Constitue un financement anormal l'apport en compte courant d'associé destiné à soutenir artificiellement la trésorerie de la société en dissimulant son état de cessation des 90922 paiements, même s'il a été suggéré par l'administrateur judiciaire (Cass. com. 1-7-2020 précité). Mais le fait que le dirigeant ait apporté des liquidités à la société, la maintenant ainsi en survie, ne suffit pas à établir que le financement est anormal (Cass. com. 24-3-2004 nº 01-10.927 FS-PB : RJDA 8-9/04 nº 1009).

ATTENTION

Le **dirigeant** qui, pour se procurer des fonds, utilise des **moyens frauduleux** ou même simplement **ruineux,** tels que des cessions d'actifs à des prix anormalement bas ou des emprunts à des taux élevés, encourt de lourdes sanctions (faillite personnelle, interdiction de gérer, voire banqueroute).

90924 Les **biens** mobiliers ou immobiliers **dont la société est propriétaire** ne sont pas des actifs disponibles (Cass. com. 22-1-2002 nº 139 : RJDA 5/02 nº 516 ; Cass. com. 7-2-2012 nº 11-11.347 : RJDA 8-9/12 nº 784), même s'ils sont déjà en vente (Cass. com. 15-2-2011 nº 10-13.625 : RJDA 5/11 nº 436 à propos d'un fonds de commerce ; Cass. com. 17-6-2020 nº 18-22.747 F-PB : RJDA 8-9/20 nº 441 pour un immeuble) ou s'ils sont susceptibles d'être réalisés à court terme (Cass. com. 27-2-2007 nº 06-10.170 : RJDA 7/07 nº 746). Il n'y a ainsi pas à tenir compte des participations détenues par la société dans des filiales (Cass. com. 20-6-1995 nº 93-18.342 D : Dr. sociétés 1995 nº 162).

Le **prix de cession d'un actif** social n'est pas un actif disponible tant qu'il n'a pas été encaissé par la société ou pour son compte (Cass. com. 24-3-2021 nº 19-21.424 F-D : RJDA 7/21 nº 493).

90926 Les **créances à recouvrer** de la société ne constituent pas des actifs disponibles, sauf circonstances exceptionnelles (Cass. com. 7-2-2012 nº 11-11.347 : RJDA 8-9/12 nº 784). Tel est le cas des créances aisément et rapidement recouvrables (CA Versailles 30-4-2014 nº 13/04298 : RJDA 10/14 nº 784 ; CA Paris 28-2-2017 nº 16/04975 : RJDA 7/17 nº 474 écartant en conséquence certaines créances intragroupe ou fiscales).

> **Précisions** Un **carnet de commandes** fermes ne constitue pas un actif disponible, mais peut néanmoins justifier l'ouverture d'une procédure de redressement au lieu d'une liquidation judiciaire si le montant des commandes permet d'envisager sérieusement le redressement de la société (CA Orléans 19-10-2006 nº 06-789 : RJDA 1/07 nº 69).

90928 **Date d'appréciation.** La situation de la société s'apprécie au jour où le tribunal ou, sur appel, la cour d'appel statue (Cass. com. 6-10-1992 : Bull. civ. IV nº 290 ; Cass. com. 22-1-2008 nº 07-10.117 : RJDA 6/08 nº 686 ; Cass. com. 8-4-2015 nº 14-10.676 F-D : RJDA 12/15 nº 842).

Sur l'éventuel **report de la date** de cessation des paiements, voir nº 91051.

90930 **Exception.** L'existence de la cessation des paiements n'est pas une condition indispensable de la **conversion** d'une procédure de **sauvegarde en redressement judiciaire** ; à tout moment de la période d'observation, le dirigeant peut demander cette conversion si l'adoption d'un plan de sauvegarde est manifestement impossible et si la clôture de la procédure conduirait, de manière certaine et à bref délai, à la cessation des paiements de la société (art. L 622-10, al. 3). De même, à tout moment de la période d'observation d'une procédure de **redressement** judiciaire, le tribunal peut prononcer la **liquidation** judiciaire si le redressement de l'entreprise est manifestement impossible (art. L 631-5, II), peu important l'absence de constatation de l'état de cessation des paiements de celle-ci (Cass. com. 28-2-2018 nº 16-19.422 F-PBI : RJDA 6/18 nº 521). Une société peut donc faire successivement l'objet d'une sauvegarde, d'un redressement puis d'une liquidation judiciaire sans que son état de cessation des paiements ait été constaté par le juge.

> **Précisions** En cas de **résolution du plan de redressement** pour inexécution du plan par la société, celle-ci ne peut pas être mise en liquidation judiciaire si son état de cessation des paiements n'est pas caractérisé (Cass. com. 7-2-2024 nº 22-11.904 F-D : RJDA 5/24 nº 301).

90940 **Possibilité ou non d'un redressement de la société** La mise en **liquidation judiciaire** d'une société requiert, outre la cessation des paiements, que le redressement de la société soit manifestement impossible (art. L 640-1, al. 1).

ILLUSTRATIONS

Est dans l'**impossibilité de se redresser** une holding qui, en raison de l'ampleur de ses problèmes de trésorerie, ne peut, en l'absence d'un nouveau partenaire pour la soutenir, financer seule ni l'activité de la période d'observation si le redressement judiciaire était prononcé, ni le coût de la restructuration sociale préconisée, sans créer rapidement un passif nouveau très important, peu important *que ses filiales soient en bonne santé* financière (Cass. com. 13-5-2014 nº 13-14.660 : RJDA 8-9/14 nº 712).

En revanche, est optimiste mais pas irréaliste un projet de plan de redressement avec apurement du passif sur dix ans dès lors que, si ce passif est considérable et si aucune offre de reprise de la société n'a été présentée, celle-ci conserve la capacité de dégager des bénéfices, ceux réalisés pendant la période d'observation permettant d'envisager que le chiffre d'affaires prévisionnel soit atteint (CA Paris 31-5-2016 nº 16/07671 : RJDA 12/16 nº 883).

Les chances de redressement doivent s'apprécier au regard des capacités de la société et non de celles du **groupe** auquel elle peut appartenir, en l'absence d'engagement de la société mère ou d'une autre filiale en sa faveur (Cass. com. 17-11-2015 nº 14-19.504 F-PB : RJDA 6/16 nº 465). Toutefois, lorsque plusieurs sociétés du même groupe font l'objet de procédures collectives distinctes, le tribunal peut, lors de l'examen de la solution proposée pour chacune d'elles, tenir compte, par une approche globale, de la cohérence du projet au regard des solutions envisagées pour les autres sociétés du groupe (Cass. com. 19-12-2018 nº 17-27.947 FS-PBI : RJDA 3/19 nº 211).

Procédure de traitement de sortie de crise 90945

Une **procédure** judiciaire **simplifiée** de « traitement de sortie de crise », partiellement soumise au régime de la sauvegarde et du redressement judiciaires, a été créée pour les petites entreprises mises en difficulté par l'épidémie de Covid-19 (Loi 2021-689 du 31-5-2021 art. 13 et décrets 2021-1354 et 2021-1355 du 16-10-2021). Cette procédure est applicable **jusqu'au 21 novembre 2025** inclus (Loi 2023-1059 du 20-11-2023 art. 46).

Ouverture de la procédure

Seul le **dirigeant** d'une société répondant aux **conditions** cumulatives suivantes peut demander l'ouverture de la procédure de traitement de sortie de crise (Loi 2021-689 art. 13, I-A et décret 2021-1355 art. 1 à 3) :

– moins de 20 salariés à la date de la demande et bilan inférieur à 3 M€ de total de passif, hors capitaux propres, à la clôture du dernier exercice comptable ;

– comptes sociaux apparaissant réguliers, sincères et aptes à donner une image fidèle de la situation financière de la société ;

– état de cessation des paiements de la société, mais celle-ci doit néanmoins disposer des fonds disponibles pour payer les créances salariales ;

– justifier être en mesure, dans un délai maximal de trois mois, d'élaborer un projet de plan tendant à assurer la pérennité de la société.

Lorsque les comptes sociaux n'ont pas été certifiés par un commissaire aux comptes ou établis par un expert-comptable, le tribunal peut désigner un professionnel chargé de contrôler la qualité des comptes et le respect par la société de ses obligations en matière de créances salariales (Décret 2021-1354 art. 2).

Certains tribunaux proposent des **modèles de demande.** Sur le contenu de celle-ci, voir Décret 2021-1354 art. 1.

Le **tribunal** qui ouvre la procédure **désigne** un mandataire de justice unique chargé de surveiller la gestion du dirigeant, sans pouvoir l'assister ou se substituer à lui, et d'agir au nom et dans l'intérêt collectif des créanciers (Loi 2021-689 art. 13, I-B). Sont également désignés un juge-commissaire, des contrôleurs (les créanciers publics et l'AGS ne pouvant pas être désignés à ces fonctions) et un représentant des salariés (Loi 2021-689 art. 13, III-A).

Adoption du plan

Dans le cadre de la procédure de traitement de sortie de crise, les **modalités** d'adoption du plan sont celles **prévues pour un plan de sauvegarde** ; toutefois (Loi 2021-689 art. 13, IV et décret 2021-1354 art. 26, III) :

– le plan doit être adopté dans un **délai** de trois mois (durée maximale de la période d'observation) ;

– il ne peut pas comporter de dispositions relatives à l'**emploi** que la société ne pourrait pas financer immédiatement ;

– il n'affecte que les **créances** figurant sur la liste établie par le dirigeant et nées avant l'ouverture de la procédure, à l'exception de celles nées d'un contrat de travail, celles d'origine délictuelle ou celles d'un montant inférieur à 500 € ;

– les **engagements pour le règlement du passif** peuvent être établis sur la base de la liste des créances, actualisée le cas échéant, dès lors que ces créances ne sont pas contestées (Loi 2021-689 art. 13, II-D).

*La **consultation des créanciers** par* le mandataire de justice obéit aux prescriptions de droit commun applicables aux procédures de sauvegarde et de redressement judiciaire, prévues aux articles R 626-7 et R 626-8 (Décret 2021-1354 art. 26, II-al. 3).

Fin de la procédure

Le tribunal met fin à la procédure de traitement de sortie de crise, à la demande du dirigeant, du mandataire de justice ou du ministère public, s'il apparaît, avant la fin du délai de trois mois prévu pour la **période d'observation,** que la société ne sera pas en mesure de proposer un plan ou, à l'expiration de cette période, si aucun plan n'a été arrêté (Loi 2021-689 art. 13, I-E et IV-D ; décret 2021-1354 art. 12, III). Le tribunal peut alors, sur requête d'une des personnes précitées, mettre la société en redressement ou en liquidation judiciaire si les conditions d'ouverture en sont réunies (art. précités).

La durée de la période d'observation de la procédure de traitement de sortie de crise s'ajoute à celle de la période définie à l'article L 631-8 (Loi 2021-689 art. 13, IV-D). Par conséquent, la **date de cessation des paiements** peut être **reportée** jusqu'à 18 mois avant la date du jugement ouvrant la procédure de traitement de sortie de crise. Le report a une incidence sur les nullités de la période suspecte ainsi que sur les sanctions dont le dirigeant peut faire l'objet (sur la condamnation à combler le passif pour déclaration tardive de la cessation des paiements, n°s 91545 s. ; sur la condamnation à une interdiction de gérer, n° 91810).

C. Tribunal compétent pour ouvrir la procédure collective

TRIBUNAL DU SIÈGE DE LA SOCIÉTÉ

90970 Sous réserve des exceptions exposées ci-dessous, le tribunal compétent pour ouvrir une procédure de sauvegarde, de redressement ou de liquidation judiciaire à l'égard d'une société commerciale est le **tribunal de commerce** dans le ressort duquel la société a son **siège social** (art. L 621-2, al. 1, L 631-7, al. 1, L 641-1, I et R 600-1 ; pour la liste de ces tribunaux et de leur ressort, voir les annexes 6-1 et 6-2 du Code de commerce).

Toutefois, si le siège social est fictif (cf. Cass. com. 5-1-1999 : RJDA 4/99 n° 440) ou en l'absence de siège social en France, le tribunal compétent est celui du lieu où la société a le **centre principal de ses intérêts** (art. R 600-1 ; CA Versailles 1-4-1996 : Bull. inf. C. cass. 1996/435 n° 854). Le seul fait que les choix économiques d'une société soient contrôlés par sa société mère ne suffit pas à écarter la compétence du tribunal du lieu de son siège social (CJCE 2-5-2006 aff. 341/04 : RJDA 8-9/06 n° 936).

> **Précisions** **a.** En cas de **changement de siège social** dans les six mois ayant précédé la saisine du tribunal, le tribunal dans le ressort duquel se trouvait le siège initial est seul compétent (art. R 600-1, al. 2). Ce délai de six mois court à compter de l'inscription modificative au RCS de l'ancien siège (même art.), c'est-à-dire de la radiation de la société au RCS de l'ancien siège et non de l'inscription au RCS du nouveau siège (Cass. com. 6-1-1998 n° 95-18.259 : RJDA 5/98 n° 615).
> **b.** Sur les tribunaux de commerce renommés « **tribunaux des activités économiques** » depuis le 1er janvier 2025, voir n° 90500.

EN CAS DE PROCÉDURE DÉJÀ OUVERTE CONTRE UNE SOCIÉTÉ DU MÊME GROUPE

90972 Le tribunal devant lequel est en cours une procédure collective ouverte à l'encontre d'une société qui détient ou contrôle une autre société ou qui est détenue ou contrôlée par une autre société est compétent pour connaître de la procédure collective visant cette autre société (art. L 662-8, al. 1). Toutefois, toute procédure concernant une société détenue ou contrôlée par une société pour laquelle une procédure est ouverte devant un tribunal de commerce spécialisé (n° 90974) est renvoyée devant ce dernier (art. précité, al. 3).

La notion de société détenant ou contrôlant une autre société est appréciée au regard des articles L 233-1 et L 233-3.

PROCÉDURES COLLECTIVES RELEVANT D'UN TRIBUNAL SPÉCIALISÉ

90974 Certains tribunaux de commerce spécialisés sont seuls compétents pour connaître des procédures collectives visant les **sociétés d'une certaine taille,** à savoir (art. L 721-8, 1°) :

– société occupant au moins 250 personnes et ayant un chiffre d'affaires annuel d'au moins 20 M€ ;

– société dont le montant net de chiffre d'affaires est d'au moins 40 M€ ;

– société qui détient ou en contrôle une autre (art. L 233-1 et L 233-3), à condition que le nombre de salariés de l'ensemble des sociétés concernées soit égal ou supérieur à 250 et que le montant net du chiffre d'affaires de l'ensemble des sociétés soit d'au moins 20 M€ ;

– société qui détient ou en contrôle une autre si le montant net du chiffre d'affaires de l'ensemble des sociétés est d'au moins 40 M€.

La liste de ces tribunaux spécialisés et leur ressort figurent dans les annexes 7-1-1 et 7-1-2 du Code de commerce.

> **Précisions** **a.** Même si la **société ne répond pas aux critères** de l'article L 721-8, 1°, la procédure peut être renvoyée à un tribunal spécialisé si les intérêts en présence le justifient (art. L 662-2).
> **b.** Ces tribunaux sont aussi seuls compétents

pour ouvrir une **procédure** principale d'**insolvabilité** en France à l'encontre d'une société ayant un établissement dans un autre État membre de l'UE et pour ouvrir en France une procédure secondaire ou territoriale (art. L 721-8, 2°). Dans le premier cas, le tribunal spécialisé compétent est celui dans le ressort duquel la société a le centre de ses intérêts principaux ; dans les autres cas, il s'agit du tribunal spécialisé dans le ressort duquel est situé un établissement de la société (art. L 721-8, al. 11).

LIMITE À LA COMPÉTENCE DES TRIBUNAUX FRANÇAIS

Lorsqu'une société ayant son siège social en France fait déjà l'objet d'une **procédure principale d'insolvabilité** dans un **autre État membre de l'UE** parce que le centre des intérêts principaux de la société a été jugé situé sur le territoire de cet État, un tribunal français ne peut alors ouvrir une procédure collective à l'égard de la société que si cette dernière possède un établissement sur le territoire français (Règl. 2015/848 du 20-5-2015 art. 3, 3). Cette procédure est dite « secondaire » et ses effets sont limités aux biens de la société sur le territoire français (Règl. 2015/848 art. 3, 3 et 4, 19, 2 et 34 ; Cass. com. 7-2-2018 n° 17-10.056 FS-PB : RJDA 5/18 n° 448). 90975

La procédure secondaire ne peut toutefois pas être ouverte en France si le syndic de la procédure principale ou la société (non dessaisie) a pris l'engagement de respecter les droits dont les créanciers français auraient pu bénéficier en matière de répartition et de priorité si la procédure secondaire avait été ouverte (art. L 692-2).

> **Précisions** **a.** Le **centre des intérêts** d'une société est présumé être celui du siège social sauf si la preuve contraire est apportée ou si la société a transféré celui-ci dans un autre État membre dans les trois mois précédant la demande d'ouverture de la procédure (Règl. UE 2015/848 art. 3, 1-al. 2).
> **b.** Lorsqu'un tribunal d'un État membre de l'UE a ouvert une procédure principale d'insolvabilité à l'encontre d'une société ayant son siège en France, il n'appartient pas aux **tribunaux français** de **contrôler** la compétence internationale du juge qui a ouvert la procédure principale (Cass. com. 27-6-2006 n° 03-19.863 FS-PBRI : RJDA 1/07 n° 82), ni de rechercher si le centre principal des intérêts du débiteur se situe ailleurs (cf. Cass. com. 27-5-2014 n° 13-14.956 FS-PB : RJDA 8-9/14 n° 718), ni de réexaminer l'insolvabilité du débiteur (Règl. UE 2015/848 art. 34 ; voir toutefois art. L 692-1, al. 2 autorisant le juge français à fixer la date de cessation des paiements).
> **c.** La **compétence** du tribunal qui a ouvert la procédure principale dans un autre État membre peut être **contestée** devant les juridictions de cet État membre (CJCE 2-5-2006 aff. 341/04 : RJDA 8-9/06 n° 936). Ainsi, l'ouverture d'une procédure principale en France peut être contestée pour un motif de compétence internationale par tout créancier par voie d'appel ou de tierce opposition (art. L 691-1).
> **d.** La **loi de l'État où la procédure d'insolvabilité est ouverte** détermine les conditions d'ouverture, le déroulement et la clôture de la procédure et notamment les règles concernant la production, la vérification et l'admission des créances (Règl. UE 2015/848 art. 7 ; pour une application à la déclaration des créances, Cass. com. 15-12-2009 n° 08-14.949 : RJDA 5/10 n° 542).
> **e.** Lorsque des procédures collectives sont ouvertes au sein de l'UE à l'égard de **sociétés membres d'un groupe,** une procédure de coordination collective peut être mise en place (n° 92804).
> **f.** La **procédure collective** ouverte par un tribunal français à l'égard d'une société ayant son siège en France ne peut pas être **étendue à une société ayant son siège dans un autre État de l'UE** pour confusion de leurs patrimoines s'il n'est pas établi que le centre des intérêts principaux de cette dernière est situé en France (Cass. com. 13-9-2023 n° 22-12.855 F-B : RJDA 12/23 n° 674).

D. Demande d'ouverture de la procédure collective

SAUVEGARDE

La procédure de sauvegarde ne peut être ouverte qu'à la **demande de la société** (art. L 620-1, al. 1) et donc de son représentant légal. 90980

Le **contenu** de la demande et les pièces à joindre sont fixés par les articles R 621-1 (sauvegarde classique), R 628-2 (sauvegarde accélérée), R 690-1 et R 692-1 (sauvegarde transfrontalière au sein de l'UE). Des formulaires types de demande de sauvegarde sont disponibles aux greffes des tribunaux de commerce ou sur leur site internet.

> **Précisions** Même si la société fait l'objet d'une **procédure** principale d'insolvabilité (au sens des textes européens) **dans un autre État membre de l'UE,** seul son représentant légal peut demander l'ouverture d'une sauvegarde secondaire en France (art. L 692-1, al. 1).

REDRESSEMENT OU LIQUIDATION JUDICIAIRE

90981 **Déclaration de cessation des paiements par la société** L'ouverture d'un redressement ou d'une liquidation judiciaire doit être demandée par le dirigeant de la société dans un **délai** de 45 jours à compter de la date de cessation des paiements de la société s'il n'a pas, dans ce délai, demandé l'ouverture d'une procédure de conciliation (art. L 631-4, al. 1 et L 640-4, al. 1).

ATTENTION

L'absence de déclaration de la cessation des paiements ou sa déclaration tardive fait encourir au dirigeant des sanctions patrimoniales et personnelles (n°s 91551 et 91810). Le dirigeant n'est **pas dispensé de son obligation de déclaration,** et reste passible de sanctions, si la société bénéficie d'une procédure de mandat ad hoc (Cass. com. 10-5-2005 n° 04-11.554 F-D : RJDA 8-9/05 n° 1025 ; Cass. com. 17-6-2020 n° 19-10.341 F-PB : RJDA 10/20 n° 517) ou si un créancier a déjà assigné la société en redressement ou en liquidation judiciaire (Cass. com. 14-1-2014 n° 12-29.807 : RJDA 5/14 n° 467 ; Cass. com. 9-6-2022 n° 21-11.083 F-D : RJDA 11/22 n° 653). Mais il en est dispensé si la société fait déjà l'objet d'une procédure principale d'insolvabilité ouverte dans un autre État membre de l'UE (cf. Règl. UE 2015/848 du 20-5-2015 art. 34 ; Cass. com. 7-2-2018 n° 17-10.056 FS-PB : RJDA 5/18 n° 448). Il l'est aussi si le délai de 45 jours expire au cours de la procédure de conciliation mais seulement jusqu'à l'expiration de cette procédure ; il doit ensuite demander sans délai l'ouverture d'une procédure collective (Cass. com. 20-11-2024 n° 23-12.297 FS-B : RJDA 3/25 n° 150).

Dans les sociétés d'au moins 50 salariés, le **comité social et économique** doit être informé et consulté avant la déclaration (C. trav. art. L 2312-53, 1°).

Des **formulaires** types de déclaration sont disponibles aux greffes des tribunaux de commerce ou sur leur site internet.

90982 La **déclaration** est **déposée par le représentant légal** de la personne morale (art. R 631-1, al. 1 ; sur la liste des représentants légaux, voir n° 10030). En cas de cogérance, la cessation des paiements peut être déclarée par un seul des gérants (CA Orléans 5-11-1998 : Dr. sociétés 1999 n° 97 note Th. Bonneau).

CONSEIL

Les dirigeants qui font partie d'un **organe collégial** (par exemple, le président du directoire) agiront prudemment en consultant préalablement cet organe. De même, le directeur général, qu'il soit ou non administrateur, doit saisir le conseil d'administration s'il considère que la société est en état de cessation des paiements.

Bien que non visés par l'article R 631-1, al. 1, les **dirigeants** de droit **autres que les représentants légaux** (administrateurs, membres du directoire, président du conseil d'administration), les dirigeants de fait ainsi que les représentants permanents des personnes morales dirigeantes, dès lors qu'ils s'exposent, comme les représentants légaux, à l'interdiction de gérer si la déclaration n'a pas été sciemment faite dans le délai prescrit (art. L 653-8, al. 3 ; pour des illustrations, Cass. com. 6-1-1998 : RJDA 5/98 n° 635 et CA Paris 25-9-2008 n° 08-2287 : RJDA 1/09 n° 51), peuvent aussi demander l'ouverture d'un redressement ou d'une liquidation judiciaire (Cass. com. QPC 7-2-2024 n° 23-40.016 F-D : RJDA 6/24 n° 356, visant les dirigeants de fait mais transposable aux dirigeants de droit n'ayant pas la qualité de représentant légal et aux représentants permanents). Cette solution est critiquable et peut poser des difficultés de mise en œuvre. Notons d'ailleurs que le formulaire de déclaration de cessation des paiements (Cerfa n° 10530-01) disponible sur internet et auprès du greffe des tribunaux de commerce ne mentionne que le représentant légal de la société.

Le juge qui désigne un **administrateur provisoire** dans une société peut le charger de déclarer l'état de cessation des paiements de celle-ci si la situation l'exige (CA Lyon 28-5-2019 n° 18/06902 : RJDA 10/19 n° 633).

90983 Le **comité social et économique** n'est pas habilité à demander la mise en redressement ou en liquidation judiciaire de la société. Toutefois, il peut communiquer au président du tribunal ou au ministère public tout fait révélant que celle-ci est en état de cessation des paiements (art. L 631-6 et L 640-6).

90985 **Assignation par un créancier social** Les créanciers sociaux peuvent, quelle que soit la nature de leur créance, assigner la société en redressement ou en liquidation judiciaire *lorsqu'elle* ne fait pas l'objet d'une procédure de conciliation en cours (art. L 631-5, al. 2 et L 640-5, al. 2).

Les créanciers ne peuvent agir qu'en justifiant d'une créance certaine, liquide et exigible sur la société mais pas nécessairement d'un titre exécutoire contre celle-ci (Cass. com. 2-12-2014 n° 13-20.203 F-PB : RJDA 5/15 n° 372 ; Cass. com. 28-6-2017 n° 16-10.025 FS-PBI : RJDA 11/17 n° 735).

Assignation par le ministère public En l'absence de procédure de conciliation en cours, la société peut être mise en redressement ou en liquidation judiciaire à la demande du ministère public (art. L 631-5, al. 1 et L 640-5, al. 1). 90987

Saisine d'office du tribunal Le tribunal ne peut pas se saisir d'office pour décider de la mise en redressement ou en liquidation judiciaire d'une société. Toutefois, s'il est porté à la connaissance du président du tribunal, par exemple dans le cadre d'une procédure d'alerte, des éléments faisant apparaître l'état de cessation des paiements d'une société, le président en informe le ministère public, qui peut demander la mise en redressement ou en liquidation judiciaire de la société (art. L 631-3-1 et L 640-3-1). 90990

Syndic d'une procédure principale d'insolvabilité Lorsqu'une société française fait l'objet d'une procédure principale d'insolvabilité **dans un autre État membre de l'UE,** le syndic de cette procédure peut demander en France l'ouverture d'une procédure secondaire de redressement ou de liquidation judiciaire (art. L 692-1, al. 1). 90992

E. Ouverture de la procédure collective

AUDITIONS PRÉALABLES À L'OUVERTURE DE LA PROCÉDURE

Le tribunal ne peut statuer qu'après avoir entendu (ou dûment appelé) le **dirigeant** et les personnes désignées par le **comité social et économique** (art. L 621-1, al. 1, L 631-7, al. 1 et L 641-1, I). 91040

Le tribunal peut également entendre toute personne dont l'audition lui paraît utile (art. L 662-3, al. 3), tel le commissaire aux comptes.

En outre, s'il est saisi d'une demande de sauvegarde accélérée, le tribunal statue après rapport du conciliateur sur le déroulement de la conciliation et sur les perspectives d'adoption du projet de plan par les créanciers et les détenteurs de capital concernés (art. L 628-2 et R 628-4).

› Précisions **a.** Le **défaut de convocation** du débiteur ou des représentants du personnel est une cause de nullité du jugement d'ouverture (CA Paris 5-9-2006 n° 05/14236 : JCP G 2006 IV n° 2975) dont le créancier poursuivant ne peut pas se prévaloir (CA Aix-en-Provence 30-4-2008 n° 07-10772 : Gaz. Pal. 2008 som. 4201 obs. C. Lebel). De même, le débiteur ne peut pas utilement invoquer le défaut de convocation des représentants du personnel (Cass. com. 24-10-1995 n° 93-11.322 : RJDA 2/96 n° 266).

b. Si la **société** fait déjà l'**objet d'une procédure** principale d'insolvabilité **dans un autre État membre de l'UE,** le tribunal doit aussi convoquer le syndic de cette procédure (art. L 692-2).

c. Le **tribunal** peut, avant de statuer, commettre un juge pour **recueillir** tous **renseignements** sur la situation financière, économique et sociale de la société. En outre, l'ouverture d'une procédure collective à l'égard d'une société qui bénéficie ou a bénéficié d'un mandat ad hoc ou d'une procédure de conciliation dans les 18 mois qui précèdent doit être examinée en présence du ministère public (art. L 621-1, al. 3 et 4, L 628-3, L 631-7, al. 1 et L 641-1, I).

JUGEMENT OUVRANT LA PROCÉDURE COLLECTIVE

Si la société n'est pas en cessation des paiements, le tribunal peut ouvrir une procédure de **sauvegarde** (n°s 90900 s.). 91050

S'il constate la cessation des paiements, le tribunal prononce la **liquidation judiciaire** immédiate dès lors que le redressement de la société est manifestement impossible (art. L 640-1, al. 1) ou le **redressement judiciaire** dans les autres cas.

Le **jugement** ouvrant la procédure collective est **publié** au RCS et au RNE ; il fait l'objet d'une insertion au Bodacc et dans un support d'annonces légales du lieu du siège de la société (art. R 123-122, R 621-8, R 628-4, R 631-7 et R 641-7 ; art. L 123-37, 1°).

ATTENTION

Les ***sociétés « cotées »*** *qui font l'objet* d'une procédure collective doivent, au titre de l'obligation d'information financière des marchés qui pèse sur elles, en informer, non seulement l'AMF, mais aussi le marché dès l'ouverture de la procédure, en précisant son calendrier prévisionnel (Position-recommandation AMF 2016-08).

En cas de redressement ou de liquidation judiciaire, le tribunal fixe la **date de cessation des paiements,** celle-ci pouvant être modifiée ultérieurement sans pouvoir être antérieure : 91051

– à l'immatriculation de la société (Cass. com. 1-2-2000 : RJDA 5/00 n° 553) ;
– de plus de 18 mois à la date du jugement d'ouverture (art. L 631-8 et L 641-1, IV) ;
– à la décision ayant homologué un accord amiable conclu dans le cadre d'une procédure de conciliation sauf cas de fraude (art. précités).

› Précisions S'il apparaît que la société était déjà en cessation des paiements lors du jugement ouvrant la **sauvegarde,** le tribunal convertit, à la demande de l'administrateur, du mandataire judiciaire ou du ministère public, la sauvegarde en redressement judiciaire et fixe la date de cessation des paiements à une date qui ne peut pas être antérieure de plus de 18 mois au jugement ouvrant la sauvegarde (art. L 621-12, al. 1 et L 631-8, al. 5). Le tribunal se prononce après avoir entendu ou dûment appelé les représentants de la société (art. L 621-12, al. 2).

INTERVENANTS À LA PROCÉDURE COLLECTIVE

91060 **Organes de la procédure** Dans le jugement d'ouverture, le tribunal nomme les organes de la procédure, c'est-à-dire (art. L 621-4, L 631-9 et L 641-1, II) :
– un juge-commissaire ;
– un administrateur et un mandataire judiciaires en cas de sauvegarde ou de redressement judiciaire ;
– un liquidateur judiciaire et, parfois, un administrateur judiciaire (n° 91210) en cas de liquidation judiciaire.

› Précisions **a.** Le **dirigeant** peut **proposer** le nom d'un ou plusieurs **administrateurs** en cas de sauvegarde (art. L 621-4, al. 5) ou de redressement judiciaire (art. L 631-9, al. 1). Il peut s'agir du conciliateur ou du mandataire ad hoc qui a précédemment accompagné la société mais le ministère public peut s'opposer à la désignation de celui-ci (art. précités).
b. Le tribunal n'est **pas** tenu de désigner un **administrateur** judiciaire lorsque la société ne dépasse pas les **seuils** suivants : moins de 20 salariés et chiffre d'affaires hors taxe inférieur à 3 M€ (art. L 621-4, al. 4, L 631-9 et R 621-11).
c. Lorsque des procédures collectives sont ouvertes contre des **sociétés contrôlées par la même société ou contrôlant les mêmes sociétés** (au sens de l'article L 233-3), le tribunal peut désigner un administrateur judiciaire et un mandataire judiciaire commun à l'ensemble des procédures, avec une mission de coordination (art. L 662-8).
d. La désignation d'au moins un **deuxième administrateur judiciaire et** d'un deuxième **mandataire judiciaire** (ou d'un autre liquidateur judiciaire) est obligatoire si la société (art. L 621-4-1, L 631-9, al. 1, L 641-1-2, R 621-11-1 et R 641-3) :
– possède au moins trois établissements secondaires situés dans le ressort d'un tribunal où elle n'est pas immatriculée ;
– détient ou contrôle (au sens des articles L 233-1 ou L 233-3) au moins deux sociétés à l'encontre desquelles une procédure collective est déjà en cours ;
– est détenue ou contrôlée (au sens des articles L 233-1 ou L 233-3) par une société à l'encontre de laquelle une procédure collective est déjà en cours, cette société détenant ou contrôlant elle-même au moins une autre société à l'encontre de laquelle est aussi ouverte une telle procédure, et à condition que le chiffre d'affaires net de la société ou de celle qui la contrôle ou de celle qui est contrôlée dépasse 20 M€.

91061 **Autres intervenants** Le tribunal invite le comité social et économique ou, à défaut, les salariés à désigner un **représentant des salariés** (art. L 621-4, al. 2, L 631-9 et L 641-1, II).
Le tribunal qui ouvre une procédure de sauvegarde ou de redressement judiciaire peut désigner un ou plusieurs **experts** (art. L 621-4, al. 3 et L 631-9). En cas de redressement ou de liquidation judiciaire, il doit en outre nommer une personne (commissaire-priseur ou commissaire de justice, notaire, etc.) chargée de faire l'inventaire et l'évaluation des biens de la société (art. L 631-9 et L 641-1, II-al. 6). Cette nomination ne s'impose, lors de la sauvegarde, que pour l'inventaire et seulement si la société décide de ne pas procéder elle-même à celui-ci (art. L 622-6-1 et L 621-4, al. 6).
Le juge-commissaire, quant à lui, désigne des **contrôleurs** (un à cinq) choisis parmi les créanciers qui lui en font la demande (art. L 621-10, L 631-9 et L 641-1, II-al. 4).
Il appartient enfin à l'administrateur judiciaire de réunir les **classes de parties affectées** (composées des créanciers sociaux et des détenteurs de capital) (art. L 626-30 et L 631-19, I), qui vont intervenir dans l'élaboration du plan de sauvegarde ou de redressement (n° 91150).

› Précisions Pour la sauvegarde de droit commun, la **constitution** de **classes de parties affectées** est obligatoire lorsque la société répond aux critères suivants (art. L 626-29, L 631-19 et R 626-52) :
– l'effectif de la société atteint 250 salariés et *son chiffre* d'affaires net 20 M€ ou elle réalise au moins 40 M€ de chiffre d'affaires net ;
– la société en détient ou en contrôle une autre (cf. art. L 233-1 et L 233-3) et l'ensemble des sociétés concernées atteint les seuils ci-dessus.
À la demande de la société ou de l'administrateur, le juge-commissaire peut autoriser que les classes soient constituées en deçà de ces seuils (art. précité).
En cas de sauvegarde accélérée, la constitution des classes s'impose même si les seuils précités ne sont pas atteints (art. L 628-4) mais elle peut ne concerner que les créanciers financiers de la société (n° 90905).

RECOURS DE LA SOCIÉTÉ CONTRE L'OUVERTURE DE LA PROCÉDURE

Le représentant légal de la société peut, au nom de celle-ci, faire **appel** du jugement d'ouverture dans les dix jours qui suivent la notification de la décision (art. L 661-1 et R 661-3, al. 1). Ne peuvent faire appel ni le dirigeant de fait (cf. Cass. com. 4-3-2008 nº 06-16.340 : Gaz. Pal. 29-7-2008 p. 35 note N. Fricero, à propos d'un pourvoi en cassation mais transposable) ni l'associé, fût-il majoritaire (Cass. com. 28-1-2004 nº 02-16.524 : RJDA 5/04 nº 563, 3e esp. ; Cass. com. 14-9-2022 nº 21-12.755 F-D : RJDA 1/23 nº 41). 91070

ATTENTION

L'appel n'est ouvert au représentant légal que s'il a **intérêt à agir** (cf. CPC art. 31). Tel n'est pas le cas si la procédure a été ouverte à sa demande, ce qui est nécessairement le cas de la procédure de sauvegarde. Mais il peut faire appel si la procédure ouverte n'est pas celle qu'il a demandée.

II. CONSÉQUENCES DE L'OUVERTURE D'UNE PROCÉDURE COLLECTIVE À L'ENCONTRE DE LA SOCIÉTÉ

A. Conséquences de la procédure collective pour la société

1. SAUVEGARDE ET REDRESSEMENT JUDICIAIRE DE LA SOCIÉTÉ

SORT DE LA SOCIÉTÉ SOUS SAUVEGARDE OU EN REDRESSEMENT

En cas de sauvegarde ou de redressement judiciaire, la société n'est **pas dissoute.** Il en résulte notamment que les organes de la société doivent être maintenus. 91130

› **Précisions** Sur les conséquences de la sauvegarde ou du redressement judiciaire sur la dissolution de la société dont **toutes les parts** se trouvent **réunies entre les mains** d'une autre **personne morale**, voir nº 86031.

Dirigeants sociaux Les dirigeants de la société restent **en fonction** sauf, en cas de redressement judiciaire, si le tribunal demande leur remplacement (nos 91380 s.), ou s'ils ont été frappés d'une interdiction de gérer ou d'administrer (nos 91730 s.). 91131

Les dirigeants doivent donc continuer à veiller au bon fonctionnement des organes sociaux et à l'accomplissement des formalités de publicité en cas de changement dans la composition de ces organes (Cass. com. 7-2-1995 : RJDA 5/95 nº 579). Ils doivent convoquer l'assemblée générale des associés pour l'approbation des comptes (Cass. crim. 4-4-2001 nº 2706 : RJDA 11/01 nº 1118), sauf si un administrateur judiciaire a été chargé d'assumer seul l'administration de la société (Cass. crim. 21-6-2000 nº 4234 : RJDA 12/00 nº 1135 ; Cass. crim. 4-4-2001 nº 00-85.143 : RJDA 11/01 nº 1118).

Mais leurs **pouvoirs** sont limités par l'intervention de l'administrateur judiciaire et du juge-commissaire auxquels la loi réserve certains actes (nos 91142 s.). Si la société est mise en redressement ou en liquidation judiciaire, la **rémunération** des dirigeants peut être réduite (nº 91372).

Organes de contrôle Les commissaires aux comptes et les membres du conseil de surveillance restent en fonctions comme les autres organes de la société. 91132

Assemblées générales Les assemblées générales d'associés peuvent être réunies pour prendre les **décisions** de caractère **interne** (par exemple, approbation des comptes annuels, nomination ou révocation des membres des organes d'administration ou de contrôle). Les autres décisions intéressant le patrimoine de la société ne peuvent être prises que sous réserve des pouvoirs conférés au juge-commissaire et à l'administrateur judiciaire (nos 91142 s.). 91133

Sur la **consultation** des associés et des obligataires **sur le plan** de sauvegarde ou de redressement, voir nos 91150 s.

91135 **Cas où il y a « perte de la moitié du capital »** Les sociétés par actions et les SARL en **sauvegarde ou en redressement judiciaire** qui ont perdu la moitié de leur capital ne sont pas soumises à la procédure spéciale prévue par le droit des sociétés en pareil cas (art. L 223-42, al. 7 et L 225-248, al. 7).

En vue de l'adoption d'un plan de sauvegarde ou de redressement, les associés peuvent être néanmoins appelés à reconstituer les capitaux propres (art. L 626-3, al. 2 et L 631-19, I ; nº 91325).

OBSERVATION DE LA SOCIÉTÉ SOUS SAUVEGARDE OU EN REDRESSEMENT

91140 Le jugement de sauvegarde ou de redressement judiciaire ouvre une **période d'observation** (art. L 621-3, al. 1 et L 631-7, al. 1) au cours de laquelle l'administrateur judiciaire établit un **bilan** économique, social et, pour les sociétés exploitant une installation classée, environnemental (art. L 623-1 et L 631-18, I). Durant cette période est élaboré le **projet de plan** qui sera soumis au tribunal et s'engage la procédure de vérification et d'admission des créances déclarées par les créanciers sociaux.

> **Précisions** En cas de sauvegarde classique ou de redressement judiciaire, la période d'observation est d'une **durée** maximale de six mois, renouvelable une fois pour une durée maximale de six mois (art. L 621-3, al. 1). Le ministère public peut demander en outre une prolongation exceptionnelle de six mois supplémentaires en cas de redressement judiciaire mais pas en cas de sauvegarde (même art.). La période d'observation est limitée à quatre mois à compter du jugement d'ouverture en cas de sauvegarde accélérée, le tribunal devant arrêter le plan dans ce délai sous peine de clôture de la procédure (art. L 628-8, al. 1).

91141 **Continuation de l'activité sociale** Pendant la période d'observation, la société continue en principe son activité (art. L 622-9 et L 631-14, I). Toutefois, le tribunal peut, à tout moment, ordonner la cessation partielle de l'activité ou convertir la procédure (en redressement ou liquidation judiciaire lorsqu'une procédure de sauvegarde a été ouverte, ou seulement en liquidation judiciaire lorsque la société fait l'objet d'un redressement judiciaire) (art. L 622-10 et L 631-15, II).

En cas de redressement judiciaire, le tribunal doit se prononcer, au vu d'un rapport établi par l'administrateur judiciaire, sur la poursuite de la période d'observation dans les deux mois à compter du jugement d'ouverture et il ne peut en ordonner la poursuite que s'il lui apparaît que la société dispose à cette fin de capacités de financement suffisantes (art. L 631-15, I).

91142 **Gestion du patrimoine social** Pendant la période d'observation, la société est partiellement placée sous la tutelle du juge-commissaire et de l'administrateur judiciaire s'il en a été désigné un.

91143 **Actes soumis à l'autorisation du juge-commissaire.** Doivent notamment être autorisés par le juge-commissaire les actes de disposition étrangers à la gestion courante de l'entreprise, les constitutions de sûretés conventionnelles sur les biens sociaux en garantie d'une créance postérieure à l'ouverture de la procédure, les compromis ou les transactions ainsi que le paiement de créances antérieures pour permettre le retrait d'un gage ou la levée d'une option d'achat d'un contrat de crédit-bail (art. L 622-7, II et L 631-14, I).

L'acte passé sans autorisation est annulable dans un délai de trois ans à compter de sa date de conclusion ou, s'il était soumis à publicité (cas, par exemple, de l'hypothèque), à compter de la date de sa publicité (art. L 622-7, III et L 631-14, I). En outre, les dirigeants sociaux s'exposent à des sanctions pénales : emprisonnement de deux ans et amende de 30 000 € (art. L 654-8, 1º).

> **ATTENTION**
> À compter de l'ouverture de la procédure collective, il est **interdit** à la société **de payer,** d'une part, les créances antérieures au jugement d'ouverture sauf paiement par compensation de dettes connexes ou autorisation du juge-commissaire et, d'autre part, les créances postérieures à ce jugement qui ne sont pas nées pour les besoins du déroulement de la procédure ou en contrepartie d'une prestation fournie à la société pendant la période d'observation (art. L 622-7, I et L 631-14, I). En cas de violation de ces interdictions, les sanctions précitées sont applicables.

91144 **Intervention de l'administrateur.** La tutelle de l'administrateur judiciaire sur les dirigeants sociaux est plus ou moins étendue selon la mission que lui a confiée le tribunal (art. L 622-3, al. 1 et L 631-14, I). Indépendamment des pouvoirs qu'il tient de la loi dans le déroulement de la procédure, l'administrateur peut être chargé par le tribunal :

– soit de **surveiller la gestion** qui continue alors à être exercée par les dirigeants sociaux (anciens ou nouveaux) ;

– soit d'**assister** la société pour tous les actes de gestion ou pour certains d'entre eux, ces actes supposant alors l'intervention conjointe du dirigeant et de l'administrateur ;
– soit d'**assurer** seul, entièrement ou en partie, **l'administration** de l'entreprise.

En cas de **sauvegarde,** seules les deux premières missions peuvent être confiées à l'administrateur (art. L 622-1, II) et la loi précise que l'administration de l'entreprise est assurée par son dirigeant (art. L 622-1, I).

Lorsque la société est mise en **redressement judiciaire,** le tribunal peut confier à l'administrateur une mission d'assistance ou d'administration (art. L 631-12, al. 2).

Pour la procédure de traitement de sortie de crise sanitaire, voir nº 90945.

ATTENTION

À tout moment, le tribunal peut, sur la demande de l'administrateur, du mandataire judiciaire ou du ministère public, ainsi que d'office en cas de redressement judiciaire, **modifier la mission** de l'administrateur (art. L 622-1, IV et L 631-12, al. 4) et, par voie de conséquence, étendre ou réduire les pouvoirs des dirigeants sociaux.

Ainsi, une mission de représentation de la société se justifie chaque fois que le comportement du dirigeant nuit au bon déroulement de la procédure collective ou met en péril le redressement de la société soumise à cette procédure (CA Paris 23-2-2023 nº 22/13224 : RJDA 6/23 nº 322). Inversement, la mission d'assistance de l'administrateur judiciaire d'une société sous sauvegarde a été abandonnée au profit d'une simple surveillance de la gestion dès lors que la situation de la société, à jour du paiement des salaires, laissait augurer une issue favorable de la procédure et qu'aucun problème de confiance ou de compétence n'affectait son dirigeant (CA Paris 25-10-2011 nº 11/16438 : RJDA 8-9/12 nº 785).

Sauf s'il est chargé d'une simple mission de surveillance, l'administrateur doit veiller au respect des obligations légales et conventionnelles pesant sur les dirigeants sociaux (art. L 622-1 et L 631-12), y compris celle de convoquer l'assemblée générale ordinaire annuelle en vue de l'approbation des comptes de l'exercice écoulé (cf. Cass. crim. 21-6-2000 : RJDA 12/00 nº 1135). Ainsi, à la suite d'un accident du travail survenu dans une SA en redressement judiciaire, le président du directoire ne pouvait pas être poursuivi pour infraction aux règles de sécurité du travail et blessures involontaires dès lors que, à la date de l'accident, l'administrateur judiciaire, qui avait reçu mission d'exercer seul l'administration de la société, était investi des obligations incombant au chef d'entreprise (Cass. crim. 3-3-1998 : RJDA 6/98 nº 755).

Tant en sauvegarde qu'en redressement judiciaire, l'administrateur judiciaire est seul compétent pour exiger la poursuite des **contrats en cours** (art. L 622-13, II et L 631-14). Toutefois, s'il n'a pas été nommé d'administrateur, le dirigeant peut poursuivre ces contrats après avis conforme du mandataire judiciaire ou, en cas de désaccord, sur autorisation du juge-commissaire saisi par tout intéressé (art. L 627-2).

Même s'ils nécessitaient l'intervention de l'administrateur en raison des pouvoirs conférés à **91145**
celui-ci par le tribunal, les **actes de gestion courante** (d'administration ou de disposition) **passés par les dirigeants** sociaux seuls sont réputés valables et engagent la société à l'égard des tiers de bonne foi (art. L 622-3, al. 2 et L 631-14, I).

Mais si le dirigeant effectue, sans l'accord de l'administrateur judiciaire, des actes étrangers aux pouvoirs propres qui lui sont attribués par la loi, il reste tenu au respect des obligations légales et conventionnelles incombant au chef d'entreprise susceptibles d'engager sa responsabilité pénale (Cass. crim. 12-6-1996 nº 94-85.598 P : RJDA 4/97 nº 556, à propos d'une infraction à la réglementation générale sur l'hygiène et la sécurité du travail).

Intervention du mandataire judiciaire. Seul le mandataire judiciaire a qualité pour **agir au** **91146**
nom et dans l'intérêt collectif des créanciers. Néanmoins, en cas de carence du mandataire, tout créancier nommé contrôleur peut agir dans cet intérêt après mise en demeure adressée au mandataire et restée infructueuse pendant deux mois (art. L 622-20, al. 1, L 631-14 *et R 622-18*).

› Précisions Un **associé** d'une société en sauvegarde ou en redressement judiciaire – qui ne peut pas être désigné contrôleur (art. L 621-10, al. 3 et L 631-9) – n'est pas recevable à **agir** au nom des créanciers en réparation du préjudice subi par ceux-ci du fait de l'aggravation du passif social par la faute d'un tiers (Cass. com. 3-6-1997 nº 1443 : RJDA 11/97 nº 1395). Toutefois, il conserve la faculté d'agir individuellement lorsqu'il invoque un préjudice qui n'est pas le corollaire de celui subi par l'ensemble des créanciers de la procédure collective mais qui lui est exclusivement personnel (Cass. com. 10-12-2013 nº 11-22.188 : RJDA 3/14 nº 249 ; Cass. com. 2-2-2022 nº 20-17.151 F-D : RJDA 6/22 nº 354). La perte de son apport ne lui est pas personnelle car elle ne constitue qu'une fraction du passif subi par tous les créanciers (Cass. com. 6-3-2024 nº 22-17.398 F-D : RJDA 6/24 nº 355).

PLAN DE SAUVEGARDE OU DE REDRESSEMENT

91150 **Élaboration du projet de plan** Le **dirigeant** social (en cas de sauvegarde) ou l'**administrateur** (en cas de redressement judiciaire) propose un projet de plan de sauvegarde ou de redressement (art. L 626-2, al. 1 et L 631-19, I) :
– sur lequel le mandataire judiciaire recueille l'accord des créanciers (art. L 626-5, I) ;
– ou, si les classes de parties affectées sont constituées, qui est soumis au vote de chacune de ces classes (art. L 626-30-2).

En cas de redressement judiciaire (mais pas en cas de sauvegarde), tout membre d'une classe peut soumettre au vote des classes un projet de plan alternatif à celui du débiteur ou de l'administrateur (art. L 631-19, I-al. 3).

En cas de sauvegarde accélérée, le projet présenté par le débiteur aux classes de parties affectées est celui préparé dans le cadre de la conciliation qui a précédé (cf. art. L 628-1).

> Précisions La constitution des **classes de parties affectées** n'est obligatoire que dans les sociétés d'une certaine taille (n° 91061). Sont des parties affectées les **créanciers** sociaux dont les droits sont directement affectés par le projet de plan ainsi que les « **détenteurs de capital** » : membres de l'assemblée générale extraordinaire ou de l'assemblée des associés, des assemblées spéciales des titulaires d'actions de chaque catégorie et des assemblées générales des masses des titulaires de valeurs mobilières donnant accès à terme au capital, si leur participation au capital de la société débitrice, les statuts ou leurs droits sont modifiés par le projet de plan (art. L 626-30, I). Ces parties affectées sont réparties en classes représentatives d'une communauté d'intérêt économique suffisante (art. précité). Le projet de plan doit être adopté par chacune des classes à la majorité des deux tiers des voix détenues par les membres ayant exprimé un vote (art. L 626-30-2) ; pour les détenteurs de capital, ce scrutin vaut vote en assemblée.

91155 **Arrêté du plan par le tribunal** Après avoir entendu (ou dûment appelé) les dirigeants sociaux, l'administrateur, le mandataire judiciaire, les contrôleurs ainsi que les représentants du personnel et s'il estime, au vu du projet de plan et du bilan économique et social, qu'il existe une possibilité sérieuse pour l'entreprise d'être sauvegardée, le tribunal arrête un plan de sauvegarde ou de redressement, qui peut être assorti, s'il y a lieu, de l'arrêt, de l'adjonction ou de la cession d'une ou de plusieurs activités (art. L 626-1, L 626-9 et L 631-19, I). Le plan peut prévoir l'entrée de nouveaux associés dans la société (n° 91312) ou être précédé d'une modification des statuts (n°s 91315 s.). L'adoption du plan de redressement peut être subordonnée au remplacement des dirigeants (n°s 91380 s.) et à leur sortie du capital (n°s 91430 s.).

> Précisions **a.** Lorsqu'il statue sur le projet de **plan adopté par les classes de parties affectées,** le tribunal s'assure notamment de l'égalité de traitement entre les parties d'une même classe, du respect du critère du « meilleur intérêt des créanciers » (c'est-à-dire que les parties affectées ayant voté contre le plan ne se trouvent pas dans une situation moins favorable, du fait du plan, que celle qui leur serait réservée soit en cas de liquidation judiciaire ou de plan de cession, soit par application d'une meilleure solution alternative si le plan n'était pas validé) et que tout nouveau financement est nécessaire pour mettre en œuvre le plan et ne porte pas une atteinte excessive aux intérêts des parties affectées (art. L 626-31, L 628-1, al. 1 et L 631-19, I). Sous certaines conditions, le tribunal peut imposer le plan voté par une majorité de classes à celles qui ont voté contre (art. L 626-32). Il peut refuser d'arrêter le plan si celui-ci n'offre pas une perspective raisonnable d'éviter la cessation des paiements de la société ou de garantir sa viabilité (art. L 626-32).

b. En cas de redressement judiciaire, le tribunal peut ordonner la **cession** totale ou partielle **de la société** si les plans proposés apparaissent manifestement insusceptibles de permettre le redressement ou en l'absence de plan et, dès l'ouverture de la procédure de redressement judiciaire, les tiers sont admis à soumettre à l'administrateur des offres de reprise totale ou partielle tendant au maintien de l'activité de l'entreprise (art. L 631-13 et L 631-22). La cession est soumise aux règles exposées n°s 91220 et 91221 à propos de la liquidation judiciaire.

c. Sur l'arrêté du plan dans le cadre de la **procédure** de traitement **de sortie de crise,** voir n° 90945.

GARANTS DES DETTES DE LA SOCIÉTÉ SOUS SAUVEGARDE OU EN REDRESSEMENT

91160 En cas de sauvegarde ou de redressement judiciaire, les **personnes physiques** coobligées ou garantes du paiement des dettes sociales **ne peuvent pas être poursuivies**, par les créanciers bénéficiaires des garanties, entre le jugement d'ouverture de la procédure collective et celui arrêtant le plan de sauvegarde ou de redressement (art. L 622-28, al. 2 et L 631-14) et elles peuvent ensuite leur **opposer** les réductions de créances et les délais de paiement prévus par **le plan** (art. L 626-11 et L 631-19). En outre, les créanciers qui n'ont pas déclaré régulièrement leurs créances dans le cadre de la procédure ne peuvent pas agir contre ces garants pendant la durée d'exécution du plan, ni après son exécution totale (art. L 622-26, al. 2 et L 631-14).

Le tribunal peut accorder aux coobligés et garants des **délais** ou un différé **de paiement** dans la limite de deux ans (art. L 622-28, al. 2 et L 631-14, al. 1).

› Précisions La **notion de « coobligé »** au sens des dispositions précitées est limitée au cas où la coobligation résulte d'un engagement contractuel ; n'a donc pas la qualité de coobligé le dirigeant déclaré pénalement responsable avec la société d'une infraction pénale (Cass. com. 14-6-2023 n° 21-21.330 FS-B : RJDA 8-9/23 n° 442).

2. LIQUIDATION JUDICIAIRE DE LA SOCIÉTÉ

SORT DE LA SOCIÉTÉ EN LIQUIDATION JUDICIAIRE

Le jugement ordonnant la liquidation judiciaire de la société n'emporte pas la **dissolution** de cette dernière : la dissolution n'intervient qu'en cas de clôture de la liquidation judiciaire pour insuffisance d'actif et à la date du jugement ordonnant cette clôture (C. civ. art. 1844-7, 7°). 91200

En conséquence, les **dirigeants** sociaux en fonction lors de l'ouverture de la liquidation judiciaire le demeurent en principe pendant la durée de la procédure, voire au-delà dans l'hypothèse, rare en pratique, d'une clôture de la procédure pour extinction du passif. Durant cette période, ils continuent donc à représenter la société (Cass. com. 12-6-2019 n° 18-14.395 F-D : RJDA 10/19 n° 632). Mais leurs pouvoirs sont très restreints car c'est le liquidateur judiciaire qui exerce la plupart des droits de la société (n° 91211) et procède aux opérations de liquidation (art. L 641-1, II et L 641-4).

Lorsque les dirigeants de la société débitrice ne respectent pas leurs obligations en matière d'arrêté et d'approbation des **comptes annuels,** le liquidateur judiciaire peut saisir le président du tribunal aux fins de désignation d'un mandataire ad hoc (art. L 641-3, al. 3).

› Précisions **a.** Le régime antérieur à l'ordonnance 2014-326 du 12 mars 2014 prévoyait expressément le **maintien des dirigeants sociaux en fonction** sauf clause contraire des statuts ou décision de l'assemblée générale. Ces **exceptions,** qui n'apparaissent plus dans la rédaction de l'article L 641-9, restent, à notre avis, valables sous l'empire du régime actuel par application du droit des sociétés.

b. Un **mandataire** peut être désigné, en cas de nécessité, **au lieu et place des dirigeants** par ordonnance du président du tribunal sur requête de tout intéressé, du liquidateur ou du ministère public (art. L 641-9, II). La désignation d'un mandataire peut être justifiée par l'interdiction de gérer frappant le dirigeant, par son état de santé ou encore par un conflit d'intérêts entre le dirigeant et la société (pour le rejet d'une demande injustifiée, CA Paris 21-11-2013 n° 13/09561 : RJDA 3/14 n° 258).

c. En vertu de l'article L 641-3, al. 3, les obligations légales en matière de **comptes annuels** perdurent jusqu'à la clôture de la liquidation judiciaire et leur respect incombe au dirigeant ou, le cas échéant, au mandataire qui l'a remplacé. Il s'agit donc d'une exception au principe selon lequel le liquidateur judiciaire, qui exerce les droits et actions de la société pendant toute la durée de la procédure (art. L 641-9, I), est corrélativement tenu des obligations de la société (Cass. soc. 17-10-1989 n° 87-45.033 : Bull. civ. V n° 594 ; Cass. com. 12-7-1994 n° 92-19.745 : Bull. civ. IV n° 261). Il faut aussi en déduire que le **commissaire aux comptes** reste en fonctions jusqu'à la clôture de la liquidation judiciaire, le liquidateur judiciaire ne pouvant pas mettre fin à son mandat (CNCC EJ 2020-44 du 15-4-2022). Quelques questions se posent toutefois : le dirigeant peut-il missionner le commissaire aux comptes et convoquer une assemblée générale, opérations dont le coût financier peut être important, alors que seul le liquidateur judiciaire peut engager des dépenses ? Les obligations comptables perdurent-elles en cas de cessation d'activité de la société ? En cas de carence du dirigeant et du liquidateur judiciaire, les associés conservent-ils la faculté de demander en justice la désignation d'un mandataire ad hoc pour convoquer l'assemblée générale et lui soumettre les comptes (art. L 223-27, al. 7, L 225-103, II-2° et L 22-10-44) ?

CESSATION D'ACTIVITÉ DE LA SOCIÉTÉ EN LIQUIDATION JUDICIAIRE

En principe, la liquidation judiciaire entraîne cessation de l'activité de la société. Toutefois, si la cession totale ou partielle de la société est envisageable ou si l'intérêt public ou celui des créanciers l'exige, le tribunal peut autoriser le **maintien provisoire** de l'activité sociale pendant une durée maximale de six mois (art. L 641-10, al. 1 et R 641-18). Lorsque le tribunal autorise ce maintien, il désigne un administrateur judiciaire pour administrer la société si cela est nécessaire ou si l'entreprise emploie au moins 20 salariés ou si elle réalise un chiffre d'affaires hors taxe d'au moins 3 M€ (art. L 641-10, al. 5 et R 641-19). 91210

› **Précisions** Le tribunal peut décider de **mettre fin au maintien** de l'activité à tout moment si celui-ci n'est plus justifié au regard de l'intérêt général ou de celui des créanciers ; tel est le cas lorsque la société n'est plus en mesure de faire face aux charges de la poursuite sans aggraver son passif (Cass. com. 14-12-2022 nº 21-18.549 F-B : RJDA 3/23 nº 158).

DESSAISISSEMENT DE LA SOCIÉTÉ EN LIQUIDATION JUDICIAIRE

91211 La société qui fait l'objet d'une liquidation judiciaire est dessaisie de l'**administration** et de la disposition **de** tous **ses biens.** Les droits et actions concernant son patrimoine sont exercés par le liquidateur judiciaire jusqu'à la clôture de la procédure (art. L 641-9, I).

Les actes accomplis au mépris de ce dessaisissement ne sont pas nuls mais inopposables à la procédure collective (Cass. com. 23-5-1995 : RJDA 11/95 nº 1295 ; Cass. com. 26-4-2000 nº 97-10.335 : RJDA 7-8/00 nº 783 ; Cass. com. 25-10-2023 nº 22-16.779 F-D : RJDA 4/24 nº 235), même si le tiers qui en bénéficie est de bonne foi (Cass. com. 16-9-2014 nº 13-11.737 : RJDA 1/15 nº 34 : obligation pour l'acquéreur de parts sociales cédées au mépris du dessaisissement de restituer les dividendes perçus bien qu'il fût de bonne foi). Ils restent donc valables entre les parties encore que, dans la plupart des cas, cette règle soit sans portée pratique.

La société peut toutefois accomplir les actes et exercer les **droits** et actions qui lui sont **propres,** par exemple contester le passif social (Cass. com. 18-9-2012 nº 11-17.546 : RJDA 11/12 nº 986), exercer les recours qui lui sont ouverts contre les décisions prises dans le cadre de la liquidation judiciaire ou encore se constituer partie civile dans le but d'établir la culpabilité de l'auteur d'un crime ou d'un délit dont elle serait victime (art. L 641-9, I-al. 2 ; Cass. crim. 24-6-2020 nº 18-85.540 FS-PBI : RJDA 10/20 nº 512, excluant que la société puisse pour autant demander seule réparation du préjudice que lui a causé le crime ou le délit).

› **Précisions** **a.** Lorsque la **société** est **associée d'une autre société,** le liquidateur judiciaire n'a pas qualité pour exercer les actions liées à la qualité d'associé ou de gérant et concernant le patrimoine de l'autre société pas plus que le droit de participer aux décisions collectives de celle-ci (Cass. com. 18-10-2011 nº 10-19.647 : RJDA 1/12 nº 76). Ainsi, la société peut se retirer de l'autre société, mais l'action tendant à obtenir, à la suite de ce retrait, le remboursement de la valeur de ses parts sociales relève du monopole du liquidateur (Cass. com. 22-11-2023 nº 22-17.691 F-B : RJDA 2/24 nº 124).

b. Le dessaisissement de la société en liquidation judiciaire ne s'étend pas à son **dirigeant,** qui peut agir en réparation de son préjudice personnel (Cass. com. 6-1-2021 nº 19-19.600 F-D : RJDA 3/21 nº 181).

GARANTS DES DETTES DE LA SOCIÉTÉ EN LIQUIDATION JUDICIAIRE

91215 Aucune disposition ne protège les personnes coobligées ou garantes du paiement des dettes sociales lorsque la société est mise en liquidation judiciaire. Si la liquidation résulte de la conversion d'une sauvegarde ou d'un redressement judiciaire, les coobligés et garants personnes physiques perdent le bénéfice de la suspension des poursuites qui leur était applicable (nº 91160) et les créanciers sociaux peuvent les poursuivre sur justification du jugement prononçant la liquidation judiciaire (art. R 641-26, al. 1).

RÉALISATION DE L'ACTIF DE LA SOCIÉTÉ EN LIQUIDATION JUDICIAIRE

91218 Deux **modes** de réalisation de l'actif social sont prévus : soit un plan organisant la cession totale ou partielle de l'entreprise (art. L 642-1 s.), soit la vente isolée des actifs sociaux (art. L 642-18 s.), vente organisée selon des modalités particulières en cas de liquidation simplifiée (art. L 644-2).

› **Précisions** Lorsque la **société** fait l'**objet d'une procédure** principale d'insolvabilité **dans un autre État membre de l'UE** et d'une procédure secondaire de liquidation judiciaire en France, le syndic de la procédure principale peut demander la suspension de la cession des actifs situés en France (art. L 692-4, L 694-1, R 692-4, R 692-5 et R 694-1). Il s'agit d'éviter que la vente des actifs de la procédure secondaire puisse être préjudiciable à l'élaboration d'un plan dans le cadre de la procédure principale.

91220 **Offres d'acquisition** Quel que soit le mode de cession, ni les **dirigeants** de droit ou de fait de la société, ni leurs **parents** ou alliés jusqu'au deuxième degré inclusivement, ni les personnes désignées contrôleurs au cours de la procédure ne peuvent, directement ou par personne interposée, présenter une offre d'acquisition (art. L 642-3, al. 1 et L 642-20). Ils ne peuvent pas non plus acquérir, dans les cinq années suivant le plan de cession, tout ou partie des biens dépendant de la liquidation, directement ou indirectement, ou des parts ou titres de capital de toute société ayant dans son patrimoine, directement ou indirectement, tout ou partie de ces biens, ou encore des valeurs mobilières donnant accès, dans le même délai, au capital de cette société (art. L 642-3, al. 1).

Tout acte passé en violation de ces dispositions est nul. L'action en **nullité,** ouverte à tout intéressé et au ministère public, doit être engagée dans un délai de trois ans à compter de la conclusion de l'acte ou de la publicité de l'acte, si celui-ci est soumis à publicité (art. L 642-3, al. 3).

> Précisions **a.** L'**interposition** est caractérisée lorsqu'une personne morale masque, de quelque manière que ce soit, la participation des dirigeants de la société débitrice à l'achat, peu important qu'ils ne soient ni dirigeants ni associés de cette personne morale (Cass. com. 8-3-2017 nº 15-22.987 F-PBI : RJDA 5/17 nº 359). Par exemple, dans un cas où le plan de cession de tous les actifs d'une société en redressement judiciaire avait été arrêté au profit d'une SARL constituée par des salariés de la société, ont été annulés pour but illicite les actes par lesquels certains des salariés, détenant plus de 70 % du capital, avaient ensuite cédé leurs parts sociales à l'ancien dirigeant dès lors que celui-ci avait prêté les fonds nécessaires à la constitution de la SARL, qu'il avait été immédiatement embauché par celle-ci en qualité de directeur avec les plus larges pouvoirs et qu'il s'était fait remettre les actes de cession comme garantie de bonne fin du prêt (Cass. com. 25-9-2012 nº 11-23.667 : RJDA 2/13 nº 144).
b. Le **dirigeant de droit** de la société, également gérant d'une autre société, ne peut pas présenter au nom de cette dernière une offre de reprise (Cass. com. 14-12-2022 nº 20-17.782 F-D : RJDA 6/23 nº 327). L'ancien dirigeant de droit peut quant à lui présenter une telle offre, sauf en cas de fraude ou s'il est demeuré dirigeant de fait de la société (Cass. com. 23-9-2014 nº 13-19.713 : RJDA 12/14 nº 920).
c. Le tribunal (en matière de plan de cession) ou le juge-commissaire (pour les cessions isolées d'actifs) peut **déroger à ces interdictions** et autoriser, sur requête du ministère public, la cession de certains biens à un dirigeant ou à un parent ou allié (sauf un contrôleur) par une décision spécialement motivée (art. L 642-3, al. 2 et L 642-20, al. 2 et 3).

Plan de cession Lorsqu'il arrête un plan de cession, le tribunal peut autoriser la mise en **location-gérance** du fonds de commerce appartenant à la société, d'une durée maximale de deux ans, au profit de la personne qui a présenté l'offre d'acquisition « permettant dans les meilleures conditions d'assurer le plus durablement l'emploi et le paiement des créanciers » (art. L 642-13 s.). L'intéressé doit acquérir le fonds au terme du contrat dans les conditions prévues par le plan, sous peine de résolution du plan et de paiement de dommages-intérêts (art. L 642-17, al. 1). 91221

Le tribunal peut aussi autoriser l'**auteur de l'offre** à **se substituer un tiers,** mais l'offrant initial reste garant solidairement de l'exécution des engagements qu'il a souscrits (art. L 642-9, al. 3 ; pour des applications, Cass. com. 12-7-2016 nº 15-16.389 FS-PB : RJDA 11/16 nº 802 ; Cass. com. 2-2-2022 nº 19-19.525 F-D : RJDA 5/22 nº 292).

L'auteur d'une offre d'achat de la totalité des actifs d'une société en redressement judiciaire a tout intérêt à l'assortir de la condition suspensive que le ou les dirigeants de cette société souscrivent personnellement un **engagement de non-concurrence** à son égard, car le tribunal n'a pas le pouvoir, lorsqu'il arrête le plan de cession, d'imposer à ce ou ces dirigeants une obligation de non-concurrence qu'ils n'ont pas acceptée (Cass. com. 17-3-1998 : RJDA 7/98 nº 894, rendu en application de l'ancien régime mais transposable en raison de l'identité des textes applicables).

> Précisions Le repreneur ne peut pas invoquer la **garantie d'éviction,** à supposer que la société ou les dirigeants aient les moyens d'en assumer les effets, car la cession est aléatoire (cf. Cass. com. 12-12-1993 nº 91-18.505 : RJDA 2/94 nº 221 à propos de la cession à forfait d'une unité de production mais transposable car l'aléa tenu pour caractériser cette cession est, a fortiori, encore plus présent dans une cession globale de l'entreprise).

Cession de titres appartenant à la société Lorsque parmi les actifs transférés figurent des parts sociales ou des actions dont la cession est soumise à **agrément,** les organes de la procédure collective doivent solliciter cet agrément auprès de la société émettrice (Cass. com. 31-1-1995 : RJDA 5/95 nº 647 ; CA Paris 24-2-2006 nº 04-22666 : RJDA 4/07 nº 367). 91222

De même, ils sont tenus de respecter les **clauses de préemption** figurant dans les statuts de la société émettrice (cf. Cass. com. 23-1-1996 : RJDA 5/96 nº 704).

> Précisions En pratique, la mise en œuvre de ces clauses est susceptible de **faire obstacle à la cession** des titres détenus par la société en procédure collective. Une cour d'appel a admis que l'application d'une clause d'agrément pouvait être suspendue en référé pour trouble illicite ou péril imminent mais seulement après un refus d'agrément (CA Aix-en-Provence 7-4-2022 nº 22/00785 : RJDA 1/23 nº 30).

Liquidation simplifiée Dans le cadre d'une liquidation judiciaire simplifiée, procédure applicable aux **sociétés de petite taille** n'ayant **aucun actif immobilier** (art. L 641-2), le liquidateur procède à la **vente des biens** mobiliers de gré à gré ou aux enchères publiques dans les quatre mois suivant le jugement ordonnant la procédure simplifiée ; les biens subsistant à l'issue de cette période sont vendus aux enchères publiques (art. L 644-2). 91223

› Précisions **a.** La **procédure** simplifiée est **obligatoire** si la société a un chiffre d'affaires hors taxe inférieur ou égal à 750 000 € à la date de clôture du dernier exercice comptable et a employé cinq salariés au plus au cours des six mois précédant l'ouverture de la procédure (art. L 641-2, al. 1 et D 641-10).
b. Le tribunal peut à tout moment décider de **revenir à la procédure** de liquidation judiciaire de **droit commun** (art. L 644-6 et R 644-4).

B. Conséquences de la procédure collective pour les associés

MISE EN CAUSE DES ASSOCIÉS PENDANT LA PROCÉDURE COLLECTIVE

91300 La procédure collective de la société n'entraîne pas l'**ouverture** de plein droit d'une **procédure** similaire **à l'égard des associés,** même s'ils sont indéfiniment et solidairement responsables du passif social.

Toutefois, la procédure collective de la société peut être étendue à un associé s'il est établi que ce dernier a confondu son patrimoine avec celui de la société (art. L 621-2, al. 2, L 631-7, al. 1 et L 641-1, I). Est impropre à établir l'existence d'une telle confusion le fait que les associés ont participé au financement de l'activité de la société en se portant caution de ses engagements et en effectuant un apport personnel important pour l'acquisition du stock et du petit outillage et que l'un d'eux a personnellement apuré une partie du passif social (Cass. com. 1-10-1997 : RJDA 4/98 n° 449). Elle n'est pas non plus caractérisée du seul fait qu'un associé est propriétaire du fonds de commerce que la société exploite en location-gérance (Cass. com. 3-2-1998 n° 95-21.174 : RJDA 6/98 n° 748).

L'associé qui se serait comporté comme un **dirigeant de fait** s'expose aux mêmes mesures, **sanctions** et déchéances que celles encourues par le dirigeant de droit (n°s 91410 s.).

› Précisions **a.** Une **faute** de l'associé n'est pas requise pour étendre la procédure collective de la société à celui-ci (Cass. com. 26-3-2025 n° 24-10.254 F-D : RJDA 8-9/25 n° 449, à propos d'un dirigeant mais, à notre avis, transposable à un associé).
b. En cas d'extension de la procédure collective de la société à un associé, les biens de celui-ci peuvent faire l'objet de **mesures conservatoires,** voire être vendus, dans les mêmes conditions que celles exposées n°s 92000 s. (art. L 621-2, al. 4, L 631-7 et L 641-1, I).
c. Lorsqu'un associé a procédé à son profit à des versements sans contrepartie depuis le compte bancaire de la société, la confusion de patrimoines ne peut pas être écartée du seul fait que ces sommes ont été inscrites au **débit du compte courant** de l'intéressé (Cass. com. 13-9-2023 n° 21-21.693 F-D : RJDA 12/23 n° 668).

LIBÉRATION DU CAPITAL SOCIAL PENDANT LA PROCÉDURE COLLECTIVE

91305 Le jugement ouvrant la procédure collective de la société rend immédiatement **exigible** le montant non libéré du capital social (art. L 624-20, applicable à la sauvegarde ainsi qu'au redressement et à la liquidation judiciaires par renvoi des art. L 631-18, al. 1 et L 641-14, al. 1).

91306 **Appels de fonds** En cas de sauvegarde ou de redressement judiciaire de la société, les appels de fonds pour la libération du capital sont faits par le conseil d'administration, le directoire ou les gérants, ou encore par l'administrateur judiciaire lorsque celui-ci est substitué aux dirigeants sociaux. Le mandataire judiciaire ou, en cas de liquidation judiciaire, le liquidateur ont **qualité pour mettre en demeure** les associés de verser les sommes restant dues sur le montant des parts et actions souscrites (art. L 622-20, al. 2, L 631-14, al. 1 et L 641-4, al. 4). La mise en demeure doit être faite par lettre recommandée AR reproduisant l'article L 624-20 (art. R 624-17 et R 641-35, al. 2).

91307 **Modalités de paiement** Les associés disposent d'un **délai** de 30 jours à compter de la mise en demeure pour libérer le capital (art. R 624-18, R 641-35 et, sur renvoi, R 228-26).

L'associé peut invoquer la **compensation légale** intervenue avant l'ouverture de la procédure collective (Cass. com. 8-1-2002 n° 98-22.976 : RJDA 5/02 n° 517 ; CA Paris 15-10-2015 n° 15/03558 : RJDA 2/16 n° 129), ce qui suppose que les sommes dues au titre de la libération du capital et la créance de l'associé sur la société aient été certaines, liquides et exigibles (cf. C. civ. art. 1347-1) avant le jugement d'ouverture. C'est le cas si la date de paiement prévue pour le versement complémentaire était échue à la date du jugement mais pas si son exigibilité résulte de ce jugement. Encore faut-il, si la compensation est intervenue avant l'ouverture du redressement ou de la liquidation judiciaire mais après la date de cessation des paiements de la société (période dite « suspecte »), que l'associé n'ait pas eu connaissance de cette cessation des paiements, auquel cas la compensation pourrait être annulée (art. L 632-2, al. 1 ; Cass. com. 28-5-1996 n° 94-10.688 : RJDA 10/96 n° 1209 ; CA Paris 7-4-2011 n° 10/06823 : Bull. Joly 2011 p. 912 note Ph. Roussel Galle).

En revanche, l'associé ne peut pas se prévaloir d'une **compensation judiciaire** entre la créance de libération du capital et celle relative au solde créditeur de son compte courant d'associé, faute de connexité entre les créances (Cass. com. 20-5-1997 n° 95-15.298 : RJDA 11/97 n° 1357 ; Cass. com. 18-1-2000 n° 97-14.362 : RJDA 4/00 n° 471). En effet, la créance de libération du capital dérive du contrat de société, tandis que celle afférente au compte courant naît du contrat de prêt consenti par l'associé à la société (Cass. com. 20-5-1997 précité).

Défaut de libération du capital social Le régime des procédures collectives ne prévoyant aucune sanction particulière pour les associés qui ne s'exécuteraient pas, il convient, à notre avis, d'appliquer celles prévues par le droit commun et par le droit des sociétés : l'associé défaillant s'expose à une action en paiement et, le cas échéant, en responsabilité pour le préjudice ainsi causé à la société (C. civ. art. 1843-3, al. 5) ; sur les autres sanctions encourues lorsque la libération concerne des actions, voir nos 67960 s. 91308

ENTRÉE DE NOUVEAUX ASSOCIÉS DANS LA SOCIÉTÉ EN PROCÉDURE COLLECTIVE

Agrément des nouveaux associés S'il existe dans les statuts des **clauses d'agrément,** celles-ci sont applicables aux tiers qui acceptent de souscrire à l'augmentation de capital dans le cadre d'un projet de plan de **sauvegarde.** 91310

En revanche, les clauses d'agrément sont réputées non écrites pour les modifications de capital ou les cessions de droits sociaux prévues par le projet de plan de **redressement** (art. L 631-19, II).

Les **dispositions législatives prévoyant l'agrément** des nouveaux associés – cas, par exemple, de l'article L 223-14 pour les cessions de parts de SARL à des tiers non associés, qui s'applique, à notre avis, non seulement en cas de cession entre vifs mais aussi à l'occasion d'une augmentation de capital (n° 32940) – ne sont pas, selon nous, écartées. Par suite, le souscripteur non associé de parts de SARL doit, même pour l'exécution d'un plan de redressement, être agréé par les associés représentant au moins la moitié des parts sociales.

› Précisions À notre avis, l'agrément prévu par l'article L 223-14 doit être sollicité pour **toute cession** intervenant dans le cadre d'une procédure collective, qu'il s'agisse d'une cession isolée d'actif ou arrêtée par le plan de cession de la société, qu'elle porte sur les parts émises par la société objet de la procédure ou sur des parts détenues par celle-ci (pour ce dernier cas, voir CA Versailles 28-3-1996 : RJDA 7/96 n° 796). La neutralisation des « clauses d'agrément » par l'article L 631-19, II, qui vise l'agrément prévu par les statuts ou un pacte extrastatutaire, ne saurait être étendue à l'**agrément requis par la loi.** En outre, aucune disposition légale n'écarte l'agrément pour les cessions survenant en cas de sauvegarde ou de liquidation judiciaire. Un refus d'agrément pourrait donc mettre en échec le plan de cession décidé par le tribunal et en principe opposable à tous (art. L 642-5, al. 3). Cette solution est choquante puisqu'elle fait primer l'article L 223-14, qui relève de l'ordre public de protection, sur l'article L 642-5 qui, mettant en place un régime d'ordre public de direction, est pourtant d'une portée supérieure. Le tribunal peut ordonner, dans certains cas, la cession forcée des titres détenus par les associés qui se seront opposés à une augmentation de capital prévue par le plan de redressement (art. L 631-19-2, al. 5 ; n° 91340) mais, là encore, seules les « clauses » d'agrément sont neutralisées.

Entrée des créanciers dans la société Dans les **sociétés par actions** dont tous les actionnaires ne supportent les pertes qu'à concurrence de leurs apports (SA et SAS), les créanciers membres des classes de parties affectées peuvent se voir imposer (par vote dans chacune des classes à la majorité des deux tiers du montant des créances détenues par les membres ayant exprimé un vote) des conversions de créances en titres donnant ou pouvant donner accès au capital (art. L 626-30-2, al. 2 et 6). 91312

Applicable aux procédures de sauvegarde, y compris accélérée (cf. art. L 628-1, al. 1), et de redressement judiciaire (art. L 631-19, I), la capitalisation des créances peut donner lieu à la remise d'actions – actions ordinaires ou actions de préférence, puisque la loi n'écarte pas cette possibilité – ou de valeurs mobilières donnant accès au capital.

MODIFICATIONS DES STATUTS EN L'ABSENCE DE CLASSES DE PARTIES AFFECTÉES

Le **projet de plan** de sauvegarde ou de redressement peut prévoir la **modification** des statuts (modification du capital, de la forme sociale, etc.) afin, par exemple, de permettre l'entrée de nouveaux associés. Ces modifications sont soumises aux assemblées avant l'adoption du plan de sauvegarde ou de redressement par le tribunal, lorsque les classes de parties affectées ne sont pas constituées. 91315

> Précisions Lorsque les **classes de parties affectées** sont **constituées,** la consultation des associés en assemblée est écartée (art. L 626-30-2, al. 6). Le vote par les détenteurs de capital au sein des classes sur le projet de plan comportant des modifications statutaires vaut vote en assemblée. De même, la décision du tribunal d'imposer le plan à des classes qui l'ont rejeté – décision soumise à des conditions particulières quand le refus émane d'une classe de détenteurs de capital – vaut approbation des modifications statutaires (art. L 626-32, al. 13).
Corrélativement, ne s'appliquent pas non plus les dispositions exposées ci-dessous relatives à la reconstitution des capitaux propres (art. L 626-30-2, al. 6) et à l'augmentation de capital réservée (art. L 631-19, I-al. 6).

91320 **Règles générales** Lorsque le projet de plan de sauvegarde ou de redressement prévoit une modification des statuts, l'**assemblée** générale extraordinaire ou l'assemblée des associés doit être convoquée ainsi que, s'il y a lieu, les assemblées spéciales des titulaires d'actions de chaque catégorie et les assemblées générales des masses des titulaires de valeurs mobilières donnant accès à terme au capital (art. L 626-3, al. 1 et L 631-19, I). La loi envisageant seulement la convocation de l'assemblée générale, les autres modes de consultation des associés (consultation écrite, par exemple) sont, à notre avis, interdits, sauf si la société est une SAS.

À cette occasion, l'assemblée peut aussi être appelée, le cas échéant, à reconstituer les capitaux propres ou à décider la réduction puis l'augmentation du capital en faveur d'une ou plusieurs personnes qui s'engageront à exécuter le plan (art. L 626-3, al. 1 et 2, L 627-3, al. 3 et L 631-19, I).

Lorsque le plan prévoit un coup d'accordéon et l'annulation corrélative des obligations remboursables en actions émises par la société, l'approbation préalable de l'assemblée des obligataires doit être obtenue (CA Paris 28-6-2011 n° 10/19746 : RJDA 1/12 n° 62 et, sur pourvoi, Cass. com. 10-7-2012 n° 11-22.898 : RJDA 11/12 n° 975 ; n° 74390).

> Précisions En dehors des cas exposés n°s 91326 et 91330 s., le **tribunal** qui arrête le plan ne peut pas **imposer les modifications** statutaires qui requièrent un vote favorable des associés (cf. Cass. com. 15-1-1991 n° 89-15.822 P : RJDA 4/91 n° 337 ; Cass. com. 2-7-2013 n° 12-18.902 F-PB : RJDA 10/13 n° 823).

91322 **Convocation.** Conformément au droit commun, l'**auteur** de la convocation est le gérant, le conseil d'administration ou le directoire. Néanmoins, lorsque la société fait l'objet d'une procédure de redressement judiciaire, l'administrateur judiciaire doit le faire si l'organe social compétent n'y procède pas (art. R 631-34, al. 2).

Les **modalités** de convocation et de réunion de l'assemblée sont les mêmes que celles applicables en régime normal (art. R 626-1 et R 631-34) ; elles varient selon la forme de société concernée. Toutefois, des **dispositions spéciales** s'appliquent aux SA et aux SCA (voir art. R 626-2, R 626-3 et R 631-34).

91323 **Adoption des modifications.** Les règles à suivre pour l'adoption des modifications statutaires proposées sont celles habituellement applicables à chaque type de sociétés. Le tribunal peut toutefois décider que l'assemblée statuera, sur première convocation, à la **majorité** des voix dont disposent les associés ou actionnaires présents ou représentés dès lors que ceux-ci possèdent au moins la moitié des parts ou actions ayant le droit de vote (art. L 626-3, al. 1). Sur deuxième convocation, les règles de droit commun en matière de quorum et de majorité s'appliquent.

Les **engagements pris par les associés** ou par les tiers ne devront être exécutés que si le plan de sauvegarde ou de redressement est adopté par le tribunal (art. L 626-3, al. 3 et L 631-19, I).

En cas d'**augmentation du capital** prévue par le projet de plan, les associés peuvent bénéficier de la compensation à concurrence du montant de leurs créances admises au passif social et dans la limite de la réduction dont elles sont l'objet dans le projet de plan (art. L 626-3, al. 4).

> Précisions **a.** La faculté d'imposer un vote à la **majorité simple,** ce qui neutralise le droit de vote des associés minoritaires, n'est mise en œuvre par le tribunal que s'il existe une *minorité de blocage susceptible* de s'opposer à des modifications statutaires nécessaires à la réalisation des objectifs d'intérêt général poursuivis par un plan de sauvegarde, à savoir la réorganisation de l'entreprise en vue de poursuivre l'activité, maintenir l'emploi et apurer le passif (Cass. com. QPC 10-7-2024 n° 24-11.071 F-D et Cass. com. QPC 11-9-2024 n° 24-12.371 F-D : RJDA 12/24 n° 662, rejetant en conséquence la QPC relative à l'art. L 626-3). Le principe vaut aussi pour le plan de redressement (sur renvoi de l'art. L 631-19, al. 1 à l'art. L 626-3). Un associé ne peut contester la décision du tribunal que par une tierce opposition contre le jugement arrêtant le plan (Cass. com. 26-3-2025 nº 24-12.371 F-D : RJDA 7/25 nº 385).

b. L'article L 626-3, al. 4 ne subordonne pas la **compensation,** comme le Code de commerce le fait pour d'autres créanciers (art. L 622-7), à l'existence d'une connexité entre les créances. Un associé pourra donc invoquer la compensation entre l'augmentation de capital et le solde créditeur de son compte courant, alors même que ces créances ne sont pas connexes.

Reconstitution des capitaux propres Tant en cas de **sauvegarde** que de **redressement judiciaire,** les actionnaires ou associés peuvent être appelés, pendant la période d'observation, à reconstituer les capitaux propres à concurrence du **montant** proposé par l'administrateur (ou le juge-commissaire en l'absence de désignation d'un administrateur) sans que ce montant puisse être inférieur à la moitié du capital social (art. L 626-3, al. 2, L 627-3, al. 3 et L 631-19, I). 91325

Cette reconstitution ne s'impose pas dans tous les cas pour qu'un plan puisse être arrêté. Elle n'est indispensable que si ce plan prévoit une modification du capital (cf. Cass. com. 6-3-1990 : JCP G 1990 II nº 21513 note Bolard ; CA Bordeaux 25-11-1993 nº 93-5020 : Bull. Joly 1994 p. 1345 note Baraderie).

Refus de reconstitution. En cas de **redressement judiciaire,** si l'assemblée générale a refusé de reconstituer les capitaux propres de la société, le procès-verbal des délibérations précise le sens du vote de chaque associé (art. R 631-34-5). L'administrateur a qualité pour demander la désignation d'un **mandataire** en justice chargé de convoquer l'assemblée compétente et de **voter** sur la reconstitution du capital, à hauteur du montant proposé par l'administrateur, **à la place** du ou **des** associés ou actionnaires **opposants** lorsque le projet de plan prévoit une modification du capital en faveur d'une ou plusieurs personnes qui s'engagent à exécuter le plan (art. L 631-9-1). Lorsqu'il fait droit à cette demande, le président du tribunal fixe l'ordre du jour de l'assemblée ; son ordonnance est susceptible d'appel (art. R 631-34-6). L'assemblée est convoquée et tenue selon les dispositions non contraires du droit des sociétés (art. R 631-34-7). 91326

En cas de **sauvegarde,** aucune contrainte de ce type n'est prévue mais le refus des associés de procéder à cette reconstitution obérera la viabilité du plan et pourra aboutir, le cas échéant, à la mise en liquidation judiciaire de la société. Ce refus peut être constitutif d'un abus de majorité ou de minorité.

> **Précisions** Est recevable la **tierce opposition** formée par un **associé** contre le jugement qui arrête le plan de redressement et prévoit la désignation du mandataire ad hoc chargé d'exercer ses droits de vote aux fins d'approuver une réduction à zéro du capital et une augmentation réservée à un associé devenant associé quasi unique (Cass. com. 8-2-2023 nº 21-14.189 F-B : RJDA 5/23 nº 255).

Augmentation de capital réservée En cas de **redressement judiciaire,** le **tribunal** peut **imposer,** sous certaines conditions, l'**augmentation de capital** prévue par le projet de plan soit en désignant un mandataire chargé de voter au lieu et place des associés opposants, soit en ordonnant la cession des droits sociaux détenus par ceux-ci (art. L 631-19-2). 91330

Conditions de mise en œuvre du dispositif. L'intervention du tribunal est limitée aux **sociétés** ayant au moins 150 salariés ou constituant une entreprise dominante d'une ou de plusieurs entreprises (cf. C. trav. art. L 2331-1) dont l'effectif total est d'au moins 150 salariés (art. L 631-19-2, al. 1). 91332

En outre, la cessation d'activité de la société doit être de nature à causer un **trouble grave à l'économie** nationale ou régionale et au bassin d'emploi et la modification du capital doit apparaître comme la seule solution pour éviter ce trouble et permettre la poursuite de l'activité.

Le tribunal ne peut intervenir qu'en cas de **refus** des assemblées de voter l'augmentation de capital prévue par le projet de plan au profit des personnes qui se sont engagées à l'exécuter. Il ne peut agir qu'à la demande de l'administrateur judiciaire ou du ministère public, *à l'issue d'un* **délai** de trois mois après le jugement d'ouverture et après avoir examiné les possibilités de cession totale ou partielle de la société.

Auditions. Le tribunal doit entendre les associés concernés, les associés dirigeants, les créanciers ou tiers qui se sont engagés à exécuter le plan, la ou les personnes désignées par le comité social et économique ou, à défaut d'un tel comité, le représentant des salariés élu dans le cadre de la procédure collective (art. L 631-19-2, al. 8). 91333

Désignation d'un mandataire. Le tribunal peut désigner un mandataire chargé de convoquer l'assemblée compétente et de **voter** l'augmentation de capital en lieu et place des associés ayant refusé la modification de capital, à hauteur du montant prévu par le plan (art. L 631-19-2, al. 2 à 4). 91335

L'**augmentation** de capital doit être réalisée 30 jours au maximum après la délibération. Elle peut être libérée par les personnes qui se sont engagées à exécuter le plan de redressement, par compensation avec leurs créances sur la société qui ont été admises et dans la limite de la réduction dont elles ont fait l'objet dans le plan.

Si l'augmentation de capital est souscrite par apports en numéraire, les actions émises sont offertes par préférence aux actionnaires, y compris à ceux qui se sont opposés à l'augmentation de capital, proportionnellement à la participation qu'ils détiennent.

91340 **Cession forcée de droits sociaux.** Le tribunal peut ordonner, au profit des personnes qui se sont engagées à exécuter le projet de plan, la cession de tout ou partie de la **participation détenue** dans le capital **par** les associés ayant refusé la modification de capital, mais cette mesure ne peut concerner que les **associés opposants** qui détiennent, directement ou indirectement, une fraction du capital leur conférant une majorité des droits de vote ou une minorité de blocage dans les assemblées générales de la société ou qui disposent seuls de la majorité des droits de vote dans cette société en application d'un accord conclu avec d'autres associés et non contraire à l'intérêt de la société (art. L 631-19-2, al. 5). Aux termes de ce texte, toute clause d'agrément est réputée non écrite. À notre avis, cette neutralisation des « clauses » vise l'agrément prévu par les statuts ou un pacte extrastatutaire : elle ne saurait être étendue à l'agrément requis par la loi.

Si les titres sont admis sur un marché réglementé ou sur un SMNO, le tribunal ne peut se prononcer qu'après avoir consulté l'AMF (art. précité, al. 9). Il est fait application, pour les actionnaires, de la réglementation relative aux offres publiques (C. mon. fin. art. L 433-1 s.).

Les **associés non opposants** peuvent alors **se retirer** de la société et demander simultanément le rachat de leurs droits sociaux par les personnes achetant ceux des opposants (art. L 631-19-2, al. 6).

En l'absence d'accord entre les intéressés sur la **valeur** des parts ou actions des associés opposants ou retrayants, cette valeur est déterminée à la date la plus proche de la cession par un **expert** désigné – à la demande de la partie la plus diligente, de l'administrateur ou du ministère public – par le président du tribunal statuant selon la procédure accélérée au fond, et sans recours possible (art. précité, al. 7). L'expert doit respecter le principe du contradictoire (même art.).

91342 **Voies de recours.** Les décisions statuant sur la désignation d'un mandataire ou sur la cession de la participation détenue par les associés opposants peuvent faire l'objet d'un appel ou d'un pourvoi en cassation de la part de la société, de l'administrateur, du mandataire judiciaire, du comité social et économique ou, dans les entreprises de moins de 50 salariés, des membres de sa délégation du personnel ou, à défaut, du représentant des salariés élu dans le cadre de la procédure collective, des associés opposants ou parties à la cession, des acquéreurs ainsi que du ministère public (art. L 661-1, 6° bis).

91344 **Arrêté du plan.** Le plan de redressement est arrêté sous la **condition** du paiement comptant de l'augmentation de capital ou du prix de cession des titres et d'un engagement des souscripteurs ou acquéreurs de conserver les titres obtenus pendant une durée qui ne peut pas excéder celle du plan (art. L 631-19-2, al. 13).

En cas de **défaillance d'un souscripteur ou d'un acquéreur,** la souscription ou la cession des titres peut être résolue à la demande de la société, d'un associé cédant, du commissaire à l'exécution du plan, du mandataire de justice ou du ministère public (art. précité). Le plan peut être aussi résolu à la demande du commissaire à l'exécution du plan, du ministère public ou du comité social et économique ou, dans les entreprises de moins de 50 salariés, des membres de sa délégation du personnel (art. précité, al. 16). En cas de résolution du plan, l'associé défaillant peut être condamné à réparer le préjudice subi et il ne peut pas récupérer les sommes qu'il a déjà versées.

NOUVEAUX APPORTS DES ASSOCIÉS DURANT LA PROCÉDURE COLLECTIVE

91350 Les associés de la société en sauvegarde ou en redressement judiciaire peuvent lui faire de nouveaux apports de trésorerie.

De tels apports sont possibles durant la **période d'observation** sur autorisation du juge-commissaire et dans la limite nécessaire à la poursuite de l'activité pendant cette période (art. L 622-17, I et L 631-14, al. 1). Lors de l'élaboration du **plan de sauvegarde ou de redressement** ou lors de la modification de celui-ci, les associés peuvent aussi s'engager à faire des apports de trésorerie pour l'exécution du plan (art. L 626-10, al. 5 et L 626-26, al. 3).

Ces apports bénéficient d'un traitement préférentiel : ils doivent être remboursés à l'échéance convenue ou par privilège avant la plupart des autres créances (art. précités) ; les apporteurs ne peuvent se voir imposer ni remise ni délai sans leur accord (art. L 626-20, I-4° et L 626-30-2, al. 2).

Ce traitement ne s'applique pas aux apports consentis par les associés dans le cadre d'une **augmentation de capital** (art. L 626-10, al. 5).

C. Conséquences de la procédure collective pour les dirigeants sociaux

1. RÉMUNÉRATION DES DIRIGEANTS DE LA SOCIÉTÉ EN PROCÉDURE COLLECTIVE

SOCIÉTÉ SOUS SAUVEGARDE

La loi ne prévoit aucun encadrement particulier de la rémunération des dirigeants lorsque la société est mise sous sauvegarde, notamment pour ne pas les dissuader de recourir à cette procédure. Ils continuent donc à percevoir la rémunération afférente à leurs fonctions, sauf décision contraire des associés. 91370

Rien n'interdit aux dirigeants de prendre l'engagement personnel, dans le projet de plan de sauvegarde qu'ils présenteront au tribunal, de ne pas augmenter leur rémunération ou encore de renoncer à tout ou partie de celle-ci.

SOCIÉTÉ EN REDRESSEMENT OU LIQUIDATION JUDICIAIRE

Fixation de la rémunération du dirigeant par le juge-commissaire Lorsque la société est mise en **redressement judiciaire,** la rémunération afférente aux fonctions de dirigeant est maintenue en l'état, au jour de l'ouverture de la procédure (art. L 631-11, al. 1). Toutefois, à la demande de l'administrateur judiciaire (ou, s'il n'en a pas été désigné, du mandataire judiciaire) ou du ministère public, le juge-commissaire peut réduire cette rémunération (art. précité), après avoir entendu ou dûment appelé le dirigeant, l'administrateur et le mandataire judiciaire (art. R 631-15). 91372

Lorsque la société fait l'objet d'une **liquidation judiciaire,** la rémunération du dirigeant est fixée par le juge-commissaire (art. L 641-11, al. 1), après avis du liquidateur judiciaire et de l'administrateur s'il en a été désigné un (art. R 641-36, al. 3).

Ne sont concernés par ces dispositions que les **dirigeants** de droit et non les dirigeants de fait (CA Versailles 3-11-1994 : Rev. proc. coll. 1996 p. 67 note B. Dureuil ; CA Paris 23-11-2004 n° 04-2807 : Rev. proc. coll. 2006 p. 47 § 3 obs. Ch. Lebel). Le juge-commissaire ne peut réduire que la **rémunération** relative aux fonctions de dirigeant et non celle perçue au titre d'un contrat de travail (CA Paris 23-11-2004 précité). Ces solutions, rendues en application de l'ancienne rédaction des articles L 631-11 et L 641-11, restent valables.

> **Précisions** **a.** Dans les dix jours de la notification de la décision du juge-commissaire, le dirigeant peut former un **recours** (couramment appelé « opposition ») devant le tribunal ayant ouvert la procédure collective, par déclaration faite contre récépissé ou adressée par lettre recommandée AR au greffe (art. R 621-21, al. 4).
> **b.** Le fait que la **rémunération** du dirigeant soit fixée par le juge-commissaire n'en modifie pas la **nature** ; elle reste saisissable par les créanciers du dirigeant (CA Paris 27-3-2001 n° 99-16815 : Rev. proc. coll. 2004 p. 49 n° 13 note Lebel).

Allocation de subsides au dirigeant Si le **dirigeant** n'était **pas rémunéré** ou si le juge-commissaire ne lui a pas alloué de rémunération, le dirigeant peut demander pour lui et sa famille des subsides au juge-commissaire qui seront prélevés sur l'actif social (art. L 631-11, al. 2 et L 641-11). Le juge-commissaire statue, en cas de redressement judiciaire, après avoir entendu ou dûment appelé le dirigeant, l'administrateur et le mandataire judiciaire (art. R 631-15) ou, en cas de liquidation judiciaire, après avis du liquidateur judiciaire et de l'administrateur s'il en a été désigné un (art. R 641-36, al. 3). 91373

> **Précisions** **a.** Si le terme « subsides » paraît limité à l'allocation de sommes à caractère alimentaire, certains juges du fond attribuent à ce titre des **avantages en nature,** tel le maintien de la disposition d'un véhicule appartenant à la société, dès lors que la valeur marchande de celui-ci est faible (TGI Béthune 27-2-2004 n° 2004/000317 : Rev. proc. coll. 2004 p. 217 n° 15).
> **b.** Le dirigeant peut former un **recours** contre l'ordonnance du juge-commissaire dans les conditions exposées n° 91372.

2. POURSUITES DES CRÉANCIERS CONTRE LES DIRIGEANTS

91375 Si l'ouverture de la procédure collective de la société interdit aux **créanciers sociaux** d'agir en paiement contre celle-ci (sauf pour les créances nées régulièrement après le jugement d'ouverture et « utiles » à la procédure ; art. L 622-21, L 631-14 et L 641-3), cette suspension des poursuites ne bénéficie qu'à la société et non à ses dirigeants (Cass. com. 29-3-2023 n° 21-21.005 F-B : RJDA 6/23 n° 323 ; Cass. com. 14-6-2023 n° 21-21.330 FS-B : RJDA 8-9/23 n° 442). Par exemple, ceux-ci peuvent être poursuivis au titre de leur solidarité fiscale avec la société (Cass. com. 21-6-1994 n° 92-16.134 D : RJDA 11/94 n° 1142, rendu en application de l'art. L 267 du LPF ; Cass. com. 29-3-2023 précité, faisant application des art. 1799 et 1799 A du CGI).

Toutefois, les poursuites engagées par les créanciers contre les **dirigeants** en leur qualité de **coobligés ou** de **garants** des dettes sociales sont temporairement suspendues en cas de sauvegarde ou de redressement judiciaire de la société (n° 91160) mais non en cas de liquidation judiciaire de celle-ci (n° 91215).

3. REMPLACEMENT DES DIRIGEANTS DE LA SOCIÉTÉ EN REDRESSEMENT JUDICIAIRE

91380 En cas de redressement judiciaire, lorsqu'il estime que la survie de l'entreprise le requiert, le tribunal de commerce peut, sur la demande du ministère public – et de lui seul –, subordonner l'adoption du **plan de redressement** de l'entreprise au remplacement d'un ou plusieurs des dirigeants sociaux (art. L 631-19-1, al. 1 et R 631-34-1). Cette faculté n'existe pas lorsque le plan de redressement est voté par les classes de parties affectées ou imposé à ces dernières par le tribunal (art. L 631-19, I-al. 6) ni en cas de sauvegarde.

Le ministère public doit saisir le tribunal par une requête indiquant les faits de nature à motiver sa demande de remplacement ; le dirigeant est alors convoqué par le greffier 15 jours au moins avant l'audience (art. R 631-34-1, al. 1).

Le tribunal ne peut prendre sa décision qu'après avoir entendu (ou dûment appelé) les dirigeants et les représentants de la délégation du personnel du comité social et économique ainsi que l'administrateur judiciaire, s'il en a été désigné un, et le mandataire judiciaire (art. L 631-19-1, al. 3 et R 631-34-1, al. 3).

Lorsque le **tribunal ordonne** le **remplacement** du dirigeant, l'administrateur judiciaire (ou, s'il n'en a pas été désigné, le mandataire judiciaire) convoque les organes sociaux compétents aux fins de délibérer sur la demande de remplacement et le tribunal statue sur le plan au vu de cette délibération (art. R 631-34-2).

› Précisions **a.** L'éviction des dirigeants ne doit pas être la sanction de leurs erreurs passées, mais une **mesure de sauvegarde de l'entreprise** (CA Colmar 12-9-1990 : Rev. jur. com. 1990.400 note Vallens). En l'espèce, le gérant de la société a été maintenu dans ses fonctions, même s'il avait commis des erreurs graves passibles de sanctions pénales et commerciales, dès lors que son intervention était indispensable pour la survie de l'entreprise.
b. Lorsque, en raison de sa révocation pendant la période d'observation, le dirigeant a droit à des dommages-intérêts (révocation abusive) ou à une **indemnité** conventionnelle, il ne peut pas en exiger le paiement immédiat et doit déclarer cette créance entre les mains du mandataire judiciaire (Cass. com. 12-7-2016 n° 14-23.668 F-PB : RJDA 10/16 n° 708).

4. SORT DES DROITS SOCIAUX DÉTENUS PAR LES DIRIGEANTS DE LA SOCIÉTÉ EN REDRESSEMENT JUDICIAIRE

91400 Les mesures exposées ici concernent les dirigeants de sociétés en redressement judiciaire et non ceux des sociétés sous sauvegarde.

CONTRÔLE DES CESSIONS DES TITRES DES DIRIGEANTS

91410 À partir du jugement ouvrant la procédure de redressement judiciaire d'une société, ses dirigeants de droit ou de fait, rémunérés ou non, ne peuvent céder leurs droits dans la société que dans les conditions fixées par le tribunal de commerce, à peine de nullité de la cession (art. L 631-10, al. 1). Cette interdiction concerne les parts sociales, les **titres** de capital ou les valeurs mobilières donnant accès au capital de la société **détenus directement ou indirectement par les dirigeants** (art. précité) qui sont en fonctions au jour du jugement ouvrant le redressement judiciaire (Cass. com. 13-12-1976 : Rev. sociétés 1977 p. 290 note A. Honorat). Elle prend fin avec l'adoption du plan de redressement, sauf décision contraire du tribunal (Cass. com. 17-11-2015 n° 14-12.372 FS-PB : RJDA 3/16 n° 215).

› Précisions L'**interdiction** de l'article L 631-10, al. 1 **s'applique** aux administrateurs et aux représentants permanents des personnes morales administrateurs (Cass. com. 20-10-2009 n° 08-18.942 : RJDA 2/10 n° 166). En application de ce texte, un dirigeant ne peut plus, après la mise en redressement judiciaire de la société, lever l'option d'une promesse unilatérale d'achat de ses titres qui lui a été consentie avant l'ouverture de la procédure (arrêt précité).

INSCRIPTION DES TITRES DES DIRIGEANTS SUR UN COMPTE SPÉCIAL

Les droits sociaux visés n° 91410 doivent être virés à un compte spécial bloqué ouvert par l'administrateur au nom de leur titulaire et tenu par la société émettrice (titres nominatifs) ou par un intermédiaire financier habilité (titres au porteur). Aucun mouvement ne peut être effectué sur ce compte sans l'autorisation du juge-commissaire (art. L 631-10, al. 2). **91420**

À moins que leurs titres ne soient privés du droit de vote (n° 91431), les dirigeants sociaux (ou les titulaires directs des titres ; n° 91410) peuvent obtenir de l'administrateur – ou, s'il n'en a pas été désigné un, du mandataire judiciaire – la délivrance d'un **certificat** qui leur permettra de participer aux assemblées de la société (art. R 631-14, al. 1 et R 631-38). En pratique, ce certificat n'a d'intérêt que si les titres des dirigeants sont des titres « au porteur ». En effet, s'il s'agit de titres nominatifs, les dirigeants n'ont à fournir aucun document pour pouvoir assister à l'assemblée puisque leurs titres, même bloqués, sont inscrits à leur nom. Ils sont donc connus de la société émettrice.

Sauf décision contraire du tribunal, il est mis **fin au compte spécial,** à la demande de la personne la plus diligente, après l'adoption du plan de redressement ou après la clôture des opérations (art. R 631-14, al. 2). **91421**

En cas de cession forcée (nos 91432 et 91870) ou d'incessibilité des titres (n° 91431), il est mis fin au compte spécial après que la décision ordonnant la cession ou levant la mesure d'incessibilité est passée en force de chose jugée (art. R 631-14, al. 3).

EXPROPRIATION DES DIRIGEANTS SOCIAUX

Les **dirigeants visés** par les mesures exposées ci-dessous sont les dirigeants de droit ou de fait de la société (art. L 631-19-1). La qualité de dirigeant du détenteur des titres s'apprécie à la date du jugement qui ordonne la mesure et au regard de l'exercice effectif des fonctions de dirigeant (Cass. com. 19-2-2008 n° 06-18.446 : RJDA 5/08 n° 555 et Cass. com. 9-2-2010 n° 09-10.800 : RJDA 4/10 n° 409, rendus sous l'empire des anciens textes mais transposables au régime actuel). Ainsi, en cas de démission, doit être prise en compte la date à laquelle celle-ci est devenue effective et non celle à laquelle elle a été publiée (Cass. com. 19-2-2008 précité). Les dirigeants doivent donc veiller à se ménager une preuve de la date de la cessation de leurs fonctions s'ils veulent éviter d'être expropriés. **91430**

Les mesures ci-dessous ne sont pas applicables lorsque le **plan** de redressement est **voté par les classes de parties affectées** ou imposé à ces dernières par le tribunal (art. L 631-19, I-al. 6).

Privation du droit de vote Lorsque la société fait l'objet d'une procédure de redressement judiciaire et que sa survie le requiert, le tribunal peut, sur demande du ministère public, prononcer l'incessibilité des parts sociales, actions ou autres valeurs mobilières donnant accès au capital détenues par un ou plusieurs dirigeants de droit ou de fait et décider que le droit de vote attaché à ces droits sociaux sera exercé, pour la durée qu'il fixe, par un **mandataire** de justice désigné à cet effet (art. L 631-19-1, al. 1). Généralement, ces mesures sont arrêtées pour la durée du plan, soit dix ans au plus. Le mandataire désigné par le tribunal peut être l'administrateur (art. R 631-34-3). **91431**

Cession forcée des droits sociaux Le tribunal peut aussi, pour la même raison (survie de l'entreprise) et seulement sur demande du ministère public, ordonner la cession, moyennant un prix fixé à dire d'expert, des parts, actions ou autres valeurs mobilières donnant accès au capital détenues par un ou plusieurs dirigeants de droit ou de fait (art. L 631-19-1, al. 2). **91432**

› Précisions **a.** Le dispositif de l'article L 631-19-1, al. 2 ne porte atteinte ni au **droit de propriété** ni au **principe d'égalité** et est donc conforme à la Constitution (Cons. const. 7-10-2015 n° 2015-486 QPC : RJDA 8-9/16 n° 632).

b. Pour une application où la **cession** forcée a porté sur **99,96 % du capital,** voir Cass. com. 12-7-1994 : D. 1995 som. p. 2 obs. F. Derrida.

c. Selon la cour d'appel de Grenoble, les dispositions de l'article L 631-19-1, al. 2 sont d'ordre public. Par suite, si faible que soit la valeur présumée des droits sociaux à céder, le tribunal doit recourir à l'**expertise** (CA Grenoble 16-6-1988 : Rev. jur. com. 1990.228 note Gallet). Mais le tribunal peut retenir un prix différent de celui fixé par l'expert qui est seulement chargé de lui donner les éléments permettant d'évaluer les titres (Cass. com. 1-10-2002 n° 1497 : RJDA 2/03 n° 162).

d. En l'absence de dispositions spécifiques régissant la date d'exigibilité du **paiement du prix** de cession des actions et des intérêts, la somme correspondante doit être réglée sans délai et avec intérêts à compter du jour du transfert, conformément au droit commun (Cass. com. 1-7-1997 : RJDA 12/97 n° 1546).

91433 **Mise en œuvre des mesures** Pour les mesures exposées ci-dessus, le ministère public doit saisir le tribunal par une requête indiquant les faits de nature à motiver sa demande ; le dirigeant est alors convoqué par le greffier 15 jours au moins avant l'audience (art. R 631-34-1, al. 1 ; Cass. com. 22-5-2013 n° 12-15.305 : RJDA 12/13 n° 1039). Le tribunal ne peut se prononcer qu'après avoir entendu (ou dûment appelé) les dirigeants et les personnes désignées par le comité social et économique (art. L 631-19-1, al. 3).

L'article L 631-19-1 n'exige pas qu'à la date de l'adoption du plan le dirigeant ait été définitivement évincé après le paiement de la valeur de ses droits sociaux ; le tribunal peut donc ordonner la cession concomitamment à l'arrêté du plan (Cass. com. 26-1-2016 n° 14-14.742 : RJDA 8-9/16 n° 633). Par ailleurs, le tribunal peut désigner, dans l'attente de la réalisation de la cession, un mandataire de justice chargé d'exercer le droit de vote attaché à ces droits (Cass. com. 26-1-2016 précité).

Les dirigeants peuvent faire appel de la décision qui ordonne la cession de leurs parts ou actions (Cass. com. 26-6-2001 n° 1282 : RJDA 12/01 n° 1232).

5. EXTENSION DE LA PROCÉDURE COLLECTIVE DE LA SOCIÉTÉ À SON DIRIGEANT

91440 La procédure collective de la société peut être étendue au dirigeant seulement s'il a **confondu son patrimoine avec celui de la société** ou si la société qu'il dirige est fictive (art. L 621-2, al. 2, L 631-7 et L 641-1, I). Une faute du dirigeant n'est pas requise (Cass. com. 26-3-2025 n° 24-10.254 F-D : RJDA 8-9/25 n° 449).

ILLUSTRATIONS

Caractérise une confusion de patrimoines entre une société et son gérant le fait pour celui-ci d'avoir fait supporter à la société des dépenses personnelles somptuaires, d'avoir laissé croître son compte courant débiteur (de 90 000 à 260 000 €) et de s'être octroyé une indemnité de gérance non autorisée, alors que la société était en état de cessation des paiements (Cass. com. 7-11-2018 n° 17-21.284 F-D : RJDA 2/19 n° 103).

À l'inverse, l'extension de la liquidation judiciaire d'une SARL à ses deux gérants n'est pas justifiée par les éléments suivants : l'un d'eux avait utilisé les fonds de la société pour régler des dépenses personnelles et avait maintenu son compte courant d'associé débiteur pendant deux années consécutives ; à la veille de la liquidation judiciaire, les intéressés avaient vidé le compte bancaire de la société en émettant un chèque non justifié au profit d'une société civile immobilière (SCI) dans laquelle ils étaient associés et avaient utilisé des fonds séquestrés pour le compte des clients de la SARL pour acquérir des biens immobiliers pour le compte de cette SCI (Cass. com. 24-5-2005 n° 01-03.795 F-D : RJDA 11/05 n° 1220). Elle ne l'est pas non plus lorsque les cogérants se sont attribué, les années précédant la mise en liquidation judiciaire de la société, une rémunération équivalant à plus de 13 % du chiffre d'affaires de celle-ci et lui ont fait prendre en charge leurs cotisations sociales personnelles tandis que les fonds propres de la société étaient devenus négatifs et que ses pertes cumulées pour ces années dépassaient 770 000 € (Cass. com. 11-3-2020 n° 18-24.052 F-D : RJDA 7/20 n° 379).

Le paiement par le gérant et son épouse des dettes de la société sur leurs deniers personnels ne suffit pas à démontrer l'existence d'une confusion entre leur patrimoine et celui de la société (Cass. com. 4-7-2000 : RJDA 12/00 n° 1134).

Sur l'incidence de l'inscription de sommes indûment versées au gérant au débit de son compte courant d'associé, voir n° 91300.

En cas d'extension de la procédure collective de la société à un dirigeant, les biens de celui-ci peuvent faire l'objet de **mesures conservatoires,** voire être vendus, dans les conditions exposées n°s 92000 s. (art. L 621-2, al. 4 pour la sauvegarde et, sur renvoi des art. L 631-7 et L 641-1, I pour le redressement et la liquidation judiciaires).

6. COMBLEMENT DU PASSIF SOCIAL

NATURE PATRIMONIALE DU COMBLEMENT DE PASSIF

Le dirigeant d'une société en liquidation judiciaire qui a commis une faute de gestion ayant contribué à l'insuffisance d'actif peut être condamné à supporter tout ou partie de cette insuffisance (art. L 651-2). Cette **sanction,** connue sous le nom de « comblement du passif social », est la seule sanction patrimoniale qu'encourt un dirigeant. 91460

CUMUL DU COMBLEMENT DE PASSIF ET D'AUTRES SANCTIONS

Le régime spécial de responsabilité de l'**action en comblement de passif** exclut la possibilité de mettre en œuvre également l'**action en responsabilité de droit commun,** qu'elle soit fondée sur les dispositions spécifiques du droit des sociétés ou sur l'article 1240 du Code civil (Cass. com. 20-6-1995 n° 1309 : RJDA 7/95 n° 904 ; Cass. com. 19-11-2013 n° 12-16.099 : RJDA 3/14 n° 261 ; Cass. com. 8-4-2015 n° 13-28.512 : RJDA 7/15 n° 515). 91462

Encore faut-il que les conditions de l'action en comblement de passif soient remplies, ce qui n'est pas le cas :

– si la société ne fait pas l'objet d'une procédure de liquidation judiciaire (art. L 651-2) ;

– en l'absence d'insuffisance d'actif (Cass. com. 27-6-2006 n° 851 : RJDA 12/06 n° 1253) ou lorsque l'insuffisance d'actif n'est pas alléguée (Cass. com. 28-3-2000 n° 807 : RJDA 7-8/00 n° 789 ; Cass. com. 28-5-2002 n° 1052 : RJDA 11/02 n° 1176) ;

– lorsque sont invoquées des fautes postérieures au jugement ouvrant la liquidation judiciaire (en ce sens, Cass. com. 14-3-2000 n° 684 : RJDA 7-8/00 n° 788 ; CA Rouen 11-1-2007 n° 05-2942 : RJDA 11/07 n° 1137).

ATTENTION

L'action en responsabilité de droit commun engagée avant la mise en liquidation judiciaire de la société ne peut être reprise par le liquidateur judiciaire que s'il établit l'absence d'insuffisance d'actif (Cass. com. 30-6-2015 n° 14-13.421 : RJDA 10/15 n° 669, 2e esp. ; CA Paris 4-2-2021 n° 19/15149 : RJDA 5/21 n° 321). À défaut, il doit engager la responsabilité du dirigeant seulement sur le fondement de l'action en comblement de passif (CA Paris 4-2-2021 précité).

L'action en responsabilité sur le fondement du droit commun reste toutefois ouverte : 91463

– aux **associés** qui poursuivent la réparation d'un préjudice personnel distinct de celui subi par la société, peu important que la procédure collective fasse apparaître une insuffisance d'actif (Cass. com. 9-3-2010 n° 08-21.547 : RJDA 6/10 n° 637) ; en outre, ce préjudice doit être distinct du préjudice subi par la collectivité des créanciers (Cass. com. 30-6-2015 n° 14-13.421 : RJDA 10/15 n° 669, 2e esp.) ;

– aux **créanciers sociaux** justifiant d'un préjudice personnel distinct de celui des autres créanciers résultant d'une faute du dirigeant séparable de ses fonctions (Cass. com. 7-3-2006 n° 04-16.536 FS-PBRI : Bull. civ. IV n° 61 ; Cass. com. 29-11-2016 n° 14-25.904 F-D : RJDA 3/17 n° 189 ; Cass. com. 24-5-2023 n° 21-21.871 F-D : RJDA 11/23 n° 590).

Le cumul reste possible entre l'action en comblement de passif et : 91464

– l'**action en responsabilité fiscale** prévue par l'article L 267 du LPF (Cass. com. 9-12-1997 : RJDA 1/98 n° 87 concl. Piniot p. 3), la **solidarité fiscale** avec la société prononcée, en application de l'article 1745 du CGI, contre le dirigeant coupable de fraude fiscale (Cass. com. 5-9-2018 n° 17-13.626 FS-PBI : RJDA 11/18 n° 859) ou les **pénalités fiscales** prévues par l'article 1729 du CGI sanctionnant les manquements commis dans l'établissement de l'impôt (Cass. crim. QPC 11-9-2019 n° 19-90.026 F-D : RJDA 2/20 n° 99) ;

– l'**action civile en réparation du préjudice résultant d'une infraction** (Cass. crim. 10-10-2001 n° 6239 : RJDA 4/02 n° 417, 2e esp. ; Cass. crim. 21-11-2001 n° 6741 : RJDA 3/02 n° 287, 2e esp.). Ainsi, un dirigeant condamné pour abus de biens sociaux peut être tenu, d'une part, de verser des *dommages-intérêts au liquidateur* judiciaire de la société qui s'était constituée partie civile et, d'autre part, de combler une partie des dettes sociales (Cass. com. 29-2-2000 : RJDA 5/00 n° 580 ; Cass. com. 27-11-2001 n° 1945 : RJDA 4/02 n° 417, 1e esp.).

Le liquidateur judiciaire peut exercer contre un dirigeant d'autres **actions qui,** même fondées sur une faute susceptible d'avoir contribué à l'insuffisance d'actif, **se distinguent d'une action en responsabilité.** Est ainsi recevable l'action en reddition de comptes du mandataire, prévue par l'article 1993 du Code civil, par laquelle un liquidateur réclame au dirigeant d'une société en procédure collective le remboursement d'une somme que ce dernier a reçue d'un client de la société et qu'il a conservée entre ses mains (Cass. com. 15-11-2016 n° 15-16.070 F-PB : RJDA 2/17 n° 105). 91465

a. Dirigeants pouvant être condamnés à combler le passif

91470 Tous les dirigeants **de droit ou de fait** de sociétés en liquidation judiciaire peuvent être poursuivis en comblement de passif (art. L 651-1 et L 651-2).

Seuls sont concernés les dirigeants en fonction après l'immatriculation de la société au RCS (Cass. com. 10-5-1984 : Bull. civ. IV n° 185). Une personne qui n'a pas la qualité de dirigeant ne peut pas être soumise à l'obligation au paiement du passif social même si elle s'est engagée à assurer l'entière responsabilité de la gestion de la société dès lors que ses interventions se sont bornées à des suggestions et à des recommandations (Cass. com. 23-3-1971 : Bull. civ. IV n° 91).

DIRIGEANTS DE DROIT

91471 La notion de dirigeant de droit vise le directeur général, les directeurs généraux délégués (Cass. com. 5-5-2021 n° 19-23.575 F-P : RJDA 7/21 n° 502), les administrateurs (cf. Cass. com. 23-5-1973 : Rev. sociétés 1974 p. 544 note J. G. ; Cass. com. 31-5-2011 n° 09-13.975 : RJDA 8-9/11 n° 725), le président du conseil d'administration (Cass. com. 25-10-2011 n° 10-23.671 : RJDA 3/12 n° 322) et les membres du directoire de SA, le président ou les autres dirigeants de SAS (CA Paris 23-9-2016 n° 15/14118 : RJDA 12/16 n° 864, directeur général de SAS reconnu dirigeant de droit), les gérants, les liquidateurs (Cass. com. 15-1-1979 n° 77-12.656 : Bull. civ. IV n° 17, sol. impl. ; CA Bourges 9-8-2018 n° 17/00361 : RJDA 3/19 n° 214), qu'ils soient associés ou non, français ou étrangers (CA Paris 26-3-1982 : D. 1983 p. 65 note C. Gavalda), rémunérés ou non (Cass. com. 9-12-2020 n° 18-24.730 F-PB : RJDA 3/21 n° 183), la loi ne faisant aucune distinction à cet égard pour les dirigeants de sociétés.

Les membres du conseil de surveillance n'ont pas la qualité de dirigeants de droit (n° 91510).

91472 La qualité de dirigeant de droit résulte non de l'activité, des attributions ou des pouvoirs de la personne concernée, mais de sa désignation régulière, soit par les statuts, soit par les organes sociaux compétents (CA Rouen 15-7-1982 : Gaz. Pal. 1983 som. p. 34).

ATTENTION

Le **défaut de publication** de sa nomination au RCS ne permet pas à un dirigeant d'éviter toute action tendant au prononcé d'une **sanction** pécuniaire car ce défaut de publication ne saurait le soustraire aux responsabilités attachées aux fonctions qu'il a acceptées et exercées (Cass. com. 8-7-2003 n° 1226 : RJDA 1/04 n° 76).

91473 L'action en comblement de passif peut aussi être exercée à l'encontre des **représentants permanents** des dirigeants personnes morales (art. L 651-1). Le représentant peut être condamné solidairement avec la personne morale dirigeante (Cass. com. 3-10-2000 : RJDA 1/01 n° 61), mais il peut aussi être condamné seul car la loi n'exige pas la condamnation préalable de celle-ci (Cass. com. 19-11-2013 n° 12-16.099 : RJDA 3/14 n° 261). Il n'est pas nécessaire de caractériser une faute personnelle du représentant permanent pour engager sa responsabilité : la faute de gestion peut être caractérisée indifféremment à son égard ou à l'égard de la personne morale dirigeante (Cass. com. 8-1-2020 n° 18-15.027 F-PB : RJDA 4/20 n° 232).

› Précisions En l'**absence de représentant permanent** du dirigeant personne morale au sein de la société débitrice (ce qui peut être le cas sauf si celle-ci est une SA), la responsabilité pour insuffisance d'actif est encourue par le représentant légal de cette personne morale, là encore sans qu'il soit nécessaire de caractériser une faute personnelle de sa part (Cass. com. 13-12-2023 n° 21-14.579 F-B : RJDA 3/24 n° 177). Mais le représentant légal ne peut pas voir sa responsabilité pour insuffisance d'actif engagée si une autre personne a été désignée représentant permanent (Cass. com. 20-11-2024 n° 23-17.842 F-B : RJDA 2/25 n° 101), à moins qu'il ne se soit comporté comme un dirigeant de fait de la société débitrice.

DIRIGEANTS DE FAIT

91480 C'est au demandeur (en pratique, les organes de la procédure collective) qu'il appartient de **prouver** qu'une personne n'ayant pas la qualité de dirigeant de droit doit être considérée comme dirigeant de fait et appelée ainsi à supporter les dettes sociales.

La **qualification** de dirigeant de fait se caractérise par l'exercice en toute liberté et indépendance, seul ou en groupe, de façon continue et régulière, d'activités positives de gestion et de direction engageant la société (Cass. com. 25-1-1994 n° 200 : RJDA 4/94 n° 402 som. ; Cass. com. 12-7-2005 n° 1238 : RJDA 2/06 n° 169 ; Cass. com. 10-1-2012 n° 10-28.067 : RJDA 4/12 n° 427, 1re esp.).

› Précisions **a.** Le dirigeant de fait a les mêmes obligations et encourt les **mêmes responsabilités que le dirigeant de droit.** Par conséquent, il ne peut pas échapper à sa condamnation pour non-tenue de la comptabilité en soutenant qu'une telle faute de gestion ne peut être imputée qu'au dirigeant de droit (Cass. com. 11-12-2012 n° 11-22.436 : RJDA 4/13 n° 353).

b. **L'incapacité du dirigeant de fait** n'empêche pas de prononcer des sanctions pécuniaires à son encontre (pour une application à un majeur sous tutelle, voir Cass. 1e civ. 9-11-1983 : D. 1984 p. 139 note F. Derrida).

c. Sur l'**autorité de la chose jugée au pénal** quant à la qualité de dirigeant de fait, voir nº 91620.

Admission de la qualité de dirigeant de fait : illustrations Jugé qu'avaient la qualité de dirigeant de fait : **91481**

– le **directeur commercial** d'une SA qui, après avoir mis fin à son mandat de président du conseil d'administration parce qu'il venait de faire l'objet d'une mesure d'interdiction de gérer, avait signé tous les contrats représentant l'essentiel de l'activité de la société et avait pris la qualité de président-directeur général dans six de ces actes (Cass. com. 13-2-2007 nº 05-12.261 : RJDA 6/07 nº 615) ;

– l'**associé majoritaire** qui, entretenant des liens étroits avec la société, a placé la gérance sous son contrôle en cosignant tous les règlements et transactions bancaires de la société (CA Paris 24-1-2017 nº 16/03136 : RJDA 7/17 nº 462) ;

– une **personne physique** qui n'était **ni salariée ni mandataire** d'une société mais qui y tenait le rôle moteur, donnant son avis au dirigeant de droit pour toutes les décisions importantes (ce dernier agissant comme son simple exécutant), s'entretenant avec les avocats de la société d'instances judiciaires en cours et donnant des instructions sur des sujets essentiels touchant au fonctionnement de la société, ses différentes interventions auprès des salariés et des prestataires extérieurs la faisant apparaître comme ayant un rôle de décideur (Cass. com. 2-6-2021 nº 20-13.735 F-D : RJDA 10/21 nº 661) ;

– un **franchiseur** qui, au lieu de se borner à vérifier chez la société distributrice la bonne exécution des obligations mises à la charge de cette dernière, s'était immiscé dans la gestion de cette société et agissait à l'égard du personnel et des tiers en déclarant être le « patron » de l'affaire (CA Rouen 23-5-1978 : JCP 1979 II nº 19235 note Notté ; pour un autre exemple d'application de la gestion de fait à un franchiseur qui s'était immiscé dans la gestion du franchisé, voir CA Rouen 14-3-1992 : RJDA 8-9/92 nº 816) ;

– la société **holding** d'un groupe qui avait eu une influence prédominante sur les décisions de la société, membre de ce groupe, mise en liquidation judiciaire (Cass. com. 23-11-1999 nº 1860 : RJDA 3/00 nº 270 ; pour un autre exemple, Cass. com. 13-11-2002 nº 1845 : RJDA 4/03 nº 386, 1e esp.) ;

– une **société étrangère** qui exerçait un contrôle rigoureux sur les activités d'un groupe de sociétés françaises, donnait des directives concernant la gestion des stocks et la tenue de la comptabilité de ces sociétés et avait la maîtrise de leurs fonds en banque (CA Aix-en-Provence 15-12-1978 : Bull. Aix 4/1978 p. 89) ;

– un **établissement financier** qui s'était immiscé dans la gestion d'une autre société auprès de laquelle il avait délégué de façon quasi permanente un gestionnaire qui avait fait preuve d'une telle autorité qu'il paraissait avoir souvent pris seul des décisions importantes qu'il n'avait eu aucun mal à imposer aux dirigeants sociaux (CA Paris 3-3-1978 : Gaz. Pal. 1978 som. p. 394) ;

– le **président du conseil de surveillance d'une société mère** qui s'était présenté au liquidateur comme le « manager » d'une filiale de celle-ci et qui avait résolu le bail commercial dont elle bénéficiait, entraînant l'arrêt de son activité économique (CA Paris 22-3-2016 nº 15/14846 : RJDA 7/16 nº 536) ;

– le **directeur technique** dont l'absence prolongée a entraîné la déconfiture de la société, qui engageait des dépenses et donnait des instructions au personnel sans lien de subordination à l'égard du dirigeant de droit, et dont la rémunération était bien supérieure à celle de ce dernier (CA Paris 25-1-2024 nº 23/00654 : RJDA 8-9/24 nº 457).

Rejet de la qualité de dirigeant de fait : illustrations N'ont pas la qualité de dirigeant de fait : **91482**

– l'**associé** d'une société qui, s'étant porté caution hypothécaire de celle-ci auprès d'une banque, a exigé, en contrepartie, de contresigner toutes les opérations de débit et de crédit faites par la société avec cette banque (CA Lyon 5-7-1979 : Bull. Joly 1980 p. 690 ; voir aussi CA Paris 15-12-1995 : RJDA 3/96 nº 432) ;

– l'**associé** minoritaire et **directeur commercial** d'une société qui a négocié seul le sort de celle-ci lors de son rachat par une autre société, se présentant auprès des partenaires de cette dernière comme le représentant de la société, et s'est porté caution à hauteur de 15 000 € d'un prêt affecté à la constitution du capital de la société (Cass. com. 24-4-2007 nº 04-10.050 : RJDA 8-9/07 nº 841) ;

– l'**épouse d'un associé** d'une SARL ayant pour objet la restauration et l'hôtellerie qui l'aidait uniquement dans les tâches d'exécution en occupant notamment un poste de serveuse, n'avait à aucun moment assuré la direction générale de l'entreprise, la politique de celle-ci ou la conduite de sa gestion et ne détenait pas la signature sociale (CA Paris 3-3-2006 nº 05-9103 : RJDA 8-9/06 nº 904) ;

– une **banque** qui a assorti un contrat de prêt de nombreuses clauses limitant, notamment, les investissements et l'endettement de la société emprunteuse, dès lors qu'elle n'a pas excédé l'exercice du contrôle et de la surveillance de son risque et ne s'est pas immiscée dans la gestion des sociétés du groupe (Cass. com. 20-11-2024 nº 23-13.608 F-D : RJDA 5/25 nº 265) ;

– le **constructeur automobile** qui a exercé des actes de contrôle **vis-à-vis d'un de ses fournisseurs,** mis en place un suivi mensuel de sa trésorerie, s'est intéressé aux dettes et aux délais de paiement de deux clients de ce dernier et a pris une part active dans le processus de reprise du fournisseur, dès lors que ces agissements, qui s'inscrivent dans le cadre de protocoles d'accord conclus entre le constructeur et le fournisseur, n'ont consisté qu'en des contrôles, recommandations, demandes ou exigences, ne révélant qu'un rapport de subordination économique du fournisseur à l'égard de son client (Cass. com. 19-5-2021 nº 19-25.286 F-D : RJDA 8-9/21 nº 592) ;

– le **fournisseur exclusif** qui impose ses procédures au distributeur, dispose du pouvoir de contrôler sa comptabilité, lui accorde un soutien financier non prévu par le contrat de distribution et le prive d'autonomie pour l'aménagement des locaux, les campagnes publicitaires et la politique de prix (Cass. com. 23-9-2014 nº 12-35.120 : RJDA 1/15 nº 17) ;

– les **membres du conseil de surveillance** d'une SA du seul fait qu'ils disposaient du pouvoir de révoquer le président du directoire et que, en l'exerçant, ils pouvaient ruiner la confiance des créanciers (Cass. com. 12-7-2005 nº 1238 : RJDA 2/06 nº 169) ;

– le **directeur salarié** qui a recueilli l'approbation du dirigeant de droit pour la conclusion de divers contrats au nom de la société (CA Paris 28-10-2014 nº 13-22472 : RJDA 2/15 nº 97), qui n'a pas outrepassé la délégation de pouvoir consentie par le dirigeant de droit (Cass. com. 9-6-2022 nº 21-13.588 F-D : RJDA 12/22 nº 687 ; CA Paris 31-3-2015 nº 14-05368 : RJDA 7/15 nº 493) ou qui n'a pas excédé ses fonctions de directeur commercial (Cass. com. 24-1-2018 nº 16-23.649 F-D : RJDA 4/18 nº 344) ;

– le **responsable de l'établissement secondaire** d'une société qui faisait fonctionner celui-ci dans tous ses aspects en vertu de mandats donnés par le dirigeant de droit de la société mais n'a pas géré l'ensemble de la société (Cass. com. 13-2-2007 nº 05-20.126 : RJDA 7/07 nº 729) ;

– la **société mère** qui a simplement supervisé les dirigeants de sa filiale, approuvé les investissements supérieurs à un certain montant sans discuter de leur opportunité et mis en place des unités organisationnelles transversales sans vocation de direction (Cass. com. 19-11-2013 nº 12-28.367 : RJDA 3/14 nº 221).

ANCIENS DIRIGEANTS

91490 Le plus souvent, les dirigeants poursuivis sont ceux qui étaient en fonction au moment où le juge a ouvert la procédure collective de la société.

Toutefois, les **dirigeants qui ont cessé leurs fonctions** ne sont pas à l'abri d'une condamnation au titre du comblement de passif si, à la date de leur départ, l'insuffisance d'actif existait déjà (Cass. com. 27-1-2015 nº 13-12.430 : RJDA 5/15 nº 367 ; Cass. com. 24-1-2018 nº 15-26.810 F-D : RJDA 5/18 nº 447, concernant un ancien dirigeant de fait ; Cass. com. 19-4-2023 nº 22-11.229 F-D : RJDA 8-9/23 nº 451), ou s'ils ont continué à s'immiscer dans la gestion alors qu'ils n'étaient plus en fonction (Cass. com. 7-10-1968 : Bull. civ. IV nº 254), et ce, peu important que la cessation des fonctions ait été publiée.

> **Précisions** Le **défaut de publication de la démission** d'un dirigeant ne saurait permettre de poursuivre celui-ci en comblement de passif dès lors qu'il a effectivement cessé d'exercer ses fonctions avant l'apparition de la situation ayant abouti à l'insuffisance d'actif (Cass. com. 7-10-2020 nº 19-14.291 F-D : RJDA 1/21 nº 20 ; Cass. com. 16-6-2021 nº 20-15.399 F-D : RJDA 10/21 nº 663).

HÉRITIERS DES DIRIGEANTS

91500 En cas de décès du dirigeant concerné, l'action en comblement de passif peut être intentée contre ses héritiers car il s'agit d'une action patrimoniale qui leur est transmissible (Cass. com. 6-2-1979 : Bull. civ. IV nº 51 ; Cass. com. 19-5-1982 : Bull. civ. IV nº 191 ; CA Amiens 23-1-2003 nº 02-253 : RJDA 2/04 nº 208).

Pour écarter cette éventualité ou en limiter les conséquences, les héritiers doivent renoncer à la succession ou ne l'accepter qu'à concurrence de l'actif net.

MEMBRES DU CONSEIL DE SURVEILLANCE

91510 Les membres du conseil de surveillance n'ont pas la qualité de dirigeant de droit (Cass. com. 12-7-2005 nº 1238 : RJDA 2/06 nº 169 ; Cass. com. 8-1-2020 nº 18-23.991 F-PB : RJDA 3/20 nº 164). Même s'ils ont commis des fautes personnelles dans l'exécution de leurs fonctions, ils ne sauraient être tenus de contribuer au paiement du passif social s'il n'est pas établi qu'ils ont agi ensemble ou séparément en dirigeants de fait (Cass. com. 12-7-2005 précité ; CA Paris 8-7-1975 : Rev. sociétés 1976 p. 114 note J. G. ; CA Paris 9-6-1995 : Dr. sociétés 1995 n° 214 note Y. Chaput). Mais ils peuvent être condamnés à des dommages-intérêts s'il apparaît que, en s'abstenant de surveiller la gestion des membres du directoire, ils ont commis une faute ayant causé un préjudice aux créanciers (Cass. com. 6-2-1979 : Rev. sociétés 1979 p. 539 note J. G.).

b. Conditions de l'action en comblement de passif

CONDITIONS DE L'ACTION EN COMBLEMENT DE PASSIF TENANT À LA SOCIÉTÉ

Procédure collective de la société Un dirigeant peut être poursuivi en comblement de passif seulement en cas de mise en **liquidation** judiciaire de la société ayant fait apparaître une insuffisance d'actif (art. L 651-2). 91540

Insuffisance d'actif Les dirigeants sociaux ne peuvent être condamnés à combler le passif social qu'en présence d'une insuffisance d'actif dont l'**existence** et le **montant** sont appréciés au jour où le tribunal statue sur la sanction (Cass. com. 30-1-1990 : Bull. civ. IV n° 30 ; Cass. com. 16-3-1999 : RJDA 5/99 n° 585 ; Cass. com. 7-3-2006 n° 300 : RJDA 1/07 n° 79), sans tenir compte des éventuels manquements du liquidateur dans la réalisation des actifs (Cass. com. 1-7-2020 n° 19-11.849 F-D : RJDA 2/21 n° 108). Cette insuffisance est égale à la différence entre le montant du passif admis et celui de l'actif réalisé (Cass. com. 24-5-2018 n° 16-29.116 F-D : RJDA 8-9/18 n° 666) et ne se déduit pas de l'état de cessation des paiements de la société (Cass. com. 24-5-2018 n° 17-10.117 F-D : RJDA 8-9/18 n° 667). Elle n'inclut pas les frais exposés pour la réalisation de l'actif de la société (Cass. com. 23-10-2024 n° 23-15.365 FS-B : RJDA 1/25 n° 34). Lorsque le dirigeant poursuivi a quitté ses fonctions avant l'ouverture de la liquidation judiciaire, l'insuffisance d'actif qui peut être mise à sa charge s'apprécie au regard de la situation globale du passif et de l'actif de la société à la date où il a cessé ses fonctions (Cass. com. 24-5-2018 n° 17-10.117 précité). 91541

Les **dettes nées** après le jugement d'ouverture de la procédure collective n'entrent pas dans le passif pris en compte pour calculer le montant de l'insuffisance d'actif (Cass. com. 28-4-1998 : RJDA 8-9/98 n° 1000 ; Cass. com. 18-3-2008 n° 02-21.616 : RJDA 7/08 n° 832).

FAUTES DE GESTION JUSTIFIANT UNE CONDAMNATION À COMBLER LE PASSIF

Les dirigeants ne peuvent être condamnés à supporter tout ou partie de l'insuffisance d'actif que s'ils ont commis une ou plusieurs fautes de gestion ayant contribué à cette insuffisance (art. L 651-2, al. 1). Si plusieurs fautes sont retenues, chacune d'elles doit être caractérisée par le juge (Cass. com. 15-12-2009 n° 08-21.906 : RJDA 3/10 n° 275, 2e esp.). 91545

Toute faute de gestion, même légère, peut entraîner la mise en cause de la responsabilité des dirigeants sociaux. Toutefois, une **simple négligence** dans la gestion de la société ne peut pas être qualifiée de faute de gestion (art. L 651-2, al. 1). L'omission de la déclaration de la cessation des paiements dans le délai légal peut par exemple constituer une simple négligence du dirigeant, même s'il n'a pas pu ignorer cet état (Cass. com. 3-2-2021 n° 19-20.004 F-P : RJDA 5/21 n° 333 ; pour un cas où une faute de gestion a été retenue car le dirigeant connaissait la situation d'endettement de la société, voir Cass. com. 5-2-2020 n° 18-15.072 F-D : RJDA 5/20 n° 284).

Ne peuvent être reprochées aux dirigeants que des **décisions** qui **relèvent** de leurs **attributions.** 91546

ILLUSTRATIONS

Ne constituent pas des fautes de gestion :

– la tenue d'une **comptabilité incomplète** reprochée à un administrateur car la tenue de la comptabilité *ne lui incombe pas et il n'est pas démontré qu'il s'y soit immiscé* (CA Paris 29-3-2002 n° 01-9596 : RJDA 2/03 n° 172, 2e esp.) ;

– l'**absence de recapitalisation** d'une société dont les capitaux propres sont devenus inférieurs à la moitié du capital car une telle abstention est imputable aux actionnaires (Cass. com. 13-10-2015 n° 14-15.755 : RJDA 2/16 n° 137 ; Cass. com. 24-1-2018 n° 16-23.649 F-D : RJDA 4/18 n° 344) ;

– l'**apport insuffisant de fonds propres** lors de la constitution de la société qui est imputable aux associés (Cass. com. 10-3-2015 n° 12-15.505 : RJDA 6/15 n° 452 ; Cass. com. 17-6-2020 n° 19-10.341 F-PB : RJDA 10/20 n° 517).

En revanche, une **distribution de dividendes** peut constituer une faute de gestion, même si elle est décidée par les associés, dès lors que la décision est prise à l'initiative du dirigeant (Cass. com. 25-10-2011 n° 10-23.671 F-D : RJDA 3/12 n° 322 ; Cass. com. 8-4-2021 n° 19-23.669 F-D : RJDA 7/21 n° 504).

91549 Le **demandeur** à l'action en comblement de passif doit **prouver** :
– d'une part, l'existence d'une faute de gestion de la part du dirigeant poursuivi ;
– d'autre part, un lien de causalité entre cette faute et l'insuffisance d'actif.

La seule aggravation du préjudice subi par les créanciers de la société résultant de la faute de gestion ne permet pas de caractériser le lien de causalité entre cette faute et l'insuffisance d'actif (Cass. com. 25-3-2020 nº 18-11.684 F-D : RJDA 8-9/20 nº 444).

ILLUSTRATIONS

Le **lien de causalité** entre la faute et l'insuffisance d'actif n'a **pas** été **retenu** dans les cas suivants :
– l'insuffisance d'actif trouvait son origine dans la mésentente entre les associés (CA Paris 1-2-2002 nº 99-24938 : RJDA 6/02 nº 673) ;
– une augmentation de capital fictive imputable au dirigeant avait été réalisée, mais il n'était pas démontré qu'une augmentation de capital était nécessaire à la poursuite de l'exploitation de la société (CA Paris 14-1-2020 nº 17/22243 : RJDA 6/20 nº 323) ;
– l'insuffisance d'actif n'était constituée que par le montant d'un emprunt bancaire non remboursé, la décision du dirigeant de recourir à un financement bancaire n'étant pas fautive et les fautes de gestion imputables au dirigeant (notamment dépôt de bilan tardif et défaut de comptabilité) n'étaient pas à l'origine de l'insuffisance (Cass. com. 22-1-2020 nº 18-19.930 F-D : RJDA 6/20 nº 316, à propos du dirigeant d'une association mais transposable au dirigeant de société) ;
– en cas de déclaration tardive de l'état de cessation des paiements de la société lorsque l'insuffisance d'actif est née avant l'expiration du délai légal de déclaration (Cass. com. 17-6-2020 nº 18-11.737 F-PB : RJDA 11/20 nº 588).

En revanche, le **lien de causalité** a été **retenu** lorsque le dirigeant :
– n'avait pas tenu de comptabilité, cette faute ayant privé la société d'un outil de gestion qui aurait permis au dirigeant de connaître l'absence de rentabilité et la nécessité de cesser la poursuite d'une activité préjudiciable aux créanciers (Cass. com. 22-6-2010 nº 09-14.214 : RJDA 10/10 nº 989) ;
– n'avait pas payé pendant deux ans les loyers dus par la société et avait ainsi occasionné une dette locative représentant 60 % du passif de la société, peu important que le droit au bail eût pu être cédé comme élément du fonds de commerce dans le cadre des opérations de liquidation (Cass. com. 26-2-2020 nº 18-19.704 F-D : RJDA 5/20 nº 285) ;
– d'une société rachetée dans le cadre d'un LBO avait versé à la holding des dividendes importants, privant ainsi la société de réserves anciennes qui auraient pu être affectées au règlement de dettes échues, peu important que cette faute ait été commise trois ans avant la constatation de l'insuffisance d'actif (Cass. com. 9-9-2020 nº 18-12.444 F-D : RJDA 11/20 nº 587) ;
– avait tardé à demander l'ouverture de la procédure collective, d'importantes nouvelles dettes étant nées entre la date de cessation des paiements et la demande d'ouverture de la procédure (CA Angers 18-1-2022 nº 17/02316 : RJDA 7/22 nº 424).

91551 **Admission d'une faute de gestion : illustrations** Ont été retenus comme fautes de gestion ayant contribué à l'insuffisance d'actif :
– le fait pour un gérant de n'avoir **pas déclaré la cessation des paiements** de sa société **dans le délai légal** même s'il n'a différé sa déclaration que sur les conseils d'un tiers, fût-ce le président du tribunal de commerce (Cass. com. 30-11-1993 : RJDA 4/94 nº 460) ; le retard dans la déclaration de cessation des paiements s'apprécie en fonction de la date fixée par le jugement ouvrant la procédure collective ou par la décision de report (Cass. com. 4-11-2014 nº 13-23.070 FS-PBRI : RJDA 2/15 nº 125 ; Cass. com. 4-7-2018 nº 14-20.117 F-D : RJDA 11/18 nº 857) ;
– le fait pour un dirigeant de s'octroyer une **rémunération excessive** (Cass. com. 31-5-2016 nº 14-24.779 : RJDA 10/16 nº 715) ;
– la tenue d'une **comptabilité incomplète,** le dirigeant ayant été dans l'impossibilité de remettre au liquidateur judiciaire les différents documents comptables qu'il réclamait (CA Paris 14-10-2021 nº 20/11408 : RJDA 5/22 nº 276) ;
– le fait pour le gérant d'une SARL, d'une part, d'avoir **alimenté son compte courant** pour pallier l'insuffisance du capital social, si bien que son retrait a eu des conséquences désastreuses pour la société qui n'a pu lui restituer qu'une partie des sommes mises sur le compte et, d'autre part, d'avoir, au lieu de déposer le bilan, **cédé ses parts** et laissé la gérance à l'un de ses employés inexpérimenté sans l'avertir de la situation (Cass. com. 17-9-2002 nº 1435 : RJDA 12/02 nº 1305, 3e esp.) ;
– *le fait* de ne pas avoir consulté les associés sur la poursuite éventuelle de l'activité de la société malgré la **perte de plus de la moitié du capital social** (CA Paris 17-2-2009 nº 08-977 : RJDA 6/09 nº 564 ; CA Paris 22-10-2015 nº 14/26208 : RJDA 2/16 nº 137) ;
– le fait de ne pas avoir tenté d'obtenir une **augmentation de capital** nécessaire à la survie de la société (Cass. com. 12-7-2016 nº 14-23.310 F-D : RJDA 12/16 nº 889) ;

– le **détournement de clientèle** accélérant la détérioration de la situation très obérée de la société par la création, peu avant la liquidation judiciaire, d'une nouvelle société ayant une activité identique à la première (CA Paris 1-12-2015 n° 14/22951 : RJDA 6/16 n° 469) ;
– le fait pour le dirigeant d'une société d'avoir **privé celle-ci de** la quasi-totalité de sa **trésorerie** en n'encaissant pas une créance, préférant acquérir par compensation avec le montant de cette dernière trois fonds de commerce revendus à perte quelques mois plus tard (Cass. com. 30-6-2009 n° 08-13.464 : RJDA 11/09 n° 994) ;
– la **poursuite d'une exploitation déficitaire,** peu important que l'état de cessation des paiements de la société soit antérieur ou concomitant à cette poursuite (Cass. com. 29-6-2022 n° 21-12.998 F-D : RJDA 11/22 n° 652) ;
– le **paiement préférentiel de certains créanciers** effectué en période suspecte sans qu'il soit nécessaire de faire constater préalablement, par une action en justice (cf. art. L 632-2, al. 1 et L 632-4), la nullité de ce paiement (Cass. com. 11-6-1996 : RJDA 11/96 n° 1403) ;
– le fait pour le dirigeant d'une holding d'avoir été l'instigateur de la décision prise par une sous-holding de **vendre sa filiale opérationnelle,** ce qui a privé la holding de toute remontée de dividendes et a entraîné la création d'un passif important (CA Paris 29-9-2017 n° 16/05150 : RJDA 2/18 n° 162) ;
– le fait pour le dirigeant d'une société, également président de la holding, d'avoir, dans le cadre d'un **LBO, distribué** à la holding **des dividendes** très importants alors que la situation de trésorerie de la société était obérée (Cass. com. 9-9-2020 n° 18-12.444 F-D : RJDA 11/20 n° 587 ; CA Chambéry 15-2-2022 n° 21/01781 : RJDA 7/22 n° 425) ;
– le fait pour le dirigeant d'avoir fait **réaliser des travaux** payés par la société sans qu'ils lui bénéficient et d'avoir **conclu un contrat de prestation de services** rémunéré avec la société, au titre duquel il avait indûment perçu 120 000 € (Cass. com. 21-11-2018 n° 17-22.433 F-D : RJDA 2/19 n° 122).

Rejet d'une faute de gestion : illustrations Aucune faute de gestion n'a été retenue dans les cas suivants : 91552
– la défaillance de l'entreprise avait pour origine la **conjoncture économique** (Cass. com. 20-4-2017 n° 15-19.750 F-D : RJDA 8-9/17 n° 574 ; Cass. com. 30-1-2019 n° 17-31.009 F-D : RJDA 5/19 n° 363), notamment le dépôt de bilan de plusieurs clients (Cass. com. 31-3-1998 : RJDA 6/98 n° 777, 1e esp.) ;
– le fait pour le dirigeant d'avoir engagé la société dans une **activité reposant sur un client unique,** ayant ensuite rompu brutalement toute relation commerciale, révélait un manque de vigilance du dirigeant, qui avait pu légitimement croire à l'expansion de la société (Cass. com. 13-4-2022 n° 20-20.137 F-B : RJDA 7/22 n° 426) ;
– le **faible retard dans la déclaration de cessation des paiements** était dû notamment à des pressions des pouvoirs publics (Cass. com. 18-1-2000 : RJDA 6/00 n° 704 ; CA Aix-en-Provence 11-9-2001 n° 97-8446 : RJDA 6/02 n° 672) ;
– le gérant avait perçu une **rémunération non validée** formellement **par les associés,** alors que les statuts imposaient leur accord, mais un droit à rémunération avait été admis de fait par les associés et cette rémunération ne s'était accompagnée d'aucune dissimulation (CA Paris 22-2-2023 n° 20/14517 : RJDA 6/23 n° 332) ;
– le dirigeant avait poursuivi l'activité déficitaire de la **société constituée moins de deux ans avant la cessation des paiements** ; en effet, un résultat déficitaire la première année ne suffisait pas à caractériser une faute de gestion, laquelle suppose la conscience de l'impossibilité de redresser les comptes ou une obstination à persévérer (CA Paris 24-11-2015 n° 14/05783 : RJDA 5/16 n° 387) ;
– l'importante **augmentation du montant des dettes sociales** ne suffisait pas à caractériser la poursuite d'une activité déficitaire (Cass. com. 11-12-2024 n° 23-19.807 F-B : RJDA 3/25 n° 155).

Antériorité de la faute de gestion La responsabilité des dirigeants ne peut concerner que leur gestion antérieure au jugement prononçant ou ouvrant la liquidation judiciaire (cf. Cass. com. 28-2-1995 : RJDA 5/95 n° 651 ; Cass. com. 29-11-2016 n° 15-10.466 F-D : RJDA 2/17 n° 104 ; CA Paris 8-7-2022 n° 20/04670 : RJDA 11/22 n° 651). Elle peut être engagée à raison des fautes de gestion commises entre l'ouverture du redressement et celle de la liquidation judiciaire consécutive à la résolution du plan de redressement (Cass. com. 22-1-2020 n° 18-17.030 F-PB : RJDA 4/20 n° 231), mais pas à raison des fautes commises pendant la période d'observation du redressement converti en liquidation judiciaire (Cass. com. 8-3-2023 n° 21-24.650 F-B : RJDA 11/23 n° 604). 91553

c. Mise en œuvre de l'action en comblement de passif

INTRODUCTION DE L'ACTION EN COMBLEMENT DE PASSIF

91580 **Tribunal compétent** Le tribunal compétent pour statuer sur l'action en comblement de passif est celui qui a ouvert ou prononcé la liquidation judiciaire de la société (art. R 651-1).

Le juge-commissaire ne peut ni siéger dans la formation de jugement, ni participer au délibéré, à peine de nullité du jugement (art. L 662-7, 3°).

91590 **Qualité pour agir** Le **liquidateur judiciaire** ou le **ministère public** ont qualité pour agir en comblement de passif. Le tribunal peut aussi être saisi par la majorité des **créanciers nommés contrôleurs** lorsque le liquidateur n'a pas engagé l'action après une mise en demeure restée sans suite (art. L 651-3, al. 1 et 2). Cette mise en demeure doit être délivrée au moyen d'une lettre recommandée AR par au moins deux créanciers contrôleurs et être restée infructueuse pendant deux mois à compter de sa réception (art. R 651-4).

ATTENTION

La mise en demeure non délivrée conjointement par deux contrôleurs ne peut pas être ultérieurement régularisée. En revanche, si la saisine du tribunal n'a pas été faite par une majorité des contrôleurs, la **régularisation** par l'intervention d'un ou de plusieurs autres contrôleurs pour constituer cette majorité est possible à condition d'intervenir avant l'expiration du délai de prescription de l'action (Cass. com. 24-5-2018 n° 17-10.005 FS-PBI : RJDA 10/18 n° 755).

Lorsqu'un seul contrôleur a été nommé, il n'a pas qualité pour engager l'action (CA Paris 17-6-2014 n° 13/24177 : RJDA 2/15 n° 126).

Les **autres personnes** non visées ci-dessus ne peuvent pas agir en comblement de passif. Ainsi, un dirigeant ne peut pas agir, même à titre de garantie, contre un autre dirigeant (Cass. com. 6-6-1995 : RJDA 7/95 n° 903 ; Cass. com. 12-6-2019 n° 17-23.176 F-D : RJDA 11/19 n° 704). Les associés et le tribunal ne le peuvent pas non plus.

91592 **Transaction** Le liquidateur judiciaire peut transiger (Cass. com. 8-3-2017 n° 15-16.005 F-PBI : RJDA 5/17 n° 362 ; Cass. com. 9-12-2020 n° 19-17.258 F-PB : RJDA 3/21 n° 184), mais seulement après l'assignation du dirigeant en comblement de passif et avant toute décision de condamnation (Cass. com. 8-3-2017 précité). Ne serait donc pas valable la transaction par laquelle le liquidateur **renoncerait à engager** une **action** en comblement de passif en contrepartie de l'engagement du dirigeant de verser une somme correspondant à une part du passif.

RECHERCHE D'INFORMATIONS SUR LE PATRIMOINE DU DIRIGEANT

91600 Le président du tribunal peut charger le juge-commissaire (ou, à défaut, un membre de la juridiction qu'il désigne) d'obtenir, de la part des administrations et organismes publics, des organismes de prévoyance et de sécurité sociale, des établissements de paiement, des sociétés de financement, des établissements de monnaie électronique et des établissements de crédit, communication de tout document ou information sur la situation patrimoniale des dirigeants poursuivis (art. L 651-4, al. 1). Cette communication doit être fournie « nonobstant toute disposition législative contraire », de sorte que les organismes concernés, notamment les établissements de paiement ou de crédit, ne peuvent pas invoquer le secret professionnel pour refuser de répondre à une demande.

Lorsqu'une telle mesure est ordonnée, ce qui n'est qu'une simple faculté pour le tribunal (Cass. com. 24-9-2003 n° 1308 : RJDA 2/04 n° 205 ; Cass. com. 3-12-2003 n° 1756 : RJDA 3/04 n° 354), le rapport du juge désigné est déposé au greffe du tribunal et remis par le greffier au ministère public. Il doit être communiqué, au moins un mois avant la date de l'audience et par lettre recommandée AR, aux dirigeants mis en cause (art. R 651-5, al. 1).

MESURES CONSERVATOIRES SUR LES BIENS DU DIRIGEANT

91610 Afin d'éviter que les dirigeants n'organisent leur insolvabilité, le président du tribunal peut ordonner des mesures conservatoires à l'égard des biens des dirigeants poursuivis (n°s 92015 s.).

INCIDENCE DE POURSUITES PÉNALES SUR L'ACTION EN COMBLEMENT DE PASSIF

91620 Si des poursuites pénales sont exercées à l'encontre du dirigeant, le tribunal saisi de l'action en comblement de passif n'est pas tenu de **surseoir à statuer** jusqu'à ce que le tribunal répressif ait pris sa décision, même si celle-ci est susceptible d'exercer, directement ou indirectement, une influence sur la solution de l'action menée devant le juge civil (CPP art. 4, al. 3).

En raison de l'**autorité de la chose jugée au pénal sur le civil,** les tribunaux civils ne peuvent pas, par exemple, retenir la qualité de dirigeant de fait pour condamner une personne à supporter l'insuffisance d'actif d'une société lorsqu'une décision pénale a rejeté cette qualité dans des poursuites pour infraction à la législation sur les sociétés et pour banqueroute (Cass. com. 2-5-1977 : Bull. civ. IV nº 119). En revanche, dès lors que l'autorité de la chose jugée ne s'attache qu'aux éléments constitutifs de l'infraction poursuivie et ne fait pas obstacle à ce que d'autres éléments étrangers à cette dernière soient soumis à l'appréciation de la juridiction civile (Cass. 2e civ. 15-11-2001 nº 99-21.636), la relaxe du dirigeant par le juge pénal ne s'oppose pas forcément à l'examen par le juge civil des fautes de gestion dénoncées dans le cadre d'une action en comblement de passif (Cass. com. 1-2-2011 nº 09-72.695 : RJDA 6/11 nº 564 ; Cass. com. 1-7-2020 nº 18-24.804 F-D : RJDA 10/20 nº 516).

PRESCRIPTION DE L'ACTION EN COMBLEMENT DE PASSIF

L'action en comblement de passif se prescrit par trois ans à compter du jugement qui prononce la liquidation judiciaire (art. L 651-2, al. 4), sans considération de la date de réalisation des fautes de gestion (Cass. com. 8-4-2015 nº 13-28.512 : RJDA 7/15 nº 515). **91630**

Lorsque **plusieurs dirigeants** de droit ou de fait d'une même personne morale sont **poursuivis,** aucune solidarité n'existe entre eux au regard de la mise en œuvre de l'action en comblement de passif. Il en résulte que l'action engagée dans le délai légal contre un dirigeant n'**interrompt** pas la **prescription** à l'égard des autres dirigeants, qu'ils soient de droit ou de fait (Cass. com. 7-11-2006 nº 1212 : RJDA 2/07 nº 184).

d. Condamnation du dirigeant au comblement du passif

DÉCISION DE CONDAMNATION À COMBLER LE PASSIF

Le comblement de passif est une sanction facultative. Le tribunal dispose d'une large **faculté d'appréciation** et peut écarter toute condamnation même si le dirigeant a commis une faute de gestion (Cass. com. 19-2-2002 nº 434 : RJDA 8-9/02 nº 919 ; CA Paris 16-10-2008 nº 07-18718 : RJDA 3/09 nº 256 ; CA Besançon 7-12-2011 nº 11-01606 : RJDA 3/12 nº 323). De même, il bénéficie d'une grande latitude pour déterminer si le dirigeant doit être condamné à prendre en charge la totalité de l'insuffisance d'actif ou seulement une partie de celle-ci. **91660**

Le tribunal peut prendre en considération non seulement la gravité des fautes de gestion et le montant de l'insuffisance d'actif, mais également la situation personnelle du dirigeant et ses facultés contributives (CA Versailles 27-9-2001 nº 01-1834 : RJDA 2/02 nº 184 ; CA Paris 9-5-2006 nº 05-19258 : RJDA 10/06 nº 1061). Le caractère gratuit des fonctions peut aussi être pris en compte, mais ce n'est pas une obligation. En effet, l'article 1992 du Code civil, qui prévoit une responsabilité atténuée en cas de mandat gratuit, n'est pas applicable (Cass. com. 21-7-1987 nº 86-10.306 : Bull. civ. IV nº 204 ; Cass. com. 9-12-2020 nº 18-24.730 F-PB : RJDA 3/21 nº 183). La **proportionnalité de la sanction** au regard des éléments pris en compte relève du pouvoir souverain des juges du fond (Cass. com. 9-5-2018 nº 16-26.684 F-PB : RJDA 7/18 nº 594).

ILLUSTRATIONS

Les **circonstances** suivantes ont été prises en compte pour **atténuer la sanction** prononcée contre le dirigeant :
– la « crainte révérencielle » que le dirigeant nourrissait à l'égard des propriétaires de l'affaire qu'il considérait plutôt comme ses employeurs (CA Aix-en-Provence 31-10-1978 : Bull. Aix 4/1978 p. 90) ;
– les manœuvres du président du conseil d'administration et du directeur général qui avaient mis les administrateurs dans l'impossibilité d'exercer leurs fonctions (Cass. com. 14-5-2002 nº 938 : RJDA 8-9/02 nº 920 ; CA Versailles 5-5-2003 nº 02-6451 : RJDA 12/03 nº 1216) ;
– la bonne gestion du dirigeant pendant près de 20 ans et les efforts qu'il avait déployés pour tenter de sauver la société (versement de 70 000 € à la société sous diverses formes) (CA Paris *16-9-2021 nº 20/15132 : RJDA 5/22 nº 296*) ;
– la situation familiale difficile du dirigeant qui avait découvert, un an avant la liquidation judiciaire de la société, que sa fille alors âgée de 14 ans avait été victime d'abus de la part d'autres mineurs (CA Paris 4-12-2018 nº 17/15062 : RJDA 3/19 nº 216).

En revanche, le dirigeant de droit ne peut pas se soustraire à toute sanction en faisant valoir :
– qu'une décision, qui s'est révélée fatale pour l'équilibre financier de la société, lui a été imposée par la majorité des membres du conseil d'administration (Cass. com. 8-1-2002 nº 52 : RJDA 5/02 nº 536) ;
– qu'il a abandonné l'exercice effectif de ses fonctions de direction à un autre dirigeant de droit ou de fait (Cass. com. 3-3-1998 : RJDA 7/98 nº 902, 2e esp. ; Cass. com. 2-11-2016 nº 15-11.426 F-D : RJDA 1/17 nº 38, concernant un cas où le dirigeant de droit poursuivi invoquait une délégation de pouvoirs) ;

– qu'un mandataire ad hoc, qui ne le prive pas de ses pouvoirs, a été nommé (Cass. com. 18-5-2016 nº 14-16.895 F-D : RJDA 10/16 nº 716) ;
– que la filiale qu'il dirige est en état de dépendance économique à l'égard de sa société mère (CA Paris 21-1-2014 nº 13/01385 : RJDA 4/14 nº 368).

91661 **Étendue de la contribution à l'insuffisance d'actif** Le dirigeant peut être condamné à supporter la totalité de l'insuffisance d'actif même s'il a commis une seule faute de gestion ayant contribué à cette insuffisance d'actif (Cass. com. 31-5-2011 nº 09-13.975 : RJDA 8-9/11 nº 725 ; Cass. com. 10-1-2012 nº 10-28.067 : RJDA 4/12 nº 427) ou si sa faute n'est que l'une des causes de l'insuffisance d'actif (Cass. com. 20-4-2017 nº 15-23.600 F-D : RJDA 8-9/17 nº 575), sans qu'il y ait lieu de déterminer la part de cette insuffisance imputable à sa faute (Cass. com. 20-9-2017 nº 16-13.566 F-D : RJDA 1/18 nº 52 ; Cass. com. 25-3-2020 nº 18-21.841 F-D : RJDA 8-9/20 nº 443). Mais, en tout état de cause, le montant de la condamnation ne peut pas excéder celui de l'insuffisance d'actif (Cass. com. 30-10-2007 nº 06-15.247 : RJDA 3/08 nº 313 ; Cass. com. 17-6-2020 nº 18-23.088 F-D : RJDA 10/20 nº 518).

› **Précisions** **a.** Pour apprécier la faute de gestion du dirigeant, le tribunal n'a pas à rechercher les conditions dans lesquelles le liquidateur a réalisé les actifs de la société, les éventuels **manquements du liquidateur** n'étant pas de nature à exonérer le dirigeant de son obligation de contribuer à l'insuffisance d'actif (Cass. com. 1-7-2020 nº 19-11.849 F-D : RJDA 2/21 nº 108).
b. Le liquidateur n'a pas à établir dans quelle proportion la faute de gestion a contribué à l'insuffisance d'actif, ni à limiter le montant de sa demande ; l'**exercice de l'action en comblement de passif** ne peut donc pas dégénérer en **abus** du seul fait que le liquidateur a poursuivi le dirigeant en paiement de la totalité de l'insuffisance d'actif, sans adapter le montant de sa demande aux conséquences des manquements imputés au dirigeant (Cass. com. 14-9-2022 nº 21-15.381 F-D : RJDA 12/22 nº 708).
c. En cas de **liquidation** judiciaire **commune à plusieurs sociétés** en raison de la confusion de leurs patrimoines, le dirigeant de l'une d'entre elles ne peut pas se voir condamné à supporter tout ou partie de l'insuffisance d'actif des sociétés dont il n'était pas dirigeant (Cass. com. 8-7-2003 nº 1221 : RJDA 1/04 nº 77 ; Cass. com. 30-10-2007 nº 06-14.672 : RJDA 3/08 nº 312 ; Cass. com. 19-4-2023 nº 22-11.229 F-D : RJDA 8-9/23 nº 451). En revanche, si le dirigeant de la société initialement mise en liquidation judiciaire était également dirigeant des autres sociétés auxquelles la procédure a été étendue, l'insuffisance d'actif qui peut être mise à sa charge comprend celle de l'ensemble de ces sociétés (Cass. com. 8-3-2017 nº 15-22.337 F-PB : RJDA 5/17 nº 360).

91662 **Répartition de la contribution entre plusieurs dirigeants** En cas de pluralité de dirigeants fautifs, le tribunal peut, par décision motivée, les déclarer solidairement responsables (art. L 651-2, al. 1).
Pour répartir la contribution au passif entre les dirigeants, le tribunal n'est pas obligé de tenir compte de l'existence ou de l'absence de rémunération des dirigeants et peut décider que l'insuffisance d'actif sera supportée par le gérant non rémunéré dans la même proportion que le gérant rémunéré (Cass. com. 9-10-1972 : Rev. sociétés 1973 p. 493). De même, il n'est pas tenu par les conventions qui auraient pu être passées entre les dirigeants en vue de la répartition entre eux du passif mis à leur charge (CA Nîmes 23-10-1974 : D. 1975 som. p. 105).

ILLUSTRATIONS

Il y a lieu de **moduler la répartition** de la contribution au **paiement des dettes** sociales entre une gérante de droit (environ 12 200 €) et deux gérants de fait (environ 45 700 € chacun) dès lors que ces derniers, qui avaient une grande pratique des affaires, avaient profité du jeune âge et de l'inexpérience de la gérante de droit (CA Versailles 21-12-2000 : RJDA 4/01 nº 487).

Lorsque le juge s'est abstenu de fixer la part de chacun des dirigeants dans la contribution au paiement de l'insuffisance d'actif, la contribution doit, en principe, être répartie par parts égales en considération de l'article 1317 du Code civil (cf. CA Paris 4-2-1992 : Bull. Joly 1992 p. 278 note A. Couret).

CONSÉQUENCES D'UNE CONDAMNATION À COMBLER LE PASSIF

91670 **Pour les créanciers** Les **sommes versées** par les dirigeants sociaux entrent dans le patrimoine de la société et sont **réparties** entre tous les créanciers en proportion de leurs créances (au marc le franc) (art. L 651-2, al. 5), sans qu'il y ait lieu de tenir compte de la nature, privilégiée ou non, de leurs créances (Cass. com. 20-5-1997 : RJDA 10/97 nº 1278).

› **Précisions** Une fois établie la responsabilité d'un dirigeant pour insuffisance d'actif, le liquidateur judiciaire ne peut pas obtenir, si ce **dirigeant** est lui-même **soumis à une procédure collective personnelle**, paiement de la créance de contribution à cette insuffisance par préférence aux autres créanciers du dirigeant (Cass. com. 27-11-2019 nº 18-19.861 F-PB : RJDA 3/20 nº 163).

Pour le dirigeant Le dirigeant n'a pas le droit de **participer aux répartitions** à concurrence des sommes au versement desquelles il a été condamné (art. L 651-2, al. 5), afin notamment d'éviter, s'il est lui-même créancier de la société, qu'il récupère une partie de ces sommes. Il ne peut pas non plus compenser la somme mise à sa charge au titre du comblement de passif et la créance qu'il détient contre la société (Cass. com. 8-3-2017 n° 15-24.891 F-D : RJDA 7/17 n° 488). 91671

De même, la condamnation ne peut pas faire l'objet d'une **transaction** (Cass. com. 5-11-2003 n° 1493 : RJDA 2/04 n° 207 ; Cass. com. 24-3-2009 n° 07-20.383 : RJDA 6/09 n° 565 ; en sens contraire, homologuant une transaction conclue après la condamnation, CA Reims 26-6-2018 n° 18/00245 : RJDA 1/19 n° 36).

Le dirigeant peut demander des **délais de paiement** en application de l'article 1343-5 du Code civil. L'octroi de tels délais peut être discrétionnairement refusé par les juges du fond (Cass. com. 8-10-2003 n° 1405 : RJDA 2/04 n° 202 ; pour un exemple d'octroi, voir CA Paris 9-5-2006 n° 05-19258 : RJDA 10/06 n° 1061).

Par ailleurs, le dirigeant condamné à combler le passif social est en droit de **retrancher** les sommes ainsi versées des **revenus** qu'il tire de ses fonctions dans la société et de constater éventuellement un déficit déductible de son revenu imposable (CE 18-2-1985 n° 41356 : RJF 4/85 n° 572 ; CE 27-5-1987 n° 46529 : RJF 7/87 n° 722). Toutefois, le dirigeant ne peut pas opérer cette déduction lorsqu'il a eu un comportement étranger à l'intérêt de la société (CE 7-12-1987 n° 65891 : RJF 2/88 n° 174 ; CAA Bordeaux 2-2-1999 n° 96-549 : RJF 10/99 n° 1124), par exemple en détournant des fonds sociaux à son profit.

Il peut aussi **se retourner contre** le ou les **tiers** qui sont à l'origine des fautes ayant entraîné sa condamnation (CA Aix-en-Provence 5-6-1981 : D. 1982 IR p. 67 ; CA Paris 28-4-1982, inédit), mais il doit alors exercer son action dans les conditions de droit commun de l'article 1240 du Code civil (preuve de la faute du ou des tiers et preuve de l'existence d'un lien de causalité entre cette faute et le préjudice subi).

En revanche, le dirigeant ne peut pas exercer une **action en garantie** contre les autres dirigeants sociaux (n° 91590).

INEXÉCUTION DE LA CONDAMNATION À COMBLER LE PASSIF

Lorsqu'un dirigeant n'a pas acquitté les dettes sociales qui ont été mises à sa charge, il peut être frappé de **faillite personnelle** ou d'**interdiction de diriger,** gérer, administrer ou contrôler, directement ou indirectement, soit toute entreprise commerciale, artisanale et toute personne morale, soit une ou plusieurs de celles-ci (art. L 653-6 et L 653-8, al. 1) ; le tribunal peut, en outre, enjoindre à ce dirigeant de céder ses **actions ou parts sociales** dans la société ou ordonner leur **cession forcée** par les soins d'un mandataire de justice, au besoin après expertise ; le produit de la vente est affecté au paiement de la part des dettes sociales mise à la charge du dirigeant (art. L 653-9, al. 2). 91680

Ces sanctions sont applicables même si le dirigeant s'est acquitté partiellement de sa dette (Cass. com. 15-11-1976 : Bull. civ. IV n° 286).

7. FAILLITE PERSONNELLE ET INTERDICTION DE GÉRER

Lorsqu'une société est mise en redressement ou en liquidation judiciaire, ses dirigeants peuvent être frappés d'une **sanction personnelle** : faillite personnelle ou interdiction de gérer, la première étant, comme on le verra, plus lourde que la seconde. 91730

a. Dirigeants encourant une sanction personnelle

DIRIGEANTS DE DROIT OU DE FAIT

Peuvent être frappées de faillite personnelle ou faire l'objet d'une interdiction de gérer les **personnes physiques** qui sont dirigeants de droit ou de fait de personnes morales ou représentants permanents des personnes morales dirigeantes (art. L 653-1, I-2° et 3°). 91740

Ainsi, ne peut pas faire l'objet d'une sanction personnelle, sauf s'il s'est comporté en dirigeant de fait :

– un simple **associé,** même condamné pour complicité de banqueroute (CA Reims 21-6-1977 : JCP 1978 IV p. 66) ;

– un **membre du conseil de surveillance** d'une SA, qui n'exerce qu'une mission de contrôle de la gestion de la société par le directoire et non une fonction de direction (en ce sens, Cass. com. 8-1-2020 n° 18-23.991 F-PB : RJDA 3/20 n° 164).

Un **dirigeant** de droit ne peut, pour se soustraire à la faillite personnelle ou à l'interdiction de gérer, prétendre qu'il n'a été que le **prête-nom** du dirigeant de fait de la société (Cass. com. 12-11-1991 : RJDA 1/92 n° 98 ; Cass. com. 5-2-2002 n° 298 : Dr. sociétés 2002 comm. n° 153 note J.-P. Legros ; CA Paris 21-1-2010 n° 09-12335 : RJDA 6/10 n° 664).

De même, il importe peu qu'il ait été **rémunéré** ou non (Cass. com. 16-2-1999 : RJDA 4/99 n° 452 ; CA Lyon 2-11-2006 n° 05-3044 : RJDA 8-9/07 n° 878).

Par exception, ne peuvent pas faire l'objet d'une sanction personnelle les **dirigeants** qui exercent une **activité professionnelle indépendante** et sont à ce titre soumis à des règles disciplinaires (art. L 653-1, I-dernier al.). Ainsi, aucune sanction personnelle ne peut être prononcée contre le dirigeant d'une société d'expertise comptable (CA Paris 2-2-2016 n° 15/20017 : RJDA 7/16 n° 559).

ANCIENS DIRIGEANTS

91750 Les dirigeants qui n'étaient plus en fonctions lors de la survenance des faits susceptibles d'entraîner une sanction personnelle échappent à toute poursuite (Cass. com. 14-1-1997 : RJDA 4/97 n° 580 som.), même si la cessation de leurs fonctions n'a pas été publiée, dès lors qu'elle est effective (Cass. com. 23-5-2024 n° 22-21.656 F-D : RJDA 8-9/24 n° 481).

Il en est de même de ceux qui, avant l'immatriculation de la société au RCS, avaient démissionné des postes auxquels ils avaient été nommés (CA Paris 4-1-1990 : BRDA 6/90 p. 20).

En revanche, les dirigeants peuvent être poursuivis, même s'ils n'étaient plus en fonctions au moment de la cessation des paiements ou de l'ouverture de la procédure collective de la société, lorsqu'ils ont commis l'un des actes sanctionnés par la loi à l'époque où ils étaient dirigeants (Cass. com. 9-12-1968 : Bull. civ. IV n° 348 ; CA Douai 3-4-2003 n° 02-1433 : RJDA 5/04 n° 601).

DIRIGEANT DÉCÉDÉ

91760 En tant que sanction personnelle, la faillite personnelle ou l'interdiction de gérer ne peut être prononcée ni contre le dirigeant décédé ni contre ses héritiers (CA Amiens 23-1-2003 n° 02-253 : RJDA 2/04 n° 208).

b. Conditions du prononcé d'une sanction personnelle

91790 La faillite personnelle ou l'interdiction de gérer peut être prononcée lorsque la **société** fait l'objet d'une procédure de **redressement ou** de **liquidation judiciaire** (art. L 653-1, I). Cette sanction est donc exclue si la société est mise sous sauvegarde.

Elle peut être prononcée dès lors qu'un seul des faits prévus aux articles L 653-4 s. (nos 91800 s.) est établi ; toutefois, si plusieurs **faits** sont **retenus,** chacun d'entre eux doit être légalement justifié par le juge (Cass. com. 1-12-2009 n° 08-17.187 : RJDA 3/10 n° 275, 1e esp.).

› **Précisions** **a.** L'article L 653-1 ne subordonne pas le prononcé d'une faillite personnelle ou d'une interdiction de gérer à l'égard du dirigeant à la circonstance que la **société** ait déployé une **activité effective** (Cass. com. 11-4-2018 n° 16-24.312 F-D : RJDA 7/18 n° 595), ni à la preuve de l'existence d'une **insuffisance d'actif** de la société (Cass. com. 12-6-2025 n° 24-13.566 F-B : BRDA 13/25 inf. 7).
b. Seuls des **faits antérieurs à l'ouverture de la procédure** collective de la société peuvent justifier le prononcé d'une sanction personnelle contre le dirigeant (Cass. com. 11-3-1997 n° 94-20.218 D : RJDA 5/97 n° 714 ; Cass. com. 6-3-2019 n° 17-26.495 F-D : RJDA 5/19 n° 364 ; Cass. com. 29-3-2023 n° 21-25.161 F-D). Les faits commis le jour de l'ouverture de la procédure ne sont donc pas répréhensibles (Cass. com. 23-10-2019 n° 18-12.181 F-PB : RJDA 2/20 n° 100).

AGISSEMENTS JUSTIFIANT LA FAILLITE PERSONNELLE

91800 La faillite personnelle peut être prononcée contre tout **dirigeant** social de droit ou de fait **qui a** (art. L 653-4 et L 653-5) :

– disposé des biens sociaux comme des siens propres ;

– fait des actes de commerce dans un intérêt personnel, sous le couvert de la société masquant ses agissements ;

– fait des biens ou du crédit de la société un usage contraire à l'intérêt de celle-ci à des fins personnelles ou pour favoriser une autre personne morale ou entreprise dans laquelle il était intéressé directement ou indirectement ;

– poursuivi abusivement, dans un intérêt personnel, une exploitation déficitaire qui ne pouvait conduire qu'à la cessation des paiements de la société ;

– détourné ou dissimulé tout ou partie de l'actif ou frauduleusement augmenté le passif de la société ;

– exercé une activité commerciale, artisanale ou agricole ou une fonction de direction ou d'administration d'une personne morale contrairement à une interdiction prévue par la loi ;
– dans l'intention d'éviter ou de retarder l'ouverture de la procédure de redressement ou de liquidation judiciaire, fait des achats en vue d'une revente au-dessous du cours ou employé des moyens ruineux pour se procurer des fonds ;
– souscrit, pour le compte d'autrui, sans contrepartie, des engagements jugés trop importants au moment de leur conclusion eu égard à la situation de la société ;
– payé ou fait payer, après la cessation des paiements et en connaissance de cause de celle-ci, un créancier au préjudice des autres créanciers ;
– fait obstacle au bon déroulement de la procédure en s'abstenant volontairement de coopérer avec les organes de celle-ci ;
– fait disparaître des documents comptables, n'a pas tenu de comptabilité lorsque les textes applicables en font obligation ou a tenu une comptabilité fictive, manifestement incomplète ou irrégulière au regard des dispositions applicables ;
– déclaré sciemment, au nom d'un créancier de la société, une créance supposée.

Elle peut également l'être contre tout **dirigeant** à la charge duquel a été mis tout ou partie du passif social et **qui n'a pas** acquitté sa dette (art. L 653-6).

> Précisions **a.** La faillite personnelle pour **poursuite abusive d'une exploitation déficitaire** peut être prononcée même si la cessation des paiements de la société était déjà survenue au moment des faits (Cass. com. 13-4-2022 n° 21-12.994 F-B : RJDA 7/22 n° 427).
b. Un dirigeant peut être condamné à une mesure de faillite personnelle pour **usage abusif des biens ou du crédit de la société** même si cet usage n'est pas à l'origine de la résolution du plan dont la société bénéficiait et de sa liquidation judiciaire (Cass. com. 18-5-2022 n° 20-22.245 F-D : RJDA 8-9/22 n° 500).

AGISSEMENTS JUSTIFIANT L'INTERDICTION DE GÉRER

L'interdiction de gérer peut être prononcée dans tous les **cas de faillite personnelle** énumérés n° 91800 (art. L 653-8, al. 1). 91810

Une mesure d'interdiction de gérer peut aussi être prononcée **à titre autonome** et frapper les dirigeants qui, de mauvaise foi, n'auraient pas remis au mandataire judiciaire, à l'administrateur ou au liquidateur judiciaire les documents nécessaires à l'inventaire du débiteur prévus à l'article L 622-6 dans le mois qui suit le jugement d'ouverture de la procédure ; l'interdiction de gérer peut également frapper le dirigeant qui, sciemment, n'aurait pas informé un créancier, partie à une instance en cours, de l'ouverture de la procédure collective dans les dix jours de celle-ci (art. L 653-8, al. 2 et L 622-22, al. 2).

Elle peut en outre sanctionner le dirigeant qui a sciemment omis de demander l'ouverture d'une procédure de redressement ou de liquidation judiciaire dans le délai de 45 jours à compter de la cessation des paiements, sans avoir, par ailleurs, demandé l'ouverture d'une procédure de conciliation (art. L 653-8, al. 3). La date de cessation des paiements ne peut pas être différente de celle retenue par le jugement d'ouverture de la procédure collective de la société ou par un jugement de report (art. R 653-1, al. 2 et, sur renvoi, art. L 631-8).

> Précisions **a.** Le dirigeant peut être condamné à une interdiction de gérer pour avoir tardé à **déclarer la cessation des paiements,** même s'il n'a eu conscience de cet état qu'après l'expiration du délai légal prévu pour procéder à la déclaration (Cass. com. 12-1-2022 n° 20-21.427 F-B : RJDA 4/22 n° 213).
b. Sur les événements susceptibles d'**exonérer** le dirigeant de cette déclaration et donc d'une condamnation, voir n° 90981.

c. Mise en œuvre de l'action en sanction personnelle

Les personnes qui peuvent **intenter l'action** en faillite personnelle et en interdiction de gérer *sont énumérées à l'article L 653-7 ; ce sont les mêmes que celles qui peuvent engager* l'action en comblement de passif (n° 91590), auxquelles s'ajoute le mandataire judiciaire. 91840

Le **tribunal compétent** est celui qui a ouvert le redressement ou la liquidation judiciaire de la société (art. R 662-3).

Le **juge-commissaire** ne peut ni siéger dans la formation de jugement, ni participer au délibéré (art. L 662-7, 3°).

L'**action** en faillite personnelle ou en interdiction de gérer **se prescrit** par trois ans à compter du jugement qui ouvre le redressement ou la liquidation judiciaire de la société (art. L 653-1, II). Toutefois, en cas d'action en sanction personnelle engagée contre un dirigeant qui n'a pas réglé les sommes mises à sa charge en application d'une condamnation à combler le passif social (art. L 653-6), la prescription ne court qu'à compter de la date à laquelle la décision le condamnant à supporter l'insuffisance d'actif acquiert force de chose jugée (art. L 653-1, II).

Il n'est pas possible de **transiger** pour mettre fin à une action en sanction personnelle (Cass. com. 9-12-2020 nº 19-17.258 F-PB : RJDA 3/21 nº 184).

d. Condamnation du dirigeant à une sanction personnelle

DÉCISION DE CONDAMNATION À UNE SANCTION PERSONNELLE

91860 Les sanctions personnelles sont facultatives : le tribunal dispose d'une large **faculté d'appréciation** et peut écarter toute sanction même si les conditions exigées par les textes sont remplies (par exemple, en raison des efforts déployés par le dirigeant pour sauver l'entreprise : CA Paris 10-6-2014 nº 13/10910 : RJDA 12/14 nº 929). En outre, il dispose d'un pouvoir souverain pour opter entre la faillite personnelle et l'interdiction de gérer.

Il a toutefois l'obligation de motiver la sanction qu'il prononce sur son principe et son quantum, au regard de la gravité des fautes et de la situation personnelle du dirigeant (Cass. com. QPC 5-7-2018 nº 18-11.743 F-D : RJDA 10/18 nº 756 ; Cass. com. 17-4-2019 nº 18-11.743 FS-PBI : RJDA 7/19 nº 525 ; Cass. com. 25-3-2020 nº 18-11.684 F-D : RJDA 8-9/20 nº 444).

ILLUSTRATIONS

Le fait que le **dirigeant a déjà fait l'objet d'une faillite personnelle** pour des faits similaires peut justifier que la seconde condamnation soit d'une durée plus longue (Cass. com. 1-7-2020 nº 18-17.786 F-PB : RJDA 10/20 nº 519).

De même, le prononcé d'une interdiction de gérer de quatre ans est justifié par le défaut de coopération répété du **dirigeant** et par le fait que celui-ci, compte tenu de sa formation et de son expérience professionnelles, **avait nécessairement conscience des faits** reprochés (Cass. com. 23-9-2020 nº 19-12.545 F-D : RJDA 12/20 nº 660).

La sanction peut être **prononcée après la clôture de la procédure collective** à l'occasion de laquelle elle a été demandée, dès lors que la demande a été faite avant la clôture et dans le délai de prescription de trois ans prévu à l'article L 653-1, II (Cass. com. 8-2-2023 nº 21-22.796 F-B : RJDA 11/23 nº 606).

EFFETS DU PRONONCÉ DE LA FAILLITE PERSONNELLE

91870 La faillite personnelle entraîne de nombreuses **déchéances et interdictions** (déchéance de certains droits civiques, politiques, professionnels, honorifiques, etc.).

Elle emporte de surcroît l'**interdiction de diriger,** de gérer, d'administrer ou de contrôler, directement ou indirectement, toute entreprise (qu'elle soit commerciale, artisanale, agricole ou qu'elle ait toute autre activité indépendante) et toute personne morale (art. L 653-2).

En outre, la faillite personnelle prive les dirigeants sociaux qui en sont frappés du **droit de vote** dans les assemblées de la société soumise au redressement ou à la liquidation judiciaire, ce droit étant exercé par un mandataire désigné par le tribunal à cet effet, à la requête de l'administrateur, du liquidateur ou du commissaire à l'exécution du plan (art. L 653-9, al. 1).

Le tribunal peut aussi enjoindre à ces dirigeants ou à certains d'entre eux de **céder** leurs **actions ou parts sociales** dans la société ou ordonner leur cession forcée par les soins d'un mandataire de justice, au besoin après expertise (art. L 653-9, al. 2).

Par ailleurs, il peut prononcer l'incapacité du dirigeant d'exercer une **fonction publique élective** pour une durée égale à celle de la faillite personnelle, dans la limite de cinq ans. Cette incapacité prend effet à compter de sa date de notification à l'intéressé par le ministère public (art. L 653-10).

EFFETS DU PRONONCÉ DE L'INTERDICTION DE GÉRER

91880 Le tribunal peut **interdire** au dirigeant fautif de **diriger,** gérer, administrer ou contrôler, directement ou indirectement, soit toute entreprise commerciale, artisanale ou agricole et toute personne morale, soit seulement une ou plusieurs de celles-ci (art. L 653-8, al. 1). Cette sanction est moins lourde que la faillite personnelle, pour laquelle l'interdiction de gérer qu'elle emporte est générale. S'il choisit de ne prononcer que l'interdiction de gérer, le tribunal peut la limiter à une ou plusieurs entreprises ou sociétés déterminées (voir CA Paris 7-4-2009 nº 08-405 : RJDA 10/09 nº 881 : interdiction limitée à la gestion des entreprises commerciales ; CA Paris 7-9-2010 nº 10-299 : RJDA 1/11 nº 70 : autorisation pour le dirigeant de devenir auto-entrepreneur ; CA Paris 10-6-2014 nº 13/13659 : RJDA 12/14 nº 928 : interdiction générale à l'exclusion de trois sociétés que le dirigeant gère par ailleurs).

Comme en cas de faillite personnelle, les dirigeants frappés de l'interdiction de gérer sont privés du **droit de vote** dans leur société et peuvent être tenus de **céder** leurs **actions ou parts sociales** (art. L 653-9).

› Précisions **a.** La mesure d'interdiction de gérer n'interdit pas l'exercice de **fonctions salariées** ; ne constitue donc pas une faute grave justifiant un licenciement le fait pour un salarié, vice-président d'une société de franchise hôtelière, d'avoir dissimulé à son employeur la mesure d'interdiction de gérer dont il faisait l'objet (Cass. soc. 19-1-2010 n° 08-42.519 : RJDA 6/10 n° 665). Mais une telle mesure interdit au salarié de recevoir une délégation de pouvoirs (Cass. crim. 13-6-2012 n° 11-85.280 : RJDA 5/13 n° 415 ; Cass. crim. 22-8-2018 n° 17-83.966 F-D : RJDA 2/19 n° 91).

b. L'interdiction de gérer prononcée contre le dirigeant d'une société en liquidation judiciaire n'affecte pas le mandat de **membre du conseil de surveillance** d'une SA dont celui-ci est par ailleurs investi car il n'exerce au titre de ce mandat qu'une mission de contrôle de la gestion de la société par le directoire, et non une fonction de direction (Cass. com. 8-1-2020 n° 18-23.991 F-PB : RJDA 3/20 n° 164).

PUBLICITÉ DE LA CONDAMNATION À UNE SANCTION PERSONNELLE

Outre une mention au casier judiciaire, les jugements prononçant la faillite personnelle ou l'interdiction de gérer sont publiés au RCS et font l'objet d'une insertion au Bodacc et dans un support d'annonces légales du lieu du siège de la société (art. R 653-3, al. 2). Ils sont aussi mentionnés au RNE (art. L 123-37, 1°). **91885**

Par ailleurs, les condamnations sont inscrites dans le fichier national des interdits de gérer (art. L 128-1 s. et R 128-1 s.).

VIOLATION D'UNE INTERDICTION DE GÉRER OU D'UNE DÉCHÉANCE

Le dirigeant condamné à la faillite personnelle ou à une interdiction de gérer qui exercerait une activité interdite s'expose à de lourdes sanctions pénales : emprisonnement de deux ans et amende de 375 000 € (art. L 654-15). **91890**

ILLUSTRATIONS

Un dirigeant contre qui **plusieurs mesures d'interdiction de gérer** avaient été prononcées a été condamné à un an de prison ferme pour violation de ces interdictions en raison du caractère répétitif des liquidations des sociétés qu'il avait gérées, de son absence de remise en question devant les juges et de l'inefficacité de ces mesures (Cass. crim. 29-11-2016 n° 15-86.116 FP-PBRI : RJDA 3/17 n° 179).

e. Durée de la sanction personnelle

Le tribunal qui prononce la faillite personnelle ou l'interdiction de gérer d'un dirigeant doit fixer la durée de cette mesure, laquelle ne peut pas être supérieure à 15 ans (art. L 653-11, al. 1). **91920**

Les déchéances, les interdictions et l'incapacité d'exercer une fonction publique élective cessent de plein droit au terme fixé, sans qu'il y ait lieu au prononcé d'un jugement (art. précité).

RELÈVEMENT DU DIRIGEANT CONDAMNÉ À UNE SANCTION PERSONNELLE

Lorsque le tribunal prononce la faillite personnelle ou l'interdiction de gérer, l'**acte de notification du jugement** doit faire mention de la procédure permettant d'obtenir le relèvement de ces sanctions (art. R 653-3, al. 1). **91930**

Le jugement constatant la **clôture** de la procédure collective de la société **pour extinction du passif** rétablit les dirigeants dans tous leurs droits ; il les relève de toutes les déchéances, interdictions et incapacité d'exercer une fonction publique élective (art. L 653-11, al. 2).

Si le dirigeant a apporté au paiement du passif une **contribution** jugée **suffisante** par le tribunal, ce dernier peut, sur demande de l'intéressé, le relever, en tout ou partie, des déchéances et interdictions auxquelles il a été condamné (art. L 653-11, al. 3).

En cas de condamnation non à la faillite personnelle, mais à une simple interdiction de gérer, le tribunal peut aussi relever le **dirigeant qui présente** toutes les **garanties** démontrant sa capacité à diriger ou contrôler une entreprise ou une personne morale (art. L 653-11, al. 4). Ces *garanties* peuvent consister en une formation professionnelle (art. R 653-4, al. 1).

Lorsqu'il y a relèvement total des déchéances, interdictions et incapacité, la décision du tribunal emporte **réhabilitation** (art. L 653-11, al. 5).

› Précisions Le fait que le dirigeant, condamné au **comblement du passif**, ait réglé le montant de l'insuffisance d'actif mis à sa charge est un élément important à prendre en considération pour déterminer s'il a apporté au paiement du passif une **contribution suffisante** au sens de l'article L 653-11, al. 3. Mais ce ne peut pas être le seul. Les juges tiennent compte également des facultés contributives de l'intéressé, des efforts qu'il a faits pour apurer sa dette, de la gravité des fautes commises par lui, de l'évolution de son comportement postérieurement au prononcé de la sanction, etc. Pour des exemples, Cass. com. 3-11-1992 : RJDA 12/92 n° 1178 ; CA Versailles 26-6-2003 n° 02-7831 : RJDA 11/03 n° 1105 ; CA Douai 16-9-2008 n° 08-1582 : RJDA 5/09 n° 461.

8. BANQUEROUTE

91980 Les dirigeants de droit ou de fait des sociétés commerciales en redressement ou en liquidation judiciaire (et les représentants de personnes morales dirigeantes) et leurs complices s'exposent à un emprisonnement de cinq ans et à une amende de 75 000 € (art. L 654-1 et L 654-3 et C. pén. art. 121-6) s'ils se sont rendus coupables de l'un des **faits** énumérés par l'article L 654-2, c'est-à-dire :

– si, dans l'intention d'éviter ou de retarder l'ouverture de la procédure de redressement ou de liquidation judiciaire, ils ont soit fait des achats en vue d'une revente au-dessous du cours, soit employé des moyens ruineux pour se procurer des fonds (pour un exemple, Cass. crim. 22-9-2010 nº 09-83.274 F-D : RJDA 6/11 nº 565) ;

– s'ils ont détourné ou dissimulé tout ou partie de l'actif de la société (pour un exemple, Cass. crim. 14-2-2007 nº 06-86.721 : RJDA 5/08 nº 561), même temporairement (Cass. crim. 25-10-2023 nº 22-84.650 F-D : RJDA 4/24 nº 237) ;

– s'ils ont frauduleusement augmenté le passif social (pour un exemple, Cass. crim. 16-6-1999 nº 98-83.835 D : RJDA 8-9/99 nº 980) ;

– s'ils ont tenu une comptabilité fictive ou fait disparaître des documents comptables de la société ou encore, s'ils se sont abstenus de tenir toute comptabilité lorsque les textes applicables en font l'obligation (pour un exemple, Cass. crim. 2-9-2015 nº 14-82.980 : RJDA 12/15 nº 852) ;

– ou enfin s'ils ont tenu une comptabilité manifestement incomplète ou irrégulière au regard des dispositions légales (Cass. crim. 8-3-2006 nº 1542 : RJDA 6/06 nº 686 ; Cass. crim. 25-11-2020 nº 19-85.205 F-PBI : RJDA 4/21 nº 252 ; Cass. crim. 22-6-2022 nº 21-83.036 F-B : RJDA 2/23 nº 101).

91981 Ils encourent également certaines **peines complémentaires** : interdiction des droits civiques, interdiction pendant cinq ans d'exercer l'activité dans l'exercice de laquelle l'infraction a été commise ou toute autre activité, interdiction pendant cinq ans d'émettre des chèques, etc. (art. L 654-5).

91982 Un **créancier** d'une société en redressement ou en liquidation judiciaire peut se constituer partie civile, par voie d'intervention à l'instance pénale, pour demander au dirigeant de la société réparation du **préjudice particulier** (autre que le montant de la créance qu'il a déclarée) qu'il a personnellement subi du fait de l'infraction de banqueroute (Cass. crim. 17-6-2014 nº 13-83.288 : RJDA 1/15 nº 36 ; Cass. crim. 22-6-2022 nº 21-83.036 F-B : RJDA 2/23 nº 101). Un **associé** le peut également, aux mêmes conditions (Cass. crim. 22-6-2022 précité).

91985 Les **personnes morales** peuvent être déclarées responsables pénalement de banqueroute ou de complicité de banqueroute. Elles s'exposent alors à une amende de 375 000 € et aux diverses peines énumérées dans l'article 131-39 du Code pénal (nº 4705) (art. L 654-7).

9. MESURES CONSERVATOIRES SUR LES BIENS DES DIRIGEANTS SOCIAUX

92000 Afin d'éviter que les dirigeants ne prélèvent des actifs qu'ils ont mis à disposition de la société et en empêchent ainsi le redressement ou n'organisent leur insolvabilité lorsque leur responsabilité est mise en cause, le Code de commerce prévoit la possibilité de prendre des mesures conservatoires (saisie, hypothèque ou nantissement judiciaire) sur leurs biens.

> **Précisions** Le juge peut autoriser des mesures conservatoires sur les biens d'un dirigeant en se contentant de relever l'**utilité de la mesure**, par dérogation à l'article L 511-1 du Code des procédures civiles d'exécution en vertu duquel ces mesures ne peuvent être mises en œuvre que si le demandeur fait état d'une créance fondée dans son principe et de circonstances susceptibles d'en menacer le recouvrement (cf. Cass. com. 31-5-2011 nº 10-18.472 : RJDA 11/11 nº 953).

CAS DANS LESQUELS DES MESURES CONSERVATOIRES PEUVENT ÊTRE PRISES

92005 **Extension d'une procédure collective** En cas d'extension de la procédure collective de la société au dirigeant pour **confusion de patrimoines ou** pour **fictivité de la société** (nº 91440), le président du tribunal ayant ouvert la procédure peut ordonner toute mesure conservatoire utile sur les biens de ce dirigeant à la demande de l'administrateur, du mandataire ou du liquidateur judiciaire, du ministère public ou d'office (art. L 621-2, al. 4 pour la sauvegarde et par renvoi des art. L 631-7, al. 1 et L 641-1, I-al. 1 pour le redressement et la liquidation judiciaires).

Le président du tribunal détermine le montant des **sommes** pour la **garantie** desquelles la mesure conservatoire est ordonnée au vu du passif déclaré dans la procédure collective ouverte ou, si le délai de déclaration des créances n'est pas expiré, au vu des relevés des créances salariales établis par le mandataire ou le liquidateur judiciaire (art. R 621-8-2 pour la sauvegarde et par renvoi des art. R 631-7 et R 641-1 pour le redressement et la liquidation judiciaires). 92006

L'ordonnance du président du tribunal rejetant la requête peut faire l'objet d'un appel et celle accueillant la requête d'un **recours** en rétractation devant le président du tribunal (CPC art. 496 sur renvoi de l'art. R 662-1, 1°). 92007

Action en responsabilité de droit commun Dans le cadre d'un **redressement judiciaire,** si la responsabilité du dirigeant est mise en cause par l'administrateur ou le mandataire judiciaire à raison d'une faute ayant contribué à la cessation des paiements de la société, le président du tribunal saisi peut ordonner, à la demande de l'administrateur ou du mandataire judiciaire, toute mesure conservatoire utile à l'égard des biens du dirigeant de droit ou de fait poursuivi (art. L 631-10-1). 92010

Le **montant** des sommes pour la **garantie** desquelles la mesure conservatoire est ordonnée ne peut excéder le montant des dommages-intérêts demandés en réparation du préjudice causé par la faute invoquée (art. R 631-14-1). 92011

Sur les voies de **recours** contre l'ordonnance du président du tribunal, voir n° 92007.

Action en comblement de passif En cas de **liquidation judiciaire** de la société, le président du tribunal peut ordonner, d'office ou à la demande du liquidateur judiciaire ou du ministère public, toute mesure conservatoire utile à l'égard des biens d'un dirigeant faisant l'objet d'une action en comblement de passif pour faute de gestion ayant entraîné une insuffisance d'actif (art. L 651-4, al. 2). La demande peut également être formulée par la majorité des créanciers nommés contrôleurs en cas de carence du liquidateur judiciaire (art. précité et, sur renvoi, art. L 651-3, al. 2). 92015

Le **montant** des sommes pour la **garantie** desquelles la mesure conservatoire est ordonnée ne peut pas excéder celui de la demande formée à l'encontre du dirigeant (art. R 651-5, al. 3).

Lorsque, au cours d'une procédure de **redressement judiciaire** de la société, une **mesure conservatoire** a **déjà** été **ordonnée** à l'égard des biens du dirigeant contre lequel a été engagée une action en responsabilité fondée sur le droit commun (n°s 92010 s.), le président peut se contenter de maintenir cette mesure (art. L 651-4, al. 2). 92016

Sur les voies de **recours** contre l'ordonnance du président du tribunal, voir n° 92007. 92017

VENTE DES BIENS DU DIRIGEANT

Le juge-commissaire peut autoriser l'administrateur, le mandataire ou le liquidateur judiciaire à vendre, aux prix et conditions qu'il détermine, les biens qui font l'objet d'une mesure conservatoire, mais seulement si la conservation ou la détention de ces **biens** génère des **frais** ou si ces biens sont susceptibles de **dépérissement** (art. L 663-1-1, al. 1). 92020

Les frais générés peuvent concerner tant la conservation physique du bien (frais sans lesquels le bien aurait péri totalement ou en partie) que sa conservation économique (frais sans lesquels le bien serait devenu impropre à l'usage qui lui donne sa valeur ; par exemple, dépenses rendues nécessaires pour prévenir des risques de pollution ou pour assurer la mise en œuvre de mesures de sécurité) (Rapport AN n° 4411 relatif à la loi 2012-346 art. 4).

Le **juge-commissaire** ne peut statuer sur la demande d'autorisation de vendre qu'après avoir entendu ou dûment appelé, d'une part, le dirigeant dont les biens font l'objet de la mesure conservatoire et, d'autre part, la société (art. R 662-17). 92021

L'ordonnance du juge-commissaire autorisant la vente n'est pas exécutoire de plein droit à titre provisoire (art. R 661-1, al. 2). Elle peut faire l'objet de recours devant le tribunal ayant ouvert la procédure collective (cf. art. R 621-21, al. 4) et le jugement de ce tribunal relève des voies de recours de droit commun (art. R 662-1, 1°).

Le **prix perçu** est versé sur un compte à la Caisse des dépôts et consignations (art. L 663-1-1, al. 1) et ne peut faire l'objet d'aucune opposition ou procédure d'exécution de la part des créanciers (art. L 662-1). Le dirigeant, propriétaire des biens cédés, pourra percevoir ce prix et les intérêts servis par la Caisse sur cette somme (cf. art. R 663-45, al. 2) à l'issue de l'action dont il fait l'objet, notamment s'il est mis hors de cause ou s'il s'acquitte régulièrement des obligations mises à sa charge. 92022

CHAPITRE 10

SOCIÉTÉS ÉTRANGÈRES ET SOCIÉTÉS FRANÇAISES À PARTICIPATIONS ÉTRANGÈRES

SOMMAIRE

1. RECONNAISSANCE EN FRANCE DE LA PERSONNALITÉ MORALE DES SOCIÉTÉS ÉTRANGÈRES

PRINCIPE DE RECONNAISSANCE DES SOCIÉTÉS ÉTRANGÈRES

92500 **Sociétés ressortissantes d'un État de l'UE** Toute société constituée en conformité avec la législation d'un État membre de l'UE et ayant son siège statutaire, son administration centrale ou son principal établissement à l'intérieur de l'UE peut s'établir dans les autres États membres et y exercer son activité dans les mêmes conditions que les ressortissants de ces États (Traité FUE art. 49 et 54).

92510 **Sociétés ressortissantes de pays autres que ceux de l'UE** La personnalité morale des sociétés ayant leur siège social à l'étranger en dehors de l'UE peut être reconnue en France par des traités bilatéraux (pour une illustration, Cass. 1e civ. 17-3-2011 nº 10-30.283 FS-PBI : RJDA 10/11 nº 807).

Toutefois, même lorsque de tels traités ne sont pas intervenus, toute personne morale, quelle que soit sa nationalité, peut agir en justice en France pour la protection de ses biens et de ses intérêts (nº 92520).

CAPACITÉ DES SOCIÉTÉS ÉTRANGÈRES

92515 Les sociétés étrangères dont la personnalité morale est reconnue en France jouissent de la même capacité que les sociétés françaises. Toutefois, cette capacité ne peut pas excéder celle qui leur est reconnue dans leur pays d'origine.

ACTION EN JUSTICE DES SOCIÉTÉS ÉTRANGÈRES

92520 En application de l'article 6, 1 de la convention européenne de sauvegarde des droits de l'Homme, toute personne morale, quelle que soit sa nationalité, peut agir en justice en France pour la protection de ses intérêts (Cass. 1e civ. 25-6-1991 : Bull. civ. I nº 207 ; Cass. com. 8-7-2003 nº 1266 : RJDA 2/04 nº 163), et ce, même si elle a son siège social dans un État qui n'est pas partie à la convention européenne et si sa **personnalité morale** n'est **pas reconnue en France** (Cass. com. 15-11-1994 : RJDA 3/95 nº 286). Notamment, si elle se prétend victime d'une infraction, elle peut se constituer partie civile devant une juridiction française, qu'elle ait ou non un établissement en France (CEDH 15-1-2009 nº 36497/05 : RJDA 5/09 nº 450 ; Cass. crim. 8-12-2009 nº 09-81.607 : RJDA 4/10 nº 402).

2. TRANSFERT DU SIÈGE D'UNE SOCIÉTÉ ÉTRANGÈRE EN FRANCE

SOCIÉTÉ AYANT SON SIÈGE DANS L'UE

Une société ayant son siège au sein de l'UE peut transférer celui-ci en France en se transformant. Cette **transformation** est soumise aux **conditions** de validité prévues par la loi du siège social d'origine. Si la **société** a une **forme comparable à une société par actions ou à une SARL,** l'opération est en principe soumise, dans l'État d'origine, au régime issu de la transposition des dispositions de la directive UE 2017/1132 du 14 juin 2017 relatives aux opérations transfrontalières au sein de l'UE. La transformation transfrontalière de la société en société française prend effet à la date d'immatriculation de la société au RCS ; si elle a pris effet conformément aux dispositions du Code de commerce qui lui sont applicables, elle ne peut pas être annulée (art. L 236-53). 92530

Si la société a une **autre forme,** ou si la directive n'a pas encore été transposée dans l'État en question, la législation étrangère peut toutefois autoriser, dans les conditions qu'elle précise, le transfert du siège de la société en France sans que la société perde la personnalité morale si elle l'accorde aux sociétés internes. La société relève du droit français (art. L 210-3, al. 1) une fois que les formalités d'immatriculation au RCS ont été accomplies en France, et elle ne peut plus se prévaloir du droit de son pays d'origine. Il n'y a pas, dans un tel cas, création d'une personne morale nouvelle (Cass. com. 27-10-2009 nº 08-16.115 : RJDA 1/10 nº 109, sol. impl.). Mais il se peut aussi que le droit du pays étranger prévoie qu'une société qui transfère son siège social en France perde la qualité de société. Sauf si celle-ci a la forme d'une SE (nº 99240) ou recourt à une fusion, à une scission ou à un apport partiel d'actifs transfrontaliers (nºs 84600 s.), les associés n'ont alors pas d'autre choix que de dissoudre la société à l'étranger et de constituer une nouvelle société en France.

› Précisions Dès lors que la **législation d'un État** prévoit la possibilité pour les sociétés de droit interne de **se transformer,** elle ne peut pas, sauf raisons impérieuses d'intérêt général – telles que la protection des intérêts de créanciers, des associés minoritaires et des salariés, ou la préservation de l'efficacité des contrôles fiscaux et de la loyauté des transactions commerciales –, exiger que la société dont le siège est transféré dans un autre État soit dissoute et liquidée si la législation de l'État d'accueil ne l'impose pas aux sociétés relevant de sa loi, ce qui est le cas de la France (cf. CJCE 16-12-2008 aff. 210/06 : RJDA 3/09 nº 218 ; CJUE 12-7-2012 aff. 378/10 : RJDA 11/12 nº 966). Un tel obstacle à la transformation transfrontalière serait en effet contraire à la **liberté d'établissement** prévue par le droit européen.

SOCIÉTÉ AYANT SON SIÈGE HORS UE

Lorsqu'une société ayant son siège à l'extérieur de l'UE transfère son siège en France, il convient de vérifier si le **droit étranger** : 92531

– prévoit que le transfert de siège social en France entraîne un changement de nationalité de la société ;

– puis, dans l'affirmative, s'il prévoit que le changement de nationalité de la société entraîne ou non perte de la personnalité morale.

S'il n'y a pas de perte de la personnalité morale, la société peut être immatriculée au RCS en France, pour autant que sa forme d'origine soit compatible avec les exigences du droit français. Il convient alors de respecter le formalisme prescrit pour une immatriculation de société de droit français (Rép. Bachelet : AN 6-4-1987 nº 17043). Dans l'attente de son immatriculation, *la société conserve la personnalité morale née à l'étranger et reconnue en France.*

3. RÉGLEMENTATION DES INVESTISSEMENTS ÉTRANGERS EN FRANCE

EN BREF *Les investissements étrangers en France sont libres et ne donnent lieu qu'à une simple déclaration à des fins statistiques auprès de la Banque de France, sauf s'il s'agit d'opérations intervenant dans des domaines sensibles pour lesquelles un contrôle spécifique est mis en place et qui doivent être autorisées.* 92540

a. Autorisation préalable des investissements étrangers

92545 Les relations financières entre la France et l'étranger sont libres (C. mon. fin. art. L 151-1, al. 1). Néanmoins, les articles L 151-3 s. et R 151-1 s. du Code monétaire et financier soumettent certains investissements réalisés en France, y compris par des entreprises de droit français ou des personnes de nationalité française, à autorisation administrative et assortissent le non-respect de la réglementation de lourdes sanctions.

> **Précisions** Un **règlement européen** établit un cadre pour le filtrage des investissements directs étrangers dans l'UE (Règl. UE 2019/452 du 19-3-2019). Il ne restreint pas le droit de chaque État membre de l'UE de décider de filtrer ou non un investissement direct étranger (art. 1, 3) et met en place des mécanismes de coopération entre les États membres. La Commission européenne a proposé de modifier ce règlement afin d'obliger les États membres à mettre en place un mécanisme de filtrage (COM[2024] 23 final du 24-1-2024), ce qui ne devrait pas entraîner de modification substantielle de la réglementation française.

DÉFINITION DE L'INVESTISSEUR ÉTRANGER

92546 Au regard de la réglementation des investissements étrangers soumis à autorisation, il faut entendre par « **investisseur** » (C. mon. fin. art. R 151-1, I et III) :
– toute personne physique de nationalité étrangère ;
– toute personne physique de nationalité française n'ayant pas son domicile fiscal en France ;
– toute entité de droit étranger ;
– toute entité de droit français contrôlée, au sens de l'article L 233-3 (ou, lorsque aucun contrôle n'a pu être établi sur le fondement de cet article, au sens de l'article L 430-1, III), par une ou plusieurs personnes ou entités mentionnées ci-dessus.

Constitue une **chaîne de contrôle** l'ensemble formé par une entité ayant la qualité d'investisseur et les personnes ou entités qui le contrôlent ; toutes les personnes et entités appartenant à une chaîne de contrôle constituent des investisseurs (C. mon. fin. art. R 151-1, II).

CHAMP D'APPLICATION DE L'AUTORISATION DES INVESTISSEMENTS ÉTRANGERS

92550 **Secteurs concernés** Dans certains **secteurs économiques** considérés comme **sensibles** car affectant des intérêts publics essentiels, les investissements « étrangers » définis ci-après (n° 92551), qui comprennent des investissements effectués par des entreprises françaises, ne peuvent être réalisés en France qu'avec l'autorisation du ministre de l'économie.
Sont concernés (C. mon. fin. art. L 151-3, I) :
– les investissements effectués dans des **activités** participant en France, même à titre occasionnel, à l'exercice de l'autorité publique ;
– les investissements dans des activités de nature à porter atteinte à l'ordre public, à la sécurité publique ou aux intérêts de la défense nationale, ainsi que ceux réalisés dans des activités de recherche, de production ou de commercialisation d'armes, de munitions et de poudres et substances explosives.

L'article R 151-3 du Code monétaire et financier, complété par l'article 6 de l'arrêté du 31 décembre 2019, dresse une liste limitative de ces activités.

92551 **Opérations soumises à autorisation** Constitue un investissement étranger soumis à autorisation le fait de (C. mon. fin. art. R 151-2) :
– **acquérir le contrôle,** au sens de l'article L 233-3, d'une entité de droit français ;
– acquérir tout ou partie d'une **branche d'activité** d'une entité de droit français ;
– **franchir,** directement ou indirectement, seul ou de concert, le **seuil** de 25 % de détention des **droits de vote** d'une entité de droit français ou le seuil de 10 % de détention des droits de vote d'une société de droit français dont les actions sont admises aux négociations sur un marché réglementé. Ce franchissement de seuil n'est pas soumis à autorisation si l'investisseur est soit une personne physique possédant la nationalité d'un État membre de l'UE ou d'un État partie à l'accord sur l'EEE ayant conclu une convention d'assistance administrative avec la France en vue de lutter contre la fraude et l'évasion fiscale et domiciliée dans l'un de ces États, soit une entité dont l'ensemble des membres de la chaîne de contrôle relèvent du droit de l'un de ces mêmes États ou en possèdent la nationalité et y sont domiciliés.

92552 **Opérations dispensées d'autorisation** L'investisseur en dernier ressort dans la chaîne de contrôle est dispensé de demander une autorisation lorsqu'il avait, antérieurement à l'investissement, déjà acquis le contrôle, au sens de l'article L 233-3, de l'entité objet de l'investissement (C. mon. fin. art. R 151-7, I).

La **dispense** est **écartée** lorsque l'investissement a pour effet d'empêcher un investisseur de respecter les conditions dont il a été rendu responsable à l'occasion d'une autorisation délivrée antérieurement ou lorsqu'il a pour objet de transférer à l'étranger tout ou partie d'une branche de l'une des activités sensibles énumérées à l'article R 151-3 du Code monétaire et financier (C. mon. fin. art. R 151-7, II).

DEMANDE D'AUTORISATION PRÉALABLE D'UN INVESTISSEMENT ÉTRANGER

Avant la réalisation d'un **investissement,** l'entreprise de droit français exerçant les activités objet de l'investissement peut saisir pour **avis** le ministre de l'économie par écrit afin de savoir si cet investissement est soumis à une procédure d'autorisation ; le ministre doit répondre dans un délai de deux mois ; l'investisseur peut aussi saisir le ministre, mais seulement avec l'accord de l'entreprise exerçant les activités visées par l'investissement (C. mon. fin. art. R 151-4). Cette demande préalable doit comporter les informations figurant à l'article 2 de l'arrêté du 31 décembre 2019. **92553**

La **demande d'autorisation** d'un investissement étranger est déposée par l'investisseur ; lorsque l'investissement envisagé concerne un ou plusieurs investisseurs appartenant à une chaîne de contrôle, la demande peut être déposée par l'un des membres de cette chaîne pour le compte de l'ensemble des investisseurs qui en sont membres (C. mon. fin. art. R 151-5). Les renseignements à fournir dans la demande d'autorisation sont énumérés à l'article 1 de l'arrêté du 31 décembre 2019.

L'investisseur franchissant le seuil de 10 % des droits de vote d'une société dont les actions sont admises aux négociations sur un marché réglementé est **dispensé de la demande d'autorisation,** sous réserve que le projet d'investissement ait fait l'objet d'une notification préalable au ministre de l'économie ; sauf opposition du ministre, la dispense de demande d'autorisation naît à l'issue d'un délai de dix jours ouvrés à compter de la notification (art. R 151-5, al. 3).

Les **demandes** d'autorisation et d'examen d'une activité doivent être **adressées** au ministère de l'économie (direction générale du Trésor) par le téléservice accessible sur le site internet plateforme-ief.dgtresor.gouv.fr ; les notifications, déclarations et correspondances doivent lui être adressées par voie électronique (iefautorisations@dgtresor.gouv.fr) (art. R 151-16, al. 2 ; Arrêté du 31-12-2019 art. 5).

OCTROI DE L'AUTORISATION PRÉALABLE D'UN INVESTISSEMENT ÉTRANGER

L'**autorisation** peut être **assortie de conditions** en vue d'assurer que l'investissement projeté ne portera pas atteinte aux intérêts nationaux visés nº 92550 (C. mon. fin. art. L 151-3, II). **92554**

Ces conditions visent principalement à (C. mon. fin. art. R 151-8, I) :

– assurer la pérennité et la sécurité, sur le territoire national, des activités sensibles exercées par l'entité objet de l'investissement, notamment en veillant à ce que ces activités ne soient pas soumises à la législation d'un État étranger susceptible d'y faire obstacle, ainsi que la protection des informations qui leur sont liées ;

– assurer le maintien des savoirs et des savoir-faire de l'entité objet de l'investissement et faire obstacle à leur captation ;

– adapter les modalités d'organisation interne et de gouvernance de l'entité, ainsi que les modalités d'exercice des droits acquis dans l'entité à la faveur de l'investissement ;

– fixer les modalités d'information de l'autorité administrative chargée du contrôle.

Les conditions ainsi fixées peuvent être révisées, à la demande de l'investisseur ou du ministre, selon les modalités définies à l'article R 151-9 du Code monétaire et financier.

Dans un délai de 30 jours ouvrés à compter de la réception de la demande d'autorisation, le **ministre** de l'économie indique à l'investisseur soit que l'investissement ne relève pas de la réglementation, soit qu'il en relève et est autorisé sans condition, soit qu'il en relève mais qu'un examen complémentaire est nécessaire ; à défaut de réponse dans ce délai, la demande est réputée refusée (art. R 151-6, al. 1). Après examen complémentaire, le **refus ou** l'**autorisation** est délivré dans un délai de 45 jours ouvrés à compter de la réception par l'investisseur de la décision du ministre de procéder à cet examen ; en l'absence de réponse dans ce délai, la demande d'autorisation est réputée rejetée (art. R 151-6, al. 2).

Le **refus d'autorisation** doit être motivé (C. mon. fin. art. R 151-10).

Dans les deux mois, la **réalisation de l'opération d'investissement** autorisée donne lieu à une déclaration au ministère de l'économie par voie électronique (iefautorisations@dgtresor.gouv.fr) (C. mon. fin. art. R 151-11 ; Arrêté du 31-12-2019 art. 3 et art. 5).

SANCTIONS DU NON-RESPECT DU RÉGIME DES INVESTISSEMENTS ÉTRANGERS

92555 **Injonction du ministre de l'économie** **Investissement réalisé sans autorisation.** Dans un tel cas, le ministre de l'économie peut enjoindre à l'investisseur de déposer une demande d'autorisation, de rétablir à ses frais la situation antérieure ou de modifier l'investissement, **injonction** qui peut être **assortie d'une astreinte** ou de mesures conservatoires ; l'injonction précise le montant (qui ne peut pas excéder 50 000 € par jour) et la date d'effet de l'astreinte (C. mon. fin. art. L 151-3-1, I, R 151-13 et R 151-14).

Si la protection des intérêts nationaux est compromise ou susceptible de l'être, le ministre peut prendre des **mesures conservatoires** (art. L 151-3-1, I-al. 6 s.) :
– prononcer la suspension des droits de vote attachés à la fraction des actions ou des parts sociales dont la détention par l'investisseur aurait dû faire l'objet d'une autorisation préalable ;
– interdire ou limiter la distribution des dividendes ou des rémunérations attachés aux actions ou aux parts sociales dont la détention par l'investisseur aurait dû faire l'objet d'une autorisation préalable ;
– suspendre, restreindre ou interdire temporairement la libre disposition de tout ou partie des actifs liés aux activités exercées dans les domaines sensibles ;
– désigner un mandataire chargé de veiller, au sein de l'entreprise dont relève l'activité, à la protection des intérêts nationaux ; ce mandataire peut faire obstacle à toute décision des organes sociaux de nature à porter atteinte à ces intérêts. Sa rémunération, fixée par le ministre, est prise en charge, ainsi que les frais engagés par le mandataire, par l'entreprise auprès de laquelle il est désigné.

92556 **Méconnaissance de l'autorisation d'investissement.** S'il estime que les conditions dont est assortie l'autorisation ont été méconnues, le ministre de l'économie prend une ou plusieurs des mesures suivantes (C. mon. fin. art. L 151-3-1, II) :
– retrait de l'autorisation ; sauf s'il rétablit la situation antérieure à l'investissement, l'investisseur étranger sollicite alors de nouveau l'autorisation d'investissement ;
– injonction à l'investisseur auquel incombait l'obligation non exécutée de respecter dans un délai qu'il fixe les conditions figurant dans l'autorisation ;
– injonction à l'investisseur auquel incombait l'obligation non exécutée d'exécuter dans un délai qu'il fixe des prescriptions en substitution de l'obligation non exécutée, y compris le rétablissement de la situation antérieure au non-respect de cette obligation ou la cession de tout ou partie des activités sensibles.

Ces injonctions peuvent être assorties d'une astreinte et le ministre de l'économie peut également prendre les mesures conservatoires nécessaires, dans les conditions et selon les modalités prévues n° 92555.

> **Précisions** Les décisions ou injonctions prises sur le fondement de l'article L 151-3-1 ne peuvent intervenir qu'après que l'**investisseur** a été **mis en demeure** de présenter ses observations dans un délai de 15 jours ; en cas d'urgence, de circonstances exceptionnelles ou d'atteinte imminente à l'ordre public, la sécurité publique ou la défense nationale, ce délai peut être réduit à cinq jours ouvrés (C. mon. fin. art. L 151-3-1, III et R 151-12).

92557 **Sanctions pécuniaires** En cas de réalisation d'un investissement sans autorisation préalable, d'obtention par fraude d'une autorisation préalable, de méconnaissance des conditions dont est assortie l'autorisation, d'inexécution totale ou partielle des injonctions ou mesures conservatoires, le ministre de l'économie peut, après avoir mis l'investisseur à même de présenter ses observations sur les faits qui lui sont reprochés dans un délai minimal de 15 jours, lui infliger une sanction pécuniaire dont le montant s'élève au maximum à la plus élevée des sommes suivantes : le double du montant de l'investissement irrégulier, 10 % du chiffre d'affaires annuel hors taxe de l'entreprise qui exerce les activités sensibles, 5 M€ pour les personnes morales et 1 M€ pour les personnes physiques (C. mon. fin. art. L 151-3-2).

92558 **Autres sanctions** Tout manquement à l'obligation d'autorisation est puni de lourdes **sanctions pénales** (notamment, cinq ans de prison et amende égale au double de la somme sur laquelle a porté l'infraction) (C. douanes art. 459 modifié par Cons. const. 12-6-2024 n° 2024-1096 QPC, *sur renvoi de C. mon. fin. art. L 165-1*). De même, le défaut de déclaration de la réalisation de l'opération d'investissement est passible d'une amende de 750 € au plus (C. mon. fin. art. R 165-2).

Enfin, toutes les conventions et tous les engagements qui réalisent directement ou indirectement un investissement étranger dans un des domaines sensibles sont nuls si l'autorisation préalable requise n'a pas été obtenue (C. mon. fin. art. L 151-4). S'agissant d'une **nullité** absolue, la réglementation ayant manifestement pour objet la sauvegarde de l'intérêt général (cf. C. civ. art. 1179), tout intéressé, que ce soit un tiers à la convention ou même l'une des parties, peut en demander en justice la constatation.

b. Déclaration statistique des investissements étrangers

Lorsque leur montant dépasse 15 M€, les opérations par lesquelles des non-résidents acquièrent ou cèdent au moins 10 % du capital ou des droits de vote d'une entreprise résidente (ou franchissent le seuil de 10 %), l'acquisition ou la cession d'entreprises non résidentes par des résidents, les opérations entre entreprises apparentées, de quelque nature qu'elles soient (prêts, emprunts, dépôts, etc.), ainsi que les investissements immobiliers doivent faire l'objet d'une **déclaration à la Banque de France** (Direction générale des études et des relations internationales, direction de la balance des paiements) dans les 20 jours ouvrables après la date de règlement de l'investissement (C. mon. fin. art. R 152-3 et, sur renvoi, art. R 152-11 ; Arrêté du 7-3-2003 art. 3, al. 2 et art. 7). 92560

Tout **manquement** à l'obligation de déclaration est **puni** de lourdes sanctions pénales, notamment d'un emprisonnement de cinq ans et d'une amende égale au double de la somme sur laquelle a porté l'infraction (C. douanes art. 459 modifié par Cons. const. 12-6-2024 nº 2024-1096 QPC ; C. mon. fin. art. L 165-1 et R 165-1).

4. CRÉATION D'UNE SUCCURSALE EN FRANCE

a. Formalités de création d'une succursale

FORMALITÉS LIÉES AU SÉJOUR DU RESPONSABLE DE LA SUCCURSALE

Si la personne physique responsable de la succursale ouverte en France par une société étrangère est de nationalité étrangère et si elle établit son domicile en France, elle doit justifier de la possession d'un **titre de séjour** (nos 92720 s.). 92570

Toutefois, un titre de séjour n'est pas exigé des ressortissants des États membres de l'UE, d'un autre État de l'EEE ou de la Suisse (nº 92670), ainsi que des ressortissants d'Algérie, d'Andorre et de Monaco (nº 92720).

DÉPÔT AU GREFFE DES STATUTS DE LA SOCIÉTÉ ÉTRANGÈRE

Toute société commerciale dont le siège est situé à l'étranger et qui ouvre en France un **premier établissement** (succursale, agence, etc.) est tenue de déposer au greffe du tribunal de commerce dans le ressort duquel est situé cet établissement une copie, certifiée conforme par elle (ou la personne ayant le pouvoir de l'engager en France), de ses statuts en vigueur au jour du dépôt, traduits, le cas échéant, en langue française ; ce dépôt doit être effectué au plus tard en même temps que la demande d'immatriculation (art. R 123-112). Ce dépôt est réalisé par voie électronique par l'intermédiaire du guichet unique électronique des formalités d'entreprises (art. R 123-112, al. 5). À notre avis, la voie électronique s'impose bien que l'article R 123-112 ne fasse que l'envisager. En effet, le recours à la voie électronique pour tout dépôt d'acte ou de pièce au RCS est obligatoire, sauf lorsque l'acte ou la pièce doit être fourni en original et a été établi sur support papier (art. L 123-33 et R 123-77, al. 1). 92571

Les statuts ainsi déposés sont classés en annexe au RCS et au RNE (art. R 123-112 et R 123-266, al. 5).

Si ultérieurement ces statuts sont modifiés, les actes modificatifs doivent être déposés dans les mêmes conditions (art. R 123-112 et R 123-266).

Si la société étrangère crée par la suite de **nouveaux établissements,** même situés dans le ressort d'autres tribunaux de commerce, elle n'est pas tenue de déposer à nouveau ses statuts au greffe de ces autres tribunaux. Le dépôt n'est en effet prescrit que pour l'ouverture du premier établissement.

> **› Précisions** Pour les **sociétés ayant leur siège dans un État de l'UE** ou dans un pays partie à l'EEE, seule la **traduction** en français **des statuts** fait foi à l'égard des tiers, qui peuvent toutefois se prévaloir du texte en langue étrangère que la société aurait volontairement déposé, à moins que celle-ci ne prouve qu'ils ont eu connaissance de la traduction française (art. R 123-120-1).

IMMATRICULATION DE LA SOCIÉTÉ ÉTRANGÈRE

Toute société dont le siège est situé à l'étranger et qui ouvre sur le territoire français un **premier établissement** (succursale, agence ou tout autre établissement) doit présenter, dans le délai de 15 jours à compter de cette ouverture, au greffier du tribunal de commerce 92572 dans le ressort duquel est situé cet établissement une demande d'immatriculation au **RCS** par l'intermédiaire du guichet unique électronique des formalités d'entreprises (art. R 123-35 et R 123-36). La société est également tenue d'être immatriculée au **RNE** (art. L 123-36 et R 123-239, al. 2).

ILLUSTRATIONS

Doit présenter une demande d'immatriculation la société étrangère qui dispose, au domicile français de son dirigeant, d'une représentation permanente pour les besoins de son activité commerciale (Cass. crim. 20-6-2017 nº 14-85.879 FS-PB : RJDA 10/17 nº 631). Il en est de même de celle qui ouvre en France un « bureau de liaison » dès lors que ce bureau est permanent et qu'il est appelé à lier des rapports juridiques avec des tiers, peu important qu'il n'ait qu'une activité préparatoire (CA Paris 30-11-2001 nº 01-16148 : Bull. Joly 2002 p. 406 note Bahans).

La demande contient, en principe, les mêmes **énonciations** que celles requises pour l'immatriculation des sociétés françaises (nºs 3145 s. ; pour les énonciations complémentaires nécessaires à l'immatriculation au RNE, voir nº 3317) ainsi que, s'il s'agit d'une société étrangère revêtant une forme juridique comparable à celle d'une société par actions ou d'une SARL française, l'indication de la législation qui lui est applicable et le numéro de son immatriculation sur un registre public si la loi étrangère à laquelle cette société est soumise le prévoit (art. R 123-58 pour le RCS et R 123-255 pour le RNE ; s'agissant des sociétés situées en Europe, voir toutefois nºs 92573 s.).

À l'appui de la demande, le requérant doit **produire** les documents énumérés à l'annexe 1-1, VI à l'article A 123-45 : notamment, justificatif d'identité du responsable d'établissement (copie de la carte d'identité ou du passeport pour les Français et les ressortissants d'un État membre de l'UE, de l'EEE ou d'un État avec lequel ont été conclus des accords particuliers ; copie ou récépissé du titre de séjour pour les autres étrangers) ; attestation sur l'honneur relative à l'absence de condamnation ou de sanction de nature à interdire l'exercice d'une activité commerciale. En revanche, il n'y a pas à fournir de pièce relative à la désignation du responsable par la société (Avis CCRCS 2015-012 du 30-6-2015).

› **Précisions** **a.** Les **formes sociales comparables** à une société par actions ou à une SARL sont énumérées à l'annexe 1-3 aux articles R 123-57 et R 123-58.

b. En principe, la société doit déclarer au RCS l'identité de ses **représentants en France,** c'est-à-dire des personnes ayant le pouvoir de l'engager à titre habituel (art. R 123-38, 9º sur renvoi de l'art. R 123-59, 2º). Toutefois, il n'y a lieu de déclarer ces représentants que si la société en a désigné, ce qui n'est pas le cas lorsque la direction de l'établissement est directement assurée depuis le siège social étranger (Avis CCRCS 2018-008 du 18-7-2018).

c. Toutes les modifications des mentions portées au RCS et notamment celles concernant les dirigeants de la société étrangère doivent faire l'objet d'une **inscription modificative** (Avis CCRCS 98-30 : Bull. RCS 6/1999 p. 11).

92573 **Cas des sociétés situées en Europe** Conformément à la directive UE 2017/1132 du 14 juin 2017 (art. 29 s.), un régime particulier est applicable en ce qui concerne les sociétés soumises à la législation d'un État membre de l'UE ou d'un autre État de l'EEE et ayant une forme juridique comparable à celle de nos sociétés par actions ou de nos SARL (les formes sociales visées sont énumérées à l'annexe 1-3 aux articles R 123-57 et R 123-58).

Dans ce cas, les **mentions** à faire figurer dans la demande d'immatriculation sont moins nombreuses que s'agissant des sociétés étrangères autres que celles visées ci-dessus (art. R 123-57 et R 123-59, 2º pour le RCS et art. R 123-256 et R 123-257, 2º pour le RNE). Ces mentions sont les suivantes pour le **RCS** :

– en ce qui concerne la personne morale, la dénomination sociale et, le cas échéant, le sigle, la forme juridique en précisant, s'il y a lieu, le fait que la société est constituée d'un associé unique et, le cas échéant, l'indication du statut légal particulier auquel la société est soumise, la date de clôture des exercices sociaux si la société doit publier ses comptes et bilans annuels, les références des immatriculations secondaires éventuellement souscrites et, le cas échéant, des établissements principaux ou secondaires situés et immatriculés dans un autre État membre de l'UE ou partie à l'accord sur l'EEE, le lieu et le numéro d'identification de la société sur un registre public, divers renseignements concernant les membres des organes d'administration, de surveillance et de contrôle de la société ;

– en ce qui concerne la succursale, l'enseigne s'il en est utilisé une, la ou les activités exercées, l'adresse de l'établissement, les nom, nom d'usage, prénoms, date et lieu de naissance, domicile et nationalité des personnes ayant le pouvoir d'engager à titre habituel par leur signature la responsabilité de la société et, en cas de propriété indivise des moyens d'exploitation, les nom, nom d'usage, prénoms, domicile des personnes physiques ou dénomination sociale et adresse des personnes morales indivisaires, en cas de gérance-mandat, les nom, nom d'usage, prénoms et domicile ou dénomination sociale et adresse du siège social du gérant-mandataire de l'établissement ainsi que d'autres renseignements.

À ces mentions s'ajoutent, en application des dispositions relatives au **RNE** (art. R 123-244, auquel renvoie l'art. R 123-257, 2°), en ce qui concerne la succursale : en cas d'installation dans des locaux occupés en commun avec une ou plusieurs entreprises, l'existence du contrat de domiciliation et divers renseignements relatifs à ce contrat, l'indication de la nature principale de l'établissement et, le cas échéant, sa dénomination, le mode d'exploitation de chacune des activités déclarées.

Les **documents** à produire sont ceux énumérés à l'annexe 1-1, VI à l'article A 123-45.

Jugé qu'en application du principe de **liberté d'établissement** au sein de l'UE (Traité FUE art. 49 et 54), les autorités d'un État membre ne sauraient refuser l'**immatriculation** de la **succursale** d'une société constituée dans un autre État membre dans lequel elle a son siège social mais n'y exerce aucune activité, quand bien même cette société n'aurait été constituée à l'étranger qu'afin d'échapper aux règles concernant le montant minimal et la libération du capital de l'État dans lequel elle entend exercer son activité (CJCE 9-3-1999 aff. 212/97 : RJDA 7/99 n° 786). 92574

Déclaration des bénéficiaires effectifs La société doit déclarer au RCS, par l'intermédiaire du guichet unique électronique des formalités d'entreprises, les informations relatives à ses bénéficiaires effectifs, sauf si ses titres sont admis à la négociation sur un marché réglementé (C. mon. fin. art. L 561-46). En effet, cette obligation ne s'impose pas qu'aux sociétés françaises ; elle s'applique également aux « sociétés commerciales dont le siège est situé hors d'un département français et qui ont un établissement dans l'un de ces départements » (art. L 123-1, I-3° sur renvoi de C. mon. fin. art. L 561-45-1). 92575

Pour plus de détails sur la déclaration des bénéficiaires effectifs, et notamment sur les documents à déposer, voir nos 3350 s.

MENTIONS SUR LES DOCUMENTS COMMERCIAUX DE LA SOCIÉTÉ ÉTRANGÈRE

Les sociétés étrangères qui ont un établissement en France sont tenues d'indiquer en tête de leurs factures, notes de commande, tarifs et documents publicitaires, ainsi que sur toutes correspondances et récépissés concernant l'activité de cet établissement et signés en leur nom, leur dénomination, leur forme juridique, le lieu de leur siège social, leur numéro d'identification dans l'État où elles ont leur siège ; si elles sont en liquidation, elles doivent en faire mention sur les mêmes documents (art. R 123-237, 5°). 92577

L'inobservation de ces dispositions est sanctionnée par une amende de 750 € (art. R 123-237, dernier al. et C. pén. art. 131-13).

b. Autres mesures concernant la création d'une succursale

CONTESTATIONS RELATIVES À LA SUCCURSALE

N'ayant pas de personnalité morale, la succursale est soumise à la loi de la société étrangère dont elle émane. 92590

Toutefois, la société étrangère peut être assignée au lieu de la succursale pour les litiges nés à l'occasion d'opérations traitées dans le ressort de celle-ci (Cass. req. 15-6-1909 : D. 1912 I p. 209 note de Boeck ; voir aussi Cass. 1e civ. 15-11-1983 n° 82-12.626 : Bull. civ. I n° 269).

Lorsque cette société a son siège dans un État membre de l'UE et que la contestation porte sur l'exploitation de la succursale, la société peut être assignée devant le tribunal du lieu de situation de cette succursale (Régl. UE 1215/2012 du 12-12-2012 art. 7, 5).

> Précisions **a.** Il a été jugé que la compétence du tribunal du lieu de situation de la succursale prévue par le règlement UE s'impose *même si les **engagements** litigieux pris* par cette succursale doivent être **exécutés en dehors** de l'État membre où elle est établie (CJCE 6-4-1995 aff. 439/93 : RJDA 8-9/95 n° 1062).
b. Par « **contestations relatives à l'exploitation** », il faut entendre les litiges portant sur les droits et obligations, contractuels ou non, relatifs à la gestion proprement dite de la succursale, les litiges relatifs aux engagements pris par la succursale au nom de la société mère et ceux relatifs aux obligations non contractuelles engendrées par les activités de la succursale (Cass. com. 25-1-2000 : RJDA 3/00 n° 367).

DÉPÔT DES COMPTES ANNUELS DE LA SOCIÉTÉ ÉTRANGÈRE

Les sociétés commerciales étrangères qui ont une succursale en France doivent déposer chaque année, au greffe du tribunal de commerce du **lieu** où elles sont immatriculées, les documents comptables qu'elles ont établis, fait contrôler et publier dans l'État où elles ont 92610 leur siège (art. R 123-112, al. 1). Ce dépôt doit être effectué dans le **délai** prévu par la législation du pays où la société a son siège social (art. R 123-112, al. 2).

Les **pièces** déposées doivent être traduites en langue française et les copies doivent être certifiées conformes par le déposant (art. R 123-112, al. 4).

Lorsque la société étrangère a **plusieurs succursales en France** relevant de tribunaux de commerce différents, elle peut, semble-t-il, déposer ses comptes annuels au greffe du tribunal dont dépend la succursale de son choix (cf. Dir. UE 2017/1132 du 14-6-2017 art. 33 et 38).

5. PLACEMENT DE TITRES EN FRANCE

OFFRE AU PUBLIC DE TITRES DANS PLUSIEURS ÉTATS DE L'UE

92640 Lorsqu'une offre au public ou une admission aux négociations de titres financiers étrangers est prévue en France et qu'un prospectus a déjà été approuvé par une autorité de marché compétente d'un État membre de l'UE, ce prospectus, dit « **passeport européen** », est valable pour réaliser l'opération en France dès lors que l'Esma et l'AMF ont reçu, de la part de l'autorité d'origine, la notification du certificat d'approbation du prospectus ainsi qu'une copie électronique du prospectus accompagnés, le cas échéant, d'une traduction en français du prospectus et du résumé (Règl. UE/2017/1129 du 14-6-2017 art. 24 et 25).

92642 Si des **faits nouveaux** significatifs ou des **erreurs** ou inexactitudes substantielles surviennent ou apparaissent après l'approbation du prospectus par l'autorité d'origine, l'Esma et l'AMF peuvent informer celle-ci de la nécessité de nouvelles informations (Règl. UE/2017/1129 du 14-6-2017 art. 24).

OFFRE AU PUBLIC DE TITRES PAR LES SOCIÉTÉS AYANT LEUR SIÈGE HORS DE L'UE

92643 L'**AMF** est **compétente** pour approuver le projet de prospectus d'une société dont le siège social est situé hors de l'UE et dont la première offre au public ou admission aux négociations sur un marché réglementé a lieu en France selon le choix de l'émetteur, de l'offreur ou de la personne qui sollicite l'admission, sous réserve d'un choix ultérieur de l'émetteur dans l'un des deux cas suivants (Règl. UE/2017/1129 du 14-6-2017 art. 2, m-iii) :
- lorsque la France n'avait pas été choisie par l'émetteur ;
- lorsque la France a été choisie par l'émetteur parmi les États membres sur les marchés réglementés desquels les titres de celui-ci ont été admis à la négociation.

CORRESPONDANT EN FRANCE DE L'ÉMETTEUR

92647 Les personnes ou entités étrangères dont les titres financiers sont admis aux négociations sur un marché réglementé en France doivent désigner un correspondant établi en France auprès duquel elles élisent domicile et qui est habilité à recevoir toutes les correspondances envoyées par l'AMF et à transmettre à celle-ci tous les documents et informations légaux (Règl. gén. AMF art. 214-1).

6. SITUATION DES ASSOCIÉS ET DIRIGEANTS ÉTRANGERS

a. Associés et dirigeants ressortissants européens

92670 Les citoyens de l'UE et les ressortissants d'un autre État de l'EEE (l'Islande, le Liechtenstein et la Norvège) ou de la Suisse qui souhaitent établir leur **résidence** habituelle **en France** et devenir associés ou dirigeants d'une société française sont dispensés de détenir un titre de séjour quelconque (C. étrangers art. L 200-3, L 231-1 et L 233-1). Ils doivent seulement se faire enregistrer auprès du maire de leur commune de résidence dans les trois mois de leur arrivée en France (C. étrangers art. L 231-2 et R 231-1).

b. Autres étrangers

92680 Les **étrangers,** autres que les ressortissants européens, qui souhaitent exercer une activité en France tout en y établissant leur **résidence** doivent être titulaires d'un document de séjour (C. étrangers art. L 411-1 s. et R 431-2 s.). S'ils conservent leur résidence à l'étranger, ils sont dispensés de toute formalité.

DÉTENTION D'UN TITRE DE SÉJOUR PAR LES ÉTRANGERS

92720 Sous réserve des engagements internationaux de la France, les **étrangers** non ressortissants de l'un des États européens cités n° 92670 doivent être titulaires d'un document de séjour (visa, carte de séjour temporaire, carte de séjour pluriannuelle ou carte de résident) s'ils souhaitent exercer une activité professionnelle **en France** tout en y établissant leur résidence (C. étrangers art. L 411-1 modifié par loi 2025-391 du 30-4-2025).

Lorsque ces étrangers envisagent de devenir dirigeant d'une société commerciale ou associé de certaines sociétés, ils peuvent obtenir une **carte** de séjour temporaire portant la mention « entrepreneur/profession libérale ». À l'issue d'une première année de séjour sous couvert d'une telle carte, ils peuvent se voir délivrer une carte pluriannuelle puis, après cinq années de séjour, une carte de résident. Dans certains cas, une carte pluriannuelle « talent » peut être délivrée dès le début du séjour.

> **Précisions** Les engagements internationaux concernent les ressortissants d'**Algérie,** d'**Andorre** et de **Monaco** s'établissant en France (Accord franco-algérien du 27-12-1968 ; Convention du 4-12-2000 entre la République française, le royaume d'Espagne et la principauté d'Andorre relative à l'entrée, à la circulation, au séjour et à l'établissement de leurs ressortissants ; Convention de voisinage entre la France et la principauté de Monaco du 18-5-1963). En vertu de ces engagements, ces ressortissants ne sont pas tenus de détenir un titre de séjour.

Sanctions L'entrée irrégulière en France est sanctionnée par un emprisonnement d'un an et une amende de 3 750 € ; le tribunal peut en outre interdire à l'étranger condamné de pénétrer ou de séjourner en France pour une durée de trois ans au plus (C. étrangers art. L 821-1). 92721

CARTE DE SÉJOUR TEMPORAIRE « ENTREPRENEUR »

Qualités permettant la détention d'une carte « entrepreneur » Une **carte de séjour temporaire** portant la mention « entrepreneur/profession libérale » est délivrée à un étranger pour l'exercice d'une activité non salariée, économiquement viable et dont il tire des moyens d'existence suffisants (C. étrangers art. L 421-5). Une telle carte peut être délivrée à l'étranger dont l'activité nécessite une immatriculation au RCS (C. étrangers art. R 421-7). À notre avis, sont visés, bien qu'ils fassent l'objet non pas d'une immatriculation au RCS à proprement parler, mais seulement d'une inscription, ceux qui ont l'une des **qualités** ci-après : 92730
– associé tenu indéfiniment et solidairement des dettes sociales (cas des associés d'une SNC et des associés commandités d'une société en commandite) ;
– membre d'un GIE ;
– gérant d'une SARL, d'une SNC ou d'une société en commandite ;
– administrateur, président du conseil d'administration, directeur général ou directeur général délégué d'une SA ;
– membre du directoire (ou directeur général unique) et membre du conseil de surveillance d'une SA ayant adopté la formule d'administration avec directoire et conseil de surveillance ;
– président, directeur général ou directeur général délégué d'une SAS ;
– liquidateur d'une société en liquidation ;
– administrateur d'un GIE.

Délivrance de la carte La carte de séjour temporaire doit être **demandée** (C. étrangers art. R 421-8) : 92731
– si l'étranger ne réside pas encore en France, auprès des autorités diplomatiques ou consulaires françaises territorialement compétentes dans son pays de résidence ;
– s'il est déjà titulaire d'une carte de séjour, au préfet du département de son lieu de résidence.

L'étranger qui demande la carte de séjour « entrepreneur/profession libérale » doit présenter à l'appui de sa demande les **pièces** mentionnées à l'article R 431-10 du Code de l'entrée et du séjour des étrangers et à l'annexe 10 du même Code (C. étrangers art. R 431-11).

Durée de la carte La carte de séjour temporaire est valable pour une durée maximale d'un an (C. étrangers art. L 421-5 et L 411-3, al. 2) ; à l'expiration de la durée de validité de sa carte, l'étranger doit quitter la France, à moins qu'il n'en obtienne le renouvellement ou qu'il ne lui soit délivré un autre document de séjour (C. étrangers art. L 411-2, al. 1). 92732

CARTE DE SÉJOUR PLURIANNUELLE

Bénéficiaires L'étranger qui était titulaire d'une carte de séjour temporaire peut, **à l'issue d'une première année de séjour régulier en France,** bénéficier à sa demande d'une carte de séjour pluriannuelle portant la mention « **entrepreneur** » s'il remplit les conditions suivantes (C. étrangers art. L 433-4 modifié par loi 2024-42 du 26-1-2024) : 92735
– il a participé aux formations prescrites par l'État dans le cadre d'un contrat d'intégration républicaine prévu par l'article L 413-2 du Code de l'entrée et du séjour des étrangers ;
– il continue à remplir les conditions de délivrance de la carte de séjour temporaire.

92736 Certains dirigeants et investisseurs peuvent aussi séjourner en France sous couvert d'une carte de séjour pluriannuelle, qui leur est délivrée **dès la première admission sur le territoire** français (C. étrangers art. L 421-7 modifié par loi 2024-42 du 26-1-2024).

Ainsi, peut se voir délivrer une carte portant la mention « **talent-porteur de projet** » l'étranger qui répond à l'une des conditions suivantes (C. étrangers art. L 421-16 modifié par loi 2024-42 et art. R 421-33 s. modifiés par décret 2025-539 du 13-6-2025) :

– ayant obtenu un diplôme équivalent au grade de master ou pouvant attester d'une expérience professionnelle d'au moins cinq ans d'un niveau comparable, il justifie d'un projet économique réel et sérieux financé à hauteur de 30 000 € au moins et crée une entreprise en France ;

– il justifie d'un projet économique innovant, reconnu par un organisme public ;

– il procède à un investissement économique direct en France, ce qui est le cas si, personnellement ou par l'intermédiaire d'une société qu'il dirige ou dont il détient au moins 30 % du capital, il investit en France au moins 300 000 € afin de créer ou de sauvegarder de l'emploi en France dans les quatre années qui suivent son investissement.

Par ailleurs, peut obtenir une carte pluriannuelle portant la mention « **talent** » l'étranger qui occupe la fonction de représentant légal dans un établissement ou une société établie en France, dès lors qu'il est salarié ou mandataire social dans un établissement ou une société du même groupe et qu'il justifie d'une rémunération brute au moins égale à trois fois le Smic annuel (C. étrangers art. L 421-19 modifié par loi 2024-42 et art. R 421-37 modifié par décret 2025-539).

92737 **Délivrance de la carte** Pour obtenir une carte de séjour pluriannuelle, l'étranger doit présenter les pièces mentionnées à l'annexe 10 du Code de l'entrée et du séjour des étrangers (modifiée par décret 2024-606 du 26-6-2024).

92738 **Durée de la carte** La carte de séjour pluriannuelle « entrepreneur » est valable pour une durée de quatre ans (C. étrangers art. L 411-4). La durée de validité de la carte « talent », qui ne peut pas excéder quatre ans, est déterminée au regard des motifs du séjour et du projet de l'étranger (C. étrangers art. L 411-4 et art. R 421-13 modifié par décret 2025-539 du 13-6-2025).

La carte de séjour pluriannuelle peut être renouvelée à la demande de l'étranger s'il prouve qu'il continue de remplir les conditions requises pour la délivrance de cette carte (C. étrangers art. L 433-1 modifié par loi 2024-42 du 26-1-2024).

CARTE DE RÉSIDENT

92740 L'étranger qui justifie d'une **résidence** régulière **ininterrompue** d'au moins cinq ans **en France** au titre d'une carte de séjour temporaire ou pluriannuelle ou d'une carte de résident, de ressources stables, régulières et suffisantes pour subvenir à ses besoins et d'une assurance maladie se voit délivrer une carte de résident portant la mention « résident de longue durée-UE » d'une durée de dix ans (C. étrangers art. L 426-17). Cette carte confère à son titulaire le droit d'exercer la profession de son choix (C. étrangers art. L 414-10) ; elle est renouvelable de plein droit si l'étranger a établi sa résidence habituelle en France (C. étrangers art. L 433-2 modifié par loi 2024-42 du 26-1-2024).

7. QUESTIONS DIVERSES

a. Procédure collective

INCIDENCE DE L'OUVERTURE D'UNE PROCÉDURE COLLECTIVE À L'ÉTRANGER

92800 Sauf convention internationale contraire ou application du règlement européen présenté ci-après, l'ouverture d'une procédure collective à l'étranger à l'encontre d'une société étrangère, dès lors qu'elle n'a pas donné lieu à exequatur, ne fait pas obstacle à l'ouverture d'une procédure **en France** contre cette même société et tous les créanciers, sans distinction de nationalité, peuvent déclarer leurs créances dans la procédure ouverte en France (Cass. com. 19-1-1988 : D. 1988 p. 565 note J.-P. Rémery ; Cass. com. 11-4-1995 : RJDA 10/95 n° 1146).

Le **tribunal** compétent pour ouvrir une procédure collective en France est celui dans le ressort duquel la société étrangère a le centre principal de ses intérêts en France (art. R 600-1 ; pour un exemple, Cass. com. 26-10-1999 : RJDA 4/00 n° 418).

PROCÉDURES EUROPÉENNES D'INSOLVABILITÉ

92801 **Économie du dispositif** Les procédures collectives fondées sur l'insolvabilité d'un débiteur qui entraînent le dessaisissement total ou partiel de ce débiteur ainsi que la désignation d'un praticien de l'insolvabilité sont soumises au règlement UE 2015/848 du 20 mai 2015 et aux articles L 690-1 s. et R 690-1 s. dès lors que l'intéressé possède des biens situés dans plusieurs États membres de l'**UE.**

Il existe trois **types de procédures** d'insolvabilité (Règl. UE 2015/848 art. 3 ; art. L 690-1) :

– la procédure **principale** ouverte par les juridictions de l'État membre de l'UE sur le territoire duquel est situé le centre des intérêts principaux du débiteur ;

– la procédure **secondaire** ouverte par les juridictions d'un État membre où le débiteur possède un établissement, dès lors qu'une procédure principale a déjà été ouverte dans un autre État membre où est localisé le centre des intérêts principaux du débiteur ;

– la procédure **territoriale** ouverte en considération d'un simple établissement du débiteur, sans qu'une procédure principale n'ait été au préalable ouverte dans un autre État membre.

Sauf dispositions particulières du règlement, la **loi applicable** à ces procédures d'insolvabilité (conditions d'ouverture, déroulement, clôture) et à leurs effets est celle de l'État membre sur le territoire duquel la procédure a été ouverte.

> Précisions a. La nature principale, secondaire ou territoriale de la procédure d'insolvabilité doit être mentionnée d'office au **RCS** (art. R 123-122, II et R 621-8, al. 1).

b. La liste des **documents à joindre à une demande d'ouverture** d'une procédure figure à l'article R 690-1.

Ouverture d'une procédure principale En principe, la **juridiction compétente** pour ouvrir la procédure principale est celle de l'État où se trouve le **centre des intérêts principaux** du débiteur, étant précisé que, pour les sociétés, ce centre est présumé jusqu'à preuve contraire être au lieu du siège statutaire (Règl. UE 2015/848 art. 3, 1). Cette présomption est écartée si le siège statutaire a été transféré dans un autre État membre au cours des trois mois précédant la demande d'ouverture de la procédure d'insolvabilité (Règl. UE 2015/848 art. 3, 1). 92802

Le centre des intérêts principaux correspond au lieu où le débiteur gère habituellement ses intérêts et qui est vérifiable par des tiers (Règl. UE 2015/848 art. 3, 1 ; CJUE 20-10-2011 aff. 396/09 : RJDA 1/12 n° 80).

ILLUSTRATIONS

Le lieu du siège social peut être écarté si la société n'exerce aucune activité sur le territoire de l'État où est situé son siège (CJCE 2-5-2006 aff. 341/04 : RJDA 8-9/06 n° 936). Le lieu du siège d'une holding n'a pas été retenu dès lors qu'elle n'y avait ni salarié ni activité et qu'elle avait pour seul actif la totalité des actions d'une société établie dans un autre État (CA Versailles 19-1-2012 n° 11/03519 : RJDA 5/12 n° 522). De même, le lieu du siège d'une société a été écarté car la société n'avait aucune autonomie de gestion par rapport à la société holding et plusieurs de ses services étaient situés dans un autre État, là où se trouvait son véritable dirigeant (CA Paris 26-6-2012 n° 09/29110 : RJDA 4/13 n° 355).

La **décision d'ouverture** de la procédure principale produit automatiquement ses **effets** dans tous les autres États membres aussi longtemps qu'aucune procédure secondaire n'est ouverte dans ces autres États.

Ouverture d'une procédure secondaire Les juridictions d'un État membre peuvent ouvrir une procédure à l'encontre du débiteur faisant l'objet d'une **procédure principale dans un autre État,** mais seulement si le débiteur possède un établissement sur leur territoire, cette procédure secondaire pouvant être toute procédure d'insolvabilité (Règl. UE 2015/848 art. 3, 2 et 34). 92803

En conséquence, lorsqu'une procédure principale a été ouverte à l'encontre d'une société de droit français par une juridiction étrangère qui a considéré qu'elle avait le centre de ses intérêts principaux à l'étranger, le juge français ne peut plus ouvrir une procédure principale (Cass. com. 27-6-2006 n° 03-19.863 : RJDA 1/07 n° 82). La société, si elle entend contester la compétence du juge ayant ouvert la procédure collective à son encontre, peut seulement former un recours devant les juridictions de l'État où celle-ci a été ouverte (CJCE 2-5-2006 aff. 341/04 : RJDA 8-9/06 n° 936).

> Précisions a. Le tribunal qui a ouvert une procédure secondaire envers l'établissement d'une société étrangère ne peut pas prononcer une **interdiction de gérer** à l'encontre du dirigeant de la société (Cass. com. 22-1-2013 n° 11-17.968 : RJDA 5/13 n° 440).

b. Le tribunal saisi d'une demande d'ouverture d'une procédure secondaire en France **rejette la demande** lorsque le praticien de l'insolvabilité de la procédure principale s'est engagé à respecter, lors de la répartition des actifs situés en France, les droits de répartition et de priorité prévus par le droit français, qui auraient été conférés aux créanciers si une procédure d'insolvabilité secondaire avait été ouverte (Règl. UE 2015/848 art. 36 ; art. L 692-2, I).

92804 **Cas particulier des groupes de sociétés** Une **procédure de coordination collective,** propre aux groupes de sociétés, peut être demandée auprès de toute juridiction compétente en matière de procédures d'insolvabilité à l'encontre d'une société du groupe par un praticien de l'insolvabilité désigné dans une procédure d'insolvabilité ouverte à l'encontre de l'une des sociétés du groupe (Règl. UE 2015/848 art. 61). Cette procédure de coordination collective n'a pas vocation à remplacer les procédures d'insolvabilité concernant chaque société du groupe mais elle se superpose à elles.

La juridiction qui ouvre la procédure désigne un **coordinateur,** définit les grandes lignes de la coordination et rend une décision sur l'estimation des coûts et la part des coûts à acquitter par les membres du groupe (Règl. UE 2015/848 art. 68). Ce coordinateur propose alors un programme de coordination collective servant à définir, à détailler et à recommander une série complète de mesures appropriées pour une approche intégrée de la résolution des insolvabilités des membres du groupe (Règl. UE 2015/848 art. 72).

b. Responsabilité pénale des dirigeants

92810 Les dispositions du Code de commerce réprimant certaines infractions au droit des sociétés ne s'appliquent pas au dirigeant d'une société de droit étranger ayant son **siège social à l'étranger.** Ainsi, l'administrateur d'une SARL propriétaire d'un hôtel situé en France, mais ayant son siège à Jersey, qui avait réglé des dépenses personnelles avec les fonds de la société, à partir des comptes bancaires dont la société était titulaire en France, ne peut pas être condamné pour abus de biens sociaux sur le fondement des articles L 241-3 et L 242-6 ; seule la qualification d'abus de confiance est susceptible d'être retenue (Cass. crim. 3-6-2004 nº 03-80.593 : RJDA 10/04 nº 1129). En effet, les dispositions du Code de commerce régissant les sociétés commerciales sont applicables aux sociétés dont le siège est situé en territoire français (art. L 210-3, al. 1).

Néanmoins, le président d'une société gabonaise, filiale d'une société française, a été condamné en France pour avoir détourné les biens de la filiale, les juges ayant déduit des constatations suivantes que le **siège** de cette société était **en réalité situé en France** et non au Gabon comme l'indiquaient ses statuts : la société française détenait une participation majoritaire dans la filiale ; celle-ci avait un établissement en France immatriculé au RCS ; son président résidait à Paris et les détournements de fonds dont elle avait été victime avaient été décidés dans les locaux français de la société française (Cass. crim. 31-1-2007 nº 02-85.089 : RJDA 11/07 nº 1118). De même le dirigeant d'une **société étrangère** a été condamné pour abus de biens sociaux commis au préjudice de la société au motif que celle-ci, qui réalisait l'essentiel de son activité et de son chiffre d'affaires en France et qui disposait d'un local d'exploitation sur le territoire national, était **soumise à la loi française** (Cass. crim. 25-6-2014 nº 13-84.445 : RJDA 11/14 nº 848).

PARTIE 8

Sociétés et groupements particuliers

CHAPITRE 1

LA SOCIÉTÉ EN PARTICIPATION

SOMMAIRE

DÉFINITION

La société en participation est une société que les associés (ou « participants ») sont convenus de ne pas immatriculer au RCS ; elle n'a pas la personnalité morale et n'est pas soumise à publicité (C. civ. art. 1871, al. 1). 94000

La société en participation suppose qu'un contrat a été conclu entre les participants. Par là, elle se distingue de la société créée de fait qui ne résulte pas d'un échange des consentements entre les intéressés mais d'un comportement de leur part tel que les tiers peuvent légitimement croire qu'ils ont agi à leur égard comme des associés, que ce soit consciemment ou non.

A. Caractéristiques et intérêt de la société en participation

SOCIÉTÉ EN PARTICIPATION OCCULTE OU OSTENSIBLE

Société en participation occulte La société en participation est occulte lorsque les associés dissimulent aux tiers le contrat de société qu'ils ont conclu. 94002

En pratique, plusieurs personnes (physiques ou morales) conviennent secrètement d'entreprendre en commun, en vue de partager les profits susceptibles d'en résulter, une ou plusieurs opérations déterminées : par exemple, la recherche, l'étude ou l'exécution en commun de travaux de construction, l'étude et la préparation de la fourniture d'usines « clés en main », l'exploitation d'un brevet, etc.

Ces personnes – les associés en participation – fixent entre elles, toujours secrètement, les conditions de leur coopération, les unes pouvant se borner à mettre à la disposition du groupement soit une somme d'argent, soit des biens d'exploitation (matériel, usine, bureau d'études), les autres pouvant prendre une part plus active à la réalisation des opérations prévues, notamment en se chargeant des rapports avec les tiers. Seuls ceux des participants ayant agi comme s'ils étaient associés au vu et au su des tiers sont engagés envers eux, indéfiniment et solidairement si l'activité révélée est commerciale, sans solidarité si elle est civile. C'est en général à l'une (ou à plusieurs) de ces entreprises en relation avec les tiers qu'est confiée la gérance de la société en participation.

Seul le gérant apparaît ainsi aux yeux des tiers : il agit avec eux en son nom et pour son compte personnel, sans révéler aux tiers l'accord d'association l'unissant à ses associés. Le gérant tient les comptes de l'association, conformément aux conditions prévues par l'accord de participation ; il doit les présenter aux participants, les soumettre à leur vérification et partager entre eux les résultats. 94003

94004 **Société en participation ostensible** La société en participation est ostensible lorsque les participants agissent en qualité d'associés au vu et au su des tiers mais sans avoir fait immatriculer leur société au RCS, celle-ci étant dépourvue de la personnalité morale. Tel est le cas :
– lorsque les associés ont conclu un contrat de société, généralement de courte durée, en vue de réaliser une **opération déterminée** et pour laquelle ils ne jugent pas opportun de s'astreindre aux formalités complexes de constitution, de fonctionnement et de dissolution d'une société personnifiée, sans pour autant vouloir dissimuler aux tiers leur association ;
– lorsque les associés n'ont pas pu ou pas voulu accomplir les formalités de publicité requises pour doter leur société de la personnalité morale mais ont néanmoins commencé son exploitation (cas des sociétés en formation ayant dégénéré en **sociétés** dites « **de fait** ») ;
– lorsque des personnes décident d'exploiter des biens indivis selon les règles du contrat de société, créant ainsi ce que les tribunaux avaient appelé une « **société d'indivision** ».
Bien que les conventions d'indivision soient permises entre personnes morales ou physiques, la société en participation présente un avantage appréciable par rapport à ces conventions car les associés peuvent fixer librement la durée de leur accord ; en effet, selon l'article 1872-2, al. 2 du Code civil, le partage des biens indivis exploités en société ne peut pas être demandé tant que la société n'est pas dissoute alors que la durée de la convention d'indivision est limitée à cinq ans (C. civ. art. 1873-3).

En matière de sous-traitance, il a déjà été jugé qu'« un **groupement momentané d'entreprises** constitue, sauf stipulation contraire, une société en participation » (Cass. com. 20-11-2001 nº 1909 : RJDA 3/02 nº 269). Une portée générale ne doit toutefois pas être donnée à cette affirmation. En effet, il a aussi été jugé que la notion de groupement d'entreprises en vue de remporter un appel d'offres dans le cadre d'un marché public ne nécessite pas de caractériser les éléments constitutifs d'un contrat de société (Cass. com. 16-12-2020 nº 18-24.195 F-D : RJDA 4/21 nº 227).

94005 Autre exemple de sociétés en participation ostensibles, celles pouvant être constituées entre personnes physiques et/ou morales exerçant une **profession libérale** réglementée (Ord. 2023-77 du 8-2-2023 art. 34, al. 1) : ces sociétés doivent avoir une dénomination (nº 94185) et leur constitution est soumise à des formalités de publicité (Ord. 2023-77 art. 35, al. 3).

94006 **Articulation des caractères ostensible et occulte** Les associés peuvent donner à leur **société** en participation un caractère **ostensible** pour une opération ou une activité déterminée **et** maintenir son caractère **occulte** pour les autres, ce qui suppose, bien entendu, une possibilité de cloisonnement dans les activités sociales. Dans ce cas, la responsabilité des associés à l'égard des tiers sera différente selon que les opérations conclues avec ceux-ci l'auront été pour le compte de la société apparente ou pour le compte de la société occulte (nos 94520 s.).

De même, une société en participation occulte à l'origine peut être révélée aux tiers par la suite.

De même encore, la société peut, pour une opération déterminée, revêtir un caractère ostensible en ce qui concerne certains participants et occulte pour les autres, ces derniers étant alors dégagés de toute responsabilité à l'égard des tiers au titre de cette opération.

En pratique, c'est donc au niveau de chaque participant qu'il convient de se placer pour déterminer, en fonction des actes qu'il a accomplis, si son comportement est ou non révélateur de sa participation à la société.

ABSENCE DE PERSONNALITÉ MORALE DE LA SOCIÉTÉ EN PARTICIPATION

94020 N'étant pas immatriculée au RCS, la société en participation n'a pas la personnalité morale (C. civ. art. 1871, al. 1). Il en résulte les conséquences suivantes :

a. Absence de patrimoine social. Chaque participant reste, sauf convention contraire, propriétaire de son apport et les biens acquis en cours de vie sociale sont réputés indivis entre les associés (C. civ. art. 1872). Une société en participation ne peut donc pas être propriétaire d'un bien (Cass. com. 12-12-2006 nº 1414 : RJDA 8-9/07 nº 846, à propos d'une société créée de fait mais transposable).
De même, dans un cas où une société en participation avait été constituée pour acquérir les actions d'une autre société, celles-ci étaient devenues la propriété indivise des associés et leur cession ultérieure à l'un des associés par « la société en participation représentée par son gérant » était donc nulle. Cette cession a toutefois été régularisée du fait de l'encaissement du prix de cession par les associés (Cass. com. 8-2-2017 nº 14-29.747 F-D : RJDA 5/17 nº 342).

b. Absence d'engagements sociaux. La société n'est pas tenue, en tant que telle, des actes passés par le gérant ou les associés (Cass. com. 22-4-1977 : Bull. civ. IV nº 110 ; CA Paris 27-6-2002 nº 99-24131 : RJDA 3/03 nº 274). Elle ne peut pas être créancière (Cass. com. 20-5-2008 nº 07-13.202 : RJDA 8-9/08 nº 926). Le participant qui contracte avec les tiers n'engage donc que lui, sauf révélation de la participation, auquel cas tous les associés qui se sont révélés deviennent personnellement responsables de cet engagement (nºs 94520 s.). Le cautionnement garantissant le paiement des dettes de la société en participation est sans effet et ne peut pas être étendu aux dettes du participant représentant la société (Cass. com. 6-7-2010 nº 09-68.778 : RJDA 1/11 nº 82).

c. Impossibilité d'être employeur. N'étant pas une personne morale, une société en participation ne peut revêtir la qualité d'employeur (Cass. com. 10-9-2013 nº 12-21.792 F-D : RJDA 11/13 nº 914). Néanmoins, l'Urssaf peut valablement lui adresser un avis préalable au contrôle qu'elle va opérer lorsque la société a des numéros Siret et Siren et un numéro de compte auprès de l'Urssaf (Cass. 2e civ. 11-2-2016 nº 15-10.487 : RJDA 5/16 nº 371, à propos d'une société créée de fait mais transposable).

d. Impossibilité d'agir en justice. La société ne peut pas agir en justice par l'intermédiaire de son gérant (CA Versailles 22-9-2010 nº 09-5646 : RJDA 3/11 nº 254) et, inversement, elle ne peut pas être poursuivie (Cass. 1e civ. 8-3-2023 nº 20-16.475 FS-B : RJDA 6/23 nº 321, à propos d'une association d'avocats à responsabilité individuelle mais transposable). Les actions en justice doivent être intentées par ou contre les participants pris individuellement. La société est néanmoins recevable à contester devant le juge de l'impôt une imposition mise à sa charge dès lors qu'elle en est elle-même légalement redevable ; il en est ainsi même après sa dissolution (CE 28-3-2014 nº 339119 : RJDA 7/14 nº 650).

e. Impossibilité d'ouvrir une procédure collective. N'ayant pas de patrimoine, la société ne peut pas avoir de dettes (Cass. com. 23-11-2004 nº 1651 : RJDA 4/05 nº 381) ; seuls les associés considérés individuellement pourront faire l'objet d'une procédure collective.

f. Impossibilité de se transformer en une société dotée de la personnalité morale. Si les associés décident d'adopter une forme de société dotée de la personnalité morale, l'opération ne s'analyse pas comme une transformation mais comme la création d'une personne morale nouvelle. En effet, la règle selon laquelle la transformation régulière d'une société n'entraîne pas la création d'une personne morale nouvelle ne s'applique pas à la société en participation (Cass. com. 7-1-2014 nº 11-25.635 : RJDA 4/14 nº 356, à propos d'une société civile qui avait perdu sa personnalité morale et s'était transformée en société luxembourgeoise dotée de la personnalité morale, mais transposable).

> **Précisions** Les personnes physiques ou morales exerçant une activité commerciale, artisanale, agricole ou indépendante au sein d'une société en participation peuvent demander que cette société soit **inscrite au RNE** (art. R 123-242-2). Certaines informations, relatives notamment à la société elle-même (dénomination, forme juridique, adresse, activité) et aux personnes qui la composent (pour les personnes physiques, nom, date et lieu de naissance, domicile et coordonnées téléphoniques et électroniques ; pour les personnes morales, dénomination, forme et adresse du siège), doivent pour cela être fournies (art. R 123-266-1).

LIBERTÉ D'ORGANISATION DE LA SOCIÉTÉ EN PARTICIPATION

Sous réserve de respecter les règles déclarées impératives par l'article 1871, al. 2 du Code civil (éléments constitutifs du contrat de société, accord des associés en cas d'augmentation de leurs engagements, participation des associés aux décisions collectives, etc.), les associés peuvent convenir librement des modalités de fonctionnement de leur groupement. **94021**

En l'absence de statuts ou dans le silence de ceux-ci, les rapports entre associés sont régis par (C. civ. art. 1871-1) :
- les dispositions applicables aux sociétés civiles, si la société a un caractère civil ;
- celles de la SNC lorsque la société a un caractère commercial.

Ces dispositions sont applicables dans la mesure où elles sont transposables aux sociétés en participation malgré leur absence de personnalité morale.

Mais la liberté statutaire ne s'étend pas aux rapports des associés avec les tiers. Ceux-ci font l'objet de dispositions particulières, à notre avis impératives, tant en ce qui concerne l'étendue de la responsabilité des associés (nºs 94520 s.) que la gestion des biens indivis (nºs 94530 s.).

AUTRES CARACTÉRISTIQUES DE LA SOCIÉTÉ EN PARTICIPATION

La société en participation est une **véritable société** ; elle doit réunir tous les éléments caractéristiques du contrat de société : apports, partage des bénéfices (ou des économies) et des pertes, minimum de deux associés, affectio societatis (C. civ. art. 1871, al. 2 ; Cass. com. 29-6-1959 : Bull. civ. III nº 291 ; Cass. com. 3-6-1986 nº 85-12.118 : Bull. civ. IV nº 116 ; Cass. com. 12-10-1993 nº 1457 : RJDA 1/94 nº 51). **94022**

Les tribunaux rappellent souvent cette règle pour distinguer la société en participation de contrats voisins.

ILLUSTRATIONS

Il n'y a **pas société en participation** :

– lorsque les parties au contrat de société ne sont pas placées sur un pied d'égalité, l'une d'entre elles disposant seule de **tous les pouvoirs pour** assurer **le fonctionnement de la société,** ce qui démontrait qu'elle avait la maîtrise de l'organisation et de l'exécution du travail effectué par l'autre (Cass. soc. 25-10-2005 nº 2230 : RJDA 1/06 nº 42) ;

– entre un investisseur souhaitant commercialiser un immeuble par lots et des sociétés d'un groupe de promotion immobilière, lesquels ont organisé leurs relations au moyen de trois conventions (un mandat de commercialisation, une convention d'assistance et un contrat de prêt rémunéré par une participation aux bénéfices), dès lors que celles-ci traduisaient la commune intention des parties de créer un **partenariat** durable **pour la réalisation de l'opération** dans un cadre contractuel strictement délimité (CA Paris 11-10-2016 nº 15/16421 : RJDA 2/17 nº 93) ;

– entre une SNC et l'un des salariés de celle-ci à seule fin de **répartir les bénéfices** de la SNC, dès lors que la société ne devait avoir aucune activité propre susceptible d'engendrer des pertes ; une telle convention doit être requalifiée en un intéressement aux bénéfices, accessoire au contrat de travail du salarié (CA Paris 25-3-1994 : D. 1994 IR p. 133).

94023 La société en participation est **civile ou commerciale** selon la nature de l'objet social. Elle n'est donc commerciale qu'autant qu'elle exerce une activité commerciale (nº 155). L'existence d'une clause d'arbitrage dans les statuts d'une société en participation ne permet pas d'en déduire que cette société a un caractère commercial (Cass. com. 9-7-1996 nº 1265 : RJDA 12/96 nº 1489).

94024 Le plus souvent, la société en participation est fondée sur la considération de la personne (« **intuitus personae** ») des différents associés. Aussi, les droits dans la participation ne peuvent-ils, en principe, être cédés qu'avec l'accord unanime des associés. Cependant, on pourrait concevoir – bien que cela soit très improbable en pratique – une société en participation dans laquelle les cessions de droits sociaux seraient entièrement libres (Cass. req. 7-1-1936 : S. 1936 I p. 130).

INTÉRÊT DE LA SOCIÉTÉ EN PARTICIPATION

94030 La société en participation se recommande chaque fois que les intéressés ne veulent **pas révéler** aux tiers leur association. Elle est utile aussi lorsque les associés souhaitent bénéficier de la **simplicité** et de la **souplesse** de relations uniquement contractuelles. L'acquisition et le fonctionnement de la personnalité morale supposent en effet le respect de règles formelles qui sont source de frais et de lourdeurs. La personnalité morale entraîne aussi la naissance d'un patrimoine social dont l'existence n'est guère justifiée lorsque les associés réalisent en commun des opérations ponctuelles de courte durée, telles que, par exemple, l'exécution d'un contrat isolé.

Ces raisons font que la société en participation se rencontre dans les **secteurs les plus variés** de la vie des affaires : concentration des entreprises, coopération interentreprises, réalisation de grands chantiers de travaux publics ou particuliers, exploitation de fonds de commerce ou de terres agricoles, pool d'investissement, syndicat financier, etc.

CONSEIL

Pour **conserver les avantages** de la société en participation, il faut éviter que son fonctionnement n'engendre une confusion avec des contrats voisins (mandat salarié, louage de services, indivision ou prêt avec participation aux bénéfices ; sur la distinction entre la société et ces contrats, voir nºs 95513 s.). Si la société en participation est **occulte,** il faut, en outre, prendre soin de ne pas la porter à la connaissance des tiers, de telle sorte que les associés ne soient pas responsables solidairement des dettes sociales.

RÉGIME FISCAL DE LA SOCIÉTÉ EN PARTICIPATION

94040 Les sociétés en participation commerciales sont soumises au même régime fiscal que les SNC : les bénéfices réalisés ou les pertes subies sont, au prorata des droits de chacun, rattachés aux résultats provenant de l'activité personnelle des participants, chacun d'eux étant directement soumis à l'impôt auquel il est normalement assujetti.

Cette règle ne s'applique cependant qu'aux membres des sociétés en participation « qui *sont indéfiniment responsables* et dont les noms et adresses ont été indiqués à l'administration » (CGI art. 8, al. 2-2º). Dans le cas où l'identité de participants n'aurait pas été révélée à l'administration, la fraction des bénéfices revenant aux intéressés est soumise à l'impôt sur les sociétés de plein droit (Mémento Fiscal nº 37805).

À noter que la société en participation peut opter pour le régime de l'impôt sur les sociétés.

La société en participation est traitée fiscalement comme une entité distincte de la personne de ses membres. Elle doit produire une déclaration de ses résultats et justifier ces résultats par une comptabilité régulière. En outre, elle doit inscrire à l'actif de son bilan « fiscal » les biens dont les associés sont convenus de mettre la propriété en commun ou qui se trouvaient indivis entre eux avant d'être mis à la disposition de la société (Mémento Fiscal nos 37800 s.). 94041

En matière de taxes sur le chiffre d'affaires, les opérations passibles de la TVA sont imposées au nom de la société selon les règles de droit commun (Mémento Fiscal no 47325).

Quant aux droits d'enregistrement, ils sont perçus selon les mêmes règles que pour les autres formes de sociétés. Lorsqu'ils figurent dans un acte présenté à l'enregistrement, les apports effectués à titre pur et simple lors de la constitution (autres que ceux qui sont expressément soumis au droit de mutation ; Mémento Fiscal nos 66870 s.) sont donc enregistrés gratuitement.

Comme dans les SNC, les cessions de parts sociales sont soumises à un droit de 3 %, après application d'un abattement (no 24415). Toutefois, la fraction des droits sociaux cédés représentative de biens immobiliers est soumise au droit de vente d'immeuble (BOI-ENR-DMTOM-40-50-20 no 200).

En matière d'impôts directs, la liquidation d'une société en participation suivie de la création d'une société de droit, soumise au régime des sociétés de personnes ou des sociétés de capitaux, n'entraîne ni l'imposition immédiate des bénéfices réalisés avant la liquidation et non encore imposés, ni celle des plus-values acquises par les éléments inscrits à l'actif du bilan fiscal de la société liquidée si ces éléments sont repris pour la même valeur à l'actif de la société de droit et si la transformation ne s'accompagne pas de modifications importantes du pacte social (BOI-IS-CESS-20-20 nos 250, 260 et 280). 94042

La plus-value d'échange constatée par les associés à l'occasion de sa transformation en une SARL assujettie à l'impôt sur les sociétés peut bénéficier d'un report d'imposition en vertu de l'article 151 nonies, III du CGI jusqu'à la date de cession, de rachat ou d'annulation des parts de la SARL reçues par chacun des associés (BOI-IS-CESS-20-20 nos 260 et 280).

Le changement de type juridique d'une société en participation sans autre modification importante de ses éléments fondamentaux (associés, objet, lieu d'exploitation, éléments d'actifs importants, etc.) obéit en matière de droits d'enregistrement aux mêmes règles que les transformations d'autres types de sociétés (no 20787). Toutefois, les actes de transformation constatant l'entrée d'immeubles dans le patrimoine de la société doivent être présentés à la formalité de publicité foncière. Le droit spécial de mutation de 5 % ou de 5,6 % s'il s'agit de bureaux, de locaux commerciaux ou de stockage situés en Île-de-France (auquel peut être substitué un enregistrement gratuit si l'apporteur s'engage à conserver ses titres pendant trois ans : no 20787) est alors dû sur la valeur vénale de l'immeuble appréciée au moment de la transformation.

B. Constitution de la société en participation

1. CONDITIONS DE FOND DE CONSTITUTION DE LA SOCIÉTÉ EN PARTICIPATION

CONSENTEMENT DES ASSOCIÉS DE LA SOCIÉTÉ EN PARTICIPATION

Comme pour toute autre forme de société, le consentement des associés doit être réel et exempt de vice (nos 6500 s.). 94100

CAPACITÉ DES ASSOCIÉS DE LA SOCIÉTÉ EN PARTICIPATION

Seuls les **participants gérants,** de droit ou de fait, doivent, si la société est commerciale, avoir la capacité requise pour exercer une activité commerciale. Il s'ensuit notamment que ne peut pas être gérant : 94110

– un mineur non émancipé, puisqu'il lui est interdit de faire le commerce, même par représentation de son administrateur légal ou de son tuteur (C. civ. art. 387-2 pour le mineur sous administration légale et art. 509, 3° pour le mineur sous tutelle) ;

– un mineur émancipé s'il n'a pas été autorisé à exercer le commerce par le juge des tutelles au moment de l'émancipation ou par le président du tribunal judiciaire après l'émancipation (art. L 121-2 et C. civ. art. 413-8) ;

– un majeur sous tutelle car il lui est interdit de faire le commerce, même par représentation de son tuteur (C. civ. art. 509, 3°) ;

– un majeur sous habilitation familiale par représentation car il est interdit à la personne habilitée d'accomplir les actes interdits au tuteur par l'article 509 du Code civil (Cass. 1e civ. avis 20-10-2022 nº 22-70.011 B : RJDA 3/23 nº 134) ;
– un majeur sous sauvegarde de justice pour les raisons exposées nº 94701 relatives à sa qualité d'associé et, pour les mêmes raisons, un majeur sous curatelle, sous habilitation familiale par assistance ou dont le mandat de protection future a pris effet ;
– une personne pour laquelle l'exercice du commerce est incompatible avec son activité (fonctionnaire, officier ministériel, etc.) ou est interdit (failli non réhabilité, par exemple).

Les **participants non gérants** ne sont pas tenus du passif à l'égard des tiers, mais ils sont tenus des dettes sociales envers le gérant. Dans la mesure où, selon les statuts, leur contribution au passif est sans limites, ils doivent avoir la capacité requise pour s'obliger. En revanche, si cette contribution est limitée, il leur suffit de la capacité requise pour tout commanditaire.

OBJET DE LA SOCIÉTÉ EN PARTICIPATION

94120 La société en participation peut avoir un objet **civil ou commercial.**

L'activité choisie doit être **licite** (C. civ. art. 1833 sur renvoi de l'art. 1871, al. 2) : voir nos 895 s.

Certaines **activités réglementées** ne peuvent être exercées en société que si cette dernière revêt l'une des formes prévues par la réglementation applicable à cette activité. C'est le cas, par exemple, de la plupart des activités financières (banques, assurances). Parmi ces formes sociales autorisées ne figure pas la société en participation. Il en résulte que si une société en participation était constituée pour exercer une telle activité, son objet serait illicite, ce qui entraînerait les sanctions exposées nº 910.

NOMBRE D'ASSOCIÉS DE LA SOCIÉTÉ EN PARTICIPATION

94130 Les associés d'une société en participation doivent être au moins deux. Sur le sort de la société si tous les droits sociaux viennent à être réunis dans une même main, voir nº 94702.

APPORTS À LA SOCIÉTÉ EN PARTICIPATION

94140 Comme dans toute société, il est indispensable que chaque associé fasse un apport. La société est valablement constituée dès que l'**engagement d'apporter** un bien est intervenu, même s'il n'est pas encore réalisé.

94141 **Apports en nature** Les biens apportés ne peuvent, en aucun cas, être la propriété de la société puisque celle-ci, n'ayant pas de personnalité morale (C. civ. art. 1871, al. 1), est dépourvue de patrimoine propre.

En principe, chaque associé reste propriétaire des biens qu'il met à la disposition de la société (art. 1872, al. 1) ; il n'en concède que la **jouissance.** Ainsi, le titulaire d'un **bail commercial** ne perd pas son droit au renouvellement en cas d'apport à une société en participation de la jouissance du local loué, s'il reste propriétaire du fonds exploité dans ce local (Cass. civ. 13-1-1981 : JCP 1981 IV p. 103).

Toutefois, il peut être convenu entre les associés que les biens apportés (ou ceux acquis au cours de la vie sociale) seront **indivis** (art. 1872, al. 3). De plus, sont réputés indivis entre les associés les biens qui se trouvaient indivis avant d'être mis à la disposition de la société ou qui ont été acquis en cours de vie sociale par emploi ou remploi de deniers indivis (art. 1872, al. 2).

Les associés peuvent convenir aussi qu'**à l'égard des tiers** l'un d'entre eux (le plus souvent le gérant) **apparaîtra comme seul propriétaire** des biens acquis en vue de la réalisation de l'objet social (art. 1872, al. 4). Ce procédé permet aux associés de maintenir le caractère occulte de leur société.

94142 **Apports en numéraire** Les associés peuvent effectuer des apports en numéraire, les sommes correspondantes étant mises **à la disposition du gérant** pour les besoins de la société.

94143 **Apports en industrie** Il est fréquemment procédé dans les sociétés en participation à des apports en industrie, les apporteurs s'engageant à réserver à la société en participation *telle ou telle* ***prestation*** de services.

Il a été jugé que n'entraîne pas la fictivité d'un apport en industrie le fait que l'apporteur ait été rémunéré pour l'exercice de la gérance de la société et ait facturé ses frais afférents à cette gestion, cette rémunération étant, en outre, expressément prévue par les statuts (CA Paris 5-7-1994 : RJDA 12/94 nº 1311).

DROITS SOCIAUX DES ASSOCIÉS DE LA SOCIÉTÉ EN PARTICIPATION

S'il est créé des titres pour constater les droits de chaque associé – ce qui est exceptionnel en pratique –, il ne peut pas s'agir de titres négociables (C. mon. fin. art. L 411-1). 94150

PARTICIPATION AUX RÉSULTATS DE LA SOCIÉTÉ EN PARTICIPATION

Comme dans toute société, les participants doivent avoir vocation aux bénéfices (ou aux économies) et aux pertes de la société en participation (Cass. com. 22-5-1970 : Bull. civ. IV nº 167 ; CA Paris 26-11-1999 : RJDA 7-8/00 nº 792 ; CA Paris 11-10-2016 nº 15/16421 : RJDA 2/17 nº 93). La répartition s'effectue conformément aux clauses des statuts (nº 94511). 94160

DURÉE DE LA SOCIÉTÉ EN PARTICIPATION

La durée de la société en participation est librement fixée par les associés. Elle peut être **limitée** à une ou plusieurs opérations déterminées. 94170

ILLUSTRATIONS

Une société en participation a été considérée comme conclue pour une durée déterminée dès lors que le contrat d'association, qui avait pour objet la production d'un **spectacle artistique,** précisait qu'il prendrait fin un mois après la dernière des représentations **en tournée** à Paris, en province, en Suisse puis en Belgique (CA Paris 11-2-2000 : RJDA 5/00 nº 549).

Contrairement aux sociétés dotées de la personnalité morale, la société en participation peut être conclue pour une **durée indéterminée.** En ce cas, elle peut être dissoute à tout moment sur simple notification d'un associé adressée aux autres associés, à condition que cette notification soit « de bonne foi et non faite à contretemps » (C. civ. art. 1872-2, al. 1).

Cette dernière règle s'applique également lorsque la société en participation a été constituée pour une **durée illimitée** (Cass. com. 15-2-1994 : RJDA 5/94 nº 542).

La **prorogation** de la durée équivaut à une modification des statuts. La décision de prorogation ne doit en principe être adoptée à l'unanimité qu'à défaut de clause statutaire contraire (nº 94510). Toutefois, dans un cas où les associés d'une société en participation avaient consenti un apport en jouissance pour la durée de la société, il a été jugé que la décision de prorogation devait nécessairement être adoptée à l'unanimité car, en imposant le maintien de leur apport au-delà du terme initial, la prorogation constituait une augmentation des engagements des associés (Cass. com. 20-12-2017 nº 16-19.283 F-D : RJDA 4/18 nº 321). 94172

DÉNOMINATION ET SIÈGE DE LA SOCIÉTÉ EN PARTICIPATION

Le nom et le domicile étant des attributs de la personnalité juridique, on est porté à considérer que la société en participation ne peut avoir ni dénomination sociale ni siège social puisqu'elle n'est pas dotée de la personnalité morale. 94180

Cependant, on ne peut empêcher les associés d'une société en participation de convenir, dans leurs rapports réciproques, « d'**individualiser** » **l'activité** de leur groupement en lui donnant un nom (pour un exemple de dénomination sociale comportant le nom des participants à la société, voir Cass. com. 9-5-1983 : JCP 1983 IV p. 227) et de localiser cette activité en un endroit déterminé.

Certes, s'ils entendent conserver à leur société un caractère occulte, ils doivent s'abstenir de **révéler aux tiers** ce nom et ce lieu.

Mais, si tel n'est pas le cas, la loi leur ayant reconnu la possibilité d'user ouvertement d'une société en participation pour exercer une activité en commun, on ne saurait leur interdire de le faire savoir aux tiers. D'ailleurs, l'article 1871, al. 2 du Code civil a laissé aux participants la libre détermination « du fonctionnement et des conditions de la société en participation », *sous réserve de ne pas déroger* à un certain nombre de dispositions limitativement énumérées dont aucune ne concerne l'appellation et la localisation de la société.

Les sociétés en participation constituées entre personnes physiques et/ou morales pour exercer une **profession libérale** réglementée (Ord. 2023-77 du 8-2-2023 art. 34, al. 1) doivent avoir une dénomination. Cette dénomination, qui peut comporter le nom d'un ou plusieurs associés, doit être immédiatement précédée ou suivie de la mention « société en participation » ou des initiales « SEP », elles-mêmes suivies de l'indication de la ou des professions exercées (Ord. 2023-77 art. 35, al. 1 et 2). 94185

2. CONDITIONS DE FORME DE CONSTITUTION DE LA SOCIÉTÉ EN PARTICIPATION

PRINCIPE

94240 Aucune condition de forme n'est prescrite pour la validité de la société. Néanmoins, les nécessités fiscales et le souci de définir clairement les droits et obligations des associés conduisent en pratique à établir un acte écrit. Sur la possibilité d'inscrire la société au RNE, voir nº 94020.

PUBLICITÉ DE LA CONSTITUTION DE LA SOCIÉTÉ EN PARTICIPATION

94241 La société en participation n'est soumise à aucune formalité de publicité (C. civ. art. 1871, al. 1), sauf si elle est constituée entre personnes physiques ou, si elle est constituée en vue de l'exercice d'une profession libérale réglementée, entre personnes physiques et/ou morales (Ord. 2023-77 du 8-2-2023 art. 34, al. 1 et 35, al. 3).

PREUVE DE LA SOCIÉTÉ EN PARTICIPATION

94250 La société en participation peut être prouvée par tous moyens (C. civ. art. 1871, al. 1). Aucune différence n'étant faite par la loi, la règle vaut que la société en participation soit commerciale ou civile.

Les associés comme les tiers peuvent donc apporter la preuve de la société par des écrits, livres de commerce, témoignages et présomptions (Cass. com. 2-7-1969 : Rev. sociétés 1970 p. 275).

94251 Il appartient à celui qui allègue l'existence d'une société en participation d'en apporter la preuve.

Entre associés, il faut établir que les éléments constitutifs du contrat de société sont réunis, et notamment faire la preuve de l'obligation de contribuer aux pertes (Cass. com. 15-7-1969 : Bull. civ. IV nº 271).

Lorsque l'existence de la société en participation est invoquée par un **tiers,** celui-ci peut se prévaloir de la seule apparence sans avoir à prouver l'existence des éléments constitutifs de toute société (nº 95530, solution retenue à propos de sociétés créées de fait mais transposable aux sociétés en participation par identité des textes applicables). Agir en qualité d'associé, « au vu et au su » des tiers comme le prévoit l'article 1872-1 du Code civil, n'est rien d'autre que de leur laisser ou leur faire croire que l'on est associé, donc créer à leurs yeux une apparence.

> **Précisions** Sur l'appréciation de la qualité de **salarié** de chauffeurs de poids lourds ayant conclu un **contrat de société en participation avec leur employeur,** voir Cass. soc. 17-4-1991 nº 1705 : RJDA 6/91 nº 493 ; Cass. soc. 13-1-1994 nº 130 : RJDA 5/94 nº 521 ; Cass. soc. 25-10-2005 nº 2230 : RJDA 1/06 nº 42.

C. Fonctionnement de la société en participation

PRINCIPE

94400 Le principe fondamental qui gouverne le fonctionnement de la société en participation est l'**absence de personnalité morale** de ce groupement. Il s'ensuit que :
– la société ne peut devenir ni propriétaire, ni créancière, ni débitrice (nº 94020) ;
– les droits et obligations ne reposent que sur la tête des associés eux-mêmes.

Sur la comptabilisation des opérations faites par l'intermédiaire d'une société en participation, voir Mémento Comptable nºs 73910 s.

1. GÉRANCE DE LA SOCIÉTÉ EN PARTICIPATION

NOMBRE DE GÉRANTS DE LA SOCIÉTÉ EN PARTICIPATION

94410 Les statuts peuvent désigner un ou plusieurs gérants pris parmi les participants ou en dehors d'eux.

Si les statuts ne prévoient rien à cet égard, tous les participants sont gérants. Chacun d'eux agit alors en son nom (mais dans l'intérêt de tous) et est seul connu des tiers.

RÉVOCATION OU DÉMISSION DU GÉRANT DE LA SOCIÉTÉ EN PARTICIPATION

Les statuts règlent souverainement les conditions de révocation et de démission des gérants. 94420

S'ils ne le font pas, la révocation et la démission du gérant obéissent, conformément à l'article 1871-1 du Code civil, aux règles des SNC (voir nos 22130 s.) si la participation a un objet commercial, à celles des sociétés civiles (C. civ. art. 1851) si la participation a un objet civil.

> **Précisions** Si les statuts d'une société en participation constituée pour exercer une **profession libérale** ne règlent pas les conditions de la révocation du gérant associé, la décision est prise à l'unanimité des associés non concernés par la révocation (Ord. 2023-77 du 8-2-2023 art. 37, al. 1).

RÉMUNÉRATION DU GÉRANT DE LA SOCIÉTÉ EN PARTICIPATION

La rémunération du gérant est librement fixée par les associés (cf. C. civ. art. 1871, al. 2). 94430

L'approbation par les associés des rémunérations et avantages perçus par le gérant au cours de l'exercice clos peut résulter de leur **mention détaillée dans le procès-verbal** d'approbation des comptes de la société, les associés ayant ainsi été mis en mesure de les vérifier et, le cas échéant, de les contester (Cass. com. 9-1-2019 no 17-16.504 FS-D : RJDA 4/19 no 274).

POUVOIRS DU GÉRANT DE LA SOCIÉTÉ EN PARTICIPATION

Dans ses **rapports avec les tiers,** le gérant a les plus larges pouvoirs sur les biens dont il a 94440
apparemment la disposition puisqu'il traite en son nom personnel et non pas au nom de la société (cf. C. civ. art. 1872-1).

En présence d'une société ostensible, seul le gérant peut recouvrer les créances dues à la société (Cass. com. 20-11-2001 no 1909 : RJDA 3/02 no 269).

Sur les relations avec les salariés, voir no 94520.

Sur les règles applicables en ce qui concerne la gestion des biens indivis, voir nos 94530 s.

Dans ses **rapports avec les participants,** le gérant est en droit d'exiger de ceux-ci la réalisa- 94441
tion de leurs apports ou le versement d'appels de fonds selon les modalités définies au pacte social (Cass. com. 9-7-2002 no 1397 : RJDA 12/02 no 1291).

Il est tenu de respecter les limitations de pouvoirs qui peuvent lui avoir été imposées. Ainsi, les actes qu'il passerait sans tenir compte de ces restrictions seraient inopposables aux participants, lesquels n'auraient pas à en supporter les conséquences et pourraient donc les écarter des comptes de la participation. En revanche, ces actes demeureraient valables à l'égard des tiers.

En l'absence de clause statutaire déterminant les pouvoirs du gérant dans ses rapports avec les associés, les règles à suivre sont celles prévues pour les SNC si l'objet social est commercial et celles – d'ailleurs identiques aux précédentes – prévues pour les sociétés civiles si l'objet social est civil (C. civ. art. 1871-1) : le gérant a le pouvoir de faire tous les actes de gestion dans l'intérêt de la société (art. L 221-4, al. 1 ; C. civ. art. 1848, al. 1) et les décisions qui excèdent ce pouvoir doivent être prises en principe à l'unanimité des associés (art. L 221-6, al. 1 ; C. civ. art. 1852). Ainsi, dans un cas où une société en participation regroupait plusieurs banques ayant pour objet l'octroi d'un crédit, il a été jugé que le gérant, chef de file du groupement, ne pouvait ni consentir un abandon de créance, ni donner mainlevée des garanties sans y avoir été autorisé par les associés (CA Versailles 26-9-2006 no 05-4479 : RJDA 3/07 no 278).

RESPONSABILITÉ DU GÉRANT DE LA SOCIÉTÉ EN PARTICIPATION

Les **tiers** n'ont, en principe, d'action que contre le gérant. Toute faute commise par ce der- 94450
nier constitue une faute personnelle de nature à engager sa responsabilité à leur égard, peu important qu'elle soit détachable ou non de l'exercice du mandat qui lui a été confié par les autres associés (Cass. com. 4-2-2014 no 13-13.386 : RJDA 5/14 no 453). Les tiers viennent en concours avec les créanciers personnels du gérant dont le droit est né d'une opération étrangère à la participation. Dans certains cas, cependant, ils peuvent aussi agir contre les participants (no 94521).

Les mêmes règles sont applicables lorsqu'un associé a accompli une opération pour le compte de la participation.

À l'égard des **participants,** le gérant est tenu :
- de respecter le pacte social ;
- d'agir dans l'intérêt exclusif de la société et non dans son intérêt personnel ;
- de rendre compte de sa gestion.

La condamnation du gérant à payer à un tiers une somme relative à une opération entrant dans l'objet social fait naître à son profit une créance sur les participants (Cass. com. 8-7-2014 n° 13-19.010 : RJDA 10/14 n° 780).

En sa qualité de mandataire des associés, le gérant est responsable des fautes commises à leur égard dans sa gestion (Cass. com. 6-5-2008 n° 07-12.251 : RJDA 8-9/08 n° 927).

2. ASSOCIÉS DE LA SOCIÉTÉ EN PARTICIPATION

DROITS DES ASSOCIÉS DE LA SOCIÉTÉ EN PARTICIPATION

94510 Comme tout associé, chaque participant a le droit de collaborer à la vie de la société, d'une part, en statuant sur les modifications du pacte social (lesquelles sont, sauf clause contraire, subordonnées à l'accord unanime des associés), d'autre part, en contrôlant la gestion du gérant et en statuant sur les comptes sociaux, dans les conditions prévues par les **statuts.**

Dans le **silence des statuts,** le régime des décisions collectives (mode de consultation, droit de communication, procès-verbal, majorité) est celui applicable aux SNC lorsque la société en participation a un caractère commercial (cf. C. civ. art. 1871-1 ; voir n°s 23000 s.). Ainsi, une consultation annuelle des associés s'impose pour l'approbation des comptes conformément à l'article L 221-7 (pour un arrêt ayant toutefois jugé que le défaut de présentation des comptes par le gérant à son coassocié n'était pas fautif dans un cas où la société n'avait plus d'activité et où cet associé avait lui-même renoncé à participer à la vie sociale : CA Paris 7-3-2003 n° 01-914 : RJDA 10/03 n° 969).

> **Précisions** La **participation** d'un **non-associé** aux **décisions collectives** est une cause de nullité des assemblées générales au cours desquelles ces décisions ont été prises, seuls les associés pouvant participer à de telles décisions (Cass. com. 11-10-2023 n° 21-24.646 FS-B : RJDA 1/24 n° 37 ; Cass. 1e civ. 24-4-2024 n° 22-24.667 FS-B : RJDA 8-9/24 n° 470, arrêt ayant également admis la possibilité pour un associé de consentir une avance de fonds au profit de l'indivision des associés).

94511 **Répartition des bénéfices** Chaque participant a vocation aux distributions de bénéfices, ceux-ci devant être répartis entre les participants selon les modalités convenues entre eux, sous réserve de l'interdiction des clauses léonines (C. civ. art. 1871, al. 2). Cette répartition peut être faite dans une proportion différente de celle des apports (Cass. 1e civ. 16-10-1990 : Bull. Joly 1990 p. 1029).

En l'absence d'accord entre les associés, hypothèse exceptionnelle en pratique, les bénéfices sont répartis proportionnellement aux apports (cf. C. civ. art. 1844-1). Si les apports de chaque associé ne peuvent pas être déterminés par un moyen quelconque tiré des circonstances de l'espèce, il y a lieu, à notre avis, de considérer que les associés ont implicitement opté pour un partage par parts égales (pour un exemple de partage par moitié entre deux associés « de fait », voir Cass. 1e civ. 27-4-1966 : Bull. civ. I n° 253).

94512 **Transmission des droits sociaux** L'absence de patrimoine propre à la société en participation ne fait pas obstacle à ce que les associés cèdent les droits qu'ils tiennent du contrat de société (Cass. com. 15-5-2012 n° 11-30.192 : RJDA 8-9/12 n° 782 ; Cass. 3e civ. 21-1-2021 n° 19-23.122 F-D : RJDA 8-9/21 n° 584). Cette **cession** suppose, en principe, l'accord de tous les associés (n° 94024). Elle doit être constatée par écrit et notifiée aux autres associés dans les formes prévues à l'article 1690 du Code civil (c'est-à-dire au moyen d'une signification par acte extrajudiciaire ou d'une acceptation dans un acte authentique).

94513 Les associés peuvent aussi prévoir dans leurs statuts les **conséquences du décès** de l'un d'entre eux et la transmission éventuelle des droits du défunt à ses héritiers.

En l'absence de clause statutaire contraire, le décès d'un associé entraîne la dissolution de la société si elle est commerciale (n° 94701).

OBLIGATIONS DES ASSOCIÉS DE LA SOCIÉTÉ EN PARTICIPATION

94514 **Obligations au sein de la société** Les participants sont tenus d'effectuer les **apports** qu'ils ont promis. Ils doivent contribuer aux **pertes** selon les mêmes règles que celles qui déterminent leurs droits aux bénéfices (n° 94511).

En principe, la solidarité ne joue pas dans les recours entre participants (Cass. civ. 8-7-1887 : D. 1904 V p. 636).

Si un associé prélève des fonds dans la caisse sociale pour payer des dettes personnelles, il se rend coupable à l'égard de ses coassociés d'un abus de confiance (Cass. crim. 26-6-1973 : Bull. crim. n° 297).

Obligations à l'égard des tiers Chaque **associé** contracte **en son nom personnel** et est seul engagé à l'égard des tiers (C. civ. art. 1872-1, al. 1). Par suite, les autres associés ne peuvent pas se prévaloir des contrats qu'il a conclus (Cass. com. 23-10-1984 : Bull. Joly 1984 p. 1211), ni agir contre le tiers cocontractant (Cass. com. 16-10-2007 nº 05-19.756 : RJDA 1/08 nº 10). 94520

Par exemple, un associé est tenu des indemnités de rupture du contrat de travail d'un salarié qu'il a embauché et qui est resté sous sa subordination, peu important que ce contrat ait révélé l'existence d'une société en participation, que le salarié ait travaillé dans l'intérêt commun des associés et que le gérant de la société en participation lui ait notifié le licenciement (Cass. soc. 20-6-1979 : Bull. civ. V nº 553).

Pour autant, rien n'interdit aux associés de **donner mandat au gérant** de prendre les décisions nécessaires au fonctionnement de la société, si bien qu'ils se trouvent engagés à l'égard des salariés en application des règles de droit commun du mandat. Ainsi, un gérant peut mettre à la retraite un salarié engagé par l'un des associés dès lors que tous les associés lui ont donné mandat de les représenter (Cass. soc. 30-4-2014 nº 13-11.043 : RJDA 11/14 nº 851).

Pour sa part, le tiers cocontractant peut se retourner contre ceux des associés qui, par leur **immixtion** dans l'opération d'où est née sa créance, lui ont laissé croire qu'ils entendaient s'engager à son égard ou qui ont tiré **profit** de cette opération (C. civ. art. 1872-1, al. 3). 94521

En outre, si des participants agissent en qualité d'**associés au vu et au su des tiers,** chacun d'eux est tenu à l'égard de ceux-ci des obligations nées des actes accomplis en cette qualité par l'un des autres, avec solidarité s'il s'agit d'une société commerciale, sans solidarité s'il s'agit d'une société civile (art. 1872-1, al. 2 ; pour un exemple, Cass. 2e civ. 11-2-2016 nº 15-10.487 : RJDA 5/16 nº 371, à propos d'une société médicale créée de fait mais transposable). Il a toutefois été jugé qu'un associé d'une société en participation n'était pas tenu des obligations nées d'une convention conclue entre un tiers et son coassocié dès lors que celui-ci n'avait pas signé la convention en sa qualité d'associé ; en effet, cette convention était antérieure à la conclusion du contrat de société en participation et n'avait pas été apportée à celle-ci avec les droits et obligations qui y étaient attachés (Cass. com. 13-1-1998 nº 137 : RJDA 6/98 nº 742).

La révélation de la société en participation à un tiers ne saurait résulter d'une attitude passive de la part des associés. Elle suppose l'accomplissement par eux d'actes personnels permettant de considérer qu'ils ont agi en qualité d'associés au vu et au su du tiers ou qu'ils se sont immiscés dans l'accord passé avec lui (Cass. com. 15-7-1987 nº 738 : Bull. civ. IV nº 195 ; Cass. com. 26-11-1996 nº 1884 : RJDA 2/97 nº 226 ; Cass. com. 21-2-2012 nº 10-12.211 : RJDA 6/12 nº 592, à propos d'une société créée de fait mais transposable). 94522

Par ailleurs, les participants ne sont pas engagés si, à l'occasion d'un acte de disposition des biens indivis, le gérant fait état du mandat que les indivisaires lui ont donné pour passer cet acte. Dans ce cas, en effet, seule la qualité d'indivisaires des mandants a été révélée sans, pour autant, que ceux-ci aient agi au vu et au su des tiers en qualité d'associés.

Le tiers contractant d'une société en participation ostensible peut opposer aux associés non gérants, qui lui réclament le paiement d'une créance commune, la non-conformité d'une telle prétention au pacte social, seul le gérant étant habilité à recouvrer les créances de la société (Cass. com. 20-11-2001 nº 1909 : RJDA 3/02 nº 269). 94523

SORT DES BIENS INDIVIS ENTRE LES PARTICIPANTS

Lorsque les biens mis à la disposition de la société sont indivis entre les participants, les actes relatifs à ces biens sont, à l'égard des tiers, soumis aux règles de l'indivision : cf. C. civ. art. 1873-1 s. s'il existe une convention d'indivision ; C. civ. art. 815-2 s. dans le cas contraire (cf. C. civ. art. 1872-1, al. 4). Il s'ensuit notamment que les dettes résultant « de la conservation et de la gestion des biens indivis » doivent être payées par prélèvement sur ces biens avant le partage et que les créanciers non désintéressés peuvent saisir les biens indivis *pour les faire vendre (C. civ. art.* 815-17 et 1873-15). 94530

Aux termes de l'article 1872, al. 2 et 3, sont réputés indivis :
- les biens acquis par emploi ou remploi des deniers indivis pendant la durée de la société ;
- les biens qui se trouvaient indivis avant d'être mis à la disposition de la société ;
- les biens que les associés ont décidé de mettre en indivision lors de la constitution de la société ou au cours de la vie sociale.

Par dérogation au principe selon lequel « nul n'est tenu de rester dans l'indivision », l'article 1872-2, al. 2 du Code civil prévoit expressément que, sauf convention contraire, aucun associé ne peut demander le **partage** des biens indivis tant que la société n'est pas dissoute (pour des applications de cette règle, voir Cass. com. 1-10-1996 : RJDA 1/97 nº 68 ; CA Paris 18-11-1986 : 94531

BRDA 24/86 p. 20 ; CA Paris 8-4-1994 : Bull. Joly 1994 p. 668 note P. Le Cannu). Ces dispositions sont applicables à toutes les sociétés en participation, même lorsqu'elles sont à durée déterminée (Cass. com. 1-10-1996 précité).

D. Dissolution de la société en participation

CAUSES DE DISSOLUTION DE LA SOCIÉTÉ EN PARTICIPATION

94700 Si la société en participation est commerciale, elle est soumise aux mêmes causes de dissolution que celles prévues pour les SNC (n°s 25500 s.) ; si elle est civile, les règles à suivre sont celles de la société civile (C. civ. art. 1871-1).

Certaines causes de dissolution sont communes aux sociétés civiles et aux sociétés commerciales : **arrivée du terme, réalisation** ou **extinction de l'objet social, décision des associés, dissolution judiciaire** pour justes motifs, clause statutaire particulière (cf. C. civ. art. 1844-7 ; n°s 86000 s.).

Pour des cas de dissolution d'une société en participation, voir CA Paris 30-10-1992 : Bull. Joly 1993 p. 115 note J.-J. Daigre (inexécution par un associé de ses obligations contractuelles) et Cass. com. 8-11-2016 n° 14-23.461 F-D : RJDA 2/17 n° 87 (extinction de l'objet social).

94701 Toutefois, à la différence de la société en participation civile, la société en participation commerciale peut aussi être dissoute, comme la SNC (n°s 25501 s.) :
– en cas de **décès d'un associé** ;
– en cas de **révocation de l'un des gérants** lorsque tous les participants sont gérants ou lorsqu'un ou plusieurs participants ont été désignés comme gérants dans les statuts ;
– en cas d'**incapacité** (mise sous sauvegarde de justice, sous curatelle, sous tutelle ou sous habilitation familiale, ainsi que prise d'effet d'un mandat de protection future), d'**interdiction d'exercer une profession commerciale** (faillite personnelle ou interdiction de gérer, par exemple) ou de **liquidation judiciaire d'un associé.**

ATTENTION

Ces causes de dissolution sont propres aux SNC. Mais il s'agit là de **dispositions supplétives** de la volonté des parties. Par suite, lorsque les conventions entre les parties prévoient clairement que la société sera dissoute lorsque son objet sera rempli ou suivant la volonté d'un des associés, une demande en dissolution fondée sur le décès d'un associé doit être rejetée (CA Versailles 3-2-1994 : Bull. Joly 1994 p. 533).

94702 Contrairement aux sociétés dotées de la personnalité morale, la société en participation peut aussi être dissoute lorsqu'elle a été conclue pour une **durée indéterminée,** la dissolution résultant alors d'une simple notification adressée par l'un des associés à tous les autres. Mais cette notification doit être de bonne foi et « non faite à contretemps » (C. civ. art. 1872-2, al. 1 ; pour des exemples de rupture de mauvaise foi, voir Cass. 1e civ. 27-4-1977 : Bull. civ. I n° 194, pour une société créée de fait ; Cass. com. 14-4-2021 n° 19-12.808 F-D : RJDA 10/21 n° 675, dans un cas où la dissolution était pourtant motivée par le paiement de dépenses personnelles par un associé avec les fonds sociaux).

À noter que, pour l'application de l'article 1872-2, il convient d'assimiler **durée illimitée** à durée indéterminée (Cass. com. 15-2-1994 : RJDA 5/94 n° 542).

Par ailleurs, la société en participation est dissoute, à notre avis, en cas de **réunion de toutes les parts dans une même main,** sous réserve de la faculté de régularisation prévue par l'article 1844-5, al. 1 du Code civil.

PUBLICITÉ DE LA DISSOLUTION DE LA SOCIÉTÉ EN PARTICIPATION

94710 Contrairement à la règle applicable aux autres sociétés, la dissolution d'une société en participation n'a pas à être publiée (C. civ. art. 1871, al. 1).

CONSEIL

En pratique, on ne saurait trop recommander aux associés d'une société en participation ostensible d'**informer les créanciers sociaux de la dissolution** de la société. En effet, dans un cas où le compte courant d'une telle société était devenu débiteur à la suite de retraits effectués par un des associés après la dissolution, les associés ont été condamnés au paiement solidaire du solde du compte au motif que la banque, qui n'avait pas été informée de cette dissolution, ignorait que les retraits étaient réalisés à titre personnel (Cass. com. 8-10-2002 n° 1582 : RJDA 2/03 n° 175).

LIQUIDATION DE LA SOCIÉTÉ EN PARTICIPATION

La dissolution de la société en participation n'entraîne, en principe, qu'un règlement de comptes entre les associés. En effet, dans la mesure où il n'y a pas de patrimoine social, il n'y a pas lieu de réaliser un actif social et de payer des dettes sociales (cf. Cass. com. 9-6-1975 : Bull. civ. IV nº 160). 94720

Les comptes sont, en général, arrêtés par le gérant, mais les associés pourraient également charger un tiers de procéder aux opérations de liquidation.

Le liquidateur, gérant ou non, ne peut représenter en justice ni la société ni les participants eux-mêmes. Il doit rendre compte de ses opérations avec pièces à l'appui et comptabilité régulière.

Ne pouvant accomplir que les actes nécessaires à la liquidation, le liquidateur doit terminer les affaires en cours, établir l'inventaire, faire vendre les biens meubles ou immeubles, sauf si ces biens doivent être restitués aux associés.

PARTAGE DE LA SOCIÉTÉ EN PARTICIPATION

Après établissement des comptes, la masse active ou passive restante doit être partagée. 94730

Dès lors que, dans une société en participation à caractère commercial, les rapports entre les associés sont, sauf convention contraire, régis par les dispositions applicables aux SNC (C. civ. art. 1871-1), chaque associé a droit, après paiement des dettes, au remboursement de ses apports et à une part de l'actif subsistant proportionnelle à ces apports (Cass. com. 29-11-1988 : Rev. sociétés 1989 p. 65 note P. Le Cannu).

Reprise des apports Avant tout partage, chaque participant reprend les **apports en nature** qu'il a mis à disposition de la société et dont il est resté personnellement propriétaire. 94731

De même, en cas d'**apport en propriété** au gérant, chaque participant peut, sauf convention contraire, demander que le bien dont il a fait apport lui soit restitué.

Pour la détermination de la **valeur de reprise** des apports, il doit être tenu compte non seulement des investissements et équipements particuliers dont ont bénéficié ces apports, mais aussi de la plus-value résultant de l'activité déployée par les coassociés du repreneur (Cass. 1re civ. 23-5-1984 : Bull. civ. I nº 169).

En cas d'**apports en numéraire,** il convient de restituer aux participants le montant des sommes apportées (par exemple, Cass. com. 29-11-1988 : Rev. sociétés 1989 p. 65 note P. Le Cannu).

> **Précisions** La société en participation n'étant pas dotée de la personnalité morale, son fonctionnement n'a pas entraîné la constitution d'un **patrimoine social** à partager après la dissolution. Le fait pour un associé de transférer au gérant la propriété de biens qui doivent être mis à la disposition de la société apparaît ainsi comme une opération liée au fonctionnement de la société mais ne constitue pas, à proprement parler, un apport. C'est un **transfert accessoire au contrat de société** mais ce n'est pas un transfert à la société. Il n'a donc plus de raison d'être après dissolution de celle-ci et on peut considérer qu'il a été fait sous la condition tacite que le bien transféré serait restitué à l'expiration de la société.

Partage des biens indivis ou acquis en cours de vie sociale Les biens indivis ou acquis en cours de vie sociale par le gérant ou par un associé pour le compte de la participation doivent être partagés selon les règles du partage des successions (C. civ. art. 1844-9, al. 2). 94732

Cependant, tous les associés, ou certains d'entre eux seulement, peuvent demeurer dans l'indivision pour tout ou partie de ces biens sociaux.

Les statuts peuvent aussi prévoir que, si les associés ne parviennent pas à se mettre d'accord sur la reprise par l'un d'eux d'un élément d'actif, ce bien sera vendu aux enchères (CA Paris 29-4-1986 : Rev. sociétés 1986 p. 459 som.).

Partage du boni et des pertes Le boni subsistant après reprise des apports est réparti selon la convention des parties. Il en est de même pour la contribution aux pertes, s'il en existe. 94733

En outre, par application de ce que peuvent convenir les associés en nom (nº 94730), les participants pourraient convenir de la répartition du boni dans des conditions différentes de celles du partage des biens indivis.

À défaut de clause statutaire ou de convention contraire, la part de chaque associé dans les bénéfices ou les pertes est fixée proportionnellement à ses apports (cf. art. L 237-29).

Celui des associés qui a payé plus que sa part a un recours contre les autres mais sans solidarité entre eux.

PRESCRIPTION DES ACTIONS CONTRE LES PARTICIPANTS

94740 Les actions des créanciers contre les associés non liquidateurs se prescrivent par **cinq ans,** conformément au **droit commun.**

La **prescription** quinquennale **prévue** par les articles L 237-13 **pour les sociétés commerciales et** 1859 du Code civil pour **les sociétés civiles** n'est pas applicable pour les sociétés en participation car l'article 1871-1 du Code civil n'envisage la transposition à ces sociétés des règles des SNC et des sociétés civiles que dans les rapports entre associés. En l'absence d'une disposition propre aux sociétés en participation, il y a donc lieu, dans les rapports avec les tiers, de se référer au droit commun.

> **Précisions** Sur la non-application de la **prescription quinquennale** aux **sociétés créées de fait,** voir Cass. com. 19-1-1981 : JCP 1982 II n° 19816 note Chartier, cette solution étant transposable aux sociétés en participation en raison de l'identité de situation existant entre ces deux formes de sociétés (cf. C. civ. art. 1873).

E. Régime des nullités dans la société en participation

94800 La **société en participation** constituée avant le 1er octobre 2025 peut être **annulée** pour les **causes** exposées n° 89130, celle constituée à compter de cette date pour les causes exposées n° 89145.

À notre avis, l'annulation de la société en participation est sans effet sur les engagements valablement pris par le gérant ou un associé **à l'égard des tiers** ; ces engagements doivent être exécutés.

Si la société en participation est **occulte,** les tiers étant dans l'ignorance de la société, leurs droits et obligations ne dépendent en aucune façon de l'existence de la société. L'annulation de celle-ci ne peut donc pas les concerner.

Si la société en participation est **ostensible,** il est établi alors que les participants ont agi « en qualité d'associés au vu et au su des tiers » (C. civ. art. 1872-1, al. 2). Ils sont donc obligés à leur égard, non parce qu'il existe entre eux un contrat de société, mais uniquement parce qu'ils ont donné aux tiers l'apparence d'être des associés. Partant, la nullité du contrat de société ne peut pas effacer leurs engagements envers les tiers.

94802 Dans les **rapports des associés entre eux,** le régime de la nullité de la société en participation est soumis aux articles 1844-10 s. du Code civil relatifs à la nullité d'une société. En effet, selon l'article 1834 du Code civil, les dispositions des articles 1832 à 1844-17 du même Code sont applicables à toutes les sociétés s'il n'en est pas disposé autrement par la loi en raison de leur forme ou de leur objet, de sorte que les dispositions des articles 1844-10 s., et donc en particulier la prescription abrégée de l'article 1844-14, sont applicables aux sociétés en participation (CA Paris 13-2-2007 n° 05-20516 : RJDA 6/07 n° 633 ; voir aussi Cass. com. 27-11-2024 n° 23-21.822 F-D : RJDA 4/25 n° 208, à propos d'une société en formation, mais à notre avis transposable, dont il résulte que le régime de nullité prévu par les articles 1844-10 s. s'applique aux sociétés non immatriculées).

CHAPITRE 2

LA SOCIÉTÉ CRÉÉE DE FAIT

SOMMAIRE

CARACTÉRISTIQUES DE LA SOCIÉTÉ CRÉÉE DE FAIT

95500 La société créée de fait résulte du comportement de personnes qui, sans en avoir pleinement conscience, agissent entre elles et à l'égard des tiers comme de véritables associés.

En pratique, elle apparaît **à l'occasion de litiges,** soit qu'un différend oppose les « associés » (ou leurs héritiers) sur le règlement de leurs comptes, soit que des créanciers poursuivent en paiement plusieurs personnes qu'ils considèrent comme « associés de fait ».

Les sociétés créées de fait sont très nombreuses, spécialement dans les activités commerciales. Elles sont constatées généralement à l'occasion de l'exploitation en commun d'un fonds de commerce par des concubins, des parents ou des amis. Mais elles peuvent résulter aussi du changement de nature d'autres contrats (contrats de travail, de prêt, de concession, d'entreprise) que les cocontractants transforment progressivement en sociétés créées de fait.

Il a été jugé que les parts d'une société créée de fait acquises par un associé marié sous le régime de la communauté, au moyen d'un emprunt financé par cette dernière, ne constituent pas un acquêt, cette opération générant toutefois un droit à récompense au profit de la communauté (CA Reims 28-11-2002 n° 01-01640).

Sur la **distinction** entre sociétés de fait et **sociétés en formation,** voir n°s 2510 s.

RÈGLES APPLICABLES À LA SOCIÉTÉ CRÉÉE DE FAIT

95502 La société créée de fait est visée dans l'article 1873 du Code civil. Ce texte n'en donne cependant aucune définition et se borne à la soumettre au même régime que la **société en participation** (sur ce régime, voir n°s 94000 s.).

La société créée de fait est également soumise au même **régime fiscal** que la société en participation : voir n°s 94040 s.

A. Conditions d'existence d'une société créée de fait

EXISTENCE DE LA SOCIÉTÉ CRÉÉE DE FAIT INVOQUÉE PAR UN ASSOCIÉ

95510 L'existence d'une société créée de fait suppose que soient établies les **trois caractéristiques du contrat de société** : apport, partage des bénéfices (ou des économies) et des pertes, affectio societatis (C. civ. art. 1832).

› **Précisions** **a.** L'article 1871, al. 2 du Code civil, applicable aux sociétés créées de fait en vertu de l'article 1873 du même Code, précise que la **définition du contrat de société** donnée par l'article 1832 du Code civil est d'**ordre public.** Jugé ainsi que la volonté des associés de collaborer sur un pied d'égalité à la poursuite de l'œuvre commune ne suffit pas à caractériser l'existence d'une société créée de fait ; il faut que leur intention de contribuer aux pertes soit aussi établie (Cass. com. 21-4-1992 n° 773 : RJDA 8-9/92 n° 824 ; CA Versailles 13-9-2007 n° 06-2366 : RJDA 2/08 n° 132 ; voir aussi Cass. com. 16-6-1998 n° 1305 : RJDA 10/98 n° 1113 pour un cas où la société n'avait généré aucune perte).

b. À la différence du régime applicable aux tiers (n° 95530), dans les rapports entre associés, la preuve de l'existence d'une société créée de fait ne peut pas résulter de l'**apparence** mais exige la réunion des éléments constitutifs de toute société (Cass. com. 21-11-1995 n° 1933 : RJDA 2/96 n° 222).

c. Les associés d'une société créée de fait exerçant une activité de nature commerciale, artisanale, agricole ou indépendante peuvent solliciter son **inscription au RNE** par l'intermédiaire du guichet unique des formalités des entreprises (art. R 123-242-2). Pour ce faire, ils doivent fournir certaines informations relatives notamment à la société elle-même (dénomination, forme juridique, adresse, activité) et aux personnes qui la composent (pour les personnes physiques, nom, date et lieu de naissance, domicile et coordonnées téléphoniques et électroniques ; pour les personnes morales, dénomination, forme et adresse du siège) (art. R 123-266-1).

95511 **Affectio societatis** L'affectio societatis a une force et une coloration particulières dans les sociétés créées de fait. Elle est conçue ici non pas simplement comme une volonté de collaboration, mais surtout comme l'exercice effectif d'une activité pour compte commun.

ILLUSTRATIONS

Les juges **ont caractérisé l'affectio societatis** en relevant :
– l'utilisation du **compte bancaire** d'une partie par l'autre dans l'intérêt commun (Cass. com. 1-3-1971 : Bull. civ. IV n° 66) ;
– l'entretien de relations commerciales avec les **fournisseurs** (Cass. com. 1-3-1971 : Bull. civ. IV n° 66 ; Cass. soc. 17-2-1972 : Bull. civ. V n° 132 ; Cass. com. 5-11-1974 : Rev. sociétés 1975 p. 492) ;
– d'importantes prestations faisant de l'intéressé l'âme de l'affaire (Cass. civ. 2-10-1974 : Bull. civ. I n° 249) ;
– la fourniture de **cautions** en vue de l'exploitation sociale (CA Rouen 30-10-1973 : Bull. Joly 1975 p. 605 ; voir aussi Cass. com. 23-6-2004 n° 00-18.974 : RJDA 11/04 n° 1215) ;
– la participation à l'exploitation d'une **indivision** (CA Rennes 24-10-1974 : D. 1975 som. p. 120) ;
– la proposition faite à l'intéressé par les autres associés de lui « racheter sa part », ce qui impliquait pour eux la reconnaissance de l'existence d'une société de fait (Cass. com. 21-6-1988 : BRDA 14/88 p. 20) ;
– l'exploitation en commun d'une officine par deux époux pharmaciens (CA Paris 31-5-1996 : RJDA 10/96 n° 1205) ;
– l'exercice en commun d'une **profession libérale,** la tenue d'un seul registre de recettes et une confusion des patrimoines (Cass. com. 27-2-1996 : D. aff. 1996 p. 464 ; dans le même sens, CA Paris 7-11-2002 n° 01-14559 : RJDA 4/03 n° 384 retenant que le local, le compte bancaire et la déclaration fiscale étaient communs) ;
– l'exploitation de **navires** appartenant à une société par une autre dans l'intérêt commun (CA Versailles 2-5-2002 n° 98-6 : BTL 2002 p. 564).

95512 En revanche, les tribunaux estiment que l'**affectio societatis fait défaut** chez celui qui ne fournit pas une activité appréciable à l'œuvre commune.

ILLUSTRATIONS

Tel est le cas :
– de l'adhésion d'entrepreneurs à un groupement dans le seul but de réaliser, par son intermédiaire, leurs **soumissions pour certains travaux** déterminés et de leur retrait par simple dénonciation à l'achèvement des travaux (Cass. com. 17-4-1974 : JCP 1974 II n° 17832) ;
– de la détention de **droits indivis** par une partie sans participation à l'exploitation (Cass. com. 12-2-1973 : Bull. civ. IV n° 70) ;
– d'une partie qui n'a jamais eu l'intention de joindre ses efforts à ceux de son coassocié pour faire prospérer la société qu'ils avaient créée, son seul but étant de gagner personnellement et sans risque un maximum d'argent (CA Nîmes 24-10-1973 : Bull. Joly 1975 p. 596) ;
– de parties à un protocole qui ont certes marqué leur volonté de constituer un seul groupe de sociétés au moyen d'une **prise de participation majoritaire** des unes dans le capital des autres, mais se sont abstenues de procéder aux augmentations de capital convenues ; les versements déjà effectués en vue de souscrire à ces augmentations de capital ne constituant donc pas des apports mais représentant des créances sur la société (CA Paris 12-11-1991 : RJDA 3/92 n° 243 et, sur pourvoi, Cass. com. 8-3-1994 n° 698 : RJDA 7/94 n° 815, 1e espèce) ;
– de la participation à l'organisation d'une **compétition sportive à but caritatif,** insuffisante pour constituer un apport en industrie et caractériser l'affectio societatis dans un contexte de bénévolat (CA Versailles 10-6-2010 n° 09-4672 : RJDA 2/11 n° 145) ;
– d'un prêt puis d'une garantie d'achèvement consentis par une banque à une société civile immobilière, dès lors que la banque n'a jamais manifesté sa volonté de s'associer ni celle de participer aux pertes de la société (Cass. com. 15-6-1993 n° 1119 : RJDA 8-9/93 n° 696) ;
– de l'**assistance** constante apportée par une **épouse au commerce de son mari** dès lors que les tâches accomplies par celle-ci ne se rapportent pas à la responsabilité de la gestion du fonds de commerce et qu'il est établi que le mari a assumé cette gestion de manière autonome (Cass. 1e civ. 3-12-2008 n° 07-13.043 : RJDA 8-9/09 n° 741) ;
– de la seule **cohabitation,** même prolongée, **entre concubins** et de leur participation aux dépenses de la vie commune ou à la réalisation d'un projet immobilier commun (Cass. com. 23-6-2004 nos 1161 et 1162 : RJDA 11/04 n° 1215 ; Cass. 1e civ. 20-1-2010 n° 08-13.200 : RJDA 4/10 n° 362 ; Cass. com. 3-4-2012 n° 11-15.671 : RJDA 7/12 n° 677).

Distinction avec les contrats voisins La constatation d'une société créée de fait dépend souvent, en pratique, de la comparaison du contrat de société avec des contrats voisins auxquels les intéressés ont pu se référer à l'origine de leurs relations ou que certains d'entre eux songent à invoquer après coup. Ces conflits de qualification se rencontrent fréquemment dans les cas suivants. 95513

Contrat de travail. Il ne peut y avoir société que si les intéressés collaborent sur un pied d'égalité à l'œuvre commune, ce qui n'est pas le cas lorsque certains d'entre eux sont, à l'égard des autres, dans un état de subordination caractéristique du contrat de travail (pour des exemples, Cass. com. 1-3-1971 : Bull. civ. IV n° 66 ; Cass. soc. 14-5-1992 n° 1961 : RJS 6/92 n° 806 ; Cass. com. 5-4-2005 n° 565 : RJDA 7/05 n° 812). 95514

Prêt avec participation aux bénéfices. Le simple prêteur ne saurait être associé de fait de l'emprunteur car il reste étranger à la gestion de l'affaire (Cass. com. 15-3-1971 : Bull. civ. IV n° 80 ; CA Paris 3-11-1981, inédit). 95515

Indivision. Il y a indivision lorsque plusieurs personnes exercent concurremment des droits de propriété, de nue-propriété ou d'usufruit sur des biens identiques (C. civ. art. 1873-1). L'exercice de ces droits est organisé soit par la loi (C. civ. art. 815 à 815-18), soit par les indivisaires eux-mêmes dans une convention (C. civ. art. 1873-1 à 1873-18). 95516

L'indivision se rapproche ainsi de la société. Les deux situations demeurent néanmoins distinctes par leur régime : en particulier, l'indivision est un **état précaire** auquel une demande en partage peut toujours mettre un terme soit à tout moment à défaut de convention (C. civ. art. 815), soit à l'expiration de chaque période de cinq ans s'il existe une telle convention (C. civ. art. 1873-3), alors que le partage de biens indivis exploités en société ne peut pas être demandé tant que celle-ci n'est pas dissoute (C. civ. art. 1872-2, al. 2).

Pour **apprécier** si l'indivision est devenue une société, les **tribunaux** retiennent surtout la part que les indivisaires ont prise dans le développement de l'entreprise commune (pour des exemples, Cass. com. 12-2-1973 : Bull. civ. IV n° 70 ; CA Rennes 24-10-1974 : D. 1975 som. p. 120).

ILLUSTRATIONS

L'acquisition en commun d'un **cheval de course** s'analyse non en une indivision, mais en une société de fait dès lors que la déclaration d'association, envoyée à une société de courses hippiques et par laquelle les deux acquéreurs ont demandé à celle-ci de répartir les gains entre eux par moitié, démontre leur volonté de s'associer et de partager les bénéfices et les pertes (CA Versailles 17-3-2000 : RJDA 6/00 n° 657).

À notre avis, l'**élément essentiel** qui distingue la société de l'indivision est l'existence chez les associés d'un but particulier. En effet, les associés sont animés par un esprit d'entreprise (recherche systématique de la rentabilité, acceptation des risques) et cherchent à développer l'exploitation des biens indivis alors que les indivisaires se contentent de les conserver ou de recueillir les fruits qu'ils procurent de façon raisonnable.

Groupement d'intérêt économique. L'objet du GIE ne peut être que le prolongement de l'activité économique de ses membres (art. L 251-1, al. 2). Cette condition constitue la caractéristique essentielle du GIE par rapport à la société, qui peut avoir n'importe quelle activité pourvu qu'elle soit licite. Un GIE devient donc une société créée de fait dès l'instant où il exerce une activité étrangère à celle de ses membres ou absorbe l'activité principale de ceux-ci (T. com. Paris 23-2-1970 : JCP 1970 II n° 16335 obs. Y. Guyon ; CA Paris 6-10-1987 : Bull. Joly 1988 p. 86 ; CA Paris 30-5-2008 n° 06-7463 : RJDA 12/08 n° 1285 ; Rép. Ferrant : Sén. 13-9-1977 n° 23745). 95517

Le défaut d'immatriculation d'un GIE n'entraîne pas pour autant sa requalification en société créée de fait si les partenaires n'ont jamais eu l'intention de créer une « entreprise commune » mais simplement une structure d'achat susceptible de leur procurer des économies et s'ils n'ont pas réalisé d'apports (CA Colmar 18-3-2008 n° 04-3112 : RJDA 12/08 n° 1286).

Association. Contrairement à la société, l'association régie par la loi de 1901 ne doit pas avoir pour but de partager des bénéfices entre ses membres (Loi du 1-7-1901 art. 1). S'il est établi qu'elle a enfreint cette interdiction, l'association peut être considérée comme une société créée de fait (CA Rennes 30-5-1978 : RTD com. 1979 p. 490 obs. E. Alfandari). 95518

Conditions de validité de tout contrat Pour que la société créée de fait soit reconnue par les tribunaux et que ses membres soient effectivement traités entre eux comme des associés, il ne suffit pas que les trois éléments caractéristiques du contrat de société soient constatés. Il faut aussi – puisque la société est un contrat (cf. C. civ. art. 1832) – 95519 que les conditions de validité de tout contrat (consentement, capacité, contenu licite et certain) soient remplies. Il s'ensuit que l'existence d'une société créée de fait ne peut pas être admise si l'une de ces conditions fait défaut.

EXISTENCE DE LA SOCIÉTÉ CRÉÉE DE FAIT INVOQUÉE PAR UN TIERS

95530 Lorsque l'existence d'une société créée de fait est invoquée par un tiers, le plus souvent un créancier, celui-ci n'a pas à apporter la preuve de l'existence des trois éléments caractéristiques de tout contrat de société. Il peut se prévaloir de la seule **apparence extérieure** à condition de démontrer que cette apparence l'a porté, de bonne foi, à croire à l'existence de la société (Cass. civ. 13-11-1980 : D. 1981 p. 541 note Calais-Auloy ; Cass. com. 29-3-1994 n° 866 : RJDA 7/94 n° 815, 2e espèce ; Cass. com. 11-7-2006 n° 899 : RJDA 1/07 n° 48).

PREUVE DE LA SOCIÉTÉ CRÉÉE DE FAIT

95540 La société créée de fait peut être prouvée par **tous moyens** (C. civ. art. 1871, al. 1 ; Cass. civ. 26-6-1968 : Bull. civ. I n° 184 ; Cass. com. 13-3-1984 : D. 1985 p. 244 note Y. Reinhard). La loi n'ayant pas fait la distinction, cette règle vaut aussi bien pour les sociétés créées de fait à objet commercial que pour celles dont l'objet est civil.

B. Liquidation de la société créée de fait

GÉNÉRALITÉS

95600 Le plus souvent, la société créée de fait n'accède à la vie juridique que pour disparaître. En effet, son existence est établie soit pour liquider les rapports des associés qui cessent leur coopération, soit pour désintéresser les créanciers sociaux qui demandent l'ouverture d'une procédure collective à l'encontre des associés de fait. Toutefois, dès lors que l'existence de la société créée de fait est établie, les associés peuvent valablement céder leurs parts à un tiers (CA Paris 31-5-1996 : RJDA 10/96 n° 1205).

DURÉE DE LA SOCIÉTÉ CRÉÉE DE FAIT

95601 Pour déterminer l'étendue des droits et obligations des associés lors de la liquidation de la société créée de fait, il convient de fixer la durée pendant laquelle la société a fonctionné.

Le plus souvent, cette durée correspond à celle de l'**exploitation commune.** On observera cependant que, cette durée étant par hypothèse indéterminée, chaque associé peut **mettre fin** à la société **à tout moment** par une notification adressée à ses coassociés, pourvu que cette notification soit de bonne foi et non faite à contretemps (C. civ. art. 1872-2, al. 1 ; pour une application, Cass. com. 10-4-2019 n° 17-28.834 F-PB : RJDA 7/19 n° 505 ; pour des exemples de rupture de mauvaise foi d'une société créée de fait ayant entraîné la condamnation de l'auteur de la rupture à des dommages-intérêts, voir Cass. civ. 27-4-1977 : Bull. civ. I n° 194 ; Cass. com. 14-3-1984 : Bull. Joly 1984 p. 890).

Par ailleurs, comme dans la SNC (n° 25501), à laquelle il convient de se référer pour régler les rapports des associés de fait en l'absence de convention de leur part (cf. C. civ. art. 1871-1), la société commerciale créée de fait est dissoute par le **décès d'un associé.**

> **Précisions** **a.** L'émission par un associé d'un **chèque falsifié** a pu légitimement être interprétée par son coassocié comme une tentative de dissimulation d'un prélèvement personnel sous l'apparence du paiement d'une dette sociale et par là même entraîner une **perte de confiance** justifiant la dissolution de la société (Cass. com. 18-6-1991 : Bull. Joly 1991 p. 935).
> **b.** Dépourvue de personnalité morale, la société ne saurait être propriétaire d'un **fonds de commerce** sur lequel les héritiers d'un associé pourraient prétendre avoir des droits (CA Paris 2-10-2007 n° 06-12943 : RJDA 4/08 n° 405).

REPRISE DES APPORTS PAR LES ASSOCIÉS DE LA SOCIÉTÉ CRÉÉE DE FAIT

95602 Lors de la liquidation de la société créée de fait, il n'y a lieu ni à reprise ni à remboursement des **apports en industrie** (Cass. 1e civ. 19-4-2005 n° 763 : RJDA 3/06 n° 270).

Chaque associé reste propriétaire des **biens** qui lui appartenaient au moment où l'exploitation commune a commencé.

Les biens qui se trouvaient **indivis** avant d'être exploités en société sont réputés indivis entre les associés (C. civ. art. 1872, al. 2). Ils devront donc être partagés entre les associés, sauf si ces derniers décident de les maintenir dans l'indivision (CA Versailles 17-1-1989 : D. 1989 IR p. 79).

À noter que les **avances réciproques** entre les associés et la société sont, de plein droit et sans demande, productives d'intérêts à compter du jour où elles ont eu lieu (Cass. req. 7-6-1932 : J. soc. 1933 p. 537).

RÉPARTITION DES BÉNÉFICES ET DES PERTES DE LA SOCIÉTÉ CRÉÉE DE FAIT

Les bénéfices et les pertes sont répartis entre les associés selon les **modalités convenues** entre eux sous réserve de l'interdiction des clauses léonines (C. civ. art. 1871, al. 2 et, sur renvoi, art. 1844-1, al. 2 du même Code). 95603

Si la **part de chaque associé** dans les bénéfices et les pertes ne peut **pas** être **déterminée** par un moyen quelconque tiré des circonstances de l'espèce, les bénéfices et les pertes sont répartis proportionnellement au montant des apports des associés (C. civ. art. 1844-1, al. 1 sur renvoi de l'art. 1871-1 du même Code ; pour un exemple, Cass. com. 27-2-1996 : D. aff. 1996 p. 464).

Si le **montant des apports** ne peut **pas** être **précisé** (par exemple, en cas d'apports uniquement en industrie), il y a lieu de considérer que les associés ont implicitement opté pour un partage par parts égales (pour des exemples de partage par moitié entre deux associés de fait, voir Cass. 1e civ. 27-4-1966 : Bull. civ. I n° 253 ; CA Paris 22-4-1982 : BRDA 13/82 p. 13).

La **créance d'un ancien associé sur l'autre,** ressortant de la liquidation d'une société de fait ayant existé entre eux, produit intérêt à compter du jour où cet ancien associé a demandé en justice l'apurement des comptes (Cass. civ. 17-7-1979 : Bull. civ. I n° 217). 95604

SORT DES DETTES DE LA SOCIÉTÉ CRÉÉE DE FAIT

La **contribution de chaque associé** d'une société créée de fait aux dettes nées des actes accomplis par l'un des autres est soumise aux mêmes règles que celles applicables aux associés d'une société en participation (voir nos 94520 s. ; C. civ. art. 1873). Ainsi, pour agir contre un associé de fait, les tiers doivent établir non seulement l'existence de la société créée de fait, mais aussi un comportement d'associé de la part de l'intéressé (CA Rouen 15-10-1992 : Dr. sociétés 1993 n° 90 obs. Chaput). 95605

Dépourvue de personnalité morale, la société créée de fait ne peut pas être soumise à une **procédure collective,** mais les associés sont susceptibles de faire l'objet d'une telle mesure (n° 90830).

Lorsque des **biens** sont **indivis** entre les associés, les obligations de ces derniers à l'égard des tiers sont fixées par des règles relatives à l'indivision (C. civ. art. 1872-1, al. 4). Sur le droit des créanciers dans ce cas, voir les articles 815-17 et 1873-15 du Code civil.

> **Précisions** Les dispositions de l'article L 237-13 concernant la **prescription** quinquennale des actions contre les associés non liquidateurs ne sont pas applicables aux sociétés créées de fait (Cass. com. 19-1-1981 : JCP 1982 II n° 19816 note Y. Chartier).

CHAPITRE 3

LE GROUPEMENT D'INTÉRÊT ÉCONOMIQUE

SOMMAIRE

SECTION 1

CARACTÉRISTIQUES ET INTÉRÊT DU GIE

CARACTÉRISTIQUES DU GIE

96500 Les groupements d'intérêt économique (GIE) ont pour finalité de permettre aux entreprises d'unir leurs efforts là où elles ont des intérêts communs, tout en conservant leur entière indépendance.

Les principales caractéristiques du GIE sont les suivantes :
– il ne peut avoir pour objet que le **prolongement de l'activité économique** de ses membres. Sous cette réserve, importante il est vrai, il peut agir dans tous les secteurs de la vie économique ;
– il jouit de la **personnalité morale** et de la pleine capacité juridique ;
– il peut être constitué avec ou sans **capital** ;
– en principe, il ne donne pas lieu, pour lui-même, à recherche et partage de **bénéfices** mais il ne lui est pas interdit d'en réaliser et, dans ce cas, de les partager entre ses membres ; de même, lors de la liquidation du GIE, ces derniers pourront s'approprier le boni s'il en existe ;
– les **membres** du GIE sont indéfiniment et **solidairement responsables** des dettes du GIE.

Sur la réglementation des groupements européens d'intérêt économique (**GEIE**), voir les articles L 252-1 s. et R 252-1 ainsi que le règlement 2137/85 du 25 juillet 1985. **96510**

INTÉRÊT DU GIE

Formule intermédiaire entre l'association régie par la loi du 1er juillet 1901 et la société, le GIE jouit d'un régime juridique d'une remarquable souplesse : sauf quelques points limitativement prévus par la loi, les fondateurs de tels groupements disposent d'une grande liberté pour en régler les conditions de fonctionnement. **96520**

Lors de son institution, le GIE a connu un succès considérable. On constate actuellement que cet engouement a beaucoup diminué. Cela tient sans doute essentiellement à la responsabilité solidaire de ses membres et à la concurrence exercée par la SAS, qui offre elle aussi une grande souplesse d'organisation.

Néanmoins, pour les nombreuses entreprises qui ne peuvent ou ne veulent pas procéder à la constitution d'une société commerciale, le GIE constitue une formule juridique susceptible de favoriser maintes actions qu'il leur serait impossible d'entreprendre isolément : travaux de recherche, études de marché, publicité commune, comptoirs d'achat ou de vente, bureaux d'importation ou d'exportation, exploitation de systèmes informatiques, etc.

SECTION 2 CONSTITUTION D'UN GIE

A. Conditions de fond de constitution du GIE

OBJET DU GIE

Le GIE est destiné à faciliter ou à **développer l'activité économique** de ses membres, à améliorer ou à accroître les résultats de cette activité (art. L 251-1, al. 2). **96580**

Cette disposition appelle les précisions suivantes.

L'**activité du GIE** doit se rattacher à l'activité économique de ses membres et avoir un caractère **auxiliaire** par rapport à celle-ci (art. L 251-1, al. 3). **96581**

Le caractère auxiliaire de l'activité marque la finalité particulière des GIE par rapport aux sociétés, l'objet de celles-ci pouvant être quelconque sous réserve d'être licite. Ainsi, des compagnies d'assurances ne peuvent pas valablement constituer un GIE exerçant la profession d'expert en automobile car celle-ci, incompatible avec la profession d'assureur, ne peut pas en être l'auxiliaire (Cass. com. 13-11-2003 n° 1534 : RJDA 3/04 n° 332 et, sur renvoi, CA Paris 21-3-2006 n° 03-21006 : RJDA 10/06 n° 1046).

L'obligation pour le GIE d'exercer une activité « auxiliaire » de celle de ses membres revêt, nous semble-t-il, un caractère impératif. Son inobservation permet donc de demander l'**annulation du GIE** (art. L 251-5, al. 1).

Non seulement le GIE doit être un **prolongement** de l'activité économique de ses membres, mais aussi il ne doit pas se substituer à ces derniers pour exercer leur activité. Conçu en vue d'améliorer, de développer et de faciliter cette activité, il ne saurait aboutir à la supprimer : chacun des membres doit conserver une totale indépendance dans la conduite de ses affaires en dehors, bien entendu, des domaines particuliers où la nécessité d'une action commune (par l'intermédiaire du GIE) a été reconnue.

Le GIE qui « absorberait » l'activité économique de ses membres ou dont l'activité serait autonome par rapport à celle de ses membres dégénérerait en **société de fait.**

ILLUSTRATIONS

Est devenu une société de fait :

– un GIE exploitant un **hôtel-restaurant de luxe** pour valoriser les marques et le patrimoine immobilier de ses membres, lorsque ses parts ont été cédées à des entreprises dont l'activité ne pouvait pas être valorisée par la notoriété de l'hôtel et où le GIE est devenu propriétaire de l'immeuble dans lequel cet hôtel était exploité (CA Paris 30-5-2008 n° 06-7463 : RJDA 12/08 n° 1285) ;

– un GIE qui avait été créé en vue d'exercer une activité de **courtage d'assurances** alors qu'aucun de ses membres n'exerçait personnellement une telle activité (CA Paris 6-10-1987 : Bull. Joly 1988 p. 86).

96582 Prolongement de l'activité économique de ses membres, le GIE doit lui-même avoir une **activité économique,** c'est-à-dire, selon la définition classique de l'économie, une activité se rapportant à la production, à la distribution et à la consommation des richesses.

Il en résulte que le GIE ne constitue pas une formule juridique valable pour les groupements ayant une activité qui ne tend pas à la satisfaction des besoins d'un « marché » (par exemple, les groupements de défense de locataires, de propriétaires ou de porteurs de valeurs mobilières, les groupements culturels ou philanthropiques), pour lesquels on doit adopter la forme d'une association régie par la loi de 1901.

96583 En définitive, le GIE est essentiellement un « **groupement de moyens** » qui se juxtapose aux entreprises sans les faire disparaître.

Sous cette réserve, ses possibilités d'utilisation sont extrêmement larges puisqu'elles englobent tous les secteurs de la vie économique, qu'il s'agisse de l'**industrie,** du **commerce,** de l'**agriculture,** de l'**artisanat** et même des **professions libérales** (cf. art. L 251-2).

EXEMPLE

Le GIE peut être utilisé :
– pour une action commerciale commune (promotion des ventes, groupements d'achats, campagnes publicitaires, représentation à l'étranger, études de marché, etc.) ;
– pour des travaux d'études (recherche scientifique, bureaux d'études, mise au point d'un prototype, ingénierie, etc.) ;
– pour la création de services communs (rationalisation des transports, organisation de services commerciaux, techniques ou financiers, centres d'essais, assistance technique) ;
– pour la création de magasins collectifs de commerçants indépendants (cf. art. L 125-2).

96584 **Objet civil ou commercial** L'objet du GIE peut être **civil ou commercial** mais, contrairement aux sociétés commerciales, le GIE n'est commercial que si son activité est elle-même commerciale (par exemple, l'achat de marchandises auprès de ses membres pour les revendre). Seule la nature de l'activité du GIE conditionne sa commercialité, peu important que ses membres exercent une activité civile (CA Paris 29-11-2016 n° 16/04247 : RJDA 4/17 n° 262).

Un GIE à objet civil (par exemple, un bureau d'études) reste civil ; son **immatriculation** au **RCS** n'entraîne pas présomption de commercialité (art. L 251-4), ce qui ne l'empêche pas d'être soumis éventuellement aux procédures collectives puisqu'il jouit de la personnalité morale (art. L 251-4, al. 1, L 620-2, L 631-2 et L 640-2).

ILLUSTRATIONS

Le tribunal de grande instance (désormais le tribunal judiciaire) est compétent pour connaître d'une action en paiement formée par une SARL contre un GIE car ce groupement n'exerce pas une activité de commerçant. En effet, il a un objet statutaire civil puisqu'il tend à la mise en œuvre des moyens propres à faciliter, développer, revaloriser la production et l'utilisation végétale, à faciliter et développer l'activité économique des **professions agricoles de production végétale** et également à créer tous labels agricoles ; en outre, il n'est pas établi qu'il a accompli à titre principal et de manière habituelle des actes de commerce (CA Amiens 15-1-1988, inédit).

La **clause attributive de compétence** n'étant valable qu'entre commerçants (CPC art. 48), celle insérée dans les statuts d'un GIE pour les litiges entre ce dernier et ses membres ne lui est pas opposable, même si tous les membres sont commerçants, dès lors que le GIE a une personnalité distincte de celle de ses membres et agit en son propre nom, et que le **caractère civil de son objet** n'est pas contesté (CA Paris 11-6-1997 : RJDA 11/97 n° 1438).

Relève du tribunal de commerce l'action d'une société contre un GIE constitué par les commerçants d'un **centre commercial** et ayant pour objet d'assurer à titre principal la promotion de ce centre (CA Paris 28-6-1995 : RJDA 10/95 n° 1115 ; CA Paris 13-11-1996 : Bull. Joly 1997 p. 145 note Lepeltier).

La Cour de cassation admet que le caractère commercial du GIE se déduit de la seule mention du contrat autorisant le GIE à accomplir toute opération commerciale se rattachant à son objet, sans qu'il y ait lieu de rechercher son **activité réelle** (Cass. com. 15-6-2010 n° 09-15.130 : RJDA 11/10 n° 1089). Cette solution favorise la sécurité juridique des tiers, qui peuvent ainsi se fier aux clauses du contrat et n'ont pas à se livrer à une recherche incertaine sur l'activité réellement exercée. Une telle recherche ne s'impose qu'en l'absence de référence à l'accomplissement d'opérations commerciales dans le contrat.

96585 **Objet licite** L'objet du GIE doit être licite. Sont donc exclues les activités interdites ou immorales et celles pour lesquelles la loi exige une forme juridique déterminée.

En particulier, le GIE ne saurait avoir pour but de faire échec aux dispositions des articles L 420-1 s. concernant les **ententes et** les **abus de domination** ; il peut néanmoins constituer une « bonne entente » s'il répond aux conditions de l'article L 420-4 (assurer un progrès économique, y compris par la création ou le maintien d'emplois, tout en réservant aux utilisateurs une part équitable du profit qui en résulte et sans donner aux entreprises intéressées la possibilité d'éliminer la concurrence pour une partie substantielle des produits en cause). Pour plus de détails sur la réglementation des ententes et les abus de domination, voir Mémento Concurrence Consommation n°s 41000 s.

Lorsque le GIE est une simple **façade** destinée à permettre à l'un de ses membres d'exercer une activité qui lui est interdite, le contenu réel du contrat de GIE est illicite (Cass. com. 7-2-1989 : BRDA 5/89 p. 12), ce qui peut entraîner la nullité du GIE (nº 97811).

Rédaction de l'objet L'objet du GIE doit être rédigé avec soin. Cette rédaction détermine la **compétence des dirigeants** du GIE qui, à l'égard des tiers, disposent de pouvoirs très étendus, mais seulement pour les actes entrant dans cet objet (art. L 251-11, al. 2). Comme les membres du GIE sont tenus solidairement sur leur patrimoine personnel des dettes de celui-ci, une rédaction précise de l'objet constitue l'unique moyen pour eux de se protéger contre certaines décisions abusives que pourraient être tentés de prendre les dirigeants. 96586

MEMBRES DU GIE

Nombre de membres Le GIE doit comprendre au moins deux personnes ; aucun maximum n'est fixé (art. L 251-1, al. 1). 96600

Le GIE cesse d'exister s'il ne comprend plus qu'un seul membre (nº 97641).

Qualité des membres Les membres du GIE peuvent être des **personnes physiques ou** des personnes **morales** (sociétés, associations, autres GIE, etc.). 96601

Chacun des membres doit **exercer** une **activité économique** qui trouve son prolongement dans celle du GIE (nº 96581).

Toutefois, cette condition n'est pas opposable aux tiers : si une personne qui n'exerce pas une activité économique accepte d'être membre d'un GIE et figure comme tel au RCS, elle devient responsable, solidairement avec les autres membres du GIE, des dettes de celui-ci (Cass. com. 10-7-1985 : Bull. civ. IV nº 211 ; Cass. com. 9-12-1986 : Bull. Joly 1987 p. 35 ; Cass. com. 1-3-1988 : Bull. civ. IV nº 95).

Capacité des membres Les membres d'un GIE sont **responsables indéfiniment** et **solidairement** des dettes de celui-ci (nº 97320). Cependant, cette responsabilité n'a pas, à notre avis, pour conséquence de leur conférer la **qualité de commerçant** au moment où ils adhèrent au GIE, même si celui-ci a un objet commercial. En effet, à la différence des associés de SNC (art. L 221-1), le Code de commerce mentionne l'obligation solidaire et indéfinie des membres de GIE sans y attacher expressément, dans l'hypothèse où le GIE aurait un objet commercial, la qualité de commerçant. On peut donc penser que cette distinction entre les deux rédactions n'est pas fortuite et que le législateur a sciemment écarté la qualité de commerçant des membres des GIE à objet commercial. De surcroît, selon la règle coutumière, c'est la solidarité qui se présume entre codébiteurs commerçants et non la qualité de commerçant qui se présume du fait de la solidarité. 96602

Il en résulte qu'un non-commerçant peut participer à un GIE commercial sans pour autant devenir lui-même commerçant : par exemple, des agriculteurs ne deviennent pas commerçants s'ils font partie d'un GIE ayant un objet commercial, tel que l'acquisition et la location de matériel agricole.

Dès lors, les membres d'un GIE doivent avoir la **capacité** requise pour **disposer** de leurs biens mais pas obligatoirement celle exigée pour être commerçant. 96603

Un mineur émancipé, un majeur sous sauvegarde de justice ou un majeur dont le mandat de protection future a pris effet peut ainsi **librement être membre** d'un GIE.

Un mineur non émancipé peut aussi, en principe, être **membre** d'un GIE dans les **conditions** suivantes : lorsque les deux parents exercent en commun l'autorité parentale, l'accord des deux parents est nécessaire ; lorsque l'autorité parentale est exercée par un seul parent, ce dernier peut prendre seul la décision ; lorsque le mineur est sous tutelle, le tuteur doit obtenir l'autorisation du conseil de famille, ou, à défaut, du juge (cf. C. civ. art. 382, 382-1, 387-1 pour le mineur sous administration légale et art. 505, al. 1 pour le majeur sous tutelle ; Décret 2008-1484 du 22-12-2008 art. 2, al. 1). En pratique, cette possibilité est rarement employée en raison de la responsabilité solidaire et indéfinie des membres du GIE ; en outre, il est exceptionnel qu'un mineur non émancipé exerce une activité économique.

Pour qu'un majeur sous tutelle ou sous curatelle puisse être membre d'un GIE, il faut que le tuteur obtienne l'autorisation du conseil de famille ou, à défaut, du juge ou que le curateur assiste le majeur (C. civ. art. 505, al. 1 et 467 ; cf. Décret 2008-1484 art. 2, al. 1). Quant au majeur sous habilitation familiale, la décision peut être prise, en fonction du champ de l'habilitation, par le majeur agissant seul, par le majeur agissant avec l'assistance de la personne habilitée ou par la personne habilitée (nos 395 s.).

96604 De même, une **société civile** ou une **association** régie par la loi de 1901 peuvent adhérer à un GIE sous réserve que leur activité revête un caractère économique.

Le GIE n'est pas réservé aux seules entreprises françaises ; les **personnes** physiques ou morales de **nationalité étrangère** peuvent donc en faire partie. Même si le GIE a une activité commerciale, les intéressés ne sont pas tenus de justifier d'un titre de séjour, celui-ci n'étant requis que de l'administrateur, s'il est étranger, ayant le pouvoir d'engager le GIE à l'égard des tiers (no 96902).

DÉNOMINATION DU GIE

96610 Le GIE doit avoir une dénomination ; celle-ci est librement choisie par ses membres.

Afin de permettre aux tiers de connaître exactement la nature juridique de la personne morale avec laquelle ils traitent, cette dénomination doit, sur tous les **actes** et **documents émanant du GIE** et destinés aux tiers (lettres, factures, annonces, publications diverses), être suivie des mots « groupement d'intérêt économique » ou du sigle « GIE » (art. L 251-17). À défaut, le ministère public ou tout intéressé peut demander au président du tribunal compétent statuant en référé d'enjoindre, le cas échéant sous astreinte, au représentant légal du GIE de mentionner ces indications sur les actes et documents du GIE (art. L 238-3, dernier al.).

À noter que l'**appellation** « groupement d'intérêt économique » et le **sigle** « GIE » sont **protégés.** Ils ne peuvent être utilisés que par les groupements soumis aux articles L 251-1 à L 251-23. Tout emploi illicite de cette appellation peut être interdit, le cas échéant sous astreinte, par le président du tribunal compétent statuant en référé à la demande du ministère public ou de tout intéressé (art. L 251-23).

CAPITAL DU GIE ET APPORTS

96620 Le GIE peut être constitué sans capital (art. L 251-3, al. 1). En pratique, il fonctionnera alors dans des conditions analogues à celles d'une association régie par la loi de 1901, son financement étant assuré par des cotisations si la facturation de ses services se révèle insuffisante.

Toutefois, l'**absence** de capital n'empêche pas que le GIE puisse recevoir de ses membres des apports en numéraire, en nature ou même en industrie. S'il est vrai qu'un capital nécessite toujours des apports (autres que des apports en industrie), la réciproque ne s'impose pas. À titre d'exemple, les associations régies par la loi de 1901 peuvent recevoir des apports bien qu'elles n'aient pas de capital (les apports font partie de l'actif de l'association).

En cas de constitution d'un magasin collectif de commerçants indépendants, tous les apports autres qu'en espèces sont interdits (art. L 125-5).

96621 La **constitution d'un capital** n'est pas exclue par le Code de commerce. Les membres du GIE peuvent organiser comme ils l'entendent la composition du capital, le mode de libération des apports et la représentation des droits dans le capital.

96622 Qu'un **capital** ait été **constitué ou non,** les droits et obligations des membres (droit de vote aux assemblées, droit aux bénéfices et au boni de liquidation, contribution aux dettes, etc.) sont déterminés librement dans les statuts.

Les droits des membres d'un GIE ne peuvent, en aucun cas, être représentés par des **titres négociables** (art. L 251-3, al. 2).

Ces droits ne peuvent pas faire l'objet d'une **offre au public** – à peine de nullité des contrats conclus ou des droits créés – sauf offre réservée à des investisseurs qualifiés ou à un cercle restreint d'investisseurs ou offre adressée exclusivement à des personnes ou entités qui sont déjà membres du GIE (art. L 253-1).

SIÈGE DU GIE

96630 Le siège du GIE doit être **précisé** dans le contrat.

Un GIE dont l'objet est commercial peut être titulaire d'un bail commercial sur les locaux où est situé son siège (art. L 251-4, al. 1). Il s'ensuit qu'il peut bénéficier de la **propriété commerciale** s'il remplit les conditions de l'article L 145-8, c'est-à-dire s'il peut justifier qu'il est propriétaire d'un fonds de commerce exploité depuis plus de trois ans. Mais cela suppose l'existence d'une clientèle qui lui soit personnelle, condition qui risque de n'être remplie qu'assez rarement compte tenu de l'objet limité des GIE (nos 96580 s.).

DURÉE DU GIE

Le GIE doit être constitué pour une durée **déterminée** (art. L 251-1, al. 1). 96640

Cette durée sera fonction des buts poursuivis lors de la constitution. Une durée courte s'imposera si le GIE a pour objet, par exemple, la réalisation en commun d'un marché, la mise au point d'un prototype ou encore une action publicitaire isolée. Elle sera plus longue si le GIE doit répondre à des besoins permanents tels que bureaux d'achat ou de vente, organismes de gestion administrative et comptable, etc.

Si la durée du GIE se révélait trop courte, l'assemblée des membres aurait toujours la possibilité d'en décider la **prorogation** (art. L 251-10, al. 1).

SANCTIONS DES RÈGLES DE CONSTITUTION DU GIE

Sur les sanctions applicables en cas d'irrégularité dans la constitution d'un GIE, voir nos 97800 s. 96650

B. Forme et publicité de la constitution du GIE

FORME DU CONTRAT CONSTITUTIF DU GIE

Le contrat constitutif du GIE doit être établi par un **acte** écrit (art. L 251-8, I) **sous signature privée ou notarié.** La forme notariée n'est obligatoire que si des biens ou droits sujets à publicité au service chargé de la publicité foncière sont apportés au groupement (cf. Décret 55-22 du 4-1-1955 art. 4, al. 1 et art. 28, 1° et C. civ. art. 710-1). 96680

En l'**absence d'écrit,** il peut être constaté l'existence d'un **GIE créé de fait** à condition que soit apportée la preuve de la commune intention des membres de constituer un tel groupement en vue de développer ou de faciliter leur activité économique. Pour un exemple où cette commune intention n'existait pas, voir Cass. com. 7-1-1997 : RJDA 4/97 n° 526.

Nombre d'exemplaires S'il est sous signature privée, l'acte constitutif doit être dressé en autant d'exemplaires qu'il y a de parties, plus ceux nécessaires pour l'accomplissement des formalités légales. Le dépôt d'un original de l'acte constitutif en vue de l'immatriculation du GIE n'est pas nécessaire, les statuts pouvant être fournis en copie (n° 96701). 96681

CONTENU DU CONTRAT CONSTITUTIF DU GIE

Le contrat constitutif doit contenir les mentions suivantes (art. L 251-8, II) : 96690

– la dénomination du GIE ;

– le nom ou la dénomination sociale de chacun des membres, sa forme juridique, l'adresse de son domicile ou de son siège social et, s'il y a lieu, son numéro d'identification ainsi que la ville où il est immatriculé au RCS ou son numéro d'identification au RNE ;

– la durée pour laquelle le GIE est constitué ;

– l'objet du GIE ;

– l'adresse du siège du GIE.

Outre ces mentions impératives, le contrat doit contenir toutes les indications nécessaires relatives au **fonctionnement** (administration, contrôle, assemblées, répartition des bénéfices et des pertes, admission ou exclusion des membres, etc.) et aux conditions de **dissolution** et de **liquidation** du GIE.

Le contrat peut, en cas de besoin, être complété par un **règlement intérieur** contenant certaines mesures d'application particulières. Ce règlement a force obligatoire à l'égard des membres du groupement (CA Paris 1-2-2024 n° 22/17877 : RJDA 6/24 n° 348). 96691

> **Précisions** Dans un cas où un contrat constitutif stipulait que le GIE était régi par ce contrat « y compris le **règlement intérieur** », jugé qu'il n'existait pas de primauté normative du **contrat *constitutif*** *du groupement* sur le règlement intérieur, de sorte qu'il convenait, pour résoudre la **contradiction** entre leurs termes, de rechercher la commune intention des parties (CA Paris 1-2-2024 précité).

PUBLICITÉ DE LA CONSTITUTION DU GIE

Contrairement au régime applicable aux sociétés commerciales (art. R 210-3) ou civiles (Décret 78-704 du 3-7-1978 art. 22), aucun texte n'impose aux fondateurs d'un GIE de procéder à l'insertion d'un avis de constitution dans un **support d'annonces légales.** Rien ne permet de penser que cette différence soit le fruit d'un oubli. L'insertion dans un support d'annonces légales ne fait d'ailleurs pas partie des pièces justificatives à fournir au greffe pour faire immatriculer le GIE. 96700

En revanche, les fondateurs du GIE doivent procéder à l'immatriculation de celui-ci au **RCS** (art. L 123-1, 2°). Cette formalité est essentielle, car c'est seulement à partir du jour de l'immatriculation que le GIE jouit de la personnalité morale et, par voie de conséquence, de la pleine capacité juridique (art. L 251-4).

Sur l'obligation de publier des informations concernant les **bénéficiaires effectifs** des GIE, voir nos 3350 s.

96701 **Immatriculation du GIE** Même s'il a un objet purement civil, le GIE doit être immatriculé au RCS et au RNE.

La **demande** d'immatriculation, qui doit comporter les diverses mentions énumérées aux articles R 123-60 pour le RCS et R 123-260 pour le RNE, doit être présentée au guichet unique électronique des formalités d'entreprises.

Les fondateurs du groupement doivent notamment joindre à cette demande une copie des **actes** suivants (art. R 123-77), que le guichet unique transmettra au greffe compétent en vue de leur **dépôt** en annexe au RCS (art. R 123-103) et à l'Inpi en vue de leur dépôt en annexe au RNE (art. R 123-266) :

– contrat de GIE ;

– actes de nomination des membres des organes de gestion, d'administration, de direction, de surveillance et de contrôle (lorsque ces personnes n'ont pas été désignées dans le contrat).

Sur les **pièces justificatives** à fournir lors de la demande d'immatriculation, voir l'annexe VII de l'annexe 1-1 du Livre I de la partie « arrêtés » du Code de commerce.

L'immatriculation au RCS n'entraîne pas **présomption de commercialité,** le caractère commercial ou non du GIE dépendant exclusivement de son objet (art. L 251-4).

Le GIE doit faire figurer sur ses **papiers d'affaires** et sur son **site internet** les mêmes mentions que celles exigées des sociétés commerciales (n° 3313).

> **Précisions** Le **greffier** auquel est présentée la demande d'immatriculation n'a pas d'autre obligation que celle de s'assurer que les renseignements exigés par l'article R 123-60 lui sont fournis. Il n'a pas à exercer un contrôle sur la qualité des membres du GIE et n'a donc pas à rechercher si ces derniers exercent ou non une activité économique (CA Paris 17-4-1986, inédit).

96703 **Insertion au Bodacc** Dans les huit jours de l'immatriculation au RCS, le **greffier** doit publier un avis dans le Bodacc (art. R 123-155 et R 123-161). Cet avis doit comporter les mentions énumérées à l'article R 123-157 (référence de l'immatriculation, dénomination, adresse du siège, etc.).

JOUISSANCE DE LA PERSONNALITÉ MORALE

96710 Le GIE ne jouit de la personnalité morale qu'à partir de la date de son **immatriculation au RCS** (art. L 251-4, al. 1).

On retrouve donc, à propos du GIE, les mêmes difficultés que pour les sociétés commerciales en ce qui concerne les **actes** qui auraient pu être **passés** pour le compte du GIE **avant l'immatriculation** de celui-ci (nos 2660 s.). Ainsi, les personnes ayant passé ces actes sont responsables solidairement et indéfiniment des conséquences de ces actes à moins que le GIE, après avoir été régulièrement constitué et immatriculé, ne reprenne leurs engagements à son compte. Ces engagements sont alors réputés avoir été souscrits dès l'origine par le GIE (art. L 251-4, al. 2).

96711 Toutefois, aucune disposition réglementaire ne permet actuellement, à l'image de ce qui est prévu pour les sociétés commerciales, une **reprise automatique,** sous certaines conditions, des actes passés pour le compte d'un GIE en formation, de sorte que les personnes ayant passé ces actes doivent, en principe, attendre l'immatriculation du GIE pour savoir si celui-ci reprendra ou non les engagements qu'elles ont contractés. Afin de se prémunir contre le risque d'un éventuel **refus de ratification,** les intéressés agiront prudemment en prenant la précaution, au moins pour les actes importants, de se faire habiliter expressément à cette fin par tous les membres du GIE. S'ils ne le font pas, il leur reste la possibilité de faire ratifier par ces derniers les engagements qu'ils ont pris, sans attendre l'immatriculation du GIE au RCS. Ces procédés ne règlent que les rapports des membres du GIE entre eux. Ils ne libèrent pas l'auteur de l'acte à l'égard du tiers cocontractant sauf si ce dernier a accepté la substitution de débiteur.

› Précisions L'administration fiscale admet de ne pas soumettre à de nouveaux **droits d'enregistrement** la reprise par le GIE des contrats souscrits avant l'immatriculation à la condition que ces contrats contiennent l'indication qu'ils ont été réalisés pour le compte du GIE et que la ratification n'opère aucune novation par rapport aux dispositions essentielles de la convention initiale (BOI-ENR-AVS-40-60-10 n° 130).

C. Régime fiscal de la constitution d'un GIE

Les GIE sont soumis, au regard des droits d'enregistrement, à un régime fiscal analogue à celui des sociétés (Mémento Fiscal n° 67210). 96740

D. Transformation d'une société ou d'une association en GIE

CONDITIONS DE LA TRANSFORMATION EN GIE

Toute société ou association dont l'**objet correspond à la définition du GIE** peut être transformée en un tel groupement sans donner lieu à dissolution ni à création d'une personne morale nouvelle (art. L 251-18, al. 1 ; pour une application, Cass. com. 4-10-1994 n° 92-20.504 P : Bull. civ. IV n° 277). 96770

› Précisions La **transformation d'une association en GIE** permet à ses membres, lors de la liquidation du GIE, de se partager les biens de celui-ci (n° 97680), alors que ce partage leur aurait été interdit s'ils étaient restés groupés en association (Décret du 16-8-1901 art. 15). Toutefois, cette conséquence ne saurait interdire à elle seule la transformation puisque celle-ci est expressément autorisée par l'article L 251-18 (sous réserve que l'objet de l'association corresponde à la définition du GIE, ce qui n'est pas le cas de la plupart des associations à but non lucratif). Pour qu'une telle transformation soit irrégulière, il faudrait établir qu'elle a été **frauduleuse,** c'est-à-dire qu'elle a été décidée dans le seul but de partager les biens du GIE entre ses membres.

Décision de transformation Étant donné la responsabilité solidaire et indéfinie qui pèse sur les membres d'un GIE, la transformation en groupement de ce type d'une SCS, d'une SARL, d'une société par actions ou d'une association régie par la loi du 1er juillet 1901 est subordonnée à l'**accord** unanime **des associés** ou des membres de l'association. En revanche, en cas de transformation en GIE d'une SNC, dont tous les associés sont déjà tenus indéfiniment et solidairement des dettes sociales (art. L 221-1, al. 1), l'unanimité n'est exigée qu'en l'absence de clause statutaire précisant les **conditions de majorité** requises pour la transformation de la société ou la modification des statuts (art. L 221-6, al. 1). 96772

RÉGIME FISCAL DE LA TRANSFORMATION EN GIE

La transformation d'une société de capitaux ou d'une association de la loi de 1901 en GIE est considérée comme une cessation d'entreprise. Cependant, l'administration admet de ne pas soumettre à l'impôt les bénéfices en sursis d'imposition et les plus-values latentes de l'actif, à condition que les écritures comptables ne soient pas modifiées et que leur imposition demeure possible sous le régime fiscal applicable au GIE (BOI-IS-CESS-20-20 nos 20 s.). 96780

En matière de droits d'enregistrement, la transformation ne donne ouverture qu'à un simple droit fixe de 125 €.

SECTION 3 FONCTIONNEMENT DU GIE

A. Administration du GIE

ORGANES D'ADMINISTRATION DU GIE

Le GIE est administré par une ou plusieurs personnes physiques ou morales (art. L 251-11, al. 1). 96900

Lors de sa nomination comme administrateur, la personne morale doit, comme dans les SA (nos 39790 s.), désigner un **représentant permanent** qui encourt les mêmes responsabilités civile et pénale que s'il était administrateur en son nom propre.

96901 Sous cette réserve, les fondateurs du GIE peuvent **organiser librement** les conditions dans lesquelles celui-ci sera administré. Toutes les possibilités sont offertes :
– nomination d'un administrateur unique ou de plusieurs administrateurs ;
– choix du ou des administrateurs parmi les membres du GIE ou en dehors d'eux ;
– fixation de conditions particulières de majorité pour la nomination des organes d'administration ;
– nécessité de répondre à certaines exigences (participation minimale dans le GIE, compétence technique particulière, etc.) pour pouvoir être nommé administrateur ;
– en cas de pluralité d'administrateurs, possibilité de répartition des tâches entre les administrateurs ou désignation d'un président qui sera seul en rapport avec les tiers ;
– limitation ou non de la durée du mandat du ou des administrateurs ;
– modalités du renouvellement du mandat ;
– motifs et procédure de révocation des administrateurs ;
– fixation d'une rémunération ou gratuité du mandat, etc.

ATTENTION

Lorsque les **statuts** d'un GIE prévoient la **révocabilité ad nutum** des administrateurs, le président du GIE ne peut, à lui seul, consentir à un administrateur-directeur général un contrat prévoyant le versement d'une indemnité substantielle au cas où la révocation de l'intéressé serait décidée sans faute grave de sa part. Une telle clause porte atteinte à la règle statutaire de révocation ad nutum et nécessite donc une délibération de l'assemblée générale des membres du GIE en vue de modifier les statuts ou d'autoriser, en faveur de l'intéressé, une exception aux règles statutaires (CA Paris 6-12-1979 : Rev. sociétés 1981 p. 364 note J. G.).

96902 Les personnes de **nationalité étrangère,** autres que les ressortissants européens, ne peuvent devenir **administrateurs** que si elles sont titulaires d'un titre de séjour, sauf dérogation (nos 92680 s.).

POUVOIRS DES ADMINISTRATEURS DU GIE

96910 Les pouvoirs et attributions des administrateurs d'un GIE ne font l'objet d'aucune réglementation spéciale, tout au moins dans les **rapports internes** du GIE.

Le contrat peut valablement prévoir que certaines opérations déterminées seront subordonnées à l'autorisation préalable de tel ou tel organe du GIE (conseil d'administration ou de surveillance s'il en existe, assemblée, etc.) ou que les engagements dépassant un certain montant devront être soumis à une double signature.

Ces **limitations de pouvoirs** sont licites mais elles sont inopposables aux tiers appelés à traiter avec le GIE. En effet, dans les rapports avec les tiers, un administrateur engage le GIE par tout acte entrant dans l'objet de celui-ci, sans que le contrat puisse déroger à cette disposition (art. L 251-11, al. 2). Ainsi, un administrateur peut valablement contracter un emprunt en vue de l'acquisition du matériel nécessaire à la réalisation de l'objet du GIE (Cass. com. 8-1-1991 : Bull. civ. IV no 13).

Les **modalités d'administration** du GIE doivent être précisées dans le contrat. À défaut, c'est l'assemblée des membres qui en décide (art. L 251-11, al. 1).

> **Précisions** **Selon la CNCC,** les GIE, qu'ils aient un objet civil ou commercial, n'entrent pas dans le champ d'application de l'article L 612-5, qui organise une **procédure de contrôle des conventions** conclues entre une personne morale non commerçante ayant une activité économique et ses dirigeants (Bull. CNCC juin 2003 p. 50).

RESPONSABILITÉ DES ADMINISTRATEURS DU GIE

96920 Le ou les administrateurs du GIE et les représentants permanents des personnes morales administrateurs sont **responsables, individuellement ou solidairement,** selon le cas, envers le groupement ou envers les tiers, des infractions aux dispositions législatives ou réglementaires applicables aux GIE, de la violation des « statuts » du GIE ainsi que de leurs fautes de gestion. Si plusieurs administrateurs ont coopéré aux mêmes faits, le tribunal peut déterminer la part contributive de chacun dans la réparation du dommage (art. L 251-11, al. 1).

ILLUSTRATIONS

L'administrateur d'un GIE qui avait **traité des commandes** pour le compte du GIE **avec des concurrents** d'une société membre, sans respecter les conditions prévues par les statuts pour ce recours à la concurrence, doit réparer le préjudice qu'il a causé à cette société, étant observé que, même s'il avait agi dans ce qu'il croyait être l'intérêt du GIE, c'était en méconnaissant que celui-ci n'avait pas pour but la recherche de bénéfices mais le développement de l'activité de ses membres (Cass. civ. 16-7-1981 : Bull. Joly 1981 p. 834).

Pour plus de détails sur les dispositions de l'article L 251-11, al. 1 qui sont la reproduction de l'article L 225-251 relatif à la responsabilité civile des administrateurs de SA, voir nos 42000 s. On notera cependant que, contrairement au régime applicable à ces derniers, l'**action en responsabilité** ne peut être exercée que par la personne ayant subi le préjudice résultant de la faute commise par l'administrateur. Actuellement, il n'existe pas, en matière de GIE, de texte autorisant une action « groupée » des personnes souffrant directement et individuellement d'un préjudice provenant des mêmes faits. De même, aucune disposition ne permet l'exercice d'une « action sociale » par des membres du GIE en vue d'obtenir réparation du préjudice subi par ce dernier.

Les administrateurs qui feraient supporter par les membres du GIE des dépenses engagées à des fins personnelles s'exposeraient à des sanctions pénales pour **abus de confiance** (C. pén. art. 314-1 s. ; pour une application, voir Cass. crim. 27-1-1986 : Rev. sociétés 1986 p. 273 note B. Bouloc). **96921**

PUBLICITÉ DE DÉBUT ET DE FIN DE FONCTION DES ADMINISTRATEURS DU GIE

La nomination des administrateurs, comme la cessation de leurs fonctions pour quelque cause que ce soit (décès, démission, révocation, expiration du mandat non suivie de renouvellement, etc.), doit être publiée dans les conditions suivantes : **96930**
– dépôt d'une demande d'inscription modificative au guichet unique électronique des formalités d'entreprises visant à faire inscrire le changement d'administrateur au **RCS** et au **RNE** (art. R 123-66 et R 123-263) ;
– insertion au **Bodacc** par les soins du greffier (art. R 123-159 et R 123-161).

RÉGIME FISCAL ET SOCIAL DES ADMINISTRATEURS DU GIE

Le régime fiscal applicable aux rémunérations versées aux dirigeants du GIE est analogue à celui des gérants de SNC (nos 22450 s.). Ainsi : **96940**
– les rémunérations versées à des **administrateurs non « associés »** sont soumises au régime des traitements et salaires (Rép. Lacour : Sén. 28-1-1993 n° 24004, non reprise dans la documentation administrative la plus récente mais qui paraît garder toute sa valeur) ;
– celles versées à des **administrateurs « associés »** viennent s'ajouter à la part des bénéfices du GIE revenant à chacun des intéressés (CE 28-10-1981 n° 22280 : RJF 12/81 n° 1033).

Au regard de la législation sur la **sécurité sociale,** la situation des dirigeants doit s'apprécier au cas par cas en fonction des critères généraux d'assujettissement. Il s'ensuit que ces dirigeants ne sont assujettis obligatoirement au régime général des salariés du chef de l'activité d'administrateur que si elle est rémunérée et s'exerce sous la subordination du GIE ; au cas contraire, ils sont susceptibles de relever de la sécurité sociale pour les indépendants (Rép. Lacour : Sén. 28-1-1993 n° 24004). On observera que l'existence d'un tel lien de subordination est douteuse lorsque l'administrateur est, par ailleurs, membre du GIE à titre personnel ou principal associé ou dirigeant d'une entreprise membre du GIE. **96941**

Le dirigeant du GIE qui y exerce une activité salariée distincte de celle de son mandat relève du régime général de sécurité sociale des salariés du chef de cette activité à condition que cette activité soit effective et donne lieu à une rémunération spécifique (Lettre Cnamts du 28-8-1974).

B. Assemblées des membres du GIE

COMPÉTENCE DE L'ASSEMBLÉE DU GIE

L'assemblée des membres du GIE est habilitée à prendre toutes décisions – y compris celles concernant la dissolution anticipée ou la prorogation de la durée du GIE – dans les conditions déterminées par le contrat (art. L 251-10). **96970**

La liberté des conventions est donc la règle en matière d'assemblées. Notamment, rien ne s'oppose à ce que, par analogie avec le régime applicable aux sociétés par actions, le contrat prévoie deux sortes d'assemblées : les unes, qualifiées d'« ordinaires », ayant pour objet, par exemple, de statuer sur les comptes du GIE et sur les autorisations à donner aux administrateurs au cas où les statuts limiteraient leurs pouvoirs ; les autres, qualifiées d'« extraordinaires », seules compétentes pour modifier le contrat de GIE.

TENUE DES ASSEMBLÉES DU GIE

96980 Les membres du GIE fixent dans le contrat les **conditions** de tenue des assemblées (modalités de convocation, droit de communication, droit de représentation, le cas échéant quorum, procès-verbaux, publicité des décisions, etc.).

L'article L 251-10, al. 3 impose seulement l'**obligation de réunir** l'assemblée si cette réunion est demandée par un quart au moins des membres du GIE.

MAJORITÉ REQUISE POUR L'ADOPTION DES DÉCISIONS DE L'ASSEMBLÉE DU GIE

96990 Le contrat détermine à quelles **conditions** de majorité doivent être prises les décisions, observation faite que ces conditions peuvent être différentes selon la nature ou l'importance des décisions. En l'**absence de clauses particulières,** les décisions sont prises à l'unanimité (art. L 251-10, al. 1), même si l'absence de clause résulte manifestement d'un oubli (CA Paris 29-10-2009 nº 08-18972 : RJDA 4/10 nº 399, à propos d'une société civile mais transposable).

Il en est de même si la clause est d'une imprécision telle qu'elle rend impossible toute recherche de la volonté des membres du GIE (en ce sens, CA Orléans 16-11-2006 nº 06-62 : RJDA 4/07 nº 378, à propos d'une société civile mais transposable).

> **Précisions** **a.** Lorsque l'**unanimité** est requise, celle-ci **s'entend** de la totalité des membres du groupement et non des seuls membres présents ou représentés à l'assemblée (Cass. 3e civ. 5-1-2022 nº 20-17.428 FS-B : RJDA 4/22 nº 205, à propos d'une société civile mais transposable).
> **b.** Lorsque les « statuts » d'un GIE prévoient que les modifications de ces « statuts » sont valablement adoptées à la majorité des voix exprimées sauf pour certaines décisions qui requièrent l'unanimité (notamment le changement d'objet du GIE), la **suppression** de cette **règle de l'unanimité** ne peut, elle-même, être décidée qu'à l'unanimité (Cass. com. 3-5-1995 : RJDA 8-9/95 nº 997).
> **c.** Les conditions de majorité doivent être **fixées** avec **précision** dans le **contrat.** Pour des exemples de clauses prêtant à confusion, voir nº 23151.
> **d.** Sur les règles applicables aux modifications statutaires intervenant après l'adoption d'un **plan de sauvegarde ou de redressement judiciaire,** voir nº 91323.

96991 **Nombre de voix** Le contrat peut attribuer à certains membres un **nombre de voix différent** de celui accordé aux autres (art. L 251-10, al. 2). Ainsi, le nombre de voix pourra être fonction du nombre de parts détenu par chaque membre, ou du volume d'affaires traité par lui avec le GIE. De même, des catégories différentes de membres peuvent être créées, chacune d'elles donnant droit à un nombre de voix déterminé.

Dans le **silence du contrat,** chaque membre dispose d'une voix (art. L 251-10, al. 2).

PUBLICITÉ DES MODIFICATIONS DU CONTRAT DU GIE

97000 Outre les **changements** intervenus dans la **composition du GIE** ou dans ses **organes** d'administration ou de contrôle, les modifications apportées à la **dénomination** du GIE, à son **siège,** à ses **activités principales ou** à sa **durée** doivent faire l'objet d'une inscription modificative au RCS dans le mois de l'acte modificatif (art. R 123-66) et au RNE (art. R 123-263), ainsi que, le cas échéant, d'une insertion au Bodacc (art. R 123-159).

La demande d'inscription modificative doit être présentée au guichet unique électronique des formalités d'entreprises et comprendre notamment une copie des actes suivants, que le guichet unique transmettra au greffe compétent en vue de leur dépôt en annexe au RCS (art. R 123-105) et à l'Inpi en vue de leur dépôt en annexe au RNE (art. R 123-266, 2º) :
– l'acte modificatif ;
– un exemplaire du contrat de groupement mis à jour, établi sur papier libre et certifié conforme par un administrateur du GIE.

97001 Pour toute **autre modification du contrat,** il y a seulement lieu de déposer les actes indiqués ci-dessus, par l'intermédiaire du guichet unique électronique des formalités d'entreprises, au greffe du tribunal de commerce dans le délai d'un mois à compter de la date de cette modification, pour qu'ils soient annexés au RCS (art. R 123-105). Ces actes font également l'objet d'un dépôt en annexe au RNE (art. R 123-266, 2º).

97002 **Transfert du siège dans le ressort d'un autre tribunal** En cas de transfert du siège du GIE hors du ressort du tribunal de commerce au greffe duquel le GIE a été immatriculé, il y a lieu de transmettre au guichet unique électronique des formalités d'entreprises un dossier d'inscription que le guichet transmettra au greffe du tribunal de commerce du nouveau siège pour que celui-ci inscrive la modification au RCS (art. R 123-72) et à l'Inpi pour que la modification soit inscrite au RNE (art. R 123-263).

C. Contrôle de la gestion et des comptes du GIE

CONTRÔLE DE LA GESTION DU GIE

Le contrôle de la gestion du GIE doit être confié à des personnes physiques, selon les **modalités** librement déterminées dans le contrat constitutif du GIE (art. L 251-12, al. 1). 97030

Le ou les **contrôleurs** peuvent être choisis parmi les membres du GIE ou en dehors d'eux, sauf clauses contraires. Lorsque le GIE émet des obligations, ils doivent être nommés par l'assemblée (art. L 251-12, al. 2) ; dans le cas contraire, leur nomination est faite dans les conditions fixées par le contrat.

En l'absence de dispositions légales particulières, il appartient aux membres du GIE de déterminer dans le contrat l'étendue de la **mission** et des **pouvoirs** d'investigation des contrôleurs de gestion, leur rémunération, la durée de leurs fonctions et, éventuellement, les conditions de leur révocation. 97031

La **nomination,** comme la **cessation des fonctions** des contrôleurs de gestion, doit faire l'objet des mêmes mesures de **publicité** que celles exposées n° 96930 à propos des administrateurs.

CONTRÔLE DES COMPTES DU GIE

En principe, les membres du GIE peuvent déterminer comme ils l'entendent, dans leur contrat, les **modalités** selon lesquelles sera assuré le contrôle des comptes (art. L 251-12, al. 1). Le contrat doit notamment préciser les conditions et le mode de nomination des contrôleurs, l'étendue de leur mission, la durée de leurs fonctions, la fixation de leur rémunération, etc. 97040

La nomination et la cessation des fonctions des contrôleurs des comptes nécessitent l'accomplissement des mêmes formalités de **publicité** que pour les contrôleurs de gestion (n° 97031).

Toutefois, le contrôle des comptes fait l'objet d'une réglementation plus stricte comportant l'intervention obligatoire d'un ou de plusieurs **commissaires aux comptes** lorsque le **GIE émet des obligations ou** lorsqu'il **compte au moins 100 salariés** à la clôture d'un exercice (art. L 251-12, al. 3).

Les règles concernant la nomination et la cessation des fonctions de commissaires aux comptes, les conditions d'exercice de leur profession, la mise en jeu de leur responsabilité et leur rémunération, qui, pour nombre d'entre elles, sont communes à l'ensemble des sociétés commerciales, sont applicables aux GIE sous réserve, toutefois, des règles propres à ceux-ci (art. L 251-12, al. 3). Elles sont exposées n°s 77500 s.

DOCUMENTS DE GESTION PRÉVISIONNELLE DU GIE

Indépendamment de leurs comptes annuels, les GIE qui, à la clôture d'un exercice social, ont employé au moins **300 salariés** ou ont réalisé un **chiffre d'affaires** net d'au moins **18 M€** doivent établir des documents de gestion prévisionnelle (art. L 251-13 et L 251-14 et art. R 232-2, al. 1, sur renvoi de l'art. R 251-2, al. 1). Cette obligation cesse lorsque le GIE ne remplit aucune des conditions liées à l'effectif ou au chiffre d'affaires pendant deux exercices consécutifs (art. R 232-2, al. 2, sur renvoi de l'art. R 251-2, al. 1). 97050

Les dispositions applicables aux GIE étant la reproduction de celles prévues pour les sociétés et appelant, de ce fait, les mêmes commentaires (voir n°s 76070 s.), nous nous bornons à les rappeler brièvement ci-dessous.

1. Établissement, dans les conditions fixées par l'article R 251-2, **des documents** suivants (art. L 232-2 et R 232-2 à R 232-7) : 97051

– une situation de l'actif réalisable et disponible (valeurs d'exploitation exclues) et du passif exigible ;

– *un tableau de financement ;*

– un compte de résultat prévisionnel ;

– un plan de financement prévisionnel.

2. Analyse de ces documents par les **administrateurs** du GIE dans des **rapports écrits** qui doivent être **communiqués** au commissaire aux comptes et au comité social et économique (CSE), s'ils existent.

À noter que ni l'article R 251-2 ni les articles R 232-7 et R 232-6, auxquels renvoie cet article, n'ont été actualisés pour tenir compte du remplacement du comité d'entreprise et des délégués du personnel par le CSE, mais celui-ci dispose également de ce droit de communication en vertu du Code du travail (cf. C. trav. art. L 2312-25, II-3°).

3. Si les obligations qui précèdent ne sont pas respectées ou si les informations données par les administrateurs appellent des remarques du **commissaire aux comptes,** établissement par lui d'un **rapport.**

PROCÉDURE D'ALERTE DANS LE GIE

97060 Lorsque le commissaire aux comptes relève, à l'occasion de l'exercice de sa mission, un fait de nature à compromettre la continuité de l'exploitation, il doit demander par écrit des explications aux administrateurs du GIE (art. L 251-15 ; pour plus de détails, voir n° 90525).

D. Responsabilité pénale du GIE

97090 Les GIE peuvent, comme toutes les autres personnes morales, être condamnés pénalement (cf. C. pén. art. 121-2).

Cette responsabilité pénale est applicable aux GIE dans les mêmes termes qu'aux sociétés. Les développements présentés à propos de ces dernières (nos 4590 s.) leur sont donc transposables.

SECTION 4 MEMBRES DU GIE

A. Admission et retrait des membres du GIE

ADMISSION DE NOUVEAUX MEMBRES DANS LE GIE

97200 Les **conditions** d'admission de nouveaux membres sont librement fixées dans le contrat constitutif du GIE (art. L 251-9) ou lors d'une modification ultérieure de ce contrat.

Toutes les formules peuvent donc être envisagées : agrément par tel organe du GIE (administrateur, conseil, assemblée, etc.) ou même par un tiers, nécessité d'exercer une certaine profession ou activité, engagement de recourir uniquement au GIE pour une ou plusieurs opérations, prestations minimales, etc.

De même, la **procédure** d'admission est laissée à l'entière appréciation des rédacteurs du contrat : droit d'entrée, augmentation de capital avec ou sans prime, acquisition de droits, cession de parts, cotisation majorée pendant une durée plus ou moins longue, etc.

Si les **statuts** n'ont **rien prévu,** l'admission est subordonnée à l'accord unanime des membres du GIE (pour un exemple, CA Paris 11-2-2000 : RJDA 6/00 n° 678).

L'adhésion à un GIE ne peut pas être imposée. L'intéressé doit manifester sa volonté d'y adhérer. Ainsi, les statuts d'un GIE qui gère un **centre commercial** ne peuvent pas prévoir que l'**adhésion** est obligatoire pour toute activité commerciale nouvelle ou déjà existante (Cass. com. 28-6-2005 n° 952 : RJDA 11/05 n° 1245).

RETRAIT DES MEMBRES DU GIE

97210 Tout membre du GIE peut s'en retirer dans les conditions prévues par le contrat du GIE, sous réserve qu'il ait exécuté ses obligations (art. L 251-9, al. 2).

Cette disposition est impérative (Cass. com. 20-3-2012 n° 11-11.097 : RJDA 7/12 n° 690). Il en résulte que :

– le contrat ne peut pas interdire le **droit au retrait** ou le soumettre à une autre condition que celle prévue par la loi ;

– en l'absence de clause organisant les modalités du retrait, un membre peut se retirer sans **délai** (Cass. com. 20-3-2012 précité).

Le **contrat** peut prévoir les **conditions** dans lesquelles les membres du GIE pourront se retirer de celui-ci. L'éventail des clauses est très large : interdiction de retrait avant l'expiration d'une certaine période, nécessité d'attendre la fin d'un exercice, clause de non-concurrence, modalités particulières pour la liquidation des droits, etc. Les modalités du retrait, prévues par le contrat constitutif ou le règlement intérieur du GIE, sont exclues du champ d'application des dispositions interdisant de soumettre un partenaire commercial à des obligations créant un déséquilibre significatif entre les parties (Cass. com. 11-5-2017 n° 14-29.717 FS-PBRI : RJDA 7/17 n° 505).

Sur le droit aux réserves en cas de retrait, voir n° 97220.

> **Précisions a.** Les **obligations** mentionnées à l'article L 251-9, al. 2 ne peuvent être que celles existant **entre le GIE et l'intéressé** et non pas celles qui résultent à l'égard des tiers de la responsabilité indéfinie et solidaire des membres de tout GIE fondée sur l'article L 251-6, al. 1.
> **b.** Le **droit de retrait** est strictement **personnel,** de sorte que les créanciers d'un membre du GIE ne peuvent pas l'exercer par la voie de l'action oblique (Cass. com. 4-12-2012 n° 11-14.592 : RJDA 2/13 n° 137, à propos d'une société civile mais transposable).
> **c.** Un GIE ne peut pas exiger de **membres souhaitant se retirer** le **paiement** préalable **du solde de leur participation** dès lors qu'une telle interprétation de la clause contractuelle (qui prévoyait la constitution d'un fonds de trésorerie d'environ 11,4 M€), mettant au retrait des conditions financières telles qu'elle rendrait impossible toute résiliation des adhésions, serait nulle au regard des dispositions de l'article L 251-9, al. 2 (Cass. com. 24-9-2003 n° 1344 : RJDA 1/04 n° 58).
> Un GIE ne peut pas non plus, de bonne foi, retarder le retrait d'un de ses membres redevable de **cotisations modestes** (125 €) à la date à laquelle celui-ci aura réglé non seulement ces cotisations, mais aussi celles, de plus en plus élevées, que le groupement lui a facturées après la demande de retrait (CA Versailles 3-7-2018 n° 17/04936 : RJDA 11/18 n° 846).

EXCLUSION DES MEMBRES DU GIE

Le Code de commerce n'a pas envisagé l'exclusion éventuelle d'un des membres du GIE. Rien ne permet de penser que celle-ci soit interdite. La possibilité d'exclusion – dans des conditions à fixer dans le contrat – peut au contraire être fort utile, par exemple en cas de manquement aux règles professionnelles ou de violation grave du contrat. **97220**

ILLUSTRATIONS

Dans un cas où un contrat de GIE prévoyait la possibilité d'exclure tout membre qui entraverait le fonctionnement du GIE, a été jugée valable l'**exclusion** d'un membre qui avait créé un GIE dissident susceptible de provoquer une confusion dans l'esprit de la clientèle (CA Paris 8-4-1992 : RJDA 8-9/92 n° 842). De même, est licite la disposition des statuts prévoyant qu'une prise de participation dans le capital d'un adhérent par un concurrent constitue une cause éventuelle d'exclusion si cette participation entraîne un préjudice certain et indiscutable pour le GIE, ce qui était le cas en l'espèce puisque le GIE risquait de voir résilier le contrat de franchise de distribution dont il était titulaire (Cass. com. 10-5-1994 : RJDA 10/94 n° 1041 ; pour un autre exemple d'exclusion fondée sur la clause figurant dans le règlement d'un GIE et prévoyant l'exclusion de toute société membre dont le contrôle serait cédé sans l'accord exprès du GIE, voir CA Paris 22-9-1995 : Bull. Joly 1995 p. 1069 note J.-C. Hallouin).

Sur un **refus d'exclusion** dans un cas où les conditions statutaires n'avaient pas été respectées, voir Cass. com. 21-11-1989 : Bull. Joly 1990 p. 91.

Il importe que soient **déterminés avec précision,** dans le contrat de GIE, les motifs d'exclusion, l'organe habilité à prendre la décision et la procédure à suivre. Le contrat peut valablement prévoir qu'en cas de survenance d'un événement déterminé un membre pourra se faire exclure à la discrétion d'un administrateur (Cass. com. 20-3-2012 n° 11-10.855 : RJDA 6/12 n° 603, à propos d'une société civile mais transposable).

ATTENTION

L'efficacité de la clause d'exclusion dépend du soin apporté à sa **rédaction.** Ainsi, la **clause** du règlement intérieur d'un GIE prévoyant l'exclusion d'un membre qui n'a pas informé le GIE en cas de changement de son contrôle ne fait que sanctionner le non-respect de la procédure d'information et ne permet pas d'exclure un membre dont le contrôle a été modifié et qui en a informé le GIE (Cass. com. 29-1-2008 n° 07-10.797 : RJDA 5/08 n° 546).

Encore faut-il que l'exclusion soit fondée sur des **motifs sérieux** et que la décision soit prise en respectant strictement les **droits de la défense.** Ainsi, est abusive la décision par laquelle l'assemblée générale d'un GIE exclut l'un des membres sans que celui-ci, écarté du vote *conformément* aux statuts, ait été mis en mesure avant le vote d'obtenir de l'assemblée l'information à laquelle il a droit et de s'exprimer sur les faits qui lui sont reprochés (Cass. com. 7-7-1992 : RJDA 11/92 n° 1036).

Le membre du GIE qui se retire ou en est exclu ne peut pas obtenir le remboursement de sa part dans les réserves, sauf clause statutaire ou décision de l'assemblée en ce sens (Cass. com. 19-1-2016 n° 14-19.796 : RJDA 3/16 n° 206).

> **Précisions** La Cour de cassation a admis la validité d'une clause d'**exclusion pour justes motifs** d'une société à capital variable qui ne précisait pas les motifs d'exclusion (Cass. com. 9-11-2022 n° 21-10.540 FS-B : RJDA 1/23 n° 37). La même solution vaudrait-elle dans un GIE ? Il faudra attendre une autre décision de la Cour de cassation pour en avoir confirmation.

PUBLICITÉ DE LA MODIFICATION DE LA COMPOSITION DU GIE

97230 Toute modification concernant la composition du GIE entraîne nécessairement modification du contrat de GIE puisque les noms des membres doivent figurer dans ce contrat. Elle doit faire l'objet d'une inscription modificative au **RCS** et au **RNE** (art. R 123-66 et R 123-263).

C'est seulement après l'inscription modificative au RCS que le retrait d'un membre sera opposable aux tiers et que l'intéressé cessera d'être tenu des dettes du GIE (n° 97323).

RÉGIME FISCAL

97240 **1. Augmentations et réductions de capital.** Les augmentations de capital sont soumises aux mêmes règles que la constitution.

Selon l'administration, le retrait d'un membre du GIE s'analyse comme un partage partiel (BOI-ENR-AVS-40-60-10 n° 190).

2. Cessions de parts du GIE. L'enregistrement d'un acte constatant une cession de parts dans le capital d'un GIE ne donne ouverture qu'au droit fixe de 125 € prévu à l'article 680 du CGI lorsque l'acte est présenté volontairement à la formalité. L'administration fiscale tire ainsi la conséquence normale du principe selon lequel un GIE n'est pas une société.

B. Droits des membres du GIE

DROIT DES MEMBRES DE PARTICIPER À LA VIE DU GIE

97270 L'admission d'une personne physique ou morale dans un GIE donne à celle-ci le droit de participer à la vie du groupement – notamment de voter aux assemblées – dans les conditions fixées au contrat.

DROITS PÉCUNIAIRES DES MEMBRES DU GIE

97280 Bien que le but essentiel du GIE ne soit pas la réalisation de bénéfices, il arrive fréquemment que les comptes de fin d'exercice, approuvés par l'assemblée des membres, fassent ressortir un **solde bénéficiaire.** Le Code général des impôts a d'ailleurs prévu cette éventualité puisqu'il a pris la précaution de définir le régime d'imposition des bénéfices (n° 97370).

Le plus souvent, ce bénéfice est distribué aux membres du GIE. L'article L 251-1, al. 2 dispose d'ailleurs que « le but du groupement n'est pas de réaliser des bénéfices pour lui-même ». Néanmoins, cet article ne fait pas obstacle à ce qu'une partie du bénéfice soit mise en **réserve** pour les besoins de la réalisation de l'objet du GIE (Cass. com. 6-5-2014 n° 13-11.427 : RJDA 8-9/14 n° 706 ; Cass. com. 19-1-2016 n° 14-19.796 : RJDA 3/16 n° 206), c'est-à-dire pour faire face à ses frais de fonctionnement. Sur le droit aux réserves en cas de retrait ou d'exclusion, voir n° 97220.

97281 Dans le silence des textes, les membres du GIE disposent d'une liberté totale pour définir les **modalités de répartition** des bénéfices. Cette répartition pourra, par exemple, être fonction des droits dans le capital (s'il en est créé un) ou du chiffre d'affaires traité au cours de chaque exercice avec le GIE ou par son intermédiaire. Les bénéfices pourront également être répartis par parts égales ou selon des proportions fixées d'un commun accord.

En l'absence de dispositions légales ou réglementaires contraires, les dirigeants peuvent verser aux membres du GIE des **avances ou acomptes sur les bénéfices** qui n'ont pas encore été constatés par l'assemblée annuelle.

C. Obligations des membres du GIE

1. OBLIGATION DES MEMBRES AU PAIEMENT DES DETTES DU GIE

OBLIGATION DES MEMBRES À L'ÉGARD DES CRÉANCIERS DU GIE

97320 *Les membres du GIE sont* tenus des dettes de celui-ci sur leur **patrimoine propre.** En outre, ils sont, en principe, **solidaires,** ce qui permet à un créancier du GIE de s'adresser à l'un quelconque d'entre eux pour obtenir le paiement de la totalité de sa créance (art. L 251-6, al. 1).

Il n'en est ainsi, bien entendu, que si le GIE lui-même est dans l'incapacité d'acquitter sa dette. Du reste, pour que l'action des créanciers puisse valablement être exercée contre un membre du GIE, il est nécessaire, même en cas d'activité civile, qu'au préalable le GIE ait été vainement mis en demeure par acte extrajudiciaire (art. L 251-6, al. 2) ; sur le cas des GIE faisant l'objet d'une procédure collective, voir nº 97324.

Pour saisir entre les mains d'un tiers, par voie de saisie-attribution, les créances d'un membre du GIE, le créancier doit être muni d'un titre exécutoire à l'égard de cette personne. Ne constitue pas un tel titre le jugement condamnant un GIE à payer au créancier une certaine somme dès lors que le jugement ne comporte aucune condamnation à l'égard du membre poursuivi (Cass. com. 15-1-2004 nº 34 : RJDA 6/04 nº 750). Signalons que, en attendant d'obtenir du juge le titre exécutoire, le créancier peut utilement pratiquer une saisie conservatoire.

Sur la nécessité pour les sociétés membres d'un GIE de faire figurer dans l'annexe aux comptes annuels le montant du passif du GIE à l'égard des tiers, voir Mémento Comptable nº 50755.

> **Précisions** L'envoi d'une **lettre recommandée AR** ne constitue pas une mise en demeure valable ; en effet, un acte extrajudiciaire ne peut émaner que d'un huissier ou commissaire de justice (Cass. com. 1-6-1993 : RJDA 7/93 nº 625 ; Cass. com. 19-12-2006 nº 1502 : RJDA 5/07 nº 501).

Renonciation par le créancier À l'occasion de chaque transaction, le GIE peut obtenir du cocontractant que celui-ci renonce explicitement au **bénéfice de la solidarité** (art. L 251-6, al. 1) ; les statuts pourraient d'ailleurs imposer aux administrateurs de n'engager le GIE que si le cocontractant renonce au bénéfice de la solidarité. En cas de renonciation du créancier au bénéfice de la solidarité, les membres du GIE sont tenus des dettes par « parts viriles », c'est-à-dire que tous contribuent au passif par parts égales. 97321

Il nous semble aussi possible que le créancier renonce à **toute poursuite individuelle** contre les membres du GIE et accepte que seul le patrimoine du GIE réponde des dettes contractées envers lui (dans le même sens, Rép. Blanc : Sén. 1-10-1977 nº 23706). Il ne pourrait en être autrement que si la solidarité prévue à l'article L 251-6 devait être considérée comme une protection d'ordre public s'imposant même à ceux qui en sont les bénéficiaires. Or, tel ne paraît pas être le cas : le fait qu'un créancier ait mal apprécié la solvabilité de son débiteur et ait imprudemment limité son droit de poursuite lui fait courir un risque mais ne met pas en péril l'intérêt public.

Nouveau membre En principe, le nouveau membre est responsable non seulement des dettes du GIE qui naîtront postérieurement à son entrée mais aussi de celles qui existent à la date de son adhésion (CA Aix-en-Provence 24-2-1977 : Bull. cour d'Aix 1977/1 p. 100 ; CA Rouen 26-4-1984 : Bull. Joly 1984 p. 1200). Toutefois, le nouveau membre peut être **exonéré** des dettes nées antérieurement à son entrée dans le GIE à condition que le contrat de groupement permette expressément une telle exonération et que l'intéressé ait été admis à en bénéficier. La décision d'exonération doit être publiée (art. L 251-6, al. 1). 97322

> **Précisions** L'indication des personnes exonérées des dettes nées antérieurement à leur entrée dans le GIE doit être mentionnée au **RCS** et au **RNE** et publiée, par les soins du greffier, dans le **Bodacc** (art. R 123-60, R 123-155, R 123-157, 7º et R 123-260, 1º).

Ancien membre Le membre qui se retire du GIE est responsable de toutes les dettes contractées par le GIE jusqu'à l'inscription modificative au RCS constatant son retrait. Ainsi en est-il, notamment, des loyers dus au titre d'un contrat de crédit-bail conclu avant le retrait du membre du GIE, y compris ceux postérieurs à ce retrait (T. com. Paris 15-6-1981 : BRDA 13/81 p. 9). 97323

> **Précisions** Pour des cas d'obligation au paiement des dettes d'un GIE mise à la charge d'un membre dont la démission n'avait pas été **publiée au RCS,** voir Cass. com. 9-11-1987 : Bull. civ. IV nº 229 ; Cass. com. 6-3-1990 : Bull. civ. IV nº 68, étant observé que, dans cette espèce, le défaut de publication était imputable à une erreur du greffe ; Cass. com. 20-11-1990 : Bull. Joly 1991 p. 88.
> *En sens inverse, pour des cas de refus de mettre les dettes du GIE à la charge d'un membre dès* lors que celui-ci n'était pas inscrit au RCS, voir Cass. com. 23-6-1987 : BRDA 17/87 p. 10 ; CA Paris 6-12-1983 : D. 1984 p. 499 note Guyénot.

Procédure collective du GIE Les créanciers du GIE doivent déclarer leurs créances lorsque celui-ci fait l'objet d'une procédure de sauvegarde, de redressement ou de liquidation judiciaire (art. L 622-24, L 631-14, al. 1 et L 641-3, dernier al.). 97324

Si la procédure collective du GIE est ouverte avant l'engagement des poursuites contre les membres de celui-ci, cette **déclaration de créance,** qui vaut mise en demeure, rend inutile la délivrance d'une mise en demeure par acte extrajudiciaire au GIE (Cass. com. 4-10-1983 : Bull. civ. IV nº 249 ;

Cass. com. 19-12-2006 nº 1502 : RJDA 5/07 nº 501, à propos d'une SNC mais transposable). Mais cette mise en demeure n'est pas infructueuse lorsque le remboursement de la créance est prévu dans le plan de redressement du GIE, sauf inexécution de celui-ci (CA Aix-en-Provence 13-11-2008 nº 07-5333 : RJDA 7/09 nº 657, à propos d'une SNC mais transposable).

La **créance non déclarée** n'est pas éteinte ; le créancier du GIE qui n'a pas déclaré sa créance conserve donc le droit d'agir contre les membres, sous réserve d'avoir vainement mis en demeure le GIE par acte extrajudiciaire.

> **Précisions** Le **liquidateur judiciaire** du GIE ne peut pas **agir contre les membres** de ce dernier sur le fondement de l'article L 251-6 **pour qu'ils contribuent aux pertes** du GIE ou supportent l'insuffisance d'actif (Cass. com. 14-6-2023 nº 21-25.503 F-B : RJDA 10/23 nº 529).

OBLIGATIONS DES MEMBRES DU GIE LES UNS ENVERS LES AUTRES

97325 Dans le silence des textes, on peut penser que la contribution de chaque membre du GIE au paiement des dettes de celui-ci lui incombe dans la **proportion de ses droits** au partage des bénéfices ou, à défaut de précision sur ce point, **« par part virile ».** Le mieux est que le contrat constitutif du GIE contienne une clause précise sur ce point.

Les dispositions de l'article L 251-6 selon lesquelles les membres du GIE sont tenus **solidairement** des dettes de celui-ci ne sont applicables que dans les rapports avec les tiers. En conséquence, l'action en paiement de travaux effectués pour un GIE par l'un de ses membres exercée à l'encontre des autres membres du GIE doit être déclarée irrecevable (CA Bourges 17-3-1981 : Gaz. Pal. 1981 p. 488). De même, le membre d'un GIE qui a consenti une avance au GIE, lequel en a consenti une à un autre membre dont le compte courant était débiteur, ne peut pas prétendre être subrogé dans les droits du GIE pour avoir payé la dette d'un membre à laquelle il était tenu solidairement (CA Paris 15-11-1988 : BRDA 12/89 p. 20).

> **Précisions** La créance produite à la liquidation des biens d'un membre du GIE doit être fixée conformément aux règles statutaires. Si les **statuts** prévoient que les pertes sont réparties en fonction du nombre de parts de chacun, il n'appartient pas au conseil d'administration de décider que cette répartition se fera suivant le volume d'affaires traité par chaque membre (Cass. com. 17-5-1989 : Bull. civ. IV nº 155).

2. OBLIGATIONS DES MEMBRES À L'ÉGARD DU GIE

97340 En cas d'apports, les membres du GIE sont tenus de **libérer leurs apports** dans les conditions fixées au contrat.

Il leur appartient aussi de **respecter les engagements** qui ont pu être mis à leur charge soit par le contrat, soit par un règlement intérieur (par exemple : exclusivité de fournitures, clause de non-concurrence, obligation d'achat d'un certain quota de marchandises). Pour un exemple de l'obligation pour les membres d'un GIE de respecter le règlement intérieur, voir Cass. com. 12-3-1985 : Bull. civ. IV nº 94 ; sur la validité de la disposition statutaire prévoyant l'exclusion d'un membre du GIE en cas de violation du règlement intérieur, voir Cass. com. 10-5-1994 : RJDA 10/94 nº 1041.

> **ATTENTION**
> On ne saurait exiger des membres du GIE une **contribution** (par exemple, un appel de fonds supplémentaire) qui n'aurait **pas été prévue dans le contrat ou dans le règlement intérieur** ou librement acceptée par eux (CA Paris 1-2-2024 nº 22/17877 : RJDA 6/24 nº 348). En effet, d'une part, nul ne peut être obligé au-delà de ce qu'il a promis, d'autre part, l'obligation solidaire et indéfinie des membres d'un GIE n'existe qu'à l'égard des créanciers du GIE.

D. Régime fiscal des membres d'un GIE

IMPÔTS DIRECTS

97370 Le **régime** d'imposition des GIE est analogue à celui des **SNC** n'ayant pas opté pour le *régime de l'impôt sur les sociétés* (Mémento Fiscal nº 37835). Ainsi :

1. Les membres **personnes physiques** doivent, chaque année, inclure dans leur revenu global la quote-part des résultats du GIE correspondant à leurs droits. Selon la nature de l'activité exercée par le GIE, cette quote-part sera imposable au titre de bénéfice industriel ou commercial, de bénéfice agricole ou de revenu non commercial.

2. De la même manière, les entreprises membres passibles de l'**impôt sur les sociétés** doivent inclure dans leur bénéfice soumis audit impôt la quote-part des résultats du GIE, distribués ou non, correspondant à leurs droits.

TAXES SUR LE CHIFFRE D'AFFAIRES

Les GIE sont soumis à la TVA et aux taxes sur le chiffre d'affaires dans les conditions de droit commun, sauf dérogation en matière de TVA en ce qui concerne les groupements de moyens (Mémento Fiscal nos 47280 s.). 97371

E. Régime « social » des membres d'un GIE

Selon la Cour de cassation (Cass. soc. 21-12-1977 nº 76-11.179 : Bull. civ. V nº 737), les membres des GIE doivent, par assimilation aux associés de SNC, être considérés comme relevant de la sécurité sociale pour les indépendants, à laquelle ils doivent cotiser sur la part leur revenant dans les bénéfices du GIE. 97400

› Précisions Toutefois, dans une lettre du 28 août 1974 publiée au Bulletin juridique de l'Ucanss 1974 n° 43/44, la Caisse nationale de l'assurance maladie des travailleurs salariés a admis l'application du **régime général de la sécurité sociale des salariés** aux membres du GIE qui exerceraient dans celui-ci une activité salariée effective, distincte de leur activité de membre dudit GIE, pourvu qu'elle fasse l'objet d'une rémunération spécifique. Dans cette hypothèse, les intéressés relèveraient de la sécurité sociale pour les indépendants en tant que membres du GIE et du régime général de sécurité sociale des salariés au titre de cette activité salariée.

SECTION 5

TRANSFORMATION, DISSOLUTION ET LIQUIDATION DU GIE

A. Transformation du GIE

Un GIE peut être transformé en **SNC** sans que cette transformation entraîne ni dissolution ni création d'un être moral nouveau (art. L 251-18). 97600

La loi n'envisageant que la transformation en SNC, un GIE ne peut pas, à notre avis, être transformé en une **autre forme** de société commerciale « type », SAS ou SARL notamment, ou en une association sans **perdre sa personnalité morale** (dans le même sens, Rép. Clément : AN 2-11-1987 nº 30327).

La poursuite de l'activité du GIE sous la forme d'une société commerciale autre qu'une SNC est donc de nature à entraîner de lourdes **charges fiscales** car elle donnera lieu aux impositions dues en cas de liquidation d'entreprise suivie d'une constitution de société (cf. Rép. Bourgeois : AN 7-12-1974 nº 13090 ; Rép. Mauger : AN 14-1-1985 nº 49476).

› Précisions **a.** Lors des débats parlementaires ayant abouti à la loi 89-377 du 13 juin 1989 introduisant la faculté pour le GIE d'être transformé en SNC, un **amendement** tendant *à autoriser la transformation du GEIE ou du* GIE en une quelconque forme de société a été **écarté.** À cette occasion, le garde des Sceaux a estimé que la transformation d'un GEIE, qui ne donne pas lieu à réalisation de bénéfices pour lui-même, en SA se traduirait par une modification substantielle de la situation de droit et de fait du groupement et entraînerait donc la création d'un être moral nouveau (JO déb. Sén. 27-4-1989 p. 404 ; voir aussi Rapport Sén. nº 258 p. 44). Cette remarque vaut également pour les GIE.

b. L'**interdiction** de transformer un GIE en une société commerciale autre qu'une SNC est d'une **portée pratique** limitée puisque rien n'empêche de transformer en société d'une autre forme une SNC issue d'un GIE. Mais ces transformations successives doivent être faites avec précaution compte tenu du risque d'une contestation pour fraude à la loi.

B. Dissolution du GIE

CAUSES DE DISSOLUTION DU GIE

97640 Le GIE est dissous dans les cas suivants (art. L 251-19) :
– arrivée du terme fixé dans le contrat ;
– réalisation ou extinction de l'objet ;
– décision de l'assemblée ;
– dissolution judiciaire pour justes motifs ;
– décès de l'un de ses membres ou, s'il s'agit d'une personne morale, dissolution de celle-ci, sauf clause contraire du contrat.

Le GIE est également dissous si l'un de ses membres est frappé d'incapacité (mise sous sauvegarde de justice, sous curatelle, sous tutelle ou sous habilitation familiale, ainsi que prise d'effet d'un mandat de protection future : cf. C. civ. art. 1146), de faillite personnelle ou d'une interdiction de diriger, gérer, administrer ou contrôler une entreprise commerciale (quelle qu'en soit la forme) ou une personne morale de droit privé non commerçante. Mais cette dissolution peut être écartée par une clause du contrat ou par une décision unanime des autres membres (art. L 251-20).

97641 À ces causes s'ajoute, nous semble-t-il, le cas du **GIE** qui ne comprendrait plus qu'**une seule personne.** En effet, il n'existe, dans le Titre V du Livre II du Code de commerce consacré aux GIE, aucun texte analogue à celui figurant dans l'article 1844-5 du Code civil et écartant temporairement la dissolution du GIE en cas de réunion de toutes les parts dans une même main. Dès lors, conformément au principe selon lequel tout GIE doit comprendre au moins deux personnes, la dissolution nous paraît acquise de plein droit dès l'instant où un seul membre de GIE détient toutes les parts dans sa main (en ce sens, T. com. Nanterre 2-11-1988 : Rev. jur. com. 1990 p. 173 note Gallet). Toutefois, selon le ministre de la justice, cette situation doit plutôt être considérée comme un « juste motif » de dissolution judiciaire (Rép. Longuet : AN 26-1-1981 n° 36330).

PUBLICITÉ DE LA DISSOLUTION DU GIE

97650 La dissolution du GIE doit faire l'objet d'une inscription modificative au RCS et au RNE, réalisée par l'intermédiaire du guichet unique électronique des formalités d'entreprises (art. R 123-66 sur renvoi de l'art. R 123-70 ; art. R 123-263, 5°). La demande d'inscription donne lieu au dépôt de l'acte constatant la dissolution (art. R 123-105).

> **Précisions** **a.** Comme toute autre personne morale, le GIE peut être **radié d'office** du RCS trois ans après la mention de la dissolution, sauf demande de prorogation (art. R 123-131). La radiation d'office du RCS vaut radiation du RNE, le greffier devant porter la radiation d'office du RCS à la connaissance de l'Inpi, par l'intermédiaire du guichet unique, aux fins d'inscription au RNE (art. R 123-312).
> **b.** Contrairement au régime applicable aux sociétés commerciales, il n'y a pas lieu de faire précéder la demande d'inscription modificative par l'insertion d'un **avis de dissolution** dans un support d'annonces légales.

C. Liquidation du GIE

97680 La dissolution du GIE entraîne automatiquement sa liquidation. Cependant, la personnalité morale du GIE subsiste pour les besoins de la liquidation (art. L 251-21).

La dissolution d'un GIE peut s'opérer sans la tenue d'une assemblée de clôture. Dans ce cas, la personnalité morale ne peut pas disparaître, comme dans les sociétés commerciales (n° 86634), à compter de la décision de clôture. À notre avis, elle disparaît à compter de la radiation du GIE au RCS.

Les **conditions** dans lesquelles s'effectuera la liquidation (nomination du ou des liquidateurs, pouvoirs, rémunération, approbation des comptes de liquidation, etc.) sont fixées librement dans le contrat (art. L 251-22, al. 1).

Après paiement des dettes, l'**excédent d'actif** est réparti entre les membres dans les conditions prévues par le contrat ; si le contrat n'a rien prévu, la répartition est faite par parts égales (art. L 251-22, al. 2).

SECTION 6

RÉGIME DES NULLITÉS DANS LES GIE

RÉGLEMENTATION APPLICABLE

Le **régime** des nullités **défini** par le Code civil, modifié par l'ordonnance 2025-229 du 12 mars 2025 à compter du 1er octobre 2025 (nos 89002 s.), s'applique aux GIE (C. civ. art. 1844-12 à 1844-17 modifiés, à compter du 1-10-2025, par ord. 2025-229, sur renvoi de l'art. L 251-5, al. 3 ; Ord. 2025-229 art. 70). En pratique, ce régime est très largement inspiré de celui auquel restent soumises les sociétés commerciales avant le 1er octobre 2025, de sorte que, dans de nombreux cas, nous nous bornerons, après avoir rappelé le principe, à renvoyer aux développements consacrés à ce sujet pour les sociétés commerciales. 97800

A. Causes de nullité relatives aux GIE

PRINCIPE

La nullité du GIE ou celle des actes ou délibérations de celui-ci ne peut être prononcée que pour deux causes (art. L 251-5, al. 1) : 97805
– violation des dispositions impératives des articles L 251-1 s. ;
– existence d'une des causes de nullité des contrats en général.

NULLITÉ POUR VIOLATION DES DISPOSITIONS DU CODE DE COMMERCE

En l'absence de disposition légale expresse prévoyant la nullité en cas d'inobservation de telle ou telle disposition, c'est au juge qu'il appartient de dire si cette disposition revêt ou non un caractère impératif. Les dispositions impératives du Code de commerce ne peuvent donc être connues avec exactitude qu'au fur et à mesure que les tribunaux se sont prononcés. 97810

ILLUSTRATIONS

Les **dispositions** de l'article L 251-1 définissant l'activité d'un GIE sont **impératives** ; est donc nul un GIE ayant pour objet une activité dont l'exercice est interdit à ses membres (CA Paris 21-3-2006 no 03-21006 : RJDA 10/06 no 1046).

CAUSES DE NULLITÉ DES CONTRATS EN GÉNÉRAL

Cette seconde catégorie de causes de nullité comprend : 97811
– d'une part, celles qui résultent de la violation des règles générales applicables aux contrats : fraude ou abus de droit ;
– d'autre part, celles qui résultent de la violation des conditions de validité des contrats : défaut ou vice du consentement, incapacité d'un ou de plusieurs membres du groupement ou défaut de contenu licite et certain (C. civ. art. 1128).

L'**inobservation** des clauses des **statuts** n'est pas sanctionnée par la nullité (Cass. com. 14-6-2005 no 910 : RJDA 10/05 no 1123), sauf si n'était pas respectée une clause réputée constituer le prolongement d'une disposition légale impérative (Cass. com. 6-5-2014 no 13-11.427 : RJDA 8-9/14 no 706).

Sur cette question, voir aussi nos 89361 et 89386.

B. Action en nullité

DROIT D'AGIR EN NULLITÉ

Les règles exposées à propos des sociétés commerciales (nos 89420 s.) ayant un caractère général peuvent être transposées aux actions en nullité concernant les GIE. 97840

PRESCRIPTION DE L'ACTION EN NULLITÉ

L'action en nullité est prescrite à l'expiration d'un délai de trois ans à compter du jour où la nullité est encourue, délai qui sera réduit à deux ans à compter du 1er octobre 2025 (C. civ. art. 1844-14 modifié, à compter du 1-10-2025, par ord. 2025-229 du 12-3-2025, sur renvoi de l'art. L 251-5, al. 3 ; Ord. 2025-229 art. 70 ; nos 89450 s.). 97841

Comme tous les délais de prescription, ce délai est susceptible d'interruption (cf. C. civ. art. 2241) ou de suspension.

La prescription éteint l'action en nullité mais laisse subsister l'« exception » de nullité, celle-ci étant imprescriptible : voir nº 89455.

RÉGULARISATION

97842 Toutes les nullités peuvent être couvertes à l'exception de celles fondées sur l'illicéité de l'objet du groupement (art. L 251-5, al. 2). Pour plus de détails sur les modalités de cette régularisation : voir nºs 89461 s.

PRONONCÉ DE LA NULLITÉ

97845 Les pouvoirs d'appréciation du juge saisi d'une action en nullité en matière de GIE sont identiques à ceux du juge saisi d'une action en nullité en matière de société commerciale (nºs 89480 s.). C'est ainsi, en particulier, que le juge doit procéder, à compter du 1er octobre 2025 (Ord. 2025-229 du 12-3-2025 art. 70), au **triple test** prévu par l'article 1844-12-1 du Code civil issu de l'ordonnance 2025-229 (nº 89487) avant de prononcer la nullité.

C. Effets de la nullité en matière de GIE

DROIT D'INVOQUER LA NULLITÉ

97870 Ni le GIE ni ses membres ne peuvent se prévaloir d'une nullité à l'égard des tiers de bonne foi. Toutefois, la nullité résultant d'un vice du consentement ou d'une incapacité peut être opposée aux tiers, même de bonne foi, mais uniquement par l'incapable (et ses représentants légaux) ou par le membre du GIE dont le consentement a été surpris par erreur, dol ou violence (C. civ. art. 1844-16 sur renvoi de l'art. L 251-5, al. 3).

SORT DE L'ACTE NUL

97871 Lorsque la **nullité du GIE** a été prononcée, il en résulte les conséquences suivantes (C. civ. art. 1844-15 modifié, à compter du 1-10-2025, par ord. 2025-229 du 12-3-2025 ; Ord. 2025-229 art. 70) :

– la décision prononçant cette nullité met fin, sans rétroactivité, à l'exécution du contrat de GIE, les effets du contrat subsistant pour le passé ;

– la personne morale est dissoute et il appartient aux représentants légaux de procéder aux formalités de publicité que requiert cette dissolution (CA Paris 21-3-2006 nº 03-21006 : RJDA 10/06 nº 1046) ; sur ces formalités, voir nº 97650. La dissolution du groupement entraîne sa liquidation (art. L 251-21).

Par ailleurs, le prononcé de la nullité d'un GIE ne fait pas obstacle à l'ouverture d'une procédure de redressement ou de liquidation judiciaire à l'égard de celui-ci (Cass. com. 5-4-1994 : RJDA 8-9/94 nº 941).

Lorsque la **nullité d'un acte ou d'une délibération** des organes du GIE a été prononcée, cet acte (ou cette délibération) est anéanti et tous ses effets sont effacés. Toutefois, les tiers de bonne foi peuvent exiger le maintien à leur égard de l'acte nul, sauf si la nullité est fondée sur un vice du consentement ou une incapacité (C. civ. art. 1844-16). Par ailleurs, le juge peut différer les effets de la nullité d'une décision sociale prise à compter du 1er octobre 2025 si cette nullité est de nature à produire des effets manifestement excessifs (C. civ. art. 1844-15-2 modifié, à compter du 1-10-2025, par ord. 2025-229 ; nº 89579).

RESPONSABILITÉ EN CAS D'ANNULATION

97872 L'annulation du GIE, comme celle des actes ou des délibérations de ses organes, peut engager la responsabilité de ceux à qui elle est imputable. Cette action en responsabilité se prescrit par trois ans à compter du jour où la décision d'annulation est passée en force de chose jugée (C. civ. art. 1844-17, al. 1).

Si la cause de nullité a disparu par réparation du vice dont le GIE, l'acte ou la délibération était entaché, l'action en dommages-intérêts tendant à la réparation du préjudice causé par le vice est néanmoins recevable. Elle se prescrit par trois ans à compter du jour où la nullité *a été couverte (art. 1844-17, al. 2).*

CHAPITRE 4

LA SOCIÉTÉ EUROPÉENNE

SOMMAIRE

TEXTES APPLICABLES À LA SE

Le statut de la société européenne (SE), applicable dans toute l'UE, est défini par le règlement européen 2157/2001 du 8 octobre 2001 (JOCE L 294 du 10-11 p. 1), complété par une directive visant à impliquer les salariés de la SE dans les décisions affectant la vie sociale (Dir. 2001/86 du 8-10-2001 : JOCE L 294 du 10-11-2001 p. 22). Cette directive forme un complément indissociable du règlement (Règl. 2157/2001 considérant 19). 98500

Les mesures de transposition et d'adaptation nécessaires à la mise en œuvre de ces textes en France ont été intégrées dans le Code de commerce (art. L 229-1 s. et R 229-1 s.) et le Code du travail (art. L 2351-1 s. et D 2351-1 s.).

CARACTÉRISTIQUES DE LA SE

L'originalité de la SE, dénommée « societas europaea » (Règl. 2157/2001 du 8-10-2001 art. 1, 1), tient au fait qu'elle n'adopte pas la **nationalité** de l'État dans lequel elle a son siège statutaire. La constitution d'une SE peut ainsi permettre aux entreprises de mieux organiser leurs activités sur le territoire des États membres et notamment de transférer le siège social à l'intérieur de l'UE sans s'exposer aux conséquences d'une dissolution ou d'un changement de nationalité. 98510

Le **régime** de la constitution et du fonctionnement **des SE ayant leur siège statutaire en France** est défini par les dispositions spécifiques du règlement et, pour les questions non réglées par celui-ci (Règl. 2157/2001 art. 9, 1) : 98511
– par les dispositions du Code de commerce sur les SE (art. L 229-1 s. et R 229-1 s.) ;
– *par les dispositions applicables aux* SA lorsqu'elles sont compatibles avec les règles sur les SE ;
– par les clauses statutaires autorisées par l'ensemble de ces dispositions.

Le règlement ne prévoit notamment aucune règle particulière sur les apports, la durée de la société, les mentions statutaires obligatoires, les modifications du capital social, les comptes sociaux (établissement, contrôle et publicité), le régime des titres émis par la SE, le cumul entre mandat social et contrat de travail, les conventions conclues entre la société et les dirigeants, la responsabilité de ces derniers ou la dissolution de la SE.

En outre, le règlement ne prévoit aucune disposition spécifique applicable aux SE en matière de **fiscalité,** de **concurrence,** de **propriété intellectuelle** ou de **procédure collective,** pour lesquelles il renvoie aux législations nationales applicables dans ces domaines (Règl. 2157/2001 considérant 20). Ainsi, le règlement ne précise pas le régime d'imposition des bénéfices de la SE. Celle-ci revêtant la forme d'une SA (Règl. 2157/2001 art. 1, 1), elle est soumise en France à l'impôt sur les sociétés.

Signalons aussi qu'en cas d'exercice par la SE d'une **activité réglementée** (banque, assurance, etc.), les règles nationales propres à l'exercice de l'activité s'appliquent intégralement à la société (Règl. 2157/2001 art. 9, 3).

98512 La SE a la **personnalité** morale (Règl. 2157/2001 art. 1, 3). Elle revêt la **forme** d'une SA (Règl. 2157/2001 art. 1, 1) et doit être considérée dans chaque État membre comme une SA constituée selon le droit de l'État où elle a son siège statutaire, sous réserve des dispositions spécifiques du règlement (Règl. 2157/2001 art. 10).

Comme dans les SA de droit français, l'**engagement** financier de chaque **actionnaire** de la SE est limité au montant du capital qu'il a souscrit (Règl. 2157/2001 art. 1, 2).

98513 La SE peut constituer une ou plusieurs **filiales** sous forme de SE et peut en être l'unique actionnaire (Règl. 2157/2001 art. 3, 2 ; art. L 229-6, al. 1), même si elle est unipersonnelle.

98514 En cas d'**infraction au règlement,** chaque État membre doit appliquer les sanctions applicables aux SA relevant de sa législation (Règl. 2157/2001 considérant 18).

AVANTAGES ET INCONVÉNIENTS DE LA SE

98517 Malgré ses **avantages** (attrait pour l'image européenne liée à cette forme sociale et pour sa nature supranationale, possibilité de transférer le siège dans un autre État membre), la SE présente plusieurs **inconvénients** notables : coûts de constitution élevés (honoraires des conseils, frais de traduction, coût des formalités), conditions de fond rigides (société réservée aux entreprises de dimension européenne, exigence d'un capital minimal important) et manque d'uniformité du régime juridique résultant de nombreux renvois aux législations nationales (Rapport de la Commission européenne du 17-11-2010 COM(2010) 676 final).

C'est pourquoi son succès est mitigé. À la mi-2021, environ 3 380 SE étaient immatriculées dans toute l'UE (source : European Trade Union Institute SE database). La majorité des SE est située hors de France.

SECTION 1 CONSTITUTION DE LA SE

1. MODALITÉS DE CONSTITUTION

CONDITION COMMUNE AUX DIFFÉRENTES MODALITÉS DE CONSTITUTION DE LA SE

98520 Quatre modalités de constitution de la SE sont prévues : **fusion,** création d'une **holding,** création d'une **filiale** ou **transformation** d'une société existante.

Dans tous les cas, le **siège statutaire** et l'administration centrale des sociétés participant à la constitution de la SE doivent se trouver dans l'UE (Règl. 2157/2001 art. 2, 1 à 4).

> **Précisions** La constitution par fusion-absorption par une société mère de ses filiales étrangères a pour effet de substituer à ces dernières de simples **succursales,** ce qui évite la démultiplication des niveaux de gouvernance ainsi que les divergences de vues éventuelles entre la mère et ses filiales, supprime les difficultés liées à l'évaluation des prix de transfert en matière fiscale et redonne à l'entreprise une unité de direction de nature à en rationaliser *les choix stratégiques. En outre,* la transformation des filiales étrangères en succursales (la « succursalisation ») dans les **groupes bancaires ou d'assurance** évite la multiplication et la fragmentation des **contrôles prudentiels** puisque, si le contrôle de chaque filiale d'un tel groupe relève de l'autorité de régulation de l'État où la filiale est immatriculée (ce qui donne lieu à autant de contrôles que de filiales), la surveillance d'une banque ou d'une compagnie d'assurance ne comportant que des succursales relève d'une seule autorité de contrôle : celle de l'État où est situé le siège social de la banque ou de la compagnie d'assurance (N. Lenoir : La Societas Europaea ou SE, pour une citoyenneté européenne de l'entreprise, coll. « Rapports officiels » La Documentation française 2007).

a. Constitution d'une SE par voie de fusion de SA

Plusieurs **SA** peuvent constituer une SE par voie de fusion si deux d'entre elles au moins relèvent du droit d'États membres différents (Règl. 2157/2001 art. 2, 1). 98530

La fusion peut être réalisée par **absorption,** auquel cas la société absorbante prend la forme d'une SE simultanément à la fusion, ou par **constitution d'une société nouvelle,** qui revêt alors la forme d'une SE (Règl. 2157/2001 art. 17, 2).

Le règlement apporte de nombreuses précisions sur le régime de ces fusions, étant précisé qu'il renvoie, pour les points qu'il ne traite pas, aux dispositions applicables aux fusions de SA en vigueur dans l'État membre dont relève chaque société participant à l'opération (Règl. 2157/2001 art. 18). Il en est ainsi, notamment, en ce qui concerne la protection des intérêts des créanciers obligataires et non obligataires des sociétés qui fusionnent (Règl. 2157/2001 art. 24, 1) et la publicité de la réalisation de la fusion (Règl. 2157/2001 art. 28).

De même, le règlement n'apporte aucune précision sur le régime fiscal de la fusion.

ÉTABLISSEMENT D'UN PROJET DE FUSION

Les organes de direction ou d'administration des sociétés participant à la fusion doivent établir un projet de fusion comportant au moins les **mentions** suivantes (Règl. 2157/2001 art. 20) : 98531

– la dénomination et le siège statutaire de ces sociétés ainsi que ceux envisagés pour la SE ;
– le rapport d'échange des actions et, le cas échéant, le montant de la soulte ;
– les modalités de remise des actions de la SE ;
– la date à partir de laquelle ces actions donneront droit aux dividendes ainsi que toute modalité particulière concernant ce droit ;
– la date à partir de laquelle les opérations des sociétés qui fusionnent seront considérées comme accomplies pour le compte de la SE du point de vue comptable ;
– les droits accordés par la SE aux actionnaires ayant des droits spéciaux et aux porteurs de titres autres que des actions ou les mesures envisagées à leur égard ;
– tout avantage particulier attribué aux experts examinant l'opération (les commissaires à la fusion) et aux membres des organes d'administration, de direction ou de contrôle des sociétés qui fusionnent ;
– les statuts de la SE ;
– des informations sur les procédures de fixation des modalités relatives à l'implication des salariés.

> **Précisions** En cas de fusion réalisée par **l'absorption d'une société dont tous les titres** conférant les droits de vote sont **détenus par l'absorbante,** les indications relatives au rapport d'échange, aux modalités de remise des actions de la SE et à la date à partir de laquelle ces actions donneront droit aux dividendes n'ont pas à figurer dans le projet de fusion (Règl. 2157/2001 art. 31, 1).

Publicité Chaque société participant à l'opération doit publier un **avis** sur le projet de fusion dans le bulletin national de l'État membre dont elle relève (Règl. 2157/2001 art. 21). En France, il ne peut s'agir que du **Bodacc,** défini comme le bulletin où doivent être insérés tant les avis prévus par le Code de commerce que ceux prévus « par tous autres textes législatifs ou réglementaires » (art. R 123-209, al. 3). 98532

Cet avis doit contenir les **indications** suivantes (Règl. 2157/2001 art. 21) :
– la forme, la dénomination et le siège statutaire des sociétés participant à la fusion ;
– le registre où est immatriculée chacune de ces sociétés ;
– les modalités d'exercice des droits des créanciers de ces sociétés et l'adresse où peut être obtenue gratuitement une information exhaustive sur ces modalités ;
– la dénomination et le siège statutaire envisagés pour la SE.

En outre, chaque société française doit publier le projet de fusion dans les conditions prévues aux articles R 236-2 et R 236-3 : voir n°s 83100 s.

NOMINATION ET MISSION DES COMMISSAIRES À LA FUSION

Un ou plusieurs commissaires à la fusion doivent examiner le projet de fusion et établir un **rapport** sur les modalités de celle-ci, sauf en cas de fusion réalisée par l'absorption d'une société dont tous les titres conférant les droits de vote sont détenus par l'absorbante (Règl. 2157/2001 art. 31, 1). 98540

Chaque société partie à l'opération peut demander la **désignation** d'un ou plusieurs commissaires à la fusion ; mais, comme en droit français, les sociétés peuvent demander conjointement la désignation d'un ou plusieurs commissaires afin de rédiger un seul rapport pour l'ensemble de l'opération, auquel cas la demande doit être présentée devant le juge (ou, le cas échéant, l'autorité administrative) de l'État dont relève l'une des sociétés ou la future SE (Règl. 2157/2001 art. 22, al. 1).

Les commissaires à la fusion ont le droit de demander à chaque société les **informations** qu'ils jugent nécessaires à l'accomplissement de leur mission (art. 22, al. 2).

RÉALISATION ET CONTRÔLE DE LÉGALITÉ DE LA FUSION

98550 L'**assemblée générale** de chaque société partie à l'opération se prononce sur le projet de fusion (Règl. 2157/2001 art. 23, 1) aux conditions de quorum et de majorité prévues à cet effet par la législation de l'État membre dont relève la société. S'il s'agit d'une société française, il y a lieu d'appliquer les règles de **quorum et** de **majorité** requises pour la modification des statuts de SA (art. L 236-2, al. 2), exposées n°s 48590 s.

L'assemblée peut subordonner l'immatriculation de la SE à la condition qu'elle approuve expressément les modalités concernant l'implication des salariés dans la SE (art. 23, 2).

98551 **Contrôle de légalité** Une fois que l'assemblée de chaque société a approuvé la fusion, la société française qui y participe doit déposer au greffe du tribunal dans le ressort duquel elle est immatriculée une **déclaration de conformité** dans laquelle elle relate tous les actes effectués en vue de la fusion et par laquelle elle affirme que l'opération a été réalisée conformément aux lois et règlements (art. L 236-17 modifié, à compter du 1-10-2025, par ord. 2025-229 du 12-3-2025, sur renvoi de l'art. L 229-3, I ; Ord. 2025-229 art. 70). Cette déclaration doit être déposée avec la demande d'inscription modificative au RCS (art. R 236-16, al. 1 ; voir aussi Rép. Lellouche : AN 19-12-2006 n° 106568 ; Rép. Branger : Sén. 21-12-2006 n° 24840). Ce dépôt intervient avant l'accomplissement des formalités de contrôle relatives à la réalisation de la fusion.

Dans les huit jours du dépôt de cette déclaration (art. D 229-13), le **greffier du tribunal** doit délivrer une attestation de conformité (art. L 229-3, I), que le règlement 2157/2001 définit comme « un certificat attestant d'une manière concluante l'accomplissement des actes et des formalités préalables à la fusion » (art. 25, 2). En l'absence de précisions supplémentaires sur le contenu de ce certificat, le ministre de la justice estime qu'il doit attester « la régularité de la procédure de fusion par rapport aux lois et règlements » (Rép. Branger : Sén. 21-12-2006 n° 24840). À notre avis, il doit au moins attester que l'assemblée générale a pris sa décision après examen des rapports des commissaires à la fusion (dans le même sens, J.-L. Colombani et M. Favero, Societas europaea Joly éditions 2002 n° 269).

ATTENTION

Avant la délivrance de ce certificat, le **procureur de la République** peut, pour des raisons d'intérêt public, **s'opposer** d'office ou à la demande de toute personne invoquant une telle raison à ce que la société participe à la fusion, cette opposition étant susceptible de recours devant la cour d'appel de Paris (Règl. 2157/2001 art. 19 ; art. L 229-4).

98552 La légalité de la **réalisation de la fusion** et de la constitution de la SE en France est **contrôlée** par un **notaire** ou par le **greffier** du tribunal dans le ressort duquel la SE sera immatriculée (Règl. 2157/2001 art. 26, 1 ; art. L 229-3, I-al. 2), au choix des sociétés parties à l'opération.

À cette fin, chacune d'elles doit remettre l'attestation de conformité au notaire ou au greffier, ce dans un délai de six mois à compter de sa délivrance (Règl. 2157/2001 art. 26, 2 ; art. L 229-3, I-al. 3), ainsi qu'un **dossier** comportant au moins les documents suivants (art. D 229-13-1) :

– les statuts de la SE ;
– le projet de fusion approuvé par l'assemblée générale extraordinaire ;
– une copie des insertions prévues par l'article R 236-2 pour la publicité de la fusion ;
– une copie du procès-verbal de l'assemblée générale extraordinaire et, le cas échéant, de l'assemblée générale des obligataires (art. L 236-14) ;
– un document attestant que les sociétés parties à l'opération ont approuvé le projet de fusion dans les mêmes termes ;
– une pièce attestant que les modalités relatives à l'implication des salariés (information et consultation des salariés et, le cas échéant, participation de ceux-ci au fonctionnement de la SE) ont été fixées conformément aux articles L 2351-1 s. du Code du travail.

Dans les 15 jours de la réception de ce dossier (art. D 229-13-2), il appartient au notaire ou au greffier de contrôler que les sociétés parties à l'opération ont approuvé un projet de fusion dans les mêmes termes et que les modalités relatives à l'implication des salariés ont été respectées (Règl. 2157/2001 art. 26, 3 ; art. L 229-3, I-al. 2 et 4). Le notaire ou le greffier doit en outre contrôler la conformité de la constitution de la société aux conditions fixées par la loi pour la réalisation des fusions (art. L 229-3, I-al. 5).

› Précisions **a.** Le **notaire** chargé de ce contrôle ne doit en aucun cas avoir instrumenté, rédigé d'actes sous signature privée ou donné une consultation juridique à l'occasion de la fusion (art. R 229-2).

b. La **SE** ne peut être **immatriculée** qu'après l'accomplissement de l'ensemble des formalités de contrôle (Règl. 2157/2001 art. 27, 2). À cette fin, un exemplaire du certificat établi par le notaire (ou le greffier) à la suite du contrôle qu'il a opéré doit être joint à la demande d'immatriculation de la société (art. R 123-118, 1°).

Fusion irrégulière Une fois la société immatriculée, la **nullité de la fusion** ne peut plus être prononcée, mais la dissolution de la SE peut être demandée en cas de nullité d'une délibération de l'une des assemblées ayant décidé la fusion ou en cas de manquement au contrôle de la légalité de celle-ci (Règl. 2157/2001 art. 30 ; art. L 229-3, II-al. 1). 98553

L'action en **dissolution,** qui peut être introduite par tout intéressé (art. R 229-14, al. 1), se prescrit par six mois à compter de la date de la dernière inscription au RCS rendue nécessaire par l'opération, le tribunal saisi pouvant accorder un délai pour régulariser la situation s'il est possible de remédier à l'irrégularité (art. L 229-3, II-al. 2 et 3).

Le jugement de dissolution doit être publié au Bodacc ainsi que dans un support d'annonces légales du département du siège social et, si les actions de la société sont admises aux négociations sur un marché réglementé ou si elles ne revêtent pas toutes la forme nominative, au Balo (art. R 229-14, al. 2).

EFFETS DE LA FUSION

À compter du jour où la SE est immatriculée (Règl. 2157/2001 art. 27, 1), la fusion entraîne la **transmission universelle du patrimoine** des sociétés absorbées, qui cessent alors d'exister, à la société absorbante, les actionnaires des premières devenant actionnaires de cette dernière (Règl. 2157/2001 art. 29, 1 et 2). 98560

Toutefois, des formalités particulières doivent être accomplies pour rendre opposable aux tiers le transfert de certains biens et droits apportés par les sociétés parties à la fusion (art. 29, 3) : notamment, mention du transfert des immeubles au service chargé de la publicité foncière et inscription du transfert des brevets ou des marques à l'Inpi.

b. Constitution d'une SE holding

Plusieurs **SA** et/ou **SARL** peuvent « promouvoir » la constitution d'une SE holding si deux d'entre elles au moins relèvent du droit d'États membres différents ou ont depuis deux ans au moins une filiale relevant du droit d'un autre État membre ou une succursale située dans un autre État membre (Règl. 2157/2001 art. 2, 2). En l'absence de définition de la notion de filiale dans le règlement, il convient à notre avis d'appliquer celle retenue en matière de transformation d'une SA en SE : n° 98680. 98590

Le principe de la constitution d'une SE holding est le suivant : à l'initiative des organes de direction ou d'administration des sociétés à l'origine de l'opération, les assemblées générales de celles-ci se réunissent pour demander aux associés d'apporter leurs titres à la SE. Les associés ayant apporté leurs titres reçoivent en échange des actions de la SE (Règl. 2157/2001 art. 33, 4), laquelle détient alors une participation dans les sociétés à l'origine de l'opération.

Pour que la SE soit valablement constituée, les associés doivent lui **apporter un nombre de parts ou d'actions** conférant plus de 50 % des droits de vote dans les sociétés à l'origine de l'opération (Règl. 2157/2001 art. 32, 2).

PROJET DE CONSTITUTION D'UNE SE HOLDING

Les organes de direction ou d'administration des sociétés à l'origine de l'opération doivent établir un projet de constitution de la SE, qui comporte (Règl. 2157/2001 art. 32, 2) : 98600

– *un **rapport** expliquant les aspects* juridiques et économiques de l'opération ainsi que les conséquences de l'adoption de la forme de la SE pour les associés et pour les salariés ;

– les trois premières et les quatre dernières **mentions** prévues à l'article 20 du règlement en cas de constitution de la SE par voie de fusion (n° 98531) ;

– l'indication du **pourcentage** minimal des parts ou actions que les associés des sociétés concernées doivent apporter à la SE.

Publicité Un mois au moins avant la date de la première assemblée appelée à se prononcer sur l'opération, chaque société française y participant doit **déposer** le projet de constitution **au greffe du tribunal** dans le ressort duquel elle est immatriculée (art. L 229-5, al. 2 et R 229-15, dernier al.). 98601

En outre, dans le même délai, chacune de ces sociétés doit publier un avis sur le projet dans un **support d'annonces légales** du département de son siège, ainsi qu'au **Balo** si les actions de l'une d'elles sont admises aux négociations sur un marché réglementé ou si elles ne revêtent pas toutes la forme nominative. Cet avis doit comporter les indications suivantes (art. R 229-15) :

– la dénomination de la société publiant l'avis suivie, le cas échéant, de son sigle, ainsi que l'adresse de son siège, le montant de son capital, son numéro d'identification, son RCS et, s'il y a lieu, son numéro d'immatriculation dans l'État où elle a son siège ;
– la dénomination envisagée pour la SE suivie, le cas échéant, de son sigle, ainsi que l'adresse de son futur siège et le montant de son capital ;
– la mention du pourcentage minimal des parts ou actions de chacune des sociétés participant à l'opération que les associés de celles-ci s'engagent à apporter pour que la SE soit constituée ;
– le rapport d'échange de ces parts ou actions et, le cas échéant, le montant de la soulte due ;
– la date du projet ainsi que la date et le lieu de son dépôt au greffe du tribunal dans le ressort duquel chaque société « promotrice » est immatriculée.

› Précisions À notre avis, le **numéro d'immatriculation** dans l'État où la société participante a son siège n'a jamais à être indiqué. En effet, cette mention ne se comprend que si la société publiant l'avis est étrangère. Or l'article R 229-15 ne s'applique qu'aux sociétés françaises et non aux sociétés ayant leur siège en dehors du territoire français (cf. art. L 210-3).

COMMISSAIRES À LA CONSTITUTION D'UNE SE HOLDING

98610 Chaque société à l'origine de l'opération doit demander au juge la **désignation** d'un ou plusieurs commissaires à la constitution chargés d'examiner le projet de constitution et d'établir un rapport destiné à ses associés ; néanmoins, toutes les sociétés peuvent, d'un commun accord, demander la désignation d'un ou plusieurs commissaires afin de rédiger un seul rapport pour l'ensemble de leurs associés (Règl. 2157/2001 art. 32, 4 ; art. L 229-5, al. 3 et 4). Les commissaires à la constitution sont désignés par le président du tribunal de commerce, statuant sur requête, parmi les commissaires aux comptes ou les experts inscrits sur une des listes établies par les cours et les tribunaux (art. R 22-10-7, sur renvoi de l'art. R 229-16).

Leur **rapport,** qui doit préciser la date à laquelle ont été arrêtés les comptes ayant servi à l'évaluation des parts ou actions apportées à la SE (art. R 229-17), doit indiquer les difficultés particulières d'évaluation des apports et déclarer si le rapport d'échange des parts ou actions envisagé est pertinent et raisonnable, en précisant les méthodes suivies pour sa détermination et l'adéquation de ces méthodes (Règl. 2157/2001 art. 32, 5).

PROCÉDURE DE CONSTITUTION D'UNE SE HOLDING

98620 L'**assemblée générale** de chaque société participante doit **approuver le projet** de constitution (Règl. 2157/2001 art. 32, 6-al. 1) aux conditions de quorum et de majorité prévues pour l'adoption des décisions ne modifiant pas les statuts (sur ces conditions pour les SARL et les SA françaises, voir respectivement nos 32790 et 47840 s.).

L'assemblée peut subordonner l'immatriculation de la SE à la condition qu'elle approuve expressément les modalités concernant l'implication des salariés dans la SE (art. 32, 6-al. 2).

Après l'approbation du projet par l'assemblée générale d'une société française, celle-ci doit publier un **avis sur la décision** de l'assemblée dans un **support d'annonces légales** du département de son siège, ainsi qu'au **Balo** si les actions de la société sont admises aux négociations sur un marché réglementé ou si elles ne revêtent pas toutes la forme nominative (art. R 229-18). Cet avis doit comporter les indications suivantes (art. R 229-18) :

– la date de l'assemblée ;
– l'adresse du siège social ;
– les modalités suivant lesquelles les associés peuvent communiquer aux sociétés « promotrices » leur intention d'apporter leurs parts ou actions en vue de constituer la SE et le délai *de trois mois qui leur est accordé* pour y procéder.

› Précisions L'article R 229-18 fait courir ce **délai** à compter de la publication de l'avis alors que le règlement 2157/2001 précise que ce délai court à compter de la date d'établissement de « l'acte de constitution » de la SE, c'est-à-dire du jour où l'assemblée a approuvé le projet. Le droit européen primant le droit interne, c'est donc le règlement qui est applicable sur ce point.

Protection des créanciers Les règles de protection des créanciers obligataires et non obligataires de sociétés participant à une fusion (art. L 236-14 et L 236-15) sont applicables aux créanciers des sociétés françaises participant à l'opération (art. L 229-5, al. 5) ; il en résulte notamment : 98621
– que le projet de constitution doit être soumis aux **assemblées d'obligataires** de ces sociétés, à moins que le remboursement de leurs titres ne soit offert aux obligataires (nos 83980 s.) ;
– que les **créanciers non obligataires** de ces sociétés deviennent créanciers de la SE et peuvent exercer un droit d'opposition (nos 83930 s.).

Apport des parts ou actions à la SE Les associés des sociétés à l'origine de l'opération disposent d'un **délai** de trois mois à compter de la date d'établissement de « l'acte de constitution » de la SE (qui correspond, nous semble-t-il, au jour où l'assemblée a approuvé le projet ; n° 98620) pour communiquer à celles-ci leur intention d'apporter leurs parts ou actions à la SE (Règl. 2157/2001 art. 33, 1). 98622

La SE n'est constituée que si, dans ce délai de trois mois, les associés ont apporté le pourcentage minimal de titres de chaque société fixé dans le projet de constitution (art. 33, 2).

Si la société est constituée, les associés n'ayant pas communiqué leur intention dans le délai de trois mois bénéficient d'un délai supplémentaire d'un mois pour le faire (art. 33, 3-al. 2).

Formalités finales Une fois les conditions de constitution de la SE remplies (c'est-à-dire une fois les apports nécessaires réalisés), chaque société française participant à l'opération doit insérer un avis en faisant état dans un **support** d'**annonces légales** au niveau national ainsi qu'au **Bodacc** (art. R 229-19). 98623

La **SE** ne peut être **immatriculée** que sur preuve de l'accomplissement des formalités exposées nos 98600 à 98620 et de l'apport par les associés du pourcentage minimal de titres fixé dans le projet de constitution (Règl. 2157/2001 art. 33, 5).

> **Précisions** L'**avis** doit comporter les **indications** suivantes (art. R 229-19) :
> – la date du projet et de sa publication ;
> – la date à laquelle l'assemblée générale de la société s'est prononcée ;
> – la date à laquelle ses associés ont apporté le pourcentage de parts ou d'actions en vue de la constitution de la SE.

c. Constitution d'une SE filiale

Plusieurs **sociétés,** quelle que soit leur forme, ou d'**autres personnes morales** (de droit privé ou public) peuvent constituer une SE en souscrivant ses actions si deux d'entre elles au moins (Règl. 2157/2001 art. 2, 3) : 98650
– soit relèvent du droit d'États membres différents ;
– soit ont depuis deux ans au moins une filiale relevant du droit d'un autre État membre ou une succursale située dans un autre État membre (en l'absence de définition de la notion de filiale dans le règlement, il convient à notre avis d'appliquer celle retenue en matière de transformation d'une SA en SE : n° 98680).

Dans ce cas, les règles de souscription applicables aux personnes participant à la constitution sont celles de l'État dont relèvent ces personnes (Règl. 2157/2001 art. 36).

Une SE **filiale** peut également être **constituée par une autre SE** (Règl. 2157/2001 art. 3, 2 ; art. L 229-6, al. 1). 98651

d. Constitution d'une SE par voie de transformation d'une SA

Une **SA** peut se transformer en SE si elle a depuis deux ans au moins une filiale relevant du droit d'un autre État membre (Règl. 2157/2001 art. 2, 4). L'opération est possible même si la *société en voie de transformation* n'a pas revêtu la forme anonyme pendant toute cette période (Communication Ansa, comité juridique n° 15-018 du 4-3-2015). 98680

La transformation ne donne lieu ni à dissolution ni à création d'une **personne morale nouvelle** (Règl. 2157/2001 art. 37, 2).

> **Précisions** Peut être considérée comme une « **filiale** » au sens de l'article 2, 4 du règlement 2157/2001 toute société dont une autre détient « directement ou indirectement » une fraction du capital lui conférant la majorité des droits de vote (art. L 233-3) ; en effet, le règlement doit être interprété à la lumière de la directive 2001/86 du 8 octobre 2001 sur l'implication des salariés de la SE, dont l'article 2 précise qu'une filiale est une entreprise dans laquelle une société « exerce une influence dominante », ce qui correspond à la notion de contrôle définie à l'article L 233-3 (Rép. Savary : AN 9-8-2016 n° 93220).

PROJET DE TRANSFORMATION D'UNE SA EN SE

98690 Le conseil d'administration ou le directoire de la société doit établir un projet de transformation et un rapport expliquant les **aspects juridiques et économiques** de l'opération ainsi que ses **conséquences pour les actionnaires** et les salariés (Règl. 2157/2001 art. 37, 4).

Comme pour le projet de constitution d'une SE holding, le projet de transformation d'une SA française en SE doit être **déposé au greffe** du tribunal dans le ressort duquel la SA est immatriculée un mois au moins avant la date de la première assemblée appelée à se prononcer sur l'opération (art. L 225-245-1, al. 2 et R 229-20, dernier al.).

En outre, dans le même délai, le projet doit faire l'objet d'un avis inséré dans un **support d'annonces légales** du département du siège social, ainsi qu'au **Balo** si les actions de la société sont admises aux négociations sur un marché réglementé ou si elles ne revêtent pas toutes la forme nominative (art. R 229-20).

› Précisions L'**avis** doit comporter les **indications** suivantes (art. R 229-20) :
– la dénomination de la société suivie, le cas échéant, de son sigle, ainsi que l'adresse de son siège, le montant de son capital, son numéro d'identification et son RCS ;
– la mention que la société envisage de se transformer ;
– la date du projet ainsi que la date et le lieu de son dépôt au greffe.

COMMISSAIRES À LA TRANSFORMATION D'UNE SA EN SE

98700 Avant la tenue de l'assemblée appelée à se prononcer sur la transformation, la société doit demander la désignation d'un ou plusieurs commissaires à la transformation chargés d'établir un **rapport** attestant que les actifs nets de la société sont au moins équivalents au capital augmenté des réserves que la loi ou les statuts ne permettent pas de distribuer (Règl. 2157/2001 art. 37, 6 ; art. L 225-245-1, al. 3).

Les **commissaires** à la transformation sont **désignés** selon les mêmes modalités que les commissaires à la constitution d'une SE holding (art. R 22-10-7, sur renvoi de l'art. R 229-21).

PROCÉDURE DE TRANSFORMATION D'UNE SA EN SE

98710 L'**assemblée générale** se prononce sur le projet de transformation aux conditions de quorum et de majorité prévues pour la modification des statuts (art. L 225-96, sur renvoi de l'art. L 225-245-1, al. 4 ; voir aussi art. L 22-10-31 ; sur ces conditions, voir n°s 48590 s.).

Il est alors interdit à l'assemblée générale d'approuver concomitamment le transfert du siège de la société (cf. Règl. 2157/2001 art. 37, 3).

En présence d'actions d'une catégorie déterminée, la transformation doit également être approuvée par l'**assemblée spéciale** des titulaires de ces actions (art. L 225-99 sur renvoi de l'art. L 225-245-1, al. 4) dans les conditions prévues pour l'adoption des délibérations de cette assemblée : voir n°s 48830 s. En outre, si la société a émis des obligations, la transformation doit être soumise à l'approbation des **assemblées d'obligataires** (art. L 225-244, al. 2).

Une fois décidée, la **transformation** doit être **publiée** dans les mêmes conditions qu'une modification des statuts (art. R 225-165, sur renvoi de l'art. R 229-22).

2. RÉUNION DU GROUPE SPÉCIAL DE NÉGOCIATION

OBLIGATIONS DES DIRIGEANTS ET OBJET DU GROUPE DE NÉGOCIATION

98760 Les dirigeants des sociétés participant à la constitution de la SE doivent inviter un groupe spécial de négociation à se réunir (C. trav. art. L 2352-9, al. 1) pour **déterminer** avec eux, par un accord écrit, les **modalités de l'implication des salariés** au sein de la SE (C. trav. art. L 2352-2). Cette obligation ne s'impose pas aux SE n'employant aucun salarié **lors de leur immatriculation** et ne disposant pas de filiales qui en emploient ; l'emploi ultérieur de salariés ou l'acquisition ultérieure de filiales qui en emploient n'a pas pour effet de les y soumettre (CJUE 16-5-2024 aff. 706/22 : RJS 10/24 n° 566).

Ces modalités, définies à l'article L 2351-3 du Code du travail, recouvrent l'information des salariés, leur consultation et, le cas échéant, leur participation au fonctionnement de la SE (notamment droit d'élire ou de désigner certains membres du conseil d'administration ou de surveillance).

Les statuts de la SE ne doivent à aucun moment entrer en conflit avec les modalités d'implication qui auront été fixées (Règl. 2157/2001 art. 12, 4-al. 1).

› Précisions Les dirigeants des sociétés participant à la constitution de la SE doivent aussi **communiquer** l'identité des sociétés participantes ainsi que le nombre de leurs salariés **aux représentants du personnel** et aux dirigeants des établissements et filiales concernés par la constitution de la SE, les dirigeants de ces établissements et filiales devant alors, en l'absence de représentants du personnel, communiquer directement l'information aux salariés (C. trav. art. L 2352-9, al. 1).

CONSTITUTION DU GROUPE SPÉCIAL DE NÉGOCIATION

Le groupe spécial de négociation, constitué dès que possible après la publication du projet de fusion ou de constitution d'une holding, ou après l'adoption du projet de transformation ou de constitution d'une filiale (C. trav. art. L 2352-1, al. 1), est **composé** de représentants syndicaux ou de représentants du personnel désignés par les organisations syndicales, ou bien, en l'absence de syndicat, de représentants du personnel élus directement par les salariés (C. trav. art. L 2352-5 et L 2352-6). Il a la **personnalité juridique** (art. L 2352-1, al. 2). 98770

Le fait d'**entraver la constitution** du groupe ou la libre désignation de ses membres est puni d'un an de prison au plus et d'une amende maximale de 7 500 € (C. trav. art. L 2355-1).

FONCTIONNEMENT DU GROUPE SPÉCIAL DE NÉGOCIATION

Les négociations doivent débuter dès que le groupe est constitué et peuvent se poursuivre pendant les six mois qui suivent, étant précisé que les parties ont la faculté de prolonger d'un commun accord ces négociations, dont la **durée** totale ne peut pas dépasser un an. Durant cette période, le groupe doit être régulièrement informé du processus de création de la SE (C. trav. art. L 2352-9, al. 2 et 3). 98780

Le fait d'**entraver le fonctionnement** régulier du groupe est puni d'une amende maximale de 7 500 € (C. trav. art. L 2355-1).

L'article L 2352-13, al. 2 du Code du travail autorise le groupe à **ne pas entamer** les négociations **ou** à **clore des négociations** déjà entamées afin d'appliquer les règles d'information et de consultation des États membres où la SE emploiera des salariés, cette faculté étant néanmoins exclue en cas de transformation en SE d'une SA dans laquelle est organisé un système de participation (n°s 39930 s., 40000 s. et 44580). 98781

Modalités de l'accord En cas de conclusion d'un accord, celui-ci doit être **écrit** (C. trav. art. L 2352-2) et comporter au moins les **mentions** suivantes (C. trav. art. L 2352-16 et L 2352-17) : 98782

– les sociétés, filiales ou établissements auxquels il s'applique ;
– la composition, le nombre de membres et la répartition des sièges de l'organe représentant le personnel de la SE et de ses filiales ou établissements ;
– les attributions de cet organe ;
– la procédure de consultation et d'information applicable ainsi que, le cas échéant, les modalités de participation retenues ;
– la fréquence des réunions de l'organe de représentation ;
– ses ressources financières et matérielles ;
– la date d'entrée en vigueur de l'accord, sa durée et les cas et conditions dans lesquels il doit être renégocié.

En cas de **transformation** d'une SA en SE, l'accord doit prévoir un niveau d'information, de consultation et de participation au moins équivalent à celui existant dans la SA (C. trav. art. L 2352-18 ; sur la portée de ces dispositions, voir CJUE 18-10-2022 aff. 677/20 : RJS 3/23 n° 176).

Absence d'accord En l'absence d'accord sur les modalités de l'implication des salariés et lorsque le groupe spécial de négociation n'use pas de la faculté offerte par l'article L 2352-13, al. 2 du Code du travail (n° 98781), la **participation** des salariés est organisée de la façon suivante (C. trav. art. L 2353-28 s.) : 98783

– *en cas de* **transformation d'une SA en SE,** le système de participation des salariés au *conseil d'administration ou de surveillance existant dans* la SA continue de s'appliquer à la SE ;
– dans les **autres cas de constitution de SE,** il y a lieu d'appliquer soit le système de participation des salariés existant dans l'une des sociétés participant à la constitution de la SE, soit, en présence de plusieurs systèmes existant dans plusieurs sociétés, celui d'entre eux qui aura été choisi par le groupe ou, à défaut d'accord sur ce choix, par les dirigeants de la SE, étant toutefois précisé qu'aucune forme de participation n'est obligatoire si la ou les formes de participation existantes concernent moins de 25 % des salariés des sociétés participant à la constitution d'une SE par voie de fusion et moins de 50 % des salariés des sociétés participant à la création d'une SE holding ou filiale.

De même, si aucun système de participation n'existe à l'origine dans une SA transformée en SE ou dans aucune des sociétés participant à une fusion ou à la création d'une SE holding ou filiale, il n'y a pas lieu d'en mettre un en place dans la SE.

98784 La société ne peut être immatriculée que si les parties décident d'instituer un « **comité de la SE** », composé, d'une part, du dirigeant de la SE ou de son représentant, assisté de deux collaborateurs de son choix ayant voix consultative, et, d'autre part, de représentants du personnel des sociétés participantes, filiales et établissements concernés (C. trav. art. L 2353-2 et L 2353-7).

Ce comité, présidé par le dirigeant de la SE ou son représentant, a la personnalité juridique et prend ses décisions à la majorité de ses membres (C. trav. art. L 2353-13 et L 2353-14).

Le fait d'**entraver la constitution** du comité ou la libre désignation de ses membres est puni d'un an de prison au plus et d'une amende maximale de 7 500 € (C. trav. art. L 2355-1).

Sur sa compétence et ses **attributions,** voir nos 99390 s. Sur l'obligation de **renégocier les modalités d'implication des salariés** après la mise en place du comité, voir no 99400.

3. IMMATRICULATION DE LA SE

IMMATRICULATION DE LA SE AU RCS

98810 Toute **SE ayant son siège statutaire en France** doit être immatriculée au RCS (cf. Règl. 2157/2001 art. 12, 1), même en cas de constitution d'une SE par voie de transformation d'une SA. En effet, la règle prévoyant que la transformation ne donne lieu ni à dissolution ni à création d'une personne morale nouvelle s'applique « sans préjudice de l'article 12 » du règlement 2157/2001 (Règl. 2157/2001 art. 37, 2).

L'immatriculation ne peut intervenir que si les modalités relatives à l'implication des salariés ont été fixées (Règl. 2157/2001 art. 12, 2 et 3), à moins que la SE n'emploie aucun salarié lors de son immatriculation : voir no 98760.

Elle doit faire l'objet des mesures de **publicité** prévues pour la constitution de toute société (Règl. 2157/2001 art. 15) : voir nos 3040 s.

Par exemple, en cas de **constitution d'une SE par voie de fusion,** la demande d'immatriculation doit mentionner, outre les caractéristiques de la SE (dénomination, montant du capital, adresse du siège, etc.), la dénomination, la forme, le siège, le numéro d'identification et le RCS de toutes les sociétés ayant participé à la fusion (pour les sociétés ayant leur siège dans un autre État membre, ces deux dernières mentions sont remplacées par les lieu et numéro de leur immatriculation au registre public correspondant) (art. R 123-56, 2°). Doit notamment être joint à cette demande un exemplaire de l'attestation du notaire ayant contrôlé la légalité de la fusion (art. R 123-118, 1°).

En cas de **constitution d'une holding,** il convient notamment de joindre à la demande d'immatriculation une copie du projet de constitution et du rapport des commissaires à la constitution (art. R 123-118, 2°).

IMMATRICULATION DE LA SE AU RNE

98815 Toute **SE ayant son siège statutaire en France** doit être immatriculée au RNE (art. L 123-36, 1°). Sur cette immatriculation, voir nos 3315 s.

PUBLICITÉ RELATIVE À LA SE AU NIVEAU EUROPÉEN

98820 L'immatriculation et la radiation de la SE doivent faire l'objet d'un **avis** publié au **Journal officiel de l'UE** (Règl. 2157/2001 art. 14, 1).

La publication de cet avis n'est pas à la charge de la SE mais à la charge du **greffier** qui l'a immatriculée (art. R 123-171-1).

> **Précisions** L'**avis** doit comporter les **indications** suivantes (Règl. 2157/2001 art. 14, 1) :
> – la dénomination sociale, le lieu du siège statutaire et le secteur d'activité de la SE ;
> – le numéro, la date et le lieu d'immatriculation de celle-ci ;
> – la date, le lieu et le titre de la publication où figure l'avis de constitution.

EFFET DE L'IMMATRICULATION DE LA SE

98830 La SE acquiert la **personnalité morale** à compter du jour de son immatriculation (Règl. 2157/2001 art. 16, 1 ; art. L 229-1, al. 1). Toutefois, cette règle n'est applicable ni en cas de constitution d'une SE par voie de transformation d'une SA, ni en cas de fusion-absorption, qui entraîne la transformation de la SA absorbante en SE (Règl. 2157/2001 art. 17, 2), puisque la transformation d'une SA en SE ne donne pas lieu à la création d'une personne morale nouvelle (Règl. 2157/2001 art. 37, 2).

REPRISE DES ACTES PASSÉS POUR LE COMPTE DE LA SE EN FORMATION

La SE peut reprendre les **actes** qui auraient pu être **passés** pour son compte **avant son immatriculation** dans les conditions exposées n°s 2660 s., étant précisé qu'à défaut, les **personnes** (physiques ou morales) ayant conclu ces actes en sont solidairement et indéfiniment **responsables,** sauf convention contraire (Règl. 2157/2001 art. 16, 2). 98840

4. AUTRES RÈGLES DE CONSTITUTION DE LA SE

CAPITAL DE LA SE

Le capital social est divisé en **actions** (Règl. 2157/2001 art. 1, 2). Il doit être d'au moins 120 000 € (Règl. 2157/2001 art. 4, 2). 98870

Toutefois, un **capital minimal** plus élevé est exigé des SE françaises exerçant certains types d'activités (Règl. 2157/2001 art. 4, 3), par exemple pour les établissements de crédit et les sociétés de financement (entre 1 et 5 M€ : cf. C. mon. fin. art. L 511-11) ou les sociétés d'assurance (480 000 ou 800 000 €, non compris les apports en nature, selon les activités exercées : C. ass. art. R 322-5).

Sur l'obligation d'indiquer le capital social sur les **documents** émanant **de la société,** voir n° 98891.

SIÈGE DE LA SE

Le **siège statutaire et l'administration centrale** de la société, c'est-à-dire sa direction effective, ne peuvent pas être dissociés (art. L 229-1, al. 3). 98880

En cas de fictivité du siège statutaire, les tiers peuvent se prévaloir soit de ce dernier, soit du siège réel (art. L 210-3, sur renvoi de l'art. L 229-1, al. 3).

Si la société n'a plus son administration centrale en France, tout intéressé peut demander au tribunal la régularisation de la situation par le transfert du siège social ou le rétablissement de l'administration centrale au lieu du siège social, le cas échéant sous astreinte, le tribunal fixant une durée maximale pour cette régularisation ; à défaut de régularisation à l'issue de ce délai, le tribunal prononce la liquidation de la société (art. L 229-9, al. 1 à 3).

DÉNOMINATION DE LA SE

La SE doit faire précéder ou suivre sa dénomination du **sigle** « SE » (Règl. 2157/2001 art. 11, 1). 98890

Ce sigle ne peut figurer que dans la dénomination des SE (art. 11, 2). En cas d'utilisation de celui-ci par une **autre société qu'une SE,** tout intéressé peut demander au président du tribunal statuant en référé d'enjoindre à cette société de modifier sa dénomination (art. L 238-3-1). Néanmoins, si ce sigle figure dans la dénomination de personnes morales immatriculées avant le 8 octobre 2004, celles-ci ne sont pas tenues de modifier leur dénomination en conséquence (Règl. 2157/2001 art. 11, 3).

Les **actes et documents émanant de la SE** et destinés aux tiers, tels que les lettres, factures, annonces et publications diverses, doivent indiquer la dénomination sociale, précédée ou suivie immédiatement et lisiblement des mots « société européenne » ou du sigle « SE » et de l'énonciation du capital social, qui peut être arrondi à l'entier inférieur (art. R 123-238). 98891

À défaut, le ministère public ainsi que tout intéressé peuvent demander au président du tribunal statuant en référé d'enjoindre sous astreinte au représentant légal de la société de porter ces mentions sur ces actes et documents (art. L 238-3).

SECTION 2 FONCTIONNEMENT DE LA SE

ORGANES DE LA SE

Les structures de la SE sont celles de la SA. Comme dans celle-ci, la SE doit comporter une **assemblée générale** des actionnaires et, selon l'option retenue dans les statuts, soit un **conseil** de surveillance et un directoire (système dualiste), soit un conseil d'administration (système moniste) (Règl. 2157/2001 art. 38). 99100

CLAUSES STATUTAIRES AMÉNAGEANT LE FONCTIONNEMENT DE LA SE

99110 Les statuts peuvent comporter des **clauses autorisées** non seulement par le règlement, mais aussi par les dispositions applicables aux SA dans l'État membre où la SE a son siège statutaire (application de l'art. 9, 1 du règl. 2157/2001). Cette règle devrait inciter les dirigeants à immatriculer les SE dans des États où la législation sur les SA est souple.

Par ailleurs, les statuts doivent prévoir des règles similaires à celles prévues pour les SA aux articles L 225-38 à L 225-42 et L 225-86 à L 225-90 (nos 52550 s.) sur le **contrôle des conventions** conclues entre la SE et l'un de ses dirigeants ou actionnaires détenant plus de 10 % des droits de vote (art. L 229-7, al. 6). Lorsque le législateur modifie le régime de contrôle des conventions réglementées dans la SA, il convient de vérifier si la clause statutaire est toujours en adéquation avec ce régime et, au besoin, de la modifier.

ATTENTION

L'ordonnance 2020-1142 du 16 septembre 2020 a transféré aux articles L 22-10-12, L 22-10-13, L 22-10-29 et L 22-10-30 certaines dispositions des articles L 225-38 à L 225-42 et L 225-86 à L 225-90 applicables aux SA dont les actions sont admises aux négociations sur un marché réglementé, mais, par inadvertance, l'article L 229-7, al. 6 n'a pas été modifié pour en tenir compte. La prudence commande toutefois de maintenir des règles similaires à celles prévues par les nouveaux articles précités, d'autant qu'il pourrait être soutenu que ces articles, applicables aux SA dont les actions sont admises aux négociations sur un marché réglementé, sont directement applicables aux SE dont les actions sont admises aux négociations sur un marché réglementé en vertu de l'article 9, 1-c-ii du règlement 2157/2001.

Les statuts doivent également énumérer les catégories d'opérations soumises à l'**autorisation du conseil** de surveillance ou donnant lieu à une décision expresse du conseil d'administration (Règl. 2157/2001 art. 48, 1). Les actionnaires sont libres de choisir quelles catégories d'opérations relèvent ainsi de la compétence du conseil mais, en tout état de cause, ils doivent en mentionner au moins une. Ils peuvent notamment prévoir une clause soumettant les **cautions, avals et garanties** à l'autorisation préalable du conseil d'administration ou de surveillance selon les mêmes modalités que dans les SA.

1. DIRECTION ET ADMINISTRATION DE LA SE

PRINCIPES

99120 Comme dans les SA, la direction de la SE est assurée soit par un conseil d'administration, soit par un directoire et un conseil de surveillance selon l'option retenue dans les statuts. Les **règles** relatives à ces organes dans les **SA** (art. L 225-17 s.) sont applicables aux organes de gestion de la SE (art. L 229-7, al. 1), sous réserve de certaines spécificités présentées ci-après.

RÈGLES COMMUNES AUX ORGANES DE DIRECTION DE LA SE

99130 Les statuts doivent fixer la **durée des fonctions** des membres des organes de la SE, cette durée ne pouvant pas excéder six ans ; les membres peuvent être reconduits dans leurs fonctions, sauf clause statutaire contraire (Règl. 2157/2001 art. 46).

Les membres des organes de la SE sont tenus de ne pas **divulguer,** même après la cessation de leurs fonctions, les **informations sur la SE** de nature à porter préjudice à ses intérêts, sauf si une telle divulgation est exigée ou admise dans l'intérêt public (Règl. 2157/2001 art. 49).

99131 **Conditions d'adoption des décisions** Les décisions doivent être prises à la majorité des membres présents ou représentés dès lors que la moitié au moins de ces membres sont présents ou représentés ; les statuts peuvent toutefois déroger à ces **conditions de quorum et de majorité** (Règl. 2157/2001 art. 50, 1). L'interdiction de déroger, dans les statuts de SA, à la règle subordonnant la validité des délibérations du conseil d'administration ou du conseil de surveillance à la présence de la moitié des membres du conseil lors de la réunion (art. L 225-37, al. 1 et L 225-82, al. 1) s'en trouve donc écartée (art. L 229-7, al. 1).

La **voix du président** de l'organe est prépondérante en cas de partage des voix ; les statuts peuvent déroger à cette règle, sauf pour les décisions du conseil de surveillance si celui-ci est composé pour moitié de représentants des salariés (Règl. 2157/2001 art. 50, 2).

RÈGLES APPLICABLES AUX SE À SYSTÈME DUALISTE

99140 Le système dualiste comporte un **directoire** et un **conseil de surveillance.** Comme dans les SA (art. L 225-74), nul ne peut être simultanément membre de l'un et de l'autre ; toutefois, afin d'éviter un blocage de la vie sociale en cas de **vacance** au sein du directoire, le conseil de surveillance peut désigner l'un de ses membres pour exercer les fonctions de membre du directoire, ce qui entraîne la suspension des fonctions de l'intéressé au sein du conseil de surveillance (Règl. 2157/2001 art. 39, 3 ; art. L 229-7, al. 2).

L'intéressé est nommé pour le temps restant à courir jusqu'au renouvellement du directoire sans que ce délai puisse toutefois excéder six mois (art. R 229-23).

Directoire Le directoire, qui est responsable de la gestion de la SE (Règl. 2157/2001 art. 39, 1), peut comprendre jusqu'à sept **membres** (art. L 229-7, al. 5) au lieu de cinq pour les SA dont les actions ne sont pas admises aux négociations sur un marché réglementé (art. L 225-58, al. 1). 99141

Les statuts ne peuvent pas autoriser les personnes morales à être membres du directoire car l'article L 225-59, al. 3 l'interdit dans les SA et cette interdiction s'applique à la SE (Règl. 2157/2001 art. 47, 1).

Le directoire doit **informer** au moins tous les trois mois le conseil de surveillance de la marche des affaires et de son évolution prévisible ; en outre, il doit lui communiquer en temps utile toute information sur des événements susceptibles d'avoir des répercussions sur la situation de la société (Règl. 2157/2001 art. 41, 1 et 2).

Conseil de surveillance Le conseil de surveillance, qui peut comprendre des **personnes morales** si les statuts le prévoient expressément (Règl. 2157/2001 art. 47, 1), contrôle la **gestion** de la SE sans pouvoir assurer lui-même celle-ci (Règl. 2157/2001 art. 40, 1). 99142

Si le droit de participer au fonctionnement de la SE est reconnu aux salariés (notamment droit d'élire ou de désigner certains membres du conseil de surveillance : C. trav. art. L 2351-6), les règles fixant le **nombre** maximal **des membres du conseil** de surveillance ainsi que le nombre maximal de ces membres élus par les salariés (art. L 225-69 et L 225-79, al. 2 ; n° 44210) ne peuvent pas faire obstacle à l'exercice de ce droit (art. L 229-7, al. 3).

Le conseil de surveillance peut se faire **communiquer** par le président du directoire les **documents** qu'il estime nécessaires à l'accomplissement de sa mission de contrôle et peut procéder aux vérifications nécessaires à l'accomplissement de celle-ci (Règl. 2157/2001 art. 41, 3 et 4 ; art. L 229-7, al. 4).

Les statuts doivent énumérer les catégories d'opérations soumises à son **autorisation** (Règl. 2157/2001 art. 48, 1).

RÈGLES APPLICABLES AUX SE À SYSTÈME MONISTE

Conseil d'administration Le conseil d'administration assure la **gestion** de la société (Règl. 2157/2001 art. 43, 1). Les statuts doivent énumérer les catégories d'opérations sur lesquelles il doit expressément se prononcer (Règl. 2157/2001 art. 48, 1). 99150

Il doit se réunir au moins tous les trois mois, selon une périodicité fixée par les statuts, pour délibérer de la marche des affaires et de son évolution prévisible (Règl. 2157/2001 art. 44, 1).

Le conseil d'administration peut comprendre des personnes morales si les statuts le prévoient expressément (Règl. 2157/2001 art. 47, 1). Si le droit de participer au fonctionnement de la SE est reconnu aux salariés (notamment droit d'élire ou de désigner certains membres du conseil d'administration : C. trav. art. L 2351-6), les règles fixant le nombre maximal des **membres** du conseil d'administration ainsi que le nombre de ces membres titulaires d'un contrat de travail (art. L 225-17, al. 1 et L 225-22, al. 2 ; n°s 39010 et 39240 s.) ne peuvent pas faire obstacle à l'exercice de ce droit (art. L 229-7, al. 3). 99151

Le conseil d'administration élit en son sein un **président** (Règl. 2157/2001 art. 45). Ce président peut être chargé de mettre en œuvre la politique de gestion déterminée par le conseil. La mise en œuvre de la politique de gestion déterminée par le conseil peut aussi, comme dans les SA françaises, être assurée par un **directeur général** distinct du président, situation qui se rencontre d'ailleurs en pratique. En effet, ainsi que l'a relevé le professeur Menjucq (M. Menjucq, SE *à conseil d'administration : peut-on dissocier les fonctions de président et de directeur général ?* : BRDA 4/21 inf. 27) : 99155

– d'une part, l'article 45 précité n'a pas pour objet d'interdire une telle dissociation des fonctions ;

– d'autre part, la faculté ouverte aux États membres par l'article 43, 1 du règlement 2157/2001 de prévoir qu'un directeur général est responsable de la gestion courante dans les mêmes conditions que pour les SA ayant leur siège sur leur territoire n'est certes pas expressément prévue par les dispositions du Code de commerce relatives à la SE ; néanmoins, l'article L 229-7, al. 1, selon lequel la direction et l'administration de la SE sont régies, sauf exceptions, par la Section 2 du Chapitre V du Titre II du Livre II du Code de commerce, rend applicable à la SE l'article L 225-51-1, qui prévoit la dissociation des fonctions de président du conseil d'administration et de directeur général.

Le conseil d'administration peut aussi nommer un ou plusieurs **directeurs généraux délégués** chargés d'assister le directeur général (art. L 225-53, al. 1). Ces dirigeants sont alors soumis au régime juridique des directeurs généraux délégués de SA.

RESPONSABILITÉ DES DIRIGEANTS DE SE

99160 Le régime de la **responsabilité civile** des administrateurs, membres du directoire et membres du conseil de surveillance de SA (art. L 225-251 s.) s'applique aux dirigeants de SE qui violent les obligations légales, statutaires ou autres inhérentes à leurs fonctions (Règl. 2157/2001 art. 51).

De même, les **infractions** relatives à la constitution et au fonctionnement des SA (art. L 242-1 s.) s'appliquent aux SE, dont les dirigeants (de droit ou de fait) encourent alors les mêmes peines que les dirigeants de SA (art. L 244-5, L 246-2 et L 248-1).

2. ASSEMBLÉE GÉNÉRALE DE LA SE

RÉGIME APPLICABLE À L'ASSEMBLÉE GÉNÉRALE DE LA SE

99190 Les assemblées générales de SE sont soumises aux règles prescrites par la Section 3 du Chapitre V du Titre II du Livre II du Code de commerce – et obéissent donc aux mêmes règles que les **assemblées de SA,** prévues aux articles L 225-96 s. –, sous réserve des précisions exposées ci-après (nos 99200 s.), apportées par le règlement 2157/2001 (art. L 229-8).

ATTENTION

L'ordonnance 2020-1142 du 16 septembre 2020 a transféré aux articles L 22-10-31 à L 22-10-48 certaines dispositions applicables aux SA dont les titres sont admis aux négociations sur un marché réglementé ou sur un SMN qui figuraient auparavant dans la Section 3 du Chapitre V du Titre II du Livre II du Code de commerce, mais, par inadvertance, l'article L 229-8 n'a pas été modifié pour en tenir compte. À notre avis, les articles L 22-10-31 à L 22-10-48 sont applicables aux SE dont les titres sont admis aux négociations sur un marché réglementé ou sur un SMN, en vertu de l'article 9, 1-c-ii du règlement 2157/2001.

CONVOCATION DE L'ASSEMBLÉE GÉNÉRALE DE LA SE

99200 La convocation de l'assemblée peut être **demandée** non seulement par le conseil d'administration, le directoire, le conseil de surveillance, le commissaire aux comptes ou un mandataire judiciaire, mais aussi par un ou plusieurs actionnaires détenant ensemble 10 % au moins du capital, un pourcentage minimal inférieur pouvant être prévu par les statuts (Règl. 2157/2001 art. 55, 1).

Si, à la suite de cette demande, l'assemblée n'est pas tenue en temps utile et en tout cas dans un délai de deux mois, le juge peut, à la demande de tout actionnaire, soit en ordonner la convocation, soit donner à l'actionnaire (ou à son mandataire) l'autorisation de procéder à cette convocation (art. 55, 3).

MAJORITÉ REQUISE POUR L'ADOPTION DES DÉCISIONS COLLECTIVES DE LA SE

99210 La majorité requise pour l'adoption des décisions de l'assemblée (majorité simple pour les décisions ne modifiant pas les statuts et majorité des deux tiers pour les décisions modifiant les statuts) est calculée en fonction des « **voix exprimées** » (Règl. 2157/2001 art. 57 et 59, 1), de sorte que l'abstention ou le vote blanc ou nul n'équivaut pas à un vote de rejet de la résolution, l'article 58 du règlement excluant seulement l'abstention et le vote blanc ou nul du décompte des voix exprimées.

3. TRANSFERT DU SIÈGE DE LA SE

a. Transfert du siège de la SE dans un autre État membre

99240 Le **siège** statutaire de la SE peut être transféré dans un autre État membre (Règl. 2157/2001 considérant 24). L'**administration centrale** de la société doit être transférée simultanément puisqu'elle est indissociable du siège statutaire (art. L 229-1, al. 3).

Le transfert peut être décidé à tout **moment,** sauf :
– en cas de dissolution, de liquidation ou de procédure collective contre la SE (Règl. 2157/2001 art. 8, 15) ;
– à l'occasion de la transformation d'une SA en SE (Règl. 2157/2001 art. 37, 3), de sorte qu'il est interdit à l'assemblée générale appelée à se prononcer sur le projet de transformation d'approuver concomitamment le transfert du siège.

Le transfert ne donne lieu ni à **dissolution** de la société ni à création d'une personne morale nouvelle (Règl. 2157/2001 art. 8, 1).

PROJET DE TRANSFERT DU SIÈGE DE LA SE

Un projet de transfert doit être établi par le directoire ou le conseil d'administration de la SE, comportant les **mentions** suivantes (Règl. 2157/2001 art. 8, 2) : 99250
– la dénomination, le siège statutaire et le numéro d'identification actuels de la SE ;
– le futur siège statutaire de la SE et les statuts envisagés pour celle-ci ;
– le cas échéant, sa nouvelle dénomination sociale ;
– les conséquences que le transfert pourrait avoir sur l'implication des salariés ;
– le calendrier envisagé pour le transfert ;
– les droits prévus en matière de protection des actionnaires et/ou des créanciers.

Le directoire ou le conseil d'administration doit également établir un **rapport** expliquant les aspects juridiques et économiques de l'opération ainsi que les conséquences du transfert pour les actionnaires, les créanciers et les salariés (art. 8, 3).

Publicité Le projet doit être **déposé au greffe du tribunal** dans le ressort duquel la SE est immatriculée deux mois au moins avant la date de la première assemblée appelée à statuer sur le transfert (art. L 229-2, al. 1 et R 229-3, dernier al.). 99251

En outre, dans le même délai, la SE doit publier un avis sur le projet dans un **support d'annonces légales** du département de son siège, ainsi qu'au **Balo** si ses actions sont admises aux négociations sur un marché réglementé ou si elles ne revêtent pas toutes la forme nominative (art. R 229-3, al. 1).

› Précisions L'avis doit comporter, outre les **mentions** prévues pour la modification des statuts, les indications suivantes (art. R 229-3) :
– la dénomination de la SE suivie, le cas échéant, de son sigle, ainsi que l'adresse de son siège, le montant de son capital, son numéro d'identification et son RCS ;
– l'État dans lequel le transfert est envisagé ainsi que l'adresse prévisible du siège social ;
– le calendrier prévisible du transfert ;
– les modalités d'exercice des droits relatifs au rachat des actions et à l'opposition des créanciers ;
– la date du projet ainsi que la date et le lieu de son dépôt au greffe.

PROCÉDURE DE TRANSFERT DU SIÈGE DE LA SE

Au moins un mois avant l'assemblée appelée à se prononcer sur le transfert, les **actionnaires et** les **créanciers de la SE** ont le droit d'examiner, au siège social, le projet de transfert ainsi que le rapport et celui d'obtenir gratuitement, sur leur demande, des copies de ces documents (Règl. 2157/2001 art. 8, 4). 99260

La **décision de transfert** ne peut intervenir que deux mois après la publication du projet (art. 8, 6) sauf si, dans ce délai, le procureur de la République s'oppose au transfert pour des raisons d'intérêt public (d'office ou à la demande de toute personne invoquant une telle raison), cette opposition étant susceptible de recours devant la cour d'appel de Paris (art. 8, 14 ; art. L 229-4). Le transfert doit être décidé par l'assemblée générale extraordinaire à la majorité prévue pour la modification des statuts (Règl. 2157/2001 art. 8, 6 ; art. L 229-2, al. 2) : voir n° 99210.

En présence d'actions d'une catégorie déterminée, la transformation doit également être approuvée par l'**assemblée spéciale** des titulaires de ces actions à la majorité des deux tiers des voix (art. L 229-2, al. 2).

Une fois adoptée, la décision de transfert doit faire l'objet d'un avis inséré dans un **support d'annonces légales** du département du siège social, ainsi qu'au **Balo** si les actions de la société sont admises aux négociations sur un marché réglementé ou si elles ne revêtent pas toutes la forme nominative. Cet avis doit comporter la date de l'assemblée ayant approuvé le transfert et l'adresse du nouveau siège (art. R 229-5).

Protection des actionnaires ***En cas d'opposition*** à l'opération, les actionnaires peuvent obtenir le **rachat** de leurs **actions** (art. L 229-2, al. 3). Cette possibilité de rachat a été introduite en application du règlement 2157/2001 qui autorise le législateur à « assurer une protection appropriée aux actionnaires minoritaires qui se sont prononcés contre le transfert » lors de l'assemblée (Règl. 2157/2001 art. 8, 5). Elle ne peut donc pas bénéficier aux actionnaires s'étant abstenus ou ayant émis un vote positif sur le projet de transfert (dans le même sens, M. Menjucq, Premiers pas et premier bilan de la société européenne en France : Rev. sociétés 2007 p. 253 n° 56). 99261

La **demande** de rachat doit être formée dans un délai d'un mois à compter de la publication de l'avis (ou, le cas échéant, du dernier avis) sur la décision de transfert et elle doit être communiquée à la société par lettre recommandée AR (art. R 229-6).

Celle-ci adresse alors à l'actionnaire une **offre** de rachat de ses titres par lettre recommandée AR dans les 15 jours suivant la réception de la demande de rachat, offre qui doit comporter (art. R 229-7) :

– le prix offert par action, qui doit être identique pour chaque actionnaire détenant des actions d'une même catégorie ;
– le mode de paiement proposé ;
– le délai pendant lequel l'offre est maintenue, qui ne peut pas être inférieur à 20 jours, et le lieu où elle peut être acceptée.

Lorsque les **titres** de la SE sont **admis** aux négociations **sur un marché réglementé,** leur évaluation, effectuée selon les méthodes objectives pratiquées en cas de cession d'actifs, doit tenir compte, selon une pondération appropriée à chaque cas, de la valeur des actifs, des bénéfices réalisés, de la valeur boursière, de l'existence de filiales et des perspectives d'activité (C. mon. fin. art. L 433-4, II, sur renvoi de l'art. R 229-7).

99262 Toute **contestation** formée par un actionnaire **sur le prix** offert doit être portée devant le tribunal dans le ressort duquel est situé le siège de la société, dans le délai prévu par l'offre. Tous les actionnaires intéressés par le rachat (c'est-à-dire ceux qui ont répondu à l'offre) sont alors mis en cause par la société afin que le jugement leur soit rendu commun (art. R 229-8, al. 1 et 2). Une fois mis en cause, ces actionnaires ne peuvent pas contester la compétence territoriale du tribunal (CPC art. 333, sur renvoi de l'art. R 229-8).

Le prix de rachat des actions est déterminé par expert dans les conditions prévues à l'article 1843-4 du Code civil (art. R 229-8, al. 3).

99263 **Protection des créanciers** Les titulaires de **créances nées avant le transfert** du siège social peuvent former **opposition** à celui-ci dans un délai de 30 jours à compter de la publication de l'avis (ou, le cas échéant, du dernier avis) sur le projet de transfert ; le juge rejette l'opposition ou ordonne soit le remboursement des créances, soit la constitution de garanties si la société transférant son siège en offre et si elles sont jugées suffisantes.

À défaut de remboursement des créances ou de constitution des garanties ordonnées, le transfert de siège est inopposable aux créanciers (art. L 229-2, al. 6 et R 229-11).

En outre, en présence de créanciers **obligataires,** le projet de transfert doit être soumis à l'assemblée des obligataires, à moins que le remboursement des titres sur simple demande de leur part ne leur soit offert (art. L 229-2, al. 5). Si tel est le cas, la SE doit publier un avis donnant lieu à deux insertions successives, espacées d'au moins dix jours, dans deux supports d'annonces légales du département du siège social, ainsi qu'au Balo si les obligations de la société sont admises aux négociations sur un marché réglementé ou si elles ne revêtent pas toutes la forme nominative. En présence d'obligations nominatives, cette publicité doit être complétée par l'envoi à chaque porteur de ces titres d'une lettre recommandée AR aux frais de la société (art. R 229-10, al. 1 et 2).

ATTENTION

L'avis et la lettre recommandée doivent indiquer le **délai** pendant lequel les créanciers obligataires peuvent demander le **remboursement** de leurs titres, ce délai étant de trois mois à compter, selon le cas, de la publication du dernier avis ou de la réception de la dernière lettre (art. R 229-10, al. 3 et 4).

99264 **Contrôle de légalité** Un **notaire** doit délivrer un **certificat** attestant d'une manière concluante l'accomplissement des actes et des formalités préalables au transfert du siège (Règl. 2157/2001 art. 8, 8 ; art. L 229-2, al. 7).

Le notaire ne délivre ce certificat que si la SE prouve avoir assuré la protection des créanciers dans les conditions prévues nº 99263 (cf. Règl. 2157/2001 art. 8, 7-al. 1). Cette preuve résulte du **dossier** que la société doit remettre au notaire aux fins de délivrance du certificat, dossier qui doit comporter au moins les documents suivants (art. R 229-12) :

– les statuts de la SE ;
– le projet de transfert ;
– une copie des insertions prévues pour la publicité du transfert (nºs 99251, 99260 et 99263) ;
– des indications relatives aux conséquences du transfert sur l'implication des salariés dans le fonctionnement de la SE.

Le notaire chargé du contrôle ne doit en aucun cas avoir instrumenté, rédigé d'actes sous signature privée ou donné une consultation juridique à l'occasion du transfert (art. R 229-2).

Formalités finales L'**immatriculation** de la SE au registre du lieu du nouveau siège ne peut intervenir que sur présentation du certificat du notaire et sur preuve de l'accomplissement des formalités exigées dans l'État du nouveau siège (Règl. 2157/2001 art. 8, 9). 99265

Le transfert doit donner lieu à publication d'un **avis** au **Journal officiel de l'UE,** dans lequel doivent figurer les mentions indiquées nº 98820 pour l'ancienne et la nouvelle immatriculation (Règl. 2157/2001 art. 14, 2).

Il appartient au greffier de l'ancien siège de **radier d'office** la SE du RCS dès réception de la notification de la nouvelle immatriculation par l'autorité chargée de celle-ci dans l'État où le siège a été transféré (art. R 123-127). Le greffier doit aussi informer l'Inpi, par l'intermédiaire du guichet unique électronique des formalités d'entreprises, de la radiation d'office de la SE afin qu'elle soit également radiée du RNE (art. R 123-312, al. 1). La radiation d'office d'une société au RCS vaut radiation de celle-ci au RNE (art. R 123-312, al. 2). La SE n'a donc pas à accomplir ces formalités.

EFFET DU TRANSFERT DU SIÈGE DE LA SE

Le transfert du siège et la modification des statuts qui en résulte prennent effet au jour de l'immatriculation au registre du lieu du nouveau siège (Règl. 2157/2001 art. 8, 10), mais seulement **à l'égard des actionnaires.** En effet, le transfert n'est opposable aux **tiers** qu'à compter de la publicité de cette immatriculation dans les conditions prévues par la réglementation de l'État du nouveau siège ; les tiers peuvent toutefois se prévaloir de l'ancien siège tant que la radiation de la précédente immatriculation n'a pas été publiée, sauf si la SE établit que les tiers ont eu connaissance du nouveau siège (art. 8, 13). 99280

Par ailleurs, en cas de litige survenant avant le transfert, la SE est considérée comme ayant conservé son siège dans l'État de sa précédente immatriculation, même si une action en justice est engagée contre elle après le transfert (art. 8, 16). Le règlement n'apporte aucune précision sur la notion de litige pour l'application de cette disposition.

> **Précisions** Si le transfert du siège est de nature à affecter de manière substantielle la composition du comité de la SE ou les modalités d'implication des salariés, les dirigeants doivent convoquer un nouveau **groupe spécial de négociation** pour renégocier ces modalités (C. trav. art. L 2354-4).

RÉGIME FISCAL DU TRANSFERT DE SIÈGE DE LA SE

Le transfert du siège social de la France vers un autre État de l'UE s'opère sans conséquence fiscale dès lors que les actifs de la SE restent inscrits au bilan d'un établissement stable soumis à l'impôt sur les sociétés en France (CGI art. 221, 2). Cette solution peut notamment s'appliquer au transfert du siège d'une société exerçant une activité de holding à condition que les titres soient inscrits au bilan fiscal de l'établissement dont elle dispose en France. Lorsque le transfert du siège s'accompagne du transfert d'actifs dans l'UE, l'imposition des plus-values peut au choix de l'entreprise faire l'objet d'un paiement immédiat ou étalé sur cinq ans (nº 20545). 99290

b. Transfert en France du siège de la SE

En cas de transfert en France du siège d'une SE immatriculée dans un autre État membre de l'UE, la société doit, dans le mois qui suit le transfert, présenter une **demande d'immatriculation** au RCS et au RNE dans le ressort du tribunal du nouveau siège, sauf si elle y exploite déjà un établissement secondaire, auquel cas il lui suffit, dans le même délai, de demander la transformation de l'immatriculation de cet établissement (immatriculation dite « secondaire ») en immatriculation principale (art. R 123-72, sur renvoi de l'art. R 123-74, et art. R 123-263). 99320

Doivent notamment être joints à cette demande les statuts mis à jour, un document annexé aux statuts mentionnant les sièges sociaux antérieurs, les greffes où sont classés les actes constitutifs et modificatifs antérieurs au transfert et l'indication de la date du dernier transfert du siège (art. R 123-110, sur renvoi de l'art. R 123-119, al. 1), ainsi que le certificat attestant l'accomplissement régulier des formalités préalables au transfert (art. R 123-119, al. 2).

4. AUTRES RÈGLES DE FONCTIONNEMENT DE LA SE

TRANSFORMATION DE LA SE

La SE peut se transformer en SA à l'expiration d'un **délai** de deux ans à compter de son immatriculation et après l'approbation des comptes annuels de ses deux premiers exercices (Règl. 2157/2001 art. 66, 1 ; art. L 229-10, al. 1). 99370

Cette transformation ne donne lieu ni à dissolution ni à création d'une **personne morale nouvelle** (Règl. 2157/2001 art. 66, 2).

Les **modalités** de cette transformation, prévues à l'article 66, 3 à 6 du règlement 2157/2001, ainsi qu'aux articles L 229-10, al. 2 à 4 et R 229-24 à R 229-26, sont identiques à celles prévues en cas de transformation d'une SA en SE (voir nos 98690 à 98710).

RÈGLES PARTICULIÈRES À LA SE UNIPERSONNELLE

99380 En cas de constitution d'une SE unipersonnelle, l'actionnaire unique exerce les pouvoirs dévolus à l'assemblée générale (art. L 229-6, al. 2) sans pouvoir les déléguer et les règles de forme des **décisions de l'associé** d'EURL sont alors applicables (art. L 223-31, al. 1 et 3, sur renvoi de l'art. L 229-6, al. 1).

99382 En cas de conclusion d'une **convention entre la SE et son actionnaire ou l'un de ses dirigeants non actionnaires,** la mention de la convention sur le registre des délibérations vaut approbation de celle-ci (art. L 229-7, al. 6) sans qu'il soit nécessaire de respecter la procédure statutaire de contrôle.

COMITÉ DE LA SE

99390 Le comité de la SE, on l'a vu (n° 98784), est mis en place en l'absence d'accord du groupe spécial de négociation sur les modalités de l'implication des salariés. La **compétence** du comité est limitée aux questions concernant la SE elle-même ou toute filiale ou tout établissement situé dans un autre État membre, ainsi qu'aux questions excédant les pouvoirs des instances de décision dans un seul État membre (C. trav. art. L 2353-3).

Le comité doit se réunir au moins une fois par an sur convocation de son président. La **réunion** annuelle du comité doit notamment porter sur la situation économique et financière de la société, de ses filiales et établissements, l'évolution probable des activités, la production et les ventes, la situation et l'évolution probable de l'emploi, les investissements, les changements substantiels intervenus dans l'organisation, l'introduction de nouvelles méthodes de travail ou de nouveaux procédés de production, les transferts de production, les fusions, la réduction de taille ou la fermeture (totale ou partielle) d'entreprises et les licenciements collectifs (art. L 2353-4 et L 2353-16, al. 1).

Le comité se prononce sur la base de **rapports** réguliers que son président établit sur l'évolution des activités de la société et ses perspectives (art. L 2353-16, al. 1). En outre, le dirigeant de la SE doit fournir au comité l'ordre du jour des réunions du conseil d'administration ou de surveillance ainsi que les copies de tous les documents soumis à l'assemblée générale des actionnaires (art. L 2353-17, al. 4).

Le fait d'**entraver le fonctionnement** régulier du comité est puni d'une amende maximale de 7 500 € (C. trav. art. L 2355-1).

99391 **Événements exceptionnels** En cas de circonstances exceptionnelles affectant considérablement les intérêts des salariés (notamment en cas de **délocalisation,** de **fermeture** d'entreprise ou d'établissement, de **licenciement** collectif), le comité est réuni de plein droit, s'il en fait la demande, par le dirigeant de la SE afin d'être informé et consulté sur les mesures affectant ces intérêts. Lorsque la direction décide de ne pas suivre l'avis exprimé par le comité, ce dernier est de plein droit réuni de nouveau, s'il en fait la demande, par le dirigeant pour tenter de parvenir à un accord (C. trav. art. L 2353-5 et L 2353-19).

Lorsque le dirigeant de la SE prend la décision de lancer une **offre publique** d'achat ou d'échange, il a la faculté de n'informer le comité qu'une fois l'offre rendue publique. Dans un tel cas, il doit réunir le comité dans les huit jours suivant la publication de l'offre en vue de lui transmettre des informations écrites et précises sur le contenu de celle-ci et sur les conséquences qu'elle est susceptible d'entraîner en matière d'emploi (C. trav. art. L 2353-6).

RENÉGOCIATION DES MODALITÉS D'IMPLICATION DES SALARIÉS DE LA SE

99400 L'obligation de renégocier les modalités d'implication des salariés est prévue dans trois situations :

– lorsqu'un **comité de la SE** a été **institué,** auquel cas les dirigeants de la SE doivent le convoquer quatre ans après sa mise en place pour qu'il examine s'il convient d'engager des négociations en vue de conclure un accord (C. trav. art. L 2354-2) ;

– en cas de décision du groupe spécial de négociation d'appliquer l'article L 2352-13, al. 2 du Code du travail (n° 98781), lorsque 10 % des **salariés** de la SE, de ses filiales et établissements (ou 10 % de leurs représentants) **demandent** par écrit **de nouvelles négociations,**

les dirigeants de la SE devant alors convoquer le groupe au plus tôt deux ans après sa décision, sauf si les parties conviennent de rouvrir les négociations plus rapidement (art. L 2354-3) ;
– lorsque des changements affectent de manière substantielle la composition du comité de la SE ou les modalités d'implication des salariés prévues par l'accord (**changements intervenant dans la structure de l'entreprise, la localisation du siège social ou le nombre de salariés**), auquel cas les dirigeants de la SE doivent convoquer le groupe spécial de négociation (art. L 2354-4).

SECTION 3 CLAUSES RELATIVES À L'ACTIONNARIAT DE LA SE

ENCADREMENT LÉGAL DES CLAUSES RELATIVES À L'ACTIONNARIAT DE LA SE

La loi permet d'insérer dans les statuts de **SE n'offrant pas d'actions au public** des clauses réglementant l'admission et le retrait des actionnaires (art. L 229-11 à L 229-14). Elle le permet également lorsque la SE procède à **certaines offres au public** : offre réservée à des investisseurs qualifiés ou à un cercle restreint d'investisseurs, offre relevant du financement participatif, offre portant sur des titres dont la valeur nominale unitaire s'élève au moins à 100 000 €, ou adressée à des investisseurs qui acquièrent ces titres pour un montant total d'au moins 100 000 € par investisseur et par offre distincte, et offre dont le montant total calculé sur une période de 12 mois est inférieur à 8 M€ (art. L 229-11 à L 229-13 ; C. mon. fin. art. L 411-2, L 411-2-1 et D 411-2-1 ; le seuil de 8 M€ devrait être porté à 12 M€ à compter du 5-6-2026 : cf. Règl. UE 2017/1129 du 14-6-2017 art. 3, 2 modifié et 3, 2 bis créé par Règl. UE 2024/2809 du 23-9-2024 et Règl. UE 2024/2809 art. 4, 3). 99600

Ces clauses ne peuvent être adoptées ou modifiées en cours de vie sociale qu'à l'**unanimité** des actionnaires (art. L 229-15). L'unanimité est a fortiori requise, à notre avis, en cas de suppression de ces clauses, par application du principe de parallélisme des formes.

1. CLAUSES RESTREIGNANT LES CESSIONS D'ACTIONS DE SE

OBJET ET VIOLATION DES CLAUSES RESTREIGNANT LES CESSIONS D'ACTIONS

Les statuts peuvent soumettre tout transfert d'actions à des règles restreignant la libre négociabilité de celles-ci (**clauses d'agrément, de préemption, d'inaliénabilité,** etc.) sans que ces restrictions puissent avoir pour effet de rendre les actions inaliénables pour une durée excédant dix ans (art. L 229-11, al. 1). 99610

Toute cession réalisée en **violation** de ces clauses statutaires est nulle. Cette nullité, opposable à l'acquéreur ou à ses ayants droit, peut toutefois être régularisée par une décision prise à l'unanimité des actionnaires non parties au contrat ou à l'opération visant à transférer les actions (art. L 229-11, al. 2).

MODALITÉS DE RETRAIT DU CÉDANT D'ACTIONS DE SE

En présence d'une clause d'agrément ou de préemption, les statuts doivent déterminer les **conditions** du retrait de l'actionnaire cédant, notamment s'il dispose ou non d'un droit de repentir ou si la société peut, ou non, racheter les actions sans avoir à requérir l'accord de l'intéressé. Les statuts doivent aussi indiquer les modalités de calcul du prix de rachat des actions. 99620

Si les statuts ne précisent pas ces modalités, le **prix de rachat** est, à défaut d'accord entre les parties, déterminé par un expert dans les conditions prévues à l'article 1843-4 du Code civil (art. L 229-14, al. 1).

Si les actions sont rachetées par la société, celle-ci est tenue de les céder dans un délai de six mois ou de les annuler (art. L 229-14, al. 2).

2. AUTRES CLAUSES

CLAUSES D'EXCLUSION D'UN ACTIONNAIRE DE SE

99650 Les statuts peuvent prévoir les **conditions** dans lesquelles un actionnaire est tenu de céder ses actions, de même que la suspension des droits non pécuniaires de cet actionnaire tant qu'il n'a pas procédé à cette cession (art. L 229-12).

Cette clause appelle les mêmes observations que celles exposées nos 60730 s. à propos des clauses d'exclusion de SAS, à ceci près que, dans la SE, toute modification de la clause requiert l'unanimité des actionnaires (no 99600). La clause doit indiquer les modalités de calcul du **prix de rachat** des actions de l'actionnaire exclu. À défaut, et sauf accord entre les parties, ce prix est fixé par un expert dans les conditions prévues à l'article 1843-4 du Code civil (art. L 229-14, al. 1).

Si les actions sont rachetées par la société, celle-ci est tenue de les céder dans un délai de six mois ou de les annuler (art. L 229-14, al. 2).

CLAUSES RELATIVES AU CHANGEMENT DE CONTRÔLE D'UN ACTIONNAIRE DE SE

99660 Les actionnaires peuvent convenir dans les statuts que tout changement intervenant dans le contrôle d'une société actionnaire entraîne pour cette dernière l'obligation d'en **informer la SE** (art. L 229-13, al. 1).

Cette obligation appelle les remarques suivantes :

– le contrôle doit s'apprécier au regard des dispositions de l'article L 233-16 ;

– le changement de contrôle peut résulter de n'importe quelle situation (par exemple, cession, apport, fusion, augmentation ou réduction du capital, mise en œuvre ou perte d'un droit de vote double) ;

– la SE doit être informée dès que la modification du contrôle est intervenue, donc sans délai.

La SE peut alors, dans les conditions fixées par les statuts, décider de **suspendre** l'exercice des **droits de vote** de cette société actionnaire et de l'**exclure** (art. L 229-13, al. 1) selon les modalités prévues ci-dessus.

FUSION, SCISSION, DISSOLUTION D'UN ACTIONNAIRE DE SE

99670 Les règles présentées no 99660 à propos du changement de contrôle d'une société actionnaire peuvent également s'appliquer en cas de **remplacement d'un actionnaire** personne morale par un autre à la suite d'une fusion, d'une scission ou d'une dissolution (art. L 229-13, al. 2).

Liste des modèles

Vous trouverez ci-après la liste des modèles (clauses, lettres, pactes, etc.) figurant dans l'ouvrage, classés dans l'ordre des chapitres. **99900**

Les modèles proposés, qui sont donnés à titre indicatif, ne constituent qu'une aide à la rédaction. Ils doivent donc être adaptés à chaque situation particulière.

Les chiffres renvoient aux numéros de paragraphe.

Table alphabétique

(Les chiffres renvoient aux numéros de paragraphe)

A

F

G

P

U

W

Certifié PEFC
Ce produit est issu de forêts gérées durablement, de sources recyclées et contrôlées
PEFC
PEFC/18-32-195
www.pefc-france.org

Composition réalisée par NORD COMPO

36893-737 (I) -THI 31 g - NC (LCO)
Achevé d'imprimer en Septembre 2025
Imprimé en Italie par LEGO Spa
Dépôt légal : Septembre 2025